LANGENSCHEIDTS
HANDWÖRTERBÜCHER

Langenscheidts Handwörterbuch Französisch

Teil I
Französisch-Deutsch

Herausgegeben von der
Langenscheidt-Redaktion

LANGENSCHEIDT
BERLIN · MÜNCHEN · WIEN · ZÜRICH · NEW YORK

Redaktionsteam des französisch-deutschen Handwörterbuchs:
Équipe rédactionnelle du dictionnaire français-allemand:

Dr. Manfred Bleher
Danielle Bleher
Micheline Funke
Geneviève Lohr

„Langenscheidts Handwörterbuch Französisch-Deutsch" ist inhaltsgleich mit dem Titel
„Langenscheidts Großes Schulwörterbuch Französisch-Deutsch".

Die Nennung von Waren erfolgt in diesem Werk,
wie in Nachschlagewerken üblich, ohne Erwähnung etwa
bestehender Patente, Gebrauchsmuster oder Warenzeichen.
Das Fehlen eines solchen Hinweises begründet
also nicht die Annahme, eine Ware
oder ein Warenname sei frei.

Les mots qui, à notre connaissance, sont considérés
comme des marques ou des noms déposés
sont signalés dans cet ouvrage par la mention correspondante.
La présence ou l'absence de cette mention
ne peut pas être considérée comme ayant valeur juridique.

Ergänzende Hinweise, für die wir jederzeit dankbar sind,
bitten wir zu richten an:
Langenscheidt-Verlag, Postfach 40 11 20, 80711 München

| Auflage: | 6. | 5. | 4. | *Letzte Zahlen* |
| Jahr: | 2000 | 1999 | 98 | *maßgeblich* |

© 1995 Langenscheidt KG, Berlin und München
Druck: C. H. Beck'sche Buchdruckerei, Nördlingen
Printed in Germany · ISBN 3-468-04152-7

Vorwort

Umfassende Neubearbeitung

Für die vorliegende Neuausgabe wurde „Langenscheidts Handwörterbuch Französisch-Deutsch" umfassend und von Grund auf neu bearbeitet. Im Vordergrund standen dabei Aktualität, Vollständigkeit und die benutzerfreundliche Anlage des Wörterbuchs.

Aktualität und Vollständigkeit

In dem Bestreben, ein Wörterbuch zu erstellen, das die moderne französische Sprache in ihrer ganzen Vielfalt und Breite widerspiegelt, hat ein erfahrenes Team deutscher und französischer Lexikographen zunächst sämtliche Artikel Wort für Wort überprüft und sodann zahlreiche französischsprachige Quellen sorgfältig ausgewertet. Veraltetes wurde zurückgedrängt oder ganz ausgeschieden, eine Vielzahl von Neuprägungen und neuen Bedeutungen der letzten Jahre wurde aufgenommen; insgesamt konnte der Umfang des Wörterbuchs um fast 25% erweitert werden.

Neologismen aus allen Bereichen

Einige Neuaufnahmen aus dem allgemeinsprachlichen Bereich seien hier genannt: *allégé*, *banane* (in der Bedeutung ‚Gürteltasche'), *câbler*, *faxer*, *harcèlement sexuel*, *numéro vert*, dazu Abkürzungen wie *C.E.I.*, *C.S.G.* und *V.T.T.*

Fachsprache

Von einem Wörterbuch dieser Größe wird mit Recht erwartet, daß es auch fachsprachliches Material bereithält. Neben der Wirtschaft, der Politik, der Technik, der Medizin u. a. galt daher bei der Neubearbeitung besonderes Augenmerk dem Sport, der Informatik, der Ökologie, der Sprache der Medien und der modernen Kommunikation – hier wären zu nennen: *balise*, *déchetterie*, *effet de serre*, *médiatique*, *sauvegarder*, *surendettement*.

Umgangssprache

Idiomatik

Schließlich darf der Benutzer auch erwarten, daß ein Wörterbuch ihn über umgangssprachliche Ausdrücke, die ihm ja nicht nur im Gespräch, sondern auch in Presse und Literatur begegnen, zuverlässig informiert. Hier vor allem hat die Neubearbeitung zu einer Erweiterung geführt, zum einen durch die Aufnahme von Neuprägungen wie *ça baigne*, *balancer qn*, *se camer*, *galérer*, *avoir la pêche*, *en phase*, *sniffer*, zum anderen dadurch, daß die Zahl der idiomatischen Wendungen und der Anwendungsbeispiele vermehrt und an den Bedürfnissen der täglichen Kommunikation orientiert wurde.

Vorwort

Aktiv anwendbar in beiden Sprachen

Zu den Ansprüchen, die an moderne zweisprachige Wörterbücher gestellt werden, zählt nicht zuletzt, daß sie sich für die Übersetzung in die eigene wie in die fremde Sprache gleichermaßen eignen und für Sprecher beider Sprachen gleichermaßen aktiv anwendbar sind. Konsequenterweise ist die Erklärsprache im „Handwörterbuch Französisch-Deutsch" Französisch, so daß der französischsprachige Benutzer sicher zur treffenden Übersetzung findet; für den deutschsprachigen Benutzer hat dies den Vorteil, daß ihm zu einem Großteil der französischen Wörter zugleich Synonyme und typische Kollokatoren mitgeliefert werden. Dadurch wird das französische Vokabular noch weitergehend als durch die Anwendungsbeispiele kontextualisiert. Als Beispiel der Beginn des Artikels faux^2:

faux^2 [fo] **I** *adj* ⟨fausse [fos]⟩ *idée, promesse, soupçon, rumeur* falsch; unrichtig; *idée, conception a* verkehrt; *nouvelle, rapport a* erlogen; unwahr; *calcul etc* falsch; fehlerhaft; *personne* falsch; unaufrichtig; unwahrhaftig; *passeport, argent, cartes* falsch; gefälscht; *bijoux, perles* falsch; unecht; *piano etc* verstimmt; *ARCH porte, fenêtre* blind

Übersichtliche Struktur

Neue Typographie

Mit dem Ziel, den Gebrauchswert des Wörterbuchs zu erhöhen, wurden die einzelnen Artikel überall dort, wo es der Benutzbarkeit diente, übersichtlicher gegliedert; stark reduziert wurde die Verwendung der Tilde. Der Benutzer gelangt dadurch schnell zum gesuchten Begriff und zu passenden Übersetzungen. Dem gleichen Zweck dient die Verwendung einer neuen Typographie: fünf Schriftarten differenzieren Stichwörter (**fett**), Wendungen (***halbfett kursiv***), Übersetzungen (in normaler Schrift) und *kursive* Erklärsprache; Sachgebietsangaben sind zur besseren Unterscheidung in kursive *KAPITÄLCHEN* gesetzt.

Alles auf einen Blick

Zum Gebrauchswert eines Wörterbuchs gehört schließlich, daß mehrfaches Nachschlagen an verschiedenen Stellen und mühevolles Hin- und Herblättern sich erübrigen. Der Benutzer findet daher direkt beim Stichwort alles, was dazu gehört: nicht nur die phonetische Umschrift, Wortart und Genus, Stilebene, Sachgebiets- und Bedeutungsdifferenzierung, sondern auch Angaben zur Pluralbildung, zur Femininform der Adjektive und zur Konjugation der Verben, die früher im Anhang nachgeschlagen werden mußten. Auch Eigennamen und Abkürzungen sind jetzt in den alphabetischen Hauptteil integriert, so daß in diesem Wörterbuch alles auf einen Blick zu finden ist.

LANGENSCHEIDT

Préface

Édition remaniée et augmentée

La présente édition du dictionnaire « Langenscheidts Handwörterbuch Französisch-Deutsch » a été entièrement revue et mise à jour. L'éditeur s'est fixé un seul but: offrir aux enseignants, étudiants et traducteurs un outil pratique et un ouvrage de référence actuel, fiable et le plus complet possible.

Actualisation

Pour élaborer ce dictionnaire qui présente un vaste panorama de la langue française contemporaine, une équipe de lexicographes confirmés, germanophones et francophones, a révisé la nomenclature, supprimé des mots ou sens devenus archaïques, inséré les mots ou sens nouveaux et repris systématiquement toutes les traductions pour en contrôler la justesse et la pertinence. Cette équipe attentive aux évolutions de la langue s'est servie constamment des nombreuses sources de renseignement dont elle disposait.

Néologismes

Nous avons considérablement enrichi le dictionnaire de mots, expressions et sens nouveaux comme: *allégé*, *banane* (sac-ceinture), *câbler*, *faxer*, *harcèlement sexuel*, *numéro vert* et avons également inséré les sigles et abréviations: *C.E.I.*, *C.S.G.*, *V.T.T.*, etc.

Vocabulaire spécialisé

Cette nouvelle édition accorde une large place au vocabulaire des domaines spécialisés, tels que la politique, l'économie, la technique, la médecine, mais aussi le sport, l'informatique, l'écologie, les médias, la communication. Citons: *balise*, *déchetterie*, *effet de serre*, *médiatique*, *sauvegarder*, *surendettement*.

Langue familière

Pour répondre aux besoins des utilisateurs, ce dictionnaire recense et traite de nombreux mots et expressions de la langue familière que l'utilisateur rencontre dans la vie quotidienne et dans la lecture de la presse et des œuvres littéraires. Des mots et expressions tels que: *ça baigne*, *balancer qn*, *se camer*, *galérer*, *avoir la pêche*, *en phase*, *sniffer* font aussi la richesse de ce dictionnaire. Cette augmentation de la macrostructure, tout comme de la phraséologie (locutions, expressions idiomatiques, collocations et constructions syntaxiques) permettra à l'utilisateur de cerner l'emploi des mots à l'écrit comme à l'oral.

Expressions idiomatiques

Préface

Dictionnaire bidirectionnel

Par ce dictionnaire bilingue moderne, nous nous sommes donné comme objectif de répondre aux besoins des utilisateurs germanophones et francophones, tant pour la langue source que pour la langue cible. C'est pourquoi la métalangue est en français dans la partie français-allemand, et les gloses synonymiques et indicateurs de collocation sont fournis de façon très exhaustive. Cela permet à l'utilisateur francophone de choisir avec certitude la traduction la plus appropriée; cela permet à l'utilisateur germanophone de bien voir le comportement des mots en contexte. Ceci est bien illustré dans l'article faux[2]:

faux[2] [fo] **I** *adj* ⟨fausse [fos]⟩ *idée, promesse, soupçon, rumeur* falsch; unrichtig; *idée, conception a* verkehrt; *nouvelle, rapport a* erlogen; unwahr; *calcul etc* falsch; fehlerhaft; *personne* falsch; unaufrichtig; unwahrhaftig; *passeport, argent, cartes* falsch; gefälscht; *bijoux, perles* falsch; unecht; *piano etc* verstimmt; *ARCH porte, fenêtre* blind

Présentation des informations

Nouvelle typographie

Pour faciliter aux utilisateurs l'accès à l'information, les rédacteurs ont repris chaque article et, pour en rendre la présentation plus claire et plus conviviale, les ont restructurés. Nous avons adopté une nouvelle typographie pour mieux mettre en évidence la structure des articles. Cinq caractères typographiques permettent de différencier: l'entrée (**gras**), les locutions (***italique demi-gras***), les traductions (romain) et la métalangue (*italique*); les domaines de spécialité sont en *PETITES CAPITALES* italiques.

Agencement des indications

Un dictionnaire, si riche soit-il, perd une partie de sa valeur lorsque l'utilisateur ne trouve pas rapidement ce qu'il cherche. Toutes les informations relatives à un mot sont fournies dans son article: la phonétique, les catégories grammaticales, le niveau de langue, les domaines, les indicateurs sémantiques, mais aussi le féminin des adjectifs et surtout les formes irrégulières des verbes qui, dans la précédente édition, se trouvaient en annexe. De plus, les noms propres et les abréviations trouvent leur place dans la nomenclature. Ainsi les utilisateurs trouveront efficacement tous les éléments linguistiques qu'ils recherchent dans un même ordre alphabétique.

LANGENSCHEIDT

Inhaltsverzeichnis
Table des matières

Vorwort	5	Préface	7
Hinweise für die Benutzung des Wörterbuchs	10	Renseignements pour le lecteur de ce dictionnaire	10
Zur Aussprache des Französischen	14	Prononciation du français	14
Im Wörterbuch verwendete Abkürzungen	16	Abréviations employées dans ce dictionnaire	16
Französisch-deutsches Wörterverzeichnis	19–772	**Dictionnaire français-allemand**	19–772
Konjugation der französischen Verben	773	Conjugaison des verbes français	773
Zeichensetzung im Französischen	778	Ponctuation française	778
Silbentrennung im Französischen	779	Règles de césure des mots du français	779

Hinweise für die Benutzung des Wörterbuchs
Renseignements pour le lecteur de ce dictionnaire

1. Fünf verschiedene **Schriftarten:**

Fettdruck	für die französischen Stichwörter
halbfette Kursivschrift	für die Anwendungsbeispiele und Redewendungen
Normalschrift	für die deutschen Übersetzungen
kursiv	für alle erklärenden Zusätze
KAPITÄLCHEN	für Sachgebiete

1. Cinq **caractères d'imprimerie** différents:

le caractère gras	pour les entrées
le demi-gras en italique	pour les exemples et les locutions
le caractère romain normal	pour les traductions allemandes
l'italique	pour toutes les explications
PETITES CAPITALES	pour les étiquettes de spécialité

2. Lexikographische Zeichen

~ Die **Tilde** vertritt das Stichwort innerhalb des Artikels:
   morceau ... *m* ⟨*pl* ~x⟩ ...; *~ de bois* ...; *en mille ~x*

Sie dient außerdem der Anhängung weiterer Stichwörter:
   amicale ...; **~ment** (= **amicalement**)

| Der **senkrechte Strich** weist darauf hin, daß die Tilde in den angehängten Stichwörtern nur den vor diesem Strich stehenden Wortteil vertritt:
   fémin|isme ...; **~iste** (= **féministe**)

⦾ Der **Kreis über der Tilde** kennzeichnet den Wechsel von Klein- zu Großschreibung oder umgekehrt:
   code ...; ⦾ *Napoléon* (= **Code**)
   Beaujolais ...; ⦾ (= **beaujolais**)

' **Zeichen für h aspiré**, vgl. 6. b)

' **Betonungsakzent**, vgl. 6. b)

[ ] Die **eckigen Klammern** enthalten die Aussprachebezeichnung.

⟨ ⟩ Die **spitzen Klammern** enthalten grammatische Angaben.

( ) Die **runden Klammern** enthalten
   a) Varianten:
      casse-noisette(s)   *morceau* ...; *en (mille) ~x*   (ab)tippen   (Hilfs)Mittel
   b) zusammengefaßte Wortformen (und deren Genusbezeichnungen):
      italien ... ⦾**(ne)** *m(f)* Itali'ener(in) *m(f)*
   c) erklärende Synonyme:
      fric ... *m* F (*argent*)
   d) ergänzende Angaben:
      freiner ... bremsen (*a fig*); ein Hemmschuh sein (*qc* für etw)
      travail ...; *travaux pratiques* (*abr* **T.P.**)

; Der **Strichpunkt** kennzeichnet das Ende einer Übersetzung

2. Signes lexicographiques

~ Le **tilde** remplace l'entrée dans le corps de l'article:
   morceau ... *m* ⟨*pl* ~x⟩ ...; *~ de bois* ...; *en mille ~x*

Il sert en plus à rattacher d'autres entrées:
   amicale ...; **~ment** (= **amicalement**)

| Le **trait vertical** indique que le tilde ne remplace, dans les entrées rattachées, que la partie précédant le trait vertical:
   fémin|isme ...; **~iste** (= **féministe**)

⦾ Le **rond sur le tilde** indique que ce mot, contrairement à l'entrée, prend soit une majuscule soit une minuscule:
   code ...; ⦾ *Napoléon* (= **Code**)
   Beaujolais ...; ⦾ (= **beaujolais**)

' marque le **h aspiré**, voir 6. b)

' marque l'**accent tonique**, voir 6. b)

[ ] Les **crochets** encadrent la transcription phonétique.

⟨ ⟩ Les **parenthèses angulaires** renferment des renseignements grammaticaux.

( ) Les **parenthèses** renferment
   a) des variantes:
      casse-noisette(s)   *morceau* ...; *en (mille) ~x*   (ab)tippen   (Hilfs)Mittel
   b) des formes dérivées (et les genres correspondants):
      Angestellte(r) *f(m)* (= eine Angestellte, ein Angestellter)
   c) des synonymes explicatifs:
      fric ... *m* F (*argent*)
   d) des indications complémentaires:
      freiner ... bremsen (*a fig*); ein Hemmschuh sein (*qc* für etw)
      travail ...; *travaux pratiques* (*abr* **T.P.**)

; Le **point-virgule** marque la fin d'une traduction.

, Das **Komma** bedeutet dagegen, daß die Übersetzung noch nicht abgeschlossen, sondern mit anderen Übersetzungen zusammengefaßt ist:

, La **virgule** sépare les traductions à compléter par un élément commun:

éloigner ... zur Seite rücken, schieben; wegrücken, (weiter) wegstellen (**de** von)

: Der **Doppelpunkt** steht
a) zur Verdeutlichung der Beziehungen zwischen erklärenden Zusätzen:

: Les **deux points** servent à
a) préciser le rapport entre deux indications explicatives:

faucher ... *voiture*: *piéton* 'umfahren

b) als Hinweis darauf, daß eine kursive Erläuterung für mehrere folgende Wendungen gilt:

b) marquer qu'une indication en italique se rapporte à plusieurs locutions suivantes:

urgence ...; *loc/adv*: *d'~* ...; *de toute ~* ...; *en cas d'~*

♦ Die **Raute** dient der Gliederung längerer Artikel.

♦ Le **losange** divise les articles d'une certaine longueur.

- Der **Bindestrich** wird am **Zeilenanfang** wiederholt, wenn mit Bindestrich geschriebene Wörter getrennt werden:

- Le **trait d'union** des mots composés coupés en fin de ligne est **repris** à la ligne suivante:

... auto-
-école ...

3. Alphabetische Reihenfolge

Die **Stichwörter** sind streng alphabetisch geordnet (mit Ausnahme mancher Feminina, die mit der maskulinen Form zusammengefaßt sind, z.B. *consommateur*, *-trice*, dann erst *consommation*). An alphabetischer Stelle stehen auch orthographische Varianten, unregelmäßige Formen (*buvez*, *yeux* usw.), mit Bindestrich geschriebene Zusammensetzungen (*mont-de-piété*, *porte-voix* usw.), Eigennamen und Abkürzungen sowie heute lebendige Wortbildungselemente (*anti...*, *super...* usw.).

3. Ordre alphabétique

Les **entrées** suivent rigoureusement l'ordre alphabétique (sauf certains noms féminins rattachés aux masculins, par ex. *consommateur*, *-trice*, ensuite *consommation*). On trouvera également dans l'ordre alphabétique: les variantes orthographiques, les formes irrégulières (*buvez*, *yeux*, etc.), les composés avec trait d'union (*mont-de-piété*, *porte-voix*, etc.), les noms propres et les sigles, ainsi que les préfixes usuels (*anti...*, *super...*, etc.).

4. Aufnahme und Gliederung der Wendungen

Mehrgliedrige Ausdrücke (*pain bis*, *tour de contrôle* usw.), Zusammensetzungen ohne Bindestrich (*match vedette*, *poste clé* usw.), adverbielle und adjektivische Wendungen (*tout à l'heure*, *hors de prix* usw.), Kollokationen (*ennemi déclaré*, *faire grève* usw.), idiomatische Redewendungen und Sprichwörter werden aus Gründen der Raumersparnis grundsätzlich nur einmal aufgenommen. Wendungen, die Substantive enthalten, sind meist unter dem ersten Substantiv verzeichnet, die Verbindung Substantiv + Adjektiv steht häufig unter dem Adjektiv.
Die Wendungen eines Artikels sind zu formal gleichgebauten Gruppen zusammengefaßt, die unter einem substantivischen Stichwort wie folgt angeordnet sind:

4. Traitement des locutions

Les mots composés sans trait d'union tels que *pain bis*, *tour de contrôle*, etc., ou *match vedette*, *poste clé*, etc., les locutions adverbiales ou adjectives (*tout à l'heure*, *hors de prix*, etc.), les collocations (*ennemi déclaré*, *faire grève*, etc.), les tournures idiomatiques et les proverbes ne figurent, par souci d'économie, en principe qu'une seule fois dans ce dictionnaire. En règle générale, on trouvera les locutions renfermant plusieurs noms dans l'article du premier nom, tandis que les composés nom + adjectif sont de préférence traités à l'adjectif.
S'il y a plusieurs locutions, elles sont réunies en groupes de même structure. Voici l'ordre de ces groupes sous une entrée substantive:

Stichwort + Adjektiv	(*cheval blanc*)
Stichwort + Substantiv	(*cheval de course*)
Substantiv + Stichwort	(*remède de cheval*)
Präposition + Stichwort	(*à cheval*)
Stichwort + Verb	(*monter un cheval*)

entrée + adjectif	(*cheval blanc*)
entrée + nom	(*cheval de course*)
nom + entrée	(*remède de cheval*)
préposition + entrée	(*à cheval*)
entrée + verbe	(*monter un cheval*)

In diesen Gruppen sind die Adjektive, Substantive, Präpositionen und Verben alphabetisch geordnet.

À l'intérieur de ces groupes, les adjectifs, noms, prépositions et verbes suivent l'ordre alphabétique.

5. Unterteilung der Stichwortartikel

Mit **Exponenten** sind Stichwörter gleicher Schreibung versehen, die als verschiedene Wörter empfunden werden, z.B. **charme**[1], **charme**[2].

5. Division des articles

Les **exposants** servent à distinguer les entrées homographes, par exemple **charme**[1], **charme**[2].

Hinweise – Renseignements

Die **römischen Ziffern** kennzeichnen die verschiedenen Wortarten, denen ein Stichwort angehört.

Die **arabischen Ziffern** bezeichnen die verschiedenen Bedeutungen eines Stichworts.

Kleinbuchstaben dienen der weiteren Unterteilung der Stichwortartikel.

Les **chiffres romains** marquent les catégories grammaticales de l'entrée.

Les **chiffres arabes** servent à classer les diverses acceptions de l'entrée.

Des **lettres minuscules** subdivisent l'article.

6. Die Bestandteile eines Stichwortartikels

a) Stichwort, vgl. 3.

b) Aussprache
Die Aussprachebezeichnung erfolgt nach den Grundsätzen der IPA (International Phonetic Association): vgl. die Tabelle der Lautschriftzeichen S. 14.

Eine vollständige phonetische Umschrift erhält jedes französische Stichwort mit Ausnahme der durch Tilde angeschlossenen Stichwörter, deren Aussprache unter den einzelnen Wortbestandteilen nachgeschlagen werden kann. (Zur Aussprache häufiger Endungen vgl. die Übersicht S. 15):

6. Les éléments constituants d'un article

a) Entrée, voir 3.

b) Prononciation
La transcription phonétique suit la notation de l'I.P.A. (International Phonetic Association): voir le tableau des signes phonétiques page 14.

Sont transcrites en entier toutes les entrées sauf celles formées à l'aide du tilde, dont on peut trouver la prononciation sous leurs constituants. (Voir aussi à cet effet le tableau des terminaisons usuelles page 15.)

demi-final|e [d(ə)mifinal] *f* ...; **~iste** *m*

Innerhalb eines Stichwortartikels werden französische und deutsche Ausspracheprobleme durch (Teil)Umschrift geklärt:

À l'intérieur d'un article, les cas de prononciation problématiques sont transcrits, parfois en partie seulement:

air ...; **le grand ~** [-t-]   **jazz** ... Jazz [dʒɛs] *m*

Bei allen mit h beginnenden französischen Wörtern (auch in Wendungen) wird angegeben, ob es sich um ein **h aspiré** handelt, ob also Elision und Bindung unterbleiben (Ausnahme: das „h aspiré" ist aus dem vorhergehenden Wort ersichtlich):

Tous les mots français commençant par un **h aspiré** sont pourvus du signe '. Ce signe n'est pas répété dans les locutions où le contexte rend le h aspiré évident:

'haine   talon ...; **à ~s 'hauts**   **pavé** ...; **tenir le haut du ~**

Der **Betonungsakzent** steht bei deutschen Übersetzungen in allen Fällen, die dem französischen Benutzer Schwierigkeiten machen könnten (z.B. 'durchfahren oder durch'fahren?, Bäcke'rei, Kri'stall usw.).

L'**accent tonique** des mots allemands est indiqué dans tous les cas où le lecteur français pourrait avoir des difficultés (par ex. 'durchfahren ou durch'fahren?, Bäcke'rei, Kri'stall etc.).

c) Genus und Wortart
Zu jedem französischen Stichwort ist das Genus (*m*, *f*) bzw. die Wortart (*adj*, *v/t*, *prép* usw.) angegeben. Innerhalb eines Artikels erhält das französische Substantiv eine Genusangabe, falls es nicht mit dem Stichwort identisch ist oder das Genus nicht aus dem Kontext hervorgeht (z.B. *heureux événement*).
In den deutschen Grundübersetzungen folgt jedem einfachen und zusammengesetzten Substantiv eine Genusbezeichnung, falls das Genus nicht aus dem Kontext ersichtlich ist.

c) Genre et catégorie grammaticale
Chaque entrée est suivie de l'indication du genre (*m*, *f*) ou de la catégorie grammaticale (*adj*, *v/t*, *prép*, etc.). À l'intérieur d'un article, le genre des noms français est indiqué, sauf si le nom est identique à l'entrée ou que le contexte rend le genre évident (par ex. *heureux événement*).
Chaque nom allemand des traductions de base, simple ou composé, est suivi de l'indication du genre (*m*, *f*, *n*), sauf si le contexte le rend évident.

d) Grammatik
Beim **Substantiv** wird die unregelmäßige (d.h. nicht durch Anhängung von s gebildete) Pluralform verzeichnet. Einfache Substantive auf -s, -x, -z (*pas*, *croix*, *nez*), die im Plural unverändert bleiben, erhalten keine Angabe. Bei zusammengesetzten Substantiven wird dagegen stets der Plural angegeben:

d) Grammaire
Sont indiquées les formes irrégulières du pluriel des **noms** (c'est-à-dire formées autrement que par l'adjonction de «s»). Les noms simples terminés en -s, -x, -z (*pas*, *choix*, *nez*), invariables au pluriel, ne portent pas de mention spéciale. Par contre, le pluriel des composés est toujours mentionné:

journal ... *m* ⟨*pl* -aux⟩   **manteau** ... *m* ⟨*pl* ~x⟩   **coffre-fort** ... *m* ⟨*pl* coffres-forts⟩   **garde-boue** ... *m* ⟨*inv*⟩

Beim **Adjektiv** wird die unregelmäßige (d.h. nicht durch einfache Anhängung von e gebildete) Form des Femininums angegeben, desgleichen die maskuline Pluralform aller Adjektive auf -al:

Pour les **adjectifs**, on trouvera les formes irrégulières du féminin (c'est-à-dire formées autrement que par la simple adjonction de «e») ainsi que le masculin pluriel des adjectifs en -al:

> **cruel** ... *adj* ⟨~le⟩ **heureux** ... *adj* ⟨-euse⟩
> **marron** ... *adj* ⟨*inv*⟩ **snob** ... *adj* ⟨*f inv*⟩
> **familial** ... *adj* ⟨-aux⟩ **banal** ... *adj* ⟨-als⟩

Bei den **unregelmäßigen Verben** werden diejenigen Grundformen angegeben, aus denen sich die restlichen Formen ableiten lassen. Außerdem wird auf die Besonderheiten der Verben auf -er sowie auf die Bildung der zusammengesetzten Zeiten der intransitiven Verben mit *être* hingewiesen. Vgl. auch die Konjugationstabellen S. 773 ff.:	Quant aux **verbes irréguliers**, on a mentionné les formes principales dont les autres formes peuvent être dérivées. En plus, le lecteur trouvera les particularités des verbes en -er, ainsi que l'emploi de «être» dans les temps composés des verbes intransitifs:

> **craindre** ... *v/t* ⟨je crains, il craint, nous craignons; je craignais; je craignis; je craindrai; que je craigne; craignant; craint⟩
> **lever** ... ⟨-è-⟩   **jeter** ... ⟨-tt-⟩   **appeler** ... ⟨-ll-⟩
> **poncer** ... ⟨-ç-⟩   **manger** ... ⟨-geons⟩   **employer** ... ⟨-oi-⟩
> **arriver** ... ⟨être⟩

Angaben zur abweichenden **Rektion** im Französischen und Deutschen, zu unterschiedlichen **Präpositionen** sowie allgemein zur grammatischen Konstruktion sind den Übersetzungen nachgestellt oder durch **Anwendungsbeispiele** verdeutlicht. Wo nötig, wird bei der deutschen Präposition der **Kasus** verzeichnet:

Des **indications syntaxiques**, surtout quand le français et l'allemand diffèrent, suivent la traduction ou sont exprimées par des **exemples**. On a marqué le **cas** chaque fois qu'une préposition allemande régit soit le datif soit l'accusatif:

> **secourir** ... *v/t* helfen (*qn* j-m)
> **désir** ... Wunsch *m* (**de** *qc* nach etw *ou* **de** +*inf* zu +*inf*)
> **étonné** ... erstaunt (**de** über +*acc*)

e) Sprachebene

Im französischen und deutschen Text wird der von der Normalsprache abweichende Sprachgebrauch angegeben: F, P, *arg*, *st*/*s*, *litt*, *poét*, im weiteren Sinn auch *péj*, *fig*, *iron*, *enf*, *südd* usw. Die deutsche Übersetzung wurde so weit wie möglich auf die französische Sprachebene abgestimmt.

e) Niveau de langue

Des marques d'usage balisent le vocabulaire français et allemand chaque fois qu'il diffère d'un niveau de langue neutre: F, P, *arg*, *st*/*s*, *litt*, *poét*, par extension *péj*, *fig*, *iron*, *enf*, *südd*, etc. Dans la mesure du possible, la traduction allemande correspond au niveau de langue français.

f) Übersetzung

Die deutschen Übersetzungen sind grundsätzlich in der Reihenfolge ihrer Gebrauchshäufigkeit angeführt. Besitzt das Deutsche keine Entsprechung für ein französisches Wort, so wird eine meist kursiv gedruckte Erklärung gegeben.

f) Traduction

Les traductions allemandes sont classées d'après la fréquence de leur usage. Dans les cas où l'allemand ne possède pas d'équivalent du mot français, on a donné une glose explicative généralement en italique.

g) Wendungen, vgl. 4.

g) Locutions, voir 4.

h) Bedeutungsdifferenzierung

Der Benutzer wird durch zahlreiche erklärende Zusätze zur richtigen Übersetzung geführt. Diesem Zweck dienen
– **Sachgebietsangaben** (als Abkürzungen oder Vollwörter durch Kapitälchenschrift hervorgehoben),
– **Synonyme** (durch runde Klammern gekennzeichnet),
– **Kollokatoren** (Wörter, die üblicherweise mit dem Stichwort kombiniert werden, z. B. typische Subjekte und Objekte mit Verben),
– **Oberbegriffe**,
– sonstige nützliche Hinweise:

h) Différenciation sémantique

De nombreux renseignements supplémentaires guident le lecteur vers la bonne traduction:
– **étiquettes de spécialité** (mises en relief par de petites capitales en abrégé ou en toutes lettres),
– **synonymes** (entre parenthèses),
– **collocateurs** (mots qui s'associent habituellement à l'entrée, par ex. les sujets et compléments de verbes),
– **définitions partielles**,
– d'autres renseignements utiles

> **couper** ... **1.** schneiden; *en deux* zer-, ˈdurchschneiden; kappen (*a* MAR); (*séparer d'un tout*) abschneiden; *herbe, blés* (ab)mähen; ... **2.** (*interrompre*) *route* unterˈbrechen; ... **6.** TENNIS *balle* (an)schneiden ...

Zur Aussprache des Französischen
Prononciation du français

LAUTSCHRIFTZEICHEN

VOKALE			KONSONANTEN		
[i]	ici	geschlossenes i	[p]	pont, apporter	stimmloser p-Laut, ohne Behauchung
[e]	léger	geschlossenes e	[t]	ton, thé, patte	stimmloser t-Laut, ohne Behauchung
[ɛ]	sec, père, tête, lait, neige	offenes e	[k]	cou, qui, chaos, képi	stimmloser k-Laut, ohne Behauchung
[a]	patte, noix	helles a	[b]	robe, abbé	(„weicher") b-Laut
[ɑ]	âme, phrase	dunkles a	[d]	dans	(„weicher") d-Laut
[o]	pot, dôme, taupe, beau	geschlossenes o	[g]	gant, gueule	(„weicher") g-Laut
[ɔ]	poche, Laure	offenes o	[f]	neuf, photo	f-Laut
[ø]	peu, nœud	geschlossenes ö	[s]	son, tasse, ces, ça, section	stimmloser s-Laut
[œ]	seul, cœur	offenes ö	[ʃ]	chou, tache	(stimmloser) sch-Laut
[ə][1]	que, dehors, petit, chemin, temple, zèbre	kurzes, dumpfes ö (e caduc, e instable, e muet)	[v]	vent, rive	w-Laut
[u]	souci	geschlossenes u	[z]	rose, zéro	stimmhafter s-Laut
[y]	usure, sûr	geschlossenes ü	[ʒ]	jour, cage, gilet	stimmhafter sch-Laut
[ɛ̃]	vin, impair, plainte, faim, rein, bien	nasales ɛ	[l]	long, aller	l-Laut
			[ʀ]	rue, barre, verve	stark geriebenes[2] Zäpfchen-R
[ɑ̃]	dans, lampe, entrer, embêter	nasales a	[m]	mes, femme	m-Laut
[ɔ̃]	ton, pompe	nasales o	[n]	nom, année	n-Laut
[œ̃]	lundi, parfum	nasales œ	[ɲ]	gagner, vigne	nj-Laut
			[ŋ][3]	camping	ng-Laut
HALBVOKALE (HALBKONSONANTEN)			[:][4]		Längezeichen
[j]	bien, abeille	j-Laut			
[w]	Louis, trois	gleitendes u			
[ɥ]	lui, nuage	gleitendes ü			

[1] Das „e caduc", das im Satzzusammenhang (groupe rythmique) wegfallen kann, ist in runde Klammern gesetzt. Man spricht z. B. **un petit garçon** [ɛ̃ptigaʀsɔ̃], aber **une petite fille** [ynpɔtitfij] (Vermeidung von Konsonantenhäufung!).
[2] Im Gegensatz zum deutschen [r], das am Wortende und vor Konsonant häufig vokalisch gesprochen wird.
[3] In Fremdwörtern aus dem Englischen.
[4] Wird nur zur Umschreibung deutscher Übersetzungen verwendet, z. B. Computer [-'pju:-].

BINDUNG

Unter Bindung versteht man im Französischen die Aussprache eines gewöhnlich stummen Endkonsonanten eines Wortes, wenn das folgende Wort mit Vokal oder stummem h beginnt. Die gebundenen Wörter müssen dem Sinn nach zusammengehören und innerhalb einer „groupe rythmique" vorkommen.

Unerläßliche Bindungen:

Artikel + Substantiv: *les amis* [lezami], *un imbécile* [ɛ̃nɛ̃besil]
Pronomen + Substantiv: *ces arbres* [sezaʀbʀ(ə)], *son habit* [sɔ̃nabi]
Zahlwort + Substantiv: *deux élèves* [døzelɛv], *trois images* [tʀwazimaʒ]
Adjektiv + Substantiv: *un petit homme* [ɛ̃ptitɔm], *les grands enfants* [leɡʀɑ̃zɑ̃fɑ̃]
Pronomen + Verb: *nous allons* [nuzalɔ̃], *il les a vus* [illezavy], *j'en ai* [ʒɑ̃ne], *on y va* [ɔ̃niva]
nach **c'est**: *c'est incroyable* [sɛtɛ̃kʀwajabl(ə)]
nach den Präpositionen **chez, dans, en, sans, sous**: *chez eux* [ʃezø], *en hiver* [ɑ̃nivɛʀ]
nach den Adverbien **très, tout, plus, moins**: *très utile* [tʀɛzytil], *moins habile* [mwɛ̃zabil]

Unmöglich ist die Bindung nach **et** und vor **h aspiré** (im Wörterbuch mit **'h** bezeichnet).

AUSSPRACHE HÄUFIGER ENDUNGEN

~**able** [-abl(ə)]	~**eau** [-o]	~**ie** [-i]	~**logiste** [-lɔʒist]
~**age** [-aʒ]	~**ée** [-e]	~**ien** [-jɛ̃]	~**logue** [-lɔg]
~**ain** [-ɛ̃]	~**éen** [-eɛ̃]	~**ienne** [-jɛn]	~**ment** [-mɑ̃]
~**aine** [-ɛn]	~**éenne** [-eɛn]	~**ier** [-je]	~**mètre** [-mɛtʀ(ə)]
~**aire** [-ɛʀ]	~**el** [-ɛl]	~**ière** [-jɛʀ]	~**métrie** [-metʀi]
~**ais** [-ɛ]	~**elle** [-ɛl]	~**if** [-if]	~**métrique** [-metʀik]
~**aise** [-ɛz]	~**ement** [-mɑ̃]	~**ifère** [-ifɛʀ]	~**oïde** [-ɔid]
~**aison** [-ɛzɔ̃]	~**ence** [-ɑ̃s]	~**in** [-ɛ̃]	~**oir** [-waʀ]
~**al** [-al]	~**ent** [-ɑ̃]	~**ine** [-in]	~**oire** [-waʀ]
~**ale** [-al]	~**ente** [-ɑ̃t]	~**ion** [-jɔ̃]	~**ois** [-wa]
~**ance** [-ɑ̃s]	~**er** [-e]	~**ique** [-ik]	~**oise** [-waz]
~**and** [-ɑ̃]	~**ère** [-ɛʀ]	~**ir** [-iʀ]	~**on** [-ɔ̃]
~**ande** [-ɑ̃d]	~**erie** [-ʀi]	~**isation** [-izasjɔ̃]	~**onne** [-ɔn]
~**ane** [-an]	~**esque** [-ɛsk]	~**ise** [-iz]	~**ose** [-oz]
~**ant** [-ɑ̃]	~**esse** [-ɛs]	~**iser** [-ize]	~**ote** [-ɔt]
~**ante** [-ɑ̃t]	~**et** [-ɛ]	~**isme** [-ism(ə)]	~**otte** [-ɔt]
~**ard** [-aʀ]	~**ette** [-ɛt]	~**issage** [-isaʒ]	~**scope** [-skɔp]
~**arde** [-aʀd]	~**eur** [-œʀ]	~**issant** [-isɑ̃]	~**scopie** [-skɔpi]
~**ase** [-az]	~**euse** [-øz]	~**issement** [-ismɑ̃]	~**scopique** [-skɔpik]
~**at** [-a]	~**eux** [-ø]	~**isseur** [-isœʀ]	~**té** [-te]
~**ate** [-at]	~**fication** [-fikasjɔ̃]	~**iste** [-ist]	~**teur** [-tœʀ]
~**ateur** [-atœʀ]	~**fier** [-fje]	~**ite** [-it]	~**tion** [-sjɔ̃]
~**ation** [-asjɔ̃]	~**graphe** [-ɡʀaf]	~**ité** [-ite]	~**tique** [-tik]
~**aud** [-o]	~**graphie** [-ɡʀafi]	~**ition** [-isjɔ̃]	~**toire** [-twaʀ]
~**aude** [-od]	~**graphique** [-ɡʀafik]	~**ive** [-iv]	~**trice** [-tʀis]
~**aux** [-o]	~**ible** [-ibl(ə)]	~**logie** [-lɔʒi]	~**ule** [-yl]
~**é** [-e]	~**ide** [-id]	~**logique** [-lɔʒik]	~**ure** [-yʀ]

Im Wörterbuch verwendete Abkürzungen

Abréviations employées dans ce dictionnaire

a	*aussi*, auch	*déf*	*défectif*, defektiv, unvollständig
abr	*abréviation*, Abkürzung	*DIPL*	*diplomatie*, Diplomatie
abs	*(employé d'une façon) absolu(e)*, absolut (gebraucht), ohne Objekt	*ÉCOL*	*écologie*, Umwelt(schutz), Ökologie
abus	*abusivement*, fälschlich	*ÉCON*	*économie*, Wirtschaft
acc	*accusatif*, Akkusativ	*e-e*	*eine*, *un(e)*
adj	*adjectif (qualificatif)*, Adjektiv, Eigenschaftswort	*ÉGL*	*Église*, Kirche
		ÉLECT	*électrotechnique*, Elektrotechnik
adj/dém	*adjectif démonstratif*, attributives Demonstrativpronomen	*ÉLECTRON*	*électronique*, Elektronik
		e-m	*einem*, *à un(e)*
adj/ind	*adjectif indéfini*, attributives Indefinitpronomen	*e-n*	*einen*, *un(e)*
		enf	*langage des enfants*, Kindersprache
adj/int	*adjectif interrogatif*, attributives Interrogativpronomen	*e-r*	*einer*, *d'un(e)*, *à un(e)*
		e-s	*eines*, *d'un(e)*
adj/poss	*adjectif possessif*, attributives Possessivpronomen	*etc*	*et cetera*, und so weiter
		etw	etwas, *quelque chose*
adjt	*adjectivement*, adjektivisch gebraucht	*f*	*(nom) féminin*, Femininum, weiblich
ADM	*administration*, *langage administratif*, Verwaltung(ssprache)	*F*	*familier*, Umgangssprache, familiär
		fig	*(au sens) figuré*, figürlich, bildlich
adv	*adverbe*, Adverb, Umstandswort	*FIN*	*finances*, Geldwesen
advt	*adverbialement*, adverbial gebraucht	*FORTIF*	*fortifications*, Befestigungswesen
AGR	*agriculture*, Landwirtschaft	*f/pl*	*féminin pluriel*, Femininum Plural
ANAT	*anatomie*, Anatomie	*frz*	französisch, *français*
ARCH	*architecture*, Architektur, Baukunst	*gén*	*génitif*, Genitiv
arg	*argot*, Gaunersprache, Jargon	*GÉOGR*	*géographie*, Geographie, Erdkunde
ASTR	*astronomie*, Astronomie	*GÉOL*	*géologie*, Geologie
AUTO	*automobile*, Kraftfahrzeug(wesen)	*GR*	*grammaire*, Grammatik
AVIAT	*aviation*, Flugwesen, Luftfahrt	*HIST*	*histoire*, *historique*, Geschichte, historisch
BIBL	*Bible*, *langage biblique*, Bibel(sprache)		
BIOL	*biologie*, Biologie	*ind*	*indicatif*, Indikativ
BOT	*botanique*, Botanik, Pflanzenkunde	*inf*	*infinitif*, Infinitiv
CATH	*catholique*, katholisch	*INFORM*	*informatique*, Informatik, EDV
cf	*confer*, *voir*, siehe unter, vergleiche	*int*	*interjection*, Interjektion, Ausruf
CH	*(terme de) chasse*, Jagd, Jägersprache	*inv*	*invariable*, unveränderlich
CH DE FER	*chemin de fer*, Eisenbahn	*iron*	*ironique*, ironisch
CHIM	*chimie*, Chemie	*j*	jemand, *quelqu'un*
CIN	*cinéma*, Film(wesen), Kino	*JARD*	*jardinage*, Gartenbau
coll	*terme collectif*, Kollektivum, Sammelname	*j-m*	jemandem, *à quelqu'un*
		j-n	jemanden, *quelqu'un*
COMM	*commerce*, Handel	*j-s*	jemandes, *de quelqu'un*
comp	*comparatif*, Komparativ	*JUR*	*droit*, *langage juridique*, Rechtswesen, Rechtssprache
conj	*conjonction*, Konjunktion, Bindewort		
CONSTR	*construction*, Bauwesen	*LING*	*linguistique*, Linguistik, Sprachwissenschaft
COUT	*couture*, Schneiderei		
CUIS	*cuisine*, Küche	*litt*	*littéraire*, literarisch
dat	*datif*, Dativ	*loc*	*locution*, Redewendung

Abkürzungen – Abréviations

loc/adj	*locution adjective*, als Adjektiv gebrauchte Wendung	*pr/ind*	*pronom indéfini*, (alleinstehendes) Indefinitpronomen, unbestimmtes Fürwort
loc/adv	*locution adverbiale*, als Adverb gebrauchte Wendung	*pr/int*	*pronom interrogatif*, (alleinstehendes) Interrogativpronomen, Fragefürwort
loc/conj	*locution conjonctive*, als Konjunktion gebrauchte Wendung	*PROT*	*protestant*, protestantisch, evangelisch
loc/prép	*locution prépositive*, als Präposition gebrauchte Wendung	*prov*	*proverbe*, Sprichwort
m	(*nom*) *masculin*, Maskulinum, männlich	*pr/pers*	*pronom personnel*, Personalpronomen, persönliches Fürwort
MAR	*marine*, *navigation*, *langage des marins*, Marine, Schiffahrt, Seemannssprache	*pr/poss*	*pronom possessif*, (alleinstehendes) Possessivpronomen, besitzanzeigendes Fürwort
MATH	*mathématiques*, Mathematik		
MÉD	*médecine*, Medizin	*pr/rel*	*pronom relatif*, (alleinstehendes) Relativpronomen, bezügliches Fürwort
MÉTALL	*métallurgie*, Metallurgie, Hüttenwesen		
MÉTÉO	*météorologie*, Meteorologie		
MIL	*terme militaire*, Militär(wesen)	*PSYCH*	*psychologie*, Psychologie
MINÉR	*minéralogie*, Mineralogie	**qc**, qc	*quelque chose*, etwas
m/pl	*masculin pluriel*, Maskulinum Plural	**qn**, qn	*quelqu'un*, jemand
MUS	*musique*, Musik	*RAD*	*radio*, Rundfunk, Hörfunk
MYTH	*mythologie*, Mythologie	*REL*	*religion*, Religion
n	(*nom*) *neutre*, Neutrum, sächlich	*RHÉT*	*rhétorique*, Rhetorik, Redekunst
nordd	norddeutsch, *allemand du Nord*	*sc*	*scientifique*, wissenschaftlich
n/pl	*neutre pluriel*, Neutrum Plural	*schweiz*	schweizerisch, *suisse*
n/pr	*nom propre*, Eigenname	*SCULP*	*sculpture*, Bildhauerkunst
NUCL	*nucléaire*, nuklear, Kernkraft	*s-e*	seine, *sa*, *son*, *ses*
num/c	*numéral cardinal*, Grundzahl	*sg*	*singulier*, Singular, Einzahl
num/o	*numéral ordinal*, Ordnungszahl	*s-m*	seinem, *à son*, *à sa*
obj/dir	*complément d'objet direct*, direktes Objekt	*s-n*	seinen, *son*, *sa*, *à ses*
obj/indir	*complément d'objet indirect*, präpositionales Objekt	*s-r*	seiner, *de sa*, *de son*, *de ses*, *à sa*, *à son*
od	oder, *ou*	*s-s*	seines, *de son*, *de sa*
OPT	*optique*, Optik	*st/s*	*style soutenu*, gehobener Stil
österr	österreichisch, *autrichien*	*subj*	*subjonctif*, Konjunktiv
P	*populaire*, *grossier*, Volkssprache, derb	*subst*	*substantif*, *nom*, *substantivement*, Substantiv, Hauptwort, substantivisch gebraucht
par ext	*par extension*, im weiteren Sinne	*südd*	süddeutsch, *allemand du Sud*
PÉD	*pédagogie*, Pädagogik	*sup*	*superlatif*, Superlativ
PEINT	*peinture*, Malerei	*TECH*	*technique*, *technologie*, Technik
péj	*péjoratif*, pejorativ, verächtlich	*TÉL*	*téléphone*, Telefon
p/fort	*plus fort*, im verstärkten Sinne	*TÉLÉCOMM*	*télécommunications*, Fernmeldewesen, Nachrichtentechnik
PHARM	*pharmacie*, Pharmazie, Arzneimittelkunde	*TEXT*	*textiles*, Textilien, Textilindustrie
PHILOS	*philosophie*, Philosophie	*THÉ*	*théâtre*, Theater
PHON	*phonétique*, Phonetik, Lautlehre	*t/t*	*terme technique*, Fachausdruck
PHOT	*photographie*, Photographie	*TV*	*télévision*, Fernsehen
PHYS	*physique*, Physik	*TYPO*	*typographie*, *imprimerie*, Druckwesen, Typographie
PHYSIOL	*physiologie*, Physiologie, Wissenschaft von den Lebensvorgängen	*u*	und, *et*
pl	*pluriel*, Plural, Mehrzahl	*v/aux*	*verbe auxiliaire*, Hilfsverb
plais	*par plaisanterie*, scherzhaft	*VÉT*	*médecine vétérinaire*, Tiermedizin
poét	*poétique*, poetisch, dichterisch	*v/i*	*verbe intransitif*, intransitives Verb
POL	*politique*, Politik	*v/imp*	*verbe impersonnel*, unpersönliches Verb
p/p	*participe passé*, Partizip Perfekt	*VIT*	*viticulture*, Weinbau
p/pr	*participe présent*, Partizip Präsens	*v/pr*	*verbe pronominal*, reflexives Verb
pr	*pronom*, Pronomen, Fürwort	*v/t*	*verbe transitif*, transitives Verb
pr/dém	*pronom démonstratif*, (alleinstehendes) Demonstrativpronomen, hinweisendes Fürwort	*v/t/indir*	*verbe transitif indirect*, Verb mit Präpositionalobjekt
		Wz	Warenzeichen, *marque déposée*
prép	*préposition*, Präposition, Verhältniswort	*ZO*	*zoologie*, Zoologie

A

A, a[1] [a, a] *m* ⟨*inv*⟩ A, a *n*; *la bombe A* die A-Bombe; die A'tombombe; *fig depuis A jusqu'à Z ou de A à Z* von A bis Z; vom Anfang bis zum Ende; *prouver qc par A + B* [-aplysbe] etw (F klipp und) klar beweisen

a[2] [a] *cf avoir*

a[3] *abr* ⟨*are[s]*⟩ a (Ar)

A *abr* ⟨*ampère[s]*⟩ A (Ampere)

à [a] *prép* ⟨*„à le"* wird zu *au*, *„à les"* zu *aux* zusammengezogen⟩ **1.** *lieu*: **a)** *question «wo?»*: in, auf, an, zu (+*dat*); ♦ *être, rester, arriver* ~ *Paris* in Paris; *au Havre* in Le Havre; *au Portugal* in Portugal; *aux États-Unis* in den Vereinigten Staaten; ~ *Madagascar* auf Madagaskar; ~ *la campagne* auf dem Land; ~ *l'étranger* im Ausland; ~ *la fenêtre* am Fenster; ~ *la frontière* an der Grenze; ~ *la gare* an, auf den Bahnhof; ~ *l'hôtel* im Hotel; *tenir un journal* ~ *la main* e-e Zeitung in der Hand halten; ~ *la maison* zu Hause; ~ *la mer* am Meer; an der See; *boire* ~ *une source* aus e-r Quelle trinken; **b)** *question «wohin?»*: nach (+*dat*); in, an, auf (+*acc*); zu (+*dat*); *aller, envoyer* ~ *Paris, au Canada,* ~ *Chypre* nach Paris, nach Kanada, nach Zypern; *un voyage* ~ *Paris* e-e Reise nach Paris; *du nord au sud* von Nord(en) nach Süd(en); *aller* ~ *la campagne,* ~ *l'étranger* aufs Land, ins Ausland gehen, fahren; F *aller au coiffeur, au boulanger etc* zum Friseur, zum Bäcker etc gehen; *courir* ~ *la gare* zum Bahnhof rennen; *écrire* ~ *la maison* nach Hause schreiben; *jeter* ~ *l'eau* ins Wasser werfen; *cf a subst et verbes correspondants*; **2.** *temps*: ~ *vingt ans* mit zwanzig (Jahren); ~ *son arrivée* bei s-r Ankunft; ~ *l'époque de Louis XIV* zur Zeit Ludwigs XIV.; ~ *six heures* um sechs (Uhr); ~ *toute heure* zu jeder Tageszeit; *ouvert* ganztägig; *au mois de janvier* im (Monat) Januar; ~ *sa mort* bei s-m Tode; ~ *Noël,* ~ *Pâques,* ~ *la Pentecôte* (zu, an) Weihnachten, Ostern, Pfingsten; *au printemps* im Frühling; *au premier signe* beim ersten Wink; ♦ ~ *bientôt!,* ~ *demain!,* ~ *lundi! etc* bis, auf bald!, bis, auf morgen!, bis, auf Montag! *etc*; ~ *ce jour* bis zum heutigen Tag; **3.** *destination, but*: **a)** *marché* ~ *aux poissons* Fischmarkt *m*; *patin m* ~ *glace* Schlittschuh *m*; *tasse f* ~ *café* Kaffeetasse *f*; **b)** *introduisant un complément d'obj/indir*: *souvent traduit par un datif*; *arracher aux flammes* den Flammen entreißen; *donner qc* ~ *qn* j-m etw geben; *se heurter* ~ *des difficultés* auf Schwierigkeiten stoßen; *penser* ~ *qn* an j-n denken; ♦ *fidèle* ~ *qn,* ~ *qc* j-m, e-r Sache treu; *bon* ~ *rien* zu nichts nütze; *c'est très aimable* ~ *vous* das ist sehr nett von Ihnen; ♦ *elliptiquement*: *au feu!* Feuer!; es brennt!; *au secours!* Hilfe!; ~ *votre santé!* auf Ihr Wohl!; prost!; ~ *toi!* du bist an der Reihe!; du bist dran!; *RAD* ~ *vous Paris!* Paris bitte melden!; ich rufe *ou* wir rufen Paris; ~ *lui de se décider* es ist an ihm, sich zu entscheiden; er muß sich entscheiden; *dédicace* ~ *ma femme bien aimée* meiner lieben Frau; **c)** *introduisant un inf*: zu; *avoir beaucoup* ~ *faire* viel zu tun haben; *donner* ~ *manger,* ~ *boire* zu essen, zu trinken geben; *film m* ~ *voir* sehenswerter Film; *machine f* ~ *écrire* Schreibmaschine *f*; *problème m* ~ *résoudre* Problem, das zu lösen ist, das gelöst werden muß; *ce n'est pas un livre* ~ *lire avant de s'endormir* dieses Buch sollte man nicht vor dem Einschlafen lesen; *le premier* ~ *faire qc* der erste, der etw tut; **4.** *appartenance*: *ce livre est* ~ *moi* dieses Buch gehört mir; *c'est mon livre* ~ *moi* das ist mein Buch; *il a un style* ~ *lui* er hat e-n eigenen Stil; *un ami* ~ *moi* ein Freund von mir; F *la fille* ~ *ma tante* die Tochter meiner Tante; F meiner Tante ihre Tochter; ~ *nous la liberté!* endlich sind wir frei!; F ~ *nous les gâteaux!* her mit dem Kuchen!; **5.** *manière*: **a)** *moyen*: ~ *bicyclette* mit dem (Fahr)Rad; ~ *cheval* zu Pferd; ~ *crédit* auf Kredit; ~ *mes frais* auf meine Kosten; ~ *pied* zu Fuß; *se chauffer au mazout* mit Öl heizen; *écrire* ~ *la main,* ~ *la machine* mit der Hand, auf *ou* mit der Maschine schreiben; *instrument m* ~ *cordes* Saiteninstrument *n*; **b)** *descriptif*: *aux yeux bleus* mit blauen Augen; blauäugig; *film m* ~ *succès* Erfolgsfilm *m*; *l'homme aux lunettes noires* der Mann mit der dunklen Brille; *joli, mignon* ~ *croquer* zum Anbeißen (hübsch); *laid* ~ *faire peur* abstoßend häßlich; ♦ ~ *la française,* ~ *l'italienne etc* auf französische, italienische Art; F ~ *la Picasso* nach Picassos Art; im Stil Picassos; F à la Picasso; *cf a aveuglette, merveille etc*; **c)** *expressions hypothétiques*: ~ *ce qu'on m'a dit* so'viel ich gehört habe; ~ *l'entendre on dirait qu'il ...* wenn man ihn hört, könnte man meinen, (daß) er ...; ~ *ce que je vois* so'viel, so'weit, wie ich sehe; ~ *vouloir trop faire* wenn man zuviel tun will; **6.** *mesures et nombres*: ~ *la douzaine* dutzendweise; *au kilo vendre* kiloweise; *prix* pro Kilo *au poids* nach Gewicht; ~ *20 F* (*la*) *pièce* das Stück zu 20 Franc; ~ *ce prix* für diesen Preis; zu diesem Preis; ♦ ~ *cinq* zu fünft; zu fünfen; ~ *plusieurs* zu mehreren; ~ *dix contre un* zehn gegen einen; ♦ *un* ~ *un* einer nach dem ander(e)n; einzeln; *goutte* ~ *goutte* tropfenweise; *pas* ~ *pas* [pazapɑ] Schritt für Schritt; schrittweise; ♦ ~ *10 km de la ville* 10 km von der Stadt (entfernt); ~ *100 m d'ici* 100 m von hier; *on voit* ~ *50 m* man sieht 50 m weit; ♦ ~ *100 degrés* bei 100 Grad; *rouler* ~ *100* ~ *l'heure* mit 100 Stundenkilometern fahren; ♦ *quarante* ~ *cinquante mille habitants* vierzig- bis fünfzigtausend Einwohner; *4* ~ *5 heures* 4 bis 5 Stunden; *de 4* ~ *6 heures* von 4 bis 6 Uhr; *vents faibles* ~ *modérés* schwache bis mäßige Winde; ♦ *x est* ~ *a ce que b est* ~ *c* x verhält sich zu a wie b zu c; *gagner par trois* ~ *un* (*3-1*) (mit) drei zu eins (3:1) gewinnen

abaissant [abɛsɑ̃] *adj* erniedrigend; entwürdigend

abaisse [abɛs] *f CUIS* (ausgerollter) Teig; (Kuchen)Boden *m*; ~**-langue** *m* ⟨*inv*⟩ *MÉD* Zungenspatel *m ou f*

abaissement [abɛsmɑ̃] *m* **1.** *des prix, du niveau* Senkung *f*; Her'absetzung *f*; *de la température* (Ab)sinken *n*; *artificiellement* Erniedrigung *f*; (Ab)Senken *n*; **2.** *fig et litt* Erniedrigung *f* (*a état*)

abaisser [abese] **I** *v/t* **1.** *levier* her'unterdrücken; nach unten stellen; *pâte* (dünner) ausrollen; **2.** *prix, niveau* senken; her'absetzen; *TECH température* erniedrigen; (ab)senken; *MATH*: *perpendiculaire* fällen; *chiffre* her'unterziehen, -holen; **3.** *fig* (*humilier*) erniedrigen; demütigen; *mérites de qn* schmälern; **II** *v/pr s'*~ **4.** *terrain* sich senken; abfallen; **5.** *fig* sich erniedrigen; sich demütigen; *s'*~ (*jusqu'*)*à faire qc* sich her'abwürdigen, etw zu tun

abandon [abɑ̃dɔ̃] *m* **1.** (*action de quitter*) Verlassen *n*; *JUR*: ~ *du domicile conjugal* böswilliges Verlassen; ~ *d'enfant* Kindesaussetzung *f*; *MIL* ~ *de poste* Verlassen des Postens; **2.** (*cessation*) Aufgabe *f* (*a SPORTS*); Verzicht *m* (*de auf +acc*); Preisgabe *f*; **3.** (*délaissement*) Verwahrlosung *f*; Verlassenheit *f*; *jardin etc être à l'*~ verwahrlost sein; *laisser à l'*~ *maison, jardin, enfants* verwahrlosen lassen; *ses affaires* vernachlässigen; **4.** (*nonchalance*) Ungezwungenheit *f*; Gelöstheit *f*; lässige Anmut; *avec* ~ ungezwungen; gelöst

abandonné [abɑ̃dɔne] *adj* **1.** *personne, maison etc* verlassen; (*négligé*) verwahrlost; *animal, voiture etc* herrenlos; *lieu,*

abandonner – abondance

région verlassen; verödet; **terres ~es** Ödland *n*; **2.** *attitude* gelöst; ungezwungen

abandonner [abɑ̃dɔne] **I** *v/t* **1.** *personne* verlassen; im Stich lassen; *bébé*, *animal* aussetzen; **ses forces l'abandonnèrent** s-e Kräfte verließen ihn; **2.** *lieu*, *région* (für immer) verlassen; **3.** *métier*, *études*, *projet*, *combat*, *SPORTS etc* aufgeben; *biens* aufgeben; verzichten auf (*+acc*); *espoir* aufgeben; *st/s* fahrenlassen; *abs* **j'abandonne!** ich gebe auf!; **~ la partie** (den Kampf) aufgeben; **faire ~ un projet à qn** j-n von e-m Vorhaben abbringen; **4. ~ qc à qn** j-m etw über-'lassen, preisgeben; **~ qn à son triste sort** j-n s-m Schicksal überlassen, preisgeben; **~ à qn le soin de faire qc** es j-m überlassen, etw zu tun; j-m die Sorge für etw überlassen; **II** *v/pr* **s'~ 5.** sich hingeben, sich über'lassen (*à un sentiment* e-m Gefühl); **s'~ à une pensée, à la rêverie** *a* e-m Gedanken, Träumereien nachhängen; **6.** (*se détendre*) ungezwungen, gelöst hinsinken; **s'~ dans un fauteuil** (mit lässiger Anmut) in e-n Sessel sinken; **7.** (*s'épancher*) sich aussprechen; sein Herz ausschütten

abasourdi [abazuʀdi] *adj* **1.** *par le bruit* benommen; betäubt; **2.** (*étonné*) verblüfft; verdutzt; F verdattert

abasourdir [abazuʀdiʀ] *v/t* **1.** *bruit* **~ qn** j-n (ganz) benommen machen, betäuben; **2.** (*étonner*) verblüffen; verdutzen

abâtardir [abataʀdiʀ] **I** *v/t* bastar'dieren; verderben; **II** *v/pr* **s'~** entarten, degene'rieren

abat-jour [abaʒuʀ] *m* ⟨*inv*⟩ Lampenschirm *m*

abats [aba] *m/pl* Inne'reien *pl*, Kopf *m* und Füße *m/pl*; Schlachtabfälle *m/pl*

abattage [abataʒ] *m* **1.** *d'un arbre* Fällen *n*; *abs* Holzfällen, -hauen *n*; **2.** *BOUCHERIE* Schlachten *n*; **3.** *fig* **avoir de l'~** Schwung haben; alle mitreißen

abattant [abatɑ̃] *m* (Klapp)Deckel *m*; *sur un meuble* her'unterklappbare (Schreib)Platte

abattement [abatmɑ̃] *m* **1.** *FIN* Abschlag *m*; Nachlaß *m*; Ermäßigung *f*; *impôt sur le revenu* **~ à la base** (Steuer-)Freibetrag *m*; **2.** *d'une personne* **a)** *physique* Mattigkeit *f*; Kraftlosigkeit *f*; Schwäche *f*; **b)** *moral* Niedergeschlagenheit *f*; **tirer qn de son ~** j-n aufrichten

abattis [abati] *m/pl* **1.** *de volaille* (Hühner-, Gänse)Klein *n*; **2.** F *fig* Gliedmaßen *f/pl*; Extremi'täten *f/pl*; F Knochen *m/pl*; *menace* **tu peux numéroter tes ~!** F du kannst deine Knochen numerieren!

abattoir [abatwaʀ] *m* souvent *pl* **~s** Schlachthaus *n*, -hof *m*; *fig* **envoyer les soldats à l'~** die Soldaten in ein Blutbad schicken, F verheizen

abattre [abatʀ(ə)] ⟨*cf* battre⟩ **I** *v/t* **1.** *arbre* fällen; *mur*, *maison* niederreißen; *avion* abschießen; **2.** *animal de boucherie* schlachten; *CH* erlegen; schießen; zur Strecke bringen; *animal blessé ou malade* töten; **3. ~ qn** (*à coups de revolver etc*) j-n niederschießen, erschießen, *péj* abknallen; **~ qn à coups de matraque** j-n zu Tode knüppeln; *fig* **l'homme m à ~ der Mann, der erledigt, F abgeschossen werden muß; *par ext* **une ~ puissance ennemie** e-e feindliche Macht niederwerfen; **4. ~ de la besogne, du travail** flink, tüchtig arbeiten; F viel, e-e Menge wegarbeiten; **5. ~ son jeu, ses cartes** s-e Karten aufdecken, (offen) auf den Tisch legen (*a fig*); **6.** *fièvre*, *maladie* **~ qn** j-n schwächen, entkräften; **7.** *malheur*, *échec* **~ qn** j-n niedergeschlagen machen, niederdrücken; **il ne faut pas se laisser ~** man darf sich nicht 'unterkriegen lassen; **II** *v/pr* **s'~ 8.** *arbre*, *mât* 'umstürzen; *cheval* stürzen; *personne* zu'sammensacken; *avion* abstürzen; **9. s'~ sur** *pluie* niedergehen, -prasseln auf (*+acc*); *orage* niedergehen auf (*+acc*); *rapace* her'abschießen auf (*+acc*); *nuée d'oiseaux* sich niederlassen auf (*+dat*); *sauterelles* herfallen über (*+acc*); *fig* *malheur* hereinbrechen über (*+acc*)

abattu [abaty] *adj* **1.** (*affaibli*) geschwächt; matt; kraftlos; **2.** (*déprimé*) niedergeschlagen, -gedrückt

abbatial [abasjal] *adj* ⟨-aux⟩ Ab'tei...; Abts...; **église ~e** *ou subst* **~e** *f* Abteikirche *f*

abbaye [abei] *f* Ab'tei *f*

abbé [abe] *m ÉGL* **1.** *en France* Geistliche(r) *m*, Pfarrer *m* (*der nicht „curé" ist*); *suivi du nom* Abbé *m*; *appellatif* **Monsieur l'~** Herr Pfarrer; **2.** *d'un monastère* Abt *m*

abbesse [abɛs] *f ÉGL* Äb'tissin *f*

abc [abese] *m* **1.** (*abécédaire*) Abc-Buch *n*; Fibel *f*; **2.** *fig d'un métier etc* Abc *n*; Einmal'eins *n*; Anfangsgründe *m/pl*; **l'~ du bricolage** das Bastel-Abc

abcès [apsɛ] *m MÉD* Ab'szeß *m*; *fig* **crever l'~** das Übel an der Wurzel packen

abdication [abdikasjɔ̃] *f* **1.** *d'un souverain* Abdankung *f*; **2.** *fig* Verzicht *m* (**de** auf *+acc*); Aufgabe *f*; Kapitulati'on *f* (**devant** vor *+dat*)

abdiquer [abdike] **I** *v/t litt* **1. ~ la couronne** dem Thron entsagen; **2.** *fig* verzichten auf (*+acc*); aufgeben; **II** *v/i* **3.** *souverain* abdanken (**en faveur de** zu'gunsten *+gén*); **4.** *fig* aufgeben; verzichten; kapitu'lieren (**devant** vor *+dat*); **j'abdique** ich gebe auf

abdomen [abdɔmɛn] *m ANAT* Bauch *m*; 'Unterleib *m*; *sc* Ab'domen *n*

abdominal [abdɔminal] ⟨*m/pl* -aux⟩ **I** *adj ANAT* Bauch...; 'Unterleibs...; *sc* abdomi'nal; **II** *subst* **abdominaux** *m/pl* Bauchmuskeln *m/pl*; *par ext SPORTS* **faire des abdominaux** Übungen *f/pl* zur Kräftigung der Bauchmuskeln machen

abécédaire [abesedɛʀ] *m* Abc-Buch *n*; Fibel *f*

abeille [abɛj] *f ZO* Biene *f*; *poét* Imme *f*

aber [abɛʀ] *m en Bretagne* kleiner Fjord

aberrant [abɛʀɑ̃] *adj* abwegig; irrig; *p/fort* irrsinnig; aberwitzig; ab'surd

aberration [abɛʀasjɔ̃] *f* **1.** Verirrung *f*; Geistesverwirrung *f*; *par ext* Absurdi'tät *f*; **dans un moment d'~** in e-m Augenblick geistiger Um'nachtung; **2.** *ASTR*, *OPT* Aberrati'on *f*; *BIOL* **~ chromosomique** Chromo'somenaberration *f*

abêtir [abetiʀ] **I** *v/t* verdummen; abstumpfen; **II** *v/pr* **s'~** verdummen; verblöden; **~issant** *adj* stumpfsinnig; geisttötend; **~issement** *m* Verdummung *f*; Verblödung *f*; *état a* Stumpfsinn *m* **abhorrer** [abɔʀe] *litt v/t* verabscheuen; *adj* **abhorré** verhaßt

abîme [abim] *m* **1.** Abgrund *m*; (grundlose) Tiefe *f*; *litt* Schlund *m*; **2.** *fig* Abgrund *m*; **un ~ de désespoir** *etc* abgrundtiefe Verzweiflung *etc*; *st/s* ein Abgrund von Verzweiflung *etc*; **il y a un ~ entre nous** zwischen uns liegt ein Abgrund, e-e unüberbrückbare Kluft; uns trennen Welten; **être au bord de l'~** am Rande des Abgrunds stehen; **être au fond de l'~** auf dem Tiefpunkt angelangt sein

abîmer [abime] **I** *v/t* **1.** *objet* beschädigen; F rampo'nieren; ka'puttmachen; *aliments* verderben; *physique* verunstalten; *cheveux* strapa'zieren; *santé* angreifen; *p/fort* rui'nieren; *adj* **abîmé** beschädigt; schadhaft; F rampo'niert; ka'putt; *denrées* verdorben; *cheveux* strapa'ziert; **2.** F **~ qn** j-n übel zurichten; **II** *v/pr* **3. s'~** *objets* beschädigt, F rampo'niert werden; schadhaft werden; *denrées* verderben; *cheveux*, *ob- jets*, *denrées* F ka'puttgehen; **4. s'~ les yeux, la vue** sich die Augen verderben; **5.** *litt* **s'~ dans** versinken in (*+dat*); *dans ses pensées* sich versenken in (*+acc*)

abject [abʒɛkt] *adj* niederträchtig; gemein; schändlich

abjection [abʒɛksjɔ̃] *f* Verworfenheit *f*; tiefste Erniedrigung

abjur|ation [abʒyʀasjɔ̃] *f* Abschwörung *f*; **~er** *v/t* abschwören (*+dat*)

ablatif [ablatif] *m GR* Ablativ *m*

ablation [ablasjɔ̃] *f* **1.** *MÉD* opera'tive Entfernung *f*; *sc* Ablati'on *f*; **2.** *GÉOL* Abtragung *f*; *sc* Ablati'on *f*

ablette [ablɛt] *f ZO* Weißfisch *m*

ablution [ablysjɔ̃] *f* **1.** *REL* (ritu'elle) Waschung *f*; **2.** F *plais* **faire ses ~s** sich waschen

abnégation [abnegasjɔ̃] *f* Selbstverleugnung *f*; Selbstlosigkeit *f*; Opferbereitschaft *f*, -geist *m*; **faire acte d'~** sich aufopfern (*a plais*)

aboiements [abwamɑ̃] *m/pl* **1.** Gebell *n*; Bellen *n*; **2.** *fig et péj* Belfern *n*; Gezeter *n*; Geschrei *n*

abois *loc/adj* **aux ~** [ozabwa] **a)** *CH cerf* von der Meute gestellt; **b)** *fig personne* in äußerster Bedrängnis; in e-r verzweifelten, ausweglosen Lage

abolir [abɔliʀ] *v/t* **1.** *loi*, *peine de mort etc* abschaffen; aufheben; **2.** *fig* **l'avion a aboli les distances** das Flugzeug hat die Entfernungen schrumpfen lassen

abolition [abɔlisjɔ̃] *f* Abschaffung *f*; Aufhebung *f*

abolitionnisme [abɔlisjɔnism(ə)] *m HIST aux U.S.A.* Aboliti'onismus *m*

abominable [abɔminabl(ə)] *adj crime*, *par ext temps etc* ab'scheulich; scheußlich; greulich

abomination [abɔminasjɔ̃] *f* Ab'scheulichkeit *f*; Scheußlichkeit *f*; Schändlichkeit *f*; *action a* Greuel *m*; **avoir qc, qn en ~** etw, j-n verabscheuen; **dire des ~s** abscheuliche Dinge sagen; **c'est une ~!** das ist ja abscheulich!

abondamment [abɔ̃damɑ̃] *adv* reichlich; ausgiebig; **~ illustré** reich illustriert

abondance [abɔ̃dɑ̃s] *f* Fülle *f*; 'Überfluß *m*; **~ de blé** Überfluß an Weizen; **l'~ de la documentation** die Fülle der

Dokumente; *une ~ de marchandises* e-e Fülle von Waren; e-e Warenfülle; *loc/adv en ~* reichlich; *p/fort* im Überfluß; in Hülle und Fülle; *il y a ~ de beurre* Butter ist im Überfluß vorhanden; *vivre dans l'~* im Überfluß leben; *prov ~ de biens ne nuit pas* besser zuviel als zuwenig; je mehr, desto besser
abondant [abɔ̃dɑ̃] *adj* reichlich; ausgiebig; üppig; *récolte* reich; *peu ~* wenig ergiebig; spärlich; dürftig; *~e chevelure* Haarfülle *f*, -pracht *f*
abonder [abɔ̃de] **I** *v/t/indir* **~ en qc** an etw (*dat*) 'Überfluß haben; etw im 'Überfluß besitzen; *cette région abonde en fruits* dies ist eine reiche Obstgegend; **II** *v/i* **1.** reichlich, im 'Überfluß vorhanden sein; *les fautes abondent dans ce texte* dieser Text strotzt *ou* wimmelt von Fehlern; es wimmelt von Fehlern in diesem Text; **2.** *~ dans le sens de qn* j-m voll und ganz beipflichten
abonné [abɔne] *m à un journal* Bezieher *m*; Abon'nent *m* (*a THÉ*); *au gaz, à l'électricité* Abnehmer *m*; *CH DE FER* Zeitkarteninhaber *m*; *~s au ou du gaz* Gasabnehmer *m/pl*; *~s du ou au téléphone* Fernsprechteilnehmer *m/pl*; *TÉL il n'y a pas d'~ au numéro que vous avez demandé* kein Anschluß unter dieser Nummer
abonnement [abɔnmɑ̃] *m à un journal, THÉ* Abonne'ment *n*; *à un journal a* (laufender, fester) Bezug; *THÉ a* Miete *f*; *à un journal* Zeitungsabonnement *n*; *~ de théâtre* The'aterabonnement *n*; *carte f d'~ pour transports en commun* Zeitkarte *f*; *pour musées, piscine* Dauerkarte *f*; *prendre, souscrire un ~ à un journal* e-e Zeitung abonnieren; *prendre un ~* ein (The'ater-, Kon'zert-) Abonnement *ou* e-e Dauerkarte nehmen
abonner [abɔne] **I** *v/t* **1.** *~ qn à un journal* für j-n e-e Zeitung abon'nieren; *être abonné à un périodique* auf e-e Zeitschrift abonniert sein; e-e Zeitschrift beziehen, halten; **2.** F *encore un accident, tu y es abonné!* F du bist wohl drauf abon'niert!; **II** *v/pr s'~ à une revue* e-e Zeitschrift abonnieren; *s'~ à un théâtre* ein Abonnement für ein Theater nehmen
abord [abɔʀ] *m* **1.** *~s pl* (unmittelbare, nächste) Um'gebung; *aux ~s de Berlin* in der unmittelbaren Umgebung, am Stadtrand von Berlin; **2.** (*accès*) *lieu, fig œuvre, auteur d'un ~ facile, difficile* leicht, schwer zugänglich; *personne être d'un ~ facile* 'umgänglich sein; *il est d'un ~ difficile* mit ihm ist schwer Kontakt zu bekommen; **3.** *loc/adv d'~* zu'erst; zu'nächst; als erstes; *tout d'~* zu'(aller)erst; *dès l'~* von Anfang an; gleich zu Anfang an; *au premier ~, de prime ~* auf den ersten Blick; zu'nächst
abordable [abɔʀdabl(ə)] *adj* **1.** *personne, lieu* zugänglich; **2.** *prix* erschwinglich; *d'un prix ~* (im Preis) erschwinglich
abordage [abɔʀdaʒ] *m MAR* **1.** *assaut* Entern *n*, -ung *f*; **2.** *accident* Kollisi'on *f*; (Schiffs)Zu'sammenstoß *m*
aborder [abɔʀde] **I** *v/t* **1.** *MAR navire ennemi* entern; **2.** *MAR* (*heurter*) kolli'dieren, zu'sammenstoßen mit; rammen; **3.** *~ qn* j-n ansprechen, anreden; *se faire ~* angesprochen werden; **4.** (*arriver à*) her'angehen, -kommen an (+*acc*); *véhicule* her'anfahren an (+*acc*); *avion: piste* anfliegen; *cavalier: obstacle* angehen; *~ le virage à grande vitesse* mit hoher Geschwindigkeit in die Kurve fahren; **5.** *sujet, question* anschneiden; zur Sprache bringen; aufgreifen; ansprechen; zu sprechen kommen auf (+*acc*); **II** *v/i MAR* anlegen; landen; *~ dans une île* auf e-r Insel landen
aborigène [abɔʀiʒɛn] **I** *adj faune, végétation* einheimisch; *population f ~* Urbevölkerung *f*; **II** *m/pl ~s* Urbewohner *m/pl*; Ureinwohner *m/pl*; Eingeborene(n) *pl*
abortif [abɔʀtif] *MÉD, PHARM* **I** *adj* ⟨-ive⟩ abtreibend; Abtreibungs...; *pilule abortive* Abtreibungspille *f*; **II** *m* Abtreibungsmittel *n*
aboucher [abuʃe] *v/pr s'~ avec qn* sich mit j-n in Verbindung setzen; mit j-n Kon'takt aufnehmen
abouler [abule] **I** *v/t arg* (*donner*) F rausrücken; *aboule le fric!* F rück den Zaster raus!; *abs aboule!* her damit!; **II** *v/i* (*et v/pr*) (*s'*) *~ arg* (*arriver*) F antanzen
aboul|ie [abuli] *f MÉD* (krankhafte) Willenlosigkeit; *sc* Abu'lie *f*; *~ique adj* (krankhaft) willenlos, entschlußlos
aboutir [abutiʀ] **I** *v/t/indir ~ à* **1.** *fleuve, rue etc* münden in (+*acc*); *rue a* enden in (+*dat*); **2.** *personne* kommen, gelangen zu; *~ à, dans un village* zu e-m Dorf kommen; **3.** *fig mesures, négociations etc* führen zu; *n'~ à rien* zu nichts führen; **II** *v/i* **4.** *négociations, recherches etc* zu etwas führen; zu e-m Ergebnis führen; *ne pas ~ a* ergebnislos bleiben, verlaufen; *faire ~ qc* etw zu e-m guten Ende führen; etw zum Abschluß bringen; **5.** *personne* zu e-m Ergebnis gelangen, kommen
aboutiss|ant [abutisɑ̃] *m/pl cf tenant II* 2.; *~ement m* Ergebnis *n*; Erfolg *m*
aboyer [abwaje] ⟨-oi-⟩ **I** *v/t des ordres* F Befehle schnauzen, bellen; **II** *v/i* **1.** *chien* bellen; *pour avertir* anschlagen; *~ après les passants* die Passanten anbellen; **2.** *fig personne* belfern; zetern; schreien; *~ après qn* j-n anbrüllen, anschreien
abracadabr|a [abʀakadabʀa] *m* Abraka'dabra *n*; *~ant* *adj* wunderlich; unwahrscheinlich; gro'tesk
Abraham [abʀaam] *m BIBL* Abraham *m*
abrasif [abʀazif] **I** *adj* ⟨-ive⟩ abschleifend; scheuernd; Schleif...; **II** *m* Scheuermittel *n*; *TECH* Schleifmittel *n*
abrasion [abʀazjɔ̃] *f* **1.** *TECH* Abschleifen *n*; Abrieb *m*; **2.** *GÉOL* Abrasi'on *f*
abrégé [abʀeʒe] *m* **1.** *d'un livre etc* Kurzfassung *f*; **2.** *d'une science* (kurzer) Abriß; **3.** *loc/adv en ~* in Kurzfassung; (ab)gekürzt; kurz gesagt; *écrire en ~* abgekürzt schreiben; *voilà, en ~, mon impression* das ist, kurz gesagt, mein Eindruck
abrègement *ou* **abrégement** [abʀɛʒmɑ̃] *m d'un texte, d'un mot* Kürzung *f*; *de la vie, d'un délai* Verkürzung *f*
abréger [abʀeʒe] *v/t* ⟨-è-, -geons⟩ *livre, discours, texte* kürzen; *mot, itinéraire, voyage, souffrances* ab-, verkürzen; *abs: pour ~* um mich kurz zu fassen; *abrégeons!* machen wir's kurz!; F *abrège!* mach's kurz!; zur Sache!; *adjt mot abrégé* Kurzwort *n*; *sous une forme abrégée* in gekürzter Form
abreuver [abʀœve] **I** *v/t* **1.** *animaux* tränken; **2.** (*imbiber*) (durch')tränken (*a TECH*); **3.** *fig ~ qn de compliments, d'injures* j-n mit Komplimenten, Beleidigungen über'schütten, -'häufen; **II** *v/pr s'~ animal* trinken; F *personne* ausgiebig trinken, s-n Durst löschen
abreuvoir [abʀœvwaʀ] *m* Tränke *f*
abréviatif [abʀevjatif] *adj* ⟨-ive⟩ Abkürzungs...; *signe ~* Abkürzungszeichen *n*
abréviation [abʀevjasjɔ̃] *f* Abkürzung *f*; *liste f des ~s* Abkürzungsverzeichnis *n*
abri [abʀi] *m* **1.** Schutzdach *n*; (*cabane*) Schutzhütte *f*; *à l'arrêt d'un bus* Wartehäuschen *n*; *fig* (*protection*) Schutz *m*; *par ext* (*habitation*) Obdach *n*; 'Unterkunft *f*; 'Unterschlupf *m*; *~ contre la pluie* Schutz gegen Regen; *loc/prép à l'~ de* sicher vor (+*dat*); geschützt gegen; *st/s* gefeit gegen; *à l'~ du vent* windgeschützt; im Windschatten; *être à l'~* in Sicherheit, sicher sein; *être à l'~ du besoin* keine Not leiden; *être à l'~ de pareilles erreurs* gegen solche Fehler gefeit sein; *mettre à l'~* 'unterstellen; in Sicherheit bringen; *se mettre à l'~* sich 'unterstellen; Schutz suchen; 'unterschlüpfen; *MIL* in Deckung gehen; *être sans ~* obdachlos sein; **2.** *MIL* 'Unterstand *m*; *pour les civils* Schutzraum *m*
abribus [abʀibys] *m* Wartehäuschen *n*
abricot [abʀiko] *m* **1.** Apri'kose *f*; *österr* Ma'rille *f*; **2.** *adjt* ⟨*inv*⟩ apri'kosenfarbig; *pêche f ~* gelber Pfirsich
abricotier [abʀikɔtje] *m BOT* Apri'kosenbaum *m*; Apri'kose *f*
abriter [abʀite] **I** *v/t* **1.** (*protéger*) Schutz bieten (*qn* j-m), schützen (*de* gegen; vor +*dat*); *adjt abrité* (wind-, wetter-) geschützt; **2.** *maison: personnes* aufnehmen; *musée: œuvre etc* bergen; beherbergen; **II** *v/pr s'~* **3.** sich schützen (*du soleil* vor der Sonne, gegen die Sonne); Schutz suchen (*derrière un arbre* hinter e-m Baum); sich 'unterstellen; *MIL* in Deckung gehen; *fig s'~ derrière qn, derrière la loi* sich hinter j-m, hinter dem Gesetz verschanzen
abrogation [abʀɔgasjɔ̃] *f JUR* Aufhebung *f*; Außer'kraftsetzung *f*
abroger [abʀɔʒe] *v/t* ⟨-geons⟩ *loi* aufheben; außer Kraft setzen
abrupt [abʀypt] *adj* **1.** *pente etc* steil; abschüssig; schroff; jäh abfallend; **2.** *attitude, réponse* schroff; *question* unvermittelt; ab'rupt; schonungslos
abruti [abʀyti] *adj* **1.** *par un travail, par le bruit etc* stumpfsinnig (geworden), abgestumpft, verblödet, benommen (*de, en ~ pair*); **2.** F (*idiot*) blöd; doof; **II** *subst ~(e) m(f) injure* blöder Kerl; Blödmann *m*; blöde Ziege, Kuh; *südd a* Depp *m*
abrutir [abʀytiʀ] **I** *v/t* stumpfsinnig, benommen machen; abstumpfen; verdummen; **II** *v/pr s'~* stumpfsinnig werden; abstumpfen; verblöden; verdum-

abrutissant – académique

men; *s'~ de travail* F sich ka'puttarbeiten

abrutiss|ant [abʀytisɑ̃] *adj travail etc* stumpfsinnig; geisttötend; *vacarme* ohrenbetäubend; **~ement** *m* Verdummung *f*; Verblödung *f*; *état a* Stumpfsinn *m*

abscisse [apsis] *f MATH* Ab'szisse *f*

abscons [apskɔ̃] *adj* ⟨-onse [-ɔ̃s]⟩ schwerverständlich; dunkel

absence [apsɑ̃s] *f* **1.** Abwesenheit *f*; Fehlen *n*; Ausbleiben *n*; *d'une personne a* Nichterscheinen *n*; Fernbleiben *n*; **~ de bruit, d'enfants, de ressources** Geräusch-, Kinder-, Mittellosigkeit *f*; *l'~ de père* das Fehlen e-s Vaters; *les ~s d'un élève* das wieder'holte Fehlen e-s Schülers; *loc/prép* **en l'~ du ministre** *etc* in Abwesenheit des Ministers *etc*; **en l'~ de preuves** mangels Beweisen; *regretter, remarquer l'~ de qn* j-n vermissen; **2.** *avoir des ~s (de mémoire)* an Gedächtnisschwäche, -schwund, -ausfall leiden; Gedächtnislücken haben; *avoir des ~s (être distrait)* zeitweilig geistesabwesend sein, F abschalten, nicht dasein

absent [apsɑ̃] *m adj* **1.** abwesend; **~** *personne* abwesend sein; nicht dasein; fehlen; *qualité, sentiment etc* fehlen; *être ~ au ou du débat* bei der Debatte fehlen, abwesend sein; *être ~ de son bureau* nicht in s-m Büro sein; **2.** *(distrait)* geistesabwesend; zerstreut; unaufmerksam; **II** *subst* **~(e)** *m(f)* Abwesende(r) *f(m)*; *prov les ~s ont toujours tort* die Abwesenden haben immer unrecht

absentéisme [apsɑ̃teism(ə)] *m* (häufiges) Fernbleiben von der Arbeit; *ADM* Fehlzeiten *f/pl*; F Krankfeiern *n*; **~ scolaire** (häufiges) unentschuldigtes Fernbleiben vom 'Unterricht; F Schulschwänzen *n*

absentéiste [apsɑ̃teist] *m,f* j, der (häufig) der Arbeit fernbleibt

absenter [apsɑ̃te] *v/pr s'~* weggehen, sich (kurz) entfernen *(de* von)

abside [apsid] *f ARCH* Apsis *f*

absinthe [apsɛ̃t] *f* **1.** *BOT* Wermut *m*; **2.** *liqueur* Ab'sinth *m*

absolu [apsɔly] **I** *adj* **1.** abso'lut; unbedingt; völlig; *POL a* unumschränkt; *confiance* **~e** unbedingtes Vertrauen; *impossibilité* **~e** völlige Unmöglichkeit; *majorité* **~e** absolute Mehrheit; *monarchie* **~e** absolute Monarchie; *nécessité* **~e** zwingende Notwendigkeit; *PHYS zéro* **~** absoluter Nullpunkt; *être trop ~ dans ses jugements* zu ausschließlich, kompro'mißlos urteilen; **2.** *GR* abso'lut; *verbe transitif pris dans un sens* **~** absolut, ohne Objekt gebraucht; **II** *m* **1.** *PHILOS l'~* das Abso'lute, Unbedingte; **2.** *loc/adv dans l'~* losgelöst von der Wirklichkeit; rein theo'retisch

absolument [apsɔlymɑ̃] *adv* **1.** unbedingt; abso'lut; *avec adj a* völlig; ganz und gar; schlechterdings; *en réponse* **~!** unbedingt!; durchaus!; aber sicher!; **~ pas!** keinesfalls!; durchaus nicht!; F in keinster Weise!; **~** *faux* völlig falsch; **2.** *GR employé* **~** abso'lut gebraucht

absolution [apsɔlysjɔ̃] *f REL CATH* Abso'luti'on *f*; Lossprechung *f*; *donner l'~ à qn* j-m die Absolution erteilen

absolut|isme [apsɔlytism(ə)] *m POL* Absolu'tismus *m*; **~iste** *adj* absolu'tistisch

absorbant [apsɔʀbɑ̃] *adj* **1.** absor'bierend; aufsaugend; *pour le bruit* schallschluckend; *pouvoir* **~** Absorpti'onsvermögen *n*; **2.** *fig* in Anspruch nehmend; *lecture* **~e** Lektüre, die einen stark beschäftigt

absorber [apsɔʀbe] **I** *v/t* **1.** *(résorber)* (in sich) aufnehmen; *liquide a* aufsaugen; *t/t* absor'bieren; *par ext marché: produit etc* aufnehmen; **2.** *(avaler)* aliment zu sich nehmen; *médicament* einnehmen; **3.** *fig capitaux etc* aufzehren; (ver)schlucken; verschlingen; *entreprise* schlucken; **4.** *travail etc* **~** *qn* j-n (stark, ganz) in Anspruch nehmen; *adj* **absorbé (dans ses pensées)** in Gedanken versunken, vertieft; ganz in Gedanken; geistesabwesend; *avoir l'air absorbé* gedankenverloren dreinschauen; *être absorbé dans sa lecture* in s-e Lektüre vertieft sein; **II** *v/pr s'~ dans qc* sich in etw *(acc)* vertiefen, versenken; in etw *(dat)* aufgehen

absorption [apsɔʀpsjɔ̃] *f* **1.** Aufnahme *f*; *de liquides a* Aufsaugung *f*; *t/t* Absorpti'on *f*; **2.** *de médicaments* Einnahme *f*; **3.** *fig* Aufgehen *n* **(de l'individu par, dans le groupe** des Individuums in der Gruppe)

absoudre [apsudʀ(ə)] *v/t* ⟨j'absous, il absout, nous absolvons, j'absolvais, j'absoudrai; que j'absolve; absous, absous⟩ **1.** *REL CATH* lossprechen; absol'vieren; **2.** *st/s* **~** *qn* j-m vergeben, verzeihen

abstenir [apstəniʀ] *v/pr* ⟨cf venir⟩ **1.** *s'~ de qc* sich e-r Sache *(gén)* enthalten; etw unter'lassen; auf etw *(acc)* verzichten; *abs s'~* nichts sagen *ou* unter'nehmen; die Finger davonlassen; *s'~ de tout commentaire* sich jeglichen Kommentars enthalten; *s'~ de critiquer qn* es unterlassen, j-n zu kritisieren; *s'~* (bewußt) nicht kritisieren; *scrutin abs s'~* sich der Stimme enthalten

abstention [apstɑ̃sjɔ̃] *f* **1.** Enthaltung *f*; *ADM a* Untätigkeit *f*; **2.** *aux élections* Stimmenthaltung *f*; *forte* **~** hohe Zahl von Stimmenthaltungen; *la motion a été adoptée par vingt voix et deux ~s* mit zwanzig Stimmen bei zwei Enthaltungen

abstentionn|isme [apstɑ̃sjɔnism(ə)] *m* Stimmenthaltung *f*; Wahlmüdigkeit *f*; **~iste** *m,f* Nichtwähler(in) *m(f)*

abstinence [apstinɑ̃s] *f REL* Absti'nenz *f*; Enthaltsamkeit *f*; *faire* **~** Enthaltsamkeit üben *(a fig)*

abstraction [apstʀaksjɔ̃] *f* **1.** Abstrakti'on *f* *(action et résultat)*; ab'strakter Begriff; *péj* leere Abstrakti'on; wirklichkeitsfremde Vorstellung; **2.** *faire* **~ de** absehen von; unberücksichtigt lassen; bei'seite lassen; **~** *faite de* abgesehen von; wenn man von ... ab'sieht

abstraire [apstʀɛʀ] ⟨cf traire⟩ **I** *v/t* abstra'hieren; **II** *v/pr s'~* s-e 'Umwelt vergessen; *s'~ de qc* sich (geistig, innerlich) von etw lösen

abstrait [apstʀɛ] **I** *adj* ⟨-aite [-ɛt]⟩ ab'strakt, unanschaulich *(a péj)*; (rein) begrifflich; *art* **~** abstrakte Kunst; *idée* **~e** abstrakter Begriff; *GR nom* **~** Ab'straktum *n*; abstraktes Substantiv; *peintre* **~** abstrakter Maler; **II** *m* **1.** *l'~* das Ab'strakte; *loc/adv* **dans l'~** abstrakt; in abstracto; **2.** *PEINT* ab'strakter Maler; Ab'strakte(r) *m*

absurde [apsyʀd] **I** *adj* ab'surd; unsinnig; sinnwidrig, -los; 'widersinnig; *propos a* ungereimt; *idée f* **~** absurde Idee; *il est ~ de* (+*inf*) es ist absurd *etc* zu (+*inf*); *à qn ne sois pas* **~!** sei nicht unvernünftig!; red keinen Unsinn!; **II** *m l'~* das Ab'surde; *démonstration f par l'~* Aufzeigen *n* der 'Widersinnigkeit des Gegenteils; *sc* apa'gogischer Beweis

absurdité [apsyʀdite] *f* **1.** *de qc* Unsinnigkeit *f*; Absurdi'tät *f*; Sinnwidrigkeit *f*, -losigkeit *f*; 'Widersinn(igkeit) *m(f)*; Ungereimtheit *f*; *JUR* **~** *de confiance* Untreue *f*; *parole, acte* Unsinn *m*; Absurdi'tät *f*; *dire des ~s* Unsinn, ungereimtes Zeug reden; *c'est une ~ que de* (+*inf*) es ist (ein) Unsinn zu (+*inf*)

abus [aby] *m* **1.** *(excès)* 'Mißbrauch *m*; *de pouvoir a* Über'schreitung *f*; **~ d'alcool** übermäßiger Alkoholgenuß; Alkoholmißbrauch *m*; *JUR* **~ de confiance** Untreue *f*; Veruntreuung *f*; F *il y a de l'~* das geht zu weit; das ist zu'viel, über'trieben; *faire* **~ de qc** 'Mißbrauch mit etw treiben; **2.** *(injustice)* 'Mißstand *m*; Übelstand *m*; *lutter contre les* **~** die Mißstände bekämpfen

abuser [abyze] **I** *v/t s/s (tromper)* täuschen; hinter'gehen; **II** *v/t/indir* **1. a) ~ de son pouvoir, de sa force, de médicaments etc* miß'brauchen; *de son pouvoir a* über'schreiten; *de la situation, de la gentillesse de qn etc* ausnützen; **b)** *abs (exagérer)* zu weit gehen; über'treiben; *je crains d'~* ich möchte nicht unhöflich sein; **2. ~ d'une femme* e-e Frau miß'brauchen; **III** *v/pr s'~* sich täuschen; (sich) irren; *si je ne m'abuse* wenn ich (mich) nicht irre

abusif [abyzif] *adj* ⟨-ive⟩ **1.** *pouvoir, pratique* 'mißbräuchlich; *emploi d'un mot* fälschlich; *prix* **~** Wucherpreis *m*; *d'un médicament usage* **~** übermäßiger Gebrauch; Mißbrauch *m*; *mère, père* besitzergreifend

abysse [abis] *m* **1.** *GÉOGR* Tiefseegraben *m*; **2.** *fig* Abgrund *m*

Abyssinie [abisini] *l'~ f HIST* Abes'sinien *n*

acabit [akabi] *loc péj de cet* **~** dieses Schlages; von der Art, Sorte; *du même* **~** desselben Schlag(e)s; von derselben Art, Sorte

acacia [akasja] *m BOT* A'kazie *f*

académ|ien [akademjɛ̃] *m*, **~ienne** *f* Akade'miemitglied *m*; *en particulier* Mitglied *n* der Académie française

académie [akademi] *f* **1.** *société f* Akade'mie *f*; gelehrte Gesellschaft; *l'~* *(française)* die Académie française; **~ des sciences** Akademie der Wissenschaften; **2.** *école* Akade'mie *f*; (Hoch)Schule *f*; **3.** *circonscription* Schulaufsichts-, 'Unterrichtsbezirk *m*; **4.** *PEINT* Aktskizze *f*, -studie *f*

académique [akademik] *adj* **1.** Akade'mie...; **2.** *fig style etc* aka'demisch; über'lieferungstreu; schulmäßig; erstarrt; unoriginell; **3.** *en France ins**pection** *f* **~** Schulaufsichtsbehörde *f*;

correspond à Ober'schulamt *n*; *cf a palme 3*.
académisme [akademism(ə)] *m ART* Akade'mismus *m*; Erstarrung *f* in Regeln
Acadie [akadi] *l'~ f HIST au Canada* A'kadien *n* (*aujourd'hui: le Nouveau-Brunswick et la Nouvelle-Écosse*)
Acadiens [akadjɛ̃] *m/pl* Bewohner *m/pl* von A'kadien
acajou [akaʒu] *m* **1.** Maha'goni *n*; **2.** *adjt* 〈*inv*〉 maha'gonibraun; rotbraun
acanthe [akɑ̃t] *f* **1.** *BOT* A'kanthus *m*; Bärenklau *f ou m*; **2.** *ARCH feuille f d'~* A'kanthusblatt *n*
acariâtre [akaʀjɑtʀ(ə)] *adj* mürrisch; griesgrämig; (*querelleur*) zänkisch
acariens [akaʀjɛ̃] *m/pl ZO* Milben *f/pl*
accablant [akablɑ̃] *adj chaleur* drükkend; *preuves* erdrückend; *nouvelle* niederdrückend; *responsabilité* schwer (auf j-m lastend); *douleur* quälend
accablement [akabləmɑ̃] *m* Bedrükkung *f*; Niedergeschlagenheit *f*
accabler [akable] *v/t* **1.** *~ qn chaleur etc* j-m lästig, beschwerlich werden; *soucis etc* j-n (be)drücken, niederdrücken; *~ un accusé* e-n Angeklagten schwer belasten; *adjt*: *accablé de fatigue* todmüde; *accablé de travail* (mit Arbeit) über'lastet; **2.** *~ qn de qc* j-n mit etw über'häufen, -'schütten; *~ qn d'impôts* j-n mit vielen Steuern belasten; j-m viele Steuern aufbürden; *~ qn de questions* j-n mit Fragen überschütten, bestürmen, bedrängen
accalmie [akalmi] *f* **1.** *de la pluie, de la tempête* vor'übergehendes Nachlassen; kurze Beruhigung; **2.** *fig dans un combat, une crise etc* momen'tane Beruhigung; Pause *f*; *moment m d'~* Augenblick *m* der Ruhe
accaparement [akapaʀmɑ̃] *m* **1.** *de marchandises* Aufkauf(en) *m*(*n*); Hamstern *n*; **2.** *par ext* Mitbe'schlagbelegen *n* (*a d'une personne*)
accaparer [akapaʀe] *v/t* **a)** *place etc* in Beschlag nehmen; mit Beschlag belegen; beanspruchen; *conversation* an sich ziehen; *attention* auf sich ziehen, lenken; *pouvoir* an sich reißen; *marchandises* aufkaufen; hamstern; **b)** *~ qn* j-n mit Beschlag belegen; **c)** *travail etc ~ qn* (völlig) in Anspruch nehmen; j-n (stark) beanspruchen
accéder [aksede] *v/t/indir* 〈*-è-*〉 *~ à* **1.** *route etc* führen zu; **2.** *personne* gelangen zu; gelangen in (+*acc*); erreichen; **3.** *fig ~ à qc* zu etw gelangen; etw erlangen; *~ à l'indépendance* die Unabhängigkeit erlangen; *~ au trône* den Thron besteigen; **4.** (*céder*) *~ à une demande* e-m Antrag stattgeben; *~ aux désirs de qn* j-s Wünschen nachkommen; *~ à une prière* e-r Bitte (*dat*) stattgeben, will'fahren; e-e Bitte gewähren
accélérateur [akseleʀatœʀ] *m* **1.** *AUTO* Gashebel *m*, -pedal *n*; F Gas *n*; *coup d'~* Gasgeben *n* (*a fig*); *donner un coup d'~* aufs Gas treten, Gas geben (*a fig*); *appuyer sur l'~* aufs Gas(pedal) treten; *appuyer à fond sur l'~* das Gaspedal ganz 'durchtreten; *lâcher l'~* das Gas wegnehmen; vom Gas gehen; **2.** *PHYS NUCL ~ de particules* Teilchenbeschleuniger *m*

accélération [akseleʀasjɔ̃] *f* Beschleunigung *f* (*a PHYS*); *l'~ de l'histoire* der immer schneller werdende Ablauf der geschichtlichen Ereignisse
accéléré [akseleʀe] *m CIN* Zeitraffer *m*; *en ~* im Zeitraffer
accélérer [akseleʀe] 〈*-è-*〉 **I** *v/t* beschleunigen; *adjt*: *formation accélérée* Kurzausbildung *f*; *à un rythme accéléré* mit größerem, höherem Tempo; **II** *v/i AUTO* Gas geben; **III** *v/pr s'~* schneller werden; *pouls* schneller schlagen; *vitesse* größer werden
accent [aksɑ̃] *m* **1. a)** *PHON* Ton *m*; Betonung *f*; Ak'zent *m*; *~ tonique*, *d'intensité* dynamischer Akzent; Tonstärke *f*; *l'~ porte sur la première syllabe* der Ton liegt auf der ersten Silbe; **b)** *signe graphique* Ak'zent *m*; *~ aigu* [-tegy], *circonflexe*, *grave en français* Accent aigu, circonflexe, grave; *LING* A'kut *m*, Zirkum'flex *m*, Gravis *m*; *d'une langue, d'une région, d'un milieu* Ak'zent *m*; Tonfall *m*; (Art *f* der) Aussprache *f*; *~ du Midi* südfranzösischer Akzent; südfranzösische Aussprache; *avoir un ~* mit (e-m) Akzent sprechen; *avoir l'~ anglais* mit englischem Akzent sprechen; *avoir un bon ~* (*en allemand*) e-e gute (deutsche) Aussprache haben; *parler sans ~* akzentfrei sprechen; **3.** *fig dans la voix de qn* Beiklang *m*; 'Unterton *m*; *mélodie aux ~s tristes* in der Traurigkeit 'durchklingt, mitschwingt; **4.** *fig* *mettre l'~*, *faire porter l'~ sur* (*souligner*) den Nachdruck, Ton legen auf (+*acc*); betonen; her'vorheben; **b)** (*augmenter*) verstärken; vergrößern
accentuation [aksɑ̃tɥasjɔ̃] *f* **1.** Betonung *f*; Akzentu'ierung *f*; **2.** *fig* Verstärkung *f*; Verschärfung *f*
accentuer [aksɑ̃tɥe] *v/t* **1. a)** betonen; akzentu'ieren; *adjt syllabe accentuée* betonte Silbe; **b)** e-n Ak'zent setzen (*une lettre* auf e-n Buchstaben); **2.** *fig* **a)** (*souligner*) betonen; unter'streichen; her'vorheben; **b)** *efforts, action* verstärken; *avance* vergrößern; **II** *v/pr s'~ rides, défauts* stärker her'vortreten; *impression, tendance* sich verstärken; *froid* sich verschärfen
acceptable [aksɛptabl(ə)] *adj* annehmbar; akzep'tabel; *travail etc a* zumutbar
acceptation [aksɛptasjɔ̃] *f* Annahme *f*; Akzep'tierung *f*; *d'un risque* Aufsichnehmen *n*
accepter [aksɛpte] **I** *v/t* **1.** *cadeau, invitation etc* annehmen; akzep'tieren; *proposition a* eingehen auf (+*acc*); *thèse, critique* gelten lassen; anerkennen; akzep'tieren; *risque* auf sich nehmen; eingehen; *échec, la mort* hinnehmen; akzep'tieren; *~ qn* j-n akzep'tieren; annehmen, anerkennen; *~ de* (+*inf*) zusagen, s-e Zusage geben zu (+*inf*); *~ que ...* (+*subj*) gelten lassen, anerkennen, daß ...; **2.** *COMM traite* akzep'tieren; **II** *v/pr s'~* sich so nehmen, wie man ist
acception [aksɛpsjɔ̃] *f* **1.** Bedeutung *f*; Sinn *m*; *dans toute l'~ du mot* im wahrsten Sinn(e) des Wortes; in der Wortes wahrster Bedeutung; **2.** *litt sans ~ de personne* ohne Ansehen der Person
accès [aksɛ] *m* **1.** Zugang *m* (*a fig*);

pour véhicules Zufahrt *f*; *pour personnes a* Zutritt *m*; *~ interdit* Zutritt verboten (*à für*); *avoir ~* Zugang haben (*à* zu); *avoir ~ auprès de qn* bei j-m Zutritt haben; *donner ~ à* porte, chemin führen zu; *diplôme: à un métier* den Zugang eröffnen zu; *lieu, fig auteur, texte être d'~* ou *d'un ~ facile* leicht zugänglich sein; **2.** (*crise*) Anfall *m*; *d'émotion a* Anwandlung *f*; *~ de colère* Wutanfall *m*; Zornes-, Wutausbruch *m*; *~ de fièvre* **a)** *MÉD* Fieberanfall *m*; **b)** *fig* Krise *f*; Unruhe *f*; *~ de tristesse* Anwandlung von Traurigkeit; *par ~* anfallweise; *par ext* zeitweise; **3.** *INFORM* Zugriff *m*
accessible [aksesibl(ə)] *adj* **1.** *lieu* zugänglich (*à* für); erreichbar; **2.** *œuvre etc* zugänglich, verständlich (*à qn* j-m); **3.** *personne* empfänglich (*à la compassion* für Mitleid)
accession [aksesjɔ̃] *f* Erlangung *f* (*à* von); *~ à l'indépendance* Erlangung der Unabhängigkeit; *~ au trône* Thronbesteigung *f*
accessit [aksesit] *m ÉCOLE* ehrenvolle Erwähnung; Belobigung *f*
accessoire [akseswaʀ] **I** *adj* nebensächlich; unwesentlich; 'untergeordnet; Neben...; zusätzlich; *d'un intérêt ~* von untergeordnetem Interesse; *c'est tout à fait ~* das ist ganz unwesentlich; das ist völlig Nebensache; **II** *m* **1.** Nebensächliche(s) *n*; Unwesentliche(s) *n*; **2.** *TECH* Zubehörteil *n*; *~s pl* Zubehör *n*; *~s d'automobile* Kraftfahrzeug-, Autozubehör *n*; **3.** *~s pl* (*de mode*) Acces'soires *n/pl*; modisches Beiwerk, Zubehör; **4.** *THÉ, CIN, TV* Requi'sit *n*
accessoir|ement [akseswaʀmɑ̃] *adv* in zweiter Linie; (*en plus*) zusätzlich; *~iste m THÉ etc* Requisi'teur *m*
accident [aksidɑ̃] *m* **1.** Unfall *m*; Unglück *n*; *NUCL ~ majeur* GAU *m* (*abr*: *größter anzunehmender Unfall*); *~ mortel* tödlicher Unfall; *~ d'avion, de train* Flugzeug-, Zugunglück *n*; *~ (de la) circulation, de la route* Verkehrsunfall *m*; *~ du travail* Arbeitsunfall *m*; *~ de voiture* Autounfall *m*; *dans un ~* bei e-m Unfall; *avoir un ~* Unfall haben; verunglücken; **2.** *~ (de parcours)* Zwischenfall *m*; Panne *f*; *par ~* durch Zufall; zufällig; **3.** F (*grossesse involontaire*) F Betriebsunfall *m*; **4.** *~ de terrain* Unebenheit *f* (des Geländes)
accidenté [aksidɑ̃te] **I** *adj* **1.** *terrain* hügelig; wellig; uneben; **2.** *personne, véhicule* verunglückt; *voiture ~e a* Unfallwagen *m*; **II** *subst ~(e) m(f)* Verunglückte(r) *f(m)*; Unfallverletzte *f(m)*
accidentel [aksidɑ̃tɛl] *adj* 〈*~le*〉 **1.** (*fortuit*) zufällig; **2.** (*par accident*) *mort ~le* Tod *m* in'folge e-s Unfalls; Unfalltod *m*
acclamation [aklamasjɔ̃] *f* **1.** *~s pl* begeisterte Zurufe *m/pl*; lebhafter, lauter Beifall, Ap'plaus; Jubel *m*; **2.** *loc/adv vote par ~* durch Zuruf, Akklamati'on
acclamer [aklame] *v/t ~ qn* j-m zujubeln, lebhaft applau'dieren
acclimatation [aklimatasjɔ̃] *f* Akklimati'sierung *f*; Akklimatisati'on *f*; Eingewöhnung *f*; Heimischwerden *n*; *de qn a* Einleben *n*
acclimater [aklimate] **I** *v/t* **1.** *plantes*,

accointances – accro

animaux akklimati'sieren; heimisch machen; *animaux a* eingewöhnen; **2.** *fig idée, coutume* einbürgern, -führen; heimisch machen; **II** *v/pr* **s'~ 3.** sich akklimati'sieren; sich eingewöhnen; heimisch werden; *personne a* sich einleben; **4.** *fig idée, usage* sich einbürgern; heimisch werden

accointances [akwɛ̃tɑ̃s] *f/pl a péj* **avoir des ~** (nützliche) Verbindungen, Beziehungen haben (*avec qn* zu j-m)

accointer [akwɛ̃te] *v/pr* F *a péj* **s'~ avec qn** mit j-m Verbindung, Kon'takt aufnehmen; sich mit j-m einlassen

accolade [akɔlad] *f* **1.** (zeremoni'elle) Um'armung; Akko'lade *f*; **2.** TYPO (geschweifte) Klammer

accoler [akɔle] *v/t* **1.** nebenein'ander-, zu'sammenstellen, -setzen; **~ qc à qc** etw neben, an etw (*acc*) setzen, stellen; etw a etw (*acc*) anhängen, anfügen; **2.** TYPO durch e-e (geschweifte) Klammer verbinden; klammern

accommodant [akɔmɔdɑ̃] *adj (facile)* 'umgänglich; verträglich; (*arrangeant*) entgegenkommend; gefällig

accommod|ation [akɔmɔdasjɔ̃] *f* **1.** *de l'œil* Akkomodati'on *f*; **2.** BIOL, PSYCH Anpassung *f*; **~ement** *m* Ausgleich *m*; Arrange'ment *n*

accommoder [akɔmɔde] **I** *v/t* **1.** CUIS zubereiten; **~ les restes** die Reste (*zu e-m neuen Gericht*) verwerten, verwenden; **2.** (*adapter*) anpassen (*aux circonstances* den 'Umständen); **II** *v/pr* **3. s'~ à** sich anpassen (+*dat*); sich richten nach; **4. s'~ de** sich abfinden mit; sich schicken in (+*acc*); vor'liebnehmen mit

accompagna|teur [akɔ̃paɲatœʀ] *m*, **~trice** *f* **1.** MUS Begleiter(in) *m(f)*; **2.** Begleitperson *f*; Begleiter(in) *m(f)*; *d'un voyage organisé* Reiseleiter(in) *m(f)*

accompagnement [akɔ̃paɲəmɑ̃] *m* **1.** MUS Begleitung *f*; **2.** CUIS Beilage *f*; **3.** (*escorte*) Begleitung *f*

accompagner [akɔ̃paɲe] **I** *v/t* **1.** begleiten; mitgehen mit; *st/s* geleiten; **~ qn au cinéma** j-n ins Kino begleiten; mit j-m ins Kino gehen; **se faire ~ de qn** j-n mitbringen, mitnehmen; *p/p* **accompagné par** *ou* **de sa femme** in Begleitung s-r Frau; *adjt* **bagages accompagnés** Reisegepäck *n*; **2.** MUS begleiten (*a abs*; **au piano** auf dem Klavier); **3.** (*joindre*) folgen lassen, hin'zufügen (*ses paroles d'un sourire* s-n Worten ein Lächeln); **4.** CUIS *légumes, vin* **~ un mets** zu e-m Gericht ser'viert *ou* gegessen *ou* getrunken werden; **II** *v/pr* **5.** MUS **s'~ à la guitare** sich (selbst) auf der Gitarre begleiten; **6.** *chose* **s'~ de qc** von etw begleitet sein; etw im Gefolge haben

accompli [akɔ̃pli] *adj* **1.** voll'endet; **fait ~** vollendete Tatsache; Fait accompli *n*; **mettre qn devant le fait ~** j-n vor vollendete Tatsachen stellen; **2.** *maîtresse de maison etc* per'fekt; voll'kommen *ou* 'vollkommen; voll'endet

accomplir [akɔ̃pliʀ] **I** *v/t mission, devoir* erfüllen; *action, exploit* ausführen; begehen; *formalités* erledigen; erfüllen; *ordre* ausführen; *temps de service* ableisten; **II** *v/pr* **s'~** *rêve, vœu* sich erfüllen; in Erfüllung gehen

accomplissement [akɔ̃plismɑ̃] *m d'un vœu etc* Erfüllung *f*; *d'un exploit etc* Aus-, 'Durchführung *f*; Begehung *f*; *d'années de service* Ableistung *f*

accord [akɔʀ] *m* **1.** (*entente*) Über'einstimmung *f* (*a entre des choses*); Einvernehmen *n*; Einigkeit *f*; Eintracht *f*; **d'un commun ~** in gegenseitigem Einvernehmen; einvernehmlich; **en ~ avec** in Übereinstimmung, im Einverständnis mit; **être d'~** (sich) einig sein, einer *ou* gleicher Meinung sein, (darin) über'einstimmen, einiggehen (*avec qn* mit j-m); *cf a 2.*; **mettre d'~** einigen; **se mettre d'~**, **tomber d'~** sich einig werden, sich einigen, Übereinstimmung erzielen, sich verständigen (*sur* über +*acc*); **nous sommes tombés d'~ pour** (+*inf*) *a* wir sind (miteinander) über'eingekommen zu (+*inf*); wir haben uns (dahingehend) geeinigt, daß ...; **vivre en parfait ~** in völliger Eintracht leben; einträchtig zusammenleben; **2.** (*approbation*) Zustimmung *f*; Billigung *f*; Plazet *n*; **d'~!**, F **d'acc!** einverstanden!; abgemacht!; (also) gut!; wird gemacht!; ja!; zugegeben!; F **pas d'~!** nein!; geht nicht!; nichts zu machen!; **donner son ~** s-e Zustimmung geben; zustimmen; **être d'~** (damit) einverstanden sein; **3.** (*convention*) Vereinbarung *f*; Über'einkunft *f*; Absprache *f*; Einigung *f*; Abkommen *n*; **~ commercial**, **salarial** Handels-, Lohnabkommen *n*, -vereinbarung *f*; **~ de principe** grundsätzliche, prinzipielle Einigung *f*; **arriver à un ~** zu e-r Einigung, Vereinbarung *etc* kommen, gelangen; **conclure**, **passer un ~** e-e Vereinbarung treffen; ein Abkommen schließen; **4.** MUS Ak'kord *m*; Zu'sammenklang *m*; **5.** GR Kongru'enz *f*; Über'einstimmung *f* (**en genre et en nombre** in Geschlecht und Zahl); **l'~ du participe** die Veränderlichkeit des Partizips; **6.** RAD Abstimmung *f*

accordéon [akɔʀdeɔ̃] *m* **1.** MUS Ak'kordeon *n*; Ziehharmonika *f*; Schifferklavier *n*; **2.** *fig* **en ~** *chaussettes etc* mit zahlreichen Falten; zerknittert; **circulation f en ~** Stop-and-go-Verkehr *m*

accordéoniste [akɔʀdeɔnist] *m,f* Ak'kordeon-, Ziehharmonikaspieler(in) *m(f)*

accorder [akɔʀde] **I** *v/t* **1. a)** *demande, congé etc* gewähren; bewilligen; *crédit, délai a* einräumen; *confiance* schenken; *cf a faveur 1.*; **b) ~ de l'importance à qc** e-r Sache (*dat*) Bedeutung, Gewicht beimessen, -legen; Gewicht auf etw (*acc*) legen; **c) ~ à qn que ...** j-m zugestehen, daß ...; **2.** (*mettre en accord*) **a)** in Über'einstimmung, in Einklang bringen (*avec* mit); vereinigen (mit); abstimmen (auf +*acc*); **b)** *instrument de musique* stimmen; **c)** GR in Über'einstimmung bringen (*avec* mit); **d)** RAD abstimmen (*sur* auf +*acc*); **II** *v/pr* **3. a)** *personnes, caractères* **s'~** harmo'nieren, zu'sammenpassen; sich vertragen (**bien**, **mal** gut, schlecht); **b) s'~ à dire que ...** sich einig sein, daß ...; **s'~ pour faire qc** übereinkommen, sich (darauf) einigen, vereinbaren, etw zu tun; **4.** GR **s'~ avec** sich richten nach; kongru'ieren mit; **s'~ en genre et en nombre** in Geschlecht und Zahl über'einstim-

men; **5. s'~ qc** (*s'offrir qc*) sich etw gönnen

accordeur [akɔʀdœʀ] *m* MUS Stimmer *m*

accorte [akɔʀt] *st/s adj f* liebenswürdig

accostage [akɔstaʒ] *m* MAR Anlegen *n*

accoster [akɔste] *v/t* **1. ~ qn** j-n ansprechen, anreden, F *péj* anquatschen, anhauen; **2.** MAR anlegen (*abs ou* **le quai** am Kai); landen; *autre bateau a* längsseits kommen (*abs*)

accotement [akɔtmɑ̃] *m* Ban'kett(e) *n(f)*; Rand-, Seitenstreifen *m*

accouchée [akuʃe] *f* Wöchnerin *f*

accouchement [akuʃmɑ̃] *m* Entbindung *f*; Geburt *f*; *st/s* Niederkunft *f*; **~ sans douleur** schmerzlose Geburt; **médecin etc faire un ~** e-e Entbindung 'durchführen

accoucher [akuʃe] **I** *v/t* **~ une femme** bei e-r Frau Geburtshilfe leisten; e-e Frau entbinden; **II** *v/t/indir* **1. ~ de** entbunden werden von; *st/s* niederkommen mit; *abs* entbinden; **2.** *fig et plais* **~ d'un roman** *etc* e-n Roman *etc* her'vorbringen, zu'stande bringen, zu'wege bringen; F **accouche!** F raus mit der Sprache!

accoucheur [akuʃœʀ] *m ou adjt* **médecin m ~** (Arzt und) Geburtshelfer *m*

accouder [akude] *v/pr* **s'~** sich mit dem Ellbogen, den Ellbogen aufstützen (**à**, **sur** auf +*acc*); *p/p* **accoudé à la fenêtre** mit auf das Fensterbrett aufgestützten Armen

accoudoir [akudwaʀ] *m* Armlehne *f*, -stütze *f*

accouplement [akupləmɑ̃] *m* **1.** ZO Paarung *f*; Begattung *f*; **2.** TECH Kopp(e)lung *f*; *dispositif* Kupplung *f*; **3.** *fig* Verbindung *f*

accoupler [akuple] **I** *v/t* **1.** ÉLEVAGE paaren (**et**, **à** mit); **2.** TECH koppeln; kuppeln; **3.** *fig mots, idées etc* (mitein'ander) verbinden; zu'sammenbringen; **II** *v/pr* **s'~** *animaux* sich paaren; sich begatten

accourir [akuʀiʀ] *v/i* (*cf* courir; meist être) her'beieilen; *foule a* zu'sammenströmen; **~ à l'aide (de qn)** (j-m) zu Hilfe eilen; **~ vers qn** auf j-n zueilen

accoutrement [akutʀəmɑ̃] *m péj* Aufzug *m*; Aufmachung *f*; Ausstaffierung *f*; Aufputz *m*

accoutrer [akutʀe] *v/t* (*et v/pr*) (**s'~**) *péj* (sich) ausstaffieren, aufputzen; *adjt* **bizarrement accoutré** komisch aufgemacht, ausstaffiert

accoutumance [akutymɑ̃s] *f a* PHYSIOL Gewöhnung *f* (**à** an +*acc*)

accoutumé [akutyme] *adj* **1.** (*habituel*) gewohnt; *loc/adv* **comme à l'~** wie gewöhnlich; **2. être ~ à qc** an etw (*acc*) gewöhnt sein; etw gewohnt sein; **être ~ à faire qc** (daran) gewöhnt sein *ou* (es) gewohnt sein, etw zu tun; etw zu tun pflegen

accoutumer [akutyme] **I** *v/t* **~ qn à qc** j-n an etw (*acc*) gewöhnen; **II** *v/pr* **s'~ à qc** sich an etw (*acc*) gewöhnen

accréditer [akʀedite] *v/t* **1.** DIPL akkre-di'tieren; beglaubigen; *p/p* **accrédité auprès de ...** akkredi'tiert bei ...; **2.** *nouvelle, rumeur* glaubwürdig erscheinen lassen

accro [akʀo] *adj* F **être** (**complètement**) **~** süchtig sein

accroc [akʀo] *m* **1.** (*déchirure*) Riß *m*; F Dreiangel *m*; *faire un ~ à son pantalon* sich die Hose zerreißen; **2.** *fig ~ à sa réputation* Makel *m*, Schatten *m* auf s-m guten Ruf; **3.** *fig* (*difficulté*) Schwierigkeit *f*; Hindernis *n*; *se dérouler sans ~* reibungslos, glatt verlaufen
accrochage [akʀɔʃaʒ] *m* **1.** (*collision*) (leichter) Zu'sammenstoß *m*; **2.** MIL Zu'sammenstoß *m*; Gefechtsberührung *f*; **3.** F (*dispute*) Zu'sammenstoß *m*; Auseinandersetzung *f*, Wortwechsel *m*; **4.** *de tableaux etc* Aufhängen *n*; *de wagons* Anhängen *n*; Ankoppeln *n*
accroche [akʀɔʃ] *f* PUBLICITÉ Blickfang *m*; *dessin* werbewirksame Zeichnung; *slogan* zugkräftiger Spruch
accroche-cœur [akʀɔʃkœʀ] *m* ⟨*pl* accroche-cœurs⟩ Schmachtlocke *f*
accrocher [akʀɔʃe] **I** *v/t* **1.** *tableau, manteau etc* aufhängen; an e-n Haken hängen; *remorque etc* anhängen; TECH ankoppeln; (*attacher*) befestigen, festmachen (*à an +dat*); einhängen; **2.** *~ son bas etc* mit dem Strumpf *etc* hängenbleiben; den Strumpf *etc* zerreißen; *rester accroché à qc* an etw (*dat*) hängenbleiben; **3.** *piéton, autre véhicule* anfahren; streifen; (leicht) zu'sammenstoßen mit; **4.** F *fig* (*comprendre*) *l'informatique etc*, *j'accroche pas* das liegt mir nicht; damit kann ich nichts anfangen; **II** *v/i* **5.** *publicité, film* die Aufmerksamkeit fesseln, auf sich ziehen; zugkräftig sein; ziehen; **6.** F *ça accroche* (*bien*) *avec lui* mit ihm versteht man sich auf Anhieb; **III** *v/pr* **7.** *s'~* (*rester accroché*) hängenbleiben (*à an +dat*); **8.** *s'~* (*se cramponner*) sich an-, festklammern, sich festhalten (*à an +dat*); **9.** *fig s'~ à un espoir* sich an e-e Hoffnung klammern; *s'~ à qn* sich an j-n hängen, klammern; F *tu peux te l'~* F das kannst du in den Schornstein, Kamin schreiben; **10.** *s'~* (*s'efforcer*) sich anstrengen; sich ranhalten; **11.** *fig s'~. avec qn* mit j-m zu'sammenstoßen, in Streit geraten; sich mit j-m anlegen
accrocheur [akʀɔʃœʀ] *adj* ⟨-euse⟩ **1.** *concurrent, vendeur etc* zäh; ausdauernd; rührig; **2.** *publicité etc* zugkräftig; *péj* aufdringlich
accroire [akʀwaʀ] *v/t* ⟨*nur inf*⟩ *il veut m'en faire ~* er will mir etwas weismachen; *faire ~ à qn que ...* j-m weismachen, daß ...
accroissement [akʀwasmɑ̃] *m* Zunahme *f*, Anwachsen *n*; Vermehrung *f*; Vergrößerung *f*, Steigerung *f*; Zuwachs *m*
accroître [akʀwatʀ(ə)] ⟨j'accrois, il accroît, nous accroissons; j'accroissais; j'accrus; j'accroîtrai; que j'accroisse; accroissant; *Vorgang* avoir, *Zustand* être accru⟩ **I** *v/t* vermehren; vergrößern; steigern; *fortune a* mehren; **II** *v/pr s'~* zunehmen; wachsen; größer werden
accroupi [akʀupi] *adj* kauernd; hockend; *position ~e* kauernde Stellung; Hocke *f* (*a* SPORTS); *être, se tenir ~* kauern; hocken
accroupir [akʀupiʀ] *v/pr s'~* sich niederʼ, zu'sammenkauern; sich in die Hocke gehen
accru [akʀy] *p/p of* **accroître** *et adj* vermehrt; vergrößert; gesteigert; größer

accu [aky] *m* F *abr* (*accumulateur*) souvent *pl ~s* AUTO Batte'rie *f*; *fig recharger ses ~s* neue Kräfte sammeln
accueil [akœj] *m* Aufnahme *f*, Empfang *m* (*a endroit*); *de réfugiés etc a* Betreuung *f*; *comité m d'~* Empfangskomitee *n*; *famille f d'~* a) *pour élève* Gastfamilie *f*; b) *pour enfant assisté* Pflegeeltern *pl*; *pays m d'~* Aufnahme-, Gast-, Einwanderungsland *n*; *faire bon ~ à qn* j-n gut aufnehmen; *faire un ~ enthousiaste à un film* e-n Film begeistert aufnehmen; *réserver un ~ glacial à qn* j-m e-n kühlen, frostigen Empfang bereiten
accueillant [akœjɑ̃] *adj* a) *hôte* liebenswürdig; freundlich; b) *maison, hôtel etc* gastlich; gemütlich
accueillir [akœjiʀ] *v/t* ⟨*cf* cueillir⟩ *personne, film, nouvelle etc* aufnehmen; *personne avec cérémonie* empfangen; *projet etc être bien accueilli* Anklang finden
acculer [akyle] *v/t* **1.** in die Enge treiben; keinen Ausweg, keine Fluchtmöglichkeit lassen (*+dat*); **2.** *fig ~ qn à qc* j-n in etw (*acc*) treiben, zu etw zwingen
acculturation [akyltyʀasjɔ̃] *f* kultu'reller Anpassungsprozeß; Akkulturati'on *f*
accumulateur [akymylatœʀ] *m* ÉLECT Akkumu'lator *m*; F Akku *m*; *~s pl souvent* (Auto)Batte'rie *f*
accumulation [akymylasjɔ̃] *f* **1.** An-, Aufhäufung *f*; Ansammlung *f*; **2.** TECH Speicherung *f*, *chauffe-eau m à ~* Warm-, Heißwasserspeicher *m*; *radiateur m à ~* (Nacht)Speicherofen *m*
accumuler [akymyle] **I** *v/t* **1.** an-, aufhäufen; ansammeln; *documentation etc* zu'sammentragen; *capital* ansparen; **2.** TECH *énergie* speichern; **II** *v/pr s'~ capital, livres etc* sich ansammeln; *sommes d'argent a* auflaufen; *signes, erreurs* sich häufen; *nuages* sich türmen
accusa|teur [akyzatœʀ], *~trice* **I** *m,f* Ankläger(in) *m(f)*; **II** *adj* anklagend
accusatif [akyzatif] *m* GR Akkusativ *m*; Wenfall *m*; vierter Fall
accusation [akyzasjɔ̃] *f* **1.** JUR Anklage *f* (*a instance*); Anklageerhebung *f*; *mise f en ~* Eröffnung *f* des Hauptverfahrens; **2.** Beschuldigung *f*; Bezichtigung *f*; Anschuldigung *f*; *porter, lancer des ~s contre qn* Beschuldigungen gegen j-n erheben, vorbringen
accusé [akyze] **I** *subst* **1.** JUR *~(e) m(f)* Angeklagte(r) *f(m)*; **2.** COMM *~ m de réception* Empfangsbestätigung *f*, -bescheinigung *f*; **II** *adj* ausgeprägt; stark her'vortretend; *traits a* scharf
accuser [akyze] **I** *v/t* **1.** anklagen; *~ qn de qc* j-n e-r Sache (*gén*) beschuldigen, bezichtigen, anschuldigen; *st/s* zeihen; JUR j-n wegen e-r Sache (*gén*) anklagen; gegen j-n wegen e-r Sache (*gén*) Anklage erheben; *~ qn de négliger ses études* j-n beschuldigen, sein Studium zu vernachlässigen; *être accusé d'avoir fait qc* beschuldigt werden, JUR angeklagt werden, unter der Anklage stehen, etw getan zu haben; **2.** *par ext sort, mauvais temps etc* verantwortlich machen (*de* für); *sort a* anklagen; **3.** *contours, différences etc* her'vorheben; her'vortreten lassen; betonen; unterʼstreichen; deutlich machen; *hausse etc* aufweisen; **4.** COMM *~ réception* den

Empfang bestätigen (*de* von *ou +gén*) **II** *v/pr s'~* **5.** a) *réfléchi s'~ de qc* sich e-r Sache (*gén*) bezichtigen; *s'~ d'avoir fait qc* sich bezichtigen, etw getan zu haben; b) *réciproque* sich, ein'ander beschuldigen, bezichtigen; **6.** *caractère, tendance etc* her'vortreten; deutlich werden
acerbe [asɛʀb] *adj paroles, critiques* hart; scharf; verletzend
acéré [aseʀe] *adj* **1.** *lame etc* scharf; **2.** *fig critique, raillerie* schneidend; scharf; *écrire d'une plume ~e* e-e spitze Feder führen
acétate [asetat] *m* CHIM Aze'tat *n*; *t/t* Ace'tat *n*
acétique [asetik] *adj* CHIM Essig...; *acide m ~* Essigsäure *f*
acétone [aseton] *f* CHIM Aze'ton *n*; *t/t* Ace'ton *n*
acétylène [asetilɛn] *m* CHIM Azety'len *n*; *t/t* Acety'len *n*; *lampe f à ~* Kar'bidlampe *f*
achalandé [aʃalɑ̃de] *adj magasin bien ~* mit reicher, reichhaltiger, großer Auswahl; mit breitgefächertem, reichhaltigem Warenangebot; gut assor'tiert
acharné [aʃaʀne] *adj adversaire* erbittert; *joueur* hartnäckig; *combat, résistance* erbittert; hartnäckig; verbissen (*a travail*); *être un travailleur ~* ein Arbeitstier sein; *être ~ à* (*faire*) *qc* auf etw (*acc*) versessen sein; darauf versessen sein, etw zu tun
acharnement [aʃaʀnəmɑ̃] *m* Verbissenheit *f*; Hartnäckigkeit *f*; Versessenheit *f*; *~ thérapeutique* Lebensverlängerung *f* um jeden Preis; *~ au travail* Verbissenheit bei der Arbeit; *avec ~* verbissen; hartnäckig; *combattre a* erbittert
acharner [aʃaʀne] *v/pr* **1.** *s'~ contre, sur* nicht ablassen von; (weiterhin) verbissen, hartnäckig, bru'tal losgehen auf (*+acc*); erst recht herfallen über (*+acc*); **2.** *s'~ à* (*faire*) *qc* sich in etw (*acc*) verbissen; verbissen, hartnäckig an etw (*dat*) festhalten; auf etw (*acc*) versessen sein; *s'~ à un jeu* verbissen, hartnäckig weiterspielen; *s'~ à un travail* sich in e-e Arbeit verbeißen; *abs il s'acharne a* er läßt nicht locker
achat [aʃa] *m* Kauf *m*, Einkauf *m* (*a chose achetée*); Ankauf *m*; *de marchandises a* Abnahme *f*; Bezug *m*; *l'~ d'une voiture* der Kauf, die Anschaffung e-s Autos; ÉCON *pouvoir m d'~* Kaufkraft *f*; COMM *faire l'~ de qc* etw kaufen, käuflich erwerben, anschaffen; *faire des ~s* Einkäufe machen, tätigen; einkaufen
acheminement [aʃminmɑ̃] *m* Beförderung *f*; Weiterleitung *f*
acheminer [aʃmine] **I** *v/t courrier* befördern, weiterleiten (*vers* nach); *par ext convoi etc ~ vers* leiten, diri'gieren nach; **II** *v/pr s'~ vers* a) *personne* s-e Schritte lenken, sich begeben nach; b) *une solution etc* sich auf dem Wege zu ... befinden; entgegengehen (*+dat*)
acheter [aʃte] ⟨-è-⟩ **I** *v/t* **1.** kaufen; käuflich erwerben; (*faire les courses*) einkaufen; *meuble, voiture etc a* (sich) anschaffen; *terrain, actions, œuvres d'art etc a* ankaufen; *marchandises a* abnehmen; beziehen; F erstehen; *~ qc à qn* a) *pour qn* j-m etw kaufen; etw für

j-n kaufen; b) *de qn* j-m etw abkaufen; etw von j-m kaufen; **~ qc (*pour*) dix francs** etw für zehn Franc kaufen; *abs* **~ chez qn** bei j-m kaufen; **2.** *témoin, fonctionnaire etc* bestechen; kaufen (*a suffrages*); *complicité* erkaufen; **3.** *fig bonheur, tranquillité etc* erkaufen; **II** *v/pr* **4.** *réfléchi* **s'~ qc** sich etw kaufen, anschaffen; **5.** *sens passif* **s'~** gekauft werden (können); erhältlich, zu beziehen sein; für Geld zu haben sein

achet|eur [aʃtœR] *m,* **~euse** *f* **1.** Käufer(in) *m(f); de marchandises a* Abnehmer(in) *m(f);* Bezieher(in) *m(f); article* **trouver acheteur** e-n Abnehmer, Käufer finden; *adj* **pays acheteur** Käuferstaat *m,* -land *n;* **2.** *d'un grand magasin etc* Einkäufer(in) *m(f)*

achevé [aʃve] *adj* voll'endet; **d'un ridicule ~** geradezu lächerlich

achèvement [aʃɛvmɑ̃] *m* **1.** *d'une œuvre* Voll'endung *f;* Fertigstellung *f; de travaux* Abschluß *m;* Beendigung *f;* **2.** (*perfection*) Voll'endung *f*

achever [aʃve] ⟨-è-⟩ **I** *v/t* **œuvre** voll'enden; fertigstellen; beenden; abschließen; *livre* auslesen; **~ son repas** zu Ende essen; **en achevant ces mots, il ...** er schloß mit diesen Worten und ...; **~ de faire qc** vollends etw tun; **2. a)** (*tuer*) den Gnadenstoß geben (*qn* j-m; *a animal*); vollends töten; **b)** *fig* **~ qn** j-m den Rest geben; j-n vollends zu'grunde richten; j-n erledigen; **II** *v/i* ausreden; zu Ende sprechen; **III** *v/pr* **s'~** zu Ende gehen; schließen; enden; *œuvre* zum Abschluß gelangen; **ainsi s'achève notre émission** damit ist die Sendung beendet

Achille [aʃil] *m* **1.** *frz* Vorname; **2.** *MYTH* A'chill(es) *m*

achoppement [aʃɔpmɑ̃] *m* **pierre *f* d'~** Stolperstein *m;* Hindernis *n;* Klippe *f*

achopper [aʃɔpe] *v/i st/s* **~ sur qc** über etw (*acc*) strancheln

achromatique [akRɔmatik] *adj OPT* achro'matisch

acide [asid] **I** *adj* **1.** *fruit, goût, CHIM, GÉOL* sauer; **2.** *fig paroles etc* scharf; bissig; **II** *m* **1.** *CHIM* Säure *f;* **2.** F (*L.S.D.*) Acid ['ɛsɪt] *n*

acidité [asidite] *f* **1.** *d'un fruit etc* saurer Geschmack; Säure *f;* **2.** *fig* Schärfe *f;* **3.** *CHIM* Säuregrad *m,* -gehalt *m; sc* Acidi'tät *f; PHYSIOL* **~ gastrique** Magensäure *f*

acidulé [asidyle] *adj* **1.** säuerlich; **bonbons ~s** saure (Frucht)Bonbons *m/pl ou n/pl;* saure Drops *m/pl ou n/pl;* **2.** *fig charme* herb; *humour* gallig

acier [asje] *m* **1.** Stahl *m; loc/adj:* **en ~, d'~** aus Stahl; stählern; Stahl...; *fig* **d'~** stählern; stahlhart; **muscles** *m/pl,* **nerfs** *m/pl* **d'~** stählerne Muskeln *m/pl,* Nerven *m/pl;* **2.** *adjt* **bleu, gris ~** ⟨*inv*⟩ stahlblau, -grau

aciérie [asjeRi] *f* Stahlwerk *n,* -hütte *f*

acné [akne] *f MÉD* Akne *f*

acolyte [akɔlit] *m péj* Kom'plize *m;* Helfershelfer *m*

acompte [akɔ̃t] *m* **1.** Anzahlung *f;* Abschlags-, A'kontozahlung *f;* **verser un ~** e-e Anzahlung leisten; anzahlen (**de qc** etw); **2.** *fig* Vorgeschmack *m* (**sur** auf +*acc*)

aconit [akɔnit] *m BOT* Eisenhut *m;* Sturmhut *m*

acoquiner [akɔkine] *v/pr* **s'~ avec qn** sich mit j-m einlassen

Açores [asɔR] **les ~** *f/pl* die A'zoren *pl*

à-côté [akote] *m* ⟨*pl* à-côtés⟩ **1.** (*détail*) nebensächlicher Punkt; nebensächliche Frage; **2.** *pl* **~s** (*gain d'appoint*) Nebeneinnahmen *f/pl;* **se faire des ~s** sich e-n Nebenverdienst schaffen; etwas da'zuverdienen

à-coup [aku] *m* ⟨*pl* à-coups⟩ *d'un moteur etc* Ruck *m;* Stoß *m; loc/adv:* **par ~s** ruck-, stoßweise; ungleichmäßig (*a par ext*); **travailler par ~s** ungleichmäßig arbeiten; **sans ~s** gleichmäßig; stetig; reibungslos; *moteur* **avoir des ~s** F stottern

acoustic|ien [akustisjɛ̃] *m,* **~ienne** *f* (Raum) A'kustiker(in) *m(f)*

acoustique [akustik] **I** *adj* **1.** *PHYSIOL* (Ge)Hör...; *nerf m* ~ (Ge)Hörnerv *m;* **2.** *PHYS* a'kustisch; Schall...; **II** *f* **1.** *d'une salle etc* A'kustik *f;* **2.** *science* A'kustik *f,* Lehre *f* vom Schall; **~ architecturale** Raum- und Bauakustik *f*

acquéreur [akeRœR] *m* Erwerber *m;* Käufer *m;* **se porter ~** als Käufer auftreten

acquérir [akeRiR] ⟨j'acquiers, il acquiert; nous acquérons, ils acquièrent; j'acquérais; j'acquis; j'acquerrai; que j'acquière, que nous acquérions; acquérant; acquis⟩ **I** *v/t* **1. maison, voiture, fortune etc** erwerben; *livres, meubles etc a* (sich) anschaffen; **2.** *connaissances, savoir-faire* (sich) erwerben; sich aneignen; *gloire, certitude, valeur etc* erlangen; **~ de l'expérience** Erfahrungen sammeln; **II** *v/pr* **s'~ l'estime de qn** sich j-s Wertschätzung erwerben

acquêt [akɛ] *m JUR* **communauté réduite aux ~s** Errungenschafts-, Zugewinngemeinschaft *f*

acquiers, acquiert [akjɛR] *d'* **acquérir**

acquiescement [akjɛsmɑ̃] *m* Zustimmung *f* (**à** zu); Einwilligung *f* (in +*acc*); Einverständnis *n*

acquiescer [akjɛse] *v/t/indir* zustimmen (**à** *dat*); einwilligen (in +*acc*); *abs a* sein Einverständnis erklären

acquis [aki] *I p/p cf* **acquérir** *et adj* **1.** erworben; *BIOL* **caractères ~** erworbene Eigenschaften *f/pl,* Merkmale *n/pl;* **les notions ~es** das Gelernte; **les résultats ~** die erzielten Ergebnisse *n/pl;* **2.** (*sûr*) gesichert; feststehend; (*incontesté*) unbestritten; *droit, soutien de qn etc* **être ~ à qn** j-m sicher sein; **c'est un point ~, une chose ~e** das steht fest; **il est ~ que ...** es steht fest, daß ...; **I. personne être ~ à qn, à une cause** j-m, e-r Sache ganz ergeben sein; ganz zu j-m, zu e-r Sache stehen; *st/s* **je vous suis tout ~** ich bin ganz der Ihre; **II** *m* Erfahrung(sschatz) *f(m);* **les ~** *a* das Erreichte; (*connaissances acquises*) das Gelernte; *par ext* **~ sociaux** soziale Errungenschaften *f/pl;* sozialer Besitzstand; **avoir un ~, de l'~** ein umfangreiches Wissen, e-n reichen Erfahrungsschatz haben

acquisition [akizisjɔ̃] *f* **1.** *action* Erwerb *m;* Anschaffung *f; par ext de connaissances* Erlangung *f;* Aneignung *f; d'expérience* Sammeln *n; d'un rang, d'une position* Erlangung *f;* **faire l'~ de terrain, tableau etc** erwerben; *meubles, livres etc* (sich) anschaffen; **2.** (*bien*

acquis) Anschaffung *f;* Erwerbung *f;* F Errungenschaft *f;* **ma dernière ~** meine neueste Anschaffung, Errungenschaft

acquit [aki] *m* **1.** *COMM* **pour ~** Betrag (dankend) erhalten; **2.** *fig* **par ~ de conscience** um sein Gewissen zu beruhigen; um sich nachher keine Vorwürfe machen zu müssen

acquittement [akitmɑ̃] *m* **1.** *JUR* Freispruch *m;* **2.** *d'une obligation* Erfüllung *f*

acquitter [akite] **I** *v/t* **1.** *JUR* freisprechen; **2.** (*payer*) *dette* begleichen; abgelten; *taxe, impôt* entrichten; **3.** *COMM facture* quit'tieren; **II** *v/pr* **s'~ d'une dette** sich e-r Schuld (*gén*) entledigen; **s'~ de ses engagements** s-n Verpflichtungen nachkommen; s-e Verpflichtungen erfüllen; **s'~ d'une mission** sich e-s Auftrages entledigen; e-n Auftrag ausführen; **s'~ de sa promesse** sein Versprechen einlösen, erfüllen

acre [akR(ə)] *f AGR autrefois* Morgen *m*

âcre [akR(ə)] *adj goût, odeur* herb; scharf; *fumée* beißend; **2.** *st/s et fig* scharf; verletzend

âcreté [akRəte] *f* Schärfe *f;* Herbheit *f* (*a fig*)

acrimonie [akRimɔni] *f* Schärfe *f;* Bitterkeit *f;* **sans ~** ohne Bitterkeit

acrobate [akRɔbat] *m,f* Akro'bat(in) *m(f);* Ar'tist(in) *m(f)*

acrobatie [akRɔbasi] *f* **1.** *art* Akro'batik *f; AVIAT* **~ aérienne** Kunstflug *m;* **2.** *tour* Akro'batenstück *n* (*a fig*); **3.** *fig* Ar'tistik *f;* Virtu'osentum *n*

acrobatique [akRɔbatik] *adj* akro'batisch; ar'tistisch

Acropole [akRɔpɔl] *l'~ f* die A'kropolis *f*

acrostiche [akRɔstiʃ] *m poème* A'krostichon *n*

acrylique [akRilik] *adj CHIM* A'cryl...; *TEXT* **fibre *f* ~ ou subst ~ m** Acrylfaser *f*

acte [akt] *m* **1.** Handlung *f;* Akt *m* (*a PHILOS, REL*); Tat *f; PSYCH* **~ manqué** Fehlleistung *f;* **~ terroriste, de terrorisme** Terrorakt *m;* **~ de charité** Akt der Nächstenliebe; **~ de courage** mutige Tat; **~ de folie** Wahnsinnshandlung *f,* -tat *f;* **faire ~ d'autorité** ein Machtwort sprechen; 'durchgreifen; **faire ~ de candidature** kandi'dieren; **faire ~ de présence** a) *brève apparition* sich kurz sehen, blicken lassen; b) *attitude passive* sich nicht aktiv beteiligen; passiv dasitzen; **faire ~ de bonne volonté** guten Willen zeigen; **passer aux ~s** handeln; zur Tat schreiten; **traduire en ~** in die Tat 'umsetzen; zur Tat werden lassen; **2.** *JUR* (*juridique*) Rechtsgeschäft *n,* -handlung *f;* **~ administratif** Verwaltungsakt *m;* **3.** *JUR* (*document*) Urkunde *f;* **~ d'accusation** Anklageschrift *f;* **~ de décès** Sterbeurkunde *f;* **~s de l'état civil** standesamtliche Urkunden *f;* Per'sonenstandsurkunden *f/pl;* **~ de mariage** Heiratsurkunde *f;* Trauschein *m;* **~ de naissance** Geburtsurkunde *f;* **dont ~** hierüber Urkunde *f; fig* **prendre ~ de qc** sich etw (für später) merken; etw zur Kenntnis nehmen; **4.** **~s** *pl d'un colloque, congrès etc* Abhandlungen *f/pl;* Proto'kolle *n/pl; BIBL* **~s des apôtres** A'postelgeschichte *f;* **5.** *THÉ* Akt *m;* Aufzug *m;* **dernier ~** letzter Akt,

Schlußakt *m* (*a fig*); **pièce** *f* **en trois ~s** Stück *n* in drei Akten; Dreiakter *m*; **pièce** *f* **en un ~** Einakter *m*; **au troisième ~** im dritten Akt

ac|teur [aktœR] *m*, **~trice** *f* **1.** Schauspieler(in) *m(f)*; **~ de cinéma** Filmschauspieler(in) *m(f)*; **2.** *fig* Ak'teur *m*; Beteiligte(r) *f(m)*; **le principal acteur** der Hauptakteur

actif [aktif] **I** *adj* ⟨-ive⟩ **1.** *personne* ak'tiv; betriebsam; rege; rührig; eifrig; tatkräftig; tüchtig; **mener une vie active** ein aktives Leben führen; aktiv sein; **prendre une part active à qc** an etw (*dat*) aktiv teilnehmen, tätigen Anteil haben; **2.** *MIL, CHIM etc* ak'tiv; *médicament a* wirksam; **armée active** aktive Truppe; *CHIM* **charbon ~** Ak'tivkohle *f*; **la population active** die erwerbstätige, berufstätige, arbeitende Bevölkerung; die Erwerbs-, Berufstätigen *pl*; **vie active** Erwerbsleben *n*; *GR* **voix active** 'Aktiv *n*; Tätigkeitsform *f*; *conférence etc* **entrer dans une phase active** zum eigentlichen Thema, zu den Kernfragen kommen; **II** *subst* **1.** *m COMM* Ak'tiva *pl*; Vermögenswerte *m/pl*; *d'un bilan* Ak'tivseite *f*; *JUR*: **~ de la faillite** Kon'kursmasse *f*; **~ d'une succession** Nachlaßvermögen *n*; *fig* **avoir, compter à son ~** *succès etc* für sich verbuchen können; **iron délits etc** auf dem Kerbholz haben; **2.** *m GR* 'Aktiv *n*; Tätigkeitsform *f*; **3.** *MIL* **active** *f* ak'tive Truppe; **officier** *m* **d'active** ak'tiver Offizier

action [aksjɔ̃] *f* **1.** *de personnes* Handlung *f*; Tat *f*; Handeln *n*; Tun *n*; Vorgehen *n*; Wirken *n*; (*intervention*) Eingreifen *n*; *d'un groupe, POL* Akti'on *f*; *MIL* Gefecht *n*; **bonne ~** (*abr B.A.*) gute Tat; **~ concertée** Zu'sammenwirken *n*; konzertierte Aktion; **~ directe** linksextreme Untergrundorganisation; **~ française** nationalistisch-royalistische Bewegung während der 3. Republik; **définition ~ de transporter** *etc* Vorgang *m* des Transportierens *etc*; **~ d'éclat** Glanzleistung *f*, -stück *n*; **~ d'ensemble** gemeinsame Aktion; gemeinsames Vorgehen; **l'~ du gouvernement** das Vorgehen, die Maßnahmen, das Eingreifen der Regierung; *REL* **~ de grâce(s)** Danksagung *f*; *d'un syndicat* **journée** *f* **d'~** Tag *m* der Kampfmaßnahmen; **programme** *m* **d'~** Aktionsprogramm *n*; *GR* **verbe** *m* **d'~** Vorgangsverb *n*; **entreprendre une ~** e-e Aktion 'durchführen, F starten; **entrer en ~** in Aktion, Tätigkeit treten; tätig werden; eingreifen; **être en ~** in Aktion, tätig, im Einsatz sein; **passer à l'~** zur Tat schreiten; handeln; ak'tiv werden; etwas unter'nehmen; **2.** (*effet produit*) (Ein)Wirkung *f*; *loc/prép* **sous l'~ de** unter der Einwirkung von (*ou +gén*); in'folge (*+gén*); durch (*+acc*); **exercer une ~** e-e Wirkung ausüben (**sur** auf *+acc*); **mettre en ~** in Gang setzen, bringen; zur Wirkung bringen, einsetzen; **3.** *THÉ, CIN etc* Handlung *f*; **film** *m* **d'~** Actionfilm ['ɛkʃən-] *m*; **4.** *COMM* Aktie *f*, Anteilschein *m*; *fig* **ses ~s montent, baissent** s-e Aktien steigen, fallen; **5.** *JUR* **~** (**en justice**) Klage *f*; **~ civile** Pri'vat-, Nebenklage *f*; **~ en diffamation** Beleidigungsklage *f*; **intenter une ~** (**en justice**) e-e Klage einreichen, anhängig machen; Klage erheben; klagen; den Rechtsweg beschreiten

actionnaire [aksjɔnɛR] *m* Aktio'när *m*; Aktienbesitzer *m*; Anteilseigner *m*

actionnariat [aksjɔnaRja] *m* Aktienbesitz *m*; **~ ouvrier** Arbeitermitbesitz *m* in Form von Belegschaftsaktien

actionnement [aksjɔnmɑ̃] *m TECH* Betätigung *f*; In'gangsetzung *f*

actionner [aksjɔne] *v/t mécanisme, levier* betätigen; *machine* in Gang setzen; antreiben

activement [aktivmɑ̃] *adv* ak'tiv; eifrig; tatkräftig

activer [aktive] **I** *v/t* akti'vieren (*a CHIM*); *travaux a* vor'antreiben; beschleunigen; in Schwung bringen; *vent*: *feu* anfachen; *abs* F **allons, activez un peu!** los, macht ein bißchen voran, schneller!; **II** *v/pr* **s'~** sich (eifrig) zu schaffen machen; sich eifrig betätigen

activ|isme [aktivism(ə)] *m POL* (gewalttätiger) Akti'vismus *m*; **~iste** *m POL* (gewalttätiger) Akti'vist; (Rechts)Extre'mist *m*

activité [aktivite] *f* **1.** Tätigkeit *f* (*a d'un organe, volcan etc*); Aktivi'tät *f*; **~s** *pl a* Treiben *n*; Betrieb *m*; *d'une personne a* Betätigung *f*; **intense ~ diplomatique** rege diplomatische Tätigkeit, Aktivität; **~s économiques** *a* Wirtschaftsleben *n*; **~** (**professionnelle**) Berufs-, Erwerbstätigkeit *f*; **~ de plein air** Betätigung im Freien; *volcan* **en ~** tätig; in Tätigkeit; *affaires, industrie* **en pleine ~** auf vollen Touren laufend; **j'ignore tout de ses ~s** ich weiß überhaupt nicht, was er treibt; **2.** *d'une personne* Aktivi'tät *f*; Betriebsamkeit *f*; Rührigkeit *f*; Geschäftigkeit *f*; Regsamkeit *f*; Tüchtigkeit *f*; **déployer une grande ~** e-e rege Tätigkeit, e-e große Aktivität *ou* Betriebsamkeit entfalten; **3.** *de fonctionnaires, officiers* ak'tiver Dienst; **en ~** im aktiven Dienst

actuaire [aktɥɛR] *m* Versicherungs- (und Wirtschafts)mathematiker *m*; Aktu'ar *m*

actualis|ation [aktɥalizasjɔ̃] *f* Aktuali'sierung *f*; **~er** *v/t* aktuali'sieren

actualité [aktɥalite] *f* **1.** *d'une question etc* Aktuali'tät *f*; Zeit-, Gegenwartsnähe *f*; Zeitgemäßheit *f*; **sujet** *m* **d'~** aktu'elles Thema; **être d'~** aktuell sein; **2.** (*événements actuels*) Zeitgeschehen *n*; **l'~ politique** das politische Zeitgeschehen; **l'~ quotidienne** das Tagesgeschehen; die Tagesereignisse *n/pl*; **l'~ sportive** das sportliche Tagesgeschehnisse *n/pl*; **3. ~s** *pl TV* (Fernseh)Nachrichten *f/pl*; Tagesschau *f*; *CIN* Wochenschau *f*

actuariel [aktɥaRjɛl] *adj* ⟨-le⟩ versicherungs- (und wirtschafts)mathematisch

actuel [aktɥɛl] *adj* ⟨-le⟩ **1.** gegenwärtig; derzeitig; augenblicklich; jetzig; heutig; *mode etc a* herrschend; **à l'époque ~le, à l'heure ~le** zur Zeit; gegenwärtig; im Moment; **2.** *sujet, film etc* aktu'ell; zeit-, gegenwartsnah; zeitgemäß; **problème** *a* Gegenwartsproblem *n*; **3.** *PHILOS* aktu'al

actuellement [aktɥɛlmɑ̃] *adv* gegenwärtig; zur Zeit; im Mo'ment

acuité [akɥite] *f* **1.** *des sens* Schärfe *f*; **~ visuelle** Sehschärfe *f*; **2.** *d'une douleur etc* Heftigkeit *f*; *d'une crise a* Zuspitzung *f*

acuponcteur *ou* **acupuncteur** [akypɔ̃ktœR] *m* Akupunk'teur *m*

acuponcture *ou* **acupuncture** [akypɔ̃ktyR] *f MÉD* Akupunk'tur *f*

acyclique [asiklik] *adj* azyklisch

adage [adaʒ] *m* Sinnspruch *m*; Lebensweisheit *f*

adagio [adadʒjo] *MUS* **I** *adv* adagio [a'da:dʒo]; **II** *m* Adagio *n*

Adam [adɑ̃] *m* Adam *m*; *cf a* **Ève**

adaptable [adaptabl(ə)] *adj* anpassungsfähig; *TECH* passend (**à** für)

adapta|teur [adaptatœR] *m*, **~trice** *f* **1.** *THÉ, CIN* Bearbeiter(in) *m(f)*; **2.** *m TECH* A'dapter *m*; *ÉLECT* **au secteur** Netzgerät *n*; **fiche** Zwischenstecker *m*

adaptation [adaptasjɔ̃] *f* **1.** Anpassung *f* (**à** an *+acc*); Ausrichtung *f* (nach); Ein- *ou* 'Umstellung *f* (auf *+acc*); Zuschnitt *m* (auf *+acc*); *sc* Adap(ta)ti'on *f*; **2.** *d'un poème* Nachdichtung *f*; *d'un roman etc* Bearbeitung *f*; *THÉ, CIN, TV a* Adap(ta)ti'on *f*; **~ radiophonique** Funkbearbeitung *f*; **~ cinématographique** *a* Verfilmung *f*; **~ pour la scène** Bühnenbearbeitung *f*

adapter [adapte] **I** *v/t* **1.** *TECH* anpassen (**à** an *+acc*); einpassen (in *+acc*); passend machen (für); (*appliquer*) anbringen (an *+dat*); **2.** *programme, production etc* anpassen (**à** *dat*); (aus-, ein-)richten (nach); angleichen (*+dat*); ein-, 'umstellen (auf *+acc*); zuschneiden (auf *+acc*); **3.** *poésie* nachdichten; *œuvre littéraire* bearbeiten, *THÉ, CIN, TV* a adap'tieren (**à** *ou* **pour la scène** für die Bühne); **~ au** *ou* **pour le cinéma** *a* verfilmen; **II** *v/pr* **s'~ 4.** sich anpassen (**à** sich ein-, 'umstellen (auf *+acc*); **savoir s'~** anpassungsfähig, fle'xibel sein; sich anpassen, umstellen können; **5.** *TECH* passen (**à** zu); passend sein (für)

addenda [adɛ̃da] *m* ⟨*inv*⟩ Nachträge *m/pl*; Zusätze *m/pl*; Ad'denda *n/pl*

additif [aditif] **I** *adj* ⟨-ive⟩ addi'tiv (*a PHOT*); **II** *m* **1.** *au budget* Nachtrag *m*; *à un écrit* Zusatz *m*; **2.** *CHIM* Addi'tiv *n*; Zusatz(mittel *n*, -stoff *m*) *m*; *dans les aliments* **~s** *pl* Zusätze *m/pl*

addition [adisjɔ̃] *f* **1.** *MATH* Additi'on(s-aufgabe) *f*; Ad'dieren *n*; Zu'sammenzählen *n*; **faire une ~** ad'dieren; zu'sammenzählen; **2.** *au restaurant, au café* Rechnung *f*; **l'~, s'il vous plaît!** zahlen, bitte!; ich möchte zahlen!; die Rechnung, bitte!; **3.** An-, Hin'zufügung *f*; *à un écrit* Zusatz *m*; Ergänzung *f*; **4.** *CHIM* Zusetzen *m*; Zusatz *m*; Beimischung *f*

additionnel [adisjɔnɛl] *adj* ⟨-le⟩ zusätzlich; nachträglich; Zusatz...; Nachtrags...

additionner [adisjɔne] **I** *v/t* **1.** *MATH* ad'dieren; zu'sammenzählen; **2.** *surtout CHIM* **~ qc de qc** e-r Sache (*dat*) etw zusetzen, bei-, hin'zufügen, beimengen; etw mit etw versetzen; **additionné de sucre** mit Zuckerzusatz; **II** *v/pr* er'reurs etc **s'~** sich sum'mieren; (*venir*) **s'~ à qc** zu etw hin'zukommen

adducteur [adyktœR] *adj* ⟨*nur m*⟩ **1.** *ANAT* **muscle ~** *ou subst* **~** *m* Ad'duktor *m*; **2.** *pour l'eau* **canal ~** Zuleitung *f*

adduction – admissible

adduction [adyksjɔ̃] f **1.** PHYSIOL Adduktiˈon f; **2.** d'eau, de gaz, de pétrole Zuleitung f; Zuführung f; Zufuhr f; **~ d'eau** Wasserzuleitung f, -versorgung f
Adélaïde [adelaid] f Adelheid f
Adèle [adɛl] f Aˈdele f
adepte [adɛpt] m,f Anhänger(in) m,f; **faire des ~s** Anhänger gewinnen
adéquat [adekwa(t)] adj adäquˈat; angemessen; passend; entsprechend
adhérence [adeRɑ̃s] f **1.** PHYS, TECH Haften n, -ung f (à an ou auf +dat); des pneus **~ au sol** Bodenhaftung f; **2.** MÉD, BOT Verwachsung f
adhérent [adeRɑ̃] I adj **1.** PHYS, TECH haftend (à an ou auf +dat); **2.** BOT verwachsen (à mit); II subst **~(e)** m(f) d'un parti etc Mitglied n; **carte f d'~** Mitgliedskarte f
adhérer [adere] v/t/indir ⟨-è-⟩ **1. ~ à qc** an ou auf etw (dat) haften, (coller) kleben; pneus **~ à la route, au sol** a griffig sein; **2. ~ à un parti** etc in e-e Partei etc eintreten; e-r Partei etc (dat) beitreten; Mitglied e-r Partei etc (gén) werden; sich e-r Partei etc (dat) anschließen; État **~** e-m Pakt beitreten; **3.** st/s **à une opinion** beipflichten, zu-, beistimmen (+dat); à un idéal anhängen (+dat)
adhésif [adezif] I adj ⟨-ive⟩ klebend; Kleb(e)...; **pansement ~** (Heft)Pflaster n; **papier ~** Klebefolie f; II m Klebstoff m; Kleber m; Klebemittel n
adhésion [adezjɔ̃] f **1.** à un parti etc Beitritt(serklärung) m(f) (à zu); (Neu-)Eintritt m (à in +acc); **2.** à une opinion Zustimmung f (à zu); **donner son ~** s-e Zustimmung geben; **3.** PHYS Adhäsiˈon f
ad hoc [adɔk] loc/adj (eigens) zu diesem Zweck; (hierfür) passend; ad hoc
adieu [adjø] I int leb(e) wohl!; leben Sie wohl!; st/s Gott befohlen!; litt aˈde!; par ext **~, nos beaux projets!** jetzt ist es aus, vorbei mit unseren schönen Plänen; dire **~ à qn** j-m Lebeˈwohl sagen; II m souvent pl **~x** Abschied m; Lebeˈwohl n; **lettre f d'~(x)** Abschiedsbrief m; **faire ses ~x** von j-m Abschied nehmen; j-m Lebewohl sagen
à-Dieu-va(t) [adjøva(t)] int komme, was wolle; ganz gleich, was geschieht
Adige [adiʒ] l'~ m die Etsch
adipeux [adipø] adj ⟨-euse⟩ **1.** ANAT fettreich; Fett...; **tissu ~** Fettgewebe n; **2.** par ext visage etc feist; verfettet
adiposité [adipozite] f (loˈkaler) Fettansatz; Fettpolster n/pl
adjacent [adʒasɑ̃] adj angrenzend; benachbart; pl a nebeneinˈanderliegend; aneinˈandergrenzend, -stoßend; MATH **angles ~s** Nebenwinkel m/pl
adjectif [adʒɛktif] GR I m **~ (qualificatif)** Adjektiv n; Eigenschaftswort n; **~ démonstratif** attributives Demonstraˈtivpronomen; **~ numéral** Zahlwort n; II adj ⟨-ive⟩ adjektivisch
adjectival [adʒɛktival] adj ⟨-aux⟩ adjektivisch
adjoindre [adʒwɛ̃dR(ə)] ⟨cf joindre⟩ I v/t **1. ~ qc à qc** e-r Sache (dat) etw beifügen; e-r Sache etw hinˈzufügen, -tun; **2. ~ qn à qn** j-m j-n (zur Hilfe) beigeben, beiordnen, zur Seite geben ou stellen; II v/pr **s'~ un collaborateur** sich e-n Mitarbeiter (zur Hilfe) nehmen

adjoint [adʒwɛ̃] I m Stellvertreter m; Beigeordnete(r) m; **~ (au maire)** stellvertretender, zweiter Bürgermeister; II adj ⟨adjointe [adʒwɛ̃t]⟩ stellvertretend; beigeordnet; **directeur ~** stellvertretender, zweiter Direktor
adjonction [adʒɔ̃ksjɔ̃] f **1.** d'une chose Beifügung f, Hinˈzufügung f (à zu); **2.** de collaborateurs etc Beigabe f; Beiordnung f
adjudant [adʒydɑ̃] m **1.** MIL Stabsfeldwebel m; **2.** péj Feldwebel m; **~-chef** m ⟨pl adjudants-chefs⟩ MIL Oberstabsfeldwebel m
adjudica|taire [adʒydikateR] m,f dans une adjudication Submitˈtent, (An)Bieter, der den Zuschlag erhält; aux enchères Ersteigerer m; **~teur** m, **~trice** f ADM Ausschreibende(r) f(m); Auftraggeber(in) m(f)
adjudication [adʒydikasjɔ̃] f **1. ~ (administrative)** öffentliche Ausschreibung, Vergabe; Submissiˈon f; Verdingung f; **mettre en ~** öffentlich ausschreiben; **2.** JUR, ADM (attribution) Zuschlag(erteilung) m(f) (à an +acc)
adjuger [adʒyʒe] ⟨-geons⟩ I v/t **1.** dans une vente aux enchères, une adjudication zuschlagen; den Zuschlag erteilen (qc für etw); une fois, deux fois, trois fois, **adjugé!** (**vendu!**) zugeschlagen! (verkauft!) (en Allemagne le plus souvent un seul coup de marteau); **2.** prix, récompense etc zuerkennen; II v/pr fig **s'~ qc** sich etw nehmen, aneignen
adjuration [adʒyRasjɔ̃] f inständige(s) Bitte(n); **~s** pl a Beschwörungen f/pl
adjurer [adʒyRe] v/t **~ qn de (ne pas) faire qc** j-n inständig bitten, j-n beschwören, etw (nicht) zu tun
adjuvant [adʒyvɑ̃] m **1.** MÉD unterˈstützendes Mittel; unterˈstützende Theraˈpie; sc Adjuvans m; **2.** TECH Zuschlag(-stoff) m; Zusatz m
ad libitum [adlibitɔm] loc/adv nach Belieben; ad libitum
admettre [admɛtR(ə)] v/t ⟨cf mettre⟩ **1.** (laisser entrer) herˈeinlassen, (hin)einlassen (à, dans in +acc); vapeur, gaz einlassen; eintreten, einströmen lassen; **ne pas être admis** keinen Zutritt haben (à, dans zu); **2.** dans une école, organisation etc aufnehmen (à, dans in +acc); zulassen (zu); **~ qn parmi ses intimes** j-n in s-n engsten Freundeskreis aufnehmen; **3.** excuses, raisons etc gelten lassen; anerkennen; **~ que ...** (+subj ou ind) zugeben, zugestehen, einräumen, daß ...; **c'est une chose communément admise** das ist e-e allgemein anerkannte Tatsache; **j'admets avoir été trop sévère** ich gebe zu, daß ich zu streng gewesen bin; zugegeben, ich bin zu streng gewesen; **4.** comme hypothèse annehmen; **admettons que vous ayez raison** nehmen wir (einmal) an ou angenommen, Sie hätten recht; **5.** (tolérer) **ne pas ~ qc** etw nicht dulden, nicht zulassen, gestatten; **il n'admet pas la contradiction** ou **qu'on le contredise** er duldet keinen 'Widerspruch; **règle n'~ aucune exception** keine Ausnahme zulassen, gestatten
administra|teur [administRatœR] m, **~trice** f Verwalter(in) m(f); Admiˈnistrator m; **administrateur civil** correspond à Ministeriˈalrat m; de la Coméˈ

die-Française **administrateur général** Intenˈdant m; **administrateur de biens** Vermögensverwalter m; d'une S.A. **administrateur de société** Vorstandsmitglied n
administratif [administRatif] adj ⟨-ive⟩ Verwaltungs...; administraˈtiv; verwaltungsmäßig, -technisch; **capitale administrative** Sitz m der Behörden; **directeur ~** Verwaltungsdirektor m; **service ~** Verwaltungsdienst m; d'une entreprise Verwaltung f; **style ~** Behörden-, Kanzˈleistil m
administration [administRasjɔ̃] f **1.** (gestion) Verwaltung f; d'une entreprise Führung f; Leitung f; d'une S.A. Geschäftsführung f; **~ de biens** Vermögensverwaltung f; **2.** service Verwaltung(sbehörde) f; Administratiˈon f; Behörde f; coll **≳** Verwaltung(sdienst) f(m); **~ des Postes** Postbehörde f, -verwaltung f; **entrer dans l'≳** in den Verwaltungsdienst gehen; **3.** d'un médicament Verabreichung f; d'un sacrement Spendung f; Austeilung f
administrativement [administRativmɑ̃] adv verwaltungsmäßig; auf dem Verwaltungsweg
administré(e) [administRe] m(f) Bürger(in) m(f); dans un discours **chers administrés!** liebe Mitbürger!
administrer [administRe] v/t **1.** (gérer) verwalten; entreprise leiten; führen; **2.** médicament verabreichen; verabfolgen; sacrement spenden; austeilen; coup verabreichen; versetzen; **~ les derniers sacrements à qn** a j-n versehen; **3.** JUR preuves erbringen; liefern
admirable [admiRabl(ə)] adj bewundernswert, -würdig; bewunderungswürdig; wunderbar; a iron herrlich; prächtig
admira|teur [admiRatœR] m, **~trice** f Bewunderer m, Bewund(r)erin m; Verˈehrer(in) m(f)
admiratif [admiRatif] adj ⟨-ive⟩ personne voll Bewunderung; regard bewundernd; exclamation der Bewunderung
admiration [admiRasjɔ̃] f Bewunderung f; **avec ~** mit, voll Bewunderung; bewundernd; cri, sifflement d'~ der Bewunderung; **être en ~ devant qn** von Bewunderung für j-n erfüllt sein; **être en ~ devant qc** etw andächtig bewundern; etw voll Bewunderung betrachten; **faire l'~ de tous** allgemein Bewunderung erregen; alle mit Bewunderung erfüllen
admirer [admiRe] v/t bewundern; **~ qn pour son courage** j-n wegen s-s Mutes bewundern; iron **j'admire votre confiance** ich bewundere Ihre Vertrauensseligkeit
admis [admi] p/p cf **admettre**
admissibilité [admisibilite] f Anspruch m auf Zulassung zur mündlichen Prüfung
admissible [admisibl(ə)] adj **1.** **candidat déclaré ~** subst **~** m Kandidat, der (die schriftliche Prüfung bestanden hat und) zur mündlichen Prüfung zugelassen ist; **2.** **être ~ à une fonction publique** das Recht haben, ein öffentliches Amt zu bekleiden; **3.** (tolérable) **ne pas être ~** inakzeptabel, unannehmbar, nicht hinnehmbar, indiskutabel sein

admission [admisjõ] *f* **1.** *dans une organisation, école* Aufnahme *f* (*à* in +*acc*); Zulassung *f* (*à* zu); **demande *f* d'~** Aufnahme-, Zulassungsgesuch *n*; *EXAMEN* **liste *f* d'~** Liste *f* der Kandidaten, die die Prüfung bestanden haben; **2.** *TECH de vapeur, gaz* Einlaß *m*; Eintritt *m*; Einströmen *n*

admonest|ation [admɔnɛstasjõ] *st/s f* (scharfe) Zu'rechtweisung; Maßregelung *f*; (strenger) Verweis; **~er** *st/s v/t* (scharf) zu'rechtweisen; maßregeln

A.D.N. [adeɛn] *m abr* (*acide désoxyribonucléique*) DNS *f* (Desoxyribonukleinsäure)

ado [ado] *m,f abr cf* **adolescent**

adolescence [adɔlesɑ̃s] *f* Jugendalter *n*; *sc* Adoles'zenz *f*

adolesc|ent [adɔlesɑ̃] *m*, **~ente** *f* Jugendliche(r) *f(m)*; Halbwüchsige(r) *f(m)*; Teenager ['tiːneːdʒər] *m*; *iron* Jüngling *m*

Adolphe [adɔlf] *m* Adolf *m*

adonis [adɔnis] *m iron* A'donis *m*

adonner [adɔne] *v/pr* **s'~ à qc** sich e-r Sache (*dat*) (ganz) hingeben, widmen; *st/s* e-r Sache (*dat*) frönen; **s'~ à la boisson** sich dem Trunk ergeben

adopter [adɔpte] *v/t* **1.** *enfant* adop'tieren; an Kindes Statt annehmen; F annehmen; **2.** *attitude* einnehmen; *religion* annehmen; *méthode, point de vue, mœurs, expression* über'nehmen; sich zu eigen machen; *mode* mitmachen; *nouveau programme* sich entscheiden für; einführen; *ton* anschlagen; **3.** *projet de loi, ordre du jour etc* annehmen; *loi a* verabschieden; *faire ~* 'durchbringen

adoptif [adɔptif] *adj* ⟨-ive⟩ **1.** Adop'tiv...; *enfant ~* Adoptivkind *n*; angenommenes Kind; *parents ~s* Adoptiveltern *pl*; **2.** *par ext* **trouver une famille adoptive** bei e-r Familie ein zweites Zu'hause finden

adoption [adɔpsjõ] *f* **1.** *JUR* Adopti'on *f*; Annahme *f* als Kind; **2.** *loc/adj* **d'~** Wahl...; **Parisien** *m*, **patrie *f* d'~** Wahlpariser *m*, -heimat *f*; **3.** *d'une attitude* Einnehmen *n*; *d'une religion* Annahme *f*; *d'une méthode, coutume etc* 'Übernahme *f*; **4.** *d'un projet de loi etc* Annahme *f*; *d'une loi a* Verabschiedung *f*

adorable [adɔRabl(ə)] *adj* entzückend; reizend; F goldig; süß

adora|teur [adɔRatœR] *m*, **~trice** *f REL et fig* Anbeter(in) *m(f)*; *fig a* glühende Verehrer, glühende Verehrerin

adoration [adɔRasjõ] *f* **1.** *REL* Anbetung *f*; **2.** *d'une personne* Vergötterung *f*; Anbetung *f*; abgöttische Liebe; glühende Verehrung; *être en ~ devant qn cf* **adorer 2. a)**

adoré(e) [adɔRe] *m(f)* Angebetete(r) *f(m)*

adorer [adɔRe] *v/t* **1.** *REL* anbeten; **2.** *fig* **a)** *personne* anbeten; vergöttern; abgöttisch lieben; glühend verehren; **b)** F *chose* F furchtbar, schrecklich gern mögen; *aliment a* essen; *~ faire qc* etw für sein Leben gern tun

adosser [adose] I *v/t meuble ~ à ou contre qc* (mit der Rückwand *ou* Rükkenlehne) an etw (*acc*) stellen; *surtout p/p: personne être adossé à ou contre la porte* mit dem Rücken an der Tür lehnen; *maison être adossé à la colline* an den Hügel angeschmiegt sein; *CONSTR être adossé à* angebaut sein an (+*acc*); II *v/pr personne s'~ au ou contre le mur* sich mit dem Rücken an die *ou* gegen die Wand lehnen, an die Wand anlehnen

adoub|ement [adubmɑ̃] *m HIST* Ritterschlag *m*; Schwertleite *f*; **~er** *v/t HIST* zum Ritter schlagen

adoucir [adusiR] I *v/t* **1.** (*atténuer*) mildern; *colère a* dämpfen; besänftigen; *douleur a* lindern; *~ son regard* milder, sanfter (drein)blicken; *coiffure ~ les traits* das Gesicht weicher machen **2.** *crème*: *peau* weich, geschmeidig machen; **3.** *l'eau* enthärten; weich machen; II *v/pr* **s'~ 4.** *temps* milder werden; **5.** *pente* flacher werden; sich abflachen; **6.** *personne* sich beruhigen; *son caractère s'est adouci* er ist 'umgänglicher, zugänglicher geworden

adoucissant [adusisɑ̃] I *adj PHARM* reizlindernd; *crème* hautfreundlich; mild; II *m pour le linge* Weichspüler *m*

adoucissement [adusismɑ̃] *m* **1.** Milderung *f*; *de la colère a* Dämpfung *f*; Besänftigung *f*; *de la douleur a* Linderung *f*; **2.** *~ de la température* Milderung *f*; Nachlassen *n* der Kälte; **3.** *de l'eau* Enthärtung *f*; Weichmachen *n*

adoucisseur [adusisœR] *m pour l'eau* (Wasser)Enthärter *m*; *pour le linge* Weichspüler *m*

Adour [aduR] *l'~ m* Fluß in Südwestfrankreich

ad patres [adpatRɛs] *loc/adv* F **envoyer qn ~** F j-n ins Jenseits befördern

adrénaline [adRenalin] *f* Adrena'lin *n*

adressage [adRɛsaʒ] *m INFORM* Adres'sierung *f*

adresse¹ [adRɛs] *f* **1.** Anschrift *f*; A'dresse *f*; *par ext* **une bonne ~** die Adresse e-s guten Restaurants, Geschäfts *etc*; e-e gute Adresse; **mettre *l'~ sur l'enveloppe*** den Brief adres'sieren; die Adresse auf den (Brief)Umschlag schreiben; **partir sans laisser d'~** **a)** abreisen, ausziehen, ohne e-e Adresse zu hinter'lassen; **b)** (*disparaître*) spurlos verschwinden; *cf a* **tromper** II; **2.** *loc/prép* **à l'~ de qn** für j-n (bestimmt); an die Adresse (+*gén*); *allusion etc* auf j-n gemünzt; **j'en ai autant à votre ~** das gleiche gilt für Sie; **3.** *INFORM* A'dresse *f*

adresse² [adRɛs] *f* (*habileté*) Geschick (-lichkeit) *n(f)*; Gewandtheit *f*; (Finger-, Kunst)Fertigkeit *f*; *dans les négociations etc* Geschick *n*; *loc/adv* **avec ~** geschickt; gewandt; **avoir l'~ de ne froisser personne** das Geschick besitzen, niemanden zu verletzen

adresser [adRɛse] I *v/t ~ à lettre, message* schicken, senden, richten an (+*acc*); *lettre a* adres'sieren an (+*acc*); *personne* schicken zu; verweisen an (+*acc*); *malade à un spécialiste* über'weisen zu; *prière, question, reproche etc* richten an (+*acc*); *coup est* **être adressé à qn** j-m gelten; für j-n bestimmt sein; **~ un compliment à qn** j-m ein Kompliment machen; **~ une critique à qn** Kritik an j-m üben; **~ la parole à qn** das Wort an j-n richten; j-n ansprechen; **~ ses remerciements à qn** j-m s-n Dank aussprechen; II *v/pr* **s'~ à** *personne* sich wenden an (+*acc*); *livre, film etc* sich wenden, richten an (+*acc*); **pour plus amples renseignements s'~ à ...** nähere Auskünfte bei ...

adret [adRɛ] *m GÉOGR* Süd-, Sonnenhang *m*, -seite *f*

Adriatique [adRijatik] *l'~ f ou la mer ~* die Adria *ou* das Adri'atische Meer

adroit [adRwa] *adj* ⟨adroite [adRwat]⟩ *personne* geschickt, gewandt (*à* in +*dat*; bei); *politique etc* geschickt; *ruse a* raffi'niert; *être ~ de ses mains* mit den Händen geschickt sein; fingerfertig sein

adsorption [adsɔRpsjõ] *f PHYS* Adsorpti'on *f*

adula|teur [adylatœR] *m*, **~trice** *f* Lobhudler(in) *m(f)*; *litt* Liebediener *m*; **~tion** *st/s f* Lobhude'lei *f*; Liebediene'rei *f*

aduler [adyle] *v/t* **1.** *surtout p/p: artiste etc être adulé* vergöttert, glühend verehrt werden; **2.** *st/s* **~ qn** vor *ou* bei j-m liebedienern; j-m lobhudeln

adulte [adylt] I *adj* **1.** *personne* erwachsen; *plante, animal* ausgewachsen; *âge m ~* Erwachsenenalter *n*; *pour un homme a* Mannesalter *n*; *être arrivé à l'âge ~* **a)** ins Erwachsenenalter gekommen sein; **b)** *fig art, technique* den Kinderschuhen entwachsen sein; **2.** *fig sentiment, comportement* reif; II *m,f* Erwachsene(r) *f(m)*

adultère [adyltɛR] I *adj* ehebrecherisch; **femme *f*, homme *m* ~** Ehebrecher(in) *m(f)*; II *m* Ehebruch *m*

adultérin [adylteRɛ̃] *adj JUR enfant* außerehelich

advenir [advəniR] *v/imp* ⟨*cf* venir; être⟩ geschehen; sich ereignen; **quoi qu'il advienne** was auch immer geschehen, kommen mag; **advienne que pourra** komme, was (da) wolle; **on a vu ce qu'il est advenu de ses projets** was aus s-n Plänen geworden ist

adventice [advɑ̃tis] *litt adj* (zufällig) hin'zutretend

adventiste [advɑ̃tist] *m,f REL* Adven'tist(in) *m(f)*

adverbe [advɛRb] *m GR* Ad'verb *n*; 'Umstandswort *n*; **~ de lieu, de temps** Orts-, Zeitadverb *n*; **~ de manière** Adverb der Art und Weise; mo'dales Adverb; **~ de quantité** Mengenadverb *n*

adverbial [advɛRbjal] *adj* ⟨-aux⟩ *GR* adverbi'al

adversaire [advɛRsɛR] *m,f* Gegner(in) *m(f)*; *dans un conflit a* Kontra'hent(in) *m(f)*; 'Widersacher(in) *m(f)*; Gegenspieler(in) *m(f)*; *SPORTS a* Konkur'rent(-in) *m(f)*; Ri'vale *m*, Ri'valin *f*; **~ du régime** Re'gimegegner(in) *m(f)*

adverse [advɛRs] *adj* gegnerisch; feindlich; **partie *f* ~** Gegenpartei *f*; *JUR a* Pro'zeßgegner *m*

adversité [advɛRsite] *f* Unglück *n*; widriges Geschick

ad vitam aeternam [advitametɛRnam] *loc/adv* F ewig; für die Ewigkeit

aér|ateur [aeRatœR] *m* (Be)Lüfter *m*; Lüftung(sanlage) *f*; **~ation** *f* (Be)Lüftung *f*; Lufterneuerung *f*

aéré [aeRe] *adj* **1.** *pièce* luftig; **centre ~** Freiluftzentrum *n*; **2.** *tissu* locker; luftig; *fig texte* aufgelockert

aérer [aeRe] ⟨-è-⟩ I *v/t* **1.** *pièce* lüften; 'durchlüften; *TECH* belüften; *lits, vête-*

ments auslüften; **2.** *sol, fig texte* auflokkern; **II** *v/pr personne s'~* a) an die frische Luft gehen; F frische Luft schnappen, tanken; sich auslüften; b) *par ext* F e-n Ta'petenwechsel vornehmen

aérien [aeʀjɛ̃] *adj* ⟨~ne⟩ **1.** Luft...; *attaque ~ne* Luft-, Fliegerangriff *m*; *espace ~* Luftraum *m*; *forces ~nes* Luftstreitkräfte *f/pl*; Luftwaffe *f*; *ligne ~ne* a) *AVIAT* Luftverkehrs-, Fluglinie *f*; b) *ÉLECT* Freileitung *f*; *métro ~* Hochbahn *f*; *photographie ~ne* Luftbildfotografie *f*; *pont ~* Luftbrücke *f*; *BOT racine ~ne* Luftwurzel *f*; *trafic ~* Luft-, Flugverkehr *m*; **2.** *fig* ä'therisch; anmutig; *démarche* leichtfüßig

aérium [aeʀjɔm] *m* Kindererholungsheim *n*, -sanatorium *n*

aérobic [aeʀɔbik] *m ou f* Ae'robic *n*

aérobie [aeʀɔbi] **I** *adj BIOL* ae'rob; *TECH* luftatmend; **II** *m BIOL* Ae'robier *m*

aéro-club [aeʀɔklœb] *m* ⟨*pl* aéro-clubs⟩ A'eroklub *m*; Luft-, Flugsportverein *m*

aérodrome [aeʀɔdʀɔm] *m* Flugplatz *m*

aérodynamique [aeʀɔdinamik] **I** *adj PHYS* aerody'namisch; *TECH* stromlinienförmig; Stromlinien...; windschlüpfig, windschnittig; **II** *f PHYS* Aerody'namik *f*

aérofrein [aeʀɔfʀɛ̃] *m AVIAT* Bremsklappen *f/pl*

aérogare [aeʀɔgaʀ] *f* **1.** *à l'aéroport* Abfertigungsgebäude *n(pl)*; Terminal ['tœʀminəl] *m ou n*; **2.** *en ville* Abfahrts- *ou* Ankunftsstelle *f* der Zubringerlinie(n) zum Flughafen

aéroglisseur [aeʀɔglisœʀ] *m* Luftkissenfahrzeug *n*

aérogramme [aeʀɔgʀam] *m* Luftpostleichtbrief *m*; Aero'gramm *n*

aérolithe [aeʀɔlit] *m* Mete'orstein *m*

aéromodélisme [aeʀɔmɔdelism(ə)] *m* Flug(zeug)modellbau *m*

aéronautique [aeʀɔnotik] **I** *adj* Luftfahrt...; *construction f ~* Flugzeugbau *m*; *industrie f ~* Luftfahrt-, Flugzeugindustrie *f*; **II** *f* Luftfahrt *f*

aéronaval [aeʀɔnaval] *MAR MIL* **I** *adj forces ~es* Ma'rineluftstreitkräfte *f/pl*; **II** *f ℓe* Ma'rineflieger(truppe) *m/pl(f)*

aéronef [aeʀɔnɛf] *m* Luftfahrzeug *n*

aérophagie [aeʀɔfaʒi] *f MÉD* Luftschlucken *n*; *sc* Aeropha'gie *f*

aéroplane [aeʀɔplan] *m AVIAT autrefois* Aero'plan *m*

aéroport [aeʀɔpɔʀ] *m* Flughafen *m*

aéroporté [aeʀɔpɔʀte] *adj MIL* Luftlande...; *troupes ~es* Luftlandetruppen *f/pl*

aérosol [aeʀɔsɔl] *m* Aero'sol *n*; *bombe f (à) ~* Spray-, Sprühdose ['ʃpʀe:-] *f*

aérospatial [aeʀɔspasjal] *adj* ⟨-aux⟩ (Luft- und) Raumfahrt...; *industrie ~e* Luft- und Raumfahrtindustrie *f*

aérostat [aeʀɔsta] *m AVIAT* Luftfahrzeug *n* leichter als Luft

aérotrain [aeʀɔtʀɛ̃] *m* Luftkissenzug *m*

affabilité [afabilite] *f* Freundlichkeit *f*; Liebenswürdigkeit *f*; Leutseligkeit *f*

affable [afabl(ə)] *adj* freundlich, liebenswürdig; leutselig

affabulation [afabylasjɔ̃] *f* **1.** (*mensonge*) unwahre, erdichtete Geschichte; Fabel *f*; **2.** *d'un roman etc* Fabel *f*

affad|ir [afadiʀ] **I** *v/t* langweilig, fade machen; *surtout adj* **affadi** *couleur* fade; matt; *style* farblos; blaß; *récit* fade; langweilig; schal; **II** *v/pr s'~* fade, langweilig, schal werden; **~issement** *m* Fade-, Langweilig-, Farboswerden *n*

affaiblir [afebliʀ] **I** *v/t* **1.** *maladie ~ qn* j-n schwächen, entkräften; **2.** *adversaire* schwächen; *autorité* schwächen; schmälern; *sens d'un mot* abschwächen; *volonté, courage, énergie* erlahmen, erschlaffen lassen; *adj* **affaibli** *son, couleur* gedämpft; *sens d'un mot* verblaßt; **II** *v/pr s'~ personne* schwächer werden; *vue, ouïe* nachlassen; abnehmen; schwinden; *son* abklingen; *a bruit* gedämpft, schwächer werden; *sens d'un mot, souvenir* verblassen

affaiblissement [afɛblismɑ̃] *m* **1.** *d'un adversaire* Schwächung *f*; **2.** *des forces etc* Nachlassen *n*; Abnehmen *n*; Schwinden *n*; *du sens d'un mot, d'un souvenir* Verblassen *n*; *~ de l'autorité* Autori'tätsschwund *m*

affaire [afɛʀ] *f* **1.** Angelegenheit *f*; Sache *f*; ♦ *les ~s courantes* die laufenden Geschäfte *n/pl*; *POL ~s étrangères* auswärtige Angelegenheiten; *les ℓs étrangères* das Auswärtige Amt; das Außenministerium; *~s publiques, ~s de l'État* Staatsgeschäfte *n/pl*; *~ d'État* a) wichtige Staatsangelegenheit; b) *fig* Staatsaffäre *f*, -aktion *f*; ♦ (*une*) *~ de ... ...sache f; c'est (une) ~ de confiance, de goût* das ist Vertrauens-, Geschmack(s)sache *f*; *c'est l'~ des hommes politiques* das ist Sache, Aufgabe der Politiker; *c'est l'~ d'une seconde* das ist Sache e-s Augenblicks; das ist im Nu getan; ♦ *j'ai là votre ~* ich habe, was Sie suchen *ou* brauchen; ich hätte das Richtige für Sie; *avoir ~ à qn* mit j-m zu tun haben; *je ne veux pas avoir ~ à elle* ich will mit ihr nichts zu schaffen haben; *menace il aura ~ à moi!* er bekommt, F kriegt es mit mir zu tun!; *il connaît son ~* er versteht sein Sache; *c'est une autre ~* das ist etwas ganz anderes; *c'est mon ~* das ist meine Sache, Angelegenheit; das laß *ou* lassen Sie meine Sorge sein; *ce n'est pas une petite ~* das ist keine Kleinigkeit, keine einfache Sache; *c'est toute une ~* das ist so e-e Sache; das ist e-e schwierige, 'umständliche Angelegenheit; *être à son ~* mit Feuereifer dabei sein; in s-m Element sein; *ce morceau de ficelle fera l'~* das Stück Schnur tut es auch; mit diesem Stück Schnur ist mir auch schon gedient; F *faire son ~ à qn* F mit j-m abrechnen; *j'en fais mon ~* ich werde mich der Sache annehmen; das werde ich erledigen; *le temps ne fait rien à l'~* die Zeit tut nichts zur Sache, spielt keine Rolle; *mettre de l'ordre dans ses ~s* s-e Angelegenheiten ordnen; *occupe-toi de tes ~s!* kümmere dich um deine eigenen Angelegenheiten!; **2.** (*~ désagréable, scandaleuse*) Affäre *f*; F Geschichte *f*; *la belle ~!* was ist da schon dabei!; was hat das schon zu sagen, zu bedeuten!; *HIST l'~ Dreyfus* die Dreyfusaffäre; *quelle ~!* Sitten-, Sexskandal *m*; *être sorti d'~* F aus dem Schneider sein; *se tirer d'~* sich aus der Affäre ziehen; **3.** *JUR* Fall *m*; Sache *f*; *~ criminelle* Krimi'nalfall *m*; Strafsache *f*; *~ de vol* Fall von Diebstahl; *dans l'~ X contre Y* in Sachen X gegen Y; **4.** (*marché*) Geschäft *n*; F *une ~* ein günstiges, vorteilhaftes Geschäft; *faire ~ avec qn* mit j-m abschließen, handelseinig werden; *faire une bonne ~* ein gutes Geschäft machen; **5.** (*entreprise*) Geschäft *n*; Betrieb *m*; Unter'nehmen *n*; **6.** *COMM ~s pl* Geschäft(e) *n(pl)*; *loc/adj d'~s* Geschäfts...; *homme(s) m(pl) d'~s* Geschäftsmann *m* (*pl* -leute); *lettre f, voyage m d'~s* Geschäftsbrief *m*, -reise *f*; *loc/adv pour ~s* geschäftlich; *comment vont les ~s?* wie geht das Geschäft?; wie gehen die Geschäfte?; *ses affaires vont mal a* es steht schlecht um ihn; *être dans les ~s* Geschäftsmann sein; im Geschäftsleben tätig sein; *être dur en ~s* ein kalter Geschäftsmann sein; *loc les ~s sont les ~s* Geschäft ist Geschäft; **7.** *~s pl* (*objets personnels*) Sachen *f/pl*; F Zeug *n*; **8.** *~ de cœur* Liebschaft *f*

affairé [afeʀe] *adj* viel-, starkbeschäftigt; geschäftig; emsig; *avoir l'air ~* e-n vielbeschäftigten Eindruck machen

affairement [afeʀmɑ̃] *m* Geschäftigkeit *f*; Emsigkeit *f*; geschäftiges Treiben *n*

affairer [afeʀe] *v/pr s'~* sich zu schaffen machen (*dans la cuisine* in der Küche); *s'~ autour, auprès de qn* sich eifrig um j-n bemühen; *s'~ à faire qc* mit etw (eifrig) beschäftigt sein

affair|isme [afeʀism(ə)] *m* üble Geschäftemache'rei; **~iste** *m,f* übler Geschäftemacher, üble Geschäftemacherin

affaissement [afɛsmɑ̃] *m* **1.** *du sol* Senkung *f*; Einsinken *n*; *des joues* Einfallen *n*; *des muscles* Erschlaffung *f*; **2.** *st/s des forces* Verfall *m*; Erlahmen *n*

affaisser [afese] *v/pr s'~* **1.** *sol* sich senken; einsinken; *poutre* 'durchhängen; **2.** *personne* zu'sammenbrechen (*a fig*) -sacken, -sinken

affaler [afale] *v/pr s'~ dans un fauteuil* in e-n Sessel sinken; sich in e-n Sessel fallen lassen; *être affalé dans un fauteuil* zu'sammengesunken in e-m Sessel sitzen

affamé [afame] *adj* **1.** hungrig; ausgehungert; hungernd; **2.** *fig ~ de gloire* ruhmsüchtig

affamer [afame] *v/t MIL* aushungern

affect [afɛkt] *m PSYCH* Af'fekt *m*

affectation[1] [afɛktasjɔ̃] *f* **1.** *d'une somme, d'un édifice etc* Verwendung *f*, (Zweck)Bestimmung *f*, Zweckbindung *f*, Bereitstellung *f* (*à* für); **2. a)** *ADM, MIL d'une personne* dienstliche Verwendung; Versetzung *f*, *MIL* Abkommandierung *f* (*à un autre poste* auf e-n anderen Posten; *à Paris* nach Paris; *à une école* an e-e Schule); **b)** *poste* (Dienst)Posten *m*

affectation[2] [afɛktasjɔ̃] *f* **1.** (*manque de naturel*) Geziertheit *f*; Affek'tiertheit *f*; Gesuchtheit *f*; Gespreiztheit *f*; Manie'riertheit *f*; Unnatürlichkeit *f*; *un style a* Geschraubtheit *f*; *il parle avec ~* er redet (so) geziert, affektiert *etc*; *se conduire sans ~* ganz natürlich sein; **2.** *une ~ de modestie etc* (e-e) geheuchelte, vorgetäuschte Bescheidenheit *etc*

affecté [afɛkte] *adj personnes, manières* geziert; affek'tiert; gekünstelt; gesucht;

gespreizt; gestelzt; manie'riert; unnatürlich; *style a* geschraubt
affecter¹ [afɛkte] *v/t* **1.** *somme, édifice etc* verwenden, bestimmen, vorsehen, bereitstellen (*à* für); **2.** ADM, MIL *personne ~ à un poste* auf e-n Posten (ver)setzen, beordern; auf e-m Posten einsetzen; MIL *~ dans l'aviation* der Luftwaffe (*dat*) zuteilen, zuweisen; zur Luftwaffe abkommandieren
affecter² [afɛkte] *v/t* **1.** (*feindre*) vortäuschen; heucheln; mimen; *il affecta d'être ému* er tat, als ob er gerührt wäre *ou* als wäre er gerührt; **2.** *chose ~ une forme* e-e Form aufweisen
affecter³ [afɛkte] *v/t* **1.** (*émouvoir*) *~ qn* j-n betrüben, bewegen, schmerzlich berühren; j-m nahegehen, zu Herzen gehen; **2.** (*agir sur*) berühren; einwirken auf (+*acc*); *médicament ~ le cœur* das Herz angreifen, in Mitleidenschaft ziehen; *paralysie ~ le côté gauche* die linke Seite befallen; *personne être affecté d'une infirmité* ein Gebrechen haben; an e-m Gebrechen leiden; **3.** MATH *~ du signe moins etc* mit e-m Minuszeichen *etc* versehen
affectif [afɛktif] *adj* ⟨-ive⟩ affek'tiv; gefühlsbetont; *vie affective* Gefühlsleben *n*
affection¹ [afɛksjõ] *f* Zuneigung *f*; Zuwendung *f*; Liebe *f*; *terme m d'~* Kosewort *n*; *avoir de l'~ pour qn* j-m zugetan sein; für j-n Zuneigung empfinden; *prendre qn en ~* j-n liebgewinnen; Zuneigung zu j-m fassen
affection² [afɛksjõ] *f* MÉD Erkrankung *f*; Leiden *n*; *sc* Affekti'on *f*
affectionné [afɛksjɔne] *adj st/s fin de lettre votre ~ X* Ihr ergebener X; *ton neveu ~* Dein Dich liebender Neffe
affectionner [afɛksjɔne] *v/t* *~ qc* e-e Vorliebe für etw haben; etw bevorzugen
affectivité [afɛktivite] *f* PSYCH Affektivi'tät *f*; Emotionali'tät *f*
affectueusement [afɛktɥøzmã] *adv cf affectueux*; *à la fin d'une lettre* (*bien*) *~* herzliche Grüße; herzlichst
affectueux [afɛktɥø] *adj* ⟨-euse⟩ liebevoll; zärtlich; *animal* anhänglich
affermir [afɛʀmiʀ] I *v/t* festigen; stärken; *muscles a* kräftigen; *ces événements l'ont affermi dans sa résolution* haben ihn in s-m Entschluß bestärkt; *~ sa voix* s-r Stimme Festigkeit, e-n festen, energischen Klang geben; II *v/pr s'~ autorité, position* sich festigen; stärker werden; *régime* erstarken
affermissement [afɛʀmismã] *m* Festigung *f*; Stärkung *f*; *d'un régime* Erstarken *n*
afféterie [afetʀi] *litt f* Manie'riertheit *f*; Affek'tiertheit *f*; Künste'lei *f*
affichage [afiʃaʒ] *m* **1.** Bekanntgabe *f* durch Pla'kat, Anschlag; *abs* Anschlagen *n* von Pla'katen; Ankleben *n*, Anbringen *n* von Pla'katen, Anschlägen; **2.** INFORM Anzeige *f*; Display [-'ple:] *n*; *appareil à ~ digital, numérique* mit Digi'talanzeige
affiche [afiʃ] *f* **1.** Pla'kat *n*; Anschlag *m*; Aushang *m*; *~ électorale, publicitaire* Wahl-, Werbeplakat *n*; *~ de théâtre* The'aterplakat *n*, -aushang *m*; *art m de l'~* Plakatkunst *f*; **2.** *fig*: *tête f d'~* THÉ Hauptdarsteller(in) *m(f)*; CIRQUE Hauptattraktion *f* (*Person*); *mettre une pièce à l'~* die Aufführung e-s Stückes ankündigen; ein Stück auf den Spielplan setzen; *pièce rester à l'~, tenir l'~* sich lange halten; lange gespielt werden; lange auf dem Spielplan bleiben
afficher [afiʃe] I *v/t* **1.** anschlagen; durch Pla'kat, Anschlag, Aushang bekanntmachen; plaka'tieren; *abs* Pla'kate, Anschläge ankleben, anbringen; *défense d'~!* Plakatankleben verboten!; *cf a complet* ∫.; **2.** *cinéma*: *film* zeigen; *théâtre*: *pièce* aufführen; geben; spielen; **3.** *mépris, air satisfait etc* zur Schau tragen; *opinions* ausposaunen; *son savoir* prahlen, angeben (*qc* mit etw); **4.** INFORM anzeigen; II *v/pr s'~ avec qn* sich (ostenta'tiv) mit j-m öffentlich sehen lassen
affich|ette [afiʃɛt] *f* klein(formatig)es Pla'kat; *~eur m* Pla'katkleber *m*; *~iste m,f* Werbegraphiker(in) *m(f)*; Pla'katmaler(in) *m(f)*
affilée [afile] *loc/adv d'~* hinterein'ander; ununterbrochen; ohne Pause
affiler [afile] *v/t couteau, outil* schärfen; wetzen; schleifen; abziehen
affiliation [afiljasjõ] *f* **a)** *action* Beitritt *m* (*à* zu); Anschluß *m* (*an* +*acc*); Angliederung *f* (*an* +*acc*); Affiliati'on *f*; **b)** *état* Zugehörigkeit *f* (*à* zu); Mitgliedschaft *f* (*bei ou in* +*dat*)
affilié(e) [afilje] *m(f)* Mitglied *n*
affilier [afilje] I *v/t* anschließen (*à dat*); angliedern (+*dat*); *adjt être affilié à un parti etc* e-r Partei (*dat*) *etc* angehören; Mitglied e-r Partei (*gén*) *etc* sein; *être affilié à la Sécurité sociale* sozi'alversichert sein; II *v/pr s'~ à une association etc* e-m Verein *etc* beitreten; sich e-m Verein *etc* anschließen; Mitglied e-s Vereins *etc* werden
affinage [afinaʒ] *m* **1.** MÉTALL Raffinati'on *f*; Reinigung *f*; Läuterung *f* (*a du verre*); ACIÉRIE Frischen *n*; **2.** *du fromage* Reifung(sprozeß) *f(m)*
affinement [afinmã] *m du goût etc* Verfeinerung *f*; Kulti'vierung *f*
affiner [afine] I *v/t* **1.** MÉTALL raffi'nieren; reinigen; läutern (*a verre*); *acier* frischen; **2.** *fromage* reifen (lassen); **3.** *fig goût etc* verfeinern; kulti'vieren; II *v/pr s'~ personne* kulti'vierter werden; *goût* sich verfeinern; (*traits du*) *visage* edler, feiner werden
affinité [afinite] *f* **1.** (Wesens)Verwandtschaft *f*; Ähnlichkeit *f*; Affini'tät *f*; *~ intellectuelle* Geistesverwandtschaft *f*; **2.** CHIM, MATH Affini'tät *f*
affirmatif [afiʀmatif] *adj* ⟨-ive⟩ **1.** *ton, personne* entschieden; bestimmt; *il a été très ~*, elle ne partira pas er versicherte, bekräftigte immer wieder, daß ...; **2.** *réponse etc*, GR bejahend; GR *a positiv*; affirma'tiv; *geste a* zustimmend; *réponse a* positiv; zustimmend
affirmation [afiʀmasjõ] *f* **1.** (*assertion*) Behauptung *f*; Versicherung *f*; Beteuerung *f*; **2.** (*manifestation*) Sichtbarwerden *n*; Bestätigung *f*; Bekräftigung *f*; **3.** GR **a)** Bejahung *f*; **b)** *proposition* bejahender Satz
affirmative [afiʀmativ] *f loc/adv dans l'~* im Fall(e) e-r positiven Antwort, e-r Zusage; ADM bejahendenfalls; zutreffendenfalls; *répondre par l'~* (die Frage) bejahen; mit Ja antworten

affirmativement [afiʀmativmã] *adv répondre ~* bejahen; mit Ja antworten; positiv antworten
affirmer [afiʀme] I *v/t* **1.** (*soutenir*) behaupten; versichern; beteuern; *il affirme qu'il n'a rien entendu* er behauptet *etc*, nichts gehört zu haben; *je n'affirme rien, mais ...* ich will ja nichts behaupten, aber ...; **2.** *sa détermination etc* bekräftigen; *son indépendance etc* beweisen; unter Beweis stellen; II *v/pr s'~* **3.** *autorité, caractère, talent* sich (klar) zeigen; (deutlich) sichtbar, erkennbar werden; *majorité* sich klar abzeichnen; **4.** *personne* sich selbst bestätigen
affixe [afiks] *m* LING Af'fix *n*
affleurement [aflœʀmã] *m* GÉOL Ausstrich *m*; Ausbiß *m*; Ausgehende(s) *n*
affleurer [aflœʀe] *v/i* **1.** *roche ~* (*à la surface du sol*) zu'tage liegen, treten; *~ à la surface de l'eau* an der Wasseroberfläche auftauchen, erscheinen; **2.** *fig sentiments, instincts* zu'tage treten; zum Vorschein kommen
affliction [afliksjõ] *f st/s* Betrübnis *f*; Bekümmernis *f*; Gram *m*
affligé [afliʒe] I *adj* betrübt; bekümmert; II *m/pl* BIBL *les ~s* die da Leid tragen
affligeant [afliʒã] *adj* **a)** *situation, pensées, nouvelle* betrüblich; schmerzlich; traurig; **b)** *spectacle, sottise etc* bedauerlich; beklagenswert; *spectacle a* kläglich; traurig
affliger [afliʒe] ⟨-geons⟩ I *v/t* **1.** *malheur, maladie st/s ~ qn* j-n heimsuchen; *surtout p/p être affligé de qc* mit etw geschlagen sein; **2.** *événement, nouvelle ~ qn* j-n betrüben, bekümmern, traurig machen *ou* stimmen; j-m das Herz schwermachen; II *v/pr s'~* betrübt, bekümmert, traurig sein, sich grämen (*de* über +*acc*)
affluence [aflyãs] *f* (Menschen)Andrang *m*; *l'~ des clients* der Andrang, Ansturm der Kunden; *heures f/pl d'~* Stoßzeiten *f/pl*; CIRCULATION *a* Hauptverkehrszeit *f(pl)*; Berufsverkehr *m*; MAGASINS *a* Hauptgeschäftsstunden *f/pl*, -zeit(en) *f(pl)*; *exposition attirer une grande ~* e-e große Besuchermenge, -zahl, e-n großen Besucherstrom anziehen; großen Zulauf haben; *il y a ~* es herrscht großer Andrang
affluent [aflyã] *m* Nebenfluß *m*; Zufluß *m*
affluer [aflye] *v/i* **1.** *sang ~ au visage* ins Gesicht steigen, schießen; *faire ~ le sang au visage* das Blut ins Gesicht treiben; **2.** *personnes* her'bei-, zu'sammenströmen; *~ dans le métro* zur *ou* in die U-Bahn strömen; *capitaux ~ dans un pays* in ein Land (hin'ein-) strömen; *dons ~ de toutes parts* von überall her eingehen
afflux [afly] *m* **1.** *~ du sang* (plötzlicher) Blutandrang; **2.** *fig*: *~ de visiteurs* Besucherandrang *m*, -ansturm *m*; *~ de capitaux* Kapi'talzustrom *m*, -zufluß *m*
affolant [afɔlã] *adj* beunruhigend; beängstigend; erschreckend
affolé [afɔle] *adj* **1.** *personne* kopflos; aufgeregt; erschreckt; **2.** *aiguille de boussole* wild hin und her schlagend

affolement [afɔlmã] *m* Kopflosigkeit *f*; Aufregung *f*; panische Angst; *pas d'~!* keine Aufregung!; (nur) ruhig Blut!

affoler [afɔle] **I** *v/t* kopflos machen; in Aufregung, Angst, Schrecken versetzen; (furchtbar) aufregen; F verrückt, wahnsinnig machen; **II** *v/pr s'~* **1.** *personne* kopflos werden; den Kopf verlieren; sich (wahnsinnig) aufregen; *ne pas s'~ a* ruhig Blut, e-n kühlen *ou* klaren Kopf bewahren; *ne t'affole pas!* reg dich doch nicht so auf!; **2.** *aiguille d'une boussole* wild hin und her schlagen

affranchi(e) [afRãʃi] *m(f)* **1.** HIST Freigelassene(r) *f(m)*; **2.** (*émancipé[e]*) j, der sich von der herrschenden Mo'ral, von gesellschaftlichen Zwängen befreit hat

affranchir [afRãʃiR] **I** *v/t* **1.** *lettre, colis* fran'kieren; freimachen; **2.** *esclave* freilassen; *peuple colonisé* befreien; **3.** F (*mettre au courant*) aufklären; ins Bild setzen; **4.** *arg personne* in das Ga'novenhandwerk einführen; **II** *v/pr s'~* sich frei machen (*de* von); sich befreien (von)

affranchissement [afRãʃismã] *m* **1.** *postal* Fran'kierung *f*; Freimachung *f*; **2.** *d'un esclave* Freilassung *f*; *d'un peuple* Befreiung *f*

affres [afR(ə)] *f/pl st/s les ~ du doute* die Qualen *f/pl* des Zweifels; *les ~ de la mort* das Grauen, die Schrecken *m/pl* des Todes

affrètement [afRɛtmã] *m* Chartern ['ʃ-] *n*; Charter *m*

affréter [afRete] *v/t* ⟨-è-⟩ chartern ['ʃ-]

affreusement [afRøzmã] *adv* F furchtbar; schrecklich; entsetzlich

affreux [afRø] **I** *adj* ⟨-euse⟩ ab'scheulich; grauenhaft, -voll; entsetzlich; furchtbar; fürchterlich; schrecklich; scheußlich; *temps ~* scheußliches, abscheuliches Wetter; **II** *m* **1.** unsympathischer, scheußlicher, schrecklicher Kerl; **2.** *arg militaire les ~ pl* die weißen Söldner *m/pl* (*in Afrika*)

affriolant [afRijɔlã] *adj femme, tenue* verführerisch; *programme etc n'avoir rien d'~* nicht sehr verlockend sein

affrioler [afRijɔle] *v/t* anlocken, erregen; verführen

affront [afRõ] *m* Kränkung *f*; Beleidigung *f*; Af'front *m*; Brüs'kierung *f*; *faire un ~ à qn* j-m e-e Beleidigung, Kränkung zufügen; j-m e-n Affront antun

affrontement [afRõtmã] *m* Sich-Gegen'überstehen *n*; POL Konfrontati'on *f*

affronter [afRõte] **I** *v/t adversaire, danger etc* trotzen (+*dat*); Trotz bieten (+*dat*); der Stirn bieten (+*dat*); **II** *v/pr s'~ points de vue, théories* sich gegen'überstehen; mitein'ander rivali'sieren; *POL* a mitein'ander konfron'tiert sein

affubler [afyble] *v/t* (*et v/pr s'~*) (sich) ausstaffieren, aufputzen (*de* mit)

affût [afy] *m* **1.** CH Ansitz *m*; Ansitz *m*; Hochstand *m*, -sitz *m*; Kanzel *f*; *à l'~* **a)** *chasseur* auf dem Anstand; **b)** *animal, fig personne* auf der Lauer; lauernd; *être à l'~* **a)** *chasseur* ansitzen; **b)** *animal, fig personne* auf der Lauer liegen; *fig être à l'~ de qc* nach etw Ausschau halten; auf etw (*acc*) aussein, erpicht sein; *fig se mettre à l'~* sich auf die Lauer legen; **2.** MIL La'fette *f*

affût|age [afytaʒ] *m* Schärfen *n*; Schleifen *n*; **~er** *v/t couteau etc* schärfen; schleifen

affûtiaux [afytjo] *m/pl* F Firlefanz *m*; Flitterkram *m*

afghan [afgã] **I** *adj* af'ghanisch; ZO *lévrier ~* Af'ghane *m*; **II** *subst* ⚥(*e*) *m(f)* Af'ghane *m*, Af'ghanin *f*

Afghanistan [afganistã] *l'~ m* Af'ghanistan *n*

aficionado [afisjɔnado] *m* Fan [fɛn] *m*

afin [afɛ̃] **a)** *loc/prép ~ de* (+*inf*) um zu (+*inf*); **b)** *loc/conj ~ que* (+*subj*) da'mit

AFNOR *ou* **Afnor** [afnɔR] *f abr* (*Association française de normalisation*) Französischer Normenverband; *correspond à* DIN *n* (Deutsches Institut für Normung)

a fortiori [afɔRsjɔRi] *loc/adv* um so mehr *ou* eher; erst recht

A.F.P. *ou* **afp** [aɛfpe] *f abr* (*Agence France-Presse*) frz Nachrichtenagentur

africain [afRikɛ̃] **I** *adj* afri'kanisch; **II** *subst* ⚥(*e*) *m(f)* Afri'kaner(in) *m(f)*

african|isation [afRikanizasjõ] *f* Afrika'nisierung *f*; **~iser** *v/t* afrika'nisieren; **~iste** *m,f* Afrika'nist(in) *m(f)*

afrikaans [afRikãs] *m* LING *l'~* das Afri'kaans; Afri'kaans *n*

afrikander [afRikãdɛR] *ou* **afrikaner** [afRikanɛR] *m* Afri'k(a)ander *m*

Afrique [afRik] *l'~ f* Afrika *n*; *l'~ du Nord, du Sud* Nord-, Südafrika *n*

afro [afRo] *adj* ⟨*inv*⟩ *coiffure f ~* Afro-Look [-luk] *m*

afro|-asiatique [afRoazjatik] *adj* afro-asiatisch; **~-cubain** *adj* afro-ku'banisch

after-shave [aftœRʃɛv] *m* After-shave-Lotion [-ʃe:vlo:ʃən] *f*; Ra'sierwasser *n*

agaçant [agasã] *adj* ener'vierend; F auf die Nerven gehend; *c'est ~* das macht einen ner'vös; das geht einem auf die Nerven; das ist ärgerlich

agacement [agasmã] *m* Gereiztheit *f*; (gereizte) Nervosi'tät, Ungeduld; Ärger *m*; Verärgerung *f*

agacer [agase] ⟨-ç-⟩ **I** *v/t* **1.** *~ qn* **a)** (*énerver*) j-n ner'vös, F verrückt, wahnsinnig machen; F j-n nerven; j-m auf die Nerven gehen; j-m den Nerv töten; **b)** (*embêter*) j-n reizen, ärgern; *ça m'agace* a F das fuchst mich; **c)** (*taquiner*) j-n necken, durch kleine Späße (auf)reizen; **2.** *acidité ~ les dents* ein unangenehmes Gefühl an den Zähnen her'vorrufen; **II** *v/pr s'~* gereizt, ner'vös werden

agaceries [agasRi] *f/pl* Necke'rei *f*; nekkische Späße *m/pl*; Schäke'rei *f*

agapes [agap] *plais f/pl* Festessen *n*; Schlemmermahl *n*

agate [agat] *f* **1.** MINÉR A'chat *m*; **2.** *bille* bunte Glasmurmel

agave [agav] *f* BOT A'gave *f*

âge [aʒ] *m* **1.** Alter *n*; *d'une personne a* Lebensalter *n*; *l'~ critique* das kritische Alter; die kritischen Jahre *n/pl*; *d'une femme a* die Wechseljahre *n/pl*; *le premier ~* das Säuglingsalter; *le quatrième ~* das hohe Alter; das Greisenalter; *~ tendre* Kindheit *f* (und frühe Jugend); *le troisième ~* das Alter (*a coll*); der Lebensabend; der Ruhestand; *coll a* die Seni'oren *m/pl*; *~ de raison* Alter, in dem das Kind schon vernünftig wird; PHYSIOL *retour m d'~* Wechseljahre *n/pl*; ♦ *loc/adj et loc/adv*: *à l'~ de trente ans* im Alter von dreißig Jahren; mit dreißig Jahren; mit Dreißig; *à votre ~* in Ihrem Alter; *vieilli, vieux avant l'~* schon früh; vor-, frühzeitig; *dans son jeune ~* in jungen Jahren; in s-r Jugend; *de tout ~* jeden Alters; aller Altersstufen; *enfant m en bas ~* Kleinkind *n*; kleines Kind; *en raison de son grand ~* auf Grund s-s hohen Alters; *entre deux ~s* mittleren Alters; *sans ~* alterslos; *cf a certain II*; ♦ *quel ~ a-t-il, quel est son ~?* wie alt ist er?; *avoir le même ~* gleichalt(e)rig, gleich alt sein; *c'est une femme qui n'a pas d'~* diese Frau wirkt alterslos; das Alter dieser Frau ist schwer zu bestimmen; *on ne lui donne pas son ~, il ne paraît pas son ~* man sieht ihm sein Alter nicht an; *quel ~ lui donnez--vous?* für wie alt halten Sie ihn?; *il est de mon ~* er ist in meinem Alter; *être en ~ de, être d'~ à* (+*inf*) alt genug sein, um zu (+*inf*); *enfant être avancé, grand etc pour son ~* weit, groß *etc* sein für sein Alter; *c'est le bel ~!* da sind Sie *ou* bist du ja noch jung!; *faire son ~* so alt aussehen, wie man ist; *il ne fait pas son ~, il fait plus jeune que son ~* er sieht jünger aus *ou* er wirkt jünger, als er ist; *avoir passé l'~ de* (+*inf*) zu alt sein, um zu (+*inf*); aus dem Alter heraus sein, wo man ...; *il porte bien son ~* man sieht ihm sein Alter nicht an; er ist trotz s-s Alters noch frisch und rüstig; **2.** *l'~* (*la vieillesse*) das Alter; *courbé par l'~* altersgebeugt; vom Alter gebeugt; **3.** (*ère*) Zeit(alter) *f(n)*; *le Moyen ⚥* das Mittelalter; *les premiers ~s de l'humanité* die Anfänge *m/pl* der Menschheit; HIST *~ du bronze, du fer, de (la) pierre* Bronze-, Eisen-, Steinzeit *f*; MYTH, *fig l'~ d'or* das Goldene Zeitalter

âgé [aʒe] *adj* **1.** (*vieux*); alt; betagt; *les personnes ~es* die älteren, alten Menschen *m/pl*; die alten Leute *pl*; die Seni'oren *m/pl*; *très ~* sehr alt; hochbetagt; **2.** *être ~ de trente ans* dreißig (Jahre alt) sein

Agen [aʒɛ̃] Stadt im Dep. Lot-et-Garonne

agence [aʒãs] *f* **1.** Agen'tur *f*; Bü'ro *n*; Geschäftsstelle *f*; *~ immobilière* Maklerbüro *n*; Immo'biliengeschäft *n*, -büro *n*; *~ maritime* Schiffsagentur *f*; *~ publicitaire, de publicité* Werbeagentur *f*; PR-Agentur *f*; *~ de presse* Nachrichten-, Presseagentur *f*; *~ de renseignements* Auskunftsbüro *n*; Auskunf'tei *f*; *~ de voyages* Reisebüro *n*; **2.** *d'une banque* Zweigstelle *f*, -niederlassung *f*; Fili'ale *f*

agencement [aʒãsmã] *m* **1.** (*disposition*) Anordnung *f*; Verteilung *f*; *~ des couleurs* Farbzusammenstellung *f*; Farbkomposition *f*, -gestaltung *f*; *~ (des pièces) d'un appartement* Raumaufteilung *f* e-r Wohnung; **2.** *d'une pièce, d'un musée etc* Gestaltung *f*; Einrichtung *f*; *d'un roman etc, d'un tableau* Aufbau *m*; Gestaltung *f*; Kom-

agencer – agrafe

positi'on *f*; *d'un raisonnement* Gliederung *f*; *d'une phrase* (Auf)Bau *m*
agencer [aʒɑ̃se] *v/t* ⟨-ç-⟩ **1.** *mots dans une phrase, éléments sur un tableau etc* anordnen; *adjt appartement* **être bien agencé** gut geschnitten sein; räumlich gut aufgeteilt, angelegt sein; **2.** *pièce, musée etc* gestalten; einrichten; *roman etc, tableau* gestalten; kompo'nieren; *idée* gliedern; *phrase* bauen
agenda [aʒɛ̃da] *m* Taschenkalender *m*; **~ de bureau** Ter'min-, Vormerkkalender *m*
agenouillement [aʒnujmɑ̃] *st/s m* Nieder-, Hinknien *n*
agenouiller [aʒnuje] *v/pr* **s'~ 1.** niederknien; sich hinknien; *adjt* **agenouillé** kniend; **être agenouillé** knien; auf den Knien liegen; **2.** *fig et st/s* in die Knie gehen (**devant** vor +*dat*)
agent[1] [aʒɑ̃] *m* **1.** *sc* Agens *n*; (wirkende) Kraft; (*substance*) (Wirk)Stoff *m*; Sub'stanz *f*; (*produit*) Mittel *n*; *MÉD* **~ pathogène** Krankheitserreger *m*; **2.** *ÉCON* **~ économique** Wirtschaftssubjekt *n*; **3.** *GR* **complément** *m* **d'~** Agens *n*; Urheber *m*
agent[2] [aʒɑ̃] *m* **1.** *ADM* Bedienstete(r) *f(m)*; (mittlere[r]) Beamte(r), (mittlere) Beamtin *m*; Angestellte(r) *f(m)*; **~ administratif** Verwaltungsbeamte(r) *m*, -beamtin *f*; Behördenangestellte(r) *f(m)*; *CH DE FER* **~s de conduite** Loko-mo'tiv- und Triebfahrzeugführer *m/pl*; **~ du fisc** Fi'nanzbeamte(r) *m*, -beamtin *f*; *MIL* **~ de liaison** Verbindungsoffizier *m*; **2.** **~** (**de police**) Poli'zeibeamte(r) *m*; (Verkehrs)Poli'zist *m*; Schutzmann *m*; *F* Schupo *m*; *appellatif* **Monsieur l'~** Herr Wachtmeister; **3.** *ÉCON* A'gent *m*; (*représentant*) Vertreter *m*; **~ commercial** Handelsvertreter *m*; **~ comptable** Buchhalter *m*; Rechnungsführer *m*; **~ général** Gene'ral-, Al'leinvertreter *m*; **~ immobilier** Im-mo'bilienhändler *m*; Häuser-, Grundstücks-, Wohnungsmakler *m*; **~ technique de bureau** Bü'rofachkraft *f*; **~ d'assurances** Versicherungsagent *m*, -vertreter *m*; **~ de change** Börsenmakler *m*; **~ de maîtrise** Werk-, Indu'striemeister *m*; Vorarbeiter *m*; technische(r) Angestellte(r) *m*; **~ de publicité** Werbeagent *m*; (Inhaber m e-r) Werbeagentur *f*; **~ de voyage** Reiseveranstalter *m*; **4.** *POL* A'gent(in) *m(f)*; **~ double** Doppelagent(in) *m(f)*; **~ provocateur** A'gent provoca'teur *m*; Lockspitzel *m*; **~ secret** Geheimagent(in) *m(f)*
aggloméré [aglɔmeʀa] *m* *MINÉR* Ag-glome'rat *n*
agglomération [aglɔmeʀasjɔ̃] *f* **1. a)** (*ensemble d'habitations*) geschlossene Ortschaft; (An)Siedlung *f*; **b)** (*ensemble urbain*) Ballungsraum *m*, -gebiet *n*; **l'~ parisienne** der Großraum Paris; Groß-Paris *n*; **2.** *action et résultat* Zu-'sammenballung *f*; *TECH* Agglomera-ti'on *f*; *MÉTALL* Sinterung *f*
aggloméré [aglɔmeʀe] *m* *TECH* **a)** *bois* (*panneau m* **d'~**) Spanplatte *f*; Holz-, Hartfaserplatte *f*; *loc/adj* **en ~** Spanplatten...; **b)** *charbon* Preßling *m*; **c)** *CONSTR* Mauerstein *m*; künstlicher Baustein
agglomérer [aglɔmeʀe] ⟨-è-⟩ **I** *v/t* zu-

-'sammenballen; *TECH* agglome'rieren; *MÉTALL* sintern; **II** *v/pr* **s'~** sich (zu-'sammen)ballen
agglutinant [aglytinɑ̃] *adj* **1.** *MÉD* ag-gluti'nierend; verklebend; verklumpend; **2.** *LING* **langues ~es** aggluti'nierende Sprachen *f/pl*
agglutination [aglytinasjɔ̃] *f* **1.** *MÉD* Agglutinati'on *f*; Verkleben *n*; Verklumpen *n*; **2.** *LING* Agglutinati'on *f*
agglutiner [aglytine] **I** *v/t* zu'sammen-, verkleben; *MÉD* aggluti'nieren; **II** *v/pr* **s'~** *personnes* sich zu'sammendrängen; sich (zu'sammen)ballen
aggravant [agʀavɑ̃] *adj* *JUR* **circonstances ~es** erschwerende 'Umstände *m/pl*
aggravation [agʀavasjɔ̃] *f* Verschlimmerung *f*; Verschlechterung *f*; *d'un conflit, a de la situation* Zuspitzung *f*; *du chômage* Zunahme *f*
aggraver [agʀave] **I** *v/t* *affaire, cas, mal* verschlimmern; (nur) noch schlimmer machen; *sort de qn* erschweren; noch schwerer machen; *difficultés, mécontentement etc* erhöhen; vergrößern; steigern; *JUR peine* verschärfen; **II** *v/pr* **s'~** sich verschlimmern; sich verschlechtern; *situation a* ernster werden; sich verschärfen; sich zuspitzen; *mécontentement etc* zunehmen; größer werden; sich steigern
agile [aʒil] *adj* *personne* flink; behende; gewandt; a'gil; *doigts, membres* gelenkig; geschmeidig; *fig* **un esprit ~** ein wendiger, beweglicher, reger, regsamer Geist
agilité [aʒilite] *f* Flinkheit *f*; Behendigkeit *f*; Gewandtheit *f*; Agili'tät *f*; *d'un acrobate* Gelenkigkeit *f*; Geschmeidigkeit *f*; *fig de l'esprit* Wendigkeit *f*; Beweglichkeit *f*; Regsamkeit *f*
agio [aʒjo] *m* *FIN* (Kre'dit)Kosten *pl*
agir [aʒiʀ] **I** *v/i* **1.** handeln; **manière f d'~** Handlungsweise *f*; Verhalten *n*; **bien, mal ou envers qn** anständig, schlecht ou gemein an j-m handeln; **le moment est venu d'~** der Augenblick zu handeln, des Handelns ist gekommen; **faire ~ qn** j-n zum Handeln veranlassen, bewegen, bringen; **2. ~ auprès de qn** bei j-m interve'nieren; bei j-m vorstellig werden; **3.** *médicament, poison* wirken (**sur qn** bei j-m); *personne, chose* **~ sur qn, qc** auf j-n, etw einwirken; j-n, etw beeinflussen; **II** *v/pr et v/imp*: **il s'agit de qn, qc** es handelt sich, dreht sich um j-n, etw; es geht um j-n, etw; **il ne s'agit pas de ça!** darum geht es (ja gar) nicht!; **de quoi s'agit-il?** worum handelt es sich?; worum geht es?; ♦ **il s'agit de** (+*inf*) es heißt *ou* man muß (+*inf*); **il s'agit pour moi, lui etc de** (+*inf*) mir, ihm etc geht es darum zu (+*inf*); mir, ihm etc ist es darum zu tun zu (+*inf*); **quand il s'agit de payer ...** wenn es ans Zahlen geht ...; **il s'agit de savoir si ...** es ist die Frage, ob ...; **il ne s'agit plus de tergiverser!** jetzt gibt es keine Ausflüchte mehr!; **s'il s'agit qu'il le fasse** er muß es tun
agissant [aʒisɑ̃] *adj* ak'tiv; wirksam
agissements [aʒismɑ̃] *m/pl* *péj* Machenschaften *f/pl*; 'Umtriebe *m/pl*; gefährliches Treiben
agita|teur [aʒitatœʀ] *m*, **~trice** *f* **1.** *POL*

Aufwiegler(in) *m(f)*; Agi'tator *m*, Agi-ta'torin *f*; Wühler(in) *m(f)*; **2.** *m* *CHIM* (gläserner) Rührstab
agitation [aʒitasjɔ̃] *f* **1.** (*activité intense*) heftige Bewegung; *de la mer a* Wogen *n*; *des feuilles mortes* Um'herwirbeln *n*; *des gens* geschäftiges, emsiges Treiben; Geschäftigkeit *f*; Unruhe *f*; Hin und Her *n*; Wirbel *m*; **2.** (*nervosité*) Unruhe *f* (*a d'un malade*); Erregung *f*; Aufregung *f*; Erregtheit *f*; **3.** *POL* Unruhe *f*; Aufruhrstimmung *f*; Gärung *f*; **l'~ ouvrière** die Unruhe unter den Arbeitern
agité [aʒite] **I** *adj* **1.** *mer* bewegt; unruhig; stürmisch; *sommeil, malade, enfant, vie* unruhig; *vie a* bewegt; turbu-'lent; **2.** (*nerveux*) erregt; aufgeregt; unruhig; **II** *subst* **~(e)** *m(f)* *MÉD* unruhi-ge(r) Geisteskranke(r) *f(m)*
agiter [aʒite] **I** *v/t* **1.** *mouchoir, drapeau, bras* schwenken; *vent*: *feuilles* bewegen; *sur un flacon* **~ avant usage** vor Gebrauch schütteln; **~ son mouchoir a** mit dem Taschentuch winken; **2.** *question, problème* besprechen; erörtern; disku'tieren; **3.** *fig* **~ la menace de sa démission** (ständig) mit s-m Rücktritt drohen; **4.** **~ qn** j-n unruhig machen, erregen, aufregen; j-n in Unruhe, Erregung, Aufregung versetzen; j-n in Wallung bringen; **être agité par une violente colère** außer sich sein vor Zorn; **5.** *POL* aufhetzen; aufwiegeln; in Aufruhr versetzen; **II** *v/pr* **s'~ 6.** *feuilles, branches* sich bewegen; *branches, arbres a* schwanken; *mer, flots* wogen; **7.** (*se démener*) hin und her laufen, rennen; *enfant* **s'~ sur sa chaise** auf s-m Stuhl her'umrutschen, hin und her rutschen; **8.** (*être nerveux*) unruhig sein (*a POL, malade*); erregt, aufgeregt sein
a-gla-gla [aglagla] *int* quand il fait froid brr!
agneau [aɲo] *m* ⟨*pl* **~x**⟩ **1.** *ZO* Lamm *n*; *F* **fig mes ~x!** ihr lieben Leute!; *REL* **l'~** (**de Dieu**) das Lamm (Gottes); das Gotteslamm; *personne* **c'est un ~, il est doux comme un ~** er ist sanft wie ein Lamm; er ist lammfromm; **2.** *CUIS* Lamm(fleisch) *n*; **côtelette f d'~** Lammkotelett *n*; **3.** *fourrure* Lammfell *n*
agnelet [aɲǝlɛ] *m* Lämmchen *n*
Agnès [aɲɛs] *f* Agnes *f*
agnosticisme [agnɔstisism(ǝ)] *m* *PHILOS* Agnosti'zismus *m*
agnostique [agnɔstik] **I** *adj* agnosti'zi-stisch; **II** *m* A'gnostiker *m*
agnus Dei [agnysdei, apys-] *m* ⟨*inv*⟩ *REL* Agnus Dei *n*
agonie [agɔni] *f* Ago'nie *f* (*a fig*); Todeskampf *m*; **être à l'~** im Sterben liegen; mit dem Tod ringen
agonir [agɔniʀ] *v/t* ⟨*meist nur inf u p/p*⟩ **~ qn d'injures** j-n mit Beschimpfungen über'schütten; *en public* j-n anpöbeln
agonisant [agɔnizɑ̃] **I** *adj* im Sterben liegend; **II** *subst* **~(e)** *m(f)* Sterbende(r) *f(m)*
agoniser [agɔnize] *v/i* **1.** *personne* im Sterben liegen; **2.** *fig* in den letzten Zügen liegen
agoraphobie [agɔʀafɔbi] *f* *MÉD* Platzangst *f*; *sc* Agoropho'bie *f*
agrafage [agʀafaʒ] *m* **1.** *MÉD* Klammern *n*; **2.** *de papiers etc* Heften *n*
agrafe [agʀaf] *f* **1.** *COUT* Haken *m*; bi-

agrafer – aide-comptable

jou A'graffe *f*; **2.** *de papiers etc* Drahtklammer *f*; **~ (de bureau)** Heftklammer *f*; **3.** *MÉD* (Wund)Klammer *f*
agrafer [agʀafe] *v/t* **1.** *vêtement* zuhaken; **2.** *papiers etc* (zu'sammen)heften; *une feuille à une autre* anheften (*à* an +*acc*); **3.** F *se faire ~ par les flics* F von der Polizei geschnappt werden
agrafeuse [agʀaføz] *f* Heftapparat *m*
agraire [agʀɛʀ] *adj réforme f ~* Bodenreform *f*
agrandir [agʀɑ̃diʀ] **I** *v/t* **1.** vergrößern; erweitern; *entreprise, réseau routier etc a* (weiter) ausbauen; *domaine d'activité a* (weiter) ausdehnen; *des yeux agrandis par la terreur* vor Entsetzen geweitete Augen; **2.** *pièce par des glaces etc* größer erscheinen lassen; größer machen; **3.** *PHOT* vergrößern; **~** vergrößern lassen; **II** *v/pr s'~* **4.** *ville etc* sich vergrößern; größer werden, wachsen; sich ausdehnen; **5.** *entrepreneur, propriétaire* sein Geschäft, s-n Besitz vergrößern, erweitern; F sich vergrößern
agrandiss|ement [agʀɑ̃dismɑ̃] *m* **1.** *d'un édifice, d'une entreprise etc* Vergrößerung *f*; Erweiterung *f*; **2.** *d'une ville etc* (An)Wachsen *n*; Sich'ausdehnen *n*; **3.** *PHOT* Vergrößerung *f* (*a la photo*); **~eur** *m PHOT* Vergrößerungsapparat *m*; Vergrößerer *m*
agréable [agʀeabl(ə)] **I** *adj* angenehm; *maison, région etc* nett; hübsch; *fraîcheur a, boisson* wohltuend; *changement, visite, nouvelle a* will'kommen; *visage, physique a* ansprechend; einnehmend; gewinnend; gefällig; *il a une conversation très ~* er plaudert sehr nett, anregend; *ce sont des gens ~s* das sind nette, angenehme Menschen; *c'est ~ à regarder* das ist hübsch, nett anzusehen; das sieht hübsch, nett, ansprechend aus; *pour lui être ~* um ihm e-n Gefallen zu tun; *si cela peut vous être ~* wenn es Ihnen angenehm ist, recht ist, beliebt; **II** *m joindre l'utile à l'~* das Angenehme mit dem Nützlichen verbinden
agréablement [agʀeabləmɑ̃] *adv ~ surpris* angenehm über'rascht
agréer [agʀee] **I** *v/t* **1.** *demande, requête* stattgeben, entsprechen (+*dat*); *cadeau, excuse, remerciements* günstig aufnehmen; *à la fin d'une lettre non traduit:* **veuillez ~, Monsieur** *etc*, (*l'assurance de*) *ma considération distinguée* mit vorzüglicher Hochachtung; hochachtungsvoll; **2.** (*admettre*) zulassen; *se faire ~ dans, par un milieu* zu e-m Gesellschaftskreis Zugang bekommen; in e-n Gesellschaftskreis aufgenommen werden; *adjt fournisseur agréé* (fester, ständiger) Lieferant; *agréé par la Sécurité sociale* von der Sozialversicherung zugelassen; **II** *v/t/indir litt si cela vous agrée* wenn es Ihnen beliebt
agrèg [agʀɛg] *f* F *abr cf* **agrégation**
agrégat [agʀega] *m* **1.** *MINÉR* Aggre'gat *n*; **2.** *ÉCON* Glo'balgröße *f*; **3.** *fig et stls* Konglome'rat *n*
agrégat|if [agʀegatif] *m*, **~ive** *f* Stu'dent(in), der (die) sich auf die „Agrégation" vorbereitet
agrégation [agʀegasjɔ̃] *f* Prüfung im Auswahlverfahren für das Lehramt an Gymnasien u Universitäten; **~ d'histoire** Agrégation *f* für (das Fach) Geschichte
agrégé(e) [agʀeʒe] *m(f) ou adjt professeur agrégé* Agrégé *m*; Gymnasi'allehrer(in) *ou* Do'zent(in), der (die) die „Agrégation" besitzt
agréger [agʀeʒe] *v/t* ⟨-è-⟩ **1.** *cristaux etc* verfestigen; zu'sammenbacken (*en* zu); **2.** *fig ~ qn à un groupe* j-n in e-e Gruppe aufnehmen
agrément¹ [agʀemɑ̃] *m surtout pl les ~s* das Ansprechende, Anziehende, Gefällige; der Reiz; *d'une personne a* der Liebreiz; der Anmut; *les ~s de la vie* die Annehmlichkeiten *f/pl* des Lebens; *arts m/pl d'~* Künste *f/pl* zum angenehmen Zeitvertreib (*Malen, Musizieren etc*); *jardin m d'~* Ziergarten *m*; *voyage m d'~* Vergnügungsreise *f*; *trouver de l'~ dans un séjour à la mer* Vergnügen, Gefallen finden an e-m Aufenthalt an der See
agrément² [agʀemɑ̃] *m* (*consentement*) Zustimmung *f*; Genehmigung *f*; *DIPL* Agré'ment *n*
agrémenter [agʀemɑ̃te] *v/t vêtement, pièce* verzieren (*de* mit); *pièce a, récit* ausschmücken (mit); *récit a* würzen (mit)
agrès [agʀɛ] *m/pl* **1.** *SPORTS* Turngeräte *n/pl*; *exercices m/pl aux ~* Geräteübungen *f/pl*, -turnen *n*; **2.** *MAR cf* **gréement**
agresser [agʀese] *v/t* **1.** *personne dans la rue etc* über'fallen; anfallen; **2.** *nuisance: personne, entourage* belästigen; e-e Belästigung sein für; *MÉD* belasten; e-e Belastung sein für; *personne être agressé* 'Umweltbelastungen, dem Streß ausgesetzt sein **3.** *verbalement ~ qn* j-n angreifen; *se sentir agressé* sich angegriffen fühlen
agresseur [agʀesœʀ] *m* **1.** *MIL* Angreifer *m*; Ag'gressor *m*; **2.** j, der j-n über'fällt; Angreifer *m*; Täter *m*
agressif [agʀesif] *adj* ⟨-ive⟩ aggres'siv (*a PSYCH, MIL, publicité*); angriffslustig; *comportement* aufreizend; her'ausfordernd; *personne* a streitsüchtig
agression [agʀesjɔ̃] *f* **1.** *MIL* Angriff *m*; Aggressi'on *f*; 'Überfall *m*; **2.** *contre une personne* Belästigung *f*; *MÉD* (körperliche, seelische) Belastung *f*; **~ sonore** Lärmbelästigung *f*; **4.** *PSYCH* Aggressi'on *f*
agressivité [agʀesivite] *f* Aggressivi'tät *f* (*a PSYCH*); Angriffslust *f*; Streitlust *f*
agreste [agʀɛst] *litt adj* ländlich
agricole [agʀikɔl] *adj* landwirtschaftlich; *Land*(wirtschafts)...; A'grar...; *machine f ~* Landmaschine *f*; landwirtschaftliche Maschine; *ouvrier m ~* Landarbeiter *m*; *pays m, population f ~* Agrarland *n*, -bevölkerung *f*
agricul|teur [agʀikyltœʀ] *m*, **~trice** *f* Landwirt(in) *m(f)*
agriculture [agʀikyltyʀ] *f* Landwirtschaft *f*; Ackerbau *m*; Agrikul'tur *f*
agripper [agʀipe] *v/t* packen; ergreifen; **II** *v/pr s'~* festhalten; sich festklammern (*à* an +*dat*); sich klammern (an +*acc*)
agro-alimentaire [agʀoalimɑ̃tɛʀ] **I** *adj industries f/pl ~* Nahrungsmittelindustrie *f*; **II** *m* Nahrungsmittelsektor *m*

agronome [agʀɔnɔm] *m* Agro'nom *m*; A'grarwissenschaftler *m*; *adjt ingénieur m ~* Di'plomlandwirt *m*
agronom|ie [agʀɔnɔmi] *f* Landwirtschafts-, A'grarwissenschaften *f/pl*; Agrono'mie *f*; **~ique** *adj* agro'nomisch; a'grarwissenschaftlich
agrumes [agʀym] *m/pl* Zitrusfrüchte *f/pl*
aguerrir [ageʀiʀ] **I** *v/t* abhärten; stählen; *adjt* **troupes aguerries** kampferprobte Truppen *f/pl*; **II** *v/pr s'~* sich abhärten (*à* gegen)
aguets [agɛ] *loc/adv être aux ~* auf der Lauer sein, liegen
aguich|ant [agiʃɑ̃] *adj sourire, décolleté etc* aufreizend; *sourire a* ko'kett; F keß; **~er** *v/t* aufreizen; um'garnen; F becircen
aguicheuse [agiʃøz] *une petite ~* ein aufreizendes, ko'kettes, F kesses Ding, Mädchen
ah [ɑ] *int étonné, admiratif* ah!; oh!; *étonné, déçu* ach!; *effrayé o* weh!; *ach je!; o'je(mine)!; iron ou étonné ~ ~!* a'ha!; *~! ne croyez pas cela!* oh, glauben Sie das ja nicht!, bloß nicht!; *~ bon! ach so!; ~ ça alors!* das ist doch die Höhe!; *~ là là!* o'je *ou* ach je!; *~ mais bien sûr!* aber gewiß doch!; F na klar!; *~ oui! pour confirmer* freilich!; natürlich!; *incrédule* ach ja?; ach was?
ahuri [ayʀi] **I** *adj* (völlig) verblüfft, verdutzt; baß erstaunt; per'plex; *être ~* F a baff, platt sein; **II** *m injure* (*espèce d'*)*~* Rindvieh *n*; Hornochse *m*
ahur|ir [ayʀiʀ] *v/t* (völlig) verblüffen; verdutzen; **~issant** *adj* verblüffend; *nouvelle, insolence* unglaublich; **~issement** *m* Verblüffung *f*; Verblüfftheit *f*; Verdutztheit *f*; Sprachlosigkeit *f*
ai [e] *cf* **avoir**
aï [ai] *m ZO* Ai *n*; Drei'fingerfaultier *n*
aide¹ [ɛd] *f* **1.** *action* Hilfe *f*; Beistand *m*; Unter'stützung *f*; *loc/prép:* **à l'~ de** (*qc*) mit Hilfe (*+gén*); mittels (*+gén*); **avec l'~ de qn** mit j-s Hilfe, Unterstützung; **avec l'~ de son frère** mit (der) Hilfe, Unterstützung s-s Bruders; mit s-s Bruders Hilfe; *loc/adv* **sans aucune ~** ohne fremde Hilfe; *int* **à l'~!** (zu) Hilfe!; **appeler à l'~** um Hilfe rufen; **appeler qn à son ~** um Hilfe rufen; **apporter son ~ à qn** j-m Hilfe bringen; j-m Hilfe, Beistand leisten; **demander de l'~** um Hilfe bitten, ersuchen; **venir en ~ à qn ou à l'~ de qn** a) j-m zu Hilfe kommen; b) j-m (finanziell) helfen; j-n (finanziell) unter'stützen; **2.** (finanzi'elle, materi'elle) (Bei)Hilfe *f*; **pour un pays ~ économique** Wirtschaftshilfe *f*; **~ immédiate** So'forthilfe *f*; *JUR* **~ judiciaire** Armenrecht *n*; **~ sociale** Sozialhilfe *f*; **bureau m d'~ sociale** Sozi'alamt *n*; **~ sociale à l'enfance** Jugendfürsorge *f*; **~ aux pays en voie de développement** Entwicklungshilfe *f*
aide² [ɛd] **1.** *m,f personne* Hilfe *f*; Hilfskraft *f*; Gehilfe *m*, Gehilfin *f*; Helfer(in) *m(f)*; **~ familiale** Fa'milienhelferin *f*, -pflegerin *f*; *à l'hôpital* **~ soignante** Schwesternhelferin *f*; Hilfskrankenschwester *f*; **~ de laboratoire** La'borgehilfe, -gehilfin *m,f*; **2.** *m MIL* **~ de camp** Adju'tant *m*; **~-comptable** *m,f* ⟨*pl* aides-comptables⟩ Buchhaltungsgehilfe, -gehilfin *m,f*; Hilfsbuch-

halter(in) *m(f)*; **~-cuisinier** *m* ⟨*pl* aides-cuisiniers⟩ Beikoch *m*; **~-maçon** *m* ⟨*pl* aides-maçons⟩ Maurergehilfe *m*; Handlanger *m*

aide-mémoire [ɛdmemwaʀ] *m* ⟨*inv*⟩ kurzer Abriß; kurze Zu'sammenfassung (in Stichwörtern); *pour les élèves* Repeti'torium *n*; *DIPL* Aide-mémoire *n*

aider [ede] **I** *v/t* ~ *qn* j-m helfen, j-m beistehen, j-m behilflich sein, j-n unter'stützen (*à faire qc* etw zu tun *ou* bei etw; *dans qc* bei *ou* in etw [*dat*]); ~ *qn à obtenir qc* j-m zu etw verhelfen; ~ *qn à se relever* j-m beim Aufstehen helfen, behilflich sein; ~ *qn de ses conseils* j-m mit s-m Rat beistehen, mit Rat zur Seite stehen; *la fatigue aidant, je ne pus dormir* die Ermüdung trug dazu bei *ou* tat ein übriges, daß ich nicht schlafen konnte; **II** *v/t/indir* ~ *à qc* zu etw beitragen; e-r Sache (*dat*) dienlich, förderlich sein; **III** *v/pr* **a)** *s'* ~ *de qc* etw zu Hilfe nehmen, sich e-r Sache (*gén*) bedienen; etw benützen; **b)** *prov* **aide-toi, le Ciel t'aidera** hilf dir selbst, so hilft dir Gott (*prov*); **c)** *réciproque* *s'~* ein'ander *ou* sich gegenseitig helfen, beistehen, unter'stützen

aïe [aj] *int* **a)** *douleur* au!; aua!; autsch!; *fig* ~*!* ~*!* (~*!*) au'weh!; **b)** *colère* ach je!; o'je!

aïeul(e) [ajœl] *st/s m(f)* Großvater, -mutter *m,f*; *südd* Ahn *m*; Ahne *m,f*; **aïeuls** *m/pl* Großeltern *pl*

aïeux [ajø] *m/pl st/s* Ahnen *m/pl*; Vorfahren *pl*; (Vor)Väter *m/pl*; F *mes ~!* mein Gott!; F Kinder, Kinder!

aigle [ɛgl(ə)] **1.** *m ZO* Adler *m*; *poét* Aar *m*; *fig* **regard** *m* **d'~** Adlerblick *m*; *fig* **yeux** *m/pl* **d'~** Adler-, Falkenaugen *n/pl*; F *fig* **ce n'est pas un ~** er ou sie ist kein großes (Kirchen)Licht; **2.** *f ZO* Adlerweibchen *n*; **3.** *f HIST* **l'~ impériale** der napoleonische Adler

aiglefin [ɛgləfɛ̃] *m ZO* Schellfisch *m*

aiglon [ɛglɔ̃] *m* **1.** *ZO* junger Adler *m*; **l'~** Name für Napoleon II.

aigre [ɛgʀ(ə)] **I** *adj* **1.** *saveur, odeur* sauer; *vin* a säuerlich; **2.** *fig* **vent** scharf; *son, voix* grell; schrill; kreischend; *critique, remarque* scharf; bissig; giftig; *critique* a herb; **II** *m* **1.** *lait, vin* **sentir l'~** sauer riechen; **2.** *fig* **la discussion tourna à l'~** der Ton der Unter'haltung wurde gereizter, schärfer, bissiger, giftiger

aigre-doux [ɛgʀədu] *adj* ⟨aigre-douce⟩ **1.** *saveur* süß-sauer; **2.** *fig propos* herb; bittersüß

aigrefin [ɛgʀəfɛ̃] *m* **1.** (*escroc*) Hochstapler *m*; Schwindler *m*; **2.** *cf* **aiglefin**

aigrelet [ɛgʀəlɛ] *adj* ⟨~te⟩ **1.** *saveur* leicht säuerlich; **2.** *fig voix* piepsig

aigrette [ɛgʀɛt] *f* **1.** *ZO* Silberreiher *m*; **2.** *de certains oiseaux* Federbusch *m*; *ornement de chapeau* Federbusch *m*, -schmuck *m*; Ai'grette *f*

aigreur [ɛgʀœʀ] *f* **1.** *saveur* saurer Geschmack *m*; Säure *f*; **2.** *fig d'une remarque* Schärfe *f*; Bissigkeit *f*; *d'une personne* Groll *m*; Bitterkeit *f*; *répondre* **avec** ~ scharf; bissig; **3.** ~*s* (*d'estomac*) saures Aufstoßen *n*; *j'ai des* ~*s* es stößt mir sauer auf

aigri [ɛgʀi] **I** *adj* verbittert; **II** *subst* ~(*e*) *m(f)* verbitterter Mensch

aigrir [ɛgʀiʀ] **I** *v/t* **1.** *vin etc* sauer werden lassen; *surtout p/p* **être aigri** sauer geworden sein; **2.** *fig vie, déceptions* ~ *qn, le caractère de qn* j-n verbittern; **II** *v/i* (*et v/pr*) **3.** *lait, vin* (*s'*)~ sauer werden; säuern; **4.** *fig il, son caractère s'est aigri* er ist verbittert, bitter geworden

aigu [egy] **I** *adj* ⟨aiguë [egy]⟩ **1.** *objet* spitz(ig); *pointe* scharf; fein; *MATH* **angle** ~ spitzer Winkel; **2.** *voix, cri, son* schrill; grell; *cri* a gellend; 'durchdringend; *voix, son* a hoch; **3.** *GR* **accent** ~ [-tegy] *en français* Accent aigu *m*; *LING* A'kut *m*; **4.** *douleur* heftig; stark; stechend; *maladie* a'kut; *POL* **crise, conflit** zugespitzt; *conflit* a heftig; *tension* stark; **5.** *intelligence* scharf; 'durchdringend; *un sens* ~ *des responsabilités* ein starkes, ausgeprägtes Verantwortungsgefühl; **II** *m/pl MUS* **les** ~*s* die hohen Töne *m/pl*

aigue-marine [ɛgmaʀin] *f* ⟨*pl* aigues-marines⟩ *MINÉR* Aquama'rin *m*

aiguière [ɛgjɛʀ] *f* Wasserkanne *f*

aiguillage [eguijaʒ] *m CH DE FER* **1.** *appareil* Weiche *f*; **2.** *manœuvre* Weichenstellung *f* (*a fig*); **cabine** *f*, **poste** *m* **d'~** Stellwerk *n*; **erreur** *f* **d'~** falsche Weichenstellung (*a fig*); *fig a* Fehlleitung *f*

aiguille [eguij] *f* **1.** *COUT* (Näh)Nadel *f*; *MÉD* Nadel *f*; *MÉD* **creuse** Hohlnadel *f*; Ka'nüle *f*; ~ **à tricoter** Stricknadel *f*; *fig* **autant chercher une** ~ **dans une botte de foin** ebensogut könnte man e-e Stecknadel in e-m Heuhaufen suchen; *fig* **on le ferait passer par le trou d'une** ~ er ist ein Hasenfuß; **2.** *d'une montre, d'un instrument de mesure* Zeiger *m*; *du compteur de vitesse* Nadel *f*; ~ **aimantée** Ma'gnet-, Kompaßnadel *f*; **grande** ~ großer Zeiger; Mi'nutenzeiger *m*; **petite** ~ kleiner Zeiger; Stundenzeiger *m*; **3.** *BOT* Nadel *f*; ~ **de pin, de sapin** Kiefern-, Tannennadel *f*; **4.** *CH DE FER* Weiche *f*; **5.** *GÉOL* (Fels)Nadel *f*; **6.** *ARCH* (Turm-)Spitze *f*; **7.** *adjt* **talons** *m/pl* ~*s* Pfennigabsätze *m/pl*

aiguillée [eguije] *f* Nähfaden *m*; F **c'est une** ~ **de paresseuse** lange Fädchen, faule Mädchen

aiguiller [eguije] *v/t* **1.** *CH DE FER* die Fahrstraße legen (**un train** für e-n Zug); 'umsetzen (**sur une voie de garage** auf ein Abstellgleis); **2.** *fig personne* lenken; führen; leiten; ~ **sur une fausse piste** auf e-e falsche Spur führen; **conversation** ~ **sur un autre sujet** auf ein anderes Thema lenken

aiguillette [eguijɛt] *f* **1.** *MIL* Achsel-, Fangschnur *f*; **2.** *CUIS* durch'wachsenes Filet

aiguilleur [eguijœʀ] *m* **1.** *CH DE FER* Weichensteller *m*, -wärter *m*; **2.** *AVIAT* F ~ **du ciel** Fluglotse *m*

aiguillon [eguijɔ̃] *m* **1.** *pour piquer les bœufs* Stachel(stock) *m*; **2.** *des guêpes, abeilles* Stachel *m*; **3.** *BOT* Stachel *m*; Dorn *m*; **4.** *fig* Antrieb *m*; Ansporn *m*; Stachel *m*; Anreiz *m*

aiguillonner [eguijɔne] *v/t* **1.** *bœufs* mit dem Stachel antreiben; **2.** *fig personne* antreiben; anspornen; anstacheln

aiguiser [egize] *v/t* **1.** *couteau etc* schärfen; wetzen; schleifen; abziehen; *oiseau: bec, chat: griffes* wetzen; **2.** *fig* **jugement** schärfen; *curiosité, inquiétude* steigern; *appétit* anregen

ail [aj] *m BOT, CUIS* Knoblauch *m*; **gousse** *f*, **tête** *f* **d'~** Knoblauchzehe *f*, -zwiebel *f*

aile [ɛl] *f* **1.** *ZO* Flügel *m* (*a CUIS*); *des oiseaux a* Schwinge *f*; *pl* ~*s poét* Fittiche *m/pl*; ~*s de papillon* Schmetterlingsflügel *m/pl*; **coup** *m* **d'~** Flügelschlag *m*; **avoir du plomb dans l'~**, **battre de l'~** a) *oiseau blessé* flügellahm sein; b) *fig* angeschlagen sein; F wack(e)lig stehen; *fig* **donner des** ~*s* **à qn** *peur* j-s Schritte beflügeln; F j-m Beine machen; *amour, joie* j-n beflügeln; j-m Flügel verleihen; *fig* **prendre qn sous son** ~ j-n unter s-e Fittiche nehmen; *fig* **voler de ses propres** ~*s* auf eigenen Füßen stehen; selbständig sein; **2.** *AVIAT* (Trag)Flügel *m*; **3.** *AUTO* Kotflügel *m*; **4.** *d'un moulin à vent* Flügel *m*; **5.** *ARCH* (Seiten)Flügel *m*; Seitentrakt *m*; **6.** *MIL, SPORTS* Flügel *m*; *RUGBY adjt* **trois-quarts** *m* ~ Eck-, Außendreiviertelspieler *m*; **7.** *ANAT* ~ **du nez** Nasenflügel *m*

ailé [ɛle] *adj ZO* geflügelt

aileron [ɛlʀɔ̃] *m* **1. a)** *d'une aile d'oiseau* Flügelspitze *f*; **b)** *CUIS* ~*s pl* Flügelstücke *n/pl*; **2.** *de certains poissons* Flosse *f*; ~ **de requin** Haifischflosse *f*; **3.** *AVIAT* Querruder *n*

ailette [ɛlɛt] *f* **1.** *de projectile* Stabili'sierungsfläche *f*, -flosse *f*; **2.** *de radiateur* Rippe *f*; **3.** **écrou** *m* **à** ~*s* Flügelmutter *f*; **4.** *de turbine* Schaufel *f*

ailier [elje] *m SPORTS* Außen-, Flügelstürmer *m*; ~ **droit, gauche** Rechts-, Links'außen *m*

aille [aj] *cf* **aller**

ailler [aje] *v/t CUIS* mit Knoblauch spicken, einreiben

ailleurs [ajœʀ] *adv* wo'anders; anderswo; anderweitig; F sonstwo; *st/s* anderwärts; *avec un verbe de mouvement* wo'andershin; anderswohin; F sonstwohin; **venir d'~** anderswoher, von wo'anders her kommen; *loc/adv*: **d'~** übrigens; im übrigen; **par** ~ (*en outre*) über'dies; zu'dem; (*d'...*) im übrigen; (*autrement*) sonst; **nulle part** ~ nirgendwo sonst; sonst nirgends; **partout** ~ sonst über'all; *fig* **il est** ~ er ist mit s-n Gedanken (ganz) wo'anders; er ist geistesabwesend

ailloli [ajɔli] *m CUIS* Knoblauchmayonnaise *f*

aimable [ɛmabl(ə)] *adj* **1.** liebenswürdig; freundlich; **être** ~ **avec qn** zu j-m freundlich, liebenswürdig sein; **c'est bien** ~ **à vous** das ist sehr freundlich, liebenswürdig von Ihnen; **serais-tu assez** ~ **pour me passer le sel?** bist du so nett, freundlich, gut und gibst mir mal das Salz?; F **être** ~ **comme une porte de prison** sehr unfreundlich, brummig, mürrisch, griesgrämig sein; **2.** *st/s région* freundlich; nett

aimablement [ɛmabləmɑ̃] *adv* **recevoir qn etc** freundlich; liebenswürdig; **informer qn etc** freundlicher-, liebenswürdigerweise

aimant[1] [ɛmɑ̃] *m* Ma'gnet *m* (*a fig*); **attiré comme par un** ~ wie von e-m Magneten angezogen

aimant[2] [ɛmɑ̃] *adj* zärtlich; liebevoll; *st/s* liebreich

aimantation [ɛmɑ̃tasjɔ̃] *f PHYS* Magneti'sierung *f*
aimanter [ɛmɑ̃te] *v/t* ma'gnetisch machen; magneti'sieren; *adj* **aiguille aimantée** Ma'gnet-, Kompaßnadel *f*
aimé [eme] *adj personne* geliebt (**de**, **par** von); *acteur etc* beliebt (**du public** beim Publikum)
aimer [eme] **I** *v/t* lieben; mögen; gern haben; *personne, animal a* liebhaben; *mets a* gern essen; *boisson a* gern trinken; **~ qn** (*être amoureux*) j-n lieben; **~ bien qn, qc** j-n, etw ganz, recht gern haben, gern mögen; **~ la bière** gern Bier trinken; **aimeriez-vous une tasse de café?** möchten ou hätten Sie gern e-e Tasse Kaffee?; **je n'aime pas les chiens** ich mag keine Hunde; *plante* **~ l'ombre** den Schatten lieben; **faire ~ qc a** die Liebe zu etw, die Freude an etw (*dat*) in j-m wecken; **se faire ~ de qn** j-s Liebe, Zuneigung gewinnen; sich bei j-m beliebt machen; **moi j'aime assez** das gefällt mir ganz gut; das finde ich gar nicht schlecht; *prov* **qui aime bien, châtie bien** wer sein Kind liebhat, züchtigt es (*prov*); ♦ **~ faire qc** *ou* **st/s ~ à faire qc** gern etw tun; **~ aller au cinéma** gern ins Kino gehen; **j'aimerais faire un voyage** ich möchte gern, würde gern verreisen; **j'aime à croire que ...** ich will hoffen, möchte gern annehmen, daß ...; **~ que ...** (+*subj*) es gern sehen, haben, daß ...; **j'aime autant ça** das ist mir lieber; **j'aime autant m'en aller** ich gehe lieber weg; **j'aime autant qu'il le fasse lui-même** mir ist es lieber, wenn er es selber macht; **~ mieux qc** etw lieber mögen, haben, etw vorziehen; **~ mieux faire qc** etw lieber tun, wollen; **j'aime mieux son premier roman** sein erster Roman gefällt mir besser, ist mir lieber; **j'aime mieux ne pas y penser** lieber denke ich nicht daran; **j'aime mieux qu'il s'en aille** er soll lieber gehen; **II** *v/pr* **s'~ a**) *réfléchi* sich selbst lieben; **je ne m'aime pas dans cette robe** in diesem Kleid gefalle ich mir gar nicht; **b**) *réciproque* sich, ein'ander lieben; **c**) (*faire l'amour*) sich lieben
Ain [ɛ̃] **l'~** *m* Fluß u Departement in Frankreich
aine [ɛn] *f ANAT* Leiste *f*; **pli** *m* **de l'~** Leistenbeuge *f*
aîné [ene] **I** *adj* (*le plus âgé*) älteste(r, -s); (*plus âgé*) ältere(r, -s); **branche ~e des Bourbons** ältere Linie der Bourbonen; **son fils ~** sein ältester Sohn; **II** *subst* **~(e)** *m(f)* Älteste(r) *f(m)*; ältester Sohn; älteste Tochter; **il est mon ~ de deux ans** er ist (zwei Jahre) älter als ich
aînesse [ɛnɛs] *f HIST* **droit** *m* **d'~** Erstgeburtsrecht *n*
ainsi [ɛ̃si] *adv* **1.** *manière* so; **~ et pas autrement** so und nicht anders; **~ dit, ~ fait** (wie) gesagt, (so) getan; **c'est que ...** so ...; **~ soit-il!** amen!; **puisqu'il, s'il en est ~** da, wenn dem so ist; *loc/adv* **pour ~ dire** sozusagen; gewissermaßen; *loc/conj* **~ que** a) *comparaison* (so) wie; gleichwie; b) *énumération* so'wie; wie auch; **2.** *conclusion* **~ (donc)** (so) also; folglich; **~ donc vous refusez?** so lehnen Sie also ab?

air¹ [ɛʀ] *m* **1.** Luft *f*; **~ chaud, froid** Heiß- *ou* Warm-, Kaltluft *f*; **le grand ~** [-t-] die frische Luft; **au grand ~** an *ou* in der frischen Luft; im Freien; **l'~ pur de la campagne** die reine Landluft; **~ de la mer** Meeres-, Seeluft *f*; *MIL* **École *f* de l'~2** Luftwaffenakademie *f*; ♦ *loc/adv et loc/adj*: **à l'~** an der (frischen) *ou* in die (frische) Luft; **mettre à l'~** (aus)lüften; an die frische Luft stellen, legen, hängen; **dans l'~** in der *ou* in die Luft; *fig* **il y a quelque chose dans l'~** es liegt etwas in der Luft; **s'élever dans l'~** *ou* **dans les ~s** *oiseau, avion* sich in die Luft, in die Lüfte erheben, *oiseau* w schwingen; **être dans l'~** *maladie* 'umgehen; gras'sieren; *tendance, idée nouvelle* in der Luft liegen; **en l'~** a) in die Luft; b) *fig menaces, promesses* leer; **paroles** *f/pl* **en l'~** leere Worte *n/pl*; leeres Gerede; **projets** *m/pl* **en l'~** unrealistische, illusionäre Pläne *m/pl*; (**être**) **tête *f* en l'~** gedankenlos, vergeßlich, zerstreut, leichtsinnig (sein); **s'envoyer en l'~** P bumsen; *fig pièce, papiers* **être en l'~** in Unordnung sein; F **ficher, flanquer, foutre en l'~** (*jeter*) weg- *ou* fortwerfen, F -schmeißen; **il a envie de tout fiche(r) en l'~** am liebsten würde er alles, den ganzen Kram hinschmeißen; **ça m'a flanqué tout en l'~** F das hat alle meine Pläne über den Haufen geworfen; P **se foutre en l'~** F sich ins Jenseits befördern; *fig* **mettre en l'~** in Unordnung bringen; durchein'anderbringen, -werfen; *fig* **parler en l'~** ins Blaue hinein reden, schwatzen; **regarder en l'~** nach oben, in die Luft sehen, F gucken; in die Höhe blicken; **tirer en l'~** in die Luft schießen; **par ~** Luft...; auf dem Luftwege; *COMM* **a par** Luftfracht; **pièce sans ~** schlecht durch'lüftet; ♦ F *péj* **déplacer beaucoup d'~** sich wichtig tun; F viel Wind machen; sich aufblasen; **donner de l'~ dans la pièce** frische Luft ins Zimmer hereinlassen; das Zimmer lüften; *fig* **dans son travail se donner de l'~** sich ein bißchen Luft schaffen; **on manque d'~** hier kriegt man keine Luft; F **il ne manque pas d'~, celui-là** F der ist frech wie Oskar, wie Rotz; (**aller**) **prendre l'~** (frische) Luft schöpfen, F schnappen; an die (frische) Luft gehen; *fig* **prendre l'~ du bureau** mal kurz im Büro vor'beischauen; *fig* **aller respirer l'~ du pays** heimatliche Luft *ou* Heimatluft atmen (wollen); **on ne vit pas de l'~ du temps** von der Luft allein kann man nicht leben; **2.** (**le**) **plein ~** [plɛnɛʀ] a) das Freie; b) *ÉCOLE* Sport *m*, Leibesübungen *f/pl* auf dem Sportplatz; *loc/adv* **en plein ~** im Freien; unter freiem Himmel; *AGR, JARD* im Freiland; **jeux** *m/pl* **de plein ~** Freiluftspiele *n/pl*; Spiele *n/pl* im Freien; **théâtre *m* en plein ~** Freilichtbühne *f*, -theater *n*; **3.** (*vent*) Lüftchen *m*, -hauch *m*; **il y a un peu d'~** es geht ein leichter Wind, ein Lüftchen; **il n'y a pas d'~** es regt sich, weht, geht kein Lüftchen
air² [ɛʀ] *m* (*apparence*) Aussehen *n*; (*mine*) Miene *f*; Gesicht *n*; **un faux ~ de qn** e-e gewisse Ähnlichkeit mit j-m; **~ de famille** Fa'milienähnlichkeit *f*; **un petit ~ de mélancolie** ein leichter Zug, Ausdruck von Schwermut; *loc/adv*: **à en juger par son ~** nach s-r Miene, s-m Gesichtsausdruck zu urteilen; **d'un ~ embarrassé** mit verlegener Miene; mit verlegenem Gesicht; **sous son ~ timide** hinter s-m schüchternen Wesen, Benehmen; **avoir grand ~** [-t-] sehr vornehm aussehen, wirken; F **il vous a un ~ ou des ~s de deux ~s** bei ihm weiß man nie so recht, woran man ist; **avoir un drôle d'~** komisch aussehen; **se donner un ~ important** sich aufspielen; sich wichtig machen; **prendre un ~ triste** e-e traurige Miene aufsetzen; ein trauriges Gesicht machen; **prendre de grands ~s, se donner des ~s** vornehm tun; großtun; angeben; ♦ **avoir l'~** (+*adj*) aussehen; wirken; **personne a** dreinblicken, -schauen; **les poires ont l'~ bonnes** die Birnen sehen gut aus; *personne* F **avoir l'~ comme il faut** anständig aussehen; **avoir l'~ fatigué, malade** müde, krank aussehen, wirken; **avoir l'~ mauvais** verärgert, böse aussehen; sauer dreinblicken; **avoir l'~** (+*inf*) so aussehen, als ob ...; **il n'a pas l'~ de s'en apercevoir** er scheint es nicht zu bemerken; es sieht so aus, als ob er es nicht bemerkt; **ça n'a pas l'~ d'aller?** geht wohl nicht gut?; **il a l'~ de vouloir pleuvoir** es sieht nach Regen aus; **ça en a tout l'~** das sieht ganz danach aus; **sans en avoir l'~, il travaille beaucoup** obwohl es gar nicht so den Anschein hat, ...; ♦ **avoir l'~ de** (+*subst*) aussehen wie; **avoir l'~ d'un enfant** wie ein Kind aussehen; **ça m'a tout l'~ d'une plaisanterie** das sieht mir ganz nach e-m Scherz aus; F **j'aurai l'~ de quoi!** wie werde ich dann da!; **n'avoir l'~ de rien** nach nichts aussehen; *performance* so *ou* ganz leicht aussehen

air³ [ɛʀ] *m* **1.** Melo'die *f*; *fig* **il en a l'~ et la chanson** er sieht nicht nur so aus, er ist wirklich einer (*Künstler etc*); *prov* **c'est l'~ qui fait la chanson** der Ton macht die Musik (*prov*); **2.** (*chanson*) Weise *f*; Lied *n*; **~ populaire** Volksweise *f*; **~ à la mode** beliebte Weise; Schlager *m*; **~s d'autrefois** alte Weisen; **un ~ d'accordéon** e-e Weise für Akkordeon; **3.** *OPÉRA* Arie *f*; **~ d'opéra** Opernarie *f*
airain [ɛʀɛ̃] *m litt* Erz *n*; *loc/adj* **~** ehern; *fig* **cœur *m* d'~** Herz von Stein
air-air [ɛʀɛʀ] *adj MIL* **missile** *m* **~** Luft-Luft-Rakete *f*
airbag [ɛʀbag] *m AUTO* Airbag ['ɛːʁbɛk] *m*
airbus [ɛʀbys] *m AVIAT* Airbus *m*
aire [ɛʀ] *f* **1.** *AGR* Tenne *f*; Dreschboden *m*; **2.** *des rapaces* Horst *m*; **3.** (*surface*) (Boden)Fläche *f*; *AVIAT* **d'atterrissage** Start- und Landefläche *f*; *ESPACE* **~ de lancement** Startplattform *f*; *AUTOROUTE*: **~ de repos** Rastplatz *m*; **~ de service** Raststätte *f*, -anlage *f* mit Tankstelle; **4.** *MATH* Flächeninhalt *m*; **5.** *fig* Bereich *m*; Gebiet *n*; **~ d'influence** Einflußbereich *m*; **6.** *BIOL* **~** (**de répartition**) Verbreitungsgebiet *n*; Are'al *n*
airelle [ɛʀɛl] *f BOT* Heidel-, Blaubeere *f*; **~ rouge** Preiselbeere *f*
air-sol [ɛʀsɔl] *adj MIL* **missile** *m* **~** Luft-Boden-Rakete *f*

aisance [ɛzɑ̃s] f **1.** (*facilité*) Gewandtheit f; Leichtigkeit f; Ungezwungenheit f; *avec ~* gewandt; ungezwungen; **2.** (*richesse*) Wohlstand m; Wohlhabenheit f; *vivre dans l'~* wohlhabend, gutsituiert sein; im Wohlstand, in guten Verhältnissen leben; **3.** *autrefois* **cabinet(s)** m(pl), **lieux** m/pl **d'~s** Ab'ort m; Abtritt m

aise[1] [ɛz] f **1.** *loc/adv*: *à votre ~!* wie Sie wollen!; wie es (Ihnen) beliebt!; ganz nach (Ihrem) Belieben!; *en maugréant* na, bitte schön!; *dans un milieu, un vêtement être à l'~, à son ~* sich wohl fühlen; cf a 3.; *êtes-vous à l'~ dans ce fauteuil?* sitzen Sie bequem in dem Sessel?; *être mal à l'~, à son ~* sich nicht wohl fühlen; sich unbehaglich, befangen, fehl am Platz fühlen; *je suis mal à l'~ avec lui* s-e Gegenwart macht mich befangen; *mettez-vous à l'~* legen Sie doch ab!; wollen Sie nicht ablegen?; *mettre qn à l'~, à son ~* j-m die Befangenheit nehmen; j-m über s-e Befangenheit, Verlegenheit hin'weghelfen; *vous en parlez à votre ~* Sie haben gut reden!; *en prendre à son ~ avec qc* es mit etw nicht so genau nehmen; es sich mit etw leichtmachen; **2.** *~s* pl Bequemlichkeit f; *aimer ses ~s* s-e Bequemlichkeit lieben; *prendre ses ~s* es sich (ganz ungeniert) bequem machen; sich breitmachen; **3.** (*richesse*) Wohlstand m; *loc/adj à l'~* wohlhabend; gutsituiert; *être à son ~* wohlhabend, gutsituiert sein; im Wohlstand, in guten Verhältnissen leben; **4.** *loc/adv* F *à l'~* (*facilement*) leicht; mit Leichtigkeit; **5.** *st/s* **combler d'~** mit Freude erfüllen

aise[2] [ɛz] *adj st/s* **être bien *~ de*** (+inf) *ou que ...* (+subj) sich freuen, erfreut sein, zu (+inf) ou daß ...

aisé [eze] *adj* **1.** *ton* ungezwungen; unbefangen; leicht; *style* flüssig; **2.** (*riche*) wohlhabend; gutsituiert; vermögend; **3.** *st/s* (*facile*) einfach; leicht; *~ment adv* leicht; mühelos

Aisne [ɛn] *l'~* f Fluß u Departement in Frankreich

aisselle [ɛsɛl] f ANAT Achsel(höhle) f

Aix-la-Chapelle [ɛkslaʃapɛl] Aachen n

A.J. [aʒi] f abr (auberge de [la] jeunesse) Jugendherberge f

Ajaccio [aʒaksjo] Stadt auf Korsika

ajonc [aʒɔ̃] m BOT Stechginster m

ajouré [aʒuRe] *adj* durch'brochen; *linge a mit* 'Durchbrucharbeit verziert

ajournement [aʒuRnəmɑ̃] m **1.** *d'un projet etc* Verschiebung f; Vertagung f; **2.** *d'un candidat* Zu'rückstellung f

ajourner [aʒuRne] v/t **1.** *projet* verschieben (*à* auf +acc); *d'une semaine* um e-e Woche; auf-, hin'ausschieben; *séance, procès à vertagen*; **2.** *candidat* zu'rückstellen (*à* bis)

ajout [aʒu] m *à un texte* Zusatz m; Hin'zufügung f

ajouter [aʒute] I v/t hin'zufügen (*à* zu); *en parlant a* hin'zusetzen; beifügen; *en écrivant a* hin'zu- ou da'zuschreiben; *à la fin* anhängen, anfügen (*à* an +acc); *à une somme* hin'zu- ou da'zuzählen, -rechnen, -legen (zu); *à un nombre* hin'zu- ou da'zuzählen, -rechnen (zu); CUIS a (noch) hin'zu- ou da'zugeben, -tun (zu); *à un édifice* anbauen (an +acc);

ajoutons, ajoutez que ... hin'zu, da'zu kommt noch, daß ...; *j'ajoute que ...* ich möchte noch erwähnen, hinzufügen, betonen, daß ...; *~ foi à qc* e-r Sache (dat) Glauben schenken; *permettez-moi d'~ un mot* darf ich dazu noch etwas sagen?; *~ la prétention à la bêtise* noch dazu eingebildet sein; II v/t/indir *~ à qc* vergrößern, vermehren, (*aggraver*) verschlimmern; III v/pr (*venir*) *s'~ à* noch hin'zu-, da'zukommen zu

ajustage [aʒystaʒ] m TECH An-, Einpassen n

ajustement [aʒystəmɑ̃] m **1.** TECH **a)** *cf ajustage*; **b)** (*degré de serrage*) Passung f; Sitz m; **2.** fig Anpassung f (*à* an +acc); Angleichung f (an +acc); Abstimmung f (mit)

ajuster [aʒyste] I v/t **1.** passend machen (*à* für); TECH anpassen (+dat); einpassen (in +acc); *rênes, étrier* auf die richtige Länge einstellen; *adjt* **ajusté** *vêtement* enganliegend; auf Taille gearbeitet; tail'liert; **être mal ajusté** schlecht, nicht richtig passen, sitzen; **2.** *coiffure, vêtements* richten; in Ordnung bringen, ordnen; **3.** fig (*mettre en accord*) anpassen, angleichen (*à* dat); abstimmen (mit); *projets, idées* mitein'ander in Einklang bringen; **4.** (*viser*) anvisieren; zielen auf (+acc); II v/pr *s'~* aufein'ander-, inein'ander-, zu'sammenpassen

ajusteur [aʒystœR] m Schlosser m; *~ outilleur* Werkzeugmacher m

Alain [alɛ̃] m Vorname

alaise [alɛz] f (Gummi)'Unterlage f

Alamans [alamɑ̃] m/pl HIST Ale'mannen m/pl

alambic [alɑ̃bik] m CHIM Destil'lierapparat m, -kolben m; Re'torte f

alambiqué [alɑ̃bike] *adj* geschraubt; gewunden; gekünstelt; ausgeklügelt

alanguir [alɑ̃giR] I v/t träge, matt machen; *adjt* **alangui** müde; matt; träge; II v/pr *s'~* träge, matt, schlaff, schlapp werden; erschlaffen

alarmant [alaRmɑ̃] *adj* alar'mierend; beunruhigend; besorgniserregend

alarme [alaRm] f **1.** A'larm m; fig **fausse ~** falscher, blinder Alarm; CH DE FER **signal m d'~** Notbremse f; cf a **signal**; **donner l'~** Alarm schlagen (*a* fig); fig *a* Lärm schlagen; **2.** fig (*inquiétude*) Unruhe f; Aufregung f; Angst f; Schrecken m

alarmer [alaRme] I v/t beunruhigen; alar'mieren; ängstigen; in Unruhe, Angst versetzen; II v/pr *s'~* sich beunruhigen, ängstigen (*de* wegen); in Unruhe geraten (*über* +acc)

alarmiste [alaRmist] I *adj* Unruhe stiftend; Angst, Schrecken verbreitend; II m,f Unruhestifter(in) m(f)

Alaska [alaska] f *~* A'laska n

albanais [albanɛ] I *adj* al'banisch; II *subst* **1.** ♀(e) m(f) Al'baner(in) m(f); **2.** LING *l'~* n das Al'banische; Al'banisch n

Albanie [albani] *l'~* f Al'banien n

albâtre [albɑtR(ə)] m MINÉR Ala'baster m; *loc/adj* **d'~** Alabaster...; aus Alabaster; alabastern (*a* fig poét)

albatros [albatRos] m ZO Albatros m

Albert [albɛR] m Albert m

albigeois [albiʒwa] m/pl HIST REL Albi'genser m/pl

albinos [albinos] m,f BIOL Al'bino m

Albion [albjɔ̃] *l'~* f poét Albion n; *la perfide ~* das perfide Albion

album [albɔm] m **1.** Album n; *~ de photos, de timbres* Foto-, Briefmarkenalbum n; **2.** (*livre illustré*) Buch n; Band m; *pour enfants* Bilderbuch n; *~ à colorier* Malbuch n; *~ de B.D.* Comicband m; **3.** *de disques* Album n

albumine [albymin] f BIOL Eiweißkörper m; Albu'min n; F *avoir, faire de l'~* Eiweiß im Harn haben

alcali [alkali] m **1.** CHIM Al'kali n; **2.** COMM Salmi'akgeist m

alcalin [alkalɛ̃] *adj* CHIM al'kalisch; *métaux ~* Al'kalimetalle n/pl

alcaloïde [alkalɔid] m CHIM Alkalo'id n

alchim|ie [alʃimi] f Alchi'mie f; *~ique adj* alchi'mistisch; *~iste* m Alchi'mist m

alcool [alkɔl] m **1.** *boisson*, CHIM Alkohol m; TECH Spiritus m; *~ à brûler* Brennspiritus m; *~ à 90°* (*quatre-vingt-dix degrés*) 90prozentiger Alkohol; *sentir l'~* nach Alkohol riechen; F e-e Fahne haben; **2.** *par ext* (*eau-de-vie*) Schnaps m; *prendre un petit ~* ein Schnäpschen trinken

alcoolémie [alkɔlemi] f Blutalkohol (-gehalt, -spiegel) m; F Alkoholpegel m; *taux légal d'~* Pro'millegrenze f

alcoolique [alkɔlik] I *adj* **1.** alko'holisch; *boissons f/pl ~s* alkoholische Getränke n/pl; Alko'holika pl; *intoxication f ~* Alkoholvergiftung f; **2.** *personne* trunksüchtig; alkoholkrank; II m,f Alko'holiker(in) m(f); Trinker(in) m(f); Alkoholkranke(r) f(m)

alcooliser [alkɔlize] I v/t alkoholi'sieren; mit Alkohol versetzen; Alkohol zusetzen (+dat); *adjt* **boisson alcoolisée, non alcoolisée** alkoholisches, alkoholfreies Getränk n; II v/pr F *personne s'~* sich betrinken; F sich unter Alkohol setzen

alcoolisme [alkɔlism(ə)] m Alkoho'lismus m; Trunksucht f

alco(o)test [alkɔtɛst] m **1.** test Alkoholtest m; **2.** appareil Alkoholtestgerät n; (Alkoholtest)Röhrchen n

alcôve [alkov] f Al'koven m; Bettnische f; *secrets m/pl d'~* Bettgeheimnisse n/pl

aldéhyde [aldeid] m CHIM Alde'hyd m

aléa [alea] m surtout pl *~s* (unliebsame) Zufälligkeiten f/pl; (unangenehme) Über'raschungen f/pl; Risiken n/pl

aléatoire [aleatwaR] *adj* zufallsbedingt; vom Zufall abhängig; auf Zufall beruhend; rein zufällig; Zufalls...; alea'torisch

alémanique [alemanik] I *adj* ale'mannisch; II m LING *l'~* das Ale'mannische; Ale'mannisch n

alêne [alɛn] f Ahle f; Pfriem m

alentour [alɑ̃tuR] I *adv* *tout ~* rings'um; ringsum'her; II m/pl *~s* **1.** *d'un lieu* Um'gebung f; 'Umgegend f; **2.** *loc/prép aux ~s de* in der Nähe, Gegend von; *temporel, fig* (so) gegen; (so) um ... her'um; *loc/adv* **aux ~s** in der Nähe, F Gegend

Alep [alɛp] A'leppo n

alerte[1] [alɛRt] *adj mouvements* flink; rasch; *personne* munter, frisch; mo'bil; a'lert; *esprit* rege; aufgeweckt; *style* le'bendig; flott

alerte² [alɛʀt] f **1.** A'larm m (a MIL); **~ aérienne** Flieger-, Luftalarm m; fig **fausse ~** falscher, blinder Alarm; **~ à la bombe, au feu** Bomben-, Feueralarm m; **en état d'~** in Alarmbereitschaft; alarmbereit; **donner l'~** Alarm geben; alar'mieren (à qn j-n) (a fig); **2.** fig (drohende) Gefahr; A'larmsignal n; **~!** Achtung!; aufgepaßt!; **à la moindre ~** beim geringsten Anzeichen e-r Gefahr; **l'~ a été chaude, vive** das ist noch einmal gnädig abgegangen; **ce n'était qu'une ~** das war nur ein Schreckschuß
alerter [alɛʀte] v/t **1.** alar'mieren (a fig); **2.** (prévenir) e-n Wink geben (qn j-m)
Alès [alɛs] Stadt im Dep. Gard
alésage [aleza3] m **1.** TECH Auf-, Ausbohren n; **2.** AUTO Zy'linderbohrung f, -durchmesser m
alèse [alɛz] f cf **alaise**
aléser [aleze] v/t ⟨-è-⟩ TECH auf-, ausbohren
alevin [alvɛ̃] m PISCICULTURE Setzling m; Satzfisch m
Alexandre [alɛksɑ̃dʀ(ə)] m Alex'ander m
alexandrin [alɛksɑ̃dʀɛ̃] m vers Alexan-'driner m; Zwölfsilb(l)er m
Alexis [alɛksis] m **1.** prénom A'lexis m; **2.** saint A'lexius m
alezan [alzɑ̃] **I** adj cheval rotbraun; fuchsrot; **II** m cheval, mulet Fuchs m
alfa [alfa] m **1.** BOT Alfa-, Halfagras n; Es'partogras n; **2.** Alfapapier n
Alfred [alfʀɛd] m Alfred m
algarade [algaʀad] f Ausein'andersetzung f; Meinungsverschiedenheit f; Wortwechsel m; Dis'put m
algèbre [alʒɛbʀ(ə)] f MATH Algebra f
algébrique [alʒebʀik] adj alge'braisch
Alger [alʒe] Algier [-ʒi:r] n
Algérie [alʒeʀi] l'~ f Al'gerien n
algérien [alʒeʀjɛ̃] **I** adj ⟨~ne⟩ al'gerisch; **II** subst 2̲(ne) m(f) Al'gerier(in) m(f)
algérois [alʒeʀwa] adj (et subst 2̲ Einwohner) von Algier
algol [algɔl] m INFORM ALGOL n
algorithme [algɔʀitm(ə)] m MATH, INFORM Algo'rithmus m
algue [alg] f BOT Alge f
alias [aljɑs] adv alias; auch ... genannt
alibi [alibi] m JUR, fig Alibi n; **avoir, fournir un ~** ein Alibi haben, beibringen
aliénable [aljenabl(ə)] adj JUR veräußerlich; über'tragbar
aliénant [aljenɑ̃] adj travail, situation (den Menschen s-m Wesen) entfremdend
aliénation [aljenasjɔ̃] f **1.** JUR (Eigentums)Über'tragung f; Veräußerung f; **2.** MÉD **~ (mentale)** Geistesgestörtheit f; geistige Um'nachtung; **3.** de sa liberté etc Aufgabe f; Verzicht m (de auf +acc); st/s Entäußerung f; **4.** PHILOS Entfremdung f
aliéné(e) [aljene] m(f) MÉD Geistesgestörte(r) f(m), -kranke(r) f(m)
aliéner [aljene] ⟨-é-⟩ **I** v/t **1.** JUR propriété veräußern; über'tragen (a droit); **2.** sa liberté etc aufgeben; verzichten auf (+acc); st/s sich entäußern (+gén); **3.** (éloigner) entfremden (à dat); **cela lui aliéna toutes les sympathies** das kostete ihn, das verscherzte ihm alle Sympathien; **II** v/pr **s'~ qn** sich j-m entfremden; **s'~ les sympathies** sich die Sympathien verscherzen; die Sympathien verlieren, verspielen
alignement [aliɲmɑ̃] m **1.** (schnurgerade) Ausrichtung, Reihe, Linie, d'arbres a Zeile; **se mettre dans l'~** plusieurs personnes in Linie, in e-r Reihe antreten; une seule personne in die Reihe treten; sich in die Reihe stellen; **2.** CONSTR (Bau)Flucht f; (Bau)Fluchtlinie f; Baugrenze f, -linie f; **3.** fig Ausrichtung f (sur nach); Angleichung f, Anpassung f (an +acc); Abstimmung f (mit); **~ monétaire** Währungsangleichung f
aligner [aliɲe] **I** v/t **1.** in e-e (gerade) Linie, Reihe bringen, stellen, legen; in gerader Linie aufstellen; plantes in e-r Zeile pflanzen; mots, chiffres in e-e ou e-r Reihe schreiben; objets, soldats ausrichten; p/p **être aligné** in e-r Reihe, Linie, Zeile stehen; **2.** par ext phrases, chiffres anein'anderreihen; der Reihe nach hinschreiben; arguments, noms (der Reihe nach) aufzählen, anführen; F **les ~** e-e Menge Geld hinblättern; F tüchtig blechen; **3.** fig **~ qc sur qc** etw nach etw ausrichten; etw e-r Sache (dat) angleichen, anpassen; HIST **les pays non alignés** die blockfreien Länder n/pl; **II** v/pr **s'~ 4.** personnes sich in e-r Reihe aufstellen; in Linie antreten; **5.** objets in e-r Reihe stehen; aufgereiht sein, stehen; **6.** fig **s'~ sur qc** sich e-r Sache (dat) anpassen, anschließen; **s'~ sur la position officielle** auf die offizielle Linie einschwenken; **7.** F fig **il peut toujours s'~** dem ist er ja doch nicht gewachsen; F das ist e-e Nummer zu groß für ihn
aliment [alimɑ̃] m **1.** Nahrungsmittel n; Nahrungs-, Nährstoff m; **~s** pl a Nahrung f; Lebensmittel n/pl; pour animaux Futter m; **2.** fig pour le feu, l'esprit Nahrung f; **fournir un ~ à la curiosité** etc neue Nahrung geben (+dat)
alimentaire [alimɑ̃tɛʀ] adj **1.** Nahrungs...; Ernährungs...; **denrées** f/pl, **produits** m/pl **~s** Nahrungs-, Lebens-, pour animaux Futtermittel n/pl; **industries** f/pl **~s** Nahrungs-, Lebensmittelindustrie f; **pâtes** f/pl **~s** Teigwaren f/pl; **2.** JUR **pension f ~** 'Unterhaltsrente f; pour enfant naturel Ali'mente pl; **3.** péj travail (lediglich) dem Broterwerb dienend
alimentation [alimɑ̃tasjɔ̃] f **1. a)** action Ernährung f; Beköstigung f; Verpflegung f; **b)** (nourriture) Nahrung f; Kost f; **2.** commerce Lebensmittelhandel m; **magasin m d'~** Lebensmittelgeschäft n; **3.** TECH Versorgung f (en mit); Zuführung f; Zufuhr f; Speisung f (mit); **~ en courant (électrique)** Stromversorgung f; **~ en eau** Wasserversorgung f
alimenter [alimɑ̃te] **I** v/t **1.** malade etc ernähren; **~ légèrement** leichte Kost verabreichen (qn j-m); **2.** (approvisionner) versorgen (en mit); marché a beschicken mit; TECH, ÉLECT a speisen (mit); feu unter'halten; incendie immer neue Nahrung geben (+dat); fonds, caisse speisen; **3.** fig soupçon, doute etc neue Nahrung geben (+dat); événement **~ la conversation** der Unter'haltung Stoff liefern; **II** v/pr **s'~** sich ernähren (de fruits von Obst); malade Nahrung zu sich nehmen

Aline [alin] f Vorname
alinéa [alinea] m TYPO Absatz m
aliter [alite] **I** v/t surtout adjt être, **rester alité** bettlägerig sein; das Bett hüten müssen; **II** v/pr **s'~** sich (ins Bett) legen
alizé [alize] adj et subst m **(vent) ~** Pas'sat(wind) m
Allah [ala] m REL Allah m
allaitement [alɛtmɑ̃] m Stillen n; ZO Säugen n; **~ mixte** Zwiemilchernährung f
allaiter [alete] v/t stillen; ZO säugen
allant [alɑ̃] m Schwung m; Tatkraft f; Unter'nehmungsgeist m, -lust f; **avoir de l'~** Schwung etc besitzen
alléch|ant [aleʃɑ̃] adj verlockend; **~er** v/t ⟨-è-⟩ (an)locken; en faisant miroiter qc ködern
allée [ale] f **1.** bordée de verdure Al'lee f; **~ cavalière** Reitweg m; **2.** cinéma, train etc Gang m; **~ centrale, latérale** Mittel-, Seitengang m; **3. ~s et venues** Hin- und Herlaufen n; pour se procurer qc Laufe'reien f/pl
allégation [alegasjɔ̃] f Behauptung f
allégé [aleʒe] adj denrée light [lait]; leicht
allégeance [aleʒɑ̃s] f HIST Treuepflicht f; **serment m d'~** Treueid m; fig **faire ~ à qn** j-m s-e Ergebenheit zeigen
allégement [alɛʒmɑ̃] m **1.** d'un fardeau Gewichtsverringerung f; **2.** de charges financières Verminderung f; Verringerung f; des programmes scolaires stoffliche Entlastung; **~ fiscal** Steuererleichterung f, -senkung f
alléger [aleʒe] v/t ⟨-è-⟩ **1.** fardeau leichter machen; gewichtsmäßig verringern, **2.** charge financière vermindern; verringern; taxes senken; programmes scolaires stofflich entlasten; douleur, souci lindern
allégor|ie [alegɔʀi] f Allego'rie f; Sinnbild n; **~ique** adj alle'gorisch; sinnbildlich
allègre [alɛgʀ(ə)] adj fröhlich; vergnügt; munter; **marcher d'un pas ~** munter, flott ausschreiten
allégrement [alɛgʀəmɑ̃] adv munter; frisch-fröhlich (a iron)
allégresse [alegʀɛs] f laute, ausgelassene Freude; Jubel m; **cris** m/pl **d'~** Freudengeschrei n; Jubelrufe m/pl
allegro [alegʀo] adv MUS al'legro
allégro [alegʀo] m MUS Al'legro n
alléguer [alege] v/t ⟨-é-⟩ **1.** autorité sich berufen auf (+acc); **2.** excuse, raison angeben; anführen; vorbringen; ins Feld führen; prétexte bringen
alléluia [aleluja] **I** int halle'luja ou alle-'luja; **II** m Halle'luja ou Alle'luja n
Allemagne [almaɲ] l'~ f Deutschland n
allemand [almɑ̃] **I** adj deutsch; **II** subst **1.** 2̲(e) m(f) Deutsche(r) f(m); **2.** LING l'~ m das Deutsche; Deutsch n; **3. ~e** f MUS Alle'mande f
aller¹ [ale] ⟨je vais, tu vas, il va, nous allons, ils vont; j'allais; j'allai; j'irai; que j'aille, que nous allions; va!, aber: vas-y! [vazi]; va y travailler!, F vas-y voir!; allant; être allé⟩
I v/i **1.** gehen; (dans un) véhicule fahren;
expressions **a)** int: **va donc, eh crâneuse!** F so e-e Angeberin!; du Angeberin, du!; **allons! du calme!** nur ruhig

Blut!; immer Ruhe bewahren!; *allons ou allez, tête de mule, je ne t'en veux pas* (es ist ja) schon gut *ou* na, laß gut sein, du Dickschädel, ...; *allons ou allez! cesse de t'agiter!* jetzt sitz endlich mal still!; *allons ou allez! dépêche--toi!* los *ou* vorwärts, beeil dich!; *allons (donc) ou allez (donc)! ce n'est pas vrai!* ach, geh(en Sie), aber geh(en Sie), das ist doch nicht wahr!; *allons ou allez! voilà que ça recommence!* F zum Kuckuck noch mal, ...!; *allons (donc) ou allez (donc)! vous vous rétablirez!* Kopf hoch, Sie werden schon wieder gesund werden!; *et allez donc!* a) *encore un accident* mein Gott!, das ist ja furchtbar!, ...; b) *vous gênez pas!* iron (machen Sie) nur weiter so! ...; *j'avais mon couteau à la main, et allez donc!* ... und ehe ich mich's versah, F und zack, ...; *allez, allez! au lit!* los, los *ou* marsch ins Bett!; *nous ne serons pas les derniers, allez,* ... wir sind bestimmt, sicher, garan'tiert nicht die letzten ...; *nous nous retrouverons, allez!* na warte, wir sprechen uns noch!; b) *avec adv:* ~ *dehors* hin'ausgehen; nach draußen gehen; F rausgehen; ~ *devant* vor'aus-, vor'angehen, -laufen, -fahren; *ça va tout seul* das geht (ganz) von selbst, von allein(e); ~ *vite* schnell gehen, laufen, fahren; *travail* schnell, rasch vor'angehen; *y* ~ da- *ou* dorthin gehen, laufen, fahren, reisen; *vas-y!, allez-y!* nur zu!; los!; vorwärts!; tu das!; tun Sie das!; *pour parler* F schieß mal, schießen Sie mal los!; *dans une rixe vas-y!* gib's ihm!; *lors d'une fête ça y allait!* da ging es hoch her!; *on y va!* auf geht's!; auf!; vorwärts!; *comme vous y allez!* F na, Sie sind (vielleicht) gut!; *avec lui allez-y doucement!* Sie rücksichtsvoll, schonend mit ihm um!; *allez-y avec prudence!* aber seien Sie vorsichtig (dabei)!; *cf a loin 1.*; c) *avec prép:* ~ *à ou en bicyclette, vélo* mit dem (Fahr-)Rad fahren; *comment ira-t-il au bureau?* wie wird er ins Büro kommen?; F ~ *au coiffeur etc* zum Friseur gehen; ~ *à l'école ou à l'école* in die *ou* zur Schule gehen; ~ *à l'étranger, à Paris* ins Ausland, nach Paris gehen, fahren, reisen; *vaisselle* ~ *au feu* feuerfest sein; ~ *à la guerre* in den Krieg ziehen; *couleur etc* ~ *à la lessive* waschecht sein; ~ *à la mer, à la ou en montagne* an die See, in die Berge fahren; ~ *à pied* zu Fuß gehen; laufen; ~ *aux provisions* Besorgungen, Einkäufe machen, einkaufen gehen; ~ *chez qn* zu j-m gehen; ~ *chez le coiffeur, le dentiste etc* zum Friseur, Zahnarzt *etc* gehen; ~ *contre les idées reçues* gegen die über'kommenen Vorstellungen angehen, ankämpfen; *cela va contre ses opinions* das geht gegen s-e Über'zeugung; *il faut deux heures pour* ~ *de Paris à X* von Paris bis X braucht man zwei Stunden; *ça va de soi, sans dire* das ist (doch) selbstverständlich; das versteht sich von selbst; ~ *de ville en ville* von Stadt zu Stadt gehen; ~ *en ou par avion* (mit dem Flugzeug) fliegen; ~ *en bas* hin'untergehen; nach unten gehen, F runtergehen; ~ *en bateau* mit dem Schiff fahren; ~ *en France* nach Frankreich gehen, fahren, reisen; ~ *en justice* vor Gericht gehen, ziehen; ~ *en train ou par le train* mit dem Zug, mit der Bahn fahren; ~ *en voiture* mit dem Auto, Wagen fahren; *il alla jusqu'à lui dire* ... er ging so weit, ihm zu sagen ...; *fig* ~ *jusqu'au ministre* bis zum Minister gehen; *jardin* ~ *jusqu'à la rivière* bis zum Fluß gehen; *route* ~ *jusqu'à Tours* bis nach Tours führen, gehen; *va pour un enfant, mais toi! non!* (es mag noch angehen,) wenn das ein Kind tut, aber doch nicht du!; *cf a va; ne pas* ~ *sans qc* nicht ohne etw (ab)gehen; *la vie ne va pas sans sacrifices* es geht im Leben nicht ohne Opfer (ab); ~ *sur ses quarante ans* auf die Vierzig zugehen; sich den Vierzigern nähern; d) *avec des verbes:* ~ *et venir* hin und her gehen *ou* laufen; auf und ab gehen; kommen und gehen; F *je ne fais qu'*~ *et venir* ich bin gleich wieder da, zurück; *cf a laisser II et III*; 2. *personne physiquement, commerce etc* gehen; *comment vont les affaires?* was macht das Geschäft?; wie gehen die Geschäfte?; *comment vont vos maux de tête?* was machen Ihre Kopfschmerzen?; *comment allez--vous?* wie geht es Ihnen?; F (*comment*) *ça va?* wie geht's?; wie geht es denn?; F wie geht's, wie steht's?; *ça va* es geht (mir, uns) ganz gut; *choses* das geht; das ist nicht schlecht; *avec humeur* F *ça va* (*comme ça*) *ou ça va bien comme ça!* jetzt langt's, reicht's mir aber!; jetzt ist's aber genug!; *je vais bien,* F *ça va bien* es geht mir gut; F *tu vas pas bien, non! ou ça va pas, la tête!* F du bist wohl nicht recht bei Trost!; du hast sie wohl nicht mehr alle beiein'ander!; *et votre cœur?* ~ *ça va pas fort* das will nicht (mehr) so recht (mitmachen); *on fait* ~*!* es muß gehen!; *cf a mal*[1] *I 1., mieux I 1.*; 3. (*être seyant*) *couleur, coiffure etc* ~ *à qn* j-m stehen; j-n (gut) kleiden; 4. (*convenir*) *objet, couleur, vêtement* ~ *à qn* j-m (in der Größe) passen; *ça va* (*comme ça*)? – *ça me va* a) paßt Ihnen das? – das paßt mir (*a quant à l'heure*); b) (*en êtes-vous content?*) ist es Ihnen so recht? – ja, ja, das ist gut so; 5. *au jeu* y ~ *de cinq francs* fünf Franc setzen; F fig *chacun y est allé de sa chanson* jeder hat sein Lied beigesteuert, zum besten gegeben; 6. *sentiment s/t s* ~ *à qn* j-m gehören; *haine etc* sich gegen j-n richten; *sa sympathie va aux vaincus* s-e Sympathie gehört den Besiegten; II *v/aux* 7. a) *avec inf:* ~ *se baigner* baden gehen; ~ *se coucher* ins *ou* zu Bett gehen; schlafen gehen; ~ *habiter en province* in die Provinz ziehen; ~ *trouver qn* j-n auf-, besuchen; zu j-m gehen; *cf a chercher 2., voir 3.* b) *avec p/p; s/t s* ~ *croissant bruit* anschwellen; stärker werden; *fatigue* zunehmen, größer werden; *tension, intérêt, nombre* ständig wachsen; d) *avec un gérondif:* ~ *en s'améliorant, en empirant* sich allmählich *ou* weiter *ou* laufend bessern, verschlechtern; d) *futur proche:* ~ *faire qc* gleich, bald, sofort etw tun; *il va arriver d'un moment à l'autre* er muß jeden Augenblick (an)kommen; *vous allez comprendre* Sie werden gleich verstehen; *j'eus l'impression que cette conversation allait durer longtemps* daß sich diese Unter'haltung noch lange hinziehen würde; *vas-tu me fermer cette porte!* wirst du wohl gleich die Tür schließen!; *et maintenant nous allons lire le texte!* und jetzt wollen wir den Text lesen!; *je vais prendre le train ce soir* ich fahre heute abend mit dem Zug; e) *à l'imparfait:* *nous allions commencer sans toi* wir wollten gerade ohne dich anfangen; *c'est ce que j'allais dire* das wollte ich gerade, eben sagen; f) *pour renforcer: n'allez pas croire cela!* glauben Sie das ja nicht!; Sie werden doch das nicht glauben!; III *v/imp* 8. *il y a de* ... es geht um ...; ... steht auf dem Spiel; *il y a de votre honneur* es geht um Ihre Ehre; Ihre Ehre steht auf dem Spiel; 9. *comparaison: il en ira de cette affaire comme de l'autre* es wird mit dieser Sache (genau)so gehen wie mit der anderen; *il n'en va pas de même pour cette autre affaire* mit der anderen Sache sieht es ganz anders aus, steht es ganz anders; IV *v/pr s'en* ~ 10. weg-, fortgehen *ou* -fahren; *va-t'en!* F hau ab!; scher dich weg!; *le malade s'en va doucement* mit dem Kranken geht es langsam zu Ende; *il s'en alla furieux* a er ging wütend da'von; *s'en* ~ *déjeuner, dîner* zum Essen weggehen; essen gehen; 11. *futur proche à la 1re personne sg: je m'en vais vous le démontrer* das werde, will ich Ihnen gleich beweisen; 12. *années etc* vergehen; da'hingehen; verrinnen; 13. F *tache* weg-, her'ausgehen; F rausgehen; *bouton* lose sein; bald abgehen

aller[2] [ale] *m* 1. Hinweg *m*, -fahrt *f*, -reise *f*, AVIAT -flug *m*; *j'ai fait l'*~ *à pied* hin und zurück; *je ne fais qu'un* ~ *et retour chez le boulanger* ich gehe nur mal schnell zum Bäcker; 2. CH DE FER (Fahrkarte *f* für die) Hinfahrt; einfache Fahrt; AVIAT (Flugschein *m* für den) Hinflug; ~ *et retour* Rückfahrkarte *f*; AVIAT Hin- und Rückflug *m*; *au guichet:* **un** ~ (**simple**) **pour Dijon** einmal Dijon einfach; **deux** ~**s et retours pour Lyon** zweimal Lyon hin und zurück; 3. F *fig il lui a flanqué un de ces* ~**s et retours** F er hat ihm rechts und links eine runtergehauen; 4. *adjt* SPORTS **match** *m* ~ Hinspiel *n*; 5. *loc/adv* **au pis** ~ schlimmstenfalls; im ungünstigsten Fall

allergie [alɛRʒi] *f* MÉD Aller'gie *f* (*a fig; à* gegen); 'Überempfindlichkeit *f*; ~ **aux pollens** Pollenallergie *f*

allergique [alɛRʒik] **I** *adj* all'ergisch; **être** ~ **à qc** gegen etw allergisch sein (*a fig*); **II** *m,f* All'ergiker(in) *m(f)*

allergologue [alɛRgɔlɔg] *m,f* Allergo-'loge *m*, -'login *f*

alliage [aljaʒ] *m* 1. MÉTALL Le'gierung *f*; 2. *fig* Mischung *f*; Amal'gam *n* (**de** aus)

alliance [aljɑ̃s] *f* 1. POL *et par ext* Bündnis *n*; Alli'anz *f*; *e* ~ **de partis** (en)bündnis *n*; 2. ♀ **française** Einrichtung zur Verbreitung der frz Sprache u Kultur; 3. *fig* (*combinaison*) Verbindung *f*; Vereinigung *f*; 4. JUR Ver-

schwägerung *f*; (F Schwipp)Schwägerschaft *f*; *parent par* ~ angeheiratet; *être parents par* ~ verschwägert sein; **5.** *bague* Trau-, Ehering *m*
allié [alje] **I** *adj* POL verbündet, alli'iert (*à mit*); *puissances* ~*es* alliierte, verbündete Mächte *f/pl*; **II** *m* **1.** POL Verbündete(r) *m*; Alli'ierte(r) *m*; HIST *les* ~*s* die Alliierten; **2.** *fig* Verbündete(r) *m*; Bundesgenosse *m*; *se faire l'*~ *de qn* j-s Verbündeter, Bundesgenosse werden; sich alli'ieren (*à mit*); *trouver en qn un* ~ in j-m e-n Bundesgenossen finden
allier [alje] **I** *v/t* **1.** POL in e-m Bündnis zu'sammenschließen; **2.** *fig* ~ *qc à ou avec qc* etw mit etw verbinden, verein(ig)en; **3.** MÉTALL le'gieren (*à ou avec* mit); **II** *v/pr s'*~ **4.** POL sich verbünden, sich alli'ieren (*à mit*); ein Bündnis, e-e Alli'anz schließen (mit); **5.** *fig choses* sich verbinden, verknüpfen, mitein'ander verein(ig)en (lassen)
Allier [alje] *l'*~ *m* Fluß u Departement in Frankreich
alligator [aligatɔʀ] *m* ZO Alli'gator *m*
allitération [aliteʀasjɔ̃] *f* Stabreim *m*; Alliterati'on *f*
allô [alo] *int* TÉL hallo!; *le correspondant a ja, bitte?*; *en Allemagne on précise généralement son nom*
allocation [alɔkasjɔ̃] *f* **1.** Beihilfe *f*; Unter'stützung *f*; Zuschuß *m*; Zulage *f*; ~*s familiales* Kindergeld *n*; ~ (*de*) *logement* Wohngeld *n*; Mietzuschuß *m*; **2.** ÉCON Zuweisung *f*; Zuteilung *f*; ~ *de devises* De'visenzuteilung *f*
allocution [alɔkysjɔ̃] *f* (kurze) Ansprache; *faire, prononcer une* ~ e-e Ansprache halten
allogène [alɔʒɛn] *adj population* zugewandert; *sc iol* alloch'thon
allonge [alɔ̃ʒ] *f* **1.** BOUCHERIE Fleischerhaken *m*; **2.** BOXE Reichweite *f*; *avoir une bonne* ~, *de l'*~ e-e große Reichweite haben
allongé [alɔ̃ʒe] *adj* **1.** *forme, visage* länglich; **2.** (*couché*) liegend; aus-, hingestreckt; *être* ~ (da)liegen; *rester* ~ liegenblciben
allongement [alɔ̃ʒmã] *m* **1.** *dans l'espace, dans le temps* Verlängerung *f*; **2.** PHON, TECH Dehnung *f*; Längung *f*
allonger [alɔ̃ʒe] ⟨-geons⟩ **I** *v/t* **1.** länger machen; verlängern; *fig* ~ *la mine, le nez, le visage* ein langes Gesicht machen, ziehen; ~ *le pas* größere, längere Schritte machen; schneller gehen; *coiffure* ~ *le visage* das Gesicht länger machen, erscheinen lassen; **2.** *dans le temps* ausdehnen; in die Länge ziehen; **3.** CUIS *sauce* verlängern; strecken; verdünnen; *cf a sauce 1.*; **4.** *bras, jambe* (aus)strecken; *cou* recken; ~ *la main vers qc* die Hand nach etw ausstrecken; nach etw langen; **5.** F *coup (de pied)* geben; versetzen; verpassen; F ~ *une gifle à qn* F j-m eine langen; **6.** F *somme d'argent* zahlen; F blechen; ausspucken; *pourboire* geben; **II** *v/i* **7.** *jours, nuits* länger werden; **III** *v/pr s'*~ **8.** länger werden (*a ombres*); *visage etc* länger wirken; *fig visage, mine* immer länger werden; *route etc s'*~ *devant qn* sich vor j-m ausdehnen, (weithin) erstrecken; **9.** *jours, nuits* länger werden; **10.** (*se coucher*) sich (hin-, nieder)legen (*sur le lit* auf das Bett); sich aus-, hinstrecken (auf dem Bett); *je vais m'*~ *un peu* ich lege mich ein bißchen hin, nieder, F lang
allopathie [alɔpati] *f* MÉD Allopa'thie *f*
allouer [alwe] *v/t crédit, somme* bewilligen; gewähren; bereitstellen; *crédit a* einräumen
allumage [alymaʒ] *m* **1.** Anzünden *n*; *d'un feu a* Entzünden *n*; Entfachen *n*; *d'une pipe, cigarette a* Anstecken *n*; *d'une lampe, de la radio, de la télé* Einschalten *n*; F Anmachen *n*; *d'explosifs, d'une fusée* Zünden *n*, -ung *f*; **2.** AUTO Zündung *f*; (*système m d'*)~ Zündanlage *f*
allumé [alyme] *adj* **1.** *lampe, bougie* brennend; *être* ~ brennen (*a lumière*); F ansein (*a radio, télé, chauffage*); *son bureau est* ~ in s-m Büro brennt, ist Licht; *laisse la lumière* ~*e!* laß das Licht brennen, F an!; **2.** F *personne* geil; F scharf; wild
allume|-cigare(s) [alymsigaʀ] *m* ⟨*inv*⟩ AUTO Ziga'rettenanzünder *m*; ~**-gaz** *m* ⟨*inv*⟩ Gasanzünder *m*
allumer [alyme] **I** *v/t* **1.** anzünden; *feu a* entzünden; entfachen; *pipe, cigarette a* anstecken; *bougie, cigarette a* anbrennen; *feu, poêle a* F anmachen; ~ *une cigarette* sich e-e Zigarette anstecken; ~ *un incendie* e-n Brand entfachen; **2.** *lumière, radio, télé, phares, chauffage* einschalten; anschalten; F anmachen; *lumière, lampe a* F anknipsen; ~ (*l'électricité, la lumière*) Licht machen; F das Licht anmachen; **3.** *pièce* erleuchten; Licht machen, F das Licht anmachen, anknipsen (*l'escalier im* Treppenhaus); **4.** *fig désir* (er)wecken; erregen; entzünden; F ~ *qn* j-n aufreizen, F scharfmachen, anmachen; **II** *v/pr s'*~ **5.** *bois, papier* anbrennen; sich entzünden; **6.** *lampe, lumière* angehen; aufleuchten; *les fenêtres s'allumèrent* die Fenster wurden hell; *hinter den Fenstern ging das Licht an*; **7.** *fig amour etc* aufflammen; auflodern; *son regard s'alluma (de convoitise)* s-e Augen leuchteten (begehrlich) auf
allumette [alymɛt] *f* **1.** Zünd-, Streichholz *n*; ~*s de sûreté*, *autrefois suédoises* Sicherheitszündhölzer *n/pl*; F *avoir des jambes comme des* ~*s* F Storchbeine haben; *craquer, frotter une* ~ ein Streichholz an-, entzünden; **2.** CUIS Blätterteigschnitte *f*; **3.** *adjt* CUIS *pommes f/pl* ~*s* feine, dünne Pommes frites *pl*
allumeur [alymœʀ] *m* **1.** AUTO (Zünd-)Verteiler *m*; **2.** TECH Zündvorrichtung *f*; **3.** *autrefois* ~ *de réverbères* La'ternenanzünder *m*
allumeuse [alymøz] *f* F Frau, die die Männer scharfmacht, wild macht
allure [alyʀ] *f* **1.** (*démarche*) Gang *m*; *d'animaux a* Gangart *f*; **2.** (*vitesse*) Tempo *n*; Geschwindigkeit *f*; *à cette* ~-*là*, *vous n'aurez jamais fini* bei dem Tempo ...; *à toute, vive* ~ *rouler etc* mit vollem, hohem Tempo; mit voller, hoher, großer Geschwindigkeit; in voller Fahrt; *faire qc* (sehr) schnell, rasch; F im Eiltempo; *rouler à trop grande* ~ mit über'höhter Geschwindigkeit fahren; F zuviel Tempo, Fahrt draufhaben; **3. a)** (*comportement*) *souvent pl* ~*s* Benehmen *n*; Gebaren *n*; Al'lüren *f/pl*; **b)** (*aspect*) Aussehen *n*; *avoir une drôle d'*~ *personne* ein komisches, seltsames Benehmen, Gebaren haben; *a chose* komisch, seltsam aussehen, wirken; *avoir de l'*~ vornehm wirken, aussehen; ein vornehmes Benehmen haben; *attitude* Stil haben; *avoir, prendre des* ~*s de play-boy etc* die Allüren e-s ... haben, annehmen; sich benehmen, gebärden, geben wie ein ...
allusif [alyzif] *adj* ⟨-ive⟩ e-e Anspielung enthaltend; vielsagend
allusion [alyzjɔ̃] *f* Anspielung *f* (*à* auf +*acc*); Andeutung *f*; *faire* ~ *à* anspielen auf (+*acc*); e-e Anspielung machen auf (+*acc*)
alluvial [alyvjal] *adj* ⟨-aux⟩ GÉOL alluvi'al; Alluvi'al...; angeschwemmt; *plaine* ~*e* Aufschüttungsebene *f*
alluvions [alyvjɔ̃] *f/pl* GÉOL Anschwemmungen *f/pl*; angeschwemmtes Land
almanach [almana] *m* Almanach *m*
aloès [alɔɛs] *m* BOT, PHARM Aloe *f*
aloi [alwa] *loc/adj*: *de bon* ~ *succès* verdient; achtunggebietend; *gaîté* echt; *de mauvais* ~ *gaîté* falsch; unecht
alors [alɔʀ] **I** *adv* **1.** *moment dans le passé* damals; *loc/adj d'*~ von damals; damalige(r, -s); *le ministre d'*~ der damalige Minister; *jusqu'*~ bis dahin; bis'her; bis'lang; bis jetzt; *il avait* ~ *vingt ans* er war damals zwanzig Jahre alt; **2.** *consécutif* da; dann; *et* ~ und dann; *ou* ~ es sei denn; ~ *seulement* dann erst; *il restait indécis,* ~ *j'avançai d'autres arguments* da führte ich andere Argumente an; *oh!* ~ *je ne dis plus rien* ja dann sage ich nichts mehr; **3.** F *dans des expressions* ~*?* was nun?; ~*, ça va?* F na, wie geht's?; ~*, ça vient?* na, wird's bald?; *ça* ~*, il est encore absent!* na so was! ...; ~*, là! qu'est-ce que j'ai pris!* na *ou* also, da hab ich vielleicht was zu hören gekriegt!; *non mais* ~*! à qui croyez-vous parler!* na *ou* also, hören Sie mal! ...; *et* (*puis*) ~*?* na und?; ~ *quoi! cela ne vous intéresse pas?* na *ou* ja, interessiert Sie das denn gar nicht?; **II** *loc/conj* ~ *que* **a)** während (dagegen); wo(hin)gegen; wo doch; **b)** *litt* als; wenn
alouette [alwɛt] *f* ZO Lerche *f*; *fig il attend que les* ~*s lui tombent toutes rôties dans le bec* F die gebratenen Tauben fliegen einem nicht ins Maul
alourdir [aluʀdiʀ] **I** *v/t* **1.** schwer(er) machen; *fig* schwerfällig machen (*a style*); *vêtement alourdi par la pluie* schwer vom Regen; **2.** *charges fiscales etc* vergrößern; erhöhen; noch drückender machen; **II** *v/pr s'*~ schwer(er), *fig* schwerfällig werden; *sa taille s'est alourdie* sie ist rundlicher, fülliger geworden
alourdissement [aluʀdismã] *m* Schwererwerden *n*
aloyau [alwajo] *m* BOUCHERIE Lendengegend *f*
alpaga [alpaga] *m* **1.** ZO Al'paka *n*; **2.** TEXT Al'paka *m*
alpage [alpaʒ] *m* **1.** *pâturage* Alm *f*; **2.** *époque* Alm(weide)zeit *f*
alpaguer [alpage] *v/t arg policier* ~ *qn* F j-n schnappen; *se faire* ~ geschnappt werden

alpe [alp] *f* Alm *f*
Alpe d'Huez (**L'**) [lalpədɥɛz] *frz* Wintersportort
Alpes [alp] *les ~ f/pl* die Alpen *pl*
Alpes-de-Haute-Provence [alp(ə)dəotpʀɔvɑ̃s] *les ~ f/pl frz* Departement
Alpes-Maritimes [alp(ə)maʀitim] *les ~ f/pl frz* Departement
alpestre [alpɛstʀ(ə)] *adj* Alpen…
alpha [alfa] *m* **1.** *lettre grecque* Alpha *n*; *fig l'~ et l'oméga* das Alpha und das Omega; das A und (das) O; **2.** *PHYS NUCL* **particule** *~* Alphateilchen *n*; **rayons** *m/pl ~* Alphastrahlen *m/pl*
alphabet [alfabɛ] *m* **1.** Alpha'bet *n*; Abc *n*; **~ phonétique international** internationale Lautschrift; **2.** *ÉCOLE* Abc-Buch *n*; Fibel *f*
alphabétique [alfabetik] *adj* alpha'betisch; **écriture** *f ~* Buchstabenschrift *f*
alphabétis|ation [alfabetizasjɔ̃] *f* Alphabeti'sierung *f*; Beseitigung *f* des Analphabetentums; **~er** *v/t* alphabeti'sieren; (das) Lesen und Schreiben beibringen (*qn* j-m)
alphanumérique [alfanymeʀik] *adj* INFORM alpha(nu)'merisch
Alphonse [alfɔ̃s] *m* Alfons *m*
Alpilles [alpij] *les ~ f/pl* kleines Gebirge in der Provence
alpin [alpɛ̃] *adj* **1.** Alpen…; al'pin; **club** *~* Alpenverein *m*; **route** *~e* Alpenstraße *f*; *SPORTS* **ski** *~* alpiner Skilauf; **2.** *MIL* **chasseurs** *~s* Gebirgsjäger *m/pl*
alpin|isme [alpinism(ə)] *m* Bergsteigen *n*; Bergsport *m*; Alpi'nistik *f*; Alpi'nismus *m*; **~iste** *m,f* Bergsteiger(in) *m(f)*
Alsace [alzas] **1.** *l'~ f* das Elsaß; **2.** ♀ *m* Elsässer Weißwein *m*
alsacien [alzasjɛ̃] **I** *adj* ⟨-ne⟩ elsässisch; Elsässer; **II** *subst* **1.** ♀(*ne*) *m(f)* Elsässer(in) *m(f)*; **2.** *LING l'~ m* das Elsässische; Elsässisch *n*
altération [alteʀasjɔ̃] *f* **1.** *d'un texte* Entstellung *f*; Verstümmelung *f*; *des traits du visage, de la voix, des couleurs* Veränderung *f*; *de la santé* Verschlechterung *f*; *des sentiments, des relations* Beeinträchtigung *f*; **2.** *JUR du vin etc* Verfälschung *f*; *de la vérité* Entstellung *f*; Verdrehung *f*; **3.** *MUS* Versetzungszeichen *n*; **4.** *GÉOL* Verwitterung *f*
altercation [altɛʀkasjɔ̃] *f* (kurze, heftige) Ausein'andersetzung; Streit *m*
alter ego [altɛʀego] *m* Alter ego *n*; zweites, anderes Ich
altérer [alteʀe] ⟨-è-⟩ **I** *v/t* **1.** *texte* entstellen; verstümmeln; *traits du visage, voix* verändern; *haine etc: visage* entstellen; *lumière: couleur* verändern; *santé* verderben; verschlechtern, unter-'graben; *sentiments, relations* beeinträchtigen; Abbruch tun (*+dat*); *chaleur etc: aliments* verderben; *adjt:* **visage altéré par l'angoisse** angstverzerrtes Gesicht; **d'une voix altérée** mit veränderter, *par l'émotion* bewegter, versagender Stimme; **2.** (*falsifier*) *texte*, *denrée etc* verfälschen; *vérité a* entstellen; verdrehen; **3.** *chaleur etc ~ qn* j-n durstig machen; j-m Durst machen; *adjt:* **altéré** durstig; *fig* **altéré de sang** blutrünstig, -dürstig; **4.** *MUS* alte'rieren; **II** *v/pr s'~ santé, style* schlechter werden; sich verschlechtern; *visage, couleurs* sich verändern
alternance [altɛʀnɑ̃s] *f* (regelmäßiger) Wechsel; regelmäßige Aufein'anderfolge; *POL* (demo'kratischer) Machtwechsel; *LING* **~ vocalique** Ablaut *m*; Vo-'kalwechsel *m*; *AGR* **~ des cultures** Fruchtfolge *f*, -wechsel *m*; *loc/adv* **en ~** abwechselnd, im Wechsel (*avec* mit)
altern|ant [altɛʀnɑ̃] *adj* (ab)wechselnd; alter'nierend; **~ateur** *m ÉLECT* Wechselstromgenerator *m*
alternatif [altɛʀnatif] *adj* ⟨-ive⟩ **1.** regelmäßig wechselnd; alter'nierend; *ÉLECT* **courant ~** Wechselstrom *m*; *TECH* **mouvement ~** hin- und hergehende Bewegung; **2.** *solution, médecine etc* alterna'tiv
alternative [altɛʀnativ] *f* **1. ~s** *pl* regelmäßiger Wechsel; regelmäßige Aufein-'anderfolge; **passer par des ~s d'euphorie et d'abattement** abwechselnd Euphorie und Niedergeschlagenheit 'durchmachen; **2.** Alterna'tive *f* (*à* zu); **être placé devant une ~** vor e-r Alternative stehen
alternativement [altɛʀnativmɑ̃] *adv* abwechselnd; wechselweise; 'umschichtig
alterné [altɛʀne] *adj* abwechselnd; Wechsel…; alter'nierend (*a MATH*); **rimes ~es** Wechselreim *m*
alterner [altɛʀne] *v/i* (ab)wechseln (*avec* mit); in stetem Wechsel aufein-'anderfolgen; alter'nieren; **faire ~** abwechselnd aufeinanderfolgen lassen
altesse [altɛs] *f* Hoheit *f*; **Son ♀ impériale**, **royale** S-e *ou* Ihre Kaiserliche, Königliche Hoheit; **Votre ♀** (Eure) Hoheit
altier [altje] *adj* ⟨-ière⟩ stolz; *péj* hochmütig
alti|mètre [altimɛtʀ(ə)] *m* Höhenmesser *m*; **~métrie** *f* Höhenmessung *f*; **~port** *m AVIAT* Landeplatz *m* (im Hochgebirge)
altiste [altist] *m,f MUS* Brat'schist(in) *m(f)*
altitude [altityd] *f* Höhe *f* (über dem Meeresspiegel); *loc/adv:* **voler à faible**, **'haute ~** in geringer, großer Höhe; **en ~** in großer Höhe; **être à 300 m d'~** mont 300 m hoch sein, *lieu* liegen, *avion* fliegen; **avion perdre, prendre de l'~** an Höhe verlieren, gewinnen
alto [alto] *m MUS* **1.** Bratsche *f*; **2.** *adjt* **saxophone ~** Altsaxophon *m*
altru|isme [altʀyism(ə)] *m* Altru'ismus *m*; Selbstlosigkeit *f*; Uneigennützigkeit *f*; **~iste I** *adj* altru'istisch; selbstlos; uneigennützig; **II** *m,f* Altru'ist(in) *m(f)*
alu [aly] *m abr* (*aluminium*) Alu *m*; *adjt* **papier** *m ~* Alufolie *f*
alumine [alymin] *f CHIM* Tonerde *f*
aluminium [alyminjɔm] *m* Alu'minium *n*
alun [alɛ̃, alœ̃] *m CHIM* A'laun *m*
alun|ir [alyniʀ] *v/i* auf dem Mond landen; **~issage** *m* Mondlandung *f*
alvéolaire [alveɔlɛʀ] *adj ANAT, PHON* alveo'lar; Alveo'lar…
alvéole [alveɔl] *f* **1.** *d'abeille* Zelle *f*; **2.** *ANAT sc* Alve'ole *f*; **~ dentaire** Zahnfach *n*; **~ pulmonaire** Lungenbläschen *n*; **3.** *par ext* Wabe *f*; Zelle *f*
alvéolé [alveɔle] *adj* zellen-, wabenartig
amabilité [amabilite] *f* Liebenswürdigkeit *f*; Freundlichkeit *f*; Zu'vorkommenheit *f*; *loc/adv* **avec ~** liebenswürdig; freundlich; **veuillez avoir l'~ de le prévenir** seien Sie doch bitte so liebenswürdig, freundlich und benachrichtigen Sie ihn; würden Sie wohl die Liebenswürdigkeit, Freundlichkeit besitzen, ihn zu benachrichtigen; **faire des ~s à qn** j-n mit (großer) Zuvorkommenheit behandeln
amadou [amadu] *m* Zunder *m*
amadouer [amadwe] *v/t ~ qn* a) (*apaiser*) j-n besänftigen; b) (*enjôler*) j-n für sich gewinnen, für sich einnehmen
amaigrir [amegʀiʀ] *v/t privations etc ~ qn* j-m zehren; *surtout adjt* **amaigri** abgemagert; abgezehrt; mager, dünn geworden
amaigrissant [amegʀisɑ̃] *adj* **produit ~** Schlankheitsmittel *n*; **régime ~** Abmagerungs-, Entfettungsdiät *f*; **suivre un régime ~** e-e Abmagerungskur machen
amaigrissement [amegʀismɑ̃] *m* Abmagerung *f*; Gewichtsverlust *m*; **cure *f* d'~** Abmagerungs-, Entfettungskur *f*
amalgame [amalgam] *m* **1.** *TECH, MÉD* Amal'gam *n*; **2.** *fig* Amal'gam *m*; Verquickung *f*; Mischung *f*; Gemisch *n*
amalgamer [amalgame] *v/t* **1.** *TECH* amalga'mieren; **2.** *fig* mitein'ander verquicken, verbinden; amalga'mieren
amande [amɑ̃d] *f* **1.** Mandel *f*; **~ amère**, **douce** Bitter-, Süßmandel *f*; **~ salée** Salzmandel *f*; **huile *f* d'~s douces** Mandelöl *n*; **pâte *f* d'~s** Marzipan *n*; *fig* **yeux** (**fendus**) **en ~** mandelförmige Augen *n/pl*; Mandelaugen *n/pl*; **2.** *dans un noyau* Samen(kern) *m*; **3.** *adjt* **vert ~** ⟨*inv*⟩ lind-, zartgrün
amand|ier [amɑ̃dje] *m BOT* Mandelbaum *m*; **~ine** *f pâtisserie* Mandelteilchen *n*, -schnitte *f*
amanite [amanit] *f BOT* Knollenblätterpilz *m*; Wulstling *m*; **~ tue-mouches** Fliegenpilz *m*
amant [amɑ̃] *m* Geliebte(r) *m*; Liebhaber *m*; **les ~s** die Liebenden *pl*; **prendre un ~** F sich e-n Liebhaber zulegen
amante [amɑ̃t] *litt f* Geliebte *f*
amarante [amaʀɑ̃t] *f* **1.** *BOT* Ama'rant *m*; Fuchsschwanz *m*; **2.** *adjt* ⟨*inv*⟩ *litt* ama'rantrot; ama'ranten
amarrage [amaʀaʒ] *m* **1.** *d'un bateau* Festmachen *n*; Vertäuen *n*; **2.** *d'un engin spatial* Andocken *n*; Ankoppeln *n*
amarre [amaʀ] *f MAR* Haltetau *n*; Leine *f*
amarrer [amaʀe] **I** *v/t bateau, par ext colis etc* festmachen; vertäuen; **II** *v/pr bateau s'~* festmachen
amaryllis [amaʀilis] *f BOT* Ama'ryllis *f*
amas [ama] *m* **1.** Haufen *m*; *sa voiture n'était plus qu'un ~ de ferraille* ein Blechhaufen; **2.** *fig* Anhäufung *f*, Ansammlung *f* (*de* von); **3.** *ASTR* ~ (**stellaire**) Sternhaufen *m*
amasser [amase] **I** *v/t objets* an-, aufhäufen; ansammeln; zu'sammentragen; *fortune a* zu'sammenbringen, -sparen, -raffen; *provisions a* horten; *documents, preuves* sammeln (*a connaissances*); zu'sammentragen; **II** *v/pr s'~ foule* zu'sammenlaufen, -strömen; sich ansammeln; sich versammeln, sich scharen (*autour de qn* um j-n); *objets* sich an-, aufhäufen; sich ansammeln
amateur [amatœʀ] *m* **1.** Liebhaber(in) *m(f)*; Freund(in) *m(f)*; **~ d'art, de musique** Kunst-, Mu'sikliebhaber(in) *m(f)*, -freund(in) *m(f)*; *adjt:* **elle n'est pas ~ de café** sie ist kein Freund von

amateurisme – amender

Kaffee; **2.** *COMM* Abnehmer(in) *m(f)*; Interes'sent(in) *m(f)*; *fig avis aux ~s!* aufgepaßt, wen's angeht!; *adjt* **je ne suis pas ~** ich bin kein(e) Abnehmer(in) dafür; ich bin nicht daran interessiert; **ne pas trouver d'~** keinen Abnehmer, Interessenten finden; **3.** *SPORTS, ART, TECH* Ama'teur(in) *m(f)*; *THÉ* Laienspieler(in) *m(f)*; **équipe** *f* **d'~s**, *adjt* **~** Amateurmannschaft *f*; **photographe** *m* **~** Amateurfotograf *m*; Fotoamateur *m*; **4.** *péj* Ama'teur(in) *m(f)*; Dilet'tant(in) *m(f)*; *loc/adv* **en ~** amateur-, dilettantenhaft; dilettantisch; **c'est du travail d'~** das ist die Arbeit e-s Amateurs, Anfängers
amateurisme [amatœʀism(ə)] *m* **1.** *SPORTS* Ama'teureigenschaft *f*, -status *m*; **2.** *péj* Dilettan'tismus *m*
amazone [amazon] *f* **1.** (*cavalière*) Reiterin *f*; Ama'zone *f*; **monter en ~** im Damensitz; **2.** *MYTH* Ama'zone *f*; **3.** F *prostituée* Prostitu'ierte, die mit dem Auto Kunden sucht
Amazone [amazon] *l'~ f GÉOGR* der Ama'zonas
Amazonie [amazɔni] *l'~ f* Ama'zonien *n*
amazonien [amazɔnjɛ̃] *adj* ⟨*~ne*⟩ *GÉOGR* Ama'zonas...
ambages [ɑ̃baʒ] *loc/adv* **sans ~** ohne 'Umschweife; frei-, geradeher'aus; *parler à* frei von der Leber weg
ambassade [ɑ̃basad] *f* **1.** *DIPL* Botschaft *f*; *l'~ de France* die französische Botschaft; **quartier m de l'~** Botschaftsviertel *n*; **2.** *fig* **venir en ~ chez qn** als Abgesandte(r) zu j-m kommen
ambassadeur [ɑ̃basadœʀ] *m* **1.** *DIPL* Botschafter *m*; *l'~ de France* der französische Botschafter; der Botschafter Frankreichs; **2.** *fig* Repräsen'tant *m*; Botschafter *m*
ambassadrice [ɑ̃basadʀis] *f* **1.** *DIPL* **a)** Botschafterin *f*; **b)** épouse Frau *f* des Botschafters; **2.** *fig* Repräsen'tantin *f*; Botschafterin *f*
ambiance [ɑ̃bjɑ̃s] *f* **1.** Atmo'sphäre *f*; Klima *n*; Stimmung *f*; Ambi'ente *n*; *dans une entreprise* Betriebsklima *n*; **musique** *f* **d'~** stimmungsvolle Musik; **2.** *à une fête* (ausgelassene, fröhliche) Stimmung; *il y a de l'~ ici* hier herrscht Stimmung; *cette fête manquait d'~* bei diesem Fest kam keine Stimmung auf; **mettre de l'~** für Stimmung sorgen; **3.** (*environnement*) Mili'eu *n*; Um'gebung *f*
ambiant [ɑ̃bjɑ̃] *adj* **1.** *PHYS* um'gebend; *d'une salle* **température ~e** Raumtemperatur *f*; **2.** *fig* der, s-r Um'gebung, 'Umwelt; **influence ~** Umwelteinfluß *m*
ambidextre [ɑ̃bidɛkstʀ(ə)] **I** *adj* beidhändig; **II** *m,f* Beidhänder(in) *m(f)*
ambigu [ɑ̃bigy] *adj* ⟨*ambiguë* [ɑ̃bigy]⟩ **1.** *réponse, terme* zwei-, mehr-, vieldeutig; doppeldeutig, -sinnig; **2.** *péj comportement, rôle* zweideutig; zwielichtig; zweifelhaft; undurchsichtig
ambiguïté [ɑ̃bigɥite] *f* Zwei-, Doppel-, Mehr-, Vieldeutigkeit *f*; Doppelsinn *m*; *t/t* Ambigui'tät *f*; **sans ~** unzweideutig; unmißverständlich
ambitieux [ɑ̃bisjø] **I** *adj* ⟨-*euse*⟩ ehrgeizig; *péj* ambiti'ös; *projet a* hochfliegend; *personne a* ambitio'niert; strebsam; **II** *subst* **~, ambitieuse** *m,f* ehrgeiziger Mensch; *péj* Ehrgeizling *m*

ambition [ɑ̃bisjɔ̃] *f* **1.** Ehrgeiz *m*; **~s pl** Ambiti'onen *f/pl*; **~s artistiques** künstlerische Ambitionen; **avoir de l'~**, **manquer d'~** Ehrgeiz, keinen Ehrgeiz haben, besitzen; **2.** (*aspiration*) (Be-) Streben *n*; **sa seule ~ est de** (+*inf*) es ist sein einziges Bestreben zu (+*inf*); **mettre (toute) son ~ à** (+*inf*) (ganz) bestrebt sein zu (+*inf*)
ambitionner [ɑ̃bisjɔne] *v/t* erstreben; **~ de** (+*inf*) (ehrgeizig) danach streben zu (+*inf*)
ambival|ence [ɑ̃bivalɑ̃s] *f* Ambiva'lenz *f*; Doppelcharakter *m*, -wertigkeit *f*; *des sentiments* Zwiespältigkeit *f*; **~ent** *adj* ambiva'lent; doppelwertig; zwiespältig
amble [ɑ̃bl(ə)] *m du cheval etc* Paß (-gang) *m*; **aller l'~** im Paß(gang) gehen
ambre [ɑ̃bʀ(ə)] *m* **1. ~ (gris)** *substance et parfum* Ambra *f*; **2. ~ (jaune)** Bernstein *m*; **d'~** Bernstein...; aus Bernstein; *adjt* **couleur d'~** bernsteinfarben
ambré [ɑ̃bʀe] *adj* **1.** *parfum* nach Ambra duftend; **2.** *couleur* bernsteinfarben
Ambroise [ɑ̃bʀwaz] *m* Am'brosius *m*
ambroisie [ɑ̃bʀwazi] *f MYTH* Am'brosia *f*; Götterspeise *f*
ambulanc|e [ɑ̃bylɑ̃s] *f* Krankenwagen *m*; Ambu'lanz *f*; **~ier** *m*, **~ière** *f* Fahrer(in) *m(f)* e-s Krankenwagens
ambulant [ɑ̃bylɑ̃] *adj* um'herziehend; ambu'lant; Wander-...; *fig* **un cadavre ~** ein wandelnder, lebender Leichnam; **comédiens ~s** Wanderbühne *f*; *fig* **un dictionnaire ~** ein wandelndes Lexikon; **marchand ~** ambulanter, fliegender Händler
ambulatoire [ɑ̃bylatwaʀ] *adj MÉD soins, traitement* ambu'lant
âme [am] *f* **1.** Seele *f* (*a REL, fig personne*); Gemüt *n*; *PSYCH* Psyche *f*; **une bonne ~** mit'leidige, mitfühlende Seele; *iron* **les bonnes ~s** die guten, braven Leute, Leutchen; **une grande ~, une ~ noble** e-e große *ou* hochherzige, edle Seele; **l'~ slave** die slawische Seele; **état m d'~** Gemütsverfassung *f*; seelische Verfassung; Seelenzustand *m*; Stimmung *f*; *par ext* **états** *m/pl* **d'~** (*incertitude*) Bedenken *n/pl*; Besorgnisse *f/pl*; Unsicherheit *f*; (*souffrance*) Wehleidigkeit *f*; Selbstmitleid *n*; **paix** *f* **de l'~** Seelenfrieden *m*; ♦ *loc/adj* et *loc/adv*: *chanter etc* **avec ~** gefühl-, seelen-, ausdrucksvoll; mit Gefühl, Ausdruck; *être artiste etc* **dans l'~** mit Leib und Seele, durch und durch, ein leidenschaftlicher ...; **de toute son ~** *aimer* von ganzer Seele; von ganzem Herzen, innig; *haïr* aus tiefster Seele; **en mon, ton etc ~ et conscience** nach bestem Wissen und Gewissen; **être ému jusqu'au fond de l'~** zu'tiefst; **sans ~** seelenlos; **sur mon ~** bei meiner Seele; bei meinem Seelenheil; ♦ **avoir une ~ d'artiste** e-e Künstlerseele haben; **avoir une ~ de pionnier** Pio'niergeist besitzen; **Dieu ait son ~!** Gott hab' ihn *ou* sie selig!; *village* **compter trois cents ~s** dreihundert Seelen zählen; *artiste* **donner une ~ à une œuvre d'art** e-m Kunstwerk Leben einhauchen; **errer comme une ~ en peine** ruhelos, ziellos um'herirren; **être comme une ~ en peine** todtraurig, tiefbetrübt sein; **être l'~ du complot** die

Seele, die treibende Kraft des Komplotts sein; **prier pour l'~ de qn** für j-s Seelenheil beten; **ne pas rencontrer ~ qui vive** keiner Menschenseele begegnen; **rendre l'~** s-n Geist aufgeben (*a fig*); die Seele aushauchen; *prov* **une ~ saine dans un corps sain** mens sana in corpore sano (*prov*); ein gesunder Geist in e-m gesunden Körper (*prov*); **2.** *d'un violon* Seele *f*; Stimmstock *m*; **3.** *d'un canon* Seele *f*; **4.** *ÉLECT* (Kabel-) Seele *f*; Ader *f*
Amédée [amede] *m* Ama'deus *m*
Amélie [ameli] *f* A'malie *f*
amélioration [ameljɔʀasjɔ̃] *f* **1.** Verbesserung *f*; *de l'état de santé* Besserung *f*; **~ (du temps)** Wetterbesserung *f*; **2.** *CONSTR* **~s** *pl* Schönheitsreparaturen *f/pl*; Verbesserung(smaßnahm)en *f/pl*
améliorer [ameljɔʀe] **I** *v/t* verbessern; *rendement* a steigern; *niveau de vie* a heben; *traduction, texte* noch einmal über'arbeiten; ausfeilen; *AGR sol a* (a)melio'rieren; *races, cultures a* veredeln; **II** *v/pr* **s'~** sich bessern; besser werden
amen [amɛn] *adv REL* amen; *fig* **dire ~ à tout (ce que dit, fait qn)** zu allem (, was j sagt, tut,) ja und amen sagen
aménagement [amenaʒmɑ̃] *m* **1.** *d'une pièce, d'un édifice etc* Einrichtung *f* (**en** als); Ausstattung *f*; *d'un quartier, d'un lieu de travail etc* Gestaltung *f*; *de jardins, parcs* Anlage *f*; *pour une autre utilisation* 'Umgestaltung *f*; 'Umbau *m*, Ausbau *m* (**en bureau** als Büro); *des horaires, des programmes etc* 'Umstellung *f*; Anpassung *f*; **~s fiscaux** 'Umverteilung *f* der Steuern; Steuererleichterungen *f/pl*; **travaux** *m/pl* **d'~** 'Umbau(-), Ausbau(arbeiten) *m(f/pl)*; **2. ~ du territoire** Raumordnung *f*; Regio'nalplanung *f*; Struk'turveränderung *f*
aménager [amenaʒe] *v/t* ⟨-*geons*⟩ *pièce, logement etc* einrichten; ausstatten; *a quartier, lieu de travail etc* gestalten; *espace pour le tourisme* anlegen; *jardin, parc* anlegen; *estrade etc* anbringen; *stand* aufstellen; errichten; herrichten; *pour une autre utilisation* 'umgestalten; 'um-, ausbauen; *programmes etc* 'umstellen; (den jeweiligen Bedürfnissen) anpassen; **~ en bureau** als Büro einrichten, umgestalten, um-, ausbauen; *adjt* **horaires aménagés** *TRAVAIL* (den jeweiligen Bedürfnissen) entsprechende Arbeitszeiten *f/pl*; *ÉCOLE* entsprechend gestaltete Stundenpläne *m/pl*
amende [amɑ̃d] *f* **1.** *JUR* Geldstrafe *f*; *pour contravention* Geldbuße *f*; Bußgeld *n*; Ordnungsstrafe *f*; *loc/adv* **sous peine d'~** bei (Geld)Strafe; **condamner à mille francs d'~** zu tausend Franc Geldstrafe, zu e-r Geldstrafe von tausend Franc verurteilen; *par ext* **être (mis) à l'~** bestraft werden; **2. faire ~ honorable** um Verzeihung bitten; Abbitte leisten
amendement [amɑ̃dmɑ̃] *m* **1.** *POL* Änderungsantrag *m*; Amende'ment *n*; *après adoption* (Ab)Änderung *f*; **2.** *AGR* Verbesserung *f* (der Bodenstruktur); Meliorati'on *f*; Ameliorati'on *f*
amender [amɑ̃de] **I** *v/t* **1.** *POL projet de loi* (ab)ändern; **2.** *personne* bessern; besser machen; **3.** *AGR sol* verbessern;

(a)melio'rieren; **II** *v/pr personne* **s'~** sich bessern
amène [amɛn] *st/s ou iron adj* liebenswürdig; freundlich
amenée [amne] *f canal m d'~* Zuleitung(-), Zuführung(skanal) *f(m)*
amener [amne] ⟨-è-⟩ **I** *v/t* **1.** *personne, animal, chose* (mit-, her)bringen; mitnehmen (*chez ses amis* zu s-n Freunden; *au théâtre* ins Theater); *personne, animal a* her-, her'bei-, vorführen; *qu'est-ce qui vous amène?* was führt Sie her?; **2.** *à un certain point* bringen; befördern; *liquide a* leiten; *taxi ~ qn à la gare* j-n zum Bahnhof bringen, fahren; **3.** (*entraîner*) (sich) bringen; zur Folge haben; nach sich ziehen; führen zu; *volontairement* her'beiführen; *vitesse etc ~ de nombreux accidents* zu zahlreichen Unfällen führen; zahlreiche Unfälle zur Folge haben; *~ un dénouement* e-e Lösung herbeiführen; *médicament ~ un soulagement rapide* schnell(e) Linderung bringen; **4. ~ qn, qc à qc** j-n, etw zu etw bringen; *de l'eau amenée à ébullition* zum Kochen gebrachtes Wasser; *~ la conversation sur un sujet* das Gespräch auf ein Thema lenken; *~ qn à faire qc* j-n dazu bringen, führen, bewegen, j-n veranlassen, etw zu tun; j-n so weit, dahin bringen, daß er etw tut; *être amené à faire qc* etw tun müssen; *je suis amené à croire que ...* ich muß wohl annehmen, daß ...; **5.** *citation, comparaison, exemple* bringen; *comparaison a* ziehen; **6.** *carte à jouer* spielen; **II** *v/pr* F *personne* **s'~** F aufkreuzen; angetanzt kommen; **amène-toi ici!** komm (hier)her!
aménité [amenite] *st/s ou iron f* Liebenswürdigkeit *f*; Freundlichkeit *f*
aménorrhée [amenɔʀe] *f MÉD* Ausbleiben *n* der Menstruati'on; *sc* Amenor'rhö(e) *f*
amenuisement [amənɥizmɑ̃] *m* Verminderung *f*; Verringerung *f*; Schwinden *n*
amenuiser [amənɥize] **I** *v/t chances, pouvoir d'achat etc* vermindern; verringern; **II** *v/pr* **s'~** *valeur, revenus etc* kleiner, geringer werden; sich verringern; sich vermindern; schwinden; schrumpfen; *espoir* (da'hin)schwinden
amer [amɛʀ] **I** *adj* ⟨-ère⟩ **1.** *goût, fruit etc* bitter; *avoir la bouche amère* e-n bitteren Geschmack im Mund haben; **2.** *parfum* herb; **3.** *fig déception, paroles, sourire* bitter; herb; *regrets, souvenirs* schmerzlich; *reproches, ironie* bitter; **II** *m* herber, bitterlich schmeckender Aperi'tif
amèrement [amɛʀmɑ̃] *adv se plaindre, regretter* bitter; *pleurer* bitterlich
américain [ameʀikɛ̃] **I** *adj* ameri'kanisch; *le continent ~* der amerikanische Kontinent; *voiture ~e ou subst ~e f* (großer) amerikanischer Wagen; F Straßenkreuzer *m*; *CUIS* **'homard** *m à l'~e* in Weißwein mit Tomaten und Kräutern zubereiteter Hummer; *fig il a le coup d'œil ~* ihm entgeht nichts; er hat Augen wie ein Luchs; **II** *subst* **1.** ♀(e) *m(f)* Ameri'kaner(in) *m(f)*; ♀(e) *m(f)* *du Nord, du Sud* Nord-, Südamerikaner(in) *m(f)*; **2.** *LING l'~ m* das Ameri'kanische; das ameri'kanische Englisch; Ameri'kanisch *n*; ameri'kanisches Englisch

américan|isation [ameʀikanizasjɔ̃] *f* Amerikani'sierung *f*; **~iser I** *v/t* ameri'kani'sieren; **II** *v/pr* **s'~** ameri'kanisch werden; ameri'kanische Sitten, Formen annehmen; **~isme** *m LING* Amerika'nismus *m*; **~iste** *m,f* Amerika'nist(in) *m(f)*
amérindien [ameʀɛ̃djɛ̃] *sc adj* ⟨~ne⟩ Indi'aner...; der Indi'aner
Amérique [ameʀik] *l'~ f* A'merika *n*; *l'~ centrale* Mittelamerika *n*; *l'~ du Nord, du Sud* Nord-, Südamerika *n*; *les ~s* Nord- und Südamerika
Amerloque [amɛʀlɔk] *m F* (*Américain*) F Ami *m*; Yankee ['jɛŋki] *m*
amerr|ir [ameʀiʀ] *v/i AVIAT* wassern; **~issage** *m* Wassern *n*, -ung *f*
amertume [amɛʀtym] *f* **1.** bitterer Geschmack; Bitterkeit *f*; **2.** *fig* Bitterkeit *f*; *de la vie* Bitternis *f*
améthyste [ametist] *f MINÉR* Ame'thyst *m*
ameublement [amœblmɑ̃] *m* (Zimmer-, Wohnungs)Einrichtung *f*; Mobili'ar *m*; *tissus m/pl d'~* Deko(rati'ons)stoffe *m/pl*
ameublir [amœbliʀ] *v/t terre* (auf)lokkern)
ameuter [amøte] *v/t* **1. ~ les gens** e-n Menschenauflauf her'vorrufen; *ne criez pas ainsi*, **vous allez ~ tout le quartier** das ganze Viertel wird gleich zusammenlaufen; **2.** (*soulever*) aufbringen (*contre* gegen); *foule a* aufwiegeln; aufhetzen
ami [ami] **I** *subst* **1. ~(e)** *m(f)* Freund (-in) *m(f)*; *appellatif* **mon ~** mein Lieber, Bester; *condescendant* guter Mann; mein *ou* guter Freund; *exclamation mes ~s!* Kinder, Kinder!; *dans une lettre* (**mon**) **cher ~** lieber, bester Freund; **mon jeune ~!** junger Mann, Freund!; **~(e) d'enfance** Jugendfreund(in) *m(f)*; **~ de la famille, de la maison** Hausfreund *m*; Freund des Hauses; *fig* **~ de la justice, de la vérité** Freund der Gerechtigkeit, der Wahrheit; **~ de la musique, de la nature** Mu'sik-, Na'turfreunde *m/pl*; **chambre** *f* **d'~(s)** Gast-, Gästezimmer *n*; *loc/adv* **en ~** als Freund; **ce sont de grands ~s** sie sind eng miteinander befreundet, F dicke Freunde; **nous étions entre ~s** wir waren unter Freunden; **se faire des ~s** Freunde gewinnen; **F enfants faire ~-~** (*inv*) sich wieder vertragen; F wieder gut sein; **2.** (*amant, maîtresse*) **~(e)** *m(f)*, **petit(e) ~(e)**, *litt ou plais* **bon(ne) ~(e)** Freund(in) *m(f)*; **II** *adj* **1.** befreundet; **être** (**très**) **~ avec qn** mit j-m (eng) befreundet sein; *fig* **être ~ de qc** etw lieben, schätzen; **2.** (*amical*) freundlich; *visages* **~s** freundliche Gesichter *n/pl*
amiable [amjabl(ə)] *adj JUR* einvernehmlich; gütlich; *loc/adv* **à l'~** gütlich; auf gütlichem Wege; **arrangement** *m* **à l'~** gütliche Regelung
amiante [amjɑ̃t] *m MINÉR* As'best *m*
amibe [amib] *f ZO* A'möbe *f*; Wechseltierchen *n*
amib|iase [amibjaz] *f MÉD* A'möbenruhr *f*; **~ien** *adj* ⟨~ne⟩ *MÉD* A'möben...
amical [amikal] *adj* ⟨-aux⟩ *ton, relations* *etc* freundschaftlich; *air, ton a* freundlich; **match ~** Freundschaftsspiel *n*; **reproches amicaux** gutgemeinte, freundschaftliche Vorwürfe *m/pl*; *à la fin d'une lettre* **~ souvenir** mit herzlichem Gruß
amicale [amikal] *f* Verein *m*; Vereinigung *f*; **~ment** *adv* freund(schaft)lich; *à la fin d'une lettre* mit herzlichem Gruß
amidon [amidɔ̃] *m CHIM* Stärke *f*
amidonner [amidɔne] *v/t linge* stärken
Amiens [amjɛ̃] *Stadt im Dep. Somme*
amincir [amɛ̃siʀ] **I** *v/t vêtement ~ qn* j-n schlank machen, schlanker erscheinen lassen; *visage* **aminci par la maladie** durch die Krankheit schmal geworden; **II** *v/pr* **s'~** dünner werden
amincissement [amɛ̃sismɑ̃] *m* Dünnerwerden *n*; *de la taille etc* Schlankerwerden *n*
aminé [amine] *adj CHIM* **acide ~** A'minosäure *f*
amiral [amiʀal] *m* ⟨*pl* -aux⟩ *MAR* Admi'ral *m*; *adjt* **vaisseau** *m* **~** Flaggschiff *n*
amirauté [amiʀote] *f MAR* Admirali'tät *f*
amitié [amitje] *f* **1.** Freundschaft *f*; **par ~** aus Freundschaft; **avoir de l'~ pour qn** freundschaftliche Gefühle, Zuneigung für j-n empfinden; j-m zugetan sein; **fais-nous l'~ de venir déjeuner** mach uns die Freude und komm zum Essen zu uns; **prendre qn en ~** j-n liebgewinnen, ins Herz schließen; *cf a* **lier** 4., 7.; **2. ~s** *pl* Grüße *m/pl*; *sur une carte postale* **~s!** freundliche, herzliche Grüße!; **faites-lui toutes mes ~s** richten Sie ihm meine herzlichsten Grüße aus; **3. ~ particulière** gleichgeschlechtliche Beziehung, Liebe
ammoniac [amɔnjak] *adj CHIM* **gaz ~** *ou subst* **~** *m* Ammoni'ak *n*
ammoniacal [amɔnjakal] *adj* ⟨-aux⟩ *CHIM* Ammoni'ak...
ammoniaque [amɔnjak] *CHIM f* Salmi'akgeist *m*
ammonium [amɔnjɔm] *m CHIM* Am'monium *n*
amnés|ie [amnezi] *f MÉD* Gedächtnisschwund *m*; *sc* Amne'sie *f*; **~ique** *adj et subst m,f MÉD* an Gedächtnisschwund leidend, Leidende(r) *f(m)*
amniotique [amnjɔtik] *adj PHYSIOL* **liquide** *m* **~** Fruchtwasser *n*
amnistie [amnisti] *f* Amne'stie *f*; **loi** *f* **d'~** Amnestiegesetz *n*
amnistier [amnistje] *v/t personne* amne'stieren; *délit* e-e Amne'stie gewähren (**qc** für etw); **être amnistié** *a* unter die Amnestie fallen
amocher [amɔʃe] *v/t F objet* demo'lieren; F rampo'nieren; ka'puttmachen; *personne* **se faire ~** übel, bös zugerichtet werden; *objet* **être amoché** *a* mitgenommen sein, aussehen
amoindrir [amwɛ̃dʀiʀ] **I** *v/t* verringern; (ver)mindern; *réputation a* schmälern; beeinträchtigen; *forces, résistance a* schwächen; **II** *v/pr* **s'~** geringer werden; sich verringern; sich vermindern; *capital a* schrumpfen; *réputation, forces* abnehmen; schwinden
amoindrissement [amwɛ̃dʀismɑ̃] *m* Verringerung *f*; (Ver)Minderung *f*; Abnehmen *n*; Abnahme *f*; Schwinden *n*; Schrumpfen *n*
amollir [amɔliʀ] **I** *v/t* **1.** *asphalte etc* aufweichen; weich machen; **2.** *fig énergie*,

amollissant – amusant

volonté erschlaffen, erlahmen lassen; schwächen; **II** *v/pr s'~* **3.** *substance* aufweichen; weich werden; **4.** *énergie, volonté* erschlaffen; erlahmen; *énergie a* nachlassen
amolliss|ant [amɔlisɑ̃] *adj climat etc* schlapp, träge machend; **~ement** *m* Erschlaffung *f*; Erlahmung *f*; Nachlassen *n*
amonceler [amɔ̃sle] ⟨-ll-⟩ **I** *v/t* aufhäufen, -schichten, (-)stapeln, -türmen; *preuves, documents* anhäufen; zu'sammentragen; **II** *v/pr s'~* sich aufhäufen; sich stapeln; sich (auf)türmen; *preuves, documents* sich häufen; sich ansammeln; *nuages* **s'~ dans le ciel** sich am Himmel auftürmen, zu'sammenballen
amoncellement [amɔ̃sɛlmɑ̃] *m* Haufen *m*, Berg *m*, (*pile*) Stapel *m* (**de lettres** von Briefen)
amont [amɔ̃] *m* **1.** *loc/adv* **en ~** strom-, fluß'aufwärts; strom'auf, -'an; **aller en ~ ou vers l'~** stromaufwärts fahren; *loc/prép* **en ~ de** oberhalb von (*ou* +*gén*; *a par ext*); **2.** *adjt* **ski** *m* **~** Bergski *m*; **skieur** *m* **~** von oben kommender Skifahrer; **3.** ÉCON **en ~** erzeugernäher (*de* als)
amoral [amɔral] *adj* ⟨-aux⟩ amoralisch; **~isme** *m* Amora'lismus *m*
amorçage [amɔrsaʒ] *m* **1.** TECH *et fig* In'gangsetzung *f*; **2.** *de munitions* Scharfmachen *n*; **3.** ÉLECT Erregung *f*
amorce [amɔrs] *f* **1.** PÊCHE Köder *m*; **2.** *d'une charge explosive* Zündhütchen *n*; Sprengkapsel *f*; *pour pistolet d'enfant* Zündblättchen *n*; **pistolet** *m* **à ~s** Knallpistole *f*; **3.** (*début*) Auftakt *m* (**de** zu); Beginn *m*; **4.** *d'une nouvelle route etc* erstes Teilstück
amorcer [amɔrse] ⟨-ç-⟩ **I** *v/t* **1.** PÊCHE **a)** *hameçon* mit e-m Köder versehen; **b)** *poissons* ködern; **2.** *négociations etc* in Gang, in Fluß bringen; in die Wege leiten; einleiten; anbahnen; *par ext* (*commencer*) beginnen; anfangen; *geste* andeuten; **~ le virage** zur Kurve ansetzen; in die Kurve gehen; **3.** *ouverture* 'durchzubrechen beginnen; *trou* vorbohren; *route, tunnel etc* das erste Teilstück bauen (+*gén*); **4.** TECH *pompe* zum Ansaugen bringen; **5.** *charge explosive* scharf machen; *adjt* **amorcé** scharf; **II** *v/pr s'~ négociations, conversation etc* in Gang, in Fluß kommen; sich anbahnen; *par ext* (*commencer*) beginnen
amorphe [amɔrf] *adj* **1.** MINÉR a'morph; **2.** *fig personne* ener'gie-, willenlos; schlaff; F schlapp; lahm
amorti [amɔrti] *m* FOOTBALL Stoppen *n* (des Balls); TENNIS **a)** Kurzschlagen *n*; **b)** Stoppschlag *m*
amortir [amɔrtir] *v/t* **1.** *choc, bruit etc* dämpfen (*a* PHYS *vibration*); *son a* dämmen; **2.** *ballon de foot* stoppen; *balle de tennis* kurz schlagen; **3.** *dette, emprunt* tilgen; amorti'sieren; ab(be)zahlen; abtragen; **4.** *machines, matériel* abschreiben; amorti'sieren
amortissement [amɔrtismɑ̃] *m* **1.** *d'une dette* (*financier*) Tilgung *f*; Amortisati'on *f*; Ab(be)zahlung *f*; Abtragung *f*; **2.** *gestion ~* (*industriel*) Abschreibung *f*; Amortisati'on *f*; **3.** *d'un choc, d'un bruit etc* Dämpfung *f*

amortisseur [amɔrtisœr] *m* AUTO Stoßdämpfer *m*
amour [amur] *m* **1.** Liebe *f*; **~ libre** freie Liebe; **~ de Dieu a)** Liebe zu Gott; **b)** Liebe Gottes; göttliche Liebe; **laisse-moi seul, pour l'~ de Dieu!** laß mich um (des) Himmels willen allein!; **~ de la liberté** Freiheitsliebe *f*; **~ de son métier** Liebe zu s-m Beruf; **~ de la nature, de la patrie** Na'tur-, Vaterlandsliebe *f*; **~ du prochain** Nächstenliebe *f*; **~ de soi** Selbst-, Eigenliebe *f*; **~ de la vérité** Wahrheitsliebe *f*; *loc/adv* **avec ~** liebevoll; mit (viel) Liebe; **éprouver de l'~ pour qn** Liebe für j-n empfinden, fühlen; F *iron* **c'est plus de l'~, c'est de la rage** das ist nicht mehr Liebe, das ist schon Raserei; **faire l'~** sich (*sexuell*) lieben; **faire l'~ avec qn** *(sexuell)* lieben; **filer le parfait ~** im siebenten Himmel sein; *fig* **vivre d'~ et d'eau fraîche** von Luft und Liebe leben; **2.** (*personne aimée*) Liebe *f*; **~ de jeunesse** Jugendliebe *f*; **c'est son grand ~** sie ist s-e *ou* er ist ihre große Liebe; *mot tendre* **mon ~** (mein) Liebling, Schatz, Herzchen; **peux-tu régler cela pour moi? tu seras un ~** sei ein Schatz und erledige das bitte für mich!; **3.** *litt* **~s** *f/pl* Liebschaften *f/pl*; A'mouren *pl*; *fig* **revenir, retourner à ses premières ~s** zu s-r ersten Liebe zurückkehren; s-r alten Leidenschaft (*dat*) wieder frönen; **4.** F *fig* **un ~ de ...** e-e (ein) reizende(r, -s), allerliebste(r, -s), herzige(r, -s), F goldige(r, -s), süße(r, -s) ...; **5.** MYTH, ART **l'~** Amor *m*; **petit ~** Amo'rette *f*; Putto *m ou* Putte *f*
amouracher [amuraʃe] *v/pr* **s'~ de qn** *péj* sich in j-n vernarren, F verknallen, vergaffen
amourette [amurɛt] *f* Liebe'lei *f*
amoureux [amurø] **I** *adj* ⟨-euse⟩ *personne, regard* verliebt; **vie amoureuse** Liebesleben *n*; **être ~ de qn** in j-n verliebt sein; **être ~ de qc** etw lieben; **tomber ~ de qn** sich in j-n verlieben; **II** *subst* **~, amoureuse** *m,f* Liebende(r) *f(m)*; Verliebte(r) *f(m)*; *d'une femme* Verehrer *m*; Liebhaber *m*; **~** *m/pl* Liebespaar *n*, -pärchen *n*
amour-propre [amurprɔpr(ə)] *m* ⟨*pl* amours-propres⟩ Selbstachtung *f*, -(wert)gefühl *n*, -bewußtsein *n*
amovible [amɔvibl(ə)] *adj* **1.** *fonctionnaire* versetzbar; (*révocable*) absetzbar; **2.** *doublure* her'ausnehmbar; ausknöpfbar; *housse etc* abnehmbar
ampère [ɑ̃pɛr] *m* (*abr* **A**) ÉLECT Am'père *n* (*abr* A); **~mètre** *m* ÉLECT Am'père'meter *n*; Strommesser *m*
amphétamine [ɑ̃fetamin] *f* PHARM Am'pheta'min *n*; Weckamin *n*
amphi [ɑ̃fi] *m* F *abr cf* **amphithéâtre** *1.*
amphibie [ɑ̃fibi] *adj* **1.** ZO, BOT am'phibisch; **2.** MIL **char** *m* **~** Schwimmpanzer *m*; **véhicule** *m* **~** Amphibienfahrzeug *n*
amphibiens [ɑ̃fibjɛ̃] *m/pl* ZO Am'phibien *f/pl*; Lurche *m/pl*
amphigourique [ɑ̃figurik] *litt adj* verworren; unverständlich
amphithéâtre [ɑ̃fiteɑtr(ə)] *m* **1.** Hörsaal *m*; Audi'torium *n*; **grand ~** Auditorium maximum *n*; F Audi'max *n*; **2.** *antique* Am'phitheater *n*; **en ~** amphi'thea'tralisch; wie ein Amphitheater

amphore [ɑ̃fɔr] *f* Am'phore *f*
ample [ɑ̃pl(ə)] *adj* **1.** *vêtement* weit; *mouvement* weit ausholend, ausgreifend; **2.** *traité, essai* ausführlich; um'fassend; weitläufig; *sujet, documentation* 'umfangreich; reich(haltig); **de plus ~s renseignements** nähere Auskünfte *f/pl*; **faire plus ~ connaissance avec qn** j-n näher, eingehender, gründlicher kennenlernen
amplement [ɑ̃pləmɑ̃] *adv cf* **ample**; **gagner ~ sa vie** sein reichliches Auskommen haben; **c'est ~ suffisant** das ist völlig ausreichend; das reicht voll'auf
ampleur [ɑ̃plœr] *f* **1.** *d'un vêtement* Weite *f*; **manquer d'~ aux épaules** in den Schultern nicht weit genug sein; **2.** COUT Stoffzugabe *f*; **réserver de l'~** genügend Stoff zugeben; **3.** *d'un dommage, d'une crise, d'une grève etc* Ausmaß *n*; 'Umfang *m*; Größe *f*; *d'un son* Fülle *f*; *crise etc* **prendre de l'~** sich ausweiten; **4.** *l'~ des mouvements* die weit ausholenden, ausgreifenden Bewegungen *f/pl*
ampli [ɑ̃pli] F *m ou* **amplificateur** [ɑ̃plifikatœr] *m* ÉLECTRON Verstärker *m*
amplification [ɑ̃plifikasjɔ̃] *f* **1.** ÉLECTRON Verstärkung *f*; **2.** *d'une crise, de relations commerciales etc* Ausweitung *f*; Erweiterung *f*; *d'un mouvement de grève a* Ausbreitung *f*; Anschwellen *n*
amplifier [ɑ̃plifje] **I** *v/t* **1.** ÉLECTRON verstärken; **2.** *relations commerciales etc* ausweiten; erweitern; weiter ausbauen; verstärken; **II** *v/pr s'~ crise, grève, scandale etc* sich ausweiten; *mouvement de grève a* sich ausbreiten; anschwellen; *scandale a* immer größere Kreise ziehen
amplitude [ɑ̃plityd] *f* **1.** PHYS, MÉTÉO Ampli'tude *f*; **2.** MATH **~ d'un arc** Bogenweite *f*
ampoule [ɑ̃pul] *f* **1.** PHARM Am'pulle *f*; **2.** ÉLECT Glühlampe *f*; (Glüh)Birne *f*; **3.** *sous la peau* Blase *f*; **se faire des ~s aux pieds** sich Blasen laufen
ampoulé [ɑ̃pule] *adj style* schwülstig; hochtrabend; bom'bastisch
amputation [ɑ̃pytasjɔ̃] *f* **1.** MÉD Amputati'on *f*; **subir l'~ d'un bras** e-n Arm abgenommen bekommen; **2.** *fig d'un texte, d'un budget* Kürzung *f*; Beschneidung *f*
amputé(e) [ɑ̃pyte] *m(f)* Ampu'tierte(r) *f(m)*; **~ d'un bras** Armamputierte(r) *f(m)*; Einarmige(r) *f(m)*
amputer [ɑ̃pyte] *v/t* **1.** *personne, membre* ampu'tieren; abnehmen; **~ qn d'une jambe** j-m ein Bein amputieren, abnehmen; **2.** *fig texte, budget* kürzen (**de** um); zu'sammenstreichen; *budget a* beschneiden; **~ un pays d'une province** e-e Provinz von e-m Land abtrennen
Amsterdam [amstɛrdam] Amster'dam
amu|ïr [amyir] *v/pr* PHON **s'~** verstummen; **~ïssement** *m* PHON Verstummen *n*
amulette [amylɛt] *f* Amu'lett *n*
amusant [amyzɑ̃] *adj* unter'haltend; unter'haltsam; amü'sant; lustig; belustigend; kurzweilig; vergnüglich

amuse-gueule [amyzgœl] *m* ⟨*pl* amuse-gueule(s)⟩ Appe'tithäppchen *n*
amusement [amyzmã] *m* Vergnügen *n*; Belustigung *f*; Erheiterung *f*; Amüse'ment *n*; *st/s* Ergötzen *n*; (*passe-temps*) unter'haltsamer Zeitvertreib
amuser [amyze] **I** *v/t* **1.** belustigen; erheitern; amü'sieren; unter'halten; *abs il amuse par sa naïveté* er wirkt drollig, spaßig in s-r Naivität; *cette visite ne m'amuse pas* dieser Besuch macht mir keinen Spaß; *adjt regarder qn d'un air amusé* j-n amüsiert, belustigt ansehen; **2.** (*détourner l'attention*) ~ *qn* j-n ablenken, hinhalten; **II** *v/pr s'~* **3.** sich vergnügen, sich belustigen, sich amü'sieren, sich unter'halten, sich die Zeit vertreiben, s-n Spaß haben (*avec* mit); *s'~ beaucoup à qc* sich köstlich bei etw amüsieren; *s'~ à faire qc* sich damit vergnügen *etc* etw zu tun; s-n Spaß daran haben, etw zu tun; *s'~ de qn, qc* sich über j-n, etw amü'sieren, lustig machen; *pour s'~* (einfach) zum Spaß; **4.** (*perdre son temps*) (her'um)trödeln; die Zeit vertun, vertrödeln
amus|ette [amyzɛt] *f* (kleiner, harmloser) Zeitvertreib; **~eur** *m* Spaßmacher *m*; Komiker *m*
amygdale [ami(g)dal] *f* ANAT Mandel *f*; *se faire enlever les* ou *opérer des ~s* sich die Mandeln herausnehmen lassen
amyl|acé [amilase] *adj* CHIM stärkeartig, -haltig; **~ase** *f* BIOCHIMIE Amy'lase *f*
an [ã] *m* Jahr *n*; *poét les ~s pl* die (Lebens)Jahre *n/pl*; *l'~ dernier, passé, prochain cf dernier etc*; *nouvel ~, jour de l'~, premier m de l'~* Neujahr(stag) *n(m)*; *au nouvel ~, le jour de l'~, le* ou *au premier de l'~* zu, an Neujahr; am Neujahrstag; *loc/adj un enfant de neuf ~s* ein neunjähriges Kind; ein Kind von neun Jahren; *loc/adv: bon ~, mal ~* im 'Durchschnitt; 'durchschnittlich; *à vingt ~s* mit zwanzig (Jahren); *deux ~s après* zwei Jahre später, danach; *il y a un ~* vor e-m Jahr; vor Jahresfrist; *dans un ~* (*von jetzt ab*) in e-m Jahr; *depuis trois ~s* seit drei Jahren; *en deux ~s* in zwei Jahren; *en l'~ mille avant Jésus-Christ* im Jahr tausend vor Christus, vor Christi Geburt; *par ~* jährlich; im, pro Jahr; *tous les ~s* alljährlich; jedes Jahr; alle Jahre; *aller sur ses cinquante ~s* auf die Fünfzig zugehen; sich den Fünfzigern nähern; *avoir vingt ~s, être âgé de vingt ~s* zwanzig (Jahre alt) sein; *avoir dans les soixante ~s* um die Sechzig sein; etwa sechzig (Jahre alt) sein; *avoir dix ~s de maison* seit zehn Jahren in der Firma (tätig) sein; e-e Betriebszugehörigkeit von zehn Jahren haben; *firme fêter ses dix ~s* das zehnjährige Jubiläum feiern; *personne fêter ses dix ~s de service* sein zehnjähriges Dienstjubiläum feiern
anabaptiste [anabatist] *m* REL 'Wiedertäufer *m*
anabolisant [anabɔlizã] *m* MÉD, SPORTS Ana'bolikum *n*
anachorète [anakɔrɛt] *m* REL Anacho'ret *m*; Einsiedler *m*; Klausner *m*
anachron|ique [anakRɔnik] *adj* ana-chro'nistisch; *par ext a* unzeitgemäß; **~isme** *m* Anachro'nismus *m*
anacoluthe [anakɔlyt] *f* STYLISTIQUE Anako'luth *n* ou *m*; Satzbruch *m*
anaconda [anakõda] *m* ZO Ana'konda *f*
anaérobie [anaeRɔbi] *adj* **1.** BIOL anae-'rob; ohne Sauerstoff lebend; **2.** TECH *propulseur* nicht an die Lufthülle gebunden; auto'gen
anagramme [anagRam] *f* Ana'gramm *n*
anal [anal] *adj* ⟨-aux⟩ **1.** ANAT a'nal; After...; **2.** PSYCH *stade ~* anale Phase
analeptique [analɛptik] *m* PHARM Anregungsmittel *n*; sc Ana'leptikum *n*
analgésique [analʒezik] PHARM **I** *adj* schmerzstillend; **II** *m* schmerzstillendes Mittel; sc Anal'getikum *n*
anallergique [analɛRʒik] *adj* MÉD keine Aller'gie her'vorrufend
analogie [analɔʒi] *f* Analo'gie *f* (*a* LING, MATH, BIOL), Ähnlichkeit *f*, Über'einstimmung *f*, Entsprechung *f* (*entre* zwischen +*dat*); *loc/adv: par ~* sinngemäß; entsprechend; auto'gen; *en raisonnant par ~* durch Analogieschluß; *par ~ avec* in Analogie zu
analogique [analɔʒik] *adj* **1.** ana'log (*a* INFORM); Ana'log...; Analo'gie...; *LING dictionnaire m ~* Wörterbuch *n* der formal und begrifflich zusammengehörigen Wörter
analogue [analɔg] **I** *adj* ana'log; ähnlich (*à* wie); entsprechend (+*dat*); *mot de sens ~* sinnverwandt; *être ~ à qc* a e-r Sache (*dat*) entsprechen, ähneln; **II** *m* Entsprechung *f*
analphabète [analfabɛt] **I** *adj* analpha-'betisch; **II** *m,f* Analpha'bet(in) *m(f)*
analphabétisme [analfabetism] *m* Analpha'betentum *n*; Analphabe'tismus *m*
analyse [analiz] *f* **1.** Ana'lyse *f* (*a* CHIM, PHILOS, ÉCON etc); MATH A'nalysis *f*; PSYCH *a* Psychoanalyse *f*; GR a Zerlegung *f*; Zergliederung *f*; *d'une œuvre littéraire a* Werkanalyse *f*; *~ grammaticale* grammati(kali)sche Zergliederung *f*; *~ d'un texte* Textanalyse *f*; *loc/adv en dernière ~* letztlich; letzten Endes; schließlich; PSYCH *personne être en cours d'~* in psychoanalytischer, -therapeutischer Behandlung sein; *faire l'~* ou *une ~ de qc* etw analy'sieren; **2.** *de l'eau, de l'air*, MÉD Unter'suchung *f*; *faire une ~ de sang* Blutunter'suchung *f*; *faire une ~ de sang* das Blut unter'suchen; **3.** TV Bildzerlegung *f*, (-)Abtastung *f*
analyser [analize] *v/t* **1.** analy'sieren (*a* PSYCH); GR *phrase a* zergliedern (*a sentiments*); zerlegen; PSYCH *se faire ~* sich psychoanalytisch, -therapeutisch behandeln lassen; **2.** *eau, sang, urines etc* unter'suchen; **3.** TV *image* zerlegen; abtasten; **II** *v/pr s'~* sich (selbst) analy-'sieren
analyste [analist] *m,f* Ana'lytiker(in) *m(f)*; PSYCH (Psycho)Ana'lytiker(in) *m(f)*; FIN Ana'lyst(in) *m(f)*; *~ programmeur* Sy'stemanalytiker *m*
analytique [analitik] *adj* ana'lytisch; *esprit m ~* Ana'lytiker(in) *m(f)*; *géométrie f ~* analytische Geometrie *f*; LING *langues f/pl ~* analytische Sprachen *f/pl*
ananas [anana(s)] *m* Ananas *f*
anaphore [anafɔR] *f* RHÉT A'napher *f*
anar [anaR] *m,f* F *abr cf* **anarchiste**
anarch|ie [anaRʃi] *f* POL Anar'chie *f*; *fig a* an'archischer Zustand; Unordnung *f*; **~ique** *adj* an'archisch
anarch|isant [anaRʃizã] *adj* POL zum Anar'chismus ten'dierend; **~isme** *m* POL Anar'chismus *m*; **~iste** POL **I** *adj* anar'chistisch; **II** *m,f* Anar'chist(in) *m(f)*
anathème [anatɛm] *m* ÉGL CATH (Kirchen)Bann *m*; Bannfluch *m*; *frapper qn d'~* j-n mit dem (Kirchen)Bann belegen; den Bannfluch gegen j-n schleudern; *fig jeter l'~ sur qn, qc* j-n, etw in Grund und Boden verdammen
Anatole [anatɔl] *m* Vorname
Anatolie [anatɔli] *f* l'~ Ana'tolien *n*
anatomie [anatɔmi] *f* Anato'mie *f*; *pièce f d'~* ana'tomisches Präpa'rat; anatomische Nachbildung; *par ext personne avoir une belle ~* e-n schönen Körperbau haben; gut gebaut sein
anatomique [anatɔmik] *adj* ana'tomisch
ancestral [ãsɛstRal] *adj* ⟨-aux⟩ *coutume etc* alt(über'liefert)
ancêtre [ãsɛtR(ə)] *m, rarement f* **1.** Vorfahr(in) *m(f)*; *nos ~s m/pl* unsere Vorfahren, *st/s* Ahnen *m/pl*, (Vor)Väter *m/pl*, Voreltern *pl*; *galerie f des ~s* Ahnengalerie *f*; **2.** *fig personne, objet* Vorläufer *m*; **3.** (*vieillard*) Greis(in) *m(f)*
anche [ãʃ] *f* MUS Rohrblatt *n*; Zunge *f*; *instrument m à ~* Rohrblattinstrument *n*
anchois [ãʃwa] *m* ZO An'(s)chovis *f*; Sar'delle *f*; CUIS *beurre m, filet m d'~* Sardellenbutter *n*, -filet *n*
ancien [ãsjɛ̃] **I** *adj* ⟨~ne⟩ **1.** (*vieux*) alt; *meuble, bijou a* an'tik; *librairie ~ne* biblio'philes Antiquari'at; *logement ~* Altbauwohnung *f*; *l'~ Monde* die Alte Welt; *l'~ Testament* das Alte Testament; *loc/adv à l'~ne* nach ou in alter Art; wie in alter Zeit; CUIS *a* nach altem Rezept; *il est plus ~ que vous dans ce métier* er steht (schon) länger als Sie in diesem Beruf; er ist (schon) länger als Sie in diesem Beruf tätig; **2.** (*précédent*) ehemalig; frühere(r, -s); einstig; vormalig; gewesene(r, -s); *un ~ ami* ein ehemaliger, früherer, einstiger Freund; *l'~ propriétaire* der frühere, vormalige Besitzer; **3.** (*opposé à moderne*) alt; LING *le grec ~* das Altgriechische; Altgriechisch *n*; *l'~ne Grèce* das alte Griechenland; *histoire ~ne* Alte Geschichte; Geschichte des Altertums; F *fig c'est de l'histoire ~ne* F das war einmal; das ist Schnee von gestern; *langues ~nes* alte Sprachen *f/pl*; *les temps ~s* die alten Zeiten; die alte Zeit; *dans l'~ temps* in alter Zeit; *cf a régime[1]* I.; **II** *m* **1.** *les ~s pl d'un village, d'une tribu* die Ältesten *m/pl*; die Alten *m/pl*; **2.** *les ~s pl d'une grande école* die Ehemaligen *m/pl*; die ehemaligen Schüler *m/pl*; MIL *d'un régiment m/pl*; **3.** *les ~s pl* a) *peuples* die Völker *n/pl* der An'tike; b) *auteurs* die an'tiken Schriftsteller *m/pl*; **4.** *l'~* das An'tike, Alte
anciennement [ãsjɛnmã] *adv* früher; einst; ehemals; vormals; *maison Durand, ~ (abr **ancienn.**) Dupont* vormals (*abr* vorm.) Dupont

ancienneté [ãsjɛnte] f **1.** d'un monument etc (hohes) Alter; **2.** d'un fonctionnaire Dienstalter n; d'un employé Dauer f der Betriebszugehörigkeit; dans un métier Anzahl f der Berufsjahre; avancement à l'~ nach dem Dienstalter, Ancienni'tätsprinzip; **avoir vingt ans d'~** ein Dienstalter, e-e Betriebszugehörigkeit von zwanzig Jahren haben
ancillaire [ãsilɛʀ] adj st/s **amours** f/pl **~s** Liebschaften f/pl mit Mägden, Dienerinnen
ancolie [ãkɔli] f BOT Ake'lei f
Ancône [ãkon] An'cona n
ancrage [ãkʀaʒ] m TECH Verankerung f (a fig)
ancre [ãkʀ(ə)] f **1.** MAR Anker m; **jeter, mouiller l'~** den Anker auswerfen; Anker werfen; vor Anker gehen; ankern; **lever l'~** a) den Anker lichten; b) F (partir) F sich verziehen; **bateau être à l'~** vor Anker liegen; ankern; **2.** CONSTR, d'une horloge Anker m
ancrer [ãkʀe] I v/t **1.** bateau être ancré vor Anker liegen; ankern; **2.** TECH verankern; **3.** fig idée, sentiment être ancré dans le cœur, dans l'esprit de qn tief in j-m verankert, eingewurzelt sein; sich in j-m festgesetzt, eingenistet haben; II v/pr idée etc **s'~** sich festsetzen, einnisten
andalou [ãdalu] I adj (-ouse [-uz]) anda'lusisch; II subst 2(se) m(f) Anda'lusier(in) m(f)
Andalousie [ãdaluzi] l'~ f Anda'lusien n
andante [ãdãt] MUS I adv an'dante; II m An'dante n
Andes [ãd] les ~ f/pl die Anden pl
andin [ãdɛ̃] adj der Anden; Anden...
andorran [ãdɔʀã] I adj andor'ranisch; II subst 2(e) m(f) Andor'raner(in) m(f)
Andorre [ãdɔʀ] l'~ f An'dorra n
andouille [ãduj] f **1.** CUIS Kal'daunen-, Kuttelwurst f; **2.** F fig (espèce d')~ Dummkopf m; F Blödmann m; Blödian m; Hornochs(e) m
andouiller [ãduje] m des bois de cerf Ende n; Sprosse f
andouillette [ãdujɛt] f CUIS Kal'daunen-, Kuttelbratwurst f
André [ãdʀe] m An'dreas m
Andrée [ãdʀe] f An'drea f
androgène [ãdʀɔʒɛn] adj BIOL hormone f ~ ou adj ~ m Andro'gen n
androgyne [ãdʀɔʒin] BIOL I adj sc andro'gyn; II m Zwitter m
Andromaque [ãdʀɔmak] f MYTH An'dromache f
âne [ɑn] m **1.** ZO Esel m; panneau routier **dos m d'~** Bodenwelle f; Querrine f; transporter qc **à dos d'~** auf Eseln; loc/adj **en dos d'~** stark gewölbt; mit hoher Wölbung; **têtu comme un ~** störrisch wie ein Esel; F fig **il y a plus d'un ~ à la foire qui s'appelle Martin** es gibt viele Leute, die Meier ou Schulze etc heißen; personne être comme l'~ **de Buridan** sich zu keinem Entschluß 'durchringen können; **2.** fig Esel m; Dummkopf m; F Rindvieh n; **~ bâté** F Qua'dratesel m; Riesenkamel n; 'Vollidiot m; **bonnet m d'~** Eselskappe f (, die schlechte Schüler zur Strafe tragen mußten); **faire l'~ pour avoir du son** sich dumm stellen, um etwas zu erfahren
anéantir [aneãtiʀ] I v/t **1.** (détruire) vernichten; armée a völlig aufreiben; espoirs a zerstören; zu'nichte, zu'schanden machen; **2.** nouvelle, catastrophe ~ qn j-n niederschmettern, tief bestürzen, erschüttern, F völlig am Boden zerstören (a gros effort); **je suis anéanti** a ich bin wie vor den Kopf geschlagen; II v/pr **s'~** espoirs zu'nichte, zu'schanden werden; sich zerschlagen
anéantissement [aneãtismã] m **1.** Vernichtung f; d'espoirs a Zerstörung f; Zu'nichtewerden n; **2.** (fatigue) Erschöpfung f
anecdot|e [anɛkdɔt] f **1.** Anek'dote f; **2.** par ext **l'~** die Nebensächlichkeiten f/pl; das Unwesentliche n; **~ique** adj anek'dotisch; anek'dotenhaft
anémie [anemi] f MÉD Blutarmut f; sc Anä'mie f
anémier [anemje] v/t ~ qn bei j-m zu Blutarmut führen
anémique [anemik] adj **1.** MÉD blutarm; an'ämisch; **2.** plante kümmerlich, F mick(e)rig; fig style blaß; kraftlos
anémomètre [anemɔmɛtʀ(ə)] m Anemo'meter n; Windmesser m
anémone [anemɔn] f **1.** BOT Ane'mone f; **~ des bois** Buschwindröschen n; **2.** ZO **~ de mer** Seeanemone f; Ak'tinie f
ânerie [ɑnʀi] f ZO Eselin f, Torheit f; F Ese'lei f; **dire des ~s** dummes Zeug, F Quatsch reden; **faire une ~** e-e Dummheit, Eselei begehen, machen
ânesse [ɑnɛs] f ZO Eselin f; Eselstute f; **lait m d'~** Eselsmilch f
anesthésie [anɛstezi] f **1.** MÉD Anäs'the'sie f; **~ générale** ('Voll)Nar'kose f; **~ locale** örtliche Betäubung; Lo'kalanästhesie f; **sous ~** in Narkose; **2.** fig d'émotions Betäubung f; Ausschaltung f
anesthésier [anɛstezje] v/t **1.** MÉD betäuben, anästhe'sieren (à mit); **2.** fig einschläfern; betäuben; ausschalten
anesthés|ique [anɛstezik] MÉD I adj den Schmerz ausschaltend; anäs'thetisch; II m Anäs'thetikum n; **~iste** m,f Nar'kosearzt, -ärztin m,f
aneth [anɛt] m BOT Dill m
anévrisme [anevʀism(ə)] m MÉD Erweiterung f e-r Ar'terie; sc Aneu'rysma n
anfractuosité [ãfʀaktɥozite] f Spalte f; Riß m; Vertiefung f; Kluft f
ange [ãʒ] m Engel m (a fig); **~ gardien** Schutzengel m (a fig); terme affectueux **mon ~** mein Engel(chen); fig **patience f d'~** Engelsgeduld f; himmlische Geduld; F Lammsgeduld f; **enfant beau comme un ~** schön wie ein Engel; st/s engelschön; loc/adv **comme un ~** wunderbar; herrlich; himmlisch; st/s engelgleich; fig: **vous seriez un ~ si ...** es wäre sehr lieb von Ihnen, wenn ...; **c'est un ~ de bonté** er ou sie besitzt e-e engelhafte Güte; **être le bon, mauvais ~ de qn** j-s guter Engel, guter, böser Geist sein; **être aux ~s** im siebenten Himmel sein; silence soudain **un ~ passe** ein Engel geht durchs Zimmer; **bébé rire aux ~s** vor sich hin lachen, strahlen
Angèle [ãʒɛl] f Angela f
angélique [ãʒelik] I adj **1.** REL der Engel; Engel...; **2.** fig bonté etc engelhaft; voix engelgleich; sourire a himmlisch; II f **1.** BOT Engelwurz f; An'gelika f; **2.** confiserie kan'dierter Engelwurzstengel
Angélique [ãʒelik] f An'gelika f
angelot [ãʒlo] m Engelchen n
angélus [ãʒelys] m **a)** prière Angelus m; **b)** son de cloche Angelus(läuten) m(n)
Angers [ãʒe] Stadt im Dep. Maine-et-Loire
angevin [ãʒvɛ̃] adj (et subst 2 Bewohner) von Angers ou von Anjou
angine [ãʒin] f MÉD **a)** An'gina f; Hals-, Rachen-, Mandelentzündung f; **b)** **~ de poitrine** An'gina pectoris f
angiome [ãʒjom] m MÉD Blutschwamm m; sc Angi'om n
angiospermes [ãʒjɔspɛʀm] f/pl BOT Bedecktsamer m/pl; sc Angio'spermen pl
anglais [ãglɛ] I adj **1.** englisch; **2.** CUIS à l'~e (in [Salz]Wasser) gekocht; **pommes f/pl (de terre) à l'~e** Salzkartoffeln f/pl; **3.** fig **filer à l'~e** F sich auf französisch empfehlen; französischer Abschied nehmen; II subst **1.** 2(e) m(f) Engländer(in) m(f); **2.** LING l'~ das Englische; Englisch n; **3.** **boucles ~es** f/pl F Korkenzieher-, Ringellocken f/pl; **4.** écriture **~e** f kur'sive Schreibschrift
angle [ãgl(ə)] m **1.** (coin) Ecke f; d'une pièce a Winkel m; **~ de la maison, de la rue** Haus-, Straßenecke f; fig personne **arrondir les ~s** die Gegensätze ausgleichen; ausgleichend wirken; **rue faire, former un ~** e-n rechten Winkel bilden; **la maison qui fait l'~** das Eckhaus; **jardin faire (l')~ avec la rue** an der Straßenecke liegen; **2.** GÉOMÉTRIE Winkel m; **~ aigu, droit** spitzer, rechter Winkel; OPT **objectif m grand ~** Weitwinkelobjektiv n; OPT **~ de réflexion, de réfraction** Reflexi'ons-, Brechungswinkel m; **~ de tir** Schußwinkel m; **3.** loc/adv **(vu) sous cet ~** unter diesem Gesichts- ou Blickwinkel; so gesehen; **vu sous un certain ~** aus e-m bestimmten Blickwinkel betrachtet; in gewisser Hinsicht
Angleterre [ãglətɛʀ] l'~ f England n
anglican [ãglikã] REL I adj angli'kanisch; **l'Eglise ~e** die anglikanische Kirche; II subst **~(e)** m(f) Angli'kaner(in) m(f)
anglicanisme [ãglikanism(ə)] m REL Anglika'nismus m
Angliche [ãgliʃ] F m,f Engländer(in) m(f)
anglic|iser [ãglisize] v/t nom etc angli-'sieren; mode de vie etc e-n englischen Anstrich geben (+dat); **~isme** m LING Angli'zismus m; englische Spracheigentümlichkeit; **~iste** m,f An'glist(in) m(f)
anglo-... [ãglo] adj englisch-...; anglo-...; exemples: **anglo-américain** anglo-amerikanisch; **anglo-russe** englisch-russisch
anglomanie [ãglɔmani] f Angloma'nie f
anglo-normand [ãglɔnɔʀmã] adj HIST anglonor'mannisch; GÉOGR **îles Anglo-Normandes** Ka'nalinseln f/pl; Nor'mannische Inseln f/pl; II m LING l'~ das Anglonor'mannische; Anglonor'mannisch n
anglophil|e [ãglɔfil] I adj englandfreundlich; anglo'phil; II m,f Freund (-in) m(f) der Engländer, alles Engli-

schen; **~ie** f Englandfreundlichkeit f; Anglophi'lie f
anglophob|e [ɑ̃glɔfɔb] **I** adj allem Englischen abgeneigt; anglo'phob; **II** m,f Feind(in) m(f) der Engländer, alles Englischen; **~ie** f Abneigung f gegen die Engländer, gegen alles Englische; Anglopho'bie f
anglophone [ɑ̃glɔfɔn] adj englischsprechend, -sprachig; anglo'phon
anglo-saxon [ɑ̃glɔsaksɔ̃] **I** adj ⟨~ne⟩ angelsächsisch; **II** subst **Anglo-Saxons** m/pl Angelsachsen m/pl
angoissant [ɑgwasɑ̃] adj beängstigend; äußerst beunruhigend; beklemmend
angoisse [ɑ̃gwas] f Angst(gefühl) f(n); Bangigkeit f; Beklemmung f; PHILOS (Lebens-, Welt)Angst f; **~ de la mort, devant la mort** Todesangst f; **cri m d'~** Angstschrei m; **une nuit d'~** e-e bange Nacht
angoissé [ɑ̃gwase] adj regard, cri ängstlich; angstvoll; angsterfüllt; attente bang(e); beklemmend; personne être **~** Angst haben; von Angst erfüllt sein; sich ängstigen; verängstigt sein
angoisser [ɑ̃gwase] **I** v/t **~ qn** j-n ängstigen; j-n in Angst versetzen; j-m Angst einjagen, einflößen; j-m angst (und bange) machen; **II** v/pr **s'~** sich ängstigen
Angola [ɑ̃gɔla] l'**~** m An'gola n
angolais [ɑ̃gɔlɛ] **I** adj ango'lanisch; **II** subst 2̲(̲e̲)̲ m(f) Ango'laner(in) m(f)
angora [ɑ̃gɔʀa] adj An'gora...; **chat** m, **lapin** m **~** Angorakatze f, -kaninchen n; **laine** f **~** ou subst **~** m Angorawolle f; **en ~** aus Angorawolle
anguille [ɑ̃gij] f ZO Aal m; **~ électrique** Zitteraal m; CUIS **~ fumée** Räucher-, Spickaal m; fig **il y a ~ sous roche** da steckt (doch) etwas da'hinter; personne **glisser, filer entre les doigts comme une ~** entschlüpfen wie ein Aal
angulaire [ɑ̃gylɛʀ] adj **1.** Eck...; CONSTR et fig **pierre** f **~** Eckstein m; **2.** PHYS Winkel...
anguleux [ɑ̃gylø] adj ⟨-euse⟩ visage, traits eckig (a écriture); kantig
anhydride [anidʀid] m CHIM Anhy'drid n
anicroche [anikʀɔʃ] f (kleine) Schwierigkeit; (kleine) Unannehmlichkeit; se dérouler etc **sans ~** reibungslos; ganz glatt; ohne Zwischenfälle
aniline [anilin] f CHIM Ani'lin n; **bleu** m **d'~** Anilinblau n
animal [animal] ⟨m/pl -aux⟩ **I** m **1.** Tier n; **~ domestique** Haustier n; **animaux de boucherie** Schlachtvieh n; **animaux de laboratoire** Versuchstiere n/pl; **2.** fig et péj **cet ~-là** F dieser blöde Kerl; diese blöde Per'son; **II** adj **1.** tierisch; ani'malisch (a pulsions, instincts humains); Tier...; der Tiere; **chaleur ~e** tierische, animalische Wärme; **règne ~** Tierreich n; **2.** confiance etc in'stink'tiv
animalier [animalje] m **~** ou adjt **peintre** m **~** Tiermaler m
animalité [animalite] f tierisches Wesen; Animali'tät f
anima|teur [animatœʀ] m, **~trice** f **1.** en société Stimmungsmacher(in) m(f); F Stimmungskanone f; Betriebsnudel f; d'un projet Triebfeder f, -kraft f; Mo-

tor m; **2.** (**~** de métier) d'un spectacle Conférenci'er m; Unter'halter(in) m(f); RAD, TV Quizmaster m; Showmaster m; Spielleiter(in) m(f); d'un débat Diskussi'ons-, Gesprächsleiter(in) m(f); de groupes de vacanciers Anima'teur m; d'une maison de jeunes etc Freizeitpädagoge, -pädagogin m,f; COMM **animateur de produits** Pro'duktmanager [-mɛnɪdʒəʀ] m; **animateur** m **des ventes** Vertriebsleiter m; **3.** m CIN Filmtechniker, der Animati'onsfilme reali'siert
animation [animasjɔ̃] f **1.** dans la rue, en ville etc reges Leben und Treiben; reger Betrieb; Belebtheit f; de la discussion, du visage Lebhaftigkeit f; Le'bendigkeit f; discuter **avec ~** lebhaft; COMM marché **manquer d'~** lustlos sein; personne **mettre de l'~ dans la réunion** Leben in die Versammlung bringen; **2.** socio-culturelle Freizeitgestaltung f; Animati'on f; **3.** CIN Animati'on f; Puppen- und Zeichentrickfilmtechnik f; **cinéma** m, **film** m **d'~** Animati'onsfilm m; Puppenfilm m; Zeichentrickfilm m
animé [anime] adj **1.** rue, ville, quartier belebt; betriebsam; discussion, visage lebhaft; le'bendig; discussion a rege; angeregt; combat heftig; **2. dessin ~(s)** Zeichentrickfilm m; **3.** (vivant) lebend; belebt; **être m ~** Lebewesen n
animer [anime] **I** v/t **1.** conversation, récit, entreprise beleben (a visage); Leben bringen in (+acc); le'bendig gestalten; **2.** sentiment **~ qn** j-n beseelen, erfüllen; p/p **être animé du désir de** (+inf) von dem Wunsch beseelt, erfüllt sein zu (+inf); **3.** nature beleben; beseelen; artiste: œuvre Leben einhauchen, verleihen (+dat); mit Leben erfüllen; zum Leben erwecken; **4.** jeu télévisé, débat leiten; **présentateur ~ le spectacle** durch die Veranstaltung führen; die Confé'rence haben, machen; **II** v/pr **s'~ 5.** rue, regard, visage sich beleben; conversation lebhaft, le'bendig, rege, angeregt werden; **6.** (se mettre à vivre) sich beleben; le'bendig werden
anim|isme [animism(ə)] m REL Ani'mismus m; **~iste I** adj ani'mistisch; **II** m,f Ani'mist(in) m(f)
animosité [animozite] f Animosi'tät f, Feindseligkeit f (**envers qn** gegenüber j-m)
anis [ani(s)] m BOT A'nis ou 'Anis m; **~ étoilé** Sternanis m
anis|er [anize] v/t mit Anis würzen; **~ette** f Anislikör m; Ani'sette m
Anjou [ɑ̃ʒu] l'**~** m Anjou n
ankylose [ɑ̃kiloz] f MÉD Gelenkversteifung f; sc Anky'lose f
ankyloser [ɑ̃kiloze] **I** v/t membre, articulation steif werden lassen; adjt **ankylosé** steif; MÉD versteift; **je suis tout ankylosé** ich bin ganz steif (geworden); **II** v/pr **s'~** steif werden
annales [anal] f/pl An'nalen pl; par ext **dans les ~ du crime** in den Annalen des Verbrechens
Annam [anam] l'**~** m Annam n
Anne [an] f Anna f Vorname
anneau [ano] m ⟨pl **~x**⟩ **1.** Ring m; de clé **~** a Schlüsselring m; d'une chaîne a (Ketten)Glied m; Kettenring m; des vers, mille-pattes etc ringförmiges Seg-

'ment; (Körper)Glied n; d'un arbre Jahresring m; des champignons Ringkragen m; MATH Ring m; des ciseaux **~x** pl Griffe m/pl; **~ nasal** Nasenring m; **~ de rideau** Gar'dinenring m; ASTR **~ de Saturne** Sa'turnring m; SPORTS **~ de vitesse** Eisschnellaufbahn f; **2.** au doigt (Finger)Ring m; poét Reif m; **~ épiscopal, pastoral** Bischofsring m; st/s **~ nuptial** Ehe-, Trauring m; **3.** SPORTS **~x** pl Ringe m/pl
année [ane] f Jahr n; d'une personne a Lebensjahr n; du vin Jahrgang m; **~s actives, d'activité** Berufs-, Dienst-, Tätigkeitsjahre n/pl; **bonne ~!** ein gutes neues Jahr!; viel Glück zum neuen Jahr!; prosit Neujahr!; **avant la fin de l'année a** F guten Rutsch (ins neue Jahr)!; **l'~ dernière, passée, précédente, prochaine** cf dernier etc; **les ~s folles** die goldenen zwanziger Jahre; die Roaring Twenties ['rɔːrɪŋ-] pl; **~ scolaire** Schuljahr n; **~ universitaire** Studienjahr n; akademisches Jahr; **les ~s vingt, trente** etc die zwanziger, dreißiger etc Jahre; **~s d'école** Schulzeit f; **~s de service** Dienstjahre n/pl; loc/adj **étudiant** m **de première ~** Student m im ersten und zweiten Semester; loc/adv **cette ~** dieses Jahr; in diesem Jahr; **chaque ~** jedes Jahr; **les ~s** für Jahr; jahr'aus, jahr'ein; **dans les ~s à venir** in den kommenden Jahren; **d'~ en ~** von Jahr zu Jahr; **d'une ~ à l'autre** von e-m Jahr zum ander(e)n; **depuis des ~s** seit Jahren; jahrelang; **il y a bien des ~s que ...** es sind schon viele Jahre her, daß ...; **devoir deux ~s de loyer** die Miete von zwei Jahren schulden; **entrer dans sa soixantième ~** ins sechzigste Lebensjahr kommen; in sein sechzigstes Lebensjahr treten; **être dans sa vingtième ~** im zwanzigsten Lebensjahr stehen; **cela fait des ~s que je ne l'ai pas vu** ich habe ihn seit Jahren nicht mehr gesehen
année-lumière [anelymjɛʀ] f ⟨pl années-lumière⟩ ASTR Lichtjahr n
annelé [anle] adj Ring...
annélides [anelid] m/pl ZO Ringelwürmer m/pl
annexe [anɛks] f **1.** bâtiment Nebengebäude n; d'un hôtel Depen'dance f; **2.** d'un dossier etc pl ou adjt **pièces** f/pl **~s** Anlagen f/pl; d'un essai Anhang m; Ex'kurs m
annexer [anɛkse] v/t **1.** POL territoire an'nek'tieren; sich einverleiben; **2.** document, attestation etc beifügen, beilegen (à dat)
annexion [anɛksjɔ̃] f POL Annexi'on f; Annek'tierung f; Einverleibung f; Angliederung f, Anschluß m (**à la France** an Frankreich)
Annick [anik] f Vorname
annihilation [aniilasjɔ̃] f **1.** des efforts etc Zu'nichtemachung f; **2.** PHYS NUCL Annihilati'on f
annihiler [aniile] v/t espoir, succès, efforts zu'nichte machen; espoir a zerstören; résistance brechen
anniversaire [anivɛʀsɛʀ] **I** m **1.** Geburtstag m; **bon ~!** ich gratuliere dir ou Ihnen (herzlich) zum Geburtstag!; herzlichen Glückwunsch, alles Gute zum Geburtstag!; **aujourd'hui, c'est son ~** er hat heute Geburtstag; heute

annonce – antérieur 48

ist sein Geburtstag; **2.** ~ *ou adjt* **jour** *m* ~ Jahres-, Gedenktag *m*; ~ **de l'armistice** Waffenstillstandstag *m*; **l'~ de leur mariage** ihr Hochzeitstag *m*; **célébrer le vingtième ~ de la mort de ...** die zwanzigste 'Wiederkehr des Todestages von ... feierlich begehen; **II** *adj* Gedenk...; **cérémonie** *f* **~** Gedenkfeier *f*
annonce [anɔ̃s] *f* **1.** Ankündigung *f*; Mitteilung *f*; RAD, TV, PRESSE Meldung *f*; Bekanntgabe *f*, -machung *f*; RAD *a* Ansage *f*; **faire une ~** (dem Publikum) e-e Mitteilung machen, etwas bekanntgeben; **2.** *dans un journal* (Zeitungs-)An'nonce *f*; Anzeige *f*; Inse'rat *n*; **petite ~** Kleinanzeige *f*; *rubrique* **petites ~s** Anzeigenteil *m*; ~ **publicitaire** Werbe-, Geschäftsanzeige *f*; **(faire) insérer, mettre, faire passer une ~ dans un journal** e-e Annonce, e-e Anzeige, ein Inserat aufgeben, in e-e Zeitung setzen; in e-r Zeitung inse'rieren; annon'cieren; **3.** *(indice)* An-, Vorzeichen *n* (*de qc* für etw *ou* e-r Sache [*gén*]); **4.** BRIDGE Bieten *n*
annoncer [anɔ̃se] ⟨-ç-⟩ **I** *v/t* **1.** ankünd(ig)en; mitteilen; RAD, TV, PRESSE melden; bekanntgeben, -machen; RAD *a* ansagen; *nouvelle* verkünden; *prophète* ~ *qc* etw verkündigen, vor'her-, vor'aussagen; ~ **l'arrivée du train** die Ankunft des Zuges melden, bekanntgeben, ankündigen; *la radio a* **annoncé de la pluie pour demain** hat für morgen Regen angesagt; *cette fleur* **annonce le printemps** ist ein Vorbote des Frühlings; ~ *sa visite pour vendredi* s-n Besuch für Freitag ankündigen; sich für Freitag ansagen; **2.** *un visiteur* melden; **se faire ~** sich melden lassen; **3.** *symptôme, gêne etc* ~ *qc* ein (An)Zeichen für etw sein; auf etw (*acc*) hindeuten, schließen lassen; *ces nuages noirs* **annoncent la pluie** deuten auf Regen hin; **4.** BRIDGE bieten; **II** *v/pr* **5.** *voyage, saison etc* **s'~ bien,** *mal* gut, schlecht anfangen, beginnen; sich gut, schlecht anlassen; *ça s'annonce plutôt mal iron* das fängt ja gut an; **6.** *crise etc* **s'~ de toutes parts** sich überall abzeichnen, ankünd(ig)en
annonceur [anɔ̃sœʀ] *m* **a)** PRESSE Inse'rent *m*; **b)** RAD, TV Auftraggeber *m* e-r Werbesendung
annonciateur [anɔ̃sjatœʀ] *adj* ⟨-trice⟩ *st/s* ankündigend (*de qc* etw); **signes ~s de la tempête** Vorzeichen *n/pl*, Vorboten *m/pl* des Sturmes
Annonciation [anɔ̃sjasjɔ̃] *f* **l'~ a)** REL Ma'riä Verkündigung *f*; **b)** PEINT die Verkündigung Ma'riä
annotation [anɔtasjɔ̃] *f d'un texte* (kritische) Anmerkung *f*; ~ **(portée) en marge** Randbemerkung *f*
annoter [anɔte] *v/t texte* mit (kritischen) Anmerkungen versehen
annuaire [anɥɛʀ] *m* **1.** Jahrbuch *n*; **2.** ~ **du téléphone** Tele'fonbuch *n*; Fernsprechbuch *n*
annuel [anɥɛl] *adj* ⟨-le⟩ **1.** (all)jährlich; jährlich 'wiederkehrend; Jahres...; **revenu ~** jährliches Einkommen; Jahreseinkommen *n*; **plante ~** einjährig
annuellement [anɥɛlmɑ̃] *adv* (all)jährlich

annuité [anɥite] *f* **1.** *pour une dette* Jahreszahlung *f*, -rate *f*; Annui'tät *f*; **2.** *(année de service)* ruhegehaltfähiges Dienstjahr
annulaire [anylɛʀ] **I** *adj* ringförmig; Ring...; **II** *m* Ringfinger *m*
annulation [anylasjɔ̃] *f* JUR Annul'lierung *f*; Nichtigkeits-, Ungültigkeitserklärung *f*; *d'un jugement, mariage a* Aufhebung *f*; *d'une loi a* Kraftloserklärung *f*; *d'un ordre* Zu'rücknahme *f*; 'Widerruf *m*; *d'une commande, réservation* Annul'lierung *f*; Rückgängigmachung *f*; (Zu)Rücknahme *f*; COMM Stor'nierung *f*; Storno *m ou n*; *d'un rendez-vous* Absage *f*; ~ **d'une commande** *a* Abbestellung *f*
annuler [anyle] **I** *v/t* JUR annul'lieren; für nichtig, für ungültig erklären; *jugement, mariage a* aufheben; *ordre* zu'rücknehmen; wider'rufen; *commande, réservation* annul'lieren; rückängig machen; zu'rücknehmen, -ziehen; COMM stor'nieren; *rendez-vous* absagen; **II** *v/pr forces etc* **s'~** sich (gegenseitig) aufheben
anobl|ir [anɔbliʀ] *v/t* adeln; in den Adelsstand erheben; **~issement** *m* Adelung *f*; Erhebung *f* in den Adelsstand
anode [anɔd] *f* PHYS An'ode *f*
anodin [anɔdɛ̃] *adj* harmlos; ungefährlich; *remède a* unschädlich; *propos, personnage a* nichtssagend; unbedeutend
anomalie [anɔmali] *f* **1.** *(bizarrerie)* Abnormi'tät *f*; Anoma'lie *f*; Ungewöhnlichkeit *f*; Anormale(s) *n*; Unnormale(s) *n*; **2.** BIOL, LING etc Anoma'lie *f*; Regelwidrigkeit *f*
ânon [anɔ̃] *m* kleiner, junger Esel; Eselsfüllen *n*
ânonn|ement [anɔnmɑ̃] *m* stockendes, stotterndes Her-, Aufsagen *ou* Lesen; *péj* Gestotter *n*; Gestammel *n*; **~er** *v/t et v/i* stockend, stotternd her-, aufsagen *ou* lesen; stockend sprechen
anonymat [anɔnima] *m* Anonymi'tät *f*; **garder l'~** die Anonymität wahren; anonym, ungenannt bleiben
anonyme [anɔnim] *adj* **1.** *lettre, don, auteur* ano'nym; *auteur, peintre a* unbekannt; *victimes* namenlos; ungenannt; **auteur m, donateur** *m etc* **~ a** A'nonymus *m*; **la foule ~** namenlose Menge; **société** *f* **~** *(abr S.A.)* Aktiengesellschaft *f* *(abr AG)*; **2.** *(impersonnel) meubles etc* unpersönlich; neu'tral; konventio'nell
anorak [anɔʀak] *m* Anorak *m*
anorexie [anɔʀɛksi] *f* MÉD Magersucht *f*; *sc* Anore'xie *f*
anormal [anɔʀmal] ⟨*m/pl* -aux⟩ **I** *adj* **1.** anormal, anomal; ab'norm; unnormal; nicht nor'mal; ungewöhnlich; **il est ~ que ...** (+*subj*) es ist doch unnormal, daß ...; **2.** mentalement (geistig) anomal; geistesgestört; **II** *subst* **~(e)** *m(f)* Geistesgestörte(r) *f(m)*
anormalement [anɔʀmalmɑ̃] *adv* température **~ bas** ab'norm niedrig; **~ gai** ungewöhnlich fröhlich
Anouilh [anuj] *frz* Dramatiker
A.N.P.E. [aɛnpeə] *f abr (Agence nationale pour l'emploi)* Arbeitsamt *n*; *correspond à* Bundesanstalt *f* für Arbeit
anse [ɑ̃s] *f* **1.** *d'une tasse etc* Henkel *m*; *fig* **faire danser l'~ du panier** zuviel

(Geld) ausgeben; **2.** *(petite baie)* kleine seichte Bucht
antagonique [ɑ̃tagɔnik] *adj cf* **antagoniste** *I*
antagon|isme [ɑ̃tagɔnism(ə)] *m* Antago'nismus *m* (*a* BIOL); Gegensatz *m*; Gegnerschaft *f*; 'Widerstreit *m*; **~iste I** *adj* antago'nistisch; gegensätzlich; 'widerstreitend; **II** *m,f* Antago'nist(in) *m(f)*; Gegner(in) *m(f)*; 'Widersacher(-in) *m(f)*
antalgique [ɑ̃talʒik] *adj* PHARM schmerzlindernd, -stillend
antan [ɑ̃tɑ̃] *loc/adj litt* **d'~** einstige(r, -s); aus vergangener Zeit
antarctique [ɑ̃taʀktik] **I** *adj* ant'arktisch; der Ant'arktis; des Südpolargebietes; **océan (Glacial) ~** Südpolarmeer *n*; Südliches Eismeer; **II** *subst* **l'~** *m* die Ant'arktis
antécédent [ɑ̃tesedɑ̃] *m* **1.** **~s** *pl d'une personne* Vorleben *n*; Vergangenheit *f*; *d'un événement* Vorgeschichte *f*; **2.** GR *du relatif* Beziehungswort *n*; **3.** LOGIQUE Ante'zedens *n*; Vordersatz *m*; **4.** MÉD **~s** *pl* Vorgeschichte *f*; Ana'mnese *f*
Antéchrist [ɑ̃tekʀist] *m* REL Antichrist *m*
antédiluvien [ɑ̃tedilyvjɛ̃] *adj* ⟨~ne⟩ F *fig* vorsintflutlich
antenne [ɑ̃tɛn] *f* **1.** RAD, TV, TÉLÉCOMM An'tenne *f*; ~ **collective** Gemeinschaftsantenne *f*; ~ **extérieure, intérieure** Außen- *ou* Hoch-, Innen- *ou* Zimmerantenne *f*; ~ **de télévision** Fernsehantenne *f*; **2.** RAD, TV *(émission)* Senden *n*, -ung *f*; Sendezeit *f*; *de candidats aux élections* **droit** *m* **d'~** Recht *n*, Anspruch *m* auf (e-e bestimmte) Sendezeit; **heures** *f/pl* **d'~** Sendezeit *f*; **déclarer 'hors ~** außerhalb der Sendung; **journaliste interdit d'~** mit Sendeverbot; **je donne, passe l'~ à notre reporter à X** ich über'gebe an unseren Reporter in X; **l'~ est à vous** Sie haben das Wort; **personne être à** *ou* **sur l'~, passer à l'~** auf Sendung sein; **rendre l'~ à Paris, au studio** nach Paris, zum Funkhaus zurückgeben; **3.** *jusqu'en 1992* **Antenne 2** Zweites Pro'gramm (des fran'zösischen Fernsehens); **4.** ZO Fühler *m*; An'tenne *f*; *fig personne* **avoir des ~s** den sechsten Sinn haben; e-e gute Spürnase haben; F e-e Antenne dafür haben; **avoir des ~s dans un ministère** *etc* über gute Nachrichtenquellen in e-m Ministerium *etc* verfügen; **5.** *d'une institution* Außenstelle *f*; **6.** *de la Croix-Rouge etc* Rettungsstation *f*
antépénultième [ɑ̃tepenyltjɛm] *f* LING Antepän'ultima *f*; drittletzte Silbe
antéposer [ɑ̃tepoze] *v/t* GR vor'anstellen
antérieur [ɑ̃teʀjœʀ] *adj* **1.** *(de devant)* vordere(r, -s); Vorder...; **membres ~s** Vorderbeine *n/pl*; **2.** *dans le temps* frühere(r, -s); **vie ~e** früheres, voriges Leben; **être ~ à qc** *événement* (zeitlich) vor etw (*dat*) liegen; sich vor etw (*dat*) ereignet haben; e-r Sache (*dat*) vor'hergehen; *édifice, style* älter sein als etw; **3.** GR **futur ~** zweites Fu'tur; Fu'turum ex'aktum *n*; voll'endete Zukunft; **passé ~** zweites Plusquamperfekt; **4.** PHON **voyelle ~e** Vorderzungenvokal *m*; pa'la'taler, heller Vokal

antérieurement [ɑ̃teʀjœʀmɑ̃] *adv* vorher; früher; **~ à** früher als; vor (+*dat*)
antériorité [ɑ̃teʀjɔʀite] *f* zeitliches Vor'angehen
anthère [ɑ̃tɛʀ] *f BOT* Staubbeutel *m*
anthologie [ɑ̃tɔlɔʒi] *f* Antholo'gie *f*; Blütenlese *f*
anthracite [ɑ̃tʀasit] *m* **1.** *charbon* Anthra'zit *m*; **2.** *adjt* (*gris*) **~** ⟨*inv*⟩ anthra'zit(farben, -farbig, -grau)
anthrax [ɑ̃tʀaks] *m MÉD* Kar'bunkel *m*
anthropocentr|ique [ɑ̃tʀɔpɔsɑ̃tʀik] *adj PHILOS* anthropo'zentrisch; **~isme** *m PHILOS* anthropo'zentrische Betrachtungsweise
anthropoïde [ɑ̃tʀɔpɔid] *adj ZO* menschenähnlich; *sc* anthropo'id; *singe m* **~** *ou subst* **~** *m* Menschenaffe *m*; *sc* Anthropo'id(e) *m*
anthropo|logie [ɑ̃tʀɔpɔlɔʒi] *f* Anthropolo'gie *f*; **~logique** *adj* anthropo'logisch; **~logiste** *m,f ou* **~logue** *m,f* Anthropo'loge, -'login *m,f*
anthropométr|ie [ɑ̃tʀɔpɔmetʀi] *f* **1.** *science* Anthropome'trie *f*; **2.** **~** (*judiciaire*) Erkennungsdienst *m*; **~ique** *adj JUR* erkennungsdienstlich; anthropo'metrisch
anthropomorphisme [ɑ̃tʀɔpɔmɔʀfism(ə)] *m* Anthropomor'phismus *m*; Vermenschlichung *f*
anthroponymie [ɑ̃tʀɔpɔnimi] *f LING* Per'sonennamenkunde *f*, -forschung *f*
anthropophag|e [ɑ̃tʀɔpɔfaʒ] **I** *adj* menschenfressend; **II** *m* Menschenfresser *m*; Kanni'bale *m*; *sc* Anthropo'phage *m*; **~ie** *f* Menschenfresse'rei *f*; Kanniba'lismus *m*; *sc* Anthropopha'gie *f*
anti... [ɑ̃ti] *préfixe* anti...; Anti...; gegen...; Gegen...; un...; ...gegner *m*; ...feindlich; *TECH, MÉD* ...dämpfend; ...hemmend; ...schutz *m*; *cf les articles suivants*
antiaérien [ɑ̃tiaeʀjɛ̃] *adj* ⟨**~**ne⟩ *MIL* Flugabwehr...; *abr* Flak...; *abri* **~** Luftschutzraum *m*, -keller *m*, -bunker *m*
antialcoolique [ɑ̃tialkɔlik] *adj ligue f* **~** Liga *f* zur Bekämpfung des Alkoholismus
antiaméricain [ɑ̃tiameʀikɛ̃] *adj* antiameri'kanisch; a'merikafeindlich
antiatomique [ɑ̃tiatɔmik] *adj* Strahlenschutz...; *abri* **~** A'tombunker *m*
antibiotique [ɑ̃tibjɔtik] *MÉD* **I** *adj* anti'bi'otisch; **II** *m* Antibi'otikum *n*; *être sous* **~***s* mit Antibiotika behandelt werden
antiblocage [ɑ̃tiblɔkaʒ] *adj AUTO système m* **~** Antibloc'kiersystem *n* (*abr* ABS)
antibrouillard [ɑ̃tibʀujaʀ] *adj* ⟨*f inv*⟩ *AUTO phare m* **~** *ou subst* **~** *m* Nebelscheinwerfer *m*
antibruit [ɑ̃tibʀɥi] *adj* ⟨*f inv*⟩ Lärmschutz...; Lärmbekämpfungs...; *mur m* **~** Lärmschutzwall *m*
anti|buée [ɑ̃tibɥe] *adj* Antibeschlag...; **~cancéreux** *adj* ⟨-euse⟩ *MÉD* Krebsbekämpfungs...; zur Krebsbekämpfung; **~capitaliste** *adj* antikapita'listisch
anticasseurs [ɑ̃tikasœʀ] *adj loi f* **~** Gesetz *n* gegen Cha'oten, Randa'lierer
antichambre [ɑ̃tiʃɑ̃bʀ(ə)] *f* Vorzimmer *n*; *faire* **~** im Vorzimmer warten; anticham'brieren
anti|char [ɑ̃tiʃaʀ] *adj* ⟨*f inv*⟩ *canon, fusée* Panzerabwehr...; *munitions* panzerbrechend; **~choc** *adj* ⟨*f inv*⟩ *montre* stoßfest, -sicher
anticipation [ɑ̃tisipasjɔ̃] *f* **1.** *par la pensée* (gedankliche) Vor'wegnahme, Vor'ausnahme; Vorgriff *m* (*de* auf +*acc*); Antizipati'on *f*; *littérature f d'*~ Science-fiction ['saɪənsfɪkʃən] *f*; *film m d'*~ Science-fiction-Film *m*; *roman m d'*~ u'topischer Roman; Zukunftsroman *m*; **2.** *COMM* vorzeitige Regelung, Erledigung; *loc/adv par* **~** vorzeitig; im voraus
anticipé [ɑ̃tisipe] *adj* vorzeitig; vorfristig; vorgezogen (*a élections*); *joie* **~**e Vorfreude *f*; *retraite* **~**e Vorruhestand *m*; *avec mes remerciements* **~**s mit (bestem) Dank im voraus
anticiper [ɑ̃tisipe] **I** *v/t paiement* vorzeitig, vorfristig, vor Fälligkeit leisten; **II** *v/t/indir* **~** *sur qc* etw vor'wegnehmen, vor'ausnehmen, antizi'pieren; e-r Sache (*dat*) vorgreifen, (*prévoir*) etw vor'aussehen; *abs mais n'anticipons pas* aber wir wollen nicht vorgreifen
anticlérical [ɑ̃tikleʀikal] ⟨*m/pl* -aux⟩ **I** *adj* antikleri'kal; kirchenfeindlich; **~**(e) *m,f* Antikleri'kale(r) *f(m)*; Kirchengegner(in) *m(f)*; **~isme** *m* Antiklerika'lismus *m*; kirchenfeindliche Einstellung
anti|clinal [ɑ̃tiklinal] *m* ⟨*pl* -aux⟩ *GÉOL* Antikli'nale *f*; Anti'kline *f*; Sattel *m*; **~coagulant** *MÉD* **I** *adj* blutgerinnungshemmend; **II** *m* Antiko'agulans *n*; blutgerinnungshemmendes Mittel; **~colonialisme** *m* Antikolonia'lismus *m*
anticommun|isme [ɑ̃tikɔmynism(ə)] *m* Antikommu'nismus *m*; **~iste I** *adj* antikommu'nistisch; kommu'nistenfeindlich; **II** *m,f* Antikommu'nist(in) *m(f)*
anticonceptionnel [ɑ̃tikɔ̃sɛpsjɔnɛl] *adj* ⟨**~**le⟩ empfängnisverhütend; *sc* antikonzeptio'nell
anticonform|isme [ɑ̃tikɔ̃fɔʀmism(ə)] *m* Nonkonfor'mismus *m*; **~iste I** *adj* nonkonfor'mistisch; **II** *m,f* Nonkonfor'mist(in) *m(f)*
anti|constitutionnel [ɑ̃tikɔ̃stitysjɔnɛl] *adj* ⟨**~**le⟩ verfassungswidrig; **~corps** *m BIOL* Anti-, Im'munkörper *m*; **~cyclone** *m MÉTÉO* Hoch(druckgebiet) *n*; Antizy'klone *f*; **~dater** *v/t* (zu')rückdatieren; **~démocratique** *adj* antidemo'kratisch; **~dépresseur** *m PHARM* Antidepressivum *n*; **~dérapant** *adj pneu etc* rutschfest; gleitsicher; **~détonant** *m AUTO* Antiklopfmittel *n*; **~diphtérique** *adj MÉD* gegen Diphthe'rie
anti|dopage [ɑ̃tidɔpaʒ] *ou* **~doping** *adj* ⟨*f inv*⟩ *SPORTS contrôle m* **~** Dopingkontrolle *f*
antidote [ɑ̃tidɔt] *m* **1.** *MÉD* Gegenmittel *n*, -gift *n*; **2.** *fig* (Gegen)Mittel *n* (*contre* gegen)
antienne [ɑ̃tjɛn] *f* **1.** *ÉGL* Anti'phon *f*; **2.** *fig répéter la même* **~** die alte Leier wieder'holen; das alte Lied anstimmen
antifasciste [ɑ̃tifaʃist] **I** *adj* antifa'schistisch; **II** *m,f* Antifa'schist(in) *m(f)*
antigang [ɑ̃tigɑ̃g] *adj* ⟨*f inv*⟩ *POLICE brigade f* **~** Abteilung *f* zur Bekämpfung von Bandenkriminalität
anti|gel [ɑ̃tiʒɛl] *m* Frostschutzmittel *n*; **~gène** *m BIOL* Anti'gen *n*; **~gouvernemental** *adj* ⟨-aux⟩ re'gierungsfeindlich; **~grippal** *adj* ⟨-aux⟩ *ou* **~grippe** *adj* ⟨*f inv*⟩ gegen Grippe; **~héros** *m* Antiheld *m*; **~hygiénique** *adj* unhygienisch
anti|-inflammatoire [ɑ̃tiɛ̃flamatwaʀ] *adj MÉD* entzündungshemmend; **~-inflationniste** *adj* zur Inflati'onsbekämpfung; antiinflatio'nistisch
antillais [ɑ̃tijɛ] *adj* (*et subst* ⒉ Bewohner) der (Kleinen) An'tillen
Antilles [ɑ̃tij] *les* **~** *f/pl* die An'tillen *pl*; *la mer des* **~** die Ka'ribik; das Ka'ribische Meer
antilope [ɑ̃tilɔp] *f ZO* Anti'lope *f*
antimatière [ɑ̃timatjɛʀ] *f PHYS* Antimaterie *f*
antimilitar|isme [ɑ̃timilitaʀism(ə)] *m* Antimilita'rismus *m*; **~iste I** *adj* antimilita'ristisch; **II** *m,f* Antimilita'rist(in) *m(f)*
antimissile [ɑ̃timisil] *adj MIL* Ra'ketenabwehr...
antimite(s) [ɑ̃timit] *adj produit m* **~** *ou subst antimite m* Mottenschutzmittel *n*
antimoine [ɑ̃timwan] *m CHIM* Anti'mon *n*
antinom|ie [ɑ̃tinɔmi] *f JUR, PHILOS* Antino'mie *f*; **~ique** *adj* anti'nomisch
antinucléaire [ɑ̃tinykleɛʀ] *m,f* Kernkraftgegner(in) *m(f)*
antipape [ɑ̃tipap] *m HIST* Gegenpapst *m*
antiparasit|e [ɑ̃tipaʀazit] *adj ÉLECT dispositif m* **~** *ou subst* **~** *m* Störschutz *m*; **~er** *v/t ÉLECT* (funk)entstören
antipathie [ɑ̃tipati] *f* Antipa'thie *f*, Abneigung *f*, 'Widerwille(n) *m* (*à l'égard de, pour* gegen)
antipathique [ɑ̃tipatik] *adj* unsympathisch; unangenehm; zu'wider; 'widerwärtig; anti'pathisch; *être* **~** *à qn* j-m unsympathisch *etc* sein
anti|patriotique [ɑ̃tipatʀijɔtik] *adj* unpatriotisch; **~pelliculaire** *adj* zur Schuppenbekämpfung; gegen Kopfschuppen; **~personnel** *adj* ⟨*inv*⟩ *MIL mine f* **~** Tretmine *f*
antiphrase [ɑ̃tifʀaz] *f STYLISTIQUE* Anti'phrase *f*; *loc/adv par* **~** in ironischer Verkehrung
antipode [ɑ̃tipɔd] *m* **1.** *GÉOGR la Nouvelle-Calédonie est l'*~, *aux* **~***s de la France* Neukaledonien liegt Frankreich auf der Erdkugel diametral gegenüber; *par ext aux* **~***s* weit weg; F am anderen *ou* ans andere Ende der Welt; **2.** *fig* Gegenteil *n*; *être à l'*~, *aux* **~***s de qc* genau das Gegenteil von etw sein; *conceptions* in diametralem Gegensatz zu etw stehen; *personnes, partis être aux* **~***s l'un de l'autre* Anti'poden sein
anti|polio [ɑ̃tipɔljo] *adj* ⟨*f inv*⟩ *MÉD* gegen Polio, spi'nale Kinderlähmung; **~pollution** *adj* ⟨*f inv*⟩ 'umweltfreundlich; gegen 'Umweltverschmutzung
antiquaille [ɑ̃tikaj] *f péj souvent pl* **~***s* alter Kram; (alter) Plunder; altes Gerümpel
antiquaire [ɑ̃tikɛʀ] *m,f* Antiqui'tätenhändler(in) *m(f)*
antique [ɑ̃tik] **I** *adj* **1.** *œuvre d'art, civilisation* an'tik; *la Grèce* **~** das antike, alte Griechenland; **2.** *coutume* (ur)alt; **3.** *iron* anti'quiert; altmodisch; altertümlich; *loc/adj à l'*~ wie in alter Zeit; altertümlich; altfränkisch; **II** *m l'*~ das An'tike
antiquité [ɑ̃tikite] *f* **1.** *l'*⒉ die An'tike;

antirabique – aplatir 50

par ext das Altertum; *l'~ classique* das klassische Altertum; *dans l'~* in der Antike; im Altertum; **2.** *la plus 'haute ~* uralte Zeiten *f/pl*; die graue Vorzeit; das graue Altertum; *de toute ~* von alters her; seit alters; seit je(her); von jeher; **3.** *pl* **~s** (*objets d'art anciens*) Antiqui'täten *f/pl*; *magasin m*, *marchand m d'~s* Antiquitätengeschäft *n*, -händler *m*; **4.** *pl* **~s** (*monuments de l'~*) An'tiken *f/pl*; Altertümer *n/pl*; *collection f d'~s* Antikensammlung *f*

anti|rabique [ātirabik] *adj* MÉD gegen Tollwut; **~raciste** *adj* gegen den Ras'sismus; antirassistisch; **~reflet** *adj* ⟨*f inv*⟩ OPT verre entspiegelt; **~religieux** *adj* ⟨-euse⟩ antireligiös; religi'onsfeindlich; **~rides** *adj* ⟨*inv*⟩ cosmétique gegen Falten(bildung); **~roman** *m* LITTÉRATURE Antiroman *m*; **~rouille** *adj* ⟨*inv*⟩ Rostschutz...; **~sèche** *f arg scolaire* Spickzettel *m*

antisémit|e [ātisemit] **I** *adj* antise'mitisch; judenfeindlich; **II** *m,f* Antise'mit(in) *m(f)*; Judengegner(in) *m(f)*; **~isme** *m* Antisemi'tismus *m*

antisep|sie [ātisepsi] *f* MÉD Anti'sepsis *f*; **~tique I** *adj* MÉD anti'septisch; keimtötend; **II** *m* Anti'septikum *n*; keimtötendes Mittel

antisocial [ātisɔsjal] *adj* ⟨-aux⟩ *mesures etc* unsozial

antisolaire [ātisɔlɛʀ] *adj* *crème f ~* Sonnenschutzcreme *f*

anti-sous-marin [ātisumaʀɛ̃] *adj* MIL zur U-Boot-Bekämpfung, U-Boot-Abwehr; *grenade ~e* Wasserbombe *f*

antispasmodique [ātispasmɔdik] MÉD **I** *adj* krampfstillend; **II** *m* Spasmo'lytikum *n*; Anti'spastikum *n*; Antispas'modikum *n*

anti|sportif [ātispɔʀtif] *adj* ⟨-ive⟩ unsportlich; **~tabac** *adj* ⟨*f inv*⟩ gegen das Rauchen

antiterroriste [ātiteʀɔʀist] *adj* zur Terro'ristenbekämpfung; *commando m ~* Anti'terroreinheit *f*; *lutte f ~* Terro'rismusbekämpfung *f*

antitétanique [ātitetanik] *adj* MÉD gegen Wundstarrkrampf, Tetanus; *vaccination f ~* Tetanusschutzimpfung *f*

antithéâtre [ātiteɑtʀ(ə)] *m* LITTÉRATURE Antitheater *n*

antithèse [ātitɛz] *f* **1.** PHILOS, RHÉT Anti'these *f*; **2.** *fig et st/s* Gegenteil *n*; Gegensatz *m*; *il est l'~ de son frère* er ist das ganze Gegenteil von s-m Bruder

anti|thétique [ātitetik] *adj* anti'thetisch; gegensätzlich; **~toxine** *f* MÉD Antito'xin *n*; Gegengift *n*; **~tuberculeux** *adj* ⟨-euse⟩ MÉD gegen Tuberku'lose; zur Tuberku'losebekämpfung

antivariolique [ātivaʀjɔlik] *adj* MÉD *vaccination f ~* Pocken(schutz)impfung *f*

antivol [ātivɔl] *m* AUTO Lenkradschloß *n*; VÉLO Fahrradschloß *n*

Antoine [ātwan] *m* **1.** *prénom* Anton *m*; **2.** *saint* An'tonius *m*

antonym|e [ātɔnim] *m* LING Anto'nym *n*; **~ie** *f* Antony'mie *f*

antre [ātʀ(ə)] *m* **1.** *st/s des fauves* Höhle *f*; **2.** *fig d'une personne* Re'fugium *n*; Schlupfwinkel *m*

anus [anys] *m* ANAT After *m*; *sc* Anus *m*; *~ artificiel* künstlich angelegter Darmausgang; *sc* Anus praeter

Anvers [ãvɛʀ] Ant'werpen *n*

anxiété [ãksjete] *f* Angst *f*; Bangigkeit *f*; Beklommenheit *f*; Beklemmung *f*; innere Unruhe; Beunruhigung *f*

anxieux [ãksjø] **I** *adj* ⟨-euse⟩ **1.** *personne, regard etc* angstvoll; angsterfüllt; ängstlich; bang(e); beklommen; *attente anxieuse* banges Warten; **2.** *être ~ de* (+*inf*) begierig sein, ungeduldig darauf warten, sich danach sehnen zu (+*inf*); **II** *subst ~, anxieuse m,f* ängstlicher Mensch

A.O.C. *abr* (*appellation d'origine contrôlée*) höchste Qualitätsklasse bei Weinen; *correspond à* Prädi'katswein *m*

aorte [aɔʀt] *f* ANAT A'orta *f*; Hauptschlagader *f*

Aoste [aɔst] A'osta *n*; *le val d'~* das Aostatal

août [u(t)] *m* Au'gust *m*; REL *le 15 ~* Ma'riä Himmelfahrt

aoûtat [auta] *m* ZO Larve *f* der Erntemilbe

août|ien [ausjɛ̃] *m*, **~ienne** *f* Au'gusturlauber(in) *m(f)*

apache [apaʃ] *m* **1.** *malfaiteur* (Großstadt)Ga'nove *m*; **2.** **~s** *pl Indiens* A'pachen *m/pl*

apaisant [apɛzã] *m paroles* beruhigend; beschwichtigend; begütigend; besänftigend

apaisement [apɛzmã] *m* Beruhigung *f*; Beschwichtigung *f*; Besänftigung *f*; *des souffrances* Linderung *f*; *donner des ~s* beruhigende Zusicherungen geben

apaiser [apeze] **I** *v/t personne* beruhigen; besänftigen; beschwichtigen; begütigen; *colère* besänftigen; mildern; *conscience* beschwichtigen; beruhigen; *souffrance* lindern; erleichtern; *soif, faim, désir, douleur* stillen; *poét mer, tempête* besänftigen; **II** *v/pr s'~ personne* sich beruhigen; zur Ruhe kommen; *colère, tempête* nachlassen; sich legen

apanage [apanaʒ] *m avoir l'~ de qc* etw im Al'leinbesitz haben; etw für sich gepachtet haben; *être l'~ de qn* j-m vorbehalten sein; *qualité* j-m eigen sein; j-s Erbteil sein

aparté [aparte] *m* **1.** THÉ bei'seite Gesprochene(s) *n*; **2.** *entretien* vertrauliches, abseits von den anderen geführtes Gespräch; *en ~* vertraulich; *remarque ~* nicht für andere Ohren bestimmt

apartheid [aparted] *m* A'partheid *f*

apath|ie [apati] *f* Apa'thie *f*; Teilnahmslosigkeit *f*; **~ique I** *adj* a'pathisch; teilnahmslos; gleichgültig; **II** *m,f* a'pathischer, ener'gieloser Mensch

apatride [apatʀid] **I** *adj* staatenlos; **II** *m,f* Staatenlose(r) *f(m)*

Apennin [apenɛ̃] *l'~ m ou* **Apennins** [apenɛ̃] *les ~ m/pl* der Apen'nin *ou* die Apen'ninen *pl*

apercevoir [apɛʀsəvwaʀ] ⟨*cf* recevoir⟩ **I** *v/t* erblicken; erkennen; gewahren; wahrnehmen; sichten (*a* MAR); bemerken; innewerden (+*gén*); *laisser, faire ~ qc* (sich) etw (an)merken lassen; etw zu erkennen geben; **II** *v/pr s'~ de qc* etw (be)merken; etw *ou* e-r Sache (*gén*) gewahr werden; e-r Sache (*gén*) innewerden

aperçu [apɛʀsy] *m* kurzer 'Überblick (*de ou sur* über +*acc*); (kleiner) Einblick (in +*acc*); kurze Darstellung; *ce résumé vous donnera un ~ du livre* gibt, vermittelt Ihnen e-e Vorstellung von dem Buch; *donner un ~ de la situation a* e-n kurzen Lagebericht geben

apéritif [apeʀitif] **I** *m* Aperi'tif *m*; *prendre l'~* e-n Aperitif nehmen, trinken; **II** *adj* ⟨-ive⟩ appe'titanregend

apéro [apeʀo] *m F abr cf* **apéritif**

aperture [apɛʀtyʀ] *f* PHON Öffnung *f*

apesanteur [apəzãtœʀ] *f* Schwerelosigkeit *f*; *en état d'~* im Zustand der Schwerelosigkeit

à-peu-près [apøpʀɛ] *m* ⟨*inv*⟩ Halbheit *f*; Unvollkommene(s) *n*; Unzulängliche(s) *n*; *se contenter d'~* sich mit Halbheiten zufriedengeben

apeuré [apœʀe] *adj* verängstigt; eingeschüchtert; erschrocken

aphas|ie [afazi] *f* Apha'sie *f*; Störungen *f/pl* des Sprachvermögens und des Sprachverständnisses; **~ique** *adj* an Apha'sie leidend

aphone [afɔn] *adj* ohne Stimme; stimmlos; mit Flüsterstimme

aphorisme [afɔʀism(ə)] *m* Apho'rismus *m*; Sinnspruch *m*

aphrodisiaque [afʀɔdizjak] **I** *adj* a'phrodisisch; den Geschlechtstrieb steigernd; **II** *m* Aphrodi'siakum *n*

aphte [aft] *m* MÉD *souvent pl* **~s** Bläschen *n/pl* im Mund; *sc* Aphthen *f/pl*

aphteux [aftø] *adj* ⟨-euse⟩ VÉT *fièvre aphteuse* Maul- und Klauenseuche *f*

api [api] *pomme f d'~* kleiner rotbäckiger Apfel

à-pic [apik] *m* ⟨*inv*⟩ Steilabfall *m*, -wand *f*, -hang *m*

apical [apikal] *adj* ⟨-aux⟩ PHON api'kal; Zungenspitzen...

apicole [apikɔl] *adj* Imker...

apicult|eur [apikyltœʀ] *m* Bienenzüchter *m*; Imker *m*; **~ure** *f* Bienenzucht *f*; Imke'rei *f*

apitoiement [apitwamã] *m* Mitleid *n*; Mitgefühl *n*; Erbarmen *n*

apitoyer [apitwaje] ⟨-oi-⟩ **I** *v/t qn* (*sur qn, qc*) j-s Mitleid (mit j-m, etw) erregen, erwecken; j-n mit Mitleid erfüllen; j-n erbarmen; **II** *v/pr s'~ sur qn, qc* Mitleid, Erbarmen mit j-m, etw fühlen, empfinden, haben; von Mitleid mit j-m, etw erfüllt, ergriffen, erfaßt werden; j-n, etw bemitleiden

A.P.L. [apeel] *f abr* (*aide personnalisée au logement*) Wohngeld *n*

aplanir [aplanir] **I** *v/t* **1.** *terrain* pla'nieren; (ein)ebnen; **2.** *fig difficultés, obstacles* aus dem Weg räumen; beseitigen; beheben; ausräumen; *conflit* beilegen; schlichten; **II** *v/pr s'~ difficultés* beseitigt, behoben werden

aplanissement [aplanismã] *m* **1.** Pla'nierung *f*; (Ein)Ebnung *f*; **2.** *fig* Beseitigung *f*; Behebung *f*

aplati [aplati] *adj* platt, platt-, breitgedrückt

aplatir [aplatir] **I** *v/t* **1.** abflachen; abplatten; platt drücken; *à coups de marteau* flach, platt schlagen; **2.** *couture, pli* ausstreichen; *~ au fer* ausbügeln; **3.** *cheveux* glattstreichen; andrücken; F anklatschen; **II** *v/pr s'~* **4.** *personne* **a)** (*s'étendre*) sich flach, platt auf den Boden, auf den Bauch legen; **b)** F (*tomber*) der Länge nach hinfallen; **5.** *voitu-*

aplatissement – apparenter

re etc **venir s'~ contre un mur** gegen e-e Mauer prallen; **6.** *fig et péj* **s'~ (devant qn)** (vor j-m) kriechen, katzbuckeln
aplatissement [aplatismã] *m* **1.** Abflachen *n*; Plattdrücken *n*; **2.** *de la Terre* Abplattung *f*
aplomb [aplõ] *m* **1.** Lot-, Senkrechte *f*; Lot *n*; ♦ *loc/adv* **d'~** lot-, senkrecht; *mur etc* **ne pas être d'~** nicht lot-, senkrecht, nicht im Lot sein, stehen; *fig personne* **ne pas être, ne pas se sentir d'~** a) *physiquement* nicht auf der Höhe sein; sich nicht wohl fühlen; nicht im Lot sein; b) *moralement* das seelische Gleichgewicht verloren haben; in schlechter seelischer Verfassung sein; **être bien d'~ sur ses jambes** fest auf den Beinen stehen; *repos, vacances* **remettre qn d'~** j-n wieder auf die Beine bringen; j-m das seelische Gleichgewicht 'wiedergeben; *fig* **remettre qc d'~** e-e Sache wieder ins Lot, in Ordnung bringen; **2.** *d'une personne* **a)** *(confiance en soi)* selbstsicheres Auftreten; Selbstsicherheit *f*; **b)** *péj* Kühnheit *f*; Dreistigkeit *f*; Unverschämtheit *f*; Frechheit *f*; ◆ **a)** selbstsicher; b) *péj* dreist; unverschämt; frech; **avoir l'~ de** (+*inf*) die Kühnheit *etc* besitzen zu (+*inf*); **tu en as de l'~!** du bist reichlich kühn, dreist, unverschämt!
apnée [apne] *f* MÉD Atemstillstand *m*; **plongée f en ~** Tauchen *n* ohne Atmungsgerät
apocalypse [apɔkalips] *f* **1.** REL Apokalypse *f*; BIBL **l'~** die Offenbarung des Johannes; die Apokalypse; **2.** *fig* **une nuit, une vision d'~** e-e Nacht, ein Bild des Grauens
apocalyptique [apɔkaliptik] *adj* **1.** REL apoka'lyptisch; **2.** *fig* grauenvoll; schrecklich; entsetzlich
apocope [apɔkɔp] *f* LING A'pokope *f*
apocryphe [apɔkrif] *adj* **1.** BIBL apo'kryph; **2.** *texte* nicht au'thentisch; nicht echt
apogée [apɔʒe] *m* **1.** ASTR Apo'gäum *n*; Erdferne *f*; **2.** *fig* Höhepunkt *m*; Gipfel *m*; Ze'nit *m*; **il est à l'~ de sa carrière** er steht auf dem Gipfel s-r Karriere
apolit|ique [apɔlitik] *adj* apolitisch; unpolitisch; **~isme** *m* un-, apolitische Haltung; po'litisches Desinteresse
Apollon [apɔlõ] *m* **1.** MYTH A'pollo *m*; *poét a* A'poll *m*; **2.** *iron* A'poll(o) *m*; schöner Mann, Jüngling
apologétique [apɔlɔʒetik] *f* REL Apolo'getik *f*
apologie [apɔlɔʒi] *f* **1.** Apolo'gie *f*; Verteidigung(sschrift) *f*; Rechtfertigung(sschrift) *f*; **2.** (*éloge*) Verherrlichung *f*; **faire l'~ de qn, de qc** etw verherrlichen
apologiste [apɔlɔʒist] *st/s m,f* Apolo'get (-in) *m(f)* (*a* REL); Verteidiger(in) *m(f)*; Verfechter(in) *m(f)*
apologue [apɔlɔg] *m* Lehrfabel *f*; Apo'log *m*
apophyse [apɔfiz] *f* ANAT Apo'physe *f*; Knochenfortsatz *m*
apoplectique [apɔplɛktik] MÉD **I** *adj* apo'plektisch; *personne a* zu Schlaganfällen neigend; **II** *m,f* Apo'plektiker(in) *m(f)*
apoplexie [apɔplɛksi] *f* MÉD Schlaganfall *m*; Gehirnschlag *m*; *sc* Apople'xie *f*; **avoir une attaque d'~** e-n Schlaganfall bekommen, erleiden
apostasie [apɔstazi] *f* REL Aposta'sie *f*; Abfall *m* vom Glauben
apostat [apɔsta] *m* REL Apo'stat *m*; Abtrünnige(r) *m* (*a fig*)
a posteriori [apɔsterjɔri] *loc/adv* nachträglich; im nachhinein; PHILOS a posteri'ori; aus Erfahrung
apostille [apɔstij] *f* ADM Randbemerkung *f*; Zusatz *m* (auf dem Rand)
apostolat [apɔstɔla] *m* **1.** REL Apo'sto'lat *n*; A'postelamt *n*; **2.** *fig* Sendung *f*; Berufung *f*; missio'narischer Auftrag; **goût m de l'~** missionarischer Eifer
apostolique [apɔstɔlik] *adj* **1.** apo'stolisch; der A'postel; **l'Église catholique, ~ et romaine** die römisch-katholische Kirche; **2.** (*du Saint-Siège*) apo'stolisch; päpstlich
apostrophe [apɔstrɔf] *f* **1.** (*interpellation*) barsche Anrede; barscher Zuruf; **2.** RHÉT A'postrophe *f*; GR **mot mis en ~** als Anrede gebrauchtes Wort; **signe** Apo'stroph *m*; Auslassungszeichen *n*
apostropher [apɔstrɔfe] *v/t* **~ qn** j-n anfahren, anherrschen, anschreien
apothéose [apɔteoz] *f* **1.** *d'un personnage* außerordentliche Ehrung, Huldigung; **2.** *d'une fête, d'un spectacle* Höhepunkt *m*; Krönung *f*; (Schluß)Apothe'ose *f* (*a* THÉ); **3.** ANTIQUITÉ Apothe'ose *f*; Vergöttlichung *f*
apothicaire [apɔtikɛr] *m autrefois* Apo'theker *m*; *fig* **compte m d'~** komplizierte (und schwer nachprüfbare) Rechnung
apôtre [apotr(ə)] *m* **1.** REL A'postel *m*; **2.** *fig d'une cause, doctrine* Verfechter *m*; Anwalt *m*; Sachwalter *m*; **se faire l'~ de la paix** sich zum Verfechter *etc* des Friedens machen; **3.** *fig* **faire le bon ~** scheinheilig tun; sich verstellen
apparaître [aparɛtr(ə)] ⟨*cf* connaître; être⟩ **I** *v/i* **1.** erscheinen; auftauchen; zum Vorschein kommen; in Erscheinung treten; MAR in Sicht kommen; *problèmes, conséquences* auftreten; sich zeigen; zu'tage treten; sichtbar werden; *coutume* aufkommen; *vérité* zu'tage treten; ans Licht kommen; *fantôme* **à qn** j-m erscheinen; **faire ~** ans Licht, zu'tage bringen; erkennen lassen; **les conséquences de sa décision lui apparurent brusquement** wurden ihm plötzlich bewußt; **2.** (*sembler*) **~ à qn** j-m vorkommen, erscheinen (*comme wie*); **ce mot m'apparaît démodé** dieses Wort kommt mir veraltet vor, erscheint mir veraltet, scheint mir veraltet zu sein; **II** *v/impers* **il apparaît que ...** es ist *ou* wird offensichtlich, klar ersichtlich, es zeigt sich, daß ...
apparat [apara] *m* **1.** Prunk *m*; Pracht *f*; Gepränge *n*; Pomp *m*; *loc/adj* **d'~** Prunk...; Pracht...; Gala...; **tenue f d'~** Prunkgewand *n*; *loc/adv* **avec ~, en grand ~** mit großem Gepränge, Pomp, Prunk, Aufwand; **2.** *d'un texte* **critique** kritischer Appa'rat
appareil [aparɛj] *m* **1.** TECH Gerät *n*; Appa'rat *m*; **~ électrique** E'lektrogerät *n*; **~ à sous** Spielautomat *m*; **~ de contrôle** Kon'troll-, Über'wachungsgerät *n*; **2.** ANAT Or'gane *n/pl*; Appa'rat *m*; Sy'stem *n*; **~ digestif** Verdauungsapparat *m*; **~ respiratoire** Atmungsorgane *n/pl*; **3. ~ (téléphonique)** (Tele'fon-)Appa'rat *m*; **qui est à l'~?** wer ist am Apparat?; wer ist dort?; mit wem spreche ich?; **4.** (*avion*) Ma'schine *f*; **5. ~ (photographique, [de] photo)** (Foto-)Appa'rat *m*; Kamera *f*; F Foto *m*; **6.** ORTHODONTIE (Zahn)Spange *f*; (*dentier*) Pro'these *f*; Gebiß *n*; MÉD: *pour des fractures* Verband *m*; **~ orthopédique** orthopädisches Hilfsmittel; **7.** *fig* Appa'rat *m*; **~ administratif, policier** Verwaltungs- *ou* Behörden-, Poli'zeiapparat *m*; **~ du parti** Par'teiapparat *m*; **8.** *d'un texte* **~ critique** kritischer Apparat; **9.** CONSTR (Mauer)Verband *m*; Mauerwerk *n*; **10.** *personne* **dans le plus simple ~** nackt; hüllenlos
appareillage [aparɛjaʒ] *m* **1.** *d'un bateau* Auslaufen *n*; (**manœuvres f/pl d'**)**~** Ablegemanöver *n/pl*; Ablegen *n*; **2.** TECH Appara'tur *f*
appareiller[1] [aparɛje] *v/i bateau* ablegen; auslaufen (**pour** nach); in See stechen
appareiller[2] [aparɛje] *v/t* (*assortir*) passend zu'sammenstellen, kombi'nieren; *adjt* **être bien, mal appareillés** gut, schlecht zu'sammenpassen
apparemment [aparamã] *adv* **1.** (*selon toute apparence*) anscheinend; allem Anschein nach; wie es scheint; offenbar; F scheinbar; **2.** (*en apparence seulement*) scheinbar; nach außen hin
apparence [aparãs] *f* **1.** (*aspect*) Aussehen *n*; **avoir belle ~** hübsch, gut aussehen; **2.** (*façade*) *souvent pl* **~s** Anschein *m*; (äußerer) Schein; äußerer Eindruck; **un projet d'~ banale** ein scheinbar alltägliches Vorhaben; *loc/adv*: **en ~** scheinbar; **malgré les ~s** obwohl es nicht (so) den Anschein hat; **selon toute ~, selon les ~s** allem Anschein nach; anscheinend; **sous une ~ de douceur** unter scheinbarer, unter zur Schau getragener Milde; **les ~s sont contre lui** der (An)Schein spricht gegen ihn; **les ~s sont trompeuses** der Schein trügt; **juger sur les ~s** nach dem Aussehen, äußeren Schein, äußeren Eindruck (be)urteilen; **sauver les ~s** den Schein wahren
apparent [aparã] *adj* **1.** (*visible*) sichtbar; COUT **piqûre ~e** Ziernaht *f*; **plafond m aux poutres ~es** Balkendecke *f*; **sans raison ~e** ohne ersichtlichen Grund; **2.** (*en apparence seulement*) scheinbar; Schein...; **contradictions ~es** scheinbare 'Widersprüche *m/pl*; **mort ~e** Scheintod *m*; **mouvement ~ du Soleil autour de la Terre** scheinbare Bewegung
apparenté [aparãte] *adj* **1.** *personne* **être ~ à qn** mit j-m verwandt, verschwägert sein; **2.** *fig* **être ~ à qc** e-r Sache (*dat*) verwandt, ähnlich sein; **3.** *aux élections* **listes f ~es** verbundene Listen *f/pl*; **candidat ~ au parti socialiste** mit der Liste der sozialistischen Partei verbunden
apparentement [aparãtmã] *m* POL Listenverbindung *f*
apparenter [aparãte] *v/pr* **1.** *personne* **s'~ à une famille** in e-e Familie einheiraten; **2.** *fig* **s'~ à qc** e-r Sache (*dat*) ähneln, verwandt sein; Ähnlichkeit, Verwandtschaft mit etw zeigen; **3.** POL

apparier – appétit

s'~ e-e Listenverbindung eingehen (*à mit*)
apparier [apaʀje] *v/t* **1.** *oiseaux* paaren; **2.** *objets* paarweise zu'sammenstellen
appariteur [apaʀitœʀ] *m UNIVERSITÉ* Pe'dell *m*; Hausmeister *m*
apparition [apaʀisjɔ̃] *f* **1.** Erscheinen *n*; Auftauchen *n*; *d'une maladie, de problèmes* Auftreten *n*; *de nouvelles idées, tendances* Aufkommen *n*; *personne* faire son ~ erscheinen; in Erscheinung treten; auftauchen; *ne faire qu'une brève, courte* ~ sich nur kurz sehen, blicken lassen; nur kurz erscheinen; F e-e Stippvisite machen; **2.** (*vision*) Erscheinung *f*
apparoir [apaʀwaʀ] *v/i* ⟨*nur inf u* il appert [apɛʀ]⟩ *JUR il appert de cet acte* ... aus dieser Urkunde geht (klar) her'vor, ist (klar) ersichtlich ...
appartement [apaʀtəmɑ̃] *m* Wohnung *f*; *d'un prince* ~s *pl* Gemächer *n/pl*; ~ *de quatre pièces* Vier'zimmerwohnung *f*; *plante f d'*~ Zimmerpflanze *f*
appartenance [apaʀtənɑ̃s] *f* **1.** *à un milieu* Zugehörigkeit *f* (*à zu*); *à une organisation* Mitgliedschaft *f* (*in +dat*); *sans* ~ *politique* par'teilos; **2.** *théorie des ensembles* Enthaltensein *n* (*à in +dat*)
appartenir [apaʀtəniʀ] ⟨*cf venir*⟩ **I** *v/t/indir* **1.** (*être la propriété*) ~ *à qn* j-m gehören; *par ext: femme* ~ *à un homme* e-m Mann gehören; **2.** ~ *à un milieu, une époque etc* ~ *à* angehören (*+dat*); **3.** *décision, droit etc* ~ *à qn* j-m vorbehalten sein; j-m zustehen; ♦ *impersonnel: il appartient à qn de* (*+inf*) es steht j-m zu *ou* es kommt j-m zu, zu (*+inf*); es gebührt j-m zu (*+inf*); es ist j-s Sache, Aufgabe zu (*+inf*); *il ne m'appartient pas d'en décider* es steht, kommt mir nicht zu, darüber zu entscheiden; e-e Entscheidung darüber steht mir nicht zu; *il v/pr ne plus s'*~ keine Zeit mehr für sich selbst haben; sich nicht mehr selbst gehören; nicht mehr sein eigener Herr sein
apparu [apaʀy] *cf apparaître*
appas [apɑ] *litt m/pl* (weibliche) Reize *m/pl*
appât [apɑ] *m* **1.** *PÊCHE, CH* Köder *m*; *st/s* Lockspeise *f*; *mordre à l'*~ *a*) *poisson* anbeißen; *b*) *fig* sich ködern lassen; F anbeißen; **2.** *fig* Verlockung *f*; *l'*~ *du gain* die Verlockung des Geldes
appâter [apɑte] *v/t* **1.** *poissons, gibier* ködern; anlocken; **2.** *fig* ködern (*avec de l'argent* mit Geld; *par de belles promesses* durch schöne Versprechungen); (ver)locken
appauvrir [apovʀiʀ] **I** *v/t pays, personne* arm machen; verarmen lassen; *sol* auslaugen; *facultés* verkümmern lassen; ~ *le sang* die Zahl der roten Blutkörperchen vermindern; *adjt* **appauvri** *pays* verarmt; **II** *v/pr s'*~ *pays, langue* verarmen; *facultés* verkümmern; *imagination* versiegen; *sol* unfruchtbar werden
appauvrissement [apovʀismɑ̃] *m* Verarmung *f*; *du sol* Auslaugung *f*
appel [apɛl] *m* **1.** (*cri*) Ruf(en) *m(n)*; Zuruf *m*; Anruf(en) *m(n)*; ~ *au secours* Hilferuf *m*; ~ *aux armes* Ruf zu den Waffen; ♦ *faire* ~ *à qn, qc* a j-n, etw ap'pell'ieren; *faire* ~ *à l'aide de qn*

j-n um Hilfe anrufen; *faire* ~ *à la générosité de qn* an j-s Großmut appellieren; *faire* ~ *à tous les moyens* alle Mittel einsetzen, in Anspruch nehmen; *faire* ~ *à ses souvenirs* sich besinnen; *activité faire* ~ *à certaines compétences* gewisse Fachkenntnisse erfordern; **2.** *avec un instrument* Zeichen *n*; Si'gnal *n*; *AUTO* ~ *de phares* (Zeichen *n* mit der) Lichthupe *f*; *faire un* ~, *des* ~s *de phare* die Lichthupe betätigen; *fig* ~ *du pied* Wink *m* mit dem Zaunpfahl; **3.** ~ (*téléphonique*) (Tele'fon)Anruf *m*; ~ *radio* Funkruf *m*; **4.** *nominal* (namentlicher) Aufruf; Namensaufruf *m*, -verlesung *f*; *ACTION* ~ Ap'pell *m* (*à MIL*); *JUR* ~ *des témoins* Zeugenaufruf *m*; *faire l'*~ (*des élèves*) die Namen (der Schüler) aufrufen, verlesen; **5.** *au public* Aufruf *m*; Ap'pell *m*; Aufforderung *f*; ~ *au peuple, à la population* Aufruf an das Volk, an die Bevölkerung; *fig et plais c'est un* ~ *au peuple* das ist ein Appell an unseren Geldbeutel; ~ *à la révolte* Aufruf, Aufforderung zur Revolte; *FIN* ~ *de fonds* Aufforderung zu weiteren Einzahlungen, zu Nachschüssen; *ADM* ~ *d'offres* Ausschreibung *f*; *faire, publier un* ~ *d'offres pour qc* etw ausschreiben; **6.** *MIL* Einberufung *f*; *ordre m d'*~ *sous les drapeaux* Einberufungs-, Stellungsbefehl *m*; **7.** *JUR* Berufung *f*; *cour f d'*~ Berufungsgericht *n*; *sans* ~ *a*) in letzter In'stanz; *b*) *fig* unwiderruflich; endgültig; *faire* ~ (*d'un jugement*) (gegen ein Urteil) Berufung einlegen; **8.** *fig* (*attrait*) (Ver)Lockung *f*; *l'*~ *du large* der Ruf der See; **9.** *SPORTS* Absprung *m*; *pied m d'*~ Sprungbein *n*; **10.** *CARTES faire un* ~ *à cœur* den Partner auffordern, Herz auszuspielen; **11.** ~ *d'air* Luftzug *m*, -zufuhr *f*; Sog *m*
appelé [aple] *m* **1.** Berufene(r) *m*; *BIBL et fig il y a beaucoup d'*~*s et peu d'élus* viele sind berufen, aber wenige sind auserwählt; **2.** *MIL* Einberufene(r) *m*
appeler [aple] ⟨-*ll*-⟩ **I** *v/t* **1.** (*faire venir*) (her'bei)rufen; *animal: ses petits* a lokken; ~ *ascenseur* holen; ~ *qn* a nach j-m rufen; *les affaires m'appellent* die Geschäfte rufen mich; *le devoir nous appelle* die Pflicht ruft; ~ *l'attention de qn sur qc* j-n auf etw (*acc*) aufmerksam machen; j-s Aufmerksamkeit auf etw (*acc*) lenken; ~ *le médecin, la police* den Arzt, die Polizei (herbei)rufen; *la violence appelle la violence* Gewalt führt wiederum zu Gewalt, zieht Gewalt nach sich, ruft erneut Gewalt heraus; ~ *au secours* um Hilfe rufen; ~ *qn à son aide* j-n zu Hilfe rufen; **2.** (*désigner*) berufen; ~ *qn à une fonction, à un poste* j-n in ein Amt, auf e-n Posten berufen; *être appelé à* (*+inf*) (da'zu) berufen, bestimmt sein zu (*+inf*); *cette coutume est appelée à disparaître* dieser Brauch ist zum 'Untergang bestimmt, wird 'untergehen; **3.** (*nommer*) nennen; *enfant a den Namen ...* geben (*qn* j-m); ~ *qn par son prénom* j-n bei s-m Vornamen nennen, rufen; j-n beim *ou* mit dem Vornamen anreden; *j'appelle cela une grosse bêtise* das nenne ich e-e große Dummheit; **4.** *personnes nommément*

(namentlich) aufrufen; *JUR* ~ *les témoins* die Zeugen aufrufen; **5.** *MIL* ~ (*sous les drapeaux*) einberufen; **6.** *TÉL* ~ *qn* j-n anrufen; **7.** *JUR* laden; ~ *qn en justice* j-n vor Gericht laden; **8.** (*exiger*) *chose* ~ *qc* etw erfordern, erheischen; etw nötig, notwendig, erforderlich machen; *situation* ~ *une solution urgente* e-e rasche Lösung erfordern *etc*; **9.** ~ *qc sur qn* etw auf j-n her'abrufen; ~ *sur qn les bénédictions du Ciel* die Segnungen des Himmels auf j-n herabrufen; **II** *v/t/indir* en ~ *à qc* an etw (*acc*) appel'lieren; *j'en appelle à votre raison* ich appelliere an Ihre Vernunft; **III** *v/pr s'*~ heißen; *personne a* sich nennen; *comment vous appelez-vous?* wie heißen Sie?; wie ist Ihr Name?; *voilà qui s'appelle parler* das läßt sich hören
appellation [apɛ(l)lasjɔ̃] *f* Bezeichnung *f*; Benennung *f*; *COMM* ~ *d'origine* Herkunfts-, Ursprungsbezeichnung *f*; *vin, fromage* ~ (*d'origine*) *contrôlée* geprüfte Herkunftsbezeichnung; *cf a A.O.C.*
appendice [apɛ̃dis] *m* **1.** *ANAT a*) *au sens strict* Wurmfortsatz *m* (des Blinddarms); F Blinddarm *m*; *b*) (*prolongement*) Anhang(sgebilde) *m(n)*; *sc* Ap'pendix *f*; *ZO* ~ *caudal* Schwanz *m*; **2.** *dans un livre* Anhang *m*; **3.** *fig* Anhängsel *n*
appendicite [apɛ̃disit] *f MÉD* Blinddarmentzündung *f*; *sc* Appendi'zitis *f*; *crise f d'*~ akute Blinddarmentzündung; *être opéré de l'*~ am Blinddarm operiert werden
appentis [apɑ̃ti] *m* **1.** *bâtiment* angebauter Schuppen; **2.** *toit* Pultdach *n*
appert [apɛʀ] *cf apparoir*
appesantir [apəzɑ̃tiʀ] *v/pr* **1.** *personne* ~ schwerfällig, unbeweglich werden; **2.** *s'*~ *sur un sujet* sich über ein Thema verbreiten, (lang und breit) auslassen; ein Thema breittreten, -walzen
appesantissement [apəzɑ̃tismɑ̃] *m* Schwerfälligkeit *f*; Unbeweglichkeit *f*
appétence [apetɑ̃s] *litt f* Verlangen *n*, Begier(de) *f* (*de* nach)
appétissant [apetisɑ̃] *adj* **1.** *mets* appe'titlich; lecker; einladend; **2.** *personne, lieu* appe'titlich; proper; sauber; *femme* appe'titlich; a'drett; F lecker
appétit [apeti] *m* **1.** Appe'tit *m*; Eßlust *f*; *un bon, gros, solide* ~ ein gesunder, starker, kräftiger Appetit; *bon* ~! guten Appetit!; *plais* wünsche wohl zu speisen!; *manger de bon* ~ mit gutem Appetit essen; tüchtig zulangen; F e-n guten Appetit entwickeln; spachteln; *avoir de, avoir beaucoup d'*~ großen Appetit haben; *cela m'a coupé l'*~ das hat mir den Appetit verschlagen, verdorben; jetzt ist mir der Appetit vergangen; *donner de l'*~ *à qn, mettre qn en* ~ j-m Appetit machen, geben; *fig cela m'a mis en* ~ das hat mich auf den Geschmack gebracht; *manger avec, sans* ~ mit, ohne Appetit essen; *malade perdre l'*~ den Appetit verlieren; *prov l'*~ *vient en mangeant* der Appetit kommt beim Essen (*prov*); **2.** *fig* (heftiges) Verlangen, Hunger *m*, *péj* Gier *f* (*de qc* nach etw); **3.** ~*s* (*sexuels*) Begehrlichkeit *f*; Sinnenlust *f*; fleischliche Begierde

applaudimètre [aplodimɛtR(ə)] *m plais* Ap'plausmesser *m*

applaudir [aplodiR] **I** *v/t et v/i* **~ (qn, qc)** (j-m, e-r Sache) Beifall klatschen, spenden; (j-m, e-r Sache) applau'dieren; j-n, etw beklatschen; klatschen; *être applaudi* Beifall bekommen, ernten; beklatscht werden; **II** *v/t/indir st/s* **~ à qc** etw begrüßen, mit Beifall, beifällig aufnehmen

applaudissement [aplodismã] *m souvent pl* **~s** Beifall(klatschen) *m(n)*; Ap'plaus *m*; Beifallsäußerungen *f/pl*; *soulever des ~s* Beifall auslösen

applicable [aplikabl] *adj loi, règle, méthode* anwendbar (*à* auf +*acc*); *être ~ a* gelten (*à* für)

applicateur [aplikatœR] **I** *adj* ⟨*m*⟩ zum Auftragen; Auftrag...; *pinceau ~* Auftragpinsel *m*; **II** *m* Appli'kator *m* (*a MÉD*)

application [aplikasjõ] *f* **1.** *d'un produit, d'une couche etc* Auftragen *n*, -bringen *n*, -streichen *n*; *d'un sceau* Aufdrücken *n*, *d'une compresse* Auflegen *n* (*sur* auf +*acc*); *d'un pansement* Anlegen *n*; **2.** COUT Applikati'on(sarbeit) *f*; Aufnäharbeit *f*; **3.** *d'une loi, d'une méthode etc* Anwendung *f* (*à* auf +*acc*); *de décrets a* 'Durchführung *f*; *de médicaments, de soins a* Verabreichung *f*; Verabfolgung *f*; Applikati'on *f*; *les ~s d'un procédé etc* die Anwendungsmöglichkeiten *f/pl*; *idée, théorie* **mettre en ~** praktisch anwenden; in die Praxis 'umsetzen; **4.** PHYS *point m d'~* Angriffspunkt *m*; **5.** (*zèle*) Fleiß *m*; Eifer *m*; *à l'étude, au travail* Lern-, Arbeitseifer *m*; *travailler avec ~* fleißig, eifrig, mit großem Fleiß, Eifer arbeiten

applique [aplik] *f* **1.** *lampe* Wandleuchte *f*; **2.** (*ornement*) Verzierung *f*; Zierstück *n*; COUT Applikati'on *f*

appliqué [aplike] *adj* **1.** COUT *poche* aufgesetzt; *dentelle* appli'ziert; aufgenäht; **2.** *sciences* angewandt; **3.** *personne* fleißig; eifrig; **4.** *écriture* sorgfältig

appliquer [aplike] **I** *v/t* **1.** *produit, peinture, couche etc* auftragen, -bringen, -streichen, appli'zieren, *sceau* aufdrücken, *compresse* auflegen (*sur* auf +*acc*); *pansement* anlegen; *fig il lui appliqua un baiser sur la joue* er gab, versetzte ihr e-n herzhaften Kuß auf die Wange; **2.** COUT appli'zieren; aufnähen; **3.** *loi, règlement, méthode, punition etc* anwenden (*à* auf +*acc*); *décret a* 'durchführen; *théorie, maxime a* in die Praxis 'umsetzen; *médicament, thérapie* anwenden (*à un malade, à une maladie* bei e-m Kranken, bei e-r Krankheit); verabreichen, verabfolgen, appli'zieren (e-m Kranken, bei e-r Krankheit); *terme ~ à qc* auf etw (*acc*) anwenden; für etw verwenden; (*sur*)*nom ~ à qn* j-m geben, beilegen; *~ tous ses soins à* (+*inf*) s-e ganze Sorgfalt aufbieten, aufwenden, darauf verwenden, da'ransetzen zu (+*inf*); *loi être appliqué a* Anwendung finden; **II** *v/pr* **4.** *personne s'~* fleißig, eifrig sein; *s'~ à qc* sich mit Fleiß, Eifer e-r Sache (*dat*) hingeben, widmen; *s'~ à* (+*inf*) sich bemühen, bestrebt sein, bemüht sein, es sich angelegen sein lassen zu (+*inf*); **5.** *loi, règlement s'~* Anwendung finden; gelten; *s'~ à qn, qc remarque* für j-n, etw gelten; auf j-n, etw zutreffen; *nom, titre, devise* zu j-m, etw passen; *médicament, thérapie* bei j-m zur Anwendung kommen; **6.** *surface s'~ sur une autre* auf e-e andere passen

appoint [apwɛ̃] *m* **1.** *faire l'~* a) mit abgezähltem Geld bezahlen, F es passend haben; b) den Rest in Kleingeld, F klein geben; **2.** *loc/adj d'~* zusätzlich; Zusatz...; Neben...; *chauffage m d'~* Zusatzheizung *f*; *lit m d'~* Gästebett *n*; *salaire m d'~* Nebenverdienst *m*; **3.** *fig* (*appui*) Hilfe *f*; Unter'stützung *f*

appointements [apwɛ̃tmã] *m/pl d'un employé* Gehalt *n*; *d'un fonctionnaire* (Dienst)Bezüge *m/pl*; Besoldung *f*

appointer [apwɛ̃te] *v/t* Gehalt zahlen (*qn* j-m); entlohnen; *fonctionnaire* besolden

appontement [apõtmã] *m* MAR Pier *m ou f*; Landungs-, Anlegebrücke *f*

apponter [apõte] *v/i* AVIAT auf dem Flugdeck (*e-s Flugzeugträgers*) landen, aufsetzen

apport [apɔR] *m* **1.** (*action d'apporter*) Her'beibringen *n*; Her'anführen *n*; **2.** FIN **a)** *de capitaux* Einbringung *f* (*dans une entreprise* in ein Unter'nehmen); **b)** (*capitaux apportés*) Einlage *f*; **3.** *fig* (*contribution*) Beitrag *m* (*à* zu)

apporter [apɔRte] *v/t objet* (her-, her-'bei-, hin)bringen; *à un endroit* mitbringen; *nouvelle* (über')bringen; *capitaux* einbringen (*dans* in +*acc*); *preuve* (er-)bringen; liefern; *difficultés, changements* mit sich bringen; *modifications, rectificatifs* anbringen; vornehmen; *énergie, soin* aufbringen; aufwenden; *~ beaucoup de satisfaction à qn* j-m viel Befriedigung verschaffen, geben; *traitement, médicament ~ un soulagement à qn* j-m Erleichterung, Linderung bringen, verschaffen; *stage etc ça m'a beaucoup apporté* das hat mir viel gebracht

apposer [apoze] *v/t panneau* anbringen (*sur un mur* an e-r Mauer); *affiche* anschlagen; *sceau* aufdrücken; *clause* anbringen (*à un acte* in e-r Urkunde); einfügen (in +*acc*); *cf a scellé, signature 1.*

apposition [apozisjõ] *f* **1.** GR Appositi'on *f*; *en ~* als Apposition verwendet; *appositio'nell*; **2.** (*action d'apposer*) Anbringung *f*

appréciable [apResjabl(ə)] *adj* **1.** (*considérable*) beträchtlich; erheblich; beachtlich; rele'vant; *pertes a* empfindlich; **2.** (*précieux*) schätzenswert

appréciation [apResjasjõ] *f* **1.** *de la valeur, distance etc* (Ab)Schätzen *n*, -ung *f*; **2.** *de la situation, d'une personne etc* Einschätzung *f*; (*jugement*) Beurteilung *f*; Urteil *n* (*de* über +*acc*); *positive* Würdigung *f*; *laisser qc à l'~ de qn* etw j-s Ermessen (+*dat*) über'lassen; *soumettre qc à l'~ de qn* j-m etw zur Beurteilung vorlegen; j-s Urteil über etw einholen

apprécier [apResje] *v/t* **1.** (*évaluer*) *valeur* schätzen; *distance, vitesse etc* (ab-)schätzen; **2.** (*juger*) *personne, travail etc* einschätzen; beurteilen; *importance, valeur a* ermessen; **3.** (*goûter*) *personne, bon vin etc* schätzen (*pour* wegen); (zu) würdigen (wissen); *ne pas ~ ce genre de plaisanterie* solche Scherze nicht lieben, schätzen

appréhender [apReãde] *v/t* **1.** (*craindre*) *~ qc* etw fürchten; *~ de faire qc* sich davor fürchten, etw zu tun; **2.** (*arrêter*) *~ qn* j-n festnehmen, fassen, ergreifen, dingfest machen; **3.** *st/s* (*concevoir*) er-, auffassen

appréhension [apReãsjõ] *f* Befürchtung *f*; Furcht *f* (*de qc* vor etw [*dat*]); *souvent pl* **~s** Befürchtungen *f/pl*; Sorge *f*; Besorgnis *f*; *avec ~* mit Sorge, Besorgnis

apprenant [apRənã] *m* Lerner *m*; Lernende(r) *m*

apprendre [apRãdR(ə)] ⟨*cf prendre*⟩ **I** *v/t* **1.** lernen; *métier, langue* a erlernen; *abs* lernen; *il apprend bien* er lernt leicht, begreift schnell; *~ l'allemand* Deutsch lernen; *~ à conduire, à lire* Autofahren, lesen lernen; **2.** (*enseigner*) *~ qc à qn* j-n etw lehren; j-m etw beibringen; *l'histoire nous apprend que ...* die Geschichte lehrt uns, daß ...; *~ à lire à qn* j-n lesen lehren; j-m das Lesen beibringen; *fig menace*: *je lui apprendrai!* den werd' ich's lehren!; das werde ich ihm austreiben!; *cela lui apprendra* (*à vivre*)*!* das wird ou soll ihm e-e Lehre sein!; *je vais lui ~ à vivre!* dem werde ich Manieren, F die Flötentöne beibringen!; F den werd' ich Mores lehren!; **3.** *nouvelle* erfahren, hören (*par qn* durch j-n, von j-m); *j'ai appris que ...* ich habe erfahren, gehört, daß ...; *on apprend de Paris ...* aus Paris wird gemeldet ...; *apprenez que ...* nehmen Sie zur Kenntnis, daß ...; **4.** (*faire savoir*) *~ qc à qn* j-m etw mitteilen, melden, berichten; *vous ne m'apprenez rien* Sie sagen mir nichts Neues; **II** *v/pr art, langue etc s'~ facilement* leicht, mühelos zu (er)lernen sein; sich leicht, mühelos (er)lernen lassen

apprenti(e) [apRãti] *m(f)* **1.** Lehrling *m* (*a fille*); Lehrjunge *m*, -mädchen *m*, Auszubildende(r) *f(m)* (*abr* A'zubi *m,f*); *apprenti boulanger* Bäckerlehrling *m*; *apprentie couturière* Schneiderlehrling *m*, -lehrmädchen *n*; **2.** *fig* Lehrling *m*; Anfänger(in) *m(f)*; *apprenti sorcier* Zauberlehrling *m*

apprentissage [apRãtisaʒ] *m* **1.** Lehre *f*; *centre m d'~* Lehrlingsausbildungsstätte *f*; *contrat m d'~* Lehrvertrag *m*; *être en ~ chez qn* bei j-m in der Lehre sein, stehen; *faire son ~* s-e Lehre ('durch)machen; *mettre qn en ~* j-n in die Lehre geben, schicken (*chez qn* zu j-m); **2.** *d'une langue etc* Erlernung *f*; Lernen *n*; PSYCH Lernprozeß *m*; *faire l'~ de qc* etw (er)lernen; *fig a* die ersten Erfahrungen mit etw machen; lernen, mit etw 'umzugehen

apprêt [apRɛ] *m* **1.** TECH Appre'tur *f* (*action et substance*); Zurichtung *f*; TEXT *a* Ausrüstung *f*; **2.** PEINT Grun'dierung *f*; **3.** *fig sans ~* ungekünstelt; na'türlich

apprêté [apRɛte] *adj style etc* gekünstelt; geziert; affek'tiert; gesucht

apprêter [apRɛte] **I** *v/t* **1.** TECH *étoffe, cuir* appre'tieren; zurichten; TEXT *a* ausrüsten; **2.** *st/s personne* zu'rechtmachen; *mariée* schmücken; **II** *v/pr* **3.** *s'~ à faire qc* sich anschicken, etw zu tun;

appris – appuyer

sich zu etw fertigmachen, rüsten; für, zu etw Vorbereitungen, Anstalten treffen; *je m'apprêtais à partir* ich wollte gerade aufbrechen; ich war gerade im Begriff wegzugehen; **4.** (*se parer*) *s'~* sich zu'rechtmachen, sich festlich kleiden, F sich schönmachen (*pour qc* für etw)
appris [apʀi] *cf* **apprendre**
apprivois|able [apʀivwazabl(ə)] *adj* zähmbar; **~ement** *m* Zähmung *f*
apprivoiser [apʀivwaze] **I** *v/t* **1.** *animal* zähmen; *adjt* **apprivoisé** gezähmt; zahm; **2.** *fig personne* 'umgänglich(er) machen; *enfant* zutraulich machen; **II** *v/pr s'~* **1.** *animal* zahm werden; **4.** *personne* 'umgänglich(er), zugänglich (-er), gesellig(er) werden; *enfant* zutraulich werden; Zutrauen gewinnen
approbat|eur [apʀɔbatœʀ] *adj* ⟨-trice⟩ *ou* **~if** *adj* ⟨-ive⟩ beifällig; zu-, beistimmend; billigend
approbation [apʀɔbasjɔ̃] *f* **1.** (*accord*) Billigung *f*; Zustimmung *f*; Einverständnis *n*; Einwilligung *f*; ADM Genehmigung *f*; **donner son ~ à qc** e-r Sache (*dat*) s-e Zustimmung, Einwilligung geben; etw billigen; **2.** (*jugement favorable*) Beifall *m*; Anerkennung *f*; *action* **mériter l'~** Beifall verdienen; **obtenir l'~ générale** allgemein Anerkennung finden
approchant [apʀɔʃɑ̃] *adj* **1.** *qc d'~* etwas Ähnliches; etwas, was dem nahekommt *ou* annähernd so ist; *rien d'~* nichts Derartiges; nichts, was dem nahekommt; **2.** *résultat, valeur* annähernd (genau)
approche [apʀɔʃ] *f* **1.** (*action d'approcher*) (Her'an)Nahen *n*; Her'ankommen *n*, -rücken *n*; Näherkommen *n*, -rücken *n*; Annäherung *f*; MIL *a* Anrücken *n*; Anmarsch *m*; AVIAT (Lande)Anflug *m*; *l'~ de l'hiver* das (Heran)Nahen des Winters; *fig* **travaux** *m/pl* **d'~** Annäherungsversuche *m/pl*; *loc/prép* **à l'~ de** beim (Heran)Nahen (+*gén*); *il s'enfuit à mon ~* als ich näher kam; als ich mich näherte; **à l'~ d'un danger** beim Herannahen e-r Gefahr; wenn Gefahr im Anzug *ou* Verzug ist; **à l'~** *ou* **aux ~s de la nuit** bei Einbruch der Nacht; **à l'~** *ou* **aux ~s de la trentaine** wenn man auf die Dreißig zugeht; wenn man sich den Dreißig(ern) nähert; **2.** (*façon d'aborder*) Sehweise *f*; Sicht *f*; Betrachtung(sweise) *f*; Ansatz *m*; *d'un problème a* Approach [ə'prɔtʃ] *m*; Zugang *m* (*de* zu); *une œuvre d'~ difficile* ein Werk, zu dem man schwer Zugang findet; **3.** OPT **lunette** *f* **d'~** Fernrohr *n*; Tele'skop *n*; **4.** Nähe *f*; *aux* **~s de la mer** in der Nähe des Meeres
approché [apʀɔʃe] *adj résultat* annähernd genau; **valeur ~e** Näherungswert *m*
approcher [apʀɔʃe] **I** *v/t* **1.** *objet* näher rücken, stellen, schieben; her'anrücken, -schieben, -ziehen, -bringen (*de* an +*acc*); **approche ta chaise!** rück deinen Stuhl näher (heran)!; *il m'approcha une chaise* er schob mir e-n Stuhl hin; **la tasse de ses lèvres** die Tasse zum Mund führen; **2.** *personne* **~ qn** sich j-m nähern; an j-n her'ankommen; *dans son métier, sa vie* mit j-m in Berührung kommen; mit j-m Kon'takt haben; *il est contagieux*, *ne l'approche pas!* komm ihm nicht (zu) nahe!; geh nicht in s-e Nähe!; **II** *v/t/indir* **~ de qc** **3.** sich e-r Sache (*dat*) (an)nähern; e-r Sache (*dat*) näher kommen; **~ du but** sich dem Ziel nähern; **~ de la trentaine** auf die Dreißig zugehen; sich den Dreißig(ern) nähern; **4.** *fig* e-r Sache (*dat*) ähneln, nahekommen, vergleichbar sein; **III** *v/i* (*et v/pr*) **5.** (*s'*) **~** nahen; sich nähern; *personne a* näher kommen, treten; *date, événement a* näher rücken, kommen; her'anrücken, -kommen; **approche(-toi)!** komm, tritt näher!; **l'hiver approche** der Winter naht; es geht auf den Winter zu; **6.** **s'~ de qn, de qc** sich j-m, e-r Sache nähern; sich j-m nahen
approfondi [apʀɔfɔ̃di] *adj examen*, *études etc* gründlich; eingehend; *connaissances a* pro'fund; fun'diert
approfondir [apʀɔfɔ̃diʀ] *v/t* **1.** *trou*, *puits etc* vertiefen; tiefer machen, graben, bohren; **2.** *fig savoir, problème*, *pensée* vertiefen; *science, domaine* tiefer eindringen in (+*acc*); *loc/adv* **sans ~** ohne genauer nachzuforschen; ohne gründliche Prüfung; *regarder, saisir* nur oberflächlich
approfondissement [apʀɔfɔ̃disma] *m* Vertiefung *f* (*a fig*)
appropriation [apʀɔpʀijasjɔ̃] *f* JUR Aneignung *f*; Besitzergreifung *f*
approprié [apʀɔpʀije] *adj* angemessen; passend; geeignet; entsprechend; *être* **~ aux circonstances** den 'Umständen angemessen sein, entsprechen
approprier [apʀɔpʀije] **I** *v/t* **~ qc à qc** etw e-r Sache (*dat*) anpassen; etw auf etw (*acc*) zuschneiden; **II** *v/pr* **s'~ qc** sich etw (unrechtmäßig) aneignen; sich e-r Sache (*gén*) bemächtigen
approuver [apʀuve] *v/t* **1.** (*juger louable*) **~ qc** etw gutheißen, billigen, begrüßen, für gut befinden, gut *ou* richtig finden; **~ qn** a) j-s Verhalten gutheißen *etc*; b) (*se déclarer de son opinion*) j-m beipflichten, bei-, zustimmen; **~ qn de faire qc** es gut, richtig finden, daß j etw tut; *je n'approuve pas que* (+*subj*) ich finde es nicht gut *ou* richtig, daß ...; **2.** ADM, JUR genehmigen; *au Parlement* zustimmen (+*dat*); billigen; JUR **lu et approuvé** (vor)gelesen und genehmigt
approvisionnement [apʀɔvizjɔnmɑ̃] *m* **1.** *de la population*, *d'une ville etc* Versorgung *f* (*en* mit); *d'un marché a* Beschickung *f*, Belieferung *f* (mit); *en marchandises a* Zufuhr *f*; **~ en eau, en énergie** Wasser-, Ener'gieversorgung *f*; *en matières premières* Rohstoffversorgung *f*, -zufuhr *f*; **source** *f* **d'~** Bezugs-, Versorgungsquelle *f*; **2.** (*provisions*) Vorrat *m*; Bestand *m*
approvisionner [apʀɔvizjɔne] **I** *v/t* **1.** *population, ville etc* versorgen, eindekken, *marché a* beliefern, beschicken (**en**, *de* mit); *adjt magasin* **être bien approvisionné** gut bevorratet sein; ein gutes Angebot haben; **2.** *compte en banque* auffüllen; **II** *v/pr* **s'~ en qc** sich mit etw versorgen, eindecken, versehen; *abs* (**venir**) *s'~ au marché* auf dem Markt einkaufen
approximatif [apʀɔksimatif] *adj* ⟨-ive⟩ ungefähr; annähernd; approxima'tiv; *estimation*, *calcul a* grob; **calcul ~ a** 'Überschlagsberechnung *f*
approximation [apʀɔksimasjɔ̃] *f* **1.** (ungefähre, grobe) Schätzung *f*; **par ~** schätzungsweise; ungefähr; **2.** MATH Annäherung *f*; Approximati'on *f*
approximativement [apʀɔksimativmɑ̃] *adv* schätzungsweise; ungefähr; annähernd; **évaluer ~** vergleichend; schätzen
appui [apɥi] *m* **1.** Stütze *f*; Halt *m*; CONSTR *a* Lagerung *f*; SPORTS **~ tendu** Handstand *m*; **mur** *m* **d'~** Stützmauer *f*; **point** *m* **d'~** a) PHYS Ansatz-, Auflage-, Stützpunkt *m*; b) CONSTR Auflager *n*; **prendre ~ sur qc** sich auf etw (*acc*) stützen; **2.** *d'une fenêtre*, *d'un balcon* Brüstung *f*; *d'une fenêtre a* Fensterbank *f*; Sohlbank *f*; **3.** *fig* (*soutien*) Unter'stützung *f*; *loc/adv* **à l'~** zum Beweis; **avec preuves à l'~** durch Beweise gestützt; *loc/prép* **à l'~ de sa thèse** um s-e These zu stützen; zur Unterstützung s-r These; **demander l'~ de qn** j-n um s-e Unterstützung bitten; **fournir des ~s solides à qn** j-n tatkräftig, wirksam unter'stützen; **4.** **~ de la voix sur un mot** starke Betonung, Akzentu'ierung *f* e-s Wortes
appui-main [apɥimɛ̃] *m* ⟨*pl* appuis-main⟩ *ou* **appuie-main** *m* ⟨*inv*⟩ PEINT Malstock *m*
appui-tête [apɥitɛt] *m* ⟨*pl* appuis-tête⟩ *ou* **appuie-tête** *m* ⟨*inv*⟩ Kopfstütze *f*
appuyé [apɥije] *adj regard* eindringlich; forschend; *compliment*, *plaisanterie* plump; F dick aufgetragen
appuyer [apɥije] ⟨-ui-⟩ **I** *v/t* **1.** (ab)stützen; **~ qc contre qc** etw gegen etw lehnen; etw an etw (*acc*) lehnen; **l'échelle contre le mur** die Leiter gegen, an die Wand lehnen; **~ qc sur qc** a) etw auf etw (*acc*) (auf)stützen, drükken; b) *fig* *déclaration, affirmation* etw (*acc*) stützen; **~ les coudes sur la table** die Ell(en)bogen aufstützen, aufstemmen, auf den Tisch stützen; **~ le revolver sur la tempe de qn** j-m den Revolver an die Schläfe drücken, setzen; **2.** *fig* (*soutenir*) *candidature*, *projet etc* unter'stützen (*a qn*); befürworten; **II** *v/i* **3.** *en écrivant* aufdrücken; **~ sur qc** auf etw (*acc*) drücken; *touche*, *levier a* niederdrücken; *voûte*, *poutre* auf etw (*dat*) ruhen, lagern; AUTO **~ sur l'accélérateur** aufs Gaspedal treten; Gas geben; **~ sur un bouton** auf e-n Knopf drücken; **~ sur le frein** auf die Bremse treten; **4.** *fig* **~ sur a**) *mot, syllabe* stark betonen; mit besonderem Nachdruck sprechen; den Ton legen auf (+*acc*); **b**) *aspect, idée etc* nachdrücklich betonen; besonders her'vorheben; besonderen Nachdruck, den Ak'zent legen auf (+*acc*); **5.** *en conduisant* **~ à droite**, **sur la droite** sich (nach) rechts halten; **III** *v/pr* **6.** *s'~ contre qn*, *qc* sich gegen j-n, etw lehnen; sich an j-n, etw anlehnen; *s'~ sur qn*, *qc* a) sich auf j-n, etw stützen; b) *fig sur des faits, des documents etc* sich auf etw (*acc*) stützen; **7.** *fig* **s'~ sur qn**, *sur l'amitié de qn* sich auf j-n, auf j-s Freundschaft verlassen; auf j-n, auf j-s Freundschaft zählen; **8.** F **s'~ une boisson** F runterkippen; *un mets*, *repas* F verputzen; in sich reinstopfen; **9.** F **s'~ une corvée** auf sich

nehmen müssen; F **am** *ou* **auf dem Hals haben** (*a une personne*)
âpre [ɑpʀ(ə)] *adj* **1.** *goût, fruit, vin* (unangenehm) herb; *goût a* streng; scharf; *voix, ton* rauh; *froid* beißend; schneidend; **2.** *lutte, discussion* heftig; erbittert; heiß; hitzig; *discussion a* scharf; *reproches* heftig; bitter; **3.** *personne ~ au gain* gewinnsüchtig; geldgierig; F scharf aufs Geld
aprèm(e) [apʀɛm] *m ou f F abr cf après-midi*
après [apʀɛ] **I** *prép* **1.** *dans le temps, dans l'ordre* nach (+*dat*); **a) *bien des difficultés*** nach vielen Schwierigkeiten; **~ *Jésus-Christ*** (*abr* apr. J.-C.) nach Christus (*abr* n. Chr.); **un an ~ sa mort** ein Jahr nach s-m Tod; **~ vous, je vous prie!** bitte, nach Ihnen!; *il est arrivé ~ moi* er ist nach mir an(ge)kommen; **~ ce que j'ai fait pour lui** nach dem, was ich für ihn getan habe; **le capitaine vient ~ le lieutenant** der Hauptmann kommt nach dem Oberleutnant; *avec inf*: **~ avoir lu le journal, il ...** nachdem er die Zeitung gelesen hatte, ...; **~ manger** nach dem Essen; ♦ *loc/adv*: **~ cela, ~ quoi** da'nach; dann; hinter'her; **~ quoi tout le monde partit ...** woraut (-hin) alle weggingen; **~ coup** hinter'her; nachträglich; im nachhinein; **~ tout** alles in allem; im Grunde (genommen); übrigens; schließlich; **2.** *dans l'espace* **a)** (*derrière*) nach (+*dat*); hinter (+*dat ou acc*); **~ le pont** nach, hinter der Brücke; **courir ~ qn, qc** hinter j-m, etw herlaufen; j-m, etw nachlaufen; *cf a **courir** 6.*; **traîner ~ soi qn, qc** j-n, etw hinter sich herziehen, -schleppen; **b)** F (*à, sur*) an (+*dat ou acc*); **accrocher qc ~ le porte-manteau** an den Kleiderständer; **c)** *par ext*: *chien* **aboyer ~ qn** j-n anbellen; F **attendre ~ qn, qc** auf j-n, etw warten; **crier ~ qn** mit j-m (her'um)schimpfen; j-n anschreien; F **demander ~ qn** nach j-m fragen; **être ~ qn** hinter j-m hersein; j-m (scharf) auf die Finger sehen; **être furieux ~ qn** auf j-n wütend sein; **3.** *loc/prép* **d'~** nach (+*dat*); gemäß (+*dat*); zu'folge, entsprechend (*précédé d'un dat*); **peindre d'~ nature** nach der Natur; **d'~ ce que disent les journaux** den Zeitungen zufolge; **agir d'~ les ordres reçus** befehls-, weisungsgemäß; den Weisungen entsprechend, gemäß; **d'~ vous, qui est le coupable?** wer ist Ihrer Meinung nach der Schuldige?; **II** *adv* **1.** *temporel* da'nach; dar'auf; später; hinterher; nachher; **vingt ans ~** zwanzig Jahre danach, später; **aussitôt, immédiatement ~** gleich, unmittelbar danach, darauf; **peu ~** bald darauf; kurz danach; **et que ferez-vous ~?** und was macht ihr danach, hinterher, nachher; **sa famille passe ~** s-e Familie kommt erst danach; **venez me voir ~** kommen Sie nachher zu mir; **(et) ~?** *que vous a-t-il dit?* (dann)? ...; *défi* **et (puis) ~!** na und?; was ist da schon dabei?; *loc/adj* **le jour d'~** **a)** der Tag danach, darauf; **b)** am Tag danach, darauf; tags darauf; ander(e)ntags; **2.** *local* **a)** (*derrière*) da'nach; da'hinter; **voici l'église, la poste est juste ~** die Post kommt gleich da-

nach, dahinter, **b)** F (*dessus*) dar'an; dran; *il y a une tache* **~** es ist ein Fleck dran; **III** *loc/conj* **~ que** (+*ind*, *abus* +*subj*) nach'dem
après-demain [apʀɛdmɛ̃] *adv* übermorgen; **~-gaullisme** *m POL* l'~ die Zeit nach de Gaulle; die nachgaullistische Zeit; **~-guerre** *m ou f* ⟨*pl* après-guerres⟩ Nachkriegszeit *f*; *loc/adj* **d'~** Nachkriegs...
après-midi [apʀɛmidi] *m ou f* ⟨*inv*⟩ Nachmittag *m*; *loc/adv*: **cet ~** heute nachmittag; **l'~** im Laufe des Nachmittags; **dans l'~** im Laufe des Nachmittags; **en fin d'~** am Spätnachmittag
après-rasage [apʀɛʀazaʒ] *m* ⟨*inv*⟩ **~** *ou adjt* **lotion** *f* Ra'sierwasser *n*; After-shave-Lotion *f* -[ʃɛːvlɔːʃən] *f*
après-ski [apʀɛski] *m* ⟨*pl* après-ski(s)⟩ Schneestiefel *m*
après-vente [apʀɛvɑ̃t] *adj* ⟨*inv*⟩ **service *m* ~** Kundendienst *m*
âpreté [ɑpʀəte] *f* **1.** *d'un vin, fruit* Herbe *f*; *d'une voix* Rauheit *f*; *du froid, de l'hiver* Strenge *f*; **2.** *d'une lutte, discussion* Heftigkeit *f*; Härte *f*; Verbissenheit *f*; *d'une critique* Schärfe *f*; **~ (au gain)** Gewinnsucht *f*; Geldgier *f*
a priori [apʀijɔʀi] **I** *loc/adv* von vornherein; auf den ersten Blick; grundsätzlich; *PHILOS* a pri'ori; **II** *m* ⟨*inv*⟩ **1.** *PHILOS* Apri'ori *n*; **2.** *par ext* unbewesene Annahme; Hypo'these *f*; (*préjugé*) Vorurteil *n*
apr. J.-C. *abr* (*après Jésus-Christ*) n. Chr. (nach Christus)
à-propos [apʀopo] *m* (**esprit *m* d')~** Schlagfertigkeit *f*; **avec ~** schlagfertig
apte [apt] *adj* *personne* **~ à** geeignet für; fähig zu (+*dat*); tauglich zu; **être ~ à (faire) qc** sich für etw eignen; für *ou* zu etw taugen; sich dafür eignen *ou* dazu etw zu tun; **~ au service militaire** wehrdiensttauglich
aptitude [aptityd] *f* Eignung *f* (**à, pour** für); Fähigkeit *f* (zu) (*a JUR*); Tauglichkeit *f* (zu); **~s** *pl* a Begabung *f*; **test** *m* **d'~** Eignungstest *m*; **avoir de grandes ~s** große Fähigkeiten; e-e große Begabung besitzen
apurement [apyʀmɑ̃] *m FIN* Rechnungsprüfung *f*, -abschluß *m*; **~er** *v/t compte* prüfen
aqua|culture [akwakyltyʀ] *f* Aquakultur *f*; **~planing** [-planiŋ] *m AUTO* Aqua'planing *n*
aquarelle [akwaʀɛl] *f PEINT* **a)** *tableau* Aqua'rell *n*; **b)** *technique* Aqua'rellmalerei *f*; **peindre à l'~** aquarel'lieren
aquarelliste [akwaʀelist] *m,f* Aqua'rellmaler(in) *m(f)*
aquarium [akwaʀjɔm] *m* Aqu'arium *n*
aquatique [akwatik] *adj* Wasser...; aqu'atisch; **animaux** *m/pl*, **oiseaux** *m/pl*, **plantes** *f/pl* **~s** Wassertiere *n/pl*, -vögel *m/pl*, -pflanzen *f/pl*; **en milieu ~** im Wasser
aqueduc [akdyk] *m* Aquä'dukt *m*
aqueux [akø] *adj* ⟨-euse⟩ **1.** *ANAT* **humeur aqueuse** (Augen)Kammerwasser *n*; **2.** *CHIM* **solution aqueuse** wässerige, wäßrige Lösung
aquilin [akilɛ̃] *adj* ⟨*m*⟩ **nez ~** leicht gebogene, schmale Adlernase
aquilon [akilɔ̃] *m poét* (kalter) Nord
aquitain [akitɛ̃] **I** *adj* aqui'tanisch; **II** *subst* **⒉(e)** *m(f)* Aqui'tanier(in) *m(f)*

Aquitaine [akitɛn] **l'~** *f* **1.** *HIST* Aqui'tanien *n*; **2.** *frz* Region
ara [aʀa] *m ZO* Ara *m*
arabe [aʀab] **I** *adj* a'rabisch; **cheval *m* ~** Araber *m*; **chiffre *m* ~** arabische Ziffer, Zahl; **II** *subst* **1.** **⒉** *m,f* Araber(in) *m(f)*; **2.** *LING* **l'~** *m* das A'rabische; A'rabisch *n*
arabesque [aʀabɛsk] *f* **1.** *ornement, fig* Ara'beske *f*; **2.** *BALLET* Ara'besque *f*
Arabie [aʀabi] **l'~** *f* A'rabien *n*
arabique [aʀabik] *adj* **gomme *f* ~** Gummia'rabikum *n*
arabis|ant [aʀabizɑ̃] *m*, **~ante** *f* Ara-'bist(in) *m(f)*; **~ation** *f* Arabi'sierung *f*; **~er** *v/t* arabi'sieren
arabisme [aʀabism(ə)] *m LING* a'rabische Spracheigentümlichkeit; Ara'bismus *m*
arable [aʀabl(ə)] *adj* **terre(s)** *f(pl)* **~(s)** Ackerboden *m*, -land *n*
arabophone [aʀabofɔn] *adj* a'rabischsprechend, -sprachig
arac *cf* **arak**
arachide [aʀaʃid] *f BOT* Erdnuß *f* (*plante et fruit*); **huile *f* d'~** Erdnußöl *n*
arachnéen [aʀaknɛɛ̃] *litt adj* ⟨-ne⟩ hauchzart
Aragon [aʀagɔ̃] **l'~** *m* Ara'gonien *n*
araignée [aʀɛɲe] *f* **1.** *ZO* Spinne *f*; F *fig* **avoir une ~ dans le *ou* au plafond** F im Oberstübchen nicht ganz richtig sein; *cf a* **cinglé**; *prov* **~ du matin, chagrin, ~ du soir, espoir** Spinne am Morgen bringt Kummer und Sorgen, Spinne am Abend, erquickend und labend (*prov*); **2.** *ZO* **~ de mer** Meeresspinne *f*
arak [aʀak] *m* Arrak *m*
Aral [aʀal] **la mer d'~** der Aralsee
araméen [aʀameɛ̃] *HIST* **I** *adj* ⟨-ne⟩ ara-'mäisch; **II** *subst* **1.** **⒉s** *m/pl* Ara'mäer *m/pl*; **2.** *LING* **l'~** *m* das Ara'mäische; Ara'mäisch *n*
araser [aʀaze] *v/t* **1.** *CONSTR* abgleichen; **2.** *GÉOL* abschleifen
aratoire [aʀatwaʀ] *adj* **instrument *m* ~** Ackergerät *n*
araucaria [aʀokaʀja] *m BOT* Arau'karie *f*
arbalète [aʀbalɛt] *f* Armbrust *f*
arbalétrier [aʀbaletʀije] *m HIST* Armbrustschütze *m*
arbitrage [aʀbitʀaʒ] *m* **1.** **a)** *COMM, POL* Schiedsgerichtsbarkeit *f*; *DROIT DU TRAVAIL* Schlichtung *f*; **procédure ~** schiedsrichterliches Verfahren; Schiedsverfahren *n*; **b)** (*sentence*) Schiedsspruch *m*; **2.** *SPORTS* Schiedsrichteramt *n*; F Schiedsrichtern *n*; **erreur** *f* **d'~** Fehlentscheidung *f* des Schiedsrichters; **3.** *BOURSE* Arbi'trage *f*
arbitraire [aʀbitʀɛʀ] **I** *adj* **mesure, décision etc** willkürlich; arbi'trär; **interprétation *a*** eigenwillig; *MATH* beliebig (angenommen); **II** *m* Willkür *f*; **règne *m* de l'~** Willkürherrschaft *f*
arbitre[1] [aʀbitʀ(ə)] *m* Schiedsrichter *m*; *SPORTS a* F Schiri *m*; *JUR a* Schiedsmann *m*; *dans un conflit tarifaire* Schlichter *m*; *BOXE* Ringrichter *m*; **prendre qn pour ~** j-n als Schiedsrichter anrufen
arbitre[2] [aʀbitʀ(ə)] *m PHILOS* **libre ~** freier Wille; Willensfreiheit *f*
arbitrer [aʀbitʀe] *v/t* **1.** *litige* durch Schiedsspruch beilegen, entscheiden; **conflit tarifaire** schlichten; als Schieds-

arborer – **a-reu a-reu**

richter, Schlichter tätig werden (*un différend* bei e-m Streit); **2.** *SPORTS* Schiedsrichter, *BOXE* Ringrichter sein (*un match* bei e-m Spiel, Boxkampf); *abs* F schiedsrichtern

arborer [aʀbɔʀe] *v/t* **1.** *drapeau* aufpflanzen; hissen; **2.** *fig décoration, médaille* zur Schau tragen; (stolz, allen sichtbar) tragen; *sourire, air* aufsetzen; **~ une fleur à la boutonnière** e-e Blume im Knopfloch tragen; *journal ~ un gros titre* e-e Schlagzeile tragen, bringen

arborescent [aʀbɔʀɛsɑ̃] *adj BOT* baumartig, -förmig; *fougère ~e* Baumfarn *m*

arboricole [aʀbɔʀikɔl] *adj ZO* auf Bäumen lebend

arboricult|eur [aʀbɔʀikyltœʀ] *m* Baumzüchter *m*; *au sens strict* Obstgärtner *m*; **~ure** *f* Baumzucht *f*; *fruitière* Obstbau *m*

arborisation [aʀbɔʀizasjɔ̃] *f sur des roches* baumartige Zeichnung; **~s du givre** Eisblumen *f/pl*

arbous|e [aʀbuz] *f BOT* Frucht *f* des Erdbeerbaums; **~ier** *m BOT* Erdbeerbaum *m*

arbre [aʀbʀ(ə)] *m* **1.** *BOT* Baum *m*; *fruitier* Obstbaum *m*; *fig* **~ généalogique** Stammbaum *m*; Ahnentafel *f*; *HIST* **~ de la liberté** Freiheitsbaum *m*; **~ de Noël** Weihnachts-, Christbaum *m*; *prov c'est l'~ qui cache la forêt* man *ou* er *etc* sieht den Wald vor lauter Bäumen nicht; **2.** *TECH* Welle *f*; **~ moteur** Antriebswelle *f*; **~ de transmission** Transmissionswelle *f*

arbrisseau [aʀbʀiso] *m* ⟨*pl ~x*⟩ *BOT* (Groß)Strauch *m*

arbuste [aʀbyst] *m BOT* (Klein)Strauch *m*; Busch *m*

arc [aʀk] *m* **1.** *arme, SPORTS* Bogen *m*; *tir m, tireur m à l'~* Bogenschießen *n*, -schütze *m*; *tirer à l'~* mit Pfeil und Bogen schießen; **2.** *ARCH* Bogen *m*; **~ en ogive, gothique** Spitzbogen *m*; gotischer Bogen; **en plein cintre, roman** Rundbogen *m*; romanischer Bogen; **~ de triomphe** Triumphbogen *m*; **3.** *MATH* Bogen *m*; **de cercle** Kreisbogen *m*; (*disposé*) **en ~ de cercle** bogen-, halbkreisförmig (angeordnet); **4.** *ÉLECT* **~ électrique** Lichtbogen *m*; *lampe f à ~* Bogenlampe *f*

arcade [aʀkad] *f* **1.** *ARCH* Ar'kade *f*; **~s** *pl a* Bogengang *m*; **2.** *ANAT* Bogen *m*; **~ sourcilière** Augenbrauenbogen *m*; *en boxant* **ouvrir l'~ sourcilière** die Augenbraue aufschlagen; **3.** *sur monture de lunettes* Steg *m*

arcane [aʀkan] *m* **1.** *ALCHIMIE* Geheimmittel *n*; Ar'kanum *n*; **2.** *litt d'une science etc* **~s** *pl* Geheimnisse *n/pl*

arc-boutant [aʀkbutɑ̃] *m* ⟨*pl* arcs-boutants⟩ *ARCH* Strebebogen *m*

arc-bouter [aʀkbute] **I** *v/t* **1.** *ARCH* (durch Strebebögen) absteifen; **2.** *p/p mains, pieds* **arc-bouté contre un mur** gegen e-e Mauer gestemmt; **II** *v/pr* **s'~** die Beine fest gegen den Boden stemmen; **s'~ contre qc** sich gegen etw stemmen

arceau [aʀso] *m* ⟨*pl ~x*⟩ **1.** *ARCH* kleiner Bogen; **2.** *CROQUET* Tor *n*; **3.** *d'une tonnelle* Bogen *m*; **4.** *AUTO* **~ de sécurité** 'Überrollbügel *m*

arc-en-ciel [aʀkɑ̃sjɛl] *m* ⟨*pl* arcs-en--ciel [aʀkɑ̃sjɛl]⟩ Regenbogen *m*

archaïque [aʀkaik] *adj* ar'chaisch (*a ART*); altertümlich

archaïsant [aʀkaizɑ̃] *adj* archaï'sierend; altertümelnd

archaïsme [aʀkaism(ə)] *m* **1.** *LING* Ar'chaismus *m*; **2.** (*caractère archaïque*) ar'chaischer, altertümlicher Cha'rakter

archange [aʀkɑ̃ʒ] *m REL* Erzengel *m*

arche¹ [aʀʃ] *f ARCH* (Brücken)Bogen *m*

arche² [aʀʃ] *f* **1.** *BIBL l'~ de Noé* die Arche Noah; **2.** *JUDAÏSME* **l'~ d'alliance, l'~ sainte** die Bundeslade

archéo|logie [aʀkeɔlɔʒi] *f* Archäolo'gie *f*; Altertumskunde *f*, -wissenschaft *f*; **~logique** *adj* archäo'logisch; **~logue** *m,f* Archäo'loge, -'login *m,f*; Altertumsforscher(in) *m(f)*

archer [aʀʃe] *m HIST, SPORTS* Bogenschütze *m*

archet [aʀʃɛ] *m pour instrument à cordes* Bogen *m*

archétype [aʀketip] *m PHILOS, PSYCH etc* Arche'typ(us) *m*; Urform *f*; Urbild *n*

archevêché [aʀʃəveʃe] *m ÉGL CATH* **a)** *territoire* Erzbistum *n*; **b)** *siège* Sitz *m* des Erzbischofs; **c)** erzbischöfliches Pa'lais

archevêque [aʀʃəvɛk] *m* Erzbischof *m*

archi... [aʀʃi] F *préfixe* ganz; völlig; to'tal; *cf les articles suivants*

archi|comble [aʀʃikɔ̃bl(ə)] *adj* F *cf* **archiplein**; **~connu** F *adj* sattsam bekannt

archi|diacre [aʀʃidjakʀ(ə)] *m ÉGL* Archidia'kon *m*; **~diocèse** *m ÉGL CATH* Erzdiözese *f*; **~duc** *m HIST* Erzherzog *m*; **~duchesse** *f HIST* Erzherzogin *f*; **~épiscopal** *adj* ⟨-aux⟩ *ÉGL CATH* erzbischöflich; des Erzbischofs; **~épiscopat** *m* erzbischöfliche Würde; Amt *n* des Erzbischofs

archifaux [aʀʃifo] F *adj* ⟨-fausse⟩ ganz, völlig, to'tal falsch

archimandrite [aʀʃimɑ̃dʀit] *m ÉGL* Archiman'drit *m*

Archimède [aʀʃimɛd] *m HIST* Archi'medes *m*

archipel [aʀʃipɛl] *m* Archi'pel *m*; Inselgruppe *f*

archiplein [aʀʃiplɛ̃] F *adj* brechend, gestopft, F gerammelt voll; F proppenvoll

archiprêtre [aʀʃipʀɛtʀ(ə)] *m ÉGL CATH* Erzpriester *m*; Archi'presbyter *m*

architecte [aʀʃitɛkt] *m,f* Archi'tekt(in) *m(f)*; *autrefois a* Baumeister *m*; **~ d'intérieur** Innenarchitekt(in) *m(f)*

architectonique [aʀʃitɛktɔnik] **I** *adj* architek'tonisch; **II** *f* Architek'tonik *f*

architectural [aʀʃitɛktyʀal] *adj* ⟨-aux⟩ architek'tonisch; baulich; Architek'tur...; Bau...

architecture [aʀʃitɛktyʀ] *f* **1.** Architek'tur *f*; Baukunst *f*; **style m d'~** Baustil *m*; **2.** *fig d'une* **~** *-art f*; **3.** *fig* (*structure*) (Archi-)Tek'tonik *f*; Aufbau *m*

architrave [aʀʃitʀav] *f ARCH* Archi'trav *m*

archiv|age [aʀʃivaʒ] *m* Archi'vierung *f*; **~er** *v/t* archi'vieren

archives [aʀʃiv] *f/pl* **a)** *collection* Ar'chiv *n*; **b)** *lieu* Ar'chiv *n*(gebäude *n*, -raum *m*) *n*; *d'une administration, entreprise* (*service m des*) *~* Registra'tur *f*

archiviste [aʀʃivist] *m,f* Archi'var(in) *m(f)*

arçon [aʀsɔ̃] *m* **1.** *de la selle* Sattelbogen *m*; **2.** *SPORTS* **cheval m d'~s** (Seit-)Pferd *n*

arctique [aʀktik] **I** *adj* arktisch; der Arktis; des Nordpo'largebietes; nördlich; **cercle m polaire ~** nördlicher Polarkreis; **océan (Glacial) ~** Nordpolarmeer *n*; Nördliches Eismeer; **II** *subst l'~* die Arktis

Ardèche [aʀdɛʃ] *l'~ f* Fluß *u* Departement in Frankreich

ardemment [aʀdamɑ̃] *adv souhaiter* sehnlichst; brennend; *aimer* heiß; glühend

Ardennes [aʀdɛn] **les ~** *f/pl* **1.** (*a l'Ardenne f*) die Ar'dennen *pl*; **2.** *frz* Departement

ardent [aʀdɑ̃] *adj* **1.** *litt feu, tison* brennend; lodernd; **chapelle ~e** Raum *m*, in dem ein Toter von brennenden Kerzen um'geben aufgebahrt wird; **2.** *fig amour* glühend; heiß; *patriotisme, désir, enthousiasme* glühend; *désir a* sehnlich(st); brennend; *soif, curiosité* brennend; *soleil* glühend(heiß); *lutte* heiß; *prière, foi* inbrünstig; *imagination* lebhaft; F blühend; *tempérament, personne* feurig; heißblütig; leidenschaftlich; **~ défenseur de qc** glühender, leidenschaftlicher Verfechter e-r Sache (*gén*); **rouge, roux ~** flammendes, brennendes Rot; **zèle ~** Feuereifer *m*; **~ au combat** kampfesfreudig, -lustig

ardeur [aʀdœʀ] *f* **1.** Glut *f*; glühende Hitze; **~ du soleil** Sonnenglut *f*; **2.** *fig d'une passion* Glut *f*; *du combat* Hitze *f*; *d'une prière, de la foi* Inbrunst *f*; *d'une personne* Feuer *n*; (mitreißender) Schwung; Begeisterung *f*; Ungestüm *n*; *au travail* Feuereifer *m*; **~ juvénile** jugendliches Feuer, Ungestüm; **~ au travail** (großer) Arbeitseifer; F **modérez vos ~s!** F nicht so hitzig!

ardillon [aʀdijɔ̃] *m* (Schnallen)Dorn *m*

ardoise [aʀdwaz] *f* **1.** *MINÉR* Schiefer *m*; (*plaque f d'~*) Schieferplatte *f*; **toit m d'~s, en ~** Schieferdach *n*; **2.** *ÉCOLE* Schiefertafel *f*; *COMM* schwarze (Preis-)Tafel; *fig* **avoir une ~ chez qn** bei j-m in der Kreide stehen, Schulden haben; **3.** *adjt* ⟨*inv*⟩ schieferfarben; **bleu, gris ~** ⟨*inv*⟩ schieferblau, -grau

ardu [aʀdy] *adj entreprise, tâche etc* schwierig; F kniff(e)lig; verzwickt

are [aʀ] *m* (*abr a*) Ar *n ou m* (*abr a*)

arène [aʀɛn] *f* **1.** A'rena *f*; Kampfbahn *f*; *fig* **~ politique** die politische Arena; *fig* **descendre dans l'~** den (politischen) Kampf aufnehmen; die (politische) Herausforderung annehmen; **2.** **~s** *pl* (*amphithéâtre*) Stierkampfarena *f*; *des Romains* A'rena *f*

aréole [aʀeɔl] *f* **1.** *ANAT* Warzenhof *m*; **2.** *MÉD* roter Hof, Kreis

aréopage [aʀeɔpaʒ] *litt m* ehrwürdige Versammlung; fachkundiges Gremium

arête [aʀɛt] *f* **1.** *de poisson* Gräte *f*; **sans ~s** ohne den Gräten; grätenlos; **2.** *ANAT* **~ du nez** Nasenrücken *m*; **3.** *d'une pierre, poutre etc* Kante *f* (*a MATH*); *loc/adj* **à ~ vive** scharfkantig; **4.** *ARCH* Grat *m*; **5.** *en montagne* Grat *m*; Kamm *m*

a-reu a-reu [aʀøaʀø] *int premiers gazouillis du bébé* raah, raah!

argent [aRʒɑ̃] *m* **1.** *métal* Silber *n*; *vieil ~* Altsilber *n*; *loc/adj d'~*, *en ~* silbern; Silber...; *couleur a* silb(e)rig; *bijoux m/pl en ~* Silberschmuck *m*; *couvert m d'~* Silberbesteck *n*; *poét: dans les cheveux fil m d'~* Silberfaden *m*; silberner Faden; *de la mer reflets m/pl d'~* Silberglanz *m*; silb(e)riger, silberner Glanz; **2.** (*monnaie*) Geld *n*; *~ comptant* Bares Geld; Bargeld *n*; *fig prendre qc pour ~ comptant* etw für bare Münze nehmen; *fig ~ sale* Schwarzgeld *n*; *avoir de l'~* (viel) Geld haben; reich sein; *en avoir pour son ~* (wirklich) etwas für sein Geld haben; *en être pour son ~* sein Geld um'sonst ausgegeben haben; sein Geld los sein; *être sans ~* kein Geld haben; mittellos sein; F *faire de l'~* F Geld machen; *jeter l'~ par les fenêtres* das Geld zum Fenster hinauswerfen, F -schmeißen; *en vouloir pour son ~* für sein Geld etwas haben wollen; *prov: l'~ n'a pas d'odeur* Geld stinkt nicht (*prov*); *l'~ est le nerf de la guerre* wer Krieg führen will, braucht Geld; *l'~ ne fait pas le bonheur* (*plais mais il y contribue*) Geld macht nicht glücklich (*plais aber es beruhigt*) (*prov*); *le temps c'est de l'~* Zeit ist Geld (*prov*); *cf a courir 6.*
argenté [aRʒɑ̃te] *adj* **1.** *métal* versilbert; **2.** *couleur, éclat* silb(e)rig; silbern; silberglänzend; *cheveux* silberweiß; silbern; *gris ~* silbergrau; *papier ~* Silberpapier *n*; **3.** F *personne n'être pas très ~* nicht viel Geld haben; *passagèrement* F ziemlich abgebrannt sein
argenter [aRʒɑ̃te] *v/t* **1.** *métal* versilbern; **2.** *fig et poét* e-n Silberglanz verleihen (+*dat*)
argenterie [aRʒɑ̃tRi] *f* (Tafel)Silber *n*; *couverts* Silberbestecke *n/pl*; *vaisselle* Silbergeschirr *n*; F Silberzeug *n*
argentier [aRʒɑ̃tje] *m plais grand ~* Fi'nanzminister *m* (*a HIST*)
argentin¹ [aRʒɑ̃tɛ̃] *adj voix, rire* silberhell; silbern
argentin² [aRʒɑ̃tɛ̃] I *adj* argen'tinisch; II *subst* 2(*e*) *m(f)* Argen'tinier(in) *m(f)*
Argentine [aRʒɑ̃tin] *l'~ f* Argen'tinien *n*
argile [aRʒil] *f MINÉR* Ton *m*; Lehm *m*; Letten *m*; *~ réfractaire* feuerfester Ton; Scha'motte *f*; *loc/adj d'~* tönern; Ton...
argileux [aRʒilø] *adj* ⟨-euse⟩ tonig; tonhaltig; Ton...; lehmig; *sol ~* Lehmboden *m*
argon [aRgɔ̃] *m CHIM* Argon *n*
Argonne [aRgɔn] *l'~ f* die Ar'gonnen *pl*; der Ar'gonner Wald
argot [aRgo] *m* **1.** *du milieu* Ar'got *n ou m*; Gaunersprache *f*; Rotwelsch *n*; *mot m d'~* Argotwort *n*, -ausdruck *m*; **2.** *socioprofessionnel* (Sonder)Sprache *f*; Jar'gon *m*; *~ militaire* Sol'datensprache *f*, -jargon *m*; *~ scolaire* Schüler-, Pen'nälersprache *f*, -jargon *m*
argotique [aRgɔtik] *adj* Ar'got...
Argovie [aRgɔvi] *le canton d'~* der (Kanton) Aargau
arguer [aRgɥe, *abus* aRge] ('j'argüe *ou* j'argue *etc*⟩ *v/t/indir st/s ~ de qc* a) (*alléguer*) etw geltend machen, ins Feld führen, als Argu'ment anführen; b) (*prétexter*) etw vorschieben
argument [aRgymɑ̃] *m* **1.** Argu'ment *n*; Beweisgrund *m*; *publicité ~ de vente*

Verkaufsargument *n*; *st/s tirer ~ de qc* etw als Argument, Vorwand benützen; sich auf etw (*acc*) berufen; **2.** *LITTÉRATURE* kurze Inhaltsangabe, -übersicht; Resü'mee *n*
argumentaire [aRgymɑ̃tɛR] *m PUBLICITÉ* Sales-folder ['sɛːlz-] *m*
argument|ation [aRgymɑ̃tasjɔ̃] *f* Argumentati'on *f*; Beweisführung *f*; *~er v/i* argumen'tieren
argus [aRgys] *m* Informati'onsblatt *n*, -dienst *m*; *l'2 (de l'automobile)* die Preisliste für Gebrauchtwagen
argutie [aRgysi] *f litt souvent pl ~s* Spitzfindigkeiten *f/pl*
aria [aRja] *f MUS* Arie *f*
Ariane [aRjan] *f* **1.** *MYTH* Ari'adne *f*; **2.** *fusée* Ari'ane *f*
aride [aRid] *adj* **1.** *sol* trocken (*a climat*); dürr; ausgedörrt; *sc* a'rid; **2.** *fig sujet*, *lecture etc* trocken; nüchtern; ledern
aridité [aRidite] *f* **1.** *du sol* Trockenheit *f* (*a du climat*); Dürre *f*; Ausgedörrtheit *f*; *sc* Aridi'tät *f*; **2.** *fig d'un sujet etc* Trockenheit *f*; Nüchternheit *f*
Ariège [aRjɛʒ] *l'~ f* Fluß *u* Departement in Frankreich
ariette [aRjɛt] *f MUS* Ari'ette *f*
Aristide [aRistid] *m Vorname*
aristo [aRisto] *m,f* F *abr cf aristocrate*
aristocrate [aRistɔkRat] *m,f* Aristo'krat(in) *m(f)*
aristocratie [aRistɔkRasi] *f* Aristokra'tie *f (a fig)*; *fig ~ de l'argent* Geldaristokratie *f*
aristocratique [aRistɔkRatik] *adj* aristo'kratisch
Aristote [aRistɔt] *m PHILOS* Ari'stoteles *m*
aristotél|icien [aRistɔtelisjɛ̃] *PHILOS* I *adj* ⟨-ne⟩ aristo'telisch; II *m* Aristoteliker *m*; *~isme m PHILOS* Aristote'lismus *m*
arithmétique [aRitmetik] I *adj* arith'metisch; *opération f ~* Rechenoperation *f*; *rapport m ~* Zahlenverhältnis *n*; II *f* Arith'metik *f*; Zahlenrechnung *f*
arlequin [aRləkɛ̃] *m THÉ* Harlekin *m*; Hanswurst *m*; Pickelhering *m*; *habit m d'~* Harlekinsgewand *n*, -kleid *n*
arlequinade [aRləkinad] *f THÉ* Harleki'nade *f*; Hanswursti'ade *f*
Arles [aRl] *f* Stadt im Dep. Bouches-du-Rhône
arlésien [aRlezjɛ̃] *adj* ⟨-ne⟩ (*et subst* 2 *Einwohner*) von Arles
Arlette [aRlɛt] *f Vorname*
armada [aRmada] *f* **1.** *HIST* Ar'mada *f*; **2.** F *fig* Heer *n*; Pulk *m*
armagnac [aRmaɲak] *m* Weinbrand aus der Gegend von Bordeaux
Armand [aRmɑ̃] *m* Hermann *m*
armateur [aRmatœR] *m MAR* Reeder *m*; Ausrüster *m*; *navigation fluviale* Schiffseigner *m*
armature [aRmatyR] *f* **1.** *TECH* Gestell *n*; Gerüst *n*; Gerippe *n*; Ske'lett *n*; Stütz-, Tragwerk *n*; *d'une sculpture* Gerüst *n*; *d'un vitrail* Bleinetz *n*; *de soutien-gorge* Rundbügel *m*; *du béton* Ar'mierung *f*; Bewehrung *f*; **2.** *fig* Grundlage *f*; Stütze *f*; Gerüst *n*; Halt *m*; **3.** *MUS* Vorzeichnung *f*
arme [aRm] *f* **1.** Waffe *f* (*a fig*); *MIL a* (*fusil*) Gewehr *n*; *~ absolue* Wunderwaffe *f* (*a fig*); *~s nucléaires* A'tom-, Kernwaffen *f/pl*, *~s bactériologiques*,

biologiques, chimiques bakteriologische, biologische, chemische Waffen; *~ à feu* Feuer-, Schußwaffe *f*; *fait m d'~* (kriegerische) Heldentat; *place f d'~s* Exer'zier-, Pa'radeplatz *m*; *loc/adv: aux ~s!* zu den Waffen!; *à ~s égales* mit gleichen Waffen (*a fig*); *avec ~s et bagages* mit Sack und Pack; *par les ~s* durch *ou* mit Waffengewalt; *passer qn par les ~s* j-n erschießen; *régler un différend par les ~s* e-n Streit mit der Waffe, mit Waffen austragen; *sans ~s* unbewaffnet; waffenlos; *déposer, rendre les ~s* die Waffen strecken (*a fig*), niederlegen; *fig c'est une ~ à double tranchant* das ist ein zweischneidiges Schwert; *fig faire ses premières ~s* s-e Laufbahn beginnen; sich s-e ersten Sporen verdienen; F *fig passer l'~ à gauche* F ins Gras beißen; P abkratzen; *porter les ~s contre son propre pays* gegen sein eigenes Land kämpfen; *prendre les ~s* zu den Waffen greifen; **2.** *MIL* (*division de l'armée*) Waffen-, Truppengattung *f*; Waffe *f*; Truppe *f*; *~ blindée* Panzerwaffe *f*, -truppe *f*; **3.** *~s pl* (*armoiries*) Wappen *n*; *~s d'une ville* Stadtwappen *n*; **4.** *ESCRIME maître m d'~s* Fechtmeister *m*; *salle f d'~s* Fechtsaal *m*, -boden *m*
armé [aRme] *adj* **1.** bewaffnet; *conflit ~* bewaffneter Konflikt; *forces ~es* Streitkräfte *f/pl*; Streitmacht *f*; *attaque à main ~e* bewaffnet; *paix ~e* bewaffneter Frieden; **2.** *fig personne* gewappnet (*contre* gegen); *~ de chose*, *personne* versehen, ausgestattet, ausgerüstet, *personne a* gewappnet mit; *iron ~ d'un parapluie* mit e-m Regenschirm bewaffnet; **3.** *CONSTR béton ~* Stahl-, Eisenbeton *m*; **4.** *arme à feu* 'durchgeladen; gespannt (*a appareil photo*)
armée [aRme] *f* **1.** *MIL* Ar'mee *f*; Heer *n*; Truppe *f*; Mili'tär *n*; Streitkräfte *f/pl*; *HIST la Grande 2* die Große Armee (Napoleons I.); *~ régulière* reguläre Truppe(n) *f*; *~ de l'air* Luftstreitkräfte *f/pl*; Luftwaffe *f*; *~ de mercenaires* Söldnerheer *n*; *~ de métier* Berufsheer *n*, -armee *f*; *~ d'occupation* Besatzungsarmee *f*; *~ de réserve* Re'serve *f*; *~ de terre* Landstreitkräfte *f/pl*; Heer *n*; *loc/adv à, dans l'~* bei, in der Armee; beim Militär; *être dans l'~* Berufssoldat sein; **2.** *MIL* (*grande unité*) Ar'mee *f*; *la sixième ~* die sechste Armee; *corps m d'~* Armeekorps *n*; **3.** *REL 2 du Salut* Heilsarmee *f*; **4.** *fig une ~ de ...* (Heer)Scharen *f/pl*, e-e Ar'mee von ...
armement [aRməmɑ̃] *m* **1.** *d'un pays ~s pl* (Auf)Rüstung *f*; *course f aux ~s* Wettrüsten *n*; Rüstungswettlauf *m*; *limitation f, réduction f des ~s* Rüstungsbegrenzung *f*, -beschränkung *f*; *usine f d'~* Rüstungsbetrieb *m*; **2.** *des troupes, d'un avion etc* Bewaffnung *f*; Waffenausrüstung *f*; *d'un navire de guerre* Bestückung *f*; **3.** *d'une arme à feu* 'Durchladen *n*; *spanner* (*a PHOT*); **4.** *MAR* a) *d'un bateau* Ausrüstung *f*; b) (*profession d'armateur*) Reede'rei *f*; **5.** *CONSTR* Schieferverkleidung *f*
Arménie [aRmeni] *l'~ f* Ar'menien *n*; *papier m d'~* Räucherpapier *n*
arménien [aRmenjɛ̃] I *adj* ⟨-ne⟩ ar'menisch; II *subst* **1.** 2(*ne*) *m(f)* Ar'me-

armer – arranger

nier(in) *m(f)*; **2.** LING *l'~ m* das Ar'menische; Ar'menisch *n*
armer [aʀme] **I** *v/t* **1.** *personnes, troupes, avion etc* bewaffnen; *pays* aufrüsten; *navire de guerre* bestücken; HIST *~ qn chevalier* j-n zum Ritter schlagen; **2.** *arme à feu* 'durchladen; spannen (*a appareil photo*); **3.** *bateau* ausrüsten; **4.** *béton, câble* bewehren; ar'mieren; **II** *v/pr personne s'~* **5.** sich bewaffnen (*de* mit); **6.** *fig* sich wappnen (*contre* gegen; *de* mit); *souvent iron* sich bewaffnen (*de* mit); *s'~ de courage* s-n Mut zu'sammennehmen; *s'~ de patience* sich mit Geduld wappnen
armistice [aʀmistis] *m* Waffenstillstand *m*
armoire [aʀmwaʀ] *f* Schrank *m*; *au sens restreint* Kleiderschrank *m*; *~ à chaussures*, *à linge* Schuh-, Wäscheschrank *m*; *~ à glace* Spiegelschrank *m*; F *c'est une ~ à glace* F er ist ein richtiger (Kleider)Schrank; *~ à pharmacie* Ar'znei(mittel)schrank *m*, -schränkchen *n*
armoire-penderie [aʀmwaʀpɑ̃dʀi] *f* ⟨*pl* armoires-penderies⟩ kombi'nierter Kleider-Wäsche-Schrank
armoiries [aʀmwaʀi] *f/pl* Wappen *n*
armoricain [aʀmɔʀikɛ̃] *adj* armori'kanisch (*bretonisch*)
armorier [aʀmɔʀje] *v/t* mit Wappen verzieren
Armorique [aʀmɔʀik] *l'~ f* HIST Ar'morika *n* (*Bretagne*)
armure [aʀmyʀ] *f* **1.** HIST Rüstung *f*; Harnisch *m*; Panzer *m*; **2.** TEXT Bindung *f*; **3.** *d'un câble* Bewehrung *f*; **4.** *fig* Schutz *m*
armur|erie [aʀmyʀʀi] *f* **a)** *fabrication* Waffenfabrikation *f*, -herstellung *f*; **b)** *commerce* Waffenhandel *m*; *~ier m* Waffenfabrikant *m*, -hersteller *m ou* -händler *m*
arnaqu|e [aʀnak] F *f* Betrug *m*; Schwindel *m*; *~er v/t* F übers Ohr hauen; P bescheißen; *~eur* F *m* Betrüger *m*; Schwindler *m*
Arnaud [aʀno] *m* Arnold *m*; Arno *m*
arnica [aʀnika] *f* BOT Arnika *f*, PHARM *teinture f d'~* Arnikatinktur *f*
aromate [aʀɔmat] *m* Gewürz *n*; aro'matische pflanzliche Sub'stanz
aromatique [aʀɔmatik] *adj* aro'matisch (*a* CHIM); wohlriechend, -schmeckend; *parfum, goût* würzig; *herbe f, plante f ~* Gewürzkraut *n*, -pflanze *f*
aromatiser [aʀɔmatize] *v/t* aromati'sieren; würzen; *aromatisé au, de chocolat* mit Schoko'ladengeschmack
arome *ou* **arôme** [aʀom] *m* **1.** A'roma *n*; Duft *m*; Wohlgeruch *m*; *~ (de) café* Kaffeeduft *m*, -aroma *n*; **2.** CHIM A'roma *n*; (syn'thetischer) Geschmacksstoff
arpège [aʀpɛʒ] *m* MUS Ar'peggio [-dʒo] *n*
arpent [aʀpɑ̃] *m ancienne mesure* Morgen *m*; Joch *m*; Tag(e)werk *n*; *fig quelques ~s de terre* ein paar Morgen, ein Stück *n* Land
arpentage [aʀpɑ̃taʒ] *m* **a)** *d'un terrain* Vermessung *f*; **b)** *science* Vermessungskunde *f*, -technik *f*, -wesen *n*
arpenter [aʀpɑ̃te] *v/t* **1.** *terrain* vermessen; **2.** *fig ~ une pièce* e-n Raum mit großen Schritten durch'messen; mit

großen Schritten in e-m Raum auf und ab gehen
arpenteur [aʀpɑ̃tœʀ] *m* Vermessungsingenieur *m*; Geo'meter *m*
arpète [aʀpɛt] F **1.** *m,f* (*apprenti[e]*) Lehrling *m*; F Stift *m*; **2.** *f* COUT Nähmädchen *n*
arpion [aʀpjɔ̃] *m* F (*pied*) F Flosse *f*; *~s pl* F *a* Quanten *pl*; Mauken *f/pl*
arqué [aʀke] *adj* gebogen; *sourcils* geschwungen; *jambes ~es* O-Beine *n/pl*
arquebus|e [aʀkəbyz] *f* HIST Arke'buse *f*; Hakenbüchse *f*; *~ier m* HIST Arkebu-'sier *m*
arquer [aʀke] **I** *v/t* TECH biegen; krümmen; **II** *v/i* F *fig ne plus pouvoir ~* nicht mehr gehen, laufen, F kriechen können
arr. *abr* (*arrondissement*) Stadtbezirk *m*
arrachage [aʀaʃaʒ] *m* (Her')Ausreißen *n*; Her'ausziehen *n*; Ausrupfen *n*; *de pommes de terre* Ernten *n*; Roden *n*; Ausmachen *n*; F *~ d'une dent* Zahnziehen *n*
arraché [aʀaʃe] *m* **1.** HALTÉROPHILIE Reißen *n*; **2.** *loc/adv à l'~* obtenir qc mit großer Anstrengung; unter Aufbietung aller Kräfte; unter großen Schwierigkeiten; *remporter la victoire à l'~* den Sieg schwer erringen
arrache-clou [aʀaʃklu] *m* ⟨*pl* arrache-clous⟩ Geißfuß *m*; Nagelheber *m*
arrachement [aʀaʃmɑ̃] *m* **1.** (*séparation*) Trennung *f*, Abschied *m* (*de* von); **2.** (*affliction*) Trennungsschmerz *m*
arrache-pied [aʀaʃpje] *loc/adv d'~* unermüdlich; unablässig; unverdrossen; rastlos; *travailler d'~* unermüdlich, schwer, F wie verrückt arbeiten
arracher [aʀaʃe] **I** *v/t* **1.** *plantes* ausher'aus-, F rausreißen; her'ausziehen; auszupfen, -rupfen (*a plume*); *pommes de terre, betteraves* rein-, roden; aus-, F rausmachen; *clou* her'aus-, F rausziehen, -reißen; *dent* ziehen; *cheveu* ausreißen; *page de livre* her'aus-, F rausreißen; *affiche* ab-, losreißen; *~ qc à qn, ~ qc des mains à qn* j-m etw entreißen, wegreißen, aus den Händen reißen; *un obus lui a arraché le bras* e-e Granate hat ihm den Arm ab-, weggerissen; *fig ~ les yeux à qn* j-m die Augen auskratzen; **2.** *fig à qn sourire, cri, aveu, secret* j-m entlocken; *promesse, décision, victoire* j-m abringen, abtrotzen; *promesse a* j-m abnehmen; *aveu, secret a* j-m entreißen; *aveu, accord a* vo j-m erzwingen, erpressen; *sans obj/indir; augmentation de salaire etc* erzwingen; ertrotzen; *~ des larmes à qn* j-n zu Tränen rühren; **3.** *~ qn à sa famille* j-n aus s-r Familie her'ausreißen; *~ qn à la misère* j-n dem Elend entreißen; *~ qn au sommeil* j-n aus dem Schlaf reißen; *~ qn à son travail* j-n aus s-r Arbeit (her'aus-) reißen; *la sonnerie du réveil l'arracha du lit* riß ihn aus dem Bett; **II** *v/pr* **4.** *s'~ à ou de qc* sich von etw losreißen, sich *a* F *de* Sache (*dat*) entreißen; *s'~ des bras de qn* sich j-s Armen entwinden, entreißen; sich von j-m losreißen; *s'~ au charme de qc* sich dem Zauber, Reiz e-r Sache (*gén*) entziehen; *s'~ de son fauteuil* sich mühsam, ungern vom Sessel erheben; *s'~ au sommeil* mühsam den Schlaf abschütteln; nur schwer

wach werden; **5.** *fig s'~ les cheveux* sich die Haare raufen; F *il y a de quoi s'~ les cheveux* F das ist ja haarsträubend!; es ist zum Auswachsen!; **6.** *s'~ qn, qc* sich um j-n, etw reißen; **7.** F (*faire un gros effort*) F sich mächtig ins Zeug legen; sich am Riemen reißen
arracheur [aʀaʃœʀ] *m mentir comme un ~ de dents* lügen, daß sich die Balken biegen; das Blaue vom Himmel her'unterlügen; lügen wie gedruckt
arracheuse [aʀaʃøz] *f* AGR Kar'toffel-, Rübenernter *m*
arraisonn|ement [aʀɛzɔnmɑ̃] *m d'un bateau, avion* Durch'suchung *f*; *~er v/t bateau* (anhalten und) durch'suchen; *avion* (zur Landung zwingen und) durch'suchen
arrangeant [aʀɑ̃ʒɑ̃] *adj personne* entgegenkommend; konzili'ant; gefällig; *commerçant* ku'lant
arrangement [aʀɑ̃ʒmɑ̃] *m* **1.** *d'une pièce etc* Einrichtung *f*; Anordnung *f*; Arrange'ment *n* der Möbel; *des mots dans la phrase* Anordnung *f*, Aufstellung *f*; *de la coiffure, des vêtements* (Her)Richten *n*; Ordnen *n*; **2.** MUS Arrange'ment *n*, Einrichtung *f*, Bearbeitung *f* (*pour orchestre* für Orchester); *jazz* Arrange'ment *n*; **3.** (*accord*) Vereinbarung *f*; Abmachung *f*; Über'einkunft *f*; Über'einkommen *n*; Einigung *f*; Regelung *f*; Abkommen *n*; Arrange'ment *n*; *faire un ~, prendre des ~s avec qn* e-e Vereinbarung *etc*, Vereinbarungen *etc* mit j-m treffen
arranger [aʀɑ̃ʒe] ⟨-geons⟩ **I** *v/t* **1.** (*disposer*) *meubles, fleurs etc* (hübsch, geschmackvoll) anordnen, arran'gieren, zu'sammenstellen; *coiffure, vêtements* ordnen; in Ordnung bringen; richten; *pièce, appartement* einrichten (*en* als); *fig ~ les choses à sa façon* die Dinge auf s-e Weise darstellen; sich die Dinge auf s-e Weise zu'rechtlegen; *adjt personne* *mal arrangé* unvorteilhaft gekleidet, zu'rechtgemacht; **2.** (*organiser*) *voyage, fête etc* arran'gieren, organi'sieren; *rencontre a* her'beiführen; in die Wege leiten; **3.** (*régler*) *conflit* beilegen; *affaire* regeln; in Ordnung bringen; einrenken; **4.** (*réparer*) repa-'rieren; wieder in Ordnung bringen, in'stand setzen; **5.** (*contenter*) *cela m'arrange bien* das paßt mir gut; das kommt mir sehr gelegen, gerade recht, *st/s* gut zu'paß; *il est difficile d'~ tout le monde* es ist schwer, es allen recht zu machen; *commerçant ~ ses clients* s-n Kunden entgegenkommen; **6.** F (*malmener*) *~ qn* j-n übel, *iron* schön zurichten; *te voilà bien arrangé!* wie siehst du denn aus!; *tu t'es fait drôlement arranger!* dich haben sie ja schön zugerichtet!; **7.** MUS arran'gieren, bearbeiten, einrichten (*pour orchestre* für Orchester); *pièce de théâtre, texte* über-'arbeiten; bearbeiten; **II** *v/pr s'~* **8.** *affaire* sich regeln; wieder in Ordnung kommen; *situation, temps, état, maux* sich bessern; (wieder) besser werden; *cela s'arrangera!* das wird schon wieder werden!; **9.** *personne* (*ajuster sa toilette*) sich herrichten, zu-'rechtmachen; **10.** F *personne* (*embellir*) sich her'aus-, F rausmachen; *elle s'est bien arrangée* sie hat sich gut

herausgemacht; **11.** (*se mettre d'accord*) **s'~** (*avec qn*) sich (mit j-m) einigen, arran'gieren, verständigen; (mit j-m) einig werden, zu e-r Über'einkunft kommen, gelangen; **12.** (*faire en sorte de*) **s'~ pour** (+*inf*) es *ou* sich so einrichten, daß ...; zusehen, daß ...; **je ne sais pas comment tu t'arranges**, *mais* ... ich weiß nicht, wie du es anstellst, ...; **13.** (*prendre son parti*) **s'~ de qc** sich mit etw abfinden; etw in Kauf nehmen; mit etw fertig werden

arrangeur [aʀɑ̃ʒœʀ] *m MUS* Arran'geur *m*

Arras [aʀas] *Stadt im Dep. Pas-de-Calais*

arrérages [aʀeʀaʒ] *m/pl* (Renten-)Rückstände *m/pl*

arrestation [aʀɛstasjɔ̃] *f* Verhaftung *f*; Festnahme *f*; Inhaf'tierung *f*; **mettre en état d'~** inhaf'tieren; in Haft nehmen

arrêt [aʀɛ] *m* **1.** *d'un véhicule* **a)** (An-)Halten *n*; Stoppen *n*; Halt *m*; *loc/adj* **à l'~** haltend; stehend; *ne pas ouvrir avant l'~ du train* bevor der Zug hält; **faire un ~** halten; haltmachen; **b)** *CH DE FER* Aufenthalt *m*; *cinq minutes d'~* fünf Minuten Aufenthalt; **2.** *de bus, de tramway* Haltestelle *f*; **~ d'autobus** (Auto)Bushaltestelle *f*; **3.** *d'une machine* **a)** (*fait de s'arrêter*) Stehenbleiben *n*; Aussetzen *n*; Stillstehen *n*, -stand *m*; **b)** (*action d'arrêter*) Abstellen *n*; Ab-, Ausschalten *n*; Anhalten *n*; Stoppen *n*; *de la respiration, du cœur* Aussetzen *n*; Stocken *n*; Stillstand *m*; *des hostilités* Einstellung *f*; Beendigung *f*; *d'une séance, d'un jeu, de discussions* Abbruch *m*; Unter'brechung *f*; **~ des importations** Einfuhrstopp *m*; **~ de travail** Arbeitsunterbrechung *f*, -ausfall *m*, -einstellung *f*; *dans une grève* Arbeitsniederlegung *f*; *salarié pour cause de maladie* **avoir un ~** (**de travail**) **de huit jours** für acht Tage krank geschrieben sein; *magnétoscope* **~ sur image** Standbild *n*; **temps** *m* **d'~** **a)** *en travaillant, marchant etc* (kurze) Pause, Unter'brechung; **b)** *fig d'un processus* Stocken *n*, -ung *f*; Stillstand *m*; **marquer un temps d'~** e-e kurze Pause einlegen, machen; kurz innehalten; *fig* **connaître**, **subir un temps d'~** ins Stocken geraten; (vorübergehend) zum Stillstand kommen; *loc/adv* **sans ~** pausenlos; ununterbrochen; unaufhörlich; ständig; dauernd; immerzu; in einem fort; *SPORTS* **jouer les ~s de jeu** nachspielen; **4.** *JUR* **maison** *f* **d'~** Haftanstalt *f*; **mandat** *m* **d'~** Haftbefehl *m*; **5.** *TECH* Arre'tierung *f*; Feststeller *m*; Sperre *f*; **6.** *JUR* (*décision*) Urteil(sspruch) *n*(*m*); Entscheidung *f*; *fig* **~ de mort** Todesurteil *n*; **7.** *COUT* **faire un point d'~** den Faden verstechen, vernähen; **8.** *CH* **chien** *m* **d'~** Vorsteh-, Hühnerhund *m*; **être ~ à l'~**, **tomber en ~** vorstehen; *fig* **tomber, rester en ~ devant qc** (staunend, bewundernd) vor etw (*dat*) stehenbleiben, innehalten

arrêté[1] [aʀɛte] *m* **1.** *ADM* Erlaß *m*; Verfügung *f*; Anordnung *f*; Verordnung *f*; **2.** *FIN* **~ de compte** Kontoabschluß *m*

arrêté[2] [aʀɛte] *adj* **1.** *véhicule* haltend; stehend; *être ~ véhicule* halten; stehen; *machine, moteur, montre* stehen; *production, circulation* ruhen (*a travail*); stillstehen; **2.** (*ferme*) fest; **avec l'idée bien ~ de** (+*inf*) mit der festen Absicht zu (+*inf*); **avoir des idées bien ~es sur qc** e-e feste Meinung über etw (*acc*) haben

arrêter [aʀete] **I** *v/t* **1.** *passants* anhalten; *véhicule* anhalten; stoppen; zum Stehen bringen; *machine, moteur* abstellen; ab-, ausschalten; zum Stillstand bringen; außer Betrieb setzen; *pendule* anhalten; *hémorragie* stillen; zum Stillstand bringen; *production, importation, construction* stoppen; einstellen; *production a stillegen*; *évolution, processus, progrès* aufhalten; hemmen; *temps* anhalten; *hostilités* einstellen; beenden; *négociations, séance, jeu, épreuve* abbrechen; unter'brechen; **arrêtez-le!** haltet ihn!; **~ le feu** dem Feuer Einhalt gebieten; **~ le travail** die Arbeit unter'brechen, einstellen; *grévistes* niederlegen; mit der Arbeit aussetzen; **~ sa voiture dans la rue voisine** (mit dem Wagen) in der Nebenstraße halten; **2.** *circonstance, difficulté* **~ qn** j-n auf-, ab-, zu'rückhalten; **rien ne l'arrête** nichts kann ihn auf-, ab-, zurückhalten; **3.** (*fixer*) *rendez-vous, date* festlegen, -setzen, -machen; vereinbaren; ausmachen; *projet, ordre du jour* festlegen; **~ les grandes lignes** die großen Linien festlegen; **ils arrêtèrent que ... a** sie beschlossen, daß ...; **4.** *fig* **~ son regard sur qn, qc** s-n Blick auf j-n, etw ruhen lassen; den Blick auf j-n, etw heften; *cf a* **choix** *I*.; **5.** *TECH* arre'tieren; feststellen; hemmen; sperren; **~ la couture** e-e Naht, den Faden verstechen, vernähen; **6.** (*appréhender*) **~ qn** j-n verhaften, festnehmen, inhaf'tieren; in Haft nehmen; **7.** *F médecin* **~ qn** j-n krank schreiben; **8.** *compte, bilan* abschließen; **9.** *ADM* **~ qc** verfügen, anordnen, festlegen; **II** *v/i* **10.** *automobiliste* (an)halten; *piétons* stehenbleiben; stillstehen; **11.** **de faire qc** aufhören (**de** +*inf* zu +*inf*); innehalten; einhalten; **ne pas ~ de faire qc** unaufhörlich, ständig, in einem fort etw tun; **arrête!** hör auf!; halt!; **III** *v/pr* **s'~ 12.** *piétons* stehenbleiben; stillstehen; *auto(mobiliste)* (an)halten; stoppen; stehenbleiben; *machine, moteur* stehenbleiben; aussetzen; zum Stillstand kommen; *moteur a* ausfallen; *hémorragie* aufhören; zum Stillstand, Stehen kommen; *bruit* aufhören; verstummen; *temps* stillstehen; *travail* ruhen; stillstehen; *cœur, respiration* aussetzen; stocken; stillstehen; *personne dans son activité* innehalten; **le récit s'arrête ici** hier bricht, reißt der Bericht ab; **13.** *personne en chemin* haltmachen; Rast, Stati'on machen; rasten; sich aufhalten; *st/s* verweilen; *train* halten (*à* j-n, etw heften; bei *ou* an j-m, etw hängenbleiben; auf j-n, etw ruhen; **14.** *de faire qc* aufhören (*de* +*inf* zu +*inf*); innehalten; einhalten; *SANS* ~ *qn, qc* sich nicht mit Einzelheiten aufhalten; bei etw verweilen; sich mit etw abgeben, beschäftigen; **ne pas s'~ à des détails etc**; **16.** *tapis, meuble etc* **s'~ au mur** bis an die Wand reichen; an die Wand aufhören, enden

arrhes [aʀ] *f/pl COMM* Anzahlung *f*; **donner, verser des ~** e-e Anzahlung machen, leisten

arriération [aʀjeʀasjɔ̃] *f* **1.** **~** (**mentale**) (geistiges) Zu'rückgebliebensein *f*; **2.** *d'un pays etc* Rückständigkeit *f*

arrière [aʀjɛʀ] **I** *loc/adv* **en ~** rückwärts; zu'rück; nach hinten; **mouvement** *m* **en ~** Rückwärtsbewegung *f*; **faire un pas en ~** e-n Schritt zurücktreten; **pencher, renverser la tête en ~** den Kopf nach hinten beugen, werfen; den Kopf zurückbeugen, -legen, -werfen; **rester en ~** zurückbleiben; ♦ *elliptiquement: litt* **~!** zurück!; weg da!; *AUTO* **marche** *f* **~** Rückwärtsgang *m*; *cf a* **marche**[2] *4.*, **machine** *2.*; **II** *loc/prép* **en ~ de** hinter (+*dat ou* +*acc*); **rester en ~ des autres** hinter den anderen bleiben; **III** *adj* ⟨*inv*⟩ Rück...; 'Hinter...; *MAR* Achter...; *AUTO* **banquette** *f*, **siège** *m* **~** Rücksitz *m*; **feu(x)** *m*(*pl*) **~** Rück-, Schlußlicht(er) *n*(*pl*), -leuchte(n) *f*(*pl*); **roue** *f* **~** Hinterrad *n*; *MAR* **vent** *m* **~** achterlicher Wind; **avoir vent ~** vor dem Wind laufen; **IV** *m* **1.** *d'une voiture, d'un avion, bateau* Heck *n*; *loc/adv* **à l'~** hinten; *dans une voiture a* im Fond; *MAR* achter'aus; achtern; **moteur** *m* **à l'~** Heckmotor *m*; *du car* hinten im Bus; **asseyez-vous à l'~** setzen Sie sich nach hinten, hinten hin; **2.** *MIL* 'Hinterland *n*; **~s** *pl* E'tappe(ngebiet) *f*(*n*); Nachschubgebiet *n*; *fig* **assurer ses ~s** sich absichern; sich e-e 'Hintertür offenhalten; **3.** *SPORTS* Abwehrspieler *m*; Verteidiger *m*; *VOLLEYBALL* Grundspieler *m*; *RUGBY* Schlußspieler *m*, -mann *m*

arrière-... [aʀjɛʀ] *préfixe* ⟨*im pl inv, z B* arrière-boutiques⟩ 'Hinter...; Nach...; *cf les articles correspondants*

arriéré [aʀjeʀe] **I** *adj* **1.** *pays, personne etc* rückständig; *idées a* über'holt; altmodisch; **2.** *enfant* (geistig) zu'rückgeblieben; geistig behindert; **II** *subst* **1.** *personne* **~(e)** *m*(*f*) geistig Behinderte(r) *f*(*m*), Zu'rückgebliebene(r) *f*(*m*); **2.** *m somme* Rückstand *m*; ausstehende Zahlung; **~ de loyer** Mietrückstand *m*

arrière|-ban [aʀjɛʀbɑ̃] *m cf* **ban** *2.*; **~-boutique** *f* 'Hinter-, Nebenraum *m* (*e-s Ladens*); **~-cour** *f* 'Hinterhof *m*; **~-cuisine** *f* (Abstell-, Wirtschafts-)Raum *m* hinter, neben der Küche

arrière-garde [aʀjɛʀgaʀd] *f MIL* Nachhut *f*; **combat** *m* **~** Nachhutgefecht *n*; *fig* **mener un combat d'~** auf verlorenem Posten kämpfen

arrière-gorge [aʀjɛʀgɔʀʒ] *f ANAT* Rachen *m*

arrière-goût [aʀjɛʀgu] *m* Nachgeschmack *m* (*a fig*); *fig* **laisser un ~ d'amertume** e-n bitteren Nachgeschmack hinter'lassen

arrière|-grand-mère [aʀjɛʀgʀɑ̃mɛʀ] *f* ⟨*pl* arrière-grand-mères⟩ Urgroßmutter *f*; **~-grand-père** *m* ⟨*pl* arrière-grands-pères⟩ Urgroßvater *m*; **~-grands-parents** *m/pl* Urgroßeltern *pl*

arrière|-pays [aʀjɛʀpei] *m* 'Hinterland *n*; **~-pensée** *f* 'Hintergedanke *m*

arrière|-petite-fille [aʀjɛʀpətitfij] *f* ⟨*pl* arrière-petites-filles⟩ Urenkelin *f*; **~-petit-fils** *m* ⟨*pl* arrière-petits-fils⟩ Ur-

enkel *m*; **~-petits-enfants** *m/pl* Urenkel *m/pl*
arrière-plan [aʀjɛʀplɑ̃] *m* 'Hintergrund *m* (*a fig*); *fig* **passer, reléguer à l'~** in den Hintergrund treten, drängen
arrière|-saison [aʀjɛʀsɛzɔ̃] *f* Spätherbst *m*; **~-salle** *f d'un restaurant* Neben-, 'Hinterraum *m*; **~-train** *m* **1.** *de quadrupèdes* 'Hinterteil *n*, -leib *m*; *de grands animaux a* 'Hinterhand *f*; **2.** F (*fesses*) F 'Hintergestell *n*; Hintern *m*
arrimage [aʀimaʒ] *m* **1.** *du chargement* **a)** *MAR* Stauen *n*; Trimmen *n*; **b)** *par ext* Festmachen *n*, -binden *n*, -zurren *n*; **2.** *d'un vaisseau spatial* Ankoppeln *n*; Andocken *n*; Kopp(e)lung *f* (**avec** mit)
arrimer [aʀime] *v/t* **1.** *chargement* **a)** *MAR* stauen; trimmen; **b)** *avec des chaînes, cordes* festmachen, -binden, -schnüren, -zurren; **2.** *vaisseau spatial* ankoppeln (**avec** an +*acc*)
arrivage [aʀivaʒ] *m* **1.** *de marchandises* Anlieferung *f*; Eintreffen *n*; Eingang *m*; *de poissons* Anlandung *f*; **2.** *marchandises* angelieferte, eingetroffene, eingegangene Ware; *pl* **~s** *a* Eingänge *m/pl*; Zugänge *m/pl*; **3.** *plais* **un ~ de touristes** e-e Ladung (von) Tou'risten
arriv|ant [aʀivɑ̃] *m*, **~ante** *f* Ankommende(r) *f(m)*; Eintreffende(r) *f(m)*; Ankömmling *m*; **les nouveaux arrivants** die Neuankömmlinge *m/pl*
arrivé [aʀive] **I** *adj personne* arri'viert; (beruflich, gesellschaftlich) erfolgreich; **un homme ~** a ein gemachter Mann; **il est ~** er ist arriviert; er hat es geschafft; **II** *subst* **les premiers, derniers ~s** die zu'erst, zu'letzt Gekommenen
arrivée [aʀive] *f* **1.** Ankunft *f*; Eintreffen *n*; *d'une personne a* Kommen *n*; *de voitures a* An-, Auffahrt *f*; *d'un bateau a* Einlaufen *n* (**au port** in den Hafen); *du courrier* Eingang *m*; *fig du printemps* Ankunft *f*; Kommen *n*; *CH DE FER*: *sur l'horaire* **~** *...* an *...*; *tableau d'affichage* **~s** Ankunft (der Züge); **heure** *f* **d'~** Ankunftszeit *f*; **à l'~** a) bei der Ankunft; b) *fig* am Ende; schließlich; letzten Endes; **2.** *SPORTS* Ziel *n*; **ligne** *f* **d'~** Ziellinie *f*; **3.** *TECH* Zufuhr *f*; Zuführung *f*; Zuleitung *f*; Eintritt *m d'un liquide a* Zufluß *m*; Zulauf *m*; **~ d'air** Luftzufuhr *f etc*
arriver [aʀive] (*être*) *v/i* **1.** ankommen, eintreffen, *personne a* anlangen, *österr* einlangen (**à Paris** in Paris; **chez soi** zu Hause; **en France** in Frankreich); *personne a* kommen; *bateau a* einlaufen (**au port** in den Hafen); *courrier* eingehen; *informations* einlaufen; *bateau* **~ à quai** am Kai anlegen; **~ de Londres** aus London (an)kommen; **~ en voiture, par le train** mit dem Auto, mit dem Zug (an)kommen; *marchandises* **~ par mer** auf dem Seeweg kommen; **nous voilà enfin arrivés!** jetzt sind wir endlich da, angelangt!; ♦ *impersonnel*: **il est arrivé une lettre pour vous** es ist ein Brief für Sie angekommen, eingetroffen, eingegangen; **2.** (*approcher*) *personne* (da'her)kommen; *saison, jour, heure* kommen; nahen; *matin, nuit a* anbrechen; **j'arrive!** ich komme schon!; **le voici qui arrive!** da kommt er ja!; **la voiture arriva droit sur nous** das Auto fuhr direkt auf uns zu; **~ en courant** angelaufen, her'beigelaufen kommen; **~ en masse** her'beiströmen; **il n'arrive pas vite!** wo bleibt er nur so lange!; **un jour arrivera où ...** der Tag wird kommen, an dem *...*; **3.** (*atteindre*) **~ à** (+*subst*) **a)** à un endroit, *fig* gelangen, kommen zu *ou* an (+*acc*) *ou* nach; à un âge, stade, point, *but* erreichen (+*acc*); anlangen an (+*dat*) *ou* bei; à un âge, stade a kommen in (+*acc*); **être arrivé au bout, au terme, à la fin de son existence** am Ende s-s Lebens angelangt sein; **arrivé à cinquante ans** mit Erreichung des fünfzigsten Lebensjahres; mit fünfzig (Jahren); **~ à la conclusion de son exposé** zum Schluß s-r Ausführungen kommen; **~ au pouvoir** an die Macht kommen; zur Herrschaft gelangen; **n'~ à rien** es zu nichts bringen; im Leben nichts erreichen, zu nichts kommen; **en parlant j'y arrive** ich komme gleich darauf zu sprechen; darauf komme ich gleich noch; **b)** (*niveau d'*)*eau, personne par sa taille* **cheville** 1.; **4.** (*réussir*) **~ à** (+*inf*) es schaffen, fertigbekommen, -bringen, F -kriegen zu (+*inf*); **je suis arrivé à le convaincre** es ist mir gelungen, ich habe es geschafft, ihn zu über'zeugen; ich konnte ihn überzeugen; **~ à ouvrir qc** etw aufbekommen, -bringen, F -kriegen; **j'y arrive** a) jetzt gelingt es mir; F jetzt kriege ich es auf, zu, hin *etc*; jetzt geht es; **b)** *pécuniairement* F ich komme gerade so hin; F **y ~ péniblement** F mit dem Geld schlecht rumkommen; **5. en ~ à faire qc** so weit *ou* dahin kommen, daß man etw tut *ou* etw zu tun; allmählich, schließlich etw tun; **j'en arrive à me demander s'il a vraiment raison** ich frage mich allmählich, ob er wirklich recht hat; **il faudra bien en ~ là!** so weit, dahin wird es noch kommen müssen!; **comment peut-on en ~ là!** wie kann man es nur so weit, dahin kommen lassen!; **6. ~ jusqu'à qn** *personne* bis zu j-m vordringen, gelangen, F vorstoßen; *bruit, cris* bis zu j-m dringen; j-n erreichen; **7.** *abs: personne dans la société* es (beruflich, gesellschaftlich) zu etwas bringen; sich hoch-, emporarbeiten; erfolgreich sein; arri'vieren; **8.** *chose désagréable, malheur* geschehen; pas'sieren; vorfallen; vorkommen; sich ereignen; sich zutragen; sich begeben; **~ à qn** j-m passieren, zustoßen, geschehen; **ce sont des choses qui arrivent** solche Dinge kommen eben vor, passieren eben; **qu'est-ce qui t'arrive?** was ist denn mir dir los?; **cela peut ~ à tout le monde** das kann jedem passieren; das kommt in den besten Familien vor; F **ça n'arrive qu'à lui** F so was kann nur ihm passieren; **que cela ne t'arrive plus!** mach das nicht noch einmal!; daß mir das nicht wieder vorkommt!; **croire que c'est arrivé** (*fälschlich*) glauben, daß man es geschafft hat; ♦ *impersonnel*: **comme il arrive souvent aux gens qui ...** wie es den Familien, Leuten passiert, die *...*; **quoi qu'il arrive** was auch (immer) geschehen, kommen mag; **s'il n'arrive rien d'ici là** wenn nichts da'zwischenkommt; **il arrive que ...** (+*subj*) es kommt vor, es passiert (schon einmal) daß *...*; **il lui arrive de se tromper** es kommt vor, es passiert ihm schon einmal, daß er sich irrt; **9.** *TECH fluide* einströmen; eintreten; zufließen; zugeleitet, zugeführt werden
arriv|isme [aʀivism(ə)] *m* Strebertum *n*; **~iste** *m*,*f* Streber(in) *m(f)*; Erfolgsritter *m*; Arri'vist(in) *m(f)*
arrog|ance [aʀɔgɑ̃s] *f* Arro'ganz *f*; Dünkel(haftigkeit) *m(f)*; Über'heblichkeit *f*; Anmaßung *f*; Hochnäsigkeit *f*; **~ant** *adj* arro'gant; dünkelhaft; über'heblich; anmaßend; hochnäsig
arroger [aʀɔʒe] *v/pr* ⟨-geons⟩ **s'~ titre, droit** sich anmaßen; droit sich her'ausnehmen
arrondi [aʀɔ̃di] **I** *adj* **1.** *forme* rundlich (*a visage*); (ab)gerundet; *écriture* rund; **sommet ~** (Berg)Kuppe *f*; **2.** *PHON voyelle* gerundet; **II** *m* Rundung *f*; abgerundete, runde Form
arrondir [aʀɔ̃diʀ] *v/t* **1.** (ab)runden; *angles* abrunden; arron'dieren; *lèvres* runden; *coiffure* **~ le visage** das Gesicht runden, voller, rundlicher machen, erscheinen lassen; **2.** *somme, fortune* abrunden; **~ au franc supérieur** (auf den vollen Franc) aufrunden, nach oben abrunden; F **~ ses fins de mois** etwas da'zuverdienen; **II** *v/pr* **s'~** rund werden; sich runden; **sa taille s'est arrondie** sie ist rundlicher geworden
arrondissement [aʀɔ̃dismɑ̃] *m ADM en France* **a)** Arrondisse'ment *n*, 'Unterbezirk *m* e-s Departe'ments; *correspond à* Kreis *m*; **b)** *d'une grande ville* (Stadt-) Bezirk *m*
arrosage [aʀozaʒ] *m* (Be)Sprengen *n*; Spritzen *n*; *AGR, JARD* Beregnung *f*; Berieselung *f*; **à l'arrosoir** (Be)Gießen *n*; **tuyau** *m* **d'~** Gartenschlauch *m*
arroser [aʀoze] *v/t* **1.** *gazon, jardin, rues* (be)sprengen; spritzen; *AGR, JARD* beregnen; berieseln; **à l'arrosoir** (be)gießen; *personne* naß spritzen; bespritzen; *rôti* begießen; beschöpfen; **~ d'essence** mit Benzin über'gießen; *litt* **~ de larmes** mit Tränen netzen; F *par une averse* **se faire ~** F e-e tüchtige Dusche abkriegen; **2.** F *fig* **a)** *événement* F begießen; **ça s'arrose!, il faut ~ ça!** das muß begossen werden!; F **~ le repas d'un bon vin** zur Mahlzeit e-n guten Wein trinken; *adjt* **café arrosé** Kaffee mit Schnaps; **3.** *fleuve: contrée* bewässern; bespülen; *ville* durch'fließen; **4.** F (*corrompre*) **~ qn** j-n bestechen, F schmieren; **5.** *MIL* mit Bomben, Gra'naten belegen; F beharken; **6.** *émetteur: région* versorgen; zu empfangen sein in (+*dat*)
arros|eur [aʀozœʀ] *m appareil* (Rasen-) Sprenger *m*; Regner *m*; Sprinkler *m*; **~euse** *f nettoyage des rues* Sprengwagen *m*; **~oir** *m* Gießkanne *f*
arsenal [aʀsənal] *m* ⟨*pl* -aux⟩ **1.** *pour bateaux de guerre* (Ma'rine)Werft *f*; **2.** (*dépôt d'armes*) Waffenarsenal *n*, -lager *n*; **3.** *fig* Arse'nal *n*; Sammlung *f*; Ausrüstung *f*; **un ~ de ruses** ein Arsenal von, e-e Menge Tricks
Arsène [aʀsɛn] *m* Vorname
arsenic [aʀsənik] *m CHIM* Ar'sen *n*
arsouille [aʀsuj] **I** *adj* Ga'noven...; **II** *m* Ga'nove *m*
art [aʀ] *m* **1.** (*die*) Kunst *f*; **les ~s** die bildenden Künste (*au sens large*); **~ déco** Art deco *f ou m*; **~ égyptien**

ägyptische Kunst; ~ **moderne** moderne Kunst; ~ **nouveau** Jugendstil m; ~**s plastiques** bildende Kunst (au sens strict); ~ **populaire** Volkskunst f; **le septième** ~ die Filmkunst; **l'~ pour l'~** L'art pour l'art n; die Kunst um der Kunst willen; **film** m **d'~** künstlerisch anspruchsvoller, wertvoller Film; **histoire f de l'~** Kunstgeschichte f; **œuvre f d'~** Kunstwerk n; **ville f d'~** Kunststadt f; Stadt f der Künste; **2.** (e-e) Kunst; ~**s appliqués, décoratifs, industriels** Kunstgewerbe n; ~ **culinaire** Kochkunst f; **l'~ d'aimer** die Kunst zu lieben; die Liebeskunst; **l'~ d'écrire** die Schreibkunst; ~ **de la table** Tischkultur f; (**École f des**) **⚖ et Métiers** renommierte Ingenieurschule; **faire qc dans** ou **selon toutes les règles de l'~** etw kunstgerecht, nach allen Regeln der Kunst machen; **3.** fig **avoir l'~ de** (+inf) das Talent, die Gabe haben ou besitzen, es meisterlich verstehen zu (+inf); **il y a l'~ et la manière de faire des reproches** etc man kann Vorwürfe etc auch in anderer Art und Weise vorbringen

artère [aRtɛR] f **1.** ANAT Ar'terie f; Schlagader f; **on a l'âge de ses ~s** man kann sein Alter nicht verleugnen; **2.** d'une ville, d'un pays (**grande**) ~ Verkehrsader f; Hauptverkehrsstraße f, -weg m

artériel [aRteRjɛl] adj ⟨~**le**⟩ ANAT arteri'ell; **tension ~le** Blutdruck m

artériosclérose [aRteRjɔsklerɔz] f MÉD Ar'terienverkalkung f; Arterioskle'rose f

artérite [aRteRit] f MÉD Ar'terienentzündung f; sc Arteri'itis f

artésien [aRtezjɛ̃] adj ⟨~**ne**⟩ **1. puits** ~ artesischer Brunnen; **2.** (et subst ⚖ Bewohner) des Ar'tois

arthrite [aRtRit] f MÉD Gelenkentzündung f; sc Ar'thritis f; ~**ique** MÉD **I** adj ar'thritisch; personne an Ar'thritis leidend; **II** m,f an Ar'thritis Leidende(r) f(m); Ar'thritiker(in) m(f)

arthropodes [aRtRɔpɔd] m/pl ZO Gliederfüßer m/pl; sc Arthro'poden pl

arthrose [aRtRoz] f MÉD Ar'throse f

Arthur [aRtyR] m **1.** prénom Art(h)ur m; **2.** MYTH **le roi ~** König Artus m

artichaut [aRtiʃo] m BOT, CUIS Arti'schocke f; **cœur m d'~** Artischockenherz m; F fig **avoir un cœur d'~** sein Herz leicht verschenken; ein Herz für viele, ein weites Herz haben; **fond m d'~** Artischockenboden m

article [aRtikl(ə)] m **1.** de presse Ar'tikel m; Beitrag m; Aufsatz m; ~ **de fond** Leitartikel m; **~ de journal, de presse** Zeitungs-, Presseartikel m; **série f d'~s** Artikelserie f; **2.** dans une encyclopédie etc Ar'tikel m; Stichwort n; **3.** de loi Para'graph m; d'un contrat a Ar'tikel m (a d'une constitution); Abschnitt m; Absatz m; Punkt m; **4.** COMM (Handels)Ar'tikel m; Ware f; ~**s de bureau** Bü'robedarf(sartikel) m(m/pl); ~ **de consommation courante** Artikel des täglichen Bedarfs; ~ **de luxe, de marque** Luxus-, Markenartikel m; ~**s de Paris** Galante'riewaren f/pl; Acces'soires pl; ~**s de sport, de voyage** Sport-, Reiseartikel m/pl; **faire l'~** s-e Ware anpreisen, loben; Re'klame machen (a

fig); **nous ne faisons pas cet ~** wir führen diesen Artikel nicht; **5.** GR Ar'tikel m; Geschlechtswort n; **6.** REL ~ **de foi** Glaubensartikel m; fig **être à l'~ de la mort** im Sterben liegen

articulaire [aRtikylɛR] adj ANAT Gelenk...; sc artiku'lar; **douleur f ~** Gelenkschmerz m

articulation [aRtikylasjɔ̃] f **1.** ANAT Gelenk n; ~ **du genou** Kniegelenk n; **2.** PHON Artikulati'on f; Lautbildung f; (deutliche) Aussprache; **3.** fig d'un discours etc Gliederung f; des parties d'un discours etc Verknüpfung f; Zu-'sammenhang m; **4.** TECH Gelenk(verbindung) n(f); **5.** JUR ~ **des faits** Vortrag m der Tatsachen

articulatoire [aRtikylatwaR] adj PHON Artikulati'ons...; Lautbildungs...

articulé [aRtikyle] adj **1.** langage artiku-'liert; **bien** ~ wohlartikuliert; **2.** ANAT durch Gelenk(e) verbunden; **poupée ~e** Gliederpuppe f; **3.** TECH beweglich (verbunden); Gelenk...; **4.** fig discours, exposé gegliedert

articuler [aRtikyle] **I** v/t **1.** PHON artiku-'lieren; (deutlich) aussprechen; par ext mot her'vorbringen; **articulez!** sprechen Sie klar und deutlich!; **2.** TECH beweglich verbinden; **II** v/pr **s'~ 3.** ANAT durch Gelenk(e) verbunden sein (**avec, sur** mit); **4.** TECH beweglich verbunden sein (**avec, sur** mit); **5.** fig idées, discours, chapitres **s'~ bien** gut gegliedert sein; sich gut inein'anderfügen; roman, débat, projet **s'~ autour de qc** auf etw (dat) aufbauen; von etw ausgehen

artifice [aRtifis] m **1.** Kunstgriff m; Trick m; Kniff m; ~**s** pl a Raffi'nessen f/pl; **2.** (**pièce f d'**)~ Feuerwerkskörper m; **feu m d'~** Feuerwerk n (a fig)

artificiel [aRtifisjɛl] adj ⟨~**le**⟩ **1.** künstlich; Kunst...; besoins künstlich erzeugt; **jambe ~le** (Bein)Pro'these f; **lumière ~le** künstliches Licht; Kunstlicht n; **respiration ~le** künstliche Be'atmung; **soie ~le** Kunst-, Che'mieseide f; **2.** fig engouement etc ge-, erkünstelt; künstlich; unnatürlich; gewollt; gezwungen

artificier [aRtifisje] m Feuerwerker m; Pyro'techniker m

artificieux [aRtifisjø] litt adj ⟨-euse⟩ personne verschlagen; a paroles, attitude 'hinterhältig, -listig

artillerie [aRtijRi] f MIL Artille'rie f; ~ **légère, lourde** leichte, schwere Artillerie; **pièce f d'~** Geschütz n

artilleur [aRtijœR] m MIL Artille'rist m

artimon [aRtimɔ̃] m MAR (**mât m d'**)~ Be'sanmast m; **voile f d'~** Be'san(segel) m(n)

artisan [aRtizɑ̃] m **1.** Handwerker m; **2.** fig Urheber(in) m(f); **être l'~ de sa fortune** s-s Glückes Schmied sein

artisanal [aRtizanal] adj ⟨-aux⟩ handwerklich; Handwerks...; **métier ~** Handwerk n; **de fabrication ~e** handwerklich gefertigt

artisanat [aRtizana] m Handwerk n; Handwerkerstand m; ~ **d'art** Kunsthandwerk n

artiste [aRtist] **I** m,f **1.** Künstler(in) m(f); **plais** ~ **capillaire, culinaire** Haar-, Kochkünstler(in) m(f); ~ **peintre** Kunstmaler(in) m(f); **vie f d'~** a) Künstlerleben n, -dasein n; b) Bo-'hemeleben n; **2.** THÉ ~ (**dramatique**) darstellender Künstler, darstellende Künstlerin; Bühnenkünstler(in) m(f); **entrée f des ~s** Bühneneingang m; **II** adj personne künstlerisch veranlagt; mit Kunstverstand begabt

artistement [aRtistəmɑ̃] adv kunstvoll

artistique [aRtistik] adj **1.** (relatif aux arts) Kunst...; **dans une ville activité f ~** Aktivität f auf dem Gebiet der Kunst; **enseignement m ~** musischer 'Unterricht; **richesses f/pl ~s** Kunstschätze m/pl; **2.** (relatif à l'artiste) künstlerisch; Kunst...; **création f ~** künstlerisches Schaffen; Kunstschaffen n; ~**ment** adv künstlerisch

Artois [aRtwa] **l'~** m historische Provinz in Nordfrankreich

arum [aRɔm] m BOT Aronstab m

aryen [aRjɛ̃] **I** adj ⟨~ne⟩ arisch; **II** m/pl **⚖** Arier m/pl

arythmie [aRitmi] f MÉD ~ (**cardiaque**) unregelmäßige Herztätigkeit; sc Arrhyth'mie f

as [as, ɑs] m **1.** carte à jouer As n; ~ **de pique** Pikas n; F fig **être ficelé, fagoté comme l'~ de pique** kaum erkennbar, unmöglich angezogen sein, da'herkommen; F fig **être plein aux ~** F stein-, stinkreich sein; nach Geld stinken; F fig **passer à l'~** lors d'un partage leer ausgehen; F nichts abkriegen; **projet** ins Wasser fallen; **2.** sur un dé, un domino Eins f; **3.** F fig (champion) F As m; SPORTS **a** Ka'none f; ~ **de l'aviation** Fliegeras n; ~ **du volant** Spitzenfahrer m

asbeste [asbɛst] m MINÉR As'best m

ascaride [askaRid] m ou **ascaris** [askaRis] m ZO Spulwurm m

ascendance [asɑ̃dɑ̃s] f **1.** GÉNÉALOGIE a) aufsteigende Linie; Aszen'denz f; b) coll Vorfahren m/pl, -eltern pl; ~ **maternelle** mütterliche Linie; **être d'~ corse** korsische Vorfahren haben; **2.** MÉTÉO Aufwind m; **3.** ASTR Aufgang m; sc Aszen'denz f

ascendant [asɑ̃dɑ̃] **I** adj aufsteigend (a ANAT); MUS **intervalle** steigend; **gamme** aufwärtsgehend; **astre** ~ aufgehendes Gestirn; Aszen'dent m; **2.** GÉNÉALOGIE **ligne ~e** aufsteigende Linie; **mouvement ~ d'un ballon** (Auf)Steigen n; **d'un astre** Aufgehen n, -gang m; **II** m **1.** (influence) (starker, mächtiger) Einfluß (**sur qn** auf j-n); **prendre de l'~ sur qn** Einfluß auf j-n, Macht über j-n gewinnen; **2.** ASTROLOGIE Aszen'dent m; **3.** GÉNÉALOGIE ~**s** pl (Bluts)Verwandte m/pl in aufsteigender Linie; Vorfahren m/pl; sc Aszen'denten m/pl

ascenseur [asɑ̃sœR] m Aufzug m; Fahrstuhl m; Lift m; **appeler l'~** den Aufzug holen; **prendre l'~** mit dem Aufzug fahren; fig **renvoyer l'~** e-n Gegendienst erweisen; F fig sich revan'chieren

ascension [asɑ̃sjɔ̃] f **1.** d'un sommet Besteigung f; **première ~** Erstbesteigung f; **faire l'~ du Cervin** das Matterhorn besteigen; **2.** d'un ballon, d'une fusée Aufsteigen n; **3.** d'une personne, dynastie Aufstieg m; **4.** REL (**fête f de**) **l'⚖** Christi Himmelfahrt f; loc/adv **à l'⚖** ou **le jour de l'⚖** am Himmelfahrtstag; (an) Himmelfahrt

ascensionnel [asɑ̃sjɔnɛl] adj ⟨~le⟩ aufsteigend; Steig...; AVIAT **force ~le** Auf-

ascèse – Assedic

trieb *m*; *vitesse* ~*le* Steiggeschwindigkeit *f*
ascèse [asɛz] *f REL* As'kese *f*; *a* As'zese *f*
ascète [asɛt] *m REL et par ext* As'ket *m*; *mener une vie d'*~ ein asketisches, enthaltsames Leben, das Leben e-s Asketen führen
ascét|ique [asetik] *adj* as'ketisch; *a* streng; enthaltsam; ~**isme** *m REL* As-'kese *f*; *par ext* as'ketische Lebensweise
ascorbique [askɔrbik] *adj CHIM* **acide** *m* ~ Askor'binsäure *f*
asepsie [asɛpsi] *f MÉD* A'sepsis *f*; Keimfreiheit *f*
asept|ique [asɛptik] *adj MÉD* a'septisch; keimfrei; ~**isation** *f MÉD* Keimfreimachung *f*
aseptis|é [asɛptize] *adj* **1.** *MÉD* keimfrei; **2.** *fig atmosphère, confort* ste'ril; kalt; nüchtern; ~**er** *v/t MÉD* keimfrei machen
asexué [asɛksɥe] *adj BIOL* geschlechtslos; *reproduction* ungeschlechtlich
asiatique [azjatik] **I** *adj* asi'atisch; *MÉD* **grippe** *f* ~ asiatische Grippe; **II** *subst* ♀ *m,f* Asi'at *m*, Asi'atin *f*
Asie [azi] *l'*~ *f* Asien *n*
asile [azil] *m* **1.** A'syl *n*; *HIST a* Freistätte *f*; Freistatt *f*; *par ext* Zuflucht(sort *m*, -sstätte *f*) *f*; ~ **politique** politisches Asyl; *droit m d'*~ Asylrecht *n*; *par ext* **chercher, trouver** ~ **chez qn, auprès de qn** bei j-m Zuflucht suchen, finden; **demander** ~ um Asyl bitten, nachsuchen; **donner** ~ **à qn** j-m Asyl gewähren; *par ext* j-m Zuflucht bieten; **2.** ~ **(d'aliénés)** Irrenanstalt *f*; *F* **être bon pour l'**~ *F* reif fürs Irrenhaus sein
Asnières [anjɛr] Stadt im Dep. Hauts--de-Seine
asocial [asɔsjal] ⟨*m/pl* -aux⟩ **I** *adj* asozial; **II** *m,f* Asoziale(r) *f(m)*
asparagus [asparagys] *m BOT* As'paragus *ou* Aspa'ragus *m*; *chez le fleuriste* Schnittgrün *n*
aspect [aspɛ] *m* **1.** Aussehen *n*; Anblick *m*; *à l'*~ *de* (*à la vue de*) beim Anblick von (*ou +gén*) *loc/adj* **d'**~ **imposant** von imposantem Aussehen; imposant aussehend, wirkend; *présenter un* ~ *pittoresque etc* malerisch *etc* aussehen, wirken, sich ausnehmen; e-n malerischen *etc* Anblick bieten; **2.** (*point de vue*) *m* **d'**~ *Blick-*, Gesichtspunkt *m*; **sous un** ~ **nouveau** unter e-m neuen Aspekt; **envisager qc sous tous ses** ~**s** etw unter allen Aspekten, Gesichtspunkten betrachten; **3.** *GR* As'pekt *m*; Akti'onsart *f*; **4.** *ASTROLOGIE* As'pekt *m*; Konstellati'on *f*
asperge [aspɛrʒ] *f* **1.** *BOT, CUIS* Spargel *m*; **pointe** *f* **d'**~ Spargelspitze *f*; *potage m* **aux pointes d'**~**s** Spargelsuppe *f*; **2.** *F fig d'une personne F* Bohnen-, Hopfenstange *f*; lange Latte
asperger [aspɛrʒe] *v/t et v/pr* ⟨-geons⟩ (*s'*)~ (*d'eau*) (sich) (mit Wasser) besprengen, besprühen, bespritzen; *s'*~ *de parfum* sich mit Parfüm besprühen
aspérité [aspɛrite] *f* Unebenheit *f*
aspersion [aspɛrsjɔ̃] *f* **1.** Besprengen *n*; Besprühen *n*; Bespritzen *n*; **2.** *ÉGL CATH* Besprengung *f* mit Weihwasser; Aspersi'on *f*
asphalte [asfalt] *m* **1.** *MINÉR, TECH* As'phalt *m*; **2.** *chaussée* As'phaltstraße *f*

asphalter [asfalte] *v/t* asphal'tieren; *rue asphaltée* As'phaltstraße *f*
asphyxiant [asfiksjɑ̃] *adj* erstickend (*a fig*); *MIL* **gaz** ~**s** Giftgas(e) *n(pl)*
asphyxie [asfiksi] *f* **1.** *MÉD* Ersticken *n*, -ung *f*; **mort** *f* **par** ~ Erstickungstod *m*; **2.** *fig d'une industrie etc* Da'hinsiechen *n*; Absterben *n*; Zu'grundegehen *n*
asphyxier [asfiksje] **I** *v/t* **1.** ersticken; *gaz toxique* ~ **qn** bei j-m zum Erstickungstod führen; *être asphyxié par le gaz carbonique* an Kohlendioxid ersticken sein; *mourir asphyxié* den Erstickungstod sterben; **2.** *fig industrie, économie* **être asphyxié** abgewürgt werden; **II** *v/pr* **3.** *personne* *s'*~ **avec le** *ou* **au gaz** sich mit Gas 'umbringen, das Leben nehmen; **4.** *fig pays, économie* **s'**~ **lentement** langsam da'hinsiechen, zu'grunde gehen
aspic [aspik] *m* **1.** *ZO* Aspisviper *f*; **2.** *CUIS* As'pik *m*; Sülze *f*; ~ **de volaille** Geflügel *n* in Aspik; Geflügelsülze *f*; **3.** *BOT* Großer Speik
aspirant¹ [aspirɑ̃] *adj* (an)saugend; *Saug-*...; **pompe** ~**e** Saugpumpe *f*
aspirant² [aspirɑ̃] **1.** *m MIL* Offi'ziersanwärter *m*; Fahnenjunker *m*; Fähnrich *m*; *MAR* Seekadett *m*; Fähnrich *m* zur See; **2.** ~**(e)** *m(f) à un poste* Anwärter (-in) *m(f)*
aspirateur [aspiratœr] *m* **1.** Staubsauger *m*; **passer l'**~ staubsaugen *ou* Staub saugen (*dans une pièce* in e-m Raum); (ab)saugen (*sur qc* etw); **2.** *TECH* An-, Absaugvorrichtung *f*; ~-**balai** *m* ⟨*pl* aspirateurs-balais⟩ Handstaubsauger *m*; ~-**traîneau** *m* ⟨*pl* aspirateurs-traîneaux⟩ Bodenstaubsauger *m*
aspiration¹ [aspirasjɔ̃] *f* **1.** *PHYSIOL* Einatmung *f*; Luft-, Atemholen *n*; **2.** *TECH* An-, Ab-, Aufsaugen *n*; Saugen *n*; **3.** *MÉD* Absaugung *f*; **4.** *PHON* Behauchung *f*; Aspirati'on *f*
aspiration² [aspirasjɔ̃] *f* Streben *n*, Trachten *n*, Verlangen *n*, Drang *m*, Sehnen *n*, Sehnsucht *f* (*à ou* **vers la liberté** nach Freiheit); Bestrebung *f*; **avoir de nobles** ~**s** nach edlen Zielen streben
aspiré [aspire] *PHON* **I** *adj* behaucht; aspi'riert; *h* ~ aspiriertes H; **II** *f* ~**e** Hauchlaut *m*; Aspi'rata *f*
aspirer¹ [aspire] *v/t* **1.** *air, parfum* einatmen, -saugen-, -ziehen; *abs* einatmen; Luft, Atem holen; **2.** *TECH gaz, liquide, poussière* an-, ab-, aufsaugen; *abs* saugen; **3.** *PHON* behauchen; aspi'rieren
aspirer² [aspire] *v/t*/*indir à* streben, trachten, verlangen, sich sehnen nach; ~ **à la gloire** nach Ruhm streben, trachten; *je n'aspire plus qu'au repos* ich wünsche nichts sehnlicher als Ruhe
aspirine [aspirin] *f* (*nom déposé*) Aspi'rin *n* (*Wz*); *F blanc comme un cachet d'*~ käseweiß; *F prendre deux ~s* zwei Aspirin (ein)nehmen
assagir [asaʒir] **I** *v/t* **1.** *revers, expérience* ~ **qn** j-n klug, klüger, weise(r) machen, werden lassen; **2.** *événement, âge* ~ **qn** j-n ruhiger, gesetzter, ausgeglichener machen, werden lassen; ~ **les passions** die Leidenschaften abkühlen, dämpfen; **II** *v/pr* **s'**~ **3.** (*devenir sage*) klüger, weiser, abgeklärter, *enfant* vernünftiger werden; **4.** (*se calmer*)

ruhiger, gesetzter, ausgeglichener werden
assagissement [asaʒismɑ̃] *m* **1.** Klüger-, Vernünftigerwerden *n*; **2.** Ruhigerwerden *n*; Ausgeglichenheit *f*; Gesetztheit *f*; *des passions* Abkühlung *f*
assaillant [asajɑ̃] **I** *adj MIL* angreifend; (an)stürmend; **II** *subst* ~**(e)** *m(f)* Angreifer(in) *m(f)*; *MIL coll l'*~ der *ou* pl die Angreifer
assaillir [asajir] *v/t* ⟨j'assaille, nous assaillons; j'assaillais; j'assaillis; j'assaillirai, *a* j'assaillerai; que j'assaille; assaillant; assailli⟩ **1.** *personne* angreifen; *dans la rue* über'fallen; anfallen; herfallen (*qn* über j-n); *MIL* angreifen; berennen; anrennen, anstürmen (*qc* gegen etw); *vent, mer* ~ *qc* gegen etw tosen; **2.** *fig* **a)** ~ **qn de questions** j-n mit Fragen bestürmen, bedrängen; **b)** *doute, tourment* ~ **qn** j-n heimsuchen, befallen; *problèmes* über j-n her'einbrechen
assainir [asenir] *v/t* **1.** *vieux quartier etc* sa'nieren; *air* reinigen; **2.** *fig monnaie, économie, entreprise* sa'nieren; gesunden lassen; *climat social, politique* verbessern
assainissement [asenismɑ̃] *m* **1.** *urbanisme* Sa'nierung *f*; *de l'air* Reinigung *f*; *AGR* Entwässerung *f*; **2.** *fig, ÉCON* Sa'nierung *f*; Gesundung *f*; Erholung *f*
assainisseur [asenisœr] *m* ~ **(d'air)** Luftreiniger *m*
assaisonnement [asɛzɔnmɑ̃] *m CUIS* **a)** Würzen *n*, Abschmecken *n* (mit Gewürzen); *de la salade* Anmachen *n*; **b)** *coll* Gewürze *n/pl*; Würze *f*
assaisonner [asɛzɔne] *v/t* **1.** *CUIS* **a)** würzen; (mit Gewürzen) abschmecken; *salade* anmachen; *adj trop assaisonné* zu stark gewürzt; **b)** *épice: mets* schmackhaft machen; **2.** *fig discours etc* würzen (*de* mit); **3.** *F fig* (*réprimander*) *F* zu'sammenstauchen; runterputzen
assassin [asasɛ̃] **I** *m* Mörder(in) *m(f)* (*a fig*); *adj plds œillade* ~**e** unwiderstehlicher Blick
assassinat [asasina] *m* **1.** Mord *m* (*de qn* an j-m) (*a JUR*); Ermordung *f*; Mordtat *f*, -anschlag *m*; Meuchelmord *m*; **2.** *fig* Auslöschung *f*; Liqui'dierung *f*
assassiner [asasine] *v/t* **1.** ermorden; 'umbringen; *il est mort assassiné* er wurde ermordet; **2.** *fig pays, liberté* auslöschen; *poét* morden
assaut [aso] *m* **1.** *MIL* Sturm(angriff) *m*; Angriff *m* (*de* auf +*acc*); Stürmen *n*; **vague** *f* **d'**~ Angriffswelle *f*; **céder sous les** ~**s de l'ennemi** vor dem anstürmenden Feind zurückweichen; **donner l'**~ **aux** *ou* **monter à l'**~ **des positions ennemies** gegen die feindlichen Stellungen anrennen; *fig* **faire** ~ **de qc** sich (gegenseitig) in etw (*dat*) zu über'bieten suchen, in etw (*dat*) wetteifern; **prendre d'**~ im Sturm nehmen; (er)stürmen; *fig guichets etc* stürmen; **2.** *fig du vent, de la mer* Wüten *n*; Tosen *n*
assèchement [asɛʃmɑ̃] *m* Trockenlegung *f*; Austrocknung *f*
assécher [aseʃe] ⟨-è-⟩ **I** *v/t marais* trockenlegen; austrocknen; *sol humide* entwässern; *étang* ablassen; trockenlegen; **II** *v/pr* **s'**~ austrocknen
A.S.S.E.D.I.C. *ou* **Assedic** [asedik] *f/pl*

abr (*associations pour l'emploi dans l'industrie et le commerce*) correspond à Arbeitslosenversicherung *f*; F ***toucher les Assedic*** F Arbeitslosengeld kriegen

assemblage [asɑ̃blaʒ] *m* **1.** Zu'sammenfügen *n*, -setzen *n*, -ung *f*; Zu'sammenbau *m*; *de documents* Zu'sammentragen *n*; Zu'sammenstellung *f*; *COUT* Zu'sammenstecken *n*, -heften *n*; **2.** *TECH* Verbindung *f*; ~ ***à tenon et mortaise*** Zapfenverbindung *f*; Verzapfung *f*; **3.** *fig* Amal'gam *n*; Gemisch *n*; Konglome'rat *n*

assemblée [asɑ̃ble] *f* **1.** Versammlung *f*; (*corps*) *a* Gremium *n*; ~ ***annuelle*** Jahresversammlung *f*; ~ ***générale*** Gene'ral-, *d'une S.A.* Haupt-, *de l'ONU* 'Vollversammlung *f*; *en France l'A2 nationale* die Natio'nalversammlung (F *a l'édifice*); ~ ***plénière*** 'Voll-, Ple'narversammlung *f*; Plenum *n*; *ÉGL* ~ ***des fidèles*** Gemeinde *f*; ***convoquer, tenir une*** ~ e-e Versammlung einberufen, abhalten; ***être réunis en*** ~ versammelt sein; tagen; **2.** *coll l'*~ die Versammelten *m/pl*; das Publikum; ***parler en présence d'une nombreuse*** ~ vor e-m großen Publikum sprechen

assembler [asɑ̃ble] **I** *v/t éléments séparés, a TECH* zu'sammenfügen, -setzen, -bauen; anein'anderfügen, -setzen; mon'tieren; verbinden; *documents* zu'sammentragen, -stellen; *COUT* zu'sammenstecken, -heften; *fig idées* verknüpfen; verbinden; verquicken; **II** *v/pr s'*~ *personnes* sich versammeln; sich zu'sammenkommen; sich treffen; *POL, ADM* zu'sammentreten

assembleur [asɑ̃blœʀ] *m INFORM* As'sembler *m*

assener *ou* **asséner** [asene] *v/t* ⟨-è-⟩ **1.** ~ ***un coup à qn*** j-m e-n kräftigen Schlag versetzen; **2.** *fig argument, une vérité etc* ~ ***à qn*** j-m an den Kopf werfen

assentiment [asɑ̃timɑ̃] *m* Zustimmung *f*; Einwilligung *f*, Billigung *f*; ***donner son*** ~ ***à qc*** s-e Zustimmung, Einwilligung zu etw geben; e-r Sache (*dat*) zustimmen; in etw (*acc*) einwilligen

asseoir [aswaʀ] ⟨j'assieds *ou* j'assois, *a* j'asseois, il assied *ou* assoit, *a* asseoit, nous asseyons *ou* assoyons, ils asseyent *ou* assoient, *a* a assoeient; j'asseyais *ou* j'assoyais; j'assis; j'assiérai *ou* j'assoirai, *a* j'assoirai; que j'asseye *ou* que j'assoie; asseyant *ou* assoyant; assis⟩ **I** *v/t* ~ ***enfant, malade*** setzen (***sur une chaise*** auf e-n Stuhl; ***dans un fauteuil*** in e-n Sessel); **2.** *fig théorie, jugement* ~ ***sur qc*** auf etw (*acc*) gründen, stützen; **II** *v/pr s'*~ sich setzen (***sur une chaise*** auf e-n Stuhl); sich niedersetzen, -lassen (auf e-n *ou* auf e-m Stuhl); Platz nehmen (auf e-m Stuhl); sich hinsetzen; *süd* Sich hinsitzen; ***asseyez-vous!*** setzen Sie sich!; ***s'*~ ***à (la) table*** sich an den Tisch setzen; ***faire*** ~ ***qn*** j-n Platz nehmen lassen, zum Sitzen auffordern; ***on le fit*** ~ *a* man gab ihm e-n Stuhl; *cf a assis*

assermenté [asɛʀmɑ̃te] *adj JUR* vereidigt; beeidigt

assertion [asɛʀsjɔ̃] *f* Behauptung *f*

asservir [asɛʀviʀ] *v/t* ⟨*cf servir*⟩ *peuple, pays* unter'werfen, -'jochen; knechten; *p/fort* versklaven; *forces de la nature* sich (*dat*) 'untertan, dienstbar machen; *st/s passions* bezwingen; Herr werden (+*gén*)

asservissement [asɛʀvismɑ̃] *m* Unter-'werfung *f*, -'jochung *f*; Knechtung *f*; *p/fort* Versklavung *f*; *état* Knechtschaft *f*; völlige, sklavische Abhängigkeit (***à qc*** von etw)

assesseur [asesœʀ] *m JUR* Beisitzer *m*

asseyons [asejɔ̃], **asseyez** [aseje] *cf asseoir*

assez [ase] *adv* **1.** (*suffisamment*) genug; genügend; zur Genüge; hinlänglich; aus-, hinreichend; ~!, ***en voilà*** ~!, ***c'est*** ~!, *st/s c'en est* ~! jetzt ist's aber genug!; jetzt reicht's, langt's aber!; Schluß jetzt!; Schluß damit!; ***c'est plus qu'*** ~ das ist mehr als genug; ***il est*** ~ ***grand pour aller tout seul à l'école*** er ist groß genug, um allein zur Schule zu gehen; ***manger*** ~ genug, genügend, ausreichend essen; ***je l'ai*** ~ ***vu*** ich habe ihn zur Genüge gesehen; F er soll verschwinden; ♦ ~ ***de*** (+*subst*) genug, genügend (+*subst*); ~ ***d'argent*** genug, genügend Geld; Geld genug, zur Genüge; ~ ***de paroles!*** genug der Worte!; F ***en avoir*** ~ ***de qn, qc*** j-n, etw satt haben; genug von j-m, etw haben; ***j'en ai*** ~! jetzt habe ich es satt!; jetzt langt's, reicht's mir aber!; jetzt habe ich aber genug davon!; ***j'aurai*** ~ ***de deux couvertures*** zwei Decken langen, reichen mir; mit zwei Decken habe ich genug, komme ich aus; ***ils sont*** ~ ***de deux pour faire ce travail*** zwei reichen für diese Arbeit; **2.** *restrictif* ziemlich; recht; ganz; ***il est*** ~ ***avancé pour son âge*** er ist ziemlich weit für sein Alter; ***un*** ~ ***bon exemple*** ein recht, ganz gutes Beispiel; ~ ***joli*** ziemlich, recht, ganz hübsch

assidu [asidy] *adj* **1.** *personne* (*ponctuel*) pünktlich, genau, gewissenhaft (***à son travail*** in s-r Arbeit); (*appliqué*) fleißig; eifrig; emsig; **2.** *travail etc* ausdauernd; unermüdlich; beharrlich; stetig; **3.** (*empressé*) ***être*** ~ ***auprès de qn*** sich ständig, unablässig, unermüdlich um j-n bemühen

assiduité [asiduite] *f* **1.** (*ponctualité*) Pünktlichkeit *f*, Gewissenhaftigkeit *f* (***au travail*** in der Arbeit); (*application*) beharrlicher Fleiß, Eifer; Emsigkeit *f*; (*présence continuelle*) regelmäßige, ständige Anwesenheit (***aux cours*** bei den Kursen); ***travailler avec*** ~ fleißig, ausdauernd, gewissenhaft arbeiten; **2.** *pl* ~***s auprès d'une femme*** Zu-, Aufdringlichkeit *f*; ***poursuivre qn de ses*** ~***s*** j-m gegenüber immer auf-, zudringlicher werden

assidûment [asidymɑ̃] *adv cf assidu*

assied(s) [asje] *cf asseoir*

assiégé [asjeʒe] **I** *adj ville, citadelle* belagert; **II** *m* Belagerte(r) *m*

assiégeant [asjeʒɑ̃] *m* Belagerer *m*

assiéger [asjeʒe] *v/t* ⟨-è-; -geons⟩ **1.** *ville, citadelle* belagern; **2.** *guichet etc* ~ um'lagern; belagern; sich drängen um; um'drängen; **3.** *flammes* ~ ***qn*** j-n einschließen; **4.** *fig* ~ ***qn créanciers*** j-n bedrängen, belästigen; j-m das Haus einlaufen; *pensées* j-n heimsuchen, quälen

assiette [asjɛt] *f* **1.** Teller *m*; ~ ***creuse***
tiefer Teller; Suppenteller *m*; ~ ***plate*** flacher Teller; *fig* ~ ***au beurre*** Futterkrippe *f*; ~ ***à dessert*** Kuchen-, Frühstücks-, Des'sertteller *m*; ~ ***à soupe*** Suppenteller *m*; *à table* ***changer d'~(s)*** die Teller wechseln; **2.** *CUIS* ~ ***anglaise*** kalte (Fleisch)Platte; Platte *f* mit kaltem Braten; **3.** *fig personne* ***ne pas être dans son*** ~ sich nicht recht wohl fühlen; nicht recht auf der Höhe, auf dem Posten, F auf dem Damm sein; **4.** *pour la retraite, des cotisations* Bemessungs-, Berechnungsgrundlage *f*; ~ ***de l'impôt*** Steuerbemessungsgrundlage *f*; **5.** *d'un cavalier* Sitz *m*; ***avoir une bonne*** ~ gut im Sattel, zu Pferd sitzen

assiettée [asjete] *f* Teller *m* voll; ***une*** ~ ***de soupe*** ein Teller Suppe

assignat [asiɲa] *m HIST* Assi'gnate *f*

assignation [asiɲasjɔ̃] *f JUR* **1.** ***comme témoin*** (Vor)Ladung *f*; **2.** (*attribution*) Zuweisung *f*; Zuteilung *f*; ~ ***à résidence*** Zuweisung des Aufenthaltsortes

assigner [asiɲe] *v/t* **1.** *tâche, emploi etc* ~ ***à qn*** zuweisen, zuteilen *a* j-m; *tâche a* j-m anweisen; *part d'héritage a* j-m zusprechen; **2.** ~ ***qn à un emploi, à un poste*** j-n auf e-n Arbeitsplatz, auf e-n Posten setzen, schicken; **3.** *but* setzen; festsetzen, -legen; stecken; ~ ***des limites à qc*** e-r Sache (*dat*) Grenzen setzen; **4.** *JUR* **a)** ~ ***qn*** (*en justice*) j-n vor Gericht laden; j-n vorladen; **b)** ~ ***à résidence*** j-m e-n Aufenthaltsort zuweisen

assimilable [asimilabl(ə)] *adj* **1.** ~ ***à qn, à qc*** j-m, e-r Sache vergleichbar, gleichzustellen(d); **2.** *BIOL aliment* assimi'lierbar; *fig connaissances* erfaßbar; **3.** *personnes* anpassungsfähig

assimilation [asimilasjɔ̃] *f* **1.** Gleichsetzung *f*, Vergleich *m*, *ADM* Gleichstellung *f* (***à*** mit); ~ ***des ouvriers aux employés*** Gleichstellung der Arbeiter mit den Angestellten; **2.** *SOCIOLOGIE* Assimilati'on *f*; Assimi'lierung *f*; Angleichung *f*; Verschmelzung *f*; ***pouvoir m d'*** ~ Integrati'onsvermögen *n*; **3.** *BIOL* Assimilati'on *f*; Assimi'lierung *f*; **4.** *fig de connaissances* Aufnahme *f*; geistige Erfassung, Verarbeitung; ***pouvoir m d'*** ~ Aufnahmevermögen *n*; **5.** *LING* Assimilati'on *f*; Lautangleichung *f*

assimilé [asimile] *adj* **1.** (*catégorie de*) *personnes* assimi'liert; angepaßt; **2.** *ADM* gleichgestellt; *les peintures* ***et les produits*** ~***s*** und die ihnen gleichgestellten Produkte *n/pl*

assimiler [asimile] **I** *v/t* **1.** vergleichen (***à*** mit); gleichsetzen, *ADM* gleichstellen (***à*** dat); **2.** *étrangers, immigrants* assimi'lieren; verschmelzen (***à*** mit); **3.** *BIOL* assimi'lieren; **4.** *fig connaissances* aufnehmen; geistig erfassen, verarbeiten; **II** *v/pr s'~* **5.** (*catégorie de*) *personnes* sich anpassen, sich angleichen (***à*** an +*acc*); aufgehen (in +*dat*); sich assimi'lieren; **6.** *BIOL aliment* assimi'liert werden

assis [asi] *p/p cf asseoir et adj* **1.** sitzend; ***à un chien*** ~! Platz!; ***place*** ~***e*** Sitzplatz *m*; ***position*** ~***e*** sitzende Stellung; *Station n*; ***être*** ~ sitzen; ***rester*** ~ sitzen bleiben; ***travailler*** ~ im Sitzen, sitzend arbeiten; **2.** *fig* ***bien*** ~ ***réputation*** fest begründet; *jugement* wohlbe-

assise – assouvir

gründet; *autorité* fest verankert; sta'bil; *politique* so'lid(e); **3.** F *fig* **j'en suis ~** F da bin ich platt; mich haut's vom Stuhl; mir bleibt die Spucke weg
assise [asiz] *f* **1.** *CONSTR* (Stein)Schicht *f*; **2.** *fig* Grundlage *f*; Funda'ment *n*; Basis *f*
Assise [asiz] As'sisi *n*
assises [asiz] *f/pl* **1.** *JUR* (**cour** *f* **d')~** Schwurgericht *n*; **être envoyé aux ~** vor das Schwurgericht kommen; **2.** (*réunion*) Tagung *f*; Kon'greß *m*; *d'un parti a* Par'teitag *m*; **tenir ses ~** tagen; s-e Tagung, s-n Parteitag abhalten
assistanat [asistana] *m* Amt *n* des Hochschulassistenten
assistance [asistãs] *f* **1.** (*les assistants*) Anwesende(n) *m/pl*; Publikum *n*; Zu-hörer(schaft) *m/pl(f)*; **2.** (*présence*) An-wesenheit *f* (*à* bei); Zu'gegensein *n* (bei); **3.** (*secours*) Beistand *m*, Hilfe (-leistung) *f*; Unter'stützung *f*; *de l'État* Fürsorge *f*; *JUR* **~ judiciaire** Armen-recht *n*; **~ médicale** medizinische Ver-sorgung; ärztliche Betreuung; *autrefois* ♀ **publique** öffentliche Fürsorge; staat-liche Wohlfahrtspflege; *au sens strict* Jugendfürsorge *f*; **enfant m de l'♀** Für-sorgekind *n*; *de l'ONU etc* **~ technique** technische Hilfe; **demander ~ à qn, auprès de qn** j-n um Beistand, Unter-stützung bitten; **4.** (*participation*) Mit-hilfe *f*, -wirkung *f*; *MÉD* Assi'stenz *f*
assistant [asistã] **I** *adj* assi'stierend; **médecin ~** assistierender Arzt; **II** *subst* **~(e)** *m(f)* **1.** Assi'stent(in) *m(f)* (*a UNI-VERSITÉ*); **~e dentaire** Zahnarzthelfe-rin *f*; **~e maternelle** Kinderpflegerin *f*; **~e sociale** (Sozi'al)Fürsorgerin *f*; Sozi'alarbeiterin *f*; *RAD*, *TV* **~(e)** **du met-teur en scène, de production** Re'gie-, Produkti'onsassistent(in) *m(f)*; **~(e) de publicité** Werbeassistent(in) *m(f)*; *CIN* **~(e) de réalisation** Re'gieassistent(in) *m(f)*; **2.** *dans une assemblée* **les ~s** *m/pl* die Anwesenden *m/pl*
assisté [asiste] **I** *adj TECH* **direction ~e** Lenkhilfe *f*; Servolenkung *f*; **freins ~s** Bremskraftverstärker *m*; **~ par ordi-nateur** computergestützt, -unterstützt [-'pju:-]; **II** *subst* **~(e)** *m(f)* Sozi'alhilfe-empfänger(in) *m(f)*; *par ext*: mentalité *f* d'~ Versorgungsdenken *n*; **faire de qn un ~** j-n dazu bringen, daß er alles vom Staat erwartet; j-n unselbständig machen
assister [asiste] **I** *v/t* **~ qn** j-m beiste-hen, Beistand leisten, helfen, hilfreich zur Seite stehen; *JUR* j-m Rechtsbei-stand leisten; **~ un médecin** e-m Arzt assi'stieren; **~ qn dans son travail** j-m bei s-r Arbeit helfen, behilflich sein; j-n in s-r Arbeit unter'stützen; **~ un mou-rant** e-m Sterbenden beistehen; **se faire ~ par qn** sich von j-m helfen las-sen; **II** *v/i* **~ à qc** mit dabei, zu'gegen sein, anwesend sein, da'beisein; etw miterle-ben; *st/s* e-r Sache (*dat*) beiwohnen
associatif [asɔsjatif] *adj* ⟨-ive⟩ **1.** *PSYCH*, *MATH* asso'ziativ; **2. vie asso-ciative** Vereinsleben *n*
association [asɔsjasjɔ̃] *f* **1.** Verein(i-gung) *m(f)*; Verband *m*; Bund *m*; Asso-ziati'on *f*; Gesellschaft *f*; **~ commer-ciale, économique** Handels-, Wirt-schaftsverband *m*; wirtschaftlicher Ver-ein; **~ sportive** Sportverein *m*; **~ de**

bienfaisance Wohltätigkeitsverein *m*; **~ de consommateurs** Verbraucher-verband *m*, -genossenschaft *f*; **~ d'an-ciens élèves** *du lycée X* Verein ehema-liger Schüler ...; *JUR* **~ de malfaiteurs** kriminelle Vereinigung; **2.** *action* **a)** (*réunion*) Zu'sammenschluß *m*, Ver-einigung *f*, Verbindung *f*, Assozi'ierung *f* (*à* mit); **b)** (*participation*) Einbezie-hung *f* (*à* in +*acc*); Beteiligung *f* (an +*dat*); Assozi'ierung *f*; **3.** *de couleurs, de mots, d'images etc* Verbindung *f*; Verknüpfung *f*; Assoziati'on *f*; **~ d'idées** I'deenverbindung *f*, (-)Asso-ziation *f*
associé [asɔsje] **I** *adj membre* assozi-'iert; **II** *subst* **~(e)** *m(f) COMM* Teilhaber (-in) *m(f)*; Mitinhaber(in) *m(f)*; Ge-schäftspartner(in) *m(f)*; Kompagnon *m*; Sozius *m*; Gesellschafter(in) *m(f)*
associer [asɔsje] **I** *v/t* **1.** *COMM* **~ qn à son affaire** *ou v/pr* **s'~ qn** j-n als Teil-haber, Mitinhaber, Partner, Kompa-gnon, Sozius in sein Geschäft aufneh-men; j-n an s-m Geschäft beteili-gen; **2. ~ qn à au bénéfice** j-n beteili-gen, teilhaben lassen an (+*dat*); **à son bonheur etc** j-n teilhaben, -nehmen las-sen an (+*dat*); **à son travail** j-n teilneh-men lassen, beteiligen an (+*dat*); j-n mitarbeiten lassen bei; **3.** *personnes, qualités* verbinden (*ig*)en, verbinden, *mots, idées* verbinden, verknüpfen, assozi'ie-ren, in Verbindung bringen (*à* mit); **II** *v/pr* **4.** *personne(s)* **s'~** sich zu'sammen-tun, -schließen, *État(s)* sich zu'sammen-schließen, sich assozi'ieren (*à* ou **avec** mit); **5. s'~ à la douleur, à la joie de qn** teilen (*a* **au point de vue**) (+*acc*); teil-nehmen, Anteil nehmen an (+*dat*); **au point de vue de qn** a sich anschließen (+*dat*); **s'~ aux travaux** sich an den Arbeiten beteiligen; **6.** *chose, qualité* **à une autre s'~ à** gepaart, vereint sein mit
assoiffé [aswafe] *adj* **1.** sehr durstig; halb verdurstet; **2.** *fig* **être ~ de qc** nach etw dürsten, *st/s* lechzen; **~ de pouvoir** machthungrig; **~ de sang** blutdurstig, -rünstig; **~ de vengeance** rachedürstig
assolement [asɔlmã] *m AGR* Frucht-wechsel *m*, -folge *f*
assombrir [asɔ̃bRiR] *v/t* **1.** *nuages: ciel* verdunkeln; verfinstern; verdüstern; *ta-pisserie etc*: *pièce* dunkel, finster, düster machen; **2.** *fig soucis, accident* **~ qn** j-n finster, düster machen; **II** *v/pr* **s'~** **3.** *ciel* sich verdunkeln, verfinstern, ver-düstern; **4.** *fig visage, horizon politique* sich verfinstern, verdüstern, verdun-keln; *front* sich um'wölken; *personne* finster, düster werden
assombrissement [asɔ̃bRismã] *m* Ver-finsterung *f*; Verdüsterung *f* (*a fig*); état *f* Düsterkeit *f*
assommant [asɔmã] *adj* (tödlich) lang-weilig; ermüdend; *livre, exposé a* lang-atmig; *travail* a geisttötend
assommer [asɔme] *v/t* **1.** *animal* er-schlagen; totschlagen; *personne* nieder-schlagen, niederstrecken; *fig* **être as-sommé par la chaleur** von der Hitze benommen, wie erschlagen sein; **2.** (*en-nuyer*) zu Tode, tödlich langweilen; er-müden; auf die Nerven gehen (*qn* j-m)
Assomption [asɔ̃psjɔ̃] *f ÉGL CATH*

PEINT **l'~** die Himmelfahrt Ma'riä; *fête* Mariä Himmelfahrt
assonance [asɔnãs] *f VERSIFICATION* Asso'nanz *f*; unvollständiger Reim
assorti [asɔRti] *adj* **1.** passend (*à* zu); abgestimmt (auf +*acc*); **conjoints bien ~s** gut zueinander passend; **être ~ à** passen zu (*a personne*); **2.** *CUIS pl* **~s** verschiedene; di'verse; **3.** *COMM* **maga-sin être bien ~** ein breitgefächertes, reichhaltiges Warenangebot, ein wohl assor'tiertes Lager haben; **4. ~ de** (*ac-compagné de*) (versehen) mit
assortiment [asɔRtimã] *m* **1. ~ de couleurs** Farbenzusammenstellung *f*, -kombination *f*; **2.** *d'objets semblables* Sorti'ment *n* (*a COMM*), reiche Auswahl (**de** an +*dat*); Sammlung *f*; Kollekti'on *f*; **~ de marchandises** Warensorti-ment *n*, -angebot *f*; **3.** *CUIS* **~ de char-cuterie, de fromages** Wurst-, Käse-platte *f*
assortir [asɔRtiR] **I** *v/t* abstimmen (*à* auf +*acc*); anpassen (an +*acc*); *plusieurs objets, couleurs* aufein'ander abstim-men; (passend) zu'sammenstellen; **II** *v/pr* **1.** (*s'harmoniser*) **s'~ à** passen zu; **s'~ bien** gut zuein'ander passen; gut aufein'ander abgestimmt sein; **2.** (*s'ac-compagner de*) **s'~ de qc** mit etw verse-hen sein; von etw begleitet sein; etw enthalten
assoupir [asupiR] **I** *v/t* **1.** *chaleur etc* **~ qn** j-n dösig machen, einschläfern; *adjt* **assoupi** eingedöst; eingenickt; einge-schlummert; *adj* **2.** *fig et st/s douleur* betäuben; einschläfern; *remords* betäu-ben, einschläfern; **II** *v/pr* **s'~** **3.** *personne* eindösen, -nik-ken, -schlummern; **4.** *fig et st/s douleur, passions* sich legen; abklingen
assoupissement [asupismã] *m* **a)** *ac-tion* Eindösen *n*, -nicken *n*, -schlum-mern *n*; **b)** (*sommeil*) Dösen; Schläf-rigkeit *f*
assouplir [asupliR] **I** *v/t* **1.** *corps, mem-bres* gelenkig, *a muscles, articulations* geschmeidig machen; lockern; *cuir, étoffe* weich, geschmeidig machen; **2.** *fig caractère* nachgiebig(er), gefügig(er) machen; **3.** *règlement* lockern; (ab)mil-dern; **II** *v/pr* **s'~** **4.** *corps, membres etc* gelenkig, geschmeidig werden; *muscles a* sich lockern; *cuir, tissu* weich, ge-schmeidig werden; **5.** *fig individu, caractère* nachgiebig(er), gefügig(er) werden
assoupliss|ant [asuplisã] *m CHIM* Weichspüler *m*; **~ement** *m* **1. du corps** *etc* Lockerung *f*; Geschmeidig-, Gelen-kigmachen *n* ou -werden *n*; *du cuir etc* Weich-, Geschmeidigmachen *n* ou -werden *n*; **2.** *d'un règlement* Locke-rung *f*; (Ab)Milderung *f*; **~eur** *m cf* **assouplissant**
assourd|ir [asuRdiR] **I** *v/t* **1. ~ qn** j-n ganz benommen, halb taub machen; j-n betäuben; **2.** *bruit, pas* dämpfen; **II** *v/pr* **s'~** **3.** *bruit* (immer) gedämpfter, schwächer werden; **4.** *PHON* stimmlos werden; **~issant** *adj bruit* (ohren)be-täubend; **~issement** *m* **1.** *d'une per-sonne* Benommensein *n*; Betäubung *f*; **2.** *des bruits, des pas* Dämpfung *f*; Ge-dämpftheit *f*; **3.** *PHON* Stimmloswerden *n*
assouv|ir [asuviR] *v/t* **1.** *faim, soif, appé-tit* stillen; **2.** *fig curiosité, désir, ambi-*

tion etc stillen; befriedigen; *st/s* sättigen; **~issement** *m fig* Stillung *f*; Befriedigung *f*
assujetti [asyʒeti] *adj être* **~** *à qc* e-r Sache (*dat*) unter'worfen sein, unter'liegen; ...pflichtig sein; **~** *à l'impôt (sur le revenu)* (einkommen[s])steuerpflichtig; *être* **~** *à certaines règles* bestimmten Regeln unterliegen, unterworfen sein
assujettir [asyʒetiʀ] I *v/t* **1. ~** *qn, qc à qc* j-n, etw e-r Sache (*dat*) unter'werfen; **2.** *litt peuple* unter'werfen, -'jochen; unter s-e Botmäßigkeit bringen; **3.** *litt (contraindre)* **~** *à qc* zu etw zwingen, nötigen; **4.** *(fixer)* festmachen; befestigen; II *v/pr* **s'~** *à qc* sich e-r Sache (*dat*) unter'werfen, fügen, beugen, *à une mission, obligation* unter'ziehen
assujettissant [asyʒetisɑ̃] *adj métier, travail der ou* die einen sehr bindet, einem wenig per'sönliche Freiheit läßt, völlige Hingabe erfordert
assujettissement [asyʒetismɑ̃] *m* **1. ~** *à l'impôt (sur le revenu)* (Einkommen[s])Steuerpflicht *f*; **2.** *fig et st/s* Unter'werfung *f (à* unter +*acc*); Gebundensein *n (à un horaire* an e-n Zeitplan); Abhängigkeit *f* (von); **3.** *fig et st/s (contrainte)* (lästiger) Zwang
assumer [asyme] I *v/t* **1.** *fonction, tâche, obligations etc* über'nehmen; *responsabilité a* auf sich nehmen; *frais c* tragen; bestreiten; aufkommen für; *risque* auf sich nehmen; eingehen; **2.** *sa condition* auf sich nehmen; (innerlich) annehmen, akzep'tieren; *son passé* bewältigen; *abs* sich der Her'ausforderung stellen; mit s-r Lage fertig werden; zu'rechtkommen; II *v/pr* **s'~** sich (so wie man ist) akzep'tieren, annehmen
assurance [asyʀɑ̃s] *f* **1.** *(confiance en soi)* (Selbst)Sicherheit *f*; *avoir, montrer de l'~* (selbst)sicher, selbstbewußt auftreten; ein sicheres Auftreten haben; *parler avec* **~** selbstsicher sprechen; *perdre son* **~** s-e Selbstsicherheit verlieren; unsicher werden; *prendre de l'~* in s-m Auftreten sicherer werden; **2.** *(garantie)* Versicherung *f*; Zusicherung *f*; *recevoir de qn la ferme* **~** *que ...* von j-m die feste Zusicherung erhalten, daß ...; *à la fin d'une lettre veuillez agréer l'~ de ma considération distinguée* mit vorzüglicher Hochachtung; **3.** *(certitude)* Gewißheit *f*; *j'ai l'~ de son accord* ich bin gewiß, sicher, fest über'zeugt, daß er einverstanden ist; **4.** *contrat* Versicherung *f*; **~s** *pl* Versicherung(sgesellschaft) *f*; *t/t* Asseku'ranz *f*; **~** *accidents, contre les accidents* Unfallversicherung *f*; **~** *auto(mobile)* Kraftfahrzeugversicherung *f*; **~** *bagages* (Reise)Gepäckversicherung *f*; **~** *incendie, contre l'incendie* Brand-, Feuerversicherung *f*; **~** *invalidité* Inva'lidenversicherung *f*; **~** *maladie* Krankenversicherung *f*; **~** *obligatoire* Pflichtversicherung *f*; **~** *personnes transportées* Insassen-(unfall)versicherung *f*; *AUTO* **~** *tous risques* 'Vollkaskoversicherung *f*; **~s** *sociales* Sozi'alversicherung *f*; **~** *vie, sur la vie* Lebensversicherung *f*; **~** *vieillesse* Altersversicherung *f*; **~** *vol, contre le vol* Diebstahlversicherung *f*;

~ *voyage* Reiseversicherung *f*; *AUTO* **~** *au tiers* (Kraftfahrzeug)Haftpflichtversicherung *f*; **~** *de responsabilité (civile)* Haftpflichtversicherung *f*; **~** *(en cas de) décès* Todesfallversicherung *f*; *contracter, prendre une* **~** e-e Versicherung abschließen; **5.** *ALPINISME* Sichern *n*, -ung *f*
assurance|-maladie [asyʀɑ̃smaladi] *f* 〈*pl* assurances-maladie〉, **~-vie** *f* 〈*pl* assurances-vie〉 *etc cf assurance 4.*
assuré [asyʀe] I *adj* **1.** *succès, revenu* sicher; *succès a* sicher, feststehend; *vieillesse, retraite* gesichert; *voix* fest; *voix, démarche mal* **~** unsicher; **2.** *personne, objet (être)* **~** versichert (sein) (*contre* gegen); *AUTO* **~** *tous risques* 'vollkaskoversichert; *capital* **~** Versicherungssumme *f*; II *subst* **~(e)** *m(f)* Versicherte(r) *f(m)*; Versicherungsnehmer *m*; **~(e)** *social(e)* Sozi'alversicherte(r) *f(m)*
assurément [asyʀemɑ̃] *adv* sicher (-lich); gewiß; bestimmt
assurer [asyʀe] I *v/t* **1. ~** *(à qn ou qn) que ...* (j-m) versichern, beteuern, daß ...; *il a assuré qu'il n'en savait rien* er versicherte, beteuerte, nichts davon zu wissen; *je vous assure!* das garantiere ich Ihnen!; das kann ich Ihnen sagen!; **2. ~** *qn de qc a) personne st/s* j-n e-r Sache (*gén*) versichern; *je vous assure de mon amitié* Sie können meiner Freundschaft (*gén*) gewiß, sicher sein; **b)** *comportement, qualité* j-m die Gewißheit geben, daß ...; j-n von etw über'zeugen; *ce geste nous assure de sa bonne volonté* diese Geste gibt uns die Gewißheit, daß er guten Willen hat; **3.** *(garantir)* **~** *qc* sichern, garan'tieren, gewährleisten; *ravitaillement a* sicherstellen; *le remplacement de qn* sicherstellen; wahrnehmen; *l'avenir de ses enfants a* für die Zukunft s-r Kinder sorgen; *durant une grève etc* **~** *la distribution du courrier* die Postverteilung gewährleisten, aufrechterhalten; *son travail lui assure une certaine indépendance* s-e Arbeit sichert, garantiert ihm e-e gewisse Unabhängigkeit; **~** *une permanence* e-n Bereitschaftsdienst 'unterhalten; **~** *la présidence de la séance* bei der Sitzung den Vorsitz führen; **~** *son service* s-n Dienst versehen; **4.** *par contrat* **~** *qn* j-n, etw versichern (*contre* gegen); **5.** *alpiniste* (durch ein Seil) sichern; II *v/i* **6.** *(s'y connaître)* sich auskennen; etwas können; *F* etwas draufhaben; voll draufsein; III *v/pr* **7.** *(vérifier)* **s'~** sich vergewissern (*de qc* e-r Sache [*gén*]; *que* daß; *si* ob); sich Gewißheit verschaffen (daß, ob); sich davon über'zeugen (daß, ob); **8.** *(se pourvoir)* **s'~** *qc* sich etw sichern; sich e-r Sache (*gén*) versichern; **s'~** *la collaboration de qn* sich j-s Mitarbeit sichern; **s'~** *une place* sich e-n Platz sichern; e-n Platz belegen; **9. s'~** *contre qc* sich gegen etw versichern; **s'~** *sur la vie* e-e Lebensversicherung abschließen
assureur [asyʀœʀ] *m* Versicherer *m*; Versicherungsträger *m*
Assyrie [asiʀi] *f HIST* As'syrien *n*
assyrien [asiʀjɛ̃] *HIST* I *adj* 〈**~ne**〉 as'syrisch; II *m/pl* **2s** As'syrer *m/pl*
aster [astɛʀ] *m BOT* Aster *f*

astérisque [asteʀisk] *m TYPO* Sternchen *n*; *t/t* Aste'riskus *m*
astéroïde [asteʀɔid] *m ASTR* Astero'id *m*; Planeto'id *m*; kleiner Pla'net
asthén|ie [asteni] *f MÉD* Kraftlosigkeit *f*; *sc* Asthe'nie *f*; **~ique** *adj* as'thenisch; II *m,f* As'theniker(in) *m(f)*
asthmatique [asmatik] I *adj* asth'matisch; kurzatmig; II *m,f* Asth'matiker (-in) *m(f)*
asthme [asm(ə)] *m* Asthma *n*; *crise f d'~* Asthmaanfall *m*; *faire de l'~* Asthma haben
asticot [astiko] *m* **1.** *ZO* (Käse-, Fleisch-)Made *f*; **2.** *F fig un drôle d'~* ein komischer Kerl, Kauz
asticoter [astikɔte] *F v/t (et v/pr* **s'~**) (sich gegenseitig) ärgern, *p/fort* schika'nieren
astigmat|e [astigmat] *adj MÉD* astig'matisch; **~isme** *m MÉD* Astigma'tismus *m*
astiquage [astika3] *m* Blankreiben *n*, -putzen *n*; Po'lieren *n*; *F* Wienern *n*
astiquer [astike] *v/t parquet*, *métal, chaussures* blank reiben; blank putzen; po'lieren; *F* wienern; *argent a* putzen
astragale [astʀagal] *m* **1.** *ANAT* Sprungbein *n*; *sc* Talus *m*; **2.** *ARCH* Rundprofil *n*; Astra'gal *m*
astrakan [astʀakɑ̃] *m* Persi'aner *m*; *manteau m d'~* Persianermantel *m*; *F* Persi'aner *m*
astral [astʀal] *adj* 〈-aux〉 a'stral; der Sterne
astre [astʀ(ə)] *m* Gestirn *n*; *poét l'~ du jour* das Tagesgestirn; *beau comme un* **~** schön wie ein Gott, *enfant a* wie ein Engel; *consulter les* **~s** die Sterne befragen
astreignant [astʀɛɲɑ̃] *adj métier, tâche, travail der ou* die einen voll und ganz in Anspruch nimmt
astreindre [astʀɛ̃dʀ(ə)] 〈*cf peindre*〉 I *v/t* zwingen, nötigen (*à qc, à faire qc* zu etw, etw zu tun); *p/p* *être astreint à faire qc* genötigt, gezwungen sein, etw zu tun; II *v/pr* **s'~** sich zwingen (*à qc, à faire qc* zu etw, etw zu tun)
astringent [astʀɛ̃ʒɑ̃] *MÉD* I *adj* zu'sammenziehend; adstrin'gierend; II *m* adstrin'gierendes Mittel; Ad'stringens *n*
astro|logie [astʀɔlɔʒi] *f* Astrolo'gie *f*; Sterndeutung *f*; **~logique** *adj* astro'logisch; **~logue** *m,f* Astro'loge, -'login *m,f*; Sterndeuter(in) *m(f)*
astronaut|e [astʀɔnot] *m,f* Astro'naut (-in) *m(f)*; (Welt)Raumfahrer(in) *m(f)*; **~ique** *f* Astro'nautik *f*; Raumfahrt(wissenschaft) *f*
astronom|e [astʀɔnɔm] *m,f* Astro'nom (-in) *m(f)*; **~ie** *f* Astrono'mie *f*; Stern-, Himmelskunde *f*; **~ique** *adj* astro'nomisch (*a fig prix, chiffres*)
astrophysique [astʀɔfizik] *f* Astrophy'sik *f*
astuce [astys] *f* **1. a)** *d'une personne* Schlauheit *f*; Raffi'niertheit *f*; Raffi'nesse *f*; Findigkeit *f*; **b)** *d'un métier* Schlich *m*; Trick *m*; Kniff *m*; Fi'nesse *f*; **2.** *(plaisanterie)* Witz *m*; *lancer une* **~** e-n Witz machen
astucieux [astysjø] *adj* 〈-euse〉 raffi'niert; geschickt; *personne a* findig, schlau; einfallsreich
Asturies [astyʀi] *les* **~** *pl* A'sturien *n*
asymétr|ie [asimetʀi] *f* Asymme'trie *f*; Ungleichmäßigkeit *f*; **~ique** *adj* asym-

asynchrone – attacher

'metrisch; unsymmetrisch; ungleichmäßig; *visage a* unregelmäßig
asynchrone [asɛ̃kʀɔn] *adj* asynchron
atav|ique [atavik] *adj* BIOL ata'vistisch; **~isme** *m* BIOL Ata'vismus *m* (*a fig*); *fig a* Erbe *n*
atchoum [atʃum] *int* hatschi!; hatzi!
atelier [atəlje] *m* **1.** *d'un artisan, d'une usine* Werkstatt *f* (*coll a les ouvriers*); Werkstätte *f*; *par ext* **~s** *pl* Fa'brik *f*; Werk *n*; TYPO **~ *de composition*** Setze'rei *f*; ***les* ~*s de construction mécanique X*** die Ma'schinenfabrik X; **~ *de couture*** Schneiderwerkstatt *f*, -atelier *n*; **~ *de fabrication*** Produkti'onsstätte *f*; **~ *de réparations*** Repara'turwerkstatt *f*; **2.** *d'artiste, de photographe* Ateli'er *n*; **3.** (*groupe de travail*) ÉCOLE Arbeitsgruppe *f*; (*colloque*) Workshop ['wœ:rk-] *m*
atermoiements [atɛʀmwamɑ̃] *m/pl* Hin'auszögern *n*; (*faux-fuyants*) Ausflüchte *f/pl*
atermoyer [atɛʀmwaje] *v/i* ⟨-oi-⟩ die Dinge hin'ausziehen, -zögern, aufschieben
athé|e [ate] **I** *adj* athe'istisch; **II** *m,f* Athe'ist(in) *m(f)*; Gottlose(r) *f(m)*; Gottesleugner *m*; **~isme** *m* Athe'ismus *m*
athénée [atene] *m en Belgique* Gym'nasium *n*
Athènes [atɛn] A'then *n*
athénien [atenjɛ̃] **I** *adj* ⟨-ne⟩ a'thenisch; **II** *subst* ♀(**ne**) *m(f)* A'thener(in) *m(f)*; F *fig **c'est là que les ♀s s'atteignirent*** jetzt wird es, die Sache schwierig, kompliziert, F spannend
athlète [atlɛt] **1.** *m,f* SPORTS Leichtathlet(in) *m(f)*; Wettkämpfer(in) *m(f)*; **2.** *m* ANTIQUITÉ Ath'let *m*; Wettkämpfer *m*; **3.** *m fig* Ath'let *m*; Kraftmensch *m*; ***un corps d'~*** ein athletischer Körperbau
athlét|ique [atletik] *adj* ath'letisch; **~isme** *m* SPORTS Leichtathletik *f*
Atlantide [atlɑ̃tid] *l'~ f* MYTH At'lantis *f*
atlantique [atlɑ̃tik] *adj* at'lantisch; At'lantik...; *côte f* **~** Atlantikküste *f*; ***l'océan m* ♀ *ou subst l'♀ m*** der Atlantische Ozean; der At'lantik; POL ***Pacte m* ~** Nordatlantikpakt *m*
atlas [atlɑs] *m* Atlas *m*; **~ *historique, linguistique*** Geschichts-, Sprachatlas *m*
Atlas [atlɑs] ***l'~ m*** GÉOGR der Atlas
atmosphère [atmɔsfɛʀ] *f* **1.** Atmo'sphäre *f*; Lufthülle *f*; ASTR *a* Gashülle *f*; **~ *terrestre*** Erdatmosphäre *f*; **2.** *fig* Atmo'sphäre *f*; Klima *n*; **~ *hostile, d'hostilité*** feindselige Atmosphäre; **~ *de travail*** Arbeitsatmosphäre *f*, -klima *n*; **~ *de vacances*** Ferienstimmung *f*; F ***changer d'~*** e-n Orts-, F Ta'petenwechsel vornehmen; **3.** *unité de mesure* Atmo'sphäre *f* (*abr* at[m])
atmosphérique [atmɔsferik] *adj* atmo'sphärisch; Luft...; (*météorologique*) Wetter...; ***conditions*** *f/pl* **~s** Wetterlage *f*; ***perturbations*** *f/pl* **~s** atmosphärische Störungen *f/pl*; ***pression*** *f* **~** Luftdruck *m*
atoll [atɔl] *m* A'toll *n*
atome [atom] *m* **1.** PHYS, CHIM A'tom *n*; **~ *d'hydrogène*** Wasserstoffatom *n*; **2.** *fig*: ***avoir des ~s crochus avec qn*** j-m innerlich verwandt sein; ***il n'a pas un* ~**

de bon sens er hat nicht e-n Funken gesunden Menschenverstand
atomique [atɔmik] *adj* ato'mar; A'tom...; ***armes*** *f/pl* **~s** Atomwaffen *f/pl*; atomare Waffen *f/pl*; ***bombe f* ~** Atombombe *f* (*f*); ***énergie f* ~** Atom-, Kernenergie *f*, -kraft *f*; ***ère f* ~** Atomzeitalter *n*; ***guerre f* ~** Atomkrieg *m*; ***numéro m* ~** Atomnummer *f*; Ordnungszahl *f*; ***puissance f* ~** Atommacht *f*
atomisation [atɔmizɑsjɔ̃] *f* **1.** *d'un liquide* Zerstäubung *f*; Versprühung *f*; **2.** *fig* Auf-, Zersplitterung *f*; Atomi'sierung *f*
atomiser [atɔmize] *v/t* **1.** *liquide* zerstäuben; versprühen; **2.** *fig* (*morceler*) auf-, zersplittern; atomi'sieren; **3.** (*détruire*) (durch A'tombomben, -waffen) vernichten, auslöschen; *subst **les atomisés d'Hiroshima*** die Strahlengeschädigten *m/pl* von Hiroshima
atomiseur [atɔmizœʀ] *m* Zerstäuber *m*; **~ *à parfum*** Par'fümzerstäuber *m*
atomist|e [atɔmist] *m,f* A'tom-, Kernphysiker(in) *m(f)*; A'tomforscher(in) *m(f)*, -wissenschaftler(in) *m(f)*; **~ique** *f* A'tomwissenschaft *f*
atonal [atɔnal] *adj* ⟨-als⟩ MUS atonal; **~ité** *f* MUS Atonali'tät *f*
atone [atɔn, aton] *adj* **1.** MÉD *muscles* schlaff; spannungslos; *sc* ohne Tonus; a'tonisch; **2.** *regard, voix* ausdruckslos; **3.** PHON unbetont
atonie [atɔni] *f* **1.** MÉD Schlaffheit *f*; Erschlaffung *f*; *sc* Ato'nie *f*; **2.** *fig* Lust-, Teilnahmslosigkeit *f*
atours [atuʀ] *m/pl plais d'une femme* Putz *m*; Staat *m*; ***se parer de ses plus beaux* ~** sich her'ausputzen; in vollem Staat erscheinen
atout [atu] *m* **1.** Trumpf(farbe *f*, -karte *f*) *m*; **~ *cœur*, *l'~ est à cœur*** Herz ist Trumpf; ***jouer* ~** Trumpf (aus)spielen; **2.** *fig* Trumpf *m*; (*avantage*) Vorteil *m*; ***avoir tous les ~s en main*, *dans son jeu*** alle Trümpfe in der Hand haben; ***c'est un* ~** das ist ein Vorteil
atoxique [atɔksik] *adj* ungiftig; atoxisch
âtre [ɑtʀ(ə)] *m d'une cheminée* Feuerstelle *f*; *par ext st/s* Ka'min *m*
atrium [atʀijɔm] *m* ARCH Atrium *m*
atroce [atʀɔs] *adj* entsetzlich; furchtbar; fürchterlich; schrecklich; ab'scheulich; grauenhaft, -voll; scheußlich; gräßlich; F schaudernaft
atrocité [atʀɔsite] *f* **1.** *caractère* Entsetzlichkeit *f*; Furchtbarkeit *f*; Schrecklichkeit *f*; Ab'scheulichkeit *f*; Gräßlichkeit *f*; Scheußlichkeit *f*; **2.** *acte, souvent pl* **~s** Greuel(taten) *m/pl(f/pl)*; ***les ~s de la guerre*** die Greuel des Krieges; **3.** *propos, pl* Greulmärchen *n/pl*; Ab'scheulichkeiten *f/pl*; ***répandre des ~s sur qn*** Greuelmärchen über j-n verbreiten; **4.** (*chose laide*) ***c'est une* (*véritable*) ~** das ist ja scheußlich, gräßlich, ab'scheulich
atrophie [atʀɔfi] *f* **1.** MÉD Schwund *m*; Verkümmerung *f*; *sc* Atro'phie *f*; **~ *musculaire*** Muskelschwund *m*, -atrophie *f*; **2.** *fig* Verkümmerung *f*
atrophier [atʀɔfje] **I** *v/t* verkümmern lassen (*a fig*); *adj **atrophié*** verkümmert; **II** *v/pr **s'~*** verkümmern (*a fig*); MÉD *a* schrumpfen; *sc* atro'phieren
attabler [atable] *v/pr **s'~*** sich an den Tisch setzen; *adjt **être attablé*** am Tisch

sitzen; ***ils étaient attablés autour d'une bouteille de vin*** sie saßen bei e-r Flasche Wein zusammen
attachant [ataʃɑ̃] *adj personne* fesselnd; anziehend; *roman, film* fesselnd; spannend
attache [ataʃ] *f* **1. a)** (*objet pour attacher*) Befestigung *f*; Halter(ung) *m(f)*; *de torchon, vêtement, tableau* Aufhänger *m*; **b)** *pour fermer un vêtement* Band *n*; Bändchen *n*; **c)** *d'un voyageur* ***point m d'~*** Standort *m*, -quartier *n*; MAR ***port m d'~*** Heimathafen *m*; *animal **être à l'~*** an-, festgebunden sein; an der Kette liegen; **2.** ANAT **a)** **~s** *pl* Hand- und Fußgelenke *n/pl*; ***avoir des ~s fines*** schmale Hand- und Fußgelenke haben; **b)** *d'un muscle, tendon* Ansatz(punkt *m*, -stelle *f*) *m*; **~ *du cou*** Halsansatz *m*; **3.** *fig* **~s** *pl affectives* (innere) Bindung(en) *f(pl)*; (*relations*) Verbindungen *f/pl*; Beziehungen *f/pl*
attaché[1] [ataʃe] *adj* **1.** *prisonnier* gefesselt (*à an* +*acc*); **2.** ***être* ~ *à* *privilège, nom etc*** verbunden, verknüpft sein mit; *chance a* abhängig sein von; gebunden sein an (+*acc*); **3.** *personne **être* ~ *à qn, qc*** an j-m, etw hängen; *cf a **attacher***
attaché[2] [ataʃe] *m* **1.** DIPL Atta'ché *m*; **~ *commercial, culturel, militaire*** Handels-, Kul'tur-, Mili'tärattaché *m*; **~ *d'ambassade*** (Botschafts-, Gesandtschafts)Attaché *m*; **~ *de presse*** **a)** Presseattaché *m*; **b)** *d'une entreprise etc* Pressereferent *m*; **2.** **~ *d'administration*** *correspond à* (Ober)Re'gierungsrat *m*; **3. ~e** *f* **de direction** Chef-, Direkti'onssekretärin *f*
attaché-case [ataʃekɛz] *m* ⟨*pl* attaché-cases⟩ Akten-, Diplo'matenkoffer *m*
attachement [ataʃmɑ̃] *m* Anhänglichkeit *f* (*à ou pour qc, qn* an j-n, etw); (Zu)Neigung *f* (zu j-m); *à la tradition a* Festhalten *n* (an +*dat*); ***montrer un profond* ~ *pour qn*** e-e tiefe (Zu)Neigung zu j-m zeigen
attacher [ataʃe] **I** *v/t* **1. a)** fest- *ou* anbinden, festmachen, befestigen (*à* an +*dat*); binden (an +*acc*); *ficelle* anknüpfen (an +*acc*); **~ *qn sur une chaise*** j-n auf e-m Stuhl festbinden; *fig* **~ *son regard sur qn, qc*** s-n Blick auf j-n, etw heften; **b)** *plusieurs objets ensemble* zu'sammenbinden, -schnüren; anein'anderbinden; *lacets, ficelles* mitein'ander verknüpfen; anein'anderknüpfen; **~ *les mains à qn*** j-m die Hände fesseln; **c)** *tablier* zubinden; **~ *ses lacets de chaussures*, F ~ *ses chaussures*** die Schnürsenkel zubinden, zuschnüren; *se* Schuhe, sich die Schuhe zuschnüren; **d)** *chaîne: bateau etc* festhalten; *ficelle: paquet* zuhalten; **2.** *fig* **~ *qn à qc, qc à qn*** (innerlich) mit j-m, etw verbinden; an j-n, etw binden, fesseln; *ministre* **~ *qn à son cabinet*** j-n in s-n Stab aufnehmen; *employé* **~ *à son service*** in s-e Dienste nehmen; ***être attaché au service de qn*** in j-s Dienst (*dat*) stehen; ***elle a tout fait pour l'~ à elle*** um ihn an sich zu binden, zu fesseln; ***de nombreux souvenirs m'attachent à cette ville*** verbinden mich mit dieser Stadt; **3. ~ *une idée à qc*** e-e Vorstellung mit etw verbinden,

verknüpfen; **~ de l'importance, du prix, de la valeur à qc** e-r Sache (*dat*) Bedeutung, Wert beimessen, beilegen; Gewicht, Wert auf etw (*acc*) legen; **~ de l'intérêt à qc** e-r Sache (*dat*) Interesse entgegenbringen; *à des paroles, gestes* **~ un sens, une signification** e-e Bedeutung beimessen, zuschreiben; **II** *v/i* **4.** CUIS anbacken, anhängen (*à* an +*dat*); **le gâteau a attaché (au moule)** der Kuchen ist (an der Form) angebacken, angehangen; **III** *v/pr* **5.** *personne en voiture, avion* **s'~** sich an-, festschnallen; **6.** *objet* **s'~ à qc** an etw (*dat*) befestigt, fest- *ou* angebunden, festgemacht werden *ou* sein; *fig regard* **s'~ sur qn, qc** sich auf j-n, etw heften; **7.** *fig personne* **s'~ à qn, à qc** an j-m, an etw hängen; *à de vieilles coutumes a* festhalten; j-n, etw liebgewinnen; Zuneigung zu j-m fassen; **8.** *à qn* j-s Zuneigung gewinnen; j-n für sich gewinnen, einnehmen; **9.** *souvenirs, avantages* **s'~ à qc** mit etw verbunden, verknüpft sein; **10.** *personne (s'appliquer)* **s'~ à qc** sich mit etw befassen, beschäftigen, abgeben; *p/fort* sich e-r Sache (*dat*) ganz hingeben, widmen; **s'~ à** (+*inf*) es sich zur Aufgabe machen, es sich angelegen sein lassen, sich bemühen, bestrebt sein zu (+*inf*)

attaqu|ant [atakã] *m*, **~ante** *f* **1.** MIL Angreifer *m*; *fig a* Angreiferin *f*; **2.** SPORTS Angriffsspieler(in) *m(f)*; Stürmer *m*

attaque [atak] *f* **1.** MIL, *fig* Angriff *m* (**contre** gegen, auf +*acc*); *fig a* At'tacke *f*; **~ imprévue, par surprise** Überraschungsangriff *m*; Über'rumpelung *f*; 'Überfall *m*; **passer à l'~** zum Angriff 'übergehen (*a fig*); **2.** *dans une banque etc* **~ à main armée** bewaffneter 'Überfall; **3.** SPORTS Angriff *m*; (**ligne** *f* **d'**)**~** Angriff(sspieler) *m(m/pl)*; Sturm *m*; **4.** MÉD Anfall *m*; At'tacke *f*; **~ cérébrale** Gehirnschlag *m*; **~ d'apoplexie** Schlaganfall *m*; **5.** F *fig* **être d'~** fit, in Form sein; **6.** MUS Einsetzen *n*; Einsatz *m*

attaquer [atake] **I** *v/t* **1.** MIL, SPORTS, *fig*, angreifen; *fig a* attac'kieren; *dans la rue* über'fallen; anfallen; *fig personne, politique a* anfeinden; *réputation* antasten; JUR *testament, jugement* anfechten; *difficultés* angehen; anpacken; **~ qn en justice** j-n gerichtlich belangen, j-n verklagen; **~ par surprise** über'raschend angreifen; über'rumpeln; über'fallen; **se faire ~** überfallen werden; *par ext* **~ qn sur un sujet** von j-m Auskunft über ein Thema verlangen; j-n über ein Thema ausfragen; **2.** *rouille, acide* **~ qc** etw angreifen, anfressen; *acide a* ätzen; *parasites* **~ qc** etw befallen, heimsuchen; MÉD **le poumon est attaqué** die Lunge ist angegriffen; **3.** *tâche* in Angriff nehmen; anpacken; angehen; beginnen; sich (F her'an)machen an (+*acc*); *sujet, chapitre* anschneiden; *discours* beginnen; MUS anstimmen; F *plat* herfallen, F sich hermachen über (+*acc*); **II** *v/pr* **4.** *personne* **s'~ à qn, à qc** j-n, etw angreifen, bekämpfen; **5.** *rouille etc* **s'~ à qc** *cf* **2.**; **6.** *personne* **s'~ à un problème, à une tâche** anpacken, angehen (+*acc*); sich (F her-

'an)machen an (+*acc*); F *à un plat* herfallen, F sich hermachen über (+*acc*)

attardé [ataʀde] *adj* **1.** *passant etc* verspätet; **2.** *fig (arriéré)* rückständig; altmodisch; *conception, idée a* über'holt; vorgestrig; antiqu'iert; **3.** *enfant* zu'rückgeblieben; *subst* **~(e)** *m(f)* zurückgebliebenes Kind

attarder [ataʀde] **I** *v/t* **~ qn** j-n aufhalten; **II** *v/pr* **s'~ 1.** sich verspäten; *quelque part, chez qn, en route* sich zu lange aufhalten; **s'~ à faire qc** sich bei *ou* mit etw zu lange aufhalten; **2. s'~ à qc** *ou* **sur un sujet** bei e-m Thema verweilen, sich bei *ou* mit e-m Thema aufhalten

atteindre [atɛ̃dʀ(ə)] ⟨*cf* peindre⟩ **I** *v/t* **1.** *lieu, personne, objet, but, niveau* erreichen; *valeur* erlangen; **~ qn par téléphone** j-n telefonisch erreichen; **~ soixante ans** sechzig Jahre alt werden; die Sechzig erreichen; *arbre* **~ une 'hauteur de cinq mètres** a fünf Meter hoch werden; *objet aux enchères* **~ un prix de ...** e-n Preis von ... erzielen; **avoir atteint ou être atteint par la limite d'âge** die Altersgrenze erreicht haben; **2.** *avec un projectile* treffen; **la balle l'atteignit en plein cœur, à la tête** die Kugel traf ihn mitten ins Herz, am Kopf; **atteint mortellement** tödlich getroffen; **3.** *fig critique* **~ qn** j-n treffen, verletzen; **~ qn dans ses convictions** j-n in s-n Über'zeugungen kränken, erschüttern; *autorité, réputation* **être atteint** erschüttert, geschwächt sein; gelitten, Schaden genommen haben; *maladie* **~ qn** j-n befallen, heimsuchen; *malheur, peine* j-n treffen, heimsuchen; *adjt:* **atteint de folie** dem Wahnsinn verfallen; **atteint d'un mal incurable** unheilbar krank; **être atteint de la typhoïde** an Typhus erkrankt sein; F *fig* **il est bien atteint** *cf* **cinglé**; **II** *v/t/indir litt* **~ à qc** etw erreichen, erlangen; zu etw gelangen

atteinte [atɛ̃t] *f* **1. 'hors d'~** außer Reichweite; unerreichbar; *réputation* unantastbar; **'hors de l'~ des balles** außer Schußweite; **2.** (*préjudice*) Beeinträchtigung *f*, Gefährdung *f*, Schädigung *f*, *à l'honneur* Verletzung *f* (*gén*); *à la vie privée, à la propriété* Eingriff *m* (*à* in +*acc*); JUR **~ à la sûreté extérieure de l'État** Landesverrat *m*; **porter ~ à qc** e-r Sache (*dat*) schaden, Schaden zufügen, Abbruch tun, abträglich sein; etw beeinträchtigen, gefährden, schädigen, verletzen, antasten; **3.** *d'un mal* **premières ~s** erste Anzeichen *n/pl*

attelage [atlaʒ] *m* **1.** *action* An-, Einspannen *n*; **2.** (*bêtes attelées*) Gespann *n*; Bespannung *f*

atteler [atle] ⟨-ll-⟩ **I** *v/t* **1.** *animal* anspannen, anschirren (*à* an +*acc*); einspannen; *charrette* an-, einspannen; **~ les bœufs à la charrue** die Ochsen vor den Pflug spannen; **2.** *fig* **~ qn à un travail** j-n für e-e Arbeit einspannen; **II** *v/pr* **s'~ à un travail** sich gründlich in e-r Arbeit befassen; sich in e-e Arbeit hin'einknien

attelle [atɛl] *f* **1.** *du cheval* Kum(me)tbügel *m*; MÉD Schiene *f*

attenant [at(ə)nã] *adj pièce, terrain* angrenzend, anstoßend (*à* an +*acc*); **être ~ à** angrenzen, anstoßen an (+*acc*)

attendant [atɑ̃dã] *loc/adv* **en ~** a) (*pendant ce temps*) unter'dessen; in'zwischen; einst'weilen; während'dessen; in'dessen; b) (*quoi qu'il en soit*) wie dem auch sei; jedenfalls; *loc/conj* **en ~ de** (+*inf*), **en ~ que ...** (+*subj*) (so lange) bis; **j'ai lu en ~ qu'il arrive** ich habe (so lange) gelesen, bis er kam

attendre [atɑ̃dʀ(ə)] ⟨*cf* rendre⟩ **I** *v/t* erwarten; warten auf (+*acc*); rechnen mit; *occasion, beau temps* abwarten (**pour** +*inf* um zu +*inf*); *taxi, surprise, manger etc* **~ qn** j-n erwarten; auf j-n warten; **~ le bus** auf den Bus warten; **on ne vous attendait plus** wir haben nicht mehr mit Ihnen gerechnet; **il n'attend que ça** darauf wartet er ja nur; *femme* **~ un enfant** ein Kind erwarten; **~ qc de qn** etw von j-m erwarten; **~ de la reconnaissance de qn** Dankbarkeit von j-m erwarten; ♦ **~ qc** (ab)warten bis; **attends d'être informé avant de ...** warte (ab), bis du unter'richtet wirst ...; **~ que ...** (+*subj*) warten, bis ...; **pour manger, j'attends qu'il vienne** ich warte mit dem Essen, bis er kommt; **II** *v/t/indir* F **~ après qn, qc** j-n, etw erwarten; auf j-n, etw warten; **je n'attends pas après votre aide** ich brauche Ihre Hilfe nicht; **III** *v/i* **1.** (ab)warten; **attends!, attendez!** e-n Augenblick noch!; **attends, je vais t'expliquer!** Moment *ou* warte mal *ou* halt, das werde ich dir gleich erklären!; *menace* **attends un peu!** na, warte!; **perdre son temps à ~** s-e Zeit mit Warten verlieren; **je suis resté deux heures à ~, j'ai attendu** (*pendant*) **deux heures** ich habe zwei Stunden lang gewartet; **en attendant mieux** in Erwartung e-s Besser(e)n; bis sich etwas Besseres findet; **cette réponse peut ~** die Antwort kann (noch) warten; **faire ~ qn** j-n warten lassen; *personne, récompense* **se faire ~** auf sich (*acc*) warten lasssen; **le résultat ne se fit pas ~** a die Folgen blieben nicht aus; **2. mets ne pas ~** sich nicht halten lassen; *soufflé* langes Stehen nicht vertragen; **IV** *v/pr* **s'~ à qc** auf etw (*acc*) gefaßt sein; etw erwarten; mit etw rechnen; **je m'y attendais pas** darauf war ich nicht gefaßt; damit hatte ich nicht gerechnet; **il fallait s'y ~** damit mußte man rechnen; *au moment* **où il s'y attend le moins** a wo er es am wenigsten vermutet; **on pouvait s'~ à pire** es hätte schlimmer kommen können; **avec lui, il faut s'~ à tout** bei ihm muß man auf alles gefaßt sein, muß man sich auf alles gefaßt machen; ♦ **s'~ à** (+*inf*) erwarten, damit rechnen, darauf gefaßt sein zu (+*inf*); **s'~ à ce que ...** (+*subj*) rechnen, darauf gefaßt sein, daß ...

attendrir [atɑ̃dʀiʀ] **I** *v/t* **1.** *personne* rühren; weich stimmen; Rührung, Mitleid erwecken, her'vorrufen (**qn** bei j-m); **d'un air attendri** gerührt; **2.** *viande* weich, mürbe klopfen, machen; **II** *v/pr* **s'~** gerührt, weich, weich gestimmt werden; **s'~ sur qn, sur le sort de qn** von j-s Geschick gerührt werden; mit j-m Mitleid empfinden

attendrissant [atɑ̃dʀisɑ̃] *adj* rührend

attendrissement [atɑ̃dʀismɑ̃] *m* Rührung *f* (**devant** angesichts +*gén*); **larmes** *f/pl* **d'~** Tränen *f/pl* der Rührung

attendrisseur [atɑ̃dʀisœʀ] m BOUCHERIE Fleischklopfer m; Steaker ['steːkər] m

attendu [atɑ̃dy] **I** adj erwartet; **II** prép ADM angesichts, in Anbetracht (+gén); loc/conj ~ que in Anbetracht dessen, daß; **III** m/pl ~s JUR Entscheidungsgründe m/pl

attentat [atɑ̃ta] m **1.** POL Atten'tat n, Anschlag m (**contre qn, qc** auf ou gegen j-n, etw); ~ **au plastic** Sprengstoffattentat n, -anschlag m; **2.** JUR **à la liberté** Freiheitsberaubung f; ~ **aux mœurs** Sittlichkeitsvergehen n, -delikt n; ~ **à la pudeur** unzüchtige Handlung; Unzucht f

attente [atɑ̃t] f **1.** Warten n (**de qn, de qc** auf j-n, etw); durée Wartezeit f; **salle d'**~ chez le médecin Wartezimmer n; CH DE FER Wartesaal m; **dans l'**~ **de qc** in Erwartung e-r Sache (gén); COMM **dans l'**~ **de votre réponse** a Ihrer Antwort entgegensehend; **l'**~ **n'a pas été longue** die Wartezeit war nicht lang; ich habe ou wir haben nicht lange gewartet, warten müssen; **2.** (prévision) Erwartung f; **contre toute** ~ wider alles Erwarten; entgegen allen Erwartungen

attenter [atɑ̃te] v/t/indir ~ **à qc** etw zu beeinträchtigen, anzutasten versuchen; ~ **à ses jours** e-n Selbstmordversuch unter'nehmen; ~ **à la vie de qn** j-m nach dem Leben trachten; POL a e-n Anschlag auf ou gegen j-n verüben

attentif [atɑ̃tif] adj ⟨-ive⟩ **1.** personne, regard aufmerksam; st/s achtsam; être ~ **à qc** (sorgfältig) auf etw (acc) achten; être ~ **à** (+inf) darauf achten, darauf bedacht sein zu (+inf); **prêter une oreille attentive** à ein aufmerksames Ohr haben für; **2.** fig soins aufmerksam; sorgfältig

attention [atɑ̃sjɔ̃] f **1.** Aufmerksamkeit f; st/s Achtsamkeit f; a Beachtung f; ~**!** Achtung!; Vorsicht!; aufgepaßt!; südd a Obacht!; **maintenant,** ~**!** jetzt heißt es aufpassen!; ~ **à la marche!** Vorsicht, Stufe!; ~ **à la voiture!** Vorsicht ou paß auf ou passen Sie auf, (da ist, steht, kommt) ein Auto!; sur une lettre **à l'**~ **de** ... zu Händen von ... (abr z. H. [v.]); **avec** ~ aufmerksam; **faire** ~ **à qc** auf etw (acc) achten, achtgeben, aufpassen; etw beachten; **fais** ~**!** paß auf!; gib acht!; sieh dich vor!; nimm dich in acht!; avec impatience paß doch auf!; **faire** ~ **à qn** j-n beachten; auf j-n aufpassen; sich vor j-m Obacht geben; **faire** ~ **à ou de** (+inf), **faire** ~ (**à ce**) **que** ... (+subj) aufpassen, achtgeben, darauf achten, zusehen, daß ...; **prêter** ~ **à qn, à qc** j-m, e-r Sache Aufmerksamkeit, Beachtung schenken; j-n, etw beachten; cf a **retenir** 1.; **2.** fig souvent pl ~**s** Aufmerksamkeiten f/pl; **être plein d'**~ **pour qn** rührend bemüht, besorgt um j-n sein

attentionné [atɑ̃sjɔne] adj (sehr) aufmerksam, zu'vorkommend (**pour qn** gegen j-n)

attent|isme [atɑ̃tism(ə)] m POL abwartende Haltung; Atten'tismus m; ~**iste** adj POL sich abwartend verhaltend; e-e abwartende Haltung einnehmend

attentivement [atɑ̃tivmɑ̃] adv aufmerksam

atténuant [atenɥɑ̃] adj JUR **circonstances** ~**es** mildernde 'Umstände m/pl

atténuation [atenɥasjɔ̃] f Milderung f; de la douleur a Linderung f

atténué [atenɥe] adj lumière gedämpft; mild; symptôme abgeschwächt; sens d'un mot abgeschwächt; verblaßt

atténuer [atenɥe] **I** v/t douleur lindern; mildern; punition mildern; lumière dämpfen; force d'une expression mildern; abschwächen; **II** v/pr douleur, tempête s'~ nachlassen

atterrant [ateʀɑ̃] adj niederschmetternd; bestürzend

atterrer [ateʀe] v/t bestürzen; souvent adjt être atterré ganz betroffen, aufs höchste bestürzt, niedergeschmettert sein

atterrir [ateʀiʀ] v/t **1.** avion landen; fusée niedergehen; ~ **sur une planète** auf e-m Planeten landen; **2.** F fig personne, objet F landen

atterrissage [ateʀisaʒ] m AVIAT Landung f; d'une fusée Niedergehen n; ~ **sans visibilité** Blindlandung f; **train d'**~ Fahrwerk n, -gestell n

attestation [atɛstasjɔ̃] f **1.** (certificat) Bescheinigung f; Zeugnis n; ~ **médicale** ärztliches At'test; **2.** (témoignage) Bezeugung f; st/s (preuve) Beweis m (**de** für)

attest|é [atɛste] adj fait bewiesen; bezeugt; LING forme, terme belegt; ~**er** v/t **1.** oralement bezeugen; bestätigen; par écrit bescheinigen; **2.** (prouver) beweisen; ein Beweis sein für

attiéd|ir [atjediʀ] v/pr st/s s'~ **1.** lauwarm werden; **2.** fig sentiment erkalten; sich abkühlen; ~**issement** m st/s de sentiments Erkalten n; Abkühlung f

attifer [atife] v/t (et v/pr s'~) péj (sich) auf-, her'ausputzen, F (sich) ausstaffieren (**de** mit)

attiger [atiʒe] F v/i ⟨-geons⟩ über'treiben; F dick auftragen

Attila [atila] m HIST Attila m; Etzel m

attique [atik] **I** adj attisch; **II** subst **1.** GÉOGR l'~ f Attika n; **2.** m ARCH Attika f

attirail [atiʀaj] m F Kram m; Plunder m; **tout un** ~ **de cambrioleur** ein ganzes Sortiment von Einbrecherwerkzeugen; ~ **de photographe** Fotoausrüstung f (F mit allem Drum und Dran)

attirance [atiʀɑ̃s] f Anziehungskraft f; Verlockung f; Reiz m; **éprouver une certaine** ~ **envers, pour qc, qn** sich zu etw, j-m hingezogen fühlen; sich von etw, j-m angezogen fühlen

attirant [atiʀɑ̃] adj personne anziehend

attirer [atiʀe] **I** v/t **1.** PHYS anziehen; fig anziehen; an-, her'beilocken; ~ **qn dans un coin** j-n in e-e Ecke ziehen; ~ **qn dans un piège** j-n in e-e Falle locken; ~ **qn par des promesses** j-n mit Versprechungen ködern; **ce spectacle attire un grand public** a dieses Schauspiel ist sehr zugkräftig; **2.** ~ **qc à ou sur qn** j-m etw verschaffen, (ein)bringen; **sa réussite lui attira beaucoup d'amis** machte, gewann, verschaffte ihm viele Freunde; ~ **sur soi la colère de qn** sich j-s Zorn zuziehen; **3.** ~ **l'attention, les regards de qn** j-s Aufmerksamkeit, Blicke auf sich ziehen, lenken; ~ **l'attention de qn sur qc** j-s Aufmerksamkeit auf etw (acc) lenken; **II** v/pr s'~ **qc** sich etw zuziehen; etw gewinnen; compliments ernten; s'~ **des ennuis** sich Unannehmlichkeiten zuziehen, einhandeln; Ärger bekommen, F kriegen

attiser [atize] v/t feu, fig passion, discorde schüren; anfachen; anheizen

attitré [atitʀe] adj marchand etc fest; ständig; **fournisseur** ~ **de la Cour** Hoflieferant m

attitude [atityd] f **1.** du corps (Körper-) Haltung f; **2.** (disposition) (innere) Haltung; Einstellung f; (comportement) Verhalten n; péj Atti'tüde f; adopter, **prendre une** ~ **ferme dans une affaire** in e-r Angelegenheit e-e feste Haltung einnehmen; **garder une** ~ **réservée** sich reserviert verhalten; sich zu'rückhalten

attouchements [atuʃmɑ̃] m/pl Berührungen f/pl; Streicheln n

attractif [atʀaktif] adj ⟨-ive⟩ **1.** PHYS **force attractive** Anziehungskraft f (a fig); **2.** fig et st/s attrak'tiv; verlockend

attraction [atʀaksjɔ̃] f **1.** PHYS Anziehung(skraft) f; ~ **terrestre** Erdanziehung f; **2.** fig Anziehungskraft f; Attrakti'on f; **exercer une grande** ~ **sur qn** e-e große Anziehungskraft auf j-n ausüben; **3.** pour le public Attrakti'on f; (**centre** m **d'**)~ (Haupt)Anziehungspunkt m; Ma'gnet m; F personne **être la grosse** ~ die große Attraktion sein; **4.** pl ~**s au cirque** Attrakti'onen f/pl; d'une boîte de nuit Varie'tédarbietungen f/pl; Einlagen f/pl; **5.** LING Attrakti'on f

attrait [atʀɛ] m **1.** d'une chose Reiz m; (Ver)Lockung f; Zauber m; Faszinati'on f; **2.** éprouver de l'~ **pour qn, qc** sich von j-m, etw angezogen fühlen; sich zu j-m, etw hingezogen fühlen; **3.** st/s d'une femme ~**s** pl Reize m/pl

attrape [atʀap] f (**farces** f/pl **et**) ~**s** Scherzartikel m/pl

attrape-nigaud [atʀapnigo] m ⟨pl attrape-nigauds⟩ Bauernfänge'rei f; plumper Trick

attraper [atʀape] **I** v/t **1.** personne, animal, balle fangen; erhaschen; F erwischen; balle a auffangen; chien ~ **qc** etw schnappen; **attrape!** fang auf!; ~ **qn par le bras** j-n am Arm packen; **se faire** ~ **par la police** F von der Polizei geschnappt werden; **2.** train, bus erreichen; F erwischen, kriegen; **3.** F maladie, coup de soleil bekommen; sich holen; sich zuziehen; F kriegen; auflesen; punition bekommen; F (verpaßt) kriegen; accent annehmen; style de qn F raus-, hinkriegen; ~ **froid** sich erkälten; F sich verkühlen; **4.** (tromper) ~ **qn** j-n anführen, ein Schnippchen schlagen, zum Narren halten; **me voilà bien attrapé** da bin ich ja schön reingefallen; **5.** F (réprimander) ~ **qn** F j-n abkanzeln, anranzen; j-m den Kopf waschen; **se faire** ~ abgekanzelt werden; e-e Abreibung kriegen; **II** v/pr s'~ **6.** F maladie ansteckend sein; sich über'tragen; avec ce temps-là **un rhume s'attrape facilement** holt man sich leicht e-n Schnupfen; **7.** F (se disputer) F sich in die Haare kriegen

attrayant [atʀɛjɑ̃] adj chose verlockend; reizvoll; attrak'tiv; personne anziehend; attrak'tiv

attribuable [atʀibɥabl(ə)] *adj* être ~ à qc e-r Sache (*dat*) zuzuschreiben sein

attribuer [atʀibɥe] **I** *v/t* **1.** *dans une répartition* zuteilen; zuweisen; vergeben; *par testament a* zusprechen; *rôle a* über-'tragen; **2.** *crédit* gewähren; *prix* zuerkennen; verleihen; *avantages, privilèges* gewähren; verleihen; zugestehen; zubilligen; **3.** *qualités, défauts* ~ à qn j-m unter'stellen (*a idées*), unter'schieben; in j-n hin'einlegen; j-m verleihen; *qualités a* j-n ausstatten (*qc* mit etw); **4.** (*imputer*) ~ qc à qn, à qc j-m, e-r Sache etw zuschreiben; jetw (*acc*) zu'rückführen; *à quoi attribuez--vous cet insuccès?* worauf führen Sie diesen 'Mißerfolg zurück?; ~ *une invention, un tableau à qn* j-m e-e Erfindung, ein Gemälde zuschreiben; **II** *v/pr* s'~ *mérite, succès etc* sich zuschreiben; für sich in Anspruch nehmen; *titre* sich aneignen

attribut [atʀiby] *m* **1.** (*caractéristique*) Attri'but *n*; wesentliches, charakte'ristisches Merkmal; **2.** (*emblème*) Attri'but *n*; Sym'bol *n*; Kennzeichen *n*; **3.** GR Prädika'tiv(um) *n*; Prädi'katsnomen *n*; prädika'tive Ergänzung; ~ *du sujet* prädikative Ergänzung zum Subjekt; *adjt* **adjectif** *m* ~ prädikatives Adjektiv

attribution [atʀibysjõ] *f* **1.** Zuteilung *f*; Zuweisung *f*; Vergabe *f*; *d'un rôle a* Über'tragung *f*; *de crédits* Gewährung *f*; *d'un prix* Zuerkennung *f*; Verleihung *f*; **2.** ~*s pl* Aufgabenbereich *m*, -kreis *m*; Zuständigkeit(sbereich) *f(m)*; Kompe-'tenz *f*, Amts-, Dienst-, Geschäftsbereich *m*; Amtsbefugnisse *f/pl*; Kompe-'tenzen *f/pl*; *cela n'entre, ne rentre pas dans mes* ~*s* das fällt nicht in meine Zuständigkeit; dafür bin ich nicht zuständig; das gehört nicht zu meinem Aufgabenbereich *etc*, *a* zu meinen Ob'liegenheiten *f/pl*; **3.** GR *complément m d'*~ neben dem di'rekten Ob-'jekt stehendes präpositio'nales Objekt

attristant [atʀistã] *adj* betrüblich; traurig; bedauerlich

attrister [atʀiste] **I** *v/t* traurig machen, stimmen, betrüben, bekümmern; **II** *v/pr s'*~ traurig, betrübt, bekümmert werden

attroupement [atʀupmã] *m* Menschenauflauf *m*, -ansammlung *f*

attrouper [atʀupe] *v/pr* s'~ her'bei-, zu-'sammenströmen; sich an-, versammeln; *rebelles* sich zu'sammenrotten

atypique [atipik] *adj* atypisch

au [o] *cf* **à**

aubade [obad] *f* Morgenständchen *n*; *donner une* ~ à qn j-m ein (Morgen-)Ständchen bringen

aubaine [obɛn] *f* (*bonne*) ~ Glücksfall *m*; unverhofftes Glück

aube [ob] *f* **1.** Morgengrauen *n*, -dämmerung *f*; *à l'*~ im Morgengrauen; in der Morgendämmerung; bei Tagesanbruch; **2.** *fig et st/s* (An)Beginn *m*; Anfang *m*; **3.** ÉGL CATH Albe *f*; *de communiants* langes weißes Gewand; **4.** *d'une turbine, roue hydraulique* Schaufel *f*

Aube [ob] *l'*~ *f* Fluß u Departement in Frankreich

aubépine [obepin] *f* BOT Weiß-, Hagedorn *m*

auberge [obɛʀʒ] *f* **1.** (Land)Gasthof *m*; Landgasthaus *n*; *autrefois* Herberge *f*; *fig* ~ *espagnole* primi'tive 'Unterkunft, wo man alles selber mitbringen muß; F *fig* **on n'est pas sorti de l'**~ F wir sind noch nicht über den Berg; wir sind noch nicht aus dem Schneider; **2.** *restaurant moderne* ele'gantes Restau'rant im Rusti'kalstil; **3.** ~ *de* (*la*) *jeunesse* (*abr A.J.*) Jugendherberge *f*

aubergine [obɛʀʒin] *f* **1.** BOT Aubergine [-'ʒi:nə] *f*; Eierfrucht *f*; **2.** *adj* ⟨*inv*⟩ auber'gine(farben)

aubergiste [obɛʀʒist] *m,f* **1.** (Gast)Wirt (-in) *m(f)*; **2.** *adjt d'une A.J.* **père** *m*, **mère** *f* ~ Herbergsvater *m*, -mutter *f*

aubette [obɛt] *f en Belgique* **1.** (*abribus*) Wartehäuschen *n*; **2.** (*kiosque*) Zeitungskiosk *m*

aubier [obje] *m* Splint(holz) *m(n)*

auburn [obœʀn] *adj* ⟨*inv*⟩ *cheveux* ka-'stanienbraun

Auch [oʃ] Stadt im Dep. Gers

aucun [okɛ̃, okœ̃] *m*, **aucune** [okyn] *f* **I** *adj/m* **1.** ⟨*mit ne beim Verb, ohne ne* F⟩ (gar, überhaupt) kein(e); *employé seul* keiner, keine, kein(e)s; kein einziger, -s, keine einzige; keinerlei (*inv*); *aucun élève n'a réussi à cet examen* kein (einziger) Schüler ...; *il n'a fait aucun progrès* er hat keinerlei, gar keinen Fortschritt gemacht; *n'avoir aucun talent* gar kein, überhaupt kein Talent besitzen; *elliptiquement:* **y avait-il des enfants avec eux?** – *aucun* keine *ou* gar keins *ou* keine einziges; ♦ *loc/adv:* **en aucun cas** auf keinen Fall; keinesfalls; *en aucune façon, manière* keineswegs; in keiner Weise; (ganz und) gar nicht; *sans aucun effort* ohne jede, jegliche Anstrengung; *sans aucuns frais* völlig kostenlos; *st/s sans difficulté aucune* ohne jede Schwierigkeit; **2.** *litt sens positif* irgendein(e); **II** *pr/ind* **1.** ⟨*mit ne beim Verb*⟩ *m* keiner, keine, *n* kein(e)s; *je ne connais aucun des deux* ich kenne keinen von beiden; *lequel préférez-vous?* – *aucun* keine; **2.** *litt sens positif* irgendeine(r, -s); *d'aucuns* einige; etliche

aucunement [okynmã] *adv* ⟨*mit ne beim Verb*⟩ keineswegs; durch'aus nicht; in keiner Weise; (ganz und) gar nicht; mit'nichten

audace [odas] *f* **1.** Kühnheit *f*; Wagemut *m*; *folle* ~ Tollkühnheit *f*; Verwegenheit *f*; *avec* ~ kühn; wagemutig; **2.** ~*s pl de la mode etc* Gewagtheiten *f/pl*; *d'un artiste a* Kühnheiten *f/pl*; **3.** *péj* Keckheit *f*; Kühnheit *f*; *p/fort* Dreistigkeit *f*; Unverschämtheit *f*; *avoir l'*~ *de* (+*inf*) die Dreistigkeit besitzen zu (+*inf*)

audacieux [odasjø] *adj* ⟨-euse⟩ **1.** kühn; *personne a* wagemutig; *entreprise a* gewagt; **2.** *péj* keck; kühn; *p/fort* dreist; unverschämt

Aude [od] *l'*~ *m* Fluß u Departement in Frankreich

au-dedans [od(ə)dã] *litt loc/adv* innen; drinnen; im Inner(e)n (*a fig*); *loc/prép* ~ *de* innerhalb, im Inner(e)n (+*gén*)

au-dehors [odəɔʀ] *litt loc/adv* außen; draußen; *loc/prép* ~ *de* außerhalb (+*gén*)

au-delà [od(ə)la] **I** *loc/adv* dar'über hin-'aus (*dans l'espace et fig*); *fig a* mehr (als das); *sa compétence s'étend* ~ sein Fachwissen erstreckt sich darüber hinaus; **II** *loc/prép* ~ *de dans l'espace* jenseits (+*gén*); *fig* über (+*acc*) hin'aus; *c'est* ~ *de ce que vous pouvez imaginer* das übersteigt Ihr Vorstellungsvermögen; **III** *m* REL Jenseits *n*

au-dessous [od(ə)su] **I** *loc/adv* dar'unter (*a dans une hiérarchie*); 'unterhalb; **II** *loc/prép* ~ *de* 'unterhalb (+*gén*); unter (+*dat ou acc*); *les enfants* ~ *de dix ans* Kinder unter zehn Jahren; *Valence est* ~ *de Lyon* Valence liegt unterhalb von Lyon; *c'est* ~ *de moi* das ist unter meiner Würde; F *fig* être ~ *de tout* gar nichts taugen; *personne a* ein völliger Versager sein; *par son comportement* F ein ganz mieser Typ sein; *travail a* unter aller Kri'tik, F Ka'none sein; *c'est* ~ *de tout!* a F das ist ja das Letzte!; *vendre* ~ *de sa valeur* unter s-m Wert; *température* ~ *de zéro* unter Null

au-dessus [od(ə)sy] **I** *loc/adv* dar'über (*a dans une hiérarchie*); oberhalb; weiter oben; **II** *loc/prép* ~ *de* oberhalb (+*gén*); über (+*dat ou acc*); *fig il est* ~ *de toute critique* er ist über jede Kritik erhaben; *température* ~ *de trente degrés* über dreißig Grad

au-devant [od(ə)vã] *loc/prép aller* ~ *de qn* j-m entgegengehen; *aller* ~ *des désirs de qn* j-s Wünschen zu'vorkommen; *aller* ~ *des difficultés* keine Schwierigkeiten scheuen

audible [odibl(ə)] *adj* hörbar; vernehmbar

audience [odjãs] *f* **1.** Audi'enz *f*; ~ *particulière, privée* Pri'vataudienz *f*; *accorder une* ~ à qn j-m ne Audienz gewähren; *donner* ~ à qn j-n empfangen; **2.** (*intérêt*) Anklang *m*; Aufmerksamkeit *f*; Beachtung *f*; *trouver l'*~ *de qn* Anklang bei j-m finden; bei j-m auf Inter'esse stoßen; **3.** JUR (Gerichts-)Verhandlung *f*; Ter'min *m*; *tribunal tenir* ~ tagen; verhandeln; **4.** RAD, TV (Rundfunk/Hörer *m/pl*; (Fernseh)Zuschauer *m/pl*; (*taux d'écoute*) Einschaltquote *f*

audimat [odimat] *m* RAD, TV (Sy'stem *n* zur Ermittlung der) Einschaltquote *f*

audio [odjo] *adj* ⟨*inv*⟩ Audio...; *cassette* *f* ~ Audio-, Hörkassette *f*

audio|mètre [odjomɛtʀ(ə)] *m* MÉD Audio'meter *n*; ~**phone** *m* MÉD Audi-'phon *m*; ~**prothésiste** *m,f* Hörgeräteakustiker(in) *m(f)*

audiovisuel *ou* **audio-visuel** [odjovizɥɛl] **I** *adj* ⟨~le⟩ audiovisu'ell; **II** *m* **a)** *domaine* audiovisueller Bereich; Audiovisi'on *f*; **b)** *médias* audiovisu'elle Medien *n/pl*; Hörfunk *m* und Fernsehen *n*; **c)** PÉD audiovisu'elle Arbeitsmittel *n/pl*

audit [odit] *m* ÉCON **1.** *fonction* Wirtschaftsprüfung *f*; **2.** *personne* Wirtschaftsprüfer *m*

audi|teur [oditœʀ], ~**trice 1.** *m,f* Zuhörer(in) *m(f)*; RAD, LING Hörer(in) *m(f)*; TV Zuschauer(in) *m(f)*; ~ *UNIVERSITÉ* *libre* Gasthörer *m*; **2.** *m* ÉCON Wirtschaftsprüfer *m*

auditif [oditif] **I** *adj* ⟨-ive⟩ Hör...; Gehör...; *sc* audi'tiv; *acuité auditive* Hörschärfe *f*; *appareil* ~ Hörgerät *n*, -apparat *m*, -hilfe *f*; ANAT *conduit* ~ Ge-

hörgang *m*; ***mémoire auditive*** Gedächtnis *n* für akustische Eindrücke; ***sensation auditive*** Gehörsempfindung *f*; **II** *subst* **~**, ***auditive*** *m,f* audi'tiver, a'kustischer Typ; A'kustiker(in) *m(f)*
audition [odisjõ] *f* **1.** *PHYSIOL* Hören *n*; ***troubles*** *m/pl* ***de l'~*** Hörstörungen *f/pl*; **2.** *JUR* **~** ***des témoins*** Anhörung *f* der Zeugen; Zeugenvernehmung *f*; **3.** ***de cassettes*** *etc* Ab-, Anhören *n*; **4.** *THÉ* ***d'un acteur*** Vorsprechen *n*; ***d'un chanteur*** Vorsingen *f*; ***d'un musicien*** Vorspielen *n*; (*récital*) Kon'zert *n*; ***passer une ~*** *cf* **auditionner** *II*
auditionner [odisjɔne] **I** *v/t acteur etc*, *par ext disque etc* anhören; **II** *v/i acteur* vorsprechen; *chanteur* vorsingen; *musicien* vorspielen
auditoire [oditwaʀ] *m* Zuhörer(schaft) *m/pl(f)*; Audi'torium *n*; Publikum *n*
auditorium [oditɔʀjɔm] *m* *RAD*, *TV* Sendesaal *m*; Tonaufnahmestudio *n*
auge [oʒ] *f* Trog *m*; Kübel *m*; Mulde *f*; *AGR* Futter-, Schweinetrog *m*; *GÉOL* Trogtal *n*
augmentation [ɔgmãtasjõ, og-] *f* **1.** Vermehrung *f*; Vergrößerung *f*; Steigerung *f*; Zunahme *f*; Anwachsen *n*; *des prix* (An)Steigen *n*; Anziehen *n*; Anstieg *m*; Erhöhung *f*; Her'aufsetzung *f*; *des marchandises* Aufschlagen *n*; Teurerwerden *n*; Verteuerung *f*; *de la vitesse* Erhöhung *f*; Steigerung *f*; **~** ***des impôts*** Steuererhöhung *f*; **~** ***de la population*** Bevölkerungszunahme *f*; **~** ***des prix*** Preiserhöhung *f*, -anstieg *m*, -auftrieb *m*, -steigerung *f*; **~** ***de la production*** Produkti'onssteigerung *f*; **~** ***de salaire*** Lohn-, Gehaltserhöhung *f*, -aufbesserung *f*; **~** ***des salaires*** Lohnanstieg *m*; **~** ***de la température*** Anstieg, *artificielle* Erhöhung der Temperatur; **2.** *abs* Lohn-, Gehaltserhöhung *f*, -aufbesserung *f*; **3.** *TRICOT* Zunehmen *n*; **4.** *MUS* Augmentati'on *f*
augmenter [ɔgmãte, og-] **I** *v/t fortune, dettes etc* vermehren; vergrößern; *fortune a st/s* mehren; *prix, impôts, loyer etc* erhöhen; her'aufsetzen; *capital a* aufstocken; *salaire* erhöhen; aufbessern; *vente, rendement* steigern; *valeur, vitesse* erhöhen; steigern; *fig silence* vergrößern; erhöhen; *inquiétude, angoisse* steigern; ***le pain*** den Brotpreis erhöhen, heraufsetzen, das Brot teurer machen, verteuern (***de*** um); **~** ***les prix a*** mit den Preisen her'aufgehen; *adjt* ***édition revue et augmentée*** 'durchgesehene und erweiterte, ergänzte Auflage; **2. ~** ***qn*** j-s Lohn, Gehalt erhöhen, aufbessern; F j-n aufbessern; ***il a été augmenté*** er hat e-e Lohn-, Gehaltserhöhung bekommen (***de 100 francs*** von 100 Franc); **II** *v/i* **3.** *fortune, population etc* zunehmen; wachsen; größer werden; sich vergrößern; sich vermehren; *nombre des malades etc a* steigen; sich erhöhen; *prix* steigen, anziehen, her'aufgehen (***de*** um); *marchandise* (im Preis) steigen; aufschlagen; teurer werden; sich verteuern; *jours* länger werden; zunehmen; *fig angoisse* steigen; sich steigern; wachsen; *maux de tête etc* zunehmen; **~** ***de valeur*** im Wert steigen; e-n Wertzuwachs erfahren; ***la vie augmente*** das Leben wird teurer; **4.** *TRICOT etc* zunehmen; **5.** *adjt MUS* ***intervalle augmenté*** 'übermäßig

augure [ogyʀ] *m* **1.** (*présage*) Vorzeichen *n*; Vorbedeutung *f*; Omen *n*; ***être de bon, de mauvais ~*** ein gutes, böses Vorzeichen, Omen sein; Glück, Unglück bedeuten; ***ne pas être de bon ~ a*** nichts Gutes verheißen; auf nichts Gutes hindeuten; *fig d'une personne* ***oiseau de mauvais ~*** Unglücksprophet *m*; *st/s* ***j'en accepte l'~*** ich will hoffen, daß es so kommt; **2.** *personne* **a)** *ANTIQUITÉ* Augur *m*; **b)** *fig et iron* sogenannter Pro'phet
augurer [ogyʀe] *v/t et v/i personne ~* ***de qc que ...*** etw dahin deuten, daß ...; aus etw schließen, daß ...; *événement, comportement* **~** ***bien***, ***mal de qc*** als gutes, schlimmes (Vor)Zeichen für etw gelten; *litt* ***laisser ~ le pire*** das Schlimmste ahnen lassen
Auguste [ogyst] *m* **1.** *prénom* 'August *m*; **2.** *empereur romain* Au'gustus *m*; **3.** ♀ *CIRQUE* dummer 'August
auguste [ogyst] *st/s adj* erhaben; maje'stätisch; hehr; *assemblée* erlaucht
Augustin [ogystɛ̃] *m saint* Augu'stinus *m*
aujourd'hui [oʒuʀdɥi] *adv* **1.** heute; *loc/adj* ***d'~*** heutig; von heute; ***le journal d'~*** die heutige Zeitung; die Zeitung von heute; *cf a* 2.; ***ce n'est pas d'~ que je le connais*** ich kenne ihn nicht erst seit heute; **~** ***en 'huit*** heute in acht Tagen; ***jusqu'à ~*** bis heute; bis zum heutigen Tag; *avec impatience* ***c'est pour ~ ou pour demain?*** dauert das noch lange?; wird's bald?; **2.** (*à notre époque*) **~**, F ***au jour d'~*** heute; heutzutage; *loc/adj* ***d'~*** heute; von heute
aulne [on] *m BOT* Erle *f*
aumône [omon] *f* Almosen *n*; milde Gabe; *fig* ***accorder l'~ d'un regard à qn*** j-m gütigst e-n Blick schenken; ***demander l'~*** um (ein) Almosen, um e-e milde Gabe bitten; ***donner, faire l'~ à qn*** j-m ein Almosen geben; ***vivre d'~*** von Almosen leben
aumônerie [omonʀi] *f ÉGL* Mili'tär-, Anstalts-, Gefängnis-, Krankenseelsorge *f*
aumônier [omonje] *m* Anstaltsgeistliche(r) *m*; **~** ***militaire*** Mili'tärgeistliche(r) *m*, -pfarrer *m*; **~** ***d'un collège***, ***d'un lycée*** den Religionsunterricht erteilender Geistlicher; **~** ***d'une prison*** Gefängnisgeistliche(r) *m*, -pfarrer *m*
aumônière [omonjɛʀ] *f* (*petite bourse*) Pompadour *m*
aune[1] [on] *m cf* **aulne**
aune[2] [on] *f ancienne mesure* Elle *f*
Aunis [onis] ***l'~*** *m* Gegend in Westfrankreich
auparavant [opaʀavã] *adv* vorher; zu'vor
auprès [opʀɛ] *loc/prép* **~** ***de*** **1.** bei (+*dat*); neben (+*acc ou dat*); ***s'asseoir ~ de qn*** sich neben j-n, sich zu j-m setzen; ***vivre ~ de qn*** bei j-m, in j-s Nähe, in j'm gebung (*dat*) leben; **2.** *par ext* bei (+*dat*); ***faire des démarches ~ des autorités*** bei den Behörden; ***ambassadeur ~ de la République française*** bei der französischen Regierung; **3.** (*en comparaison de*) im Vergleich zu (+*dat*)
auquel [okɛl] *cf* **lequel**

aura [ɔʀa] *st/s f* Aura *f*
aurai [ɔʀe], **auras** [ɔʀa] *etc cf* **avoir**[1]
Aurélien [ɔʀeljɛ̃] *m Vorname*
auréole [ɔʀeɔl] *f* **1.** Heiligenschein *m*, Nimbus *m* (*a fig*); Glorie(nschein) *f(m)*; Glori'ole *f*; *fig* **~** ***du martyre*** Märtyrerkrone *f*; *fig* ***entourer***, ***parer qn d'une ~*** j-n mit e-m Nimbus um'geben; **2.** *autour d'une tache* Rand *m*; **3.** *du soleil, de la lune* Hof *m*; Aure'ole *f*; *poét* **~** ***de lumière*** Strahlenkranz *m*
auréoler [ɔʀeɔle] *v/t fig* mit e-m Nimbus um'geben; *surtout p/p* ***auréolé de gloire*** vom strahlenden Glanz des Ruhms umgeben
auriculaire [ɔʀikylɛʀ] **I** *adj ANAT* Ohr...; *sc* auriku'lar; **II** *m* kleiner Finger
aurifère [ɔʀifɛʀ] *adj* goldhaltig
aurochs [ɔʀɔk] *m ZO* Auerochse *m*; Ur *m*
aurore [ɔʀɔʀ] *f* **1.** Morgenröte *f*; Morgenrot *n*; *par ext* (*lever du jour*) Tagesanbruch *m*; **2.** **~** ***boréale***, ***polaire*** Nord-, Po'larlicht *n*
auscult|ation [oskyltasjõ, ɔs-] *f MÉD* Abhorchen *n*; Abhören *n*; *sc* Auskultati'on *f*; **~er** *v/t MÉD* abhorchen; abhören; *sc* auskul'tieren
auspices [ospis] *m/pl* Au'spizien *n/pl*; ***sous de meilleurs ~s*** unter besseren Auspizien, 'Umständen; *st/s* ***sous les ~s de*** unter den Auspizien von (*ou* +*gén*)
aussi [osi] **I** *adv* **1.** *comparaison*: **~** (+*adj ou adv*) ***que*** ebenso, genauso ... wie; so ... wie; **~** ***grand que toi*** ebenso, genauso groß wie du; so groß wie du; ***il parle l'allemand ~ bien que le français*** er spricht ebenso, genauso gut Deutsch wie Französisch; ***il me salua d'~ loin qu'il me vit*** so'bald er mich in der Ferne sah; **~** ***vite que possible*** so schnell wie *ou* als möglich; **~** ***vite que vous le pourrez*** so schnell Sie irgend können; *elliptiquement* ***je n'ai jamais rien vu d'~ joli*** ich habe niemals etwas so Hübsches gesehen; ♦ *sens restrictif* **~** (+*adj*) ***que*** (+*subj*) so *ou* wie ... auch (immer); **~** ***invraisemblable que cela paraisse*** so unwahrscheinlich das auch erscheinen mag; **~** ***riche soit-il*** so reich er auch sein mag; ♦ *loc/adv*: (***tout***) **~** ***bien*** ebensogut; genausogut; ***tout ~ souvent*** ebensooft; **~** *loc/conj* **~** ***bien que*** wie auch; als auch; so'wie; und auch; ebenso wie; so'wohl ... als auch; **2.** (*également*) auch; ebenfalls; ***moi ~,*** ich auch, ebenfalls; ***dormez bien!*** – ***vous ~!*** danke, gleichfalls *ou* Sie auch!; ***c'est ~ mon avis*** das ist auch meine Meinung; **3.** (*en plus*) auch noch; außerdem (noch); über'dies; obendrein; ***non seulement ... mais ~*** nicht nur ... sondern auch (noch); ***mais ~, pourquoi a-t-il refusé?*** warum hat er aber auch abgelehnt?; **4.** *st/s* (*somme toute*) **~** (***bien***) eigentlich; im Grunde genommen; ***je me suis trompé de date***, **~** ***c'est ma faute*** das ist eigentlich meine Schuld; **II** *conj* daher, deswegen, deshalb, dar'um auch; aus diesem Grunde (auch); ***certains poissons se font rares***, **~** ***coûtent-ils cher*** darum sind sie auch teuer
aussitôt [osito] **I** *adv* so'fort; (so')gleich; als'bald; ***il arriva ~*** er kam sofort; **~**

après le départ du train gleich nach der Abfahrt des Zuges; **~** *arrivé, il alla se coucher* gleich nach'dem er angekommen war, gleich nach s-r Ankunft ...; *loc* **~** *dit,* **~** *fait* gesagt, getan; **II** *loc/conj* **~** *que* so'bald; so'wie
austère [ostɛR, ɔs-] *adj* **1.** *personne* (sitten)streng; *discipline, mœurs* streng; *vie* streng und einfach; kàrg; **2.** *style, façade etc* nüchtern; schmucklos; streng
austérité [ostɛRite, ɔs-] *f* **1.** *d'une personne* (Sitten)Strenge *f; d'une discipline, morale* Strenge *f; de la vie* strenge Einfachheit; **~** *des mœurs* Sittenstrenge *f;* **2.** *d'un style, édifice etc* Nüchternheit *f;* Schmucklosigkeit *f;* Strenge *f;* **3.** *ÉCON* (*politique f d'*) **~** Sparpolitik *f*
Austerlitz [ostɛRlits, ɔs-] *HIST* Austerlitz *n*
austral [ostRal] *adj* ⟨-als⟩ *GÉOGR* südlich; Süd...; *der südlichen Hemi'sphäre; océan* ♀ Südpolarmeer *n*
Australie [ostRali] *l'~ f* Au'stralien *n*
australien [ostRaljɛ̃] **I** *adj* ⟨~ne⟩ au'stralisch; **II** *subst* ♀ (*ne*) *m(f)* Au'stralier(in) *m(f)*
austro-... [ostRo] *adj* österreichisch-...; *exemple:* **austro-hongrois** österreichisch-ungarisch
autant [otɑ̃] **I** *adv* **1.** *comparaison* **a)** **~** *de* (+*subst*) *que* ebensoviel, genausoviel ... wie; ebenso, genauso viele ... wie; soviel ... wie; so viele ... wie; **~** *de fois qu'il sera nécessaire* so'oft (, wie) es nötig ist; **~** *de garçons que de filles* ebenso, genauso viele Jungen wie Mädchen; *je ne pensais pas qu'il aurait* **~** *de patience* daß er so viel Geduld aufbringen würde; *les livres de sa bibliothèque sont* **~** *d'éditions originales* sind ausnahmslos, alle, lauter Originalausgaben; ♦ *sans complément:* *trois fois* **~** dreimal so'viel; **b)** *avec verbe* **~** *que* (eben-, genau)soviel, (eben)sosehr wie; *rien ne plaît* **~** *que la nouveauté* nichts gefällt so sehr wie das Neue; *il travaille* **~** *qu'il peut* er arbeitet, soviel er kann; ♦ *sans complément: il travaille toujours* **~** er arbeitet immer noch so viel; ♦ *avec inf:* **~** *dire qu'il est perdu* er ist sozusagen, gewissermaßen verloren; das heißt, bedeutet soviel wie: er ist verloren; **~** *parler à un sourd* ebensogut könnte man zu e-m Tauben sprechen; ♦ *en faire* **~** das'selbe tun; es ebenso, genauso machen; *faites-en* **~***!* a machen Sie es mir ou ihm etc nach!; tun Sie es mir ou ihm etc gleich!; *en faire* **~** *à qn* j-n genauso behandeln; j-m mit gleicher Münze heimzahlen; *je ne peux en dire* **~** *das* (-selbe) kann ich von mir nicht sagen; ♦ **~** *vaut* (+*inf*) es ist ebensogut zu (+*inf*); man könnte ebensogut (+*inf*); *a lieber* (+*inf*) es ist besser zu (+*inf*); *elliptiquement:* **~** *partir tout de suite* lieber sofort abreisen; ♦ **~** *que vous sachiez la vérité* es ist besser, Sie kennen die Wahrheit; *cf a aimer I;* ♦ *c'est* (*toujours*) **~** *de* (+*p/p*) ist im'merhin, wenigstens (+*p/p*); *c'est* (*toujours*) **~** *de sauvé de la destruction* das ist wenigstens, immerhin vor der Zerstörung gerettet; **c)** *avec adj* **intelligent, il l'est** **~** *que toi* er ist ebenso, genauso intelligent wie du; **d)** **~** ... **~** *avec subst* so viele ... so viele; *avec adj*

so ... so; avec verbe so sehr ... so sehr; **~** *de personnes,* **~** *d'avis différents* so viele Personen, so viele verschiedene Meinungen; **~** *il est aimable avec elle,* **~** *il est désagréable avec nous* so freundlich er zu ihr ist, so unfreundlich ist er zu uns; **~** *il l'adore,* **~** *elle le déteste* so sehr er sie anbetet, so sehr verabscheut sie ihn; **e)** *loc/adv* **d'~** ebenso(sehr); in gleichem Maße; gleichermaßen; genauso; **2.** *sens causal pour* **~** deswegen; *il a fait un effort, mais il n'en est pas moins paresseux pour* **~** aber deswegen ist er nicht weniger faul; **II** *loc/conj* (*pour*) **~** *que* (+*ind ou* +*subj*) so'weit; so'viel; (in)so'fern; insoweit, als; (*pour*) **~** *que je sache* soviel ich weiß; meines Wissens; (*pour*) **~** *que je m'en souvienne* soweit ich mich erinnere; ♦ *d'~ que* zu'mal; besonders weil; vor allem da, weil; um so mehr als; ♦ *d'~ mieux* (*que*) um so besser (als); *d'~ moins* (*que*) um so weniger (als); *d'~ plus* (*que*) um so mehr (als); um so (+*comp*) (als); *je lui en suis d'~ plus reconnaissant* ich bin ihm um so dankbarer dafür
autarc|ie [otaRsi] *f ÉCON* Autar'kie *f;* **~ique** *adj* au'tark(isch)
autel [otɛl] *m* Al'tar *m* (*a fig*)
auteur [otœR] *m* **1.** Urheber(in) *m(f)* (*a JUR*); *d'une œuvre d'art* Schöpfer(in) *m(f);* Autor *m; d'une théorie* Schöpfer(in) *m(f);* Vater *m; d'un accident* Urheber(in) *m(f);* Verursacher(in) *m(f);* **~** *d'un attentat* Attentäter(in) *m(f);* (*du crime*) Täter(in) *m(f); plais les* **~***s de mes jours plais* meine Erzeuger *m/pl; droit m d'~* Urheberrecht *n; droits m/pl d'~* Vergütung *f* aus dem Urheberrecht; Tanti'emen *f/pl; il est l'~ de la plaisanterie* er hat den Scherz ausgeheckt; **2.** *abs (écrivain)* **~**, (*femme f*) **~** Autor *m,* Au'torin *f;* Verfasser (-in) *m(f);* **~** *de comédies* Ko'mödiendichter(in) *m(f),* -schreiber(in) *m(f);* **~** *de théâtre* The'aterdichter(in) *m(f);* Bühnenschriftsteller(in) *m(f);* Stückeschreiber(in) *m(f)*
authenticité [otɑ̃tisite] *f* **1.** *d'un document etc* Echtheit *f;* Zuverlässigkeit *f;* Verbürgtheit *f;* Zuverlässigkeit *f;* Authentizi'tät *f;* **2.** *fig d'une personne, d'un discours etc* Aufrichtigkeit *f; de sentiments a* Echtheit *f*
authentifier [otɑ̃tifje] *v/t JUR* (öffentlich) beglaubigen; (gerichtlich, notari'ell) beurkunden
authentique [otɑ̃tik] *adj* **1.** *document, signature, tableau etc* echt; *information, récit* zuverlässig; verbürgt (*a fait*); au'thentisch; **2.** *par ext sentiments etc* aufrichtig; echt; **3.** *JUR acte* **~** öffentliche Urkunde
aut|isme [otism(ə)] *m PSYCH* Au'tismus *m;* **~iste** *I adj* au'tistisch; **II** *m,f* Au'tist(in) *m(f)*
auto [oto] *f abr* (*automobile*) Auto *n;* **~** *tamponneuse* Autoscooter [-sku:-] *m; adjt assurance* **~** Kfz-Versicherung *f*
auto... [oto] *préfixe* **1.** (*soi-même*) auto...; Auto...; selbst...; Selbst...; eigen...; Eigen... ⟨*im pl inv, z B* auto-accusations⟩; **2.** (*voiture*) Auto...; Wagen...; Kfz-...; *cf a les articles suivants*
auto|-accusation [otoakyzɑsjɔ̃] *f*

Selbstanklage *f;* **~-allumage** *m AUTO* Selbst(ent)zündung *f*
autobiograph|ie [otobjɔgRafi] *f* Autobiogra'phie *f;* Selbstbiographie *f;* **~ique** *adj* autobio'graphisch
autobus [otobys] *m* Autobus *m;* Omnibus *m;* **~** *à étage, à impériale* Doppelstockomnibus *m;* F Doppeldecker *m*
autocar [otokaR] *m* Reise-, 'Überland(auto)bus *m;* **~** *d'excursion* Ausflugsbus *m*
auto|censure [otosɑ̃syR] *f PRESSE, CIN* Selbstkontrolle *f;* **~chenille** *f* Gleisketten-, Raupenfahrzeug *n*
autochtone [ɔtɔktɔn] **I** *adj* bodenständig; alteingesessen; auto'chthon; **II** *m,f* Ureinwohner(in) *m(f);* Alteingesessene(r) *f(m);* Auto'chthone *m,f*
autoclave [otoklav] *adj et subst m* (*appareil m*) **~** Auto'klav *m*
auto|collant [otokolɑ̃] **I** *adj* selbstklebend; **II** *m* Aufkleber *m;* **~copiant** *adj* papier selbstdurchschreibend; 'Durchschreibe...
auto-couchettes [otokuʃɛt] *adj* ⟨*inv*⟩ *CH DE FER train m* **~** Autoreisezug *m*
autocra|te [otokRat] *m* Auto'krat *m;* **~tie** [-si] *f POL* Autokra'tie *f;* **~tique** *adj* auto'kratisch
autocritique [otokRitik] *f* Selbstkritik *f* (*a POL*); *faire son* **~** Selbstkritik üben
autocuiseur [otokɥizœR] *m CUIS* Schnellkochtopf *m*
autodafé [otodafe] *m HIST et fig* Autoda'fé *n; fig a* öffentliche Verbrennung
auto|défense [otodefɑ̃s] *f* Selbstverteidigung *f,* -schutz *m;* **~destruction** *f* Selbstzerstörung *f*
autodétermination [otodetɛRminɑsjɔ̃] *f POL* Selbstbestimmung *f; droit m à l'~* Recht *n* auf Selbstbestimmung; Selbstbestimmungsrecht *n*
autodidacte [otodidakt] **I** *adj* autodi'daktisch; **II** *m,f* Autodi'dakt(in) *m(f)*
autodiscipline [otodisiplin] *f* Selbstdisziplin *f*
autodrome [otodRom] *m* Auto-, Moto'drom *n;* Rennstrecke *f;* Rundkurs *m*
auto-école [otoekɔl] *f* ⟨*pl* auto-écoles⟩ Fahrschule *f*
auto|-épuration [otoepyRasjɔ̃] *f* Selbstreinigung *f;* **~érotisme** *m PSYCH* Autoe'rotik *f,* -ero'tismus *m*
autofécondation [otofekɔ̃dɑsjɔ̃] *f BIOL* Selbstbefruchtung *f*
autofinanc|ement [otofinɑ̃smɑ̃] *m* Eigen-, Selbstfinanzierung *f;* **~er** *v/pr* ⟨-ç-⟩ *s'~* sich selbst finan'zieren
autofocus [otofɔkys] *m PHOT* Autofokus *m*
autogène [otoʒɛn] *adj* **1.** *TECH soudure f* **~** auto'genes Schweißen; Auto'genschweißung *f;* **2.** *MÉD training* **~** auto'genes Training ['tre:-]
auto|gérer [otoʒeRe] *v/t* (*et v/pr*) ⟨-è-⟩ (*s'*)**~** (sich selbst) verwalten; **~gestion** *f* Arbeiterselbstverwaltung *f;* **~gestionnaire** *adj* Arbeiterselbstverwaltungs...
autographe [otogRaf] **I** *adj* eigenhändig geschrieben; handgeschrieben; handschriftlich; *lettre f* **~** *a* Handschreiben *n;* **II** *m* **1.** *signature* Auto'gramm *n;* eigenhändige 'Unterschrift; **2.** *texte* Auto'graph *n*
autoguidage [otogidaʒ] *m AVIAT, MIL* Selbstlenkung *f,* -steuerung *f*

autoguidé [otogide] *adj* **engin ~** selbstgelenkter, -gesteuerter Flugkörper
auto-intoxication [otoɛ̃tɔksikasjɔ̃] *f MÉD* Selbstvergiftung *f*; *sc* Autointoxikati'on *f*
automate [ɔtɔmat] *m* Auto'mat *m* (*a HIST, fig*); selbstbeweglicher, -tätiger Mecha'nismus; *fig*: *avec des gestes d'~* mit mechanischen, automatischen Bewegungen; *comme un ~* wie ein Automat
automation [ɔtɔmasjɔ̃] *f TECH* Automati'on *f*
automatique [ɔtɔmatik] *adj* **1.** *TECH* auto'matisch; selbsttätig; *entièrement ~* 'vollautomatisch; *distributeur m ~* (Münz-, Waren)Auto'mat *m*; *AVIAT pilotage m ~* automatische Flugsteuerung; Selbststeuerung *f*, -lenkung *f*; *pistolet m ~ ou subst ~ m* Selbstladepistole *f*; *téléphone m ~ ou subst ~ m* Selbstwählverkehr *m*; *traduction f ~* maschi'nelle (Sprach)Über'setzung *f*; **2.** *fig geste*, *réaction etc* auto'matisch; unwillkürlich; me'chanisch; instink'tiv; *augmentation*, *avancement etc* auto'matisch; von selbst erfolgend
automatiquement [ɔtɔmatikmɑ̃] *adv* **1.** *TECH* auto'matisch; selbsttätig; **2.** *fig* (*forcément*) auto'matisch; unweigerlich; zwangsläufig
automatisation [ɔtɔmatizasjɔ̃] *f TECH* Automati'sierung *f*; Automatisati'on *f*; *~er v/t TECH* automati'sieren; auf auto'matischen Betrieb 'umstellen
automatisme [ɔtɔmatism(ə)] *m* **1.** *PHYSIOL, PSYCH* Automa'tismus *m*; **2.** *TECH* Auto'matik *f*; Automa'tismus *m*
automédication [otomedikasjɔ̃] *f MÉD* Selbstmedikation *f*
automitrailleuse [otomitRajøz] *f MIL* (Rad)Panzer(fahrzeug) *m*(*n*)
automnal [otɔnal] *adj* 〈-aux〉 herbstlich; Herbst...
automne [otɔn] *m* Herbst *m* (*a fig*); *en ~*, *à l'~* im Herbst
automobile [otomɔbil] **I** *adj* **1.** (*relatif aux automobiles*) Auto(mo'bil)...; Kraftfahrzeug...; *accessoires m/pl ~s* Autozubehör *n*; *construction f ~* Kraftfahrzeugbau *m*; *industrie f ~* Auto(mobil)-, Kraftfahrzeugindustrie *f*; *sport m ~* Automobilsport *m*; **2.** (*automoteur*) mit Motorantrieb; Motor...; *véhicule m*, *voiture f ~* Kraftfahrzeug *n*; Kraftwagen *m*; **II** *f* **1.** (*voiture*) Automo'bil *n*; *ADM* Kraftfahrzeug *n*; Kraftwagen *m*; **2.** *ÉCON* Auto(mo'bil)industrie *f*, -branche *f*; **3.** *sport* Automo'bilsport *m*
automobilisme [otomɔbilism(ə)] *m* **1.** *domaine* Kraftfahr(zeug)wesen *n*; **2.** *sport* Automo'bilsport *m*; **~iste** *m,f* Autofahrer(in) *m*(*f*); *ADM* Kraftfahrer *m*; *schweiz* Automobi'list(in) *m*(*f*)
automoteur [otomɔtœR] *adj* 〈-trice〉 mit Motorantrieb; motorgetrieben; **~trice** *f CH DE FER* Triebwagen *m*
automutilation [otomytilasjɔ̃] *f* Selbstverstümmelung *f*
autonettoyant [otonɛtwajɑ̃] *adj CUIS four ~* Backofen *m* mit 'vollautomatischer Selbstreinigung
autonome [otonɔm, ɔtɔnɔm] *adj* **1.** *ADM, POL* auto'nom; unabhängig; selbständig; eigenständig; sich selbst verwaltend; *port m ~* Hafen *m* mit Selbstverwaltung; *syndicat m ~* autonome, keinem Zentralverband angehörende Gewerkschaft; *territoire m ~* autonomes Gebiet; **2.** *personne*, *existence* selbständig; **3.** *INFORM* off line [-lain]; Off-line-...
autonomie [otonɔmi] *f* **1.** *POL, ADM* Autono'mie *f*; Unabhängigkeit *f*; Selbständigkeit *f*; Eigenständigkeit *f*; ~ (*administrative*) Selbstverwaltung *f*; **2.** *d'un véhicule*, *avion* Reichweite *f*; Akti'onsradius *m*; Fahr- *ou* Flugbereich *m*; **3.** *d'une personne* Selbständigkeit *f*
autonom|isme [otonɔmism(ə)] *m POL* Autono'miebestrebungen *f*/*pl*; **~iste** *m POL* Autono'mist *m*
auto|pompe [otopɔ̃p] *f* **a)** *des pompiers* Löschfahrzeug *n*; **b)** *de la police* Wasserwerfer *m*; **~portrait** *m* Selbstporträt *n*, -bildnis *n*
autopropuls|é [otopRɔpylse] *adj engin* mit eigenem Antrieb; mit Eigenantrieb; **~ion** *f TECH* Eigenantrieb *m*
autopsie [otɔpsi] *f MÉD* Leichenöffnung *f*; Autop'sie *f*; Sekti'on *f*; *JUR* Obdukti'on *f*; *pratiquer une ~* e-e Autopsie, Obduktion, Sektion vornehmen
autopsier [otɔpsje] *v/t cadavre* se'zieren; öffnen; *JUR* obdu'zieren
auto|punition [otopynisjɔ̃] *f PSYCH* Selbstbestrafung *f*; **~radio** *m* Autoradio *n*; **~rail** *m CH DE FER* (Diesel)Triebwagen *m*; Schienen(omni)bus *m*
autorisation [otɔRizasjɔ̃] *f* **1.** (*permission*) Erlaubnis *f*; Genehmigung *f* (*a d'une autorité*); Befugnis *f*; *a JUR* Ermächtigung *f*; *avoir l'~ de* (+*inf*) die Erlaubnis, Genehmigung haben zu (+*inf*); ermächtigt sein zu (+*inf*); *donner à qn l'~ de* (+*inf*) j-m die Erlaubnis, Genehmigung erteilen zu (+*inf*); j-n ermächtigen zu (+*inf*); **2.** *écrite* (schriftliche) Genehmigung; Erlaubnisschein *m*; *~ de sortie du territoire* Ausreisegenehmigung *f* (für Minderjährige)
autorisé [otɔRize] *adj* **1.** (*qui fait autorité*) maßgebend; maßgeblich; *milieux ~s* maßgebende Kreise *m/pl*; *de source ~e* aus maßgeblicher Quelle; **2.** (*permis*) *stationnement etc* erlaubt; genehmigt; zugelassen; *personne* befugt; berechtigt; ermächtigt; autori'siert; *je me crois ~ à dire que* ... ich glaube sagen zu dürfen, daß ...
autoriser [otɔRize] **I** *v/t* **a)** *personne ~ qc* etw erlauben, gestatten, genehmigen, zulassen; *~ qn à faire qc* j-m erlauben, gestatten, etw zu tun; j-n ermächtigen, autori'sieren, etw zu tun; *il n'est pas autorisé à* (+*inf*) es ist ihm nicht erlaubt, gestattet zu (+*inf*); er darf nicht (+*inf*); **b)** *situation etc ~ qc* zu etw berechtigen; berechtigten Anlaß zu etw geben; *rien ne m'autorise à croire que* ... nichts berechtigt mich zu der Annahme, daß ...; **II** *v/pr s'~ de qc* sich auf etw (*acc*) berufen (*pour* +*inf* um zu +*inf*)
autoritaire [otɔRitɛR] *adj régime*, *éducation*, *personne* autori'tär; *personne a* herrisch; herrschsüchtig; dikta'torisch; *voix*, *ton* herrisch; befehlshaberisch; gebieterisch; *ton m ~ a* Befehlston *m*
autoritarisme [otɔRitaRism(ə)] *m POL d'un régime* abso'luter Autori'tätsanspruch; Autorita'rismus *m*; *d'une personne* autori'täres, herrisches, herrschsüchtiges Wesen
autorité [otɔRite] *f* **1.** (*pouvoir*) (Befehls-, Amts)Gewalt *f*; Macht(befugnis) *f*; *~ parentale*, *paternelle* elterliche, väterliche Gewalt; (*faire*) *acte m d'~* (ein) Machtwort *n* (sprechen); *loc*/*adv*: *d'~* **a)** (*sans consulter personne*) ungefragt; einfach von sich aus; **b)** (*sans réflexion*) einfach so; ohne weiteres; mir nichts, dir nichts; *de sa propre ~* eigenmächtig; aus eigener Machtvollkommenheit; *avoir de l'~ sur qn* über j-n Gewalt, Macht haben; *être sous l'~ de qn* j-m unter'stehen; *placer sous l'~ de qn* j-m unter'stellen; **2.** *JUR ~ de la chose jugée* Rechtskraft *f*; **3.** (*prestige*, *influence*) Autori'tät *f*; Ansehen *n*; *prof etc n'avoir aucune ~* keine Autorität besitzen, haben; *faire ~ personne* maßgebend sein; als Autorität gelten; *ouvrage etc* maßgebend sein; als Standardwerk gelten; *perdre de son ~* an Ansehen, Autorität einbüßen; **4.** (*expert*) Autori'tät *f*; Kapazi'tät *f*; *c'est une ~ en la matière* er ist e-e Autorität, Kapazität auf dem Gebiet; **5.** (*administration*) Behörde *f*; **~s** *pl* a) Behörden *f*/*pl*; **b)** *HIST* Obrigkeit *f*; **~ administrative**, *judiciaire* Verwaltungs-, Ju'stizbehörde *f*; **~s civiles**, *militaires* Zi'vil-, Mili'tärbehörden *f*/*pl*
autoroute [otoRut] *f* Autobahn *f*
autoroutier [otoRutje] *adj* 〈-ière〉 Autobahn...; *réseau ~* Autobahnnetz *n*
autosatisfaction [otosatisfaksjɔ̃] *f* Selbstzufriedenheit *f*
autos-couchettes [otokuʃɛt] *adj* 〈*inv*〉 *cf auto-couchettes*
auto-stop [otostɔp] *m* Autostopp *m*; Per-'Anhalter-Fahren *n*; Trampen [-ɛ-] *n*; *faire de l'~* per Anhalter fahren, reisen; trampen [-ɛ-]; *prendre qn en ~* j-n (als Anhalter) mitnehmen
auto-stopp|eur [otostɔpœR] *m* 〈*pl* auto-stoppeurs〉, **~euse** *f* Anhalter(in) *m*(*f*); Tramper(in) [-ɛ-] *m*(*f*)
autosuggestion [otosygʒɛstjɔ̃] *f* Autosuggesti'on *f*
autour[1] [otuR] **I** *adv* dar'um her'um; F drum her'um; *tout ~* rings'um, -her'um, -um'her; rundher'um; **II** *loc*/*prép ~ de* **1.** um (... her'um); *par ext* in der Nähe, Um'gebung von (*ou* +*gén*); *tout ~ de* rings um ... her'um; *se disposer ~ de qn* sich um j-n aufstellen; *regarder ~ de soi* um sich blicken; *cf a tourner* 7. *et* 8.; **2.** F *approximation* um ... her'um; ungefähr; etwa; *~ de mille francs* um die tausend Franc (herum); etwa, ungefähr tausend Franc
autour[2] [otuR] *m ZO* (Hühner)Habicht *m*
autre [otR(ə)] **I** *adj*/*ind* **1.** andere(r, -s); sonstige(r, -s); weitere(r, -s); *un ~ essai* ein neuer, erneuter, weiterer Versuch; *sans ~s explications* ohne weitere Erklärungen; *l'~ monde* das Jenseits; *tous les ~s passagers* alle andere(r)n, übrigen Passagiere; *dans l'~ vie* im anderen Leben; ♦ *l'un et l'~ projet* beide Pläne; *l'une ou l'~ hypothèse* e-e von beiden Hypothesen; ♦ *non traduit*: *nous ~s*, *vous ~s* wir, ihr; *nous ~s Français* wir Franzosen; *venez donc avec moi*, *vous ~s!* kommt ihr doch mit mir!; ♦ *attribut*: *tout ~* ganz

anders (*que* als); *elle est tout ~* sie ist ganz anders; *mon opinion est tout ~* meine Meinung ist e-e ganz and(e)re; ♦ *~ chose* etwas and(e)res; *c'est (tout) ~ chose* das ist etwas (ganz) and(e)res; ♦ *loc/adv: une ~ année* in e-m and(e)ren Jahr; *l'~ année* letztes, voriges Jahr; *d'une ~ façon* auf andere Weise; anders; *d'une façon ou d'une ~* auf die e-e oder and(e)re Weise; *l'~ jour* neulich; kürzlich; vor kurzem; unlängst; letzthin; *cf a jour 1., part 4.*; **2.** zweite(r, -s); *c'est un ~ Versailles* das ist ein zweites Versailles; **II** *pr/ind un(e) ~ m* ein and(e)rer, *f* e-e and(e)re, *n* ein and(e)res; *d'~s* and(e)re; *F à d'~s!* das kannst du *ou* können Sie anderen weismachen!; ♦ *l'~* der, die, das and(e)re; *les ~s* die andern, and(e)ren; *cf a un III*; F *l'~* der da *ou* die da; F *comme ça l'~* wie man (so schön) sagt; wie es heißt; ♦ *énumération*: *et ~s* und andere (*abr* u. a.); *entre ~s* unter and(e)rem, anderm (*abr* u. a.); ♦ *aucun ~, nul ~, personne d'~ ne ...* kein and(e)rer ...; sonst niemand; *aucun ~, nul ~, personne d'~ que lui ne ...* kein and(e)rer als er, keiner außer ihm, nur er ...; *quelque chose d'~* etwas and(e)res; *quelqu'un d'~* jemand ander(e)s; *südd a* jemand anderer; sonst jemand; *qui d'~ (que lui)* wer sonst (als er) *ou* wen sonst (als ihn); *rien d'~* nichts and(e)res; sonst nichts; *ce n'est rien d'~ qu'un escroc* er ist ein Betrüger und weiter nichts, und nichts anderes; *tout ~ que lui* jeder andere (als er); jeder außer ihm; ♦ *il n'en fait jamais d'~s* so macht er es immer; *il en sait bien d'~s* er weiß noch ganz andere Dinge (zu erzählen); F er hat noch ganz andere Dinge auf Lager; *j'en ai vu bien d'~s* ich habe Schlimmeres erlebt, gesehen

autrefois [otʀəfwa] *adv* früher; einst (-mals); ehemals; *st/s* ehedem; *d'~* von früher, einst, ehedem

autrement [otʀəmɑ̃] *adv* **1.** (*différemment*) (*tout*) *~* (ganz) anders (*que* als); *~ dit* anders ausgedrückt; mit anderen Worten; **2.** (*sinon*) sonst; andernfalls; wenn nicht; *obéis, ~ tu seras puni* sonst wirst du bestraft; **3.** *~ (+adj)* viel (*+comp*); *bien, tout ~ (+adj)* sehr viel, weit (*+comp*); *pas ~* nicht sonderlich, besonders, allzu (sehr), so sehr; *~ dangereux* viel gefährlicher; *bien, tout ~ surpris que lui* noch viel mehr über'rascht als er; *sans paraître ~ surpris* ohne sonderlich über'rascht zu scheinen

Autriche [otʀiʃ] *l'~ f* Österreich *n*

autrichien [otʀiʃjɛ̃] **I** *adj* (*~ne*) österreichisch; **II** *subst 2(ne) m(f)* Österreicher(in) *m(f)*

autruche [otʀyʃ] *f ZO* Strauß *m*; *fig avoir un estomac d'~* alles vertragen können; P e-n Saumagen haben; *pratiquer la politique de l'~* Vogel-'Strauß-Politik betreiben; den Kopf in den Sand stecken

autrui [otʀɥi] *pr/ind* die anderen; *d'~* der anderen; *à ~* den anderen; *le bien d'~* fremdes Gut; *l'opinion d'~* die Meinung der anderen (Leute); *prov ne fais pas à ~ ce que tu ne voudrais pas qu'on te fît* was du nicht willst, daß man dir tu', das füg auch keinem andern zu (*prov*)

auvent [ovɑ̃] *m* Vordach *n*; Schutz-, Wetterdach *n*; *d'une tente* Vorzelt *n*

auvergnat [ovɛʀɲa] **I** *adj* der Au'vergne; auver'gnatisch; **II** *subst 2(e) m(f)* Bewohner(in) *m(f)* der Au'vergne

Auvergne [ovɛʀɲ] *l'~ f* die Au'vergne

aux [o] *cf à*

Auxerre [osɛʀ] *Stadt im Dep. Yonne*

auxiliaire [oksiljɛʀ] **I** *adj* Hilfs-...; *maître m, maîtresse f ~* Hilfslehrer(in) *m(f)*; *moteur m ~* Hilfsmotor *m*; *personnel m ~* Aushilfspersonal *n*, -kräfte *f/pl*; *GR verbe m ~ ou subst ~ m* Hilfszeitwort *n*, -verb *n*; **II** *m,f* Hilfskraft *f*; Hilfe *f*; Gehilfe *m*; Gehilfin *f*; *à titre provisoire* Aushilfskraft *f*

auxquel(le)s [okɛl] *cf lequel*

av. *abr* (*avenue*) Straße; Allee

avachi [avaʃi] *adj* **1.** *chaussures* ausgetreten; *chapeau* verbeult; *vêtement* ausgebeult; formlos (geworden); **2.** *personne* ener'gie-, willenlos; F schlapp; lahm

avach|ir [avaʃiʀ] *v/pr s'~* **1.** *chaussures* weich und weit werden; *a vêtement* die Form, Fas'son verlieren; **2.** F *personne physiquement* unförmig werden; F ausein'andergehen; in die Breite gehen; **3.** *personne psychiquement* ener'gie-, willenlos werden; sich gehenlassen; **~issement** *m* Ener'gie-, Willenlosigkeit *f*; F Schlappheit *f*

aval[1] [aval] *m* **1.** *loc/adv en ~, vers l'~* strom-, fluß'abwärts; strom'ab; *loc/prép en ~ de* 'unterhalb von (*ou +gén*; *a par ext*); **2.** *adjt ski m ~* Talski *m*; **3.** *ÉCON en ~* verbraucherrüber (*des*)

aval[2] [aval] *m* **1.** FIN A'val *m ou n*; Wechselbürgschaft *f*; **2.** fig (*soutien*) Unter'stützung *f*; *donner son ~ à* unter'stützen

avalanche [avalɑ̃ʃ] *f* **1.** La'wine *f*; *être emporté dans, être pris par une ~* von e-r Lawine mitgerissen, erfaßt werden; **2.** fig *une ~ de* e-e La'wine, e-e Flut von; *de paroles* ein Schwall *m* von

avaler [avale] *v/t* **1.** (hin'unter)schlucken; verschlucken; F *le manger* hin'unterschlingen; verschlingen; *~ d'un trait verre* in einem Zug leeren, austrinken; *boisson* hin'untergießen, -stürzen; *~ de travers* sich verschlucken; *j'ai avalé de travers* mir ist etwas in die falsche Kehle gekommen; *avoir du mal à ~, avec peine* Schluck-, Schlingbeschwerden haben; *fig:* F *j'ai cru qu'il allait m'~ (tout cru)* F ich dachte, er würde mich fressen; P *~ son extrait, acte de naissance* P ins Gras beißen; abschrammen; *il a failli d'~ avoir avalé son parapluie* F er geht, als wenn er e-n Stock verschluckt hätte; **2.** fig *roman etc* verschlingen; *mots, syllabes* verschlucken; **3.** fig **a)** (*supporter*) hinnehmen; einstecken; F schlucken; *cf a couleuvre*; **b)** (*croire*) F abnehmen; abkaufen; *difficile à ~* kaum zu glauben; unglaubwürdig; *faire ~ qc à qn* j-m etw weismachen

avaleur [avalœʀ] *m ~ de sabres* Schwertschlucker *m*

avaliser [avalize] *v/t* **1.** FIN ava'lieren; **2.** fig unter'stützen

avance [avɑ̃s] *f* **1.** MIL Vormarsch *m*; Vorrücken *n*; Vordringen *n*; **2.** (*espace parcouru avant qn*) Vorsprung *m* (*sur qn* vor j-m) (*a fig*); *fig et iron la belle ~!* was hat das genützt!; das hat dich *ou* Sie keinen Schritt weitergebracht!; *avoir de l'~ dans son travail* in s-r Arbeit e-n Vorsprung haben; *prendre de l'~* e-n Vorsprung gewinnen (*sur* vor *+dat*); *prendre deux mètres d'~* zwei Meter Vorsprung gewinnen; **3.** (*temps gagné sur qn*) zeitlicher Vorsprung; *arriver avec une heure d'~, avoir une heure d'~* eine Stunde früher, eher, zu früh ankommen, dasein; *loc/adv en ~* zu früh (*d'une heure* um eine Stunde); *arriver en ~ a* sich verfrühen; *être en ~* F zu früh dran sein; *fig: être en ~ sur son temps* s-r Zeit vor'aus sein; *enfant être très en ~ pour son âge* sehr weit für sein Alter sein; **4.** *loc/adv à l'~, d'~, st/s par ~* vorher; im voraus; österr im vorhinein; *payer à l'~, d'~ ou* vorweg (be)zahlen; vor'aus(be)zahlen; **5.** *somme d'argent* Vorschuß *m*; Vor'auszahlung *f*; *faire une ~* j-m e-n Vorschuß geben; **6.** *~s pl* A'vancen *f/pl*; Annäherungsversuche *m/pl*; *faire des ~s à qn* j-m Avancen machen

avancé [avɑ̃se] *adj* **1.** *saison, journée* vorgeschritten; *travail, maladie* fortgeschritten; *enfant ~ pour son âge* weit für sein Alter; *végétation, floraison bien ~ pour la saison* sehr weit (fort-geschritten) für die Jahreszeit; *à une heure ~e (de la nuit)* zu vorgerückter Stunde; zu nachtschlafender Zeit; *d'un âge ~* in vorgerücktem, vor-, fortgeschrittenem Alter; *iron vous voilà bien ~!* jetzt sind Sie genausoweit wie vorher, keinen Schritt weitergekommen!; **2.** *idées* fortschrittlich; *technique, civilisation* hochentwickelt; **3.** *MIL poste ~* vorgeschobener Posten; **4.** *viande, poisson* angegangen; leicht verdorben; *légumes a* nicht mehr frisch; *fruits* 'überreif

avancée [avɑ̃se] *f* Vorsprung *m*; vorspringender Teil *m* (*sur* über *+acc*)

avancement [avɑ̃smɑ̃] *m* **1.** *dans une carrière* Aufstieg *m*; Aufrücken *n*; *~ (de grade)* Beförderung *f*; *avoir, obtenir de l'~* aufrücken; aufsteigen; befördert werden; avan'cieren; **2.** *de travaux etc* Fortgang *m*, -schreiten *n*, -schritt *m*; Vor'angehen *n*, -kommen *n*

avancer [avɑ̃se] ⟨ç-⟩ **I** *v/t* **1.** *chaise, table etc* vorrücken, -schieben; *pion* vorrücken, -setzen, -schieben; *main* ausstrecken (*vers* nach); *cou, main* vorstrecken; *pied* vorsetzen; *voiture* vorfahren; *~ une chaise à qn* j-m e-n Stuhl hinschieben; **2.** *travail* vor'antreiben; *personne dans son travail etc* vor-'an-, weiter-, vorwärtsbringen; *cela ne t'avance à rien!* das bringt dir nichts ein!; *faire ~ le travail* die Arbeit vor-'anbringen, -treiben, fördern; **3.** *argent* vorstrecken; vorschießen; auslegen; verauslagen; *~ mille francs à qn sur son salaire* j-m tausend Franc Vorschuß vom Lohn geben; **4.** *montre* vorstellen; *rendez-vous, départ etc* vorverlegen; **5.** *fait* behaupten; *proposition, thèse* vorbringen; **II** *v/i* **6.** *personne, véhicule* vor'ankommen; weiterkommen; von der Stelle, vom Fleck kommen; *MIL* vorrücken (*a ombre*), -dringen, -stoßen; *personne a* vorwärts ge-

avanie – avec

hen, *véhicule* fahren; *on n'avance plus a* es geht nicht mehr voran, weiter; **~ d'un pas** e-n Schritt vortreten; **7.** *côte, balcon, toit etc* vorspringen; *toit a* 'überragen, -stehen; *dents* vorstehen; **8.** *personne dans son travail* vor'an-, vorwärts-, weiterkommen; *travail, enquête* vor'ankommen, -gehen; fortschreiten; Fortschritte machen; **9.** *personne* **~ (en grade)** aufsteigen, -rücken; avan'cieren; **10.** *nuit, saison* vorrücken; **11.** *pendule, montre* vorgehen; **III** *v/pr* **s'~ 12.** **s'~ vers qn, qc** auf j-n, etw zugehen, zuschreiten; **13.** *fig personne* **s'~ trop** sich zu weit vorwagen; zu weit vorpreschen; **14.** *nuit, saison cf* 10.; *toit, côte etc cf* 7.

avanie [avani] *f* Schimpf *m*; Kränkung *f*; Beleidigung *f*; Af'front *m*

avant [avã] **I** *prép* **1.** *temporel, dans l'ordre* vor (+*dat ou acc*); **~ déjeuner** vor dem Mittagessen; **~ la fin de l'année** vor Jahresende; **~ Jésus-Christ** (*abr av. J.-C.*) vor Christus (*abr* v. Chr.); vor Christi Geburt; *la dernière rencontre* **~ plusieurs mois** für mehrere Monate; *achever le travail* **~ lundi** bis Montag; *il est arrivé* **~ moi** er ist vor mir, früher als ich (an)gekommen; *il fait passer la famille* **~ le travail** ihm geht die Familie der Arbeit vor; er gibt der Familie den Vorrang vor der Arbeit; ♦ *loc/adv:* **~ cela** da'vor; vorher; **~ demain** vor morgen; **~ peu** in Kürze, Bälde; bald; binnen kurzem; **~ tout**, **toute chose** vor allem; vor allen Dingen; in erster Linie; pri'mär; ♦ *loc/conj* **~ de,** *litt* **~ que de** (+*inf*) ehe; be'vor; *a* bis; *consultez-moi* **~ de vous décider** ehe, bevor Sie sich entscheiden; **~ que ... (ne)** (+*subj*) ehe; bevor; *a* bis; **rentre ~ qu'il (ne) pleuve** komm nach Hause, bevor *ou* ehe es regnet; *ne bougez pas* **~ qu'il (n')ait fini** bis er fertig ist; **2.** *local* vor (+*dat ou acc*); *c'est la maison juste* **~ le bois** di'rekt vor dem Wald; **II** *adv* **1.** *temporel* vorher; zu-'vor; da'vor; *dans l'ordre* da'vor; zu-'erst; *quelques jours* **~** einige Tage vorher, zuvor, davor; *ne l'attendez pas,* **partez ~!** gehen Sie vorher (weg)!; *il est arrivé bien* **~** er ist viel früher, lange vorher angekommen; *se prolonger bien,* **très ~ dans la nuit** bis spät, tief in die Nacht hinein; *juste* **~** gerade, di'rekt vorher; *loc/adj* **le jour d'~** a) der Tag vorher, zuvor, davor; der Vortag; b) am Tag vorher, zuvor, davor; tags zuvor; am Vortag; **2.** *local* da'vor; *vous voyez les arbres,* **ma maison est juste ~** mein Haus steht genau davor; *st/s creuser plus* **~** tiefer graben; ♦ *loc/adv* **en ~ question** «wo?» vorn; *question* «wohin?» nach vorn; vorwärts; vor'an; **en ~!** vorwärts!; *MIL* **en ~, marche!** im Gleichschritt – marsch!; *fig* **fuite** *f* **en ~** Flucht *f* nach vorn; **faire un pas en ~** e-n Schritt vortreten; *fig*; **mettre qc en ~** etw vorbringen, -schieben, anführen; **mettre qn en ~** j-n vorschieben; **se mettre en ~** sich in den Vordergrund drängen, schieben; sich her'ausstreichen, -stellen; **regarder en ~** vorwärts-blicken; in die Zukunft blicken; *elliptiquement AUTO* **marche** *f* **~** Vorwärts-gang *m*; *loc/prép* **en ~ de** vor (+*dat ou acc*); **III** *adj* ⟨*inv*⟩ Vorder...; *AUTO*

roue *f*, **siège** *m* **~** Vorderrad *n*, -sitz *m*; **traction** *f* **~** Vorderrad-, Frontantrieb *m*; **IV** *m* **1.** *d'une voiture* Vorderteil *n ou m*; *F* Kühler *m*; *d'un bateau* Vorschiff *n*; (*proue*) Bug *m*; *loc/adv* **à l'~** *dans une voiture, un avion* vorn; *MAR (a sur l'~)* vorn; im, auf dem Vorschiff; **asseyez-vous à l'~** setzen Sie sich nach vorn, vorn hin; *fig* **aller de l'~** kühn, entschlossen handeln, drauf'losgehen; **2.** *SPORTS* Stürmer *m*; *VOLLEYBALL* Netzspieler *m*

avant-... [avã] *préfixe* ⟨*im pl inv*, *z B* avant-gardes⟩ Vor...; vor...; *cf* les articles correspondants

avantage [avãtaʒ] *m* **1.** (*bénéfice*) Vorteil *m*; Vorzug *m*; Nutzen *m*; Plus (-punkt) *n(m)*; Vergünstigung *f*; **~s fiscaux** Steuervorteile *m/pl*, -vergünstigungen *f/pl*; *d'une entreprise* **~s sociaux** Sozi'alleistungen *f/pl*; **~s en nature** Sachleistungen *f/pl*; Natu'ralbezüge *m/pl*; *loc/prép* **à l'~ de qn** zum Vorteil, zu Gunsten j-s; vorteilhaft für j-n; **aujourd'hui, elle est à son ~** heute sieht sie vorteilhaft aus; *ce qu'on raconte de lui* **n'est pas à son ~** ist nicht gerade schmeichelhaft für ihn, gereicht ihm nicht zum Vorteil; **se montrer à son ~** sich von s-r besten Seite zeigen; **j'ai ~ à** (+*inf*) es ist von Vorteil, es empfiehlt sich für mich zu (+*inf*); *formule de politesse* **je n'ai pas l'~ de le connaître** ich habe nicht den Vorzug, das Vergnügen, ihn zu kennen; **tirer ~ de qc** Vorteil, Nutzen aus etw ziehen; **2.** (*supériorité*) Über'legenheit *f* (*a MIL*); **vous avez sur lui cet ~** das haben Sie ihm voraus; Sie sind ihm gegenüber im Vorteil; **avoir pour soi l'~ de l'expérience** an Erfahrung über-'legen sein; (j-m) die Erfahrung voraushaben; **avoir l'~ du nombre** zahlenmäßig im Vorteil sein; **obtenir, prendre l'~ sur qn** die Oberhand über j-n gewinnen; **perdre l'~** den Vorsprung verlieren, einbüßen; **3.** *SPORTS* Vorteil *m*

avantager [avãtaʒe] *v/t* ⟨-geons⟩ **1.** bevorzugen; begünstigen; *adjt* **être avantagé par rapport à qn** j-m gegenüber im Vorteil sein; *fig* **il n'est pas avantagé (par la nature)** die Natur hat ihn stiefmütterlich behandelt; **2.** *vêtement, coiffure* **~ qn** vorteilhaft, günstig für j-n sein; j-m gut stehen

avantageux [avãtaʒø] *adj* ⟨-euse⟩ **1.** vorteilhaft; günstig; *affaire a* lohnend; einbringlich; *marchandise* preisgünstig; **à un prix ~** preisgünstig, -wert; **2.** (*flatteur*) *portrait etc* schmeichelhaft; **3.** (*prétentieux*) *air, personne* eitel; eingebildet; herablassend; selbstgefällig

avant|-bras [avãbʀa] *m ANAT* 'Unterarm *m*; **~-centre** *m FOOTBALL* Mittelstürmer *m*

avant-coureur [avãkuʀœʀ] *adj* ⟨*nur m*⟩ **signe ~** An-, Vorzeichen *n*; Vorbote *m*

avant-dernier [avãdɛʀnje] *adj* ⟨-ière⟩ vorletzte(r, -s); *subst* **l'~, l'avant--dernière** der, die Vorletzte sein

avant-garde [avãgaʀd] *f* **1.** *MIL* Vorhut *f*; **2.** *fig* Avant'garde *f*; Vorkämpfer *m/pl*; *loc/adj* **d'~** avantgar'distisch; **être à l'~ du progrès** an der Spitze des Fortschritts stehen

avant-gard|isme [avãgaʀdism(ə)] *m*

Avantgar'dismus *m*; **~iste I** *adj* avantgar'distisch; **II** *m,f* Avantgar'dist(in) *m(f)*

avant-goût [avãgu] *m fig* Vorgeschmack *m* (**de** *gén ou* auf +*acc*)

avant-guerre [avãgɛʀ] *m ou f* Vorkriegszeit *f*; *loc/adj* **d'~** Vorkriegs...

avant|-hier [avãtjɛʀ] *adv* vorgestern; *loc/adj* **d'~** vorgestrige(r, -s); **~-midi** *m* ⟨*inv*⟩ *en Belgique et au Canada* Vormittag *m*; Morgen *m*; **~-port** *m* Vor-, Außenhafen *m*; **~-poste** *m MIL* Vorposten *m*

avant-première [avãpʀəmjɛʀ] *f THÉ, CIN* Vorpremiere *f*, -aufführung *f*; *d'un tableau etc* Vorführung *f* vor Ausstellungsbeginn; **par ext** *nouveau modèle* **présenter en ~** in e-r Vorpremiere vorstellen

avant|-projet [avãpʀɔʒɛ] *m* Vorentwurf *m*; *SCULP a* Grob-, Rohentwurf *m*; *ARCH a* Vorprojekt *n*; **~-propos** *m d'un livre* Vorwort *n*; **~-scène** *f THÉ* **a)** Pro'szenium *n*; **b)** *loge* Pro'szeniumsloge *f*; **~-train** *m* **1.** *d'une voiture à cheval* vorderes Fahrgestell; **2.** *de quadrupèdes* Vorderteil *n*; *de grands animaux a* Vorhand *f*

avant-veille [avãvɛj] *f* zweiter Tag zu-'vor; **l'~** zwei Tage zuvor; **l'~ de** zwei Tage vor (+*dat*)

avare [avaʀ] **I** *adj* geizig; *F* knaus(e)rig; *fig* **être ~ de qc** mit etw geizen; **II** *m,f* Geizhals *m*; *F* Geizkragen *m*; Knauser *m*

avarice [avaʀis] *f* Geiz *m*; *F* Knause'rei *f*; Knaus(e)rigkeit *f*

avarie [avaʀi] *f MAR, AVIAT* Hava'rie *f*; *par ext* (Trans)port)Schaden *m*; Beschädigung *f* (der Ladung)

avar|ié [avaʀje] *adj* **1.** *MAR, AVIAT* hava-'riert; beschädigt; **2.** *aliment* verdorben; *marchandise* de'fekt; **~ier** *v/pr* **s'~** aliment verderben

avatar [avataʀ] *m* **1.** (*mésaventure*) Unglück *n*; 'Mißgeschick *n*; 'Widerwärtigkeit *f*; **2.** (*transformation*) Wandlung *f*; Veränderung *f*

Ave [ave] *m* ⟨*inv*⟩ *ÉGL CATH* **~ (Maria)** Ave(-Ma'ria) *n*

avec [avɛk] **I** *prép* **1.** *accompagnement* mit (+*dat*); (mit')samt, nebst (+*dat*); **l'appareil ~ ses accessoires** das Gerät samt, nebst Zubehör; **aller ~ qn** mit j-m (mit)gehen; **avoir qn ~ soi** j-n bei sich haben; **habiter, vivre ~ qn** mit j-m zusammen wohnen, leben; **rire, souffrir ~ qn** mit j-m lachen, leiden; (mit j-m) mitlachen, mitleiden; **vous venez ~ nous?** kommen Sie (mit uns) mit?; **2.** *par ext* mit, bei, zu (+*dat*); **~ lui, on ne sait jamais où l'on en est** bei ihm weiß man nie, woran man ist; **~ son orgueil** bei s-m Stolz; **~ le temps qu'il fait** bei dem Wetter; **être gentil ~ qn** nett zu j-m sein; **manger des légumes ~ la viande** Gemüse zum Fleisch essen; **je pense ~ lui que ...** ich denke wie er, daß ...; **prendre des leçons ~ qn** bei j-m Stunden nehmen; **3.** (*garni de*) mit (+*dat*); **une maison ~ (un) balcon** ein Haus mit (e-m) Balkon; **4.** *manière* mit (+*dat*); **~ un 'haussement d'épaules** mit den Achselzucken; **~ joie, plaisir** mit Freuden, Vergnügen; **~ prudence** mit Vorsicht; vorsichtig; **5.** *cause* durch (+*acc*); in'folge (+*gén*); **~ tous ces**

touristes, *la ville est bien agitée* durch all die Touristen ...; **6.** *moyen* mit (+*dat*); mit Hilfe, mittels (+*gén*); durch (+*acc*); ***marcher ~ des béquilles*** an Krücken gehen; ***~ un couteau*** mit e-m Messer; mit Hilfe e-s Messers; **7.** *simultanéité* mit, bei (+*dat*); ***se lever ~ le jour*** mit Tagesanbruch aufstehen; **8.** *opposition* **a)** mit (+*dat*); gegen (+*acc*); ***la guerre ~ la Turquie*** der Krieg mit der, gegen die Türkei; **b)** (*malgré*) trotz, ungeachtet (+*gén*); ***~ tout cela***, *je ne suis pas rassuré* trotz alledem ...; **9.** *loc/prép* ***d'~*** von (+*dat*); ***divorcer d'~ qn*** sich von j-m scheiden lassen; **10.** *loc/adv* F ***et ~ cela ou ça*** und noch da'zu; und außerdem, überdrein, über'dies noch; und zu alle'dem noch; *dans un magasin* ***et ~ cela ou ça?*** (bekommen Sie) sonst noch etwas?; darf es außerdem, sonst noch etwas sein?; was darf's sonst noch sein?; *loc/conj* F ***~ cela ou ça que*** um so mehr als; hin'zu kommt noch, daß; ***~ ça qu'il ne s'est jamais trompé!*** als ob er sich noch nie getäuscht hätte!; **II** *adv* da'mit; *il a pris sa serviette* ***et il est parti ~*** und ist damit weggegangen; *manger du pain*, ***et du fromage ~*** und Käse dazu; F ***faire ~*** sich damit abfinden; das Beste daraus machen; F ***vous venez ~?*** kommt ihr mit?

aven [avɛn] *m* GÉOL Karsthöhle *f*
avenant [avnã] **I** *adj* *personne*, *manières* liebenswürdig; freundlich; zu'vorkommend; *visage*, *a manières* ansprechend; einnehmend; **II** *loc/adv* ***à l'~*** **a)** (*en accord*) (dem)entsprechend; **b)** (*comme cela se présente*) so wie es gerade kommt
avènement [avɛnmã] *m* **1.** *d'un souverain* Thronbesteigung *f*; Re'gierungsantritt *m*; *d'un régime* Beginn *m*; **2.** REL *du Messie* Ankunft *f*; Kommen *n*; **3.** *fig de la télévision etc* Aufkommen *n*; Ausbreitung *f*
avenir [avniʀ] *m* **1.** Zukunft *f*; *loc/adj* ***d'~*** Zukunfts...; *par ext personne* vielversprechend; *métier* aussichtsreich; *loc/adv*: ***à l'~*** in Zukunft; künftig(hin); ***dans un proche ~***, ***dans un ~ prochain*** in naher Zukunft; in absehbarer Zeit; *projet etc* ***avoir de l'~*** Zukunft haben; ***être promis à un brillant ~*** e-e glänzende Zukunft vor sich haben; glänzende Zukunftsaussichten haben; **2.** (*postérité*) Nachwelt *f*; kommende Generati'onen *f/pl*
Avent [avã] *m* REL Ad'vent(szeit) *m(f)*; ***dimanche m de l'~*** Adventssonntag *m*
aventure [avãtyʀ] *f* **1.** Abenteuer *n*; (unerwartetes, übergewöhnliches) Erlebnis; ***film m***, ***roman m d'~s*** Abenteuerfilm *m*, -roman *m*; ***avoir l'esprit d'~*** abenteuerlustig sein; ***chercher***, ***courir l'~*** auf Abenteuer ausgehen, -ziehen; ***se lancer dans une ~*** sich in ein Abenteuer stürzen; ***tenter l'~*** es wagen; sein Glück versuchen; ***~ en amour*** (Liebes)Af'färe *f*; (Liebes-) Abenteuer *n*; ***avoir une ~ avec qn*** mit j-m e-e Affäre haben; **3.** *loc/adv*: ***à l'~*** aufs Gerate'wohl; auf gut Glück; ***partir à l'~ a*** ins Blaue (hinein) fahren; *st/s* ***d'~***, ***par ~*** zufällig; von ungefähr; **4.** ***diseuse f de bonne ~*** Wahrsagerin *f*;

dire la bonne ~ à qn j-m wahrsagen, die Zukunft vor'aussagen
aventurer [avãtyʀe] *v/pr* ***s'~*** sich wagen (*dans la forêt etc* in den Wald *etc*); ***s'~ trop loin*** sich zu weit vorwagen; ***s'~ dans une affaire dangereuse*** sich auf *ou* in e-e gefährliche Sache einlassen; *fig* ***s'~ sur un terrain glissant*** sich auf dünnes Eis, auf schwankenden Boden begeben; ***s'~ à faire qc*** es wagen, etw zu tun
aventureux [avãtyʀø] *adj* ⟨-euse⟩ **1.** *personne* abenteuerlustig; **2.** *vie* abenteuerlich; abenteuerreich; **3.** *projet* gewagt; ris'kant; abenteuerlich
aventur|ier [avãtyʀje] *m*, ***~ière*** *f* Abenteurer *m*, Abenteu(r)erin *f*; Glücksritter *m*
aventur|isme [avãtyʀism(ə)] *m* po'litisches Abenteurertum; Abenteu(r)erpolitik *f*; ***~iste*** *adj* POL abenteuerlich
avenu [avny] *adj loc* ***nul et non ~*** null und nichtig
avenue [avny] *f* Ave'nue *f*; Prachtstraße *f*; breite (Auffahrts-, Zufahrts)Al'lee
avéré [aveʀe] *adj* erwiesen; ***il est ~ que ...*** es ist erwiesen, daß ...
avérer [aveʀe] *v/pr* ⟨-è-⟩ ***s'~ faux***, ***juste***, ***utile*** *etc* sich als falsch, richtig, nützlich *etc* erweisen, her'ausstellen; *impersonnel* ***il s'est avéré que ...*** es hat sich erwiesen, herausgestellt, daß ...
avers [avɛʀ] *m d'une pièce*, *médaille* A'vers [-s] *m*; Vorderseite *f*
averse [avɛʀs] *f* (Regen)Schauer *m*, (-)Guß *m*; Platzregen *m*; ***recevoir une ~*** in e-n Regenguß kommen; F e-n Guß abkriegen
aversion [avɛʀsjõ] *f* Abneigung *f*; 'Widerwille *m*; Aversi'on *f*; ***avoir de l'~ pour qn***, ***qc*** e-e Abneigung *etc* gegen j-n, etw haben; j-n, etw nicht leiden können
averti [avɛʀti] *adj* **1.** (*expérimenté*) erfahren, bewandert, ver'siert (*de* in +*dat*); (*compétent*) sachkundig, -verständig; **2.** (*sur ses gardes*) gewarnt; (*informé*) auf dem laufenden (*de* mit); *prov* ***un homme ~ en vaut deux*** wer gewarnt ist, ist doppelt vorsichtig
avertir [avɛʀtiʀ] *v/t* **1.** (*informer*) ***~ qn de qc*** j-n von etw verständigen, unter-'richten, benachrichtigen, in Kenntnis setzen; j-m etw mitteilen, ankündigen, melden; ***~ qn que ...*** j-m davon verständigen *etc*, j-m mitteilen *etc*, daß ...; **2.** (*mettre en garde*) warnen (*de* vor +*dat*); ***~ qn de*** (+*inf*) j-m (an)raten, j-n mahnen zu (+*inf*); j-m e-n Wink, Hinweis geben, daß ...; ***je t'avertis!*** ich warne dich!; laß dir nicht *ou* laß es dir gesagt sein!
avertissement [avɛʀtismã] *m* **1.** (*mise en garde*) Warnung *f*; (*avis*) Fingerzeig *m*; Wink *m*; Hinweis *m*; (*alerte*) (A'larm)Si'gnal *n*; *d'~* Warnstreik *m*; **2.** *mesure disciplinaire* Verwarnung *f*; Verweis *m*; ***donner un ~ à qn*** j-n verwarnen; j-m e-e Verwarnung, e-n Verweis erteilen; **3.** *dans un livre* (kurzes) Vorwort; (kurze) Vorrede; ***~ au lecteur*** Hinweis *m* für den Leser; **4.** IMPÔTS Zahlungsaufforderung *f*
avertisseur [avɛʀtisœʀ] *m* Warnanlage *f*; Meldevorrichtung *f*; ***~ d'incendie*** Feuermelder *m*; **2.** AUTO Hupe *f*; Horn *n*

aveu [avø] *m* ⟨*pl* ~x⟩ **1.** (Ein)Geständnis *n*; *de sa faute* Schuldbekenntnis *n*; JUR ***~x*** *pl* Geständnis *n*; ***~ d'impuissance*** Eingeständnis der Ohnmacht; ***faire des ~x complets*** ein volles, um-'fassendes Geständnis ablegen; ***faire l'~ de qc*** etw (ein)gestehen, zugeben, *de sa faute a* bekennen; ***il faut que je vous fasse ~*** ich muß Ihnen etwas gestehen, bekennen; *accusé* ***passer aux ~x*** ein Geständnis ablegen; geständig werden; gestehen; **2.** *loc/prép* ***de l'~ de*** nach dem Zeugnis, Urteil (+*gén*); nach Aussagen, Meinung (+*gén*); **3.** *st/s homme sans ~* skrupellos; zu allem fähig
aveuglant [avøglã] *adj lumière*, *soleil* blendend; grell; *fig vérité* in die Augen springend
aveugle [avœgl(ə)] **I** *adj* **1.** blind; ***devenir ~*** erblinden; blind werden; **2.** *fig colère*, *haine*, *foi*, *obéissance* blind; ***avoir une confiance ~ en qn*** blindes Vertrauen zu j-m haben; j-m blind (-lings) vertrauen; ***être l'~ instrument du destin*** das blinde Werkzeug des Schicksals sein; ***être ~*** (*à l'égard de qn*) blind sein (j-m gegenüber); verblendet sein; ***rendre qn ~*** j-n blind machen; **3.** ARCH ***fenêtre f ~*** Blind-, Blendfenster *n*; **II** *m,f* **1.** Blinde(r) *f(m)*; ***parler de qc comme un ~ des couleurs*** von etw reden wie der Blinde von der Farbe; **2.** *fig loc/adv* ***en ~*** juger unüberlegt; ohne Über'legung; ***se précipiter dans qc*** blindlings; **3.** MÉD ***essai m en ~*** Blindversuch *m*
aveuglement [avœgləmã] *m fig* Verblendung *f*; Blindheit *f*; Wahn *m*; ***dans l'~ de la colère*** in blindem Wut
aveuglément [avœglemã] *adv* blind (-lings); unüberlegt
aveugler [avœgle] **I** *v/t* **1.** (*rendre aveugle*) des Augenlichts berauben; HIST *peine* blenden; **2.** ***lumière ~ qn*** j-n blenden; **3.** *fig haine*, *colère*, *amour* ***~ qn*** j-n blind machen, mit Blindheit schlagen, verblenden; **II** *v/pr* ***s'~ sur qc*** für etw blind sein; sich über etw (*acc*) (hin-'weg)täuschen
aveuglette [avœglɛt] *loc/adv* ***à l'~*** **a)** *dans l'obscurité* (wie ein Blinder) tastend; **b)** *fig* blind(lings); aufs Gerate-'wohl; planlos
Aveyron [avɛʀõ] ***l'~*** *m* Fluß *u* Departement in Frankreich
avia|teur [avjatœʀ] *m*, ***~trice*** *f* Flieger(in) *m(f)*
aviation [avjasjõ] *f* **1.** Luftfahrt *f*; Fliege'rei *f*; Flugwesen *n*; ***~ civile*** Zi'villuftfahrt *f*; zivile Luftfahrt; ***~ commerciale*** Verkehrsluftfahrt *f*, -flugwesen *n*; ***~ de tourisme*** privates Reiseflugwesen; ***terrain m d'~*** Flugplatz *m*; **2.** MIL Luftwaffe *f*
avicole [avikɔl] *adj* Geflügelzucht...; Vogelzucht...; ***ferme f ~*** Geflügelfarm *f*
avicul|teur [avikyltœʀ] *m*, ***~trice*** *f* Geflügel-, Vogelzüchter(in) *m(f)*
aviculture [avikyltyʀ] *f de volailles* Geflügelzucht *f*; *d'oiseaux* Vogelzucht *f*
avide [avid] *adj* **1.** *regard* gierig; *personne* ***~ de*** gierig nach (+*dat*), auf (+*acc*); begierig auf (+*acc*); ***~ d'argent*** geldgierig; ***~ d'honneurs*** ehrbegierig; ***~ de qc*** nach etw gieren; auf etw begierig, versessen sein; ***être ~ de*** (+*inf*)

avidement – avoir

begierig sein zu (+*inf*); *être ~ d'apprendre* lernbegierig sein; **2.** (*gourmand*) eßgierig; *péj* gefräßig; **3.** (*cupide*) hab-, geld-, raffgierig
avidement [avidmã] *adv* begierig; voll Begier; *manger gierig*
avidité [avidite] *f* Gier *f*; Begierde *f*; *avec ~ cf avidement*
Avignon [aviɲõ] Stadt im Dep. Vaucluse
avil|ir [aviliʀ] I *v/t* erniedrigen; entwürdigen; degra'dieren; II *v/pr s'~* sich erniedrigen, entwürdigen; *~issant adj* erniedrigend; entwürdigend; *~issement m* Erniedrigung *f*; Entwürdigung *f*
aviné [avine] *adj personne* betrunken; *haleine* nach Wein riechend; *voix ~e* Säuferstimme *f*
avion [avjõ] *m* **1.** Flugzeug *n*; Ma'schine *f*; F Flieger *m*; *~ civil* Zi'vilflugzeug *n*; *~ commercial* Verkehrsflugzeug *n*, -maschine *f*; *~ militaire* Mili'tärflugzeug *n*, -maschine *f*; *~ à hélice, à réaction* Pro'peller-, Düsenflugzeug *n*, -maschine *f*; *~ de ligne* Linienflugzeug *n*, -maschine *f*; *~ de tourisme* Pri'vatflugzeug *n*, -maschine *f*; *~ de transport* Trans'portflugzeug *n*; Trans'porter *m*; *loc/adv: en ~* im Flugzeug; beim Fliegen; *par ~* a) mit dem, per Flugzeug; b) mit, per, durch Luftpost; *sur les lettres, colis* mit Luftpost; *lettre f par ~* Luftpostbrief *m*; *aller en ~ ou par ~, prendre l'~* (mit dem Flugzeug) fliegen; **2.** *l'~* das Fliegen; *aimer l'~* gern fliegen
avionneur [avjɔnœʀ] *m* Flugzeugproduzent *m*, -bauer *m*
aviron [aviʀõ] *m* **1.** (*rame*) Ruder *n*; *MAR* Riemen *m*; **2.** *sport* Rudern *n*; Rudersport *m*; *faire de l'~* den Rudersport betreiben; rudern
avis [avi] *m* **1.** (*opinion*) Ansicht *f*; Meinung *f*; Auffassung *f*; *d'expert, d'une commission* Urteil *n*; Stellungnahme *f*; *~ favorable, négatif* positive, negative Stellungnahme *f*; *à mon ~* meiner Meinung, Ansicht nach; meines Erachtens (*abr* m.E.); nach meinem Da'fürhalten; *de l'~ de* nach Ansicht, Meinung, Auffassung von; dem Urteil (+*gén*) *sur l'~ de qn* auf j-s Empfehlung (*acc*) hin; *dire, donner, exprimer son ~* s-e Ansicht, Meinung äußern, s-e Meinung sagen, sein Urteil abgeben (*sur* über +*acc*); *je suis de votre ~* ich bin Ihrer Meinung, Ansicht, Auffassung; *être du même ~ que qn* gleicher Meinung, Ansicht, Auffassung sein wie j; mit j-m einer Meinung sein; *être d'~ de* (+*inf*) *ou que ...* (+*subj*) der Meinung, der Ansicht, da'für sein, daß ...; *plais m'est ~ que ...* mir scheint, mich dünkt, (daß) ...; *prendre l'~ de qn* j-s Meinung, Rat, Urteil einholen; j-n zu Rate ziehen; *si tu veux mon ~ ...* wenn du mich fragst, wenn du meine Meinung wissen willst, so ...; *cf a changer 5.*; **2.** (*information*) Mitteilung *f*; Benachrichtigung *f*; Bescheid *m*; Bekanntmachung *f*; Hinweis *m*; *COMM* A'vis *m ou n*; *~ au lecteur* Hinweis für den Leser; (kurzes) Vorwort; (kurze) Vorrede; *~ au public* öffentliche Bekanntmachung; *~ de décès* Todesanzeige *f*; *~ d'imposition* Steuerbescheid *m*; *~ de recherche* Suchanzeige *f*, *RAD*-meldung *f*; *sauf ~ contraire* sofern keine gegenteilige Mitteilung, kein gegenteiliger Bescheid ergeht; bis auf 'Widerruf

avisé [avize] *adj* klug; vorsichtig; besonnen; *il était bien ~ de* (+*inf*) er war gut beraten, es war klug von ihm zu (+*inf*)
aviser [avize] I *v/t* (*informer*) *~ qn de qc* j-n von etw benachrichtigen; j-m etw mitteilen, bekanntgeben, melden, *COMM* avi'sieren; II *v/t/indir* (*songer à*) *~ à qc* auf etw (*acc*) bedacht sein; an etw (*acc*) denken; *de* Rat schaffen; s-e Entscheidung treffen; sich etwas einfallen lassen; III *v/pr* **1.** (*remarquer*) *s'~* bemerken, feststellen (*de qc* etw; *que* daß); gewahr werden (+*acc ou gén*); **2.** (*avoir l'audace de*) *s'~ de* (+*inf*) sich einfallen lassen, auf den Gedanken kommen, dar'auf verfallen, sich unter'stehen zu (+*inf*)
avitaminose [avitaminoz] *f MÉD* Vita'minmangelkrankheit *f*; Avitami'nose *f*
aviver [avive] *v/t* **1.** *couleurs* auffrischen; **2.** *fig cf raviver 2.*
av. J.-C. *abr* (*avant Jésus-Christ*) v. Chr. (vor Christus)
avoc|at¹ [avɔka] *m*, *~ate f* **1.** *JUR* (Rechts)Anwalt *m*, (Rechts)Anwältin *f*; *schweiz, österr* Advo'kat(in) *m(f)*; *~ général* Vertreter *m* des Generalstaatsanwalts; **2.** *fig d'une cause* Anwalt *m*; Verfechter(in) *m(f)*; Sachwalter(in) *m(f)*; *d'une personne* Anwalt *m*; Fürsprecher(in) *m(f)*; *se faire l'~ du diable* sich zum Anwalt er s chlechten Sache, zum Advo'catus Di'aboli machen
avocat² [avɔka] *m BOT* Avo'cado *ou* Avo'cato *f*
avoine [avwan] *f BOT* Hafer *m*; *folle ~* Flug-, Windhafer *m*
avoir¹ [avwaʀ] ⟨j'ai, tu as, il a, nous avons, vous avez, ils ont; j'avais; j'eus; j'aurai j'aie, qu'il ait, que nous ayons; aie!, ayons!, ayez!; ayant; avoir eu⟩
I *v/aux, v/t* **a**) *de tous les v/t* haben; *j'ai acheté un disque* ich habe e-e Schallplatte gekauft; **b**) *de la plupart des v/i* haben; *pour les verbes de mouvement et changement d'état* sein; *j'ai dormi* ich habe geschlafen; *j'ai couru, fui* ich bin gerannt, geflohen; *il a grandi, vieilli* er ist gewachsen, gealtert; er ist groß, alt geworden; **c**) *de tous les v/imp* haben; *il a neigé, plu* es hat geschneit, geregnet; **d**) *de avoir et être*: *j'ai eu* ich habe gehabt; *j'ai été* ich bin gewesen; II *v/t* **1. a**) (*posséder*) haben; besitzen; *~ de la fortune* Vermögen haben, besitzen; *qu'est-ce que vous avez comme voiture?* a was für e-n Wagen fahren Sie?; **b**) *qn comme invité* (da)haben; *~ qn à déjeuner* j-n als Gast zum Mittagessen haben; *j'ai mon amie ce soir* ich habe heute abend meine Freundin da, (bei mir) zu Gast; **c**) (*disposer de*) haben; *auriez-vous une cigarette?* hätten Sie e-e Zigarette für mich?; *vous avez une semaine pour* (+*inf*) Sie haben e-e Woche Zeit (um) zu (+*inf*); **d**) *COMM article, marque* haben; führen; **e**) *sens affaibli: j'ai chaud* mir ist warm; *~ les cheveux blancs* weißes Haar haben; weißhaarig sein; *~ du courage* Mut haben, besitzen; mutig sein; *~ des enfants, un métier* Kinder, e-n Beruf haben; *~ faim* Hunger haben; hungrig sein; *plante ~ des fleurs* Blüten haben, tragen; blühen; *~ un geste de dépit* e-e unwillige Gebärde machen; *j'ai les mains qui tremblent* mir zittern die Hände; *ÉCOLE ~ maths, anglais* Mathe, Englisch haben; *il a encore son père* er hat noch s-n Vater; sein Vater lebt noch; *appartement ~ cinq pièces* fünf Zimmer haben; *~ du beau temps* schönes Wetter haben; **f**) *avec prép*: *~ pour ami, pour élève* zum Freund, als Schüler haben; *~ qc sur soi* etw bei sich haben, tragen, führen; ♦ *en ~ à, après, contre qn* etwas gegen j-n haben; auf j-n böse sein; *en ~ pour* a) *somme* ausgeben; b) *temps* brauchen; *j'en ai eu pour cent francs* ich habe hundert Franc (dafür) bezahlt, ausgegeben; *nous en avons pour deux heures* wir brauchen zwei Stunden dafür; das wird zwei Stunden dauern; **2.** (*obtenir*) bekommen, F kriegen; *il a eu son bac* er hat das Abitur bestanden; *nous aurons de l'orage* wir bekommen ein Gewitter; *TÉL vous avez Paris* Sie sind mit Paris verbunden; *~ le premier prix* den ersten Preis bekommen, erhalten; *j'ai eu mon train de justesse* ich habe meinen Zug gerade noch bekommen, gekriegt, erwischt; *faire ~ qc à qn* j-m etw besorgen, verschaffen; j-m zu etw verhelfen; **3.** *~ qn* **a**) F (*tromper qn*) F j-n reinlegen; *se faire, se laisser ~* F reinfallen (*par qn* auf j-n); sich reinlegen lassen (von j-m); j-m aufsitzen; **b**) F *on les aura!* F die werden wir in die Tasche stecken!; denen werden wir's aber zeigen!; **c**) F *~ qn à la pitié* j-n durch Mitleid rumkriegen; **d**) *avec un projectile je l'ai eu* ich habe ihn getroffen, F erwischt; **e**) *par euphémisme il a eu beaucoup de femmes* er hat viele Frauen gehabt; **4.** (*porter*) *vêtement* anhaben; *chapeau* aufhaben; **5.** *âge, mesure* sein; *quel âge avez-vous?* wie alt sind Sie?; *~ vingt ans* zwanzig Jahre alt sein; *~ cinq mètres de haut, de long* fünf Meter hoch, lang sein; **6.** *personne, appareil défectueux etc ~ qc: qu'est-ce qu'il a?* was hat er?; was ist mit ihm los?; F *il a qu'il est furieux* er ist wütend; *qu'est-ce qu'elle a à pleurer ainsi?* warum weint sie denn so?; *qu'est-ce qu'elle a, cette télé?* was ist denn mit dem Fernseher los?; **7.** (*ressembler*) *~ de qn* j-m ähneln; *il avait à la fois du professeur et du curé* er hatte sowohl etwas von e-m Lehrer als auch etwas von e-m Pfarrer an sich; *avoir tout d'un gangster* ganz wie ein Gangster wirken, aussehen; **8.** *~ à faire qc* etw zu tun haben; etw tun müssen; *abs j'ai à faire* ich habe zu tun; *c'est tout ce que j'ai à vous dire* das ist alles, was ich Ihnen zu sagen habe; *~ des lettres à écrire* Briefe schreiben müssen; *j'ai à te parler* ich muß mit dir reden; *il n'a pas à se plaindre* er kann sich nicht beklagen; *tu n'auras pas à le regretter* du sollst es nicht bereuen; ♦ *n'~ qu'à faire qc* nur etw zu tun brauchen; *vous n'avez qu'à tourner le bouton* Sie brauchen nur den Knopf zu drehen; *avec humeur* F *t'as qu'à t'en aller si ça te plaît pas* du kannst ja gehen

...; F *vous n'aviez qu'à faire attention!* Sie hätten eben aufpassen müssen!; **III** *v/imp* **il y a** [ilja, F ja] **a)** es gibt; (es) ist *ou* sind; *südd a* es hat; *il y avait du brouillard* es war nebelig; es herrschte Nebel; *notre seul espoir, si espoir il y a* wenn von Hoffnung überhaupt die Rede sein kann; *il y a des gens qui ..., il y en a qui ...* es gibt Leute, die gibt welche, die ...; F *il y en a, je vous jure!* F Leute gibt's!; *il y a eu de graves accidents* es kam zu schweren Unfällen; es passierten schwere Unfälle; *combien de personnes y aura-t-il?* wie viele Personen werden kommen, dasein?; *combien y a-t-il d'ici à Paris?* wie weit ist es von hier nach Paris?; *il y a cent kilomètres d'ici à Paris* von hier bis nach Paris sind es hundert Kilometer; *y a-t-il des pommes? – il y en a encore*, F *y en a encore* es gibt noch welche; es sind noch welche da; *il n'y en a plus* es gibt nichts, keine mehr; es ist nichts, es sind keine mehr da; F *quand il n'y en a plus, (il) y en a encore* mets, provisions es ist immer noch etwas da; *difficultés, erreurs* es tauchen immer wieder neue auf; *en mangeant quand il y en a pour trois, il y en a pour quatre* wenn es für drei reicht, reicht es auch für vier; ♦ *tournures: il y a champagne et champagne* Champagner und Champagner ist zweierlei; *qu'est-ce qu'il y a?* was ist los?; was gibt es? (F was gibt's?); was geht hier vor?; *il y a que tout le monde proteste* hier protestieren alle; *réponse à un remerciement il n'y a pas de quoi* nichts zu danken; (bitte,) gern geschehen; (bitte,) keine Ursache; *il n'y a pas de mais, de monsieur le directeur etc* das „aber", den „Herr Direktor" *etc* können Sie sich sparen, schenken; *il n'y a que lui pour* (+*inf*) nur er kann (+*inf*); *il n'y a pas que lui* er ist nicht der einzige; er steht nicht allein da; *il n'y a qu'à* (+*inf*) man braucht nur zu (+*inf*); *si le meuble vous gêne, il n'y a qu'à le déplacer* ... brauchen Sie, wir es nur wegzuschieben; *il n'y a que pour lui* nur er will im Mittelpunkt stehen; ♦ *plais imitation de charabia:* **y a bon!** das sein gut!; *moi y en a vouloir gagner des sous* ich wollen Geld verdienen; **b)** *temporel:* vor; *il est parti il y a deux ans* vor zwei Jahren ...; *il y a*

deux ans que ... es ist zwei Jahre her, daß ...; *seit zwei Jahren ...*; *il y a quelques années encore* bis vor wenigen Jahren noch; *il y a aujourd'hui 'huit jours qu'il est mort* heute vor acht Tagen ist er gestorben; *il y aura deux mois demain* morgen werden es zwei Monate; *il y a combien de temps qu'il est à Paris?* wie lange ist er schon in Paris?

avoir² [avwaʀ] *m* **1.** *COMM*, *FIN* Guthaben *n*; (*crédit*) Haben(seite) *n*(*f*); **~ fiscal** Steuergutschrift *f*; *portez cette somme à mon* **~** schreiben Sie mir diese Summe gut; **2.** *st/s* (*biens*) Hab und Gut *n*; Besitz *m*; Vermögen *n*

avoisinant [avwazinɑ̃] *adj* benachbart; angrenzend; *rue* **~e** Nachbarstraße *f*

avoisiner [avwazine] *v/t* **1.** benachbart sein (+*dat*); angrenzen an (+*acc*); **2.** *fig* grenzen an (+*acc*); nahekommen (+*dat*); sich nähern (+*dat*)

avortement [avɔʀtəmɑ̃] *m* **1.** Abtreibung *f*; *pratiquer un* **~** e-e Abtreibung vornehmen; abtreiben; **2.** *fig d'un projet etc* Scheitern *n*; Fehlschlagen *n*; Miß'lingen *n*; Miß'glücken *n*

avorter [avɔʀte] *v/i* **1.** *MÉD* abor'tieren; *se faire* **~** abtreiben (lassen); **2.** *fig projet etc* scheitern; fehlschlagen; miß'lingen; miß'glücken; F platzen; *faire* **~** vereiteln; zum Scheitern bringen; scheitern *etc* lassen

avort|eur [avɔʀtœʀ] *m*, **~euse** *f* Abtreibungen vornehmende Per'son; Abtreiber(in) *m*(*f*)

avorton [avɔʀtɔ̃] *m péj* Kümmerling *m*; *personne a* Wicht *m*; *animal, plante a* Kümmerer *m*

avouable [avwabl(ə)] *adj* dessen *ou* deren man sich nicht zu schämen braucht

avoué [avwe] *m JUR* (Rechts)Anwalt *m*

avouer [avwe] **I** *v/t* **1.** *JUR* gestehen; *abs a* geständig sein; **2.** *erreur etc* (ein)gestehen; zugeben; bekennen; beichten; *amour* gestehen; *il faut* **~ que ...** man muß zugeben, einräumen, anerkennen, daß ...; *adjt ennemi avoué* erklärter Feind; **II** *v/pr* **3.** *s'*~ *coupable* sich schuldig bekennen; *s'*~ *vaincu* sich geschlagen geben; **4.** *s'*~ *qc* sich etw eingestehen

avril [avʀil] *m* A'pril *m*; *prov en* **~**, *ne te découvre pas d'un fil*; *en mai, fais ce qu'il te plaît* man ziehe sich noch nicht

zu leicht an im April, im Mai kann man machen, was man will

axe [aks] *m* **1.** *PHYS, MATH, BOT, OPT* Achse *f*; Mittellinie *f*; **~s de coordonnées** Achsenkreuz *n*; Koordi'natensystem *n*; **~ de symétrie** Symme'trieachse *f*; **~ de la Terre** Erdachse *f*; **~ des x** x-Achse *f*; **2.** *TECH* Achse *f*; **3.** (*auto-*)*route* (*grand*) **~** Hauptverkehrsweg *m*; **~ nord-sud** Nord-Süd-Achse *f*; **4.** *POL* Achse *f*; *HIST l'*~ **Rome-Berlin** die Achse Ber'lin-Rom; **5.** *fig d'une politique etc* Gene'rallinie *f*; Zielrichtung *f*; Ausrichtung *f*; *être dans l'*~ *du parti* auf der Par'teilinie liegen

axer [akse] *v/t construction, programme, vie* **~ sur** ausrichten auf (+*acc*)

axial [aksjal] *adj* ⟨-aux⟩ axi'al; Axi'al...; Achsen...; in der Achsenrichtung; *d'une rue éclairage* **~** Mitteloberlicht *n*

axiomatique [aksjɔmatik] **I** *adj* axio'matisch; **II** *f* Axio'matik *f*

axiome [aksjom] *m* **1.** *sc* Axi'om *n*; **2.** *par ext* Grundsatz *m*

ayant [ɛjɑ̃] **I** *p/pr cf avoir*; **II** *m JUR* **~ cause** ⟨*pl* ayants cause⟩ Rechtsnachfolger *m*; **~ droit** ⟨*pl* ayants droit⟩ Anspruchs-, Bezugs-, Empfangsberechtigte(r) *m*

azalée [azale] *f BOT* Aza'lee *f*; A'zalie *f*

Azerbaïdjan [azɛʀbaidʒɑ̃] *l'*~ *m* Aserbai'dschan *n*

azimut [azimyt] *m* **1.** *ASTR* Azi'mut *n ou m*; **2.** *loc/adj tous* **~s** nach allen Seiten; allseitig; rund'um; *progrès* in allen Gebieten; *stratégie, action* um'fassend; glo'bal; *MIL défense f tous* **~s** Rund'umverteidigung *f*

azote [azɔt] *m CHIM* Stickstoff *m*; *oxyde m d'*~ Stickoxyd *ou* -oxid *n*

azoté [azɔte] *adj CHIM* stickstoffhaltig; Stickstoff...

aztèque [astɛk] **I** *adj* az'tekisch; **II** *m/pl* ⟨*2*⟩*s* Az'teken *m/pl*

azur [azyʀ] *m st/s* **a)** *couleur* Himmelsblau *n*; *poét* A'zur *m*; *ciel m d'*~ a'zurblauer, tiefblauer Himmel; *Côte f d'*⟨*2*⟩ *Côte d'A'zur f*; fran'zösische Rivi'era; *adjt bleu* **~** ⟨*inv*⟩ a'zurblau; **b)** *ciel* tiefblauer Himmel; *poét* A'zur *m*

azuré [azyʀe] *adj st/s* a'zurn; a'zurblau; tiefblau

azuréen [azyʀeɛ̃] *adj* ⟨~ne⟩ der Côte d'A'zur; der Rivi'era

azyme [azim] *adj pain m* **~** ungesäuertes Brot; *des juifs* Matze(n) *f*(*m*)

B

B, **b** [be] *m* ⟨*inv*⟩ **1.** B, b *n*; **2.** F *fig* **b a ba** [beaba] Anfangsgründe *m/pl*; Abc *n*; *enseigner à qn le b a ba* (*de qc*) j-m die Anfangsgründe, das Abc (+*gén*) beibringen

B.A. [bea] *f abr* (*bonne action*) gute Tat

baba¹ [baba] *adj* ⟨*inv*⟩ F *en être*, *en rester ~* verblüfft, verdutzt, sprachlos, baß erstaunt, F baff, platt sein; *il en est resté ~* F a da blieb ihm die Spucke weg

baba² [baba] *m* **1.** CUIS *~ au rhum* Hefenapfkuchen, der mit Sirup und Rum über'gossen wird; **2.** F *l'avoir dans le ~* F reinfallen

baba³ [baba] *m,f ou* **baba cool** [babakul] *m,f* ⟨*pl* babas cool⟩ Angehörige(r) *f(m)* der Alterna'tivszene; Alterna'tivler(in) *m(f)*

babeurre [babœR] *m* Buttermilch *f*

babil [babil] *m cf* **babillage**

babill|age [babijaʒ] *m* **1.** *de bébés* Plappern *n*; Geplapper *n*; PSYCH Lallen *n*; Lallstadium *n*; **2.** *par ext* (*bavardage*) (fröhliches) Geplauder, F Geplapper, Geschnatter; *~er v/i* **1.** *bébé* plappern; **2.** *par ext* (fröhlich) plaudern, F plappern, schnattern

babine [babin] *f* **1.** ZO Lefze *f*; **2.** F *fig personne*: *s'essuyer*, *se lécher les ~s* sich (genüßlich) die Lippen, den Mund abwischen, (ab)lecken; *s'en lécher les ~s* a) *en mangeant* mit Genuß essen; b) *à l'avance* sich die Lippen lecken; *il s'en est léché les ~s a* da lief ihm das Wasser im Munde zusammen

babiole [babjɔl] *f* **1.** *objet* Kleinigkeit *f*; kleine Nettigkeit; **2.** *fig* Kleinigkeit *f*; Lap'palie *f*; Baga'telle *f*

bâbord [babɔR] *m* MAR Backbord *n*; *à ~* backbord(s)

babouche [babuʃ] *f* Ba'busche *f*; F *a* Schlappen *m*

babouin [babwɛ̃] *m* ZO Pavian *m*

baby-foot [babifut] *m* ⟨*inv*⟩ (Tisch-)Fußballspiel *n*; F Kicker *m*

Babylone [babilɔn] *HIST* Babylon *n*

babylonien [babilɔnjɛ̃] *adj* ⟨*~ne*⟩ baby-'lonisch

baby|-sitter [babisitœR, be-] *m,f* ⟨*pl* baby-sitters⟩ Babysitter ['beː-] *m*; *~-sitting* [-sitiŋ] *m* Babysitten ['beː-] *n*, -sitting *n*

bac¹ [bak] *m* **1.** *bateau* Fähre *f*; **2.** *récipient* Schale *f*; Kasten *m*; Wanne *f*; Bottich *m*; Kübel *m* (*a pour plantes*); Trog *m*; *d'une douche* Duschwanne *f*, -bekken *n*; *d'un réfrigérateur*: *à glace*, *à glaçons* Eisschale *f*; Eiswürfelbereiter *m*; *~ à légumes* Gemüseschale *f*, -korb *m*; *~ à sable* Sandkasten *m*

bac² [bak] *m abr* F (*baccalauréat*) F Abi *n*; *~ + 2* [bakplysdø] Abi'tur *n* und zweijähriges Studium; *passer le ~* das Abi machen

bacantes [bakɑ̃t] F *f/pl* Schnurrbart *m*

baccalauréat [bakaloRea] *m* Abi'tur *n*; Reifeprüfung *f*; *österr* Ma'tura *f*; *schweiz* Maturi'tätsprüfung *f*

baccara [bakaRa] *m jeu* Bakka'rat *n*

baccarat [bakaRa] *m* Kri'stallglas *n* aus Bacca'rat

bacchanale [bakanal] *f* **1.** *~s pl* ANTIQUITÉ Baccha'nalien *n/pl*; **2.** *fig et litt* Baccha'nal *n*

bacchantes [bakɑ̃t] *cf* **bacantes**

Bacchus [bakys] *m* MYTH Bacchus *m*

Bach [bak] *Jean-Sébastien ~* Johann Sebastian Bach

bâche [baʃ] *f* (Wagen)Plane *f*

bachel|ier [baʃəlje] *m*, *~ière f* Abituri'ent(in) *m(f)*

bâcher [baʃe] *v/t* mit e-r Plane ab-, zudecken, über'decken

bachique [baʃik] *adj* Bacchus…; bac'chantisch; *chanson f ~* Trinklied *n*

bachot [baʃo] *m* F Abi *n*; *péj boîte f à ~* F Presse *f*

bachot|age [baʃɔtaʒ] *m* F (stures) Büffeln, Pauken, Ochsen; Büffe'lei *f*; Pauke'rei *f*; Ochse'rei *f*; *~er v/i* F büffeln; pauken; ochsen

bacillaire [basileR] *adj* bazil'lär; Ba'zillen…

bacille [basil] *m* BIOL, MÉD Ba'zillus *m*; F Ba'zille *f*; *~ de Koch* [-kɔk] Tu'berkelbakterie *f*, -bazillus *m*

bâcl|age [baklaʒ] *m* F (Hin-, Zu'sammen)Pfuschen *n*; (Hin)Schludern *n*

bâcler [bakle] *v/t travail* F hin-, zu'sammenpfuschen; hinschludern, -schludern, -pfuschen; *article de journal*, *livre* F zu'sammenhauen, -schreiben, -schustern; hin-hauen; *abs* pfuschen; schludern; schlampen; *cérémonie* kurz und lieblos abmachen; *adjt*: *travail bâclé* Pfusch-, Schluderarbeit *f*, schlampige Arbeit; Pfusche'rei *f*; Schlude'rei *f*; *c'est bâclé* das ist gepfuscht, geschludert; das ist schlud(e)rig, schlampig gemacht

bacon [bekɔn] *m* magerer, leicht geräucherter Speck; Frühstücksspeck *m*; Bacon ['beːkən] *m*; *œufs m/pl au ~* Spiegeleier *n/pl* mit Speck

bactéricide [bakteRisid] *adj* MÉD bakteri'zid; keimtötend

bactérie [bakteRi] *f* BIOL, MÉD Bak'terie *f*

bactérien [bakteRjɛ̃] *adj* ⟨*~ne*⟩ bakteri'ell; Bak'terien…

bactériolog|ie [bakteRjɔlɔʒi] *f* Bakteriolo'gie *f*; *~ique adj* bakterio'logisch; *~iste m,f* Bakterio'loge, -'login *m,f*

badaboum [badabum] *int* F bums!

badaud [bado] *m* Schaulustige(r) *m*; *péj* Gaffer *m*; *adjt être ~* gern Maulaffen feilhalten

Bade [bad] *le (pays de) ~* Baden *n*

baderne [badɛRn] *f péj vieille ~* verknöcherter Greis; F alter Knacker

Bade-Wurtemberg [badvyRtɛbɛR] *le ~* Baden-Württemberg *n*

badge [badʒ] *m* Pla'kette *f*; Abzeichen *n*

badiane [badjan] *f BOT* Sternanis *m*

badigeon [badiʒɔ̃] *m* **1.** Tünche *f*; *donner un coup de ~ sur qc* etw über'tünchen; **2.** PHARM Tink'tur *f* (zum Pinseln)

badigeonnage [badiʒɔnaʒ] *m* **1.** (Über')Tünchen *n*; Weiße(l)n *n*; **2.** MÉD (Be)Pinseln *n*

badigeonner [badiʒɔne] *v/t* **1.** *mur etc* (über')tünchen; weißen; *südd* weißeln; **2.** MÉD (be)pinseln; **3.** *iron* (barbouiller) (*a v/pr se*) *~* (sich) anmalen, 'vollschmieren (*de* mit)

badin [badɛ̃] *adj* scherzhaft; launig; hu'morig; *être d'humeur ~e* zum Scherzen aufgelegt sein

badinage [badinaʒ] *m* Scherzen *n*; Spaßen *n*; *sur le ton du ~* in scherzhaftem Ton

badine [badin] *f* Gerte *f*; Stöckchen *n*

badiner [badine] *v/i* scherzen; spaßen; *ne pas ~* nicht mit sich spaßen lassen, keinen Spaß verstehen (*avec*, *sur la discipline* in puncto Disziplin)

badminton [badmintɔn] *m* Federball (-spiel) *n(m)*; Badminton ['bɛtmintən] *n*

badois [badwa] **I** *adj* badisch; **II** *subst* ♀(*e*) *m(f)* Badener(in) *m(f)*

baffe [baf] F *f* Ohrfeige *f*; Backpfeife *f*; *cf a* **gifle**

baffle [bafl(ə)] *m* **a)** *écran* Schallwand *f*; **b)** *boîte* Lautsprecherbox *f*

bafouer [bafwe] *v/t* verspotten; verhöhnen; lächerlich, zum Gespött machen

bafouillage [bafujaʒ] *m* **a)** *action* Stammeln *n*; Stottern *n*; **b)** *propos* Gestammel *n*; Gestotter *n*

bafouille [bafuj] F *f* Schrieb *m*; Wisch *m*

bafouiller [bafuje] *v/t et v/i* stammeln; stottern (*a fig moteur*); *~ quelques excuses* ein paar Entschuldigungen stammeln

bâfrer [bafRe] *v/i* F fressen; sich 'vollfressen, -stopfen

bagage [bagaʒ] *m* **1.** Gepäckstück *n*; *surtout pl ~s* Gepäck *n*; *~s accompagnés* Reisegepäck *n*; *~s à main* Handgepäck *n*; *loc/adv avec armes et ~s* mit Sack und Pack; *elle avait pour tout ~ un sac* sie hatte als einziges Gepäckstück e-e Tasche; ihr ganzes Gepäck bestand aus e-r Tasche; *plier ~*

bagagiste – baisse

s-e Sachen, s-e Koffer packen; F sein Bündel schnüren; **2.** *fig* Rüstzeug *n*; **~ intellectuel, scientifique** geistiges, wissenschaftliches Rüstzeug
bagagiste [bagaʒist] *m* gare, aéroport Kofferträger *m*; hôtel Ho'tel-, Hausdiener *m*
bagarre [bagaʀ] *f* **1.** (*rixe*) Schläge'rei *f*; Prüge'lei *f*; Raufe'rei *f*; Balge'rei *f*; Keile'rei *f*; **2.** F *fig* (*lutte*) harter Kampf; F Gerangel *n*; *il va y avoir de la ~* es wird e-n harten Kampf, ein ziemliches Gerangel geben; es wird heiß hergehen
bagarrer [bagaʀe] **I** *v/i* F (*lutter*) kämpfen; streiten; sich heftig einsetzen; **II** *v/pr* **se ~** (sich) raufen, sich prügeln, F sich keilen (*avec qn* mit j-m); *gamins* sich balgen; F (miteinander) rangeln
bagarreur [bagaʀœʀ] F *m* **1.** *concret* Raufbold *m*; Kampfhahn *m*; **2.** *battant* Kämpfer *m*; F Draufgänger *m*; *adjt* **être ~** kämpferisch, draufgängerisch sein
bagatelle [bagatɛl] *f* **1.** (*objet sans valeur*) Kleinigkeit *f*; kleine Nettigkeit; *~s pl a* F Krimskrams *m*; **2.** *iron* **la ~ de mille francs** die Kleinigkeit von tausend Franc; **3.** (*futilité*) Lap'palie *f*; Baga'telle *f*; Kleinigkeit *f*; **perdre son temps à des ~s** s-e Zeit mit nebensächlichen, belanglosen, unwichtigen Dingen vertun; **4.** F *être porté sur la ~* cf *chose 5.*
bagnard [baɲaʀ] *m* (Bagno)Sträfling *m*
bagne [baɲ] *m* HIST Bagno *n*; *fig* **c'est le ~** das ist die Hölle
bagnole [baɲɔl] *f* F Auto *n*; F Karre *f*; Schlitten *m*; *plais* fahrbarer 'Untersatz; *une grosse ~* F ein Straßenkreuzer *m*
bagou(t) [bagu] F *m* Redetalent *n*; F Mundwerk *n*; *avoir du ~* ein tüchtiges Mundwerk, e-n großen Redefluß haben; zungenfertig sein
bague [bag] *f* **1.** (Finger)Ring *m*; **~ de fiançailles** Verlobungsring *m*; *il lui a passé la ~ au doigt* er hat sie geheiratet, zum Traualtar geführt; **2.** TECH Ring *m*
baguenauder [bagnode] F *v/i* (*et v/pr se*) **~** um'herschlendern; F bummeln; e-n Bummel machen
baguer [bage] *v/t oiseaux* beringen; *adjt* **doigts bagués** beringte Finger *m/pl*
baguette [bagɛt] *f* **1.** Stab *m*; Stock *m*; Gerte *f*; Rute *f*; *pour montrer* Zeigestock *m*; *pour manger* (Eß)Stäbchen *n*; **~ divinatoire, de sourcier** Wünschelrute *f*; **~ magique** Zauberstab *m*; **comme d'un coup de ~** (**magique**) wie mit e-m Zauberschlag; **~** (**de chef d'orchestre**) Taktstock *m*; **~s de tambour** Schlegel *m/pl*; F **cheveux** *m/pl* (**raides**) **comme des ~s de tambour** ganz glattes (und schwer zu frisierendes) Haar; *fig*: **tout marche à la ~** F alle spuren; keiner tanzt aus der Reihe; **mener qn à la ~** j-n her'umkommandieren, gängeln, an der Kandare haben, unter der Fuchtel haben, nach s-r Pfeife tanzen lassen; **2.** *pain* (fran'zösisches) Stangenweiß̈brot; Ba'guette *f ou n*; **3.** (*moulure*) (Pro'fil-, Zier)Leiste *f*; ARCH Rundstab *m*; **4.** *sur des collants, chaussettes* (seitliche) Ziernaht
bah [ba] *int* pah!; ach was!; *~!* **ce n'est pas vrai!** Unsinn!; das ist nicht wahr!
Bahamas [baamas] **les** (**îles**) *~ f/pl* die Ba'hamas *pl*; die Ba'hamainseln *f/pl*

Bahreïn [baʀɛjn] **le ~** Bah'rain *n*
bahut [bay] *m* **1.** *meuble* (rusti'kales) Bü'fett; (*coffre*) Truhe *f*; **2.** F (*lycée*) F Penne *f*; **3.** F (*gros camion*) F schwerer, dicker Brummer
bai [bɛ] **I** *adj cheval* (rot)braun; **II** *m* Braune(r) *m*
baie [bɛ] *f* **1.** GÉOGR (Meeres)Bucht *f*; Bai *f*; **~ d'Hudson** [-dytsɔn] Hudsonbai *f*; **2.** CONSTR (Mauer-, Wand)Öffnung *f*; **~ vitrée** großes (Glas)Fenster; **~ de fenêtre, de porte** Fenster-, Türöffnung *f*; **3.** BOT Beere *f*
baignade [bɛɲad] *f* **1.** Baden *n*; **~ interdite** Baden verboten; **à l'heure de la ~** zur Badezeit; **2.** *endroit* Badestelle *f*, -platz *m*
baigner [bɛɲe] **I** *v/t* **1.** *enfant, chien, pieds* baden; **2.** *fleuve: paysage etc* fließen durch; durch'fließen; *mer: île* um'spülen; *côte* bespülen; **3.** *poét lumière* **~ qc** etw über'strahlen, -'fluten; *p/p* **baigné de soleil** sonnenüberflutet, -durchflutet; **4.** *fig* (be)netzen (*de* mit); *surtout p/p* **baigné de larmes** tränenüberströmt; in Tränen gebadet; **baigné de sueur** schweißtriefend, -gebadet; in Schweiß gebadet; **II** *v/i* **5.** CUIS **~ qc in etw** (*dat*) schwimmen; F *fig* **ça baigne** (**dans l'huile**) *cf* **huile** *3.*; *blessé* **~ dans son sang** in s-m Blut schwimmen; **6.** *fig paysage* **~ dans la brume** in Nebel gehüllt, getaucht sein; **III** *v/pr* **se ~** (sich) baden; **se ~ dans la mer** im Meer baden
baign|eur [bɛɲœʀ], **~euse 1.** *m,f* Badende(r) *f(m)*; **2.** *m poupée* (Zellu'loid-)Babypuppe [-beːbi-] *f*
baignoire [bɛɲwaʀ] *f* **1.** (Bade)Wanne *f*; THÉ Par'terreloge *f*
bail [baj] *m* (*pl* baux [bo]) **1.** JUR Pacht(-vertrag) *f(m)*; Miete *f*; Mietvertrag *m*; **~ commercial** Mietvertrag über gewerbliche Räume; **~ à loyer** Mietvertrag *m*; **céder, donner à ~** verpachten; in Pacht geben; vermieten; **prendre à ~** pachten; in Pacht nehmen; mieten; **2.** F *fig* **ça fait un ~ que je ne l'ai plus vu** es ist e-e Ewigkeit her, daß ich ihn (nicht mehr) gesehen habe; ich habe ihn schon ewig nicht mehr gesehen
bâillement [bɑjmɑ̃] *m* Gähnen *n*
bâiller [bɑje] *v/i* **1.** gähnen (**d'ennui, de sommeil** vor Langeweile, vor Müdigkeit); F **~ à se décrocher la mâchoire** (so richtig) herzhaft gähnen; **2.** *porte* nicht fest schließen, geschlossen sein; *col etc* nicht richtig anliegen; abstehen; *fente* klaffen
bailleur [bajœʀ] *m*, **bailleresse** [bajʀɛs] *f* **1.** JUR Verpächter(in) *m(f)*; Vermieter(in) *m(f)*; **2.** FIN **bailleur de fonds** Geld, Kapi'tal-, Kre'ditgeber *m*
bailli [baji] *m* HIST Bail'li *m*; Vogt *m*
bâillon [bɑjɔ̃] *m* Knebel *m*; **mettre un ~ à qn** *cf* **bâillonner**
bâillonn|ement [bɑjɔnmɑ̃] *m* Knebelung *f*; *fig a* Mundtotmachen *n*; **~er** *v/t* **1.** knebeln; **2.** *fig* knebeln; mundtot machen; F das Maul stopfen (+*dat*)
bain [bɛ̃] *m* **1.** Bad *n* (*a* CHIM, TECH); Baden *n*; **~ de bouche** Mundspülung *f*; **~ de boue(s)** Moor-, Schlammbad *n*; PHOT **~ de développement, de fixage** Entwickler-, Fi'xierbad *n*; **~ de mer, de mousse, de pieds, de siège, de vapeur** Meer-, Schaum-, Fuß-, Sitz-,

Dampfbad *n*; **salle** *f* **de ~s** Bad(ezimmer) *n*; **faire couler un ~** ein Bad einlassen; **le ~ est trop chaud** das Badewasser ist zu heiß; *fig* **être dans le ~** a) (*être au courant*) Bescheid wissen; im Bilde sein; eingeweiht, eingearbeitet sein; b) (*être compromis*) in die Sache verwickelt, mit hin'eingezogen sein; F in der Patsche, Tinte sitzen; *fig* **mettre qn dans le ~** a) (*mettre au courant*) j-n ins Bild setzen, einweihen, einarbeiten, einweisen; b) (*compromettre*) j-n in die Sache mit hin'einziehen, verwickeln; **prendre un ~** ein Bad nehmen; (sich) baden; **prendre un ~ chaud** *a* (sich) heiß baden; **2.** **~s** *pl* Bad(eanstalt) *n(f)*; **~s municipaux, publics** städtisches, öffentliches Bad; **aller aux ~s de mer** in ein Seebad reisen; **3.** *piscine* **grand ~** Becken(teil) *n* für Schwimmer; **petit ~** Nichtschwimmerbecken *n*; **4.** *par ext* **a**) **~ de soleil** Sonnenbad *n*; **prendre un ~ de soleil** ein Sonnenbad nehmen; sonnenbaden; b) (*robe f*) **~ de soleil** Strandkleid *n*; **5.** POL **~ de foule** Bad *n* in der Menge; **prendre un ~ de foule** ein Bad in der Menge nehmen; den direkten Kontakt mit der Menschenmenge suchen
bain-marie [bɛ̃maʀi] *m* ⟨*pl* bains-marie⟩ CUIS Wasserbad *n*
baïonnette [bajɔnɛt] *f* **1.** MIL Bajo'nett *n*; Seitengewehr *n*; *loc/adv* **~ au canon** mit aufgepflanztem Bajonett; **2.** *adjt* TECH Bajo'nett...; **douille** *f* (**à**) **~** Bajonettfassung *f*
baise [bɛz] P *f* P Bumsen *n*; *obscène* Ficken *n*; Vögeln *n*
baisemain [bɛzmɛ̃] *m* Handkuß *m*; **faire le ~ à qn** j-m die Hand küssen
baiser[1] [beze] *v/t* **1.** (*embrasser*) küssen; **~ la main de qn** j-m die Hand küssen; **2.** F (*tromper*) **se faire ~** F j-m auf den Leim gehen; sich reinlegen lassen; P beschissen werden; **3.** P (*coucher avec*) P bumsen, *vulgaire* vögeln (*qn* mit j-m); *vulgaire* ficken
baiser[2] [beze] *m* Kuß *m* (**sur le front** *etc* auf die Stirn *etc*); *formule épistolaire* **bons ~s** es grüßt und küßt Dich Dein(e); **bons ~s de Paris** liebe, herzliche Grüße aus Paris; **petit ~** Küßchen *n*; flüchtiger, rascher Kuß; **gros ~** herzhafter, kräftiger, schallender Kuß; **~ d'adieu** Abschiedskuß *m*; **~ de Judas** Judaskuß *m*; **~ de paix** Friedenskuß *m*; **donner un ~ à qn** j-m e-n Kuß geben
bais|eur [bɛzœʀ] *m*, **~euse** *f vulgaire* Ficker(in) *m(f)*; **être bon baiseur, bonne baiseuse** F gut im Bett sein
baisodrome [bɛzɔdʀɔm] *m* P Bude *f*, Absteige *f* zum Bumsen
baisse [bɛs] *f des eaux, de la température* (Ab)Sinken *n* (*a fig de niveau*); Fallen *n*; *des eaux a* Zurückgehen *n*; *de la température a* Rückgang *m*; *des cours, des prix* Fallen *n*; Nachgeben *n*; BOURSE Baisse *f*; *d'une marchandise* Preisrückgang *m* (**du blé** des Getreide); *des prix a* Sinken *n*; Her'untergehen *n*; Her'absetzung *f*; *d'influence* Schwinden *n*; **~ d'autorité** Autori'tätsschwund *m*, -verlust *m*; TECH **~ de pression**, ÉLECT **de tension** Druck-, Spannungsabfall *m*; **~ des prix** *a* Preisrückgang *m*, -abbau *m*, -senkung *f*; **~ de la production** Pro-

baisser – balbutiement

dukti'onsrückgang *m*, -senkung *f*; ~ *de la qualité* Quali'tätsschwund *m*, -minderung *f*, -verschlechterung *f*, -verlust *m*; *être en ~ actions, cours* fallen; *marchandise* im Preis sinken, zu'rückgehen; billiger werden; *fig* **ses actions sont en ~** s-e Aktien fallen; BOURSE **jouer à la ~** auf Baisse spekulieren

baisser [bese] F *v/t* **1.** *vitre, store* her'unter-, F runterlassen, -kurbeln; *lampe* her'unter-, F runterziehen; *voile* vor das Gesicht ziehen; *yeux* niederschlagen; *front, tête* senken; neigen; P *fig* **~ *la culotte, le pantalon*** klein beigeben; F den Schwanz einziehen; **les yeux baissés** mit niedergeschlagenen, gesenkten Augen; **faire ~ les yeux à qn** dazu bringen, die Augen niederzuschlagen; *cf a tête 1.*; **2.** *prix* senken; her'ab-, her'untersetzen; **~** (*le prix de*) *la viande* den Fleischpreis senken; **3.** *voix* senken; dämpfen; *radio, télé* leiser stellen; *chauffage* drosseln; niedriger stellen; *gaz, lumière* kleiner stellen; AUTO **~ *les phares*** abblenden; **4.** *barrière, mur etc* niedriger machen; **5.** MUS *instrument* tiefer stimmen; II *v/i température, eaux* a(b)sinken; fallen; zu'rückgehen; *thermomètre, baromètre* fallen; *soleil* sinken; *vent* abflauen; nachlassen; schwächer werden; *influence, autorité* schwinden; TECH *pression*, ÉLECT *tension* abfallen; *forces, vue* nachlassen; abnehmen; *personne âgée* abbauen; körperlich und geistig abnehmen; hinfällig werden; *malade* sich schwächer werden; *artiste, écrivain* (in s-n Leistungen) nachlassen; *actions, cours* fallen; nachgeben; *prix* sinken; fallen; her'untergehen; **il baisse** *personne âgée* a-e Kräfte lassen nach; *malade* a es geht mit ihm berg'ab; **~ dans l'estime de qn** in j-s Achtung (*dat*) sinken; **les jours baissent** die Tage werden kürzer, nehmen ab; (*le prix de*) ***la viande baisse*** der Fleischpreis sinkt, fällt; das Fleisch wird billiger, sinkt im Preis, geht im Preis herunter; **faire ~ les prix** die Preise drücken; **le ton de la conversation baisse** die Unter'haltung wird leiser, gedämpfter; **sa vue baisse** s-e Augen werden schlechter; III *v/pr* **se ~** sich bücken, niederbeugen; *fig* **il n'y a qu'à se ~ pour les ou en ramasser** man braucht nur zuzugreifen; man findet sie *ou* es haufenweise, in rauhen Mengen

baissier [besje] *m* BOURSE Baissi'er *m*; Baissespekulant *m*; Fixer *m*

bajoue [baʒu] *f* **1.** *chez l'homme* ~s *pl* Hängebacken *f/pl*; **2.** *d'un animal* Backe *f*

bakchich [bakʃiʃ] *m* Bakschisch *n*

bakélite [bakelit] *f* Bake'lit *n*

bal [bal] *m* Ball *m*; Tanzvergnügen *n*, -fest *n*, -abend *m*; **~ populaire** billiges, öffentliches Tanzvergnügen; **~ public** öffentliche Tanzveranstaltung; **~ de bienfaisance** Wohltätigkeitsball *m*; **salle f de ~** Ball-, Tanzsaal *m*; **aller au ~** tanzen gehen; **ouvrir le ~** den Ball eröffnen

balade [balad] F *f à pied* Spa'ziergang *m*; F Bummel *m*; *en voiture* Spa'zierfahrt *f*; (*excursion*) Ausflug *m*; **~ en vélo** (kleine) Radtour; **aller en ~, faire une ~** e-n Spaziergang, e-e Spazier-

fahrt, F e-n Bummel machen; *cf a balader II*

balader [balade] F **I** *v/t* spa'zierenführen; *fig* **envoyer ~** *cf promener 3.*; **II** *v/pr* **se ~** **a)** *à pied* spa'zierengehen; (*flâner*) F (her'um)bummeln; **b)** *en voiture* spa'zierenfahren; F ein bißchen rausfahren, in der Gegend rumfahren; **se ~ à bicyclette** e-e (kleine) Radtour machen; mit dem Rad spazierenfahren

baladeur [baladœʀ] **I** *adj* 〈-euse〉 **avoir l'humeur baladeuse** F gern (her'um)-bummeln, e-n Bummel machen; *par ext* F **avoir les mains baladeuses** F gern fummeln, grapschen; **II** *subst* **1.** *m* Walkman ['vɔːk-] *m*; **2.** *f baladeuse* ÉLECT Ableucht-, Handlampe *f*

baladin [baladɛ̃] *m autrefois* Gaukler *m*

balafon [balafɔ̃] *m* MUS Ma'rimba *f*

balafre [balafʀ(ə)] *f* (tiefe, lange) Hiebwunde; Schmarre *f*; Schmiß *m*

balafrer [balafʀe] *v/t* e-e Hiebwunde, Schmarre beibringen (**qn** j-m); *surtout p/p au visage balafré* mit e-r Schmarre, mit e-m Schmiß, mit Schmarren, Schmissen im Gesicht

balai [balɛ] *m* **1.** (Kehr)Besen *m*; **~ mécanique** Teppichkehrmaschine *f*, -kehrer *m*; **~ O'Cédar, ~ à franges** Mop *m*; *fig* **coup m de ~** (bru'tale) Entlassungen *f/pl*; F Rausschmiß *m*; **donner un coup de ~** **a)** flüchtig auskehren (**à** *ou* **dans une pièce** e-n Raum); mal schnell (zu'sammen)kehren; **b)** *fig* (unliebsame) Leute entlassen, F rausset-zen, feuern; mit eisernem Besen kehren; P **être con comme un ~** P saublöd, -doof sein; **passer le ~ sous les meubles** mit dem Besen unter die Möbel gehen; **2.** AUTO **~ d'essuie-glace** (Scheiben)Wischerblatt *n*; **3.** ÉLECT Bürste *f*; **4.** F (*dernier train, bus*) letzter Zug *ou* Bus; F Lumpensammler *m*; *adjt* **voiture f ~ du Tour de France etc** Schlußfahrzeug *n*; **5.** F (*année d'âge*) Jahr *n*; **avoir trente ~s** dreißig sein; **~-brosse** *m* 〈*pl* balais-brosses〉 Scheuerbürste *f*; Schrubber *m*

balaise [balɛz] *cf* **balèze**

balalaïka [balalaika] *f* MUS Bala'laika *f*

balance [balɑ̃s] *f* **1.** Waage *f*; **~ automatique** Schnellwaage *f*; **~ romaine** Laufgewichtswaage *f*; **~ à bascule** Brückenwaage *f*; **~ de précision** Präzisi'onswaage *f*; TURF **salle f des ~s** Wiegeplatz *m*; *fig*: **jeter, mettre dans la ~** in die Waagschale werfen; **mettre en ~** abwägen; vergleichen; **faire pencher la ~** den Ausschlag geben; das Zünglein an der Waage sein; **faire pencher la ~ du côté de ou en faveur de qn, qc** a für j-n, etw entscheiden; **ne pas peser lourd dans la ~** kaum ins Gewicht fallen; **2.** *fig* (*équilibre*) Gleichgewicht *n*; **la ~ des forces** das Gleichgewicht der Kräfte; **3.** COMM **~** (**des comptes**) Bi'lanz *f*; **~ commerciale, du commerce** Handelsbilanz *f*; **~ du commerce extérieur** Außenhandelsbilanz *f*; **~ des paiements** Zahlungsbilanz *f*; **4.** ASTR **la ♎** die Waage; **5.** PÊCHE Krebskorb *m*

balancé [balɑ̃se] *adj* F **personne bien ~** F gut gebaut

balancelle [balɑ̃sɛl] *f* Hollywoodschaukel *f*

balancement [balɑ̃smɑ̃] *m* (Hin- und

Her)Schwingen *n*; Schaukeln *n*; Pendeln *n*; Schwanken *n*; *des hanches* Wiegen *n*; *des bras* Schlenkern *n*

balancer [balɑ̃se] 〈-ç-〉 **I** *v/t* **1.** *objet* (hin und her) schwingen, schaukeln; wiegen; **~ les bras en marchant** mit den Armen schlenkern, rudern; SPORTS die Arme schwingen; **~ les 'hanches** sich in den Hüften wiegen; *assis* **~ ses jambes** mit den Beinen baumeln; die Beine baumeln lassen; **2.** F **a)** (*lancer*) *objet* werfen; schleudern; F schmeißen; feuern; *coup de pied* versetzen; *gifle* verabreichen; **~ par la fenêtre** zum Fenster hin'auswerfen, F rausschmeißen; **b)** (*se débarrasser de*) fort-, wegwerfen, F-schmeißen; *vieille voiture etc* abstoßen; **3.** F **~ qn a)** (*renvoyer*) F j-n rausschmeißen, rauswerfen, feuern, schassen, abservieren, vor die Tür setzen; j-m e-n Tritt, den Laufpaß geben; **il s'est fait ~ de l'école** F er ist von der Schule geflogen; **b)** *arg* (*dénoncer*) F j-n verpfeifen; **4.** COMM **compte** ausgleichen; sal'dieren; **5.** *phrases etc* har'monisch gestalten; Ausgewogenheit verleihen (+*dat*); **II** *v/i* **6.** *litt personne* schwanken (**entre** zwischen +*dat*); *loc* **entre les deux mon cœur balance** ich kann mich zwischen den beiden nicht entscheiden; **III** *v/pr* **se ~** **7.** *objet* (hin und her) schwingen; pendeln; baumeln; *branches, bateau* schwanken; schaukeln; sich wiegen; *personne*: *sur une balançoire* (sich) schaukeln; *sur sa bascule* wippen; **se ~ sur sa chaise** mit dem Stuhl schaukeln, wackeln; F kippeln; **se ~ sur ses jambes, sur ses pieds** mit wiegender, wippender Bewegung von e-m Bein auf das andere, von e-m Fuß auf den andern treten; **8.** F **je m'en balance** F das ist mir Wurscht, schnuppe, piepe, schnurz, piep-, schnurz-, P scheißegal

balancier [balɑ̃sje] *m* **1.** *d'une horloge* Schwinger *m*; Schwingsystem *n*; *d'une pendule* Pendel *m*; Perpen'dikel *m ou n*; **2.** *d'un funambule* Balan'cierstange *f*; **3.** *d'une pirogue* Ausleger *m*

balançoire [balɑ̃swaʀ] *f* **1.** (*escarpolette*) Schaukel *f*; **2.** (*bascule*) Wippe *f*

balayage [baleja] *m* **1.** (Aus-, Ab-) Kehren *n*, (-)Fegen *n*; **2.** ÉLECTRON Abtastung *f*; **3.** COIFFURE Strähnchen *n/pl*

balayer [baleje] *v/t* 〈-ay- *od* -ai-〉 **1.** *abs, rue, cour* kehren; fegen; *pièce* auskehren; ausfegen; *feuilles mortes, saletés* weg-, zu'sammenkehren, -fegen; **2.** (*chasser*) *vent*: *feuilles* vor sich hertreiben, -jagen; *vent*: *nuages a* verjagen; vertreiben; *soucis* vertreiben; verjagen; *résistance, préjugés, obstacle* hin'wegfegen; *objections* vom Tisch fegen; **3.** (*passer sur*) *projecteur*: *ciel* absuchen; streichen über (+*acc*); *artillerie*: *terrain* bestreichen; *vague, digue, pont* überfluten, -spülen; *vent* **~ la plaine** über die Ebene fegen; *manteau* **~ le sol** auf dem, über den, am Boden schleifen; **4.** ÉLECTRON abtasten

balay|ette [balejɛt] *f* **1.** Handfeger *m*; **2.** *pour W.-C.* Klo('sett)bürste *f*; **~eur** *m* Straßenkehrer *m*, -feger *m*; **~euse** *f* Kehrmaschine *f*; **~ures** *f/pl* Kehricht *m*

balbutiement [balbysimɑ̃] *m* **1.** *d'une personne* Stammeln *n*; Stottern *n*; *d'un bébé* F Brabbeln *n*; **~s** *pl* Gestammel *n*;

Gestotter n; F Gebrabbel n; **2.** fig ~*s pl* allererste, schüchterne Anfänge *m/pl*, Versuche *m/pl*; *nouvelle technique* **en être à ses premiers ~s** noch in den Kinderschuhen stecken
balbutier [balbysje] *v/t et v/i* stammeln; stottern; *bébé* F brabbeln; ~ *des excuses* Entschuldigungen stammeln
balbuzard [balbyzaʀ] *m* ZO Fischadler *m*
balcon [balkõ] *m* **1.** CONSTR **a)** Bal'kon *m*; F fig *il y a du monde au* ~ F sie hat e-n tollen Balkon, Vorbau; **b)** (*balustrade*) Bal'konbrüstung *f*, -gitter *n*; **2.** THÉ Bal'kon *m*; Rang *m*
balconnet [balkɔnɛ] *m* Büstenhebe *f*
baldaquin [baldakɛ̃] *m* Baldachin *m* (*a* ARCH); *d'un lit a* (Bett)Himmel *m*; *lit m à* ~ Himmelbett *n*
Bâle [bal] Basel *n*
Baléares [baleaʀ] *les* ~ *f/pl* die Balearen *pl*
baleine [balɛn] *f* **1.** ZO Wal *m*; F Walfisch *m*; *pêche f à la* ~ Walfang *m*; F *rire comme une* ~ sich schief-, kranklachen; **2.** *lame* Fischbein(stäbchen) *n*; *de corset* Kor'settstange *f*; *de soutien-gorge* Arma'tur *f*; *de col* Kragenstäbchen *n*; ~ *de parapluie* Schirmstrebe *f*
balein|é [balene] *adj* corset mit Fischbein(stäbchen), Stahlfedern verstärkt; *soutien-gorge* mit Arma'tur; **~eau** *m* (*pl* ~x) ZO junger Wal; **~ier I** *adj* (-ière) Walfang ...; **II** *m* MAR Walfangschiff *m*; **~ière** *f* MAR Walfangboot *n*
balénoptère [balenɔptɛʀ] *m* ZO Finnwal *m*
balèze [balɛz] F **I** *adj* stämmig; vierschrötig; **II** *m* stämmiger, vierschrötiger Kerl
balisage [balizaʒ] *m* MAR, AVIAT Bebakung *f*; *avec signaux lumineux, radioélectriques* Befeuerung *f*; Leucht- *ou* Funkfeuer *n/pl*; *de sentiers de randonnée* Mar'kierung *f*; *d'une route* (Abgrenzung *f* durch) Leitpfosten *m/pl*; Leiteinrichtung *f*
balise [baliz] *f* **1.** MAR, AVIAT Bake *f*; MAR *a* Seezeichen *n*; *lumineuse* Leuchtfeuer *n*; *radioélectrique* Funkfeuer *n*, -bake *f*; **2.** *d'une route* Leitpfosten *m*; *d'un sentier de randonnée* Mar'kierung *f*; Wegzeichen *n*; **3.** INFORM Tag [tɛk] *n*
baliser [balize] *v/t* **1.** MAR, AVIAT bebaken; befeuern; MAR *a* austonnen; **2.** *route de randonnée* abgrenzen; *sentier de randonnée* mar'kieren
balistique [balistik] **I** *adj* bal'listisch; **II** *f* Bal'listik *f*
balivernes [balivɛʀn] *f/pl* leeres Geschwätz; Albernheiten *f/pl*; *dire, raconter des* ~*s* ungereimtes Zeug von sich geben, erzählen; albern da'herreden
balkanique [balkanik] *adj* Balkan...; bal'kanisch; *pays m/pl* ~*s* Balkanländer *n/pl*; *péninsule f* ~ Balkanhalbinsel *f*
balkanisation [balkanizasjõ] *f* POL Balkani'sierung *f*
Balkans [balkã] *les* ~ *m/pl* der Balkan
ballade [balad] *f* POÉSIE, MUS Bal'lade *f*
ballant [balɑ̃] **I** *adj* jambes baumelnd; *bras* schlenkernd; her'abhängend; *marcher les bras* ~*s* im Gehen mit den Armen schlenkern; **II** *m* **1.** *mouvement* Schwanken *n*; Schaukeln *n*; *avoir du* ~ schwanken; schaukeln; **2.** MAR *d'un*

cordage Lose *f*; *donner du* ~ lose, lokker hängen lassen (*à qc* etw)
ballast [balast] *m* **1.** CH DE FER Schotter *m*; Bettung *f*; **2.** MAR Bal'lasttank *m*; *d'un sous-marin* Tauchtank *m*
balle [bal] *f* **1.** Ball *m*; *jeux* ~ *au chasseur, au prisonnier* Jäger-, Völkerball *m*; ~ *de golf* Golfball *m*; TENNIS ~ *de jeu, de match, de set* Spiel-, Match- ['mɛtʃ-], Satzball *m*; ~ *de ping-pong* Tischtennis-, Pingpongball *m*; ~ *de tennis* Tennisball *m*; fig *enfant m de la* ~ Ar'tistenkind *n*; *jeu m de* ~ Ballspiel *n*; *à vous la* ~! Sie werfen, spielen als erste(r)!; *avoir la* ~ als erste(r) den Ball werfen; TENNIS *faire des, quelques* ~*s* ein paar Bälle wechseln; *jouer à la* ~ Ball spielen; fig *renvoyer la* ~ *à qn* j-m die Antwort nicht schuldig bleiben; j-m schlagfertig antworten; fig *se renvoyer la* ~ **a)** *dans une discussion* sich die Bälle zuwerfen; **b)** (*rejeter toute responsabilité*) sich gegenseitig die Verantwortung zuschieben; fig *saisir la* ~ *au bond* die Gelegenheit beim Schopf fassen, ergreifen; **2.** *d'une arme à feu* Kugel *f*; Geschoß *n*; ~ *dans la nuque, dans la tête, dans le ventre* Genick-, Kopf-, Bauchschuß *m*; ~ *de fusil, de revolver* Gewehr-, Re'volverkugel *f*; F *recevoir douze* ~*s dans la peau* standrechtlich erschossen werden; *tirer à* ~*s* scharf schießen; **3.** COMM Ballen *m*; ~ *de coton* Baumwollballen *m*; **4.** F fig (*figure*) Gesicht *n*; *avoir une bonne* ~ sympathisch, nett aussehen; **5.** F fig Franc *m*; *mille* ~*s* tausend Franc *m*; **6.** *de céréales* Spelze *f*; *coll* Spreu *f*
ballerine [balʀin] *f* **1.** Bal'lettänzerin *f*; Ballet'teuse *f*; Balle'rina *f*; **2.** *chaussure de femme* Balle'rinenschuh *m*
ballet [balɛ] *m* danse, troupe, MUS Bal'lett *n*; ~ *aquatique* Wasserballett *n*; Reigenschwimmen *n*; *corps m de* ~ Ballettkorps *n*; Corps de ballet *n*
ballon [balõ] *m* **1.** (großer) Ball (*a* SPORTS); FOOTBALL *a* F Leder *n*; ~ *de football* Fußball *m*; **2.** *jouet* Luftballon *m*; **3.** AVIAT Bal'lon *m*; ~ *d'essai* Versuchsballon *m* (*a* fig); fig *lancer un* ~ *d'essai* e-n Versuchsballon steigen lassen; *monter en* ~ mit e-m Ballon aufsteigen; **4.** *adjt*: *manche f* ~ Puffärmel *m*; *pneu m* ~ Bal'lonreifen *m*; *verre m* ~ Kognakschwenker *m*; bauchiges Rotweinglas; **5.** CHIM Bal'lon *m*; Kolben *m*; **6.** *alcootest* F Tüte *f*; *souffler dans le* ~ in die Tüte, ins Röhrchen blasen; **7.** MÉD *d'oxygène* Atembeutel *m*; **8.** *quantité un* ~ ein Glas *n* Wein (⅛ *l*)
Ballon [balõ] *m dans les Vosges* Belchen *m*
ballonné [balɔne] *adj* ventre aufgebläht; aufgetrieben; *avoir le ventre* ~, *être* ~ *a* Blähungen haben
ballonn|ement [balɔnmɑ̃] *m du ventre* Aufblähung *f*; Aufgetriebensein *n*; (*flatulence*) Blähung *f*; **~er** *v/t aliments* Blähungen her'vorrufen, zu Blähungen führen (*qn* bei j-m); *abs* blähen
ballon-sonde [balõsõd] *m ⟨pl* ballons-sondes⟩ MÉTÉO Regi'strierballon *m*
ballot [balo] *m* **1.** (*paquet*) Packen *m*; Bündel *m*; **2.** F (*imbécile*) Dummkopf *m*; F Esel *m*; Trottel *m*; *südd* Depp *m*
ballottage [balɔtaʒ] *m* (*scrutin m de*) ~ Stichwahl *f*; *candidat être en* ~ nicht

die erforderliche Stimmenmehrheit erreicht haben
ballottement [balɔtmɑ̃] *m d'un véhicule* Rütteln *n*; Gerüttel *n*; Hin- und Herschütteln *n*; *d'un objet* Hin- und Herrutschen *n*, -rollen *n*
ballotter [balɔte] **I** *v/t surtout p/p être ballotté* **a)** *dans un véhicule* hin und her geworfen, 'durchgeschüttelt, 'durchgerüttelt werden; **b)** fig hin und her gerissen werden (*entre des sentiments contraires* zwischen widerstreitenden Gefühlen); **II** *v/i* objet hin und her rutschen; *bouteille* hin und her rollen; *poitrine* wackeln
ballottine [balɔtin] *f* CUIS kleine Galan'tine
ball-trap [baltʀap] *m* ⟨*pl* ball-traps⟩ **a)** Wurfmaschine *f* für Tontauben; **b)** *sport* Trapschießen *n*
balluchon [balyʃõ] F *m* (Kleider)Bündel *m*; fig *faire son* ~ sein Bündel schnüren; F s-e Siebensachen packen
balnéaire [balneɛʀ] *adj* station *f* ~ Seebad *n*
balnéothérapie [balneoteʀapi] *f* MÉD Heilbehandlung *f* durch Bäder; *sc* Balneothera'pie *f*
balourd [baluʀ] **I** *adj* plump; unbeholfen; tölpelhaft; **II** *m* **1.** Tölpel *m*; plumper, unbeholfener Kerl; **2.** TECH Unwucht *f*
balourdise [baluʀdiz] *f* Plumpheit *f*; Tölpelhaftigkeit *f*; Unbeholfenheit *f*
balsa [balza] *m* Balsa(holz) *n*
balsamique [balzamik] *adj* bal'samisch; PHARM *a* Balsam enthaltend
balte [balt] **I** *adj* baltisch; *États m/pl* ~*s* Baltische Staaten *m/pl*; *les pays m/pl* ~*s* das Baltikum; **II** *m,f* Balte *m*, Baltin *f*
Baltique [baltik] *adj la mer* ~ die Ostsee
baluchon *cf* balluchon
balustrade [balystʀad] *f* ARCH Balu'strade *f*; (*parapet*) Brüstung *f*; (*garde-fou*) Geländer *n*
balustre [balystʀ(ə)] *m* ARCH Ba'luster *m*; Docke *f*; Geländerpfosten *m*
Balzac [balzak] *frz* Dichter
balzacien [balzasjɛ̃] *adj* ⟨~ne⟩ in der Art Bal'zacs; Bal'zac...
bambin [bɑ̃bɛ̃] *m* kleiner Junge; *südd* Bübchen *n*; F Steppke *m*
bamboch|er [bɑ̃bɔʃe] *v/i* ein ausschweifendes Leben führen; prassen; **~eur** *m* Lebemann *m*; Prasser *m*
bambou [bɑ̃bu] *m* **1.** BOT Bambus *m*; (*canne f de*) ~ Bambusstock *m*; **2.** F fig *personne avoir le coup de* ~ nicht mehr ganz zurechnungsfähig sein; F e-n Sonnenstich haben; F fig *c'est le coup de* ~ F das ist der reinste Nepp
bamboula [bɑ̃bula] *f faire la* ~ e-n Zechbummel machen
ban [bɑ̃] *m* **1.** ~*s pl* (*du mariage*) Aufgebot *n*; *afficher, publier les* ~*s* (*du mariage*) das Aufgebot erlassen; ein Brautpaar aufbieten; **2.** HIST Heerbann *m* der Va'sallen; fig *convoquer le* ~ *et l'arrière-ban de ses amis, de ses parents* alle verfügbaren Freunde, s-e gesamte Sippschaft zusammentrommeln; **3.** HIST (*bannissement*) Acht *f*; fig: *mettre qn au* ~ *de la société* j-n aus der Gesellschaft ausstoßen, gesellschaftlich unmöglich machen; j-n äch-

banal – baptiser

ten, in Acht und Bann tun; *être en rupture de ~* mit allen Konventionen gebrochen, sich von allen Bindungen befreit haben; *être en rupture de ~ avec sa famille, avec la société* mit s-r Familie gebrochen haben; sich in Gegensatz zur Gesellschaft gestellt haben; **4. a)** MIL *(roulement de tambour)* Trommelwirbel *m*; **b)** *fig* rhythmischer Ap'plaus, Beifall; *un triple ~ pour l'orateur* correspond à ein dreifaches Hoch dem Redner
banal [banal] *adj* ⟨-als⟩ ba'nal; all'täglich; gewöhnlich; *idée a* abgedroschen; platt; trivi'al; *discours, propos a* geistlos; fad(e); flach; seicht
banalisation [banalizasjõ] *f* Banali'sierung *f*; All'täglichwerden *n*
banaliser [banalize] **I** *v/t* **1.** *violence, racisme etc* banali'sieren; ba'nal, all'täglich machen; **2.** *adjt voiture (de police) banalisée* neu'trales, als Pri'vatwagen getarntes Poli'zeiauto; **II** *v/pr se ~* ba'nal, all'täglich werden; *expression* zu e-m Gemeinplatz werden
banalité [banalite] *f* **1.** *caractère* Banali'tät *f*; All'täglichkeit *f*; Gewöhnlichkeit *f*; *d'une idée a* Abgedroschenheit *f*; *d'une discussion etc a* Seichtheit *f*, Geistlosigkeit *f*; **2.** *propos* Banali'tät *f*; *débiter des ~s a* abgedroschene Phrasen, Gemeinplätze von sich geben
banane [banan] *f* **1.** *fruit* Ba'nane *f*; **2.** AUTO Stoßstangenhorn *n*; **3.** ÉLECT *adjt fiche ~* Ba'nanenstecker *m*; **4.** F *coiffure* Einschlagfrisur *f*; **5.** *~ ou ~ sac m, ceinture ~* Gürteltasche *f*
bananeraie [bananʀɛ] *f* Ba'nanenplantage *f*
bananier [bananje] **I** *m* **1.** BOT Ba'nane(nstaude) *f*; **2.** MAR Ba'nanenfrachter *m*, -dampfer *m*; **II** *adj* ⟨-ière⟩ *république bananière* Ba'nanenrepublik *f*
banc [bɑ̃] *m* **1.** *siège* (Sitz)Bank *f*; *~ des accusés* Anklagebank *f*; *~ de bois, de pierre* Holz-, Steinbank *f*; *~ d'école, d'église, de jardin* Schul-, Kirchen-, Gartenbank *f*; *~ des ministres* Mi'nisterbank *f*; MAR *~ de nage* Ruderbank *f*; (Ruder)Ducht *f*; **2.** GÉOL Bank *f*; Schicht *f*; *par ext ~ de brume* Nebelbank *f*; *~ de sable, de vase* Sand-, Schlickbank *f*; *~s de Terre-Neuve* Neufundlandbänke *f/pl*; **3.** *de poissons* Schwarm *m*; *de moules etc* Bank *f*; *~ de harengs* Heringsschwarm *m*; *~ d'huîtres* Austernbank *f*; **4.** TECH Bank *f*; *d'une machine-outil* Bett *n*; *~ d'essai* Prüfstand *m* (*a fig*); *fig être au ~ d'essai* auf dem Prüfstand sein, stehen
bancable [bɑ̃kabl(ə)] *adj effet de commerce* bank-, redis'kontfähig
bancaire [bɑ̃kɛʀ] *adj* Bank...; *chèque m, opération f ~* Bankscheck *m*, -geschäft *n*; *réseau ~* Bankennetz *n*
bancal [bɑ̃kal] *adj* ⟨-als⟩ **1.** *personne* humpelnd; hinkend; **2.** *meuble* wack(e)lig; **3.** *fig raisonnement etc* schief; unlogisch; anfechtbar; *être ~ a* hinken
banco [bɑ̃ko] *m* BACCARA *faire ~* die Bank halten
bandage [bɑ̃daʒ] *m* **1.** MÉD **a)** *(pansement)* Verband *m*; *faire, défaire un ~* e-n Verband anlegen, abnehmen; **b)** *pour maintenir* Ban'dage *f*; *~ herniaire* Bruchband *n*; **2.** TECH **a)** *(bande de mé-*

tal) Ban'dage *f*; Radkranz *m*; **b)** *d'un pneu* Decke *f*
bandagiste [bɑ̃daʒist] *m* Banda'gist *m*
bande [bɑ̃d] *f* **1.** *(groupe) d'animaux* Schar *f*; *de loups etc* Rudel *n*; *d'oiseaux, de poissons* Schwarm *m*; *de personnes* Schar *f*; Trupp *m*; Schwarm *m*; Gruppe *f*; *péj* Rotte *f*; *d'enfants a* Rudel *m*; Horde *f*; F Bande *f*; *de malfaiteurs, de voyous* Bande *f*; *~ de brigands, de voleurs* Räuber-, Diebesbande *f*; *~ d'écoliers, d'enfants* Schüler-, Kinderschar *f*; Schar, Schwarm, Rudel Schüler, Kinder, *injure: ~ d'imbéciles!* Dummköpfe!; *~ de lâches!* feige Bande!; POL *~ des quatre* Viererbande *f* (*a fig*); *aller en ~ au cinéma* geschlossen ins Kino gehen; *faire ~ à part* sich absondern; eigene Wege gehen; **2.** *(ruban)* Streifen *m*; Band *n*; CIN Filmstreifen *m*; *~ magnétique* Ma'gnetband *n*, *a* Tonband *n*; AUTOROUTE *~ médiane* Mittelstreifen *m*; CIN *~ sonore* Tonstreifen *m*; AUTOROUTE *~ d'arrêt d'urgence* Standspur *f*; *~ d'étoffe, de métal, de papier* Stoff-, Me'tall-, Pa'pierstreifen *m*; RAD *~ de fréquences* (Frequ'enz)Band *n*; POL *la ~ de Gaza* der Gaza-Streifen *m*; RAD *la ~ de 41 mètres* das 41-m-Band; *~ de terre* Landstreifen *m*; Streifen Land; *loc/adj: tissu etc à ~s bleues* blaugestreift; *journal m sous ~* Streifbandzeitung *f*; *adv sur ~* auf Band (gespeichert); *enregistrer sur ~* auf Band aufnehmen; **3.** *~ dessinée* Comic *m*; Comic strip *m*; Cartoon [-'tu:n] *m ou n*; **4.** MÉD *~* Binde *f*; *~ élastique, Velpeau* elastische Binde; **5.** MIL *de mitrailleuse* Ladestreifen *m*; Pa'tronengurt *m*; **6.** BILLARD *bande f; jouer par la ~* den Ball an die Bande spielen; **7.** *bateau donner de la ~* Schlagseite haben; krängen *ou* krengen; 'überliegen
bandé [bɑ̃de] *adj yeux, bras etc* verbunden; *yeux a* zugebunden
bande-annonce [bɑ̃danõs] *f* ⟨*pl* bandes-annonces⟩ CIN Trailer ['tre:-] *m*; (Werbe)Vorspann *m*
bandeau [bɑ̃do] *m* ⟨*pl* ~x⟩ **1.** *(serre-tête)* Stirn-, Haarband *n*; *pour les yeux* Augenbinde *f*; *pour un œil* Augenklappe *f*; **2.** *coiffure* glattes, gescheiteltes, eng am Kopf anliegendes Haar
bandelette [bɑ̃dlɛt] *f* kleiner, schmaler (Stoff)Streifen *m*; *d'une momie* Binde *f*
bander [bɑ̃de] **I** *v/t* **1.** *plaie, membre* verbinden; *membre a* banda'gieren; *yeux* zu-, verbinden; **2.** *arc* spannen; **II** *v/i* P *homme* P e-n Steifen, Ständer haben, kriegen
banderille [bɑ̃dʀij] *f* CORRIDA Banderilla [-'rilja] *f*
banderole [bɑ̃dʀɔl] *f* **1.** *avec une inscription* Spruchband *n*; Transpa'rent *n*; **2.** *(petit étendard)* Wimpel *m*; Fähnchen *n*
bandit [bɑ̃di] *m* Gangster ['gɛŋ-] *m*; Räuber *m*; Ban'dit *m*; *fig* Halsabschneider *m*; Verbrecher *m*; *~ de grand chemin* Straßenräuber *m*; Wegelagerer *m*
banditisme [bɑ̃ditism(ə)] *m* Gangstertum ['gɛŋ-] *n*; Ban'ditenunwesen *n*
bandonéon [bɑ̃dɔneõ] *m* MUS Ban'doneon *ou* Ban'donion *n*
bandoulière [bɑ̃duljɛʀ] *f* Schulter-, 'Umhängeriemen *m*; *sac m en ~* 'Um-

hängetasche *f*; *le fusil en ~* mit 'umgehängtem Gewehr; *porter qc en ~* etw 'umgehängt, über die Schulter gehängt tragen
bang [bɑ̃g] **I** *m* AVIAT ('Überschall-)Knall *m*; **II** *int* peng!
Bangladesh [bɑ̃gladɛʃ] *le ~* Bangla-'des(c)h *n*
banjo [bɑ̃dʒo] *m* MUS Banjo *m*
banlieue [bɑ̃ljø] *f* Vororte *m/pl*; Vorortzone *f*, -gürtel *m*; Stadtrandgebiet *n*; *grande ~* Einzugsgebiet *n*; 'Umland *n*; *proche ~* Nahbereich *m*; *train m de ~* Nahverkehrs-, Vorortzug *m*; *ville f de ~* Stadt *f* im Nahbereich, Einzugsgebiet e-r Großstadt; *habiter en ~* in e-m Vorort wohnen
banlieus|ard [bɑ̃ljøzaʀ] *m*, *~arde f* Vorortbewohner(in) *m(f)*
bannière [banjɛʀ] *f* **1.** *drapeau* Banner *n*; ÉGL Kirchenfahne *f*; *fig se ranger sous la ~ de qn* sich j-m, j-s Partei anschließen; es mit j-m halten; unter j-s Banner *(dat)* kämpfen; **2.** F *et plais en ~* (nur) im Hemd
bannir [baniʀ] *v/t* **1.** *citoyen* verbannen; des Landes verweisen; **2.** *pensée* verbannen *(de son cœur* aus s-m Herzen); *mot* verbannen, streichen, tilgen *(de son vocabulaire* aus s-m Wortschatz); *thème* ausschließen, -scheiden
bannissement [banismɑ̃] *m* Verbannung *f*; Landesverweisung *f*
banquable *cf* bancable
banque [bɑ̃k] *f* **1.** Bank *f*; Geld-, Kre'ditinstitut *n*; Bankhaus *n*; *secteur ~s pl* Banken *f/pl*; Bankwesen *n*; *~ populaire, privée* Volks-, Pri'vatbank *f*; *~ d'affaires* Geschäftsbank *f*; *~ de dépôt* Depo'sitenbank *f*; *~ d'émission* Notenbank *f*; *⁂ de France* Bank von Frankreich; *correspond à* Bundesbank *f*; **2.** JEUX Bank *f*; *tenir, faire sauter la ~* die Bank halten, sprengen; **3.** *par ext* Bank *f*; INFORM *~ de données* Datenbank *f*; MÉD *~ d'organes, du sang, du sperme* Or'gan-, Blut-, Samenbank *f*
banquer [bɑ̃ke] *v/i* F blechen; berappen
banqueroute [bɑ̃kʀut] *f* Bank'rott *m*; *~ d'État* Staatsbankrott *m*; *faire ~* Bankrott machen
banquet [bɑ̃kɛ] *m officiel* Ban'kett *n*; *(repas plantureux)* Festessen *n*, -mahl *n*
banquette [bɑ̃kɛt] *f* **1.** *banc* (Sitz)Bank *f*; CH DE FER, AUTO Bank *f*; ARCH Fensterbank *f*; **2.** *d'un talus* Berme *f*; Absatz *m*; CH DE FER, *le long d'une route* Ban'kett(e) *n(f)*
banquier [bɑ̃kje] *m* **1.** Banki'er *m*; F Banker *m*; *fig être le ~ de qn* j-s Bankier sein; **2.** JEUX Bankhalter *m*
banquise [bɑ̃kiz] *f* Packeis *n*
bantou [bɑ̃tu] **I** *adj* Bantu...; der Bantu(s); **II** *m/pl ⁂s* Bantu(s) *m/pl*; Bantuneger *m/pl*
banyuls [banjyls] *m* Aperitifwein aus dem Roussillon
baobab [baɔbab] *m* BOT Affenbrotbaum *m*; *sc* Baobab *m*
baptême [batɛm] *m* REL Taufe *f* (*a par ext d'une cloche, d'un navire*); *fig: ~ de l'air* Lufttaufe *f*; erster Flug; *~ du feu* Feuertaufe *f*; *~ de la ligne* Linien-, Äqua'tortaufe *f*; *recevoir le ~* die Taufe empfangen
baptiser [batize] *v/t* **1.** REL *enfant*, *par ext cloche, navire* taufen; *~ Joseph*

(auf den Namen) Joseph taufen; **2.** *fig personne, objet* taufen; den (Spitz-, Spott)Namen ... geben (*qn, qc* j-m, etw); nennen; *rue, place* ~ *du nom de X* nach X benennen; **3.** *F fig vin, lait* mit Wasser verdünnen; F taufen

baptismal [batismal] *adj* ⟨-aux⟩ *ÉGL* Tauf...; *cf a* **fonts**

bapt|isme [batism(ə)] *m REL* Bap'tismus *m*; ~**iste** *REL* **I** *adj* bap'tistisch; **II** *m,f* Bap'tist(in) *m(f)*

baptistère [batistɛʀ] *m ÉGL* Taufkapelle *f*; Bapti'sterium *n*

baquet [bakɛ] *m* **1.** (Holz)Kübel *m*, (-)Bottich *m*, (-)Zuber *m*; **2.** *AUTO* Schalensitz *m*

bar [baʀ] *m* **1. a)** (*débit de boissons*) Stehkneipe *f*; *dans un hôtel etc* Bar *f*; **b)** (*comptoir*) Bar *f*; Theke *f*; Schanktisch *m*; *au* ~ an der Bar, Theke; **c)** *meuble* Hausbar *f*; **2.** *poisson* See-, Wolfsbarsch *m*; **3.** *MÉTÉO* Bar *n*

baragouin [baʀagwɛ̃] F *m* Kauderwelsch *n*

baragouin|age [baʀagwinaʒ] F *m* Kauderwelschen *n*; Radebrechen *n*; ~**er** F **I** *v/t langue* (*étrangère*) radebrechen; **II** *v/i* kauderwelschen; Kauderwelsch reden; radebrechen

baraka [baʀaka] *f* F *avoir la* ~ Glück, F Schwein, Dusel haben

baraque [baʀak] *f* **1.** (Holz)Ba'racke *f*; (*cabane*) Bude *f*; ~ *foraine, de forains* Jahrmarktsbude *f*, -stand *m*; Schaubude *f*; ~ *de chantier* Baubaracke *f*; ~ *en tôle ondulée* Wellblechbaracke *f*; **2.** F péj (Bruch)Bude *f*; F *fig il m'a cassé ma* ~ F er hat mir alles über den Haufen geworfen

baraqué [baʀake] *adj* F *homme bien* ~ groß und kräftig, stark; ath'letisch

baraquement [baʀakmɑ̃] *m* Ba'rackenlager *n*; Ba'racken *f/pl*

baratin [baʀatɛ̃] F *m* schöne Worte *n/pl*; F Schmus *m*; *faire du* ~ *à qn* j-n beschwatzen, F einseifen, einwickeln; F j-m Schmus vormachen

baratin|er [baʀatine] F **I** *v/t* ~ *qn* j-n beschwatzen, F einseifen; **II** *v/i* schöne Worte, F (viel) Schmus machen; ~**eur** F *m*, ~**euse** F *f* Schwätzer(in) *m(f)*; Schmusmacher(in) *m(f)*

baratt|e [baʀat] *f autrefois* Butterfaß *n*; *électrique* Butterfertiger *m*; ~**er** *v/t crème* verbuttern; *abs* buttern

barbacane [baʀbakan] *f* **1.** *FORTIF* Barba'kane *f*; **2.** *CONSTR* Entwässerungsschlitz *m*

Barbade [baʀbad] *la* ~ Bar'bados *n*

barbant [baʀbɑ̃] F *adj* geistötend; F zum Sterben langweilig; stinklangweilig; *ce qu'il est* ~*!* a F er geht einem auf die Nerven, auf den Geist!

barbaque [baʀbak] F *f* Fleisch *n*

barbare [baʀbaʀ] **I** *adj* **1.** (*cruel*) bar'barisch; grausam; roh; unmenschlich; **2.** (*pas civilisé*) bar'barisch; unfein; unkultiviert; ba'nausisch; **3.** *HIST* bar'barisch; der Bar'baren; **II** *subst* **1.** *m,f* Bar'bar (-in) *m(f)*; Rohling *m*; Unmensch *m*; **2.** *m,f* (Kul'tur)Bar'bar(in) *m(f)*, (-)Ba'nause *m*; unkultivierter Mensch; **3.** *HIST* ~*s m/pl* Bar'baren *m/pl*

barbaresque [baʀbaʀɛsk] *adj HIST* der Berbe'rei; des Maghreb

barbarie [baʀbaʀi] *f* **1.** (*cruauté*) Barba'rei *f*; Grausamkeit *f*; Roheit *f*; Unmenschlichkeit *f*; *acte m de* ~ Akt *m* der Barbarei; barbarische, grausame, unmenschliche Tat; **2.** (*manque de civilisation*) Barba'rei *f*; Kul'turlosigkeit *f*; Unzivilisiertheit *f*; Ba'nausentum *n*

Barbarie [baʀbaʀi] *la* ~ *HIST* die Berbe'rei (Nordafrika)

barbarisme [baʀbaʀism(ə)] *m GR* Barba'rismus *m*

barbe [baʀb] *f* **1.** Bart *m*; Barthaar *n*, -tracht *f*; *fig une vieille* ~ ein rückständiger, antiquierter alter Mann, F Knakker; ~ *de trois jours* drei Tage alter Bart; Drei'tagebart *m*; ~ *en pointe* Spitzbart *m*; *femme f à* ~ Frau *f* mit Bart; bärtige Frau; *loc/prép à la* ~ *de qn* a (*devant qn*) vor j-s Augen, F Nase; b) (*malgré qn*) j-m zum Trotz; *avoir une* ~ e-n Bart haben, tragen; *avoir la* ~ *dure* hartes Barthaar haben; *se faire faire la* ~ sich ra'sieren lassen; sich den Bart scheren lassen; *se laisser pousser la* ~ sich e-n Bart wachsen lassen; *fig rire dans sa* ~ heimlich, versteckt lachen; sich ins Fäustchen lachen; **2.** *la* ~*!* jetzt langt's, reicht's mir aber!; *quelle* ~*!* ist das ärgerlich, lästig!; F so was Blödes!; **3.** ~ *à papa* Zuckerwatte *f*; **4.** *ZO* Bart *m*; ~ *de chèvre* Ziegenbart *m*; **5.** *d'une plume* ~*s pl* Fahne *f*; **6.** *BOT d'un épi* Granne *f*

Barbe [baʀb] *f sainte* ~ die heilige Barbara

barbeau [baʀbo] *m* ⟨*pl* ~*x*⟩ *ZO* Barbe *f*

Barbe-Bleue [baʀbəblø] *m* Blaubart *m*

barbecue [baʀbəkju, -ky] *m* **1.** *appareil* Holzkohlengrill *m*; Grillrost *m*; Barbecue [-kju:] *n*; **2.** *repas* Grillparty *f*

barbe-de-capucin [baʀbdəkapysɛ̃] *f* ⟨*pl* barbes-de-capucin⟩ *BOT* Wegwarte *f*

barbelé [baʀbəle] *adj fil m de fer* ~ *ou subst* ~ *m* Stacheldraht *m*; *MIL* (*réseau m de*) ~*s m/pl* Stacheldrahtverhau *m*

barber [baʀbe] F **I** *v/t* ermüden; langweilen; F anöden; *il me barbe avec ses questions* a F er geht mir auf die Nerven, auf den Geist, er fällt mir auf den Wecker mit s-n Fragen; **II** *v/pr se* ~ sich (*p/fort* zu Tode) langweilen; F sich mopsen

Barberousse [baʀbəʀus] *m HIST* Barba'rossa *m*

barbet [baʀbɛ] *m ZO* Grif'fon *m*

barbich|e [baʀbiʃ] *f* kurzer, spitzer Kinnbart; ~**ette** F *f* spitzes Kinnbärtchen

barbier [baʀbje] *m* **1.** *autrefois* Bar'bier *m*; Bader *m*; **2.** *au Canada* (Herren)Fri'seur *m*

barbillon [baʀbijɔ̃] *m chez certains poissons* Bartfaden *m*; ~*s pl* a Barteln *f/pl*

barbiturique [baʀbityʀik] **I** *adj CHIM acide* ~ Barbi'tursäure *f*; **II** *m PHARM* Barbitu'rat *n*

barbon [baʀbɔ̃] *m plais un* (*vieux*) ~ F ein alter Knabe, *péj* Knacker

barbotage [baʀbɔtaʒ] *m* **1.** *dans l'eau* Planschen *n*; **2.** *CHIM d'un gaz* Hin'durchströmen *n* (*durch e-e Flüssigkeit*)

barboter [baʀbɔte] **I** *v/t* F (*voler*) F klauen; sti'bitzen; mausen; **II** *v/i* **1.** *dans l'eau* planschen; plätschern; *dans la boue* waten; **2.** *CHIM gaz* ~ *dans un liquide* durch e-e Flüssigkeit hin'durchströmen

barboteuse [baʀbɔtøz] *f* Spielhöschen *n*, -anzug *m*

barbouillage [baʀbujaʒ] *m* (grobes) Anpinseln, Anmalen, Anstreichen; *péj* Kleckse'rei *f* (*a résultat*)

barbouiller [baʀbuje] *v/t* **1.** (*salir*) beschmieren; 'vollschmieren, 'vollkleckern (*de* mit); **2.** (*peindre grossièrement*) anpinseln; anmalen; anstreichen; *péj toile* 'vollklecksen, -schmieren; **3.** *cahier, papier* bekritzeln; 'vollkritzeln, -schmieren; *slogan* (hin)kritzeln; **4.** F *fig plat* ~ *l'estomac* Übelkeit her'vorrufen; *avoir l'estomac barbouillé* e-n verdorbenen, F verkorksten Magen haben

barbouilleur [baʀbujœʀ] *m péj* Kleckser *m*

barbouze [baʀbuz] *f* **1.** F (*barbe*) Bart *m*; **2.** ⟨*a m*⟩ F (*agent secret*) Geheimagent *m*, -polizist *m*; F (*garde du corps*) F Go'rilla *m*

barbu [baʀby] **I** *adj* bärtig; **II** *m* bärtiger Mann; Bartträger *m*

barbue [baʀby] *f ZO* Glattbutt *m*

barcarolle [baʀkaʀɔl] *f MUS* Barka'role *f*

barcasse [baʀkas] *f MAR* Bar'kasse *f*

Barcelone [baʀsəlɔn] Barce'lona *n*

barda [baʀda] *m* F Kram *m*; Krempel *m*

bardane [baʀdan] *f BOT* Klette *f*

barde¹ [baʀd] *m* (*poète celte*) Barde *m*

barde² [baʀd] *f CUIS* ~ (*de lard*) Speckscheibe *f*

bardeau [baʀdo] *m* ⟨*pl* ~*x*⟩ *CONSTR* Schindel *f*

barder [baʀde] **I** *v/t* **1.** *autrefois* panzern; *p/p* bardé (*de fer*) (eisen)gepanzert; geharnischt; **2.** *porte, coffre bardé de ferrures* mit Eisenbändern beschlagen; *fig bardé de décorations* mit Orden behangen; **3.** *CUIS* mit Speck(scheiben) um'wickeln; **II** *v/imp F* ça *va* dann wird es was geben, absetzen; F dann kracht es, knallt es; *a* es ist dicke Luft

bardot [baʀdo] *m ZO* Maulesel *m*

barème [baʀɛm] *m* Ta'belle *f*; *ÉCOLE* ~ (*de correction*) Benotungsschema *n*; ~ *de l'impôt* Steuertabelle *f*; ~ *des salaires* Lohntabelle *f*, -skala *f*, -staffel *f*, -sätze *m/pl*

barge [baʀʒ] *f MAR* Schute *f*; Prahm *m*; plattbodiges Flußboot

barigoule [baʀigul] *f CUIS* **artichauts** *m/pl à la* ~ far'cierte und in Weißwein gedünstete Arti'schocken *f/pl*

baril [baʀil] *m* **1.** Faß *n*; Fäßchen *n*; ~ *de lessive* Waschmitteltrommel *f*; ~ *de vin* Weinfaß *n*; **2.** *pétrole* Barrel ['bɛʀəl] *n*

barillet [baʀijɛ, -ʀilɛ] *m* **1.** (*petit baril*) Fäßchen *n*; **2.** *d'un revolver* Trommel *f*; **3.** *d'une serrure* Schließzylinder *m*

bariolage [baʀjɔlaʒ] *m* buntes Farbengemisch; Buntheit *f*; Buntscheckigkeit *f*

bariol|é [baʀjɔle] *adj* bunt(scheckig); *foule a* farbenprächtig; *tissu* bunt; ~**er** *v/t* bunt bemalen

barjo [baʀʒo] *adj F* **cinglé**

barmaid [baʀmɛd] *f* Bardame *f*, -frau *f*

barman [baʀman] *m* ⟨*pl* ~*s od* -men [-mɛn]⟩ Barkeeper [-ki:-] *m*, -mann *m*, -mixer *m*

barnache [baʀnaʃ] *f cf* **bernache**

baromètre [baʀɔmɛtʀ(ə)] *m* Baro'meter *n* (*a fig*); *fig a* Gradmesser *m*; ~ *à mercure* Quecksilberbarometer *n*; *le* ~ *est au beau* (*fixe*), *à la pluie, au va-*

barométrique – bas

riable das Barometer steht auf Schön (*a fig*), auf Regen, auf Veränderlich
barométrique [baʀɔmetʀik] *adj* Baro'meter...; Luftdruck...; baro'metrisch; **'hauteur** *f* ~ Barometerstand *m*
baron¹ [baʀɔ̃] *m* Ba'ron *m* (*a fig*); Freiherr *m*; *fig* **les ~s de l'industrie** etc die Indu'striebarone *etc*
baron² [baʀɔ̃] *m CUIS* ~ **d'agneau** Lammrücken *m* mit beiden Keulen
baronne [baʀɔn] *f* Ba'ronin *f*; Freifrau *f*
baroque [baʀɔk] **I** *adj* **1.** (*excentrique*) ba'rock; wunderlich; verschroben; verstiegen; **2.** *BEAUX-ARTS* Ba'rock...; ba'rock; *art m, église f, littérature f*, **style** *m* ~ Barockkunst *f*, -kirche *f*, -literatur *f*, -stil *m*; **II** *m* Ba'rock *n ou m*; Ba'rockstil *m*
baroud [baʀud] *m arg militaire* Kampf *m*; Gefecht *n*; *fig* ~ **d'honneur** Scheingefecht *n*; symbolischer Kampf; aussichtsloser Kampf zur Ehrenrettung
baroudeur [baʀudœʀ] *m F* **un** (*vieux*) ~ F ein (alter) Haudegen
barouf [baʀuf] *m F* Krach *m*; Ra'dau *m*; Spek'takel *m*; Kra'wall *m*
barque [baʀk] *f* Boot *n*; Kahn *m*; Barke *f*; *mar* Nachen *m*; ~ **de pêcheur** Fischerboot *n*, -kahn *m*; *fig*: **mener la** ~ das Heft in der Hand haben; **bien mener sa** ~ s-e Sache mit Erfolg betreiben
barquette [baʀkɛt] *f* **1.** (*tartelette*) Obsttörtchen *n*; ~ **aux fraises** Erdbeertörtchen *n* (in Schiffchenform); **2.** *emballage* Schale *f*; Körbchen *n*
barracuda [baʀakyda] *m ZO* Barra'kuda *m*; Pfeilhecht *m*
barrage [baʀaʒ] *m* **1.** *d'une route etc* **a**) *action* Sperrung *f*; **b**) (*barrière*) Sperre *f*; *MIL* ~ **de mines** Minensperre *f*; ~ **de police** Poli'zeisperre *f*; *SPORTS* **match** *m* **de** ~ Aufstiegsspiel *n*; *MIL* **tir** *m* **de** ~ Sperrfeuer *n*; **établir un** ~ e-e Sperre errichten; *fig* **faire** ~ **à qc** e-r Sache (*dat*) e-n Riegel vorschieben; etw verhindern, unter'binden; **2.** *TECH* Staudamm *m*, -mauer *f*; (*grand*) Talsperre *f*; ~ **de retenue, de régulation** (Stau)Wehr *n*; **3.** *PSYCH* Sperrung *f*; (innerer) 'Widerstand
barre [baʀ] *f* **1.** *en bois, métal* Stange *f*; Stab *m*; *de* ~*s parallèles* Holm *m*; *pour exercices de danse* Stange *f*; *pour saut en hauteur, au football* Latte *f*; *SPORTS*: ~ **fixe** Reck *n*; ~*s parallèles* Barren *m*; ~ **à haltère**, ~ **à disques** Scheibenhantel *f*; *AUTO* ~ **d'accouplement** Spurstange *f*; ~ **d'appui** Handlauf *m*; Geländerholm *m*; ~ **de chocolat** Riegel *m* Schokolade; Schoko'ladenriegel *m*; *NUCL* ~ **de commande, de contrôle** Regelstab *m*; ~ **de fer** Eisenstange *f*, -stab *m*; *F fig* **c'est le coup de** ~ F da wird man ganz schön ausgenommen, gerupft; *cf a* **4.**; *fig*: **baisser la** ~ das Niveau, die Grenze herabsetzen; **franchir la** ~ **des 10%** die 10%-Grenze, 10%-Hürde über-'schreiten; **2.** (*lingot*) *loc/adj* **en** ~ Barren...; **argent** *m*, **or** *m* **en** ~ Barrensilber *n*, -gold *n*; *cf a or*¹ **1.**; **3.** (*trait*) Strich *m*; ~ **de fraction** Bruchstrich *f*; *MUS* ~ **de mesure** Taktstrich *m*; **4.** *MAR* ~ (**du gouvernail**) Ruderpinne *f*; *fig*, *POL* **coup de** ~ Richtungsänderung *f*; *POL* **coup de** ~ **à gauche** Linksschwenkung *f*; *fig* **donner un coup de** ~ das Ruder her'umwerfen; **avoir** ~ **sur qn** ein Druckmittel gegen j-n haben; j-n in der Hand haben; **être à la** ~, **tenir la** ~ am Ruder sein; das Ruder führen; **prendre la** ~ **a)** *MAR* das Ruder über-'nehmen; **b)** *fig* ans Ruder kommen; **5.** *du tribunal* Gerichtsschranke *f*; ~ **des témoins** Zeugenstand *m*; (**com**)**paraître à la** ~ vor Gericht erscheinen; **6.** *GÉOGR* **a**) (*banc de sable*) Barre *f*; **b**) (*déferlement*) Brandung(szone) *f*; **c**) (*crête de montagne*) (Gebirgs)Kamm *m*; **7.** *MÉD* **avoir une** ~ **à l'estomac** Magendrücken, e-n Druck im Magen haben; **8.** *ARCH* langgestrecktes Hochhaus; F langer Kasten
barré [baʀe] *adj* **1.** *route* gesperrt; **2.** **chèque** ~ Verrechnungsscheck *m*; gekreuzter Scheck (*in Frankreich üblich*)
barreau [baʀo] *m* ⟨*pl* ~x⟩ **1.** *d'une grille, cage* (Gitter)Stab *m*; *d'une chaise, échelle* Sprosse *f*; ~**x de fenêtre** Fenstergitter *n*; **2.** *JUR* **a**) *profession* Anwaltsstand *m*, -beruf *m*; **b**) *corps* (Rechts)Anwälte *m/pl*; Anwaltschaft *f*; **c**) *ordre* (Rechts)Anwaltskammer *f*; **être inscrit au** ~ in die Anwaltskammer aufgenommen werden *ou* sein
barrer [baʀe] **I** *v/t* **1.** *passage, route etc* (ver)sperren; ~ **le passage, la route à qn a)** j-m den Weg versperren, verstellen, verlegen; **b)** *fig* j-s Absichten, Pläne durch'kreuzen; j-m Steine in den Weg legen; **2.** *mot, phrase* (aus)streichen; *chèque* kreuzen; *fig* **décorations** ~ **la poitrine de qn** quer über j-s Brust (*acc*) laufen; **3.** *MAR* **bateau** steuern; **II** *v/pr F fig personne* **se** ~ F abhauen; verduften; sich verziehen; sich verdrücken
barrette¹ [baʀɛt] *f* **1.** *pour cheveux* Haarspange *f*; **2.** *broche* Anstecknadel *f*; ~ **de diamants** Dia'mantnadel *f*; **3.** *de la Légion d'honneur etc* Ordensspange *f*
barrette² [baʀɛt] *f ÉGL CATH* (Kardi-'nals)Bi'rett *n*
barreur [baʀœʀ] *m* Steuermann *m*
barricade [baʀikad] *f* Barri'kade *f*; Straßensperre *f*; **dresser, élever des** ~**s** Barrikaden errichten; *fig* **être de l'autre côté de la** ~ auf der anderen Seite, im gegnerischen Lager stehen
barricader [baʀikade] **I** *v/t* route, porte, fenêtre verbarrika'dieren; route a porte, fenêtre a verrammeln; **II** *v/pr* **se** ~ sich verbarrika'dieren; *fig* **se** ~ **chez soi** sich zu Hause einschließen
barrière [baʀjɛʀ] *f* Barri'ere *f*; Absperrung *f*; Sperre *f*; Schranke *f*; *de passage à niveau* (Bahn)Schranke *f*; *d'une clôture* Gatter *n*; *HIST d'un octroi* Schlagbaum *m*; *fig* Barri'ere *f*; Schranke *f*; ~**s douanières** Zollschranken *f/pl*; ~ **linguistique, de la langue** Sprachbarriere *f*; *d'une montagne etc* **naturelle** natürliches Hindernis; natürlicher Schutzwall; ~ **de dégel** Straßensperrung *f* (für schwere Fahrzeuge) während der Auftauzeit; ~ **de péage** Mautstelle *f*; *fig* **être de l'autre côté de la** ~ auf der anderen Seite, im gegnerischen Lager stehen
barrique [baʀik] *f* Faß *n* (*200–250 l*); ~ **de vin** Faß Wein; Weinfaß *n*; F *fig* **être rond comme une** ~ F sternhagelvoll sein; voll sein wie e-e Strandhaubitze

barr|ir [baʀiʀ] *v/i éléphant* trom'peten; ~**issement** *m d'un éléphant* Trom'peten *n*
baryton [baʀitɔ̃] *m MUS* **a**) (*voix f de*) ~ Bariton(stimme) *m*(*f*); **b**) *chanteur* Bariton *m*; **c**) *adjt* **saxophone** *m* ~ Baritonsaxophon *n*
baryum [baʀjɔm] *m CHIM* Barium *n*
bas¹ [ba] **I** *adj* ⟨*basse* [bas]⟩ **1.** *dans l'espace* niedrig; untere(r, -s) (*épithète*); 'Unter..., Tief...; *côte* flach; *nuages* tiefhängend; *soleil* tiefstehend; *ciel* verhangen; **plus** ~ niedriger; ♦ *d'une table* **le** ~ **bout** das untere Ende; **les branches** ~**ses** die unteren, tiefhängenden Zweige *m/pl*; *BOXE*, *fig* **coup** ~ Tiefschlag *m*; *fig* **a** ~ **unter der Gürtellinie**; ~**ses eaux** Niedrigwasser *n*; niedriger Wasserstand; **front** ~ niedrige, flache Stirn; ~ **quartier** Viertel *n* in der Unterstadt; *ANAT* ~ **ventre** Unterleib *m*; **ville** ~**se** Unterstadt *f*; ♦ *loc/adj*: **pièce** ~ **de plafond** niedrig; mit niedriger Decke; ~ **sur pattes** kurzbeinig; mit kurzen Beinen; *loc/adv* **la tête** ~**se** *cf* **tête 1.**; ♦ **avoir la vue** ~**se** kurzsichtig sein; **être** ~ **sur l'horizon** tief stehen; *nuages* tief hängen; *fleuve* e-n niedrigen Wasserstand haben; wenig Wasser führen; **2.** *dans une échelle de valeurs, une hiérarchie* niedrig; niedere(r, -s) (*épithète*); *fonction a* 'untergeordnet; *fig sentiments* niedrig; gemein; niederträchtig; *vengeance* gemein; *jalousie* gemein; erbärmlich; schnöde; **le** ~ **peuple** das niedere, gemeine, einfache Volk; **il faut avoir une âme bien** ~**se pour** (+*inf*) man muß sehr gemein, niederträchtig sein, um zu (+*inf*); **se charger des** ~**ses besognes** die niedrigen, unbeliebten Arbeiten, *fig* die schmutzigen Geschäfte über'nehmen; **3.** *température, salaire, nombre etc* niedrig; *TECH* Nieder..., Tief...; ~**se pression** *TECH* Niederdruck *m*; *MÉTÉO* Tiefdruck *m*; **à** ~ **prix** *cf* **prix 1.**; **4.** *dans le temps* niedere(r, -s); Spät..., ~ **latin** Spät-, Mittellatein *n*; **5.** *GÉOGR* Nieder..., 'Unter...; ~**ses Alpes** Voralpen *pl*; **la** ~**se Bretagne** der westliche Teil der Bretagne; **la** ~**se Seine** die untere Seine; der 'Unterlauf der Seine; **6.** *LING* **le** ~ **allemand** das Nieder-, Plattdeutsche; Nieder-, Plattdeutsch *n*; **7.** *voix, chant* leise; *MUS* tief; **note** ~**se** tiefer Ton; **à voix** ~**se** leise; mit leiser Stimme; *cf a* **messe 1.**; **II** *adv* **1.** *dans l'espace* et *fig* tief; niedrig; **plus** ~ tiefer; niedriger; weiter unten (*a dans un texte*); **chapeau** ~! Hut ab!; alle Achtung!; ~ **les mains**, F **les pattes**! Finger, Hände weg!; *malade* **il est bien** ~ es steht schlecht mit ihm; *animal* **mettre** ~ (Junge) werfen; **mettre** ~ **les armes** die Waffen strecken (*a fig*), niederlegen; **être tombé très** ~ *thermomètre*, *BOURSE cours* stark gefallen sein; *fig* **il est tombé bien** ~ es ist weit mit ihm gekommen; er ist tief gesunken; **voler** ~ **a)** tief fliegen; **b)** *fig plaisanteries* sich auf niederem Niveau bewegen; **2.** *parler, chanter etc*; *MUS* tief; *instrument* **accorder plus** ~ tiefer stimmen; **se dire tout** ~ **que** ... sich im stillen, im Innern sagen, daß ...; **parler plus** ~ leiser sprechen; **3.** *loc/adv*: **à** ~ ...! nie-

der mit ...!; *de ~ en 'haut* von unten nach, bis oben; *en ~* unten; *avec mouvement* nach unten; abwärts; hin'unter; hin'ab; *être en ~* unten sein; *chemin mener en ~* nach unten führen; abwärts führen; hin'ab-, hin'unterführen; *regarder en ~* hin'ab-, hin'untersehen; nach unten sehen; *d'en ~* von unten (her, her'auf); *passer par en ~* unten entlang; untenherum; F unten lang; untenrum; ♦ *loc/prép en ~ de* unten an (+*dat ou acc*); am Fuß von (*ou* +*gén*); *en ~ de la page 5* auf Seite 5 unten; *il m'attendait en ~ de l'escalier* er erwartete mich unten an der Treppe, am Fuß der Treppe; *jeter qn en ~ de l'escalier* j-n die Treppe hin'ab-, hin'unterwerfen; **III** *m* **1.** (*partie inférieure*) unterer Teil; *d'une page, d'un escalier* Fuß *m*; *inscription sur une caisse ~* unten; *le ~ du pantalon est déchiré* die Hose ist unten zerrissen; *le ~ du visage* die untere Gesichtshälfte; *le tiroir du ~* die unterste Schublade; ♦ *loc/prép au ~ de* unten an (+*dat ou acc*); *d'un escalier* à am Fuß von (*ou* +*gén*); *au ~ de la page 5* auf Seite 5 unten; *mettre une note au ~ de la page* unten auf die Seite; *loc/adv par le ~* von unten (her, her'auf); **2.** *fig les 'hauts et les ~ cf haut III 3.*
bas² [ba] *m* (Damen)Strumpf *m*; *~ de laine* a) Wollstrumpf *m*; b) *fig* Sparstrumpf *m*; *par ext* Ersparnisse *f/pl*
basal [bazal] *adj* ⟨-aux⟩ ba'sal; *PHYSIOL métabolisme ~* Grundumsatz *m*
basalte [bazalt] *m MINÉR* Ba'salt *m*
basaltique [bazaltik] *adj MINÉR* Ba'salt...; *roches f/pl ~s* Basaltgestein *n*
basane [bazan] *f* Ba'sane *f*; braunes Schafleder
basané [bazane] *adj* **1.** *teint, peau, visage* sonn(en)verbrannt; **2.** *par ext péj* (*au teint*) *~* dunkelhäutig
bas-bleu [bablø] *m* ⟨*pl* bas-bleus⟩ *péj* Blaustrumpf *m*
bas-côté [bakote] *m* ⟨*pl* bas-côtés⟩ **1.** *d'une route* Seiten-, Randstreifen *m*; Straßenrand *m*; **2.** *ARCH* Seitenschiff *n*
bascule [baskyl] *f* **1.** (*balance à*) *~* Brückenwaage *f*; **2.** (*balançoire*) Wippe *f*; **3.** *loc/adj à ~* Schaukel...; Klapp...; Kipp...; *cheval m, fauteuil m à ~* Schaukelpferd *n*, -stuhl *m*; *pont m à ~* Klappbrücke *f*; **4.** *ÉLECTRON* Kippschaltung *f*
basculer [baskyle] **I** *v/t* (ab-, 'um)kippen; *contenu d'une benne etc* auskippen; **II** *v/i* **1.** (ab-, 'um-, 'über)kippen; *personne* das 'Übergewicht bekommen und fallen; *faire ~* ('um)kippen; **2.** *fig, POL* 'umschwenken; *parti ~ dans l'opposition* zur Opposition 'übergehen; auf die Opposition einschwenken
basculeur [baskylœR] *m* **1.** *TECH* Kipper *m*; Kippvorrichtung *f*; **2.** *ÉLECTRON* Kipp-, Flipflopschaltung *f*
base [baz] *f* **1.** Basis *f*; *d'une colonne, d'une statue a* Sockel *m*; *d'un édifice a* Funda'ment *m*; *GÉOMÉTRIE*: *d'un solide a* Grundfläche *f*; *d'un triangle etc a* Grundlinie *f*; *MATH a* Grundzahl *f*; *ANAT, MARXISME, par ext d'un parti, d'un syndicat* Basis *f*; *ANAT ~ du cou* Halsansatz *m*; *INFORM ~ de données* Database *f*; Datenbasis *f*; *POL militant m de ~* akti-

ves einfaches Mitglied; *loc/adv à la ~* an der Basis; *d'une montagne* am Fuß; **2.** *MIL* (Mili'tär)Basis *f*; Stützpunkt *m*; *~ aérienne* Luftwaffenbasis *f*; Fliegerhorst *m*; *~ navale* Flottenbasis *f*; Flotten-, Ma'rinestützpunkt *m*; *d'engins spatiaux ~ de lancement* Abschußbasis *f*; *~ d'opérations* Operati'onsbasis *f*; **3.** *fig* Basis *f*; Grundlage *f*; Funda'ment *n*; Ausgangsbasis *f*, -punkt *m*; *~ des calculs* Berechnungsgrundlage *f*; Kalkulati'onsbasis *f*; *~ de discussion* Diskussi'ons-, Gesprächsgrundlage *f*; ♦ *loc/adj de ~* Grund...; grundlegend; fundamen'tal; *le français de ~* der französische Grundwortschatz; *industrie f de ~* Grund(stoff)industrie *f*; *ouvrage m de ~* grundlegendes Werk; Standardwerk *n*; *produit m de ~* Ausgangsprodukt *n*; *salaire m de ~* Grundlohn *m*, -gehalt *n*; *PHYS unité f de ~* Grundeinheit *f*; *loc/prép: médicament, produit à ~ de ...* auf ...basis; *à ~ de lanoline* auf Lano'linbasis; *sur la ~ de* auf der Basis, Grundlage von (*ou* +*gén*); ♦ *avoir des ~s solides en informatique etc* ein solides Grundwissen in Informatik etc haben; *établir, poser, jeter les ~s de qc* die Basis, die Grundlagen für etw schaffen; den Grund, das Fundament zu etw legen; *être à la ~ de qc* e-r Sache (*dat*) zu'grunde liegen; den Ausgangspunkt, die Ausgangsbasis für etw bilden; *personne* der Urheber e-r Sache (*gén*) sein; *il est à la ~ de ce projet* a dieser Plan geht von ihm aus; *raisonnement pécher par la ~* von e-m falschen Ansatzpunkt ausgehen; auf falschen Voraussetzungen beruhen; *prendre qc pour ~* etw zu'grunde legen, als Ausgangspunkt, -basis nehmen; *servir de ~ à qc* als Basis, Grundlage für etw dienen; **4.** *CHIM* Base *f*; Lauge *f*
base-ball [bezbol] *m* Baseball ['be:sbo:l] *m*
Bas-Empire [bazɑ̃piR] *m HIST le ~* das spätrömische Reich; das Römische Reich der Spätantike
baser [baze] **I** *v/t* **1.** *raisonnement etc ~ sur* gründen, stützen (+*acc*); aufbauen auf (+*dat*); *être basé sur* ba'sieren auf, fußen, (be)ruhen auf (+*dat*); **2.** *MIL être basé* statio'niert sein (*à* in +*dat*); **II** *v/pr personne se ~ sur qc* sich auf etw (*acc*) stützen
bas-fond [bafɔ̃] *m* ⟨*pl* bas-fonds⟩ **1.** *de la mer, d'un fleuve* 'Untiefe *f*; seichte Stelle; **2.** *fig* **bas-fonds pl** a) *d'une ville* Elends-, Armen-, Verbrecherviertel *n/pl*; üble Viertel *n/pl*; b) *de la société* Abschaum *m*; Hefe *f* des Volkes
basic [bazik] *m INFORM* BASIC ['be:-] *n*
basicité [bazisite] *f CHIM* Basizi'tät *f*
basilic [bazilik] *m* **1.** *BOT* Ba'silikum *n*; Ba'silienkraut *n*; **2.** *ZO, MYTH* Basi'lisk *m*
basilique [bazilik] *f ARCH* Ba'silika *f*
basique [bazik] *adj CHIM* basisch; al'kalisch
basket [basket] **1.** *m abr cf* **basket-ball**; **2.** *m/pl ou f/pl ~s* Turn-, Sportschuhe *m/pl*; Freizeitstiefel *m/pl*; F *type lâche-moi les ~s!* laß mich in Ruhe!
basket-ball [basketbol] *m* Basketball *m*; Korbball *m*

basket|eur [basketœR] *m*, **~euse** *f* Basketball-, Korbballspieler(in) *m(f)*
basoche [bazɔʃ] *f HIST* Ju'risten *m/pl*
basquaise [baskɛz] **I** *adj f CUIS* (*à la*) *~* mit rohem Schinken, Paprika und Tomaten; **II** *f ♀* Baskin *f*
basque¹ [bask] **I** *adj* baskisch; Basken...; *le Pays ~* das Baskenland; **II** *subst* **1.** *♂* Baske *m*, Baskin *f*; **2.** *LING le ~* das Baskische; Baskisch *n*; **3.** *MUS tambour m de ~* Tambu'rin *n*
basque² [bask] *f d'un habit* (Rock-)Schoß *m*; *d'une veste, d'une robe* Schößchen *n*; *fig être toujours pendu aux ~s de qn* dauernd an j-s Rockschößen (*dat*) hängen; F j-m nicht von der Pelle gehen
bas-relief [baRəljɛf] *m* ⟨*pl* bas-reliefs⟩ *SCULP* Flach-, Basrelief *n*
Bas-Rhin [bɑRɛ̃] *le ~ frz Departement* das 'Unterelsaß
basse [bas] *f MUS* **1.** a) (*voix f de*) *~* Baß(stimme) *m(f)*; b) *chanteur* Bas'sist *m*; Baß *m*; *partie f* Baß(stimme *f*, -partie *f*) *m*; **2.** *abr cf* **contrebasse**
Basse-Autriche [basotRiʃ] *la ~* Niederösterreich *n*
basse-cour [baskuR] *f* ⟨*pl* basses-cours⟩ a) *cour* Hühner-, Geflügelhof *m*; b) *animaux* Geflügel *n ou* Federvieh *n* und Ka'ninchen *n/pl*
bassement [basmɑ̃] *adv* gemein; niederträchtig; auf gemeine Weise
Basse-Normandie [basnɔRmɑ̃di] *la ~ frz Region*
Basse-Saxe [bassaks] *la ~* Niedersachsen *n*
bassesse [bases] *f* niedrige Gesinnung; Gemeinheit *f* (*a action*); Niederträchtigkeit *f* (*a action*); Erbärmlichkeit *f*
basset¹ [base] *m ZO* Dackel *m*; Dachshund *m*; *t/t* Teckel *m*; Basset ['bɛsit] *m*
basset² [base] *m MUS cor m de ~* Bas'setthorn *n*
bassin [basɛ̃] *m* **1.** *récipient* Becken *n*; Schüssel *f*; (*cuvette*) Waschschüssel *f*; **2.** *~* (*hygiénique*) Bettschüssel *f*, -pfanne *f*; Schieber *m*; **3.** (*pièce d'eau*) (Wasser-)Becken *n*, (-)Bas'sin *n*; *d'une fontaine* Brunnenbecken *n*; *d'une piscine* **grand, petit** *~* Schwimmer-, Nichtschwimmerbecken *n*; **4.** *MAR* Hafenbecken *n*; (*dock*) Dock *n*; **5.** *d'un fleuve ~* (*versant*) Einzugsgebiet *n*; **6.** *GÉOL* Becken *n*; *~ houiller* Steinkohlenbecken *n*, -revier *n*; *~ méditerranéen* Mittelmeerraum *m*; *♀ parisien* Pariser Becken; *~ de l'Amazone* Ama'zonasbecken *n*; **7.** *ANAT* Becken *n*; *fracture f du ~* Beckenbruch *m*
bassinant [basinɑ̃] *adj* F *cf* **barbant**
bassine [basin] *f* Wanne *f*; große Schüssel; *TECH a* Pfanne *f*; Kessel *m*; *~ à confiture* großer Henkeltopf zum Marmeladekochen; *~ à vaisselle* Abwasch-, Geschirrspülschüssel *f*; *une ~ d'eau chaude* e-e Wanne (voll) heißes Wasser
bassiner [basine] *v/t* **1.** (*humecter*) benetzen; an-, befeuchten; **2.** F (*ennuyer*) *~ qn* F j-m auf die Nerven, auf den Geist gehen, auf den Wecker fallen; **3.** *lit* (mit dem Bettwärmer) an-, vorwärmen
bassinoire [basinwaR] *f* Bettwärmer *m*
bassiste [basist] *m MUS* (Kontra)Bas'sist *m*

basson [basɔ̃] *m* MUS **a)** *instrument* Fa'gott *n*; **b)** *musicien* Fagot'tist *m*; Fa'gottbläser *m*

baste [bast] *litt int* pah!; was soll's!

bastide [bastid] *f en Provence* Land-, Bauernhaus *n*

Bastille [bastij] *f* HIST *à Paris* Ba'stille *f*

bastingage [bastɛ̃gaʒ] *m* MAR Reling *f*

bastion [bastjɔ̃] *m* FORTIF, *fig* Basti'on *f*; Bollwerk *n*; FORTIF *a* Ba'stei *f*

bastonnade [bastɔnad] *f* Stockschläge *m/pl*

bastringue [bastʀɛ̃g] *m* F **1.** *cf* **bataclan** *1.*; **2.** (*bal de guinguette*) Tanzdiele *f*; Tingeltangel *m ou n*

bas-ventre [bavɑ̃tʀ(ə)] *m* ⟨*pl* bas-ventres⟩ ANAT 'Unterleib *m*

bât [ba] *m* Packsattel *m*; *fig* **c'est là que le ~ (le) blesse** da drückt (ihn) der Schuh; das ist ein wunder Punkt (bei ihm)

bataclan [bataklɑ̃] F *m* **1.** (Sieben)Sachen *f/pl*; Zeug *n*; F Kram *m*; Krempel *m*; Trödel *m*; Plunder *m*; **2.** *loc et tout le ~* und was sonst noch so da'zugehört; und so weiter, und so fort

bataille [bataj] *f* **1.** MIL Schlacht *f* (*a fig*); *fig* (*discussion acharnée*) Wortgefecht *n*; *fig* **~ électorale** Wahlschlacht *f*; **~ navale a)** Seeschlacht *f*; **b)** *jeu* Schiffchen versenken; **~ rangée a)** MIL offene Feldschlacht; **b)** *fig* Handgemenge *n*, Schläge'rei *f*; regelrechte (Straßen)Schlacht; *fig* **~ de boules de neige, de confettis** Schneeball-, Kon'fettischlacht *f*; *à Nice* **~ de fleurs** Blumenkorso *m*; HIST **~ de la Marne** Marneschlacht *f*; *fig* **arriver après la ~** (an-)kommen, wenn alles getan, fertig ist; zu spät kommen; **livrer ~** e-e Schlacht liefern (*à qn* j-m); e-e Schlacht schlagen; **2.** PEINT Schlachtgemälde *n*; **3.** *fig* **avoir la barbe, les cheveux en ~** e-n zerzausten Bart, zerzaustes Haar haben; **4.** JEUX einfaches Kartenspiel, bei dem die jeweils höhere Karte sticht

batailler [bataje] *v/i* **1.** (*s'évertuer*) kämpfen; sich einsetzen; sich abmühen; **2.** (*discuter âprement*) (heftig, lange) streiten

batailleur [batajœʀ] **I** *adj* ⟨-euse⟩ **1.** (*querelleur*) streitbar, -lustig, -süchtig; **humeur batailleuse** Streitlust *f*, -sucht *f*; **2. avoir un tempérament ~** kämpferisch veranlagt sein; e-e Kämpfernatur sein; **II** *m* Kämpfer(natur) *m*(*f*)

bataillon [batajɔ̃] *m* **1.** MIL Bataillon [batal'jo:n] *n*; **~ d'infanterie** Infante'riebataillon *n*; HIST **~ d'Afrique** (*arg* **bat' d'Af'**) Strafbataillon *n*; **2.** *fig* **un ~, des ~s de spectateurs** *etc* ein Heer *n*, Scharen *f/pl* von Zuschauern *etc*

bâtard [bɑtaʀ] **I** *adj* Misch...; **chien ~ ou subst ~** *m* nicht reinrassiger Hund; F Prome'nadenmischung *f*; **race ~e** Mischrasse *f*; *fig*: **solution ~e** keine echte Lösung; Kompro'mißlösung *f*; **style ~** Mischstil *m*; **c'est une œuvre ~e** qui tient du roman et de l'essai dieses Werk ist ein Zwischen-, Mittelding *zwischen* (+*dat*); **II** *m* **1.** *péj* (*enfant naturel*) Bastard *m* (*a* HIST *d'un prince*); **2.** *pain* Stangenbrot *n* von einem Pfund

batave [batav] *adj* HIST **République *f* ~** Ba'tavische Republik

batavia [batavja] *f* BOT Eissalat *m*

bat' d'Af' [batdaf] *m cf* **bataillon** *1.*

bateau [bato] *m* ⟨*pl ~x*⟩ **1.** Schiff *n*; *non ponté* Boot *n*; **~ à moteur** Motorschiff *n*, -boot *n*; **~ à vapeur** Dampfschiff *n*; Dampfer *m*; **~ à voiles** Segelschiff *n*, -boot *n*; Segler *m*; **~ de pêche** Fische'reifahrzeug *n*; Fischdampfer *m*; Fischerboot *n*; *fig* **monter un ~ à qn, mener qn en ~** j-m e-n Bären aufbinden; j-n auf den Arm nehmen; j-m blauen Dunst vormachen; **2.** F *fig* **~x** *pl* (*chaussures trop larges*) F Qua'dratlatschen *m/pl*; (Elb)Kähne *m/pl*; **3.** (abgesenkte Grundstücks)Ein-, Ausfahrt; **4.** *adj* **a) encolure *f* ~** U-Boot-Ausschnitt *m*; **b)** F *fig* **idées, thème** abgedroschen; all'täglich; **~-citerne** *m* ⟨*pl* bateaux-citernes⟩ Tanker *m*; Tankschiff *n*; **~-mouche** *m* ⟨*pl* bateaux-mouches⟩ Vergnügungsdampfer *m* (für Rundfahrten auf der Seine); **~-pilote** *m* ⟨*pl* bateaux-pilotes⟩ Lotsenboot *n*; **~-pompe** *m* ⟨*pl* bateaux-pompes⟩ Feuerlöschboot *n*

bateleur [batlœʀ] *m autrefois* Gaukler *m*

batelier [batəlje] *m* MAR (Binnen-, Fluß-)Schiffer *m*; (*passeur*) Fährmann *m*

batellerie [batɛlʀi] *f* MAR Binnen-, Flußschiffahrt *f*

bâter [bate] *v/t* e-n Packsattel auflegen (+*dat*); *cf a* **âne** *2.*

bath [bat] *adj* ⟨*inv*⟩ F dufte; fa'mos; toll

bathyscaphe [batiskaf] *m* Bathy'skaph *m*; Tiefseetauchgerät *n*

bâti [bati] **I** *adj* **1.** *terrain* bebaut; **non ~** unbebaut; **2. bien ~** *personne, phrase* gut gebaut; *personne a* gut gewachsen; **II** *m* **1.** TECH (*châssis*) Gestell *n*; Rahmen *m*; Ständer *m*; 'Untersatz *m*; **2.** COUT Heftstiche *m/pl*, -faden *m*, -fäden *m/pl*; *d'une porte, d'une croisée* Zarge *f*; Blendrahmen *m*

batifoler [batifɔle] *v/i plais* **1.** (*folâtrer*) her'umtollen; sich tummeln; **2.** (*flirter*) schäkern; tändeln

batik [batik] *m* Batik *m ou f* (*procédé et tissu*)

bâtiment [batimɑ̃] *m* **1.** (*édifice*) Gebäude *n*; Bau(werk) *m*(*n*); **~s publics** öffentliche Gebäude, Bauten; **~s de l'école, de la ferme** Schul-, Gutsgebäude *n/pl*; **~ secteur** Bau(fach *n*, -branche *f*, -wesen *n*) *m*; Hochbau *m*; **entreprise *f* du ~** Bauunternehmen *n*, -firma *f*; *prov* **quand le ~ va, tout va** wenn es der Bauwirtschaft gutgeht, geht es allen gut; **3.** MAR (großes) Schiff; **~ de guerre** Kriegsschiff *n*

bâtir [batiʀ] **I** *v/t* **1.** *immeuble, pont etc* bauen; erbauen; errichten; *terrain* bebauen; *oiseau* **son nid** sein Nest bauen; **faire ~** bauen (lassen); **se faire ~ une maison** sich ein Haus bauen (lassen); **2.** *fig* **phrase** bauen, konstru'ieren; *théorie* aufstellen; *fortune, bonheur, réputation* (be)gründen (*sur* auf +*acc*); **3.** COUT (zu'sammen)heften; **II** *v/pr* **4.** *réfléchi*: **se ~ une maison** sich ein Haus *etc* bauen; **5.** *sens passif*: **il s'est bâti beaucoup d'immeubles neufs** es sind viele neue Häuser gebaut worden, entstanden

bâtisse [bɑtis] *f souvent péj* Bau(werk) *m*(*n*); Gebäude *n*; F Kasten *m*

bâtisseur [bɑtisœʀ] *m* **1.** Erbauer *m*; **2.** *fig d'un empire etc* (Be)Gründer *m*

batiste [batist] *f* TEXT Ba'tist *m*

bâton [bɑtɔ̃] *m* **1.** Stock *m*; Stab *m*; Stecken *m*; Knüppel *m*; Prügel *m*; *d'un agent de police* **~ blanc** weißer Stab; **~ de chaise** (Stuhl)Sprosse *f*; *fig* **mener une vie de ~ de chaise** ein ungeregeltes, ausschweifendes Leben, ein Lotterleben führen; **~ de maréchal** Marschallstab *m*; **~ de pèlerin** Pilgerstab *m*; **~ de ski** Skistock *m*; ♦ *fig*: **~ de vieillesse** Stütze *f* des Alters; **le ~ et la carotte** Zuckerbrot *n* und Peitsche *f*; **conversation *f* à ~s rompus** ungezwungene Unter'haltung über dieses und jenes; **parler à ~s rompus** von diesem und jenem reden; vom Hundertsten ins Tausendste kommen; **mettre à qn des ~s dans les roues** j-m Knüppel zwischen die Beine werfen; j-m Steine in den Weg legen; **2.** *par ext*: **~ de craie** Stück *n* Kreide; **~ de réglisse a)** *racine* Süßholzwurzel *f*; **b)** *pâte* La'kritz(en)stange *f*; **~ de rouge à lèvres** Lippenstift *m*; **3.** (*trait vertical*) senkrechter Strich

bâtonnet [bɑtɔnɛ] *m* **1.** kleiner Stock, Stab, Stecken; Stöckchen *n*; Stäbchen *n*; **2.** ANAT **~ de la rétine** (Seh)Stäbchen *n*; **3.** CUIS **~ de poisson** Fischstäbchen *n*

bâtonnier [bɑtɔnje] *m* JUR Präsi'dent *m* (der Anwaltskammer)

batraciens [batʀasjɛ̃] *m/pl* ZO Am'phibien *f/pl*; Lurche *m/pl*

battage [bataʒ] *m* **1.** *du blé* Dreschen *n*; Drusch *m*; **2. ~ de l'or** Ausschlagen *n* des Goldes (zu Blattgold); **3.** F *fig* **faire du ~ autour de qn, qc** tüchtig die Reklametrommel für j-n, etw rühren; um j-n, etw viel Aufhebens, F Geschrei, Rummel machen

battant [batɑ̃] **I** *adj* schlagend; klopfend; **pluie ~e** prasselnder, *nordd* pladdernder Regen; **porte ~e** Pendel-, Schwingtür *f*; Windfangtür *f*; *loc/adv* **le cœur ~** mit klopfendem, pochendem Herzen; mit Herzklopfen; **II** *subst* **1.** *m d'une cloche* (Glocken)Klöppel *m*, (-)Schwengel *m*; **2.** *m d'une porte, fenêtre* (Tür- *ou* Fenster)Flügel *m*; **3.** **personne ~(e)** *m*(*f*) Kämpfer(in) *m*(*f*); Kämpfernatur *f*; Draufgänger(in) *m*(*f*)

batte [bat] *f* SPORTS Schlagholz *n*

battement [batmɑ̃] *m* **1.** *mouvement, choc, bruit* Schlag *m*; *d'une porte, fenêtre* Schlagen *n*; *de la pluie contre les vitres* Klatschen *n*; Prasseln *n*; Trommeln *n*; *nordd* Pladdern *n*; *du cœur* Schlagen *n*; Klopfen *n*; Pochen *n*; *du sang dans les veines* Pochen *n*; Pul'sieren *n*; *d'une horloge* Ticken *n*; **~ d'ailes** Flügelschlag(en) *m*(*n*); **~ des cils, des paupières** Lidschlag *m*; (Augen)Zwinkern *n*; Blinzeln *n*; F Klimpern *n* mit den Wimpern; **~ du cœur** Herzschlag *m*; **avoir des ~s de cœur** Herzklopfen haben; CRAWL **~ de jambes** Beinschlag *m*; **~ de mains** (Hände)Klatschen *n*; **~ du pouls, des rames, du tambour** Puls-, Ruder-, Trommelschlag *m*; **2.** (*intervalle de temps*) (verfügbare Zwischen)Zeit; (*pause*) Pause *f*; **dix minutes de ~ pour changer de**

train zehn Minuten Zeit zum 'Umsteigen; **3.** *RAD* Schwebung *f*
batterie [batRi] *f* **1.** *ÉLECT, AUTO* Batte-'rie *f*; ~ *d'accumulateurs* Akkumula-'torenbatterie *f*; *fig* **recharger ses ~s** neue Kraft schöpfen; (wieder) neue Kräfte sammeln; **2.** *MIL* Batte'rie *f*; ~ *côtière* Küstenbatterie *f*; **mettre en ~** *canons* in Stellung bringen; *lances à incendie* auffahren; *fig* **changer, démasquer** *ou* **dévoiler ses ~s** s-e Pläne *ou* s-e Taktik ändern, erkennen lassen *ou* zu erkennen geben; **3.** *MUS* Schlagzeug *n*; Batte'rie *f*; **4.** (*ensemble*) Batte'rie *f*; ~ *de cuisine* Batterie von Töpfen und Pfannen (einschließlich Kelle und Schaumlöffel); *AGR* ~ *d'élevage* Legebatterie *f*; ~ *de projecteurs* Scheinwerferbatterie *f*; *fig* ~ *de tests* Testreihe *f*
batt|eur [batœR] *m* **1.** *CUIS* Handmixer *m*, -rührgerät *n*; **2.** *MUS* Schlagzeuger *m*; **~euse** *f AGR* Dreschmaschine *f*
battoir [batwaR] *m* **1.** *hist* (Wäsche)Bleuel *m*; **2.** F **~s** *pl* (*mains larges*) F Pranken *f/pl*; Tatzen *f/pl*
battre [batR(ə)] 〈je bats, il bat, nous battons; je battais; je battis; je battrai; que je batte; battant; battu〉
I *v/t* **1.** *personne, animal* schlagen; (ver)prügeln; ~ *à coups de poing* mit Fäusten schlagen, bearbeiten; *adversaire* schlagen; besiegen; *record* brechen; *se faire* ~ geschlagen, besiegt werden; **3.** *tapis* klopfen; *vêtement* ausklopfen; *tambour, mesure* schlagen; *CUIS œufs, mayonnaise, crème* schlagen; *œufs à la fourchette* a rühren; verquirlen; *cartes* mischen; *métaux* schlagen; zu Folien ausschlagen; *fer* schmieden; *blé* dreschen; ~ *le beurre* buttern; *chasseurs* ~ *les buissons* das Dickicht abklopfen, durch'stöbern; *mer* ~ *la falaise* gegen die Felsklippe schlagen, branden; *fig* ~ *froid à qn* j-m die kalte Schulter zeigen; j-n links liegenlassen; ~ *monnaie* Münzen schlagen, prägen; *MAR* ~ *pavillon français* unter französischer Flagge fahren; *fig* ~ *son plein* in vollem Gange sein; *pluie* ~ *les vitres* an *ou* gegen die Scheiben schlagen, klatschen, prasseln, trommeln, *nordd* pladdern; *cf a* **brèche 1.**, **rappel 1.**; **4.** *région* kreuz und quer durch'streifen; F abgrasen; **II** *v/i* **5.** *fenêtre, porte, voile, cœur, pouls* schlagen; *cœur a* pochen, klopfen; *sang dans les veines* pochen; pul'sieren; *pluie* ~ *contre les vitres cf* **3.**; ~ *des cils, des paupières* zwinkern; blinzeln; F mit den Wimpern klimpern; *cheval qui bat des flancs* Pferd, dessen Flanken zittern, fliegen; ~ *des jambes CRAWL* mit den Beinen schlagen; *DANSE* die Beine in der Luft zu'sammenschlagen; ~ *des mains* in die Hände) klatschen; *fig* **son cœur bat pour cette jeune fille** sein Herz schlägt für dieses Mädchen; *cf a* **aile 1.**, *retraite 1.*; **III** *v/pr se* ~ **6.** *MIL, fig* kämpfen (*contre, pour qn, qc* gegen, für j-n, etw); sich schlagen; **7.** (*se bagarrer*) sich schlagen, sich balgen, sich prügeln, sich raufen (*avec qn* mit j-m); *fig* **se** ~ *avec qc* sich mit etw her'umschlagen, abmühen; **8.** *cheval etc* **se** ~ *les flancs* unruhig mit dem Schwanz gegen die Flanken schlagen; F

fig **je m'en bats l'œil** F das kümmert mich e-n Dreck; *se* ~ *la poitrine* sich an die Brust schlagen
battu [baty] *p/p cf* **battre** *et adj* **1.** *personne, animal* ge-, verprügelt; **avoir l'air d'un chien ~** wie ein geprügelter Hund aussehen; **2.** *MIL, SPORTS, JEUX* geschlagen; besiegt; **ne pas se tenir pour** ~ sich nicht geschlagen geben; s-e Sache nicht verloren geben; **3.** *avoir les yeux* **~s** (dunkle) Ringe um die Augen haben; (tiefe) Schatten unter den Augen haben; *œufs* **~s** *en neige* Eischnee *m*; Eierschaum *m*; *or* ~ Blattgold *n*; *sol* ~, *terre* **~e** gestampfter (Lehm)Boden; *fig* **suivre, ne pas sortir des sentiers, chemins ~s** ausgetretene Wege gehen
battue [baty] *f CH* Treibjagd *f*
baudet [bodɛ] *m* F (*âne*) Esel *m*; (*âne étalon*) Zuchtesel *m*; *fig* **être chargé comme un** ~ wie ein Packesel beladen sein
Baudouin [bodwɛ̃] *m* Balduin *m*
baudrier [bodRije] *m* Wehrgehänge *n*
baudroie [bodRwa] *f ZO* Seeteufel *m*; Anglerfisch *m*
baudruche [bodRyʃ] *f* **1.** Dickdarmhaut *f* (*des Rindes, Schafs*); **ballon** *m* **en** ~ Luftballon *m* (aus Dickdarmhaut); **2.** *fig d'un homme* Hohlkopf *m*; aufgeblasener Dummkopf
bauge [boʒ] *f* **1.** *du sanglier* Suhle *f*; **2.** *fig* (*habitation sale*) F dreckiges Loch
baume [bom] *m BOT, PHARM* Balsam *m*; *fig* **mettre du** ~ *au* ou *dans le cœur de qn* Balsam auf j-s Wunde (*acc*) träufeln
bauxite [boksit] *f MINÉR* Bau'xit *m*
bavard [bavaR] **I** *adj* **1.** (*loquace*) gesprächig; redselig; geschwätzig; **2.** (*indiscret*) schwatzhaft; geschwätzig; **II** *subst* **~(e)** *m(f)* Schwätzer(in) *m(f)*; F Schwatzliese *f*; Klatschbase *f*; *südd a* Ratsche *f*
bavardage [bavaRdaʒ] *m* **1.** *action* Schwatzen *n*, *südd* Schwätzen *n* (*a en classe*); **2.** (*propos vains*) Geschwätz *n*; Schwätze'rei *f*; F Geschwatze *n*; F *péj* Gewäsch *n*; *pas de* ~, *passons au fait!* keine unnötigen, langen Reden …; **3.** (*propos médisants, indiscrets*) Klatsch *m*; Gerede *n*
bavarder [bavaRde] *v/i* **1.** (*causer*) schwatzen, *südd* schwätzen; plaudern, F plauschen; **2.** (*parler avec excès*) schwatzen, *südd* schwätzen (*a en classe*); F klatschen; *südd* ratschen; **3.** (*être indiscret*) schwatzen; (aus der Schule) plaudern; F nicht dichthalten
bavarois [bavaRwa] **I** *adj* bay(e)risch; **II** *subst* **②**(*e*) *m(f)* Bayer *m*, Bay(e)rin *f*; **2.** *CUIS* **~e** *f ou adj* **crème ~e** *e-e Cremespeise*
bave [bav] *f* **1.** *d'une personne* Speichel *m*; F Sabber *m*; *d'animaux, d'épileptiques* Geifer *m*; Schaum *m*; **2.** *de la limace etc* Schleim *m*
baver [bave] *v/i* **1.** *personne* speicheln; Speichel auslaufen lassen; *bébé, vieillard* F sabbern; sabbeln; *animal, épileptique* geifern; *escargot, limace* Schleim absondern; schleimen; **2.** *par ext* (*manger salement*) F sabbern; sich bekleckern; **3.** *encre, peinture* verlaufen; breitlaufen; **4.** F *fig* ~ *d'admiration* vor Bewunderung vergehen; **5.** F *fig* **en** ~

es schwer haben; viel 'durchmachen (müssen); *en faire* ~ *à qn* j-m das Leben schwermachen, sauer machen; F j-n zwiebeln, striegeln
bavette [bavɛt] *f* **1.** *pour bébé* (Sabber-)Lätzchen *n*; **2.** *d'un tablier, d'une salopette* Latz *m*; **3.** F *tailler une* ~ F ein Schwätzchen, e-n kleinen Schwatz, Plausch halten; **4.** *BOUCHERIE* Lappen *m*; Flanke *f*
baveux [bavø] *adj* 〈-euse〉 **1.** voll Speichel; F sabbernd; **2.** *CUIS* omelette *baveuse* leicht 'durchgebackenes Ome-'lett
Bavière [bavjɛR] *la* ~ Bayern *n*
bavoir [bavwaR] *m* (Sabber)Lätzchen *n*
bavure [bavyR] *f* **1. a)** *TYPO* unsaubere, verkleckste Stelle; (Schmutz)Fleck *m*; **b)** *MÉTALL* Gußnaht *f*; Grat *m*; *fig travail sans* ~(*s*) makellos; tadellos; einwandfrei; **2.** *fig* (*abus*) (bedauerlicher) Irrtum *m*; 'Mißgriff *m*; Panne *f*; *de la police* 'Übergriff *m*
bayer [baje] *v/i* 〈-ay- *od* -ai-〉 ~ *aux corneilles* Maulaffen feilhalten
Bayeux [bajø] *Stadt im Dep. Calvados*
Bayonne [bajɔn] *Stadt im Dep. Pyrénées-Atlantiques*
bazar [bazaR] *m* **1.** *magasin* Kramladen *m*; Gemischtwarenladen *m*; *articles* F *de* ~ billig; **2.** *en Orient* Ba'sar *m*; **3.** *cf* **bataclan 1.**
bazarder [bazaRde] *v/t* F fort-, wegschmeißen
bazooka [bazuka] *m MIL* Bazooka [-'zu:-] *f*
B.C.B.G. [besebeʒe] *adj abr* (*bon chic bon genre*) schick; ele'gant; smart; F piekfein; schnieke
B.C.G. [beseʒe] *m abr* (*bacille Calmette-Guérin*) *MÉD* BCG-Schutzimpfung *f* (*gegen Tuberkulose*)
bd *abr cf* **boulevard**
B.D. [bede] *f* 〈*inv*〉 F *abr* (*bande dessinée*) Comic(s) *m(pl)*
bê [bɛ] *int mouton* mäh!; bäh!
béant [beã] *adj plaie* klaffend; *gouffre* gähnend; jäh; *bouche* weit aufgerissen
Béarn [beaRn] *le* ~ *historische Provinz in Südwestfrankreich*
béarnais [beaRnɛ] *adj* (*et subst* ② Bewohner) des Bé'arn; *CUIS* **sauce ~e** Bé-'arner Soße *f*; Sauce béar'naise *f*
béat [bea] *adj iron sourire, visage* einfältig, dümmlich (und glücklich); selig; *optimisme* einfältig; kindlich
béatif|ication [beatifikasjõ] *f ÉGL CATH* Seligsprechung *f*; **~ier** *v/t* seligsprechen
béatitude [beatityd] *f* **1.** *REL* Seligkeit *f*; **2.** *st/s* Glückseligkeit *f*; **3.** *BIBL* Seligpreisung *f*
beatnik [bitnik] *m* Gammler *m*
Béatrice [beatRis] *f* Bea'trice *f*; Be'atrix *f*
beau [bo] **I** *adj* 〈*m vor Vokal u stummem h* bel [bɛl]; *f* belle [bɛl]; *m/pl* ~x〉 **1.** (*esthétique*) schön; ~ *comme le jour* bildschön; (*mettre*) *ses plus ~x habits* s-e schönsten, besten Kleider *n/pl* (anziehen); *plais le* ~ *sexe* das schöne Geschlecht *n*; *se faire* ~ sich her'ausputzen; F sich fein-, schönmachen; **2.** (*bon, généreux*) *âme, geste, sentiment* schön; edel; *une belle action* e-e edle Tat; **3.** (*distingué*) fein; vornehm; *un* ~ *monsieur* ein feiner, vornehmer Herr;

les ~x quartiers die vornehmen (Wohn)Viertel n/pl; F *ce n'est pas ~ de* (+inf) es gehört, schickt sich nicht, es ist nicht fein zu (+inf); **4.** (*agréable*) *voyage, vie, rêve, soirée, succès etc* schön; *résultat, match, poste a* gut; *occasion* schön; gut; günstig; *~ joueur* guter Verlierer (*a fig*); *loc/adv un ~ jour, matin* e-s schönen Tages, Morgens; *une belle mort* ein schöner, sanfter, leichter Tod; *mourir de sa belle ~* e-s natürlichen Todes sterben; *de belles promesses* schöne, leere Versprechungen f/pl; *un ~ soleil* (e-e) strahlende Sonne; (*avoir*) *~ temps* schönes, gutes Wetter (haben); *la mer est belle* das Meer, die See ist ruhig; *c'est trop ~ pour être vrai* das ist zu schön, um wahr zu sein; *c'est très ~ sur le papier, mais* ... das hört sich ganz schön an ...; **5.** *iron* schön; heiter; reizend; nett; *c'est un ~ gâchis* F das ist ja ein schöner Schlamassel; *cf a drap 2.*; ♦ *elliptiquement*: *j'en apprends de belles sur vous* ich höre da schöne, reizende Dinge, Geschichten über Sie; *en dire de belles* dummes, unglaubliches Zeug, F Blödsinn reden; *en faire de belles* schöne Geschichten machen; **6.** (*considérable*) somme, fortune, héritage beträchtlich; ziemlich groß; F schön; hübsch; *morceau, tranche* groß; F ordentlich; *iron*: *gifle, rhume* F gehörig; tüchtig; ordentlich; *un bel âge* ein schönes, hohes Alter; *un bel appétit* ein guter, gesunder, F tüchtiger Appetit; *un bel égoïste* ein ganz schöner Egoist; *un ~ mariage* e-e gute Partie; *une belle peur* F e-e Heiden-, Mordsangst; P *un ~ salaud* P ein ganz großer Scheißkerl; *un ~ tapage* F ein Heidenlärm *m*; ein Mordskrach *m*; *au ~ milieu de* mitten in, auf (+dat); *il y a ~ temps que ...* es ist schon lange her, daß ...; seit langem ...;
II *adv avoir ~ faire qc* etw noch so sehr tun können, mögen; *j'ai ~ crier, il ne m'entend pas* ich kann schreien, soviel ich will ...; ich kann noch so sehr schreien ...; *vous avez ~ dire, ce n'est pas si mal que cela* Sie können *ou* mögen sagen, was Sie wollen ...; *il a ~ être tard* mag es noch so spät sein; *il a ~ faire, il ne réussira pas* er kann noch machen, was er will ...; er kann sich noch so sehr anstrengen ...; *il fait ~* es ist schön(es Wetter); *menace il ferait ~ voir qu'ils n'obéissent pas à mes ordres* es würde ihnen schlecht bekommen *ou* das wäre ja noch schöner, wenn sie meinen Befehlen nicht gehorchen würden; *litt personne âgée porter ~* noch e-e gute Erscheinung sein; ♦ *l'échapper belle cf échapper I*; ♦ *loc/adv*: *bel et bien* tatsächlich; wirklich; in der Tat; *de plus belle* noch mehr, heftiger, stärker, schlimmer, ärger; *crier de plus belle* noch mehr, heftiger schreien; *la pluie recommence de plus belle* jetzt fängt es erst richtig an zu regnen;
III *subst* **1.** *abstrait le ~* das Schöne; *le culte du ~* der Kult des Schönen; **2.** *un vieux ~* ein alter Beau, Schönling; *HIST Philippe le Bel* Philipp (IV.) der Schöne (*von Frankreich*); *chien faire le ~* Männchen machen, F schönmachen; **3.** *m coll choses* gute Quali'tät; *n'acheter que du ~* nur gute Qualität, Qualitätsware kaufen; **4.** *m loc*: *ce qu'il y a de ~ dans* ... das Schöne an (+dat); *iron le plus ~ de l'histoire, c'est que ...* das (Aller)Schönste an der Geschichte ist, daß ...; *iron c'est du ~!* das ist ja heiter, reizend!; *le temps est, se met au ~* das Wetter *ou* es ist, wird schön; *être au ~ fixe baromètre* auf Schön stehen; *temps* beständig sein; *fig relations* bestens, ungetrübt sein; **5.** *une belle* e-e Schöne; e-e schöne Frau; e-e schöne Mädchen; *Perrault La Belle au bois dormant* Dorn'röschen *n*; **6.** *plais sa belle* s-e Liebste; *terme d'affection ma belle!* meine Liebe, Beste, Gute!; F schöne Frau!; **7.** *belle* f *JEU* entscheidende Par'tie; *SPORTS* Entscheidungsspiel *n*; **8.** *arg* (*se*) *faire la belle* (*s'évader*) ausbrechen; F ausrücken; ausbüxen; **9.** *belles* f/pl *iron* (*histoires*) *cf I 5.*

Beauce [bos] *la ~* Landschaft im Südwesten von Paris

beauceron [bosʀɔ̃] *adj* (~ne) (*et subst* ♀ Bewohner) der Beauce

beaucoup [boku] *adv* viel: **a)** *avec verbe*: *quantitatif* viel; *qualitatif* sehr; *lire, manger, travailler ~* viel lesen, essen, arbeiten; *il a ~ changé* er hat sich sehr verändert; *estimer ~ a* hochschätzen; *c'est ~ dire* das ist, wäre zuviel gesagt, über'trieben; *on l'a ~ vu sur la plage* er ist sehr oft am Strand gesehen worden; **b)** *avec comp* viel; *~ plus rapide* viel schneller; **c)** *avec adv* viel; weit; *~ mieux* viel, weit besser; *~ plus* viel, weit mehr; *~ trop* viel zuviel; *~ trop vite* viel zu schnell; **d)** *loc/adv de ~* bei weitem; weit(aus); viel; mit Abstand; *ce vin est de ~ meilleur* viel, weit(aus), um vieles besser; *de ~ le meilleur ou le meilleur de ~* bei weitem, mit Abstand der Beste; *dépasser de ~* bei weitem über'treffen; **e)** *~ de* (+subst) viel(e); *~ d'accidents* viele Unfälle; *~ de chance* viel Glück; *~ de gens, de monde* viele Leute; *avoir ~ de choses à dire, à faire* viel zu sagen, zu tun haben; **f)** *employé seul* viel; *avoir ~ à apprendre* viel zu lernen haben; *c'est ~ pour son âge* das ist viel für sein Alter; *c'est déjà ~ de* (+inf) *ou que ... ou si ...* es ist schon viel, wenn ...; *il y est pour ~* er ist daran maßgeblich beteiligt; er ist weitgehend schuld daran; ♦ (*de nombreuses personnes*) viele; *~ sont de notre avis* viele sind unserer Meinung; *il y en a ~ qui ...* es gibt viele, die ...; *ils étaient ~* sie, es waren viele; *litt* es waren ihrer viele

beauf [bof] *m* F *abr* **1.** *cf beau-frère*; **2.** *péj* Spießer *m*; Spießbürger *m*

beau-fils [bofis] *m* (*pl beaux-fils*) **1.** (*fils du conjoint*) Stiefsohn *m*; **2.** (*gendre*) Schwiegersohn *m*; *~-frère m* (*pl beaux-frères*) Schwager *m*

Beaujolais [boʒɔlɛ] **1.** *le ~* Weingegend nördlich von Lyon; **2.** ♀ *m vin* Beaujolais *m*

beau-papa [bopapa] *m* (*pl beaux-papas*) *appellatif* Schwiegerpapa *m*; *~-père m* (*pl beaux-pères*) **1.** (*père du conjoint*) Schwiegervater *m*; **2.** (*nouvel époux de la mère*) Stiefvater *m*

beaupré [bopʀe] *m MAR* Bugspriet *n ou m*

beauté [bote] *f* **1.** Schönheit *f*; *la ~ du diable* die vergängliche Schönheit der Jugend; *produits m/pl de ~* Kos'metika n/pl; Schönheitsmittel n/pl; *soins m/pl de ~* Schönheitspflege *f*; Kos'metik *f*; *loc/adj*: *d'une grande ~* von großer Schönheit; *de toute ~* ungewöhnlich, einmalig schön; bild-, wunderschön; *loc/adv ~* mit Glanz; glänzend; *finir en ~ sportif, acteur* sich e-n glänzenden Abgang verschaffen; *fête* e-n schönen, gelungenen Abschluß finden; *mourir en ~* würdig, e-s würdigen Todes sterben; *personne être en ~* schöner als sonst, besonders schön aussehen; *F se refaire une ~* das Make-up [meːkʼap] erneuern; sich noch ein bißchen herrichten, schön-, zu'rechtmachen; **2.** (*belle femme*) *une ~* e-e Schönheit; *ce n'est pas une ~* sie ist keine Schönheit; **3.** *d'un paysage etc les ~s pl* die Schönheiten f/pl

beaux-arts [bozaʀ] *m/pl les ~* die schönen Künste f/pl; *au sens strict* die bildende Kunst; *l'École f des ~ ou les Beaux-Arts* die Hochschule für Bildende Kunst; die Kunsthochschule, -akademie

beaux-parents [bopaʀɑ̃] *m/pl* Schwiegereltern *pl*

bébé [bebe] *m* Baby [ˈbeːbi] *n*; Säugling *m*; *attendre un ~* ein Baby erwarten; *être un vrai ~, adjt être* (*resté*) *~* noch ein richtiges Baby sein; *faire le ~* sich kindisch, wie ein Baby benehmen; *fig jeter le ~ avec l'eau du bain* das Kind mit dem Bad ausschütten; *~-chat m* ⟨*pl bébés-chats*⟩ Katzenbaby *n*; *~-éprouvette m* ⟨*pl bébés-éprouvette*⟩ Re'tortenbaby *n*

bébête [bebɛt] F **I** *adj* na'iv; kindisch; dumm; einfältig; **II** *f enf* Tierchen *n*; Tierlein *n*

be-bop [bibɔp] *m MUS* Bebop [ˈbiːbɔp] *m*

bec [bɛk] *m* **1.** *des oiseaux* Schnabel *m*; *coup de ~* **a)** Schnabelhieb *m*; **b)** *fig* Seitenhieb *m*; *donner un coup de ~ à qn* j-m e-n Seitenhieb versetzen; *fig personne rester le ~ dans l'eau* im ungewissen schweben; gar nicht wissen, woran man ist; **2.** F *fig* (*bouche*) F Schnabel *m*; *un ~ fin* ein Feinschmecker *m*; *prise f de ~* (heftiger) Wortwechsel; (heftige) Ausein'andersetzung; *avoir une prise de ~ avec qn* mit j-m (heftig) anein'andergeraten; F sich mit j-m in die Haare kriegen, in der Wolle haben; *claquer du ~* F Kohldampf schieben; *clouer, clore le ~ à qn* F j-m den Mund stopfen; *ouvrir le ~* F den Mund auftun, -machen; **3.** *ZO des tortues etc* Maul *n*; **4.** *d'une flûte, clarinette* Schnabel *m*; *d'un hautbois* Mundstück *n*; **5.** *d'une casserole, cafetière etc* Schnabel *m*; Ausguß *m*; F Schnauze *f*; *d'une cafetière* e Tülle *f*; **6.** *d'une plume* Spitze *f*; **7.** *appareil* Brenner *m*; *CHIM ~ Bunsen* [bɛzn, bœ̃-] Bunsenbrenner *m*; *autrefois ~ de gaz* Gaslaterne *f*; F *fig tomber sur un ~* auf unerwartete Hindernisse, Schwierigkeiten stoßen; e-e harte Nuß zu knacken haben

bécane [bekan] F *f* **1.** (*bicyclette*) (Fahr-) Rad *n*; F Stahlroß *n*; Drahtesel *m*; **2.** (*moto*) F Ma'schine *f*; **3.** (*machine*) F Appa'rat *m*; Kasten *m*

bécarre [bekaʀ] *m* MUS Auflösungszeichen *n*; *adjt* **un do ~** ein mit e-m Auflösungszeichen versehenes c
bécass|e [bekas] *f* **1.** ZO (Wald)Schnepfe *f*; **2.** F *fig (femme sotte)* F dumme Gans, Pute; **~eau** *m* ⟨*pl* **~x**⟩ ZO Strandläufer *m*; **~ine** *f* **1.** ZO Sumpfschnepfe *f*; **2.** F *fig (jeune fille niaise)* F Gänschen *n*
bec-de-cane [bɛkdəkan] *m* ⟨*pl* becs-de-cane⟩ **a)** *serrure* schlüsseloses Fallenschloß; **b)** *poignée* Türklinke *f*; Drehknauf *m*, -knopf *m*
bec-de-lièvre [bɛkdəljɛvʀ(ə)] *m* ⟨*pl* becs-de-lièvre⟩ MÉD Hasenscharte *f*
bêchage [bɛʃaʒ] *m* JARD 'Umgraben *n*
béchamel [beʃamɛl] *f* CUIS **~** *ou adjt* **sauce** *f* **~** Bécha'melsoße *f*
bêche [bɛʃ] *f* JARD Spaten *m*
bêcher [beʃe] **I** *v/t* JARD 'umgraben; *abs* a graben; **II** *v/i* F *personne* eingebildet, hochnäsig sein
bêch|eur [bɛʃœʀ] *m* F eingebildeter, hochnäsiger Schnösel; **~euse** *f* F eingebildete, hochnäsige Pute
bécot [beko] *m* Küßchen *n*
bécoter [bekɔte] F *v/t (et v/pr* **se**⟩ **~** (sich) abküssen, F abknutschen
becquée [beke] *f* **donner la ~** *oiseaux* füttern, *t/t* atzen *(à acc); par ext plais* füttern *(à qn* j-n)
becquerel [bɛkʀɛl] *m* (*abr* **Bq**) PHYS Becquerel *n* (*abr* Bq)
bec(que)tance [bɛktɑ̃s] F *f* Essen *n*; F Futter *n*; P Fressen *n*
becqueter [bɛkte] *v/t* ⟨-tt-⟩ **1.** *oiseaux* (auf-, an)picken; **2.** F *fig personne* essen; F futtern; P fressen
bedaine [bədɛn] *f* F ⟨*grosse*⟩ **~** F Schmerbauch *m*; (Fett)Wanst *m*; Wampe *f*
bedeau [bədo] *m* ⟨*pl* **~x**⟩ ÉGL CATH Küster *m*; Kirchendiener *m*
bedon [bədɔ̃] *m* F *cf* **bedaine**
bedonnant [bədɔnɑ̃] F *adj* dick-, F schmerbäuchig; F mit e-m Schmerbauch
bédou|in [bedwɛ̃], **~ine** I *m,f* Bedu'ine *m*, Bedu'inenfrau *f*; **II** *adj* Beduinen...
bée [be] *adj* f *loc/adv* **bouche ~** mit offenem Mund; *être, rester* **bouche ~** mit offenem Mund dastehen; F Mund und Nase *ou* Augen aufreißen, -sperren; *être* **bouche ~ devant qn** j-n anstaunen
béer [bee] *v/i litt* **~ d'admiration** vor Bewunderung den Mund weit aufreißen
beffroi [befʀwa] *m* Uhr-, Rathausturm *m*
bégaiement [begɛmɑ̃] *m* Stottern *n*
bégayer [begeje] ⟨-ay- *od* -ai-⟩ **I** *v/t excuses etc* stottern; stammeln; **II** *v/i* stottern
bégonia [begɔnja] *m* BOT Be'gonie *f*
bègue [bɛg] **I** *adj* stotternd; *être* **~** stottern; **II** *m,f* Stotterer *m*, Stotterin *f*
bégueule [begœl] **I** *f* (F schrecklich) prüde, zimperliche Frau; **II** *adj* (F schrecklich) prüde, zimperlich
béguin [begɛ̃] *m* F **a)** *avoir le* **~ pour qn** für j-n schwärmen; in j-n vernarrt, F verknallt, verschossen sein; **b)** *personne* bewunderte(r) *f(m)*; F Schwarm *m*; *femme a* F Flamme *f*
béguinage [beginaʒ] *m* REL Be'ginenhof *m*, -gemeinschaft *f*
béguine [begin] *f* REL Be'gine *f*

bégum [begɔm] *f titre* Begum *f*
béhaviorisme [beavjɔʀism(ə)] *m* PSYCH Behavio'rismus [bihe:vjə-] *m*
beige [bɛʒ] **I** *adj* beige [be:ʃ]; sandfarben; **II** *m* Beige *n*
beigne [bɛɲ] F *f* Backpfeife *f*; Ohrfeige *f*; *cf a* **gifle**
beignet [bɛɲɛ] *m* CUIS Bei'gnet *m*; Krapfen *m*; Ber'liner (Pfannkuchen) *m*; **~ aux pommes** Apfel-Beignet *m*; *südd* **~ d'aubergine(s)** Auberginen *f/pl* in Bierteig
bel [bɛl] *cf* **beau**
bel canto [bɛlkɑ̃to] *m* MUS Bel'canto *ou* Bel'kanto *n*
bêlement [bɛlmɑ̃] *m des moutons* Blöken *n*; *des chèvres* Meckern *n*
bêler [bele] *v/i* **1.** *mouton* blöken; F mähen; *chèvre* meckern; **2.** F *péj chanteur* F jaulen; heulen
belette [bəlɛt] *f* ZO Wiesel *n*
belge [bɛlʒ] **I** *adj* belgisch; **II** *subst* **♀** *m,f* Belgier(in) *m(f)*
belgicisme [bɛlʒisism(ə)] *m* LING belgische Spracheigentümlichkeit; Belgi'zismus *m*
Belgique [bɛlʒik] **la ~** Belgien *n*
bélier [belje] *m* **1.** ZO Widder *m*; Schafbock *m*; **2.** ASTR ♀ Widder *m*; **3.** MIL HIST Mauerbrecher *m*; Sturmbock *m*; **4.** TECH **~ hydraulique** hy'draulischer Widder; **coup de ~** Druckschwankung *f*, -stoß *m*
Belize [beliz] **le ~** Belize *n*
belladone [bɛladɔn] *f* BOT Tollkirsche *f*; Bella'donna *f*
bellâtre [bɛlɑtʀ(ə)] *m* Geck *m*; Beau *m*; Schönling *m*
belle [bɛl] *cf* **beau**
belle-de(-)jour [bɛldəʒuʀ] *f* ⟨*pl* belles-de-jour⟩ BOT Winde *f*; **~-nuit** *f* ⟨*pl* belles-de-nuit⟩ BOT Wunderblume *f*
belle-doche [bɛldɔʃ] *péj f* ⟨*pl* belles-doches⟩ Schwiegermutter *f*; **~-famille** *f* ⟨*pl* belles-familles⟩ Fa'milie *f* des Ehepartners; angeheiratete Fa'milie; **~-fille** *f* ⟨*pl* belles-filles⟩ **1.** (*bru*) Schwiegertochter *f*; **2.** (*fille du conjoint*) Stieftochter *f*; **~-maman** *f* ⟨*pl* belles-mamans⟩ *appellatif* Schwiegermama *f*; **~-mère** *f* ⟨*pl* belles-mères⟩ **1.** (*mère du conjoint*) Schwiegermutter *f*; **2.** (*nouvelle épouse du père*) Stiefmutter *f*
belles-lettres [bɛllɛtʀ(ə)] *f/pl autrefois* schöne Litera'tur; Belle'tristik *f*
belle-sœur [bɛlsœʀ] *f* ⟨*pl* belles-sœurs⟩ Schwägerin *f*
bellic|isme [bɛlisism(ə)] *m* kriegerische Gesinnung; Kriegstreibe'rei *f*, -hetze *f*; **~iste I** *adj* den Krieg befürwortend; kriegstreiberisch, -hetzerisch; **II** *m,f* Befürworter(in) *m(f)* des Krieges; Kriegstreiber(in) *m(f)*, -hetzer(in) *m(f)*
belligérance [beliʒeʀɑ̃s] *f* Status *m* e-r kriegführenden Macht
belligérant [beliʒeʀɑ̃] **I** *adj* kriegführend; **puissances ~es** kriegführende Mächte *f/pl*; **II** *m/pl* **~s a)** *puissances* Kriegführenden *m/pl*; **b)** (*combattants*) Angehörige(n) *m/pl* von Streitkräften e-s kriegführenden Staates
belliqueux [belikø] *adj* ⟨-euse⟩ **1.** (*guerrier*) kriegerisch; **2.** (*agressif*) streitbar; streit-, kampflustig
belon [bəlɔ̃] *f flache, runde Austernart*
belote [bəlɔt] *f frz* Kartenspiel

bélouga [beluga] *ou* **béluga** [belyga] *m* ZO Weißwal *m*; Be'luga *f*
belvédère [bɛlvedɛʀ] *m* Aussichtspunkt *m*, -terrasse *f*, -turm *m*, -pavillon *m*
bémol [bemɔl] *m* MUS B *n*; Erniedrigungszeichen *n*; *adjt* **do ~** ces(-Moll) *ou* Ces(-Dur)
ben [bɛ̃] *adv int* F (**eh**) **~** *cf* **bien**[1] *I 7*.
bénédicité [benedisite] *m* Tischgebet *n*
bénédictin [benediktɛ̃] **I** *adj* ÉGL CATH Benedik'tiner...; **II** *subst* **1.** ÉGL CATH **~(e)** *m(f)* Benedik'tiner(in) *m(f)*; *fig* **travail** *m* **de ~** sorgfältige, geduldige Kleinarbeit; **2.** *£e f liqueur* Benedik'tiner *m*
bénédiction [benediksjɔ̃] *f* REL Segen *m*; *action* Segnung *f*; (*consécration*) Weihe *f*; **~s** *pl* Segenswünsche *m/pl*; **~ nuptiale** kirchliche Trauung (ohne Brautmesse); *du ciel* Segen des Himmels; **donner la ~ à qn** j-m den Segen erteilen, spenden; den Segen über j-n sprechen; F *iron* **donner à qn sa ~** j-m s-n Segen (zu etw) geben; **je te donne ma ~** a F meinen Segen hast du; *fig* **c'est une ~!** das ist ein wahrer Segen, e-e wahre Freude!
bénef [benɛf] *m* F *abr cf* **bénéfice**; *adjt* **c'est ~** das ist einträglich, vorteilhaft
bénéfice [benefis] *m* **1.** COMM Gewinn *m*; Ertrag *m*; Pro'fit *m*; Plus *n*; **marge** *f* **de ~** Gewinn-, Verdienstspanne *f*; **c'est tout ~** das ist ein reines Profitgeschäft; **faire, réaliser un ~** e-n Gewinn, Profit erzielen; ein Plus machen; mit Gewinn arbeiten; **2.** (*avantage*) Vorteil *m*; Nutzen *m*; *loc/prép* **au ~ de** zu'gunsten (+*gén*); **laisser à qn le ~ du doute** im Zweifelsfall zu j-s Gunsten entscheiden; **tirer ~ de qc** von etw profi'tieren; Nutzen, Vorteil aus etw ziehen; **3.** JUR Rechtswohltat *f*, -vorteil *m*; **sous ~ d'inventaire** unter Vorbehalt (der Inventarerrichtung); **4.** HIST **~ ecclésiastique** kirchliches Bene'fizium; Pfründe *f*
bénéficiaire [benefisjɛʀ] **I** *adj* gewinnbringend; Gewinn...; **marge** *f* **~** Gewinn-, Verdienstspanne *f*; **entreprise** *f* **être ~** mit Gewinn arbeiten; Gewinne erwirtschaften; **II** *m,f* Begünstigte(r) *f(m)*; *d'une prestation* Empfangs-, Bezugsberechtigte(r) *f(m)*; Empfänger(in) *m(f)*; Bezieher(in) *m(f)*; *d'un chèque* Zahlungsempfänger(in) *m(f)*; **j'en suis le ~** ich profitiere davon; ich bin der Nutznießer davon; das kommt mir zu'gute
bénéficier [benefisje] *v/t/indir* **~ de qc** (*jouir de*) in den Genuß e-r Sache (*gén*) kommen; etw genießen; (*profiter de*) von etw profi'tieren; Vorteil, Nutzen aus etw ziehen; *d'une prestation* etw beziehen; **~ de circonstances atténuantes** mildernde 'Umstände zugebilligt bekommen; **il en a bénéficié a** das ist ihm zu'gute gekommen; **faire ~ qn de qc** j-m etw zu'gute kommen lassen
bénéfique [benefik] *adj* wohltuend; *effet* günstig; *ce séjour* **lui a été ~** hat ihm gutgetan
Bénélux *ou* **Benelux** [benelyks] **le ~** die Bene'luxstaaten *m/pl*
benêt [bənɛ] *m* ⟨*grand*⟩ **~** Tölpel *m*; F Dummerjan *m*; *adjt* **un peu ~** dümmlich; ein bißchen dumm, tölpelhaft
bénévolat [benevɔla] *m* Freiwilligkeit *f*

bénévole [benevɔl] *adj* freiwillig; ehrenamtlich; unbezahlt; *activité a* unentgeltlich; *aide m,f ou subst ~ m,f* ehrenamtlicher, freiwilliger Helfer; ehrenamtliche, freiwillige Helferin
bengalais [bɛ̃galɛ] *adj et subst cf* **bengali**
Bengale [bɛ̃gal] *le ~* Ben'galen *n*
bengali [bɛ̃gali] *I adj* ben'galisch; *II subst* **1.** ⚥(e) *m(f)* Ben'gale *m*, Ben'galin *f*; **2.** LING *le ~* das Ben'gali; Ben'gali *n*; **3.** *m* ZO Prachtfink *m*
bénigne *cf* **bénin**
bénignité [beniɲite] *f d'une maladie* Gutartigkeit *f*; Harmlosigkeit *f*
bénin [benɛ̃] *adj* ⟨benigne [beniɲ]⟩ **1.** *tumeur, maladie* gutartig; *accident, maladie* harmlos; **2.** *critique* mild
Bénin [benɛ̃] *le ~* Be'nin *n*
béninois [beninwa] *I adj* be'ninisch; *II subst* ⚥(e) *m(f)* Be'niner(in) *m(f)*
béni-oui-oui [beniwiwi] *m/pl* F Jasager *m/pl*
bénir [benir] *v/t* **1.** REL segnen; *~ un mariage* j-n, ein Brautpaar trauen; *Dieu vous bénisse!* Gott segne Sie!; *Ave vous êtes bénie entre toutes les femmes* du bist gebenedeit unter den Frauen; **2.** (*remercier*) dankbar sein (*qn* j-m); (*se féliciter*) glücklich sein (*qc* über etw [*acc*]); *il bénit notre arrivée* er war glücklich, heilfroh über unser Kommen; *béni soit le ciel!* dem Himmel sei Dank!; *je bénis le médecin qui m'a sauvé* ich bin dem Arzt, der mich gerettet hat, ewig dankbar
bénit [beni] *adj* REL geweiht; *eau ~e* Weihwasser *n*; *pain ~* geweihtes Brot
bénitier [benitje] *m* ÉGL CATH Weihwasserbecken *n*, -kessel *m*; F *fig* **grenouille** *f* **de ~** F Betschwester *f*
benjamin [bɛ̃ʒamɛ̃] *m*, **~ine** *f* Jüngste(r) *f(m)*; Benjamin *m*; *d'une famille a* Nesthäkchen *a*
benjoin [bɛ̃ʒwɛ̃] *m* Benzoeharz *n*
benne [bɛn] *f* TECH Kübel *m*; Mulde *f*; Fördergefäß *n*; *d'un camion* (Wagen-)Kasten *m*; *~ basculante* Kippmulde *f*; *~ preneuse* Greifer *m*; *par ext ~ à ordures* Müllauto *n*
Benoît [bənwa] *m* Benedikt *m*
benoît [bənwa] *st/s adj* scheinheilig; süßlich
benzène [bɛ̃zɛn] *m* CHIM Ben'zol *n*
benzine [bɛ̃zin] *f* CHIM (rektifi'ziertes) Ben'zol; *COMM* Waschbenzin *n*
benzol [bɛ̃zɔl] *m* CHIM Ben'zol *n*
béotien [beɔsjɛ̃] *st/s I adj* ⟨~ne⟩ amusisch; ohne Kunstverstand; ba'nausisch; *II subst* **~(ne)** *m(f)* Ba'nause *m*
B.E.P. [beəpe, bep] *m abr* (*brevet d'études professionnelles*) Berufsschulabschluß *m*
B.E.P.C. [beəpese] *m abr* (*brevet d'études du premier cycle*) *correspond à* mittlere Reife
béquille [bekij] *f* **1.** *pour marcher* Krücke *f*; *marcher avec des ~s* an Krücken gehen; **2.** *de moto etc* Ständer *m*; Stütze *f*; **3.** *de serrure* (Tür)Klinke *f*
Bérangère [beʀɑ̃ʒɛʀ] *f Vorname*
berbère [bɛʀbɛʀ] *I adj* Berber...; *II subst* ⚥ *m,f* Berber(in) *m(f)*
bercail [bɛʀkaj] *m* ⟨ohne *pl*⟩ *plais* Schoß *m* der Fa'milie; *rentrer au ~* in den Schoß der Familie, an den häuslichen Herd zurückkehren

berce [bɛʀs] *f* BOT Bärenklau *m*
berceau [bɛʀso] *m* ⟨*pl ~x*⟩ **1.** Wiege *f* (*a fig*); *fig a* Geburtsstätte *f*; *fig:* *dès le ~* von der Wiege an; von klein auf; *Lyon a été en France le ~ de l'imprimerie* die Wiege, Geburtsstätte der Buchdruckerkunst; *il aime les femmes très jeunes, il les prend au ~* sie können ihm nicht jung genug sein; **2.** ARCH Tonne *f*; **voûte** *f* **en ~** Tonnengewölbe *n*; **3.** JARD (grüner) Laubengang; **4.** TECH **~ (de) moteur** Motoruntergestell *n*, -träger *m*
bercement [bɛʀsəmɑ̃] *m* Wiegen *n*; Schaukeln *n*
bercer [bɛʀse] ⟨-ç-⟩ *I v/t* **1.** *bébé* wiegen; schaukeln; *~ dans ses bras* in auf den Armen wiegen; *~ un enfant pour l'endormir* ein Kind in den Schlaf wiegen, einwiegen; *bateau être bercé par les vagues* von den Wellen gewiegt, geschaukelt werden; **2.** *fig:* *son enfance a été bercée de ou par ces contes* s-e Kindheit war erfüllt von diesen Märchen; *être bercé par une musique douce* von leiser Musik eingelullt werden; *~ qn de vaines promesses* j-n mit leeren Versprechungen hinhalten; *II v/pr fig* *se ~ de qc* sich in etw (*dat*) wiegen; sich e-r Sache (*dat*) hingeben; *se ~ d'illusions* sich etwas vorgaukeln
berc|eur [bɛʀsœʀ] *adj* ⟨-euse⟩ *rythme* wiegend; *bruit monotone* einlullend; **~euse** *f* Wiegenlied *n*; MUS Ber'ceuse *f*
béret [beʀɛ] *m* Tellermütze *f*; *~ basque* Baskenmütze *f*; *~ de marin* Ma'trosenmütze *f*
Bergame [bɛʀgam] Bergamo *n*
bergamote [bɛʀgamɔt] *f* **a)** *agrume* Berga'motte *f*; *essence f de ~* Berga'mottöl *n*; **b)** *poire* Berga'motte *f*
berge¹ [bɛʀʒ] *f d'un cours d'eau* (steiles) Ufer; (Ufer)Böschung *f*; *par ext chemin* Uferweg *m*
berge² [bɛʀʒ] *arg f* (Lebens)Jahr *n*; *avoir trente ~s* dreißig Jahre alt sein
berger [bɛʀʒe] *m* **1.** Schäfer *m*; (Schaf-)Hirt(e) *m*; BIBL *le bon ~* der gute Hirte; *l'étoile f du ~* die Venus; der Morgen- *ou* Abendstern; *fig:* *heure f du ~* Schäferstündchen *n*; *la réponse du ~ à la bergère* e-e schlagfertige Schlußbemerkung; **2.** ZO (*chien m de*) *~* Schäferhund *m*; *~ allemand* Deutscher Schäferhund
bergère [bɛʀʒɛʀ] *f* **1.** *personne* Schäferin *f*; (Schaf)Hirtin *f*; **2.** *fauteuil* (bequemer, gepolsterter) Lehnsessel
bergerie [bɛʀʒəʀi] *f* **1.** *bâtiment* Schafstall *m*; Schäfe'rei *f*; **2.** *poème* Schäfergedicht *n*
bergeronnette [bɛʀʒəʀɔnɛt] *f* ZO Bachstelze *f*
béribéri [beʀibeʀi] *m* MÉD Beri'beri *f*
berk [bɛʀk] *int* F 'gitt(igitt)!; pfui!
Berlin [bɛʀlɛ̃] Ber'lin *n*
berline [bɛʀlin] *f* **1.** AUTO (viertürige) Limou'sine; **2.** MINES Förder-, Grubenwagen *m*; Hund *m*
berlingot [bɛʀlɛ̃go] *m* **1.** *bonbon* (tetra'edrischer) Frucht-, Pfefferminzbonbon; **2.** *emballage* Tetrapack *m ou n* (*Wz*); Tetratüte *f*
berlinois [bɛʀlinwa] *I adj* Ber'liner; ber'linerisch (*a* LING); *II subst* ⚥(e) *m(f)* Ber'liner(in) *m(f)*
Berlioz [bɛʀljoz] *frz Komponist*

berlue [bɛʀly] *f avoir la ~* blind sein (*fig*); sich täuschen, irren; *tu as la ~, ce n'est pas lui* du siehst wohl nicht gut ...
berme [bɛʀm] *f* Berme *f*; Ban'kett *n*; Böschungsabsatz *m*
bermuda(s) [bɛʀmyda] *m(pl)* Ber'mudashorts *pl*; Ber'mudas *pl*
Bermudes [bɛʀmyd] *les ~ f/pl* die Ber'mudas *pl*; die Ber'mudainseln *f/pl*
bernache [bɛʀnaʃ] *f* **1.** *oiseau* Wildgans *f*; **2.** *crustacé* Entenmuschel *f*
bernacle [bɛʀnakl(ə)] *f cf* **bernache**
Bernadette [bɛʀnadɛt] *f Vorname*
Bernanos [bɛʀnanos] *frz Dichter*
Bernard [bɛʀnaʀ] *m* Bernhard *m*
bernard-l'(h)ermite [bɛʀnaʀlɛʀmit] ⟨*inv*⟩ ZO Einsiedlerkrebs *m*
berne [bɛʀn] *f drapeau, pavillon* *en ~* auf halbmast; *mettre en ~* auf halbmast setzen; *mettre les drapeaux en ~ a* halbmast flaggen
Berne [bɛʀn] Bern *n*
berner [bɛʀne] *v/t* *~ qn* j-n zum Narren, zum besten haben, halten; j-n an der Nase her'umführen; j-n narren
bernicle [bɛʀnikl(ə)] *f* ZO Napfschnecke *f*
bernique [bɛʀnik] *f cf* **bernicle**
berrichon [bɛʀiʃɔ̃] *adj* ⟨~ne⟩ (*et subst* ⚥ Bewohner) des Berry
Berry [bɛʀi] *le ~* Landschaft in Mittelfrankreich
Berthe [bɛʀt] *f* Berta *f*
Bertrand [bɛʀtʀɑ̃] *m* Bertram *m*
béryl [beʀil] *m* MINÉR Be'ryll *m*
béryllium [beʀiljɔm] *m* CHIM Be'ryllium *n*
besace [bəzas] *f* Quersack *m*
Besançon [bəzɑ̃sɔ̃] *Stadt im Dep. Doubs*
bésef [bezɛf] *cf* **bézef**
bésicles [bezikl(ə)] *plais f/pl* Brille *f*
besogne [b(ə)zɔɲ] *f* Arbeit *f*; *fig aller vite en ~* nicht lange fackeln; gleich aufs Ganze gehen; *fig vous êtes bien rapide en ~* Sie gehen zu schnell zu Werke; *avoir fait de la belle, bonne ~* gute, saubere Arbeit geleistet haben; *cf a* **abattre** 4.
besogneux [b(ə)zɔɲø] *adj* ⟨-euse⟩ *personne* schlechtbezahlt
besoin [b(ə)zwɛ̃] *m* **1.** Bedürfnis *n*, Verlangen *n*, Drang *m* (*de* nach); Erfordernis *n*; *~ d'activité* Tätigkeitsdrang *m*; *~ d'argent a* Geldmangel *m*; *~ de dormir, de repos* Schlaf-, Ruhebedürfnis *n*; *loc/adv: au ~, st/s si ~ est, s'il en est* notfalls; nötigenfalls; im Notfall; falls erforderlich; bei Bedarf; im Bedarfsfall; wenn (es) nötig (ist); *pour le(s) ~(s) de la cause* extra hierfür; *mentir* notgedrungen; ♦ *avoir ~ de qn, qc* j-n, etw brauchen, benötigen, nötig haben; *st/s* j-s, e-r Sache bedürfen; *avoir grand ~ de* dringend brauchen *etc*; *ce pantalon a ~ d'un coup de fer* muß ein bißchen (aus)gebügelt, über'bügelt werden; *avoir ~ de faire qc* etw zu tun brauchen; *je n'ai pas ~ d'ajouter que ...* ich brauche nicht hinzuzufügen, daß ...; *iron vous aviez bien ~ de le lui dire* das hätten Sie ihm nicht zu sagen brauchen; *appareil etc avoir ~ d'être réparé* repara'turbedürftig sein; *il a ~ de se reposer* er ist ruhebedürftig; er braucht Ruhe; er muß sich ausruhen;

j'ai ~ que vous m'aidez ich brauche, benötige Ihre Hilfe; *st/s* ich bedarf Ihrer Hilfe; *impersonnel* **il n'est pas ~ de dire**, *litt* **point n'est ~ de dire que ...** es ist nicht nötig, es ist unnötig, es erübrigt sich, unnötig, 'überflüssig zu sagen, daß ...; ♦ **devenir un ~ pour qn** j-m ein *ou* zum Bedürfnis werden; **éprouver**, **(res)sentir le ~ de** (+*inf*) das Bedürfnis, das Verlangen, den Drang verspüren, fühlen zu (+*inf*); **subvenir aux ~s de ses parents** für den 'Unterhalt s-r Eltern sorgen, aufkommen; **2.** *ÉCON* **~s** *pl* Bedarf *m* (**en** an +*dat*); **~s en capitaux, en matières premières** Kapi'tal-, Rohstoffbedarf *m*; **3.** F **~(s) naturel(s)** Notdurft *f*; F Geschäft *n*; **faire ses ~s** s-e Notdurft, F sein Geschäft verrichten; **faire ses petits ~s** F ein kleines Geschäft machen, verrichten; **satisfaire un ~ pressant** F ein dringendes Geschäft erledigen, verrichten; **4.** (*dénuement*) Not *f*; Armut *f*; Bedürftigkeit *f*; **être dans le ~** in Not sein; Not, Mangel leiden; in Armut leben; arm, notleidend, bedürftig sein
bestiaire [bɛstjɛʀ] *m* **1.** *recueil* Tierbuch *n*; Besti'arium *n*; **2.** *gladiateur* Tierkämpfer *m*
bestial [bɛstjal] *adj* ⟨-aux⟩ tierisch; viehisch; besti'alisch; roh; **~ité** *f* tierisches Wesen; Bestiali'tät *f*; Roheit *f*
bestiaux [bɛstjo] *m/pl AGR* Vieh *n*
bestiole [bɛstjɔl] *f* Tierchen *n*; kleines (harmloses) Tier; (*insecte*) In'sekt *n*
best-seller [bɛstsɛlœʀ, -lɛʀ] *m* ⟨*pl* best-sellers⟩ Bestseller *m*
bêta¹ [bɛta] *m* **1.** *lettre grecque* Beta *n*; **2.** *PHYS NUCL* **rayons** *m/pl* **~** Betastrahlen *m/pl*
bêta² [bɛta] F **I** *adj* ⟨**bêtasse** [bɛtas]⟩ dumm; F doof; **un peu ~** ein bißchen dumm; dümmlich; **II** *m affectueusement* **gros ~** F Dummerchen *n*; *südd* Dummerle *n*
bêtabloquant [bɛtablɔkɑ̃] *m MÉD* Betablocker *m*
bétail [betaj] *m AGR* Vieh *n*; **gros, petit ~** Groß-, Kleinvieh *n*; *fig* **~ humain** wie Vieh behandelte Menschen *m/pl*; **dix têtes de ~** zehn Stück Vieh
bétaillère [betajɛʀ] *f* Viehtransporter *m*
bête¹ [bɛt] *f* **1.** (*animal*) Tier *n*; **~s** *pl* a) *CH* Wild *n*; b) *AGR* Vieh *n*; **2.** (*insectes*) Ungeziefer *n*; **~s et gens** Mensch und Tier; **~s à cornes** Horntiere *n/pl*; *AGR* Hornvieh *n*; **~ à bon Dieu** Ma'rienkäfer *m*; **~ de somme, de trait** Last-, Zugtier *n*; **peaux** *f/pl* **de ~s** Tierfelle *n/pl*, -häute *f/pl*; *fig* **chercher la petite ~** an allem, immer etwas auszusetzen haben; alles bekritteln; immer ein Haar in der Suppe finden; F an allem her'ummeckern, -mäkeln; *HIST* **être livré aux ~s** den wilden Tieren vorgeworfen werden; **regarder qn comme une ~ curieuse** j-n anstarren, F anglotzen; *prov* **morte la ~, mort le venin** in toter Hund beißt nicht mehr (*prov*); **2.** *fig d'une personne*: F **une bonne, brave ~** F ein gutes Tier; ein gutmütiger Dummkopf; *terme d'affection* **grosse, grande ~!** F Dummerchen *ou südd* Dummerle!; *péj* **sale ~** gemeiner Kerl; *p/fort* Miststück *n*; **une ~ à concours** ein (sturer) Ex'amenstyp *m*; **c'est sa ~ noire** er kann ihn *ou* sie *ou* das auf den Tod nicht ausstehen; er *ou* sie *ou* das ist ihm ein Greuel; **faire la ~** sich dumm, unwissend stellen

bête² [bɛt] **I** *adj* (*stupide*) dumm; albern; einfältig; F blöd(e); doof; dämlich; *par ext* **un accident ~** ein ganz dummer, blöder Unfall; **pas si ~!** ich laß mich ou er läßt sich *etc* nicht für dumm verkaufen!; ich bin *ou* er ist *etc* doch nicht so blöd!; F **~ à manger du foin, comme ses pieds** F dumm wie Bohnenstroh; strohdumm; F **c'est ~ comme chou** das ist kinderleicht, ein Kinderspiel; **il n'est pas ~** er ist nicht dumm; **j'ai été ~ de** (+*inf*) es war dumm von mir zu (+*inf*); **suis-je ~ de l'avoir oublié!** wie konnte ich nur so blöd sein und das vergessen!; **c'est ~, je ne m'en souviens pas** das ist aber dumm, ärgerlich ...; **II** *m d'un film, d'une histoire etc* F **c'était d'un ~** (**à faire pleurer**) der *ou* die war so dumm, dümmer geht's nicht mehr
bétel [betɛl] *m* **1.** *BOT* Betelpfeffer *m*; **2.** *stimulant* Betel *m*
bêtement [bɛtmɑ̃] *adv* **1.** dumm; F blöd(e); **il s'est tué ~** er ist auf ganz dumme, blöde Weise ums Leben gekommen; **2.** (*simplement*) **tout ~** ganz einfach, schlicht, simpel
Bethléem [bɛtleɛm] Bethlehem *n*
bêtifier [betifje] *v/i* dumm da'herreden; kindisch plappern
bêtise [betiz] *f* **1.** (*stupidité*) Dummheit *f*; Torheit *f*; **~s** *pl a*) *paroles* dummes, albernes Zeug; Unsinn *m*; F Quatsch *m*; *b*) *actions* Dummheiten *f/pl*; dumme Streiche *m/pl*; **par ~** aus Dummheit; **il a eu la ~ de lui dire** er war so dumm, er hat die Dummheit begangen, es ihm zu sagen; **faire des ~s** Dummheiten machen; **2.** (*motif futile*) Kleinigkeit *f*; Lap'palie *f*; **~ de Cambrai** (tetra'edrischer) Pfefferminzbonbon (aus Cambrai)
bêtisier [betizje] *m* Stilblütensammlung *f*
béton [betɔ̃] *m* **1.** *CONSTR* Be'ton *m*; **~ armé** Stahl-, Eisenbeton *m*; *loc/adj* **de ou en ~** Beton...; *fig* **argument, alibi (en) ~** hieb- und stichfest; **2.** *FOOTBALL* **faire, jouer le ~** mauern
bétonnage [betɔnaʒ] *m* **1.** *CONSTR* Beto'nieren *n*, -ung *f*; **2.** *par ext d'une côte etc* Zubetonieren *n*
bétonner [betɔne] **I** *v/t* **1.** *CONSTR* beto'nieren; **2.** *par ext côte, région* zubetonieren; **II** *v/i FOOTBALL* mauern
bétonn|euse [betɔnøz] *f ou* **~ière** *f CONSTR* Be'tonmischmaschine *f*, -mischer *m*
bette [bɛt] *f BOT* Mangold *m*
betterave [bɛtʀav] *f* Rübe *f*; **~ rouge** rote Rübe, Bete; **~ sucrière** Zuckerrübe *f*
beuglante [bøglɑ̃t] *f* F gegröltes Lied; **pousser sa ~** F ein Lied grölen
beuglement [bøglǝmɑ̃] *m* **1.** *des bovins* Muhen *n*; Brüllen *n*; Gebrüll *n*; **2.** F Johlen *n ou* F Gejohle *n*; Brüllen *n*; Gebrüll *n*; F Grölen *n*; Geröle *n*; Plärren *n*; Geplärr(e) *n*
beugler [bøgle] **I** *v/i* **1.** F *chanson* F grölen; **II** *v/i* **1.** *bovins* muhen, brüllen; **2.** F *péj personne* johlen; brüllen; F grölen (a *chanteur*); plärren (a *radio, télé*); *musique* a dröhnen

beur [bœʀ] F *m,f* (in Frankreich gebore-ne[r]) Nordafrikaner(in) *m(f)*
beurette [bœʀɛt] *f* F *cf* beur
beurk [bœʀk] *int* F i'gitt(igitt)!; pfui!
beurre [bœʀ] *m* **1.** Butter *f*; *CUIS* **~ maître d'hôtel** Kräuterbutter *f*; **~ d'anchois** Sar'dellenbutter *f*; *loc/adj CUIS* **au ~ noir** in stark gebräunter Butter; F *fig* **œil** *m* **au ~ noir** blaues Auge; *loc/adv fig* **au prix où est le ~** wo jetzt alles so teuer ist; bei den heutigen Preisen; **compter pour du ~** überhaupt nicht zählen; **ça entre comme dans du ~** das ist butterweich; **faire son ~** sein Schäfchen ins trockene bringen; F sich gesundstoßen; **mettre du ~ dans les épinards** etwas da'zuverdienen; s-e Finanzen aufbessern; **2.** **petit ~** Butterkeks *m*; **3.** *par ext* **~ de cacahouète** Erdnußbutter *f*; **~ de cacao** Ka'kaobutter *f*
beurrer [bœʀe] *v/t* **1.** *tartine* mit Butter (be)streichen; *moule* mit Butter einfetten; *adjt* **tartine beurrée** Butterbrot *n*, -schnitte *f*; **2.** *adjt personne* F **être beurré** F besoffen, blau sein
beurrier [bœʀje] *m* Butterdose *f*
beuverie [bœvʀi] *f* Trink-, Zech-, F Saufgelage *n*; F Saufe'rei *f*
bévue [bevy] *f* (grober, dummer, peinlicher) Fehler *m*; F Schnitzer *m*; *dans un texte* a Flüchtigkeitsfehler *m*; **commettre une ~** e-n Fehler machen, begehen; F e-n Bock schießen
bey [bɛ] *m HIST titre* Bei *ou* Bey *m*
Beyrouth [beʀut] Beirut *n*
bézef [bezɛf] F *adv* viel; **c'est pas ~** das ist nicht gerade viel; das ist herzlich wenig
Bhoutan [butɑ̃] **le ~** Bhutan *n*
B.H.V. [beaʃve] *m abr* (Bazar de l'Hôtel de ville) Name e-r Kaufhausgruppe
biais [bjɛ] *m* **1.** *COUT* a) *sens* **c'est du ~** das ist schräg geschnitten, genommen; **couper dans le ~** im schrägen Fadenlauf schneiden; b) *bande* Schrägstreifen *m*; **2.** *loc/adv* **de ou en ~** schräg; **regarder qn de ou en ~** j-n (schräg) von der Seite anblicken; **3.** *fig* (*moyen détourné*) ¹Umweg *m*; (Aus)Weg *m*; Winkelzug *m*; *loc/adv* **de ~** auf Umwegen; indirekt; *loc/prép* **par le ~ de** auf dem Umweg über (+*acc*)
biaiser [bjeze] *v/i* ausweichen; sich winden; wie die Katze um den heißen Brei her'umgehen; Winkelzüge machen
Biarritz [bjaʀits] Stadt im Dep. Pyrénées-Atlantiques
biathlon [biatlɔ̃] *m SPORTS* Biathlon *n*
bibelot [biblo] *m* Nippfigur *f*, -sache *f*; **~s** *pl* Nippsachen *f/pl*; Nippes *pl*
Bibendum [bibɛdɔm] *m* das Michelin-Reifenmännchen
biberon [bibʀɔ̃] *m* (Saug)Flasche *f*, (-)Fläschchen *n*; **élever au ~** mit der Flasche groß-, aufziehen (a *animal*)
biberonner [bibʀɔne] *v/i* F gern einen über den Durst trinken
bibi¹ [bibi] *m* F (Damen)Hütchen *n*
bibi² [bibi] *pr/pers* (*moi*) ich; F unsereiner; meine Wenigkeit; **c'est à ~** das gehört mir
bibiche [bibiʃ] *f* F (mein) Herzchen *n*, Schatz *m*
bibine [bibin] *f* F Ge'söff *n*
bible [bibl(ǝ)] *f* **1.** *ouvrage*, *fig* Bibel *f*; *REL* **la ℬ** die Bibel; **~ illustrée** Bilder-

bibel *f; la Sainte* ♀ die Heilige Schrift; *passage m de la* ♀ Bibelstelle *f;* **2.** *adjt papier m* ~ Dünndruckpapier *n; édition f sur papier* ~ Dünndruckausgabe *f*
bibliobus [biblijɔbys] *m* fahrbare (Leih-)Büche'rei; Fahrbücherei *f*
bibliograph|ie [biblijɔgʀafi] *f* Bibliogra'phie *f;* liste a Litera'tur-, Bücherverzeichnis *n;* **~ique** *adj* biblio'graphisch
bibliophil|e [biblijɔfil] *m,f* Biblio'phile(r) *f(m);* Bücherliebhaber(in) *m(f);* **~ie** *f* Bibliophi'lie *f*
bibliothécaire [biblijɔtekɛʀ] *m,f* Bibliothe'kar(in) *m(f)*
bibliothèque [biblijɔtɛk] *f* **1.** *(collection de livres)* Biblio'thek *f; publique a* Büche'rei *f; édifice, salle* Biblio'thek(sgebäude *n,* -ssaal *m,* -szimmer *n) f;* ~ *municipale* Stadtbücherei *f,* -bibliothek *f; à Paris* ♀ *nationale* Natio'nalbibliothek *f;* ~ *de prêt* Leihbücherei *f,* -bibliothek *f;* **2.** *meuble* Bücherschrank *m,* -wand *f,* -regal *n;* **3.** *édition* Buchreihe *f*
biblique [biblik] *adj* Bibel...; biblisch
bic [bik] *m (nom déposé)* Kugelschreiber *m;* F Kuli *m*
bicamér(al)isme [bikameʀ(al)ism(ə)] *m* POL Zwei'kammersystem *n*
bicarbonate [bikaʀbɔnat] *m* CHIM Bikarbonat *ou t/t* -carbonat *n; cf a soude*
bicentenaire [bisãtnɛʀ] *m* zweihundertster Jahrestag; zweihundertjähriges Jubi'läum; Zweihundert'jahrfeier *f; le* ~ *de sa mort* sein zweihundertster Todestag
bicéphale [bisefal] *adj* zwei-, doppelköpfig; *emblème aigle f* ~ Doppeladler *m*
biceps [bisɛps] *m* ANAT Bizeps *m;* F *avoir des* ~ starke Muskeln haben; Muskelkraft besitzen; F Muskelpakete haben
biche [biʃ] *f* **1.** ZO Hirschkuh *f; poét* Hindin *f; fig: regard m de* ~ sanfter Blick; *yeux m/pl de* ~ Rehaugen *n/pl;* **2.** *terme d'affection ma* ~ mein Herzblatt *n,* Herzchen *n,* Liebling *m,* Schätzchen *n*
bicher [biʃe] *v/i* F **1.** *(être content)* zu'frieden sein; F ~ *de plaisir* strahlen; **2.** *(aller bien) ça biche?* geht's gut?; alles in Ordnung?; F alles o. k.?
bichette [biʃɛt] *f* F *ma* ~ *cf biche* 2.
bichon [biʃɔ̃] *m* **1.** *chien* Mal'teser *m;* **2.** F *terme d'affection mon* ~ F mein Herzchen *n,* Lämmchen *n,* Mäuschen *n*
bichonner [biʃɔne] **I** *v/t* **1.** *(pomponner)* her'ausputzen; **2.** *(soigner) qn, animal* (ver)hätscheln; *voiture* hegen und pflegen; **II** *v/pr se* ~ sich her'ausputzen; sich schönmachen; F sich in Schale werfen
bi|colore [bikɔlɔʀ] *adj* zweifarbig; **~concave** *adj* OPT bikon'kav; **~convexe** *adj* OPT bikon'vex
bicoque [bikɔk] *f* F *péj* Bruchbude *f*
bicorne [bikɔʀn] *m chapeau* Zweispitz *m*
bicot [biko] *m injure (sale)* ~ (dreckiger) Araber, Nordafrikaner
bicross [bikʀɔs] *m* **1.** *vélo* BMX-Rad *n;* **2.** *sport* Geländefahren *n*
bicyclette [bisiklɛt] *f* (Fahr)Rad *n;* ~ *de dame, d'homme* Damen-, Herren-(fahr)rad *n; aller à,* F *en* ~ mit dem Rad fahren; radfahren; F radeln
bidasse [bidas] *m* F *(recrue)* Re'krut *m;* junger Sol'dat
bide [bid] F *m* **1.** *(ventre)* (dicker) Bauch; F Wampe *f;* Wanst *m; avoir du* ~ e-n (dicken) Bauch haben; **2.** THÉ *faire un* ~ ein (to'taler) 'Mißerfolg, F ein Flop *m,* ein Reinfall *m* sein; F *cf* 'Durchfall erleben; 'durchfallen; **3.** *cf bidon 3.*
bidet [bidɛ] *m* **1.** *pour toilette intime* Bi'det *n;* **2.** *plais (cheval)* Pferd(chen) *n;* kleines (Reit-, Zug)Pferd
bidoche [bidɔʃ] *f* F *(viande)* Fleisch *n*
bidon [bidɔ̃] *m* **1.** *récipient* Ka'nister *m;* ~ *à, de lait* Milchkanne *f;* ~ *d'essence, d'huile* Ben'zin-, Ölkanister *m; contenu* Kanister Benzin, Öl; **2.** F *fig cf bide 1.;* **3.** F *(bluff)* Bluff *m;* Schwindel *m;* Betrug *m;* F Beschiß *m; c'est pas du* ~ a das ist nicht gelogen; das ist die reinste Wahrheit; **4.** *adjt* ⟨*inv*⟩ *attentat, déclaration etc* vorgetäuscht; Schein...; Pseudo...; *offre f* ~ Scheinangebot *n*
bidonn|ant [bidɔnɑ̃] F *adj* spaßig; drollig; lustig; ulkig; **~er** *v/pr* F *se* ~ sich köstlich amü'sieren; F sich tot-, schieflachen
bidonville [bidɔ̃vil] *m* Wellblechhütten (-siedlung) *f/pl(f);* Elendsviertel *n;* Slum [slam] *m;* Bidon'ville *n*
bidule [bidyl] *m* F Dings(da, -bums) *n*
bief [bjɛf] *m d'un cours d'eau* Abschnitt *m;* Strecke *f; d'un canal* (Ka'nal)Haltung *f;* Staustrecke *f; d'un moulin* Gerinne *n;* Mühlbach *m*
bielle [bjɛl] *f* TECH Pleuel(stange) *m(f);* AUTO *j'ai coulé une* ~ ein Pleuellager ist ausgelaufen; F ich habe e-n Kolbenfresser
biélorusse [bjelɔʀys] **I** *adj* weißrus'sisch; **II** *m,f* ♀ Weißrusse, -russin *m,f*
Biélorussie [bjelɔʀysi] *la* ~ Weißrußland *n*
bien¹ [bjɛ̃] **I** *adv* **1.** gut *(a comme note); (en bonne santé)* a wohl; *assez* ~ a) ziemlich gut; b) *comme note* befriedigend; *très* ~ sehr gut *(a comme note);* ~ *écrit* gut geschrieben; ~ *élevé* a wohlerzogen; ~ *portant* gesund; wohl'auf; *loc/adv ni* ~ *ni mal* weder gut noch schlecht; leidlich; mittelmäßig; *tant* ~ *que mal* recht und schlecht; so gut es (eben) geht; so einigermaßen; *manger* ~ gut essen; *cf a aller¹* 2., 3., *faire* 1. c); **2.** *(juste)* gut; richtig; recht; ~ *conseiller qn* j-n gut, richtig beraten; *ai-je* ~ *entendu?* habe ich recht, richtig gehört, verstanden?; **3.** *degré, intensité* sehr; viel; ganz; recht; reichlich; *avec adj et adv: il y en a* ~ *assez* es ist reichlich davon da; ~ *chaud* sehr, ganz heiß; *je suis* ~ *content* ich bin recht, p/pl zufrieden; *il est* ~ *jeune pour cette mission* er ist reichlich, noch recht jung ...; ~ *meilleur, mieux* viel, weit besser; ~ *souvent* sehr oft; *avec un verbe: ça m'a* ~ *plu* das hat mir sehr, gut gefallen; *il a* ~ *souffert* er hat sehr, viel gelitten; ♦ *avec subst* ~ *des ou du ou de la* (sehr) viele *ou* viel ...; ~ *depuis* ~ *des années* seit vielen Jahren; ~ *des fois* (sehr) oft; viele Male; F x-mal; ~ *du monde* viele Leute; *avec* ~ *du mal* mit (sehr) viel, großer Mühe; *avoir* ~ *de la chance* sehr viel Glück haben; **4.** *quantité* gut; reichlich; mindestens; *j'ai* ~ *téléphoné vingt fois* ich habe mindestens zwanzigmal telefoniert; **5.** *emphatique* wohl; doch; schon; wirklich; tatsächlich; allerdings; freilich; *restrictif* zwar; *marquant la résignation* halt; *formule épistolaire* ~ *à vous* mit herzlichen Grüßen Ihr(e) ...; *loc/adv mais* ~ sondern vielmehr *ou* viel eher *ou* im Gegenteil; *avec adj, adv et pr: il part* ~ *demain?* er fährt doch morgen?; *c'est* ~ *français* das ist typisch französisch; *pas de doute, c'est* ~ *lui* das ist er wirklich, tatsächlich; *c'est* ~ *de lui* das ist typisch für ihn; das sieht ihm ähnlich; so ist er; *en incise* ~ *plus* mehr noch; ja, noch mehr; *c'est* ~ *vrai, mais ...* das ist zwar *ou* schon wahr, aber ...; *avec un verbe: je crois, pense* ~ ich glaube, denke schon, wohl; *dites-lui* ~ *que ...* sagen Sie ihm doch (bitte), daß ...; *il le fait* ~*, pourquoi pas moi?* er tut es doch auch, warum dann ich nicht?; *il faut* ~ *le supporter* man muß es *ou* ihn halt ertragen; *cela finira* ~ *un jour* eines Tages wird es wohl, schon aufhören; *cette fois, c'est* ~ *fini* diesmal ist es wirklich aus; *je sais* ~ weiß schon; *je le sais* ~ das weiß ich (sehr) wohl; *il sait* ~ *que ...* er weiß genau, ganz gut, daß ...; *j'ai* ~ *téléphoné, mais vous n'étiez pas là* ich habe zwar, schon, wohl angerufen, aber ...; *je le vois* ~ das sehe ich (sehr) wohl, freilich, allerdings; **6.** *(volontiers)* gern(e); *j'irais* ~ *avec vous!* ich würde (ja) gern mit Ihnen gehen!; *j'écrirais* ~*, mais je n'ai pas son adresse* ich würde ja gern schreiben, aber ...; **7.** *int eh* ~*,* F *eh ben* nun!; na!; *eh* ~*! qui l'aurait dit!* na *ou* ach, wer hätte das gedacht!; *on peut* ~ *en dites-vous?* na *ou* nun, was sagen Sie dazu?; *eh* ~*! c'est d'accord* (na) gut, einverstanden!; *eh* ~*, s'il le faut* na gut, wenn es sein muß; *eh* ~*! soit!* na denn!; also gut!; *qu'est-ce que vous voulez? – (eh) ben, du papier!* na, Papier natürlich!; *eh* ~ *mon vieux!* a) *admiratif* (das ist ja) toll!; alle Achtung!; b) *compatissant* o je!; au Backe!; au!; c) *étonné* sieh mal (einer) an!; (na) so was!; das ist ja (wirklich) allerhand!; *eh* ~*, oui, je l'avoue* na ja *ou* na gut, ich geb's zu; *eh* ~*,* ~ *voilà comment c'était* also, das war so; *tu y es allé? eh* ~*?* und?; und, wie war's?; *eh* ~ *ou eh ben quoi?* also, was ist (jetzt los)?; **II** *adj* ⟨*inv*⟩ **1.** gut; *(en bonne santé)* wohl; ~*!* gut!; *iron nous voilà* ~*!* da sitzen wir schön in der Tinte, in der Schlamassel!; *c'est (très ou fort)* ~ a) *(parfait)* das ist (sehr) gut; b) *mécontentement* schon gut; *être, se sentir, se trouver* ~ sich wohl fühlen; *être* ~ *avec qn* (sich) gut mit j-m stehen; *vous êtes* ~ *dans ces chaussures?* gehen Sie gut in diesen Schuhen?; *vous êtes* ~ *dans ce fauteuil?* sitzen Sie gut, bequem in diesem Sessel?; *acteur il est* ~ *dans ce rôle* er ist gut in dieser Rolle; *prov tout est* ~ *qui finit* ~ Ende gut, alles gut *(prov);* **2.** *(juste, moral)* richtig; recht; *ce n'est pas* ~ *d'agir ainsi* es ist nicht nett, richtig ...; *je ne trouve pas ça* ~ das finde ich nicht recht, richtig; **3.** *(beau) personne être* ~ gut aus-

sehen (*a chose*); e-e gute Erscheinung sein; e-e gute Fi'gur haben; *l'hôtel a l'air ~* das Hotel sieht gut, vertrauenerweckend aus; *je la trouve encore ~* ich finde, sie sieht noch gut aus; **4.** F **a)** (*distingué*) fein; vornehm; bessere(r, -s); **b)** (*comme il faut*) ordentlich; anständig; nett; fein; F prima; *des gens ~* a) feine, bessere Leute *pl*; b) ordentliche, achtbare, anständige Leute *pl*; *un type ~* F ein feiner, prima Kerl; *il est ~* F der ist prima, in Ordnung; **III** *loc/conj ~ que* (+*subj*) ob'wohl; ob'gleich; wenn auch; *st/s* ob'schon; *si ~ que* so daß; *cf a tant II 2*.

bien² [bjɛ̃] *m* **1.** Wohl *n*; Beste(s) *n*; Gute(s) *n*; *~ public, général, commun* öffentliches, allgemeines Wohl; (All)Gemeinwohl *n*; *changer en ~* sich zu s-m Vorteil verändern; *dire du ~, parler en ~ de qn, qc* Gutes über j-n, etw sagen; j-m, etw Gutes nachsagen; *c'est pour son ~* das geschieht zu s-m Besten, Wohl, in s-m Interesse; *ce n'était que pour son ~ a* ich habe *ou* wir haben *etc* es doch nur gut mit ihm gemeint; *il a changé d'attitude, c'est un ~* das ist gut, ein Glück; *faire du ~ à qn médicament, repos etc* j-m gut-, wohltun; *personne* j-m Gutes tun, erweisen; *politique, mesure faire du ~ au commerce* den Handel fördern; *iron grand ~ lui ou vous etc fasse!* wohl bekomm's!; na, dann viel Vergnügen!; *cela lui a fait plus de mal que de ~* das hat ihm mehr geschadet als genützt; *projet, négociations mener à ~* erfolgreich 'durchführen; zum Erfolg führen; *je ne veux que ton ~* ich will nur dein Bestes; *vouloir du ~ à qn* j-m wohlgesinnt sein; j-m wohlwollen; *lettre anonyme un ami qui vous veut du ~* ein wohlmeinender Freund; **2.** *valeur morale le ~* das Gute; *le ~ et le mal* das Gute und das Böse; Gut und Böse; *loc/adv en tout ~* (*et*) *tout honneur* in allen Ehren; *faire le ~* das Gute tun; (*être charitable*) Gutes tun; **3.** *matériel* Gut *n* (*a* ÉCON, JUR); Hab und Gut *n*; Habe *f*; (*propriété*) Besitz *m*; Eigentum *n*; *JUR ~s pl a* Vermögenswerte *m/pl*; Sachen *f/pl*; *~s de consommation* Kon'sum-, *au sens strict* Verbrauchsgüter *n/pl*; *~s d'investissement, de production* Investiti'ons-, Produkti'onsgüter *n/pl*; *avoir du ~* vermögend sein; *avoir du ~ au soleil* Grundbesitz haben; *la santé est le plus précieux des ~s* die Gesundheit ist das kostbarste Gut; *prov ~ mal acquis ne profite jamais* unrecht Gut gedeiht nicht (*prov*); *cf a* (*im*)*meuble I*; **4.** *note un ~* ein Gut *n*; *un assez ~* ein Befriedigend *n*; *un très ~* ein Sehrgut *n*.

bien-aimé [bjɛ̃neme] **I** *adj* innigstgeliebt; **II** *subst ~*(*e*) *m*(*f*) Geliebte(r) *f*(*m*)

bien-être [bjɛ̃nɛtʀ(ə)] *m* **1.** *du corps, de l'esprit* Wohlbehagen *n*, -befinden *n*; wohliges Gefühl; Wohlgefühl *n*; **2.** (*aisance matérielle*) Wohlstand *m*

bienfaisance [bjɛ̃fəzɑ̃s] *f* Wohltätigkeit *f*

bienfaisant [bjɛ̃fəzɑ̃] *adj* wohltuend, erquickend; *être ~ a* guttun

bienfait [bjɛ̃fɛ] *m* **1.** Wohltat *f*; *fig de la civilisation, de la science ~s pl* Segnun-

gen *f/pl*; *prov un ~ n'est jamais perdu* Wohltun bringt Zinsen; **2.** *d'un traitement, d'un médicament* wohltuende Wirkung

bienfai|teur [bjɛ̃fɛtœʀ] *m*, *~trice f* **1.** Wohltäter(in) *m*(*f*) (*a fig de l'humanité*); **2.** (*donateur*) Spender(in) *m*(*f*); Stifter(in) *m*(*f*)

bien-fondé [bjɛ̃fɔ̃de] *m d'une réclamation etc* Rechtmäßigkeit *f*; Berechtigung *f*; *d'une décision, d'une opinion* Richtigkeit *f*; *d'un argument* Stichhaltigkeit *f*

bien-fonds [bjɛ̃fɔ̃] *m* ⟨*pl* biens-fonds⟩ JUR Grundbesitz *m*, -eigentum *n*; *pl a* Immo'bilien *f/pl*; Liegenschaften *f/pl*

bienheureux [bjɛ̃nœʀø] **I** *adj* ⟨-euse⟩ **1.** *st/s idée, vie* glücklich; **2.** BIBL, ÉGL CATH selig; *la bienheureuse Vierge Marie* die allerseligste Jungfrau Maria; BIBL *~ les pauvres en esprit* selig sind, die da geistlich arm sind; CATH selig sind die Armen im Geiste; **II** *subst* ÉGL CATH *~*, *bienheureuse m,f* Selige(r) *f*(*m*)

biennal [bjenal] **I** *adj* ⟨-aux⟩ **a)** (*pour deux ans*) zweijährig; **b)** (*tous les deux ans*) zweijährlich; alle zwei Jahre stattfindend; **II** *f ~e* Bien'nale *f*

Bienne [bjɛn] Biel *n*

bien-pensant [bjɛ̃pɑ̃sɑ̃] *péj* **I** *adj* konfor'mistisch; **II** *subst ~*(*e*) *m*(*f*) Konfor'mist(in) *m*(*f*)

bienséance [bjɛ̃seɑ̃s] *f* Anstand *m*; Schicklichkeit *f*; Wohlanständigkeit *f*; *~s pl* gute Sitten *f/pl*; *règles f/pl de la ~* Anstandsregeln *f/pl*

bienséant [bjɛ̃seɑ̃] *adj* schicklich; wohlanständig

bientôt [bjɛ̃to] *adv* bald; dem'nächst; F *très ~* sehr bald; in Kürze; *à* (F *très*) *~!* auf baldiges Wiedersehen!; F bis, auf bald!; *c'est pour ~?* est es bald soweit?

bienveillance [bjɛ̃vɛjɑ̃s] *f* Wohlwollen *n*; *avec ~* mit Wohlwollen, wohlwollend

bienveillant [bjɛ̃vɛjɑ̃] *adj* wohlwollend

bienvenu [bjɛ̃vny] **I** *adj* will'kommen; **II** *subst être le ~, la ~e* will'kommen sein; *soyez le ~!* seien Sie (mir *ou* uns herzlich) willkommen!; *ton offre est la ~e* dein Angebot ist mir (sehr) willkommen

bienvenue [bjɛ̃vny] *f* Will'kommen *n*; *~ à nos hôtes!* unseren Gästen ein herzliches Willkommen!; *discours m de ~* Begrüßungsansprache *f*; Grußwort *n*; Willkommensgruß *m*; *souhaiter la ~ à qn* j-n willkommen heißen

bière¹ [bjɛʀ] *f* Bier *n*; *~ blonde, brune* helles, dunkles Bier; *~* (*à la*) *pression* Bier vom Faß; Faßbier *n*; F *fig ce n'est pas de la petite ~* das ist keine Kleinigkeit, kein Kinderspiel, F kein Zuckerlecken

bière² [bjɛʀ] *f* (*cercueil*) Sarg *m*; *mettre en ~* einsargen; *mise f en ~* Einsargung *f*

biffer [bife] *v/t* (aus-, 'durch)streichen

bifocal [bifɔkal] *adj* ⟨-aux⟩ OPT bifo'kal; *verre ~* Bifokal-, Zweistärkenglas *n*

bifteck [biftɛk] *m* **1.** CUIS (Beef)Steak [('bi:f)ste:k] *n*; *~ haché* Hacksteak [-ste:k] *n*; *~ de cheval* Pferdesteak *n*; **2.** F fig *défendre son ~* s-e (eigenen) Inter'essen verteidigen; *gagner son ~* F s-e Brötchen verdienen

bifurcation [bifyʀkasjɔ̃] *f* **1.** *d'une route*

etc Gabelung *f*; Abzweigung *f*; **2.** *dans des études* Wahlmöglichkeit *f*

bifurquer [bifyʀke] *v/i* **1.** *route, voie ferrée* sich gabeln, teilen, verzweigen; **2.** *voiture, train* abbiegen (*vers, sur* nach); *train a* hin'überwechseln (*sur une autre voie* auf ein anderes Gleis); **3.** *dans des études, une carrière* 'überwechseln (*vers* zu); F 'umsatteln, -steigen (*auf* +*acc*)

bigam|e [bigam] **I** *adj* biga'mistisch; in Biga'mie lebend; **II** *m,f* Biga'mist(in) *m*(*f*); *~ie f* Biga'mie *f*; Doppelehe *f*

bigarade [bigaʀad] *f* BOT Pome'ranze *f*

bigarré [bigaʀe] *adj* **1.** *tissu* bunt(gemustert); **2.** *fig* buntscheckig; *société a* gemischt; hetero'gen

bigarreau [bigaʀo] *m* ⟨*pl ~x*⟩ *frz* Kirschsorte

bigarrure [bigaʀyʀ] *f* **1.** (*couleurs*) Buntheit *f*; **2.** *fig* Buntscheckigkeit *f*

big bang [bigbɑ̃g] *m* ASTR Urknall *m*

bigler [bigle] **I** *v/t* F (*regarder*) F angukken; **II** *v/i* F (*loucher*) schielen

bigleux [biglø] *adj* ⟨-euse⟩ F *être ~* a) (*voir mal*) schlecht sehen; kurzsichtig sein; b) (*loucher*) schielen

bigophone [bigɔfɔn] F *m* Tele'fon *n*; F Quasselstrippe *f*; *donner un coup de ~* F sich an die Strippe hängen

bigorneau [bigɔʀno] *m* ⟨*pl ~x*⟩ ZO Strandschnecke *f*

Bigorre [bigɔʀ] *la ~* Landschaft in Südwestfrankreich (*Hautes-Pyrénées*)

bigot [bigo] **I** *adj* fröm'melnd; **II** *subst ~*(*e*) *m*(*f*) Frömmler(in) *m*(*f*); Betbruder *m*, -schwester *f*

bigoterie [bigɔtʀi] *f* Bigotte'rie *f*; Fröm'me'lei *f*

bigoudi [bigudi] *m* Lockenwickler *m*; (*se*) *mettre des ~s* (sich) das Haar einlegen, aufwickeln

bigre [bigʀ(ə)] *int* F Donnerwetter!

bigrement [bigʀəmɑ̃] *adv* F verdammt; verflixt; verteufelt

bihebdomadaire [biɛbdɔmadɛʀ] *adj* revue zweimal wöchentlich erscheinend

bijou [biʒu] *m* ⟨*pl ~x*⟩ **1.** Schmuckstück *n*; Ju'wel *n*, Kleinod *n* (*a fig*); *pl ~x a* Schmuck(sachen) *f*(*pl*); *fig un ~ de l'architecture romane* ein Juwel, Kleinod der romanischen Baukunst; *~x de famille, de fantaisie* Fa'milien-, Modeschmuck *m*; *~x en argent, en or* Silber-, Goldschmuck *m*; *couvert de ~x* mit Schmuck-, Juwelen behängt; **2.** F *fig mon ~* mein Schatz *m*; F mein Goldstück *n*

bijouterie [biʒutʀi] *f* **1.** a) *magasin* Schmuck(waren)-, Juwe'liergeschäft *n*; **b)** *industrie* Schmuck(waren)industrie *f*; **c)** *commerce* Schmuckwarenhandel *m*; **2.** *articles* Schmuck(waren *f/pl*, -gegenstände *m/pl*) *m*; *~ d'argent, d'or, de fantaisie* Silber-, Gold-, Modeschmuck *m*

bijoutier [biʒutje] *m* **a)** *commerçant* Juwe'lier *m*; **b)** *fabricant* Schmuck(waren)hersteller *m*

bikini [bikini] *m* Bi'kini *m*

bilame [bilam] *f* TECH Bimetallstreifen *m*

bilan [bilɑ̃] *m* **1.** COMM Bi'lanz *f*; Abschluß *m*; Schlußabrechnung *f*; *fig* Bi'lanz *f*; (End)Ergebnis *n*; Fazit *n*; *établir un ~* e-e Bilanz aufstellen; *fig faire le ~ de qc* die Bilanz, das Fazit aus etw ziehen; *faire le ~ de la situation* e-e

bilatéral – biscuit

Zwischenbilanz ziehen; e-e Bestandsaufnahme machen; **2.** *JUR* **dépôt** *m* **de ~** Kon'kursanmeldung *f*, -antrag *m*; **déposer son ~** Kon'kurs anmelden; **3.** *MÉD* **~ de santé** Check-up ['tʃɛkap] *m ou n*; Gene'raluntersuchung *f*
bilatéral [bilateʀal] *adj* ⟨-aux⟩ zweiseitig; bilateral; *JUR* **contrat ~** zweiseitiger, bilateraler Vertrag; *MÉD* **paralysie ~e** doppelseitige Lähmung; **stationnement ~** beidseitiges Parken
bilboquet [bilbɔke] *m* Geschicklichkeitsspiel, bei dem e-e durchbohrte Kugel mit e-m spitzen Stock aufgefangen werden muß
bile [bil] *f* **1.** *PHYSIOL* Galle(nflüssigkeit) *f*; **2.** *fig*: **décharger sa ~ sur qn** s-e schlechte Laune, s-n Ärger an j-m auslassen; **se faire de la ~** sich Sorgen machen; sich ängstigen, aufregen; *cf a* **échauffer 2.**
biler [bile] *v/pr* F **ne pas se ~** unbesorgt, unbekümmert sein; sich keine Sorgen machen; sich nicht aufregen
bileux [bilø] *adj* ⟨-euse⟩ F **ne pas être ~** *cf* **biler**
bilharziose [bilaʀzjoz] *f MÉD* Bilharzi'ose *f*
biliaire [biljɛʀ] *adj ANAT* Gallen...; **calculs** *m/pl* **~s** Gallensteine *m/pl*
bilieux [biljø] *adj* ⟨-cusc⟩ **1.** *MÉD* gallig; gallehaltig; **teint** gelb(lich); **2.** *st/s personne*, *tempérament* gallig
bilingue [bilɛ̃g] *adj* zweisprachig; **secrétaire** *f* **~** zwei Sprachen beherrschende Sekretärin; **personne être ~** zweisprachig (aufgewachsen) sein
bilinguisme [bilɛ̃gцism(ə)] *m* Zweisprachigkeit *f*
billard [bijaʀ] *m* **a)** Billard(spiel) [-lj-] *n*; *au sens strict* **~ américain** Loch-, Poolbillard ['puːl-] *n*; **~ électrique** Flipper *m*; **boule** *f* **de ~** Billardkugel *f*; F *fig* **c'est du ~** das ist kinderleicht, ein Kinderspiel; das geht ganz einfach; **b)** (*table f de* **~**) Billard(tisch) *n*(*m*); F **cette route est un vrai ~** diese Straße ist wunderbar eben und gerade; F *fig* **monter, passer sur le ~** F unter das Messer kommen; **c)** (*partie f de* **~**) Par'tie *f* Billard; **faire un** (F *petit*) **~, une partie de ~** e-e Partie Billard spielen
bille¹ [bij] *f* **1.** (*boule*) Kugel *f*; *au billard* Ball *m*; *jeu d'enfants* Murmel *f*, Klicker *m*; **stylo** *m* (**à**) **~** Kugelschreiber *m*; *fig* **reprendre ses ~s** nicht mehr mitmachen; abspringen; F aussteigen; **2.** F *fig* (*figure*) Gesicht *n*; **avoir une bonne ~** sympathisch aussehen; **avoir une ~ de clown** drollig, lustig aussehen
bille² [bij] *f* (*pièce de bois*) (Holz)Klotz *m*, (-)Block *m*; **~ de chêne** Eichenklotz *m*, -block *m*
billet [bijɛ] *m* **1.** *pour entrer quelque part* Eintrittskarte *f*; *pour voyager* Fahrkarte *f*, -schein *m*; **~ aller-retour** Rückfahrkarte *f*; **~ ouvert** open Ticket *n*; offener Flugschein; **~ d'aller** Fahrkarte für die einfache Fahrt, Hinfahrt; **~ d'avion** Flugticket *n*, -schein *m*; **~ de bateau** Schiffskarte *f*; **~ de chemin de fer** Eisenbahnfahrkarte *f*; **~ de cinéma, de concert** Kino-, Kon'zertkarte *f*; *CH DE FER* **~ de quai** Bahnsteigkarte *f*; **~ de théâtre** The'aterkarte *f*; **2. ~** (*de banque*) (Geld)Schein *m*; Banknote *f*; *pl* **~s** *a* Pa'piergeld *n*; **faux ~** falsche Banknote; F Blüte *f*; **~ de cent francs** Hundert-Franc-Schein *m*; **en ~s** in Scheinen; F *fig* **je t'en donne, t'en fiche mon ~** da mache ich jede Wette; F das kann ich dir schriftlich geben; **3.** *COMM* Wechsel *m*; **~ à ordre** Eigen-, Solawechsel *m*; **~ au porteur** auf den Inhaber zahlbarer Wechsel; **4.** *st/s* (*courte lettre*) Briefchen *n*; kurze Mitteilung; **~ doux** Liebesbriefchen *n*; **plais** Billet'doux *n*; **5.** *de loterie* Los *n*; **~ gagnant** Gewinnlos *n*; Treffer *m*; **6.** F (*1000 anciens francs*) tausend (alte) Franc
billetterie [bijɛtʀi] *f* Geldautomat *m*
billevesées [bilvəze] *litt f/pl* ungereimtes Zeug; leeres, hohles Geschwätz
billion [biljɔ̃] *m* Billi'on *f*
billot [bijo] *m* (*bloc de bois*) Hack-, Hauklotz *m*; *pour décapitation* Richtblock *m*; *TECH* Holzklotz *m*, -block *m*; Me'tallblock *m*
bimensuel [bimɑ̃sцɛl] *adj* ⟨~le⟩ monatlich zweimal stattfindend, *revue* erscheinend
bimestriel [bimɛstʀijɛl] *adj* ⟨~le⟩ alle zwei Monate, zweimonatlich stattfindend, *revue* erscheinend
bimétallisme [bimetalism(ə)] *m FIN* Doppelwährung *f*; Bimetal'lismus *m*
bimillénaire [bimi(l)lenɛʀ] **I** *adj* zweitausendjährig; **II** *m* Zweitausend'jahrfeier *f*
bimoteur [bimɔtœʀ] *AVIAT* **I** *adj* zweimotorig; **II** *m* zweimotorige Ma'schine *f*
binage [binaʒ] *m JARD* Hacken *n*
binaire [binɛʀ] *adj* bi'när; *MATH* **numération** *f* **~** binäres System *n*; Du'alsystem *n*
biner [bine] *v/t JARD* hacken
binette [binɛt] *f* **1.** *JARD* Hacke *f*; **2.** F (*visage*) Gesicht *n*; *péj* Vi'sage *f*; **tu en fais une** (**drôle de**) **~!** was machst du für ein komisches Gesicht!
bineuse [binøz] *f AGR* Hackmaschine *f*
bing [biŋ] *int* peng!
biniou [binju] *m* (bre'tonischer) Dudelsack
binocle [binɔkl(ə)] *m* **1.** (*pince-nez*) Kneifer *m*; Zwicker *m*; **2.** *pl* **~s plais** (*lunettes*) Brille *f*
binoculaire [binɔkylɛʀ] *adj OPT* beidäugig; binoku'lar (*a instrument*)
binôme [binom] *m MATH* Bi'nom *n*
bio [bjo] *adj* ⟨*inv*⟩ F *abr* (*biologique*) Bio...; **produits** *m/pl* **~** Bioerzeugnisse *n/pl*; *advt* **manger ~** Biokost essen
biocarburant [bjokaʀbyʀɑ̃] *m* Biotreibstoff *m*
biochim|ie [bjoʃimi] *f* Bioche'mie *f*; **~ique** *adj* bio'chemisch; **~iste** *m,f* Bio'chemiker(in) *m(f)*
biodégradable [bjodegʀadabl(ə)] *adj* bio'logisch abbaubar; *par ext* 'umweltfreundlich
biograph|e [bjogʀaf] *m,f* Bio'graph(in) *m(f)*; **~ie** *f* Biogra'phie *f*; Lebensbeschreibung *f*, -geschichte *f*; **~ique** *adj* bio'graphisch
biolog|ie [bjɔlɔʒi] *f* Biolo'gie *f*; **~ique** *adj* bio'logisch; **~iste** *m,f* Bio'loge, -'login *m,f*
bio|masse [bjomas] *f* Biomasse *f*; **~médical** *adj* ⟨-aux⟩ biomedi'zinisch; **~métrie** *f* Biome'trie *f*; Bio'metrik *f*
bionique [bjɔnik] **I** *adj* bi'onisch; **II** *f* Bi'onik *f*
biophysique [bjofisik] *f* Biophy'sik *f*
biopsie [bjɔpsi] *f MÉD* Biop'sie *f*
bio|rythme [bjɔʀitm(ə)] *m* Bio'rhythmus *m*; **~sphère** *f* Bio'sphäre *f*; **~technologie** *f* Biotechnik *f*
biotope [bjɔtɔp] *m* Bio'top *m ou n*
bioxyde [bjoksid] *m CHIM* Dioxyd *ou* Dioxid *n*
bipartisme [bipaʀtism(ə)] *m POL* Zweipar'teiensystem *n*
bipartite [bipaʀtit] *adj POL* Zweier...; Zwei'mächte...; Zweipar'teien...; **accord** *m*, **conférence** *f* **~** Zweier- *ou* Zweimächteabkommen *n*, -konferenz *f*; **gouvernement** *m* **~** Zweiparteienregierung *f*
bip-bip [bipbip] *m* **a)** *signal* Piepton *m*; Piepen *n*; **b)** *appareil* F Piepser *m*
bipède [bipɛd] *ZO* **I** *adj* zweifüßig, -beinig; **II** *m* Zweifüßer *m*
biplace [biplas] *adj* zweisitzig; **avion** *m* **~ *ou subst* ~** *m* zweisitziges Flugzeug; Zweisitzer *m*; **voiture** *f* **~ *ou subst* ~** *f* zweisitziger Wagen; Zweisitzer *m*
biplan [biplɑ̃] *adj* **avion ~ *ou subst* ~** *m* Doppeldecker *m*
bi|polaire [bipɔlɛʀ] *adj PHYS, MATH* zweipolig; *sc* bipolar; **~polarisation** *f POL* Polari'sierung *f*; **~polarité** *f PHYS* Zweipoligkeit *f*; *sc* Bipolari'tät *f*
bique [bik] F *f* **1.** *ZO* Ziege *f*; Geiß *f*; **2.** *fig et péj* **grande ~** F Hopfenstange *f*; **vieille ~** alte Ziege, F Zicke, Schachtel *f*
biqu|et [bikɛ] F *m*, **~ette** F *f* **1.** *ZO* Zicklein *n*; Zicki *n*; **2.** *terme d'affection* **mon biquet, ma biquette** F mein Schäfchen *n*, Häschen *n*, Mäuschen *n*
birbe [biʀb] *m* F *péj* **un vieux ~** F ein alter Knacker
biréacteur [biʀeaktœʀ] *AVIAT* **I** *adj* zweistrahlig; **II** *m* zweistrahlige Ma'schine
birman [biʀmɑ̃] **I** *adj* bir'manisch; **II** *subst* ♀(*e*) *m(f)* Bir'mane *m*, Bir'manin *f*
Birmanie [biʀmani] **la ~** Birma *n*
bis¹ [bi] *adj* ⟨*bise* [biz]⟩ graubraun; **pain ~** Grau-, Mischbrot *n*
bis² [bis] **I** *adv* **1.** *accolé à un numéro* a; **habiter au 12 ~** Nummer 12 a wohnen; **2.** *MUS* wieder! noch, noch einmal; bis; **int ~!** da capo!; **II** *m* demande du public Wieder'holung *f*; *MUS* **a** Da'kapo *n*; **jouer en *ou* un ~** das Stück, e-n Satz *etc* noch einmal spielen
bisaïeul(e) [bizajœl] *st/s m(f)* Urgroßvater *m*, -mutter *f*; **bisaïeuls** *m/pl* Urgroßeltern *pl*
bisannuel [bizanцɛl] *adj* ⟨~le⟩ **1.** zweijährlich, alle zwei Jahre stattfindend; **2.** *plante* zweijährig
bisbille [bizbij] F *f* kleiner Streit; Verstimmung *f*; **être en ~ avec qn** mit j-m schmollen, im Streit liegen
biscornu [biskɔʀny] *adj forme* bi'zarr; *idée a* wunderlich; verschroben; *personne* **avoir l'esprit ~** wunderlich, verschroben sein
biscoteau [biskoto] F *m* ⟨*pl* **~x**⟩ *ou* **biscoto** F *m cf* **biceps**
biscotte [biskɔt] *f CUIS* Zwieback *m*
biscuit [biskцi] *m* **1.** *CUIS* **a)** (*gâteau sec*) Keks *m*; **~ de chien** Hundekuchen *m*; **b) ~ de Savoie** Bisku'it *n ou m*; **~ à la cuiller** Löffelbiskuit *n ou m*; **c) ~ de marin** Schiffszwieback *m*; **2. a)** *porcelaine* Bisku'it(porzellan) *n*; **b)** *figurine* Fi'gur *f* aus Biskuit(porzellan)

biscuiterie [biskɥitRi] *f* **a)** *fabrication* Keksherstellung *f*; **b)** *usine* Keksfabrik *f*
bise¹ [biz] *f vent* kalter Nord(ost)wind
bise² [biz] *f* F *f* Kuß *m*, Küßchen *n* (auf die Wange); *südd a* Busserl *n*; *grosse* ~ herzhafter, kräftiger, schallender Kuß; F Schmatz *m*; *formule épistolaire grosses ~s* herzliche Küsse; *faire la ~* sich (auf die Wange) küssen
biseau [bizo] *m* ⟨*pl ~x*⟩ **1.** *d'une vitre, d'une glace* abgeschrägte Kante; Fase *f*; *en ~* mit abgeschrägter Kante; *tailler en ~ cf biseauter*; **2.** *outil* Meißel *m* mit schräger Schnittfläche
biseauter [bizote] *f v/t* **1.** TECH abschrägen; abkanten; abfasen; schrägschleifen; facet'tieren; **2.** *cartes à jouer* zinken
bisexué *cf bissexué*
bismuth [bismyt] *m* **1.** CHIM Wismut *n*; **2.** PHARM Wismutsalz *n*, -präparat *n*
bison [bizõ] *m* **1.** ZO ~ (*d'Amérique*) Bison *m*; ~ *d'Europe* Wisent *m*; **2.** ♀ *futé* Name e-s Verkehrsleitservice
bisou [bizu] *m* F *cf bise²*
bisque [bisk] *f* CUIS ~ *d'écrevisses, de homard* Krebs-, Hummersuppe *f*
bisquer [biske] F *v/i* sich ärgern; F wild, fuchsig werden; hochgehen; *faire ~ qn* j-n ärgern, F auf die Palme bringen
bissectrice [bisɛktRis] *f* MATH Winkelhalbierende *f*
bisser [bise] *v/t* **a)** *public: artiste* (durch anhaltenden Beifall und Da'kaporufe) zu e-r Wieder'holung, zu e-m Da'kapo bewegen; ~ *une chanson* durch anhaltenden Beifall die Wiederholung e-s Liedes erzwingen, verlangen; **b)** *artiste: chanson etc* wieder'holen; noch einmal singen *etc*
bissextile [bisɛkstil] *adj année ~* Schaltjahr *n*
bissexualité [bisɛksɥalite] *f* **1.** BIOL Doppel-, Zweigeschlechtigkeit *f*; **2.** PSYCH Bisexualität *f*
bissexu|é [bisɛksɥe] *adj* BIOL doppel-, zweigeschlechtig; *~el adj* ⟨*~le*⟩ PSYCH bisexuell
bistouri [bisturi] *m* MÉD Skal'pell *n*
bistre [bistR(ə)] *m* **1.** (Dunkel)Braun *n*; **2.** *adj t* ⟨*inv*⟩ *teint* (dunkel)braun
bistré [bistRe] *adj cf bistre 2.*
bistro(t) [bistRo] *m* F Kneipe *f*
bistrotier [bistRɔtje] F *m* Kneipenwirt *m*; F Kneipi'er *m*
bit [bit] *m* INFORM Bit *n*
bite [bit] *m cf bitte 2.*
bitte [bit] *f* **1.** MAR Poller *m*; **2.** P (*pénis*) P Pimmel *m*; Schwanz *m*; Riemen *m*
bitture [bityR] *f* F *prendre une ~ cf bitturer*
bitturer [bityRe] *v/pr se ~* F sich besaufen; sich 'vollaufen lassen
bitum|e [bitym] *m* **1.** MINÉR, CHIM Bi-'tumen *n*; **2.** *d'une route* As'phalt *m*; *~er v/t* bitumi'nieren
bitumineux [bityminø] *adj* (*-euse*) bitumi'nös; *schiste ~* Ölschiefer *m*
biture [bityR] *f cf bitture*
bivalent [bivalɑ̃] *adj* CHIM zweiwertig
bivouac [bivwak] *m* Biwak *n*; *établir, installer un ~* ein Biwak aufschlagen, errichten
bivouaquer [bivwake] *v/i* biwa'kieren
bizarre [bizaR] *adj* seltsam; sonderbar; merkwürdig; eigenartig; ab'sonderlich; wunderlich; F komisch; *forme, idée a* bi'zarr
bizarrerie [bizaRRi] *f* Seltsamkeit *f*; Merkwürdigkeit *f*; Ab'sonderlichkeit *f*; Wunderlichkeit *f*; Bizarre'rie *f*
bizarroïde [bizaRɔid] *adj* F *cf bizarre*
bizness [biznɛs] *m cf business*
bizut(h) [bizy] *m* F *dans certaines grandes écoles* Stu'dent *m* im ersten Studienjahr
bizutage [bizytaʒ] *m* F Brauch an e-r Grande Ecole, die Neulinge lustigen, oft rüden Mutproben zu unterziehen
blabla(bla) [blabla(bla)] *m* F Bla'bla *n*; leeres, dummes Gerede, Gequatsche
blackbouler [blakbule] *v/t* F *se faire ~, être blackboulé* e-e Niederlage erleiden; *à un examen* 'durchfallen, F -rasseln, -segeln
black-out [blakawt] *m* **1.** MIL Verdunk(e)lung *f*; **2.** *fig faire le ~ sur qc* etw totschweigen, verschweigen
blafard [blafaR] *adj teint, lumière* fahl; bleich
blague¹ [blag] F *f* **1.** (*histoire, plaisanterie*) Scherz *m*; Spaß *m*; Ulk *m*; Witz *m*; ~ *à part*! Scherz, Spaß beiseite!; *sans ~!* im Ernst?; tatsächlich?; *dire, raconter des ~s* scherzen; spaßen; Scherze, Späße machen; Witze erzählen; *ne raconte pas de ~s!* mach keine Witze!; *c'est de la ~!* das ist wohl ein Witz!; *prendre tout à la ~* nichts ernst nehmen; **2.** (*farce*) Streich *m*; Possen *m*; *sale ~* übler Streich, Scherz; *faire une ~ à qn* j-m e-n Streich, Possen spielen; **3.** (*erreur*) Dummheit *f*; F Schnitzer *m*; *pas de ~s!* mach ou machen Sie keine Dummheiten!; *faire des ~s* Dummheiten machen
blague² [blag] *f* ~ (*à tabac*) Tabaksbeutel *m*
blaguer [blage] F I *v/t ~ qn* j-n hänseln, F aufziehen (*sur qc* mit etw); II *v/i* scherzen; spaßen; Spaß, Witze machen
blagu|eur [blagœR], *~euse* I *m,f* Spaßmacher(in) *m(f)*, -vogel *m*; Witzbold *m*; II *adj* spöttisch
blair [blɛR] *m* F (*nez*) F Gesichtserker *m*; Riechkolben *m*; Zinken *m*
blaireau [blɛRo] *m* ⟨*pl ~x*⟩ **1.** ZO Dachs *m*; **2.** *pour la barbe* Ra'sierpinsel *m*
blairer [blɛRe] *v/t* F *ne pas pouvoir ~ qn* j-n nicht riechen können
Blaise [blɛz] *m* Blasius *m*
blâmable [blɑmabl(ə)] *adj* tadelnswert
blâme [blɑm] *m* **1.** (*réprobation*) Tadel *m*; Rüge *f*; 'Mißbilligung *f*; Verweis *m*; Zu'rechtweisung *f*; *s'attirer, encourir le ~ de qn* sich j-s Tadel, Mißbilligung zuziehen; **2.** *sanction disciplinaire* Verweis *m*; Verwarnung *f*; *infliger un ~ à qn* j-m e-n Verweis, e-e Verwarnung erteilen
blâmer [blɑme] *v/t* **1.** tadeln; rügen; *conduite a* miß'billigen; ~ *qn de ou pour qc* j-n wegen etw tadeln, rügen, zu'rechtweisen; **2.** *fonctionnaire, élève* e-n Verweis erteilen (*qn* j-m); verwarnen
blanc [blɑ̃] I *adj* ⟨*blanche* [blɑ̃ʃ]⟩ **1.** *couleur a* weiß; *peau a* hell; *raisin a* hell; grün; *armes blanches* blanke Waffen *f/pl*; *cheval ~* Schimmel *m*; *cheveux ~s* weiße Haare *n/pl*; weißes Haar *n*; *aux cheveux ~s* weißhaarig; mit weißem Haar; *drapeau ~* weiße Fahne; *fromage ~* Quark *m*; *österr* Topfen *m*; *verre ~* Weißglas *n*; *vin ~* Weißwein *m*; *être ~* **a)** *allusion aux cheveux* weiß (-haarig) sein; **b)** (*pâle*) weiß, blaß, F käsig, käseweiß aussehen; **2.** *fig examen ~* unter Ex'amensbedingungen zur Probe abgehaltene Prüfung; *mariage ~* **a)** (*non consommé*) nicht voll'zogene Ehe; **b)** (*factice*) Scheinehe *f*; *nuit blanche* schlaflose Nacht; *voix blanche* tonlose Stimme; **3.** *page, feuille* unbeschrieben; unbedruckt; leer; frei; *bulletin ~* leerer Stimmzettel; *cf a carte 5.*; **4.** (*propre*) sauber; rein; *fig a* unbefleckt; (*innocent*) unschuldig; II *subst* **1.** *m* Weiß *n*; *d'un ~ éclatant* blendend-, strahlendweiß; *le ~ de l'œil* das Weiße im Auge; *regarder qn dans le ~ des yeux* j-m gerade, fest, tief in die Augen blicken; ♦ *loc/adv*: *métal chauffer à ~* bis zur Weißglut erhitzen; *il a gelé (à) ~* es hat gereift; es ist Reif gefallen; MIL *tirer à ~* mit Übungsmunition, Platzpatronen schießen; *être habillé de ou en ~, être vêtu de ~* weiß gekleidet sein; *en ~* in Weiß; weiß; *cf a 6.*; *iron les hommes m/pl en ~ iron* die Weißkittel *m/pl*; die Halbgötter *m/pl* in Weiß (*Ärzte*); *être en ~* in Weiß sein, gehen; *se marier en ~* in Weiß, in e-m weißen Brautkleid heiraten; *peindre en ~* weiß (an)streichen; **2.** *groupe ethnique* ♀, *Blanche m,f* Weiße(r) *m(f)*; **3.** *m* CUIS **a)** ~ (*d'œuf*) Eiweiß *n*; *battre des ~s en neige* Eiweiß zu Schnee, Schaum schlagen; **b)** *de volaille* Brust *f*; weißes Fleisch; ~ *de poulet* Hähnchenbrust *f*; **4.** *m linge* Weißwaren *f/pl*; Weißzeug *n*; *au lavage* Kochwäsche *f*; *magasin m de ~* Weißwarengeschäft *n*; *la quinzaine de ~* die Weiße Woche; **5.** *m vin* Weißwein *m*; F *a* Weiße(r) *m*; *par ext un petit ~* ein Gläschen Weißwein; ~ *de ~(s)* Weiß-, Schaumwein *m* aus weißen Trauben; **6.** *m dans un texte* unbeschriebene, unbedruckte, freie, leere, weiße Stelle; *loc/adj en ~* Blanko...; unbeschrieben; unbedruckt; frei; *dans un formulaire* unausgefüllt; *chèque en ~* Blankoscheck *m*, -vollmacht *f*; *laisser le nom en ~* den Namen frei, offen, unausgefüllt lassen; *laisser un ~* (e-n) Platz, ein Stück frei lassen; **7.** *m matière colorante* weiße Farbe; weißer Farbstoff; ~ *d'Espagne* Schlämmkreide *f*; ~ *de zinc* Zinkweiß *n*; **8.** *m* CHIM ~ *de baleine* Walrat *m ou n*; **9.** MUS *blanche f* halbe Note; **10.** BILLARD *blanche f* weißer Ball; weiße Kugel; **11.** *m* DOMINOS Null *f*; **12.** *m maladie des plantes* Mehltau *m*
blanc-bec [blɑ̃bɛk] *m* ⟨*pl blancs-becs*⟩ F Grünschnabel *m*; grüner Junge
blanchâtre [blɑ̃ʃɑtR(ə)] *adj* weißlich
blanche [blɑ̃ʃ] *adj et subst f cf blanc*
Blanche [blɑ̃ʃ] *f prénom* Bi'anca *f*
Blanche-Neige [blɑ̃ʃnɛʒ] *f* ~ *et les sept nains* Schneewittchen *n* und die sieben Zwerge
blancheur [blɑ̃ʃœR] *f* Weiße *f*; Weiß *n*; weißer Glanz, Schimmer
blanchiment [blɑ̃ʃimɑ̃] *m* **1.** *d'un mur etc* Weißen *n*; *südd* Weißeln *n*; **2.** CUIS Abbrühen *n*; Blan'chieren *n*; **3.** TECH, TEXT Bleiche(n) *f(n)*; **4.** *fig de l'argent de la drogue* Geldwäsche *f*

blanchir [blɑ̃ʃiR] **I** v/t **1.** *mur, plafond* weißen; weiß tünchen; *südd* weißeln; ~ *à la chaux* kalken; **2.** CUIS abbrühen; blan'chieren; **3.** TECH *papier, laine* bleichen; **4.** *(rendre blanc)* ein weißes Aussehen verleihen (+*dat*); weiß machen; **5.** *fig (disculper)* ~ *qn* j-n reinwaschen; **6.** *par ext: argent de la drogue* waschen; **7.** *p/p être logé, nourri et blanchi* 'Unterkunft, Verpflegung und Wäsche frei haben; **8.** *adjt riz blanchi* geschliffener Reis; **II** v/i **9.** *cheveux, personne* weiß werden; **III** v/pr **10.** *se ~ la manche en se frottant au mur* sich am ou den Ärmel weiß machen; **11.** *fig se ~ (se disculper)* sich reinwaschen
blanchissage [blɑ̃ʃisaʒ] m *du linge* Waschen n (in der Wäsche'rei); *note f de ~* Wäscherechnung f
blanchissement [blɑ̃ʃismɑ̃] m *des cheveux* Weißwerden n
blanchiss|erie [blɑ̃ʃisRi] f Wäsche'rei f; Waschanstalt f; **~eur** m, **~euse** f Wäscher(in) m(f); Wäsche'reibesitzer(in) m(f)
blanc-manger [blɑ̃mɑ̃ʒe] m ⟨pl blancs--mangers⟩ CUIS Mandelpudding m
blanc-seing [blɑ̃sɛ̃] m ⟨pl blancs--seings⟩ Blankounterschrift f; Blankovollmacht f; JUR Blan'kett n
blanquette [blɑ̃kɛt] f **1.** CUIS ~ *de veau* Kalbfleisch in weißer Soße; **2.** ~ *de Limoux* Schaumwein aus dem Languedoc
blasé [blaze] **I** *adj* bla'siert; **II** *subst* ~(e) m(f) bla'sierter Mensch
blaser [blaze] v/pr *se ~* bla'siert werden; abstumpfen (*de qc* gegen etw)
blason [blazɔ̃] m *Wappen* n; ~ *de famille* Fa'milienwappen n; *fig redorer son ~* e-e reiche Heirat machen; reich einheiraten
blasphéma|teur [blasfematœR] m, **~trice** f Gotteslästerer, -lästerin m,f; **~toire** *adj* gotteslästerlich; blas'phemisch
blasphème [blasfɛm] m Gotteslästerung f; Blasphe'mie f
blasphémer [blasfeme] v/i ⟨-è-⟩ gotteslästerliche Reden führen
blatte [blat] f ZO (Küchen)Schabe f
blazer [blezœR, bla-] m Blazer ['bleːzɐ] m
blé [ble] m **1.** AGR Weizen m; *(céréales)* Getreide m; Korn n; ~ *dur* Hartweizen m; ~ *d'hiver, de printemps* Winter-, Sommerweizen m; ~ *en herbe, vert* junge, grüne Saat; *fig manger son ~ en herbe* sein Geld, s-e Einkünfte im voraus ausgeben; **2.** F *(argent) cf fric*; **3.** BOT ~ *noir* Buchweizen m
bled [blɛd] m **1.** F *péj* Kaff n; Nest n; Kuhdorf n; **2.** *en Afrique* Landesinnere(s) n; (Hinter)Land n
blême [blɛm] *adj personne, visage* bleich; (leichen-, toten)blaß; fahl (*a lueur, matin*)
blêmir [blemiR] v/i (leichen-, toten-) blaß, bleich, fahl werden; erbleichen; erblassen
blende [blɛd] f MINÉR Zinkblende f
blennorragie [blenɔRaʒi] f MÉD Tripper m; Gonor'rhö(e) f
blessant [blɛsɑ̃] *adj paroles, allusions etc* verletzend; kränkend; beleidigend; *personne être ~* verletzend *etc* sein
blessé [blese] **I** *adj* **1.** verletzt; *soldat* verwundet; ~ *au bras* am Arm verletzt, verwundet; **2.** *fig* verletzt, gekränkt, beleidigt, verwundet (*dans son orgueil* in s-m Stolz); **II** *subst* ~(e) m(f) Verletzte(r) f(m); *soldat* Verwundete(r) m; *grand ~, ~ grave* Schwerverletzte(r) m, -verwundete(r) m; ~ *léger* Leichtverletzte(r) m, -verwundete(r) m
blesser [blese] **I** v/t **1.** verletzen (*d'un coup de couteau, de pistolet* durch e-n Messerstich, Pistolenschuß; *au genou* am Knie; *dans un accident d'automobile* bei e-m Autounfall); *à la guerre* verwunden; **2.** *chaussures: qn, partie du corps* (wund) reiben; (wund, auf)scheuern; **3.** *son strident, couleur etc ~ l'oreille, les yeux* den Ohren, Augen weh tun; das Ohr, das Auge beleidigen; **4.** *paroles, remarques etc ~ qn* j-n verletzen, kränken, beleidigen, verwunden; j-m weh tun; j-n unangenehm berühren; **II** v/pr *se ~* sich verletzen; sich e-e Verletzung zuziehen
blessure [blesyR] f **1.** Verletzung f; *à la guerre* Verwundung f; *(plaie)* Wunde f; JUR *coups m/pl et ~s* Körperverletzung f; *recevoir une ~* verletzt, verwundet werden; e-e Verletzung da'vontragen; *fig rouvrir une ~* e-e alte Wunde wieder aufreißen; **2.** *fig (offense)* Kränkung f; Beleidigung f
blet [blɛ] *adj* ⟨**blette** [blɛt]⟩ *poire* teigig; 'überreif
blette [blɛt] f *cf* **bette**
bleu [blø] **I** *adj* **1.** blau; ~ *clair, foncé* ⟨inv⟩ hell-, dunkel- *ou* tiefblau; ~ *vert* ⟨inv⟩ blaugrün; ~ *et blanc* ⟨a inv⟩ blauweiß; *ciel ~* blauer Himmel; ZO *renard ~* Blaufuchs m; *fig sang ~* blaues Blut; *yeux ~s* blaue Augen n/pl; *aux yeux ~* blauäugig; *zone ~e* Kurzparkzone f; ~ *de colère* blaurot, dunkelrot vor Zorn; ~ *de froid* blau vor Kälte; *fig peur ~e* schreckliche, F höllische Angst; F Heidenangst f; *en être, rester ~* baß erstaunt sein; **2.** CUIS *bifteck ~* englisch; **II** m **1.** *couleur* Blau n; ~ *acier, ciel, marine* Stahl-, Himmel-, Ma'rineblau n; *être en ~* in Blau sein, gehen; *peindre, teindre en ~* blau (an-) streichen, färben; *porter du ~* Blau tragen; *fig n'y voir que du ~* überhaupt *ou* gar nichts (be)merken; **2.** *matière colorante* ~ *de cobalt* Kobaltblau n; ~ *de Prusse* Preußischblau n; **3.** ~ *(de lessive)* Waschblau n; *passer le linge au ~* die Wäsche bläuen; **4.** *sur la peau* blauer Fleck; **5.** ~ *(de travail)* blauer Arbeitsanzug, Overall; F blauer Anton; ~ *de mécanicien* blauer Mon'teuranzug; **6.** CUIS *carpe f, truite f au ~* Karpfen m, Fo'relle f blau; **7.** F *fig (débutant)* Neuling m; Anfänger m; MIL Re'krut m; **8.** *fromages ~ d'Auvergne, de Bresse* Blauschimmelkäse
bleuâtre [bløɑtR(ə)] *adj* bläulich
Bleue [blø] *la Grande ~* das Mittelmeer
bleuet [bløɛ] m BOT Kornblume f
bleuir [bløiR] **I** v/t *froid: visage* blau anlaufen lassen; **II** v/i *visage* blau werden, anlaufen; sich blau färben; *poét paysage etc* blauen; bläulich erscheinen
bleuté [bløte] *adj* bläulich
blindage [blɛ̃daʒ] m **1.** *d'un navire, véhicule* Panzerung f; **2.** ÉLECT, NUCL Abschirmung f; **3.** *d'un tunnel etc* Verschalung f; Aussteifung f

blindé [blɛ̃de] **I** *adj* **1.** gepanzert; Panzer...; MIL *brigade ~e, corps ~* Panzerbrigade f, -korps n; *engin, véhicule ~* Panzerfahrzeug n, -wagen m; *porte ~e* Panzertür f; **2.** F *fig être ~ contre qc* gegen etw gefeit, im'mun sein; **II** m MIL Panzer m
blinder [blɛ̃de] v/t **1.** *véhicule, navire, porte* panzern; **2.** F *fig ~ qn contre qc* j-n gegen etw im'mun machen; **3.** ÉLECT abschirmen; **4.** *tunnel etc* verschalen; aussteifen
blini [blini] m CUIS kleiner Buchweizenpfannkuchen
blizzard [blizaR] m Blizzard m
bloc [blɔk] m **1.** ~ *de pierre, de bois etc* Block m; ~ *de béton, de bois* Be'ton-, Holzblock m, -klotz m; ~ *de marbre, de pierre, de roche* Marmor-, Stein-, Felsblock m; *taillé dans un seul ~* aus einem Block gehauen; **2.** *de papier* Block m; ~ *de bureau* No'tiz-, Schreibblock m; ~ *de papier à lettres* Briefblock m; **3.** F *fig (prison)* F Knast m; MIL F Bau m; Bunker m; *fourrer au ~* F einlochen; **4.** POL Block m; ~ *des gauches* Block der Linken; *faire ~* e-n Block bilden, sich zu e-m Block zusammenschließen, e-e geschlossene Front bilden (*contre* gegen); **5.** FIN ~ *monétaire* Währungsblock m; **6.** *fig* ~ *(geschlossene[s]) Ganze(s); (feste) Einheit; Block m (a TECH); AUTO ~ *moteur* Motorblock m; HÔPITAL ~ *opératoire* Operati'onstrakt m; *d'immeubles* Gebäudeblock m; *loc/adv en ~* en bloc; in Bausch und Bogen; im ganzen; als Ganzes; pau'schal; *former un ~* ein geschlossenes Ganzes, e-e feste Einheit, e-n Block bilden; **7.** *loc/adv fermer, serrer, visser à ~* fest; ganz; *cf a* **gonfler** *1.*
blocage [blɔkaʒ] m **1.** *d'une route, d'un mécanisme* Bloc'kieren n, -ung f; TECH Sperren n; Sperre f; Feststellen n; *vis f de ~* Feststellschraube f; **2.** *d'un compte, d'un crédit* Sperrung f; Sperre f; *de négociations, d'un projet* Bloc'kierung f; ~ *des prix, des salaires* Preis-, Lohnstopp m; **3.** FOOTBALL *du ballon* (Ab)Stoppen n; (Ab)Blocken n; **4.** PSYCH innerer 'Widerstand; Sperrung f
bloc-cuisine [blɔkkɥizin] m ⟨pl blocs--cuisines⟩ Küchenblock m
bloc-cylindres [blɔksilɛ̃dR(ə)] m ⟨pl blocs-cylindres⟩ AUTO Zy'linderblock m
blockhaus [blɔkos] m MIL Bunker m
bloc-moteur [blɔkmɔtœR] m ⟨pl blocs--moteurs⟩ AUTO Motorblock m
bloc-notes [blɔknɔt] m ⟨pl blocs-notes⟩ No'tiz-, Schreibblock m
blocus [blɔkys] m Bloc'kade f; HIST ~ *continental* Kontinen'talsperre f; ~ *économique* Wirtschaftsblockade f; *forcer, lever le ~* die Blockade brechen, aufheben
blond [blɔ̃] **I** *adj* ⟨**blonde** [blɔ̃d]⟩ **1.** *cheveux, personne* blond; ~ *comme les blés* stroh-, weizenblond; ~ *cendré* ⟨inv⟩ aschblond; *cheveux ~s* blondes Haar; Blondhaar n; *aux cheveux ~s* blond(haarig); **2.** *bière, tabac* hell; *sable* hellgelb; *épis* goldgelb; *cigarette ~e* Zigarette f aus hellem Tabak; **II** *subst* **1.** ~(e) m(f) Blonde(r) f(m); Blon'dine f; *une fausse ~e* F e-e Wasserstoffblondine; ein blondes Gift; **2.** m *couleur*

de cheveux Blond *n*; **3.** ~*e f bière* Helle(s) *n*; **4.** ~*e f cigarette* Zigarette *f* aus hellem Tabak
blond|asse [blɔ̃das] *adj péj* matt-, strohblond; *von* stumpfem Blond; ~**eur** *f d'une personne* Blondheit *f*; *des blés* Goldgelb *n*
blond|in [blɔ̃dɛ̃] *m*, ~**ine** *f* blonder junger Mann, blondes junges Mädchen; *d'un jeune enfant* Blondkopf *m*; Blondschopf *m*
blondin|et [blɔ̃dinɛ] *m*, ~**ette** *f* Blondkopf *m*; Blondschopf *m*
blondir [blɔ̃diʀ] *v/i* **1.** *cheveux* heller werden; *elle a blondi* ihr Haar ist heller, blond geworden; *plais* sie ist erblondet; **2.** *CUIS faire* ~ leicht bräunen; anbräunen
bloquer [blɔke] **I** *v/t* **1.** *route, mécanisme, roues* bloc'kieren; *route a* versperren; *TECH* sperren; feststellen; verriegeln; *vis, frein à main* fest anziehen; ~ *les freins* scharf bremsen; *AUTO a* die Bremse 'durchtreten; *être bloqué par la glace* port durch das Eis blockiert sein; *navire* im Eis festliegen; *par ext personne* rester bloqué steckenbleiben; festsitzen; **2.** *projet, négociations* bloc'kieren; *compte bancaire, crédit* sperren; *prix, salaires* einfrieren; *compte bloqué* Sperrkonto *n*; *prix bloqué a* Stopppreis *m*; **3.** *FOOTBALL ballon* (ab)stoppen; (ab)blocken; **4.** *(grouper) jours de congé, cours etc* zu'sammenlegen; **5.** *PSYCH* **il est bloqué** bei ihm ist eine innerer 'Widerstand, e-e Sperrung da; **II** *v/pr* **se** ~ *mécanisme* bloc'kieren (*a freins*); klemmen
blottir [blɔtiʀ] *v/pr* **se** ~ sich (zu'sammen)kauern; sich ducken; **se** ~ *contre qn* sich an j-n kuscheln, schmiegen; **se** ~ *sous la couverture* sich in die Decke kuscheln; *maison* **être blotti au creux d'un vallon** sich in e-e Talmulde schmiegen
blousant [bluzɑ̃] *adj COUT* blusig
blouse [bluz] *f* **1.** (Arbeits)Kittel *m*; Kittelschürze *f*; *fig les* ~*s blanches* die Weißkittel *m/pl* (Ärzte etc); ~ *d'écolier, d'infirmière* Schul-, Schwesternkittel *m*; **2.** *(corsage)* (Damen)Bluse *f*
blouser [bluze] **I** *v/t F (tromper)* F reinlegen; **II** *v/i COUT* blusig sein, fallen; blusen
blouson [bluzɔ̃] *m* **1.** *COUT* Blou'son *n ou m*; ~ *de cuir* (kurze) Lederjacke; **2.** *fig* ~ *noir* Halbstarke(r) *m*
blue-jean [bludʒin] *m* ⟨*pl* blue-jeans⟩ Bluejeans ['blu:dʒi:ns] *pl*
blues [bluz] *m jazz* Blues [blu:s] *m*
bluet [blyɛ] *m cf* **bleuet**
bluff [blœf] *m* Bluff *m*; Täuschung(smanöver) *f(n)*; Irreführung *f*; ~**er** F *v/t et v/i* bluffen; täuschen; *v/t a* irreführen
bluff|eur [blœfœʀ] *m*, ~**euse** *f* j, der blufft; *adjt* **être un peu** ~ ein bißchen bluffen
bluter [blyte] *v/t farine* sieben
B.N.P. [beɛnpe] *f abr (Banque nationale de Paris) frz* Großbank
boa [bɔa] *m* **1.** *ZO* Boa *f*; **2.** *tour de cou* (Feder)Boa *f*
bob [bɔb] *m abr cf* **bobsleigh**
bobard [bɔbaʀ] F *m* (Lügen)Märchen *n*; ~ *de la presse* Zeitungsente *f*; *raconter des* ~*s* (Lügen)Märchen erzählen, F auftischen

bobeur [bɔbœʀ] *m SPORTS* Bobfahrer *m*
bobinage [bɔbinaʒ] *m* **1.** *TEXT* Auf-, 'Umspulen *n*; **2.** *ÉLECT* Wicklung *f*
bobine [bɔbin] *f* **1.** *de fil, de ruban etc* Rolle *f*; *TEXT*, *CIN*, *PHOT* Spule *f*; *de câble* Trommel *f*; ~ *de fil* Garnrolle *f*; *quantité* Rolle Garn; ~ *de film* Filmspule *f*; **2.** *ÉLECT* Spule *f*; *AUTO* ~ *d'allumage* Zündspule *f*; **3.** F *(figure)* Gesicht *n*; *péj* Vi'sage *f*; *tu en fais une* ~ *aujourd'hui!* du machst heute vielleicht ein Gesicht!
bobiner [bɔbine] *v/t fil, pellicule* (auf-, 'um)spulen
bobinette [bɔbinɛt] *f autrefois sur une porte* Holzpflock *m*
bobo [bɔbo] *m* **1.** *enf* Wehweh *n*; *avoir* ~ ein Wehweh haben; *se faire* ~ sich weh tun; **2.** F *iron* Wehwehchen *n*; F *(il n'y a) pas (eu) de* ~*!* (es ist) nichts passiert!
bobonne [bɔbɔn] F *f a) appellatif* meine Gute, Liebe; **b)** *péj (épouse) avec (sa)* ~ F mit s-m Ehegespons; mit s-r Alten, Ollen
bobsleigh [bɔbslɛg] *m* **a)** *traîneau* Bob *m*; Bobsleigh [-slɛ:] *m*; ~ *à deux, à quatre* Zweier-, Viererbob *m*; **b)** *sport* Bobsport *m*, -fahren *n*
bocage [bɔkaʒ] *m* Knicklandschaft *f*
bocal [bɔkal] *m* ⟨*pl* -aux⟩ Glas(behälter) *n(m)*; *à conserves* Einmach-, Weckglas *n*; ~ *à poissons rouges* Goldfischglas *n*; ~ *d'olives* Glas Oliven *(a contenu)*
Boccace [bɔkas] *m* Boc'caccio [-tʃo] *m*
Boche [bɔʃ] F *péj* **I** *m,f* Deutsche(r) *f(m)*; *injure* Scheißdeutsche(r) *f(m)*; **II** *adj* 2 deutsch
bock [bɔk] *m* Glas *n* Bier (⅛ *l*); *un* ~ ein kleines Bier; F ein Kleines
Boers [buʀ] *m/pl* Buren *m/pl*
bœuf [bœf] *m* ⟨*pl* ~s [bø]⟩ **1.** *ZO, AGR* Rind *n*; *(taureau castré)* Ochse *m*; ~ *de boucherie* Mast-, Schlachtochse *m*; ~ *de labour* Zugochse *m*; *fort comme un* ~ stark wie ein Bulle; bullen-, bärenstark; *une gifle à tuer un* ~ e-e gewaltige Ohrfeige; **2.** *viande* Rind-, Ochsenfleisch *n*; ~ *bouilli, (à la) ficelle, gros sel* gekochtes Rindfleisch; *(à la) mode* mit Karotten geschmortes Rindfleisch; *rôti m de* ~ Rinder-, österr Rindsbraten *m*; **3.** F *JAZZ* Jam Session ['dʒɛmsɛʃən] *f*; **4.** F *adjt* ⟨*inv*⟩ F Bomben...; gewaltig; *effet m* ~ Bombeneffekt *m*; *gewaltiger Eindruck*; *succès m* ~ Bombenerfolg *m*
bof [bɔf] *int* pah!; bah!; ach was!; was soll's!; (alles) egal!; *langage des jeunes* null Bock!; ~**-génération** *f* F Null-Bock-Generation *f*
bog(g)ie [bɔʒi] *m CH DE FER* Drehgestell *n*
bogue¹ [bɔg] *f d'une châtaigne* (stachelige) Fruchtschale
bogue² [bɔg] *m INFORM* (Program'mier-) Fehler *m*
bohème [bɔɛm] **1.** *m,f* Bohemi'en *m*; *vivre en* ~ ein Bo'hemeleben führen; *adjt être* ~ ein Bohemien sein; ein Bohemeleben führen; **2.** *f coll, milieu* Bo'heme *f*
Bohème [bɔɛm] *la* ~ Böhmen *n*
bohémien [bɔemjɛ̃] **I** *adj* ⟨~*ne*⟩ *(de Bohême)* böhmisch; **II** *subst* **1.** *(gitan)*

~*(ne)* *m(f)* Zi'geuner(in) *m(f)*; **2.** *de Bohême* 2*(ne) m(f)* Böhme *m*, Böhmin *f*
boire [bwaʀ] *(je bois, il boit, nous buvons, ils boivent; je buvais; je bus; je boirai; que je boive, que nous buvions; buvant; bu)* **I** *v/t* **1.** *personne, animal* trinken; *gros animal a* saufen; *à* ~*!* ich will (et)was zu trinken haben!; F ~ *un coup* F einen trinken, heben; *fig* ~ *les paroles de qn* wie gebannt an j-s Mund, Lippen *(dat)* hängen; ~ *à la santé, au succès de qn* auf j-s Gesundheit *ou* Wohl, auf j-s Erfolg *(acc)* trinken; ~ *dans une tasse* aus e-r Tasse trinken; F *fig il y a à* ~ *et à manger* a) *deux aspects de la chose* die Sache hat ihre zwei Seiten; b) *vrai et faux* hier sind Wahrheit und Lüge eng miteinander verquickt; *donner à* ~ *à* zu trinken geben (+*dat*); *au bétail* trinken (+*acc*); *faire* ~ *enfant, malade* zu trinken geben (*qn* j-m); *bétail* tränken; **2.** *abs avec excès* trinken; F saufen; *prov* **qui a bu boira** wer einmal stiehlt, lügt *etc*, tut es immer wieder; *a* die Katze läßt das Mausen nicht (*prov*); **3.** *papier buvard, sol: liquide* aufsaugen; **II** *v/pr sens passif se* ~ getrunken werden; *ce vin se boit au dessert a* diesen Wein trinkt man zum Dessert; **III** *m* Trinken *n*; *le* ~ *et le manger* Essen *n* und Trinken; *en perdre le* ~ *et le manger* darüber Essen und Trinken vergessen
bois [bwa] *m* **1.** *matériau* Holz *n*; ~ *tropicaux* Tropenholz *n/pl*; ~ *vert* grünes Holz; *fig* *volée f de* ~ *vert* tüchtige, gehörige Tracht Prügel; ~ *de charpente, de chauffage* Zimmer-, Brennholz *n*; ~ *d'ébénisterie* (Edel)Holz für die Kunst-, Möbeltischlerei; *loc/adj de ou en* ~ hölzern; Holz...; aus Holz; F *fig* *chèque m en* ~ ungedeckter Scheck; *croix f, feu m, jambe f de* ~ Holzkreuz *n*, -feuer *n*, -bein *n*; *pont m de ou en* ~ Holzbrücke *f*; *menace* *je vais lui faire voir de quel* ~ *je me chauffe!* F der soll mich (noch) kennenlernen!; *fig je ne suis pas de* ~ ich bin doch nicht aus Holz; *toucher du* ~ auf Holz klopfen; *je touche ou touchons du* ~*!* a (unberufen) toi, toi, toi!; **2.** *(forêt)* Wald *m*; ~ *de châtaigniers* Ka'stanienwald *m*; *fig homme m des* ~ grober, ungehobelter, ungeschliffener Kerl, Klotz; *loc/adv à travers* ~ quer durch den Wald; **3.** *d'un siège* (Holz)Gestell *n*; *d'une raquette de tennis* (Holz)Rahmen *m*; ~ *de lit* Bettstelle; *TENNIS faire un* ~ den Ball mit dem Rahmen schlagen; **4.** *d'un cerf* ~ *pl* Geweih *n*; **5.** *MUS* ~ *pl* Holz(blasinstrumente) *n(pl)* einschließlich Saxophon; **6.** *gravure* Holzschnitt *m*
boisé [bwaze] *adj* bewaldet; *région* ~*e* Waldgebiet *n*
bois|ement [bwazmɑ̃] *m* Aufforstung *f*; Bewaldung *f*; ~**er** *v/t* **1.** aufforsten; bewalden; **2.** *MINES* ausbauen; verzimmern
boiseries [bwazʀi] *f/pl* (Holz)Täfelung *f*; Getäfel *n*; hölzerne Wand-, Deckenverkleidung
boisseau [bwaso] *m* ⟨*pl* -x⟩ *ancienne mesure* Scheffel *m*; *un* ~ *de blé* ein Scheffel Korn; *fig mettre la lumière sous le* ~ die Wahrheit verbergen, geheimhalten

boisson [bwasõ] *f* Getränk *n*; **s'adonner à la ~** sich dem Trunk ergeben
boîte [bwat] *f* **1.** Schachtel *f* (*surtout en carton*); *en carton a* Kar'ton *m*; *en matière plus rigide* Kasten *m*; **~ postale** (*abr B.P.*) Postfach *n*; AUTO **~ à gants** Handschuhfach *n*; *dans une entreprise etc* **~ à idées** Kasten *m* zum Einwerfen von Verbesserungsvorschlägen; **~ aux lettres** Briefkasten *m*; *fig* **il me sert de ~ aux lettres à Paris** ich lasse meine Post zu ihm nach Paris gehen; **~ à outils, à ouvrage** Werkzeug-, Nähkasten *m*; **~ à sel** Salzfaß *n*; **~ d'allumettes** Schachtel Zünd-, Streichhölzer; Streichholz-, Zündholzschachtel *f*; **~ de chocolats** Schachtel Kon'fekt, Pra'linen; Kon'fekt-, Pra'linenschachtel *f*; **~ de cigares** Kiste *f* Zigarren; Zi'garrenkiste *f*; **~ de couleurs** Tusch-, Malkasten *m*; **~ de secours** Verband(s)kasten *m*; **~ en carton** Pappschachtel *f*, -karton *m*; F *fig* **mettre qn en ~** F j-n aufziehen, auf den Arm, auf die Schippe nehmen; F *fig* **c'était de la mise en ~** F ich wollte *ou* wir wollten *etc* dich, ihn *etc* nur ein bißchen aufziehen, auf den Arm, auf die Schippe nehmen; **2.** *en métal, plastique et ronde* Dose *f*; Büchse *f*; **~ à épices** Gewürzdose *f*, -büchse *f*; **~ à musique** Spieldose *f*, -uhr *f*; **~ à ordures** Müll-, Abfalleimer *m*; **~ de conserve** Kon'servenbüchse *f*, -dose *f*; MYTH **la ~ de Pandore** die Büchse der Pandora; **~ de sardines** Büchse, Dose Sardinen; Sar'dinenbüchse *f*, -dose *f*; **~ de savon** Seifendose *f*; *légumes, thon etc en ~* in *ou* aus der Büchse, Dose; Büchsen...; Dosen...; **3.** AVIAT **~ noire** Flugschreiber *m*; **4.** ÉLECT **~ de dérivation, de jonction** Abzweig-, Anschlußdose *f*, -kasten *m*; **5.** AUTO **~ de vitesses** (Wechsel-)Getriebe *n*; **~ automatique** Auto'matikgetriebe *n*; **6.** F (*discothèque*) F Disko *f*; **~ (de nuit)** Nachtlokal *n*; Bar *f*; **aller en ~** in die Disko gehen; **7.** ANAT **~ crânienne** Gehirnschädel *m*; Hirnschale *f*; **8.** F *péj* (*lieu de travail*) F Laden *m*; (*école*) F Penne *f*; **quelle sale ~!** F so ein Saftladen!
boitement [bwatmã] *m* Hinken *n*; Humpeln *n*
boiter [bwate] *v/i* **1.** hinken; humpeln; lahmen (*a cheval*); **~ du pied droit** auf *ou* mit dem rechten Fuß hinken; den rechten Fuß nachziehen; **2.** *fig comparaison* hinken; *a raisonnement* schief, nicht ganz richtig sein
boiteux [bwatø] I *adj* (-euse) **1.** *personne* hinkend; humpelnd; lahmend; **2.** *table etc* wack(e)lig; **3.** *fig comparaison* hinkend; *a raisonnement* schief; nicht ganz richtig; *phrase, vers* holp(e)rig; *compromis, paix* unsicher; F faul; *paix a* F wack(e)lig; II *subst* **~, boiteuse** *m,f* Hinkende(r) *f(m)*
boîtier [bwatje] *m* TECH Gehäuse *n*; **~ de montre** Uhrgehäuse *n*
boitiller [bwatije] *v/i* leicht hinken
boit-sans-soif [bwasãswaf] *m,f* ⟨*inv*⟩ *cf* **soûlard(e)**
bol [bɔl] *m* **1.** (Trink)Schale *f*; **boire un ~ de lait** e-e Schale Milch trinken; *fig* **prendre un ~ d'air** F frische Luft tanken; sich auslüften; **2.** F *fig* **avoir du ~** Glück, F Schwein haben; **ne te casse pas le ~!** mach dir keine Sorgen!; reg dich nicht auf!; *cf a* **ras** 2.; **3.** PHYSIOL **~ alimentaire** zerkleinerter und eingespeichelter Bissen; Speisebrei *m*
bolchevik [bɔlʃevik, bɔlʒə-] *m,f cf* **bolcheviste** II; **~isme** *m* POL Bolsche'wismus *m*; **~iste** POL I *adj* bolsche'wistisch; II *m,f* Bolsche'wik(in) *m(f)*; Bolschewist(in) *m(f)*
bolée [bɔle] *f* **une ~ de cidre** e-e Schale (voll) Apfelwein
boléro [bɔlero] *m* **1.** *danse, air* Bo'lero *m*; **2.** COUT Bo'lero(jäckchen) *m(n)*
bolet [bɔlɛ] *m* BOT Röhrenpilz *m*; Röhrling *m*
bolide [bɔlid] *m* AUTO Rennwagen *m*; **arriver comme un, en ~** F angesaust, angeflitzt kommen; **passer comme un ~, en ~** F vor'beirasen, -sausen
bolivar [bɔlivar] *m monnaie* Bo'livar *m*
Bolivie [bɔlivi] **la ~** Bo'livien *n*
bolivien [bɔlivjɛ̃] I *adj* ⟨-ne⟩ bolivi'anisch; bo'livisch; II *m,f* Bolivi'aner(in) *m(f)*; Bo'livier(in) *m(f)*
Bologne [bɔlɔɲ] Bo'logna *n*
Bolzano [bɔlzano] Bozen *n*
bombance [bõbãs] *f loc* **faire ~** schlemmen
bombarde [bõbard] *f* **1.** MUS Bomhart *m*; Pommer *m*; Bom'barde *f*; **2.** HIST MIL Bom'barde *f*
bombardement [bõbardəmã] *m* **1.** MIL Bombarde'ment *n*; Bombar'dierung *f* (*a fig de* mit); AVIAT *a* Bombenangriff *m*; **~ d'artillerie** Artille'riebeschuß *m*; **2.** PHYS NUCL Beschuß *m* (mit Elemen'tarteilchen)
bombarder [bõbarde] *v/t* **1.** MIL bom'bar,dieren; AVIAT *a* mit Bomben belegen; *artillerie a* beschießen; *adjt* **ville bombardée** *a* zerbombte Stadt; **2.** *par ext de tomates, fig de lettres, de questions* bombar'dieren, *de fleurs, de confettis, de tomates* bewerfen (**de** mit); **3.** PHYS NUCL beschießen; **4.** F *fig* **~ qn ambassadeur** j-n unerwartet, plötzlich zum Botschafter ernennen; **~ qn à un poste** F j-n in e-e Stellung katapul'tieren
bombardier [bõbardje] *m* AVIAT Bomber *m*; Bombenflugzeug *n*
bombe [bõb] *f* **1.** MIL Bombe *f*; **~ atomique** A'tombombe *f*; **~ explosive, incendiaire** Spreng-, Brandbombe *f*; **~ à neutrons** Neu'tronenbombe *f*, -waffe *f*; **~ au plastic** Plastikbombe *f*; **attentat *m* à la ~** Bombenanschlag *m*, -attentat *n*; *nouvelle* **éclater comme une ~**, **faire l'effet d'une ~** wie e-e Bombe einschlagen; **lancer une ~** a) e-e Bombe werfen, *avion* abwerfen; b) *fig* e-e Bombe zum Platzen bringen; **2.** MÉD **~ au cobalt** Kobaltkanone *f*; **3.** CUIS **~ glacée** Eisbombe *f*; **4.** (*atomiseur*) Spray *m* [ʃprɛ:, sprɛ:] *m ou* n(*f*); **~ insecticide** In'sektenspray *n ou m*; **5.** F **faire la ~** tüchtig, ordentlich, F feste feiern; **6.** *d'un cavalier* Reitkappe *f*
bombé [bõbe] *adj front, poitrine, route* gewölbt; *verre* bauchig
bombement [bõbmã] *m d'une route* Wölbung *f*
bomber [bõbe] I *v/t* **1.** wölben; **~ la poitrine, le torse** (stolz) die Brust wölben, her'ausstrecken; **2.** TECH *tôle etc* biegen; *t/t* bom'bieren; **3.** *slogan etc* **~ sur un mur** auf e-e Wand sprühen, sprayen [-e:-]; II *v/i* **4.** *route etc* sich wölben; **5.** F (*rouler vite*) F sausen; rasen
bombonne [bõbɔn] *f cf* **bonbonne**
bombyx [bõbiks] *m* ZO Seidenspinner *m*
bon¹ [bõ, *vor Vokal u stummem* h bɔn] I *adj* ⟨bonne [bɔn]⟩ **1.** *qualité* gut; *danseur, élève, Français* guter Tänzer, Schüler, Franzose; **~ne leçon** gute, heilsame Lehre; *loc/adj* **~ marché** *cf* **marché 4.**; **~ mariage** gute, glückliche Ehe; **~ médecin** guter, tüchtiger Arzt; **~ sens** gesunder Menschenverstand; **avoir de ~s yeux** gute Augen haben; *d'un plat etc* **c'est ~** das ist, schmeckt gut; **il est ~ de** (+*inf*) *ou* **que ...** (+*subj*) es ist gut, ratsam, empfehlenswert, zu empfehlen zu (+*inf*); es ist gut, wenn *ou* daß ...; **croire, juger, trouver ~ de** (+*inf*) *ou* **que ...** (+*subj*) es für gut, richtig halten, erachten zu (+*inf*) *ou* daß *ou* wenn ...; ♦ *avec prép* **~ à** gut, geeignet zu; **il n'est pas ~ à grand-chose** mit ihm ist nicht viel anzufangen; **à quoi ~?** wozu?; was nutzt das (schon)?; **à quoi ~ continuer?** wozu noch weitermachen?; **il n'est ~ à rien** er taugt zu nichts, ist zu nichts zu gebrauchen, ist zu nichts nütze; **du bois juste ~ à faire du feu** nur als Brennholz geeignetes, verwendbares Holz; **ce livre est ~ à jeter** das Buch kann ich, kannst du *etc* wegwerfen; **c'est ~ à savoir** das ist gut zu wissen; gut, daß ich es weiß; **médicament ~ contre la grippe, la toux** *etc* gut gegen Grippe, Husten *etc*; **élève ~ en** [bõã] **mathématiques** gut in Mathematik; **~ pour** gut für; F **si tu te gares ici, tu es ~ pour la contravention** F dann kriegst du garantiert einen Strafzettel; *abs*: **si jamais il y a des représailles, on est ~** F dann sind wir dran; dann geht es uns schlecht, an den Kragen; **il a besoin d'un coup de main, on est ~!** F jetzt müssen wir ran!; **c'est une faute ~ne pour un débutant** ein Anfänger kann sich diesen Fehler noch leisten; **~ pour la ferraille** schrottreif; F **c'est ~ pour lui de rester toujours chez lui!** F wenn er immer zu Hause sitzen will, bitte! (ich nicht!); **~ pour les rhumatismes** gut bei, für Rheuma(tismus); (**pas**) **~ pour la santé** (un)gesund; (nicht) gut für die Gesundheit (abträglich, nicht) zuträglich; **conscrit ~ pour le service** wehrdiensttauglich; **2. a)** *moralement* gut; (*qui montre de la bonté*) gut(mütig, -herzig); gütig; lieb; liebevoll; **~ne action** gute Tat; **~ne conduite** gute Führung; gutes Betragen (*a* ÉCOLE); **le ~ Dieu** der liebe Gott; *cf a* **Dieu** 1.; *loc/adj* **~ enfant** *cf* **enfant** III 1.; **~ époux, fils** guter, liebevoller Ehemann, Sohn; F **ma ~ne vieille voiture** mein gutes, altes Auto; F **avoir qn à la ~ne** j-n gern haben, mögen; j-n gut leiden können; **avoir ~ cœur** ein gutes Herz haben; gutherzig sein; **avoir ~ne conscience** ein gutes, reines Gewissen haben; **être ~** gut(herzig), ein guter Mensch sein; **être ~ pour qn** gut zu j-m sein; **vous êtes bien, trop ~** sie sind sehr, zu gütig, freundlich, liebenswürdig; **b)** *péj ou iron personne* (zu) gut(mütig); na'iv; **~ne femme** *cf* **femme** 1.; **tu es bien ~ de te laisser faire** du bist schön dumm

...; F *iron* **vous êtes ~**, *ce n'est pas si simple!* Sie sind (vielleicht) gut, naiv ...!; **3.** *quantité* gut; reichlich; **une ~ne cuillerée de sucre** ein gehäufter Löffel Zucker; **à une ~ne distance de** in ziemlicher, beträchtlicher Entfernung von; **une ~ne heure** e-e gute, reichliche Stunde; gut (und gern) e-e Stunde; *cf a* **heure** *3.*; **trois ~s kilomètres** gut(e) drei Kilometer; gut (und gern) drei Kilometer; **un ~ moment** e-e ganze, geraume Weile; *cf a 5. et 6.*; **(un) ~ nombre de** ein großer Teil (+*gén*); nicht wenige; viele; **une ~ne partie** ein gut(er) Teil; **un ~ verre** ein reichliches Glas; F gut und gern ein Glas; SPORTS **arriver ~ dernier, premier** weit hinter, vor den anderen durch das Ziel gehen; **faire ~ poids** gut, reichlich wiegen; **4.** *intensité* kräftig; F tüchtig; ordentlich; gehörig; **une ~ne gifle** e-e kräftige, F anständige Ohrfeige; F e-e Ohrfeige, die sich gewaschen hat; **un ~ rhume** ein tüchtiger, anständiger Schnupfen; **5.** (*correct*) *adresse, méthode, réponse, route etc* richtig; recht; **la ~ne clé** der richtige Schlüssel; *d'un tissu* **le ~ côté** die rechte Seite; **~ moment** richtiger, passender, geeigneter, günstiger Moment, Zeitpunkt; **tout lui est ~, tous les moyens lui sont ~s pour** (+*inf*) jedes Mittel ist ihm recht, um zu (+*inf*); **ranger qc à la ~ne place** etw an den richtigen Platz stellen; **6.** (*agréable*) gut; angenehm; schön; *affaire, occasion, signe, vent* gut; günstig; **~ne chance!** viel Glück!; **~ne nuit!** gute Nacht!; **~nes vacances!** schöne Ferien!; schönen Urlaub!; **c'est la ~ne vie!** das ist ein schönes, angenehmes Leben!; so läßt sich's leben!; **passer de ~s moments avec qn** schöne, nette Stunden, Zeiten mit j-m verbringen, verleben; **7. une ~ne histoire** e-e lustige, amü'sante, drollige Geschichte; ♦ F *elliptiquement:* **en voilà une (bien) ~ne!** das ist e-e komische, drollige, tolle Geschichte!; *renoncer à mon voyage?* **tu en as de ~nes!** das ist doch wohl nicht dein Ernst!; F du bist vielleicht gut, drollig!; du hast Einfälle!; **elle est bien ~ne!** das ist wirklich gut!; die ist ja köstlich, gelungen!; **en raconter de (bien) ~nes** lustige, komische, drollige Geschichten erzählen; **8.** *int* **(c'est) ~!** a) *accord, satisfaction* (es ist) gut!; b) *conclusion, déduction* (na, also) gut!; na schön!; c) *mécontentement, refus, a ~,* ~! schon gut!; lassen wir's gut sein!; *compréhension* **ah ~!** ach so!; *surprise* **ah ~?** ach was?; ach ja?; *surprise désagréable, colère* **(allons) ~!** F verflixt nochmal!; jetzt wird es gut!; da haben wir die Bescherung!; **II** *adv* **il fait ~** es ist mildes, angenehmes Wetter; **il fait ~** ist mild; **il fait ~ ici** hier ist es angenehm, gemütlich, mollig warm; *avec cette chaleur* **il fait ~ dans la forêt** ist es angenehm (angenehm) kühl) im Wald; **il fait ~ vivre ici** hier läßt sich's gut leben; **sentir ~** gut riechen; *cf a* **tenir** *14.*; ♦ *loc/adv* **pour de ~**, *litt* **tout de ~** ernstlich; wirklich; **c'est pour de ~!** jetzt wird es gut!; **III** *subst* **1.** *abstrait* **le ~** das Gute; **rien de ~** nichts Gutes; **avoir du ~** sein Gutes haben; **on aura une augmentation –**

il y a du **~**, F **y a (du) ~!** das ist ja herrlich, wunderbar, F prima!; **il y a en lui du ~ et du mauvais** er hat gute und schlechte Seiten; **2.** *personne* **~(ne)** *m(f)* **Gute(r)** *f(m)*; *dans un film etc* **les ~s** die Guten; *plais* **mon ~, ma ~ne** mein Lieber, Guter; meine Liebe, Gute; **3. ~ne** *f* (*bonne histoire*) *cf I 7.*; **4. ~ m à rien** Taugenichts *m*; Nichtsnutz *m*; **5.** TYPO **~ m à tirer** Impri'matur *n*; Druckerlaubnis *f*; **~s** *pl* **à tirer** druckreife Korrek'turbogen *m/pl*

bon² [bõ] *m* **1.** *document* Gutschein *m*; *pour consommations* Bon *m*; FIN **~ de caisse** Kassenschein *m*, -anweisung *f*; COMM **~ de commande** Bestellschein *m*; **~ d'essence** Ben'zingutschein *m*; FIN **~ du Trésor** Schatzanweisung *f*

bonapart|isme [bɔnapaʀtism(ə)] *m* POL Bonapar'tismus *m*; **~iste I** *adj* bonapar'tistisch; **II** *m,f* Bonapar'tist(in) *m(f)*

bonasse [bɔnas] *adj* (zu) gutmütig; *il est* **~ a** F er ist ein gutmütiges Schaf

bonbon [bõbõ] *m* Bon'bon *m ou n*; **~ au miel** Honigbonbon *m ou n*

bonbonne [bõbɔn] *f* (große) Korbflasche; Glasballon *m*

bonbonnière [bõbɔnjɛʀ] *f* **1.** Bon'bon-, Kon'fektdose *f*; Bonbonni'ere *f*; **2.** *fig d'un appartement* Schmuckkästchen *n*

bond [bõ] *m* **1.** *saut* Sprung *m* (*a fig*); Satz *m*; *fig* **~ en avant** Sprung nach vorn; *loc/adv* **d'un ~** mit e-m Satz, Sprung; **se lever d'un ~** aufspringen; **en trois ~s** il le rejoignit mit drei Sprüngen, Sätzen ...; *par* **~s** sprungweise; in Sprüngen; **faire un ~** a) e-n Sprung, Satz machen, tun; b) *fig prix, production etc* sprunghaft ansteigen, in die Höhe gehen; in die Höhe schnellen; **ne faire qu'un ~** her'beieilen, -stürzen; *fig* **faire faux ~ à qn** j-n versetzen, im Stich lassen; **2.** *d'une balle* Abprallen *n*; Hochspringen *n*; **faire plusieurs ~s** mehrmals hochspringen

bonde [bõd] *f* **1.** (*ouverture*) *d'une baignoire etc* Abfluß(loch *n*, -öffnung *f*) *m*; Spundloch *n*; **2.** (*bouchon*) Stöpsel *m*; Zapfen *m*; *d'un tonneau* Spund *m*

bondé [bõde] *adj salle, train etc* über'füllt; gepfropft, F gesteckt, gerammelt voll; F knack-, proppenvoll

bondieuserie [bõdjøzʀi] *f péj* **1.** *objets* **~s** *pl* Devotio'nalien *pl*; *péj* religi'öser Kitsch; **2.** *litt* Bigotte'rie *f*

bondir [bõdiʀ] *v/i personne, animal* springen; hüpfen; *balle* abprallen; hochspringen; *fig* **~ de colère** F in die Luft, an die Decke gehen; **~ de joie** Freudensprünge machen; *fig* vor Freude bis an die Decke springen; **son cœur a bondi de joie** das Herz hüpfte ihm vor Freude; *animal* **~ sur sa proie** sich auf s-e Beute stürzen; *fig* **cela me fait ~** das empört mich; das macht mich wütend, rasend

bondissement [bõdismɑ̃] *m* Springen *n*

bonheur [bɔnœʀ] *m* Glück *n*; **quel ~** (+*inf*)**!** welch ein Glück, welche e-e Freude, wie schön zu (+*inf*)**!**; **le ~ d'aimer** das Glück zu lieben; *loc/adv* **au petit ~ (la chance)** auf gut Glück; aufs Gerate'wohl; **par ~** zum Glück; glücklicherweise; **il ne connaît pas son ~** er weiß nicht, was für ein Glück er hat *ou* wie gut er es hat; **faire le ~ de qn** j-n

glücklich machen; F **si cela peut faire votre ~** wenn Sie das gebrauchen können; **porter ~ (à qn)** (j-m) Glück bringen

bonheur-du-jour [bɔnœʀdyʒuʀ] *m* ‹pl bonheurs-du-jour› zierlicher Damenschreibtisch mit rückwärtigem Aufsatz

bonhomie [bɔnɔmi] *f* Gutmütigkeit *f*; Biederkeit *f*

bonhomme [bɔnɔm] *m* ‹pl bonshommes [bõzɔm]› **1.** F (*homme*) **un ~** ein Mann *m*; *péj* **les bonshommes** die Männer *m/pl*; F die Mannsbilder *n/pl*; *péj* **ce (sale) ~** F dieser (eklige) Kerl; **mon ~** F der gute Mann; **le pauvre ~** der arme Mann, F Kerl; **petit ~** kleiner Junge; F kleiner Mann; *terme d'affection* **mon petit ~** F kleiner Mann; *juron* **nom d'un petit ~!** zum Donnerwetter!; *fig* **aller, poursuivre son petit ~ de chemin** ruhig, unbeirrt s-n Weg gehen, sein Ziel verfolgen; **un vieux ~** ein alter Mann; **2.** *dessiné ou façonné* Männchen *n*; **~ de neige** Schneemann *m*; **~ en pain d'épice** Pfefferkuchen-, Honigkuchenmann *m*; **3.** *adjt* ‹pl **~s**› *air* gutmütig; bieder

boni [bɔni] *m* COMM 'Überschuß *m*; Mehrbetrag *m*, -einnahme *f*; Plus *n*

boniche [bɔniʃ] *f cf* **bonniche**

Boniface [bɔnifas] *m* Bonifaz *m*

bonification [bɔnifikɑsjõ] *f* **1.** (*amélioration*) Verbesserung *f*; *d'une terre a* Ameliorati'on *f*; Meliorati'on *f*; **2.** a) COMM Bonifikati'on *f*; Ra'batt *m*; *d'intérêts* Zinsverbilligung *f*; *assurances* Schadensfreiheitsrabatt *m*; Bonus *m*; b) SPORTS Bonus *m*; Punktvorteil *m*; CYCLISME Zeitgutschrift *f*

bonifier [bɔnifje] **I** *v/t* **1.** *terre, vin* verbessern; *terre a* (a)melio'rieren; **2.** COMM bonifi'zieren; *adjt* **prêt bonifié** zinsverbilligtes Darlehen; **II** *v/pr* **se ~ vin** besser werden; *fig caractère* sich bessern

boniment [bɔnimɑ̃] *m* **1.** F (*propos mensongers*) F Märchen *n*; **pas de ~s!** erzähl (mir, uns doch) keine Märchen!; **c'est du ~!** das sind doch Märchen!; das kannst du, können Sie andern weismachen!; **raconter des ~s** Märchen erzählen, auftischen; **2. ~ d'un camelot etc** marktschreierische Re'klame; **faire le ~** s-e Ware wortreich, F mit viel Tamtam anpreisen

bonimenteur [bɔnimɑ̃tœʀ] *m* **1.** (*baratineur*) Marktschreier *m*; **2.** (*menteur*) j, der Märchen auftischt

bonjour [bõʒuʀ] *m* **~!** guten Tag!; *le matin a* guten Morgen!; *südd* grüß Gott!; **dire ~ à qn** j-m guten Tag sagen; F **donner le ~ (de la part de qn)** j-m e-n Gruß, Grüße (von j-m) ausrichten, bestellen; j-n (von j-m) grüßen lassen; *elliptiquement* **le ~ à votre femme (de ma part)!** e-n Gruß, Grüße (von mir) an Ihre Frau!; grüßen Sie Ihre Frau (von mir)!; *fig* **c'est facile, simple comme ~** das ist ganz, höchst einfach; das ist kinderleicht; das ist die einfachste Sache (von) der Welt

bonne [bɔn] *f* **1.** Hausgehilfin *f*; Hausmädchen *n*; Dienstmädchen *n*; **~ à tout faire** Mädchen für alles; Al'leinmädchen *n*; **~ d'enfant** Kindermädchen *n*; **2.** *cf* **bon¹** *III 2., 3.*

Bonne-Espérance – bosse

Bonne-Espérance [bɔnɛspeʀɑ̃s] *le cap de ~* das Kap der Guten Hoffnung
bonne-maman [bɔnmamɑ̃] *f* ⟨*pl* bonnes-mamans⟩ *enf* Oma *f*; Großmama *f*
bonnement [bɔnmɑ̃] *adv* **tout ~** ganz einfach
bonnet [bɔnɛ] *m* **1.** Mütze *f*; Kappe *f*; *costume folklorique féminin* Haube *f*; F *fig* **gros ~** F hohes Tier; Bonze *m*; *südd a* Großkopfete(r) *m*; *MIL* **~ à poil** Bärenfellmütze *f*; **~ de bain** Badekappe *f*, -mütze *f*; **~ de fourrure** Pelzmütze *f*, -kappe *f*; **~ de laine** Wollmütze *f*; **~ de marin** Ma'trosenmütze *f*; **~ de nuit** a) Schlaf-, Nachtmütze; b) *fig d'une personne* Griesgram *m*; F Sauertopf *m*; *fig*: **avoir la tête près du ~** ein Hitzkopf, hitzköpfig sein; rasch aufbrausen, F hochgehen; *c'est ~ blanc et blanc ~* F das ist Jacke wie Hose, gehupft wie gesprungen; *femme* **jeter son ~ par-dessus les moulins** sich über die Moral, guten Sitten hinwegsetzen; **prendre qc sous son ~** etw auf s-e Kappe nehmen; *cf a* âne 2., **opiner**; **2.** *d'un soutien-gorge* Körbchen *n*; Schale *f*; Cup [kap] *m*; **3.** *des ruminants* Netzmagen *m*
bonneterie [bɔnɛtʀi] *f TEXT* **a)** Wirk- und Strickwarenindustrie *f*, *commerce* -handel *m*; **b)** (*articles m/pl de*) ~ Wirk- und Strickwaren *f/pl*; Triko'tagen *f/pl*; Maschenware *f*; Gewirk(e) *n*
bonnet|ier [bɔntje] *m*, **~ière** *f* Wirk- und Strickwarenhersteller(in) *m(f)*, -fabrikant(in) *m(f)*, *commerçant(e)* -händler(in) *m(f)*
bonniche [bɔniʃ] *pej f* Dienstmädchen *n*; F Minna *f*, *pej* Dienstbolzen *m*
bon-papa [bɔpapa] *m* ⟨*pl* bons-papas⟩ *enf* Opa *m*; Großpapa *m*
bonsoir [bɔ̃swaʀ] *m* **~!** guten Abend!; *dire ~ à qn* j-m guten Abend sagen; F *fig*: **qu'il accepte, ou alors, ~!** oder es ist aus!
bonté [bɔte] *f* **1.** Güte *f*; *int* **~ divine!** du liebe Güte!; du meine Güte!; *iron* **par pure ~ d'âme** aus purer, reiner Menschenfreundlichkeit; **avoir la ~ de** (+*inf*) die Güte besitzen, so gütig sein zu (+*inf*); **être d'une grande ~** sehr gütig sein; **2.** *actes* **~s** *pl* erwiesene Freundlichkeit(en) *f(pl)*
bonus [bɔnys] *m ASSURANCES* Bonus *m*; Schadenfreiheitsrabatt *m*
bonze [bɔ̃z] *m* **1.** *REL* bud'dhistischer Mönch; Bonze *m*; **2.** F *fig* Bonze *m*; **~s d'un parti** Par'teibonzen *m/pl*
boogie-woogie [bugiwugi] *m MUS*, *danse* Boogie-Woogie ['bugi'vugi] *m*
bookmaker [bukmɛkœʀ] *m TURF* Buchmacher *m*
boom [bum] *m BOURSE, ÉCON* Boom [bu:m] *m*; **~ touristique** Tou'risten-, Reiseboom *m*; **~ du bâtiment, de la construction** Bauboom *m*
boomerang [bumʀɑ̃g] *m* Bumerang *m* (*a fig*); *fig*: **faire ~** sich als Bumerang erweisen; zum Bumerang werden; *adjt* **effet ~** Bumerangwirkung *f*
borax [bɔʀaks] *m CHIM* Borax *m*
borborygmes [bɔʀbɔʀigm(ə)] *m/pl* (Bauch-, Magen)Knurren *n*; Bauchkullern *n*
bord [bɔʀ] *m* **1.** Rand *m*; *d'un chapeau* Krempe *f*; (*arête*) Kante *f*; *d'un lac, fleuve* Ufer *n*; Ufersaum *m*; **~ de l'as-siette** Tellerrand *m*; **~ du chemin** Wegrand *m*; **~(s) de (la) mer** Meer(esstrand) *n(m)* (*im Gegensatz zum Inland*); *passer ses vacances* **au ~ de la mer** am Meer; an der See; **rentrer par le ~ de mer** am Meer, an der Küste entlang nach Hause fahren; **~ de la rivière** Flußufer *n*; **~ de la route** Straßenrand *m*; **~ de la table** Tischkante *f*; **~ du trottoir** Bordsteinkante *f*; ◆ *loc/adj*: *chapeau* **à large ~** breitkrempig; *récipient* **plein jusqu'au ~, à ras ~** randvoll; bis an den Rand gefüllt; *loc/adv* **à ~** Rand an Rand; Kante an Kante; *loc/prép* **au ~ de** am Rand(e) (+*gén*) (*a fig*); **être au ~ de l'aveu** nahe daran sein, ein Geständnis abzulegen; **être au ~ de la faillite** kurz vor dem Konkurs, am Rande des Bankrotts stehen; **être au ~ des larmes** den Tränen nahe sein; **sur les ~s de la Loire** an den Ufern der Loire; F *fig* **être un peu** (+*adj*) **sur les ~s** (so) ein bißchen, leicht (+*adj*) sein; **être un peu menteur sur les ~s** e-n leichten Hang zum Lügen haben; **2.** *MAR, AVIAT* Bord *m*; *AUTO, AVIAT* **tableau** *m* **de ~** Arma'turen-, Instru'mentenbrett *n*; ◆ *loc/adv* **à ~** *loc/prép*: **à ~ (de)** an Bord (+*gén*); **à ~ d'un Boeing** an Bord e-r Boeing; **à ~ d'une Fiat verte** mit, in e-m grünen Fiat; **monter, prendre ~** an Bord gehen, nehmen; *fig personnes* **être du même ~** die gleichen Anschauungen vertreten; Gesinnungsgenossen, -freunde sein; *POL* **à ~** im gleichen Lager stehen; **virer de ~** *MAR* wenden; *fig et POL* 'umschwenken; **jeter, passer par-dessus ~** über Bord werfen, gehen
bordages [bɔʀdaʒ] *m/pl MAR* planches Planken *f/pl*; Beplankung *f*; *tôles* Platten *f/pl*; Beplattung *f*
bordé [bɔʀde] *m MAR* Außenhaut *f*
Bordeaux [bɔʀdo] Stadt im Dep. Gironde
bordeaux [bɔʀdo] *m* **1.** *vin* Bor'deaux (-wein) *m*; *verre* **à ~** Bordeauxglas *n*; **2.** *couleur* Bor'deaux-, Weinrot *n*; *adjt* ⟨*inv*⟩ bor'deaux-, weinrot
bordée [bɔʀde] *f* **1.** *MAR MIL* Breitseite *f*; *fig* **une ~ d'injures** e-e Schimpfkanonade; ein Hagel *m*, e-e Flut von Schimpfwörtern; **lâcher une ~** e-e Breitseite abfeuern; **2.** *MAR* (*équipage de service*) Wache *f*; **MAR parcours** Schlag *m*; **courir, tirer des ~s** kreuzen; F *fig* **tirer une ~** F e-e Sauftour machen
bordel [bɔʀdɛl] *m* **1.** P (*maison de prostitution*) Bor'dell *n*; P Puff *m ou n*; **2.** F *fig* (*désordre*) heilloses Durchein'ander, Chaos *n*; P Saustall *m*; **quel ~ ici!** ist das hier ein Saustall!; **mettre le ~ dans qc** völlig durcheinanderbringen; *fig*: *int* P **~!** F verdammter Mist!; P Scheiße!
bordelais [bɔʀdəlɛ] *adj* (*et subst* ♀ Einwohner) von Bor'deaux
bordélique [bɔʀdelik] F *adj* unordentlich; F schlampig
border [bɔʀde] *v/t* **1.** *arbres, maisons*: *route* (ein)säumen; *chemin, massif* einfassen (**de buis** mit Buchsbaum); *COUT vêtement* einfassen, am Rand besetzen, *de fourrure a* verbrämen (**de** mit); **un sentier borde la rivière** ein Pfad läuft, führt, zieht sich am Fluß entlang; *p/p*: **bordé d'arbres** von *ou* mit Bäumen gesäumt; **bordé de dentelles** mit Spitzen um'säumt, eingefaßt; **2.** **~ un lit** das 'Überschlaglaken und die Decke unter die Matratze schlagen, rundherum fest einstopfen; **~ qn** (**dans son lit**) j-n zudecken; **3.** *MAR* **a)** *voile* beiholen; **b)** *navire* beplanken; beplatten
bordereau [bɔʀdəʀo] *m* ⟨*pl* **~x**⟩ *COMM* Aufstellung *f*; Verzeichnis *n*; Liste *f*; *terme bancaire* Borde'ro *m ou n*; **~ d'expédition** Begleitschein *m*, -papier *n*
bordure [bɔʀdyʀ] *f* **1.** Einfassung *f*; Um'randung *f*; Rand *m*; Kante *f*; *JARD* **de plantes** *a* Ra'batte *f*; *COUT* Einfassung *f*; *en fourrure* Verbrämung *f*; **~ du trottoir** Bordstein(kante) *m(f)*; *loc/adj* **à ~ bleue** blau gerändert, blaugerändert; *loc/prép* **en ~ de** am Rand (+*gén*); **en ~ de la route** am Straßenrand; entlang der Straße; **de rideaux etc** Bor'düre *f*; Borte *f*; Zierleiste *f*; **3.** *MAR d'une voile* 'Unterkante *f*
bore [bɔʀ] *m CHIM* Bor *n*
boréal [bɔʀeal] *adj* ⟨-aux⟩ *GÉOGR* nördlich; Nord...; *sc* bore'al; **aurore ~e** Nordlicht *n*
borgne [bɔʀɲ] **I** *adj* **1.** einäugig; **2.** *fig* **hôtel ~** verrufenes, anrüchiges Hotel; **II** *m,f* Einäugige(r) *f(m)*
borique [bɔʀik] *adj CHIM* Bor...; **acide ~** Borsäure *f*
bornage [bɔʀnaʒ] *m* de deux propriétés Abmarkung *f*; Grenzscheidung *f*
borne [bɔʀn] *f* **1.** *pierre* Grenzstein *m*; *marque* Grenzzeichen *n*; *par ext* Mar'kierungsstein *m*; Steinpfosten *m*; **~ kilométrique** Kilo'meterstein *m*; **2.** *par ext*: **~ d'appel** Notrufsäule *f*; **~ d'incendie** Über'flurhydrant *m*; **3.** *fig* **~s** *pl* Grenzen *f/pl*; *joie, ambition etc* **sans ~s** grenzenlos; *patience* **avoir des ~s** Grenzen haben; **ne plus connaître de ~s** keine Grenzen, Schranken mehr kennen; **son avarice ne connaît pas de ~s** *a* er ist maßlos geizig; **dépasser les ~s** zu weit gehen; **son ignorance dépasse les ~s** übersteigt alle Grenzen, ist grenzenlos; **4.** F (*kilomètre*) Kilo'meter *m*; **5.** *ÉLECT* (Anschluß)Klemme *f*
borné [bɔʀne] *adj* engstirnig; (geistig) beschränkt; bor'niert; F kleinkariert; **c'est un esprit ~** er ist engstirnig *etc*, ein kleiner Geist; er hat e-n begrenzten Horizont
Bornéo [bɔʀneo] Borneo *n*
borner [bɔʀne] **I** *v/t* **1.** *terrain* durch Grenzsteine, -zeichen mar'kieren; **2.** *vue, horizon, fig ambitions etc* begrenzen; **II** *v/pr se* **~ à qc** sich auf etw (*acc*) beschränken; **se ~ à faire qc** sich darauf beschränken
bortsch [bɔʀtʃ] *m CUIS* Borschtsch *m*
bosniaque [bɔsnjak] **I** *adj* bosnisch; **II** *m,f* ♀ Bosnier(in) *m(f)*
Bosnie(-Herzégovine) [bɔsni(ɛʀzegɔvin)] *la* **~** Bosnien(-Herze'gowina) *n*
Bosphore [bɔsfɔʀ] *le* **~** der Bosporus
bosquet [bɔskɛ] *m* Wäldchen *n*; Baum-, Gehölzgruppe *f*
boss [bɔs] *m* F Boß *m*
bossage [bɔsaʒ] *m ARCH* Bosse *f*
bossa-nova [bɔsanɔva] *f danse* Bossa Nova *m*
bosse [bɔs] *f* **1.** *difformité* Buckel *m*; F Höcker *m*; Ast *m*; F *fig* **rouler sa ~** weit her'umkommen; **2.** *due à un choc*

Beule *f*; *se faire une ~ au front* sich an der Stirn e-e Beule holen; **3.** *d'un chameau* Höcker *m*; **4.** *sur une surface plane* Buckel *m*; *~ du terrain* Geländebuckel *m*; **5.** ANAT Höcker *m*; F *fig avoir la ~ de qc* (besonders, ausgesprochen) begabt für etw sein; e-e (besondere, ausgesprochene) Begabung, Gabe für etw haben; *avoir la ~ du commerce* der geborene *ou* ein geborener Geschäftsmann sein
bossel|age [bɔslaʒ] *m* ORFÈVRERIE getriebene Arbeit; Treibarbeit *f*; **~er** *v/t* ⟨-ll-⟩ *pièces d'orfèvrerie* treiben
bosser [bɔse] F **I** *v/t matière* F büffeln; 'durchackern; *examen* büffeln für; **II** *v/i* (*travailler*) F werke(l)n; *südd* schaffen; *p/fort* F schuften; ma'lochen
boss|eur [bɔsœʀ] *m*, **~euse** *f* F Arbeitstier *n*
bossu [bɔsy] **I** *adj* **1.** *difforme* buck(e)lig; verwachsen; **2.** *par ext* krumm; *être ~* krumm sitzen, dastehen; e-n krummen Rücken machen; **II** *subst ~(e) m(f)* Bucklige(r) *f(m)*; F *rire comme un ~* F sich schieflachen; sich e-n Ast lachen
bot [bo] *adj* ⟨bote [bɔt]⟩ *pied ~* Klumpfuß *m*
botan|ique [bɔtanik] **I** *adj* bo'tanisch; pflanzenkundlich; Pflanzen...; **II** *f* Bo'tanik *f*; Pflanzenkunde *f*; **~iste** *m,f* Bo'taniker(in) *m(f)*
Botswana [bɔtswana] *le ~* Bots'wana *ou* Botsu'ana *n*
botte [bɔt] *f* **1.** *de végétaux* Bund *n*; Bündel *n*; *~ d'asperges, de radis* Bund Spargel, Radieschen; *~ de paille* Bund, Bündel Stroh; Strohbund *n*, -bündel *n*; *~ d'œillets* großer Strauß Nelken; *lier, mettre en ~s* bündeln; **2.** *chaussure* Stiefel *m*; *~s de cavalier, d'équitation* Reitstiefel *m/pl*; *~s d'égoutier* feste, weite Gummistiefel *m/pl* (mit Profilsohle); *fig la ~ de l'Italie* der italienische Stiefel; *~s en caoutchouc* Gummistiefel *m/pl*; *fig* sous la *~ de* unter der Gewaltherrschaft (*+gén*); *fig en avoir plein les ~s* a) vom vielen Gehen müde sein; b) (*en avoir assez*) F die Nase voll haben; *cf a lécher 3.*; **3.** ESCRIME Stoß *m*; *fig ~ secrète* Geheimwaffe *f*; **4.** F *à Polytechnique sortir dans la ~* unter den Besten abschneiden
botter [bɔte] *v/t* **1.** *adjt Perrault Le Chat botté* Der Gestiefelte Kater; **2.** F *~ le derrière à qn* F j-m e-n Tritt in den Hintern geben; j-m in den Hintern treten; **3.** F *ça me botte* a) (*ça me convient*) das paßt mir (gut); b) (*ça me plaît*) das sagt mir zu, gefällt mir; **4.** FOOTBALL, RUGBY: *ballon* treten; *abs* schießen
bottier [bɔtje] *m* **1.** Schuhmacher (der Schuhe nach Maß anfertigt); **2.** *adjt talon m ~* Blockabsatz *m*
bottillon [bɔtijɔ̃] *m* Halbstiefel *m*; Stiefe'lette *f*
bottin [bɔtɛ̃] *m* Tele'fonbuch *n*
bottine [bɔtin] *f* Damenhalbstiefel *m*; Stiefe'lette *f*
boubou [bubu] *m* Tunika *f* (der Schwarzafrikaner)
bouc [buk] *m* **1.** ZO Ziegenbock *m*; REL *et fig ~ émissaire* Sündenbock *m*; **2.** *barbe* Spitzbart *m*

boucan [bukɑ̃] F *m* Krach *m*; Lärm *m*; F Ra'dau *m*; Spek'takel *m*; *faire du ~* a) Krach, Radau machen; b) *fig* F Krach schlagen
boucaner [bukane] *v/t* **1.** *viande, poisson* räuchern; **2.** *fig teint boucané* wettergebräunt
boucanier [bukanje] *m* HIST Bu'kanier *m*
bouchage [buʃaʒ] *m d'un trou* Zumachen *n*; Zu-, Verstopfen *n*; *dans le sol* Zuschütten *n*; *d'une fente* Abdichten *n*; *d'un récipient* (Ver)Schließen *n*; *d'une bouteille* Zu-, Verkorken *n*
bouche [buʃ] *f* **1.** ANAT Mund *m*; *fig fine ~* Feinschmecker *m*; F Leckermaul *n*; *elle fait la fine ~* sie ist sehr wählerisch; sie rümpft die Nase; ihr ist er, es *etc* nicht gut genug; *fig ~ inutile* unnützer Esser; ♦ *loc/adv: la ~ en cœur* scheinheilig; unschuldsvoll; mit unschuldsvoller Miene; *la ~ en cul de poule* mit verächtlich verkniffenem Mund; (*être*) *dans toutes les ~s* in aller Munde (sein); *de ~ à oreille* von Mund zu Mund; *subst le ~ à oreille* die Mundpropaganda; *nouvelle* (*circuler*) *de ~ à oreille* von Mund zu Mund (gehen); (*parler*) *par la ~ de qn* durch j-n (sprechen); *la vérité parle par sa ~* aus ihm spricht die Wahrheit; ♦ *avoir cinq ~s à nourrir* fünf hungrige Mäuler zu stopfen haben; *avoir la ~ pleine* e-n vollen Mund haben; *fig en avoir plein la ~* immer wieder darauf zu sprechen kommen, damit *ou* davon anfangen; *avoir la ~ sèche* e-n trockenen Mund haben; *avoir toujours qc à la ~* ständig von etw reden, sprechen; un mot ständig im Mund führen; *quand on lui parle de X, il a l'injure à la ~* kommt ihm ein Schimpfwort über die Lippen; fängt er gleich zu schimpfen an; *s'embrasser à pleine ~*, *à ~ que veux-tu* sich abküssen, F abknutschen; *ne parle pas la ~ pleine!* sprich nicht mit vollem Mund!; **2.** *organe du goût avoir la ~ mauvaise* e-n schlechten Geschmack im Mund haben; *garder qc pour la bonne ~* etw (*das Beste*) bis zuletzt, für den Schluß aufheben, -sparen; *boisson etc laisser la ~ amère* e-n bitteren Geschmack hinter'lassen; *rester sur la bonne ~* aufhören, wenn es am besten schmeckt; **3.** *de certains animaux* Maul *n*; **4.** (*ouverture*) Öffnung *f*; *d'un canon* Mündung *f*; *d'un volcan* Schlund *m*; MIL *~ à feu* Geschütz *n*; Ka'none *n*; *~ d'air, de chaleur* (Warm)Luftschacht *m*; *~ d'eau, d'incendie* (Unter'flur-) Hy'drant *m*; *~ d'égout* Gully *m ou n*; *~ du four* Ofenloch *n*; *~ de métro* U-Bahn-Eingang *m*; **5.** *d'un fleuve ~s n* Mündung *f*; *~s du Nil* Nilmündung *f*
bouché [buʃe] *adj* **1.** *bouteille* verkorkt; zugekorkt; *vin ~* Flaschenwein *m*; *cf a cidre*; **2.** *route, tuyau etc* verstopft; *avoir le nez ~* e-e verstopfte Nase haben; *fig être ~* métier keine Aussicht auf e-e Anstellung bieten; *carrière a* keine Berufsmöglichkeiten eröffnen; **3.** *temps* trüb(e); *ciel* grau; bedeckt; verhangen; *le temps est ~* es ist bedeckt, trüb(e); **4.** F *fig* (*bête*) *être ~* dumm, beschränkt, F behämmert, bekloppt sein
bouche-à-bouche [buʃabuʃ] *m ⟨inv⟩* Mund-zu-Mund-Beatmung *f*; Atemspende *f*
bouchée [buʃe] *f* **1.** Bissen *m*; *une ~ de pain* ein Bissen Brot; *fig pour une ~ de pain* F für ein Butterbrot; für e-n Apfel und ein Ei; *en mangeant ne faire qu'une ~ de qc* etw hastig, gierig, auf einmal hinunterschlingen, -schlucken; *fig ne faire qu'une ~ de qn* leicht, schnell mit j-m fertig werden; mit j-m kurzen Prozeß machen; *fig mettre les ~s doubles* sich beeilen; doppelt so schnell arbeiten; **2.** CUIS *~ à la reine* Königinpastete *f*; **3.** (*chocolat*) Pra'line *f*
boucher[1] [buʃe] *v/t* **1.** *trou, ouverture* zumachen; zu-, verstopfen; *dans le sol* zuschütten; *fente* ver-, zuschmieren; abdichten; *récipient* (ver)schließen; *bouteille* zu-, verkorken; zupfropfen; zustöpseln; *tonneau* verspunden *ou* verspünden *m*; *fig ~ un trou* ein Loch stopfen; **2.** *passage, route etc* versperren; *bloc'kieren*; *fig futur* verbauen; *la vue à qn* j-m die (Aus)Sicht, den Blick versperren, nehmen; **II** *v/pr* **3.** *se ~ le nez* sich die Nase zuhalten; *se ~ les oreilles* a) sich die Ohren zuhalten, zustopfen; b) *fig* nicht(s) hören wollen; *fig se ~ les yeux* nicht(s) sehen wollen; die Augen verschließen (*devant* vor *+dat*); **4.** *lavabo se ~* sich verstopfen
bouch|er[2] [buʃe] *m* **1.** Fleischer *m*; *nordd* Schlachter *m*; *südd* Metzger *m*; *österr* Fleischhauer *m*; **2.** *fig* (*homme sanguinaire*) Bluthund *m*; (*chirurgien maladroit*) Metzger *m*; **~ère** *f* Fleischers-, Schlachters-, Metzgersfrau *f*
boucherie [buʃʀi] *f* **1.** *magasin* Fleische'rei *f*; *nordd* Schlachte'rei *f*; *südd* Metzge'rei *f*; Fleischer-, Schlachter-, Metzgerladen *m*; *animaux m/pl*, *viande f de ~* Schlachtvieh *n*, -fleisch *n*; **2.** *métier* Fleischer-, Schlachter-, Metzgerhandwerk *n*; **3.** *fig* (*massacre*) Gemetzel *n*; Metze'lei *f*; Schlächte'rei *f*; Blutbad *n*; **~-charcuterie** *f* ⟨*pl* boucheries-charcuteries⟩ Fleisch- und Wurstwarengeschäft *n*
Bouches-du-Rhône [buʃdyʀon] *frz Departement*
bouche-trou [buʃtʀu] *m* ⟨*pl* bouche-trous⟩ *personne* Lückenbüßer *m*; *chose* Füller *m*; *servir de ~* als Lückenbüßer dienen
bouchon [buʃɔ̃] *m* **1.** *pour fermer qc* Verschluß(kappe) *m(f)*; *d'une bouteille, d'un flacon* Korken *m* (*en liège ou plastique*); Pfropfen *m*; Stopfen *m*; Stöpsel *m*; *du réservoir d'essence* (Tank)Deckel *m*; *d'un tube* Schraubkappe *f*; *~ de caoutchouc* Gummistopfen *m*, -stöpsel *m*, -pfropfen *m*; *~ de champagne* Sektkorken *m*; AUTO *~ de radiateur* Kühlerverschluß *m*; *~ de verre* Glasstöpsel *m*; *vin avoir un goût de ~*, *sentir le ~* nach (dem) Korken schmecken; *F c'est plus fort que de jouer au ~!* das ist doch nicht zu fassen!; das ist doch unglaublich, F ein starkes Stück!; **2.** *par ext obturant qc* Pfropf *m*; *~ de cérumen* Ohr(enschmalz)pfropf *m*; **3.** *de circulation* (Verkehrs)Stau *m*; *un ~ de trois kilomètres* ein Stau von drei Kilometern; *risque m de ~* Staugefahr *f*; **4.** PÊCHE

Schwimmer *m*; Flöße *f*; **5.** ~ *de paille* Strohwisch *m*
bouchonner [buʃɔne] **I** *v/t cheval* (mit e-m Strohwisch) abreiben; **II** *v/i ça bouchonne sur l'autoroute* es bilden sich Staus, der Verkehr staut sich auf der Autobahn
bouchot [buʃo] *m* Muschelzaun *m*; *moules f/pl de ~* Zuchtmiesmuscheln *f/pl*
bouclage [buklaʒ] *m* **1.** MIL, POLICE Abriegelung *f*; Um'stellung *f*; **2.** PRESSE Redakti'onsschluß *m*
boucle [bukl(ə)] *f* **1.** *sur une courroie* Schnalle *f*; *sur une ceinture, des chaussures a* Schließe *f*; ~ *de ceinture* Gürtelschnalle *f*; **2.** ~ *d'oreille* Ohrring *m*; **3.** ~ (*de cheveux*) (Haar)Locke *f*; Ringellocke *f*; **4.** *d'un lacet etc* Schleife *f*; Schlinge *f*; *d'un fleuve* Windung *f*, Schleife *f*; *en écriture* Schleife *f*; **5.** SPORTS **a)** (*circuit automobile*) Rundstrecke *f*, -kurs *m*; *cf a boucler 5.*; **b)** AVIAT Looping ['luː-] *m*; **6.** INFORM Schleife *f*; ~ *de programme* Pro-'grammschleife *f*
bouclé [bukle] *adj cheveux* lockig; gelockt; *cheveux ~s a* Lockenhaar *n*; *enfant ~, tête ~e* Lockenkopf *m*; *être ~* gelocktes, lockiges Haar haben; ein Lockenkopf sein
boucler [bukle] **I** *v/t* **1.** *ceinture etc* zuschnallen; ~ *sa* (*ses*) *valise*(*s*), *sa* (*ses*) *malle*(*s*) s-e, die Koffer packen; sich reisefertig machen; **2.** F *magasin, porte* zumachen; schließen; F *fig boucle-la!* halt den Mund, F die Klappe!; **3.** F *personne* einsperren; einschließen; *en prison* F einlochen; **4.** *cheveux* locken; zu (Ringel)Locken drehen; **5.** *circuit* (durch')laufen, (-')fahren; ~ *la boucle* **a)** *randonnée etc* in e-m Bogen zum Ausgangspunkt zu'rückkehren; **b)** *fig* die Sache abschließen, zu Ende führen; den Kreis schließen; *fig* ~ *son budget, son mois* mit s-n verfügbaren Mitteln, mit s-m Monatsgehalt auskommen, F über die Runden kommen, her-'umkommen; JOURNALISME ~ *un numéro* e-e Ausgabe redakti'onell abschließen; **6.** *police etc*: *quartier* abriegeln; um'zingeln; um'stellen; **II** *v/i cheveux* sich locken; sich ringeln; **III** *v/pr personne* ~ *se ~ dans sa chambre* sich in sein *ou* in s-m Zimmer einschließen
bouclette [buklɛt] *f* **1.** *de cheveux* (Ringel)Löckchen *n*; **2.** TEXT Bou'clé *n*; *adjt laine f* ~ Boucléwolle *f*
bouclier [buklije] *m* **1.** HIST Schild *m*; *fig faire un ~ de son corps à qn* j-n mit s-m Körper decken, schützen; **2.** *fig* (*rempart*) Schutz(wall *m*, -wehr *f*)*m*; **3.** TECH Schild *m* (*a pour tunnels*); *d'un engin spatial* ~ *thermique* Hitzeschild *m*; **4.** GÉOL ~ *canadien* Ka'nadischer Schild
Bouddha [buda] *m* REL Buddha *m*
bouddh|ique [budik] *adj* REL bud'dhistisch; ~**isme** *m* REL Bud'dhismus *m*; ~**iste** *rel* **I** *adj* bud'dhistische **II** *m,f* Bud'dhist(in) *m*(*f*)
bouder [bude] **I** *v/t* ~ *qn* mit j-m schmollen; j-m die kalte Schulter zeigen; ~ *qc* etw meiden; e-r Sache (*dat*) fernbleiben, aus dem Weg gehen; **II** *v/i* schmollen
bouderie [budʀi] *f* Schmollen *n*

boudeur [budœʀ] **I** *adj* ⟨-euse⟩ *air, personne* schmollend; **II** *subst* ~, *boudeuse m,f* j, der (oft) schmollt
boudin [budɛ̃] *m* **1.** Blutwurst *f*; ~ *blanc* Weißwurst *f*; F *fig s'en aller, tourner en eau de ~* kläglich scheitern; ausgehen wie das Hornberger Schießen; F in die Binsen gehen; **2.** F *fig* (*bourrelet*) Wulst *m*; Rolle *f*; **3.** F *fig ~s pl* (*gros doigts*) F Wurstfinger *m/pl*; **4.** F *péj d'une fille* F Pummel *m*; **5.** TECH *ressort m à* ~ Schraubenfeder *f*
boudiné [budine] *adj* **1.** *personne être ~ dans un vêtement* in ein Kleidungsstück eingezwängt sein; **2.** *doigts ~s* F Wurstfinger *m/pl*
boudiner [budine] *v/t vêtement trop serré ça* (*me*) *boudine* das zwängt mich so ein, daß sich richtige Wülste bilden; F das sitzt so eng wie e-e Wurstpelle
boudoir [budwaʀ] *m* **1.** *petit salon* Bou-'doir *n*; **2.** *biscuit* Löffelbiskuit *n ou m*
boue [bu] *f* **1.** Schlamm *m*; Schmutz *m*; Mo'rast *m*; F Dreck *m*; *tache f de ~* Schmutzfleck *m*; *fig*: *couvrir qn de ~* j-n mit Dreck bewerfen; *traîner qn, qc dans la ~* j-n, etw in den Schmutz, Dreck ziehen; **2.** GÉOL, TECH Schlamm *m*; *bain m de ~*(*s*) Schlamm-, Moorbad *n*
bouée [bwe] *f* MAR Boje *f*, Tonne *f*; ~ *lumineuse* Leuchtboje *f*; ~ *de sauvetage* **a)** Rettungsboje *f*, -ring *m*; **b)** *fig* (*letzte*) Rettung
boueux [buø, bwø] **I** *adj* ⟨-euse⟩ **1.** schmutzig; schlammig; mo'rastig; F dreckig; **2.** TYPO verwischt; unsauber; **II** *m* F Müllmann *m*
bouffant [bufɑ̃] *adj* bauschig; *cheveux* füllig; *manche ~e a* Puffärmel *m*; *pantalon ~* Pluderhose *f*
bouffarde [bufaʀd] F *f* (Tabaks)Pfeife *f*
bouffe¹ [buf] F *f* Essen *n*; *péj* P Fressen *n*; *se faire une* (*petite*) ~ zu e-m zwanglosen kleinen Essen zusammenkommen; *ne penser qu'à la ~* immer nur ans Essen denken
bouffe² [buf] *adj* MUS *opéra m* ~ Opera buffa *f*; komische Oper
bouffée [bufe] *f* **1.** *en inspirant, en fumant* Zug *m*; *avaler de grandes ~s d'air* die Luft in tiefen Zügen einatmen; *tirer une longue ~ de sa pipe* e-n langen Zug aus s-r Pfeife tun; *en expirant* ~; *~s de fumée* Rauchwolken *f/pl*; Qualm *m*; *à chaque fois qu'il ouvrait la bouche, il me parvenait des ~s d'ail, de vin* stieg mir bei nach Knoblauch, Wein riechender Atem in die Nase; **3.** *d'air* Lufthauch *m*, -strom *m*, -zug *m*; Schwall *m*; *d'odeurs* Duftwolke *f*; Schwaden *m*; ~ *d'air frais* Schwall frischer Luft; frischer Lufthauch, -zug; ~ *de froid* Schwall Kälte; kalter Lufthauch, -zug; ~ *de parfum* Duftwolke *f*; ~ *de vent* Windstoß *m*; *loc/adv par ~s* stoßweise; in Schwaden, Wellen; **4.** MÉD ~ *de chaleur* Hitzewallung *f*; fliegende Hitze *f*; **5.** *fig une ~ d'orgueil etc* e-e Anwandlung von Stolz etc
bouffer¹ [bufe] *v/i manche, jupe etc* sich bauschen; *cheveux* bauschig, füllig (ab-)stehen; *faire ~ ses cheveux* s-m Haar Fülle geben
bouffer² [bufe] F **I** *v/t* **1.** essen (*a abs*); *péj* P fressen; *n'avoir rien à ~* nichts zu

essen, F beißen haben; *fig*: *j'ai envie de le ~, je le boufferais* F ich könnte ihn erwürgen, 'umbringen; ~ *du curé* F die Pfaffen gefressen haben; **2.** *fig voiture* ~ *trop d'essence* F zu viel Benzin fressen; *conducteur* ~ *du* (*des*) *kilomètre*(*s*) F Kilometer (*pl*) fressen; **II** *v/pr se ~ le nez* F sich in die Haare geraten; sich in die Wolle kriegen; sich in den Haaren liegen; sich in der Wolle haben
bouffetance [buftɑ̃s] *f* F *cf bouffe¹*
bouffi [bufi] *adj visage* ~ (auf)gedunsen; aufgeschwemmt; *yeux* ge-, verschwollen; verquollen; *personne* ~ *de graisse* fettleibig; F ein Fettkloß *m*; *fig personne* ~ *d'orgueil* aufgeblasen; hochmütig; *yeux, visage* ~ *de sommeil* vom Schlafen verquollen
bouffir [bufiʀ] **I** *v/t visage* aufgedunsen machen; aufschwemmen; **II** *v/i visage* augedunsen, aufgeschwemmt werden
bouffon [bufɔ̃] **I** *adj* ⟨~ne⟩ derb-komisch; spaßig; possenhaft; **II** *m* Possenreißer *m*; Spaßmacher *m*; F Clown [klaun] *m*; HIST ~ (*du roi*) Hofnarr *m*
bouffonnerie [bufɔnʀi] *f* **1.** *d'une scène, d'une histoire* derbe Komik; Spaßigkeit *f*; Possenhaftigkeit *f*; **2.** *action, paroles ~s pl* derbe Späße *m/pl*; Possen *m/pl*; Clown'e'rie [klau-] *f*
bougainvillée [bugɛ̃vile] *f* BOT Bougain'villea *f*
bouge [buʒ] *m café, bar* Spe'lunke *f*; *hôtel* Absteige *f*
bougeoir [buʒwaʀ] *m* (Kerzen)Leuchter *m* mit Griff
bougeotte [buʒɔt] *f* F *avoir la ~* **a)** (*ne pas tenir en place*) F kein Sitzfleisch haben; *enfant a* ein Zappelphilipp sein; **b)** (*voyager beaucoup*) sehr reiselustig sein; F ein Reiseonkel *m*, e-e Reisetante sein
bouger [buʒe] ⟨-geons⟩ **I** *v/t membre* bewegen; rühren; regen; *objet* (ver-)rücken; 'umstellen; *adjt photo* bougé verwackelt; **II** *v/i* **1.** *personne, feuilles* sich bewegen, rühren, regen; *dent, manche* wackeln; *sans ~ de sa chaise* ohne sich vom Stuhl zu erheben; F *je ne bouge pas de chez moi aujourd'hui* ich rühre mich heute nicht von zu Hause fort, weg; *par ext avoir besoin de ~* Bewegung und Abwechslung brauchen; **2.** F *ne pas ~ personne* nichts unter'nehmen; F sich nicht rühren, regen; *prix gleich*, fest, sta'bil bleiben; *tissu, vêtement* ne pas ~ au lavage sich beim Waschen nicht verändern; **3.** *groupe* (*s'agiter*) in Bewegung geraten; ak'tiv werden; *ça bouge* es gärt; **III** *v/pr personne* F *se ~*) sich bewegen, rühren, regen; **b)** *fig* sich rühren, regen; etwas unter'nehmen, tun
bougie [buʒi] *f* **1.** Kerze *f*; *à la lumière d'une* ~, *de* ~ bei Kerzenlicht, -schein; **2.** AUTO Zündkerze *f*
bougna(**t**) [buɲa] F *m* (aus der Auvergne stammender) Kohlenhändler und Kneipenbesitzer
bougnoul(**e**) [buɲul] *m* F *péj cf bicot*
bougon [bugɔ̃] **I** *adj* ⟨~ne⟩ mürrisch; bärbeißig; F brummig; sauertöpfisch; **II** *m* Griesgram *m*; F Brummbär *m*, -bart *m*; Miesepeter *m*
bougonner [bugɔne] *v/i* murren; brummen; brummeln; knurren

bougre [bugʀ(ə)] F *m* **1.** F Kerl *m*; *un bon ~* ein netter, guter, anständiger Kerl; *il n'est pas mauvais ~* er ist kein schlechter Kerl; *un pauvre ~* ein armer Kerl, Teufel; **2.** *péj ~ d'idiot, d'imbécile* du Idiot, Dummkopf etc; **3.** *int ~!* Donnerwetter!
bougrement [bugʀəmɑ̃] *adv* F verdammt; verflixt; verteufelt; *c'est ~ bon* das ist verdammt, verteufelt gut
bougresse [bugʀɛs] *f* F *péj* Weib(sbild) *n*
boui-boui [bwibwi] *m* ⟨*pl* bouis-bouis⟩ F mieses Lo'kal; miese Kneipe
bouillabaisse [bujabɛs] *f* provenzalisches Fischgericht Bouilla'baisse *f*
bouillant [bujɑ̃] *adj* **1.** (*qui bout*) kochend; siedend; **2.** (*très chaud*) kochendheiß; siedendheiß; brühheiß; **3.** *fig et st/s personne, tempérament* ungestüm; hitzig
bouille [buj] F *f* Gesicht *n*; *avoir une bonne ~* sympathisch, nett aussehen
bouilleur [bujœʀ] *m* (Branntwein)Brenner *m*; *~ de cru* privater Eigenbrenner
bouilli [buji] CUIS **I** *adj* gekocht; *eau, lait a* abgekocht; **II** *m* gekochtes (Rind-)Fleisch
bouillie [buji] *f* CUIS Brei *m*; *~ d'avoine* Haferbrei *m*; *en ~* a) zu Brei, Mus zerkocht, geworden; b) F *fig* zu Brei, F *in ~* zerquetscht; F *fig* **mettre en *~*** F zu Brei schlagen
bouillir [bujiʀ] ⟨je bous, il bout, nous bouillons; je bouillais; je bouillis; je bouillirai; que je bouille; bouillant; bouilli⟩ **I** *v/t* F *lait, linge* kochen; *lait, eau a* abkochen; **II** *v/i liquide, viande, légumes, linge* kochen (*a fig*); *liquide* a sieden; *du linge qui bout* kochfeste Wäsche; *fig:* **mon sang bout quand ...** F ich koche, in mir kocht es, wenn ...; *~ de colère* vor Zorn kochen; *~ d'impatience* vor Ungeduld vergehen, brennen; ♦ *faire ~* kochen; *eau, lait a* abkochen; *tétine, seringue etc* auskochen; *fig* **faire ~ qn** F j-n rasend, wahnsinnig machen; j-n auf die Palme bringen
bouilloire [bujwaʀ] *f* Wasser-, Teekessel *m*
bouillon [bujɔ̃] *m* **1.** CUIS Brühe *f*; *~ gras* Fleischbrühe *f*; Bouil'lon *m*; *~ de légumes* Gemüsebrühe *f*; F *iron ~ d'onze heures* Gifttrank *m*; *boire un ~* a) *en nageant* Wasser schlucken; b) (*perdre de l'argent*) viel Geld verlieren, einbüßen; **2.** *~ de culture* a) BIOL Nährbrühe *f*, -lösung *f*; Bouillon *f*; b) *fig* Nährboden *m*; **3.** *~s pl* (*bulles*) (Luft-, Dampf)Blasen *f/pl*; *loc/adv à gros ~s* sprudelnd; brodelnd; *bouillir à gros ~s* sprudelnd, brodelnd; (auf)wallen; *sang couler à gros ~s* nur so strömen, sprudeln, her'ausquellen; **4.** *~s pl* (*exemplaires invendus*) Remit'tenden *f/pl*; **5.** COUT sich bauschende (Kräusel)Falte
bouillonn|ant [bujɔnɑ̃] *adj eau* sprudelnd; brodelnd; *~ement m* **1.** *d'un liquide* Sprudeln *n*; Brodeln *n*; (Auf-)Wallen *n*; *d'une source* Sprudeln *n*; **2.** *fig d'idées* ungestümes Aufbrechen; Brodeln *n*
bouillonner [bujɔne] *v/i* **1.** *liquide qui bout* sprudeln; brodeln; (auf)wallen; *source* sprudeln; **2.** *fig idées* gären; bro-

deln; **3.** *t/t journal etc* auf e-m Teil der Auflage sitzenbleiben
bouillotte [bujɔt] *f* Wärm-, Bettflasche *f*
boulange [bulɑ̃ʒ] F *f* Bäckerhandwerk *n*; Backgewerbe *n*
boulang|er¹ [bulɑ̃ʒe] *m*, *~ère f* Bäcker *m*; Bäckersfrau *f*
boulanger² [bulɑ̃ʒe] *v/i* ⟨-geons⟩ Brot backen
boulangerie [bulɑ̃ʒʀi] *f* **1.** *boutique* Bäcke'rei *f*; Bäckerladen *m*; **2.** *métier* Bäckerhandwerk *n*; Backgewerbe *n*; *~ industrielle* Brotfabrik *f*; *~-pâtisserie f* ⟨*pl* boulangeries-pâtisseries⟩ Bäkke'rei *f* und Kondito'rei *f*; Brot- und Feinbackwaren *f/pl*
boule [bul] *f* **1.** Kugel *f*; *~ puante* Stinkbombe *f*; *~s Quies* [bulkjɛs] (*nom déposé*) Ohropax *n* (*Wz*) CUIS *~ à thé* Tee-Ei *n*; *~ de bois, d'ivoire* Holz-, Elfenbeinkugel *f*; *~ de gomme* bonbon Fruchtgummi *n*; PHARM Hustenpastille *f*; *~ de loto* Lottokugel *f*; F *fig avoir les yeux en ~ de loto* F Kulleraugen haben; *~ de neige* Schneeball *m*; COMM *vente f à la ~ de neige* Schneeballsystem *n*; *fig* **faire ~ de neige** la'winenartig anwachsen; *nouvelle* sich wie ein Lauffeuer aus-, verbreiten; *idée* sich ausbreiten; um sich greifen; *~ de pain* Laib *m* Brot; *loc/adv en ~* kugelförmig; wie e-e Kugel; *arbre* **taillé en *~*** kugelförmig geschnitten; kugelig zugestutzt; *se mettre en ~* a) *animal* sich zu e-r Kugel zu'sammenrollen; b) F *fig* in Harnisch geraten; F in die Luft gehen; F *fig* **mettre qn en *~*** j-n in Harnisch, F auf die Palme bringen; *fig avoir une ~ dans la gorge* e-n Kloß im Hals haben; **2.** *jeu de ~* Boule(spiel) *n ou f(n)*; *jouer aux ~s* Boule, *a* Boccia ['bɔtʃa] spielen; **3.** F *fig* (*tête*) Kopf *m*; **perdre la *~*** F 'durchdrehen; spinnen; **tondre la *~* à zéro** den Kopf kahlscheren; F *fig* **avoir les *~s*** (*être énervé*) F genervt sein; ausrasten; (*être anxieux*) F Bammel, P Schiß haben; **ça me fout les *~s*** F das nervt mich; das bringt mich auf die Palme
bouleau [bulo] *m* ⟨*pl* -x⟩ BOT Birke *f*
boule-de-neige [buldəneʒ] *f* ⟨*pl* boules-de-neige⟩ BOT Schneeball *m*
bouledogue [buldɔg] *m* ZO Bulldogge *f*; *iron ~ être aimable comme un ~* F ein Bullenbeißer sein
bouler [bule] *v/i* F *envoyer ~ cf* promener 3.
boulet [bulɛ] *m* **1.** HIST *~ (de canon)* Ka'nonenkugel *f*; *arriver comme un ~ de canon* angestürmt kommen; *fig* **tirer sur qn à *~s* rouges** j-n heftig, schonungslos angreifen; j-n hart aufs Korn nehmen; **2.** HIST *des bagnards* Eisenkugel *f*; *fig:* **quel *~!*** das ist ein ganz schöner Klotz am Bein!; **traîner un *~*** e-n Klotz am Bein haben; **3.** *charbon ~s pl* Eierbriketts *n/pl*, -kohle(n) *f(pl)*
boulette [bulɛt] *f* **1.** Kügelchen *n*; *~ de pain, de papier* Brot-, Pa'pierkügelchen *n*; **2.** CUIS *~ (de viande)* Fleischklößchen *n*; Frika'delle *f*; **3.** F *fig* **faire une *~*** e-n Fehler, e-e Dummheit, F e-n Schnitzer machen; F e-n Bock schießen
boulevard [bulvaʀ] *m* **1.** breite (Ring-)Straße *f*; Boule'vard *m*; *à Paris* **les Grands *~s*** die großen Boulevards (*zwischen Place de la Madeleine u Place de la République*); **2.** *pièce f*, **théâtre** *m de ~* Boule'vardstück *n*, -theater *n*
bouleversant [bulvɛʀsɑ̃] *adj* erschütternd
bouleversement [bulvɛʀsəmɑ̃] *m* **1.** (*changement brutal*) 'Umwälzung *f*; grundlegende, tiefgreifende (Ver)Änderung *f*; **2.** (*perturbation*) Durchein'anderbringen *n*; **3.** *d'une personne* Erschütterung *f*; *d'un visage* Verstörtheit *f*
bouleverser [bulvɛʀse] *v/t* **1.** (*perturber*) in Unordnung bringen; völlig durchein'anderbringen; **2.** (*changer complètement*) grundlegend, tiefgreifend, völlig verändern; **3.** *événement, nouvelle ~ qn* j-n erschüttern, bis ins Innerste aufwühlen; *adj:* **être bouleversé** *personne* erschüttert sein (*par* über +*acc*); *visage* Erschütterung ausdrücken; verstört sein; *d'une voix bouleversée* mit tiefbewegter Stimme
Boulez [bulɛz] *frz* Komponist
boulier [bulje] *m* Rechenbrett *n*
boulim|ie [bulimi] *f* MÉD Heißhunger *m* (*a fig de* auf +*acc*); *sc* Buli'mie *f*; *~ique adj* heißhungrig
bouliste [bulist] *m* Boulespieler *m*; *adjt club m ~* Bouleclub *m*
boulodrome [bulɔdʀom] *m* Bouleplatz *m*
boulon [bulɔ̃] *m* TECH Schraube(nbolzen) *f(m)* (mit Mutter)
boulonnage [bulɔnaʒ] *m* TECH Verschraubung *f*
boulonner [bulɔne] **I** *v/t* TECH ver-, zu'sammenschrauben; festschrauben (*à* an +*dat*); **II** *v/i* F (*travailler*) arbeiten; *südd* schaffen; *p/fort* F schuften; ma'lochen
boulot¹ [bulo] **I** *adj* ⟨*~te*⟩ klein und rund, drall, F pummelig; **II** *f une petite ~te* e-e kleine, runde etc Frau; F ein Pummel *m*
boulot² [bulo] *m* F **1.** (*travail*) Arbeit *f*; (*place*) F Job [dʒ-] *m*; **petit *~*** Gelegenheits-, Dienstleistungsjob *m*; *vivre de petits ~s* F her'umjobben; *au ~!* an die Arbeit!; *aller au ~* zur Arbeit gehen; *avoir un bon ~* e-n guten Job haben; *chercher du ~* F Arbeit, F e-n Job suchen; *c'est du bon ~* das ist gute Arbeit; **2.** *adjt* ⟨*inv*⟩ *personne être ~ ~* nichts als die Arbeit kennen; nur an die Arbeit denken
boulotter [bulɔte] F *v/t* essen; F futtern
boum [bum] **I** *int* bum!; peng!; *bruit de chute a* bums!; plumps!; **faire *~*** a) F bumsen; b) *enf* bauz, plumps machen; *ça fait ~* F es hat gebumst; **II** *subst* **1.** *m bruit* Bums *m*; Plumps *m*; **2.** F *personne* **être en plein *~*** F alle Hände voll zu tun haben; **3.** *f* F (*surboum*) Party *f*; F Fete *f*
boumer [bume] *v/i* F *ça boume?* läuft alles gut?; alles in Ordnung?; F alles o. k. [o'ke:]?
bouquet [bukɛ] *m* **1.** *~ (de fleurs)* (Blumen)Strauß *m*; *st/s* Bu'kett *n*; *~ de la mariée, de roses* Braut-, Rosenstrauß *m*; *faire un ~* e-n Strauß binden, machen; **2.** CUIS *~ garni* Peter'silie, Thymian und Lorbeerblätter (*zusammengebunden als Beigabe zum Kochen*); *~ de persil* Bund *n* Petersilie; **3.** *~ d'arbres, de châtaigniers* Baum-, Ka'stanien'gruppe *f*; **4.** *d'un vin* Bu'kett *n*; Blume *f*; **5.** *d'un feu d'artifice* Bu'kett *n*; F *iron*

bouquetin – boursicoter

c'est le ~! F das ist doch der Gipfel, die Höhe!; **6.** *crevette* rosa Gar'nele f
bouquetin [buktɛ̃] m ZO Steinbock m
bouquin [bukɛ̃] m F (*livre*) Buch m; F Schmöker m; *gros* ~ a F Schinken m; *fig il n'est jamais sorti de ses* ~*s* er hat immer nur über den Büchern gehockt
bouquin|er [bukine] v/i F schmökern; ~**iste** m,f Bouqui'nist(in) m(f) (*Straßenbuchhändler am Seineufer in Paris*)
bourbe [buʀb] f Mo'rast m; Schlamm m
bourbeux [buʀbø] adj ⟨-euse⟩ mo'rastig; schlammig
bourbier [buʀbje] m **1.** Mo'rast-, Schlammloch n; Mo'rast m; **2.** fig schwierige, unangenehme, üble Lage; F Klemme f
bourbon [buʀbɔ̃] m Bourbon(whisky) m ['bœːrbən-]
bourbonien [buʀbɔnjɛ̃] adj ⟨~ne⟩ **1.** HIST bour'bonisch; **2.** *nez* ~ höckerige Nase
Bourbons [buʀbɔ̃] m/pl HIST Bour'bonen m/pl
bourdaine [buʀdɛn] f BOT Faulbaum m; *tisane f de* ~ Tee m aus Faulbaumrinde
bourde [buʀd] f (grober) Fehler, F Schnitzer; (große) Dummheit; *commettre une* ~ e-n Fehler, e-e Dummheit machen, begehen; F e-n Schnitzer machen; e-n Bock schießen; *lâcher une* ~ etwas Dummes sagen, F von sich geben
bourdon [buʀdɔ̃] m **1.** ZO Hummel f; *faux* ~ Drohne f; **2.** F *avoir le* ~ depri'miert, niedergeschlagen, F down [daʊn] sein; **3.** *cloche* große Glocke; **4.** MUS *d'orgue* Bor'dun m; Bour'don m
bourdonnement [buʀdɔnmɑ̃] m **1.** *d'insectes* Summen n; Gesumm n; *de moustiques* a Schwirren n; ~ *d'abeilles* Bienengesumm n; **2.** *d'un moteur, d'un avion* Brummen n; Gebrumm n; **3.** *de voix* (dumpfes, gedämpftes) Stimmengewirr; Gemurmel n; **4.** ~ *d'oreilles* Ohrensausen n; Rauschen n in den Ohren
bourdonner [buʀdɔne] v/i **1.** *insectes* summen, *moustiques* a schwirren (*autour de* um); **2.** *moteur, avion* brummen; *musique au loin* dumpf tönen, dröhnen; **3.** *avoir les oreilles qui bourdonnent* Ohrensausen, ein Rauschen in den Ohren haben
bourg [buʀ] m Marktflecken m
bourgade [buʀgad] f kleiner Marktflecken
bourge [buʀʒ] m,f abr (bourgeois) F péj Spießer m
bourgeois [buʀʒwa] I adj **1.** (*de la classe moyenne*) bürgerlich; *classe* ~*e* Bürgertum n, -schicht f; *cuisine* ~*e* gutbürgerliche Küche; *milieux* m/pl ~ bürgerliche Kreise m/pl; *quartier* ~ gutbürgerliches (Stadt)Viertel; **2.** *dans une optique marxiste* bürgerlich; bour'geois; **3.** péj (spieß-, klein)bürgerlich; spießig; spießhaft; *morale* ~*e* (spieß-, klein)bürgerliche Moral; II subst **1.** ~(*e*) m(f) Bürger(in) m(f) (a HIST); *grands* ~ Groß-, Besitzbürger m/pl; *petits* ~ Kleinbürger, Mittelständler m/pl; **2.** m péj Spieß-, Kleinbürger m; Spießer m; Bour'geois m; *épater le* ~ den Spießer vor den Kopf stoßen; **3.** F ~*e* f (Ehe)Frau f; F Ehegespons n

bourgeoisie [buʀʒwazi] f Bürgertum n; HIST a Bürgerstand m; *dans une optique marxiste* Bourgeoi'sie f; *grande* ~ Groß-, Besitzbürgertum n; Groß-, Indu'striebourgeoisie f; *moyenne* ~ gehobener Mittelstand; Bildungsbürgertum n; *petite* ~ Kleinbürgertum n; Mittelstand m
bourgeon [buʀʒɔ̃] m BOT Knospe f; Auge n
bourgeonn|ement [buʀʒɔnmɑ̃] m BOT Knospentreiben n; Knospung f; Ausschlagen n; ~**er** v/i **1.** *arbres* Knospen treiben, knospen; ausschlagen; **2.** *visage, nez* Pickel bekommen; *son visage bourgeonnait* a er *ou* sie bekam im Gesicht lauter Pickel
bourgmestre [buʀgmɛstʀ(ə)] m en Belgique, Hollande, Allemagne, Suisse Bürgermeister m
Bourgogne [buʀgɔɲ] **1.** *la* ~ Bur'gund n; **2.** ⓶ m Bur'gunder(wein) m
bourguignon [buʀgiɲɔ̃] I adj ⟨~ne⟩ bur'gundisch; II *bœuf* ~ in Rotwein geschmortes Rindsgulasch; II subst ⓶(*ne*) m(f) Bur'gunder(in) m(f)
bourlingu|er [buʀlɛ̃ge] v/i **1.** ein unstetes, abenteuerliches Leben führen; **2.** *navire* gegen Wind und Wellen ankämpfen; ~**eur** m Abenteurernatur f
bourrache [buʀaʃ] f BOT Borretsch m
bourrade [buʀad] f *amicale* Klaps m (*dans le dos* auf den Rücken); *avec le poing, coude* (leichter) Puff; Rippenstoß m
bourrage [buʀaʒ] m **1.** *d'un coussin etc* Füllen n; Füllung f (*a matériaux*); **2.** fig ~ *de crâne* a) POL propagan'distische, ideo'logische Bearbeitung; üble po'litische Indoktri'nierung; b) *scolaire* 'Vollstopfen n, -pfropfen n, Über'füttern f mit reinem Faktenwissen; **3.** TECH *sur imprimante etc* Pa'pierstau m
bourrasque [buʀask] f jäher, heftiger Windstoß m, (Wind)Bö(e) f; ~ *de neige, de pluie* Schnee-, Regenbö(e) f
bourratif [buʀatif] adj ⟨-ive⟩ *aliment* sehr sättigend; *être* ~ *a* stopfen
bourre[1] [buʀ] f **1.** TEXT Faserabfälle m/pl; ~ *de laine* Wollabgänge m/pl; ~ *de soie* Flockseide f; **2.** *d'un coussin etc* Füllung f; Füllstoff m; **3.** loc F *être à la* ~ spät dran sein; sich verspäten
bourre[2] [buʀ] m F cf *flic*
bourré [buʀe] adj **1.** *salle, train, valise* gestopft voll, F proppen-, knackvoll; *salle, train* a gesteckt, F gerammelt voll; ~ *de* vollgestopft, vollgepfropft, gespickt mit; *portefeuille* ~ *de billets* mit Banknoten vollgestopft, gespickt; *texte* ~ *de fautes* mit Fehlern gespickt; *personne* F ~ *de fric* stein-, F stinkreich; *personne être* ~ *de complexes* voller Komplexe sein, stecken; **2.** F (*ivre*) F voll; blau
bourreau [buʀo] m ⟨pl ~x⟩ **1.** Henker m; Scharfrichter m; **2.** fig Peiniger m; *plais* ~ *des cœurs* Herzensbrecher m; ~ *d'enfants* péj Rabenmutter f, -vater m; ~ *de travail* Arbeitstier n; Worka'holic [vœːrk-] m
bourrée [buʀe] f MUS Bour'rée f (*Volkstanz aus der Auvergne*)
bourrelé [buʀle] adj ~ *de remords* von Gewissensbissen geplagt, gepeinigt
bourrelet [buʀle] m **1.** Wulst m ou f; ~

(*de graisse*) Fettpolster n, -wulst m; Speckfalte f; **2.** *pour arrêter l'air* Dichtungsband n, -streifen m
bourrelier [buʀəlje] m Sattler m; Geschirrmacher m
bourrer [buʀe] I v/t **1.** *sac, placard etc* 'vollstopfen; 'vollpfropfen; *fig* ~ *qn de coups* j-n tüchtig verprügeln, F verdreschen; ~ *qn de gâteaux etc* j-n mit Kuchen etc vollstopfen, über'füttern; **2.** *pipe* stopfen; *coussin etc* füllen; *fig* ~ *le crâne de qn* a) POL j-n propagan'distisch, ideo'logisch bearbeiten; j-n indoktri'nieren; b) *dans un stystème scolaire* j-n mit reinem Faktenwissen 'vollstopfen, -pfropfen, über'füttern; II v/i *aliment* sehr sättigend sein; stopfen; III v/pr *se* ~ *de gâteaux etc* sich mit Kuchen etc 'vollstopfen
bourrette [buʀɛt] f TEXT Flockseide f
bourriche [buʀiʃ] f (länglicher) Korb (ohne Henkel); *une* ~ *d'huîtres* ein Korb Austern
bourrichon [buʀiʃɔ̃] m F *monter le* ~ *à qn* j-n aufhetzen; F *se monter le* ~ sich Illusi'onen machen; sich etwas vormachen
bourricot [buʀiko] m (kleiner) Esel; Eselchen n; fig *chargé comme un* ~ beladen wie ein Packesel
bourrin [buʀɛ̃] m F Gaul m
bourrique [buʀik] f **1.** (*âne*) Esel m; (*ânesse*) Eselin f; *personne têtu comme une* ~ störrisch wie ein Esel; F *rond, plein comme une* ~ F sternhagelvoll; voll wie e-e Strandhaubitze; **2.** F fig (*imbécile*) F Esel m; *faire tourner qn en* ~ F j-n wahnsinnig, verrückt machen
bourru [buʀy] adj **1.** *personne* bärbeißig; unwirsch; F rauhbeinig; *mine, air* grimmig; *sous des dehors* ~*s* unter e-r rauhen Schale; **2.** *lait* ~ frisch gemolkene, kuhwarme Milch; **3.** *vin* ~ Federweiße(r) m
bourse [buʀs] f **1.** Geldbeutel m; (Geld-)Börse f; *la* ~ *ou la vie!* Geld (her) oder (es kostet das) Leben!; *loc/adv sans délier* ohne e-n Pfennig auszugeben; ohne etwas zu bezahlen; *il a la* ~ *bien garnie* (*dégarnie*) er hat e-n vollen, dicken (schmalen) Geldbeutel; er ist gut (knapp, schlecht) bei Kasse; *avoir recours à la* ~ *de qn* sich von j-m finanziell unter'stützen lassen; *faire commune* gemeinsame Kasse führen, F machen; **2.** ~ (*d'études*) Sti'pendium n; ~ *de recherches* Forschungsstipendium n; **3.** ANAT a) ~ séreuse, synoviale Schleimbeutel m; b) ~*s* pl (*scrotum*) Hodensack m
Bourse [buʀs] f **1.** Börse f; ~ *immobilière* Grundstücksbörse f; ~ *aux timbres* Briefmarkenbörse f; ~ *de commerce* Waren-, Pro'duktenbörse f; ~ *de(s) valeurs* Wertpapier-, Ef'fektenbörse f; *jouer à la* ~ (an der Börse) spekulieren; **2.** (*cours de la* ~) (Börsen-) Kurse m/pl; **3.** ~ *du travail* Gewerkschaftshaus n
bourse-à-pasteur [buʀsapastœʀ] f ⟨pl bourses-à-pasteur⟩ BOT Hirtentäschel(-kraut) n
boursicot|age [buʀsikɔtaʒ] m kleine Börsengeschäfte n/pl; ~**er** v/i kleine Börsengeschäfte machen; ein bißchen an der Börse speku'lieren

boursier [buRsje] **I** *adj* ⟨-ière⟩ Börsen...; *opération, transaction boursière* Börsengeschäft *n*; **II** *subst* **1.** ~, *boursière m,f élève, étudiant(e)* Stipendi'at(in) *m(f)*; **2.** *m de la Bourse* Börsenmakler *m*; F Börsi'aner *m*
boursoufl|é [buRsufle] *adj* **1.** *visage* (an-, auf)geschwollen; **2.** *fig style, discours* schwülstig; bom'bastisch; geschwollen; hochtrabend; **~er** *v/t visage, peau* anschwellen lassen
boursouflure [buRsuflyR] *f* **1.** *des chairs* Schwellung *f*; geschwollene Stelle; **2.** *de la peinture* (*cloque*) Blase *f*; **3.** *fig du style* Schwulst *m*; Schwülstigkeit *f*; Bom'bast *m*; Geschwollenheit *f*
bousculade [buskylad] *f* **1.** (*cohue*) Gedränge *n*; F Dränge'lei *f*; Gestoße *n*; Geschubse *n*; **2.** (*agitation*) Durchein-'ander *n*; Eile *f*; Hast *f*; *dans la ~ du départ* in dem Durcheinander, in der Eile, Hast des Aufbruchs
bousculer [buskyle] **I** *v/t* **1.** *personne* (*pousser*) (an)stoßen; F schubsen; *p/fort* 'um-, wegstoßen; bei'seite, zur Seite stoßen; *objet* (*accrocher*) anstoßen (*qc an etw* [*acc*]); (*renverser*) 'umstoßen, -werfen; **2.** *personne* (*presser*) hetzen; drängen; antreiben; *être très bousculé* viel um die Ohren haben; viel zu tun haben; sehr beschäftigt sein; **3.** *fig idées reçues, traditions* ins Wanken bringen; erschüttern; *règles grammaticales etc* sich hin'wegsetzen über (+*acc*); miß-'achten; *~ les habitudes de qn* j-n aus der gewohnten Ordnung bringen; **II** *v/pr se ~*. **4.** *personnes* sich drängen, stoßen, F schubsen, drängeln; **5.** *fig idées se ~ dans la tête de qn* j-m im Kopf her'umschwirren
bous|e [buz] *f ~* (*de vache*) Kuhfladen *m*; **~eux** *m* F *péj* Kuh-, Mistbauer *m*; **~ier** *m* ZO Mistkäfer *m*
bousillage [buzijaʒ] F *m* **1.** (*action de casser*) F Ka'puttmachen *n*; **2.** (*travail mal fait*) stümperhafte, F schludrige, schlampige Arbeit; Stümpe'rei *f*; F Schluder-, Pfuscharbeit *f*; Pfusch *m*; Murks *m*
bousiller [buzije] F *v/t* **1.** *travail* stümperhaft, F schludrig, schlampig machen; hinschludern, -pfuschen, -schlampen; *fig carrière* F verpfuschen, -sauen, -hunzen; *travail bousillé cf bousillage 2.*; **2.** *mécanisme* F ka'puttmachen; **3.** (*tuer*) F kaltmachen; abmurksen; *se faire ~* F draufgehen
bousill|eur [buzijœR] F *m*, **~euse** F *f* Stümper *m(f)*; F Pfuscher(in) *m(f)*
boussole [busɔl] *f* (Ma'gnet)Kompaß *m*; *t/t* Bus'sole *f*; F *fig perdre la ~* den Kopf verlieren
boustifaille [bustifaj] F *f* Essen *n*; F Futter *n*; Fres'salien *pl*; *péj* P Fressen *n*
bout¹ [bu] *m* **1.** (*extrémité*) Ende *n*; Spitze *f*; *d'une cigarette* Mundstück *n*; ♦ *le bon ~* das richtige Ende; *fig: prendre une question par le bon ~* ein Problem richtig anpacken; *tenir le bon ~* es bald, fast geschafft haben; ♦ *du doigt* Fingerspitze *f*; *du ~ des doigts* mit den Fingerspitzen; *prendre qc du ~ des doigts* etw mit spitzen Fingern anfassen; *fig: avoir de l'esprit jusqu'au ~ des doigts, des ongles* höchst, äußerst geistreich, -voll sein; vor Geist sprühen; *être artiste etc jusqu'au ~ des doigts, des ongles* durch und durch Künstler *etc* sein; ein Künstler *etc* vom Scheitel bis zur Sohle sein; *connaître qc sur le ~ des doigts* F etw in- und auswendig kennen; *savoir qc sur le ~ des doigts* F etw im Schlaf, aus dem Eff'eff können, beherrschen; *~ de la langue* Zungenspitze *f*; *avoir un mot sur le ~ de la langue* ein Wort auf der Zunge haben; *j'ai le mot sur le ~ de la langue a* das Wort schwebt, liegt mir auf der Zunge; *fig: le ~ du monde* F das Ende der Welt; *si elle a vingt ans, c'est (tout) le ~ du monde* so ist das schon hoch gerechnet, viel; *ce n'est pas le ~ du monde* (*pas difficile*) F das ist doch nicht die Welt; (*pas cher*) F das kostet nicht die Welt; *~ du nez* Nasenspitze *f*; *se laver seulement le ~ du nez* Katzenwäsche machen; *fig mener qn par le ~ du nez* j-n her'umkommandieren, gängeln, nach s-r Pfeife tanzen lassen; *montrer le ~ de son nez* den Kopf zur Tür her'einstecken; *fig ne pas voir plus loin que le ~ de son nez* F nicht weiter sehen als s-e Nase (reicht); nicht über die eigene Nase hin'aussehen; *~ de l'oreille* Ohrläppchen *n*; *fig montrer le ~ de l'oreille* s-e wahren Absichten verraten; die Katze aus dem Sack lassen; *~ du pied* Fußspitze *f*; *~ du sein* Brustwarze *f*; *~ de la table* Tischende *n*; ♦ *loc/adj ciseaux à ~s ronds* vorn stumpf; mit abgerundeten Spitzen; *loc/adv: ~ à ~* [butabu] (mit den Enden) anein'ander; *joindre ~ à ~* anein'ander-, zu'sammenfügen; *mettre ~ à ~* a) anein'anderlegen, -fügen, -reihen; b) *fig heures, kilomètres* zu'sammenrechnen, -zählen; *tenir, soulever à ~ de bras* mit ausgestreckten Armen; *à tout ~ de champ* bei jeder Augenblicke; F alle nase(n)lang; *loc/prép au ~ de* am Ende (+*gén*); *cf a 2.*; *au ~ de son canon, de son fusil* in der Schußlinie; im Vi'sier; *de ~ en ~, d'un ~ à l'autre* von Anfang bis Ende; von A bis Z; *lire un livre d'un ~ à l'autre a* ein Buch ganz 'durchlesen; *d'un ~ à l'autre du voyage* während der ganzen Reise; die ganze Reise über; ♦ *fig aller jusqu'au ~* nicht aufgeben; nicht auf halbem Wege stehenbleiben; *aller jusqu'au ~ de qc* etw konsequent 'durchführen, -setzen; *commencer par un ~* erst einmal irgendwo anfangen; *être à ~* a) (*fatigué*) am Ende (s-r Kräfte), erschöpft, F vollkommen fertig, fix und fertig sein; b) (*exaspéré*) wütend, erbost sein; *être à ~ de qc* mit etw am Ende sein; *être à ~ d'arguments* keine Argumente mehr haben; sein Pulver verschossen haben; *cf a patience 1., souffle 2.*; *joindre les deux ~s* (mit s-m Geld) gerade so aus-, 'durch-, hinkommen, F über die Runden kommen; *pousser qn à ~* a) (*exaspérer*) j-n auf-, hochbringen, F auf die Palme bringen; b) *à l'extrême* j-n zum Äußersten treiben; *fig: ne pas savoir par quel ~ prendre qn* nicht (so recht) wissen, wie man j-n behandeln, anfassen, wie man mit j-m 'umgehen soll; *ne pas savoir par quel ~ prendre qc* nicht wissen, wie man etw anpacken, anfassen, angehen soll; *venir à ~ de qn* mit j-m fertig werden; *venir à ~ de qc* mit etw fertig werden; etw fertigbringen, zu'wege, zu'stande bringen; mit etw zu Rande kommen; etw schaffen; *difficultés* meistern; Herr werden (+*gén*); *projet* verwirklichen; in die Tat 'umsetzen; *travail difficile ne pas en voir le ~* kein Ende (ab)sehen; nicht damit zu Ende kommen, fertig werden; **2.** (*terme*) Ende *n*; ÉGL CATH (*messe*, *service m du*) *~ de l'an* Jahrtagsmesse *f*; *loc/prép au ~ de* nach (+*dat*); nach Ablauf von (*ou* +*gén*); *au ~ de trois jours* nach (Ablauf von) drei Tagen; **3.** (*morceau*) Stück(chen) *n*; F Ende *n*; *un ~ de bois, de pain* ein Stück Holz, Brot; *un ~ de chemin* Stück(chen) (Weges); *il y a un bon ~ (de chemin) d'ici là* es ist ein ganz schönes Stück, F ein ganzes Ende bis dorthin; *faire un ~ de chemin ensemble* ein Stück(chen) (Weges) zu'sammen gehen; F *fig un (petit) ~ de chou* ein (kleines) Bübchen *ou* Mädelchen; *petit garçon a rien Stück(chen) (Weges)*; CIN *~ d'essai* Probeaufnahme *f*; *un petit ~ de femme* ein kleines Per'sönchen (*a petite fille*); *un ~ de ficelle* ein Stück, F Ende Schnur; *un petit ~ d'homme* ein (kleines) Männchen; ein kleiner Mann (*a* F *petit garçon*); CIN, THÉ *~ de rôle* kleine Rolle; Nebenrolle *f*; *depuis un bon ~ de temps* seit geraumer Zeit; seit e-r ganzen Weile; F *en connaître un ~* etwas davon verstehen; sich darin gut auskennen; F *faire un ~ de conduite à qn* j-m ein Stück(chen) (Weges) begleiten; F *manger un ~* e-e Kleinigkeit, F e-n Happen essen, zu sich nehmen; F *fig mettre les ~s* F abhauen, türmen; verduften
bout² [bu] *cf bouillir*
boutade [butad] *f* (geistvoller) Scherz; Scherzwort *n*; scherzhafte Bemerkung
boute-en-train [butɑ̃trɛ̃] *m* ⟨*inv*⟩ Stimmungskanone *f*; Betriebsnudel *f*
bouteille [butɛj] *f* Flasche *f*; F Buddel *f*; *vin une bonne ~* ein guter, edler Tropfen; *~ à la mer* Flaschenpost *f*; *~ de bière, de vin* Bier-, Weinflasche *f*; Flasche Bier, Wein; *~ de butane, d'oxygène* Bu'tangas-, Sauerstoffflasche *f*; *~ de rouge* Flasche Rotwein; *vin m en ~* Flaschenwein *m*; *adjt vert ~* ⟨*inv*⟩ flaschengrün; F *aimer la ~* gerne einen trinken, heben; *avoir de la ~* a) *vin* alt sein; gut abgelagert sein; b) F *fig personne* alt, gereift sein; *fig c'est la ~ à l'encre* das ist e-e undurchsichtige, dunkle Geschichte; *mettre en ~s* in Flaschen (ab)füllen; auf Flaschen ziehen; abziehen; F *fig personne prendre de la ~* älter werden; altern
bouter [bute] *v/t Jeanne d'Arc ils* (*les Anglais*) *seront boutés 'hors de France* sie werden aus Frankreich vertrieben, hin'ausgeworfen werden
bouteur [butœR] *m cf bulldozer*
boutique [butik] *f* **1.** a) *magasin* (kleiner) Laden; *~ de mode* Bou'tique *f*; *fermer ~* s-n Laden schließen, F dichtmachen; sein Geschäft aufgeben; *tenir ~* e-n Laden haben, besitzen, führen; b) *d'un grand couturier* (el'ganter) Laden; (ele'gantes) Geschäft; *~ Cardin* Laden, Geschäft von Cardin; *adjt robe f ~* Kleid *n* von *Cardin etc*; **2.** F *péj* (*lieu de travail*) *péj* (Saft)Laden *m*

boutiqu|ier [butikje] *péj m*, **~ière** *péj f* kleiner Ladeninhaber, kleine Ladeninhaberin; *péj* Krämer *m*
boutoir [butwaʀ] *m du sanglier* Rüssel *m*; Schnauze *f*; *t/t* Gebrech *n*; *fig* **coup** *m* **de ~** grober Ausfall; verletzende, beleidigende Äußerung
bouton [butõ] *m* **1.** *BOT* Knospe *f*; *d'une fleur* Blütenknospe *f*; **~ de rose** Rosenknospe *f*; *loc/adj* **en ~** in der Knospe; **2.** *sur la peau* Pickel *m*; Bläschen *n*; **~ d'acné** Aknepickel *m*; **~ de fièvre** Fieberbläschen *n*; **avoir des ~s (sur le visage)** Pickel (im Gesicht) haben; **3.** *COUT* Knopf *m*; **~ de chemise, de culotte** Hemden-, Hosenknopf *m*; **4.** *d'un meuble* Knopf *m*; *d'un appareil* (Bedienungs-, Einstell)Knopf *m*; **~ de sonnette** Klingelknopf *m*; **~ de porte** Türknauf *m*, -knopf *m*; F **tourner le ~** (das Licht, das Radio *etc*) allumer anmachen, *fermer* ausmachen
bouton-d'or [butõdɔʀ] *m* ⟨pl boutons-d'or⟩ *BOT* Butterblume *f*; Hahnenfuß *m*
boutonnage [butɔnaʒ] *m* Knöpfen *n* (**de droite à gauche** von rechts nach links); Zuknöpfen *n*
boutonner [butɔne] **I** *v/t vêtement* zuknöpfen; **~ qn dans le dos** j-m auf dem Rücken, hinten die Knöpfe zumachen; **II** *v/pr* **se ~ 1.** *personne* s-e Jacke, s-n Mantel *etc* zuknöpfen; **2.** *vêtement* (zu)geknöpft werden, zu knöpfen sein (**dans le dos** auf dem Rücken, hinten)
boutonneux [butɔnø] *adj* (-euse) *visage, personne* pick(e)lig
boutonnière [butɔnjɛʀ] *f* Knopfloch *n*; **avoir, porter une fleur à la ~** e-e Blume im Knopfloch tragen
bouton-pression [butõpʀesjõ] *m* ⟨pl boutons-pression⟩ *COUT* Druckknopf *m*
bouturage [butyʀaʒ] *m BOT* Vermehrung *f* durch Stecklinge, Steckreiser
bouture [butyʀ] *f BOT* Steckling *m*; Steckreis *n*; **faire une ~** e-n Steckling, ein Steckreis abnehmen
bouturer [butyʀe] *BOT* **I** *v/t* durch Stecklinge, Steckreiser vermehren; **II** *v/i plante* Wurzelschößlinge treiben
bouvet [buve] *m TECH* Falzhobel *m*
bouvier [buvje] *m* **1.** *personne* Rinderhirt *m*; **2.** *ZO* **~ des Flandres** Riesenschnauzer *m*
bouvreuil [buvʀœj] *m ZO* Dompfaff *m*; Gimpel *m*
bovidés [bɔvide] *m/pl ZO* Horntiere *n/pl*
bovin [bɔvɛ̃] **I** *adj* **1.** *ZO* Rinder...; **races ~es** Rinderrassen *f/pl*; **2.** F *fig regard* stumpf; ausdruckslos; **II** *m/pl* **~s** Rinder *n/pl*
bowling [boliŋ, bu-] *m* **a)** *jeu* Bowling ['boː-] *n*; **b)** *lieu* Bowling(bahn) *n(f)*
box [bɔks] *m* ⟨pl **~es** [bɔks]⟩ **1.** *d'écurie, d'un garage* Box *f*; *d'un garage a* Abstellplatz *m*; **2.** *d'un dortoir, d'une salle* (durch [halbhohe] Trennwände) abgeteilter Raum; *vitré* Glaskasten *m*; durch Glaswände abgeteilter Raum; **3.** *au tribunal* **~ des accusés** Anklagebank *f*; **4.** *cuir* Boxcalf *n*
boxe [bɔks] *f SPORTS* Boxen *n*; Boxsport *m*; **~ française** Boxen, bei dem Fußtritte zulässig sind; **combat** *m*, **match** *m* **de ~** Boxkampf *m*; **faire de la ~** den Boxsport betreiben; boxen

boxer¹ [bɔkse] **I** *v/t* F **~ qn** j-n boxen, mit Fäusten schlagen; **II** *v/i SPORTS* boxen
boxer² [bɔksɛʀ] *m chien* Boxer *m*
boxeur [bɔksœʀ] *m SPORTS* Boxer *m*; **~ amateur, professionnel** Ama'teur-, Berufsboxer *m*
box-office [bɔksɔfis] *m* ⟨pl box-offices⟩ Hitliste *f*, -parade *f*
boxon [bɔksõ] *m* P Puff *m* ou *n*
boy [bɔj] *m* (farbiger) Diener; Boy *m*
boyau [bwajo] *m* ⟨pl **~x**⟩ **1.** *d'un animal* Darm *m*; F *de l'homme* **~x** *pl* Gedärme *n/pl*; **2.** *d'une raquette, d'un instrument de musique* (**corde** *f* **de**) **~** Darmsaite *f*; **3.** *MIL, FORTIF* (im Zickzack verlaufender) Verbindungsgraben; **4.** (*passage long et étroit*) F Schlauch *m*; **5.** *pour vélo de course* Schlauchreifen *m*
boycott [bɔjkɔt] *m* ou **~age** *m* Boy'kott *m*; Boykot'tierung *f*; **~er** *v/t* boykot-'tieren
boy-scout [bɔjskut] *m* ⟨pl boy-scouts⟩ *iron* na'iver Idea'list
B.P. *abr* (*boîte postale*) Postfach
B.P.F. *abr* (*bon pour francs*) sur un chèque *etc* in französischer Währung
Bq *abr* (*becquerel[s]*) *PHYS NUCL* Bq (Becquerel)
brabançon [bʀabɑ̃sõ] **I** *adj* ⟨**~ne**⟩ bra-'bantisch; Bra'banter; **II** *subst* **1.** ⟨**~ne**⟩ *m(f)* Bra'banter(in) *m(f)*; **2. la ~ne** die Braban'çonne (*belgische Nationalhymne*)
Brabant [bʀabɑ̃] *le* **~** Bra'bant *n*
bracelet [bʀaslɛ] *m* **1.** *bijou* Armband *n*, -reif *m*, -spange *f*; **~** (**de montre**) Uhrarmband *n*; **2. ~** (**de force**) Gelenkschutz *m*, -schutz *m*; **~-montre** *m* ⟨pl bracelets-montres⟩ Armbanduhr *f*
brachycéphale [bʀakisefal] *adj ANTHROPOLOGIE* kurzköpfig; rundschädelig; *sc* brachyze'phal
braconnage [bʀakɔnaʒ] *m* **a)** *CH* Wilddiebe'rei *f*; Wilde'rei *f*; Wildern *n*; **b)** *PÊCHE* Fischwilde'rei *f*
braconner [bʀakɔne] *v/i* **a)** *chasser* wildern; **b)** *pêcher* Fischwilde'rei begehen
braconnier [bʀakɔnje] *m* **a)** *CH* Wilddieb *m*; Wilderer *m*; **b)** *PÊCHE* j-r, der Fischwilde'rei begeht
bractée [bʀakte] *f BOT* Deck-, Hochblatt *n*
brader [bʀade] *v/t COMM* zu Schleuderpreisen verkaufen; verschleudern; F verramschen; F *particulier* **~ qc** etw verscherbeln, verschenken; **2.** F *fig territoire, entreprise* (einfach so) verschenken
braderie [bʀadʀi] *f* Straßensonderverkauf *m* zu Schleuderpreisen
braguette [bʀagɛt] *f* Hosenschlitz *m*
brahman|e [bʀaman] *m REL* Brah'mane *m*; **~ique** *adj REL* brah'manisch; **~isme** *m REL* Brahma'nismus *m*
braies [bʀɛ] *f/pl des Gaulois* Hose *f*
braillard [bʀajaʀ] **I** *adj* schreiend; brüllend; F plärrend; **II** *subst* **~(e)** *m(f)* Schreier(in) *m(f)*; F Schreihals *m* (*a enfant*)
braille [bʀaj] *m* **~** ou *adj* **alphabet** *m*, **écriture** *f* **~** Blinden-, Brailleschrift *f*
braillement [bʀajmɑ̃] *m* Schreien *n*; Geschrei *n*; *p/fort* Brüllen *n*; Gebrüll *n*; *d'un enfant* a F Plärren *n*; Geplärr(e) *n*; *d'un ivrogne* F Grölen *n*; Gegröle *n*

brailler [bʀaje] **I** *v/t chanson* F grölen; plärren; **II** *v/i* **1.** (*crier*) schreien; *p/fort* brüllen; *enfant a* F plärren; *ivrogne* F grölen; **2.** (*chanter*) F grölen
braiment [bʀɛmɑ̃] *m de l'âne* I'ahen *n*; Schreien *n*
brainstorming [bʀɛnstɔʀmiŋ] *m* Brainstorming ['bʀeːn-] *n*
brain-trust [bʀɛntʀœst] *m* ⟨pl brain-trusts⟩ Brain-Trust ['bʀeːntʀast] *m*
braire [bʀɛʀ] *v/i* ⟨il brait, ils braient; il brayait; il braira; brayant; brait⟩ **1.** *âne* I'ahen; schreien; **2.** F *fig cf* **brailler** *II*
braise [bʀɛz] *f* (Holz-, Kohlen)Glut *f*; *fig* **yeux** *m/pl* **de ~** glühende, feurige Augen *n/pl*
braiser [bʀɛze] *v/t CUIS* schmoren; **bœuf braisé** Rinderschmorbraten *m*
brame [bʀam] *m* ou **~ment** *m du cerf* Röhren *n*
bramer [bʀame] *v/i* **1.** *cerf* röhren; **2.** *fig* (*brailler*) schreien; brüllen
brancard [bʀɑ̃kaʀ] *m* **1.** (*civière*) (Kranken)Trage *f*; Tragbahre *f*; **2.** (*bras d'une civière*) Holm *m*; **3.** *d'une charrette* Deichselstange *f*; *fig* **ruer dans les ~s** sich sträuben; sich widersetzen
brancardier [bʀɑ̃kaʀdje] *m* Krankenträger *m*
branchage [bʀɑ̃ʃaʒ] *m coll* Astwerk *n*; Äste *m/pl*; Geäst *n*; Zweige *m/pl*
branche [bʀɑ̃ʃ] *f* **1.** *d'un arbre* Ast *m*; *plus mince* Zweig *m*; **~ de pommier en fleurs** blühender Apfelzweig; *fig* **scier la ~ sur laquelle on est assis** den Ast absägen, auf dem man sitzt; **2.** *CUIS* **céleri** *m* **en ~** Stangen-, Staudenbleichsellerie *m ou f*; **épinards** *m/pl* **en ~s** Blattspinat *m*; **3.** *ANAT d'une artère, d'un nerf, MATH d'une courbe* Ast *m*; **4.** (*secteur*) Zweig *m*, *ÉCON, COMM a* Branche *f*; (*discipline*) Sparte *f*; **~ économique, de l'industrie** Wirtschafts-, Indu'striezweig *m*; **dans sa ~** in s-r Branche; in s-m Fach; **5.** *d'un compas* Schenkel *m*; *de lunettes* Bügel *m*; *d'une étoile* Strahl *m*; *d'un chandelier* Arm *m*; *de bois de cerf* Stange *f*; **chandelier** *m* **à sept ~s** siebenarmiger Leuchter; **6.** *d'un arbre généalogique* Ast *m*; Zweig *m*; Linie *f*; *fig personne* **avoir de la ~** e-e vornehme Erscheinung sein; vornehm aussehen, wirken; **7.** F (*ma*) **vieille ~ a)** *à un homme* F alter Freund, Junge; altes Haus; **b)** *à une femme* F altes Mädchen
branché [bʀɑ̃ʃe] *adj* **être ~** *café, boîte etc* F in sein; *personne* **a)** (*dans le vent*) F in sein; **b)** (*bien informé*) Bescheid wissen; F auf Draht sein
branchement [bʀɑ̃ʃmɑ̃] *m* **1.** *TECH* **a)** *action* Anschluß *m* (**sur** an +*acc*) **b)** *canalisation* Anschlußleitung *f*; **2.** *INFORM* Verzweigung *f*
brancher [bʀɑ̃ʃe] *v/t* **1.** *TECH, ÉLECT* anschließen (**sur** an +*acc*); *par ext appareil* (*allumer*) anschalten; anstellen; *ÉLECT* **~ la prise** den Stecker hin'einstecken; **~ le téléphone à qn** j-m Telefon legen; **2.** F *fig* (*orienter*) **~ qn sur qn** j-n mit j-m in Verbindung bringen, zu'sammenbringen; **~ qn sur un sujet** j-n auf ein Thema lenken; *journal, média* **être branché sur** in di'rekter Verbindung stehen mit; **3.** F *film, musique etc, a personne* **~ qn** j-n ansprechen, F

antörnen; *être branché sur qn* F auf j-n abfahren, stehen
branchies [bʀɑ̃ʃi] *f/pl* Kiemen *f/pl*
brandade [bʀɑdad] *f* CUIS **~ (de morue)** Stockfischmus mit Knoblauch, Öl u Sahne
Brandebourg [bʀɑdbuʀ] **1.** *le* **~** Brandenburg *n*; **2.** *m* ♀ *passementerie* Schnurbesatz *m*
brandebourgeois [bʀɑdbuʀʒwa] **I** *adj* brandenburgisch; **II** *subst* ♀(e) *m(f)* Brandenburger(in) *m(f)*
brandir [bʀɑdiʀ] *v/t* **1.** *arme, hache etc* schwingen; *pancarte etc* schwenken; *drapeau* schwenken; schwingen; **2.** *fig* **~** *qc* mit etw drohen; etw androhen
brandon [bʀɑdɔ̃] *m* **~s** *pl* brennende Trümmer *pl*, Teile *n/pl*; *fig être un* **~** *de discorde* ein Anlaß zu Streit, Zwietracht sein
brandy [bʀɑdi] *m* Brandy ['brɛndi] *m*
branlant [bʀɑlɑ̃] *adj* **1.** *chaise, table, dent* wack(e)lig; wackelnd; *d'un jeune enfant château* **~**! er ou sie ist, steht noch ganz wacklig, unsicher auf den Beinen; **2.** *fig régime* wankend; *être* **~** F wack(e)lig stehen; wackeln
branle [bʀɑl] *m* **1.** *donner le* **~** *à qc* den Anstoß zu etw geben; **(se)** *mettre en* **~** (sich) in Bewegung setzen; **2.** *d'une cloche* Schwingen *n*; *mettre en* **~** in Schwingung versetzen
branle-bas [bʀɑlbɑ] *m* ⟨*inv*⟩ **1.** MAR MIL **~** *de combat* Klarmachen *n* zum Gefecht; **2.** *fig dans le* **~** *de* (+*subst*) in dem Durchein'ander, in der Aufregung, Unordnung (+*gén*); *dans le* **~** *des élections* in der Aufregung, F in dem Rummel um die, vor den Wahlen
branlement [bʀɑlmɑ̃] *m* **~** *de tête* Kopfwackeln *n*; Wackeln *n* mit dem Kopf
branler [bʀɑle] **I** *v/t* **~** *la tête* mit dem Kopf wackeln; **II** *v/i* **1.** *chaise, dent* wackeln; **~** *dans le manche* a) *outil* lose, nicht fest im Griff, Stiel sitzen; b) *fig régime etc* auf schwachen, tönernen Füßen stehen; F wackeln; wack(e)lig stehen; **2.** P (*a v/pr se*) **~** (*se masturber*) P wichsen; sich einen runterholen; **3.** F (*faire*) tun; F treiben; *qu'est-ce qu'il branle?* was treibt er denn?
braquage [bʀakaʒ] *m* **1.** AUTO Einschlagen *n*; *rayon m de* **~** Wendekreis *m*; **2.** F (*attaque à main armée*) (bewaffneter) Raubüberfall; *a* Banküberfall *m*
braque¹ [bʀak] *m* ZO, CH Bracke *m ou f*
braque² [bʀak] *adj* F *personne* komisch; verschroben; F spinnig; (ein bißchen) verdreht; *être* **~** *a* F spinnen
braquer [bʀake] **I** *v/t* **1.** *arme, instrument d'optique* **~** *sur qn, qc* auf j-n, etw richten; **~** *son regard sur qn* s-n Blick auf j-n richten, heften; **2.** AUTO *roues* einschlagen; *abs* **~** *à droite, vers la droite* nach rechts einschlagen; **3.** F (*attaquer à main armée*) über'fallen; ausrauben; **4.** *fig* **~** *qn* (*contre qn, qc*) j-n (gegen j-n, etw) aufbringen; **il est braqué contre toi** er ist gegen dich aufgebracht, eingenommen, eingestellt; **II** *v/i* AUTO **~** *bien, mal* e-n kleinen, zu großen Wendekreis haben; **III** *v/pr se* **~** *contre qc* sich e-r Sache (*dat*) widersetzen; sich gegen etw sträuben
braquet [bʀakɛ] *m d'une bicyclette* Über'setzung(sverhältnis) *f(n)*; Gang *m*

braqueur [bʀakœʀ] F *m* (Bank)Räuber *m*
bras [bʀa, bʀɑ] *m* **1.** Arm *m*; ANAT Oberarm *m*; **~** *droit* rechter Arm; *fig être le* **~** *droit de qn* j-s rechte Hand sein; F *fig gros* **~** F Kraftprotz *m*, -meier *m*; *jouer les gros* **~** s-e Muskeln spielen lassen; *fig* **le ~** *séculier* die weltliche Macht; *fig partie f de* **~** *de fer* Kraftprobe *f*; zähes Ringen; *geste injurieux* **~** *d'honneur* obszöne Geste der Verachtung (erhobener Unterarm); P Leck-mich-am-Arsch-Geste *f*; *charrette f*, *voiture f à* **~** Handkarren *m*, -wagen *m*; *presse f à* **~** Handpresse *f*; ♦ *loc/adv* **~** *dessus*, **~** *dessous* [bʀadsybʀadsu] Arm in Arm; ein-, 'untergehakt; 'untergefaßt; *accueillir, recevoir qn à* **~** *ouverts* mit offenen Armen; sehr herzlich; *au* **~** *de son mari* am Arm ihres Mannes; *à la force des* **~** durch Menschen-, Muskelkraft; *à tour de* **~** *frapper qn* mit aller Kraft; *travailler* mit ganzer Kraft; *fig: dépenser de l'argent* mit vollen Händen; *dans mes* **~**! komm in meine Arme!; *en* **~** *de chemise* in Hemdsärmeln; *se mettre en* **~** *de chemise* (sich) die Jacke ausziehen; ♦ *fig avoir le* **~** *long* e-n langen Arm haben; *fig avoir qn, qc sur les* **~** F j-n, etw auf dem Hals, am Hals haben; *fig baisser les* **~** sich (von vornherein) geschlagen geben; *fig couper* **~** *et jambes à qn* a) *effort physique* j-n völlig erschöpfen, F fertigmachen; b) *mauvaise nouvelle etc* j-n völlig lähmen; *plais être dans les* **~** *de Morphée* in Morpheus' Armen ruhen; *se jeter dans les* **~** *de qn* sich in j-s Arme stürzen; sich j-m in die Arme werfen; *par ext* (*chercher refuge*) sich in j-s Arme flüchten; *fig lever les* **~** *au ciel* die Hände über dem Kopf zusammenschlagen; *fig se mettre qn, qc sur les* **~** F sich j-n, etw auf den Hals laden; sich etw aufhalsen; *prendre le* **~** *de qn* j-s Arm nehmen; j-n 'unterhaken, -fassen; sich bei j-m einhaken, einhängen; *prendre, serrer qn dans ses* **~** j-n in die Arme nehmen, schließen; *tendre, ouvrir les* **~** die Arme ausbreiten (*à qn* um j-n zu um'armen, aufzufangen); *fig tendre, ouvrir les* **~** *à qn* a) *pour se réconcilier* j-m die Hand zur Versöhnung reichen; b) *pour aider* j-m unter die Arme greifen; *tendre les* **~** *vers qn* die Hände nach j-m ausstrecken; *tomber dans les* **~** *de qn* j-m in die Arme fallen, sinken; *fig elle lui est tombée dans les* **~** sie hat es ihm leichtgemacht; *fig les* **~** *m'en tombent* ich kann es kaum fassen; da bin ich sprachlos, per'plex, F baff, platt; **2.** *fig* Arbeitskraft *f*; *l'agriculture manque de* **~** der Landwirtschaft mangelt es an Arbeitskräften; **3.** *d'un fleuve* Arm *m*; **~** *mort* toter Arm; **~** *de mer* Meeresarm *m*; **4.** *d'un fauteuil* Armlehne *f*; *d'une pompe* Schwengel *m*; *d'une ancre* Arm *m*; *d'une platine de lecture* Tonarm *m*; **5.** *d'une pieuvre et* (Fang)Arm *m*
bras|age [bʀazaʒ] *m* TECH Hartlöten *n*; **~er** *v/t* TECH hartlöten
brasero [bʀazeʀo] *m* Kohlenbecken *n*

brasier [bʀazje] *m* **1.** Feuersglut *f*; Feuer-, Flammenmeer *n*; *st/s* Lohe *f*; **2.** *fig* In'ferno *n*
bras-le-corps [bʀalkɔʀ] *loc/adv* **saisir qn à** **~** j-n fest um den Leib fassen
brassage [bʀasaʒ] *m* **1.** *de la bière* (Bier)Brauen *n*; *au sens strict* Maischen *n*; **2.** *dans un moteur à explosion* Gemischbildung *f*; **3.** *fig (mélange)* (Ver-)Mischung *f*; Verschmelzung *f*; **~** *des races* Rassenmischung *f*
brassard [bʀasaʀ] *m* Armbinde *f*; **~** *de deuil* Trauerflor *m* (um den Arm); **~** *de premier communiant* weiße Armschleife
brasse [bʀas] *f* **1.** NATATION a) nage Brustschwimmen *n*; b) *distance parcourue* (Schwimm)Zug *m*; **2.** MAR *mesure* Faden *m*
brassée [bʀase] *f une* **~** *de fleurs, de bois* ein Armvoll *m* Blumen, Holz
Brassens [bʀasɛ̃s] *frz Liedermacher*
brasser [bʀase] *v/t* **1.** *bière* brauen; *au sens strict* maischen; **2.** *(mélanger)* ('um-, 'durch)rühren; *air* 'umwälzen; **3.** *fig* **~** *des affaires* viele Geschäfte gleichzeitig betreiben; **~** *des millions* mit Millionen 'umgehen
brasserie [bʀasʀi] *f* **1.** a) *fabrique* (Bier)Braue'rei *f*; b) *industrie* Brauegewerbe *n*; **2.** *grand café-restaurant* Bräu *n*; Bierhalle *f*; Großgaststätte *f*
brasseur¹ [bʀasœʀ] *m* **1.** (Bier)Brauer *m*; Braue'reibesitzer *m*; **2.** *fig* **~** *d'affaires* cleverer Geschäftsmann, der viele Geschäfte gleichzeitig betreibt
brass|eur² [bʀasœʀ] *m*, **~euse** *f* NATATION Brustschwimmer(in) *m(f)*
brassière [bʀasjɛʀ] *f* **1.** *pour bébé*: *dessous* Hemdchen *n*; *de dessus* Jäckchen *n*; **2.** *adjt maillot m* **~** zweiteiliger Badeanzug
Bratislava [bʀatislava] Preßburg *n*
bravache [bʀavaʃ] *m* Maulheld *m*; Großmaul *n*; *adjt air m* **~** großsprecherisches, großmäuliges Auftreten
bravade [bʀavad] *f* **1.** *(fanfaronnade)* Prahle'rei *f*; F Angebe'rei *f*; **2.** *(défi)* Her'ausforderung *f*; Trotz(handlung) *m(f)*; *par* **~** aus Trotz
brave [bʀav] **I** *adj* ⟨*nach dem subst*⟩ *(courageux)* tapfer; mutig; beherzt; wacker; mannhaft; **2.** *(honnête et bon)* brav; rechtschaffen, anständig; ordentlich; so'lid(e); ehrenwert; bieder; (einfach, aber) nett; **~** *fille* braves, nettes Mädchen; F *brave Kerl*; **~** *homme* braver Mann, F braver Kerl; Biedermann *m*; F ehrliche Haut; *appellation condescendante mon* **~** *homme ou subst* **mon ~** guter, lieber Mann; *iron* **le ~** *mari* der gute Ehemann ...; F *un* **~** *type* F ein netter Kerl; *notre* **~** *vieille voiture* unser gutes altes Auto; *il est bien* ..., *mais il ne faut pas lui en demander trop* F er ist ja ein ganz guter, netter Kerl ...; **II** *subst un* **~** ein tapferer, mutiger Mann, *soldat* Krieger; *faire le* **~** den Mutigen spielen, F mar'kieren
braver [bʀave] *v/t* **~** *qn, qc* j-m, e-r Sache trotzen, Trotz bieten; j-m die Stirn bieten; sich über etw (*acc*) hin'wegsetzen; **~** *les convenances* sich über die Konventionen hinwegsetzen; **~** *le danger, la mort* der Gefahr, dem Tod trotzen

bravo – brillant

bravo [bʀavo] **I** int bravo!; **II** m Bravo(ruf) n(m); Beifall(sruf) m
bravoure [bʀavuʀ] f **1.** (courage) Mut m; Tapferkeit f; Kühnheit f; F Schneid m; **2. morceau** m **de ~** Bra'vour-, Glanzstück n
break [bʀɛk] m AUTO Kombi(wagen) m
brebis [bʀəbi] f **1.** ZO (weibliches) Schaf; Mutterschaf n; **2.** fig, BIBL Schaf n; cf a **galeux** l.
brèche [bʀɛʃ] f **1.** MIL Bresche f; Frontlücke f; fig **battre qn**, **qc en ~** j-n, etw heftig angreifen, attac'kieren; **faire**, **ouvrir une ~** e-e Bresche schlagen, schießen (**dans** in +acc); fig **être toujours sur la ~** immer im Einsatz, eingespannt sein; **2. à un mur, à une clôture** Loch n; Lücke f; Öffnung f; **3. à une lame**, **assiette** etc Scharte f; fig **faire une ~ à** ou **dans sa fortune** in sein Vermögen ein großes Loch reißen; **4.** GÉOL Breccie ['bʀɛtʃe] f ou Brekzie f
bréchet [bʀeʃɛ] m des oiseaux Brustbeinkamm m
bredouille [bʀəduj] adj loc **rentrer**, **revenir ~** a) chasseur ohne Jagdbeute zu'rückkehren; nichts geschossen haben; pêcheur nichts gefangen haben; b) fig unverrichteterdinge, mit leeren Händen zu'rückkehren; nichts erreicht haben
bredouill|ement [bʀədujmã] m hastiges, undeutliches Sprechen; Gestammel n; F Genuschel n; Gebrabbel n; **~er** v/t et v/i hastig und undeutlich sprechen; F nuscheln; brabbeln; **excuses**, **quelques mots** stammeln
bref [bʀɛf] **I** adj ⟨brève [bʀɛv]⟩ délai, rencontre, entretien, lettre, syllabe, voyelle kurz; **~ commentaire** kurzer Kommentar; loc/adv st/s **en ~** in ou mit kurzen, knappen Worten; **soyez ~!** fassen Sie sich kurz!; machen Sie es kurz!; **2. répondre d'un ton ~** kurz angebunden sein; in e-m barschen, schroffen Ton antworten; **3.** HIST **Pépin le ♀** Pippin der Kleine ou der Kurze; **II** adv (enfin,) **~** kurz (und gut); kurz'um; mit e-m Wort
brelan [bʀəlɑ̃] m JEUX Dreier(pasch) m
breloque [bʀələk] f **1.** Armbandanhänger m; **2.** fig **cœur battre la ~** unregelmäßig schlagen; F verrückt spielen
brème [bʀɛm] f **1.** ZO Brachse(n) f(m); Brasse(n) f(m); Blei m; **2.** arg (carte à jouer) (Spiel)Karte f
Brême [bʀɛm] f Bremen n
Brésil [bʀezil] **1. le ~** Bra'silien n; **2. ♀** m bois Bra'sil(ien)holz n; Pernam'bukholz n; **3. ♀** m cigare Bra'sil(zigarre) f
brésilien [bʀeziljɛ̃] **I** adj ⟨~ne⟩ brasili'anisch; **II** subst ♀(**ne**) m(f) Brasili'aner(in) m(f)
Bresse [bʀɛs] **la ~** Landschaft in Ostfrankreich
Brest [bʀɛst] Stadt im Dep. Finistère
Bretagne [bʀətaɲ] **la ~** die Bre'tagne
bretelle [bʀətɛl] f **1. de lingerie féminine** Träger m; **de pantalon ~s** pl Hosenträger m(pl); **2.** (sangle) Trag(e)- ou Schultergurt m; d'un sac Tragriemen m; d'un fusil Gewehrriemen m; **porter l'arme à la ~** die Waffe 'umgehängt haben, tragen; **3.** AUTOROUTE **~ (de raccordement)** Verbindungsstraße f, -ast m; Spange f; **~ (d'accès)** Zubringer(straße) m(f); **4.** CH DE FER Weichenverbindung f
breton [bʀətɔ̃] **I** adj ⟨~ne⟩ bre'tonisch; **II** subst **1.** ♀(**ne**) m(f) Bre'tone m, Bre'tonin f; **2.** LING **le ~** das Bre'tonische; Bre'tonisch n
bretonnant [bʀətɔnɑ̃] adj **les Bretons ~s** die Bretonen, die die bretonische Sprache und die alten Traditionen pflegen und bewahren
bretzel [bʀɛdzɛl] m (Salz)Brezel f
breuvage [bʀœvaʒ] m Trank m; Getränk n; Gebräu n
brève [bʀɛv] cf **bref**
brevet [bʀəvɛ] m **1.** Abschluß(zeugnis) m(n); Di'plom n; Befähigungsnachweis m; **~ (des collèges)**, autrefois **~ d'études du premier cycle** (abr B.E.P.C.) correspond à mittlere Reife; **~ de parachutisme** Fallschirmspringerschein m; **~ de pilote** Pi'loten-, Flugschein m; **~ de technicien supérieur** cf B.T.S.; **2. ~ (d'invention)** Pa'tent n; **Office européen des ~s** Europäisches Patentamt; **déposer un ~** ein Patent anmelden; **3.** fig et st/s Garan'tie f; untrüglicher Beweis; **délivrer à qn un ~ d'honnêteté** j-m Anständigkeit bescheinigen
brevetable [bʀəvtabl(ə)] adj invention, procédé pa'tentfähig; paten'tierbar
breveté [bʀəvte] adj **1.** invention, procédé paten'tiert; **2.** (diplômé) staatlich geprüft; diplo'miert; **officier ~** Offizier, der e-e Führungsakademie besucht hat; **timonier ~** Steuermann m mit Steuermannspatent
breveter [bʀəvte] v/t ⟨-tt-⟩ **(faire) ~** paten'tieren lassen
bréviaire [bʀevjɛʀ] m **1.** ÉGL CATH Bre'vier n; **2.** fig Leitfaden m; Lehrbuch n
brévité [bʀevite] f PHON Kürze f
bribes [bʀib] f/pl d'une conversation Brocken m/pl (a d'une langue); Bruchstücke n/pl; Fetzen m/pl; d'une fortune kümmerlicher Rest; **~ de conversation**, **de phrases** Gesprächs-, Satzbrocken m/pl, -fetzen m/pl
bric-à-brac [bʀikabʀak] m ⟨inv⟩ Trödel(kram) m; alter Kram; péj (altes) Gerümpel n; F Gelump(e)
bric et de broc [bʀikedbʀɔk] loc/adv **de ~** von überall her, von da und dort (zusammengetragen); **chambre meublée de ~** mit von überall her zusammengetragenen Möbeln eingerichtet
brick [bʀik] m MAR Brigg f
bricolage [bʀikɔlaʒ] m **1.** Basteln n; Baste'lei f; Bastelarbeit f; **2.** péj Stümpe'rei f; Flick-, F Pfuscharbeit f
bricole [bʀikɔl] f **1.** (petite chose) Kleinigkeit f; **2.** (occupation futile) Kleinigkeit f; Nichtigkeit f; Nebensächlichkeit f; d'une réparation **pour moi c'est une ~** das ist doch e-e Kleinigkeit für mich; **3. de porteur** Tragriemen m, -gurt m; **4. d'un harnais** Zugblatt n; Siele f
bricoler [bʀikɔle] **I** v/t (fabriquer) zu'sammenbasteln; (réparer) zu'rechtbasteln, F -fummeln; **~ qc à** F an etw (dat) her'umbasteln, F -fummeln; **II** v/i **1.** par passe-temps basteln; (her'um-)werkeln; **2. pour gagner sa vie** mal dies, mal das machen; kleine Gelegenheitsarbeiten machen, verrichten
bricol|eur [bʀikɔlœʀ] m, **~euse** f Bastler(in) m(f); Heimwerker(in) m(f); adj **être ~ a** gern basteln; gut basteln können
bride [bʀid] f **1. de cheval** Zaum(zeug) m(n); par ext (rênes) Zügel m/pl; loc/adv **à ~ abattue**, **à toute ~** mit verhängten Zügeln; **lâcher la ~** die Zügel schießen lassen (a à son imagination etc), lockern (à dat); **laisser la ~ sur le cou** die Zügel locker lassen (à dat) (a fig); **tenir en ~** a) cheval (fest) am Zügel halten, haben; b) fig passions im Zaum halten; zügeln; Zügel anlegen (+dat); **tenir la ~ courte**, **'haute à un cheval** e-m Pferd die Zügel anziehen; fig **tenir la ~ 'haute à qn** bei j-m die Zügel kurz halten; fig **tourner ~** 'umkehren; **2. d'un bonnet** (Binde)Band n; d'un bouton Schlinge f; d'une ceinture Schlaufe f; d'une dentelle Speiche f; Steg m; **3.** TECH d'un tuyau Flansch m; **4.** MÉD Verwachsung f
bridé [bʀide] adj **yeux ~s** Schlitzaugen n/pl
brider [bʀide] v/t **1.** cheval (auf)zäumen; **2.** fig instincts, désirs zügeln; Zügel anlegen (+dat); im Zaum halten; **3.** vêtement **~ qn** j-n einengen, -zwängen, -schnüren; **4.** CUIS volaille mit e-m Faden um'wickeln; **5.** TECH moteur drosseln
bridge [bʀidʒ] m **1.** jeu de cartes Bridge n; **jouer au ~** Bridge spielen; **2.** prothèse dentaire Brücke f
Brie [bʀi] **1. la ~** Landschaft im Südosten von Paris; **2.** ♀ m Brie(käse) m
briefing [bʀifiŋ] m **1.** AVIAT MIL Einsatzbesprechung f; Briefing n; **2.** par ext Informati'ons-, Lagebesprechung f
brièvement [bʀijɛvmɑ̃] adv kurz; in ou mit kurzen, knappen Worten
brièveté [bʀijɛvte] st/s f Kürze f
brigade [bʀigad] f **1.** MIL Bri'gade f; **~ de chars** Panzerbrigade f; **2.** POLICE Ab'teilung f; **~ de gendarmerie** Gendarme'riebrigade f (kleinste Einheit); **~ des mœurs** Abteilung der Sittenpolizei; **3.** d'ouvriers Gruppe f; Trupp m; Ko'lonne f; **~ de balayeurs** Kehrkolonne f, -trupp m
brigadier [bʀigadje] m **1.** MIL **a)** grade Gefreite(r) m; **b)** F **~ général** Bri'gadegeneral m; **2. ~ de gendarmerie** Gendarme'riebrigadier m; Führer m e-r Gendarme'riebrigade
brigand [bʀigɑ̃] m **1.** (bandit) (Straßen-) Räuber m; fig **histoire f de ~s** Räuberpistole f, -geschichte f; **2.** fig (homme malhonnête) Halsabschneider m; Schurke m; Spitzbube m; **plais** Schlingel m; **petit ~!** du kleiner Schlingel!
brigandage [bʀigɑ̃daʒ] m JUR Bandenraub m; schwerer Raub; **acte m de ~** Raubüberfall m
Brigitte [bʀiʒit] f Bri'gitte f
briguer [bʀige] v/t st/s honneur, faveur an-, erstreben; streben, trachten nach; **poste** sich bewerben, bemühen um
brillamment [bʀijamɑ̃] adv fig glänzend; brillant [-l'j-]; glanzvoll; mit Glanz, Bril'lanz
brillant [bʀijɑ̃] **I** adj **1.** métal, bijou etc glänzend; schimmernd; st/s gleißend; **yeux** glänzend; leuchtend; strahlend (a soleil); **2.** fig carrière, résultat etc glänzend; exposé, orateur, style a brillant [-l'j-]; cérémonie, spectacle a glanzvoll; **~e performance a** Glanzleistung f; **ne**

brillantine – bronchitique

pas être ~ résultat nicht (gerade) glänzend sein, *affaires* gehen; *santé ça n'est pas ~* es geht nicht gerade glänzend; **II** *m* **1.** (*éclat*) Glanz *m*; Schimmer *m*; **2.** *fig du style etc* Brillanz [-l'j-] *f*; **3.** *diamant* Brillant [-l'j-] *m*; *tailler en ~* mit Brillantschliff versehen
brillantine [bʀijatin] *f* Brillan'tine [-lj-] *f*
briller [bʀije] *v/i* **1.** *métal, bijou, eau* glänzen; schimmern; *st/s* gleißen; *soleil* scheinen; *lumière* leuchten; *cheveux, chaussures* glänzen; *yeux* glänzen, strahlen, leuchten (*de joie vor Freude*); *la joie brille dans ses yeux, sur son visage* Freude strahlt, leuchtet aus s-n Augen, auf s-m Gesicht; *meubles, parquet, chaussures faire ~* (auf Hochglanz) po'lieren; F wienern; *prov tout ce qui brille n'est pas (d')or* es ist nicht alles Gold, was glänzt (*prov*); **2.** *fig personne* glänzen, brillieren [-l'j-] (*dans la conversation* in der Unter-'haltung; *par qc* mit *ou* durch etw); *~ à l'examen* im Examen glänzen; *iron ne pas ~ par qc* sich nicht gerade durch etw auszeichnen, her'vortun, *iron ~ par son absence* durch Abwesenheit glänzen
brimade [bʀimad] *f* Schi'kane *f*
brimbaler [bʀɛ̃bale] *cf* bringuebaler
brimer [bʀime] *v/t* schika'nieren; drangsa'lieren; kujo'nieren; F striegeln, striezen
brin [bʀɛ̃] *m* **1.** *d'un végétal* Halm *m*; Stengel *m*; *fig un beau ~ de fille* ein hochgewachsenes, hübsches Mädchen; *~ d'herbe, de paille* Gras-, Strohhalm *m*; *un ~ de muguet* ein Maiglöckchen (-stengel) *n*(*m*); *quelques ~s de persil* ein paar Stengel Petersilie; **2.** (*filament*) Fädchen *n*; *~ de laine* Wollfädchen *n*; **3.** *fig un ~ de* (+*subst*) ein bißchen, ein (klein) wenig (+*subst*); *loc/adj patienter, se réchauffer etc un ~* ein bißchen, ein (klein) wenig; *faire un ~ de cour à une jeune fille* e-m jungen Mädchen ein bißchen den Hof machen; *faire un ~ de toilette* sich schnell (noch) ein bißchen frisch machen; *il n'y a pas un ~ de vent* es regt sich, es geht kein Lüftchen; **4.** *TECH d'un cordage* (Litzen)Faden *m*; *MAR* Kabelgarn *n*; *d'un câble* (Litzen)Draht *m*
brindezingue [bʀɛ̃dzɛ̃g] *adj* F *cf* cinglé
brindille [bʀɛ̃dij] *f* Zweiglein *n*; *st/s* Reis *n*; *~s pl a* Reisig *n*
bringue [bʀɛ̃g] *f* F **1.** *d'une femme une grande ~* F e-e Hopfenstange, lange Latte; **2.** *faire la ~* tüchtig feiern; F einen draufmachen; e-e Sause machen
bringuebaler [bʀɛ̃gbale] *ou* **brinquebaler** [bʀɛ̃kbale] **I** *v/t* (hin und her) rütteln, schütteln; **II** *v/i* (hin und her) gerüttelt, geschüttelt werden
brio [bʀijo] *m* Brillanz [-l'j-] *f*; *avec ~* mit Brillanz, Bra'vour; brillant; glänzend
brioche [bʀijɔʃ] *f* **1.** *CUIS* ein Hefekuchen; **2.** F *fig avoir, prendre de la ~* ein Bäuchlein haben, ansetzen *ou* F kriegen
brioché [bʀijɔʃe] *adj pain ~* leicht gesüßtes Hefebrot in Kastenform
brique [bʀik] *f* **1.** *CONSTR* Ziegel(stein) *m*; Backstein *m*; *~ réfractaire* Scha-'motteziegel *m*, -stein *m*; *maison f de ou en ~*(*s*) Backstein-, Ziegelhaus *n*; *adjt* (*couleur* [*de*]) *~* ⟨*inv*⟩ ziegelrot; F *fig bouffer des ~s* F Kohldampf schieben; **2.** *emballage* Milchtüte *f*; Tetrapack *m ou n* (*Wz*); **3.** F *fig* e-e Milli'on alte Franc
briquer [bʀike] *v/t* **1.** (*astiquer*) (auf Hochglanz) po'lieren; blank reiben, putzen; F wienern; **2.** *MAR pont* schrubben
briquet [bʀikɛ] *m* Feuerzeug *n*; *~ à essence, à gaz* Ben'zin-, Gasfeuerzeug *n*; *pierre f à ~* Feuerstein *m*
briqueterie [bʀikɛtʀi] *f* Ziege'lei *f*; Ziegelbrennerei *f*
briquette [bʀikɛt] *f de charbon* Bri'kett *n*
bris [bʀi] *m* Bruch *m*; *JUR ~ de clôture* mutwillige Beschädigung, Zerstörung e-r Einfriedung; *~ de glace* Glasbruch *m*, -schaden *m*; *JUR ~ de scellés* Siegelbruch *m*
brisant [bʀizɑ̃] **I** *adj explosif* bri'sant; **II** *m* (*écueil*) Klippe *f*; (Felsen)Riff *n*
brise [bʀiz] *f* Brise *f* (*a MAR*); leichter, sanfter Wind; *MAR*: *bonne, jolie, légère ~* frische, mäßige, leichte Brise; *~ de mer, de terre* See-, Landwind *m*
brisé [bʀize] *adj* **1.** gebrochen; *ARCH arc ~* Giebelbogen *m*; *fig cœur ~* gebrochenes Herz; *GÉOMETRIE ligne ~e* gebrochene Linie; *CUIS pâte ~e* Knet-, Mürbeteig *m* ohne Eier; *fig vie ~e* verdorbenes, rui'niertes, F verpfuschtes Leben; *d'une voix ~e par l'émotion* mit gebrochener, versagender Stimme; **2.** *fig être ~ de fatigue* wie zerschlagen, wie gerädert sein
brisées [bʀize] *f/pl* **1.** *CH* geknickte Zweige *m/pl*, Bruch *m* (*zur Markierung der Fährte des Wildes*); **2.** *fig et st/s*: *aller, marcher sur les ~ de qn* j-m ins Gehege kommen; *suivre les ~ de qn* in j-s Fußstapfen (*acc*) treten; j-m nacheifern
brise-fer [bʀizfɛʀ] F *m* ⟨*inv*⟩ *cf* brise-tout; *~-glace*(*s*) *m* ⟨*inv*⟩ *navire, d'un pont* Eisbrecher *m*; *~-jet* ⟨*inv*⟩ Wasserstrahlregler *m*; *~-lames m* ⟨*inv*⟩ Wellenbrecher *m*
briser [bʀize] **I** *v/t* **1.** *st/s verre* zerbrechen; entzweibrechen; *fig liens, chaînes* sprengen; *sceau* erbrechen; *navire: la glace* aufbrechen; **2.** *fig résistance, grève* brechen; *carrière* verderben; rui'nieren; *st/s joug* abschütteln, abwerfen; *épreuves, personne ~ qn* j-m das Rückgrat brechen; j-s Kraft brechen; *chagrin etc ~ le cœur de qn* j-m das Herz brechen; **II** *v/pr se ~* **3.** *verre* zerbrechen; zerspringen; in die Brüche gehen; *chaîne* zerreißen; **4.** *mer* branden; *vagues* sich brechen (*contre, sur* an +*dat*); **5.** *fig assaut* zu'sammenbrechen (*sur les lignes ennemies* an den feindlichen Linien); *espoirs* zu'schanden, zu'nichte werden; *efforts* scheitern (*contre, sur* an +*dat*)
brise-tout [bʀiztu] *m* ⟨*inv*⟩ F j, der alles ka'puttmacht, was er in die Hände bekommt; *a* Tolpatsch *m*; *adjt elle est ~* sie macht, kriegt alles kaputt
briseur [bʀizœʀ] *m ~ de grève* Streikbrecher *m*
brise-vent [bʀizvɑ̃] *m* ⟨*inv*⟩ Windschutz *m*
Brisgau [bʀizgo] *le ~* der Breisgau
bristol [bʀistɔl] *m* **1.** *papier* Bristolkarton *m*; **2.** (*carte de visite*) Vi'sitenkarte *f*
brisure [bʀizyʀ] *f* **1.** *litt* (*cassure*) Bruch *m*; **2.** *HÉRALDIQUE* Beizeichen *n*
britannique [bʀitanik] **I** *adj* britisch; *les îles f/pl ~s* die Britischen Inseln *f/pl*; **II** *subst ♋ s* Brite *m*, Britin *f*
broc [bʀo] *m* (Wasser)Kanne *f*, (-)Krug *m*
brocant|e [bʀɔkɑ̃t] *f* (Handel *m* mit) Trödelwaren *f/pl*; *~eur m* Trödler *m*; Altwarenhändler *m*
brocards [bʀɔkaʀ] *litt m/pl* beißender Spott; Stiche'leien *f/pl*
brocart [bʀɔkaʀ] *m TEXT* Bro'kat *m*
brochage [bʀɔʃaʒ] *m* **1.** *d'un livre* Bro-'schieren *n*; Bro'schur *f*; **2.** *TEXT* Bro-'schieren *n*
broche [bʀɔʃ] *f* **1.** *bijou* Brosche *f*; Ansteckadel *f*; **2.** *CUIS* Bratspieß *m*; *loc/adj à la ~* am Spieß (gebraten); *poulet n à la ~* a Hähnchen *n* vom Grill; *mettre à la ~* auf den Spieß schieben; *par ext* am Spieß braten; **3.** *TEXT* Spindel *f*; **4.** *TECH* Dorn *m*; Stift *m* (*a ÉLECT*); *d'une machine-outil* Arbeits-, Werkzeugspindel *f*; *d'une perceuse* Bohrspindel *f*; **5.** *MÉD pour fractures* Draht *m*
broché [bʀɔʃe] **I** *adj* bro'schiert; *livre, volume ~ a* Bro'schur *f*; **II** *m TEXT* Bro'ché *m*
brocher [bʀɔʃe] *v/t* **1.** *livre* bro'schieren; **2.** *TEXT* bro'schieren
brochet [bʀɔʃɛ] *m ZO* Hecht *m*
brochette [bʀɔʃɛt] *f* **1.** *CUIS* kleiner Bratspieß; *plat* Schaschlik *n ou m*; *~ de rognons, de foie* Nierchen *n/pl*, Leber *f* am Spieß; **2.** *plais une ~ de jeunes filles etc* e-e (wie aufgereiht nebeneinandersitzende) Gruppe junger Mädchen *etc*; **3.** *pour décorations* Ordensschnalle *f*, -spange *f*
brochure [bʀɔʃyʀ] *f* **1.** Bro'schüre *f*; Heft(chen) *n*; *~ publicitaire* Werbebroschüre *f*; **2.** *TEXT* eingewebtes Muster
brocoli [bʀɔkɔli] *m BOT* Brokkoli *pl ou m*; Spargelkohl *m*
brodequin [bʀɔdkɛ̃] *m* Schnürstiefel *m*
broder [bʀɔde] **I** *v/t* sticken (*a abs*); *tissu a* besticken; *~ ses initiales sur qc* sein Monogramm in etw (*acc*) sticken; **II** *v/i fig* einiges, etliches hin'zu-, da'zudichten; fabu'lieren
broderie [bʀɔdʀi] *f art, ouvrage* Sticke-'rei *f*; *~ anglaise* Lochstickerei *f*
brod|eur [bʀɔdœʀ] *m*, *~euse f* **1.** *personne* Sticker(in) *m*(*f*); **2.** *f machine* Stickmaschine *f*
Broglie [bʀɔj] *de ~* *frz* Adelsfamilie
brome [bʀom] *m CHIM* Brom *n*
bromure [bʀɔmyʀ] *m CHIM* Bro'mid *n*; *PHOT ~ d'argent* Silberbromid *n*; Bromsilber *n*; *PHARM ~ de potassium* Kaliumbromid *n*; Bromkali(um) *n*
bronche [bʀɔ̃ʃ] *f ANAT* Bronchie *f*; Luftröhrenast *m*; *surtout pl ~s* Bronchien *f/pl*
broncher [bʀɔ̃ʃe] *v/i* **1.** *cheval* straucheln; **2.** *fig sans ~* ohne zu murren; ohne mit der Wimper zu zucken; *personne n'ose ~* keiner wagt, e-n Laut von sich zu geben, sich zu rühren, F (sich) zu mucksen
bronchit|e [bʀɔ̃ʃit] *f MÉD* Bron'chitis *f*; Bronchi'alkatarrh *m*; *~ique adj* Bron-'chitis...; *personne* an Bronchitis erkrankt, leidend

broncho-pneumonie [bʀɔ̃kɔpnømɔni] *f MÉD sc* Bronchopneumo'nie *f*
bronzage [bʀɔ̃zaʒ] *m* **1.** *de la peau* **a)** *action* Bräunen *n*; Braunwerden *n*; **b)** *résultat* Bräune *f*; **2.** *TECH* Bron'zieren *n*
bronze [bʀɔ̃z] *m* **1.** *alliage* Bronze *f*; **~** *d'aluminium* Alu'miniumbronze *f*; *loc/adj* **de** *ou* **en ~** bronzen; Bronze...; *âge m, art m du* **~** Bronzezeit *f*, -kunst *f*; **2.** *objet d'art* Bronze *f*; Kunstgegenstand *m* aus Bronze
bronzé [bʀɔ̃ze] *adj personne, peau* braun(gebrannt); (sonnen)gebräunt
bronzer [bʀɔ̃ze] **I** *v/t* **1.** *peau* bräunen; *crème f à* **~** Sonnenschutzcreme *f*; *lampe f à* **~** Höhensonne *f*; **2.** *TECH* bron'zieren; **II** *v/i (et v/pr* **se***)* **~** braun werden; bräunen; *se faire* **~** sich braun brennen lassen; sich bräunen
brossage [bʀɔsaʒ] *m* (Ab-, Aus)Bürsten *n*
brosse [bʀɔs] *f* **1.** *de nettoyage* Bürste *f*; *d'un aspirateur a* Bürstendüse *f*; **~** *métallique* Draht-, Stahlbürste *f*; **~** *à chaussures, à cheveux, à dents, à habits, à ongles* Schuh-, Haar-, Zahn-, Kleider-, Nagelbürste *f*; **~** *à reluire* Glanzbürste *f*; F *fig* **manier, passer la ~ à reluire** auf plumpe Weise schmeicheln; Speichellecke'rei betreiben; **donner un coup de ~ à qc** etw (ab-, aus)bürsten; **2.** *de peintre* Pinsel *m*; *gros pinceau a* Quast *m*; **3.** *coiffure* (**cheveux** *m/pl* **en**) **~** Bürsten(haar)-schnitt *m*; Bürstenfrisur *f*; **4.** *ZO* Bürste *f*
brosser [bʀɔse] **I** *v/t* **1.** *vêtement, chaussures* (ab)bürsten; *vêtement a* ausbürsten; *cheveux* bürsten; **~** *qn* j-n abbürsten; **2.** *PEINT* mit groben Pinselstrichen malen, hinwerfen; *fig* **~** *un tableau de la situation* e-n knappen 'Überblick über die Lage geben; **3.** *SPORTS ballon* Effet, Spin geben (+*dat*); **II** *v/pr* **se ~** sich abbürsten; *se* **~** *les dents* sich die Zähne putzen; F *fig* **tu peux te ~!** da kannst du lange warten!
brosserie [bʀɔsʀi] *f* Bürsten-, Besen- und Pinselherstellung *f*
brou [bʀu] *m des noix, des amandes* grüne Außenschale; *teinture* **~** *de noix* dunkelbraune Beize (aus grünen Walnußschalen)
brouet [bʀuɛ] *m péj* undefinierbare, unappetitlich aussehende Suppe; F ab'scheuliche Brühe
brouette [bʀuɛt] *f* Schubkarre(n) *f(m)*
brouhaha [bʀuaa] *m dans une foule* wirrer Lärm; Getöse *n*; **~** *de voix, des conversations* (lautes) Stimmengewirr
brouillage [bʀujaʒ] *m RAD* Stören *n*, -ung *f*
brouillard [bʀujaʀ] *m* Nebel *m*; *épais* **~** *sur les routes* dichter Nebel auf den Straßen; *par temps de* **~** bei Nebel (-wetter); *il y a, il fait du* **~** es ist neb(e)lig; es herrscht Nebel; *wir haben Nebel; fig:* **avoir un ~ devant les yeux** e-n Schleier vor den Augen haben; **être dans le ~** nicht klarsehen; **foncer dans le ~** sich kopfüber in ein Unter'nehmen stürzen
brouille [bʀuj] *f* Streit *m*; Zwist *m*; Zer'würfnis *n*; F Krach *m*
brouillé [bʀuje] *adj* **1.** *CUIS* **œufs** **~***s* Rührei(er) *n(pl)*; **2.** *ciel* verhangen; bedeckt; grau; *temps* trüb(e); **3.** *teint* unrein; **avoir le teint ~** *a* grau im Gesicht sein; **4.** *cf* **brouiller** *1., 2.*
brouiller [bʀuje] **I** *v/t* **1.** *papiers* durchein'anderbringen, -werfen; in Unordnung bringen; **~** *les idées de qn* j-n verwirren, durchein'anderbringen, in Verwirrung bringen, kon'fus machen; **avoir les idées brouillées** krause, verworrene, kon'fuse Gedanken haben; **~** *les pistes* die Spuren verwischen; *regard, yeux* **brouillé par les larmes** tränenverschleiert; **2.** *personnes* entzweien; ausein'anderbringen; **être brouillé (avec qn** mit j-m) entzweit, zerstritten, verfeindet, F verkracht sein, Krach haben; F **être brouillé avec qc** F mit etw auf Kriegsfuß stehen; **3.** *émission de radio* stören; **~** *l'image télévisée* e-e Bildstörung verursachen; **4.** *nourriture* **~** *le teint* dem Teint schaden; e-n unreinen Teint verursachen; **II** *v/pr* **5. ma vue se brouille** mir schwimmt es vor den Augen, ich sehe alles nur noch ganz verschwommen, wie durch e-n Schleier; **6. se ~** *temps* sich eintrüben; trüb(e) werden; *ciel* sich beziehen; **7.** *idées, souvenirs* **se ~** sich verwirren; durchein'andergeraten; **tout se brouille dans ma tête** mir ist ganz wirr im Kopf; mir schwirrt der Kopf; **8.** *personnes* **se ~** sich entzweien, über'werfen, verfeinden, F verkrachen (**avec qn** mit j-m); F Krach kriegen (mit j-m)
brouilleur [bʀujœʀ] *m RAD* Störsender *m*
brouillon¹ [bʀujɔ̃] *adj* (**~ne**) *personne* **être (de caractère, un esprit) ~** ein Wirrkopf sein; krause, wirre, verworrene, kon'fuse I'deen, Gedanken haben
brouillon² [bʀujɔ̃] *m* Kon'zept *n*; erste Niederschrift; (erster) Entwurf; Rohfassung *f*; **cahier** *m* **de ~** Schmier-, Konzeptheft *n*; Kladde *f*; **papier** *m* **(de) ~** Konzeptpapier *n*; **faire le ~ d'un discours** das Konzept e-r Rede verfassen, ausarbeiten; e-e Rede im Konzept aufsetzen
broum [bʀum] *int bruit de moteur* brumm, brumm!
broussaille [bʀusaj] *f* **1. ~s** *pl* Gestrüpp *n*; Dickicht *n*; Gesträuch *n*; Buschwerk *n*; **2.** *loc/adj fig* **en ~** *cheveux, barbe* buschig; verfilzt; struppig
broussailleux [bʀusajø] *adj* (**-euse**) **1.** mit Gestrüpp, Gesträuch, Buschwerk bedeckt; voller Gestrüpp; **2.** *cf* **broussaille** *2.*
brousse [bʀus] *f* **1.** *GÉOGR* Busch *m*; **2.** F *fig* **en pleine ~** auf dem Land; weitab von jeglicher Zivilisati'on
brouter [bʀute] *v/t vaches etc: l'herbe* abweiden; abgrasen; (ab)fressen; *abs* weiden; grasen; **II** *v/i TECH* rattern; unregelmäßig funktio'nieren
broutilles [bʀutij] *f/pl* Belanglosigkeiten *f/pl*; Lap'palien *f/pl*; Kleinigkeiten *f/pl*
browning [bʀɔniŋ] *m* Browning ['braunɪŋ] *m*
broyage [bʀwajaʒ] *m* Zerkleinern *n*; Zerstoßen *n*; Zermahlen *n*; Zermalmen *n*; *du chanvre* Brechen *n*; *de couleurs* Anreiben *n*; *de substances molles* Zerdrücken *n*, Zerquetschen *n*
broyer [bʀwaje] *v/t* (**-oi-**) **1.** zerkleinern; *dans un mortier* (zer)stoßen; zermahlen; (zer)schroten; zermalmen; *chanvre* brechen; *couleurs* anreiben; *substances molles* zerdrücken; zerquetschen; *lors d'un accident*: *doigt etc* zerquetschen; *plais* **vous me broyez la main!** Sie zerquetschen mir ja die Hand!; **2.** *fig* **~ du noir** trüben, schwarzen Gedanken nachhängen; F Trübsal blasen; *litt* Grillen fangen
broyeur [bʀwajœʀ] *m TECH* Brecher *m*; Mühle *f*; **~** *d'ordures* Zerkleinerer *m*, Zerhacker *m* von Küchenabfällen
brrr [bʀʀ] *int* **a)** *froid* brr!; hu!; **b)** *peur* hu(ch)!
bru [bʀy] *f* Schwiegertochter *f*
bruant [bʀyɑ̃] *m ZO* Ammer *f*
bruccio [bʀyksjo] *m* korsischer Schaf-, Ziegenkäse
Bruges [bʀyʒ] Brügge *n*
brugnon [bʀyɲɔ̃] *m BOT* Nekta'rine *f*
bruine [bʀɥin] *f* Niesel-, Sprühregen *m*
bruiner [bʀɥine] *v/imp* nieseln; **il bruine** es nieselt
bruineux [bʀɥinø] *adj* (**-euse**) *temps* **~** Nieselwetter *n*
bruire [bʀɥiʀ] *v/i* (*déf*: il bruit, ils bruissent; il bruissait, ils bruissaient; bruissant) *st/s feuilles, vent* sanft, leise rauschen *(a eau)*; säuseln; *papier, soie* rascheln
bruissement [bʀɥismɑ̃] *m st/s des feuilles, du vent* sanftes, leises Rauschen (*a de l'eau*); Säuseln *n*; *du papier, de la soie* Rascheln *n*
bruit [bʀɥi] *m* **1.** Geräusch *n*; *pl/fort* Lärm *m*; *PHYSIOL* **~s cardiaques, du cœur** Herztöne *m/pl*; **~ infernal, d'enfer** ohrenbetäubender Lärm; F Höllen-, Heidenlärm *m*; **~ de chaînes** Kettengeklirr *n*, -gerassel *n*; **~ de fond** Geräusch, Lärm im Hintergrund; **~s de la rue** Straßengeräusche *n/pl*, -lärm *m*; **~ des vagues** Rauschen *n* der Wellen; **~ des voitures** Autolärm *m*; **~ de voix** Stimmengeräusch *n*; **lutte** *f* **contre le ~** Lärmbekämpfung *f*; *loc/adv*: **à grand ~** geräuschvoll; lärmend; laut; **sans ~** a) geräusch-, lautlos; leise; ruhig; b) *fig* sang- und klanglos; still und leise; ohne viel Aufhebens zu machen; ohne großes Aufsehen zu erregen; **faire du ~** ein Geräusch, Lärm, F Krach machen; *fig*: *scandale, livre etc* **faire du ~, grand ~** (großes) Aufsehen erregen; (viel) Staub aufwirbeln; (viel) von sich reden machen; *personne* **faire grand ~ de qc** viel Aufhebens, F Wesens von *ou* um etw machen; F viel Geschrei um etw machen; **(faire) beaucoup de ~ pour rien** viel Lärm um nichts (machen); **2.** (*rumeur*) Gerücht *n*; **faux ~** Falschmeldung *f*; **~s de guerre** Kriegsgerüchte *n/pl*; **faire circuler des ~s** Gerüchte in 'Umlauf setzen, bringen; Gerüchte verbreiten; *cf a* **courir** *8.*; **3.** *TÉLÉCOMM* Rauschen *n*
bruit|age [bʀɥitaʒ] *m THÉ, CIN, RAD* Geräuschkulisse *f*; Geräuscheffekte *m/pl*; **~eur** *m THÉ, CIN, RAD* Geräuschtechniker *m*
brûlage [bʀylaʒ] *m des herbes sèches* Ab-, Verbrennen *n*; *des cheveux* Absengen *n*
brûlant [bʀylɑ̃] *adj* **1.** (*très chaud*) glühendheiß; *liquide* kochendheiß; *cendre, mains, front* glühend; heiß; *soleil a* sengend; **2.** *fig* **question ~e, sujet ~**, ter-

rain ~ heißes Eisen; heikle Frage; heikles Thema; *loc/adj **d'une actualité ~e*** von brennender Aktualität; **3.** (*passioné*) leidenschaftlich; *regard* glühend; feurig; flammend; *désir* glühend; heiß; brennend

brûlé [bʀyle] **I** *adj* **1.** verbrannt; *maison, forêt* ab-, niedergebrannt; *~ par le soleil* von der Sonne verbrannt, *p/fort* ausgeglüht, *plantes, région a* versengt, ausgedörrt; **2.** CUIS angebrannt; *au repassage: linge* angesengt; versengt; **3.** *fig **tête** ~e* Hitz-, Feuerkopf *m*; **4.** *fig* (*démasqué*) *agent secret* entlarvt; F aufgeflogen; *homme politique* diskredi'tiert; gebrandmarkt; **II** *m* **1.** (*grand*) *~* Verletzte(r) *m*it (schweren, lebensgefährlichen) Verbrennungen; **2.** *odeur f de ~* Brandgeruch *m*; *plat **avoir un goût de ~*** angebrannt schmecken; ***sentir le ~*** a) brenzlig, *plat* angebrannt riechen; b) F *fig affaire* F brenzlig, mulmig werden

brûle|-gueule [bʀylɡœl] *m* ⟨*inv*⟩ Stummelpfeife *f*; **~-parfum** *m* ⟨*inv*⟩ Räuchergefäß *n*, -pfanne *f*

brûle-pourpoint [bʀylpuʀpwɛ̃] *loc/adv*: *dire, demander **à ~*** geradeher'aus; ins Gesicht hin'ein; ohne 'Umschweife

brûler [bʀyle] **I** *v/t* **1.** *lettres, mauvaises herbes, encens etc* verbrennen; *broussailles, forêt* ab-, niederbrennen; **2.** *charbon, bois* (ver)brennen; verheizen; verfeuern; *électricité* verbrauchen; *~ un cierge à un saint* e-m Heiligen e-e Kerze stiften; **3.** *plat* anbrennen lassen; *en fumant, en repassant* an-, versengen; **4.** *soleil: plantes, terres* verbrennen; versengen; *terres a* ausdörren; *acide: peau* angreifen, ätzen; zerfressen; *gel: bourgeons* verbrennen; **5.** *plaie ~ qn* brennen (*abs*); *la fumée me brûle les yeux* der Rauch brennt, beißt mir in den Augen, beißt mich in die Augen; **6.** *véhicule, conducteur* 'durchfahren (*l'arrêt an ou bei der Haltestelle*; *le feu rouge* bei Rot); **II** *v/i* **7.** *charbon, bois* (ver)brennen; *feu, bougie, maison, forêt etc*, F *a lumière* brennen; *feu a* lodern; *maison, forêt a* ab-, niederbrennen; F ***laisser ~ l'électricité*** das Licht brennen lassen, anlassen; **8.** *plat* anbrennen; *laisser ~* anbrennen lassen; **9.** *soleil* brennen; *en mangeant, en buvant **qc ça brûle*** das brennt richtig; *la gorge me brûle* mir brennt die Kehle; *front, personne **~ de fièvre*** vor Fieber glühen; **10.** *fig personne **~ d'amour*** vor Liebe glühen; ***~ d'impatience*** vor Ungeduld brennen; ***~ de faire qc*** darauf brennen, etw zu tun; **11.** *à certains jeux **tu brûles!*** du verbrennst dich gleich!; (ganz) heiß!; **III** *v/pr personne se ~* sich verbrennen; (*s'ébouillanter*) sich verbrühen; *fig **se ~ la cervelle*** sich e-e Kugel durch den Kopf schießen, jagen; ***se ~ le doigt*** sich den Finger verbrennen

brûleur [bʀylœʀ] *m* TECH Brenner *m*; *~ à gaz, à mazout* Gas-, Ölbrenner *m*

brûlis [bʀyli] *m* AGR abgesengtes Feld

brûlot [bʀylo] *m* MAR HIST Brandschiff *n*; Brander *m*

brûlure [bʀylyʀ] *f* **1.** MÉD Verbrennung *f*; Brandwunde *f*; *due à un liquide bouillant* Verbrühung *f*; **2.** *douleur* Brennen *n*; *~s **d'estomac*** Sodbrennen *n*; **3.**

dans un tissu etc Brandfleck *m*; versengte Stelle; hin'eingebranntes Loch

brumaire [bʀymɛʀ] *m* HIST Bru'maire *m* (*2. Monat des frz Revolutionskalenders*); *le 18 ♀ der* 18. Brumaire (*Staatsstreich Napoleons vom 9.11.1799*)

brume [bʀym] *f* Dunst *m*; MAR Nebel *m*

brumeux [bʀymø] *adj* ⟨-euse⟩ **1.** dunstig; diesig; *le temps est ~* es ist dunstig, diesig; **2.** *fig* (*obscur*) unklar; verschwommen; vage; nebu'lös

brumisateur [bʀymizatœʀ] *m* Zerstäuber *m*; Spray [ʃpʀe:, spʀe:] *m ou n*

brun [bʀɛ̃, bʀœ̃] **I** *adj* ⟨brune [bʀyn]⟩ *cheveux* braun; *personne* braun-, dunkelhaarig; *femme a* brü'nett; *bière, tabac* dunkel; ***avoir le teint ~*** e-e bräunliche Haut haben; **II** *subst* **1.** *personne ~*(e) *m*(*f*) Dunkel-, Braunhaarige(r) *f*(*m*); Brü'nette *f*; **2.** *m couleur* Braun *n*; PEINT *~ qn* Braun'tône *m*/*pl*; **3.** *~e f bière* Dunkle(s) *n*; **4.** *~e f cigarette* Zigarette *f* aus dunklem Tabak

brunâtre [bʀynɑtʀ(ə)] *adj* bräunlich

brunch [bʀœnʃ] *m* ⟨*pl* brunches⟩ Brunch [bʀantʃ] *m*

brunette [bʀynɛt] *f* Brü'nette *f*

brunir [bʀyniʀ] **I** *v/t* **1.** braun färben; *soleil: peau* bräunen; **2.** TECH *métal* po'lieren; **II** *v/i* **3.** *cheveux* nachdunkeln; dunkler werden; **4.** (*bronzer*) (*a v/pr se ~*) braun werden; bräunen

brunissage [bʀynisaʒ] *m* TECH *d'un métal* Po'lieren *n*

Brunswick [bʀɛ̃swik, bʀœ̃-] Braunschweig *n*

brushing [bʀœʃiŋ] *m* Fönfrisur *f*; ***se faire faire un ~*** sich die Haare waschen und fönen lassen

brusque [bʀysk] *adj* **1.** *personne, ton* barsch; schroff; unwirsch; grob; *ton a* rauh, brüsk; *refus* schroff; brüsk; *manières* ungehobelt; grob; *geste* brüsk; heftig; **2.** *départ, changement* plötzlich; jäh; unvermittelt; ab'rupt

brusquement [bʀyskəmã] *adv* plötzlich; unvermittelt

brusquer [bʀyske] *v/t* **1.** *personne* (barsch, heftig, grob) anfahren; anherrschen; **2.** *affaire, décision etc* beschleunigen; über'stürzen; über'eilen; über's Knie brechen; *ne rien ~* nichts überstürzen, -eilen, übers Knie brechen; **3.** *adjt **attaque brusquée*** plötzlicher, über'raschender Angriff

brusquerie [bʀyskəʀi] *f de qn* Barschheit *f*; Schroffheit *f*; Grobheit *f*; *avec ~* barsch; schroff; grob

brut [bʀyt] *adj* **1.** *pierre, minerai* roh; unbearbeitet; *pierre a* unbehauen; *diamant ~* Rohdiamant *m*; ungeschliffener Diamant; *pétrole ~ ou subst ~ m* Rohöl *n*; *sucre ~* Rohzucker *m*; *fig: idées, projet **à l'état ~*** in e-r ersten, groben Form; *c'est un fait ~* das ist e-e reine, nackte Tatsache; **2.** *champagne ~ ou subst ~ m* sehr trockener, herber Cham'pagner; **3.** COMM Brutto...; Roh...; *advt* brutto; *bénéfice ~* Brutto-, Rohgewinn *m*; *poids ~* Brutto-, Rohgewicht *n*; *salaire ~* Bruttogehalt *n*, -lohn *m*; *advt **peser ~ dix kilos*** brutto zehn Kilo wiegen

brutal [bʀytal] *adj* ⟨-aux⟩ **1.** *personne* bru'tal; roh; grob; rücksichtslos; *physiquement a* gewalttätig; *franchise, réalisme* bru'tal; schonungslos; *déception*

schwer; hart; herb; *choc* heftig; ***force ~e*** rohe, brutale Gewalt; ***être ~ avec qn*** j-n grob, roh, brutal, rücksichtslos behandeln; **2.** (*soudain*) plötzlich; unerwartet; ***la mort ~e de son ami*** der plötzliche Tod s-s Freundes

brutaliser [bʀytalize] *v/t* grob, roh, bru'tal behandeln; (*maltraiter*) miß'handeln

brutalité [bʀytalite] *f* **1.** *de qn* Brutali'tät *f*; Roheit *f*; Grobheit *f*; Rücksichtslosigkeit *f*; Gewalttätigkeit *f*; *d'une déception* Härte *f*; *d'un choc* Heftigkeit *f*; **2.** *actes **~s*** *pl* bru'tales, hartes, rücksichtsloses Vorgehen; Brutali'täten *f*/*pl*; (*violences*) Gewalttätigkeiten *f*/*pl*; (*sévices*) Miß'handlungen *f*/*pl*

brute [bʀyt] *f* **1.** (*homme brutal*) bru'taler, roher, gewalttätiger Mensch; Rohling *m*; *p/fort* Bestie *f*; ***comme une ~*** wie e-e Bestie; **2.** *~ **épaisse*** beschränkter, bor'nierter Geist; Hohl-, Dummkopf *m*; **3.** *litt* (*animal*) Tier *n*

Bruxelles [bʀy(k)sɛl] Brüssel *n*

bruxellois [bʀy(k)sɛlwa] **I** *adj* von, aus Brüssel; Brüsseler; **II** *subst ♀*(e) *m*(*f*) Brüsseler(in) *m*(*f*)

bruyamment [bʀɥijamã, bʀyjamã] *adv cf* **bruyant**

bruyant [bʀɥijã, bʀyjã] *adj* laut; geräuschvoll; *enfants, réunion* lärmend; *joie* laut; *rire* laut; schallend

bruyère [bʀɥijɛʀ, bʀyjɛʀ] *f* **1.** *plante* Heidekraut *n*; Heide *f*; Erika *f*; *pipe f de ~* Bruy'èrepfeife *f*; JARD *terre f de ~* Heideerde *f*; **2.** *lieu* Heide *f*

B.T.S. [betes] *m abr* (brevet de technicien supérieur) *correspond à* Fachhochschulabschluß *m*

bu [by] *p/p cf* **boire**

buanderie [bɥɑ̃dʀi] *f* Waschküche *f*, -haus *n*

bubon [bybɔ̃] *m* MÉD Anschwellung *f* der Lymphknoten; *de la peste* Pestbeule *f*; *sc* Bubo *m*

buccal [bykal] *adj* ⟨-aux⟩ ANAT Mund...; *cavité ~e* Mundhöhle *f*; MÉD *par voie ~e* o'ral

buccin [byksɛ̃] *m* ZO Wellhornschnecke *f*

bûche [byʃ] *f* **1.** *de bois* (Holz)Scheit *n*; **2.** F (*chute*) Sturz *m*; ***ramasser une ~*** hinfallen, F -fliegen, -knallen; **3.** CUIS *~ de Noël* Weihnachtskuchen *m* (*Buttercremetorte in Form e-s Holzscheits*)

bûcher[1] [byʃe] *m* **1.** Scheiterhaufen *m*; Holzstoß *m*; HIST *condamner au ~* zum Scheiterhaufen verurteilen; **2.** *local* Holzschuppen *m*

bûcher[2] [byʃe] *v/t* F pauken, büffeln, ochsen (*a abs*)

bûcher|on [byʃʀɔ̃] *m* Holzfäller *m*; *~onne f* Frau *f* des Holzfällers

bûchette [byʃɛt] *f* kleines Holzscheit; *~s pl a* Klein-, Anbrennholz *n*

bûch|eur [byʃœʀ] *m*, *~euse f* F Büffler(in) *m*(*f*)

bucolique [bykɔlik] **I** *adj* bu'kolisch; *poésie f ~* bukolische Poesie; Bu'kolik *f*; **II** *f* Hirten-, Schäfergedicht *n*, -idylle *f*

budget [bydʒɛ] *m* **1.** POL, ADM Haushalt([s]plan) *m*; Bud'get *n*; E'tat *m*; *~ (extra)ordinaire* (außer)ordentlicher Haushalt(splan); *~ de la commune* Gemeindehaushalt *m*; *~ de l'État* Staatshaushalt *m*; (Staats)Budget *n*;

budgétaire – but

discussion f du ~ Haushalt(s)debatte *f;* Etatberatung *f;* **2.** *d'une entreprise* Bud-'get *n;* Fi'nanz-, Wirtschaftsplan *m;* E'tat *m; d'un particulier* finanzi'elle Mittel *n/pl; plais* Bud'get *m;* F E'tat *m; ~ familial* Fa'milienbudget *n; ~ publicitaire* Werbeetat *m; ~ vacances* Urlaubsbudget *n,* F -etat *m; cela dépasse mon ~* F das übersteigt meinen Etat
budgétaire [bydʒetɛʀ] *adj* Haushalt(s)...; Bud'get...; E'tat...; *année f ~* Haushalt(s)jahr *n; politique f ~* Haushalt(s)politik *f*
budgétiser [bydʒetize] *v/t* in den Haushalt(s)plan aufnehmen, einsetzen; im E'tat veranschlagen
buée [bɥe] *f* feuchter Beschlag; Schwitzwasser *n; vitre couverte de ~* beschlagenes, angelaufenes Fenster; *vitre, lunettes etc se couvrir de ~* (sich) beschlagen; anlaufen
Buenos Aires [bwenozɛʀ] Bu'enos Aires *n*
buffet [byfɛ] *m* **1.** *meuble* Bü'fett *n;* Anrichte *f;* Geschirrschrank *m; ~ de cuisine* Küchenbüfett *n; fig danser devant le ~* nichts zu essen haben; F Kohldampf schieben; **2.** *dans une réception etc* kaltes Bü'fett; **3.** *~ (de gare)* Bahnhofsgaststätte *f,* -restaurant *n,* -wirtschaft *f;* **4.** *MUS ~ d'orgue* Orgelgehäuse *n;* **5.** F *(ventre)* Bauch *m*
buffle [byfl(ə)] *m ZO* Büffel *m; loc/adj en (peau de) ~* aus Büffelleder
bugle [bygl(ə)] *m MUS* Bügelhorn *n*
building [bildiŋ] *m* Hochhaus *n*
buis [bɥi] *m* **1.** *BOT* Buchs(baum) *m; REL ~ bénit* geweihter Buchsbaumzweig; **2.** *bois* Buchsbaumholz *n*
buisson [bɥisõ] *m* **1.** Busch *m;* Buschwerk, Strauchwerk *n;* Gebüsch *n; BIBL ~ ardent* brennender Dornbusch; *~ de roses* Rosenbusch *m;* **2.** *CUIS ~ d'écrevisses* pyra'midenförmig aufgeschichtete Krebse *m/pl; ~-ardent m ⟨pl* buissons-ardents⟩ *BOT* Feuerdorn *m*
buissonneux [bɥisɔnø] *adj* ⟨-euse⟩ **1.** *terrain* mit Gebüsch, Buschwerk bewachsen; **2.** *arbre* buschartig
buissonnière [bɥisɔnjɛʀ] *adj loc faire l'école ~* a) *élève* die Schule schwänzen; b) *plais: employé* F blaumachen
bulbe [bylb] *m* **1.** *BOT* (Blumen)Zwiebel *f; ~ de tulipe* Tulpenzwiebel *f;* **2.** *ANAT ~ pileux* Haarzwiebel *f; ~ rachidien* verlängertes (Rücken)Mark *n;* **3.** *ARCH* Zwiebel(dach) *f(n)*
bulbeux [bylbø] *adj* ⟨-euse⟩ *BOT* Zwiebel...; *plantes bulbeuses* Zwiebelgewächse *n/pl*
bulgare [bylgaʀ] **I** *adj* bul'garisch; **II** *subst* **1.** ⟨₂⟩ *m,f* Bul'gare *m,* Bul'garin *f;* **2.** *LING le ~* das Bul'garische; Bulgarisch *n*
Bulgarie [bylgaʀi] *la ~* Bul'garien *n*
bulldozer [byldɔzɛʀ, -zœʀ] *m* Pla'nierraupe *f;* Bulldozer [-do:zər] *m; fig de qn c'est un vrai ~* er walzt alles nieder; nichts kann ihn aufhalten
bulle¹ [byl] *f* **1.** *(globule gazeux)* Blase *f; ~ d'air, de gaz, de savon* Luft-, Gas-, Seifenblase *f;* F *fig coincer la ~* a) *(faire une sieste)* F ein Nickerchen machen; b) *(ne rien faire)* F auf der faulen Haut liegen; **2.** *de bande dessinée* Sprechblase *f;* **3.** *du pape* Bulle *f; ~ d'excommunication* Bannbulle *f*

bulle² [byl] *m ~ ou adjt papier m ~* Saugpost *f*
bulletin [byltɛ̃] *m* **1.** *(communiqué)* Bulle'tin *n;* (offizi'eller) Bericht; *~ météorologique* Wetterbericht *m; ₂ officiel (abr B.O.)* Amtsblatt *n; correspond à* Bundesanzeiger *m; ~ d'enneigement* Schneebericht *m; ~ de santé* ärztliches Bulletin; **2.** *ÉCOLE* Zeugnis *n;* **3.** *(reçu) ~ de bagages* Gepäckschein *m; ~ de consigne* Gepäckaufbewahrungsschein *m; à la poste ~ d'expédition* Pa'ketkarte *f; ~ de paie* Lohnstreifen *m,* -zettel *m; ~ de participation* Teilnahmeschein *m; ~ de salaire* Gehaltsabrechnung *f;* **4.** *~ (de vote)* Stimmzettel *m; ~ nul* ungültiger Stimmzettel; ungültige Stimme; **5.** *dans un journal* Bericht *m; ~ de l'étranger* Auslandsbericht *m; ~-réponse m ⟨pl* bulletins-réponses⟩ *COMM* Cou'pon *m,* Gutschein *m* (zum Einsenden); *pour un concours* Teilnahmeabschnitt *m*
bull-terrier [bultɛʀje, byl-] *m ⟨pl* bull--terriers⟩ *ZO* Bullterrier *m*
bungalow [bɛ̃galo, bœ̃-] *m* Bungalow *m*
buraliste [byʀalist] *m,f* **1.** *d'un bureau de tabac* Inhaber(in) *m(f)* e-s Tabakwarengeschäfts; *österr* (Ta'bak)Trafi'kant (-in) *m(f); cf a recette 2.;* **2.** *à la poste* Schalterbeamte(r) *m,* -beamtin *f*
bure [byʀ] *f TEXT* grober brauner Wollstoff *(für Mönchskutten)*
bureau [byʀo] *m* ⟨pl ~x⟩ **1.** *meuble* Schreibtisch *m; fauteuil m de ~* Schreibtischsessel *m; déposer un projet sur le ~ d'un ministre* e-n Entwurf bei m Minister einreichen; **2.** *pièce, lieu de travail* Bü'ro(raum) *n(m); ADM* Amts-, Dienst-, Geschäftszimmer *n; d'une personne a* Arbeitszimmer *n; d'un avocat* Anwaltsbüro *n,* -kanzlei *f; heures f/pl de ~* Bürostunden *f/pl,* -zeit *f; aller au ~* ins Büro gehen; **3.** *(service ouvert au public)* Dienst-, Geschäftsstelle *f;* Bü'ro *n; (administration)* Amt *n; ~x pl abs a* Verwaltung *f; ₂ international du travail (abr B.I.T.)* Internationales Arbeitsamt *(abr IAA); ~ de change* Wechselstube *f; ~ de douane* (Grenz)Zollamt *n; THÉ ~ de location* The'aterkasse *f;* Vorverkaufsstelle *f; ~ de poste* Post(amt) *f(n); ~ du service national correspond à* Kreiswehrersatzamt *n; ~ de tabac* Tabakladen *m,* -warengeschäft *n; österr* (Ta'bak)Tra'fik *f; ₂ de vérification de la publicité cf B.V.P.; ~ de vote* Wahllokal *n; cf a 5.; THÉ représentation f à ~x fermés* schon wochenlang vorher ausverkaufte Vorstellung; *on joue la pièce à ~x fermés* die Vorstellungen sind seit Wochen ausverkauft; **4.** *(division) d'une entreprise* Ab'teilung *f;* Bü'ro *n; d'un ministère, d'une mairie* Refe'rat *n; MIL Deuxième ₂* militärischer Geheimdienst; *~ d'études* Entwicklungsabteilung *f,* -büro *n; ~ comme entreprise* Ingeni'eurs-, Konstrukti'onsbüro *n; ~ de vente* Verkaufsabteilung *f,* -büro *n;* **5.** *(comité directeur) d'un parti, d'un syndicat* Vorstand *m; de l'Assemblée nationale* Prä'sidium *n; ~ électoral, de vote* Wahlausschuß *m,* -vorstand *m; ~ politique* Po'litbüro *n; ~ réunion f du ~* Vorstandssitzung *f*

bureaucrate [byʀokʀat] *m,f péj* Büro-'krat(in) *m(f);* Federfuchser *m*
bureaucratie [byʀokʀasi] *f* Bürokra'tie *f (a péj)*
bureaucrat|ique [byʀokʀatik] *adj* büro'kratisch *(a péj); ~iser v/t péj* (ver-)bürokrati'sieren
bureautique [byʀotik] *f INFORM* Bürokommunikation *f;* EDV *f* im Bü'ro
burette [byʀɛt] *f* **1.** Kännchen *n; ÉGL CATH* Meßkännchen *n; de mécanicien* Ölkanne *f,* -kännchen *n; pour la table ~ à huile, à vinaigre* Öl-, Essigkännchen *n,* -fläschchen *n;* **2.** *CHIM* Bü'rette *f*
burgrave [byʀgʀav] *m HIST* Burggraf *m*
burin [byʀɛ̃] *m* **1.** *pour gravure* (Grab-)Stichel *m;* Gra'viernadel *f; gravé au ~* gestochen; **2.** *TECH* Meißel *m*
burin|é [byʀine] *adj visage* von tiefen Falten durch'zogen; zerfurcht; *~er v/t* **1.** *gravure* mit dem (Grab)Stichel bearbeiten, ritzen, stechen; **2.** *TECH* meißeln
Burkina Faso [byʀkinafazo] *le ~* Bur-'kina Faso *n*
burlesque [byʀlɛsk] **I** *adj* bur'lesk; *accoutrement* gro'tesk; *genre ~ ou subst ~ m* burleske Dichtung; **II** *subst le ~* das Bur'leske
burlingue [byʀlɛ̃g] F *m* Bü'ro *n*
burnous [byʀnu(s)] *m* **1.** Burnus *m;* F *fig faire suer le ~* die (nordafrikanischen) Gastarbeiter ausbeuten, -saugen; **2.** *de bébé* 'Umhang *m,* Cape [ke:p] *n* mit Ka'puze
burundais [byʀũdɛ] **I** *adj* bu'rundisch; **II** *subst ₂(e) m(f)* Bu'rund(i)er(in) *m(f)*
Burundi [byʀũdi] *le ~* Bu'rundi *n*
bus¹ [bys] *m* **1.** *véhicule* Bus *m; prendre le ~* den Bus nehmen; mit dem Bus fahren; **2.** *INFORM* Bus *m*
bus² [by] *cf boire*
busard [byzaʀ] *m ZO* Weihe *f*
buse¹ [byz] *f* **1.** *ZO* Bussard *m;* **2.** *fig* F dumme Gans, Ziege
buse² [byz] *f* **1.** *TECH* Düse *f; de carburateur* Lufttrichter *m; ~ d'injection* Einspritzdüse *f;* **2.** *MINES ~ d'aérage* (Wetter)Lutte *f*
business [biznɛs] *m* **1.** Busineß ['biznis] *n;* Geschäft *n;* **2.** F *fig* komplizierte, verworrene Angelegenheit, Geschichte *f*
busqué [byske] *adj nez ~* Haken-, Habichtsnase *f*
buste [byst] *m* **1.** *(torse)* Oberkörper *m; redresser le ~* den Oberkörper straffen; **2.** *d'une femme* Büste *f;* **3.** a) *SCULP* Büste *f;* b) *PEINT* Brustbild *n*
bustier [bystje] *m* Busti'er *n;* trägerloser langer Büstenhalter
but¹ [by(t)] *m* **1.** *(objectif)* Ziel *n; (fin)* Zweck *m; (dessein)* Absicht *f; d'un voyage* (Reise)Ziel *n; loc/adv: dans un ~ scientifique etc* für e-n, zu e-m wissenschaftlichen etc Zweck; *dans le ~ de (+inf)* in der Absicht, mit dem Ziel zu *(+inf); sans ~* ziellos; *aller droit au ~* geradewegs aufs Ziel losgehen, -steuern; direkt zur Sache kommen; *chose avoir pour ~ de (+inf)* zum Ziel, Zweck haben zu *(+inf);* etw bezwecken; *se donner pour ~ de (+inf)* sich zum Ziel setzen zu *(+inf); son ~ était seulement ...* er bezweckte damit nur ...; *se fixer un ~* sich ein Ziel setzen; *poursuivre un ~*

ein Ziel, e-e Absicht verfolgen; **2.** *loc/adv* **de ~ en blanc** [d(ə)bytãblã] geradeheraus; ins Gesicht (hin'ein); ohne 'Umschweife; mir nichts, dir nichts; plötzlich; *il lui a demandé de ~ en blanc si ...* a er über'fiel ihn mit der Frage, ob ...; **3.** *FOOTBALL* etc Tor *n*; *RUGBY* Mal *n*; (*~ marqué*) a Treffer *m*; *BOULES* Ziel(kugel) *n(f)*; **gagner par trois ~s à deux** (mit) drei zu zwei (Toren) siegen, gewinnen; **4.** *TIR* Ziel (-punkt) *n(m)*; **5.** *GR* **complément** *m* **de ~** nähere Bestimmung des Zwecks; **conjonction** *f* **de ~** finale Konjunktion
but² [by] *cf* **boire**
butane [bytan] *m CHIM* Bu'tan(gas) *n*; *adjt* **gaz** *m* **~** Butangas *n*
buté [byte] *adj* bockig; dickköpfig; halsstarrig; eigensinnig; verstockt
butée [byte] *f* **1.** *ARCH* 'Widerlager *n*; **2.** *TECH* Anschlag *m*; *AUTO* **~ d'embrayage** Schaltmuffe *f*
buter [byte] **I** *v/t* **1. ~ qn** j-n bockig, bockbeinig, halsstarrig machen; **2.** *CONSTR* (ab)stützen; **3.** *cf* **butter** *2.*; **II** *v/i* **4. ~ contre qc** an etw *(acc)* (an)stoßen; gegen etw stoßen; über etw *(acc)* stolpern; *abs* **~** stolpern; straucheln; **5.** *fig* **~ sur une difficulté** etc auf e-e Schwierigkeit *etc* stoßen; durch e-e Schwierigkeit *etc* aufgehalten werden; *en parlant* **~ sur un mot** über ein Wort stolpern; **6.** *FOOTBALL* ein Tor, Tore schießen; **7.** *CONSTR* **~ contre qc** sich gegen etw stützen; sich an etw *(acc)* anlehnen; **III** *v/pr* **8. se ~** *(s'entêter)* bockig, bockbeinig, dickköpfig, halsstarrig, eigensinnig werden; **9. se ~ à qc** gegen etw stoßen
buteur [bytœR] *m FOOTBALL* Torjäger *m*
butin [bytɛ̃] *m* **1.** *pris à l'ennemi* Beute *f*; *d'un vol* Diebesbeute *f*, -gut *n*; *CH* Jagdbeute *f*; *PÊCHE* Fang *m*; **~ de guerre** Kriegsbeute *f*; **2.** *d'une recherche* Ausbeute *f*; **3.** *de l'abeille* Tracht *f*
butiner [bytine] *v/t* **1.** *abeilles:* **~ les fleurs** Nektar von den Blüten sammeln, eintragen; **2.** *fig renseignements* sammeln
butoir [bytwaR] *m* **1.** *d'une porte* Türpuffer *m*; **2.** *CH DE FER* Prellbock *m*; **3.** *TECH* Anschlag *m*
butor [bytɔR] *m* **1.** *ZO* Rohrdommel *f*; **2.** *fig* Flegel *m*; Rüpel *m*; ungehobelter Kerl, Klotz
buttage [bytaʒ] *m JARD, AGR* Häufeln *n*
butte [byt] *f* (Erd)Hügel *m*; Anhöhe *f*; *à Paris la ⌒ ou la* **~ Montmartre** der Montmartre; *GÉOL* **~ témoin** Zeugenberg *m*; **~ de tir** (Sand)Hügel mit den Zielscheiben; *fig* **être en ~ à qc** e-r Sache *(dat)* ausgesetzt sein; die Zielscheibe (+*gén*) sein; **être en ~ à la calomnie** a verleumdet werden
butter [byte] *v/t* **1.** *AGR, JARD* (an)häufeln; **2.** *arg (tuer)* F abmurksen; kaltmachen

butyrique [bytiʀik] *adj CHIM* **acide** *m* **~** Buttersäure *f*
buvable [byvabl(ə)] *adj* **1.** trinkbar; *PHARM* **ampoule** *f* **~** Trinkampulle *f*; **2.** F *fig film,* **livre n'être pas ~** F ungenießbar, unmöglich sein
buvais, buvai(en)t [byvɛ] *cf* **boire**
buvard [byvaʀ] *m* **a) ~** *ou adjt* **papier** *m* **~** Lösch-, Fließpapier *n*; **b)** *feuille* Löschblatt *n*
buvette [byvɛt] *f* **1.** Ausschank *m*; Erfrischungsstand *m*, -raum *m*; **2.** *d'une station thermale* Trinkhalle *f*
buv|eur [byvœR] *m*, **~euse** *f* **1. ~ de bière, d'eau, de vin** Bier-, Wasser-, Weintrinker(in) *m(f)*; **2.** *(alcoolique)* Trinker(in) *m(f)*
buvez [byve], **buvons** [byvõ] *cf* **boire**
B.V.P. [bevepe] *m abr (Bureau de vérification de la publicité)* freiwillige Selbstkontrollstelle der Werbewirtschaft
by-pass [bajpas] *m ⟨inv⟩ TECH, MÉD* Bypass ['baɪ-] *m*
Byzance [bizãs] *HIST* By'zanz *n*
byzantin [bizãtɛ̃] *adj* **1.** byzan'tinisch; **Empire ~** Byzantinisches, Oströmisches Reich; **2.** *fig et stls* **discussions, querelles ~es** ermüdende, haarspalterische, unangebrachte Auseinandersetzungen *f/pl*; Streit *m* um des Kaisers Bart
byzantinisme [bizãtinism(ə)] *st/s m* Neigung *f* zu nutzlosen Auseinandersetzungen, zu Haarspalte'reien

C

C, c [se] *m* ⟨*inv*⟩ C, c [tse:] *n*
c *abr* (*centime*[*s*]) ct(s) (Centime[s])
°C *abr* (*degré*[*s*] Celsius) °C (Grad Celsius)
c' [s] *cf* ce II
ça [sa] F *pr*/*dém* **1.** das (da); dies(es); ♦ *avec prép*: *à part ~* davon abgesehen; sonst; *après ~* a) *temporel* danach; nachher; b) *fig* nach dem (, was geschehen ist); *et avec ~ cf avec* 10.; *pour ~* deshalb; dafür; *pour ~ il faudrait ... dafür müßte man ...* (haben); *c'est pour ~ que ...* deshalb ...; *je ne suis pas plus avancé pour ~* darum, deshalb bin ich doch nicht klüger; trotzdem bin ich nicht klüger; *pour insister* **ah, pour ~ oui** ja und noch mal ja; *sans ~* sonst; ander(e)nfalls; ♦ *avec adv*: *~ alors* (*, par exemple*)*!* na so was!; na'nu!; *ah, ~ non!* ganz bestimmt nicht!; *pas de ~!* kommt nicht in Frage!; nichts da!; (*je ne veux pas de ~!* ich will das nicht (haben)!; ich will davon nichts wissen!; ♦ *avec conj*: *comme ~* a) so; *ne me regarde pas comme ~!* sieh mich nicht so an!; *ce n'est pas comme ~* das macht man nicht so; so ist das nicht; *c'est comme ~* das ist nun mal so *ou* nicht anders; *avec ordre ou interdiction* das ist so; es bleibt dabei; *comme ci, comme ~* F so la'la; so'so; b) *après subst* so ein(e); *par ext* F toll; Klasse; eins a (Ia); *je voudrais une veste comme ça* so e-e Jacke; *une voiture comme ~!* eine tolle, cin Ia Wagen!; ein Klassewagen!; c) *dans des questions* denn; also; *où allez-vous comme ~?* wohin gehen Sie denn?; *alors comme ~ vous partez?* Sie reisen also ab?; d) (*sans y penser*) nur so (zum Spaß); ♦ *avec pr*: *rien que ~!* und was sonst noch alles!; *iron* weiter, sonst nichts!; ♦ *avec des verbes*: (*comment*) *~ va?* wie geht's?; *cf a aller¹* 2.; *je ne vous dis que ~* mehr sage ich nicht; mehr brauche ich wohl nicht zu sagen; *~ y est?* es ist soweit!; jetzt haben wir's!; so, das wäre geschafft!; *~ y est?* bist du soweit?; wird's bald?; *cette fois ~ y est* diesmal hat es geklappt, geht es; *c'est ~!* (ja,) so ist's!; (das ist) richtig!; ja!; das stimmt!; das ist gut so!; *a iron* so ist's richtig!; *c'est bien ~* a) ja, genauso ist's!; b) da sieht man's mal wieder; *ce n'est pas ~!* nein!; so ist es nicht!; das ist falsch!; das geht nicht!; *ce n'est pas encore ~* das ist noch nicht ganz das Richtige *ou* das, was ich haben wollte; *ce n'était que ~?* war das alles?; *il n'est pas si grand que ~* so groß ist er (nun) doch nicht; *me faire ~ à moi!* mir das anzutun!; *il ne manquait plus que ~!* das fehlte gerade noch!; auch das noch!; **2.** *pour renforcer une interrogation* denn; *comment, où, pourquoi, quand ~?* wie, wo, weshalb, wann denn?; *qui ~?* wer denn?; **3.** *désignant une personne* der ou die (*f et pl*); *péj* so was
çà [sa] *adv* **1.** *~ et là* hier und dort *ou* da; da und dort; bald hierhin, bald dorthin; **2.** *litt indignation ou menace* **ah ~!** ... also! ...
cabale [kabal] *f* **1. a)** In'trige *f*; Ränke *m/pl*; *litt* Ka'bale *f*; **monter une ~ contre qn, qc** gegen j-n, etw e-e Intrige spinnen, ein Kom'plott schmieden; **b)** *coll* an e-m Kom'plott, e-r In'trige Beteiligte(n) *m/pl*; **2.** REL Kabbala *f*; **3.** *science occulte* Kabba'listik *f*
cabalistique [kabalistik] *adj* **1.** *signes* unverständlich; geheimnisvoll; **2.** REL kabba'listisch; **3.** *par ext* magisch; ok'kult
caban [kabɑ̃] *m* Cabanjacke *f*
cabane [kaban] *f* **1.** Hütte *f*; Schuppen *m*; *~ à outils* Werkzeugschuppen *m*; *~ de berger* Schäferhütte *f*; **2.** *~ à lapins* a) Ka'ninchenstall *m*; b) F *péj d'une maison* F Hütte *f*; Schuppen *m*; **3.** F (*prison*) F Kittchen *n*; Loch *n*; Knast *m*; **mettre qn en ~** F j-n einbuchten, -lochen
cabanon [kabanɔ̃] *m* **1.** *pour les fous* Gummizelle *f*; F *il est bon pour le ~* der gehört in die Klapsmühle; **2.** (*petite cabane*) kleine Hütte; Hüttchen *n*; **3.** *en Provence* kleines Landhaus
cabaret [kabaʀɛ] *m* **1.** (*boîte*) Nachtlokal *n*; Bar *f*; **2.** *autrefois* Kneipe *f*; Schenke *f*; Wirtshaus *n*
cabaretier [kabaʀtje] *m autrefois* Gast-, Schankwirt *m*
cabas [kaba] *m* Strohtasche *f*; Einkaufstasche *f*
cabernet [kabɛʀnɛ] *m* Rebsorte, die roten Bordeauxwein liefert
cabestan [kabɛstɑ̃] *m* Winde *f*; MAR a Spill *m*
cabillaud [kabijo] *m* ZO a) Schellfisch *m*; b) (*morue fraîche*) Kabeljau *m*
cabine [kabin] *f* Ka'bine *f* (*a* AVIAT; MAR a Ka'jüte *f*; *d'un camion* Fahrerkabine *f*; Führerhaus *n*; *d'une grue* Führerkabine *f*, -haus *n*; *de téléphérique* a Gondel *f*; *~ spatiale* Raumkabine *f*, -kapsel *f*; *~ téléphonique* Tele'fon-, Fernsprechzelle *f*; CH DE FER *~ d'aiguillage* Stellwerk *n*; *~ d'ascenseur* Fahrstuhl *m*, -korb *m*; Kabine *f*; *~ de bain* Bade-, 'Umkleidekabine *f*; *~ d'essayage* Anprobe-, 'Umkleidekabine *f*; AVIAT *~ de pilotage* Cockpit *n*; Pi'lotenkanzel *f*; CIN *~ de projection* Vorführkabine *f*
cabinet [kabinɛ] *m* **1.** Kammer *f*; kleines Nebenzimmer; Kabi'nett *n*; *~ noir* fensterlose Kammer; *~ de toilette* (kleiner) Waschraum; **2.** *~s pl* Toi'lette *f*; WC *n*; F Klo *n*; **3.** *~ d'étude, de travail* Stu'dier-, Arbeitszimmer *n*; **4.** *dans un musée* (Kunst)Kabi'nett *n*; *par ext* Sammlung *f*; **5.** *de médecins, d'avocats* **a)** *~ (de consultation)* Sprechzimmer *n*; **b)** *par ext* Praxis(räume *f*(*m/pl*)); *~ dentaire* Zahnarztpraxis *f*; **c)** (*clientèle*) Praxis *f*; **6.** (*gouvernement*) Kabi'nett *n*; *conseil m de ~* Kabinettssitzung *f*; **7.** *d'un ministre ou préfet* Stab *m*; *chef m de ~* per'sönlicher Refe'rent
câblage [kablaʒ] *m* **1.** TECH Verseilung *f*; Kabelherstellung *f*; **2.** ÉLECT Verkabelung *f*; Verdrahtung *f*; Kabelverbindung(en) *f*(*pl*); **3.** TÉLÉCOMM Kabeln *n*; Drahten *n*; **4.** TV Verkabelung *f*
câble [kabl(ə)] *m* **1.** Seil *n*; Kabel *n*; MAR a Tau *n*, Trosse *f*; *~ d'acier* Drahtseil *n*; AUTO *~ de frein* Bremsseil *n*; **2.** ÉLECT, TÉLÉCOMM Kabel *n*; Leitung *f*; *~ aérien* Freileitung *f*; *~ électrique* elektrisches Kabel; *~ optique* Glasfaserkabel *n*; *~ téléphonique* Fernsprechkabel *n*, -leitung *f*; **3.** (*télégramme*) Ka'bel *n*; Tele'gramm *n*
câblé [kable] *adj* **1.** *fil* gezwirnt; **2.** TV *quartier etc* verkabelt; **3.** F *fig personne* **être ~** F in sein
câbler [kable] *v/t* **1.** TECH verseilen; ÉLECT verkabeln; verdrahten; **2.** *dépêche* kabeln; drahten; **3.** TV *un quartier etc* verkabeln
câblier [kablije] *m navire* Kabelleger *m*
cabochard [kabɔʃaʀ] F **I** *adj* quer-, starr-, dickköpfig; F dickschäd(e)lig; **II** *subst ~(e) m*(*f*) Dick-, Querkopf *m*; F Dickschädel *m*
caboche [kabɔʃ] *f* F (*tête*) Kopf *m*; F Birne *f*; Schädel *m*; Dez *m*; *fig il a une sacrée ~* F er ist ein verflixter, hat e-n verflixten Dickschädel
cabochon [kabɔʃɔ̃] *m* **1.** *pierre précieuse* mugeliger (Halb)Edelstein; Cabo'chon *m*; **2.** *bouchon* Glasstöpsel *m* mit verziertem Oberteil
cabosser [kabɔse] *v/t voiture, valise, chapeau* verbeulen; F rampo'nieren; *adj t* **cabossé** verbeult; *aile de voiture a* eingebeult
cabot [kabo] *m* **1.** F *péj* (*chien*) *péj* Köter *m*; *nordd* Töle *f*; **2.** MIL F (*caporal*) Gefreite(r) *m*; F Schnäpser *m*; **3.** *cf* cabotin
cabot|age [kabotaʒ] *m* MAR Küsten-

schiffahrt *f*; **~eur** *m* MAR Küstenschiff *n*, -fahrzeug *n*
cabotin [kabɔtɛ̃] *m* **1.** *péj* zweitrangiger *ou* über'trieben spielender Schauspieler; **2.** *fig* Schauspieler *m*; Komödi'ant *m*; *adj* **il est un peu ~** er schauspielert etwas; er setzt sich ein wenig in Szene
cabotinage [kabɔtinaʒ] *m* Schauspiele-'rei *f*; Komödi'antentum *n*
caboulot [kabulo] *litt m péj* Ka'schemme *f*
cabrer [kɑbʀe] **I** *v/t* **1.** *cheval* (**faire**) **~** steigen, sich bäumen lassen; **2.** *personne* zum 'Widerstand reizen; **3.** *avion* hochziehen; **II** *v/pr* **se ~ 4.** *cheval* sich (auf)bäumen; steigen; **5.** *personne* sich sträuben; sich aufbäumen; sich empören
cabri [kabʀi] *m* ZO Zicklein *n*; Zickel *n*; Ziegenlamm *n*; **sauter comme un ~** Bock-, Luftsprünge machen
cabriole [kabʀijɔl] *f* Kapri'ole *f* (*a ÉQUITATION*); Luft-, Bocksprung *m*; **faire des ~s** Kapriolen, Luftsprünge machen
cabrioler [kabʀijɔle] *v/i* Luftsprünge, *a cheval* Kapri'olen machen
cabriolet [kabʀijɔlɛ] *m auto et voiture à cheval* Kabrio'lett *n*
CAC [kak] *abr* (*cotation assistée en continu*) fortlaufende Computernotierung [-'pju:-]; **indice** *m* **~ 40 correspond à** DAX *m* (deutscher Aktienindex)
caca [kaka] *m* **1.** *enf* **a)** (*excrément*) *enf* Bä('bä) *n*; A'a *n*; **faire ~** Aa, Bäbä machen (*dans sa culotte* in die Hose); **avoir envie de faire ~** Aa, Bäbä machen müssen; **b)** *à un enfant*: *ne touche pas, c'est ~* das ist bäbä, baba; **2.** *fig péj travail etc* **c'est du ~** F das ist Mist, Dreck, Kacke; **3. ~ d'oie a)** *adj* ⟨*inv*⟩ (unangenehm, häßlich) gelbgrün; **b)** *subst m* (häßliches) Gelbgrün *n*
caca|houète [kakawɛt] *ou* **~huète** [-ɥɛt] *f* Erdnuß *f*
cacao [kakao] *m* **1.** *poudre, boisson* Ka-'kao *m*; **2.** (*fève f de*) **~** Ka'kao(bohne) *m(f)*
cacaoté [kakaɔte] *adj* Ka'kao enthaltend
cacaotier [kakaɔtje] *m ou* **cacaoyer** [kakaɔje] *m* BOT Ka'kaobaum *m*
cacatoès [kakatɔɛs] *m* ZO Kakadu *m*
cacatois [kakatwa] *m* MAR Royalsegel *n*
cachalot [kaʃalo] *m* ZO Pottwal *m*
cache¹ [kaʃ] *m* PHOT Maske *f*
cache² [kaʃ] *f* (*cachette*) Versteck *n*
caché [kaʃe] *adj objet* versteckt; verborgen; *sentiment* geheim; heimlich; **sens ~** verborgener Sinn
cache-cache [kaʃkaʃ] *m* ⟨*inv*⟩ Verstecken *n*; Versteckspiel *n*; **jouer à ~** (*a fig*), **faire une partie de ~** Verstecken spielen
cache|-cœur [kaʃkœʀ] *m* ⟨*inv*⟩ Wikkelbluse *f*; **~-col** *m* ⟨*inv*⟩ Schal *m*
Cachemire [kaʃmiʀ] **1.** *le ~* Kaschmir *n*; **2.** *2̃ m* TEXT Kaschmir *m*; **3.** *2̃ adj motif* persisch-indisch
cache|-misère [kaʃmizɛʀ] *m* ⟨*inv*⟩ Mantel *m ou* 'Umhang *m*, der zum Verdecken schlechter Kleidung getragen wird; **~-nez** *m* ⟨*inv*⟩ (Woll)Schal *m*; **~-pot** *m* ⟨*inv*⟩ 'Übertopf *m*
cacher [kaʃe] **I** *v/t* **1.** *objet* verstecken; verbergen; *fugitif etc* verstecken; **2.** *par ext vue* versperren; verdecken; *nuage*: *soleil* ver-, bedecken; verhüllen; *arbre*: *soleil* verdecken; **tu me caches le jour** du stehst mir im Licht; F du nimmst mir das Licht weg; *visage ~* **sous un voile** mit e-m Schleier verhüllen, bedecken; **3.** *fig sentiments* verbergen; *a vérité, information* verschweigen; verheimlichen; geheimhalten; verhehlen; **~ qc à qn** j-m etw verheimlichen, verschweigen; etw vor j-m verbergen, geheimhalten; **cela cache qc** da steckt etw da-'hinter; **~ son jeu** mit verdeckten Karten spielen; sich nicht in die Karten gucken lassen; **je ne vous cache pas que ...** ich verhehle Ihnen nicht, daß ...; **pour ne rien vous ~** um ganz offen zu sein; **on ne peut rien vous ~** Sie merken aber auch alles (*a iron*); **II** *v/pr* **se ~ 4.** sich verstecken, sich verbergen (**derrière, sous** hinter, unter *+dat*); *plais* sich verkriechen; *à un enfant* **va te ~ ou cache-toi** schäm dich; **5.** *fig se ~ de qn* sein Tun vor j-m verbergen; **se ~ de qn pour faire qc** etw hinter j-s Rükken (*dat*), heimlich tun; **il ne s'en cache pas** er macht kein(en) Hehl daraus
cache-radiateur [kaʃʀadjatœʀ] *m* ⟨*inv*⟩ Heizkörperverkleidung *f*
cachère [kaʃɛʀ] *adj* REL koscher
cache-sexe [kaʃsɛks] *m* ⟨*inv*⟩ Minislip *m*
cachet [kaʃɛ] *m* **1.** (*sceau*) Siegel *n*; Petschaft *n*; **mettre son ~ sur qc** sein Siegel auf etw (*acc*) (auf)drücken; **2.** (*tampon*) Stempel *m*; **~ de la poste** Poststempel *m*; **par ext** Datum *n* des Poststempels; **3.** HIST **lettre** *f* **de ~** königlicher Geheimbefehl (*der Verhaftung od Verbannung anordnete*); **4.** *d'acteurs* Gage *f*; *de musiciens, conférenciers* Hono'rar *m*; **courir le ~** sich ständig um Engagements bemühen; **5.** *fig* Gepräge *n*; Eigenart *f*; Cha'rakter *m*; Stempel *m*; **avoir du ~** ein besonderes Gepräge haben; **6.** PHARM **a)** Ob'late(nkapsel) *f*; **b)** (*comprimé*) Ta'blette *f*
cachetage [kaʃtaʒ] *m* (Ver)Siegeln *n*; *d'une enveloppe* Zukleben *n*
cache-tampon [kaʃtɑ̃pɔ̃] *m* jeu Verstecken und Suchen *n* (*e-s Gegenstandes*)
cacheter [kaʃte] *v/t* ⟨-tt-⟩ *lettre, paquet* versiegeln; *lettre a* siegeln; *enveloppe* zukleben; verschließen
cachette [kaʃɛt] *f* Versteck *n*; Schlupfwinkel *m*; *loc/adv* **en ~** heimlich; insgeheim; *loc/prép* **en ~ de qn** hinter j-s Rücken (*dat*); ohne j-s Wissen
cachexie [kaʃɛksi] *f* MÉD, VÉT Kache-'xie *f*
cachot [kaʃo] *m* **1.** dunkle Zelle; *autrefois* Kerker *m*; Verlies *n*; **mettre qn au ~** j-n in Dunkelhaft setzen; **2.** *en prison* (strenger) Ar'rest; Einzelhaft *f*
cachotterie [kaʃɔtʀi] *f* Geheimniskräme'rei *f*; Heimlichtue'rei *f*; geheimnisvolles Gehabe, Getue; **faire des ~s** heimlichtun; geheimnisvoll tun
cachott|ier [kaʃɔtje] *m*, **~ière** *f* Heimlichtuer(in) *m(f)*; Geheimniskrämer(in) *m(f)*; *adj* **être cachottier** ein Heimlichtuer, Geheimniskrämer sein
cachou [kaʃu] *m* **1.** PHARM Katechu *n*; **2.** *bonbon* Hustenpastille *f* (mit Katechugeschmack)
cacique [kasik] *m* **1.** (*chef indien*) Ka'zike *m*; **2.** F *fig* Primus *m*, Beste(r) *m* bei der Aufnahmeprüfung in die „École normale supérieure"; **3.** F *fig d'un parti etc* F Bonze *m*
cacochyme [kakɔʃim] *adj plais* vieillard F klapp(e)rig; tatt(e)rig
cacophon|ie [kakɔfɔni] *f* Kakopho'nie *f*; **~ique** *adj* kako'phonisch
cact(ac)ées [kakt(as)e] *f/pl* BOT Kak-'teen *f/pl*; Kaktusgewächse *n/pl*
cactus [kaktys] *m* **1.** BOT Kaktus *m*; O'puntie *f*; **2.** F (*difficulté*) F Haken *m*
c.-à-d. *abr* (*c'est-à-dire*) d. h. (das heißt)
cadastral [kadastʀal] *adj* ⟨-aux⟩ Ka'taster...; Flur...
cadastr|e [kadastʀ(ə)] *m* **1.** registre Ka-'taster *m ou n*; Flurbuch *n*; **2.** service Ka'tasteramt *n*; **~er** *v/t* kata'strieren; in den Ka'taster aufnehmen
cadavéreux [kadaveʀø] *adj* ⟨-euse⟩ leichenhaft, -blaß; Leichen...
cadavérique [kadaveʀik] *adj* Leichen...; Ka'daver...; **pâleur** *f*, **rigidité** *f* **~** Leichenblässe *f*, -starre *f*
cadavre [kadavʀ(ə)] *m* **1.** *humain* Leiche *f*; Leichnam *m*; *d'un animal* Ka'daver *m*; *fig* **un ~ ambulant** ein wandelnder, lebender Leichnam; **2.** F (*bouteille vidée*) geleerte Flasche
caddie [kadi] *m* **1.** GOLF Caddie ['kedi] *m*; **2.** AVIAT, CH DE FER Kofferkuli *m*; *dans des magasins* Einkaufswagen *m*
cadeau [kado] *m* ⟨*pl* -x⟩ Geschenk *n*; Gabe *f*; *fig* **~ empoisonné** Danaergeschenk *n*; *d'un voyage* **petit ~ a** Mitbringsel *n*; **~ publicitaire** Werbegeschenk *n*; **~ d'anniversaire, de mariage, de Noël** Geburtstags-, Hochzeits-, Weihnachtsgeschenk *n*; **faire un ~ à qn** j-m ein Geschenk machen; j-m etwas schenken; j-n beschenken; **faire ~ de qc à qn** j-m etw zum Geschenk machen; j-m etw schenken; *fig* **ne pas faire de ~ à qn** j-m nichts schenken, ersparen; **recevoir qc en ~** etw als Geschenk erhalten; etw geschenkt bekommen; *prov* **les petits ~x entretiennent l'amitié** kleine Geschenke erhalten die Freundschaft (*prov*); ♦ *adj* COMM Geschenk...; **emballage** *m*, **paquet** *m* **~** Geschenkpackung *f*
cadenas [kadna] *m* Vorhängeschloß *n*
cadenasser [kadnase] *v/t* mit e-m Vorhängeschloß (ver)schließen, sichern; *vélo a* anschließen
cadence [kadɑ̃s] *f* **1.** *en poésie, musique etc* Rhythmus *m*; Takt *m*; *loc/adv* **en ~** im Takt; rhythmisch; **marquer la ~** den Takt angeben, schlagen; **perdre la ~** aus dem Takt, *en marchant* aus dem Tritt, Schritt kommen; **suivre la ~** sich dem Takt, Rhythmus anpassen; dem Rhythmus folgen; **2.** *par ext* (*vitesse*) Tempo *n*; Geschwindigkeit *f*; MIL **~ de tir** Schußfolge *f*; Feuergeschwindigkeit *f*; *loc/adv* **à une ~ accélérée** schneller, häufiger; in schneller Reihenfolge; **à la ~ de trois pages par heure etc** im Rhythmus von ...; **3.** *travail à la chaîne* (Arbeits)Takt *m*; **~s infernales** höllisches Arbeitstempo; **augmenter, forcer la ~** den Arbeitstakt beschleunigen; **4.** MUS Ka'denz *f*
cadencé [kadɑ̃se] *adj* rhythmisch; taktmäßig; **pas ~** Gleichschritt *m*; **marcher au pas ~** im Gleichschritt, im gleichen (Schritt und) Tritt marschieren
cadencer [kadɑ̃se] *v/t* ⟨-ç-⟩ **1.** *ses phra-*

cadet – caïd

ses etc rhythmisch gliedern, gestalten; **2.** ~ *son pas* Schritt, Tritt halten
cadet [kadɛ] *m* **1.** ~**(te)** *m(f) d'une famille* jüngerer *ou* jüngster Sohn; jüngere *ou* jüngste Tochter; Jüngste(r) *f(m)*; *adjt:* *branche* ~**te** jüngere Linie; *frère* ~ jüngerer *ou* jüngster Bruder; *sœur* ~**te** jüngere *ou* jüngste Schwester; *c'est mon* ~ a) *frère* er, das ist mein jüngerer *ou* jüngster Bruder; b) *fils* er, das ist mein jüngerer *ou* jüngster Sohn; **2.** *d'un groupe etc* **les** ~**s** die Jüngsten *m/pl*; *il est mon* ~ *de trois ans* er ist drei Jahre jünger als ich; *fig* **c'est le** ~ *de mes soucis* das ist meine geringste Sorge; **3.** HIST MIL Ka'dett *m*; **4.** ~**(te)** *m(f)* SPORTS Jugendspieler(in) *m(f)*
cadmium [kadmjɔm] *m* CHIM Kadmium *n*; *t/t* Cadmium *n*
cadogan [kadɔga] *m cf* **catogan**
cadrage [kadraʒ] *m* PHOT, CIN, TV Bildeinstellung *f*
cadran [kadrɑ̃] *m* **1.** *d'une horloge, d'une boussole etc* Zifferblatt *n*; *d'un instrument de mesure,* RAD Skala *f*; TÉL Nummern-, Wählscheibe *f*; ~ *lumineux* Leuchtzifferblatt *n*; beleuchtete Skala; *fig* *faire le tour du* ~ zwölf Stunden hintereinander schlafen, 'durchschlafen; **2.** ~ *solaire* Sonnenuhr *f*
cadre [kadʀ(ə), ka-] *m* **1.** *d'un tableau, miroir* Rahmen *m*; *mettre une photo dans un* ~ e-e Fotografie (ein)rahmen; **2.** *d'une porte, fenêtre* Rahmen *m* (*a d'un vélo*); (Ein)Fassung *f*; RAD Rahmenantenne *f*; *sur formulaire* Feld *n*; **3.** *fig* Rahmen *m*; Um'gebung *f*; Kreis *m*; Bereich *m*; *d'un roman etc* Anlage *f*; Gerüst *n*; ~ *de vie* Um'gebung (, in der *j* lebt); Ambi'ente *n*; Lebensbedingungen *f/pl*; *dans un* ~ *de verdure* ganz im Grünen; *loc/prép* *dans le* ~ *de* im Rahmen (+*gén*); innerhalb (+*gén*); *entrer dans le* ~ *de ses fonctions* zu s-r Tätigkeit gehören; in den Rahmen s-r Tätigkeit fallen; *sortir du* ~ *de son exposé* über den Rahmen s-s Exposés hinausgehen; *cela sortirait du* ~ *de mon exposé* das würde den Rahmen meines Exposés sprengen; ♦ *adjt* Rahmen...; *accord-*~ *m* Rahmenabkommen *n*; *programme-*~ *m* Rahmenprogramm *n*; **4.** MIL Kader *m*; Stammpersonal *n*; ~ *noir* Kader der Kavallerie, der Reitunterricht gibt (*à Saumur*); **5.** *dans une entreprise* Angestellte(r) *m* (mit Weisungsbefugnis); *jeunes* ~**s** Führungsnachwuchs *m*; ~ *moyen* mittlere Führungskraft; ~ *supérieur* leitender Angestellter; Führungskraft *f*; **6.** ADM ~**s** *pl* Stellenplan *m*; *être rayé des* ~**s** entlassen werden; MIL aus der Armee ausgeschlossen werden; **7.** ~ *de déménagement* Möbelkiste *f*
cadrer [kadʀe] **I** *v/t* PHOT, CIN image einstellen; **II** *v/i* ~ *avec* über'einstimmen mit; passen zu; entsprechen (+*dat*); ~ *mal avec* schlecht passen zu; *faire* ~ in Über'einstimmung bringen
cadreur [kadʀœʀ] *m* CIN, TV Kameramann *m*
caduc [kadyk] *adj* ⟨*caduque* [kadyk]⟩ **1.** (*périmé*) veraltet; über'holt; **2.** JUR unwirksam; **3.** BOT *arbre m à feuilles caduques* sommergrüner Laubbaum; **4.** PHON *e* ~ stummes e
caducée [kadyse] *m* MÉD Äsku'lapstab *m*

caducité [kadysite] *f* Veraltet-, Über-'holtsein *n*
cæcum [sekɔm] *m* ANAT Blinddarm *m*; *sc* Caecum *n*
Caen [kã] Stadt im Dep. Calvados
cafard [kafaʀ] *m* **1.** ÉCOLE F (*rapporteur*) *péj* Petzer *m*; Petze *f*; **2.** F *avoir le* ~ trübsinnig, trübselig, depri'miert, F down sein; *avoir un coup de* ~ in Trübsinn, in Depressi'onen verfallen; *donner le* ~ trübsinnig machen, stimmen (*à qn* j-n); **3.** (*hypocrite*) Mucker *m*; Heuchler *m*; **4.** ZO (Küchen)Schabe *f*
cafardage [kafaʀdaʒ] *m* F *péj* Petzen *n*
cafarder [kafaʀde] F **I** *v/t* écolier ~ *qn* j-n verpetzen, angeben; É écoliers petzen; **2.** *cf* (**avoir le**) *cafard* 2.
cafard|eur [kafaʀdœʀ] *m*, ~**euse** *f* F *péj* Petzer(in) *m(f)*; Petze *f*
cafardeux [kafaʀdø] F *adj* ⟨*-euse*⟩ *personne* trübsinnig, trübselig (*a temps, paysage*); melan'cholisch
caf'conc' [kafkɔ̃s] *m cf* **café-concert**
café [kafe] *m* **1.** 'Kaffee *ou* Kaf'fee *m*; ~ *soluble* löslicher Kaffee; ~ *en grains* ungemahlener Kaffee; *glace f au* ~ Mokkaeis *n*; *moulin m à* ~ Kaffeemühle *f*; **2.** *boisson* Kaffee *m*; ~ *crème, au lait* Milchkaffee *m*; *cf a* 4.; ~ *frappé, glacé* eisgekühlter Kaffee; ~ *noir* schwarzer Kaffee; *arriver au* ~ nach dem Mittagessen kommen; F *fig* *c'est un peu fort de* ~ das ist doch unerhört, die Höhe, F allerhand, ein starkes Stück; *faire du, le* ~ Kaffee machen, kochen, aufbrühen; *prendre du, le* ~ Kaffee trinken; *inviter qn à prendre le* ~ j-n zum Kaffee einladen; **3.** *lieu public* Lo'kal *n* (Schank)Wirtschaft *f*; Bar *f*; Kneipe *f*; *plus élégant* Ca'fé *n*; österr Kaf'feehaus *n*; ~ *littéraire, artistique* Künstlercafé *n*; ~ *avec terrasse* Straßencafé *n*; **4.** *adjt* ⟨*inv*⟩ *couleur* kaffeebraun; ~ *au lait* hellbraun
café|-bar [kafebaʀ] *m* ⟨*pl cafés-bars*⟩ kleines Lo'kal *n*; kleine Bar; ~**-concert** *m* ⟨*pl cafés-concerts*⟩ *autrefois* Ca'fé *n* mit Varie'tédarbietungen; F Tingeltangel *m*
caféier [kafeje] *m* BOT Kaffeestrauch *m*
caféine [kafein] *f* Koffe'in *n*
café-restaurant [kafeʀɛstɔʀɑ̃] *m* ⟨*pl cafés-restaurants*⟩ Gaststätte *f*; Restau-'rant *n*
cafèt [kafɛt] *f* F *abr cf* **cafétéria**
café-tabac [kafetaba] *m* ⟨*pl cafés-tabacs*⟩ Lo'kal *n* mit Tabakladen
cafetan [kaftɑ̃] *m* Kaftan *m*
cafeter [kafte] *v/t et v/i arg d'écolier cf* **cafarder**
cafétéria [kafeteʀja] *f* Cafete'ria *f*
café-théâtre [kafeteatʀ(ə)] *m* ⟨*pl cafés-théâtres*⟩ Kleinkunsttheater *n*
cafetier [kaftje] *m* (Schank)Wirt *m*
cafetière [kaftjɛʀ] *f* **1.** Kaffeekanne *f*; ~ *électrique* Kaffeemaschine *f*; **2.** (*tête*) F Schädel *m*; Birne *f*; Dez *m*
cafouillage [kafujaʒ] F *m* Durcheinander *n*; Wirrwarr *m*
cafouiller [kafuje] F *v/i personne* Verwirrung, ein Durcheinander anrichten; F murksen; *organisation, entreprise* nicht funktio'nieren; *ça cafouille* das geht völlig durchein'ander
cafouill|eur [kafujœʀ] *ou* ~**eux** F *adj* ⟨*-euse*⟩ verworren, wirr; cha'otisch

cafouillis [kafuji] F *m cf* **cafouillage**
caftan *cf* **cafetan**
cafter *cf* **cafeter**
cage [kaʒ] *f* **1.** Käfig *m*; *à oiseaux a* Bauer *n*; ~ *à lapin* a) Ka'ninchenstall *m*; b) *fig* enge, kleine Wohnung; ~ *aux lions* Löwenkäfig *m*, -zwinger *m*; *être, tourner comme un lion, ours en* ~ wie ein gefangenes Tier im Käfig hin und her gehen; **2.** TECH Gehäuse *n*; *d'un édifice* Außenmauern *f/pl*; ~ *d'ascenseur* Aufzugschacht *m*; ~ *d'escalier* Treppenhaus *n*; PHYS ~ *de Faraday* Faradaykäfig *m*; Faradayscher Käfig; **3.** ANAT ~ *thoracique* Brustkorb *m*; **4.** FOOTBALL *etc* Tor *n*
cageot [kaʒo] *m* Lattenkiste *f*; *südd* Steige *f*; Stiege *f*
cagibi [kaʒibi] F *m* Abstell-, Rumpelkammer *f*; Verschlag *m*; F Ka'buff *n*
cagna [kaɲa] *arg militaire* F 'Unterstand *m*
cagne [kaɲ] *f cf* **khâgne**
cagneux [kaɲø] **I** *adj* ⟨*-euse*⟩ *personne* X-beinig; *cheval* säbelbeinig; *genoux m/pl* ~, *jambes cagneuses* X-Beine *n/pl*; **II** *m cf* **khâgneux**
cagnotte [kaɲɔt] *f* **1.** (*caisse commune*) Spielkasse *f*; Gemeinschaftskasse *f*; **2.** (*argent économisé*) F Spargroschen *m*
cagot [kago] *litt* **I** *adj* scheinheilig; **II** *subst* ~**(e)** *m(f)* Frömmler(in) *m(f)*
cagoule [kagul] *f* **1.** Ka'puze *f* mit Augenschlitzen (*a Ku-Klux-Klan*); *de gangsters* Strumpfmaske *f*; **2.** *bonnet d'enfants* Ka'puzenmütze *f*
cagoulé [kagule] *adj* vermummt
cahier [kaje] *m* **1.** (Schreib)Heft *n*; ~ *de brouillon* Schmier-, Kon'zeptheft *n*; Kladde *f*; ~ *de cours* Heft zum Mitschreiben (in der Schule); ~ *d'écolier* Schulheft *n*; ~ *d'exercices* Hausaufgabenheft *n*; ~ *de musique* Notenheft *n*; ~ *de textes* Aufgabenheft *n*; **2.** TYPO gefalzter Druckbogen; **3.** HIST ~**s** *de doléances* Eingaben *f/pl* (mit Beschwerden) der Stände an den König; *aujourd'hui* ~ *de revendications* Forderungskatalog *m*; **4.** JUR ~ *des charges* Lastenheft *n*; Leistungsverzeichnis *n*; Vergabebedingungen *f/pl*; **5.** (*revue littéraire*) Zeitschrift *f*; Heft *n*
cahin-caha [kaɛ̃kaa] F *adv* mühsam; mit Müh und Not; recht und schlecht; F so'so; so la'la
cahot [kao] *m* **1.** *d'un véhicule* Stoß *m*; Ruck *m*; ~**s** *pl* Rütteln *n*; Stoßen *n*; Rumpeln *n*; **2.** *du chemin* ~**s** *pl* Holp(e)rigkeit *f*
cahot|ant [kaɔtɑ̃] *adj* **1.** *véhicule* rüttelnd; **2.** *chemin* holp(e)rig; ~**ement** *m* Rütteln *n*; Stoßen *n*; Rumpeln *n*
cahoter [kaɔte] **I** *v/t* 'durchrütteln (*a fig vie:* qn); *p/p être cahoté* 'durchgerüttelt, hin und her geschüttelt werden; *adjt fig vie cahotée* unruhiges, bewegtes Leben; **II** *v/i véhicule* rumpeln; holpern
cahoteux [kaɔtø] *adj* ⟨*-euse*⟩ *chemin* holp(e)rig
cahute [kayt] *f* (*cabane*) Hütte *f*; (*bicoque*) elende Behausung
caïd [kaid] F **1.** (*chef de bande*) Bandenführer *m*, -chef *m*; Gangsterboß ['gɛŋ-] *m*; *faire le* ~ der Boß sein wollen; **2.** (*personnage important*) F Bonze

m; **Boß** *m*; **Obermacher** *m*; **3.** (*crack*) großer Könner; F **As** *n*
caillasse [kajas] F *f* minderwertiges Gestein; Schotter *m*; Kies *m*
caille [kaj] *f* **1.** ZO Wachtel *f*; F *enfant chaud comme une* ~ ganz warm; **2.** F *terme affectueux* **ma petite** ~ (mein) Schätzchen *n*
caillé [kaje] *adj et subst m* (*lait m*) ~ geronnene Milch; Dick-, Sauermilch *f*; dicke, saure Milch
caillebotis [kajbɔti] *m* **1.** MAR Gräting *f*; **2.** *sur un sol humide* Lattenrost *m*; Knüppeldamm *m*
cailler [kaje] I *v/t* zum Gerinnen bringen; gerinnen lassen; II *v/i et v/pr* **1.** (*se*) ~ *lait*, *sang* gerinnen; **faire** ~ zum Gerinnen bringen; **2.** F *fig* **ça caille aujourd'hui** F ganz schön kalt heute; **on** (*se*) **caille ici** F hier erfriert man ja
caillette [kajɛt] *f* ZO Labmagen *m*
caillot [kajo] *m* ~ (**de sang**) Blutgerinnsel *n*; Blutklümpchen *n*
caillou [kaju] *m* ⟨*pl* ~**x**⟩ **1.** Kiesel(stein) *m*; Stein(chen) *m*(*n*); **avoir un** ~ **dans sa chaussure** e-n Stein im Schuh haben; **2.** ~**x** *pl* Schotter *m*; Kies *m*; **tas** *m* **de** ~**x** Schotter-, Kieshaufen *m*; **3.** F (*pierre précieuse*) Stein *m*; F Klunker *m* *ou f*; **4.** F *n'avoir plus un poil sur le* ~ völlig kahl(köpfig) sein
cailloutǀer [kajute] *v/t route* (be)schottern; *chemin* bekiesen; ~**eux** *adj* ⟨-euse⟩ *chemin, sol* steinig
cailloutis [kajuti] *m* Schotter *m*; Kies *m*
caïman [kaimã] *m* ZO Kaiman *m*
Caïn [kaɛ̃] *m* BIBL Kain *m*
Caire (**Le**) [ləkɛʀ] Kairo *n*
cairn [kɛʀn] *m* **1.** Cairn [kɛɔn] *m*; keltisches Hügelgrab; **2.** *en montagne* Steinkegel *m*, -pyramide *f*, *österr* -mandl *n*
caisse [kɛs] *f* **1.** Kiste *f*; Kasten *m*; *pour arbustes etc* Kübel *m*; TECH *a* Gehäuse *n*; ~ *à outils* Werkzeugkasten *m*, -kiste *f*; ~ *de livres* Bücherkiste *f*; *une* ~ *de vin* e-e Kiste Wein; **2.** *d'un piano* Reso'nanzboden *m*; *d'un tambour* Reso'nanzkörper *m*; (*tambour*) Trommel *f*; ~ *claire* kleine (Schnarr)Trommel; *grosse* ~ große Trommel; *fig* **battre la grosse** ~ die Re'klametrommel rühren; **3.** FIN Kasse *f*; *österr* Kassa *f*; ~ *communale, municipale* Gemeinde-, Stadtkasse *f*; ~ *enregistreuse* Regi'strierkasse *f*; ~ *noire* Geheimfonds *m*, -kasse *f*; *livre m de* ~ Kassen-, *österr* Kassabuch *n*; *ticket m de* ~ Kassenbon *m*, -zettel *m*; COMM **faire la, sa** ~ Kasse machen; F Kassensturz machen; **partir avec la** ~ mit der Kasse 'durchbrennen, -gehen; **passer à la** ~ zur Kasse gehen; *fig* **vous pouvez passer à la** ~ Sie sind (fristlos) entlassen; **tenir la** ~ die Kasse führen; **4.** *institution* Kasse *f*; ~ *d'allocations familiales* Kindergeldkasse *f*; ~ *primaire d'assurance maladie* correspond à Ortskrankenkasse *f*; ~ *d'épargne* Sparkasse *f*; ⚲ *nationale d'épargne* Postsparkasse *f*; ~ *de retraite* Pensi'onskasse *f*; ⚲ *nationale de Sécurité sociale* Zen'tralbehörde *f* der Sozialversicherung; **5.** ANAT ~ *du tympan* Paukenhöhle *f*; **6.** *loc* F **s'en aller, partir de la** ~ F die Motten haben; **7.** CUIS Backpapier *n*; Backform *f* aus Alu'miniumfolie; **8.** AUTO **a)** Karosse'rie *f*; **b)** F (*voiture*) F Schlitten *m*; Kiste *f*; *loc/adv* F **à fond la** ~ F mit Ka'racho; mit e-m Affenzahn

caissǀier [kɛsje] *m*, ~**ière** *f* Kas'sierer(in) *m*(*f*); Kassenführer(in) *m*(*f*); *südd, österr* Kas'sier(in) *m*(*f*); ADM Kassenbeamte(r) *m*, -beamtin *f*
caisson [kɛsɔ̃] *m* **1.** (*caisse*) Kiste *f*; Behälter *m*; MAR *a* Tank *m*; **2.** MIL Muniti'onswagen *m*; **3.** CONSTR ~ (*à air comprimé*) Cais'son *m*; Senkkasten *m*; MÉD *maladie f des* ~**s** Cais'son-, Taucherkrankheit *f*; **4.** ARCH Kas'sette *f*; *plafond m à* ~**s** Kassettendecke *f*; **5.** F *se faire sauter le* ~ sich e-e Kugel durch den Kopf schießen, F jagen
cajolǀer [kaʒɔle] *v/t* liebkosen; um'schmeicheln; *enfant* hätscheln; herzen; ~**eries** *f/pl* Liebkosungen *f/pl*; Schmeiche'leien *f/pl*; ~**eur** I *adj* ⟨-euse⟩ *voix etc* (ein)schmeichelnd; schmeichlerisch; *enfant* anschmiegsam; II *subst* ~, *cajoleuse m,f* Schmeichelkatze *f*, -kätzchen *f*
cajou [kaʒu] *m* BOT *noix f de* ~ Cashewnuß F [ˈkɛʃuː-]
Cajuns [kaʒɛ̃, -œ̃] *m/pl* in Louisiana ansässige ehemalige Frankokanadier
cake [kɛk] *m* CUIS englischer Sandkuchen
cal¹ [kal] *m* **1.** *de la peau* Schwiele *f*; **2.** MÉD, BOT Kallus *m*
cal² *abr* (*calorie[s]*) cal (Kalorie[n])
calabrais [kalabʀɛ] I *adj* ka'labrisch; II *subst* ⚲(**e**) *m*(*f*) Ka'labrier(in) *m*(*f*)
Calabre [kalabʀ(ə)] *la* ~ Ka'labrien *n*
Calais [kalɛ] Stadt im Dep. Pas-de-Calais; *le pas de* ~ die Straße von Dover
calamar [kalamaʀ] *m* ZO Kalmar *m*; CUIS ~ *à l'encre* Kalmar in schwarzer Soße
calamine [kalamin] *f* AUTO Verbrennungsrückstände *m/pl*
calaminer [kalamine] *v/pr* *se* ~ *bougie* verrußen; *adj* **calaminé** verrußt
calamistré [kalamistʀe] *adj plais cheveux, bellâtre* ondu'liert und pomadi'siert
calamité [kalamite] *f* (großes allgemeines) Unglück; Unheil *n*; Kata'strophe *f*; F *plais* **quelle** ~! was für e-e Strafe!; wie grausam!
calancher [kalɑ̃ʃe] *v/i arg* (*mourir*) P abkratzen; abschrammen
calandre [kalɑ̃dʀ(ə)] *f* **1.** TECH Ka'lander *m*; *pour le linge* Mangel *f*; **2.** AUTO Kühlergrill *m*
calanque [kalɑ̃k] *f dans le Midi* (kleine) Felsbucht
calcaire [kalkɛʀ] I *adj* Kalk…; kalkig; kalkhaltig (*a eau*); MÉD **dégénérescence** *f* ~ Verkalkung *f*; *relief m* ~ Kalksteinrelief *n*; *terrain m* ~ Kalkboden *m*; II *m* **1.** *roche* Kalk(stein) *m*; **2.** (*tartre*) Kesselstein *m*; Kalkansatz *m*
calcanéum [kalkaneɔm] *m* ANAT Fersenbein *n*
calcédoine [kalsedwan] *f* MINÉR Chalze'don [k-] *m*
calcification [kalsifikasjɔ̃] *f* PHYSIOL, MÉD Verkalkung *f*
calcifié [kalsifje] *adj artère etc* verkalkt
calcination [kalsinasjɔ̃] *f* TECH, CHIM Glühen *n*; Kalzi'nieren *n*; *du calcaire* Brennen *n*

calciner [kalsine] *v/t* **1.** TECH, CHIM glühen; kalzi'nieren; *calcaire* brennen; **2.** (*brûler*) verbrennen; *adj* **calciné** verbrannt; verkohlt
calcium [kalsjɔm] *m* **1.** CHIM Kalzium *ou t/t* Calcium *n*; **2.** PHARM Kalzium (-präparat) *n*; Kalk(präparat) *m*(*n*)
calcul¹ [kalkyl] *m* **1.** Rechnen *n*; Rechnung *f*; Berechnen *n*, -ung *f*; Ausrechnen *n*; COMM Kalkulati'on *f*; ~ *mental* Kopfrechnen *n*; ~ *des bénéfices* Gewinnermittlung *f*; ~ *des intérêts* Zins(be)rechnung *f*, -kalkulation *f*, -ermittlung *f*; ~ *des prix* Preisberechnung *f*, -kalkulation *f*, -ermittlung *f*; ~ *des probabilités* Wahr'scheinlichkeitsrechnung *f*; *loc/adv* **par le** ~ rechnerisch; **être bon, faible en** ~ im Rechnen gut, schwach sein; gut, nicht gut rechnen können; **être perdu dans ses** ~**s** in s-e Berechnungen vertieft sein; **faire des** ~ rechnen; Rechnungen machen; Berechnungen anstellen; **faire le** ~ *de qc* etw be-, ausrechnen; **faire à qn le** ~ *de qc* j-m etw vorrechnen; **faire un premier** ~ e-e erste Berechnung anstellen; **faire une erreur de** ~ e-n Rechenfehler machen; sich verrechnen; **2.** *fig* (*estimation*) Berechnung *f*; Erwartung *f*; Kal'kül *n ou m*; **d'après mes** ~**s** meinen Berechnungen nach; **mon** ~ **était juste** meine Erwartung, Berechnung, mein Kalkül war richtig; ich habe richtig kalku'liert; **faire un mauvais** ~ *ou* **se tromper dans ses** ~**s** sich verrechnen; sich verkalku'lieren; **il s'est trompé dans ses** ~**s a** s-e Rechnung ist nicht aufgegangen; **3.** *fig et péj* Berechnung *f*; Eigennutz *m*; *loc/adv* **sans** ~ ohne jede Berechnung; spon'tan; **agir par** ~ aus Berechnung handeln
calcul² [kalkyl] *m* MÉD Stein *m*; ~ *biliaire, rénal* Gallen-, Nierenstein *m*
calculable [kalkylabl(ə)] *adj* berechenbar
calculateur [kalkylatœʀ] I *adj* ⟨-trice⟩ *personne* vor'ausschauend; *péj* berechnend; II **1.** *personne* Rechner *m*; **2.** *machine* Rechner *m*; Rechengerät *n*, -anlage *f*; ~ *électronique* Elek'tronenrechner *m*
calculatrice [kalkylatʀis] *f* **1.** (Tisch-) Rechenmaschine *f*; ~ *de poche* Taschenrechner *m*; **2.** *personne* (gute) Rechnerin
calculer [kalkyle] I *v/t* **1.** rechnen; be-, aus-, errechnen; COMM (aus)kalku'lieren; *abs* rechnen; *machine f à* ~ (Tisch)Rechenmaschine *f*; ~ *mentalement, de tête* im Kopf (aus)rechnen; **2.** *fig* (*estimer*) berechnen; abwägen; (ein)kalku'lieren; ~ *que* … schätzen, rechnen, daß …; ~ *les avantages et les inconvénients* die Vorzüge und Nachteile gegenein'ander abwägen; ~ *ses chances* s-e Chancen ausrechnen; *adj* **risque calculé** einkalkuliertes, wohlbedachtes Risiko; **3.** (*prévoir*) sorgfältig, genau über'legen, be-, ausrechnen; *adj* **attitude etc calculé** über'legt; genau berechnet; *péj* berechnend; II *v/i* (*économiser*) (mit dem Geld) rechnen
calculette [kalkylɛt] *f* (kleiner) Taschenrechner
Caldoche [kaldɔʃ] F *m,f* Neukale'donienfranzose *m*, -französin *f*

cale [kal] f **1.** MAR **a)** Schiffs-, Laderaum m; *fond m de* ~ Kielraum m; F *fig être à fond de* ~ F völlig blank sein; **b)** *d'un quai* Laderampe f; **c)** ~ *sèche ou de radoub* Trockendock n; **2.** (*coin*) ('Unterleg)Keil m; TECH Keil m; Paßstück n; *glisser, mettre une* ~ *derrière les roues* e-n Keil unter *ou* hinter die Räder schieben, legen; die Räder mit e-m Keil sichern

calé [kale] adj F **1.** *personne* beschlagen, bewandert (*en maths* etc in Mathe *etc*); *être* ~ *a* F was loshaben; **2.** *chose* schwierig; F haarig; *c'est trop* ~ *pour moi* F das ist mir zu hoch

calebasse [kalbɑs] f **1.** BOT Flaschenkürbis m; **2.** *récipient* Kale'basse f

calèche [kalɛʃ] f Ka'lesche f; Kutsche f

calecif [kalsif] m cf *caleçon*

caleçon [kalsõ] m **1.** 'Unterhose f; ~ *long* lange Unterhose; ~ *de bain* Badehose f; *être en* ~ in Unterhosen, in der Unterhose sein; **2.** *vêtement de femme* Legging(s) pl

Calédonie [kaledɔni] la ~ HIST Kale'donien n

calédonien [kaledɔnjɛ̃] adj ⟨~ne⟩ kale'donisch

caléidoscope cf *kaléidoscope*

calembour [kalɑ̃buR] m (auf Homony'mie beruhendes) Wortspiel; *péj* Kalauer m

calembredaines [kalɑ̃bRədɛn] litt f/pl Albernheiten f/pl; ungereimtes Zeug

calendes [kalɑ̃d] f/pl ANTIQUITÉ Ka'lenden f/pl; *fig renvoyer qc aux* ~ *grecques* etw auf den Sankt-Nimmerleins-Tag verschieben

calendo [kalɑ̃do] F m Camembert m

calendrier [kalɑ̃dRije] m **1.** Ka'lender m; ~ *mural* Wandkalender m; ~ *à effeuiller* Abreißkalender m; ~ *des postes* Kalender, den der Briefträger zum Jahresende verkauft; **2.** (*emploi du temps*) Ter'minkalender m; Pro'gramm n; Zeitplan m

cale-pied [kalpje] m ⟨pl cale-pieds⟩ VÉLO Pe'dalhaken m

calepin [kalpɛ̃] m No'tizbuch n

caler [kale] I v/t **1.** *moteur* abwürgen; **2.** *table, chaise* etwas, e-n Keil legen unter (+*acc*); *roue* bloc'kieren; e-n Keil legen hinter (+*acc*); ~ *contre qc* an etw (+*dat*) abstützen; an etw (+*acc*) anlehnen; **3.** TECH verkeilen, feststellen; festklemmen; **4.** MAR ~ *six mètres* sechs Meter Tiefgang haben; **5.** *bille* (mit den Fingern) wegschnellen, wegschnippen; II v/i **6.** *personne* den Motor abwürgen; *moteur* absterben; **7.** *fig* (*abandonner*) aufgeben; F *en mangeant* nicht mehr können; F *mets* satt machen; III v/pr *se* ~ es sich bequem machen (*dans un fauteuil* in e-m Sessel); *adjt bien calé dans son fauteuil* bequem in s-m Sessel sitzend

caleter [kalte] cf *calter*

calfater [kalfate] v/t MAR kal'fatern

calfeutrage [kalføtRaʒ] m Abdichten n

calfeutrer [kalføtRe] I v/t *porte, fenêtre* abdichten; II v/pr *se* ~ (*chez soi*) sich in s-r Wohnung verkriechen; *péj* (immer) hinter dem Ofen hocken; ein Stubenhocker sein

calibrage [kalibRaʒ] m **1.** TECH Kali'brieren n; **2.** *des fruits, œufs* Sor'tieren n der Größe nach

calibre [kalibR(ə)] m **1. a)** TECH, *d'un canon* Ka'liber n; *d'un tuyau a* lichte Weite; **b)** *d'un projectile* Ka'liber n; *de gros* ~ großkalibrig; **2.** *instrument de mesure* (Schub)Lehre f; Scha'blone f; **3.** *d'une colonne* etc 'Durchmesser m; *des œufs, fruits* Größe f; **4.** F *fig, souvent péj* Art f; Schlag m; For'mat m; F Ka'liber n; *ils sont du même* ~ sie sind vom gleichen Schlag, F Kaliber; *positif il est d'un tout autre* ~ (d)er ist von ganz anderem Format, aus ganz anderem Holz geschnitzt, F von ganz anderem Kaliber

calibrer [kalibRe] v/t **1.** TECH kali'brieren; **2.** *œufs, fruits* der Größe nach sor'tieren

calice [kalis] m **1.** ÉGL (Abendmahls-) Kelch m; *fig boire le* ~ *jusqu'à la lie* den Kelch bis zur Neige leeren; **2.** BOT (Blüten)Kelch m

calicot [kaliko] m **1.** TEXT Kaliko m; **2.** (*banderole*) Spruchband n

calife [kalif] m Ka'lif m

Californie [kalifɔRni] la ~ Kali'fornien n

californien [kalifɔRnjɛ̃] I adj ⟨~ne⟩ kali'fornisch; II *subst* 2̂(ne) m(f) Kali'fornier(in) m(f)

califourchon [kalifuRʃõ] loc/adv *à* ~ rittlings; *être* (*assis*) *à* ~ rittlings sitzen (*sur* auf +*dat*)

câlin [kɑlɛ̃] I adj **a)** zärtlich; liebevoll; *enfant* ~ Schmeichelkatze f, -kätzchen n; F Schmusekatze f; *loc/adv d'un air* ~ zärtlich; liebevoll; **b)** (*qui aime être caressé*) zärtlichkeitsbedürftig; schmiegsam; II m Liebkosung f; Zärtlichkeit f; *faire* (*un*) ~ zärtlich, lieb sein (*à qn* zu j-m); F schmusen (mit j-m)

câliner [kɑline] v/t zärtlich sein mit; liebkosen; hätscheln; F schmusen mit; ~*eries* f/pl Zärtlichkeiten f/pl; Liebkosungen f/pl; F Schmusen n

calisson [kalisõ] m Mandelkonfekt n mit Zuckerguß

calleux [kalø] adj ⟨-euse⟩ **1.** *mains* schwielig; **2.** ANAT *corps* ~ Balken m (des Gehirns)

call-girl [kolgœRl] f Callgirl ['ko:lgø:rl] n

calligramme [kaligRam] m *poème* Gedicht n, dessen Druckzeilen e-e Zeichnung bilden

calligraphe [kaligRaf] m,f Kalli'graph (-in) m(f); Schreibkünstler(in) m(f); ~*ie* f Kalligra'phie f; *art a* Schönschreibkunst f; ~*ier* v/t in Schönschrift schreiben; malen; ~*ique* adj kalli'graphisch

callosité [kalozite] f Schwiele f; Hornhaut f

calmant [kalmɑ̃] PHARM I adj beruhigend und schmerzstillend; II m Beruhigungs- und Schmerzmittel n

calmar [kalmaR] m cf *calamar*

calme [kalm] I adj ruhig (*a mer*); still; *personne a* gelassen; *Bourse* ruhig; zu'rückhaltend; *le temps est* ~ es ist windstill, ruhiges Wetter; *mener une petite vie* ~ ein ruhiges, stilles Leben führen; *rester* ~ ruhig, gelassen bleiben; II m **1.** Ruhe f; Stille f; MAR Windstille f; ~ *plat* völlige Windstille; Flaute f (a *fig*); *c'est le* ~ *plat* MAR es herrscht Flaute, völlige Windstille; es ist ganz windstill; *en affaires* es herrscht e-e Flaute; *par ext* es ist nichts los; es geschieht, passiert gar nichts; *fig le* ~ *avant la tempête* die Ruhe vor dem Sturm; *travailler dans le, au* ~ in Ruhe, ungestört arbeiten; **2.** GÉOGR ~*s pl* Kalmengürtel m, -zone f; ~*s tropicaux a* Roßbreiten f/pl; **3.** *d'une personne* Ruhe f; Gelassenheit f; Gemütsruhe f; ~ *intérieur* innere Ruhe; *loc/adv avec* ~ ruhig; gelassen; *avec le plus grand* ~ äußerst ruhig, mit größter Gelassenheit; *du* ~, *voyons!* a) bitte Ruhe (bewahren)!; nur ruhig Blut!; b) (*silence!*) Ruhe, bitte!; *avoir un moment de* ~ im Moment, e-e Zeitlang ruhig sein; *conserver, garder son* ~ (die) Ruhe bewahren; ruhig bleiben; *perdre son* ~ s-e Gelassenheit, die Beherrschung verlieren

calmement [kalməmɑ̃] adv ruhig; still; gelassen

calmer [kalme] I v/t **1.** *personne* beruhigen; besänftigen; beschwichtigen; F *menace je vais te* ~*!* F ich werd' dich Mores lehren!; **2.** *douleur* mildern; lindern; stillen; *toux* lindern; *soif, faim* stillen; *impatience, peur* beschwichtigen; *zèle, querelle* dämpfen; II v/pr *se* ~ **3.** *personne* sich beruhigen; ruhig werden; *calmez-vous!* beruhigen Sie sich!; F regen Sie sich ab!; **4.** *tempête* sich legen; abflauen; *fièvre, douleur* nachlassen; *passion* sich abkühlen; *discussion* ruhiger werden

calomnia|teur [kalɔmnjatœR] m, ~**trice** f Verleumder(in) m(f); *adjt* verleumderisch

calomnie [kalɔmni] f Verleumdung f; *basse* ~ schändliche Verleumdung

calomnier [kalɔmnje] v/t verleumden

calomnieu|x [kalɔmnjø] adj ⟨-euse⟩ verleumderisch; JUR *dénonciation calomnieuse* falsche Anschuldigung

calorie [kalɔRi] f PHYS, PHYSIOL Kalo'rie f; *grande* ~ Kilokalorie f; *pauvre, riche en* ~*s* kalorienarm, -reich; *régime m basses* ~*s* kalorienarme Ernährung

calorifère [kalɔRifɛR] m Heizung(sanlage) f

calorifique [kalɔRifik] adj Wärme...; Heiz...; wärmeerzeugend

calori|fuge [kalɔRifyʒ] I adj wärmeisolierend, -dämmend; II m (Wärme-) Dämmstoff m; ~*fugé* adj wärmeisoliert

calorimétr|ie [kalɔRimetRi] f Kalori'me'trie f; Wärmemessung f; ~*ique* adj kalori'metrisch

calorique [kalɔRik] adj PHYSIOL Kalo'rien...

calot [kalo] m **1.** MIL Schiffchen n; Käppi n; **2.** (*grosse bille*) große Murmel

calotin [kalɔtɛ̃] F *péj* m Kleri'kale(r) m; F *péj* Pfaffenknecht m; Schwarze(r) m

calotte [kalɔt] f **1.** *bonnet* (Scheitel-) Käppchen n; ÉGL Ka'lotte f; **2.** *péj la* ~ **a)** (*le clergé*) *péj* die Pfaffen m/pl; **b)** POL die Kleri'kalen m/pl; der Schwarzen m/pl; **3.** *du chapeau* Kopf m; **4.** GÉOGR ~ *glaciaire* Eiskappe f; MATH ~ *sphérique* Ka'lotte f; Kugelkappe f; **5.** F (*tape*) Klaps m; leichte Ohrfeige; Kopfnuß f

calotter [kalɔte] v/t F **1.** (*gifler*) ~ *qn* F j-m eine wischen; **2.** (*voler*) F klauen

calquage [kalkaʒ] m ('Durch)Pausen n; 'Durchzeichnen n

calque [kalk] m **1.** Pause f (Zeichnung);

calquer – campagne

prendre un ~ *de qc* etw 'durchpausen, -zeichnen; **2.** *fig* Nachahmung *f*; *péj* Abklatsch *m*; **3.** *LING* Lehnübersetzung *f*

calquer [kalke] *v/t* **1.** 'durchpausen, -zeichnen; **2.** *fig* ~ *qc* etw nachahmen, ko'pieren; ~ *sa conduite sur celle de qn* j-s Verhalten genau nachahmen; sich in s-m Verhalten ganz nach j-m richten

calter [kalte] *v/i ou v/pr* F *(se)* ~ F abhauen; verduften; türmen

calumet [kalyme] *m* Kalu'met *n*; *fumer le* ~ *de la paix* die Friedenspfeife rauchen *(a fig)*

calva [kalva] *m* F *abr cf calvados*

Calvados [kalvados] **1.** *le* ~ *frz Departement*; **2.** ♀ *m* Calva'dos *m (Apfelbranntwein)*

Calvaire [kalvɛʀ] **1.** *BIBL le* ~ der Kal'varienberg *m*; **2.** ♀ *m REL*, *ART* Kreuzigung *f* Christi; Kreuzigungsgruppe *f*; *en Bretagne* Kal'varienberg *m*; **3.** ♀ *m fig* Leidensweg *m*; Mar'tyrium *n*

Calvin [kalvɛ̃] *m REL* Calvin [-'vi:n] *m*

calvin|isme [kalvinism(ǝ)] *m REL* Kalvi'nismus *m*; ~*iste* I *adj* kalvi'nistisch; II *m,f* Kalvi'nist(in) *m(f)*

calvitie [kalvisi] *f* Glatze *f*; Kahlköpfigkeit *f*; F Platte *f*

calypso [kalipso] *m danse* Ca'lypso *m*

camaïeu [kamajø] *m* Camaï'eu *f (camée et peinture)*; *loc/adj en* ~ Ton in Ton (gehalten)

camarade [kamaʀad] *m,f* **1.** Kame'rad(-in) *m(f)*; *Gefährte m, Gefährtin f*; F Kum'pan *m*; ~ *d'école* Schulkamerad(-in) *m(f)*, -freund(in) *m(f)*; Mitschüler(-in) *m(f)*; ~ *d'enfance* Jugendfreund(-in) *m(f)*; ~ *de jeu* Spielkamerad(-in) *m(f)*, -gefährte *m*, -gefährtin *f*; ~ *m de régiment* Kamerad aus der Militärzeit; *eh,* ~*!* he, Kumpel!; **2.** *chez les socialistes etc* Genosse *m*, Genossin *f*

camaraderie [kamaʀadʀi] *f* Kame'radschaft *f*; *par (esprit de)* ~ aus Kameradschaft; *ils ont des relations de bonne* ~ ihr Verhältnis zueinander ist sehr kame'radschaftlich; *a* bei ihnen herrscht ein sehr kameradschaftlicher Ton

camard [kamaʀ] I *adj nez* ~ Sattelnase *f*; *visage* ~ Gesicht *n* mit e-r Sattelnase; II *subst fig la* ♀*e* der Tod; der Knochenmann

camarguais [kamaʀge] I *adj* (aus) der Ca'margue; II *subst* ♀*(e) m(f)* Bewohner(in) *m(f)* der Ca'margue

Camargue [kamaʀg] *la* ~ die Ca'margue *(Landschaft im Rhonedelta)*

cambiste [kɑ̃bist] *m* Börsenmakler *m*

Cambodge [kɑ̃bɔdʒ] *le* ~ Kam'bodscha *n*

cambodgien [kɑ̃bɔdʒjɛ̃] I *adj* ⟨~*ne*⟩ kambo'dschanisch; II *subst* ♀*(ne) m(f)* Kambo'dschaner(in) *m(f)*

cambouis [kɑ̃bwi] *m* (gebrauchtes) Schmieröl; Schmiere *f*; *tache f de* ~ Ölfleck *m*; *plein de* ~ ölverschmiert

cambré [kɑ̃bʀe] *adj* nach hinten gewölbt; *taille* ~*e*, *reins* ~*s* nach rückwärts geneigter Oberkörper; *avoir la taille* ~*e* ein etwas hohles Kreuz haben; *avoir la taille bien* ~*e* e-e schön geformte Taille haben

cambrer [kɑ̃bʀe] I *v/t* biegen; wölben; ~ *la taille, les reins cf se* ~; II *v/pr se* ~ die Brust wölben; den Körper straffen

cambrien [kɑ̃bʀijɛ̃] *m GÉOL* Kambrium *n*

cambriolage [kɑ̃bʀijolaʒ] *m* Einbruch *m*

cambrioler [kɑ̃bʀijɔle] *v/t* einbrechen (*qc* in etw [*acc*]); *j'ai été cambriolé* bei mir ist eingebrochen worden

cambriol|eur [kɑ̃bʀijɔlœʀ] *m*, ~*euse f* Einbrecher(in) *m(f)*

cambrousse [kɑ̃bʀus] F *péj f* (flaches) Land; *en pleine* ~ F in e-r gottverlassenen Gegend; wo Fuchs und Hase sich gute Nacht sagen; *il n'est jamais sorti de sa* ~ er ist nie aus s-m Kaff herausgekommen; er ist ein richtiger 'Hinterwäldler

cambrure [kɑ̃bʀyʀ] *f* Krümmung *f*; Wölbung *f*; ~ *du pied* Fußwölbung *f*; ~ *des reins, de la taille* Wölbung des Rückens

cambuse [kɑ̃byz] *f* **1.** F *péj* elende Behausung *f*; F Loch *n*; *chambre a* F triste Bude; **2.** *MAR* Bottle'rei *f*

came [kam] *f* **1.** *TECH* Nocken *m*; *arbre m à* ~*s* Nockenwelle *f*; **2.** *arg (cocaïne)* F Koks *m*; Schnee *m*; *(drogue)* F Stoff *m*

camé [kame] *arg m* F Kokser *m*; Fixer *m*; *c'est un* ~ *ou adjt il est* ~ F er ist ein Kokser, Fixer; er fixt

camée [kame] *m* Ka'mee *f*

caméléon [kameleɔ̃] *m ZO* Cha'mäleon *n*

camélia [kamelja] *m BOT* Ka'melie *f*

camelot [kamlo] *m* **1.** Straßenhändler *m*, -verkäufer *m*; **2.** *HIST* ~*s du roi* mili'tante Roya'listen *m/pl*

camelote [kamlɔt] *f* **1.** *péj (pacotille)* F Schund *m*; Ramsch *m*; Tinnef *m*; **b)** *(marchandise)* Ware *f*; **2.** *arg cf came 2.*

camembert [kamɑ̃bɛʀ] *m* Camembert *m*

camer [kame] *v/pr se* ~ *arg (se droguer)* F fixen

caméra [kameʀa] *f* (Film)Kamera *f*; ~ *vidéo* Videokamera *f*; ~ *de télévision* Fernsehkamera *f*; *déclarer devant les* ~*s* vor der Kamera; im Fernsehen

cameraman [kameʀaman] *m* ⟨*pl* cameramen [-men]⟩ Kameramann *m*

camériste [kameʀist] *f* **1.** *HIST* Kammerfrau *f*; **2.** F *(femme de chambre)* Zimmermädchen *n*

Cameroun [kamʀun] *le* ~ Kamerun *n*

camerounais [kamʀune] I *adj* kame'runisch; II *subst* ♀*(e) m(f)* Kame'runer(-in) *m(f)*

caméscope [kameskɔp] *m* Camcorder *m*

Camille [kamij] **1.** *f* Ca'milla *f*; **2.** *m* Ca'millo *m*

camion [kamjɔ̃] *m* **1.** Last(kraft)wagen *m*; Lastauto *n*; Laster *m*; Lkw *ou* LKW *m*; ~ *à benne basculante* Kipper *m*; ~ *à trois essieux* Dreiachser *m*; ~ *à plate-forme* Pritschenwagen *m*; ~ *à remorque* Lkw mit Anhänger; Lastzug *m*; ~ *de déménagement* Möbelwagen *m*; ~ *de trois tonnes* Dreitonner *m*; **2.** *des peintres* Farbeimer *m*; **3.** *(petite épingle)* kleine Stecknadel

camion-citerne [kamjɔ̃sitɛʀn] *m* ⟨*pl* camions-citernes⟩ Tank(last)wagen *m*

camionn|age [kamjonaʒ] *m* **1.** Trans'port *m* mit Lastwagen; Lkw-Transport *m*; Straßentransport *m*; **2.** *prix* Trans'portkosten *pl*; Rollgeld *n*; ~*ette f* Lieferwagen *m*; kleiner Lastwagen; ~*eur m* **1.** *conducteur* Lkw-Fahrer *m*; Lastwagenfahrer *m*; **2.** *entrepreneur* (Lkw-)Trans'portunternehmer *m*

camisards [kamizaʀ] *m/pl HIST* Kami'sarden *m/pl*

camisole [kamizɔl] *f autrefois* Wams *n*; ~ *de force* Zwangsjacke *f*

camomille [kamɔmij] *f* **1.** *BOT* Ka'mille *f*; **2.** *tisane* Ka'millentee *m*

camouflage [kamuflaʒ] *m* **1.** *MIL* **a)** Tarnung *f*; *tenue f de* ~ Tarnanzug *m*; **b)** *des fenêtres* Verdunk(e)lung *f*; **2.** *fig* Tarnung *f*; Verschleierung *f*

camoufler [kamufle] I *v/t* **1.** *MIL* **a)** tarnen; **b)** *fenêtres* verdunkeln; **2.** *fig* tarnen; verschleiern; verbergen; ~ *un meurtre en suicide* e-n Mord als Selbstmord tarnen; II *v/pr se* ~ sich tarnen, verbergen, verstecken

camouflet [kamuflɛ] *m litt (offense)* Kränkung *f*; Beleidigung *f*

camp [kɑ̃] *m* **1.** Lager *n*; *MIL HIST* Heer-, Feldlager *n*; ~ *militaire* Truppenübungsplatz *m*; ~ *(de camping)* Campingplatz ['kɛm-] *m*; Zeltplatz *m*; ~ *de concentration* Konzentrati'onslager *n (abr KZ)*; ~ *de jeunes* Jugendlager *n*; ~ *de prisonniers, de réfugiés, de transit* (Kriegs)Gefangenen-, Flüchtlings-, 'Durchgangslager *n*; ~ *de vacances* Ferienlager *n*; *dresser un* ~ ein Lager aufschlagen; *faire un* ~ an e-m Lager teilnehmen; F *fiche(r), foutre le* ~ *personne* F abhauen; sich aus dem Staub machen; verduften; sich verziehen; *bouton, peinture* abgehen; abplatzen; F *fiche-moi, fous-moi le* ~*!* F hau ab!; verschwinde; verdufte gefälligst!; mach, daß du fortkommst!; P verpiß dich!; F *fig tout fout le* ~ nichts ist mehr, wie es war; *lever le* ~ **a)** das Lager abbrechen; **b)** *fig* abziehen; das Feld räumen; **2.** *POL, dans une querelle partagé en deux* ~*s* in zwei Lager gespalten; *changer de* ~ ins andere Lager 'überwechseln; *passer dans le* ~ *adverse* ins gegnerische Lager 'übergehen

campagnard [kɑ̃paɲaʀ] I *adj* ländlich; bäuerlich; Land...; *péj* bäu(e)risch; *gentilhomme* ~ Landedelmann *m*; II *subst* ~*(e)* **a)** Landbewohner(in) *m(f)*; **b)** *péj* Bauer *m*, Bäuerin *f*; *iron* 'Hinterwäldler *m*; F Landpomeranze *f*

campagne [kɑ̃paɲ] *f* **1.** Land *n (im Gegensatz zur Stadt)*; flaches Land *(im Gegensatz zum Gebirge)*; *(paysage)* Landschaft *f*; Gelände *n*; *poét* Flur *f*; Gefilde *n*; *la* ~ *normande etc* die normannische etc Landschaft; *loc/adj et loc/adv à la* ~ auf dem *ou* das Land; *séjour m à la* ~ Aufenthalt *m* auf dem Land; Landaufenthalt *m*; *vie f à la* ~ Landleben *n*; *aller à la* ~ aufs Land gehen *ou* fahren; *loc/adv: dans la* ~ im Gelände; *dans nos* ~*s* bei uns auf dem Land; *en pleine* ~ weit auf dem Land draußen; weitab von jeder Ortschaft; *en rase* ~ auf dem flachen Land; auf freiem Feld; *curé m, médecin m de* ~ Landpfarrer *m*, -arzt *m*; *pain m de* ~ Land-, Bauernbrot *n*; *aimer la* ~ das Land(leben) lieben; gern auf dem Land sein; *battre la* ~ **a)** das Gelände, die Gegend kreuz und quer durch'streifen;

campagnol – canif

F die Gegend abgrasen; b) *fig* sich in Phantasien, Phantastereien verlieren; wirres, verworrenes Zeug reden; **2.** MIL Feldzug *m*; ~ *de Russie* Rußlandfeldzug *m*; *tenue f de* ~ feldmarschmäßige Ausrüstung; *être en, faire* ~ im Feld(e) stehen; *faire une* ~ e-n Feldzug mitmachen; *fig se mettre en* ~ alle Hebel in Bewegung setzen; **3.** *fig* Feldzug *m*; Kam'pagne *f*; ~ *électorale* Wahlkampf *m*; ~ *publicitaire, de publicité* Werbekampagne *f*; Werbe-, Re'klamefeldzug *m*; ~ *d'information, de lancement, de presse* Aufklärungs-, Einführungs-, Pressekampagne *f*; ~ *de propagande* Propa'gandafeldzug *m*; *faire* ~ *pour qc* für etw Propa'ganda machen; sich für etw einsetzen; *lancer une* ~ *en faveur de qc* e-n Werbe-, Propagandafeldzug für etw starten; *lancer une* ~ *contre qc* gegen etw zu Felde ziehen

campagnol [kɑ̃paɲɔl] *m* ZO Schermaus *f*; Wasserratte *f*

campanile [kɑ̃panil] *m* ARCH Campa'nile *ou* Kampa'nile *m*

campanule [kɑ̃panyl] *f* BOT Glockenblume *f*

campé [kɑ̃pe] *adj* **1.** *personne être bien* ~ fest *ou* breitbeinig dastehen; **2.** *fig dans un roman etc personnage bien* ~ le'bendig dargestellte Fi'gur

campement [kɑ̃pmɑ̃] *m* **1. a)** *lieu* Lager *n*; Lagerplatz *m*; **b)** *action* Lagern *n*; Kam'pieren *n*; **2.** *fig* (*installation provisoire*) Kam'pieren *n*; *être en* ~ kam'pieren

camper [kɑ̃pe] **I** *v/t* **1.** *auteur: personnage, peintre: portrait* le'bendig darstellen; **2.** *litt chapeau* aufsetzen; **II** *v/i* **3.** campen ['kɛm-]; *sous la tente* a zelten; **4.** MIL kam'pieren; lagern; **5.** *fig* (*s'installer provisoirement*) sich kam'pieren; (notdürftig und) vor'übergehend einrichten; **III** *v/pr se* ~ sich aufstellen, F aufpflanzen (*devant* vor +*dat*); *il est venu se* ~ *devant moi* a er baute sich vor mir auf

camp|eur [kɑ̃pœR] *m*, ~**euse** *f* Camper(in) ['kɛm-] *m*(*f*); Zeltwand(e)rer(in) *m*(*f*)

camphre [kɑ̃fR(ə)] *m* PHARM Kampfer *m*

camphré [kɑ̃fRe] *adj* Kampfer...; *alcool* ~ Kampferspiritus *m*

camphrier [kɑ̃fRije] *m* BOT Kampferbaum *m*

camping [kɑ̃piŋ] *m* **1.** Camping ['kɛm-] *n*; Campen ['kɛm-] *n*; *sous la tente* Zelten *n*; ~ *sauvage* wildes Campen, Zelten; *matériel m de* ~ Campingausrüstung *f*; *faire du* ~ campen; zelten; **2.** (*terrain m de*) ~ Campingplatz *m*

camping-car [kɑ̃piŋkaR] *m* Wohnmobil *n*; Campingbus ['kɛm-] *m*; ~**gaz** *m* Campinggaskocher *m*

campus [kɑ̃pys] *m* Universi'tätsgelände *n*; Campus *m*

camus [kamy] *adj* ⟨-use [-yz]⟩ *nez* ~ platte Nase; Stumpf-, Sattelnase *f*

Canada [kanada] *le* ~ Kanada *n*

canada [kanada] *f pomme:* e-e Renettensorte

canadianisme [kanadjanism(ə)] *m* in Kanada gebräuchlicher Ausdruck des Fran'zösischen

canadien [kanadjɛ̃] **I** *adj* ⟨~*ne*⟩ ka'nadisch; **II** *subst* 𝒞(*ne*) *m*(*f*) Ka'nadier(in) *m*(*f*); 𝒞 *français* Frankokanadier *m*

canadienne [kanadjɛn] *f* **1.** *veste* Lammfelljacke *f*; **2.** *canoë* Ka'nadier *m*; **3.** *tente* Firstzelt *n*

canaille [kanaj] *f* **1.** Schurke *m*; Ha'lunke *m*; Lump *m*; Kanaille [ka'naljə] *f*; **2.** *plais, d'un ou à un enfant* Schlingel *m*; kleiner Teufel; **3.** *adj* **a)** *airs, manières* pöbelhaft; ordi'när; **b)** (*malhonnête*) unredlich; unanständig

canaillerie [kanajRi] *f* Gemeinheit *f*; Schurke'rei *f*; *action* a Schurkenstreich *m*

canal [kanal] *m* ⟨*pl* -aux⟩ **1.** Ka'nal *m*; *à Venise le Grand 𝒞* der Canal Grande; ~ *latéral* Seitenkanal *m*; ~ *d'irrigation* Bewässerungskanal *m*; *le* ~ *de Panama, de Suez* der Panama-, Sueskanal; *le* ~ *du Rhône au Rhin* der Rhein-Rhone-Kanal; **2.** GÉOGR Meeresarm *m*; **3.** RAD, TV Ka'nal *m*; **4.** (*conduite*) Leitung *f*; Ka'nal *m*; ~ *d'aération* Luftkanal *m*, -schacht *m*; **5.** ANAT Gang *m*; ~ *rachidien* Wirbel-, Rückenmarkskanal *m*; **6.** *fig loc/prép par le* ~ *de* über (+*acc*); durch Vermittlung von (*ou* + *gén*)

canalisation [kanalizasjɔ̃] *f* **1.** *de gaz etc* Leitung(snetz) *f*(*n*); *d'eaux usées* Kanalisati'on *f*; **2.** *d'un fleuve* Kanali'sierung *f*

canaliser [kanalize] *v/t* **1.** *fleuve* kanali'sieren; **2.** *fig* kanali'sieren; in e-e bestimmte Richtung lenken; zu'sammenfassen

canapé [kanape] *m* **1.** Couch [kautʃ] *f*; Sofa *n*; Kanapee *n*; **2.** CUIS Kanapee *n*; *loc/adj sur* ~*s* auf Weißbrotscheiben serviert; ~ *litt m* ⟨*pl* canapés-lits⟩ Schlaf-, Bettcouch *f*

Canaques [kanak] *m/pl* Ka'naken *m/pl*

canard [kanaR] *m* **1.** ZO Ente *f*; *par opposition à la femelle* ~ (*mâle*) Erpel *m*; Enterich *m*; F *fig* ~ *boiteux* lahme Ente; angeschlagenes, schlechtgehendes Unter'nehmen; ~ *sauvage* Wildente *f*; F *fig un* ~ *mon petit* ~ *mein* kleiner Spatz; CUIS ~ *à l'orange* Ente mit Orangensoße; ~ *de Barbarie* Moschusente *f*; *marcher comme un* ~ watscheln; **2.** F **a)** *péj* (*journal*) F *péj* Käseblatt *n*; **b)** (*fausse nouvelle*) (Zeitungs)Ente *f*; **3.** MUS falscher Ton; *faire un* ~ falsch singen *ou* spielen; **4.** (*sucre trempé*) in Schnaps ou Kognak ou Kaffee getauchtes Stück Zucker

canarder [kanaRde] **I** *v/t* F ~ *qn* (aus gedeckter Stellung) auf j-n feuern, schießen; **II** *v/i* F MUS falsch singen *ou* spielen

canari [kanaRi] *m* ZO Ka'narienvogel *m*; *adjt jaune* ~ ⟨*inv*⟩ ka'nariengelb

Canaries [kanaRi] *les* ~ *f/pl ou les îles f/pl* ~ die Ka'narischen Inseln *f/pl*

canasson [kanasɔ̃] F *m* F Gaul *m*; *péj* Klepper *m*; (Schind)Mähre *f*

canasta [kanasta] *f jeu de cartes* Ca'nasta *n*

cancan [kɑ̃kɑ̃] *m* **1.** ~*s pl* Klatsch *m*; Klatsche'reien *f/pl*; Geschwätz *n*; Tratsch *m*; *faire des* ~*s* klatschen; F tratschen; *raconter des* ~*s sur qn* über j-n Ge'rüchte, Klatsch verbreiten; **2.** *danse french* ~ [fRɛnʃ-] Can'can *m*

cancan|er [kɑ̃kane] *v/i* **1.** klatschen; F tratschen; **2.** *canard* schnattern; ~*ier adj* ⟨-ière⟩ klatschsüchtig, -haft

cancer [kɑ̃sɛR] *m* **1.** MÉD Krebs *m*; ~ *du poumon, du sein* Lungen-, Brustkrebs *m*; **2.** *fig* Krebsgeschwür *n*; **3.** ASTR 𝒞 Krebs *m*

cancéreux [kɑ̃seRø] MÉD **I** *adj* ⟨-euse⟩ **1.** Krebs...; krebsartig; *cellule cancéreuse* Krebszelle *f*; *tumeur cancéreuse* Krebsgeschwulst *f*; *sc* Karzi'nom *n*; **2.** *personne, organe* krebskrank; **II** *subst* ~, *cancéreuse m,f* Krebskranke(r) *f*(*m*)

cancérigène [kɑ̃seRiʒɛn] *adj* MÉD krebserregend, -erzeugend; *sc* karzino'gen; kanzero'gen

cancérisation [kɑ̃seRizasjɔ̃] *f* MÉD Bösartigwerden *n*; Krebsbildung *f*

cancéro|gène [kɑ̃seRɔʒɛn] *adj cf cancérigène*; ~**logie** *f* Krebsforschung *f*; Karzinolo'gie *f*; Kanzerolo'gie *f*; ~**logue** *m,f* Krebsforscher(in) *m*(*f*); Kanzero'loge, -'login *m,f*

cancoillotte [kɑ̃kɔjɔt, -kwajɔt] *f ein Weichkäse aus der Franche-Comté*

cancre [kɑ̃kR(ə)] F *m* schlechter *ou* fauler Schüler; F Faulpelz *m*

cancrelat [kɑ̃kRəla] *m* ZO (Küchen)Schabe *f*; Kakerlak *m*

candélabre [kɑ̃delabR(ə)] *m* Kande'laber *m*; großer Armleuchter

candeur [kɑ̃dœR] *f* Arglosigkeit *f*; Treuherzigkeit *f*; Naivi'tät *f*; *avec* ~ arglos; treuherzig; na'iv

candi [kɑ̃di] *adj sucre m* ~ Kandis(zucker) *m*

candid|at [kɑ̃dida] *m*, ~**ate** *f* Kandi'dat (-in) *m*(*f*) (*a* POL); Bewerber(in) *m*(*f*); ~ *à un examen* Ex'amenskandidat(in) *m*(*f*); Prüfling *m*; ~ *à la présidence* Präsi'dentschaftskandidat(in) *m*(*f*); *fig* ~ *au suicide* Selbstmordkandidat(in) *m*(*f*); *être, se porter* ~ kandi'dieren, als Kandidat(in) auftreten (*à une élection* bei e-r Wahl); sich bewerben (-in) auftreten (*à un poste* um e-e Stellung)

candidature [kɑ̃didatyR] *f* Kandida'tur *f* (*a* POL); Bewerbung *f*; *poser sa* ~ sich bewerben (*à un poste* um e-e Stellung); s-e Bewerbung einreichen; kan'didieren; s-e Kandidatur anmelden, sich als Kandi'dat aufstellen lassen (*à une élection* bei e-r Wahl)

candide [kɑ̃did] *adj* arglos; treuherzig; na'iv; unschuldig; ohne Falsch

cane [kan] *f* ZO (weibliche) Ente

caner [kane] *v/i* **1.** F (*reculer*) F kneifen, sich drücken (*devant* vor +*dat*); **2.** P (*mourir*) P kre'pieren; abkratzen

caneton [kantɔ̃] *m* **a)** ZO Entchen *n*; Entenküken *n*; **b)** CUIS Jungente *f*

canette [kanɛt] *f* **1.** *d'une machine à coudre* Spule *f*; **2. a)** Bierflasche *f* (*mit Hebelverschluß*); **b)** *contenu* Flasche *f* Bier

canevas [kanva] *m* **1.** COUT Kanevas *m*; Gitterleinen *n*; Stra'min *m*; *par ext broderie* Kanevasstickerei *f*; **2.** *fig d'un roman, exposé etc* Entwurf *m*; (Gedanken)Schema *n*

caniche [kaniʃ] *m* ZO Pudel *m*; ~ *nain* Zwergpudel *m*

caniculaire [kanikylɛR] *adj chaleur f* ~ Gluthitze *f*

canicule [kanikyl] *f* **1.** *époque* Hundstage *m/pl*; **2.** *chaleur* Gluthitze *f*

canif [kanif] *m* Taschenmesser *n*; F *fig*

donner un coup de ~ *dans le contrat* e-n Seitensprung machen; F fremdgehen
canin [kanɛ̃] *adj* Hunde...; *exposition* ~*e* Hundeausstellung *f*; *race* ~*e* Hunderasse *f*
canine [kanin] *f* Eck-, Augenzahn *m*
caniveau [kanivo] *m* ⟨*pl* ~x⟩ Rinnstein *m*; Gosse *f*
cannage [kanaʒ] *m* **1.** *action* Stuhlflechten *n*; **2.** (*partie cannée*) Rohrgeflecht *n*
canne [kan] *f* **1.** BOT Rohr *n*; ~ *à sucre* Zuckerrohr *n*; *sucre m de* ~ Rohrzucker *m*; **2.** *bâton* (Spa'zier)Stock *m*; *d'alpiniste* Bergstock *m*; MÉD ~*s anglaises* ('Unterarm)Krücken *f/pl*; ~ *blanche* Blindenstock *m*; *par ext* **les** ~*s blanches* die Blinden *m/pl*; *marcher avec une* ~ am Stock gehen; **3.** ~ *à pêche* Angelrute *f*; **4.** F ~*s pl de serin* F Storchbeine *n/pl*
canné [kane] *adj* aus Rohrgeflecht; *chaise* ~*e* Stuhl *m* mit Sitz (und Lehne) aus Rohrgeflecht
canne-épée [kanepe] *f* ⟨*pl* cannes-épées⟩ Stockdegen *m*
cannelé [kanle] *adj* gerillt; *colonne* kanne'liert; *monnaie* gerändelt; ~*er v/t* ⟨-ll-⟩ kanne'lieren; riefe(l)n; auskehlen
cannelier [kanəlje] *m* BOT Zimtbaum *m*
cannelle [kanɛl] *f* BOT, CUIS Zimt *m*; *bâton m de* ~ Zimtstange *f*
cannelloni(s) [kanɛlɔni] *m/pl* CUIS Cannel'loni *pl*
cannelure [kanlyʀ] *f* Rille *f*; Hohlkehle *f*; *d'une colonne* Kanne'lüre *f*; ~*s pl a* Riefelung *f*; *d'une colonne* Kanne'lierung *f*
canner [kane] *v/t siège* mit (e-m) Rohrgeflecht versehen
cannette [kanɛt] *f cf* canette
cannibale [kanibal] I *m* Kanni'bale *m* (*a fig*); Menschenfresser *m*; II *adj* Kanni'balen...; kanni'balisch; ~*isme m* Kanniba'lismus *m* (*a* ZO)
canoë [kanɔe] *m* Kanu *n*; *faire du* ~ Kanusport (be)treiben; Kanu fahren
canoéiste [kanɔeist] *m,f* Kanufahrer(-in) *m(f)*; Ka'nute *m*
canon¹ [kanɔ̃] *m* **1. a)** MIL Geschütz *n*; Ka'none *f*; ~ *antiaérien ou de D.C.A.* Flugabwehrkanone *f*; Flakgeschütz *n*; ~ *de 75 mm* (*de calibre*) 7,5-cm-Geschütz *n*; *coup m de* ~ Kanonenschuß *m*; *tirer le* ~, *un coup de* ~ Kanonenschuß abgeben; **b)** *de la police* ~ *à eau* Wasserwerfer *m*; SKI ~ *à neige* Schneekanone *f*; **2.** *de fusil, de revolver* Lauf *m*; *fusil m à* ~ *scié* Gewehr mit abgesägtem Lauf; **3.** *d'une clé, d'un arrosoir* Rohr *n*; **4.** F (*verre de vin*) Glas *n* Wein
canon² [kanɔ̃] *m* **1.** BEAUX-ARTS Kanon *m*; *par ext a* Richtschnur *f*; Regel *f*; **2.** ÉGL CATH Kanon *m*; *adjt* **droit** *m* ~ ka'nonisches Recht; (katholisches) Kirchenrecht; **3.** MUS Kanon *m*; ~ *à deux voix* zweistimmiger Kanon; **4.** F (*belle fille*) F attrak'tive Tussi; heißer Ofen
cañon [kanɔ̃] *m* GÉOGR Cañon [-nj-] *m*
canonique [kanɔnik] *adj* ÉGL CATH ka'nonisch; *âge m* ~ kanonisches Alter; *pour être servante de curé* vorgeschriebenes Mindestalter von vierzig Jahren; F *fig être d'un âge* ~ in e-m ehrwürdigen, respek'tablen Alter sein
canonisation [kanɔnizasjɔ̃] *f* ÉGL CATH Heiligsprechung *f*; Kanonisati'on *f*; ~*er v/t* ÉGL CATH heiligsprechen; kanoni'sieren

canonnade [kanɔnad] *f* MIL Kano'nade *f*; Geschützfeuer *n*; ~*er v/t* MIL beschießen; mit Geschützfeuer belegen; ~*ier m* MIL Kano'nier *m*; ~*ière f* MAR Ka'nonenboot *n*
canot [kano] *m* Boot *n*; Kahn *m*; *sur un bateau a* Beiboot *n*; ~ *automobile, à moteur* Motorboot *n*; ~ *de sauvetage* Rettungsboot *n*; *mettre un* ~ *à la mer* ein Boot zu Wasser bringen, lassen
canotage [kanɔtaʒ] *m* Kahnfahren *n*; Rudern *n*; ~*er v/i* Kahn fahren; rudern; ~*eur m* Kahnfahrer *m*
canotier [kanɔtje] *m chapeau* F Kreissäge *f*
Cantal [kɑ̃tal] **1. le** ~ Bergmassiv in der Auvergne u Departement; **2.** ♀ *m ein Hartkäse aus der Auvergne*
cantaloup [kɑ̃talu] *m* (*e-e*) Zuckermelone
cantate [kɑ̃tat] *f* MUS Kan'tate *f*
cantatrice [kɑ̃tatʀis] *f* (Opern)Sängerin *f*
cantilène [kɑ̃tilɛn] *f* **1.** MUS Kanti'lene *f*; **2.** *poème* Klagelied *n*
cantine [kɑ̃tin] *f* **1.** Kan'tine *f*; ÉCOLE *etc* Speisesaal *m*; Eßraum *m*; ~ *d'entreprise* Werkskantine *f*; *par ext* **la** ~ *est bonne* das Essen in der Kantine ist gut; *manger à la* ~ in der Kantine essen; *élève* in der Schule essen; **2.** *malle* (Leicht)Me'tallkiste *f*, -truhe *f*
cantinière [kɑ̃tinjɛʀ] *f autrefois* MIL Marke'tenderin *f*
cantique [kɑ̃tik] *m* REL **1.** geistliches Lied; Kirchenlied *n*; ÉGL PROT Cho'ral *m*; **2.** BIBL Lobgesang *m*; *le* ♀ *des* ~*s* das Hohelied
canton [kɑ̃tɔ̃] *m* **1.** ADM *en Suisse et en France* Kan'ton *m*; *le* ~ *de Vaud* der Kanton Waadt; **2.** CH DE FER Blockabschnitt *m*; *de route* Streckenabschnitt *m*
cantonade [kɑ̃tɔnad] *f* THÉ *parler à la* ~ in die Ku'lissen sprechen; *par ext* **dire, crier qc à la** ~ etw in den Raum sagen, rufen
cantonal [kɑ̃tɔnal] *adj* ⟨-aux⟩ kanto'nal; Kan'tons...; *en France* **élections** ~*es ou subst* ~*es f/pl* Wahlen *f/pl* zu den „Conseils généraux"; Departe'mentswahlen *f/pl*
cantonnement [kɑ̃tɔnmɑ̃] *m* MIL **1.** *action* 'Unterbringung *f*; ~ *chez l'habitant* Einquartierung *f*; **2.** *lieu* Quar'tier *n*; Ortsunterkunft *f*
cantonner [kɑ̃tɔne] I *v/t* MIL 'unterbringen; einquartieren; **2.** *fig* ~ *qn dans* j-m nicht mehr zugestehen als (+*acc*); II *v/i* **3.** MIL Quar'tier beziehen; im Quar'tier sein, liegen; III *v/pr se* ~ **4.** (*se retirer*) sich zu'rückziehen; F sich verkriechen; **5.** *fig* sich beschränken (*dans auf* +*acc*)
cantonnier [kɑ̃tɔnje] *m* Straßenwärter *m*; CH DE FER Streckenwärter *m*
cantonnière [kɑ̃tɔnjɛʀ] *f* Querbehang *m*; Scha'bracke *f*
canulant [kanylɑ̃] F *adj* lästig; *il est* ~ *a* F er nervt mich
canular [kanylaʀ] F *m* Streich *m*; Foppe'rei *f*; Irreführung *f*; **monter un** ~ *à* j-n, die ander(e)n *etc* an der Nase her'umführen; j-m, den ander(e)n *etc* e-n Bären aufbinden

canule [kanyl] *f* MÉD Röhrchen *n*; Ka'nüle *f*
canuler [kanyle] *v/t* F ~ *qn* j-m lästig, F auf den Wecker fallen
canut [kany] *m* Ly'oner Seidenarbeiter *m*
canyon [kanjɔ̃] *m cf* cañon
C.A.O. [seɑo] *f abr* (*conception assistée par ordinateur*) CAD *n* (computer-aided design)
caoua [kawa] F *m* Kaffee *m*
caoutchouc [kautʃu] *m* **1.** Kautschuk *m*; ~ *(vulcanisé)* Gummi *m ou n*; ~ *mousse* Schaumgummi *m*; *loc/adj* **de ou en** ~ Gummi...; *balle f, gant m de* ~ Gummiball *m*, -handschuh *m*; **2.** BOT Gummibaum *m*; **3.** (*élastique*) Gummiband *n ou* -ring *m*; **4.** *autrefois: imperméable* Gummimantel *m*; ~*s pl chaussures* Gummi(über)schuhe *m/pl*
caoutchouter [kautʃute] *v/t* gum'mieren; kautschu'tieren; ~*eux adj* ⟨-euse⟩ kautschuk-, gummiartig; *viande etc a* zäh wie Gummi
cap [kap] *m* **1.** Kap *n*; Vorgebirge *n*; *le* ~ *Horn* [ɔʀn], *de Bonne-Espérance* das Kap Hoorn, der Guten Hoffnung; *doubler, franchir, passer un* ~ ein Kap um'fahren; *fig*: *doubler, franchir, passer le* ~ es *ou* die schwierige Lage über'stehen; *malade* avoir passé le ~; avoir passé le ~ *de l'examen* das Examen über'standen, hinter sich haben; *personne* **avoir (dé)passé le** ~ *de la quarantaine* über die Vierzig sein; die Vierzig über'schritten haben; **2.** MAR Kurs *m*; MAR, AVIAT, *par ext*: **mettre le** ~ *au nord* nordwärts steuern, fahren, fliegen; Kurs nach Norden nehmen; **mettre le** ~ *sur Marseille* Kurs auf Marseille nehmen; Marseille ansteuern; in Richtung Marseille fahren; **changer de** ~ den Kurs wechseln, ändern; *fig a* e-n Kurswechsel vornehmen; MAR, AVIAT **maintenir le** ~ Kurs halten; **3.** *loc/adv* **de pied en** ~ von Kopf bis Fuß; von oben bis unten; vom Scheitel bis zur Sohle
Cap (**Le**) [ləkap] Kapstadt *n*
cap! [kap] *abr* (*capable*) F *t'es pas* ~! F wetten, daß du's nicht schaffst!
C.A.P. [seape] *m abr* (*certificat d'aptitude professionnelle*) Berufsbefähigungszeugnis *n*; *correspond à* Facharbeiterbrief *m ou* -prüfung *f*; *pour artisans* Gesellenbrief *m ou* -prüfung *f*
capable [kapabl(ə)] *adj* **1.** *personne* **a)** ~ *de* (+*inf*) fähig, in der Lage, im'stande zu (+*inf*); *être* ~ *de faire qc a* etw tun können, zu tun vermögen; *il est* ~ *de l'avoir oublié* er ist im'stande und hat es vergessen; *péj* **il n'est même pas** ~ **de** (+*inf*) er ist nicht einmal im'stande, fähig zu (+*inf*); er kann nicht einmal (+*inf*); **b)** ~ *de qc* e-r Sache (*gén*) fähig; *être* ~ *du meilleur comme du pire* zum Besten wie auch zum Schlimmsten fähig sein; *être* ~ *de sérieux, de patience* ernst, geduldig sein können; *péj* **il est** ~ *de tout* er ist zu allem fähig; **2.** *chose être* ~ *de* (+*inf*) können (+*inf*); **ce choc est** ~ *de la tuer* dieser Schock kann, könnte sie töten; **3.** *personne* (*compétente*) fähig; tüchtig; befähigt; tauglich; **4.** JUR handlungsfähig

capacité [kapasite] *f* **1.** (*aptitude*) Fähigkeit *f*; Tüchtigkeit *f*; Tauglichkeit *f*; Befähigung *f*; ~s *pl* Fähigkeiten *f*/*pl*; ~s *intellectuelles* geistige Fähigkeiten; ~s *professionnelles* berufliche Fähigkeiten; berufliches Können; ~ *de travail* Arbeits-, Erwerbsfähigkeit *f*; *loc*/*adj* *de grande* ~ sehr fähig, tüchtig, befähigt; *travail m au-dessus de ses* ~*s* Arbeit, die s-e Fähigkeiten über'steigt; *je commence à douter de ses* ~*s* allmählich zweifle ich an s-m Verstand; **2.** (*contenance*) Fassungsvermögen *n*; Kapazi'tät *f*; (*volume*) Rauminhalt *m*; *d'un bateau, avion* Ladefähigkeit *f*; *d'une ville, école etc* ~ *d'accueil* Aufnahmefähigkeit *f*, -vermögen *n*, -kapazität *f*; 'Unterbringungsmöglichkeit *f*; *mesure f de* ~ Hohlmaß *n*; **3.** PHYS, ÉLECT Kapazi'tät *f*; **4.** *par ext* Kapazi'tät *f*; Leistung(sfähigkeit) *f*; ~ *fiscale* Steuerkraft *f*; ~ *industrielle* Indu'striekapazität *f*; **5.** JUR ~ (*civile, de jouissance*) Rechtsfähigkeit *f*; **6.** *certificat m de* ~ *en droit* Di'plom *n* nach zweijährigem Rechtsstudium, zu dem Stu'denten ohne Abi'tur zugelassen werden

cape [kap] *f* 'Umhang *m*; Cape [ke:p] *n*; *de matador* Capa *f*; *roman m de* ~ *et d'épée* Mantel- und Degenroman *m*; *loc*/*adv* *fig rire sous* ~ heimlich, versteckt lachen; sich (*dat*) ins Fäustchen lachen

capeline [kaplin] *f* breitkrempiger (Damen)Hut

CAPES ou **C.A.P.E.S.** [kapɛs] *m abr* (*certificat d'aptitude professionnelle à l'enseignement secondaire*) correspond à zweites Staatsexamen (für das höhere Lehramt)

capés|**ien** [kapesjɛ̃] *m*, ~**ienne** *f* Inhaber(in) *m*(*f*) des C.A.P.E.S.

capétien [kapesjɛ̃] HIST **I** *adj* ⟨~ne⟩ Kapetinger...; **II** *m*/*pl* ~s Kapetinger *m*/*pl*

capharnaüm [kafaʀnaɔm] F *m* Rumpelkammer *f*, Trödelladen *m* (*fig*)

capillaire [kapilɛʀ] **I** *adj* **1.** ANAT, PHYS kapil'lar; Kapil'lar...; Haar...; *tube m* ~ Haarrohrchen *n*; Kapil'lare *f*; *vaisseaux m*/*pl a subst* ~ *m*/*pl* Kapil'lar-, Haargefäße *n*/*pl*; Kapil'laren *f*/*pl*; **2.** (*relatif aux cheveux*) Haar...; *lotion f* ~ Haarwasser *n*; **II** *m* BOT Frauenhaarfarn *m*

capillarité [kapilaʀite] *f* **1.** (*finesse*) Feinheit *f*; **2.** PHYS Kapillari'tät *f*; Ka-pil'larwirkung *f*

capilotade [kapilɔtad] *loc*/*adj* F *en* ~: *j'ai le dos en* ~ F ich bin wie gerädert; ich bin ganz kreuzlendenlahm; *j'ai les jambes en* ~ F die Füße sind mir schwer wie Blei; *gâteau etc être en* ~ F total zerquetscht, zermanscht sein

capitaine [kapitɛn] *m* **1.** MIL **a**) ARMÉE, AVIAT Hauptmann *m*; ~ *de gendarmerie* Hauptmann der Gendarmerie; ~ *des pompiers* Brandmeister *m*; Feuerwehrhauptmann *m*, **b**) MAR MIL ~ *de corvette, de frégate* Kor'vetten-, Fre'gattenkapitän *m*; ~ *de vaisseau* Kapi'tän zur See (*abr* z. S.); **2.** MAR (Schiffs-) Kapi'tän *m*; ~ *en second* Erster Offizier; **3.** *litt* (*chef militaire*) Feldherr *m*; Heerführer *m*; **4.** SPORTS (Mannschafts)Kapi'tän *m*; **5.** ~ *d'industrie* Indu'striekapitän *m*

capital[1] [kapital] *adj* ⟨-aux⟩ **1.** Haupt...; hauptsächlich; wesentlich, entscheidend; kapi'tal; grundlegend; *erreur* ~*e* kapitaler, grundlegender Irrtum; *œuvre* ~*e* Hauptwerk *n*; REL CATH *les sept péchés capitaux* die sieben Hauptsünden *f*/*pl*; *point* ~ Hauptpunkt *m*; wichtigster, wesentlicher, entscheidender Punkt; *être d'un intérêt* ~ von größter, entscheidender, kapitaler Bedeutung sein; **2.** JUR *peine* ~*e* Todesstrafe *f*

capital[2] [kapital] *m* ⟨*pl* -aux⟩ **1.** Kapi'tal *n* (*a* ÉCON *et coll*); (*fortune*) Vermögen *n*; *capitaux pl* Gelder *n*/*pl*; (Geld)Mittel *n*/*pl*; Kapi'tal(ien) *n*(*pl*); ~ *assuré* Versicherungssumme *f*; ~ *décès* Sterbegeld *n*; ~ *en nature* Sach-, Re'alkapital *n*; *le* ~ *et le travail* Kapital und Arbeit; *investir des capitaux* Kapital investieren (*dans* in +*acc*); **2.** *fig* ~ *de connaissances* Reichtum *m* an Wissen, Kenntnissen

capitale [kapital] *f* **1. a**) *d'un pays* Hauptstadt *f*; *en France souvent la* ~ Paris; ~ *fédérale* Bundeshauptstadt *f*; **b**) *par ext* Mittelpunkt *m*; Zentrum *n*; ~ *commerciale* Handelszentrum *n*, Lyon, ~ *de la soie* Zentrum der Seidenindustrie; **2.** TYPO Großbuchstabe *m*; Ver'sal(buchstabe) *m*; *petite* ~*e* Kapi'tälchen *n*; *en* ~*s d'imprimerie* in großen Druckbuchstaben

capital|**isable** [kapitalizabl(ə)] *adj* kapitali'sierbar; ~**isation** *f* Kapitali'sierung *f*; Kapitalisati'on *f*; *abs* Kapi'talbildung *f*; ~**iser I** *v*/*t rente etc* kapitali'sieren; *intérêts* zum Kapi'tal schlagen; **II** *v*/*i* Kapi'tal bilden; ~**isme** *m* Kapita'lismus *m*; ~**iste I** *adj* kapita'listisch; **II** *m,f* Kapita'list(in) *m*(*f*); F *gros* ~ Großkapitalist *m*

capiteux [kapitø] *adj* ⟨-euse⟩ **1.** *parfum, vin* schwer; berauschend; **2.** *beauté* verlockend; berauschend

Capitole [kapitɔl] *à Rome et Washington le* ~ das Kapi'tol

capiton [kapitɔ̃] *m* Polsterkaro *n*, -karree *n*

capitonnage [kapitɔnaʒ] *m* **1.** *action* Polstern *n* (und Absteppen); **2.** (*rembourrage*) Polsterung *f*

capitonner [kapitɔne] *v*/*t fauteuil etc* polstern (und absteppen); *adj*/*t*: *porte capitonnée* Polstertür *f*; *siège capitonné* Polstersessel *m* mit Absteppung; *fig*: *tronc d'arbre capitonné de mousse* mit e-m Moospolster

capitulaire [kapitylɛʀ] *adj* ÉGL CATH Ka'pitel...; *salle f* ~ Kapitelsaal *m*

capitulation [kapitylasjɔ̃] *f* MIL *et fig* Kapitulati'on *f*; ~ *sans conditions* bedingungslose Kapitulation

capitule [kapityl] *m* BOT (Blüten)Körbchen *n*

capituler [kapityle] *v*/*i* MIL *et fig* kapitu-'lieren; *fig a* aufgeben

caporal [kapɔʀal] *m* ⟨*pl* -aux⟩ **1.** MIL Gefreite(r) *m*; F *le Petit* ~ Napoleon I.; **2.** *tabac* Tabak *m* zweiter Güte

caporal-chef [kapɔʀalʃɛf] *m* ⟨*pl* caporaux-chefs⟩ MIL Ober- ou Hauptgefreite(r) *m*

caporalisme [kapɔʀalism(ə)] *m* Ka'sernenhofgeist *m*

capot[1] [kapo] *m* **1.** AUTO Mo'torhaube *f*; AVIAT Triebwerkverkleidung *f*; *ou*-*vrir, soulever le* ~ die Motorhaube öffnen, aufklappen; **2.** MAR Per'senning *f*

capot[2] [kapo] *adj* ⟨*inv*⟩ *joueur de cartes être* (*mis*) ~ schwarz sein, werden; keinen Stich machen

capotage [kapɔtaʒ] *m* AVIAT Kopfstand *m*; AUTO Sichüber'schlagen *n*

capote [kapɔt] *f* **1.** AUTO, *d'un landau* Verdeck *n*; **2.** *manteau* Mantel *m* (mit Ka'puze); MIL Sol'datenmantel *m*; **3.** P ~ *anglaise* P Pa'riser *m*; **4.** *autrefois*: *chapeau de femme* Ka'potthut *m*; Ka-'potte *f*

capoter [kapɔte] *v*/*i* **1.** MAR kentern; AVIAT, AUTO sich über'schlagen; **2.** *fig projet* scheitern; F schiefgehen

cappuccino [kaputʃino] *m* Cappuccino [-'tʃi:-] *m*

câpre [kɑpʀ(ə)] *f* CUIS Kaper *f*; *sauce f aux* ~*s* Kapernsoße *f*

caprice [kapʀis] *m* **1.** Laune *f*; *st*/*s* Ka-'price *f*, ~*s pl* Launen *f*/*pl*; Launenhaftigkeit *f*; *loc*/*adv par* ~ aus e-r Laune heraus; *avoir, faire des* ~*s* launisch, launenhaft sein; Launen haben; *enfant faire un* ~ eigensinnig sein; F ein kleiner Eigensinn sein; *elle lui passe tous ses* ~*s* sie läßt ihm alle s-e Launen 'durchgehen; *suivre son* ~ e-r Laune nachgeben, folgen; **2.** *fig* ~*s pl du temps, du sort, du hasard* Launen *f*/*pl*; *du paysage etc* Vielfalt *f*; ständiger Wechsel; ~*s de la mode* Modetorheiten *f*/*pl*

capricieux [kapʀisjø] **I** *adj* ⟨-euse⟩ **1.** launenhaft; launisch; kapri'ziös; *enfant* eigensinnig; *humeur capricieuse* Launenhaftigkeit *f*; *loc*/*adj d'humeur capricieuse* launisch; launenhaft; kapri-ziös; **2.** *fig mode, chance etc* launisch; launenhaft; **II** *subst* ~, *capricieuse m,f* launenhafter, launischer Mensch

capricorne [kapʀikɔʀn] *m* **1.** ASTR ♑ Steinbock *m*; **2.** ZO Großer Eichen- ou Heldbock

câprier [kɑpʀije] *m* BOT Kapernstrauch *m*

caprin [kapʀɛ̃] *adj* Ziegen...

capsule [kapsyl] *f* **1.** *de bouteilles* Flaschenkapsel *f*; Kronenverschluß *m*, -korken *m*; **2.** ~ (*fulminante*) Sprengkapsel *f*; Zündhütchen *n*; *pistolet à* ~*s* Spielzeugpistole *f* mit Zündblättchen; **3.** PHARM (Arz'nei)Kapsel *f*; **4.** ANAT Kapsel *f*; ~*s surrénales* Nebennieren *f*/*pl*; **5.** BOT Kapsel *f*; **6.** TECH Kapsel *f* (*a spatiale*)

capsuler [kapsyle] *v*/*t bouteilles* verkapseln

captage [kaptaʒ] *m* **1.** *d'une source* Fassen *n*; **2.** RAD *de signaux etc* Auffangen *n*

capta|**teur** [kaptatœʀ] *m*, ~**trice** *f* JUR Erbschleicher(in) *m*(*f*); ~**tion** *f* JUR Erbschleiche'rei *f*

capter [kapte] *v*/*t* **1.** *attention* fesseln; ~ *la confiance de qn* j-s Vertrauen gewinnen, *péj* erschleichen; *péj a* sich in j-s Vertrauen einschleichen; **2.** *source* fassen; **3.** RAD, TV *émetteur* her'einbekommen; *message, signal, par ext chaleur solaire* auffangen

capteur [kaptœʀ] *m* **1.** ~ *solaire* Sonnenkollektor *m*; **2.** (*détecteur*) Sensor *m*; Meßfühler *m*

captieux [kapsjø] *adj* ⟨-euse⟩ verfänglich; *argument* ~ *a* Scheinargument *n*;

raisonnement ~ verfängliche Trugschlüsse *m/pl*
captif [kaptif] **I** *adj* ⟨-ive⟩ **1.** *animal* gefangen(gehalten); *litt personne* gefangen; *litt* in Banden, Fesseln; **2.** *ballon* ~ Fesselballon *m*; **II** *subst* ~, **captive** *m,f* Gefangene(r) *f(m)*
captivant [kaptivã] *adj* **1.** *livre, film etc* fesselnd; spannend; packend; **2.** *personne, beauté* bezaubernd; faszinierend
captiver [kaptive] *v/t* ~ *qn* j-n in Bann schlagen; j-n fesseln, faszi'nieren; *l'attention de qn, de l'auditoire* j-s Aufmerksamkeit fesseln; j-n, s-e Zuhörer fesseln, in Bann schlagen
captivité [kaptivite] *f* Gefangenschaft *f*; *retour m de* ~ Rückkehr *f* aus der Gefangenschaft; *tenir en* ~ gefangenhalten
capture [kaptyʀ] *f* **1.** *d'animaux* Fangen *n*; *de personnes* Festnahme *f*; MIL Gefangennahme *f*; *de bateaux* Aufbringung *f*; HIST Kaperung *f*; **2.** (*butin*) Fang *m*; Beute *f*; **3.** PHYS NUCL Einfang(prozeß) *m*
capturer [kaptyʀe] *v/t animal* fangen; *personne* fassen; festnehmen; *après une poursuite* a stellen; MIL gefangennehmen; *choses* erbeuten; *bateau* aufbringen; HIST kapern
capuche [kapyʃ] *f* Ka'puze *f*
capuchon [kapyʃõ] *m* **1. a)** (*capuche*) Ka'puze *f*; **b)** Pele'rine *f*, 'Umhang *m* mit Ka'puze; **2.** *d'un stylo etc* Kappe *f*; **3.** *de protection* Haube *f*; Kappe *f*
capucin [kapysɛ̃] *m* ÉGL CATH Kapu'ziner(mönch) *m*
capucine [kapysin] *f* BOT Kapu'zinerkresse *f*
capverdien [kapvɛʀdjɛ̃] **I** *adj* ⟨~ne⟩ kap'verdisch; **II** *subst* ⟨ne⟩ *m(f)* Kap-'verdier(in) *m(f)*
Cap-Vert [kapvɛʀ] *le* ~ Kap Verde *n*; *les îles f/pl du* ~ die Kap'verdischen Inseln *f/pl*; die Kap'verden *pl*
caque [kak] *f* Heringsfaß *n*
caquet [kakɛ] *m* **1.** *rabattre ou rabaisser le* ~ *à qn* j-m den Mund stopfen; j-m e-n Dämpfer aufsetzen; **2.** *des poules et fig* Gackern *n*; Gegacker *n*; *fig* a Geschwätz *n*; F Klatsche'rei *f*
caqueter [kakte] *v/i* ⟨-tt-⟩ **1.** *poule* gakkern; **2.** *fig personne* schwatzen; F klatschen; tratschen
car¹ [kaʀ] *conj* denn
car² [kaʀ] *m* Reise(omni)bus *m*; ('Überland)Bus *m*; ~ **S.N.C.F.** Bahnbus *m*; ~ *de police* Mannschaftswagen *m* der Polizei; ~ *de ramassage scolaire* Schulbus *m*
carabe [kaʀab] *m* ZO Laufkäfer *m*
carabin [kaʀabɛ̃] F *m* Medi'zinstudent *m*
carabine [kaʀabin] *f* Kara'biner *m*; Stutzen *m*; Gewehr *n*; ~ *à air comprimé* Luftgewehr *n*
carabiné [kaʀabine] F *adj* heftig (*a grippe*); F gewaltig; *boisson* stark; *amende* F saftig; gepfeffert; *grog* ~ steifer Grog; *rhume* ~ F Mordsschnupfen *m*
carabinier [kaʀabinje] *m* **1.** HIST MIL Karabini'er *m*; **2.** *en Italie* Karabini'ere *m*; *en Espagne* Zollbeamte(r) *m*
caraco [kaʀako] *m* kurze, weite Bluse
caracoler [kaʀakɔle] *v/i cheval* tänzeln; *fig* ~ *en tête* unangefochten an der Spitze liegen

caractère [kaʀaktɛʀ] *m* **1.** *d'une personne* Cha'rakter *m*; Wesen(sart) *n(f)*; ~ *facile* verträglicher Charakter; verträgliches Wesen; *avec le* ~ *qu'il a* bei s-m Charakter; *avoir bon* ~ ein verträglicher, ein leicht zu behandelnder Mensch sein; *avoir mauvais* ~, F *avoir un fichu, foutu, sale* ~, *un* ~ *de chien, de cochon* e-n schwierigen Charakter haben; ein schwieriger, schwer zu behandelnder Mensch sein; F unangenehm werden können; *avoir un* ~ *heureux* e-e glückliche Na'tur, ein glückliches Natu'rell haben, besitzen; *être jeune de* ~ (im Wesen) jung geblieben sein; ein jugendliches Wesen haben; *ce n'est pas dans son* ~ das ist nicht s-e Art; **2.** (*force f de*) ~ Cha'rakter(stärke) *m(f)*; Willensstärke *f*, -kraft *f*; *homme m de* ~ Mann *m* mit Charakter; willensstarker Mann; starke Persönlichkeit; *homme sans* ~ charakter-, willensschwacher Mann; *avoir du* ~ Charakter, Willensstärke haben; *manquer de* ~ charakter-, willensschwach sein; **3.** *personne* Cha'rakter *m*; cha'rakterfester Mensch; **4.** LITTÉRATURE Cha'rakter *m*; *comédie f de* ~(*s*) Charakterkomödie *f*; **5.** BIOL Merkmal *n*; Eigenschaft *f*; ~*s héréditaires* Erbanlagen *f/pl*; erbbedingte Merkmale *n/pl*; ~ *particulier*, *propre* Eigentümlichkeit *f*; Charakte'ristikum *n*; **6.** (*trait distinctif*) Merkmal *n*; Wesenszug *m*; Kennzeichen *n*; (*personnalité*) Eigenart *f*, Gepräge *n*; Cha'rakter *m*; *loc/adj sans* ~ farblos (*fig*); ohne eigenes Gepräge; *avoir du* ~ ein eigenes Gepräge haben; *conférer un* ~ *comique à qc* e-r Sache (*dat*) e-e komische Note geben, verleihen; etw ins Komische wandeln; **7.** *avec adj* (*nature, aspect*) Cha'rakter *m*; *le* ~ *difficile des négociations* die Schwierigkeit der Verhandlungen; *d'une mesure* ~ *limité* beschränkter 'Umfang *m*; ~ *particulier* Besonderheit *f*; Eigenart *f*; ~ *urgent* Dringlichkeit *f*; *avoir, revêtir un* ~ *officiel* offiziellen Charakter haben, tragen; *ne présenter aucun* ~ *de gravité* völlig harmlos, ungefährlich sein; **8. a)** (*signe écrit*) Schriftzeichen *n*; (*lettre*) Letter *f*; Buchstabe *m*; ~*s pl* Schrift *f*; *imprimés* Druck *m*; ~ *d'imprimerie* Druckbuchstabe *m*; ~*s d'imprimerie* Druckschrift *f*; *loc/adv en gros, en petits* ~*s* mit großen, kleinen Buchstaben; *imprimé a* groß-, kleingedruckt; **b)** TYPO Letter *f*; (Druck)Type *f*
caractériel [kaʀakteʀjɛl] **I** *adj* ⟨~le⟩ **1.** cha'rakterlich; Cha'rakter...; *troubles* ~*s* Verhaltensstörungen *f/pl*; **2.** *personne* verhaltensgestört; *enfant a* schwererziehbar; **II** *subst* ~, *caractérielle m,f* Verhaltensgestörte(r) *f(m)*; *enfant* verhaltensgestörtes, schwererziehbares Kind
caractérisation [kaʀakteʀizasjõ] *f* Charakteri'sierung *f*; Cha'rakte'ristik *f*
caractérisé [kaʀakteʀize] *adj* eindeutig; ausgeprägt; deutlich (zu erkennen)
caractériser [kaʀakteʀize] *v/t* **1.** (*décrire*) charakteri'sieren; kennzeichnen; **2.** (*être caractéristique de*) ~ *qn* cha-rakte'ristisch, bezeichnend, kennzeich-

nend für j-n sein; j-n charakteri'sieren, auszeichnen, kennzeichnen; *iron avec la chance qui me caractérise* mit, bei dem Glück, das ich immer habe; **II** *v/pr se* ~ *par* gekennzeichnet sein durch; sich auszeichnen durch
caractéristique [kaʀakteʀistik] **I** *adj* charakte'ristisch, kennzeichnend, bezeichnend, typisch (*de* für); **II** *f* **1.** Kennzeichen *n*; Merkmal *n*; Wesenszug *m*; Charakte'ristikum *n*; **2.** PHYS, TECH Kennlinie *f*; Charakte'ristik *f*; *d'une machine etc* ~*s pl* technische Daten *pl*
caractérologie [kaʀakteʀɔlɔʒi] *f* Charakterolo'gie *f*; Cha'rakterkunde *f*
carafe [kaʀaf] *f* **1.** Ka'raffe *f*; ~ *à eau* Wasserkaraffe *f*; *une* ~ *d'eau* e-e Karaffe Wasser; *vin m en* ~ offener Wein; Schoppenwein *m*; **2.** F *laisser qn en* ~ F j-n versetzen; *rester en* ~ **a)** *en chemin* festsitzen; nicht mehr weiterkommen; *en voiture* liegenbleiben; **b)** *orateur etc* stocken; steckenbleiben; sich verheddern; **3.** *cf carafon* 2.
carafon [kaʀafɔ̃] *m* **1.** kleine Ka'raffe; **2.** F (*tête*) F Schädel *m*; Birne *f*; Dez *m*
caraïbe [kaʀaib] **I** *adj* ka'ribisch; **II** *m/pl* ⟨2*s*⟩ Ka'riben *m/pl* (*Bewohner*); *la mer des* ⟨2*s*⟩ das Ka'ribik; das Karibische Meer
carambolage [kaʀãbɔlaʒ] *m* **1.** *de véhicules* Zu'sammenstoß *m*; Karambo'lage *f*; *de plusieurs véhicules* Massenkarambo'lage *f*; **2.** BILLARD Karambo'lage *f*
caramboler [kaʀãbɔle] **I** *v/i* BILLARD karambo'lieren; **II** *v/pr se* ~ *véhicules* zu'sammenstoßen; aufein'anderprallen
carambouillage [kaʀãbujaʒ] *m* (Weiter)Verkauf *m* noch nicht bezahlter Ware
caramel [kaʀamɛl] *m* **1.** Kara'mel *m*; *crème f* (*au*) ~ Karamelcreme *f*; **2.** Kara'melbonbon *m ou n*; ~*s durs*, *mous* harte, weiche Karamelbonbons; ~ *au lait* Kara'melle *f*; **3.** *adjt* ⟨*inv*⟩ kara'mel(farben)
caraméliser [kaʀamelize] **I** *v/t sucre* karameli'sieren; *moule à dessert* mit Kara-'melzucker ausstreichen; *adjt sucre caramélisé* Kara'melzucker *m*; **II** *v/i* (*et v/pr se*) *sucre* karameli'sieren; *rôti* e-e braune Kruste bekommen
carapace [kaʀapas] *f* **1.** ZO Panzer *m*; **2.** *fig* Panzer *m*; ~ *d'indifférence* Panzer aus Gleichgültigkeit
carapater [kaʀapate] *v/pr* F *se* ~ F abhauen; sich verdrücken; verduften
carat [kaʀa] *m* Ka'rat *n*; *or m à dix-huit* ~*s* achtzehnkarätiges Gold
Caravage [kaʀavaʒ] *le* ~ PEINT Caravaggio [-'vadʒo] *m*
caravane [kaʀavan] *f* **1.** *dans le désert* Kara'wane *f*; **2.** *par ext* Gruppe *f*; Kara-'wane *f*; *du Tour de France etc* ~ *publicitaire* Gruppe von Reklamewagen; **3.** (*roulotte*) Wohnwagen *m*, -anhänger *m*; Caravan *m*
caravanier [kaʀavanje] **I** *m* **1.** (*conducteur d'une caravane*) Führer *m* (der Lasttiere) e-r Kara'wane; **2.** (*voyageur en caravane*) Wohnwagentourist *m*, -reisende(r) *m*; Caravaner *m*; **II** *adj* ⟨-ière⟩ Wohnwagen(reisen)...; Caravan...
caravaning [kaʀavaniŋ] *m* Wohnwagentourismus *m*; Reisen *n* mit Wohnwagen; Caravaning *n*

caravansérail – carnassier

caravansérail [kaʀavɑ̃seʀaj] *m* Karawanse'rei *f*
caravelle [kaʀavɛl] *f HIST MAR* Kara'velle *f*
carbonade [kaʀbɔnad] *f CUIS* auf Kohlenrost gebratenes Fleisch
carbonate [kaʀbɔnat] *m CHIM* Karbo-'nat *n*; *t/t* Carbo'nat *n*
carbone [kaʀbɔn] *m* **1.** *CHIM* Kohlenstoff *m*; ~ **14** Kohlenstoff 14; Radiokohlenstoff *m*; *oxyde m de* ~ Kohlenoxyd *ou* -oxid *n*; **2.** ~ *ou adjt papier m* ~ Kohlepapier *n*
carbonifère [kaʀbɔnifɛʀ] **I** *adj* **1.** *terrain* kohlehaltig, -führend; **2.** *GÉOL* kar'bonisch; **II** *m GÉOL* Kar'bon *n*; Steinkohlenformation *f*
carbonique [kaʀbɔnik] *adj* Kohlen(säure)...; *acide m* ~ Kohlensäure *f*; *gaz m*, *anhydride m* ~ Kohlendioxyd *ou* -dioxid *n*; Kohlensäure *f* (*abus*); *neige f* ~ Kohlensäureschnee *m*
carbonisation [kaʀbɔnizasjɔ̃] *f* Verkohlung *f*
carboniser [kaʀbɔnize] *v/t* verkohlen; *adjt carbonisé* verkohlt (*a rôti*); *il est mort carbonisé* er verbrannte
carbonnade *cf carbonade*
carburant [kaʀbyʀɑ̃] *m* **1.** Kraft-, Treibstoff *m*; *consommation f de* ~ Kraft-, Treibstoffverbrauch *m*; **2.** F *plais* (*boisson*) *du* ~ F etwas Trinkbares
carburateur [kaʀbyʀatœʀ] *m TECH* Vergaser *m*
carburation [kaʀbyʀasjɔ̃] *f* **1.** *MÉTALL* Aufkohlen *n*, Einsatzhärten *n*; **2.** *dans un moteur* Gemischbildung *f*
carbure [kaʀbyʀ] *m CHIM* Kohlenstoffverbindung *f*; *avec des métaux* Kar'bid *ou* -'it Car'bid *n*; ~ *(de calcium)* (Kalzium)Kar'bid *n*
carburer [kaʀbyʀe] **I** *v/t MÉTALL* aufkohlen; **II** *v/i* **1.** F (*marcher*) *ça carbure machine, moteur* es läuft, funktio-'niert; *au travail* da wird gearbeitet; **2.** F (*boire*) ~ *au café*, *au rouge* etc nur Kaffee, Rotwein etc trinken
carcan [kaʀkɑ̃] *m* **1.** *autrefois* Halseisen *n*; **2.** *fig* Zwang *m*; Zwangsjacke *f* (*fig*); *col qui serre c'est un véritable* ~ er schnürt mir die Luft ab
carcasse [kaʀkas] *f* **1.** *d'animaux* Gerippe *n*; *CUIS de volaille* Rumpf *m*; Kar-'kasse *f*; **2.** F (*corps humain*) F Korpus *m*; Gestell *n*; *ma vieille* ~ meine alten Knochen; **3.** *TECH* Gerippe *n*; Ske'lett *n*; Gerüst *n*; Gestell *n*; *d'un pneu* Kar-'kasse *f*; *de bateau* Rumpf *m*; *de voiture* Wrack *n*
carcéral [kaʀseʀal] *adj* ⟨-aux⟩ Gefängnis...; *univers* ~ Welt *f* des Gefängnisses; Gefängniswelt *f*
carcinome [kaʀsinom] *m MÉD* Karzi-'nom *n*
cardage [kaʀdaʒ] *m TEXT* Krempeln *n*; Streichen *n*; Karden *n*
cardan [kaʀdɑ̃] *m TECH* (*joint m de*) ~ Kar'dangelenk *n*; *AUTO transmission f par* ~ Kar'danantrieb *m*
carde [kaʀd] *f* **1.** *TEXT* Karde *f*; Krempel *f*; **2.** *légumes* (eßbarer) Blattstiel
carder [kaʀde] *v/t laine, coton* krempeln; streichen; karden; *adjt laine cardée* Streichwolle *f*
cardiaque [kaʀdjak] **I** *adj* **1.** *ANAT*, *MÉD* Herz...; *sc* kardi'al; *chirurgie f*, *lésion f*, *muscle m* ~ Herzchirurgie *f*,

-schaden *m*, -muskel *m*; *troubles m/pl* ~*s* Herzbeschwerden *f/pl*; **2.** *personne* herzkrank, -leidend; **II** *m,f* Herzkranke(r) *f(m)*
cardigan [kaʀdigɑ̃] *m* (hochgeschlossene) Strickjacke
cardinal [kaʀdinal] ⟨*m/pl* -aux⟩ **I** *adj litt* (*fondamental*) Haupt...; Kardi'nal...; *adjectif numéral* ~ *ou nombre* ~ Grund-, Kardinalzahl *f*; *les (quatre) points cardinaux* die (vier) Himmelsrichtungen *f/pl*; *les (quatre) vertus* ~*es* die (vier) Kardinaltugenden *f/pl*; **II** *m* **1.** *ÉGL CATH* Kardi'nal *m*; **2.** *ZO* Kardi'nal *m*
cardinalice [kaʀdinalis] *adj ÉGL CATH* Kardi'nal...
cardio|gramme [kaʀdjɔgʀam] *m MÉD* Kardio'gramm *n*; ~**graphe** *m MÉD* Kardio'graph *m*; ~**logie** *f MÉD* Kardiolo'gie *f*; ~**logue** *m,f* Herzspezialist(in) *m(f)*; Kardio'loge *m*, -'login *f*; ~**toni-que** *adj et subst m* (*remède m*) ~ Herzmittel *n*; herzstärkendes Mittel; ~**-vasculaire** *adj MÉD* kardiovasku'lär; Herz und Gefäße betreffend
cardon [kaʀdɔ̃] *m BOT* Gemüseartischocke *f*; Kar'done *f*
carême [kaʀɛm] *m REL* **1.** *période* (*a* ⁂) Fastenzeit *f*; *dimanches m/pl de* ~ Fastensonntage *m/pl*; *fig arriver comme mars, marée en* ~ a) (*à propos*) wie gerufen kommen; b) (*inévitablement*) unweigerlich so kommen müssen; **2.** (*jeûne*) Fasten *pl*; *faire* ~ das Fastengebot einhalten; ~ *prenant* F *fig face f de* ~ Leichenbitter-, Leidensmiene *f*; *personne* F Trauerkloß *m*
carénage [kaʀenaʒ] *m* **1.** *MAR* Über'holung *f* des Unter'wasserschiffs; **2.** *AUTO* stromlinienförmige Karosse'rie, Verkleidung
carence [kaʀɑ̃s] *f* **1.** Fehlen *n*, Mangel *m*; Unzulänglichkeit *f*; *du gouvernement* Versagen *n*; Nichtstun *n*; **2.** *MÉD* Mangel *m*; ~ *alimentaire* Mangelernährung *f*; ~, *en vitamines* Vit'aminmangel *m*; *maladie f de*, *par* ~ Mangelkrankheit *f*
carène [kaʀɛn] *f MAR* Unter'wasserschiff *n*; *abattre, mettre en* ~ kielholen
caréner [kaʀene] *v/t* ⟨-è-⟩ **1.** *MAR* ~ *un navire* das Unter'wasserschiff (e-s Schiffes) über'holen; **2.** *AUTO etc* Stromlinienform geben (+*dat*); *adjt carrosserie caréné* stromlinienförmig
caressant [kaʀɛsɑ̃] *adj personne*, *enfant*, *animal* zärtlich; anschmiegsam; *regard*, *voix* zärtlich
caresse [kaʀɛs] *f* **1.** Zärtlichkeit *f*; Streicheln *n*; *st/s* Lieb'kosung *f*; *couvrir qn de* ~*s* j-n mit Zärtlichkeiten über-'schütten; *faire des* ~*s à qn*, *à un animal* j-n, ein Tier streicheln; *à un enfant a* j-n hätscheln; *recevoir plus de coups que de* ~*s* mehr Prügel erhalten als Liebe erfahren; **2.** *fig du vent*, *de l'eau* (sanftes) Streicheln; *du soleil* (sanfte, wohltuende) Wärme
caresser [kaʀese] *v/t* **1.** *enfant, personne* streicheln (*a animal*); zärtlich sein zu; *st/s* lieb'kosen; *par ext objet* zärtlich streichen über (+*acc*), *étoffe* befühlen; ~ *la joue de qn* j-s Wange streicheln, j-m sanft, zärtlich über die Wange streichen; ~ *qn du regard* j-n zärtlich an-

blicken; **2.** *fig* ~ *qn vent, eau* j-n (sanft) streicheln; *soleil* j-n wohlig wärmen; **3.** *fig un espoir, un rêve* hegen; ~ *une idée* e-m Gedanken nachhängen; *péj* e-n Gedanken hätscheln
car-ferry [kaʀfɛʀi] *m* ⟨*pl* car-ferries⟩ Autofähre *f*
cargaison [kaʀgɛzɔ̃] *f* **1.** Ladung *f*; Fracht *f*; *MAR*, *AVIAT a* Kargo *m*; ~ *de charbon* Ladung Kohlen; Kohlenladung *f*, -fracht *f*; **2.** F *fig toute une* ~ ein ganzer Vorrat; F e-e ganze Menge; e-e ganze Wagenladung
cargo [kaʀgo] *m MAR* Frachter *m*; Frachtschiff *n*
cariatide [kaʀjatid] *f ARCH* Karya'tide *f*
caribou [kaʀibu] *m ZO* Karibu *m*
caricatural [kaʀikatyʀal] *adj* ⟨-aux⟩ karikatu'ristisch; karika'turenhaft
caricature [kaʀikatyʀ] *f* **1.** *description*, *dessin* Karika'tur *f*; *faire la* ~ *de qn*, *de* j-n, etw kari'kieren; **2.** *fig* Karika'tur *f*; Zerrbild *n*; *ce n'est qu'une* ~ *de procès* das ist nur die Karikatur e-s Prozesses; dieser Prozeß ist die reinste Farce; **3.** *personne* Witzblatt-, F Schießbudenfigur *f*
caricatur|er [kaʀikatyʀe] *v/t* kari'kieren; als Karika'tur darstellen; ~**iste** *m* Karikatu'rist *m*; Cartoo'nist [-tu-] *m*
carie [kaʀi] *f MÉD* a) ~ (*dentaire*) Karies *f*; Zahnfäule *f*; *j'ai une* ~ ich habe e-n hohlen Zahn, ein Loch im Zahn; b) ~ (*osseuse*) Knochenschwund *m*, -fraß *m*; Karies *f*
cari|é [kaʀje] *adj dent* hohl; *sc* kari'ös; ~**er** *MÉD* **I** *v/t dent* mit Karies anstecken; **II** *v/pr se* ~ *dent* hohl werden; faulen
carillon [kaʀijɔ̃] *m* **1.** *cloches* Glockenspiel *n*; **2.** *sonnerie* (Fest)Geläut(e) *n*; **3.** *d'une horloge*, *pendule* Schlagwerk *n*; (*horloge f à*) ~ Schlaguhr *f*; **4.** ~ (*électrique*) (e')lektrische Klingel
carillonner [kaʀijɔne] **I** *v/t* **1.** *cloches*: *fête* einläuten; *heure* schlagen; *adjt fête carillonnée* hohes Fest; **2.** *fig nouvelle* etc ausposaunen; **II** *v/i* **3.** *cloches* läuten; ihr Spiel ertönen lassen; **4.** ~ *à la porte de qn* bei j-m, an j-s Tür Sturm läuten
carillonneur [kaʀijɔnœʀ] *m* Glöckner *m*
Carinthie [kaʀɛ̃ti] *la* ~ Kärnten *n*
cariste [kaʀist] *m* Gabelstaplerfahrer *m*
caritatif [kaʀitatif] *adj* ⟨-ive⟩ karita'tiv
carlin [kaʀlɛ̃] *m ZO* Mops *m*
carlingue [kaʀlɛ̃g] *f* **1.** *AVIAT* Ka'bine *f*; **2.** *MAR* Kielschwein *n*
carmagnole [kaʀmaɲɔl] *f HIST danse* Carma'gnole [-nj-] *f*
carme [kaʀm] *m ÉGL CATH* Karme-'lit(er) *m*
carmel [kaʀmɛl] *m* a) *couvent* Karme'literkloster *n*; b) *le* ⁂ der Karme'literorden *m*
carmélite [kaʀmelit] *f ÉGL CATH* Karme'lit(er)in *f*
carmin [kaʀmɛ̃] *m* **1.** *colorant* Kar'min *n*; Karme'sin *n*; **2.** *couleur* Kar'min(-), Karme'sin(rot) *n*; *adjt* ⟨*inv*⟩ Kar'min-, karme'sinrot; *lèvres f/pl* (*de*) ~ karminrote Lippen *f/pl*; *poét* Ko'rallenlippen *f/pl*; Kirschenmund *m*
carnage [kaʀnaʒ] *m* Gemetzel *n*; Blutbad *n*
carnassier [kaʀnasje] **I** *adj* ⟨-ière⟩ **1.**

animal fleischfressend; **2.** *dent car-nassière* Reißzahn *m*; **II** *m/pl* ~*s* Landraubtiere *n/pl*
carnassière [kaʀnasjɛʀ] *f* **1.** *CH* Jagdtasche *f*; **2.** *dent* Reißzahn *m*
carnation [kaʀnasjɔ̃] *f* **1.** Teint *m*; Gesichtsfarbe *f*; **2.** *PEINT* Karnati'on *f*; Inkar'nat *n*
carnaval [kaʀnaval] *m* **1.** Karneval *m*; *südd* Fasching *m*; **2.** (*Sa Majesté*) ♀ groteske Figur, die den Karneval personifiziert
carnavalesque [kaʀnavalɛsk] *adj* Karnevals...; Faschings...; karneva'listisch; närrisch
carne [kaʀn] *f* F *péj* **1.** *viande* zähes Fleisch; **2.** *cheval* Klepper *m*; F Schindmähre *f*; **3.** *personne* F Ekel *m*
carné [kaʀne] *adj* Fleisch...; *alimentation* ~*e* Fleischnahrung *f*
carnet [kaʀnɛ] *m* No'tizbuch *n*; Heftchen *n*; ~ *à souche* Abreißblock *m*; ~ *d'adresses* Adressenbüchlein *n*; ~ *de bus* Fahrkartenblock *m*, Fahrscheinheft *n* für den Bus; ~ *de chèques* Scheckheft *n*; *COMM* ~ *de commandes* a) Auftrags-, Bestellbuch *n*; b) (*commandes*) Auftragsbestand *m*; ~ *de maternité* Mutterpaß *m*; ~ *de métro* Fahrkartenblock *m* für die U-Bahn, *ÉCOLE* ~ (*de notes*) Zeugnis(heft) *n* (für ein Schuljahr); ~ (*de tickets*) Fahrkartenblock *m*; Fahrscheinheft *n*; ~ *de timbres* Briefmarkenheftchen *n*
carnier [kaʀnje] *m CH* kleine Jagdtasche
carnivore [kaʀnivɔʀ] **I** *adj BIOL* fleischfressend; *sc* karni'vor; *plantes f/pl* ~*s* fleischfressende Pflanzen *f/pl*; **II** *m/pl* ~*s* *ZO* fleischfressende Tiere *n/pl*; Fleischfresser *m/pl*; *sc* Karni'voren *pl*
Caroline [kaʀɔlin] **1.** *f prénom* Karo'line *f*; **2.** *U.S.A. la* ~ *du Nord, du Sud* Nord-, Südkarolina *n*
carolingien [kaʀɔlɛ̃ʒjɛ̃] *HIST* **I** *adj* ⟨~ne⟩ karolingisch; Karolinger...; **II** *m/pl* ♀*s* Karolinger *m/pl*
caroncule [kaʀɔ̃kyl] *f* **1.** *ANAT* Fleischwärzchen *n*; *sc* Ka'runkel *f*; **2.** *ZO* Fleischauswuchs *m*, -klunker *f*; Kehllappen *m*
carotène [kaʀɔtɛn] *m CHIM* Karo'tin *n*
carotide [kaʀɔtid] *f ANAT* Halsschlagader *f*; *sc* Ka'rotis *f*
carotte [kaʀɔt] *f* **1.** *BOT* Möhre *f*; Ka'rotte *f*; *nordd a* Mohrrübe *f*; *südd a* gelbe Rübe; ~ *fourragère, potagère* Futter-, Gartenmöhre *f*; ~*s râpées* Sa'lat *m* aus geriebenen Möhren; F *avoir les* ~*s sont cuites* nichts mehr zu machen!; F alles im Eimer!; **2.** *adjt* (*rouge*) ~ ⟨*inv*⟩ fuchsrot; fuchsig; *il est poil de* ~ er ist fuchsrot, hat fuchsrote Haare; **3.** *enseigne* Schild *n* an Tabakläden; **4.** *fig* Lockmittel *n*; Köder *m*; *la* ~ *et le bâton* Zuckerbrot *n* und Peitsche *f*
carotter [kaʀɔte] **I** *v/t* F ~ *qn* F j-n beschummeln; F ~ *qc à qn* F j-m etw sti'bitzen; bei j-m etw abstauben; j-n um etw beschummeln; **II** *v/i* F ~ *sur qc* F von etw etwas für sich abzweigen; *marchand* F ~ *sur le prix, le poids* F bei der Rechnung, beim Wiegen (be-)schummeln
caroub|e [kaʀub] *f BOT* Jo'hannisbrot *n*; Ka'rube *f*; ~*ier m BOT* Jo'hannisbrotbaum *m*

Carpates [kaʀpat] *les* ~ *f/pl* die Kar'paten *pl*
carpe[1] [kaʀp] *f ZO* Karpfen *m*; *SPORTS saut m de* ~ Hechtsprung *m*; *bâiller comme une* ~ herzhaft gähnen; *être, rester muet comme une* ~ stumm wie ein Fisch sein, bleiben
carpe[2] [kaʀp] *m ANAT* Handwurzel *f*
carpé [kaʀpe] *adj SPORTS* gehechtet; *saut* ~ Hechtsprung *m*
Carpentras [kaʀpɑ̃tʀa] Stadt im Dep. Vaucluse
carpette [kaʀpɛt] *f* **1.** Brücke *f*; Läufer *m*; Bettvorleger *m*; **2.** F *péj d'une personne* Kriecher *m*
carpien [kaʀpjɛ̃] *adj* ⟨~ne⟩ *ANAT os* ~*s* Handwurzelknochen *m/pl*
carquois [kaʀkwa] *m* Köcher *m*
Carrare [kaʀaʀ] **1.** *ville* Car'rara *n*; **2.** ♀ *m* car'rarischer Marmor
carre [kaʀ] *f* Kante *f* (*a de skis, patins à glace*); Schnittfläche *f*; *d'une planche* Dicke *f*
carré [kaʀe] **I** *adj* **1.** qua'dratisch; Qua'drat... (*a MATH*); F viereckig; *TECH* Vierkant...; *mètre* ~ (*abr m²*) Quadratmeter *m ou n* (*abr* m² *ou* qm); *de vingt mètres* ~*s* von zwanzig Quadratmetern; zwanzig Quadratmeter groß; *mots* ~*s* magisches (Buchstaben)Quadrat; *MATH racine* ~*e* Quadratwurzel *f*; *tour* ~*e* quadratischer Turm; Turm mit quadratischem Grundriß, Querschnitt; **2.** *visage, mâchoires* eckig; *menton, épaules* breit; *MAR voile* ~*e* Rahsegel *n*; *loc/adj: chaussures à bout* ~ vorne eckig; mit eckiger Kappe; *personne aux épaules* ~*es* breitschult(e)rig; **3.** *réponse, propos etc* deutlich; klar; offen; eindeutig; unzweideutig; *personne être* ~ *en affaires* kurz entschlossen und offen handeln; **II** *m* **1.** Qua'drat *n* (*a MATH*); Geviert *n*; F Viereck *n*; *MATH a* Qua'dratzahl *f*; ~ *magique* magisches (Zahlen)Quadrat; *5 au* ~ 5 im Quadrat erheben; qua'drieren; *porter au* ~ ins Quadrat erheben; *élever, porter au* ~ ins Quadrat erheben; qua'drieren; **2.** (*foulard*) ~ (qua'dratisches) Hals-, Kopftuch; ~ *de soie* Seidentuch *n*; **3.** *JARD* (Gemüse-) Beet *n*; **4.** *de chocolat* Stückchen *n*; **5.** *CUIS* ~ *de porc, d'agneau, de veau* Rippenstück *n*; *österr* Kar'ree *n*; b) ~ *de l'Est* ein Weichkäse aus Lothringen; **6.** *POKER* Viererpasch *m*; **7.** *MIL HIST* Kar'ree *n*
carreau [kaʀo] *m* ⟨*pl* ~*x*⟩ **1.** (*vitre*) (Fenster)Scheibe *f*; *fig encore un* ~ *de cassé* F da hat's Scherben gegeben; **2.** (*dalle*) Fliese *f*; (Stein)Platte *f*; ~ *de, en faïence* Kachel *f*; **3.** *sol* Fliesen-, Plattenboden *m*; *fig laisser qn sur le* ~ j-n tot *ou* verwundet zurücklassen; *laver le* ~ *de la cuisine* den Küchenboden (auf)wischen; *rester sur le* ~ a) tot *ou* verwundet liegenbleiben; b) *fig* auf der Strecke bleiben; **4.** *à Paris autrefois* ~ *des 'Halles* Platz *m* mit Verkaufsbuden rund um die Zentralmarkthallen; ~ *du Temple* Teil *m* des „Marché du Temple", in dem billige Kleidung verkauft wird; **5.** *dessin* Karo *m*; *loc/adj à* ~*x* ka'riert; gewürfelt; *à grands, à petits* ~*x* groß-, kleinkariert; *papier m à* ~*x* kariertes Papier; *tissu m à* ~*x* karierter Stoff; **6.** *aux cartes* Karo *n*; *jeu allemand* Schellen *s*; *as m de* ~ Karoas *n*; *fig se tenir à* ~ vorsich-

tig, gewarnt sein; **7.** ~ *de la mine* Bergwerks-, Gruben-, Zechengelände *n*; **8.** *pl* ~*x* F (*lunettes*) Brille *f*
carrée [kaʀe] *f arg* (*chambre*) F Bude *f*
carrefour [kaʀfuʀ] *m* **1.** (Straßen)Kreuzung *f*; **2.** *fig* a) (*lieu de rencontre*) Ort *m* der Begegnung; Treffpunkt *m*; Schnittpunkt *m*, -stelle *f*; 'Umschlagplatz *m*; ~ *de la drogue* Drogenumschlagplatz *m*; *au* ~ *de* im Schnittpunkt von (*ou +gén*); b) (*moment d'un choix*) Kreuz-, Scheideweg *m*; *être à un* ~ am Kreuz-, Scheideweg stehen; **3.** *fig* (*réunion*) Treffen *n*; Begegnung *f*; Konfe'renz *f*
carrelage [kaʀlaʒ] *m* **1.** *action* Fliesenlegen *n*; **2.** *revêtement* Fliesen-, Plattenbelag *m*, -boden *m*; *poser un* ~ Fliesen legen
carreler [kaʀle] *v/t* ⟨-ll-⟩ *pièce* (aus)fliesen; mit Fliesen, Platten auslegen; *adj carrelé* gefliest; mit Fliesenboden, -belag
carrelet [kaʀlɛ] *m* **1.** *ZO* Scholle *f*; Goldbutt *m*; **2.** *PÊCHE* viereckiges Senknetz
carreleur [kaʀlœʀ] *m* Fliesen-, Plattenleger *m*
carrément [kaʀemɑ̃] *adv parler* gerade'heraus; frei'heraus; klar; deutlich; ohne 'Umschweife; F klipp und klar; *refuser* rundweg; F glatt; *faire qc* kurz entschlossen; ohne zu zögern; ohne Zögern; F ohne (lange) zu fackeln; einfach; ohne weiteres; F glatt; F *vas-y* ~! *über'leg nicht erst lange!*; F *il y va* ~ F der kennt da keine Hemmungen; *il est* ~ *nul* er ist e-e glatte Null
carrer [kaʀe] *v/pr se* ~ es sich bequem machen (*dans* in +*dat*)
carrier [kaʀje] *m* a) (*entrepreneur*) Steinbruchbesitzer *m*; b) (*ouvrier*) Steinbrucharbeiter *m*, Steinbrecher *m*
carrière [kaʀjɛʀ] *f* **1.** *TECH* Steinbruch *m*; ~ *de marbre* Marmorbruch *m*; **2.** (*profession*) Beruf *m*; Laufbahn *f*; Karri'ere *f*; beruflicher Werdegang; *la* ~ *diplomatique ou la* ♀ die diploma'tische Laufbahn; *entrer dans la* ♀ in den diplomatischen Dienst treten; ~ *médicale* ärztliche Laufbahn; Beruf des Arztes; ~ *militaire, des armes* militärische Laufbahn; ~ *politique* politische Laufbahn, Karriere; *choix m d'une* ~ Berufswahl *f*; *militaire m de* ~ Berufssoldat *m*; *en début, fin de* ~ am Anfang, Ende der Laufbahn; *faire* ~ Karriere machen; *faire une rapide* ~ schnell Karriere machen; *suivre une* ~ e-e Laufbahn einschlagen; *plais objet avoir terminé sa* ~ ausgedient haben; **3.** *st/s donner* ~ *à qc* e-r Sache (*dat*) freien Lauf lassen
carrièr|isme [kaʀjeʀism(ə)] *m péj* Karri'erismus *m*; Karrieremache'rei *f*; ~**iste** *m,f péj* Karri'eremacher *m*, Karri'eremacherin *m(f)*
carriole [kaʀjɔl] *f* (kleiner) Karren
carrossable [kaʀɔsabl(ə)] *adj* befahrbar; *chemin* ~ Fahrweg *m*
carrosse [kaʀɔs] *m* Ka'rosse *f*; Staatskutsche *f*; *autrefois rouler* ~ Pferd und Wagen halten; *per ext* reich sein
carrosser [kaʀɔse] *v/t TECH* mit e-r Karosse'rie versehen; karos'sieren
carrosserie [kaʀɔsʀi] *f AUTO* **1.** Karos-

se'rie *f*; Aufbau *m*; **2.** *industrie* Karosse'riebau *m*
carrossier [kaʀɔsje] *m* **a)** *réparateur* Karosse'rieklempner *m*, -schlosser *m*; *südd* Autospengler *m*; **b)** *constructeur* Karosse'riebauer *m*; **c)** *dessinateur* Karosse'riekonstrukteur *m*; Karossi'er *m*; Styler ['staɪ-] *m*
carrousel [kaʀuzɛl] *m* **1.** *HIST* (Platz *m* für) Reiterspiele *n/pl*; **2.** *fig de voitures etc* Gewimmel *n*; **~ de pensées** Gedankenkarussell *n*; **3.** *à l'aéroport* Verteilerband *n*
carrure [kaʀyʀ] *f* **1.** *d'une personne* Schulterbreite *f*; **avoir une belle, forte ~** breite Schultern haben; breitschult(e)rig sein; **avoir une ~ d'athlète** athletische Schultern haben; **2.** *manteau, veste* **trop large de ~** in den Schultern zu weit; **3.** *fig (envergure)* For'mat *n*
cartable [kaʀtabl(ə)] *m* Schulmappe *f*, -tasche *f*; **à bretelles** Schulranzen *m*
carte [kaʀt] *f* **1.** *donnant certains droits* Karte *f*; Ausweis *m*; **~ bancaire** (Bank-)Kre'ditkarte *f*; **~ bleue** Visakarte *f*; **~ grise** Kraftfahrzeugschein *m*; F Zulassung *f*; **~ hebdomadaire** Wochenkarte *f*; **~ magnétique** Ma'gnetkarte *f*; **~ orange** Netz-, Zeitkarte *f*; *TÉL* **~ pastel** Telekarte *f*; **~ syndicale** Gewerkschaftsausweis *m*; *CH DE FER* **~ vermeil** Seni'orenpaß *m*; *AUTO* **~ verte** grüne Versicherungskarte; **~ à mémoire, à puce** Speicher-, Chipkarte *f*; *AVIAT* **~ d'accès à bord** Bordkarte *f*; **~ de chemin de fer** Eisenbahnfahrkarte *f*; **~ de crédit** Kre'ditkarte *f*; **~ d'électeur** Wählerkarte *f*; Wahlausweis *m*; **~ d'étudiant** Stu'dentenausweis *m*; **~ de famille nombreuse** Ausweis *m* für kinderreiche Familien; **~ de fidélité** Kundenkarte *f*; **~ d'identité** Perso'nalausweis *m*; F a Kennkarte *f*; *österr* Identi'tätsausweis *m*; *schweiz* Identi'tätskarte *f*; **~ d'identité scolaire** Schülerausweis *m*; **~ d'invalidité** Schwerbeschädigtenausweis *m*; **~ de lecteur** Leserkarte *f*; **~ de presse** Presseausweis *m*; **~ de priorité** Sonderausweis *m* (für bevorzugte Abfertigung); **~ de séjour** Aufenthaltserlaubnis *f*; **2.** *jeu* (Spiel)Karte *f*; **~s** *pl a* Kartenspiel *n*; **~ basse, 'haute** niedere, hohe Karte; **~ maîtresse** Karte, die sticht; *fig* Trumpf(karte) *m(f)*; *fig* **avoir toutes les ~s dans son jeu** alle Trümpfe in der Hand haben; **battre les ~s** die Karten mischen; *fig* **brouiller les ~s** die ('Hintergründe der) Angelegenheit verschleiern; bewußt Verwirrung stiften; *fig* **jouer la ~ de qc** auf etw *(acc)* setzen; *fig* **jouer sa dernière ~** s-n letzten Trumpf ausspielen; *fig* **jouer la mauvaise ~** aufs falsche Pferd setzen; **jouer aux ~s** Karten spielen; *fig* **jouer ~s sur table** mit offenen Karten spielen; **tirer** *ou* **faire les ~s à qn** j-m die Karten legen; **3. ~** *(de géographie)* (Land-)Karte *f*; **~ météorologique** Wetterkarte *f*; **~ routière** Straßen-, Autokarte *f*; **~ touristique** Tourenkarte *f*; **~ universelle** Welt-, Erdkarte *f*; **~ au 1/100000 (un cent millième)** Karte (im Maßstab) 1:100000 (eins zu hunderttausend); **~ d'Allemagne** Deutschlandkarte *f*; **~ du ciel** Himmelskarte *f*; **~ d'état-major** Gene'ralstabskarte *f*; *LIT-*
TÉRATURE **~ de, du Tendre** Darstellung *f* der Liebesgeographie der „Précieuses"; **4.** *au restaurant* (Speise)Karte *f*; **~ des vins** Weinkarte *f*; *loc/adv* **à la ~** nach der Karte; à la carte; *fig* nach Wahl; à la carte; **manger à la ~** à la carte essen; **5.** Karte *f*; **~ perforée** Lochkarte *f*; **~ postale** (Ansichts)Postkarte *f*; Ansichtskarte *f*; **~ d'anniversaire, d'invitation, de Noël** Geburtstags-, Einladungs-, Weihnachtskarte *f*; **~ de Nouvel An** *ou* **de vœux** Neujahrskarte *f*; **~ de visite** Vi'siten-, Besuchskarte *f*; **laisser sa ~** s-e Karte abgeben, dalassen; *fig* **avoir ~ blanche** freie Hand haben; *fig* **laisser, donner ~ blanche à qn** j-m freie Hand lassen; j-m unbeschränkte 'Vollmacht, Carte blanche geben
cartel [kaʀtɛl] *m* **1.** *ÉCON* Kar'tell *n*; **2.** *POL* Zu'sammenschluß *m*; Block *m*; Kar'tell *n*
carte-lettre [kaʀt(ə)lɛtʀ(ə)] *f* ⟨pl cartes-lettres⟩ Kartenbrief *m*
cartellisation [kaʀtelizasjɔ̃] *f* *ÉCON* Kar'tellbildung *f*
carter [kaʀtɛʀ] *m* *TECH* Gehäuse *n*; Kasten *m*; *sur un vélo* Kettenschutz(blech) *m(n)*; *AUTO* **~ inférieur** Ölwanne *f*
cartésianisme [kaʀtezjanism(ə)] *m* *PHILOS* Kartesia'nismus *m*
cartésien [kaʀtezjɛ̃] *adj* ⟨~ne⟩ **1.** *PHILOS* karte'sianisch; von Des'cartes; **2.** *par ext* logisch, me'thodisch und ratio'nal
Carthage [kaʀtaʒ] *HIST* Kar'thago *n*
carthaginois [kaʀtaʒinwa] *HIST* **I** *adj* kar'thagisch; **II** *subst* ⟨e⟩ *m(f)* Kar'thager(in) *m(f)*
cartilage [kaʀtilaʒ] *m* *ANAT* Knorpel *m*
cartilagineux [kaʀtilaʒinø] *adj* ⟨-euse⟩ *ANAT* knorp(e)lig; Knorpel...
cartograph|e [kaʀtɔgʀaf] *m* Karto'graph *m*; **~ie** *f* Kartogra'phie *f*; **~ique** *adj* karto'graphisch; Karten...
cartomanc|ie [kaʀtɔmɑ̃si] *f* Kartenlegen *n*, -schlagen *n*; Kartenlesekunst *f*; **Kartoman'tie** *f*; **~ienne** *f* Kartenlegerin *f*
carton [kaʀtɔ̃] *m* **1.** *matière* Kar'ton *m*; Pappe *f*; Papp(en)deckel *m*; **~ ondulé** Wellpappe *f*; *(morceau m de)* **~** Papp(en)deckel; (Stück *n*) Pappe *f*; *loc/adj* **de** *ou* **en ~** aus Karton, Pappe, Papp...; **~ boîte** *f* **de ~** (Papp)Schachtel *f*; Kar'ton *m*; **2. boîte** *f* (Papp)Schachtel *f*; Kar'ton *m*; **~ à chapeaux** Hutschachtel *f*; **~ à chaussures** Schuhkarton *m*, -schachtel *f*; *fig* **je dois avoir ça dans mes ~s** das muß in meinen 'Unterlagen, Akten sein; **3. ~ à dessin** Zeichenmappe *f*. **4.** *(cible)* Schießscheibe *f*; **faire un ~** a) (in der Schießbude) schießen; b) Erfolg haben; F **faire un ~ sur qn** auf j-n schießen; j-n aufs Korn nehmen; **5.** *(carte)* **~ (d'invitation)** Einladungskarte *f*; *FOOTBALL* **~ jaune, rouge** gelbe, rote Karte; F **taper le ~** Karten spielen
cartonnage [kaʀtɔnaʒ] *m* **1. a)** *fabrication* Herstellung *f* von Karto'nagen; **b)** *emballage* Karto'nage *f*; **2.** *d'un livre* Karto'nage *f*, Karto'nierung *f*
cartonner [kaʀtɔne] **I** *v/t livre* karto'nieren; **II** *v/i* Erfolg haben
cartonneux [kaʀtɔnø] *adj* ⟨-euse⟩ kar'tonartig
carton-pâte [kaʀtɔ̃pat] *m* ⟨pl cartons-pâtes⟩ Papp-, Papiermaché [-'ʃe;] *m*
cartouche¹ [kaʀtuʃ] *f* **1.** *MIL, CH* Pa'trone *f*; **~ à blanc** Platzpatrone *f*; *CH* **~ à plombs** Schrotpatrone *f*; **2.** *PHOT, d'un stylo* Pa'trone *f*; *PHOT a* Kas'sette *f*; **3. ~ de cigarettes** Stange *f*
cartouche² [kaʀtuʃ] *m ornement* Kar'tusche *f*
cartouch|erie [kaʀtuʃʀi] *f* Pa'tronenfabrik *f*; **~ière** *f* *MIL* Pa'tronentasche *f*; *CH* Pa'tronengürtel *m*
carvi [kaʀvi] *m* *BOT* (Echter) Kümmel
caryatide *cf* **cariatide**
cas [kɑ, ka] *m* **1.** Fall *m*; **~ exceptionnel** Ausnahme-, Sonderfall *m*; **~ isolé** Einzelfall *m*; **~ limite** Grenzfall *m*; **~ type** typischer Fall; Musterfall *m*; **~ de conscience** Gewissensfrage *f*, -entscheidung *f*; *plais* **~ de divorce** Scheidungsgrund *m*; **~ d'espèce** Sonderfall *m*; besonderer Fall; **~ de figure** Möglichkeit *f*; Hypo'these *f*; **~ de guerre** a) Kriegsfall *m*; b) Kriegsgrund *m*; Casus belli *m*; **en ~ de guerre** im Kriegsfall; im Falle e-s Krieges; ♦ *loc/adv*: **dans bien des ~** in vielen Fällen; sehr oft, häufig; **dans ce ~ (-là)** in dem, diesem Fall; dann; **dans le ~ contraire** ander(e)nfalls; im entgegengesetzten Fall; F **je prends mon parapluie, en ~ que** F sicher ist sicher; für den Fall e-s Falles; **en aucun ~** auf keinen Fall; keinesfalls; **en ce ~** in dem, diesem Fall; dann; **en pareil ~** in e-m solchen Fall; in e-r solchen Lage; **en tout ~** *ou* **dans tous les ~** auf jeden Fall; jedenfalls; auf alle Fälle; **selon, suivant le(s) ~** je nach Fall; je nach Lage des Falls; **décider ~ de** von Fall zu Fall; ♦ *loc/prép* **en ~ de** im Fall(e) (+*gén*); bei; **en ~ d'accident** bei e-m Unfall; **en ~ de besoin, de nécessité** im Notfall; notfalls, nötigenfalls; im Bedarfsfall; **en ~ de décès** im Todesfall; **en ~ de doute** im Zweifelsfall; **en ~ de doute sur** besteht Zweifel an (+*dat*), über (+*acc*); **en ~ de pluie** bei Regen; falls es regnet; wenn es regnen sollte; **en ~ d'(extrême) urgence** in (äußerst) dringenden Fällen; ♦ *loc/conj* **au ~ où, dans le ~ où** (+*conditionnel*), *litt* **au, en ~ que** (+*subj*) falls; wenn; im Fall(e), daß; für den Fall, daß; **au ~ où il viendrait** falls, wenn er kommen sollte; für den Fall, daß er kommt; **dans tous les ~ où ...** immer wenn ...; in allen Fällen, in denen ...; ♦ **ce n'est pas le ~** das ist nicht so, nicht der Fall; **si tel est le ~** wenn das so ist; wenn das der Fall ist; in dem Fall; **c'est le ~ de** (+*inf*) das, dies ist der (richtige) Moment, um zu (+*inf*); **c'est (bien) le ~ de le dire** das kann man wohl sagen; **examiner le ~ de qn** j-s Fall, Lage, Situation prüfen; **exposer son ~** s-n Fall, s-e Sache vortragen; **2.** *d'une personne* Fall *m* (*a MÉD*); **~ social** Sozi'alfall *m*; Härtefall *m*; **le ~ Untel** der Fall Soundso; **c'est un ~** er *ou* sie ist ein schwieriger Fall; **c'est un ~ désespéré** a) *MÉD* sein *ou* ihr Zustand ist hoffnungslos; b) *iron* er *ou* sie ist ein hoffnungsloser Fall; **3. faire ~ de qn, qc** j-n schätzen; auf etw (*acc*) Wert legen; **faire grand ~ de qn, qc** auf j-n große Stücke halten; auf etw

großen Wert legen; *faire peu de ~ de qn, qc* wenig Aufhebens von j-m, etw machen; *ne faire aucun ~ de qn, qc* sich überhaupt nicht um j-n, etw kümmern, F scheren; sich nichts aus j-m, etw machen; **4.** *JUR* Fall *m*; *~ de légitime défense* Fall von Notwehr; **5.** *GR* Fall *m*; Kasus *m*
casanier [kazanje] **I** *adj* ⟨-ière⟩ *personne, vie* häuslich; *avoir des goûts ~s, mener une vie casanière* am liebsten zu Hause sein; ein häusliches Leben führen; *péj* immer hinterm Ofen hocken; **II** *subst ~, casanière m,f* häuslicher Mensch; *péj* Stubenhocker(in) *m(f)*
casaque [kazak] *f* **a)** *blouse de femme* Kasack *m*; **b)** *Jockeijacke* ['dʒ-] *f*; **c)** *autrefois* 'Umhang *m* der Muske'tiere; **d)** *fig tourner ~* 'umschwenken; s-e Meinung radi'kal ändern
casbah [kazba] *f en Afrique du Nord* Kasba(h) *f*
cascade [kaskad] *f* **1.** (kleinerer) Wasserfall; Kas'kade *f*; *tomber en ~* in Kaskaden herabstürzen; **2.** *fig* Schwall *m*; Flut *f*; *st/s* Kas'kade *f*; *~ d'applaudissements* Beifallssturm *m*; *~ de chiffres* Schwall, Flut von Zahlen; *~ de rires* Lachsalve *f*; *loc/adj en ~* auf-ein'anderfolgend; **3.** *ÉLECT* **montage** *m en ~* Kas'kadenschaltung *f*
cascader [kaskade] *v/i* (in Kas'kaden) her'abstürzen
cascadeur [kaskadœʀ] *m CIN* Stuntman ['stantmən] *m*; Sensati'onsdarsteller *m*; *CIRQUE* Kaska'deur *m*
case [kɑz, kaz] *f* **1.** *sur un damier* Feld *n*; *de formulaires, mots croisés* Feld *n*; Kästchen *n*; *au jeu et fig retour à la ~ départ!* noch einmal von vorn anfangen!; **2.** *d'armoires, de tiroirs etc* Fach *n*; F *fig il a une ~ (de) vide, il lui manque une ~* F bei ihm ist e-e Schraube locker; er hat nicht alle Tassen im Schrank; *cf a cinglé*; **3.** *en Afrique etc* (Eingeborenen)Hütte *f*
caséine [kazein] *f* Kase'in *ou t/t* Case'in *n*; Käsestoff *m*
casemate [kazmat] *f FORTIF* Kase'matte *f*; Bunker *m*
caser [kaze, ka-] **I** *v/t* **1.** *chose* 'unterbringen; verstauen; **2.** F *personne* a) 'unterbringen; **b)** (*marier*) verheiraten; *femme* F unter die Haube, an den Mann bringen; *adjt* **elle est casée** F sie ist glücklich versorgt, unter der Haube; **II** F *v/pr se ~* **a)** noch e-n Platz finden; 'unterkommen; ein 'Unterkommen finden; **b)** (*se marier*) *réussir, trouver à se ~* F glücklich e-n Mann *ou* e-e Frau finden; sich e-n Mann angeln
caserne [kazɛʀn] *f* **1.** *MIL* Ka'serne *f*; **2.** F *péj bâtiments scolaires etc* Kasten *m*; Ka'serne *f*; *immeuble* Mietskaserne *f*
casernement [kazɛʀnəmɑ̃] *m* **1.** *des troupes* Kaser'nierung *f*; **2.** *lieu* Ka'serne(nbereich *m*, -gelände *n*, -komplex *m*) *f*
cash [kaʃ] *adv* F *payer ~* bar (be)zahlen
casher [kaʃɛʀ] *cf cawcher*
casier [kazje, ka-] *m* **1.** (*case*) Fach *n*; Ablagefach *n*; **2. a)** (*étagère*) Re'gal *n*; Ständer *m*; *~ à bouteilles* Flaschenregal *n*, -ständer *m*, -gestell *n*; **b)** *armoire* Fächerschrank *m*; Aktenschrank *m* mit Fächern; **3.** *ADM* Kar'tei *f*; Re'gister *n*; *~ judiciaire* Strafregister *n*; *avoir un ~*

judiciaire chargé, vierge (bereits) vorbestraft, nicht vorbestraft sein; **4.** *PÊCHE* Hummer- *ou* Lan'gustenreuse *f*
casino [kazino] *m* (Spiel)Ka'sino *n*; Spielbank *f*
casoar [kazɔaʀ] *m* **1.** *ZO* Kasuar *m*; **2.** rotweißer Federbusch am Tschako der „Saint-Cyriens"
Caspienne [kaspjɛn] *la* (*mer*) *~* das Kaspische Meer
casque [kask] *m* **1.** Helm *m* (*a MIL*); *de mineur etc* Schutzhelm *m*; *de motard etc* Sturzhelm *m*; *fig* **les ~s bleus** die Blauhelme *m/pl* (*UNO-Soldaten*); *~ colonial* Tropenhelm *m*; *~ à pointe* Pickelhaube *f*; **2.** (*sèche-cheveux*) Trockenhaube *f*; **3.** *ÉLECTRON* Kopfhörer *m*
casqué [kaske] *adj* behelmt; mit Helm
casquer [kaske] *v/t et v/i* F (*payer*) F blechen; berappen; *v/t argent a* lockermachen
casquette [kaskɛt] *f* (Schirm)Mütze *f*; *fig porter plusieurs ~s* mehrere Funktionen innehaben
cassable [kasabl(ə), kɑ-] *adj* zerbrechlich
Cassandre [kasɑ̃dʀ(ə)] *f MYTH* Kas'sandra *f*; *fig jouer les ~* Kassandrarufe ausstoßen
cassant [kasɑ̃, kɑ-] *adj* **1.** *matériau* spröde; brüchig (*a cheveux*); **2.** *personne* schroff; herrisch; *ton, voix, paroles* schroff; scharf; schneidend; **3.** F *travail ce n'est pas ~* F dabei reißt man sich kein Bein aus
cassate [kasat] *f* Cas'sata(-Eis) *f(n)*
cassation [kasasjɔ̃, kɑ-] *f* **1.** *JUR* Kassati'on *f*; Aufhebung *f* (*e-s Urteils*); **2.** *MIL* Degra'dierung *f*
casse[1] [kas, kɑs] *f* **1. a)** *action* Zerschlagen *n*; Zerbrechen *n*; **b)** *résultat* zerbrochenes Glas, Porzel'lan *etc*; Scherben *f/pl*; *attention à la ~!* Vorsicht, daß es keine Scherben gibt!; *il y a eu de la ~* es hat Scherben gegeben; *payer la ~* den Schaden bezahlen; für den Schaden aufkommen; **2.** *Il va y avoir de la ~* es wird e-e Schläge'rei geben; F es wird krachen; **3.** *de voitures, machines* Schrott *m*; *endroit* Schrottplatz *m*; *prix m de la ~* Schrottwert *m*; *voiture bonne pour la ~* schrottreifer Wagen; *mettre à la ~* verschrotten (lassen); *vendre à la ~* zum Schrottwert verkaufen; **4.** *TYPO* Setzkasten *m*; **5.** *BOT* Kassie *f*; Sennespflanze *f*
casse[2] [kas, kɑs] *m arg* (*cambriolage*) Einbruch *m*; *arg* Bruch *m*
cassé [kase, kɑ-] *adj* **1.** zerbrochen; entzwei; F ka'putt; *il a la, une jambe ~e* er hat ein gebrochenes Bein; sein Bein ist gebrochen; *cf a casser*; **2.** *pois ~s* getrocknete Erbsen *f/pl*; Trokkenerbsen *f/pl*; **3.** *blanc ~* gebrochenes, leicht getöntes Weiß; Perlweiß *n*; **4.** *voix* rauh
casse-cou [kasku, kɑs-] ⟨*inv*⟩ **I** *adj* draufgängerisch; tollkühn; waghalsig; verwegen; **II** *m* Draufgänger *m*; *par ext crier ~ à qn* j-n warnen
casse-croût|**e** [kaskʀut, kɑs-] *m* ⟨*inv*⟩ Imbiß *m*; *südd* Vesper *n*; Brotzeit *f*; *österr* Jause *f*; *nordd* Stulle(n) *f(pl)*; (zweites) Frühstück; *~er* F *v/i südd* vespern; Brotzeit machen; *österr* jaus(n)en; *nordd* s-e Stulle(n) essen; zweites Frühstück machen

casse-graine [kasgʀɛn, kɑs-] *m* ⟨*inv*⟩ *cf casse-croûte*
casse-gueule [kasgœl, kɑs-] ⟨*inv*⟩ F **I** *adj chemin, escalier, exercice physique* halsbrecherisch; *entreprise* tollkühn; gewagt; *virage, endroit* gefährliche Stelle; *exercice* halsbrecherische Übung; *entreprise* waghalsiges, ris'kantes, tollkühnes Unter'nehmen; *c'est un ~* a da kann man sich ja den Hals brechen
cassement [kasmɑ̃, kɑs-] *m ~ de tête* Kopfzerbrechen *n*
casse|**-noisette(s)** [kasnwazɛt, kɑs-] *m* ⟨*pl* casse-noisettes⟩ *ou ~-noix m* ⟨*inv*⟩ Nußknacker *m*
casse-pattes [kaspat, kɑs-] F *m* ⟨*inv*⟩ Fusel *m*; F Rachenputzer *m*
casse-pieds [kaspje, kɑs-] ⟨*inv*⟩ F **I** *adj* **1.** *personne* aufdringlich; lästig; unerträglich; *ce qu'il est ~!* F geht der einem auf die Nerven!; fällt der einem auf den Wecker!; **2.** *chose* lästig; **II** *m,f personne* F Nervensäge *f*
casse-pipe(s) [kaspip, kɑs-] F *m* ⟨*inv*⟩ Krieg *m*; *aller au ~* in den Krieg, an die Front gehen
casser [kɑse, ka-] **I** *v/t* **1.** zerbrechen; zerschlagen; entzweischlagen; F ka'puttmachen (*a appareil*); *vitre a* einwerfen; einschlagen; *fil, corde etc* zerreißen; *branche* (ab)knicken; *bâton* 'durchbrechen; *œufs*: volontairement aufschlagen; involontairement zerbrechen; *dent* ausschlagen; *noix* (auf)knakken; *pointe, poignée* abbrechen; *bois* hacken; *fig AVIAT ~ du bois* Bruch, e-e Bruchlandung machen; *~ le bras à qn* j-m den Arm brechen; F *fig ~ la croûte, la graine* e-n Imbiß zu sich nehmen; *südd* vespern; Brotzeit machen; *österr* jaus(n)en; *nordd* s-e Stulle(n) essen; Frühstückspause, zweites Frühstück machen; *par ext* essen; F futtern; F *fig ~ les pieds à qn personne, chose* j-m auf die Nerven gehen, fallen; F j-m auf den Wecker fallen; *chose a* F sehr lästig sein; F j-m gegen den Strich gehen; F *tu nous les casses* F du fällst uns auf den Wecker, auf die Nerven; F *fig qu'est-ce qu'il lui a cassé!* F was sagt der *ou* ihr alles an den Kopf geworfen hat!; F *fig ça ne casse rien, ça ne casse pas trois pattes à un canard* das taugt nicht viel; das ist nicht so besonders; F *fig elle ne casse rien* **a)** *au physique* e-e Schönheit ist sie ja nicht gerade; **b)** *au travail etc* da hat sie ja nicht gerade geglänzt; e-e Meisterleistung ist das wirklich nicht; ♦ *à tout ~* a) *loc/adj: fête, repas* F mit allem Drum und Dran; *toll; succès* beispiellos; ungeheuer; F toll; **b)** *loc/adv (tout au plus)* höchstens; maxi'mal; *cf a figure 1., gueule 3., tête 1.*; **2.** *fig adversaire* ausschalten; unschädlich machen; (*tuer*) 'umbringen; F 'umlegen; *mouvement, parti* zerschlagen; *prix* radi'kal senken; brechen; *cours de la Bourse* stürzen lassen; *rythme, atmosphère* stören; *p/fort* zerstören; *~ le moral à qn* j-s Moral unter'graben, aufweichen; **3.** *JUR jugement* aufheben, kas'sieren; **4.** *fonctionnaire* entlassen; s-s Amtes entheben; *officier* degra'dieren; **II** *v/i* **5.** *verre, porcelaine etc* (zer)brechen; (zer)springen; F ka'puttgehen; *fil etc* (zer-, ab)rei-

ßen; *prov* **tout passe, tout lasse, tout casse** nichts ist beständig, von Dauer; **6.** *arg* (*cambrioler*) einbrechen; **III** *v/pr* **7. se ~ verre, porcelaine etc** (zer)brechen; (zer)springen; zersplittern; F ka-'puttgehen; *fil etc* (zer)reißen; *dent, branche* abbrechen; *ça se casse* das (zer)bricht leicht; **8.** *personne* **se ~ qc** sich etw brechen; F *fig* **elle ne s'est pas cassée** F sie hat sich (dabei) kein Bein ausgerissen; F *fig* **ne te casse pas** a) *physiquement* F racker dich, schinde dich nicht so ab; b) *moralement* zerbrich dir nicht den Kopf; mach dir nicht soviel Sorgen; P **se ~ le cul** F schuften; sich (ab)schinden; sich abrackern; **se ~ la jambe en tombant** fallen und sich ein Bein brechen; sich bei e-m Sturz ein, das Bein brechen; *cf a* **nez** *I.*, **tête** *I.*; **9.** F *fig* **je me casse** F ich hau' ab; ich verdufte; ich verdrück' mich
casserole [kasʀɔl] *f* **1.** *CUIS* Stieltopf *m*; (Stiel)Kasse'rolle *f*; **~s** *pl a* Kochtöpfe *m/pl*; **veau à la ~** Kalbsschmorbraten *m*; F **chanter comme une ~** falsch und unmelodisch singen; F *fig* **passer à la ~** F drankommen; dran glauben müssen; **2.** F (*piano*) Kla'vier *n*; F Klimperkasten *m*; Drahtkommode *f*; **3.** F *CIN, THÉ* (*projecteur*) Scheinwerfer *m*
casse-tête [kastɛt, kas-] *m* ⟨*inv*⟩ **1. ~** (*chinois*) Geduldsspiel *n*; *fig*: **c'est un vrai ~** das ist das reinste Geduldsspiel; **être un ~ pour qn** j-m viel Kopfzerbrechen machen; **2.** *massue* (Schlag)Keule *f*
cassette [kasɛt] *f* **1.** Kas'sette *f*; **enregistrer sur ~** auf Kassette aufnehmen; **2.** *autrefois* (*coffret*) (Geld-, Schmuck-) Kas'sette *f*, (-)Scha'tulle *f*
casseur [kasœʀ, ka-] *m* **1.** *manifestant* gewalttätiger Demon'strant; Cha'ot *m*; Randa'lierer *m*; F Po'litrocker *m*; Radi-ka'linski *m*; **2.** *ferrailleur* Schrotthändler *m* (, der schrottreife Wagen ausschlachtet); **3. ~ de pierres** Steinklopfer *m*; **4.** *arg* (*cambrioleur*) Einbrecher *m*
Cassin [kasɛ̃] **le mont ~** der Monte Cas-'sino
cassis[1] [kasis] *m* **1.** *BOT* schwarze Jo-'hannisbeere (*arbuste et fruit*); **2.** (*crème f de*) **~** Likör *m* aus schwarzen Jo-'hannisbeeren; **3.** F (*tête*) F Schädel *m*; Dez *m*
cassis[2] [kasis] *m sur la route* Querrinne *f*
cassolette [kasɔlɛt] *f* **1.** (*brûle-parfum*) Räucherpfanne *f*, -gefäß *n*; **2.** *CUIS* kleine Pfanne; Pfännchen *n*
cassonade [kasɔnad] *f* Rohzucker *m* (aus Zuckerrohr)
cassoulet [kasulɛ] *m* Eintopf aus Fleisch, Wurst u weißen Bohnen
cassure [kasyʀ, ka-] *f* **1.** Bruch *m*; Bruchstelle *f*; *du pantalon sur la chaussure* Knick *m*; *GÉOL* Kluft *f*; **2.** *fig* Bruch *m*; Einschnitt *m*
castagnette [kastaɲɛt] *f* Kasta'gnette *f*; **jouer des ~s** a) mit den Kastagnetten klappern; b) F *fig* **dents klappern; genoux** zittern; schlottern
caste [kast] *f* Kaste *f* (*a péj*); **esprit** *m* **de ~** Kastengeist *m*; **système** *m* **de(s) ~s** Kastensystem *n*, -wesen *n*
castel [kastɛl] *m* Schlößchen *n*; kleines Schloß

castillan [kastijɑ̃] **I** *adj* ka'stilisch; **II** *subst* **1.** ♀(*e*) *m(f)* Ka'stilier(in) *m(f)*; **2.** *LING* **le ~** das Ka'stilische; Ka'stilisch *n*; *par ext* das Spanische; Spanisch *n*
Castille [kastij] *la ~* Ka'stilien *n*
castor [kastɔʀ] *m* **1.** *ZO* Biber *m*; **2.** *fourrure* Biber(pelz) *m*; Biberfell *n*
castr|at [kastʀa] *m* Ka'strat *m* (*a MUS*); **~ation** *f* Kastrati'on *f*; Ka'strierung *f*; **~er** *v/t* ka'strieren; *animal a* verschneiden
castr|isme [kastʀism(ə)] *m POL* Ca-'strismus *m*; **~iste** *m,f* Anhänger(in) *m(f)* Fidel Castros
casuel [kazɥɛl] *litt adj* ⟨~le⟩ zufällig
casuist|e [kazɥist] *m REL et fig* Kasu'ist *m*; **~ique** *f REL et fig* Kasu'istik *f*
cataclysme [kataklism(ə)] *m* **1.** *GÉOL* Kata'klysmus *m*; Na'turkata'strophe *f*; **2.** *fig* Kata'strophe *f*
catacombes [katakɔ̃b] *f/pl* Kata'komben *f/pl*
catadioptre [katadjɔptʀ(ə)] *m* Rückstrahler *m*; *vélo* F Katzenauge *n*
catafalque [katafalk] *m* Kata'falk *m*
catalan [katalɑ̃] **I** *adj* kata'lanisch; **II** *subst* **1.** ♀(*e*) *m(f)* Kata'lane *m*, Kata'lanin *f*; **2.** *LING* **le ~** das Kata'lanische; Kata'lanisch *n*
catalep|sie [katalɛpsi] *f MÉD* Starrsucht *f*; Katalep'sie *f*; **~tique** *MÉD* **I** *adj* kata-'leptisch; *personne* a starrsüchtig; **II** *m,f* Starrsüchtige(r) *f(m)*
Catalogne [katalɔɲ] *la ~* Kata'lonien *n*
catalogue [katalɔg] *m* **1.** Kata'log *m*; **~ alphabétique** alphabetischer Katalog; **~ de matières** Schlagwort-, Sachkatalog *m*; **~ de meubles** Möbelkatalog *m*; **2.** *par ext* Verzeichnis *n*; Liste *f*; **dresser un ~** ein Verzeichnis *n*, e-e Liste anlegen, aufstellen
cataloguer [katalɔge] *v/t* **1.** katalogi'sieren; listen-, ka'rtei'mäßig erfassen; *marchandises* in e-n *ou* den Kata'log aufnehmen; **2.** F *péj* einschätzen (*comme* als); *il est*, *on l'a catalogué* man weiß, was man von ihm zu halten hat
catalyse [kataliz] *f CHIM* Kata'lyse *f*
catalysé [katalize] *adj voiture* mit Kataly'sator, F Kat...
catalyser [katalize] *v/t* **1.** *CHIM* kataly'sieren; **2.** *fig forces etc* wecken; wachrufen
catalyseur [katalizœʀ] *m CHIM* Kataly'sator *m* (*a fig*); *AUTO* **~ à trois voies** Dreiwegekatalysator *m*; **jouer le rôle d'un ~** als Katalysator wirken
catalytique [katalitik] *adj CHIM* kata'lytisch; *AUTO* **pot ~** Kataly'sator *m*; F Kat *m*
catamaran [katamaʀɑ̃] *m MAR* Kata-ma'ran *m*; Doppelrumpfboot *n*
cataphote [katafɔt] *m* (*nom déposé*) Rückstrahler *m*
cataplasme [kataplasm(ə)] *m* **1.** *MÉD* Kata'plasma *n*; Breiumschlag *m*; **2.** *fig d'un aliment* **c'est un vrai ~** das stopft
catapultage [katapyltaʒ] *m AVIAT* Kata'pultstart *m*; Katapul'tieren *n*
catapulte [katapylt] *f* **1.** *AVIAT* Kata-'pult *n ou m*; **lancer par ~** mit e-m Katapult starten; katapul'tieren; **2.** *HIST MIL* Kata'pult *n ou m*; Wurfmaschine *f*
catapulter [katapylte] *v/t* **1.** *AVIAT* katapul'tieren; **2.** *par ext* (*lancer*) schleu-

dern; katapul'tieren; **être catapulté à plusieurs mètres** mehrere Meter weit geschleudert werden; **3.** F *fig* **~ qn** a) *dans un lieu* j-n plötzlich schicken; b) *à un poste* F j-n hin'aufkatapultieren, hochhieven
cataracte [kataʀakt] *f* **1.** *d'un fleuve* Kata'rakt *m*; Wasserfall *m*; **2.** *MÉD* grauer Star; *sc* Ka'rakt *f*; **être opéré de la ~** am (grauen) Star operiert werden
catarrhe [kataʀ] *m MÉD* Ka'tarrh *m*
catastrophe [katastʀɔf] *f* **1.** Kata'strophe *f*; (schweres) Unglück; **~ aérienne, ferroviaire** Flugzeug-, Eisenbahnunglück *n*, *pl/fort* -katastrophe *f*; **~ minière** Grubenunglück *n*; Bergwerkskatastrophe *f*; *adjt* **scénario** *m* **~** Katastrophenszenario *n*; **courir à la ~** e-r Katastrophe entgegengehen; **être une ~ pour qn** für j-n e-e Katastrophe sein, bedeuten; **2.** F *par exagération*: **quelle ~!** was für e-e Katastrophe!; **~, j'ai oublié mon porte-monnaie!** F o (du) Schande, ...!; wie verheerend, ...!; **3.** *d'un film, livre etc* F **c'est une** (**vraie**) **~** F der Film, das Buch *etc* ist e-e Kata-'strophe; **4.** *loc/adv* **en ~** (*à la hâte*) in größter Eile, Hast; **atterrir en ~** notlanden; **atterrissage** *m* **en ~** Notlandung *f*
catastropher [katastʀɔfe] F *v/t* échec, *nouvelle* **~ qn** j-n niederschmettern, F fertigmachen; *adjt* **il est tout catastrophé** er ist völlig niedergeschmettert, F fertig, wie vom Boden zerstört
catastroph|ique [katastʀɔfik] *adj* **1.** *événement, conséquences etc* katastro-'phal; entsetzlich; verheerend; verhängnisvoll; **2.** F *résultat* (*scolaire*), *livre, film etc* F katastro'phal; verheerend; **~isme** *m* Schwarzmale'rei *f*
catch [katʃ] *m SPORTS* Catchen ['kɛtʃən] *n*; Catch-as-catch-can ['kɛtʃɛsˌkɛtʃˈkɛn] *n*; **combat** *m* **de ~** Catcher-Ringkampf *m*
catch|er [katʃe] *v/i SPORTS* catchen ['kɛtʃən]; **~eur** *m* Catcher ['kɛtʃər] *m*
caté [kate] *m F abr cf* **catéchisme** *I.*
catéchèse [kateʃɛz] *f REL* Kate'chese *f*
catéchiser [kateʃize] *v/t REL* den Kate-'chismus lehren; katechi'sieren
catéchisme [kateʃism(ə)] *m REL* **1.** Religi'onsunterricht *m*; **aller au ~** in den Religionsunterricht gehen; **faire le ~** Religionsunterricht erteilen; **2.** *manuel* Kate'chismus *m*
catéchiste [kateʃist] *m,f REL* Kate-'chet(in) *m(f)*; Religi'onslehrer(in) *m(f)*; *adjt* **dame** *f* **~** Katechetin *f*
catéchumène [katekymɛn] *m,f REL* **a)** Katechu'mene *m*; **b)** *ÉGL PROT* Konfir-'mand(in) *m(f)*
catégorie [kategɔʀi] *f* Katego'rie *f* (*a PHILOS, LING, d'hôtel*); Klasse *f*; Gruppe *f*; Sparte *f*; *de viande etc* Quali'tät *f*; **~ d'âge** Altersgruppe *f*; *SPORTS* **~ des poids lourds** Schwergewichtsklasse *f*; **~ de salaires** (Lohn- und) Gehaltsgruppe *f*; *loc/adj* **de première ~** erster Kategorie, Qualität; **appartenir à la ~ des éternels mécontents** zu den ewig Unzufriedenen gehören
catégoriel [kategɔʀjɛl] *adj* ⟨~le⟩ kategori'al (*a PHILOS*); **2.** *ÉCON* revendications *etc* e-r bestimmten Katego'rie von Arbeitnehmern

catégorique [kategɔRik] *adj ton, affirmation, réponse etc* kate'gorisch; entschieden; e'nergisch; *personne* être, **se montrer très ~ sur qc** etw kategorisch, sehr bestimmt, entschieden behaupten; *il est déjà moins ~* er behauptet es nicht mehr so bestimmt

catégoriser [kategɔRize] *v/t* kategori-'sieren; nach Katego'rien (ein)ordnen

caténaire [katenɛR] *adj et subst f CH DE FER* (**ligne** *f*, **suspension** *f*) **~** Fahrdraht *m*; Oberleitung *f*

catgut [katgyt] *m MÉD* Katgut *n*

cathares [kataR] *m/pl HIST REL* Katharer *m/pl*

catharsis [kataRsis] *f PHILOS, PSYCH* Katharsis *f*

cathédrale [katedRal] *f* **1.** Kathe'drale *f*; Dom *m*; Münster *n*; **la ~ de Chartres** die Kathedrale von Chartres; **la ~ de Cologne** der Kölner Dom; **la ~ de Strasbourg** das Straßburger Münster; **2.** *adjt* **verre** *m* **~** Kathe'dralglas *n*

Catherine [katRin] *f* Katha'rina *f*; **jeune fille coiffer sainte ~** 25 Jahre alt und noch nicht verheiratet sein

catherinette [katRinɛt] *f* Mädchen, das mit 25 Jahren noch nicht verheiratet ist (*u am* 25. November mit e-r besonders aufgeputzten Kopfbedeckung an e-r Veranstaltung teilnimmt)

cathéter [katetɛR] *m MÉD* Ka'theter *m*

cathode [katɔd] *f ÉLECT* Ka'thode *f*

cathodique [katɔdik] *adj ÉLECT* ka'thodisch; Ka'thoden(strahl)...; **rayons** *m/pl* **~s** Kathodenstrahlen *m/pl*; **tube** *m* **~** Braunsche Röhre; Kathodenstrahlröhre *f*

catholic|isme [katɔlisism(ə)] *m* Katholi'zismus *m*; **-ité** *f* **1.** *caractère* Katholizi'tät *f*; **2.** *coll* ka'tholische Christenheit *ou* Welt

catholique [katɔlik] **I** *adj* **1.** *REL* ka'tholisch; **2.** *F fig* **ce n'est pas très ~** F das ist nicht ganz koscher, astrein, hasenrein; da ist etwas faul; dem ist nicht sehr zu trauen; **II** *m,f* Katho'lik(in) *m(f)*

catimini [katimini] *loc/adv* **en ~** heimlich; verstohlen

catin [katɛ̃] *f péj* Hure *f*; *litt* Metze *f*

catogan [katɔgɑ̃] *m* im Nacken zu'sammengebundenes Haar

Caucase [kokaz] **le ~** der Kaukasus

caucasien [kokazjɛ̃] **I** *adj* ⟨~ne⟩ kau'kasisch; **II** *subst* **2̃**(**ne**) *m(f)* Kau'kasier(in) *m(f)*

cauchemar [koʃmaR] *m* **1.** Alptraum *m*; Alpdruck *m*; *fig* **~ de la guerre** Alptraum, Schreckgespenst in des Krieges; **vision** *f* **de ~** Schreckensvision *f*; Schreckbild *n*; **avoir, faire un ~** e-n Alptraum haben; **2.** F *fig* Greuel *m*; Graus *m*; **c'est mon ~** das ist mir ein Greuel

cauchemarder [koʃmaRde] *v/i* Alpträume haben

cauchemardesque [koʃmaRdɛsk] *adj* alptraumhaft; grausig; **vision** *f* **~ a** Schreckensvision *f*; Schreckbild *n*

caudal [kodal] *adj* ⟨-aux⟩ *ZO* kau'dal; Schwanz...

causal [kozal] *adj* ⟨-als⟩ **1.** ursächlich; kau'sal; Kau'sal...; **lien ~** Kausalnexus *m*, -zusammenhang *m*; ursächlicher Zusammenhang; **2.** *GR* kau'sal; Kau'sal...; **proposition ~e** Kausal-, Begründungssatz *m*

causalité [kozalite] *f* Ursächlichkeit *f*; Kausali'tät *f*

causant [kozɑ̃] F *adj* gesprächig; redselig; **elle n'est pas très ~e** sie ist ziemlich wortkarg

cause [koz] *f* **1.** (*origine, motif*) Ursache *f* (*a PHILOS*); Grund *m*; Anlaß *m*; **~ principale** Hauptgrund *m*, -ursache *f*; **~ de l'accident** Ursache für den Unfall, des Unfalls; Unfallursache *f*; **~ de divorce** Scheidungsgrund *m*; **~ de la mort** Todesursache *f*; ♦ *loc/prép*: **à ~ de** wegen (+*gén*, F +*dat*); um (+*gén*) willen; **à ~ de son grand âge** s-s hohen Alters wegen; wegen s-s hohen Alters; **à ~ des vacances** der Ferien wegen; wegen F den Ferien; **à ~ de moi, toi, lui, elle, nous, vous, eux, elles** meinet-, deinet-, seinet-, ihret-, unsert-, euert- *ou* euret- *ou* Ihret-, ihretwegen; meinethalben *etc*; um meinetwillen *etc*; **c'est à ~ de cela que...** deshalb...; deswegen...; **c'est à ~ de sa négligence que...** wegen s-r Nachlässigkeit...; s-e Nachlässigkeit ist schuld, es liegt an s-r Nachlässigkeit, daß...; **pour ~ de maladie** wegen Krankheit; krankheitshalber; ♦ *loc/conj* F **à ~ que** weil; ♦ *loc/adv*: **pour une ~ valable** aus e-m triftigen Grund; **et pour ~!** (und das *ou* und zwar) aus gutem Grund!; **sans ~** grundlos; ohne (jeden) Grund, Anlaß; ohne jede Ursache; **non sans ~** nicht ohne Grund; ♦ **avoir qc pour ~** etw zur Ursache haben; **être (la) ~ de qc** die Ursache, der Grund für etw sein; etw verursachen, bewirken *ou* verursacht, bewirkt haben; zu etw führen *ou* geführt haben; **être ~ de confusion** zu Verwechslungen führen, Anlaß geben; **être ~ que...** die Ursache dafür sein, daß...; **quelle (en) est la ~?** was ist die Ursache, der Grund dafür?; *prov* **petites ~s, grands effets** kleine Ursachen, große Wirkungen (*prov*); **2.** (*intérêt*) Sache *f*; Angelegenheit *f*; **~ juste, perdue** gerechte, verlorene Sache; **la ~ du peuple** die Sache des Volkes; **pour la bonne ~** a) für die gute *ou* gerechte Sache; b) F (*pour épouser*) er hat ernste Absichten; **consacrer sa vie au service d'une ~** sein Leben in den Dienst e-r Sache stellen; **faire ~ commune** sich zu'sammentun, -schließen, gemeinsame Sache machen (**avec qn** mit j-m); **prendre fait et ~ pour qn** für j-n Partei ergreifen; sich für j-n einsetzen; **3.** *JUR* (*Rechts*)Sache *f*; (Rechts)Fall *m*; **~ célèbre** berühmter, aufsehenerregender Rechtsfall; **~ civile** Rechtsstreit *m*; **~ criminelle** Strafsache *f*; **avocat** *m* **sans ~(s)** Rechtsanwalt *m* ohne Kli'enten; ♦ *par ext*: **en tout état de ~** auf jeden Fall; in jedem Fall; in jeder Lage; **être en ~** *personne* in die Sache verwickelt sein; daran beteiligt, davon betroffen sein; **intérêts** auf dem Spiel stehen; **sa bonne foi n'est pas en ~** steht außer Frage, nicht zur De'batte; wird nicht angezweifelt; **mettre qn en ~** j-n (mit) hin'einziehen, verwickeln (**dans une affaire** in e-e Angelegenheit); **remettre qc en ~** etw in Frage stellen; **être 'hors de ~** *personne* nicht verdächtigt werden; *chose* nicht in Frage kommen; **mettre qn 'hors de ~** j-n von jedem Verdacht freisprechen; **la ~ est entendue** a) *JUR* die Verhandlung ist abgeschlossen; b) *par ext* die Sache geht in Ordnung; *cf a* **plaider** *l.*; **4.** *GR* complément *m* **de ~** ('Umstands)Bestimmung *f* des Grundes; **proposition** *f* **de ~** Kau'salsatz *m*

causer¹ [koze] *v/t* verursachen; **dommages a** anrichten; **scandale a** auslösen; **her'vorrufen**; sorgen für; **chagrin, joie, soucis a** machen; bereiten (*a surprise*); **troubles, désordre a** stiften; **~ une certaine surprise à qn** j-n ziemlich über'raschen

causer² [koze] *v/t, v/t/indir et v/i* **1.** (*s'entretenir*) **~ (avec qn de qc, qn)** sich unter'halten, plaudern (mit j-m über etw, j-n); reden, sprechen (mit j-m von etw, j-m *ou* über etw, j-n); **~ politique** über Politik sprechen, plaudern; sich über Politik unterhalten; **2.** F (*parler*) sprechen; reden; **~ français** französisch sprechen; *par ext*: **je cause français!** ich drücke mich doch (klar und) verständlich aus!; **à qn** mit j-m sprechen, reden; **je te cause!** hörst du denn nicht!; ich rede mit dir!; **assez causé** F (jetzt ist) genug geschwatzt; **cause toujours (, tu m'intéresses)!** red du nur!; **3.** (*jaser*) klatschen, reden, F tratschen (**sur qn** über j-n); **ça fait ~** das gibt Anlaß zu Gerede

causerie [kozRi] *f* (zwangloser) Vortrag; Plaude'rei *f*

causette [kozɛt] *f* F Schwatz *m*; Schwätzchen *n*; Plausch *m*; **faire la, un brin de, une petite ~** F ein Schwätzchen, e-n Schwatz, e-n Plausch halten; **elle est venue me faire la ~** F sie ist auf e-n Schwatz zu mir gekommen

causeur [kozœR] **I** *m* Plauderer *m*; **un brillant ~** ein glänzender Unter'halter; **II** *adj* ⟨-euse⟩ *cf* **causant**

causeuse [kozøz] *f* kleines Sofa

causse [kos] *m* (dürres) Kalkplateau (im Massif Central)

causticité [kostisite] *f* **1.** *CHIM* ätzende Wirkung; **2.** *fig d'une personne* Scharfzüngigkeit *f*; Bissigkeit *f*; *d'une satire, critique* Bissigkeit *f*; ätzende Schärfe

caustique [kostik] *adj* **1.** *CHIM* ätzend; kaustisch; **2.** *fig* scharf; bissig; *ironie* beißend; schneidend; ätzend; *personne* **avoir l'esprit ~**, **être ~** scharfzüngig sein; von beißender Ironie sein

cauteleux [kotlø] *adj* ⟨-euse⟩ durch'trieben; verschlagen; abgefeimt

cautère [kotɛR, kɔ-] *m MÉD* Kauter *m*; **~ chimique** Ätzmittel *n*; **ça c'est un ~ sur une jambe de bois** das hilft absolut nichts

cautériser [koteRize, kɔ-] *v/t* kauteri'sieren; **blessure a** ausbrennen; **verrue a** (ab)ätzen

caution [kosjɔ̃] *f* **1.** *JUR* **a)** (*garantie*) Bürgschaft *f*; **somme d'argent** Kauti'on *f*; Bürgschaftssumme *f*; **mettre en liberté sous ~** gegen (Stellung e-r) Kaution; **c)** *personne* Bürge *m*; **se porter ~** für j-n Bürge leisten (**pour qn** für j-n); **2.** *loc/adj* **sujet à ~** nicht verbürgt; unzuverlässig; **3.** *fig* (*appui*) moralische Unter'stützung; Garan'tie *f*

cautionnement [kosjɔnma] *m* **1.** *JUR* **a)** *contrat* Bürgschaft(svertrag) *f(m)*; **b)** *somme d'argent* Kauti'on *f*; Sicherheitsleistung *f*; **déposer qc en ~** etw als

cautionner – ceindre

Kaution hinter'legen; *fournir un ~* e-e Kaution stellen; **2.** *fig* (*appui*) Unter-'stützung *f*
cautionner [kosjɔne] *v/t* **1.** JUR *qn, qc* für j-n, etw bürgen; **2.** *fig ~ qn* für j-n bürgen; sich für j-n verbürgen; für j-n gutsagen; **3.** *fig politique etc* unter'stützen; stehen hinter (+*dat*)
Caux [ko] *le pays de ~* Landschaft in der Normandie
Cavaillon [kavajɔ̃] **1.** Stadt im Dep. Vaucluse; **2.** ⚥ *m* Netzmelone *f*
cavalcade [kavalkad] *f* **1.** *défilé* Kaval-'kade *f*; Reiter(auf)zug *m*; **2.** *fig* (*troupe bruyante*) Horde *f*; (lärmende) Schar
cavalcader [kavalkade] *v/i* rennen; F traben; *enfants ~ dans toute la maison* durch das ganze Haus toben
cavale [kaval] *f arg* (*évasion*) Ausbruch *m* (aus dem Gefängnis); *être en ~* ausgebrochen, auf der Flucht sein
cavaler [kavale] F **I** *v/i* **1.** (*courir*) rennen; F her'umrasen; *~ après qn* j-m nachlaufen (*a fig*); F *fig* hinter j-m hersein; **2.** *cf se ~*; **II** *v/pr se ~* (*se sauver*) F sich da'vonmachen; abhauen; verduften
cavalerie [kavalʀi] *f* **1.** MIL **a)** Kavalle-'rie *f*; Reite'rei *f*; F *fig c'est de la grosse ~* das ist Massenware; **b)** aujourd'hui motori'sierte Truppe; (*arme blindée*) Panzerwaffe *f*; **2.** CIRQUE Pferde *n/pl*
cavaleur [kavalœʀ] *m* F *c'est un ~ ou adjt il est ~* er ist ein Schürzenjäger
cavaleuse [kavaløz] *f* F *c'est une ~ ou adjt elle est ~* F sie ist scharf auf Männer
caval|ier [kavalje], **~ière I** *subst* **1.** *m,f* (*personne à cheval*) Reiter(in) *m(f)*; *c'est un bon cavalier* a er reitet gut; er kann gut reiten; **2.** *m,f* **a)** *à table* Tischherr *m*, -dame *f*; **b)** *au bal* Tanzpartner (-in) *m(f)*; Tänzer(in) *m(f)*; Herr *m*; Dame *f*; **c)** *par ext* Begleiter(in) *m(f)*; Herr *m*; Dame *f*; Kava'lier *m*; *fig faire cavalier seul* e-n Al'leingang unter-'nehmen, machen; auf eigene Faust handeln; **3.** *m* MIL Kavalle'rist *m*; **4.** *m* ÉCHECS Springer *m*; Rössel *n*; **5.** *m* TECH Krampe *f*; **II** *adj* **1.** *manières* ungehörig; ungezogen (*a personne*); **2.** *allée, piste cavalière* Reitweg *m*
cave[1] [kav] *f* **1.** Keller *m*; *~ (à vin)* Weinkeller *m*; *une bonne ~, une ~ bien garnie* ein gutgefüllter Weinkeller; *~ à provisions* Vorratskeller *m*; *loc/adv de la ~ au grenier* von Dachboden bis zum Keller; *avoir du vin en ~* e-n Weinvorrat haben; *mettre en ~* einkellern; **2.** *cabaret* Kellerlokal *n*, -bar *f*; **3.** *dans un buffet* Barfach *n*; **4.** *au jeu* Spielgeld *n* (*das der Spieler vor sich auf den Tisch legt*)
cave[2] [kav] *arg m* j, der nicht den Ga-'novenkreisen angehört
cave[3] [kav] *adj yeux* tiefliegend; *joues* hohl; eingefallen; ANAT *veine f ~* Hohlvene *f*
caveau [kavo] *m* ⟨*pl ~x*⟩ **1.** Gruft *f*; Grabgewölbe *n*; *~ de famille* Fa'miliengruft *f*; **2.** ⚥ Name einiger Kabaretts
caverne [kavɛʀn] *f* **1.** Höhle *f*; *~ de brigands* Räuberhöhle *f*; *homme m des ~s* Höhlenmensch *m*; **2.** MÉD Ka-'verne *f*

caverneux [kavɛʀnø] *adj* ⟨-euse⟩ **1.** *voix caverneuse* sehr tiefe Stimme; Grabesstimme *f*; **2.** MÉD kaver'nös; **3.** ANAT *corps ~* Schwellkörper *m*
caviar [kavjaʀ] *m* Kaviar *m*; *~ rouge* Lachs-, Ketakaviar *m*
caviarder [kavjaʀde] *v/t censure*: *texte* unleserlich machen; streichen; über-'drucken; *par ext* zen'sieren
caviste [kavist] *m d'un restaurant* Kellermeister *m*
cavité [kavite] *f* **1.** Hohlraum *m*; Höhlung *f*; *artificielle* a Aussparung *f*; **2.** ANAT Hohlraum *m*; Höhle *f*; *~ thoracique* Brusthöhle *f*, -raum *m*
cawcher [kaʃɛʀ] *adj* ⟨-ère⟩ REL koscher
Cayenne [kajɛn] Hauptstadt von Französisch-Guayana
C.B. [sibi] *f abr* (*citizen band*) CB-Funk *m*
C.C.P. [sesepe] *m abr* (*compte chèque postal*) Postgirokonto [-ʒi-] *n*; Postscheckkonto *n*
ce [s(ə)] **I** *adj/dém m* ⟨*vor Vokal u stummem h cet* [sɛt], *f cette* [sɛt], *pl ces* [se]⟩ dieser, diese, dieses; *pl* diese; *~ cas* dieser Fall; *cet homme* dieser Mann; *cette maison* dieses Haus; *ces tables* diese Tische; *~ livre-là* das Buch da, dort; *st/s* jenes Buch; *cf a ci*; ◆ *être de ces gens qui ...* zu den Leuten gehören, die ...; *ces messieurs sont satisfaits?* sind die Herren zufrieden?; ◆ *temporel: cette année* dieses Jahr; in diesem Jahr; *~ matin, soir* heute morgen, abend; *st/s ~ jour* am heutigen Tage; ◆ *dans des exclamations*: *admiratives ah, ces montagnes!* oh, diese Berge!; *étonnées* F *cette idée!* [stidɛ] was für e-e Idee, ein Gedanke!; *indignées cet idiot!* [stidjo] dieser, so ein Idiot!; ◆ F *pour renforcer: j'ai eu une de ces peurs!* F bin ich erschrocken!; hab' ich e-n Schreck gekriegt!; *il a un de ces rhumes* F er hat e-n Mordsschnupfen; **II** *pr/dém neutre* das; es; ◆ *avec pr*: *~ dont il est accusé* (das,) wessen er beschuldigt wird; *~ dont on parle* (das,) wovon *ou* worüber man spricht; *~ que tu fais* (das,) was ...; *~ que c'est laid!* wie häßlich das ist!; F ist das vielleicht, aber häßlich!; *~ qui me gêne* (das,) was ...; *~ à quoi tu penses* (das,) woran ...; *~ pour quoi je travaille* (das,) wofür ...; ◆ *c'est* es ist; das ist; *ç'aurait été préférable* das wäre vorzuziehen gewesen; *~ doit être de la* muß sie sein; *cf a être* 11.; ◆ *dans des locutions*: *et ~* und das; und zwar; *je dois partir, et ~ dès demain* und zwar schon morgen; *il a refusé de m'entendre, ~, après tout ~ que j'ai fait pour lui* und das nach allem, was ich für ihn getan habe; *et pour ~* (*faire*) zu diesem Zweck; dafür; *sur ~* und damit; und nun; darauf(hin); ◆ *avec p/pr ~ disant* mit, bei diesen Worten; während er, sie etc dies sagte; *~ faisant* dabei; als er etc
CE[1] [seə̃, seɑ̃] *m abr* (*cours élémentaire un*) zweite Grundschulklasse
CE[2] [seədø] *m abr* (*cours élémentaire deux*) dritte Grundschulklasse
C.E.A. [seɑ] *m abr* (*Commissariat à l'énergie atomique*) frz Atomenergiebehörde

céans [seɑ̃] *adv* **1.** *maître m de ~* Hausherr *m*; **2.** *autrefois* hier (drinnen)
C.E.C.A. [seka] *f abr* (*Communauté européenne du charbon et de l'acier*) Mon'tanunion *f*; EGKS *f* (Europäische Gemeinschaft für Kohle und Stahl)
ceci [səsi] *pr/dém* dies(es); das (hier); *~ ou cela* dies oder das; dies(es) oder jenes; *~ dit* abgesehen davon; trotzdem; *je vous dirai ~: ...* ich sage Ihnen dies: ...; ich werde Ihnen folgendes sagen: ...
Cécile [sesil] *f* Cä'cilie *f*
cécité [sesite] *f* MÉD Blindheit *f*; *~ des neiges* Schneeblindheit *f*; *être atteint, frappé de ~* erblinden; blind (geworden) sein
céder [sede] ⟨-è-⟩ **I** *v/t* **1.** *~ qc à qn* j-m *ou* an j-n etw abtreten; j-m etw über-'lassen; etw an j-n abgeben; *~ la parole à qn* j-m das Wort übergeben; *~ le pas à qn* j-m den Vortritt, *fig* den Vorrang lassen; *chose ~ le pas à qc* zu'rücktreten hinter etw (*dat*); weniger vorrangig sein als etw; AUTO *~ le passage à qn* j-m die Vorfahrt lassen; *~ sa place à qn* j-m s-n Platz überlassen; *~ son tour à qn* j-n vorlassen; *cf a terrain* 1.; **2.** (*vendre*) veräußern; JUR ze'dieren; *créance etc* über'tragen (*à qn* auf j-n); abtreten (*an* j-n); *commerce* abgeben; **II** *v/t/indir et v/i* **3.** nachgeben (*à à une impulsion, une prière*); weichen; *~ à qn* j-m nachgeben; *~ au chantage* sich erpressen lassen; *~ à la colère* sich vom Zorn hinreißen lassen; *~ aux, devant les menaces de qn* angesichts j-s Drohungen nachgeben; *~ à la violence, à la force* der Gewalt weichen; *ne pas ~* nicht weichen; nicht nachgeben; standhalten; **4.** *ne le ~ en rien à qn, qc* j-m, e-r Sache in nichts nachstehen, nichts nachgeben; *il ne lui cède en rien* er steht ihm in nichts nach; *il ne cède à personne en habileté* an Geschicklichkeit steht er niemandem, keinem nach; **5.** *sentiment* weichen; *son désespoir céda pour faire place à la résignation* wich (e-m Gefühl) der Resignation; **6.** *sol, branche, digue etc* nachgeben; *corde, câble* reißen
Cedex *ou* **CEDEX** [sedɛks] *m abr* (*courrier d'entreprise à distribution exceptionnelle*) Postadreßcode für Großkunden
cédille [sedij] *f* Ce'dille *f*; *c m ~ (ç)* c *n* mit Cedille
cédrat [sedʀa] *m* BOT Zitro'natzitrone *f*
cèdre [sɛdʀ(ə)] *m* BOT Zeder *f*; (*bois m de*) *~* Zedernholz *n*
C.E.E. [seəə] *f abr* (*Communauté économique européenne*) EWG *f* (Europäische Wirtschaftsgemeinschaft); EG *f* (Europäische Gemeinschaft)
cégétiste [seʒetist] **I** *adj* der C.G.T.; **II** *m,f* Mitglied *n* der C.G.T.
C.E.I. [seəi] *abr* (*Communauté des États indépendants*) la *~* die GUS (Gemeinschaft Unabhängiger Staaten)
ceindre [sɛ̃dʀ(ə)] ⟨*cf peindre*⟩ *litt v/t et v/pr ~ son épée* sich mit dem Schwert gürten; *fig ~ la couronne* den Thron besteigen; *~ sa taille ou se ~ d'une écharpe* e-e Schärpe 'umlegen; *adjt la tête ceinte d'un diadème* das Haupt

mit e-m Diadem geschmückt; *front* **ceint de laurier** mit Lorbeer bekränzt
ceinture [sɛ̃tyʀ] *f* **1.** Gürtel *m*; Gurt *m*; JUDO (**être**) **~ noire** Schwarzgurtträger *m* (sein); MÉD **~ orthopédique** (ortho)'pädische) Ban'dage; HIST **~ de chasteté** Keuschheitsgürtel *m*; **~ de cuir** Ledergürtel *m*; **~ de flanelle** Fla'nellbinde *f*; **~ de natation** Schwimmgürtel *m*; AUTO, AVIAT **~ de sécurité** Sicherheitsgurt *m*; **attacher sa ~** sich anschnallen; den Gurt anlegen; F *fig* **faire ~** leer ausgehen; F in die Röhre; in den Mond gucken; *elliptiquement* **et nous, ~!** F und wir gucken in die Röhre!; und für uns, Neese!; **mettre une ~** e-n Gürtel 'umlegen, 'umschnallen; F **se serrer la ~** F den Gürtel enger schnallen; **2.** Taille *f*; Gürtel(linie) *m(f)*; *de jupe, de pantalon* Bund *m*; BOXE *et fig* **coups** *m/pl* **au-dessous de la ~** Schläge *m/pl* unter die Gürtellinie; *loc/adv* **jusqu'à la ~** bis zur Taille, zum Gürtel; **3.** *fig* Gürtel *m*; Um'fassung *f*; Ring *m*; *à Paris* **la grande, la petite ~** die äußere, innere Ringbuslinie; *d'une ville* **~ verte** Grüngürtel *m*; **chemin** *m* **de fer de ~** Ringbahn *f*
ceinturer [sɛ̃tyʀe] *v/t* **1.** SPORTS *adversaire* um'klammern; *à la lutte* um'fassen; **2.** *adjt* **ville ceinturée de remparts** von e-m Ringwall um'gebene Stadt
ceinturon [sɛ̃tyʀɔ̃] *m* **a)** MIL, POLICE Koppel *n*; **b)** *par ext* breiter Ledergürtel
cela [s(ə)la] *pr/dém* das; dies(es); **à ~** daran; an das; **de ~** davon; darüber; **avoir ~ de bon que ...** das (Gute) für sich haben, daß ...; **il y a cinq ans de ~** es, das ist fünf Jahre her; das war vor fünf Jahren; **qu'à ~ ne tienne** daran soll's nicht liegen; *cf a* **ça** *et* **ceci**
céladon [seladɔ̃] *adj ⟨inv⟩* blaßgrün
célébrant [selebʀɑ̃] *m* ÉGL CATH Zele'brant *m*
célébration [selebʀasjɔ̃] *f d'une fête* Feiern *n*; festliche Begehung; *d'un anniversaire etc* Feier *f*; *de la messe* Zelebrati'on *f*; Zele'brieren *n*; **~ du mariage** Eheschließung *f*; Trauung *f*
célèbre [selɛbʀ(ə)] *adj* berühmt; weithin bekannt; *personne a* gefeiert; **~ dans le monde entier** weltberühmt; **se rendre, devenir ~** berühmt werden (*par* durch)
célébrer [selebʀe] *v/t ⟨-è-⟩* **1.** *fête, victoire, événement* feiern; festlich begehen; *prêtre: messe* zele'brieren; *sacrifice* darbringen; *jeux* abhalten; *prêtre, maire* **~ le mariage** die Trauung vornehmen, voll'ziehen; **~ la mémoire de qn** j-s feierlich gedenken; für j-n e-e Gedenkfeier veranstalten; **2.** (*glorifier*) **~ qn, qc** j-n, etw rühmen, preisen; j-n feiern
célébrité [selebʀite] *f* **1.** Berühmtheit *f*; Ruhm *m*; **jouir d'une grande ~** sehr berühmt sein; **2.** *personne* Berühmtheit *f*; Größe *f*; Promi'nente(r) *f(m)*; **les ~s du monde artistique** die Künstlerprominenz *f*; die prominenten Künstler *m/pl*
celer [səle] *litt v/t ⟨-è-⟩* **~ qc (à qn)** (vor j-m) etw verbergen; (j-m) etw verschweigen, verheimlichen, verhehlen
céleri [sɛlʀi] *m* BOT Sellerie *m ou f*;

~-rave *m* *⟨pl* céleris-raves*⟩* BOT Knollensellerie *m ou f*
célérité [seleʀite] *f* Geschwindigkeit *f*; Flinkheit *f*; **avec ~** geschwind; flink
célesta [selɛsta] *m* MUS Ce'lesta [tʃe-] *f*
céleste [selɛst] *adj* **1.** Himmels...; **corps** *m* **~** Himmelskörper *m*; **2.** REL himmlisch; **colère** *f* **~** göttlicher Zorn; **3.** *fig* (*merveilleux*) himmlisch; 'überirdisch; wunderbar; **4. le ♂ Empire** das Reich der Mitte
Célestin [selɛstɛ̃] *m Vorname*
Célestine [selɛstin] *f Vorname*
célibat [seliba] *m* Ehelosigkeit *f*; Ledigenstand *m*; **~** (*des prêtres*) Zöli'bat *m ou n*
célibataire [selibatɛʀ] **I** *adj* ledig; unverheiratet; **mère** *f* **~** ledige Mutter; **être ~** ledig, Junggeselle, -gesellin sein; **II** *m,f* Junggeselle, -gesellin *f*; Ledige(r) *f(m)*; Unverheiratete(r) *f(m)*; **vie** *f* **de ~** Junggesellenleben *n*, -dasein *n*; *plais:* **en ce moment, je suis ~** bin ich Strohwitwe(r)
Céline [selin] *f Vorname*
celle *cf* **celui**
cellier [selje] *m* **a)** Vorratsraum *m*, -kammer *f*; Speisekammer *f*; **b)** *pour du vin* Vorratsraum *m* für Wein
cellophane [selɔfan] *f, abus m* (*nom déposé*) Cello'phan *ou* Zello'phan *n* (*Wz*); **sous ~** in Cellophan verpackt
cellulaire [selylɛʀ] *adj* **1.** BIOL Zell...; Zellen...; Zellu'lar...; **2. en prison régime** *m* **~** Einzelhaft *f*; **voiture** *f* *ou* **fourgon** *m* **~** Zellenwagen *m*
cellular [selylaʀ] *m* TEXT **chemise** *f* **en ~** Netzhemd *n*
cellule [selyl] *f* **1. en prison, au monastère** Zelle *f*; *par ext* (*pièce exiguë*) Klause *f*; Kämmerchen *n*; MIL Einzelhaft *f*, -arrest *m*; **2.** BIOL, ÉLECT, MÉTÉO, AVIAT Zelle *f*; **~ solaire** Sonnen-, So'larzelle *f*; **3.** POL Zelle *f*; (**réunion** *f* **de**) **~** Zellensitzung *f*; **4.** *fig* **~ familiale** Familie *f* als Gemeinschaft, Gruppe
cellulite [selylit] *f* MÉD Zellu'litis *f*
celluloïd [selyloid] *m* Zellu'loid *n*
cellulose [selyloz] *f* Zellu'lose *f*; Zellstoff *m*; **~ique** *adj* Zellu'lose...
celte [sɛlt] **I** *adj* keltisch; **II** *subst* **1. ♂s** *m/pl* Kelten *m/pl*; **2.** LING **le ~** das Keltische; Keltisch *n*
celtique [sɛltik] *cf* **celte** I *et* II 2.
celui [s(ə)lyi] *pr/dém m ⟨f* **celle** [sɛl]; *m/pl* **ceux** [sø], *f/pl* **celles** [sɛl]*⟩* *sujet* der(-), die(-), das(jenige), *pl* die(jenigen); *obj/dir* den(jenigen), die(-), das (-jenige), *pl* die(jenigen); *obj/indir* **à ~** *etc* dem(-), der(jenigen), *pl* denen, denjenigen; **de ~** *etc* des-, der-, *pl* derjenigen; von dem, der, *pl* denen; **a) avec** *de*: **~ de mon frère** der *ou* den meines Bruders; **mieux que ~ de la dernière fois** besser als der vom letzten Mal; **je prends ~ de huit heures** ich nehme den (Zug, Bus) um acht; *non traduit* **ce n'était pas une tâche facile que celle de** (*+inf*) es war keine leichte Aufgabe zu (*+inf*); **b)** *avec pr/rel*: **~ dont je t'ai parlé** der(jenige), über den ich mit dir gesprochen habe; **celle que nous avons vue** die(jenige), die wir gesehen haben; **~ qui** der(jenige), der; wer; **tout ceux qui** alle (die[jenigen]), die; **quel est ~ que vous préférez?** wel-

chen ziehen Sie vor?; **ceux de mes amis qui** diejenigen meiner Freunde, die; **c)** *avec p/p*: **ces chiffres confirment ceux donnés par les journaux** bestätigen die in den Zeitungen genannten
celui-ci [s(ə)lyisi] *pr/dém m ⟨f* **celle-ci**; *m/pl* **ceux-ci**, *f/pl* **celles-ci**⟩ dieser, diese, dies, *pl* diese (hier); der, die, das, *pl* die (hier); *cf a* **celui-là**
celui-là [s(ə)lyila] *pr/dém m ⟨f* **celle-là**; *m/pl* **ceux-là**, *f/pl* **celles-là**⟩ **a)** *opposé à «celui-ci»* jener, jene, jenes, *pl* jene; *renvoi à ce qui précède* **celui-ci ..., ~ a** der letztere ..., der erstere; letzterer ..., ersterer; **b)** *sans opposition* dieser, diese, dieses, *pl* diese (da); der, die, das, *pl* die (da, dort); **je ne m'attendais pas à celle-là** darauf war ich nicht gefaßt; F **ce qu'ils m'énervent, ceux-là** F die gehen mir vielleicht auf die Nerven; F **elle est bien bonne, celle-là** F das ist e-e tolle Geschichte
cément [semɑ̃] *m* ANAT (Zahn)Ze'ment *m*
cénacle [senakl(ə)] *m d'hommes de lettres, d'artistes* Kreis *m*; Gruppe *f*
cendre [sɑ̃dʀ(ə)] *f* Asche *f*; *fig d'une personne* **les ~s** die sterblichen 'Überreste *m/pl*; **~(s) de cigarettes** Ziga'rettenasche *f*; **paix à ses ~s!** F Friede s-r Asche! (*a plais*); **goût** *m* **de ~** aschiger Geschmack; **couver sous la ~** *a)* feu unter der Asche schwelen; *b) fig révolte etc* unter der Oberfläche schwelen; **faire cuire qc sous la ~** wie in der Asche braten; ÉGL CATH **recevoir les ~s** sich Asche aufs Haupt streuen lassen; **réduire, mettre en ~s** *lieu, ville* in Schutt und Asche legen; **a édifice** einäschern; niederbrennen; **réduit en ~s** völlig niedergebrannt; **renaître de ses ~s** aus der Asche erstehen; 'wiedererstehen
cendré [sɑ̃dʀe] *adj* aschfarben; **lumière** *f* fahl; **blond, gris ~** *⟨inv⟩* aschblond, -grau; **cheveux ~s** aschblonde Haare *n/pl*
cendrée [sɑ̃dʀe] *f* **1.** SPORTS Aschenbahn *f*; **2.** CH kleine Schrotkugeln *f/pl*; Vogeldunst *m*
cendreux [sɑ̃dʀø] *adj* ⟨-euse⟩ **1.** *teint* (asch)grau; (asch)fahl; **2.** *sol etc* aschehaltig; aschig
cendrier [sɑ̃dʀije] *m* Asch(en)becher *m*; F Ascher *m*
Cendrillon [sɑ̃dʀijɔ̃] *f* Aschenbrödel *n*, -puttel *n*
cène [sɛn] *f* **a)** BIBL *et* ART **♂** Abendmahl *n*; **b)** ÉGL PROT (**sainte**) **~** (heiliges) Abendmahl
cens [sɑ̃s] *m* HIST Zensus *m*; **~ électoral** Wahlzensus *m*
censé [sɑ̃se] *adj* **il est ~ être malade** man nimmt an, daß er krank ist; er gilt als krank; man hält ihn für krank; er soll krank sein; **je ne suis pas ~ le savoir** man kann von mir nicht verlangen *ou* erwarten, daß ich es weiß; **nul n'est ~ ignorer la loi** Unkenntnis des Gesetzes schützt nicht vor Strafe
censément [sɑ̃semɑ̃] *adv* (*apparemment*) anscheinend; (*pratiquement*) so gut wie
censeur [sɑ̃sœʀ] *m* **1.** LYCÉE *autrefois* Assis'tent des Di'rektors, der für die allgemeine Diszi'plin verantwortlich ist;

censitaire – céphalée

2. *CIN, PRESSE* Zensor *m*; *fig* strenger Kritiker, Richter; Sittenrichter *m*
censitaire [sãsitɛʀ] *adj HIST* **suffrage** *m* ~ Zensuswahlrecht *n*
censure [sãsyʀ] *f* **1.** Zen'sur *f*; (*commission f de*) ~ Zensur(behörde *f*, -stelle *f*) *f*; **2.** *POL* **motion** *f* **de** ~ 'Mißtrauensantrag *m*
censurer [sãsyʀe] *v/t* **1. a)** (*interdire*) *livre* das Erscheinen (+*gén*), *film* die Aufführung (+*gén*) verbieten; *scène*, *passage* streichen; **b)** (*contrôler*) zen'sieren; **2.** *POL gouvernement* aus 'Mißtrauen aussprechen (+*dat*); **3.** *litt* (*critiquer*) scharf kriti'sieren; streng ins Gericht gehen mit
cent[1] [sã] **I** *num/c* (ein)hundert; *loc/adj* **de ~ ans** [-tã] hundertjährig; ♦ **deux ~(s)** ⟨*bei folgender Zahl sowie als Ordnungszahl ohne s*⟩ zweihundert; **dix-huit ~(s)** *ou* **mille huit ~(s)** achtzehnhundert; (ein)tausendachthundert; *l'an quinze ~* das Jahr fünfzehnhundert; *trois ~s hommes* [-zɔm] dreihundert Mann; *trois ~ dix pages* dreihundertzehn Seiten; *page trois ~* Seite dreihundert; ♦ *fig, par exagération*: **F ~ sept ans** F e-e Ewigkeit; ewig; ~ **fois** zehn-, hundertmal; **vous avez ~ fois raison** Sie haben hundertprozentig recht; **c'est ~ fois mieux** das ist zehn-, hundertmal besser; **faire les ~ pas** hin und her gehen; auf und ab gehen; **je parie ~ contre un** *ou* **il y a ~ à parier contre un que ...** ich wette zehn zu hundert gegen eins, daß ...; **II** *m* **1.** *chiffre* Hundert *f*; *südd a* Hunderter *m*; *cf a deux II*; **2.** *quantité* Hundert *n*; **un ~ de** hundert; **3. pour ~** Pro'zent *n*; **cinq pour ~** (**5%**) fünf Prozent (5%); fünf vom Hundert (*abr v. H.*); **100% laine** 100% Wolle; **augmentation** *f* **de dix pour ~** zehnprozentige Erhöhung; **Erhöhung** *f* von 10%; *intérêt m de 7%* 7% Zinsen; ♦ *fig* **Breton etc (à) ~ pour ~** hundertprozentiger, typischer, F waschechter Bretone *etc*
cent[2] [sɛnt] *m monnaie* Cent [(t)sɛnt] *m*
centaine [sãtɛn] *f* **1.** Hundert *n*; **une ~** etwa, ungefähr, rund, zirka, an die hundert (*de personnes* Leute, Personen); *par ~s* zu Hunderten; **2.** *dans les nombres* Hunderter *m*
centaure [sãtɔʀ] *m MYTH* Zen'taur *ou* Ken'taur *m*
centaurée [sãtɔʀe] *f BOT* Flockenblume *f*
centenaire [sãtnɛʀ] **I** *adj* hundertjährig; hundert Jahre alt; **deux fois ~** zweihundertjährig; **plusieurs fois ~** mehrere hundert Jahre alt; **devenir ~** (über) hundert Jahre (alt) werden; **II** *subst* **1.** *m,f personne* Hundertjährige(r) *f(m)*; **2.** *m anniversaire* hundertster Jahrestag; hundertjähriges Jubi'läum; Hundert'jahrfeier *f*; *d'une ville* **'huitième ~** achthundertjähriges Bestehen; **le quatrième ~ de sa mort, de sa naissance** sein vierhundertster Todes-, Geburtstag; **célébrer, fêter le ~ de la ville** die Hundertjahrfeier der Stadt begehen; das hundertjährige Bestehen der Stadt feiern
centésimal [sãtezimal] *adj* ⟨-aux⟩ zentesi'mal; Zentesi'mal...; hundertteilig
centième [sãtjɛm] **I** *num/o* hundert-

ste(r, -s); **II** *subst* **1. le, la ~** der, die, das hundertste; **2.** *m MATH* Hundertstel *n*; **~ de seconde** Hundertstelsekunde *f*; **3.** *THÉ* **la ~** die hundertste Aufführung
centigrade [sãtigʀad] *adj* **degré ~** Grad *m* Celsius
centi|gramme [sãtigʀam] *m* (*abr cg*) Zenti'gramm *n* (*abr cg*); **~litre** *m* (*abr cl*) Zenti'liter *m ou n* (*abr cl*)
centime [sãtim] *m* Cen'time *m*; *en Suisse* Rappen *m*; **pièce** *f* **de dix ~s** Zehncen'timestück *n*, -münze *f*; *fig*: **n'avoir pas un ~** keinen Pfennig haben; **je n'ai pas eu à dépenser un ~** ich brauchte keinen Pfennig auszugeben
centimètre [sãtimɛtʀ(ə)] *m* **1.** (*abr cm*) Zenti'meter *m ou n* (*abr cm*); **~ carré, cube** Qua'drat-, Ku'bikzentimeter *m ou n*; **2. ~ (de couturière)** Zentimetermaß *n*
centrafricain [sãtʀafʀikɛ̃] *adj* zen'tralafrikanisch; **la République ~e** die Zentralafrikanische Republik
centrage [sãtʀaʒ] *m TECH, OPT* Zen'trierung *f*; *AVIAT* Trimmung *f*
central [sãtʀal] ⟨*m/pl* -aux⟩ **I** *adj* zen'tral; Zen'tral...; Haupt...; zen'tral *ou* im Mittelpunkt gelegen; **administration ~e** Zentralverwaltung *f*; zentrale Verwaltung; *l'Amérique ~e* Mittelamerika *n*; *l'Asie ~e* Inner-, Zentralasien *n*; *POL* **comité ~** Zentralkomitee *n* (*abr ZK*); **École ~e (des arts et manufactures)** *ou subst* **♀e** *f* Hochschule zur Ausbildung von Ingenieuren in Paris; *l'Europe ~e* Mitteleuropa *n*; *d'Europe ~e* mitteleuropäisch; **maison, prison ~e** *ou subst* **~e** *f* Zentralgefängnis *n*; Zuchthaus *n*; **partie ~e** Mitte(lteil) *f(m)*; zentraler Teil; Zentrum *n*; **thème ~** zentrales Thema; Hauptthema *n*; **quartier c'est très ~** es ist sehr zentral gelegen; es liegt sehr zentral; **II** *subst* **1.** *m* **~ (téléphonique)** (Tele'fon)Zentrale *f*, (-)Vermittlung *f*; Fern(melde)amt *n*; **2.** *f* **~e syndicale, ouvrière** Gewerkschaftsbund *m*; **3. ~e (électrique)** Kraftwerk *n*; Elektrizi'tätswerk *n*; E-Werk *n*; **~ atomique, nucléaire** A'tom-, Kernkraftwerk *n*; **~e hydro-électrique, solaire, thermique** Wasser-, Sonnen-, Wärmekraftwerk *n*; **4.** *f COMM* **~e d'achat** Einkaufszentrale *f*
centralisa|teur [sãtʀalizatœʀ] *adj* ⟨-trice⟩ zentrali'sierend; zentra'listisch; **~tion** *f* Zentrali'sierung *f*; Zentralisati'on *f*
centraliser [sãtʀalize] *v/t* zentrali'sieren; zu'sammenfassen; sammeln; *adjt* **centralisé** zentrali'siert
centralisme [sãtʀalism(ə)] *m* Zentra'lismus *m*
centre [sãtʀ(ə)] *m* **1.** Mittelpunkt *m* (*a MATH*); Zentrum *n*; Mitte *f*; **le ~ de la France** *ou* **le ♀** Mittelfrankreich *n*; **~ de la Terre** Mittelpunkt der Erde; Erdmittelpunkt *m*; **~ de la ville** Stadtzentrum *n*, -mitte *f*; Zentrum der Stadt; *panneau* **~ ville** (zur) Stadtmitte; **au ~** in der Mitte (*de gén*); **en plein ~ de** mitten in (+*dat*); **habiter en plein ~** in der Stadtmitte, im Zentrum wohnen; **2.** *PHYS* Mittelpunkt *m*; **~ de gravité** Schwerpunkt *m*; **3.** *PHYSIOL* **~ nerveux** Nervenzentrum *n* (*a fig*); **~s vitaux**

a) lebenswichtige Organe *n/pl*; **b)** *fig* lebenswichtige Einrichtungen *f/pl*; **4. a)** *ville, lieu* Zentrum *n*; Hauptort *m*; **~ agricole** Hauptort e-s ländlichen Gebiets; **~ industriel, touristique** Indu'strie-, Fremdenverkehrszentrum *n*; **grands ~s urbains** Großstädte *f/pl*; **b)** *dans une ville* Viertel *n*; **~ des affaires** Geschäftsviertel *n*; **5.** (*service centralisateur*) Zentrum *n*; Zen'trale *f*; Stelle *f*; Anstalt *f*; Insti'tut *n*; **~ commercial** Einkaufszentrum *n*; **~ culturel** Bildungs-, Kul'turzentrum *n*; **~ hospitalier** Krankenhaus *n*; **♀ national de la recherche scientifique** *cf C.N.R.S.*; **~ d'accueil a)** *pour touristes etc* Beratungs- und Informati'onsstelle *f*; **b)** *pour réfugiés* Auffanglager *n*; **~ de chèques postaux** Postgiroamt *n*; Postscheckamt *n*; **~ d'enseignement par correspondance** *ou* **~ de téléenseignement** Fernlehrinstitut *n*; **~ de formation professionnelle** Berufsausbildungsstätte *f*; **~ de loisirs** Freizeitzentrum *n*; **~ de recherches, d'études** Forschungsinstitut *n*, -zentrum *n*, -stätte *f*; **~ de santé** *cf* **dispensaire**; **6.** *POL* Mitte *f*; **~ gauche** gemäßigte Linke; linke Mitte; **parti** *m* **du ~** Partei *f* der Mitte; **7.** *fig* Mittel-, Brennpunkt *m*; **~ d'attraction** (Haupt)Anziehungspunkt *m*; Ma'gnet *m*; **~ d'intérêt a)** Mittel-, Brennpunkt des Interesses; **b)** (zentrales) Thema; *adjt* **idée** *f* **~** zentraler Gedanke; **être au ~ de l'actualité** hochaktuell sein; **être au ~ de la discussion** im Mittelpunkt der Diskussion stehen; **8.** *SPORTS* **a)** *joueur* (**avant** *m*) **~** Mittelstürmer *m*; **b)** *passe* Flanke *f*
centrer [sãtʀe] **I** *v/t* **1.** (*disposer au centre*) in die Mitte setzen, rücken; *PHOT* in den Bildmittelpunkt legen; **2.** *TECH* zen'trieren (*a OPT*); *AVIAT* trimmen; **3.** *fig* **être centré sur** sich drehen um; zum Gegenstand haben; gerichtet sein auf (+*acc*); **II** *v/i SPORTS* (zur Mitte) flanken
centrifugation [sãtʀifygasjɔ̃] *f* Zentrifu'gieren *n*
centrifuge [sãtʀifyʒ] *adj PHYS* zentrifu'gal; **force** *f* **~** Zentrifu'gal-, Fliehkraft *f*; Schwungkraft *f*
centrifug|er [sãtʀifyʒe] *v/t* ⟨-geons⟩ zentrifu'gieren; schleudern; **~euse** *f* Zentri'fuge *f*
centripète [sãtʀipɛt] *adj PHYS* zentripe'tal; **force** *f* **~** Zentripe'talkraft *f*
centriste [sãtʀist] *POL* **I** *adj* der Mitte; **II** *m,f* Abgeordnete(r) *f(m) ou* Kandi'dat(in) *m(f)* der Mitte
centuple [sãtypl(ə)] **I** *adj* hundertfach; **II** *subst* **le ~** das Hundertfache; **au ~** hundertfach (*a fig*)
centupler [sãtyple] **I** *v/t* verhundertfachen; **II** *v/i* sich verhundertfachen; auf das Hundertfache steigen
centurion [sãtyʀjɔ̃] *m HIST* Zen'turio *m*
cénure [senyʀ] *m VÉT, ZO* Drehwurm *m*
cep [sɛp] *m* **~ (de vigne)** Wein-, Rebstock *m*
cépage [sepaʒ] *m* Rebsorte *f*
cèpe [sɛp] *m BOT* Steinpilz *m*
cependant [s(ə)pãdã] *conj* je'doch; doch; in'dessen; dennoch; *litt* **~ que** während
céphalée [sefale] *f sc MÉD* Kopfschmerzen *m/pl*

céphalo|pode [sefalɔpɔd] *m ZO* Kopffüßer *m*; **~-rachidien** *adj* ⟨~ne⟩ *ANAT, MÉD* Gehirn-Rückenmarks-...
céramique [seRamik] **I** *adj* ke'ramisch; Ke'ramik...; **II** *f* Ke'ramik *f*; *loc/adj de, en* ~ Keramik...
céramiste [seRamist] *m,f* Ke'ramiker(-in) *m(f)*
cérat [seRa] *m PHARM* Wachssalbe *f*
cerbère [seRbɛR] *m MYTH* ♂ *et fig* Zerberus *m*; *myth a* Höllenhund *m*
cerceau [sɛRso] *m* ⟨*pl* ~x⟩ **1.** *de tonneau* Reifen *m*; Faßband *n*; *d'acrobate, jouet* Reif(en) *m*; *jouer au* ~ den Reifen treiben; **2.** *pl* ~x (*arceaux*) bogenförmiges Gestell
cercle [sɛRkl(ə)] *m* **1.** Kreis *m* (*a MATH, GÉOGR*); ~ **polaire** Po'larkreis *m*; **entourer qc d'un** ~ e-n Kreis um etw beschreiben, machen; etw mit e-m Kreis um'randen; **2.** *de personnes* Kreis *m*; Ring *m*; ~ **d'admirateurs**, **de curieux** Kreis, Schar *f* von Verehrern, Neugierigen; **faire** ~ **autour de qn** sich um j-n scharen; j-n um'ringen; **former un** ~ **autour de qn, qc** um j-n, etw e-n Kreis bilden; **3.** *fig (groupe)* Kreis *m*; Zirkel *m*; (*club*) Klub *m*; *de dames* Kränzchen *n*; ~ **militaire** (Offi'ziers)Ka'sino *n*; ~ **d'amis** Kreis von Freunden; Freundeskreis *m*; ~ **d'études** Arbeitsgemeinschaft *f*, -kreis *m*; ~ **de famille** Kreis der Familie; ~ **de relations** Bekanntenkreis *m*; **4.** *fig (étendue)* Bereich *m*; Kreis *m*; 'Umfang *m*; ~ **magique** Zauber-, Bannkreis *m*; ~ **vicieux** Teufelskreis *m*; Circulus viti'osus *m*; **5.** (*anneau*) Ring *m*; (*cerceau*) (Faß)Reifen *m*
cercler [sɛRkle] *v/t tonneau* bereifen; binden; *roue* beschlagen; *adjt* **lunettes cerclées d'or** Brille *f* mit Goldrand
cercopithèque [sɛRkɔpitɛk] *m ZO* Meerkatze *f*
cercueil [sɛRkœj] *m* Sarg *m*
Cerdagne [sɛRdaɲ] **la** ~ Landschaft in den Pyrenäen
céréale [seReal] *f* Getreideart *f*; ~s *pl* Getreide *n*
céréalier [seRealje] **I** *adj* ⟨-ière⟩ Getreide...; **culture** *céréalière* Getreideanbau *m*; **II** *m* Getreideproduzent *m*
cérébral [seRebRal] *adj* ⟨-aux⟩ **1.** *ANAT, MÉD* Gehirn...; (Groß)Hirn...; **hémorragie** ~ Gehirnblutung *f*; **mort** ~ Gehirntod *m*; **2.** (*intellectuel*) geistig; Geistes...; *subst* **c'est un** ~ er ist ein Verstandesmensch
cérébro-spinal [seRebRospinal] *adj* ⟨-aux⟩ *ANAT* zerebrospi'nal
cérémonial [seRemɔnjal] *m* ⟨*pl* -als⟩ **1.** Zeremoni'ell *n* (*a REL*); **2.** *fig* Ritu'al *n*; Zeremoni'ell *n*
cérémonie [seRemɔni] *f* **1.** Zeremo'nie *ou* Zere'monie *f*; Feier(lichkeit) *f*; (*mariage*) ~ **civile, religieuse** standesamtliche, kirchliche Trauung; ~ **du mariage** Trauung *f*; Trauungszeremonie *f*; **tenue** *f* **de** ~ feierliche Kleidung; Gesellschaftsanzug *m*; **2.** *péj* Förmlichkeit *f*; über'triebene Höflichkeit; *loc/adv* **en grande** ~ 'umständlich; feierlich; förmlich; mit großem Pomp, Aufwand; **sans** ~ zwanglos; ohne 'Umstände; ungezwungen; **faire des** ~s sich zieren; sich nötigen lassen; 'Umstände machen
cérémonieux [seRemɔnjø] *adj* ⟨-euse⟩ zeremoni'ell; zeremoni'ös; förmlich

cerf [sɛR] *m ZO* Hirsch *m*
cerfeuil [sɛRfœj] *m BOT* Kerbel *m*
cerf-volant [sɛRvɔlɑ̃] *m* ⟨*pl* cerfs-volants⟩ **1.** (Pa'pier)Drachen *m*; **lancer un** ~ e-n Drachen steigen lassen; **2.** *ZO* Hirschkäfer *m*
cerisaie [s(ə)Rizɛ] *f* Kirschgarten *m*
cerise [s(ə)Riz] *f* **1.** *BOT* Kirsche *f*; ~s **anglaises** Sauerkirschen *f/pl*; **devenir rouge comme une** ~ knall-, puterrot werden; **2.** *adjt* (*rouge*) ~ ⟨*inv*⟩ kirschrot; **3.** *F fig* **avoir la** ~ Pech haben
cerisier [s(ə)Rizje] *m* **1.** *BOT* Kirschbaum *m*; Kirsche *f*; **2.** *bois* Kirschbaum(holz) *m(n)*
CERN [sɛRn] *m abr* (Organisation européenne [jusqu'en 1954 Conseil européen] pour la recherche nucléaire) Europäisches Laboratorium für Teilchenphysik in Genf
cerne [sɛRn] *m* **1.** *autour des yeux* ~s *pl* Ringe *m/pl* (um die Augen); Schatten *m/pl* (unter den Augen); **2.** *d'un dessin* Strich *m* zum Her'vorheben von Kon'turen
cerné [sɛRne] *adj* **avoir les yeux** ~s (tiefe) Schatten unter den Augen, (dunkle) Ringe um die Augen haben
cerneau [sɛRno] *m* ⟨*pl* ~x⟩ *BOT* halbreifer Nußkern
cerner [sɛRne] *v/t* **1.** einkreisen; einschließen; 'umzingeln; um'stellen; *MIL, POLICE a* abriegeln; **2.** *fig* **problème** klar erkennen, erfassen; ausleuchten; **3.** *st/s* (*entourer*) um'geben; *dessin* kontu'rieren
certain [sɛRtɛ̃] **I** *adj* ⟨*nach dem subst od prädikativ*⟩ **a)** *fait, preuve etc* sicher; zuverlässig; *fait a* feststehend; **c'est** ~ das ist sicher, gewiß; das steht fest; **il est** ~ **qu'il ne viendra pas** es steht fest *ou* ist sicher, daß er nicht kommt; er kommt ganz bestimmt nicht; **faire des progrès** ~s entschieden Fortschritte machen; **b)** *personne* **être** ~ **de qc** e-r Sache (*gén*) sicher sein; **j'en suis** ~ dessen bin ich sicher, gewiß; **être** ~ **de** (+*inf*) *ou* **que** ... sicher sein zu (+*inf*) *ou* daß ...; **II** *adj/ind* ⟨*vor dem subst*⟩ gewisse(r, -s); bestimmte(r, -s); einige(r, -s); manche (r, -s); *souvent péj* **un** ~ **X** ein gewisser X; **d'un** ~ **âge** [sɛRtɛnaʒ] nicht mehr ganz jung; schon etwas älter; mittleren Alters; **iron une personne d'un** ~ **âge, mais d'un âge** ~ wirklich nicht mehr im ersten Frühling; **à partir d'un** ~ **âge** von e-m gewissen, bestimmten Alter an; **dans** ~s **cas** in gewissen, bestimmten, einigen, manchen Fällen; ~ **jour que** ... e-s Tages, als ...; **je me rappelle** ~s **jours où** ... ich erinnere mich an gewisse, manche Tage, wo *ou* da ...; **un** ~ **nombre de fois** einige Male; einigemal; ~**es personnes** gewisse Leute; einige, manche (Leute); **au bout d'un** ~ **temps** nach einiger, e-r gewissen Zeit; **III** *pr/ind* ~s *pl* gewisse Leute; einige, manche (Leute); ~s **de ses collègues** einige, manche s-r Kollegen
certainement [sɛRtɛnmɑ̃] *adv* sicher(-lich); gewiß; bestimmt; **réponse** (**mais**) ~ allerdings; (aber) sicher, gewiß, bestimmt; **il viendra** ~ **demain** *ou* **F** ~ **qu'il viendra demain** er kommt ganz bestimmt morgen; bestimmt, sicher kommt er morgen

certes [sɛRt] *adv st/s* **1.** affirmatif gewiß; sicher; *st/s* wahrlich; gewißlich; **2.** concessif gewiß; zwar; freilich; **il a de la bonne volonté,** ~, **mais** ... er ist gewiß, zwar gutwillig, aber ...
certificat [sɛRtifika] *m* Zeugnis *n*; Bescheinigung *f*; Schein *m*; Nachweis *m*; At'test *n*; Bestätigung *f*; Zertifi'kat *n*; ~ **médical** ärztliches Zeugnis, Attest; ärztliche Bescheinigung; ~ **d'arrêt de travail** Arbeitsunfähigkeitsbescheinigung *f*; ~ **d'études** (**primaires**) Volksschulabschluß(zeugnis) *m(n)*; ~ **de scolarité** Bescheinigung über den regelmäßigen Schulbesuch; ~ **de travail** Arbeitszeugnis *n*, -bescheinigung *f*; ~ **de vaccination** Impfzeugnis *n*, -schein *m*; *cf a* **C.A.P.** *et* **CAPES**
certifié(e) [sɛRtifje] *m(f) ou adj* **professeur certifié** Gymnasi'allehrer(in) *m(f)* mit C.A.P.E.S.; *correspond a* Studienrat *m*, -rätin *f*
certifier [sɛRtifje] *v/t* **1.** ~ **qc à qn** j-m etw bestätigen; j-m etw (fest) versichern; ~ **à qn que** ... j-m bestätigen, versichern, daß ...; **2.** *JUR, ADM* beglaubigen; *adjt* **copie certifiée conforme** beglaubigte Abschrift
certitude [sɛRtityd] *f* Sicherheit *f*; Gewißheit *f*; **avec** ~ mit Sicherheit; **avoir la** ~ **de** (+*inf*) *ou* **que** ... die Gewißheit haben zu (+*inf*) *ou* daß ...; sicher, gewiß sein, daß ...; **c'est une** ~ das ist sicher, gewiß; das steht fest
cérumen [seRymɛn] *m* Ohrenschmalz *n*
céruse [seRyz] *f CHIM, PEINT* Bleiweiß *n*
cerveau [sɛRvo] *m* ⟨*pl* ~x⟩ **1.** *ANAT* (Ge)Hirn *n*; *au sens strict* Großhirn *n*; **2.** *fig personne* Kopf *m*; **un grand** ~ ein bedeutender Kopf; ein großer Wissenschaftler; **fuite** *f* **des** ~x Brain-Drain ['breɪndreɪn] *m*; **3.** *fig d'une entreprise etc* Gehirn *n*, (Schalt)Zen'trale *f*; **4.** ~ **électronique** Elek'tronengehirn *n*
cervelas [sɛRvəla] *m CUIS* Fleischwurst *f*
cervelet [sɛRvəlɛ] *m ANAT* Kleinhirn *n*
cervelle [sɛRvɛl] *f* **1.** Hirnsubstanz *f*, -masse *f*; **se brûler** *ou* **se faire sauter la** ~ sich e-e Kugel durch den Kopf schießen, jagen; **2.** *CUIS* Hirn *n*; *nordd* Bregen *m*; **3.** *fig* Hirn *n*; Verstand *m*; **avoir une** ~ **d'oiseau** *F* ein Spatzenhirn haben; keine Grütze im Kopf haben; **il n'a pas de** ~ *ou* **c'est une tête sans** ~ er hat ein Gedächtnis wie ein Sieb; *cf a* **creuser** 7.
cervical [sɛRvikal] *adj* ⟨-aux⟩ *ANAT* **1.** (*du cou*) Hals...; Nacken...; *sc* zervi'kal; **douleur** ~e Genick-, Nackenschmerzen *m/pl*; **vertèbre** ~e Halswirbel *m*; **2.** (*du col de l'utérus*) Gebärmutterhals...; *sc* zervi'kal
cervidés [sɛRvide] *m/pl ZO* Hirsche *m/pl*
Cervin [sɛRvɛ̃] **le mont** ~ das Matterhorn
cervoise [sɛRvwaz] *f HIST* Bier *n*
ces *cf* **ce**
C.E.S. [seəɛs] *m abr* (*collège d'enseignement secondaire*) *correspond à* Re'alschule *n*; Progymnasium *n*
Césaire [sezɛR] *m Vorname*
César [sezaR] *m HIST* Cäsar *m*
césarienne [sezaRjɛn] *f MÉD* Kaiserschnitt *m*
césium [sezjɔm] *m CHIM* Cäsium *n*
cessant [sesɑ̃] *loc/adv ADM* **toute(s)** af-

cessation – chaise

faire(s) ~e(s) vordringlich; vor allem anderen; unverzüglich; so'fort
cessation [sɛsasjõ] *f* Einstellung *f*; Aufhören *n*; *~ de commerce* Geschäftsaufgabe *f*; *JUR ~ de paiements* Zahlungseinstellung *f*
cesse [sɛs] *f* **1.** *loc/adv sans ~* unaufhörlich; ständig; dauernd; rastlos; **2.** *n'avoir pas de ~ que ...* (+*subj*) ou *avant de* (+*inf*) nicht ruhen und rasten, bis ...; nicht eher ruhen, (als) bis ...; keine Ruhe geben, bis (nicht) ...
cesser [sese] **I** *v/t* einstellen; aufhören mit; *cessez vos bavardages!* hört auf mit eurem Gerede!; *~ le combat* den Kampf abbrechen; die Kampfhandlungen einstellen; *~ la fabrication d'un modèle* ein Modell nicht mehr herstellen; *~ ses fonctions* aus dem Amt scheiden; *~ le travail* die Arbeit niederlegen, einstellen; ♦ *~ de* (+*inf*) aufhören zu (+*inf*); (*a avoir cessé de* [+*inf*]) nicht mehr (+*verbe conjugué*); *ne pas ~ de* (+*inf*), *st/s ne ~ de* (+*inf*) nicht aufhören zu (+*inf*); unaufhörlich, ständig, dauernd (+*verbe conjugué*); *il n'a pas cessé de bavarder* er hat dauernd, unaufhörlich geschwatzt; *loi d'être en vigueur* außer Kraft treten; *influence ~ de se faire sentir* nicht mehr spürbar sein; *avoir cessé de vivre* tot sein; nicht mehr sein; **II** *v/i* aufhören; *musique, récit, lien a* abbrechen; *combat, feu a* eingestellt werden; *influence* nicht mehr wirken, wirksam sein; *faire ~ qc* e-r Sache (*dat*) ein Ende machen
cessez-le-feu [seselfø] *m* ⟨*inv*⟩ Waffenruhe *f*; Feuereinstellung *f*
cessible [sesibl(ə)] *adj JUR* über'tragbar; abtretbar
cession [sesjõ] *f JUR* Über'tragung *f*; Überlassung *f*; Abtretung *f* (*a d'une créance*); Zessi'on *f*; *de commerce* Abgabe *f*; (*vente*) Veräußerung *f*
c'est [sɛ, se] *cf être* 11.
c'est-à-dire [setadiʀ] *loc/conj* (*abr c.-à-d.*) das heißt (*abr* d.h.); nämlich; also; *~ que* das heißt (, daß); *excuse ~ que nous sommes invités chez ...* oh, das geht leider nicht, wir sind bei ... eingeladen
césure [sezyʀ] *f d'un vers* Zä'sur *f*
cet *cf ce*
cétacé [setase] *m ZO* Wal *m*
cétone [seton] *f CHIM* Ke'ton *n*
cette *cf ce*
ceux *cf celui*
Cévennes [seven] *les ~ f/pl* die Ce'vennen *pl*
cévenol [sev(ə)nɔl] *adj* (*et subst* ⚥ Bewohner) der Ce'vennen
Ceylan [selɑ̃] *HIST* Ceylon *n*
ceylanais [selanɛ] **I** *adj* ceylo'nesisch; **II** *subst* ⚥(*e*) *m(f)* Ceylo'nese, -'nesin *m,f*
cf. *abr* (*confer*, *«reportez-vous à»*) vgl. (vergleiche) *ou* cf.
C.F.A. [seefa] *adjt abr* (*Communauté financière africaine*) *franc m ~* Franc *m* C.F.A. (*Währung der „Afrikanischen Finanzgemeinschaft"*)
C.F.C. [seefse] *m/pl abr* (*chlorofluorocarbones*) FCKW *m/pl* (Fluorchlorkohlenwasserstoffe)
C.F.D.T. [seefdete] *f abr* (*Confédération française [et] démocratique du travail*) sozialistisch orientierte Gewerkschaft

C.F.T.C. [seeftese] *f abr* (*Confédération française des travailleurs chrétiens*) christliche Gewerkschaft
C.G.C. [seʒese] *f abr* (*Confédération générale des cadres*) Angestelltengewerkschaft
C.G.T. [seʒete] *f abr* (*Confédération générale du travail*) kommunistisch orientierte Gewerkschaft
ch *abr* (*cheval-vapeur ou chevaux-vapeur*) PS (Pferdestärke[n])
chabichou [ʃabiʃu] *m* ein Ziegenkäse aus Poitou
chablis [ʃabli] *m* ein Weißwein aus Burgund
chabrol [ʃabʀɔl] *m ou* **chabrot** [ʃabʀo] *m* Wein *m* mit Fleischbrühe
chacal [ʃakal] *m* ⟨*pl* -als⟩ *ZO* Scha'kal *m*
chacon(n)e [ʃakɔn] *f danse, MUS* Cha'conne *f*
chacun [ʃakɛ̃, -kœ̃] *pr/ind* ⟨*chacune* [ʃakyn]⟩ **1.** jede(r, -s) (einzelne); *~ de nous ou d'entre nous* jeder von uns; *~ des deux* jeder der beiden; alle beide, zwei; *partir ~ de son côté* auseinandergehen; *ils ont rempli ~ leur ou sa mission* jeder (von ihnen) hat s-n Auftrag erfüllt; *en distribuant ~ le sien* jedem einen (für sich); *il leur consacre dix minutes ~* er widmet jedem zehn Minuten; *cf a tour*[2] 7.; **2.** ⟨*nur m*⟩ jeder(mann); *st/s tout un ~* jedermann, ein jeder; *à ~ selon son mérite* jedem nach s-m Verdienst; *prov ~ pour soi et Dieu pour tous* jeder für sich und Gott für uns alle (*prov*); **3.** *plais ~ sa ~e* jeder mit e-r, s-r Dame
chafouin [ʃafwɛ̃] *adj* durch'trieben; verschlagen; *visage ~ a* Fuchsgesicht *n*
chagrin [ʃagʀɛ̃] **I** *adj* **1.** *st/s* (*triste*) bekümmert; bedrückt; betrübt; **2.** *litt* (*morose*) griesgrämig; verdrießlich; grämlich; **II** *m* **1.** Kummer *m*; Gram *m*; Betrübnis *f*; Leid *n*; *d'un enfant gros ~* großer Kummer; *~ d'amour* Liebeskummer *m*; *~ d'enfant* kindlicher Kummer, Schmerz; *avoir du ~* Kummer haben; *elle en a eu beaucoup de ~* sie hat ihr großen Kummer gemacht; *faire du ~ à qn* j-m Kummer machen, bereiten; j-m Leid verursachen, bringen; *mourir de ~* vor Kummer, an gebrochenem Herzen sterben; **2.** *cuir* Cha'grin(leder) *m*
chagriner [ʃagʀine] *v/t* **1.** (*attrister*) bekümmern; betrüben; bedrücken; **2.** (*contrarier*) (ver)ärgern; verdrießen
chah [ʃa] *m HIST le ~* (*d'Iran*) der Schah (von Persien)
chahut [ʃay] *m à l'école* Krach *m*; F Ra'dau *m*; Ra'batz *m*; *faire du ~* Krach *etc* machen
chahuter [ʃayte] **I** *v/t ~ un conférencier* e-n Redner dauernd unter'brechen (und niederschreien); *~ un professeur* den 'Unterricht e-s Lehrers dauernd stören; *professeur il est chahuté ou il se fait ~* in s-n Stunden wird immer Krach, F Radau, Rabatz gemacht; **II** *v/i écoliers* den 'Unterricht stören; Krach, F Radau, Rabatz machen
chahuteur [ʃaytœʀ] **I** *adj* ⟨-euse⟩ écolier undiszipli'niert; aufsässig; **II** *m* Krachmacher *m*; Ra'daubruder *m*
chai [ʃɛ] *m* Weinlager *n*; (ebenerdiger) Weinkeller

chaîne [ʃɛn] *f* **1.** Kette *f* (*a bijou*); AUTO *~s pl* Schneeketten *f/pl*; *~* (*de bicyclette*) Fahrradkette *f*; *~ de montre, d'or, de sûreté* Uhr-, Gold-, Sicherheitskette *f*; **2.** INDUSTRIE *~ de montage* Fließ-, Mon'tageband *n*; *travail m à la ~* Fließ(band)arbeit *f*; Arbeit *f* am Fließband; *travailler à la ~* am Fließband arbeiten; **3.** *fig de choses et de personnes* Kette *f*; Reihe *f*; (Aufein'ander)Folge *f*; *d'hôtels etc* Kette *f*; *~* (*de montagnes*) Gebirgskette *f*, -zug *m*; *la ~ des Alpes* die Alpenkette; *ÉCON ~ du froid* Kühlkette *f*; *COMM ~ de magasins* Ladenkette *f*; *AUTO collision f en ~* Massenkarambolage *f*; Serienunfall *m*; *NUCL et fig réaction f en ~* Kettenreaktion *f*; *faire la ~* e-e Kette bilden; **4.** *fig et litt ~s* Fesseln *f/pl*; *Bande m/pl*; Ketten *f/pl*; *briser ses ~s* die, s-e Ketten zerbrechen; die Fesseln sprengen; **5.** *RAD, TV* Sender(netz) *m(n)*; Pro'gramm *n*; *sur la première ~* im ersten Programm; **6.** ('*haute fidélité*, '*hi-fi*, *stéréo*) Stereoanlage *f*; Hi-Fi-Anlage *f*; **7.** *TEXT* Kette *f*; Zettel *m*; *fil m de ~* Kettfaden *m*, -garn *n*
chaînette [ʃɛnɛt] *f* Kettchen *n*; *COUT point m de ~* Kettenstich *m*
chaînon [ʃɛnõ] *m* **1.** (*maillon*) (Ketten)Glied *n*; **2.** *fig* Glied *n* in der Kette; **3.** *de montagnes* Bergkette *f*
chair [ʃɛʀ] *f* **1.** Fleisch *n*; *d'une personne ~ ferme* festes Fleisch; *de poisson, volaille ~ tendre* zartes Fleisch; *fig ~ à canon* Ka'nonenfutter *n*; *CUIS ~ à pâté* Pa'stetenfleisch *n*; *menace je te hacherai menu comme ~ à pâté!* F aus dir mach' ich Hackfleisch!; *~ à saucisse(s)* gewürztes Hackfleisch; Hackepeter *m*; *adjt: du cuir côté ~* Aas-, Fleischseite *f*; (*couleur*) *~* ⟨*inv*⟩ fleischfarben; *loc/adv: ~* *en ~ et en os* leibhaftig; in eigener Person; *en pleine ~* (tief) ins *ou* im Fleisch; *plais: homme aimer la ~ fraîche* es auf junge Mädchen abgesehen haben; *fig avoir la ~ de poule* e-e Gänsehaut haben; *ça me donne la ~ de poule* da(von) bekomme, F kriege ich, da über'läuft mich e-e Gänsehaut; *être bien en ~* rundlich, wohlgenährt, gut im Fleisch sein; *fig n'être ni ~ ni poisson* weder Fisch noch Fleisch sein; *balle labourer les ~s* e-e große Wunde reißen; *balle, éclat pénétrer dans les ~s* ins Fleisch (ein-)dringen; *ogre ça sent la ~ fraîche* ich rieche Menschenfleisch; *PEINT ~s pl* Fleisch(partien) *n(f/pl)*; **3.** *des fruits* (Frucht)Fleisch *n*; **4.** *fig et REL* Fleisch *n*; Körper *m*; *st/s la ~ de sa ~* sein eigen Fleisch und Blut; *être ~ et de sang* Wesen *n* aus Fleisch und Blut; *REL péché m de la ~* Sünde *f* des Fleisches; *plais la ~ est faible* (der Geist ist willig, aber) das Fleisch ist schwach; *souffrir dans sa ~* körperlich leiden
chaire [ʃɛʀ] *f* **1.** *ÉGL* Kanzel *f*; *monter en ~* die Kanzel besteigen; **2.** *UNIVERSITÉ* Lehrstuhl *m*; Profes'sur *f*; *être titulaire d'une ~ de droit* e-n Lehrstuhl für Recht innehaben; **3.** *ÉGL CATH la ~ pontificale* der Apostolische Stuhl; der Stuhl Petri
chaise [ʃɛz] *f* **1.** Stuhl *m*; *U.S.A. ~ électrique* elektrischer Stuhl; *~ 'haute* Kinderstuhl *m*; *~ longue* Liegestuhl *m*;

~ *percée* Nachtstuhl *m*; ~ *roulante* Rollstuhl *m*; *autrefois* ~ *à porteurs* Sänfte *f*; Tragsessel *m*; ~ *de cuisine, de jardin* Küchen-, Gartenstuhl *m*; *fig être assis entre deux* ~*s* zwischen zwei Stühlen sitzen; *faire la* ~ mit den über'kreuzten Händen e-n Sitz bilden (*um j-n zu tragen*); **2.** HIST ~ *de poste* Postchaise *f*; **3.** TECH Gestell *n*
chaisière [ʃɛzjɛʀ] *f* Stuhlvermieterin *f*
chaland[1] [ʃalɑ̃] *m* (Last-, Fracht-, Schlepp)Kahn *m*; Zille *f*
chaland[2] [ʃalɑ̃] *m*, ~*ande f litt* (*client[e]*) Kunde *m*, Kundin *f*
chalazion [kalazjɔ̃] *m* MÉD Hagelkorn *n*
châle [ʃal] *m* Dreiecks-, 'Umschlag(e)- tuch *n*; Stola *f*; *adjt col* ~ Schalkragen *m*
chalet [ʃalɛ] *m* **a)** ~ (*suisse*) (Schweizer) Cha'let *n*; Schweizerhaus *n*; **b)** *par ext* Landhaus *n* im Schweizer Stil
chaleur [ʃalœʀ] *f* **1.** Wärme *f* (*a* PHYS; *p/fort* Hitze *f*; *les grandes* ~*s* die heißen Tage *m/pl*; *der* Hochsommer; die hochsommerliche Hitze; *quelle* ~! was für e-e Hitze!; ist das e-e Hitze!; *journée f d'une* ~ *tropicale* tropisch heißer Tag; *dégager, donner de la* ~ Wärme, Hitze abgeben, ausstrahlen; **2.** *fig* (*cordialité*) Wärme *f*; Herzlichkeit *f*; (*ardeur*) Feuer *n*; Eifer *m*; *loc/adv avec* ~ mit Wärme, Herzlichkeit; herzlich; *défendre qn avec* ~ j-n mit Eifer verteidigen; *dans la* ~ *de la discussion* in der Hitze, im Eifer des Gefechts; *accueil etc manquer de* ~ es an Wärme fehlen lassen; kühl sein; **3.** *loc/adj en* ~ *animal* brünstig; hitzig; F heiß; CH brunftig; *chienne* läufig; *chat* rollig; *jument* rossig; *être en* ~ brünstig *etc* sein; CH *a* brunften
chaleureux [ʃalørø] *adj* (-euse) *accueil, remerciements, ton etc* herzlich; warm; *défenseur* eifrig; *en termes* ~ mit warmen Worten
châlit [ʃali] *m* Bettstelle *f*, -gestell *n*
challenge [ʃalɑ̃ʒ] *m* SPORTS **a)** *épreuve* Titel- *ou* Po'kalkampf *m*; **b)** *par ext: titre* Titel *m*; *coupe* Wanderpreis *m*, -pokal *m*
challeng|er [ʃalɑ̃ʒœʀ] *m ou* ~**eur** *m* SPORTS *et fig* Her'ausforderer *m*
chaloir [ʃalwaʀ] *litt v/imp loc peu me ou m'en chaut* das ist mir gleich; daran liegt mir wenig
chaloupe [ʃalup] *f* MAR Boot *n*; Scha'luppe *f*
chaloupé [ʃalupe] *adj démarche, danse* wiegend; schaukelnd
chalumeau [ʃalymo] *m* ⟨*pl* ~x⟩ **1.** TECH Schweißbrenner *m*; Schneidbrenner *m*; **2.** MUS **a)** Schal'mei *f*; **b)** *de cornemuse* Spiel-, Melo'diepfeife *f*
chalut [ʃaly] *m* (Grund)Schleppnetz *n*; Trawl [tro:l] *n*
chalutier [ʃalytje] *m* **1.** *bateau* Trawler ['tro:-] *m*; **2.** *pêcheur* Fischer *m* auf e-m Trawler
chamade [ʃamad] *f cœur battre la* ~ zum Zerspringen klopfen
chamailler [ʃamaje] *v/pr* F *se* ~ streiten; sich zanken
chamaill|eries [ʃamajʀi] F *f/pl* Zank *m*; Zanke'rei *f*; Streite'rei *f*; ~**eur**, ~**euse** F **I** *m,f* Streithammel *m*, -hansel *f*; **II** *adj* streitsüchtig
chamarr|é [ʃamaʀe] *adj* bunt verziert

(*de* mit); ~*ures f/pl* Verzierungen *f/pl*; *péj* Flitterkram *m*
chambard [ʃɑ̃baʀ] F *m* Krach *m*; lautes Durcheinander; F Spek'takel *m*; Kra'wall *m*; *faire du* ~ Krach, Krawall machen
chambardement [ʃɑ̃baʀdəmɑ̃] F *m* 'Umwälzung *f*; 'Umsturz *m*
chambarder [ʃɑ̃baʀde] F *v/t objets* durchein'anderbringen; in Unordnung bringen; *fig société, institutions* 'umstürzen; *projets* über den Haufen werfen; *il a tout chambardé* er hat das Unterste zu'oberst gekehrt, alles auf den Kopf gestellt
chambellan [ʃɑ̃bɛ(l)lɑ̃] *m* HIST Kammerherr *m*
chambertin [ʃɑ̃bɛʀtɛ̃] *m* ein Rotwein aus Burgund
chambouler [ʃɑ̃bule] F *v/t cf chambarder*
chambranle [ʃɑ̃bʀɑ̃l] *m* **a)** *d'une porte, fenêtre* Tür- *ou* Fensterstock *m*; Zarge *f*; **b)** *d'une cheminée* Ka'minverkleidung *f*
chambre [ʃɑ̃bʀ(ə)] *f* **1.** Zimmer *n* (*worin man a schläft*), ~ *individuelle* Einzelzimmer *n*; ~ *meublée* möbliertes Zimmer; (*à coucher*) Schlafzimmer *n* (*à meubles*); *à un lit, à deux lits* Einbett-, Zweibettzimmer *n*; ~ *d'ami(s)* Gäste-, Gastzimmer *n*; ~ *de bonne* Dienstbotenkammer *f*, -stube *f*; Mädchenzimmer *n*; ~ *d'enfants* Kinderzimmer *n*; ~ *d'étudiant* Stu'dentenzimmer *n*, F -bude *f*; ~ *d'hôte* Zimmer mit Frühstück; ~ (*d'hôtel*) Ho'tel-, Fremdenzimmer *n*; *fig: sportif m en* ~ Sportfan, der selbst keinen Sport treibt; *stratège m en* ~ Stammtischpolitiker *m*; Bierstischstratege *m*; *faire la* ~ das Zimmer aufräumen und putzen; *faire* ~ *à part* getrennt schlafen; *malade garder la* ~ nicht ausgehen dürfen; *das* Zimmer hüten (müssen); **2.** (*pièce*) Raum *m*; Kammer *f*; ~ *forte* Tre'sor (-raum) *m*; Stahlkammer *f*; ~ *froide* Kühlraum *m*, -kammer *f*; ~ *à gaz* Gaskammer *f*; **3. a)** JUR Kammer *f*; *d'une instance supérieure a* Se'nat *m*; ~ *civile* Zi'vilkammer *f*; ~ *correctionnelle*, *criminelle* Strafkammer *f*; **b)** POL Kammer *f*; *en Grande-Bretagne* ⚶ *basse ou des communes* 'Unterhaus *n*; ⚶ *haute ou des lords* Oberhaus *n*; ⚶ *des députés* Abgeordnetenhaus *n*, -kammer *f*; **c)** *d'un corps* Kammer *f*; Verband *m*; ~ *d'agriculture* Landwirtschaftskammer *f*; ~ *de commerce* (*et d'industrie*) (Indu'strie- und) Handelskammer *f*; ~ *des métiers* Handwerkskammer *f*; **4.** TECH Kammer *f* (*a d'une arme*); Raum *m*; ~ *d'un pneu* — *d'air* Schlauch *m*; ~ *de combustion d'un moteur* Verbrennungsraum *m*; *d'une fusée* Brennkammer *f*; **5.** PHOT ~ *noire* Dunkelkammer *f*; **6.** *musique f en* ~ *orchestre m de* ~ Kammermusik *f*, -orchester *n*; **7.** ANAT ~ *de l'œil* Augenkammer *f*
chambrée [ʃɑ̃bʀe] *f* **1.** *à l'internat etc* Zimmergemeinschaft *f*; MIL Stubengemeinschaft *f*; **2.** MIL (*pièce*) Stube *f*
chambrer [ʃɑ̃bʀe] *v/t* **1.** *vin* tempe'rieren; auf Zimmertemperatur anwärmen; **2.** (*enfermer*) ins Zimmer sperren; **3.** F (*se moquer de*) F aufziehen; auf den Arm nehmen

chambrette [ʃɑ̃bʀɛt] *f* kleines Schlafzimmer; Kämmerchen *n*
chambrière [ʃɑ̃bʀijɛʀ] *f* **1.** HIST Kammerfrau *f*; **2.** *fouet* lange Peitsche
chameau [ʃamo] *m* ⟨*pl* ~x⟩ **1.** ZO Ka'mel *n*; *à deux bosses* Trampeltier *n*; **2.** F *fig d'un homme* Schuft *m*; gemeiner Kerl; *d'une femme* F gemeines Biest; *adjt il est* ~ er ist ein Schuft
cham|elier [ʃaməlje] *m* Ka'meltreiber *m*; ~**elle** *f* ZO Ka'melstute *f*
chamois [ʃamwa] *m* **1.** ZO Gemse *f*; **2.** *cuir* Wasch-, Sämischleder *n*; *peau f de* ~ Fenster-, Autoleder *n*; **3.** *adjt* (*couleur*) ~ ⟨*inv*⟩ cha'mois; gelbbräunlich; gemsfarben
chamoisage [ʃamwazaʒ] *m* Sämischgerbung *f*
Chamonix [ʃamɔni] Stadt im Dep. Haute-Savoie
champ [ʃɑ̃] *m* **1.** Feld *n*; Acker *m*; ~*s pl* Feld *n*; *st/s* Fluren *f/pl*; (*campagne*) Land *n*; ~ *de blé* Getreidefeld *n*; ~ *de pommes de terre* Kar'toffelacker *m*; ~ *de fleurs f/pl des* ~*s* Feld-, Wiesenblumen *f/pl*; *travaux m/pl des* ~*s* Feldarbeit(en) *f(pl)*; *vie f des* ~*s* Landleben *n*; *loc/adv: à travers* ~*s* querfeld'ein; *en plein* ~ auf freiem, offenem Feld; **2.** (*terrain*) Feld *n*; Gelände *n*; Platz *m*; *autrefois* ~ *clos* Tur'nier-, Kampfplatz *m*; ~ *de bataille* Schlachtfeld *n* (*a fig*); ~ *de courses* Rennplatz *m*, -bahn *f*; ~ *de dunes* Dünen *f/pl*; ~ *de foire* Festplatz *m*, -wiese *f*; Messegelände *n*; ~ *de manœuvre, d'exercices* Ma'növergelände *n*; Truppenübungsplatz *m*; ~ *de mines, de neige, de pétrole ou pétrolifère* Minen-, Schnee-, Ölfeld *n*; ~ *de tir* **a)** Schießstand *m*, -platz *m*; **b)** *champ visuel* Schußfeld *n*; *mourir tomber au* ~ *d'honneur* auf dem Feld(e) der Ehre fallen; **3.** PHYS Feld *n*; ~ *magnétique* Ma'gnetfeld *n*; magnetisches Feld; **4.** OPT Gesichtsfeld *n*; CIN Bild *n*; Bildfeld *n*; Einstellung *f*; ~ *visuel* Blick-, Gesichtsfeld *n*; *entrer dans le* ~ ins Bild kommen; *être dans le* ~ im Bild(feld) sein; **5.** *fig* Feld *n* (*a* LING, MATH); Bereich *m*; Gebiet *n*; ~ *d'action, d'activité* Tätigkeitsfeld *n*, -bereich *m*; Wirkungsbereich *m*, -feld *n*, -kreis *m*; Akti'onsbereich *m*; ~ *d'observation* Beobachtungsbereich *m*; *avoir le* ~ *libre* freie Hand haben; *laisser du* ~ *à qn* j-m etwas mehr Handlungsfreiheit lassen; *laisser le* ~ *libre à qn* j-m freie Hand, Handlungsfreiheit lassen; j-n frei schalten und walten lassen; *laisser le* ~ *libre à qc* für etw Raum lassen; e-r Sache (*dat*) Tor und Tür öffnen; *au* ~ Abstand gewinnen; **6.** PEINT Grund *m*
Champagne [ʃɑ̃paɲ] **1.** *la* ~ die Cham'pagne; **2.** ⚶ *m* Cham'pagner *m*; **3.** GÉOL ⚶ *f* Kreideebene *f*; **4.** *adjt fine f* ⚶ Cognac *m* aus der Champagne de Saintonge
Champagne-Ardenne [ʃɑ̃paɲaʀdɛn] *la* ~ *frz Region*
champagnis|ation [ʃɑ̃paɲizasjɔ̃] *f* Verarbeitung *f* zu Cham'pagner, Schaumwein, Sekt; ~**er** *v/t vin* zu Cham'pagner, Schaumwein, Sekt verarbeiten
champenois [ʃɑ̃pənwa] *adj* (*et subst* ⚶ Bewohner) der Cham'pagne
champêtre [ʃɑ̃pɛtʀ(ə)] *adj* ländlich;

champignon – changer

Dorf...; Land...; *bal m ~* ländliches Tanzvergnügen; *garde m ~* Feldhüter *m*
champignon [ʃɑ̃piɲɔ̃] *m* **1.** *BOT, CUIS* Pilz *m*; österr Schwammerl *n ou m*; *fig ~ atomique* A'tompilz *m*; *~ de couche, de Paris* (Zucht)Champignon *m*; *südd a* Egerling *m*; *aller aux ~s* F in die Pilze gehen; *cueillir, ramasser des ~s* Pilze suchen, sammeln; *fig maisons, villes pousser comme des ~s* wie Pilze aus dem Boden, aus der Erde schießen; *inf pousser comme un ~* sehr schnell wachsen; aufschießen; **2.** F *AUTO* Gaspedal *n*; *appuyer sur le ~* F auf die Tube drücken; **3.** *BOT, MÉD* Pilz *m*
champignonnière [ʃɑ̃piɲɔnjɛʀ] *f* ('unterirdische) Champignonkultur
champi|on [ʃɑ̃pjɔ̃] *m*, **~onne** *f* **1.** *SPORTS* Meister(in) *m(f)*; Champion ['tʃɛmpjən] *m*; Sieger(in) *m(f)*; *~ olympique* O'lympiasieger(in) *m(f)*; Olympio'nike *m*, -'nikin *f*; *~ d'Europe* Eu'ropameister(in) *m(f)*; *championne de France de tennis* französische Tennismeisterin; *champion du monde de boxe, d'échecs* Box-, Schachweltmeister *m*; Weltmeister *m* im Boxen; *champion de tir* Meisterschütze *m*; Schützenkönig *m*; *adjt équipe championne* Meistermannschaft *f*; **2.** *par ext* (*grand[e]*) *~* Spitzensportler(in) *m(f)*; Re'kordler(in) *m(f)*; F (Sport)Ka'none *f*; As *n*; **3.** (*défenseur*) (Vor)Kämpfer (-in) *m(f)* (*d'une cause* für e-e Sache); Verfechter(in) *m(f)* (e-r Sache); *se faire le champion* (*la championne*) *d'une cause* für e-e Sache kämpfen; e-e Sache verfechten; als Vorkämpfer(in) für e-e Sache auftreten; **4.** F *fig* Meister(in) *m(f)*; *adjt: pour ça, il est champion* darin ist er Meister, ist er groß (*a iron*); *performance c'est champion* F das ist Spitze, große Klasse
championnat [ʃɑ̃pjɔna] *m* Meisterschaft(skampf) *f(m)*; *~ de France* französische Meisterschaft; *~s de tennis* Tennismeisterschaften *f/pl*; *gagner, remporter le ~ du monde* die Weltmeisterschaft gewinnen; den Weltmeistertitel erringen
champlevé [ʃɑ̃lve] *adj émail ~* Grubenschmelz *m*
Champs-Élysées [ʃɑ̃zelize] *m/pl* Prachtstraße in Paris
chançard [ʃɑ̃saʀ] F *adj et subst il* (*elle*) *est ou c'est un*(*e*) *~*(*e*) F er (sie) ist ein Glückspilz
chance [ʃɑ̃s] *f* **1.** Glück *n*; Chance *f*; (glücklicher) Zufall; *bonne ~!* viel Glück!; *souhaiter bonne ~ à qn* j-m viel Glück wünschen; *mauvaise ~, manque m de ~* 'Mißgeschick *n*; F Pech *n*; *coup m de ~* Glücksfall *m*; *loc/adv: avec un peu de ~* mit ein bißchen, in wenig Glück; *par ~* glücklicherweise; durch e-n glücklichen Zufall; *pas de ~!* F so ein Pech!; Pech gehabt!; *avoir de la ~* Glück haben; *en permanence* ein Glückskind sein; *n'avoir pas de ~* kein Glück haben; F Pech haben; *en permanence* F ein Pechvogel sein; *tu as de la ~ de pouvoir partir* du hast Glück *ou* du kannst von Glück sagen, daß du (weg)gehen kannst; *courir, tenter sa ~* sein Glück versuchen; *donner, laisser sa ~ à qn* j-m e-e Chance geben; *iron c'est bien ma ~!* mein übliches Glück!; ich hab' ja immer so ein Glück!; *c'est une ~* das ist ein Glücksfall, ein glücklicher Zufall; *c'est une ~ à courir* man sollte, müßte es versuchen; (*c'est*) *une ~ que* ... (+*subj*) (es ist) ein Glück, daß ...; *porter ~* Glück bringen; *la ~ a tourné* das Blatt, das Glück hat sich gewendet; **2.** *~s pl* Chancen *f/pl*; Aussichten *f/pl*; *~s de succès* Erfolgsaussichten *f/pl*, -chancen *f/pl*; *il y a des ~s, beaucoup de ~s, de fortes ou grandes ~s* (*pour*) *que ...* (+*subj*) es bestehen gute Aussichten, Chancen, daß ...; *il y a peu de ~s pour que ...* (+*subj*) es besteht wenig Aussicht, daß ...; *le projet a peu de ~s de réussir* der Plan hat wenig Aussicht auf Erfolg; *il n'a qu'une ~ sur cent de le retrouver* die Chancen stehen eins zu hundert dagegen, daß er ihn 'wiederfindet; *il y a 99 ~s sur 100 que ...* (+*subj*) mit neunundneunzigprozentiger Wahrscheinlichkeit, Sicherheit ...; *il y a une ~ sur deux* die Chancen stehen gleich; *il a mis toutes les ~s de son côté* was an ihm lag, hat er getan
chancelant [ʃɑ̃slɑ̃] *adj* **1.** *démarche* (sch)wankend; taumelnd; *avoir une démarche ~e ou marcher d'un pas ~* (sch)wanken; taumeln; **2.** *fig santé, foi, volonté* schwankend; *résolution, autorité* wankend
chanceler [ʃɑ̃sle] *v/i* ⟨-ll-⟩ **1.** *personne* (sch)wanken; taumeln; *chose* (sch)wanken; *faire ~* zum, ins (Sch)Wanken bringen; **2.** *fig résolution etc* ins Wanken geraten
chancelier [ʃɑ̃səlje] *m* Kanzler *m*; *en Allemagne et Autriche* (Bundes)Kanzler *m*; *de la Légion d'honneur grand ~* Großkanzler *m*
chancelière [ʃɑ̃səljɛʀ] *f* Fußsack *m*
chancellerie [ʃɑ̃sɛlʀi] *f* Kan'zlei *f* (*a DIPL*); *en Allemagne et en Autriche* Kanzleramt *n*; *en France* Ju'stizministerium *n*; *de la Légion d'honneur grande ~* Verwaltung *f*
chanceux [ʃɑ̃sø] *adj* ⟨-euse⟩ *être ~* Glück haben; ein Glückskind sein
chancre [ʃɑ̃kʀ(ə)] *m* **1.** *MÉD* Schanker *m*; F *fig manger, bouffer comme un ~* F sich den Wanst 'vollschlagen; **2.** *fig et st/s* Krebsgeschwür *n*
chandail [ʃɑ̃daj] *m* Pul'lover *m*
Chandeleur [ʃɑ̃dlœʀ] *ÉGL CATH la ~* (Mariä) Lichtmeß *f*; *à la ~* (an) Lichtmeß
chandelier [ʃɑ̃dəlje] *m* (Kerzen)Leuchter *m*
chandelle [ʃɑ̃dɛl] *f* **1.** (Talg)Kerze *f*; Talglicht *n*; *fig brûler la ~ par les deux bouts* a) (*ruiner sa santé*) mit s-r Gesundheit Raubbau treiben; b) (*dépenser trop*) das Geld mit vollen Händen ausgeben; *fig devoir une fière ~ à qn* j-m zu großem Dank verpflichtet sein; *fig il en a ganze Menge zu verdanken haben*; *dîner aux ~s* bei Kerzenlicht, -schein essen, dinieren; *fig: tenir la ~* als ('überflüssiger) Dritter dabeisein; *le jeu n'en vaut pas la ~*, das es lohnt sich nicht; das ist die *ou* die Mühe nicht wert; *en voir trente-six ~s* die Engel (im Himmel) singen hören; Sterne sehen; **2.** *FEU D'ARTIFICE ~ romaine* bunte Feuerwerksrakete; **3.** *AVIAT monter en ~* im Steilflug hochsteigen; **4.** *FOOTBALL* Kerze *f*; *faire une ~* e-e Kerze schießen; **5.** *GYMNASTIQUE* Kerze *f*; Nackenstand *m*; **6.** F (*morve sous le nez*) F Rotznase *f*
chanfrein [ʃɑ̃fʀɛ̃] *m* **1.** *TECH* Fase *f*; **2.** *du cheval* Gesicht *n*
change [ʃɑ̃ʒ] *m* **1.** Tausch *m*; *gagner, perdre au ~* e-n guten, schlechten Tausch machen; **2.** *FIN, COMM* (Geld-) Wechsel *m*; *cours m, taux m du ou de*) *~* Wechselkurs *m*; *agent m de ~* Börsenmakler *m*; *bureau m de ~* Wechselstube *f*; *lettre f de ~* Wechsel *m*; *marché m de ~s* De'visenmarkt *m*; **3.** *loc donner le ~ à qn* j-n hinters Licht führen; **4.** *pour bébés ~* (*complet*) Wegwerfwindel *f*
changeant [ʃɑ̃ʒɑ̃] *adj* **1.** *temps* veränderlich; wechselhaft; unbeständig; *a personne, destin* launisch; *personne être ~ ou d'humeur ~* launisch, launenhaft sein; **2.** *couleur* chan'gierend; schillernd; *tissu avoir des reflets ~s* schillern
changement [ʃɑ̃ʒmɑ̃] *m* **1.** (Ver)Änderung *f*; Wechsel *m*; Wandel *m*; ('Um-, Ver)Wandlung *f*; *dans une entreprise etc* 'Umstellung *f*; *~ d'adresse* Änderung der Anschrift; *~ d'air* Luftveränderung *f*; *~ de couleur* Verfärbung *f*; *CHIM* Farbumschlag *m*; *~ de décor* a) *THÉ* Szenenwechsel *m*; b) *fig de lieu* Orts-, F Ta'petenwechsel *m*; *de la situation* plötzliche Änderung der Lage; *~ de direction* (Fahrt)Richtungsänderung *f*; *~ de domicile* Wohnsitzwechsel *m*; *~ d'état* Zustandsänderung *f*; *~ de forme* 'Umwandlung *f*; 'Umgestaltung *f*; *~ de lune* Mondwechsel *m*; *~ de ministère* Re'gierungswechsel *m*; *~ d'opinion* Meinungswechsel *m*, -wandel *m*; *~ de personnel* Perso'nalwechsel *m*; *~ de programme* Pro'grammänderung *f*; *~ de propriétaire* Besitz(er)wechsel *m*; *pour un magasin* Geschäftsübernahme *f*; *~ de régime* Re'gimewechsel *m*; Wechsel des Regimes; *~ de saison* Wechsel der Jahreszeit; *~ de température* Tempera'turänderung *f*; *~ de temps* Wetteränderung *f*; *AUTO ~ de vitesse* a) *mécanisme* Gangschaltung *f*; b) *manœuvre* Schalten *n*; *loc/adj sans ~* unveränderlich; unverändert; *aimer le ~* die Abwechslung lieben; *apporter, faire des ~* Veränderungen vornehmen (*à, dans* an +*dat*); herbeiführen (an, in +*dat*); Neuerungen einführen; *dans un texte* Änderungen vornehmen; *il y a eu du ~* es hat sich manches, einiges geändert; *cela fait un grand ~* das bedeutet e-e große Umstellung; *subir des ~s* ge-, verändert werden; (Ver)Änderungen erfahren; **2.** *CH DE FER etc* 'Umsteigen *n*; **3.** *ADM* Versetzung *f*; *demander son ~* s-e Versetzung beantragen
changer [ʃɑ̃ʒe] ⟨-geons⟩ **I** *v/t* **1.** ('um-, ein-, aus)tauschen; (aus)wechseln; *projets, ordre, habitudes, texte etc* ändern; *ordre, disposition etc* verändern; *argent* (ein)wechseln; *personnel* auswechseln; *mobilier, pièces de machine* auswechseln; ersetzen; *~ qn* j-n verändern; ♦ *les draps* die Bettwäsche wechseln;

das Bett *ou* die Betten frisch beziehen; ~ (*un billet de*) *50 francs* 50 Franc, e-n 50-Franc-Schein wechseln; ~ *les idées à qn* j-n auf andere Gedanken bringen; ~ *la place de qc* etw an, auf e-n anderen Platz legen, stellen, setzen; *meubles* 'umstellen; *cela ne change en rien ma résolution* das ändert nichts an meinem Entschluß; ~ *une roue* ein Rad auswechseln; *vouloir tout* ~ alles ändern, F 'umkrempeln wollen; *ça, voilà qui change tout* das ändert natürlich alles; F ~ *sa voiture cf* 5. (~ *de voiture*); ~ *sa voix* s-e Stimme verstellen; *on ne le changera pas* ihn kann man nicht mehr ändern; er ist nun mal so; ♦ ~ *qc à qc* etw an etw (*dat*) ändern; *ne rien* ~ *à ses projets* nichts an s-n Plänen ändern; *cela ne change rien à l'affaire* das ändert nichts daran *ou* an der Sache; *ne rien y* ~ nichts daran ändern; ~ *une chose contre ou pour une autre* etw gegen, für etw eintauschen; ~ *des francs contre des, en dollars* Francs gegen, für Dollars (ein-) wechseln, (ein)tauschen; ~ *sa place pour celle d'un autre* s-n Platz gegen den e-s anderen tauschen; den Platz e-s anderen einnehmen; ~ *qc de place* etw an e-n anderen Platz stellen, setzen, legen; etw 'umräumen, *meubles a* 'umstellen; ~ *qn de poste* j-m e-e andere Stelle geben; j-n versetzen; **2.** (*transformer*) verwandeln, 'umwandeln (*en* in +*acc*); ~ *les doutes de qn en certitude* j-s Zweifel zur Gewißheit werden lassen; *métal* ~ *en or* in Gold verwandeln; **3.** *bébé* trockenlegen; frisch wickeln; ~ *un malade* e-m Kranken ein frisches Nachthemd *ou* e-n frischen Schlafanzug anziehen; **4.** *ça me* (*ou le etc*) *change* das ist ein 'Unterschied (*de* zu); das ist etwas anderes (als); **II** *v/t/indir* **5.** ~ *de* wechseln, ändern (+*acc*); ~ *d'adresse* s-e Anschrift ändern; 'umziehen; ~ *d'air lui fera du bien* e-e Luftveränderung ...; ~ *d'appartement* die Wohnung wechseln; 'umziehen; ~ *d'attitude* s-e Haltung ändern (*avec, envers qn* j-m gegenüber); ~ *d'avis* s-e Ansicht, Meinung ändern; *st/s* anderen Sinnes werden; *faire* ~ *qn d'avis* j-n 'umstimmen; ~ *de bus, de train etc* 'umsteigen; ~ *de chemise* ein frisches Hemd anziehen; ~ *de coiffeur, de médecin etc* den Friseur, Arzt *etc* wechseln; zu e-m anderen Friseur, Arzt *etc* gehen; ~ *de coiffure* sich anders fri'sieren (lassen); *avoir changé de coiffure* e-e neue, andere Frisur tragen, haben; ~ *de côté* auf die andere Seite gehen *ou* sich auf die andere Seite setzen; ~ *de couleur* e-e andere Farbe annehmen; sich verfärben; *personne* die Farbe wechseln; blaß *ou* rot werden; ~ *de direction* die *ou* s-e (Fahrt-) Richtung ändern; ~ *d'état* in e-n anderen Zustand 'übergehen; ~ *de forme* e-e andere Form, Gestalt annehmen; ~ *de gouvernement* e-e andere Regierung bekommen; ~ *d'idée* s-e Absicht, Ansicht ändern; sich anders besinnen; ~ *de jupe* e-n anderen Rock anziehen; ~ *de langage* e-n anderen Ton anschlagen; ~ *de marque* die Marke wechseln; F auf e-e andere Marke 'umsteigen; ~ *de métier* den Beruf wechseln; F 'umsatteln; ~ *de nom* s-n Namen ändern; sich anders nennen; *chose* 'umbenannt werden; *avoir changé de nom* (jetzt) anders heißen; *avoir changé de place* den Platz wechseln; ~ *de place avec qn* mit j-m den Platz tauschen; ~ *de poste* s-e Stellung wechseln; versetzt werden; ~ *de professeur classe* e-n neuen Lehrer bekommen; *particulier* e-n anderen Lehrer nehmen; zu e-m anderen Lehrer gehen; ~ *de propriétaire* den Besitzer wechseln; ~ *de route* e-e andere Route fahren; MAR e-n Kurs wechseln; ~ *de tactique* die Taktik ändern, wechseln; ~ *de vêtements* sich 'umziehen, 'umkleiden; ~ *de voiture* sich e-n anderen, neuen Wagen anschaffen, F zulegen; **III** *v/i* **6.** ⟨*Zustand* être⟩ sich ändern; anders werden; *temps* ~ *brusquement a* 'umschlagen; ~ *à son avantage ou en mieux, en pire* sich zu s-m Vorteil, Nachteil verändern; *personne il n'a pas changé* er hat sich überhaupt nicht verändert, *de caractère* geändert; *il est tout changé* er ist ganz verändert; er ist wie 'umgewandelt; *les choses, les temps ont bien changé!* wie die Zeiten sich ändern!; *rien n'a changé* alles ist noch so, wie es war; alles ist beim alten (geblieben); nichts hat sich geändert; *le temps va* ~ das Wetter ändert sich; wir bekommen anderes Wetter; *tout a changé* alles ist anders (geworden); **7.** ~ *avec qn* mit j-m tauschen; **8.** F *iron pour* ~ wie gewöhnlich; F *iron* zur Abwechslung mal wieder; **9.** CH DE FER *etc* 'umsteigen; **IV** *v/pr* **10.** *se* ~ (*changer de vêtements*) sich 'umziehen, 'umkleiden; **11.** *se* ~ *en* sich verwandeln in (+*acc*); *soupçon se* ~ *en certitude* zur Gewißheit werden; **12.** *pour se* ~ *les idées* um auf andere Gedanken zu kommen

changeur [ʃɑ̃ʒœʀ] *m* **1.** *personne* (Geld)Wechsler *m*; **2.** *machine* ~ (*de monnaie*) Geldwechsler *m*; **3.** ~ *de disques* Plattenwechsler *m*

Chang-haï [ʃɑ̃gaj] Schang'hai *n*

chanoine [ʃanwan] *m* Dom-, Stifts-, Chorherr *m*; Ka'noniker *m*; Ka'nonikus *m*; Kapitu'lar *m*

chanson [ʃɑ̃sõ] *f* **1.** Lied *n*; *à la mode* Schlager *m*; ~ *folklorique, populaire* Volkslied *n*; ~ *à boire* Trinklied *n*; (*à texte*) Chan'son *n*; ~ *d'amour* Liebeslied *n*; ~ *de charme* sentimentales, *péj* schmalziges Lied; ~ *de Schnulze f*; ~ *de marche* Marschlied *n*; LITTÉRATURE *la* ~ *de Roland* das Rolandslied; F *fig je connais la* ~ das kenne ich; *comme dit la* ~ wie es im Lied heißt; F *fig ça, c'est une autre* ~! F das ist jetzt aber was ganz anderes!; F *fig c'est toujours la même* ~ es ist immer die alte Leier, das alte Lied; *fig tout finit par des* ~*s* alles löst sich in Wohlgefallen auf; *mettre qc en* ~ etw in Liedform bringen; **2.** *poét des cigales, de la mer etc* Lied *m*

chansonnette [ʃɑ̃sɔnɛt] *f* Liedchen *n*; F *pousser la* ~ ein Lied schmettern

chansonnier [ʃɑ̃sɔnje] *m* Kabaret'tist *m*; *théâtre de* ~*s* Kaba'rett *n*; Kleinkunstbühne *f*

chant[1] [ʃɑ̃] *m* **1.** *action* Singen *n*; Gesang *m*; *cours m/pl de* ~ Gesangsstunden *f/pl*, -unterricht *m*; *apprendre le* ~ singen lernen; **2.** (*air*) Lied *n*; Gesang *m*; Weise *f*; Melo'die *f*; ~ *patriotique* vaterländisches Lied; ~ *populaire* Volkslied *n*, -weise *f*; *le* ♀ *du départ* Kriegslied von 1794; ~ *d'Église* Kirchenlied *n*; **3.** *des oiseaux* Singen *n*; Gesang *m*; *de l'alouette* Tiri'lieren *n*; *du rossignol* Schlagen *n*; *du coq* Krähen *n*; *des cigales* Zirpen *n*; *fig le* ~ *du cygne* der Schwanengesang; *loc/adv au* ~ *du coq* beim ersten Hahnenschrei; **4.** *fig* Lied *n*; **5.** *d'un poème épique* Gesang *m*

chant[2] [ʃɑ̃] *m* TECH *pierre poser de, sur* ~ mit der Schmalseite nach unten setzen

chantage [ʃɑ̃taʒ] *m* JUR Erpressung *f*; *faire du* ~ Erpressungen *ou* e-e Erpressung begehen; *faire le* ~ *au suicide* mit Selbstmord drohen (*um etw ou erreichen*); *se livrer à ou exercer un* ~ *sur qn* j-n erpressen

Chantal [ʃɑ̃tal] *f* Vorname

chantant [ʃɑ̃tɑ̃] *adj* **1.** *langue, voix* me'lodisch; *accent* ~ singender Tonfall; **2.** *air, musique* sangbar

chanter [ʃɑ̃te] **I** *v/t* **1.** *chanson, mélodie* singen; ~ *Noël* zu Weihnachten singen; **2.** *fig* (*célébrer*) ~ *qc* etw besingen, preisen; ~ (*les exploits de*) *qn* j-n, j-s Heldentaten besingen, preisen; **3.** F *fig qu'est-ce que tu me chantes là?* was erzählst du da für e-n Unsinn, F Quatsch?; **II** *v/i* **4.** singen; ~ *faux, juste* falsch, richtig singen; F *fig c'est comme si on chantait* das ist alles in den Wind geredet; **5.** *en parlant* singen; *langue qui chante* melodische Sprache; **6.** *oiseaux* singen; trillern; *rossignol* schlagen; *coq* krähen; *cigales* zirpen; **7.** *fig eau qui bout, bouilloire* summen; singen; **8.** F *fig: si ça vous chante* wenn Sie (dazu) Lust haben; F wenn Sie lustig sind; *il travaille quand ça lui chante* wenn er (dazu) Lust hat, F lustig ist; **9.** *faire* ~ *qn* j-n erpressen

chanterelle [ʃɑ̃tʀɛl] *f* **1.** BOT Pfifferling *m*; österr Eierschwamm *m*; **2.** MUS höchste Saite; *fig appuyer sur la* ~ den Finger auf die Wunde legen

chant|eur [ʃɑ̃tœʀ] *m*, ~**euse** *f* **1.** Sänger(in) *m(f)*; ~ *de cabaret* Kaba'rettsänger(in) *m(f)*; Chansonni'er *m*; Chanso'n(n)ette *f*; ~ *de charme* Schlager-, *péj* Schnulzensänger(in) *m(f)*; ~ *d'opéra* Opernsänger(in) *m(f)*; ~ *des rues* Straßensänger(in) *m(f)*; **2.** *adj oiseaux chanteurs* Singvögel *m/pl*; **3.** *adj maître chanteur* a) Erpresser *m*; b) MUS HIST Meistersinger *m*

chantier [ʃɑ̃tje] *m* **1.** Baustelle *f*; ~ *naval* (Schiffs)Werft *f*; ~ *de démolition* Abbruchstelle *f*; *chef m de* ~ Bauführer *m*, -leiter *m*; *mise f en* ~ CONSTR Baubeginn *m*; *Kiellegung f*; *panneau* ~ *interdit au public!* Betreten der Baustelle verboten!; *fig avoir qc en* ~ an etw (*dat*) arbeiten; *fig être en* ~ in Arbeit sein; *fig mettre qc en* ~ etw in Angriff nehmen; *travailler sur un* ~ auf e-r Baustelle arbeiten; **2.** F *fig quel* ~! was für ein Chaos, Tohuwa'bohu!

chantonner [ʃɑ̃tɔne] *v/t et v/i* trällern; summen; vor sich hin singen

chantoung *cf* **shant(o)ung**

chantourner [ʃɑ̃tuʀne] *v/t* TECH deku-

'pieren; **scie** f **à ~** Schweif-, Deku'piersäge f
chantre [ʃɑ̃tʀ(ə)] m **1.** ÉGL CATH Vorsänger m; **2.** fig et st/s Sänger m; Dichter m; **~ de la liberté** Sänger der Freiheit
chanvre [ʃɑ̃vʀ(ə)] m BOT, TEXT Hanf m; **~ indien** Indischer Hanf; (**toile** f **de**) **~** Hanfleinwand f
chaos [kao] m Chaos n
chaotique [kaɔtik] adj cha'otisch; wüst; verworren
chap. abr (chapitre) Kap. (Kapitel)
chapard|age [ʃapaʀdaʒ] m F Mausen n; Sti'bitzen n; **~er** v/t F mausen; sti'bitzen; klauen; **~eur** F **I** adj ⟨-euse⟩ diebisch; **II** subst **~**, **chapardeuse** m,f Dieb m, Diebin f; F Langfinger m
chape [ʃap] f **1.** ÉGL CATH Rauchmantel m; Pluvi'ale m; **2.** TECH Deckel m, Kappe f; (couche) Schicht f; 'Überzug m; d'un pneu Lauffläche f
chapeau [ʃapo] m ⟨pl **~x**⟩ **1.** Hut m; **~ à plumes** Federhut m; **~ de cardinal** Kardi'nalshut m; **~ de paille, de soleil** Stroh-, Sonnenhut m; fig **~ bas!**, F **~!** Hut ab!; alle Achtung!; **donner un coup de ~** den Hut ziehen, lüften, abnehmen (**à qn** vor j-m); fig **donner un coup de ~ ou tirer son ~ à qn** vor j-m den Hut ziehen; F fig: **porter le ~** dafür geradestehen (müssen); F den Kopf hinhalten müssen; **faire porter le ~ à qn** j-m die Schuld in die Schuhe schieben; fig et st/s **saluer ~ bas** sich tief, ehrfürchtig verneigen (**qn** vor j-m); F fig **travailler du ~** F nicht ganz bei Trost sein; spinnen; cf a **cinglé**; **2.** des champignons Hut m; CUIS **d**'**ou**-**au**--**vent** etc Deckel m; **3.** TECH Haube f; Deckel m; Kappe f; AUTO **~ de roue** Radkappe f; **démarrer sur les ~x de roue(s)** e-n Blitzstart hinlegen; fig a ra'sant beginnen; **prendre un virage sur les ~x de roue(s)** F mit -zig Sachen in die Kurve gehen; **4.** MUS **~ chinois** Schellenbaum m; **5.** d'un article de journal Kopfnote f
chapeauté [ʃapote] adj **ganté et ~** mit Handschuhen und Hut; **~er** F fig v/t leiten; kontrol'lieren
chapelain [ʃaplɛ̃] m (Haus)Kap'lan m
chapelet [ʃaplɛ] m **1.** ÉGL CATH Rosenkranz m; autres religions Gebetsschnur f; **dire**, **réciter son ~** den Rosenkranz beten; **2.** fig Reihe f; Kette f; Kranz m; d'injures Hagel m; d'oignons Zopf m; de saucisses Kette f; Kranz m; de bombes Reihe f; **~ d'îles** Inselkette f
chapel|ier [ʃapəlje] m, **~ière** f Hutmacher(in) m(f); adjt **industrie chapelière** Hutindustrie f
chapelle [ʃapɛl] f **1.** Ka'pelle f; cf a **ardent** 1.; **2. maître** m **de ~** Kantor m; Chorleiter m; **3.** fig et péj Clan m; Clique f; Klüngel m
chapellerie [ʃapɛlʀi] f **1. fabrication** Hutmacherei f; **2. magasin** Hutgeschäft n
chapelure [ʃaplyʀ] f CUIS Pa'niermehl n; österr Semmelbrösel pl
chaperon [ʃapʀɔ̃] m **1.** d'une jeune fille Anstandsdame f; **2. le Petit ♀ rouge** Rotkäppchen n
chaperonner [ʃapʀɔne] v/t jeune fille als Anstandsdame begleiten
chapiteau [ʃapito] m ⟨pl **~x**⟩ **1.** ARCH Kapi'tell n; par ext Aufsatz m; **2. ~** (**de cirque**) (Zirkus)Zelt n; par ext Zirkus m; **sous le ~** unter der (Zirkus)Kuppel
chapitre [ʃapitʀ(ə)] m **1.** d'un livre Ka'pitel n; Abschnitt m; **2.** fig Ka'pitel n; Bereich m; Gegenstand m; Punkt m; **sur ce ~** diesbezüglich; in dieser Hinsicht, Beziehung; in diesem Punkt; davon; dazu; darüber; c'est tout **ce qu'on peut dire sur ce ~** was man darüber, diesbezüglich, zu diesem Punkt sagen kann; **être très exigeant sur le ou au ~ de l'exactitude** in bezug auf ou in puncto Genauigkeit; **3.** ÉGL Ka'pitel n
chapitrer [ʃapitʀe] v/t **~ qn** j-n maßregeln; j-m die Le'viten lesen
chapon [ʃapɔ̃] m Ka'paun m
chaptalisation [ʃaptalizasjɔ̃] f du vin Chaptali'sierung f; Trockenzuckerung f
chaque [ʃak] **I** adj/ind jede(r, -s); **à ~ instant** alle Augenblicke; ständig; **entre ~ phrase** nach jedem Satz; zwischen den einzelnen Sätzen; **II** pr/ind **coûter cent francs ~** je hundert Franc kosten
char [ʃaʀ] m **1.** MIL **~** (**d'assaut**) Panzer m; **2.** (voiture) Wagen m; Karren m; st/s **~ funèbre** Leichenwagen m; autrefois **~ à bancs** Kremser m; **~ à bœufs** Ochsenkarren m; **~ à voile** a) Segelwagen m; b) sport Strandsegeln n; fig **le ~ de l'État** das Staatsschiff; au carnaval **~ de fleurs**, **fleuri** blumengeschmückter Wagen; ANTIQUITÉ **course** f **de ~s** Wagenrennen n; **3.** au Canada Auto n; Wagen m
charabia [ʃaʀabja] m F Kauderwelsch n
charade [ʃaʀad] f Scha'rade f
charançon [ʃaʀɑ̃sɔ̃] m ZO Rüsselkäfer m; **~ du blé** Kornkäfer m
charbon [ʃaʀbɔ̃] m **1.** Kohle f; **~ de bois** Holzkohle f; **mine** f **de ~** Kohlenbergwerk n; Zeche f; fig **être sur des ~s ardents** in e-r peinlichen, schwierigen Lage sein; d'inquiétude (wie) auf glühenden Kohlen sitzen; **2.** (fusain) Zeichenkohle f; **dessin** Kohlezeichnung f; **3. a)** VÉT, MÉD Milzbrand m; **b)** BOT (Getreide)Brand m
charbonnage [ʃaʀbɔnaʒ] m Kohlenbergwerk n; Zeche f; **♀s de France** staatliches frz Kohlenbergwerksunternehmen
charbonné [ʃaʀbɔne] adj schwarz (gefärbt), angemalt
charbonneux [ʃaʀbɔnø] adj ⟨-euse⟩ **1.** VÉT, MÉD Milzbrand…; **2. yeux** zu dunkel um'randet
charbonnier [ʃaʀbɔnje] **I** adj ⟨-ière⟩ **1.** Kohlen…; **industrie charbonnière et sidérurgique** Mon'tanindustrie f; **2.** ZO **mésange charbonnière** Kohlmeise f; **II** m **1. marchand** Kohlenhändler m; **2.** autrefois Köhler m; Kohlenbrenner m; **enfant noir comme un ~** schwarz wie ein Mohr
charcuter [ʃaʀkyte] v/t F **~ qn** F an j-m her'umschnippeln, -schnipseln; **se ~ le doigt** im Finger (nach e-m Splitter etc) her'umstochern; **se faire ~** an sich her'umschnippeln, -schnipseln lassen
charcuterie [ʃaʀkytʀi] f **1. produits** Fleisch- und Wurstwaren f/pl (aus Schweinefleisch); Wurst f; **en tranches** Aufschnitt m; **2. boutique** Fleisch- und Wurstwarengeschäft n; Fleische'rei f; Metzge'rei f; **3. métier** Fleischer-, Metzgerhandwerk n; **industrie** Fleisch- und Wurstwarenindustrie f
charcutier [ʃaʀkytje] m Fleischer m; (Schweine)Metzger m
chardon [ʃaʀdɔ̃] m **1.** BOT Distel f; **2.** sur une grille etc Eisenspitze f
chardonneret [ʃaʀdɔnʀɛ] m ZO Distelfink m; Stieglitz m
charentais [ʃaʀɑ̃tɛ] **I** adj der Cha'rente; **II** subst **1.** **♀(e)** m(f) Bewohner(in) m(f) der Cha'rente; **2. ~e** f Pan'toffel m
Charente [ʃaʀɑ̃t] **la ~** Fluß u Departement in Frankreich; **~-Maritime** la **~** frz Departement
charge [ʃaʀʒ] f **1.** Last f; Belastung f; st/s Bürde f; d'un véhicule Ladung f; Fracht f; MAR a action (Be)Laden n; TECH **~ maximale** Höchstlast f; maximale Last, Belastung; **~ utile** Nutzlast f; loc/adj **à ~** beladen; mit Ladung, Last; **chauffeur prendre qn, qc en ~** j-n auf-, mitnehmen; etw einladen, mitnehmen; cf a 4.; **2.** ÉLECT, d'une arme Ladung f; **~ explosive ou d'explosifs** Sprengladung f; **3.** fig Last f; Belastung f (a JUR); st/s Bürde f; d'un loyer **~s** pl Nebenkosten pl; **~s fiscales** Steuerlast f; steuerliche Belastung(en) f(pl); **~s sociales** Sozi'allasten f/pl; d'une entreprise Lohnnebenkosten pl; **~s de l'État** Staatsausgaben f/pl und -schulden f/pl; **~s de famille** 'Unterhaltsverpflichtungen f/pl; loc/adj et loc/adv: **enfant** m **à ~** 'unterhaltsberechtigtes Kind; JUR **témoin** m **à ~** Belastungszeuge m; **à ~ pour vous de** (+inf) mit der Verpflichtung ou Auflage, daß Sie …; cf a **revanche**; **à la ~ de** zu Lasten von (ou +gén); **à la ~ de la collectivité** zu Lasten der Allgemeinheit; **avoir qn à ~** für j-s 'Unterhalt aufkommen müssen; für j-n sorgen müssen; **être à ~ à qn** a) personne j-m zur Last fallen; b) tâche, obligation j-m sehr schwerfallen; j-m fast zuviel sein; **être à la ~ de** a) personne von j-m unter'halten werden; F j-m auf der Tasche liegen; b) frais zu j-s Lasten gehen; JUR **de lourdes ~s pèsent sur lui** er ist dringend der Tat verdächtig; **4.** (responsabilité, mission) Aufgabe f; Auftrag m; **avoir ~ d'âme(s)** für andere, für das Leben anderer verantwortlich sein; **j'ai ~ d'âme** ich habe für ihn ou sie die Verantwortung; **avoir** (**la**) **~ de** (+inf) die Aufgabe, den Auftrag haben zu (+inf); (damit) beauftragt, betraut sein zu (+inf); **confier à qn la ~ de** (+inf) j-m die Aufgabe über'tragen zu (+inf); j-n damit beauftragen, betrauen zu (+inf); **prendre qn, qc en ~** sich j-s, e-r Sache annehmen; etw in die Hand nehmen; etw über'nehmen; **5.** (fonction publique) Amt n; **6.** (attaque) Angriff m; At'tacke f; fig **revenir à la ~** sich nicht abweisen lassen; nicht lockerlassen; es noch einmal versuchen; **7.** THÉ d'un rôle Über'treiben n; Karika'tur f; **jouer son rôle en ~** (bei s-r Rolle) über'treiben; zu dick auftragen; s-e Rolle kari'kieren; **8. femme** f **de ~** (Wäsche)Beschließerin f
chargé [ʃaʀʒe] adj **1.** beladen, bepackt, belastet (**de** mit); **estomac** über'laden; **langue** belegt; **style, décoration** etc **trop ~** über'laden; st/s **~ d'ans** hoch an Jahren; **main ~e de bagues**

mit vielen Ringen geschmückte Hand; *arbre* ~ *de fruits* voller Früchte; ~ *de paquets* mit Paketen beladen, bepackt; *nuage* ~ *de pluie* regenschwer; *fig* **avoir une semaine** ~**e** e-e ausgefüllte Woche haben; **2.** *arme* geladen; **3.** *lettre* ~**e** Wertbrief *m*; Brief *m* mit Wertangabe; **4.** (*responsable*) ~ *de* beauftragt, betraut mit; ~ *de mission* mit e-r Mission beauftragt; *M. X.,* ~ *des relations publiques a ...* Herr X., zuständig für Öffentlichkeitsarbeit in ...; *être* ~ *de famille* für e-e Familie zu sorgen haben; **II** *subst DIPL* ~ *m d'affaires* Geschäftsträger *m*; *UNIVERSITÉ* ~(*e*) *m*(*f*) *de cours* Lehrbeauftragte(r) *f*(*m*)
chargement [ʃaʀʒəmã] *m* **1.** *d'un véhicule* Beladen *n*; *d'un bateau a* Laden *n*; *de marchandises* Ein-, Verladen *n*; *appareil m de* ~ Ladevorrichtung *f*; **2.** (*cargaison*) Ladung *f*; Fracht *f*; **3.** *d'une arme*, *ÉLECT*, *INFORM* Laden *n*; **4.** *d'un haut-fourneau* Beschickung *f*; **5.** ~ *d'un appareil photo* Einlegen *n* des, e-s Films in e-n Fotoapparat; *t/t* Laden *n* e-r Kamera
charger [ʃaʀʒe] **I** *v/t* **1.** *personne, animal, véhicule* beladen, bepacken (*de* mit); *véhicule a* befrachten; *marchandises* (ver-, ein)laden; *F taxi* ~ *un client* e-n Fahrgast auf-, mitnehmen; ~ *du bois sur, des meubles dans un camion* Holz auf, Möbel in e-n Lkw (ver-)laden; ~ *une valise sur son épaule* sich e-n Koffer auf die Schulter laden; e-n Koffer schultern; **2.** *fig* belasten, beschweren (*de* mit); ~ *qn* j-n belasten (*a JUR accusé*); ~ *qn de qc* j-n mit etw belasten; j-m etw aufladen, auferlegen, *F* aufhalsen; etw auf j-n abladen; ~ *sa conscience d'un crime* sein Gewissen mit e-m Verbrechen belasten; *crime* ~ *la conscience de qn* j-s Gewissen belasten; auf j-s Gewissen drücken; *mets* ~ *l'estomac* im Magen liegen; ~ *sa mémoire de ...* sein Gedächtnis belasten mit ...; ~ *son récit d'épisodes inutiles* s-e Erzählung überˈladen mit ...; **3.** (*confier*) ~ *qn de qc* j-n mit etw beauftragen, betrauen; j-m etw überˈtragen; ~ *qn de* (+*inf*) j-n damit beauftragen *ou* betrauen, j-m den Auftrag geben zu (+*inf*); **4.** *arme, batterie, ordinateur* laden; **5.** *haut-fourneau* beschicken; charˈgieren; **6.** ~ *un appareil photo* den, e-n Film einlegen (in die Kamera); *t/t* e-e Kamera laden; **7.** (*attaquer*) angreifen (*a abs*); sich stürzen auf (+*acc*); *SPORTS* rempeln (*a abs*); **8.** (*exagérer*) überˈtreiben, kariˈkieren; **II** *v/pr* **9.** *se* ~ sich beladen, belasten (*de* mit); *se* ~ *l'estomac* sich den Magen überˈladen; **10.** *se* ~ *de qc* etw überˈnehmen, auf sich nehmen, in die Hand nehmen; *se* ~ *de qn* j-n betreuen; sich j-s annehmen; *se* ~ *de faire qc* es übernehmen, etw zu tun; *je m'en charge* das, *F* den *ou* die übernehme ich; um das, *F* den *ou* die kümmere ich mich
chargeur [ʃaʀʒœʀ] *m* **1.** *MAR* Befrachter *m*; **2.** *MIL* Ladeschütze *m*; **3.** *TECH* Ladevorrichtung *f*; *AGR* Lader *m*; **4.** *ÉLECT* Ladegerät *m*; **5.** *d'un fusil* Magaˈzin *n*; **6.** *PHOT* Kasˈsette *f*; *à* ~ *automatique* Kassetten...
chariot [ʃaʀjo] *m* **1.** Wagen *m*; Karren *m*; *dans les magasins* Einkaufswagen *m*; *AVIAT*, *CH DE FER* Kofferkuli *m*; *CIN* Kamerawagen *m*; *dans une usine* Flurförderer *m*; *d'une machine à écrire* Wagen *m*; *d'une machine-outil* Schlitten *m*; ~ *alsacien* Stubenwagen *m*; ~ *électrique* Elektrokarren *m*; ~ *élévateur* Gabelstapler *m*; *t/t* Hubkarren *m*; ~ *à bagages* Gepäckkarren *m*; ~ *d'enfant* Lauflernstuhl *m*, -gestell *n*; **2.** *ASTR le Grand, Petit* ~ der Große, Kleine Wagen
charismatique [kaʀismatik] *adj* charisˈmatisch
charisme [kaʀism(ə)] *m* Charisma *n*
charitable [ʃaʀitabl(ə)] *adj* barmˈherzig; wohl-, mildtätig; *n'être pas très* ~ *envers qn* ziemlich unbarmherzig, mitleidslos zu j-m sein, mit j-m verfahren
charitablement [ʃaʀitabləmã] *adv* aus Barmherzigkeit (*a iron*)
charité [ʃaʀite] *f* Barmˈherzigkeit *f*; Wohl-, Mildtätigkeit *f*; *REL* Nächstenliebe *f*; *sœurs f/pl, frères m/pl de la* ~ Barmherzige Schwestern *f/pl*, Brüder *m/pl*; **vente** *f de* ~ Wohltätigkeitsbasar *m*; *la* ~*, s'il vous plaît* ich bitte um e-e milde Gabe; *il a eu la* ~ *de* (+*inf*) er war so barmherzig und ... *ou* zu (+*inf*); **demander la** ~ um Almosen bitten; betteln; **faire la** ~ (ein) Almosen geben; Barmherzigkeit üben; *prov* ~ *bien ordonnée commence par soi-même* jeder ist sich selbst der Nächste (*prov*); das Hemd ist mir näher als der Rock (*prov*)
charivari [ʃaʀivaʀi] *m* Krach *m*; *F* Raˈdau *m*; Spekˈtakel *m*
charlatan [ʃaʀlatã] *m péj* Scharlatan *m*; *d'un médecin* Quacksalber *m*; Kurpfuscher *m*
charlatan|esque [ʃaʀlatanɛsk] *adj péj* e-s Scharlatans; quacksalberisch; ~**isme** *m péj* Scharlataneˈrie *f*; *MÉD* Quacksalbeˈrei *f*; Kurpfuscheˈrei *f*
Charlemagne [ʃaʀləmaɲ] *m HIST* Karl der Große
Charles [ʃaʀl] *m* Karl *m*; *HIST* ~ *Quint* Karl V. (der Fünfte)
charleston [ʃaʀlɛstɔn] *m danse* Charleston ['tʃɑːrlstən] *m*
Charlot [ʃaʀlo] *m* Charlie Chaplin *m*
Charlotte [ʃaʀlɔt] *f* Charˈlotte *f*; Lotte *f*
charlotte [ʃaʀlɔt] *f* **1.** *CUIS* Süßspeise aus sirupgetränkten Löffelbiskuits, Früchten *u* Vanillecreme; **2.** *coiffure* Frauenhaube *f* mit Voˈlantrand
charmant [ʃaʀmã] *adj* reizend; bezaubernd; entzückend; *personne a* charˈmant; *le Prince* ~ der Märchenprinz (*a fig*), *iron* ~**e soirée!** ein wirklich reizender Abend!; *être d'humeur* ~**e** strahlender, *iron* reizender Laune sein; *comme c'est* ~! wie entzückend, reizend, bezaubernd!; *iron c'est* ~! das ist ja reizend!
charme¹ [ʃaʀm] *m* **1.** Zauber *m*; Bann *m*; *d'une personne a* Charme *m*; *d'un paysage, d'une ville etc* Zauber *m*; Reiz *m*; *de la nouveauté* Reiz der Neuheit; **avoir du** ~ Charme haben; charˈmant sein; **avoir (aussi) son** ~ (auch) s-e Reize, s-n Reiz haben; *être* (*encore*) *sous le* ~ (noch) ganz verzaubert sein; *être sous le* ~ *de qn* in j-s Bann (*dat*) stehen; *faire du* ~ *à qn F* versuchen, j-n zu beˈcircen; *c'est ce qui en* *fait le* ~ gerade das macht s-n *ou* ihren Reiz aus; *ne pas manquer de* ~ *chose* durchaus auch s-e Reize, s-n Reiz haben; *personne* e-n gewissen Charme haben; *il se porte comme un* ~ es geht ihm blendend; er erfreut sich bester Gesundheit; *rompre le* ~ den Zauber lösen; *fig le* ~ *est rompu* der Zauber, die Illusiˈon ist verflogen, dahin; *tenir qn sous son* ~ j-n in s-m Bann halten; **2.** *litt d'une femme les* ~*s* die (weiblichen) Reize *m/pl*; *vendre ses* ~*s* sich, ihren Körper verkaufen
charme² [ʃaʀm] *m BOT* Weiß-, Hagebuche *f*
charmer [ʃaʀme] *v/t* **1.** *serpents* beschwören; **2.** ~ *qn* j-n bezaubern, fasziˈnieren, fesseln, gefangennehmen, entˈzücken; *p/fort* j-n verzaubern, in s-n Bann schlagen; *sens affaibli être charˈmé* sich sehr freuen, entzückt sein (*de* +*inf* darüber,] daß ...)
charmeur [ʃaʀmœʀ] **I** *adj* ⟨-euse⟩ *sourire, voix etc* entzückend; **II** *m* **1.** ~ *de serpent* Schlangenbeschwörer *m*; **2.** (*séducteur*) Charˈmeur *m*
charmille [ʃaʀmij] *f* Laubengang *m*
charnel [ʃaʀnɛl] *adj* ⟨-le⟩ **1.** (*corporel*) fleischlich; körperlich; **2.** (*sexuel*) fleischlich; Fleisches...; *acte* ~ Geschlechtsakt *m*; *amour* ~ körperliche Liebe
charnier [ʃaʀnje] *m* Leichengrube *f*; Massengrab *n*
charnière [ʃaʀnjɛʀ] *f* **1.** *TECH* Scharˈnier *n*; **2.** *fig* Nahtstelle *f*; 'Übergang *m*; Verbindung(sstelle) *f*; *adjt* 'Übergangs...; Verbindungs...
charnu [ʃaʀny] *adj* *lèvres, fruit, feuille* fleischig; *parties* ~*es* Muskelpartien *f/pl*; Weichteile *pl*; *plais* **la partie** ~**e** *de son individu F* sein 'Hinterteil *n*; *plais* sein verlängerter Rücken
charognard [ʃaʀɔɲaʀ] *m ZO et fig* Aasgeier *m*
charogne [ʃaʀɔɲ] *f* **1.** *d'animaux* Aas *n*; **2.** *injure P* Scheiß-, Drecksˈkerl *m*; *d'une femme* Miststück *n*; (Raben)Aas *n*
charolais [ʃaʀɔlɛ] *m* weiße Rinderrasse aus Burgund
charpente [ʃaʀpãt] *f* **1.** *CONSTR* (Trag-) Gerüst *n*; Gerippe *n* (*a d'un bateau*); Skeˈlett *n*; *d'un pont* Tragwerk *n*; ~ (*du toit*) Dachstuhl *m*; Gebälk *n*, ~ *métallique* Stahl-, Eisengerüst *n*, -skelett *n*, -konstruktion *f*; **2.** *du corps* ~ (*osseuse*) Knochengerüst *n*; *avoir une solide* ~ kräftig, stattlich gebaut sein; **3.** *fig d'un roman etc* Aufbau *m*
charpenté [ʃaʀpãte] *adj* *être bien, solidement* ~ a) *personne* kräftig, stattlich gebaut sein; e-n kräftigen Körperbau haben; b) *fig roman etc* klar aufgebaut sein
charpentier [ʃaʀpãtje] *m* Zimmermann *m*; Zimmerer *m*
charpie [ʃaʀpi] *f* **1.** *MÉD autrefois* Scharˈpie *f*; **2.** *fig loc/adj en* ~ *viande* ganz zerkocht; *livre* zerfleddert; *étoffe* brüchig; verschlissen; *mettre, réduire qc en* ~ etw zerzupfen, zerkrümeln, in kleine Fetzen reißen; *menace* **mettre qn en** ~ *F* j-n in die Luft zerreißen; *tomber en* ~ (in der Hand) zerfallen
charretée [ʃaʀte] *f* Ladung *f*; Fuhre *f*
charretier [ʃaʀtje] *m* Fuhrmann *m*
charrette [ʃaʀɛt] *f* Karren *m*; Wagen *m*;

charrier – chatouilleux

~ **à bras** Handkarren *m*; *Révolution* ~ **des condamnés** Schinderkarren *m*
charrier [ʃaʀje] **I** *v/t* **1.** (*transporter*) fahren; karren; transpor'tieren; *fleuve*: *sable* mit sich führen; *glaces* führen; **2.** F *fig* (*se moquer de*) ~ **qn** F j-n auf den Arm nehmen; **II** *v/i* F (*exagérer*) zu weit gehen; es zu weit treiben; *faut pas* ~*!* F das geht zu weit!; jetzt reicht's aber!
charron [ʃaʀõ] *m* Wagner *m*; Stellmacher *m*
charrue [ʃaʀy] *f* Pflug *m*; *fig* **mettre la** ~ **avant, devant les bœufs** das Pferd beim Schwanz aufzäumen
charte [ʃaʀt] *f* JUR, POL Charta *f*; MOYEN-ÂGE *a* Urkunde *f*; HIST *en France la* ⚯ (**constitutionnelle**) die Charte von 1814; ⚯ **des Nations unies** Charta der Vereinten Nationen; **École** *f* **des** ~**s** Hochschule zur Ausbildung von Archivaren u Bibliothekaren in Paris
charter [ʃaʀtɛʀ] **1.** *m vol* Charterflug *m*; *avion* ~ Chartermaschine *f*, -flugzeug *n*; **en** ~ mit e-r Chartermaschine; **2.** *adj* Charter...; *avion* **m, compagnie** *f*, **vol** *m* ~ Charterflugzeug *n*, -gesellschaft *f*, -flug *m*
chartreuse [ʃaʀtʀøz] *f* **1.** ÉGL CATH **a)** *couvent* Kar'tause *f*; Kar'täuserkloster *n*; **b)** *religieuse* Kar'täuserin *f*; **2.** *liqueur* (*nom déposé*) Char'treuse *m* (*Wz*)
chartreux [ʃaʀtʀø] *m* ÉGL CATH Kar-'täuser(mönch) *m*
Charybde [kaʀibd] *loc* **tomber de** ~ **en Scylla** vom Regen in die Traufe kommen
chas [ʃa, ʃɑ] *m* (Nadel)Öhr *n*
chasse [ʃas] *f* **1.** CH a) *action* Jagd *f*; Fang *m*; *st/s* Weidwerk *n*; ~ **sous-marine** Unter'wasserjagd *f*; ~ **à la baleine** Walfang *m*; ~ **aux canards** Entenjagd *f*; ~ **aux papillons** Schmetterlingsfang *m*; ~ **aller, partir à la** ~ auf die Jagd gehen; **faire la** ~ **à un animal** ein Tier jagen; Jagd auf ein Tier machen; *prov* **qui va à la** ~ **perd sa place** wer s-n Platz verläßt, verliert ihn *ou* verliert sein Recht darauf; **b)** *domaine* Jagd *f*; Jagdrevier *m*, -gebiet *n*; **c)** *coll* Jagd *f*; Jäger *m/pl*; Jagdgesellschaft *f*; **d)** (*tableau de* ~) Jagd(aus)beute *f*; Strecke *f*; **faire bonne** ~ e-e gute Strecke haben; **e)** *période* Jagd(zeit) *f*; **f)** *animal* **être en** ~ *cf* **chaleur** 2.; **2.** *fig* Jagd *f*; Verfolgung *f*; ~ **aux autographes** Jagd nach Autogrammen; ~ **à l'homme** Verfolgungsjagd *f*; ~ **aux sorcières** Hexenjagd *f*; **faire la** ~ **à qn, prendre qn, qc en** ~ auf j-n, etw Jagd machen; j-n, etw verfolgen, jagen; j-m, e-r Sache nachjagen; **se mettre en** ~ sich auf die Suche machen (*pour trouver qc* nach etw); **3.** MIL (**aviation** *f* **de**) ~ Jagdflugzeuge *n/pl*; Jagdverbände *m/pl*; Jäger *m/pl*; *avion* **m de** ~ Jäger *m*; Jagdflugzeug *n*; **4.** ~ (**d'eau**) Wasserspülung *f*; **actionner, tirer la** ~ (**d'eau**) die Wasserspülung betätigen, ziehen; **5.** TECH Spielraum *m*; AUTO Nachlauf *m*
châsse [ʃɑs] *f* **1.** REL Heiligen-, Re'liquienschrein *m*; Reliqui'ar *m*; **2.** TECH Fassung *f*; Griff *m*; **3.** *arg* ~**s** *pl* (*yeux*) Augen *n/pl*
chassé-croisé [ʃasekʀwaze] *m* ⟨*pl* chassés-croisés⟩ **1.** DANSE gekreuzter Wechselschritt; Kreuzchassé *n*; **2.** *fig* Hin und Her *n*; Hin'über und Her'über *n*
chasselas [ʃasla] *m* Gutedel *m* (*süße weiße Tafeltraube*)
chasse-mouches [ʃasmuʃ] *m* ⟨*inv*⟩ Fliegenwedel *m*
chasse-neige [ʃasnɛʒ] *m* ⟨*inv*⟩ **1.** TECH Schneeräumer *m*, -pflug *m*; **2.** SKI Schneepflug *m*
chasser [ʃase] **I** *v/t* **1.** CH jagen; Jagd machen auf (+*acc*); *papillons* fangen; ~ **la baleine** auf Walfang gehen; ~ **le lièvre** Hasen jagen; auf die Hasenjagd gehen; **2.** (*faire partir*) weg-, hin'aus-, ver-, da'vonjagen; vertreiben; (*congédier*) F hin'ausverfen; *animal* verjagen; ~ **qn du pays** j-n aus dem Land jagen, vertreiben; *animal* ~ **devant soi** vorwärts treiben; vor sich hertreiben; **3.** *mauvaise odeur etc* vertreiben; *soucis, pensées* a verscheuchen; *vent: nuages* verjagen; vertreiben; ~ **son ennui, l'ennui** sich die Langeweile vertreiben; ~ **un souvenir de son esprit** e-e Erinnerung aus s-n Gedanken verdrängen, verbannen; **4.** TECH *clou, vis* versenken; **II** *v/i* **5.** CH jagen; auf die Jagd gehen; **6.** *roues* seitlich rutschen; wegrutschen; *ancre* nicht fassen
chasseresse [ʃasʀɛs] *poét* *f* Jägerin *f*; *adjt* **Diane** ~ Diana als Göttin der Jagd
chasseur [ʃasœʀ] *m* **1.** CH Jäger *m*; SPORTS ~ **sous-marin** Unter'wasserjäger *m*; *fig* **d'autographes** Auto'grammjäger *m*; *fig* **d'images** Fotojäger *m*; ~ **de têtes** **a)** *chez les sauvages* Kopfjäger *m*; **b)** ÉCON Headhunter ['hɛdhantəʀ] *m*; **2.** MIL **a)** *soldat* Jäger *m*; ~**s alpins** Gebirgsjäger *m/pl*; **b)** AVIAT Jagdflugzeug *n*; Jäger *m*; **3.** *d'hôtel, de restaurant* Page *m*; Boy *m*; *ab* CUIS nach Jägerart; mit Pilzen; ~**-bombardier** *m* ⟨*pl* chasseurs--bombardiers⟩ AVIAT Jagdbomber *m*; *abr* Jabo *m*
chassie [ʃasi] *f* Augenbutter *f*
chassieux [ʃasjø] *adj* ⟨-euse⟩ **avoir les yeux** ~ Schmutz in den Augenwinkeln haben
châssis [ʃasi, ʃɑ-] *m* **1.** (*cadre*) (Ein-) Fassung *f*; Rahmen *m*; **2.** AUTO Fahrgestell *n*; Chas'sis *n*; Rahmen *m*; ~ **intégré** selbsttragende Karosse'rie; **3.** F *fig à propos d'une femme* **c'est, elle a un beau** ~ F sie hat ein tolles 'Untergestell; **4.** **de fenêtre** (Fenster)Flügel *m*; ~ **dormant** nicht zu öffnendes Fenster; **5.** JARD Frühbeetfenster *n*; **6.** PEINT Blendrahmen *m*
chaste [ʃast] *adj* keusch; züchtig; *cœur* rein; *plais* ~**s oreilles** *f/pl* zarte Ohren *n/pl*
chasteté [ʃastəte] *f* Keuschheit *f*
chasuble [ʃazybl(ə)] *f* **1.** ÉGL CATH Meßgewand *n*; Kasel *f*; **2.** *vêtement* ärmelloser Kasack; *adjt* **robe** *f* ~ Trägerrock *m*
chat [ʃa] *m* **1.** ZO Katze *f*; *mâle* Kater *m*; ~ **domestique** Hauskatze *f*; *terme d'affection* **mon** ~ (mein) Liebling; **petit** ~ Kätzchen *n*; ~ **sauvage** Wildkatze *f*; **peau** *f* **de** ~ Katzenfell *n*; **jouer avec qn comme un** ~ **avec une souris** Katze und Maus mit j-m spielen; *fig*: **acheter** ~ **en poche** die Katze im Sack kaufen; **appeler un** ~ **un** ~ das Kind beim Namen nennen; **il n'y a pas un** ~ kein Mensch, keine lebende Seele ist da, ist zu sehen; **avoir un** ~ **dans la gorge** e-n Frosch im Hals haben; **avoir une écriture de** ~ e-e krakelige Schrift haben; **il n'y a pas de quoi fouetter un** ~ das ist kein Grund zur Aufregung; da ist doch nichts dabei; **avoir d'autres** ~**s à fouetter** Wichtigeres zu tun haben; andere Sorgen haben; *prov*: **à bon** ~ **bon rat** Wurst wider Wurst (*prov*); wie du mir, so ich dir (*prov*); ~ **échaudé craint l'eau froide** gebranntes Kind scheut das Feuer (*prov*); **quand le** ~ **n'est pas là, les souris dansent** wenn die Katze aus dem Haus ist, tanzen die Mäuse (auf dem Tisch) (*prov*); **2.** *jeu d'enfants* Fangen *n*; ~ **perché** Fangen, bei dem man sich vor dem Verfolger auf e-n erhöhten Standort rettet; **jouer à** ~ Fangen spielen
châtaigne [ʃɑtɛɲ] *f* **1.** BOT (Edel-, Eß-) Ka'stanie *f*; **2.** F (*coup de poing*) Faustschlag *m*
châtaigneraie [ʃɑtɛɲʀɛ] *f* Ka'stanienpflanzung *f*, -wäldchen *n*
châtaignier [ʃɑtɛɲe] *m* **1.** BOT (Edel-) Ka'stanie *f*; Ka'stanienbaum *m*; **2.** (**bois** *m* **de**) ~ Ka'stanie(nholz) *f*(*n*)
châtain [ʃɑtɛ̃] *adj* ⟨*f inv*, *litt* châtaine⟩ *cheveux* braun; ~ **clair, foncé** ⟨*inv*⟩ hell-, dunkelbraun; *personne* **être** ~ braunes Haar haben; braunhaarig sein
château [ʃɑto] *m* ⟨*pl* -x⟩ **1.** Schloß *n*; ~ **fort, féodal** Burg *f*; ~ **de cartes** Kartenhaus *n*; **projets s'écrouler comme un** ~ **de cartes** wie ein Kartenhaus zusammenstürzen; ~**x de la Loire** Loireschlösser *n/pl*; *fig vieil f de* ~ Schla-'raffenland *n*; *fig* **bâtir des** ~**x en Espagne** Luftschlösser bauen; **2.** ~ **d'eau** Wasserturm *m*; **3.** *dans le Bordelais* Weingut *n*
chateaubriand *ou* **châteaubriant** [ʃatobʀijɑ̃] *m* CUIS Chateaubri'and *n* (*dickes Filetsteak vom Grill*)
châtel|ain [ʃɑtlɛ̃, ʃɑ-] *m*, ~**aine** *f* **1.** Schloßherr(in) *m*(*f*); **2.** MOYEN-ÂGE Burgherr, -frau *m,f*; Burggraf, -gräfin *m,f*
chat-huant [ʃaɥɑ̃] *m* ⟨*pl* chats-huants⟩ ZO Waldkauz *m*
châtier [ʃɑtje] *v/t st/s* **1.** (be)strafen (**de** mit); abstrafen; *physiquement* a züchtigen; **2.** *adjt langage, style* **châtié** gepflegt
chatière [ʃatjɛʀ] *f* **1.** *pour chats* 'Durchschlupf *m* für Katzen; **2.** (*trou d'aération*) Lüftungsöffnung *f* (im Dach)
châtiment [ʃɑtimɑ̃] *st/s m* Strafe *f*; Bestrafung *f*; ~ **corporel** (körperliche) Züchtigung *f*; ÉCOLE Prügelstrafe *f*
chatoiement [ʃatwamɑ̃] *m* Schillern *n*
chaton [ʃatõ] *m* **1.** ZO Kätzchen *n*; **2.** BOT Kätzchen *n*; ~ **de saule** Weidenkätzchen *n*; **3.** ORFÈVRERIE Fassung *f*
chatouillement [ʃatujmɑ̃] *m* **1.** *action* Kitzeln *n*; **2.** *sensation* Kitzel(n) *m*(*n*)
chatouiller [ʃatuje] *v/t* **1.** kitzeln; **ça** (**me**) **chatouille** das kitzelt (mich); **2.** *fig*: **le palais** kitzeln; ~ **l'amour-propre de qn** j-s Selbstachtung (*dat*) schmeicheln
chatouilles [ʃatuj] *f/pl* F **faire des** ~ **à qn** j-n kitzeln; **craindre les** ~ kitz(e)lig sein
chatouilleux [ʃatujø] *adj* ⟨-euse⟩ **1.**

kitz(e)lig; *être* ~ *de an* (+*dat*) kitz(e)lig sein; **2.** *fig caractère, personne* empfindlich, F kitz(e)lig (*sur* in bezug auf +*acc*)

chatoy|ant [ʃatwajã] *adj* schillernd; **~er** *v/i* ⟨-oi-⟩ schillern

châtré [ʃɑtʀe] **I** *adj* ka'striert; verschnitten; **II** *m fig* **voix** *f* **de ~** Fistelstimme *f*

châtrer [ʃɑtʀe] *v/t* ka'strieren; verschneiden

chatte [ʃat] *f* **1.** *ZO* Katze *f*; Kätzin *f*; *terme d'affection* **ma (petite) ~** mein (kleiner) Liebling; **2.** *adj fig d'une femme* **elle est (très) ~** sie ist zärtlich und anschmiegsam wie ein Kätzchen; **3.** P (*sexe de la femme*) P Muschi *f*; Kätzchen *n*

chatteries [ʃatʀi] *f/pl* **1.** (*caresses*) Zärtlichkeiten *f/pl*; **faire des ~ à qn** zu j-m zärtlich sein; **2.** (*friandises*) Leckerbissen *m/pl*; Naschwerk *n*

chatterton [ʃatɛʀtɔn] *m* Iso'lierband *n*

chaud [ʃo] **I** *adj* **1.** warm; *p/fort* heiß; **très ~** (sehr) heiß; **trop ~** zu warm *ou* heiß; *air* **~** warme *ou* heiße Luft; *TECH* Warmluft *f*; **main ~e** Gesellschaftsspiel, bei dem e-e Person, der die Augen verbunden sind, erraten muß, wer ihr auf die Hand schlägt; **repas ~** warme Mahlzeit; **la saison ~e** die warme Jahreszeit; **vin ~** Glühwein *m*; **avoir les mains ~es, les pieds ~es** warme Hände, Füße haben; **boire ~** etwas Warmes, Heißes trinken; **cuire à four très ~** bei starker Hitze backen; **moteur, cadavre etc être encore ~** noch warm sein; **le soleil est ~** die Sonne ist, scheint warm; **manger ~** etwas Warmes essen; **servir ~** heiß servieren; **2.** *vêtements, couverture etc* warm; wärmend; **3.** *fig félicitations, couleur, voix* warm; *parfum* schwer; *discussion* hitzig; *partisan* glühend; *leidenschaftlich*; **nouvelle toute ~e** brühwarme Neuigkeit; **l'alerte a été ~e** das ist noch einmal gnädig abgegangen; **la bataille a été ~e** das war ein heißer Kampf; **il n'est pas très ~ (pour ce projet** *etc*) er kann sich dafür nicht recht erwärmen; er ist davon nicht sehr begeistert; **4.** *fig zone, quartier* gefährlich; *journées* heiß; **point ~ a)** *lieu* Krisenpunkt *m*, -herd *m*; **b)** (*question controversée*) brennende Frage; brennendes Problem; (*sujet délicat*) heißes Eisen; **l'été sera ~** es wird e-n heißen Sommer geben; **5.** *tempéra-ment, sang* hitzig; **6.** *loc/adv* **à ~ a)** *MÉD opérer* bei a'kuter Entzündung; **b)** *fig* so'lange die Gemüter noch erhitzt sind; **reportage** *m* **à ~** Live-Reportage ['laɪf-] *f*; *TECH* **étirer à ~** warmziehen; **II** *m* Wärme *f*; *p/fort* Hitze *f*; *loc/adv* **au ~** im Warmen; **être, rester (bien) au ~** im Warmen sein, bleiben; **garder, tenir au ~** *manger* warm stellen; *pieds etc* warm halten; **j'ai ~** mir ist warm, *p/fort* heiß; *fig* **j'ai eu ~** ich bin gerade noch mit e-m blauen Auge da'vongekommen; **cela me donne ~** davon *ou* dabei wird mir warm; **ça m'a donné ~ de courir** mir ist vom *ou* beim Laufen ganz heiß geworden; **il fait ~** es ist warm, *p/fort* heiß; F **il ne fait pas ~ aujourd'hui** F es ist ganz schön kalt heute; *fig* **ça ne me fait ni ~ ni froid** das ist mir gleichgültig, egal, das läßt mich kalt; *fig* **il fera ~ le jour où ...** da muß

noch viel passieren, bis ...; **prendre un ~ et froid** sich verkühlen (, wenn man schwitzt); *lainage etc* **tenir ~ (à qn)** (j-n) warm halten; **cela te tiendra ~ aux oreilles** das wird dir die Ohren warm halten

chaudement [ʃodmã] *adv* **1.** *s'habiller* warm; **2.** *fig féliciter, recommander* warm; *wärmstens*; *disputé* heiß; **3.** *plais*: **comment ça va? – ~!** wie's einem so geht bei dem Wetter

chaude-pisse [ʃodpis] P *f* Tripper *m*

chaud-froid [ʃofʀwa] *m* ⟨*pl* chauds-froids⟩ *CUIS* Chaudfroid *n* (*Geflügel-, Wildsülze*)

chaudière [ʃodjɛʀ] *f* (Heiz-, Dampf-) Kessel *m*; **~ à mazout** Ölheizkessel *m*

chaudron [ʃodʀɔ̃] *m* (Koch)Kessel *m*

chaudronnerie [ʃodʀɔnʀi] *f* **1.** *usine* Kessel- *ou* Blech- *ou* Kupferschmiede *f*; **2.** *objets* Blech- *ou* Kupferwaren *f/pl*

chaudronnier [ʃodʀɔnje] *m* Kessel- *ou* Kupfer- *ou* Blechschmied *m*

chauffage [ʃofaʒ] *m* Heizung *f* (*installation et action*); *action* (Be)Heizen *n*; *TECH* Erwärmung *f*; Erhitzung *f*; **~ central** Zen'tralheizung *f*; **~ électrique** elektrische Heizung; **~ solaire** So'larheizung *f*; **~ à air chaud** Warmluftheizung *f*; **~ au bois, au charbon** Holz-, Kohlenheizung *f*, -feuerung *f*; **~ au gaz, au mazout** Gas-, Ölheizung *f*; **~ par accumulation, par le plancher** Speicher-, Fußbodenheizung *f*; **appareil m de ~** Heizgerät *n*; **bois m de ~** Brennholz *n*; **installation f de ~** Heiz(ungs)anlage *f*; **arrêter, mettre le ~** die Heizung aus-, anstellen

chauffagiste [ʃofaʒist] *m* Heizungsmonteur *m*

chauffant [ʃofã] *adj* aufheizbar; beheizbar; Heiz...; **couverture ~e** Heizdecke *f*; *AUTO* **lunette arrière ~e** beheizbare Heckscheibe; **plaque ~e** Heiz-, Kochplatte *f*

chauffard [ʃofaʀ] *m* Verkehrsrowdy [-ʀaudi] *m*

chauffe [ʃof] *f* *TECH* Heizen *n*; Heizung *f*; Feuerung *f*; **surface** *f* **de ~** Heizfläche *f*

chauffe-assiettes [ʃofasjɛt] *m* ⟨*inv*⟩ Tellerwärmer *m*; **~-bain** *m* ⟨*pl* chauffe-bains⟩ Boiler *m* *ou* 'Durchlauferhitzer *m* (fürs Bad); Badeofen *m*; **~-biberon** *m* ⟨*pl* chauffe-biberons⟩ (Baby)Flaschenwärmer ['be:bi-] *m*

chauffe-eau [ʃofo] *m* ⟨*inv*⟩ Heiß-, Warm'wasserbereiter *m*; **~ instantané** 'Durchlauferhitzer *m*; **~ à accumulation** Boiler *m*; Heiß-, Warm'wasserspeicher *m*

chauffe-liquides [ʃoflikid] *m* ⟨*inv*⟩ Tauchsieder *m*; **~-plats** *m* ⟨*inv*⟩ Warmhalteplatte *f*

chauffer [ʃofe] **I** *v/t* **1.** erwärmen; (an-, vor)wärmen; *p/fort* erhitzen; *appartement, chaudière* heizen; **~ de l'eau à 80 degrés** Wasser auf 80 Grad erhitzen; **2.** *fig public* in Schwung bringen; **II** *v/i* **3.** warm, *p/fort* heiß werden; sich erwärmen; **faire ~** warm, heiß machen; erhitzen; *manger* (auf)wärmen; *fer à repasser* anstellen; *moteur* warmlaufen lassen; **l'eau chauffe, est en train de ~** das Wasser wird warm, heiß; **mettre de l'eau à ~** Wasser aufsetzen; **4.** *moteur, essieu* (sich) heißlaufen; *moteur a*

zu heiß werden; F kochen; **5.** *poêle, combustible* heizen; Wärme geben; *soleil* brennen; **6.** F *fig* **ça, la salle chauffe** das Publikum geht begeistert mit, läßt sich mitreißen; F *fig* **ça va ~** F das wird was geben, absetzen; es ist dicke Luft; **III** *v/pr* **se ~ 7.** sich wärmen (*au soleil* an der Sonne); **se ~ devant le feu** sich am Feuer (auf)wärmen; **8.** heizen (*au bois* mit Holz)

chaufferette [ʃofʀɛt] *f* Fußwärmer *m*

chaufferie [ʃofʀi] *f* *dans un immeuble* Heizraum *m*; Heizungskeller *m*; *à l'usine* Kesselhaus *n*; *MAR* Kesselraum *m*

chauffeur [ʃofœʀ] *m* **1.** Fahrer(in) *m(f)*; Chauf'feur *m*; *plais* Chauf'feuse *f*; *ADM* Kraftfahrer *m*; **~ de camion, de poids lourd** Lkw-Fahrer *m*; **~ du dimanche** Sonntagsfahrer *m*; **~ de taxi** Taxifahrer(in) *m(f)*, -chauffeur *m*; **voiture *f* sans ~** Leihwagen *m* (für Selbstfahrer); **2.** *dans une chaufferie* Heizer *m*; **~-livreur** *m* ⟨*pl* chauffeurs-livreurs⟩ Verkaufsfahrer *m*; Ausfahrer *m*

chauffeuse [ʃoføz] *f* tiefer Sessel

chaul|age [ʃolaʒ] *m* *AGR* Kalken *n*; Kalkdüngung *f*; **~er** *v/t* *AGR* mur kalken

chaume [ʃom] *m* **1. a)** *après la moisson* Stoppel *f*; **b)** *champ* Stoppelfeld *n*; **2.** *pour couvrir les toits* Dachstroh *n*; **toit** *m* **de ~** Strohdach *n*

chaumière [ʃomjɛʀ] *f* **a)** (strohgedeckte) Hütte; einfaches Häuschen; *fig* **une ~ et un cœur** Raum ist in der kleinsten Hütte für ein glücklich liebend Paar (*Schiller*); **b)** modernes kleines Landhaus; **c)** *auberge* Landgasthof *m*, -gasthaus *n*

chaussant [ʃosã] *adj chaussures* **être ~s** gut sitzen; angenehm zu tragen sein

chaussée [ʃose] *f* Fahrbahn *f*

chausse-pied [ʃospje] *m* ⟨*pl* chausse-pieds⟩ Schuhanzieher *m*, -löffel *m*

chausser [ʃose] **I** *v/t* **1.** *chaussures* (sich) anziehen; **~ qn a)** *enfant etc* j-m die Schuhe anziehen; **b)** (*fournir en chaussures*) für j-n Schuhe machen, anfertigen; **~ du 37** Schuhgröße 37 haben; **les étriers** die Füße in die Steigbügel stecken; *par ext* **~ ses lunettes** (sich) die Brille auf die Nase setzen; **~ ses, des skis** (sich) die Skier anschnallen; *adj*: **être bien chaussé** gute Schuhe tragen, (an)haben; **chaussé de vieilles sandales** mit alten Sandalen (an den Füßen); **2.** *chaussures* **~ (qn) bien** gut sitzen (und guten Halt geben); gut aussehen; **3.** *AGR* häufeln; **4.** *véhicule* bereifen; **II** *v/pr* **5. se ~** (sich) die Schuhe anziehen; **6. se ~ chez X** s-e Schuhe immer bei X kaufen; **il a du mal à se ~** es ist schwer für ihn, passende Schuhe zu finden

chausses [ʃos] *f/pl autrefois* Beinkleider *n/pl*

chausse-trap(p)e [ʃostʀap] *f* ⟨*pl* chausse-trap(p)es⟩ **1.** Fallgrube *f*; **2.** *fig* Falle *f*

chaussette [ʃosɛt] *f* Kniestrumpf *m*; Socke *f*; *südd* Socken *m*; **en ~s** in Socken

chausseur [ʃosœʀ] *m* Schuhlieferant *m*

chausson [ʃosɔ̃] *m* **~ de bébés** Babyschuh ['be:bi-] *m*; **~ (de danse)** Bal'lettschuh *m*; *COUT* **point de ~** Hexenstich *m*; **2.** *CUIS* **~ aux pommes** Apfeltasche *f*

chaussure [ʃosyʀ] f **1.** Schuh m; ~s pl a Schuhwerk n; Schuhwaren f/pl; ~ basse Halbschuh m; ~ montante hoher Schuh; Stiefel m; ~s de marche Straßenschuhe m/pl; ~s de ski Skistiefel m/pl; ~s de sport Schuhe für den Sport; fabricant m de ~s Schuhfabrikant m; marchand m de ~s Schuh(waren)händler m; enlever ses, mettre des, ses ~s die, s-e Schuhe, sich die Schuhe aus-, anziehen; faire les ~s die Schuhe putzen; fig trouver ~ à son pied a) personne den Richtigen ou die Richtige, den passenden Partner finden; b) chose das Passende, Richtige finden; **2.** ÉCON Schuhbranche f, -handel m, -industrie f
chaut [ʃo] cf chaloir
chauve [ʃov] adj kahl (a fig colline etc); personne a kahlköpfig; subst un ~ ein Kahlkopf m; devenir ~ e-e Glatze bekommen; kahl werden
chauve-souris [ʃovsuʀi] f ⟨pl chauves-souris⟩ ZO Fledermaus f
chauvin [ʃovɛ̃] péj **I** adj chauvi'nistisch; **II** subst ~e(m(f) Chauvi'nist(in) m(f)
chauvinisme [ʃovinism(ə)] m péj Chauvi'nismus m
chaux [ʃo] f Kalk m; fig: bâtir à ~ et à sable sehr solide bauen; personne être bâti à ~ et à sable e-e robuste Natur haben
chavirement [ʃaviʀmɑ̃] m Kentern n
chavirer [ʃaviʀe] **I** v/t fig ~ qn j-n zu-'tiefst berühren, aufwühlen; adjt j'en ai le cœur chaviré, j'en suis tout chaviré das hat mich zutiefst berührt, aufgewühlt; **II** v/i **1.** bateau kentern, 'umschlagen; faire ~ zum Kentern bringen; **2.** fig murs, meubles ~ autour de qn um j-n schwanken; sich um j-n drehen; ses yeux chaviraient er verdrehte die Augen
chéchia [ʃeʃja] f roter Fes ou Fez
check-up [(t)ʃɛkœp] m ⟨inv⟩ MÉD Gene'raluntersuchung f; Check-up ['tʃɛkap] m
chef [ʃɛf] m, F a f **1.** Chef(in) m(f); Führer(in) m(f); Leiter(in) m(f); Vorsteher(-in) m(f); Oberhaupt n; Kopf m; d'une révolte etc Anführer m; d'une conspiration a Haupt n; MIL Führer m; Komman'deur m; Chef m; d'indigènes Häuptling m; d'une école: PEINT Meister m; PHILOS Lehrer m; ♦ comptable Haupt-, Oberbuchhalter m; ~ (cuisinier) Chefkoch m; Küchenchef m; ~ (hiérarchique) Vorgesetzte(r) f(m); ~ indien Indi'anerhäuptling m; ~ mécanicien MAR leitender Ingenieur; CH DE FER Oberlokomotivführer m; ~ d'armée, d'une armée Heerführer m; ~ d'atelier Werkmeister m; Werkstattleiter m; ~ de bande Bandenchef m, -führer m; ~ de brigands Räuberhauptmann m; ~ de bureau a) Bü'rovorsteher m, -chef m; b) dans un ministère Refe'rent m; Ministeri'aldirigent m, -rat m; d'un ministre ~ de cabinet per'sönlicher Refe'rent m; ~ de chantier Bauführer m, -leiter m; ~ des chœurs Chordirektor m, -leiter m; ~ d'entreprise Leiter, Chef, Di'rektor m e-s Unter'nehmens, Betriebs; Unter'nehmer m; ~ d'équipe cf équipe; ~ d'État, de l'État Staatsoberhaupt n, -chef m; ~ d'état-major (général des armées) Gene'ralstabschef m; ~ de famille Fa'milienoberhaupt n; ADM Haushaltungsvorstand m; ~ de file Leiter m; Oberhaupt m; (An)Führer m; führender Kopf m; ~ de gare Bahnhofs-, Stati'onsvorsteher m; ~ de gouvernement Re'gierungschef m; ~ d'orchestre grande musique (Or'chester)Diri'gent m; jazz, danse Ka'pellmeister m; ~ du personnel Perso'nalchef m, -leiter m; ~ de produit Pro'duktmanager [-mɛnɪdʒəʀ] m; dans un grand magasin ~ de rayon Ab'teilungsleiter m; ~ de service Ab'teilungsleiter m; ~ de service de presse Pressereferent m; CH DE FER ~ de train Zugführer m; ♦ pâté m du ~ nach hauseigenem Rezept hergestellte Pastete; qualités f/pl d'un ~ Führungsqualitäten f/pl, -eigenschaften f/pl; ♦ adjt ...-~ Chef...; MIL Haupt-, Ober...; médecin-~ Chefarzt m; leitender Arzt; sergent-~ (Ober)Feldwebel m; loc/adj en ~ Chef...; MIL Ober...; général m en ~ Oberbefehlshaber m; Oberkommandierende(r) m; ingénieur m en ~ Chefingenieur m; rédacteur m en ~ Chefredakteur m; ♦ appellatif F oui, ~! F ja, Chef!; F t'es un ~! F du bist ein As!; jouer au petit ~, les petits ~s sich als Chef aufspielen wollen; **2.** litt (tête) Kopf m; st/s Haupt n; loc/adv de son propre ~ aus eigener Initia'tive; auf eigene Faust; von sich aus; eigenmächtig; **3.** JUR (Haupt-)Punkt m; d'accusation (Haupt)Anklagepunkt m; **4.** loc/adv au premier ~ in erster Linie; vor allem
chef-d'œuvre [ʃɛdœvʀ(ə)] m ⟨pl chefs-d'œuvre⟩ Meisterwerk n; Meisterstück n; Meister-, Glanzleistung f; iron un ~ de maladresse e-e Glanzleistung an Ungeschicklichkeit; fig déployer des chefs-d'œuvre d'habileté e-e meisterhafte Geschicklichkeit an den Tag legen
chef-lieu [ʃɛfljø] m ⟨pl chefs-lieux⟩ ADM Hauptort m; ~ d'arrondissement Hauptort e-s, des Arrondissements; ~ (de département) Departementshauptort m, -hauptstadt f
cheftaine [ʃɛftɛn] f SCOUTISME Führerin f
cheik(h) [ʃɛk] m Scheich m
chelem [ʃlɛm] m aux cartes Schlemm m; faire le grand ~ a) alle Stiche machen; b) fig e-e Siegesserie für sich verbuchen können; der große Sieger sein
chelinguer [ʃlɛ̃ge] cf schlinguer
chemin [ʃ(ə)mɛ̃] m **1.** Weg m (de nach, zu) (a fig) (parcours) (Weg)Strecke f; ~ côtier Küstenweg m; MATH le plus court ~ d'un point à un autre die kürzeste Verbindung zweier Punkte; ~ creux Hohlweg m; REL le ~ de la croix der Leidensweg Christi; représentation de croix Kreuzweg m; REL et fig ~ de Damas Da'maskuserlebnis n; fig ~ de la gloire Weg zum Ruhm; ~ du retour Heim-, Rückweg m; FORTIF ~ de ronde Wehrgang m; ~ de terre Feldweg m; deux heures de ~ zwei Stunden Weg, en voiture Fahrt; zwei Wegstunden; loc/adv: en ~ unter'wegs; fig s'arrêter en ~ mitten'drin aufhören, abbrechen; auf halbem Wege stehenbleiben; fig je ne vais pas m'arrêter en si bon ~ da ich schon einmal dabei bin, F im Schwung bin (, mach' ich gleich weiter); être en ~ unterwegs sein; fig l'affaire est en bon ~ die Sache läuft gut; se mettre en ~ sich auf den Weg machen; aufbrechen; fig rester en ~ auf halbem Weg stehenbleiben; nicht zu Ende kommen; par ce ~ auf diesem Weg(e) (a fig); fig damit; dadurch; fig ne pas y aller par quatre ~s nicht lange fackeln; nicht viel Federlesens, 'Umstände machen; passer par un autre ~ e-n ander(e)n Weg nehmen, gehen; ~ faisant unter'wegs; während der Fahrt, Reise; ♦ fig aller son (petit bonhomme de) ~ unbeirrt s-n Weg gehen; sich nicht beirren lassen; demander son, le ~ à qn j-n nach dem Weg fragen; faire tout le ~ à pied den ganzen Weg zu Fuß zurücklegen; faire du ~ gut vorwärts-, vor'ankommen; e-e tüchtige Strecke zu'rücklegen; fig vorwärts-, vor'ankommen; fig faire son ~ s-n Weg machen; idée etc sich allmählich 'durchsetzen; montrer son, le ~ à qn j-m den Weg zeigen; fig montrer le ~ ein Beispiel geben, e-n den Weg zeigen (à qn j-m); passer son ~ weitergehen; s-n Weg fortsetzen; (s'en aller) s-r Wege gehen; prendre le ~ de ... den Weg nach ... einschlagen; fig prendre le ~ de l'exil ins Exil gehen; prendre un autre ~ e-n ander(e)n Weg nehmen, gehen; fig il n'en prend pas le ~ er tut es anscheinend (doch) nicht; fig reprendre le ~ de l'école sich wieder auf die Schulbank setzen; wieder die Schulbank drücken; reprendre le ~ de son village in sein Dorf zurückkehren; fig rester dans le, suivre le droit ~ auf dem rechten Weg bleiben; fig et st/s suivre le ~ de la vertu den, auf dem Pfad der Tugend wandeln; trouver qc sur son ~ e-r Sache (dat) auf s-m Weg begegnen; il me trouvera sur son ~ ich werde mich ihm in den Weg stellen; fig il a su trouver le ~ de son cœur er hat den Weg, den Zugang zu ihrem Herzen gefunden; prov tous les ~s mènent à Rome alle Wege führen nach Rom (prov); ♦ ~ d'escalier, de table Treppen-, Tischläufer m
chemin de fer [ʃ(ə)mɛ̃dfɛʀ] m **1.** (Eisen)Bahn f; ~ électrique elektrische (Eisen)Bahn; ~ de montagne Bergbahn f; employé m des chemins de fer (Eisen)Bahnbedienstete(r) m; voyager en ~ mit der Bahn reisen; **2.** pour rideaux Schleuderleiste f; Gar'dinenleiste f
chemineau [ʃ(ə)mino] m ⟨pl ~x⟩ Landstreicher m; F Tippelbruder m
cheminée [ʃ(ə)mine] f **1.** a) Schornstein m (a de locomotive, de bateau); Ka'min m; Esse f; Schlot m; österr Rauchfang m; ~ d'usine Fa'brikschornstein m; (Fa'brik)Schlot m; b) d'intérieur (offener) Ka'min m; sur la ~ auf dem Kamin(sims); **2.** ESCALADE Ka'min m; **3.** de volcan Schlot m; **4.** GÉOL ~ des fées Erdpfeiler m, -pyramide f; **5.** MINES ~ d'aérage Luftschacht m
cheminement [ʃ(ə)minmɑ̃] m **1.** Wandern m; st/s Wandeln n; des eaux langsames Rinnen; **2.** fig ~ de la pensée Entwicklung f, Fortschreiten n des Denkens, der Gedanken

cheminer [ʃ(ə)mine] *v/i* **1.** s-s Weges ziehen; da'hingehen, -schreiten; wandern; *st/s* wandeln; *sentier ~ le long du mur* an der Mauer entlangführen; **2.** *fig idée* sich allmählich 'durch-, festsetzen

cheminot [ʃ(ə)mino] *m* Eisenbahner *m*

chemise [ʃ(ə)miz] *f* **1.** Hemd *n*; *d'homme a* Oberhemd *n*; *dessous féminin* 'Unterhemd *n*; *d'enfant* Hemdchen *n*; *par ext* HIST *~s brunes, noires* Braun-, Schwarzhemden *n/pl*; *~ de nuit* Nachthemd *n*; *en bras, manches de ~* in Hemdsärmeln; *fig: changer d'avis, d'idée comme de ~* s-e Meinung wie sein Hemd wechseln; *il donnerait sa ~* er würde sein letztes Hemd hergeben; F *je m'en fiche, moque comme de ma première ~* F das ist mir piepe, schnurzegal, schnurzpiepe; F *y laisser jusqu'à sa dernière ~* sich dabei, damit ruinieren; **2.** *pour documents* Aktendeckel *m*; Sammelmappe *f*; **3.** CUIS *nègre m en ~* Schoko'ladenspeise *f* mit Schlagsahne

chemiserie [ʃ(ə)mizri] *f* **1.** *branche* Herrenwäsche *f*; **2.** *magasin* Herrenwäschegeschäft *n*

chemisette [ʃ(ə)mizɛt] *f* **a)** *d'homme* kurzärm(e)liges Sporthemd; Buschhemd *n*; **b)** *de femme* kurzärm(e)lige (Sport)Bluse

chemisier [ʃ(ə)mizje] *m* **1.** Hemdbluse *f*; *adjt robe f ~* Hemdblusenkleid *n*; **2.** *fabricant* Hersteller *m*, *marchand* Verkäufer *m* von Herrenwäsche

chênaie [ʃɛnɛ] *f* Eichenwäldchen *n*, -hain *m*

chenal [ʃənal] *m* ⟨*pl* -aux⟩ MAR Fahrrinne *f*

chenapan [ʃ(ə)napɑ̃] *m plais* Strolch *m*; Schlingel *m*

chêne [ʃɛn] *m* **1.** BOT Eiche *f*; *~ vert* Steineiche *f*; *fig être solide comme un ~* e-e sehr robuste Gesundheit haben; sehr robust sein; **2.** (*bois m de*) *~* Eiche(nholz) *f(n)*; *de, en ~* eichen; Eichen...

chéneau [ʃeno] *m* ⟨*pl ~x*⟩ Dachrinne *f*

chêne-liège [ʃɛnljɛʒ] *m* ⟨*pl* chênes-lièges⟩ BOT Korkeiche *f*

chenet [ʃənɛ] *m* Feuerbock *m*

chenil [ʃənil] *m* Hundezwinger *m*

chenille [ʃ(ə)nij] *f* **1.** ZO Raupe *f*; **2.** TECH Raupe(nkette) *f*; Gleiskette *f*; *véhicule m à ~s* Raupen-, Gleiskettenfahrzeug *n*; **3.** TEXT Che'nille *f*

chenillé [ʃ(ə)nije] *adj véhicule ~* Gleisketten-, Raupenfahrzeug *n*

chenu [ʃəny] *litt adj vieillard* weißhaarig; *tête* schneeweiß

cheptel [ʃɛptɛl] *m* AGR Vieh(bestand) *n(m)*; *~ bovin, ovin, porcin* Rinder-, Schaf-, Schweinebestand *m*; *~ mort, vif* totes, lebendes Inven'tar

chèque [ʃɛk] *m* Scheck *m* (*de mille francs* über tausend Franc); *~ barré* Verrechnungsscheck *m*; gekreuzter Scheck (*in Frankreich üblich*); *~ postal* Postscheck *m*; *centre m de ~ postaux*, F *~s postaux* Postgiroamt *n*; Postscheckamt *n*; *~ au porteur* Inhaber-, Über'bringerscheck *m*; *~ de voyage* Reisescheck *m*; *~ en blanc* Blankoscheck *m*; F *en bois* ungedeckter Scheck; *faire un ~* e-n Scheck ausstellen; *payer par ~* mit, durch, per Scheck (be)zahlen; *~-restaurant m* ⟨*pl* chèques-restaurant⟩ Essen(s)marke *f*

chéquier [ʃekje] *m* Scheckheft *n*, -buch *n*

cher [ʃɛʀ] **I** *adj* ⟨chère⟩ **1. a)** *personne* lieb; geliebt; *st/s* teuer; wert; *appellatif ~ ami* (mein) lieber Freund; (*mes*) *~s auditeurs* liebe *ou* verehrte Zuhörer; *un être ~* ein geliebter Mensch; *ce ~ homme* der Gute; *dans une lettre* **Chère Madame** Liebe Frau (+*nom*); *très poli* Liebe gnädige Frau; (*mon*) *~ Monsieur* mein lieber Herr (X); *dans une lettre ♀ Monsieur* Lieber Herr (+*nom*); *iron ce ~ Roger, il n'en fait jamais d'autres* unser lieber, der liebe Roger ...; unser guter, der gute Roger ...; *plais et ce ~ X, qu'est-ce qu'il devient?* und der gute X, ...?; *dans une lettre ♀s tous* Ihr Lieben; *un ami ~ à son cœur* an dem er sehr hängt; den er sehr liebt; *st/s* der s-m Herzen teuer ist; **b)** *souvenir, projet etc* lieb; *st/s* teuer; *cela lui est ~* das ist ihm wichtig; ihm liegt viel daran; daran hängt er; das liebt er; *c'est mon vœu le plus ~* das ist mein innigster Wunsch; **2.** (*coûteux*) teuer; kostspielig; (*précieux*) kostbar; *le bien le plus ~* das kostbarste Gut; *vie chère* teures Leben; hohe Lebenshaltungskosten *pl*; *un hôtel pas ~* ein billiges Hotel; *ce n'est pas ~* das ist billig, nicht teuer; *être ~* teuer sein; *c'est ~ pour ce que c'est* das ist den, s-n Preis nicht wert; *c'est trop ~ pour moi* das ist zu teuer für mich; das ist mir zu teuer; **II** *adv* teuer; *moins ~* billiger; F *je l'ai eu pour pas ~* ich hab' nicht viel dafür bezahlt; ich hab' es billig bekommen; *coûter ~* teuer sein; viel (Geld) kosten; *ne pas donner ~ de la vie de qn* j-s Leben für verloren halten; *je donnerais ~ pour savoir si ...* ich würde viel d(a)rum geben, wenn ich wüßte, ob ...; *payer ~* teuer bezahlen (*a fig erreur etc*); *fig une victoire a teuer erkaufen*; *je ne l'ai pas payé ~* ich habe nicht viel dafür bezahlt; *fig il me le payera ~!* das wird er mir büßen!; *artisan etc prendre ~* teuer sein; hohe Preise verlangen; *travaux etc revenir ~* teuer sein; *a fig* teuer zu stehen kommen (*à qn* j-n); *valoir ~* teuer sein; *fig ne pas valoir ~* nichts taugen (*a personne*); *vendre ~* teuer verkaufen (*a fig sa vie*); *abs* hohe Preise haben, verlangen; *magasin* teuer sein; *vendre moins ~ que qn a* j-n unter'bieten; **III** *subst mon ~* mein Lieber; *ma chère* meine Liebe; *avec affectation: ~, très ~* mein Bester, Lieber; *chère, très chère* Liebste; Teuerste

Cher [ʃɛʀ] *le ~* Fluß u Departement in Frankreich

chercher [ʃɛʀʃe] *v/t* **1.** *~ qn, qc* j-n, etw suchen; j-m, etw suchen; *passage, adresse dans un livre a* aufsuchen; *~ de l'argent* Geld aufzutreiben suchen; *~ le calme* die Stille suchen; *~ des difficultés à qn* j-m Schwierigkeiten machen; *~ une femme* e-e (Ehe-)Frau suchen; *ne ~ que son intérêt* nur s-n Vorteil suchen; nur auf s-n Vorteil bedacht sein, aussein; *~ un mot dans le dictionnaire* ein Wort im Wörterbuch nachschlagen, suchen; *~ ses mots* nach Worten suchen, ringen; *~ un moyen de* (+*inf*) ein Mittel, e-e Möglichkeit, nach e-m Mittel, nach e-r Möglichkeit suchen zu (+*inf*); *~ le nom de qn* (*dans sa mémoire, tête*) sich auf j-s Namen zu besinnen suchen; *~ l'oubli* Vergessen suchen; *~ du secours* Hilfe holen; *~ qn du regard, des yeux* sich nach j-m 'umsehen; nach j-m Ausschau halten; **2.** *aller ~ qn, qc* j-n, etw holen (gehen); *médecin, pain etc* holen; *va me ~ les ciseaux!* hol mir die Schere!; *aller ~ de l'argent à la banque* Geld von der Bank holen; *aller ~ qc dans la cuisine* etw aus der Küche holen; *fig où est-ce qu'il va ~ tout ça?* wo er das bloß alles herhat?; *qu'est-ce que tu vas ~?* wie kommst du denn darauf?; *descendre ~ qc à la cave* etwa aus dem Keller holen; *envoyer (qn) ~ qn, qc* (j-n) j-n, etw holen lassen; (j-n) nach j-m, etw schicken; *venir ~ qn, qc* j-n, etw abholen; etw holen; **3.** *danger* suchen; her'ausfordern; *~ l'accident* es auf e-n Unfall ankommen lassen, *p/fort* anlegen; *il l'a cherché!* er hat es her'ausgefordert!; **4.** F *~ qn* mit j-m Streit, Händel suchen, anfangen wollen; *s'il me cherche ...* wenn er Streit haben will ...; wenn er es auf Streit angelegt hat ...; **II** *v/t/indir* **5.** *~ à* (+*inf*) (ver)suchen zu (+*inf*); sich bemühen zu (+*inf*); danach streben zu (+*inf*); *~ à comprendre* (ver)suchen, sich bemühen zu verstehen; *~ à plaire* gefallen wollen; zu gefallen suchen; **6.** F *~ après qn* j-n, nach j-m suchen; **7.** F *ça va ~ dans les mille francs* das kostet etwa, an die tausend Franc; *ça va ~ dans les cinq ans (de prison)* das gibt, bringt so um die fünf Jahre (Knast); **III** *v/i* suchen; *à un chien cherche!* such!; *~ dans sa mémoire, sa tête* sich darauf zu besinnen versuchen; sein Gedächtnis anstrengen; **IV** *v/pr se ~* PSYCH sich (selbst) suchen

chercheur [ʃɛʀʃœʀ] *m* **1.** (*scientifique*) Forscher *m*; **2.** *~ d'or* Goldsucher *m*, -gräber *m*; **3.** TECH *~ de fuites* Gasspürgerät *n*

chercheuse [ʃɛʀʃøz] *f* **1.** Forscherin *f*; **2.** *adjt fusée f à tête ~* Rakete *f* mit Suchkopf

chère [ʃɛʀ] *f aimer la bonne ~* gerne gut essen; *faire bonne ~* gut essen; *en permanence a* gut leben

chèrement [ʃɛʀmɑ̃] *adv victoire, succès payer ~* teuer bezahlen, erkaufen; *vie vendre ~* teuer verkaufen

chéri [ʃeʀi] **I** *adj* geliebt; lieb; *maman ~e* liebe Mutti; **II** *subst: appellatif* (*e*) *m(f) ou mon ~, ma ~e* Liebling *m*; Geliebte(r) *f(m)*; Schatz *m*; Schätzchen *n*; *iron le pauvre ~* der arme Liebling; F *le ~ à sa maman* Mamas Liebling

chérir [ʃeʀiʀ] *v/t* **1.** *~ qn* j-n (zärtlich) lieben; *~ le souvenir de qn* j-s in Liebe gedenken; **2.** *idée, liberté etc* lieben

chérot [ʃeʀo] *adj c'est ~* F das ist ganz schön teuer

cherry(-brandy) [ʃeʀi(bʀɑ̃di)] *m* Cherry Brandy ['tʃɛʀi'brɛndi] *m*

cherté [ʃɛʀte] *f* hoher Preis (*de für*); *~ de la vie* hohe Lebenshaltungskosten *pl*; Teuerung *f*

chérubin [ʃeʀybɛ̃] *m* **1.** BIBL Cherub *m*; *~s pl* Cherubim *pl*; Cheru'binen *pl*; **2.**

chester – chevrotine

BEAUX-ARTS Engelsköpfchen *n*; **3.** *fig (bel enfant)* Engelchen *n*; Lockenköpfchen *n*
chester [ʃɛstɛʀ] *m* Chester(käse) ['tʃ-] *m*
chétif [ʃetif] *adj* ⟨-ive⟩ *enfant* schwächlich; schmächtig; F mick(e)rig; *plante* kümmerlich; *p/fort* verkümmert
cheval [ʃ(ə)val] *m* ⟨*pl* -aux⟩ **1.** *ZO* Pferd *n*; F Gaul *m*; *st/s* Roß *n*; ~ **blanc** Schimmel *m*; ~ **gris** Grauschimmel *m*; ~ **noir** Rappe *m*; ~ **de bataille** a) *autrefois* Schlacht-, Streitroß *n*; b) *fig* Haupt-, Lieblingsthema *n*; bevorzugtes Thema; Steckenpferd *n*; ~ **de cirque, de course** Zirkus-, Rennpferd *n*; ~ **de labour** Ackerpferd *n*, F-gaul *m*; ~ **de selle, de trait** Reit-, Zugpferd *n*; F *fig*: *(avoir une)* **fièvre de** ~ starkes, hohes Fieber (haben); **remède** *m* **de** ~ sehr starkes Mittel; *traitement* F Pferde-, Roßkur *f*; *loc/adj et loc/adv* **à** ~ zu Pferd(e); beritten; **à** ~ **!** aufsitzen!; **à** ~ **sur** rittlings sitzen auf (+*dat*), **aller à** ~ reiten; **être** *(assis)* **à** ~ **sur** rittlings sitzen auf (+*dat*); *fig* **être à** ~ **sur qc** auf etw *(dat)* her'umreiten; es mit etw sehr genau nehmen; sehr auf etw *(acc)* bedacht sein; **être à** ~ **sur les principes** ein Prin'zipienreiter sein; *propriété* **être à** ~ **sur deux communes** sich beiderseits der Gemeindegrenzen erstrecken; *règne etc* **être à** ~ **sur deux siècles** bis (weit) ins nächste Jahrhundert reichen; **monter à** ~ reiten; **descendre de** ~ vom Pferd (ab)steigen; absitzen; F *fig* **il a mangé du** ~ *(, ma parole)* F der entwickelt ja plötzlich e-e gewaltige Aktivität; **monter un** ~ ein Pferd, auf e-m Pferd reiten; **monter sur un** ~ ein Pferd besteigen; aufsitzen; *fig* **monter sur ses grands chevaux** aufbrausen; F hochgehen; **ça ne se trouve pas sous le pas, sous le sabot d'un** ~ **pas** *(das Geld)* kann man nicht so einfach aus dem Ärmel schütteln; das liegt, findet man nicht auf der Straße; *prov* **changer, troquer son** ~ **borgne contre un aveugle** vom Regen in die Traufe kommen; **2.** *(équitation)* Reiten *n*; Reitsport *m*; **costume** *m* **de** ~ Reitanzug *m*, -kleidung *f*; **faire du** ~ reiten; (den) Reitsport betreiben; **3.** *par ext*: *(jeu m de)* **petits chevaux** *pl* Mensch-'ärgere-dich-nicht *n*; ~ **à bascule** Schaukelpferd *n*; *SPORTS*: ~ **d'arçons** (Seit)Pferd *n*; ~ **de saut** Pferd *n*; *(manège m de)* **chevaux** *pl* **de bois** Pferdekarussell *n*; **4.** *fig*: F *femme* **un grand** ~ e-e große derbknochige Frau; *(vieux)* ~ **de retour** Rückfällige(r) *m*; F alter Bekannter der Polizei; F **c'est un vrai** ~ F er *ou* sie ist ein echte Pferde-, Roßnatur; F **c'est pas un, il ou elle n'est pas mauvais** ~ er *ou* sie ist kein schlechter Kerl; **5. a)** *PHYS (abr ch)* Pferdestärke *f* *(abr PS)*; **b)** *AUTO* **en France** ~ *(fiscal)* *(abr CV)* der Kraftfahrzeugsteuer zugrunde gelegte Leistungseinheit; Steuer-PS *m*; *par ext* **voiture une cinq chevaux** ein Wagen *m* mit 5 CV; **une deux chevaux** *(2 CV)* ein 2 CV *m* (Citroën); F e-e Ente; **6.** *MIL* ~ **de frise** spanischer Reiter
chevalement [ʃ(ə)valmã] *m* **1.** *CONSTR* Abstützgerüst *n*; **2.** *MINES* Förderturm *m*
chevaleresque [ʃ(ə)valʀɛsk] *adj* ritterlich; chevale'resk

chevalerie [ʃ(ə)valʀi] *f* **1.** *HIST* Rittertum *n*; Ritterschaft *f*; Ritterstand *m*; **roman** *m* **de** ~ Ritterroman *m*; **2.** **ordre** *m* **de** ~ Ritterorden *m*
chevalet [ʃ(ə)valɛ] *m* **1.** Bock *m*; Gestell *n*; *pour scier* Sägebock *m*; **2.** *de peintre* Staffe'lei *f*; **3.** *de violon etc* Steg *m*
chevalier [ʃ(ə)valje] *m* **1.** *HIST* Ritter *m*; ~ **servant** a) *HIST* auserwählter Ritter e-r Dame; b) *iron* ständiger Begleiter; *fig* ~ **d'industrie** Hochstapler *m*; *Bayard* **le** ~ **sans peur et sans reproche** der Ritter ohne Furcht und Tadel; **2.** *de la Légion d'honneur etc* Ritter *m*; **3.** *titre nobiliaire* Cheva'lier *m*
chevalière [ʃ(ə)valjɛʀ] *f* Siegelring *m*
chevalin [ʃ(ə)valɛ̃] *adj* **1.** Pferde...; **boucherie** ~**e** Pferdemetzgerei *f*; Pferde-, Roßschlachterei *f*; **2.** *fig* **visage** ~ Pferdegesicht *n*
cheval-vapeur [ʃ(ə)valvapœʀ] *m* ⟨*pl* chevaux-vapeur⟩ *(abr ch)* *TECH* Pferdestärke *f* *(abr PS)*
chevauchée [ʃ(ə)voʃe] *f* (Spa'zier)Ritt *m*
chevauchement [ʃ(ə)voʃmã] *m* Über-'lappung *f*; *de tuiles* Sichüber'decken *n*; *fig* Über'schneidung *f*
chevaucher [ʃ(ə)voʃe] **I** *v/t* reiten auf (+*dat*); **II** *v/i* **1.** *(se recouvrir en partie)* überein'anderstehen *(a dents)*; überein-'anderliegen; sich über'lappen; *tuiles* sich zum Teil über'decken; **2.** *st/s (aller à cheval)* reiten; **III** *v/pr* **se** ~ *cf II 1.*; *fig* **domaines etc** sich über'schneiden
chevêche [ʃəvɛʃ] *f ZO* Steinkauz *m*
chevelu [ʃəvly] *adj* **1.** *ANAT* **cuir** ~ Kopfhaut *f*; Haarboden *m*; **2.** *personne* mit dichtem Haar; mit dichtem Schopf *(a tête)*
chevelure [ʃəvlyʀ] *f* **1.** (Kopf)Haare *n/pl*; Haar *n*; Haarwuchs *m*; **2.** *d'une comète* Schweif *m*
chevet [ʃ(ə)vɛ] *m* **1.** *du lit* Kopfende *n*; **lampe** *f* **de** ~ Nachttischlampe *f*, -leuchte *f*; **livre** *m* **de** ~ Lieblingsbuch *n*; **table** *f* **de** ~ Nachttisch *m*; **au** ~ **de qn** *us* (Kranken)Bett; **rester au** ~ **de qn** an j-s Bett *(dat)* bleiben, wachen; **2.** *ARCH* (Chor)Apsis *f*
cheveu [ʃ(ə)vø] *m* ⟨*pl* -x⟩ **1.** (Kopf-) Haar *n*; ~**x** *pl* Haar(e) *n/pl*; *loc/adv*: **aux** ~**x courts, longs** kurz-, langhaarig; mit kurzem, langem Haar; *fig* **à un** ~ **près, il s'en est fallu d'un** ~, **cela n'a tenu qu'à un** ~ um ein Haar; um Haaresbreite; *(les)* ~**x au vent** mit flatternden, wehenden Haaren; *litt* **femme en** ~**x** ohne Hut; mit bloßem Kopf; **avoir beaucoup de** ~**x**, **avoir les** ~**x épais** dichtes Haar haben; **avoir les** ~**x gris** graue Haare haben; grauhaarig sein; **avoir, porter les** ~**x courts, longs** kurze, lange Haare haben; das Haar kurz, lang tragen; **avoir le** ~ **rare** nur ganz wenig Haare haben; F *fig* **avoir un** ~ **sur la langue** mit der Zunge anstoßen; lispeln; **avoir mal aux** ~**x** F e-n Kater, den *ou* e-n Katzenjammer haben; *fig* **couper les** ~**x en quatre** Haarspalte'rei treiben; ein Haarspalter sein; *fig* **faire dresser les** ~**x sur la tête à qn** j-m die Haare zu Berge stehen lassen; *fig* **se faire des** ~**x** *(blancs)* sich große Sor-

gen machen; *fig* **ce n'est pas la peine de te faire des** ~**x** *(blancs)* laß dir doch darüber keine grauen Haare wachsen; **perdre ses** ~**x** (die) Haare verlieren; *il perd ses* ~**x** a im gehen die Haare aus; *fig* **se prendre aux** ~**x** sich in die Haare geraten, F kriegen; *fig* **c'est tiré par les** ~**x** das ist an den Haaren herbeigezogen; das ist weit hergeholt; **si vous touchez à un** ~ **de sa tête, à un seul de ses** ~**x** wenn Sie ihm ein Haar krümmen; wenn ihm ein Haar gekrümmt wird; **ça vient, arrive comme un** ~ **sur la soupe** das paßt über'haupt nicht hierher; das paßt wie die Faust aufs Auge; das kommt denkbar ungelegen; *cf a* **arracher 5.**; **2.** ~**x** *pl* **d'ange** a) *CUIS* feine Fadennudeln *f/pl*; b) *décoration de Noël* Engelshaar *n*; **3.** *dans la porcelaine* Haarriß *m*; **4.** *BOT* ~ **de Vénus** Frauenhaar *n*
chevillard [ʃ(ə)vijaʀ] *m* Schlachter, der im Schlachthof Tiere schlachtet und an Ladenfleischer verkauft
cheville [ʃ(ə)vij] *f* **1.** *ANAT* (Fuß)Knöchel *m*; *par ext* Fessel *f*; **arriver à la** ~ *vêtement* bis zum Knöchel reichen; knöchellang sein; *eau etc* knöcheltief sein; *fig* **il ne lui arrive pas à la** ~ er kann ihm das Wasser nicht reichen; **avoir de l'eau jusqu'à la** ~ bis zu den Knöcheln im Wasser stehen; **avoir la** ~ **fine** zarte, schlanke Fesseln haben; F *fig* **tu as les** ~**s qui enflent** F gib nicht so an!; bläh dich nicht so auf!; **2.** *TECH* Dübel *m*; *cf* ~ **ouvrière** treibende Kraft; F *fig* **être en** ~ **avec qn** mit j-m gut stehen; **3.** *de violon etc* Wirbel *m*
cheviller [ʃ(ə)vije] *v/t TECH* verdübeln; *fig adjt* **avoir l'âme chevillée au corps** ein zähes Leben haben
chèvre [ʃɛvʀ(ə)] *f* **1.** *ZO* Ziege *f*; *südd a* Geiß *f*; **chemin** *m* **de** ~**s** schmaler, steiler Pfad; F *fig* **faire devenir qn** ~, **rendre qn** ~ F j-n wahnsinnig, verrückt machen; *fig* **ménager la** ~ **et le chou** es mit keinem verderben wollen; **2.** **fromage** *m* **de** ~ *ou elliptiquement* ~ *m* Ziegenkäse *m*; **3.** *TECH* Hebebock *m*
chevreau [ʃəvʀo] *m* ⟨*pl* -x⟩ **1.** *ZO* Zicklein *n*; Zickel *n*; Geißlein *n*; **2.** *cuir* Ziegenleder *n*; Che'vreau(leder) *n*
chèvrefeuille [ʃɛvʀəfœj] *m BOT* Geißblatt *n*; Je'längerje'lieber *n*
chevrette [ʃəvʀɛt] *f ZO* **1.** *(petite chèvre)* Zicklein *n*; Zickel *n*; **2.** *(femelle du chevreuil)* Rehgeiß *f*; Ricke *f*
chevreuil [ʃəvʀœj] *m ZO* Reh *n*; *mâle* Rehbock *m*
chevr|ier [ʃəvʀije] *m*, ~**ière** *f* Ziegenhirt(in) *m(f)*
chevron [ʃəvʀɔ̃] *m* **1.** *CONSTR* Dachsparren *m*; **2.** *TEXT* Fischgrätenmuster *n*; **tissu** *m* **à** ~**s** Stoff *m* mit Fischgrätenmuster
chevronné [ʃəvʀɔne] *adj* erfahren; routi'niert; ver'siert; **un pilote** *etc* ~ a F ein alter Hase
chevrot|ant [ʃəvʀɔtɑ̃] *adj* **voix** zitt(e)rig; zitternd; meckernd; ~**ement** *m* **de la voix** Zittern *n*
chevroter [ʃəvʀɔte] *v/i* **voix** zitt(e)rig sein; zittern; *personne* mit zitt(e)riger Stimme singen, reden
chevrotin [ʃəvʀɔtɛ̃] *m* **1.** *ZO* Rehkitz *n*; **2.** *ein Ziegenkäse*
chevrotine [ʃəvʀɔtin] *f CH* Posten *m*

chewing-gum [ʃwiŋgɔm] *m* ⟨*pl* chewing-gums⟩ Kaugummi *m ou n*
chez [ʃe] *prép* bei (+*dat*); zu (+*dat*); ~ *les Anglais* bei den Engländern; ~ *les animaux* bei (den) Tieren; ~ *Voltaire* bei Voltaire; ♦ ~ *lui* bei *ou* zu ihm; *c'est une habitude* ~ *lui* das ist e-e Gewohnheit bei, von ihm; *je viens de* ~ *lui* ich komme von ihm, aus s-r Wohnung; ~ *moi* bei mir (zu Hause) *ou* zu mir (nach Hause); in meiner Wohnung, in meinem Haus *ou* in meine Wohnung, in mein Haus; *derrière* ~ *moi* hinter meiner Wohnung, meinem Haus; *au--dessus de* ~ *moi* (in der Wohnung) über mir; *en bas de* ~ *moi* unten vor meinem Haus; *je viens de* ~ *moi* ich komme von zu Hause, aus meiner Wohnung; ~ *nous* bei *ou* zu uns; *par* ~ *nous* bei uns; in unserer Gegend; *passez par* ~ *nous* kommen Sie bei uns vorbei; ♦ *loc/adj*: *robe f de* ~ *Dior* Kleid *n* von Dior; *un gars de* ~ *nous* ein Bursche aus unserer Gegend; *costume bien de* ~ *nous* unverkennbar aus unserer Gegend; ♦ *acheter qc* ~ *le boulanger* etw beim Bäcker kaufen; *aller* ~ *le coiffeur, le médecin, le zum* Friseur, zum Arzt, zu j-m gehen; *être* ~ *qn* bei j-m sein; *être* ~ *soi* zu Hause, daheim sein; *faites comme* ~ *vous* tun Sie, als ob Sie zu Hause wären; machen Sie es sich bequem; *rentrer* ~ *soi* nach Hause gehen *ou* kommen; heimgehen *ou* -kommen; *chacun reste* ~ *soi* jeder bleibt zu Hause, daheim; *se sentir* ~ *soi* sich wie zu Hause fühlen
chez[-moi [ʃemwa] *m*, **~-nous** *m*, **~-soi** *m*, **~-toi** *m*, **~-vous** *m* ⟨*alle inv*⟩ Zu'hause *n*; Heim *n*; *avoir un vrai chez-soi* ein richtiges Heim, Zu'hause, Da'heim haben; *je suis content de retrouver mon chez-moi* ich freue mich, wieder nach Hause zu kommen
chiadé [ʃjade] *adj* F **1.** (*difficile*) schwierig; F verzwickt; **2.** (*très travaillé*) ausgefeilt; sorgfältig ausgearbeitet
chiader [ʃjade] *v/t et v/i* F büffeln, pauken (*un examen* für e-e Prüfung)
chialer [ʃjale] *v/i* F heulen; flennen
chial[**eur** [ʃjalœʀ] *m*, **~euse** *f* F Heulpeter *m*, -suse *f*
chiant [ʃjɑ̃] P *adj boulot etc* F beschissen; saublöd; *c'est* ~*!* a F das stinkt mir!; P das kotzt mich an!; *ce qu'il est* ~*!* F ist der e-e Nervensäge!; er tötet einem den letzten Nerv!
chianti [kjɑ̃ti] *m* Chi'anti(wein) [k-] *m*
chiasse [ʃjas] *f* **1.** P *avoir la* ~ *a*) *la colique* F 'Durchmarsch, Dünnpfiff, P Dünnschiß haben; *b*) *fig peur* P Schiß haben; **2.** P *quelle* ~*!* P verdammte Scheiße!; so ein Scheiß!
chic [ʃik] **I** *adj* ⟨*inv, pl a* ~*s*⟩ **1.** (*élégant*) schick; chic; *dîner, ameublement* hochvornehm; F piekfein; *les gens* ~(*s*) die feinen Leute; *elle est toujours très* ~ sie ist immer sehr schick (angezogen); **2.** F (*chouette*) ~ (*alors*)*!* F prima!; toll!; Klasse!; dufte!; *un* ~ *type* ein feiner, F prima Kerl; *un* ~ *voyage* e-e herrliche Reise; *c'est* ~ *de ta part* das ist großartig, F toll von dir; **II** *m* **1.** (*élégance*) Schick *m*; (modischer) Pfiff; *loc/adj*: *bon* ~ *bon genre cf B.C.B.G.*; *du dernier* ~ F todschick; *avoir du* ~

personne Schick haben; sich schick anziehen; *chose* schick sein; F Pfiff haben; **2.** *souvent iron avoir le* ~ *pour faire qc* ein besonderes Geschick, Ta'lent (dafür) haben, etw zu tun
chicane [ʃikan] *f* **1.** (*querelle*) Streit *m* um nichts; Nörge'lei *f*; *chercher* ~ *à qn* mit j-m Streit, Händel suchen; **2.** ~*s pl* (*passage rétréci*) Zickzackdurchlaß *m*, -durchgang *m*; durch Schranken gesicherter 'Durchgang, 'Durchlaß; *d'un circuit automobile* Schi'kane *f*; **3.** *péj gens pl de* ~ *péj* Rechtsverdreher *m/pl*
chicaner [ʃikane] **I** *v/t* ~ *qn* an j-m her-'umnörgeln; mit j-m Streit suchen; **II** *v/i* her'umnörgeln (*sur tout* an allem); **III** *v/pr se* ~ (sich) wegen Lap'palien, Baga'tellen streiten
chicanerie [ʃikanʀi] *f* kleinliche Streite'rei
chicaneur [ʃikanœʀ] **I** *adj* ⟨-euse⟩ streitsüchtig; nörglerisch; **II** *subst* ~, **chicaneuse** *m,f* Nörgler(in) *m(f)*; Krittler(in) *m(f)*
chicanier [ʃikanje] ⟨-ière⟩ *cf* **chicaneur**
chiche [ʃiʃ] *adj* **1.** *repas, salaire etc* kärglich; kümmerlich, *p/fort* schäbig; *être* ~ *de compliments etc* mit Komplimenten *etc* sparsam sein, F knausern; **2.** *BOT pois m* ~ Kichererbse *f*; **3.** F ~*!* F wetten daß!; ~ *que je le fais!* jetzt tu' ich es gerade!; wetten, daß ich es tu'!; *tu n'es pas* ~ *de* (+*inf*) F du hast keine Traute, nicht den Schneid zu (+*inf*)
chichement [ʃiʃmɑ̃] *adv vivre* ~ kümmerlich, kärglich leben; ein kümmerliches Leben führen
chichi [ʃiʃi] *m* F Getue *n*; Gehabe *n*; *gens m/pl à* ~*s* zeremoni'elle Leute *pl*; *faire des* ~*s* sich zieren; F sich haben; (*ne fais*) *pas tant de* ~(*s*)*!* a) mach nicht so ein Getue!; F hab dich nicht so!; b) *embarras* (mach) nicht so viele 'Umstände!
chichiteux [ʃiʃitø] F *adj* ⟨-euse⟩ geziert; zeremoni'ös; for'mell
chicon [ʃikɔ̃] *m en Belgique* Chicorée *f ou m*
chicorée [ʃikɔʀe] *f* **1.** *BOT* a) ~ (*sauvage*) Wegwarte *f*; Wilde Zi'chorie *f*; ~ *à café* (Kaffee)Zichorie *f*; b) *salade* ~ *frisée* Winter-, Bindeendivie *f*; **2.** *boisson* Zi'chorienkaffee *m*
chicot [ʃiko] *m* Zahnstummel *m*, -stumpf *m*
chicotin [ʃikɔtɛ̃] *m* Aloesaft *m*; *amer comme* ~ galle(n)bitter
chiée [ʃje] P *une* ~ *de ...* F ein Haufen ...
chien [ʃjɛ̃] *m* **1.** *ZO* Hund *m*; ~ *policier* Poli'zeihund *m*; *CH* ~ *d'arrêt* Vorsteh-, Hühnerhund *m*; ~ *d'aveugle, de berger, de chasse, de garde, de race* Blinden-, Schäfer-, Jagd-, Wach-, Rassehund *m*; ♦ F *fig*: *quel* ~ *de temps* F was für ein Sauwetter; *loc/adj de* ~ F Hunde...; Sau...; *temps m de* ~ F Hunde-, Sauwetter *m*; *vie f de* ~ Hundeleben *n*; *avoir un caractère de* ~ ein schwieriger, schwer zu behandelnder Mensch sein; *être d'une humeur de* ~ F ein Stinklaune haben; *j'ai eu un mal de* ~ (*pour, à* +*inf*) F es war irrsinnig schwer (zu +*inf*); es hat mich wahnsinnige Mühe gekostet (zu +*inf*); *loc/adv entre* ~ *et loup* in

der Abenddämmerung; ♦ *fig*: *abattre, tuer qn comme un* ~ F j-n wie e-n Hund abknallen; *enterrer qn comme un* ~ j-n wie e-n Hund verscharren; *être, s'entendre comme* ~ *et chat* wie Hund und Katze sein, miteinander leben; *j'ai été malade comme un* ~ F mir war hundeelend; *il fait, c'est un temps à ne pas mettre un* ~ *dehors* bei dem Wetter jagt man keinen Hund hinaus; F *ce n'est pas fait pour les* ~*s!* das ist zum Benutzen, nicht zum Ansehen da!; *enfant faire le jeune* ~ her'umtollen; F *je lui garde un* ~ *de ma chienne* das werde ich ihm heimzahlen; das soll er mir büßen; *recevoir qn comme un* ~ *dans un jeu de quilles* j-n sehr ungnädig, unfreundlich empfangen; *se regarder en* ~*s de faïence* sich feindselig anblicken, anstarren; sich, einander fixieren; *un* ~ *regarde bien un évêque* man wird dich *ou* Sie doch noch anschauen dürfen; *traiter qn comme un* ~ j-n wie e-n Hund behandeln; *prov*: *les* ~*s aboient, la caravane passe* die Hunde bellen, (aber) die Karawane zieht weiter (*prov*); *bon* ~ *chasse de race* der Apfel fällt nicht weit vom Stamm (*prov*); *qui veut noyer son* ~ *l'accuse de la rage* wenn man jemand hängen will, findet man auch den Strick dazu (*prov*); wer sich e-s anderen entledigen will, findet immer e-n Vorwand; **2.** *arg militaire de quartier* F Spieß *m*; **3.** F *fig avoir du* ~ das gewisse Etwas haben; etwas darstellen; attrak'tiv sein; **4.** *du fusil* Hahn *m*; *fig être couché, dormir en* ~ *de fusil* mit angezogenen Beinen; **5.** *coiffure* ~*s pl* Pony *m*; **II** *adj* ⟨~ne⟩ F *il ne faut pas être* ~ man sollte ein bißchen großzügig, nicht zu kleinlich sein
chien-assis [ʃjɛ̃asi] *m* ⟨*pl* chiens-assis⟩ *ARCH* Dachgaube *f*
chien-chien [ʃjɛ̃ʃjɛ̃] F *petit* ~ *à sa mémère* F Hätschelhund *m*
chiendent [ʃjɛ̃dɑ̃] *m* *BOT* Quecke *f*; *brosse f de* ~ harte Bürste (aus Queckenwurzeln); *pousser comme du* ~ wuchern
chienlit [ʃjɑ̃li] F *f* Tu'mult *m*; Chaos *n*
chien-loup [ʃjɛ̃lu] *m* ⟨*pl* chiens-loups⟩ *ZO* Wolfshund *m* (*Deutscher Schäferhund*)
chienne [ʃjɛn] *f* **1.** *ZO* Hündin *f*; **2.** F *fig quelle* ~ *de vie* F was für ein Hundeleben
chier [ʃje] *v/i* P **1.** P scheißen; kacken; **2.** *fig*: *en* ~ es schwer haben; *ça va* ~ F es ist dicke Luft; es wird Stunk geben; *y a pas à* ~ es hilft alles nichts (, wir müssen es tun); *tu me fais* ~ F du fällst mir auf den Wecker; du tötest mir den letzten Nerv; *ça me fait* ~ F das stinkt mir; P das kotzt mich an; *se faire* ~ sich langweilen; F sich mopsen; *se faire* ~ *à faire qc* F sich mit, bei etw abrackern
chierie [ʃiʀi] *f* P *quelle* ~*!* F verdammter Mist!
chiffe [ʃif] *f* F *loc c'est une* ~, *il est mou comme une* ~ F er ist ein Waschlappen *m*, Schlappschwanz *m*
chiffon [ʃifɔ̃] *m* **1.** (*étoffe usée*) Stoffetzen *m*; Lumpen *m*; ~*s pl t/t* Hadern *pl*; *d'un vêtement c'est un vrai* ~ das ist ein Fetzen; **2.** *pour nettoyer* Putzlappen *m*;

chiffonnade – choc

~ (*à chaussures*) Schuhputzlappen *m*, -tuch *n*; ~ (*à poussière*) Staubtuch *n*, -lappen *m*; **3.** *fig* ~ (*de papier*) Fetzen Papier; F Wisch *m*; **4.** F *causer, parler* ~*s* über Mode, Kleider reden, sprechen
chiffonnade [ʃifɔnad] *f* CUIS Gericht *n* aus Kopfsalat und Sauerampfer
chiffonné [ʃifɔne] *adj* **1.** *vêtement* zerknittert; zer-, verdrückt; zerknüllt; zerknautscht; **2.** *fig* figure eingefallen; **3.** F *fig personne, air* 'mißmutig; verärgert
chiffonner [ʃifɔne] **I** *v/t* **1.** *robe* zerknittern; zer-, verdrücken; zerknautschen; *papier* zu'sammen-, zerknüllen; zerknittern; **2.** F *fig ça me chiffonne* das stört mich; F das geht mir gegen den Strich; **II** *v/pr se* ~ *étoffe* (stark) knittern
chiffonn|ier [ʃifɔnje] *m*, ~**ière** *f* Lumpensammler(in) *m(f)*; *se battre, se disputer comme des chiffonniers* aufeinander eindreschen, sich anschreien
chiffrable [ʃifrabl(ə)] *adj* bezifferbar
chiffrage [ʃifraʒ] *m* **1.** (*évaluation*) Bezifferung *f*; **2.** *d'un message* Chif'frierung *f*; Verschlüsselung *f*
chiffre [ʃifr(ə)] *m* **1.** Ziffer *f*; Zahlzeichen *n*; ~ *arabe, romain* arabische, römische Ziffer, Zahl; *d'un nombre* ~ *des unités* Einerstelle *f*; *nombre m de deux, de plusieurs* ~*s* zwei-, mehrstellige Zahl; *écrire un nombre en* ~*s* e-e Zahl in Ziffern schreiben; **2.** (*montant*) Zahl *f*; Gesamtzahl *f*, -ziffer *f*; COMM ~ *d'affaires* 'Umsatz *m*; ~ *des dépenses* (Gesamt)Ziffer *f*, (-)Summe *f* der Ausgaben; *loc/adv en* ~*s ronds* in runden Zahlen; rund gerechnet; **3.** (*code*) (Geheim)Kode *m*; Geheimschrift *f*; **4.** (*initiales*) Mono'gramm *n*; *marquer au* ~ *de qn* mit j-s Monogramm versehen
chiffrement [ʃifrəmɑ̃] *m* Chif'frieren *n*
chiffrer [ʃifre] **I** *v/t* **1.** *dépenses, revenus* beziffern, ta'xieren (*à auf +acc*); **2.** *message* chif'frieren; verschlüsseln; *adj chiffré* chiffriert; verschlüsselt; Chiffre...; **II** *v/i ça finit par* ~ das sum'miert sich; **III** *v/pr se* ~ *par millions* sich auf Millionen beziffern, belaufen
chiffreur [ʃifrœr] *m* Chif'freur *m*
chignole [ʃiɲɔl] *f* Handbohrmaschine *f*
chignon [ʃiɲɔ̃] *m* (Haar)Knoten *m*; F Dutt *m*; *cheveux ramassés, tordus en* ~ zu e-m Knoten zu'sammengefaßte, gedrehte Haare *n/pl*; F *se crêper le* ~ sich an den Haaren reißen; *fig* sich (*dat*) in den Haaren liegen; sich (*dat*), einander in die Haare, F in die Wolle geraten *ou* kriegen
chiite [ʃiit] REL I *adj* schi'itisch; **II** *m/pl* ~*s* Schi'iten *m/pl*
Chili [ʃili] *le* ~ Chile *n*
chilien [ʃiljɛ̃] *adj* (~*ne*) chi'lenisch; **II** *subst* 2(*ne*) *m(f)* Chi'lene *m*, Chi'lenin *f*
chimère [ʃimɛr] *f* **1.** Schi'märe *f*; Chi'märe *f*; Hirngespinst *n*; Trugbild *n*; *projet etc c'est une* ~ das ist e-e Uto'pie, ein Hirngespinst; *poursuivre des* ~*s* Schimären, Hirngespinsten nachjagen; **2.** MYTH Chi'mära *f*
chimérique [ʃimerik] *adj* schi'märisch; *espoir* trügerisch; *projet* u'topisch; *personne esprit m* ~ Träumer *m*; Phan'tast *m*; *rêves m/pl* ~*s* Schi'mären *f/pl*; Hirngespinste *n/pl*; Phantaste'reien *f/pl*

chimie [ʃimi] *f* Che'mie *f*; ~ *minérale, organique* anorganische, organische Chemie; *expérience f de* ~ chemisches Experiment
chimiothérapie [ʃimjɔterapi] *f* MÉD Chemothera'pie *f*
chimique [ʃimik] *adj* chemisch; *industrie f* ~ chemische Industrie; *produits m/pl* ~*s* Chemi'kalien *f/pl*; *usine f de produits* ~*s* chemische Fabrik; Che'miewerk *n*
chimiste [ʃimist] *m,f* Chemiker(in) *m(f)*; *ingénieur m* ~ Verfahrenstechniker *m*
chimpanzé [ʃɛ̃pɑ̃ze] *m* ZO Schim'panse *m*; ~ *femelle* Schim'pansin *f*
chinchilla [ʃɛ̃ʃila] *m* **1.** ZO Chin'chilla [tʃ-] *f ou n*; **2.** *fourrure* Chin'chilla(pelz) *n(m)*
Chine [ʃin] *la* ~ China *n*; *la* ~ *populaire* Rotchina *f*
chiné [ʃine] *adj* TEXT chi'niert; *tissu* ~ Chi'né *m*
chiner [ʃine] **I** *v/t* ~ *qn* j-n aufziehen, foppen; **II** *v/i* die Trödelläden, Flohmärkte abklappern
chinetoc *ou* **chinetoque** [ʃintɔk] F *péj m* Chi'nese *m*
chineur [ʃinœr] *m* **1.** Liebhaber *m* von Trödelwaren; **2.** (*taquin*) Schelm *m*
chinois [ʃinwa] **I** *adj* chi'nesisch; **II** *subst* **1.** 2(*e*) *m(f)* Chi'nese *m*, Chi'nesin *f*; **2.** LING *le* ~ das Chi'nesische; Chi'nesisch *n*; F *fig c'est du* ~ (*pour moi*) das sind böhmische Dörfer für mich; F das ist für mich chinesisch; **3.** *m péj* (*pinailleur*) Pe'dant *m*; *quel* ~! *adj ce qu'il est* ~! was für ein Pe'dant!; F ist der pingelig!; **4.** *m passoire* trichterförmiges Sieb
chinoiseries [ʃinwazri] *f/pl* **1.** (*complications mesquines*) pe'dantisches Gehabe; F Pingeligkeit *f*; ~ *administratives* Amtsschimmel *m*; **2.** *bibelots* Chinoise'rien *f/pl*
chintz [ʃints] *m* TEXT Chintz [tʃ-] *m*
chiot [ʃjo] *m* ZO Welpe *m*; junger Hund
chiottes [ʃjɔt] *f/pl* P Scheißhaus *n*
chiper [ʃipe] *v/t*/F **1.** (*voler*) F sti'bitzen, klauen; mopsen; mausen; **2.** *fig* ~ *un bon rhume* F sich e-n kräftigen Schnupfen holen
chip|eur [ʃipœr] *m*, ~**euse** *f* F Langfinger *m*
chipie [ʃipi] *f* F *péj* Biest *n*; *une petite* ~ F ein kleines Biest, Luder; *quelle vieille* ~! F dieser alte Drachen!; *adjt elle est un peu* ~ F sie ist ein kleines Luder, Biest
chipolata [ʃipɔlata] *f* CUIS Paprikawürstchen *n*
chipotage [ʃipɔtaʒ] *m* kleinliche Streite'rei; Nörge'lei *f*
chipoter [ʃipɔte] *v/i* **1.** (*ergoter*) ~ *sur qc* an etw (*dat*) her'umnörgeln; **2.** (*manger sans faim*) 'widerwillig, F mit langen Zähnen essen
chips [ʃips] *m/pl ou f/pl ou adjt pommes f/pl* ~ (Kar'toffel)Chips [tʃ-] *m/pl*
chique [ʃik] *f* **1.** Kautabak *m*; Priem *m*; F *fig: avaler sa* ~ (*mourir*) F ins Gras beißen; P abkratzen; *nouvelle couper la* ~ *à qn* j-m die Sprache, Rede verschlagen; *personne elle lui a coupé la* ~ ihr Eintreten, ihr Anblick, ihre Worte verschlugen ihm die Rede; **2.** F *fig* (*joue enflée*) geschwollene, F dicke Backe

chiqué [ʃike] F *m* **1.** (*bluff*) *c'est du* ~ das ist (nur *ou* reine) Angabe; *dans un combat de catch* F das ist nur Mache; die tun nur so, als ob; **2.** (*manières*) *faire du* ~ zeremoni'ell sein
chiquenaude [ʃiknod] *f* Schneller *m*; *donner une* ~ *à qn* j-n auf die Wange schnipsen; *faire tomber qc d'une* ~ etw wegschnipsen *ou* -schnippen
chiquer [ʃike] *v/i* Tabak kauen; priemen; *tabac m à* ~ Kautabak *m*
chiroman|cie [ʃirɔmɑ̃si] *f* Chiroman'tie *f*; Handlesekunst *f*; ~**ienne** *f* Handleserin *f*
chiro|practeur [kirɔpraktœr] *m* MÉD Chiro'praktiker *m*; ~**practie** [-prakti] *ou* ~**praxie** [-praksi] *f* MÉD Chiro'praktik *f*
chirurgical [ʃiryrʒikal] *adj* ⟨-aux⟩ chir'urgisch
chirurgie [ʃiryrʒi] *f* **1.** Chirur'gie *f*; ~ *du cœur* Herzchirurgie *f*; **2.** ~ *dentaire* Zahnheilkunde *f*
chirurgien [ʃiryrʒjɛ̃] *m* **1.** Chir'urg *m*; **2.** ~ *dentiste* Zahnarzt *m*
chistera [ʃistera] *m ou f* PELOTE BASQUE Fangschläger *m*; Chi'stera [tʃ-] *f*
chitine [kitin] *f* BIOL Chi'tin *n*
chiure [ʃjyr] *f* Fliegendreck *m*
Chleuh [ʃlø] *péj m* Deutsche(r) *m*
chlorate [klɔrat] *m* CHIM Chlo'rat *n*
chlore [klɔr] *m* CHIM Chlor *n*
chlor|é [klɔre] *adj* CHIM chlorhaltig; Chlor...; ~**er** *v/t eau* chloren; chlo'rieren
chlorhydrique [klɔridrik] *adj* CHIM *acide m* ~ a) *gaz* Chlorwasserstoff *m*; b) *solution* Salzsäure *f*
chloroform|e [klɔrɔfɔrm] *m* CHIM, MÉD Chloro'form *n*; ~**er** *v/t* MÉD chlorofor'mieren; (mit Chloro'form) betäuben
chlorophylle [klɔrɔfil] *f* BOT Chloro'phyll *n*; Blattgrün *n*
chlorure [klɔryr] *m* CHIM Chlo'rid *n*; ~*s décolorants* Chlorbleichmittel *n/pl*; ~ *de chaux* Chlorkalk *m*; ~ *de sodium* Natriumchlorid *n*; Kochsalz *n*
choc [ʃɔk] *m* **1.** (*coup*) Stoß *m* (*a* PHYS); Schlag *m*; Erschütterung *f*; (*impact*) An-, Aufprall *m*; (*collision*) Zu'sammenstoß *m*, -prall *m*; Anein'anderstoßen *n*, -schlagen *m*; *fig le* ~ *des opinions* das Aufeinanderprallen der Meinungen; *onde f de* ~ Stoß-, Druckwelle *f*; *sous le* ~ durch den Stoß, Schlag, Aufprall; bei dem Stoß *etc*; *fig c'est le* ~ *en retour de qc* etw erweist sich als Bumerang; **2.** (*émotion brutale*) Schock *m* (*a* MÉD); Schlag *m*; ~ *opératoire* Operati'onsschock *m*; ÉCON ~ *pétrolier* Ölschock *m*; *effet m de* ~ Schockwirkung *f*; *traitement m de* ~ Schocktherapie *f* (*a fig*); *avoir, recevoir un* ~ e-n Schock erleiden; *être encore sous le* ~ noch unter Schock stehen; *ça m'a fait, donné un* ~ das hat mir e-n Schlag versetzt; das war ein Schock für mich; **3.** MIL, POLICE Zu'sammenstoß *m*; *troupes f/pl de* ~ Eingreif-, Kom'mandotruppen *f/pl*; *résister au* ~ dem Angriff standhalten; **4.** *loc/adj de* ~ *personne* enga'giert; äußerst ak'tiv; dy'namisch; unkonventionell, fortschrittlich; *chose* auffallend; neuartig; sensatio'nell; **5.** *adjt* sensatio'nell; aufsehenerregend; verblüffend; drastisch; *argument m* ~ verblüffend treffendes Argu-

ment; *formule f* ~ prä'gnante, eingängige Formulierung; *mesures f/pl* ~ drastische Maßnahmen *f/pl*; *prix m* ~ sensationeller Preis
chochotte [ʃɔʃɔt] *f F iron* ~*!* die feine Dame!
chocolat [ʃɔkɔla] **I** *m* **1.** Schoko'lade *f*; ~ *fourré*, *noir* gefüllte, zartbittere Schokolade; ~ *à croquer* bittere Schokolade; ~ *à cuire ou de ménage*, *au lait*, *aux noisettes* Koch- *ou* Block-, Milch-, Nußschokolade *f*; *crème f*, *gâteau m au* ~ Schokolade(n)creme *f*, -torte *f*; *une plaque*, *tablette de* ~ e-e Tafel Schokolade; **2.** *un* ~ e-e Pra'line; *des* ~*s* ein Kon'fekt *n*; *une boîte de* ~*s* e-e Schachtel Pralinen; **3.** ~ *en poudre* Ka'kaopulver *n* mit Zucker; **4.** *boisson* Ka'kao *m*; Schoko'lade *f*; **II** *adj* ⟨*inv*⟩ **1.** schoko'la(den)braun; schoko'lade(n)farben, -farbig; **2.** *F être* ~ *F* in die Röhre, in den Mond gucken
chocolaté [ʃɔkɔlate] *adj* Schoko'lade(n)...; mit Schoko'lade
chocolatier [ʃɔkɔlatje] **I** *adj* ⟨-ière⟩ Schoko'lade(n)...; **II** *subst* **1.** ~, *chocolatière m,f* Schoko'lade(n)fabrikant (-in) *m(f)*; *vendeur* Schoko'lade(n)händler(in) *m(f)*; **2.** *chocolatière f récipient* Ka'kaokanne *f*
chocottes [ʃɔkɔt] *f/pl F avoir les* ~ Angst, *F* Bammel haben
chœur [kœR] *m* **1.** Chor *m*; ~ *de l'Opéra* Opernchor *m*; *loc/adv en* ~ im Chor; einstimmig; gemeinsam; *crier a* ~ im Sprechchor; *tous en* ~*!* alle zusammen!; **2.** *fig* **a)** *(groupe)* Chor *m*; Schar *f*; ~ *des mécontents* Chor, Schar der Unzufriedenen; **b)** *(cris)* Geschrei *n*; ~ *de lamentations* Klagegeschrei *n*; **3.** ARCH Chor *m*
choir [ʃwaR] *v/i* ⟨*déf*: je chois, il choit; je chus; chu⟩ *litt (tomber)* fallen; *litt ou plais laisser* ~ *qc* etw fallen lassen; *F fig laisser* ~ *qn* j-n fallenlassen; j-n im Stich lassen
choisi [ʃwazi] *adj* ausgesucht; ausgewählt; (aus)erlesen; exklu'siv; *morceaux* ~*s* ausgewählte Lesestücke *n/pl*; *parler un langage* ~ e-e gewählte Sprache sprechen
choisir [ʃwaziR] **I** *v/t* **1.** *(sélectionner)* wählen; auswählen; aussuchen; *métier* wählen; *collaborateur* (aus)wählen; (sich) aussuchen; *st/s époux* (er)wählen; *lecture* auswählen; ~ *ses amis* sich s-e Freunde aussuchen; ~ *entre* (aus)wählen unter (+*dat*); aussuchen aus; ~ *qn comme successeur*, *pour remplir une mission* j-n als Nachfolger, für e-e Aufgabe aussuchen, (aus)wählen; **2.** *abs (décider)* wählen; e-e Wahl treffen; sich entscheiden; ~ *de faire qc* sich dafür entscheiden, sich (dazu) entschließen, etw zu tun; ~ *où*, *quand*, *si* ... sich entscheiden, wo, wann, ob ...; *on ne choisit pas toujours* manchmal hat man, bleibt einem keine Wahl; *c'est à vous de* ~ die Entscheidung liegt bei Ihnen; Sie müssen entscheiden; **II** *v/pr se* ~ *qc* sich etw aussuchen
choix [ʃwa] *m* **1.** Wahl *f*; Auswahl *f*; *(décision)* Entscheidung *f*; ~ *d'un métier* Berufswahl *f*; *loc/adj au* ~ *(du client)* (frei) nach Wahl; *avancement m au* ~ außerplanmäßige Beförderung (auf Vorschlag des Vorgesetzten); *trois possibilités au* ~ drei Möglichkeiten zur Wahl; *à ton*, *votre etc* ~ nach deiner, Ihrer *etc* Wahl; nach freier, eigener Wahl; *médecin etc de son etc* ~ s-r *etc* Wahl; *vous avez le* ~ Sie haben die Wahl; *je n'ai pas le* ~ ich habe keine (andere) Wahl; *arrêter*, *fixer*, *porter son* ~ *sur qn*, *qc* j-n, etw (aus)wählen; (sich) j-n, etw aussuchen; j-n, etw ersehen; sich für j-n, etw entscheiden; *il a arrêté*, *fixé*, *porté son* ~ *sur elle* a s-e Wahl fiel auf sie; *faire son* ~ s-e Wahl treffen; *faire un bon*, *mauvais* ~ e-e gute, schlechte Wahl treffen; gut, schlecht wählen; *mon* ~ *est fait* ich habe meine Wahl getroffen; *laisser à qn le* ~ j-m die Wahl lassen (*entre* zwischen +*dat*); j-m die Wahl über'lassen (*du restaurant* des Restaurants); **2.** *(assortiment)* Auswahl *f*; *avoir*, *offrir un grand* ~ *de disques* e-e große Auswahl von, an Schallplatten (an)bieten; *il y a du*, *beaucoup de* ~ da gibt es e-e große Auswahl; *il n'y a pas (beaucoup) de* ~ es gibt wenig Auswahl; **3.** *loc/adj*: COMM *de (premier)* ~ erster Wahl, Güte; erstklassig; erlesen; *spectacle m de* ~ erstklassige, großartige Aufführung
cholédoque [kɔledɔk] *adj* ANAT *canal m* ~ Ausführungsgang *m* der Leber
choléra [kɔlera] *m* MÉD Cholera *f*
cholérique [kɔlerik] *adj* MÉD Cholera...
cholestérol [kɔlesterɔl] *m* PHYSIOL Choleste'rin *n*; *taux m de* ~ Cholesteringehalt *m* (im Blut)
chômage [ʃomaʒ] *m* Arbeitslosigkeit *f*; Erwerbslosigkeit *f*; ~ *partiel* Kurzarbeit *f*; ~ *technique* Arbeitslosigkeit aus technischen Gründen *(Streik in Zulieferbetrieben etc)*; *allocation f*, *indemnité f de* ~ Arbeitslosenunterstützung *f*, -geld *n*; *adjt assurance f* ~ Arbeitslosenversicherung *f*; *être au ou en* ~ arbeitslos sein; *par ext* Arbeitslosenunterstützung beziehen; *F* stempeln gehen; *s'inscrire au* ~ sich arbeitslos melden; *mettre qn au* ~ j-n in die Arbeitslosigkeit entlassen
chômé [ʃome] *adj jour* ~ arbeitsfreier Tag
chômer [ʃome] *v/i* **1.** *(être au chômage)* arbeitslos sein; **2.** *(suspendre le travail)* nicht arbeiten, feiern; *v/t* ~ *un jour* an e-m Tage nicht arbeiten; e-n Tag feiern; *fig on ne chôme pas* wir können uns über Mangel an Arbeit nicht beklagen; *F* wir haben ganz schön viel zu tun; **3.** *fig conversations ne pas* ~ nicht stocken
chôm|eur [ʃomœR] *m*, ~**euse** *f* Arbeitslose(r) *f(m)*; ~ *de longue durée* Langzeitarbeitslose(r) *f(m)*
chope [ʃɔp] *f* **a)** Bierkrug *m*; (Bier)Seidel *n*; **b)** *contenu* Krug *m*, Seidel *n* Bier
choper [ʃɔpe] *F v/t* **1.** *(voler)* *F* mopsen; mausen, sti'bitzen, klauen; **2.** ~ *un rhume* *F* sich e-n Schnupfen erwischen; *voleur etc se faire* ~ *F* geschnappt werden
chopine [ʃɔpin] *f* *F (bouteille de vin)* Flasche *f* Wein
choquant [ʃɔkɑ̃] *adj* schoc'kierend; anstößig; *(révoltant)* empörend
choquer [ʃɔke] *v/t* **1.** *(offusquer)* ~ *qn* j-n schoc'kieren; bei j-m Anstoß erregen; j-n (sittlich) entrüsten; ~ *le bon sens* gegen den gesunden Menschenverstand verstoßen; ~ *la vue* das Auge beleidigen; *être choqué* schockiert sein, *p/fort* entsetzt sein (*par*, *de* über +*acc*); **2.** *(traumatiser)* ~ *qn* bei j-m e-n (seelischen) Schock her'vorrufen
choral [kɔral] ⟨*m/pl* -als⟩ **I** *adj* Chor...; **II** *subst* **1.** *m* REL, MUS Cho'ral *m*; **2.** ~*e f* Chor *m*; Gesangverein *m*
chorégraph|e [kɔregraf] *m,f* Choreo'graph(in) *m(f)*; ~**ie** *f* Choreogra'phie *f*; ~**ique** *adj* choreo'graphisch; Tanz...; tänzerisch
choriste [kɔrist] *m,f* Chorsänger(in) *m(f)*, -mitglied *n*; *à l'Opéra* Cho'rist(in) *m(f)*
chorus [kɔrys] *m* **1.** *faire* ~ im Chor einfallen; *faire* ~ *(avec qn)* j-m beipflichten, beistimmen; **2.** JAZZ Chorus *m*; Thema *n*
chose [ʃoz] *f* **1.** Ding *n*; Sache *f*; ♦ *autre* ~ etwas and(e)res; *les belles* ~*s* die schönen Dinge, das Schöne; *les bonnes* ~*s* die guten Dinge *(beim Essen u Trinken)*; *chaque* ~ alles; jedes Ding; jede Sache; ~ *curieuse*, *il n'a pas appelé* merkwürdiger-, kuri'oserweise ...; *la même* ~ dasselbe; das gleiche; *c'est la même* ~ das ist das gleiche, dasselbe; das ist einerlei; *c'est toujours la même* ~ es ist immer das gleiche, dasselbe; *st/s la* ~ *publique* das Gemeinwesen; der Staat; PHILOS *la* ~ *en soi* die Ding an sich; ♦ *(vous lui direz) bien des* ~*s de ma part* richten Sie ihm *ou* ihr (bitte) viele Grüße von mir aus; grüßen Sie ihn *ou* sie bitte vielmals (von mir); *peu de* ~ wenig; e-e Kleinigkeit; *cf a peu f*; *avant toute* ~ vor allem; vor allen Dingen; in erster Linie; *dans cet état de* ~*s* bei dieser Sachlage; bei diesem Stand der Dinge; *de deux* ~*s l'une* eins von beiden; ♦ *accomplir*, *faire de grandes* ~*s* große Dinge vollbringen, tun; *appeler les* ~*s par leur nom* die Dinge, das Kind beim (rechten) Namen nennen; *avoir plein de* ~*s à faire*, *à raconter* e-e Menge (Dinge) zu tun, zu erzählen haben; *la* ~ *est décidée* es, die Sache ist entschieden; *dire à qn des* ~*s désagréables* j-m unerfreuliche Dinge sagen; *je vais vous dire une* ~ ich werde Ihnen etwas sagen; *ce n'est pas une* ~ *à dire* so etwas sollte man nicht sagen; *c'est une* ~ *très*, *bien agréable que de* (+*inf*) es ist sehr angenehm, e-e sehr angenehme Sache zu (+*inf*) *ou* wenn man ...; *la théorie est une* ~, *la pratique est une autre* ~ Theorie und Praxis ist zweierlei; *voilà où en sont les* ~*s* so steht die Sache; so sieht es aus; so liegen, stehen die Dinge; *les* ~*s étant ce qu'elles sont* so wie die Dinge (nun einmal) stehen *ou* liegen; *c'est* ~ *faite* die Sache ist erledigt, abgeschlossen; *bien faire les* ~*s* großzügig sein; *F* sich nicht lumpen lassen; *ne pas faire les* ~*s à moitié* **a)** nichts halb machen; nicht auf halbem Weg stehenbleiben; **b)** *(être généreux)* großzügig sein; *s'intéresser à beaucoup de* ~*s* vielseitig, an vielem interessiert sein; *laisser aller les* ~*s* den Dingen ihren Lauf lassen; *parler de* ~*s et d'autres* von diesem

chott — **chuchoter**

und jenem sprechen, reden; *les ~s se sont passées ainsi* die Sache hat sich so abgespielt; *il a bien, mal pris la ~* er hat es, die Sache gut, nicht gut aufgenommen; *la ~ qu'il souhaite le plus* was er sich am meisten wünscht; *prov ~ promise, ~ due* was man versprochen hat, muß man auch halten (*prov*); **2.** *pr/ind quelque ~* etwas; F was; *quelque ~ comme* so etwas wie; ungefähr; etwa; *quelque ~ dans ce goût-là* (irgend) etwas in dieser Art, Richtung; *quelque ~ d'autre* etwas and(e)res; *quelque ~ de beau, de nouveau etc* etw Schönes, Neues *etc*; ♦ *il lui est sans doute arrivé quelque ~* wahrscheinlich ist ihm etwas passiert, zugestoßen; *il a quelque ~* er hat (irgend) etwas, F irgendwas; ihm fehlt (irgend) etwas; *il y a eu quelque ~* da war irgend etwas; irgend etwas hat's da gegeben; *avoir quelque ~ à dire, à faire* etwas zu sagen, zu tun haben; *ça a quelque ~ de bon* das hat auch sein Gutes; *il y a quelque ~ qui ne va pas* irgend etwas stimmt da nicht; (*mais*) *dites quelque ~!* (so) sagen Sie (doch) etwas!; *c'est quelque ~!* das ist unerhört, allerhand!; *c'est déjà quelque ~* das ist immerhin etwas; *y être pour quelque ~* etwas damit zu tun, zu schaffen haben; *faites quelque ~!* tun Sie (doch) etwas, F was!; *ça lui a fait quelque ~* das hat ihn (sehr) getroffen; das hat ihm e-n Stich gegeben; *vous prendrez bien (un petit) quelque ~?* ich darf Ihnen doch etwas, e-e Kleinigkeit anbieten?; **3.** *JUR* Sache *f*; *~s communes* Gemeingut *n*; *~ jugée* abgeurteilte Sache; *cf a juger 1.*; **4.** (*propriété*) *considérer qn comme sa ~* j-n als sein Eigentum betrachten; *il en a fait sa ~* er hat ihn *ou* sie völlig unter'jocht; **5.** F *être porté sur la ~* F scharf auf Frauen, kein Kostverächter sein; gern die Frauen vernaschen; **6.** *m* F (*truc*) F Dings(da, -bums) *n*; (*Machin*) ♀ F der *ou* die Dingsbums, Dingsda; *une pauvre (petite) ~* ein armes Wesen; e-e bedauernswerte Krea'tur; *passez-moi le ~ là-bas* geben Sie mir das Dingsda rüber; **7.** *adjt avoir l'air, être tout ~* ganz verwirrt, verstört aussehen, sein; *se sentir tout ~* sich unbehaglich fühlen

chott [ʃɔt] *m GÉOGR* Schott *m*

chou [ʃu] *m* ⟨*pl* ~x⟩ **1.** Kohl *m*; *südd a* Kraut *n*; *un ~* ein Kohlkopf *m*; *~ blanc* Weißkohl *m*, -kraut *n*; *~ rouge* Rotkohl *m*; Blau-, Rotkraut *n*; *~ de Bruxelles* Rosenkohl *m*; *~ de Milan* Wirsing(kohl) *m*; *soupe f aux ~* Kohlsuppe *f*; ♦ F *fig: feuille f de ~* F Käseblatt *n*; *c'est bête comme ~* das ist kinderleicht, ein Kinderspiel; *être dans le ~x* F in der, e-r Klemme sein, stecken; in der Tinte sitzen; *il a fait ~ blanc* F das ist ihm da'nebengegangen; das ist in die Hose gegangen; *faire ses ~x gras* F e-n guten Schnitt machen (*de qc* bei etw); *bébés naître dans les ~x* vom Storch gebracht werden; *aller planter ses, de ~x* sich aufs Land zurückziehen; *il lui est rentré dans le ~* er hat ihn angegriffen; **2.** *fig mon (petit) ~, f a ma choute* [ʃut] (mein) Liebling *m*, Schatz *m*, Schätzchen *n*; *le pauvre ~* der arme Liebling; *un (petit) bout de ~* ein (kleines) Bübchen *ou* Mädelchen; *petit garçon a* ein Drei'käsehoch *m*; *adjt ce qu'il est, ce que c'est ~!* ist der, das süß, niedlich, entzückend!; **3.** *CUIS ~ à la crème* Windbeutel *m* mit Schlagsahne *ou* Creme; *pâte f à ~* Brandteig *m*; **4.** (*gros nœud*) Schleife *f*

chouan [ʃwɑ̃, ʃuɑ̃] *m* royalistischer Aufständischer in Westfrankreich während der Frz Revolution

chouannerie [ʃwanʀi, ʃuanʀi] *f HIST* Aufstandsbewegung *f* der „Chou'ans"

choucas [ʃuka] *m ZO* Dohle *f*

chouchou [ʃuʃu] F *m* ⟨*pl* ~s⟩, **chouchoute** [ʃuʃut] F *f* Liebling *m*; *être le chouchou de qn* j-s Liebling sein

chouchouter [ʃuʃute] F *v/t* verwöhnen; verhätscheln

choucroute [ʃukʀut] *f CUIS* Sauerkraut *n*, -kohl *m*; *~ garnie* Sauerkraut *n* auf elsässische Art

chouette[1] [ʃwɛt] *f* **1.** *ZO* Eule *f*; **2.** F *fig une vieille ~* F e-e alte Eule, Ziege; **3.** F *Machin* ♀ F der *ou* die Dingsda, Dingsbums

chouette[2] [ʃwɛt] *adj* F toll; prima (*inv*); Klasse (*inv*); dufte; *un ~ (d')appartement* F e-e tolle, prima Wohnung; *int ~ (alors)!* F toll!; prima!; Klasse!; dufte!; *il a été ~ (avec moi)* er hat sich (mir gegenüber) großartig benommen

chou-fleur [ʃuflœʀ] *m* ⟨*pl* choux-fleurs⟩ *BOT* Blumenkohl *m*

chou-navet [ʃunavɛ] *m* ⟨*pl* choux-navets⟩ *BOT* Kohl-, Steckrübe *f*

chou-rave [ʃuʀav] *m* ⟨*pl* choux-raves⟩ *BOT* Kohl'rabi *m*

chouraver [ʃuʀave] *v/t arg ~ qc à qn* F j-m etw klauen

choute [ʃut] *cf chou 2.*

chow-chow [ʃoʃo] *m* ⟨*pl* chows-chows⟩ *ZO* Chow-Chow [tʃau'tʃau] *m*

choyer [ʃwaje] *v/t* ⟨-oi-⟩ um'hegen; um'sorgen

chrême [kʀɛm] *m ÉGL* (saint) *~* Chrisam *n ou m*; Salböl *n*

chrétien [kʀetjɛ̃] **I** *adj* ⟨*~ne*⟩ christlich; *HIST le Roi Très* ♀ der Allerchristlichste König; **II** *subst ~(ne) m(f)* Christ(-in) *m(f)*; *en bon ~* als guter Christ

chrétien-démocrate [kʀetjɛ̃demɔkʀat] *POL* **I** *adj* christlich-demo'kratisch; **II** *m/pl les chrétiens-démocrates* die Christdemokraten *pl*; die Christlichen Demo'kraten *pl*

chrétiennement [kʀetjɛnmɑ̃] *adv* christlich; im christlichen Glauben

chrétienté [kʀetjɛ̃te] *f* Christenheit *f*

Christ [kʀist] *m* **1.** *REL CATH le ~, PROT ~* Christus *m*; **2.** ♀ *BEAUX-ARTS* Christus(figur *f*, -bild *n*) *m*

Christian [kʀistjɑ̃] *m* Christian *m*

Christiane [kʀistjan] *f* Chri'sti'ane *f*

christiania [kʀistjanja] *m SKI* Kristi'ania(schwung) *m*

christian|isation [kʀistjanizasjɔ̃] *f* Christiani'sierung *f*; *~iser v/t* christiani'sieren; zum Christentum bekehren; *~isme m* Christentum *n*

Christine [kʀistin] *f* Chri'stine *f*

Christophe [kʀistɔf] *m* **1.** *prénom* Christoph *m*; **2.** *saint* Chri'stophorus *m*

chromatique [kʀɔmatik] *adj* **1.** *MUS* chro'matisch; *gamme f ~* chromatische Tonleiter *f*; **2.** *OPT* chro'matisch; Farb...; **3.** *BIOL réduction f ~* Chromo'somenreduktion *f*

chrome [kʀom] *m* **1.** *CHIM* Chrom *n*; **2.** *d'une voiture etc ~s pl* Chromteile *m/pl*; Verchromung *f*

chromer [kʀome] *v/t* verchromen; *adjt chromé* verchromt; Chrom...

chromo [kʀomo] *m abr* (*chromolithographie*) **1.** Farbdruck *m*; **2.** *péj* billige, kitschige Reprodukti'on (in knalligen Farben)

chromolithographie [kʀomolitɔgʀafi] *f* Chromolithogra'phie *f*; farbiger Steindruck; Farbdruck *m*

chromosome [kʀomozom] *m BIOL* Chromo'som *n*

chromosomique [kʀomozomik] *adj BIOL* Chromo'somen...

chronicité [kʀɔnisite] *f* chronischer Verlauf, Cha'rakter *m*

chronique [kʀɔnik] **I** *adj* chronisch (*a MÉD*); *passer à l'état ~* chronisch werden; **II** *f* **1.** Chronik *f* (*a HIST*); **2.** *dans un journal* (regelmäßig erscheinender) Bericht; Ru'brik *f*; *RAD* regelmäßige Sendung; Rundschau *f*; *~ sportive d'un journal* Sportteil *m*; *RAD* Sportsendung *f*

chroniqueur [kʀɔnikœʀ] *m* **1.** *HIST* Chro'nist *m*; **2.** *d'un journal* Berichterstatter *m*; Redak'teur *m*; *~ sportif* Sportredakteur *m*

chrono [kʀɔno] *m* F *abr* (*chronomètre*) Stoppuhr *f*; *AUTO faire du 130 ~* F 130 gestoppte Stundenkilometer fahren

chronologie [kʀɔnɔlɔʒi] *f* Chronolo'gie *f*; chrono'logische, zeitliche Abfolge

chronologique [kʀɔnɔlɔʒik] *adj* chrono'logisch; Zeit...; *ordre m ~* chronologische Reihenfolge; *dans l'ordre ou par ordre ~* in chronologischer Reihenfolge; *tableau ~* Zeittafel *f*

chronométrage [kʀɔnɔmetʀaʒ] *m SPORTS* Zeitnahme *f*; Zeitmessung *f*; Stoppen *n*

chronomètre [kʀɔnɔmetʀ(ə)] *m* **a)** *SPORTS* Stoppuhr *f*; **b)** *montre* Chrono-'meter *n ou* F *m*; Präzisi'onsuhr *f*; Zeitmesser *m*

chronométrer [kʀɔnɔmetʀe] *v/t* ⟨-è-⟩ stoppen; mit der Stoppuhr messen; die Zeit (von *ou* +*gén*) nehmen; *SPORTS*: *~ qn* j-s Laufzeit stoppen; j-s Zeit mit der Stoppuhr messen; *~ une course* die Laufzeiten stoppen, nehmen

chronométr|eur [kʀɔnɔmetʀœʀ] *m SPORTS* Zeitnehmer *m*; *~ique adj* chrono'metrisch

chrysalide [kʀizalid] *f ZO* Puppe *f* (e-s Schmetterlings); *fig sortir de sa ~* sich entfalten; sich entwickeln

chrysanthème [kʀizɑ̃tɛm] *m BOT* Chrysan'theme *f*

ch'timi [ʃtimi] *m* F **1.** Nordfranzose *m*; **2.** Dia'lekt *m* der Nordfranzosen

chu [ʃy] *p/p cf choir*

C.H.U. [seaʃy] *m abr* (*centre hospitalier universitaire*) Universitätsklinikum *n*

chuchotement [ʃyʃɔtmɑ̃] *m* Flüstern *n*; Geflüster *n*; Tuscheln *n*; Getuschel *n*

chuchoter [ʃyʃɔte] **I** *v/t ~ qc à qn* j-m etw zuflüstern; *~ qc à l'oreille de qn* j-m ein ins Ohr flüstern, tuscheln; **II** *v/i* **1.** *personne* flüstern; tuscheln; wispern; zischeln; *plusieurs personnes a* mitein-'ander flüstern, tuscheln; *fig on chuchote que ...* man munkelt, es wird

gemunkelt, daß ...; **2.** *poét ruisseau* murmeln; *vent* säuseln; raunen
chuchoteries [ʃyʃɔtRi] *f/pl* Getuschel *n*; Tusche'leien *f/pl*; Gewisper *n*
chuchotis [ʃyʃɔti] *m* leises Flüstern; Wispern *n*
chuintant [ʃɥɛ̃tɑ̃] *adj* PHON **consonne ~e** *ou subst* **~e** *f* Zischlaut *m*; Sch-Laut *m (stimmlos od stimmhaft)*
chuintement [ʃɥɛ̃tmɑ̃] *m* **1.** *vice de prononciation* Aussprache *f* sch statt s; **2.** *de la vapeur* Zischen *n*
chuinter [ʃɥɛte] *v/i* **1.** s [s, z] wie sch [ʃ, ʒ] (aus)sprechen; **2.** *vapeur* zischen
chut [ʃyt] *int* pst!; st!; still!; *faire ~ a* den Finger auf den Mund legen
chute [ʃyt] *f* **1.** *d'une personne* Fall *m*; Fallen *n*; Sturz *m*; Absturz *m*; **~ de bicyclette, de cheval** Sturz vom Fahrrad, vom Pferd; *faire une ~* stürzen, fallen (*de bicyclette* vom Fahrrad); *faire une ~ de dix mètres* zehn Meter tief (ab)stürzen; *faire une ~ dans, en descendant l'escalier* auf der Treppe stürzen, fallen; die Treppe hin'unterstürzen, -fallen; **2.** *de choses* Fall *m (a PHYS);* Fallen *n (a THÉ du rideau);* **~** *des cours en Bourse etc* Sturz *m*; *PHYS* **~ libre** freier Fall; *en ~ libre* a) *PHYS* in freiem Fall; b) *fig ÉCON* auf Talfahrt; **~ des cheveux** Haarausfall *m*; *BOURSE* **~ des cours** Kurssturz *m*, -einbruch *m*; **~ d'eau** Wasserfall *m*; **~ des feuilles** (Ab)Fallen *n* der Blätter; Laubfall *m*; **~ de grêle** Hagelschlag *m*; **~ d'une monnaie** Währungssturz *m*; **~s de neige** Schneefälle *m/pl*; **~s du Niagara** Nia'garafälle *m/pl*; **~ de pierres** Steinschlag *m*; **~ de pluie** Regenfälle *m/pl*; **~ des prix, de température** Preis-, Tempera'tursturz *m*; *ÉLECT* **~ de tension** Spannungsabfall *m*; *PHYS* **loi** *f* **de la ~ des corps** Fallgesetz *n*; **point** *m* **de ~** a) *d'un projectile* Einschlagstelle *f*, -punkt *m*; b) *fig* Bleibe *f*; Standort *m*; (vorläufiger) Ruhepunkt; Anlaufstelle *f*; **3.** *fig d'un régime etc* Sturz *m*; *entraîner qn dans sa ~* j-n in s-n Sturz mit hineinreißen, -ziehen; **4.** MIL *d'une ville* Fall *m*; *par ext* **la ~ du mur de Berlin** der Fall der Berliner Mauer; **5.** *morale* Fall *m*; *la ~ (d'Adam)* der Sündenfall; **6. ~ de cuir, d'étoffe** Leder-, Stoffrest *m*, -abfall *m*; **7. avoir une belle ~ de reins** ein schön geschwungenes, wohlgeformtes, wohlproportioniertes Gesäß haben; **8.** *d'un texte* Schlußpointe *f*
chuter [ʃyte] *v/i* **1.** F *(tomber)* fallen; stürzen; *fig* **faire ~ gouvernement etc** zu Fall bringen; *candidat* zu Fall bringen; *production, prix* drücken; sinken lassen; *fig* **le candidat a chuté sur la dernière question** der Kandidat stolperte über die letzte Frage; **2.** *BRIDGE* **~ de trois levées** drei 'Unterstiche machen
chyle [ʃil] *m PHYSIOL* Milch-, Speisesaft *m*; *sc* Chylus *m*
chyme [ʃim] *m PHYSIOL* Speisebrei *m*; *sc* Chymus *m*
Chypre [ʃipR(ə)] Zypern *n*
chypriote [ʃipRijɔt] **I** *adj* zyprisch; zypri'otisch; **II** *m,f* 2 Zypr(i)er(in) *m(f)*; Zypri'ot(in) *m(f)*
ci [si] **I** *adv après ce + subst*: diese(r, -s) ... (hier); **ce banc-~** diese Bank (hier); *loc/adv*: **à cette heure-~** um diese Zeit; zu dieser Tageszeit; **ces**

jours-~ dieser Tage; in diesen Tagen; **ce mois-~** diesen, in diesem Monat; **II** *pr/dém* **~ et ça** dies und jenes; *loc/adv* F **comme ~ comme ça** F so la'la; so'so
ci-après [siapRɛ] *loc/adv* weiter unten; nachstehend (angeführt)
cibiche [sibiʃ] *f arg (cigarette)* F Glimmstengel *m*; Stäbchen *n*
cibiste [sibist] *m,f* CB-Funker(in) *m(f)*
cible [sibl(ə)] *f* **1.** Zielscheibe *f (a fig);* (Schieß)Scheibe *f*; Ziel *n*; *tir* **~ à la ~** Scheibenschießen *n*; *être une ~ facile pour qn* j-m ein günstiges Ziel bieten; *fig être la ~ des railleries, des critiques* Zielscheibe des Spottes, der Kritik sein; im Kreuzfeuer der Kritik stehen; *prendre qn, qc pour ~* j-n, etw als Zielscheibe benutzen, nehmen; *fig* j-n auf Korn nehmen; **2.** *PHYS NUCL* Target *n*; **3.** *adj LING* **langue** *f* **~** Zielsprache *f*; **4.** *PUBLICITÉ* Zielgruppe *f*
ciboire [sibwaR] *m ÉGL CATH* Zi'borium *n*; Speisekelch *m*
ciboul|e [sibul] *f BOT* Winterlauch *m*, -zwiebel *f*; **~ette** *f BOT* Schnittlauch *m*
ciboulot [sibulo] *m* F *(tête)* F Schädel *m*; Hirnkasten *m*; Dez *m*
cicatrice [sikatRis] *f* Narbe *f (a fig);* **~ de brûlure, de coupure** Brand-, Schnittnarbe *f*; *avoir une ~ au visage, à la jambe, dans le dos* e-e Narbe im Gesicht, am Bein, auf dem Rücken haben; *laisser une ~* e-e Narbe zurücklassen, hinter'lassen; *la brûlure lui a laissé une ~* von der Verbrennung ist ihm e-e Narbe (zurück)geblieben
cicatriciel [sikatRisjɛl] *adj* ⟨~le⟩ Narben...; *tissu(s)* **~(s)** Narbengewebe *n*
cicatrisant [sikatRizɑ̃] *adj et subst m PHARM (remède m) ~* die Narbenbildung förderndes Mittel; Wundheilungsmittel *n*
cicatrisation [sikatRizasjɔ̃] *f* Vernarbung *f*; Narbenbildung *f*; Heilung *f (a fig)*
cicatriser [sikatRize] **I** *v/t blessure, a fig* heilen; vernarben lassen; **II** *v/i (et v/pr se) ~* zuheilen; *a fig* verheilen; vernarben
Cicéron [siseRɔ̃] *m HIST* Cicero *m*
cicérone [siseRɔn] *m plais* Cice'rone [tʃitʃ-] *m*; Fremdenführer *m*
ci-contre [sikɔ̃tR(ə)] *loc/adv* nebenstehend; *voir image* **~** siehe nebenstehendes Bild
ci-dessous [sid(ə)su] *loc/adv* nachstehend; weiter unten
ci-dessus [sid(ə)sy] *loc/adv* weiter oben; **(mentionné) ~** (weiter) oben angeführt, genannt, erwähnt
ci-devant [sid(ə)vɑ̃] *m,f ⟨inv⟩ HIST* ehemalige(r) Adlige(r) *f(m)*
cidre [sidR(ə)] *m* Apfelwein *m*; *südd a* Most *m*; *de France* Cidre *m*; **~ bouché** stark moussierender, auf Flaschen gezogener Cidre; **~ doux** süßer, noch nicht ganz vergorener Cidre
cidrerie [sidRəRi] *f* Apfelweinkellerei *f*
Cie *abr (compagnie)* Co. [koː] (Handelsgesellschaft)
ciel [sjɛl] *m* **1.** ⟨*pl* cieux [sjø], PEINT **~s**⟩ Himmel *m (a ASTR et PEINT);* **~ bleu, clair** blauer, klarer Himmel; *poét* **feu** *m* **du ~** Blitz *m*; ♦ *adj* **(bleu) ~** ⟨*inv*⟩ himmelblau; *loc/adv*: **à ~ ouvert** MINES im Tagebau; *égout etc* offen; **dans le ~**

am Himmel; **entre ~ et terre** zwischen Himmel und Erde *ou* in der Luft *(rester, être suspendu* hängen, schweben); **sous le ~ de Londres** unter dem Himmel von London; in London; **sous d'autres cieux** unter e-m anderen Himmelsstrich; in e-r anderen Gegend; ♦ *lever les bras au ~* die Hände über dem Kopf zusammenschlagen; *lever les yeux au ~* entsetzt zum Himmel (auf)blicken; *fig* **remuer ~ et terre** Himmel und Hölle, alle Hebel in Bewegung setzen; *fig* **tomber du ~** im richtigen Moment, zur rechten Zeit, F wie gerufen kommen; **2.** *REL* ⟨*pl* cieux⟩ Himmel *m*; *int* **~!, ô ~!, juste ~!** (o) Himmel!; gerechter Himmel!; *don m du ~* Geschenk *n* des Himmels; *talent* Begnadung *f*; Geschenk *n*, Gabe *f* Gottes; *aller au ~* in den Himmel kommen; *c'est le ~ qui t'envoie* dich schickt der Himmel; *Notre Père qui es aux cieux* Vater unser (, der du bist) im Himmel; *fig être au septième ~* im sieb(en)ten Himmel sein; *BIBL* **monter au ~** gen Himmel (auf)fahren; *prov* **aide-toi, le ~ t'aidera** hilf dir selbst, dann hilft dir Gott (*prov*); **3.** ⟨*pl* **~s**⟩ **~ de lit** Betthimmel *m*
cierge [sjɛRʒ] *m* **1.** *ÉGL* (lange Wachs-) Kerze *f*; F **se tenir droit comme un ~** sich kerzengerade halten; **2.** *BOT* Säulenkaktus *m*
cieux [sjø] *m/pl cf* ciel
cigale [sigal] *f ZO* Zi'kade *f*
cigare [sigaR] *m* **1.** Zi'garre *f*; **2.** F *(tête)* F Schädel *m*; Dez *m*
cigarette [sigaRɛt] *f* **1.** Ziga'rette *f*; **2.** *CUIS* **~ (russe)** Hohlwaffel *f*
cigarillo [sigaRijo] *m* Ziga'rillo *m ou n*
ci-gît [siʒi] *épitaphe* hier ruht
cigogne [sigɔɲ] *f ZO* Storch *m*; *nid m de* **~** Storchennest *n*
ciguë [sigy] *f* **1.** *BOT* Schierling *m*; **2.** *poison* Schierlingsgift *n*, -trank *m*; *boire la* **~** den Schierlingsbecher trinken
ci-inclus [siɛ̃kly] *ou* **ci-joint** [siʒwɛ̃] *loc/adj et loc/adv* anliegend; beigefügt; beiliegend; in der *ou* als Anlage; *ADM a* in-, einliegend; **~ copie** Abschrift anbei; *la copie* **~e** die anliegende *etc* Abschrift
cil [sil] *m* **1.** (Augen)Wimper *f*; **faux ~s** falsche *ou* künstliche Wimpern; **2.** *BIOL* **~s vibratiles** Flimmerhaare *n/pl*; Wimpern *f/pl*
cilice [silis] *m* Büßerhemd *n*, -kleid *n*
cillement [sijmɑ̃] *m* **~ (d'yeux)** Zwinkern *n*; Blinzeln *n*
ciller [sije] *v/i* **1.** zwinkern; blinzeln; **2.** *fig* **ne pas oser ~** F nicht zu mucksen wagen
cimaise [simɛz] *f* **1.** *ARCH* Kar'nies *n*; **2.** *dans une pièce* Wandleiste *f*; **avoir les honneurs de la ~** an bevorzugter Stelle ausgestellt werden *ou* sein
cime [sim] *f d'un arbre* Wipfel *m*; Krone *f*; *d'une montagne* Gipfel *m (litt a fig);* Spitze *f*
ciment [simɑ̃] *m* **1.** Ze'ment *m*; *loc/adj* **de** *ou* **en ~** Zement...; **2.** *fig être le ~ d'une amitié* e-e Freundschaft festigen
cimenter [simɑ̃te] *v/t* **1.** zemen'tieren; *bassin a* auszementieren; **~ un anneau dans le mur** e-n Ring in die Wand einzementieren; *adj* **sol cimenté** Ze-

'mentboden *m*; **2.** *fig amitié* festigen; zemen'tieren
ciment|erie [simātRi] *f usine* Ze'mentwerk *n*; **~ier** *m* Ze'mentarbeiter *m*
cimeterre [simtɛR] *m* Krummschwert *n*, -säbel *m*
cimetière [simtjɛR] *m* Friedhof *m* (*a fig*); *à côté d'une église a* Kirchhof *m*, *poét* Gottesacker *m*; **~ *militaire*** Sol'datenfriedhof *m*; Kriegsgräber *n/pl*; *par ext* **~ *de chiens, de voitures*** Hunde-, Autofriedhof *m*
cimier [simje] *m d'un casque* Helmzier *f*
ciné [sine] *m* F *abr* (*cinéma*) Kino *n*; F Kintopp *m ou n*
cinéaste [sineast] *m,f* Cine'ast(in) [s-] *m(f)*; Filmschaffende(r) *f(m)*; Filmemacher(in) *m(f)*
ciné-club [sineklœb] *m* ⟨*pl* ciné-clubs⟩ Filmklub *m*
cinéma [sinema] *m* **1.** *art* Film *m*; Filmkunst *f*; Filmen *n*; Kino *n*; *le* **~ *français*** der französische Film; **~ *muet, parlant*** Stumm-, Tonfilm *m*; ***acteur m de*** **~** Filmschauspieler *m*; ***techniciens** m/pl **de*** **~** Filmtechniker *m/pl*; ***faire du*** **~** Filmschauspieler(in) sein; filmen; **2.** (***industrie** f **du***) **~** Filmindustrie *f*, -branche *f*, -geschäft *n*; **3.** (***salle f de***) **~** Kino *n*; Lichtspieltheater *n*, -haus *n*; Filmtheater *n*; ***d'art et d'essai*** Filmkunsttheater *n*; Studiokino *n*; **~ *d'exclusivité, de quartier*** Erstaufführungs-, Stadtteil- *ou* Vorstadtkino *n*; ***aller au*** **~** ins Kino gehen; **4.** F *fig **c'est du*** **~** das ist doch nur The'ater; ***elle nous a fait tout un*** **~** F sie hat ganz schön The'ater gespielt (***pour*** um zu)
cinémascope [sinemaskɔp] *m* Cinemascope [sinema'sko:p] *n*; ***film m en*** **~** Cinemascopefilm *m*
cinémathèque [sinematɛk] *f* Kinema-, Cinema- [s-], Filmo'thek *f*; Filmarchiv *n*
cinématique [sinematik] *f PHYS* Kine-'matik *f*; Bewegungslehre *f*
cinématographe [sinematɔgRaf] *m* Kinemato'graph *m*
cinématographique [sinematɔgRafik] *adj* kinemato'graphisch; Film...; *art m*, *technique f* **~** Filmkunst *f*, -technik *f*
cinéphile [sinefil] *m,f* Kinofreund(in) *m(f)*; Filmkenner(in) *m(f)*; Filmfreund *m*, -fan *m*
cinéraire [sineRɛR] **I** *adj urne f* **~** Aschen-, Graburne *f*; **II** *f BOT* Zine'raria *f*
cinérama [sineRama] *m* Cine'rama [s-] *n*
cinétique [sinetik] *PHYS* **I** *adj* ki'netisch; ***énergie f*** **~** kinetische Energie; **II** *f* Ki-'netik *f*
cing(h)alais [sɛ̃galɛ] **I** *adj* singha'lesisch; **II** *subst* ⟨*(e) m(f)* Singha'lese *m*, -'lesin *f*
cinglant [sɛ̃glɑ̃] *adj* **1.** *vent* schneidend; peitschend (*a pluie*); **2.** *fig réplique, paroles* schneidend
cinglé [sɛ̃gle] *adj* F beklopt; behämmert; bescheuert; bestußt; 'übergeschnappt; plem'plem; me'schugge; ***être*** **~** *a* F spinnen; e-n Vogel, e-n Klaps, nicht alle Tassen im Schrank, e-n (kleinen) Dachschaden, e-n Sparren (zu-'viel), e-e Macke, e-n Hau haben; nicht (recht) bei Trost sein; nicht ganz richtig im Oberstübchen sein; *il est* **~** a F bei dem ist e-e Schraube locker; bei dem stimmt's wohl nicht; *subst un* **~** ein Bekloppter, 'Übergeschnappter, Spinner
cingler¹ [sɛ̃gle] *v/i MAR* **~ *vers*** segeln nach
cingler² [sɛ̃gle] *v/t* **1.** *avec une baguette etc* schlagen; peitschen; **2.** *vent, pluie, branche* **~** (*le visage de*) *qn* j-m ins Gesicht peitschen
cinoche [sinɔʃ] *m* F (*cinéma*) F Kintopp *m ou n*
cinoque [sinɔk] *adj* F *cf* **cinglé**
cinq [sɛ̃k, *vor Konsonant a* sɛ̃] **I** *num/c* fünf; ***chapitre*** **~** Kapitel fünf; *le* **~ *mai*** der fünfte *ou* am fünften Mai; *loc/adj **enfant m de*** **~ *ans*** fünfjähriges Kind; Kind *n* von fünf Jahren; ***pièce f de*** **~** *francs* Fünf'francstück *n*; *loc/adv*: ***à*** **~** zu fünft; zu fünfen; ***dans*** **~** ***minutes*** in fünf, in ein paar Minuten; im Moment; ***on va rire*** **~** ***minutes*** da werden wir etwas zum Lachen haben, bekommen; F ***en*** **~** ***sec*** im Handumdrehen; im Nu; ***il est*** **~** ***heures*** es ist fünf (Uhr); ***il est*** **~** ***sept heures*** **~** es ist sieben Uhr fünf; es ist fünf (Minuten) nach sieben; F ***il est*** **~** F es ist fünf nach; *fig **il était moins*** **~** es hätte nicht mehr viel gefehlt; **II** *m* ⟨*inv*⟩ Fünf *f*; *südd a* Fünfer *m*; *le* **~** (*du mois*) der Fünfte *ou* am Fünften (des Monats); *cf a **deux*** II
cinq-à-sept [sɛ̃kasɛt] *m* ⟨*inv*⟩ Empfang *m* am Spätnachmittag
cinquantaine [sɛ̃kɑ̃tɛn] *f* **1.** ***une*** **~** etwa, an die, ungefähr, rund, zirka fünfzig (***de personnes*** Leute, Personen); **2.** *âge* Fünfzig *f*; Fünfziger(jahre) *n/pl*; ***approcher de la*** **~** sich den Fünfzigern nähern; auf die Fünfzig zugehen; bald fünfzig sein; ***avoir la*** **~** etwa, rund fünfzig Jahre alt sein; mindestens fünfzig (Jahre alt) sein; ***avoir dépassé la*** **~** die Fünfzig überschritten haben; über die Fünfzig sein; in den Fünfzigern sein
cinquante [sɛ̃kɑ̃t] **I** *num/c* fünfzig; **~** ***et un*** einundfünfzig; **~** ***et unième*** einundfünfzigste(r, -s); ***page*** **~** Seite fünfzig; **~** ***pour cent*** fünfzig Prozent; ***dans les années*** **~** in den fünfziger Jahren; ***de*** **~** ***ans*** fünfzigjährig; von fünfzig Jahren; **II** *m* ⟨*inv*⟩ Fünfzig *f*; *cf a **deux*** II
cinquantenaire [sɛ̃kɑ̃tnɛR] *m* fünfzigster Jahrestag; fünfzigjähriges Jubi-'läum; ***le de la mort de qn*** j-s fünfzigster Todestag; ***fêter le*** **~** ***de qc*** das fünfzigjährige Jubiläum *ou* Bestehen von etw feiern
cinquantième [sɛ̃kɑ̃tjɛm] **I** *num/o* fünfzigste(r, -s); **II** *subst* **1.** *le, la* **~** der, die, das fünfzigste; **2.** *m MATH* Fünfzigstel *n*
cinquième [sɛ̃kjɛm] **I** *num/o* fünfte(r, -s); *la Ve République* die Fünfte Republik; **II** *subst* **1.** *le, la* **~** der, die, das fünfte; **2.** *m MATH* Fünftel *n*; ***les deux*** **~***s de* zwei Fünftel von (*ou* +*gén*); **3.** *m étage* fünfter Stock; fünfte E'tage; ***au*** **~** im fünften Stock; F fünf Treppen hoch; **4.** *f ÉCOLE* zweite Klasse im Gym'nasium; Quinta *f*
cinquièmement [sɛ̃kjɛmmɑ̃] *adv* fünftens
cintre [sɛ̃tR(ə)] *m* **1.** *pour vêtement* Kleiderbügel *m*; ***mettre sur un*** **~** auf e-n Bügel hängen; **2.** *ARCH* Wölbung *f*; Bogen *m*; (***arc m en***) ***plein*** **~** Rundbogen *m*; **3.** *THÉ* Schnürboden *m*
cintré [sɛ̃tRe] *adj* **1.** *veste* (an)tail'liert;
2. *ARCH* Rundbogen...; **3.** F *personne cf* **cinglé**
cintrer [sɛ̃tRe] *v/t* **1.** *TECH* biegen; **2.** *veste* (an)tail'lieren
C.I.O. [seio] *m abr* (*Comité international olympique*) IOK *n* (Internationales Olympisches Komitee)
cirage [siRaʒ] *m* **1.** *produit* Schuhcreme *f*; F Schuhwichse *f*; **2.** *du parquet* (Wachsen *n* und) Bohnern *n*; **3.** F *fig **être dans le*** **~** F im Tran sein
circoncire [siRkɔ̃siR] *v/t* ⟨*cf* suffire; *aber p/p* circoncis⟩ REL beschneiden
circoncis [siRkɔ̃si] REL **I** *adj* beschnitten; **II** *m* Beschnittene(r) *m*
circoncision [siRkɔ̃sizjɔ̃] *f* REL Beschneidung *f*; Zirkumzisi'on *f*
circonférence [siRkɔ̃feRɑ̃s] *f* MATH Kreis(linie) *m(f)*; (*périmètre*) (Kreis-) 'Umfang *m*
circonflexe [siRkɔ̃flɛks] *adj* GR ***accent m*** **~** ***en français*** Accent circon'flexe *m*; LING Zirkum'flex *m*
circonlocutions [siRkɔ̃lɔkysjɔ̃] *f/pl* Um'schreibungen *f/pl*
circonscription [siRkɔ̃skRipsjɔ̃] *f* ADM Bezirk *m*; (Verwaltungs)Gebiet *n*; Bereich *m*; Di'strikt *m*; **~** (*électorale*) Wahlbezirk *m*; *d'un député* Wahlkreis *m*
circonscrire [siRkɔ̃skRiR] *v/t* ⟨*cf* écrire⟩ **1.** MATH 'umbeschreiben; um'schreiben; *adj **cercle circonscrit à un polygone*** 'Umkreis *m* e-s Vielecks; ***quadrilatère circonscrit*** Tan'gentenviereck *n*; **2.** *sujet* um'schreiben; um'reißen; **3.** *incendie, épidémie* eindämmen; die Ausbreitung (+*gén*) verhindern
circonspect [siRkɔ̃spɛ(kt)] *adj* ⟨-*ecte* [-ɛkt]⟩ vorsichtig; (*prudent*) 'umsichtig; (*réservé*) zu'rückhaltend
circonspection [siRkɔ̃spɛksjɔ̃] *f* Vorsicht *f*; 'Umsicht *f*; Zu'rückhaltung *f*; ***avec*** **~** vorsichtig; 'umsichtig; zu'rückhaltend; mit Bedacht
circonstance [siRkɔ̃stɑ̃s] *f* 'Umstand *m*; (*occasion*) Gelegenheit *f*; **~** *s pl* 'Umstände *m/pl*; Lage *f*; Situati'on *f*; Verhältnisse *n/pl*; Gegebenheiten *f/pl*; (*détails*) Einzelheiten *f/pl*; **~** ***particulière*** besonderer Umstand; **~** ***s d'un accident*** Umstände, Einzelheiten e-s Unfalls; *cf a **complément** 2.*; ♦ *loc/adj **de*** **~** den Umständen, dem Anlaß entsprechend, angemessen; ***être de*** **~** (sehr) angebracht sein; *loc/adv*: ***dans les*** **~***s* ***actuelles*** unter den gegenwärtigen, augenblicklichen Umständen; in der augenblicklichen Lage; bei den Gegebenheiten; ***mourir dans de tragiques*** **~***s* unter tragischen Umständen; ***st/s en la*** **~** im vorliegenden Fall; in e-m solchen Fall; in e-r solchen Situation, Lage; ***en toute*** **~** in jeder Lage, Situation; ***en raison des*** **~***s ou **étant donné les*** **~***s* unter diesen Umständen; ***pour la*** **~** bei, zu dieser Gelegenheit; aus, zu diesem Anlaß; ***selon les*** **~***s* je nach den Umständen; ♦ ***il y a des*** **~***s où ...* in manchen Fällen, Situationen ...; es gibt Situationen, in denen ...; ***cela dépend(ra) des*** **~***s* das hängt von den Umständen ab; ***si les*** **~***s l'exigent* wenn die Umstände es erfordern; erforderlichenfalls; ***profiter de la*** **~** ***pour*** (+*inf*) sich die Gelegenheit, diesen Umstand zunutze machen, um zu (+*inf*)

circonstancié [siʀkõstãsje] *adj rapport* ausführlich; eingehend; (sehr) detail'liert

circonstanciel [siʀkõstãsjɛl] *adj* ⟨~le⟩ *GR* 'Umstands...; Adverbi'al...; *cf a complément 2*.

circonvenir [siʀkõvniʀ] *v/t* ⟨*cf venir*; *aber avoir*⟩ *st/s ~ qn* j-n zu s-n Gunsten beeinflussen

circonvolutions [siʀkõvɔlysjõ] *f/pl ANAT ~ cérébrales* Gehirnwindungen *f/pl*; *~ intestinales* Darmschlingen *f/pl*

circuit [siʀkɥi] *m* **1.** *~ (touristique)* Rundreise *f*, -fahrt *f*; *~ d'autocar* Busrundreise *f*; *faire le ~ des cathédrales gothiques* e-e Rundreise zu den gotischen Kathedralen machen; **2.** *SPORTS* Rennstrecke *f*; Rundstrecke *f*, -kurs *m*; Ring *m*; **3.** *(chemin compliqué)* 'Umweg *m*; 'Umweg *m*; **4.** *ÉLECT ~ (électrique)* Stromkreis *m*; *~ fermé* geschlossener Stromkreis; *cf a 6*.; *ÉLECTRON ~ intégré* integrierte Schaltung; integrierter Schaltkreis; *loc/adj:* *en ~* eingeschaltet; *mettre en ~* einschalten; *'hors ~* ausgeschaltet; *mettre 'hors ~* ausschalten *(a fig)*; **5.** *TECH* 'Umlauf *m*; Kreislauf *m*; **6.** *ÉCON* Wirtschaftskreislauf *m*; *~ de distribution* Verteilernetz *n*; *économie f en ~ fermé* Wirtschaft *f* e-s Landes, das keinen Außenhandel treibt; *fig vivre en ~ fermé* abgesondert, abgeschlossen (von den anderen) leben

circulaire [siʀkylɛʀ] **I** *adj* Kreis...; *(de forme) ~* kreisförmig, -rund; *billet m ~* Rundreisefahrkarte *f*; *coup m d'œil ~* Blick *m* in die Runde; *MATH fonction f ~* Winkelfunktion *f*; *mouvement m ~* Kreisbewegung *f*; kreisende Bewegung; *voyage m ~* Rundreise *f*; **II** *f* Rundschreiben *n*; 'Umlauf *m*; Zirku'lar *n*; *ADM* Runderlaß *m*

circulation [siʀkylasjõ] *f* **1.** *de véhicules* Verkehr *m*; *~ automobile* Auto-, Kraftverkehr *m*; *~ libre* Freizügigkeit *f* (*des travailleurs etc* der Arbeitnehmer *etc*); *~ routière* Straßenverkehr *m*; *~ à droite, à gauche* Rechts-, Linksverkehr *m*; *~ des trains* Zugverkehr *m*; *route f, voie f à grande ~* Hauptverkehrsstraße *f*; *il y a beaucoup de ~* es herrscht reger, starker, lebhafter Verkehr; *F fig avoir disparu de la ~ personne* von der Bildfläche, *a chose* spurlos verschwunden sein; *la ~ est difficile* bei diesem Verkehr kommt man schlecht voran; *véhicules m/pl mis en ~ après le 1er janvier* ... neu zugelassene Fahrzeuge *n/pl*; *loi, panneaux réglementer, agent régler la ~* Verkehr regeln; **2.** *PHYSIOL ~ (sanguine, du sang)* (Blut)Kreislauf *m*, (-)Zirkulati'on *f*; *troubles m/pl de la ~* Kreislaufstörungen *f/pl*; *c'est dû à une mauvaise ~* das liegt an der schlechten 'Durchblutung; **3.** *d'argent etc* 'Umlauf *m*; Verkehr *m*; *(libre) ~ des capitaux, des marchandises* (freier) Kapi'tal-, Warenverkehr *m*; *mise f en ~ d'argent etc* In-'Umlauf-Setzen *n*; In-'Umlauf-Bringen *n*; In-Ver'kehr-Bringen *n*; *de tracts, rumeurs* Verbreiten *n*; *mettre en ~ argent etc* in 'Umlauf setzen, bringen; in Verkehr bringen; *tracts, rumeurs* verbreiten; *retirer de la ~ argent, timbre, produit* aus dem Verkehr ziehen; *billet de banque* a einziehen; **4.** *de fluides* Fließen *n*; Strömen *n*; 'Umlauf *m*; Zirkulati'on *f*; *~ d'air a* Luftbewegung *f*

circulatoire [siʀkylatwaʀ] *adj PHYSIOL* Kreislauf...; *appareil m ~* Kreislaufsystem *n*; *troubles m/pl ~s* Kreislaufstörungen *f/pl*

circuler [siʀkyle] *v/i* **1.** *véhicules* verkehren, fahren; *piétons* sich bewegen; gehen; *conducteurs* fahren; *circulez! ordre: aux passants* weitergehen!; *aux conducteurs* weiterfahren!; *~ bien* (im Verkehr) gut vor'an-, vorwärtskommen; *~ lentement* langsam fahren ou vor'an-, vorwärtskommen; *police faire ~ les badauds* die Schaulustigen zum Weitergehen veranlassen; **2.** *eau, gaz, sang* fließen; strömen; kreisen; zirku'lieren; *air* sich bewegen; *courant* fließen; *TECH huile* 'umlaufen; **3.** *argent, capitaux* im ou in 'Umlauf sein; *argent a, marchandises, lettre etc* zirku'lieren; 'umlaufen; *lettre etc faire ~* in 'Umlauf geben; zirku'lieren lassen; weitergeben; **4.** *nouvelle, bruit* kur'sieren; 'umgehen; zirku'lieren; sich verbreiten; *impersonnel il circule à son sujet* ... man erzählt sich über ihn ...; *faire ~ nouvelle, bruit* verbreiten; *bruit a* in 'Umlauf setzen, bringen

circumnavigation [siʀkɔmnavigasjõ] *litt f* (Welt)Um'segelung *f*; Um'schiffung *f*

cire [siʀ] *f* **1.** Wachs *n*; *pour parquet* (Bohner)Wachs *n*; *~ d'abeille* Bienenwachs *n*; *loc/adj en ou de ~* Wachs...; wächsern; **2.** *~ à cacheter* Siegellack *m*; **3.** *~ perdue* verlorenes Wachsmodell; *moulage m en ~ perdue* Wachsausschmelzverfahren *n*; **4.** *(cérumen)* Ohrenschmalz *n*

ciré [siʀe] **I** *adj* **1.** *parquet* gebohnert; *meuble* po'liert; *chaussures* blankgeputzt; **2.** *toile ~e* Wachstuch *n*; **II** *m* Seglerjacke *f*; *MAR* Ölzeug *m*

cirer [siʀe] *v/t parquet* (wachsen und) bohnern, *südd* blocken; *meuble* po'lieren; *chaussures* wichsen, eincremen; *par ext* (blank) putzen

cireur [siʀœʀ] *m ~ de chaussures* Schuh-, Stiefelputzer *m*

cireuse [siʀøz] *f ~ (électrique)* Bohnermaschine *f*

cireux [siʀø] *adj* ⟨-euse⟩ *teint* wächsern

cirque [siʀk] *m* **1.** Zirkus *m* (*a dans l'Antiquité*); *~ ambulant* Wanderzirkus *m*; *gens pl du ~* Zirkusleute *pl*, -volk *n*; **2.** *F fig quel ~!* so ein (F Affen-)The'ater, (-)Zirkus!; **3.** *GÉOL* Felsenkessel *m*; Kar *n*

cirrhose [siʀoz] *f MÉD* Zir'rhose *f*; *~ alcoolique*, F *du foie* Leberzirrhose *f*; F Säuferleber *f*

cirrus [siʀys] *m MÉTÉO* Zirrus(wolke) *m(f)*; Federwolke *f*

cisaille [sizaj] *f*, *a pl ~s TECH* (große) Schere; Blechschere *f*

cisaillement [sizajmã] *m TECH* **1.** (Zer-, 'Durch)Schneiden *n*; **2.** *usure* Abscherung *f*

cisailler [sizaje] *v/t TECH* (mit der Blechschere, mit dem Schneidegerät) (zer-, 'durch)schneiden

cisalpin [sizalpɛ̃] *adj HIST la Gaule ~e* Gallia cisal'pina *f*

ciseau [sizo] *m* ⟨*pl ~x*⟩ **1.** *~x pl* Schere *f*; *une paire de ~x* e-e Schere; *~x à ongles, de couturière* Nagel-, Schneiderschere *f*; **2.** *TECH* Meißel *m*; *~ de menuisier* Stechbeitel *m*; Stemmeisen *n*; **3.** *SPORTS ~x pl* Schere *f*; *sauter en ~x* e-n Scherensprung machen

ciseler [sizle] *v/t* ⟨-è-⟩ **1.** *bijou, métal* zise'lieren; **2.** *fig style* ausfeilen

ciseleur [sizlœʀ] *m* Zise'leur *m*; Zise'lierer *m*; *~ure f* Zise'lierung *f*

Cisjordanie [sisʒɔʀdani] *la ~* das West'jordanland; die Westbank [-bɛŋk]

cistercien [sistɛʀsjɛ̃] *ÉGL CATH* **I** *adj* ⟨~ne⟩ Zisterzi'enser...; **II** *m* Zisterzi'enser *m*

citadelle [sitadɛl] *f* **1.** Zita'delle *f*; **2.** *f* Bollwerk *n*; Basti'on *f*; Hochburg *f*

citadin [sitadɛ̃] **I** *adj* städtisch; Stadt...; **II** *subst ~(e) m(f)* Städter(in) *m(f)*; Stadtbewohner(in) *m(f)*

citation [sitasjõ] *f* **1.** (*passage cité*) Zi'tat *n*; **2.** *JUR ~ (en justice* ou *devant un tribunal)* (Vor)Ladung *f* (vor Gericht); **3.** *MIL* ehrenvolle Erwähnung (*à l'ordre du jour* im Tagesbefehl)

cité [site] *f* **1.** (*ville*) Stadt *f*; **2.** *(vieille ville)* ⦵ City [s-] *f*; Innenstadt *f*; (*Île f de la*) ⦵ *historischer Stadtkern von Paris auf der Seineinsel*; **3.** (*immeubles*) (Wohn)Siedlung *f*; *~ ouvrière* Arbeitersiedlung *f*; *~ universitaire* Stu'dentenstadt *f ou* -wohnheim *n*; **4.** *ANTIQUITÉ* Stadtstaat *m*; *fig avoir droit de ~* allgemein anerkannt sein

cité-dortoir [sitedɔʀtwaʀ] *f* ⟨*pl* cités-dortoirs⟩ Schlafstadt *f*; **~-jardin** *f* ⟨*pl* cités-jardins⟩ Gartenstadt *f*

citer [site] *v/t* **1.** *auteur, passage, paroles* zi'tieren; anführen; (*nommer*) nennen, anführen; angeben; *cf a exemple*; **2.** *JUR ~ qn (en justice)* j-n (vor)laden; j-n vor Gericht zi'tieren; **3.** *MIL* lobend erwähnen

citerne [sitɛʀn] *f* **1.** *d'eau de pluie* Zi'sterne *f*; **2.** *(cuve)* Tank *m*; *adjt cf camion-citerne m*

cithare [sitaʀ] *f MUS* Zither *f*; *dans l'Antiquité* Kithara *f*

citoyen [sitwajɛ̃] *m* **1.** (Staats)Bürger *m*; (*ressortissant*) Staatsangehörige(r) *m*; *sous la Révolution* Bürger *m*; *~ d'honneur* Ehrenbürger *m*; *adjt HIST le Roi ~* der Bürgerkönig; *accomplir son devoir de ~* s-e staatsbürgerliche Pflicht, s-e Pflicht als Staatsbürger erfüllen; **2.** F *fig un drôle de ~* ein seltsamer, komischer Kauz; F Vogel

citoyenne [sitwajɛn] *f* (Staats)Bürgerin *f*; Staatsangehörige *f*; *sous la Révolution* Bürgerin *f*

citoyenneté [sitwajɛnte] *f* Staatsbürgerschaft *f*, -angehörigkeit *f*

citrique [sitʀik] *adj CHIM acide m ~* Zi'tronensäure *f*

Citroën [sitʀɔɛn] **1.** *frz Autohersteller*; **2.** *voiture une ~* ein Citroën *m*

citron [sitʀõ] *m* **1.** *BOT* Zi'trone *f*; *glace f au ~* Zi'troneneis *n*; *thé m* (au) *~* Tee *m* mit Zitrone; *jus m de ~* Zi'tronensaft *m*; *jaune comme un ~* zi'tronengelb; *adjt (jaune) ~* ⟨*inv*⟩ zitronengelb, -farben; *fig presser qn comme un ~* j-n wie e-e Zitrone auspressen; **2.** F (*tête*) F Schädel *m*; Dez *m*

citronnade [sitʀɔnad] *f* Zi'tronenwasser *n*, -getränk *n*, -saft *m*

citronné [sitʀɔne] *adj* **a)** mit Zi'trone;

b) nach Zi'trone duftend; *odeur* ~e Zi-'tronenduft *m*
citronnelle [sitʀɔnɛl] *f* BOT Zi'tronenkraut *n*
citronnier [sitʀɔnje] *m* **1.** BOT Zi'tronenbaum *m*; **2.** (*bois m de*) ~ Zi'tronenholz *n*
citrouille [sitʀuj] *f* **1.** BOT Gartenkürbis *m*; **2.** F *fig* dicker Kopf; F Kürbis *m*
civet [sive] *m* CUIS *de lapin ou lapin m en* ~, ~ *de lièvre* Ka'ninchen-, Hasenpfeffer *m*
civette [sivɛt] *f* **1. a)** ZO Zibetkatze *f*; **b)** *musc* Zibet *m*; **2.** BOT Schnittlauch *m*
civière [sivjɛʀ] *f* (Trag)Bahre *f*; Trage *f*
civil [sivil] **I** *adj* **1.** JUR Zi'vil...; zi'vilrechtlich; bürgerlich; *code* ~ Bürgerliches Gesetzbuch (*abr* BGB); *droit* ~ bürgerliches Recht; Zivilrecht *n*; *responsabilité* ~e Haftpflicht *f*; zivilrechtliche Haftung; *se constituer partie* ~e als Nebenkläger auftreten; **2.** (*des citoyens*) Bürger...; *droits* ~*s* bürgerliche Rechte *n/pl*; *jouissance f des droits* ~*s* Rechtsfähigkeit *f*; *état* ~ Fa'milien-, Per'sonenstand *m*; (*bureau m de l'*)*état* ~ Standesamt *n*; *guerre* ~*e* Bürgerkrieg *m*; **3.** (*non militaire*) zi'vil; Zi'vil...; *autorités* ~*es* Zivilbehörden *f/pl*; *protection* ~*e* Luft-, Zivilschutz *m*; *vie* ~*e* Zivilleben *n*; **4.** (*non religieux*) nichtkirchlich; *enterrement* ~ nichtkirchliches Begräbnis; *mariage* ~ standesamtliche Trauung; Zi'viltrauung *f*, -ehe *f*; **5.** ADM *année* ~*e* bürgerliches Jahr; Ka'lenderjahr *n*; **6.** *litt être*, *se montrer fort* ~ *à l'égard de qn* j-m gegenüber sehr korrekt, höflich sein; **II** *m* **a)** *personne* Zivi'list *m*; **b)** *en* ~ in Zi'vil(kleidung); *être en* ~ in Zivil sein; Zivil(kleidung) tragen; **c)** *dans le* ~ im Zi'villeben
civilement [sivilmã] *adv* **1.** nichtkirchlich; *se marier* ~ sich standesamtlich trauen lassen; **2.** JUR zi'vilrechtlich; *être* ~ *responsable* haftpflichtig sein; zivilrechtlich haften
civilisateur [sivilizatœʀ] *adj* ⟨-trice⟩ zi'vilisa'torisch; zivi'lisierend
civilisation [sivilizasjɔ̃] *f* **1.** (*progrès*) Zivilisati'on *f*; Kul'tur *f*; Gesittung *f*; *degré m de* ~ Kulturstufe *f*; **2.** (*culture*) Kul'tur *f*; ~ *chinoise*, *occidentale* chinesische, westliche *ou* abendländische Kultur; *aire f de* ~ Kulturraum *m*; **3.** *action* Zivili'sierung *f*
civilisé [sivilize] *adj* zivili'siert; Kul'tur...; gesittet
civiliser [sivilize] **I** *v/t* **1.** *peuple*, *pays* zivili'sieren; **2.** ~ *qn* j-m Schliff beibringen; j-n zivili'sieren; **II** *v/pr se* ~ sich Schliff aneignen; zivili'sierter werden
civilité [sivilite] *f litt* **1.** Kor'rektheit *f*; Höflichkeit *f*; *avec* ~*e* kor'rekt; höflich; **2.** ~*s pl* Höflichkeitsbezeigungen *f/pl*; *présenter ses* ~*s à qn* j-m s-e Ehrerbietung bezeugen
civique [sivik] *adj* (staats)bürgerlich; *courage m* ~ Zi'vilcourage *f*; *droits m/pl* ~*s* bürgerliche Ehrenrechte *n/pl*; ÉCOLE *instruction f* ~ Staatsbürgerkunde *f*; *sens m* ~ Bürgersinn *m*; staatsbürgerliche Gesinnung
civisme [sivism(ə)] *m* Bürgersinn *m*; staatsbürgerliche Gesinnung
clabauder [klabode] *v/i sur*, *contre qn* j-n schlechtmachen, verlästern

claboter [klabɔte] *v/i arg* (*mourir*) P abkratzen; abschrammen
clac [klak] *int* klack(s)!; klapp!
clafoutis [klafuti] *m* CUIS Kirsch- *ou* Backpflaumenpudding *m*
claie [klɛ] *f* (Gitter)Rost *m*; *pour fruits* Horde *f*
clair [klɛʀ] **I** *adj* **1.** *pièce*, *flamme*, *lumière*, *couleur*, *étoffe*, *cheveux etc* hell; *eau*, *ruisseau*, *ciel etc* klar; *vitres* blank; sauber; *par ext: regard* klar; offen; *voix*, *son* hell; klar; *bleu*, *brun etc* ~ ⟨*inv*⟩ hellblau, -braun *etc*; *teint* ~ heller Teint; *voix f au timbre* ~ helle, klare Stimme; *parler d'une voix* ~*e* mit klarer Stimme; *par temps* ~ bei klarem Wetter; **2.** *fig* (*sans équivoque*) klar; eindeutig; (*compréhensible*) (leicht) verständlich; (*évident*) einleuchtend; ~ *et net* klar (und deutlich); *opposer un refus* ~ *et net à qn* j-m e-e klare, eindeutige Absage erteilen; (es) rundweg, schlankweg ablehnen; ~ *comme le jour*, *comme de l'eau de roche* sonnenklar; *j'aime les situations* ~*es* ich mag klare Verhältnisse; *avoir les idées* ~*es* klar, logisch denken; *c'est* ~ **a)** (*évident*) das ist (ganz) klar; das leuchtet ein, ist einleuchtend; **b)** (*entendu*) das ist klar, selbstverständlich; *il est* ~ *que ...* es ist klar, daß ...; *l'affaire n'est pas* ~*e* die Sache ist nicht (ganz, recht) klar; F *son affaire est* ~*e* sein Fall ist klar (*s-r Strafe entkommt er nicht*); **3.** (*peu épais*) purée, sauce, toile usée (zu) dünn; **II** *adv il fait* (*déjà*) ~ es ist (schon) hell, Tag; *fig parler* ~ sich klar (und deutlich), unmißverständlich ausdrücken; *voir* ~ **a)** gut, genug sehen; **b)** *fig* klarsehen; *on ne ou n'y voit pas* ~ man sieht hier nicht genug *ou* nichts; F *tu ne vois pas* ~ du siehst wohl schlecht; F es beißt dich gleich; *fig: je vois* ~ *dans son jeu* ich durch'schaue ihn, sein Spiel; *on commence à y voir* ~ (*plus*) ~ jetzt sieht man allmählich klar(er); **III** *m* **1.** ~ *de lune* Mondschein *m*; *poét* Mondenschein *m*; *au* ~ *de lune* bei Mondschein; *il y a ou il fait* (*un beau*) ~ *de lune* der Mond scheint (hell); es ist (heller) Mondschein; **2.** *loc/adv: mettre ses notes au* ~ s-e Notizen in Ordnung bringen; *mettre sabre au* ~ blankziehen; *tirer qc au* ~ etw (auf)klären, klarstellen; Klarheit in etw (*acc*) bringen; *message en* ~ unverschlüsselt; nicht chif'friert; im Klartext; *en* ~, *il ne veut pas* F im Klartext, auf gut deutsch ...; *se détacher en* ~ *sur un fond sombre* sich hell abheben gegen ...; *s'habiller en* ~ helle Kleidung tragen; **3.** PEINT ~*s m pl* Lichter *n/pl*; **4.** *le plus* ~ *de* der größte Teil von (*ou* +*gén*); *passer le plus* ~ *de son temps à* (+*inf*) den größten Teil s-r Zeit, e-n Großteil s-r Zeit, die meiste Zeit damit verbringen zu (+*inf*)
Claire [klɛʀ] *f* Klara *f*
claire [klɛʀ] *f* Austernbecken *n*; *fines f/pl de* ~ *ou pl* ~*s* Austern *f/pl* aus der Cha'rente
clairement [klɛʀmã] *adv* klar; deutlich
clairet [klɛʀɛ] *adj* ⟨~te⟩ *vin* ~ leichter, heller Rotwein; Bleichert *m*
clairette [klɛʀɛt] *f vin* leichter (weißer) Schaumwein

claire-voie [klɛʀvwa] *f* ⟨*pl* claires--voies⟩ **1.** *clôture* Latten-, Sta'ketenzaun *m*; **2.** *loc/adj à* ~ mit Zwischenräumen; *caisse f à* ~ Lattenkiste *f*; *porte f à* ~ Latten-, Gittertür *f*; *volet m à* ~ Fensterladen *m* mit La'mellen
clairière [klɛʀjɛʀ] *f* (Wald)Lichtung *f*
clair-obscur [klɛʀɔpskyʀ] *m* ⟨*pl* clairs--obscurs⟩ **1.** PEINT Helldunkel *n*; Clair--ob'scur *n*; **2.** *poét* (*pénombre*) Halbdunkel *n*; Dämmerschein *m*, -licht *n*
clairon [klɛʀɔ̃] *m* MUS **1.** Clai'ron *n*, Si'gnalhorn *n*; *sonnerie f de* ~ Hornsignal *n*; *sonner du* ~ das (Signal)Horn blasen; **2.** *musicien* Clai'ronbläser *m*
claironnant [klɛʀɔnã] *adj voix* schmetternd; 'durchdringend
claironner [klɛʀɔne] *v/t nouvelle*, *succès* ausposaunen, austrompeten
clairsemé [klɛʀsəme] *adj* dünngesät; *cheveux* schütter; licht; spärlich (*a applaudissements*); *arbres* ~*s* spärlicher Baumbestand *m*; *auditoire* ~ wenige Zuhörer *m/pl*; spärliches Publikum
clairvoy|ance [klɛʀvwajãs] *f* Scharf-, Klar-, Weitblick *m*; Klarsicht *f*; ~**ant** *adj* klar-, weitblickend; scharfsinnig, -sichtig
clam [klam] *m* ZO Venusmuschel *f*
clamecer [klamse] *v/i* ⟨-ç-⟩ *cf* **clamser**
clamer [klame] *v/t* hinaus'schreien; ~ *son innocence* s-e Unschuld hinausschreien, lauthals beteuern; ~ *son indignation* s-r Empörung (*dat*) lautstark Ausdruck geben
clameur [klamœʀ] *f* **1.** Geschrei *n*; Gebrüll *n*; Schreien *n*; Brüllen *n*; **2.** *st/s dans la presse* lautstarker Pro'test; Geschrei *n*
clamser [klamse] *v/i arg* (*mourir*) P kre'pieren; abkratzen; abschrammen
clan [klã] *m* **1.** *en Écosse*, *Irlande* Clan *m*; **2.** *des scouts* Gruppe *f* der 17- bis 25jährigen; Rovers *m/pl*; **3.** *fig* Clique *f*; Clan *m*; *péj* Klüngel *m*; Sippschaft *f*; *esprit m de* ~ Cliquengeist *m*
clandestin [klãdɛstɛ̃] **I** *adj* heimlich; geheim; verborgen; *journal* heimlich gedruckt, erscheinend; *émetteur* ~ Schwarz-, Geheimsender *m*; *mouvement* ~ 'Untergrundbewegung *f*; *passager* ~ blinder Passagier; **II** *m* **1.** *passager* ~ blinder Passa'gier *m*; **2.** *travailleur* ~ illegal eingereister Arbeiter *ou* Arbeiter *m* ohne Arbeitsgenehmigung
clandestinement [klãdɛstinmã] *adv* heimlich; im 'Untergrund; insge'heim
clandestinité [klãdɛstinite] *f* Heimlichkeit *f*; Verborgenheit *f*; *vivre dans la* ~ im 'Untergrund leben; 'untergetaucht sein
clapet [klapɛ] *m* **1.** TECH Ven'til *n*; Klappe *f*; **2.** F *fig quel* ~! was für ein Mundwerk!; *ferme ton* ~! F halt die Klappe!
clapier [klapje] *m* Ka'ninchenstall *m*
clapot|ement [klapɔtmã] *m* Plätschern *n*; ~*er v/i* plätschern
clapotis [klapɔti] *m* Plätschern *n*
clappement [klapmã] *m* Schnalzen *n* (*mit der Zunge*); Schnalzer *m*
clapper [klape] *v/i* ~ (*de la langue*) mit der Zunge schnalzen
claquage [klakaʒ] *m* **1.** ~ *d'un muscle* Muskelzerrung *f*; **2.** ÉLECT 'Durchschlag *m*
claquant [klakã] *adj* F (*fatigant*) sehr

ermüdend; *c'est* ~ F das macht einen (fix und) fertig; das schlaucht einen
claque[1] [klak] *f* **1.** (*gifle*) Ohrfeige *f*; (*tape*) Schlag *m* mit der flachen Hand; *péj* **tête** *f* **à** ~**s** Ohrfeigen-, Backpfeifengesicht *n*; *cf a* **gifle**; **2.** *THÉ* Claque *f*; **3.** F *j'en ai ma* ~ mir reicht's; F ich hab' die Nase voll
claque[2] [klak] *adj* **chapeau** *m* ~ Klappzylinder *m*; Cha'peau claque *m*
claqué [klake] *adj* F **être** ~ F to'tal hinsein, erledigt sein; (fix und) fertig, völlig erschossen sein
claquement [klakmã] *m* **d'un fouet** Knallen *n*; **d'une porte** Zuschlagen *n*; ~ **de dents** Zähneklappern *n*; ~ **de doigts** Schnalzen *n*, Schnalzer *m* mit den Fingern; ~ **de langue** Schnalzen *n* mit der Zunge
claquemurer [klakmyRe] *v/pr se* ~ *ou adj être*, **rester claquemuré** sich einschließen; sich verkriechen
claquer [klake] **I** *v/t* **1.** *porte etc* zuschlagen; F zuknallen; *fig* **partir en claquant la porte** wütend die Tür hinter sich zuschlagen; **2.** F *argent, héritage* 'durchbringen; F auf den Kopf hauen; verjubeln; verjuxen; **3.** F **a)** *cheval* zu'schanden reiten; **b)** *ce travail m'a claqué* F ich bin fix und fertig, to'tal erledigt, hin (von dieser Arbeit); diese Arbeit hat mich geschlaucht; **II** *v/i* **4.** *drapeau, linge, voile* knattern (*au vent* im Wind); *porte* zuschlagen; *volet* (zu-)schlagen; *fouet, coup de feu* knallen; *talons sur le sol* klappern; *ÉLECT* **résistance** 'durchschlagen; *un coup de feu claqua* a es fiel ein Schuß; ~ **des dents** mit den Zähnen klappern; ~ **faire** ~ **ses doigts, sa langue** mit den Fingern, mit der Zunge schnalzen; **faire** ~ **son fouet** mit der Peitsche knallen; **5.** F **a)** (*mourir*) F ins Gras beißen; P abkratzen, abschrammen; **b)** *l'affaire lui a claqué dans la main* F die Sache ist schief-, da'nebengegangen, in die Hose gegangen; **III** *v/pr* **6.** ~ **se** ~ (*pour qc, à faire qc*) sich abmühen, sich abrackern, sich schinden, F schuften (für etw, um etw zu tun); **7.** *se* ~ *un muscle* sich e-n Muskel zerren; sich e-e Muskelzerrung zuziehen
claquette [klakɛt] *f* **1.** *CIN* Klappe *f*; **2.** ~**s** *pl* Step(tanz) *m*; **danseur m à** ~**s** Steptänzer *m*
clarification [klaRifikasjɔ̃] *f d'une situation* Klärung *f*; Aufhellung *f*
clarifier [klaRifje] *v/t* **1.** *liquide* (ab)klären; **2.** *fig question, situation etc* klären; aufhellen
clarine [klaRin] *f* Glocke *f*; Schelle *f*
clarinett|**e** [klaRinɛt] *f* Klari'nette *f*; ~**iste** *m,f* Klarinet'tist(in) *m(f)*
clarisse [klaRis] *f ÉGL CATH* Kla'risse *f*, -'rissin *f*
clarté [klaRte] *f* **1.** (*luminosité*) Licht (-schein) *n(m)*; Helle *f*; Helligkeit *f*; **faible** ~ schwaches Licht; schwacher Lichtschimmer; ~ **du jour** Tageslicht *n*, -helle *f*; ~ **de la lune** Mondlicht *n*; **2.** *de l'eau, du ciel etc* Klarheit *f*; *du teint* Frische *f*; **3.** *fig du style, de la langue, d'un exposé* Klarheit *f*; *d'un orateur* klare Ausdrucksweise; **s'exprimer avec** ~ sich klar ausdrücken; **4.** *litt* ~**s** *pl* **sur qc** Wissen *n* über etw (*acc*); Kenntnisse *f/pl* über etw (*acc*), von etw

classe [klɑs] *f* **1.** Klasse *f*; Schicht *f*; ~**s** *pl* Stand *m*; ~**s moyennes** Mittelstand *m*; ~ **ouvrière** Arbeiterklasse *f*; ~ **sociale** soziale Klasse; *société f sans* ~ klassenlose Gesellschaft; **2.** *ÉCOLE* **a)** Klasse *f*; **petites** ~**s**, ~**s supérieures** *ou* **grandes** ~**s** untere, obere Klassen im Gymnasium; **de sixième** erste Klasse im Gymnasium; Sexta *f*; **camarade** *m,f* **de** ~ Klassenkamerad(in) *m(f)*; Mitschüler(in) *m(f)*; **rentrée** *f* **des** ~**s** Schulbeginn *m*, -anfang *m*; (**salle f de**) ~ Klasse(nzimmer) *f(n)*; **b)** (*cours*) Schule *f*; 'Unterricht *m*; ~ **verte** Landschulheim *n*; Schullandheim *n*; ~ **d'histoire** Geschichtsstunde *f*, -unterricht *m*; ~ **de neige** Skilager *n*; **livres** *m/pl* **de** ~ Schulbücher *n/pl*; *loc/adv* **en** ~ in der *ou* die Schule; im Unterricht; **aller en** ~ in die, zur Schule gehen; **être en** ~ in der Schule sein; **entre les heures de** ~ zwischen den Unterrichtsstunden; **faire la** ~ unter'richten; Schule halten; Unterricht geben, erteilen; **3.** *CH DE FER, MAR, AVIAT, ENTERREMENT* Klasse *f*; **deuxième** ~ zweite Klasse; **billet m de deuxième** ~ Fahrkarte *f* zweiter Klasse; **compartiment m de deuxième** ~ Zweite(r)-'Klasse-Abteil *n*; **première** ~ erste Klasse; **voyager en première** ~ erster Klasse reisen, fahren; ~ **touriste** Tou'risten-klasse *f*; **4.** *fig* (*distinction*) Klasse *f*; Rang *m*; For'mat *n*; *loc/adj:* **de grande** ~, **d'une** ~ **exceptionnelle** her'vorragend; von Format; ersten Ranges; von hohem Rang; **de** ~ **internationale** von internationalem Rang; der internationalen Klasse; **de première** ~ ersten Ranges; erstklassig; erster Klasse; **avoir de la** ~ her'vorragend, erstklassig sein; Format haben; große Klasse sein; **femme a** a'part entière; **il est d'une toute autre** ~ er ist um einige Klassen besser; er hat wesentlich mehr Format; **5.** (*catégorie*) Klasse *f* (*a BOT, ZO*); Katego-'rie *f*; Gruppe *f*; Art *f*; ~ **d'âge** Altersgruppe *f*, -klasse *f*; **6.** *MIL* **a) soldat m de deuxième** ~ *ou subst m* **deuxième** ~ Grena'dier *m*; **b)** *coll* Jahrgang *m*; (**de**) **1994** Jahrgang 1974 (*in Frankreich wird das Jahr der Wehrdienstpflicht, in Deutschland das Geburtsjahr genannt*); F **être bon pour la** ~ (mili'tärdienst-)tauglich sein; **être de la** ~ den Mili'tärdienst bald beendet haben; F Ausscheider sein; **c) faire ses** ~**s** die Grundausbildung erhalten
classement [klɑsmã] *m* **1.** Einteilung *f*; (An-, Ein)Ordnen *n*, -ung *f*; Sor'tieren *n*, -ung *f*; Einstufung *f*; Eingruppierung *f*; Klassifi'zierung *f*; ~ **alphabétique** alphabetische Einteilung, (An-, Ein-)Ordnung. **2.** *ÉCOLE, SPORTS* (Be-)Wertung *f*; *FOOTBALL etc a* Ta'belle *f*; *SPORTS* ~ **par équipes** Mannschaftswertung *f*; **au** ~ **de fin d'année** bei der Bewertung, nach den Zeugnissen am Schuljahresschluß; **avoir un bon** ~ zu den Besten gehören; **être premier au** ~ an erster Stelle stehen; den ersten Platz einnehmen
classer [klɑse] **I** *v/t* **1.** (*ranger*) (an-, ein)ordnen; sor'tieren; einstufen; einreihen; eingruppieren; *a BOT, ZO* einteilen; klassifi'zieren; in Klassen einteilen; *documents* ablegen; ~ *qc* **dans**

une catégorie etw e-r Kategorie (*dat*) zuordnen; ~ **par auteurs, par ordre chronologique** nach Autoren, chronologisch ordnen; **2.** (*clore*) *dossier* schließen; *affaire* ad acta, zu den Akten legen; die Akten schließen über (+*acc*); *adjt* **affaire classée** abgeschlossene Sache, Angelegenheit; **3.** F *péj* ~ *qn* j-n abschätzig beurteilen; **je l'ai tout de suite classé** ich habe ihn sofort durch-'schaut, richtig ta'xiert; F für mich war er sofort erledigt; **il est classé** jeder weiß, was er von ihm zu halten hat; **4.** *ADM* ~ (**comme**) **monument historique** unter Denkmalschutz stellen; **être classé** (**comme**) **monument historique** unter Denkmalschutz stehen; ~ (**comme**) **site protégé** zum Landschaftsschutzgebiet erklären; *adjt:* **monument classé** unter Denkmalschutz stehendes Bauwerk; **site classé** Na-'tur- *ou* Kul'turdenkmal *n*; **II** *v/pr se* ~ **au nombre des ..., parmi les ...** zu den ... gehören, zählen; *se* ~ **dans une catégorie** unter e-e Kategorie fallen; *se* ~ **premier** der Beste, Erste sein; als Bester her'vorgehen; *SPORTS a* sich als Erster pla'zieren
classeur [klɑsœR] *m* **1. en carton** Ordner *m*; **2. meuble** Aktenschrank *m*; Ablagekasten *m*
classicisme [klasisism(ə)] *m* **1.** *LITTÉRATURE, ANTIQUITÉ* Klassik *f*; *ARCH, BEAUX-ARTS* Klassi'zismus *m*; **2.** *qualité* Klassik *f*; Klassische(s) *n*
classi|**fication** [klasifikasjɔ̃] *f* Klassifi-'zierung *f*; Einteilung *f* (in Klassen); ~**fier** *v/t* (in Klassen) einteilen; klassifi-'zieren
classique [klasik] **I** *adj* **1.** *littérature, Antiquité* klassisch; *architecture, peinture, style* klassi'zistisch; **arabe** *m* ~ Schriftarabisch *n*; arabische Schriftsprache; **auteur** *m* ~ Klassiker *m*; klassischer Autor; **langues** *f/pl* ~**s** klassische Sprachen *f/pl*; **lycée** *m* ~ huma'nistisches Gymnasium; **musique** *f* ~ klassische Musik; **faire des études** ~**s** das humanistische Gymnasium besuchen; *cf a* **lettre** *4*.; **2.** *fig* (*courant*) üblich; herkömmlich; traditio'nell; konventio-'nell; typisch; Schul...; **armes** *f/pl* ~**s** konventio'nelle Waffen *f/pl*; *SPORTS* **épreuve** *f* ~ *ou subst* ~ *f* traditioneller Wettkampf; traditionelles Rennen; **c'est** ~ *ou* F **c'est le coup** ~ das ist ganz typisch (dafür); das ist immer so (in solchen Fällen); **3.** *fig* (*qui fait autorité*) klassisch; mustergültig; **coupe vestimentaire** klassisch(streng); **beauté** *f* ~ klassische Schönheit; **II** *m auteur, œuvre* Klassiker *m*; **un** ~ **du cinéma** ein Klassiker des Films; **un** ~ **du jazz** ein Stück *n* des klassischen Jazz
Claude [klod] **1.** *f* Claudia *f*; **2.** *m* Claudius *m*
claudication [klodikasjɔ̃] *f* Hinken *n*
Claudine [klodin] *f* Vorname
clause [kloz] *f* Klausel *f*; Bestimmung *f*; *ÉCON* ~ **de la nation la plus favorisée** Meistbegünstigungsklausel *f*; ~ **de style** übliche Formel; Floskel *f*
claustral [klostRal] *adj* (-**aux**) klösterlich (*a fig silence*); Kloster...
claustration [klostRasjɔ̃] *f* Abgeschlossenheit *f*; Abgeschiedenheit *f*; Zu'rückgezogenheit *f*; Klau'sur *f*

claustrer [klostʀe] *v/pr* se ~ *ou adjt* être, rester claustré (chez soi) sich ganz zu'rückziehen; sich zu Hause verkriechen; sich abkapseln
claustrophob|e [klostʀɔfɔb] *adj* an Klaustropho'bie, Platzangst leidend; ~ie *f* Klaustropho'bie *f*, F Platzangst *f*
claveau [klavo] *m* ⟨*pl* ~x⟩ ARCH Bogenstein *m*
clavecin [klavsɛ̃] *m* MUS Cembalo ['tʃ-] *n*
clavette [klavɛt] *f* TECH (Einlege-, Treib)Keil *m*
clavicule [klavikyl] *f* ANAT Schlüsselbein *n*
clavier [klavje] *m* d'un piano etc Klavia-'tur *f*; d'une machine à écrire etc Tasta-'tur *f*; Tastenfeld *n*
claviste [klavist] *m,f* TYPO Taster(in) *m(f)*
clayette [klejɛt] *f* d'un réfrigérateur Traggitter *n*, -rost *m*
clayonnage [klɛjɔnaʒ] *m* TECH Flechtwerk *n*
clé [kle] *f* **1.** d'une serrure Schlüssel *m*; fausse ~ Nachschlüssel *m*; AUTO ~ de contact Zündschlüssel *m*; ~ de la porte Türschlüssel *m*; ~ de voiture Wagen-, Autoschlüssel *m*; *loc/adv* fermer à ~ ab-, zuschließen, -sperren; verschließen; maison etc ~s en main schlüsselfertig; sous ~ unter Verschluß; eingesperrt; garder sous ~ unter Verschluß halten, aufbewahren; mettre sous ~ weg-, einschließen; la ~ est sur la porte, dans la serrure der Schlüssel steckt; laisser la ~ sur la porte den Schlüssel steckenlassen; *fig* mettre la ~ sous la porte sang- und klanglos verschwinden; *fig* prendre la ~ des champs das Weite suchen; **2.** TECH (Schrauben)Schlüssel *m*, de poêle (Zug)Klappe *f*; de robinet Küken *n*; ~ Allen [alɛn] Inbusschlüssel *m*; ~ anglaise Engländer *m*; Fran'zose *m*; ~ plate Gabelschlüssel *m*; ~ polygonale Ringschlüssel *m*; **3.** *fig* Schlüssel *m* (de qc zu etw); la ~ de l'énigme des Rätsels Lösung *f*; ~ du mystère, du succès Schlüssel zum Geheimnis, zum Erfolg; roman *m* à ~(s) Schlüsselroman *m*; c'est la ~ du problème das ist die Lösung; ♦ *adj* Schlüssel...; entscheidend; wesentlich; wichtigste(r, -s); élément *m* ~ wichtigster, wesentlicher, entscheidender Faktor; idée *f*, mot *m*, notion *f* ~ Schlüsselbegriff *m*; industrie *f* ~ Schlüsselindustrie *f*; personnage *m* ~ Schlüsselfigur *f*; position *f* ~ Schlüsselstellung *f* (a MIL), -position *f*; poste *m* ~ Schlüsselposition *f*, -posten *m*; problème *m*, question *f* ~ Schlüssel-, Hauptproblem *n*; Kernfrage *f*; rôle *m* ~ Schlüsselrolle *f*; **4.** MUS (Noten)Schlüssel *m*; ~ de fa F-Schlüssel *m*; ~ de sol G-Schlüssel *m*; Vio'linschlüssel *m*; il y a un bémol à la ~ ein B ist vorgezeichnet; *fig* récompense, résultat à la ~ in Aussicht; **5.** ~ de voûte a) ARCH Schlußstein *m*; b) *fig* Grundlage *f*; grundlegende Vor'aussetzung; **6.** LUTTE Hebel *m*
clébard [klebaʀ] *m ou* **clebs** [klɛps] *m* F Köter *m*; *nordd a* Töle *f*
clef [kle] *f cf* clé
clématite [klematit] *f* BOT Kle'matis *ou* Cle'matis *f*, Waldrebe *f*

clémence [klemɑ̃s] *f st/s* **1.** Milde *f*; Gnade *f*; faire preuve, user de ~ Milde walten lassen; Gnade vor Recht ergehen lassen; **2.** *fig* de l'hiver Milde *f*, ~ du temps milde Witterung
clément [klemɑ̃] *adj* **1.** juge, jugement mild(e); gnädig; **2.** *fig* hiver, température mild(e)
Clément [klemɑ̃] *m* Clemens *ou* Klemens *m*
clémentine [klemɑ̃tin] *f* BOT Klemen-'tine *ou* Clemen'tine *f*
clenche [klɑ̃ʃ] *f* TECH Falle *f*
Cléopâtre [kleopɑtʀ(ə)] *f* HIST Kle'opatra *f*
cleptomane, cleptomanie *cf* kleptomane, kleptomanie
clerc [klɛʀ] *m* **1.** de notaire, d'huissier Gehilfe *m*; Kanz'list *m*; Schreiber *m*; premier ~ Leiter *m* der Kanzlei; ~ de notaire Notari'atsgehilfe *m*; *fig:* commettre un pas de ~ e-n Bock schießen; je ne suis pas (grand) ~ en la matière ich bin darin nicht sehr bewandert; pas besoin d'être grand ~ man braucht kein großes Kirchenlicht zu sein (pour +inf um zu +inf); **2.** ÉGL Kleriker *m*; Geistliche(r) *m*
clergé [klɛʀʒe] *m* Klerus *m*; Geistlichkeit *f*
clergyman [klɛʀʒiman] *m* ⟨*pl* clergymen [-mɛn]⟩ angli'kanischer Geistliche(r) *m*
clérical [kleʀikal] *adj* ⟨-aux⟩ **1.** ÉGL geistlich; kleri'kal; **2.** POL *et péj* kleri-'kal; klerika'listisch
cléricalisme [kleʀikalism(ə)] *m* POL *et péj* Klerika'lismus *m*
clic [klik] I *int* klick!; II *m* Klicken *n*
cliché [kliʃe] *m* **1.** TYPO Kli'schee *n*; Druckplatte *f*; Stereo(ty'pie) *n(f)*; **2.** PHOT Negativ *n*; **3.** *fig* Kli'schee *n*; Gemeinplatz *m*
clicheur [kliʃœʀ] *m* TYPO Stereoty'peur *m*
cli|ent [klijɑ̃] *m*, **~ente** *f* d'un magasin Kunde *m*, Kundin *f*; attitré Stammkunde *m*; d'un taxi Fahrgast *m*; Kunde *m*; d'un hôtel, restaurant, café Gast *m*; d'un avocat Kli'ent(in) *m(f)*; Man'dant(in) *m(f)*; ÉCON d'un pays Abnehmer *m*; prix à la tête du client je nachdem wie der Kunde eingeschätzt wird; attendre le client wenig *ou* kaum Kunden, Patienten etc haben; il est client de *ou* dans ce magasin, de *ou* chez ce coiffeur er ist Kunde in diesem Geschäft, bei diesem Friseur; se faire un nouveau client e-n neuen Kunden gewinnen
clientèle [klijɑ̃tɛl] *f* d'un commerçant Kunden(kreis) *m/pl(m)*; Kundschaft *f*; d'un hôtel, café Gäste *m/pl*; d'un médecin Pati'enten *m/pl*; d'un avocat Klien-'tel *f*; *fig* ~ électorale Wähler *m/pl*, Anhänger *m/pl*; ~ d'habitués Stammkundschaft *f ou* -gäste *m/pl*; ~ de passage Laufkundschaft *f*; avoir une grosse ~ commerçant e-e große Kundschaft, viele (Stamm)Kunden haben; hôtel etc e-e große (Stamm)Gäste haben; médecin, avocat e-e große Praxis haben
clignement [kliɲmɑ̃] *m* ~ d'yeux Blinzeln *n*; (Augen)Zwinkern *n*; Zu'sammenkneifen *n* der Augen

cligner [kliɲe] *v/t/indir* ~ des yeux rapidement (mit den Augen) blinzeln; (fermer à demi) die Augen zu'sammenkneifen; pour faire signe ~ de l'œil mit den Augen zwinkern, zuzwinkern; ~ de l'œil à qn j-m zublinzeln, zuzwinkern
clignotant [kliɲɔtɑ̃] I *adj* feu ~ Blinklicht(anlage) *n(f)*; II *m* **1.** AUTO Blinker *m*; Blinkleuchte *f*; d'un feu orange Blinklicht *n*; automobiliste mettre son ~ den Blinker einschalten, setzen; **2.** *fig* Warnsignal *n*; tous les ~s s'allument da gehen alle Warnlichter an; da schrillen sämtliche Alarmglocken
clignot|ement [kliɲɔtmɑ̃] *m* **1.** de lumières Blinken *n*; **2.** d'yeux Blinzeln *n*; ~er *v/i* lumière, feu orange blinken
climat [klima] *m* **1.** GÉOGR Klima *n*; **2.** *fig* Klima *n*; Atmo'sphäre *f*; ~ social soziales Klima; ~ d'inquiétude Atmosphäre der Unruhe
climatique [klimatik] *adj* kli'matisch; Klima...; station *f* ~ Luftkurort *m*; heilklimatischer Kurort
climatis|ation [klimatizasjɔ̃] *f* **1.** action Klimati'sierung *f*; **2.** dispositif Klimaanlage *f*; ~er *v/t* klimati'sieren; adj climatisé klimati'siert; mit Klimaanlage; ~eur *m* Klimaanlage *f*
climatologie [klimatɔlɔʒi] *f* Klimatolo-'gie *f*; Klimakunde *f*
clin [klɛ̃] *m* ~(s) d'œil, ~s d'yeux Blinzeln *n*; Zwinkern *n*; *loc/adv* en un ~ d'œil im Nu; im Handumdrehen; in e-m Augenblick; échanger des ~s d'œil complices einander verständnisinnig zuzwinkern; faire un ~ d'œil (amusé) à qn j-m (amüsiert) zublinzeln, zuzwinkern
clinicien [klinisjɛ̃] *m* prakti'zierender Arzt
clinique [klinik] I *adj* klinisch; II *f* **1.** (Pri'vat)Klinik *f*; ~ d'accouchement Entbindungsklinik *f*, -heim *n*; **2.** enseignement médical Klinik(um) *f(n)*
clinquant [klɛ̃kɑ̃] I *adj* kitschig; II *m* Flitter(kram *m*, -werk *n*) *m*; Talmi *m*
clip [klip] *m* **1.** bijou Klipp *ou* Clip *m*; à l'oreille a Ohrklipp *m*; **2.** (vidéoclip) Clip *m*
clipper [klipœʀ] *m* MAR HIST Klipper *m*; Schnellsegler *m*
clique [klik] *f* **1.** *péj* Clique *f*; Klüngel *m*; Sippschaft *f*; **2.** MUS MIL Mu'sikzug *m* (aus Clai'rons und Trommeln)
cliquer [klike] *v/i* INFORM klicken
cliques [klik] *f/pl* F prendre ses ~s et ses claques F s-e Siebensachen packen; mit Sack und Pack abziehen
cliquet [klikɛ] *m* TECH Sperrklinke *f*
cliqueter [klikte] *v/i* ⟨-tt-⟩ klirren; klappern
cliquetis [klikti] *m* Klirren *n*; Geklirr(e) *n*; Klappern *n*
clissé [klise] *adj* bouteille ~e Korbflasche *f*
clitoris [klitɔʀis] *m* ANAT Kitzler *m*; Kli'toris *f*
clivage [klivaʒ] *m* **1.** MINÉR Spaltung *f*; plan *m* de ~ Spaltfläche *f*; **2.** *fig* Spaltung *f*; Kluft *f*
cliver [klive] *v/t* TECH spalten
clivia [klivja] *m* BOT Klivie *f*; Clivia *f*
cloaque [klɔak] *m* Klo'ake *f* (*a* ZO); Pfuhl *m*
cloch|ard [klɔʃaʀ] *m*, **~arde** *f* Stadt-

streicher(in) *m(f)*; F Penner *m*; Pennbruder *m*; Berber *m*; *en France* Clo-'chard *m*, weiblicher Clo'chard
clochardisation [klɔʃardizasjõ] *f* Verelendung *f*; Verwahrlosung *f*
cloche [klɔʃ] *f* **1.** Glocke *f*; **~s de Pâques** Osterglocken *f/pl*; *fig* **déménager à la ~ de bois** sich heimlich da-'vonmachen (, ohne zu bezahlen); F *fig*: **sonner les ~s à qn** j-n abkanzeln, F her'unterputzen, zu'sammenstauchen; F j-m den Marsch blasen; *se faire sonner les ~s* abgekanzelt, F zu'sammengestaucht, her'untergeputzt werden; F eins auf den Deckel, *enf* Schimpfe kriegen; *prov* **qui n'entend qu'une ~ n'entend qu'un son** audi'atur et altera pars (man muß auch die Gegenseite hören) (*prov*); **2.** *en verre* Glasglocke *f*, -sturz *m*; **~ à fromage** Käseglocke *f*; **3. ~ à plongeur** Taucherglocke *f*; **4.** *adj* **chapeau** *m* **~** Glocke(nhut) *f(m)*; **jupe** *f* **~** Glockenrock *m*; **5.** F *fig* **se taper la ~** schwelgen; schlemmen; sich den Bauch 'vollschlagen; **6.** F *fig (incapable)* **quelle ~!**, *adjt* **ce qu'il est ~!** so ein Tolpatsch!; F **t-e-e** Flasche, ein Dussel!; **il est trop ~** F er ist zu blöd, dämlich; **7.** F **la ~** die Clo'chards *m/pl*, F Penner *m/pl*; **faire partie, être de la ~** ein Clochard, F Penner sein
cloche-pied [klɔʃpje] *loc/adv* **à ~** auf e-m Bein (**sauter** hüpfen)
clocher[1] [klɔʃe] *m* Kirchturm *m*; Glokkenturm *m*; *fig* **esprit** *m* **de ~** Lo'kalpatriotismus *m*; *par ext* Engstirnigkeit *f*; **querelle** *f* **de ~** lokale Streitigkeit
clocher[2] [klɔʃe] *v/i* F **ça cloche, il y a qc qui cloche** da stimmt etwas nicht; F da ist der Wurm drin; **qu'est-ce qui cloche?** was stimmt da, denn nicht?; woran hapert's denn?
clocheton [klɔʃtõ] *m* Türmchen *n*
clochette [klɔʃɛt] *f* **1.** Glöckchen *n*; Schelle *f*; F Bimmel *f*; **2.** *BOT* glockenförmige Blüte; Glöckchen *n*
clodo(t) [klɔdo] *m* F *cf* **clochard**
cloison [klwazõ] *f* **1.** (Zwischen)Wand *f*; Trennwand *f*; *cf* **a étanche**; **2.** *fig* Bar'riere *f*; Schranke *f*; **3.** *BOT, ANAT* Scheidewand *f*; **~ des fosses nasales** Nasenscheidewand *f*
cloisonné [klwazɔne] *adj* **1. émail ~** *ou subst* **~ m** Zellenschmelz *m*; Cloison'né *n*; **2.** *fig (gegeneinander)* abgeschirmt, abgekapselt; iso'liert
cloisonn|ement [klwazɔnmã] *m fig* Abschirmung *f*; Abkapselung *f*; **~er** *v/t* durch Zwischen-, Trennwände (ab-)teilen
cloître [klwatR(ə)] *m* **1.** *ARCH* Kreuzgang *m*; **2.** *(monastère)* Kloster *n*; *partie interdite* Klau'sur *f*
cloîtrer [klwatRe] *I v/t* **1.** in ein Kloster sperren, stecken; **2.** *fig adjt* **être, vivre cloîtré** von der Außenwelt iso'liert *ou* abgeschnitten, in völliger Zu'rückgezogenheit leben; **II** *v/pr fig* **se ~** sich ganz zu'rückziehen; sich absondern (gegen die Außenwelt)
clonage [klɔnaʒ] *m BIOL* Klonen *n*
clone [klon, klɔn] *m BIOL* Klon *m*
cloner [klɔne] *v/t BIOL* klonen
clope [klɔp] F **1.** *m (mégot)* F Kippe *f*; *österr* Tschick *m*; **2.** *f (cigarette)* F Glimmstengel *m*; Stäbchen *n*; *österr* Tschick *m*

clopin-clopant [klɔpɛ̃klɔpã] F *adv* humpelnd; *aller, marcher* **~** humpeln
clopinettes [klɔpinɛt] *f/pl* F **des ~!** nichts da!; kommt nicht in Frage, F nicht in die Tüte!
cloporte [klɔpɔRt] *m ZO* (Keller)Assel *f*
cloque [klɔk] *f* **1.** *sur la peau* Blase *f*; *papier peint, peinture* **faire des ~s** Blasen bilden, werfen, ziehen; **2.** *BOT du pêcher* Kräuselkrankheit *f*; **3.** P *fig* **être en ~** *(enceinte)* P dick sein
cloqué [klɔke] *adj* **tissu ~** *ou subst* **~ m** Clo'qué *m*; Blasenkrepp *m*
clore [klɔR] *v/t* ⟨*déf*: je clos, tu clos, il clôt, ils closent; je clorai; que je close; clos⟩ **1.** *litt (fermer)* schließen; **2.** *séance* schließen; *discours, débat, liste etc* abschließen; *discours a* (be)schließen; **3.** *litt terrain* einfried(ig)en
clos [klo] **I** *p/p cf* **clore** *et adj* ⟨close [kloz]⟩ geschlossen; *loc/adv*: **à 'huis ~** unter Ausschluß der Öffentlichkeit; **à la nuit ~e** nach Einbruch der Dunkelheit; **les yeux ~** mit geschlossenen Augen; **l'incident est ~** der Zwischenfall ist erledigt; **la séance est ~e** die Sitzung ist geschlossen; **trouver porte ~e** vor verschlossener Tür stehen; **II** *m* **a)** *vignoble* (eingefriedeter) Weinberg; **b)** *AGR* eingezäuntes Grundstück
closerie [klozRi] *f* kleiner (Bauern)Hof
clôture [klotyR] *f* **1.** *(enceinte)* Zaun *m*; Einfriedung *f*; Um'zäunung *f*; **~ électrique** elektrischer Zaun; **mur m de ~** Um'fassungsmauer *f*; **2.** *ADM, COMM* (Ab)Schluß *m*; Schließung *f*; Beendigung *f*; **~ du bilan** Bi'lanzabschluß *m*; **~ du débat, des débats** Schluß der Debatte; **~ de l'exercice** Jahresabschluß *m*; **~ du scrutin, d'une séance** Schließung der Abstimmung, e-r Sitzung; **bilan m de ~** (Ab)Schlußbilanz *f*; **séance** *f* **de ~** Schlußsitzung *f*; *BOURSE* **à la ou en ~** bei Börsenschluß; **3.** *d'un couvent* Klau'sur *f*
clôturer [klotyRe] *v/t* **1.** *terrain* einfrieden; einzäunen; **2.** *(terminer)* beend(ig)en; *débat etc* (ab)schließen; *séance* schließen
clou [klu] *m* **1.** Nagel *m* (*a CHIRURGIE*); *t/t* Drahtstift *m*; *enfoncer, planter un* **~** e-n Nagel einschlagen; *fig* **être maigre comme un ~** spindeldürr, klapperdürr sein; F *fig* **river son ~ à qn** j-m den Mund stopfen; **il lui a rivé son ~** *a* F der hat's ihm aber gegeben; F *fig* **ça ne vaut pas un ~** das taugt nichts; das ist keinen Pfifferling wert; *prov* **un ~ chasse l'autre** das *ou* der eine kommt, das *ou* der andere geht; **2.** F **~s** *pl (passage clouté)* Fußgängerüberweg *m*; **prendre les, traverser dans les ~s** die Straße auf dem Fußgängerüberweg über'queren; **3.** *fig (attraction)* Höhepunkt *m*; Clou *m*; **4.** *CUIS* **~ de girofle** (Gewürz)Nelke *f*; **5.** *MÉD* Fu'runkel *m*; **6.** F **un vieux ~** *véhicule* F ein alter Klapperkasten; *vélo* F ein altes Klappergestell; **7.** F *(mont-de-piété)* Pfandleihhaus *n*; **mettre qc au ~** etw versetzen; **8.** F **des ~s!** nichts da!; F von wegen!; denkste!
clouer [klue] *v/t* **1.** (zu'sammen)nageln; *fermer* zu-, vernageln; *fixer* an-, auf-, festnageln; **2.** *fig: maladie* **~ qn au lit** j-n ans Bett fesseln; *adjt*: **être cloué au, dans son lit** ans Bett gefesselt sein;

être cloué à Paris in Paris festsitzen; **rester cloué (sur place)** wie angewurzelt stehenbleiben
clouté [klute] *adj ceinture etc* mit Nägeln verziert, beschlagen; **chaussures ~es** Nagelschuhe *m/pl*; genagelte Schuhe *m/pl*; **passage ~** (mit Nägeln mar'kierter) Fußgängerüberweg *m*
Clovis [klɔvis] *m HIST* Chlodwig *m*
clovisse [klɔvis] *f ZO* Venusmuschel *f*
clown [klun] *m* Clown [klaun] *m*; *fig* **faire le ~** den Hanswurst spielen
clownerie [klunRi] *f* Clowne'rie [klau-] *f*; Albe'rei *f*; **~s** *pl a* Possen *m/pl*; Faxen *f/pl*
clownesque [klunɛsk] *adj* clow'nesk [klau-]; Clowns...; possenhaft; närrisch
club [klœb] *m* **1.** Klub *ou* Club *m*; Verein *m*; **~ alpin** Alpenverein *m*; **~ du livre** Buchgemeinschaft *f*; **2.** *établissement* Klub(haus) *m(n)*; **~ de vacances** Ferienclub *m*; **3.** **~ ou adjt fauteuil ~** Klubsessel *m*; **4.** *HIST* **~ des Jacobins** Jako'binerklub *m*; **5.** *de golf* Golfschläger *m*
cluse [klyz] *f GÉOGR* Schlucht *f*; Klause *f*; *schweiz* Klus *f*
clystère [klistɛR] *m HIST MÉD* Kli'stier *n*
cm *abr (centimètre[s])* cm (Zentimeter)
CM[1] [seɛm, seɛme] *m abr (cours moyen un)* vierte Grundschulklasse
CM[2] [seɛmdø] *m abr (cours moyen deux)* fünfte Grundschulklasse
CNED *ou* **C.N.E.D.** [knɛd] *m abr (Centre national d'enseignement à distance)* Staatliches fran'zösisches Fernlehrinstitut
CNES *ou* **C.N.E.S.** [knɛs] *m abr (Centre national d'études spatiales)* Fran'zösisches Raumfahrtforschungszentrum
C.N.P.F. [seɛnpeɛf] *m abr (Conseil national du patronat français)* Fran'zösischer Arbeit'geberverband
C.N.R.S. [seɛnɛRɛs] *m abr (Centre national de la recherche scientifique)* correspond à Max-Planck-Gesellschaft *f*
c/o *abr (care of; aux bons soins de)* bei; p. A. (per Adresse)
co... [ko, koɔ] *préfixe* Ko...; Mit...; ko...; mit...
coaccusé(e) [koakyze] *m(f) JUR* Mitangeklagte(r) *f(m)*
coadjuteur [koadʒytœR] *m ÉGL CATH* Koad'jutor *m*
coagulable [kɔagylabl(ə)] *adj* gerinnungsfähig; koagu'lierbar
coagulation [kɔagylasjõ] *f* Gerinnung *f*; Koagulati'on *f*; **~ du sang** Blutgerinnung *f*
coaguler [kɔagyle] **I** *v/t* zum Gerinnen bringen; gerinnen lassen; koagu'lieren; **II** *v/i (et v/pr* **se)** gerinnen; koagu'lieren
coalisé [kɔalize] *POL* **I** *adj* verbündet; Koaliti'ons...; **II** *m/pl* **les ~s** die Verbündeten *m/pl*
coaliser [kɔalize] **I** *v/t* vereinigen; zu Verbündeten machen; **II** *v/pr* **se ~** sich verbünden; *POL* koa'lieren
coalition [kɔalisjõ] *f* Koaliti'on *f*; Bündnis *n*; **~ électorale** Wahlbündnis *n*; **gouvernement m de ~** Koalitionsregierung *f*; **former une ~** e-e Koalition bilden; ein Bündnis eingehen
coass|ement [kɔasmã] *m de la grenouille* Quaken *n*; **~er** *v/i* quaken

coauteur [kootœʀ] *m* **1.** Mitverfasser *m*; Koautor *m*; **2.** *JUR* Mittäter *m*
coaxial [kɔaksjal] *adj* ⟨-aux⟩ *TECH* koaxi'al; **câble** ~ Koaxialkabel *n*
cobalt [kɔbalt] *m CHIM* Kobalt *n*; **bleu** *m* **de** ~ Kobaltblau *n*
cobaye [kɔbaj] *m ZO* Meerschweinchen *n*; F *fig* **servir de** ~ F als Versuchskaninchen, -karnickel dienen
Coblence [kɔblɑ̃s] Koblenz *n*
cobol [kɔbɔl] *m INFORM* COBOL *n*
cobra [kɔbʀa] *m ZO* Kobra *f*
coca¹ [kɔka] *f BOT* Koka(strauch) *f(m)*
coca² [kɔka] *m abr* ⟨*coca-cola*⟩ Coke [koːk] *n*; F Cola *f ou n*, Coca *f ou n*
coca-cola [kɔkakɔla] *m* ⟨*inv*⟩ ⟨*nom déposé*⟩ Coca-Cola *n ou f* (*Wz*)
cocagne [kɔkaɲ] *f* **1.** *Pays m*, **vie** *f* **de** ~ Schla'raffenland *n*, -leben *n*; **2.** **mât** *m* **de** ~ Klettermast *m*
cocaïne [kɔkain] *f* Koka'in *n*
cocaïnomane [kɔkainɔman] *m,f* Koka'insüchtige(r) *f(m)*; F Kokser(in) *m(f)*
cocarde [kɔkaʀd] *f* Ko'karde *f*
cocardier [kɔkaʀdje] *adj* ⟨-ière⟩ chauvi'nistisch; *patriotisme* ~ Hurrapatriotismus *m*
cocass|e [kɔkas] *adj* komisch; spaßig; lustig; ulkig; **~erie** *f* Komik *f*; Komische(s) *n*
coccinelle [kɔksinɛl] *f* **1.** *ZO* Ma'rienkäfer *m*; **2.** F *fig* Käfer *m* (*Volkswagen*)
coccyx [kɔksis] *m ANAT* Steißbein *n*; *plais* **tomber sur le** ~ F auf den Aller-'wertesten fallen
coche [kɔʃ] *m* Kutsche *f*; *fig* **manquer**, F **rater, louper le** ~ die Gelegenheit verpassen
cochenille [kɔʃnij] *f* **1.** *ZO* Schildlaus *f*; **2.** *colorant* Kosche'nille *ou* Coche'nille *f*
cocher¹ [kɔʃe] *m* Kutscher *m*; ~ *de fiacre* Droschkenkutscher *m*; *österr* Fi'aker *m*
cocher² [kɔʃe] *v/t noms sur une liste etc* abhaken; mar'kieren
cochère [kɔʃɛʀ] *adj f* **porte** ~ Toreinfahrt *f*; Torweg *m*
Cochinchine [kɔʃɛ̃ʃin] **la** ~ *HIST* Ko'tschin'china *n* (*Südvietnam*)
cochon [kɔʃɔ̃] **I** *m* **1.** *ZO* Schwein *n*; *CUIS* Schweinefleisch *n*; ~ *d'Inde* Meerschweinchen *n*; ~ *de lait CUIS* Spanferkel *n*; *ZO* Saugferkel *n*; ♦ *fig*: **temps** *m* **de** ~ F Sauwetter *n*; *des* (*petits*) *yeux de* ~ Schweinsäuglein *n/pl*; **être gras comme un** ~ F dick und fett, ein Fettwanst sein; **être sale comme un** ~ F ein Ferkel, Schmutz-, Dreckfink, Schweinigel, *p/fort* Drecksch wein sein; *ils sont copains comme* ~s F sie sind dicke Freunde; *enfant* **faire le** ~ **pendu** den Kniehang machen; **nous n'avons pas gardé les** ~s ensemble wo haben wir denn schon zusammen Schweine gehütet?; **manger comme un** ~ unsauber, F wie ein Schwein essen; **2.** F *fig personne* (*a au moral*) F Ferkel *n*; Schmutz-, Dreckfink *m*; Schweinigel *m*; *p/fort* Schwein *n*; *enfant* F Ferkel *n*; Dreckspatz *m*; *ce* ~ *de X* F X, dieser Kerl *ou p/fort* Mistkerl; *ben, mon* ~! mein Lieber *ou* Bester!; **quel** ~! *ou* **le** ~! moralement so ein Ferkel, Schweinigel, *p/fort* Schwein!; **tour** *m* **de** ~ übler Streich; **avoir une tête de** ~ ein Dickkopf, F -schädel sein; **II** *adj* ⟨~ne⟩ F **1.** *personne* ungepflegt; schmutzig; F schmudd(e)lig; **2.** *histoires etc* schweinisch; schmutzig; zotig; *histoires* ~*nes* a Zoten *f/pl*
cochonnaille [kɔʃɔnaj] F *f CUIS* Schweinerne(s) *n*
cochonne [kɔʃɔn] *f* F schmudd(e)lige Person; Schlampe *f*; *enfant* Ferkel *n*
cochonner [kɔʃɔne] *v/t* F **1.** *travail* hinpfuschen, -schludern, -schlampen; *adjt* **travail cochonné** Pfusch(arbeit) *m(f)*; **2.** (*salir*) beschmutzen; beschmieren; F verdrecken
cochonnerie [kɔʃɔnʀi] *f* F **1.** (*saleté*) Unsauberkeit *f*; Schmutz *m*; F Dreck *m*; Schweine'rei *f*; **faire des** ~s Schmutz, Dreck machen; **2.** (*chose sans valeur*) Schund *m*; F Mist *m*; Dreck *m*; *nourriture* F (Schlangen)Fraß *m*; Dreck *m*; **cette** ~ **de temps** F so ein Sauwetter; **cette** ~ **de voiture** F diese Mistkarre; **c'est de la** ~ das ist (ein) Schund *etc*; **3.** (*propos obscènes*) Schweine'rei *f*; F Schweinige'lei *f*; *dire, raconter des* ~s Zoten erzählen; Schweinereien sagen, erzählen; F schweinigeln
cochonnet [kɔʃɔnɛ] *m* Ziel-, Mar'kierkugel *f* (*beim Boulespiel*)
cocker [kɔkɛʀ] *m ZO* Cockerspaniel *m*
cockpit [kɔkpit] *m AVIAT, MAR* Cockpit *n*; *MAR a* Plicht *f*
cocktail [kɔktɛl] *m* **1.** *boisson* Cocktail [-teː] *m*; **2.** *réunion* Cocktail(empfang *m*, -party *f*) *m*; **robe** *f* **de** ~ Cocktailkleid *n*; **3.** ~ **Molotov** Molotowcocktail *m*; **4.** *fig* Mischung *f*; Mix'tur *f*; Gemisch *n*
coco¹ [koko] *m* **1.** *noix f de* ~ Kokosnuß *f*; **lait** *m* **de** ~ Kokosmilch *f*; **2.** F (*boisson à base de réglisse*) La'kritzenwasser *n*
coco² [koko] *m* **1.** *enf* (*œuf*) Ei *n*; *enf* Gackei *n*; **2.** *terme d'affection* **mon** (*petit*) ~ mein (kleiner) Liebling, Schatz; **3.** *péj* **un joli**, **un drôle de** ~ ein sauberes Früchtchen; ein (ziemlich) übler Kunde; **4.** *péj* (*communiste*) Kommu'nist *m*; F Rote(r) *m*
coco³ [koko] *f* F (*cocaïne*) F Koks *m*; Schnee *m*
cocon [kɔkɔ̃] *m ZO* Ko'kon *m*; *fig* **s'enfermer dans son** ~ sich ganz zu'rückziehen; sich einspinnen
cocooning [kɔkuniŋ] *m* häusliche Gemütlichkeit
cocorico [kɔkɔʀiko] **I** *int* kikeri'ki!; **II** *m* Kikeri'ki *n*
cocoter [kɔkɔte] F *v/i* stinken; F miefen
cocotier [kɔkɔtje] *m BOT* Kokospalme *f*
cocotte¹ [kɔkɔt] *f* **1.** *enf* (*poule*) *enf* Tucktuck *n*; Putput *n*; ~ *en papier* aus Papier gefalteter Vogel; **2.** *terme d'affection* **ma** ~ (mein) Liebling, Schatz *m*, Schätzchen *n*; **3.** *péj* (*demi-mondaine*) Halbweltdame *f*; Ko'kotte *f*; **4.** *à un cheval* **hue,** ~! hü!
cocotte² [kɔkɔt] *f CUIS* Schmortopf *m*; ~ **minute** (*nom déposé*) Schnellkochtopf *m*; *à la* ~ *ou adjt* ~ geschmort; Schmor...
cocu [kɔky] F **I** *m* betrogener, F gehörnter Ehemann *ou* Liebhaber; Gehörnte(r) *m*; *litt* Hahnrei *m*; *fig* **avoir une veine de** ~ F (ein) Mordsglück haben; Dusel haben; **faire qn** ~ j-n betrügen; F j-m Hörner aufsetzen; **II** *adj* ⟨~e⟩ F betrogen; F gehörnt
cocuage [kɔkɥaʒ] F *m* Betrogensein *n ou* -werden *n*
cocufier [kɔkyfje] *v/t* F ~ **qn** j-n betrügen; F j-m Hörner aufsetzen
codage [kɔdaʒ] *m* Ko'dierung *ou* Co'dierung *f*
code [kɔd] *m* **1.** *JUR* Gesetzbuch *n*; ~ *civil* Bürgerliches Gesetzbuch (*abr* BGB); *en Suisse* Zi'vilgesetzbuch *n*; ♀ *Napoléon* Code Napoléon *m*; ~ *pénal* Strafgesetzbuch *n* (*abr* StGB); ~ *de commerce* Handelsgesetzbuch *n* (*abr* HGB); ~ *de procédure civile, pénale* Zi'vil-, Strafprozeßordnung *f* (*abr* ZPO, StPO); ~ *de la route* Straßenverkehrsordnung *f* (*abr* StVO); *fig* **c'est dans le** ~ das ist gesetzlich; **2.** F **a)** *de la route* Verkehrsregeln *f/pl*; **b)** *examen théorique* theo'retische Fahrprüfung; **c)** ~s *pl ou adjt* **phares** *m/pl* ~ Abblendlicht *n*; **allumer ses** ~s das Abblendlicht einschalten; **se mettre en** ~ abblenden; **rouler en** ~ mit Abblendlicht fahren; **3.** *fig* Kodex *m*; Gesetze *n/pl*; ~ *de l'honneur* Ehrenkodex *m*; **4.** (*système de symboles*) Kode *ou* Code *m*; *BIOL* ~ *génétique* genetischer Code; ~ *secret* Geheimcode *m*; ~ *à barres* Strichkode *m*; **5.** ~ *postal* Postleitzahl *f*; ~ *de la banque* Bankleitzahl *f*
code-barres [kɔdbaʀ] *m* ⟨*pl* codes-barres⟩ Strichkode *m*
coder [kɔde] *v/t* ko'dieren *ou* co'dieren (*a LING*); *par ext* verschlüsseln, chif'frieren
codétenu(e) [kodetny] *m(f)* Mitgefangene(r) *f(m)*; Mithäftling *m*
codex [kɔdɛks] *m PHARM* (fran'zösisches) Arz'neibuch
codicille [kɔdisil] *m JUR* Zusatz *m* zum Testament; Kodi'zill *n*
codification [kɔdifikasjɔ̃] *f* Kodifi'zierung *f*
codifier [kɔdifje] *v/t JUR* kodifi'zieren; **2.** *par ext* syste'matisch erfassen; in Normen fi'xieren
codirec|teur [kodiʀɛktœʀ] *m*, ~*trice* *f* *d'un journal* Mitherausgeber(in) *m(f)*
coédition [kɔedisjɔ̃] *f* Koedition *f*
coefficient [kɔefisjɑ̃] *m* Koeffizi'ent *m* (*a MATH, PHYS, TECH, ÉCON*); Faktor *m*; Zahl *f*; Quote *f*; Beiwert *m*; *d'une matière d'examen* Notengewicht *n*; ~ *de dilatation* Ausdehnungskoeffizient *m*; Dehnzahl *f*; ~ *d'erreur* Fehlerquote *f*
cœlacanthe [selakɑ̃t] *m ZO* Lati'meria *f*
coéquip|ier [koekipje] *m*, ~*ière* *f* Mannschaftskamerad(in) *m(f)*; Mitspieler(in) *m(f)*
coercition [kɔɛʀsisjɔ̃] *st/s f* Zwang *m*; **mesures** *f/pl* **de** ~ Zwangsmaßnahmen *f/pl*
cœur [kœʀ] *m* **1.** *ANAT* Herz *n*; *MÉD* ~ *artificiel* Kunstherz *n*; **opéré** *m* **du** ~ Herzoperierte(r) *m*; am Herzen Operierte(r) *m*; **opération** *f* **à** ~ **ouvert** Operation *f* an offenem Herzen; **avoir le** ~ **qui bat** Herzklopfen haben; **presser, serrer qn contre, sur son** ~ j-n an sein Herz *ou* ans Herz drücken; **2.** *fig* Herz *m*; *terme d'affection* **mon** (*petit*) ~ mein Herz(chen); mein Herzblatt; **affaire** *f* **de** ~ Herzensangelegenheit *f*; Liebesgeschichte *f*; **coup** *m* **de** ~ Liebe *f* auf den ersten Blick (*a fig*);

avoir un coup de ~ pour qn, qc sein Herz an j-n, etw verlieren; **femme f de ~ Frau** f mit Herz; **intelligence f du ~** Takt m; Feinfühligkeit f; Herzensbildung f; ♦ loc/adj et loc/adv: **le ~ gros** schweren Herzens; **il a le ~ gros** ihm ist schwer ums Herz; **en avoir gros sur le ~** be-, gedrückt, niedergeschlagen sein; plais **'haut les ~s!** Kopf hoch!; **joli comme un ~** bildhübsch; **le ~ léger** leichten Herzens; unbesorgt; unbeschwert; plais **à vot' bon ~, m'ssieurs--dames!** e-e kleine Spende für den guten Zweck!; **il a à ~ de** (+inf) es liegt ihm sehr viel daran zu (+inf); er läßt es sich angelegen sein zu (+inf); **prendre qc à ~** a) (s'intéresser) etw beherzigen; sich etw zu Herzen nehmen; b) (prendre au sérieux) etw sehr ernst nehmen, für sehr wichtig halten; **cela me** (obj/indir) **tient à ~** das liegt mir am Herzen; das ist mir sehr wichtig; daran ist mir viel gelegen; **dans le secret de son ~** insge'heim; im tiefsten Inneren; **de bon ~, de grand ~** donner, accepter etc von Herzen gern; sehr, herzlich gern; bereitwillig; rire herzlich; **de tout** (**son**) **~** von ganzem Herzen; **je suis de tout ~ avec vous** ich bin in Gedanken ganz bei Ihnen; **par ~** savoir, apprendre auswendig; réciter aus dem Kopf; **connaître qc, qn par ~** etw in- und auswendig kennen, j-n durch und durch kennen; **sans ~** herzlos; **je l'ai, ça m'est resté sur le ~** darüber bin ich (noch) nicht hinweg(gekommen); damit werde ich nicht fertig; ♦ **paroles etc aller droit au ~** (**à qn**) (j-m) zu Herzen gehen, dringen; j-s Herz bewegen; j-s Herz bewegen; herzbewegend sein; **avoir le ~ gai** aufgeräumt, gut aufgelegt, guter Dinge sein; **avoir le ~ sensible, tendre** ein weiches, mitfühlendes Herz, ein weiches Gemüt haben; weichherzig sein; **avoir bon ~, du ~, un ~ d'or** ein gutes Herz, ein Herz von Gold haben; **être un ~ de pierre** ein Herz von Stein haben; **n'avoir de ~ à rien** zu nichts Lust haben; **je n'ai pas le ~ à rire** mir ist nicht nach Lachen zu'mute; **avoir du ~ à l'ouvrage** mit Schwung, mit Lust und Liebe arbeiten; ganz bei der Sache sein; **je n'ai pas eu le ~ de** (+inf) ich habe es nicht übers Herz gebracht, nicht fertiggebracht zu (+inf); **je veux en avoir le ~ net** ich möchte Gewißheit haben, ganz sicher sein; **avoir le ~ sur la main** sehr großzügig sein; freigebig sein; e-e offene Hand haben; **avoir la rage au ~** voller Wut, wutentbrannt sein; **briser, crever, fendre le ~ à qn** j-m das Herz zerreißen, brechen; **si le ~ vous en dit** wenn Sie Lust (dazu) haben; wenn Sie gern wollen; **donner, offrir son ~ à qn** j-m sein Herz schenken; **donner à qn du ~ à l'ouvrage** j-m Auftrieb geben; **écouter son ~** auf sein Herz hören; s-m Herzen folgen; **le ~ n'y est pas** er, sie etc ist nicht bei der Sache, ist mit dem Herzen nicht dabei; **faire mal au ~ à qn** j-n schmerzen; j-m (in der Seele) weh tun; **faire le joli ~** den Charmeur spielen; sich wie ein Geck benehmen; **le ~ m'a manqué** ich hab's nicht fertiggebracht, übers Herz gebracht; **mettre, donner du ~ au ventre à qn** j-m Mut, Auftrieb geben;

parler à ~ ouvert offen, freimütig, frei ou frisch von der Leber weg sprechen; **il ne le porte pas dans son ~** er hat ihn nicht (gerade) ins Herz geschlossen; er ist ihm nicht (besonders) gewogen, F nicht grün; **rester jeune de ~** im Herzen jung bleiben; **venir du ~** von Herzen kommen; prov: **~ qui soupire n'a pas ce qu'il désire** dieser Seufzer kam aus dem, aus tiefstem Herzen; **à ~ vaillant rien d'impossible** dem Mutigen gehört die Welt (prov); frisch gewagt ist halb gewonnen (prov); **3.** (estomac) Magen m; F **il a le ~ bien accroché** ihm wird nicht so schnell schlecht; F ihm dreht sich nicht so schnell der Magen um; **j'ai mal au ~** mir ist tot ou wird schlecht, übel; **ça me donne mal au ~, ça me soulève le ~** davon wird mir übel; da dreht sich mir der Magen um; **4.** fig (centre) Mittelpunkt m; Mitte f; d'un problème, sujet Kern m; Kernpunkt m; **au ~ de la ville** mitten in der Stadt; st/s im Herzen der Stadt; **au ~ de l'hiver** mitten im Winter; im tiefsten Winter; **5.** objet, aux cartes Herz n; **en** (**forme de**) **~** herzförmig; **as m etc de ~** Herzas n etc; **6.** de salade Herz n; d'un fruit, d'un chou Innere(s) n; **~ de palmier** Palm(en)herz n; fromage fait à **~** ganz reif; cf **à artichaut**; **7.** NUCL (Re'aktor)Kern m

cœur-poumon [kœrpumõ] m ⟨pl cœurs-poumons⟩ MÉD **~ artificiel** Herz-'Lungen-Maschine f

coexistence [kɔɛgzistãs] f Nebeneinanderbestehen n; gleichzeitiges Vor'handensein; Koexistenz f; POL **~ pacifique** friedliche Koexistenz

coexister [kɔɛgziste] v/i gleichzeitig, nebenein'ander exi'stieren, bestehen; gleichzeitig vor'handen sein; koexi'stieren

coffrage [kɔfraʒ] m CONSTR (Ver-, Ein-) Schalung f

coffre [kɔfʀ(ə)] m **1.** Truhe f; Kasten m; **~ à jouets** Spiel(zeug)kiste f; **~ à linge** Wäschetruhe f; **2.** AUTO Kofferraum m; **3.** cf **coffre-fort**; **4.** F fig avoir du **~** e-e kräftige Stimme haben

coffre-fort [kɔfʀəfɔʀ] m ⟨pl coffres--forts⟩ Safe [seːf] m; Panzer-, Geldschrank m; Tre'sor m; Stahlfach n; **~ mural** Wandsafe m

coffrer [kɔfʀe] v/t. F **~ qn** j-n einsperren, F einlochen, einbuchten, ins Kittchen sperren; **se faire ~** F eingelocht, eingebuchtet werden; ins Kittchen wandern; **2.** CONSTR (ver-, ein)schalen

coffret [kɔfʀɛ] m Kästchen n; Scha'tulle f; Kas'sette f (a pour disques, films); **~ cadeau** Geschenkset n; **~ à bijoux** Schmuckkästchen n, -kassette f

cogestion [kɔʒɛstjõ] f Mitbestimmung f

cogit|ations [kɔʒitasjõ] plais f/pl Gedanken m/pl; Über'legungen f/pl; **~er** v/i plais (réfléchir) (nach)denken; über'legen

cognac [kɔɲak] m (echter) Cognac ou Kognak

cognassier [kɔɲasje] m BOT Quitte(nbaum) f(m)

cogne [kɔɲ] m F péj Bulle m; Po'lyp m

cognée [kɔɲe] f (Holzfäller)Axt f

cognement [kɔɲmã] m Klopfen n (a d'un moteur); d'un moteur Diesel Nageln n

cogner [kɔɲe] I v/t **1.** (heurter) **~ qc an etw** (acc) anstoßen; mit etw (irgendwo) anstoßen; **~ qn** j-n anstoßen (**du coude** mit dem Ellbogen); F j-n puffen, anrempeln; **2.** (battre) **~ qn** j-n schlagen, F verhauen, verdreschen, verprügeln; **II** v/t/indir **3.** **~ à, contre, sur** klopfen, pochen, schlagen an (+acc), gegen, auf (+acc); hämmern gegen; **~ au plafond** an, gegen die Zimmerdecke klopfen; **~ à la porte** (an die Tür) klopfen; anklopfen; p/fort an die Tür hämmern; **~ du poing sur la table** mit der Faust auf den Tisch schlagen; F **~ sur qn** auf j-n einschlagen; F j-n verdreschen, verprügeln; **venir ~ contre qc** gegen etw schlagen; an etw (acc) anschlagen, (an)stoßen; **III** v/i **4.** klopfen (a moteur); moteur Diesel nageln; **IV** v/pr **5.** **se ~ à, contre qc** sich an etw (dat) stoßen; an etw (acc) anstoßen; gegen etw stoßen; **se ~ la tête à, contre qc** sich den Kopf an (dat) anschlagen; mit dem Kopf gegen etw schlagen; fig **c'est à se ~ la tête contre les murs** es ist zum Verzweifeln; F man könnte die Wände hochgehen; **6.** réciproquement F **se ~** F sich (gegenseitig) verhauen, (ver)prügeln

cognition [kɔgnisjõ] f PHILOS Erkenntnis f; sc Kogniti'on f

cohabitation [kɔabitasjõ] f **1.** Zu'sammenleben n, -wohnen n; **2.** POL en France Zu'sammenarbeit f zwischen dem Staatspräsidenten und der e-r anderen politischen Richtung zugehörigen Re'gierung

cohabiter [kɔabite] v/i zu'sammen leben, wohnen (**avec** mit)

cohérence [kɔeʀãs] f de vues, d'un système Zu'sammenhang m; Kohä'renz f; d'un groupe Zu'sammenhalt m

cohérent [kɔeʀã] adj raisonnement etc zu'sammenhängend; kohä'rent (a PHYS); groupe aufein'ander abgestimmt; eng verbunden

cohérit|ier [kɔeʀitje] m, **~ière** f JUR Miterbe m, -erbin f

cohésion [kɔezjõ] f **1.** PHYS Kohäsi'on f; **2.** fig d'un parti etc Zu'sammenhalt m

cohorte [kɔɔʀt] f **1.** HIST Ko'horte f; **2.** F fig Trupp m; Gruppe f; Rudel n

cohue [kɔy] f Gedränge n; Gewühl n; (foule) Menschenmenge f, -masse f

coi [kwa] adj ⟨coite [kwat]⟩ **rester, se tenir ~** stillschweigen; still sein; **il en resta ~** es verschlug ihm die Sprache

coiffe [kwaf] f folklorique (Trachten-) Haube f; REL Haube f

coiffé [kwafe] adj **1.** bien, mal **~** gut, schlecht ou ordentlich fri'siert; **2.** **être ~ d'une casquette** e-e Mütze tragen, auf dem Kopf haben, aufhaben

coiffer [kwafe] I v/t **1.** (peigner) fri'sieren; **2.** (couvrir la tête) **~ qn d'un bonnet** j-m e-e Mütze aufsetzen; abs chapeau **~ bien** kleidsam sein; **~ qn bien** j-m gut stehen; j-n (gut) kleiden; **3.** par ext **~ qc** (surmonter) etw über'ragen; (recouvrir) etw bedecken; **4.** fig (contrôler) übergeordnet sein (+dat); kontrol'lieren; **5.** SPORTS **~ au poteau** im Ziel abfangen; um e-e Nasenlänge schlagen (a fig); **II** v/pr **se ~ 6.** (se peigner) sich fri'sieren; sich die Haare richten, ordnen; **7.** **se ~ d'une casquette** sich e-e Mütze aufsetzen

coiffeur [kwafœʀ] *m* Fri'seur *m*; *a* Fri-'sör *m*; **~ pour dames, pour hommes** Damen-, Herrenfriseur *m*; **aller chez le ~** zum Friseur gehen

coiffeuse [kwaføz] *f* **1.** *personne* Fri-'seuse *f*; *österr* Fri'seurin *f*; **2.** *meuble* Fri'sierkommode *f*, -tisch *m*

coiffure [kwafyʀ] *f* **1. a)** *(coupe de cheveux)* Fri'sur *f*; Haartracht *f*; **changer de ~** sich anders fri'sieren; **b)** *métier* Friseurhandwerk *n*; **salon m de ~** Fri-'seursalon *m*; **2.** *(couvre-chef)* Kopfbedeckung *f*

coin [kwɛ̃] *m* **1.** Ecke *f*; Eck *n*; *(angle)* Winkel *m*; **~ cuisine** Kochecke *f*, -nische *f*; **~ repas** Eßecke *f*; **~ de la bouche** Mundwinkel *m*; **~ de l'œil** Augenwinkel *m*; **regarder du ~ de l'œil** verstohlen, aus den Augenwinkeln, von der Seite ansehen; **l'épicier m du ~** der Kaufmann von neben'an, an der Ecke; *fig* **sourire m en ~** hämisches Lächeln; ♦ *loc/adv:* **au ~ du feu a)** am Ka'min, Herd, Feuer; **b)** *fig* zu Hause; in gemütlichem Kreise; **causerie f au ~ du feu** Plauderei *f* am Kamin; **aux quatre ~s du monde, de la ville** über'all in, auf der Welt, in der Stadt; **disperser aux quatre ~s du monde** in alle Winde zerstreuen; **au ~ de la rue** an der Straßenecke; **à tous les ~s de rue** an jeder Straßenecke; über'all; *fig* **dans un ~ de sa mémoire** in e-m Winkel s-s Gedächtnisses; **à un enfant: si tu n'es pas sage, tu vas aller au ~, on va te mettre au ~** mußt du in der Ecke stehen; F *fig* **ça t'en bouche un ~,** F da staunste, biste platt *ou* baff (, was?); **chercher dans tous les ~s** über'all, in jedem Winkel suchen; **faire le ~ de la rue X et la rue Y** *maison* an der Ecke X- und Y-Straße stehen; *terrain* liegen; **maison qui fait le ~ a** Eckhaus *n*; **jeter, mettre qc dans un ~** etw in die Ecke stellen; etw weglegen; *jeu d'enfants* **jouer aux quatre ~s** „Bäumchen wechsle dich" spielen; *fig* **soulever un ~ du voile** e-n Zipfel des Schleiers lüften; **venir des quatre ~s du monde** aus allen Himmelsrichtungen, aus aller Herren Länder, F von allen Ecken und Enden der Welt kommen; *fig* **je ne voudrais pas le rencontrer au ~ d'un bois** dem möchte ich nicht im Dunkeln *ou* im (dunklen) Wald begegnen; **2.** *(petit espace)* Fleckchen *n* (Erde); **un joli ~ de ciel bleu** ein Fleckchen ein, ein ~ **de ciel bleu** ein Fleckchen, ein Zipfel *m* blauer Himmel; **acheter un ~ de terre** ein Stück Land kaufen; **vous êtes du ~?** sind Sie von hier, von der Gegend?; **3.** F *fig* **le petit ~** das (stille) Örtchen; **aller au petit ~** F mal (verschwinden) müssen; aufs Örtchen müssen; **4.** *CH DE FER* **place f de ~** Eckplatz *m*; **~ couloir** Eckplatz am Gang; **~ fenêtre** Fensterplatz *m*; **5.** *dans un journal* **le ~ du philatéliste** die Briefmarkenecke *f*; **6.** *pour photos* Fotoecke *f*; **7.** *TECH* Keil *m* (*zum Spalten*); **8.** *(poinçon)* Prägestempel *m*

coincement [kwɛ̃smɑ̃] *m TECH* Verklemmtsein *n*

coincer [kwɛ̃se] ⟨-ç-⟩ **I** *v/t* **1. ~ qc** etw einklemmen; *TECH* etw ver-, festkeilen; **~ qn** j-n einklemmen (*entre* zwischen *+dat*); j-n quetschen, drücken (*contre* gegen); *adjt* **être coincé a)** *mécanisme, tiroir* verklemmt sein; klemmen; **b)** *personne dans la foule etc* eingekeilt sein; **c)** *(inhibé)* verklemmt, gehemmt sein; **2.** F *fig* (*coller*) **~ qn** j-n in die Enge treiben; F j-n festnageln; **3.** F *fig voleur* erwischen; F schnappen; **II** *v/i* **4.** *porte etc* klemmen (*a fig*); **III** *v/pr* **5.** *mécanisme* **se ~** sich verklemmen; **6. se ~ le doigt** sich den Finger einklemmen

coïncidence [kɔɛ̃sidɑ̃s] *f* **1.** Zu'sammentreffen *n*; (zeitliches) Zu'sammenfallen; Fügung *f*; Zufall *m*; **heureuse ~** glückliche Fügung; **quelle ~!** so ein Zufall!; **c'est une simple ~** das ist (ein) reiner Zufall; **2.** *MATH* Kongru'enz *f*; Deckungsgleichheit *f*

coïncident [kɔɛ̃sidɑ̃] *adj MATH* kongru-'ent; deckungsgleich

coïncider [kɔɛ̃side] *v/i* **1.** *dates, événements* (zeitlich) zu'sammentreffen, -fallen (*avec* mit); **2.** *témoignages* (miteinander) über'einstimmen; sich decken; **3.** *MATH* deckungsgleich, kongru'ent sein

coin-coin [kwɛ̃kwɛ̃] *int* quak, quak!

co-inculpé(e), coïnculpé(e) [koɛ̃kylpe] *m(f) JUR* Mitbeschuldigte(r) *f(m)*

coing [kwɛ̃] *m BOT* Quitte *f*; F *fig* **jaune comme un ~** quitte(n)gelb

coït [kɔit] *m* Beischlaf *m*; Koitus *m*

coite [kwat] *cf* **coi**

coke¹ [kɔk] *m* Koks *m*; **~ métallurgique** Hüttenkoks *m*

coke² [kɔk] *f* F (*cocaïne*) F Koks *m*; Schnee *m*

coké|faction [kɔkefaksjɔ̃] *f TECH* Verkokung *f*; **~fier** *v/t* verkoken

cokerie [kɔkʀi] *f* Koke'rei *f*

col [kɔl] *m* **1.** Kragen *m*; **~ cassé** Stehkragen *m* mit 'umgebogenen Ecken; **~ Claudine** runder Kragen; Bubikragen *m*; **~ Danton** Schillerkragen *m*; **~ droit, officier** Stehkragen *m*; Bündchen *n*; Stehbörtchen *n*; **faux ~ a)** abknöpfbarer Kragen; **b)** F *fig d'un verre de bière* Schaum *m*; F Feldwebel *m*; **~ roulé** Rollkragen *m*; F **pull m à ~ roulé** Rollkragenpullover *m*, F -pulli *m*; F Rolli *m*; **~ de chemise, de fourrure** Hemd-, Pelzkragen *m*; **2.** *fig* **~s blancs** Angestellte(n) *m/pl*; F **~ bleu** Ma'trose *m*; **les ~s bleus** F die blauen Jungs; **3.** *d'un récipient, ANAT* Hals *m*; **~ du fémur, de l'utérus** Oberschenkel-, Gebärmutterhals *m*; **4.** *GÉOGR* (Gebirgs-) Paß *m*; **le ~ du Brenner** der Brenner(paß)

cola *cf* **kola**

colback [kɔlbak] *m* F **attraper qn par le ~** F j-n am Schla'fittchen packen

colchique [kɔlʃik] *m BOT* Herbstzeitlose *f*

col-de-cygne [kɔldəsiɲ] *m* ⟨*pl* cols-de--cygne⟩ *TECH* Schwanenhals *m*

coléoptère [kɔleɔptɛʀ] *m ZO* Käfer *m*

colère [kɔlɛʀ] *f* **1.** Zorn *m*; *p/fort* Wut *f*; (*rogne*) Ärger *m*; **~ noire** helle, blinde, maßlose, sinnlose Wut; **être dans une ~ noire** vor Wut kochen; F fuchsteufelswild sein; *fig* **~ du ciel** *ou* **divine** Zorn Gottes, des Himmels; *loc/adv:* **avec ~** zornig; wütend; **de ~** vor Zorn, Wut; **dans un mouvement de ~, sous le coup de la ~** in e-r Anwandlung, Aufwallung von Zorn; im Zorn; **entrer dans une ~ terrible** in helle Wut geraten; F fuchsteufelswild werden; **être en ~ (contre qn)** zornig, böse, wütend sein (auf, über j-n); F fuchtig sein; **mettre qn en ~** j-n zornig, böse, wütend machen; **se mettre en ~** zornig, böse, wütend werden; in Zorn, Wut geraten; aufbrausen; **passer sa ~ sur qn, qc** s-n Zorn an j-m, etw auslassen, abreagieren; *prov* **la ~ est mauvaise conseillère** der Zorn ist ein schlechter Ratgeber; **2.** *accès* Wutanfall *m*, -ausbruch *m*; **enfant faire une ~,** F **sa ~** e-n Wutanfall haben, kriegen; F **piquer une ~** e-n Wutanfall, F e-n Koller, e-n Raptus kriegen; **3.** *fig des éléments* Wüten *n*; Toben *n*; **flots m/pl en ~** tobende Fluten *f/pl*

colér|eux [kɔleʀø] *adj* ⟨-euse⟩ *ou* **~ique** *adj* jähzornig; aufbrausend; cho-'lerisch

Colette [kɔlɛt] *f Vorname*

colibacill|e [kɔlibasil] *m BIOL* Kolibakterium *n*; **~ose** *f MÉD* durch Kolibakterien her'vorgerufene Krankheit

colibri [kɔlibʀi] *m ZO* Kolibri *m*

colifichet [kɔlifiʃɛ] *m* (billiger) Schmuckgegenstand *m*; **~s** *pl a* F Kinkerlitzchen *n/pl*; Firlefanz *m*

colimaçon [kɔlimasɔ̃] *m* **1.** *ZO* Schnecke *f*; **2. escalier m en ~** Wendeltreppe *f*

colin [kɔlɛ̃] *m ZO* Seehecht *m*; Hechtdorsch *m*

colin-maillard [kɔlɛ̃majaʀ] *m* **jouer à ~** Blindekuh spielen

colinot [kɔlino] *m ZO* junger Seehecht, Hechtdorsch

colique [kɔlik] *f* **1.** *douleurs* Kolik *f*; **~ hépatique, néphrétique** Gallen-, Nierenkolik *f*; **2.** (*diarrhée*) 'Durchfall *m*; **avoir la ~ a)** Durchfall haben; **b)** F *fig* (*avoir peur*) F Bammel, Man'schetten, P Schiß haben; **3.** P *fig* **quelle ~!** wie lästig!; F was für ein Kreuz!; **donner la ~ à qn** F j-m auf den Wecker fallen

colis [kɔli] *m* Pa'ket *n*; *CH DE FER* Frachtstück *n*; Stückgut *n*; Kollo *n*; **~ postal** Postpaket *n*; **faire un ~** ein Paket machen, packen

Colisée [kɔlize] *à Rome* **le ~** das Kolos-'seum

colistier [kɔlistje] *m POL* mit auf der Liste stehender Kandi'dat; Mitbewerber *m*

colite [kɔlit] *f MÉD* Ko'litis *f*

collabo [kɔlabo] *m* F *abr of* **collaborateur** *m*

collabora|teur [kɔlabɔʀatœʀ] *m*, **~trice** *f* **1.** Mitarbeiter(in) *m(f)*; **2.** *m POL et péj* Kollabora'teur *m*

collaboration [kɔlabɔʀasjɔ̃] *f* **1.** Mitarbeit *f*; Mitwirkung *f*; Zu'sammenarbeit *f*; **en ~** als Gemeinschaftsarbeit; **en ~ avec** unter Mitarbeit von (*ou* +*gén*); in Zusammenarbeit mit; **apporter sa ~ à qc** an etw (*dat*) mitarbeiten; **2.** *POL et péj* Zu'sammenarbeit *f* mit dem Feind; Kollaborati'on *f*

collaborer [kɔlabɔʀe] **I** *v/t/indir* **~ à qc** an etw (*dat*) mitarbeiten, mitwirken; **~ à un journal** Mitarbeiter m-r Zeitung sein; für e-e Zeitung schreiben; **~ avec qn** mit j-m zu'sammenarbeiten; **II** *v/i* **1.** zu'sammenarbeiten; **2.** *POL et péj* mit dem Feind zu'sammenarbeiten; kollabo'rieren

collage [kɔlaʒ] *m* **1.** (An-, Auf)Kleben *n*; **2.** *BEAUX-ARTS* Col'lage *f*; **3.** F *(concubinage)* wilde Ehe
collagène [kɔlaʒɛn] *m* *BIOL* Kolla'gen *n*
collant [kɔlɑ̃] **I** *adj* **1.** *(adhésif)* klebend; Klebe...; *papier ~* Klebepapier *n*; **2.** *doigts etc* klebrig; *riz, nouilles* breiig; F *pappig*; *nordd* pampig; **3.** *robe, jeans etc* enganliegend; hauteng; **4.** F *fig personne* zu-, aufdringlich; *ce qu'il est ~, ce qu'elle est ~e!* was für e-e Klette!; **II** *subst* **1.** *m* Strumpfhose *f*; *de danse* Hose *f*; **2.** *ÉCOLE* F *~e f* schriftliche Aufforderung, sich zur Prüfung einzufinden
collapsus [kɔlapsys] *m* *MÉD* Kollaps *m*; *~ cardio-vasculaire* Kreislaufkollaps *m*
collatéral [kɔlateʀal] *adj* ⟨-aux⟩ **1.** Seiten...; Neben...; *ARCH nef ~e* Seitenschiff *n*; **2.** *JUR* Seiten...; *parents collatéraux ou subst collatéraux m/pl* Verwandte *m/pl* in der Seitenlinie
collation [kɔlasjɔ̃] *f* *(goûter)* Imbiß *m*
collationner [kɔlasjɔne] **I** *v/t des textes* kollatio'nieren; **II** *plais v/i* e-n Imbiß zu sich nehmen
colle [kɔl] *f* **1.** Klebstoff *m*; Leim *m*; Kleber *m*; *TEXT* Schlichte *f*; *~ forte* Alleskleber *m*; *~ à bois* Holzleim *m*; *~ d'amidon* Kleister *m*; *~ de bureau* Bürokleber *m*, -klebstoff *m*; *~ de pâte* Mehlkleister *m*; *~ de poisson* Fischleim *m*; *par ext riz, nouilles c'est de la ~* F das ist der reinste Papp, *nordd* die reinste Pampe; F *plais faites chauffer la ~!* F da hat's geschleppert!; **2.** F *fig être, vivre à la ~* in wilder Ehe leben; **3.** F *ÉCOLE* **a)** *(retenue)* Nachsitzen *n*; Ar'rest *m*; *avoir, donner deux heures de ~* zwei Stunden nachsitzen müssen, nachsitzen lassen *(à qn* j-n); **b)** *(question difficile)* schwierige, knifflige, ausgetüftelte Frage; *poser une ~ à qn* j-m e-e knifflige Frage stellen; j-n in die Enge treiben; **c)** *(interrogation écrite) ~ de maths* Extempo'rale *n*, F Ex *f* in Mathe; Mathearbeit *f*
collecte [kɔlɛkt] *f* **1.** *de fonds, de dons* (Geld-, Spenden)Sammlung *f*; *faire, organiser une ~ pour, au profit de ...* sammeln, e-e Sammlung veranstalten für *(+acc)*, zugunsten *(+gén)*; **2.** *(ramassage)* (Ein)Sammeln *n* *(a AGR du lait)*
collecter [kɔlɛkte] *v/t* **1.** *fonds, dons* sammeln; **2.** *(ramasser)* (ein)sammeln
collecteur [kɔlɛktœʀ] **I** *m* **1.** *ÉLECT* Kol'lektor *m*; Kommu'tator *m*; Stromwender *m*; **2.** *~ d'ondes* Empfangsantenne *f*; **2.** *~ ou adj égout ~* Haupt(sammel)kanal *m*; Sammler *m*; **II** *adj* ⟨-trice⟩ Sammel...
collectif [kɔlɛktif] **I** *adj* ⟨-ive⟩ kollek'tiv; Kollek'tiv...; Gemeinschafts...; gemeinsam; Sammel...; Massen...; *CH DE FER billet ~* Sammelfahrschein *m*; *PSYCH conscience collective* Kollektivbewußtsein *n*; *POL convention collective* Ta'rifvertrag *m*; *délire ~* Massenwahn *m*; *licenciement ~* Massenentlassung *f*; *GR nom ~ ou subst ~ m* Kollek'tivum *n*; Kollektiv-, Sammelbegriff *m*; Sammelname *m*; *œuvre collective* Gemeinschaftswerk *n*; *propriété collective* Kollektiv-, Gemeineigen-

tum *n*; **II** *m* *FIN ~ budgétaire* Nachtragshaushalt *m*
collection [kɔlɛksjɔ̃] *f* **1.** Sammlung *f*; *~ complète des œuvres de ...* Gesamtmelte Werke von ...; *~ privée* Pri'vatsammlung *f*; *~ de médailles, d'objets d'art, de tableaux, de timbres* Münz-, Kunst-, Bilder-, Briefmarkensammlung *f*; *pièce f de ~* Sammlerstück *n*; *faire ~ de timbres etc* Briefmarken *etc* sammeln; **2.** *d'un éditeur* (Buch)Reihe *f*; *~ (de livres) de poche* Taschenbuchreihe *f*; *de revues etc* avoir *la ~ complète depuis ...* die 'vollständigen Jahrgänge seit ... haben; **3.** *fig (quantité)* Menge *f*; große Zahl; ganze Sammlung; **4.** *COMM* (Muster)Kollekti'on *f*; *d'un grand couturier* Kollekti'on *f*; *~ d'été* Sommerkollektion *f*
collectionner [kɔlɛksjɔne] *v/t* **1.** sammeln; **2.** *fig et iron: bonnes ou mauvaises notes, amendes etc il les collectionne* sie häufen sich bei ihm; er hat schon e-e ganze Sammlung davon; *petit(e)s ami(e)s il, elle les collectionne* er *ou* sie hat an jedem Finger eine *ou* einen, an jeden Finger zehn
collectionn|eur [kɔlɛksjɔnœʀ] *m*, *~euse f* Sammler(in) *m(f)*; *~ de timbres, d'objets d'art* Briefmarken-, Kunstsammler(in) *m(f)*
collectivement [kɔlɛktivmɑ̃] *adv* kollek'tiv; gemeinschaftlich; gemeinsam; *GR mot pris ~* als Kollek'tivbegriff
collectiv|isation [kɔlɛktivizasjɔ̃] *f* Kollekti'vierung *f*; *~iser v/t* kollekti'vieren; in Gemeineigentum 'überführen; *~isme m* Kollekti'vismus *m*; *~iste* **I** *adj* kollekti'vistisch; **II** *m* Kollekti'vist *m*
collectivité [kɔlɛktivite] *f* **1.** Gemeinschaft *f*; Gesamtheit *f*; Kollek'tiv *n* *(a POL)*; *à la charge de la ~* zu Lasten des Staates, der Allgemeinheit; **2.** *ADM ~ locale* Gebietskörperschaft *f*
collège [kɔlɛʒ] *m* **1.** Gesamtschule *f* (vierklassige Ganztagsschule der Sekundarstufe I); *cf a C.E.S.*; **2.** *♀ de France* Hochschule in Paris, deren Vorlesungen von jedem besucht werden können, an der aber keine Diplome vergeben werden; **3.** *~ électoral* Wähler *m/pl* e-s Wahlkreises; **4.** *ÉGL CATH le Sacré ♀ Kol'legium*; das Heilige Kol'legium
collégial [kɔleʒjal] *adj* ⟨-aux⟩ **1.** *ÉGL CATH* Stifts...; *église ~e ou subst ~e f* Stiftskirche *f*; **2.** *(en commun)* kollegi'al; durch ein Kol'legium erfolgend
collég|ien [kɔleʒjɛ̃] *m*, *~ienne f* **1.** Schüler(in) e-s „collège"; Oberschüler(in) *m(f)*; Gymnasi'ast(in) *m(f)*; **2.** *m fig* na'iver Mensch; Schuljunge *m*; F Na'ivling *m*
collègue [kɔlɛg] *m,f* (Berufs-, Arbeits)Kol'lege *m*, (-)Kol'legin *f*
coller [kɔle] **I** *v/t* **1.** *affiche, papier peint* ankleben; *timbre* aufkleben; *morceau de bois* anleimen; *deux choses ensemble* (zu'sammen)kleben, (-)leimen; *enveloppe* zukleben; *chose ~ qc* etw verkleben; *personne ~ qc dans* etw (ein)kleben in *(+acc)*; *un timbre sur* e-e Briefmarke kleben auf *(+acc)*; *adjt être collé* verklebt sein; *être collé à* angeklebt sein an *(+dat)*; **2.** *fig visage, oreille* drücken, pressen *(contre, à* an

+acc); **3.** F *fig ~ qc à qn* F j-m etw anhängen, verpassen, aufhalsen; *~ une gifle à qn* F j-m eine kleben, schmieren; *~ un zéro à un élève* F e-m Schüler e-e Sechs verpassen; *~ qc au coin, par terre* F etw in e-n Winkel, auf den Boden schmeißen, pfeffern; *~ qn au mur (fusiller)* F j-n an die Wand stellen; *~ qn en prison* F j-n einbuchten, einlochen; **4.** F *fig ~ qn* wie e-e Klette an j-m hängen; *adjt être toujours collés ensemble* immer zu'sammensein; F wie die Kletten aneinanderhängen; **5.** F *un élève* **a)** *avec une question* in die Enge treiben; e-e schwierige, knifflige Frage stellen *(qn* j-m); **b)** *à un examen* 'durchfallen, F 'durchrasseln lassen; *être collé, se faire ~* F 'durchfliegen, -rasseln, -segeln; **c)** *punir* nachsitzen lassen; F Ar'rest aufbrummen *(+dat)*; *être collé* nachsitzen müssen; **II** *v/t/indir et v/i* **6.** *(adhérer)* kleben *(à an +dat)*; *par ext vêtement ~ (au corps à qn)* hauteng sein; (j-m) am Körper kleben; *j'ai les doigts qui collent* meine Finger kleben, sind klebrig; **7.** *fig*: *mot ~ à la pensée de qn* j-s Gedanken prä'zise, treffend ausdrücken; 'wiedergeben; *péj traduction ~ au texte* zu sehr am Text kleben; **8.** F *fig ça colle* F es, das klappt; *es, das haut hin; ça ne colle pas entre eux* F es klappt nicht bei, zwischen ihnen; **III** *v/pr* **9.** *fig se ~ contre qc, qn, à qc* sich an etw, j-n (an)schmiegen, pressen, drücken; **10.** F *fig*: *colle-toi là* F hock dich da hin; *péj se ~ du noir aux yeux* F *péj* sich die Augen schwarz anmalen, anschmieren; *se ~ un travail etc* F sich e-e Arbeit *etc* aufhalsen
collerette [kɔlʀɛt] *f* Halskrause *f*
collet [kɔlɛ] *m* **1.** *loc/adj ~ monté* steif; (sehr) förmlich; *prendre ~, saisir qn au ~* j-n am Kragen, F Schla'fittchen packen, F kriegen; **2.** *CH* Schlinge *f*; **3.** *ANAT* Zahnhals *m*
colleter [kɔlte] *v/pr* ⟨-tt-⟩ *se ~* sich schlagen, prügeln
colleur [kɔlœʀ] *m*, *~ d'affiches* Pla'kat(an)kleber *m*; *österr* Plaka'tierer *m*
colleuse [kɔløz] *f* *CIN* Klebepresse *f*
colley [kɔlɛ] *ou* **collie** [kɔli] *m* *ZO* Collie *m*
collier [kɔlje] *m* **1.** Halsband *n*, -kette *f*; Kolli'er *n*; *~ de fleurs* Blumenkette *f*; *~ de perles* Perlenkette *f*, -kollier *n*, -schnur *f*; **2.** *d'animaux* Halsband *n*; *~ de chien* Hundehalsband *n*; *~ de force* Stachelhalsband *n*; **3.** *d'un cheval* Kum(me)t *n*; *fig: franc du ~* offen (*im Reden, Handeln)*; *donner un coup de ~* sich ins Zeug legen; *reprendre son ~ (de misère)* wieder ins Joch gespannt werden; **4.** *~ (de barbe)* Fräse *f*; **5.** *ZO* andersfarbiger Halsring; **6.** *TECH* Schelle *f*; **7.** *BOUCHERIE* Hals *m*
collimateur [kɔlimatœʀ] *m* *OPT* Kolli'mator *m*; F *fig*: *avoir qn dans le ~* F j-n auf dem Kieker haben; *prendre qn dans le ~* j-n aufs Korn nehmen
colline [kɔlin] *f* Hügel *m*
collision [kɔlizjɔ̃] *f* Zu'sammenstoß *m*, Kollisi'on *f* *(a fig)*; Zu'sammenprall(en) *m(n)*; *fig ~ d'intérêts* Inter'essenkollision *f*; *~ en chaîne* Massenkarambolage *f*; Serienunfall *m*; *~ entre deux véhicules* Zusammenstoß zweier Fahr-

collocation – combattant

zeuge, zwischen zwei Fahrzeugen; *entrer en ~* zu'sammenstoßen (*avec* mit)
collocation [kɔlɔkasjɔ̃] *f* **1.** *JUR* Rangzuweisung *f*; **2.** *LING* Kollokati'on *f*
collodion [kɔlɔdjɔ̃] *m CHIM* Kol'lodium *n*
colloïdal [kɔlɔidal] *adj* ⟨-aux⟩ *CHIM* kolloi'dal
colloque [kɔlɔk] *m* Kol'loquium *n*; *tenir un ~* ein Kolloquium abhalten
collusion [kɔlyzjɔ̃] *f* abgekartetes Spiel
collutoire [kɔlytwaʀ] *m PHARM* Mund- und Rachenantiseptikum *n*
collyre [kɔliʀ] *m PHARM* Augentropfen *m/pl*; *~ gras* Augensalbe *f*
colmatage [kɔlmataʒ] *m* Abdichten *n*
colmater [kɔlmate] *v/t* **1.** *fuite, fissure* abdichten; zustopfen; **2.** *MIL brèche* abriegeln
colo [kɔlɔ] *f* F *abr cf* **colonie** 3.
colocataire [kɔlɔkatɛʀ] *m,f* Mitbewohner(in) *m(f)* e-s Mietshauses; Mitmieter(-in) *m(f)*
Cologne [kɔlɔɲ] Köln *n*
Colomb [kɔlɔ̃] *HIST Christophe ~* Christoph Ko'lumbus
colombage [kɔlɔ̃baʒ] *m ARCH* Fachwerk *n*; *maison f à ~* Fachwerkhaus *n*
colombe [kɔlɔ̃b] *f* **1.** *ZO* Taube *f* (*a fig, POL, REL*); *fig ~ de la paix* Friedenstaube *f*; **2.** *terme d'affection ma ~* mein Täubchen *n*
Colombie [kɔlɔ̃bi] *la ~* Ko'lumbien *n*
colombien [kɔlɔ̃bjɛ̃] **I** *adj* ⟨~ne⟩ kolumbi'anisch; ko'lumbisch; **II** *subst* 2(*ne*) *m(f)* Kolumbi'aner(in) *m(f)*; Ko'lumbier(in) *m(f)*
colombier [kɔlɔ̃bje] *m* Taubenschlag *m*, -haus *n*
colombin [kɔlɔ̃bɛ̃] *m* **1.** F (*étron*) Kothaufen *m*; F Kaktus *m*; **2.** *POTERIE* Tonwulst *m ou f*
colombophil|e [kɔlɔ̃bɔfil] **I** *adj société f* Brieftaubenzüchterverein *m*; **II** *m,f* Brieftaubenzüchter(in) *m(f)*; *~ie f* Brieftaubenzucht *f*
colon [kɔlɔ̃] *m* **1.** *HIST* (An)Siedler *m*; Kolo'nist *m*; **2.** *enfant* Kind *n* in e-r Ferienkolonie; **3.** *arg militaire* (*colonel*) Oberst *m*; F *fig ben, mon ~!* F da biste platt, von den Socken!
côlon [kɔlɔ̃] *m ANAT* Grimmdarm *m; sc* Kolon *n*
colonel [kɔlɔnɛl] *m MIL* Oberst *m*
colonial [kɔlɔnjal] ⟨*m/pl* -aux⟩ **I** *adj* koloni'al, Koloni'al...; *casque ~* Tropenhelm *m*; *guerre ~e* Kolonialkrieg *m*; *ARCH de style ~* im Kolonialstil; **II** *subst* **1.** *m HIST* Angehörige(r) *m* der Koloni'altruppen; **2.** *f ~e HIST* Koloni'alarmee *f*
colonial|isme [kɔlɔnjalism(ə)] *m péj* Kolonia'lismus *m*; *~iste péj* **I** *adj* kolonia'listisch; **II** *m* Kolonia'list *m*
colonie [kɔlɔni] *f* **1.** *HIST* Kolo'nie *f*; Niederlassung *f*; Siedlung *f*; *POL* Kolo'nie *f*; **2.** *fig dans une ville* Kolo'nie *f*; *~ d'artistes* Künstlerkolonie *f*; **3.** *~* (*de vacances*) Ferienkolonie *f*, -lager *n*; *partir en ~* in e-e Ferienkolonie fahren; **4.** *BIOL* Kolo'nie *f*; *~ d'abeilles* Bienenvolk *n*; *~ de termites* Ter'mitenkolonie *f*
colonis|ateur [kɔlɔnizatœʀ] **I** *adj* ⟨-trice⟩ kolonisa'torisch; koloni'sierend; **II** *m* Koloni'sator *m*; *~ation f* Koloni'sierung *f*; Kolonisati'on *f*; Besied(e)lung *f*

coloniser [kɔlɔnize] *v/t* koloni'sieren; besiedeln
colonnade [kɔlɔnad] *f ARCH* Kolon'nade *f*; Säulenreihe *f*
colonne [kɔlɔn] *f* **1.** *ARCH* Säule *f* (*a d'un meuble*); *d'un lit a* Pfosten *m*; *par ext ~ Morris* [mɔʀis] Litfaß-, Anschlagsäule *f*; **2.** *fig Säule f*; *GÉOL ~s basaltiques* Ba'saltsäulen *f/pl*; *PHYS ~ d'air, d'eau, de mercure* Luft-, Wasser-, Quecksilbersäule *f*; *~ de feu, de fumée* Feuer-, Rauchsäule *f*; *MYTH les ~s d'Hercule* die Säulen des Herkules, Herakles; **3.** *TECH* **a)** *CONSTR ~ montante* Steigleitung *f*, -rohr *n*; **b)** *AUTO ~ de direction* Lenksäule *f*; **c)** *CHIM ~* (*de distillation*) (Destillati'ons)Ko'lonne *f*; **4.** *ANAT ~ vertébrale* Wirbelsäule *f*; Rückgrat *n*; **5.** *d'un journal etc* Spalte *f*; Ko'lonne *f*; *~s de chiffres* Zahlenkolonnen *f/pl*; *~ des dizaines* Zehnerkolonne *f*; *par ext dans les ~s du journal X* in der Zeitung X; *texte sur deux, trois ~s* zwei-, dreispaltig; *titre sur cinq ~s à la une* über fünf Spalten auf der ersten Seite; **6.** *MIL, d'individus, de véhicules* Ko'lonne *f*; *cinquième ~* fünfte Kolonne; *~ de blindés* Panzerkolonne *f*; *~ de secours* Rettungsmannschaft *f*; *~ par deux, trois* Zweier-, Dreierkolonne *f*, -reihe *f*
colonnette [kɔlɔnɛt] *f ARCH* kleine Säule
colophane [kɔlɔfan] *f* Kolo'phonium *n*
coloquinte [kɔlɔkɛ̃t] *f BOT* Koloqu'inte *f*
colorant [kɔlɔʀɑ̃] **I** *adj* Farb...; *matière ~e* Farbstoff *m*; *shampooing ~* Tönungsshampoo *n*; **II** *m* Farbstoff *m*; Farbe *f*; *~ alimentaire* Lebensmittelfarbstoff *m*
coloration [kɔlɔʀasjɔ̃] *f* **1.** (*couleur*) Färbung *f*; Farbe *f*; *ciel etc prendre une ~ étrange* e-e seltsame Farbe, Färbung annehmen; **2.** *action* Färben *n*; *par ext se faire faire une ~* sich die Haare färben lassen
colorature [kɔlɔʀatyʀ] *f MUS ~ ou adjt cantatrice f ~* Kolora'tursängerin *f*
coloré [kɔlɔʀe] *adj* **1.** *teint* rot; blühend; gesund; *verre ~* farbiges Glas; Farbglas *n*; **2.** *fig style, description* farbig; *spectacle* farbenprächtig; farbenfroh; **3.** *fig et st/s ~ de* gemischt mit; *~ d'ironie* ironisch gefärbt
colorer [kɔlɔʀe] *v/t* färben; *~ en bleu* blau färben; **II** *v/pr se ~* sich färben (*de rouge* rot)
coloriage [kɔlɔʀjaʒ] *m* Malen *n* (mit Buntstift); *images* Ausmalen *n*; *faire du ~, des ~s* (mit Buntstiften) malen
colorier [kɔlɔʀje] *v/t* **1.** *enfant: dessin* ausmalen; *abs* malen; *album m à ~* Malbuch *f*; **2.** *estampe etc* kolo'rieren
coloris [kɔlɔʀi] *m* **1.** *PEINT* Kolo'rit *n*; Farbgebung *f ou* -wirkung *f*; **2.** *par ext* Farbe *f*; Färbung *f*; *aux riches ~* farbenprächtig
coloriste [kɔlɔʀist] *m* Kolo'rist *m*
colossal [kɔlɔsal] *adj* ⟨-aux⟩ riesenhaft; Riesen...; gewaltig; gi'gantisch; ungeheuer; *kolos'sal*; *Kolos'sal*...; *fortune ~e* gewaltiges Vermögen; Riesenvermögen *n*; *statue ~e* Kolossalstatue *f*; *personne d'une taille ~e* riesen-, hünenhaft

colossalement [kɔlɔsalmɑ̃] *adv* gewaltig; ungeheuer
colosse [kɔlɔs] *m* Ko'loß *m* (*statue et fig*); *fig d'une industrie, institution* Gi'gant *m*; Riese *m*; *fig ~ aux pieds d'argile* Koloß auf tönernen Füßen; *HIST ~ de Rhodes* Koloß von Rhodos; *personne c'est un vrai ~* er ist ein wahrer Koloß, Hüne
colostrum [kɔlɔstʀɔm] *m PHYSIOL* Ko'lostrum *n*; Vormilch *f*
colportage [kɔlpɔʀtaʒ] *m COMM* Hau'sieren *f*; Hau'sierhandel *m*
colporter [kɔlpɔʀte] *v/t* **1.** *COMM* hau'sieren (gehen) mit; **2.** *fig nouvelle* kolpor'tieren; über/all her'umerzählen; hau'sieren gehen mit
colporteur [kɔlpɔʀtœʀ] *m* Hau'sierer *m*
colt [kɔlt] *m* Colt *m*
coltiner [kɔltine] *v/pr* F *se ~ qn, un travail* F sich j-n, e-e Arbeit aufhalsen; *il faut se le ~* er ist schwer zu ertragen
columbarium [kɔlɔ̃baʀjɔm] *m* Urnenhalle *f*; Kolum'barium *n*
col-vert [kɔlvɛʀ] *m ZO* ⟨*pl* cols-verts⟩ Stockente *f*
colza [kɔlza] *m AGR* Raps *m*; *huile f de ~* Rapsöl *n*
coma [kɔma] *m MÉD* tiefe Bewußtlosigkeit; *sc* Koma *n*; *~ dépassé* Gehirntod *m*; *~ diabétique* Zuckerkoma *n*; *entrer dans le ~* in tiefe Bewußtlosigkeit versinken; *être dans le ~* im Koma sein, liegen; *sortir du ~* aus dem Koma erwachen
comateux [kɔmatø] *MÉD* **I** *adj* ⟨-euse⟩ koma'tös; **II** *m* Kranke(r) *m*, Pati'ent *m* im Koma
combat [kɔ̃ba] *m* Kampf *m* (*a fig et SPORTS*); *MIL a* Gefecht *n*; *~ aérien* Luftkampf *m*; *~ naval* Seegefecht *n*; *litt ~ singulier* Zweikampf *m*; *~ terrestre* Erdkampf *m*; *~ de boxe* Boxkampf *m*; *~ de coqs* Hahnenkampf *m*; *HIST ~ de gladiateurs* Gladia'torenkampf *m*; *~s de rues MIL* Straßenkämpfe *m/pl*; *par ext* Straßenschlacht *f*; *loc/adj: de ~* Kampf...; *avion m de ~* Kampfflugzeug *n*; *MIL et fig 'hors de ~* außer Gefecht; kampfunfähig; *mettre 'hors de ~* außer Gefecht setzen; kampfunfähig machen; *être* (*mis*) *'hors de ~* außer Gefecht gesetzt sein; kampfunfähig sein; *plais et le ~ cessa faute de combattants* die Schlägerei war vorbei, weil alle kampfunfähig waren; *par ext* die Diskussion endete, weil niemandem mehr etwas einfiel; *MIL livrer* (*un*) *~* e-e Schlacht schlagen, liefern; *fig livrer ~ à qc* etw bekämpfen; gegen etw kämpfen; *MIL marcher au ~* in den Kampf ziehen
combatif [kɔ̃batif] **I** *adj* ⟨-ive⟩ kämpferisch; kampf(es)lustig; *être ~* a e-e Kämpfernatur sein; Kampfgeist haben; **II** *m* Kämpfernatur *f*
combativité [kɔ̃bativite] *f* Kampfgeist *m*; Kampf(es)lust *f*; *MIL a* Kampfkraft *f*
combattant [kɔ̃batɑ̃] **I** *adj MIL* kämpfend; Kampf...; **II** *m* **1.** *MIL* Sol'dat *m* im Kampf; Frontsoldat *m*; Kombat'tant *m*; *~s pl* kämpfende Truppe(n) *f(pl)*; **2.** *ancien ~* (ehemaliger) Kriegsteilnehmer, Frontkämpfer; **3.** *par ext* Kämpfer *m*; Kämpfende(r) *m*; *séparer les ~s* die Strei-

combattre [kɔ̃batʀ(ə)] ⟨cf battre⟩ I v/t ~ **qn, qc** j-n, etw bekämpfen; gegen j-n, etw kämpfen; gegen etw ankämpfen; st/s gegen j-n fechten, streiten; II v/t/indir et v/i kämpfen, st/s streiten (*contre* gegen); ~ **contre qn, qc** à j-n, etw bekämpfen; ~ **pour le, son droit** für das, um sein Recht kämpfen; III v/pr se ~ sich, ein'ander bekämpfen; gegenein'ander kämpfen

combe [kɔ̃b] f GÉOGR Erosi'onstal n (*im Jura*)

combien [kɔ̃bjɛ̃] I adv 1. (*quelle quantité*) 'wieviel *ou* wie'viel; ♦ *avec de +subst:* ~ **de fois** wie oft; wievielmal; wie viele Male; ~ **de fois lui ai-je dit ...** wie oft habe ich ihm gesagt ...; F ich habe ihm schon hundertmal gesagt ...; ~ **y a-t-il de participants** *ou* ~ **de participants y a-t-il?** wieviel, wie viele Teilnehmer sind es?; ~ **de jours restez-vous?** wieviel Tage ...?; ~ **de temps** wie lang(e); wieviel Zeit; *depuis* ~ **de temps êtes-vous là?** wie lange sind Sie schon da?; *pour* ~ **de temps?** für wie lange?; ♦ *avec verbe:* **y a-t-il jusqu'à ...?** wie weit ist es bis ...?; ~ **coûte ...?** wieviel, was kostet ...?; ~ **vous dois-je?** *ou* **je vous dois** ~**?** was bin ich (Ihnen) schuldig?; wieviel schulde ich Ihnen?; F **c'est** ~**?** *ou* **ça fait** ~**?** wieviel macht das?; das macht wieviel?; ~ **sont-ils?** *ou* **il ou qu'ils sont?** wieviel, wie viele sind es?; ~ **pèse ...?** wieviel wiegt ...?; wie schwer ist ...?; ~ **en a-t-on vus qui ...** wie viele gab es, hat es gegeben, die ...; wie viele ...; ♦ *loc/adv* à ~ **évaluez- -vous ...?** (auf) wie hoch, auf wieviel schätzen Sie ...?; **de** ~ **a-t-il grandi?** um wieviel ist er gewachsen?; **2.** (*à quel point*) wie sehr; wie viel; *avec adj* wie; st/s ~ **rares sont ...!** wie selten sind ...!; *tu ne sais pas* ~ **je le regrette** ...; ~ **il a souffert ...** wie sehr er es bedauert, wie sehr *ou* wie viel er gelitten hat; *en incise* st/s ô ~**!** oh, so sehr!; II *subst* 1. date **le** ~ **sommes-nous?** *ou* **F c'est le** ~ **(aujourd'hui)?** der Wievielte ist, den Wievielten haben wir heute?; 2. F **tu es le, la** ~**?** der, die wievielte bist du?; F **vous chaussez du** ~**?** welche Schuhgröße haben Sie?; F **bus, train il passe tous les** ~**?** wie oft, in welchen Abständen fährt er?

combientième [kɔ̃bjɛ̃tjɛm] F pr/ind **le, la** ~ der, die, das wievielte; *il est arrivé le* ~**?** als wievielter ist er angekommen?

combinaison [kɔ̃binɛzɔ̃] f 1. Kombinati'on f (*a* MATH); Zu'sammenstellung f; CHIM Verbindung f; *d'un coffre-fort* (Buchstaben-, Zahlen)Kombinati'on f; ~ **de couleurs** Farbkombination f, -zusammenstellung f; 2. *fig* (*combine*) Mittel n; Kniff m; Trick m; péj ~**s** pl Praktiken f/pl; Machenschaften f/pl; péj krumme Touren f/pl; 3. a) *vêtement* Overall m; Kombinati'on f; ~ **spatiale** Raumanzug m; ~ **d'aviateur** Fliegerkombination f; ~ **de mécanicien** Mon'teuranzug m; ~ **de ski** Skianzug m; b) *sous-vêtement* 'Unterkleid n, -rock m

combinard [kɔ̃binaʀ] F péj adj durch-'trieben; F gerissen; geriebn; *il est* ~ *ou subst c'est un* ~ *a* F er ist mit allen Wassern gewaschen, ein Schla'winer

combinat [kɔ̃bina] m (Indu'strie)Kombi'nat n

combinatoire [kɔ̃binatwaʀ] adj kombina'torisch; MATH *analyse* f ~ Kombina'torik f

combine [kɔ̃bin] f F 1. péj Trick m; Kniff m; F Dreh m; Masche f; **connaître la** ~ F den Trick, Kniff, Dreh raushaben; **être dans la** ~ Bescheid wissen; eingeweiht sein; 2. *sous-vêtement* 'Unterkleid n, -rock m

combiné [kɔ̃bine] I adj kombi'niert; verbunden; II m 1. TÉL Hörer m; 2. SKI ~ **alpin** Al'pine Kombinati'on; ~ **nordique** nordische Kombination; 3. *pour femme* Korse'lett n; 4. TECH Radio- Phono-Kombination f

combiner [kɔ̃bine] I v/t 1. (*arranger*) kombi'nieren; zu'sammenstellen; anordnen; 2. CHIM verbinden; 3. *fig* (*organiser*) (vorbereiten und) organi'sieren; ausarbeiten; arran'gieren; II v/pr se ~ 4. CHIM sich verbinden; e-e Verbindung eingehen; 5. *fig* **ça s'est bien combiné** das hat gut geklappt

comble[1] [kɔ̃bl(ə)] m 1. (*maximum*) Gipfel m; Höhepunkt m; **le** ~ **de l'insolence** der Gipfel der Unverschämtheit; **pour** ~ **de malheur, de malchance** um das Unglück 'vollzumachen; zu allem Unglück; **c'est le, un** ~**!** das ist doch die Höhe, der Gipfel!; F das schlägt dem Faß den Boden aus!; *iron* **le** ~**, c'est que ...** und was das allerschönste ist ...; **sa colère était à son** ~ sein Zorn hatte den Siedepunkt erreicht; **sa joie était à son** ~ sein Glück war vollkommen; **être au** ~ **du désespoir** zu'tiefst verzweifelt sein; **être au** ~ **de la joie** 'überglücklich, selig sein; in (Glück)Seligkeit schwimmen; **mettre le** ~ **à la confusion** die Verwirrung 'vollständig machen; **mettre le** ~ **au désespoir, à la joie de qn** j-n in tiefste Verzweiflung stürzen; j-n 'überglücklich machen; **mettre qn au** ~ **de l'exaspération** j-n aufs äußerste reizen, erbittern; **2.** CONSTR Dach (-form) n(f); Dachstuhl m; ~**s** pl Dachgeschoß n; ~ **à la Mansart** Man'sard(en)dach n; *habiter* **sous les** ~**s** unter dem Dach; im Dachgeschoß n, in e-r Dachwohnung; **aménager les** ~**s** das Dachgeschoß ausbauen; *cf a fond 1.*

comble[2] [kɔ̃bl(ə)] adj *salle, cinéma* (gedrängt) voll; *train, bus* über'füllt; 'vollbesetzt; *fig* **la mesure est** ~ das Maß ist voll; **faire salle** ~ ein volles Haus, volle Häuser bringen; **jouer devant une salle** ~ vor ausverkauftem, vollbesetztem Haus spielen

comblement [kɔ̃bləma] m Zuschütten n; Auffüllen n

combler [kɔ̃ble] v/t 1. *fossé etc* zuschütten; auffüllen; 2. *fig: lacune, vide* ausfüllen; *déficit* ausgleichen; *retard* aufholen; ~ **un manque** e-m Mangel abhelfen; **avoir un énorme retard à** ~ e-n gewaltigen Nachholbedarf, Rückstand haben; 3. *vœux, désirs* befriedigen; *besoin* befriedigen; ~ **qn** j-s Wünsche, Hoffnungen in reichem Maß erfüllen; j-n ('über)glücklich machen; ~ **qn de qc** j-n mit etw über'schütten, über'häufen; ~ **qn de joie** j-n mit Freude erfüllen; *plais* **vous me comblez!** Sie verwöhnen mich!; *plais* womit hab' ich das verdient!; *adjt:* **être comblé** äußerst zu'frieden, p/fort ('über)glücklich sein; **comblé d'honneurs** mit Ehren überhäuft

combustible [kɔ̃bystibl(ə)] I adj brennbar; entzündlich, -bar; NUCL **élément** m ~ Brennelement n; II m Brennstoff m; ~ **nucléaire** Kernbrennstoff m; ~**s solides** feste Brennstoffe

combustion [kɔ̃bystjɔ̃] f CHIM, TECH, PHYSIOL Verbrennung f; ~ **lente** stille Oxidati'on; ~ **vive** (*eigentliche*) Verbrennung f

Côme [kom] Como; **le lac de** ~ der Comer See

comédie [kɔmedi] f 1. THÉ Ko'mödie f (*a genre*); Lustspiel n; ~ **musicale** ['mju:zikəl] n; ~ **d'intrigue** In'trigenstück n; ~ **de mœurs** Sittenkomödie f; ~ **de boulevard** Boule'vardstück n; **2.** *fig* The'ater n; Schauspiele'rei f; F Affentheater n; F **quelle** ~**!** F so ein Affentheater!; F **pas de** ~**!** kein Theater, Getue bitte!; **cesse tes** ~**s!** hör auf mit dem, diesem Theater!; **c'est de la** ~ das ist nur Theater, F Mache; F **faire toute une** ~ ein Drama daraus machen; F ein Affentheater machen; **jouer la** ~ schauspielern; Komödie (nur) Theater spielen

comédie-ballet [kɔmedibalɛ] f ⟨*pl* comédies-ballets⟩ THÉ Bal'lettkomödie f

Comédie-Française [kɔmedifʀɑ̃sɛz] f Comédie Française f (*Nationaltheater in Paris*)

coméd|ien, -ienne [kɔmedjɛ̃, -jɛn] f 1. a) (*acteur*) Schauspieler(in) m(f); *autrefois* Komödi'ant(in) m(f); **troupe** f **de comédiens** The'atertruppe f; En'semble n; b) (*acteur comique*) Darsteller(in) m(f) komischer Rollen; Komiker(in) m(f); **2.** *fig* Komödi'ant(in) m(f); Schauspieler(in) m(f); **c'est un vrai**, adjt **il est très comédien** (*a cabotin*) er schauspielert gern; er setzt sich gern in Szene; b) (*hypocrite*) er ist ein Heuchler, Komödiant; er spielt immer Theater

comédiens-français [kɔmedjɛ̃fʀɑ̃sɛ] m/pl (*Société* f **des**) ~ ständige Mitglieder n/pl der Comédie Française

comédon [kɔmedɔ̃] m Mitesser m

comestible [kɔmɛstibl(ə)] I adj eßbar; genießbar; **champignon** m ~ Speisepilz m; II m ~**s** Eßwaren f/pl; Nahrungs-, Lebensmittel n/pl

comète [kɔmɛt] f ASTR Ko'met m; *fig* **tirer des plans sur la** ~ Luftschlösser bauen

comices [kɔmis] m/pl ~ **agricoles** Bauerntag m; Landwirtschaftsmesse f

comique [kɔmik] adj 1. THÉ, CIN ko-misch; Ko'mödien...; Lustspiel...; **acteur** m Komiker m; Darsteller m komischer Rollen; **auteur** m ~ Komödien-, Lustspieldichter m; Verfasser m von Komödien; **genre** m, **théâtre** m ~ Komödie f (*als Gattung*); **personnage** m ~ lustige, komische Person; **pièce** f ~ Komödie f; **rôle** m ~ komische Rolle f; **2.** (*amusant*) komisch; spaßig; lustig; ulkig; drollig; II m 1. (*éléments comiques*) Komik f; ~ **de caractère, de situation** Cha'rakter-, Situati'onskomik f; **le** ~ **d'une scène** die Komik e-r

Szene; *par ext* **le ~ de la chose, c'est que ...** das Lustige an der Sache ist, daß ...; **2.** *genre* Ko'mödie *f*; **3.** *acteur* Komiker *m*; Darsteller *m* komischer Rollen
comité [kɔmite] *m* Ausschuß *m*; Komi'tee *n*; Kommissi'on *f*; Gremium *n*; **~ consultatif** beratender Ausschuß; Beirat *m*; **~ directeur** Vorstand *m*; leitendes Gremium; **~ exécutif** Exeku'tivausschuß *m*, -komitee *n*; **~ d'action** Akti'onskomitee *n*; **~ de coordination** Koordi'nierungsausschuß *m*; **~ de défense** Inter'essengemeinschaft *f*; Bürgerinitiative *f*; **~ d'entreprise** *correspond à* Betriebsrat *m*; **~ des fêtes** Festkomitee *n*; HIST **~ de salut public** Wohlfahrtsausschuß *m*; **~ de soutien** Hilfskomitee *n*; *loc/adv:* **fig en petit ~** in engstem, kleinem Kreis; **en ~ secret** in nichtöffentlicher Sitzung
commandant [kɔmɑ̃dɑ̃] *m* **1.** MIL **a)** grade Ma'jor *m*; **b)** (*chef*) Komman'deur *m*; MAR, AVIAT Komman'dant *m*; **~ en chef** (Ober)Befehlshaber *m*; **2.** MAR Kapi'tän *m*; AVIAT **~ de bord** Flugkapitän *m*
commande [kɔmɑ̃d] *f* **1.** COMM Bestellung *f* (*a marchandise commandée*); Auftrag *m*; Auftragserteilung *f*; *loc/adv* **à la ~** bei Bestellung; *loc/adj de* **~ a)** Bestell...; **b)** *fig* sourire etc zur Schau getragen; gespielt; *loc/adv* **sur ~ a)** auf Bestellung; **b)** *fig* auf Befehl, Kom'mando; **faire, passer une ~ à qn** bei j-m e-e Bestellung aufgeben, machen; j-m e-n Auftrag erteilen; **2.** TECH **a)** (*mise en action*) Antrieb *m*; **~ électrique** elektrischer Antrieb; **b)** *mécanisme* Steuerung *f*; Lenkung *f*; Schaltung *f*; **~ à distance** Fernsteuerung *f*, -lenkung *f*; *loc/adj de* **~** Steuer...; Schalt...; Bedienungs...; **être aux ~s**, *fig* tenir les ~s steuern, lenken (*de qc* etw); **se mettre aux ~s, prendre les ~s** das Steuer, die Führung über'nehmen (*a fig*); *cf a* **double-commande**
commandement [kɔmɑ̃dmɑ̃] *m* **1.** MIL **a)** (*ordre*) Befehl *m*; Kom'mando *n*; *par ext* **ton m de ~** Befehlston *m*; **à mon ~, ...!** auf mein Kommando, ...!; **b)** (*pouvoir de commander*) Befehl(sgewalt) *m(f)*, Kom'mando(gewalt) *n(f)*; **(d'une armée)** über e-e Armee); **~** Führung *f* (e-r Armee); **prendre le ~ (d'une armée)** das Kommando, den Befehl (über e-e Armee) über'nehmen; **exercer le ~ d'une armée** den Befehl über e-e Armee haben, führen; **être sous le ~ de qn** unter j-s Befehl, Kommando (*dat*) stehen; von j-m befehligt werden; **c)** *autorité militaire* Kom'mando(behörde) *n(f)*; **'haut ~, ~ suprême** Oberkommando *n*; **2.** REL Gebot *n*; **les dix ~s of qn** die Zehn Gebote *n/pl*
commander [kɔmɑ̃de] **I** *v/t* **1.** COMM, *qc au café, taxi etc* bestellen; COMM *a*, *œuvre d'art* in Auftrag geben (**à qn** bei j-m); **2. a)** MIL *troupes* komman'dieren; befehligen; den Befehl haben, führen über (+*acc*); **général commandant un corps d'armée** Kommandierender General (*e-s Armeekorps*); **b)** *par ext employés, expédition etc* führen; leiten; die Führung, Leitung haben (+*gén*); **c)** **~ qn** j-n komman'dieren; j-m befehlen; F j-n her'umkommandieren; **il n'aime**

pas qu'on le commande er läßt sich nicht gern befehlen, F herumkommandieren; **3.** MIL *attaque, retraite etc* befehlen; den Befehl geben zu; *par ext action, mesures* anordnen; **4.** (*dominer*) (durch s-e Lage) beherrschen; *forteresse, ville* **~ l'accès à qc** den Zugang zu etw beherrschen, kontrol'lieren; **5.** (*exiger*) *situation: patience, courage etc* erfordern; verlangen; erforderlich machen; **6.** TECH betätigen; steuern; wirken auf (+*acc*); antreiben; **II** *v/t/indir* **7. à qn de** (+*inf*) j-m befehlen, den Befehl geben zu (+*inf*); **8.** *fig* **~ à ses passions, sentiments** s-e Leidenschaften, Gefühle beherrschen; **III** *v/i* befehlen; den Befehl, das Kom'mando haben, führen; **qui est-ce qui commande ici?** *a* wer gibt hier die Befehle?; **IV** *v/pr sentiment* **ne pas se ~** sich nicht erzwingen lassen
commanderie [kɔmɑ̃dʀi] *f* HIST Komtu'rei *f*
commandeur [kɔmɑ̃dœʀ] *m* **1.** *de la Légion d'honneur* Kom'tur *m* (*a* HIST); Komman'deur *m*; **2.** ISLAM **~ des croyants** Beherrscher der Gläubigen
commanditaire [kɔmɑ̃ditɛʀ] *m* COMM Kommandi'tist *m*; *schweiz* Kommandi'tär *m*; (*bailleur de fonds*) Geldgeber *m*
commandite [kɔmɑ̃dit] *f* COMM (*société f en*) **~** Komman'ditgesellschaft *f* (*abr* KG)
commanditer [kɔmɑ̃dite] *v/t* COMM Kapi'tal einbringen in (+*acc*); finan'zieren
commando [kɔmɑ̃do] *m* Kom'mando *n*; *de terroristes a* Gruppe *f*; MIL **opération f de ~** Kommandounternehmen *n*
comme [kɔm] **I** *conj dans des comparaisons* wie; **tout ~** genau(so), ebenso, gerade(so) wie; **ce n'est pas terminé, mais c'est tout ~** es ist so gut wie fertig; **a)** *avec subst*: **~ son frère** (ebenso) wie sein Bruder; **et moi, ~ un idiot, ...** F und ich, blöd wie ich bin, ...; **blanc ~ neige** weiß wie Schnee; schneeweiß; **il oubliera cela (tout) ~ le reste** (genauso) wie alles übrige; ♦ *énumération*: **les animaux domestiques ~ le chien, le chat** wie (zum Beispiel) der Hund, die Katze; ♦ *atténuation*: **j'ai entendu ~ une explosion** so etwas wie e-e Explosion; **j'ai ~ une idée que ...** ich habe so e-e Ahnung, das Gefühl, daß ...; **b)** *avec pr*: **l'un l'autre parlent ...** der eine wie der andere spricht ...; beide sprechen ...; **un homme ~ lui** wie er; F **~ tout** äußerst; höchst; F unwahrscheinlich; *cf a* **ça 1.**, **quoi II 1.**; **c)** *avec adv et adj*: **~ autrefois** wie früher; **la ville était ~ morte** wie ausgestorben; **d)** *avec conj*: **il fit un geste ~ pour m'interrompre** als wollte er mich unter'brechen; als ob er mich unterbrechen wollte; **~ quand il fait de l'orage** so wie bei (e-m) Gewitter; **~ si** als ob; F als wenn; **~ s'il ne le savait pas** als ob er es nicht wüßte; **e)** *avec verbe*: **faites ~ il vous plaira** machen Sie es, wie Sie wollen; **~ vous voulez ou voudrez** wie Sie wollen; **II** *conj* **1.** *temporel* als; **~ nous partions** als wir aufbrachen; **2.** *causal* da; **je n'avais pas le temps** da ich keine Zeit hatte; **III** *adv* **1.** *surtout dans des exclamations* wie; wie sehr; F **~ vous y allez!** F na, Sie

sind (vielleicht) gut!; **tu sais ~ il est** du weißt, wie er ist; **~ c'est laid!** wie häßlich das ist!; **Dieu sait ~!** weiß der Himmel *ou* Teufel, wie!; F **il faut voir ~!** das muß man gesehen haben!; aber wie!; **2.** (*en tant que*) als; **~ collègue, il est très agréable** als Kollege; **~ livres, il n'a que ...** an Büchern hat er nur ...; **c'est très intéressant ~ travail** es ist e-e sehr interessante Arbeit
commémoratif [kɔmemɔʀatif] *adj* (-ive) Gedenk...; **cérémonie commémorative** Gedenk-, Gedächtnisfeier *f*
commémoration [kɔmemɔʀasjɔ̃] *f* **1.** (*souvenir*) Gedenken *n*; *st/s* Gedächtnis *n*; **en ~ de** zum Gedenken an (+*acc*); **2.** *cérémonie* Gedächtnis-, Gedenkfeier *f*
commémorer [kɔmemɔʀe] *v/t* (mit e-r Feier) gedenken (+*gén*); feierlich begehen
commencement [kɔmɑ̃smɑ̃] *m* Anfang *m*; Beginn *m*; **~ d'incendie** beginnender Brand; **~ du monde** Entstehung *f* der Welt; **~ des temps** Beginn, Anfang der Zeiten; *loc/adv* **au ~** am Anfang; zu, bei Beginn; anfangs; anfänglich; BIBL **a im Anfang**; *loc/prép* **au ~ de** am Anfang (+*gén*); *loc/adv*: **du ~ à la fin** von Anfang bis Ende; vom Anfang bis zum Ende; **depuis le ~** von Anfang, Beginn an; seit dem Anfang, Beginn; **dès le ~** schon zu, bei Beginn, am Anfang; von Anfang an; **c'est le ~ de la fin** das ist der Anfang vom Ende; *prov* **il y a (un) ~ à tout** aller Anfang ist schwer (*prov*); es ist noch kein Meister vom Himmel gefallen (*prov*)
commencer [kɔmɑ̃se] ⟨-ç-⟩ **I** *v/t* **1.** *personne* **~ qc** (mit) etw beginnen, anfangen; **~ des, ses études** das, sein, mit dem Studium anfangen, beginnen; **nous avions commencé les 'hors-d'œuvre'** wir waren gerade bei der Vorspeise; **~ la lecture d'un roman** mit der Lektüre e-s Romans beginnen, anfangen; **~ un roman** e-n Roman (zu lesen *ou* schreiben) beginnen, anfangen; **~ qc par qc** etw mit etw beginnen, anfangen; **~ son discours par ...** s-e Rede mit ... beginnen, einleiten; **~ sa journée par ...** den Tag mit ... beginnen, anfangen; **2.** *chose* **~ qc** am Anfang e-r Sache (*gén*) stehen; den Auftakt zu etw bilden; etw einleiten; *mot* **~ une phrase** am Anfang e-s Satzes stehen; **~ un élève** e-m Schüler die Grundbegriffe beibringen; **II** *v/t/indir* **~ à** *ou* **de** (+*inf*) anfangen, beginnen zu (+*inf*); F **je commence à en avoir assez** F jetzt langt's mir allmählich; jetzt hab' ich's allmählich satt; **~ à comprendre** beginnen, anfangen zu verstehen, begreifen; allmählich verstehen, begreifen; **il commençait à étouffer** er war dem Ersticken nahe, kurz vor dem Ersticken; F **ça commence à bien faire** F jetzt langt's aber allmählich; **~ à jouer** zu spielen anfangen, beginnen; MUS *a* einsetzen; **~ à manger** zu essen, mit dem Essen anfangen, beginnen; **~ à parler** zu reden, *a enfant* zu sprechen beginnen, anfangen; ♦ **~ par faire qc** zu'erst, zu'nächst, anfangs etw tun; **commence par faire tes devoirs**, tu

joueras après mach zuerst deine Aufgaben ...; **~ par qc** mit etw beginnen, anfangen; **par où ~?** wo(mit) (soll ich ou sollen wir) beginnen, anfangen?; *il commence par où il devrait finir* er tut den zweiten Schritt vor dem ersten; *le spectacle commence par un ballet* die Vorstellung beginnt mit ..., fängt mit ... an, wird von ... eingeleitet; *commençons par le commencement* beginnen wir am, beim, mit dem Anfang; **III** *v/i* ⟨*Zustand* être⟩ anfangen; beginnen; *personne a* den Anfang machen; *production a* anlaufen; *l'été commence le 21 juin* der Sommer beginnt am ...; F *ça commence mal, iron bien* F iron das fängt ja gut an; *les travaux (s)ont commencé(s)* haben begonnen; *dire en commençant* zu Beginn, am Anfang, anfangs; **IV** *v/imp il commence à faire chaud* es wird all'mählich warm; *il commence à pleuvoir* es beginnt, fängt an zu regnen
commensal [kɔmɑ̃sal] *m* ⟨*pl* -aux⟩ *litt* Tischgenosse *m*
commensurable [kɔmɑ̃syRabl(ə)] *adj* MATH kommensu'rabel
comment [kɔmɑ̃] **I** *adv* wie; ♦ **~?** wie (bitte)?; *impoli* was?; **~!** *vous ne le saviez pas?* wie, ...?; was, ...?; ♦ **~ ça ou cela?** (*expliquez mieux*) wie denn das?; **~ donc** *ou* **diable**, *a-t-il pu faire?* wie zum Teufel ...?; *je peux en prendre?* – *mais ~ donc!* aber selbstverständlich, natürlich!; *pour renforcer* F **et ~!** und wie!; F **~ qu'on l'a eu!** F den haben wir ganz schön hereingelegt!; F **~ qu'elle est?** wie ist sie denn?; ♦ **~ allez-vous?** wie geht es Ihnen?; *ou* **faire?** wie soll man *ou* soll ich *ou* sollen wir das machen?; **~ y vas-tu?** wie kommst du hin?; *je ne sais pas* **~ il a fait** wie er es gemacht hat; *voilà* **~ il faut faire** so muß man es, das machen; **II** *subst* ⟨*inv*⟩ *le ~* das Wie
commentaire [kɔmɑ̃tɛʀ] *m* **1.** *dans les médias, JUR, BIBL etc* Kommen'tar *m*; *d'un documentaire* (Begleit)Text *m*; *~ de presse* Pressekommentar *m*; *fig:* *pas de ~* kein Kommentar!; *à un enfant pas de ~!* kein Wort mehr!; keine 'Widerrede!; *sans ~!* ou *cela se passe de ~(s)* Kommentar 'überflüssig!; **2.** (*propos malveillants*) **~s** *pl* Gerede *n*; Re'deien *f/pl*; *faire des ~s sur qn, qc* über j-n, etw (abfällig) reden, abfällige Bemerkungen machen; **3.** ÉCOLE ~ (*composé, de texte*) Textinterpretation *f*, -analyse *f*
commenta|teur [kɔmɑ̃tatœʀ] *m*, **~trice** *f* Kommen'tator *m*, Kommenta'torin *f*
commenter [kɔmɑ̃te] *v/t* kommen'tieren; *adjt visite commentée* Führung *f*
commérages [kɔmeʀaʒ] *m/pl* Klatsch *m*; Gerede *n*; Re'deien *f/pl*; F Tratsch *m*; Tratsche'rei *f*
commerçant [kɔmɛʀsɑ̃] **I** *adj* Handels...; handeltreibend; Geschäfts...; *rue ~e* Geschäftsstraße *f*; *il est très ~* er ist ein sehr guter Geschäftsmann; **II** *subst* **~(e)** *m(f)* Kaufmann *m*, Kauffrau *f* (*a JUR*); *par ext* Geschäftsmann *m*, -frau *f*; *les petits ~s* die kleinen Kaufleute *pl*; die (kleinen) Einzelhändler *m/pl*; **~ de** *ou* **en gros** Großhändler *m*; Gros'sist *m*

commerce [kɔmɛʀs] *m* **1.** Handel *m*; *~ extérieur* Außenhandel *m*; *~ intérieur* Binnenhandel *m*; *~ de détail* Einzel-, De'tail-, Kleinhandel *m*; *~ de*, *en gros* Großhandel *m*; *chambre f, école f de ~* Handelskammer *f*, -schule *f*; *employé m de ~* kaufmännische(r) Angestellte(r); *loc/adv* *dans le ~* im Handel; *être dans le ~* *personne* im Handel tätig sein; Kaufmann sein; *chose* im Handel (erhältlich) sein; *cela est ou se trouve dans le ~ a* das gibt es zu kaufen; *faire du ~* Handel treiben; *faire le ~ de qc* mit etw handeln; *fig faire ~ de ses charmes, de son corps* sich, ihren Körper verkaufen; **2.** (*magasin*) Geschäft *n*; Laden *m*; *tenir un ~* ein Geschäft haben, führen; **3.** (*commerçants*) *le ~* der Handel; *le petit ~* die kleinen Kaufleute *pl*; der Einzelhandel; **4.** *litt il est d'un ~ agréable* der 'Umgang mit ihm ist angenehm
commercer [kɔmɛʀse] *v/i* ⟨-ç-⟩ Handel treiben (*avec qn* mit j-m)
commercial [kɔmɛʀsjal] ⟨*m/pl* -aux⟩ **I** *adj* **1.** Handels...; kaufmännisch; kommerzi'ell; Geschäfts...; *entreprise ~e* Handelsunternehmen *n*; *français ~* Kaufmannsfranzösisch *n*; *locaux commerciaux* Geschäftsräume *m/pl*; gewerbliche Räume *m/pl*; *relations ~es* Handelsbeziehungen *f/pl*; **2.** *péj* nur dem Kom'merz dienend; *par ext* reißerisch; *film etc ~* Reißer *m*; **II** *subst* **1.** *m employé* kaufmännische(r) Angestellte(r) *m*; **2.** *m secteur* kaufmännischer, kommerzi'eller Bereich; **3.** *f ~e* AUTO Kombi(wagen) *m*
commercialisation [kɔmɛʀsjalizasjɔ̃] *f* Vertrieb *m*; Vermarktung *f*; Kommerziali'sierung *f* (*a péj du sport etc*); *il faut attendre la ~* man muß warten, bis es in den Handel kommt
commercialiser [kɔmɛʀsjalize] *v/t* in den Handel bringen; vermarkten; kommerziali'sieren (*a fig et péj*)
commère [kɔmɛʀ] *f* **1.** Klatschbase *f*, -weib *n*; **2.** *litt* Gevatterin *f*
commettre [kɔmɛtʀ(ə)] ⟨*cf* mettre⟩ **I** *v/t crime, péché, erreur etc* begehen; *crime a* verüben; *~ une injustice* (*à l'égard de qn*) (j-m gegenüber) e-e Ungerechtigkeit begehen, ungerecht sein; **II** *v/pr* **1.** *se ~ avec qn* sich mit j-m einlassen; **2.** *sens passif il se commet des injustices etc* ... werden begangen, geschehen
comminatoire [kɔminatwaʀ] *adj* *st/s* (*menaçant*) drohend; Droh...
commis [kɔmi] **I** *m* **1.** kaufmännische(r) Angestellte(r) *m*; Handlungsreisende(r) *m*; *~ voyageur* Handlungsreisende(r) *m*; *~ aux écritures* Konto'rist *m*; **2.** *les grands ~ de l'État* die hohen Staatsbeamten *m/pl*; **3.** *de ferme* Knecht *m*; *~ boulanger* Bäckergeselle *m*; **II** *adj* JUR beauftragt; bestellt
commisération [kɔmizeʀasjɔ̃] *f* Mitleid *n*; *avoir, éprouver de la ~ pour qn* für j-n Mitleid empfinden
commissaire [kɔmisɛʀ] *m* **1.** (*de police*) (Poli'zei)Kommis'sar *m*; **2.** ADM, POL Kommis'sar *m*; *österr, schweiz* Kommis'sär *m*; COMM *~ aux comptes* Rechnungs-, Wirtschaftsprüfer *m*; **3.** SPORTS Kampfrichter *m*
commissaire-priseur [kɔmisɛʀpʀi-

zœʀ] *m* ⟨*pl* commissaires-priseurs⟩ Auktio'nator *m*; Versteigerer *m*
commissariat [kɔmisaʀja] *m* **1.** *~* (*de police*) Poli'zeirevier *n*, -dienststelle *f*; **2.** ADM, POL Kommissari'at *n*; ⚔ *à l'énergie atomique cf* C.E.A.
commission [kɔmisjɔ̃] *f* **1.** (*message*) Auftrag *m*; (*course*) Besorgung *f*; *~s pl* (*achats*) (tägliche) Einkäufe *m/pl*, Besorgungen *f/pl*; *s'acquitter d'une ~* e-n Auftrag erledigen, ausführen; *envoyer qn faire une ~ ou envoyer qn en ~* j-n zum Einkaufen schicken; j-n etw besorgen lassen; *faire les ~s* die (täglichen) Einkäufe machen; einkaufen; F einholen (gehen); *faire une ~ pour qn* für j-n etw besorgen; für j-n e-n Auftrag erledigen; *faire faire une ~ par qn* j-n mit etw beauftragen; j-m e-n Auftrag geben; *transmettre une ~ à qn* j-m e-n Auftrag, e-e Nachricht über'mitteln; j-m etw bestellen; **2.** *groupe* Kommissi'on *f*; Ausschuß *m*; *parlementaire* parlamentarischer Ausschuß; Parla'mentsausschuß *m*; *~ d'enquête* Unter'suchungs-, Ermittlungsausschuß *m*; Unter'suchungskommission *f*, ÉCOLE *~ d'examen* Prüfungskommission *f*, -ausschuß *m*; **3.** COMM Provisi'on *f*; Vermittlungsgebühr *f*; *toucher dix pour cent de ~s* zehn Prozent Provision erhalten; **4.** *enf faire sa grosse, sa petite ~* *enf* ein großes, kleines Geschäft verrichten
commissionnaire [kɔmisjɔnɛʀ] *m* **1.** COMM Kommissio'när *m*; *~ en douane* Zollagent *m*; **2.** (*coursier*) Bote *m*; Laufbursche *m*
commissure [kɔmisyʀ] *f* ANAT *~ des lèvres* Mundwinkel *m*
commode¹ [kɔmɔd] *adj* **1.** *solution, trajet etc* bequem; *outil, moyen* praktisch; F *ce serait trop ~* das könnte dir *ou* ihm *etc* so passen; *pas ~ à traduire etc* schwer, schwierig zu über'setzen(d) *etc*; **2.** *personne n'être pas ~* unzugänglich, schwierig, F ein schwieriger Kunde sein
commode² [kɔmɔd] *f* Kom'mode *f*
commodément [kɔmɔdemɑ̃] *adv* bequem
commodité [kɔmɔdite] *f* **1.** Bequemlichkeit *f*; *pour plus de ~* bequemlichkeitshalber; aus praktischen Gründen; **2.** *~s* (*facilités*) Kom'fort *m*; Annehmlichkeiten *f/pl*; **3.** *plais ~s pl* (*W.-C.*) Toi'lette *f*; F Örtlichkeiten *f/pl*
commotion [kɔmɔsjɔ̃] *f* MÉD Erschütterung *f*; *~ cérébrale* Gehirnerschütterung *f*
commotionner [kɔmɔsjɔne] *v/t* in e-n Schockzustand versetzen
commuer [kɔmɥe] *v/t* JUR *peine* 'umwandeln (*en* in +*acc*)
commun [kɔmɛ̃, -mœn] **I** *adj* ⟨*une* [-yn]⟩ **1.** (*collectif*) gemeinsam (*a* MATH); gemeinschaftlich; Gemeinschafts...; allgemein; Gemein...; *fosse ~e* Massen-, Sammelgrab *n*; LING *nom ~* Gattungsname *m*; Appella'tiv(um) *n*; *salle ~e* Gemeinschaftsraum *m*; *sens ~* gesunder Menschenverstand; *vie ~e* gemeinsames *ou* gemeinsam, zu'sammen verbrachtes Leben; Zu'sammenleben *n*; *volonté ~e* allgemeiner Wunsch, Wille; ♦ *mur ~ à deux propriétés* gemeinsame Mauer zweier Grundstücke; *loc/adj et loc/adv en ~* gemeinsam; zu-

'sammen; gemeinschaftlich; Gemeinschafts...; *transports m/pl en ~* öffentliche Verkehrsmittel n/pl; Massenverkehrsmittel n/pl; *mettre en ~* zu'sammentun, -legen; *travailler en ~* gemeinsam, zusammen arbeiten; ♦ *n'avoir de ~ que ...* nur ... mitein'ander gemein(sam) haben; *il n'a rien de ~ avec ...* er hat nichts gemein(sam) mit ..., keinerlei Ähnlichkeit mit ...; *avoir des intérêts ~s* gemeinsame Interessen haben (*avec qn* mit j-m); *c'est un point ~ entre eux* das haben sie beide gemein(sam); das ist ihnen beiden gemein(sam); **2.** (*ordinaire, banal*) gewöhnlich (*a péj*); all'täglich; *choses a* häufig, üblich; gebräuchlich; weitverbreitet; *péj* (*vulgaire*) *personne, voix* ordi'när; *lieu ~* Gemeinplatz m; *peu ~* außergewöhnlich; nicht alltäglich; *c'est une erreur très ~e* das ist ein häufiger, weitverbreiteter Irrtum; **3.** *ZO, BOT* gemein; *mouche ~e* Gemeine Stubenfliege; **II** m **1.** *le ~ des mortels* das Gros; die große Masse (der Menschen); die meisten Menschen; F der große Haufen; *litt et péj* **les gens du ~** das gemeine, niedere, einfache Volk; **2.** *œuvre, personnalité 'hors du ~* außergewöhnlich; her'vorragend; **3.** *~s pl d'un château, couvent* Wirtschaftsgebäude n/pl

communal [kɔmynal] *adj* ⟨-aux⟩ kommu'nal; Kommu'nal...; Gemeinde...; gemeindlich; *budget ~* Gemeindehaushalt m; *école ~e ou subst* F *~e f* (fünfklassige) Volksschule

commun|ard [kɔmynaʀ] m, *~arde f HIST* Mitglied n, Anhänger(in) m(f) der Pa'riser Kom'mune

communautaire [kɔmynotɛʀ] *adj* **1.** Gemeinschafts...; **2.** *POL* der EG; EG-...; der EU; EU-...

communauté [kɔmynote] f **1.** (*caractère identique*) Gemeinsamkeit f; Über'einstimmung f; *~ de goûts* gemeinsame, gleiche Neigungen f/pl; Gemeinsamkeit der Interessen; **2.** *coll* Gemeinschaft f (*a POL, REL*); *ADM* Gemeinwesen n; *de personnes vivant en commun* Wohngemeinschaft f; *⚤ européenne* Europäische Gemeinschaft; *cf a C.E.E.*; *loc/en ~* gemeinsam; gemeinschaftlich; **3.** *JUR de biens* Gütergemeinschaft f

commune [kɔmyn] f **1.** *ADM* Gemeinde f; Kom'mune f; **2.** *HIST la ⚤ de Paris* die Pa'riser Kom'mune f; **3.** *en Grande-Bretagne* **les ⚤s** *ou* **la Chambre des ~s** das 'Unterhaus; **4.** *en Chine ~ populaire* Volkskommune f

communément [kɔmynemɑ̃] *adv* allgemein; gemeinhin; (für) gewöhnlich

communi|ant [kɔmynjɑ̃] m, *~ante f ÉGL CATH* Kommu'nikant(in) m(f); *premier (première) ~(e)* Erstkommunikant(in) m(f)

communicable [kɔmynikabl(ə)] *adj* mitteilbar

communicant [kɔmynikɑ̃] *adj* mitein'ander in Verbindung stehend; *PHYS vases ~s* kommuni'zierende Röhren f/pl

communicatif [kɔmynikatif] *adj* ⟨-ive⟩ **1.** *personne* mitteilsam; kon'taktfreudig; **2.** *fou rire etc* ansteckend

communication [kɔmynikasjɔ̃] f **1.** (*contact*) Kommunikati'on f (*a sc*); Verbindung f; Verständigung f; Kon'takt m; *~ verbale* verbale Kommunikation; *être en ~ avec qn* mit j-m in Verbindung stehen; *mettre qn en ~ avec qn* den Kontakt zwischen j-m und j-m herstellen; **2. a)** (*action de communiquer*) Mitteilung f; Bekanntgabe f; Über'mittlung f; *avoir ~ de qc* von etw Kenntnis haben *ou* erhalten; *demander ~ d'un dossier* Einsicht in e-e Akte verlangen; *donner ~ de qc* etw mitteilen, bekanntgeben (*à qn* j-m); *prendre ~ de qc* Einsicht in etw (*acc*) nehmen; **b)** (*message*) Mitteilung f; Nachricht f; *scientifique* (kurzer) Bericht m; **3.** (*liaison*) Verbindung f; *~s pl ou voies f/pl de ~* Verkehrsverbindungen f/pl, -wege m/pl; *porte f de ~* Verbindungstür f; **4.** *TÉL* Verbindung f; (*conversation*) Gespräch n; *~ internationale, interurbaine, urbaine* Auslands-, Fern-, Ortsgespräch n; *~ radiophonique* Funkverbindung f; *~ téléphonique* a Fernsprech-, Tele'fonverkehr m; *demander une ~* ein Gespräch anmelden; *donner une mauvaise ~* falsch verbinden; *donnez-moi la ~ avec ..., s'il vous plaît* verbinden Sie mich bitte mit ...; *prendre la ~* das Gespräch annehmen; ans Telefon gehen

communier [kɔmynje] *v/i* **1.** *ÉGL CATH* kommuni'zieren; die Kommuni'on empfangen; zur Kommuni'on gehen; *PROT* das Abendmahl nehmen; **2.** *st/s* sich innig verbunden, eins fühlen

communion [kɔmynjɔ̃] f **1.** *ÉGL CATH* Kommuni'on f; *PROT* Abendmahl n; *~ privée* Frühkommunion f; *première ~ ou ~ solennelle* Erstkommuni'on f; *faire sa première ~* zur Erstkommunion gehen, kommen; die erste heilige Kommunion empfangen; **2.** *REL* (*union*) *~ des fidèles, des saints* Gemeinschaft f der Gläubigen, der Heiligen; **3.** *fig et st/s* Über'einstimmung f; Ein-, Gleichklang m; Einssein n; *être en ~ d'esprit avec qn* mit j-m geistig über'einstimmen

communiqué [kɔmynike] m Bekanntmachung f; Mitteilung f; Meldung f; *POL* Kommuniqué n; *~ final* Schlußkommuniqué n; *~ de presse* Pressemeldung f, -mitteilung f

communiquer [kɔmynike] **I** *v/t* **1.** *renseignements, sentiments* mitteilen; *nouvelle a* bekanntgeben; 'durchgeben, veröffentlichen; *dossier* über'mitteln; *~ qc à qn* a j-n von etw in Kenntnis setzen; **2.** *maladie, enthousiasme, PHYS mouvement* über'tragen (*à* auf +*acc*); *mouvement a* mitteilen (+*dat*); *qc à qn* j-n mit etw anstecken (*a fig*); *le soleil communique sa chaleur à la Terre* die Sonne vermittelt der Erde ihre Wärme; **II** *v/i* **3.** in Verbindung stehen *ou* treten (*entre eux* miteinander; *avec qn* mit j-m); sich verständigen (*par signes* mit Zeichen); **4.** *pièces* inein'andergehen; mitein'ander in Verbindung stehen; *faire ~* mitein'ander verbinden; **III** *v/pr* **5.** *se ~ feu etc* sich ausbreiten (*à* auf +*acc*); **6.** *se ~ qc* ein'ander etw mitteilen, bekanntgeben; etw austauschen

commun|isme [kɔmynism(ə)] m Kommu'nismus m; *~iste* **I** *adj* kommu'nistisch; **II** *m,f* Kommu'nist(in) m(f)

commutat|eur [kɔmytatœʀ] m *ÉLECT* Schalter m; 'Umschalter m; *~if adj* ⟨-ive⟩ *MATH* kommuta'tiv

commutation [kɔmytasjɔ̃] f **1.** *MATH, LING* Kommutati'on f; Vertauschung f; **2.** *JUR ~ de peine* Strafumwandlung f

commuter [kɔmyte] *v/t MATH, LING* kommu'tieren; vertauschen

Comores [kɔmɔʀ] **les ~** f/pl die Ko'moren pl

comorien [kɔmɔʀjɛ̃] **I** *adj* ⟨*~ne*⟩ ko'morisch; **II** *subst ⚤(ne)* m(f) Ko'morer(in) m(f)

compacité [kɔ̃pasite] f Dichte f; Dichtigkeit f; Kom'paktheit f

compact [kɔ̃pakt] **I** *adj* **1.** (*dense*) dicht; fest; kom'pakt; *foule* dicht(gedrängt); *poudre ~e* Kompaktpuder m; **2.** (*peu encombrant*) kom'pakt; Kom'pakt...; raumsparend; *~ m* **1.** *disque CD* f; *chaîne hi-fi* Kom'pakt(stereo)anlage f

compagne [kɔ̃paɲ] f Gefährtin f; *d'un homme a* Lebensgefährtin f; *~ de classe* Schulkameradin f

compagnie [kɔ̃paɲi] f **1.** (*présence, société*) Gesellschaft f; Begleitung f; *dame f de ~* Gesellschafterin f; Gesellschaftsdame f; F *salut la ~!* F guten Tag zu'sammen!; *südd* grüß Gott mitein'ander!; *avec la seule ~ de* nur in Begleitung von (*ou* +*gén*); *de ~ (avec)* gemeinsam, zu'sammen (mit); *aller de ~ personnes* zusammen (hin)gehen; *choses* Hand in Hand gehen (*avec* mit); *en ~ de* gemeinsam, zu'sammen mit; in Begleitung, Gesellschaft von (*ou* +*gén*); *se plaire en la ~ de qn* gern(e) mit j-m zu'sammensein; *il est de bonne ~, c'est un homme de bonne ~, il est d'une ~ agréable* er ist ein angenehmer Gesellschafter; es macht Freude, mit ihm zu'sammenzusein; *c'est un homme de mauvaise ~* er ist e-e etwas zwielichtige Fi'gur; *c'est une joyeuse ~* es, das ist e-e fröhliche, lustige Gesellschaft, F ein fröhlicher, vergnügter Verein; *fausser ~ à qn* j-n plötzlich verlassen; *tenir ~ à qn* j-m Gesellschaft leisten; **2.** *COMM* Gesellschaft f; Firma f; *... & Cⁱᵉ* ... & Co.; *F ... et ~* ... usw.; F ... und Co.; *~ aérienne, d'aviation* Flug-, Luftfahrt-, Luftverkehrsgesellschaft f; *~ d'assurances* Versicherungsgesellschaft f; **3.** (*association*) Gesellschaft f; Vereinigung f; *⚤ de Jésus* Jesu'itenorden m; Gesellschaft Jesu; So'cietas Jesu f (*abr SJ*); *~ de théâtre* The'aterensemble n; **4.** *MIL* Kompan'ie f; *cf a C.R.S.*

compagnon [kɔ̃paɲɔ̃] m **1.** Gefährte m; Kame'rad m (*a animal*); *st/s* Genosse m; *d'une femme a* Lebensgefährte m; *joyeux ~* lustiger Bruder; F fi'deles Haus; *st/s d'armes* st/s Kampfgefährte m; Waffenbruder m; *~ de beuverie* Zechgenosse m, -kumpan m; *~ d'infortune* Leidensgenosse m, -gefährte m; *~ de voyage* Reisegefährte m; **2.** *fig d'une chose* Begleiterscheinung f; *être le ~ de a* Hand in Hand gehen mit; **3.** *maçon, boulanger etc* Geselle m

compagnonnage [kɔ̃paɲɔnaʒ] m *HIST* Gesellenbruderschaft f

comparable [kɔ̃paʀabl(ə)] *adj* vergleichbar (*à, avec* mit *ou* +*dat*); *ne pas être ~ à a* sich nicht vergleichen lassen, nicht verglichen werden können mit

comparaison [kõpaʀɛzõ] *f* Vergleich *m*; Gegen'überstellung *f*; *loc/prép* **en ~ de, par ~ à** *ou* **avec** im Vergleich zu; verglichen mit; *loc/adv* **par ~** im Vergleich; vergleichsweise; **sans ~** a) *loc/adj* unvergleichlich; nicht zu vergleichen (**avec** mit); b) *loc/adv* eindeutig; unbestreitbar; ganz ohne Zweifel; *établir une ~ entre* e-n Vergleich ziehen zwischen (+*dat*); *faire la ~* e-n Vergleich ziehen, anstellen (**avec** mit); *soutenir la ~* den, jeden Vergleich aushalten (**avec** mit); *ne pas soutenir la ~ a* damit nicht zu vergleichen sein; *cf a degré 9.*
comparaître [kõpaʀɛtʀ(ə)] *v/i* ⟨*cf* connaître⟩ *JUR* erscheinen (**en justice** vor Gericht)
comparatif [kõpaʀatif] **I** *adj* ⟨-ive⟩ vergleichend; Vergleichs...; *tableau ~* vergleichende Tabelle; **II** *m GR* Komparativ *m*; *adjectif mettre au ~* steigern
comparatiste [kõpaʀatist] *m* Kompara'tist *m*; vergleichender Litera'tur- *ou* Sprachwissenschaftler
comparativement [kõpaʀativmã] *adv* vergleichsweise; damit verglichen; **~ à** verglichen mit; im Vergleich zu
comparé [kõpaʀe] *adj science* vergleichend; *littérature ~e* vergleichende Literaturwissenschaft; Kompara'tistik *f*
comparer [kõpaʀe] **I** *v/t* mitein'ander vergleichen; gegenein'anderhalten; ein-'ander gegen'überstellen; **~ à, avec** vergleichen mit; **II** *v/pr* **se ~ à qn** sich mit j-m vergleichen; **2.** *sens passif* **se ~** mitein'ander verglichen werden; *ces choses ne peuvent se ~* lassen sich, kann man nicht (miteinander) vergleichen
comparse [kõpaʀs] *m,f* **1.** *THÉ* Kom-'parse *m*, Kom'parsin *f*; **2.** *fig* Randfigur *f*, F kleiner Fisch
compartiment [kõpaʀtimã] *m* **1.** *d'un tiroir, meuble* Fach *n*; *d'un espace* Ab-'teil *n*; *d'un damier* Feld *n*; **2.** *CH DE FER* Ab'teil *n*
compartimentage [kõpaʀtimãtaʒ] *m fig* Abschottung *f*; Abkapselung *f*
compartimenter [kõpaʀtimãte] *v/t* **1.** in Fächer, Ab'teile, Felder einteilen; **2.** *fig* (streng) aufgliedern; (gegenein-'ander) abschotten, abkapseln
comparution [kõpaʀysjõ] *f JUR* Erscheinen *n* (vor Gericht)
compas [kõpa] *m* **1.** Zirkel *m*; **~ d'épaisseur** Greifzirkel *m*; Taster *m*; *boîte f à ~* Reißzeug *n*; *fig avoir le ~ dans l'œil* ein ausgezeichnetes Augenmaß haben; **2.** *MAR, AVIAT* Kompaß *m*
compassé [kõpase] *adj* über'trieben gemessen; steif; gestelzt; gespreizt
compassion [kõpasjõ] *f* tiefes Mitgefühl, Mitleid (**pour** mit); große Anteilnahme (für); *plein de ~* mitfühlend; teilnahmsvoll
compatibilité [kõpatibilite] *f* Vereinbarkeit *f*; Kompatibili'tät *f* (*a INFORM*); Verträglichkeit *f*
compatible [kõpatibl(ə)] *adj* (mitein-'ander) vereinbar (*a fonctions*); kompa-'tibel (*a TECH, INFORM*); *difficilement ~ avec* kaum vereinbar mit
compatir [kõpatiʀ] *v/t/indir* **~ à** Anteil nehmen, teilnehmen an (+*dat*); mitfühlen mit
compatissant [kõpatisã] *adj* teilnahmsvoll; mitfühlend; *être ~ a* ein mitfühlender Mensch sein
compatriote [kõpatʀijɔt] *m,f* Landsmann *m*, Landsmännin *f*; *ils sont ~s* sie sind Landsleute
compendium [kõpɛ̃djɔm] *litt m* Kom-'pendium *n*; Abriß *m*
compensateur [kõpãsatœʀ] *adj* ⟨-trice⟩ ausgleichend; Ausgleichs...; Kompensati'ons...
compensation [kõpãsasjõ] *f* Ausgleich *m*; Kompensati'on *f* (*a PSYCH, MÉD*); Ersatz *m*; (*dédommagement*) Entschädigung *f*; (*indemnité*) Vergütung *f*; Abfindung *f*; *COMM, JUR* Aufrechnung *f*; *FIN* Verrechnung *f*; *loc/adv* **en ~** zum Ausgleich; als Ersatz; dafür; **en ~ de** zum Ausgleich, als Ersatz für; *il y a ~* das ist ein Ausgleich, Ersatz; das entschädigt dafür; das gleicht sich aus
compensatoire [kõpãsatwaʀ] *adj* kompensa'torisch; Kompensati'ons...; Ausgleichs...
compensé [kõpãse] *adj* **semelle ~e** Keilabsatz *m*
compenser [kõpãse] **I** *v/t* **1.** ausgleichen; kompen'sieren (*a PSYCH*); wettmachen; aufwiegen; *abs: pour ~* als Ersatz, Entschädigung; zum Ausgleich; dafür; *ça compensera* das gilt als, ist ein e Entschädigung, ein Ausgleich, ein Ersatz; **2.** *JUR* **~ les dépens** die (Gerichts)Kosten gegenein'ander aufheben; **~ une dette** e-e Schuld gegen e-e Forderung aufrechnen; **II** *v/pr* **se ~** sich ausgleichen; sich ergänzen
compère [kõpɛʀ] *m* **1.** *litt* Gevatter *m*; **2.** *fig* Kerl *m*; Bursche *m*; *rusé ~* Fi'lou *m*; alter Fuchs; **3.** *péj d'un prestidigitateur* Helfershelfer *m*; Kum'pan *m*; *d'un malfaiteur a* Kom'plize *m*
compère-loriot [kõpɛʀlɔʀjo] *m* ⟨*pl* compères-loriots⟩ *MÉD* Gerstenkorn *n*
compétence [kõpetãs] *f* **1.** (*connaissances*) **~(s)** Fach-, Sachkenntnis(se) *f(pl)*; Sachverstand *m*; Kompe'tenz *f*; **avec ~** fach-, sachkundig; fachmännisch, -gerecht; sachverständig; *avoir des ~s en la matière* auf diesem Gebiet gute Kenntnisse haben, sehr beschlagen sein; *cela dépasse mes ~s* davon verstehe ich nicht genug; dafür bin ich nicht kompe'tent genug; **2.** (*ressort*) Zuständigkeit *f*, Kompe'tenz *f* (*a JUR*); Befugnis *f*; *cela entre dans les ~s de, c'est de la ~ de, cela relève de la ~ de ...* das fällt in die Zuständigkeit von (*ou* +*gén*); dafür ist ... zuständig
compétent [kõpetã] *adj* **1.** (*capable*) sachverständig; kompe'tent; fach-, sachkundig; maßgebend; maßgeblich; **2.** *JUR autorité* zuständig; kompe'tent; *tribunal ~* zuständiges Gericht; *dans un contrat a* Gerichtsstand *m*; **3.** *JUR âge ~* erforderliches Alter (**pour** +*inf* um zu +*inf ou* für)
compétitif [kõpetitif] *adj* ⟨-ive⟩ konkur'renz-, wettbewerbsfähig
compétition [kõpetisjõ] *f* Wettbewerb *m*; *ÉCON a* Konkur'renzkampf *m*; **~ (sportive)** Wettkampf *m*; *esprit m de ~* Wetteifer *m*; Kampfgeist *m*; *société f de ~* Leistungsgesellschaft *f*; *entrer en ~* in Wettbewerb treten (**avec** mit); *être en ~* mitein'ander konkur'rieren; *être en ~ avec qn* mit j-m konkur'rieren; *SPORTS faire de la ~* an Wettkämpfen teilnehmen
compétitivité [kõpetitivite] *f* Konkur-'renz-, Wettbewerbsfähigkeit *f*
compila|teur [kõpilatœʀ] *m* **1.** *personne* Kompi'lator *m* (*a péj*); **2.** *INFORM* Compiler [-'paɪ-] *m*; **~tion** *f* Kompilati'on *f* (*a livre et péj*); Zu'sammentragen *n* von Quellen
compiler [kõpile] *v/t* kompi'lieren (*a péj*); zu'sammentragen, -stellen
complainte [kõplɛ̃t] *f* (volkstümliches) Klagelied
complaire [kõplɛʀ] ⟨*cf* plaire⟩ **I** *v/t/indir litt* **~ à qn** j-m gefällig sein; **II** *v/pr* **se ~ à** (+*inf*) sich darin gefallen zu (+*inf*); sich ein Vergnügen, e-n Spaß daraus machen zu (+*inf*); **se ~ dans qc** sich in etw (*dat*) wohl fühlen; *p/fort* in etw (*dat*) schwelgen
complaisamment [kõplɛzamã] *adv cf complaisant*
complaisance [kõplɛzãs] *f* **1.** (*amabilité*) Entgegenkommen *n*; Gefälligkeit *f*; Liebenswürdigkeit *f*; Freundlichkeit *f*; *loc/adj* **de ~** Gefälligkeits...; *certificat m de ~* Gefälligkeitsattest *n*; *sourire m de ~* Höflichkeitslächeln *n*; *loc/adv* *par ~* aus Gefälligkeit, Freundlichkeit; **2.** *péj* (*trop grande indulgence*) Duldsamkeit *f*; Willfährigkeit *f*; allzu große Nachsicht, Gefälligkeit; **3.** *péj* (*satisfaction*) Selbstgefälligkeit *f*; *avec ~* selbstgefällig; **4.** *avoir des ~s pour qn* ein Techtel'mechtel mit j-m haben
complaisant [kõplɛzã] *adj* **1.** (*prévenant*) **~ (pour, envers qn)** entgegenkommend, gefällig (j-m gegenüber); liebenswürdig, freundlich (zu j-m, j-m gegenüber); **2.** *péj mari ~* allzu nachsichtiger, *iron* gefälliger, verständnisvoller Ehemann; **3.** *péj* (*satisfait*) selbstgefällig; *elle se regarde d'un œil ~* sie findet sich wohl sehr hübsch
complément [kõplemã] *m* **1.** Ergänzung *f*; Vervollständigung *f*; **~ d'information** ergänzende, zusätzliche Information; **~ (d'une somme)** fehlende Summe; Restsumme *f*; **2.** *GR: d'objet* Ergänzung *f*, *déterminatif* nähere Bestimmung; Attri'but *n*; **~ circonstanciel, de circonstance** 'Umstands-, Adverbi'albestimmung *f*; adverbiale Bestimmung; **~ circonstanciel de lieu, de manière, de temps** Umstandsbestimmung *etc* des Ortes, der Art und Weise, der Zeit; **~ d'agent** Agens *n*; Urheber *m*; *cf a objet 4.*; *adjt nom ~* als Ergänzung stehendes Substantiv; **3.** *MATH* Komple'mentwinkel *m*
complémentaire [kõplemãtɛʀ] **I** *adj* ergänzend; Ergänzungs...; komplemen-'tär; Komplemen'tär...; (*additionnel*) zusätzlich; Zusatz...; **~s a** sich, ein'ander ergänzend; **angle ~** Komple-'ment-, Ergänzungswinkel *m*; **couleurs** *f/pl* **~s** Komplementärfarben *f/pl*; **retraite *f* ~** *ou* **F** *subst* **~** *f* zusätzliche Altersrente; Zusatzrente *f*; **II** *m MATH* Komple'ment *n*
complémentarité [kõplemãtaʀite] *f sc* Komplementari'tät *f*
complet [kõplɛ] **I** *adj* ⟨-ète [ɛt]⟩ **1.** (*entier*) 'vollständig; voll'kommen *ou* 'vollkommen, kom'plett; ganz; to'tal; völlig; gesamt; *aliment ~* 'Vollwertkost *f*;

complètement – composition

aveux ~*s* volles, um'fassendes Geständnis; ***destruction complète*** völlige, vollständige, totale Zerstörung; ***joie complète*** vollkommene, ungetrübte Freude; ***les œuvres complètes de X*** sämtliche, die gesammelten Werke *n/pl* von X; *pain* ~ 'Vollkornbrot *n*; ***série complète*** vollständige, komplette Serie; ***succès*** ~ voller Erfolg; ***à temps*** ~ *loc/adv* ganztags; ganztägig; *loc/adj* Ganztags...; ***dans la misère la plus complète*** im tiefsten Elend; *subst au* (***grand***) ~ 'vollzählig (versammelt); in voller Zahl; F alle Mann hoch; F ***c'est*** ~*!* das hat gerade noch gefehlt!; ***la victoire était complète*** es war ein voller Sieg; **2.** (*achevé*) *artiste* ~ vielseitiger Künstler; *athlète* ~ Allroundsportler [o:l'raʊnd-] *m*; **3.** (*plein*) *hôtel*, *bus etc* ('voll)besetzt; *hôtel a* ('voll)belegt; *théâtre etc* ausverkauft; ***le théâtre affiche*** ~ das Theater, die Vorstellung ist ausverkauft; *hôtel* ***afficher*** ~ vollbelegt, -besetzt sein; **II** *m* (Herren)Anzug *m*

complètement [kɔ̃plɛtmɑ̃] *adv* völlig; voll'kommen *ou* 'vollkommen; 'vollständig; to'tal; ganz; kom'plett

compléter [kɔ̃plete] ⟨-è-⟩ **I** *v/t* ergänzen; vervollständigen; 'vollzählig machen; komplet'tieren; *études*, *œuvre* abschließen; voll'enden; **II** *v/pr* ***se*** ~ **1.** *sens réciproque* sich, ein'ander ergänzen; **2.** *sens passif* 'vollständig, kom'plett werden; sich vervollständigen

complétif [kɔ̃pletif] *adj* ⟨-ive⟩ *GR* ***proposition complétive*** *ou subst* ***complétive*** *f* Ergänzungs-, Ob'jektsatz *m*

complexe [kɔ̃plɛks] **I** *adj* vielschichtig, kom'plex (*a MATH, CHIM*); (*compliqué*) kompli'ziert; *GR* zu'sammengesetzt; **II** *m* **1.** *de bâtiments etc* Kom'plex *m*; ~ ***industriel*** Indu'striekomplex *m*; **2.** *PSYCH* Kom'plex *m*; ~ ***d'infériorité***, ***d'Œdipe*** Minderwertigkeits-, Ödipuskomplex *m*; *loc/adv* ***sans*** ~ ganz ungeniert; ohne Hemmungen; ***avoir***, ***faire des*** ~*s* Komplexe haben; an Komplexen leiden; ***ça me donne des*** ~*s* da(von) bekomme ich Komplexe

complexé [kɔ̃plɛkse] *adj* F ***il est*** ~ er hat Kom'plexe; er ist gehemmt, verklemmt

complexer [kɔ̃plɛkse] *v/t* F ***ça le complexe*** F da(von) kriegt er Kom'plexe

complexion [kɔ̃plɛksjɔ̃] *litt f* Konstituti'on *f*

complexité [kɔ̃plɛksite] *f* Vielschichtigkeit *f*; Komplexi'tät *f*; Kompli'ziertheit *f*

complication [kɔ̃plikasjɔ̃] *f* **1.** (*complexité*) Kompli'ziertheit *f*; **2.** (*difficulté*) Komplikation *f* (*a MÉD*); Verwicklung *f*; Schwierigkeit *f*; ***vous aimez, cherchez les*** ~*s* Sie kompli'zieren die Dinge unnötig

complice [kɔ̃plis] **I** *adj personne* mitschuldig; *sourire*, *regard* verständnisinnig; ***l'obscurité*** ~ im Schutz der Dunkelheit; ***être***, ***se faire*** ~ ***de qc*** an etw (*dat*) teilnehmen; etw begünstigen; sich an etw (*dat*) mitschuldig machen; **II** *m,f* Kom'plize *ou* Kom'plice *m*, Kom'plizin *f*; Helfershelfer(in) *m(f)*; Mitschuldige(r) *f(m)*; *JUR* a Mittäter(in) *m(f)*

complicité [kɔ̃plisite] *f* Kom'plizenschaft *f*; (geheimes) Einverständnis *f*; Mitschuld *f*; *JUR a* Mittäterschaft *f*; Beihilfe *f* (*de* zu); ***agir en*** ~ in geheimem Einverständnis handeln; ***il y a une grande*** ~ ***entre eux*** sie verstehen sich auf e-n Blick; ***il a joui de nombreuses*** ~*s* er hatte viele Helfershelfer

complies [kɔ̃pli] *f/pl ÉGL CATH* Komplet [-'plɛːt] *f*

compliment [kɔ̃plimɑ̃] *m* **1.** Kompli'ment *n*; Artigkeit *f*; (*félicitations*) Glückwunsch *m*; (***tous***) ***mes*** ~*s!* mein Kompliment!; (allen) Re'spekt!; alle Achtung!; ***faire des*** ~ ***à qn*** j-m Komplimente machen; ***faire*** ~ ***à qn de***, ***sur qc*** j-m ein Kompliment machen über etw (*acc*); je m'en gratu'lieren, j-n beglückwünschen zu etw; ***je ne te fais pas mes*** ~*s!* das hättest du wirklich besser machen können!; **2.** *message de politesse* Empfehlung *f*; ***avec les*** ~*s de* ... mit den besten Empfehlungen (+*gén*); **3.** *petit discours* Glückwunschansprache *f*; ***l'enfant récita son petit*** ~ sagte sein Gedicht auf

complimenter [kɔ̃plimɑ̃te] *v/t* ~ ***qn*** j-m ein Kompli'ment, Komplimente machen (***sur*** über +*acc*); ~ ***qn pour qc*** j-m zu etw gratu'lieren; j-n zu etw beglückwünschen

complimenteur [kɔ̃plimɑ̃tœʀ] **I** *adj* ⟨-euse⟩ *péj* schmeichlerisch; **II** *m péj* Lobhudler *m*

compliqué [kɔ̃plike] *adj* kompli'ziert (*a TECH*); verwickelt (*a histoire*); schwierig; *esprit* ~ *ou* F *subst* ~ *m* F 'Umstandskrämer *m*; ***vous êtes un*** ~ *a* Sie komplizieren die Dinge unnötig

compliquer [kɔ̃plike] **I** *v/t* kompli'zieren; kompli'zier(er), verwickelt(er) machen; *travail etc* a erschweren; behindern; **II** *v/pr* **1.** *sens passif* ***se*** ~ sich kompli'zieren; kompli'ziert, schwierig(er) werden; *situation p/fort* sich zuspitzen; ***la maladie s'est compliquée d'une pneumonie*** zu der Krankheit kam noch e-e Lungenentzündung (hinzu); **2.** ***elle ne se complique pas l'existence***, ***la vie*** sie macht es sich zu leicht

complot [kɔ̃plo] *m* Kom'plott *n*; Verschwörung *f*; ***faire***, ***ourdir***, ***tramer un*** ~ ein Komplott schmieden, e-e Verschwörung anzetteln (***contre*** gegen); ***être dans le***, ***du*** ~ in e-m Komplott verwickelt sein; mit im Komplott sein; *par ext* ***mettre qn dans le*** ~ j-n einweihen

comploter [kɔ̃plɔte] **I** *v/t* **1.** ~ ***de renverser le régime*** den Sturz des Regimes planen; **2.** F *fig* ~ ***qc*** F etw aushecken, ausbrüten; **II** *v/t/indir* et *v/i* ein Komplott schmieden, sich verschwören (*contre* gegen)

comploteur [kɔ̃plɔtœʀ] *m* Verschwörer *m*

compo [kɔ̃po] *f* F *abr cf* ***composition 2. a)***

componction [kɔ̃pɔ̃ksjɔ̃] *f* über'triebene Würde; Pose *f*; ***air m de*** ~ über'trieben würdevolle Miene; ***avec*** ~ über'trieben würdevoll; gestelzt

comportement [kɔ̃pɔʀtəmɑ̃] *m* Verhalten *n* (*a PSYCH*), Verhaltensweise *f*, Benehmen *n*, Betragen *n*; ~ ***envers qn*** j-m gegenüber; Gebaren *n*

comporter [kɔ̃pɔʀte] **I** *v/t* **1.** (*contenir*) enthalten; be'inhalten; um'fassen; (*se composer de*) bestehen aus; sich zu-'sammensetzen aus; **2.** (*impliquer*) mit sich bringen; zur Folge haben; nach sich ziehen; bedeuten; ***avec tout ce que cela comporte de*** ... mit allem, was dies an (+*dat*) mit sich bringt; **II** *v/pr* ***se*** ~ **3.** *personne* sich verhalten, sich benehmen, sich betragen (***avec qn*** j-m gegenüber); *péj* sich aufführen; sich gebärden; *équipe sportive* ***se*** ~ ***bien*** sich bewähren; **4.** *TECH* sich verhalten; funktio'nieren; *voiture* ***se*** ~ ***bien*** ein gutes Fahrverhalten zeigen

composant [kɔ̃pozɑ̃] **I** *adj CHIM* ***corps*** ~ Bestandteil *m*; Kompo'nente *f*; **II** *subst* **1.** *m CHIM*, *LING* Bestandteil *m*; Kompo'nente *f*; *ÉLECTRON* Bauelement *n*, -teil *n*; **2.** *f* ~ *e MATH*, *PHYS*, *fig* Kompo'nente *f*

composé [kɔ̃poze] **I** *adj* **1.** zu'sammengesetzt (*de* aus); ***intérêt(s)*** ~(*s*) Zinseszins(en) *m(pl)*; *GR* ***mot*** ~ zusammengesetztes Wort; Kom'positum *n*; Zu'sammensetzung *f*; *GR* ***temps*** ~ zu'sammengesetzte Zeit; **2.** *fig* ***attitude*** ~*e* einstudierte Haltung; **II** *m* **1.** (*mélange*) Zu'sammensetzung *f*; Mischung *f*; **2.** ~ (***chimique***) (chemische) Verbindung (*de* aus); **3.** *GR* Kom'positum *n*; Zu'sammensetzung *f*

composées [kɔ̃poze] *f/pl BOT* Korbblütler *m/pl*; *sc* Kompo'siten *f/pl*

composer [kɔ̃poze] **I** *v/t* **1.** (*assembler*) zu'sammensetzen, -stellen, herstellen, (zu)bereiten (*de* aus); *TÉL* ***numéro*** wählen; ~ ***un menu*** ein Menü zusammenstellen; **2.** (*constituer*, *former*) bilden; ausmachen, **3.** *poème etc* verfassen; schreiben; machen; *MUS* kompo-'nieren (*a abs*); ~ ***la musique pour un poème*** ein Gedicht vertonen; ~ ***des vers*** *a* dichten; **4.** ~ ***ses gestes*** unnatürlich, einstudiert wirkende Gebärden machen; ~ ***son visage*** ein undurchdringliches Gesicht machen; e-e ausdruckslose Miene aufsetzen; **5.** *TYPO* (ab)setzen; **II** *v/t/indir* et *v/i* **6.** (*s'arranger*) sich vergleichen, sich gütlich einigen, Kompro'misse *ou* e-n Kompro'miß schließen *ou* eingehen (***avec*** mit); ~ ***avec sa conscience*** nicht auf die Stimme des Gewissens hören; **7.** *ÉCOLE* e-e Klassenarbeit, Schulaufgabe machen, schreiben (***en latin*** in Latein); **III** *v/pr* **8.** ***se*** ~ ***de*** (*consister en*) sich zu'sammensetzen; zu'sammengesetzt sein, bestehen aus; **9.** ***se*** ~ ***un personnage*** sich ganz anders geben, als man eigentlich ist; ***se*** ~ ***un visage de circonstance*** e-e dem Anlaß entsprechende Miene aufsetzen

composite [kɔ̃pozit] *adj* **1.** *ARCH* Kompo'sit...; *TECH* Verbund...; ***matériau m*** ~ Verbundwerkstoff *m*; **2.** (*hétéroclite*) (bunt) zu'sammengewürfelt; (bunt)gemischt

compositeur [kɔ̃pozitœʀ] *m*, ~**trice** *f* **1.** *MUS* Kompo'nist(in) *m(f)*; ***compositeur d'opéra(s)*** Opernkomponist *m*; **2.** *TYPO* (Schrift)Setzer(in) *m(f)*

composition [kɔ̃pozisjɔ̃] *f* **1.** Zu'sammensetzung *f*, -stellung *f* (*action et résultat*); *d'un poème etc* Verfassen *n*; *d'un tableau*, *PHOT* Kompositi'on *f*; *d'une assemblée* Zu'sammensetzung *f*; *SPORTS* ~ ***d'une équipe*** Mannschaftsaufstellung *f*; ***c'est un plat de ma*** ~ dieses Gericht habe ich selbst erfunden,

mir selbst ausgedacht; **2.** *ÉCOLE* **a)** Klassenarbeit *f*, *en Bavière* Schulaufgabe *f*, *österr* Schularbeit *f* (*de chimie* in Chemie); **b)** **~ française** (französischer) Aufsatz; **3.** *MUS* Kompositi'on *f* (*a matière enseignée*); *st/s* Ton(setz)kunst *f*; *action a* Kompo'nieren *n*; **4.** *personne être de bonne* **~** 'umgänglich sein; **5.** *TYPO* Setzen *n*; Satz *m*; **~ informatisée** Computersatz [-'pjuː-] *m*; *frais m/pl de* **~** Satzkosten *pl*
compost [kõpost] *m AGR* Kom'post *m*
compost|er [kõposte] *v/t billet* entwerten; **~eur** *m* Entwerter *m*
compote [kõpɔt] *f* **1.** *en purée* Mus *n*; *au sirop* Kom'pott *n*; *de pommes* Apfelmus *n*, -kompott *n*; **2.** F fig partie du corps *en* **~** zerschlagen; *j'ai les pieds en* **~** die Füße tun mir scheußlich weh
compotier [kõpotje] *m* Obstschale *f*
compound [kõpund, kɔmpawnd] *adj* ⟨*inv*⟩ *TECH* Verbund...; Compound... [-'pauɴd]
compréhensibilité [kõpReãsibilite] *f* Verständlichkeit *f*; Begreiflichkeit *f*
compréhensible [kõpReãsibl(ə)] *adj* verständlich; begreiflich; faßbar; faßlich; *il est* **~ que ...** (+*subj*) es ist begreiflich, verständlich, zu verstehen, daß ...
compréhensif [kõpReãsif] *adj* ⟨-ive⟩ verständnisvoll
compréhension [kõpReãsjõ] *f* **1.** (*indulgence*) Verständnis *n* (*pour*, *à l'égard de* für); **2.** (*clarté*) *d'un texte* Verständlichkeit *f*; **3.** (*faculté de comprendre*) Begriffsvermögen *n*; Auffassungsgabe *f*, -kraft *f*, -vermögen *n*
comprendre [kõpRãdR(ə)] ⟨*cf* prendre⟩ **I** *v/t* **1.** (*saisir*) verstehen, begreifen (*a abs*); erfassen; auffassen; *abs je comprends* **a)** ich verstehe; **b)** (*j'y suis*) und ob; das will ich meinen; **~ qn** j-n verstehen, begreifen; **~ qc** etw verstehen, begreifen, erfassen; etw verständlich, begreiflich finden; *je comprends qc?* **a)** (*tu t'y connais?*) verstehst du (et)was davon?; **b)** (*tu saisis?*) verstehst du, begreifst du das?; *je comprends son attitude* ich verstehe, begreife s-e Haltung; s-e Haltung ist mir verständlich, begreiflich; *je n'y comprends rien* ich verstehe, begreife (davon) nichts; ich werde nicht klug daraus; *il ne comprend rien à rien* er versteht, begreift über'haupt nichts (*à von*); *je comprends que ...* (+*subj ou ind*) ich verstehe, begreife, es ist (mir) verständlich, begreiflich, daß ...; ♦ *avec adv:* **~ bien a)** gut verstehen; gut begreifen; **b)** (*correctement*) richtig verstehen, auffassen; **~ mal a)** schlecht verstehen; **b)** (*de travers*) falsch verstehen, auffassen; **c)** (*à moitié*) nicht ganz begreifen, verstehen; *je comprends mal qc a* etw ist mir nicht recht verständlich; *je ne comprends pas a* es ist mir unverständlich, unbegreiflich (*que* +*subj* daß); **~ vite** schnell verstehen, begreifen, erfassen; *abs* schnell auffassen; e-e gute Auffassungsgabe haben; *plais il comprend vite, mais il faut lui expliquer longtemps* F er hat e-e lange Leitung; ♦ *faire* **~ qc à qn** j-m etw begreiflich, verständlich machen, klarmachen, zu verstehen geben; *se faire* **~** sich verständlich machen

(*de, par qn* bei j-m); *je me fais* **~**, *j'espère?* ich habe mich hoffentlich deutlich genug ausgedrückt; **2.** (*comporter*) um'fassen; enthalten; in sich schließen; bestehen aus; **3.** (*inclure*) *frais etc* mitrechnen, mitzählen (*dans* bei); **II** *v/pr* **4.** *réciproquement se* **~** sich, ein'ander verstehen; **5.** *cela se comprend* **a)** (*c'est compréhensible*) das kann man verstehen; das ist verständlich, begreiflich; **b)** (*ça va de soi*) das versteht sich
comprenette [kõpRənɛt] F *f* Begriffsvermögen *n*; *il n'a pas la* **~** *facile* er ist begriffsstutzig; F er hat e-e lange Leitung; er ist schwer von Begriff, Ka-'pee
compresse [kõpRɛs] *f MÉD* Kom'presse *f*; 'Umschlag *m*; **~ de gaze** Mullkompresse *f*; *mettre une* **~** e-e Kompresse auflegen
compresser [kõpRese] *v/t* zu'sammendrücken, -pressen
compresseur [kõpRɛsœR] *m TECH* **1.** Kom'pressor *m*; Verdichter *m*; **2.** *adjt rouleau m* **~** Straßen-, F Dampfwalze *f*
compressibilité [kõpResibilite] *f* **1.** *PHYS* Verdichtbarkeit *f*; Kompressibili-'tät *f*; **2.** *des dépenses* Redu'zierbarkeit *f*; **~ible** *adj* **1.** *PHYS* verdichtbar; kompres'sibel; **2.** *dépenses* redu'zierbar
compressif [kõpRɛsif] *adj* ⟨-ive⟩ *MÉD bandage* **~** Druck-, Kompressi'onsverband *m*
compression [kõpRɛsjõ] *f* **1.** *PHYS*, *TECH* Kompressi'on *f*; Verdichtung *f*; **2.** *des dépenses etc* Senkung *f*; Redu'zierung *f*; Her'absetzung *f*; **~ des frais** Kostensenkung *f*, -verringerung *f*, -einsparung *f*, -dämpfung *f*; **~ du personnel** Perso'nalabbau *m*
comprimé [kõpRime] **I** *adj* **1.** *TECH* **air** **~** Preß-, Druckluft *f*; **2.** (*serré*) zu'sammengedrückt, -gepreßt; *poitrine, taille* eingeschnürt, -gezwängt; **II** *m PHARM* Ta'blette *f*; **~ d'aspirine** Aspi'rintablette *f*
comprimer [kõpRime] **I** *v/t* **1.** *PHYS*, *TECH* kompri'mieren; verdichten; **2.** (*serrer*) zu'sammendrücken (*a MÉD artère*); zu'sammenpressen; **3.** *dépenses etc* redu'zieren; vermindern; senken; zu'sammenstreichen; **4.** *larmes, colère* unter'drücken; **II** *v/pr se* **~ la taille** sich die Taille schnüren
compris [kõpRi] **I** *adj* ⟨*vor dem subst inv*⟩ **(y)** **~** einschließlich; (mit) (e)inbegriffen; inklu'sive (*abr* inkl.); (mit) einbezogen; mitgerechnet; mitgezählt; **~ dans** inbegriffen in (+*dat*); einbezogen in (+*acc*); **non** **~** nicht (e)inbegriffen; zuzüglich; *service non* **~** ohne Bedienung; zuzüglich Bedienung; *le loyer est de 3000 franc, charges* **(y) ~es** inklusive Nebenkosten; *tout* **~** alles inbegriffen; **II** *p/p* ⟨*cf* comprendre⟩ **1.** verstanden; **~?** verstanden?; **2.** *la partie du quartier* **~e** *entre la rue X et l'avenue Y* zwischen der X-Straße und der Y-Avenue
compromettant [kõpRɔmetã] *adj* **1.** situation, propos kompromit'tierend; bloßstellend; **2.** *ce n'est pas* **~** das verpflichtet zu nichts
compromettre [kõpRɔmetR(ə)] ⟨*cf* mettre⟩ **I** *v/t* **1.** *santé, réputation, chances etc* schaden (+*dat*); gefährden; in

Gefahr bringen; aufs Spiel setzen; beeinträchtigen; **2.** **~ qn** j-n kompromit-'tieren, bloßstellen; **II** *v/pr se* **~ 3.** *s'être compromis dans un scandale* in e-n Skandal verwickelt sein; **4.** sich kompromit'tieren; s-m Ruf schaden
compromis [kõpRɔmi] *m* **1.** (*accord mutuel*) Kompro'miß *m*; Vergleich *m*; *faire un* **~** e-n Kompromiß schließen; **2.** (*intermédiaire*) Mittelding *n*, Zwischending *n* (*entre* zwischen +*dat*)
compromissions [kõpRɔmisjõ] *f/pl* (*péj* faule) Kompro'misse *m/pl*, Zugeständnisse *n/pl*; *péj faire des* **~s** Kompromisse mit s-m Gewissen schließen; gegen sein Gewissen handeln
comptabiliser [kõtabilize] *v/t* **1.** *COMM* (ver)buchen; **2.** *par ext* zu'sammenrechnen
comptabilité [kõtabilite] *f* Buchführung *f*; Buchhaltung *f* (*a service*); Rechnungsführung *f*; Rechnungswesen *n*; **~ nationale** volkswirtschaftliche Gesamtrechnung; **~ en partie double** doppelte Buchführung; Doppik *f*; **~ en partie simple** einfache Buchführung; *livres m/pl de* **~** Geschäftsbücher *n/pl*; *tenir ou gérer la* **~** die Bücher führen
comptable [kõtabl(ə)] **I** *adj* **1.** Buchungs...; Buch(führungs)...; *pièce f* **~** Buchungsbeleg *m*; **2.** *litt être* **~ *de qc** für etw Rechenschaft ablegen müssen; **II** *m,f* Buchhalter(in) *m(f)*; Rechnungsführer(in) *m(f)*
comptage [kõtaʒ] *m* Zählen *n*, -ung *f*
comptant [kõtã] *adj COMM* bar; *argent* **~** bares Geld; Bargeld; *cf a* argent 2.; **8000 francs** **~** ⟨*inv*⟩ 8000 Franc in bar, so'fort; ♦ *loc/adv* **au** **~** Bar...; *t/t* Kassa...; *achat m au* **~** Barkauf *m*; *paiement m au* **~** Barzahlung *f*; ♦ (*loc)adv* **(au) ~** bar; gegen Barzahlung; gegen bar; in bar; *t/t* gegen Kasse; *acheter* **(au) ~** gegen Barzahlung, gegen bar kaufen; *payer* **(au) ~** (in) bar (be)zahlen
compte [kõt] *m* **1.** Zählen *n*, -ung *f*; Rechnen *n*, -ung *f*; Berechnung *f*; **~ rond** runde Zahl, Summe; ♦ *loc/adv:* **à bon** **~** billig; preiswert; *litt* wohlfeil; *il s'en est tiré à bon* **~** punition er ist billig weggekommen; *travail* er ist gut dabei weggekommen; *accident et fig* er ist mit e-m blauen Auge da'vongekommen; *à ce* **~-là** wenn es, das so ist; um diesen Preis; *à meilleur* **~** billiger; preiswerter; *s'établir, s'installer, se mettre à son* **~** sich selbständig machen; *être à son* **~** selbständig sein; *prendre qc à son* **~** **a)** *responsabilité* die Verantwortung für etw über'nehmen; F etw auf s-e Kappe nehmen; *frais* die Kosten für etw über'nehmen; *les idées de qn reprendre à son* **~** über'nehmen; sich (*dat*) zu eigen machen; *travailler à son* **~** selbständig sein; *publier à* **~ d'auteur** auf Kosten des Autors veröffentlicht; *pour mon* **~** ich meinerseits; was mich betrifft; *pour mon* (son) *propre* **~** für mich (sich) selbst; *vendre, acheter pour son propre* **~** auf eigene Rechnung; *de* **~** auf, für Rechnung von (*ou* +*gén*); im Auftrag von (*ou* +*gén*); *BOXE être envoyé sur le tapis pour le* **~** ausgezählt werden; *laisser pour* **~** **a)** marchandise nicht an-, abnehmen; **b)** *fig*

compte-gouttes – con

personne links liegenlassen; sich nicht mehr kümmern um; F *en prendre pour son ~* F gehörig eins auf den Deckel, aufs Dach kriegen; *sur le ~ de qn* über j-n; *dire qc sur le ~ de qn* über j-n, von j-m etw sagen; j-m etw nachsagen; *mettre qc sur le ~ de qc* etw auf etw (*acc*) schieben, zu'rückführen; e-r Sache (*dat*) zuschreiben; *prendre qc sur son ~* für etw die Schuld, Verantwortung über'nehmen; F etw auf s-e Kappe nehmen; *vous pouvez être rassuré sur son ~* Sie können seinetwegen unbesorgt sein; *au bout du ~ ou en fin de ~ ou tout ~ fait* schließlich; letztlich; letzten Endes; im Endeffekt; im Grunde genommen; genaugenommen; alles in allem; *tu m'agaces, à la fin du ~* jetzt langt's mir aber!; F verflixt noch mal!; ♦ *je n'arrive jamais au même ~* es kommt immer e-e andere Zahl, etwas anderes her'aus; F *avoir son ~* (*être ivre*) F blau, besoffen, voll (wie e-e Strandhaubitze) sein; F *en avoir son ~ de qc* F von etw die Nase voll haben; F *il a eu son ~* F der hat sein(en) Teil gekriegt, sein Fett weg; *donner son ~ à qn* j-n auszahlen; (*congédier*) j-n entlassen; j-m kündigen; F *son ~ est bon* F jetzt geht's ihm an den Kragen; *être loin du ~* sich stark verrechnet haben; von der Wirklichkeit weit entfernt sein; *le ~ n'y est pas ou ça ne fait pas le ~* es *ou* die Rechnung stimmt nicht; *faire le ~* (ab)zählen; zu'sammenzählen; berechnen; zu'sammenrechnen; *faire le ~ de qc à qn* für etw vorzählen, vorrechnen; *faire, tenir ses ~s* über s-e Ausgaben Buch führen; *nous faisons nos ~s* wir rechnen (mitein'ander) ab; *chose faire le ~ de qn* j-m zu'gute kommen; *régler ses ~s* s-e Schulden begleichen; *régler son ~ à qn* a) *employé* j-n auszahlen; (*congédier*) j-m kündigen; j-n entlassen; b) F *fig* mit j-m ab-rechnen; *avoir un ~ à régler avec qn* mit j-m noch eine Rechnung zu begleichen haben; F mit j-m ein Hühnchen zu rupfen haben; *tenir ~ de qc* etw berücksichtigen; e-r Sache (*dat*) Rechnung tragen; etw bedenken; *ne tenir aucun ~ de qc* etw gänzlich unbeachtet, außer Betracht lassen; *conseil* in den Wind schlagen; *~ tenu de* unter Berücksichtigung von (*ou +gén*); *y trouver son ~* auf s-e Kosten, Rechnung kommen; *prov les bons ~s font les bons amis* unter Freunden sollte man in Geldsachen genau sein; in Geldsachen hört die Freundschaft, F die Ge-mütlichkeit auf (*prov*); **2.** *en banque*, COMM Konto *n*; *~ chèque postal* (*abr* **C.C.P.**) Postgirokonto [-ʒi-] *n*; Postscheckkonto *n*; *~ courant* laufendes Konto; Girokonto [ˈʒi-] *n*; COMPTABILI-TÉ Kontokor'rent *n*; laufende Rechnung; *~ de dépôt, d'épargne* Depo'si-ten-, Sparkonto *n*; *COMM ~ de pertes et profits* Gewinn-und-Verlust-Rechnung *f*; *~ en banque* Bankkonto *n*; *ouvrir un ~ à la banque X* ein Konto bei der Bank X eröffnen; *passer en ~, sur le ~* auf dem Konto verbuchen; buchen; **3.** *~(s)* (*explications*) Rechenschaft *f*; *~ rendu* a) Bericht *m*; *écrit a* Niederschrift *f*; *d'une séance* Proto'koll

n; b) *d'un livre* Rezensi'on *f*; c) ÉCOLE Nacherzählung *f*; *faire le ~ rendu de qc* über etw (*acc*) berichten; *demander des ~s à qn* von j-m Rechenschaft fordern; *devoir des ~s à qn* j-m Rechenschaft schuldig sein, schulden, ablegen müssen; *rendre des ~s* Rechenschaft ablegen (*de* über +*acc*); *je n'ai pas de ~s à vous rendre* ich bin Ihnen keine Rechenschaft schuldig; ich schulde Ihnen keine Rechenschaft; *rendre ~ de qc* über etw (*acc*) Bericht erstatten; *se rendre ~ de qc* sich über etw (*acc*) klarwerden *ou* im klaren sein; etw bemerken, feststellen; *tu te rends ~!* stell dir das mal vor!
compte-gouttes [kõtgut] *m* ⟨*inv*⟩ Tropfenzähler *m*; *loc/adv fig au ~ tröpfchen-, scheibchenweise*; F kleckerweise; *accorder, distribuer, donner qc au ~ a* mit etw knausern
compter [kõte] **I** *v/t* **1.** (*dénombrer*) zählen; zu'sammenzählen; abzählen; (*inclure*) mit-, da'zuzählen, -rechnen; mit einrechnen, einbeziehen; *voix aux élections* (aus)zählen; *fig heures, jours* zählen; *fig ses jours sont comptés* s-e Tage sind gezählt; *on ne compte plus ses gaffes, succès* s-e Dummheiten, Erfolge sind nicht mehr zu zählen; *on peut ~ les lettres qu'il a écrites* man kann die Briefe ... an den Fingern (e-r Hand) abzählen; *~ qc, qn au nombre des, parmi les meilleurs* etw, j-n zu den Besten zählen, rechnen; *on compte ce livre parmi ... a* dieses Buch wird zu ... gerechnet; ♦ *sans ~* (+*subst*) ohne (+*acc*); außer (+*dat*); abgesehen von (+*dat*); nicht (mit)gerechnet (+*acc*); *sans ~ que* abgesehen davon, daß; außerdem; oben'drein; noch da'zu; **2.** (*prévoir*) rechnen (mit); *~ cinq heures en voiture* mit dem Wagen fünf Stunden rechnen; *~ que ...* damit rechnen, daß ...; erwarten, annehmen, daß ...; *ne pas ~ que ...* (+*subj*) nicht damit rechnen, daß ...; **3.** (*avoir l'intention*) *~* (+*inf*) beabsichtigen, vorhaben, hoffen, damit rechnen zu (+*inf*); wollen (+*inf*); *je compte aller vous voir la semaine prochaine* ich beabsichtige *etc*, Sie nächste Woche zu besuchen; **4.** *~ qc à qn* a) (*facturer*) j-m etw berechnen, in Rechnung stellen; b) (*verser*) j-m etw (aus)zahlen; c) (*savoir gré de*) j-m etw anrechnen, zu'gute halten; d) F *avec parcimonie* j-m etw (spärlich) zuteilen; *tu nous, me les comptes* F die sind wohl abgezählt, ratio'niert; **5.** (*estimer*) schätzen; ansehen; *tu comptes pour rien le mal que je me suis donné* die Mühe ... zählt für dich überhaupt nicht; du erachtest die Mühe ... für nichts; **6.** (*avoir*) *tant d'années* zählen, *années de service* haben, in Rechnung stellen; *ville: habitants* haben; zählen; *st/s ou iron ~ dix-huit printemps* achtzehn Lenze zählen; **II** *v/i* **7.** (*calculer*) zählen; rechnen; *~ de tête* im Kopf rechnen; cf *a doigt 1*.; ♦ *loc/adv sans ~* reichlich; großzügig; verschwenderisch; mit vollen Händen; *loc/prép à ~ de* von ... ab, an; ab; *à ~ d'aujourd'hui* von heute ab, an; ab heute; **8.** (*avoir de l'importance*) zählen; wichtig, wesentlich sein; gelten; *cela ne compte pas* das zählt nicht;

das hat nichts zu bedeuten; *son avis compte pour beaucoup* s-e Ansicht gilt viel, hat viel Gewicht; *son fils compte beaucoup pour lui* sein Sohn bedeutet ihm sehr viel; er hängt sehr an s-m Sohn; **9.** *devoir ~* rechnen, haushalten müssen; **III** *v/t/indir personne ~ avec qc* mit etw rechnen; etw bedenken; an etw (*acc*) denken; etw berücksichtigen; e-r Sache (*dat*) Rechnung tragen; *~ avec qn* mit j-m rechnen; j-n berücksichtigen; j-m Rechnung tragen; *personne, chose ~ parmi* zählen, gehören zu; gezählt, gerechnet werden zu; *~ sans qc* etw vergessen, nicht bedenken, nicht berücksichtigen; *~ sans qn* nicht mit j-m rechnen; j-n vergessen; die Rechnung ohne j-n machen; *~ sur qc, qn* auf etw, j-n zählen, rechnen; mit etw, j-m rechnen; sich auf etw, j-n verlassen; *il vaut mieux ne ~ que sur soi* man soll(te) sich nur auf sich selbst verlassen; *j'y compte* ich rechne (fest) damit; ich verlasse mich darauf; F *iron comptes-y ou compte là-dessus* F ja denkste!; von wegen!; F *compte là-dessus et bois de l'eau* das schlag dir aus dem Kopf; F da kannst du warten, bis du schwarz wirst; **IV** *v/pr se ~* gezählt werden (*par* nach); sich zählen lassen
compte rendu [kõtʀɑ̃dy] *m* ⟨*pl* comptes rendus⟩ cf *compte 3*.
compte-tours [kõttuʀ] *m* ⟨*inv*⟩ TECH Drehzahlmesser *m*; Tourenzähler *m*
compteur [kõtœʀ] *m* TECH Zähler *m*; Zählwerk *n*, -apparat *m*; *~ bleu* Nachtstromzähler *m*; *~ électrique* Strom-, Elektrizi'tätszähler *m*; *~* [ʒeʒɛʀ] Geigerzähler *m*; *~ kilométrique* Kilo'meterzähler *m*; *~ à eau, à gaz* Wasser-, Gaszähler *m*, -messer *m*, -uhr *f*; *~ de taxi* Fahrpreisanzeiger *m*; Taxa'meter *m*; *~ (de vitesse)* Geschwindigkeitsmesser *m*; Tacho'meter *m ou m*; F Tacho *m*; *relever le ~* den Zähler ablesen
comptine [kõtin] *f* Abzählvers *m*, -reim *m*
comptoir [kõtwaʀ] *m* **1. a)** *d'un bar* Theke *f*; Schanktisch *m*; Bü'fett *n*; Tresen *m*; **b)** *d'un magasin* Ladentisch *m*; (Laden)Theke *f*; **2.** *de la Banque de France* Zweigstelle *f*; ÉCON *~ de vente en commun* Gesellschaft *f* für Gemeinschaftsvertrieb; **3.** HIST (Handels-)Kon'tor *n*; Handelsniederlassung *f*; Fakto'rei *f*
compulser [kõpylse] *v/t* (*consulter*) nachschlagen in (+*dat*); 'durchsehen; 'durchblättern
compulsion [kõpylsjõ] *f* PSYCH Zwang(shandlung) *m(f)*
comte [kõt] *m* Graf *m*
comté [kõte] *m* **1.** Grafschaft *f*; **2.** *fromage: Art* Schweizer Käse aus der Franche-Comté
comtesse [kõtɛs] *f* Gräfin *f*
comtois [kõtwa] cf *franc-comtois*
con [kõ] P **I** *adj* ⟨ *f inv od* conne [kɔn]⟩ P saudumm, -blöd, -doof; **II** *subst* **1.** *~, conne m,f* P Blödmann *m*, -hammel *m*; dumme Sau; *d'une femme* blöde Ziege; blöde Kuh; *injure* P Arschloch *m*; *loc/adj à la ~* P saublöd, -doof; *faire le ~* a) (*faire l'idiot*) F sich blöd, doof (an-) stellen; (*faire des bêtises*) Blödsinn,

Dummheiten machen; b) (*faire qc de stupide*) e-e stu'pide, stumpfsinnige, F blöde, doofe Arbeit machen müssen; **2.** *m obscène* Fotze *f*; Möse *f* (*Vulva*)
conard [kɔnaʀ] P *m*, **conasse** [kɔnas] P *f cf* **con** II 1.
concass|er [kõkase] *v/t poivre*, *sucre* zerstoßen; *glace* zerkleinern; *pierres* brechen; *grain* schroten; **~eur** *m de pierres* Brecher *m*
concave [kõkav] *adj* kon'kav, Kon-'kav... (*a* OPT); vertieft; *miroir m ~* Konkav-, Hohlspiegel *m*
concavité [kõkavite] *f* **1.** OPT Konkavi-'tät *f*; **2.** (*creux*) Vertiefung *f*; Einbuchtung *f*; Höhlung *f*
concéder [kõsede] *v/t* ⟨-è-⟩ **1.** *droit* gewähren; einräumen; bewilligen; zugestehen; **2.** *~ que* ... zugeben, einräumen, daß ...; *~ à qn un point* j-m in e-m Punkt recht geben; **3.** SPORTS *but etc* hinnehmen, in Kauf nehmen, zulassen müssen (*à qn* von j-m)
concélébrer [kõselebʀe] *v/i* ⟨-é-⟩ ÉGL CATH konzele'brieren
concentration [kõsãtʀasjõ] *f* **1.** Konzentrati'on *f*, Konzen'trierung *f* (*a* CHIM, MIL); ÉCON *a* Zu'sammenschluß *m*; OPT *de rayons a* Bündelung *f*; *~ de la population* Konzentration, (Zu'sammen)Ballung *f* der Bevölkerung; *~ de(s) troupes* Truppenkonzentration *f*; Mas'sierung *f* von Truppen; *camp m de ~* Konzentrati'onslager *n* (*abr* KZ); CHIM *degré m de ~* Konzentrati'on *f*; *zone f de ~ urbaine* Ballungsraum *m*, -gebiet *n*; **2.** *fig de l'esprit* Konzentrati'on *f*; Sammlung *f*; *faculté f de ~* Konzentrationsvermögen *n*
concentrationnaire [kõsãtʀasjɔnɛʀ] *adj* e-s Konzentrati'onslagers; KZ-...; *univers m ~* Welt *f* der Konzentrationslager; *fig* KZ-Atmosphäre *f*
concentré [kõsãtʀe] I *adj* **1.** CHIM konzen'triert; *lait m ~* Kon'densmilch *f*; Dosenmilch *f*; **2.** *fig esprit, attention, personne* konzen'triert; gesammelt; II *m* Konzen'trat *n*; *~ de tomates* Tomatenmark *n*; *en ~* konzen'triert; in konzentrierter Form; als Konzentrat
concentrer [kõsãtʀe] I *v/t* **1.** konzen-'trieren (*a* CHIM, MIL); OPT *rayons a* bündeln; sammeln; *liquide a* eindicken; *troupes a* zu'sammenziehen; **2.** *attention, efforts, énergie ~ sur qc, qn* auf j-n, etw konzen'trieren, richten; *~ toutes ses forces* alle s-e Kräfte anspannen, zu'sammennehmen; II *v/pr se ~* **3.** *regards etc* sich konzen'trieren (*sur* auf +*acc*); *foule* sich ansammeln; *p/fort* sich (zu'sammen)ballen; **4.** *personne* sich konzen'trieren (*sur* auf +*acc*); sich sammeln; sich vertiefen (in +*acc*)
concentrique [kõsãtʀik] *adj* kon'zentrisch
concept [kõsept] *m* Begriff *m*
conception [kõsepsjõ] *f* **1.** (*idée*) Anschauung *f*; Auffassung *f*; Vorstellung *f*; Begriff *m*; *~ du monde* Weltanschauung *f*; Weltbild *n*; *~(s) sur qc* Ansicht(en) *f(pl)* über etw (*acc*); Auffassung(en) von etw; *nous n'avons pas la même ~ du travail* unsere Vorstellungen von der Arbeit sind nicht die gleichen, gehen ausein'ander; **2.** (*création*) Konzepti'on *f*; Entwurf *m*; Planung *f*; Gestaltung *f*; *d'une ~ 'hardie*

kühn konzi'piert; *cf a* **C.A.O.**; **3.** BIOL Empfängnis *f*; *sc* Konzepti'on *f*
conceptualiser [kõseptɥalize] *v/t* in Begriffe fassen
conceptuel [kõseptɥɛl] *adj* ⟨~le⟩ begrifflich; Begriffs...
concernant [kõsɛʀnã] *prép* hinsichtlich (+*gén*); bezüglich (+*gén*); betreffend (+*acc*); bezüglich (+*gén*)
concerné [kõsɛʀne] *adj* betroffen; *être ~* betroffen sein (*par* von); *se sentir ~* sich betroffen fühlen
concerner [kõsɛʀne] *v/t ~ qc, qn* etw, j-n betreffen, angehen; *en ce qui concerne ...* was (+*acc*) betrifft, anbelangt, angeht; hinsichtlich, bezüglich (+*gén*); *en ce qui me concerne* was mich betrifft; ich meinerseits; *cela ne te concerne pas* das betrifft dich nicht; *remontrance* das geht dich nichts an
concert [kõsɛʀ] *m* **1.** MUS Kon'zert *n*; **2.** *fig des oiseaux* Gesang *m*; *plais* (*pleurs*) Geheul(e) *n*; *~ d'avertisseurs* Hupkonzert *n*; *~ de lamentations* Klage-, Wehgeschrei *n*; *c'était un ~ de louanges* alle waren des Lobes voll; **3.** (*accord*) *~ des grandes puissances st/s* Konzert *n* der Großmächte; *loc/adv agir de ~* im Einvernehmen, im Einverständnis, in Übereinstimmung (*avec* mit); gemeinsam (mit)
concertant [kõsɛʀtã] *adj symphonie ~e* konzertante Sinfonie
concertation [kõsɛʀtasjõ] *f* Absprache *f*; Verständigung *f*; konzer'tierte Akti'on
concerter [kõsɛʀte] I *v/t* vereinbaren; absprechen; verabreden; *plan habilement concerté a* geschickt eingefädelter Plan; II *v/pr se ~* sich (mitein'ander) verständigen; sich absprechen, abstimmen, bereden; (mitein'ander, sich) beraten
concertiste [kõsɛʀtist] *m,f* Instrumenta'list(in) *m(f)* der (die) Kon'zerte gibt
concerto [kõsɛʀto] *m* MUS Kon'zert *n* (*Komposition*); *~ pour piano et orchestre* Kla'vierkonzert *n*; Konzert für Klavier und Orchester
concessif [kõsesif] *adj* ⟨-ive⟩ GR konzes'siv; einräumend; *proposition concessive* Konzes'sivsatz *m*
concession [kõsesjõ] *f* **1.** ADM *d'un droit* Gewährung *f*; Einräumung *f*; *pour un terrain, une mine* Konzessi'on *f*; *~ de travaux publics* Vergabe *f* von Bauarbeiten (der öffentlich. Hand); **2.** *funéraire* Fa'miliengrab *n*; *~ à perpétuité* Erbbegräbnis *n*; **3.** (*compromis*) Zugeständnis *n*, Konzessi'on *f*; Entgegenkommen *n*; *faire des ~s à qn* j-m Zugeständnisse, Konzessionen machen
concessionnaire [kõsesjɔnɛʀ] *m* **1.** ADM Konzessio'när *m*; Konzessi'onsinhaber *m*; **2.** COMM *d'une marque* Vertragshändler *m*
concevable [kõsvabl(ə)] *adj* **1.** (*imaginable*) vorstellbar; denkbar; **2.** (*compréhensible*) begreiflich; verständlich
concevoir [kõs(ə)vwaʀ] ⟨*cf* recevoir⟩ I *v/t* **1.** (*comprendre*) begreifen; erfassen, verstehen; (*s'imaginer*) sich vorstellen; *je conçois mal que ...* (+*subj*) ich begreife nicht, ich verstehe nicht, ich finde es unbegreiflich, daß ...; *~ qc com-*

me etw begreifen, ansehen, auffassen als; **2.** *projet, ouvrage etc* entwerfen; konzi'pieren; planen; ersinnen; *cf a conçu 1.*; **3.** *st/s espoir* schöpfen; *doutes* bekommen, *aversion, rancune* fassen; *~ de l'amitié pour qn* j-n liebgewinnen; **4.** BIOL empfangen (*a abs*); II *v/pr cela se conçoit* a) (*c'est compréhensible*) das ist begreiflich, verständlich; b) (*c'est imaginable*) das läßt sich denken
concierge [kõsjɛʀʒ] *m,f* Conci'erge *m,f*; Hausmeister(in) *m(f)*; Pförtner(in) *m(f)*; Porti'er *m*; *fig c'est une vraie ~* sie *ou* er ist e-e (richtige) Klatschbase
Conciergerie [kõsjɛʀʒəʀi] *f* ehemaliges Staatsgefängnis in Paris
concile [kõsil] *m* ÉGL CATH Kon'zil *n*
conciliable [kõsiljabl(ə)] *adj* miteinander vereinbar; *être ~s a* zu vereinbaren sein; sich miteinander vertragen
conciliabules [kõsiljabyl] *m/pl* Getuschel *n*; *tenir des ~* (die Köpfe zu'sammenstecken und) mitein'ander tuscheln
conciliaire [kõsiljɛʀ] *adj* ÉGL CATH Kon'zils...
conciliant [kõsiljã] *adj personne, caractère* entgegenkommend; 'umgänglich; verbindlich; konzili'ant; gefällig; *paroles* versöhnlich; konzili'ant
conciliateur [kõsiljatœʀ] I *adj* ⟨-trice⟩ ausgleichend; vermittelnd; versöhnend; II *subst ~, conciliatrice m,f* Schlichter(in) *m(f)*; Vermittler(in) *m(f)*
conciliation [kõsiljasjõ] *f* **1.** Ausgleich *m*; Vergleich *m*; Vermittlung *f*; Schlichtung *f*; *esprit m de ~* Versöhnlichkeit *f*; **2.** JUR gütliche Einigung; *procédure f, tentative f de ~* Sühneverfahren *n*, -versuch *m*; *citer en ~* zum Sühnetermin laden
concilier [kõsilje] I *v/t* **1.** *opinions, intérêts etc* in Einklang, Übereinstimmung bringen; *peut-on ~ carrière et famille?* a sind Beruf und Familie mitein'ander vereinbar?; *chercher à tout ~* versuchen, alles unter e-n Hut zu bringen; **2.** *litt personnes* zu e-m Vergleich, zu e-r Versöhnung bewegen; II *v/pr se ~ la bienveillance etc de qn* j-s Wohlwollen *etc* gewinnen, erringen; sich j-s Wohlwollen *etc* erwerben
concis [kõsi] *adj style, rapport etc* prä'gnant (*a auteur*); bündig; kurzgefaßt; knapp; gedrängt; *sc* kon'zis; *soyez ~!* fassen Sie sich kurz!
concision [kõsizjõ] *f* Prä'gnanz *f*; Bündigkeit *f*; Knappheit *f*; Gedrängtheit *f*; Kürze *f*
concito|yen [kõsitwajẽ] *m*, **~yenne** *f* Mitbürger(in) *m(f)*
conclave [kõklav] *m* ÉGL CATH Kon-'klave *n*
concluant [kõklɥã] *adj* überzeugend; schlüssig; stichhaltig; schlagend; bündig; beweiskräftig
conclure [kõklyʀ] ⟨je conclus, il conclut, nous concluons; je concluais; je conclus; je conclurai; que je conclue; concluant; conclu⟩ *v/t* **1.** *affaire, marché* abschließen; tätigen; *convention, pacte* schließen; *traité* (ab)schließen; *~ la paix* Frieden schließen; *marché conclu!* abgemacht!; **2.** (*clore*) beenden; abschließen; zu Ende bringen; *abs concluez!* kommen Sie zum Schluß!;

conclusion – condenser

ne pas savoir ~ kein Ende finden; **3.** (*déduire*) *j'en conclus que ...* ich schließe, folgere daraus, daß ...; ich ziehe daraus die Schlußfolgerung, den Schluß, daß ...; **II** *v/t/indir* **4. ~ à qc** auf etw (*acc*) schließen; *l'enquête conclut à la mort par strangulation* den Ermittlungen zu'folge trat der Tod durch Erwürgen ein; **~ de qc à qc** von etw auf etw (*acc*) schließen; **5.** *JUR* (*décider*) **~ à** erkennen auf (*+acc*); sich aussprechen für
conclusion [kõklyzjõ] *f* **1.** *d'un traité, d'une affaire etc* Abschluß *m*; **~ d'un contrat** Vertragsabschluß *m*; **~ de la paix** Friedensschluß *m*; **2.** (*fin*) Schluß *m*; Ende *n*; Abschluß *m*; *dans un discours en ~* abschließend; zum Abschluß; *cf a 3.*; **3.** (*déduction*) Schluß (-folgerung) *m*; *PHILOS* Konklusi'on *f*; *advt* **~**, *...* Fazit, ...; kurz, ...; mit e-m Wort, ...; *loc/adv en ~*, *...* folglich ...; *tirer des ~s* Schlüsse, (Schluß)Folgerungen ziehen (*de aus*); **4.** *JUR* **~s** Anträge *m/pl*; **déposer des ~s** Anträge stellen
concocter [kõkɔkte] *v/t plais surprise etc* F aushecken; *CUIS* zu'sammenbrauen
concombre [kõkõbʀ(ə)] *m BOT* Gurke *f*; **~ en salade** *ou* **salade f de ~s** Gurkensalat *m*
concomitant [kõkɔmitã] *adj* Begleit...
concordance [kõkɔʀdãs] *f* **1.** (*analogie*) Übereinstimmung *f*; *la ~ de leurs vues* die Übereinstimmung ihrer Ansichten; **2.** *GR* **~ des temps** Zeitenfolge *f*; **3. ~ de la Bible** Bibelkonkordanz *f*
concordant [kõkɔʀdã] *adj* über'einstimmend
concordat [kõkɔʀda] *m* **1.** *ÉGL CATH* Konkor'dat *n*; **2.** *JUR, COMM* Vergleich *m*
concorde [kõkɔʀd] *f* Eintracht *f*; *esprit m de ~* Geist *m* der Eintracht
concorder [kõkɔʀde] *v/i* (mitein'ander) über'einstimmen; *caractères* mitein'ander harmo'nieren; zu'sammenpassen; *actions*, *efforts* das gleiche Ziel haben; in die gleiche Richtung gehen; **~ avec** übereinstimmen mit; in Einklang stehen mit; *faire ~* aufein'ander abstimmen; in Über'einstimmung, Einklang bringen
concourant [kõkuʀã] *adj MATH droites* konver'gent; konver'gierend
concourir [kõkuʀiʀ] ⟨*cf* courir⟩ **I** *v/t/indir* **1. ~ à qc** beitragen zu etw; e-n Beitrag zu etw leisten; mitwirken an etw (*dat*); gemeinsam hinwirken auf etw (*acc*); **~ à** (*+inf*) dazu beitragen zu (*+inf*); **2.** *MATH droites* **~ en un point** in e-m Punkt zu'sammenlaufen, konver'gieren; **II** *v/i concurrents* an etw, am Wettbewerb teilnehmen (*pour un prix* um e-n Preis); *SPORTS* **~ pour un titre** um e-n Titel kämpfen; *être admis à ~* zum Wettbewerb zugelassen werden
concours [kõkuʀ] *m* **1.** (*compétition*) Wettbewerb *m*; Wettstreit *m*; *pour un emploi* Auswahlverfahren *n*; *dans l'enseignement* Prüfung *f*, Ex'amen *n* im Auswahlverfahren, mit Wettbewerbscharakter; *ÉQUITATION* **~ complet** Military *f*; **~ général** jährlicher Leistungswettbewerb der besten Gymnasiasten; **~ hippique** Reit- und Fahrturnier *n*; **~ publicitaire** Preisausschreiben *n*; **~ de beauté** Schönheitswettbewerb *m*; **~ d'entrée** (*aux grandes écoles*) Aufnahmeprüfung im Auswahlverfahren für die „Grandes écoles"; **~ de tir** Wett-, Preisschießen *n*; *par voie de ~* im Auswahlverfahren; *se présenter à un ~* an e-m Wettbewerb, an e-m „concours" teilnehmen; *cf a hors I*; **2.** (*aide*) Unter'stützung *f*; Hilfe *f*; (*collaboration*) Mitwirkung *f*; *avec le ~ de qn* mit j-s Hilfe, Unterstützung, Beistand; unter j-s Mitwirkung (*dat*); **apporter, prêter son ~ à qc** e-n Beitrag zu etw leisten; sein(en) Teil zu etw beitragen; bei etw mitwirken; **3. ~ de circonstances** Zu'sammentreffen *n* mehrerer 'Umstände
concret [kõkʀɛ] **I** *adj* ⟨*concrète* [kõkʀɛt]⟩ kon'kret; gegenständlich; *exemple a* anschaulich; *avantage a* materi'ell; *terme* **~** konkreter Begriff; *avoir l'esprit ~* konkret, praktisch denken; **II** *m* **le ~** das Kon'krete
concrètement [kõkʀɛtmã] *adv* (ganz) kon'kret
concrétion [kõkʀesjõ] *f* **1.** *dans une poire etc* Körnchen *n*; **2.** *GÉOL* Konkreti'on *f*; **3.** *MÉD* Konkre'ment *n*
concrétisation [kõkʀetizasjõ] *f* Konkreti'sierung *f*; Veranschaulichung *f*; Vergegenständlichung *f*
concrétiser [kõkʀetize] **I** *v/t* konkreti'sieren; veranschaulichen; vergegenständlichen; verdeutlichen; *idée a* Gestalt geben (*+dat*); *promesse* erfüllen; *SPORTS* **~ son avantage en marquant des buts** s-n Vorteil in Tore 'umsetzen; **II** *v/pr se* **~** Gestalt, kon'krete Formen annehmen; sich konkreti'sieren
conçu [kõsy] *p/p cf* concevoir *et adj* **1.** *TECH* konzi'piert, angelegt, konstru'iert, ausgelegt (*pour* für); *appartement bien, mal* **~** gut, schlecht geschnittene Wohnung; (*rédigé*) *ainsi* **~** mit folgendem Wortlaut; *être* **~** *en ces termes* folgendermaßen lauten
concubinage [kõkybinaʒ] *m* Konkubi'nat *n*; wilde Ehe; *ADM* eheähnliches Verhältnis; eheähnliche Gemeinschaft; **vivre en ~** im Konkubinat, in wilder Ehe, in e-m eheähnlichen Verhältnis leben
concubine [kõkybin] *f* im Konkubi'nat lebende Frau; Konku'bine *f*
concupisc|ence [kõkypisãs] *f* (sinnliche, fleischliche) Begierde; Fleischeslust *f*; **~ent** *adj* begehrlich; lüstern
concurremment [kõkyʀamã] *adv* (*ensemble*) gemeinsam; zu'sammen; (*simultanément*) gleichzeitig
concurrence [kõkyʀãs] *f* **1. a)** Konkur'renz *f*, Wettbewerb *m*, Konkur'renzkampf *m* (*à COMM*); Wettstreit *m*; *COMM* **libre ~** freier Wettbewerb; **entrer en ~ avec qn** mit j-m in Wettbewerb treten; *être en ~ avec qn* mit j-m wetteifern, konkur'rieren, rivali'sieren; **faire ~ à qn** j-m Konkurrenz machen; mit j-m konkur'rieren; **se faire ~** sich ou ein'ander Konkurrenz machen; mitein'ander konkur'rieren; **b)** *COMM coll* Konkur'renz *f*; **soutenir la ~** mit der Konkurrenz Schritt halten (können); konkur'renzfähig sein; **2.** *loc jusqu'à ~ de mille francs* bis zu ...; bis zum Betrag, bis zu e-r Höhe von ...
concurrencer [kõkyʀãse] *v/t* ⟨-ç-⟩ konkur'rieren mit; Konkur'renz machen (*+dat*); im Wettbewerb stehen mit
concurrent [kõkyʀã] **I** *adj* konkur'rierend; Konkur'renz...; *maison* **~e** Konkurrenzfirma *f*; **II** *subst* **~(e)** *m(f)* Konkur'rent(in) *m(f)*; Mitbewerber(in) *m(f)*; Wettbewerber(in) *m(f)*; **~s à une compétition** Wettkampfteilnehmer *m/pl*; Wettkämpfer *m/pl*; **~s à un concours** Kandidaten *m/pl* e-s „concours"
concurrentiel [kõkyʀãsjɛl] *adj* ⟨**~le**⟩ Konkur'renz...; konkur'rierend; *prix* **~s** konkur'renzfähige Preise *m/pl*; *secteurs* **~s** konkurrierende Bereiche *m/pl*
concussion [kõkysjõ] *f JUR* 'übermäßige Gebührenerhebung
condamnable [kõdanabl(ə)] *adj* tadelns-, verdammenswert; verwerflich; zu verurteilen(d)
condamnation [kõdanasjõ] *f* **1.** *JUR* Verurteilung *f*; Aburteilung *f*; (*peine*) Strafe *f*; **~ à** (*la peine de*) **mort** Todesurteil *n*; Verurteilung zum Tode; **~ pour vol** Verurteilung wegen Diebstahls; *infliger une* **~** e-e Strafe verhängen (*à qn* gegen j-n); *subir sa* **~** s-e Strafe verbüßen; **2.** (*blâme*) 'Mißbilligung *f*; Verwerfung *f*; Verurteilung *f*; Verdammung *f*
condamné [kõdane] **I** *adj* **1.** *JUR* verurteilt; *innocent* **~** unschuldig Verurteilte(r) *m*; **2.** *malade* unheilbar (von den Ärzten) aufgegeben; *porte* zugemauert; (mit Brettern) vernagelt; **II** *subst* **~(e)** *m(f)* Verurteilte(r) *f(m)*; **~ à mort** zum Tode Verurteilte(r) *m*; *la cigarette du* **~** die letzte Zigarette (des Verurteilten) vor der Hinrichtung
condamner [kõdane] *v/t* **1.** *JUR* verurteilen (*qn à une peine* j-n zu e-r Strafe; *pour* wegen); aburteilen; *par ext la loi condamne l'usage de drogues* das Gesetz verbietet, unter'sagt den Genuß von Drogen; **2.** (*forcer*) **~ qc à** j-n zu etw verurteilen; *être condamné à l'inaction, à économiser* zur Untätigkeit, zum Sparen verurteilt, verdammt sein; **3.** (*blâmer*) miß'billigen; verurteilen; verdammen; verwerfen; *d'un mot emploi condamné par l'Académie* Gebrauch, den die Académie verwirft; *son silence le condamne* durch sein Schweigen spricht er sich selbst sein Ur-teil; **4.** *malade* aufgeben; **5.** *porte* zumauern; (mit Brettern) vernageln; zu-, verstellen (*avec* mit); *fig* **~ sa porte à qn** j-m das Haus verbieten
condé [kõde] *m arg* (*policier*) *péj* Bulle *m*
condensateur [kõdãsatœʀ] *m ÉLECT* Konden'sator *m*
condensation [kõdãsasjõ] *f PHYS* Kondensati'on *f*; Konden'sierung *f*; **~ électrique** Speicherung *f* elektrischer Ladungen; **~ de la vapeur sur la vitre** Beschlagen *n* der Fensterscheibe; *eau f de ~* Kon'denswasser *n*
condensé [kõdãse] *adj* **1.** *lait* **~** Kondensmilch *f*; kondensierte Milch; Dosenmilch *f*; **2.** *texte* **~** *ou subst* **~** *m* Kurzfassung *f*; Zu'sammenfassung *f*
condenser [kõdãse] **I** *v/t* **1.** *PHYS* konden'sieren; **2.** *fig texte etc* zu'sammenfassen; kompri'mieren; in gedrängter

condenseur – conférence

Form darstellen; **II** *v/pr vapeur* **se ~** konden'sieren; sich niederschlagen (*sur* auf +*acc*)
condenseur [kõdãsœʀ] *m* **1.** OPT Kon'densor *m*; **2.** TECH Konden'sator *m*
condescendance [kõdesãdãs] *f* Her'ablassung *f*; Gönnerhaftigkeit *f*; *air m de ~* Gönnermiene *f*
condescendant [kõdesãdã] *adj* her'ablassend; gönnerhaft
condescendre [kõdesãdʀ(ə)] *v/t/indir* ⟨*cf* rendre⟩ **~ à** (+*inf*) sich (dazu) her'ablassen zu (+*inf*); geruhen zu (+*inf*); so gnädig sein zu (+*inf*)
condiment [kõdimã] *m* Gewürz *n*; Würzstoff *m*; Würze *f* (*a fig*)
condisciple [kõdisipl(ə)] *m,f* Mitschüler(in) *m(f)*; Studienkollege, -kollegin *m,f*; Kommili'tone, -tonin *m,f*
condition [kõdisjõ] *f* **1.** Bedingung *f* (*a* JUR, COMM); Vor'aussetzung *f*; **~s** *pl* (*circonstances*) Verhältnisse *n/pl*; 'Umstände *m/pl*; (*situation*) Lage *f*; **~s atmosphériques** Wetter-, Witterungsverhältnisse *n/pl*; **~s économiques** wirtschaftliche Bedingungen, Verhältnisse; **~ féminine** Lage der Frau; **~ humaine** Stellung *f* und Schicksal *n* des Menschen innerhalb des Universums; MATH **~ nécessaire et suffisante** notwendige und hinreichende Bedingung; **~s d'admission** Aufnahme-, Zulassungsbedingungen *f/pl*; COMM **~s de livraison, de paiement** Liefer(ungs)-, Zahlungsbedingungen *f/pl*; Konditi'nen *f/pl*; **~s de travail** Arbeitsbedingungen *f/pl*; **~s de vie** Lebensbedingungen *f/pl*, -verhältnisse *n/pl*; ♦ *loc/conj* **à** (**la**) **~ que** (+*subj ou futur*), **à ~ de** (+*inf*) unter der Voraussetzung, Bedingung, daß ...; vorausgesetzt (, daß) ...; (nur) wenn ...; *loc/adv*: **dans** *ou* F **à ces ~s** unter diesen Umständen, Bedingungen; **sans ~(s)** bedingungslos; **sous ~** bedingt; bedingungsweise; unter bestimmten Bedingungen; ♦ **faire des ~s** Bedingungen einräumen (**à** *qn* j-m); **poser des ~s** Bedingungen stellen; **poser qc comme ~** etw zur Bedingung machen; **mettre qc à qc** e-e Bedingung an etw (*acc*) knüpfen; **2.** (*forme physique et intellectuelle*) Verfassung *f*; *d'un sportif* Konditi'on *f*; **être en bonne ~** in guter Verfassung sein; *sportif* in Form, in guter Kondition, fit sein; *candidat* alle Vor'aussetzungen mitbringen (**pour** für); gut vorbereitet sein; **mettre en ~** a) *sportif* in Form bringen; fit machen; b) *fig personne, opinion* bearbeiten; präpa'rieren; *péj* manipu'lieren; **3.** (*rang social*) Stellung *f*; Positi'on *f*; Stand *m*; Rang *m*; HIST **~ de noble** ad(e)liger Stand; **de ~ élevée** hochgestellt; **de ~ modeste** (von) bescheidener Herkunft; **en ma, sa** *etc* **~ de** (in meiner, s-r *etc* Position, Stellung) als
conditionné [kõdisjɔne] *adj* **1.** (**à**) **air ~** (mit) Klimaanlage *f*; **2.** *personne* geformt, auf bestimmte Verhaltensweisen festgelegt (**par** durch); PSYCH **réflexe ~** bedingter Reflex; **3.** COMM *produit* ver-, abgepackt
conditionnel [kõdisjɔnɛl] *adj* ⟨**~le**⟩ **1.** bedingt (*a* JUR); unter bestimmten Bedingungen (geltend, gültig); **son accord est ~** er stimmt nur bedingt zu;

2. GR konditio'nal; Konditio'nal...; bedingend; **mode ~** *ou subst* **~** *m* Konditio'nal *m*
conditionnement [kõdisjɔnmã] *m* **1.** *d'un produit* Verpackung *f* und Aufmachung *f*; **2. ~** (**de l'air**) Klimati'sierung *f*; **3.** TECH, PSYCH Konditio'nierung *f*
conditionner [kõdisjɔne] *v/t* **1.** COMM *produit* (abpacken und) aufmachen; **2.** *air* klimati'sieren; **3.** TECH konditio'nieren; **4.** (*être la condition de*) **~ qc** etw bedingen; die Ursache, Bedingung für etw sein; **5.** (*influencer*) **~ qn** j-n formen; j-n in e-e bestimmte Richtung lenken; j-n auf bestimmte Verhaltensweisen fi'xieren; *péj* j-n präpa'rieren, manipu'lieren
condoléances [kõdɔleãs] *f/pl* Beileid (-sbezeigung) *n(f)*; **mes sincères ~** (mein) herzliches *ou* aufrichtiges Beileid; **lettre** *f* **de ~** Beileids-, Kondo'lenzbrief *m*, -schreiben *n*; **exprimer, faire, offrir, présenter ses ~ à qn** j-m sein Beileid aussprechen, ausdrücken, bekunden; j-m kondo'lieren
condor [kõdɔʀ] *m* ZO Kondor *m*
conductance [kõdyktãs] *f* ÉLECT Leitwert *m*
conducteur [kõdyktœʀ] **I** *adj* ⟨-trice⟩ **1.** PHYS leitend; **corps ~** Leiter *m*; **2.** *fig fil ~* roter Faden; **II** *subst* **1. ~, conductrice** *m,f d'un véhicule* Fahrer(in) *m(f)*; *d'une machine* Aufseher(in) *m(f)*; Ma'schinenwärter(in) *m(f)*; **~ d'autobus** Busfahrer *m*; **~ de camion** Lastwagenfahrer *m*; **~** Lkw-Fahrer *m*; **~ d'engin** Kran- *ou* Baggerführer *m*; **~ de train** Lokomo'tiv-, Lokführer *m*; **2.** *m* CONSTR **~ de travaux** Bauführer *m*, -leiter *m*; **3.** *m* PHYS Leiter *m*; **~ de la chaleur** Wärmeleiter *m*
conductibilité [kõdyktibilite] *f* PHYS Leitfähigkeit *f*
conduction [kõdyksjõ] *f* PHYS, PHYSIOL Leiten *n*; Leitung *f*
conductivité [kõdyktivite] *f* PHYS spe'zifische Leitfähigkeit
conduire [kõdɥiʀ] ⟨je conduis, il conduit, nous conduisons; je conduisais; je conduisis; je conduirai; que je conduise; conduisant; conduit⟩ **I** *v/t* **1.** *personne, animal* führen; *personne a* geleiten; (*accompagner*) begleiten; *chargement* bringen; führen; *cortège* anführen; *entreprise* führen; leiten, lenken; *délégation* anführen; leiten; MIL (an)führen; befehligen; *orchestre* diri'gieren; *par ext travaux, enquête* 'durchführen; *affaires* betreiben; *négociations* führen; **~ la main d'un enfant** e-m Kind die Hand führen; **~ au désespoir** zur Verzweiflung treiben; **~ à l'école** zur, in die Schule bringen; **~ à sa ruine** zu'grunde richten; **~ par la main** an der Hand führen; **se laisser ~ comme un enfant** sich wie ein Kind führen, lenken, leiten lassen; **2.** *chose* **~ à** führen zu (*a fig*); *route* (hin)führen nach, zu; **~ à** (+*inf*) dazu bringen zu (+*inf*); **~ sur les traces de qn** auf j-s Spur(en) (*acc*) führen; *fig* **cela peut nous ~ loin** das kann weitreichende Folgen für uns haben; **3.** *voiture* fahren (*a personne transportée*); *machine* steuern; *abs* (Auto) fahren; **savoir ~** fahren können; **permis** *m* **de ~** Führerschein *m*; **4.** PHYS *électricité, chaleur, canalisation*:

eau etc leiten; **II** *v/pr* **se ~** sich benehmen, sich verhalten, sich betragen, *a péj* sich aufführen (**en** wie ein[e]); **se ~ bien** sich gut benehmen, betragen
conduit [kõdɥi] *m* **1.** TECH (Zu)Leitung *f*; (*tuyau*) Rohr *n*; Röhre *f*; **~ de fumée** Rauchabzug *m*; **2.** ANAT Gang *m*; **~ auditif, lacrymal** Gehör-, Tränengang *m*
conduite [kõdɥit] *f* **1.** (*comportement*) Benehmen *n*; Verhalten *n* (*a* PSYCH); Betragen *n* (*a* ÉCOLE); PSYCH *a* Verhaltensweise *f*; JUR, MIL Führung *f*; F *fig* **acheter une ~** (nach außen hin) ehrbar werden; sich nichts mehr zu'schulden kommen lassen; **2.** AUTO **a)** *action* Fahren *n*; Lenken *n*; Steuern *n*; *façon* Fahrweise *f*; **~ en état d'ivresse** Trunkenheit *f* am Steuer; **~ en ville** Fahren in der Stadt; **leçons** *f/pl* **de ~** Fahrstunden *f/pl*, -unterricht *m*; **prendre des leçons de ~** Fahrstunden, -unterricht nehmen; **b) ~ à droite, à gauche** Rechts-, Linkssteuerung *f*; **c) ~ intérieure** Limou'sine *f*; **3.** (*direction*) Leitung *f*; Führung *f*; Lenkung *f*; (*accompagnement*) Begleitung *f*; Geleit *n*; *des travaux, d'une enquête* 'Durchführung *f*; *d'une affaire* Betreibung *f*; **sous la ~ de** unter der Führung, Leitung, MUS Stabführung von (*ou* +*gén*); **faire un bout, un brin de ~ à qn** j-n ein Stück (-chen) Weges begleiten; **4.** TECH (*canalisation*) (Zu)Leitung *f*; **~ forcée** Druckleitung *f*; **~ d'eau, de gaz** Wasser-, Gasleitung *f*
condyle [kõdil] *m* ANAT Gelenkkopf *m*
cône [kon] *m* **1.** Kegel *m* (*a* MATH); **~ de volcanique** Vulkankegel *m*; **~ de chantier** Leitkegel *m*; **en** (**forme de**) **~** kegelförmig; **2.** BOT (Frucht)Zapfen *m*
confection [kõfɛksjõ] *f* **1.** Herstellung *f*; Ver-, Anfertigung *f*; *d'un plat* Zubereitung *f*; **c'est un gâteau de ma ~** den Kuchen habe ich (selbst) gemacht; **2.** (*prêt-à-porter*) (**industrie** *f* **de**) **~** Konfektion *f*; Bekleidungsindustrie *f*; **magasin** *m*, **maison** *f* **de ~** Konfektionsgeschäft *n*; **vêtements** *m/pl* **de ~** Konfektion(skleidung) *f*; Fertigkleidung *f*; **s'habiller en ~** Konfektion(s-kleidung) tragen
confectionn|er [kõfɛksjɔne] *v/t* herstellen; ver-, anfertigen; *vêtements* schneidern; nähen; *plat* zubereiten; **~eur** *m* Hersteller *m* von Konfekti'on(skleidung); Konfektio'när *m*
confédéral [kõfedeʀal] *adj* ⟨-aux⟩ der, e-r Konfoderati'on
confédération [kõfedeʀasjõ] *f* **1.** *d'États* Staatenbund *m*; Konföderati'on *f*; 2 **helvétique** Schweizerische Eidgenossenschaft *f*; **2.** *d'associations* Bund *m*; 2 **générale du travail** cf C.G.T.
confédéré [kõfedeʀe] **I** *adj* verbündet; **États ~s** Staatenbund *m*; **II** *m/pl* **~s 1. en Suisse** Eidgenossen *m/pl*; **2.** HIST *U.S.A.* Konföde'rierte(n) *m/pl*
confédérer [kõfedeʀe] *v/t* ⟨-è-⟩ zu'sammenschließen; verbünden
conférence [kõfeʀãs] *f* **1.** (*réunion*) Konfe'renz *f*; Besprechung *f*; Beratung *f*; **~ au sommet** Gipfelkonferenz *f*; **~ de Genève** Genfer Konferenz *f*; **~ de la paix** Friedenskonferenz *f*; **~ de presse** Pressekonferenz *f*; **donner, tenir une ~ de presse** e-e Pressekonferenz ge-

conférencier – conforme

ben, abhalten; **~ sur le désarmement** Abrüstungskonferenz f; **être en ~** in ou bei e-r Besprechung, Konferenz sein; konfe'rieren; **2.** (exposé) Vortrag m; Refe'rat n; UNIVERSITÉ Vorlesung f; **donner, faire une ~** e-n Vortrag halten (**sur** über +acc)
conférenc|ier [kɔ̃feRɑ̃sje] m, **~ière** f (Vortrags)Redner(in) m(f); Vortragende(r) f(m); Refe'rent(in) m(f)
conférer [kɔ̃feRe] ⟨-è-⟩ **I** v/t (donner) verleihen; **pleins pouvoirs** erteilen; **II** v/i konfe'rieren, beraten, sich besprechen (**avec qn** mit j-m; **de, sur** über +acc)
confesse [kɔ̃fɛs] f **aller à ~** zur Beichte gehen
confesser [kɔ̃fese] **I** v/t **1.** ÉGL **a**) ses péchés beichten, bekennen (**à un prêtre** e-m Priester); **b**) prêtre **~ qn** j-m die Beichte abnehmen; j-s Beichte hören; abs die Beichte hören; **c**) **~ sa foi** s-n Glauben bekennen; **2.** (avouer) **~ qc** etw (ein)gestehen, zugeben, beichten; **3.** F (faire parler) **~ qn** j-n aushorchen, ausholen, F ausquetschen; **II** v/pr **4.** ÉGL **se ~** beichten; die Beichte ablegen; **5.** fig (avouer) **se ~ de qc à qn** j-m etw beichten
confesseur [kɔ̃fesœR] m ÉGL CATH Beichtvater m
confession [kɔ̃fesjɔ̃] f **1.** **de ses péchés** Beichte f; Sündenbekenntnis n; **entendre qn en ~** j-m die Beichte abnehmen; j-s Beichte hören; **2.** [(déclaration de] foi) Konfessi'on f; Bekenntnis n; **de ~ protestante** protestantischer Konfession; **3.** (aveu) Bekenntnis n; (Ein-)Geständnis n
confessionnal [kɔ̃fesjɔnal] m ⟨pl -aux⟩ Beichtstuhl m
confessionnel [kɔ̃fesjɔnɛl] adj ⟨~le⟩ Konfessi'ons...; Bekenntnis...; konfessio'nell
confetti(s) [kɔ̃feti] m/pl Kon'fetti n
confiance [kɔ̃fjɑ̃s] f Vertrauen n (**en, dans** zu; in ou auf +acc); Zutrauen n (zu); **en l'avenir** Zuversicht f; d'un enfant, animal Zutraulichkeit f; **~ en soi** Selbstvertrauen n; **homme ~ de ~** Vertrauensmann m; **maison f de ~** so-'lide Firma; Geschäft n, in dem man re'ell bedient wird; **personne f de ~** Vertrauensperson f; **poste m de ~** Vertrauensstellung f; loc/adv **de ~, en toute ~** vertrauensvoll; loc/adj **plein de ~** vertrauensvoll; zuversichtlich; voller Zuversicht; enfant, animal zutraulich; **avoir ~ en** ou **dans qn, qc** Vertrauen, Zutrauen zu j-m, etw haben; j-m, e-r Sache vertrauen; **avoir toute ~, pleine ~ en qn** voll(st)es Vertrauen zu j-m haben; **avoir ~ en l'avenir** zuversichtlich, mit Zuversicht in die Zukunft blicken; **avoir la ~ de qn** j-s Vertrauen besitzen, genießen; **donner ~** Vertrauen erwecken, einflößen; **cela lui a donné ~ en elle-même** das hat ihr Selbstvertrauen gegeben; **faire ~ à qn, qc** j-m, e-r Sache vertrauen; **vous pouvez me faire ~** Sie können sich auf mich verlassen; **mettre qn en ~** j-s Vertrauen gewinnen; **iron la ~ règne** keiner traut mehr dem anderen; Vertrauen ist gut, Kontrolle ist besser; **se sentir en ~ avec qn** in j-s Gegenwart (dat) keine Befangenheit verspüren

confiant [kɔ̃fjɑ̃] adj vertrauensvoll; **en l'avenir** zuversichtlich; enfant, animal zutraulich; **trop ~** (zu) vertrauensselig; **~ dans sa bonne étoile** im Vertrauen auf s-n guten Stern; **être ~ en, dans** vertrauen auf (+acc); Vertrauen haben zu
confidence [kɔ̃fidɑ̃s] f **1.** (épanchement) vertrauliche Mitteilung f; **faire une ~ à qn** j-m etw anvertrauen; **faire des ~s à qn** j-m (im Vertrauen) sein Herz ausschütten; **2.** (secret) loc/adv **en ~** im Vertrauen; vertraulich; **être dans la ~** (ins Geheimnis) eingeweiht sein; Bescheid wissen; **mettre qn dans la ~** j-n ins Vertrauen ziehen
confid|ent [kɔ̃fidɑ̃] m, **~ente** f Vertraute(r) f(m) (**a** THÉ); **prendre qn pour ~** sich j-m anvertrauen
confidentialité [kɔ̃fidɑ̃sjalite] f Vertraulichkeit f
confidentiel [kɔ̃fidɑ̃sjɛl] adj ⟨~le⟩ vertraulich
confidentiellement [kɔ̃fidɑ̃sjɛlmɑ̃] adv vertraulich; im Vertrauen
confier [kɔ̃fje] **I** v/t **1.** secret **~ à qn** j-m anvertrauen; **2.** aux soins de qn **~ qn à qn** j-n j-m anvertrauen; in j-s Obhut (acc) geben; **~ qc à qn** j-m etw anvertrauen, über'tragen; j-n mit etw betrauen; **~ le gouvernement à qn** j-m die Regierung übertragen; **II** v/pr **3.** (faire des confidences) **se ~** aus sich her'ausgehen; **se ~ à qn** sich j-m anvertrauen; j-m sein Herz öffnen; st/s sich j-m (er)öffnen; réciproquement **se ~ qc** ein'ander, sich etw anvertrauen; **4.** litt (avoir confiance) **se ~ à** ou **en** vertrauen auf (+acc)
configuration [kɔ̃figyRasjɔ̃] f Form f; Gestalt f; Konfigurati'on f (a CHIM, INFORM); **~ des lieux** Art f, Beschaffenheit f der Örtlichkeit
confiné [kɔ̃fine] adj **1.** air verbraucht; atmosphère stickig; dumpf; **2. vivre ~ chez soi** abgekapselt (von der übrigen Welt) leben
confinement [kɔ̃finmɑ̃] m **1.** st/s Abgeschlossenheit f von der Welt; Abkapselung f; **2.** NUCL Abschirmung f
confiner [kɔ̃fine] **I** v/t **1.** ⟨qn⟩ j-n verbannen, einsperren (**dans** in +acc); **II** v/t/indir st/s **~ à** (an)grenzen an (+acc); her'anreichen an (+acc); fig grenzen an (+acc); **III** v/pr **se ~** sich in die Einsamkeit zu'rückziehen; **se ~ chez soi** sich (von der übrigen Welt) abkapseln; fig **se ~ dans qc** sich auf etw (acc) beschränken, festlegen
confins [kɔ̃fɛ̃] m/pl (äußerste) Grenze f; Rand m; loc/prép **aux ~ de** an der äußersten Grenze, am Rande (+gén); fig an der Grenze zu (+dat)
confire [kɔ̃fiR] v/t ⟨déf: nur inf u p/p confit⟩ fruits kan'dieren
confirm|and [kɔ̃fiRmɑ̃] m, **~ande** f ÉGL CATH Firmling m; PROT Konfir'mand(in) m(f)
confirmation [kɔ̃fiRmasjɔ̃] f **1.** Bestätigung f (a COMM, JUR); p/fort Bekräftigung f; **donner ~ de qc** etw bestätigen; **j'ai reçu ~ de cela** das wurde mir bestätigt; ich habe das bestätigt bekommen; **2.** ÉGL CATH Firmung f; PROT Konfirmati'on f; Einsegnung f
confirmer [kɔ̃fiRme] **I** v/t **1.** réservation, nouvelle, théorie etc bestätigen; p/fort bekräftigen; **~ qn dans ses fonctions** j-n in s-m Amt bestätigen; **2. ~ qn dans son opinion, dans sa résolution** j-n in s-r Meinung, in s-m Entschluß bestärken; **3.** ÉGL CATH firmen; PROT konfir'mieren; einsegnen; **II** v/pr **se ~** sich bestätigen; v/imp **il se confirme que ...** es bestätigt sich, daß ...
confiscation [kɔ̃fiskasjɔ̃] f JUR, ADM Beschlagnahme f; Konfis'zierung f; Konfiskati'on f; Einziehung f
confiserie [kɔ̃fizRi] f **1.** (sucrerie) Sü-ßigkeit f; coll a Süßwaren f/pl; **2.** fabrication Süßwarenherstellung f; **3.** magasin Süßwarengeschäft n
confis|eur [kɔ̃fizœR] m, **~euse** f Süßwarenfabrikant m f(m) ou -händler (-in) m(f); cf a **trêve** l.
confisquer [kɔ̃fiske] v/t **1.** JUR, ADM beschlagnahmen; konfis'zieren; biens einziehen; **2. à l'école** konfis'zieren
confit [kɔ̃fi] **I** adj **1.** fruits kan'diert; **2.** fig mine süßlich; **être ~ en dévotion** im Frömmler, bi'gott sein; **II** m CUIS **~ d'oie** Gänsestücke n/pl, die im eigenen Fett konser'viert sind
confiture [kɔ̃fityR] f Marme'lade f; Konfi'türe f; **~ de fraises** Erdbeerkonfitüre f, -marmelade f
conflagration [kɔ̃flagRasjɔ̃] st/s f 'Umsturz m; 'Umwälzung f; **~ universelle** st/s Weltenbrand m
conflictuel [kɔ̃fliktɥɛl] adj ⟨~le⟩ kon-'fliktgeladen; **situation ~le a** Kon'fliktsituation f
conflit [kɔ̃fli] m **1.** Kon'flikt m (a POL, JUR); Ausein'andersetzung f; Streit(igkeit) m(f); 'Widerstreit m; **~ social** Ta-'rifkonflikt m; **~ d'intérêts** Inter'essenkonflikt m, -kollision f; Widerstreit der Interessen; **entrer en ~ avec qn** mit j-m in Streit geraten; **2.** PSYCH Kon'flikt m; innerer Zwiespalt
confluence [kɔ̃flyɑ̃s] f de rivières Zu-'sammenfluß m, -fließen n
confluent [kɔ̃flyɑ̃] m Zu'sammenfluß m; **au ~ de la Saône et du Rhône** am Zusammenfluß von Saône und Rhone
confondant [kɔ̃fɔ̃dɑ̃] adj verblüffend; erstaunlich
confondre [kɔ̃fɔ̃dR(ə)] ⟨cf rendre⟩ **I** v/t **1.** (mélanger) verwechseln (**qn, qc avec** ou **et** j-n, etw mit, a und); abs es, alles durchein'anderbringen; **~ deux choses** zwei Dinge (mitein'ander) verwechseln, F durchein'anderwerfen; **2.** (déconcerter) **~ qn** j-n verwirren, verlegen machen; (étonner) j-n verblüffen; st/s **vous me confondez** st/s Ihre Güte beschämt mich; adjt **confondu** verwirrt; verblüfft; **il est resté confondu a** es war ihm peinlich; **3.** (démasquer) **~ qn** j-n wider'legen; j-n in die Enge treiben (**par** durch); **~ un menteur** j-n als Lügner entlarven; j-n der Lüge (gén) über'führen; **II** v/pr **se ~ 4.** (se mélanger) sich vermischen, verschmelzen (**avec** mit); verschwimmen; **5. se ~ en politesses, remerciements** 'überströmen vor Höflichkeits-, Dankesbezeigungen
conformation [kɔ̃fɔRmasjɔ̃] f Form f; (Auf)Bau m; **~ du squelette** Knochenbau m
conforme [kɔ̃fɔRm] adj **~ à** gemäß (+dat); entsprechend (+dat); über'einstimmend mit; texte a gleichlautend

mit; *être* ~ *à qc* e-r Sache (*dat*) gemäß sein, entsprechen; ~ *au règlement* vorschriftsmäßig; *non* ~ *à la règle* regelwidrig; ♦ ADM: *certifié* ~ beglaubigt; *pour copie* ~ für die Richtigkeit der Abschrift
conformé [kɔ̃fɔʀme] *adj enfant bien* ~ wohlgebildet; *mal* ~ mit e-r 'Mißbildung
conformément [kɔ̃fɔʀmemɑ̃] *adv* ~ *à* gemäß, entsprechend, laut, nach (+*dat*); in Über'einstimmung mit (+*dat*); nach Maßgabe (+*gén*)
conformer [kɔ̃fɔʀme] I *v/t* ~ *à* anpassen (+*dat*); in Über'einstimmung bringen mit; II *v/pr se* ~ *à qc* sich nach etw richten; je-r Sache (*acc*) sich an etw (*acc*) halten; sich e-r Sache (*dat*) fügen; e-r Sache (*dat*) nachkommen; etw beachten; *se* ~ *aux ordres a* den Befehlen Folge leisten
conformisme [kɔ̃fɔʀmism(ə)] *m* Konfor'mismus *m*; allzu bereitwillige Anpassung
conformiste [kɔ̃fɔʀmist] I *adj* konfor-'mistisch; *morale* starr; traditiona'listisch; *les enfants sont souvent* ~*s* die meisten Kinder wollen so sein wie die anderen; II *m,f* Konfor'mist(in) *m(f)*; Jasager(in) *m(f)*
conformité [kɔ̃fɔʀmite] *f* Gleichartigkeit *f*, -förmigkeit *f*; Über'einstimmung *f*; Konformi'tät *f*; *en* ~ *avec* über'einstimmend, in Übereinstimmung mit; *être en* ~ *avec qn, qc* mit j-m, etw über'einstimmen, kon'form gehen
confort [kɔ̃fɔʀ] *m* Bequemlichkeit *f*; Behaglichkeit *f*; Kom'fort *m*; ~ *moderne* moderner, neuzeitlicher Komfort; *appartement de grand* ~ Luxuswohnung *f*; *loc/adj tout* ~ mit allem Komfort ausgestattet; *aimer le* ~ den Komfort lieben; *aimer son* ~ s-e Bequemlichkeit lieben; *avoir tout le* ~ mit allem Komfort ausgestattet sein
confortable [kɔ̃fɔʀtabl(ə)] *adj* **1.** *voiture, appartement etc* bequem; komfor'tabel; *fauteuil a, fig situation* behaglich; *mener une vie* ~ im Wohlstand leben; **2.** *revenus, avance etc* beachtlich; beträchtlich; ansehnlich
confortablement [kɔ̃fɔʀtabləmɑ̃] *adv* **1.** *être assis, installé* bequem; behaglich; **2.** *vivre* sehr gut; im Wohlstand; *gagner* reichlich
conforter [kɔ̃fɔʀte] *v/t* stärken; festigen; ~ *qn dans son opinion* j-n in s-r Meinung bestärken
confraternel [kɔ̃fʀatɛʀnɛl] *adj* (~*le*) kollegi'al; *rivalité* ~*le* Rivalität *f* unter Kol'legen
confrère [kɔ̃fʀɛʀ] *m* Kol'lege *m*
confrérie [kɔ̃fʀeʀi] *f* **1.** REL Bruderschaft *f*; **2.** HIST Zunft *f*; Gilde *f*
confrontation [kɔ̃fʀɔ̃tasjɔ̃] *f* Gegen-'überstellung *f*; Konfrontati'on *f* (*a* JUR); *de textes* Gegenein'anderhalten *n*
confronter [kɔ̃fʀɔ̃te] *v/t témoins, opinions etc* ein'ander gegen'überstellen; mitein'ander konfron'tieren; *textes a* gegenein'anderhalten; ~ *qc, qn etw, etw, j-m konfrontieren; etw, j-n e-r Sache, j-m gegen'überstellen; *adjt être confronté avec, à qc* mit etw konfron'tiert sein; e-r Sache (*dat*) gegen'überstehen
confucianisme [kɔ̃fysjanism(ə)] *m* PHILOS Konfuzia'nismus *m*

Confucius [kɔ̃fysjys] *m* PHILOS Kon'fuzius *m*
confus [kɔ̃fy] *adj* ⟨-fuse [-fyz]⟩ **1.** *amas* wirr; unordentlich; ungeordnet; *forme* undeutlich; verschwommen; *bruit* unbestimmt; unbestimmbar; undeutlich; **2.** *fig souvenirs, idées, situation, affaire, style* unklar; kon'fus; verworren; wirr; *souvenirs, idées a* vage; dunkel; verschwommen; *esprit* ~ Wirrkopf *m*; **3.** (*embarrassé*) verlegen; betreten; verwirrt; (*honteux*) beschämt; *excuse je suis* ~ es ist mir peinlich; *il était* ~ *de sa méprise* dieses Versehen war ihm peinlich
confusément [kɔ̃fyzemɑ̃] *adv distinguer, voir* undeutlich; verschwommen; *fig comprendre* vage; *deviner* ~ dunkel ahnen
confusion [kɔ̃fyzjɔ̃] *f* **1.** (*désordre*) Verwirrung *f*; Durcheinander *n*; Konfusi'on *f*; Verworrenheit *f*; *st/s* Wirrnis *f*; Wirrsal *n ou f*; *une* ~ *indescriptible* ein unbeschreibliches Durcheinander; ein unbeschreiblicher Wirrwarr; ~ *des idées* Gedankenverwirrung *f*; Verworrenheit der Gedanken; **2.** (*embarras*) Verlegenheit *f*; Betretenheit *f*; Verwirrung *f*; *à ma grande* ~ zu meiner großen Verlegenheit; *remplir qn de* ~ j-n in Verlegenheit bringen; j-n verwirren; **3.** (*erreur*) Verwechs(e)lung *f*; ~ *de noms* Namensverwechslung *f*; *vous faites* (*une*) ~ Sie irren sich; **4.** MÉD ~ *mentale* Verwirrtheit *f*; Verstörtheit *f*; **5.** JUR ~ *des peines* Anwendung *f* der Strafe für das schwerste Delikt; POL ~ *des pouvoirs* Gewalteinheit *f*
congé [kɔ̃ʒe] *m* **1.** (*vacances*) Urlaub *m*; ~ *annuel* Jahresurlaub *m*; ~ *parental* Erziehungsurlaub *m*; ~*s payés* bezahlter Urlaub *m*; *péj les* ~*s payés* das Volk im Urlaub; *pour fonctionnaire a* ~ *de longue durée* (länger dauernde) Beurlaubung *f*; ~ *de maladie* Krankheitsurlaub *m*; ~ *de maternité* Mutterschaftsurlaub *m*; *avoir* ~ freihaben *ou* freibekommen; *avoir un jour de* ~ e-n freien, ÉCOLE e-n schulfreien Tag haben; e-n Tag freihaben, -bekommen; *donner* ~ *à qn* j-m freigeben; *être en* ~ in, im, auf Urlaub sein; *prendre un* ~ Urlaub nehmen; **2.** (*renvoi*) Kündigung *f*; *employé demander son* ~ kündigen; *patron donner son* ~ *à qn* j-n entlassen; j-m, F j-n kündigen; *donner* ~ *à un locataire* e-m Mieter kündigen; *recevoir son* ~ entlassen, gekündigt werden; die Kündigung erhalten; **3.** *avant de partir prendre* ~ sich verabschieden, Abschied nehmen (*de* von)
congédiement [kɔ̃ʒedimɑ̃] *m* Entlassung *f*; Kündigung *f*
congédier [kɔ̃ʒedje] *v/t* **1.** (*inviter à partir*) verabschieden, entlassen; **2.** *patron* ~ *qn* j-n entlassen; j-m, F j-n kündigen
congélateur [kɔ̃ʒelatœʀ] *m bahut* Gefriertruhe *f*; (Tief)Kühltruhe *f*; *armoire* Gefrierschrank *m*; *adjt compartiment* ~ Gefrierfach *n*; Tiefkühlfach *n*; Froster(fach) *m(n)*
congélation [kɔ̃ʒelasjɔ̃] *f* Gefrieren *n*; Erstarren *n*; *de denrées alimentaires* Ge-, Einfrieren *n*; Tiefkühlen *n*
congeler [kɔ̃ʒle] ⟨-è-⟩ I *v/t* zum Gefrieren bringen; erstarren lassen; *denrées*

alimentaires ge-, einfrieren; tiefkühlen; *t/t a* frosten; *adjt produits congelés* Tiefkühlkost *f*; Gefriergut *n*; *viande congelée* Gefrierfleisch *n*; II *v/pr se* ~ gefrieren
congénère [kɔ̃ʒenɛʀ] *m,f* **1.** BIOL Artgenosse, -genossin *m,f*; **2.** *fig lui et ses* ~*s* er und seinesgleichen
congénital [kɔ̃ʒenital] *adj* ⟨-aux⟩ BIOL angeboren (*a fig*); *sc* kongeni'tal
congère [kɔ̃ʒɛʀ] *f* Schneeverwehung *f*
congestion [kɔ̃ʒɛstjɔ̃] *f* **1.** MÉD Blutandrang *m*; *sc* Hyperä'mie *f*; ~ *cérébrale* Schlaganfall *m*; ~ *pulmonaire* Lungenstauung *f*; **2.** *des routes* Über'lastung *f*
congestionner [kɔ̃ʒɛstjɔne] *v/t* **1.** Blutandrang verursachen in (+*dat*); *toux, rire*: *visage* hochrot, blaurot färben; *adjt avoir le visage congestionné, être congestionné* ein hochrotes, blaurotes Gesicht haben; **2.** *route* verstopfen
conglomérat [kɔ̃glɔmeʀa] *m* GÉOL Konglome'rat *n* (*a fig*)
Congo [kɔ̃go] *le* ~ **1.** *fleuve* der Kongo; **2.** *État* der Kongo; Kongo *n*
congolais [kɔ̃gɔlɛ] I *adj* kongo'lesisch; II *subst* **1.** **2**(*e*) *m(f)* Kongo'lese *m*, Kongo'lesin *f*; **2.** *m gâteau* Kokosmakrone *f*
congratulations [kɔ̃gʀatylasjɔ̃] *plais f/pl* Gratulati'on(en) *f(pl)*
congratuler [kɔ̃gʀatyle] *plais* I *v/t* gratu'lieren (*qn* j-m); II *v/pr se* ~ sich (gegenseitig) Kompli'mente machen
congre [kɔ̃gʀ(ə)] *m* ZO Meeraal *m*
congrégation [kɔ̃gʀegasjɔ̃] *f* REL Kongregati'on *f*
congrès [kɔ̃gʀɛ] *m* **1.** Kon'greß *m*; Tagung *f*; ~ *de médecins* Ärztekongreß *m*, -tagung *f*; ~ *d'un, du parti* Par-'teitag *m*; **2.** U.S.A. *le* 2 der Kon'greß; **3.** HIST *le* 2 *de Vienne* der Wiener Kon'greß
congressiste [kɔ̃gʀesist] *m,f* Kon-'greß-, Tagungsteilnehmer(in) *m(f)*
congru [kɔ̃gʀy] *adj portion* ~*e* mini-'male Menge (zum Lebensunterhalt); *fig en être réduit à la portion* ~*e* von e-m Existenzminimum leben müssen; sehr kurzgehalten werden; auf schmale Kost gesetzt (worden) sein
congruent [kɔ̃gʀyɑ̃] *adj* MATH kongru'ent
conifère [kɔnifɛʀ] *m* BOT Nadelbaum *m*; Koni'fere *f*; ~*s pl a* Nadelhölzer *n/pl*
conique [kɔnik] *adj* kegelförmig; Kegel...; konisch...; MATH *section* *f* ~ *ou subst* ~ *f* Kegelschnitt *m*
conjectural [kɔ̃ʒɛktyʀal] *adj* ⟨-aux⟩ auf Vermutungen beruhend; speku'la'tiv
conjecture [kɔ̃ʒɛktyʀ] *f* Vermutung *f*; Mutmaßung *f*; *en être réduit aux* ~*s* auf Vermutungen, Spekulati'onen angewiesen sein
conjecturer [kɔ̃ʒɛktyʀe] *st/s v/t* mutmaßen; *abs* Vermutungen anstellen (*sur* über +*acc*)
conjoint [kɔ̃ʒwɛ̃] I *adj* ⟨-jointe [-ʒwɛ̃t]⟩ gemeinsam; (mitein'ander) verbunden; II *subst* ~(*e*) *m(f)* ADM Ehegatte, -gattin *m,f*; ~*s pl* Ehegatten *m/pl*, -leute *pl*
conjointement [kɔ̃ʒwɛ̃tmɑ̃] *adv* gemeinsam; gemeinschaftlich
conjonctif [kɔ̃ʒɔ̃ktif] *adj* ⟨-ive⟩ **1.** ANAT *tissu* ~ Bindegewebe *n*; **2.** GR *locution*

conjonction – conquis

conjonctive als Konjunkti'on gebrauchte Wendung
conjonction [kõʒõksjõ] *f* **1.** GR Bindewort *n*; Konjunkti'on *f*; **2.** ASTR Konjunkti'on *f*; **3.** *st/s* (*rencontre*) Zu'sammentreffen *n*; Verbindung *f*
conjonctiv|e [kõʒõktiv] *f* ANAT Bindehaut *f*; **~ite** *f* MÉD Bindehautentzündung *f*
conjoncture [kõʒõktyʀ] *f* **1.** (*situation*) Lage *f*; 'Umstände *m/pl*; *profiter de la* **~** sich die Umstände zunutze machen; **2.** ÉCON Konjunk'tur *f*; Wirtschaftslage *f*; *sensible à la* **~** konjunkturanfällig, -empfindlich
conjoncturel [kõʒõktyʀɛl] *adj* ⟨**~le**⟩ ÉCON konjunktu'rell; konjunk'turbedingt; *politique* **~le** Konjunkturpolitik *f*
conjugable [kõʒygabl(ə)] *adj* GR konju-'gierbar
conjugaison [kõʒygɛzõ] *f* **1.** GR Konjugati'on *f*; Abwandlung *f*, Beugung *f*, Flexi'on *f* (*des Verbs*); **~** (*ir*)*régulière* (un)regelmäßige Konjugation; **2.** *d'efforts etc* Vereinigung *f*
conjugal [kõʒygal] *adj* ⟨-aux⟩ Ehe...; ehelich; *Gatten*...; *amour* **~** eheliche Liebe; Gattenliebe *f*; *conseiller* **~** Eheberater *m*; *liens conjugaux* Band(e) *n*(pl) der Ehe; *lit* **~** Ehebett *n*
conjuguer [kõʒyge] I *v/t* **1.** *efforts etc* verein(ig)en; **2.** GR *verbe* konju'gieren; abwandeln; beugen; II *v/pr se* **~** GR konju'giert werden
conjuration [kõʒyrasjõ] *f* **1.** POL et *fig* Verschwörung *f*; *fig mais c'est une* **~**! das ist ja e-e richtige Verschwörung!; **2.** *en magie* Beschwörung *f*
conjuré [kõʒyre] *m* Verschwörer *m*
conjurer [kõʒyre] I *v/t* **1.** (*implorer*) **~** *qn de* (+*inf*) j-n beschwören, anflehen zu (+*inf*); *je vous en conjure* ich flehe Sie an; **2.** *danger* abwenden, bannen; **3.** *mauvais esprits* bannen; beschwören; II *v/pr se* **~** *contre qn* sich gegen j-n verschwören (*a fig sort*)
connaissance [kɔnɛsɑ̃s] *f* **1.** (*savoir*) Kenntnis *f*; Wissen *n*; **~s** *pl* Kenntnisse *f/pl*; Wissen *n*; **~s** *élémentaires* Grund-, Anfangskenntnisse *f/pl*; **~s** *des affaires* Geschäftskenntnisse *f/pl*; **~s** *d'anglais* Englischkenntnisse *f/pl*; **~** *du cœur humain* Kenntnis des menschlichen Herzens; *st/s* Wissen um das menschliche Herz; **~** *des hommes* Menschenkenntnis *f*; *l'ensemble m des* **~s** das gesamte Wissen; *loc/adv*: *à ma* **~** meines Wissens; so'viel ich weiß; *en* **~** *de cause* in Kenntnis der Sache, Sachlage; mit Sachkenntnis; *avoir* **~** *de qc* Kenntnis von etw haben; (etwas) wissen über etw (*acc*), von etw; infor'miert sein über etw (*acc*); *il a eu* **~** *de l'incident a* er hat von ... erfahren; *avoir, posséder des* **~s** *sur qc* Kenntnisse haben, besitzen in etw (*dat*); *porter qc à la* **~** *de qn* j-n von etw in Kenntnis setzen; j-m etw zur Kenntnis bringen; *prendre* **~** *de qc* Kenntnis nehmen von; *d'un dossier a* Einsicht nehmen in (+*acc*); *qc est venu à sa* **~** er hat von etw Kenntnis erlangt; etw ist ihm zu Ohren gekommen; *st/s* er hat von etw Kunde erhalten; **2.** PHILOS Erkenntnis *f*; Erkennen *n*; *théorie f de la* **~** Erkenntnistheorie *f*; **3.** (*conscience*) *loc*: *sans* **~** bewußt-, besinnungslos; ohnmächtig; *tomber sans* **~** in Ohnmacht fallen; ohnmächtig, bewußtlos werden; *avoir toute sa* **~** bei vollem Bewußtsein sein; *n'avoir plus sa* **~** nicht mehr bei Bewußtsein sein; *perdre* **~** das Bewußtsein, die Besinnung verlieren; bewußtlos, ohnmächtig werden; *reprendre* **~** wieder zu sich kommen; das Bewußtsein 'wiedererlangen; **4.** *personne* Bekannte(r) *f*(*m*); Bekanntschaft *f*; F *une vieille* **~** ein alter Bekannter; *avoir beaucoup de* **~s** viele Bekannte, Bekanntschaften haben; **5.** (*action de connaître*) Bekanntschaft *f*; *visage m de* **~** bekanntes Gesicht; *faire* **~** *avec qn, qc* faire la **~** *de qn, qc* j-n, etw kennenlernen; mit j-m, etw bekannt werden; j-s Bekanntschaft machen; *surtout négatif* mit j-m, etw Bekanntschaft machen; *sujet au pl faire* **~** ein'ander, sich kennenlernen; *faire faire la* **~** *de qn à qn* j-n mit j-m bekannt machen; *lier* **~** *avec qn* mit j-m Bekanntschaft schließen
connaissement [kɔnɛsmɑ̃] *m* MAR Konnosse'ment *n*
connaisseur [kɔnɛsœʀ] I *adj* ⟨selten -euse⟩ *coup d'œil* **~** Kennerblick *m*; *d'un air* **~** mit Kennermiene; II *m* Kenner *m*; *loc/adv*: *en* **~** als Kenner; kennerisch; mit Sachkenntnis; *être* **~** *en* ... ein Kenner in (+*dat*), von (*ou* +*gén*) sein; sich (ausgezeichnet) auskennen in (+*dat*); *être* **~** *en vins* (ein) Weinkenner sein
connaître [kɔnɛtʀ(ə)] (je connais, il connaît, nous connaissons; je connaissais; je connus; je connaîtrai; que je connaisse; connaissant; connu⟩ *v/t* **1.** *personne* kennen; bekannt sein mit; *chose* kennen, (*savoir*) wissen; **~** *l'anglais* Englisch können; *ne pas* **~** *de bornes, limites* keine Grenzen kennen (*a ambition etc*); **~** *la misère* (die) Armut, Not kennen (*a pays*); *ne pas* **~** *de pitié* kein Mitleid, Erbarmen kennen; ♦ *avec pr et adv*: F *on la connaît celle-là!* F das kennt man!; ich lasse mich nicht drankriegen!; *je le connais a* er ist mir bekannt; *je l'ai connu pauvre* ich habe ihn gekannt, als er (noch) arm war; *je le connais de nom, de vue* ich kenne ihn dem Namen nach, vom Sehen; *on lui connaît deux faiblesses* man kennt zwei Schwächen an ihm; *on ne lui connaissait pas d'ennemis* von irgendwelchen Feinden (, die er gehabt hätte,) war nichts bekannt; F *ça me connaît!* da(rin) kenne ich mich aus!; *tu ne me connais pas!* du kennst mich (noch) nicht!; da kennst du mich schlecht!; F *connais pas!* F kenn' ich nicht!; nie gehört!; *il ne connaît que son nom* er kennt nur ...; für ihn gibt es nur ...; *je ne connais rien à* **~** ich verstehe nichts von ...; *je n'y connais rien* ich verstehe nichts davon; ♦ *faire* **~** *qc* etw bekanntgeben, -machen; etw mitteilen; *son opinion* äußern; zum Ausdruck bringen; *faire* **~** *qn* j-n bekannt machen; *ce film l'a fait* **~** *a* durch diesen Film ist er bekannt geworden; *faire* **~** *qn à qn* j-n mit j-m bekannt machen; *se faire* **~** bekannt werden (*par, pour* durch); **2.** (*faire la connaissance de*) kennenlernen (*qn, qc* j-n, etw); *réussite* (*de*) erleben; erfahren; ÉCON **~** *un essor* e-n Aufschwung erfahren, erleben; *il a connu des jours meilleurs* er hat (früher) bessere Tage gesehen, gekannt; *apprendre à* **~** (allmählich) gut kennenlernen; II *v/t/indir* **3.** JUR **~** *de* erkennen, entscheiden in (+*dat*); III *v/pr se* **~ 4.** *réciproquement* sich, ein'ander kennen *ou* kennenlernen; **5.** *soi-même* sich (selbst) kennen; *il ne se connaît plus* er ist außer sich, kennt sich nicht mehr vor Wut; PHILOS *connais-toi toi--même* erkenne dich selbst; **6.** *s'y* **~** sich darin auskennen; sich darauf verstehen; etwas davon verstehen; *s'y* **~** *en* sich auskennen in (+*dat*); etwas verstehen von
connard [kɔnaʀ] P *m*, **connasse** [kɔnas] P *f cf con II 1.*
connecter [kɔnɛkte] *v/t* ÉLECT anschließen (*à* an +*acc*); verbinden (mit)
connerie [kɔnʀi] P *f* F Idio'tie *f*; Quatsch *m*; Mist *m*; Stuß *m*; Krampf *m*; P Scheiße *f*; *dire une* **~**, *des* **~s** F Quatsch, Stuß reden; Mist verzapfen; *faire une* **~**, *des* **~s** F Mist machen, bauen; P Scheiße bauen
connétable [kɔnetabl(ə)] *m* HIST Konne'tabel *m*
connexe [kɔnɛks] *adj* zu'sammenhängend (*a* JUR); (mitein'ander) verbunden, verknüpft
connexion [kɔnɛksjõ] *f* **1.** (enge) Verbindung; Zu'sammenhang *m*; **2.** ÉLECT (Schalt)Verbindung *f*; Anschluß *m*
connivence [kɔnivɑ̃s] *f* heimliches Einverständnis; *sourire m de* **~** verständnisinniges Lächeln; *être, agir de* **~** *avec qn* mit j-m unter einer Decke stecken
connotation [kɔnɔtasjõ] *f* LING Konnotati'on *f*
connu [kɔny] *p/p cf* **connaître** *et adj* bekannt (*de, par qn* j-m); *qc, qn de* **~** etw, j Bekanntes; *être* **~** *comme, pour* bekannt sein als, für; *c'est (bien)* **~**! das ist allgemein bekannt!
conque [kõk] *f* ZO Trom'petenschnecke *f*; Tritonshorn *n*
conquérant [kõkeʀɑ̃] I *adj* eroberungslustig; *fig air* siegessicher, -gewiß; II *m* Eroberer *m*
conquérir [kõkeʀiʀ] ⟨*cf* acquérir⟩ *v/t pays, pouvoir etc, fig cœurs, femme* erobern; *marché a* erschließen; *liberté, droit* erringen; *estime* sich erringen, erwerben; *terrain* **~** *sur la mer* dem Meer abringen, abgewinnen; *fig* **~** *qn* j-n für sich einnehmen; j-n gewinnen; *j'ai été conquis par sa gentillesse* s-e Liebenswürdigkeit hat mich für ihn eingenommen
conquête [kõkɛt] *f* **1.** *d'un pays, du pouvoir, du marché etc, fig d'une femme* Eroberung *f*; *de la liberté, d'un droit* Erringung *f*; **~s** *pl* Eroberungen *f/pl*; eroberte Gebiete *n/pl*; F *fig personne c'est sa dernière* **~** F das ist s-e neueste Eroberung; *fig faire la* **~** *de qn* j-n erobern; j-n für sich einnehmen, für sich gewinnen; **2.** (*réalisation technique, scientifique*) Errungenschaft *f*
conquis [kõki] *p/p cf* **conquérir** *et adj* erobert; *fig se conduire comme en pays* **~** sich benehmen, sich aufführen,

als ob man der Herr sei, als ob einem alles gehöre
consacré [kõsakʀe] *adj* **1.** *REL* geweiht; **2.** *expression* üblich (geworden)
consacrer [kõsakʀe] **I** *v/t* **1.** *son temps, énergie etc* widmen (*à qc, à qn* e-r Sache, j-m); *sa vie ~ à qc, à qn st/s* e-r Sache, j-m weihen; *~ sa jeunesse à qn* j-m s-e Jugend opfern; **2.** *REL* weihen; *CATH a* konse'krieren; *par ext ~ un enfant à la Vierge* ein Kind der Jungfrau Maria weihen; **3.** (*sanctionner*) sichtbar bestätigen; festigen; sanktio'nieren; *être consacré meilleur film de l'année* zum besten Film des Jahres erkoren werden; **II** *v/pr se ~ à qc, à qn* sich e-r Sache, j-m widmen, *st/s* weihen; *se ~ au théâtre* sich dem Theater, der Bühne verschreiben
consanguin [kõsãgɛ̃] *adj* **1.** *frère ~, sœur ~e* Halbbruder *m*, -schwester *f* väterlicherseits; **2.** *par ext* blutsverwandt; *mariage ~* Verwandtenehe *f*
consanguinité [kõsãginite, -gɥi-] *f* Blutsverwandtschaft *f*
consciemment [kõsjamã] *adv* bewußt
conscience [kõsjãs] *f* **1.** *morale* Gewissen *n*; *~ professionnelle* Berufsethos *n*; berufliches Pflichtbewußtsein; *loc/adv*: *en ~* ganz ehrlich; *agir selon sa ~* wie man es für richtig hält; nach s-m Gewissen; *fig acheter les ~s* durch Bestechung die Meinungen zu s-n Gunsten beeinflussen; *avoir bonne, mauvaise ~* ein gutes *ou* reines, schlechtes Gewissen haben; *il n'a pas la ~ tranquille* er hat kein ganz reines, sauberes Gewissen; *par ext il a, c'est une ~ droite* er hat e-e aufrechte Gesinnung, ein aufrechtes Wesen; *avoir qc, qn sur la ~* etw, j-n auf dem Gewissen haben; *dire tout ce qu'on a sur la ~* sich alles, die ganze Last von der Seele reden; *se donner bonne ~* sein Gewissen beschwichtigen; sich (vor sich selbst) ein Alibi verschaffen; *mettre beaucoup de ~ dans qc, à faire qc* etw äußerst gewissenhaft tun, machen; *soulager sa ~* sein Gewissen erleichtern, entlasten; **2.** *psychologique* Bewußtsein *n* (*a PHILOS*); *~ collective, de classe* Kollek-'tiv-, Klassenbewußtsein *n*; *PHILOS ~ du moi* Selbstbewußtsein *n*; *prise f de ~* Bewußtwerden *n*, -ung *f*; *avoir ~ de qc* sich (*dat*) e-r Sache (*gén*) bewußt sein; *avoir ~ que ...* sich (*dat*) dessen bewußt sein, daß ...; *perdre ~* ohnmächtig werden; *perdre ~ de qc* sich (*dat*) e-r Sache (*gén*) nicht mehr bewußt sein; jedes Gefühl für etw verlieren; *prendre ~ de qc* sich (*dat*) e-r Sache (*gén*) bewußt werden; *reprendre ~* wieder zu sich kommen
consciencieux [kõsjãsjø] *adj* ⟨-euse⟩ gewissenhaft; sorgfältig
conscient [kõsjã] **I** *adj* **acte** bewußt; *personne* (*pas évanoui*) bei Bewußtsein; *PHILOS un être* s-r selbst und s-r Um-'gebung bewußt; denkend; bewußt lebend; *être ~ de qc* sich (*dat*) e-r Sache (*gén*) bewußt sein; *il est devenu ~ de qc* a etw kam ihm zum Bewußtsein; **II** *subst PSYCH le ~* das Bewußte
conscription [kõskʀipsjõ] *f HIST MIL* Aushebung *f*; Konskripti'on *f*
conscrit [kõskʀi] *m MIL* Wehrpflichtige(r) *m*; (zum Wehrdienst) Einberufe-ne(r) *m*; *les ~s de la classe 1990* die 1990 Einberufenen *m/pl*

consécration [kõsekʀasjõ] *f* **1.** *REL* Weihe *f*; Konsekrati'on *f*; **2.** *ÉGL CATH pendant la messe* Wandlung *f*; *paroles f/pl de la ~* Einsetzungsworte *n/pl*; **3.** (*sanction*) (glänzende) Bestätigung; Sanktio'nierung *f*
consécutif [kõsekytif] *adj* ⟨-ive⟩ **1.** aufein'anderfolgend; *pendant trois jours ~s* an drei aufeinanderfolgenden Tagen; drei Tage nach-, hinterein'ander; *pour la troisième fois consécutive* zum dritten Mal hinterein'ander; **2.** *~ à* als Folge von (*ou* +*gén*); *être ~ à qc* auf etw (*acc*) folgen; e-e Folge (von) e-r Sache sein; *GR proposition consécutive* Konseku'tiv-, Folgesatz *m*
consécutivement [kõsekytivmã] *adv* nach-, hinterein'ander; *~ à* in'folge (+*gén*)
conseil [kõsɛj] *m* **1.** (*recommandation*) Rat(schlag) *m*; *~ d'ami* freundschaftlicher Rat; *sur le ~ de qn* auf j-s Rat (*acc*) (hin); *demander qn ~ à qn* j-n um Rat fragen; *donner un ~ à qn* j-m e-n Rat(schlag) geben, erteilen; *être* (*homme*) *de bon ~* immer (e-n guten) Rat wissen; *prendre ~ de qn* sich bei j-m Rat holen; j-n zu Rate ziehen; sich von j-m beraten lassen; *tenir ~* (sich) beraten (*avec qn* mit j-m; *sur qc* über etw [*acc*]); beratschlagen; *cf a* 3.; **2.** *personne* Berater *m*; *~ fiscal* Steuerberater *m*; *JUR ~ judiciaire* Vormund *m*; *~ juridique* Rechtsberater *m*; Justiti'ar *m*; *~ en entreprise* Unter'nehmensberater *m*; **3.** *assemblée* Rat *m*; *par ext réunion* Ratssitzung *f*, -versammlung *f*; *⚥ économique et social* Wirtschafts- und Sozi'alrat *m*; *~ général* Gene'ralrat *m*; Departe'mentsvertretung *f*; *~ municipal* Gemeinde-, Stadtrat *m*; Gemeindevertretung *f*; Stadtverordnetenversammlung *f*; *en Suisse ⚥ national* Natio'nalrat *m*; *⚥ œcuménique des Églises* Ökumenischer Rat der Kirchen; Weltkirchenrat *m*; *~ régional* Regio'nalrat *m*; *d'une S.A. ~ d'administration* Vorstand *m*; *ÉCOLE ~ de classe* Lehrerkonferenz *f*; *~ d'établissement* Schulbeirat *m*; *⚥ d'État* Staatsrat *m* (*in Frankreich juristisches Beratungsorgan der Regierung u oberstes Verwaltungsgericht*); *~ de l'Europe* Eu'roparat *m*; *~ de famille* Fa'milienrat *m*; *~ de guerre* a) Kriegsrat *m* (*a fig*); b) *tribunal* Kriegsgericht *n*; *fig tenir un ~ de guerre* Kriegsrat halten; *~ des ministres* Mi'nisterrat *m*; *MIL ~ de révision* Musterungsausschuß *m*; *O.N.U. ⚥ de Sécurité* (Welt)Sicherheitsrat *m*; *d'une S.A. ~ de surveillance* Aufsichtsrat *m*; *tenir ~* e-e Ratssitzung abhalten
conseiller[1] [kõseje] *v/t ~ qn* j-n beraten; *~ qc à qn* j-m etw anraten; j-m zu etw raten; *~ à qn de* (+*inf*) j-m raten, empfehlen zu (+*inf*); *il est conseillé de* (+*inf*) es wird empfohlen zu (+*inf*); *adjt*: *être bien, mal conseillé* gut, schlecht beraten sein; *COMM prix conseillé* empfohlener Preis; Richtpreis *m*
conseiller[2] [kõseje] *m personne* Ratgeber *m*; Berater *m*; *membre d'un conseil* Rat *m*; *~ économique* Wirtschaftsbe-rater *m*; *~ général* Mitglied *n* des „Conseil général"; *~ juridique* Rechtsberater *m*; *~ municipal* Gemeinderat (-smitglied) *m*(*n*); Stadtrat(smitglied) *m*(*n*); Stadtverordnete(r) *m*; *~ pédagogique* pädagogischer Berater; *~ à la Cour d'appel* Richter *m* am Berufungsgericht; *~ principal d'éducation cf C.P.E.*; *~ d'État* Staatsrat *m*; Mitglied *n* des „Conseil d'État"
conseillère [kõsejɛʀ] *f* Beraterin *f*; Ratgeberin *f*; *cf a conseiller*[2]
conseilleur [kõsejœʀ] *m prov les ~s ne sont pas les payeurs* guter Rat kostet nichts; raten ist leichter als helfen
consensus [kõsɛ̃sys, -sã-] *m* Kon'sens(us) *m*
consentant [kõsãtã] *adj* (bereit)willig; *être ~* einwilligen; einverstanden sein
consentement [kõsãtmã] *m* Einwilligung *f*; Zustimmung *f*; Einverständnis *n*; Zusage *f*; *accorder, donner son ~* s-e Zustimmung *etc* erteilen, geben; einwilligen; zustimmen
consentir [kõsãtiʀ] ⟨*cf sentir*⟩ **I** *v/t* **1.** *prêt, délai, remise* gewähren; einräumen; **2.** *litt ~ que ...* (+*subj*) damit einverstanden sein, daß ...; **II** *v/t/indir ~ à qc* in etw (*acc*) einwilligen; e-r Sache (*dat*) zustimmen; *elle y a consenti* sie hat (darin) eingewilligt; sie hat zugestimmt; *~ à ce que ...* (+*subj*) darin einwilligen, daß ...; damit einverstanden sein, daß ...
conséquence [kõsekãs] *f* **1.** (*suite*) Konsequ'enz *f*; Folge *f*; (Aus)Wirkung *f*; *~s graves, sérieuses* ernste, schwerwiegende Folgen, Konsequenzen; *~ indirecte* mittelbare Folge; *loc/adj et loc/adv: de peu de ~* unbedeutend; unwichtig; *en ~* (dem)entsprechend; demgemäß; demnach; infolge'dessen; *agir en ~* a die Konsequenzen daraus ziehen; *sans ~* ohne (jede) Bedeutung; völlig unwichtig; bedeutungslos; *avoir ~* zur Folge haben; *cela ne tire pas à ~* das hat nichts zu bedeuten; das ist ganz harmlos; das hat weiter keine Folgen, (weiter) nichts auf sich; **2.** (*déduction*) Folgerung *f*; Konsequ'enz *f*; *tirer une ~, les ~s de qc* e-e Folgerung, die Folgerungen *ou* Konsequenzen aus etw ziehen
conséquent [kõsekã] *adj* **1.** (*logique*) konsequ'ent; folgerichtig; *être ~ avec ses principes* s-n Grundsätzen gemäß, entsprechend leben; **2.** (*important*) bedeutend; wichtig; rele'vant; **3.** *loc/adv par ~* folglich; daher; infolge'dessen
conservateur [kõsɛʀvatœʀ] **I** *adj* ⟨-trice⟩ konserva'tiv *ou* 'konservativ (*a POL*); **II** *subst* **1.** *ADM ~, conservatrice m,f d'un musée* Konser'vator *m*, Konserva'torin *f*; Kustos *m*; *~ des eaux et forêts* Forstmeister *m*; *~ des hypothèques* Grundbuchbeamte(r) *m*; **2.** *POL ~, conservatrice m,f* Konservative(r) *f(m)*; *les ~s* die Konservativen *m/pl*; **3.** *m pour aliments* Konser'vierungsmittel *n*
conservation [kõsɛʀvasjõ] *f* **1.** Erhaltung *f*; Bewahrung *f*; *BIOL ~ de l'espèce* Arterhaltung *f*; *monument etc dans un bon état de ~* gut erhalten; **2.** *ADM ~ des eaux et forêts* Forstamt *n*; *~ des hypothèques* Grundbuchamt

n; **3.** *des aliments* Haltbarmachung *f*; Konser'vierung *f*; **produit** *m* **de ~** Konservierungsmittel *n*; *adjt lait m longue* **~** H-Milch *f*
conservatisme [kɔ̃sɛʀvatism(ə)] *m* POL Konservati'vismus *ou* Konserva'tismus *m*
Conservatoire [kɔ̃sɛʀvatwaʀ] *m* **~ (de musique)** Mu'sikhochschule *f*; Konserva'torium *n*; **~ national d'art dramatique** Staatliche Schauspielschule; **~ national des arts et métiers** technisches Museum mit angeschlossener technischer u. wirtschaftswissenschaftlicher Hochschule zur Weiterbildung für im Berufsleben Stehende
conserve [kɔ̃sɛʀv] *f* **1.** *d'aliments* Kon'serve *f*; Eingemachte(s) *n*; **~ de légumes, de poisson** Gemüse-, Fischkonserve *f*; **boîte** *f* **de ~** Konservenbüchse *f*, -dose *f*; *loc/adj* **en ~** aus der Dose, Büchse; Dosen...; Büchsen...; *'haricots m/pl* **en ~** Bohnen *f/pl* aus der Dose; *fig musique f* **en ~** F Musik *f* aus der Konserve; **mettre** *q* **en ~** eindosen; **faire des ~s (de légumes)** (Gemüse) einmachen; *fig et plais* **ils en font des ~s** *ou* **ils ne mettent en ~** die können sich davon nicht trennen; die heben das alles auf; **se nourrir de ~s** sich von Konserven ernähren; **2.** *loc/adv* **de ~** gemeinsam; zu'sammen
conservé [kɔ̃sɛʀve] *adj personne* **bien ~** gut erhalten
conserver [kɔ̃sɛʀve] **I** *v/t* **1.** (*garder*) behalten; (auf)bewahren; aufheben; *emploi* behalten; *usage, habitude* beibehalten; bewahren; **il a conservé ses cheveux** er hat noch alle s-e Haare; **~ ses illusions** sich s-e Illusionen bewahren; **~ sa souplesse** gelenkig bleiben; s-e Gelenkigkeit behalten; **il a conservé (toute) sa tête** er ist geistig noch ganz frisch; s-e geistigen Kräfte haben (überhaupt) nicht nachgelassen; **2.** *aliments* haltbar machen; konser'vieren; *p/p poisson etc* **conservé dans l'huile** in Öl konserviert, eingelegt; **3.** *monuments, objets d'art* erhalten (und pflegen); **II** *v/pr* **se ~** *monument etc* erhalten bleiben *ou* sein; *aliments* sich halten; haltbar sein; aufbewahrt werden können
conserverie [kɔ̃sɛʀvəʀi] *f* **1.** *usine* Kon'servenfabrik *f*; **2.** *industrie* Kon'servenindustrie *f*
considérable [kɔ̃sideʀabl(ə)] *adj* beträchtlich; beachtlich; erheblich; ansehnlich; namhaft
considérablement [kɔ̃sideʀabləmɑ̃] *adv* beträchtlich; erheblich
considérant [kɔ̃sideʀɑ̃] *loc/conj* ADM **que ...** in Anbetracht dessen, daß ...
considération [kɔ̃sideʀasjɔ̃] *f* **1.** (*réflexion*) Über'legung *f*; Erwägung *f*; (*attention*) Beachtung *f*; Rücksicht *f*; **~s** *f/pl* *a* Betrachtungen *f/pl*; **prise** *f* **en ~** Berücksichtigung *f*; *loc/adj* **digne de ~** zu bedenken(d); e-r Erwägung, Prüfung wert; *cf a 3.*; *loc/prép* **en ~ de** in Anbetracht, Ansehung (+*gén*); mit Rücksicht auf (+*acc*); **sans ~ de** ohne Rücksicht auf (+*acc*); **sans ~ de personne** ohne Ansehen der Person; **je ne peux entrer dans ces ~s** ich kann darauf keine Rücksicht nehmen; **se perdre en ~s oiseuses** sich in müßigen Betrachtungen, Erwägungen ergehen; **prendre qc en ~** etw in Erwägung, Betracht ziehen; etw berücksichtigen; **ne pas être pris en ~** *a* außer Betracht bleiben; **2.** (*estime*) Achtung *f*; Ansehen *n*; Wertschätzung *f*; *loc/adj* **digne de ~** achtens-, schätzenswert; *loc/prép* **par ~ pour** aus Achtung vor (+*dat*); **avoir la ~ de qn** von j-m geschätzt, geachtet werden; *cf a* **agréer** *I*.
considérer [kɔ̃sideʀe] ‹-è-› **I** *v/t* **1.** (*examiner*) bedenken; abwägen; erwägen; beachten; berücksichtigen; in Betracht, Erwägung ziehen; **tout bien considéré** alles in allem; wenn man es recht bedenkt; **c'est à ~** das ist mit zu berücksichtigen; das muß mit bedacht werden; **2.** (*penser*) **je considère que ...** ich finde, ich bin der Meinung, meine Meinung ist, (daß) ...; **je considère que la question est réglée** ich betrachte die Angelegenheit als erledigt; **3. ~ qn comme** (+*subst*) j-n ansehen, betrachten als (+*acc*); **~ qn, qc (comme)** (+*adj*) j-n, etw für (+*adj*) halten; j-n, etw als (+*adj*) betrachten; **être considéré comme** *a* gelten als; **4.** (*regarder attentivement*) betrachten; eingehend mustern; **5.** *p/p* **être considéré** (*être estimé*) geschätzt, geachtet sein *ou* werden (**de** von); **II** *v/pr* **se ~** (+*subst*) sich halten für (+*acc*)
consignataire [kɔ̃siɲatɛʀ] *m* **1.** JUR Verwahrer *m*; **2.** COMM Verkaufskommissionär *m*; Konsigna'tar *m*
consignation [kɔ̃siɲasjɔ̃] *f* **1.** JUR Hinter'legung *f*; **2.** COMM Konsignati'on *f*
consigne [kɔ̃siɲ] *f* **1.** (*instruction*) (An-)Weisung *f*; Verhaltensmaßregel *f*; Vorschrift(en) *f(pl)*; **~ de grève** Streikaufruf *m*; **donner, passer la ~** Weisung erteilen (**de** +*inf* zu +*inf*); F *fig* **manger la ~** es vergessen; F es verschwitzen; **2.** *pour bagages* Gepäckaufbewahrung *f* (*a lieu*); **~ automatique** Schließfächer *n/pl*; **mettre ses bagages à la ~** sein Gepäck zur Aufbewahrung geben; **3.** *d'un emballage* Pfand (-betrag) *n(m)*; **4.** (*retenue*) ÉCOLE Nachsitzen *n*; MIL Ausgehverbot *n*
consigner [kɔ̃siɲe] *v/t* **1.** (*mettre par écrit*) schriftlich niederlegen (**à, dans, sur** in +*dat*), festhalten (in +*dat*); **2.** (*interdire l'accès*) den Zutritt verbieten (**qc à qn** etw); sperren; **~ sa porte à qn** j-n nicht her'einlassen; **3.** *emballage* Pfand verlangen für; mit Pfand belegen; **la bouteille est consignée** für die Flasche ist ein Pfandbetrag berechnet; F auf der Flasche ist Pfand drauf; *adjt*: **bouteille consignée** Pfandflasche *f*; Mehrwegflasche *f*; **non consignée** ohne Rücknahme, -gabe; **4.** *élève* nachsitzen lassen; *soldat* Ausgehverbot, Ausgangssperre anordnen für; **élève il est consigné cet après-midi** heute nachmittag muß er nachsitzen; **5.** *bagages* zur (Gepäck)Aufbewahrung geben; **6.** JUR hinter'legen; COMM konsi'gnieren
consistance [kɔ̃sistɑ̃s] *f* **1.** Kon'sistenz *f*; Beschaffenheit *f*; (*fermeté*) Festigkeit *f*; *d'une sauce* Dickflüssigkeit *f*; *fig* **sans ~** *rumeur* haltlos; unverbürgt; unbestätigt; *personnage de roman etc* farblos; *caractère, esprit* ohne Sub'stanz; oberflächlich; **donner de la ~ à** *a*) *substance* eindicken; *b*) *fig* Sub'stanz verleihen (+*dat*); **prendre (de la) ~** *a*) *substance* dick(flüssig)er, steif, fest werden; *b*) *fig rumeur* sich erhärten; *nouvelle* sich allmählich bestätigen
consistant [kɔ̃sistɑ̃] *adj* **1.** *soupe, sauce* dick; *plat* nahrhaft; **2.** *fig argument* stichhaltig
consister [kɔ̃siste] *v/t/indir* **~ en, dans** bestehen aus, in (+*dat*); sich zu'sammensetzen aus; **~ à** (+*inf*) darin bestehen zu (+*inf*)
consistoire [kɔ̃sistwaʀ] *m* ÉGL Konsi'storium *n*
consœur [kɔ̃sœʀ] *plais f* Kol'legin *f*
consolant [kɔ̃sɔlɑ̃] *adj* tröstlich, tröstend; trostbringend, -reich
consolateur [kɔ̃sɔlatœʀ] **I** *st/s adj* ‹-trice› tröstend; trostreich; **II** *subst litt* **~, consolatrice** *m,f* Tröster(in) *m(f)* (*a* REL); Trostspender(in) *m(f)*
consolation [kɔ̃sɔlasjɔ̃] *f* Trost *m*; **~s** *pl* Tröstungen *f/pl*; *iron* **belle ~!** ein schöner Trost!; **cet enfant est toute sa ~** sein *ou* ihr einziger, ganzer Trost; **paroles** *f/pl* **de ~** tröstliche, tröstende, trostreiche Worte *n/pl*; Worte des Trostes; Trostworte *n/pl*; **prix** *m* **de ~** Trostpreis *m*; **c'est une ~ de** (+*inf*) es ist tröstlich, es tröstet zu (+*inf*); **c'est une faible ~** das ist ein schwacher Trost
console [kɔ̃sɔl] *f* **1.** *table* Kon'soltisch (-chen) *m(n)*; **2.** ARCH Kon'sole *f*; Kragstein *m*; **3.** INFORM (Bedienungs-)Kon'sole *f*; **~ de visualisation** Datensichtgerät *n*; **4. ~ de mixage** Mischpult *n*; **5. ~ d'un orgue** Spieltisch *m*
consoler [kɔ̃sɔle] **I** *v/t* trösten; Trost zusprechen, spenden (+*dat*); *peine* lindern; **~ qn de qc** j-n über etw (*acc*) (hin'weg)trösten; **cela me console!** das ist immerhin ein Trost!; **II** *v/pr* **se ~** sich trösten; **se ~ de qc** über etw (*acc*) hin'wegkommen; sich über etw (*acc*) (hin'weg)trösten; etw verschmerzen
consolidation [kɔ̃sɔlidasjɔ̃] *f* **1.** CONSTR Verstärkung *f*; Stützung *f*; Sicherung *f*; **2.** *fig* Festigung *f*; Stärkung *f*; Konsoli'dierung *f*; **3.** FIN Konsoli'dierung *f*; Konsolidati'on *f*
consolider [kɔ̃sɔlide] *v/t* **1.** *mur, bâtiment* verstärken; stützen; sichern; **2.** *fig position, alliance* festigen; stärken; konsoli'dieren; **3.** *dette, emprunt* konsoli'dieren; fun'dieren
consommable [kɔ̃sɔmabl(ə)] *adj* genießbar
consomma|teur [kɔ̃sɔmatœʀ] *m*, **~trice** *f* Verbraucher(in) *m(f)*; Konsu'ment(in) *m(f)*; *dans un café* Gast *m*; **défense** *f* **du consommateur** Verbraucherschutz *m*
consommation [kɔ̃sɔmasjɔ̃] *f* **1.** ÉCON Verbrauch *m*; Kon'sum *m*; t/t Konsumti'on *f*; **~ d'électricité** Stromverbrauch *m*; **article** *m* **de ~ courante** Artikel *m* des täglichen Bedarfs; **biens** *m/pl* **de ~** Konsumgüter *n/pl*; *au sens strict* Verbrauchsgüter *n/pl*; **société** *f* **de ~** Konsumgesellschaft *f*; **faire une grande ~ de papier etc** viel (ver)brauchen; *d'aliments* viel verzehren, essen; *boissons* viel trinken; **2.** *d'une voiture* Ben'zinverbrauch *m* (**aux 100 km** auf 100 km); **3.** *dans un café* Getränk *n*; **tarif affiché ~s** Getränkepreise *m/pl*; **j'ai pris deux ~s** ich habe zwei Getränke gehabt; **4.** JUR **du mariage** Voll'zug *m*; **5.** *st/s* **jus-**

qu'à la ~ des siècles bis an das, zum Ende der Zeiten
consommé [kɔsɔme] **I** *adj* voll'endet; perfekt; **II** *m CUIS* Kraftbrühe *f*; Con-som'mé *f ou n*
consommer [kɔsɔme] *v/t* **1.** *biens, énergie etc* verbrauchen; konsu'mieren; *aliments, provisions a* verzehren; *voiture ~ beaucoup d'essence* viel Benzin verbrauchen; **2.** *dans un café abs* etwas verzehren; **3.** *JUR mariage* voll'ziehen; *crime* voll'enden
consomption [kɔsɔpsjɔ̃] *f MÉD* Auszehrung *f*
consonance [kɔsɔnɑ̃s] *f* **1.** *d'une langue, d'un nom* Klang *m*; *nom m de ~ germanique* deutsch klingender Name; **2.** *MUS* Konso'nanz *f*; **3.** *du son final* Gleichklang *m*
consonant [kɔsɔnɑ̃] *adj* **1.** *MUS* konso-'nant; **2.** *phrases ~es* Sätze *m/pl* mit gleich klingenden Worten
consonant|ique [kɔsɔnɑtik] *adj PHON* konso'nantisch; Konso'nanten…; **~isme** *m PHON* Konsonan'tismus *m*
consonne [kɔsɔn] *f PHON* Konso'nant *m*; Mitlaut *m*
consort [kɔsɔʀ] **I** *adj m prince m ~* Prinzgemahl *m*; **II** *m/pl* **~s** Mittäter *m/pl*; *souvent péj Untel et ~s* X und Kon'sorten *m/pl*
consortium [kɔsɔʀsjɔm] *m ÉCON* Kon'sortium *n*
conspirateur [kɔspiʀatœʀ] **I** *adj* ⟨-trice⟩ verschwörerisch; konspira'tiv; **II** *subst ~*, **conspiratrice** *m,f* Verschwörer(in) *m(f)*; *air m de ~* Verschwörermiene *f*
conspiration [kɔspiʀasjɔ̃] *f* **1.** Verschwörung *f*; Konspirati'on *f*; **2.** *fig Verschwörung f*; *~ du silence* Mauer *f* des Schweigens
conspirer [kɔspiʀe] *v/i* konspi'rieren, sich verschwören (*contre* gegen)
conspuer [kɔspɥe] *v/t* niederschreien; ausbuhen
constamment [kɔstamɑ̃] *adv* (be)ständig; (an)dauernd
constance [kɔstɑ̃s] *f* **1.** (*persévérance*) Beständigkeit *f*; Beharrlichkeit *f*; Stetigkeit *f*; Ausdauer *f*; Kon'stanz *f*; *loc/adv avec ~* beständig; beharrlich; ausdauernd; mit viel Ausdauer; stetig; kon'stant; F *tu en as de la ~* du kannst wohl einfach nicht aufgeben; F du hast vielleicht 'ne (Engels)Geduld *f*. **2.** *d'un phénomène* regelmäßiges Auftreten; regelmäßige 'Wiederkehr
Constance [kɔstɑ̃s] **1.** *ville* Konstanz *n*; *le lac de ~* der Bodensee; **2.** *f prénom* Kon'stanze *ou* Con'stanze *f*
constant [kɔstɑ̃] **I** *adj* **1.** (*continuel*) (be)ständig; (an-, aus)dauernd; kon-'stant; stet(ig); **2.** *st/s* (*persévérant*) beständig; beharrlich; ausdauernd; **II** *f ~e PHYS, MATH, fig* Kon'stante *f*
Constantinople [kɔstɑ̃tinɔpl(ə)] *HIST* Konstanti'nopel *n*
constat [kɔsta] *m* **1.** *ADM, JUR* Feststellung(sprotokoll) *f(n)*; (amtliches) Proto'koll; *AUTO ~ amiable* einvernehmliches Unfallprotokoll; **2.** *fig* Feststellung *f*; Bi'lanz *f*; *dresser un ~ d'échec* e-e negative Bilanz ziehen
constatation [kɔstatasjɔ̃] *f* Feststellung *f* (*a JUR, ADM*); Konsta'tierung *f*
constater [kɔstate] *v/t* feststellen; kon-sta'tieren; *abs constatez (par) vous-même!* über'zeugen Sie sich, sehen Sie selbst!
constellation [kɔstɛ(l)lasjɔ̃] *f* **1.** *ASTR* Sternbild *n*; Konstellati'on *f*; **2.** *fig et litt de poètes etc* glänzende Versammlung; *~ de lumières* Lichtermeer *n*
constellé [kɔstɛ(l)le] *adj* über'sät, besät (*de* mit); *ciel ~ d'étoiles* mit Sternen über'sät; *st/s* gestirnt; *texte ~ de fautes* mit Fehlern gespickt
consternant [kɔstɛʀnɑ̃] *adj* bestürzend; erschreckend
consternation [kɔstɛʀnasjɔ̃] *f* Bestürzung *f*; Betroffenheit *f*; Erschrecken *n*; Erschütterung *f*; Fassungslosigkeit *f*; *jeter la ~ dans l'assistance* Bestürzung, Betroffenheit unter den Anwesenden her'vorrufen
consterner [kɔstɛʀne] *v/t* bestürzen; betroffen machen; *adjt consterné* bestürzt, betroffen, konster'niert, erschüttert, fassungslos (*par* über *+acc*); *air consterné* bestürzte *etc* Miene
constipation [kɔstipasjɔ̃] *f PHYSIOL* Verstopfung *f*
constipé [kɔstipe] *adj* **1.** *PHYSIOL* verstopft; *être ~* an Verstopfung leiden; verstopft sein; **2.** F (*embarrassé*) steif; verlegen; verklemmt
constiper [kɔstipe] *v/t* Verstopfung verursachen (*qn* [bei] j-m); zu Verstopfung führen, verstopfend wirken (*qn* bei j-m); *abs a* stopfen
constituant [kɔstitɥɑ̃] *adj* **1.** *élément ~, partie ~e* Bestandteil *m*; **2.** *assemblée ~e* verfassunggebende, konstitu'ierende Versammlung; *HIST subst la 2e* die verfassunggebende Nationalversammlung von 1789 bis 1791
constitué [kɔstitɥe] *adj* **1.** *personne être bien, mal ~* von kräftiger, schwacher Konstituti'on sein; **2.** *POL corps ~s* von der Verfassung vorgesehene Gremien *n/pl*
constituer [kɔstitɥe] **I** *v/t* **1.** (*être*) bilden; ausmachen; darstellen; bedeuten; *~ un précédent* e-n Präzedenzfall darstellen; **2.** (*créer*) *société commerciale, comité etc* bilden; konstitu'ieren; gründen; *commission a* einsetzen; *~ un dossier* e-e Akte anlegen; (*se*) *~ une collection, des réserves* (sich) e-e Sammlung, Vorräte anlegen; **3.** *JUR ~ qn avocat* j-n zum Anwalt bestellen; *~ qn héritier* j-n als Erben einsetzen; *~ une rente à qn* j-m e-e Rente aussetzen; **II** *v/pr* **4.** *société commerciale, comité etc se ~* sich konstitu'ieren; **5.** *JUR se ~ partie civile* als Nebenkläger auftreten; *se ~ prisonnier* sich (der Polizei) stellen
constitutif [kɔstitytif] *adj* ⟨-ive⟩ **1.** grundlegend; wesentlich; konstitu'tiv; *éléments ~s* (Grund)Bestandteile *m/pl*; **2.** *JUR* ein Recht begründend
constitution [kɔstitysjɔ̃] *f* **1.** *POL 2* Verfassung *f*; Konstituti'on *f*; *en Allemagne* Grundgesetz *n*; **2.** (*création*) *d'une société commerciale, d'un club etc* Bildung *f*; Gründung *f*; *d'une commission a* Einsetzung *f*, Konstitu'ierung *f*; *~ d'un dossier* Anlegen *n* e-r Akte; **3.** *d'un individu* (physische) Konstituti'on, Verfassung, Beschaffenheit; *avoir une forte, robuste ~* e-e kräftige Konstituti'on haben; **4.** (*structure*) Aufbau *m*; Struk'tur *f*; Zu'sammensetzung *f*; Gliederung *f*; **5.** *JUR d'un avocat* Bestellung *f*; *~ de partie civile* Beitritt *m* als Nebenkläger
constitutionnal|iser [kɔstitysjɔnalize] *v/t* Verfassungscharakter geben (+*dat*); in die Verfassung aufnehmen; **~ité** *f* Verfassungsmäßigkeit *f*
constitutionnel [kɔstitysjɔnɛl] *adj* ⟨~le⟩ **1.** *POL* konstitutio'nell; Verfassungs…; (*conforme à la constitution*) verfassungsmäßig, -gemäß; *en France Conseil ~* Verfassungsgericht *n*; *droit ~* Verfassungsrecht *n*; *monarchie ~le* konstitutionelle Monarchie; *ne pas être ~ a* verfassungswidrig sein; **2.** *maladie, faiblesse* konstituti'onell
constricteur [kɔstʀiktœʀ] *adj m* **1.** *ANAT muscle ~ ou subst ~ m* Schließmuskel *m*; *sc* Kon'striktor *m*; **2.** *ZO boa ~* Abgott-, Königsschlange *f*; Boa con-'strictor *f*
constriction [kɔstʀiksjɔ̃] *f* Zu'sammenschnürung *f*, -ziehung *f* (*a MÉD*)
constrictor [kɔstʀiktɔʀ] *m ZO cf* **constricteur** 2.
constructeur [kɔstʀyktœʀ] **I** *adj* ⟨-trice⟩ schöpferisch; **II** *m* **1.** *TECH* Kon-struk'teur *m*; (*bâtisseur*) Erbauer *m*; Baumeister *m*; *~ d'automobiles, d'avions* Kraftwagen-, Flugzeugkonstrukteur *m*, -bauer *m*; **2.** *fig d'un empire* (Be)Gründer *m*
constructif [kɔstʀyktif] *adj* ⟨-ive⟩ **1.** (*positif*) konstruk'tiv; **2.** (*créateur*) krea'tiv; schöpferisch
construction [kɔstʀyksjɔ̃] *f* **1.** *CONSTR, TECH* Bau *m* (*a résultat*); *TECH a* Konstrukti'on *f* (*a résultat*); *action a* Erbauung *f*; Errichtung *f*; *manière* Bauweise *f*, -art *f*; *par ext* Bautechnik *f*; *secteur* Bauwirtschaft *f*; *~ automobile, navale* Kraftfahrzeug-, Schiff(s)bau *m*; *~s nouvelles* Neubauten *m/pl*; *~ de logements* Wohnungsbau *m*; *~ d'une maison* Hausbau *m*; Bau e-s Hauses; *~ en bois* Holzbau(weise) *m(f)*; Holzkonstruktion *f*; *~ en fer* Eisenkonstruktion *f*; *~ en pierre* Steinbau *m*; *défaut m de ~* Konstruktionsfehler *m*; *devis m de ~* Baukostenvoranschlag *m*; *jeu m de ~* Baukasten *m*; *loc/adj en ~* im Bau (befindlich); *être en ~* im Bau sein; sich im Bau befinden; **2.** *GR* Konstrukti'on *f*; *~ (de la phrase)* Satzkonstrukti'on *f*, -bau *m*; **3.** *GÉOMÉTRIE* Konstrukti'on *f*. **4.** *fig ~ de l'esprit* (reine) Hypo'thesen *f/pl*; geistige Konstrukti'onen *f/pl*
construire [kɔstʀɥiʀ] *v/t* ⟨*cf* conduire⟩ **1.** *CONSTR, TECH* bauen; *TECH a* kon-stru'ieren; *édifice a* erbauen; errichten; *abs on construit beaucoup à Paris* in Paris wird viel gebaut; *il fait ~* er baut (sich ein Haus); **2.** *GR phrase* bilden; konstru'ieren; **3.** *triangle etc* konstru-'ieren; **4.** *fig intrigue, pièce etc* anlegen; gestalten; *théorie* aufstellen; *système* entwerfen
consul [kɔsyl] *m* **1.** *DIPL* Konsul *m*; *~ général* Gene'ralkonsul *m*; *~ de France à …* französischer Konsul in (+*dat*); **2.** *HIST* Konsul *m*
consulaire [kɔsylɛʀ] *adj* **1.** *DIPL* konsu'larisch; Konsu'lar…; *corps ~* kon-sularisches Korps; *représentation f ~* konsularische Vertretung; **2.** *JUR juge m ~* Handelsrichter *m*

consulat [kɔ̃syla] *m* **1.** *DIPL* Konsu'lat *n*; *~ général* Gene'ralkonsulat *n*; *~ de France* französisches Konsulat; **2.** *HIST* Konsu'lat *n*

consultant [kɔ̃syltɑ̃] *adj* beratend; *avocat ~* beratender Anwalt; *médecin ~* zur Beratung hinzugezogener Arzt; *t/t* Konsili'arius *m*

consultatif [kɔ̃syltatif] *adj* ⟨-ive⟩ beratend; konsulta'tiv; *voix consultative* beratende Stimme; *loc/adv à titre ~* um j-s Rat, Meinung zu hören

consultation [kɔ̃syltasjɔ̃] *f* **1.** (*action de donner un avis*) Beratung *f*; Konsultati'on *f*; *avocat, expert etc donner des ~s* beratend tätig sein; Sprechstunde (ab)halten; *cf a 3.*; **2.** (*action de demander un avis*) Befragung *f*; Konsultati'on *f*; *d'un expert a* Anhörung *f*; Hin'zuziehung *f*; *après ~* nach Anhören, Anhörung (+*gén*); **3.** *MÉD* Sprechstunde *f*; *heures f/pl de ~* Sprechstunde(n) *f(pl)*; *dans un hôpital services m/pl de ~* Ambu'lanz *f*; Poliklinik *f*; (*service de*) *~ de nourrissons* Mütterberatung(sstelle) *f*; *aller à la ~* in die Sprechstunde gehen; *donner des ~s* Sprechstunde (ab)halten, haben; *médecin être en ~* gerade e-n Pati'enten unter'suchen; **4.** *d'un ouvrage* Nachschlagen *n* (*de* in +*dat*)

consulter [kɔ̃sylte] I *v/t* **1.** *personne* befragen, um Rat fragen, *médecin, avocat, expert* konsul'tieren, zu Rate ziehen, *expert a* anhören, hin'zuziehen (*sur qc, au sujet de qc*) in e-r Sache [*dat*]); *~ qn* a sich von j-m beraten lassen; **2.** *ouvrage, manuel* nachschlagen, nachsehen in (+*dat*); zu Rate ziehen; konsul'tieren; *horoscope* befragen; *archives, documents* Einsicht nehmen in (+*acc*); *~ le calendrier* auf dem Kalender nachsehen, auf den Kalender sehen; *~ sa montre* auf die, s-e Uhr sehen; II *v/i médecin* Sprechstunde haben; III *v/pr se ~* ein'ander befragen, konsul'tieren; mitein'ander beraten; *se ~ du regard* einander, sich fragend ansehen

consumer [kɔ̃syme] I *v/t* **1.** *feu: édifice* vernichten; *st/s* verzehren; **2.** fig et *st/s chagrin, passion ~ qn st/s* j-n verzehren, aushöhlen; II *v/pr st/s se ~* da'hinsiechen; sich verzehren (*de chagrin* vor Gram)

contact [kɔ̃takt] *m* **1.** *de deux choses* Kon'takt *m* (*a ÉLECT*); Berührung *f*; *~ fugitif* flüchtige Berührung; *ÉLECT mauvais ~* Wackelkontact *m*; *AUTO clé f de ~* Zündschlüssel *m*; *loc/prép au ~ de* durch die, bei der Berührung mit; *au ~ de l'air a* an der Luft; *couper le ~ ÉLECT* den Kontakt unter'brechen; (den Apparat, die Maschine *etc*) ausschalten; *AUTO* die Zündung ausschalten; *entrer en ~* sich berühren; (mitein'ander) in Berührung kommen; *être en ~* sich berühren; Kontakt haben; *cf a 2.*; *AUTO mettre le ~* die Zündung einschalten; **2.** *entre personnes* Kon'takt *m*; Fühlung(nahme) *f*; Verbindung *f*; *~s humains* menschliche Kontakte; *prise f de ~* Kontaktaufnahme *f*; Fühlungnahme *f*; *au ~ de qn* durch den Kontakt, die Verbindung mit j-m; *avoir des ~s avec qn* mit j-m in Kontakt, Verbindung stehen; mit j-m Kontakt haben; *entrer en ~* (*avec*) in Kontakt, Verbindung kommen, treten (mit); Fühlung (auf)nehmen (mit); *être en ~ avec qn* mit j-m in Kontakt, Verbindung stehen, sein; *être en ~ par radio* in Funkverbindung stehen; *mettre qn en ~ avec qn* Kontakte, Beziehungen zwischen j-m und j-m herstellen; *se mettre en ~ avec qn* sich mit j-m in Verbindung setzen; *prendre ~ avec qn* mit j-m Kontakt, Verbindung aufnehmen; sich mit j-m ins Benehmen setzen; **3.** *MÉD lentilles f/pl, verres m/pl de ~* Kon'taktlinsen *f/pl*; Haftschalen *f/pl*; **4.** *personne* Kon'taktperson *f*

contacter [kɔ̃takte] *v/t ~ qn* mit j-m Kon'takt aufnehmen; sich mit j-m in Verbindung setzen; j-n kontak'tieren

contacteur [kɔ̃taktœʀ] *m ÉLECT* Schütz *n*; Schalter *m*

contagieux [kɔ̃taʒjø] I *adj* ⟨-euse⟩ *maladie* ansteckend (*a fig rire etc*); über'tragbar; *t/t kontagi'ös*; *être ~ a*) *maladie* ansteckend(d sein); b) *personne* e-e ansteckende Krankheit haben; andere anstecken; II *m j*, der e-e ansteckende Krankheit hat

contagion [kɔ̃taʒjɔ̃] *f* **1.** *MÉD* Ansteckung *f*; Über'tragung *f*; **2.** *fig* Ansteckung *f*; Ausbreitung *f*

container [kɔ̃tɛnɛʀ] *m cf* **conteneur**

contamination [kɔ̃taminasjɔ̃] *f* **1.** (*pollution*) Verseuchung *f*; Kontaminati'on *f*; (*infection*) Infekti'on *f*; *~ alimentaire* Infektion durch Nahrungsmittel; *~ radioactive* radioaktive Verseuchung; **2.** *fig* Ansteckung *f*; *p/fort* Verseuchung *f*

contaminer [kɔ̃tamine] *v/t* **1.** (*infecter*) anstecken, infi'zieren; (*polluer*) verseuchen; *adjt eau contaminée* verseuchtes Wasser; **2.** *fig* anstecken; infi'zieren; *p/fort* verseuchen

conte [kɔ̃t] *m* Erzählung *f*; Geschichte *f*; *pour enfants* Märchen *n*; *~ de fées* (Feen)Märchen *n*; *fig j'ai vécu un vrai ~ de fées* es war wie im Märchen; *livre m de ~s* Märchenbuch *n*

contemplatif [kɔ̃tɑ̃platif] *adj* ⟨-ive⟩ **1.** *vie etc* beschaulich; besinnlich; kontempla'tiv; **2.** *ÉGL CATH ordre ~* beschaulicher Orden; *religieux ~ ou subst ~ m* Mitglied *n* e-s beschaulichen Ordens

contemplation [kɔ̃tɑ̃plasjɔ̃] *f* **1.** Betrachten *n*, -ung *f*; Anschauen *n*; *rester en ~ devant qc* etw voller Bewunderung betrachten; **2.** *REL, PHILOS* Kontemplati'on *f*

contempler [kɔ̃tɑ̃ple] *v/t* (aufmerksam, bewundernd) betrachten, anschauen

contemporain [kɔ̃tɑ̃pɔʀɛ̃] I *adj* **1.** (*du même temps*) zeitgenössisch; *être ~s* Zeitgenossen sein; *X était ~ de Voltaire* X war ein Zeitgenosse Voltaires, lebte zur gleichen Zeit wie Voltaire; **2.** (*de notre temps*) zeitgenössisch; heutig; *histoire ~e* Neueste Geschichte (*ab 1789*); *la langue française ~e* das heutige Französisch; die französische Gegenwartssprache; II *m* Zeitgenosse *m*

contempteur|teur [kɔ̃tɑ̃ptœʀ] *litt m*, **~trice** *litt f* Verächter(in) *m(f)*

contenance [kɔ̃tnɑ̃s] *f* **1.** *d'un récipient* Fassungsvermögen *n*; Kapazi'tät *f*; **2.** *d'une personne* Haltung *f*; Verhalten *n*; (*sang-froid*) Gelassenheit *f*; *se donner une ~* sich (nach außen hin) gelassen geben; sich (äußerlich) gefaßt zeigen; *faire bonne ~* Haltung bewahren; sich beherrschen; gelassen bleiben; *perdre ~* die Beherrschung *ou* Fassung verlieren

contenant [kɔ̃tnɑ̃] *m* Behältnis *n*

conteneur [kɔ̃tnœʀ] *m* Container [-'te:-] *m*; *~ à vieux papiers* Altpapiercontainer *m*; *transport m par ~(s)* Containertransport *m*

contenir [kɔ̃tniʀ] ⟨*cf* **venir**⟩ I *v/t* **1.** (*renfermer*) enthalten; *cette lettre contient ... a* in diesem Brief steht ..., ist ... enthalten; dieser Brief be'inhaltet ...; *une valise contenant des livres* ein Koffer *m* mit Büchern; **2.** (*avoir une capacité de*) fassen; *ce récipient contient ... a* in diesen Behälter gehen ...; **3.** (*retenir*) *foule, manifestants* zu'rückhalten; in Schranken halten; *émotions, colère* im Zaum halten; zügeln; II *v/pr se ~* sich beherrschen; sich zu'sammennehmen

content [kɔ̃tɑ̃] I *adj* (*satisfait*) zu'frieden; befriedigt; (*heureux*) erfreut; froh; *~ de qc, de* zufrieden mit etw, j-m; befriedigt, erfreut, froh über etw (*acc*); *~ de peu a* genügsam; *non ~ de* (+*inf*) nicht zufrieden, nicht genug damit, daß ...; *être ~ de* (+*inf*) *ou que ...* (+*subj*) sich freuen zu (+*inf*); sich (darüber) freuen, daß ...; *péj être ~ de soi-même* selbstzufrieden, selbstgefällig sein; *je suis ~ pour vous* ich freue mich für Sie; *vous voilà ~!* sind Sie jetzt zufrieden? (*a iron*); II *m en loc: tout son ~* nach Herzenslust; *avoir (tout) son ~ de qc* genug *ou* soviel von allem, was man sich wünscht, von etw bekommen; *avoir dormi son ~* ausgeschlafen haben

contentement [kɔ̃tɑ̃tmɑ̃] *m* **1.** (*satisfaction*) Zu'friedenheit *f*; Befriedigung *f*; (*joie*) Freude *f*; *~ de soi-même* Zufriedenheit mit sich selbst; *péj* Selbstzufriedenheit *f*; Selbstgefälligkeit *f*; **2.** *de ses désirs* Befriedigung *f*

contenter [kɔ̃tɑ̃te] I *v/t personne* zu'friedenstellen; *envie, curiosité* befriedigen; *un rien la contente* sie ist mit e-r Kleinigkeit zufrieden; sie freut sich über jede Kleinigkeit; *vouloir ~ tout le monde* es allen recht machen wollen; II *v/pr se ~ de qc* sich mit etw zu'friedengeben, begnügen, bescheiden; mit etw vor'liebnehmen; *se ~ de* (+*inf*) sich damit begnügen, sich darauf beschränken zu (+*inf*); *je me contenterai de vous dire ceci: ...* ich sage Ihnen nur (noch) eins, und zwar ...

contentieux [kɔ̃tɑ̃sjø] *JUR* I *adj* ⟨-euse⟩ streitig; *affaire contentieuse* Streitsache *f*; II *m* **1.** (*litiges*) Streitsachen *f/pl*; **2.** *service d'une entreprise* Rechtsabteilung *f*

contenu [kɔ̃tny] I *adj émotion, colère* beherrscht; gezügelt; II *m* Inhalt *m* (*a fig d'une lettre etc*)

conter [kɔ̃te] *v/t st/s et plais* (*raconter*) erzählen; *iron en ~ de belles* iron schöne, reizende Geschichten, Dinge erzählen; *il ne faut pas lui en ~ ou il ne s'en laisse pas ~* ihm kann man nichts vormachen, kein X für ein U vormachen

contestable [kõtɛstabl(ə)] *adj* bestreitbar; strittig; anfechtbar
contestataire [kõtɛstatɛR] **I** *adj* re'bellisch; rebell'ierend; aufsässig; Pro-'test...; *étudiants m/pl ~s* prote'stierende, rebellierende Studenten *m/pl*; **II** *m,f* Pro'testler(in) *m(f)*; Prote'stierende(r) *f(m)*; *~s pl POL a* Sy'stemveränderer *m/pl*
contestation [kõtɛstasjõ] *f* **1.** Bestreiten *n*, -ung *f*; Abstreiten *n*; *JUR d'un testament etc* Anfechtung *f*; *loc/adv sans ~* unbestreitbar; *élever une ~ sur qc* etw bestreiten; etw in Frage, Abrede stellen; Einwände erheben gegen etw; **2.** *POL* Pro'test(bewegung) *m(f)*; **3.** (*discussion*) Dis'put *m*; Diskussi'on *f*
conteste [kõtɛst] *loc/adv sans ~* unbestritten; unbestreitbar
contesté [kõtɛste] *adj* um'stritten; strittig
contester [kõtɛste] **I** *v/t* bestreiten; abstreiten; in Abrede stellen; anfechten (*a JUR*); *~ à qn le droit de* (+*inf*) j-m das Recht abstreiten, streitig machen zu (+*inf*); *~ que ...* (+*subj*) bestreiten, daß ...; *je ne conteste pas qu'il (n')ait raison* ich bestreite nicht, daß er recht hat; **II** *v/i POL* (öffentlich) prote-'stieren
conteur [kõtœR] *m* Erzähler *m*; *poète* Märchendichter *m*
contexte [kõtɛkst] *m* **1.** *d'un texte* Kontext *m*; Zu'sammenhang *m*; *mot 'hors du, isolé de son ~* aus dem Zusammenhang gerissen; **2.** *par ext* 'Umstände *m/pl*; 'Hintergrund *m*; Background ['bɛkgraʊnt] *m*; 'Umfeld *n*; Zu'sammenhang *m*; Kontext *m*; *dans le ~ économique actuel* in der gegenwärtigen Wirtschaftslage
contextuel [kõtɛkstɥɛl] *adj* ⟨~le⟩ *LING* kontextu'ell
contigu [kõtigy] *adj* ⟨-guë [-gy]⟩ anein-'andergrenzend, -stoßend; benachbart (*a fig*); *fig* ähnlich; verwandt; *~ à* angrenzend an (+*acc*); benachbart (+*dat*); *être ~ à* (an)grenzen an (+*acc*); benachbart sein (+*dat*); sich berühren mit
contiguïté [kõtigɥite] *f* Anein'andergrenzen *n*, -stoßen *n*
continence [kõtinɑ̃s] *f* (sexu'elle) Enthaltsamkeit
continent [kõtinɑ̃] *m* **1.** Konti'nent *ou* 'Kontinent *m*; Erdteil *m*; *les cinq ~s* die fünf Kontinente; **2.** *le ~ par rapport à une île* das Festland; *pour les Anglais* der Kontinent; das euro'päische Festland
continental [kõtinɑ̃tal] *adj* ⟨-aux⟩ Kontinen'tal...; kontinen'tal; festländisch; Festland...; *climat ~* Kontinental-, Binnenklima *n*
contingence [kõtɛ̃ʒɑ̃s] *f* **1.** *~s pl* pro-'saische Dinge *n/pl*; Banali'täten *f/pl*; *les basses ~s matérielles* die ba-'nalen, materi'ellen Dinge des Alltags; **2.** *PHILOS* Kontin'genz *f*
contingent [kõtɛ̃ʒɑ̃] **I** *adj événement* zufällig eintretend; *PHILOS* kontin'gent; **II** *m* **1.** *MIL* (Jahrgang *m* der) Wehrdienstpflichtige(n) *m/pl*; **2.** *ÉCON* Kontin'gent *n*; Quote *f*; Anteil *m*; *~ de marchandises* Warenkontingent *n*; **3.** (*contribution*) Beitrag *m*
contingent|ement [kõtɛ̃ʒɑ̃tmɑ̃] *m*

ÉCON Kontingen'tierung *f*; Zuteilung *f*; *~er v/t marchandises, importations etc* kontingen'tieren; zuteilen; bewirtschaften
continu [kõtiny] *adj* kontinu'ierlich; stetig; fortdauernd, -laufend; Dauer...; (an)dauernd; anhaltend; *série a* nicht abreißend; *ÉLECT courant ~* Gleichstrom *m*; *effort ~* kontinuierliche, stetige Leistung; *MATH fonction ~e* stetige Funktion; *journée ~e* 'durchgehende Arbeitszeit; *pluie ~e* Dauerregen *m*
continuateur [kõtinɥatœR] *m ~ de qc, de qn* j, der etw, j-s Werk fortsetzt, weiterführt
continuation [kõtinɥasjõ] *f* Fortsetzung *f*; Weiterführung *f*; Fortdauer *f*, -gang *m*; F *bonne ~!* weiterhin alles Gute!; F weiter viel Spaß, Vergnügen!; *~ du travail* Weiterarbeit *f*
continuel [kõtinɥɛl] *adj* ⟨~le⟩ (be)ständig; (fort- an)dauernd; fortwährend; *efforts ~s* ständige Bemühungen *f/pl*; *pluies ~les* Dauerregen *m*
continuellement [kõtinɥɛlmɑ̃] *adv* ständig; (an)dauernd; immerfort, -zu; fortwährend
continuer [kõtinɥe] **I** *v/t travail, politique etc* fortsetzen; weiterführen; *~ son chemin, sa route* s-n Weg fortsetzen; *~ ses études* s-e Studien fortsetzen; weiterstudieren; ♦ *~ à ou de* (+*inf*) weiter... (+*inf*); weiterhin (+*inf*); *~ à boire* weitertrinken; *~ de, à croire que ...* weiterhin glauben, (daß) ...; **2.** *ligne, route* weiterführen, verlängern; **II** *v/i* **3.** *personne: à faire qc* weitermachen, -arbeiten; fortfahren (*a à parler*); *à marcher* weitergehen; *à rouler* weiterfahren; *continuez!* machen Sie weiter!; fahren Sie fort!; *fig ~ dans cette même voie* so weitermachen; auf diesem Weg weitergehen; *... continua-t-il* fuhr er fort; **4.** *spectacle, séance etc* (fort-, an)dauern; s-n Fortgang nehmen; **5.** *~ jusque jardin etc* sich erstrecken, gehen, reichen bis; *route* führen, gehen bis
continuité [kõtinɥite] *f* Kontinui'tät *f*; Stetigkeit *f*; *d'une tradition, d'une espèce* Fortbestand *m*; *d'une action* Beständigkeit *f*
continûment [kõtinymɑ̃] *st/s adv* stetig; anhaltend; andauernd
contondant [kõtõdɑ̃] *adj JUR arme ~e* stumpfer Gegenstand
contorsion [kõtɔRsjõ] *f* **1.** *des membres* Verrenkung *f*; Verdrehung *f*; **2.** *fig ~s pl* über'triebenes Getue; F Sich'abzappeln *n*
contorsionn|er [kõtɔRsjɔne] *v/pr se ~* die Glieder verrenken, verdrehen; *~iste m* Schlangenmensch *m*; Kontorsio'nist *m*
contour [kõtuR] *m* 'Umriß *m*; *souvent pl ~s* Umrisse *m/pl*; Kon'turen *f/pl*
contourné [kõtuRne] *adj* **1.** verkrümmt; verdreht; **2.** *raisonnement, style* gewunden; geschraubt
contourner [kõtuRne] *v/t* **1.** *obstacle* her'umgehen um; um'gehen; (*en*) *voiture* her'umfahren um; um'fahren; *avion* her'umfliegen um; um'fliegen; *route ~ qc* um etw her'umführen; *le fleuve contourne la ville* der Fluß fließt um die Stadt (her'um); **2.** *fig difficulté, règlement, loi* um'gehen

contraceptif [kõtRasɛptif] **I** *adj* ⟨-ive⟩ empfängnisverhütend; *sc* kontrazep'tiv; **II** *m* (Empfängnis)Verhütungsmittel *n*; *sc* Kontrazep'tiv(um) *n*
contraception [kõtRasɛpsjõ] *f* Empfängnisverhütung *f*; *sc* Kontrazepti'on *f*
contractant [kõtRaktɑ̃] **I** *adj* vertragschließend; *parties ~es* vertragschließende Parteien *f/pl*; **II** *m/s ~s* Vertragspartner *m/pl*; Kontra'henten *m/pl*
contracté [kõtRakte] *adj* **1.** *muscle, visage, personne* verkrampft; *visage a* verzerrt; **2.** *LING article ~* mit e-r Präposition verschmolzener bestimmter Artikel
contracter [kõtRakte] **I** *v/t* **1.** *alliance* schließen; eingehen; *assurance* abschließen; *obligations* über'nehmen; *dettes* machen; *ADM ~ mariage* die Ehe schließen, eingehen; **2.** *habitude, manie* annehmen; *~ une maladie* sich e-e Krankheit zuziehen; e-e Krankheit bekommen; **3.** *muscles* zu-'sammenziehen; *sc* kontra'hieren; spannen; *par ext l'émotion lui contracta la gorge* die Rührung schnürte ihm die Kehle zu; **II** *v/pr se ~ muscles* sich zu-'sammenziehen; *sc* sich kontra'hieren; *visage* sich verkrampfen; sich verzerren
contraction [kõtRaksjõ] *f PHYSIOL, LING* Zu'sammenziehung *f*; *sc* Kontrakti'on *f*; *du visage* Verkrampfung *f*; Verzerrung *f*; *~s utérines* Uteruskontraktionen *f/pl*; Wehen *f/pl*
contractuel [kõtRaktɥɛl] **I** *adj* ⟨~le⟩ **1.** vertraglich; vertragsgemäß; Vertrags...; kon'traktlich; **2.** *agent ~* Angestellte(r) *m* im öffentlichen Dienst (mit Pri'vatdienstvertrag); **II** *subst ~(le) m(f)* Hilfspolizist(in), der (die) den ruhenden Verkehr über'wacht; Poli'tesse *f*
contradicteur [kõtRadiktœR] *m* j, der widerspricht; Oppo'nent *m*
contradiction [kõtRadiksjõ] *f* 'Widerspruch *m* (*a LOGIQUE*); (*action de contredire*) *a* 'Widerrede *f*; *esprit m de ~* Widerspruchsgeist *m*; *un tissu de ~s* ein Netz von Widersprüchen, 'Widersprüchlichkeiten; *être en ~* im, in Widerspruch zu'einander stehen; 'widersprüchlich sein; *être en ~ avec* im, in Widerspruch stehen zu; *être plein de ~s* voller Widersprüche sein, stecken; 'widerspruchsvoll sein; *mettre qn en ~* j-m Widersprüche, widersprüchliche Aussagen nachweisen; *porter la ~ dans une discussion* in e-e Diskussion Gegenargumente einbringen
contradictoire [kõtRadiktwaR] *adj* **1.** *témoignages, tendances, récit etc* 'widersprüchlich; ein'ander wider'sprechend; gegensätzlich; *LOGIQUE* kontradik'torisch; **2.** *débat, réunion* mit (anschließender) Diskussi'on
contraignant [kõtRɛɲɑ̃] *adj* einengend; beengend; als lästiger Zwang empfunden
contraindre [kõtRɛ̃dR(ə)] ⟨*cf craindre*⟩ **I** *v/t ~ qn* j-n zwingen, nötigen (*à* +*inf* zu +*inf*); *être contraint de* (+*inf*) gezwungen, genötigt sein (+*inf*); müssen (+*inf*); **II** *v/pr se ~ à* (+*inf*) sich (dazu) zwingen zu (+*inf*)
contraint [kõtRɛ̃] *adj* **1.** *air, mine* gezwungen; verkrampft; unnatürlich;

steif; **2.** ~ *et forcé* unter Zwang; gezwungen(ermaßen)
contrainte [kɔ̃tʀɛ̃t] *f* **1.** Zwang *m*; Einengung *f*; Beschränkung *f*; ~ *morale, sociale* moralischer, sozialer Zwang; *loc/adv: par* ~ gezwungen; *par la* ~ durch Zwang; unter Anwendung von Zwang; im Zwangswege; *parler, rire sans* ~ ungezwungen; *agir sous la* ~ unter Zwang, Druck; *être soumis à des* ~*s* Zwängen unter'worfen sein; **2.** *JUR* Zwangsmittel *n*, -maßnahme *f*
contraire [kɔ̃tʀɛʀ] **I** *adj opinions, goûts, intérêts etc* gegensätzlich; kon'trär; entgegengesetzt; gegenteilig; Gegen-...; *vent m* ~ Gegenwind *m*; *vents m/pl* ~*s MAR* a widrige Winde *m/pl*; *dans le cas* ~ andernfalls; im gegenteiligen Fall; entgegengesetztenfalls; *MATH de signe* ~ mit 'umgekehrtem Vorzeichen; *en sens* ~ *aller* in, venir aus entgegengesetzter Richtung; in *ou* aus der Gegenrichtung; ♦ ~ *à* gegen; ...widrig; *(nuisible)* nachteilig für; abträglich (+*dat*); zu'wider (+*dat*); ~ *au règlement* vorschriftswidrig; *être* ~ *à qc* im 'Widerspruch, Gegensatz zu etw stehen; e-r Sache *(dat)* entgegenstehen; *la chance lui a été* ~ das Glück war ihm nicht hold; **II** *m* **1.** (~ *logique*) Gegenteil *n* (*de* von *ou* +*gén*); *loc/adv au* ~ im Gegenteil; *bien ou tout au* ~ ganz im Gegenteil; *je ne dis pas le* ~ das leugne ich nicht, streite ich nicht ab; *lui, c'est tout le* ~ *de son père* er ist das genaue Gegenteil s-s Vaters; **2.** *(opposé)* Gegensatz *m*; *loc/prép au* ~ *de* im Gegensatz zu; *les* ~*s s'attirent* Gegensätze ziehen sich an
contrairement [kɔ̃tʀɛʀmɑ̃] *loc/prép* ~ *à* im Gegensatz zu; entgegen, zu'wider (+*dat*); ~ *à ses habitudes* entgegen s-n Gewohnheiten; s-n Gepflogenheiten zuwider
contralto [kɔ̃tʀalto] *m MUS* Alt *m* (*a chanteuse*); *voix f de* ~ Altstimme *f*
contrariant [kɔ̃tʀaʀjɑ̃] *adj* **1.** (*ennuyeux*) ärgerlich; unangenehm; 'widerwärtig; **2.** *avoir l'esprit* ~, *l'humeur* ~*e* ein 'Widerspruchsgeist sein; sich immer wider'setzen; *il n'est pas* ~ er macht nie Schwierigkeiten; er ist verträglich, gutmütig
contrarié [kɔ̃tʀaʀje] *adj* **1.** *amour* verbehindert; *projets* durch'kreuzt; **2.** *air, personne* verstimmt; verärgert; ärgerlich
contrarier [kɔ̃tʀaʀje] *v/t* **1.** (*gêner*) behindern; entgegenwirken (+*dat*); stören; *p/fort* zu'nichte machen; *projets* durch'kreuzen; **2.** (*mécontenter*) (ver-)ärgern; verstimmen; verdrießen; (*contredire*) wider'sprechen (*qn* j-m); *cette histoire me contrarie* F da geht mir gegen den Strich
contrariété [kɔ̃tʀaʀjete] *f* **1.** (*mécontentement*) Verärgerung *f*; Verstimmung *f*; **2.** (*ennui*) ~(*s*) Ärger *m*; Unannehmlichkeit(en) *f(pl)*
contraste [kɔ̃tʀast] *m* Kon'trast *m* (*a OPT*); Gegensatz *m*; ~ *des couleurs* Farbkontrast *m*; *effet m de* ~ Kontrastwirkung *f*; *MÉD produit m de* ~ Kontrastmittel *n*; *loc/prép en* ~ *avec* im Gegensatz zu; *loc/adv par* ~ durch den Kontrast, Gegensatz; im Kontrast dazu; *former* (*un*) ~ *avec* e-n Kontrast,

Gegensatz bilden zu; im Gegensatz stehen zu; sich (scharf) abheben gegen; *TV régler le* ~ den Kontrast einstellen
contrasté [kɔ̃tʀaste] *adj* kon'trastreich; stark kontra'stiert; gegenein'ander abgehoben; starke Kontraste aufweisend
contraster [kɔ̃tʀaste] *v/i* kontra'stieren; im Kon'trast, Gegensatz zuein'ander stehen; gegensätzlich sein; ~ *avec* im Kontrast, Gegensatz stehen zu; e-n Kontrast, Gegensatz bilden zu; abstechen gegen
contrastif [kɔ̃tʀastif] *adj* 〈-ive〉 *LING* kontra'stiv
contrat [kɔ̃tʀa] *m* **1.** *JUR* Vertrag *m*; Kon'trakt *m*; ~ *d'assurance, de location, de mariage, de travail* Versicherungs-, Miet-, Ehe-, Arbeitsvertrag *m*; *loc/adv par* ~ vertraglich; durch Vertrag; *être sous* ~ unter Vertrag stehen; *exécuter un* ~ e-n Vertrag erfüllen; *passer, signer un* ~ *avec qn* e-n Vertrag mit j-m abschließen; **2.** *BRIDGE* Kon'trakt *m*; **3.** *fig réaliser, remplir son* ~ sein Versprechen halten; die in einen gesetzten Erwartungen erfüllen
contravention [kɔ̃tʀavɑ̃sjɔ̃] *f* **1. a)** *au Code de la route* Verstoß *m* gegen die Straßenverkehrsordnung; **b)** *amende* gebührenpflichtige Verwarnung; Strafmandat *n*; F Strafzettel *m*; *j'ai eu, attrapé une* ~ ich habe e-e gebührenpflichtige Verwarnung bekommen; **2.** *JUR* (*infraction*) Ordnungswidrigkeit *f*; Über'tretung *f*; *être en* ~ sich e-r Ordnungswidrigkeit schuldig gemacht haben
contre [kɔ̃tʀ(ə)] **I** *prép* **1. a)** *hostilité* gegen (+*acc*); *st/s* wider (+*acc*); *je n'ai rien* ~ *lui,* ~ *ce projet* ich habe nichts gegen ihn, gegen diesen Plan; *être en colère* ~ *qn* auf, über j-n zornig sein; *lutter* ~ *qn* gegen j-n kämpfen; **b)** *opposition* gegen (+*acc*); entgegen (+*dat*); *st/s* wider (+*acc*); ~ *toute apparence* entgegen allem Anschein; ~ *toute attente* wider alles Erwarten; entgegen allen Erwartungen; *c'est* ~ *mes principes* das ist gegen meine Grundsätze; das läuft meinen Grundsätzen zu'wider; **c)** *protection* gegen (+*acc*); für (+*acc*); *sirop m* ~ *la toux* Hustensaft *m*; *s'assurer* ~ *l'incendie* sich gegen Feuer, Brand versichern; **d)** *échange* für (+*acc*); gegen (+*acc*); ~ *remboursement* gegen, per Nachnahme; *donner un bonbon* ~ *une cigarette* ein Bonbon für e-e Zigarette geben; **2.** *proximité, contact* an (+*dat ou acc*); nahe bei (+*dat*); *tout* ~ *l'église* dicht bei, neben der Kirche; *s'écraser* ~ *un arbre* gegen, an e-n Baum prallen; *sa maison est* ~ *la mienne* sein Haus stößt an meines (an); *pousser la table* ~ *le mur* den Tisch an die Wand rücken; *tenir* ~ *son cœur* ans Herz drücken; **II** *adv* da'gegen; *avoir qc* ~ etw dagegen haben; *je n'ai rien* ~ ich habe nichts dagegen; *être* ~ dagegen sein; *voter* ~ dagegen stimmen; ♦ *loc/adv par* ~ andererseits; da'für; da'gegen; hin'gegen; im Gegensatz dazu; wiederum; **III** *m* **1.** *le pour et le* ~ das Für und Wider; **2.** *aux cartes* Kontra *n*; **3.** *SPORTS* Konter *m*
contre-... [kɔ̃tʀ(ə)] *préfixe* 〈*im pl inv*: contre-accusations *etc*〉 Gegen...; Kon-

ter...; Kontra...; gegen...; *cf les articles suivants*
contre|-accusation [kɔ̃tʀakyzasjɔ̃] *f* Gegenbeschuldigung *f*; ~**allée** *f* Seitenallee *f*; ~**amiral** *m* 〈*pl* contre-amiraux〉 *MAR* Flot'tillenadmiral *m*; ~**attaque** *f* Gegenangriff *m* (*a MIL*); ~**-attaquer** *v/t* e-n Gegenangriff führen (*qn* gegen j-n)
contrebalancer [kɔ̃tʀəbalɑ̃se] 〈-ç-〉 **I** *v/t* **1.** ein Gegengewicht bilden (*qc* zu etw); **2.** *fig* ~ *qc* etw aufwiegen, ausgleichen; **II** *v/pr* **3.** *se* ~ einander ausgleichen, die Waage halten; **4.** F *je m'en contrebalance* F ich pfeif' drauf; das ist mir schnurzegal, schnurzpiepe
contrebande [kɔ̃tʀəbɑ̃d] *f* Schmuggel *m*; Schmuge'lei *f*; Schleichhandel *m*; (*marchandise f de*) ~ Schmuggelware *f*; Bannware *f*, -gut *n*; Konterbande *f*; *loc/adv de* ~ geschmuggelt; *faire de la* ~ Schmuggel treiben; schmuggeln; *faire la* ~ *d'alcool* Alkohol schmuggeln; *introduire en* ~ einschmuggeln
contrebandier [kɔ̃tʀəbɑ̃dje] **I** *adj* 〈-ière〉 Schmuggler...; *navire* ~ Schmugglerschiff *n*; **II** *m* Schmuggler *m*
contrebas [kɔ̃tʀəbɑ] *loc/adv en* ~ tiefer; weiter unten; *loc/prép en* ~ *de* unter'halb (+*gén*); *être en* ~ *de* tiefer liegen als
contrebasse [kɔ̃tʀəbɑs] *f MUS* **1.** *instrument* Baßgeige *f*; (Kontra)Baß *m*; **2.** *cf contrebassiste*
contre|bassiste [kɔ̃tʀəbasist] *m,f MUS* Kontrabassist(in) *m(f)*; ~**basson** *m MUS* Kontrafagott *n*
contre-braquer [kɔ̃tʀəbʀake] *v/t AUTO* gegensteuern, -lenken
contrecarrer [kɔ̃tʀəkaʀe] *v/t projets de qn* behindern; hinter'treiben; durch'kreuzen; entgegenarbeiten, -wirken (+*dat*); konterka'rieren
contrechamp [kɔ̃tʀəʃɑ̃] *m CIN* Gegeneinstellung *f*
contrecœur [kɔ̃tʀəkœʀ] *loc/adv à* ~ 'widerwillig; mit 'Widerwillen
contrecoup [kɔ̃tʀəku] *m* Rück-, Nachwirkung *f*; indirekte Folge; *par* ~ indirekt; als mittelbare, indirekte Folge
contre-courant [kɔ̃tʀəkuʀɑ̃] *m MAR* Gegenströmung *f*; *loc/adv à* ~ gegen die Strömung; strom'aufwärts; *fig aller à* ~ *de qc/personne* e-r Sache (*dat*) zu'widerhandeln; *idée* e-r Sache (*dat*) zu'widerlaufen
contre-culture [kɔ̃tʀəkyltyʀ] *f* Subkultur *f*
contredanse [kɔ̃tʀədɑ̃s] *f* **1.** F (*contravention*) F Strafzettel *m*; Knöllchen *n*; **2.** *MUS* Kontertanz *m*
contredire [kɔ̃tʀədiʀ] 〈*cf* dire; aber vous contredisez〉 **I** *v/t* ~ *qn* j-m wider'sprechen; ~ *les propos de qn* j-s Worten widersprechen; *fait, témoignage* ~ *qc* e-r Sache (*dat*) wider'sprechen, nicht entsprechen; mit etw nicht über'einstimmen; **II** *v/pr personne(s), témoignages se* ~ sich (*dat*) wider'sprechen
contredit [kɔ̃tʀədi] *loc/adv sans* ~ zweifels'ohne; unbestritten, unstreitig
contrée [kɔ̃tʀe] *f* Gegend *f*; Landschaft *f*; Landstrich *m*; *dans nos* ~*s* in unserer Gegend; in unseren Breiten
contre|-écrou [kɔ̃tʀekʀu] *m TECH* Gegenmutter *f*; ~**-espionnage** *m* Gegen-

spionage *f*; Spio'nageabwehr *f*; Abwehrdienst *m*; **~-expertise** *f* Gegengutachten *n*
contrefaçon [kõtʀəfasõ] *f* (betrügerische) Nachahmung, Fälschung (*a objet imité*)
contrefaire [kõtʀəfɛʀ] ⟨*cf* faire⟩ *v/t* **1.** *sa voix, son écriture* verstellen; **2.** *frauduleusement* nachmachen; fälschen; **3.** *voix, démarche de qn* nachmachen, -ahmen
contrefait [kõtʀəfɛ] *adj personne* 'mißgestaltet
contre-feu [kõtʀəfø] *m* Gegenfeuer *n*
contreficher [kõtʀəfiʃe] *v/pr* F *je m'en contrefiche* F ich pfeif' drauf; das ist mir schnurzegal, schnurzpiepe
contre-fil [kõtʀəfil] *loc/adv* TECH *à ~* gegen den Strich; quer zur Faser
contre-filet [kõtʀəfilɛ] *m cf* **faux-filet**
contrefort [kõtʀəfɔʀ] *m* **1.** CONSTR 'Widerlager *n*; Strebepfeiler *m*; **2.** GÉOGR *~s pl* Vorberge *m/pl*; Ausläufer *m(pl)*
contrefoutre [kõtʀəfutʀ(ə)] *v/pr* P *cf* **foutre** *5*.
contre-indication [kõtʀɛ̃dikasjõ] *f* MÉD Gegenanzeige *f*; Kontraindikation *f*
contre-indiqué [kõtʀɛ̃dike] *adj être ~* a) MÉD kontraindiziert sein; b) *fig* nicht zu empfehlen, keineswegs empfehlenswert sein; sich verbieten
contre-jour [kõtʀəʒuʀ] *m* Gegenlicht *n*; PHOT (*photo prise à*) *~* Gegenlichtaufnahme *f*; *loc/adv à ~* gegen das Licht; im Gegenlicht; *se placer à ~* sich mit dem Rücken zum Licht setzen; sich gegen das Licht setzen; *prendre une photo à ~* e-e Gegenlichtaufnahme machen
contre|maître [kõtʀəmɛtʀ(ə)] *m* Vorarbeiter *m*; *en usine a* Werkmeister *m*; CONSTR (Maurer)Po'lier *m*; **~maîtresse** *f* Vorarbeiterin *f*
contre-manifestation [kõtʀəmanifɛstasjõ] *f* Gegendemonstration *f*
contremarche [kõtʀəmaʀʃ] *f d'un escalier* Stufenhöhe *f*
contremarque [kõtʀəmaʀk] *f* **1.** COMM nachträglich angebrachtes Warenzeichen; *sur de l'or etc* zweiter Stempel; **2.** THÉ *etc* Kon'trollmarke *f*, -karte *f* (, die zum 'Wiedereintritt während der Vorstellung berechtigt)
contre-mesure [kõtʀəm(ə)zyʀ] *f* Gegenmaßnahme *f*
contre-offensive [kõtʀɔfɑ̃siv] *f* MIL Gegenoffensive *f* (*a fig*)
contrepartie [kõtʀəpaʀti] *f* **1.** (*compensation*) Entschädigung *f*; Ausgleich *m* (*de* für); Gegenleistung *f*; *en ~* dafür; zum Ausgleich; als Gegenleistung; **2.** (*avis contraire*) entgegengesetzte, gegenteilige Meinung
contre-pass|ation [kõtʀəpasasjõ] *f* COMM Berichtigung *f*; Stor'nierung *f*; **~er** *v/t* COMM berichtigen; stor'nieren; 'umbuchen
contre-pente *ou* **contrepente** [kõtʀəpɑ̃t] *f* Gegenhang *m*
contre-performance [kõtʀəpɛʀfɔʀmɑ̃s] *f* SPORTS (unerwartet) schlechte Leistung
contrepèterie [kõtʀəpɛtʀi] *f* Silbenvertauschung *f*; Schüttelreim *m*
contre-pied [kõtʀəpje] *m* **1.** (*contraire*) Gegenteil *n*; *prendre le ~ de qc* das genaue Gegenteil von etw tun *ou* sa-

gen; **2.** SPORTS *prendre son adversaire à ~* den Gegner auf dem falschen Fuß erwischen, täuschen, ins Leere laufen lassen
contre|-plaqué [kõtʀəplake] *m* Sperrholz *n*; **~-plongée** *f* CIN Aufnahme *f* von unten, aus der Froschperspektive
contrepoids [kõtʀəpwɑ] *m* **1.** TECH Gegengewicht *n*; *d'une horloge* (Zug)Gewicht *n*; **2.** *fig* Gegengewicht *n*; *faire* (*le*) *~*, *servir de ~ à qc* das Gegengewicht, den Ausgleich zu etw bilden
contrepoint [kõtʀəpwɛ̃] *m* MUS *et fig* Kontrapunkt *m*
contrepoison [kõtʀəpwazõ] *m* Gegengift *n*
contre-proposition [kõtʀəpʀɔpozisjõ] *f* Gegenvorschlag *m*
contrer [kõtʀe] **I** *v/t* F *~ qn, qc* j-m, e-r Sache entgegentreten; j-n, etw kontern; **II** *v/i aux cartes* Kontra geben, ansagen
Contre-Réforme [kõtʀəʀefɔʀm] *f* HIST REL Gegenreformation *f*
contre|-révolution [kõtʀəʀevɔlysjõ] *f* POL Gegen-, Konterrevolution *f*; **~-révolutionnaire I** *adj* gegen-, konterrevolutionär; **II** *m* Konterrevolutionär *m*
contreseing [kõtʀəsɛ̃] *m* JUR Gegenzeichnung *f*; Kontrasignatur *f*
contresens [kõtʀəsɑ̃s] *m* **1.** *dans un texte* Fehldeutung *f*; Sinnwidrigkeit *f*, 'Widersinn *m*; **2.** *loc/adv à ~* a) *interpréter* sinnwidrig; falsch; verkehrt; b) *prendre une rue, rouler* in der entgegengesetzten, falschen, verkehrten, verbotenen (Fahrt)Richtung
contresigner [kõtʀəsiɲe] *v/t* JUR gegenzeichnen; kontrasi'gnieren
contretemps [kõtʀətɑ̃] *m* **1.** (unerwartet eintretendes) Hindernis; widriger 'Umstand; *sauf ~* wenn nichts da'zwischenkommt; *il y a eu un ~* es kam etwas dazwischen; **2.** *loc/adv à ~* zur Unzeit; im ungünstigsten Mo'ment
contre|-terrorisme [kõtʀətɛʀɔʀism(ə)] *m* Gegenterror *m*; **~-tueur** *m* MAR MIL Zerstörer *m*; **~-valeur** *f* Gegenwert *m*
contreven|ant [kõtʀəvnɑ̃] *m*, **~ante** *f* JUR Zu'widerhandelnde(r) *f(m)*
contrevenir [kõtʀəvniʀ] *v/t/indir* ⟨*cf* venir; *aber* avoir⟩ JUR *~ à qc* gegen etw verstoßen, etw über'treten; e-r Sache (*dat*) zu'widerhandeln
contrevent [kõtʀəvɑ̃] *m* Fensterladen *m*
contre-vérité *ou* **contrevérité** [kõtʀəveʀite] *f* Unwahrheit *f*; unwahre Behauptung
contre-visite [kõtʀəvizit] *f* MÉD Kon'trolluntersuchung *f*
contre-voie [kõtʀəvwa] *loc/adv descendre à ~* auf der falschen Seite aussteigen
contribuable [kõtʀibɥabl(ə)] *m* Steuerzahler *m*, -pflichtige(r) *m*
contribuer [kõtʀibɥe] *v/t/indir ~ à qc* zu etw beitragen, beisteuern; s-n Beitrag zu etw leisten
contribution [kõtʀibysjõ] *f* **1.** (*part*) Beitrag *m* (*à* zu); Anteil *m* (*an* +*dat*); *apporter sa ~ à qc* s-n Beitrag zu etw leisten; sein(en) Teil zu etw beitragen; *mettre qn à ~* j-s Dienste in Anspruch nehmen; j-n hin'zuziehen; **2. a)** (*impôt*)

Steuer *f*; Abgabe *f*; *~s* (*in*)*directes* (in)direkte Steuern *f/pl*; **b)** *administration ~s pl* Steuerbehörde *f*; *fonctionnaire m des ~s* Fi'nanzbeamte(r) *m*
contrit [kõtʀi] *adj* zerknirscht; reumütig; reuig; reuevoll
contrition [kõtʀisjõ] *f* REL Reue *f*; Zerknirschung *f*; Bußfertigkeit *f*; *acte m de ~* Reueakt *m*, -gebet *n*
contrôlable [kõtʀolabl(ə)] *adj* kontrol'lierbar; nachprüfbar; über'prüfbar
contrôle [kõtʀol] *m* **1.** (*vérification*) Kon'trolle *f*; (Über')Prüfung *f*; (*surveillance*) Über'wachung *f*; *par est lieu* Kon'trollstelle *f*; Kon'trolle *f*; *~ fiscal* Steuerprüfung *f*; JUR *~ judiciaire* Überwachung durch die Justizorgane (*statt Untersuchungshaft*); AUTO *~ technique* Hauptuntersuchung *f*; F TÜV *m*; *~ des billets* Fahrscheinkontrolle *f*; *~ des changes* De'visenbewirtschaftung *f*; *~ d'identité* Ausweiskontrolle *f*; *~ des passeports* Paßkontrolle *f*; *~ des prix* Preiskontrolle *f*, -überwachung *f*; AVIAT *liste f de ~* Checkliste ['tʃ-] *f*; *système m de ~* Kontrollsystem *n*; **2.** (*maîtrise*) Kon'trolle *f*; Herrschaft *f*; Beherrschung *f*; Gewalt *f*; *~ de soi* Selbstkontrolle *f*, -beherrschung *f*; *~ des naissances* Geburtenkontrolle *f*, -regelung *f*; ÉCON *prise f de ~* 'Übernahme *f* der Aktienmehrheit; *perdre le ~ de son véhicule* die Herrschaft, Kontrolle, Gewalt über sein Fahrzeug verlieren; **3.** ÉCOLE Klassenarbeit *f*; *en Bavière* Schulaufgabe *f*; *österr* Schularbeit *f*; *~ continu* (*des connaissances*) regelmäßige Leistungserhebungen *f/pl* (*statt Prüfungen*); studienbegleitende Leistungskontrollen *f/pl*; *faire un ~* e-e Klassenarbeit *etc* schreiben
contrôler [kõtʀole] **I** *v/t* **1.** (*vérifier*) kontrol'lieren; (über')prüfen; nachprüfen; (*surveiller*) über'wachen; **2.** (*dominer*) kontrol'lieren (*a* ÉCON, MIL); beherrschen; *~ ses nerfs* s-e Nerven in der Gewalt haben; **II** *v/pr se ~* sich beherrschen; sich in der Gewalt haben
contrôl|eur [kõtʀolœʀ] *m* **1.** *personne* Kontrol'leur *m*; CH DE FER Schaffner *m*; *~ aérien, de la navigation aérienne* Flugleiter *m*, -lotse *m*; **2.** *appareil* Kon'trollgerät *n*; **~euse** *f* Kontrol'leurin *f*
contrordre [kõtʀɔʀdʀ(ə)] *m* Gegenbefehl *m*, -order *f*; 'Widerruf *m*; *sauf ~* vorbehaltlich Widerruf; *il y a eu ~* die Sache ist abgesagt, F abgeblasen worden
controuvé [kõtʀuve] *litt adj* erfunden; erdichtet
controverse [kõtʀɔvɛʀs] *f* Meinungsstreit *m*; Ausein'andersetzung *f*; Kontro'verse *f*
controversé [kõtʀɔvɛʀse] *adj* um'stritten; strittig; kontro'vers
contumace [kõtymas] *loc/adv* JUR *être condamné par ~* in Abwesenheit verurteilt werden
contusion [kõtyzjõ] *f* MÉD Prellung *f*; Quetschung *f*; *sc* Kontusi'on *f*
contusionner [kõtyzjɔne] *v/t* quetschen; *adj* *tout contusionné* voller Prellungen
convaincant [kõvɛ̃kɑ̃] *adj* über'zeugend
convaincre [kõvɛ̃kʀ] *v/t* ⟨*cf* vaincre⟩ **1.** (*persuader*) über'zeugen (*qn de qc* j-n von etw); *abs il sait ~* er versteht

convaincu – convoi

(es) zu überzeugen; **2.** ~ **qn de mensonge, de vol** etc j-n der Lüge, des Diebstahls etc überführen
convaincu [kõvɛ̃ky] adj über'zeugt (**de qc** von etw); **il est ~ d'avoir raison** er ist (davon) überzeugt, daß er recht hat **ou** recht zu haben
convalescence [kõvalesɑ̃s] f Genesung(szeit) f; Rekonvales'zenz f; **maison** f **de ~** Genesungs-, Erholungsheim n; **entrer, être en ~** auf dem Weg(e) der Genesung sein; sich auf dem Weg der Besserung befinden
convalescent [kõvalesɑ̃] **I** adj genesend; rekonvales'zent; **il est encore ~** er ist noch nicht ganz genesen, gesund; **II** subst **~(e)** m(f) Genesende(r) f(m); Rekonvales'zent(in) m(f)
convection [kõvɛksjɔ̃] f PHYS Konvekti'on f
convenable [kõvnabl(ə)] adj **1.** (approprié) passend; angemessen; entsprechend; kor'rekt; angebracht; **2.** (acceptable, assez bon) (recht) ordentlich; (ganz) annehmbar; zu'friedenstellend; F anständig; **un salaire ~** ein ordentliches etc Gehalt; **3.** (décent) tenue, manières etc schicklich; anständig (a personne); **~ à** sich schicken
convenablement [kõvnabləmɑ̃] adv ordentlich; angemessen; wie es sich gehört; **si vous vous y prenez ~**, ça devrait fonctionner wenn Sie es richtig anpacken, ...
convenance [kõvnɑ̃s] f **~s** pl (bienséance) Schicklichkeit f; Anstandsregeln f/pl; Konventio'nen f/pl; konventio'nelle Formen f/pl; **observer, respecter les ~s** die Anstandsregeln, Konventionen beachten; **2.** (ce qui convient) **qc à ma, sa** etc ~ etwas Passendes; etwas Entsprechendes; etwas, was mir, ihm etc paßt; etwas, was meinen, s-n etc Vorstellungen entspricht; **congé** m **pour ~s personnelles** Beurlaubung f aus persönlichen Gründen; **3. mariage** m **de ~** Vernunftehe f, -heirat f; standesgemäße Heirat
convenir [kõvniʀ] ⟨cf venir⟩ **I** v/t/indir **1.** ⟨avoir⟩ **~ à qc** passen zu etw; e-r Sache (dat) angemessen sein, entsprechen; **~ à qn** j-m passen; j-m zusagen; j-m genehm sein; **cela me convient parfaitement** das paßt mir sehr gut; abs **cela convient** das paßt, ist angemessen; **cela pourra ~** das könnte passen; **2.** ⟨avoir; st/s être⟩ **~ de qc** (s'accorder) etw vereinbaren, verabreden, ab-, ausmachen; sich einigen, sich verständigen über etw (acc); **~ de** (+inf) **ou ~ que** ... vereinbaren, abmachen, über'einkommen zu (+inf) **ou** daß ...; **comme convenu** wie vereinbart, abgemacht; **une date a été convenue** ein Datum wurde vereinbart; **3. ~ de qc** (avouer) etw zugeben, einräumen; **~ que** ... zugeben, einräumen, daß ...; **II** v/imp **4. il convient de** (+inf) **ou que** ... (+subj) es empfiehlt sich zu (+inf); es wäre zweckmäßig zu (+inf); man sollte (+inf); es schickt sich zu (+inf); **5. il a été convenu que** ... es wurde vereinbart, daß ...; man kam über'ein, daß ...
convention [kõvɑ̃sjɔ̃] f **1.** (accord) Über'einkunft f; Über'einkommen n; Abkommen n; Vereinbarung f; Absprache f; Abmachung f; Konventi'on f; **~ collective** Ta'rifvertrag m; **~ de Genève** Genfer Konvention; **2. ~s** pl Konventi'onen f/pl; Regeln f/pl; Normen f/pl; loc/adj **de ~** konventio'nell; herkömmlich; **3.** HIST en France **la** ♀ der (Natio'nal)Kon'vent; **4.** U.S.A. **démocrate, républicaine** (Natio'nal-)Kon'vent der Demo'kraten, Republi'kaner
conventionné [kõvɑ̃sjɔne] adj **clinique ~e** mit Krankenkassen unter Vertrag stehende Klinik; **médecin ~** Kassenarzt m
conventionnel [kõvɑ̃sjɔnɛl] **I** adj ⟨~le⟩ **1.** (conforme aux conventions) konventio'nell (a péj); herkömmlich; üblich; MIL **armes ~les** konventionelle Waffen f/pl; **formule ~le de politesse** Höflichkeitsfloskel f; **2.** (résultant d'une convention) Konventio'nal...; vertraglich vereinbart; **signe ~** vereinbartes, festgelegtes Zeichen; **II** m HIST Kon'ventsmitglied n
conventuel [kõvɑ̃tɥɛl] adj ⟨~le⟩ REL Kloster...; klösterlich
convenu [kõvny] adj vereinbart; abgemacht; abgesprochen; (entendu,) **c'est chose ~e** abgemacht!
convergence [kõvɛʀʒɑ̃s] f Konver'genz f (a PHYS, MATH, fig); **de lignes à** Zu'sammenlaufen n, -treffen n (in e-m Punkt); fig: des efforts Streben n nach dem gleichen Ziel; **d'intérêts, de points de vue à** Über'einstimmung f
convergent [kõvɛʀʒɑ̃] adj PHYS, MATH, fig konver'gierend; konver'gent; lignes a in e-m Punkt zu'sammenlaufend; fig a dem gleichen Ziel zustrebend; **lentille ~e** Sammellinse f
converger [kõvɛʀʒe] v/i ⟨-geons⟩ **1.** lignes, routes etc (in e-m Punkt) zu'sammenlaufen; demselben Punkt zustreben; konver'gieren (a PHYS, MATH); **~ sur** regards sich richten, sich konzen'trieren auf (+acc); routes etc (strahlenförmig) zu'sammenlaufen auf (+acc); **2.** fig idées etc sich ein'ander nähern; demselben Ziel zustreben; points de vue a über'einstimmen; **faire ~ ses efforts** s-e Bemühungen auf dasselbe Ziel richten, konzen'trieren
convers [kõvɛʀ] adj ⟨converse [kõvɛʀs]⟩ ÉGL CATH **frère ~, sœur ~e** Laienbruder m, -schwester f
conversation [kõvɛʀsasjɔ̃] f Unter'haltung f; Gespräch n; Konversati'on f; **~ téléphonique** Tele'fongespräch n; Tele'fonat n; **dans la ~ courante** in der 'Umgangssprache; **avoir une longue ~ avec qn** ein langes Gespräch mit j-m haben, führen; sich lange mit j-m unter'halten; **avoir de la ~** gesprächig sein; unter'haltsam sein; gut Konversation machen können; **il n'a pas de ~** mit ihm ist keine Konversation möglich, kann man sich über nichts unter'halten; **détourner la ~** vom Thema ablenken; **engager (la) ~** ein Gespräch, e-e Unterhaltung anknüpfen, beginnen, ins Gespräch kommen (**avec** mit); **faire la ~ avec,** F **à qn** sich mit j-m unter'halten; F mit j-m e-n Schwatz halten
converser [kõvɛʀse] v/i sich (mit ein'ander) unter'halten
conversion [kõvɛʀsjɔ̃] f **1.** REL **a)** à une autre religion Konversi'on f; 'Übertritt m (**à** zu); **b)** d'un athée Bekehrung f; **2.** par ext à une idéologie Bekehrung f (**à** zu); Sinnesänderung f; **3.** FIN d'un emprunt 'Umwandlung f; Konversi'on f; d'une dette 'Umschuldung f; d'une monnaie 'Umtausch m; **4.** MATH de fractions 'Umwandlung f (**en** in +acc); d'unités de mesure 'Umrechnung f (**en** in +acc); **5.** (transformation) 'Um-, Verwandlung f (**en** in +acc); **6.** SKI Spitzkehre f; **7.** MIL Schwenkung f
converti [kõvɛʀti] REL **I** adj bekehrt; konver'tiert; 'übergetreten (**à** zu); **II** subst **~(e)** m(f) Konverti't(in) m(f); Bekehrte(r) f(m); fig **prêcher un ~** bei j-m offene Türen einrennen
convertibilité [kõvɛʀtibilite] f d'une monnaie Konver'tierbarkeit f; Konvertibili'tät f; d'un emprunt, d'une dette etc 'Umwandelbarkeit f
convertible [kõvɛʀtibl(ə)] adj **1.** monnaie konver'tierbar; konver'tibel; 'umtauschbar; emprunt, dette, rente 'umwandelbar; **2. canapé** m **~ ou** subst **~** m Schlafcouch [-kaut∫] f
convertir [kõvɛʀtiʀ] **I** v/t **1.** REL et fig **~ qn** j-n bekehren (**à** zu); fig a j-n zu e-r Sinnesänderung bewegen; **2.** FIN emprunt 'umwandeln; konver'tieren; dette 'umschulden; konver'tieren; 'umtauschen; **3.** MATH fractions 'umwandeln; unités de mesure 'umrechnen (**en** in +acc); **~ des francs en marks** Francs in Mark umrechnen; **4.** (transformer) ver-, 'umwandeln (**en** in +acc); **II** v/pr **se ~** REL konver'tieren; a par ext sich bekehren (**à** zu); 'übertreten (zu)
convertisseur [kõvɛʀtisœʀ] m **1.** MÉTALL Kon'verter m; **~ Bessemer** [bɛsmɛʀ] Bessemerbirne f; **2.** TECH Wandler m; ÉLECT 'Umformer m; AUTO **~ de couple** Strömungswandler m; ÉLECTRON **~ d'images** Bildwandler m
convexe [kõvɛks] adj kon'vex, Kon'vex... (a OPT); nach außen gewölbt; **miroir** m **~** Konvexspiegel m
convexité [kõvɛksite] f **1.** OPT Konvexi'tät f; **2.** (courbure) Gewölbtsein n; Wölbung f
conviction [kõviksjɔ̃] f **1.** (certitude) Über'zeugung f; **~s** pl (opinions) Überzeugungen f/pl; Auffassungen f/pl; Ansichten f/pl; loc/adv **avec ~** über'zeugt; mit Über'zeugung; **avoir la ~ que** ... die feste Überzeugung haben, fest (davon) überzeugt sein, daß ...; **2.** F (sérieux) Ernsthaftigkeit f; Durch'drungenheit f; **3.** JUR **pièce** f **à ~** Beweisstück n (für e-e Straftat); Corpus de'licti n
convier [kõvje] st/s v/t **~ qn à qc** j-n zu etw einladen (a fig); st/s j-n zu etw laden, bitten; **~ à** (+inf) auffordern, ersuchen zu (+inf)
convive [kõviv] st/s m,f Gast m
convivial [kõvivjal] adj ⟨-aux⟩ **1.** gastlich; einladend; gemütlich; **2.** INFORM benutzerfreundlich; **~ité** f **1.** Gastlichkeit f; gesellige Gemütlichkeit; **2.** INFORM Benutzerfreundlichkeit f
convocation [kõvɔkasjɔ̃] f **1.** d'une assemblée Einberufung f; **2.** JUR, ADM Vorladung f (a lettre); **~ à l'examen** (schriftliche) Aufforderung, sich zur Prüfung einzufinden; **se rendre à une ~** e-r Vorladung (dat) Folge leisten
convoi [kõvwa] m **1. de véhicules** Ko-

'lonne f; Konvoi m (a MAR); MAR a Geleitzug m; de prisonniers Trans'port m; ~ exceptionnel Schwertransport m; 2. ~ (funèbre) Leichen-, Trauerzug m; 3. t/t CH DE FER Zug m
convoiter [kɔ̃vwate] st/s v/t (heftig) begehren; gieren nach
convoitise [kɔ̃vwatiz] f Begehrlichkeit f; Gier f; loc/adv avec ~ begehrlich; gierig
convoler [kɔ̃vɔle] v/i plais ~ en justes noces heiraten; in den heiligen Stand der Ehe treten; plais in den Hafen der Ehe einlaufen
convoquer [kɔ̃vɔke] v/t 1. assemblée einberufen; zu'sammenrufen; ~ en session extraordinaire zu e-r außerordentlichen Sitzung einberufen; 2. JUR, ADM (vor)laden; directeur: employé etc rufen; kommen lassen; (zu sich) zi'tieren; étudiant, élève ~ à l'examen (schriftlich) auffordern, sich zur Prüfung einzufinden
convoyer [kɔ̃vwaje] v/t ⟨-oi-⟩ (zum Schutz) begleiten; geleiten; eskor'tieren
convoyeur [kɔ̃vwajœR] m 1. ~ de fonds Geldtransporteur m; 2. MAR MIL Geleitschiff m; 3. TECH (auto'matischer) Förderer
convuls|é [kɔ̃vylse] adj visage verkrampft; verzerrt; ~er v/t (et v/pr se) ~ (sich) verkrampfen, (sich) (krampfhaft) verzerren
convulsif [kɔ̃vylsif] adj ⟨-ive⟩ MÉD krampfhaft; konvul'siv(isch); par ext rire ~ krampfhaftes Lachen; Lachkrampf m
convulsion [kɔ̃vylsjɔ̃] f 1. MÉD Krampf m; Zuckung f; être pris de ~s von Krämpfen geschüttelt werden; 2. fig d'une révolution etc ~s pl Erschütterungen f/pl
convulsionner [kɔ̃vylsjɔne] v/t MÉD in Krämpfe, Zuckungen verfallen lassen; adjt visage **convulsionné** krampfhaft verzerrt, zuckend
cooccupant [kɔɔkypɑ̃] m JUR Mitbewohner m
cool [kul] adj ⟨inv⟩ F personne cool [ku:l]; locker; c'est ~! das ist echt cool!
coolie [kuli] m Kuli m
coopérant [kɔɔpeRɑ̃] m Entwicklungshelfer m
coopéra|teur [kɔɔpeRatœR] m, ~trice f 1. (collaborateur) Mitarbeiter(in) m(f); 2. d'une coopérative Genossenschaftsmitglied n; Genossenschaft(l)er(in) m(f)
coopératif [kɔɔpeRatif] adj ⟨-ive⟩ 1. koopera'tiv; zur Zu'sammenarbeit bereit; 2. ÉCON genossenschaftlich; Genossenschafts...; société coopérative cf coopérative
coopération [kɔɔpeRasjɔ̃] f 1. (collaboration) Mitarbeit f, -wirkung f; Zu'sammenarbeit f, Kooperati'on f (a POL); apporter sa ~ à qc an etw (dat) mitarbeiten, -wirken; 2. au Tiers-Monde Entwicklungshilfe f; 3. ÉCON Genossenschaftswesen n
coopératisme [kɔɔpeRatism(ə)] m ÉCON genossenschaftliches Sy'stem
coopérative [kɔɔpeRativ] f Genossenschaft f; ~ agricole landwirtschaftliche Genossenschaft; ~ vinicole Winzergenossenschaft f; ~ de production, de vente Produkti'ons-, Absatzgenossenschaft f
coopérer [kɔɔpeRe] ⟨-è-⟩ I v/t/indir ~ à qc an etw (dat) mitarbeiten, -wirken; II v/i zu'sammenarbeiten, -wirken; koope'rieren
coopt|ation [kɔɔptasjɔ̃] f Hin'zuwahl f; Kooptati'on f; ~er v/t hinzu'wählen
coordinateur [kɔɔRdinatœR] I adj ⟨-trice⟩ koordi'nierend; Koordinati'ons...; II m Koordi'nator m
coordination [kɔɔRdinasjɔ̃] f 1. Koordi'nierung f; Koordination f; 2. GR Nebben-, Beiordnung f; Koordinati'on f; Para'taxe f; **conjonction f de** ~ nebenordnende Konjunktion
coordonnateur [kɔɔRdɔnatœR] cf coordinateur
coordonnée [kɔɔRdɔne] f 1. MATH, GÉOGR Koordi'nate f; (système m de) ~s Koordinatensystem n; 2. F ~s pl Angaben f/pl zum Aufenthaltsort; Adresse f, Tele'fonnummer f etc; donnez-moi, laissez-moi vos ~s wie kann ich Sie erreichen?
coordonner [kɔɔRdɔne] v/t 1. koordi'nieren; aufein'ander abstimmen; 2. GR neben-, beiordnen; adjt **proposition coordonnée** nebengeordneter Satz
coordonnés [kɔɔRdɔne] m/pl habillement etc Co'ordinates [-nəts] pl
copain [kɔpɛ̃] F m Freund m (a d'une femme); F Kumpel m; südd a Spezi m; péj Kum'pan m; adjt être (très) ~ avec qn a) mit j-m (F dick) befreundet sein; b) (s'entendre) sich mit j-m (gut) vertragen, verstehen
copain-copain [kɔpɛ̃kɔpɛ̃] adjt ⟨inv⟩ F ils ne sont pas ~ F sie sind nicht gerade dicke Freunde
copeau [kɔpo] m ⟨pl -x⟩ Span m; ~x d'acier, de bois Stahl-, Hobelspäne m/pl
Copenhague [kɔpenag] Kopen'hagen n
Copernic [kɔpɛRnik] m ASTR Ko'pernikus m
copiage [kɔpjaʒ] m dans un examen etc Abschreiben n; F Spicken n
copie [kɔpi] f 1. d'un écrit Ko'pie f; Abschrift f; Zweitschrift f; (duplicata) 'Durchschlag m; TECH Durchschrift f; 2. d'une œuvre d'art Ko'pie f (a d'un film); Nachbildung f; 3. (imitation) Nachahmung f; péj Abklatsch m; **pâle** ~ schwacher Abklatsch; 4. ÉCOLE a) feuille Blatt n (Pa'pier); Bogen m; **rendre (une)** ~ **blanche** ein leeres Blatt abgeben; b) devoir (Klassen-, Haus)Arbeit f; 5. (article de journal) Ar'tikel m; Beitrag m; journaliste **en mal de** ~ dem nichts einfällt; 6. TYPO Manu'skript n; Satzvorlage f
copier [kɔpje] v/t 1. abschreiben (dans un livre aus e-m Buch; élève **sur son voisin** von s-m Nachbarn); abs **il a copié** er hat abgeschrieben; punition **vous me copierez 50 fois la phrase** ... ihr schreibt 50mal den Satz ...; 2. (imiter, reproduire) nachahmen; nachma-chen; ko'pieren; 3. F fig **vous me la copierez!** F das ist doch allerhand, die Höhe, ein starkes Stück!
copi|eur [kɔpjœR] m, ~**euse** f 1. élève Abschreiber(in) m(f); F Spicker(in) m(f); 2. m appareil Ko'pierer m
copieusement [kɔpjøzmɑ̃] adv reichlich; ausgiebig
copieux [kɔpjø] adj ⟨-euse⟩ repas, pourboire reichlich; repas a reichhaltig; pourboire a großzügig
copilote [kɔpilɔt] m AVIAT Kopilot ou Copilot m
copinage [kɔpinaʒ] m péj Kumpa'nei f; Klünge'lei f; Cliquenwirtschaft f
copine [kɔpin] F f Freundin f (a d'un homme)
copiner [kɔpine] v/i F Kum'pane, Kumpel sein; ~ **avec qn** j-s Kumpan, Kumpel sein
copinerie [kɔpinRi] f F Kumpa'nei f (a coll); coll Kumpane m/pl; Kumpel m/pl; péj cf **copinage**
copiste [kɔpist] m 1. HIST Ko'pist m; 2. (imitateur) Nachahmer m
copra(h) [kɔpRa] m Kopra f
coprésidence [kɔpRezidɑ̃s] f Mitvorsitz m
coproduc|teur [kɔpRɔdyktœR] m CIN, TV Koproduzent m; ~**tion** f CIN, TV Koproduktion f; Gemeinschaftsproduktion f
copropriétaire [kɔpRɔpRijetɛR] m Miteigentümer m
copropriété [kɔpRɔpRijete] f Miteigentum n; **appartement m, logement m en** ~ Eigentumswohnung f; **immeuble vendu en** ~ dessen Wohnungen einzeln, als Eigentumswohnungen verkauft werden
copte [kɔpt] I adj koptisch; II subst 1. ♀ m,f Kopte m, Koptin f; 2. LING **le** ~ das Koptische; Koptisch n
copulatif [kɔpylatif] adj ⟨-ive⟩ GR verbindend; anreihend; kopula'tiv
copulation [kɔpylasjɔ̃] f BIOL Kopulati'on f; Begattung f
copule [kɔpyl] f GR Satzband n; Kopula f
copuler [kɔpyle] v/i sich begatten; kopu'lieren
copyright [kɔpiRajt] m Copyright [-rat] n
coq [kɔk] m 1. ZO Hahn m; südd a Gockel m; **emblème le** ~ **gaulois** der gallische Hahn; CUIS ~ **au vin** Hahn ou Huhn n in Rotweinsoße; ZO ~ **de bruyère** Auerhahn m; par ext ~ **de clocher** Turm-, Wetterhahn m; fig d'un homme **mollets m/pl de** ~ dünne und sehnige Waden f/pl; **rouge comme un** ~ puterrot; fig: **être le** ~ **du village** der um'schwärmteste Bursche, Mann der Dorfes, des Viertels sein; **être ou vivre comme un** ~ **en pâte** sehr verwöhnt werden; von vorn und hinten, wie ein Pascha bedient werden; leben wie Gott in Frankreich; **passer, sauter du** ~ **à l'âne** cf **coq-à-l'âne**; 2. adjt BOXE, LUTTE **poids m** ~ a) Bantamgewicht(s-klasse) n(f); b) sportif Bantamgewichtler m; 3. MAR (Schiffs)Koch m; F Smutje m
coq-à-l'âne [kɔkalan] m ⟨inv⟩ Gedankensprung m; **faire des** ~ von e-m Thema zum anderen springen
coquard ou **coquart** [kɔkaR] F m blaues Auge; F Veilchen n
coque [kɔk] f 1. d'amande, de noix, de noisette Schale f; CUIS **œuf m à la** ~ weiches, weichgekochtes Ei; 2. d'un navire, d'un avion Rumpf m; d'une voiture selbsttragende Karosse'rie; 3. ZO Herzmuschel f; 4. ancienne coiffure (Haar)Tolle f; Rolle f

coquelet [kɔklɛ] *m CUIS* Hähnchen *n*
coquelicot [kɔkliko] *m* **1.** *BOT* Klatschmohn *m*; **2.** *adjt ⟨inv⟩ rouge ~* leuchtend rot
coqueluche [kɔklyʃ] *f* **1.** *MÉD* Keuchhusten *m*; **2.** *fig être la ~ de qn* j-s I'dol, Liebling, F Schwarm sein
coquet [kɔkɛ] **I** *adj ⟨~te⟩* **1.** *(soigné)* a'drett; schmuck; gepflegt; ele'gant; ansprechend; hübsch (anzusehen); österr *a* fesch; *logement a* gemütlich; **2.** *(cherchant à plaire)* ko'kett; gefallsüchtig; **3.** F *(considérable)* stattlich; ansehnlich; beträchtlich; *~te somme a* F iron hübsches Sümmchen; **II** *f ~te* ko'kette Frau; ko'kettes Mädchen; *THÉ grande ~te* verführerische Frau
coquetier [kɔktje] *m* Eierbecher *m*
coquetterie [kɔkɛtʀi] *f* **1.** *(désir de plaire)* Kokette'rie *f*; Gefallsucht *f*; **2.** *(élégance)* Gepflegtheit *f*; Ele'ganz *f*; *(goût)* Geschmack *m*; **3.** *(affectation)* Kokette'rie *f*; Ziere'rei *f*; **4.** F *fig ~ dans l'œil* F Silberblick *m*
coquillage [kɔkijaʒ] *m* **a)** *mollusque* Muschel *f*; **b)** *coquille* Muschel(schale) *f*
coquille [kɔkij] *f* **1.** *des mollusques* Schale *f*; *d'un escargot* Gehäuse *n*; *~ Saint-Jacques* Jakobsmuschel *f*; *~ d'escargot a* Schneckenhaus *n*; *fig*: *rentrer dans sa ~* sich in sein Schneckenhaus zurückziehen; *sortir de sa ~* (ein wenig) aus sich her'ausgehen; **2.** *d'œufs, de noix* Schale *f*; *~ de noix* Nußschale *f* (*a fig embarcation*); *~ d'œuf* a) Eierschale *f*; b) *adj ⟨inv⟩ couleur* eierschalenfarben; **3.** *CUIS ~ de beurre* Butterröllchen *n*; *~ de poisson* kleine Porti'on Fisch (*in Muschelschälchen als Vorspeise*); **4.** *ornement* muschelförmige Verzierung; Muschel *f*; **5.** *TYPO* Satzfehler *m*
coquillettes [kɔkijɛt] *f/pl* Hörnchen *n/pl* (*Teigware*)
coquin [kɔkɛ̃] **I** *adj* **1.** *enfant* spitzbübisch; schelmisch; *être ~* ein Schlingel, Lausebengel, Spitzbube, Schelm sein; **2.** *histoire* pi'kant; fri'vol (*a regards*); **II** *subst* **1.** *enfant* (*petit/e*) *~(e)* (kleiner) Schelm; Spitzbube *m*, Spitzbübin *f*; Schlingel *m*; *d'un adulte c'est un(e) ~(e)* er (sie) ist durch'trieben, F gerissen; **2.** F *~ de sort!* F verflixt (und zugenäht)!; hol's der Teufel!
coquinerie [kɔkinʀi] *f* **1.** *(malice)* Schelme'rei *f*; Spitzbübe'rei *f*; **2.** *(ruse)* Durch'triebenheit *f*; F Gerissenheit *f*
cor [kɔʀ] *m* **1.** *MUS* *a) instrument* Horn *n*; *~ anglais* Englischhorn *n*; *~ à pistons ou chromatique* Ven'tilhorn *n*; *~ de chasse* Jagd-, Hifthorn *n*; *~ d'harmonie* Waldhorn *n*; *le ~ de Roland* das Horn Rolands; *fig* réclamer *à ~ et à cri* ungestüm; lauthals; *b) musicien* Hor'nist *m*; Hornbläser *m*; **2.** *~ (au pied)* Hühnerauge *n*; **3.** *CH un cerf (de) dix ~s ou un dix ~* ein Zehnender *m*
corail [kɔʀaj] *m ⟨pl -aux⟩* **1.** *ZO et bijouterie* Ko'ralle *f*; *~ rouge* rote (Edel)Koralle; *collier m de ~* Korallenkette *f*; *GÉOGR la mer de ⁂* das Korallenmeer; **2.** *fig (couleur) a* *⟨inv⟩* ko'rallenfarbig, -rot; **3.** *des coquilles Saint-Jacques* rotes eßbares Fleisch
corallien [kɔʀaljɛ̃] *adj ⟨~ne⟩* Ko'rallen...; *récif ~* Korallenriff *n*

Coran [kɔʀã] *m* Ko'ran *m*
coranique [kɔʀanik] *adj* des Ko'rans; Ko'ran...; ko'ranisch; *école f ~* Koranschule *f*
corbeau [kɔʀbo] *m ⟨pl ~x⟩* **1.** *ZO* Rabe *m*; *loc/adj (couleur) aile de ~*, *noir comme un ~* tief-, blauschwarz; (kohl-)rabenschwarz; **2.** *ARCH* Kragstein *m*; **3.** *fig* ano'nymer Briefschreiber
corbeille [kɔʀbɛj] *f* **1.** *panier* Korb *m*; Körbchen *n*; *~ à linge, à ouvrage, à pain, à papier* Wäsche-, Näh- *ou* Handarbeits-, Brot-, Pa'pierkorb *m*; *~ de fleurs* Blumenkorb *m*; *~ de fruits* Obstkörbchen *n*; *fig ~ de mariage* Hochzeitsgeschenke *n/pl*; *mettre qc dans la ~ de mariage* etw zur Hochzeit schenken; **2.** *THÉ* Bal'kon- *ou* Rangloge *f*; **3.** *BOURSE* Maklerschranken *f/pl*; Ring *m*; **4.** *BOT ~ d'argent* a) *(Alyssum)* Steinkraut *n*; b) *(Iberis)* Schleifenblume *f*
Corbières [kɔʀbjɛʀ] **1.** *f/pl* Weingegend nordöstlich der Pyrenäen; **2.** *m ⁂* Rotwein aus den Corbières
corbillard [kɔʀbijaʀ] *m* Leichenwagen *m*
cordage [kɔʀdaʒ] *m* **1.** *MAR* Tau(werk) *n*; Seil(werk) *n*; *t/t* Reep *n*; **2.** *d'une raquette* Bespannung *f*
corde [kɔʀd] *f* **1.** Leine *f*; Strick *m*; *épaisse* Seil *n*; *(ficelle)* Schnur *f*; *~ à linge* Wäscheleine *f*; *échelle f de ~* Strickleiter *f*; *semelles f/pl de ~* geflochtene Sohlen *f/pl*; Schnur-, Hanfsohlen *f/pl*; *tapis m de ~* Bastteppich *m*; *fig il pleut des ~s* es regnet Bindfäden; **2.** *SPORTS* Seil *n*; *du ring ~s pl* Seile *n/pl*; *~ lisse* Kletterseil *n*; *d'acrobates ~ raide* Drahtseil *n*; *fig être, marcher sur la ~ raide* sich auf ein ris'kantes 'Unternehmen einlassen; *~ à nœuds* Knotenseil *n*; *~ à sauter* Springseil *n*; *ALPINISME ~ de rappel* Doppelseil *n* zum Abseilen; **3.** *d'un arc* Sehne *f* (*a GÉOMÉTRIE*); *fig*: *avoir plus d'une ~ ou plusieurs ~s à son arc* mehrere, verschiedene Möglichkeiten haben; mehrere Eisen im Feuer haben; *tirer trop sur la ~* den Bogen über'spannen; **4.** *dans les hippodromes* Abgrenzungsseil *n* auf der Innenseite der Bahn; *voiture prendre un virage à la ~* e-e Kurve so eng wie möglich fahren, nehmen; **5.** *MUS* Saite *f*; *a* Saiteninstrumente *n/pl*; *d'un orchestre* Streichinstrumente *n/pl*; Streicher *m/pl*; *instrument m à ~s* Saiteninstrument *n*; *fig ce n'est pas dans mes ~s* dafür bin ich nicht zuständig; das kann ich nicht; *mettre des ~s à un instrument* Saiten besaiten; *fig faire vibrer, toucher la ~ sensible (de qn)* j-n da packen, wo er zugänglich ist; an j-s Gefühle appellieren; F es auf die sentimentale Tour versuchen; **6.** *d'une raquette* Saite *f*; *~s pl* Bespannung *f*; **7.** *pour pendre qn* Strick *m*; Strang *m*; *fig il mérite la ~* er gehört an den Galgen; *mettre, passer à qn la ~ au cou* a) j-m die Schlinge um den Hals legen; b) *fig* j-n einfangen; *pour le mariage* F sich j-n angeln; *fig*: *se mettre la ~ au cou* das Joch der Ehe auf sich nehmen; *parler de la ~ dans la maison d'un pendu* im Haus e-s Gehenkten vom Strick sprechen; *il ne vaut pas la ~ pour le*

pendre er ist keinen Schuß Pulver wert; **8.** *usé jusqu'à la ~ vêtements* abgewetzt; fadenscheinig; *moquette* abgetreten; abgenutzt (*a fig*); *fig* abgedroschen; **9.** *ANAT ~s vocales* Stimmbänder *n/pl*
cordeau [kɔʀdo] *m ⟨pl ~x⟩* **1.** *de jardinier etc* Schnur *f*; *arbres, salades etc aligner au ~* mit Hilfe der Schnur, schnurgerade pflanzen, setzen; *tiré, tracé au ~* a) schnurgerade; b) *fig* ganz regelmäßig; sehr ordentlich; **2.** *TECH ~ détonant* Sprengschnur *f*
cordée [kɔʀde] *f ALPINISME* Seilschaft *f*
cordelette [kɔʀdəlɛt] *f* dünne Schnur; dünner Bindfaden
cordelière [kɔʀdəljɛʀ] *f* Kordel *f*; *des moines* Strick *m*
cordeliers [kɔʀdəlje] *m/pl* **1.** *HIST REL* Franzis'kaner(-Obser'vanten) *m/pl*; **2.** *HIST POL* *club m des ⁂* radikaler politischer Klub während der Frz Revolution
corder [kɔʀde] *v/t raquette* bespannen
corderie [kɔʀdəʀi] *f* Seile'rei *f*
cordial [kɔʀdjal] *⟨m/pl -aux⟩* **I** *adj* herzlich; *iron 'haine ~e* herzliche Feindschaft; **II** *m PHARM* (Herz)Stärkungsmittel *n*
cordialement [kɔʀdjalmã] *adv* herzlich; von Herzen; *formule épistolaire ~ vôtre* mit herzlichen Grüßen (Ihr); *iron se détester ~* sich von Herzen verabscheuen
cordialité [kɔʀdjalite] *f* Herzlichkeit *f*; *avec ~* herzlich
cordier [kɔʀdje] *m* Seiler *m*
cordillère [kɔʀdijɛʀ] *f GÉOGR* Kordill'lere *f*; Kettengebirge *n*; Gebirgskette *f*
cordon [kɔʀdɔ̃] *m* **1.** *(petite corde)* Schnur *f*; *~ de rideaux* Vorhangschnur *f*; *~ de sonnette* Klingelzug *m*, -schnur *f*; *fig tenir les ~s de la bourse* allein über das (gemeinsame) Geld verfügen; **2.** *d'une décoration* Ordensband *n*; *grand ~ de la Légion d'honneur* (breites Band der Träger des) Großkreuz(es) *n* der Ehrenlegion; **3.** *ANAT ~ ombilical* Nabelschnur *f*; *couper le ~ (ombilical)* die Nabelschnur 'durchtrennen; **4.** *d'agents de police* (Posten-)Kette *f*; Kor'don *m*; Absperrung *f*; Sperrgürtel *m*; *~ sanitaire* Cor'don sani'taire *m* (*a MIL*); **5.** *d'arbres* Reihe *f*; **6.** *~ littoral* Küstenstreifen *m*
cordon-bleu [kɔʀdɔ̃blø] *m ⟨pl cordons--bleus⟩* gute, ausgezeichnete Köchin; *homme* guter, ausgezeichneter Koch
cordonnerie [kɔʀdɔnʀi] *f* Schuhmache'rei *f*; *atelier a* Schuster-, Schuhmacher'werkstatt *f*; *métier a* Schuhmacher-, Schusterhandwerk *n*
cordonnet [kɔʀdɔnɛ] *m* **1.** *fil* Kordo'nett-, Knopflochseide *f*; **2.** *ruban* Schnürchen *n*; Bändchen *n*
cordonnier [kɔʀdɔnje] *m* Schuster *m*; Schuhmacher *m*; *prov* *~s sont toujours les plus mal chaussés* der Schuster trägt immer die schlechtesten Stiefel (*prov*)
Cordoue [kɔʀdu] *f* Córdoba *f*
Corée [kɔʀe] *f* *la ~* Ko'rea *n*; *la ~ du Nord, du Sud* Nord-, Südkorea *n*
coréen [kɔʀeɛ̃] **I** *adj ⟨~ne⟩* ko'reanisch; **II** *subst* **1.** *⁂(ne)* *m(f)* Kore'aner(in) *m(f)*; **2.** *LING le ~* das Kore'anische *n*; Kore'anisch *n*

coreligionnaire [kɔrəlizjɔnɛr, -ʀe-] *m* Glaubensbruder *m*, -genosse *m*

coresponsabilité [kɔʀɛspõsabilite] *f* Mitverantwortung *f*

coriace [kɔrjas] *adj* **1.** *viande* zäh; **2.** *fig personne* zäh; hartnäckig; *être ~ en affaires* F ein knallharter Geschäftsmann sein

coriandre [kɔʀjɑ̃dʀ(ə)] *f* BOT Kori'ander *m*

coricide [kɔʀisid] *m* PHARM Hühneraugenmittel *n*

corindon [kɔʀɛ̃dõ] *m* MINÉR Ko'rund *m*

Corinthe [kɔʀɛ̃t] Ko'rinth *n*

corinthien [kɔʀɛ̃tjɛ̃] *adj* ⟨~ne⟩ ARCH ko'rinthisch; *colonne ~ne, ordre ~* korinthische Säule, (Säulen)Ordnung

cormier [kɔʀmje] *m* BOT Speierling *m*; Spierapfel *m*

cormoran [kɔʀmɔʀɑ̃] *m* ZO Kormo'ran *m*

cornac [kɔʀnak] *m* Ele'fantenführer *m*; Kor'nak *m*

cornaline [kɔʀnalin] *f* MINÉR Karne'ol *m*

cornard [kɔʀnaʀ] F *cf* **cocu**

corne [kɔʀn] *f* **1.** *des chèvres, vaches etc* Horn *n*; *~s pl des escargots* Fühler *m/pl*; Hörner *m/pl*; *du diable* Hörner *n/pl*; MYTH *~ d'abondance* Füllhorn *n*; *coup m de ~* Stoß *m* mit dem Horn; **2.** *substance* Horn *n*; *de l'épiderme humain* Hornhaut *f*; *loc/adj* **de, en** ~ aus Horn; hörnern; Horn...; *peigne m de ~* Hornkamm *m*; **3.** *fig: mari, femme avoir, porter des ~s* betrogen werden; *enfants* **faire, montrer les ~s à qn** j-n verspotten (*indem man Zeige- u Mittelfinger über den Kopf hält*); **4.** (*pointe*) Zacke *f*; Spitze *f*; Ecke *f*; *d'une page de livre* Eselsohr *n*; **5.** MUS Horn *n*; Si'gnalhorn *n*; AUTO *autrefois* Hupe *f*; F Tute *f*; MAR *~ de brume* Nebelhorn *n*; **6.** *pâtisserie orientale ~ de gazelle* (mit Mandeln, Marzipan *etc*) gefülltes Hörnchen

corné [kɔʀne] *adj* hornartig; Horn...

corned-beef [kɔʀn(ed)bif] *m* Corned beef ['kɔːʀnd 'biːf] *n*

cornée [kɔʀne] *f* ANAT Hornhaut *f* (des Auges); *sc* Cornea *f*

cornéen [kɔʀneɛ̃] *adj* ⟨~ne⟩ MÉD Hornhaut...; *lentilles ~nes* Kon'taktlinsen *f/pl*

corneille [kɔʀnɛj] *f* ZO Krähe *f*

cornélien [kɔʀneljɛ̃] *adj* ⟨~ne⟩ **1.** LITTÉRATURE Cor'neilles; **2.** *fig* schicksalhaft-tragisch; von tragischer Größe

cornemuse [kɔʀnəmyz] *f* MUS Dudelsack *m*; Sackpfeife *f*

corner[1] [kɔʀne] **I** *v/t page d'un livre, carte* e-e Ecke 'umknicken, 'umbiegen an (+*dat*); kniffen; **II** *v/i* **1.** AUTO *autrefois* hupen; F tuten; **2.** F *~ aux oreilles de qn* j-m in die Ohren trom'peten, schreien

corner[2] [kɔʀnɛʀ] *m* FOOTBALL Eckball *m*; Ecke *f*; *coup a* Eckstoß *m*

cornet [kɔʀnɛ] *m* **1.** *récipient* spitze Tüte; Tütchen *n*; *~ de bonbons, de frites* Tüte Bonbons, Pommes (frites); *~ de glace* Eistütchen *n*, -hörnchen *n*; CUIS *~ de macédoine (et jambon)* Schinkenröllchen *n* mit Gemüse- und Mayonnaisefüllung; **2.** MUS *~ à pistons* Kor'nett *n*; Pi'ston *n*; **3.** *autrefois ~ acoustique* Hörrohr *n*; **4.** *~ à dés* Würfel-, Knobelbecher *m*; **5.** ANAT *~ du nez* Nasenmuschel *f*; **6.** F *n'avoir rien dans le ~* nichts im Magen haben; F e-n leeren Bauch haben

cornette [kɔʀnɛt] *f de religieuses* Flügelhaube *f*

cornettiste [kɔʀnɛtist] *m,f* MUS Kor'nettbläser(in) *m(f)*

corniaud [kɔʀnjo] *m* **1.** *plais d'un chien* Prome'nadenmischung *f*; **2.** F (*imbécile*) F Doofkopp *m*; Dämlack *m*; *südd* Depp *m*; *adj* dämlich; doof

corniche [kɔʀniʃ] *f* **1.** (*route f en*) *~* kurvenreiche Küstenstraße an e-m felsigen Steilhang; **2.** ARCH *a* ornement Kranzgesims *n*; ARCH *a* Geison *n*

cornichon [kɔʀniʃõ] *m* **1.** CUIS Essig-, Gewürzgürkchen *n*; Corni'chon *n*; **2.** (*bête*) F Dummerjan *m*; Dämlack *m*; *adj* dämlich; doof

cornier [kɔʀnje] *adj* ⟨-ière⟩ Eck...; *poteau ~* Eckpfosten *m*

cornière [kɔʀnjɛʀ] *f* TECH Winkeleisen *n*

corniste [kɔʀnist] *m* MUS Hor'nist *m*; Hornbläser *m*

Cornouaille [kɔʀnwaj] **1.** *la ~* Landschaft in der Bretagne; **2.** *les ~s f/pl en Angleterre* Cornwall *n*

cornouiller [kɔʀnuje] *m* BOT Hartriegel *m*; Kor'nelkirsche *f*

cornu [kɔʀny] *adj bêtes* gehörnt; Horn...; *diable* mit Hörnern

cornue [kɔʀny] *f* CHIM Re'torte *f*

Corogne (**La**) [lakɔʀɔɲ] La Co'ruña *n*

corollaire [kɔʀɔlɛʀ] *m* **1.** LOGIQUE Ko'rol'larium *n*; **2.** *par ext* (*conséquence*) logische, unmittelbare Folge

corolle [kɔʀɔl] *f* BOT (Blumen)Krone *f*

coron [kɔʀõ] *m* (Haus *n* in *et ou* Häuser *n/pl* e-r) Bergarbeitersiedlung *f*

coronaire [kɔʀɔnɛʀ] *adj* ANAT (Herz-) Kranz...; Koro'nar...; *artères f/pl ~s* (Herz)Kranz-, Koronararterien *f/pl*

corporatif [kɔʀpɔʀatif] *adj* ⟨-ive⟩ **1.** *mouvement, système* berufsständisch; *esprit ~* Korpsgeist *m*; **2.** HIST Zunft...

corporation [kɔʀpɔʀasjõ] *f* **1.** Berufsstand *m*; **2.** HIST Gilde *f*; Zunft *f*

corporatisme [kɔʀpɔʀatism(ə)] *m* doctrine Korporati'vismus *m*

corporel [kɔʀpɔʀɛl] *adj* ⟨~le⟩ körperlich; leiblich; *cf a* **châtiment**

corps [kɔʀ] *m* **1. a)** (*opposé à esprit*) Körper *m*; Leib *m* (*a* REL); *loc/adv*: *~ et âme* [kɔʀzeam] mit Leib und Seele; *se donner ~ et âme à qc, qn* sich e-r Sache, j-m ganz hingeben; sich e-r Sache mit Leib und Seele hingeben, verschreiben; *~ à ~* [kɔʀakɔʀ] Mann gegen Mann; *subst cf* **corps-à-corps**; *à son ~ défendant* widerwillig; ungern; *à ~ perdu* ungestüm; blindlings; *se jeter à ~ perdu dans une entreprise, dans la mêlée* sich mit Feuereifer, E'lan in ein Unter'nehmen, sich blindlings in das Kampfgeschehen stürzen; *jusqu'au milieu du ~* bis zur Taille; bis zum Gürtel; bis an die Hüften; *fig*: *passer sur le ~ de qn* über j-s Leiche (*acc*) gehen; j-n skrupellos opfern; *il faudra d'abord me passer sur le ~* nur über meine Leiche!; *nourriture* F *ça tient au ~, ça* das hält lange vor; das macht für lange Zeit satt; **b)** (*cadavre*) Leiche *f*; Leichnam *m*; **2.** (*groupe*) Körperschaft *f*; Or'gan *n*; Gremium *n*; Korps *n* (*a* MIL); *~*

diplomatique diplomatisches Korps; *~ électoral* Wähler(schaft) *m/pl(f)*; *~ enseignant* Lehrerschaft *f*; Lehrkörper *m*; Lehrer *m/pl*; Erzieher *m/pl*; *~ médical* Ärzteschaft *f*; *~ d'armée* Ar'meekorps *n*; *~ de ballet* Bal'lettkorps *n*, -truppe *f*; Corps de bal'let *n*; *en France grands ~ de l'État* staatliche Organe mit besonderen Aufgaben (*Conseil d'État, Cour des comptes etc*); *~ de métier* HIST (Handwerker)Zunft *f*; Handwerksgilde *f*; *aujourd'hui* Innung *f*; *~ des officiers* Offi'zierskorps *n*; *esprit m de ~* Korpsgeist *m*; MIL **rejoindre son ~** zu s-r Einheit, Truppe zu'rückkehren; **3.** (*partie principale*) Haupt(bestand)teil *m*; *d'une lettre, d'un article* (eigentlicher) Text; *d'un bâtiment* Haupt-, Mittelbau *m*, -trakt *m*; *d'un navire* Rumpf *m*; *t/t* Kasko *m*; MAR, ADM *~ et biens* [kɔʀzebjɛ̃] Schiff *n* und Ladung *f*; *navire perdu ~ et biens* mit Mann und Maus 'untergegangenes Schiff; **4.** (*objet, substance*) Körper *m*; *~ céleste* Himmelskörper *m*; CHIM *~ composé* (chemische) Verbindung; MÉD *et fig ~ étranger* Fremdkörper *m*; ANAT *~ jaune* Gelbkörper *m*; PHYS *~ noir* schwarzer Strahler; CHIM *~ simple* (chemisches) Ele'ment; Grundstoff *m*; JUR *~ du délit* Corpus de'licti *n*; Beweisstück *n*; *faire ~* (*avec*) nicht zu trennen sein (von); e-e Einheit bilden, fest zu'sammenhängen, verschmolzen sein, eins sein (mit); *fig idée, projet* **prendre ~** Gestalt annehmen, gewinnen; **5.** (*recueil de textes*) (Text-) Sammlung *f*; *sc* Corpus *ou* Korpus *m*; **6.** TYPO *~ d'une lettre* Schriftgrad *m*, -größe *f*; **7.** *loc avoir du ~ vin* 'vollmundig sein; *bière* Körper haben; körperreich sein; *papier* fest sein; *sauce* rund und würzig schmecken; *fig* **donner (**du**)** *~ à qc* e-r Sache (*dat*) Gewicht verleihen

corps-à-corps [kɔʀakɔʀ] *m* ⟨*inv*⟩ **1.** (*mêlée*) Handgemenge *n*; **2.** MIL Einzel-, Nahkampf *m*; **3.** BOXE Clinch [-tʃ] *m*

corpulence [kɔʀpylɑ̃s] *f* Beleibtheit *f*; Korpu'lenz *f*; *de forte ~* von beträchtlichem Leibesumfang

corpulent [kɔʀpylɑ̃] *adj* beleibt; korpu'lent

corpus [kɔʀpys] *m de textes*, LING Korpus *ou* Corpus *n*

corpuscule [kɔʀpyskyl] *m* **1.** PHYS Kor'puskel *n ou f*; Teilchen *n*; **2.** ANAT Körperchen *n*

corral [kɔʀal] *m* ⟨*pl* -als⟩ Pferch *m* (für Großvieh); Kor'ral *m*

correct [kɔʀɛkt] *adj* **1.** (*sans fautes*) richtig; fehlerfrei; einwandfrei; kor'rekt; **2.** *personne* kor'rekt; *il est très ~* er verhält sich tadellos, einwandfrei, sehr korrekt (*avec qn* j-m gegenüber); *il est ~ en affaires* sein Geschäftsgebaren ist korrekt, einwandfrei; in Geschäftsdingen ist er korrekt; **3.** *prix, salaire* angemessen; *travail, repas, hôtel* annehmbar; pas'sabel

correctement [kɔʀɛktəmɑ̃] *adv* **1.** (*sans fautes*) richtig; fehlerfrei; einwandfrei; kor'rekt; **2.** *gagner ~ sa vie* genug verdienen, um menschenwürdig leben zu können

correc|teur [kɔʀɛktœʀ], **~trice I** *subst* **1.** *m,f* EXAMEN, TYPO Kor'rektor *m*,

correctif – cosmétique

Korrek'torin *f*; **2.** *m* TECH Regler *m*; **~ de tonalité** Tonblende *f*; Klangregler *m*; **3.** *m ou adjt* **blanc correcteur** Korrek'turflüssigkeit *f*; Tipp-Ex *n* (*Wz*); **II** *adj* **verres zur Korrek'tur e-s Brechungsfehlers der Augen**
correctif [kɔʀɛktif] **I** *adj* ⟨-ive⟩ **1. gymnastique corrective** Gymnastik *f* gegen Haltungsschäden; Ausgleichsgymnastik *f*; **2.** *PHARM* (die Wirkung) mildernd; (den) Geschmack) verbessernd; **II** *m* **1.** *PHARM* Korrigens *n*; **2.** *mesure* Korrek'tiv *n*
correction [kɔʀɛksjɔ̃] *f* **1.** (*amélioration*) Verbesserung *f*; Korrek'tur *f*; Berichtigung *f*; Richtigstellung *f*; *ÉCOLE* **~s** *pl* Korri'gieren *n* (und Zen'sieren *n*); *loc/adv* **sauf ~** wenn ich mich nicht täusche; mit Verlaub; **2.** *TYPO* Korrek'tur *f*; **~(s) d'auteur** Autorkorrektur *f*; **~ des épreuves** Korrekturlesen *n*; Fahnenkorrektur *f*; **signes** *m/pl* **de ~** Korrekturzeichen *n/pl*; **faire les ~s** Korrektur lesen; **3.** (*châtiment corporel*) Tracht *f* Prügel; Schläge *m/pl*; **recevoir une ~** Schläge, Hiebe bekommen; **4.** *qualité* **a)** *d'une traduction etc* Kor'rektheit *f*; Richtigkeit *f*; Fehlerfreiheit *f*; **b)** *d'une personne* kor'rektes Benehmen; Anstand *m*; Kor'rektheit *f*
correctionnel [kɔʀɛksjɔnɛl] *adj* ⟨~le⟩ *JUR* **peine ~le** Strafe *f* für ein Vergehen
correctionnelle [kɔʀɛksjɔnɛl] *f* *JUR* Landgericht *n* Ab'teilung Strafsachen; **passer en ~** sich vor der Strafkammer verantworten müssen
Corrège [kɔʀɛʒ] **le ~** *PEINT* Correggio [kɔ'redʒo] *m*
corrélatif [kɔʀelatif] *adj* ⟨-ive⟩ korrela'tiv; (sich) wechselseitig (bedingend); *GR* **mot ~ ou subst ~** *m* Korre'lat *n*
corrélation [kɔʀelasjɔ̃] *f* **1.** *MATH*, *GR* Korrelati'on *f*; **2.** *par ext* Wechselbeziehung *f*; wechselseitige Beziehung; enger Zu'sammenhang *m*; **mettre en ~** in Beziehung zueinander setzen
correspondance [kɔʀɛspɔ̃dɑ̃s] *f* **1.** (*[échange de] lettres*) Briefwechsel *m*; Schriftwechsel *m*, -verkehr *m*; Korrespon'denz *f*; **~ commerciale** Handelskorrespondenz *f*; **enseignement** *m* **par ~** Fernunterricht *m*; **vente** *f* **par ~** Versandhandel *m*, -geschäft *n*; **avoir, entretenir une ~ avec qn** mit j-m e-n Briefwechsel führen, in Briefwechsel stehen; **dépouiller sa ~** s-e Post 'durchsehen; **2.** *TRANSPORTS* Anschluß *m* (**pour** nach); **prendre la, une ~** 'umsteigen; **3.** (*analogie*) Über'einstimmung *f*; Entsprechung *f*; **~ de sentiments** Übereinstimmung der Gefühle *f*; über'einstimmende Gefühle *n/pl*; **4.** *ÉCOLE* **carnet** *m* **de ~** Heft mit Eintragungen der Lehrer, das von den Eltern unterschrieben werden muß
correspondanc|ier [kɔʀɛspɔ̃dasje] *m*, **~ière** *f* *COMM* Korrespon'dent(in) *m(f)*
correspondant [kɔʀɛspɔ̃dɑ̃] **I** *adj* **1.** (ein'ander) entsprechend; über'einstimmend; (dazu) passend; *MATH* **angles ~s** Stufenwinkel *m/pl*; **2. d'une société savante membre ~** korrespon'dierendes Mitglied; **II** *subst* **1. ~(e)** *m(f)* (*à qui on écrit*) Briefpartner(in) *m(f)*; *ÉCOLE* Brieffreund(in) *m(f)*; **2. ~(e)** *m(f)* *PRESSE* Korrespon'dent(in) *m(f)*; Berichterstatter(in) *m(f)*; **~ de guerre**

Kriegsberichterstatter *m*; **3.** *m TÉL* Teilnehmer *m*; Gesprächspartner *m*; **4.** *m d'un interne*: Person, die sich um e-n Internatsschüler kümmert; **5.** *cf I 2.*
correspondre [kɔʀɛspɔ̃dʀ(ə)] *v/i* ⟨*cf* rendre⟩ **1. personnes** (*s'écrire*) (mitein'ander) korrespon'dieren, in brieflicher Verbindung stehen, in Briefwechsel stehen, e-n Briefwechsel führen; **~ avec qn** mit j-m korrespondieren *etc*; **2. pièces** (*communiquer*) mitein'ander in Verbindung stehen; **~ avec** in Verbindung stehen mit; **3.** (*être conforme à*) sich (*dat*), ein'ander entsprechen; **~ à qc** e-r Sache (*dat*) entsprechen; mit etw übereinstimmen
Corrèze [kɔʀɛz] **la ~** Fluß *u* Departement in Frankreich
corrida [kɔʀida] *f* **1.** Stierkampf *m*; **2.** *F fig* **a)** (*agitation*) lautes Durchein'ander; Trubel *m*; **b)** (*dispute bruyante*) F Zirkus *m*; The'ater *n*
corridor [kɔʀidɔʀ] *m* (enger, schmaler) Flur, Korridor, Gang
corrigé [kɔʀiʒe] *m* Musterlösung *f*; Schlüssel *m*
corriger [kɔʀiʒe] ⟨-geons⟩ **I** *v/t* **1. faute, erreur** verbessern; korri'gieren (*a texte*); berichtigen; richtigstellen; *professeur: copie etc* korri'gieren; **~ qn** j-n korrigieren, verbessern; *TYPO* **~ des épreuves** Korrek'tur lesen; Fahnen korrigieren; **2.** *fig*: **~ son mauvais caractère** 'umgänglicher werden; **~ les défauts de qn** j-m s-e Fehler abgewöhnen; **3.** (*atténuer*) mildern; **4.** (*battre*) schlagen; verhauen; **se faire ~** geschlagen, verhauen werden; Haue, Schläge bekommen; **II** *v/pr* **se ~** sich bessern; **se ~ de qc** etw ablegen; sich etw abgewöhnen
corroborer [kɔʀɔbɔʀe] *v/t* bekräftigen, bestätigen; erhärten
corroder [kɔʀɔde] *v/t* ätzen; angreifen; zerfressen; nagen an (+*dat*); korro'dieren
corrompre [kɔʀɔ̃pʀ(ə)] ⟨*cf* rompre⟩ *v/t* **1. jeunesse** (sittlich) verderben; *mœurs* verderben; *st/s* korrum'pieren; **2. témoins, fonctionnaires etc* bestechen; **3. chaleur: viande etc* zersetzen; **4.** *litt texte* verfälschen; entstellen; korrum'pieren; **~ des mots** den Sinn von Wörtern entstellen, verfälschen; **5.** *litt plaisir* verderben
corrompu [kɔʀɔ̃py] *adj* kor'rupt; *juge, témoin etc* a bestochen; *mœurs* a verdorben; *litt* verderbt
corrosif [kɔʀozif] **I** *adj* ⟨-ive⟩ **1.** *CHIM* ätzend; korro'siv; zerfressend; *fig ironie, style* ätzend; beißend; **II** *m* Ätzmittel *n*
corrosion [kɔʀozjɔ̃, -ʀɔ-] *f* Korrosi'on *f* (*a GÉOL*); Ätzen *n*
corroyage [kɔʀwajaʒ] *m du cuir* Zurichtung *f*
corroy|er [kɔʀwaje] *v/t* ⟨-oi-⟩ *cuir* zurichten; **~eur** *m ouvrier* Zurichter *m*
corrupteur [kɔʀyptœʀ] *st/s* **I** *adj* ⟨-trice⟩ (mo'ralisch) verderblich; **II** *subst* **~, corruptrice** *m*,*f* Verderber(in) *m(f)*
corruptible [kɔʀyptibl(ə)] *adj* **1. fonctionnaire etc bestechlich; **2. substance** zersetzbar; verderblich
corruption [kɔʀypsjɔ̃] *f* **1. morale** Korrupti'on *f*; Kor'ruptheit *f*; *litt* Verderbtheit *f*, -verfall *m*; **2. de témoins etc* Beste-

chung *f*; **~ électorale** Stimmenkauf *m*; Wahlbestechung *f*, -manipulation *f*; **~ de fonctionnaires** Beamtenbestechung *f*; **3. d'une substance** Zersetzung *f*; Fäulnis *f*; **4. du langage etc litt** Verderbnis *f*
corsage [kɔʀsaʒ] *m* **a)** (*chemisier*) Bluse *f*; **b)** *d'une robe* Oberteil *n ou m*
corsaire [kɔʀsɛʀ] *m* **1.** *HIST* Freibeuter *m*; Kor'sar *m*; **2.** *HIST* **~ ou adjt navire** *m* **~** Kaperschiff *n*; **3.** *adjt* **pantalon** *m* **~** Caprihose *f*
Corse [kɔʀs] **la ~** Korsika *n*
corse [kɔʀs] **I** *adj* korsisch; **II** *subst* **1.** ♂ *m*,*f* Korse *m*, Korsin *f*; **2.** *LING* **le ~** das Korsische; Korsisch *n*
corsé [kɔʀse] *adj* **1. vin** 'vollmundig, körperreich; *plat* pi'kant, scharf gewürzt; *café* stark; **2. fig histoire** schlüpfrig; saftig; gepfeffert
Corse-du-Sud [kɔʀsədysyd] **la ~** *frz* Departement auf Korsika
corselet [kɔʀsəlɛ] *m* **1. d'un costume folklorique** Mieder *n*; **2.** *ZO d'insecte* Brust(stück) *f(n)*
corser [kɔʀse] **I** *v/t* **1. vin** mit Alkohol versetzen; *plat, sauce* scharf, pi'kant würzen; **2. fig récit etc* packend(er), spannend(er) gestalten; **II** *v/pr* **affaire se ~** verwickelt, kompli'ziert, spannend werden; sich kompli'zieren
corset [kɔʀsɛ] *m* Kor'sett *n*; Mieder *n*; **~ orthopédique** (Stütz)Korsett *n*
corso [kɔʀso] *m* Korso *m*; 'Umzug *m*; **~ fleuri** Blumenkorso *m*
cortège [kɔʀtɛʒ] *m* **1.** (*défilé*) Zug *m*; 'Umzug *m*; *d'un haut personnage* Gefolge *n*; **~ funèbre** Leichen-, Trauerzug *m*; Trauergefolge *n*; **~ nuptial** Hochzeitszug *m*; **~ de manifestants** Demonstrati'onszug *m*; **se former en ~** e-n Zug bilden; sich zu e-m Zug aufstellen, for'mieren; **2. fig** Gefolge *n*; Folge *f*
cortex [kɔʀtɛks] *m ANAT* **~ (cérébral)** (Groß)Hirnrinde *f*; *sc* Kortex *m*; **~ surrénal** Nebennierenrinde *f*
cortisone [kɔʀtizɔn] *f PHARM* Corti'son *ou* Korti'son *n*
corvéable [kɔʀveabl(ə)] *adj* **1.** *HIST* zum Frondienst verpflichtet; **2.** *fig cf* **taillable**
corvée [kɔʀve] *f* **1.** lästige Arbeit, Aufgabe; Bürde *f*; Last *f*; *MIL* (bestimmter Sonder)Dienst; **~s ménagères** (lästige) Haushaltsarbeiten *f/pl*; P **~ des chiottes** Ab'ort-, La'trinenreinigungsdienst *m*; F **~ de patates, de pluches** Kar'toffelschälen *n*; *par ext* Küchendienst *m*; **être de ~** die Aufgabe über'nehmen müssen; F dran sein; dran glauben müssen; **cette semaine je suis de ~ de vaisselle** diese Woche habe ich Geschirrspüldienst, F bin ich mit Geschirrspülen dran; **2.** *HIST* Fron (-arbeit) *f*; Frondienst *m*
corvette [kɔʀvɛt] *f MAR* Kor'vette *f*
corvidés [kɔʀvide] *m/pl ZO* Rabenvögel *m/pl*
coryphée [kɔʀife] *m* **1.** *DANSE* Angehörige der dritten Stufe der Rangordnung im frz Ballett; **2.** *fig et litt* Führer *m*
coryza [kɔʀiza] *m MÉD* Schnupfen *m*
cosaque [kɔzak] *m* Ko'sak *m*
cosignataire [kosiɲatɛʀ] *m JUR* Mitunterzeichner *m*
cosinus [kɔsinys] *m MATH* Kosinus *m*
cosmétique [kɔsmetik] **I** *adj* kos'me-

tisch (*a fig réforme etc*); Kos'metik...; **produits** *m/pl* ~**s** Kos'metika *n/pl*; **II** *m produit* Kos'metikum *n*
cosmique [kɔsmik] *adj* kosmisch; Weltraum...; des Weltalls; **rayons** *m/pl* ~**s** kosmische Strahlung; Höhenstrahlung *f*
cosmogon|ie [kɔsmɔgɔni] *f* Kosmogo-'nie *f*; ~**ique** *adj* kosmo'gonisch
cosmolog|ie [kɔsmɔlɔʒi] *f* Kosmolo'gie *f*; ~**ique** *adj* kosmo'logisch
cosmonaute [kɔsmɔnot] *m,f* Kosmo-'naut(in) *m(f)*; Raumfahrer(in) *m(f)*
cosmopolite [kɔsmɔpɔlit] **I** *adj* kosmopo'litisch; weltbürgerlich; weltoffen; **foule** *f* ~ buntes Völkergemisch; **ville** *f* ~ Weltstadt *f*; **mener une existence** ~ in den verschiedensten Ländern leben; **II** *m* Kosmopo'lit *m*; Weltbürger *m*
cosmopolitisme [kɔsmɔpɔlitism(ə)] *m* Kosmopoli'tismus *m*; Weltbürgertum *n*
cosmos [kɔsmɔs] *m* **1.** *extra-terrestre* Kosmos *m*; Weltall *n*; Weltraum *m*; **2.** *PHILOS* Kosmos *m*; Weltordnung *f*
cossard [kɔsaʀ] **F I** *adj* faul; *il est drôlement* ~ F er ist stinkfaul; er stinkt vor Faulheit; **II** *subst* ~**(e)** *m(f)* Faulenzer(in) *m(f)*; F Faulpelz *m*, -tier *n*
cosse [kɔs] *f* **1.** *de petits pois etc* Schote *f*; Hülse *f*; **2.** *ÉLECT* Kabelschuh *m*; **3.** F (*paresse*) Faulheit *f*; *cf a* **flemme**
cossu [kɔsy] *adj personne* wohlhabend; gutsituiert; begütert; F betucht; *appartement, maison* stattlich; ansehnlich
costal [kɔstal] *adj* ⟨-aux⟩ *ANAT* Rippen...; *sc* ko'stal; **vertèbre** ~**e** Brustwirbel *m*
costard [kɔstaʀ] F *m* (Herren)Anzug *m*
Costa Rica [kɔstaʀika] *le* ~ Costa Rica *n*
costaricien [kɔstaʀisjɛ̃] **I** *adj* ⟨~**ne**⟩ costari'canisch; **II** *subst* ~**(ne)** *m(f)* Costari'caner(in) *m(f)*
costaud [kɔsto] **F I** *adj* ⟨*f inv*⟩ **1.** (*fort*) stämmig; unter'setzt; vierschrötig; **2.** (*plein de santé*) ro'bust; *elle n'est pas* ~ sie ist nicht sehr kräftig; sie hat e-e zarte Konstitution; **3.** *objet, voiture* robust; *meuble* so'lide; haltbar; *ce n'est pas* ~ das wird nicht lange halten; **II** *m* stämmiger Kerl
costume [kɔstym] *m* **1.** *pour hommes* (Herren)Anzug *m*; **sur mesure** Maßanzug *m*; **2.** *THÉ, déguisement* Ko'stüm *n*; ~ **folklorique, régional** (Volks-)Tracht *f*; ~ **national** Natio'nal-, Landestracht *f*; ~ **d'apparat** Prunk-, Prachtgewand *n*; ~ **de bain** Badeanzug *m*; ~ **de carnaval** Faschings-, Karnevalskostüm *n*; *fig* **en** ~ **d'Adam** im Adamskostüm; splitter(faser)nackt
costumé [kɔstyme] *adj* kostü'miert; **bal** ~ Ko'stümball *m*
costumer [kɔstyme] *v/t* (*et v/pr se*) ~ (sich) kostü'mieren, verkleiden (**en** als +*acc*)
costum|ier [kɔstymje] *m*, ~**ière** *f* **a)** *loueur* Ko'stümverleiher(in) *m(f)*; **b)** *fabricant* Ko'stümschneider(in) *m(f)*; **c)** *THÉ* Ko'stümbildner(in) *m(f)*; Gewandmeister *m*
cosy [kɔzi] *m meuble* Anbauliege *f*
cotation [kɔtasjɔ̃] *f BOURSE* (Börsen-, Kurs)No'tierung *f*
cote [kɔt] *f* **1.** *BOURSE* **a)** *action* Kursnotierung *f*; **b)** *bulletin* Kurszettel *m*, -bericht *m*, -blatt *n*; **2.** *par ext d'une voiture, d'une collection etc* Schätzpreis *m*; **3.**

(*marque de classement*) (Kenn)Ziffer *f*; Signa'tur *f*; Aktenzeichen *n*; Nummer *f*; **4.** *TOPOGRAPHIE* Kartenpunkt *m*; Kote *f*; Höhe *f*; ~ **de niveau** Höhenzahl *f*, -angabe *f*; **5.** ~ **d'alerte a)** *d'un cours d'eau* Hochwassermarke *f*; **b)** *fig* kritischer Punkt; **6.** (*appréciation*) Bewertung *f*; ~ **d'amour** Beliebtheitsgrad *m*; *d'ouvrages parus* ~ **des succès** Bestsellerliste *f*; *fig* (**ne pas**) **avoir la** ~ (nicht) sehr geschätzt werden, angesehen sein, hoch im Kurs stehen; **avoir la** ~ **auprès de qn** bei j-m gut angeschrieben sein, F e-n Stein im Brett haben; **sa** ~ **baisse** sein Stern ist im Sinken; **7.** *TURF* **la** ~ **est à 10 contre 1** die Gewinnchancen stehen 1 zu 10; **8.** *d'un impôt* Anteil *m*; Quote *f*
côte [kot] *f* **1.** *de la mer* Küste *f*; **la** ~ (**d'Azur**) die Côte d'Azur; die (französische) Rivi'era; **la** ~ **d'Or** Landschaft in Burgund; *cf a* **Côte-d'Or; sur la** ~ an der *ou* die Küste; *navire* **aller à la** ~ stranden; auflaufen; *fig personne* **être à la** ~ am Hungertuch nagen; keinen Heller haben; **2.** (*montée*) Steigung *f*; Hang *m*; **en 'haut d'une** ~ auf e-r Kuppe; **3.** (*coteau*) (Berg)Hang *m*; Lehne *f*; **les** ~**s du Rhône** die Hänge beiderseits der Rhone; *cf a* **côtes-du-Rhône**; **4.** *ANAT* Rippe *f*; *loc/adv* ~ **à** ~ nebenein'ander; Seite an Seite; F *fig* **avoir les** ~**s en long** F die Arbeit nicht erfunden haben; F **se tenir les** ~**s (de rire)** sich die Seiten, den Bauch halten vor Lachen; *fig* **on lui voit les** ~**s** man kann bei ihm die Rippen zählen; er hat nichts auf den Rippen; **5.** *BOUCHERIE d'agneau, de porc etc* Kote'lett *n*; *de bœuf* Rippenstück *n*; **6.** *de certains légumes* Rippe *f*; **7.** *tissu, tricot* à ~**s** im Rippenmuster; gerippt; **velours** *m* **à** ~**s** Cord(samt) *m*
coté [kɔte] *adj* **1.** (*apprécié*) geschätzt; begehrt; *il est très* ~ er ist sehr angesehen; F er steht hoch im Kurs; **2.** *valeur* (**non**) ~ **en Bourse** an der Börse (nicht) no'tiert, gehandelt
côté [kote] **I** *m* Seite *f*; *MATH d'un angle* Schenkel *m*; **bon** ~ **a)** richtige, *d'un tissu* gute Seite; *fig* **prendre qc du bon** ~ etw von s-r guten Seite nehmen, ansehen; **mauvais** ~ **a)** falsche, *d'un tissu* linke Seite; **b)** *fig* schlechte, schlimme Seite; *fig* **ne voir que le mauvais** ~ **des choses** nur die schlechte(n) Seite(n) der Dinge, nur das Schlechte sehen; *MATH* ~ **opposé** *a* Gegenseite *f* von (*ou* +*gén*); **les** ~**s ridicules de qn, de qc** die lächerlichen Eigenschaften e-r Person; die lächerlichen Seiten e-r Sache; **10 cm de** ~ 10 cm Seitenlänge; ♦ *loc/adj et loc/adv* **à** ~ **a)** (*tout près*) neben'an; Neben...; **b)** (*à* ~ *du but*) da-'neben; **pièce** *f* **à** ~ Nebenzimmer *n*; *il habite à* ~ er wohnt nebenan, *par ext* ganz in der Nähe, gleich um die Ecke; **jeter, lancer à** ~ vor'beiwerfen; **passons à** ~ gehen wir nach nebenan; **le coup est passé à** ~ der Schlag ist danebengegangen; **verser à** ~ danebengießen; ♦ **les gens d'à** ~ die Leute von nebenan; **la maison d'à** ~ das Nebenhaus; das Haus nebenan; ♦ *loc/prép* **à** ~ **de a)** (*près de*) neben (+*dat ou* +*acc*); **b)** *fig* (*en comparaison*

de) neben (+*dat*); im Vergleich zu (+*dat*); verglichen mit (+*dat*); gegen-'über (+*dat*); **aux** ~**s de qn** an j-s Seite (*dat*), j-m zur Seite, neben j-m (*a fig*); **l'un à** ~ **de l'autre** nebenein'ander; F **à** ~ **de ça** allerdings; andererseits; **assieds-toi à** ~ **de moi** setz dich neben mich, zu mir; *il était à* ~ *de moi* er stand neben mir; *il est petit à* ~ *de moi* er ist klein im Vergleich zu mir; *fig* **vous êtes passé à** ~ **du sujet** Sie haben das Thema verfehlt; **vous avez répondu à** ~ **de la question** Ihre Antwort geht an der Frage vor'bei; ♦ *loc/adj et loc/adv* **de** ~ (*à l'écart*) auf der *ou* die Seite; zur Seite; bei'seite (*a fig*); (*de travers*) schräg; **faire un bond de** ~ zur Seite springen; e-n Sprung zur Seite machen; **jeter un regard de** ~ **à qn** j-m e-n Seitenblick zuwerfen; j-n von der Seite ansehen; *fig* **laisser qc de** ~ etw beiseite lassen; *sujet, détail* e-n etw nicht erwähnen; *fig* **laisser qn de** ~ j-n links liegenlassen; j-n unbeachtet lassen; **mettre de** ~ beiseite legen; auf die Seite legen; zur Seite legen; *fig* (*réserver*) beiseite legen; *argent a* auf die hohe Kante legen; *chapeau* **posé de** ~ schräg, schief aufgesetzt; ♦ **de l'autre** ~ **a)** *venir* von der ander(e)n Seite, *être, se trouver* auf der ander(e)n Seite; *aller* auf die andere Seite; *partir* nach der ander(e)n Seite; **b)** *fig* and(er)erseits; auf der ander(e)n Seite; **d'un** ~ ..., **de l'autre** ~ ... einerseits ..., andererseits ...; **de ce** ~ (-**ci**) von *ou* auf *ou* nach dieser Seite; **de ce** ~ **-là** diesbezüglich; in dieser Hinsicht; **de chaque** ~ von *ou* auf jeder Seite; **des deux** ~**s** von *ou* auf beiden Seiten; **du** ~ **maternel, paternel** mütterlicher-, väterlicherseits; **du** ~ **opposé** von *ou* auf *ou* nach der entgegengesetzten Seite; **de tous (les)** ~**s** (*de partout*) von allen Seiten; von überall her; (*dans toutes les directions*) nach allen Seiten; überallhin; (*partout*) auf allen Seiten; überall; ♦ *avec adj/poss*: **de mon, son** ~ meiner-, seinerseits; **je l'ai de mon** ~ ich habe ihn, er ist, er steht auf meiner Seite; **mettre qn de son** ~ j-n für sich gewinnen; **chacun est parti de son** ~ sie gingen auseinander; jeder ging s-r Wege; ♦ *loc/prép* **du** ~ **de a)** (*aux environs de*) in der Nähe von (*ou* +*gén*); bei (+*dat*); **b)** (*dans la direction de*) in Richtung auf (+*acc*); *il s'est installé du* ~ *de Lyon* er hat sich in der Nähe von Lyon niedergelassen; *fig*: **être du** ~ **de qn** auf j-s Seite (*dat*) stehen; **passer, se ranger du** ~ **de qn** sich auf j-s Seite (*acc*) stellen; zu j-m 'übergehen; **des deux** ~**s de** beiderseits (+*gén*); ♦ *loc/adv* **par le** ~ von der Seite (her); **on entre par le** ~ **gauche** der Eingang ist auf der linken Seite; *loc/adj et loc/adv* **sur le** ~ auf, an der Seite; *mouvement* auf die Seite; *personne, navire, voiture* **être couché sur le** ~ auf der Seite liegen; **II** F *prép* +*adj* (+*acc*) angeht; in puncto (+*nominatif*); F ...mäßig; **santé** in puncto Gesundheit; gesundheitsmäßig
coteau [kɔto] *m* ⟨*pl* ~**x**⟩ Anhöhe *f*; (sanfter) Hügel; Hang *m*
Côte-d'Ivoire [kotdivwaʀ] *la* ~ die Elfenbeinküste

Côte-d'Or [kotdɔʀ] la ~ frz Departement

côtelé [kotle] adj velours ~ Cord(-) ou Kord(samt) m; Rippensamt m

côtelette [kotlɛt, kɔt-] f Kote'lett n; ~ de porc, de veau Schweine-, Kalbskotelett n

Cotentin [kɔtɑ̃tɛ̃] le ~ Halbinsel der Normandie

coter [kɔte] v/t 1. (marquer) mar'kieren; (numéroter) nume'rieren; 2. BOURSE no'tieren; 3. par ext voiture, restaurant etc bewerten; 4. TECH plan mit Maßzahlen versehen

coterie [kɔtʀi] st/s f Klüngel m; Clique f

Côtes-du-Nord [kotdynɔʀ] les ~ f/pl frz Departement

côtes-du-Rhône [kotdyʀon] m ⟨inv⟩ Rotwein aus dem südlichen Rhonetal

cothurne [kɔtyʀn] m ANTIQUITÉ Ko'thurn m

côtier [kotje] adj ⟨-ière⟩ Küsten...; navigation, pêche côtière Küstenschifffahrt f, -fischerei f

cotillon [kɔtijɔ̃] m 1. loc courir le ~ jeder Schürze nachlaufen; ein Schürzenjäger sein; 2. accessoires m/pl de ~ Pa'pierartikel m/pl für Partys etc (Papierschlangen, Konfetti etc)

cotisant [kɔtizɑ̃] I adj membre ~ zahlendes Mitglied; II subst ⟨-e⟩ m(f) Beitragszahler(in) m(f)

cotisation [kɔtizasjɔ̃] f (Mitglieds)Beitrag m (à an +acc)

cotiser [kɔtize] I v/i (s-n) Beitrag ou (s-e) Beiträge zahlen, entrichten (à an +acc); II v/pr se ~ (Beiträge, Geld) sammeln; zu'sammenlegen (pour un cadeau für ein Geschenk)

coton [kɔtɔ̃] m 1. Baumwolle f; loc/adj de ~ Baumwoll...; baumwollen; aus Baumwolle; tissu m de ~ Baumwollgewebe n, -stoff m; fig: avoir les jambes en ~ weiche Knie haben; cf a filer 1.; 2. fil Baumwollgarn n; ~ à broder, à repriser (Baumwoll)Stick-, Stopfgarn n; 3. ~ (hydrophile) (Verband[s])Watte f; (morceau de ~) Wattebausch m; fig: il a du ~ dans les oreilles s-e Ohren sind zu; enfant élever dans du ~ in Watte packen; verhätscheln; verzärteln; 4. adjt F c'est ~! F das ist kniff(e)lig, verzwickt, vertrackt!

cotonnade [kɔtɔnad] f Baumwollgewebe n, -zeug n

cotonneux [kɔtɔnø] adj ⟨-euse⟩ 1. brume wie Watte; nuages m/pl ~ Wattewolken f/pl, -wölkchen n/pl; 2. feuille flaumig; 3. fruit mehlig; 4. bruit gedämpft

cotonnier [kɔtɔnje] adj ⟨-ière⟩ Baumwoll...; industrie cotonnière Baumwollindustrie f

coton-tige [kɔtɔ̃tiʒ] m ⟨pl cotons-tiges⟩ (marque déposée) Wattestäbchen n

côtoyer [kotwaje] v/t ⟨-oi-⟩ 1. ~ qn mit j-m zu'sammenkommen, in Verbindung, in Berührung kommen; 2. fig ~ qc mit etw in (enge) Berührung kommen; ~ le ridicule réaction etc ans Lächerliche grenzen; personne sich ziemlich lächerlich machen; 3. route: rivière sich entlangziehen an (+dat); entlanglaufen an (dat)

cottage [kɔtɛdʒ] m Cottage [-idʒ] n; kleines Landhaus

cotte [kɔt] f 1. HIST ~ de mailles Kettenhemd n, -panzer m; 2. vêtement de travail Latzhose f

cotylédon [kɔtiledɔ̃] m BOT Keimblatt n

cou [ku] m 1. d'une personne, d'un animal Hals m; fig: ~ de cygne Schwanenhals m; ~ de taureau Stiernacken m; loc/adv: au ~ am Hals; porter um den Hals; autour du ~ um den Hals (geschlungen); jusqu'au ~ bis zum Hals (a fig); être endetté jusqu'au ~ bis zum Hals, bis über die Ohren in Schulden stecken; se casser, se rompre le ~ sich den Hals, das Genick brechen (a fig); couper le ~ à qn j-m die Kehle, den Hals 'durchschneiden; se jeter, sauter au ~ de qn j-m um den Hals fallen; se pendre au ~ de qn sich an j-s Hals (acc) hängen; j-n um'halsen; 2. d'une bouteille Hals m

couac [kwak] m falscher Ton; 'Mißton m; faire des ~s falsch singen ou spielen

couard [kwaʀ] st/s I adj feig(e); II m Feigling m; litt Memme f

couardise [kwaʀdiz] st/s f Feigheit f

couchage [kuʃaʒ] m des troupes 'Unterbringung f; Über'nachtung f; matériel m de ~ Schlafausrüstung f für Camping etc; sac m de ~ Schlafsack m

couchant [kuʃɑ̃] I adj 1. soleil ~ 'untergehende Sonne; 2. CH chien ~ Vorstehhund m; II m 1. (ouest) st/s Abend m; 2. soleil 'untergehende Sonne

couche [kuʃ] f 1. (épaisseur) Schicht f (a GÉOL, MÉTÉO, TECH); Lage f; MINES a Flöz n; TECH a Belag m; PEINT a Anstrich m; ~ protectrice Schutzschicht f; GÉOL ~ d'argile Tonschicht f; ~ de neige Schneedecke f; ~ de peinture Farbschicht f; F fig il en a, tient une ~ F der ist ganz schön blöd, dämlich, vernagelt; der hat ein Brett vor dem Kopf; 2. fig ~s sociales Gesellschaftsschichten f/pl; soziale Schichten f/pl; 3. JARD Mistbeet n; 4. pour bébés Windel f; 5. a) fausse ~ Fehlgeburt f; sc Ab'ort m; avoir, faire une fausse ~ e-e Fehlgeburt haben; b) st/s ~s pl a) période Wochenbett n; b) (accouchement) Entbindung f; litt Niederkunft f; femme f en ~s Wöchnerin f; être en ~s im Wochenbett liegen; mourir en ~s im Wochenbett ou bei der Geburt sterben; 6. litt Lager n; ~ nuptiale Hochzeits-, Brautlager n

couché [kuʃe] adj 1. liegend; être ~ a) (étendu) liegen; b) au lit im Bett sein; il est déjà ~ er schläft schon; er ist schon schlafen gegangen; rester ~ liegenbleiben; 2. écriture schräg; pli ~ COUT einfache Falte; GÉOL liegende Falte

couche-culotte [kuʃkylɔt] f ⟨pl couches-culottes⟩ Höschenwindel f

coucher¹ [kuʃe] I v/t 1. a) ~ qn j-n (hin)legen (sur auf +acc); enfant, malade ins Bett legen; enfant a zu Bett bringen; b) ~ qn (chez soi) j-n (für die Nacht) beherbergen, (bei sich) 'unterbringen; j-n (bei sich) über'nachten lassen; 2. objet (waagrecht) legen; hinlegen; tempête: navire auf die Seite legen; pluie: blés 'umlegen; 3. ~ qc (par écrit) etw schriftlich niederlegen; etw zu Pa'pier bringen; ~ qn sur son testament j-n in s-m Testament bedenken; 4. ~ en joue cf joue 1.; II v/i 5. (dormir) schlafen; (passer la nuit) über'nachten; nächtigen; ~ à l'hôtel im Hotel übernachten; ~ avec qn mit j-m zu'sammen (in e-m Zimmer ou Bett) schlafen; cf a 6.; ~ sous les ponts unter den Brücken schlafen; fig nom m à ~ dehors unaussprechlicher, schwer auszusprechender Name; Name, den man sich nicht merken kann; 6. F ~ avec qn (avoir des rapports sexuels) mit j-m schlafen; 7. à un chien allez ou va ~! kusch!; III v/pr se ~ 8. a) pour dormir sich schlafen legen; sich niederlegen; schlafen gehen; ins, zu Bett gehen; c'est l'heure de se ~ a es ist Zeit zum Schlafengehen; b) (s'étendre) sich hin-, nieder-, F flachlegen; se ~ dans l'herbe, sur le divan sich ins Gras, auf die Couch legen; 9. (se courber) se ~ sur qc sich tief beugen über etw (acc); 10. soleil, astre 'untergehen

coucher² [kuʃe] m 1. d'un astre 'Untergang m; (au) ~ du soleil (bei) Sonnenuntergang m; 2. moment de la journée Schlafengehen n; Schlafenszeit f; 3. HIST ~ du roi Abendaudienz f (beim König)

coucheries [kuʃʀi] f/pl péj Bettgeschichten f/pl

couche|-tard [kuʃtaʀ] m ⟨inv⟩ Nachtarbeiter m ou -schwärmer m; ~-tôt m ⟨inv⟩ j, der mit den Hühnern ins Bett geht

couchette [kuʃɛt] f 1. CH DE FER Platz m im Liegewagen; Liegeplatz m; ~s pl Liegewagen m; 2. MAR Ka'binenbett n; Koje f

coucheur [kuʃœʀ] m mauvais ~ Meckerer m; Nörgler m; Streithahn m, F -hammel m, südd -hans(e)l m; c'est un mauvais ~ a mit ihm ist nicht gut Kirschen essen

couci-couça [kusikusa] adv F so la'la; so'so

coucou [kuku] I m 1. ZO Kuckuck m; 2. pendule Kuckucksuhr f; 3. BOT Schlüsselblume f; Himmelsschlüssel m; 4. F fig (vieil avion) (vieux) F alte Kiste, Mühle f; II int kuckuck!; ~, me voilà! kuckuck ou hallo, da bin ich!

coude [kud] m 1. Ell(en)bogen m; loc/adv ~ à ~ dicht nebenein'ander, an-ein'andergedrängt; auf Tuchfühlung; Schulter an Schulter (a fig); Seite an Seite (a fig); veste trouée aux ~s mit durch'löcherten Ellbogen; mit Löchern an den Ellbogen; donner un coup de ~ à qn, pousser qn du ~ j-n mit dem Ellbogen anstoßen; jouer des ~s die Ellbogen gebrauchen (a fig); F fig lever le ~ F (gern) einen heben; fig se serrer, se tenir les ~s zu'sammenhalten; 2. d'une rivière (starke) Krümmung, Biegung; Knie n; d'un chemin Knick m; 3. TECH Knie n; Kröpfung f

coudée [kude] f avoir les ~s franches Handlungs-, Bewegungs-, Ellbogenfreiheit haben

cou-de-pied [kudpje] m ⟨pl cous-de-pied⟩ ANAT Spann m; (Fuß)Rist m

couder [kude] v/t TECH (zu e-m Knie, knieförmig) 'umbiegen; kröpfen; adjt tuyau coudé Knie n; Krümmer m

coudoyer [kudwaje] v/t ⟨-oi-⟩ 1. ~ qn mit j-m in Berührung, Kon'takt kommen; mit j-m zu'sammenkommen; 2. fig ~ qc an etw (acc) grenzen

coudre [kudR(ə)] *v/t* ⟨je couds, il coud, nous cousons; je cousais; je cousis; je coudrai; que je couse; cousant; cousu⟩ nähen (*a abs*); *bouton, manche etc* annähen (*à* an +*acc*); *pièce* aufnähen; *deux parties* zu'sammennähen; *MÉD plaie* nähen; ~ *à la machine* mit der (Näh)Maschine nähen
coudrier [kudʀije] *m BOT* Haselstrauch *m*, -busch *m*; *baguette f de* ~ Haselrute *f*, -gerte *f*; *du sourcier* Wünschelrute *f*
couenne [kwan] *f CUIS* Speckschwarte *f*
couette [kwɛt] *f* 1. (*édredon*) Federbett *n*; 2. *cheveux* seitlich zusammengehaltener Haarschopf; F Schwänzchen *n*
couffin [kufɛ̃] *m* strohgeflochtener Tragkorb *ou* strohgeflochtene Tragetasche (*für Babys*)
cougouar *ou* **couguar** [kugwaR] *m ZO* Kuguar *m*; Puma *m*
couic [kwik] *int cri étranglé* quiek!; F *fig faire* ~ *à qn* F j-m den Hals 'umdrehen
couille [kuj] *f* P (*testicule*) Hoden *m*; ~*s pl* P Eier *n/pl*
couillon [kujɔ̃] *m* F Dussel *m*; Blödmann *m*; Dämlack *m*
couillonner [kujɔne] *v/t* F ~ *qn* j-n her'einlegen, F über'fahren
couiner [kwine] F *v/i petit animal* quieken; *enfant* flennen; *chariot, frein* quietschen
coulage [kulaʒ] *m* 1. *TECH* Gießen *n*; Guß *m*; 2. F (*gaspillage*) Verschwendung *f*
coulant [kulã] I *adj* 1. *style* flüssig; *vin* süffig; *nœud* ~ Schlinge *f*; 2. F *personne* großzügig; entgegenkommend; F nicht pingelig; II *m d'une ceinture* Schlaufe *f*
coule [kul] *loc/adj* F *à la* ~ routi'niert; F gewieft; *être à la* ~ *a* Bescheid wissen; alle Tricks kennen
coulée [kule] *f* 1. *MÉTALL* a) *action* Gießen *n*; Guß *m*; Abstich *m*; b) *masse* Schmelzmasse *f*; 2. *GÉOL* Strom *m*; ~ *de boue* Schlammlawine *f*; Mure *f*; ~ *de lave* Lavastrom *m*
couler [kule] I *v/t* 1. *MÉTALL, TECH* gießen; ~ *qc dans qc* etw in etw (*acc*) gießen; 2. *navire* versenken; 3. *fig personne* erledigen; F fertigmachen; *entreprise* rui'nieren; 4. ~ *un mot à l'oreille de qn* j-m heimlich etwas ins Ohr flüstern; ~ *un regard vers qn, qc* verstohlen, heimlich e-n Blick auf j-n, etw werfen; 5. ~ *des jours heureux* glückliche Tage verbringen, verleben; II *v/i* 6. *liquides* fließen; rinnen; *p/fort* strömen; (her')auslaufen; *beurre, fromage, cire* laufen; *fig l'argent lui coule entre les doigts* das Geld zerrinnt ihm in, unter den Händen; *faire* ~ *ses larmes* Tränen vergießen; *le sang a coulé* es floß Blut; *faire* ~ *le sang personnes* Blut vergießen; *choses* Veranlassung zu Blutvergießen sein; 7. *tonneau etc* lecken; undicht sein; auslaufen; *robinet, bougie* tropfen; *stylo* klecksen; *mon nez coule* mir läuft die Nase; meine Nase läuft; 8. *st/s temps* verrinnen; verstreichen; 9. *navire* 'untergehen; (ver-)sinken; 10. ~ *tout seul style* flüssig sein; *récit* flüssig (geschrieben) sein; III *v/pr* 11. *se* ~ *dans son lit* ins, in sein Bett schlüpfen; *se* ~ *dans une pièce* sich in ein Zimmer schleichen; 12. F *se la* ~ *douce* sich ein angenehmes Leben machen; sein Leben genießen; es sich wohl sein lassen

couleur [kulœR] *f* 1. Farbe *f*; ~*s fondamentales* Grundfarben *f/pl*; ~*s spectrales, du spectre* Spek'tralfarben *f/pl*; ♦ *adj* ⟨*inv*⟩ ~ *chair* fleischfarben; ~ *épinard* spi'natgrün; *téléviseur m* ~ Farbfernseher *m*; ♦ *loc/adj*: *de* ~ farbig; Farb...; *femme f, homme m de* ~ Farbige(r) *f(m)*; *gens pl de* ~ Farbige(n) *m/pl*; *de plusieurs* ~*s* farbig; bunt; *d'une seule* ~ einfarbig; en ~*s* Farb...; Bunt...; *photo f en* ~*s* Farbfoto *n*; '*haut en* ~(*s*) *personne* mit hochrotem Gesicht; *foule, spectacle* farbenfroh, -freudig; bunt; *fig personnage* urwüchsig; *style, expression* sehr bildhaft; *p/fort* deftig; ♦ *avoir de belles* ~*s* e-e frische, gesunde Gesichtsfarbe, frische Farbe haben; *fig* en faire voir à qn de toutes les ~s j-m schwer zu schaffen machen; j-m das Leben sauer machen; *fig passer par toutes les* ~*s* abwechselnd rot und blaß werden; *perdre ses* ~*s* blaß werden; F *fig vous n'en verrez plus la* ~ davon werden Sie nie mehr etwas zu sehen bekommen; F das werden Sie am Nimmerleinstag 'wiederbekommen; 2. *substance* Farbe *f*; Farbstoff *m*; 3. *fig* Farbe *f*; Färbung *f*; *du style a* Farbigkeit *f*; ~ *locale* a) *PEINT* Lo'kalfarbe *f*; b) *fig* Lo'kalkolorit *n*; *sans* ~ farblos; *sous de* (+*inf*) unter dem Vorwand zu (+*inf*); *apparaître, voir sous de toutes autres* ~*s* in e-m ganz anderen Licht; *décrire sous de belles* ~*s* in rosigen Farben; in rosigem Licht; 4. *pl* ~*s d'un club etc* Farben *f/pl*; 5. *pl* ~*s (nationales)* Landes-, Natio'nalfarben *f/pl*; *par ext* (*drapeau*) Flagge *f*; *les trois* ~*s* die Triko'lore *f*; 6. *JEUX DE CARTES* Farbe *f*; *annoncer la* ~ a) (Trumpf)Farbe ansagen; b) *fig* s-e Absichten bekanntgeben; *ROULETTE jouer la* ~ auf Farbe setzen; *aux cartes jouer dans la* ~ Farbe bedienen, bekennen; 7. *fig, surtout POL* Richtung *f*; Schat'tierung *f*; Färbung *f*; Cou'leur *f*; 8. *linge* Buntwäsche *f*
couleuvre [kulœvR(ə)] *f ZO* Natter *f*; *fig: avaler des* ~*s* a) (*subir des affronts*) allerhand, so manche Beleidigung einstecken, hinnehmen; F schlukken; b) (*être crédule*) sehr leichtgläubig sein; *être paresseux comme une* ~ sehr faul, F stinkfaul, ein Faulpelz sein
coulis [kuli] I *adj vent* ~ Zug(luft) *m(f)*; Luftzug *m*; II *m CUIS* ~ *d'écrevisses* Krebssuppe *f*; ~ *de fraises* pas'sierte Erdbeeren *f/pl*; ~ *de tomates* To'matenpüree *n*, -mark *n*
coulissant [kulisã] *adj* Schiebe...; Gleit...; *cloison, porte* ~*e* Schiebewand *f*, -tür *f*
coulisse [kulis] *f* 1. *THÉ surtout pl* ~*s* Seiten- und 'Hinterbühne(n) *f(pl)*; *fig: dans les* ~*s* hinter den Ku'lissen; *il connaît les* ~*s de la politique* er weiß, was sich in der Politik hinter den Kulissen abspielt; *se tenir dans la* ~ *ou les* ~*s* nach außen hin nicht in Erscheinung treten; 2. (*glissière*) Führung(sschiene) *f*; Falz *f*; Fuge *f*; *loc/adj à* ~ Schiebe...; *pied m à* ~ Schieb-, Schublehre *f*; *porte f à* ~ Schiebetür *f*; 3. *MUS* **trombone**

m à ~ Zugposaune *f*; 4. *COUT* Zugsaum *m*; 5. *fig regard m en* ~ verstohlener, heimlicher Blick; 6. *BOURSE* Ku'lisse *f*; Freiverkehr *m*
coulisser [kulise] *v/i* in Schienen, in e-r Führung gleiten; sich (ver)schieben lassen
couloir [kulwaR] *m* 1. *d'un appartement, d'un train, du métro* Gang *m*; *d'un immeuble a* Korridor *m* (*a par ext*); *d'un appartement a* Flur *m*; *SPORTS* Bahn *f*; *d'une salle de séance, THÉ etc* ~*s pl* Wandelgänge *m/pl*; *AVIAT* ~ *aérien* Luftkorridor *m*; Flugschneise *f*; ~ *d'autobus* Fahrspur *f* für Busse und Taxis; *fig POL ce sont des bruits de* ~*s* das wird in den Wandelgängen erzählt; 2. *GÉOL* Furche *f*; ~ *rocheux* Felsrinne *f*; ~ *d'avalanches* La'winengraben *m*, -gasse *f*; österr Lahngang *m*; Lahner *m*
coulomb [kulɔ̃] *m* (*abr* **C**) *ÉLECT* Cou'lomb *n* (*abr* C)
coulommiers [kulɔmje] *m* ein Weichkäse
coulpe [kulp] *f loc battre sa* ~ sich an die Brust schlagen
coup [ku] *m* 1. Schlag *m* (*a fig*); Hieb *m*; (*choc*) Stoß *m*; *de couteau etc* Stich *m*; *d'une arme à feu* Schuß *m*; *fig* (*action*) Tat *f*; Coup *m*; F Stückchen *n*; ~ *bas BOXE* Tiefschlag *m*; *fig* Schlag unter die Gürtellinie; *CH double* ~ Doppeltreffer *m*; *Du'blette f*; *fig faire* ~ *double* zwei Fliegen mit einer Klappe schlagen; *fig* ~ *dur* harter, schwerer (Schicksals-)Schlag; *FOOTBALL* ~ *franc* Freistoß *m*; F *fig sale* ~ gemeiner, 'hinterhältiger Schlag, Streich; *JUR* ~*s et blessures f/pl* Körperverletzung *f*; ♦ ~ *d'aile* Flügelschlag *m*; ~*s d'archet* Bogenstrich *m*, -führung *f*; ~ *de bâton* Stockschläge *m/pl*; *donner des* ~*s de bâton à qn* j-n verprügeln; ~ *de bec* Schnabelhieb *m*; *MÉD* ~ *de bistouri* Schneiden *m*; Schnitt *m*; ~ *de canon* Ka'nonenschuß *m*; *MÉD* ~ *de chaleur* Hitzschlag *m*; ~ *de chance* Glücksfall *m*; ~ *de ciseaux* Schnitt *m* (mit der Schere); ~ *de couteau* Messerstich *m*; *fig* ~ *d'essai* erster Versuch; Anfang *m*; ~ *de feu* Schuß *m*; *fig* ~ *de feu* es ist, herrscht Hochbetrieb; es ist Stoßzeit; *tirer un* ~ *de feu* schießen; e-n Schuß abfeuern, abgeben; *TÉL* F ~ *de fil* Anruf *m*; ~ *de folie* Anfall *m* von Wahnsinn; *fig* plötzliche Anwandlung; *p/fort* Mo'ment *m* der Unzurechnungsfähigkeit; ~ *de force* Gewaltstreich *m*; *fig* ~ *de génie* genialer Einfall; Ge'nie-, Geistesblitz *m*; *fig* ~ *de langue* bissige, gehässige Bemerkung; *animal donner un* ~ *de langue à qn* j-m das Gesicht (ab)lecken; ~ *du lapin* Töten *n* e-s Kaninchens durch Abknicken des Kopfes; *blessure* Schleudertrauma *n*; *fracture* Halswirbelbruch *m* (durch Peitscheneffekt); ~ *de maître* Meisterleistung *f*; ~ *de marteau* Hammerschlag *m*; *fig* ~ *de patte* kleiner Seitenhieb; ~ *de pied* (Fuß)Tritt *m*; *donner un* ~ *de pied à qn, à qc* j-m, e-r Sache e-n (Fuß)Tritt geben, versetzen; *recevoir un* ~ *de pied au derrière* e-n Tritt in den Hintern bekommen; ~ *de pinceau* Pinselstrich *m*; *donner un* ~ *de pinceau* flüchtig (über')streichen (*à qc* etw); ~ *de pistolet* Pi'stolenschuß *m*; ~

coupable — couper

de poing Faustschlag *m*, -hieb *m*; *cf a poing et coup-de-poing*; ♦ ~ de téléphone (Tele'fon)Anruf *m*; *donner un ~ de téléphone à qn* j-n anrufen; F ~ *de Trafalgar* F Schlag *m* ins Kontor; *cf a les subst correspondants*; ♦ *loc/adv et loc/prép*: *à ~s de* mit (Hilfe von *ou* +*gén*); durch (+*acc*); mittels (+*gén*); *au premier ~* auf Anhieb; (gleich) beim ersten Mal; *à ~ sûr* mit Sicherheit; ganz bestimmt, gewiß; *à tous les ~s* jedesmal; bei jeder Gelegenheit; *tout à ~* mit einem Schlag; plötzlich; auf einmal; *après ~* hinter'her; nachher; nachträglich; hinter'drein; im nachhinein; *du ~* deshalb; darum; aus diesem Grund; *du même ~* bei dieser Gelegenheit; *du premier ~* auf Anhieb; (gleich) beim ersten Mal; *d'un (seul) ~* auf einmal; mit einem Schlag; *cf a 2.*; *tout d'un ~* plötzlich; auf einmal; mit einem Schlag; *encore un ~* noch einmal; wieder; *pour le ~* (für) diesmal; F *si elle sait qu'il est là, c'est pour le ~ qu'elle ne viendra pas* (dann) kommt sie erst recht nicht; *sous le ~ de* unter der (Ein)Wirkung, unter dem Eindruck *ou* unter der Drohung von (*ou* +*gén*); *sous le ~ d'un choc* unter Schockwirkung; *sous le ~ de l'émotion* im Af'fekt; *il est sous le ~ d'une condamnation* ihm droht e-e Verurteilung; *tomber sous le ~ de la loi* unter die Bestimmungen des Gesetzes, unter das Gesetz fallen; strafbar sein; *~ sur ~* Schlag auf Schlag; schnell hinter'einander; *sur le ~* auf der Stelle, so'fort; *être tué sur le ~* auf der Stelle, sofort tot sein; *sur le ~ de dix heures* etwa um, gegen zehn Uhr; ♦ *fig accuser le ~* Wirkung zeigen; *il a accusé le ~ a* man hat es ihm angemerkt; F *il a attrapé un mauvais ~* F den hat's ganz schön erwischt; er hat ganz schön was abgekriegt; *avoir un joli ~ de crayon* gut zeichnen (können); F *j'ai (pris) le ~* F jetzt hab' ich's her'aus (*wie man es macht*); *calculer son ~* sich die Sache genau ausrechnen; e-n genauen Plan machen; *fig compter les ~s* nur Zuschauer sein; nicht daran beteiligt sein; *donner un ~ de chiffon (à qc)* (etw) flüchtig abstauben; mit dem Staubtuch dar'überfahren (über etw [*acc*] fahren); F *donner un ~ de gueule* losbrüllen; *se donner un ~* sich (an)stoßen, anschlagen; F *ce ~-ci, c'est le bon* F diesmal muß es klappen; *être noir, bleu de ~s* überall blaue Flecken haben; F *fig être aux cent ~s* Todesängste ausstehen; entsetzlich, furchtbar aufgeregt sein; *être dans le ~* a) (*au courant*) auf dem laufenden, im Bilde sein; Bescheid wissen; b) (*participer*) in die Sache (mit) verwickelt sein; c) (*à la mode*) aktu'ell, modisch, F in sein; F *expliquer le ~ (à qn)* (j-m) die Sache erklären, ausein'andersetzen; *c'est lui qui a fait le ~* das hat er gemacht, angerichtet, angestellt; *tu ne vas pas nous faire le ~ te te dédire* du wirst uns doch das nicht antun (und absagen); *malfaiteur faire un (mauvais) ~* e-e Straftat begehen; F ein Ding drehen; *faire un mauvais ~ à qn* j-m übel mitspielen; F *faire les quatre cents ~s* 'übermütige, tolle Streiche verüben;

sich austoben; *on frappa trois ~s à la porte* es klopfte dreimal (an die Tür); *se libérer d'un ~ de reins* sich (mit e-m Ruck) aus e-r Um'klammerung befreien; F *en mettre un ~* F sich ins Zeug legen; tüchtig rangehen; *mettre qn dans le ~* a) (*faire participer*) j-n in die Sache (mit) hin'einziehen; b) (*informer*) j-n ins Bild setzen; *monter un ~* e-n Coup vorbereiten, planen, F aushecken; *c'est un ~ monté* das ist e-e abgekartete Sache, ein abgekartetes Spiel; *porter un ~ à qn* j-m e-n Schlag versetzen (*a fig*); j-m e-n Hieb versetzen; *porter un ~ à la réputation de qn* j-s gutem Ruf schaden; j-s guten Ruf beeinträchtigen; *le ~ a porté* der Schlag, Hieb hat gesessen; F *en prendre un (bon) ~ personne, voiture* etwas dabei abbekommen, F abkriegen; *fig* ziemlich hart getroffen werden; e-n Stoß versetzt bekommen; *horloge sonner six ~s* sechsmal schlagen; *tenir le ~* aus-, 'durch-, standhalten; *chose* (sich) halten; F *valoir le ~* sich lohnen; der Mühe wert sein; **2.** (*quantité bue*) Schluck *m*; *vider son verre d'un seul ~* auf einen Zug; F *fig avoir un ~ dans le nez* zu tief ins Glas geguckt haben; *boire un ~* F einen trinken, heben; F *boire un ~ de trop* F einen über den Durst trinken; **3.** ÉCHECS (Spiel)Zug *m*
coupable [kupabl(ə)] **I** *adj personne* schuldig; *comportement* schuldhaft; *par ext amour* sö sündig, sündhaft; JUR *non ~* nicht schuldig; *être ~ d'un crime* e-s Verbrechens schuldig sein; *être déclaré, reconnu ~* für schuldig befunden, *a* JUR erklärt werden; JUR schuldig gesprochen werden; *se rendre ~ de accident etc* verschulden; *faute, délit* sich zu'schulden kommen lassen; PSYCH *se sentir ~* sich schuldig fühlen; **II** *m,f* Schuldige(r) *f(m)*; Täter *m*; *le grand ~ de qc c'est* ... der Hauptschuldige an etw (*dat*) ist ...; die Hauptschuld an etw (*dat*) trägt ...; *c'est moi le ~* ich bin der Schuldige; ich bin schuld (daran)
coupage [kupaʒ] *m de vins* Verschnitt *m*
coupant [kupã] *adj* **1.** *outil* schneidend; (*scharf*) geschliffen; *bord* scharfkantig; **2.** *fig ton* schneidend
coup-de-poing [kudpwɛ̃] *m* ⟨*pl* coups-de-poing⟩ **1.** ~ (*américain*) Schlagring *m*; **2.** PRÉHISTOIRE Faustkeil *m*
coupe [kup] *f* **1.** *récipient, contenu* Schale *f*; *à fruits* Schüssel *f*; *petite* Schälchen *m*; Schüsselchen *n*; *précieuse* Po'kal *m*; ~ *glacée* Eisbecher *m*; ~ *à champagne* Sektschale *f*; ~ *de cristal* Kri'stallschale *f*; *fig boire la ~ jusqu'à la lie* den Kelch bis zur Neige leeren; *prov il y a loin de la ~ aux lèvres* ein Versprechen geben und es halten *ou* e-n Plan machen und 'durchführen ist zweierlei; **2.** SPORTS *prix* Po'kal *m*; *compétition* Po'kal(wettbewerb) *m*; ~ *Davis* [-devis] Davis-Cup *m*; ~ *d'Europe* Eu'ropapokal *m*; ~ *de France de football* französischer Fußballpokal(wettbewerb) *m*; ♀ *du monde* Fußballweltmeisterschaft *f*; SKI Weltcup [-kap] *m*; **3.** (*action de couper*) Schneiden *n*; Schnitt *m*; COUT a) *action* Zuschneiden *n*; Zuschnitt *m*; b) *résultat,*

manière Schnitt *m*; c) (*coupon*) Cou'pon *m*; (Stück *n*) Stoff *m*; ~ (*de cheveux*) a) *résultat, manière* (Haar)Schnitt *m*; b) *action* Schneiden *n*; **4.** (*section*) Schnitt *m*; *dessin* Schnittzeichnung *f*; ~ *histologique* Gewebsschnitt *m*; ~ *longitudinale, transversale* Längs-, Querschnitt *m*; **5.** *loc être, tomber sous la ~ de qn* unter j-s Fuchtel (*dat*) sein; unter j-s Fuchtel (*acc*) fallen; völlig von j-m beherrscht werden; **6.** SYLVICULTURE Einschlag *m*; ~ *réglée* Jahresschlag *m*; *fig mettre qn en ~ réglée* j-n regelmäßig schröpfen; *fig ~s sombres* einschneidende Redu'zierungen *f/pl*, Kürzungen *f/pl* (*dans le budget, dans le personnel* des Budgets, beim Personal); *faire, pratiquer des ~s sombres* einschneidende Kürzungen vornehmen; den Rotstift ansetzen; *faire des ~s sombres dans un texte* e-n Text stark kürzen, zu'sammenstreichen; **7.** JEUX DE CARTES Abheben *n*; **8.** VERSIFICATION Zä'sur *f*; LING ~ *syllabique* Silbentrennung *f*
coupé [kupe] **I** *adj* **1.** (ab)geschnitten; *cheveux* kurz(geschnitten); *fleurs ~es* Schnittblumen *f/pl*; *vêtement mal ~* schlecht (zu)geschnitten; *cf a couper 1.*; **2.** *communications* abgeschnitten; unter'brochen; *route* unter'brochen; unpassierbar; **3.** *chat* ka'striert; verschnitten; **4.** TENNIS *balle ~e* angeschnittener Ball; **II** *m* AUTO Cou'pé *n*
coupe-choux [kupʃu] *m* ⟨*inv*⟩ F MIL kurzer Säbel; **~-cigares** ⟨*inv*⟩ Zi'garrenabschneider *m*; **~-circuit** *m* ⟨*inv*⟩ ÉLECT Sicherung *f*; **~-coupe** *m* ⟨*inv*⟩ Buschmesser *n*; Machete [-'tʃe:-] *f*
coupée [kupe] *f* MAR *échelle f de ~* Fallreep *n*
coupe-faim [kupfɛ̃] *m* ⟨*inv*⟩ Appe'titzügler *m*
coupe-feu [kupfø] ⟨*inv*⟩ **I** *adj mur m ~* Brandmauer *f*; *porte f ~* Feuerschutztür *f*; **II** *m* Brandschneise *f*
coupe-file [kupfil] *m* ⟨*inv*⟩ Pas'sierschein *m*; Sonderausweis *m*; **~-gorge** *m* ⟨*inv*⟩ **1.** *lieu, passage* üble, gefährliche, berüchtigte, verrufene Gegend; **2.** (*bar etc louche*) Spe'lunke *f*; Räuberhöhle *f*; **~-ongles** *m* ⟨*inv*⟩ Nagelschneider *m*, -zange *f*; **~-papier** *m* ⟨*inv*⟩ Pa'piermesser *n*; Brieföffner *m*
couper [kupe] **I** *v/t* **1.** schneiden; *en deux* zer-, 'durchschneiden; kappen (*a* MAR); (*découper*) zerschneiden; (*séparer d'un tout*) abschneiden; *plante, haie* beschneiden; *herbe, blés* (ab)mähen; *cheveux* schneiden; *vêtement* zuschneiden; *arbres* fällen; hauen; *du bois avec une scie* sägen; *avec une hache* hacken; *branches* abschlagen; abhacken, abschneiden; ~ *qn* j-n schneiden, verletzen; j-m e-e Schnittwunde beibringen; ~ *la gorge à qn* j-m die Kehle, den Hals durchschneiden; ~ *une jambe à qn* MÉD j-m ein Bein abnehmen; *lors d'un accident* j-m ein Bein abfahren; ~ (*les pages d'*) *un livre* ein Buch aufschneiden; ~ *une tranche* e-e Scheibe abschneiden; *fig vent, froid ~ le visage* ins Gesicht schneiden; *se faire ~ les cheveux* sich die Haare schneiden lassen; ♦ *adj*: *il a eu la jambe coupée* ein Bein wurde ihm *lors d'un accident* abgetrennt, abgerissen,

abgefahren, MÉD abgenommen; *fig de fatigue* ***j'ai les jambes coupées*** ich kann mich kaum aufrecht halten; die Beine wollen mich nicht tragen; *fig de peur* ***j'en ai eu les jambes coupées*** die Knie zitterten mir, wurden mir weich; ♦ *loc/adj brouillard* ***à ~ au couteau*** undurchdringlich; dicht; dick; ***il y avait une fumée à ~ au couteau*** die Luft war zum Schneiden; ♦ *avec loc/adv:* **~** ***avec un couteau*** mit e-m Messer (ab-, durch)schneiden; **~** *avec les dents* ab-, 'durchbeißen; **~** *avec une 'hache* (ab-, zer)hacken; **~** *avec une scie* (ab-, zer)sägen; **~** *en deux* in zwei Teile schneiden; hal'bieren; **~** *une pièce en deux* ein Zimmer in zwei Räume aufteilen; **~** *en morceaux* in Stücke schneiden; entzweischneiden; zerschneiden; **2.** (*interrompre*) *passage, route* unter'brechen; versperren, unpassierbar machen; *neige: village,* MIL *retraite* abschneiden; *communications* unter'brechen; *gaz, eau, électricité, téléphone* sperren; abstellen; *électricité etc* ausschalten; *circuit électrique* unter'brechen; *médicament: fièvre* senken; vertreiben; *électricité etc* ***être coupé*** a ausfallen; TÉL ***nous avons été coupés*** wir sind unterbrochen worden; ***être coupé du reste du monde*** von der Außenwelt abgeschnitten sein; F *fig* ***ça te la coupe*** F da bleibt dir die Spucke weg; da biste platt; da staunste; **~** *le crédit, les vivres à qn* j-m den Geldhahn zudrehen; **~** *la matinée d'une récréation* den Vormittag durch e-e Pause unterbrechen; MAR **~** *la vapeur* die Maschine(n) abstellen, stoppen; **~** *le vent* den Wind abhalten; Schutz vor dem Wind bieten; ***ça coupera le voyage*** das ist, wäre e-e (angenehme) Unter'brechung der Reise; *cf a* ***souffle*** *2.*; **3.** **~** *un passage d'un texte* e-e Stelle aus e-m Text (her'aus)streichen; (*une scène, quelques scènes d'*)*un film* e-n Film kürzen; e-e Szene, einige Szenen aus e-m Film her'ausschneiden; **4.** *cartes* abheben; **5.** (*châtrer*) ka'strieren; verschneiden; **6.** TENNIS *balle* (an-)schneiden; **7.** *liquide* mischen; **~** *le lait* die Milch mit Wasser verdünnen, mischen; F die Milch panschen; **~** *son vin d'eau* den Wein mit Wasser mischen; **8.** (*croiser*) durch'queren; durch'schneiden; MATH *ligne* schneiden; *route: une autre* schneiden; kreuzen; *en voiture: virage* schneiden; **9.** *phrase, vers* durch Einschnitte mar'kieren; **II** *v/t/indir* **10.** F ***tu n'y couperas pas*** du wirst dich dem nicht entziehen können; F da kommst du nicht drum her'um; da wirst du dran glauben müssen; **11.** **~** *court à qc* etw (kurz) abschneiden, abbrechen; e-r Sache (*dat*) (auf einen Schlag) ein Ende machen; **III** *v/i* **12.** *couteau etc* schneiden; scharf sein; **13.** COUT zuschneiden; **14.** CARTES **a)** (*séparer les cartes*) abheben; **b)** (*prendre avec un atout*) (mit e-r Trumpfkarte) stechen; **15.** **~** *à travers champs* querfeld'ein gehen *ou* laufen; **~** *par le bois* (den kürzesten Weg) quer durch den Wald gehen; **16.** *prise de vue, vues* ***coupez!*** aus!; stopp!; TÉL ***ne coupez pas, s.v.p.*** (Fräulein,) ich spreche noch; **IV** *v/pr* ***se*** **~** **17.** sich schneiden; ***je me suis coupé***(***e***) ***au doigt*** ich habe mich in den Finger geschnitten; ***je me suis coupé le doigt*** ich habe mir den Finger abgeschnitten; **18.** *tissu* brüchig werden; Brüche bekommen; **19.** *routes* sich schneiden; sich kreuzen; **20.** *fig* (*se trahir*) sich verplappern

couperet [kupʀɛ] *m* **1.** (*hachoir*) Hackbeil *n*, -messer *n*; *pour fines herbes* Wiegemesser *n*; **2.** *de la guillotine* Fallbeil *n*

couperose [kupʀoz] *f* erweiterte *ou* geplatzte Äderchen *n/pl* (in der Gesichtshaut)

couperosé [kupʀoze] *adj visage* mit erweiterten *ou* geplatzten Äderchen

coupeur [kupœʀ] *m* **1.** *ouvrier* Zuschneider *m*; **2.** *fig* **~** *de cheveux en quatre* Haarspalter *m*

coupeuse [kupøz] *f* **1.** *ouvrière* Zuschneiderin *f*; **2.** *machine* Schneidemaschine *f*

coupe-vent [kupvɑ̃] *m* ⟨*inv*⟩ Windjacke *f*

couplage [kupla3] *m* TECH, ÉLECT Kopp(e)lung *f*; ÉLECT *a* Schaltung *f*

couple[1] [kupl(ə)] *m* **1. a)** (*homme et femme*) Paar *n*; Pärchen *n*; (*mari et femme*) Ehepaar *n*; ***~ d'amis*** befreundetes (Ehe)Paar; **~** *d'amoureux* Liebespaar *n*, -pärchen *n*; **b)** *d'animaux* Paar *n*, *de petite taille* Pärchen *n*; **2.** PHYS Kräftepaar *n*; TECH (Dreh)Mo'ment *m*; ÉLECT Ele'ment *n*; **3.** MAR Spant *n*; Rippe *f*; **4.** MATH Paar *n*

couple[2] [kupl(ə)] *f régional* ***une ~ de*** zwei

couplé [kuple] *adj* TURF *pari* **~** Zwillingswette *f*

coupler [kuple] *v/t* TECH, ÉLECT koppeln; ÉLECT *a* schalten

couplet [kuplɛ] *m* (Lied)Strophe *f*; **~s** *pl* Lied *n*; **~s** *satiriques* Cou'plet *n*; F *fig* ***il nous a ressorti son ~*** *sur* ... F er hat wieder mit der alten Leier über (+*acc*) angefangen

coupole [kupɔl] *f* **1.** ARCH Kuppel *f*; **2.** *par ext* ***la*** ⚬ das Institut de France mit der Académie française; ***être reçu sous la*** ⚬ in die Académie française aufgenommen werden

coupon [kupɔ̃] *m* **1.** *d'étoffe* Stoffrest *m*; Cou'pon *ou* Ku'pon *m*; **2.** FIN Cou'pon *ou* Ku'pon *m*; Zinsschein *m*; **3.** *d'un ticket* Abschnitt *m*; (*bon*) Gutschein *m*; Cou'pon *ou* Ku'pon *m*

coupon-réponse [kupɔ̃repɔ̃s] *m* ⟨*pl* coupons-réponse⟩ **~** *international* internationaler Antwortschein

coupure [kupyʀ] *f* **1.** *blessure* Schnitt (-wunde, -verletzung) *m*(*f*) (*au doigt, au visage* am Finger, im Gesicht); **2.** *fig* (*cassure*) Einschnitt *m*; *dans la vie de qn* einschneidendes Erlebnis; **3.** *de gaz, d'eau* Abstellen *n*; (Ab)Sperrung *f*; TÉL Unter'brechung *f*; *ou* -ausfall *m*; ***il y aura une ~ d'eau*** das Wasser wird abgestellt, (ab)gesperrt; **4.** **~s** *dans un film* Kürzung *f* e-s Films; Schnitte *m/pl* in e-m Film; **~** *dans un texte* Kürzung *f* e-s Textes; Streichen *n* von Passagen in e-m Text; ***faire des*** **~s** *dans un texte* e-n Text kürzen, zu'sammenstreichen; **5.** **~** *de journal* Zeitungsausschnitt *m*; **6.** (*billet de banque*) Banknote *f*; (Geld-) Schein *m*

cour [kuʀ] *f* **1.** *d'un bâtiment* Hof *m*; Hofraum *m*; **~** *intérieure* Innenhof *m*; **~** *de ferme* Hof e-s Bauernhauses; **~** *d'honneur* Ehrenhof *m*; **~** (*de récréation*) Schulhof *m*; Pausenhof *m*; *cf a* ***miracle*** *5.*; ♦ THÉ ***côté*** **~** (auf der) linke(n) Seite der Bühne (*vom Schauspieler aus gesehen*); **2.** *d'un souverain* (Königs-, Fürsten)Hof *m*; *par ext* Hofstaat *m* (*a fig*); *fig* **~** *d'admirateurs* Schwarm *m*, Kreis *m* von Verehrern; Hofstaat *m*; **~** *de France* französischer (Königs)Hof; *fig* ***homme*** **~** *de* **~** über'trieben zeremoni'eller, höflicher Mensch; HIST ***noblesse*** *f* ***de*** **~** Hofadel *m*; *loc/adv* ***à la*** **~** bei Hofe; ***à la*** **~** *d'Henri IV* am Hofe Heinrichs IV.; ***avoir sa*** **~** Hof halten; ***être bien*** (***mal***) ***en*** **~** (HIST bei Hofe) in Gnade (Ungnade), in Gunst stehen; *fig a* (nicht) sehr angesehen sein; *fig* ***il lui faut une*** **~** er *ou* sie muß immer im Mittelpunkt stehen; *fig* ***faire sa*** **~** *ou* ***la*** **~** *à qn* j-n ho'fieren; ***faire la*** **~** *à une femme* e-r Frau den Hof machen; **3.** JUR **~** (*de justice*) Gericht(shof) *n*(*m*); höheres Gericht; *en France* '***Haute*** ⚬ (*de justice*) parlamentarisches Sondergericht zur Aburteilung des Staatspräsidenten *od* von Regierungsmitgliedern; ⚬ ***internationale de justice*** Internationaler Gerichtshof; **~** *d'appel* Berufungsgericht *n*; **~** *d'assises* Schwurgericht *n*; ⚬ ***de cassation*** Kassati'onshof *m*, -gericht *n*; ⚬ ***des comptes*** Rechnungshof *m*

courage [kuʀaʒ] *m* **1.** (*bravoure*) (Wage)Mut *m*; Tapferkeit *f*; Unerschrockenheit *f*; Cou'rage *f*; ***avec*** **~** (wage-)mutig; tapfer; unerschrocken; ***avoir du*** **~** Mut haben, besitzen, mutig sein; ***avoir le*** **~** ***de ses opinions*** zu s-r Meinung stehen; Zi'vilcourage haben; ***n'écouter que son*** **~** nicht an die Gefahr denken; *st/s* die Gefahr nicht achten; ***prendre son*** **~** ***à deux mains*** s-n ganzen Mut zu'sammennehmen; sich ein Herz fassen; sein Herz in die Hand nehmen; **2.** (*énergie*) Mut *m*; Entschlossenheit *f*; Beherztheit *f*; Einsatz *m*; Eifer *m*; *auf* Mut! Kopf hoch!; ***bon*** **~**! mach's *ou* machen Sie's gut!; laß dich *ou* lassen Sie sich nicht 'unterkriegen!; ***avec*** **~** beherzt; mutig; entschlossen; ***ne pas avoir le*** **~** ***de faire qc*** es nicht über sich bringen *ou* sich nicht entschließen können, etw zu tun; ***je n'ai pas eu le*** **~** ***de refuser*** ich hatte nicht das Herz *ou* ich brachte es nicht übers Herz abzulehnen; ***il a eu le*** **~** ***de me dire cela*** er hatte die Stirn, mir das zu sagen; (***re***)***donner*** **~** (wieder) Mut machen, (geben); ***reprendre*** **~** wieder Mut fassen, schöpfen

courageux [kuʀaʒø] *adj* ⟨-euse⟩ **1.** (*brave*) mutig; tapfer; unerschrocken, coura'giert; **2.** (*énergique*) beherzt; entschlossen; *au travail* einsatzfreudig, eifrig

couramment [kuʀamɑ̃] *adv* **1.** *parler une langue* fließend; geläufig; **2.** (*habituellement*) üblicherweise; häufig; oft

courant [kuʀɑ̃] **I** *adj* **1.** (*habituel*) üblich; gebräuchlich; all'täglich; *dépenses, affaires* laufend; COMM *article* gängig; *langage* **~**, *langue* **~e** Gemeinsprache *f*; Nor'malsprache *f*; *mot* **~** übliches,

gebräuchliches, geläufiges, gängiges Wort; *prix* ~ (handels)üblicher, marktgängiger Preis; *c'est* ~ das gibt es häufig; das kommt häufig, alle Tage vor; das ist e-e alltägliche Sache; *c'est* (*de pratique*) ~(*e*) das ist (allgemein) so üblich; **2.** *eau* ~*e* fließendes Wasser; österr Fließwasser *n*; **3.** *l'année* ~*e* dieses, in diesem Jahr; *COMM* das laufende *ou* im laufenden Jahr; **4.** *d'un escalier main* ~*e* Handlauf *m*; **5.** *CH chien* ~ Hetzhund *m*; **II** *m* **1.** *ÉLECT* Strom *m*; ~ *alternatif*, *continu* Wechsel-, Gleichstrom *m*; *le* ~ *ne passe plus* es fließt kein Strom mehr; *fig le* ~ (*ne*) *passe* (*pas*) sie finden (keinen) Kon'takt zuein'ander; der Funke ist (nicht) 'übergesprungen; **2.** *d'un fluide* Strömung *f*; ~*s aériens*, *atmosphériques* Luftströmungen *f/pl*; ~ *ascendant*, *descendant* Auf-, Abwind *m*; ~ *marin* Meeresströmung *f*; ~ *d'air* Zug(luft)*m*(*f*); Luftzug *m*; *fig nom m à* ~ *d'air* ellenlanger Name mit (meist gekauften) Adelsprädikaten; *il y a un* ~ *d'air ou des* ~*s d'air ici* hier zieht es; *faire un* ~ *d'air pour aérer* 'Durchzug machen (, um zu lüften); *il y a du* ~ es herrscht e-e ziemlich starke Strömung; *remonter le* ~ strom-, fluß'aufwärts fahren *ou* schwimmen; *fig il remonte le* ~ es geht wieder aufwärts mit ihm; *suivre le* ~ strom-, fluß'abwärts fahren *ou* schwimmen; *fig* mit dem Strom schwimmen; **3.** *dans le* ~ *de la semaine* im Laufe dieser Woche; *COMM le dix* ~ (*abr ct.*) der Zehnte *ou* am Zehnten dieses Monats (*abr d. M.*); *fin* ~ Ende des laufenden, per Ende dieses Monats; **4.** *COMM*, *POL* ~ *des affaires* laufende Geschäfte *n/pl*; **5.** *fig de personnes* Strom *m*; ~ *d'immigration*, *de population* Einwanderer-, Bevölkerungsstrom *m*; **6.** *fig d'idées*, *de tendances* Strömung *f*; Richtung *f*; **7.** *loc/adv* *être au* ~ auf dem laufenden sein, im Bilde sein, infor'miert sein, Bescheid wissen (*de* über +*acc*); *mettre au* ~ infor'mieren, unter'richten, ins Bild setzen (*de* über +*acc*); in Kenntnis setzen (von); *nouveau collaborateur etc* einarbeiten, einführen (in +*acc*); *se mettre au* ~ sich informieren, sich unterrichten, sich orien'tieren (*de* über +*acc*); (*se*) *tenir au* ~ (sich) auf dem laufenden halten
courante [kurãt] *f F* (*diarrhée*) 'Durchfall *m*; *F* 'Durchmarsch *m*
courbatu [kurbaty] *st/s adj* wie zerschlagen; wie gerädert
courbature [kurbatyr] *f* Gliederschmerzen *m/pl*; *due à un effort prolongé* Muskelkater *m*; *avoir des* ~*s* Gliederschmerzen, Muskelkater haben; sich wie zerschlagen fühlen
courbatur|é [kurbatyre] *adj* wie zerschlagen; wie gerädert; ~*er v/t* Muskelkater verursachen (+*dat*); *cette escalade m'a courbaturé* nach dieser Klettertour fühle ich mich wie zerschlagen
courbe [kurb] **I** *adj* gebogen, gekrümmt; geschwungen; krumm; *ligne* ~ gebogene, gekrümmte Linie; Kurve *f* (*a MATH*); **II** *f* **1.** *d'une route*, *d'un fleuve* Kurve *f*; Krümmung *f*; Biegung *f*; *des sourcils* Bogen *m*; Wölbung *f* (*a des épaules*); **2.** *MATH* Kurve *f*; ~ *fermée*, *plane* geschlossene, ebene Kurve; *STATISTIQUE* ~ *des prix*, *des salaires* Preis-, Lohnkurve *f*; *MÉD* ~ *de température* Fieberkurve *f*; **3.** *GÉOGR* ~*s de niveau* Höhen-, Ni'veaulinien *f/pl*
courbé [kurbe] *adj* ~ *en S* S-förmig gekrümmt; ~ *par l'âge*, *par les ans* altersgebeugt; vom Alter gebeugt; ~ *sous le poids* unter der Last gebeugt; ~ *sur qc* über etw (*acc*) gebeugt, gebückt
courber [kurbe] **I** *v/t* **1.** biegen; krümmen; *vent* ~ *les arbres* die Bäume schief wachsen lassen, krümmen; ~ *le dos* (*sous les coups*) sich zu'sammenkrümmen (unter den Schlägen); **2.** ~ *le front sur un livre* sich über ein Buch beugen; den Kopf über ein Buch neigen; **II** *v/pr se* ~ **3.** *branche etc* sich biegen; sich krümmen; **4.** *personne* **a)** (*se baisser*) sich bücken; sich (nieder-)beugen; **b)** *par l'âge* krumm werden; gebeugt gehen; **c)** *fig et st/s se* ~ *devant qn* sich j-m beugen
courbette [kurbɛt] *f* tiefe Verneigung; Bückling *m*; *fig faire des* ~*s à*, *devant qn* vor j-m katzbuckeln; vor j-m e-n Ko'tau machen
courbure [kurbyr] *f* Krümmung *f*; Biegung *f*; Wölbung *f*
coureur [kurœr] *m* **1.** Läufer *m*; Rennfahrer *m*; ~ *automobile*, *cycliste*, *motocycliste* Auto(mo'bil)renn-, Radrenn-, Motorradrennfahrer *m*; ~ *de demi-fond*, *de fond* Mittelstrecken-, Langstreckenläufer *m*; ~ *de 110 mètres 'haies* 110-m-Hürdenläufer *m*; **2.** *péj* ~ (*de jupons*) Schürzenjäger *m*; Casa'nova *m*; Frauen-, Weiberheld *m*; *adjt il est* ~ er ist ein Schürzenjäger *etc*
coureuse [kurøz] *f* **1.** Läuferin *f* (*a SPORTS*); **2.** *péj* (*petite*) ~ leichtes Mädchen; Flittchen *n*; *adjt elle est* ~ sie ist ein Flittchen
courge [kurʒ] *f* **1.** *BOT* Kürbis *m*; **2.** *F fig cf gourde* 2.
courgette [kurʒɛt] *f* *BOT* Zucchini [-'ki:-] *f*
courir [kurir] ⟨je cours, il court, nous courons; je courais; je courus; je courrai; je cours; courant; couru⟩ **I** *v/t* **1.** ~ *le danger*, *le risque de* (+*inf*) Gefahr laufen zu (+*inf*); *cf a danger*, *risque*; **2.** (*fréquenter*) ~ *un endroit* e-n Ort häufig besuchen; an e-r Stelle häufig sein *ou* her'umstreifen ~ *les bals* auf allen Bällen anzutreffen sein; ~ *les magasins* F die Geschäfte abklappern; ~ *les mers* die Meere befahren; ~ *les théâtres* ständig im Theater anzutreffen sein; ein Theaternarr, -fan [-fen] sein; dauernd ins Theater rennen; **3.** (*rechercher*) ~ *qc* F auf etw (*acc*) aussein; ~ *les filles* hinter den Mädchen hersein; den Mädchen nachlaufen; ~ *les honneurs* nach Ehrungen aussein, erpicht sein; **4.** *SPORTS* ~ *le cent mètres*, *le Grand Prix* am 100-m-Lauf, am Großen Preis teilnehmen; **5.** (*ennuyer*) ~ *qn* F j-m auf den Wecker, auf den Geist gehen; **6.** *CH cerf etc* hetzen; jagen; **II** *v/i* **7.** laufen; rennen; eilen; ♦ *avec prép*: *il a couru à la maison* er ist nach Hause gelaufen, gerannt, geeilt; *fig* ~ *à sa perte*, *ruine* in sein Verderben rennen; s-m Ruin, Untergang entgegen-hen; ~ *à la porte* zur Tür laufen; *gens* ~ *à un spectacle* sich zu e-r Vorstellung drängen; ~ *après qc*, *qn* hinter etw, j-m herlaufen; *fig* e-r Sache, j-m nachlaufen; hinter e-r Sache, j-m hersein; *F* scharf auf etw, j-n sein; *fig* ~ *après l'argent* (sehr) hinter dem Geld hersein; scharf aufs Geld sein; *fig* ~ *après son argent* hinter s-m Geld herlaufen; s-m Geld nachrennen *fig* ~ *après le bonheur* hinter dem Glück herjagen; *fig* ~ *après la gloire* dem Ruhm nachjagen; F *il lui court après* er läuft hinter ihm *ou* ihr her; *fig* er läuft ihm *ou* ihr nach; ~ *au-devant de qn* auf j-n losrennen; *fig* ~ *sur ses cinquante ans* bald fünfzig Jahre (alt) sein; sich den Fünfzigern nähern; ~ *vers qn*, *qc* auf j-n, etw zulaufen; ♦ *avec adv*: *il court encore ou toujours* **a)** *malfaiteur* er läuft noch frei herum; er ist noch flüchtig; er konnte noch nicht gefaßt werden; **b)** *de peur* der Schreck sitzt ihm immer noch in den Gliedern; *j'y cours* ich gehe so'fort hin *ou* ich komme so'fort; *F* ich fliege; ♦ *loc/adv en courant* eilig; hastig; in (aller) Eile; im Eiltempo; *arriver en courant* an-, her'beigelaufen, -gerannt kommen; *entrer en courant* her'ein- *ou* hin'einlaufen; her'eingerannt kommen; *passer en courant* vor'bei-, vor'überlaufen; *sortir en courant* her'aus- *ou* hin'auslaufen; ♦ *avec verbe*: ~ *chercher le médecin* schnell den Arzt holen; *faire* ~ *qn* j-n her'umhetzen (*pour rien* für nichts und wieder nichts); F *fig tu peux toujours* ~ da kannst du lange warten; das kommt nicht in Frage, F in die Tüte; P du kannst mich mal; *prov rien ne sert de* ~, *il faut partir à point* man muß rechtzeitig anfangen, durch Hetzen schafft man es (dann) nicht; **8.** *bruits*, *nouvelle* sich verbreiten; *bruits* ~ 'umlaufen; 'umgehen; in 'Umlauf sein; kur'sieren; *le bruit court que ...* es geht das Gerücht, daß ...; *c'est un bruit qui court* das ist (so) ein Gerücht; *les ragots qui courent sur son compte* der Klatsch, der über ihn *ou* sie verbreitet wird; *faire* ~ in Umlauf setzen; verbreiten; ausstreuen; **9.** *SPORTS sportif*, *cheval* ~ (*dans une compétition*, *course*) an e-m (Wett)Rennen, an e-m Lauf teilnehmen; *faire* ~ *un cheval* ein Pferd laufen haben; **10.** *eau*, *ruisseau* fließen; *nuages* ~ *dans le ciel* am Himmel entlangziehen; über den Himmel ziehen; *le long de qc chemin*, *ruisseau* an etw (*dat*) entlanglaufen; ~ *sur qc ombres* über etw (*acc*) hinfliehen, (-)gleiten, (-)huschen; *vent* über etw (*acc*) hin'wegstreichen, wehen; *plume* ~ *sur le papier* über das Papier gleiten; *les doigts du pianiste couraient sur les touches* glitten über die Tasten; *F laisser* ~ die Dinge laufen lassen; nichts unter'nehmen; **11.** *MAR* ~ *vent arrière* vor dem Wind segeln; **12.** *délai* laufen (*à partir de ...* von ...); *le mois qui court* der laufende Monat; *les intérêts courent à partir de ...* die Verzinsung beginnt am ...; *loc/adv par les temps qui courent* heutzutage; in heutiger Zeit
courlis [kurli] *m ZO* Brachvogel *m*
couronne [kurɔn] *f* **1.** *d'un roi etc* Kro-

ne f (a fig: *royauté*); **~ impériale** Kaiserkrone f; fig **la ~ d'Angleterre** die englische Krone; REL **~ d'épines** Dornenkrone f; **discours** m, **héritier** m **de la ~** Thronrede f, -erbe m; **2.** *de fleurs* Kranz m; ~ **funéraire**, **mortuaire** Trauer-, Grabkranz m; **~ de fleurs d'oranger** (Braut)Kranz aus Orangenblüten; **~ de laurier** Lorbeerkranz m; **3.** ANAT, MÉD *d'une dent* Krone f; **poser**, **mettre une ~** e-n Zahn über'kronen; **4.** ASTR **~ solaire** Ko'rona f; **5.** TECH Zahnkranz m; **6.** fig (*objet de forme circulaire*) Kranz m; loc/adj **en ~** Kranz...; kranzförmig; (*pain* m **en**) **~** Brot n in Kranzform; **7.** *autour de Paris* **Petite**, **Grande** ⚥ innerer, äußerer Gürtel der Paris um'gebenden Departements; **8.** *unité monétaire* Krone f
couronné [kuʀɔne] adj **1.** *souverain* gekrönt; **tête ~e** gekröntes Haupt; **2.** *ouvrage*, *auteur* preisgekrönt; **3.** *par ext* gekrönt (**de** von); bedeckt (mit); **colline ~e de verdure** mit Grün bedeckter Hügel; fig **~ de succès** von Erfolg gekrönt; **4.** **avoir les genoux ~s** aufgeschürfte Knie haben
couronnement [kuʀɔnmã] m **1.** Krönung f (**d'un roi** e-s Königs); **2.** fig *d'une carrière* Krönung f; Voll'endung f; **3.** ARCH Bekrönung f
couronner [kuʀɔne] v/t **1.** *souverain* krönen; **il a été couronné empereur** er wurde zum Kaiser gekrönt; **2.** *ouvrage*, *auteur* mit e-m Preis auszeichnen; e-n Preis zuerkennen (+*dat*); **on a couronné le lauréat** dem Preisträger wurde der Preis über'reicht; **3.** *st/s* **~ qn de fleurs** j-n mit Blumen bekränzen; **4.** fig *œuvre*, *carrière* krönen; **iron pour ~ le tout** um allem die Krone aufzusetzen; und was der Gipfel ist; **5.** *st/s diadème*: *front de qn*, *neige*: *cimes etc* krönen; bekrönen
courre [kuʀ] **chasse f à ~** Hetzjagd f; Par'forcejagd f
courrier [kuʀje] m **1.** (*lettres*) Post f; Postsachen f/pl; Korrespon'denz f; loc/adv **par le même ~** mit gleicher Post; **faire son ~** s-e Korrespondenz erledigen; **porter le ~** die Post bringen, austragen; **2.** *dans un journal* Ru'brik f; (regelmäßig erscheinender) Bericht; **~ du cœur** Briefkastenecke f; Kummerkasten m; **~ des lecteurs** Leserzuschriften f/pl, -briefe m/pl; **3.** HIST Ku'rier m
courriériste [kuʀjeʀist] m,f Redak'teur (-in) m(f); **~ du cœur** Briefkastentante f, -onkel m
courroie [kuʀwa] f Riemen m; Gurt m; AUTO Keilriemen m; **~ de cuir** Lederriemen m, -gurt m; TECH **~ de transmission** Treibriemen m
courroucer [kuʀuse] st/s v/t ⟨-ç-⟩ (heftig) erzürnen; in Harnisch bringen; adjt **courroucé** zornig; erzürnt
courroux [kuʀu] st/s m Zorn m; st/s Grimm m; *poét flots* **en ~** wütend; tobend
cours [kuʀ] m **1.** (*suite de leçons*) Kurs m; Lehrgang m; (*leçon*) 'Unterrichtsstunde f; UNIVERSITÉ Vorlesung f; **~ élémentaire** (*abr* CE₁, CE₂) **2.** und **3.** Grundschulklasse f; b) *de langues etc* Anfängerkurs m; **~ élémentaire de français** Französisch n für Anfänger;

Französisch n Grundstufe; **~ moyen** a) (*abr* CM₁, CM₂) **4.** und **5.** Grundschulklasse f; b) *de langues etc* Mittelstufe f (e-s Lehrgangs); cf a **3.**; **~ préparatoire** (*abr* C.P.) erste Grundschulklasse; **~ privé** Pri'vatschule f; **~ supérieur** Oberstufe f (e-s Lehrgangs); cf a **3.**; **~ d'histoire** Geschichtsstunde f, -unterricht m; **~ du soir** Abendschule f, -lehrgang m, -kurs m, -unterricht m; **~ de vacances** Ferienkurs m; **~ par correspondance** Fernkurs m, -unterricht m; **donner des ~** Unterricht geben; Vorlesungen halten; Kurse abhalten; **faire un ~** e-e Stunde geben, halten; e-n Kurs abhalten; cf a **suivre 9.**; **2.** *manuel* Lehrbuch n; **~ de physique** Phy'siklehrbuch n; Lehrbuch der Physik; **3.** *d'un fleuve* a) *longueur* Lauf m; b) *mouvement* Strömung f; **~ inférieur**, **moyen**, **supérieur** 'Unter-, Mittel-, Oberlauf m; **~ rapide** starke Strömung; **~ d'eau** Wasserlauf m; **4.** MAR **capitaine m au long ~** Kapitän m auf großer Fahrt; **navigation f, voyage m au long ~** große Fahrt; **5.** *des événements* Gang m; Lauf m; *des astres* ('Um)Lauf m; *des saisons* Ablauf m; *d'une affaire* Verlauf m; **~ naturel des choses** natürlicher Lauf der Dinge; loc/prép **au ~ de** im Laufe (+*gén*); während (+*gén*); loc/adj: **en ~** laufend; **l'année en ~** das laufende ou im laufenden Jahr; **en ~ de construction** im Bau (befindlich); **en ~ d'élaboration** in Ausarbeitung begriffen; loc/adv **en ~ de route** unter'wegs; **être en ~** travaux, *enquête etc* im Gange sein; laufen; **suivre son ~** affaire ihren (gewohnten) Gang gehen; normal verlaufen; justice ihren Lauf nehmen; **6.** **donner libre ~ à sa colère, à sa joie, à ses larmes** s-r Freude Ausdruck geben; s-e Tränen ungehemmt fließen lassen; **7.** FIN Kurs m; BOURSE No'tierung f; **~ de clôture, d'ouverture** Schluß-, Anfangskurs m; **~ du change** Wechselkurs m; loc/prép **au ~ de** zum Kurs von; **au ~ du jour** zum Tageskurs; **avoir ~** gültig sein; fig **cet usage n'a plus ~** dieser Brauch ist nicht mehr üblich, wird nicht mehr gepflegt; **8.** *dans des noms de rue* Ave'nue f
course [kuʀs] f **1.** (*action de courir*) Lauf m; Laufen m; **en pleine ~** im Lauf; fig **être à bout de ~** völlig erschöpft sein; **prendre sa ~** zu laufen beginnen; **2.** SPORTS **à pied** Lauf m; *de véhicules* Rennen n; **~ automobile** Autorennen n; **~ cycliste** Radrennen n; **à pied** Lauf m; fig **~ aux armements** Wettrüsten n; 'Rüstungswettlauf m; **~ au galop** Ga'lopprennen n; **~ contre la montre** a) CYCLISME (Einzel)Zeitfahren n; b) fig Wettlauf m mit der Zeit; **~s de chevaux** Pferderennen n(pl); **jouer aux ~s** (bei Pferderennen) wetten; **~ de fond** ATHLÉTISME Langstreckenlauf m; SKI (Ski)Langlauf m; **~ de haies** ATHLÉTISME Hürdenlauf m; HIPPISME Hürdenrennen n; **~ de motos** Motorradrennen n; **~ de taureaux** Stierkampf m; **~ de vitesse** Kurzstreckenlauf m; **~ de yachts** Segelwettbewerb m (von Jachten); **~ en sac** Sackhüpfen n; fig **être dans la ~** mit der Zeit Schritt halten (können); *enfants*

faire la ~ e-n Wettlauf machen; um die Wette laufen; **3.** **~ en montagne** Bergtour f, -besteigung f, -begehung f; **4.** **~ en taxi** Taxifahrt f; **5.** **~s** pl a) (*commissions*) Besorgungen f/pl; (Boten-)Gänge m/pl; b) (*achats*) Einkäufe m/pl; **faire des ~s** Besorgungen machen, erledigen; Einkäufe machen; **6.** st/s *d'un astre* Bahn f; Lauf m; *des nuages* Ziehen n; *du temps* Verrinnen n; **7.** TECH Lauf m; AUTO **~ du piston** Kolbenhub m
course|-croisière [kuʀsəkʀwazjeʀ] f ⟨pl *courses-croisières*⟩ MAR Hochseerennen n; **~-poursuite** f ⟨pl *courses-poursuites*⟩ Verfolgungsjagd f
cours|ier [kuʀsje] m **1.** (*garçon de course*) Bote m; **2.** litt (*cheval de tournoi*) Tur'nierpferd n; (*cheval de bataille*) Streitroß n; **~ière** f MAR Gang m
coursive [kuʀsiv] f MAR Gang m
court¹ [kuʀ] **I** adj ⟨*courte* [kuʀt]⟩ **1.** *dans l'espace* kurz; *herbe etc* a niedrig; **le chemin le plus ~** der kürzeste Weg; **robe ~e** kurzes Kleid; **avoir les jambes ~es** ou **être ~ sur, de jambes** kurze Beine haben; kurzbeinig sein; **avoir la vue ~e** kurzsichtig sein (a fig); **2.** *dans le temps* kurz; **à ~ terme** kurzfristig; **avoir la mémoire ~e** ein kurzes Gedächtnis haben; **avoir la respiration ~e, le souffle ~** kurzatmig sein; **le temps me sembla ~** die Zeit verging (mir) sehr schnell; **3.** (*insuffisant*) knapp; **II** adv kurz; (*brusquement*) plötzlich; schnell; **tout ~** (ganz) einfach; **s'arrêter ~** plötzlich halten, stehenbleiben; *dans une activité* innehalten; fig **couper ~ à** cf **couper 11.**; **cheveux coupés ~** kurzgeschnittene Haare n/pl; **se faire couper les cheveux ~** sich die Haare kurz schneiden lassen; **s'habiller ~** kurze Kleider ou Röcke tragen; kurz tragen; fig **prendre qn de ~** j-n über'rumpeln; fig **tourner ~** fehlschlagen; scheitern; **III** loc/prép **à ~ de** ohne; **être à ~ d'argent** kein Geld (mehr) haben; F knapp bei Kasse sein; **être à ~ d'arguments** keine Argumente mehr haben, finden; um Argumente verlegen sein
court² [kuʀ] m **~** (**de tennis**) Tennisplatz m
courtage [kuʀtaʒ] m **1.** *activité* Maklertätigkeit f; (*vente par courtiers*) Vertrieb m durch Vertreter, A'genten, Makler; **2.** *commission* Maklergebühr f, -provision f, BOURSE Cour'tage f; COMM Provisi'on f
courtaud [kuʀto] adj gedrungen; unter'setzt; stämmig
court-bouillon [kuʀbujɔ̃] m ⟨pl *courts-bouillons*⟩ CUIS Sud m (für Fischgerichte)
court-circuit [kuʀsiʀkɥi] m ⟨pl *courts-circuits*⟩ ÉLECT Kurzschluß m
court-circuiter [kuʀsiʀkɥite] v/t **1.** ÉLECT kurzschließen; **2.** fig **~ qn, qc** j-n, etw um'gehen, über'gehen, ausschalten
courtepointe [kuʀtəpwɛ̃t] f Steppdecke f (als Tagesdecke)
courtier [kuʀtje] m COMM Makler m; A'gent m; (*représentant*) Vertreter m; BOURSE Börsenmakler m; **~ d'assurances** Versicherungsvertreter m, -agent m; **~ en vins** Weinvertreter m

courtine [kuʀtin] f **1.** (*rideau*) Vorhang m; **2.** FORTIF Kur'tine f
courtisan [kuʀtizɑ̃] I m **1.** HIST Höfling m; *péj* Hofschranze f; **2.** *fig et péj* Liebediener m; II *adj péj* liebedienerisch
courtisane [kuʀtizan] f Kurti'sane f
courtiser [kuʀtize] v/t **1.** ~ *une femme* e-r Frau den Hof machen; **2.** *péj* ~ *qn* j-n ho'fieren; F um j-n her'umscharwenzeln
courtois [kuʀtwa] *adj* **1.** *personne* voll'endet *ou* ausgesucht höflich; *refus* höflich; **2.** *poésie, littérature* höfisch; *amour* ~ Minne f
courtoisie [kuʀtwazi] f (ausgesuchte) Höflichkeit; *visite f de* ~ Höflichkeitsbesuch m
court-vêtu [kuʀvety] *adj* ⟨f court-vêtue, pl court-vêtu(e)s⟩ in, mit kurzem Kleid; in e-m kurzen Kleid; *plais* kurz berockt
couru [kuʀy] *adj* **1.** *spectacle* vielbesucht; *être* ~ großen Zulauf haben; **2.** F *c'est* ~ F das ist todsicher
couscous [kuskus] m CUIS Kuskus m
cousette [kuzɛt] F f Nähmädchen n
cousin [kuzɛ̃] m **1.** Vetter m; Cou'sin m; ~ (*éloigné*) entfernter Vetter *ou* Onkel; *nous sommes un peu* ~s wir sind entfernte Verwandte, weitläufig miteinander verwandt, F um ein paar Ekken herum verwandt; **2.** ZO Stechmücke f
cousine [kuzin] f Cou'sine *ou* Ku'sine f; Base f
coussin [kusɛ̃] m **1.** Kissen n; *d'un fauteuil* Polster n; **2.** TECH ~ *d'air* Luftkissen n
coussinet [kusinɛ] m **1.** (*petit coussin*) kleines Kissen; **2.** TECH Lager(buchse) n(f); ~ *de rail* Schienenlager n; **3.** *du chat* Sohlenballen m
cousu [kuzy] *p/p cf* **coudre** *et adj* genäht; ~ (*à la*) *main* handgenäht; *étiquette* Handarbeit; F *fig c'est du* ~ *main* F das ist ganz große Klasse; das paßt haargenau; *cf a fil l*.
coût [ku] m Kosten *pl*; ~ *salarial* Lohnkosten *pl*; ~ *de production* Produkti'onskosten *pl*; ~ *de la vie* Lebenshaltungskosten *pl*
coûtant [kutɑ̃] *adj* (*au*) *prix* ~ (zum) Selbstkostenpreis m
couteau [kuto] m ⟨pl ~x⟩ **1.** Messer n; ~ *à beurre* Buttermesser n; ~ *à cran d'arrêt* Springmesser n; ~ *à découper* Tran'chiermesser n; ~ *à fromage* Käsemesser n; ~ *à huîtres* Austernbrecher m; ~ *à légumes* Kartoffelschäler m; ~ *à poisson* Fischmesser n; ~ *de boucher* Fleischermesser n; ~ *de chasse* Jagdmesser n; Hirschfänger m; ~ *de cuisine, de poche, de table* Küchen-, Taschen-, Tafelmesser n; *fig: être à* ~x *tirés* einander spinnefeind sein; sich, einander das Messer nicht sehen können; *jouer du* ~ das Messer locker sitzen haben; *mettre le* ~ *sous ou sur la gorge à qn* j-m die Pistole auf die Brust, das Messer an die Kehle setzen; *cf a plaie 1.*; **2.** PEINT ~ *à palette* Spachtel m *ou* f; **3.** *de balance* Schneide f; **4.** ZO Gerade Messerscheide
couteau-scie [kutosi] m ⟨pl couteaux--scies⟩ Messer n mit Wellenschliff
coutelas [kutla] m großes Küchenmesser

coutelier [kutəlje] m Schneidwaren-, Messerfabrikant m
coutellerie [kutɛlʀi] f **1.** *industrie* Schneidwarenindustrie f; **2.** *produits* Schneidwaren f/pl; **3.** *usine* Schneidwaren-, Messerfabrik f
coûter [kute] I v/t *efforts, larmes etc* kosten (*à qn* j-n); ~ *sa situation à qn* j-n die, s-e Stellung kosten; *la vie à qn* j-n das Leben kosten; v/imp *st/s il lui en coûta la vie* das hat ihn das Leben gekostet; II v/i kosten; F *ça coûte* das kostet viel Geld; das ist teuer; ~ *1000 francs* 1000 Franc kosten; ~ *cher*, F *gros* teuer sein; viel (Geld) kosten; *fig* ~ *cher à qn* j-n teuer zu stehen kommen; *ça coûte une habitude qui coûte cher* e-e kostspielige Gewohnheit; *combien ça coûte?* wieviel *ou* was kostet das?; F ~ *les yeux de la tête*, P *la peau des fesses* F e-e Stange Geld, ein Heidengeld, ein Sündengeld, P ein Schweinegeld kosten; *ça coûtera ce que ça coûtera* Kosten spielen da keine Rolle; das mag kosten, was es will; *fig coûte que coûte* koste es, was es wolle; um jeden Preis; unbedingt; *ça ne coûte rien* es kostet nichts (*à qn*); v/imp *fig il m'en coûte de* (+*inf*) es fällt mir schwer zu (+*inf*); es kostet mich große Über'windung zu (+*inf*)
coûteux [kutø] *adj* ⟨-euse⟩ teuer; kostspielig; aufwendig
coutil [kuti] m Drell m; Drillich m; Zwillich m
coutume [kutym] f **1.** Brauch m; Sitte f; Gewohnheit f; *loc/adv: de* ~ gewöhnlich; wie üblich; wie gewöhnlich; *comme de* ~ wie es der Brauch ist *ou* war; *selon la* ~ wie es der Brauch ist *ou* war; *selon la* ~ *orthodoxe* nach orthodoxer Sitte; nach orthodoxem Brauch; *selon sa* ~ wie gewohnt; wie üblich; *avoir* ~ *de* (+*inf*) die Gewohnheit haben zu (+*inf*); pflegen zu (+*inf*); *la* ~ *veut que ...* (+*subj*) es ist Sitte, daß ...; *prov une fois n'est pas* ~ einmal ist keinmal (*prov*); **2.** JUR Gewohnheitsrecht n
coutumier [kutymje] *adj* ⟨-ière⟩ **1.** (*ordinaire*) gewohnt; gewöhnlich; **2.** *il est* ~ *du fait* er macht das nicht zum erstenmal; er ist dafür bekannt; **3.** JUR *droit* ~ Gewohnheitsrecht n
couture [kutyʀ] f **1.** *action* Nähen m; Schneidern m; Nähe'rei f; *travaux m/pl de* ~ Näharbeiten f/pl; *faire de la* ~ nähen; schneidern; *adjt* (*façon*) ~ maßgeschneidert; **2.** *profession* Schneidern-, Modebranche f; '*haute* ~ Haute Couture f; *maison f de* ~ Modesalon m; *être, travailler dans la* ~ in der Kleider-, Modebranche tätig sein; **3.** (*points*) Naht f (*a* MÉD *cicatrice*); ~ *anglaise* Rechts-links-Naht f; *bas: à* ~ *mit Naht*; *sans* ~ nahtlos; *fig: battre qn à plate(s)* ~(s) j-n e-e vernichtende Niederlage bereiten; j-n haushoch schlagen; F j-n in die Pfanne hauen; *examiner sous toutes les* ~s genauestens prüfen
couturé [kutyʀe] *adj visage* von Narben zerfurcht
couturier [kutyʀje] m **1.** Modeschöpfer m; *grand* ~ (Haute) Couturi'er m; berühmter Modeschöpfer m; **2.** ANAT Schneidermuskel m
couturière [kutyʀjɛʀ] f **1.** Schneiderin

f; Näherin f; **2.** THÉ (*répétition f des*) ~(*s*) Ko'stümprobe f
couvain [kuvɛ̃] m *d'abeilles, d'insectes* Brut f
couvée [kuve] f **1.** *œufs* bebrütete Eier n/pl; Brut f; **2.** *petits ausgeschlüpfte* Küken n/pl; Brut f; **3.** F *fig* (*famille nombreuse*) Brut f
couvent [kuvɑ̃] m **1.** (*monastère*) Kloster n; *entrer au* ~ ins Kloster gehen, eintreten; **2.** *pensionnat* Klosterschule f
couver [kuve] I v/t **1.** *œufs* aus-, bebrüten; **2.** *fig qn* verhätscheln, verzärteln, in Watte packen; ~ *des yeux*, *du regard avec complaisance* mit zärtlichen Blicken, *avec convoitise* mit begehrlichen Blicken verfolgen; zärtlich *ou* begehrlich anblicken; **3.** *fig projets de vengeance* hegen; *maladie* ausbrüten; II v/i **4.** *oiseau* brüten; **5.** *feu* schwelen; glimmen; *fig révolte* unter der Oberfläche schwelen; sich zu'sammenbrauen
couvercle [kuvɛʀkl(ə)] m Deckel m
couvert [kuvɛʀ] I *p/p cf couvrir et adj* **1.** zugedeckt; bedeckt; *marché, quai, allée* über'dacht; *ciel* bedeckt; verhangen; *temps* trüb(e); *piscine* ~*e* Hallen(schwimm)bad n; *de* bedeckt mit; ~ *de poussière* mit Staub bedeckt; staubbedeckt; ~ *de sang* blutverschmiert, -befleckt; *la tête* ~*e* mit bedecktem Kopf; *personne être* (*bien*, *très*) ~ (sehr) warm angezogen sein; *rester* ~ den Hut aufbehalten, auf dem Kopf behalten, F auflassen; **2.** *fig dire qc, parler à mots* ~*s* durch die Blume; **3.** *fig* (*protégé*) *être* ~ *par qn* von j-m gedeckt werden, Rückendeckung erhalten; II m **3.** *à table* Gedeck n; *st/s* Ku'vert n; *table f de douze* ~*s* Tisch m mit zwölf Gedecken; für zwölf Personen gedeckter Tisch; *fig avoir son* ~ *mis chez qn* bei j-m ein gerngesehener Gast sein; *mettre un* ~ ein Gedeck auflegen; *mettre, dresser le* ~ den Tisch decken; **2.** (*cuiller et fourchette*) Besteck n; ~ *d'argent* Silberbesteck n; *litt sous le* ~ *d'un chêne etc* unter dem Blätterdach e-r Eiche etc **4.** *loc/adv à* ~ geschützt; *COMM* gedeckt; gesichert; *loc/prép à* ~ *de* geschützt, sicher vor (+*dat*); *se mettre à* ~ sich 'unterstellen; Schutz suchen; **5.** *loc/prép sous* (*le*) ~ *de* unter dem Vorwand, Anschein, Deckmantel von (*ou* +*gén*); *sous le* ~ *de l'anonymat* im Schutze der Anonymität; **6.** *cf vivre*² 2.
couverte [kuvɛʀt] f TECH Gla'sur f
couverture [kuvɛʀtyʀ] f **1.** *en tissu* Decke f; *de lit a* Bettdecke f; ~ *chauffante* Heizdecke f; ~ *de laine* Wolldecke f; *fig tirer la* ~ *à soi* auf s-n Vorteil bedacht sein; alles für sich beanspruchen; **2.** *d'un livre* Einband m; Deckel m; *d'un magazine* Cover ['kavər] n; (*enveloppe*) 'Umschlag m; **3.** CONSTR Bedachung f; Dach n; **4.** MIL Deckung f; Sicherung f; **5.** FIN, COMM Deckung f; Sicherheit f; *ASSURANCES* (Pro'zentsatz m der Kosten) Deckung f; ~ *sociale* soziale Absicherung; soziales Netz; **6.** *fig pour dissimuler* Deckmantel m; Tarnung f; **7.** JOURNALISME (ausführliche) Berichterstattung (*de* über +*acc*)
couveuse [kuvøz] f **1.** MÉD Brutkasten m; **2.** *poule* Bruthenne f; Glucke f

couvrant [kuvʀɑ̃] *adj* deckend; Deck...; *fond m de teint* ~ deckendes Make-up; *peinture* ~**e** Deckfarbe *f*
couvrante [kuvʀɑ̃t] *f* F (*couverture*) (Bett)Decke *f*
couvre-chef [kuvʀəʃɛf] *plais m* ⟨*pl* couvre-chefs⟩ Kopfbedeckung *f*
couvre-feu [kuvʀəfø] *m* ⟨*pl* couvre-feux⟩ Ausgangssperre *f*; *décréter le* ~ e-e Ausgangssperre verhängen
couvre|-lit [kuvʀəli] *m* ⟨*pl* couvre-lits⟩ Tagesdecke *f*; ~**-livre** *m* ⟨*pl* couvre-livres⟩ Buchhülle *f*; ~**pied(s)** *m* ⟨*pl* couvre-pieds⟩ (gesteppte) Tagesdecke *f*
couvreur [kuvʀœʀ] *m* Dachdecker *m*
couvrir [kuvʀiʀ] ⟨je couvre, il couvre, nous couvrons; je couvrais; je couvris; je couvrirai; que je couvre; couvrant; couvert⟩ **I** *v/t* **1.** zu-, bedecken (*de* mit); *personne a* (*habiller*) warm anziehen; ~ *une table d'une nappe* (auf e-n Tisch) ein Tischtuch auflegen; ~ *un toit de tuiles* ein Dach mit Ziegeln decken; *des décorations lui couvrent la poitrine* s-e Brust ist mit Orden bedeckt; *des nuages couvrent le ciel* der Himmel ist bewölkt, verhangen, (von Wolken) bedeckt; **2.** *fig* über'schütten, über'häufen (*de* mit); ~ *de baisers* mit Küssen bedecken; ~ *qn d'éloges* j-n mit Lob überschütten; j-n 'überschwenglich loben; ~ *qn d'honneurs* j-n mit Ehren überhäufen; ~ *qn de honte* über j-n Schande bringen; **3.** MIL sichern; decken; Deckung geben (*qn* j-m); *fig qn* j-n decken; j-m Rückendeckung geben; ~ *qn de son corps* j-n mit s-m Körper decken; **4.** *distance* zu'rücklegen; *période* um'fassen; *l'émetteur couvre cette région* der Sender strahlt in dieses Gebiet aus; der Sender kann in diesem Gebiet empfangen werden; **5.** *son, voix* über'tönen; *les applaudissements ont couvert la fin de son discours a* das Ende s-r Rede ging im Applaus unter; ~ *la voix de qn a* j-n über'schreien; **6.** FIN, COMM *frais* decken; *emprunt, souscription* (voll) zeichnen; *assurance: risques* (ab)decken; absichern; *personne* ~ *ses frais* die Unkosten wieder her'einbekommen; *être couvert par une assurance* versichert sein; **7.** *journaliste: événement* (ausführlich) berichten über (+*acc*); **II** *v/pr se* ~ **8.** (*s'habiller*) sich warm anziehen; **9.** (*mettre un chapeau*) den Hut aufsetzen; **10.** *fig se* ~ *de gloire* sich mit Ruhm bedecken; Ruhm ernten, erwerben; *se* ~ *de ridicule* sich lächerlich machen; sich bla'mieren; **11.** *ciel* sich (mit Wolken) bedecken; sich bewölken; sich beziehen; *le temps se couvre* es, das Wetter wird trüb; es trübt sich ein
cover-girl [kɔvœʀɡœʀl] *f* ⟨*pl* cover-girls⟩ Covergirl *f* 'kavərɡœːrl]
cow-boy [kɔbɔj] *m* ⟨*pl* cow-boys⟩ Cowboy ['kaubɔɪ] *m*
coyote [kɔjɔt] *m* ZO Ko'jote *m*; Prä'riewolf *m*
C.P. [sepe] *m abr* (*cours préparatoire*) erste Grundschulklasse
C.P.E. [sepeə] *m,f abr* (*conseiller [conseillère] principal[e] d'éducation*) ÉCOLE Beauftragte(r) *f(m)* für Diszi'plin, Verwaltung und Beratung
C.Q.F.D. [sekyɛfde] *abr* (*ce qu'il fallait démontrer*) q. e. d. (quod erat demon-'strandum; was zu beweisen war)
crabe [kʀab] *m* ZO Krebs *m*; Krabbe *f*; *marcher en* ~ seitwärts gehen
crac [kʀak] *int* krach!; knack(s)!
crachat [kʀaʃa] *m* Auswurf *m*; Spucke *f*
craché [kʀaʃe] *adj c'est son père tout* ~ er ist s-m Vater wie aus dem Gesicht geschnitten; *c'est elle tout*(*e*) ~(*e*) das sieht ihr wieder mal ähnlich; das ist typisch für sie; das ist sie, wie sie leibt und lebt
crachement [kʀaʃmɑ̃] *m* **1.** Ausspucken *n*; ~ *de sang* Blutspucken *n*; **2.** *par ext* ~ *de flammes* Ausspeien *n* von Flammen; Flammenspeien *n*; **3.** *d'un haut-parleur etc* Knattern *n*; Geknatter *n*
cracher [kʀaʃe] **I** *v/t* **1.** *bonbon etc* ausspucken; *du sang* spucken; **2.** *par ext volcan: lave* auswerfen; (aus)spucken; ausspeien; *feu, flammes* speien; **3.** F *fig* ~ (*de l'argent, des sous*) F Geld, Mo'neten ausspucken; **4.** *fig* ~ *des injures* Beleidigungen, Beschimpfungen ausstoßen (*à qn* j-m gegen'über); **II** *v/i* **5.** (aus)spucken; *st/s* (aus)speien; ~ *à la figure de qn* j-m ins Gesicht spucken; ~ *sur qn, qc* j-n, etw anspucken; *défense de* ~*!* nicht auf den Boden spukken!; F *fig c'est comme si je crachais en l'air* das ist in den Wind gesprochen; es ist, als ob ich gegen e-e Wand spräche; **6.** F *fig ne pas* ~ *sur qc* etw nicht verachten; kein Kostverächter (von etw) sein; **7.** *stylo* klecksen; spritzen; **8.** *haut-parleur, radio* knattern
crachin [kʀaʃɛ̃] *m* Sprüh-, Nieselregen *m*
crachiner [kʀaʃine] *v/imp* nieseln
crachoir [kʀaʃwaʀ] *m* Spucknapf *m*; F *fig: tenir le* ~ die ganze Zeit reden; keinen andern zu Wort kommen lassen; *tenir le* ~ *à qn* j-m zuhören müssen, ohne selber zu Wort zu kommen
crachotement [kʀaʃɔtmɑ̃] *m* **1.** *action* häufiges Ausspucken; **2.** *bruit* Knattern; Geknatter *n*
crachoter [kʀaʃɔte] *v/i* **1.** *personne* häufig (aus)spucken; **2.** *haut-parleur, radio* knattern
crack [kʀak] *m* **1.** F (*as*) F Ka'none *f*; As *n*; *un* ~ *en math* e-e Kanone in Mathe; **2.** *cheval* Crack [kʀɛk] *m*; ausgezeichnetes Rennpferd
cracking [kʀakiŋ] *m* CHIM Kracken *n*
Cracovie [kʀakɔvi] Krakau *n*
cracra [kʀakʀa] F *adj* ⟨*inv*⟩ ou **cradingue** [kʀadɛ̃g] F *adj* ou **crado** [kʀado] F *adj* ⟨*inv*⟩ schmutzig; schmuddelig
craie [kʀɛ] *f* Kreide *f* (*a* GÉOL)
craindre [kʀɛ̃dʀ(ə)] *v/t* ⟨je crains, il craint, nous craignons; je craignais; je craignis; je craindrai; que je craigne; craignant; craint⟩ **1.** ~ *qn, qc* j-n, etw fürchten; sich vor j-m, etw fürchten; vor j-m, etw Angst, Furcht haben; ~ *le pire* das Schlimmste (be)fürchten; *il ne craint pas le ridicule* er fürchtet sich nicht davor, sich lächerlich zu machen, F *quelques gouttes de pluie*, *je ne crains pas* (das) macht mir nichts aus; *abs* ~ *pour qn* um j-n, j-s Leben fürchten, bangen; *se faire* ~ sich Respekt verschaffen (*de qn* bei j-m); ♦ ~ *de* (+*inf*) sich fürchten, befürchten zu (+*inf*); *ne pas* ~ *de* (+*inf*) sich nicht scheuen zu (+*inf*); ~ *que ... (ne)* (+*subj*) (be)fürchten, daß ...; *il est à* ~ *que ... (ne)* (+*subj*) es ist zu befürchten, daß ...; **2.** *choses, plantes* ~ *la chaleur, la gelée* hitze-, frostempfindlich sein; Hitze, Frost nicht vertragen; *ce tissu craint l'eau* dieser Stoff verträgt kein Wasser, ist gegen Wasser empfindlich; **3.** F *ça ne craint rien* da besteht keine Gefahr; da kann gar nichts pas-'sieren; **4.** *abs* F *ça craint* F das ist mies
crainte [kʀɛ̃t] *f* Furcht *f*; Befürchtung *f*; Angst *f*; Bangen *n*; Scheu *f*; ~*s pl* Befürchtungen *f/pl*; ~ *du gendarme* Furcht, Angst vor der Polizei; *loc/prép dans la* ~ *de ou de* ~ *de ou* F ~ *de* (+*inf ou* +*subst*) aus Angst, Furcht zu (+*inf*) *ou* vor (+*dat*); *de* ~ *de manquer le train, j'ai pris un taxi* da ich befürchtete, den Zug zu verpassen, ...; *n'ayez* ~ keine Sorge!; *soyez sans* ~ seien Sie ohne Sorge; (be)fürchten Sie nichts
craintif [kʀɛ̃tif] *adj* ⟨-ive⟩ furchtsam; ängstlich
cramer [kʀame] **I** *v/t rôti* anbrennen lassen; **II** *v/i plat, lait* anbrennen; F *la baraque a cramé* F die Bude ist abgebrannt
cramoisi [kʀamwazi] *adj* hochrot; *teint a* F knallrot; *tissu a* leuchtendrot; karme'sinrot
crampe [kʀɑ̃p] *f* Krampf *m*; ~ *des écrivains* Schreibkrampf *m*; ~ *d'estomac* Magenkrampf *m*
crampon [kʀɑ̃pɔ̃] *m* **1.** TECH Klammer *f*; *de chaussures* Stollen *m*; ALPINISME ~*s à glace* Steigeisen *n/pl*; **2.** F *fig quel* ~*!* F so e-e Klette!; *adjt elle est* ~ sie ist e-e richtige Klette; man wird sie nicht los; **3.** BOT ~*s pl* Haftwurzeln *f/pl*
cramponner [kʀɑ̃pɔne] **I** *v/t* **1.** TECH verklammern; **2.** F ~ *qn* F sich an j-n wie e-e Klette hängen; **II** *v/pr* **3.** *se* ~ *à qc* sich an etw (*acc*) klammern; *se* ~ *au bras, au cou de qn* sich an j-s Arm (*acc*) klammern; j-n ans Halsklammern; *fig se* ~ *à un espoir, à la vie* sich an e-e Hoffnung, ans Leben klammern; **4.** F *se* ~ F e-e Klette sein
cran [kʀɑ̃] *m* **1.** (*entaille*) Einschnitt *m*; Kerbe *f*; Einkerbung *f*; Raste *f*; Stufe *f* (*a fig*); *d'une ceinture etc* Loch *n*; TECH ~ *d'arrêt* Sperrklinke *f*; *couteau m à* ~ *d'arrêt* Springmesser *n*; *d'une arme à feu:* ~ *de mire* Kimme *f*; ~ *de sûreté* Sicherung *f*; *planche d'étagère etc* *baisser, 'hausser d'un* ~ um ein Loch, e-e Stufe niedriger, höher einlegen; *fig baisser d'un* ~ *dans l'estime de qn* ein wenig in j-s Achtung (*dat*) sinken; *fig monter d'un* ~ *dans son métier* in s-m Beruf e-e Stufe höher kommen; **2.** F (*courage*) Mut *m*; Kühnheit *f*; Schneid *m*; *avoir du* ~ F Schneid haben; **3.** F *fig il est à* ~ er ist äußerst gereizt; F er explo'diert gleich; er ist auf hundert('achtzig); **4.** *coiffure* ~*s pl* scharf mar'kierte Wellen *f/pl*
crâne [kʀɑn] *m* Schädel *m*; *j'ai mal au* ~ mir tut der Schädel weh; F *fig se mettre qc dans le* ~ sich etw in den Kopf, F Schädel setzen; *cf a bourrer* 2.
crâner [kʀɑne] *v/i* F angeben; aufschneiden
crân|eur [kʀɑnœʀ] *m*, ~**euse** *f* F Angeber(in) *m(f)*; Aufschneider(in) *m(f)*;

crânien [kʀɑnjɛ̃] *adj* ⟨-ne⟩ *ANAT* Schädel...; *boîte* **~ne** Gehirnschädel *m*; Hirnschale *f*
Großsprecher(in) *m(f)*; Prahlhans *m*; *faire le crâneur, la crâneuse ou adjt être* **~** F angeben; aufschneiden; ein Angeber, e-e Angeberin sein
crapahuter [kʀapayte] F *v/i* in schwierigem Gelände mar'schieren
crapaud [kʀapo] *m* **1.** *ZO* Kröte *f*; **2.** *adjt fauteuil m* **~** kleiner Lehnsessel; *(piano m)* **~** kleiner Stutzflügel; **3.** *d'un diamant* kleine Unreinheit; kleiner Mangel
crapule [kʀapyl] *f péj* Lump *m*; Ha'lunke *m*; F übler Bursche, Kunde, Pa'tron
crapuleux [kʀapylø] *adj* ⟨-euse⟩ *action* schändlich; gemein; *existence* dunkel; zwielichtig; *crime* **~** Raubmord *m*
craquage [kʀakaʒ] *m CHIM* Kracken *n*
craquant [kʀakɑ̃] *adj* F *personne, enfant* niedlich; F süß; allerliebst
craque [kʀak] F *f* Lüge(nmärchen) *f(n)*
craquelé [kʀakle] *adj* mit feinen Rissen; rissig; *PEINT* mit Krake'lüren; *porcelaine* **~e** Craque'léporzellan *n*
craqueler [kʀakle] ⟨-ll-⟩ I *v/t* rissig machen; **~** *de la porcelaine* in der Glasur von Porzellan Haarrisse erzeugen; II *v/pr terre, vernis* **se ~** rissig werden; (feine) Risse bekommen
craquelure [kʀaklyʀ] *f* feiner Riß; Haarriß *m*; *dans la porcelaine* Craque'léné; *PEINT* Krake'lüre *f*
craquement [kʀakmɑ̃] *m bruit sec* Knacken *n*; Knarren *n*; Knistern *n*; Knirschen *n*; *en éclatant* Krachen *n*; Bersten *n*
craquer [kʀake] I *v/t* **1.** *allumette* anstreichen; anreißen; **2.** *CHIM* kracken; II *v/i* **3.** *(faire un bruit sec)* knacken; *vieux meuble, parquet* knarren; *biscotte* krachen; *feuilles* knistern; *neige* knirschen; *faire* **~** *ses doigts* mit den Fingern, Fingergelenken knacken; **4.** *en éclatant* knacken; brechen; bersten; *couture* platzen; *faire* **~** sprengen; zum Bersten bringen; *fig plein à* **~** zum Bersten, Brechen voll; brechend voll; **5.** *fig régime etc* ins Wanken geraten; **6.** F *personne* **a)** *(céder à la tentation)* F schwach werden; **~** *pour qn, qc* F auf j-n, etw stehen; **b)** *(s'effondrer)* zu'sammenbrechen; *il a craqué ou ses nerfs ont craqué* er ist zusammengebrochen; er hat die Nerven verloren
craqueter [kʀakte] *v/i* ⟨-tt-⟩ **1.** *bruit sec* knistern; **2.** *cigogne* klappern
crash [kʀaʃ] *m AVIAT* Bauchlandung *f*
crasse[1] [kʀas] *f* **1.** *(saleté)* Schmutz *m*; F Dreck *m*; *couvert de* **~** schmutzig; schmutzstarrend; F verdreckt; *vivre dans la* **~** im Schmutz, F Dreck verkommen, ersticken; **2.** *MÉTALL* **~s** *pl* Gekrätz *n*; Krätze *f*; **3.** F *fig faire une* **~** *à qn* j-m gegen'über e-e Gemeinheit begehen, gemein handeln
crasse[2] [kʀas] *adj ignorance, bêtise* kraß
crasseux [kʀasø] *adj* ⟨-euse⟩ verschmutzt; schmutzig; F verdreckt; dreckig
crassier [kʀasje] *m MÉTALL* Schlackenhalde *f*
cratère [kʀatɛʀ] *m GÉOL, de bombe* Krater *m*; **~** *lunaire, volcanique* Mond-, Vul'kankrater *m*

cravache [kʀavaʃ] *f* Reitpeitsche *f*, -gerte *f*; *fig mener qn à la* **~** j-n mit rücksichtsloser Strenge, Härte behandeln
cravacher [kʀavaʃe] I *v/t cheval* mit der Peitsche antreiben; II *v/i* F sich ranhalten
cravate [kʀavat] *f* Kra'watte *f*; F Schlips *m*; **~** *de commandeur de la Légion d'honneur* als Krawatte geschlungenes Ordensband der Kommandeure der Ehrenlegion; F *fig s'en jeter un derrière la* **~** F (sich) einen hinter die Binde gießen
cravater [kʀavate] *v/t* **1.** *(saisir par le cou)* **~** *qn* j-n in den Würgegriff nehmen; **2.** F *voleur etc* **se faire ~** F geschnappt werden
crawl [kʀol] *m SPORTS* Kraul(stil) *n(m)*; Kraulen *n*; Kraulschwimmen *n*
crawler [kʀole] *v/i SPORTS* kraulen; *adjt dos crawlé* Rückenkraulen *n*
crayeux [kʀɛjø] *adj* ⟨-euse⟩ kreidig; kreidehaltig; Kreide...; *falaise crayeuse* Kreidefelsen *m*
crayon [kʀɛjɔ̃] *m* **1.** *pour écrire ou dessiner* (Blei-, Farb-, Zeichen)Stift *m*; *MÉD* **~** *hémostatique* blutstillender Stift; **~** *noir* Bleistift *m*; *INFORM* **~** *optique* Lichtstift *m*; **~** *rouge* Rotstift *m*; *PEINT* Rötelstift *m*; **~** **(à)** *bille* Kugelschreiber *m*; **~** *à lèvres* Kon'turenstift *m* (für die Lippen); **~** *à sourcils* Augenbrauenstift *m*; **~** *de couleur* Farb-, Buntstift *m*; *dessin au* **~** Bleistiftzeichnung *f*; *écrire au* **~** mit (dem) Bleistift schreiben; **2.** *dessin* Bleistiftzeichnung *f*
crayon|-feutre [kʀɛjɔ̃føtʀ(ə)] *m* ⟨*pl* crayons-feutres⟩ Filz-, Faserschreiber *m*, -stift *m*; **~-lecteur** *m* ⟨*pl* crayons-lecteurs⟩ Scanner [-ɛ-] *m*
crayonnage [kʀɛjɔnaʒ] *m* (Bleistift)Gekritzel *n*
crayonner [kʀɛjɔne] *v/t au crayon* (mit dem Bleistift) kritzeln; *(esquisser)* skiz'zieren
créance [kʀeɑ̃s] *f* **1.** *COMM, JUR* Forderung *f*; **~s** *pl a* Außenstände *pl*; **2.** *DIPL lettres f/pl de* **~** Beglaubigungsschreiben *n*
créanc|ier [kʀeɑ̃sje] *m*, **~ière** *f COMM, JUR* Gläubiger(in) *m(f)*
créateur [kʀeatœʀ] I *adj* ⟨-trice⟩ schöpferisch; krea'tiv; II *subst* **1.** *m* Schöpfer *m* *(Gott)*; **2.** **~**, *créatrice m,f* Schöpfer(in) *m(f)*; Begründer(in) *m(f)*; *THÉ* **~**, *créatrice d'un rôle* erster Darsteller, erste Darstellerin e-r Rolle
créatif [kʀeatif] I *adj* ⟨-ive⟩ krea'tiv; erfinderisch; II *m/pl* **~s** *PUBLICITÉ* krea'tiv tätige Werbefachleute *pl*
création [kʀeasjɔ̃] *f* **1.** *REL* **a)** *la* ♀ *(le monde créé)* die Schöpfung *f*; **b)** **~** *du monde* Erschaffung *f* der Welt; **2.** *(fondation)* Schaffung *f*; (Be)Gründung *f*; Errichtung *f*; *COMM* **~** *de capitaux* Kapi'talschöpfung *f*; **~** *de nouveaux emplois* Schaffung neuer Arbeitsplätze; **~** *d'une nouvelle entreprise* (Be-)Gründung, Errichtung e-s neuen Unter'nehmens; **3.** *ART activité* Schaffen *n*; *œuvre* Schöpfung *f*; **~** *artistique, littéraire* künstlerisches, literarisches Schaffen; *les* **~s** *de Michel-Ange* die Schöpfungen Michelangelos; **4.** *THÉ d'un rôle* Kre'ieren *n*; *(rôle créé)* kre'ierte Rolle; *d'une pièce* Erstinszenie-

rung *f*; **5.** *des grands couturiers* Krea-ti'on *f*
créativité [kʀeativite] *f* Kreativi'tät *f*
créature [kʀeatyʀ] *f* **1.** *REL* Geschöpf *n*; Krea'tur *f*; **2.** *surtout femme* Geschöpf *n*; Wesen *n*; *quelle sotte* **~**! so e-e dumme Person!; **3.** *péj (protégé)* Krea-'tur *f*
crécelle [kʀesɛl] *f* **1.** Rassel *f*; Schnarre *f*; Knarre *f*; Klapper *f*; **2.** *fig*: *bruit m de* **~** Kreischen *n*; Schrillen *n*; Klappern *n*; Rasseln *n*; Schnarren *n*; *voix f de* **~** kreischende, schrille Stimme
crèche [kʀɛʃ] *f* **1.** *BIBL* Krippe *f*; **~** *de Noël* Weihnachtskrippe *f*; **2.** *pour enfants* Kinderkrippe *f*
crécher [kʀeʃe] *v/i* ⟨-è-⟩ F *(habiter)* F hausen; *(passer la nuit)* über'nachten
créd|ibilité [kʀedibilite] *f* Glaubwürdigkeit *f*, -haftigkeit *f*; **~ible** *adj* glaubwürdig, -haft
CREDIF *ou* **C.R.E.D.I.F.** [kʀedif] *m abr* *(Centre de recherche et d'étude pour la diffusion du français)* sprachdidaktisches Forschungs- und Studieninstitut
crédit [kʀedi] *m* **1.** *COMM* Kre'dit *m*; **~** *bancaire* Bankkredit *m*; **~** *documentaire* Doku'menten-, Warenakkreditiv *n*; **~** *industriel et commercial* gewerblicher Kredit; **~** *à la consommation* Konsu'menten-, Verbraucherkredit *m*; *carte f de* **~** Kreditkarte *f*; *loc/adj et loc/adv à* **~** Kre'dit...; auf Kredit, Borg, F Pump; *achat m à* **~** Kreditkauf *m*; *Kauf m auf Kredit*; *acheter à* **~** auf Kredit kaufen; F *(à tempérament)* auf Raten(zahlung), F auf Stottern kaufen; *accorder un* **~** *à qn* j-m e-n Kredit gewähren, bewilligen; *avoir du* **~** Kredit haben *(chez bei)*; *cf a 3*.; *avoir trois mois de* **~** drei Monate Kredit, Zahlungsfrist haben; *faire* **~** *à qn* j-m Kredit geben, gewähren, einräumen; *prendre un* **~** e-n Kredit aufnehmen; **2.** *nom de banque* Kre'ditanstalt *f*, -institut *n*; ♀ *agricole correspond à* Raiffeisenbank *f*; ♀ *foncier* Bodenkreditanstalt *f*; ♀ *Lyonnais frz* Großbank *f*; *municipal* städtisches Leihamt; **3.** *(prestige)* Ansehen *n*; Kre'dit *m*; Reputati'on *f*; *avoir du* **~**, *être en* **~** *(auprès de qn)* (bei j-m) Ansehen genießen, angesehen sein; *jouir d'un grand* **~** *(auprès de qn)* (bei j-m) sehr angesehen sein; **4.** *(confiance)* *ne plus avoir de* **~** nicht mehr glaubwürdig sein; *trouver (du)* **~** *(auprès de qn)* (bei j-m) Glauben finden; **5.** *pl* **~s** *(budgétaires)* Haushaltsmittel *n/pl*; Kre'dite *m/pl*; **6.** *COMPTABILITÉ* Haben(seite) *n(f)*; *porter une somme au* **~** *de qn* j-m e-e Summe gutschreiben, kredi-'tieren
crédit-bail [kʀedibaj] *m* Leasing ['li:-] *n*
créditer [kʀedite] *v/t* **~** *un compte, qn d'une somme* e-m Konto, j-m e-n Betrag gutschreiben, kredi'tieren
créditeur [kʀeditœʀ] I *adj* ⟨-trice⟩ *compte* **~** Ak'tiv-, Vermögenskonto *n*; *solde* **~** Aktiv-, Habensaldo *m*; II *m* Kreditor *m*
credo [kʀedo] *m* **1.** *ÉGL* ♀ Credo *n*; Glaubensbekenntnis *n*; **2.** *fig* Glaubensbekenntnis *n*; Kredo *ou* Credo *n*; Prin'zipien *n/pl*
crédul|e [kʀedyl] *adj* leichtgläubig; **~ité** *f* Leichtgläubigkeit *f*

créer [kʀee] **I** v/t **1.** REL (er)schaffen; **2.** œuvre artistique schaffen; produit, modèle, mode, rôle kre'ieren; spectacle zum ersten Mal insze'nieren; abs schöpferisch tätig sein; **3.** (fonder) (be)gründen; errichten; ins Leben rufen; emplois, besoins schaffen; nouveaux marchés erschließen; **4.** ~ des ennuis à qn j-m Unannehmlichkeiten, Ärger (ein-) bringen, verursachen, bereiten; **II** v/pr **5.** se ~ qc sich etw aufbauen; se ~ une clientèle Kunden, e-n Kundenkreis gewinnen; **6.** se ~ des besoins sich (unnötige) Bedürfnisse schaffen; se ~ des ennuis sich Ärger einhandeln; Ärger bekommen

crémaillère [kʀemajɛʀ] f **1.** Kesselhaken m; fig pendre la ~ die neue Wohnung einweihen; s-n Einzug in die neue Wohnung, in das neue Haus feiern; **2.** TECH Zahnstange f; chemin de fer m à ~ Zahnradbahn f

crémant [kʀemɑ̃] m leicht mous'sierender Wein

crématoire [kʀematwaʀ] adj et subst m (four m) ~ Verbrennungsofen m; Krema'torium n

crématorium [kʀematɔʀjɔm] m Krema'torium n

crème [kʀɛm] **I** f **1.** CUIS **a)** matière grasse Sahne f; südd Rahm m; ~ **Chantilly** [ʃɑ̃tiji] ou ~ **fouettée** Schlagsahne f; südd Schlagrahm m; österr Schlagobers n; ~ **fraîche** (dicke) süße Sahne; Crème fraîche f; adjt **café** m ~ ou elliptiquement ~ m Milchkaffee m; **b)** entremets Creme f; Krem f ou F m; ~ **anglaise** Eier-Milch-Creme f; ~ **glacée** Eiscreme f; ~ **renversée** gestürzter Pudding mit Karamelüberzug; **c)** fromage Schmelz-, Streichkäse m; ~ **de gruyère** Schmelzkäse aus Emmentaler; **d)** potage sämige Suppe; ~ **d'asperges** Spargelcremesuppe f; **2.** produit de toilette (Haut)Creme f; ~ **grasse** Fettcreme f; ~ **solaire** Sonnen(schutz)creme f; ~ **à raser, de beauté, de jour, de nuit** Ra'sier-, Schönheits-, Tages-, Nachtcreme f; **3.** liqueur ~ **de banane, de cacao** Ba'nanen-, Ka'kaolikör m; **4.** (cirage) Schuhcreme f; **5.** F la ~ (des meilleurs) die Creme (der Gesellschaft); la ~ de la ~ die (aller)feinsten Leute pl; F c'est la ~ des hommes er ist der gutmütigste Mensch; **II** adj ⟨inv⟩ couleur cremefarben

crémerie [kʀɛmʀi] f Milchgeschäft n; F fig changer de ~ das Lo'kal wechseln

crémeux [kʀemø] adj ⟨-euse⟩ sahnig; kremig; sämig

crém|ier [kʀemje] m, **~ière** f Milchhändler(in) m(f)

crémone [kʀemɔn] f TECH Treibriegelverschluß m

créneau [kʀeno] m ⟨pl ~x⟩ **1.** FORTIF Zinne f; fig monter au ~ auf die Barrikaden gehen; **2.** AUTO Parklücke f; faire un ~ einparken; in e-e Parklücke hin'einfahren; **3.** ~ (horaire) freier Augenblick, freie Zeit (im Terminplan); ESPACE ~ **de lancement** Startfenster n; **4.** ÉCON Marktlücke f, -nische f

crénel|é [kʀenle] adj tour, mur zinnenbewehrt; mit Zinnen versehen; **~er** v/t ⟨-ll-⟩ TECH kerben; zähnen; pièce de monnaie rändeln

créole [kʀeɔl] **I** adj kre'olisch; parlers m/pl ~s Kre'olensprachen f/pl; **II** subst **1.** m,f Kre'ole m, Kre'olin f; **2.** LING le ~ Kre'ol(isch) n; das Kre'olische

crêpage [kʀɛpaʒ] m **1.** des cheveux Tou'pieren n; **2.** F fig ~ **de chignon** Zank m; Streit m; Gezänk n; **3.** TEXT Kreppen n

crêpe[1] [kʀɛp] m **1.** TEXT Krepp m; ~ **georgette** Crêpe Geor'gette m; ~ **de Chine** Crêpe de Chine m; ~ **de laine, de soie** Woll-, Seidenkrepp m; **2.** en signe de deuil Trauerflor m, -band n, -schleife f; **3.** **semelles** f/pl (**de**) ~ Kreppsohlen f/pl

crêpe[2] [kʀɛp] f CUIS (dünner) Pfann-, Eierkuchen m; Crêpe f; österr Pala'tschinke f; ~**s Suzette** mit Likörcreme angerichtete u flambierte Eierkuchen; ~ **à la confiture, de sarrasin** Marme'laden-, Buchweizenpfannkuchen m; F fig retourner qn comme une ~ j-n vollkommen 'umstimmen, F her'umkriegen

crêper [kʀepe] **I** v/t **1.** cheveux tou'pieren; **2.** TEXT kreppen; **II** v/pr F cf **chignon**

crêperie [kʀɛpʀi] f Lo'kal n, Ca'fé n, in dem „crêpes" serviert werden

crépi [kʀepi] m CONSTR (rauher) (Ver-) Putz; Rauhputz m; Bewurf m

crépl|ier [kʀepje] m, **~ière** f Crêpes-Verkäufer(in) m(f)

crépine [kʀepin] f **1.** TECH Saugkorb m; Sieb m; **2.** BOUCHERIE Netz n

crép|ir [kʀepiʀ] v/t mur verputzen; bewerfen; berappen; **~issage** m (Rauh-) Verputzen n

crépitement [kʀepitmɑ̃] m d'un feu de bois Knistern n; Prasseln n; d'une mitrailleuse Knattern n; Rattern n

crépiter [kʀepite] v/i feu de bois knistern; prasseln; applaudissements aufbranden; aufbrausen; mitrailleuse knattern; rattern

crépon [kʀepɔ̃] m **I** adj **papier** m ~ Krepppapier n; **II** m TEXT dicker, grober Krepp

CREPS ou **C.R.E.P.S.** [kʀɛps] m abr (centre régional d'éducation physique et sportive) staatliche Ausbildungsstätte für Sportlehrer; Sporthochschule f

crépu [kʀepy] adj kraus; **cheveux** ~**s** Kraushaar n

crépusculaire [kʀepyskylɛʀ] adj lueur f, lumière f ~ Dämmerlicht n

crépuscule [kʀepyskyl] m **1.** (Abend-) Dämmerung f; Dämmerlicht n; au ~ ou à l'heure du ~ in der Abenddämmerung; **2.** fig et litt (déclin) Vergehen n; 'Untergang m; Wagner **Le** ♫ **des dieux** Die Götterdämmerung

crescendo [kʀeʃɛndo] **I** adv MUS crescendo [-'ʃɛn-]; fig **aller** ~ anschwellen; zunehmen; **II** m MUS Crescendo n

cresson [kʀesɔ̃, kʀɔ-] m BOT Kresse f; ~ **de fontaine** Brunnenkresse f

Crésus [kʀezys] m HIST Krösus m; fig **il est riche comme** ~ er ist ein Krösus

crésyl [kʀezil] m (nom déposé) ein Desinfektionsmittel

crétacé [kʀetase] GÉOL **I** adj Kreide...; **II** m Kreide(zeitalter) f(n)

crête [kʀɛt] f **1.** du coq, de certains reptiles Kamm m; (huppe) Schopf m; **2.** d'une montagne Kamm m; Wellenkamm m, -berg m; **4.** d'un toit First m; d'une muraille Krone f; **5.** ANAT ~ **iliaque** Darmbeinkamm m; **6.** ÉLECT **puissance** f **de** ~ Spitzenleistung f

Crète [kʀɛt] **la** ~ Kreta n

crétin [kʀetɛ̃] **I** adj dumm; F blöd; **II** subst ~(**e**) m(f) **1.** péj Dummkopf m; Idi'ot m; f d'une femme dumme, blöde Kuh; **2.** MÉD Kre'tin m

crétin|erie [kʀetinʀi] f Dummheit f; Blödsinn m; **~iser** v/t verdummen; **~isme** m **1.** MÉD Kreti'nismus m; **2.** (bêtise) Dummheit f; Blödsinn m; Idio'tie f

crétois [kʀetwa] **I** adj kretisch; **II** subst ♫(**e**) m(f) Kreter(in) m(f)

cretonne [kʀɔtɔn] f TEXT Cre'tonne ou Kre'tonne f ou m; österr Kre'ton m

Creuse [kʀøz] **la** ~ Fluß u Departement in Frankreich

creusement [kʀøzmɑ̃] m Graben n; Aushöhlen n

creuser [kʀøze] **I** v/t **1.** dans la terre: trou, puits, tunnel graben; tunnel a bohren; canal bauen; fosse, tranchée ausheben; MINES galerie vortreiben; (rendre creux) roche etc aushöhlen; fig ~ **un abîme** e-n Abgrund aufreißen (**entre** zwischen +dat); ~ **la terre** die Erde aufgraben; in der Erde graben; ~ **un trou dans qc** etw aushöhlen; **2.** par ext: joues aushöhlen; yeux einsinken lassen; ~ **l'estomac** hungrig machen; **visage creusé de rides** verrunzeltes, von Runzeln durch'zogenes Gesicht; **3.** fig sujet, question vertiefen; sich eingehend befassen mit; **II** v/i **4.** dans la terre graben; **5.** F (donner de l'appétit) hungrig machen; **III** v/pr se ~ **6.** (devenir creux) dent, joues hohl werden; visage a hohlwangig werden; yeux einsinken; fig **un fossé se creuse entre eux** ein Graben tut sich zwischen ihnen auf; **7.** fig (réfléchir) sich (geistig) anstrengen; se ~ **la cervelle, le cerveau, la tête** sich den Kopf zerbrechen; sich das Hirn zermartern

creuset [kʀøzɛ] m **1.** récipient (Schmelz)Tiegel m; **2.** d'un haut fourneau Gestell n; **3.** fig Schmelztiegel m

creux [kʀø] **I** adj ⟨**creuse** [kʀøz]⟩ **1.** hohl (a dent); Hohl...; par ext: joues hohl; eingefallen; visage hohl(wangig); yeux tiefliegend; eingesunken; **assiette creuse** tiefer Teller; Suppenteller m; **chemin** ~ Hohlweg m; MAR **mer creuse** hohle See; COUT **pli** ~ Kellerfalte f; fig **j'ai le ventre, l'estomac** ~ ich habe e-n leeren Magen, nichts im Magen; mir knurrt der Magen; **2.** fig: **classes creuses** geburtenschwache ou durch den Krieg dezi'mierte Jahrgänge m/pl; **heures creuses** CIRCULATION verkehrsschwache Zeiten f/pl; COMM Zeiten, in denen wenig Betrieb ist; **3.** son hohl; **4.** fig phrases, discours leer; hohl; inhalts-, gehaltlos; **II** adv **sonner** ~ hohl klingen (a fig); **III** m **1.** Vertiefung f; (Aus)Höhlung f; Mulde f; nordd a Kuhle f; ~ **de l'estomac** Magen-, Herzgrube f; fig **j'ai un** ~ (**dans l'estomac**) ich hab Hunger; ich bin hungrig; mir knurrt der Magen; ~ **du genou** Kniekehle f; ~ **de la main** hohle Hand; ~ **d'une vague** Wellental n; fig **être dans le** ~ **de la vague** an e-m Tiefpunkt angelangt sein; **2.** COMM Flaute f

crevaison [kʀəvɛzɔ̃] f d'un pneu Reifenpanne *f*; geplatzter Reifen; F Platte(r) *m*; Plattfuß *m*; *österr* Patschen *m*

crevant [kʀəvɑ̃] *adj* F **1.** (*épuisant*) ermüdend; *c'est* ~ F das macht einen fertig, ka'putt; **2.** (*drôle*) F zum Totlachen, Schreien, Schießen; irrsinnig komisch

crevasse [kʀəvas] *f* **1.** *d'un mur, dans le sol* (tiefer *ou* klaffender) Riß; **2.** *de la peau* ~*s pl* Schrunden *f/pl*; Risse *m/pl*; ~*s aux lèvres* aufgerissene, rissige Lippen *f/pl*; **3.** *d'un glacier* Gletscherspalte *f*

crevasser [kʀəvase] I *v/t froid*: *mains etc* aufspringen lassen; rissig machen, werden lassen; *adj* **crevassé** rissig; *peau a* aufgesprungen; II *v/pr se* ~ Risse bekommen; rissig werden; aufreißen; aufspringen

crève [kʀɛv] *f* F *attraper la* ~ F sich e-e Mordserkältung, sich den Tod holen

crevé [kʀəve] *adj* **1.** (*éclaté*) ge-, zerplatzt; geborsten; *pneu* ~ geplatzter Reifen; F Platte(r) *m*; Plattfuß *m*; *österr* Patschen *m*; **2.** *plante, animal* eingegangen; *animal a* verendet; **3.** F (*épuisé*) *être* ~ F vollkommen fertig, erledigt, ka'putt, völlig erschossen sein

crève-cœur [kʀɛvkœʀ] *m* ⟨*inv*⟩ Herzeleid *n*; Jammer *m*; *c'est un vrai* ~ *de voir ça* das ist ein herzzerreißender Anblick

crève-la-faim [kʀɛvlafɛ̃] *m* ⟨*inv*⟩ F Hungerleider *m*

crever [kʀəve] ⟨-è-⟩ I *v/t* **1.** (*faire éclater*) platzen lassen; zum Platzen, Bersten bringen; *pneu avec un couteau* zerstechen; aufschlitzen; *abcès* aufschneiden; *sac en papier etc* durch'bohren; ein Loch bohren, machen in (+*acc*); *fig* ~ *le cœur à qn* j-m das Herz brechen, brechen; *ça vous crève le cœur a* das ist herzzerreißend; *fig acteur* ~ *l'écran* große Begeisterung auslösen; Fu'rore machen; ~ *un œil à qn* j-m ein Auge ausschlagen, ausstechen; *fig ça crève les yeux* das springt in die Augen; das ist sonnenklar; F das sieht doch ein Blinder; *objet égaré il te crève les yeux* es liegt direkt vor deiner Nase; F es wird dich gleich beißen; **2.** F (*épuiser*) ~ *qn* F j-n ka'puttmachen, fertigmachen, erledigen; ~ *un cheval* ein Pferd zu'schanden reiten; II *v/i* **3.** (*éclater*) (auf-, zer)platzen; bersten; *abcès* aufgehen; aufbrechen; *nuage* sich entladen; *pneu* platzen; *par ext j'ai crevé* ich habe e-e Reifenpanne, F e-n Platten, e-n Plattfuß, *österr* e-n Patschen (gehabt); *fig*: ~ *de jalousie* vor Neid platzen; ~ *d'orgueil* äußerst hochmütig sein; ~ *de rire* vor Lachen platzen; F sich totlachen; *c'est à* ~ *de rire* F es ist zum Totlachen, Schießen; **4.** *animal, plante* eingehen; *animal a* verenden; F kre'pieren; P *personne* P kre'pieren; verrecken; F *fig* ~ *de chaleur* vor Hitze 'umkommen, vergehen; F *fig* ~ *de faim* vor Hunger vergehen; am Verhungern sein; F *chaleur f à* ~ F Bullen-, Affen-, Bruthitze *f*; F *il fait une chaleur à* ~ es ist wahnsinnig heiß; *ça fait* ~ *les plantes* davon gehen die Pflanzen ein; III *v/pr* **5.** F *se* ~ (*au travail*) F sich zu Tode arbeiten, schinden, schuften; sich abschinden; **6.** *se* ~ *les yeux* sich die Augen verderben

crevette [kʀəvɛt] *f* ZO Gar'nele *f*; CUIS Krabbe *f*; ~ *grise* Sandgarnele *f*; Gra'nat *m*; ~ *rose* rosa Garnele

cri [kʀi] *m* Schrei *m*, Ruf *m* (*a d'un animal*); ~*s pl a* Geschrei *n*; Schreien *n*; *fig le dernier* ~ der letzte Schrei; der Dernier cri; *langer* ~ langgezogener Schrei; ~ *d'alarme* Warnruf *m*; ~ *de guerre* Schlachtruf *m*; ~ *d'indignation* Schrei der Entrüstung; ~ *de joie* Freudenschrei *m*; ~*s de joie* Freudengeschrei *n*, -gebrüll *n*; Jubel *m*; Jauchzen *n*; *pousser des* ~*s de joie* in (ein) Freudengeschrei ausbrechen; jubeln; jauchzen; *fig les* ~*s des opprimés* die Schreie, das Schreien der Unter'drückten; HIST ~*s de Paris* Rufe der Straßenhändler in Paris; ~*s des vendeurs de journaux* Rufe der Zeitungsverkäufer; *au(x)* ~(*s*) *de* ... mit dem Ruf, Schrei ...; *loc/adv à grands* ~*s* mit lautem Geschrei; *fig* nachdrücklich; eindringlich; *fig c'est le* ~ *du cœur* das ist ganz echt, ganz spon'tan, nicht gespielt; das ist mir (*ou* dir *etc*) (wider Willen) entschlüpft

criaillement [kʀijɑjmɑ̃] *m* Kreischen *n*; Zetern *n*; Keifen *n*; Zetergeschrei *n*

criailler [kʀijɑje] *v/i* (*crier*) kreischen; (*se plaindre*) zetern; keifen

criailleries [kʀijɑjʀi] *f/pl* Gezeter *n*; Gekeife *n*

criant [kʀijɑ̃] *adj* **1.** *injustice* (himmel-)schreiend; **2.** (*manifeste*) eindeutig; ganz klar; *preuve a* schlagend

criard [kʀijaʀ] *adj* **1.** *voix, enfant* kreischend; *enfant a* plärrend; **2.** *couleur* grell; schreiend

criblage [kʀiblaʒ] *m* TECH (Aus)Sieben *n*

crible [kʀibl(ə)] *m* (grobes) Sieb; *fig passer au* ~ genau prüfen; unter die Lupe nehmen

criblé [kʀible] *adj corps* ~ *de bleus* mit blauen Flecken über'sät; *visage* ~ *de boutons* mit Pickeln über'sät; ~ *de taches* voller Flecken; *fig être* ~ *de dettes* völlig verschuldet sein; F bis über beide Ohren, bis an den Hals in Schulden stecken; mehr Schulden als Haare auf dem Kopf haben

cribler [kʀible] *v/t* **1.** (*percer*) durch'bohren; durch'löchern; ~ *de balles* mit Kugeln durch'sieben; **2.** TECH ('durch-, aus)sieben

cric [kʀik] *m* **a)** ~ (*d'automobile*) Wagenheber *m*; **b)** TECH Zahnstangenwinde *f*

cricket [kʀikɛt] *m* SPORTS Kricket *n*

cri-cri [kʀikʀi] *m* ZO Grille *f*

criée [kʀije] *f* (*vente f à la*) ~ öffentliche Versteigerung; Aukti'on *f*

crier [kʀije] I *v/t* **1.** schreien; rufen; ~ *qc à qn* j-m etw zu- *ou* nachschreien, -rufen; ~ *à qn de* (+*inf*) j-m zurufen zu (+*inf*); ♦ *loc*: ~ *grâce* um Gnade flehen; ~ *misère* s-e Not, sein Elend klagen; ~ *vengeance* nach Rache schreien; ~ *la vérité* die Wahrheit hin'ausschreien; *cf a famine*. **2.** *journal* ausrufen; II *v/i* **3.** *personne, animal* schreien; rufen; ~ *au scandale* es als Skandal bezeichnen; es e-n Skandal nennen; ~ *au secours* um Hilfe rufen; ~ *au voleur* „haltet den Dieb!" *ou* „Hilfe, Diebe!" schreien; F ~ *après qn* j-n anschreien; mit j-m (her'um)schimpfen; *il lui crie après* er schreit ihn an *etc*; ~ *de douleur, de peur* vor Schmerzen, vor Angst schreien; **4.** *gonds d'une porte* quietschen

crieur [kʀijœʀ] *m* Straßenverkäufer *m*, -händler *m*; fliegender Händler; HIST ~ *public* Ausrufer *m*; ~ *de journaux* Zeitungsverkäufer *m*

crime [kʀim] *m* Verbrechen *n* (*a* JUR); (*meurtre*) Mord *m*; ~ *parfait* perfektes Verbrechen; ~ *politique* politisches Verbrechen; Staatsverbrechen *n*; ~ *contre l'humanité* Verbrechen gegen die Menschlichkeit; ~ *de guerre* Kriegsverbrechen *n*; *arme f du* ~ Tatwaffe *f*; *fig ce n'est pas un* ~ *de* (+*inf*) es ist doch kein Verbrechen zu (+*inf*); *prov le* ~ *ne paie pas* das Verbrechen lohnt sich nicht, zahlt sich nicht aus

Crimée [kʀime] *la* ~ die Krim

criminaliser [kʀiminalize] *v/t* JUR *affaire* als Verbrechen einstufen; zur Strafsache machen

criminalité [kʀiminalite] *f* Kriminali'tät *f*

criminel [kʀiminɛl] I *adj* ⟨-*le*⟩ krimi'nell; verbrecherisch; Krimi'nal...; JUR *a* Straf...; *acte* ~ verbrecherische, kriminelle Handlung; Straftat *f*; *affaire* ~*le* Krimi'nalfall *m*; Strafsache *f*; *droit* ~ Strafrecht *n*; *incendie* ~ Brandstiftung *f*; *intention* ~*le* verbrecherische Absicht; *juridiction* ~*le* Strafgerichtsbarkeit *f*; F *fig c'est* ~ *de* (+*inf*) es ist verbrecherisch, ein Verbrechen zu (+*inf*); II *m* **1.** Verbrecher *m* (*a* JUR); *grand* ~ Schwerverbrecher *m*; ~ *de guerre* Kriegsverbrecher *m*; **2.** *juridiction* Strafgerichtsbarkeit *f*; *loc/adv au* ~ strafrechtlich

criminellement [kʀiminɛlmɑ̃] *adv* **1.** *agir* verbrecherisch, krimi'nell; **2.** JUR *poursuivre* strafrechtlich

criminologie [kʀiminɔlɔʒi] *f* Kriminolo'gie *f*; Krimi'nalwissenschaft *f*

crin [kʀɛ̃] *m* Roßhaar *n*; ~ *végétal* vegetabilisches, pflanzliches Roßhaar; *matelas m de* ~ Roßhaarmatratze *f*; *loc/adj fig à tous* ~*s ou à tout* ~ leidenschaftlich; mit Leib und Seele; reinsten Wassers

crinière [kʀinjɛʀ] *f* Mähne *f* (a F *chevelure*)

crinoline [kʀinɔlin] *f* HIST Krino'line *f*; Reifrock *m*

crique [kʀik] *f* kleine Bucht (an e-r Felsküste)

criquet [kʀikɛ] *m* ZO Feldheuschrecke *f*

crise [kʀiz] *f* **1.** MÉD (*accès*) Anfall *m*; (*changement décisif*) Krisis *f*; Krise *f*; ~ *cardiaque* **a**) Herzanfall *m*; **b**) *mortelle* Herzschlag *m*; ~ *d'appendicite* a'kute Blinddarmentzündung; ~ *d'asthme* Asthmaanfall *m*; ~ *de foie* (a'kute) Leberbeschwerden *f/pl*; **2.** PSYCH Krise *f*; Anfall *m*; ~ *de larmes* Weinkrampf *m*; ~ *de nerfs* Nervenzusammenbruch *m*, -krise *f*; *iron quelle* ~! was für ein Drama!; *avoir une*, *passer par une* ~ *de conscience* mit s-m Gewissen ringen; F *avoir sa* ~ F wieder mal s-n Koller haben; *être en* ~ e-e Krise 'durchmachen; sich in e-r Krise befinden; F *piquer une* ~ F e-n Tobsuchtsanfall kriegen; **3.** POL, ÉCON Krise *f*; ~ *économi-*

que, gouvernementale, ministérielle, monétaire, politique Wirtschafts-, Re-'gierungs-, Kabi'netts-, Währungs-, Staatskrise *f;* ~ *de l'énergie* Ener'giekrise *f;* ~ *du logement* Wohnungsnot *f;* Wohnraummangel *m; économie f en* ~ kritische Wirtschaftslage
crispant [kʀispɑ̃] *adj* unerträglich; auf die Nerven gehend
crispation [kʀispasjɔ̃] *f* **1.** *du visage etc* Verkrampfung *f;* **2.** (*irritation*) Gereiztheit *f;* Erregung *f*
crispé [kʀispe] *adj* verkrampft (*a personne, sourire*); verzerrt; *le visage* ~ *par la douleur* mit schmerzverzerrtem Gesicht
crisper [kʀispe] **I** *v/t* **1.** verkrampfen; verzerren; krampfhaft zu'sammenziehen; *la douleur crispait son visage* sein Gesicht verzerrte, verkrampfte sich vor Schmerz; **2.** *fig* ~ *qn* j-n wütend machen; F j-n auf die Palme bringen; **II** *v/pr se* ~ sich verkrampfen (*a personne*); sich (krampfhaft) verzerren, verziehen
crissement [kʀismɑ̃] *m* Knirschen *n;* Rascheln *n; de pneus* Quietschen *n;* Kreischen *n*
crisser [kʀise] *v/i gravier, neige* knirschen; *feuilles sèches* rascheln; *pneus* quietschen; kreischen
cristal [kʀistal] *m* ⟨*pl* -aux⟩ **1.** verre Kri'stall(glas) *n; cristaux pl* Kristallgeschirr *n,* -gläser *n/pl,* -vasen *f/pl,* -schalen *f/pl,* COMM -waren *f/pl;* ~ *de Bohême* böhmisches Kristall(glas); *boule f de* ~ Kristallkugel *f; loc/adj en* ~ aus Kristall; Kristall…; kri'stallen; **2.** CHIM, MINÉR Kri'stall *m;* COMM *cristaux* (*de soude*) Kristallsoda *f; cristaux de neige* Schneekristalle *m/pl;* ~ *de roche* Bergkristall *m;* **3.** ÉLECTRON *cristaux pl liquides* Flüssigkristalle *m/pl; affichage m à cristaux liquides* Flüssigkristallanzeige *f*
cristallerie [kʀistalʀi] *f* **1.** *fabrication* Kri'stall(glas)herstellung *f;* **2.** *usine* Kri'stallglasfabrik *f;* **3.** *objets* Kri'stallglas *n*
cristallin [kʀistalɛ̃] **I** *adj* **1.** *eaux, son, voix* kri'stallklar; *eaux d'une transparence* ~ε kristallklar; **2.** MINÉR kristall'lin; *roche* ~ε kristallines Gestein; **3.** CHIM Kri'stall…; *système* ~ Kristallsystem **II** *m* ANAT *de l'œil* Linse *f*
cristallisation [kʀistalizasjɔ̃] *f* **1.** CHIM **a)** *action* Kri'stallbildung *f;* Kristallisati'on *f;* Kristalli'sierung *f;* **b)** *résultat* ~*s pl* Kri'stallformen *f/pl,* -bildungen *f/pl;* **2.** *fig et st/s* Konkreti'sierung *f;* Fi'xierung *f*
cristalliser [kʀistalize] **I** *v/t* CHIM kri'stalli'sieren lassen; in Kri'stalle 'umwandeln; *adjt sucre cristallisé* (grober) Kri'stallzucker; **II** *v/i* (*et v/pr se*) ~ **1.** CHIM *substances* kristalli'sieren; Kri'stalle bilden; *une solution* auskristallisieren; **2.** *fig et st/s idées, sentiments, souvenirs* deutlich werden; Gestalt annehmen; sich konkreti'sieren; sich fi'xieren (*autour de* auf *+acc*)
cristallisoir [kʀistalizwaʀ] *m* CHIM Kri'stalli'sierschale *f;* flache Glasschale
cristallographie [kʀistalɔgʀafi] *f* Kri'stallogra'phie *f*
critère [kʀitɛʀ] *m* Kri'terium *n;* Merkmal *n;* Maßstab *m*
critérium [kʀiteʀjɔm] *m* **1.** CYCLISME,

SKI Kri'terium *n;* **2.** HIPPISME ~ *des deux ans* klassisches Rennen der Zweijährigen
critiquable [kʀitikabl(ə)] *adj* tadelnswert; zu kriti'sieren(d)
critique [kʀitik] **I** *adj* **1.** MÉD, PHYS, *par ext situation, instant* kritisch; *âge m* ~ kritisches Alter; kritische Jahre *n/pl; d'une femme a* Wechseljahre *n/pl;* PHYS NUCL *masse f* ~ kritische Masse; *phase f* ~ kritische Phase; kritisches Stadium; PHYS *point m* ~ kritischer Zustand, Punkt; **2.** *jugement, examen, remarque etc* kritisch; *esprit m* ~ kritischer Geist (*a personne*); *avoir l'esprit* ~ kritisch sein; e-n kritischen Verstand, e-e kritische Ader haben; **II** *subst* **1.** **a)** (*analyse*) Kri'tik *f; d'un livre* Besprechung *f;* Rezensi'on *f;* ~ *dramatique, littéraire, musicale* The'ater-, Litera-'tur-, Mu'sikkritik *f;* ~ *d'art, de cinéma* Kunst-, Filmkritik *f;* ~ *des textes* Textkritik *f; auteur, ouvrage avoir une bonne, mauvaise* ~ e-e gute, schlechte Kritik bekommen; *faire la* ~ *d'un livre* ein Buch besprechen, rezen'sieren; *faire la* ~ *d'une œuvre* e-e Kritik zu e-m Werk schreiben; ein Werk kritisch durch'leuchten; **b)** *coll* Kri'tik *f;* Kritiker *m/pl;* **c)** (*désapprobation*) Kri'tik *f;* Kriti'sieren *n;* formuler des ~*s* Kritik üben; *il a formulé deux ou trois* ~*s* er kriti'sierte zwei oder drei Punkte; *ne pas supporter la* ~ *ou les* ~*s* keine Kritik vertragen; *Destouches la* ~ *est aisée, l'art est difficile* Kritisieren ist leicht, Selbermachen ist schwer; **2.** *m* Kritiker(in) *m(f);* ~ *dramatique, littéraire, d'art, de cinéma* The'ater-, Litera'tur-, Kunst-, Filmkritiker(in) *m(f)*
critiquer [kʀitike] *v/t* kriti'sieren; Kri'tik üben an (*+dat*); *abs il faut toujours qu'il critique* er muß immer kritisieren, kritteln
croass|ement [kʀɔasmɑ̃] *m du corbeau* Krächzen *n;* ~**er** *v/i* krächzen
croate [kʀɔat] **I** *adj* kro'atisch; **II** *subst* **1.** ♀ *m,f* Kro'ate *m,* Kro'atin *f;* **2.** LING *le* ~ das Kro'atische, Kro'atisch *n*
Croatie [kʀɔasi] *la* ~ Kro'atien *n*
croc [kʀo] *m* **1.** *de certains animaux* Fangzahn *m; montrer les* ~*s chien* die Zähne fletschen, blecken; *fig* die Zähne zeigen; **2.** *instrument* Haken(stange) *m(f);* **3.** *moustaches f/pl en* ~*s* aufgezwirbelter Schnurrbart
croc-en-jambe [kʀɔkɑ̃ʒɑ̃b] *m* ⟨*pl* crocs-en-jambe [kʀɔkɑ̃ʒɑ̃b]⟩ Beinstellen *n; faire un* ~ *à qn* j-m ein Bein stellen (*a fig*)
croche [kʀɔʃ] *f* MUS Achtel(note) *n(f); double* ~ Sechzehntel(note) *n(f); triple* ~ Zweiunddreißigstel(note) *n(f); quadruple* ~ Vierundsechzigstel(note) *n(f)*
croche|-patte [kʀɔʃpat] F *m* ⟨*pl* croche-pattes⟩ *ou* ~**-pied** *m* ⟨*pl* croche-pieds⟩ *cf* croc-en-jambe
crochet [kʀɔʃɛ] *m* **1.** (*pièce de métal recourbé*) Haken *m; à vis* Schraubhaken *m; d'une fenêtre* Fensterhaken *m;* ~ *de boucherie* Fleischerhaken *m;* ~ *de serrurier* Dietrich *m;* **2.** *aiguille* Häkelnadel *f; travail m au* ~ Häkelarbeit *f; faire du* ~ häkeln; **3.** BOXE Haken *m;* ~ *du droit, du gauche* rechter, linker Haken; *porter à qn un* ~ *à la mâchoire* j-m e-n Kinnhaken versetzen; **4.** (*dé-*

tour) *faire un* ~ **a)** *route* e-n Bogen machen; **b)** *personne* e-n Abstecher machen (*par Reims* nach Reims; *chez qn* zu j-m); **5.** *fig vivre aux* ~*s de qn* auf j-s Kosten (*acc*) leben; j-m auf der Tasche liegen; **6.** *ancienne émission* ~ *radiophonique* vom Rundfunk veranstalteter Amateurwettbewerb für Sänger; **7.** TYPO ~*s pl* eckige Klammern *f/pl; mettre entre* ~*s* in eckige Klammern setzen; **8.** MUS Fähnchen *n;* **9.** *des serpents venimeux* Giftzahn *m*
crochet|er [kʀɔʃte] *v/t* ⟨-è-⟩ *serrure* (mit e-m Dietrich) aufbrechen; ~**eur** *m* Dieb, der mit e-m Dietrich arbeitet
crochu [kʀɔʃy] *adj* krumm; gebogen; hakenförmig; *fig avoir les doigts* ~*s* habgierig sein
croco [kʀɔko] *m abr cf crocodile* 2.
crocodile [kʀɔkɔdil] *m* **1.** ZO Kroko'dil *n;* **2.** *peau* Kroko'dilleder *n; sac m en* ~ Krokotasche *f;* Kroko'dilleder(hand)tasche *f*
crocus [kʀɔkys] *m* BOT Krokus *m*
croire [kʀwaʀ] ⟨je crois, il croit, nous croyons; je croyais; je crus; je croirai; que je croie; croyant; cru⟩ **I** *v/t* ~ *qc etw* glauben; ~ *qc de qn* etw von j-m glauben; ~ *qn* j-m glauben; j-m Glauben schenken; *je vous crois* ich glaube (es) Ihnen; F *je te crois! ou je vous crois!* **a)** (*je pense ainsi*) das will ich meinen!; ganz meine Meinung!; **b)** (*c'est évident*) selbstverständlich!; freilich!; F na klar!; *le croira qui voudra* das soll einer glauben; F wer's glaubt, wird selig; ♦ *avec attribut* halten für; *l'a cru mort* man hielt ihn für tot; man glaubte, er sei tot; *je vous crois capable de* (*+inf*) ich halte Sie für fähig zu (*+inf*); *on le croyait médecin* man hielt ihn für e-n Arzt; man glaubte, er sei Arzt; ♦ *avec inf: elle croyait être guérie* sie hielt sich für geheilt; sie glaubte, sie sei geheilt; *il ne croit pas si bien dire* er weiß nicht, wie wahr er spricht; ~ *bien faire* es gut meinen; glauben, richtig zu handeln; *j'ai cru mourir* ich glaubte, ich würde sterben; ich meinte, ich müßte sterben; ♦ ~ *que* … ich glaube, daß …; *je crois que oui* ich glaube nein, ja; *je crois qu'il viendra* ich glaube, (daß) er kommt; *je ne crois pas qu'il se soit trompé ou qu'il s'est trompé* ich glaube nicht, daß er sich geirrt hat; *on croirait que …, c'est à* ~ *que …* man könnte meinen, (daß) …; *je vous prie de* ~ *que …* Sie können sich darauf verlassen, daß …; ich versichere Ihnen, daß …; ♦ *en* ~ *qn* j-m glauben; sich auf j-n verlassen; *à l'en* ~ nach dem, was er sagt; wenn man ihm glauben kann, soll; *si j'en crois ce qu'on raconte* wenn ich dem, was man erzählt, glauben kann *ou* Glauben schenken kann; *si vous m'en croyez* wenn Sie auf mich hören; *ne pas en* ~ *ses oreilles, ses yeux* s-n Ohren, s-n Augen nicht trauen; ♦ *faire* ~ *qc à qn* j-m weismachen; *faire* ~ *à qn que …* j-m weismachen, daß …; *il lui fait* ~ *tous ses mensonges* er bringt ihn dazu, alle s-e Lügen zu glauben; *laisser* ~ *qc à qn* j-n im Glauben an etw (*acc*) lassen; **II** *v/t/indir* ~ *à qc, à qn* an etw, an j-n glauben; ~ *au diable, aux revenants*

an den Teufel, an Gespenster glauben; **croyez-vous à l'éventualité du retour de X?** glauben Sie, halten Sie es für möglich, daß X 'wiederkommt?; **~ à la médecine** an die Medizin glauben; zur Medizin Vertrauen haben; **il crut à une pneumonie** er hielt es für (e-e) Lungenentzündung; er glaubte, es sei (e-e) Lungenentzündung; **c'est à ne pas y ou c'est à n'y pas ~** man sollte es nicht für möglich halten; *formule épistolaire* **je vous prie de ~ ou veuillez ~, Monsieur, à l'expression de mes sentiments distingués** mit vorzüglicher Hochachtung; ♦ **~ en qn** an j-n glauben; **~ en Dieu** an Gott glauben; **~ en soi** an sich selbst glauben; Selbstvertrauen haben; **croyez en mon expérience** vertrauen Sie auf meine Erfahrung; **III** *v/i REL a* gläubig sein; F **je crois bien!** a) *(je pense ainsi)* das will ich meinen!; ganz meine Meinung!; b) *(c'est évident)* freilich!; natürlich!; **IV** *v/pr* **se ~** *(être prétentieux)* eingebildet sein; sehr von sich selbst über'zeugt sein; **il se croit quelqu'un** er hält sich für etwas Besonderes; F er meint, er sei wer; **qu'est-ce qu'il se croit?** was bildet er sich eigentlich ein?; für wen hält er sich eigentlich?; ♦ *avec attribut:* **se ~ aimé** glauben, geliebt zu werden; glauben, daß man geliebt wird; **il se croit intelligent** er hält sich für intelligent; er glaubt, er sei intelligent; **il se croit obligé de** (+*inf*) er hält es für s-e Pflicht zu (+*inf*); er fühlt sich verpflichtet zu (+*inf*); **on se croyait à la veille d'un accord** man glaubte, man stünde kurz vor dem Abschluß e-s Abkommens; **il se croit en sécurité** er glaubt, *st/s* wähnt sich in Sicherheit; er meint, er sei in Sicherheit
croisade [kʀwazad] *f HIST et fig* Kreuzzug *m*; *fig* **partir en ~ contre** e-n Kreuzzug starten gegen
croisé [kʀwaze] **I** *adj* gekreuzt; *jambes* überein'andergeschlagen; *loc/adv* **les bras ~s** mit verschränkten, gekreuzten Armen; *fig* **rester les bras ~s** die Hände in den Schoß legen; untätig sein, her'umsitzen, -stehen; *MIL* **feu(x) ~(s)** Kreuzfeuer *n*; *fig* **sous le feu ~ des critiques** im Kreuzfeuer der Kritik; **mots ~s** Kreuzworträtsel *n(pl)*; **race ~e** gekreuzte Rasse; Kreuzung *f*; **veste ~e** zweireihige Jacke; **II** *m HIST* Kreuzritter *m*, -fahrer *m*
croisée [kʀwaze] *f* **1.** *loc fig* **être, se trouver à la ~ des chemins** am Kreuzweg, am Scheideweg stehen; **2.** *d'une fenêtre* Fensterkreuz *n*; *(fenêtre)* Fenster *n*; **3.** *ARCH* **~ d'ogives** Kreuzrippe *f*; **~ du transept** Vierung *f*
croisement [kʀwazmã] *m* **1.** *action* Kreuzen *n*; *de deux lignes a* Über-'schneiden *n*; *des bras* Verschränken *n*; Kreuzen *n*; *des jambes* Überein'anderschlagen *n*; **2.** *(carrefour)* Kreuzung *f*; **3.** *de deux véhicules* Begegnung *f*; Anein'ander-Vor'beifahren *n*; **4.** *BIOL* Kreuzen *n*, -ung *f*; **~ de, entre races** Rassenkreuzung *f*
croiser [kʀwaze] **I** *v/t* **1.** *(disposer en croix)* über Kreuz legen; kreuzweise legen, setzen, stellen; *bras* verschränken; kreuzen; *cf a* 10.; *jambes* überein'anderschlagen; *veste, manteau* vorne überein'anderschlagen; **2. ~ qn** j-m begegnen; *voiture* **~ un véhicule** e-m (andern) Fahrzeug begegnen; **3.** *route: voie ferrée etc* kreuzen; sich kreuzen mit; über'queren; **4.** *BIOL animaux, plantes* kreuzen; **~ une race avec une autre** e-e Rasse mit e-r anderen kreuzen; **5.** *ESCRIME* **~ le fer** die Klinge(n) kreuzen; **6.** *MIL baïonnette* fällen; **II** *v/i* **7.** *vêtement* **~ bien** vorne weit überein-'andergehen; **8.** *MAR navire* kreuzen; **III** *v/pr* **9. se ~** *chemins, routes, lettres* sich, ein'ander kreuzen; *personnes, regards, véhicules* sich, ein'ander begegnen; *voitures a* anein'ander vor'beifahren; **10. se ~ les bras** die Arme verschränken, kreuzen; *fig* die Hände in den Schoß legen; untätig sein, her'umsitzen, -stehen; **se ~ les jambes** die Beine überein'anderschlagen
croiseur [kʀwazœʀ] *m MAR MIL* Kreuzer *m*
croisière [kʀwazjɛʀ] *f* **1.** *voyage* Kreuzfahrt *f* (**en Méditerranée** auf dem Mittelmeer); **vitesse f de ~** *MAR, AVIAT, AUTO* Reisegeschwindigkeit *f*; *fig* fester Rhythmus; **2.** *MAR action* Kreuzen *n*
croisillon [kʀwazijõ] *m* **1.** *d'une fenêtre* (Fenster)Sprosse *f*; **2.** *d'une croix* Querbalken *m*; **3.** *ARCH du transept* Kreuzarm *m*, -flügel *m*
croissance [kʀwasãs] *f* Wachstum *n*; *BIOL a* Wachsen *n*; *BOT a* Wuchs *m*; *d'une activité a* Anwachsen *n*; **~ démographique, économique** Bevölkerungs-, Wirtschaftswachstum *n*; *ÉCON* **zéro** Nullwachstum *n*; *BIOL* **hormone f de ~** Wachstumshormon *n*
croissant [kʀwasã] **I** *adj* wachsend; steigend; zunehmend; größer *ou* stärker werdend; **II** *m* **1.** *CUIS* Hörnchen *n*; Crois'sant *n*; **2.** *(de lune)* Mondsichel *f*; **en ~** sichelförmig; **3.** *emblème islamique* Halbmond *m*
croître [kʀwatʀ(ə)] *v/i* (je croîs, il croît, nous croissons; je croissais; je crûs; je croîtrai; que je croisse; croissant; crû, crue) **1.** *plantes, animaux, st/s personnes* wachsen; *jeune fille* **~ en beauté** (mit zunehmendem Alter) immer schöner werden; **~ en sagesse** an Weisheit zunehmen; *BIBL* **croissez et multipliez** seid fruchtbar und mehret euch; **ne faire que ~ et embellir** zusehends, täglich größer und schöner werden; *iron sa bêtise ne fait que ~ et embellir* er wird immer dümmer; **2.** *(augmenter)* wachsen; anwachsen; zunehmen; größer *ou* stärker werden; sich steigern; **~ en nombre** an Zahl zunehmen; mehr werden
croix [kʀwa] *f* **1.** *REL, objet, décoration, signe* Kreuz *n*; **~ grecque** griechisches Kreuz; **~ de bois** Holzkreuz *n*; **~ de guerre** Kriegsverdienstkreuz *n*; **~ de la Légion d'honneur** Kreuz der Ehrenlegion; **~ de Malte** Malteserkreuz *n*; **~ de Saint-André** An'dreaskreuz *n*; *mystère m, sacrifice m de la ♀* Opfertod *m* (Christi) am Kreuz; **supplice m de la ~** Kreuzestod *m*; Tod *m* am Kreuz; *loc/adj et loc/adv* **en ~** kreuzförmig; -weise; über Kreuz; in Kreuzform; gekreuzt; **les bras m/pl en ~** mit ausgebreiteten Armen; *fig* **c'est la ~ et la bannière** *pour le faire manger, sortir etc* man muß s-e ganze Über'redungskunst aufbieten ...; F das ist (immer) ein furchtbares The'ater, ein Riesentheater ...; **faire une ~ en guise de signature** ein Kreuz machen; *fig* **faire une ~ à la cheminée** es im Ka'lender rot anstreichen (müssen); *fig* **tu peux faire une ~ dessus** das siehst du nie wieder; das kannst du abschreiben, in den Ka'min schreiben; **mettre qn en ~** j-n ans Kreuz schlagen; **mourir sur la ~** am Kreuz sterben; (fig) **porter sa ~** sein Kreuz tragen (müssen); **2.** *ASTR* **♀ du Sud** Kreuz *n* des Südens
Croix-Rouge [kʀwaʀuʒ] **la ~** das Rote Kreuz
croquant [kʀɔkã] **I** *adj biscuit etc* knusp(e)rig; knackig; *salade etc* krachig; **II** *m HIST et péj (paysan)* Bauer *m*
croque au sel [kʀɔkosɛl] *loc/adj* **à la ~** nur mit Salz (gewürzt)
croque-mitaine [kʀɔkmitɛn] *m* ⟨*pl* croque-mitaines⟩ schwarzer Mann; Kinderschreck *m*; F Buhmann *m*; **c'est un vrai ~** er ist ein, sieht aus wie ein richtiges Schreckgespenst
croque-monsieur [kʀɔkmøsjø] *m* ⟨*inv*⟩ *CUIS* getoastetes Schinken-Käse-Sandwich
croque-mort [kʀɔkmɔʀ] F *m* ⟨*pl* croque-morts⟩ **1.** Sargträger *m*; *fig* **c'est un vrai ~** er ist ein unheimlicher Mensch, e-e ma'kabre Fi'gur
croquenots [kʀɔkno] *m/pl* F Qua'dratlatschen *m/pl*; Treter *m/pl*
croquer [kʀɔke] **I** *v/t* **1.** *bonbon* zerbeißen; *biscuits, noisettes* knabbern; *pomme* mit großen Bissen essen; *chat: souris* fressen; *v/t/indir* **~ dans une pomme** herzhaft in e-n Apfel beißen; F *fig* (*joli, mignon*) **à ~** F zum Anbeißen (hübsch); knusp(e)rig; **2.** *fig argent, héritage* verprassen; vergeuden; verschleudern; 'durchbringen; **3.** *(esquisser, décrire)* skiz'zieren; um'reißen; **II** *v/i salade, fruits* knacken; krachen; knirschen
croquet [kʀɔkɛ] *m* **1.** *jeu* 'Krocket *ou* Kroc'ket *n*; **2.** *COUT* Zackenlitze *f*
croquette [kʀɔkɛt] *f CUIS* Kro'kette *f*; **~s de pommes de terre** Kar'toffelkroketten *f/pl*
croqueuse [kʀɔkøz] *f* **~ de diamants** kostspielige Mä'tresse
croquignolet [kʀɔkiɲɔlɛ] *adj* ⟨*~te*⟩ F, *a iron* reizend; F süß; goldig
croquis [kʀɔki] *m* Skizze *f*; *t/t* Kro'ki *n*; *fig* **faire un rapide ~ de la situation** die Lage kurz um'reißen
crosne [kʀon] *m BOT* Knollenziest *m*
cross(-country) [kʀɔs(kuntʀi)] *m* ⟨*pl* cross-countries⟩ *SPORTS* Geländelauf *m*; Cross-Country [-'kantri] *n*; *adjt* **vélo m cross** BMX-Rad *n*
crosse [kʀɔs] *f* **1.** **~ d'un fusil, d'un pistolet** Gewehr-, Pi'stolenkolben *m*; **à coups de ~** mit Kolbenhieben; *fig* **mettre la ~ en l'air** *a (se rendre)* sich (kampflos) ergeben; *b) (refuser de se battre)* sich weigern zu kämpfen; **2.** *ÉGL* Bischofs-, Krummstab *m*; **3.** *SPORTS* **~ de criquet, de hockey** Kricket-, Hockeyschläger *m*; **4.** *ANAT* **~ de l'aorte** A'ortenbogen *m*; **5.** F **chercher des ~s à qn** mit j-m Streit, Händel suchen
crotale [kʀɔtal] *m ZO* Klapperschlange *f*

crotte [kʀɔt] **I** f **1.** *excrément* Kot(kugel) m(f); F Bohne f; Wurst f; *par ext* F *du nez* F (Nasen)Popel m; **~ *de chien*** Hundekot m; **2.** F *fig* **~ *de bique*** Plunder m; Ramsch m; F Tinnef m; **3. *~ de, en chocolat*** Pra'line f; **II** *int* F verflixt!; verdammt!

crott|é [kʀɔte] *adj chaussures etc* (stark) verschmutzt; F verdreckt; dreckig; **~er** v/pr *se ~* sich schmutzig, F dreckig machen

crottin [kʀɔtɛ̃] m **1.** *de cheval* Pferdeapfel m; *coll* Pferdeäpfel m/pl, -mist m; **2. *~ de Chavignol*** *kleiner runder Ziegenkäse*

croulant [kʀulã] **I** *adj murs* baufällig; altersschwach; *p/fort* verfallen; **II** m/pl F *les ~s* die Alten m/pl; F die Gruftis m/pl

crouler [kʀule] v/i **1.** *maison, mur* zu-'sammen-, einstürzen; einfallen; *peu à peu* verfallen; **2.** *fig* **~ *sous les cadeaux*** *personne* fast zu'sammenbrechen, *table* sich biegen unter den Geschenken; *la salle croulait sous les applaudissements* dröhnender Beifall erfüllte den Saal; **3.** *fig projets* scheitern

croup [kʀup] m *MÉD* Krupp m; Kehlkopfdiphtherie f; **faux ~** Pseudokrupp m

croupe [kʀup] f **1.** *du cheval* Kruppe f; Kreuz n; *en ~* hinter dem Reiter, hinten sitzend; *prendre qn en ~* j-n hinten aufsitzen lassen; **2.** F *d'une femme* F (breiter) Hintern; **3.** *d'une colline* Kuppe f

croupetons [kʀuptɔ̃] loc/adv *à ~* (auf den Fersen) hockend, kauernd; *être, se tenir à ~* auf den Fersen hocken, kauern; *se mettre à ~* sich niederkauern

croupi [kʀupi] *adj eau* faul(ig); brackig
croupier [kʀupje] m Croupi'er m
croupion [kʀupjɔ̃] m *de volaille* Bürzel m; Schwanzwurzel f; Sterz m; Steiß m
croupir [kʀupiʀ] v/i **1.** *eau* stehen und faulig sein ou werden; **2.** *personne* **~ *dans l'ignorance*** in Unwissenheit da-'hinvegetieren; **~ *dans la saleté*** im Schmutz verkommen

croupissant [kʀupisã] *adj eau* faulig
CROUS *ou* **C.R.O.U.S.** [kʀus] m *abr* (*centre régional des œuvres universitaires et scolaires*) *correspond à* Stu'dentenwerk n

croustade [kʀustad] f *CUIS* Mürbeteigtörtchen n (**aux champignons** mit Pilzen)

croustill|ant [kʀustijã] *adj* **1.** *pain, biscuit etc* knusp(e)rig; *nordd* a kroß; **2.** *fig histoires* pi'kant; **~er** v/i *pain, galette etc* knusp(e)rig sein

croûte [kʀut] f **1.** *du pain, d'un gratin etc* Kruste f; *du pain a, du fromage* Rinde f; **~ *du pain*** Brotrinde f, -kruste f; *pl **~s de pain*** trockene (Weiß)Brotscheiben f/pl, Brotreste m/pl; F *fig **gagner sa ~*** s-n Lebensunterhalt, F s-e Brötchen verdienen; *cf a casser l.*; **2.** *CUIS* **a) *~ aux champignons, au fromage*** in der Pfanne geröstete Brotscheibe mit Pilzsoße, mit Käse; **b)** (*pâté m en*) **~** Blätterteigpastete f; **3.** *sur une plaie* Schorf m; F Kruste f; *nordd* Borke f; *MÉD **~s de lait*** Milchschorf m; **4.** *de tartre etc* Schicht f; Belag m; **5.** *GÉOL **terrestre*** Erdkruste f, -rinde f; **6.** F *fig*

(*mauvais tableau*) F Schinken m; **7.** *TECH cuir* Spaltleder n; **8.** F *fig **vieille ~*** bor'nierte(r), verknöcherte(r) Alte(r)

croûter [kʀute] v/i F futtern
croûton [kʀutɔ̃] m **1.** *de pain* (Brot-) Kanten m; F Ranft m; Ränftchen n; Knust m; *österr* Scherzel n; **2.** *CUIS* gerösteter Brotwürfel; Croûton m; **~s *à l'ail*** mit Knoblauch eingeriebene, geröstete Brotwürfel m/pl; **3.** F *fig **vieux ~*** verknöcherte(r) Alte(r)

croyable [kʀwajabl(ə)] *adj **à peine ~*** kaum glaublich; kaum zu glauben; *ce n'est pas ~!* das ist doch nicht zu glauben!

croyance [kʀwajãs] f Glaube(n) m (*à* an +acc); **~(s) *populaire(s)*** Volksglaube m; **~s *religieuses*** Glaubensüberzeugungen f/pl; religi'öse Über-'zeugungen f/pl

croyant [kʀwajã] *REL* **I** *adj* gläubig; religi'ös; *très ~* tiefgläubig, -religiös; **II** m Gläubige(r) m

C.R.S. [seɛʀɛs] *abr* (*compagnies républicaines de sécurité*) m Bereitschaftspolizist m; *les ~* m/pl die Bereitschaftspolizei

cru¹ [kʀy] **I** *adj* **1.** *viande, légumes, lait* roh; ungekocht; *TECH* unverarbeitet; Roh...; *cuir ~, soie ~e* Rohleder n, -seide f; *manger qc ~* etw roh essen; F *fig **il ne va pas te manger tout ~*** F er wird dich schon nicht fressen; **2.** *couleur, lumière* grell; **3.** *propos, réponse* bru'tal; roh; grob; *vérité* schonungslos, hart; *description* ungeschminkt; **4.** loc/adv **monter à ~** ohne Sattel reiten; **II** *adv **je vous le dis tout ~*** ich sage es Ihnen ganz ohne 'Umschweife, ganz bru'tal; **III** m *CUIS **le ~ et le cuit*** Rohes n und Gekochtes n

cru² [kʀy] m **1.** (*vignoble*) Wein(bau)gebiet n; *par ext* (*vin*) Wein m; (**vin *m de*) *grand ~*** berühmter Wein; *les **grands ~s*** die besten, berühmtesten Weine m/pl; **2.** loc/adv *du ~* (*du terroir*) einheimisch; aus der Gegend; **3.** *fig **de mon, ton etc*** von mir, dir *etc* erfunden; *comme* (*si c'était*) *de son ~* F *a* als wäre es auf seinem Mist gewachsen

cru³ [kʀy] p/p cf *croire*
crû [kʀy] p/p cf *croître*
cruauté [kʀyote] f Grausamkeit f (*a acte*); *du sort a* Härte f; *avec ~* grausam; *mentale ~* seelische Grausamkeit

cruche [kʀyʃ] f **1.** Krug m; *à eau* Wasserkrug m; *prov **tant va la ~ à l'eau*** (*qu'à la fin elle se casse*) *par personne* wer sich oft mutwillig in Gefahr begibt, kommt darin um; *d'une chose* der Krug geht so lange zum Brunnen, bis er bricht (*prov*); **2.** F *d'une femme* F *péj* dumme Gans; dämliche Ziege; *adjt **avoir l'air ~*** F ganz schön dumm, dämlich aussehen

cruchon [kʀyʃɔ̃] m kleiner Krug; Krüglein n

crucial [kʀysjal] *adj* ⟨-aux⟩ entscheidend; ausschlaggebend

crucifères [kʀysifɛʀ] f/pl *BOT* Kreuzblütler m/pl; Kruzi'feren f/pl

crucifié [kʀysifje] **I** *adj* **1.** *litt cœur* gepeinigt; schmerzgequält; **2.** (*mis en croix*) gekreuzigt; **II** m *REL **le ℒ*** der Gekreuzigte

cruci|fiement [kʀysifimã] m *supplice* Kreuzigung f; **~fier** v/t kreuzigen

crucifix [kʀysifi] m *REL* Kruzi'fix n
crucifixion [kʀysifiksjɔ̃] f *BEAUX-ARTS* Kreuzigung f (Christi)
cruciforme [kʀysifɔʀm] *adj* kreuzförmig; *TECH **tournevis** m, **vis** f **~*** Kreuzschlitzschraubenzieher m, -schraube f
cruciverbiste [kʀysivɛʀbist] m,f Kreuzworträtselfreund(in) m(f)
crudité [kʀydite] f **1. *~s*** pl Rohkost f; *assiette f de ~s* Sa'latplatte f; **2.** *des couleurs, de la lumière* Grelle f; Grellheit f; **3.** *de propos, d'une description* Brutali'tät f; Roheit f; Schonungslosigkeit f

crue [kʀy] f Hochwasser n; *rivière **en ~*** hochwasserführend; *être **en ~*** Hochwasser führen

cruel [kʀyɛl] *adj* ⟨-*le*⟩ **1.** grausam; *personne, acte a* unmenschlich; *sort a* hart; *épreuve, perte* schmerzlich; schwer; hart; *remarque, ironie a* (zu'tiefst) verletzend; *être ~ avec qn* zu j-m grausam sein; **2.** *par ext*: *embarras* tödliche Verlegenheit; *nous sommes dans la ~le nécessité de* nous séparer de lui zu unserem tiefsten, schmerzlichen Bedauern müssen wir ...; **3.** *litt femme* unerbittlich; grausam (*e-m Mann gegenüber*)

cruellement [kʀyɛlmã] *adv* **1.** *traiter qn* grausam; hart; **2.** *souffrir, faire défaut* sehr; *se faire ~ sentir* sich schmerzlich, sehr stark bemerkbar machen

crûment [kʀymã] *adv* **1.** *dire* schonungslos; unverblümt; bru'tal; **2.** *éclairer* grell

crustacés [kʀystase] m/pl *ZO*, *CUIS* Krusten-, Krebstiere n/pl; Krebse m/pl
crypte [kʀipt] f *ARCH* Krypta f
crypter [kʀipte] v/t *INFORM* co'dieren *ou* ko'dieren; verschlüsseln; *adjt TV **chaîne cryptée*** Pay-TV ['peɪtiːv] n; Abon-ne'mentfernsehen n
cryptogame [kʀiptɔgam] *BOT* **I** *adj* blütenlos; **II** m/pl **~s** Krypto'gamen f/pl
cryptogamique [kʀiptɔgamik] *adj **maladies*** f/pl *~* Pilzkrankheiten f/pl
crypto|gramme [kʀiptɔgʀam] m Geheimtext m; **~graphie** f Geheimschrift f

csardas [ksaʀdas] m *MUS* Csárdás ['tʃaʀdaʃ] m
C.S.C.E. [seɛssəə] f *abr* (*Conférence sur la sécurité et la coopération en Europe*) KSZE f (Konferenz über Sicherheit und Zusammenarbeit in Europa)
C.S.G. [seɛsʒe] f *abr* (*contribution sociale généralisée*) Sozialsteuer zum Ausgleich des Defizits der Sécurité sociale
ct. *abr* (*du mois*) *courant*) *COMM* d. M. (dieses Monats)
Cuba [kyba] m Kuba n
cubage [kybaʒ] m **1.** *volume* Raum-, Ku'bikinhalt m; *d'une pièce **~ d'air*** Ku'bikmeterzahl f; **2.** *évaluation* Rauminhaltsberechnung f
cubain [kybɛ̃] **I** *adj* ku'banisch; **II** *subst* ℒ(*e*) m(f) Ku'baner(in) m(f)
cube [kyb] m **1.** *GÉOMÉTRIE, objet* Würfel m; *t/t* Kubus m; **~ *de bois*** Holzwürfel m; *jeu m de **~s*** Bauklötzchen n/pl, -klötze m/pl; **2.** *adjt* Ku'bik...; *centimètre m ~* Kubikzentimeter m *ou* n (*abr* cm³ *ou* ccm); *mètre m ~* (*abr* m³) Kubikmeter m *ou* n (*abr* m³ *ou* cbm); **3.** *MATH* Ku'bikzahl f; Kubus m; *le ~ de 2 est 8* die Kubikzahl von 2 ist 8;

cuber — culbute

élever un nombre au ~ e-e Zahl in die dritte Po'tenz erheben; **4.** *CUIS* Suppenwürfel *m*; Fleischbrühwürfel *m*; **5.** F *gros ~ moto* F schwere Ma'schine
cuber [kybe] **I** *v/t* **1.** *volume* den Rauminhalt messen *ou* berechnen (*qc* von etw *ou gén*); **2.** *MATH nombre* in die dritte Po'tenz erheben; ku'bieren; **II** *v/i* **3.** *citerne etc ~ 500 litres* e-n Rauminhalt von 500 Litern haben; 500 Liter fassen; **4.** F *ça cube* F das geht ganz schön ins Geld; das läppert sich ganz schön zu'sammen
cubique [kybik] *adj* **1.** würfelförmig; *t/t* kubisch; **2.** *MATH* kubisch; in der dritten Po'tenz; *racine f ~* Ku'bikwurzel *f*; dritte Wurzel
cub|isme [kybism(ə)] *m BEAUX-ARTS* Ku'bismus *m*; *~iste* I *adj* ku'bistisch; **II** *m* Ku'bist *m*
cubitus [kybitys] *m ANAT* Elle *f*
cucul [kyky] *adj* ⟨*inv*⟩ F *~ (la praline) personne, histoire* einfältig; simpel; albern; läppisch; (allzu) bieder; F treudoof
cucurbitacées [kykyʀbitase] *f/pl BOT* Kürbisgewächse *n/pl*
cueillette [kœjɛt] *f* **1.** *action* Pflücken *n*; Ernten *n*; *résultat* Ernte *f*; *~ des fruits* Obsternte *f*; **2.** *ETHNOLOGIE* Sammlern *n*; Sammlerkultur *f*
cueill|eur [kœjœʀ] *m*, *~euse f* Pflücker(in) *m(f)*
cueillir [kœjiʀ] *v/t* ⟨je cueille, il cueille, nous cueillons; je cueillais; je cueillis; je cueillerai; que je cueille; cueillant; cueilli⟩ **1.** *fleurs, fruits* pflücken; *fruits a* ernten; *~ un bouquet de marguerites* e-n Strauß Margeriten pflücken; *~ des lauriers* Lorbeeren ernten; **2.** *st/s baiser* rauben; **3.** F *~ qn* a) (*passer le prendre*) j-n abholen; b) *police*: *malfaiteur* F j-n schnappen
cui-cui [kɥikɥi] *int petits oiseaux* piep, piep!
cuiller *ou* **cuillère** [kɥijɛʀ] *f* **1.** Löffel *m* (*a contenu*); *~ à café ou* petite *~* Kaffee-, Teelöffel *m*; *~ à dessert* Des'sertlöffel *m*; *~ à soupe* Suppen-, Eßlöffel *m*; *~ d'argent* Silberlöffel *m*; *~ de bois* Kochlöffel *m*; *loc/adv* F *en deux ou trois coups de ~ à pot* im Handumdrehen; im Nu; in Windeseile; F *mise en garde: si tu ..., on pourra te ramasser à la petite ~* F kann man dich (e-s Tages) auf der Kehrichtschaufel wegbringen; **2.** *MÉD, TECH* Löffel *m*; *TECH a* Kelle *f*; **3.** F *fig serrer la ~ à qn* j-m die Hand, F die Flosse drücken; **4.** *PÊCHE* Spinner *m*
cuillerée [kɥij(e)ʀe] *f* Löffelvoll *m*
cuir [kɥiʀ] *m* **1.** Leder *n*; *~ de Russie* Juchten(leder) *n*; *loc/adj* *de, en ~* aus Leder; Leder...; ledern; **2.** *ANAT ~ chevelu* Kopfhaut *f*; Haarboden *m*; **3.** *ZO des pachydermes* Haut *f*; **4.** F (*liaison fautive*) falsche Bindung (durch Einschub e-s Konsonanten); *faire un ~* falsch binden
cuirasse [kɥiʀas] *f* **1.** *HIST* (Brust- und Rücken)Harnisch *m*; Küraß *m*; *défaut m de la ~* a) ungeschützte Stelle im Harnisch; b) *fig* schwacher Punkt; schwache Stelle; Schwäche *f*; **2.** *MAR MIL* Panzer(ung) *m(f)*; **3.** *fig* Panzer *m* (*d'indifférence* aus Gleichgültigkeit)
cuirassé [kɥiʀase] **I** *adj* **1.** *MIL* Panzer...; gepanzert; **2.** *fig ~ contre* gefeit, abgehärtet, im'mun gegen; **II** *m MAR* Schlachtschiff *n*; Panzerkreuzer *m*
cuirasser [kɥiʀase] **I** *v/t navire* panzern; **II** *v/pr fig se ~ contre* sich panzern, abhärten gegen
cuirassier [kɥiʀasje] *m MIL* **a)** *HIST* Küras'sier *m*; **b)** *aujourd'hui ~s pl* Name einiger Panzereinheiten
cuire [kɥiʀ] ⟨je cuis, il cuit, nous cuisons; je cuisais; je cuisis; je cuirai; que je cuise; cuisant; cuit⟩ **I** *v/t* **1.** *légumes, viande*: *à l'eau* kochen; *pain, gâteau* backen; *viande etc à la poêle ou au four* braten; *à feu doux* garen; *~ à l'eau* (in Wasser) kochen; sieden; *~ au four* im Backofen backen ou braten; *pommes à ~* zum Kochen; **2.** *TECH briques, poterie, porcelaine* brennen; **II** *v/i* **3.** *légumes, pâtes, soupe* kochen; *pain* backen; *viande* braten; *faire ou laisser ~ qc* etw kochen (lassen), backen, braten; **4.** *peau, coup de soleil etc* brennen; *les yeux me cuisent* mir brennen die Augen; **5.** F *fig on cuit ici* F das ist hier heiß wie in e-m Backofen; hier ist e-e Bruthitze; **III** *v/imp fig il lui en cuira* das wird er bereuen; das wird ihm noch leid tun
cuisant [kɥizɑ̃] *adj douleur* brennend; *remords* quälend; *déception* tief; *échec* schmählich
cuisine [kɥizin] *f* **1.** *pièce* Küche *f*; *MAR* Kom'büse *f*; *MIL ~ roulante* Feldküche *f*; *plais* Gulaschkanone *f*; **2.** (*art culinaire*) Küche *f*; (*plats préparés*) Kost *f*; *bonne ~, ~ épicée* gute, (gut)gewürzte Küche, Kost; *~ française* französische Küche; *restaurant faire de la bonne, grande ~* e-e gute, exquisite Küche haben; **3.** (*préparation des aliments*) Kochen *n*; *~ au beurre, à l'huile* Kochen mit Butter, mit Öl; *faire la ~ au beurre* mit Butter kochen; *faire la ~* kochen; das Essen (zu)bereiten; **4.** *fig et péj famille* Manipulati'onen *f/pl*, F krumme Touren *f/pl* (*électorale* bei den Wahlen)
cuisiné [kɥizine] *adj plat ~* Fertiggericht *n*
cuisiner [kɥizine] **I** *v/t* **1.** *mets* kochen; (zu)bereiten; **2.** F *fig* (*interroger*) *~ qn* F j-n ausquetschen, ausholen, bearbeiten; **II** *v/i* kochen (können); *elle cuisine bien* sie kann gut kochen
cuisinette [kɥizinɛt] *f* Kochnische *f*
cuisinier [kɥizinje] *m* Koch *m*
cuisinière [kɥizinjɛʀ] *f* **1.** *personne* Köchin *f*; **2.** *fourneau* (Küchen)Herd *m*; *~ électrique, à gaz* E'lektro-, Gasherd *m*
cuissage [kɥisaʒ] *m HIST droit de ~* Jus primae noctis *n*
cuissard [kɥisaʀ] *m CYCLISME* Radhose *f*
cuissardes [kɥisaʀd] *f/pl* Anglerstiefel *m/pl*
cuisse [kɥis] *f* **1.** *ANAT* (Ober)Schenkel *m*; F *fig d'une femme avoir la ~ légère* F mit jedem schlafen; F *fig se croire sorti de la ~ de Jupiter* sich für etwas Besonderes, etwas Besseres, F wer weiß was halten; furchtbar von sich eingenommen sein; **2.** *CUIS de volaille* Keule *f*; *südd a* Schlegel *m*; *~s de grenouille* Froschschenkel *m/pl*; *~ de poulet* Hühnerkeule *f*, -schlegel *m*
cuisseau [kɥiso] *m* ⟨*pl ~x*⟩ Kalbskeule *f*, *südd a* -schlegel *m*
cuisson [kɥisɔ̃] *f* **1.** *CUIS d'un mets* Kochen *n*; *du pain, d'un gâteau* Backen *n*; *de la viande* Braten *n*; *à feu doux* Garen *n*; *~ du pain* Brotbacken *n*; *temps de ~* Koch-, Gar-, Back-, Bratzeit *f*; **2.** *TECH* Brennen *n*; Brand *m*
cuissot [kɥiso] *m du* (*gros*) *gibier* Keule *f*; *südd a* Schlegel *m*
cuistance [kɥistɑ̃s] *f* F *cf* **cuisine** 2. *et* 3.
cuistot [kɥisto] F *m* Koch *m*; *MIL* F Küchenbulle *m*
cuistre [kɥistʀ(ə)] *litt m* Schulmeister *m* (*fig*); *adjt il est ~* er muß immer schulmeistern
cuit [kɥi] *p/p cf* **cuire** *et adj* **1.** *CUIS* gekocht; gebacken; gebraten; (*assez*) *~ gar*; *bifteck bien ~* gut 'durchgebraten; *trop ~ légumes, viande* zerkocht; *gâteau* angebrannt; *bifteck* zu sehr, ganz 'durchgebraten; *~ au beurre* mit Butter gekocht; *à la poêle* in Butter gebraten; **2.** *POTERIE* gebrannt; *terre ~e* Terra'kotta *f*; **3.** F *fig de qn il est ~* jetzt gibt's für ihn kein Entrinnen; jetzt ist er erledigt; *c'est ~* da ist nichts mehr (dran) zu ändern; *c'est du tout ~* das ist völlig sicher; das kann gar nicht schiefgehen
cuite [kɥit] *f* F (*ivresse*) Rausch *m*; *avoir sa ~* F wieder mal besoffen sein; *prendre une* (*bonne*) *~* F sich einen ansaufen; sich 'vollaufen lassen; *tenir une bonne ~* F e-n Mordsrausch haben
cuiter [kɥite] *v/pr* F *se ~* F sich besaufen; sich 'vollaufen lassen
cuivre [kɥivʀ(ə)] *m* **1.** Kupfer *n*; *~ jaune* Messing *n*; Gelbguß *m*; *~ rouge* reines Kupfer; *loc/adj de, en ~* kupfern; Kupfer...; **2.** *objets ~s pl* Kupfergeschirr *n*, -geräte *n/pl*; *faire les ~s* das Kupfergeschirr putzen; **3.** *MUS ~s pl* Blech(blas)instrumente *n/pl*; **4.** *gravure* Kupferstich *m*; Kupfer *n*
cuivré [kɥivʀe] *adj* **1.** kupferfarbig; *peau* rötlichbraun; *reflet ~* rötlicher Schimmer; **2.** *voix* 'volltönend; klangvoll
cuivrer [kɥivʀe] *v/t TECH* verkupfern
cul [ky] *m* **1.** P (*derrière*) P Arsch *m*; P *en avoir plein le ~* F die Nase, P die Schnauze voll haben; P *être comme ~ et chemise* unzertrennlich sein; P *fig se taper le ~ par terre* F sich totlachen; sich vor Lachen den Bauch halten; P *fig tomber sur le ~* F platt, baff sein; aus den Latschen kippen; **2.** *injure* F Blödmann *m*; Blödhammel *m*; P Arsch *m*; *quel ~!* so ein Blödmann *etc*!; *adjt ce qu'il est ~!* F ist der blöd, dämlich!; **3.** *d'une bouteille, casserole etc* Boden *m*; F *fig faire ~ sec* ex trinken; das Glas (mit einem Zug) leeren; **4.** F *gros ~* (*poids lourd*) F schwerer Brummer; *plais* Brummi *m*
culasse [kylas] *f* **1.** *d'une arme à feu* Verschluß *m*; **2.** *d'un moteur* Zy'linderkopf *m*
culbute [kylbyt] *f* **1.** (*galipette*) Purzelbaum *m*; *faire une ~* e-n Purzelbaum machen, schlagen, schießen; **2.** (*chute*) *faire une, la ~, des ~s dans l'escalier* die Treppe (kopfüber) hin'unterstürzen, -kollern; F *fig faire la ~* Bankrott, Pleite machen; *par ext ministère* stür-

202

zen; **3.** *COMM* **faire la ~** (*revendre au double*) e-n Gewinn, F e-n Schnitt, e-n Reibach von 100 Prozent machen
culbuter [kylbyte] **I** *v/t* **1.** *objet* 'umwerfen; 'umstürzen; *personne* 'umwerfen; F über den Haufen rennen; **2.** *fig ennemi* über'rennen; *ministère* stürzen; **II** *v/i* 'umfallen; 'umstürzen; 'umkippen
culbuteur [kylbytœʀ] *m* **1.** *AUTO* Kipphebel *m*; **2.** *TECH* Kippvorrichtung *f*
cul-de-four [kydfuʀ] *m* ⟨*pl* culs-de--four⟩ *ARCH* Halbkuppel *f*
cul-de-jatte [kydʒat] *m* ⟨*pl* culs-de-jatte⟩ Krüppel *m* ohne Beine
cul-de-lampe [kydlɑ̃p] *m* ⟨*pl* culs-de--lampe⟩ **1.** *ARCH* Anhängling *m*; **2.** *TYPO* ornamen'tierte Schlußvignette
cul-de-poule [kydpul] *loc/adj* **bouche** *f* **en ~** verächtlich verkniffener Mund
cul-de-sac [kydsak] *m* ⟨*pl* culs-de-sac⟩ Sackgasse *f* (*a fig*)
culée [kyle] *f ARCH* 'Widerlager *n*
culinaire [kylinɛʀ] *adj* kuli'narisch; Koch...; *art m* ~ Kochkunst *f*; **avoir des talents ~s** ausgezeichnet kochen (können)
culminant [kylminɑ̃] *adj* **point ~** *ASTR* Kulminati'onspunkt *m*; *d'une montagne* höchster Punkt; *fig* Höhepunkt *m*
culminer [kylmine] *v/i montagne* s-n höchsten Punkt haben (*à 3000 mètres* bei 3000 Metern); *fig* s-n Höhepunkt erreichen; kulmi'nieren
culot [kylo] *m* **1.** F (*effronterie*) Frechheit *f*; Unverfrorenheit *f*; Dreistigkeit *f*; Unverschämtheit *f*; Chuzpe ['xʊtspə] *f*; **en voilà du ~!** F ganz schön frech, unverschämt!; **y aller au ~** F e-e gehörige Portion Frechheit an den Tag legen; **avoir du, avoir un sacré ~, se payer de ~** F ganz schön frech, unverschämt sein; **2.** *d'une ampoule* Sockel *m*; *d'un obus* Bodenstück *n*
culotte [kylɔt] *f* **1.** *vêtement masculin* (kurze) Hose; *sous-vêtement féminin* Schlüpfer *m*; *HIST* Kniehose *f*; *parfois pl* **~s courtes, longues** kurze, lange Hose(n); **~ de cheval** a) Reithose *f*; Breeches ['brɪtʃəs] *pl*; b) *fig* Fettpolster *n/pl* an den Oberschenkeln und am Gesäß; **~ de golf** Golfhose *f*; Knickerbocker(s) *pl*; *fig femme* **porter la ~** F die Hosen anhaben; F *fig* **trembler, faire dans sa ~** F die Hosen voll haben; in die Hosen machen; **2.** *BOUCHERIE* Hüfte *f*
culotté [kylɔte] *adj* **1.** F (*effronté*) frech; unverfroren; dreist; unverschämt; **2.** *pipe bien ~e* gut eingerauchte Pfeife
culpabilis|ation [kylpabilizasjɔ̃] *f* Erwecken *n* von Schuldgefühlen; **~er** *v/t* Schuldgefühle erwecken, erzeugen (*qn* bei j-m); *adjt* **être, se sentir culpabilisé** Schuldgefühle haben
culpabilité [kylpabilite] *f* Schuld *f* (*a JUR*); *PSYCH* **sentiment** *m* **de ~** Schuldgefühl *n*
culte [kylt] *m* **1.** *REL* Kult *m*; **~ des morts** Totenkult *m*; **lieu** *m* **de ~** Kultstätte *f*; **rendre un ~ à une divinité** e-e Gottheit verehren; **2.** (*religion*) Religi'on *f ou* Konfessi'on *f*; **~ catholique, protestant** katholische, protestantische Konfession; **~ musulman** islamische Religion; **3.** *ÉGL PROT* (*service religieux*) Gottesdienst *m*; **4.** *fig* Kult *m*; große Verehrung; **~ de la personnalité** Per'sonenkult *m*; **avoir un ~ pour**

qn j-n sehr verehren; **avoir le ~ de** *qc* vor etw (*dat*) die größte Hochachtung, Ehrfurcht haben; *péj* mit etw e-n Kult treiben; **vouer un ~ à qn** tiefe Ehrfurcht vor j-m haben
cul-terreux [kytɛʀø] *m* ⟨*pl* culs-terreux⟩ F *péj* Mist-, Dreckbauer *m*
cultivable [kyltivabl(ə)] *adj AGR* bebaubar; anbaufähig
cultiva|teur [kyltivatœʀ] *m AGR* **1.** *personne* Landwirt *m*; **2.** *machine* Kulti'vator *m*; Grubber *m*; **~trice** *f* Landwirtin *f*
cultivé [kyltive] *adj* **1.** *terre* bebaut; bestellt; Acker...; landwirtschaftlich genutzt; *fruits* **~s** Gartenfrüchte *f/pl*; *plante* **~e** Kulturpflanze *f*; *surface* **~e** Anbaufläche *f*; **2.** (*instruit*) gebildet; *esprit* **~** gebildeter Mensch
cultiver [kyltive] **I** *v/t* **1.** *terre, champ* bebauen; bestellen; *céréales, légumes etc* anbauen; kulti'vieren; *fleurs* züchten; **2.** *fig dons* pflegen; weiterentwickeln; **~ sa mémoire** sein Gedächtnis üben, trai'nieren; *péj* **~ le paradoxe** sich (*dat*) in 'Widersprüchen gefallen; **3.** *amitiés, relations* pflegen; **~ qn** den Kon'takt mit j-m aufrechterhalten; F sich j-n warmhalten; **II** *v/pr* **se ~** sich bilden; s-n Geist weiterbilden; an sich (*dat*) arbeiten
cultuel [kyltɥɛl] *adj* ⟨**~le**⟩ *ADM* Kult...
culture [kyltyʀ] *f* **1.** *AGR* **a)** *d'une terre* Bebauung *f*; Bestellung *f*; Kul'tur *f*; *de légumes, de fruits etc* Anbau *m*; Züchten *n*; Zucht *f*; **~ du blé** Weizenanbau *m*; Anbau von Weizen; **~ de la vigne** Weinbau *f*; **faire la ~ de qc** etw anbauen; **b)** *pl* **~s** (*terres cultivées*) bebautes, bestelltes Land; Kul'turland *n*; **2.** *BIOL* Kul'tur *f*; **~ microbienne, de tissus** Bak'terien-, Gewebekultur *f*; **3.** *d'une personne* Bildung *f*, Kul'tur *f*; **~ classique** klassische, huma'nistische Bildung; **~ générale** Allge'meinbildung *f*; **grande** *ou* **vaste, solide ~** um'fassende, gediegene Bildung; **4.** (*civilisation*) Kul'tur *f*; **~ occidentale** abendländische Kultur; **5.** **~ physique** Leibesübungen *f/pl*; Körperkultur *f*
culturel [kyltyʀɛl] *adj* ⟨**~le**⟩ **1.** (*relatif à la civilisation*) kultu'rell; Kul'tur...; **héritage ~** Kulturerbe *n*; **relations** **~es** kulturelle Beziehungen *f/pl*; **2.** (*relatif à l'instruction*) Bildungs...; **voyage ~** Bildungsreise *f*; **II** *m* Kul'turbereich *m*
cultur|isme [kyltyʀism(ə)] *m* Bodybuilding [-bɪl-] *n*; **~iste I** *adj* Bodybuilding...; **II** *m,f* Bodybuilder(in) *m(f)*
cumin [kymɛ̃] *m BOT, CUIS* Kümmel *m*
cumul [kymyl] *m* Häufung *f*; **~ de charges, de fonctions** Ämterhäufung *f*; **~ de traitements** gleichzeitiger Bezug mehrerer Gehälter
cumulard [kymylaʀ] *péj m* Doppelverdiener *m*
cumulatif [kymylatif] *adj* ⟨-ive⟩ kumula'tiv
cumuler [kymyle] *v/t* plusieurs fonctions auf sich vereinigen; **~ des droits** mehrfachen Anspruch haben; **~ deux salaires** zwei Gehälter beziehen
cumulo-nimbus [kymylonɛ̃bys] *m* ⟨*inv*⟩ *MÉTÉO* Gewitterwolke *f*; *sc* Kumulo'nimbus *m*
cumulus [kymylys] *m* **1.** *MÉTÉO* Hau-

fenwolke *f*; Kumulus *m*; **2.** (*réservoir d'eau chaude*) Boiler *m*
cunéiforme [kyneifɔʀm] *adj* **écriture** *f* **~** Keilschrift *f*
cupid|e [kypid] *adj* habgierig, -süchtig; **~ité** *f* Habgier *f*, -sucht *f*; Geldgier *f*
Cupidon [kypidɔ̃] *m MYTH* Cu'pido *m*
cupro-alliage [kypʀoaljaʒ] *m TECH* Kupferlegierung *f*
cupule [kypyl] *f BOT* Fruchtbecher *m*
curable [kyʀabl(ə)] *adj* heilbar
Curaçao [kyʀaso] **1.** *île* Curaçao [kyʀa-'sa:o] *n*; **2.** ⟨**~**⟩ *liqueur* Cura'çao *m*
curare [kyʀaʀ] *m* Ku'rare *ou* Cu'rare *n*
curatelle [kyʀatɛl] *f JUR* Pflegschaft *f*
cura|teur [kyʀatœʀ] *m*, **~trice** *f JUR* Pfleger *m*
curatif [kyʀatif] *adj* ⟨-ive⟩ Heil...; **méthode curative** Heilmethode *f*
curcuma [kyʀkyma] *m BOT* Kurkuma *ou* Curcuma *f*; Gelbwurzel *f*
cure[1] [kyʀ] *f* **1.** *MÉD* Kur *f*; *ADM* Heilverfahren *n*; **~ d'air** Klimakur *f*; **~ de raisin** Traubenkur *f*; **~ de repos** Erholungs-, Liegekur *f*; **aller, partir en ~** in Kur gehen; **faire une ~** e-e Kur machen; **2.** *loc* **n'avoir ~ de qc** sich (*acc*) um etw nicht kümmern; sich (*dat*) aus etw nichts machen
cure[2] [kyʀ] *f ÉGL CATH* **1.** *fonction* Pfarrstelle *f*; Amt *n* e-s Pfarrers; **2.** *résidence* Pfarrhaus *n*
curé [kyʀe] *m ÉGL CATH* **1.** (Gemeinde-, Stadt)Pfarrer *m*; **2.** F **les ~s** die Pfarrer *m/pl*; *péj* die Pfaffen *m/pl*; F *fig* **bouffer du ~** F die Pfaffen gefressen haben
cure-dent [kyʀdɑ̃] *m* ⟨*pl* cure-dents⟩ Zahnstocher *m*
curée [kyʀe] *f* **1.** *CH* Happen *m* (vom erlegten Wild, mit dem man den Hund belohnt); *par ext* Genossenmachen *n*; **2.** *fig* Jagd *f* (nach Stellungen, Ehren etc)
cure|-ongles [kyʀɔ̃gl(ə)] *m* ⟨*inv*⟩ Nagelreiniger *m*; **~-oreille** *m* ⟨*pl* cure--oreilles⟩ Ohrenreiniger *m*; **~-pipe** *m* ⟨*pl* cure-pipes⟩ Pfeifenreiniger *m*
curer [kyʀe] *v/t* **1.** *fossé, citerne* reinigen; säubern; ausräumen; *étang* ausschlämmen; *pipe* reinigen; **II** *v/pr* **se ~ les dents** sich die Zähne reinigen; (sich) in den Zähnen (her'um)stochern; **se ~ les ongles, les oreilles** sich die Nägel, die Ohren reinigen, saubermachen
curet|age [kyʀtaʒ] *m MÉD* Ausschabung *f*; **~er** *v/t* ⟨-tt-⟩ *MÉD* ausschaben
cureton [kyʀtɔ̃] *m péj* Pfaffe *m*
curette [kyʀɛt] *f* **1.** *MÉD* scharfer Löffel; Kü'rette *f*; **2.** *TECH* Schaber *m*; Schabeisen *n*
curie[1] [kyʀi] *f ÉGL CATH* Kurie *f*
curie[2] [kyʀi] *m* (*abr* **Ci**) *PHYS NUCL* Cu'rie *n* (*abr* Ci)
curieusement [kyʀjøzmɑ̃] *adv* seltsam(-), merkwürdig(-), sonderbar(erweise)
curieux [kyʀjø] **I** *adj* ⟨-euse⟩ **1.** (*indiscret*) neugierig; *enfant a* vorwitzig; **être ~ de connaître, savoir qc** auf etw (*acc*) neugierig, gespannt sein; **je suis ~ de savoir si** ... ich bin neugierig, gespannt, ob ...; **2.** (*intéressé*) wißbegierig; wissensdurstig; interes'siert; *esprit* **~** wißbegieriger, interessierter Mensch; **il est ~ de physique** er ist an Physik (sehr) interessiert; ihn interessiert Physik (sehr); **être ~ de** (+*inf*) daran interessiert sein zu (+*inf*); **3.**

(*bizarre*) seltsam; eigenartig; merkwürdig; sonderbar; wunderlich; kuri'os; **par une curieuse coïncidence** durch ein seltsames *etc* Zu'sammentreffen; **II** *subst* **1.** ~, **curieuse** *m,f* Neugierige(r) *f(m)*; **les** ~ (*badauds*) die Neugierigen *m/pl*, Schaulustigen *m/pl*, Gaffer *m/pl*; F **petit** ~! F schau an, so neugierig!; **c'est un** ~ er ist neugierig; **2. le** ~ **de la chose, c'est que ...** das Seltsame, Sonderbare, Merkwürdige daran *ou* an der Sache ist, daß ...
curiosité [kyRjozite] *f* **1.** (*indiscrétion*) Neugier(de) *f*; *loc* **la** ~ **est un vilain défaut** sei(d) *ou* seien Sie doch nicht so neugierig!; man soll nicht so neugierig sein; **2.** ~ (***d'esprit***) Wißbegier *f*; Wissensdurst *m*, -drang *m*; Inter'esse *n*; **3.** *d'une ville* ~**s** *pl* Sehenswürdigkeiten *f/pl*; **4.** (*objet rare*) Kuriosi'tät *f*; Rari'tät *f*
curiste [kyRist] *m,f* Kurgast *m* (*a d'une femme*)
curling [kœRliŋ] *m* SPORTS Curling ['kø:r-] *n*; Eis(stock)schießen *n*
curriculum (**vitae**) [kyRikylɔm(vite)] *m* ⟨*inv*⟩ (*abr* **C.V.**) Lebenslauf *m*
curry [kyRi] *m* Curry ['kœri] *n ou m*; ~ **de volaille** Curryhuhn *n*; **riz** *m* **au** ~ Curryreis *m*
curseur [kyRsœR] *m* **1.** INFORM Cursor ['kœrsər] *m*; **2.** *sur une règle etc* Schieber *m*; Läufer *m*
cursif [kyRsif] *adj* ⟨-ive⟩ **écriture cursive** Kur'rentschrift *f*
cursus [kyRsys] *m* Studiengang *m*
curvimètre [kyRvimɛtR(ə)] *m* Kurvenmesser *m*
custode [kystɔd] *f* AUTO **glace** *f* **de** ~ kleines hinteres Seitenfenster
cutané [kytane] *adj* Haut...; **greffe** ~**e** Hauttransplantation *f*, -verpflanzung *f*
cuti [kyti] *f abr* (*cuti-réaction*) Tuberku'linprobe *f*; *cf a* **virer** 3.
cuti-réaction [kytiReaksjɔ̃] *f* ⟨*pl* cuti-réactions⟩ MÉD Ku'tanreaktion *f*; ~ (**à la tuberculine**) Tuberku'linprobe *f*
cuve [kyv] *f* **1.** *pour vinification* Gärbehälter *m*; **2.** (*grand récipient*) Wanne *f*; Bottich *m*; Bütte *f*; PHOT ~ **à développement** Entwicklertank *m*; ~ **à mazout** (Heiz)Öltank *m*; ~ **de teinturier** Färberbottich *m*
cuvée [kyve] *f* **1.** *quantité* Inhalt *m* e-s Gärbehälters; **2.** (*produit d'une vigne*) (Jahres)Ertrag *m*; Jahrgang *m*
cuvelage [kyvlaʒ] *m* MINES **1.** *action* (Schacht)Ausbau *m*; **2.** *tubes* Tübbings *m/pl*
cuver [kyve] **I** *v/t* ~ **sa colère** s-n Zorn verrauchen lassen; ~ **son vin** s-n Rausch ausschlafen; **II** *v/i* vin in der Kelle'rei gären
cuvette [kyvɛt] *f* **1.** (*bassin portatif*) (Wasch)Schüssel *f*; *d'un lavabo* Waschbecken *n*; *de W.-C.* Sitzbecken *n*; **2.** *d'un baromètre à mercure* Gefäß *n*;

PHOT Entwicklerschale *f*; **3.** GÉOGR Kessel *m*
CV *abr cf* **cheval** 5.
C.V. [seve] *m abr* (*curriculum vitae*) Lebenslauf *m*
cyanhydrique [sjanidRik] *adj* CHIM **acide** *m* ~ Blausäure *f*
cyanose [sjanoz] *f* MÉD Blausucht *f*; Zya'nose *f*
cyanure [sjanyR] *m* Zya'nid *ou t/t* Cya'nid *n*; ~ **de potassium** Zyan'kali *n*
cybernétic|ien [sibɛRnetisjɛ̃] *m*, ~**ienne** *f* Kyber'netiker(in) *m(f)*
cybernétique [sibɛRnetik] *f* Kyber'netik *f*
cyclable [siklabl(ə)] *adj* **piste** *f* ~ Rad(fahr)weg *m*
cyclamen [siklamɛn] *m* **1.** BOT Alpenveilchen *n*; *t/t* Zy'klamen *n*; **2.** *adjt* ⟨*inv*⟩ (**couleur**) ~ zy'klamenfarben, -farbig
cycle [sikl(ə)] *m* **1.** Zyklus *m* (*a* ÉCON, ASTR); ~ (**économique**) Konjunk'turzyklus *m*; zyklische Bewegung; ~ **solaire** Sonnenzyklus *m*; ~ **des saisons** stete 'Wiederkehr der Jahreszeiten; **2.** LITTÉRATURE Zyklus *m*; Sagenkreis *m*; **3.** PHYSIOL ~ **menstruel** (Menstruati'ons)Zyklus *m*; **4.** CHIM, PHYS Zyklus *m*; Kreisprozeß *m*; *dans la nature* Kreislauf *m*; *d'un moteur à explosion* ~ **à deux, à quatre temps** Zwei-, Viertaktverfahren *n*; ~ **de l'azote, du carbone** Stickstoff-, Kohlenstoffkreislauf *m*; **5.** ÉTUDES **premier** ~ **a**) *dans l'enseignement secondaire* 1.−4. Gymnasi'alklasse *f*; **b**) *à l'université* 1. und 2. Studienjahr *n* (*Abschluß „DEUG"*); Grundstudium *n*; **second** ~ **a**) *dans l'enseignement secondaire* 5.−7. Gymnasi'alklasse *f* (*Abschluß „baccalauréat"*); **b**) *à l'université* 3. Studienjahr (*Abschluß „licence"*) und 4. Studienjahr (*Abschluß „maîtrise"*) Hauptstudium *n*; **troisième** ~ Aufbau- und Promoti'onsstudium *n*
cycles [sikl(ə)] *m/pl* Fahrräder *n/pl* (und Mofas *n/pl*); ADM Zweiräder *n/pl*; **magasin** *m*, **marchand** *m* **de** ~ Fahrradgeschäft *n*, -händler *m*
cyclique [siklik] *adj* **1.** *crise, phénomène* zyklisch; **2.** CHIM **composés** *m/pl* ~**s** zyklische Verbindungen *f/pl*; Cycloverbindungen *f/pl*
cyclisme [siklism(ə)] *m* Radsport *m*
cycliste [siklist] **I** *adj* (Fahr)Rad...; **coureur** *m* ~ Radrennfahrer *m*; **course** *f*, **sport** *m* ~ Radrennen *n*, -sport *m*; **II** *subst* **1.** *m,f* Radfahrer(in) *m(f)*; F Radler(in) *m(f)*; **2.** *m vêtement* Radlerhose *f*
cyclo-cross [siklokRɔs] *m* ⟨*inv*⟩ SPORTS Querfeld'einrennen *n*
cycloïde [siklɔid] *f* MATH Zyklo'ide *f*; Radkurve *f*
cyclomoteur [siklomɔtœR] *m* Mofa *n*; Motorfahrrad *n*

cyclomotoriste [siklomɔtɔRist] *m,f* Mofafahrer(in) *m(f)*
cyclone [siklon] *m* MÉTÉO **a**) *zone* Tief(-druckgebiet) *n*; *t/t* Zy'klone *f*; **b**) *tempête* Zy'klon *m*; Wirbelsturm *m*; *fig personne* **arriver comme un** ~ wie ein Wirbelwind her'angestürmt kommen
cyclope [siklɔp] *m* MYTH Zy'klop *ou* Ky'klop *m*
cyclopéen [siklɔpeɛ̃] *adj* ⟨~ne⟩ zy'klopisch; riesenhaft; *monument* Zy'klopen...; **effort** ~ Riesenanstrengung *f*
cyclo-pousse [siklopus] *m* ⟨*pl* cyclo-pousses⟩ Fahrradriksha *f*
cyclothym|ie [siklotimi] *f* MÉD Zyklothy'mie *f*; ~**ique** *adj* MÉD zyklo'thym; *par ext* launenhaft; la'bil
cyclotour|isme [sikloturism(ə)] *m* Radwandern *n*; Fahrradtourismus *m*; ~**iste** *m,f* Radwanderer *m*, -wand(r)erin *f*; Fahrradtourist(in) *m(f)*
cyclotron [siklotRɔ̃] *m* PHYS NUCL Zyklotron *n*
cygne [siɲ] *m* ZO Schwan *m*
cylindre [silɛ̃dR(ə)] *m* **1.** MATH Zy'linder *m*; **2.** TECH (*rouleau*) Walze *f*; **3. a**) *d'un moteur, d'une machine à vapeur* Zy'linder *m*; **b**) *voiture* **une quatre, six** ~**s** ein Vier-, Sechszylinder *m*
cylindrée [silɛ̃dRe] *f* AUTO **a**) *volume* Hubraum *m*; **b**) *par ext voiture* **grosse, petite** ~ Wagen *m* mit großem, kleinem Hubraum
cylindrer [silɛ̃dRe] *v/t* TECH walzen
cylindrique [silɛ̃dRik] *adj* zy'lindrisch; walzenförmig; Zy'linder...; Walzen...
cymbale [sɛ̃bal] *f* MUS Becken *n*; **coup** *m* **de** ~ Beckenschlag *m*
cynégétique [sineʒetik] **I** *adj* Jagd...; weidmännisch; **II** *f* Jagdkunst *f*; Weidwerk *n*
cynique [sinik] **I** *adj* zynisch; **II** *m* **1.** Zyniker *m*; **2.** PHILOS Kyniker *m*
cynisme [sinism(ə)] *m* Zy'nismus *m*
cynocéphale [sinɔsefal] *m* ZO Hundskopfaffe *m*
cyprès [sipRɛ] *m* BOT Zy'presse *f*
cyprin [sipRɛ̃] *m* ZO ~ (**doré**) Giebel *m*; Silberkarausche *f*
cypriote [sipRijɔt] *cf* **chypriote**
cyrillique [siRilik] *adj* ky'rillisch; **écriture** *f* ~ kyrillische Schrift
Cyrus [siRys] *m* HIST Kyros *ou* Cyrus *m*
cysticerque [sistisɛRk] *m* ZO Finne *f*
cystique [sistik] *adj* ANAT (Gallen)Blasen...; **canal** *m* ~ Gallenblasengang *m*
cystite [sistit] *f* MÉD Blasenentzündung *f*, -katarrh *m*
Cythère [sitɛR] Ky'thera *f*
cytise [sitiz] *m* BOT Goldregen *n*
cyto|génétique [sitoʒenetik] *f* BIOL Zytoge'netik *f*; ~**logie** *f* Zytolo'gie *f*; ~**lyse** *f* Zyto'lyse *f*; ~**plasme** *m* Zyto'plasma *n*; Zellplasma *n*
czardas *cf* **csardas**

D

D, d [de] *m* ⟨*inv*⟩ D, d *n*; F **système** *m* D Kniffe *m/pl*; Schliche *m/pl*; F Drehs *m/pl*
d' [d] *cf* **de**
dab(e) [dab] *arg m* Vater *m*; F Alte(r) *m*
d'abord [dabɔr] *loc/adv cf* **abord** 3.
d'acc(ord) [dak(ɔr)] *loc/adv cf* **accord** 2.
dactyle [daktil] *m* **1.** *MÉTRIQUE* Daktylus *m*; **2.** *BOT* Knäuelgras *n*
dactylo [daktilo] *f* **1.** *personne* Schreibkraft *f*; Ma'schine(n)schreiberin *f*; F Tippfräulein *n*; *schweiz* Daktylo *f*; F *péj* Tippse *f*; **2.** (*dactylographie*) Ma'schine(n)schreiben *n*; **3.** *adj* **chaise** *f* ~ Drehstuhl *m*
dactylograph|e [daktilɔgraf] *m,f* Ma'schine(n)schreiber(in) *m(f)*; **~ie** *f* Ma'schine(n)schreiben *n*; **~ier** *v/t* mit, auf der Ma'schine schreiben; (ab)tippen; *abs* ma'schineschreiben; *adjt* **dactylographié** ma'schinenschriftlich; ma'schinegeschrieben; in Ma'schinenschrift; getippt; ~ique *adj* Schreibmaschinen...; ma'schinenschriftlich
dada [dada] *m* **1.** *enf* (*cheval*) Pferd (-chen) *n*; *enf* Hottepferd *n*; Hotte'hü *n*; **2.** F *fig* Lieblingsidee *f*, -thema *n*, *par ext* -beschäftigung *f*; Steckenpferd *n*; **3.** *ART adj* **mouvement** *m* ~ *cf* **dadaïsme**
dadais [dadɛ] *m* (**grand**) ~ Tolpatsch *m*; Tölpel *m*; Dummerjan *m*
dadaïsme [dadaism(ə)] *m ART* Dada'ismus *m*
dadaïste [dadaist] *ART* **I** *adj* dada'istisch; **II** *m* Dada'ist *m*
dague [dag] *f* **1.** *poignard* langer Dolch; **2.** *du cerf* Spieß *m*; *du sanglier* Hauer *m*
dahlia [dalja] *m BOT* Dahlie *f*
Dahomey [daɔmɛ] *le* ~ *HIST* Daho'me *n*
dahu [day] *m animal imaginaire* Wolpertinger *m*
daigner [deɲe] *v/t* ~ (+*inf*) die Güte haben zu (+*inf*); *iron* geruhen zu (+*inf*); *iron* **il n'a pas daigné répondre** *a* er ließ sich zu keiner Antwort herbei; er hat uns (*ou* ihn *etc*) keiner Antwort gewürdigt
d'ailleurs [dajœr] *loc/adv cf* **ailleurs**
daim [dɛ̃] *m* **1.** *ZO* Damhirsch *m*; Damwild *n* (*coll*); **2.** *cuir* Wildleder *n*
daine [dɛn] *f ZO* Damhirschkuh *f*
dais [dɛ] *m* Baldachin *m*
dalaï-lama [dalailama] *m REL* Dalai-Lama *m*
dallage [dalaʒ] *m* Plattenbelag *m*; Steinplatten *f/pl*
dalle [dal] *f* **1.** *CONSTR* Steinplatte *f*; Fliese *f*; ~ **funéraire** Grabplatte *f*; **2.** P *loc:* **avoir la** ~ **en pente** F gern einen heben; e-n guten Zug haben; **se rincer**

la ~ F einen heben, kippen; sich einen genehmigen; **3.** F **que** ~ nichts; **j'y comprends que** ~, **j'entrave que** ~ F ich kapiere nichts; ich verstehe nur Bahnhof
daller [dale] *v/t CONSTR* mit (Stein)Platten belegen, abdecken
dalmatien [dalmasjɛ̃] *m chien* Dalma'tiner *m*
dalton|ien [daltɔnjɛ̃] **I** *adj* ⟨-ne⟩ rot'grünblind; *par ext* farbenblind; **II** *m* Rot'grünblinde(r) *m*; Farbenblinde(r) *m*; **~isme** *m* Rot'grünblindheit *f*; *par ext* Farbenblindheit *f*
dam [dam, dɑ̃] *loc/prép* **au grand** ~ **de** zur großen Entrüstung, zum großen 'Mißfallen, Unwillen (+*gén*)
damas [dama] *m* **1.** *TEXT* Da'mast *m*; **2.** *MÉTALL* Damas'zenerstahl *m*
Damas [damas] Da'maskus *m*
damasquin|age [damaskinaʒ] *m* Tau'schierung *f*; Tau'schierarbeit *f*; **~er** *v/t métal* tau'schieren
damassé [damase] **I** *adj* **1.** *TEXT* Da'mast...; da'mastartig; **tissu** ~ Damaststoff *m*; **2.** *acier* ~ Damas'zenerstahl *m*; **II** *m TEXT* (Leinen-, Baumwoll)Da'mast *m*
dame¹ [dam] *f* **1.** Dame *f*; Frau *f*; **grande** ~ vornehme, feine, große Dame; **la grande** ~ **du cinéma français** *etc* die Grande Dame des französischen Films *etc*; F **ma petite** ~, **ma bonne** ~! liebe Frau!; F **die Dame!**; **la première** ~ **de France** Frankreichs First Lady [-fœːrst-'leːdi] *f*; ~ **de compagnie** Gesellschafterin *f*; Gesellschaftsdame *f*; ~ **d'honneur, de la cour** Hofdame *f*; ~ **de charité** in e-m Wohltätigkeitsverein tätige Dame; **plais la** ~ **de ses pensées** die Dame s-s Herzens; s-e Angebetete; *SPORTS* **100 mètres** ~**s** 100 Meter Damen; *TENNIS* **double** *m* ~**s** Damendoppel *n*; **dis merci à la** ~! sag der Dame, F der Tante danke schön!; **2.** (*femme mariée*) (verheiratete, Ehe-)Frau *f*; **comment va votre** ~? wie geht's Ihrer Frau?; **3.** *REL* Ordensfrau *f*; **4. a)** *ÉCHECS etc* Dame *f*; **jeu** *m* **de** ~**s** Damespiel *n*; **aller à** ~ e-e Dame bekommen; **jouer aux** ~**s** Dame spielen; **b)** *CARTES* Dame *f*; **carte allemande** Ober *m*; ~ **de cœur, de pique** Herz-, Pikdame *f*
dame² [dam] *int* allerdings!; na'türlich!; **étonnement** Donnerwetter!; ~ **oui, non!** aber ja, nein!
dame-jeanne [damʒan] *f* ⟨*pl* **dames--jeannes**⟩ Bal'lonflasche *m(f)*; große Korbflasche
damer [dame] *v/t* **1.** *pion* zur Dame machen; *cf a* **pion** 3.; **2.** *TECH* (fest)stamp-

fen; *adjt SKI* **piste damée** präpa'rierte Piste, Loipe
damier [damje] *m* **1.** Damebrett *n*; **2.** *par ext* Schachbrett-, Würfelmuster *n*; **tissu en** ~ gewürfelt
damnation [danasjɔ̃] *f* Verdammung *f*; **état** Verdammnis *f*
damné [dane] **I** *m REL pl* **les** ~**s** die Verdammten *pl*; *fig:* **souffrir comme un** ~ Höllenqualen leiden, ausstehen; **travailler comme un** ~ arbeiten, schuften wie ein Besessener; **II** *adj* **1.** *REL* verdammt; *fig* **être l'âme** ~**e de qn** j-s böser Geist sein; **2.** F *fig* verdammt; verteufelt
damner [dane] **I** *v/t* **1.** *REL* verdammen; **2.** *fig* **faire** ~ **qn** j-n rasend machen, zur Verzweiflung bringen; **II** *v/pr REL* **se** ~ s-e Verdammung bewirken
damois|eau [damwazo] *m* ⟨*pl* ~**x**⟩. **1.** *MOYEN ÂGE* Knappe *m*; **2.** *plais* Stutzer *m*; Geck *m*; **~elle** *f MOYEN ÂGE* Edelfräulein *n*
dan [dan] *m JUDO* Meistergrad *m*; Dan *m*
dancing [dɑ̃siŋ] *m* Tanzlokal *n*, -diele *f*
dandinement [dɑ̃dinmɑ̃] *m* Schwanken *n*; Schaukeln *n*; **en marchant** Watscheln *n*
dandiner [dɑ̃dine] *v/pr* **se** ~ sich hin und her bewegen; hin und her schwanken, schaukeln; **en marchant** watscheln
dandy [dɑ̃di] *m* Dandy ['dɛndi] *m*
dandysme [dɑ̃dism(ə)] *m* Dandytum ['dɛndi-] *n*
Danemark [danmark] *le* ~ Dänemark *n*
danger [dɑ̃ʒe] *m* Gefahr *f*; ~ **de mort** Lebens-, Todesgefahr *f*; *loc/adj:* **plein de** ~**s** gefahrvoll; voller Gefahren; **sans** ~ ungefährlich, gefahrlos; **il y a du** ~ **à** (+ *inf*) es ist gefährlich zu (+*inf*); F **il n'y a pas de** ~ **qu'il vienne** es ist ganz unwahrscheinlich *ou* völlig ausgeschlossen, daß er kommt; F **pas de** ~! F ausgeschlossen!; keine Spur!; das fällt mir, ihm nicht ein!; ich denke, er denkt nicht dran!; **courir un** ~ sich in Gefahr begeben; sich e-r Gefahr (*dat*) aussetzen; **courir le** ~ **de** (+*inf*) Gefahr laufen zu (+*inf*); **être en** ~ in Gefahr sein, schweben; gefährdet sein; **sa vie est en** ~ er schwebt in Lebensgefahr; **être 'hors de** ~ außer Gefahr sein; **mettre en** ~ in Gefahr bringen; gefährden
dangereux [dɑ̃ʒrø] *adj* ⟨-euse⟩ gefährlich; **entreprise** *a* gefahrvoll; *fig* **jeu** ~ gefährliches Spiel; **zone dangereuse** Gefahrenzone *f*; **il est** ~ **de** (+*inf*) es ist gefährlich zu (+*inf*)
Daniel [danjɛl] *m* Daniel *m*
Danièle *ou* **Danielle** [danjɛl] *f* Dani'ela *f*

danois [danwa] **I** *adj* dänisch; **II** *subst* **1.** &(e) *m(f)* Däne *m*, Dänin *f*; **2.** *LING* le ~ das Dänische; Dänisch *n*; **3.** *ZO m* (*grand*) ~ Deutsche Dogge

dans [dã] *prép* **1.** *lieu:* **a)** *question* «*wo?*»: in (+ *dat*); ♦ ~ *les Alpes, le Massif central etc* in den Alpen, im Zentralmassiv *etc*; ~ *le Cantal, le Haut-Rhin etc* im Departement Cantal, Haut-Rhin *etc*; ~ *Paris etc* in (der Stadt) Paris *etc*; innerhalb (der Stadtgrenzen von) Paris *etc*; ~ *toute la France*, ~ *le Paris de demain etc* in ganz Frankreich, im Paris von morgen *etc*; ~ *le Midi* in Südfrankreich; ~ *le Nord de l'Europe* im Norden Europas, in Nordeuropa; ♦ ~ *un endroit ensoleillé* an e-m sonnigen Ort; ~ *la foule* in der Menge; ~ *le journal* in der Zeitung; *la rue* und *der Straße*; *il est* ~ *sa chambre* er ist in, auf s-m Zimmer; *lire* ~ *un livre* in e-m Buch lesen; ♦ *boire* ~ *une tasse etc* aus e-r Tasse *etc* trinken; *découper un article* ~ *le journal* e-n Artikel aus der Zeitung ausschneiden; *manger* ~ *une assiette etc* aus e-m Teller *etc* essen; ♦ ~ *le Cid de Corneille* in Corneilles Cid; ♦ *tout ce qu'il fait* bei allem, was er tut; *c'est* ~ *ses habitudes* (*de* +*inf*) es gehört zu, es entspricht s-n Gewohnheiten (zu +*inf*); *il est* ~ *le commerce, l'enseignement* er ist im Handel, im Schulwesen tätig; *cf a être* 4. *d*; **b)** *question* «*wohin?*»: in (+*acc*); in ... hin|ein; *s'asseoir* ~ *un fauteuil* sich in e-n Sessel setzen; *entrer* ~ *la maison, la pièce* ins Haus, ins Zimmer (hinein)gehen; *monter* ~ *une voiture* in ein Auto (ein)steigen; *cf a subst et verbes correspondants;* **2.** *temps:* **a)** in (+*dat*); ~ *trois jours, une semaine* in drei Tagen, e-r Woche; ~ *un instant, une minute* augenblicklich; gleich; sofort; ~ *combien de temps reviendrez-vous?* wann kommen Sie wieder?; **b)** innerhalb von (*ou* +*gén*); binnen (+*dat*); im Laufe von (*ou* +*gén*); während (+*gén*); in (+*dat*); ~ *les 24 heures* innerhalb von, binnen 24 Stunden; ~ *l'année* im Laufe des Jahres; ~ *les délais convenus* frist-, ter'mingemäß; ~ *son enfance* in, während s-r Kindheit; ~ *le temps* früher; **3.** *manière:* ~ *un accident* bei e-m Unfall; ~ *l'attente de* in Erwartung (+*gén*); ~ *ces circonstances* unter diesen 'Umständen; ~ *sa colère* in s-m Zorn; ~ *l'ensemble* insgesamt; im ganzen; alles in allem; ~ *l'espoir de* (+*inf*) in der Hoffnung zu (+*inf*); ~ *le fond* im Grunde (genommen); ~ *les règles* vorschriftsmäßig; ordnungsgemäß; **4.** *approximation:* ~ *les ...* etwa; ungefähr; um die ...; um (... her'um); *avoir* ~ *les cinquante ans* etwa fünfzig (Jahre alt) sein; um die Fünfzig sein

dansant [dãsã] *adj* **1.** Tanz...; *soirée* ~*e* Tanzabend *m*; *thé* ~ Tanztee *m*; **2.** tanzend; *fig: reflets* tanzend; *flammes* züngelnd

danse [dãs] *f* **1.** Tanz *m* (*a MUS*); *la* ~ *a* das Tanzen; *la* ~ *classique* das klassische Bal'lett; *la* ~ *folklorique, régionale* Volkstanz *m*; *ART* 2 *macabre*, *des morts* Totentanz *m*; ~ *de salon* Gesellschaftstanz *m*; *cours m de* ~ a) *de salon* Tanz-stunde *f*, -kurs *m*; **b)** *classique* Bal'lettunterricht *m*; *pas m de* ~ Tanzschritt *m*; *entrer dans la* ~ **a)** mittanzen; **b)** *fig* eingreifen; sich einschalten; mitmischen; *fig et péj mener la* ~ der Anführer, Rädelsführer sein; **2.** *MÉD* ~ *de Saint-Guy* Veitstanz *m*

danser [dãse] **I** *v/t* tanzen; ~ *la polka* Polka tanzen; ~ *une valse* e-n Walzer tanzen; **II** *v/i* **1.** tanzen; *faire* ~ *qn* mit j-m tanzen; *voulez-vous* ~ *avec moi? ou vous dansez?* darf ich bitten?; **2.** *fig barque* tanzen; *flammes* züngeln

danseur [dãsœʀ] *m*, ~*euse f* Tänzer(in) *m(f)*; *danseurs pl* a Tanzende *pl*; Tanzlustige *pl*; ~ *classique* Bal'letttänzer(in) *m(f)*; *danseur mondain* Eintänzer *m*; Gigolo ['ʒi:-] *m*; ~ *de corde* Seiltänzer(in) *m(f)*; *danseuse du ventre* Bauchtänzerin *f*; *fig CYCLISME en danseuse* im Wiegetritt; in den Pedalen stehend

Danube [danyb] *le* ~ die Donau

danubien [danybjẽ] *adj* ⟨~ne⟩ Donau...

d'après [dapʀɛ] *prép cf après I 3.*

dard [daʀ] *m d'un insecte* Stachel *m*

darder [daʀde] *v/t* **1.** *litt flèche* (ab-) schießen; *lance etc* schleudern; **2.** *fig et st/s le soleil darde ses rayons* die Sonne sendet ihre glühenden Strahlen aus, brennt unbarmherzig, sengt; ~ *un regard sur qn* j-n mit e-m Blick durch-'bohren

dare-dare [daʀdaʀ] F *loc/adv* in aller Eile; eiligst; unverzüglich; schnurstracks

darne [daʀn] *f CUIS* Fischsteak [-ste:k] *n*; (Fisch)Scheibe *f*; ~ *de saumon* Lachssteak *n*

dartre [daʀtʀ(ə)] *f MÉD souvent pl* ~*s* (Haut)Flechten *f/pl*

darwin|ien [daʀwinjẽ] *adj* ⟨~ne⟩ Darwinsche(r, -s); ~*isme m BIOL* Darwi'nismus *m*; ~*iste I adj* darwi'nistisch; **II** *m* Darwi'nist *m*

dat|able [databl(ə)] *adj* da'tierbar; ~*age m* Da'tierung *f*

datation [datasjõ] *f* **1.** *d'un document* Da'tierung *f*; Datumsangabe *f*; **2.** *GÉOL etc* Da'tierung *f*; Altersbestimmung *f*

date [dat] *f* **1.** Datum *n*; ~ *de naissance* Geburtsdatum *n*; *lettre en* ~, *à la* ~ *du dix mai* (unter dem Datum) vom zehnten Mai; **2.** *par ext* Zeitpunkt *m*; *COMM, ADM* Ter'min *m*; *ADM a* Stichtag *m*; ~ *limite* Schlußtermin *m*; letzter, äußerster Termin *m*; *de parution* Erscheinungstermin *m*; *loc/adv et loc/adj: à cette* ~ zu diesem Zeitpunkt; *à* ~ *fixe* zu e-m festen Termin; *à quelle* ~? an welchem Tag?; zu welchem Zeitpunkt?; *de fraîche* ~ neu; neueren Datums; *de longue* ~ *loc/adv* seit langem; seit langer Zeit; *loc/adj* seit langem, schon lange bestehend; alt; langjährig; *jusqu'à cette* ~ bis zu diesem Zeitpunkt, Tag; *COMM* bis dato; *fig être* ~ *premier, dernier en* ~ der erste, letzte sein; zuerst, zuletzt kommen; *prendre* ~ e-n Zeitpunkt, Termin vereinbaren, verabreden, ausmachen; **3.** *HIST* Datum *n*; Jahreszahl *f*; *par ext* mar'kantes Ereignis; wichtiger Einschnitt; *faire* ~ e-n bedeutenden Einschnitt darstellen; Epoche machen

dater [date] **I** *v/t* **1.** *document* da'tieren; mit dem Datum versehen; *adjt* (*non*) *daté* (un)datiert; **2.** *œuvre d'art etc* da-'tieren; **II** *v/i* **3.** ~ *de* stammen, da'tieren aus; ~ *de vingt ans* vor zwanzig Jahren entstanden, geschehen sein; *loc/prép à* ~ *de* ab ...; von ... an, ab; *cf a hier 2.*; **4.** (*être démodé*) veraltet sein; aus der Mode gekommen sein; *ne pas* ~ *a* zeitlos sein

dateur [datœʀ] *m* Datum(s)stempel *m*

datif [datif] *m GR* Dativ *m*; Wemfall *m*; dritter Fall

datt|e [dat] *f* Dattel *f*; ~*ier m BOT* ~ *ou adjt palmier m* ~ Dattelpalme *f*

daube [dob] *f CUIS* Schmoren *n*; *par ext* Schmorbraten *m*; *bœuf m en* ~ Rinderschmorbraten *m*

dauber [dobe] *litt v/t* her'absetzen; schlechtmachen

Daumesnil [domenil] *frz* General

dauphin [dofẽ] *m* **1.** *ZO* Del'phin *m*; **2.** *HIST* 2 Dau'phin *m*; fran'zösischer Thronfolger; **3.** *fig et plais* Kronprinz *m*; Thronfolger *m*; Nachfolger *m*

Dauphiné [dofine] *le* ~ die Dauphi'né (*historische Provinz in Südostfrankreich*)

dauphinois [dofinwa] **I** *adj* (aus) der Dauphi'né; **II** *subst* 2(e) *m(f)* Bewohner(in) *m(f)* der Dauphi'né

daurade [doʀad] *f ZO* Do'rade *f*; Goldbrassen *m*; Rotbrassen *m*

d'autant [dotã] *loc/adv cf autant 1. e)*

davantage [davãtaʒ] *adv* **1.** (noch) mehr; *je n'en dirai pas* ~ mehr sage ich nicht; ich will nichts weiter sagen; ~ *que* mehr als; *avec subst:* ~ *de* mehr; **2.** *temporel* (noch) länger

D.C.A. [desea] *f abr* (*défense contre avions*) Flak *f*

de [d(ə)] ⟨*vor Vokal u stummem h d'*; „*de le*" *wird zu* **du**, „*de les*" *zu* **des** *zusammengezogen*⟩ **I** *prép* **1.** *lieu:* **a)** *origine, point de départ* von; aus; von ... her; von ... aus; ♦ *arriver, venir* ~ *Bordeaux* von *ou* aus Bordeaux kommen; *sortir d'une maison* aus e-m Haus (heraus)kommen; *tirer qc* ~ *sa poche* etw aus der Tasche ziehen; *venir* ~ *l'école, de l'étranger, la gare* aus der Schule, aus dem Ausland, vom Bahnhof kommen; ♦ ~ *Paris il y a 300 km* von Paris (aus) sind es 300 km; ♦ ~ ... *à* ... nach, (bis) zu; *aller* ~ *Paris à Marseille* von Paris nach Marseille fahren; ~ *la porte à la fenêtre* von der Tür zum Fenster; ~ *la tête aux pieds* von Kopf bis Fuß; ♦ ~ ... *en cf en I 6.*; ♦ ~ *côté* von der Seite; ~ *dessous, dessus* von unten, oben; ~ *face* von vorn; *d'ici* von hier aus; ~ *là* von da, dort aus; ~ *loin* von weitem; aus der Ferne; *d'où?* woher?; *d'où vient-il?* wo kommt er her?; woher kommt er?; ♦ *près* aus der Nähe; ♦ *venir* ~ *chez le dentiste* vom Zahnarzt kommen; ♦ *le consul d'Allemagne* der deutsche Konsul; *vent m du nord* Nordwind *m*; *vins m/pl* ~ *France* fran-'zösische Weine *m/pl*; Weine aus Frankreich; ♦ *particule de noblesse* von; ♦ *par ext: une lettre* ~ *Paul* ein Brief von Paul; ~ *source sûre* aus sicherer Quelle; *être né* ~ *parents pauvres* von armen Eltern kommen, abstammen; das Kind armer Eltern sein; *revenir* ~ *vacances* aus den Ferien zurückkehren;

b) *direction* ♦ ~ *ce côté-ci venir* von dieser Seite; *se trouver* auf dieser Seite; *partir* auf diese, nach dieser Seite; *cf a côté*; ♦ *le passage du Rhin* der 'Übergang über den Rhein, der Rheinübergang; *le train ~ Paris* der Zug von *ou* nach Paris; **2.** *temps ~ jour* bei, am Tag(e); tagsüber; *~ nos jours* heutzutage; *~ mémoire d'homme* seit Menschengedenken; *~ nuit* in der, bei Nacht; nachts; *~ son vivant* zu, bei s-n Lebzeiten; ♦ *dans des phrases négatives: ne rien faire etc* **~ (toute) la journée** den ganzen Tag; ♦ *~ ... à* von ... bis; *du début à la fin* von Anfang bis Ende; vom Anfang bis zum Ende; *~ lundi à jeudi* von Montag bis Donnerstag; *du matin au soir* vom Morgen bis zum Abend; von morgens bis abends; *du premier au quinze mai* von erstem bis (zum) fünfzehnten Mai; ♦ *~ ... en* von ... zu; *~ jour en jour* von Tag zu Tag; ♦ *enfant m,f ~ trois ans* dreijähriges Kind; Kind von, mit drei Jahren; Dreijährige(r) *f(m)*; *travail m ~ dix ans* Arbeit *f* von zehn Jahren; zehnjährige Arbeit; **3.** *appartenance* von; *plus souvent traduit par un génitif* ♦ *l'amour ~ Dieu* die Liebe Gottes; *cf a 9.*; *la cathédrale ~ Cologne* der Kölner Dom; *la cathédrale ~ Chartres* die Kathedrale von Chartres; *la conviction ~ tous* die Überzeugung aller; *la couleur du ciel* die Farbe des Himmels; *crise f ~ la puberté* Pubertätskrise *f*; *le livre ~ Pierre* Peters Buch; das Buch von Peter; *la maison ~ mon père* das Haus meines Vaters; (meines) Vaters Haus; ♦ *le prix du pain* der Brotpreis; ♦ *le meilleur ~ tous* der Beste von allen; *le seul ~ ses amis* der einzige s-r Freunde; ♦ *c'est un, st/s il est ~ mes amis* er ist ein Freund von mir; *pour ce qui est ~ lui* was ihn betrifft, anbelangt; *cf a être 4. d) et les subst correspondants;* **4.** *cause* von; wegen; an (*+dat*); über (*+acc*); ♦ *rouge ~ colère, honte* vor Zorn; Scham; *trembler ~ froid* vor Kälte; ♦ *joie f ~ vivre* Lebensfreude *f*; *peur f ~ la mort* Angst *f* vor dem Tod; Todesfurcht *f*, -angst *f*; ♦ *loc/conj: ~ ce que; je m'étonne ~ ce qu'il n'est ou ne soit pas venu* ich wundere mich darüber, daß er nicht gekommen ist; *~ crainte que ...* **(ne)** (*+subj*) aus Furcht davor, daß ...; ♦ *être atteint d'une maladie* an e-r Krankheit leiden; *être étonné, surpris ~ qc* über etw (*acc*) erstaunt, überrascht sein; *se plaindre ~ qn, qc* sich über j-n, etw *ou* wegen j-m, etw beklagen; ♦ *agent du passif* von; *accompagné ~ sa femme* in Begleitung s-r Frau; *aimé ~ ses parents* von s-n Eltern geliebt; **5.** *matière* von; aus; ♦ *fig cœur m ~ pierre* Herz *n* von Stein; *plaque f ~ marbre* Marmorplatte *f*; Platte *f* aus Marmor; marmorne Platte; ♦ *faire qc ~ rien* aus nichts etw machen; **6.** *contenu: non traduit* ♦ *un paquet ~ cigarettes* e-e Schachtel, Packung Zigaretten; *trois verres ~ vin* drei Glas Wein; ♦ *par ext: billet m ~ cent francs* Hundert-'Franc-Schein *m*; *collection f ~ timbres* Briefmarkensammlung *f*; *comité m ~ cinq membres* fünfköpfiger Ausschuß; **7.** *moyen,*

outil mit; ♦ *coup m ~ matraque* Schlag *m* mit dem Gummiknüppel; *coup m ~ pied* Fußtritt *m*; *coup m ~ revolver* Re'volverschuß *m*; ♦ *chercher des yeux* mit den Augen suchen; *montrer qn du doigt* mit dem Finger auf j-n zeigen; ♦ *jouer du piano etc* Klavier *etc* spielen; ♦ *armé d'un couteau* mit e-m Messer bewaffnet; *se nourrir ~ riz* sich von Reis ernähren; *orner ~ fleurs* mit Blumen schmücken; **8.** *sujet, thème* über (*+acc*); von; *parler ~ qn, qc* von j-m, etw, über j-n, etw sprechen; *que pensez-vous ~ lui?* was denken, halten Sie von ihm?; *rêver ~* träumen von; **9.** *manière:* ♦ *bon appétit* mit gutem Appetit; *~ beaucoup* weitaus; bei weitem; *d'un bond* mit e-m Sprung; *~ force* mit Gewalt; *~ cette manière* auf diese Weise; *~ mémoire* aus dem Gedächtnis; *~ son mieux* so gut er *ou* sie kann; *d'un pas ferme* mit festem Schritt; festen Schrittes; *~ soi-même* (*ou ~ lui-même, d'elle-même*) von selbst; von sich aus; aus sich selbst heraus; ♦ *~ plus en plus grand etc* immer größer *etc*; ♦ *amour ~ Dieu* Liebe *f* zu Gott; *amour m ~ la patrie, du prochain* Vaterlands-, Nächstenliebe *f*; *homme m ~ génie* genialer Mensch; *livres m/pl d'enfants* Kinderbücher *n/pl*; *maison f ~ campagne* Landhaus *n*; *regard m ~ pitié* mitleidiger Blick; ♦ *loc/adj: père m ~ cinq enfants* Vater *m* von fünf Kindern; *~ grand format* großformatig; *~ première qualité* erstklassig; ♦ *être d'une bêtise incroyable* von e-r unglaublichen Dummheit, unglaublich dumm sein; F *le ciel est d'un bleu!* F der Himmel ist unwahrscheinlich, sagenhaft blau!; *être ~ noir* schwarz gekleidet sein; ♦ *qualifier un journal ~ tendancieux* e-e Zeitung als tendenziös bezeichnen; *traiter qn ~ menteur* j-n e-n Lügner nennen; **10.** *fonction essentiellement syntaxique:* **a)** *après subst:* *une chienne ~ vie* ein Hundeleben *n*; *une espèce ~ singe* e-e Art Affe; *le mois ~ mai* der Monat Mai; *le mot* (~) *liberté* das Wort Freiheit; *la principauté ~ Monaco* das Fürstentum von Monaco; *la profession ~ médecin* der Arztberuf; der Beruf e-s Arztes; *cette sorte ~ vin* diese Sorte Wein; diese Weinsorte; *la ville ~ Paris* die Stadt Paris; **b)** *après adj: amoureux ~* verliebt in (*+acc*); *avide ~* gierig auf (*+acc*), nach; *avide d'argent* geldgierig; *capable d'un crime* zu e-m Verbrechen, *st/s* e-s Verbrechens fähig; *étroit d'esprit* engstirnig; *large d'épaules* breitschult(e)rig; breit in den Schultern; *plein ~ contradictions* voller 'Widersprüche; ♦ *une drôle ~ voiture* ein komisches Auto; *pauvre ~ moi!* ich Arme(r)!; **c)** *après des verbes: avoir besoin ~ qn, qc* j-n, etw brauchen; *changer ~ chemise* das Hemd wechseln; *cf a verbes correspondants;* **d)** *après loc/prép: autour ~, à cause ~, en dépit ~ etc cf les termes correspondants;* **e)** *mesures:* *âgé ~ dix ans* zehn Jahre alt; *un mur ~ un ou d'un mètre ~ haut* e-e(en) Meter hohe Mauer; e-e Mauer von einem Meter Höhe; *avoir deux mètres ~ long, ~ profon-*

deur ou être long, profond ~ deux mètres zwei Meter lang, tief sein; *avancer d'un pas* e-n Schritt vortreten; *diminuer ~ moitié* um die Hälfte abnehmen; *la hauteur est ~ trois mètres* die Höhe beträgt drei Meter; *raccourcir ~ dix centimètres* (um) zehn Zentimeter verkürzen; *montre retarder ~ cinq minutes* fünf Minuten nachgehen; ♦ *dix francs ~ l'heure* zehn Franc pro, in der Stunde; ♦ *plus ~ dix minutes* mehr als zehn Minuten; ♦ *F et ~ deux!* das wären zwei!; **f)** *devant inf* zu; ♦ *cesser ~ parler* aufhören zu sprechen; *demander à qn ~ partir* j-n bitten zu gehen; ♦ *inf sujet: comme si* (~) *pleurer servait à qc* als ob Weinen etwas nützen würde; *il est difficile, 'honteux ~ ...* es ist schwierig, e-e Schande zu ...; ♦ *inf de narration et les enfants ~ sauter et ~ crier* und nun fingen die Kinder an zu hüpfen und zu schreien; ♦ *plutôt mourir que* (*st/s* ♦) *céder* lieber sterben als nachgeben; **g)** *devant adj, p/p et adv:* ♦ *en voici une ~ terminée* hier ist e-e fertig; *avoir deux jours ~ libres* zwei Tage freihaben; zwei freie Tage haben; ♦ *personne d'autre* niemand anders; sonst niemand; *qc ~ beau* etwas Schönes; *~ résolu* jemand Entschlossenes; *qui d'autre?* wer sonst?; *quoi ~ neuf?* was gibt es Neues?; *rien ~ grave* nichts Ernstes; ♦ *cinq minutes ~ moins,* ♦ *cinq minutes ~ vous* fünf Minuten weniger, mehr; **h)** *si j'étais* (*que*) *~ vous* ich an Ihrer Stelle; wenn ich Sie wäre; **II** *article partitif: souvent non traduit;* **1.** *~ l'eau, des épinards, du pain, ~ la salade* Wasser *n*, Spinat *m*, Brot *n*, Salat *m*; *du porc, du veau* Schweine-, Kalbfleisch *n*; F *du solide* etwas Solides; ♦ *il y a du révolutionnaire en lui* es steckt etwas von e-m Revolutionär in ihm; *chausser du quarante* Schuhgröße vierzig haben; *écouter du Mozart* Mozart hören; *faire du cent* (mit) hundert fahren; *manger ~ tout* alles essen; alles mögen; *penser du bien ~ qn* Gutes, st/s von j-m denken; ♦ *du très bon travail* sehr gute Arbeit; *~ ou* F *des belles fleurs* schöne Blumen *f/pl*; ♦ *travailler pour ~ l'argent* für Geld arbeiten; **2.** *seulement de:* **a)** *après indications de quantité: assez, beaucoup, pas, peu, plus, tant, trop d'argent* genug, viel, kein, wenig, mehr, soviel, zuviel Geld; *combien ~ personnes?* wieviel *ou* wie viele Personen?; *un litre ~ lait* ein Liter Milch; *une paire ~ gants* ein Paar Handschuhe; ♦ *exception: bien des gens* (sehr) viele Leute; *se faire bien du souci* sich große Sorgen machen; *mais: bien d'autres* (sehr) viele andere; **b)** *dans une négation: il n'a jamais eu ~ succès* er hat nie Erfolg gehabt; *sans faire ~ bruit* ohne Lärm zu machen; ♦ *excepté après être: ce n'est pas ~ la laine* das ist keine Wolle

dé¹ [de] *m* **1.** (Spiel)Würfel *m*; *coup m de* ~(s) **a)** Wurf *m* (beim Würfeln); **b)** *fig* Lotte'riespiel *n*; Glückssache *f*; *jeu m de* ~s Würfelspiel *n*; *jeter le*(*s*) ~(*s*) würfeln; *fig les* ~s *sont jetés* die Würfel sind gefallen; *jouer aux* ~s Würfel spielen; würfeln; knobeln; **2.** *CUIS*

dé – déblocage

Würfel *m*; **couper en ~s** in Würfel schneiden

dé² [de] *m* **1.** **~ (à coudre)** Fingerhut *m*; **2.** *quantité* **un ~ à coudre** ein Fingerhut voll

dé... [de] *préfixe* ⟨vor Vokal **dés...**, vor *s* meist **des...**⟩ *souvent* ent...; Ent...; *cf* les articles suivants

D.E.A. [deəa] *m abr* (*diplôme d'études approfondies*) Forschungsdiplom im Anschluß an die „maîtrise"

dealer [dilœʀ] *m* Dealer ['di:-] *m*; Drogenhändler *m*

déambulatoire [deãbylatwaʀ] *m* ARCH Chorumgang *m*

déambuler [deãbyle] *v/i* um'hergehen, -schlendern

débâcle [debakl(ə)] *f* **1.** *de la glace* Eisaufbruch *m*; Eisgang *m*; **2.** *fig* **a)** MIL wilde Flucht; Auflösung *f*; **b)** *d'une entreprise etc* Zu'sammenbruch *m*; De'bakel *n*

déballage [debalaʒ] *m* **1.** Auspacken *n*; **2.** (*étalage*) Warenauslage *f*; **3.** F *fig* (rückhaltloses) Geständnis; Beichte *f*; (Herzens)Erguß *m*

déballer [debale] *v/t* **1.** *marchandises etc* auspacken; **2.** F *fig*: *savoir etc* von sich geben; anbringen; F auspacken; loswerden; *plaintes* F abladen

débandade [debãdad] *f* Ausein'anderrennen *n*, -laufen *n*; *a* MIL wilde, regellose Flucht; Auflösung *f*; **ce fut la ~ générale** alles lief auseinander, da'von; MIL alles war in Auflösung begriffen

débander [debãde] **I** *v/t* **1.** die Binde, den Verband abnehmen (**une plaie** von e-r Wunde); **2.** *arc etc* lockern; **II** *v/i* F *pénis* schlaff werden; F *fig* **sans ~** unablässig; ohne 'Unterlaß; **III** *v/pr* **se ~ manifestants** ausein'anderlaufen; *armée* sich auflösen

débaptiser [debatize] *v/t rue etc* 'umbenennen; 'umtaufen

débarbouillage [debaʀbujaʒ] *m* (rasche) Gesichtswäsche

débarbouiller [debaʀbuje] **I** *v/t* **~ un enfant** e-m Kind das Gesicht (und die Hände) waschen, saubermachen; **II** *v/pr* **se ~** sich (rasch) das Gesicht waschen

débarcadère [debaʀkadeʀ] *m* MAR Landungsbrücke *f*, -steg *m*; Anlege-, Landeplatz *m*, -stelle *f*; Pier *m ou f*

débard|er [debaʀde] *v/t* MAR ausladen; löschen; **~eur** *m* **1.** *ouvrier* Entlader *m*; Trans'portarbeiter *m*; MAR Hafenarbeiter *m*; Schauermann *m*; **2.** *vêtement* Pull'under *m*

débarquement [debaʀkəmã] *m* **1.** *passagers* An'landgehen *n*; Von'bordgehen *n* (*a* AVIAT); Aussteigen *n*; **2.** *marchandises* Ausladen *n*, -ung *f*; MAR Löschen *n*, -ung *f*; Anlanden *n*, -ung *f*; Ausschiffen *n*, -ung *f* (*a passagers*); **3.** MIL Landung *f*; HIST **le ~** die Invasi'on (1944)

débarquer [debaʀke] **I** *v/t* **1.** *marchandises* ausladen; MAR löschen; anlanden; *passagers*, *marchandises* ausschiffen; *passagers* an Land setzen; **2.** F *fig* **~ qn** F j-n ausbooten; **II** *v/i* **3.** *passagers* MAR an Land gehen; sich ausschiffen; *d'un avion* von Bord gehen; aussteigen (*de* aus); **4.** MIL landen; **5.** F *fig* **~ chez qn** F bei j-m her'eingeschneit kommen, aufkreuzen; **6.** F *fig* **il débarque** man

sieht, daß er neu ist *ou* daß er nicht auf dem laufenden ist

débarras [debaʀa] *m* **1.** F **bon ~!** F e-e wahre Erlösung!; den *ou* die *ou* das wären wir los, hätten wir vom Hals!; **2.** *lieu* Abstellraum *m*; Rumpelkammer *f*

débarrasser [debaʀase] **I** *v/t* befreien (**de** von); *place* frei machen; räumen; *pièce* ausräumen; *grenier a* entrümpeln; **~ (la table)** den Tisch abräumen; (den Tisch) abdecken; **~ qn de qc** j-n von etw befreien; **~ un enfant d'une mauvaise habitude** e-m Kind e-e Unart abgewöhnen, e-e schlechte Angewohnheit austreiben; **puis-je vous ~ de votre manteau?** darf ich Ihnen den Mantel abnehmen?; **~ qn d'un souci** j-m e-e Sorge abnehmen; j-n e-r Sorge (*gén*) entheben; **~ qn de qn** j-m j-n vom Halse schaffen; **être débarrassé de qn, qc** j-n, etw los sein, vom Halse haben; **II** *v/pr* **se ~ de qc, de qn** sich e-r Sache, j-s entledigen; sich etw, j-n vom Halse schaffen; etw, j-n loswerden, beseitigen, *préjugé*, *défaut* ablegen, *actions* abstoßen

débat [deba] *m* **1.** De'batte *f*; Erörterung *f*; Aussprache *f*; Diskussi'on *f*; Streitgespräch *n*; **~ télévisé** Fernsehdebatte *f*; **2.** **~s** *pl* **a)** POL De'batte *f*; **~s parlementaires** Parla'mentsdebatte *f*; **b)** JUR (Haupt)Verhandlung *f*; **3.** *fig* **~ intérieur** innerer Kon'flikt, Kampf

débattre [debatʀ(ə)] ⟨*cf* battre⟩ **I** *v/t* debat'tieren, disku'tieren über (+*acc*); erörtern; *question* besprechen; 'durchsprechen; *prix etc* aushandeln; **prix m à ~** Preis *m* nach Vereinbarung; **II** *v/pr* **se ~ 1.** um sich schlagen; sich wehren, sich sträuben; **2.** *fig* sich her'umschlagen; sich abmühen; kämpfen; ringen

débauchage [deboʃaʒ] *m* (*licenciement*) Entlassung *f*; Abbau *m*

débauche [deboʃ] *f* **1.** Ausschweifung *f*; JUR **excitation f de mineurs à la ~** Verführung *f*, Anstiftung *f* Minderjähriger zur Unzucht; **lieu m de ~** Ort *m* der Ausschweifung; **vie f de ~** ausschweifender, unsolider, liederlicher Lebenswandel; **2.** *fig* **une ~ de** e-e verschwenderische Fülle von

débauché [deboʃe] **I** *adj* ausschweifend lebend; lasterhaft; liederlich; **II** *subst* **~(e)** *m*(*f*) Wüstling *m*; liederliches Frauenzimmer

débaucher [deboʃe] *v/t* **1.** (*détourner de son travail*) (der Arbeit [*dat*]) abspenstig machen; von der Arbeit abbringen; abwerben; **2.** (*licencier*) entlassen; abbauen; **3.** F (*distraire*) verführen; verleiten

débecqueter *ou* **débecter** [debɛkte] *v/t* P (*dégoûter*) P ankotzen

débet [debɛ] *m* FIN Passivsaldo *m*; Fehlbetrag *m*; Rückstand *m*

débile [debil] **I** *adj* **1.** schwächlich; **2.** F blöd; doof; schwachsinnig; **II** *m* **1.** MÉD **~ mental** Schwachsinnige(r) *m*; **2.** F Blödmann *m*; Idi'ot *m*

débilitant [debilitã] *adj atmosphère* demorali'sierend; depri'mierend

débilité [debilite] *f* **1.** Schwäche *f*; Schwächlichkeit *f*; **2.** **~ mentale** Schwachsinn *m*

débiliter [debilite] *v/t* **1.** schwächen; entkräften; **2.** *fig* entmutigen; demorali'sieren

débine [debin] *f* F *cf* **dèche**

débin|er [debine] F **I** *v/t* schlechtmachen; F in den Dreck ziehen; **II** *v/pr* **se ~** F abhauen; verduften; sich dünnmachen

débit [debi] *m* **1.** *de marchandises* Absatz *m*; Vertrieb *m*; Verkauf *m*; Abgang *m*; 'Umsatz *m*; **2.** **~ de boissons** (Getränke)Ausschank *m*; **~ de tabac** Tabakladen *m*; *österr* (Ta'bak)Tra'fik *f*; **3.** (*manière de parler*) Sprech-, Redeweise *f*; Vortrag(sart) *m*(*f*); **il, elle a un de ces ~s** er, sie redet wie ein Wasserfall; **4. a)** *d'un cours d'eau* Wasserführung *f*; Abflußmenge *f*; *d'une source* Schüttung *f*; Ergiebigkeit *f*; **b)** TECH 'Durchfluß(menge *f*, -strom) *m*; *d'une machine* Ausstoß *m*; Mengenleistung *f*; 'Durchsatz *m*; *d'une rue etc* (Verkehrs)Leistung *f*; Kapazi'tät *f*; **5.** COMM Soll *n*; Debet *n*; **avis m de ~** Lastschriftanzeige *f*; **mettre une dépense au ~ de qn** j-n mit e-r Ausgabe belasten

débitage [debitaʒ] *m du bois* Zuschneiden *n*; Zuschnitt *m*

débitant [debitã] *m* **~ de boissons** Schankwirt *m*; **~ de tabac** Tabakwaren(einzel)händler *m*; *österr* (Ta'bak)Trafi'kant *m*

débiter [debite] *v/t* **1.** *marchandises* absetzen; vertreiben; 'umsetzen; *boissons* verkaufen; abgeben; ausschenken; **2.** *péj*: *sottises* von sich geben; F verzapfen; *par cœur* her('unter)leiern; herbeten; *mensonges* erzählen; vorbringen; auftischen; **3.** *source*: *eau* liefern; *pompe*: *liquide* fördern; *machine*: produit ausstoßen; **4.** *bois* zuschneiden; *animal* zerlegen; **5.** COMM **~ qn**, **un compte d'une somme** j-n, ein Konto mit e-m Betrag belasten

débi|teur [debitœʀ], **~trice I** *m*,*f* **1.** FIN Schuldner(in) *m*(*f*); COMM Debitor *m*; **2.** *fig* Schuldner(in) *m*(*f*); **je suis votre débiteur** ich stehe, bin in Ihrer Schuld; **II** *adj* **compte débiteur** Debetkonto *n*; **pays débiteur** Schuldnerland *n*; **solde débiteur** Passiv-, Debet-, Sollsaldo *m*

déblaiement [deblɛmã] *m* **a)** *d'une rue* Freimachen *n*; Aufräumen *n*, -ung *f*; **travaux m/pl de ~** Aufräumungsarbeiten *f*/*pl*; **b)** *de terre etc* Beseitigung *f*; Wegschaffung *f*

déblais [deblɛ] *m*/*pl* (*terres etc enlevées*) Aushub *m*; Abraum *m*

déblatérer [deblateʀe] *v/t*/*indir* ⟨-è-⟩ **~ contre qn, qc** über j-n, etw los-, herziehen; auf j-n, etw schimpfen

déblayage [deblɛjaʒ] *m cf* **déblaiement**

déblayer [debleje] *v/t* ⟨-ay- *od* -ai-⟩ **1. a)** *rue*, *entrée* frei machen; aufräumen; *pièce* frei machen; ausräumen; **b)** *décombres etc* beseitigen; wegschaffen; weg-, ab-, aufräumen; **2.** CONSTR *terrain* abtragen; abgraben; *terre* ausheben; **3.** *fig* **~ le terrain** den Weg ebnen; die Bahn frei machen; die Anfangsschwierigkeiten beseitigen; Hindernisse aus dem Weg räumen; die Vorfragen klären

déblocage [deblɔkaʒ] *m* **1.** TECH Lösen *n*; Entriegeln *n*, -ung *f*; **2.** ÉCON Freigabe *f*; **~ des prix** *a* Aufhebung *f* des Preisstopps

débloquer [deblɔke] I v/t **1.** TECH freins etc lösen; pièce d'une machine entriegeln; die Arre'tierung lösen (+gén); **2.** ÉCON prix etc freigeben; ~ **un compte** die Sperre e-s Kontos aufheben; ~ **les salaires** den Lohnstopp aufheben; II v/i Unsinn, Blödsinn, F Quatsch, Blech, Stuß reden
débobiner [debɔbine] v/t abwickeln; abspulen
déboires [debwaʀ] m/pl (bittere) Enttäuschungen f/pl; Verdruß m; Ärger m
débois|ement [debwazmɑ̃] m Abholzen n, -ung f (des Waldes); Entwaldung f; ~**er** v/t (den Wald) abholzen; entwalden
déboîtement [debwatmɑ̃] m **1.** MÉD Aus-, Verrenkung f; **2.** AUTO Ausscheren n
déboîter [debwate] I v/t **1.** MÉD aus-, verrenken; auskugeln; **2.** TECH her'aus-, ausein'andernehmen; ausbauen; II v/i AUTO ausscheren
débonnaire [debɔnɛʀ] adj gutmütig
débordant [debɔʀdɑ̃] adj **1.** joie etc 'überströmend, -quellend, -schäumend; 'überschwenglich; activité rastlos; fieberhaft; imagination blühend; **2.** personne être ~ **d'activité** rastlos tätig sein; cf a **déborder** 6.; **3.** MIL **mouvement** ~ Um'gehungs-, Um'fassungsbewegung f
débordé [debɔʀde] adj être ~ (**de travail**) (mit Arbeit) über'lastet sein; être ~ **de demandes, de visites** mit Anträgen über'häuft, von Besuchern über'laufen sein
débordement [debɔʀdəmɑ̃] m **1.** d'un fleuve 'Übertreten n; Über'schwemmung f; d'un récipient 'Überlaufen n, -fließen n; **2.** fig ~ **d'enthousiasme** Woge f, Welle f der Begeisterung; Begeisterungsausbruch m; ~ **d'injures** Flut f von Beleidigungen; ~ **de joie** 'Überschwang m der Freude; **3.** ~**s** pl Ex'zesse m/pl; Ausschweifungen f/pl; **4.** MIL Um'gehung f; Um'fassung f
déborder [debɔʀde] I v/t **1.** chose ~ **qc** über (den Rand von) etw hin'ausgehen, -stehen, -ragen; ~ **le cadre du sujet** den Rahmen des Themas sprengen; **2.** MIL um'gehen; um'fassen; **3.** un lit in Unordnung bringen; personne (halb) aufdecken; II v/i **4.** fleuve etc über die Ufer treten; 'übertreten; liquide, récipient 'überlaufen, -fließen; F 'überschwappen; plein à ~ randvoll; zum Überlaufen voll; pluie **faire** ~ **la rivière** den Fluß über die Ufer treten lassen; fig **faire** ~ **le vase** das Maß 'vollmachen; das Faß zum Überlaufen bringen; **5.** gens ~ **sur la place** bis auf den Platz hin'aus stehen; linge ~ **du tiroir** aus der Schublade quellen; **6.** fig ~ **d'enthousiasme, de reconnaissance** vor ou von Begeisterung, Dankbarkeit 'überströmen; ~ **d'esprit** vor Geist sprühen; ~ **de santé** vor ou von Gesundheit strotzen; ~ **de vie** vor ou von Lebenslust, Temperament 'übersprudeln, 'überschäumen; III v/pr **se** ~ sich aufdecken; bébé sich freistrampeln
débotté [debɔte] m litt loc/adv **au** ~ a) gleich bei der Ankunft; b) fig unversehens
débotter [debɔte] I v/t ~ **qn** j-m die Stiefel ausziehen; II v/pr **se** ~ (sich) die Stiefel ausziehen
débouchage [debuʃaʒ] m **1.** d'une bouteille Öffnen n; Aufmachen n; Entkorken n; **2.** cf **débouchement**
débouché [debuʃe] m **1.** d'une rue Einmündung f; d'une vallée Ausgang m; Mündung f; **2.** ÉCON Absatzmarkt m; **ouvrir de nouveaux** ~**s** neue Absatzmärkte erschließen; **3.** pl ~**s** Berufsaussichten f/pl; **n'offrir aucun** ~ keine Berufsaussichten eröffnen
débouchement [debuʃmɑ̃] m d'un évier etc Beseitigung f der Verstopfung; Freimachen n
déboucher [debuʃe] I v/t **1.** bouteille aufmachen; öffnen; entkorken; **2.** évier die Verstopfung beseitigen (+gén); frei machen; II v/i **3.** ~ **de** (her'aus)kommen, voiture a (-)fahren aus; **4.** chemin ~ **dans** (ein)münden in (+acc); ~ **sur une place** auf e-n ou e-m Platz münden; **5.** fig ~ **sur** einmünden in (+acc); führen zu; anlangen bei
débouchoir [debuʃwaʀ] m ~ **à ventouse** Stampfer m (zur Rohrreinigung)
déboucler [debukle] v/t aufschnallen
déboulé [debule] **1.** SPORTS (Da'her-) Stürmen n; voller Lauf; **2.** DANSE Déboulé m
débouler [debule] v/i **1.** (a v/t) ~ (**l'escalier** die Treppe) hin'unter-, hin'ab- ou her'unter-, her'abkullern, -purzeln; **2.** lièvre etc aufspringen und da'vonrennen
déboulonnage [debulɔnaʒ] m TECH Los-, Abschrauben n
déboulonner [debulɔne] v/t **1.** TECH los-, abschrauben; **2.** F fig ~ **qn** j-n aus s-r Stellung drängen; F j-n absägen
débourber [debuʀbe] v/t **1.** étang etc vom Schlamm reinigen; entschlammen; **2.** minerai läutern; **3.** VIT vorklären
débourrer [debuʀe] v/t pipe reinigen; ausklopfen; II v/i P (déféquer) P kacken
débours [debuʀ] m/pl Auslagen f/pl; Ausgaben f/pl; Aufwendungen f/pl; Spesen pl
débourser [debuʀse] v/t ausgeben; aufwenden; **sans rien** ~, **sans** ~ **un sou** ohne etwas, ohne e-n Pfennig auszugeben
déboussoler [debusɔle] F v/t ~ **qn** j-n aus der ou außer Fassung, aus dem Geleise bringen; adjt **déboussolé** völlig außer Fassung; F Nachschlag rat-, hilflos
debout [d(ə)bu] adv et adj ⟨inv⟩ **1.** stehend; aufrecht (stehend); TECH a hochkant; **place** f ~ Stehplatz m; int ~ (**là-dedans**)! auf!; ~ (alles) aufstehen, aufstanden!; auf!; **être** ~ stehen; cf a 2. et 3.; **laisser qn** ~ j-n stehen lassen; **manger** ~ im Stehen essen; **mettre qc** ~ etw (aufrecht) stellen; etw aufstellen; TECH a etw hochkant stellen; cf a 3.; **se mettre** ~ aufstehen; sich erheben; sich aufrecht hinstellen; **rester** ~ stehen bleiben; cf a 2.; personne **ne plus tenir** ~ sich nicht mehr auf den Beinen halten können; cf a 3.; **se tenir** ~ (da)stehen; **2.** auf; aufgestanden; **être** ~ **à six heures du matin** aufsein, auf den Beinen sein; malade **il est déjà** ~ er ist schon wieder auf; er kann schon wieder aufstehen; **rester** ~ aufbleiben; **3.** loc fig: **dormir** ~ im Stehen schlafen; zum 'Umfallen müde sein; histoire **à dormir** ~ ganz unwahrscheinlich; **être encore** ~ maisons etc noch stehen; institution noch Bestand haben; affaire **mettre** ~ auf die Beine stellen; argument etc **tenir** ~ Hand und Fuß haben; **ne pas tenir** ~ weder Hand noch Fuß haben; keinen Sinn haben
débouter [debute] v/t JUR ~ **qn de sa demande** j-s Klage abweisen
déboutonner [debutɔne] I v/t aufknöpfen; II v/pr **se** ~ **1.** s-e Jacke etc aufknöpfen; **2.** fig sein Herz ausschütten; sich offen aussprechen; **3.** vêtement aufgehen; sich öffnen
débraillé [debʀaje] I adj **1.** personne nachlässig, schlampig, (allzu) sa'lopp gekleidet; nicht ganz angezogen; F halbnackt; vêtements nachlässig, schlampig; (allzu) sa'lopp; allure sa'lopp; lässig; **2.** fig manières locker; lose; zu frei (a propos); II m nachlässige, allzu sa'loppe (Art der) Kleidung
débrailler [debʀaje] v/pr F **se** ~ sich entblößen; F halb nackt her'umlaufen
débranchement [debʀɑ̃ʃmɑ̃] m ÉLECT Ab-, Ausschalten n, -ung f
débrancher [debʀɑ̃ʃe] v/t den Stecker her'ausziehen (**la télévision** des Fernsehers); circuit etc ab-, ausschalten; batterie etc abklemmen
débrayage [debʀɛjaʒ] m **1.** AUTO Auskuppeln n; **double** ~ Schalten n mit Zwischengas; **2.** fig Arbeitsniederlegung f, -einstellung f; Ausstand m
débrayer [debʀɛje] v/i ⟨-ay- od -ai-⟩ **1.** AUTO auskuppeln; (auf) die Kupplung treten; **2.** fig die Arbeit niederlegen; in den Ausstand treten
débridé [debʀide] adj imagination, passion zügellos; ungezügelt; hemmungslos; entfesselt; imagination a blühend; ~**ement** m Entfesselung f; Zügellosigkeit f
débrider [debʀide] v/t **1.** cheval abzäumen; fig **sans** ~ ohne Unter'brechung; pausenlos; in einem fort; **2.** CUIS die Fäden entfernen von
débris [debʀi] **1.** m/pl de vaisselle Scherben f/pl; d'une statue, d'un avion Trümmer pl; ~ **de verre** Glasscherben f/pl; **2.** m/pl fig 'Überreste m/pl; 'Überbleibsel n/pl; Trümmer pl; **3.** F péj **un vieux** ~ F ein alter Knacker
débrouillard [debʀujaʀ] I adj pfiffig; findig; schlau; geschickt; wendig; F gewieft; II m e-r, der sich zu helfen weiß; Schlaukopf m; F findiger, wendiger, F gewiefter Bursche; F Pfiffikus m
débrouillardise [debʀujaʀdiz] f Pfiffigkeit f; Findigkeit f; Schlauheit f; Wendigkeit f; Improvisati'onskunst f; F Gewieftheit f
débrouiller [debʀuje] I v/t **1.** fils etc entwirren; **2.** fig entwirren; Ordnung, Klarheit, Licht bringen in (+acc); aufklären; **3.** F ~ **qn** j-m die elemen'taren Kenntnisse, die Grundbegriffe beibringen; adjt **il est déjà bien débrouillé** enfant es ist schon sehr selbständig; élève er beherrscht schon gut die Grundbegriffe; II v/pr **se** ~ sich (dat) zu helfen wissen; zu'rechtkommen; e-n Ausweg finden; zu Rande kommen; sich aus der Af'färe ziehen; F sich 'durchwursteln; **qu'il se débrouille!** soll er sehen, wie er zurechtkommt ou wo er

débroussailler – décernement

bleibt!; *se ~ avec ce qu'on a* sich mit dem behelfen, was man hat; *se ~ avec ses difficultés a* mit s-n Schwierigkeiten fertig werden; *savoir se ~* sich zu helfen wissen

débroussailler [debʀusaje] *v/t* **1.** das Gestrüpp entfernen (*qc* von, aus, in etw [*dat*]); **2.** *fig* Klarheit, Licht bringen in (+*acc*)

débusquer [debyske] *v/t* **1.** *gibier* aufscheuchen, -jagen, -stöbern; **2.** *fig ~ qn* j-n vertreiben, verdrängen; *de sa cachette* j-n aufstöbern

début [deby] *m* **1.** Anfang *m*; Beginn *m*; *~ du mois* Monatsbeginn *m*; *loc/adv*: *au ~* anfangs; im Anfang; zu Beginn; zu'erst; *tout au ~, st/s au tout ~* gleich zu Beginn, am *ou* zu Anfang; *dès le ~* von Anfang an; *du ~ à la fin* von Anfang bis Ende; vom Anfang bis zum Ende; *loc/prép*: *~ mai* Anfang Mai; *au ~ de* am Anfang, zu *ou* am *ou* bei Beginn (+*gén*); *au ~ de l'année* (*m*) Anfang des Jahres; *au ~ du livre* am Anfang des Buches; *au ~ du spectacle* zu, bei Beginn der Vorstellung; *en ~ de semaine* (am) Anfang, zu Beginn der Woche; *en ~ de matinée* am frühen Vormittag; **2.** *pl ~s d'un acteur* De'büt *n*; erstes Auftreten (in der Öffentlichkeit); *faire ses ~s* sein Debüt geben (*a iron*) debü'tieren; zum ersten Mal (öffentlich) auftreten; *faire ses ~s dans le monde* in die Gesellschaft eingeführt werden; **3.** *pl ~s* Anfänge *m/pl*; Anfang *m*; erste Schritte *m/pl*; *n'en être qu'à ses ~s personne* noch am Anfang stehen; die ersten Schritte tun; *chose* noch in den Kinderschuhen stecken

débutant [debytɑ̃] **I** *adj* angehend; **II** *subst* **1.** *~(e) m(f)* Anfänger(in) *m(f)*; Neuling *m*; *acteur a* Debü'tant(in) *m(f)*; *cours m pour ~s* Anfängerkurs *m*; *péj comme un ~* wie ein Anfänger; **2.** *~e f* Debü'tantin *f*; *bal m des ~es* Debütantinnenball *m*

débuter [debyte] *v/t et v/i* **1.** anfangen; beginnen; *~ à mille francs, comme sténodactylo* mit tausend Franc, als Stenotypistin anfangen; *~ dans la vie* ins Leben treten; *~ par des généralités* mit allgemeinen Dingen beginnen; **2.** *artiste* debü'tieren; zum ersten Mal auftreten; sein De'büt geben

déca [deka] *m F abr cf décaféiné*

deçà [dəsa] **I** *adv litt ~ (et) delà* bald hier(hin), bald da(hin); **II** *loc/prép en ~ de* [ɑ̃dsad(ə)] diesseits (+*gén*); *fig rester en ~ de la vérité* nicht bis zur Wahrheit vordringen

décacheter [dekaʃte] *v/t* ⟨-tt-⟩ *lettre* öffnen; aufmachen; aufreißen; aufschlitzen

décade [dekad] *f* **1.** (*dix jours*) De'kade *f*; **2.** *abus* (*décennie*) Jahr'zehnt *n*

décadence [dekadɑ̃s] *f* Deka'denz *f*; Kul'turverfall *m*; *d'un empire* Niedergang *m*; Verfall *m*; *tomber en ~* in Verfall geraten; verfallen

décadent [dekadɑ̃] *adj* deka'dent; dem Niedergang, Verfall preisgegeben; angekränkelt

décaèdre [dekaɛdʀ(ə)] *m* MATH Deka'eder *n*; Zehnflächner *m*; Zehnflach *n*

décaféin|é [dekafeine] *adj* koffe'infrei; entkoffei'niert; *subst m du ~* koffeinfreier Kaffee; *~er v/t* entkoffei'nieren

décagramme [dekagʀam] *m* (*abr dag*) Deka'gramm *n* (*abr* Dg, *österr* dkg); *österr a* Deka *n*

décaisser [dekese] *v/t* **1.** *marchandise* aus der Kiste nehmen, auspacken; **2.** *argent* auszahlen; der Kasse entnehmen

décalage [dekalaʒ] *m* **1.** Verschiebung *f*; Abstand *m*; 'Unterschied *m*; *~ horaire* Zeitunterschied *m*; **2.** *fig* Diskre'panz *f*, 'Unterschied *m*, 'Mißverhältnis *n*, Kluft *f*, Spanne *f* (*entre ... et* zwischen [+*dat*] ... und)

décalaminer [dekalamine] *v/t* AUTO entrußen; die Ölkohle entfernen von

décalci|fication [dekalsifikasjɔ̃] *f* MÉD Kalk-, Kalziumverlust *m*; Kalkmangel *m*; *~fier* **I** *v/t* Kalk, Kalzium entziehen (*l'organisme* dem Organismus); **II** *v/pr se ~* Kalk, Kalzium verlieren

décalcomanie [dekalkɔmani] *f* **1.** *image* Abziehbild *n*; **2.** *procédé* Abziehbildverfahren *n*

décaler [dekale] *v/t* verschieben; *dans l'espace a* versetzen; verstellen; *dans le temps a* verlegen; *~ le repas d'une heure* das Essen um e-e Stunde verschieben, verlegen

décalitre [dekalitʀ(ə)] *m* **1.** Deka'liter *n ou m*; **2.** *récipient* Zehn'literbehälter *m*

décalquage [dekalkaʒ] *m* (Ab-, 'Durch)Pausen *n*

décalque [dekalk] *m* **1.** *d'un dessin* Pause *f*; **2.** *fig* Nachahmung *f*; *péj* Abklatsch *m*

décalquer [dekalke] *v/t* (ab-, 'durch-) pausen

décamètre [dekamɛtʀ(ə)] *m* Deka'meter *n ou m*

décamper [dekɑ̃pe] *v/i* F sich aus dem Staub machen; Reiß'aus nehmen; abhauen; sich verziehen

décan [dekɑ̃] *m* ASTROLOGIE De'kade *f*

décanat [dekana] *m* ÉGL, UNIVERSITÉ De'kanswürde *f*

décaniller [dekanije] *v/i* F abhauen; verduften; sich verkrümeln; abzischen

décantation [dekɑ̃tasjɔ̃] *f* Klären *n* (durch Absetzenlassen); Dekan'tieren *n*; *bassin m de ~* Klärbecken *n*

décanter [dekɑ̃te] **I** *v/t* **1.** *liquide* klären; dekan'tieren; **2.** *fig idées etc* sich abklären lassen; **II** *v/pr se ~* **3.** *liquide* sich klären; *laisser ~* absetzen lassen; **4.** *fig idées etc* sich abklären

décapage [dekapaʒ] *m* **1.** *métal* Beizen *n*; Deka'pieren *n*; Entzundern *n*; **2.** *peinture* Abbeizen *n*

décapant [dekapɑ̃] **I** *m* **1.** Abbeizmittel *n*; **2.** *pour souder* Flußmittel *n*; Lötwasser *n*; **II** *adj fig humour* ätzend

décaper [dekape] *v/t* **1.** *métal* (ab)beizen; deka'pieren; entzundern; **2.** *peinture* abbeizen; *~ au chalumeau* abbrennen; **3.** *par ext* blank scheuern; putzen

décapitation [dekapitasjɔ̃] *f* Enthauptung *f*

décapiter [dekapite] *v/t* **1.** *personne* enthaupten; köpfen; **2.** *arbre* köpfen; kappen; **3.** *fig* führerlos machen; das Haupt ausschalten (*une bande* e-r Bande)

décapodes [dekapɔd] *m/pl* ZO Zehnfußkrebse *m/pl*; Zehnfüßer *m/pl*; Deka'poden *m/pl*

décapot|able [dekapɔtabl(ə)] *adj voiture* mit zu'rückklappbarem Verdeck; *voiture f ou subst ~ f* Kabrio'lett *n*; *~er v/t* das Verdeck zu'rückklappen (*une voiture* e-s Wagens)

décapsul|er [dekapsyle] *v/t bouteille* öffnen; aufmachen; *~eur m* Flaschenöffner *m*

décarcasser [dekaʀkase] *v/pr* F *se ~* F sich abrackern, sich abplacken, sich abstrampeln (*pour* +*inf* um zu +*inf*)

décasyllab|e [dekasi(l)lab] *m* MÉTRIQUE zehnsilbiger Vers; Zehnsilb(n)er *m*; *~ique adj* zehnsilbig

décathlon [dekatlɔ̃] *m* SPORTS Zehnkampf *m*

décathlonien [dekatlɔnjɛ̃] *m* SPORTS Zehnkämpfer *m*

décati [dekati] *adj personne* verblüht; gealtert; abgelebt; verlebt

décatir [dekatiʀ] **I** *v/t* TEXT deka'tieren; krumpfen; **II** *v/pr se ~ fig personne* verblühen; altern

décavé [dekave] *adj* F **1.** *financièrement* rui'niert; F pleite; blank; **2.** *physiquement* angegriffen; mitgenommen

décéder [desede] *v/i* ⟨-è-; être⟩ ADM, JUR (ver)sterben; *adj* *décédé* verstorben

décelable [deslabl(ə)] *adj* nachweisbar; feststellbar; erkennbar

déceler [desle] *v/t* ⟨-è-⟩ **1.** *traces, influence etc* nachweisen; feststellen; *complot* aufdecken; **2.** *chose ~ qc* etw erkennen lassen; *auf etw* (*acc*) schließen lassen; etw verraten

décélération [deseleʀasjɔ̃] *f* **1.** PHYS, TECH Geschwindigkeitsabnahme *f*, -verringerung *f*; *d'un véhicule* Bremsverzögerung *f*; **2.** *fig* Verlangsamung *f*

décembre [desɑ̃bʀ(ə)] *m* De'zember *m*

décemment [desamɑ̃] *adv* **1.** anständig; schicklich; geziemend; **2.** (*raisonnablement*) vernünftigerweise; **3.** annehmbar; *vivre ~* sein Auskommen haben

décence [desɑ̃s] *f* **1.** (*bienséance*) Anstand *m*; Schicklichkeit *f*; *c'est contraire à la ~* das ist gegen den *ou* allen Anstand; **2.** (*tact*) Zu'rückhaltung *f*; Diskreti'on *f*; Takt *m*; *avoir la ~ de se taire* so taktvoll sein und schweigen

décennal [desenal] *adj* ⟨-aux⟩ **a)** *durée* zehnjährig; **b)** *répétition* zehnjährlich

décennie [deseni] *f* Jahr'zehnt *n*; De-'zennium *n*

décent [desɑ̃] *adj* **1.** *tenue, propos etc* (wohl)anständig; schicklich; geziemend; *personne* anständig; gesittet; untadelig; **2.** *conditions, salaire etc* annehmbar; akzep'tabel; brauchbar

décentralis|ateur [desɑ̃tʀalizatœʀ] **I** *adj* ⟨-trice⟩ dezentrali'sierend; Dezentralisati'ons...; **II** *m* Anhänger *m* der Dezentralisati'on; *~ation f* Dezentralisati'on *f*; Dezentrali'sierung *f*

décentraliser [desɑ̃tʀalize] *v/t administration etc* dezentrali'sieren; *entreprise* in die Pro'vinz verlegen; *personnel* in die Pro'vinz schicken

décentrer [desɑ̃tʀe] *v/t* OPT, PHOT dezen'trieren; ex'zentrisch verstellen

déception [desɛpsjɔ̃] *f* Enttäuschung *f*; *causer une cruelle ~ à qn* j-m e-e bittere Enttäuschung bereiten

décernement [desɛʀnəmɑ̃] *m* Zuerkennung *f*; Verleihung *f*

décerner [desɛRne] *v/t* **1.** *récompense etc* zuerkennen; *prix a* verleihen; **2.** *JUR* ~ **un mandat d'arrêt** Haftbefehl erlassen
décès [desɛ] *m* ADM, JUR Ableben *n*; Tod *m*; Todesfall *m*; Sterbefall *m*; **acte** *m* **de** ~ Sterbeurkunde *f*; **en cas de** ~ im Todesfall; **fermé pour cause de** ~ wegen Todesfall(s) geschlossen; *adjt* **capital** *m* ~ Sterbegeld *n*
décevant [des(ə)vã] *adj* enttäuschend
décevoir [des(ə)vwaR] *v/t* ⟨cf recevoir⟩ ~ **qn** j-n enttäuschen; ~ **l'attente, la confiance de qn** j-s Erwartung, Vertrauen enttäuschen
déchaîné [deʃene] *adj* **1.** *éléments, passions* entfesselt; *mer, passions a* aufgewühlt; *enthousiasme* stürmisch; **2.** *personne* **a)** außer Rand und Band; nicht zu bändigen; **b)** ~ **contre** aufgebracht gegen; wütend auf (+*acc*)
déchaînement [deʃɛnmã] *m* **de la tempête** Losbrechen *n*; Toben *n*; Wüten *n*; **des passions etc** Entfesselung *f*; Ausbruch *m*; **des éléments** Aufruhr *m*
déchaîner [deʃene] **I** *v/t éléments, passions etc* entfesseln; *hilarité* hervorrufen; *colère* auslösen; entfachen; ~ **l'opinion contre qn** die öffentliche Meinung gegen j-n aufbringen; **II** *v/pr* **se** ~ **1.** *tempête* losbrechen; toben; wüten; ausbrechen; *passions etc* ausbrechen; *personne* toben, F losziehen, loswettern (**contre** gegen)
déchanter [deʃãte] *v/i* zu'rückstecken; klein beigeben
décharge [deʃaRʒ] *f* **1.** ÉLECT Entladung *f*; ~ **disruptive** 'Durchschlag *m*; **recevoir une** ~ (**électrique**) e-n elektrischen Schlag bekommen; sich elektrisieren; **2.** ~ **publique** Müll-, Schuttabladeplatz *m*; Müllkippe *f*; Depo'nie *f*; **3.** *d'une arme à feu* Abfeuern *n*; Abschießen *n*; (*salve*) Schüsse *m/pl*; Salve *f*; ~ **de plombs** Ladung *f* Schrot; Schrotladung *f*; **4.** JUR Entlastung *f*; **témoin** *m* **à** ~ Entlastungszeuge *m*; **à sa** ~ zu s-r Entlastung; **5.** COMM Entlastung *f*; (*quittance*) Entlastungsbescheinigung *f*; Quittung *f*; **6.** ARCH **arc** *m* **de** ~ Entlastungsbogen *m*
déchargement [deʃaRʒ(ə)mã] *m* **1.** *d'un véhicule, de marchandises* Entladen *n*, -ung *f*; Aus-, Abladen *n*; **2.** *d'une arme à feu* Entladen *n*
décharger [deʃaRʒe] ⟨-geons⟩ **I** *v/t* **1.** *véhicule, marchandise* entladen; ausladen; abladen; *personne* s-e Last abnehmen (+*dat*); ~ **les bagages de la voiture** das Gepäck aus dem Auto ausladen; ~ **qn d'une valise** j-m e-n Koffer abnehmen; **2.** *arme à feu* **a)** entladen; **b)** (*tirer*) abfeuern, abschießen (**sur** auf +*acc*); **3.** *batterie etc* entladen; **4.** *fig* ~ **qn** (**d'un travail**) j-n (in s-r Arbeit) entlasten; j-m Arbeit abnehmen; ~ **qn de ses engagements** j-n von s-n Verpflichtungen entlasten; **5.** *fig* **a)** *son cœur* erleichtern; *sa conscience* entlasten; erleichtern; **b)** *sa colère etc* ~ **sur qn** an j-m auslassen; **6.** JUR entlasten; **7.** COMM **compte** entlasten; **bon de livraison** quit'tieren; **II** *v/i* **8.** *tissu* abfärben; **III** *v/pr* **9. se** ~ **d'un travail etc sur qn** e-e Arbeit *etc* an j-n abgeben; **10.** *batterie* **se** ~ sich entladen
décharné [deʃaRne] *adj visage* abgezehrt; *membres* mager; dürr; *personne* (zum Ske'lett) abgemagert
déchaussé [deʃose] *adj* **1.** ohne Schuhe; **être** ~ keine Schuhe anhaben; **2.** *dent* mit bloßliegendem Zahnhals; freigelegt; *mur* mit bloßliegendem Funda-'ment
déchausser [deʃose] **I** *v/t* **1.** ~ **qn** j-m die Schuhe ausziehen; **2.** bloß-, freilegen (**un arbre** die Wurzeln e-s Baumes; **un mur** das Fundament e-r Mauer); **II** *v/pr* **se** ~ **3.** (sich) die Schuhe ausziehen; **4.** *dent* locker, lose werden
dèche [dɛʃ] *f* F (Geld)Klemme *f*; F **il est dans la** ~ F er ist in der Klemme; F es geht ihm dreckig
déchéance [deʃeãs] *f* **1.** Verfall *m*; Niedergang *m*; Zerrüttung *f*; ~ **intellectuelle, physique** geistiger, körperlicher Verfall; **2.** JUR Verlust *m*; Verwirkung *f*; Aberkennung *f*; ~ **de la puissance paternelle** Aberkennung, Verwirkung der elterlichen Gewalt; **3.** **d'un souverain** Absetzung *f*
déchet [deʃɛ] *m* **1.** *pl* ~**s** Abfälle *m/pl*; Abfall *m*; ~**s radioactifs** radioaktive Abfälle; A'tommüll *m*; ~**s de bois** Holzabfälle *m/pl*; Abfallholz *n*; **2.** COMM Abgang *m*; Verlust *m*; Schwund *m*; ~ **de route** Abgang *etc* beim Transport; **il y a beaucoup de** ~ es geht viel dabei verloren; **3.** *fig* **un** ~ **de l'huma-nité** ein her'untergekommenes Sub'jekt
déchetterie [deʃɛtri] *f* Müllsammelstelle *f*
déchiffr|able [deʃifRabl(ə)] *adj* entzifferbar; ~**age** *m* MUS Vom-'Blatt-Spielen *n* ou Vom-'Blatt-Singen *n*
déchiffrement [deʃifRəmã] *m* Entzifferung *f*; Entschlüsselung *f*; Dechif'frierung *f*
déchiffrer [deʃifRe] *v/t* **1.** *écriture, texte* entziffern; *message secret* entschlüsseln; dechif'frieren; **2.** MUS *jouer* vom Blatt spielen; *chanter* vom Blatt singen; **3.** *fig* durch'schauen; erraten; enträtseln
déchiqueter [deʃikte] *v/t* ⟨-tt-⟩ **1.** in Stücke, Fetzen reißen; zerfetzen; zerstückeln; *fauve: proie* zerfleischen; **2.** *papier* auszacken; *adjt* **déchiqueté feuille, relief** gezackt; *côte* zerklüftet
déchirant [deʃirã] *adj scène, adieux* herzzerreißend; *cri* markerschütternd
déchiré [deʃiRe] *adj* **1.** zerrissen; *muscle* gerissen; **2.** *fig personne* **être** ~ tiefen Schmerz empfinden; **3.** *fig pays etc* (innerlich) zerrissen; entzweit
déchirement [deʃiRmã] *m* **1.** Zerreißen *n*; **2.** *fig* tiefer (seelischer) Schmerz; **causer un** ~ **à qn** j-m das Herz zerreißen; **3.** *fig pl* ~**s** (innere) Zerrissenheit; Zwietracht *f*
déchirer [deʃiRe] **I** *v/t* **1.** zerreißen; *p/fort* zerfetzen; *au bord* einreißen; ~ **en deux** entzwei-, ausein'ander-'durchreißen; ~ **en morceaux** in Stücke reißen; **2.** *fig cri* **et** ~ **le silence** die Stille zerreißen; *bruit* ~ **le tympan** das Trommelfell zerreißen; ~ **le voile** die Wahrheit an den Tag bringen; den Schleier zerreißen; **3.** *fig* ~ (**le cœur de**) **qn** j-m das Herz zerreißen; j-m e-n Riß geben; **4.** *conflit: un peuple* entzweien; spalten; **5.** *fig* ~ **qn à belles dents** j-n schlechtmachen, her'absetzen, F her'untermachen; kein gutes Haar, keinen guten Faden an j-m las-sen; **II** *v/pr* **6. se** ~ **robe, nuages etc** zerreißen; *corde, sachet, muscle* reißen; *couture* aufreißen; *au bord* einreißen; *au milieu* 'durchreißen; ausein'anderreißen; **7. se** ~ **un muscle** sich e-n Muskelriß zuziehen
déchirure [deʃiRyR] *f* Riß *m*; ~ **musculaire** Muskelriß *m*
déchoir [deʃwaR] *v/i* ⟨*déf:* je déchois, il déchoit, nous déchoyons; je déchus; je déchoirai; que je déchoie; déchu; avoir *u* être⟩ *socialement* (ab)sinken; *physiquement, mentalement* verfallen; ~ **de son rang** s-n Rang einbüßen, verlieren; *st/s* s-s Ranges verlustig gehen; **ce serait** ~ ... es hieße tief sinken ...
déchristianis|ation [dekRistjanizasjõ] *f* Entchristlichung *f*; ~**er** *v/t* entchristlichen; dem Christentum entfremden
déchu [deʃy] *p/p cf* **déchoir** *et adj* **1.** abgesunken; her'untergekommen; *st/s* s-s Ranges, s-r Stellung verlustig gegangen; *souverain* gestürzt; entthront; **2. ange** ~ gefallener Engel; **3.** ~ **d'un droit** e-s Rechtes verlustig gegangen; **déclarer qn** ~ **d'un droit** j-m ein Recht aberkennen
de-ci [dəsi] *loc/adv* ~ **de-là** hier und da
décibel [desibɛl] *m* PHYS Dezi'bel *n*
décidé [deside] *adj* **1.** *personne, attitude* entschlossen; *attitude a, ton* entschieden; (sehr) bestimmt; **être** ~ **à qc, à faire qc** (fest) entschlossen sein zu etw, etw zu tun; ~ **à tout** zu allem entschlossen; **j'y suis** ~ ich bin (fest) dazu entschlossen; **je suis** ~ **à ce qu'il parte** ich werde entschlossen darauf hinarbeiten, daß er geht; **2.** *chose* entschieden; beschlossen
décidément [desidemã] *adv* (also) wirklich; wahrhaftig; wahrlich; ~, **il n'a pas de chance!** (also) wirklich *ou* wahrhaftig, er hat doch gar kein Glück!
décider [deside] **I** *v/t* **1.** ~ **qc** etw beschließen; ADM, JUR **à qc etw verfügen**; ~ **de** (+*inf*) *ou* **que** ... (+*fut*) beschließen zu (+*inf*) *ou* daß ...; **sans rien** ~ ohne e-n Beschluß zu fassen; **2.** ~ **à qc** j-n zu etw bestimmen, veranlassen, bewegen, drängen; ~ **qn à un voyage** j-n zu e-r Reise veranlassen; ~ **qn à acheter** j-n zum Kauf bestimmen, veranlassen; **II** *v/t/indir* **3.** *personne, chose* ~ **de qc** über etw (*acc*) entscheiden; etw bestimmen; *st/s*, ADM über etw (*acc*) befinden; ~ **de la paix et de la guerre** über Krieg und Frieden entscheiden; **le sort en a décidé autrement** das Schicksal hat anders entschieden; **III** *v/i* **4.** entscheiden; bestimmen; **à vous de** ~ die Entscheidung liegt bei Ihnen; **IV** *v/pr* **se** ~ **5.** sich entschließen (**à qc** zu etw; **à faire qc** etw zu tun); **se** ~ **à une opération** sich zu e-r Operation entschließen; **se** ~ **à partir** sich entschließen zu gehen; **être prompt à se** ~ von schnellem Entschluß sein; **6.** *entre plusieurs possibilités* sich entscheiden (**pour** für); **7.** *question, issue, avenir etc* sich entscheiden
décideur [desidœR] *m* Entscheidungsträger *m*
décigramme [desigRam] *m* (*abr* **dg**) Dezigramm *n* (*abr* dg)
décilitre [desilitR(ə)] *m* (*abr* **dl**) Deziliter *m ou* n (*abr* dl)

décimal [desimal] *adj* ⟨-aux⟩ Dezi'mal…; Zehner…; de'kadisch; *calcul* ~ Dezimalrechnung *f*; *nombre* ~ Dezimalzahl *f*; *numération* ~*e* Dezimal-, Zehnersystem *n*; dekadisches System; *système* ~ metrisches System der Maße und Gewichte
décimale [desimal] *f MATH* Dezi'male *f*; Dezi'malstelle *f*
décimation [desimasjɔ̃] *f* Dezi'mierung *f*
décimer [desime] *v/t* dezi'mieren
décimètre [desimɛtR(ə)] *m* **1.** (*abr dm*) Dezimeter *m ou n* (*abr* dm); **2.** *double* ~ Line'al *n* von 20 cm Länge
décimétrique [desimetRik] *adj RAD ondes f/pl* ~*s* Dezi'meterwellen *f/pl*
décisif [desizif] *adj* ⟨-ive⟩ entscheidend; ausschlaggebend; maßgeblich; maßgebend; *l'argument* ~ das ausschlaggebende Argument; *bataille décisive* Entscheidungsschlacht *f*; *influence décisive* maßgeblicher Einfluß *m*; *au moment* ~ im entscheidenden Augenblick; *être* ~ entscheidend sein; den Ausschlag geben
décision [desizjɔ̃] *f* **1.** *acte* Entscheidung *f*; *d'un comité a* Beschlußfassung *f*; *la* ~ *appartient à …* die Entscheidung liegt bei …; *soumettre une question à la* ~ *de qn* j-m e-e Frage zur Entscheidung vorlegen; **2.** (*verdict*) Entscheidung *f*; *d'un comité a* Beschluß *m*; *ADM, JUR a* Entscheid *m*; *ADM a* Bescheid *m*; *prendre une* ~ e-e Entscheidung treffen; e-n Beschluß fassen; *cf a 3.*; **3.** (*résolution*) Entschluß *m*; *prendre une* ~ e-n Entschluß fassen; **4.** *qualité* Entschiedenheit *f*; Bestimmtheit *f*; Entschlossenheit *f*; *esprit m de* ~ Entschlußkraft *f*; *agir avec* ~ mit aller Entschiedenheit, entschlossen handeln
déclama|tion [deklamasjɔ̃] *f* Deklamati'on *f*; Dekla'mieren *n*; ~*toire adj péj* deklama'torisch; schwülstig; pa'thetisch
déclamer [deklame] *v/t* dekla'mieren (*a péj*)
déclarable [deklaRabl(ə)] *adj à la douane* zu verzollen(d); *revenu m* ~ anzugebendes Einkommen
déclaratif [deklaRatif] *adj* ⟨-ive⟩ **1.** *JUR* feststellend; deklara'torisch; **2.** *GR verbe* ~ Verb *m* des Sagens und Denkens
déclaration [deklaRasjɔ̃] *f* **1.** Erklärung *f*; Aussage *f*; Feststellung *f*; Deklarati'on *f*; ~ *ministérielle* Re'gierungserklärung *f*; ~ *à la presse* Presseerklärung *f*; ~ *de guerre* Kriegserklärung *f*; *la* ~ *des droits de l'homme* die Erklärung der Menschenrechte; ~ *d'intention* Absichtserklärung *f*; ~ *de principe* Grundsatzerklärung *f*; *sur la* ~ *de deux témoins* auf die Aussage zweier Zeugen hin; *faire une* ~ e-e Erklärung abgeben; **2.** (*d'amour*) Liebeserklärung *f*; *faire sa* ~ *à qn* j-m e-e Liebeserklärung machen; **3.** *ADM* Anmeldung *f*; Angabe *f*; Anzeige *f*; Erklärung *f*; Deklarati'on *f*; ~ *d'état civil* Erklärung vor dem, Anmeldung beim Standesamt; ~ *d'impôts* Steuererklärung *f*; ~ *de perte* Verlustanzeige *f*; ~ *de (la) valeur* Wertangabe *f*; ~ *en douane* Zollerklärung *f*, -anmeldung *f*, -deklaration *f*
déclaré [deklaRe] *adj* **1.** *ennemi* erklärt; *être l'ennemi* ~ *de qn, de qc* ein er-

klärter Gegner j-s, e-r Sache sein; **2.** *colis etc avec valeur* ~*e* mit Wertangabe; Wert…
déclarer [deklaRe] **I** *v/t* **1.** erklären; ~ *son amour* s-e Liebe erklären; ~ *ses intentions* s-e Absichten aussprechen, äußern, bekanntgeben; ~ *que …* erklären, daß …; ~ *qn coupable* j-n für schuldig erklären; j-n schuldig sprechen; **2.** *ADM* (an)melden; angeben; anzeigen; *COMM a* dekla'rieren; *marchandises à la douane* verzollen; *avez-vous qc à* ~? haben Sie etwas zu verzollen?; **II** *v/pr se* ~ **3.** *personne* sich äußern, Stellung nehmen (*sur un point* zu e-m Punkt); *se* ~ *contre, pour qn, qc* sich gegen, für j-n, etw erklären; *se* ~ *lésé etc* sich für benachteiligt *etc* erklären; **4.** *amoureux* sich erklären; s-e Liebe erklären; **5.** *incendie, maladie* ausbrechen; *maladie a* zum Ausbruch kommen
déclassé [deklase] **I** *adj* deklas'siert; abgesunken; zu'rückgesetzt; **II** *m* Deklas'sierte(r) *m*
déclassement [deklasmɑ̃] *m* **1.** Deklas'sierung *f*; Zu'rücksetzung *f*; Schlechterstellung *f*; **2.** *de personnel, d'hôtel etc* niedrigere Einstufung; Zu'rückstufung *f*
déclasser [deklase] *v/t* **1.** deklas'sieren; sozi'al erniedrigen, zu'rück-, her'absetzen; **2.** *personnel, hôtel* niedriger einstufen; zu'rück-, her'abstufen; *fonctionnaire, SPORTS* zu'rückversetzen; **3.** *objets classés* in Unordnung bringen
déclenchement [deklɑ̃ʃmɑ̃] *m* **1.** *TECH* Auslösen *n*, -ung *f*; **2.** *d'une crise etc* Auslösung *f*
déclencher [deklɑ̃ʃe] *v/t* **1.** *TECH* auslösen; **2.** *crise, évolution etc* auslösen; in Gang bringen; **II** *v/pr se* ~ ausgelöst werden; in Gang kommen; *crise, guerre* ausbrechen
déclencheur [deklɑ̃ʃœR] *m TECH*, *PHOT* Auslöser *m*; *PHOT* ~ *automatique* Selbstauslöser *m*
déclic [deklik] *m* **1.** *TECH* Auslöse-, Ausklinkvorrichtung *f*, -knopf *m*; **2.** *bruit* Klicken *n*; *fig il y a eu un* ~ F da machte es klick
déclin [deklɛ̃] *m* **1.** *d'une civilisation* Niedergang *m*; *des forces, de la popularité* Schwinden *n*; Nachlassen *f*; *des forces a* Abnehmen *n*; Verfall *m*; *être sur son* ~ im Niedergang begriffen sein; **2.** *st/s* ~ *du jour* Abenddämmerung *f*; *le* ~ *de la vie* der Lebensabend
déclin|able [deklinabl(ə)] *adj GR* dekli'nierbar; dekli'nabel; beugbar; ~*aison f GR* Deklinati'on *f*; **2.** *ASTR, PHYS* Deklinati'on *f*, ~*ant adj gloire, forces* schwindend; nachlassend
décliner [dekline] **I** *v/t* **1.** *offre, invitation* ablehnen; ~ *toute responsabilité* jede Verantwortung ablehnen; *ADM* keine Haftung über'nehmen; **2.** *identité* angeben; ~ *ses nom, prénoms, titres et qualités* s-e Perso'nalien angeben; Angaben zur Person machen; **3.** *GR* dekli'nieren; beugen; abwandeln; **II** *v/i forces* nachlassen; abnehmen; schwinden; verfallen; *personne* schwächer werden; *popularité* sinken; schwinden; *st/s jour* sich neigen
déclivité [deklivite] *f* Neigung *f*; Gefälle *n*

décloisonner [deklwazɔne] *v/t fig* (die) Trennwände beseitigen, abbauen
déclouer [deklue] *v/t planche* los-, abmachen, *caisse* aufmachen (durch Ausziehen der Nägel)
décocher [dekɔʃe] *v/t* **1.** *flèche* abschießen; abschnellen; **2.** *fig remarque* fallenlassen; *regard* zuwerfen (*à qn* j-m)
décoction [dekɔksjɔ̃] *f* Absud *m*; *PHARM* De'kokt *n*
décod|age [dekɔdaʒ] *m* Deko'dieren *n*, -ung *f*; ~*er v/t INFORM* deko'dieren *ou* deco'dieren; *par ext* entschlüsseln; entziffern; ~*eur m INFORM, TV* De'coder *m*
décoffrer [dekɔfRe] *v/t CONSTR* ausschalen
décoiffer [dekwafe] *v/t* **1.** ~ *qn* j-s Fri'sur, Haare in Unordnung bringen; j-s Haare zerzausen; *être décoiffé* zerzaust sein; zerzaustes Haar haben; **2.** F *fig ça décoiffe* F das ist 'ne Wucht
décoincer [dekwɛ̃se] *v/t* ⟨-ç-⟩ losmachen; frei machen; die Verklemmung beseitigen (+*gén*)
décolérer [dekɔleRe] *v/i* ⟨-è-⟩ *il ne décolère pas* sein Zorn verraucht nicht; er ist immer noch wütend
décollage [dekɔlaʒ] *m* **1.** *AVIAT* Start *m*; Abheben *n*; ~ *vertical* Senkrechtstart *m*; *au* ~ beim Start; **2.** *ÉCON* Aufschwung *m*
décollé [dekɔle] *adj oreilles* abstehend
décollement [dekɔlmɑ̃] *m* Ablösung *f*; *MÉD* ~ *de la rétine* Netzhautablösung *f*
décoller [dekɔle] **I** *v/t timbre etc* ablösen; abmachen; *enveloppe* aufmachen; öffnen; **II** *v/i* **1.** *avion* starten; abheben; **2.** F *ne pas* ~ (*d'ici, d'un endroit*) nicht von der Stelle weichen; *pas moyen de le faire* ~ es ist unmöglich, ihn loszuwerden; **3.** *CYCLISME* sich lösen (*du peloton* vom Feld); **4.** *ÉCON* e-n Aufschwung nehmen; **5.** F (*maigrir*) abmagern; F vom Fleisch fallen; **III** *v/pr se* ~ *affiche etc* sich ablösen; abgehen; *enveloppe* aufgehen; *meuble, livre* F aus dem Leim gehen
décolleté [dekɔlte] **I** *adj robe* (tief) ausgeschnitten; mit e-m Dekolle'té; *femme* dekolle'tiert; *très* ~*e* tief dekolletiert; **II** *m* Dekolle'té *n*; (tiefer) Ausschnitt; ~ *dans le dos* Rückenausschnitt *m*; *femme avoir un beau* ~ ein gutes Dekolleté haben; *être en grand* ~ in großem Dekolleté erscheinen
décolleter [dekɔlte] *v/t* ⟨-tt-⟩ **1.** *COUT* dekolle'tieren; *robe a* mit e-m Dekolle'té versehen; tief ausschneiden; **2.** *TECH* abstechen; *par ext* auf dem Drehautomaten bearbeiten
décolonis|ation [dekɔlɔnizɑsjɔ̃] *f* Entkoloniali'sierung *f*; ~*er v/t* entkoloniali'sieren
décolorant [dekɔlɔRɑ̃] **I** *adj* bleichend; Bleich…; **II** *m* Bleichmittel *n*
décoloration [dekɔlɔRasjɔ̃] *f* Bleichen *n*; *TECH a* Entfärben *n*
décoloré [dekɔlɔRe] *adj* **a)** *cheveux* gebleicht; *femme être* ~*e* gebleichtes Haar haben; **b)** *tissu* ausgeblichen; verblichen; verschossen; verblaßt; **c)** *lèvres* farblos; blutleer
décolorer [dekɔlɔRe] **I** *v/t* bleichen; *TECH a* entfärben; *se faire* ~ sich das Haar bleichen lassen; **II** *v/pr* **1.** *femmes se* ~ (*les cheveux*) sich das Haar blei-

chen; **2. se ~** *cheveux* bleichen; *tissu* (aus-, ver)bleichen; verschießen; verblassen
décombres [dekōbʀ(ə)] *m/pl* Trümmer *pl*; Schutt *m*
décommander [dekɔmɑ̃de] **I** *v/t marchandises* abbestellen; *invitation* absagen; *invités* absagen (*qn* j-m); F ausladen; **II** *v/pr* **se ~** absagen
décomplex|é [dekōplɛkse] *adj* frei von Kom'plexen; *être* **~** keine Komplexe haben; **~er** *v/t* **~** *qn* j-n von s-n Kom'plexen befreien
décomposer [dekōpoze] **I** *v/t* **1.** (in s-e Bestandteile) zerlegen; **2.** *visage* entstellen; verzerren; *adjt personne décomposé* bleich und mitgenommen aussehend; **II** *v/pr* **se ~ 3.** *substance organique* sich zersetzen; verwesen; **4.** *visage* sich entstellen; sich verzerren
décomposition [dekōpozisjō] *f* **1.** Zerlegung *f* (**en** in +*acc*); **2.** *de substance organique* Zersetzung *f*; Verwesung *f*; **en ~** in Verwesung befindlich, 'übergegangen
décompress|er [dekōpʀese] *v/i* F den Streß, den inneren Druck loswerden; **~ion** *f* TECH, PHYSIOL Dekompressi'on *f*; Druckabfall *m*; Druckverminderung *f*
décompte [dekōt] *m* **1.** (*déduction*) Abzug *m*; **faire le ~ de qc** etw in Abzug bringen, etw abrechnen; **2.** *d'un total* Abrechnung *f*; Aufschlüsselung *f*
décompter [dekōte] *v/t* abziehen; abrechnen
déconcentr|ation [dekōsɑ̃tʀasjō] *f* ADM Dekonzentrati'on *f*; **~er** *v/t* **1.** ADM dekonzen'trieren; **2. ~ qn** j-s Konzentrati'on stören
déconcertant [dekōsɛʀtɑ̃] *adj* verwirrend; beunruhigend; *il est* **~** bei ihm weiß man nicht, woran man ist
déconcerter [dekōsɛʀte] *v/t* **~ qn** j-n verwirren, verwirrt machen, durchein-'anderbringen, verunsichern, ratlos machen, irri'tieren; j-n aus der Fassung bringen
déconfit [dekōfi] *adj mine*, *personne* betreten; enttäuscht
déconfiture [dekōfityʀ] *f* Scheitern *n*; 'Mißerfolg *m*; Zu'sammenbruch *m*; Ru'in *m*; F Pleite *f*; *être*, *tomber en* **~** pleite sein, gehen
décongélation [dekōʒelasjō] *f* (Wieder')Auftauen *n*
décongeler [dekōʒle] *v/t* ⟨-è-⟩ (wieder) auftauen
décongestionner [dekōʒɛstjɔne] *v/t* **1.** PHYSIOL den Blutandrang her'abmindern (*un organe* in e-m Organ); **2.** *fig route* entlasten; *circulation a* verdünnen
déconnecter [dekɔnɛkte] *v/t* **1.** TECH trennen; unter'brechen; ÉLECT *a* abschalten; abklemmen; **2.** *par ext* trennen (*de* von)
déconner [dekɔne] F *v/i* **a)** (*dire des bêtises*) F Mist, Stuß, Käse reden, quatschen; **b)** (*faire des bêtises*) F Mist machen; P Scheiße bauen
déconnexion [dekɔnɛksjō] *f* TECH Trennung *f*; Unter'brechung *f*; ÉLECT *a* Abschaltung *f*
déconseiller [dekōseje] *v/t* **~ qc à qn** j-m von etw abraten; **~ à qn de faire qc** j-m davon abraten, etw zu tun; *c'est déconseillé* davon ist abzuraten; das ist nicht ratsam

déconsidération [dekōsideʀasjō] *st/s f* Verruf *m*; 'Mißkredit *m*
déconsidérer [dekōsideʀe] ⟨-è-⟩ **I** *v/t* in Verruf, 'Mißkredit bringen; **II** *v/pr* **se ~** sich in Verruf bringen; in Verruf kommen
décontamin|ation [dekōtaminasjō] *f* NUCL Dekontaminati'on *f*; Entseuchung *f*; Entgiftung *f*; **~er** *v/t* NUCL dekontami'nieren; entseuchen; entgiften
décontenancer [dekōtnɑ̃se] ⟨-ç-⟩ **I** *v/t* **~ qn** j-n aus der, außer Fassung bringen; *adjt être tout décontenancé* ganz außer Fassung sein; fassungslos sein; **II** *v/pr* **se ~** die Fassung verlieren
décontract|é [dekōtʀakte] *adj* **1.** muscle *etc* entspannt; **2.** *fig personne* locker; unbekümmert; selbstsicher; *péj* ohne Hemmungen; lässig; *fête*, *tenue* zwanglos; **~er** *v/pr* **se ~** sich entspannen
décontraction [dekōtʀaksjō] *f* Unbekümmertheit *f*; Zwanglosigkeit *f*; *péj* Lässigkeit *f*
déconvenue [dekōvny] *f* Enttäuschung *f*
décor [dekɔʀ] *m* **1.** Ausstattung *f*; Schmuck *m*; Zierat *m*; De'kor *m ou n*; **2.** *pl* **~s** THÉ Bühnenbild *n*; (Bühnen-) Ausstattung *f*; Bühnendekoration *f*; Ku'lisse(n) *f(pl)*; Szene'rie *f*; CIN Bauten *m/pl*; **3.** *fig* Um'gebung *f*; Rahmen *m*; 'Hintergrund *m*; Szene'rie *f*; F *voiture rentrer dans le*(*s*) **~**(*s*) von der Fahrbahn abkommen; F im Graben landen
décora|teur [dekɔʀatœʀ] *m*, **~trice** *f* **1.** Dekora'teur(in) *m(f)*; Raumausstatter(in) *m(f)*; *adjt peintre décorateur* Dekorati'onsmaler *m*; **2.** THÉ Bühnenbildner(in) *m(f)*
décoratif [dekɔʀatif] *adj* ⟨-ive⟩ **1.** schmückend; der Ausschmückung, Dekorati'on dienend; *arts décoratifs* Kunstgewerbe *n*; **2.** (*qui décore bien*) dekora'tiv; *personne* etwas darstellend; repräsen'tabel
décoration [dekɔʀasjō] *f* **1.** Ausschmückung *f*; Verzierung *f*; Dekorati'on *f*; Ausstattung *f*; Schmuck *m*; Zierat *m*; **~** *intérieure* Innenausstattung *f*, -architektur *f*; Raumkunst *f*; **2.** (*insigne*) Auszeichnung *f*; Orden *m*; Ehrenzeichen *n*; *couvert de* **~s** ordengeschmückt
décorer [dekɔʀe] *v/t* **1. a)** (*aus*)schmücken, verzieren, *vitrine* deko'rieren, *appartement* ausstatten (*de qc* mit etw); **b)** *objet* **~ qc** etw zieren, schmücken; **2.** auszeichnen, deko'rieren (*d'une médaille* mit e-r Medaille); **~ qn** j-m e-e Auszeichnung verleihen; **~ qn de qc** j-m etw verleihen
décorner [dekɔʀne] *v/t loc il fait un vent à* **~** *les bœufs* es stürmt fürchterlich
décortiquer [dekɔʀtike] *v/t* **1.** *graine*, *riz etc* schälen; enthülsen; *arbre* entrinden; (ab)schälen; **2.** *fig texte* zerpflücken
décorum [dekɔʀɔm] *m* Eti'kette *f*; Ze-remoni'ell *n*; De'korum *n*; Schicklichkeit *f*
décote [dekɔt] *f* FIN (Kurs)Abschlag *m*; IMPÔTS (Steuer)Her'absetzung *f*, (-)Ermäßigung *f*

découcher [dekuʃe] *v/i* auswärts, nicht zu Hause schlafen
découdre [dekudʀ(ə)] ⟨*cf* coudre⟩ **I** *v/t* COUT auftrennen; *doublure* her'austrennen; *bouton* abtrennen; **II** *v/i fig* **en ~** sich schlagen; kämpfen; **III** *v/pr* **se ~** *couture* aufgehen; aufplatzen; *bouton* abgehen
découler [dekule] *v/i* **~ de** herkommen, herrühren von; sich ab-, herleiten (lassen) aus, von; sich ergeben aus
découpage [dekupaʒ] *m* **1.** Zerschneiden *n*; *de volailles* Tran'chieren *n*; Zerlegen *n*; *de viande*, *de gâteau* Aufschneiden *n*; **2. ~s** *pl* Ausschneidebilder *n/pl*; *faire des* **~s** Bilder ausschneiden; **3.** TECH (Zu-, Aus)Schneiden *n*; **4.** ADM **~** *électoral* Wahlkreiseinteilung *f*; **5.** CIN (kurbelfertiges) Drehbuch; Aufnahmeplan *m*
découpe [dekup] *f* COUT Passe *f*; Einsatz *m*
découpé [dekupe] *adj* ausgeschnitten; BOT *feuille* gesägt; gezähnt; *côte* zerklüftet
découper [dekupe] **I** *v/t* **1.** (in Stücke) schneiden; zerschneiden; zerlegen; *rôti*, *gâteau* aufschneiden; *volaille* tran'chieren; zerlegen; **2.** ausschneiden (*dans* aus); TECH *a* (zu)schneiden; **~** *à la scie* aussägen; **II** *v/pr* **se ~ sur** sich abheben von, gegen; abstechen gegen; sich abzeichnen gegen
découplé [dekuple] *adj homme* **bien ~** gut gebaut
découpler [dekuple] *v/t* TECH entkoppeln
découpures [dekupyʀ] *f/pl* gezackter Rand
décourageant [dekuʀaʒɑ̃] *adj* **a)** entmutigend; lähmend; depri'mierend; **b)** *tu* **~** *du* nimmst mir allen Mut, Schwung
découragement [dekuʀaʒmɑ̃] *m* Mutlosigkeit *f*; Niedergeschlagenheit *f*; *se laisser aller au* **~** sich e-r depressiven Stimmung hingeben
décourager [dekuʀaʒe] ⟨-geons⟩ **I** *v/t* **~ qn** j-n entmutigen; j-m den Mut, die Lust nehmen (*de qc* zu etw; *de faire qc* etw zu tun); j-n abbringen (*de qc* von etw; *de faire qc* etw zu tun); j-n abschrecken; *par ext*: **~** *la bonne volonté* den guten Willen lähmen; ♦ *adjt être découragé* entmutigt, mutlos, niedergeschlagen sein; keinen Mut mehr haben; **II** *v/pr* **se ~** den Mut verlieren; den Mut sinken lassen; mutlos werden; *ne te décourage pas si vite!* gib nicht so schnell auf!; F Kopf hoch!
décousu [dekuzy] **I** *adj* **1.** COUT aufgetrennt; aufgeplatzt; **2.** *fig* unzusammenhängend; zu'sammenhang(s)los; abgerissen; wirr; kon'fus; **II** *m* Zu'sammenhang(s)losigkeit *f*
découvert [dekuvɛʀ] **I** *adj* **1.** unbedeckt; bloß; *terrain* frei; offen; *véhicule* offen; **2.** *fig à visage* **~** offen; ohne Verstellung; *combattre*, *se montrer à visage* **~** mit offenem Vi'sier, ehrlich, fair [fɛːʀ] kämpfen; **II** *loc/adj et loc/adv à* **~ 1.** ungedeckt; ungeschützt; offen; MIL ohne Deckung; **2.** *fig* offen; unverhohlen; **3.** FIN ungedeckt; ohne Deckung; Blanko...; *compte* über'zogen; *mettre à* **~** über'ziehen; **III** *m* COMM Defizit *n*; Fehlbetrag *m*; ungedeckter

découverte – défaillant

Betrag; *d'un compte* Über'ziehung *f*; ~ *de caisse* Kassendefizit *n*, -fehlbetrag *m*, -manko *n*

découverte [dekuvɛʀt] *f* Endeckung *f*; *d'un complot* Aufdeckung *f*; **aller, partir à la ~** auf Entdeckungs-, Erkundungsreise gehen (*a fig*); *fig aller à la ~ de qc* sich nach etw 'umsehen; nach etw Ausschau halten

découvrir [dekuvʀiʀ] ⟨*cf couvrir*⟩ **I** *v/t* **1.** *panier etc* aufdecken; öffnen; *enfant* aufdecken; *épaules* entblößen; **2.** (*trouver*) entdecken; auffinden; her'ausfinden; ausfindig machen; *complot* aufdecken; **~ la cause de qc** den Grund, die Ursache von etw erkennen, herausfinden; **~ un visage dans la foule** ein Gesicht in der Menge entdecken, erblicken; **3.** *intention* offen'baren; enthüllen; verraten; *fig* **~ son jeu** s-e Karten aufdecken, (offen) auf den Tisch legen; **4.** *MIL, ÉCHECS* die Deckung abziehen (*qc* von etw); ungedeckt lassen; **II** *v/pr se* **~ 5.** den Hut abnehmen, ziehen; **6.** *en dormant* sich aufdecken, entblößen; **7.** *MIL* die Deckung verlassen; *BOXE, ESCRIME* sich e-e Blöße geben; **8.** *le ciel se découvre* es klart auf

décrasser [dekʀase] *v/t* **1.** reinigen; säubern; vom groben Schmutz befreien; **2.** *fig* **~ qn** j-m Ma'nieren *ou* Bildung *ou* das Nötigste beibringen; j-m Schliff geben

décrêper [dekʀepe] *v/t cheveux* entkräuseln

décrépir [dekʀepiʀ] **I** *v/t* (den) Putz entfernen, abschlagen, abkratzen (*qc* von etw); **II** *v/pr le mur s'est décrépi* von der Mauer ist der Putz abgefallen

décrépit [dekʀepi] *adj* altersschwach, gebrechlich; hinfällig

décrépitude [dekʀepityd] *f* völliger Verfall

decrescendo [dekʀeʃɛndo] *MUS* **I** *adv* decrescendo [-'ʃɛndo]; **II** *m* Decre'scendo *ou* Dekre'scendo *n*

décret [dekʀɛ] *m* Verordnung *f*; Erlaß *m*; De'kret *n*; **~ (d'application)** Ausführungsbestimmung *f*, -verordnung *f*; Durchführungsbestimmung *f*

décréter [dekʀete] *v/t* ⟨-è-⟩ **1.** anordnen; verfügen; dekre'tieren; verordnen; *blocus* verhängen; **2.** (*décider*) bestimmen; mit Bestimmtheit erklären

décret-loi [dekʀɛlwa] *m* ⟨*pl* décrets--lois⟩ *JUR* Verordnung *f* mit Gesetzeskraft

décrier [dekʀije] *litt v/t* in Verruf bringen; verunglimpfen; **être décrié** in Verruf stehen; verschrie(e)n sein

décrire [dekʀiʀ] *v/t* ⟨*cf écrire*⟩ **1.** beschreiben; schildern; **2.** *MATH* beschreiben; *oiseau, avion* **~ des cercles** kreisen; Kreise beschreiben, ziehen; **~ une courbe** *route* e-e Kurve machen; *avion* e-e Kurve ziehen

décrisp|ation [dekʀispasjɔ̃] *f fig* Entkrampfung *f*; **~er** *v/t* entkrampfen

décrochage [dekʀɔʃaʒ] *m* **1.** *de rideaux etc* Abnehmen *n*; *TECH* Los-, Aushaken *n*; *d'un wagon* Abhängen *n*; Abkuppeln *n*; **2.** *MIL* Absetzbewegung *f*

décroche [dekʀɔʃ] *f F d'une drogue* Entwöhnung *f*

décrochement [dekʀɔʃmɑ̃] *m d'un mur* zu'rückversetzter Teil

décrocher [dekʀɔʃe] **I** *v/t* **1.** *vêtement etc* vom Haken nehmen; *rideaux etc* abnehmen; *TECH* los-, aushaken; *remorque* abhängen; abkuppeln; *TÉL* (den Hörer) abnehmen, abheben; **2.** F *prix etc* erlangen; erringen; F sich holen; *place* F ergattern; sich (*dat*) angeln; **II** *v/i* **3.** *MIL* sich absetzen; **4.** F *fig dans un travail etc* aufhören; aufgeben; nicht 'durchhalten; F aufstecken

décrochez-moi-ça [dekʀɔʃemwasa] *plais m* ⟨*inv*⟩ Trödelladen *m*

décroiser [dekʀwaze] *v/t jambes* nebenein'anderstellen; *bras* aus der Verschränkung lösen; wieder fallen lassen

décroiss|ance [dekʀwasɑ̃s] *f* Abnahme *f*; Abnehmen *n*; Rückgang *m*; Nachlassen *n*; **~ant** *adj* abnehmend; *tendance a* rückläufig; *taux degres'siv*

décroît [dekʀwa, -kʀwɑ] *m ASTR* Abnehmen *n* des Mondes

décroître [dekʀwatʀ(ə)] *v/i* ⟨*cf accroître*⟩ abnehmen; *eaux* zu'rückgehen; fallen; *forces, bruit a* nachlassen; schwächer werden; schwinden; *jours a* kürzer werden

décrott|er [dekʀɔte] *v/t chaussures etc* reinigen; vom groben Schmutz säubern; den Schmutz abkratzen (*qc* von etw); **~oir** *m* Kratzeisen *n*

décrue [dekʀy] *f d'un fleuve et fig* Sinken *n*; Fallen *n*; Abnahme *f*

décrypter [dekʀipte] *v/t* entziffern; entschlüsseln

déçu [desy] *p/p cf décevoir et adj* enttäuscht (*de von*)

déculotter [dekylɔte] *v/t* (*et v/pr se* **~**) (sich) die Hose(n) ausziehen (*qn* j-m)

déculpabiliser [dekylpabilize] *v/t* **~ qn** j-m das Schuldgefühl nehmen

décuple [dekypl(ə)] **I** *adj* zehnfach; **II** *subst le* **~** das Zehnfache; **le ~ de la somme** die zehnfache Summe

décuplement [dekyplǝmɑ̃] *m* Verzehnfachung *f*

décupler [dekyple] **I** *v/t* verzehnfachen; **II** *v/i* sich verzehnfachen; auf das Zehnfache steigen

dédaignable [dedɛɲabl(ə)] *adj ne pas être* **~** nicht zu verachten sein

dédaigner [dedɛɲe] *v/t* **1.** verachten; geringschätzen; verschmähen; *menaces etc* nicht beachten; **2. ~ de** (+*inf*) es nicht der Mühe wert halten zu (+*inf*); es für unter seiner Würde halten zu (+*inf*)

dédaigneux [dedɛɲø] *adj* ⟨-euse⟩ *air, réponse etc* her'ablassend; verächtlich; geringschätzig; *subst* **faire le ~** verächtlich, erhaben tun; die Nase rümpfen

dédain [dedɛ̃] *m* Verachtung *f*, Geringschätzung *f* (*pour, de* für, gegenüber)

dédale [dedal] *m* **1.** Laby'rinth *n*; Irrgarten *m*; Gewirr *n*; **2.** *fig* Wirrwarr *m*; Durcheinander *n*

dedans [d(ə)dɑ̃] **I** *adv* **1.** da'rin; F drin; *dans un lieu* drinnen; *avec mouvement* hin'ein *ou* her'ein; F rein; *être* **~** darin, F drin sein; *jeter* **~** hinein-, F reinwerfen; F *fig mettre, foutre, fiche(r) qn* **~** j-n betrügen, F reinlegen; F *fig se mettre, se foutre, se fiche(r)* **~** sich gewaltig täuschen, irren; F *fig une voiture m'est rentrée* **~** F ein Auto ist mir reingefahren; *fig il va lui rentrer* **~** er wird gleich auf ihn losgehen; **2.** *loc/adv de* **~** von drinnen; von innen; *en* **~** nach innen; *marcher les pieds en* **~** mit einwärts gerichteten Füßen gehen; *plier en* **~** nach innen falten, ('um)biegen; **II** *m* Innere(s) *n*

dédicac|e [dedikas] *f* **1.** Widmung *f*; Zueignung *f*; **2.** *REL* Einweihung *f*; Weihe *f*; **~er** *v/t* ⟨-ç-⟩ *livre* mit e-r Widmung versehen; widmen (*à qn* j-m)

dédicataire [dedikatɛʀ] *m,f* Person, der etw gewidmet ist

dédier [dedje] *v/t* **1.** *église etc* **~ à qn** j-m weihen; **2.** *œuvre etc* **~ à qn** j-m widmen

dédire [dediʀ] ⟨*cf dire, aber* vous *dédisez*⟩ *v/pr se* **~** sein Wort, das Gesagte zu'rücknehmen; **se ~** (*d'une invitation*) (e-e Einladung) absagen; **se ~ de promesse** nicht einhalten, erfüllen; *affirmation* wider'rufen

dédit [dedi] *m* **a)** *JUR* Abstandsgeld *n*; Konventio'nalstrafe *f*; Reugeld *n*; **b)** *par ext en cas de* **~** im Falle des Rücktritts

dédommagement [dedɔmaʒmɑ̃] *m* Entschädigung *f*; Ersatzleistung *f*; *en* **~** *de* als Entschädigung für; *à titre de* **~** als Entschädigung

dédommager [dedɔmaʒe] ⟨-geons-⟩ **I** *v/t* entschädigen (*qn de qc* j-n für etw); **II** *v/pr se* **~** sich schadlos halten (*de* für)

dédouan|ement [dedwanmɑ̃] *m* Verzollung *f*; zollamtliche Abfertigung; **~er** *v/t* **1.** verzollen; zollamtlich abfertigen; **2.** *fig* **~ qn** j-n rein-, weißwaschen

dédoublement [dedublǝmɑ̃] *m* **1.** Zweiteilung *f*; Hal'bierung *f*; **2.** *PSYCH* **~ de la personnalité** Per'sönlichkeitsspaltung *f*; Doppel-Ich *n*

dédoubler [deduble] *v/t* hal'bieren; teilen; **~ un train** e-n Entlastungszug einsetzen

dédramatiser [dedʀamatize] *v/t* entdramati'sieren; F her'unterspielen

déduct|ible [dedyktibl(ə)] *adj frais* abzugsfähig; absetzbar (*auf* +*acc*); anrechenbar (*auf* +*acc*); **~if** *adj* ⟨-ive⟩ deduk'tiv; ableitend

déduction [dedyksjɔ̃] *f* **1.** *COMM* Abzug *m*; **~ faite des frais** nach, unter Abzug der Kosten; abzüglich der Kosten; *toutes* **~s faites** nach Berücksichtigung aller Abzüge; **2.** *IMPÔTS* Abzug *m*; Absetzung *f*; Freibetrag *m*; **3.** (*conclusion*) Dedukti'on *f*; Ableitung *f*; Schluß *m*; (Schluß)Folgerung *f*

déduire [dedɥiʀ] ⟨*cf conduire*⟩ **I** *v/t* **1.** *COMM* abziehen (*de* von); in Abzug bringen; *des impôts* absetzen; **2.** (*conclure*) dedu'zieren; her-, ableiten (*de* von); **II** *v/pr se* **~ de** sich ab-, herleiten (lassen) aus, von

déesse [deɛs] *f* Göttin *f*

de facto [defakto] *JUR loc/adv* de facto; *loc/adj* De-'facto-

défaillance [defajɑ̃s] *f* **1.** Schwäche(anfall) *f(m)*; *avoir une* **~** e-n Schwächeanfall erleiden; **2.** *fig* Schwäche *f*; Ohnmacht *f*; **~ de mémoire** Gedächtnisschwäche *f*; *mémoire sans* **~** zuverlässig; **3.** *TECH* Versagen *n*; De'fekt *m*; Ausfall *m*

défaillant [defajɑ̃] *adj* **1.** schwach; *personne a* geschwächt; kraftlos; *mémoire* schwach; lückenhaft; *voix* **~e d'émotion** vor Erregung versagende Stimme; **2.** *JUR* nicht erschienen; säumig

214

défaillir [defajiʀ] *v/i* ⟨*cf* assaillir⟩ **1.** e-n Schwächeanfall erleiden; schwach werden; *elle était sur le point de ~* sie war e-r Ohnmacht nahe; **2.** *fig* schwach werden; versagen; *mémoire* nachlassen; schwinden

défaire [defeʀ] ⟨*cf* faire⟩ **I** *v/t* **1.** ab-, wegmachen; ausein'andernehmen; *cravate etc* abnehmen; *valise* auspacken; *nœud* lösen; aufbinden, -machen; *paquet* aufmachen; aufschnüren; *chaussures* aufschnüren; ausziehen; *couture* auftrennen; *tricot* aufziehen; *lit* abziehen; *coiffure* in Unordnung bringen; **2.** *st/s ~ qn de* j-n befreien von; **3.** MIL besiegen; schlagen; **II** *v/pr se ~* **4.** *natte, couture etc* aufgehen; sich (auf-) lösen; *coiffure* in Unordnung geraten; *paquet* aufgehen; **5.** *se ~ de* sich befreien von; sich entledigen (+*gén*); loswerden (+*acc*); *habitude* ablegen; *voiture etc* abstoßen; *se ~ de qn a* sich j-n vom Halse schaffen; sich von j-m trennen

défait [defɛ] *adj* ⟨défaite [defɛt]⟩ **1.** *nœud etc* aufgegangen; aufgelöst; *cheveux* unordentlich; ungekämmt; *lit* nicht gemacht; ungemacht; *lit, coiffure être ~* in Unordnung sein; **2.** *avoir la mine ~e, le visage ~* mitgenommen aussehen

défaite [defɛt] *f* MIL et *fig* Niederlage *f*; *~ électorale* Wahlniederlage *f*; *subir une ~* e-e Niederlage hinnehmen müssen, erleiden; unter'liegen

défait|isme [defetism(ə)] *m* Defä'tismus *m*; F Miesmache'rei *f*; **~iste I** *adj* defä'tistisch; **II** *m,f* Defä'tist(in) *m(f)*; F Miesmacher *m*

défalcation [defalkasjõ] *f* COMM Abzug *m*

défalquer [defalke] *v/t* COMM abziehen, absetzen, in Abzug bringen (*de* von)

défaut [defo] *m* **1.** (*absence*) Mangel *m* (*de* an +*dat*); Fehlen *n*; *~ d'organisation* fehlende, mangelnde Organisation; *loc/prép à ~ de* in Ermangelung von (*ou* +*gén*); mangels (+*gén*); F *à ~ de quoi* statt dessen; dafür; *loc/adv à ~* in Ermangelung e-s Besseren; notfalls; MATH *par ~* abgerundet; *faire ~* fehlen; **2.** (*imperfection*) Fehler *m*; Mangel *m*; Schönheitsfehler *m*; *~ de fabrication, de prononciation* Fabrikati'ons-, Aussprache- *ou* Sprachfehler *m*; **3.** (*vice*) Fehler *m*; Laster *n*; *sans ~* ohne Laster; fehlerlos, -frei; makel-, tadellos; *être en ~* im Unrecht sein; *prendre qn en ~* j-n bei e-m Fehler, Verstoß, bei e-r Verfehlung ertappen; **4.** (*faiblesse*) Schwäche *f*; Unzulänglichkeit *f*; Unvollkommenheit *f*; **5.** JUR *jugement n par ~* Versäumnisurteil *n*; *condamner par ~* in Abwesenheit verurteilen; **6.** *fig ~ de la cuirasse* schwacher Punkt; schwache Stelle

défaveur [defavœʀ] *f* Ungunst *f*; Ungnade *f*; *être en ~* in Ungnade stehen, schlecht angeschrieben sein (*auprès de* bei)

défavorable [defavɔʀabl(ə)] *adj* ungünstig; *personne être ~ à qn* j-m nicht wohlgesinnt sein; j-m nicht gewogen sein; *être ~ à un projet personne* e-m Vorhaben ablehnend gegenüberstehen; *mesure etc* e-m Vorhaben abträglich sein, zu'widerlaufen

défavoriser [defavɔʀize] *v/t* benachteiligen; schlechterstellen

défécation [defekasjõ] *f* PHYSIOL Darmentleerung *f*; Stuhlgang *m*

défectif [defɛktif] *adj* ⟨-ive⟩ GR *verbe ~* defek'tives, unvollständiges Verb; Defek'tivum *n*

défection [defɛksjõ] *f* **1.** POL Abfall *m*; Abtrünnigwerden *n*; *d'un parti* Austritt *m* (*de* aus); **2.** *dans une réunion* Fernbleiben *n*; Nichterscheinen *n*; *faire ~* fernbleiben; nicht erscheinen

défectueux [defɛktɥø] *adj* ⟨-euse⟩ fehler-, mangelhaft; *machine* de'fekt; *marchandise* fehler-, schadhaft

défectuosité [defɛktɥozite] *f* **a)** état Fehler-, Mangelhaftigkeit *f*; **b)** *~s pl* Fehler *m/pl*; Mängel *m/pl*

défendable [defɑ̃dabl(ə)] *adj* **1.** vertretbar; *cette thèse n'est pas ~* ist nicht haltbar; **2.** MIL *être ~* verteidigt werden können; zu halten sein

défendeur [defɑ̃dœʀ] *m*, **défenderesse** [defɑ̃dʀɛs] *f* JUR Beklagte(r) *f(m)*

défendre [defɑ̃dʀ(ə)] ⟨*cf* rendre⟩ **I** *v/t* **1.** (*prendre la défense*) verteidigen (*contre* gegen); *cause, théorie etc* verfechten; vertreten; eintreten für; sich einsetzen für; *avocat: client* verteidigen, vertreten; F *~ sa peau* sich s-r Haut wehren; **2.** (*interdire*) verbieten, unter'sagen (*qc à qn* j-m etw; *à qn de faire qc* j-m, etw zu tun); *c'est défendu!* das ist verboten!; **3.** *loc/adv à son corps défendant* 'widerwillig; ungern; **4.** *st/s ~ du ou contre le froid* vor Kälte schützen; **II** *v/pr se ~* **5.** sich verteidigen, wehren (*contre* gegen); *fig se ~ contre une accusation* sich gegen e-e Anschuldigung zu'rückweisen; **6.** F *dans son métier etc* sich tapfer 'durchschlagen; ganz gut zu'rechtkommen; **7.** *se ~ de critiquer etc* sich der Kritik *etc* enthalten; *il ne peut se ~ d'un sentiment de joie* er kann sich e-s Gefühls der Freude nicht erwehren; *ne pouvoir se ~ de* (+*inf*) nicht um'hinkönnen zu (+*inf*); **8.** *sens passif ça se défend* das läßt sich vertreten; F das hat etwas für sich

défenestr|ation [defənɛstʀasjõ] *f* Fenstersturz *m*; **~er** *v/t ~ qn* j-n aus dem Fenster stürzen

défense [defɑ̃s] *f* **1.** SPORTS, MIL etc Verteidigung *f*; Abwehr *f*; *d'un idéal etc* Verfechtung *f*; Verteidigung *f*; Eintreten *n* (*de* für); MIL *~s pl* Verteidigungsstellungen *f/pl*, -anlagen *f/pl*; JUR *en état de légitime ~* in Notwehr; *en France ~ nationale* Landesverteidigung *f*; *~ passive* (ziviler) Luftschutz *m*; PHYSIOL *la ~ de l'organisme* die Abwehrkräfte *f/pl* des Organismus; PSYCH *mécanismes m/pl de ~* Abwehrmechanismen *m/pl*; *être sans ~* schutzlos sein; ausgeliefert sein (*contre dat*); *prendre la ~ de qn* j-n verteidigen, beschützen; für j-n eintreten; **2.** JUR Verteidigung *f*; *la parole est à la ~* das Wort hat die Verteidigung; **3.** (*interdiction*) Verbot *n*; *~ d'afficher, d'entrer, de fumer* Plakatankleben, Ein- *ou* Zutritt, Rauchen verboten!; *~ de doubler* Über'holverbot *n*; **4.** ZO Stoßzahn *m*; *sanglier* Hauer *m*

défenseur [defɑ̃sœʀ] *m* **1.** Verteidiger(in) *m(f)*; *fig d'une thèse etc* Verfechter(in) *m(f)*; Anhänger(in) *m(f)*; Vertreter(in) *m(f)*; SPORTS *~ du titre* Titelverteidiger(in) *m(f)*; **2.** JUR Verteidiger(in) *m(f)*; **3.** FOOTBALL Abwehrspieler *m*

défensif [defɑ̃sif] *adj* ⟨-ive⟩ Verteidigungs-...; Defen'siv-...; Abwehr-...; *armes défensives* Verteidigungs-, Defensiv-, Schutzwaffen *f/pl*

défensive [defɑ̃siv] *f* Defen'sive *f*; Verteidigungs-, Abwehrstellung *f*; *être, se tenir sur la ~* in der Defensive, in Verteidigungsstellung sein (*a fig*)

déféquer [defeke] *v/i* ⟨-è-⟩ PHYSIOL Stuhlgang haben

déférence [defeʀɑ̃s] *f* Achtung *f*; Ehrerbietung *f*; *par ~ pour qn* aus Achtung vor j-m

déférent [defeʀɑ̃] *adj* **1.** ehrerbietig; re'spektvoll; *se montrer ~ envers qn* sich j-m gegenüber respektvoll verhalten; **2.** ANAT *canal ~* Samenleiter *m*

déférer [defeʀe] ⟨-è-⟩ **I** *v/t* JUR *~ qn à la justice* j-n vor Gericht bringen, dem Gericht über'antworten; **II** *v/t/indir st/s ~ à qn* in willfährig sein, (aus Achtung) beipflichten; *~ à la décision de qn* sich j-s Entscheidung (*dat*) (aus Respekt) unter'werfen, fügen

déferlement [defɛʀləmɑ̃] *m* **1.** *des vagues* Brechen *n*; Brandung *f*; **2.** *fig* **a)** *d'une armée* Einfall *m*; Einbruch *m*; **b)** *de passions* Auflodern *n*; Aufbranden *n*; *~ d'enthousiasme* Welle *f*, Woge *f* der Begeisterung; aufbrandende Begeisterung

déferler [defɛʀle] *v/t* MAR *voile* setzen; *pavillon* hissen; **II** *v/i* **1.** *vagues* sich brechen; *mer* branden; **2.** *fig* **a)** *foule* strömen; **b)** *haine etc* aufbranden; auflodern

défi [defi] *m* **1.** Her'ausforderung *f*; *d'un air de ~* mit herausfordernder Miene; *lancer un ~ à qn* j-n herausfordern; *relever un ~* e-e Herausforderung annehmen; **2.** *fig ~ au bon sens* Herausforderung *f* des gesunden Menschenverstandes; **3.** *mettre qn au ~ de faire qc* wetten, daß j etw nicht tun kann *ou* wird

défiance [defjɑ̃s] *f* Argwohn *m*, 'Mißtrauen *n* (*de* gegen); *mettre qn en ~* j-n 'mißtrauisch machen

défiant [defjɑ̃] *adj* argwöhnisch; 'mißtrauisch

défibrage [defibʀaʒ] *m* TECH Zerfasern *n*

déficeler [defisle] *v/t* ⟨-ll-⟩ aufschnüren

déficience [defisjɑ̃s] *f* Schwäche *f*

déficient [defisjɑ̃] *adj* **1.** *organisme etc* schwach; *enfant ~* zu'rückgeblieben; lernbehindert; **2.** *fig argumentation ~* schwach

déficit [defisit] *m* Defizit *n*; Fehlbetrag *m*; *~ budgétaire* Haushaltsdefizit *n*; *~ de la balance des paiements* Zahlungsbilanzdefizit *n*; *être en ~* in Defizit aufweisen, haben; defizi'tär sein

déficitaire [defisitɛʀ] *adj* mit Verlust abschließend; defizi'tär; *balance commerciale ~* passiv; *bilan ~* a 'Unterbilanz *f*; *entreprise ~* Verlustunternehmen *n*

défier [defje] **I** *v/t* **1.** *~ qn* j-n her'ausfordern (*à qc* zu etw); **2.** *fig ~ le danger*

défiguration – dégât

der Gefahr (*dat*) trotzen; mit der Gefahr spielen; **3.** ~ **qn de faire qc** wetten, daß j etw nicht tun kann *ou* wird; **4.** ~ **toute comparaison** jeglichen Vergleich verbieten; *prix* ~ **toute concurrence** konkur'renzlos niedrig sein; **II** *v/pr st/s* **se** ~ **de qn, qc** gegen j-n, etw Argwohn hegen; j-m, e-r Sache miß'trauen

défigur|ation [defigyʀasjɔ̃] *f* Entstellung *f*; *d'un texte etc* verzerrte, entstellte 'Wiedergabe; ~**er** *v/t* **1.** entstellen, verunstalten; **2.** *vérité, pensée etc* entstellen; verzerren; entstellt, verzerrt 'wiedergeben

défilé [defile] *m* **1.** MIL Aufmarsch *m*; Pa'rade *f*; Vor'beimarsch *m* (*devant* an +*dat*); **2.** *de gens* Andrang *m*; Zustrom *m*; *de voitures* endlose Reihe; **3.** ~ *de mode* Mode(n)schau *f*; **4.** GÉOGR Engpaß *m*; 'Durchbruch *m*

défiler [defile] **I** *v/i* **1.** defi'lieren (*abs*); vor'beimarschieren, -ziehen, -fahren, -defilieren (*devant* an +*dat*); aufmarschieren (vor +*dat*); **2.** *clients etc* sich die Tür in die Hand geben; *jours* da'hingehen, -ziehen; *images* ~ *devant les yeux de qn* vor j-s Augen (*dat*) vor'bei-, vor'überziehen; **3.** *bande magnétique* **faire** ~ ablaufen lassen; **II** *v/pr* **se** ~ F (*s'esquiver*) F sich drücken; kneifen

défini [defini] *adj* **1.** bestimmt; genau abgegrenzt; **2.** *concept* **bien, mal** ~ gut, schlecht defi'niert; **3.** GR *article* ~ bestimmter Artikel; *passé* ~ Passé simple *n*; hi'storisches Perfekt

définir [definiʀ] *v/t* **1.** *mot etc* defi'nieren; **2.** *par ext* bestimmen; abgrenzen; *conditions etc* festlegen, -setzen; ~ *la politique* die Richtlinien der Politik bestimmen; **3.** *personne* charakteri'sieren; *sentiment* genau beschreiben; *point de vue* erläutern

définissable [definisabl(ə)] *adj* defi'nier-, bestimmbar

définitif [definitif] *adj* ⟨-ive⟩ **1.** endgültig; defini'tiv; **2.** *loc/adv* **en définitive** schließlich; letzten Endes; letztlich

définition [definisjɔ̃] *f* **1.** Begriffsbestimmung *f*; Defini'tion *f*; *loc/adv* **par** ~ definitionsgemäß; wie das Wort schon sagt; per definiti'onem; *par ext* zwangsläufig; logischerweise; **2.** *par ext* Bestimmung *f*; Charakteri'sierung *f*; genaue Beschreibung; **3.** TV Zahl *f* der Zeilen und Bildpunkte; Fernsehnorm *f*; **télévision** *f* **'haute** ~ hochauflösendes Fernsehen

déflagration [deflagʀasjɔ̃] *f* Explosi'on *f*; CHIM Deflagrati'on *f*; Verpuffen *n*; explosi'onsartiges Verbrennen

déflation [deflasjɔ̃] *f* ÉCON Deflati'on *f*

déflationniste [deflasjɔnist] *adj* ÉCON deflatio'när; deflatio'nistisch; defla'torisch

déflecteur [deflɛktœʀ] *m* **1.** AUTO Ausstellfenster *n*; **2.** NUCL De'flektor *m*

défleurir [deflœʀiʀ] *v/i* die Blüten verlieren; ver-, abblühen

déflexion [deflɛksjɔ̃] *f* PHYS Ablenkung *f*

déflor|ation [deflɔʀasjɔ̃] *f* Deflorati'on *f*; Entjungferung *f*; ~**er** *v/t* **1.** entjungfern, deflo'rieren; **2.** *fig* den Reiz (der Neuheit), die Originali'tät nehmen (+*dat*)

défoli|ant [defɔljɑ̃] *adj et subst m* (*produit m*) ~ Entlaubungsmittel *n*; ~**ation** *f* **1.** BOT Laub-, Blattfall *m*; **2.** *artificielle* Entlaubung *f*; ~**er** *v/t* entlauben

défonce [defɔ̃s] *f arg* Trip *m*; Highsein ['haɪ-] *n*

défoncer [defɔ̃se] ⟨-ç-⟩ **I** *v/t mur etc* eindrücken, -schlagen; *rue* tief ausfahren; stark beschädigen; *adj* **t** *rue* **défoncé** *a* voller Schlaglöcher; **II** *v/pr* **se** ~ **1.** F *dans un travail* das Letzte hergeben; sich voll einsetzen; **2.** *arg* (*se droguer*) fixen; sich auf e-n Trip begeben

déformable [defɔʀmabl(ə)] *adj* defor'mierbar; leicht verformbar; AUTO *zone f* ~ Knautschzone *f*

déformant [defɔʀmɑ̃] *adj* *glace* ~**e** Zerr-, Ve'xierspiegel *m*

déformation [defɔʀmɑsjɔ̃] *f* **1.** Verformung *f* (*a* TECH); Deformati'on *f* (*a* MÉD); Defor'mierung *f*; Formveränderung *f*; **2.** *fig* Verzerrung *f*; Entstellung *f*; *du goût* Verbildung *f*; *c'est une* ~ *professionnelle* der Beruf färbt aufs Privatleben ab; das sind die Folgen des Berufs

déformer [defɔʀme] **I** *v/t* **1.** verformen, defor'mieren; *chaussures* austreten; *visage* verunstalten; *image* verzerren; *adj* **chaussée déformée** unebene Fahrbahn; **2.** *réalité etc* verzerren; entstellen; *du goût* verbilden; **II** *v/pr* **se** ~ sich verformen; die Form verlieren; *bois* sich verziehen; *vêtement* die Form, die Fas'son verlieren

défoul|ement [defulmɑ̃] *m* PSYCH 'Abreaktion *f*; Sich'abreagieren *n*; ~**er** *v/pr* **se** ~ **1.** PSYCH sich abreagieren; **2.** *par ext* sich austoben

défraîch|i [defʀeʃi] *adj* nicht mehr neu; getragen; ~**ir** *v/pr* **se** ~ *vêtement* das neue Aussehen verlieren; nicht mehr neu aussehen; *couleur* verblassen

défrayer [defʀeje] *v/t* ⟨-ay- *od* -ai-⟩ **1.** die Kosten über'nehmen (*qn* für j-n); **être défrayé de tout** alles freihaben; **2.** *fig* ~ *la chronique* von sich reden machen; im Mittelpunkt des Klatsches stehen

défrich|age [defʀiʃaʒ] *m ou* ~**ement** *m* **1.** Urbarmachung *f*; Roden *n*, -ung *f*; **2.** *fig* Beseitigung *f* der Anfangsschwierigkeiten

défricher [defʀiʃe] *v/t* **1.** *terre* urbar machen; roden; **2.** *fig* die Anfangsschwierigkeiten beseitigen, die Vorarbeit leisten *ou domaine* auf e-m Gebiet); *sujet* aufbereiten; in Angriff nehmen

défriper [defʀipe] *v/t vêtement* glätten; glattstreichen

défriser [defʀize] *v/t* **1.** *cheveux* entkrausen; **2.** F *fig chose* ~ *qn* j-n (ver)ärgern; **ça te défrise?** (ver)ärgert dich das?

défroisser [defʀwase] *v/t* glätten; glattstreichen; wieder glattmachen

défroque [defʀɔk] *f* abgelegte, alte Kleidungsstücke *n/pl*

défroqué(e) [defʀɔke] *m(f)* REL aus dem Orden ausgetretener Mönch, ausgetretene Nonne; ehemaliger Priester; ~**er** *v/i et v/pr* (*se*) ~ REL die Mönchskutte, das Nonnengewand, das Priestergewand ablegen

défunt [defɛ̃, -fœ̃t] **défunte** [defɛ̃t, -fœ̃t] **I** *m, f* Verstorbene(r) *f(m)*; *st/s* Verblichene(r) *f(m)*; **II** *adj* **1.** verstorben; verschieden; selig; **2.** *fig et st/s* vergangen; verflossen

dégagé [degaʒe] *adj* **1.** *nuque, front, vue* frei; *ciel* klar; wolkenlos; **2.** *allure etc* ungezwungen; ungeniert [-ʒ-]; leger [-'ʒɛʀ]

dégagement [degaʒmɑ̃] *m* **1.** Befreiung *f*; Her'ausholen *n*, -ziehen *n*, -bringen *n*; *de blessés* Bergung *f*; MIL Entsatz *m*; **2.** *d'une rue etc* Freimachen *n*; Räumung *f*; *voie f* **de** ~ Um'gehungs-, Entlastungsstraße *f*; **3.** ARCH Gang *m*; Flur *m*; **4.** *d'énergie* Freiwerden *n*; Entwicklung *f*; Abgabe *f*; Freisetzung *f*; *de gaz* a Ausströmen *n*; Entweichen *n*; ~ *de chaleur* Wärmeabgabe *f*, -entwicklung *f*, ~ *de vapeur* Dampfentwicklung *f*; **5.** ESCRIME Dega'gieren *n*; Um'gehen *n*; FOOTBALL befreiender Schlag; **6.** *fig* Befreiung *f*, Entbindung *f* (*d'une promesse etc* von e-m Versprechen *etc*); Lösung *f* (aus)

dégager [degaʒe] ⟨-geons⟩ **I** *v/t* **1.** *blessés* befreien; *objets a* her'vor-, her'ausziehen; her'ausholen, -bringen; *accidentés a* bergen (*des décombres* aus den Trümmern); **2.** *passage* frei machen; räumen; *allons, dégagez!* gehen *ou* fahren Sie weiter!; **3.** *cou, nuque* frei lassen; **4.** *énergie* entwickeln; abgeben; freisetzen; *chaleur a* ausstrahlen; *odeur* verströmen; verbreiten; **5.** *crédit* bereitstellen; **6.** ESCRIME dega'gieren (*abs*); um'gehen; FOOTBALL ~ *la balle* klären; **7.** *fig morale, idée* her'ausstellen, -arbeiten; *conclusion* ziehen; **8.** *gage* einlösen; **9.** *fig responsabilité* ablehnen; **10.** ~ *qn de qc* j-n von etw befreien, entbinden; j-n aus e-r Sache (*gén*) entheben; ~ *qn de toute responsabilité* j-n aus der Verantwortung entlassen; **II** *v/pr* **se** ~ **11.** *personne* sich befreien (*de* aus); **12.** *rue etc* frei, leer werden; *nez* wieder frei werden; *le ciel, le temps se dégage* es klart auf; der Himmel hellt sich auf; **13.** *énergie* sich entwickeln; frei werden; *gaz, vapeur a* ausströmen, entweichen (*de* aus); *odeur* ausströmen (aus); *fumée* aufsteigen (aus); **14.** *fig résultat etc* sich abzeichnen; her'vortreten (*de* aus); sich zeigen; zu'tage treten; **15.** *personne* sich lösen (*d'une contrainte* aus e-m Zwang); frei machen (von)

dégaine [degɛn] *f* F (*allure*) Haltung *f*; Gang *m*; **quelle** ~**!** F wie der *ou* die da'herkommt!

dégainer [degene] *v/t* blankziehen; *par ext* s-n Re'volver ziehen

déganter [degɑ̃te] *v/pr* **se** ~ s-e Handschuhe abstreifen, ablegen, ausziehen

dégarnir [degaʀniʀ] **I** *v/t* **1.** *vitrine etc* ausräumen; den Schmuck entfernen (*qc* von etw); *réfrigérateur, compte* plündern; *adj* **front** **dégarni** Stirnglatze *f*; **2.** MIL entblößen; ungedeckt lassen; **II** *v/pr* **se** ~ *tête, arbre* kahl werden; *rangs* sich lichten; *il se dégarnit* sein Haar wird *ou* er bekommt schütteres Haar; er wird kahl

Degas [dəga] *frz Maler*

dégât [degɑ] *m* Schaden *m*; Verwüstung *f*; ~*s matériels* Sachschaden *m*; ~*s causés par le gel* Frostschäden *m/pl*; **causer de grands** ~*s* großen Schaden anrichten (*a fig*); große Schäden verursachen; große Verwüstungen anrich-

ten; *fig* **limiter les ~s** möglichst wenig Schaden anrichten; das Schlimmste verhüten
dégazer [degaze] *v/i pétrolier* Ölrückstände ins Meer ablassen
dégel [deʒɛl] *m* **1.** (Auf)Tauen *n*; *MÉTÉO* Tauwetter *n*; **2.** *fig POL* Tauwetter *n*
dégelée [deʒle] *f* F Keile *f*; Dresche *f*
dégeler [deʒle] ⟨-è-⟩ **I** *v/t* **1.** auftauen; **2.** *fig personne* aus s-r Re'serve her'auslocken; *public* mitreißen; *situation* entspannen; **3.** *crédits* freigeben; **II** *v/i* auftauen; **III** *v/imp il dégèle* es taut; **IV** *v/pr se ~ fig personne* auftauen; warm werden
dégénéré [deʒeneRe] *adj* degene'riert
dégénérer [deʒeneRe] ⟨-è-⟩ *v/i* **1.** *BIOL* degene'rieren; entarten; **2.** *fig* ausarten (*en* in *+acc*); ~ *en orgie* in e-e Orgie ausarten; ~ *en bronchite* sich zu e-r Bronchitis entwickeln
dégénérescence [deʒeneResɑ̃s] *f MÉD, BIOL* Degenerati'on *f*; Entartung *f*
dégingandé [deʒɛ̃gɑ̃de, deʒɛ̃-] *adj* F schlaksig
dégivrage [deʒivRaʒ] *m* Abtauen *n*; Enteisung *f* (*a AVIAT*); Entfrostung *f*; *réfrigérateur à ~ automatique* mit Abtauautomatik
dégivr|er [deʒivRe] *v/t réfrigérateur* abtauen; *AVIAT* enteisen; *TECH* entfrosten; **~eur** *m TECH* De'froster(anlage) *m(f)*
déglacer [deglase] *v/t* ⟨-ç-⟩ *CUIS* den Bratensatz mit etwas Flüssigkeit vom Boden lösen
déglinguer [deglɛ̃ge] F **I** *v/t* ka'puttmachen; *adjt* **déglingué** klapp(e)rig; **II** *v/pr se ~* ka'puttgehen; klapp(e)rig werden
déglut|ir [deglytiR] *v/t* (hin'unter-)schlucken; **~ition** *f PHYSIOL* Degluti'ti'on *f*; Schluckakt *m*
dégobiller [degɔbije] *v/t et v/i* P kotzen
dégoiser [degwaze] F *péj* **I** *v/t sottises* F verzapfen; **II** *v/i* schwatzen; F quatschen
dégommer [degɔme] *v/t* F *personne* hin'auswerfen; F feuern
dégonflage [degɔ̃flaʒ] F *fig m* feiger Rückzieher
dégonflé [degɔ̃fle] **I** *adj* nicht aufgepumpt; nicht aufgeblasen; *le pneu est ~* im Reifen ist keine Luft; *der Reifen hat Luft verloren*; *avoir un pneu ~* F e-n Platten haben; **II** *m* F Hasenfuß *m*; Schlappschwanz *m*; Waschlappen *m*
dégonflement [degɔ̃fləmɑ̃] *m* Verlieren *n*, Ablassen *n* der *ou* von Luft
dégonfler [degɔ̃fle] **I** *v/t* (die) Luft ab-, her'auslassen (*qc* aus etw); **II** *v/pr se ~* **1.** *pneu etc* (die) Luft verlieren; **2.** F *fig* e-n feigen Rückzieher machen; F Bammel, P Schiß bekommen
dégorgement [degɔRʒəmɑ̃] *m* **1.** *des égouts* Entleerung *f*; **2.** *CUIS* (Aus)Wässern *n*; *des escargots* Ausschwemmen *n*
dégorger [degɔRʒe] ⟨-geons⟩ **I** *v/t conduite* die Verstopfung beseitigen (*+gén*); frei machen; reinigen; *égout* entleeren; (aus)spülen; **II** *v/i* **1.** *CUIS faire ~* wässern (lassen); *escargots ou concombres* Wasser ziehen lassen; entwässern; **2.** *a v/pr* (*se*) ~ sich ergießen; (ab)fließen; sich entleeren

dégot(t)er [degɔte] *v/t* F auftreiben; aufgabeln; ergattern; angeln
dégoulin|ade [degulinad] *f* (länglicher) Tropfen; **~er** *v/i* (her'ab)tropfen, (-)tröpfeln, (-)rieseln; *cheveux* triefen
dégoupiller [degupije] *v/t grenade* entsichern
dégourdi [deguRdi] **I** *adj* aufgeweckt; gewandt; geschickt; gewitzt, pfiffig; wendig; **II** *subst* **~(e)** *m(f)* aufgeweckter *etc* Bursche; aufgewecktes *etc* junges Mädchen
dégourdir [deguRdiR] *v/t* **1.** *membres* bewegen; lockern; *par ext* wärmen; **2.** *liquide* leicht erwärmen; **3.** *fig ~ qn* j-n gewandter, gewitzter, aufgeweckter machen; **II** *v/pr* **4.** *se ~ les jambes* sich die Beine vertreten; **5.** *fig se ~* gewandter, gewitzter, aufgeweckter werden
dégoût [degu] *m* **1.** Ekel *m*, Abscheu *m* (*pour* vor *+dat*); 'Widerwille *m* (gegen); *avoir, ressentir du ~ pour qn, qc* j-n, etw verabscheuen; Widerwillen gegen j-n, etw haben, empfinden; **2.** 'Überdruß *m*; *~ de la vie* Lebensüberdruß *m*
dégoûtant [degutɑ̃] *adj* **1.** *mets, lieu etc* ekelerregend; ekelhaft; ek(e)lig; widerlich; ab'scheulich; **2.** *personne, acte* ab'scheulich; *personne a* widerlich; *acte* a empörend; F *type ~ ou subst ~ m* widerlicher Kerl; Scheusal *n*; F Ekel *n*; **3.** *histoires* ob'szön; schmutzig
dégoûtation [degutasjɔ̃] *f f quelle ~!* wie ek(e)lig, ekelhaft, ab'scheulich!
dégoûté [degute] *adj* **1.** angeekelt; angewidert; **2.** *par ext n'être pas ~* nicht gerade wählerisch sein; *fig* nicht gerade zimperlich sein; *subst faire le ~* den Wählerischen spielen; wählerisch tun; **3.** *~ de qn, de qc* j-s, e-r Sache 'überdrüssig; von etw über'sättigt; *~ de la vie* lebensüberdrüssig, *par ext* -müde; *être ~ de qn, de qc* a F j-n, etw satt haben
dégoûter [degute] **I** *v/t* **1.** *~ qn* j-n anekeln, anwidern; *ce plat me dégoûte a mir ou* mich ekelt vor dieser Speise; ich ekle mich vor dieser Speise; **2.** *~ qn de qc* j-m etw verleiden; (*si vous n'aimez pas ça,*) *n'en dégoûtez pas les autres!* (wenn es Ihnen schon nicht schmeckt,) verderben Sie nicht noch den anderen den Appetit!; *c'est à vous ~ de ce travail* das verleidet einem ganz die Arbeit; jede Lust an der Arbeit; **II** *v/pr* **3.** *se ~ d'un plat* sich (*dat*) e-e Speise 'überessen; **4.** *se ~ de qc, de qn* e-r Sache, j-s 'überdrüssig werden; F etw, j-n satt bekommen
dégoutter [degute] *v/i* (her'ab)tropfen
dégradant [degRadɑ̃] *adj* erniedrigend; entwürdigend; degra'dierend
dégradation [degRadasjɔ̃] *f* **1.** Degra'dierung *f*; Rangverlust *m*; *~ civique* Verlust *m*, Aberkennung *f* der bürgerlichen Ehrenrechte; **2.** *morale* Erniedrigung *f*; Ent-, Her'abwürdigung *f*; Verfall *m*; **3.** *d'une construction* Beschädigung *f*; Verfall *m*; Verwitterung *f*; *~s pl* Schäden *m/pl*; **4.** *fig* Verschlechterung *f*; **5.** *cf dégradé 1.*
dégradé [degRade] *m* **1.** *d'une couleur* Abstufung *f*; (Ab)Schat'tierung *f*; Ab-

tönung *f*; Abschattung *f*; **2.** *CIN* Verlaufblende *f*
dégrader [degRade] **I** *v/t* **1.** *MIL, JUR* degra'dieren; **2.** *moralement* erniedrigen; ent-, her'abwürdigen; mo'ralisch sinken lassen; **3.** *mur etc* beschädigen; **4.** *couleurs* abstufen; abtönen; (ab-)schat'tieren; abschatten; *des cheveux coupe dégradée* Stufenschnitt *m*; **II** *v/pr se ~* **5.** *fig situation, santé, temps* sich verschlechtern; **6.** *maison etc* verfallen; verkommen; verwittern
dégrafer [degRafe] *v/t* los-, aufhaken
dégraiss|age [degResaʒ] *m* **1.** *CUIS* Abschöpfen *n* des Fett(e)s; Degrais'sieren *n*; **2.** *de vêtements* Entfernung *f* der Fettflecken; **3.** *TECH* Entfettung *f*; **4.** *fig d'une entreprise* Verschlankung *f*; **~ant** *m* Entfettungsmittel *n*; Fettlöser *m*
dégraisser [degRese] *v/t* **1.** *CUIS* das Fett abschöpfen (*qc* von etw); degrais-'sieren; **2.** (die) Fettflecken entfernen (*un tissu* aus e-m Stoff); *cheveux* entfetten; **3.** *TECH* entfetten; **4.** F *fig budget, entreprise* verschlanken
degré [dəgRe] *m* **1.** Grad *m*; Stufe *f*; *le dernier ~ d'une maladie* das letzte Stadium; das Endstadium; *le plus 'haut, bas ~ de l'échelle sociale* die höchste, tiefste *ou* niedrigste Stufe, Sprosse; *~ de difficulté* Schwierigkeitsgrad *m*; *~ de perfection* Grad der Vollkommenheit; *loc/adv:* (*jusqu'*)*à un certain ~* in e-m gewissen Maße, Grade; bis zu e-m gewissen, bestimmten Maß, Grad; *par ~(s)* stufenweise; schrittweise; nach und nach; *au plus 'haut ~* im höchsten Maß, Grad; **2.** *température* Grad *m*; *32 ~s centigrades ou Celsius* [sɛlsjys] 32 Grad Celsius; **3.** *GÉOGR, GÉOMÉTRIE* Grad *m*; *~ de latitude, de longitude* Breiten-, Längengrad *m*; *angle m de trente ~s* (*30°*) Winkel *m* von dreißig Grad (30°); **4.** (Vo'lum)Pro'zent *n*; *~ d'alcool* Alkoholgehalt *m*; *alcool à quatre-vingt-dix ~s* (*90°*) neunzigprozentiger (90%iger) Alkohol; *ce vin a 12 ~s* dieser Wein hat 12 Prozent; **5.** *~ de parenté* Verwandtschaftsgrad *m*; *être parents au deuxième ~* im zweiten Grad miteinander verwandt sein; **6.** *MÉD brûlure f du premier, second, troisième ~* Verbrennung *f* ersten, zweiten, dritten Grades; *être brûlé au troisième ~* Verbrennungen dritten Grades (erlitten) haben; **7.** *enseignement m du premier ~* Grundschulwesen *n*; *enseignement m du second ~* höheres Schulwesen *n*; **8.** *MATH équation f du premier, second ~* Gleichung *f* ersten, zweiten Grades; **9.** *GR ~ de comparaison* Steigerungsstufe *f*; *~s pl de comparaison* Steigerung *f*; Komparati'on *f*; **10.** *loc: prendre qc au premier ~* wortwörtlich; *humour au second ~* nicht wörtlich zu nehmen(d); über'steigert; **11.** *st/s d'un escalier* Stufe *f*
dégressif [degResif] *adj* ⟨-ive⟩ *tarif* degres'siv; abfallend
dégrèvement [degRɛvmɑ̃] *m* Steuersenkung *f*, -ermäßigung *f*, -nachlaß *m*
dégrever [degRəve] *v/t* ⟨-è-⟩ die Steuern ermäßigen, senken, nachlassen (*qn* j-m)

dégriffé [degRife] *adj COMM* ohne Markenzeichen
dégringolade [degRɛ̃gɔlad] *F f* **1.** Sturz *m*; **2.** *fig d'actions etc* Kurssturz *m*; F Talfahrt *f*
dégringoler [degRɛ̃gɔle] F **I** *v/t escalier etc* hin'unter- *ou* her'unter-, F runterstürzen, F -rasen, -sausen; **II** *v/i* ⟨être *od* avoir⟩ **1.** hin'unter- *ou* her'unter-, F runterpurzeln (*d'une échelle* von e-r Leiter); **2.** *fig actions* jäh, stark fallen; F purzeln
dégris|ement [degRizmɑ̃] *m* Ausnüchterung *f*; Ernüchterung *f* (*a fig*); **~er** *v/t* nüchtern machen; ernüchtern (*a fig*)
dégrossir [degRosiR] **I** *v/t* **1.** *TECH* grob bearbeiten; *pierre* grob behauen; **2.** *fig* **~ le travail** die Vorarbeit leisten; den Rohentwurf anfertigen; die Arbeit aufbereiten; **3.** **~ qn** j-m Schliff beibringen; *par ext* j-m die Anfangsgründe beibringen; *adj* **mal dégrossi** ungehobelt; grob; **II** *v/pr* **se ~** *personne* Schliff bekommen
dégrouiller [degRuje] *v/pr* **se ~** F sich tummeln; sich ranhalten
déguenillé [deg(ə)nije] *adj* zerlumpt
déguerpir [degɛRpiR] *v/i* F sich da'vonmachen; abhauen; türmen; *faire ~ qn* j-n vertreiben, verjagen; F j-m Beine machen
dégueulasse [degœlas] P *adj* ekelhaft; widerlich; ab'scheulich; *personne* a 'widerwärtig; *pas ~* F große Klasse; ganz toll; *c'est ~!* P a das ist eine Unverschämtheit
dégueuler [degœle] *v/t et v/i* P kotzen
dégueulis [degœli] *m* P Kotze *f*
déguisé [degize] *adj* **1.** verkleidet; **2.** (*caché*) verschleiert; verstellt; versteckt
déguisement [degizmɑ̃] *m* Verkleidung *f*; **sous ce ~** in dieser Verkleidung
déguiser [degize] **I** *v/t* **1.** verkleiden (*en* als); **2.** *voix etc* verstellen; **3.** *fig pensées, vérité* verschleiern; *sentiment* verbergen (*sous* hinter +*dat*); **II** *v/pr* **se ~ 1.** sich verkleiden (*en* als); *fig* **se ~ en courant d'air** sich in Luft auflösen
dégurgiter [degyRʒite] *v/t* unverdaut wieder von sich geben (*a fig*)
dégustateur [degystatœR] *m* Weinprüfer *m*
dégustation [degystasjɔ̃] *f* Kosten *n*; Pro'bieren *n*; **~ gratuite** Ausgabe *f* von Gratisproben; *de boissons* kostenloser Probeausschank; **~ de vins** Weinprobe *f*
déguster [degyste] *v/t* **1.** kosten; pro'bieren; *vin* a beißen; *par ext* (*savourer*) genießen; **2.** F *fig coups* F abkriegen; *par ext* **qu'est-ce qu'il a dégusté!** was hat er alles 'durchgemacht!
déhanch|ement [deɑ̃ʃmɑ̃] *m* Wiegen *n* in den Hüften; Schwingen *n* der Hüften; **~er** *v/pr* **se ~** sich in den Hüften wiegen; die Hüften schwingen
dehors [dəɔR] **I** *adv* **1.** draußen; *avec déplacement* hin'aus *ou* her'aus; nach draußen; F raus; *aller ~* hin'ausgehen; nach draußen gehen; F rausgehen; *fig* **mettre, jeter,** F **flanquer, ficher,** P **foutre qn ~** j-n hin'auswerfen, F rauswerfen, rausschmeißen; **2.** *loc/adv* **de ~** von draußen; **en ~** nach außen; **marcher les pieds en ~** mit nach außen, auswärts gerichteten Füßen gehen; *porte* **s'ouvrir en ~** sich nach außen öffnen (lassen); *fig* **rester en ~** sich nicht einmischen; sich her'aus-, F raushalten; **II** *loc/prép* **en ~ de 1.** außerhalb (+*gén*); **se pencher en ~ de la portière** sich zur Tür hinauslehnen; *fig:* **être en ~ du sujet** nicht zum Thema, zur Sache gehören; **se tenir en ~ d'une discussion** sich bei e-r Diskussion her'aushalten, F raushalten; **2.** außer (+*dat*); **en ~ de cela, il y a encore ...** außerdem *ou* da'neben gibt es noch ...; **III** *m* Äußere(s) *n*; *d'une personne* les **~** *pl* das Äußere; **sous des ~ gentils ...** hinter e-m freundlichen Äußeren ...; **venir du ~** von außen kommen
déi|fication [deifikasjɔ̃] *f* Vergottung *f*; Erhebung *f* zum Gott; **~fier** *v/t* vergotten; zum Gott erheben, machen
dé|isme [deism(ə)] *m PHILOS* De'ismus *m*; **~iste** *f m* De'ist *m*; *adj* de'istisch
déité [deite] *st/s f* Gottheit *f*
déjà [deʒa] *adv* **1.** schon; bereits; *il est* **~ *parti*** er ist schon weg(gegangen); **2.** *par ext:* **comment s'appelle-t-il ~?** wie heißt er doch gleich, noch (gleich)?; **ce n'est ~ pas si mal** das ist gar nicht so schlecht; **c'est ~ ça** das ist immerhin etwas; **réussis ~ ton bac, après on verra** mach erst mal das Abi ...; F **~ que tu as le rhume ...** wenn du schon den Schnupfen hast ...
déjanter [deʒɑ̃te] **I** *v/t pneu* von der Felge ziehen; **II** *v/i* F *fig personne* F spinnen; verrückt spielen
déjection [deʒɛksjɔ̃] *f* **1.** *PHYSIOL* Darmentleerung *f*; **~s** *pl* Exkre'mente *n/pl*; **2.** *d'un volcan* **~s** *pl* Auswurfmassen *f/pl*; *d'un torrent* **cône** *m* **de ~** Schwemmkegel *m*
déjeté [deʒte, deʃte] *adj* verzogen; krumm
déjeuner [deʒøne, -ʒœ-] **I** *v/i* **1.** *à midi* zu Mittag essen; das Mittagessen einnehmen; **j'ai déjeuné d'un sandwich** mein Mittagessen bestand aus e-m Sandwich; **2.** *le matin* frühstücken; **II** *m* **1.** Mittagessen *n*; **~ d'affaires** Geschäfts-, *POL* Arbeitsessen *n*; **à l'heure du ~** zur Zeit des Mittagessens; **avoir qn à ~** j-n zum Mittagessen dahaben; **2. petit ~** Frühstück *n*; **3.** (*tasse et soucoupe*) Frühstücksgedeck *n*; **4.** *fig* **être un ~ de soleil** *chose* kurzlebig sein; *sentiments* ein Strohfeuer sein; *entreprise* nicht von langer Dauer sein
déjouer [deʒwe] *v/t* vereiteln; *plans a* **~ la manœuvre 5**.
déjuger [deʒyʒe] *v/pr* ⟨-geons⟩ **se ~** s-e Meinung, s-n Entschluß, sein Urteil ändern
delà [dəla] *loc/adv* **en ~** [ɑ̃dla] da'rüber hin'aus; *cf a* **deçà**
délabré [delabRe] *adj* **1.** *maison* verfallen; baufällig; verkommen; F her'untergekommen; **2.** *fig santé* rui'niert; zerrüttet
délabrement [delabRəmɑ̃] *m* **1.** Baufälligkeit *f*; **2.** *fig* Zerrüttung *f*
délabrer [delabRe] **I** *v/t fig* **~ sa santé** *ou* **se ~ la santé** s-e Gesundheit rui'nieren, zerstören; **II** *v/pr* **se ~ 1.** *maison* verfallen; verkommen; **2.** *fig santé* sich verschlechtern; *affaires* immer schlechter gehen
délacer [delase] ⟨-ç-⟩ *v/t chaussures etc* aufschnüren, -binden
délai [delɛ] *m* **1.** (*temps accordé*) Frist *f*; Zeit *f*; Zeitraum *m*; Ter'min *m*; *JUR* **~ d'inscription** Anmeldefrist *f*; **~ de livraison** Lieferfrist *f*, -zeit *f*; **~ de paiement** Zahlungsfrist *f*, -termin *f*; *cf a* **2.**; **~ de préavis** Kündigungsfrist *f*; **~ de réflexion** Bedenkzeit *f*; **à bref ~** bald; kurzfristig; **dans un ~ de dix jours** innerhalb (von) zehn Tagen; binnen zehn Tagen; in(nerhalb) e-r Frist von zehn Tagen; **dans les ~s** fristgemäß; termingerecht; **dans les plus brefs ~s** in kürzester Frist, Zeit; **passé ce ~ ...** nach Ablauf dieser Frist, Zeit ...; **2.** (*prolongation*) Aufschub *m*; **~ de paiement** Zahlungsaufschub *m*; Stundung *f*; **sans ~** unverzüglich; so'fort; so'gleich; auf der Stelle
délai-congé [delɛkɔ̃ʒe] *m* ⟨*pl* délais--congés⟩ Kündigungsfrist *f*
délaissé [delese] *adj conjoint* verlassen; *enfant* vernachlässigt
délaissement [delɛsmɑ̃] *m* **1.** Verlassenheit *f*; **2.** *JUR* **~ d'enfant** vorsätzliches Verlassen e-s Kindes in hilfloser Lage
délaisser [delese] *v/t* **1.** verlassen, im Stich lassen (*pour an* *ou* **d'autre** wegen j-s anderen); F sitzenlassen; **2.** *études etc* aufgeben (*pour faire qc d'autre* um etw anderes zu tun); **3.** (*négliger*) vernachlässigen; **4.** *JUR* abtreten; verzichten auf (+*acc*)
délass|ant [delasɑ̃] *adj* erholsam; entspannend; **~ement** *m* Erholung *f*; Entspannung *f*
délasser [delase] **I** *v/t* entspannen; erquicken; *abs lecture etc* entspannen; der Entspannung dienen; **II** *v/pr* **se ~** sich erholen, entspannen
déla|teur [delatœR] *m*, **~trice** *f* Denunzi'ant(in) *m*(*f*); Spitzel *m*
délation [delasjɔ̃] *f* Denunziati'on *f*; *par ext* Denunzi'antentum *n*
délavé [delave] *adj couleur, tissu* verwaschen; *couleur a* wässerig; *jeans* vorgewaschen
délayage [delɛjaʒ] *m* **1.** *dans un liquide* Anrühren *n*; **2.** *fig* **faire du ~** sich in weitschweifigen, langatmigen, umständlichen Ausführungen ergehen
délayé [deleje] *m cf* **délayage** 2.
délayer [deleje] ⟨-ay- *od* -ai-⟩ *v/t* **1.** anrühren (*qc dans qc* etw in etw [*dat*]); **2.** *fig pensée etc* weitschweifig, 'umständlich, langatmig darlegen; verwässern
delco [dɛlko] *m* (*nom déposé*) *AUTO* Batte'riezündanlage *f*
délectable [delɛktabl(ə)] *adj st/s mets, vin* köstlich
délectation [delɛktasjɔ̃] *f* Genuß *m*; **avec ~** mit Genuß
délecter [delɛkte] **I** *st/s v/t* ergötzen, *st/s* delek'tieren (*de* mit, durch); **II** *v/pr* **se ~ à *ou* de qc** sich an etw (*dat*) erfreuen, ergötzen; etw genießen; an etw (*dat*) Gefallen finden
délégation [delegasjɔ̃] *f* **1.** (*groupe*) Delegati'on *f*; Abordnung *f*; Vertretung *f*; **~ commerciale** Handelsdelegation *f*; **~ syndicale** Gewerkschaftsdelegation *f*; **venir en ~** als Abordnung erscheinen, kommen; **2.** Entsendung *f*, Dele'gierung *f* (*d'un observateur à un congrès* e-s Beobachters zu e-m Kongreß); **3.** Übertragung *f*, Dele'gierung *f*, Delegati'on *f* (*de pouvoirs à qn* von

Macht-, Amtsbefugnissen auf j-n); **4.** (*mandat*) Auftrag *m*; 'Vollmacht *f*; *par ~ im Auftrag* (*abr* i. A.)
délégué(e) [delege] *m(f)* Dele'gierte(r) *f(m)*; Delegati'onsmitglied *n*; Vertreter(in) *m(f)*; Beauftragte(r) *f(m)*; **délégué syndical** Gewerkschaftsvertreter *m*; ÉCOLE **délégué de classe** Klassensprecher *m*; **délégué du personnel** Perso'nal-, Arbeit'nehmervertreter *m*
déléguer [delege] *v/t* ⟨-è-⟩ **1.** *personne* entsenden; abordnen; dele'gieren; **2.** über'tragen; dele'gieren; *~ ses pouvoirs à qn* j-m s-e Befugnisse über-'tragen
délestage [delɛstaʒ] *m* **1.** MAR, AVIAT Abwerfen *n*, Abwurf *m* von Ballast; **2.** *élect* Stromabschaltung *f*; **3.** AUTO *itinéraire m de ~* Ausweich-, Entlastungsstrecke *f*, -route *f*
délester [delɛste] *v/t* **1.** MAR, AVIAT Ballast abwerfen (*qc* aus etw); **2.** *fig ~ qn d'un travail* j-n von e-r Arbeit entlasten; j-m e-e Arbeit abnehmen; **3.** *fig et iron ~ qn de son argent* j-n um sein Geld erleichtern
délétère [deletɛʀ] *adj* **1.** *émanations* (lebens)gefährlich; schädlich; **2.** *fig et st/s influence* schädlich; verderblich
délibérant [delibeʀɑ̃] *adj* **assemblée ~e** beschlußfassende Versammlung; Beschlußorgan *n*
délibératif [delibeʀatif] *adj* ⟨-ive⟩ *voix délibérative* beschließende Stimme
délibération [delibeʀasjɔ̃] *f* **1.** *d'un jury etc* Beratung *f*; *mettre une question en ~* e-e Frage zur Beratung stellen; **2.** (*décision*) Beschluß *m*; *par ~ de* durch Beschluß (+*gén*); **3.** (*réflexion*) Über-'legung *f*
délibéré [delibeʀe] **I** *adj* **1.** fest; entschlossen; entschieden; *avoir l'intention ~e de* (+inf) die feste Absicht haben zu (+inf); **2.** *loc/adv de propos ~* absichtlich; mit Absicht; bewußt; willentlich; **II** *m* JUR Beratung *f*
délibérément [delibeʀemɑ̃] *adv* **1.** (*à dessein*) wohlüberlegt; bewußt; willentlich; absichtlich; **2.** (*résolument*) entschlossen
délibérer [delibeʀe] *v/i* ⟨-è-⟩ *jury etc* beraten, beratschlagen (*sur qc* etw *ou* über etw [*acc*]); *se retirer pour ~* sich zur Beratung zurückziehen
délicat [delika] *adj* **1.** *traits, objet, fig palais, mets etc* fein; *mets a* deli'kat; **2.** *peau, fleur etc* zart; empfindlich; *santé* zart; anfällig; schwach; *enfant* zart; schwächlich; *subst faire le ~* zimperlich sein; *cf a 5.*; **3.** *fig situation, opération etc* heikel; deli'kat; schwierig; **4.** *personne, comportement* feinfühlig; zartfühlend; deli'kat; rücksichts-, taktvoll; **5.** *personne* (*difficile*) wählerisch; anspruchsvoll; *subst faire le ~* sich allzu wählerisch, anspruchsvoll zeigen
délicatement [delikatmɑ̃] *adv* **1.** *~ travaillé, ciselé* fein gearbeitet, ziseliert; **2.** *agir behutsam*; vorsichtig; *par ext* taktvoll
délicatesse [delikatɛs] *f* **1.** *des traits, fig du goût, des mets etc* Feinheit *f*; **2.** *de la peau etc* Zartheit *f*; Empfindlichkeit *f*; **3.** *d'une personne* Fein-, Zartgefühl *n*; Feinfühligkeit *f*; Rücksichtnahme *f*; Takt(gefühl) *m(n)*; *manque m de ~*

Mangel *m* an Taktgefühl; Taktlosigkeit *f*
délice [delis] **1.** *f/pl ~s de l'amour etc* Wonnen *f/pl*; Freuden *f/pl*; *de la vie* Genüsse *m/pl*; *lieu m de ~s* herrliches Fleckchen Erde; Para'dies *n*; *faire ses ~s de qc* sich an etw (*dat*) erfreuen; etw genießen; *faire les ~s du public* dem Publikum große Freude bereiten; **2.** *m* Wonne *f*; Genuß *m*; Freude *f*; *quel ~!* welch ein, was für ein Genuß!; *avec ~* mit Wonne, Genuß; *ce rôti est un vrai ~* dieser Braten ist ein wahrer Genuß, F ein Gedicht
délicieux [delisjø] *adj* ⟨-euse⟩ **1.** *mets* köstlich; lecker; wohlschmeckend; deli-'kat; *parfum* lieblich; **2.** *sensation* sehr angenehm; freudig; *fraîcheur* wohltuend; *femme, robe, histoire* entzückend; reizend
délictueux [deliktɥø] *adj* ⟨-euse⟩ JUR strafbar; *fait, acte ~* strafbare, unerlaubte Handlung; Straftat *f*; De'likt *n*
délié [delje] **I** *adj* **1.** *avoir la langue ~e* ein flinkes, gutes Mundwerk haben; **2.** *taille* fein; dünn; **3.** *fig esprit* scharf; klar; **II** *m* ÉCRITURE Haar-, Aufstrich *m*
délier [delje] *v/t* **1.** aufbinden; losbinden; lösen; *cf a bourse 1., langue 2.*; **2.** *~ qn d'un engagement* j-n von e-r Verpflichtung entbinden
délimitation [delimitasjɔ̃] *f* Abgrenzung *f*
délimiter [delimite] *v/t* **1.** *territoire* ab-, begrenzen; Grenzen ziehen (*qc* um etw); **2.** *fig sujet etc* abgrenzen; *compétence etc* (voneinander) abgrenzen
délinquance [delɛ̃kɑ̃s] *f* Kriminali'tät *f*; Straffälligkeit *f*; *~ juvénile* Jugendkriminalität *f*
délinquant [delɛ̃kɑ̃] *~ante* **I** *m,f* Straffällige(r) *f(m)*; Delinqu'ent(in) *m(f)*; **II** *adj enfance délinquante* straffällige Jugend(liche) *f(pl)*
déliquesc|ence [delikesɑ̃s] *f* völliger Verfall; Auflösung *f*; Deka'denz *f*; *~ent* *adj* **1.** CHIM zerfließbar; stark hygro'skopisch; **2.** *fig mœurs etc* deka-'dent; *vieillard* hinfällig
délirant [deliʀɑ̃] *adj* **1.** MÉD im De'lirium sein; phanta'sieren; **2.** *fig ~ de joie* vor Freude rasen, toben, außer Rand und Band sein; **3.** F *fig il délire* er redet Unsinn, dummes Zeug; F er spinnt
délire [deliʀ] *m* **1.** MÉD De'lirium *n*; (Fieber)Wahn *m*; PSYCH *~ de (la) persécution* Verfolgungswahn *m*; *avoir le ~, être en ~* im Delirium sein; **2.** *fig* Toben *n*; Rase'rei *f*; *foule f en ~* rasende Menge; **3.** F *fig* Wahnsinn *m*; *c'est du ~!* das ist Wahnsinn!
délirer [deliʀe] *v/i* **1.** MÉD im De'lirium sein; phanta'sieren; **2.** *fig ~ de joie* vor Freude rasen, toben, außer Rand und Band sein; **3.** F *fig il délire* er redet Unsinn, dummes Zeug; F er spinnt
delirium tremens [deliʀjɔmtʀemɛ̃s] *m* MÉD De'lirium tremens *n*; Säuferwahnsinn *m*
délit [deli] *m* De'likt *n*; Vergehen *n*; *~* (*pénal*) strafrechtliches Delikt; Straftat *f*; *~ de fuite* Fahrer-, Unfallflucht *f*; *corps m du ~* Corpus de'licti *n*; Beweisstück *n*; *commettre un ~* ein Delikt begehen; *poursuivre qn pour ~ d'opinion* j-n wegen s-r Über'zeugungen verfolgen
délivrance [delivʀɑ̃s] *f* **1.** Befreiung *f*;

2. *fig* Erleichterung *f*; Erlösung *f*; **3.** MÉD Entbindung *f*; **4.** *d'un passeport etc* Ausstellung *f*; Ausfertigung *f*; *de billets* Ausgabe *f*; *d'un brevet* Erteilung *f*
délivrer [delivʀe] *v/t* **1.** *prisonnier* befreien; **2.** *fig ~ qn de qc* j-n von etw (*peur, souci*) befreien, erlösen; *~ qn d'un importun* j-n von e-m lästigen Menschen befreien; **3.** *passeport etc* ausstellen; ausfertigen; *billets* ausgeben; *brevet* erteilen
délocalis|ation [delɔkalizasjɔ̃] *f d'une entreprise etc* Ver-, Auslagerung *f*; Verlegung *f*; *~er* *v/t* ver-, auslagern; verlegen
déloger [delɔʒe] ⟨-geons⟩ *v/t* ausquartieren; *par ext* (*chasser*) verjagen, -treiben
déloyal [delwajal] *adj* ⟨-aux⟩ *adversaire* unfair [-ɛːʀ]; *ami* treulos; unaufrichtig; unzuverlässig; *attitude* unehrenhaft; unfair; unkorrekt; *commerçant* unredlich; unkorrekt; unreell; *concurrence ~e* unlauterer Wettbewerb
déloyauté [delwajote] *f* Unkorrektheit *f*; Unredlichkeit *f*; Unehrenhaftigkeit *f*; Unaufrichtigkeit *f*; Treulosigkeit *f*; *faire acte, preuve de ~* sich unfair [-ɛːʀ], unkorrekt, unehrenhaft verhalten
Delphine [dɛlfin] *f* Vorname
delta [dɛlta] *m* **1.** Delta *n*; *~ du Rhône* Rhonedelta *n*; **2.** *lettre* Delta *n*; *en* (*forme de*) *~* deltaförmig; Delta...
deltaplane [dɛltaplan] *m* **a)** *engin* (Flug)Drachen *m*; Hanggleiter *m*; F Drachenflieger *m*; **b)** *sport* Drachenfliegen; *faire du ~* Drachenflieger sein
deltoïde [dɛltɔid] *adj et subst m* (*muscle m*) *~* Deltamuskel *m*
déluge [delyʒ] *m* **1.** BIBL Sintflut *f*; *a* Sündflut *f*; *fig remonter au ~* weit zu-'rückliegen; uralt sein; *loc après moi le ~!* nach mir die Sintflut!; **2.** *pluie* sintflutartiger Regen; **3.** *fig de larmes* Strom *m*; *de paroles* Flut *f*; *de protestations* Hagel *m*
déluré [delyʀe] *adj* **a)** gewitzt; pfiffig; **b)** *péj* ungeniert; ungehemmt; keß
démago [demago] F *abr cf* **démagogue**
démagogie [demagɔʒi] *f* POL Demago-'gie *f*; Volksverhetzung *f*; *faire de la ~* a) Hetze betreiben; hetzen; b) (*flatter*) den Leuten nach dem Munde reden
démagogique [demagɔʒik] *adj discours etc* dema'gogisch; hetzerisch
démagogue [demagɔg] **I** *m* Dema'goge *m*; Volksverführer *m*; **II** *adj personne* dema'gogisch
démailler [demaje] *v/pr se ~ bas* Laufmaschen bekommen; *tricot* aufgehen
démailloter [demajɔte] *v/t bébé* auswickeln
demain [d(ə)mɛ̃] *adv* **1.** morgen; *~ matin* morgen früh *ou* vormittag; *à ~!* bis, auf morgen!; *d'ici (à) ~* bis morgen; *la journée de ~* der morgige Tag; *avoir tout ~ pour faire qc* den ganzen morgigen Tag haben, um etw zu tun; F *ce n'est pas pour ~ ou ce n'est pas ~ la veille* so schnell geht das nicht; F so schnell schießen die Preußen nicht; **2.** (*l'avenir*) *le monde de ~* die Welt von morgen; *nous ne savons pas de quoi ~ sera fait* was uns das Morgen bringen wird

démancher [demɑ̃ʃe] **I** v/t **1.** *outil* den Stiel, den Griff abmachen (*qc* von etw); *adjt* **démanché** *chaise etc* aus dem Leim, in die Brüche gegangen; **2.** F *bras etc* ver-, ausrenken; auskugeln; **II** v/pr **se ~ 3.** *outil* den Stiel, den Griff verlieren; **4.** F *se ~ le bras* sich den Arm ver-, ausrenken, auskugeln

demande [d(ə)mɑ̃d] f **1.** Ersuchen n; Bitte f; Anfrage f; *écrite, officielle* Antrag m; Gesuch n; Eingabe f; **~ d'admission** Zulassungsantrag m, -gesuch n; **~ d'autorisation** Antrag auf Genehmigung; **~ d'emploi** Stellengesuch n; **~ de renseignements** Bitte, Ersuchen um Auskunft; *à, sur la ~ de qn* auf j-s Bitte, Ersuchen, Verlangen (hin); *à la ~ générale* auf allgemeinen Wunsch; *sur ~* auf Anfrage; auf Anforderung; *faire une ~* e-n Antrag stellen, ein Gesuch einreichen, e-e Eingabe machen (*à* bei); **2. ~ en mariage** Heiratsantrag m; **3.** ÉCON Nachfrage f (*de qc* nach etw); **4.** JUR **~** (*en justice, judiciaire*) Klage f; (Klage)Antrag m; **~ en divorce** Scheidungsklage f; *former une ~* e-e Klage erheben, einreichen, anstrengen; **5.** JEUX DE CARTES Bieten n; Reizen n; **6. faire les ~s et les réponses** Fragen stellen und sie gleich selbst beantworten

demandé [d(ə)mɑ̃de] *adj marchandise, personne* gefragt; begehrt; *personne* a beliebt

demander [d(ə)mɑ̃de] **I** v/t **1.** (*solliciter*) bitten (*qc à qn* j-n um etw); erbitten (etw von j-m); ersuchen (j-n um etw); ADM beantragen; **~ aide, assistance à qn** j-n um Hilfe, Beistand bitten; **~ une augmentation de salaire** um (e-e) Gehaltserhöhung bitten, nachsuchen; **~ l'autorisation, la permission** (*à qn*) (*de faire qc*) (j-n) um die Erlaubnis bitten, ADM (bei j-m) die Genehmigung einholen, um die Genehmigung nachsuchen (, etw tun zu dürfen); **~ la parole** ums Wort bitten; sich zu Wort melden; **~ des renseignements à qn** j-n um Auskünfte bitten, ersuchen; bei j-m Auskünfte einholen; ♦ **~ à qn de faire qc** j-n (darum) bitten, etw zu tun; ♦ **~ à** (+*inf*) bitten zu (+*inf*), sich (*à réfléchir* Bedenkzeit) bitten; *il a demandé à partir* er hat (darum) gebeten, gehen zu dürfen; ♦ **~ que ...** (+*subj*) (darum) bitten, daß ...; *j'ai demandé qu'il vienne* ich habe (darum) gebeten, daß er kommt *ou* kommen möge; **2.** (*exiger*) verlangen, (an)fordern (*qc à qn* etw von j-m); abverlangen (j-m etw); (*désirer*) wünschen, begehren (etw von j-m); TÉL **~ une communication** ein (Telefon)Gespräch anmelden; ♦ F *il ne demande que ça* darauf wartet er nur; das will er ja gerade; **~ beaucoup à qn** viel von j-m verlangen; j-m viel abverlangen, zumuten; *je ne demande pas mieux!* herzlich gern!; mit dem größten Vergnügen!; *je ne demande pas mieux que de* (+*inf*) ich wünsche mir nichts sehnlicher als zu (+*inf*); es ist mein sehnlichster Wunsch zu (+*inf*); **~ trop à qn** a j-m zuviel zumuten; j-n über'fordern; *c'est trop ~* das ist zuviel verlangt; *iron* F *il ne faut pas lui en ~ trop* für ihn ist das schon viel; *dans une vente ~ trop cher* zuviel verlangen, fordern; *c'est tout ce que je demande ou je n'en demande pas plus* mehr verlange ich (gar) nicht; **~ à** (+*inf*) verlangen, wünschen zu (+*inf*); *je ne demande qu'à le croire* ich möchte es gern glauben; **~ à voir qc** verlangen, wünschen, etw zu sehen; ♦ **~ que ~** (+*subj*) verlangen, wünschen, daß ...; **3.** *chose ~ qc* etw verlangen, erfordern, benötigen, brauchen, in Anspruch nehmen; e-r Sache (*gén*) bedürfen; *cela demande une explication* das verlangt e-e Erklärung, bedarf e-r Erklärung; *travail, voyage ~ deux jours* zwei Tage in Anspruch nehmen; *situation ~ réflexion* Bedenkzeit erfordern; zum Nachdenken nötigen; *état de santé ~ un repos complet* 'vollständige Ruhe erfordern, verlangen; *entreprise ~ du sang-froid* Kaltblütigkeit, Beherrschtheit verlangen, erfordern; *malade, animal, plante ~ beaucoup de soins* viel Pflege brauchen, benötigen, sorgfältiger Pflege bedürfen; ♦ **~ à être** (+*p/p*) ... werden müssen; *résultat ~ à être vérifié* geprüft werden müssen; **4. ~ qn** j-n verlangen; **~ un médecin, un prêtre** e-n *ou* nach e-m Arzt, Priester verlangen; *offre d'emploi* **on demande une secrétaire** Sekretärin gesucht; **on vous demande** Sie werden verlangt; man wünscht Sie zu sprechen; **~ qn au téléphone** j-n am Telefon verlangen; **5.** *par question* fragen (*qc à qn* j-n nach etw); **~ son avis à qn** j-n um s-e nach s-r Meinung fragen; **~ son chemin** (*à qn*) (j-n) nach dem Weg fragen; *il a demandé de vos nouvelles* er hat nach Ihnen gefragt; er hat sich nach Ihnen erkundigt (*à qn* bei j-m); F *je vous le demande ou je vous demande* (*un peu*)! muß das sein!; ist das nötig!; **~ comment, quand, pourquoi, si ...** fragen, wie, wann, warum, ob ...; *il ne faut pas ~ pourquoi!* man braucht (gar) nicht zu fragen warum!; **6.** JUR klagen (*qc* auf etw [*acc*]); e-e Klage einreichen; **~ le divorce** die Scheidung einreichen; **7. ~ qn en mariage, ~ la main de qn** um j-n, um j-s Hand anhalten; **II** v/t/indir F **~ après qn** nach j-m fragen; **III** v/pr **se ~** sich fragen; *je me demande la raison de ces mesures* ich frage mich nach dem Grund dieser Maßnahmen; *je me le demande das* frage ich mich auch, möchte ich auch wissen; F *c'est à se ~ si ...* man fragt sich, ob ...

demandeur[1] [d(ə)mɑ̃dœR] m, **demanderesse** [d(ə)mɑ̃dRɛs] f JUR Kläger(in) m(f)

demand|eur[2] [d(ə)mɑ̃dœR] m, **~euse** f: **~ d'asile** A'sylbewerber(in) m(f); **~ d'emploi** Arbeit-, Stellungssuchende(r) f(m)

démangeaison [demɑ̃ʒɛzɔ̃] f Jucken n; Juckreiz m; *j'ai une ~, des ~s* es juckt mich

démanger [demɑ̃ʒe] v/t et v/i ⟨-geait⟩ **1.** jucken (*qn* ou *à qn* j-n); *ça me démange dans le dos* es juckt mich am Rücken; **2.** *fig* *la langue lui démange de tout dire* es brennt ihm auf der Zunge, alles zu sagen; *la main me démange* es juckt mir *ou* mich in den Fingern; *cela le démange* (*de* +*inf*) F es kribbelt ihm in den Finger(spitze)n (zu +*inf*)

démantèlement [demɑ̃tɛlmɑ̃] m **1.** Schleifen n; Niederreißen n; **2.** Zerschlagung f

démanteler [demɑ̃t(ə)le] v/t ⟨-è-⟩ **1.** *forteresse* schleifen; niederreißen; **2.** *fig réseau etc* zerschlagen

démantibuler [demɑ̃tibyle] F **I** v/t ka'puttmachen, -schlagen; **II** v/pr **se ~** ka'puttgehen; in die Brüche gehen; entzweigehen

démaquillage [demakijaʒ] m Abschminken n

démaquillant [demakijɑ̃] **I** adj Abschmink...; Reinigungs...; *crème ~e, lait ~* Reinigungscreme f, -milch f; **II** m Abschminke f; Abschminkmittel n

démaquiller [demakije] **I** v/t abschminken; **II** v/pr **se ~** sich abschminken

démarcage m cf **démarquage**

démarcation [demaRkasjɔ̃] f **1.** Grenzziehung f; Abgrenzung f; *ligne f de ~* Demarkati'ons-, Grenzlinie f; **2.** *fig* Grenze f; Abgrenzung f; Trennung f

démarchage [demaRʃaʒ] m COMM Kundenwerbung f; Akquisiti'on f; *faire du ~* als Kundenwerber, Akquisi'teur, F Drücker tätig sein

démarche [demaRʃ] f **1.** (*façon de marcher*) Gang m; Art f des Gehens, zu gehen; **2.** *fig* Vorstoß m; *souvent pl* ~s Schritte m/pl; *faire des ~s* Schritte unter'nehmen (*pour* +*inf* um zu +*inf*); *faire une ~ auprès de qn* bei j-m vorsprechen; *tenter une ~* (*auprès de qn*) e-n Vorstoß (bei j-m) wagen; **3.** *de la pensée etc* Aufbau m; Weg m; Entwicklung f; Me'thode f

démarch|eur [demaRʃœR] m, **~euse** f Kundenwerber(in) m(f); Akquisi'teur m; F Drücker m

démarquage [demaRkaʒ] m **1.** Nachahmung f; Ko'pierung f; *résultat* Plagi'at n; Ko'pie f; **2.** SPORTS Freilaufen n, -spielen n

démarque [demaRk] f COMM Entfernung f des Markenzeichens, der Mar'kierung (*d'un article* von e-m Artikel)

démarquer [demaRke] **I** v/t COMM das Markenzeichen, die Mar'kierung entfernen, abmachen (*qc* von etw); **2.** *œuvre, auteur* nachahmen; ko'pieren; plagi'ieren; **3.** SPORTS *joueur* freispielen; **II** v/pr **se ~ 4.** SPORTS sich freilaufen; sich freispielen; **5.** *fig* sich pro'fi'lieren

démarrage [demaRaʒ] m **1.** Anfahren n; Starten n; *d'un moteur* Anlassen n; Anwerfen n; Starten n; Anspringen n; Start m; **~ en côte** Anfahren am Berg; **~ en trombe** Blitzstart m; **2.** *fig* Start m; Anfang m; Beginn m; Einleitung f; ÉCON Ankurbelung f; *par ext* Aufschwung m; **3.** SPORTS Start m; a Spurt m

démarrer [demaRe] **I** v/t *affaire, production* ankurbeln; in Gang bringen; *travail etc* beginnen; in die Wege leiten; einleiten; starten; **II** v/i **1.** *véhicule* anfahren starten; sich in Bewegung setzen; *bateau* ablegen; *moteur* anspringen; *faire ~ moteur* anlassen; anwerfen; starten (*a véhicule*); **2.** *fig affaire, travail etc* anlaufen; in Gang kommen; beginnen; **3.** SPORTS (los)spurten

démarreur [demaRœR] *m AUTO* Anlasser *m*; Starter *m*
démasquer [demaske] **I** *v/t* **1.** demas'kieren; die Maske abnehmen (*qn* j-m); **2.** *fig criminel, traître* entlarven; demas'kieren; *espion a* enttarnen; *intentions, fourberie etc* entlarven; enthüllen; ~ *les intentions de qn a* hinter j-s Absichten (*acc*) kommen; **II** *v/pr se* ~ **3.** sich demas'kieren; s-e Maske abnehmen; **4.** *fig* sich entlarven, demas'kieren; s-e Maske fallen lassen
dématérialisation [dematerjalizasjõ] *f NUCL* De-, Entmaterialisati'on *f*; Zerstrahlung *f*
d'emblée [dãble] *loc/adv cf* **emblée**
démêlage [demɛlaʒ] *m* Entwirren *n*
démêlé [demele] *m* Streit *m*; Auseinan'dersetzung *f*; *avoir des* ~*s avec* Streit haben, in Streit liegen mit; *avec la police, la justice* zu tun haben mit
démêler [demele] *v/t* **1.** *cheveux* auskämmen, -bürsten; *fils* entwirren; **2.** *fig* entwirren; aufklären; Licht bringen in (+*acc*); **3.** *par ext* ausein'anderhalten; unter'scheiden; ~ *le vrai du faux* das Wahre vom Falschen unter'scheiden
démembrement [demãbRəmã] *m* (Auf)Teilung *f*; Zerstückelung *f*
démembrer [demãbRe] *v/t empire etc* (auf)teilen; zerstückeln; zersplittern
déménagement [demenaʒmã] *m* 'Um-, Auszug *m*; *camion m de* ~ Möbelwagen *m*; *entreprise f de* ~ 'Umzugsfirma *f*; Möbelspedition *f*
déménager [demenaʒe] ⟨-geons⟩ **I** *v/t meubles etc* (aus e-r Wohnung in die andere) transpor'tieren, schaffen; **II** *v/i* **1.** 'um-, ausziehen; **2.** F *fig* (*être fou*) F spinnen; *cf a* **cinglé**
déménageur [demenaʒœR] *m* **1.** ouvrier Möbelpacker *m*; **2.** entrepreneur Möbeltransporteur *m*, -spediteur *m*
démence [demãs] *f* **1.** *MÉD, JUR* De'menz *f*; erworbene Geistesschwäche; ~ *précoce* Dementia praecox *f*; Jugendirresein *n*; ~ *sénile* se'nile Demenz *f*; Al-tersblödsinn *m*; **2.** *fig* Verrücktheit *f*; *c'est de la* ~*!* das ist Irrsinn!
démener [demne] *v/pr* ⟨-è-⟩ *se* ~ **1.** (her'um)toben; **2.** *fig* sich plagen; sich abmühen; sich abrackern
dément [demã] **I** *adj* **1.** *MÉD, JUR* geistesschwach; schwachsinnig; **2.** *fig* irrsinnig; verrückt; **II** *subst* ~(*e*) *m*(*f*) *MÉD, JUR* Geistesschwache(r) *f*(*m*); Schwachsinnige(r) *f*(*m*)
démenti [demãti] *m* De'menti *n*; *donner, opposer un* ~ ein Dementi her'ausgeben
démentiel [demãsjɛl] *adj* ⟨~*le*⟩ *projet etc* unsinnig; verrückt
démentir [demãtiR] ⟨*cf partir*⟩ **I** *v/t* **1.** *qn* j-n (offizi'ell) wider'legen; j-m (offizi'ell) wider'sprechen; **2.** *nouvelle etc* demen'tieren; für falsch erklären; **3.** *chose* ~ *qc* etw wider'legen, entkräften, Lügen strafen; **II** *v/pr amitié etc ne pas se* ~ nicht nachlassen, abflauen, aufhören
démerdard [demɛRdaR] P *m et adj cf* **débrouillard**
démerder [demɛRde] *v/pr* P *se* ~ **1.** *cf* *journal* halbe Spalte; **2.** *ARCH* Wand-, Halbsäule *f*
démériter [demeRite] *v/i* ~ *aux yeux de qn* sich in j-s Augen (*dat*) vergehen,
schuldig machen; ~ *de son pays* sich s-s Landes unwürdig erweisen; *abs en quoi a-t-il démérité?* worin besteht sein Vergehen, s-e Schuld?
démesure [demzyR] *f* Maßlosigkeit *f*
démesuré [demzyRe] *adj* **1.** im'mens; riesig; **2.** *fig fierté, ambition, appétit* maßlos; *exigence a* unmäßig; über'zogen
démettre [demɛtR(ə)] ⟨*cf mettre*⟩ **I** *v/t* **1.** *cheville, bras etc* ver-, ausrenken; *bras, épaule a* auskugeln; **2.** ~ *qn de ses fonctions* j-n s-s Amtes entheben; j-n absetzen; **II** *v/pr* **3.** *se* ~ *le bras* sich den Arm ver-, ausrenken, auskugeln; **4.** *se* ~ (*de ses fonctions*) sein Amt niederlegen; (von s-m Amt) zu'rücktreten
demeurant [dəmœRã] *loc/adv st/s au* ~ im übrigen; an'sonsten
demeure [dəmœR] *f* **1.** Wohnsitz *m*; *fig accompagner qn à sa dernière* ~ j-n zu s-r letzten Ruhestätte geleiten; **2.** *loc/adv* **à** ~ auf (die) Dauer; ständig; **3.** *mise f en* ~ Mahnung *f*, Aufforderung *f* (, s-n Verpflichtungen nachzukommen); *mettre qn en* ~ *de* (+*inf*) j-n auffordern, mahnen zu (+*inf*)
demeuré [dəmœRe] **I** *adj* (geistig) zu'rückgeblieben; schwachköpfig; **II** *subst* ~(*e*) *m*(*f*) Schwachkopf *m*; F Depp *m*
demeurer [dəmœRe] *v/i* **1.** (*habiter*) wohnen (*à Paris, rue de la gare* in Paris, in der Bahnhofstraße); *ADM demeurant à* Nizza wohnhaft in Nizza; **2.** ⟨*être*⟩ (*rester*) bleiben; *intention etc* fortbestehen; *en* ~ *là* a) *personne* die Sache nicht weiterverfolgen; es dabei bewenden lassen; nicht weiter davon, darüber sprechen; b) *chose* nicht fortgesetzt werden; keine weiteren Folgen haben
demi [d(ə)mi] **I** *loc/adj* ... *et* ~(*e*) [ɛdmi] ...(ein)halb; *un jour et* ~ anderthalb *ou* eineinhalb Tage *m/pl*; *trois heures et* ~*e* dreieinhalb Stunden *f/pl*; **à** *trois heures et* ~*e* um halb vier; **à** *midi, minuit et* ~(*e*) um halb eins (mittags, nachts); **II** *loc/adv* **à** ~ halb; zur Hälfte; **à** ~ *convaincu* halb, zur Hälfte über'zeugt; **à** ~ *nu* halbnackt; **à** ~ *plein* halbvoll; zur Hälfte voll; **III** *subst* **1.** ~(*e*) *m*(*f*) halbe(r, -s) *f*(*m*, *n*); *un pain entier c'est trop, donnez-m'en un* ~ geben Sie mir ein halbes; **2.** *m MATH* Halbe(s) *n*; **3.** *un* ~ (*de bière*) ein (kleines) Glas Bier; **4.** *m FOOTBALL, HOCKEY* Mittelfeldspieler *m*; *RUGBY* ~ *de mêlée, d'ouverture* Gedränge-, Flügelhalbspieler *m*; **5.** *f* ~*e heure:* **à** *la* ~*e* um halb; *la* ~*e de sept heures* halb acht
demi-... [d(ə)mi] *préfixe* ⟨*f u pl inv, z. B.* **demi-bottes** halb...; Halb...; *cf les articles suivants*
demi|-botte [d(ə)mibɔt] *f* Halbstiefel *m*; ~-**bouteille** *f* halbe *ou* kleine Flasche
demi|-cercle [d(ə)misɛRkl(ə)] *m* Halbkreis *m*; *en* ~ im Halbkreis; ~-**circulaire** *adj* halbkreisförmig; halbrund
demi-colonne [d(ə)mikɔlɔn] *f* **1.** *de journal* halbe Spalte; **2.** *ARCH* Wand-, Halbsäule *f*
demi|-deuil [d(ə)midœj] *m* Halbtrauer *f*; -**dieu** *m* Halbgott *m*; -**douzaine** *f* halbes Dutzend (*a approximation*); *une*

~ *d'huîtres* ein halbes Dutzend Austern
demi-fin [d(ə)mifɛ̃] *adj* halbfein
demi-final|**e** [d(ə)mifinal] *f SPORTS* Halb-, Semifinale *n*; ~**iste** *m,f SPORTS* Teilnehmer(in) *m*(*f*) am Halb-, Semifinale; Semifinalist(in) *m*(*f*)
demi|-fond [d(ə)mifõ] *m SPORTS* Mittelstrecke *f*; *coureur m, course f de* ~ Mittelstreckenläufer *m*, -lauf *m*; ~-**frère** *m* Halb-, Stiefbruder *m*; ~-**gros** *m COMM* Einzelhandel *m* im großen; ~-**heure** *f* halbe Stunde; ~-**jour** *m* Dämmer-, Zwielicht *n*; Halbdunkel *n*; ~-**journée** *f* halber Tag
démilitaris|**ation** [demilitaRizasjõ] *f* Ent-, Demilitari'sierung *f*; ~**er** *v/t* ent-, demilitari'sieren
demi|-litre [d(ə)militR(ə)] *m* halber Liter; ~-**longueur** *f SPORTS* halbe Länge
demi-lune [d(ə)milyn] *f* **1.** *FORTIF* Außenwerk *n*; **2.** *ARCH* halbkreisförmiger, halbrunder Platz; **3.** *adj* ⟨*inv*⟩ *meuble* halbkreisförmig; halbrund
demi-mal [d(ə)mimal] *m il n'y a que* ~ es ist (nur) halb so schlimm
demi-mesure [d(ə)mimzyR] *f* halbe Sache; Halbheit *f*
demi|-mondaine [d(ə)mimõdɛn] *f* Halbweltdame *f*; ~-**monde** *m* Halbwelt *f*
demi-mot *loc/adv* **à** ~ [admimo] ohne viel Worte; auf Grund, mit Hilfe von Andeutungen
démin|**age** [deminaʒ] *m MIL* Minenräumung *f*; Entminung *f*; ~**er** *v/t MIL* entminen; von Minen säubern; *abs* Minen räumen
déminéralis|**ation** [demineRalizasjõ] *f MÉD* Demineralisati'on *f*; Verarmung *f* an Mine'ralien; ~**er** *v/pr se* ~ *MÉD* (die) Mine'ralien verlieren; an Mine'ralien verarmen
demi-pause [d(ə)mipoz] *f MUS* halbe Pause
demi|-pension [d(ə)mipãsjõ] *f* **1.** *à l'hôtel* Halbpension *f*; **2.** *ÉCOLE en France* Ganztagsschule *f* (mit gemeinsamem Mittagessen); ~-**pensionnaire** *m* Ganztagsschüler *m*
demi|-place [d(ə)miplas] *f* (um die Hälfte) ermäßigte Fahrkarte; ~-**pointure** *f chaussures* Zwischengröße *f*; ~-**portion** *f* F *péj d'une personne* F halbe Porti'on; ~-**queue** *adj et subst m* ⟨*inv*⟩ (*piano m*) ~ Stutzflügel *m*; ~-**reliure** *f* Halbleder-, Halbfranzband *m*; ~-**ronde** *f TECH* Halbrundfeile *f*
démis [demi] *p/p cf* **démettre** *et adj articulation* verrenkt; ausgerenkt; *épaule, bras a* ausgekugelt
demi-saison [d(ə)misɛzõ] *f* 'Übergangszeit *f*; *manteau m de* ~ 'Übergangsmantel *m*
demi|-sang [d(ə)misã] *m* ⟨*inv*⟩ *cheval* Halbblut *n*; ~-**sec** *adj champagne* halbtrocken
demi-sel [d(ə)misɛl] **I** *adj beurre, fromage* leicht gesalzen; **II** *m* ⟨*inv*⟩ leicht gesalzener Frischkäse
demi|-siècle [d(ə)misjɛkl(ə)] *m* halbes Jahr'hundert; ~-**sœur** *f* Halb-, Stiefschwester *f*; ~-**solde** *f MIL* halber Sold; ~-**sommeil** *m* Halbschlaf *m*, -schlummer *m*; ~-**soupir** *m MUS* Achtelpause *f*
démission [demisjõ] *f* **1.** Rücktritt *m*; *POL a* Demissi'on *f*; *lettre f de* ~ Rück-

démissionnaire – dénégation

trittsgesuch *n*; **donner sa ~ den Rück-** tritt einreichen, erklären; s-e Entlas- sung einreichen; s-n Abschied nehmen; **2.** *fig* Verzicht *m*; Aufgabe *f*; *des pa- rents etc* Versagen *n*
démissionnaire [demisjɔnɛR] *adj* **1.** zu- 'rückgetreten; **2.** *parents etc* die aufge- ben, versagen
démissionner [demisjɔne] *v/i* **1.** zu- 'rücktreten; *d'une fonction* ausscheiden (*de* aus); *iron v/t* **on l'a démissionné** er ist gegangen worden; **2.** *fig* (es, alles, das Ganze) aufgeben
demi-tarif [d(ə)mitaRif] *loc/adj billet (à)* **~** zum halben Preis; (um die Hälfte) ermäßigt
demi|-teinte [d(ə)mitɛ̃t] *f PEINT* Halb- ton *m* (*a fig*); **~ton** *m MUS* Halbton *m*
demi-tour [d(ə)mituR] *m* Kehrtwen- dung *f*; **~ (à) droite!** rechtsum kehrt!; **faire ~** kehrtmachen; 'um- kehren
demi-vie [d(ə)mivi] *f NUCL* Halbwerts- zeit *f*
démobilisation [demɔbilizasjɔ̃] *f* **1.** *MIL* Demobilisati'on *f*; Demobili'sierung *f*; **2.** *fig* Demotivati'on *f*
démobiliser [demɔbilize] *v/t* **1.** *MIL* de- mobili'sieren (*a abs*); **2.** *fig* demoti'vie- ren; die Einsatzfreude nehmen (*qn* j-m); *adjt* **démobilisé** demoti'viert; oh- ne Einsatzfreude
démocrate [demɔkRat] **I** *m,f* Demo- 'krat(in) *m(f)*; **II** *adj* demo'kratisch
démocrate-chrétien [demɔkRatkRe- tjɛ̃] *adj* ⟨-ne⟩ *POL* christlich-demokra- tisch
démocratie [demɔkRasi] *f* Demokra'tie *f*; **~ populaire** Volksdemokra'tie *f*; **être en ~** in e-r Demokratie leben
démocratique [demɔkRatik] *adj* demo- 'kratisch; **~ment** *adv* auf demo'kratische Weise; auf demo'kratischem Wege
démocratisation [demɔkRatizasjɔ̃] *f* Demokrati'sierung *f*
démocratiser [demɔkRatize] **I** *v/t* **1.** *pays, régime etc* demokrati'sieren; **2.** *par ext sports, voyages etc* demokrati- 'sieren; populari'sieren; allen Bevölke- rungsschichten zugänglich machen; **~ l'enseignement** a gleiche Bildungs- schancen für alle schaffen; **II** *v/pr se ~* **3.** *POL* demo'kratisch werden; **4.** *par ext* allen Bevölkerungsschichten zu- gänglich werden
démodé [demɔde] *adj* altmodisch; un- modern; über'holt
démoder [demɔde] *v/pr se ~* unmo- dern, altmodisch werden; aus der Mode kommen
démograph|ie [demɔgrafi] *f* Demogra- 'phie *f*; Bevölkerungsstatistik *f*, -wis- senschaft *f*; *par ext* **~ galopante** sprunghafte Bevölkerungszunahme; **~ique** *adj* demo'graphisch; Bevölke- rungs...
demoiselle [d(ə)mwazɛl] *f* **1.** (*femme célibataire*) Fräulein *n*; **2.** *iron (jeune fille)* junge Dame; **ces ~s** die jungen Damen; **3. ~ d'honneur** Brautjungfer *f*; **4. ~ du téléphone** Tele'fonfräulein *n*; *ZO* Wasserjungfer *f*
démolir [demɔliR] *v/t* **1.** *construction* ein-, ab-, niederreißen; abbrechen; **2.** *instrument etc* ka'puttmachen; demo- 'lieren; **3.** *fig argumentation* zerstören; zu'nichte machen (*a plan*); *autorité* un-

ter'graben; **4.** F (*frapper*) **~ qn** j-n nie- der-, F zu'sammenschlagen; **5.** *fig* **~ qn** j-n diffa'mieren, in Verruf bringen, F her'untermachen; *par la critique* j-n verreißen; **6.** *excès etc* **~ qn** j-n (phy- sisch) zu'grunde richten; **7.** *événements* **~ qn** j-n niedergeschlagen machen; *p/fort* F j-n fertigmachen
démoliss|age [demɔlisaʒ] *m d'un au- teur, d'une œuvre* Verriß *m*; vernichten- de Kri'tik (*de* an +*dat*); **~eur** *m* **1.** *CONSTR* Abbrucharbeiter *m*; **2.** *fig* Zer- störer *m*; Vernichter *m*
démolition [demɔlisjɔ̃] *f* **1.** Abbruch *m*; Nieder-, Abreißen *n*; **chantier** *m*, **en- treprise** *f* **de ~** Abbruchstelle *f*, -unter- nehmen *n*; **2.** *fig* Zerstörung *f*; **3. ~s** *pl* (Bau)Trümmer *pl*
démon [demɔ̃] *m* **1.** *REL* Dämon *m*; Teufel *m*; **2.** *fig personne* Teufel *m*; *enfant petit* **~** Wildfang *m*; **3.** *par ext* **le ~ de la jalousie** *etc* der Dämon Eifer- sucht *etc*; **~ du jeu** Spielteufel *m*; **~ de midi** Midlife-crisis ['mɪdlaɪfkraɪzɪs] *f*; Jo'hannistrieb *m*
démonétis|ation [demɔnetizasjɔ̃] *f* Au- ßer'kurssetzung *f*; Demoneti'sierung *f*; **~er** *v/t argent* außer Kurs setzen; aus dem Verkehr ziehen; ein- ziehen; demoneti'sieren
démoniaque [demɔnjak] *adj* dä'mo- nisch; teuflisch
démonstra|teur [demɔ̃stRatœR] *m*, **~trice** *f* Vorführer(in) *m(f)*; Vorführ- dame *f*; Demon'strator *m*; Werbever- käufer(in) *m(f)*; Propagan'dist(in) *m(f)*
démonstratif [demɔ̃stRatif] *adj* ⟨-ive⟩ **1.** *personne* mitteilsam; 'überschweng- lich; *peu* ~ zu'rückhaltend; verschlos- sen; **2.** *GR* **adjectif** ~ attribu'tives De- monstra'tivpronomen; **pronom ~** *ou* **subst ~** *m* (al'leinstehendes) Demon- stra'tivpronomen; hinweisendes Für- wort
démonstration [demɔ̃stRasjɔ̃] *f* **1.** (*rai- sonnement*) Beweisführung *f*; (*preuve*) Beweis *m*; **faire la ~ de qc** etw bewei- sen, demon'strieren; **2.** *d'un appareil etc* Vorführung *f*; Demonstrati'on *f*; **faire une ~** das Gerät, den Artikel *etc* vorführen; **3.** *de sentiments* Bekundung *f*; Bezeigung *f*; Äußerung *f*; **~ de joie** Freudenbezeigung *f*; *par ext* **~ de force** Demonstrati'on *f* der Stärke (*a MIL*)
démontable [demɔ̃tabl(ə)] *adj* zer- legbar
démontage [demɔ̃taʒ] *m* **1.** Zerlegen *n*, -ung *f*; Ausein'andernehmen *n*; De- mon'tage *f*; Abbau(en) *m(n)*; **2.** *d'un pneu etc* Abmontieren *n*
démonté [demɔ̃te] *adj mer* aufgewühlt
démonte-pneu [demɔ̃tpnø] *m* ⟨*pl* dé- monte-pneus⟩ *TECH* Mon'tierhebel *m*
démonter [demɔ̃te] **I** *v/t* **1.** *machine, meuble etc* zerlegen; ausein'andemeh- men; demon'tieren (*a usine*); *tente* ab- brechen; *échafaudage* abbauen; *tricot* aufziehen; **2.** *pièce de machine, roue etc* abmontieren; *pièce a* ausbauen; *porte* aushängen; **3.** *cheval: cavalier* abwer- fen; **4.** *fig* **~ qn** j-n aus der Fassung bringen, verwirren, in Verwirrung stür- zen; **II** *v/pr se* **~ 5.** *appa- reil etc* zerfallen; ausein'anderfallen; **6.** *personne* die Fassung verlieren; sich aus der Fassung bringen lassen; unsicher werden

démontrable [demɔ̃tRabl(ə)] *adj* be- weisbar
démontrer [demɔ̃tRe] *v/t* **1.** *principe, vérité etc* beweisen; **2.** *par ext* demon- 'strieren; aufzeigen; beweisen; hinwei- sen auf (+*acc*); vor Augen führen
démoralis|ant [demɔRalizɑ̃] *adj* entmu- tigend; depri'mierend; demorali'sie- rend; **~ateur** *adj* ⟨-trice⟩ demorali'sie- rend; zersetzend
démoralisation [demɔRalizasjɔ̃] *f* **a**) *ac- tion* Demoralisierung *f*; Entmutigung *f*; **b**) *état* Mutlosigkeit *f*; Depri'miertheit *f*
démoraliser [demɔRalize] **I** *v/t* demora- li'sieren; entmutigen; die Zuversicht nehmen (*qn* j-m); **II** *v/pr se ~* den Mut, die Zuversicht verlieren
démordre [demɔRdR(ə)] *v/t/indir* ⟨*cf rendre*⟩ **ne pas ~ d'une opinion** von e-r Meinung nicht abgehen; auf e-r Meinung beharren; **il n'en démord pas** er läßt sich nicht davon abbringen; er beharrt darauf; er läßt nicht locker
démotiver [demɔtive] *v/t* demoti'vieren
démoul|age [demulaʒ] *m* Her'ausneh- men *n* aus der Form; **~er** *v/t gâteau etc* aus der Form nehmen
démoustiquer [demustike] *v/t* von Mücken befreien; die Mücken vernich- ten (*un lieu* an e-m Ort)
démultiplica|teur [demyltiplikatœR] *m TECH* Unter'setzungsgetriebe *n*; **~tion** *f TECH* Über'setzung *f*; *t/t* Unter'setzung *f*
démultiplier [demyltiplije] *v/t TECH* über'setzen; *t/t* unter'setzen
démunir [demyniR] **I** *v/t* **~ qn de qc** j-m etw wegnehmen; j-n um etw bringen; *st/s* j-n e-r Sache (*gén*) berauben; **être démuni** **a**) (*sans argent*) ohne Geld, mittellos sein, dastehen; **b**) *fig* hilflos dastehen; **II** *v/pr se* **~ de qc** etw weg-, abgeben; sich e-r Sache (*gén*) entle- digen
démysti|fication [demistifikasjɔ̃] *f* Aufklärung *f*; Desillusio'nierung *f*; **~fier** *v/t* **1.** *personne* aufklären; desillu- sio'nieren; **2.** *chose* das Geheimnisvolle nehmen (+*dat*)
démythifier [demitifje] *v/t* entmythi'sie- ren; *par ext* rea'listisch, kritisch be- trachten
dénasalisation [denazalizasjɔ̃] *f PHON* Entnasa'lierung *f*
dénatalité [denatalite] *f* Geburtenrück- gang *m*
dénationalis|ation [denasjɔnalizasjɔ̃] *f ÉCON, POL* Reprivati'sierung *f*; Rück- führung *f* in Pri'vathand; **~er** *v/t* repri- vati'sieren; entnationali'sieren
dénatur|ant [denatyRɑ̃] *m* Denatu'rie- rungsmittel *n*; **~ation** *f TECH* Dena- tu'rierung *f*
dénaturé [denatyRe] *adj* **1.** *goût, mœurs etc* entartet; **mère ~e, père ~, pa- rents ~s** a Rabenmutter *f*, -vater *m*, -eltern *pl*; **2.** *produit* denatu'riert; *al- cool a* vergällt
dénaturer [denatyRe] *v/t* **1.** *faits, propos* entstellen; verfälschen; entstellt, falsch 'wiedergeben; **2.** *goût, parfum etc* ver- ändern; verfälschen; **3.** *TECH* denatu'rieren; *alcool a* vergällen
dénazi|fication [denazifikasjɔ̃] *f* Ent- nazifi'zierung *f*; **~fier** *v/t* entnazifi'zie- ren
dénégation [denegasjɔ̃] *f* Verneinung *f*; Ab-, Bestreiten *n*; Leugnen *n*; **geste** *m*

de ~ Geste *f* der Verneinung, Ablehnung
déneigement [denɛʒmã] *m* Schneeräumung *f*
déni [deni] *m* JUR **~ de justice** Rechts-, Ju'stizverweigerung *f*
déniaiser [denjeze] *v/t jeunes gens* aufklären; gewitzter machen; (*dépuceler*) die Unschuld nehmen (*qn* j-m)
dénicher [deniʃe] **1.** *œufs, oiseaux* aus dem Nest nehmen; **2.** *objet rare* aufstöbern (*a voleur*); ausfindig machen; auftreiben (*a personne*); F ergattern; aufgabeln
dénicotinis|ation [denikɔtinizasjõ] *f* Niko'tinentzug *m*; **~er** *v/t* das Niko'tin entziehen (+*dat*); *adj* **dénicotinisé** niko'tinarm *ou* -frei
denier [dənje] *m* **1.** HIST *à Rome* De'nar *m*; *fig*, BIBL *pour trente* **~s** für e-n Judaslohn; für dreißig Silberlinge; **2.** HIST *en France* Deni'er *m*; *correspond à* Pfennig *m*; Heller *m*; **3.** **~s publics** öffentliche Gelder *n/pl*, Mittel *n/pl*; **de ses ~s** mit s-m eigenen Geld; aus eigener Tasche; **4.** ÉGL CATH *en France* **~ du culte** freiwillige Abgabe an die Kirche; *correspond à* Kirchgeld *n*; **5.** TEXT Deni'er *n*
dénier [denje] *v/t* **1.** **~ à qn le droit de** (+*inf*) j-m das Recht verweigern, absprechen zu (+*inf*); **2.** *st/s responsabilité* ab-, bestreiten; leugnen
dénigrement [denigʀəmã] *m* Her'abwürdigung *f*; Verunglimpfung *f*
dénigrer [denigʀe] *v/t* anschwärzen, her'abwürdigen, -setzen; schlechtmachen; verunglimpfen
Denis [dəni] *m* **1.** Vorname; **2.** *saint* Dio'nysius *m*
Denise [dəniz] *f* Vorname
dénivel|ée [denivle] *f* Höhenunterschied *m*; **~er** *v/t* ⟨-ll-⟩ uneben machen; senken
dénombrable [denõbʀabl(ə)] *adj* zählbar
dénombrement [denõbʀəmã] *m* Zählung *f*
dénombrer [denõbʀe] *v/t* **1.** *personnes, choses* zählen; **2.** (*énumérer*) aufzählen
dénominateur [denɔminatœʀ] *m* MATH Nenner *m*; **~ commun** gemeinsamer Nenner (*a fig*); **réduire au même ~** auf den gleichen Nenner bringen; gleichnamig machen
dénominatif [denɔminatif] *adj et subst m* (*mot m*, *verbe m*) **~** Denomina'tiv(um) *n*
dénomination [denɔminasjõ] *f* Bezeichnung *f*; Benennung *f*
dénommer [denɔme] *v/t* (be)nennen; bezeichnen; *adjt* **a le dénommé Deschamps** der besagte, bewußte Deschamps
dénoncer [denõse] *v/t* ⟨-ç-⟩ **1.** *personne* anzeigen (*à la police* bei der Polizei); *bassement* denun'zieren; **2.** *fig abus etc* anprangern; **3.** *accord, contrat* (auf-)kündigen
dénoncia|teur [denõsjatœʀ] *m*, **~trice** *f* j, der Anzeige erstattet; *péj* Denunzi'ant(in) *m(f)*
dénonciation [denõsjasjõ] *f* **1.** Anzeige *f*; *péj* Denunziati'on *f*; Denun'zierung *f*; JUR **~ calomnieuse** falsche Anschuldigung; **2.** *fig* Anprangerung *f*; **3.** JUR (Auf)Kündigung *f*

dénoter [denɔte] *v/t* **~ qc** von etw zeugen; auf etw (*acc*) hindeuten; auf etw (*acc*) schließen lassen
dénouement [denumã] *m d'un drame*, *a* THÉ Ausgang *m*; *fig* Lösung *f*; *situation* **avoir un heureux ~** ein glückliches Ende, e-e glückliche Lösung finden; e-n glücklichen Ausgang nehmen
dénouer [denwe] I *v/t* **1.** *nœud, cheveux etc* aufbinden, -machen; lösen; auf-, entknoten; **2.** *fig situation* entwirren; lösen; *crise* lösen; beheben; II *v/pr* **se ~ 3.** *lacets etc* aufgehen; sich lösen; **4.** *difficultés* sich lösen (*a* THÉ)
dénoyauter [denwajote] *v/t* entsteinen; entkernen
denrée [dãʀe] *f* **1.** (Eß)Ware *f*; *souvent pl* **~s** Lebensmittel *n/pl*; *pour animaux* Futtermittel *n/pl*; **~s alimentaires** Nahrungsmittel *n/pl*; **2.** *fig* **une ~ rare** e-e Seltenheit, Rari'tät; etwas Seltenes
dense [dãs] *adj* **1.** dicht (*a* PHYS); *foule* dichtgedrängt; **2.** *fig style, texte* gedrängt; verdichtet; kompri'miert
densimètre [dãsimɛtʀ(ə)] *m* PHYS Densi'meter *n*
densité [dãsite] *f* **1.** Dichte *f*; **~ de la population** Bevölkerungsdichte *f*; **2.** PHYS (Massen)Dichte *f*; Dichtezahl *f*; Dichtigkeit *f*
dent [dã] *f* **1.** Zahn *m*; *fausse ~* künstlicher, falscher Zahn; **~ à**, **sur pivot** Stiftzahn *m*; **les ~s du bas**, **du haut** die unteren, oberen Zähne; **~ de lait**, **de sagesse** Milch-, Weisheitszahn *m*; **brosse** *f* **à ~s** Zahnbürste *f*; **coup** *m* **de ~** Biß *m*; **mal** *m* **de ~s** Zahnschmerzen *m/pl*, -weh *n*; **avoir mal aux ~s** Zahnschmerzen, -weh haben; ♦ *loc/adv*: **dévorer à belles ~s** mit gesundem Appetit essen; F tüchtig reinhauen; **mordre qc à belles ~s** kräftig, herzhaft in etw (*acc*) hineinbeißen; *cf a* **déchirer** 5.; **entre les ~s** undeutlich; vor sich hin; **grommeler entre ses ~s** in s-n Bart brummen; **armé jusqu'aux ~s** bis an die Zähne bewaffnet; ♦ **se faire arracher une ~** sich e-n Zahn ziehen lassen; F *fig* **avoir la ~** F e-n Mordshunger haben; *fig* **avoir la ~ dure** e-e spitze *ou* böse Zunge haben; *dans un écrit* e-e spitze Feder führen; *fig* **avoir les ~s longues** geldgierig *ou* ehrgeizig *ou* anspruchsvoll sein; *fig* **avoir, garder une ~ contre qn** e-n Groll gegen j-n hegen; F e-n Pik auf j-n haben; *fig* **se casser les ~s sur qc** mit etw nicht zu'rechtkommen, nicht fertig werden; *fig* **être sur les ~s** in äußerster Anspannung, *police etc* im Großeinsatz sein; *bébé* **faire**, **percer ses ~s** s-e Zähne bekommen; zahnen; **manger du bout des ~s** ohne Appetit essen, F mit langen Zähnen essen; die Zähne heben; **il mange tout ce qui lui tombe sous la ~** er ißt alles, was er bekommen kann *ou* was ihm vorgesetzt wird; **n'avoir rien à se mettre sous la ~** nichts zum Beißen haben; **2.** *d'une fourchette* Zinke *f*; *d'un peigne*, *d'une roue*, *d'un timbre* Zahn *m*; *d'une scie* Zahn *m*; Zacke *f*; *südd a* Zacken *m*; **en ~s de scie** gezackt, gezahnt, gezähnt (wie e-e Säge); sägeförmig; *fig* in e-m ständigen Auf und Ab; **3.** *d'une montagne* Zacke *f*; Horn *n*

dentaire [dɑ̃tɛʀ] *adj* **a)** Zahn...; **b)** zahnärztlich
dental [dɑ̃tal] *adj* ⟨-aux⟩ *et subst f* PHON (**consonne** *f*) **~e** Den'tal(laut) *m*; Zahnlaut *m*
denté [dɑ̃te] *adj* gezahnt; gezähnt; gezackt; TECH **roue ~e** Zahnrad *n*
dentelé [dɑ̃tle] *adj* (ungleichmäßig) gezahnt, gezähnt, gezackt
denteler [dɑ̃tle] *v/t* ⟨-ll-⟩ mit Zähnen *ou* Zacken versehen; auszacken
dentelle [dɑ̃tɛl] *f* **1.** Spitze *f*; **~ mécanique** Ma'schinenspitze *f*; **col** *m* **de ~** Spitzenkragen *m*; **2.** *par ext* **~ de papier** Spitzenpapier *n*; **3.** *adjt* CUIS **crêpes** *f/pl* **~** hauchdünne Pfannkuchen *m/pl*
dentellier [dɑ̃təlje] I *adj* ⟨-ière⟩ Spitzen...; II *f* **dentellière** (Spitzen-)Klöpplerin *f*
dentelure [dɑ̃tlyʀ] *f* Auszackung *f*, -zahnung *f*
dentier [dɑ̃tje] *m* (künstliches) Gebiß; (Zahn)Pro'these *f*
dentifrice [dɑ̃tifʀis] I *m* Zahncreme *f*, -pasta *f*; II *adj* **eau** *f* **~** Mundwasser *n*; **pâte** *f*, **poudre** *f* **~** Zahncreme *f ou* -pasta *f*, -pulver *n*
dentine [dɑ̃tin] *f* ANAT Zahnbein *n*; Den'tin *n*
dentiste [dɑ̃tist] *m,f* Zahnarzt, -ärztin *m,f*; **aller chez le ~** zum Zahnarzt gehen
dentisterie [dɑ̃tistəʀi] *f* Zahnmedizin *f*, -heilkunde *f*
dentition [dɑ̃tisjõ] *f* **1.** (*dents*) (na'türliches) Gebiß; **2.** (*formation des dents*) Dentiti'on *f*; Zahnung *f*
denture [dɑ̃tyʀ] *f* TECH *d'une scie etc* Zahnung *f*
dénucléariser [denykleaʀize] *v/t* zur kern-, a'tomwaffenfreien Zone erklären, machen; **zone dénucléarisée** kern-, a'tomwaffenfreie Zone
dénudé [denyde] *adj bras, dos etc* nackt; entblößt; *arbre, paysage, crâne* kahl; *câble* blank
dénuder [denyde] *v/t bras etc* entblößen; *câble* bloß-, freilegen
dénué [denɥe] *adj* **~ de qc** ohne etw; ...los; **~ d'esprit** geistlos; **~ de fondement** unbegründet; grundlos; **être ~ de tout fondement** jeglicher Grundlage entbehren; **~ d'intérêt** uninteressant; ohne Interesse; **~ de sens** sinnlos
dénuement [denymã] *m* Mittellosigkeit *f*; Ärmlichkeit *f*; Not *f*
dénutrition [denytʀisjõ] *f* MÉD **a)** (*assimilation insuffisante*) mangelhafte Nahrungsverwertung; **b)** (*nutrition insuffisante*) Mangelernährung *f*
déodorant [deɔdɔʀã] *m* Deodo'rant *n*
déontologie [deõtɔlɔʒi] *f* Berufsethos *n*; (Kodex *m* der) Berufs-, Standespflichten *f/pl*; *sc* Deontolo'gie *f*
dép. *abr* **1.** (*départ*) Abf. (Abfahrt); **2.** (*député*) Abg. (Abgeordneter)
dépaillé [depaje] *adj* **chaise ~e** Stuhl, dessen Strohsitz sich auflöst
dépannage [depanaʒ] *m* **1.** Pannenhilfe *f*; Repara'tur *f*; In'standsetzung *f*; AUTO **service** *m* **de ~** Abschleppdienst *m*; **2.** F *fig* Hilfe(leistung) *f*
dépanner [depane] *v/t* **1.** die Panne beheben (*la voiture* am Auto); repa'rieren; in'stand setzen; *voiture a* abschleppen; **2.** F *fig* **~ qn** j-m aus der Verlegen-

dépanneur – dépeuplement

heit, F aus der Patsche helfen; j-m aus-, weiterhelfen; F j-m unter die Arme greifen

dépann|eur [depanœʀ] *m* Me'chaniker, Mon'teur (, der Pannen behebt, Reparaturen 'durchführt); **~euse** *f* Abschleppwagen *m*

dépaqueter [depakte] *v/t* ⟨-tt-⟩ auspacken

dépareill|é [depaʀeje] *adj* **1.** *service, collection etc* unvollständig; nicht mehr 'vollständig, kom'plett; *gant etc* einzeln; **2.** *tasses etc* nicht zu'sammenpassend, zu'sammengehörend; **~er** *v/t collection* unvollständig machen

déparer [depaʀe] *v/t* verunstalten; entstellen; verschandeln; verunzieren; *ce tableau ne dépare pas sa collection* dieses Gemälde ist e-e Zierde s-r Sammlung, paßt gut in s-e Sammlung

départ [depaʀ] *m* **1.** *de personnes* Abreise *f*; Aufbruch *m*; *d'un train, bus, bateau* Abfahrt *f*; *d'un avion* Abflug *m*; CH *DE FER* **~ ... arrivée ...** ab ... an ...; *heure f du* **~** Abfahrtszeit *f*; *préparatifs m/pl de* **~** Reisevorbereitungen *f/pl*; *être sur le* **~** im Begriff sein abzureisen; reisefertig sein; **2.** SPORTS Start *m*; *faux* **~** Fehlstart *m*; *ligne f de* **~** Startlinie *f*; *donner le* **~** das Startzeichen geben (*a fig*) (*à* für); *prendre le* **~** starten; *prendre un bon* **~** e-n guten Start haben (*a fig*); *fig prendre un nouveau* **~** neu beginnen; **3.** (*début*) Anfang *m*; Beginn *m*; *point m de* **~** Ausgangspunkt *m*; *fig a* Ansatzpunkt *m*; *loc/adv*: *au* **~** am, zu Anfang; zu Beginn; anfangs; anfänglich; *dès le* **~** von Anfang an; **4.** *d'un fonctionnaire etc* Abgang *m*; Rücktritt *m*; Ausscheiden *n*; **5.** *prép* COMM ab ...; *prix m* **~** *usine* Preis *m* ab Werk

départager [depaʀtaʒe] *v/t* ⟨-geons-⟩ **~** *deux candidats* zwischen zwei Kandidaten die Entscheidung her'beiführen; **~** *les jurés* bei der Abstimmung der Geschworenen den Ausschlag geben; **~** *les votes* die Stimmengleichheit aufheben

département [depaʀtəmã] *m* **1.** Departe'ment *n*; *le* **~** *de l'Essonne* das Departement Essonne; **2.** *dans une entreprise etc* Ab'teilung *f*; USA ♀ *d'État* State Department [steːt diˈpɑːtmənt] *n*; Außenministerium *n*; **3.** *d'un fonctionnaire* Res'sort *n*; Geschäfts-, Amtsbereich *m*

départemental [depaʀtəmãtal] *adj* ⟨-aux⟩ Departe'ments...; *route* **~e** *ou subst* **~e** *f* Landstraße *f* (erster Ordnung)

départir [depaʀtiʀ] ⟨*cf partir*⟩ **I** *v/t st/s tâche* anvertrauen, über'tragen (*à qn* j-m); *faveurs* erweisen (*à qn* j-m); **II** *v/pr* **se ~ de qc** etw aufgeben; *sans se* **~** *de son calme* ohne s-e Ruhe zu verlieren

dépassé [depase] *adj* über'holt; veraltet

dépassement [depasmã] *m* **1.** AUTO Über'holen *n*; Über'holvorgang *m*; **~** *dangereux* gefährliches Überholen; **2.** *de crédit etc* Überschreitung *f*; Über'ziehung *f* (*, de soi-même*) Über-sich-'selbst-Hinauswachsen *n*

dépasser [depase] **I** *v/t* **1.** *personne, véhicule* über'holen (*a abs*); SPORTS *a* **~** *qn* an j-m vor'beiziehen; **2.** *ligne d'arrivée etc* hin'ausgehen *ou* -fahren über (*+acc*); *cap* um'fahren; **3.** *personne, maison etc* über'ragen; hin'ausragen über (*+acc*); **~** *qn d'une tête* j-n um Haupteslänge überragen; **4.** *somme, temps, quantité* über'schreiten; über'steigen; über'ziehen; *l'entretien ne dépassera pas dix minutes* das Gespräch wird nicht länger als zehn Minuten dauern; COMM *l'offre dépasse la demande* das Angebot übersteigt die Nachfrage; **5.** *fig espoirs, prévisions* über'treffen; *imagination* über'steigen; *compétences* über'schreiten; *cela dépasse mes forces* das übersteigt meine Kräfte; das geht über meine Kräfte; *les mots ont dépassé sa pensée* s-e Worte waren heftiger als beabsichtigt; *cf a borne 3.*; **6.** *fig cela le dépasse* a) (*c'est trop difficile*) das über'steigt s-e Fähigkeiten; da ist er über'fordert; b) (*il ne comprend pas*) das geht ihm nicht in den Kopf hin'ein; er kann es nicht fassen; (*par les événements*) er wird der Dinge nicht mehr Herr; die Dinge wachsen ihm über den Kopf; **II** *v/i* **7.** hin'ausragen (*de* über *+acc*); her'ausragen, -stehen (*aus*); *robe* **~** *du ou sous le manteau* unter dem Mantel her'vorschauen, F -gucken; **III** *v/pr* **8.** *se* **~** ein'ander über'holen, anein'ander vor'beigehen *ou* -fahren; **9.** *fig se* **~** (*soi-même*) über sich selbst hin'auswachsen; sich selbst über'treffen

dépassionner [depasjɔne] *v/t débat etc* entschärfen; versachlichen

dépatouiller [depatuje] *v/pr* F *se* **~** F sich selbst aus der Patsche helfen; sich aus dem Schla'massel ziehen

dépaver [depave] *v/t* **~** *une rue* das Pflaster e-r Straße aufreißen

dépaysement [depeizmã] *m* **1.** Fremdsein *n*; Unvertrautsein *n*; Verloren-, Verlassenheit *f*; **2.** *positif* Orts-, F Ta'petenwechsel *m*

dépayser [depeize] *v/t* j-m ein Gefühl der Fremdheit geben (*qn* j-m); *adj* **se sentir dépaysé** sich fremd, verloren, verlassen vorkommen; sich nicht zu Hause fühlen

dépeçage [depəsaʒ] *m* Zerreißen *n*; Zerlegen *n*; Ausein'andernehmen *n*

dépecer [depəse] *v/t* ⟨-è-, -ç-⟩ *proie* zerreißen; in Stücke reißen; *bœuf etc* ausein'andernehmen; zerlegen

dépêche [depɛʃ] *f* De'pesche *f*

dépêcher [depeʃe] **I** *v/t* **~** *qn auprès de qn* j-n schnell zu j-m schicken; **II** *v/pr se* **~** sich beeilen (*de faire qc* etw zu tun, mit etw); sich sputen; *dépêche-toi!* a mach schnell!; F *dépêchons!* schnell!; rasch!

dépeigner [depeɲe] *v/t cf décoiffer 1.*

dépeindre [depɛ̃dʀ(ə)] *v/t* ⟨*cf peindre*⟩ beschreiben; schildern

dépenaillé [dep(ə)naje] *adj* zerlumpt; *tenue a* zerfetzt; zerschlissen

dépendance [depãdãs] *f* **1.** Abhängigkeit *f* (*d'une drogue*); **~** *de qn* in Abhängigkeit von j-m sein; sich in Abhängigkeit von j-m befinden; **2.** *souvent pl* **~s** Nebengebäude *n/pl*; *d'un château* die zugehörende Lände'reien *f/pl*; *sg d'un hôtel* Depen'dance *f*

dépendant [depãdã] *adj* **1.** abhängig; *être* **~** *de qn* von j-m abhängig sein; **2.** *être* **~** (*d'une drogue*) drogenabhängig, -süchtig sein; **3.** MÉD pflegebedürftig; *personne* **~e** *a* Pflegefall *m*

dépendeur [depãdœʀ] *m* F *grand* **~** *d'andouilles* F langer Lulatsch

dépendre [depãdʀ(ə)] ⟨*cf rendre*⟩ **I** *v/t tableau etc* abhängen; abnehmen; **II** *v/t/indir* **1.** *chose* **~ de qc, de qn* von etw, von j-m abhängen; an etw, an j-m liegen; *abs* *ça dépend* das kommt d(a)rauf an; je nach'dem; *impersonnel il dépend de lui que ...* (*+subj*) *ou de* (*+inf*) es hängt von ihm ab, es liegt an ihm, ob ... *ou* zu (*+inf*); **2.** *personne* **~** *de qn* von j-m abhängig sein; von j-m abhängen; auf j-n angewiesen sein; **3.** (*faire partie*) **~** *de qc* zu etw gehören; *territoire* **~** *administrativement de la France* verwaltungsmäßig zu Frankreich gehören

dépens [depã] *m/pl* **1.** *loc/prép aux* **~** *de qn, de qc* auf j-s Kosten (*acc*), auf Kosten e-r Sache (*gén*) (*a fig*); *à mes* **~** auf meine Kosten; *je l'ai appris à mes* **~** ich bin durch Schaden klug geworden; ich habe dafür (mein) Lehrgeld bezahlt; **2.** JUR Gerichtskosten *pl*; *être condamné aux* **~** zur Zahlung der Kosten verurteilt werden

dépense [depãs] *f* **1.** Ausgabe *f*; Auslage *f*; Aufwendung *f*; *faire une grosse* **~**, *de grosses* **~s** viel Geld ausgeben; **~s** *publiques* öffentliche Ausgaben *f/pl*; Staatsausgaben *f/pl*; **~s** *du ménage* Haushaltsausgaben *f/pl*; *cf a regarder 5.*; **2.** *fig* Aufwand *m*; **~** *nerveuse* nervliche Belastung; **~** *physique* physische Anstrengung, Belastung; **~** *de forces, de temps* Aufwand an Kraft, Zeit; Kraft-, Zeitaufwand *m*; **3.** TECH Verbrauch *m*; **~** *d'énergie* Energieverbrauch *m*

dépenser [depãse] **I** *v/t* **1.** *argent* ausgeben; aufwenden; verausgaben; **~** *sans compter* mit vollen Händen Geld ausgeben; **2.** *fig temps, énergie etc* aufwenden; **II** *v/pr se* **~ 3.** sich (physisch) verausgaben; **4.** *fig* sich anstrengen

dépensier [depãsje] **I** *adj* ⟨-ière⟩ verschwenderisch; ausgabenfreudig; **II** *subst* **~**, *dépensière m,f* Verschwender(in) *m(f)*

déperdition [depɛʀdisjõ] *f* Verlust *m*; Schwund *m*; **~** *de chaleur, d'énergie* Wärme-, Ener'gieverlust *m*

dépérir [depeʀiʀ] *v/i* **1.** *malade* da'hinsiechen; *plante* verkümmern; eingehen; *il dépérit a* mit ihm geht es berg'ab; **2.** *fig industrie, civilisation etc* all'mählich zu'grunde gehen; *affaires* all'mählich zum Erliegen kommen

dépérissement [depeʀismã] *m* **1.** *d'un malade* Da'hinsiechen *n*; *d'une plante* Verkümmern *n*; Eingehen *n*; **~** *des forêts* Waldsterben *n*; **2.** *fig* Niedergang *m*; Verfall *m*

dépersonnaliser [depɛʀsɔnalize] **I** *v/t* entper'sönlichen; *pouvoir* den Händen e-s einzelnen entziehen; **II** *v/pr se* **~** *relations etc* unpersönlich werden

dépêtrer [depetʀe] **I** *v/t* **1.** befreien, her'ausziehen, -holen (*de* aus); **2.** *fig* **~** *qn* j-n befreien, j-m her'aushelfen (*de* aus); **II** *v/pr se* **~ 3.** sich befreien (*de qc* aus etw); **4.** *fig* loskommen, sich frei machen (*de qn, qc* von j-m, etw)

dépeuplement [depœpləmã] *m* Entvölkerung *f*

dépeupler [depœple] **I** *v/t région* entvölkern; **II** *v/pr se* ~ sich entvölkern

déphasage [defazaʒ] *m* **1.** *PHYS* Phasenverschiebung *f*; **2.** *fig* mangelnde Anpassung; Orien'tierungslosigkeit *f*

déphasé [defaze] *adj* **1.** *PHYS* phasenverschoben; **2.** *fig* nicht angepaßt; orien'tierungslos; *être* ~ sich nicht mehr zu'rechtfinden

dépiauter [depjote] F *v/t* **1.** das Fell *ou* die Haut abziehen (+*dat*); ab-, enthäuten; **2.** *par ext* ~ *qc* die Hülle von etw abreißen

dépilation [depilasjõ] *f* **1.** *MÉD* Haarschwund *m*; Haarausfall *m*; **2.** *cf* **épilation**

dépilatoire [depilatwaʀ] **I** *adj* Enthaarungs...; **II** *m* Enthaarungsmittel *n*

dépistage [depistaʒ] *m MÉD* Erkennung *f*; Nachweis *m*; Feststellung *f*; ~ *précoce* Früherkennung *f*; Vorsorge *f*

dépister [depiste] *v/t* **1.** *maladie, influence etc* nachweisen; feststellen; erkennen; her'ausfinden; *fraude auf die Spur kommen* (+*dat*); **2.** *criminel etc* auf die Spur kommen (*qn* j-m); aufspüren; ausfindig machen; *gibier* aufspüren

dépit [depi] *m* **1.** Verdruß *m*; Verstimmung *f*; 'Mißmut *m*; Unwille *m*; *par* ~ aus Trotz; aus verletzter Eitelkeit; *avoir, éprouver du* ~ verdrossen, verstimmt, 'mißmutig, unwillig sein; *causer du* ~ *à qn* j-m Verdruß bereiten; j-n verdrießen, verstimmen, verärgern; **2.** *loc/prép en* ~ *de* trotz (+*gén, rarement* +*dat*); ungeachtet (+*gén*); *en* ~ *de mes conseils* trotz meiner Ratschläge; meinen Ratschlägen zum Trotz; *en* ~ *du bon sens* völlig planlos; schlampig

dépité [depite] *adj* verstimmt; verdrossen; 'mißmutig; enttäuscht

déplacé [deplase] *adj* **1.** *propos, geste etc* unpassend; unangebracht; fehl am Platz; depla'ziert; *par ext* taktlos; **2.** *POL personne* ~*e* Vertriebene(r) *f(m)*

déplacement [deplasmã] *m* **1.** 'Umstellen *n*, -ung *f*; Verrücken *n*; Verschieben *n*, -ung *f*; Bewegung *f*; **2.** Versetzung *f*; ~ *d'office* Strafversetzung *f*; **3.** Reise *f*; Fahrt *f*; *frais m/pl de* ~ Reise-, Fahrtkosten *pl*, -spesen *pl*; *être en* ~ auf Reisen sein; *professionnellement* auswärts *ou* im Außendienst arbeiten; *SPORTS* auswärts spielen; **4.** *MAR* Wasserverdrängung *f*

déplacer [deplase] ⟨-ç-⟩ **I** *v/t* **1.** *objet* 'umstellen; verrücken; verschieben; *virgule* versetzen; *élève* 'umsetzen; *fonctionnaire* versetzen; *entreprise* verlagern; verlegen; **2.** *fig problème* verlagern; verlegen; **3.** (*reporter*) verlegen; **4.** *MAR navire* ~ *2000 tonnes* 2000 Tonnen verdrängen; e-e Wasserverdrängung von 2000 Tonnen haben; **5.** *population* verschleppen; (zwangsweise) 'umsiedeln; vertreiben; **II** *v/pr se* ~ **6.** sich (fort)bewegen; *chose a* sich verschieben; **7.** (*voyager*) (ver)reisen; **8.** *il s'est déplacé une vertèbre* bei ihm hat sich ein Wirbel verschoben

déplaire [deplɛʀ] ⟨*cf* **plaire**⟩ **I** *v/t/indir* ~ *à qn* j-m miß'fallen; nicht gefallen, nicht zusagen; j-s 'Mißfallen erregen; **II** *v/imp il me déplaît de* (+*inf*) es miß'fällt mir zu (+*inf*); *loc ne vous en déplaise* ob es Ihnen gefällt, paßt oder nicht; **III** *v/pr se* ~ sich nicht wohl fühlen

déplaisant [deplɛzã] *adj* **1.** *personne* unsympathisch; 'widerwärtig; **2.** *bruit etc* unangenehm; störend; *remarque* unfreundlich; verletzend

déplaisir [deplɛziʀ] *m* 'Mißfallen *n*; *à mon grand* ~ zu meinem großen Mißfallen

déplanter [deplɑ̃te] *v/t* 'um-, verpflanzen; 'um-, versetzen

déplâtrer [deplɑtʀe] *v/t MÉD* den Gipsverband, F den Gips abnehmen (*un membre* von e-m Glied; *qn* j-m)

dépliage [deplijaʒ] *m* Ausein'ander-, Entfalten *n*

dépliant [deplijã] *m* **1.** (*prospectus*) Faltprospekt *m*, -blatt *n*; **2.** *dans un livre* Falttafel *f*, -blatt *n*

déplier [deplije] **I** *v/t* ausein'ander-, entfalten; **II** *v/pr se* ~ sich ausein'anderfalten (lassen); sich öffnen

déplisser [deplise] **I** *v/t* die Falten entfernen (aus); **II** *v/pr se* ~ die Falten verlieren; wieder glatt werden

déploiement [deplwamã] *m* **1.** Ausein'ander-, Entfalten *n*; *des ailes* Ausbreiten *n*; **2.** *fig de zèle, de courage etc* Entfaltung *f*; Aufbietung *f*; *de luxe, de puissance etc* Entfaltung *f*; Zur'schaustellung *f*; *Demonstrati'on f*; **3.** *MIL* Aufmarsch *m*; *de fusées* Statio'nierung *f*

déplorable [deplɔʀabl(ə)] *adj* **1.** beklagens-, bedauernswert; bedauerlich (*a incident*); *état m* ~ beklagenswerter, jämmerlicher Zustand; **2.** *style, goût, comportement etc* mise'rabel; erbärmlich

déplorer [deplɔʀe] *v/t perte, victime etc* beklagen; *incident, absence etc* bedauern

déployer [deplwaje] ⟨-oi-⟩ **I** *v/t* **1.** (ganz) ausein'ander-, entfalten; ausbreiten; *ailes* ausbreiten, -spannen; *filet* auslegen, -spannen; *cf a* **gorge** *1.*; **2.** *fig zèle, courage, éloquence etc* entfalten; entwickeln; aufbieten; *puissance, luxe etc* entfalten; zur Schau stellen; demon'strieren; **3.** *MIL troupes* aufmarschieren lassen; *fusées etc* statio'nieren; **II** *v/pr se* ~ **4.** sich entfalten; *parachute* aufgehen; **5.** *MIL* aufmarschieren

déplumé [deplyme] *adj* F *personne* (fast) kahl (*à crâne*); kahl-, glatzköpfig

déplumer [deplyme] *v/pr se* ~ **1.** F *personne* kahl werden; F e-e Platte bekommen; **2.** *oiseau* s-e Federn verlieren

dépoétiser [depoetize] *v/t* rea'listisch sehen; entzaubern

dépoitraillé [depwatʀaje] F *adj femme* F sehr offenherzig; *homme* mit weit offenstehendem Hemd

dépol|i [depoli] *adj verre* ~ Mattglas *n*; ~*ir v/t TECH* mat'tieren; matt schleifen

dépolitis|ation [depolitizasjõ] *f* Entpoliti'sierung *f*; ~*er v/t* entpoliti'sieren

dépolluer [depolɥe] *v/t* die ('Umwelt-) Verschmutzung beseitigen (*les plages* der Strände); reinigen; entgiften

dépollution [depo(l)lysjõ] *f* Beseitigung *f* der 'Umweltverschmutzung; Reinigung *f*; Entgiftung *f*

déponent [depɔnã] *adj et subst m GR* (*verbe* ~) De'ponens *n*

dépopulation [depɔpylasjõ] *f* Entvölkerung *f*; Bevölkerungsrückgang *m*

déport|ation [depɔʀtasjõ] *f* **1.** *POL* De-portati'on *f*; Verschleppung *f* (in ein Konzentrati'onslager); **2.** *HIST* Deportati'on *f*; Verbannung *f*; ~*é(e) m(f)* Depor'tierte(r) *f(m)*

déportement [depɔʀtəmã] *m* Zur-'Seite-Gedrücktwerden *n*; Ausscheren *n*

déporter [depɔʀte] **I** *v/t* **1.** *vent etc: véhicule* abdrängen; aus der Fahrtrichtung, zur Seite drücken; hin'austragen (*dans un virage* aus e-r Kurve); *vent: avion, bateau* abtreiben; **2.** *personne* depor'tieren; (in ein Konzentrati'onslager) verschleppen; **II** *v/pr se* ~ *véhicule* von der Fahrtrichtung abkommen; abgedrängt werden; ausscheren

dépos|ant [depozã] *m*, ~*ante f COMM* Depo'nent(in) *m(f)*; Hinter'leger(in) *m(f)*; *d'argent* Einzahler(in) *m(f)*

dépose [depoz] *f TECH* Ausbau(en) *m(n)*; Abmontieren *n*

déposé [depoze] *adj COMM, JUR marque* ~*e, nom* ~ eingetragenes Warenzeichen; Schutzmarke *f*; *modèle* ~ Gebrauchsmuster *n*

déposer [depoze] **I** *v/t* **1.** *objet* ab-, nieder-, hin-, wegstellen, -legen; *couronne* niederlegen; *passager* absetzen; ~ *qc chez qn* etw bei j-m abgeben; ~ *les armes* die Waffen strecken, niederlegen; *défense de* ~ *des ordures!* Schutt-, Müllabladen verboten!; **2.** *en lieu sûr* depo'nieren; hinter'legen; in Verwahrung geben; *argent* einzahlen; *bagages* depo'nieren; abgeben; **3.** *projet de loi* einbringen; *brevet* anmelden; *nom, marque* eintragen lassen; ~ *son bilan* Konkurs anmelden, beantragen; ~ *une plainte* Strafantrag stellen, (Straf)Anzeige erstatten (*contre qn* gegen j-n); **4.** *TECH* ausbauen; abmontieren; **5.** *souverain etc* absetzen; **6.** *fleuve: alluvions etc* ablagern; **7.** ~ *un baiser sur le front de qn* j-m e-n Kuß auf die Stirn drücken; **II** *v/i* **8.** *au tribunal* aussagen; **9.** *liquide* e-n (Boden-) Satz, Niederschlag bilden; **III** *v/pr se* ~ *poussière* sich legen; *lie etc* sich absetzen; *CHIM a* sich niederschlagen; *boue etc* sich ablagern

dépositaire [depozitɛʀ] *m* **1.** *de documents etc* Verwahrer *m*; *FIN* Deposi'tar *m*; Deposi'tär *m*; **2.** *par ext* Träger *m*; *d'un secret* Mitwisser *m*; **3.** *COMM* Auslieferer *m*; ~ *exclusif* Al'leinauslieferer *m*

déposition [depozisjõ] *f* **1.** *JUR* (Zeugen)Aussage *f*; **2.** *d'un souverain etc* Absetzung *f*; **3.** *PEINT* ~ *de Croix* Kreuzabnahme *f*

déposséder [deposede] *v/t* ⟨-è-⟩ ~ *qn* j-n enteignen; ~ *qn de qc* j-m das Besitzrecht an etw (*dat*) entziehen; j-m etw entziehen

dépossession [deposesjõ] *f* Enteignung *f*; Entzug *m*

dépôt [depo] *m* **1.** *d'une couronne* Niederlegung *f*; *d'un testament, d'une somme etc* Hinter'legung *f*; ~ *légal* Ablieferung *f* der Pflichtexemplare; ~ *de brevet* Pa'tentanmeldung *f*; ~ *de la demande* Antragstellung *f*; ~ *des ordures* Müll-, Schuttabladen *n*; ~ *de titres* Wertpapierdepot *n*, -verwahrung *f*; **2.** *FIN* ~ (*bancaire*) Einlage *f*; Spareinlage *f*; ~*s a* Depo'siten *pl*; ~ *à terme* Termingeld *n*; ~ *à vue* Sichtanlage *f*; *banque f de* ~*s* Depositenbank *f*; **3.**

dépoter – déréglé

objet De'pot *n*; aufbewahrtes *ou* hinter-'legter Gegenstand; **4.** *lieu* De'pot *n* (*a* MIL); Aufbewahrungsort *m*; Lager *n*; *pour transports publics* Betriebshof *m*; Betriebswerk *n*; Depot *n*; ~ **de munitions** Muniti'onsdepot *n*, -lager *n*; ~ **d'ordures** Schuttablade-, Müllabladeplatz *m*; Müllkippe *f*; Depo'nie *f*; ~ **de pain** Brotverkauf(sstelle) *m(f)*; **5.** JUR Verwahrung *f*; **mandat** *m* **de** ~ Haftbefehl *m*; **conduire** *qn* **au** ~ j-n in Poli-'zeigewahrsam nehmen; j-n in die Ar-'restzelle bringen; **6.** *dans un liquide* Bodensatz *m*; Rückstand *m*; *dans le vin* a De'pot *n*; Ausscheidung *f*; CHIM Niederschlag *m*; GÉOL Ablagerung *f*; *de calcaire etc* Ansatz *m*; Ablagerung *f*
dépoter [depɔte] *v/t* 'umtopfen
dépotoir [depɔtwaʀ] *m* **1.** Schutt-, Müllabladeplatz *m*; Müllkippe *f*; **2.** F *fig* **cette pièce est un vrai** ~ F in diesem Zimmer sieht es wie in e-m Schweinestall aus
dépouille [depuj] *f* **1.** *d'un animal* abgezogene Haut; abgezogenes Fell; Balg *m*; *de reptiles, d'insectes* abgestreifte Haut; abgestreifter Panzer; **2.** *st/s* ~ (*mortelle*) sterbliche Hülle; sterbliche 'Überreste *pl*; **3.** ~**s** *pl* Beute *f*
dépouillé [depuje] *adj style* streng; schmucklos; nüchtern
dépouillement [depujmã] *m* **1.** genaue 'Durchsicht; Prüfung *f*; Auswertung *f*; **procéder au** ~ **du scrutin** die Auszählung der Stimmen vornehmen; **2.** *du style* Strenge *f*; Schmucklosigkeit *f*
dépouiller [depuje] I *v/t* **1.** *animal* das Fell abziehen (+*dat*); *poisson* ab-, enthäuten; *arbre* ~ (*de ses feuilles*) entblättern; entlauben; **2.** ~ *qn* **de** *qc* j-m etw wegnehmen; j-n e-r Sache (*gén*) berauben; ~ *qn* j-n be-, ausrauben; **3.** *documents etc* (genau) 'durchsehen (*a courrier*); prüfen; *questionnaire etc* auswerten; ~ *le scrutin* die Stimmen auszählen; II *v/pr* **se** ~ **4.** *arbre* **se** ~ **de ses feuilles** s-e Blätter, sein Laub verlieren; **5.** *se* ~ (*de ses biens*) *en faveur de qn* alles, sein ganzes Hab und Gut für j-n hingeben
dépourvu [depuʀvy] I *adj* ~ **de** *qc* ohne etw; ...los; ~ (*de ressources*) mittellos; ~ **d'intérêt** uninteressant; **être** ~ **de sens** sinnlos sein; keinen Sinn haben; II *loc/adv* **prendre** *qn* **au** ~ j-n (völlig) über'raschen; j-n unvorbereitet treffen, finden
dépoussiér|age [depusjeʀaʒ] *m* Entstaubung *f*; TECH a Staubentfernung *f*, -abscheidung *f*; ~**er** *v/t* ⟨-è-⟩ **1.** abstauben; entstauben (*a* TECH); **2.** *fig* frischen Wind bringen in (+*acc*)
dépravation [depʀavɑsjõ] *f* Verderbtheit *f*; Verderbnis *f*; ~ **des mœurs** Sittenverderbnis *f*, -verfall *m*
dépravé [depʀave] I *adj* **1.** *personne* verdorben; lasterhaft; *mœurs* verderbt; **2.** *goût* abwegig; II *subst* ~(**e**) *m(f)* mo'ralisch verdorbener Mensch
dépraver [depʀave] *v/t* verderben; *goût* *a* irreleiten
déprécia|tif [depʀesjatif] *adj* ⟨-ive⟩ LING pejora'tiv; abwertend; ~**tion** *f* Wertminderung *f*, -verlust *m*
déprécier [depʀesje] I *v/t* **1.** den Wert mindern (+*gén*); **2.** *fig œuvre, mérites* abwerten; geringschätzen; her'absetzen, -würdigen; *mérites a* schmälern; ~ *qn* j-n geringschätzen; II *v/pr* **se** ~ an Wert verlieren
déprédation [depʀedɑsjõ] *f* *st/s* **1.** ~**s** *pl* (*pillage*) Plünderungen *f/pl*; (*dégâts*) Schaden *m*; **2.** *de fonds publics* Veruntreuung *f*; **3.** ÉCOL Raubbau *m*
déprendre [depʀɑ̃dʀ(ə)] *v/pr* ⟨*cf* prendre⟩ *litt* **se** ~ **de** sich lösen von
dépressif [depʀesif] *adj* ⟨-ive⟩ PSYCH depres'siv
dépression [depʀesjõ] *f* **1.** GÉOGR Senkung *f*; Senke *f*; Vertiefung *f*; **2.** MÉTÉO ~ (*atmosphérique*) Fallen *n* des Luftdrucks; *par ext* Tief *n*; **3.** PSYCH Depressi'on *f*; ~ **nerveuse** ner'vöse Erschöpfung *f*; Depressionen *f/pl*; depres-'siver Zustand; F **faire de la** ~ an Depressionen leiden; **4.** ÉCON Depressi'on *f*; Flaute *f*; Konjunk'turtief *n*
dépressionnaire [depʀesjɔnɛʀ] *adj* MÉTÉO Tiefdruck...
dépressurisation [depʀesyʀizɑsjõ] *f* AVIAT, ESPACE Druckabfall *m*
déprimant [depʀimɑ̃] *adj* depri'mierend; bedrückend
déprime [depʀim] F *f* Depressi'on *f*; depres'sive Stimmung; **être en pleine** ~ F ganz down [daʊn] sein
déprimer [depʀime] I *v/t* depri'mieren; bedrückt machen; *adj* **déprimé** depri-'miert; bedrückt; niedergeschlagen; II *v/i* in e-r depres'siven Stimmung, F down [daʊn] sein
dépt. *abr* (*département*) Departe'ment *n*
dépuceler [depysle] F *v/t* ⟨-ll-⟩ entjungfern
depuis [d(ə)pɥi] I *prép* **1.** *temps* seit (+*dat*), von (+*dat*) an; ~ **ce moment-là** von da an; von diesem Augenblick an; ~ *sa mort* seit s-m Tod(e); ~ **vendredi** seit Freitag; ~ *peu* seit kurzem; ~ *quand?* seit wann?; ~ *toujours* seit immer; seit jeher; **2.** *lieu* **a)** von ... ab; *il a plu* ~ *Paris* von Paris ab hat es geregnet; **b)** von ... aus; ~ *ma fenêtre ...* von meinem Fenster aus ...; **3.** ~ ... *jusqu'à* ... von ... bis (zu) ...; *le début jusqu'à la fin* von Anfang bis Ende; von Anfang bis zum Ende; ~ *le haut jusqu'en bas* von oben bis unten; II *adv* seit'dem; seit'her; III *loc/conj* ~ **que** seit('dem); ~ *qu'il est parti ...* seit('dem) er abgereist ist ...; ~ *le temps que je voulais te voir!* es ist ewig lange her, daß ich dich besuchen wollte!; *tu devrais le savoir,* ~ *le temps!* das solltest du eigentlich schon längst wissen!
dépuratif [depyʀatif] PHARM I *adj* ⟨-ive⟩ blutreinigend; entschlackend; II *m* blutreinigendes, entschlackendes Mittel
députation [depytɑsjõ] *f* **1.** *action* Entsendung *f*; *groupe* Abordnung *f*; Deputati'on *f*; **2.** POL Abgeordnetenamt *n*, -würde *f*; **candidat** *m* **à la** ~ Abgeordnetenkandidat *m*
député [depyte] *m* POL Abgeordnete(r) *m*; *une femme* ~ e-e Abgeordnete; ~-**maire** *m* ⟨*pl députés-maires*⟩ Abgeordnete(r) und Bürgermeister *m*
députer [depyte] *v/t* (als Abgeordneten) entsenden; abordnen
der [dɛʀ] F (*dernier*) **1.** *la* ~ *des* ~**s** der Erste Weltkrieg; **2.** *le, la* ~ *des* ~**s** der, die, das allerletzte

déraciné [deʀasine] I *adj personne* entwurzelt; II *subst* ~(**e**) *m(f)* Entwurzelte(r) *f(m)*
déracinement [deʀasinmɑ̃] *m* Entwurzelung *f* (*a fig*)
déraciner [deʀasine] *v/t* **1.** *arbre* entwurzeln; **2.** *fig préjugés etc* (mit der Wurzel) ausrotten; mit Stumpf und Stiel ausrotten; **3.** *personne* entwurzeln
déraillement [deʀajmã] *m* CH DE FER Entgleisung *f*
dérailler [deʀaje] *v/i* **1.** CH DE FER entgleisen; aus den Gleisen springen; **faire** ~ zum Entgleisen bringen; **2.** F *fig* **a)** *personne* F dummes Zeug faseln; Blech reden; **b)** *mécanisme* F spinnen; verrückt spielen
dérailleur [deʀajœʀ] *m* Gangschaltung *f*; ~ *à trois vitesses* Dreigangschaltung *f*
déraison [deʀezõ] *st/s f* Unvernunft *f*; Unverstand *m*
déraisonn|able [deʀezɔnabl(ə)] *adj* unvernünftig; unsinnig; ~**er** *v/i* Unsinn reden
dérangement [deʀɑ̃ʒmɑ̃] *m* **1.** (*désordre*) Unordnung *f*; **2.** TÉL Störung *f*; **être en** ~ gestört, unter'brochen sein; **3.** MÉD ~ **intestinal** 'Durchfall *m*; **4.** Störung *f*; **causer du** ~ *à qn* j-n stören; j-m Ungelegenheiten, 'Umstände machen; **occasionner de nombreux** ~**s** zahlreiche Laufe'reien verursachen
déranger [deʀɑ̃ʒe] ⟨-geons-⟩ I *v/t* **1.** objets in Unordnung bringen; durchein'anderbringen; **2.** *par ext*: *projets etc* durchein'anderbringen; 'umwerfen; *ce repas lui a dérangé l'estomac* an diesem Essen hat er sich den Magen verdorben; *avoir l'esprit dérangé* ou F *être dérangé* nicht ganz richtig im Kopf, geistesgestört sein; **3.** F *être dérangé* (*avoir la diarrhée*) 'Durchfall haben; **4.** ~ *qn* j-n stören; *je vous dérange?* störe ich (Sie)?; komme ich ungelegen?; **excusez-moi de vous** ~ entschuldigen Sie die Störung; II *v/pr* **se** ~ s-n Platz verlassen; sich persönlich bemühen; *ne vous dérangez pas!* bemühen Sie sich nicht (*pour moi* meinetwegen, um meinetwillen)!; lassen Sie sich nicht stören!
dérapage [deʀapaʒ] *m* **1.** *d'un véhicule* Schleudern *n*; Rutschen *n*; Ausbrechen *n*; **faire un** ~ ins Schleudern kommen, geraten; **2.** SKI Seitrutschen *n*; **3.** *fig* Außer-Kon'trolle-Geraten *n*; Abgleiten *n*; *de langage* Entgleisung *f*; F Ausrutscher *m*
déraper [deʀape] *v/i* **1.** *véhicule* schleudern; rutschen; *voiture a* ausbrechen; **2.** *fig* außer Kon'trolle geraten; ins Rutschen kommen; abgleiten
dératé [deʀate] *m loc* **courir comme un** ~ laufen *ou* rennen wie ein Wiesel; laufen *ou* rennen, was die Beine hergeben
dératis|ation [deʀatizɑsjõ] *f* Rattenvertilgung *f*, -vernichtung *f*; ~**er** *v/t* die Ratten vernichten, vertilgen (*un immeuble* in e-m Gebäude)
derby [dɛʀbi] *m* SPORTS Derby *n*
derechef [dəʀəʃɛf] *litt adv* abermals; 'wiederum
déréglé [deʀegle] *adj* gestört; nicht in Ordnung; *machine* unregelmäßig laufend, funktio'nierend; *balance* falsch

anzeigend; *pendule* falsch, unregelmäßig gehend; *appétit* unregelmäßig; gestört; *par ext* **une vie ~e** ein unstetes, unregelmäßiges, *p/fort* ausschweifendes Leben
dérèglement [deʀɛglǝmã] *m* **1.** unregelmäßiges Funktio'nieren; unregelmäßiger Lauf; **2.** *litt* lockerer, ausschweifender Lebenswandel
dérégler [deʀegle] ⟨-è-⟩ **I** *v/t* in Unordnung bringen; stören; **II** *v/pr* **se ~** *machine, pendule* unregelmäßig laufen
dérider [deʀide] **I** *v/t* **~ qn** j-n aufheitern, heiter stimmen; **II** *v/pr* **se ~** heiter werden
dérision [deʀizjõ] *f* **1.** Spott *m*; *p/fort* Hohn *m*; **par ~** zum Spott, spöttisch; **tourner qc en ~** etw verspotten; über etw (*acc*) spotten; etw lächerlich machen; **2.** *fig* **quelle ~!** das ist der reine Hohn!; das ist ja lachhaft!
dérisoire [deʀizwaʀ] *adj résultats, arguments* lächerlich; **à un prix ~** spottbillig; zu e-m Spottpreis; für ein Spottgeld
dérivatif [deʀivatif] **I** *adj* ⟨-ive⟩ *LING* Ableitungs...; **II** *m* Ablenkung *f* (**à** von)
dérivation [deʀivasjõ] *f* **1.** Ableitung *f*; **canal m de ~** Seitenkanal *m*; **2.** *LING* Ableitung *f*; Derivati'on *f*; **3.** *ÉLECT* Abzweigung *f*; Nebenschluß *m*; Zweigleitung *f*
dérive [deʀiv] *f* **1.** *MAR, AVIAT* Abtrift *f*; (Ab)Drift *f*; **aller à la ~** a) *bateau* treiben; driften; b) *fig personne* sich treiben lassen; **cette entreprise va à la ~** mit diesem Unter'nehmen geht es berg-'ab; **2.** *dispositif MAR* Schwert *n*; *AVIAT* Seitenflosse *f*; **3.** *GÉOL* **~ des continents** Kontinen'talverschiebung *f*
dérivé [deʀive] **I** *adj LING* abgeleitet; deriva'tiv; **II** *subst* **1.** *m LING* abgeleitetes Wort; Ableitung *f*; Deriva'tiv *n*; **2.** *m CHIM* Deri'vat *n*; **3.** **~e** *f MATH* Ableitung *f*
dériver [deʀive] **I** *v/t* **1.** *cours d'eau* ableiten; **2.** *MATH* ableiten; **II** *v/t/indir* **3. ~ de** *mot etc* stammen, kommen aus; zu'rückgehen auf (+*acc*); **III** *v/i* **4.** *MAR, AVIAT* abtreiben; abgetrieben werden; **5.** *fig* (vom Thema) abschweifen
dériveur [deʀivœʀ] *m MAR* Schwertboot *n*
dermato|logie [dɛʀmatɔlɔʒi] *f* Dermato'gie *f*; **~logiste** *ou* **~logue** *m,f* Hautarzt, -ärztin *m,f*; *sc* Dermato'loge, -'login *m,f*
dermatose [dɛʀmatoz] *f MÉD* Derma-'tose *f*; Hautkrankheit *f*
derm|e [dɛʀm] *m ANAT* Lederhaut *f*; **~ique** *adj ANAT* (Leder)Haut...
dernier [dɛʀnje] **I** *adj* ⟨-ière⟩ **1.** letzte(r, -s); **~ étage** oberste Etage; **le ~ jour du mois** der Letzte des Monats; *loc/adv*: **en ~** (*lieu*) an letzter Stelle; zu'letzt; schließlich; **pour la dernière fois** zum letzten Mal *ou* letztenmal; **2.** äußerste(r, -s); höchste(r, -s); letzte(r, -s); *loc/adv*: **au ~ degré** im äußersten, höchsten Maß, Grad; äußerst; **être du ~ bien avec qn** sich bestens verstehen mit j-m; **être de la dernière importance** von höchster, äußerster Bedeutung sein; **3. être de dernière qualité** von äußerst schlechter Quali'tät sein; quali'tativ sehr schlecht sein; **4.** letzte(r, -s); jüngste(r, -s); vorige(r, -s); **l'an ~, l'année dernière** a) das letzte, vorige, vergangene Jahr; b) *loc/adv* letztes, voriges, vergangenes Jahr; im letzten, vorigen, vergangenen Jahr; **le ~ cri** der letzte Schrei; der Dernier cri; **~s événements** jüngste, letzte Ereignisse *n/pl*; **dernière mode** letzte, neueste Mode; **aux dernières nouvelles** nach den neuesten, letzten Meldungen; den neuesten, letzten Nachrichten zufolge; **information f de dernière minute** letzte, allerneueste Meldung; *elliptiquement* **connaissez-vous la dernière?** wissen Sie schon das Neueste?; **II** *subst* **1. le ~, la dernière** der, die, das letzte (*par ordre*) *ou* der, die, das Letzte (*selon le mérite ou rang*); **petit ~ dans une famille** Nesthäkchen *n*; **le ~ des imbéciles** der größte Dummkopf; **le ~ du mois** der Monatsletzte *ou* Monatsletzten; *COMM a* Ultimo *m*; *adv* (per) ultimo; **être le ~ de sa classe** Klassenletzter sein; **c'est le ~ des ~s** er ist der gemeinste Schuft, Schurke; **marcher le ~** als letzter gehen; F **traiter qn comme le ~ des ~s** F j-n wie den letzten Dreck behandeln; **c'est le ~ sur qui on puisse compter** er ist der letzte, auf den man sich verlassen kann; **2. ce ~, cette dernière** letzterer, letztere
dernièrement [dɛʀnjɛʀmã] *adv* kürzlich; vor kurzem; letzthin; neulich; unlängst
dernier-né [dɛʀnjene] *m* ⟨*pl* derniers--nés⟩, **dernière-née** [dɛʀnjɛʀne] *f* ⟨*pl* dernières-nées⟩ **1.** Letztgeborene(r, -s) *f(m,n)*; **2.** *fig* **dernier-né des avions** *etc* letztes, neuestes Flugzeugmodell *etc*
dérobade [deʀɔbad] *f* **1.** *d'un cheval* Ausweichen *n*; **2.** *fig* Ausweichen *n*; Ausweichmanöver *n*
dérobé [deʀɔbe] *adj* versteckt; verborgen; Geheim...; **porte ~e** Geheim-, *a* Ta'petentür *f*; ♦ *loc/adv* **regarder qn à la ~e** verstohlene Blicke auf j-n werfen; j-n verstohlen ansehen, mustern
dérober [deʀɔbe] **I** *v/t* **1.** *st/s* entwenden, stehlen (**qc à qn** j-m etw); **2.** *fig* (weg)nehmen, entziehen; *secret* entlocken; *baiser* rauben; **~ qc aux regards** etw den Blicken entziehen; etw verbergen; **II** *v/pr* **3. se ~ à qc** sich e-r Sache (*dat*) entziehen; **se ~ à son devoir** sich s-r Pflicht entziehen; **se ~ à une question** sich der Beantwortung e-r Frage entziehen; die Beantwortung e-r Frage um'gehen; *abs* **se ~** ausweichen; **4.** *sol etc* **se ~ sous** nachgeben, *p/fort* zu'sammenbrechen unter (+*dat*); **mes jambes se dérobent sous moi** die Beine versagen mir den Dienst; **5.** *cheval* **se ~** ausbrechen
dérogation [deʀɔgasjõ] *f* **1.** *JUR* Abweichung *f* (**à** von); **par ~ à** in Abweichung von; abweichend von; **2.** *par ext* (*exception*) Ausnahme *f*; **obtenir une ~** e-e Ausnahmebefugnis, e-e Sondergenehmigung erhalten
déroger [deʀɔʒe] ⟨-geons⟩ **I** *v/t/indir* **1.** abweichen (**à** von); zu'widerhandeln (+*dat*); **2.** *par ext* e-e Ausnahme bilden, sein (**à** zu); **3.** *st/s* **~ à son rang** s-m Stand zu'widerhandeln; **II** *st/s v/i* sich erniedrigen

dérouillée [deʀuje] *f* F Dresche *f*; Senge *pl*; Keile *f*
dérouiller [deʀuje] **I** *v/t* **1.** entrosten; **2.** *fig membres* wieder gelenkig, beweglich machen; **3.** F **~ qn** F j-n verdreschen, versohlen, verbimsen, vertrimmen, verwichsen; **II** *v/i* F verdroschen, versohlt *etc* werden; e-e Abreibung bekommen (*a fig*); **III** *v/pr* **se ~ les jambes** sich die Beine vertreten
déroulement [deʀulmã] *m* **1.** Abrollen *n*; Auf-, Entrollen *n*; Abwickeln *n*; **2.** *fig* Ver-, Ablauf *m*; **~ d'une maladie** Krankheitsverlauf *m*
dérouler [deʀule] **I** *v/t* **1.** abrollen; *tapis, rouleau a* aufrollen; *fil, pelote a* abwickeln; **2.** *fig souvenirs etc* ablaufen, abrollen, an sich vor'beiziehen lassen; **II** *v/pr* **se ~ 3.** *fil, ruban etc* sich abwickeln; sich aufrollen; **4.** *fig événements, vie, fête, maladie etc* verlaufen; *drame* sich abspielen; **se ~ devant qn** vor j-m ablaufen, abrollen; **voir se ~ qc** etw an sich (*dat*) vor'beiziehen, vor sich (*dat*) ablaufen sehen; **5.** *st/s paysage* sich hinziehen
dérouleur [deʀulœʀ] *m INFORM* **~ de bande** Ma'gnetbandgerät *n*
déroutant [deʀutã] *adj* verwirrend
déroute [deʀut] *f* **1.** wilde Flucht; **mettre en ~** in die Flucht schlagen; **2.** *fig* (völliger) Zu'sammenbruch; Ru'in *m* (*a d'une personne*); *d'un parti* Desorganisati'on *f*; innere Auflösung
dérouté [deʀute] *adj* verwirrt; verunsichert; **être ~** *a* außer Fassung sein
déroutement [deʀutmã] *m MAR, AVIAT* Kursänderung *f*
dérouter [deʀute] *v/t* **1. ~ qn** j-n verwirren, verunsichern, durchein'anderbringen; **2.** den Kurs ändern (**un navire** e-s Schiffes); 'umleiten
derrick [deʀik] *m TECH* Bohrturm *m*
derrière [dɛʀjɛʀ] **I** *prép* **1.** hinter (+*dat* question «wo?»; +*acc* question «wohin?»); **marcher l'un ~ l'autre** hintereinander;gehen; *loc/prép* **de ~** (+*dat*) her'vor; **2.** *fig* hinter (+*dat*); **sa cordialité ... ~** hinter s-r Herzlichkeit ...; **il a ~ lui** er hat j-n hinter sich; **j steht hinter ihm; j deckt ihn; avoir une idée ~ la tête** e-n 'Hintergedanken haben; **il faut toujours être ~ lui** man muß immer hinter ihm sein; **II** *adv* hinten; *avec verbes de mouvement* hinter'her...; **loin ~** weit hinten; **regarder ~** nach hinten schauen; **venir ~** hinterherkommen; **à un chien ~!** (bei) Fuß!; **par ~** *cf* **par-derrière**; **III** *m* **1.** *d'une maison etc* 'Hinterfront *f*; Rückseite *f*; **2.** *ANAT* 'Hinterteil *n*; F Hintern *m*; **coup m de pied dans le ~** Tritt *m* in den Hintern; *cf a* **taper 10**.; **3.** *loc/adj* **de ~** 'Hinter...; hintere(r, -s); **patte f de ~** Hinterpfote *f*; **poche f de ~** Gesäßtasche *f*; **porte f de ~** Hintertür *f*, -eingang *m*
derviche [dɛʀviʃ] *m REL* Derwisch *m*
des [de] **I** *article défini* (*zusammengezogen aus „de les"*) der (*gén pl*); **la mère ~ enfants** die Mutter der Kinder; **parler ~ détails** über die Einzelheiten reden; **II** *article indéfini* **1.** *non traduit*: **~ amis** Freunde *m/pl*; F **comme ça, ~ qui** solche; **il y en a ~ grands et ~ petits** es gibt davon große und kleine; **2.** *temporel*: **~ mois entiers** monate-

lang; **~ semaines** wochenlang; **3.** *suivi d'un nom propre:* **~ Napoléon** ein Na-'poleon; j wie Napoleon; **4.** F *suivi d'un nombre:* **se coucher à ~ deux heures du matin** nicht vor zwei in der Frühe schlafen gehen; **il soulève ~ cinquante kilos comme un rien** F er hebt dir glatte *ou* s-e fünfzig Kilo wie nichts

dès [dɛ] **I** *prép* **1.** *temps* schon, gleich in *ou* an (+*dat*): schon von ... an; schon seit; **~ l'aube** schon in der Morgendämmerung; gleich mit Tagesanbruch; **~ son enfance** von Kindheit an; von klein auf; **~ cette époque** schon von dieser Zeit an; schon seit dieser Zeit; **~ mon retour** gleich bei meiner Rückkehr; ♦ **~ aujourd'hui** schon, gleich heute; schon von heute an; **~ maintenant** schon, gleich jetzt; schon von jetzt an; ♦ *loc/prép* **~ avant** schon vor (+*dat*); *loc/conj* **~ avant de** (+*inf*) schon ehe, be'vor; **2.** *lieu* schon in, an, auf (+*dat*); **~ l'entrée** schon am Eingang; **3.** *fig* (schon) ab; **~ le deuxième échelon** (schon) ab der zweiten (Gehalts- *etc*)Stufe; **II** *conj* **~ que** so'bald; so'wie; **~ qu'il sera arrivé ...** sobald, sowie er angekommen ist, ...; *cf a* **lors des... ** *ou* **dés...** *préfixe cf* **dé-...**

désabonnement [dezabɔnmã] *m* Abbestellung *f*, Auflösung *f* des Abonne-'ments

désabonner [dezabɔne] **I** *v/t* **~ qn** j-s Abonne'ment abbestellen, lösen; **II** *v/pr* **se ~** sein Abonne'ment abbestellen, lösen

désabus|é [dezabyze] *adj* desillusio-'niert; enttäuscht; ernüchtert; **~er** *v/t* **~ qn** j-n ernüchtern; j-m die Augen öffnen

désaccord [dezakɔʀ] *m* **1.** Meinungsverschiedenheit *f*; Zerwürfnis *n*; 'Mißklang *m*; Uneinigkeit *f*; Unstimmigkeit *f*; 'Mißhelligkeit *f*; **il y a (un) ~ entre ...** es besteht Uneinigkeit, Unstimmigkeit, ein Mißklang zwischen ... (+*dat*); **être en ~ avec qn** mit j-m nicht einig, uneinig, uneins sein (**sur** in +*dat ou* über +*acc*); mit j-m nicht e-r Meinung sein (über +*acc*); mit j-m nicht überein-stimmen (in +*dat*); **2.** *entre des choses* 'Mißverhältnis *n*; Diskre'panz *f*; Unstimmigkeit *f*

désaccordé [dezakɔʀde] *adj instrument de musique* verstimmt

désaccoutumer [dezakutyme] *v/pr* **se ~ de** (+*inf*) sich etw abgewöhnen

désacraliser [desakʀalize] *v/t* den sa-'kralen Cha'rakter, *par ext* s-n Nimbus nehmen (**qc** e-r Sache [*dat*])

désactivation [dezaktivasjõ] *f* NUCL Abklingen(lassen) *n*

désadapt|é [dezadapte] *adj* nicht (mehr) angepaßt; unangepaßt; **~er** *v/t* **se ~** s-e Anpassung verlieren

désaffect|é [dezafɛkte] *adj* **a)** (*abandonné*) *bâtiment* nicht mehr benutzt; leerstehend; *CH DE FER, MINES* stillgelegt; **b)** (*utilisé autrement*) zweckentfremdet; **~er** *v/t* nicht mehr (für den vorgesehenen Zweck) benutzen; still-legen

désaffection [dezafɛksjõ] *f* Nachlassen *n*, Verlust *m* der Zuneigung (**pour qn** zu j-m); Abkehr *f* (**pour qc** von etw); Desinteresse *n* (an +*dat*)

désagréable [dezagʀeabl(ə)] *adj* **1.** unangenehm; *chose a* unerfreulich; unliebsam; *situation, question a* peinlich; **il est ~ de** (+*inf*) es ist unangenehm zu (+*inf*); **2. être ~ avec qn** unfreundlich zu j-m sein

désagrégation [dezagʀegasjõ] *f* **1.** Zerfall *m*; Zerstörung *f*; Verwitterung *f*; **2.** *fig* Auflösung *f*; Zerfall *m*

désagréger [dezagʀeʒe] ⟨-è-, -geons⟩ **I** *v/t* zersetzen; **II** *v/pr* **se ~ 1.** *substance* sich zersetzen; zerfallen; *roche a* verwittern; **2.** *fig groupe* sich auflösen; *système, empire* zerfallen

désagrément [dezagʀemã] *m* Unannehmlichkeit *f*

désaimanter [dezɛmãte] *v/t* entmagne-'tisieren

désaliéner [dezaljene] *v/t* ⟨-è-⟩ (von Zwängen) befreien, frei machen

désaltérant [dezalteʀã] *adj* durststil-lend

désaltérer [dezalteʀe] ⟨-è-⟩ **I** *v/i* Durst stillen, löschen; **II** *v/pr* **se ~** s-n Durst stillen, löschen

désamorçage [dezamɔʀsaʒ] *m* Entschärfung *f* (*a fig*)

désamorcer [dezamɔʀse] *v/t* ⟨-ç-⟩ **1.** *bombe* entschärfen (*a fig conflit etc*); **2.** *pompe* leerlaufen lassen

désappoint|é [dezapwɛ̃te] *adj* enttäuscht; **~ement** *m* Enttäuschung *f*; **~er** *v/t* enttäuschen

désapprendre [dezapʀãdʀ(ə)] *v/t* ⟨*cf* prendre⟩ verlernen

désapprob|ateur [dezapʀɔbatœʀ] *adj* ⟨-trice⟩ *air, ton* miß'billigend; tadelnd; **~ation** *f* 'Mißbilligung *f*

désapprouver [dezapʀuve] *v/t* **~ qc** etw miß'billigen; etw nicht billigen; **~ qn** j-n tadeln; j-s Verhalten miß'billigen

désarçonner [dezaʀsɔne] *v/t* **1.** *cavalier* abwerfen; aus dem Sattel heben, werfen; **2.** *fig* aus dem Kon'zept, aus der Fassung bringen

désargent|é [dezaʀʒãte] *adj* ohne Geld; mittellos; **~er** *v/pr* **se ~** die Versilberung verlieren

désarmant [dezaʀmã] *adj naïveté etc* entwaffnend

désarmement [dezaʀməmã] *m* **1.** POL, MIL Abrüstung *f*; **2.** MAR Auflegen *n*

désarmer [dezaʀme] **I** *v/t* **1.** *personne* entwaffnen; die Waffen abnehmen (**qn** j-m); *pays* abrüsten; **2.** *arme à feu* entladen *ou* sichern; *mine* entschärfen; **3.** MAR *navire* auflegen; **4.** *fig* entwaffnen; *adjt* **être désarmé devant qc, qn** etw, j-m gegenüber hilflos, machtlos sein; **II** *v/i* **5.** POL, MIL abrüsten; **6.** *fig* **ne pas ~ haine, colère** nicht nachlassen; andauern; *personne* nicht nach-, aufgeben; sich nicht geschlagen geben

désarrimage [dezaʀimaʒ] *m* **1.** MAR Verschiebung *f*, Verrutschen *n* der Schiffsladung; **2.** *d'engins spatiaux* Abkoppeln *n*, -ung *f*

désarroi [dezaʀwa] *m* Verwirrung *f*; Bestürzung *f*; **être en plein ~, grand ~** in großer Verwirrung, Bestürzung sein; völlig verwirrt, bestürzt sein

désarticuler [dezaʀtikyle] **I** *v/t membre* ausrenken; *adjt* **pantin désarticulé** Hampelmann *m*; **II** *v/pr* **se ~** *acrobate* sich nach allen Seiten verrenken

désassembler [dezasãble] *v/t* TECH ausein'andernehmen

désassorti [dezasɔʀti] *adj service de table etc* nicht mehr 'vollständig, kom-'plett

désastre [dezastʀ(ə)] *m* Kata'strophe *f*; De'saster *n*; Unheil *n*; **courir au ~** e-r Katastrophe entgegengehen; *cette pièce de théâtre* **a été un vrai ~** war e-e wahre Katastrophe, ein echtes Fi'asko

désastreux [dezastʀø] *adj* ⟨-euse⟩ kata-stro'phal; verheerend; *idée, projet etc* verhängnis-, unheilvoll

désavantage [dezavãtaʒ] *m* Nachteil *m*; **se montrer à son ~** sich von s-r schlechten Seite zeigen; **qc tourne à mon ~** etw gereicht mir zum Nachteil

désavantag|er [dezavãtaʒe] *v/t* ⟨-geons⟩ benachteiligen; **~eux** *adj* ⟨-euse⟩ nachteilig; unvorteilhaft; ungünstig

désaveu [dezavø] *m* ⟨*pl* ~x⟩ **1.** *d'une déclaration* Wider'rufung *f*; 'Widerruf *m*; **2.** *d'un acte* (Ab)Leugnung *f*; Nicht-anerkennung *f*; JUR **~ de paternité** Anfechtung *f* der Ehelichkeit (e-s Kindes); **3.** *fig* 'Mißbilligung *f*

désavouer [dezavwe] *v/t* **1.** *déclaration, promesse etc* wider'rufen; **2.** *acte, œuvre* (ab)leugnen; in Abrede stellen; nicht als den seinigen *ou* die, das seinige anerkennen; **3.** *fig conduite, paroles de qn* miß'billigen; *personne* desavou'ieren

désaxé [dezakse] *adj et subst cf* **déséquilibré**

Descartes [dekaʀt] *frz Philosoph*

desceller [desele] **I** *v/t* **1.** TECH her'ausreißen, -nehmen, -lösen; **2.** *document etc* entsiegeln; das Siegel entfernen (**qc** von etw); **II** *v/pr* **se ~** *gonds etc* her'ausbrechen

descendance [desãdãs] *f* **1.** Nachkommenschaft *f*; **2.** *s/t* **être de ~ française** *etc* französischer *etc* Herkunft *ou* Abstammung sein

descendant [desãdã] **I** *adj* absteigend; MUS: **gamme a** abwärts gehend; *intervalle* fallend; GÉNÉALOGIE **ligne ~e** absteigende Linie; **marée ~e** Ebbe *f*; **mouvement ~** Abwärtsbewegung *f*; **II** *subst* **~(e)** *m(f)* Nachkomme *m*; Abkömmling *m*

descend|eur [desãdœʀ] *m*, **~euse** *f* SKI Abfahrtsläufer(in) *m(f)*

descendre [desãdʀ(ə)] ⟨*cf* rendre⟩ **I** *v/t* **1.** *montagne, rue, escalier* hin'unter- *ou* her'unter-, hin'ab- *ou* her'ab-, F runtergehen, -steigen, -kommen; (*personne dans un*) *véhicule: montagne, rue* hin-'unter- *ou* her'unter-, hin'ab- *ou* her-'ab-, F runterfahren; **~ un fleuve** *a* strom'ab(wärts), fluß'abwärts fahren; *personne a* schwimmen; *personne a* e-n Fluß hin'unter-, hin'abschwimmen; *par ext* **~ la gamme** die Tonleiter abwärts singen *ou* spielen; **eau ~ le long du mur** an der Wand her'unter-, her'ablaufen, -fließen; **2.** *objet* hin'unter- *ou* her-'unter-, hin'ab- *ou* her'ab-, F runter-bringen, -tragen, -schaffen; her'unter-, F runterholen; *de l'armoire etc* her'unter-, F runternehmen, -holen; *tableau* tiefer, niedriger hängen; **~ la table à la cave** den Tisch in den Keller bringen, schaffen, tragen; **~ la valise du grenier** den Koffer vom Speicher holen; **3.** *avion, oiseau* abschießen; F her'unter-holen; *par ext* F *personne* F ab-, nieder-knallen; **II** *v/i* (être) **4.** her'unter- *ou* hin'unter-, her'ab- *ou* hin'ab-, F runtergehen, -steigen, -kommen; *d'un sommet a* absteigen (von); (*personne dans un*) *véhicule ou ascenseur* her'unter- *ou* hin'unter-, her'ab- *ou* hin'ab-, F runterfahren; *d'un véhicule* aussteigen (aus); *dans un hôtel* absteigen (in +*dat*); *dans le Midi* fahren *ou* fliegen (in +*acc*); *dans une mine* einfahren (in +*acc*); ~ *à la cave* in den Keller (hinunter-, F runter)gehen, (-)steigen; ~ *à pied* (zu Fuß) herunter- *ou* hinunter-, herab- *ou* hinab-, F runtergehen; *MAR* ~ *à terre* an Land gehen; *fig* ~ *dans la rue* auf die Straße gehen; öffentlich demon'strieren; ~ *de cheval* vom Pferd steigen; absitzen; ~ *d'une estrade* von e-m Podium (her'unter-, her'ab)treten; ~ *d'une voiture* aus e-m Auto (aus)steigen; ~ *en courant* her'unter- *ou* hin'unter-, her'ab- *ou* hin'ab-, F runterlaufen, -rennen; ~ *en voiture* (mit dem Auto) herunter- *ou* hinunter- (, herab- *ou* hinab-), F runterfahren; *JUR* ~ *sur les lieux* e-n Lokaltermin abhalten; **5.** (*tenir son origine*) ~ *de* abstammen von; **6.** *terrain* abfallen; *route* berg'ab, abwärts gehen, führen; *avion* tiefer gehen; *parachute etc* zur Erde gleiten; her'unterkommen; *piston etc* abwärts, nach unten gehen; niedergehen; *thermomètre, niveau, fig prix* fallen; *la marée, la mer descend* das Wasser geht zu'rück; es ist Ebbe; *poét la nuit descend* die Nacht fällt ein, bricht her'ein; *par ext ma voix ne peut, je ne peux pas ~ plus bas* ich kann nicht tiefer singen; F ich komme nicht tiefer; *fleuve:* ~ *de la montagne* aus den Bergen kommen; ~ *vers la mer* zum Meer fließen; *route* ~ *vers la plaine* in die Ebene hin'unterführen; **7.** (*atteindre*) ~ (*jusqu'*)*à* (hin'unter-, hin'ab)reichen bis zu, bis an *ou* in (+*acc*); **8.** F *nourriture* verdaulich, bekömmlich sein; F runterrutschen; *pour faire* ~ zur besseren Verdauung

descente [desɑ̃t] *f* **1.** Abstieg *m*; Her'unter- *ou* Hin'unter-, Her'ab- *ou* Hin'ab-, F Runtergehen *n*, -steigen *n*, -kommen *n*; *dans un véhicule* Abwärtsfahrt *f*, F Herunter- *ou* Hin'unter-, Her'ab- *ou* Hin'ab-, F Runterfahren *n*; (*en*) *téléphérique* Talfahrt *f*; Ab(wärts)fahrt *f*; *dans la mine* Einfahrt *f*; *d'un avion* Sinken *n* (beim Landeanflug); *MÉD d'un organe* Senkung *f*; *PEINT* ♀ *aux enfers* Höllenfahrt *f* Christi; *JUR* ~ *de justice,* ~ *sur les lieux* Lo'kaltermin *m*; ~ *de police* (Poli'zei)Razzia *f*; *à la* ~ *de l'avion, du train* beim Aussteigen aus dem Flugzeug, Zug; F *fig avoir une bonne* ~ F e-n ordentlichen Stiefel vertragen; e-e ausgepichte Kehle haben; F *faire une* ~ a) *police* (e-e) Razzia machen; b) *groupe* (lärmend) gehen, F ziehen, einfallen (*dans un* +*acc*); **2.** *PEINT* ♀ *de Croix* Kreuzabnahme *f*; **3.** (*pente*) Gefällstrecke *f*; Abfahrt *f*; abschüssige Strecke, Straße; **4.** *SKI* Abfahrtslauf *m*; **5.** ~ *de lit* Bettvorleger *m*; **6.** (*tuyau de*) ~ Fallrohr *n*

descripteur [dɛskʀiptœʀ] *m* **1.** Schilderer *m*; **2.** *INFORM* De'skriptor *m*

descriptif [dɛskʀiptif] **I** *adj* ⟨-ive⟩ beschreibend (*a style*); schildernd; darstellend (*a géométrie*); deskrip'tiv; **II** *m CONSTR* Baubeschreibung *f*

description [dɛskʀipsjɔ̃] *f* Beschreibung *f*; Schilderung *f*; Darstellung *f*; *faire la* ~ *de qc* e-e Beschreibung von etw geben; etw beschreiben

désembourber [dezɑ̃buʀbe] *v/t voiture* aus dem Schlamm, Dreck ziehen

désembouteiller [dezɑ̃buteje] *v/t* (vom Verkehr) entlasten; Verkehrsstauungen beseitigen (*l'autoroute* auf der Autobahn; *le centre* im Zentrum)

désembuer [dezɑ̃bɥe] *v/t vitre* frei machen

désemparé [dezɑ̃paʀe] *adj personne* hilf-, ratlos

désemparer [dezɑ̃paʀe] *loc/adv sans* ~ unablässig; ununterbrochen

désemplir [dezɑ̃pliʀ] *v/i ne pas* ~ *restaurant etc* nicht leer werden; immer voll sein

désenchant|é [dezɑ̃ʃɑ̃te] *adj* desillusio'niert; ernüchtert; enttäuscht; ~**ement** *m* Desillusi'on *f*; Ernüchterung *f*; Enttäuschung *f*

désenclaver [dezɑ̃klave] *v/t ville, territoire* an den Verkehr anschließen; die Verkehrsverbindungen (+*gén*) verbessern

désencombrer [dezɑ̃kɔ̃bʀe] *v/t grenier etc* frei machen (*de qc* von etw); *rue* (vom Verkehr) entlasten; *université etc* entlasten

désencrasser [dezɑ̃kʀase] *v/t* (vom Schmutz) säubern, reinigen

désendett|ement [dezɑ̃dɛtmɑ̃] *m* Entschuldung *f*; ~**er** *v/pr se* ~ s-e Schulden bezahlen, abtragen

désenfler [dezɑ̃fle] *v/i* ⟨*Vorgang* avoir, *Ergebnis* être⟩ *MÉD* abschwellen

désengagement [dezɑ̃gaʒmɑ̃] *m POL, MIL* Disengagement [-'gɛ:dʒ-] *n*; Auseinanderrücken *n*

désengager [dezɑ̃gaʒe] ⟨-geons⟩ *v/pr se* ~ *d'une obligation*) sich von e-r Verpflichtung frei machen; sich aus e-r Verpflichtung lösen

désengorger [dezɑ̃gɔʀʒe] *v/t* ⟨-geons⟩ *conduite* wieder frei machen

désenneiger [dezɑ̃neʒe] *v/t* ⟨-geons⟩ von Schnee räumen, befreien

désennuyer [dezɑ̃nɥije] ⟨-ui-⟩ **I** *v/t* die Langeweile vertreiben (*qn* j-m *ou abs*); **II** *v/pr se* ~ sich (*dat*) die Langeweile, Zeit vertreiben

désensabler [dezɑ̃sable] *v/t canal etc* von Sand säubern; *bateau* aus dem Sand befreien, her'ausholen

désensibilis|ant [desɑ̃sibilizɑ̃] *m PHARM* Desensibili'sierungsmittel *n*; ~**ateur** *m PHOT* Desensibili'sator *m*; ~**ation** *f MÉD, PHOT* Desensibili'sierung *f*; Desensibilisati'on *f*; ~**er** *v/t MÉD, PHOT* desensibilisieren

désensorceler [dezɑ̃sɔʀsəle] *v/t* ⟨-ll-⟩ aus der Verzauberung befreien; entzaubern

désentortiller [dezɑ̃tɔʀtije] *v/t* auswickeln

désentraver [dezɑ̃tʀave] *v/t* von den Fesseln befreien (*a fig*)

désenvenimer [dezɑ̃vnime] *v/t situation* entschärfen; *atmosphère* entgiften

désépaissir [dezepɛsiʀ] *v/t sauce* verdünnen; *cheveux* ausschneiden, ausdünnen; effi'lieren

déséquilibre [dezekilibʀ(ə)] *m* **1.** *PSYCH* seelische Störungen *f/pl*; **2.** *des forces etc* Unausgewogenheit *f*; Ungleichgewicht *n*; mangelndes, fehlendes Gleichgewicht; **3.** *PHYS* ungleichmäßige Gewichtsverteilung; *en* ~ wack(e)lig

déséquilibré [dezekilibʀe] **I** *adj personne* seelisch gestört; **II** *subst* ~(*e*) *m(f)* seelisch Gestörte(r) *f(m)*; Psycho'path(in) *m(f)*; Neu'rotiker(in) *m(f)*

déséquilibrer [dezekilibʀe] *v/t* **1.** *objet* aus dem Gleichgewicht bringen; **2.** *personne* aus dem (seelischen) Gleichgewicht reißen, bringen

désert [dezɛʀ] **I** *adj* ⟨-erte [-ɛʀt]⟩ **1.** *île etc* unbewohnt; einsam; verlassen; *région* öde; **2.** *rue etc* menschenleer; wie ausgestorben; **II** *m* **1.** Wüste *f*; ~ *de sable* Sandwüste *f*; **2.** *par ext* Einöde *f*; Wüste'nei *f*; Wildnis *f*; *fig prêcher dans le* ~ tauben Ohren predigen

désert|er [dezɛʀte] **I** *v/t* **1.** *lieu* (für immer) verlassen; *son poste* verlassen; **2.** *un parti etc* abtrünnig werden (+*dat*); abfallen von; im Stich lassen; **II** *v/i MIL* deser'tieren; fahnenflüchtig werden; *par ext* zum Feind 'überlaufen; ~**eur** *m* **1.** *MIL* Deser'teur *m*; Fahnenflüchtige(r) *m*; *par ext* 'Überläufer *m*; **2.** *fig et litt* Abtrünnige(r) *m*

désertification [dezɛʀtifikasjɔ̃] *f* **1.** *GÉOGR* Versteppung *f*; **2.** *par l'exode rural* Verödung *f*

désertion [dezɛʀsjɔ̃] *f* **1.** *MIL* Deserti'on *f*; Fahnenflucht *f*; ~ *à l'ennemi* 'Überlaufen *n* zum Feind; **2.** *d'un parti etc* Abfall *m*; Abtrünnigwerden *n*

désertique [dezɛʀtik] *adj* **1.** Wüsten...; *climat m* ~ Wüstenklima *n*; **2.** *paysage* wüstenartig; öde

désescalade [dezɛskalad] *f POL, MIL* Deeskalati'on *f*

désespérant [dezɛspeʀɑ̃] *adj* **1.** entmutigend; Verzweiflung her'vorrufend; trostlos; *c'est* ~! das ist zum Verzweifeln!; **2.** *perfection etc* unnachahmlich; jeglichen Mut zur Nachahmung nehmend

désespéré [dezɛspeʀe] **I** *adj* **1.** *personne* verzweifelt; untröstlich; **2.** *effort, combat etc* verzweifelt; *acte* ~ Verzweiflungstat *f*; **3.** *situation* hoffnungslos; verzweifelt; **II** *subst* ~(*e*) *m(f)* Verzweifelte(r) *f(m)*

désespérément [dezɛspeʀemɑ̃] *adv* **1.** hoffnungs-, trostlos; ~ *vide* trostlos leer; ~ *seul* hoffnungslos allein, einsam; **2.** *s'efforcer etc* verzweifelt

désespérer [dezɛspeʀe] ⟨-è-⟩ **I** *v/t* ~ *qn* j-n zur Verzweiflung bringen, verzweifeln lassen; **II** *v/t/indir* ~ *de qc* die Hoffnung auf etw (*acc*) aufgeben, verlieren; ~ *de revoir qn* die Hoffnung aufgeben *ou* verlieren, j-n 'wiederzusehen; **2.** ~ *du monde, de la vie* an der Welt, am Leben verzweifeln; **III** *v/i* verzweifeln; die Hoffnung aufgeben, verlieren; **IV** *v/pr se* ~ verzweifeln; sich der Verzweiflung über'lassen

désespoir [dezɛspwaʀ] *m* Verzweiflung *f*; Hoffnungslosigkeit *f*; *loc/adv: en* ~ *de cause* als (aller)letztes Mittel; als letzter *ou* letzten Ausweg; *avec l'énergie du* ~ mit dem Mut der Verzweiflung; *être, faire le* ~ *de qn* j-n zur Verzweiflung bringen; *succès* ~ für j-n ein unerreichbares Vorbild sein; *être au* ~ untröstlich sein (*de* +*inf* daß ...)

déshabillage [dezabijaʒ] *m* Entkleiden *n*, -ung *f*; Ausziehen *n*

déshabillé – désolation

déshabillé [dezabije] *m* Negli'gé *n*
déshabiller [dezabije] **I** *v/t* ~ *qn* j-n ausziehen, entkleiden; ~ *qn du regard* j-n mit (den) Blicken ausziehen; **II** *v/pr se* ~ sich ausziehen, entkleiden
déshabituer [dezabitɥe] **I** *v/t* ~ *qn de qc* j-m etw abgewöhnen; **II** *v/pr se* ~ *de* (+*inf*) sich etw abgewöhnen; *st/s* sich e-r Sache (*gén*) entwöhnen; *se* ~ *de fumer* sich das Rauchen abgewöhnen
désherb|age [dezɛʀbaʒ] *m* Unkrautvernichtung *f*, -bekämpfung *f*; **~ant** *m* Unkrautvernichtungsmittel *n*
désherber [dezɛʀbe] *v/t* Unkraut vernichten, bekämpfen, beseitigen (*abs ou in*, auf +*dat*); (*sarcler*) (Unkraut) jäten
déshérence [dezerɑ̃s] *f* JUR Erbenlosigkeit *f*
déshérité [dezerite] **I** *adj* **1.** enterbt; **2.** *fig personne, région etc* benachteiligt; *personne a* zu'rückgesetzt; **II** *subst* **~(e)** *m(f) fig* Benachteiligte(r) *f(m)*; Bedürftige(r) *f(m)*
déshériter [dezerite] *v/t* **1.** enterben; **2.** *fig* benachteiligen, stiefmütterlich behandeln
déshonneur [dezɔnœʀ] *m* Unehre *f*; Schande *f*; *st/s* Schimpf *m*; *il n'y a pas de* ~ *à* (+*inf*) es ist keine Schande zu (+*inf*)
déshonorant [dezɔnɔʀɑ̃] *adj* unehrenhaft; entehrend; schimpflich; schändlich
déshonorer [dezɔnɔʀe] **I** *v/t* **1.** Schande, Unehre machen (+*dat*); *le souvenir de qn* entehren; *une profession* in 'Mißkredit bringen; **2.** *femme* entehren; **3.** *comportement etc* ~ *qn* j-m zur Unehre gereichen; *calomnie* j-s Ehre angreifen; *se croire déshonoré de* (+*inf*) es für unter s-r Würde halten zu (+*inf*); **4.** *façade etc* verunstalten; verunzieren; **II** *v/pr se* ~ sich mit Schande bedecken; s-e Ehre verlieren
déshumaniser [dezymanize] *v/t* entmenschlichen; enthumani'sieren
déshydratation [dezidratasjɔ̃] *f* **1.** CHIM, TECH Wasserentzug *m*; Entwässerung *f*; Dehydratati'on *f*; **2.** PHYSIOL, MÉD Wasserverlust *m*
déshydraté [dezidrate] *adj* **1.** wasserfrei; ausgetrocknet; *légumes* ~*s* Trockengemüse *n*; **2.** F *être complètement* ~ e-e ganz ausgedörrte Kehle, F e-n Mordsdurst, e-n Brand haben
déshydrater [dezidrate] **I** *v/t* CHIM, TECH Wasser entziehen (+*dat*); entwässern; austrocknen; dehydrati'sieren; **II** *v/pr se* ~ *organisme* wasserarm werden; austrocknen
desiderata [deziderata] *m/pl* Wünsche *m/pl; par ext* Anliegen *n/pl*
design [dizajn] *m* Design [di'zaɪn] *n*
désignation [deziɲasjɔ̃] *f* **1.** Bezeichnung *f*; Benennung *f*; **2.** *d'un successeur etc* Designati'on *f*; Desi'gnierung *f*; Bestimmung *f*; Bestellung *f*
designer [dizajnœʀ] *m* Designer [di'zaɪnər] *m*
désigner [deziɲe] *v/t* **1.** bezeichnen; ~ *qn par son nom* j-n beim, bei s-m Namen nennen; **2.** ~ (*de la main*) (mit der Hand) zeigen, (hin)weisen auf (+*acc*); mit der Hand bezeichnen; **3.** *successeur etc* desi'gnieren; bestimmen; bestellen; ~ *qn pour qc* j-n für etw bestimmen, zu etw ausersehen; *adj t être tout désigné pour faire qc* für etw geradezu prädesti'niert, wie geschaffen sein; **4.** ~ *qn à l'attention de qn* j-s Aufmerksamkeit auf j-n lenken
désillusion [dezi(l)lyzjɔ̃] *f* Desillusi'on *f*; Enttäuschung *f*
désillusionner [dezi(l)lyzjɔne] *v/t* desillusio'nieren; die Illusi'on(en) nehmen (*qn* j-m); enttäuschen; *adj t être complètement désillusionné* keine Illusionen mehr haben; völlig desillusioniert, enttäuscht sein
désincarné [dezɛ̃karne] *adj* **1.** *âme st/s* dem Körper entflohen; **2.** *a iron amour etc* wirklichkeitsfremd
désincrust|ant [dezɛ̃krystɑ̃] *m* **1.** TECH Kesselsteinlösemittel *n*; **2.** COSMÉTIQUE Tiefenreinigungsmittel *n*; **~ation** *f* **1.** TECH Lösen *n* des Kesselsteins; **2.** *de la peau* Tiefenreinigung *f*; **~er** *v/t* **1.** TECH den Kesselstein lösen (*qc* von etw); **2.** *peau* bis in die Tiefe reinigen; porentief reinigen
désinence [dezinɑ̃s] *f* GR Endung *f*
désinfect|ant [dezɛ̃fɛktɑ̃] **I** *adj* desinfi-'zierend; Desinfekti'ons…; **II** *m* Desinfekti'onsmittel *n*; **~er** *v/t* desinfi'zieren
désinfection [dezɛ̃fɛksjɔ̃] *f* Desinfekti'on *f*
désinflation [dezɛ̃flasjɔ̃] *f* ÉCON Rückgang *m* der Inflati'on
désinformation [dezɛ̃fɔrmasjɔ̃] *f* Desinformati'on *f*
désintégration [dezɛ̃tegrasjɔ̃] *f* **1.** Auflösung *f*; Zerfall *m*; Desintegrati'on *f*; **2.** NUCL A'tomzerfall *m*, -zertrümmerung *f*, -spaltung *f*
désintégrer [dezɛ̃tegre] ⟨-è-⟩ **I** *v/t* NUCL zertrümmern; spalten; **II** *v/pr se* ~ **1.** *parti etc* sich auflösen; auseinanderfallen; zerfallen; **2.** NUCL zerfallen
désintéressé [dezɛ̃terese] *adj* **1.** *personne, conseil etc* uneigennützig; selbstlos; **2.** *jugement etc* unparteiisch; objek'tiv
désintéressement [dezɛ̃teresmɑ̃] *m* Uneigennützigkeit *f*; Selbstlosigkeit *f*; *avec* ~ uneigennützig; selbstlos
désintéresser [dezɛ̃terese] **I** *v/t* ~ *qn* j-n auszahlen; **II** *v/pr se* ~ *de qc, qn* das Inter'esse an etw, j-m verlieren; kein Inter'esse mehr für etw, j-n haben
désintérêt [dezɛ̃terɛ] *m* Uninteressiertheit *f*, Desinteresse *n* (*pour* an +*dat*)
désintoxication [dezɛ̃tɔksikasjɔ̃] *f* MÉD Entgiftung *f*; *de drogués* Entwöhnung *f*; *cure f de* ~ Entziehungs-, Entwöhnungskur *f*
désintoxiquer [dezɛ̃tɔksike] *v/t* MÉD entgiften (*a fig*); *drogués* entwöhnen
désinvolte [dezɛ̃vɔlt] *adj* ungezwungen; *péj* lässig; (zu) frei; ungeniert
désinvolture [dezɛ̃vɔltyr] *f péj* (betonte *ou* verletzende) Lässigkeit; Ungeniertheit *f*; *avec* ~ (betont) lässig; ganz ungeniert
désir [deziʀ] *m* **1.** Wunsch *m* (*de qc* nach etw *ou de* +*inf* zu +*inf*); *p/fort* Verlangen *n*, Sehnsucht *f* (*de qc* nach etw); ~ *de paix* Wunsch, *p/fort* Sehnsucht nach Frieden; *de plaire* Wunsch zu gefallen; *plais vos* ~*s sont des ordres* Ihr Wunsch ist, sei mir Befehl; *exprimer un* ~ e-n Wunsch äußern, aussprechen; *prendre ses* ~*s pour des réalités* s-e Wunschvorstellungen für Tatsachen halten; sich etw vormachen; *il prend ses* ~*s pour des réalités a* bei ihm ist der Wunsch der Vater des Gedankens; **2.** *pour qn* (sinnliche) Begierde, Lust
désirable [deziʀabl(ə)] *adj* **1.** wünschenswert; **2.** *personne* begehrenswert
désiré [deziʀe] *adj* erwünscht; *enfant* ~ Wunschkind *n*; *non* ~ ungewollt; unerwünscht; *moment etc tant* ~ (heiß)ersehnt
Désirée [deziʀe] *f Vorname*
désirer [deziʀe] *v/t* **1.** (sich [*dat*]) wünschen; *p/fort* ersehnen; *st/s* begehren; *que désirez-vous?* was wünschen Sie?; womit kann ich (Ihnen) dienen?; was darf es sein?; ♦ ~ (+*inf*) wünschen zu (+*inf*); gern(e) mögen (+*inf*); ~ *que* ... (+*subj*) (sich) wünschen *ou* gern(e) mögen, daß ...; *n'avoir plus rien à* ~ a) keine Wünsche mehr haben; wunschlos glücklich sein; b) (*tout avoir*) alles, was man sich wünschen kann, haben; *se faire* ~ auf sich warten lassen; *ne te fais pas trop* ~! laß dich nicht so selten sehen!; F mach dich nicht so rar!; *laisser à* ~ zu wünschen übriglassen; **2.** *personne* begehren
désireux [deziʀø] *adj* ⟨-euse⟩ ~ *de* (+*inf*) bestrebt, in dem Bestreben, *p/fort* begierig zu (+*inf*); *être* ~ *de* (+*inf*) *a* den Wunsch haben zu (+*inf*)
désistement [dezistəmɑ̃] *m* **1.** POL Rücktritt *m*, Verzicht *m* (*en faveur de* zu'gunsten von); **2.** JUR ~ *d'action* (Zu')Rücknahme *f*, Zu'rückziehung *f* der Klage
désister [deziste] *v/pr* **1.** POL *se* ~ *en faveur de qn* zu'gunsten von j-m zu-'rücktreten (von der Kandidatur), verzichten (auf die Kandidatur); **2.** JUR *se* ~ *de l'action* die Klage zu'rücknehmen, -ziehen
désobéir [dezɔbeiʀ] *v/t/indir* ~ *à qn* j-m nicht gehorchen; *enfant a* j-m nicht folgen; *abs a* ungehorsam sein; ~ *à un ordre* sich e-m Befehl wider'setzen; e-n Befehl verweigern
désobéiss|ance [dezɔbeisɑ̃s] *f* Ungehorsam *m* (*à qn* gegenüber j-m); **~ant** *adj* ungehorsam; *enfant a* unfolgsam; unartig; *malfaiteur a* unfolgsam
désoblige|ance [dezɔbliʒɑ̃s] *st/s f* Ungefälligkeit *f*; **~ant** *adj personne* ungefällig; *remarque* unfreundlich; *p/fort* verletzend
désobliger [dezɔbliʒe] *v/t* ⟨-geons-⟩ ~ *qn* j-n kränken; j-n vor den Kopf stoßen
désodoris|ant [dezɔdɔriʒɑ̃] *m* Deodo-'rant *n*; **~er** *v/t* desodo'rieren; den unangenehmen Geruch beseitigen (*une pièce* in e-m Raum)
désœuvré [dezœvre] **I** *adj* untätig; unbeschäftigt; müßig; **II** *subst* **~(e)** *m(f)* Untätige(r) *f(m)*; Müßiggänger(in) *m(f)*
désœuvrement [dezœvrəmɑ̃] *m* Untätigkeit *f*; Nichtstun *n*; Müßiggang *m*; *faire qc par* ~ etw tun, um die Zeit totzuschlagen
désolant [dezɔlɑ̃] *adj* **1.** *nouvelle etc* (tief) betrüblich; traurig; **2.** *temps, spectacle* trostlos
désolation [dezɔlasjɔ̃] *f* tiefe Betrübnis; *plonger qn dans la* ~ j-n tief betrüben, sehr traurig machen

désolé [dezɔle] *adj* **1.** tiefbetrübt, untröstlich (*de* über +*acc*); *je suis ~ de ce qui t'arrive* ich bin tief betrübt über das, was du mitmachst; *formule de politesse:* (*je suis*) *~* (es) tut mir leid; (*je suis*) *~ de vous avoir fait attendre* (es) tut mir leid, daß ich Sie habe warten lassen; **2.** *région* öde; trostlos
désoler [dezɔle] **I** *v/t* **1.** *échec, mort etc* *~ qn* j-n tief betrüben; j-n traurig machen, stimmen; **2.** *incident, retard etc ~ qn* j-n bekümmern, verdrießen; j-m leid tun; **II** *v/pr se ~* traurig, betrübt sein
désolidariser [desɔlidaʀize] *v/pr se ~ de qn* mit j-m nicht mehr soli'darisch sein; sich von j-m distan'zieren; *se ~ de qc* mit etw nicht mehr über'einstimmen; sich von etw distan'zieren
désopilant [dezɔpilɑ̃] *adj* herzhaftes, lautes Lachen her'vorrufend; urkomisch; *p/fort* zwerchfellerschütternd
désordonné [dezɔʀdɔne] *adj* **1.** *personne, maison etc* unordentlich; F schlampig; *fuite, course* wild; *mouvements* unkontrolliert; **2.** *vie, conduite* unordentlich; zügellos; ungezügelt; *p/fort* ausschweifend
désordre [dezɔʀdʀ(ə)] *m* **1.** Unordnung *f*; Durcheinander *n*; *loc/adj en ~* in Unordnung; ungeordnet; *lieu* nicht aufgeräumt; unaufgeräumt; *mettre en ~* in Unordnung bringen; durchein'anderbringen; *objets traîner en ~* unordentlich herumliegen; ♦ F *adjt il, elle est très ~* er, sie ist sehr unordentlich, F schlampig; **2.** *des idées* Ungeordnetheit *f*; Durcheinander *n*; *des finances etc* Unordnung *f*; **3.** Unruhe *f*, Unfriede(n) *m*; Verwirrung *f*; *causer du ~* Unruhe, Unfrieden, Verwirrung stiften; *semer le ~* Unruhe verbreiten; **4.** *souvent pl ~s* (*troubles*) (öffentliche) Unruhe; Aufruhr *m*; Unruhen *f/pl*; **5.** *tiercé dans le ~* in beliebiger Reihenfolge
désorganisation [dezɔʀganizasjɔ̃] *f* Desorganisati'on *f*; Auflösung *f*; *~ complète a* Zerrüttung *f*
désorganiser [dezɔʀganize] **I** *v/t* desorgani'sieren; in Unordnung bringen; auflösen; zersetzen; zerrütten; **II** *v/pr se ~* in Unordnung geraten; sich auflösen
désorienté [dezɔʀjɑ̃te] *adj* verwirrt; verunsichert; *être ~ a* sich nicht mehr zu'rechtfinden
désorienter [dezɔʀjɑ̃te] *v/t* verwirren; verunsichern
désormais [dezɔʀmɛ] *adv* von nun an *ou* ab; von jetzt an *ou* ab; hin'fort; fort'an; künftig(hin)
désosser [dezɔse] *v/t viande* von den Knochen lösen; entbeinen; *südd* auslösen, -beinen
désoxyd|ant [dezɔksidɑ̃] *m* CHIM, TECH Desoxidati'onsmittel *n*; **~er** *v/t* desoxy'dieren *ou* desoxi'dieren
désoxyribonucléique [dezɔksiʀibɔnykleik] *adj* BIOL *acide m ~* (*abr* A.D.N.) Desoxyribonukle'insäure *f* (*abr* DNS)
despot|e [dɛspɔt] *m* **1.** POL Des'pot *m*; Al'leinherrscher *m*; **2.** *fig* Des'pot *m*; Ty'rann *m*; *adjt* des'potisch; *~ique adj* des'potisch
despotisme [dɛspɔtism(ə)] *m* **1.** POL Despo'tismus *m*; Al'leinherrschaft *f*; *péj* Despo'tie *f*; Gewaltherrschaft *f*; HIST *~*

éclairé aufgeklärter Absolu'tismus; **2.** *fig* Tyran'nei *f*
desquam|ation [dɛskwamasjɔ̃] *f* MÉD Abschuppung *f*; Abschilferung *f*; **~er** *v/i* (*et v/pr se*) *~ peau* sich (ab)schuppen; abschilfern
desquels, desquelles [dekɛl] *pr/rel et pr/int cf* **lequel**
D.E.S.S. [deəɛsɛs] *m abr* (*diplôme d'études supérieures spécialisées*) praxisorientiertes Diplom im Anschluß an die *„maîtrise"*
dessaisir [desɛziʀ] **I** *v/t* JUR *~ un tribunal d'une affaire* e-e Sache der Gerichtsbarkeit e-s Gerichtes entziehen; ein Gericht in e-r Sache für nicht zuständig erklären; **II** *v/pr se ~ de qc etw* ab-, her'ausgeben, abtreten
dessal|age [desalaʒ] *m ou ~aison f ou ~ement m* Entsalzen *n*, -ung *f*
dessaler [desale] **I** *v/t* **1.** entsalzen; CUIS weniger salzig *ou* milder machen; *hareng* wässern; **2.** *fig ~ qn* j-m s-e Naivi'tät *ou* Schüchternheit nehmen; j-n abgebrühter machen; *adjt* **dessalé** recht keck; *p/fort* abgebrüht; mit allen Wassern gewaschen; **II** *v/i* CUIS *mettre à ~* wässern; **III** *v/pr se ~ fig* s-e Naivi'tät *ou* Schüchternheit ablegen, verlieren; *p/fort* abgebrühter werden
desséchant [deseʃɑ̃] *adj* **1.** *vent* trokken; der alles verdorren läßt; **2.** *fig études etc* trocken; abstumpfend
dessèchement [deseʃmɑ̃] *m* **1.** Austrocknen *n*; Vertrocknen *n*; Trockenheit *f*; **2.** *fig ~ du cœur* Verhärtung *f*, Abstumpfung *f* der Gefühle; *~ de l'esprit* geistige Unbeweglichkeit; Verknöcherung *f*
dessécher [deseʃe] ⟨-è-⟩ **I** *v/t* **1.** *sol, peau etc* austrocknen; **2.** *fig* abstumpfen; *~ le cœur de qn* j-s Herz verhärten; j-n gefühlskalt *ou* hart machen; *~ l'esprit de qn* j-s geistige Beweglichkeit lähmen; j-n verknöchern lassen; **II** *v/pr se ~* **3.** *sol, peau, gosier etc* austrocknen; *végétation* vertrocknen; verdorren; **4.** *fig* abstumpfen; hart *ou* gefühlskalt werden; verhärten; *mentalement* die geistige Beweglichkeit verlieren; verknöchern; **5.** *vieillard* zu'sammenfallen; hager und faltig werden; verschrumpeln
dessein [desɛ̃] *m* **1.** Absicht *f*; Plan *m*; Vorhaben *n*; *loc/adv à ~* absichtlich; mit Absicht; vorsätzlich; mit Fleiß; *dans le ~ de* (+*inf*) in der Absicht zu (+*inf*); *litt nourrir de noirs ~s* dunkle Absichten hegen; etwas Böses im Schilde führen
desseller [desele] *v/t cheval* absatteln
desserr|age [desɛʀaʒ] *m* TECH Lockern *n*; *p/fort* Lösen *n*; **~ement** *m* **1.** *d'une poignée* Lockerung *f*; **2.** *fig* Auflockerung *f*; Dezentrali'sierung *f*
desserrer [desɛʀe] **I** *v/t* **1.** *ceinture, nœud, vis etc* lockern; *ceinture a* weiter machen, schnallen; *frein* lösen; **2.** *fig ne pas ~ les dents* den Mund nicht auftun, -machen; kein Wort *ou* F Sterbenswörtchen sagen; **II** *v/pr se ~ nœud, vis etc* sich lockern
dessert [desɛʀ] *m* Des'sert *n*; Nachtisch *m*, -speise *f*; *vin m de ~* Dessertwein *m*
desserte [desɛʀt] *f* **1.** Abstell-, Beistell-, Ser'viertisch *m*; *à roulettes* Ser'vier-, Teewagen *m*; **2.** Verkehrsverbin-

dung *f* (*de* zu, nach); *~* (*par voie*) *ferrée* Eisenbahnanschluß *m*, -verbindung *f*; *chemin m de ~* Stichstraße *f*
dessertir [desɛʀtiʀ] *v/t pierre précieuse* aus s-r Fassung lösen
desservant [desɛʀvɑ̃] *m* ÉGL Pfarrverweser *m*
desservir [desɛʀviʀ] *v/t* ⟨*cf* servir⟩ **1.** *bus, train* (regelmäßig) verkehren, fahren (*un village* zu e-m Dorf); bedienen; halten (*une gare* an e-m Bahnhof; *un village* in e-m Dorf); *bateau: île, port* (regelmäßig) anlaufen, anfahren; *avion: aéroport* anfliegen; *adjt lieu bien desservi* verkehrsmäßig gut erschlossen *ou* günstig gelegen; **2.** ÉGL seelsorgerisch betreuen; **3.** *~* (*la table*) (den Tisch) abdecken, abräumen; **4.** *~ qn* j-m e-n schlechten Dienst, e-n Bärendienst erweisen; j-m schaden
dessicc|atif [desikatif] *m* TECH, CHIM Trockenmittel *n*; *~ation f* **a**) CHIM, TECH Trocknen *n*, -ung *f*; *de fruits, légumes a* Dörren *n*; **b**) *du sol etc* Austrocknen *n*
dessiller [desije] **I** *v/t ~ les yeux à qn* j-m die Augen öffnen, den Star stechen; **II** *v/pr mes yeux se dessillèrent* da fiel es mir wie Schuppen von den Augen
dessin [desɛ̃] *m* **1.** *résultat* Zeichnung *f*; *~ animé* Zeichentrickfilm *m*; *~ humoristique* Karika'tur *f*; *~ à la plume* Federzeichnung *f*; *~ d'architecture* Bauzeichnung *f*, -plan *m*; F *il faut te faire un ~?* F ka'pierst du denn nicht?; muß ich es dir denn erst lang und breit erklären?; **2.** *action* Zeichnen *n*; *~ industriel* technisches Zeichnen; *~ publicitaire* Werbegrafik *f*; *par ext* Gebrauchsgrafik *f*; *papier m à ~* Zeichenpapier *n*; *planche f à ~* Zeichen-, Reißbrett *n*; *professeur m de ~* Zeichenlehrer *m*; *doué pour le ~* zeichnerisch, für das Zeichnen begabt; *apprendre le ~* zeichnen lernen; **3.** *d'un tissu etc* Muster *n*; Des'sin *n*; **4.** (*lignes*) Zeichnung *f*, Züge *m/pl*; Musterung *f*; *du bois* Maserung *f*
dessina|teur [desinatœʀ] *m* Zeichner *m*; TEXT Dessina'teur *m*; Musterzeichner *m*; *~ humoristique* Karikatu'rist *m*; Cartoo'nist [-tu-] *m*; *~ industriel* technischer Zeichner; *~ publicitaire* Werbegrafiker *m*; *par ext* Gebrauchsgrafiker *m*; *~ de mode* Modezeichner *m*; *~trice f* Zeichnerin *f*
dessiner [desine] **I** *v/t* **1.** zeichnen; *~ au crayon* mit dem Bleistift zeichnen; *adjt bande*(*s*) *dessinée*(*s*) Comic(s) *m*(*pl*); **2.** *contours, formes* her'vortreten lassen; unter'streichen; betonen; **3.** *route ~ une courbe* e-e Kurve machen, beschreiben; **4.** *fig auteur ~ le caractère de qn* j-s Charakter zeichnen; **II** *v/pr se ~* **5.** sich abzeichnen (*sur, à l'horizon* am Horizont) (*a fig*); **6.** *projets* Gestalt annehmen, gewinnen
dessouder [desude] TECH **I** *v/t* auseinan'derschweißen; **II** *v/pr se ~* aufgehen; sich lösen
dessoûler [desule] **I** *v/t ~ qn* j-n nüchtern machen; **II** *v/i* nüchtern werden; ausnüchtern; *il ne dessoûle pas depuis trois jours a* er ist seit drei Tagen betrunken

dessous [d(ə)su] **I** adv **1.** da'runter ou F (unten)drunter; **2.** loc/adv **en ~** dar'unter ou F drunter; unten; an der 'Unterseite; F **par en ~** von unten her; fig: **agir** (F par) **en ~** nicht mit offenen Karten spielen; **regarder** (qn) (F par) **en ~** j-m nicht offen in die Augen sehen; abs keinen offenen Blick haben; **rire** (F par) **en ~** versteckt lachen; in sich hin'einlachen; **II** loc/prép **de ~** unter (+dat) her'vor; **retirer de ~ les décombres** unter den Trümmern her'vorziehen; **en ~ de** cf **au-dessous de**; **III** m **1.** d'objets 'Unterseite f; untere Seite; **2.** (étage m du) **~** untere E'tage; unteres Stockwerk; **les gens du ~** die Leute, die e-e Etage tiefer wohnen; **3.** THÉ 'Unterbühne f; fig **être au trente-sixième ~** völlig depri'miert, ganz verzweifelt sein; **fig connaître, voir le ~ des cartes** die 'Hintergründe (der Angelegenheit) kennen; wissen, was da'hintersteckt; **5.** fig **~ de table** Schmier-, Draufgeld n; **6. ~ de bouteille** etc cf **dessous-de-bouteille** etc; **7.** loc **avoir le ~** unter'legen sein; **8. ~** pl Des'sous n/pl; (Damen)'Unterwäsche f; **9.** fig **~** pl d'une affaire etc 'Hintergründe m/pl

dessous-de-bouteille [d(ə)sudbutɛj] m ⟨inv⟩ Flaschenuntersatz m, -untersetzer m; **~bras** m ⟨inv⟩ COUT Arm-, Schweißblatt n; **~plat** m ⟨inv⟩ Schüsseluntersatz m, -untersetzer m; **~table** m ⟨inv⟩ cf **dessous** 5.; **~verre** m ⟨inv⟩ Gläseruntersatz m, -untersetzer m

dessus [d(ə)sy] **I** adv **1.** dar'auf; F (oben)drauf; fig: **ne comptez pas sur cet appartement, quelqu'un est déjà ~** es speku'liert schon j darauf; **marcher ~ sur un tapis** etc dar'übergehen; **~ sur une pierre** etc drauftreten; fig **mettre la main ~ police** zugreifen; par ext finden; **il lui a tapé ~** er hat auf ihn eingeschlagen; **il lui est tombé ~** er hat sich auf ihn gestürzt; cf a **bras l., sens 4.**; **2.** loc/adv **en ~** oben; auf der oberen Seite; F oben'drauf; **II** loc/prép **de ~** von ... hoch; **enlever qc de ~ la table** etw vom Tisch nehmen; **III** m **1.** d'objets Oberseite f; **2.** (étage m du) **~** obere E'tage; oberes Stockwerk; **les gens du ~** die Leute, die e-e Etage höher wohnen; **3.** THÉ Schnürboden m; **4.** MUS Dis'kant m; **5.** fig **le ~ du panier** die oberen Zehn'tausend; die Creme der Gesellschaft; die High-Society [haɪ sə'saɪətɪ]; **6.** loc **avoir le ~** über'legen sein; die Oberhand gewinnen; **(re)prendre le ~** F sich (wieder) auf-, hochrappeln; wieder auf die Beine kommen

dessus-de-lit [d(ə)sydli] m ⟨inv⟩ Tagesdecke f

déstabilis|ation [destabilizɑsjɔ̃] f POL Destabili'sierung f; **~er** v/t régime etc destabili'sieren

déstalinis|ation [destalinizɑsjɔ̃] f POL Entstalini'sierung f; **~er** v/t entstalini'sieren

destin [dɛstɛ̃] m Schicksal n; st/s Geschick n; **arrêt m du ~** Schicksalsfügung f; Schickung f

destinataire [dɛstinatɛʀ] m Empfänger m; Adres'sat m

destination [dɛstinɑsjɔ̃] f **1.** Bestimmung f; Verwendungszweck m; **rendre une école à sa ~ première** e-e Schule wieder ihrer ursprünglichen Bestimmung zuführen, über'geben; **2.** lieu Bestimmungsort m; Ziel n; **gare f de ~** Bestimmungs-, Zielbahnhof m; train, avion **à ~ de Paris** nach Paris; **arriver à ~** am Bestimmungsort, Ziel ankommen; **partir pour une ~ inconnue** mit unbekanntem Ziel aufbrechen

destinée [dɛstine] f Schicksal n; Los n; st/s Geschick n; **être promis aux plus 'hautes ~s** zu Höherem, zu Großem berufen sein; st/s **unir sa ~ à celle de qn** mit j-m den Bund fürs Leben schließen

destiner [dɛstine] **I** v/t **1. ~ qn à qc** j-n zu etw bestimmen, ausersehen; **2. ~ qc à qn** etw für j-n bestimmen, ausersehen; adjt **être destiné à qn** für j-n bestimmt sein; j-m zugedacht sein; **remarque a ~** im gelten; **3. ~ qc à qc** etw für etw bestimmen; **être destiné à** bestimmt sein für ou zu; sollen (+inf); un titre **destiné à éveiller la curiosité** der die Neugier wecken soll; **II** v/pr **se ~ à l'enseignement** den Lehrberuf wählen

destituer [dɛstitɥe] v/t absetzen; **~ qn de ses fonctions** j-n aus s-m Amt entlassen; st/s Amtes entheben

destitution [dɛstitysjɔ̃] f Absetzung f; Dienstentlassung f; Amtsenthebung f

destrier [dɛstʀije] m HIST Streitroß n

destroyer [dɛstʀwaje] m MAR Zerstörer m

destruct|eur [dɛstʀyktœʀ] **I** adj ⟨-trice⟩ zerstörerisch; fig a destruk'tiv; **II** subst **~, destructrice** m,f Zerstörer(in) m(f); Vernichter(in) m(f); **~ible** adj zerstörbar; **~if** adj ⟨-ive⟩ Zerstörungs...; zerstörerisch; fig a destruk'tiv

destruction [dɛstʀyksjɔ̃] f **1.** Zerstörung f; Vernichtung f; **moyen m de ~ massive** Massenvernichtungsmittel n; **2. de parasites** etc Vernichtung f; Vertilgung f

déstructurer [destʀyktyʀe] v/t die Struk'tur auflösen (+gén)

désuet [dezɥɛ, des-] adj ⟨-ète [-ɛt]⟩ aus der Mode gekommen; altmodisch; anti'quiert

désuétude [dezɥetyd, des-] f loc **tomber en ~** außer Gebrauch, aus der Mode kommen; unüblich werden; veralten

désuni [dezyni] adj **1.** entzweit; zerstritten; **2.** sportif aus dem Tritt, Rhythmus gekommen

désunion [dezynjɔ̃] f Zwietracht f; Zwist(igkeit) m(f); **semer la ~** Zwietracht säen, stiften

désunir [dezyniʀ] v/t famille etc entzweien

détachable [detaʃabl(ə)] adj abreißbar; Abreiß-...

détach|age [detaʃaʒ] m (chemische) Fleck(en)entfernung f (**de qc** aus etw); **~ant** m Fleck(en)entfernungsmittel n, -entferner m; Fleckenwasser n

détaché [detaʃe] adj **1.** pièce **~e** Einzelteil n; (pièce de rechange) Ersatzteil n; **2.** air etc gleichgültig; unbeteiligt; uninteressiert; **être détaché de qc** an etw (dat) nicht mehr interes'siert sein; **3.** fonctionnaire vor'übergehend e-r anderen Dienststelle zugeteilt

détachement [detaʃmɑ̃] m **1.** erloschenes Inter'esse ([**à l'égard**] **de qc** an etw [dat]); par ext Gleichgültigkeit f; **avec ~** gleichgültig; **2.** MIL (Sonder)Trupp m, (-)Ab'teilung f, (-)Kom'mando n; **3. être en ~** MIL abkommandiert sein; par ext abgestellt, abgeordnet sein; fonctionnaire a vor'übergehend e-r anderen Dienststelle zugeteilt sein

détacher¹ [detaʃe] **I** v/t **1.** lösen; los-, abmachen; los-, abreißen; abtrennen; chien losbinden; ceinture de sécurité abnehmen; lacets lösen; feuille abreißen (**de** von); barque losmachen, -binden; remorque abhängen; (**ne pas**) **arriver à ~ qc** etw (nicht) los-, abbekommen, F -kriegen; **2.** mots, syllabes getrennt aussprechen; lettres getrennt schreiben; PEINT motif deutlich her'vorheben; **3. ~ qn** MIL j-n abkommandieren; par ext j-n abstellen, abordnen; fonctionnaire vor'übergehend e-r anderen Dienststelle zuteilen; **4.** fig **~ qn de qn** j-n von j-m lösen, trennen; j-n j-m entfremden; **5. ne pas pouvoir ~ ses yeux de qc** s-e Augen nicht von etw losreißen, abwenden, lösen können; **II** v/pr **6. se ~** rocher sich lösen; abgehen; chien sich losmachen, -reißen; feuille abfallen (**de l'arbre** vom Baum); coureur **se ~ du peloton** sich vom Hauptfeld lösen; das Hauptfeld hinter sich lassen; **7.** fig **se ~ de qc** sich nicht mehr für etw interes'sieren; sein Inter'esse an etw (dat) verlieren; fig **se ~ de qn** sich (gefühlsmäßig) von j-m lösen, **8. se ~ sur qc** sich scharf abzeichnen, abheben gegen etw

détacher² [detaʃe] v/t die Flecken entfernen (**qc** aus etw)

détail [detaj] m **1.** COMM (**commerce m de**) **~** Einzel-, Kleinhandel m; **vente f au ~** Verkauf m im Einzel-, Kleinhandel; Einzel-, Kleinverkauf m; **prix m de ~** Einzelhandelspreis m; **2.** Einzelheit f; De'tail n; **en ~** im einzelnen; ausführlich; **raconter qc en ~, dans le ~** etw im einzelnen, in allen Einzelheiten, ganz ausführlich, lang und breit erzählen; **entrer dans les ~s** auf (die) Einzelheiten eingehen; ins Detail gehen; **se perdre dans les ~s** sich in (den) Einzelheiten verlieren; sich verzetteln; **3.** d'un compte etc ausführliche, detail'lierte Aufstellung; **~ des dépenses** detaillierte Kostenaufstellung; F fig **ne pas faire de** ou **le ~** sich nicht mit Einzelheiten aufhalten; alles über einen Kamm scheren; **4.** (vétille) Kleinigkeit f; loc/adj **de ~** unwichtig; nebensächlich; unwesentlich; **c'est un ~** das ist e-e Kleinigkeit; das ist ganz ohne Bedeutung

détaill|ant [detajɑ̃] m, **~ante** f COMM Einzel-, Kleinhändler(in) m(f); adjt **épicier détaillant** Lebensmitteleinzelhändler m

détaillé [detaje] adj detail'liert; ausführlich; ins einzelne gehend

détailler [detaje] v/t **1.** COMM **a)** im, über den Einzelhandel verkaufen, vertreiben; **b)** in kleineren Mengen ou einzeln, stückweise verkaufen; **2. ~ qn des pieds à la tête** von Kopf bis Fuß eingehend mustern; **3.** st/s **~ qc** etw im einzelnen ausführen; etw detail'lieren

détaler [detale] v/i F abhauen; Reiß'aus nehmen; verduften

détartr|age [detaʀtʀaʒ] m Entkalkung f; **~ant** m produit Entkalker m

détartrer [detaRtRe] v/t **a)** entkalken; **b)** den Zahnstein entfernen (*les dents von den Zähnen*)

détaxe [detaks] f **a)** *réduction* Steuer-, Gebührenermäßigung f, -nachlaß m; **b)** *suppression* Steuer-, Gebührenbefreiung f, -erlaß m

détaxer [detakse] v/t ~ *qc* die Steuer, mit der etw belegt ist, senken *ou supprimer* aufheben; *adj* **détaxé** steuerermäßigt *ou* -frei

détecter [detɛkte] v/t **1.** feststellen; regi'strieren; *fuite etc* auffinden; ausfindig machen; *AVIAT, MAR* orten; **2.** *fig réseau etc* aufspüren, -decken

détecteur [detɛktœR] m *TECH* De'tektor m (*a RAD*), Anzeigegerät n; ~ *de gaz* Gasspürgerät n; ~ *d'incendie* au to'matischer Feuermelder; ~ *de mensonge* Lügendetektor m; *MIL* ~ *de mines* Minensuchgerät n

détection [detɛksjõ] f **1.** Feststellung f; Auffindung f; *AVIAT, MAR* Ortung f; **2.** *fig* Aufspürung f, -deckung f

détective [detɛktiv] m ~ (*privé*) (Pri'vat)Detek'tiv m; *agence f de ~s privés* Detek'tei f

déteindre [detɛ̃dR(ə)] v/i ⟨cf *peindre*⟩ **1.** *tissu* aus-, verbleichen; verschießen; die Farbe verlieren; **2.** ~ *sur* abfärben auf (+*acc*) (*a fig*)

dételer [detle] ⟨-ll-⟩ **I** v/t **1.** *cheval etc* aus-, abspannen (*a voiture*); aus-, abschirren; **2.** *CH DE FER* abkuppeln; **II** v/i *loc/adv fig sans ~* ohne aufzuhören; ununterbrochen

détendeur [detɑ̃dœR] m *TECH* Druckminderungsventil n

détendre [detɑ̃dR(ə)] ⟨*cf rendre*⟩ **I** v/t **1.** *arc etc* entspannen; die Spannung vermindern, lockern (+*gén*); **2.** *fig situation, relations, esprit* entspannen; **II** v/pr *se* ~ **3.** *arc etc* die Spannung verlieren; erschlaffen; nachgeben; **4.** *PHYS fluide* expan'dieren; sich ausdehnen; **5.** *fig personne, situation* sich entspannen

détendu [detɑ̃dy] *adj* entspannt (*a fig personne, situation*); *corde a* locker; schlaff; *élastique* ausgeleiert

détenir [detniR] v/t ⟨*cf venir*⟩ **1.** behalten; bewahren; besitzen; ~ *un document* ein Dokument besitzen; im Besitz e-s Dokumentes sein; **2.** *fig record* halten; *pouvoir* besitzen; *poste, titre* innehaben; *secret* bewahren; **3.** ~ *qn* j-n festhalten, gefangenhalten, in Haft halten

détente [detɑ̃t] **1.** *d'une arme à feu* Abzug m; F *fig être dur à la* ~ **a)** (*être avare*) geizig, F knick(e)rig sein; **b)** (*être obstiné*) stur sein; **c)** (*ne pas comprendre*) schwer von Begriff, F Ka'bee sein; F e-e lange Leitung haben; **2.** *d'un ressort etc* Entspannung f; Lockerung f; Erschlaffung f; **3.** *fig d'une personne, d'une situation etc* Entspannung f; *politique f de ~* Entspannungspolitik f; **4.** *SPORTS* Wurf- *ou* Sprungvermögen n; **5.** *PHYS* Entspannung f; Expansi'on f; Ausdehnung f

déten|teur [detɑ̃tœR], **~trice** m,f **1.** Besitzer(in) m(f); **2.** *fig d'un poste etc* Inhaber(in) m(f); *d'un secret* Bewahrer(in) m(f); ~ *d'un record* Re'kordhalter(in) m(f)

détention [detɑ̃sjõ] f **1.** Besitz m; ~ *d'armes* Waffenbesitz m; **2.** Haft f; ~ *provisoire, autrefois* ~ *préventive* Unter'suchungshaft f

détenu [detny] **I** *adj* inhaf'tiert; **II** *subst* ~(*e*) m(f) Inhaf'tierte(r) f(m); Häftling m

détergent [detɛRʒɑ̃] **I** *adj* reinigend; Reinigungs...; waschaktiv; **II** m Reinigungs-, Wasch-, Spülmittel n; ~*s* pl t/t Ten'side n/pl; Deter'genzien pl; Netzmittel n/pl

détérioration [deterjɔRasjõ] f **1.** Beschädigung f; **2.** *fig* Verschlechterung f; Verschlimmerung f

détériorer [deterjɔRe] **I** v/t **1.** *objet* beschädigen; **2.** *fig situation, relations* verschlechtern; verschlimmern; *santé* schaden (+*dat*); **II** v/pr *se* ~ **3.** beschädigt, schadhaft werden; leiden; verlottern; verkommen; **4.** *fig* sich verschlechtern; sich verschlimmern

déterminant [detɛRminɑ̃] **I** *adj* bestimmend; entscheidend; ausschlaggebend; **II** m **1.** *LING* Begleiter m des Substantivs; **2.** *MATH* Determi'nante f

déterminatif [detɛRminatif] *adj* ⟨-ive⟩ *LING adjectif* ~ attribu'tives Pro'nomen (und Zahlwort); *complément* ~ nähere Bestimmung; Attri'but n

détermination [detɛRminasjõ] f **1.** Bestimmung f; Festlegung f, -stellung f; Ermittlung f; *MAR, AVIAT* ~ *de la position* Standortbestimmung f; **2.** *LING* nähere Bestimmung; **3.** *PHILOS* Determi'niertheit f; **4. a)** Entschluß m; Entscheidung f; *prendre une* ~ e-n Entschluß fassen; e-e Entscheidung treffen; **b)** Entschlossenheit f; *agir avec* ~ entschlossen handeln

déterminé [detɛRmine] **I** *adj* **1.** *quantité, lieu etc* bestimmt; **2.** *PHILOS* determi'niert; **3.** *personne, air* entschlossen; **II** m *LING* näher bestimmtes Substantiv

déterminer [detɛRmine] **I** v/t **1.** *distance, espèce etc* bestimmen; *lieu, date* festlegen; *cause* feststellen; ermitteln; *action commune etc* beschließen; festlegen; **2.** *LING* näher bestimmen; **3.** ~ *qn à* (+*inf*) j-n bestimmen, bewegen, veranlassen zu (+*inf*); **4.** *réaction etc* bewirken; her'vorrufen; **5.** *PHILOS* determi'nieren; **II** v/pr *se* ~ (*à qc ou à* +*inf*) sich entschließen, sich 'durchringen (zu etw *ou* zu +*inf*); sich entscheiden (für etw)

détermin|isme [detɛRminism(ə)] m *PHILOS* Determi'nismus m; **~iste** *PHILOS* **I** *adj* determi'nistisch; **II** m Determi'nist m

déterré [detɛRe] m *loc avoir une mine de* ~ leichen-, totenblaß aussehen, sein

déterrer [detɛRe] v/t **1.** *plante, trésor etc* ausgraben; **2.** *fig* her'vorrufen; F ausfindig machen

détersif [detɛRsif] *adj* ⟨-ive⟩ *et subst m cf détergent*

détestable [detɛstabl(ə)] *adj* verabscheuungswürdig; ab'scheulich; scheußlich

détester [detɛste] v/t **1.** verabscheuen; hassen; nicht ausstehen können; ~ (*s/s de*) *faire qc* es hassen, etw tun zu müssen; *il se fait* ~ *de tout le monde* er macht sich bei jedermann verhaßt; ~ *ne pas* ~ ganz gern(e) mögen; *ne pas* ~ *boire, danser etc* ganz gern(e) einmal etwas trinken, einmal tanzen *etc*

détonant [detɔnɑ̃] *adj* explo'siv; *mélange* ~ explosives Gemisch

détona|teur [detɔnatœR] m **1.** Initi'alzünder m; Zündmittel n; Deto'nator m; **2.** *fig* auslösendes Ele'ment; **~tion** f Detonati'on f; Knall m

détoner [detɔne] v/i deto'nieren

détonner [detɔne] v/i **1.** *MUS* deto'nieren; unsauber, falsch singen *ou* spielen; **2.** *fig* nicht passen (*dans* in +*acc*; *avec* zu); *abs a* aus dem Rahmen fallen

détordre [detɔRdR(ə)] v/t ⟨*cf rendre*⟩ aufdrehen; *corde* aufdröseln

détortiller [detɔRtije] v/t **1.** aufwickeln; aufdrehen

détour [detuR] m **1.** Biegung f; Krümmung f; Windung f; *les tours et les ~s de la rivière* die vielen Windungen des Flusses; *au* ~ *du chemin* hinter, in der Wegbiegung, -krümmung; **2.** 'Umweg m; *faire un* ~ e-n Umweg machen; *valoir le* ~ e-n Umweg lohnen; **3.** *fig* 'Umweg m; Winkelzug m; Ausflucht f; *personne f sans* ~ offene und ehrliche, biedere Person; *parler sans* ~(*s*) ohne 'Umschweife, freiher'aus, geradeher'aus, frei von der Leber weg reden

détourné [detuRne] *adj d'une façon* ~*e* auf indirekte Weise; indirekt; *par des moyens* ~*s, par des voies* ~*es* auf 'Umwegen

détournement [detuRnəmɑ̃] m **1.** 'Umleitung f; **2.** ~ *d'avion* Flugzeugentführung f; **3.** *JUR* ~ *de fonds* Unter'schlagung f, Veruntreuung f von Geldern; ~ *de mineur* Verführung f Minderjähriger

détourner [detuRne] **I** v/t **1.** *cours d'eau, circulation* 'umleiten; **2.** *avion* entführen; **3.** *tête, regard* ab-, wegwenden; **4.** *fig* ~ *qn de qc* j-n von etw abbringen; **5.** *fig les soupçons de qn* zerstreuen; *sur qn* auf j-n lenken, wälzen; ~ *la conversation* vom Thema ablenken; **6.** *JUR* ~ *des fonds* Gelder unter'schlagen, veruntreuen; ~ *un mineur* Minderjährigen verführen; **II** v/pr *se* ~ sich abwenden

détrac|teur [detRaktœR] m, **~trice** f Verleumder(in) m(f)

détraqué [detRake] **I** *adj* **1.** gestört; F ka'putt; **2.** F *santé* angegriffen; *estomac* verdorben; F verkorkst; *nerfs* zerrüttet; *temps* schlecht; F *mies*; *avoir le cerveau* ~, *être* ~ verrückt, F 'übergeschnappt sein; *cf a cinglé*; **II** *subst* F ~(*e*) m(f) Verrückte(r) f(m); F 'Übergeschnappte(r) f(m)

détraquement [detRakmɑ̃] m Störung f; F Ka'puttgehen n

détraquer [detRake] **I** v/t **1.** *mécanisme etc* F ka'puttmachen; **2.** F *santé* angreifen; *estomac* verderben; F verkorksen; *nerfs* zerrütten; *cela lui a détraqué le cerveau* F das hat ihn um den Verstand gebracht; **3.** F ~ *qn* j-m nicht gut bekommen; F j-n fertigmachen; **II** v/pr *se* ~ **4.** F ka'puttgehen; **5.** F *temps* schlecht, F mies werden; **6.** F *se* ~ *l'estomac* sich den Magen verderben, F verkorksen

détrempe [detRɑ̃p] f *PEINT* **a)** *couleur* Temperafarbe f; **b)** *œuvre* Temperamalerei f

détrempé [detRɑ̃pe] *adj sol* aufgeweicht

détremper [detRɑ̃pe] v/t **1.** *couleurs,*

détresse – développement

mortier anrühren; **2.** *pluie*: *sol* aufweichen

détresse [detʀɛs] *f* **1.** *sentiment* Verlorenheit *f*; Verzweiflung *f*; äußerste Not; *cri m de* ~ Notschrei *m*; **2.** *situation* Not(lage) *f*; Bedrängnis *f*; (*misère*) Elend *n*; *être dans la* ~ in Not, Bedrängnis, im Elend sein; **3.** *MAR* Seenot *f*; *AUTO feux m/pl de* ~ Warnblinkanlage *f*, -blinklicht *n*; *signal m de* ~ Notsignal *n*; *loc/adj en* ~ in Seenot; *avion* in e-r Notsituation

détriment [detʀimɑ̃] *m loc/prép au* ~ *de* zum Schaden, Nachteil von (*ou* +*gén*); auf Kosten (+*gén*)

détritus [detʀitys] *m/pl* Abfall *m*; Müll *m*

détroit [detʀwa] *m* Meerenge *f*; Straße *f*; ~ *de Béring* Beringstraße *f*; ~ *de Gibraltar* Straße, Meerenge von Gibraltar

détromper [detʀɔ̃pe] **I** *v/t* ~ *qn* j-n von s-m Irrtum befreien, e-s Besseren belehren; j-n über s-n Irrtum aufklären; **II** *v/pr* *détrompez-vous!* glauben Sie es nicht!

détrôner [detʀone] *v/t* entthronen (*a fig*)

détrousser [detʀuse] *v/t litt ou plais* überfallen und ausplündern

détruire [detʀɥiʀ] ⟨*cf conduire*⟩ **I** *v/t* **1.** *ville etc* zerstören; **2.** *parasites, documents etc* vernichten; *parasites a* vertilgen; **3.** *fig* zerstören; *santé* rui'nieren; zerrütten; *espoirs, projets* zu'nichte machen; **II** *v/pr* *se* ~ **4.** *arguments etc* sich auflösen, -heben; **5.** (*se suicider*) s-m Leben ein Ende setzen

dette [dɛt] *f* **1.** *COMM* Schuld *f*; ~ *publique* Staatsschuld(en) *f(pl)*; Schulden der öffentlichen Hand; ~ *d'honneur* Ehrenschuld *f*; ~*s de jeu* Spielschulden *f/pl*; *contracter, faire des* ~ Schulden machen; *prov qui paye ses* ~ *s'enrichit* wer s-e Schulden bezahlt, wird reich; *cf a criblé*; **2.** *fig* Schuld *f*; (mo'ralische) Verpflichtung; *acquitter une* ~ *de reconnaissance* e-e Dankesschuld abtragen; *avoir une* ~ *envers qn* in j-s Schuld (*dat*) stehen; *payer sa* ~ *à la société* s-e Strafe verbüßen

DEUG *ou* **D.E.U.G.** [dœg] *m abr* (*diplôme d'études universitaires générales*) Abschlußprüfung *f*, -diplom *n* des „premier cycle" (*nach 2 Studienjahren*)

deuil [dœj] *m* **1.** Trauer *f*; ~ *national* Staatstrauer *f*; *jour m de* ~ Trauertag *m*; *plonger dans le* ~ in Trauer versetzen; ♦ *F fig faire son* ~ *de qc* F etw abschreiben, in den Mond, in den Schornstein schreiben; **2.** (*vêtement m de*) ~ Trauerkleidung *f*; *être en* ~ in Trauer sein; *porter le* ~ Trauer(kleider) tragen; *porter le* ~ *de qn* um j-n trauern; *prendre le* ~ Trauer(kleidung) anlegen; ♦ F *fig avoir les ongles en* ~ F Trauerränder an den Fingernägeln haben; **3.** (*décès*) Trauerfall *m*; **4.** *durée* Trauerzeit *f*

deus ex machina [deysɛksmakina] *m* THÉ *et fig* Deus ex machina *m*

deutérium [døteʀjɔm] *m* CHIM Deu'terium *n*; schwerer Wasserstoff

deutsche mark [dœtʃmaʀk] *m* D-Mark *f*

deux [dø] **I** *num/o* **1.** zwei; *les* ~ beide; die beiden; *tous* (*les*) ~ alle beide, zwei; *leurs enfants et les* ~ *miens* und meine beiden; ♦ *Élisabeth II* Elisabeth II. (die Zweite); *le* ~ *mai* der zweite *ou* am zweiten Mai; GR *les* ~ *points* der Doppelpunkt; *tome m* ~ Band *m* zwei; ♦ *loc/adj*: *à* ~ *étages* zweigeschossig, -stöckig; mit zwei Stockwerken, Etagen; *enfant m de* ~ *ans* zweijähriges Kind; Kind *n* von zwei Jahren; *mère f de* ~ *enfants* Mutter *f* zweier Kinder *ou* von zwei Kindern; *voyage m de* ~ *jours* zweitägige Reise; *mot m de* ~ *syllabes* zweisilbiges Wort; ♦ *loc/adv*: *à* ~ zu zweit; zu zweien; *à nous* ~ (*maintenant*)! a) (*je m'occupe de vous*) und nun zu uns beiden!; b) *menaçant* ich habe mit dir *ou* Ihnen ein Wörtchen zu reden, F ein Hühnchen zu rupfen!; *dans* ~ *ou trois mois* in zwei bis drei Monaten; in zwei, drei Monaten; *couper en* ~ in zwei Teile schneiden; *partager en* ~ hal'bieren; *entre les* ~ halb so, halb so; so weit zwischen Zwischen-, Mittelding; ~ *par* ~ *ou à* ~ je zwei und zwei; immer zwei; paarweise; ♦ *il est* ~ *heures* es ist zwei (Uhr); *l'exactitude et lui, cela fait* ~ das ist zweierlei; F das sind zwei Paar Stiefel; *fig c'est clair comme* ~ *et* ~ *font quatre* das ist doch sonnenklar; *prov jamais* ~ *sans trois* aller guten Dinge sind drei (*prov*); **2.** *par ext*: *à* ~ *pas d'ici* ein paar Schritte von hier; F *en moins de* ~ F in Null Komma nichts; *en* ~ *secondes* in ein paar, in wenigen Sekunden; *j'ai* ~ *mots à vous dire* ich habe ein Wörtchen mit Ihnen zu reden; *expliquer qc en* ~ *mots* etw in, mit wenigen Worten *ou* mit ein paar Worten erklären; **II** *m* Zwei *f*; *südd a* Zweier *m*; ~ *de cœur* Herzzwei *f*; *aux dés faire un* ~ e-e Zwei, zwei Augen würfeln; ♦ *le* ~ (*du mois*) der Zweite *ou* am Zweiten (des Monats); TV F *sur la* ~ im Zweiten (*Programm*); *habiter au* ~ Hausnummer zwei wohnen; *prendre le* ~ den Zweier(bus) *ou* die Zwei (*tramway*) nehmen

deuxième [døzjɛm] **I** *num/o* zweite(r, -s); **II** *subst* **1.** *le, la* ~ der, die, das zweite (*dans l'ordre*) *ou* der, die, das Zweite (*selon le mérite ou rang*); *arriver le* ~ als zweiter ankommen; **2.** *m* zweiter Stock; zweite E'tage; *habiter au* ~ im zweiten Stock, F zwei Treppen hoch wohnen

deuxièmement [døzjɛmɑ̃] *adv* zweitens

deux|-mâts [døma] *m* ⟨*inv*⟩ MAR Zweimaster *m*; ~**-pièces** *m* ⟨*inv*⟩ **1.** *maillot de bain* zweiteiliger Badeanzug; F Zweiteiler *m*; **2.** *costume* Jackenkleid *n*; Deux-pièces *n*; F Zweiteiler *m*; **3.** *appartement* Zwei'zimmerwohnung *f*; ~**-places** *m* ⟨*inv*⟩ AUTO Zweisitzer *m*; ~**-points** *m* ⟨*inv*⟩ Doppelpunkt *m*

Deux-Ponts [døpɔ̃] Zwei'brücken *n*

deux-roues [døʀu] *m* ⟨*inv*⟩ Zweirad *n*

Deux-Sèvres [døsɛvʀ(ə)] *les* ~ *f/pl frz* Departement

deux-temps [døtɑ̃] *m* ⟨*inv*⟩ Zweitakter *m*; Zweitaktmotor *m*

deuzio [døzjo] F *adv* zweitens

dévaler [devale] **I** *v/t* *personne*: *escalier etc* hin'unter-, hin'abeilen, -stürzen; *véhicule*: *pente* sehr schnell hin'unter-, hin'abfahren; **II** *v/i* *rocher, torrent* hin'unter-, hin'abstürzen

dévaliser [devalize] *v/t* **1.** ~ *qn* j-n ausplündern, -rauben; **2.** *fig magasin* plündern; leer kaufen

dévalorisation [devalɔʀizasjɔ̃] *f* COMM, FIN Entwertung *f*; Wertverlust *m*, -minderung *f*

dévaloriser [devalɔʀize] **I** *v/t* **1.** *argent* entwerten; *marchandise etc* wertlos machen; **2.** *fig* den Wert schmälern, her'absetzen (+*gén*); **II** *v/pr* *se* ~ s-n Wert verlieren; wertlos werden

dévalu|ation [devalɥasjɔ̃] *f d'une monnaie* Abwertung *f*; ~**er** *v/t* abwerten

devancement [dəvɑ̃smɑ̃] *m* Zu'vorkommen *n*

devancer [d(ə)vɑ̃se] *v/t* ⟨-ç-⟩ **1.** ~ *qn, qc dans le temps* vor j-m, e-r Sache kommen; j-m, e-r Sache vor'angehen; *dans une tâche* j-m, e-r Sache zu'vorkommen; ~ *une question* e-r Frage zuvorkommen; **2.** *fig rival etc* über'treffen; über'flügeln; vor'aus, über'legen sein (*qn* j-m); **3.** MIL ~ *l'appel* den (Grund)Wehrdienst vorzeitig ableisten

devanc|ier [dəvɑ̃sje] *m*, ~**ière** *f* Vorgänger(in) *m(f)*

devant [d(ə)vɑ̃] **I** *prép* **1.** *lieu et ordre* vor (+*dat question «où?»*; +*acc question «wohin?»*); *aller* ~ *la maison* vor das Haus gehen; *être* ~ *la maison* vor dem Haus sein; *regarde* ~ *toi!* schau vor dich!; **2.** *fig* vor (+*dat*); angesichts (+*gén*); gegen'über (+*dat*); ~ *le danger* angesichts der Gefahr; ~ *la loi* vor dem Gesetz; *l'avenir est* ~ *nous* die Zukunft liegt vor uns; *faire qc* ~ *qn* etw vor j-m *ou* in j-s Gegenwart machen; ♦ *aller droit* ~ *soi* gerade'aus gehen; *fig* s-n Weg unbeirrt gehen; *avoir de l'argent* ~ *soi* e-e finanzielle Rücklage haben; Geld auf der hohen Kante haben; **II** *adv* vorn(e); *avec des verbes de mouvement* vor'aus...; vor'an...; *loin* ~ weit vorn(e); *aller, courir* ~ voraus-, vorangehen, -laufen; *être assis deux rangs* ~ zwei Reihen weiter vorn(e) sitzen; *monter* ~ vorn(e) einsteigen; *passez* ~! gehen Sie voran, voraus!; *cf a passer 20. d*); *regarder* ~ nach vorn(e) schauen; **III** *m* **1.** Vorderfront *f*, -seite *f*; vorderer Teil; *loger sur le* ~ zur Straße, nach vorn(e) (hin'aus) wohnen; **2.** *loc prendre les* ~ vor'aus-, vor'angehen, -eilen; *fig* j-m zu'vorkommen; schneller als der andere sein; **3.** *loc/adj de* ~ Vorder-...; *vorde're(r, -s); *patte f de* ~ Vorderpfote *f*

devanture [d(ə)vɑ̃tyʀ] *f* Schaufenster(-front) *n(f)*; (*étalage*) Auslage *f*

dévast|ateur [devastatœʀ] *adj* ⟨-trice⟩ **1.** *tempête etc* verheerend; **2.** *fig passion* zerstörerisch; unheilvoll; ~**ation** *f* Verwüstung *f*; Verheerung *f*

dévaster [devaste] *v/t* **1.** *région etc* verwüsten; verheeren; *récoltes* vernichten; **2.** *fig* zu'grunde richten; *st/s* verwüsten

déveine [devɛn] F *f* Pech *n*

développé [devlɔpe] *m* HALTÉROPHILIE Drücken *n*

développement [devlɔpmɑ̃] *m* **1.** BIOL Entwicklung *f*; *par ext des muscles* Kräftigung *f*; ~ *intellectuel* geistige Entwicklung *f*; **2.** *fig, a* ÉCON (Aufwärts-) Entwicklung *f*; Aufschwung *m*; Entfaltung *f*; *de la production a* Steigerung *f*;

Erweiterung *f*; *d'une entreprise a* Expansi'on *f*; *des sciences* (Weiter')Entwicklung *f*; *des relations* Ausbau *m*; *d'une maladie* Fortschreiten *n*; **pays *m* en voie de ~** Entwicklungsland *n*; *pays être en plein* **~** e-n großen, bedeutenden Aufschwung nehmen, erleben; **3.** *d'un thème etc* Ausführung *f*; Erläuterung *f*; *dans une dissertation* Ausführung *f*; Hauptteil *m*; **4.** *MUS* 'Durchführung *f*; **5. ~s** *pl d'une affaire* Folgen *f*/*pl*; **6.** *PHOT* Entwicklung *f*; Entwickeln *n*; **appareil *m* photo à ~ instantané** So'fortbildkamera *f*; **7.** *d'un vélo* Über'setzung *f*

développer [devlɔpe] **I** *v*/*t* **1.** *BIOL* sich entwickeln lassen; *par ext muscles* ausbilden; kräftigen; *corps* stählen; ertüchtigen; *adjt*: **être bien développé *muscles, corps*** gut entwickelt sein; *muscles a* gut ausgebildet sein; **poitrine très développée** stark entwickelter Busen; **2.** *fig* entwickeln; entfalten; zur Entfaltung bringen; *ÉCON production etc* entwickeln; steigern; erweitern; *une industrie etc* entwickeln; e-n Aufschwung verleihen (+*dat*); *relations* ausbauen; entwickeln; **3.** *plan, idées, argument etc* näher ausführen; erläutern; entwickeln; **4.** *PHOT* entwickeln; **5.** *vélo* **~ sept mètres** bei e-r Pe'dalumdrehung sieben Meter zu'rücklegen; **6.** *moteur; puissance* entwickeln; **7.** *paquet* auspacken; **II** *v*/*pr* **se ~ 8.** *BIOL* sich entwickeln; **9.** *fig talent etc* sich entwickeln, entfalten; *ÉCON* sich aufwärts entwickeln

devenir [dəvniʀ, dvəniʀ] **I** *v*/*i* ⟨*cf* venir⟩ **1.** werden; **~ célèbre** berühmt werden; **~ actrice** Schauspielerin werden; **2.** *dans des interrogatives:* **qu'allons-nous ~?** was wird aus uns werden?; **qu'est devenu votre projet?** was ist aus Ihrem Plan geworden?; **que devenez-vous?, qu'est-ce que vous devenez?** was machen, F treiben Sie denn (so)?; **II** *n PHILOS* Werden *n*

dévergondage [devɛʀgõdaʒ] *m* Zügellosigkeit *f*; Schamlosigkeit *f*; Ausschweifungen *f*/*pl*; zügel-, schamloses Verhalten

dévergondé [devɛʀgõde] **I** *adj personne, vie etc* zügellos; ausschweifend; *femme a* schamlos; *propos* fri'vol; schlüpfrig; **II** *subst* **~(e)** *m*(*f*) *j*-*d*, der ein ausschweifendes, zu freies Leben führt; schamlose Per'son

dévergonder [devɛʀgõde] *v*/*pr* **se ~** ein ausschweifendes, zu freies Leben führen; *p*/*fort* alle Scham verlieren

déverrouiller [devɛʀuje] *v*/*t* ent-, aufriegeln

devers [dɔvɛʀ] *cf* **par-devers**

déversement [devɛʀsəmã] *m* Abfließen *n*; Ableiten *n*; Entleeren *n*

déverser [devɛʀse] **I** *v*/*t* **1.** *eau etc* (ab-)fließen lassen; ablassen; ableiten; entleeren; *par ext sable* ausschütten, -kippen; **2.** *fig train: voyageurs* F ausspukken; *produits* **~ sur le marché** auf den Markt werfen; **3.** *fig colère* entladen; **II** *v*/*pr* **se ~** sich ergießen; abfließen

déversoir [devɛʀswaʀ] *m* 'Überlauf (-vorrichtung) *m*(*f*)

dévêtir [devetiʀ] ⟨*cf* vêtir⟩ **I** *v*/*t* aus-, entkleiden; **II** *v*/*pr* **se ~** sich aus-, entkleiden, ausziehen

dévi|ance [devjãs] *f SOCIOLOGIE* normabweichendes Verhalten; Devi'anz *f*; **~ant** *adj* von der Norm abweichend; devi'ant

déviation [devjasjõ] *f* **1.** *de la circulation* 'Umleitung *f*; **prendre une ~** e-e Umleitung fahren; **2.** *PHYS* Ablenkung *f*; **3.** *d'un projectile* Deviati'on *f*; Abweichung *f*; **4.** *d'un instrument de mesure* Ausschlag *m*; **5.** *MÉD* **~ de la colonne vertébrale** Rückgratkrümmung *f*; **6.** *fig, POL* Abweichung *f*; **7.** *morale* Verirrung *f*

déviationn|isme [devjasjɔnism(ə)] *m POL* mangelnde Linientreue; Abweichung *f* von der par'teipolitischen Linie; Abweichlertum *n*; **~iste** *POL* **I** *adj* nicht linientreu; abweichlerisch; **II** *m*,*f* Abweichler(in) *m*(*f*)

dévid|er [devide] *v*/*t* abhaspeln; abwickeln; **~oir** *m* **1.** *TEXT* Haspel *f*; **2.** *pour tuyau d'arrosage* Schlauchrolle *f*

dévier [devje] **I** *v*/*t* **1.** *circulation* 'umleiten; **2.** *PHYS* (*faire*) **~** ablenken; **II** *v*/*i* **3.** *projectile etc* (von s-r Richtung) abweichen; *aiguille d'un instrument de mesure* ausschlagen; **4.** *fig conversation* e-e andere Richtung nehmen; *doctrine* sich in e-e andere Richtung weiterentwickeln; vom ursprünglichen Ziel abweichen; *personne* **~ de ses principes** von s-n Prinzipien abweichen, abgehen

devin [dəvɛ̃] *m*, **devineresse** [dəvinʀɛs] *f* Wahrsager(in) *m*(*f*); Hellseher(in) *m*(*f*); *ANTIQUITÉ* Seher(in) *m*(*f*); *fig* **je ne suis pas devin** ich bin (doch) kein Hellseher

deviner [d(ə)vine] *v*/*t* **1.** *énigme* raten; lösen; *pensées, intentions, secret* erraten; *avenir* ahnen; *abs:* **devine!** rate mal!; **vous ne devinerez jamais** Sie erraten es nie; Sie werden nie darauf kommen; **j'avais deviné juste** ich hatte richtig geraten, F getippt; **je ne pouvais pas ~ qu'il viendrait** ich konnte nicht ahnen, daß er kommt *ou* kommen würde; **2.** *st*/*s* **~ qn** *j*-*n* durch-'schauen

devineresse *cf* **devin**

devinette [d(ə)vinɛt] *f* **a)** Rätsel *n*; Rateaufgabe *f*; Scherzfrage *f*; **poser une ~** ein Rätsel aufgeben; **b) ~s** *pl* Ratespiel *n*; **jouer aux ~s** ein Ratespiel spielen, machen

devis [d(ə)vi] *m* Kostenvoranschlag *m*

dévisager [devizaʒe] *v*/*t* ⟨-geons⟩ anstarren

devise [d(ə)viz] *f* **1.** De'vise *f*; Wahlspruch *m*; Motto *n*; **c'est ma ~** das ist, so lautet meine Devise; **2.** *FIN* ausländisches Zahlungsmittel; fremde Geldsorte; **~s** *pl* De'visen *f*/*pl*

deviser [d(ə)vize] *st*/*s* *v*/*i* plaudern

dévisser [devise] **I** *v*/*t bouchon* ab- *ou* aufschrauben; *tube* aufschrauben; *pièce vissée* ab-, losschrauben; **II** *v*/*i alpiniste* abstürzen

de visu [devizy] *loc*/*adv* durch per'sönlichen Augenschein; aus eigener Anschauung

dévitaliser [devitalize] *v*/*t MÉD* den Nerv entfernen (*une dent* e-s Zahnes); *sc* devitali'sieren

dévoilement [devwalmã] *m* **1.** Enthüllung *f*; **2.** *fig* Enthüllung *f*; Offen'barung *f*; *st*/*s* Entschleierung *f*

dévoiler [devwale] **I** *v*/*t* **1.** *statue etc* enthüllen; **2.** *fig secret, intentions etc* verraten; enthüllen; offen'baren; kundgeben; *secret a* lüften; *st*/*s* entschleiern; **3.** *TECH* den Achter her'ausmachen (**une roue** *a*-*em* Rad); **II** *v*/*pr* **se ~ 4.** *femme* den Schleier ablegen; *st*/*s* sich entschleiern; **5.** *fig* sich enthüllen; offen'bar werden

devoir¹ [d(ə)vwaʀ] ⟨je dois, il doit, nous devons, ils doivent; je devais; je dus; je devrai; que je doive; devant; dû, due⟩ **I** *v*/*t* **1.** (*somme d'*)*argent* schulden; schuldig sein (*à qn* j-m); **qu'est-ce que je vous dois?** was bin ich (Ihnen) schuldig?; **2.** *fig explication, respect, obéissance etc* **~ à qn** j-m schulden, schuldig sein; **je lui dois bien cela** das bin ich ihm wohl schuldig; *cf a* **dû**; **3.** *situation, surnom, vie, découverte etc* **~ à qn** j-m (zu) verdanken (haben); **ne ~ rien à personne** niemandem Dank schulden; ♦ **~ à qn, à qc de** (+*inf*) es j-m, e-r Sache (zu) verdanken (haben), daß ... *ou* zu (+*inf*); **je lui dois d'avoir obtenu ce poste** ich verdanke es ihm, daß ich diesen Posten erhalten habe; **II** *v*/*aux avec inf* **4. a)** *nécessité* müssen; **cela devait arriver!** das mußte (ja) kommen, passieren!; **b)** *obligation* müssen; sollen; haben zu; **ne pas ~** nicht dürfen, sollen; **il devrait (le) lui dire** er sollte, müßte es ihm sagen; **le soldat doit obéir** der Soldat hat zu, muß gehorchen; **vous auriez dû me prévenir** Sie hätten mich warnen müssen, sollen; **les choses ne doivent pas en rester là** man darf es nicht dabei bewenden lassen; **5.** *probabilité* müssen; wohl müssen; **il a dû avoir une panne** er muß, wird wohl e-e Panne gehabt haben; **6.** *intention* vorhaben; willens sein; **je lui ai téléphoné, il doit passer vous voir demain** er hat vor, Sie morgen zu besuchen; **7.** *futur dans le passé* sollen; **il devait mourir deux jours plus tard** zwei Tage später starb er, sollte er sterben; **8.** *litt dussé-je m'y ruiner, je ne renoncerai pas* sollte ich mich auch dabei ruinieren; **III** *v*/*pr* **9.** *impersonnel* **comme il se doit** wie es sich gehört, gebührt, geziemt; **10. se ~ à qn, à sa patrie** gegenüber j-m, dem Vaterland e-e Pflicht zu erfüllen haben; **11. se ~ de faire qc** es sich schuldig sein, sich verpflichtet fühlen, es zu tun

devoir² [d(ə)vwaʀ] *m* **1.** Pflicht *f*; (*sentiment m du*) **~** Pflichtgefühl *n*, -bewußtsein *n*; **homme *m* du ~** Pflichtmensch *m*; pflichtbewußter Mensch; **agir par ~** aus Pflichtgefühl, -bewußtsein handeln; **2.** Pflicht *f* (**envers *qn*** gegenüber j-m); Schuldigkeit *f*; **~ conjugal** eheliche Pflichten *f*/*pl*; **~ du citoyen** Bürgerpflicht *f*; **accomplir, faire, remplir son ~** s-e Pflicht erfüllen, tun; **se faire un ~ de** (+*inf*) die Pflicht haben zu (+*inf*); **il est de mon ~ de** (+*inf*) es ist meine Pflicht zu (+*inf*); **se faire un ~ de** (+*inf*) es als e-e Pflicht betrachten, es sich zur Pflicht machen zu (+*inf*); **se mettre en ~ de** (+*inf*) sich anschicken zu (+*inf*); **litt aller rendre ses ~s à qn** j-m s-e Aufwartung machen; **rendre à qn les derniers ~s** j-m die letzte Ehre erweisen; **3.** (Schul)Aufgabe *f*; **~s** *pl* Hausaufgaben *f*/*pl*; **~ d'anglais** Eng-

dévolter – dicotylédones

lischaufgabe *f*; **~s de vacances** Aufgabensammlung *f* für die Ferien; *faire ses ~s* s-e Aufgaben machen
dévolter [devɔlte] *v/t ÉLECT* die Spannung her'absetzen, erniedrigen (*un circuit* in e-m Stromkreis)
dévolu [devɔly] **I** *adj a JUR* 'übergegangen (*à* an +*acc*); über'tragen (+*dat*); zugefallen (+*dat*); **II** *m jeter son ~ sur qc, qn* sein Auge auf etw, j-n werfen; j-n auserwählen
dévorant [devɔRɑ̃] *adj feu* verheerend; *passion* verzehrend; *curiosité* unersättlich; *faim ~e* F Bären-, Mordshunger *m*
dévorer [devɔRe] *v/t* **1.** *animal: proie* verschlingen; *par ext être dévoré par les moustiques* von den Mücken ganz zerstochen werden *ou* sein; **2.** *personne: mets* verschlingen; hin'unterschlingen; *abs* schlingen; **3.** *fig livre* verschlingen; *kilomètres* fressen; *économies* 'durchbringen; *projet: de grosses sommes* verschlingen; *~ des yeux, du regard* mit den Augen, Blicken verschlingen; **4.** *flammes: forêt etc* vernichten; **5.** *fig passion, souci, remords ~ qn* j-n verzehren
dévot [devo] **I** *adj* fromm; *péj* frömmelnd; **II** *subst ~(e) m(f)* Fromme(r) *f(m)*; *péj* Frömmler(in) *m(f)*
dévotion [devosjɔ̃] *f* **1.** Frömmigkeit *f*; Andacht *f*; Gottergebenheit *f*; *péj fausse ~* Frömme'lei *f*; **2.** *~s pl* Andachtsübungen *f/pl*; *faire ses ~s* s-n religiösen Pflichten nachkommen; **3.** *fig avoir une véritable ~ pour qn, qc* j-n, etw glühend verehren; *être à la ~ de qn* j-m völlig ergeben sein
dévoué [devwe] *adj* ergeben; *être tout ~ à qn* j-m ganz ergeben sein; *à la fin d'une lettre votre (tout) ~ ...* Ihr sehr ergebener ...
dévouement [devumɑ̃] *m* Ergebenheit *f*; *p/fort* Hingabe *f*; Aufopferung *f*; *par ext* Opferbereitheit *f*, -sinn *m*; *a* Einsatzbereitschaft *f*; *~ à une noble cause* Hingabe an, Aufopferung für e-e edle Sache; *~ d'un employé à son patron* Ergebenheit e-s Angestellten s-m Chef gegenüber; *avec ~* aufopfernd; aufopferungsvoll; hingebungsvoll
dévouer [devwe] *v/pr se ~* **1.** (*se sacrifier*) sich aufopfern; *prêt à se ~* bereit, sich aufzuopfern; opferbereit; **2.** F *plais* sich opfern (*pour faire qc* und etw tun); **3.** *se ~ à une cause* sich e-r Sache (*dat*) ganz hingeben, widmen
dévoyé(e) [devwaje] *m(f)* auf die schiefe Bahn geratener Mensch
dévoyer [devwaje] ⟨-oi-⟩ *v/pr se ~* auf die schiefe Bahn geraten
dextérité [dɛksteRite] *f* Fingerfertigkeit *f*; Geschicklichkeit *f*, Gewandtheit *f* (*a fig*)
dextre [dɛkstR(ə)] *f plais* (*main droite*) Rechte *f*
dextrine [dɛkstRin] *f CHIM* Dex'trin *n*
dextrose [dɛkstRoz] *m CHIM* Dex'trose *f*; Traubenzucker *m*
dia [dja] *int cf* **hue**
diabète [djabɛt] *m MÉD* Zuckerkrankheit *f*; Dia'betes *m*
diabétique [djabetik] **I** *adj* zuckerkrank; dia'betisch; *coma m ~* Zuckerkoma *n*; **II** *m,f* Dia'betiker(in) *m(f)*; Zuckerkranke(r) *f(m)*

diable [djabl(ə)] **I** *m* **1.** *REL, MYTH* Teufel *m*; *fig: bruit m, F boucan m, potin m du ~* F Höllen-, Heidenlärm *m*; Höllenspektakel *m*; Mordskrach *m*; *faim f de tous les ~s* F Bären-, Mordshunger *m*; *vent m du ~* fürchterlicher Wind; ♦ *loc/adv: à la ~* flüchtig; oberflächlich; *au ~ la prudence!* zum Teufel mit ...!; *allez au ~!* F scheren Sie sich, gehen Sie zum Teufel!; *envoyer qn au ~, à tous les ~s* j-n zum Teufel jagen, schicken; *habiter au ~ (vauvert) cf vauvert*; *se démener comme un (beau) ~, comme un ~ dans un bénitier* wie ein Verrückter, Wilder; wie wild, toll; *du ~ si ...* ich will des Teufels sein, wenn ...; *têtu etc en ~* schrecklich, F verdammt bockig *etc*; ♦ *avoir le ~ au corps* den Teufel im Leib haben; *le ~ m'emporte si ...* der Teufel soll mich holen *ou* hol' mich der Teufel, wenn ...; *c'est bien le ~ si je ne trouve pas un café* es müßte mit dem Teufel zugehen, wenn ich kein Café fände; *ce n'est pas le ~* das ist nicht schwer; F das ist nicht die Welt; *faire le ~ à quatre* (wild, lärmend) her'umtollen, (-)toben; *le ~ s'en mêle* hier hat der Teufel s-e Hand im Spiel; *tirer le ~ par la queue* kaum sein Auskommen haben; *p/fort* am Hungertuch nagen; *vendre son âme au ~* dem Teufel s-e Seele verschreiben; **2.** *int: ~!* étonné ei der Teufel!; *admiratif* Teufel auch!; *que ~!* zum Teufel (auch)!; *où, pourquoi, qui etc ~ ...?* wo, warum, wer *etc* zum Teufel ...?; **3.** *fig d'une personne* **a)** *péj* Teufel *m*; **b)** *bon ~* braver Kerl; F gute Haut; *grand ~* langer Kerl, F Lulatsch, Laban; *pauvre ~* F armer Teufel, Schlucker; *~ d'homme* F Teufelskerl *m*; **4.** *jouet* Springteufel *m*; **5.** *chariot* Sack-, Stechkarre *f*; **II** *adj enfant* wild
diablement [djabləmɑ̃] *adv* F verteufelt; verdammt; verflucht
diablerie [djabləRi] *f* Streich *m*; Schelmenstück *n*; Schelme'rei *f*
diablesse [djablɛs] *f* **1.** *MYTH* Teufelin *f*; weiblicher Teufel; **2.** F *fig c'est une (vraie) ~* F das ist ein Teufelsweib
diablotin [djablɔtɛ̃] *m* **1.** *MYTH* kleiner Teufel; Teufelchen *n*; **2.** *fig enfant* kleiner Teufel; Schlingel *m*; Schelm *m*; **3.** *bonbon* Knallbonbon *m ou n*
diabolique [djabɔlik, dja-] *adj* teuflisch; dia'bolisch
diabolo [djabɔlo] *m* **1.** *jouet* Di'abolo *n*; **2.** *~ menthe* Mischung *f* aus Limo'nade mit Pfefferminzsirup
diacon|at [djakɔna] *m ÉGL CATH* Diako'nat *n*; *~esse f ÉGL PROT* Diako'nisse *f ou* Diako'nissin *f*
diacre [djakR(ə)] *m ÉGL* Dia'kon *m*
diacritique [djakRitik] *adj LING signe m ~* dia'kritisches Zeichen
diadème [djadɛm] *m* Dia'dem *n*; Stirnreif *m*
diagnostic [djagnɔstik] *m* **1.** *MÉD* Dia'gnose *f*; *erreur f de ~* Fehldiagnose *f*; *émettre un ~* e-e Diagnose stellen; **2.** *fig* Dia'gnose *f*; Beurteilung *f*
diagnostiquer [djagnɔstike] *v/t MÉD* diagnosti'zieren; **2.** *fig crise etc* diagnosti'zieren; feststellen
diagonale [djagɔnal] *f* **1.** *MATH* Diago'nale *f*; **2.** *loc/adv en ~* diago'nal;

schräg(laufend); *fig lire en ~* diagonal lesen
diagramme [djagRam] *m* Dia'gramm *n*
dialectal [djalɛktal] *adj* ⟨-aux⟩ mundartlich; Dia'lekt...; dialek'tal; *terme m ~* Dialektausdruck *m*
dialecte [djalɛkt] *m* Dia'lekt *m*; Mundart *f*
dialectic|ien [djalɛktisjɛ̃] *m*, *~ienne* Dia'lektiker(in) *m(f)*
dialectique [djalɛktik] **I** *adj* dia'lektisch; *matérialisme m ~* dialektischer Materialismus; *II f* Dia'lektik *f* (*a PHILOS*)
dialectologie [djalɛktɔlɔʒi] *f LING* Dialektolo'gie *f*; Mundartenforschung *f*
dialogue [djalɔg] *m* Dia'log *m* (*a THÉ, CIN*); Zwiegespräch *n*; *établir le ~* den Dialog eröffnen
dialogu|er [djalɔge] **I** *v/t roman etc* dialogi'sieren; in Dia'logform bringen; **II** *v/i ~ avec qn* mit j-m e-n Dia'log, ein Gespräch führen; *~iste m CIN* Dia'logautor *m*
dialyse [djaliz] *f CHIM, MÉD* Dia'lyse *f*; *MÉD a* Blutwäsche *f*; *être en ~* zur Dialyse, Blutwäsche müssen; Dialysepatient sein
diamant [djamɑ̃] *m* **1.** Dia'mant *m*; **2.** *TECH ~ (de vitrier)* Glaserdiamant *m*; *par ext* Glasschneider *m*
diamantaire [djamɑ̃tɛR] *m* **1.** *ouvrier* Dia'mantschleifer *m*; **2.** *négociant* Dia'mantenhändler *m*
diamétralement [djametRalmɑ̃] *adv fig ~ opposé* diame'tral entgegengesetzt
diamètre [djamɛtR(ə)] *m* 'Durchmesser *m*
diantre [djɑ̃tR(ə)] *litt int* zum Teufel!
diapason [djapazɔ̃] *m* **1.** *MUS* Stimmgabel *f*; Dia'pason *m ou n*; **2.** *fig être au ~ de qn* auf j-n eingestellt sein; mit j-m über'einstimmen; *se mettre au ~ de qn* sich auf j-n einstellen
diaphane [djafan] *adj* **1.** 'durchscheinend; dia'phan; **2.** *fig et litt* mains, visage 'durchscheinend
diaphragme [djafRagm(ə)] *m* **1.** *ANAT* Zwerchfell *n*; **2.** *PHOT* Blende *f*; **3.** *TÉL, RAD* Mem'bran *f*; **4.** *CONTRACEPTION* Dia'phragma *n*
diapo [djapo] *f F abr (diapositive)* F Dia *n*
diapositive [djapozitiv] *f PHOT* Diaposi'tiv *n*
diapré [djapRe] *st/s adj* buntschillernd
diarrhée [djaRe] *f MÉD* 'Durchfall *m*; *sc* Diar'rhö(e) *f*; *avoir la ~* Durchfall haben
diarrhéique [djaReik] *adj* 'durchfallartig; 'Durchfall...; *sc* diar'rhöisch
diaspora [djaspɔRa] *f REL et d'une ethnie* Di'aspora *f*
diastole [djastɔl] *f PHYSIOL* Dia'stole *ou* Di'astole *f*
diathermie [djatɛRmi] *f MÉD* Diather'mie *f*
diatomique [djatɔmik] *adj CHIM* zweiatomig
diatonique [djatɔnik] *adj MUS* dia'tonisch
diatribe [djatRib] *f* heftige, beißende Kri'tik (*contre qn* an j-m); *se lancer dans une longue ~ contre qn* gegen j-n heftig zu Felde ziehen
dico [diko] *m langage d'écolier cf* **dictionnaire**
dicotylédones [dikɔtiledɔn] *f/pl BOT* Zweikeimblättrige(n) *pl*; *sc* Dikotyle'donen *f/pl*; Diko'tylen *f/pl*

dictaphone – difficulté

dictaphone [diktafɔn] *m* (*nom déposé*) Dikta'phon *n*; Dik'tiergerät *n*
dictateur [diktatœʀ] *m* Dik'tator *m* (*a fig*)
dictatorial [diktatɔʀjal] *adj* ⟨-aux⟩ dikta'torisch (*a fig*)
dictature [diktatyʀ] *f* Dikta'tur *f* (*a fig*); **~ militaire** Mili'tärdiktatur *f*; **~ du prolétariat** Diktatur des Proletariats
dictée [dikte] *f* Dik'tat *n* (*a ÉCOLE*); Dik'tieren *n*; *écrire sous la ~* nach Diktat schreiben
dicter [dikte] *v/t* **1.** *lettre etc* dik'tieren; **2.** *fig paroles* eingeben, in den Mund legen (*à qn* j-m); *conduite* vorschreiben (*à qn* j-m); bestimmen; **3.** *conditions etc* dik'tieren; aufzwingen
diction [diksjɔ̃] *f* Vortrags-, Sprechweise *f*; Dikti'on *f*
dictionnaire [diksjɔnɛʀ] *m* Wörterbuch *n*; Lexikon *n*; **~ bilingue** zweisprachiges Wörterbuch; **~ encyclopédique** Lexikon *n*; Enzyklopä'die *f*; **~ français-anglais** französisch-englisches Wörterbuch; **~ de la musique** Mu'siklexikon *n*; *consulter un ~* in e-m Wörterbuch nachschlagen; *fig d'une personne c'est un vrai ~* er *ou* sie ist ein wandelndes Lexikon
dicton [diktɔ̃] *m* sprichwörtliche Redensart; volkstümliche Weisheit; volkstümlicher Spruch
didacticiel [didaktisjɛl] *m* INFORM Lernsoftware *f*
didactique [didaktik] *adj* di'daktisch; belehrend; lehrhaft
Didier [didje] *m* Vorname
dièdre [djɛdʀ(ə)] *m* **1.** MATH Di'eder *n*; **2.** AVIAT V-Stellung *f*; V-Form *f*; *ailes en ~* V-förmig abgewinkelt
diencéphale [diãsefal] *m* ANAT Zwischenhirn *n*; *sc* Dien'cephalon *n*
dièse [djɛz] *m* MUS Kreuz *n*; Erhöhungszeichen *n*; *double ~* Doppelkreuz *n*; *adj do ~* cis(-Moll) *ou* Cis(-Dur)
diesel [djezɛl] *m* TECH **1.** *moteur* Dieselmotor *m*; F Diesel *m*; **2.** *véhicule* Dieselfahrzeug *n*; F Diesel *m*; **3.** *adjt moteur m*, *camion m ~* Dieselmotor *m*, -lastwagen *m*
diète¹ [djɛt] *f* (*jeûne*) Nulldiät *f*; (*régime*) Di'ät *f*; Schonkost *f*; *mettre à la ~* Nulldiät verordnen (*qn* j-m); auf Schonkost setzen
diète² [djɛt] *f a*) HIST Reichstag *m*; **b**) *aujourd'hui en Allemagne* Landtag *m*
diététicien [djetetisjɛ̃] *m*, **~ienne** *f* Di'ätspezialist(in) *m(f)*; *profession* Di'ätassistent(in) *m(f)*
diététique [djetetik] **I** *adj* diä'tetisch; Di'ät...; *aliments m/pl*, *produits m/pl* **~s** Re'formkost *f*; **II** *f* Diä'tetik *f*; Ernährungslehre *f*; *magasin m de ~* Re'formhaus *n*
Dieu [djø] *m* **1.** REL Gott *m*; ♦ **~!** (o) Gott!; *le bon ~*, *le bon ~ sans confession* er sieht aus, als ob er kein Wässerchen trüben könnte; *juron* P *bon ~!*, *nom de ~!* F Herrgott nochmal!; *p/fort* P Herrgottsackerment!; Himmel, Arsch und Zwirn!; *grand ~!* F großer *ou* all'mächtiger Gott!; du lieber Gott!; All'mächtiger!; *mon ~!* Ach Gott!; **~ merci!**, *grâce à ~!* Gott sei Dank!; F Gott sei's gedankt!; **~ du ciel!** Gott im Himmel!; *devant ~ et devant les hommes je jure ...* vor Gott und den Menschen schwöre ich ...; ♦ **~ vous aide!** Gott helfe Ihnen!; Gott mit Ihnen!; (*que*) **~ ait son âme!** Gott hab' ihn selig!; **~ vous bénisse!** Gott segne Sie!; Gottes Segen (sei) mit Ihnen!; *fig ne craindre ni ~ ni diable* weder Gott noch den Teufel fürchten; vor nichts zurückschrecken; **~ vous entende!** Gott gebe es!; F *c'est pas ~ possible!* F das gibt's doch nicht!; **~ m'est témoin que ...** Gott sei mein Zeuge, daß ...; *tous les jours que ~ fait st/s* alle Tage, die Gott werden läßt; **~ vous garde!** Gott schütze Sie!; **~ m'en garde!** F Gott bewahre, behüte!; **~ soit loué!** gott'lob!; Gott sei (Lob und) Dank!; *paraître devant ~* (*mourir*) vor Gott treten; *litt* **~ me pardonne!** Gott verzeih's!; Gott verzeih' mir!; (*que*) **~ vous le rende!** vergelt's Gott!; **~ seul le sait** das wissen die Götter; das weiß der liebe Gott; **~ sait pourquoi**, **quand** *etc* Gott weiß warum, wann *etc*; weiß Gott, warum, wann *etc*; **~ sait si**, *que ...* weiß Gott; **~ sait si je l'avais prévenu** ich hatte ihn weiß Gott gewarnt; **à ~ vat!** komme, was wolle!; **~ le veuille!** wollte Gott!; Gott gebe es!; *si ~ le veut* so Gott will; **2.** MYTH ♀ Gott *m*; *Mars*, ♀ *de la guerre* Mars, der Gott des Krieges; *fig: festin m des ♀x* F Göttermahl *n*; göttliches Mahl; *être beau comme un* (*jeune*) ♀ schön sein wie ein junger Gott; *ce poète est son* ♀ ich lese ihn in Abgott; *jurer ses grands ♀x* Stein und Bein schwören
diffamant [difamã] *adj* diffa'mierend; ehrenrührig; verleumderisch
diffama|teur [difamatœʀ] *m*, **~trice** *f* Verleumder(in) *m(f)*; **~tion** *f* Diffa'mierung *f*; Verleumdung *f*; JUR üble Nachrede; **~toire** *adj* diffama'torisch; verleumderisch
diffamer [difame] *v/t* diffa'mieren; verleumden
différé [difeʀe] *m* RAD, TV *émission f en ~* Aufzeichnung *f*; *diffuser en ~* als Aufzeichnung, in e-r Aufzeichnung, zeitversetzt senden
différemment [difeʀamã] *adv* anders
différence [difeʀãs] *f* **1.** 'Unterschied *m*; Verschiedenheit *f*; **~ d'âge** Altersunterschied *m*, -abstand *m*; **~ d'opinions** Unterschied in den Meinungen; *loc/prép à la ~ de qn*, *qc* im Unterschied zu j-m, etw; zum Unterschied von j-m, etw; anders als j, etw; *loc/conj à la ~ que ... ou à cette ~ près que ...* mit dem Unterschied, daß ...; *il y a une ~ entre ...* es besteht ein Unterschied zwischen (+ *dat*); *il y a deux ans de ~ entre eux* zwischen ihnen besteht ein Altersunterschied von zwei Jahren; sie liegen altersmäßig zwei Jahre ausein'ander; *ne pas faire la ~* keinen Unterschied feststellen; nicht unter'scheiden können; *ne pas faire de ~* keinen Unterschied machen; nicht unter'scheiden; *faire des ~s entre ses enfants* e-n Unterschied zwischen s-n Kindern machen; s-e Kinder 'unterschiedlich behandeln; *cela fait une ~* das ist ein Unterschied; **2.** Diffe'renz *f* (*a MATH*); 'Unterschied *m*; **~ de longueur**, **de poids** Längen-, Gewichtsunterschied *m*; **~ de prix** Preisdifferenz *f*, -unterschied *m*, -gefälle *n*; **~ de température** Tempera'turunterschied *m*
différenciation [difeʀãsjasjɔ̃] *f* **1.** (*distinction*) Differen'zierung *f*; Unter'scheidung *f*; **2.** (*fait de se différencier*) Differen'zierung *f*; Ausein'anderentwicklung *f*
différencier [difeʀãsje] **I** *v/t* differen'zieren (*a MATH*); unter'scheiden; **II** *v/pr se ~* sich differen'zieren
différend [difeʀã] *m* Diffe'renz *f*; Meinungsverschiedenheit *f*; Unstimmigkeit *f*
différent [difeʀã] *adj* **1.** verschieden; 'unterschiedlich; anders(artig); *espèce ~e* abweichende Art; *des opinions ~es* unterschiedliche Meinungen *f/pl*; *dans des conditions ~es* unter anderen, andersartigen Bedingungen; **~ de ...** verschieden von ...; anders als ...; *c'est* (*tout*) **~** das ist etwas (ganz) anderes; **2.** ⟨*nur pl u vorangestellt*⟩ **~s** verschiedene; mehrere; *pour ~es raisons* aus verschiedenen Gründen
différentiation [difeʀãsjasjɔ̃] *f* MATH Differen'zieren *n*; Differentiati'on *f*
différentiel [difeʀãsjɛl] **I** *adj* ⟨**~le**⟩ **1.** MATH *calcul ~* Differenti'alrechnung *f*; **2.** CH DE FER *tarif ~* Staffeltarif *m*; **II** *subst* **1.** *m* AUTO Ausgleichs-, Differenti'algetriebe *n*; Differenti'al *n*; **2.** MATH **~le** *f* Differenti'al *n*
différer [difeʀe] ⟨-è-⟩ **I** *v/t* auf-, ver-, hin'ausschieben; *paiement a* anstehen lassen; **II** *v/i a*) **~ de qc** von etw abweichen; sich von etw unter'scheiden (*par durch*); anders sein als etw; **b**) *abs* von einander abweichen; sich unter'scheiden; *opinions a* diffe'rieren; ausein'andergehen; **~ du tout au tout** völlig verschieden, grundverschieden sein
difficile [difisil] *adj* **1.** schwierig; schwer; *exécution d'une tâche a* mühsam; *chemin* (*a fig*), *caractère* schwierig; *personne a* diffi'zil; schwer zu behandeln(d); *enfant a* schwererziehbar; *cela m'est ~* das ist mir schwierig, schwer für mich; das fällt mir schwer; ♦ **~ à dire** schwierig, schwer zu sagen; *un problème ~ à résoudre* ein schwer lösbares, ein schwierig zu lösendes Problem; *il est ~ à vivre* mit ihm ist schwer, schlecht, *p/fort* nicht auszukommen; *c'est ~ à comprendre* das ist schwer zu verstehen, schwerverständlich; ♦ *il est ~ de* (+*inf*) es ist schwer, schwierig zu (+*inf*); *il m'est ~ d'en parler* es ist mir schwer, schwierig für mich *ou* es fällt mir schwer, davon zu sprechen; ♦ *subst*: *le* (*plus*) **~**, *c'est de* (+*inf*) die (größte) Schwierigkeit dabei ist zu (+*inf*); *le plus ~ est fait* das Schwerste, Schwierigste ist geschafft, liegt hinter mir *ou* uns; **2.** *personne* heikel, wählerisch, diffi'zil (*sur la nourriture* was das Essen angeht); *subst faire le*, *la ~* wählerisch sein; große Ansprüche stellen
difficilement [difisilmã] *adv* schwer; mit Mühe
difficulté [difikylte] *f* **1.** Schwierigkeit *f*; *sans ~* ohne Schwierigkeit, Mühe; mühe-, reibungslos; *aimer la ~* immer den schwierigsten Weg vorziehen; *avoir*, *éprouver de la ~ à comprendre qc* Schwierigkeiten haben, etw zu verstehen; **2.** *souvent pl* **~s** Schwierigkeiten

difforme – dindon

f/pl; **~s financières** finanzielle Schwierigkeiten; **~s de paiement** Zahlungsschwierigkeiten *f/pl;* **avoir des ~s avec qn** mit j-m Schwierigkeiten haben; **être en ~** in Schwierigkeiten sein, stecken; **faire des ~s** Schwierigkeiten machen, bereiten; *par ext* **faire des ~s pour venir** nur ungern kommen; **cela ne fait aucune ~** das macht, bedeutet (gar) keine Schwierigkeit

difform|e [difɔʀm] *adj* dif'form; 'mißgestaltet; (*gros*) unförmig; **~ité** *f* Difformi'tät *f;* 'Mißgestalt *f;* Unförmigkeit *f;* (*malformation*) 'Mißbildung *f*

diffraction [difʀaksjɔ̃] *f* PHYS Beugung *f;* Diffrakti'on *f*

diffus [dify] *adj* ⟨-use [-yz]⟩ **1.** dif'fus; zerstreut (*tous deux a* OPT); nicht scharf abgegrenzt; **lumière ~e** diffuses Licht; **2.** *fig* diff'us; verschwommen

diffuser [difyze] **I** *v/t* **1.** OPT (zer)streuen; **2.** RAD, TV ausstrahlen; senden; über'tragen; **3.** *fig* **idées** *etc* verbreiten; **II** *v/i* PHYS diffun'dieren; **III** *v/pr* **se ~ rumeur** *etc* sich verbreiten

diffuseur [difyzœʀ] *m* **1.** AUTO Lufttrichter *m;* **2.** TECH Dif'fusor *m;* **3.** *d'une lampe* Licht(verteilungs)schirm *m;* Blendschutz *m;* Abdeckung *f*

diffusion [difyzjɔ̃] *f* **1.** PHYS, OPT Diffusi'on *f;* OPT *a* (Zer)Streuung *f;* **2.** RAD, TV Ausstrahlung *f;* Über'tragung *f;* **~ en direct** Live- ['laɪf-], Di'rektübertragung *f;* **3.** *fig d'idées etc* Verbreitung *f*

digérer [diʒeʀe] *v/t* ⟨-é-⟩ **1.** PHYSIOL verdauen; (*supporter*) vertragen; **il digère mal** ihm ist etw nicht bekommen; ihm liegt etw schwer im Magen; **difficile à ~** schwerverdaulich; schwer zu verdauen(d); **2.** *fig livre etc* geistig verarbeiten; F verdauen; **3.** F **~ qc** etw hinnehmen, F einstecken, schlucken, verdauen

digest [diʒɛst, daj(d)ʒɛst] *m* revue, résumé Digest ['daɪdʒɛst] *m ou n*

digeste [diʒɛst] *adj* leichtverdaulich; gut verträglich

digestif [diʒɛstif] **I** *adj* ⟨-ive⟩ **1.** PHYSIOL Verdauungs...; **appareil ~** Verdauungsapparat *m;* **sucs ~s** Verdauungssäfte *m/pl;* **2.** *liqueur etc* verdauungsfördernd; **II** *m* Dige'stif *m;* Verdauungstrank *m*

digestion [diʒɛstjɔ̃] *f* Verdauung *f*

digicode [diʒikɔd] *m* elek'tronisches Türschloß

digital [diʒital] *adj* ⟨-aux⟩ **1.** Finger...; **empreinte ~e** Fingerabdruck *m;* **2.** INFORM digi'tal; Digi'tal...; **affichage ~** Digitalanzeige *f;* **montre ~e** Digitaluhr *f*

digitale [diʒital] *f* BOT Fingerhut *m;* sc Digi'talis *f*

digitaliser [diʒitalize] *v/t* INFORM digitali'sieren

digitigrades [diʒitigʀad] *m/pl* ZO Zehengänger *m/pl*

digitopuncture [diʒitɔpɔ̃ktyʀ] *f* MÉD Akupres'sur *f*

digne [diɲ] *adj* **1.** wert; würdig (**de qc** e-r Sache [*gén*] *ou* **de faire qc** etw zu tun); **~ d'admiration** bewundernswert, -würdig; bewunderungswürdig; **~ de confiance** vertrauenswürdig; **~ de foi** glaubwürdig; **~ d'intérêt** Interesse verdienend; **être ~ de ce nom** dieses Namens wert, würdig sein; diesen Namen verdienen; **2. ~ de qn, de qc** j-s, e-r Sache würdig, wert; e-r Sache (*dat*) angemessen; *un adversaire* **~ de lui** der seiner würdig, wert ist; **3.** (*comportement d'une*) *personne* würdig; würdevoll; **d'un air ~** mit würdevoller Miene; **rester ~** Würde bewahren; **4.** *iron* (ehren)wert

dignement [diɲmɑ̃] *adv* würdig; würdevoll (*a iron*)

dignitaire [diɲitɛʀ] *m* Würdenträger *m*

dignité [diɲite] *f* **1.** (*fonction*) Würde *f;* Amt *n;* **~ de président** Präsi'dentenwürde *f;* **2.** *d'une personne, d'une tâche etc* Würde *f;* **manquer de ~** es an Würde fehlen lassen

digression [digʀesjɔ̃] *f* Abschweifung *f;* Ex'kurs *m;* **faire une ~** e-n Exkurs machen

digue [dig] *f* **1.** Deich *m;* Damm *m;* **2.** *fig* Damm *m;* Schranke *f*

diktat [diktat] *m* POL Dik'tat *n*

dilapida|teur [dilapidatœʀ] *m,* **~trice** *f* Verschwender(in) *m(f);* Vergeuder(in) *m(f);* **~tion** *f* Verschwendung *f;* Vergeudung *f*

dilapider [dilapide] *v/t fortune etc* verschwenden; vergeuden

dilat|abilité [dilatabilite] *f* PHYS (Aus-) Dehnbarkeit *f;* **~able** *adj* PHYS (aus-) dehnbar

dilatation [dilatasjɔ̃] *f* **1.** PHYS (Aus-) Dehnung *f;* sc Dilatati'on *f;* **2.** PHYSIOL, MÉD Erweiterung *f*

dilater [dilate] **I** *v/t* **1.** *chaleur: corps* (aus)dehnen; **2.** PHYSIOL *pupille etc* erweitern; *par ext* **ses narines** die Nüstern blähen; die Nasenflügel weiten; **3.** *fig* **~ le cœur** das Herz weit machen, weit öffnen; **II** *v/pr* **se ~ 4.** PHYS sich (aus)dehnen; **5.** PHYSIOL, MÉD sich erweitern; **6.** *fig* **son cœur se dilata de joie** das Herz wurde ihm weit, *sl/s* schwoll ihm vor Freude

dilatoire [dilatwaʀ] *adj* hin'aus-, aufschiebend; verzögernd; **manœuvres** *f/pl* **~** Verschleppungsmanöver *n/pl;* **réponse ~** hinhaltende Antwort

dilemme [dilɛm] *m* Di'lemma *n;* **être devant un ~** in e-m Dilemma sein

dilettante [dilɛtɑ̃t] *m,f* Dilet'tant(in) *m(f)* (*souvent péj*); **faire qc en ~** etw dilet'tantisch, dilet'tantenhaft machen

dilettantisme [dilɛtɑ̃tism(ə)] *m* Dilet'tantismus *m;* Dilet'tantentum *n;* *péj a* Oberflächlichkeit *f;* **avec ~** dilet'tantisch; dilet'tantenhaft

diligence [diliʒɑ̃s] *f* **1.** HIST Postkutsche *f;* **2.** *st/s* (*zèle*) Eifer *m;* Beflissenheit *f;* **faire ~** sich beeilen; nicht säumen

diligent [diliʒɑ̃] *st/s adj* eifrig; beflissen; emsig

diluant [dilɥɑ̃] *m* Verdünnungsmittel *n*

diluer [dilɥe] *v/t* **1.** *liquide* verdünnen (**avec de l'eau** mit Wasser); **2.** *médicament, sel etc* auflösen

dilution [dilysjɔ̃] *f* **1.** Verdünnung *f* (*a résultat*); **2.** Auflösen *n;* *résultat* Lösung *f*

diluvien [dilyvjɛ̃] *adj* ⟨~ne⟩ *pluies* sintflutartig

dimanche [dimɑ̃ʃ] *m* **1.** Sonntag *m;* **~ de Pâques** Ostersonntag *m;* **les ~s et jours fériés** an Sonn- und Feiertagen; **habits** *m/pl* **du ~** Sonntagskleider *n/pl;* **plais** Sonntagsstaat *m;* **s'habiller en ~** sich sonntäglich anziehen; *cf a* **jeudi**; **2.** F *fig* **chauffeur** *m,* **peintre** *m* **du ~** Sonntagsfahrer *m,* -maler *m*

dîme [dim] *f* HIST Zehnt *m;* Zehnte(r) *m*

dimension [dimɑ̃sjɔ̃] *f* **1.** Abmessung *f;* Dimensi'on *f;* Maß *n;* **~s** *pl* *d'une surface a* Größe *f;* Ausdehnung *f;* **à la ~ de qc** nach dem Maß von etw; **prendre les ~s de qc** das Maß von etw nehmen; etw ab-, aus-, vermessen; **2.** MATH, PHYS Dimensi'on *f;* 'Umfang *m;* Gr̈öße *f;* **donner une ~ à qc** e-r Sache (*dat*) e-e Bedeutung geben; **être à la ~ de qc** e-r Sache (*dat*) angemessen sein; **prendre la ~ de qc** das Ausmaß von etw annehmen; zu etw werden; **4.** *fig* Dimensi'on *f;* As'pekt *m;* **~ historique, humaine** historische, menschliche Dimension

diminué [diminɥe] *adj* **1.** *personne* (körperlich und geistig) geschwächt, gezeichnet; **2.** MUS vermindert

diminuer [diminɥe] **I** *v/t* **1.** vermindern; verringern; *prix etc a* her'absetzen, senken, ermäßigen (**de** um); *dépenses, production a* einschränken; *temps de travail* verkürzen; **2.** *fig* verringern; *enthousiasme a* dämpfen; *mérites a* schmälern; verkleinern; *souffrances a* mildern; *forces* schwächen; **3. ~ qn** (*dénigrer*) j-n her'abwürdigen, -setzen, schlechtmachen; **4. ~ qn** (*réduire le salaire*) j-s Gehalt *ou* Lohn kürzen, her'absetzen; **II** *v/i* **5.** *prix, provisions etc* sich vermindern, verringern; *prix a* her'untergehen, sinken, fallen (**de dix francs** um zehn Franc); *marchandise* billiger werden; *provisions, dettes etc* kleiner werden; abnehmen; *production* zu'rückgehen; *chaleur, pluies etc* nachlassen; schwächer werden; *pression* fallen; *jours* abnehmen; kürzer werden; *population* abnehmen; zu'rückgehen; *circulation* zurückgehen; schwächer werden; *prix, production* aller en di'minuant* rückläufig sein; **6.** *fig forces, enthousiasme etc* nachlassen; abnehmen; schwächer werden; **7.** *malade* abbauen; **8.** *en tricotant* abnehmen

diminutif [diminytif] LING **I** *adj* ⟨-ive⟩ Diminu'tiv...; Verkleinerungs...; diminu'tiv; verkleinernd; **suffixe ~** Diminutivsuffix *n;* **II** *m* Diminu'tiv(um) *n;* Verkleinerungswort *n;* *d'un nom* Koseform *f*

diminution [diminysjɔ̃] *f* **1.** Verminderung *f;* Verringerung *f;* Her'absetzung *f;* Senkung *f;* Einschränkung *f;* Verkürzung *f;* *spontanée* Rückgang *m;* Fallen *n;* Sinken *n;* Abnahme *f;* **~ de prix** Preissenkung *f,* -nachlaß *m;* **~ de valeur** Wertminderung *f,* -verlust *m;* **2.** *fig* Abnahme *f;* Nachlassen *n;* *des performances* Abfall *m;* **3.** *dans un tricot* Abnehmen *n*

dinanderie [dinɑ̃dʀi] *f* Messinggeschirr *n,* -töpfe *m/pl*

dinar [dinaʀ] *m monnaie* Di'nar *m*

dinde [dɛ̃d] *f* **1.** ZO Truthenne *f;* Pute *f;* CUIS *a* Truthahn *m;* Puter *m;* **2.** *fig* F dumme Pute, Gans

dindon [dɛ̃dɔ̃] *m* **1.** ZO Truthahn *m;* Puter *m;* **2.** *fig* **être le ~ de la farce** der Dumme, Geprellte, F Gelackmeierte sein; das Nachsehen haben

dindonneau [dɛ̃dɔno] *m* ⟨*pl* -x⟩ *ZO* kleiner, junger Truthahn, Puter; *CUIS* Babypute *f*

dîner [dine] **I** *v/i* zu Abend essen; das Abendessen einnehmen; *avec cérémonie* di'nieren; *d'une salade* am Abend (nur) e-n Salat essen, zu sich nehmen; *avoir qn à ~* j-n als Gast zum Abendessen haben, F dahaben; **II** *m* Abendessen *n*, -mahlzeit *f*, -brot *n*; (*soirée*) Di'ner *n*; *~ de gala* Galadiner *n*; *donner un ~* ein Essen geben; *faire un bon ~* gut zu Abend essen, speisen

dînette [dinɛt] *f* Puppengeschirr *n*; *jouer à la ~* mit der Puppenküche spielen

dîn|eur [dinœʀ] *m*, *~euse f dans un dîner* Gast *m*

ding [diŋ] *int* sonnette kling(e)ling!; *~, dong!* [diŋdõg] *carillon* bim, bam!

dingo [dɛ̃go] **I** *m ZO* Dingo *m*; **II** *F adj et subst* ⟨*f inv*⟩ *cf* **dingue**

dingue [dɛ̃g] F **I** *adj* **a**) *personne* wahnsinnig; *cf a* **cinglé**; *être ~ de* F verrückt, versessen sein auf (+*acc*); **b**) (*extraordinaire*) F toll; wahnsinnig, Wahnsinns...; **II** *m,f* Wahnsinnige(r) *f(m)*; *~ de la télé* F Fernsehnarr *m*; *mener une vie de ~* ein gehetztes, hektisches Leben führen

dinguer [dɛ̃ge] *v/i* F *cf* **valdinguer**

dinosaure [dinɔzɔʀ] *m ZO* Dino'saurier *m* (*a fig*)

diocésain [djosezɛ̃] *ÉGL CATH* **I** *adj* Diöze'san...; **II** *m* Diöze'san *m*

diocèse [djosɛz] *m ÉGL CATH* Diö'zese *f*

diode [djɔd] *f ÉLECTRON* Di'ode *f*

dionysiaque [djɔnizjak] *adj* Di'onysos...; dio'nysisch

dioptrie [djɔptʀi] *f OPT* Diop'trie *f*

dioxine [djɔksin] *f CHIM* Dio'xin *n*

diphasé [difaze] *adj ÉLECT courant ~* Zweiphasenstrom *m*

diphtér|ie [difteʀi] *f MÉD* Diphthe'rie *f*, *~ique adj* Diphthe'rie...; diph'therisch

diphtongaison [diftõgɛzõ] *f PHON* Diphthon'gierung *f*

diphtongu|e [diftõg] *f PHON* Di'phthong *m*; Doppellaut *m*; *~er v/t* (*et v/pr se*) *~ PHON* diphthon'gieren

diplomate [diplɔmat] **I** *m* **1.** Diplo'mat *m* (*a fig*); *femme f ~* Diplo'matin *f*; **2.** *CUIS* Süßspeise aus mit Rum getränkten Biskuits, Konfitüre u crème anglaise; **II** *adj fig personne* diplo'matisch

diplomatie [diplɔmasi] *f* **1.** Diploma'tie *f*; *par ext* carrière Diplo'matenlaufbahn *f*; diplo'matische Laufbahn; *coll* diplo'matischer Dienst; **2.** *fig* diplo'matisches Geschick; Diploma'tie *f*; *agir avec ~* diplo'matisch handeln

diplomatique [diplɔmatik] *adj* **1.** diplo'matisch (*a fig*); *corps m ~* diplo'matisches Korps; *rompre les relations ~s* die diplomatischen Beziehungen abbrechen; **2.** F *fig* **maladie** *f ~* vorgeschobene, *POL* po'litische Krankheit

diplôme [diplom] *m* Di'plom *n*; Zeugnis *n*; *~ de bachelier* Abi'tur-, Reifezeugnis *n*; *~ d'ingénieur* Ingeni'eurdiplom *n*

diplômé [diplome] **I** *adj* diplo'miert; Di'plom... (*abr* Dipl.); staatlich geprüft; *infirmière ~e* staatlich geprüfte, exami'nierte Krankenschwester; **II** *subst* *~(e) m(f)* Inhaber(in) *m(f)* e-s Di'ploms

diplômer [diplome] *v/t* das Di'plom verleihen (*qn* j-m); diplo'mieren

dipsomane [dipsɔman] *m,f MÉD* Quar-'talssäufer(in) *m(f)*; *sc* Dipso'mane *m,f*

diptères [diptɛʀ] *m/pl ZO* Zweiflügler *pl*

diptyque [diptik] *m* **1.** *PEINT* Diptychon *n*; **2.** *LITTÉRATURE* Werk *n* in zwei Teilen

dire¹ [diʀ] ⟨je dis, il dit, nous disons, vous dites, ils disent; je disais; je dis; je dirai; que je dise; disant; dit⟩

I *v/t* **1.** sagen; *nom, raison* nennen; *pensées* aussprechen; *événements* erzählen; *enfant: poème* aufsagen; *acteur: texte* sprechen; vortragen; *expressions:* **a**) *avec subst:* *~ la bonne aventure* wahrsagen; *~ du bien, du mal de qn* j-m Gutes, Schlechtes nachsagen; Gutes, Schlechtes über j-n sagen; *dites-lui bien des choses de ma part* richten Sie ihm *ou* ihr (bitte) viele Grüße von mir aus; grüßen Sie ihn *ou* sie vielmals (von mir); *~ la messe* die Messe lesen; **b**) *avec une complétive:* *il dit qu'il est malade* er sagt, daß er krank sei *ou* wäre *ou* ist; er sagt, er sei *ou* wäre krank; *il a dit qu'il viendrait* er hat gesagt, er würde kommen *ou* er käme *ou* daß er kommen würde; *~ que ...* wenn man bedenkt, daß ...; *qu'il a pu faire une chose pareille!* wer hätte gedacht, daß er so etwas tun würde!; *~ que oui, que non* sagen, daß es so ist, daß es nicht so ist; ja, nein sagen; *je vous dis que non* ich sage Ihnen doch – nein; *~ à qn de faire qc* j-m sagen, daß er etw tun soll; **c**) *avec pr:* F *je ne te dis que ça!* weiter brauche ich nichts zu sagen!; *il dit ce qu'il pense* er sagt, was er denkt; er nimmt kein Blatt vor den Mund; *à ce qu'il dit* nach dem *ou* dem zu'folge, was er sagt; s-n Worten nach; *si le cœur vous en dit* wenn Sie wollen; wenn Sie Lust dazu haben; *vous l'avez dit!* Sie sagen es!; ganz Ihrer Meinung!; so ist es!; *disons-le, ...* sprechen wir es (ruhig) aus, ...; *il ne le dis-tu!* wem sagst du das!; *c'est moi qui vous le dis* wenn ich es Ihnen sage; das können Sie mir ruhig glauben; *c'est toi qui le dis* das sagst du so; das glaube ich nicht; *qui l'eût dit?* wer hätte das gedacht?; *quand je vous le disais* ich hab's Ihnen gesagt (, das ist so und nicht anders wie); *que dites-vous?, qu'est-ce que vous dites?* **a**) wie bitte?; **b**) was sagen Sie (da)!; *qu'est-ce que tu en dis?* was sagst du dazu?; *que diriez-vous d'une promenade?* was würden Sie zu e-m Spaziergang sagen, von e-m Spaziergang halten?; F *que tu dis!* was du nicht sagst!; ob das auch stimmt?!; *pour préciser que dis-je, pas même ...* was sage ich da, nicht einmal ...; *qui dit Anglais dit flegmatique* wer ... sagt, meint auch ...; **d**) *avec adj ou adv:* *pour ainsi ~, autant ~* sozusagen; gewissermaßen; *c'est beaucoup ~* das ist *ou* wäre zu viel gesagt, über'trieben; *cet acteur dit bien, juste* trägt gut vor, trifft genau den Ton; F *comme dit l'autre* wie man (so schön) sagt; wie es heißt; F *comme qui dirait* sozusagen; in gewisser Weise; so etwas wie; (so) e-e Art; praktisch; fast wie; *elle a dit cela comme elle aurait dit autre chose* sie hat das nur so dahingesagt; *en incise comment dirais-je?* wie soll ich sagen, mich ausdrücken?; *comment dites-vous cela en anglais?* wie sagen Sie dazu auf englisch?; F *dis, dites donc!* F **a**) sag (doch) mal, sagen Sie (doch) mal!; **b**) he du, Sie!; du, Sie da!; F *avec étonnement eh ben, dis donc!* na *ou* nein so was!; F *non, mais, dis!* F he, du da!; he, sag mal!; *pour mieux ~* besser, richtiger gesagt; *qui dit mieux?* wer bietet mehr?; *je ne dis pas non* ich sage nicht nein (dazu); *il ne sait pas ~ non* er kann nicht nein sagen; *ce n'est pas peu ~* das will nicht wenig heißen; *c'est trop peu ~* das ist noch gelinde ausgedrückt; F *vous m'en direz tant!* nein *ou* na, so was!; ja, gibt's denn so was!; F da biste platt!; *c'est tout ~* das (be)sagt alles; damit ist alles gesagt; *pour tout ~* kurz (und gut); der langen Rede kurzer Sinn; *cf a* **vrai** II; **e**) *avec des verbes:* *cela va sans ~* (das) versteht sich (von selbst); *j'irais jusqu'à ~ que ...* ich würde so weit gehen zu behaupten, sagen, daß ...; *je n'ai rien à ~ à cela* dagegen habe ich nichts einzuwenden; *il n'y a pas à ~* man muß (es) zugeben, sagen; *il y a beaucoup à ~ là-dessus* dazu läßt sich (noch) viel sagen; *il ne croit pas si bien ~* er weiß gar nicht, wie wahr er spricht, wie recht er hat; *c'est plus facile à ~ qu'à faire* das ist leichter gesagt als getan; *c'est ~ si ...* das besagt, das ...; *est-ce à ~ que ...?* heißt, bedeutet das, daß ...?; *qu'est--ce à ~?* das heißt, bedeutet?; F *ce n'est pas pour ~, mais ...* verstehen Sie mich recht, aber...; ich will ja nichts gesagt haben, aber ...; F *ce n'est rien de le ~!* das muß man gesehen haben!; dafür gibt es keine Worte!; *JEUX DE CARTES c'est à vous de ~* Sie sind mit dem Reizen, Bieten) dran; *ne pas se le faire ~ deux fois* es sich nicht zweimal sagen lassen; *je ne vous le fais pas ~* das haben Sie gesagt!; *il me fait ~ que ...* **a**) er läßt ausrichten, daß ...; **b**) er behauptet, ich hätte gesagt, daß ...; *il faut vous ~ que ...* dazu müssen Sie wissen, daß ...; *cf a 6.*; *il faut le ~ vite* wenn man es nicht so genau nimmt; *je me suis laissé ~ que ...* man hat mir sagen lassen, daß ...; *laisse-le ~!* laß ihn reden!; *prov bien faire et laisser ~* tue recht und scheue niemand (*prov*); *en incise si j'ose (le) ~* wenn ich so sagen darf; *p/fort* ich wage zu behaupten; *vouloir ~ cf 5.*; **f**) *on dit que ...* man sagt, man behauptet, es heißt, es wird gesagt, es wird behauptet, daß ...; *on dit qu'il est déjà parti* er soll schon abgereist sein; *en incise dit-on* sagt man; *comme on dit* wie man so sagt; wie es heißt; *quoi qu'on dise* was man auch immer sagen mag; trotz allem; ♦ *on dirait* man möchte meinen, sagen; *on aurait dit qu'il allait pleuvoir* man hätte meinen können, es würde regnen *ou* daß es regnen würde; *on dirait un gangster* man könnte ihn für e-n Gangster halten; *on dirait de l'or* man könnte es für Gold halten, ansehen; das könnte Gold sein; **g**) *absolument:* *dis, dites* sag, sagen Sie; *pour renforcer* nicht wahr?; *en incise*

dit-il sagt er; **disons** (na,) sagen wir; *se promener débraillé à la campagne,* **je ne dis pas, mais** *en ville ...* da sage ich ja nichts, aber ...;
2. *par ext journal, écrivain etc* sagen; schreiben; **la loi dit que ...** in dem Gesetz heißt es, daß ...; **3.** *visage, nom etc* ~ **qc à qn** j-m etw sagen; j-m bekannt vorkommen; **ne rien ~ à qn** j-m nichts sagen, unbekannt sein; *st/s les traits de son visage* **disaient sa lassitude** verrieten s-e Erschöpfung, ließen s-e Erschöpfung erkennen; **4.** (*faire envie*) ~ **à qn** j-m zusagen, gefallen; **est-ce que cela vous dit?** haben Sie dazu Lust?; würde Ihnen das gefallen?; **cela ne me dit rien** das reizt, lockt mich nicht; **cela ne me dit rien de sortir** ich habe keine Lust auszugehen; **5.** *vouloir* ~ **a**) *personne* sagen wollen; meinen; **que voulez-vous ~ par là?** was meinen Sie damit?; was wollen Sie damit sagen?; **ce n'est pas ce que je veux ~** so ist es, habe ich es nicht gemeint; das will ich damit nicht sagen; **b**) *chose* bedeuten, heißen; **ça ne veut rien ~** das will gar nichts heißen, (be)sagen; das heißt, bedeutet gar nichts; **qu'est-ce que cela veut ~?** was bedeutet das?; was soll das heißen, bedeuten?; **cela dit bien ce que cela veut ~** das drückt das gut aus, was gemeint ist; **II** *v/pr* **6.** *se* ~ (zu) sich sagen; **je me suis dit que ce n'était pas si grave** ich habe mir gesagt, daß es nicht so schlimm sei ou ist; *en incise* **se disait-il** sagte er (zu) sich; **dis-toi bien que ...** denk daran, daß ...; **il faut vous ~ que ...** dabei müssen Sie berücksichtigen, sich sagen, daß ...; **7.** *expression* **cela ne se dit plus** das sagt man nicht mehr; das wird nicht mehr gesagt; F **comment ça se dit en français?** wie heißt das, wie sagt man dazu auf französisch?;

dire² [diʀ] *m* Aussage *f*; Sagen *n*; Reden *n*; *péj* Gerede *n*; **d'après les** ~**s, au(x)** ~**(s) de qn** nach j-s Aussage, Worten; j-s Aussagen zufolge

direct [diʀɛkt] **I** *adj* **1.** di'rekt; gerade; *GÉNÉALOGIE* **en ligne** ~**e** in direkter, gerader Linie; **2.** *question, accusation etc* di'rekt; offen; **d'une façon** ~**e** gerade'zu, -'her'aus; **3.** *contact, responsabilité, cause etc* di'rekt; unmittelbar; *FIN* **impôt** ~ di'rekte Steuer; **prendre une part** ~**e dans qc** sich unmittelbar, direkt an etw (*dat*) beteiligen; **4.** *GR* **style, discours** ~ di'rekte, wörtliche Rede; *cf a objet 4.;* **5.** *CH DE FER* **train** ~ *ou subst* ~ *m* Eilzug *m*; **voiture** ~**e** Kurswagen *m*; 'durchgehender Wagen; **II** *m* **1.** *BOXE* Gerade *f*; ~ **du droit, du gauche** rechte, linke Gerade; **2.** *RAD, TV* **émission** *f* **en** ~ Live-Sendung ['laɪf-] *f*; Di'rektsendung *f*; Origi'nalübertragung *f*; **diffuser en** ~ live [laɪf] senden; di'rekt über'tragen

directement [diʀɛktəmɑ̃] *adv* **1.** di'rekt; gerade'wegs; auf di'rektem Wege; **2.** *fig* di'rekt; unmittelbar

directeur [diʀɛktœʀ] **I** *m* **1.** Di'rektor *m*; Leiter *m*; ~ **artistique** künstlerischer Leiter; ~ **commercial** kaufmännischer Direktor, Leiter; ~ **sportif** Sportfunktionär *m*; *d'un journal* ~ **de la publication** Her'ausgeber *m*; ~ **de théâtre** Inten'dant *m*; The'aterdirektor *m*; **2.** ~ (**d'école**) Rektor *m*; Schulleiter *m*; **3.** ~ *ADM* (**général**) Ministeri'aldirektor *m*, -dirigent *m*; *en France* ~ **de cabinet** Kabi'nettsdirektor *m*; **4.** *ÉGL CATH* ~ (**spirituel, de conscience**) Spiritu'al *m*; Beichtvater *m*; **II** *adj* ⟨-trice⟩ **1.** leitend; **comité** ~ Vorstand *m*; leitendes Gremium; **2.** *fig* **idée, principe** Leit...; **3.** *TECH* **roue directrice** lenkbares Rad

directif [diʀɛktif] *adj* ⟨-ive⟩ *PÉD, PSYCH* autori'tär

direction [diʀɛksjɔ̃] *f* **1.** *action* Führung *f*; Leitung *f*; **2.** *comité* Direkti'on *f*; Geschäftsführung *f*, -leitung *f*; Betriebsleitung *f*; Direk'torium *n*; *par ext* a) *bureau* Stelle *f* des Di'rektors; **3.** *d'un ministère* ~ (**générale**) Ab'teilung *f*; **4.** *mus* Diri'gieren *n*; **sous la** ~ **de** unter der (musi'kalischen) Leitung von; unter der Stabführung von; **5.** *TECH* Lenkung *f*; Steuerung *f*; **6.** Richtung *f*; **panneau toutes** ~**s** Fernverkehr *m*; Gesamt-(durchgangs)verkehr *m*; ~ **du vent** Windrichtung *f*; **changement** *m* **de** ~ Richtungsänderung *f*; **dans toutes les** ~**s** in alle Richtungen; nach allen Seiten; über'all'hin; **le train en** ~ **de Nice** der Zug nach Nizza; **il marche dans la** ~, **en** ~ **de la gare** er geht in Richtung Bahnhof; **prendre une** ~ e-e Richtung einschlagen, nehmen; **prendre la** ~ **du sud** in Richtung, nach Süden fahren; **7.** *fig* Richtung *f*; **donner une nouvelle** ~ **à qc** e-r Sache (*dat*) e-e neue Richtung geben

directionnel [diʀɛksjɔnɛl] *adj* ⟨~le⟩ *TÉLÉCOMM* **antenne** ~**le** Richtantenne *f*; Richtstrahler *m*

directive [diʀɛktiv] *f surtout pl* ~**s** Di'rek'tiven *f/pl*; Richtlinien *f/pl*; Weisungen *f/pl*; **donner des** ~**s** Direktiven geben; Weisungen erteilen

directoire [diʀɛktwaʀ] *m* **1.** *HIST* ♀ Di'rec'toire *n* (*a période*); **2.** *ART* **style** *m* ♀ Direc'toire(stil) *n*(*m*); *adjt* **commode** *f* ♀ Directoire-Kommode *f*; **3.** *d'une S.A.* Vorstand *m*

directorial [diʀɛktɔʀjal] *adj* ⟨-aux⟩ des Di'rektors, Leiters; Direkti'ons...

directrice [diʀɛktʀis] *f* Direk'torin *f*; Leiterin *f*; *d'une école primaire* Rek'torin *f*; Schulleiterin *f*

dirham [diʀam] *m monnaie* Dirham *m*

dirigé [diʀiʒe] *adj* **économie** ~**e** (staatlich) gelenkte Wirtschaft; Planwirtschaft *f*

dirigeable [diʀiʒabl(ə)] *adj et subst m* (**ballon** *m*) ~ Luftschiff *n*; Zeppelin *m*

dirigeant [diʀiʒɑ̃] **I** *adj* führend; leitend; herrschend; **les classes** ~**es** die herrschenden Klassen *f/pl*; die führende Schicht; **II** *subst* ~(**e**) *m(f)* Führer(in) *m(f)*; Leiter(in) *m(f)*; *d'un pays* Machthaber *m*; *dans l'industrie* ~**s** *pl* Führungskräfte *f/pl*, -führung *f*; ~**s du parti** Par'teiführer *m/pl*, -führung *f*; Führungsspitze *f* der Partei

diriger [diʀiʒe] ⟨-geons⟩ **I** *v/t* **1.** *travaux, débat* leiten; *entreprise, école, orchestre* leiten; an der Spitze stehen (+*gén*); *orchestre a* diri'gieren; *journal* her'ausgeben; *personnes* führen; leiten; lenken; *pays* lenken; re'gieren; *abs* **savoir** ~ Führungsqualitäten besitzen; führen können; **2.** *véhicule* lenken; steuern; **3.** *troupes* diri'gieren; führen; schicken; **4.** *marchandises etc* schicken (**sur, vers** nach); **5.** *lampe etc* ~ **vers, sur qn, qc** auf j-n, etw richten; ~ **ses regards, yeux vers qn, qc** s-e Blicke, Augen auf j-n, etw richten; **6.** *fig accusation, paroles* richten (**contre** gegen); **II** *v/pr* **7.** **se** ~ **vers qc** *personne* auf etw (*acc*) zugehen, *voiture* zufahren; *avion, bateau* etw ansteuern; **se** ~ **vers le sud** in Richtung, nach Süden fahren *ou* fliegen; **8.** *fig* **se** ~ **vers les sciences** *etc* sich den Na'turwissenschaften *etc* zuwenden; **9.** **se** ~ **dans l'obscurité** sich zu'rechtfinden

dirig|**isme** [diʀiʒism(ə)] *m ÉCON* Diri'gismus *m*; staatliche Lenkung der Wirtschaft; Planwirtschaft *f*; ~**iste** *adj* diri'gistisch

dirlo [diʀlo] *langage d'écolier m,f* Di'rektor *m*, Direk'torin *f*

discal [diskal] *adj* ⟨-aux⟩ *MÉD* Bandscheiben...; '**hernie** ~**e** Bandscheibenvorfall *m*

discernable [disɛʀnabl(ə)] *adj* wahrnehmbar; erkennbar; unter'scheidbar

discernement [disɛʀnəmɑ̃] *m* Unter'scheidungsfähigkeit *f*, -kraft *f*, -vermögen *n*; Einsicht *f*; Urteilsfähigkeit *f*; **manque** *m* **de** ~ mangelnde Einsicht, Urteilsfähigkeit *f*; **agir sans** ~ sich der Tragweite s-r Handlungen nicht bewußt sein

discerner [disɛʀne] *v/t* **1.** (*percevoir*) wahrnehmen; erkennen; unter'scheiden; **2.** *fig* unter'scheiden (**qc de qc** *ou* **d'avec qc** etw von etw); *vérité, cause etc* erkennen

disciple [disipl(ə)] *m* Schüler *m*; Jünger *m* (*a REL*); *par ext* (*partisan*) Anhänger *m*

disciplinable [disiplinabl(ə)] *adj* **être** ~ an Disziplin zu gewöhnen sein

disciplinaire [disipliner] *adj* diszipli'narisch; Diszipli'nar...; *MIL* **bataillon** *m* ~ Strafbataillon *n*; **mesure** *f* ~ disziplinarische Maßnahme; **sanction** *f* ~ Disziplinarstrafe *f*

discipline [disiplin] *f* **1.** Diszi'plin *f*; Zucht *f*; *POL* ~ **de vote** Frakti'onszwang *m*; **conseil** *m* **de** ~ *ADM* Diszipli'nargericht *n*; b) *ÉCOLE* Gremium, das über Diszipli'narstrafen gegen Schüler entscheidet; **2.** (*matière*) Lehr-, 'Unterrichtsfach *n*; Diszi'plin *f*; Fachrichtung *f*; **les** ~**s scientifiques** die naturwissenschaftlichen Fächer, Disziplinen; **3.** *SPORTS* Diszi'plin *f*; Sportart *f*

discipliné [disipline] *adj* diszipli'niert

discipliner [disipline] *v/t* **1.** an Diszi'plin, Zucht gewöhnen; Diszi'plin beibringen (**qn** j-m); **2.** *sentiments, instincts* im Zaum halten; diszipli'nieren; **3.** *fig* **cheveux** bändigen

disc-jockey [diskʒɔkɛ] *m* ⟨*pl* disc-jockeys⟩ Disk- *ou* Discjockey [-dʒ-] *m*; Plattenjockey *m*

disco [disko] *m MUS* Diskosound [-au-] *m*; *adjt* **musique** *f* ~ Diskomusik *f*

discographique [diskɔgʀafik] *adj* Schallplatten...

discontinu [diskɔ̃tiny] *adj* **1. ligne** unter'brochen; gestrichelt; **2.** *fig* **mouvement, travail** nicht kontinu'ierlich; diskontinu'ierlich; zeitweilig unter'brochen

discontinuer [diskɔ̃tinɥe] *loc/adv* **sans ~** ohne 'Unterlaß; unablässig; ununterbrochen
discontinuité [diskɔ̃tinɥite] *f d'un travail etc* fehlende, mangelnde Kontinui'tät; zeitweilige Unter'brechung; Diskontinui'tät *f*
disconvenir [diskɔ̃vniʀ] *v/t/indir* ⟨*cf* venir⟩ **ne pas ~ de qc** etw nicht in Abrede stellen, nicht leugnen
discophile [diskɔfil] *m,f* Schallplattenliebhaber(in) *m(f)*, -freund(in) *m(f)*, -fan [fɛn] *m*, -sammler(in) *m(f)*
discordance [diskɔʀdɑ̃s] *f* **1.** *d'opinions etc* Nichtübereinstimmung *f*; Nichtzusammenpassen *n* (*a des couleurs*); Diskor'danz *f*; **~ entre** *a* Diskre'panz *f*, fehlende Über'einstimmung zwischen (+*dat*); **2.** *MUS* Diskor'danz *f*; Disharmo'nie *f*; 'Mißklang *m*
discordant [diskɔʀdɑ̃] *adj* **1.** nicht über'einstimmend; nicht zu'sammenpassend; **2.** *MUS* diskor'dant; dishar'monisch; **3.** *par ext voix, cris* 'mißtönend
discorde [diskɔʀd] *f* Zwietracht *f*; Uneinigkeit *f*; Unfriede(n) *m*; *st/s* **pomme** *f* **de ~** Zankapfel *m*; **semer la ~** Zwietracht säen
discothèque [diskɔtɛk] *f* **1.** *lieu* Disko-'thek *f*; **2.** *collection* Schallplattensammlung *f*
discount [diskawnt] *m COMM* Discount [-'kaunt] *m*; *adjt* **magasin** *m*, **prix** *m* **~** Discountgeschäft *n*, -preis *m*
discour|eur [diskuʀœʀ] *m*, **~euse** *f* Schwätzer(in) *m(f)*
discourir [diskuʀiʀ] *v/i* ⟨*cf* courir⟩ schwatzen, lang und breit reden, schwadro'nieren
discours [diskuʀ] *m* **1.** Rede *f*, Ansprache *f*; **électoral** Wahlrede *f*; **faire, prononcer un ~** e-e Rede halten; **2.** *péj* Geschwätz *n*; Gerede *n*; lange Reden *f/pl*; **assez de ~!** genug der Worte!; **que de ~!** was für ein Geschwätz!; **was soll das lange Reden!**; **3.** *GR* **~ direct, indirect** di'rekte ou wörtliche, indi'rekte *ou* abhängige Rede; **parties** *f/pl* **du ~** Wortarten *f/pl*; **4.** *traité* (theo'retische) Abhandlung
discourtois [diskuʀtwa] *st/s adj* unhöflich
discrédit [diskʀedi] *m* 'Mißkredit *m*; **jeter le ~ sur qn** j-n in Mißkredit, Verruf bringen; **tomber dans le ~** in Mißkredit, Verruf geraten
discréditer [diskʀedite] *I v/t* in 'Mißkredit, Verruf bringen; diskredi'tieren; **II** *v/pr* **se ~** sich in Mißkredit bringen; sich diskredi'tieren; in Mißkredit, Verruf geraten
discret [diskʀɛ] *adj* ⟨-ète [-ɛt]⟩ **1.** *personne* taktvoll; dis'kret; rücksichtsvoll; *regard, couleur etc* dis'kret; unauffällig, unaufdringlich; *couleur, vêtement a* de'zent; *allusion* leise; **2.** (*qui garde un secret*) dis'kret; verschwiegen; **3.** *MATH* dis'kret
discrétion [diskʀesjɔ̃] *f* **1.** *d'une personne* Takt *m*; Diskreti'on *f*; Rücksichtnahme *f*; *d'une tenue* Unauffälligkeit *f*; Unaufdringlichkeit *f*; De'zenz *f*; *loc/adv*: **avec ~** *se retirer* dis'kret; 'taktvoll; *s'habiller de ~* unauffällig; **par ~** aus Taktgefühl, Rücksichtnahme; **2.** Diskreti'on *f*; Verschwiegenheit *f*; **~ assurée** Diskretion

zugesichert; **3.** *loc/adv* **à ~** *vin etc* nach Belieben; soviel man will
discrétionnaire [diskʀesjɔnɛʀ] *adj JUR* **pouvoir** *m* **~** (freies) Ermessen; Ermessensfreiheit *f*
discrimination [diskʀiminasjɔ̃] *f* **1.** Unter'scheidung *f*; 'Unterschied *m*; **2.** *entre catégories sociales* Diskrimi'nierung *f*; 'unterschiedliche, ungleiche Behandlung; Ungleichbehandlung *f*; **~ raciale** Rassendiskriminierung *f*
discrimin|atoire [diskʀiminatwaʀ] *adj mesures etc* diskrimi'nierend; **~er** *v/t* **1.** *sc* (*distinguer*) unter'scheiden; **2.** *socialement* diskrimi'nieren
disculper [diskylpe] *I v/t* **~ qn** j-n (von s-r Schuld) reinwaschen; j-n entlasten; **II** *v/pr* **se ~** s-e Unschuld beweisen (*auprès de, aux yeux de qn* gegenüber j-m); sich (von Schuld) reinwaschen; sich rechtfertigen (vor j-m)
discursif [diskyʀsif] *adj* ⟨-ive⟩ *PHILOS* diskur'siv
discussion [diskysjɔ̃] *f* **1.** Diskussi'on *f*, Aussprache *f* (*de* über +*acc*); Erörterung *f*, Besprechung *f* (+*gén*); *POL a* De'batte *f* (über +*acc*); *donner matière à ~*, *être sujet à ~* um'stritten, nicht bewiesen sein; *entamer, ouvrir une ~* e-e Diskussion, Aussprache einleiten, eröffnen; *soulever une ~* e-e Diskussion auslösen, hervorrufen; *prov* **de la ~ jaillit la lumière** erst durch das Gespräch gewinnt man Klarheit; **2.** 'Widerrede *f*; **pas de ~!** keine Widerrede!; **3.** (*dispute*) Ausein'andersetzung *f*; Wortwechsel *m*, -gefecht *n*; **4.** *F* (*conversation*) Gespräch *n*; Unter'haltung *f*
discutable [diskytabl(ə)] *adj théorie*, *point de vue* anfechtbar; bestreitbar; **c'est très ~** das ist sehr fragwürdig; **être d'un intérêt ~** von fragwürdigem, zweifelhaftem Interesse, Wert sein
discutailler [diskytaje] *v/i F péj* pa'lavern
discuté [diskyte] *adj* **très ~** vieldisku-'tiert; um'stritten
discuter [diskyte] *I v/t* **1.** *problème etc* ('durch)diskutieren; erörtern; besprechen; *prix* aushandeln; *projet de loi* behandeln; **~ affaires, politique** *etc* über Geschäfte, Politik *etc* diskutieren, reden; **2.** *authenticité, autorité etc* in Zweifel ziehen; in Frage stellen; anzweifeln; **3.** *F* **~ le coup** sich unter-'halten, F e-n kleinen Schwatz halten; **II** *v/t/indir* **4. ~ de, sur qc** über etw (*acc*) disku'tieren, sprechen, reden, debat-'tieren; **III** *v/i* **5.** disku'tieren (*avec qn* mit j-m); *par ext* **avec qn pour obtenir qc** mit j-m (hin und her) verhandeln, um etw zu erreichen; **6.** Einspruch erheben, wider'sprechen; **obéir sans ~** 'widerspruchslos, wortlos gehorchen; **IV** *v/pr sujet* **se ~** disku'tiert, erörtert werden; **cela peut se ~** darüber läßt sich disku'tieren, reden; das ist disku'tabel
disert [dizɛʀ] *litt adj* ⟨-erte [-ɛʀt]⟩ redegewandt; beredt
disette [dizɛt] *f* Hunger(snot) *m(f)*; **année** *f* **de ~** Hungerjahr *n*
dis|eur [dizœʀ] *m*, **~euse** *f THÉ* **excellent diseur** j, der ausgezeichnet vorzutragen versteht; Vortragskünstler *m*;

diseuse de bonne aventure Wahrsagerin *f*; **diseur de bons mots** j, der gut Witze erzählen kann; Witzbold *m*
disgrâce [dizgʀɑs, dis-] *f* Ungnade *f*; **tomber en ~** in Ungnade fallen
disgraci|é [dizgʀasje, dis-] *adj* **1.** in Ungnade gefallen; **2.** *fig et st/s visage etc* unschön; **~ par la nature** von der Natur stiefmütterlich behandelt; **~er** *v/t* **~ qn** j-m s-e Gunst entziehen
disgracieux [dizgʀasjø, dis-] *adj* ⟨-euse⟩ anmutlos; ohne Anmut; ungraziös; unschön; plump
disjoindre [disʒwɛ̃dʀ(ə), diz-] ⟨*cf* joindre⟩ **I** *v/t* **1.** (vonein'ander) trennen; ausein'andernehmen; **2.** *fig problèmes etc* vonein'ander trennen; gesondert behandeln; **II** *v/pr* **se ~** aus den Fugen gehen; ausein'andergehen
disjoint [disʒwɛ̃] *adj* ⟨-jointe [-ʒwɛ̃t]⟩ aus den Fugen gegangen; *dalles* mit weiten Fugen
disjoncteur [disʒɔ̃ktœʀ] *m ÉLECT* Sicherungsautomat *m*; (Sicherungs-)Schutzschalter *m*
disjonctif [disʒɔ̃ktif] *adj* ⟨-ive⟩ *GR, PHILOS* disjunk'tiv
disjonction [disʒɔ̃ksjɔ̃] *f* Trennung *f*
dislocation [dislɔkasjɔ̃] *f* **1.** Ausein'anderbrechen *n*, -reißen *n*, -fallen *n*; **2.** *d'une articulation* Aus-, Verrenkung *f*; **3.** *fig d'un cortège* Auflösung *f*; *d'un empire* Ausein'anderfallen *n*, -brechen *n*; Zerschlagung *f*
disloquer [dislɔke] **I** *v/t* **1.** *machine, armoire etc* ausein'anderbrechen, *chaîne etc* -reißen; **2.** *membre* aus-, verrenken, auskugeln; **3.** *fig cortège* auflösen; *empire* ausein'anderreißen; zerschlagen; **II** *v/pr* **se ~** ausein'anderbrechen, -fallen; **5. a)** *se ~ le bras etc* sich den Arm *etc* ver-, ausrenken, auskugeln; **b)** *clown* sich verrenken; **6.** *fig cortège* sich auflösen; *empire* ausein'anderfallen, -brechen
disparaître [dispaʀɛtʀ(ə)] *v/i* ⟨*cf* connaître; *avoir*, *selten être* disparu⟩ **1.** verschwinden; *st/s* entschwinden; *personne dans la foule a* 'untertauchen; *objets a* ab'handen kommen; verlorengehen; *F* **ils n'ont tout de même pas disparu tout seuls** F sie haben doch keine Beine bekommen; **2.** *tache* verschwinden; weggehen; *douleurs, soucis* vergehen; *mode, dialecte, espèce etc* aussterben; *civilisation* 'untergehen; **avoir disparu** *tache, douleur a* weg sein; **3.** (*mourir*) da'hingehen; sterben; 'umkommen; **4.** *personne, avion etc* **avoir disparu** vermißt werden; **5.** **faire ~ personne** beseitigen; aus dem Weg(e) räumen, schaffen; *document etc* verschwinden lassen; *soucis, doutes* zerstreuen; *obstacle* aus dem Weg(e) räumen; beseitigen; *médicament*: *douleur* beseitigen; *produit* tache entfernen; beseitigen; **faire ~ qc dans sa poche** etw in s-r Tasche verschwinden lassen
dispar|ate [dispaʀat] *adj* nicht zu'sammenpassend; nicht aufein'ander abgestimmt; uneinheitlich; ungleich; dispa'rat; **~ité** *f* Ungleichheit *f*, Diskre-'panz *f*, Dispari'tät *f* (*entre* zwischen +*dat*)
disparition [dispaʀisjɔ̃] *f* **1.** Verschwinden *n*; **signaler la ~ de qn** e-e Vermißtenanzeige aufgeben; j-s Verschwinden

disparu – dissert

melden; **2.** *d'une tache* Verschwinden *n*; Weggehen *n*; *de douleurs* Verschwinden *n*; Vergehen *n*; *d'une mode, d'une espèce, d'un dialecte etc* Aussterben *n*; *d'une civilisation* 'Untergang *m*; **en voie de ~** im Aussterben begriffen; aussterbend; **être menacé de ~** vom Aussterben bedroht sein; **3.** (*mort*) Hinscheiden *n*
disparu [dispaRy] **I** *p/p cf* **disparaître** *adj personne* vermißt; verschollen (*a bateau, avion*); **~ en mer** auf See verschollen; **être porté ~** als vermißt gelten, gemeldet sein; **II** *subst* **~(e)** *m(f)* **1.** Vermißte(r) *f(m)* (*surtout en temps de guerre*); Verschollene(r) *f(m)*; **2.** (*défunt*[*e*]) Da'hingegangene(r) *f(m)*; Verstorbene(r) *f(m)*
dispendieux [dispãdjø] *adj* ⟨-euse⟩ kostspielig; aufwendig
dispensaire [dispãsɛR] *m* Ambu'lanz *f*, Ambula'torium *n* (*zur kostenlosen Behandlung*); Poliklinik *f*; *pour vaccinations et dépistage correspond à* Gesundheitsamt *n*
dispensa|teur [dispãsatœR] *m*, **~trice** *f litt* Spender(in) *m(f)*
dispense [dispãs] *f* Dis'pens *f ou m*; Dispen'sierung *f*, Befreiung *f* (*de* von); Ausnahmebewilligung *f*; **~ d'âge** Zulassung *f*, obwohl das vorgeschriebene Alter noch nicht erreicht ist; **~ d'éducation physique** Befreiung, Dispensierung vom Turnunterricht
dispenser [dispãse] **I** *v/t* **1. ~ qn de qc** j-n von etw befreien, entbinden, dispen'sieren; j-m etw erlassen; **~ qn de faire qc** *a* es j-m ersparen, etw tun zu müssen *ou* etw zu tun; **être dispensé de qc** von etw befreit, dispensiert sein; **se faire ~ de qc** sich von etw befreien, dispensieren lassen; *fig* **je vous dispense de vos commentaires** auf Ihren Kommentar kann ich verzichten; Ihren Kommentar können Sie sich schenken, sparen, verschonen Sie mich mit Ihrem Kommentar!; **2.** *bienfaits* erweisen; zu'teil werden lassen; *soins* zukommen lassen; *savoir* vermitteln; *soleil: lumière* spenden; **II** *v/pr* **se ~ d'une obligation** sich e-r Verpflichtung (*dat*) entziehen; e-r Verpflichtung (*dat*) nicht nachkommen; **je m'en dispenserais bien** ich würde gern darauf verzichten
dispersé [dispɛRse] *adj habitat, famille* weit verstreut
disperser [dispɛRse] **I** *v/t* **1.** zerstreuen; *vent: nuages etc* a verwehen; *police, pluie: foule* a ausein'andertreiben; *MIL ennemis* zersprengen; *par ext collection etc* zersplittern; aufteilen; **2.** *fig son attention, ses forces* verzetteln; **II** *v/pr* **se ~ 3.** *foule* sich zerstreuen; ausein'andergehen; sich verlaufen; *rapidement* ausein'anderstieben; **4.** *personne* sich verzetteln
dispersion [dispɛRsjõ] *f* **1.** Zerstreuen *n*, -ung *f*; *état a* Verstreutsein *n*; *d'une foule a* Ausein'andertreiben *n*; *d'une collection etc* Zersplitterung *f*; Aufteilung *f*; **2.** *fig de ses forces etc* Verzettelung *f*; **3.** *PHYS* Streuung *f*; Dispersi'on *f*; **4.** *CHIM* Dispersi'on *f*; **5.** *STATISTIQUE* Streuung *f*
disponibilité [disponibilite] *f* **1.** *d'une personne* **a)** Verfügbarkeit *f*; Disponibi-li'tät *f*; **b)** *morale* innere Bereitschaft; **2.** *FIN* **~s** *pl* verfügbare, flüssige Mittel *n/pl*, Gelder *n/pl*; **3.** *de fonctionnaires* Beurlaubung *f*; **être en ~** beurlaubt sein
disponible [disponibl(ə)] *adj* **1.** *personne* **a)** frei; abkömmlich; verfügbar; **être ~ a** nichts vorhaben; Zeit haben; **ne pas être ~ a** etwas vorhaben; keine Zeit haben; **b)** *moralement* bereit; offen; wach; **2.** *place etc* verfügbar; frei; **3.** *FIN capital, marchandise* verfügbar; dispo'nibel; *argent a* flüssig; *marchandise a* greifbar; vorrätig
dispos [dispo] *adj* **frais et ~** ⟨fraîche et dispose⟩ frisch und munter; ausgeruht
disposé [dispoze] *adj* **1.** *objets* angeordnet; arran'giert; **2.** *personne* **être bien, mal ~** gut, schlecht aufgelegt *ou* gelaunt sein; **être bien ~ à l'égard de qn, envers qn** j-m wohlgesinnt, gewogen sein; **être mal ~ à l'égard de qn, envers qn** j-m schlecht, übel gesinnt sein; schlecht, nicht gut auf j-n zu sprechen sein; **être ~ à l'indulgence** nachsichtig gestimmt sein; **3. être ~ à faire qc** bereit *ou* gewillt sein, etw zu tun
disposer [dispoze] **I** *v/t objets* anordnen, arran'gieren, aufstellen (*sur la table* auf dem Tisch); **II** *v/t/indir* **1. ~ de qc** über etw (*acc*) verfügen; etw haben; **~ de peu de temps** über wenig Zeit verfügen; wenig Zeit haben; **2. ~ de qn, de qc** über j-n, etw verfügen; **~ de son argent de poche** über sein Taschengeld (frei) verfügen; **droit n des peuples à disposer d'eux-mêmes** Selbstbestimmungsrecht *n* der Völker; **III** *v/i* **~ à un inférieur vous pouvez ~** Sie können jetzt gehen; **IV** *v/pr* **se ~ à faire qc** sich anschicken, etw zu tun
dispositif [dispozitif] *m* **1.** *TECH* Vorrichtung *f*; Anlage *f*; **~ d'alarme** A'larmanlage *f*; **~ de sûreté** Sicherheitsvorrichtung *f*; **2.** *par ext* Appa'rat *m*; **~ policier** Poli'zeiaufgebot *n*; **~ de contrôle** Kon'trollsystem *n*, -apparat *m*
disposition [dispozisjõ] *f* **1.** *d'objets* Anordnung *f*; **2.** Verfügung *f*; **avoir qc à sa ~** etw zu s-r Verfügung haben; **être à la ~ de qn** j-m zur Verfügung stehen; **laisser qc à la ~ de qn** j-m etw zu s-r Verfügung über'lassen; **mettre qc à la ~ de qn** j-m etw zur Verfügung stellen; **se tenir à la ~ de qn** sich j-m zur Verfügung, zu j-s Verfügung halten; **3.** *JUR* Bestimmung *f*; Verfügung *f*; Anordnung *f*; Vorschrift *f*; **~s tarifaires** Ta'rifbestimmungen *f/pl*; **4. ~s** *pl* Vorbereitungen *f/pl*; **face à un danger** Vorkehrungen *f/pl*; **prendre toutes les ~s nécessaires** alle notwendigen Vorbereitungen *ou* Vorkehrungen treffen; **prendre ses ~s pour partir** Anstalten, Vorbereitungen zur Abreise treffen; **5. ~s** *pl* Stimmung *f*, Laune *f*; **être dans de bonnes, mauvaises ~s** gut, schlecht gelaunt sein; **6. ~s** *pl* Anlagen *f/pl*; Begabung *f*; **avoir des ~s de** gute Anlagen haben, zeigen; **avoir des ~s pour la musique** für Musik begabt sein; e-e Begabung für Musik haben; gute musikalische Anlagen haben
disproportion [dispRopoRsjõ] *f* 'Mißverhältnis *n*, Disproporti'on *f* (*de taille etc* in der Größe *etc*)
disproportionné [dispRopoRsjone] *adj* **1. ~ avec, à qc** der, die, das in keinem Verhältnis, in e-m 'Mißverhältnis zu etw steht; **2.** *membres etc* unproportioniert; 'übergroß
dispute [dispyt] *f* Streit *m*; Ausein'andersetzung *f*; Wortwechsel *m*; Dis'put *m*
disputer [dispyte] **I** *v/t* **1. ~ qc à qn** j-m etw streitig machen; **2.** *SPORTS match, épreuve* austragen; **~ un titre** um e-n Titel kämpfen; **3.** F **~ un enfant** ein Kind ausschimpfen, -schelten; F **se faire ~** ausgeschimpft werden; Schelte, F Schimpfe bekommen; **4. le ~ à qn en beauté** *etc* es mit j-m an Schönheit *etc* aufnehmen können; **II** *v/pr* **5. a)** **se ~** (sich, mitein'ander) streiten; sich zanken; **b)** **se ~ avec qn** (sich) mit j-m streiten; sich mit j-m zanken; **6. se ~ qc** sich um etw streiten, zanken; ein'ander etw streitig machen (*a fig*); **7.** *SPORTS épreuve* **se ~** ausgetragen werden
disquaire [diskɛR] *m,f* Schallplattenhändler(in) *m(f)*
disqualification [diskalifikasjõ] *f SPORTS* Disqualifi'zierung *f*; Disqualifikati'on *f*
disqualifier [diskalifje] *v/t SPORTS* disqualifi'zieren; **II** *v/pr* **se ~** *fig* in 'Mißkredit geraten; in Ungnade fallen
disque [disk] *m* **1.** Schallplatte *f*; *souvent abrégé* Platte *f*; **~ compact**, **laser CD**(**-Platte**) *f*; Compact disc *f*; **~ microsillon de longue durée** Langspielplatte *f*; **~ de jazz** Jazzplatte *f*; **~ de musique classique** (Schall)Platte mit klassischer Musik; F **changer de ~** F e-e andere Platte auflegen; **mettre, passer un ~** e-e (Schall)Platte auflegen, laufen lassen *ou* (ab)spielen; **2.** *TECH* Scheibe *f*; *AUTO* **~ d'embrayage** Kupplungsscheibe *f*; *frein m à* **~** Scheibenbremse *f*; **3.** *SPORTS* Diskus *m*; Wurfscheibe *f*; **4.** *ANAT* **~ intervertébral** Bandscheibe *f*; **5.** *AUTO* **~ de stationnement** Parkscheibe *f*; **6.** *INFORM* Platte *f*; **~ dur** Festplatte *f*; **~ magnétique** Ma'gnetplatte *f*; **~ souple** Floppy disk *f*
disquette [diskɛt] *f INFORM* Dis'kette *f*
dissection [disɛksjõ] *f BIOL*, *MÉD* Se'zieren *n*; Sekti'on *f*
dissembl|able [disãblabl(ə)] *adj* unähnlich; ungleich; **~ance** *f* Unähnlichkeit *f*; Ungleichheit *f*; Verschiedenartigkeit *f*
dissémination [diseminasjõ] *f* **1.** *de la semence* Ausstreuung *f*, (na'türliche) Verbreitung *f*; **2.** *de troupes, d'habitants etc* Verstreutsein *n*; Streuung *f*; **3.** *des armes atomiques* Verbreitung *f*; Weitergabe *f*
disséminer [disemine] **I** *v/t* **1.** *vent: semence* aus-, verstreuen; verbreiten; **2.** *personnes* zerstreuen; hierhin und dahin stellen; **3.** *armes atomiques* verbreiten; weitergeben; **II** *v/pr* **se ~** sich aus-, verbreiten
dissension [disãsjõ] *f surtout pl* **~s** Streitigkeiten *f/pl*; Zwistigkeiten *f/pl*
dissentiment [disãtimã] *m* Meinungsverschiedenheit *f*; Unstimmigkeit *f*
disséquer [diseke] *v/t* ⟨-è-⟩ **1.** *BIOL*, *MÉD* se'zieren; **2.** *fig* se'zieren; genau unter'suchen; ausein'andernehmen
dissert [disɛRt] *f langage d'écolier cf* **dissertation**

dissert|ation [disɛRtasjɔ̃] *f LYCÉE* Erörterung *f;* Besinnungsaufsatz *m; UNIVERSITÉ* Semi'nar-, Hausarbeit *f;* **~er** *v/t/indir* **~** *sur, de qc* etw abhandeln, (ausführlich) behandeln, erörtern

dissidence [disidɑ̃s] *f* **1.** *d'un parti etc* Spaltung *f; être en* **~** gespalten sein; **2.** *coll* Dissi'denten *m/pl;* Dissi'dententum *n*

dissident [disidɑ̃] *POL* **I** *adj* andersdenkend; **II** *subst* **~(e)** *m(f)* Dissi'dent(in) *m(f);* Andersdenkende(r) *f(m);* Re'gimekritiker(in) *m(f)*

dissimilitude [disimilityd] *sc f* Unähnlichkeit *f;* 'Unterschiedlichkeit *f*

dissimula|teur [disimylatœʀ] *m,* **~trice** *f* Heuchler(in) *m(f)*

dissimulation [disimylasjɔ̃] *f* **1.** *(hypocrisie)* Verstellung(skunst) *f;* Heuche'lei *f;* **2.** *de qc* Verheimlichung *f; de revenus etc* Verschleierung *f*

dissimulé [disimyle] *adj personne* heuchlerisch; falsch; unaufrichtig

dissimuler [disimyle] **I** *v/t* **1.** *sentiments, intentions etc* verheimlichen, -hehlen, -bergen, -schleiern *(à qn* j-m); *abs* sich verstellen; *ne pas* **~** *à qn que ...* j-m gegenüber kein(en) Hehl daraus machen, daß ...; **2.** *objets* verbergen; **3.** *revenus etc* verschleiern; **II** *v/pr* **4.** *ne pas se* **~** *qc* sich über etw *(acc)* klar, im klaren sein; sich keinen Illusi'onen über etw *(acc)* hingeben; **5.** *personne, objet se* **~** sich verbergen *(derrière* hinter *+dat)*

dissipation [disipasjɔ̃] *f* **1.** *d'une fortune* Verschwendung *f;* Vergeudung *f;* **2.** *d'un écolier* Unaufmerksamkeit *f;* Undiszipliniertheit *f*

dissipé [disipe] *adj* **1.** *élèves* unaufmerksam; undiszipliniert; **2.** *st/s vie* locker; unsolide; ausschweifend

dissiper [disipe] **I** *v/t* **1.** *nuages, brume* vertreiben; *fig* **~** *les fumées de l'alcool* den Kopf wieder klar machen; **2.** *fig soucis, doutes etc* zerstreuen; *malentendu* beseitigen; ausräumen; aufklären; *ennui* vertreiben; **3.** *fortune* verschwenden; vergeuden; verschleudern; *fig* **~** *sa jeunesse* s-e Jugend vergeuden, leichtsinnig vertun; **4.** *élèves* ablenken; von der Arbeit abhalten; **II** *v/pr se* **~ 5.** *nuages, brume* sich auflösen; **6.** *fig soucis, peur etc* verfliegen; verschwinden; *espoirs, rêves se* **~** *en fumée* sich in Rauch auflösen; in Rauch aufgehen; **7.** *élèves* nicht mehr aufpassen; unaufmerksam werden

dissociable [disɔsjabl(ə)] *adj* voneinander trennbar

dissociation [disɔsjasjɔ̃] *f* **1.** *CHIM, PSYCH* Dissoziati'on *f;* **2.** *fig* Trennung *f*

dissocier [disɔsje] **I** *v/t* **1.** *CHIM* dissozi'ieren; **2.** *fig* voneinander trennen; getrennt behandeln; **II** *v/pr se* **~ 3.** *CHIM* dissozi'ieren; **4.** *fig* sich trennen *(de* von); sich auflösen

dissolu [disɔly] *adj vie, mœurs* ausschweifend; lasterhaft; liederlich

dissolubilité [disɔlybilite] *f POL* Auflösbarkeit *f*

dissoluble [disɔlybl(ə)] *adj POL parlement etc* auflösbar

dissolution [disɔlysjɔ̃] *f* **1.** *d'une substance* Auflösen *n,* -ung *f;* **2.** *liquide* Lösung *f; colle* Gummilösung *f;* **3.** *fig d'un système etc* Auflösung *f;* Zerfall *m;* **4.** *JUR* Auflösung *f;* **5.** *st/s des mœurs* Zügellosigkeit *f*

dissolvant [disɔlvɑ̃] **I** *adj CHIM* auflösend; **II** *m* **1.** *CHIM* Lösungsmittel *n;* **2.** *pour vernis à ongles* Nagellackentferner *m*

disson|ance [disɔnɑ̃s] *f MUS et fig* Disso'nanz *f;* **~ant** *adj MUS* disso'nant; 'mißtönend *(a fig)*

dissoudre [disudʀ(ə)] *⟨cf absoudre⟩* **I** *v/t* **1.** *substance* auflösen; **2.** *JUR mariage etc, POL parti etc* auflösen; **II** *v/pr se* **~** sich auflösen *(a fig)*

dissous [disu], **dissoute** [disut] *p/p cf* **dissoudre**

dissuader [disɥade] *v/t* **~** *qn de faire qc* j-m ausreden, j-n davon abbringen, etw zu tun

dissuasif [disɥazif] *adj* ⟨-ive⟩ abschreckend; Abschreckungs...

dissuasion [disɥazjɔ̃] *f POL* Abschreckung *f; force f de* **~** Abschreckungsstreitmacht *f*

dissyllab|e [disi(l)lab] **I** *adj* zweisilbig; **II** *m* zweisilbiges Wort; **~ique** *adj* zweisilbig

dissymétr|ie [disimetʀi] *f* fehlende Symme'trie; Mangel *m* an Symme'trie; **~ique** *adj* unsymmetrisch

distance [distɑ̃s] *f* **1.** Entfernung *f;* Abstand *m (a fig et MATH);* Di'stanz *f (a fig);* Strecke *f; OPT* **~** *focale* Brennweite *f;* **~** *parcourue* zurückgelegte Strecke, Entfernung, *AUTO* **~** *de freinage* Bremsweg *m;* **~** *entre Paris et Lyon* Entfernung zwischen Paris und Lyon; *loc/adv: à* **~** aus der Ferne; *loc/adj* Fern...; *commande f à* **~** Fernsteuerung *f; à cette* **~** auf diese Entfernung; aus dieser Entfernung; *à une faible, grande* **~** in geringer, großer *ou* weiter Entfernung *(de qn, qc* von j-m, etw); in geringem, weitem *ou* großem Abstand (zu j-m, etw); *à égale* **~** *de* gleich weit entfernt, weg von; *être à quelques mètres de* **~** *l'un de l'autre* einige Meter voneinander entfernt sein; *fig garder, tenir ses* **~s** Distanz, den nötigen Abstand wahren; *prendre ses* **~s** *GYMNASTIQUE* Abstand nehmen; *fig* sich von j-m, von etw distan'zieren; *tenir qn à* **~** *(respectueuse)* j-n auf Distanz halten, sich j-n vom Leibe halten *(a fig); se tenir à* **~** sich auf Distanz halten *(a fig);* **2.** *dans le temps loc/adv: à* **~** aus der Di'stanz; *à quelques années de* **~** im Abstand von einigen Jahren; **3.** *SPORTS* Di'stanz *f*

distancer [distɑ̃se] ⟨-ç-⟩ **I** *v/t* **1.** *SPORTS* distan'zieren; **2.** *par ext concurrent etc* hinter sich lassen; abschütteln; *être distancé a* den Anschluß verlieren; **II** *v/pr se* **~** *de qn, qc* sich von j-m, etw distan'zieren

distanciation [distɑ̃sjasjɔ̃] *f THÉ (effet m de)* **~** Verfremdung(seffekt) *f(m)*

distant [distɑ̃] *adj* **1.** entfernt *(de 2 km* 2 km); **2.** *fig personne, air* distan'ziert; reser'viert; kühl

distendre [distɑ̃dʀ(ə)] *⟨cf rendre⟩* **I** *v/t* (stark) (aus)dehnen; über'dehnen; *muscle, tendon a* zerren; **II** *v/pr se* **~ 1.** sich (über')dehnen; *peau* schlaff werden; **2.** *fig liens* sich lockern

distension [distɑ̃sjɔ̃] *f* ('Über')Dehnung *f; d'un muscle a* Zerrung *f*

distilla|teur [distilatœʀ] *m* Destilla'teur *m;* Branntweinbrenner *m;* **~tion** *f* Destillati'on *f;* Destil'lieren *n; du vin a* Brennen *n*

distiller [distile] *v/t* **1.** *pétrole, eau* destil'lieren; **~** *du blé etc* Schnaps *ou* Branntwein aus Getreide *etc* brennen; *adjt eau distillée* destilliertes Wasser; **2.** *BOT, ZO* ausscheiden; ausschwitzen; **3.** *fig personne* **~** *son venin* sein Gift versprizen; *st/s propos* **~** *l'ennui* Langeweile verbreiten

distillerie [distilʀi] *f* (Branntwein)Brenne'rei *f*

distinct [distɛ̃] *adj* ⟨-incte [-ɛ̃kt]⟩ **1.** *voix, trace etc* deutlich; **2.** *(différent)* 'unterschiedlich; verschieden *(de* von); *être* **~** *de qc* sich von etw unter'scheiden

distinctement [distɛ̃ktəmɑ̃] *adv* deutlich

distinctif [distɛ̃ktif] *adj* ⟨-ive⟩ Unter'scheidungs...; *caractère* **~** Unterscheidungsmerkmal *n; marque distinctive, signe* **~** Kennzeichen *n*

distinction [distɛ̃ksjɔ̃] *f* **1.** *action* Unter'scheidung *f (entre* zwischen *+dat);* *(différence)* 'Unterschied *m; sans* **~** 'unterschiedslos; ohne Unterschied; *sans* **~** *d'origine etc* ohne Unterschiede hinsichtlich der Herkunft *etc* zu machen; ohne Rücksicht auf die Herkunft *etc;* **2.** Auszeichnung *f; décerner, obtenir une* **~** e-e Auszeichnung verleihen, erhalten; **3.** Vornehmheit *f; avoir de la* **~** ein vornehmes, distingu'iertes Benehmen haben

distingué [distɛ̃ge] *adj* **1.** *personne, allure, comportement* vornehm; distin'guiert; *faire* **~** vornehm wirken; **2.** *personnalité* bedeutend; her'vorragend; **3.** *à la fin d'une lettre veuillez agréer l'expression de mes sentiments* **~s** hochachtungsvoll; mit vorzüglicher Hochachtung; *moins cérémonieux* mit freundlichen Grüßen

distinguer [distɛ̃ge] **I** *v/t* **1.** *(percevoir)* unter'scheiden; erkennen; wahrnehmen; **~** *qn dans la foule* j-n in der Menge erkennen; **2.** *(différencier)* unter'scheiden *(qc de ou d'avec qc* etw von etw; *entre* zwischen *+dat);* aus'einanderhalten; **3.** *(honorer)* **~** *qn* j-n auszeichnen *(par qc* mit, durch etw); **4.** *chose* **~** *qn, qc* für j-n, etw kennzeichnend sein; j-n von etw verraten; **~** *qn, qc de qn, de qc* j-n, etw von j-m, von etw unter'scheiden; **II** *v/pr* **5.** *se* **~** *(être différent)* sich unter'scheiden *(par qc* durch etw; *de* von); **6.** *se* **~** *(s'illustrer)* sich auszeichnen *(par* durch); **7.** *se* **~** *à l'horizon etc* sich am Horizont *etc* abzeichnen

distinguo [distɛ̃go] *m* (feine) Unter'scheidung

distique [distik] *m POÉSIE* Distichon *n*

distorsion [distɔʀsjɔ̃] *f OPT, TÉLÉCOMM, MÉD, fig* Verzerrung *f*

distraction [distʀaksjɔ̃] *f* **1.** *(inattention)* Zerstreutheit *f;* Geistesabwesenheit *f;* Zerfahrenheit *f; p/fort* Gedankenlosigkeit *f; par ext avoir des* **~s** F abschalten; geistig weggetreten sein; **2.** *(diversion)* Zerstreuung *f;* Ablenkung *f;* Abwechslung *f;* **3.** *(passetemps)* Abwechslung *f;* Unter'haltung *f;* Vergnügen *f;* Freizeitbeschäftigung *f*

distraire [distʀɛʀ] ⟨*cf traire*⟩ **I** *v/t* **1.** **~**

distrait – divulgation

qn j-n ablenken (*de ses soucis, de son travail* von s-n Sorgen, von s-r Arbeit); **2.** *public* unter'halten; Abwechslung bieten (*qn* j-m); **II** *v/pr se* ~ sich ablenken; sich zerstreuen

distrait [distʀɛ] *adj* ⟨-aite [-ɛt]⟩ zerstreut; geistesabwesend; zerfahren; F geistig weggetreten; *élève a* unaufmerksam; *regard* zerstreut; *écouter d'une oreille* ~*e* mit halbem Ohr hinhören

distrayant [distʀɛjɑ̃] *adj* unter'haltsam; unter'haltend; Unter'haltungs...

distribué [distʀibɥe] *adj appartement bien* ~ gut aufgeteilt, geschnitten

distribuer [distʀibɥe] *v/t* **1.** (*donner, répartir*) ver-, austeilen, ausgeben (*à qn* an j-n); **2.** *poste: courrier* zustellen; *facteur: courrier* austragen; **3.** *gaz, eau etc* verteilen; weiterleiten; liefern; **4.** *fig* ~ *des poignées de main* viele Hände schütteln; ~ *des sourires* nach allen Seiten hin lächeln; **5.** THÉ *rôles* verteilen; *par ext* ~ *un film, une pièce* e-n Film, ein Stück besetzen; **6.** *ordres, instructions* erlassen; erteilen; **7.** COMM vertreiben; verkaufen; verteilen

distributeur [distʀibytœʀ] **I** *m* **1.** *personne* (*f distributrice*) Verteiler(in) *m(f)*; **2.** ~ *de films* Filmverleiher *m*; **3.** COMM Verkäufer *m*; Händler *m*; **4.** ~ (*automatique*) Auto'mat *m*; ~ *de cigarettes* Ziga'rettenautomat *m*; ~ *de billets* Geldautomat *m*; ~ *de savon* Seifenspender *m*; ~ *de timbres* Briefmarkenautomat *m*; **5.** AUTO (Zünd-)Verteiler *m*; **II** *adj* ⟨-trice⟩ Verteiler...; Verteilungs...; *POSTE* ***bureau*** ~ Zustellpostamt *n*

distributif [distʀibytif] *adj* ⟨-ive⟩ LING, MATH Distribu'tiv...; *adjectif numéral* ~ Distribu'tivum *n*; Distributiv-, Verteilungszahlwort *n*

distribution [distʀibysjɔ̃] *f* **1.** Ver-, Austeilung *f*; Ausgabe *f*; ~ *des prix* Preisverteilung *f*; **2.** *du courrier* Austragen *n*; Zustellung *f*; **3.** ~ *des eaux, de l'électricité, du gaz* Wasser-, Strom-, Gasversorgung *f*; *usine f de* ~ *des eaux* Wasserwerk *n*; **4.** THÉ *des rôles* Verteilung *f*; *d'une pièce, d'un film* Besetzung *f*; **5.** CIN *société f de* ~ *de films* Filmverleih(gesellschaft) *m(f)*; **6.** ÉCON Distributi'on *f*; Waren- *ou* Einkommensverteilung *f*; *a* Vertrieb *m*; Absatz *m*; *circuit m de* ~ Verteilernetz *n*; **7.** *d'un appartement* Aufteilung *f*; Schnitt *m*

district [distʀikt] *m* Di'strikt *m*; (Verwaltungs)Bezirk *m*; Gebiet *n*

dit [di] *p/p cf* **dire** *et adj* ⟨dite [dit]⟩ **1.** gesagt; genannt; festgesetzt; *à l'heure* ~ zur festgesetzten Zeit, Stunde; **2.** (*surnommé*) genannt; mit Beinamen; **3.** *loc*: *aussitôt* ~, *aussitôt fait* gesagt, getan; *autrement* ~ anders gesagt, ausgedrückt; mit anderen Worten; *bien* ~*!* gut gesagt!; richtig!; *cela, ceci* ~ nach diesen Worten; *a* nachdem ich dies vor'ausgeschickt, gesagt habe; *loc/adj* ***proprement*** ~ eigentlich; im engeren Sinne; *tout est* ~ damit ist, wäre alles gesagt; *c'est vite* ~ das ist schnell gesagt; *soit* ~ *en passant* beiläufig, nebenbei gesagt; *entre nous soit* ~ unter uns (gesagt); im Vertrauen gesagt; *il ne sera pas* ~ *que ...* man soll nicht sagen können, daß ...; *tenez-vous-le ou tenez-le-vous pour* ~*!* lassen Sie sich das gesagt sein!

dithyrambique [ditiʀɑ̃bik] *adj* dithy-'rambisch; *fig* überschwenglich (*a péj*)

diurétique [djyʀetik] *adj* (*et subst m*) harntreibend(es Mittel)

diurne [djyʀn] *adj* **1.** ZO ***papillon*** *m*, ***rapace*** *m* ~ Tagfalter *m*, -raubvogel *m*; **2.** ASTR ***mouvement*** *m* ~ tägliche Um-'drehung des Himmels

diva [diva] *f* gefeierte Sängerin; Diva *f*

divagations [divagasjɔ̃] *f/pl* unzusammenhängende Worte *n/pl*; wirres Gerede; *par ext* Phantaste'reien *f/pl*; F Spinne'reien *f/pl*

divaguer [divage] *v/i* **1.** *malade* irrereden; phanta'sieren; **2.** *fig* ungereimtes, dummes Zeug (da'her)reden

divan [divɑ̃] *m* Liege(sofa) *f(n)*; Diwan *m*; Chaise'longue *f ou n*

dive [div] *adj f plais la* ~ *bouteille* der Wein; *poét* der Rebensaft

divergence [divɛʀʒɑ̃s] *f* **1.** Ausein'anderlaufen *n*, -gehen *n*; Diver'genz *f* (*a* MATH, OPT); **2.** *fig* ~ (*de vues, d'opinions*) Meinungsverschiedenheit *f*; Diver'genz *f*; 'unterschiedliche Auffassung; *d'intérêts* Ausein'anderlaufen *n*; *p/fort* Gegensätzlichkeit *f*

divergent [divɛʀʒɑ̃] *adj* **1.** ausein'anderlaufend, -gehend; diver'gierend, diver-'gent (*a* MATH, OPT); **2.** *fig opinions*, *intérêts* ausein'andergehend, -laufend; diver'gierend; abweichend; *p/fort* gegensätzlich

diverger [divɛʀʒe] *v/i* ⟨-geons⟩ **1.** *lignes, rayons, rues etc* ausein'anderlaufen, -gehen; **2.** *fig opinions, intérêts* diver'gieren; vonein'ander abweichen; ausein'andergehen; **3.** NUCL *réacteur* kritisch werden; die kritische Masse erreichen

divers [divɛʀ] *adj* ⟨-erse [-ɛʀs]⟩ **1.** (*varié*) verschieden(artig); 'unterschiedlich; di'vers; mannigfaltig; *dans les journaux* ***fait*** ~ Meldung *f* aus dem Poli'zeibericht; Lo'kalnachricht *f*; *pl* ***faits*** ~ *a* Verschiedenes *n*; Lo'kales *n*; vermischte Nachrichten *f/pl*; ***frais*** ~ *ou subst m/pl* diverse Kosten *pl*; Di'verses *n*; Sonstiges *n*; ***problèmes*** *etc* ***d'intérêt*** ~ von unterschiedlichem Interesse; **2.** (*plusieurs*) verschiedene, mehrere; di-'verse; *en* ~*es occasions* bei verschiedenen, mehreren Gelegenheiten; *à* ~*es reprises* mehrmals; zu wieder'holten Malen

diversification [divɛʀsifikasjɔ̃] *f* ÉCON Diversifikati'on *f*; Diversifi'zierung *f*

diversifié [divɛʀsifje] *adj* vielfältig, -seitig, -gestaltig; mannigfaltig

diversifier [divɛʀsifje] **I** *v/t* vielseitig(er) machen, gestalten; *programme* abwechslungsreicher gestalten; **II** *v/pr se* ~ vielseitiger, abwechslungsreicher werden

diversion [divɛʀsjɔ̃] *f* Ablenkung *f*; Zerstreuung *f*; Abwechslung *f*; *faire* ~ *à qc* von etw ablenken; etw vergessen lassen; *faire* ~ (e-e) Abwechslung, Zerstreuung bieten

diversité [divɛʀsite] *f* Verschiedenheit *f*; Verschiedenartigkeit *f*; Mannigfaltigkeit *f*; Vielfalt *f*; Vielseitigkeit *f*; Vielgestaltigkeit *f*

divertir [divɛʀtiʀ] **I** *v/t* ~ *qn* j-n unter-'halten, belustigen; j-m Spaß, Vergnügen machen, bereiten; **II** *v/pr se* ~ sich unter'halten, belustigen, vergnügen, *st/s* ergötzen

divertissant [divɛʀtisɑ̃] *adj* unter'haltend; unter'haltsam; vergnüglich; belustigend

divertissement [divɛʀtismɑ̃] *m* Unter-'haltung *f*; Vergnügen *n*, -ung *f*; Belustigung *f*; ~ *favori* Lieblingsbeschäftigung *f*; Hauptvergnügen *n*

dividende [dividɑ̃d] *m* **1.** FIN Divi'dende *f*; **2.** MATH Divi'dend *m*

divin [divɛ̃] *adj* **1.** göttlich; Gottes...; *Dante* ***La 2e Comédie*** Die Göttliche Komödie; HIST ***de droit*** ~ von Gottes Gnaden; ***le*** ~ ***enfant*** [lədivinɑ̃fɑ̃] das Jesus-, Christkind; **2.** *fig* göttlich; himmlisch (*a plais*); *c'était* ~*!* das war himmlisch!

divina|teur [divinatœʀ] *adj* ⟨-trice⟩ (hell)seherisch; ~**tion** *f* Wahrsagen *n*; Weissagen *n*; *par ext* Hellsehen *n*

divinatoire [divinatwaʀ] *adj* Wahrsage...; Weissage...; ***art*** *m* ~ Wahrsagekunst *f*

divinis|ation [divinizasjɔ̃] *f* Erhebung *f* zum Gott; Vergottung *f* (*a péj*); ~**er** *v/t* zum Gott erheben; als Gott verehren; vergotten (*a péj*)

divinité [divinite] *f* **1.** (*nature divine*) Göttlichkeit *f*; **2.** (*dieu*) Gottheit *f*

diviser [divize] **I** *v/t* **1.** teilen (*en* in +*acc*); gliedern (*en* in +*acc*); *territoire etc* teilen; **2.** MATH divi'dieren; teilen; ***six divisé par deux fait trois*** sechs dividiert, geteilt durch zwei ist drei; **3.** *fig* trennen; spalten; entzweien; *adjt* ***divisé*** uneinig; gespalten; ***être divisé*** *a* geteilter Meinung sein (*sur* über +*acc*); *prov* ~ ***pour régner*** divide et impera! (*prov*); teile und herrsche! (*prov*); **II** *v/pr* **4.** *se* ~ sich teilen (*en* in +*acc*); **5.** *fig se* ~ *en deux camps etc* sich in zwei Lager *etc* spalten

diviseur [divizœʀ] *m* MATH Di'visor *m*; Teiler *m*

divis|ibilité [divizibilite] *f* Teilbarkeit *f*; ~**ible** *adj* teilbar

division [divizjɔ̃] *f* **1.** (Ein)Teilung *f*; Gliederung *f*; *fig* Spaltung *f*; BIOL ~ ***cellulaire*** Zellteilung *f*; ÉCON ~ ***du travail*** Arbeitsteilung *f*; **2.** MATH Divi'dieren *n*; Teilen *n*, -ung *f*; **3.** *d'un thermomètre etc* Einteilung *f*; **4.** MIL Divisi'on *f*; ~ ***blindée*** Panzerdivision *f*; **5.** ADM **a)** ~ ***administrative*** Verwaltungseinheit *f*, -bezirk *m*; **b)** *d'une administration* Ab'teilung *f*; ***chef*** *m de* ~ Abteilungsleiter *m*; **6.** SPORTS Divisi'on *f*; Liga *f*; Spielklasse *f*; **7.** *fig* Uneinigkeit *f*; Zwietracht *f*; ~*s pl* Unstimmigkeiten *f/pl*

divisionnaire [divizjɔnɛʀ] *adj* **1.** MIL Divisi'ons...; **2.** ADM Bezirks...; Ab'teilungs...

divorce [divɔʀs] *m* **1.** (Ehe)Scheidung *f* (*d'avec qn* von j-m); *être en* (*instance de*) ~ in Scheidung leben, liegen; **2.** *fig* Bruch *m*, Kluft *f* (*entre* zwischen +*dat*)

divorcé [divɔʀse] **I** *adj* geschieden; **II** *subst* ~(*e*) *m(f)* Geschiedene(r) *f(m)*

divorcer [divɔʀse] *v/i* ⟨-ç-⟩ sich scheiden lassen (*d'avec qn* von j-m)

divulga|teur [divylgatœʀ] *m*, ~**trice** *f* *d'un secret* Verbreiter(in) *m(f)*; ~**tion** *f* Verbreitung *f*; Bekanntmachung *f*

divulguer [divylge] v/t verbreiten; bekanntmachen; unter die Leute bringen
dix [dis, vor Konsonant di, vor Vokal diz] **I** num/c zehn; **Charles X** Karl X. (der Zehnte); **le ~ mars** der zehnte ou am zehnten März; **page ~** Seite zehn; loc/adv **à ~** zu zehnt; loc/adj **à ~ étages** zehnstöckig, -geschossig; mit zehn Stockwerken, Etagen; **enfant m de ~ ans** zehnjähriges Kind; Kind n von zehn Jahren; **absence f de ~ mois** zehnmonatige Abwesenheit; Abwesenheit f von zehn Monaten; **il est ~ heures** es ist zehn (Uhr); **il est deux heures ~** es ist zwei Uhr zehn; es ist zehn (Minuten) nach zwei; F **il est ~** F es ist zehn nach; F **il est moins ~** F es ist zehn vor; F fig **ça vaut ~** F das ist (ja) zum Kugeln, Schießen, Totlachen, Piepen; **II** m **1.** chiffre Zehn f; südd a Zehner m; **le ~ (du mois)** der Zehnte ou am Zehnten (des Monats); cf a **deux** II; **2.** note à l'école primaire Eins f; au lycée Vier f
dix-huit [dizɥit] num/c achtzehn
dix-huitième [dizɥitjɛm] num/o achtzehnte(r, -s)
dixième [dizjɛm] **I** num/o zehnte(r, -s); **II** subst **1. le, la ~** der, die, das zehnte; **2.** m MATH Zehntel n; fig **les neufs ~s des gens** etc fast alle Leute etc; **3.** m zehnter Stock; zehnte E'tage; **4.** m LOTERIE Zehntellos n; **5.** f MUS De'zime f
dixièmement [dizjɛmmɑ̃] adv zehntens
dix-neuf [diznœf] num/c neunzehn
dix-neuvième [diznœvjɛm] num/o neunzehnte(r, -s)
dix-sept [di(s)sɛt] num/c siebzehn
dix-septième [di(s)sɛtjɛm] num/o siebzehnte(r, -s)
dizain [dizɛ̃] m POÉSIE Zehnzeiler m
dizaine [dizɛn] f **1.** (Gruppe f, Anzahl f von) zehn; **une ~ de personnes** etwa zehn, ungefähr zehn, an die zehn Personen etc; **des ~s de ...** Dutzende von ...; **2.** dans les nombres Zehner m; **3.** REL **~ de chapelet** Rosenkranzgesätz n
djellaba [dʒelaba] f Dschellaba f (arabischer Kapuzenmantel)
Djibouti [dʒibuti] Dschi'buti n
djinn [dʒin] m MYTH Dschinn m
do [do] m ⟨inv⟩ MUS c ou C n
docil|e [dɔsil] adj folgsam, fügsam, gefügig; willig; par ext cheveux schmiegsam; leicht fri'sierbar; **~ité** f Folgsam-, Fügsam-, Gefügig-, Willigkeit f
dock [dɔk] m **1.** Hafenbecken n; **~ flottant** Schwimmdock n; **2. ~s** pl Lagerhäuser n/pl; Maga'zine n/pl
docker [dɔkɛʀ] m Hafenarbeiter m; Docker m; **~s** pl a Schauerleute pl
docte [dɔkt] adj péj hochgelehrt; schulmeisterlich(-gelehrt)
docteur [dɔktœʀ] m **1. ~ en droit, en médecine, ès lettres, ès sciences** correspond à (habili'tierter) Doktor der Rechte, der Medizin, der Philosophie, der Naturwissenschaften; **2.** (médecin) Doktor m; Arzt m ou Ärztin f; **bonjour, ~** guten Tag, Herr ou Frau Doktor; **3. ~ de l'Église** Kirchenlehrer m
doctoral [dɔktɔʀal] adj ⟨-aux⟩ péj gelehrtenhaft; professo'ral; schulmeisterlich
doctorat [dɔktɔʀa] m **a) ~ d'État** correspond à Habilitati'on f; **~ en droit, ès sciences** Habilitation an der juristischen, naturwissenschaftlichen Fakultät; **thèse f de ~** Habilitationsschrift f; **b) ~ d'université** correspond à Dokto'rat n; Doktorwürde f, -grad m; **c)** en sciences humaines **~ de troisième cycle** Grad, der nach der „licence" und „maîtrise" erworben wird und zur Forschungsarbeit berechtigt
doctoresse [dɔktɔʀɛs] F f Ärztin f
doctrin|aire [dɔktʀinɛʀ] **I** adj doktri'när (a péj); **II** m Doktri'när m (a péj); Ideo'loge m; **~al** adj ⟨-aux⟩ die Dok'trin, Lehre betreffend
doctrine [dɔktʀin] f **1.** Dok'trin f; Lehre f; Lehrmeinung f; **2.** JUR Rechtslehre f; Lehrmeinung f
document [dɔkymɑ̃] m **1.** Doku'ment n; Urkunde f; Schriftstück n; au parlement Drucksache f; **~s** pl a 'Unterlagen f/pl; **2.** (preuve) Doku'ment n; Beweis-, Belegstück n; **3.** COMM **~s** pl (Waren-)Pa'piere n/pl
documentaire [dɔkymɑ̃tɛʀ] **I** adj **1.** dokumen'tarisch; Dokumen'tar...; loc/adv **à titre ~, je vous signale ...** zu Ihrer Information teile ich Ihnen mit ...; **2.** COMM dokumen'ten...; **II** m CIN Dokumen'tar-, Kul'turfilm m
documentaliste [dɔkymɑ̃talist] m,f Dokumen'tar(in) m(f); Dokumenta'list(in) m(f); ÉCOLE (Schul)Bibliothe'kar(in) m(f)
documentariste [dɔkymɑ̃taʀist] m,f CIN Dokumen'tarfilmer(in) m(f); Dokumenta'rist(in) m(f)
documentation [dɔkymɑ̃tasjɔ̃] f Dokumentati'on f; 'Unterlagen(sammlung) f/pl(f); Informati'onsmaterial n; **service m de ~** Dokumentati'onsstelle f
documenté [dɔkymɑ̃te] adj **1.** personne **bien ~** gut infor'miert; **2.** rapport etc **bien ~** gut dokumen'tiert ou dokumen'tarisch belegt
documenter [dɔkymɑ̃te] **I** v/t **1. ~ qn sur qc** j-n über etw (acc) infor'mieren; **2.** thèse, ouvrage etc dokumen'tarisch, durch Doku'mente belegen; dokumen'tieren; **II** v/pr **se ~** Doku'mente sammeln; sich 'Unterlagen beschaffen; sich infor'mieren
dodécaèdre [dɔdekaɛdʀ(ə)] m MATH Dodeka'eder n; Zwölfflächner m
dodéca|gonal [dɔdekagɔnal] adj ⟨-aux⟩ zwölfeckig; **~gone** [-gɔn, -gɔn] m MATH Zwölfeck n
dodécaphon|ique [dɔdekafɔnik] adj musique f **~** Zwölftonmusik f; Dodekapho'nie f; **~isme** m MUS Zwölftontechnik f; Dodekapho'nie f
dodeliner [dɔdline] v/i **~ de la tête** den Kopf hin und her wiegen, bewegen
dodo [dodo] m **1.** enf (sommeil) Schlaf m; **faire ~** schlafen; enf heia machen; int **~!** du mußt jetzt heia machen!; berceuse **~, l'enfant do ~, l'enfant dormira bientôt** schlaf, Kindchen, schlaf; **2.** enf (lit) enf Heia(bettchen) f(n); **aller au ~** in die Heia gehen
dodu [dɔdy] adj animal fleischig; dick; bébé, bras rundlich; F pummelig
dogmatique [dɔgmatik] adj **1.** REL, PHILOS dog'matisch; **2.** fig personne dog'matisch; stur; ton dog'matisch; lehrhaft
dogmat|iser [dɔgmatize] v/i sich in e-m dog'matischen, entschiedenen, apo'dik-tischen Ton äußern (**sur** über +acc); **~isme** m péj Dogma'tismus m
dogme [dɔgm(ə)] m **1.** REL Dogma n; Glaubenssatz m; par ext **le ~ chrétien** die christliche Glaubenslehre; **2.** fig Dogma n
dogue [dɔg] m ZO Dogge f; fig **être d'une humeur de ~** bärbeißig, übelgelaunt sein
doigt [dwa] m **1.** de la main Finger m; chez certains animaux **~s** pl Zehen pl; ♦ **petit ~** kleiner Finger; soldat au garde-à-vous **le petit ~ sur la couture du pantalon** Hände an der Hosennaht; **à un enfant mon petit ~ me l'a dit** Mutti, Vati etc sieht eben alles; das sagt mir mein kleiner Finger; fig **ne pas lever, bouger le petit ~** nicht den kleinen Finger rühren; F keinen Finger krumm machen; ♦ **~ de pied** Zehe f ou Zeh m; **gros ~ de pied** große Zehe ou großer Zeh; ♦ loc/adv fig **au ~ et à l'œil: mener qn, faire marcher qn au ~ et à l'œil** j-n an der Kan'dare halten, führen; **obéir au ~ et à l'œil** aufs Wort gehorchen, F parieren; cf a **bout**[1] **1.**; ♦ **compter sur ses ~s** mit Hilfe der Finger zählen; fig amis, objets rares **on peut les compter sur les ~s** man kann sie an den fünf Fingern (s-r Hand) abzählen; **être comme les deux ~s de la main** ein Herz und e-e Seele sein; unzertrennlich sein; **elle n'a jamais rien fait de ses dix ~s** sie hat nie in ihrem Leben gearbeitet, arbeiten müssen; F fig **se ficher, se fourrer, se mettre le ~ dans l'œil (jusqu'au coude)** sich gründlich irren; F sich in den Finger schneiden; schiefgewickelt sein; F fig **gagner les ~s dans le nez** spielend, mit Leichtigkeit, mühelos siegen; ÉCOLE **lever le ~** den Finger heben; sich melden; aufzeigen; fig **mettre le ~ dans l'engrenage** ins Räderwerk geraten; fig **mettre le ~ sur qc** den Kern, das Wesentliche e-r Sache (gén) treffen; **tu as mis le ~ dessus** du hast den Nagel auf den Kopf getroffen; das ist des Pudels Kern; fig **mettre le ~ sur la plaie** den Finger auf die Wunde legen; **montrer qn, qc du ~** auf j-n, etw mit dem Finger zeigen, weisen; fig **montrer qn du ~** mit Fingern auf j-n zeigen; **taper sur les ~s à qn** j-m auf die Finger klopfen (a fig); fig **faire toucher qc à qn du ~** j-m etw handgreiflich vor Augen führen; cf a **filer** 11., **glisser** 3., **mordre** 10.; **2. ~ de gant** (Handschuh)Finger m, (-)Fingerling m; **3. a)** quantité **un ~ de vin** etc ein Fingerhut voll Wein etc; ein ganz klein wenig etc; **b)** distance Fingerbreit m; **rallonger une robe de trois ~s** um drei Fingerbreit; loc/prép **à deux ~s, à un ~ de qc** ganz nahe an etw (dat); fig **être à deux ~s du succès** dem Erfolg ganz nahe sein; kurz vor dem Erfolg stehen; **projectile passer à deux ~s de qc** um Haaresbreite an etw (dat) vorbeigehen
doigté [dwate] m **1.** Fingerspitzengefühl n (**dans qc** bei etw; **avec qn** gegenüber j-m); **2.** MUS Fingersatz m
doigtier [dwatje] m Fingerling m
dois, doit[1] [dwa] cf **devoir** I
doit[2] [dwa] m COMM Soll n; Debet n
doléances [dɔleɑ̃s] f/pl (réclamations) Beschwerden f/pl; (plaintes) Klagen

dolent – donner

f/pl; (*lamentations*) Jammern *n*; Gejammer *n*
dolent [dɔlɑ̃] *adj péj* wehleidig; Mitleid heischend; jammernd
dollar [dɔlaʀ] *m monnaie* Dollar *m*; ~ **canadien** kanadischer Dollar
dolmen [dɔlmɛn] *m HIST* Dolmen *m*
Dolomites [dɔlɔmit] *les* ~ *f/pl* die Dolo'miten *pl*
DOM *ou* **D.O.M.** [dɔm] *m abr* (*département d'outre-mer*) 'überseeisches Departe'ment
domaine [dɔmɛn] *m* **1.** (*propriété*) (Land)Gut *n*; ~*s pl a* Lände'reien *f/pl*; **2.** *JUR, ADM* ~ (*de l'État*) Staatsvermögen *n*, -besitz *m*; *par ext le* ~ die Staatsvermögensverwaltung; ~ **aérien** Luftraum *m*; *œuvre d'art* **tomber dans le** ~ **public** frei werden; **3.** *fig* Bereich *m*; Gebiet *n*; Do'mäne *f*; Sparte *f*; ~ **d'application** Geltungs-, Anwendungsbereich *m*; **dans tous les** ~**s** auf allen Gebieten; **dans le** ~ **de la politique** auf dem Gebiet, im Bereich der Politik; **être du** ~ **de qn** in j-s Bereich, Kompe'tenz (*acc*) fallen
domanial [dɔmanjal] *adj* ⟨-aux⟩ Staats...; staatlich; **forêt** ~**e** Staatsforst *m*
dôme [dom] *m* **1.** *ARCH* Kuppel *f*; **2.** *en Italie* Dom *m*; **3.** *litt et fig* ~ **de feuillage** Blätterdom *m*, -dach *n*; **4.** *GÉOGR* Kuppe *f*
domestication [dɔmɛstikasjɔ̃] *f* **1.** *d'animaux sauvages* Zähmung *f*; **2.** *fig* Bändigung *f*
domesticité [dɔmɛstisite] *litt f* Gesinde *n*; Dienerschaft *f*
domestique [dɔmɛstik] **I** *adj* **1.** Haus...; häuslich; **économie** *f* ~ Hauswirtschaft *f*; **travaux** *m/pl* ~**s** Hausarbeit *f*; **2.** *ZO* **animal** *m* ~ Haustier *m*; **II** *m,f* Dienstbote *m*; Diener(in) *m(f)*; *autrefois* Bediente(r) *m*; *péj* Dome'stik(e) *m*
domestiquer [dɔmɛstike] *v/t* **1.** *animaux sauvages* zähmen; **2.** *fig énergie atomique etc* bändigen; sich 'untertan machen
domicile [dɔmisil] *m* Wohnsitz *m*, -ort *m*; Wohnung *f*; Domi'zil *n*; ~ **légal** fester, gesetzlicher Wohnsitz; *loc/adv* **à** ~ **livrer** ins Haus; *travailler* zu Hause; **travailler à** ~ *a* Heimarbeit machen; **travail** *m* **à** ~ Heimarbeit *f*; *loc/adj* **sans** ~ **fixe** ohne festen Wohnsitz; **abandonner le** ~ **conjugal** die eheliche Wohnung verlassen; **élire** ~ s-n Wohnsitz nehmen; sich niederlassen
domiciliaire [dɔmisiljɛʀ] *adj JUR* **visite** *f*, **perquisition** *f* ~ Haussuchung *f*
domicilié [dɔmisilje] *adj* ~ **à** ansässig, wohnhaft, mit Wohnsitz in; **être** ~ **à Paris** *a* s-n Wohnsitz in Paris haben
dominant [dɔminɑ̃] *adj* **1.** vor-, beherrschend; domi'nierend; Haupt...; **opinion** herrschend; **raison** ~**e** Hauptgrund *m*; **trait** ~ dominierender, beherrschender Zug; **vents** ~**s** vorherrschende Winde *m/pl*; **2.** *BIOL* domi'nant
dominante [dɔminɑ̃t] *f* **1.** domi'nierendes Merkmal; domi'nierender Zug; Domi'nante *f*; **couleur** domi'nierende Farbe; **2.** *MUS* Domi'nante *f*
dominateur [dɔminatœʀ] **I** *adj* ⟨-trice⟩ herrisch; gebieterisch; *personne a* herrschsüchtig; **II** *m st/s* Beherrscher *m*
domination [dɔminasjɔ̃] *f* Herrschaft *f*

(**sur** über +*acc*); ~ **étrangère** Fremdherrschaft *f*; **être sous la** ~ **de qn** unter j-s Herrschaft (*dat*) stehen; *fig* **exercer une** ~ **sur qn** auf *ou* über j-n Macht ausüben
dominatrice [dɔminatʀis] *f* **1.** *st/s* Beherrscherin *f*; **2.** *prostituée* Domina *f*
dominer [dɔmine] **I** *v/t* **1.** *pays, peuple, marché* beherrschen; ~ **un pays** über ein Land herrschen; **2.** *passions, instincts* beherrschen; zügeln; im Zaum halten; *situation* beherrschen; meistern; bewältigen; fertig werden mit; *sujet* beherrschen; **3.** *concurrents* über'legen sein (**qn** j-m); über'treffen; beherrschen; **4.** *bâtiment: ville, personne: foule* beherrschen; über'ragen; *bruit: autre bruit* über'tönen; über'lagern; *problème: un débat* beherrschen; *œuvre: une époque* beherrschen; entscheidend beeinflussen; **II** *v/i* **5.** *SPORTS* **équipe** domi'nieren; **6.** *personnes, qualité, couleur* über'wiegen; vorherrschen; domi'nieren; vorherrschend, domi'nierend sein; **III** *v/pr* **se** ~ sich beherrschen; sich in der Gewalt haben
dominic|ain [dɔminikɛ̃], ~**aine** *I m,f* **1.** *ÉGL CATH* Domini'kaner(in) *m(f)*; **2.** Domini'kaner(in) *m(f)*; Einwohner(in) *m(f)* der Domini'kanischen Republik; **II** *adj* **1.** *ÉGL CATH* Domini'kaner...; **2.** domini'kanisch; **la République dominicaine** die Dominikanische Republik
dominical [dɔminikal] *adj* ⟨-aux⟩ sonntäglich; Sonntags...; **repos** ~ Sonntagsruhe *f*
Dominique [dɔminik] **1.** *m,f Vornamen*: Dominik *m*; **2.** *État* **la** ~ Do'minica *n*
domino [dɔmino] *m* **1. a)** Dominostein *m*; **b)** ~**s** *pl* Domino(spiel) *n*; **jouer aux** ~**s** Domino spielen; **2.** *costume* Domino(kostüm) *m(n)*; **3.** *ÉLECT* Lüsterklemme *f*
dommage [dɔmaʒ] *m* **1.** Schaden *m*; ~**s causés par la grêle** Hagelschäden *m/pl*; ~ **corporel** Per'sonenschaden *m*; ~ **matériel** materieller Schaden; Sach-, Vermögensschaden *m*; ~**s de guerre a)** Kriegsschäden *m/pl*; **b)** F **indemnité** Entschädigung *f* für Kriegsschäden; ~**s et intérêts** Schadensersatz *m*; Entschädigung *f*; **2.** *c'est bien* ~ das ist sehr schade; **c'est** ~, **quel** ~, F **que** ... (+*subj*) *ou* **de** (+*inf*) es ist schade, wie schade, schade, daß ... *ou* zu (+*inf*); **F** ~ **qu'il ne vienne pas** schade, daß er nicht kommt; **quel** ~ **de devoir partir si tôt** wie schade, so früh gehen zu müssen
dommageable [dɔmaʒabl(ə)] *adj* ~ **à qn, à qc** schädlich, nachteilig für j-n, für etw
dommages-intérêts [dɔmaʒɛ̃teʀɛ] *m/pl* Schadensersatz *ou* JUR Schadensersatz *m*; Entschädigung *f*
dompt|er [dɔ̃(p)te] *v/t* **1.** *animaux* bändigen; **2.** *rebelles* bezwingen; unter'werfen; **3.** *fig passions etc* bezähmen; bezwingen; im Zaum halten; ~**eur** *m*, ~**euse** *f* Dompt'eur *m*, Domp'teuse *f*; Tierbändiger(in) *m(f)*
DOM-TOM *ou* **D.O.M.-T.O.M.** [dɔmtɔm] *m/pl abr* (*départements et territoires d'outre-mer*) 'überseeische Departe'ments und Gebiete *pl*
don [dɔ̃] *m* **1.** *action* Schenkung *f* (*a JUR*); *humanitaire* Spende *f*; *fig* ~ **de**

soi Selbstaufopferung *f*; Selbstlosigkeit *f*; **faire** ~ **de qc à qn** j-m etw schenken *ou* spenden; **2.** (*chose donnée*) Schenkung *f* (*a JUR*); Zuwendung *f*; Spende *f*; Gabe *f*; ~ **en argent, en nature** Geld-, Sachspende *f*; **3.** *fig du sort etc* Gabe *f*; Geschenk *n*; **4.** (*talent*) Gabe *f*; Begabung *f*; Ta'lent *n*; Fähigkeit *f*; **avoir un** ~ *ou* **des** ~**s pour qc** für etw begabt sein; **avoir le** ~ **de** (+*inf*) **a)** *chose* geeignet, dazu angetan sein zu (+*inf*); **b)** *personne iron* die Gabe haben zu (+*inf*)
donataire [dɔnatɛʀ] *m,f JUR* Beschenkte(r) *f(m)*
dona|teur [dɔnatœʀ] *m*, ~**trice** *f* **1.** Spender(in) *m(f)*; Stifter(in) *m(f)* (*a ART*); **2.** *JUR* Schenker *m*
donation [dɔnasjɔ̃] *f JUR* Schenkung *f*; ~ **entre vifs** Schenkung unter Lebenden; **faire une** ~ e-e Schenkung machen
donc [dɔ̃k] *conj* **1.** *conséquence* also; folglich; demnach; demzufolge; *j'ai fini*, **tu peux** ~ **partir** du kannst also gehen; **2.** *reprise d'un sujet évoqué* also; *il affirmait* ~ **que ...** er behauptete also, daß ...; **3.** *dans des interrogatives* denn; also; **que fait-il** ~ **là?** was macht er denn dort?; **pourquoi, qui etc** ~**?** warum, wer *etc* denn?; **4.** *avec impératif* doch; **taisez-vous** ~**!** halten Sie doch den Mund!; **allons** ~**!** was denn!; na'nu!; *cf a* **aller** *1. a*); F **dites** ~**!** F Sagen Sie (doch) mal!; *cf a* **dire**¹ *1. d*); **5.** **et moi** ~**!** und ich erst!
dondon [dɔ̃dɔ̃] *f* F **grosse** ~ dicke Frau; F Ma'schine *f*; Dampfwalze *f*; Tonne *f*
donjon [dɔ̃ʒɔ̃] *m* Bergfried *m*
don Juan [dɔ̃ʒɥɑ̃] *m fig* Casa'nova *m*; Frauenheld *m*; Don Ju'an *m*
donjuanesque [dɔ̃ʒɥanɛsk] *adj* e-s Casa'nova, Frauenhelden
donnant [dɔnɑ̃] *loc* ~, ~ nichts ohne Gegenleistung; do ut des (*prov*)
donne [dɔn] *f* **1.** *JEUX DE CARTES* Geben *n*; **à vous la** ~ Sie geben; **il y a fausse** ~ es ist falsch gegeben worden; *fig* die Voraussetzungen stimmen nicht; **2.** *fig* Konstellati'on *f*; Gesamtlage *f*; Ausgangssituation *f*; **nouvelle** ~ **politique** neue politische Lage
donné [dɔne] *adj* **1.** gegeben (*a MATH*); **2.** bestimmt; **à un moment** ~ **a)** zu e-m bestimmten Zeitpunkt; **b)** (*soudain*) plötzlich; **3.** *c'est* ~ das ist geschenkt, spottbillig; F *c'est pas* ~ das ist ganz schön teuer; **4.** *loc/prép* **étant** ~ **qc** in Anbetracht, wegen e-r Sache (*gén*); mit Rücksicht auf etw (*acc*); *loc/conj* **étant** ~ **que** da (ja); in Anbetracht der Tatsache, daß
donnée [dɔne] *f* **1.** *surtout pl* ~**s** INFORM, SCIENCES, TECH Daten *n/pl*; *par ext* Angaben *f/pl*; Ausgangsmaterial *n*; Gegebenheiten *f/pl*; ~**s statistiques** statistische Daten, Angaben; **banque** *f* **de** ~**s** Datenbank *f*; **2.** *MATH* gegebene, bekannte Größe
donner [dɔne] **I** *v/t* **1.** geben; ~ **qc à qn** j-m etw geben; **expressions: a)** *employé absolument*: **j'ai déjà donné** ich habe schon (etwas) gegeben; *fig* ich habe schon genug dafür *ou* für ihn, sie *etc* getan; **son plaisir c'est de** ~ Schenken, Geben macht ihm Freude; *JEUX DE CARTES* **c'est à vous de** ~ Sie geben; **b)** *avec subst*: ~ **de l'appétit** Appetit machen; ~ **son**

appui à qn j-m s-e Hilfe, Unter'stützung gewähren; **~ le bras à qn** j-m den Arm geben, bieten, reichen; **~ un concert** ein Konzert geben; **~ bonne, mauvaise conscience** ein gutes, schlechtes Gewissen verursachen; **~ un conseil** e-n Rat geben; raten; **~ un devoir** e-e Aufgabe stellen; **~ de l'élan** Schwung geben, verleihen; **~ des encouragements à qn** j-n fördern, ermutigen; **~ de l'espoir** Hoffnung machen, *chose a* geben; **~ un film** e-n Film geben, spielen; **~ un fils à son mari** ihrem Mann e-n Sohn schenken, gebären; *arbre* **~ des fruits** Früchte tragen; **~ le goût de qc à qn** j-n an etw (*dat*) Geschmack finden lassen; *montre* **~ l'heure** die Zeit anzeigen; **pourriez-vous me ~ l'heure?** könnten Sie mir sagen, wie spät es ist?; **~ des instructions** Instruktionen erteilen, geben; **~ de la joie** Freude bereiten, machen; **~ lieu, matière, sujet à qc** Anlaß, Veranlassung zu etw geben, bieten; *lampe* **~ une lumière douce** ein mildes Licht spenden, geben; **cela me donne mal à la tête** davon bekomme ich Kopfschmerzen; **~ son manteau au vestiaire** s-n Mantel an der Garderobe abgeben; **~ la mort** den Tod geben, bringen; töten (*à qn* j-n); **~ un mot d'ordre** e-e Losung ausgeben; *radio* **~ des nouvelles** Nachrichten bringen; **~ de ses nouvelles** von sich hören lassen; **~ l'occasion** die Gelegenheit bieten, geben; **~ de l'ombre** Schatten spenden, geben; **~ une permission** e-e Erlaubnis erteilen; **~ une pièce de théâtre** ein Theaterstück bringen, geben; **~ raison** recht geben; **~ des raisons** Gründe angeben; **~ un résultat** ein Ergebnis bringen, zeitigen; *vigne* **~ un vin excellent** e-n vorzüglichen Wein geben; *cf a subst correspondants*; **c)** *avec adv ou pr*: *sol* **~ beaucoup, peu** sehr, wenig ertragreich sein; **je me demande ce que ça va ~** ich frage mich, was daraus werden soll, was dabei her'auskommen wird, wohin das führt; **combien m'en donnez-vous?** wieviel geben, zahlen Sie mir dafür?; *je vous en donne mille* ich wette hundert zu eins, daß Sie es nicht erraten; *je vous le donne pour ce que ça vaut* ich gebe es Ihnen so weiter, wie ich es gehört habe; **e)** *avec à* +*inf*: **~ à entendre à qn** j-m zu verstehen, erkennen geben; j-m an-, bedeuten; **~ à manger à qn, à un animal** j-n, ein Tier füttern; j-m zu essen, e-m Tier zu fressen geben; **~ à penser, à réfléchir à qn** j-m zu denken geben; j-n nachdenklich machen, stimmen; **~ son linge à laver** s-e Wäsche zum Waschen, in die Wäscherei geben; **~ qc à réparer** etw zum Reparieren, zur Reparatur bringen; **f)** *impersonnel et st/s*: **il m'a été donné de** (+*inf*) es war mir (die) Möglichkeit) gegeben zu (+*inf*); **2. ~ trente ans à qn** j-n auf dreißig Jahre schätzen; F j-m dreißig Jahre geben; **3.** F **~ du directeur** *etc* **à qn** j-n (mit) Herr Direktor *etc* titu'lieren; j-n mit Herr Direktor *etc* anreden; **4.** F **~ un complice** e-n Komplizen verraten, F verpfeifen; **II** *v/i* **5.** schlagen, stoßen; MIL angreifen; zuschlagen; *par ext soleil* brennen; *radio* **~ à plein** mit voller Lautstärke laufen, spielen; *soleil* **~ dans la pièce** ins Zimmer scheinen; **~ de la tête contre le mur** mit dem Kopf gegen die Wand schlagen, rennen; *fig* **ne plus savoir où ~ de la tête** nicht mehr wissen, wo einem der Kopf steht; **6.** *personne* **~ dans qc** in etw (*acc*) geraten, fallen; *fig* e-r Sache (*dat*) verfallen; sich e-r Sache (*dat*) er-, hingeben; **~ dans le ridicule** sich lächerlich machen; **~ dans le snobisme** dem Snobismus verfallen; **7.** **~ sur la cour, sur la rue** *fenêtre, pièce* auf den Hof *ou* nach dem Hof (hin), auf die Straße *ou* nach der Straße (hin) gehen; zum Hof (hin) *ou* auf der Hofseite, zur Straße (hin) *ou* auf der Straßenseite liegen; *porte* zum Hof, zur Straße führen, gehen; **III** *v/pr* **8. se ~** (*à fond*) sich (ganz) hingeben; sich (voll) einsetzen; **se ~ à qc** sich e-r Sache (*dat*) hingeben, widmen; *femme* **se ~ à qn** sich j-m hingeben; **se ~ en spectacle** vor den Leuten ein Schauspiel geben, bieten; sich zur Schau stellen; **s'en ~ à cœur joie** mit Leib und Seele dabeisein; F **s'en ~** sich veraus gaben; F ganz dabeisein; **9. a)** *réfléchi*: **se ~ du mal, de la peine** sich Mühe geben, sich bemühen, anstrengen; **se ~ du temps pour faire qc** sich (dabei) Zeit lassen, etw zu tun; **~ du bon temps** sich schöne Tage machen; sich's gutgehen, sich's wohl sein lassen; **b)** *réciproque*: **se ~ le bras** sich 'unterfassen, -haken; 'untergehakt gehen; **se ~ des coups** sich Schläge geben, versetzen; **c)** *sens passif*: **se ~** *film, pièce* gegeben werden; *film a* laufen

donn|eur [dɔnœʀ] *m*, **~euse f 1.** Geber(in) *m(f)*; **2.** *m* MÉD (Or'gan-) Spender *m*; **donneur universel** Uni'versalspender *m*; **donneur de sang** Blutspender *m*

dont [dõ] *pr/rel* ⟨vertritt Konstruktionen mit *de*⟩ **1.** complément d'un subst: dessen (*antécédent m ou n*), deren (*antécédent f ou pl*); avec un sens partitif von dem *ou* von der *ou* von denen; **un chanteur ~ les disques** connaissent un grand succès ein Sänger, dessen Platten ...; **des livres ~ trois sont reliés** Bücher, von denen drei gebunden sind; **2.** complément d'un verbe: von dem, von welchem *ou* von der, von welcher *ou* von denen, von welchen; *selon la rection du verbe allemand a* an den, über den *etc*; *a* dessen *ou* deren; *se rapportant à un pronom neutre* wo'von, wo'ran, wo'rüber *etc*; **l'accident ~ on parle** der Unfall, von dem *ou* über den man spricht; **c'est un ami ~ je suis sûr** das ist ein Freund, dessen ich sicher bin; **la famille ~ je sors** die Familie, aus der ich stamme; **la maladie ~ il est mort** die Krankheit, an der er gestorben ist; **les moyens ~ il se sert** die Mittel, deren er sich bedient; **ce ~ je parle** (das), wovon *ou* worüber ich spreche; **voilà ce ~ il s'agit** eben darum handelt es sich; **la manière ~ il est habillé** die Art, wie er gekleidet ist; **3.** *sans verbe*: unter ihnen; dar'unter *ou* 'darunter; **il avait six enfants, ~ cinq filles** davon *ou* darunter fünf Mädchen

donzelle [dõzɛl] *f* F d'une jeune fille, d'une femme F launisches Ding

dop|age [dɔpaʒ] *m* Dopen *n*; Doping *n*; **~ant** *m* Aufputschmittel *n*

dope [dɔp] *f* F (*drogue*) Droge *f*; F Stoff *m*

doper [dɔpe] **I** *v/t* dopen; **II** *v/pr* **se ~** sich dopen

doping [dɔpiŋ] *m cf* **dopage**

dorade *f cf* **daurade**

Dordogne [dɔʀdɔɲ] *la* **~** Fluß u Departement in Frankreich

doré [dɔʀe] **I** *adj* **1.** Gold...; golden; vergoldet; *reliure* **~ sur tranche(s)** mit Goldschnitt; **2.** *couleur* goldfarben; golden; Gold...; goldbraun; **blond ~** goldblond; **3.** CUIS goldbraun (gebraten *ou* gebacken); **4.** *fig jeunesse* **~e** Jeu'nesse do'rée *f*; **II** *m* Vergoldung *f*; goldene Farbe

dorénavant [dɔʀenavɑ̃] *adv* von nun *ou* jetzt an, ab; künftig(hin); fort'an; in Zukunft

dorer [dɔʀe] **I** *v/t* **1.** vergolden; **2.** CUIS mit Eigelb bestreichen; **3.** *fig* **~ la pilule à qn** j-m die bittere Pille versüßen; **II** *v/i* CUIS goldbraun werden; **faire ~ au four** über'backen; **III** *v/pr* **se ~ au soleil** sich von der Sonne bräunen lassen

d'ores et déjà [dɔʀzedeʒa] *loc/adv* schon jetzt; jetzt schon

dorien [dɔʀjɛ̃] *adj* ⟨**~ne**⟩ HIST, MUS dorisch

dorique [dɔʀik] *adj et subst m* ARCH (*ordre m*) **~** dorische Säulenordnung; **colonne f ~** dorische Säule

dorloter [dɔʀlɔte] **I** *v/t* verhätscheln; verzärteln; **II** *v/pr* **se ~** sich das Leben angenehm machen

dormant [dɔʀmɑ̃] **I** *adj eau* **~e** stehendes, ruhiges Wasser, Gewässer; **II** *m* CONSTR Tür- *ou* Fenstereinfassung *f*, -stock *m*; Zarge *f*

dorm|eur [dɔʀmœʀ] *m*, **~euse** *f* Schlafende(r) *f(m)*; Schläfer(in) *m(f)*; *par ext* **grand dormeur, grande dormeuse** F Schlafratte *f*

dormir [dɔʀmiʀ] *v/i* ⟨*cf* **partir**⟩ **1.** schlafen (*a fig*); **ne pas ~ de la nuit** die ganze Nacht nicht schlafen; **ne ~ que d'un œil** leicht, fest schlafen; unruhig schlafen; *fig et st/s* **~ de son dernier sommeil** den ewigen Schlaf schlafen; **d'un sommeil profond, ~ profondément** tief und fest schlafen; *fig* **il n'en dort plus** er findet (deshalb) keinen Schlaf mehr; *prov* **qui dort dîne** wer früh aufsteht, sein Brot verzehrt, wer lange schläft, den Gott ernährt (*prov*); **2.** *par ext nature, ville* ruhen; schlafen; **3.** *fig affaire* ruhen; *capitaux* nicht arbeiten; **c'est de l'argent qui dort** das ist totes Kapital

dorsal [dɔʀsal] *adj* ⟨-aux⟩ Rücken...; ANAT **épine ~e** Rückgrat *n*

dortoir [dɔʀtwaʀ] *m* **1.** Schlafsaal *m*; **2.** *adjt* **ville f ~** Schlafstadt *f*

dorure [dɔʀyʀ] *f* **1.** (*couche d'or*) Vergoldung *f*; goldener 'Überzug; **2. ~s** *pl* Goldverzierung(en) *f(pl)*; **3.** *action* Vergolden *n*, -ung *f*

doryphore [dɔʀifɔʀ] *m* ZO Kar'toffelkäfer *m*

dos [do] *m* **1.** *d'un homme, d'un animal* Rücken *m*; ~ *d'âne cf* **âne** *l.*; ♦ *loc/adv*: ~ à ~ Rücken an Rücken; *fig* **renvoyer deux personnes** ~ **à** ~ keinem der beiden recht geben; *transporter à* ~ *de chameau* auf Ka'melrücken; auf Kamelen; *robe* **décolleté dans le** ~ im Rücken, hinten ausgeschnitten; rükkenfrei; *vu de* ~ von hinten gesehen; ♦ *fig* **avoir bon** ~ *personne* e-n breiten Rücken, F Buckel haben; *chose* ein bequemer Vorwand sein; F *fig* **en avoir plein le** ~ F es gründlich satt, die Nase voll haben; *fig* **avoir qn sur le** ~ ständig j-n hinter sich spüren, F auf der Pelle haben; *fig* **être toujours sur le** ~ **de qn** j-m ständig auf die Finger sehen; **faire le gros** ~ *chat* e-n Buckel machen; *fig* sich ducken; *fig* **faire qc dans, derrière le** ~ **de qn** etw hinter j-s Rücken (*dat*) tun; *fig* **mettre qc sur le** ~ **de qn** j-m etw in die Schuhe schieben; *fig* **se mettre qn à** ~ j-n gegen sich aufbringen; sich j-n zum Feind machen; **porter les cheveux dans le** ~ die Haare im Rücken offen tragen; F *fig* **tomber sur le** ~ **à qn** a) (*faire des reproches*) über j-n herfallen; b) *visiteur* j-n über'fallen; c) *maladie etc* über j-n her'einbrechen; **tourner le** ~ **à qn, à qc** a) j-m, e-r Sache den Rücken zuwenden; mit dem Rücken zu j-m, etw stehen *ou* sitzen; b) *fig* j-m, e-r Sache den Rücken kehren; *la rue Racine? – vous lui tournez le* ~ sie liegt, ist hinter Ihnen; *dès qu'il eut le* ~ *tourné ...* kaum hatte er den Rücken gekehrt, gewandt, da ...; **2.** *par ext d'un vêtement* Rücken(partie) *m(f)*; **3.** *fig d'objets* Rücken *m*; *d'une feuille, d'une enveloppe, d'un chèque* Rückseite *f*; *d'une chaise* Rückenlehne *f*; *d'une chaise a* Stuhllehne *f*; ~ *d'un livre* Buchrücken *m*; ~ **de la main, du pied** Hand-, Fußrücken *m*; F *fig* **ne pas y aller avec le** ~ **de la cuiller** nicht gerade zimperlich sein, vorgehen

dosage [doza3] *m* **1.** MÉD, PHARM Do'sierung *f*; **2.** *fig d'ironie, de compliments etc* (maßvolle) Do'sierung

dose [doz] *f* **1.** MÉD, PHARM Dosis *f*; *à 'haute,* **faible** ~ in hohen, schwachen Dosen; in starker, schwacher Do'sierung; **2.** *par ext* Dosis *f*; Menge *f*; **une bonne** ~ **de sucre** e-e ganze, gutbemessene Menge Zucker; reichlich Zukker; **forcer la** ~ a) zu'viel (von etw) nehmen; b) *fig* zu'viel des Guten tun; **3.** *fig* **une forte, fameuse** ~ **de courage, de paresse** *etc* ein gerüttelt Maß, F e-e gehörige Porti'on *ou* Dosis Mut, Faulheit *etc*; **j'ai ma** ~ ich bin eingedeckt; mir reicht's; F **il a sa** ~ F er hat einen sitzen, einen in der Krone; F **en avoir une bonne** ~ F ganz schön blöd, dämlich sein; geistig minderbemittelt sein

doser [doze] *v/t* **1.** MÉD, PHARM do'sieren; **2.** *fig compliments, reproches etc* (maßvoll) do'sieren; im richtigen Maß, Verhältnis zumessen

doseur [dozœʀ] *m* Do'sier-, Abmeßvorrichtung *f*; *adj* **bouchon** *m* ~ Ausgießer *m*

dossard [dosaʀ] *m* SPORTS Start-, Rükkennummer *f*

dossier [dosje] *m* **1.** *d'un siège* Rückenlehne *f*; **2.** (*documents*) Akten *f/pl*; Akte *f*; Vorgang *m*; 'Unterlagen *f/pl*; ~ **médical** Krankenblatt *n*; ~ **numéro X** Aktenzeichen *n* X; ~ **de candidature** Bewerbungsunterlagen *f/pl*; **constituer, établir un** ~ e-e Akte anlegen; Unterlagen zu'sammentragen

dot [dɔt] *f* Mitgift *f*; Aussteuer *f*

dotation [dɔtasjõ] *f* **1.** (*revenus*) Do'tierung *f*; **2.** (*équipement*) Ausstattung *f* (*en* mit)

doter [dɔte] *v/t* **sa fille** e-e Aussteuer mitgeben, e-e Mitgift geben (**qn** j-m); **2.** JUR, ADM do'tieren; mit Einkünften versehen; **3.** (*équiper*) ausrüsten, ausstatten (*de qc* mit etw); **4.** *par ext* ~ **qn de qc** j-n mit etw ausstatten, versehen, bedenken; *adjt épreuve etc* **doté de prix** mit Preisverleihung

douairière [dwɛʀjɛʀ] *f* F *péj* reiche alte Schachtel

douane [dwan] *f* **1.** a) ADM Zoll(behörde) *m(f)*; b) *lieu* Zoll(stelle) *m(f)*; **passer (à) la** ~ den Zoll passieren, durch'laufen; durch den Zoll gehen; **2.** (*droit m de*) ~ Zoll(gebühr) *m(f)*

douanier [dwanje] **I** *m* Zollbeamte(r) *m*; F Zöllner *m*; **II** *adj* ⟨-ière⟩ Zoll...

doublage [dublaʒ] *m* **1.** CIN Synchroni'sierung *f*; Synchronisati'on *f*; **2.** COUT Füttern *n*

double [dubl(ə)] **I** *adj* doppelt; Doppel...; zweifach; ~ **consonne** *f* Doppelkonsonant *m*; ~ **mètre** *m* Zenti'metermaß *n* (von zwei Metern Länge); ~ **nœud** *m* doppelter Knoten; Doppelknoten *m*; ~ **whisky** *m* doppelter Whisky; **valise etc à** ~ **fond** mit doppeltem Boden; **mot, phrase à** ~ **sens** doppeldeutig, -sinnig; zweideutig; **en** ~ **exemplaire** in doppelter, zweifacher Ausfertigung; **l'avantage de cette solution est** ~ diese Lösung hat zwei Vorteile; **faire coup** ~ a) CH e-n Doppeltreffer machen; b) *fig* zwei Fliegen mit einer Klappe schlagen; *fig* **jouer (un)** ~ **jeu** ein doppeltes Spiel spielen, treiben; **mener une vie** ~ ein Doppelleben führen; *cf a* **emploi** *3.*; **II** *adj* doppelt; **voir** ~ doppelt sehen (*a fig*); **III** *m* **1. le** ~ das Doppelte; doppelt, zweimal soviel *ou* so groß; **le** ~ **du prix** der doppelte Preis; **le** ~ **de travail** die doppelte Arbeit; doppelt soviel Arbeit; **augmenter du** ~ auf das Doppelte steigen; sich verdoppeln; **il a mis le** ~ **de temps pour** (+*inf*) er hat die doppelte Zeit, doppelt soviel Zeit gebraucht, um zu (+*inf*); **2.** *dans une collection etc* Du'blette *f*; Doppelstück *n*; **avoir qc en** ~ etw doppelt haben; **3.** *d'un document* Doppel *n*; Dupli'kat *n*; Zweitausfertigung *f*, -schrift *f*; *a* Ko'pie *f*; 'Durchschlag *m*; **4.** *d'une clé* Zweitschlüssel *m*; **5.** TENNIS Doppel *n*; ~ **dames, messieurs** Damen-, Herrendoppel *n*; **6.** *fig personne* Geistes-, Seelenverwandte(r) *f(m)*

doublé [duble] **I** *adj* **1.** verdoppelt; **2.** *vêtement, enveloppe* gefüttert; **3.** CIN synchroni'siert; **4.** *fig* ~ **de** *un médecin* ~ **d'un poète** und zugleich (ein) Dichter; **II** *m* **1.** ORFÈVRERIE Dou'blé *n*; Du'blee *n*; **2.** SPORTS Doppelerfolg *m*, -sieg *m*; *fig* **réussir un beau** ~, **faire un** ~ e-n Doppelerfolg erringen, verbuchen

double-as [dubl(ə)as] *m* ⟨*pl* doubles--as⟩ DOMINO Einerpasch *m*

double-blanc [dubləblɑ̃] *m* ⟨*pl* doubles-blancs⟩ DOMINO Nullpasch *m*

double-commande [dubləkɔmɑ̃d] *f* ⟨*pl* doubles-commandes⟩ AUTO doppelte Bremse und Kupplung; AVIAT Doppelsteuer(ung) *n(f)*; **voiture** *f* **à** ~ Fahrschulauto *n*

double-crème [dubləkʀɛm] *m* ⟨*pl* doubles-crèmes⟩ Doppelrahmfrischkäse *m*

double-croche [dubləkʀɔʃ] *f* ⟨*pl* doubles-croches⟩ MUS Sechzehntelnote *f*

doublement [dubləmɑ̃] **I** *adv* doppelt; zweifach; **II** *m* Verdopp(e)lung *f*

doubler [duble] **I** *v/t* **1.** verdoppeln; *fig* ~ **le pas** s-n Schritt, sein Tempo beschleunigen; e-n Schritt zulegen; **2.** *vêtement* (ab)füttern; **3.** THÉ a ~ **un acteur** für e-n Schauspieler einspringen; an Stelle e-s Schauspielers spielen; **4.** *film, acteur* synchroni'sieren; **5.** *véhicule, piéton* über'holen (*a abs*); SPORTS über'runden; **6.** F ~ **qn** j-n hinter'gehen, F anschmieren; **II** *v/i* sich verdoppeln; **III** *v/pr* **se** ~ **de qc** noch etw begleitet sein; mit etw verbunden sein

doublet [dubl<s>ɛ</s>] *m* **1.** ORFÈVRERIE falscher (Edel)Stein; Du'blette *f*; **2.** LING Du'blette *f*

doublure [dublyʀ] *f* **1.** *d'un vêtement, d'un sac* Futter *n*; **2.** a) THÉ *j*, der für e-n Schauspieler einspringt; Ersatz *m* für e-n Schauspieler; *a ~s pl a* die Zweitbesetzung *f*; b) CIN Double *n*

Doubs [du] *le* ~ Fluß *u* Departement in Frankreich

douce [dus] *cf* **doux**

douce-amère [dusamɛʀ] *f* BOT Bittersüß *n*; Bittersüßer Nachtschatten

douceâtre [dusɑtʀ(ə)] *adj goût, fruit* süßlich-fad(e)

doucement [dusmɑ̃] *adv* **1.** sanft; sachte; behutsam; leise; **marcher** ~ sanft *etc* auftreten; leise gehen; **parler** ~ leise sprechen; **poser** ~ **qc** etw behutsam hinlegen, -stellen; **2.** (*lentement*) (**tout**) ~ langsam; all'mählich; **3.** (*médiocrement*) mittelmäßig; leidlich; **comment allez-vous? – tout** ~ so leidlich; so'so la'la; **affaires aller tout** ~ mittelmäßig, (so) leidlich gehen; **4.** F **ça me fait** ~ **marrer** da muß ich im stillen, heimlich lachen; **5.** *int* ~! immer sachte!; (nur immer) langsam!; F immer mit der Ruhe!

doucereux [dusʀø] *adj* ⟨-euse⟩ *paroles, voix* zuckersüß; süßlich; *personne* über'trieben freundlich; scheinheilig-liebenswürdig

doucettement [dusɛtmɑ̃] F *adv* in aller Ruhe; gemächlich; ganz langsam

douceur [dusœʀ] *f* **1.** *d'un fruit, du miel* Süße *f*; **2.** ~**s** *pl* (*friandises*) Lecke'reien *f/pl*; Schlecke'reien *f/pl*; **3.** *de la musique, de la voix* Sanftheit *f*; *de la lumière* Milde *f*; *de la peau* Zartheit *f*; Weichheit *f*; *du climat, du soir* Milde *f*; **4.** *fig* Annehmlichkeit *f*; angenehme Seite; **les** ~**s de l'oisiveté** das süße Nichtstun; **la** ~ **de vivre** ein angenehmes und friedliches Leben; **5.** ~ (**de caractère**) Sanftmut *f*, -heit *f*; (*indulgence*) Milde *f*; **elle est d'une** ~ **angélique** sie ist sanft wie ein Engel; **employer la** ~ milde, nachsichtig sein; es mit Milde, auf gütlichem Wege versuchen; **prendre qn par la** ~ j-n milde, sanft anfassen; **6.** *loc/adv* **en** ~ a) (dou-

cement) weich; sanft; b) (*en douce*) heimlich; unauffällig; *atterrir en ~* weich landen; AUTO *démarrer en ~* sanft anfahren; *séparation etc se faire en ~* sich allmählich, behutsam voll'ziehen

douche [duʃ] *f* **1.** *action* Dusche *f*; Duschen *n*; Dusch-, Brausebad *n*; *prendre une ~* (sich) duschen; **2.** *installation* Dusche *f*; Brause *f*; *~s pl a* Duschraum *m*; *chambre f avec ~* Zimmer *n* mit Dusche; *à la piscine passer à, sous la ~* unter die Dusche gehen; duschen; **3.** *fig*: *~ écossaise* Wechselbad *n*; *~ froide* kalte Dusche; F *quelle ~ pour lui!* das ist *ou* war e-e kalte Dusche, F ein Schlag ins Kon'tor für ihn; *prendre*, *recevoir une ~ cf (se faire) doucher 2.*

doucher [duʃe] I *v/t* **1.** *~ qn* j-n (ab)duschen; **2.** *fig l'enthousiasme de qn* abkühlen; dämpfen; F *cet accueil l'a douché* dieser Empfang war für ihn e-e kalte Dusche, wirkte auf ihn wie e-e kalte Dusche; *se faire ~ (par la pluie)* e-e (Regen)Dusche abbekommen, abkriegen; *il s'est fait ~ par son chef* F er hat von s-m Chef e-e (tüchtige) Abreibung bekommen; II *v/pr se ~* (sich) duschen; unter die Dusche gehen

doudou [dudu] F *f* Frau *f* von den An'tillen; F kaffeebraune Schönheit

doudoune [dudun] F *f* Daunenjacke *f*

doué [dwe] *adj* **1.** *~ de qc* ausgestattet, versehen mit etw; *être ~ de raison* mit Vernunft begabt sein; **2.** begabt (*pour qc* für etw); *~ pour les langues* sprachbegabt; F *il est vraiment pas ~!* wie kann man sich bloß so ungeschickt anstellen!

douer [dwe] *v/t nature etc ~ qn de qc* j-n mit etw versehen, ausstatten; j-m etw mitgeben

douille [duj] *f* **1.** *d'une ampoule* Fassung *f*; **2.** *d'une cartouche* (Pa'tronen)Hülse *f*; **3.** *d'un outil* Tülle *f*

douillet [dujɛ] *adj* ⟨*~te*⟩ **1.** *lit, coussin etc* mollig (weich); F kuschelig; **2.** *confort, cadre de vie* behaglich; gemütlich; wohlig; **3.** *personne* 'überempfindlich; zimperlich

douillettement [dujɛtmã] *adv enfant élever ~* verweichlichen

douleur [dulœʀ] *f* **1.** Schmerz *m*; *cri m de ~* Schmerzensschrei *m*; *hurler etc de ~* vor Schmerz(en); **2.** *accouchement ~s pl* (Geburts)Wehen *f/pl*; **3.** *morale* Schmerz *m*; Leid *n*; Weh *n*; *st/s* Pein *f*; *il a eu la ~ de perdre son fils* ihm ist das tiefe Leid wider'fahren ...

douloureusement [duluʀøzmã] *adv* schmerzlich

douloureux [duluʀø] I *adj* ⟨-euse⟩ **1.** *blessure, traitement* schmerzhaft; *partie du corps* schmerzend; *point ~* Schmerzstelle *f*; **2.** *regard, expression* schmerzvoll, -erfüllt, -bewegt; leidelüllt; **3.** *fig perte, souvenir* schmerzlich; **4.** *par ext problème* peinigend; quälend; II *subst* *la douloureuse* die Rechnung (*im Restaurant*)

doute [dut] *m* Zweifel *m*; Bedenken *n*; *loc/adv* *sans ~* sicher(lich); gewiß; doch wohl; wahrscheinlich; *tu es sans ~ très intelligent, mais ...* du bist gewiß, zwar sehr intelligent, aber ...; *sans aucun ~*, *sans nul ~* zweifellos; ohne (jeden) Zweifel; ganz bestimmt; zweifels'ohne; *loc/conj*: *nul ~ que ...* (*+ind*) (es besteht) kein Zweifel, es steht ganz fest, daß ...; *avoir des ~s* Zweifel, Bedenken haben, *st/s* hegen; *avoir des ~s au sujet de qn, qc, sur qn, qc* an j-m, etw zweifeln; j-m gegenüber, an etw (*dat*) Zweifel haben; etw bezweifeln; *il n'y a pas de ~* es besteht kein Zweifel (daran); *être dans le ~* im Zweifel sein (*au sujet de qc* über etw [*acc*]); *cela est 'hors de ~* außer Zweifel; *cela ne fait aucun ~* es besteht (gar) kein Zweifel (daran); *laisser qn dans le ~* j-n im Zweifel lassen (*au sujet de qc, sur qc* über etw [*acc*]); *mettre qc en ~* etw in Zweifel ziehen; *prov* *dans le ~*, *abstiens-toi* im Zweifelsfall sollte man nichts unter'nehmen

douter [dute] I *v/i et v/t/indir* *~ de qc* etw (*dat*) zweifeln; etw be-, anzweifeln; *~ de qn* an j-m zweifeln; j-m miß'trauen; *~ du succès* den Erfolg bezweifeln; *je doute de ce qu'il affirme* ich zweifle an dem, was er behauptet; *iron ne ~ de 'rien* sich zu'viel zutrauen; sich über'schätzen; blind drauf'losgehen; *~ de tout* an allem zweifeln; alles bezweifeln, in Frage stellen; *j'en doute fort* ich zweifle sehr daran; das möchte ich stark bezweifeln; *loc/adv à n'en pas ~* ohne jeden Zweifel; zweifellos; ganz bestimmt; zweifels'ohne; *~ que ...* (*+subj*) daran zweifeln, daß *ou* ob ...; bezweifeln, daß ...; *je doute qu'il vienne* ich zweifle (daran), ob *ou* daß er kommt; ich bezweifle, daß er kommt; II *v/pr se ~* ahnen, vermuten; *je m'en doute* das kann mir mir denken; *je ne m'en serais jamais douté* das hätte ich nie gedacht; F das hätte ich mir nie träumen lassen; *je ne me doutais de rien* ich hatte nicht die geringste Ahnung; *se ~ que ...* ahnen, vermuten, sich denken können, daß ...

douteux [dutø] *adj* ⟨-euse⟩ **1.** *résultat, victoire, faits* zweifelhaft; ungewiß; *sens* nicht eindeutig; *c'est ~ que* es ist zweifelhaft, fraglich; *il n'est pas ~ que ...* (*+ind ou* [*ne*] *+subj*) es steht außer Zweifel, es steht fest, daß ...; **2.** *péj réputation, goût etc* zweifelhaft; du'bi'os; fragwürdig; *viande etc* nicht ganz einwandfrei, frisch; *vêtements, vaisselle* nicht ganz sauber; *linge d'un blanc ~*, *d'une propreté douteuse* nicht ganz weiß, sauber

douve [duv] *f* **1.** *d'un tonneau* Daube *f*; **2.** *fossé* Wassergraben *m*; **3.** ZO, VÉT Leberegel *m*

Douvres [duvʀ(ə)] Dover *n*

doux [du] I *adj* ⟨douce [dus]⟩ **1.** *fruit* süß; *eau douce* Süßwasser *n*; *piment ~* süßer Paprika; *vin ~* süßer, milder, lieblicher Wein; *vin ~ (naturel)* Süßwein *m*; **2.** *musique, murmure etc* sanft; *lumière* mild; sanft; weich; *voix a* sanft; *b) (basse)* leise; *climat, température, soirée* mild; *nuit, soirée* a lau; *parfum* leicht; *peau* weich; zart; *lit* weich; *pente* sanft; *savon, produit* mild; *technique, énergie* (*non polluant*) sanft; *drogue douce* weiche Droge; CUIS *à feu ~* auf kleiner Flamme; bei schwa- cher Hitze; *être ~ au toucher* sich weich anfühlen; *il fait ~* es ist mild; **3.** *fig espoir, souvenir, émotion* angenehm; freudig; *faire une douce folie* e-e süße Torheit begehen; *cf a* **couler** 12; **4.** *personne, expression, regard* sanft(mütig); *geste* ruhig; *cheval* fromm; *~ comme un agneau, mouton* sanft, geduldig wie ein Lamm; lammfromm; **5.** (*amoureux*) *faire les yeux ~ à qn* j-m schöne, verliebte Augen machen; j-m verliebte Blicke zuwerfen; II *adv* heimlich; unauffällig; **2.** F *tout ~!* nicht so hastig!; F immer mit der Ruhe!; **3.** *cf filer* 12.

doux-amer [duzamɛʀ] *adj* ⟨douce-amère [dusamɛʀ]⟩ *fig et st/s* bittersüß

douzaine [duzɛn] *f* **1.** Dutzend *n*; *une ~ d'œufs* ein Dutzend Eier; *à la ~* dutzendweise; im Dutzend; **2.** *une ~* etwa, ungefähr, an die zwölf; *enfant m d'une ~ d'années* Kind *n* von etwa zwölf Jahren

douze [duz] I *num/c* zwölf; *le ~ mai* der zwölfte *ou* am zwölften Mai; *page ~* Seite zwölf; *Pie XII* Pius XII. (der Zwölfte); *enfant m de ~ ans* zwölfjähriges Kind; Kind *n* von zwölf Jahren; *voyage m de ~ jours* zwölftägige Reise; II *m* ⟨*inv*⟩ **1.** Zwölf *f*; *südd a* Zwölfer *m*; *le ~ (du mois)* der Zwölfte *ou* am Zwölften (des Monats); *cf a* **deux** II; **2.** *l'Europe f des 2* das Europa der Zwölf

douzième [duzjɛm] I *num/o* zwölfte(r, -s); II *subst* **1.** *le, la ~* der, die, das zwölfte; **2.** *m* MATH Zwölftel *n*; *~ment adv* zwölftens

doyen [dwajɛ̃] *m*, **doyenne** [dwajɛn] *f* **1.** *m* ÉGL De'kan *m*; De'chant *m*; **2.** *d'une faculté* De'kan *m*; **3.** *d'une assemblée* Rang-, Dienstälteste(r) *f(m)*; DIPL Doy'en *m*; *~ d'âge* Alterspräsident(in) *m(f)*; **4.** *par ext d'un groupe*, *d'un village* Älteste(r) *f(m)*

D.P.L.G. *abr* (*diplômé par le gouvernement*) staatlich geprüft

drachme [dʀakm(ə)] *f monnaie* Drachme *f*

draconien [dʀakɔnjɛ̃] *adj* ⟨*~ne*⟩ dra'konisch

dragage [dʀaɡaʒ] *m* **1.** *d'un chenal etc* (Aus)Baggern *n*; **2.** MAR MIL *~ de mines* Minenräumen *n*

dragée [dʀaʒe] *f* **1.** (Zucker)Dra'gée *n*; Wiener Mandel *f*; *~s de baptême* Wiener Mandeln, die anläßlich e-r Taufe verteilt werden; *fig tenir la ~ 'haute à qn* a) (*faire attendre*) j-n lange hinhalten; F j-n zappeln lassen; b) (*faire payer cher*) j-n teuer bezahlen lassen; c) (*tenir tête*) j-m 'Widerstand entgegensetzen; **2.** PHARM Dra'gée *n*; (Arz'nei)Pille *f*

dragéifié [dʀaʒeifje] *adj* dra'giert [-ʒ-]; mit e-r Zuckerschicht über'zogen

dragon [dʀaɡɔ̃] *m* **1.** MYTH, ART Drache(n) *m*; Lindwurm *m*; **2.** F *fig* (*femme autoritaire*) F Feldwebel *m*; Dra'goner *m*; **3.** HIST MIL Dra'goner *m*

dragonne [dʀaɡɔn] *f* a) *d'une épée* Quaste *f*; Porte'pee *m*; b) *d'un parapluie*, *bâton de ski* (Halte)Schlaufe *f*

drague [dʀaɡ] *f* **1.** TECH (Schwimm-)Bagger *m*; **2.** PÊCHE Dredsche *f* (*Schleppnetz*); **3.** *fig* F Anmache *f*

draguer [dʀaɡe] *v/t* **1.** *chenal etc* ausbaggern; **2.** MAR MIL *mines* räumen;

ébouriffé [ebuʀife] **I** *adj cheveux, personne* zerzaust; zerrauft; F strubbelig; *cheveux a* wirr; *moineau* aufgeplustert; *tête ~e* Strubbelkopf *m*; **II** *m* Struwwelpeter *m*; Strubbelkopf *m*
ébouriffer [ebuʀife] *v/t* **1.** *~ les cheveux de qn* j-m das Haar, die Haare zerzausen, zerraufen, F verstrubbeln; **2.** F *fig* verblüffen; verdutzen
ébrancher [ebʀɑ̃ʃe] *v/t* aus-, abästen; ausputzen; auslichten
ébranlement [ebʀɑ̃lmɑ̃] *m* **1.** Erschütterung *f*; **2.** *fig de la confiance, du pouvoir* Erschütterung *f*; *de la santé* Zerrüttung *f*; *du trône* Wanken *n*; **3.** *psychique* Erschütterung *f*; Schock *m*
ébranler [ebʀɑ̃le] **I** *v/t* **1.** *vitres, sol* erschüttern; erzittern lassen; *immeuble* ins Wanken bringen; *cris ~ l'air* durch die Luft hallen; **2.** *fig* **a)** *confiance, pouvoir* erschüttern; ins Wanken bringen; *~ les convictions de qn a* j-n in s-r Überzeugung wankend machen; *ces arguments l'ont ébranlé* haben ihn unsicher gemacht; *rien ne peut l'~* ihn kann nichts erschüttern; **b)** *nerfs, santé* zerrütten; *adjt ébranlé a* angeschlagen; **II** *v/pr s'~ train* sich in Bewegung setzen; anfahren; *cortège* sich in Bewegung setzen; *armée* sich in Marsch setzen; *cloches* zu läuten beginnen, anheben
ébréché [ebʀeʃe] *adj* **1.** *lame* schartig; *tasse, verre* angeschlagen; *dent* ab-, ausgebrochen; **2.** F *fig fortune* stark angegriffen
ébrécher [ebʀeʃe] ⟨-è-⟩ **I** *v/t* **1.** *lame* schartig machen; *assiette, vase, verre* anschlagen; **2.** F *fig fortune* angreifen; **II** *v/pr s'~* schartig werden; *s'~ une dent* sich ein Stück von e-m Zahn ausbrechen
ébréchure [ebʀeʃyʀ] *f sur une lame* Scharte *f*; *sur une assiette etc* angeschlagene Stelle; Beschädigung *f*
ébriété [ebʀijete] *f ADM* Trunkenheit *f*; *en état d'~* in betrunkenem Zustand
ébrouement [ebʀumɑ̃] *m* Schnauben *n*; Prusten *n*
ébrouer [ebʀue] *v/pr s'~* **1.** *animaux, personnes* sich schütteln; *s'~ sous la douche* prustend und schüttelnd duschen; **2.** *cheval* schnauben; prusten
ébruitement [ebʀɥitmɑ̃] *m* Ruchbarwerden *n*; Verbreitung *f*
ébruiter [ebʀɥite] **I** *v/t secret, nouvelle* verbreiten; unter die Leute bringen; ausplaudern; **II** *v/pr s'~* bekannt, laut, ruchbar werden; sich herumsprechen
ébullition [ebylisjɔ̃] *f* **1.** (Auf)Kochen *n*; Sieden *n*; Aufwallen *n*; *PHYS point m d'~* Siedepunkt *m*; *entrer en ~* zu sieden, kochen beginnen; aufwallen; **2.** *fig loc/adj en ~* in Aufregung; in Wallung; in Aufruhr
écaille [ekaj, ekaj] *f* **1.** *ZO, BOT* Schuppe *f*; *~ de poisson* Fischschuppe *f*; **2.** *par ext de l'ardoise, de peinture etc* Plättchen *n*; **3.** *de tortues* Schildpatt *n*; *lunettes f/pl d'~* Schildpattbrille *f*; *par ext* Hornbrille *f*; *peigne m en ~* Schildpattkamm *m*; **4.** *~ d'huître* Austernschale *f*
écailler¹ [ekaje] *v/t* **1.** *poisson* (ab-)schuppen; **2.** *huîtres* aufmachen, -brechen; öffnen; **II** *v/pr s'~ peinture, vernis* abblättern; absplittern; abplatzen; *adjt écaillé* abgeblättert
écailler² [ekaje] *m*, *~ère f* Austernhändler(in) *m(f)*
écailleux [ekajø] *adj* ⟨-euse⟩ *peau* schuppig; *MINÉR* blättrig; *~ure f de peinture etc* (abgefallenes) dünnes Blättchen
écalle [ekal] *f de noix etc* (grüne) Schale; *~er v/t noix, œufs* schälen
écarlate [ekaʀlat] **I** *adj* scharlachrot, -farben; *visage* hochrot; stark gerötet; *devenir ~* feurrot, puterrot werden (*de* vor); **II** *f* **1.** *couleur* Scharlachrot *n*, -farbe *f*; Scharlach *m*; **2.** *étoffe* scharlachroter Stoff
écarquiller [ekaʀkije] *v/t ~ les yeux* die Augen (weit) aufreißen, aufsperren
écart [ekaʀ] *m* **1.** (*distance*) Abstand *m*; Spielraum *m*; (*différence*) Unterschied *m*; Abweichung *f*; Spanne *f*; *un ~ de dix jours* e-e Spanne von zehn Tagen; *~ de(s) prix* Preisspanne *f*, -unterschied *m*; *~s des prix de salaires* Lohn-, Gehaltsunterschiede *m/pl*; Lohngefälle *n*; *~s de température* Temperaturunterschiede *m/pl*, -gefälle *n*; **2.** *fig* (*irrégularité*) Abweichung *f*; Verfehlung *f*; Verstoß *m*; Entgleisung *f*; F Ausrutscher *m*; *~s* (*de conduite*) Seitensprünge *m/pl*; *~ de jeunesse* Jugendverfehlung *f*, -sünde *f*; *~ de langage* sprachliche Entgleisung; *se permettre des ~s de langage* sich im Ton vergreifen; *~ de régime* Diätfehler *m*; **3.** (*brusque mouvement*) Sprung *m*, Schritt *m*, Wendung *f* zur Seite; *faire un ~* auf die Seite, zur Seite springen; **4.** *SPORTS grand ~* Spa'gat *m ou ~*; *faire le grand ~* (e-n) Spagat machen; **5.** *MATH, STATISTIQUE* Abweichung *f*; *TECH* (Maß)Abweichung *f*; Toleranz *f*; **6.** *JEUX DE CARTES* **a)** abgelegen *n* (*de cartes*) **b)** abgelegte Karten *f/pl*; **7. a)** *loc/adv à l'~* bei'seite; abseits; fern; *s'asseoir à l'~* sich abseits, auf die Seite setzen; *rester à l'~* abseits, beiseite, auf der Seite bleiben; *fig tenir qn à l'~* j-n fernhalten (*de* von); j-n über'gehen; *se tenir à l'~* beiseite stehen; sich abseits halten; *fig* sich fernhalten (*de* von); wegbleiben; *vivre à l'~* zurückgezogen leben; **b)** *loc/prép à l'~ de la route etc* abseits der Straße *etc*; *vivre à l'~ du monde* auf der Straße *etc*
écarté [ekaʀte] **I** *adj* **1.** *yeux, dents* (weit) ausein'anderstehend; *SPORTS: bras ~s!* Arme seitlich heben!; *jambes ~es* Grätsche *f*; *DANSE pose ~e* Ekar'té *n*; **2.** *lieu* (*isolé*) abgelegen; entle'gen; *II m jeu de cartes* Ekar'té *n*
écartèlement [ekaʀtɛlmɑ̃] *m* **1.** *HIST* Vierteilen *n*; **2.** *fig* Zerrissensein *n*, Hin- und Hergerissensein *n* (*entre* zwischen *+dat*)
écarteler [ekaʀtəle] *v/t* ⟨-è-⟩ **1.** *HIST ~ qn* j-n vierteilen; **2.** *fig être écartelé* hin- und hergerissen werden *ou* sein (*entre* zwischen *+dat*)
écartement [ekaʀtəmɑ̃] *m* **1.** Abstand *m*; Entfernung *f*; lichte Weite; *~ des essieux* Achsstand *m*; *~ des roues* Spur *f*; *~ des yeux* Augenabstand *m*; **2.** *CH DE FER* Spurweite *f*
écarter [ekaʀte] **I** *v/t* **1.** (*séparer*) *bras, jambes* ausein'andernehmen, F -machen; *bras a* ausbreiten; *doigts, jambes* spreizen; *SPORTS jambes* grätschen; *rideaux* (e-n Spalt) öffnen; zur Seite, bei'seite schieben; *branchages* ausein'anderbiegen; zur Seite biegen; *~ la foule* die Leute zur Seite schieben; **2.** (*éloigner*) wegrücken, -schieben; zur Seite rücken, schieben; entfernen; *mèche de cheveux* zu'rückstreichen; *les curieux* zu'rückdrängen; zur Seite drängen; *~ une table du mur* e-n Tisch von der Wand rücken; **3.** *fig objection, critique* zu'rückweisen; *problème* bei'seiteschieben; ausklammern; *idée* verwerfen; zur Seite schieben; fallenlassen; *solution, proposition* ablehnen; verwerfen; *danger* abwenden; vorbeugen (*+dat*); *adversaire* kaltstellen; ausschalten; *obstacle* beseitigen; wegräumen; *soupçon* zerstreuen; *d'un concours* ausschließen (*von*); *~ qn d'un emploi* j-n aus e-r Stellung entfernen; **4.** *du bon chemin etc* entfernen; abbringen; *fig*: *~ qn du droit chemin* j-n vom rechten Weg abbringen; *~ qn de son devoir* j-n von s-r Pflicht abhalten; **5.** *carte à jouer* ablegen; **II** *v/pr s'~* **6.** sich entfernen (*de* von); auf die Seite, zur Seite, bei'seite gehen, treten; weg-, abrücken (*de* von); zur Seite rücken; *foule* sich teilen, zu'rückweichen; *lignes* ausein'anderlaufen; sich öffnen; *nuages* aufreißen; **7.** *s'~ du (bon) chemin* vom Weg abkommen; sich verlaufen; *fig s'~ du droit chemin* vom rechten Weg abkommen; auf Abwege geraten; *fig s'~ du but, d'une ligne politique etc* vom Ziel, von e-m politischen Kurs *etc* abweichen
ecchymose [ekimoz] *f MÉD* blauer Fleck; blaues Mal
ecclésiastique [eklezjastik] **I** *adj* kirchlich; geistlich; Kirchen...; *habit m ~* Kleidung *f* der Geistlichen; *état m ~* geistlicher Stand; *fonctions f/pl ~s*, *charge f ~* geistliches Amt; **II** *m* Geistliche(r) *m*; Kleriker *m*
écervelé [esɛʀvəle] **I** *adj* leichtsinnig; unbesonnen; gedankenlos; kopflos; **II** *subst ~(e) m(f)* leichtsinnige, gedankenlose, kopflose Per'son; *une jeune ~e* ein leichtsinniges Mädchen
échafaud [eʃafo] *m HIST* Scha'fott *n*; Blutgerüst *n*
échafaudage [eʃafodaʒ] *m* **1.** *CONSTR* (Bau)Gerüst *n*; *dresser un ~* ein Gerüst aufbauen, aufstellen, aufschlagen; **2.** *fig de livres etc* Haufen *m*; Stapel *m*; Stoß *m*; **3.** *fig d'arguments etc* (Gedanken)Gebäude *n*
échafauder [eʃafode] **I** *v/t* **1.** (*empiler*) (auf)stapeln; aufein'andersetzen, -stellen, -legen; **2.** *fig projets* entwerfen; ar'beiten an (*+dat*); *système* aufbauen; *théorie* aufstellen; *fortune* erwerben; zu'sammenbringen; *entreprise* aufbauen; **II** *v/i CONSTR* ein Gerüst aufbauen, aufstellen, aufschlagen
échalas [eʃala] *m* **1.** *VIT, JARD* Pfahl *m*; **2.** F *fig d'une personne un grand ~* F e-e lange Stange, Latte; e-e Hopfen-, Bohnenstange
échalote [eʃalɔt] *f BOT, CUIS* Scha'lotte *f*
échancré [eʃɑ̃kʀe] *adj* **1.** *COUT* ausgeschnitten; halsfern; **2.** *côte* bucktenreich; zerrissen; zerklüftet; *~er v/t COUT* ausbogen, ausschneiden; *TECH* schweifen

échancrure [eʃɑ̃kRyR] f **1.** COUT Ausschnitt m; par ext Dekolle'té n; **2.** de la côte ~s pl Einbuchtungen f/pl
échange [eʃɑ̃ʒ] m **1.** Austausch m; Tausch m; Wechsel m; BIOL ~s cellulaires Zellstoffwechsel m; ~s (commerciaux) Warenaustausch m; Handelsverkehr m; ~s culturels Kul'turaustausch m; BIOL ~s gazeux Gasaustausch m; ~ scolaire Schüleraustausch m; ~ de coups Schläge'rei f; ~ d'appartements Wohnungstausch m; ~ de lettres Brief-, Schriftwechsel m; ~ de politesses Austausch von Höflichkeiten; ~ de prisonniers Gefangenenaustausch m; vif ~ de propos heftiger Wortwechsel; ~ de vues, d'idées Meinungs-, Gedankenaustausch m; ÉCON volume m des ~s Handelsvolumen n; faire un ~ tauschen (avec qn mit j-m); en Tausch machen; **2.** COMM 'Umtausch m; pour un ~ zwecks Umtausch; **3.** ÉCHECS Abtausch m; faire un ~ abtauschen; **4. a)** loc/adv en ~ als Gegenleistung; als Ersatz; dafür; **b)** loc/prép en ~ de für; als Ersatz für; statt (+gén); en ~ de quoi? was bieten Sie ou bietest du dafür?
échangeable [eʃɑ̃ʒabl(ə)] adj austauschbar
échanger [eʃɑ̃ʒe] v/t ⟨-geons⟩ **1.** objet, poste, logement tauschen; souvenirs, politesses, idées, prisonniers austauschen; regards, lettres, paroles, alliances wechseln; ~ des billes contre des bonbons Murmeln gegen Bonbons tauschen; Murmeln für, gegen, in Bonbons eintauschen; ~ des cadeaux einander, sich (gegenseitig) beschenken; ~ des coups sich schlagen; aufeinander einschlagen; ~ un salut sich grüßen; e-n Gruß wechseln; ~ avec qn un regard rapide e-n kurzen Blick mit j-m wechseln; ~ un sourire einander, sich (gegenseitig) zulächeln; **2.** marchandises 'umtauschen; adjt ni échangé ni repris vom 'Umtausch ausgeschlossen
échangeur [eʃɑ̃ʒœR] m **1.** (kreuzungsfreier) Verkehrsknoten; Verkehrskreuz n; d'autoroutes Autobahnkreuz n; **2.** PHYS ~ de chaleur Wärmeaustauscher m
échangisme [eʃɑ̃ʒism(ə)] m Partnertausch m
échanson [eʃɑ̃sõ] m **1.** HIST Mundschenk m; **2.** plais notre grand ~ unser Mundschenk, Getränkemeister m
échantillon [eʃɑ̃tijõ] m **1.** COMM (Waren)Probe f; (Waren)Muster n; Probestück n; ~ de parfum Probe Parfüm; ~ de tissu Stoffmuster n, -probe f; cahier m, carnet m d'~s Musterheft n, -buch n; **2.** par ext Probe f; prélever des ~s d'eau, du sol Wasser-, Bodenproben entnehmen; **3.** fig de talent, d'humour Kostprobe f; **4.** STATISTIQUE Stichprobe f; repräsenta'tive Auswahl; Sample [-pəl] n
échantillonnage [eʃɑ̃tijɔnaʒ] m **1.** COMM Mustersammlung f, -kollektion f; fig Auswahl f; **2.** STATISTIQUE Stichprobenerhebung f; Repräsenta'tiverhebung f; **3.** TECH Entnahme f von Proben; Probeentnahme f
échantillonner [eʃɑ̃tijɔne] v/t **1.** COMM Proben zu'sammenstellen, e-e Probe anfertigen (qc von etw); **2.** STATISTI-

QUE auswählen; e-e Auswahl treffen (von); **3.** TECH Proben ou e-e Probe entnehmen (+dat)
échappatoire [eʃapatwaR] f Ausflucht f; Ausrede f; par ext Ausweg m
échappé [eʃape] **I** adj animal entlaufen; oiseau entflogen; **II** m F fig un ~ (de l'asile) ein Verrückter m
échappée [eʃape] f **1.** CYCLISME Ausreißversuch m; Ausreißen n; **2.** (perspective) (schmaler) 'Durchblick (sur auf +acc)
échappement [eʃapmɑ̃] m **1.** AUTO Auspuff m; ~ libre ungedämpfter Auspuff; pot m d'~ Auspufftopf m; **2.** HORLOGERIE Hemmung f
échapper [eʃape] **I** v/t l'~ belle noch einmal (so ou gut) da'vonkommen; mit dem Schrecken, mit heiler Haut da'vonkommen; **II** v/t/indir et v/i ⟨avoir, litt à être⟩ **1.** entkommen, entgehen, entfliehen, entrinnen, entwischen (à dat); ~ à sa condition aus s-n Verhältnissen her'auskommen; ~ à un danger e-r Gefahr entkommen, entgehen, entrinnen; ~ à ses gardiens s-n Wächtern entkommen, entwischen; laisser ~ un prisonnier e-n Gefangenen laufenlassen, entwischen ou entkommen lassen; **2.** parole, juron etc entfahren, entschlüpfen, her'ausfahren (à qn j-m); ce mot m'a échappé dieses Wort ist mir entschlüpft; un soupir lui échappa er seufzte auf; laisser ~ cri, soupir, juron ausstoßen; protestation laut werden lassen; remarque nicht unter'lassen können; **3.** nom etc entfallen (sein) (à qn j-m); son nom m'échappe sein Name ist mir entfallen, fällt mir nicht ein; **4.** faute, détail, héritage etc entgehen (à qn j-m); cela m'a échappé das ist mir entgangen; das habe ich über'sehen, über'hört; rien ne lui échappe ihm entgeht nichts; laisser ~ une occasion sich e-e Gelegenheit entgehen lassen; **5.** à une influence, aux regards, à une obligation etc sich entziehen (à dat); vous n'y échapperez pas! Sie werden nicht darum her'umkommen!; elle sentait que son fils lui échappait sie merkte, daß ihr Sohn ihrem Einfluß entzog, daß ihr Sohn ihr entglitt; il sent que son autorité va lui ~ er merkt, daß er s-e Autorität verliert; la raison de son acte m'échappe die Gründe s-s Handelns entziehen sich mir; ~ à la règle von der Regel abweichen; e-e Ausnahme bilden; **6.** objet ~ des mains aus den Händen fallen, gleiten; entgleiten; laisser ~ une assiette e-n Teller fallen lassen; **III** v/pr s'~ **7.** prisonnier etc entkommen; entlaufen; entfliehen; entspringen; entwischen; animal entlaufen; serpent entweichen; oiseau entfliegen; par ext personne sich da'vonmachen; verschwinden; weggehen; CYCLISME s'~ du peloton sich vom Feld lösen; das Feld hinter sich lassen; **8.** larmes, sang rinnen, strömen (de aus); vapeur, gaz, fumée entweichen; ausströmen; dringen (de aus); odeur entströmen (de dat); son (her'aus)kommen (de aus); soupir sich entringen (de dat); maille de tricot sich lösen
écharde [eʃaRd] f Splitter m; südd Spreißel m; österr a Schiefer m

écharpe [eʃaRp] f **1.** (cache-nez) Schal m; Halstuch n; ~ de soie Seidenschal m; **2.** insigne Schärpe f; ~ tricolore Schärpe in den Farben der Trikolore; **3.** MÉD Schlinge f; (Arm)Binde f; porter le ou un bras en ~ den ou e-n Arm in der Binde, Schlinge tragen; **4.** véhicule prendre en ~ in die Seite fahren (+dat); (seitlich) rammen
écharper [eʃaRpe] v/t **1.** in Stücke reißen; **2.** F se faire ~ F fertiggemacht, in der Luft zerrissen werden
échasse [eʃas, eʃɑs] f **1.** Stelze f; marcher avec des ~s auf Stelzen gehen; enfants Stelzen laufen; **2.** F fig ~s pl (jambes longues et maigres) F Storch(en)beine n/pl
échassier [eʃasje] m ZO Stelzvogel m
échauder [eʃode] v/t **1.** CUIS brühen; über'brühen; **2.** (brûler) verbrühen; **3.** fig se faire ~, être échaudé sich die Finger verbrennen; e-e Enttäuschung erleben
échauffement [eʃofmɑ̃] m **1.** Erwärmung f; p/fort Erhitzung f; TECH Heißlaufen n; AGR Selbsterhitzung f; **2.** SPORTS Aufwärmen n; **3.** fig Erregung f
échauffer [eʃofe] **I** v/t **1.** erwärmen; p/fort erhitzen; **2.** fig ~ la bile, les oreilles à qn j-n wütend machen, in Harnisch bringen; ~ les esprits die Gemüter erhitzen, erregen, in Wallung bringen; **II** v/pr s'~ **3.** SPORTS sich aufwärmen; sich warm laufen; **4.** fig personne sich erregen; in Feuer, Hitze geraten; sich ereifern; esprits sich erhitzen, erregen; discussion heftig, hitzig werden
échauffourée [eʃofuRe] f Zu'sammenstoß m; Kra'wall m
échauguette [eʃogɛt] f FORTIF (Burg-) Warte f
échéance [eʃeɑ̃s] f **1.** COMM, JUR d'un paiement Fälligkeit f; Fälligkeitsdatum n; -termin m, -tag m; d'une lettre de change etc Verfall m; Verfallsdatum n, -termin m, -tag m; arriver, venir à ~ fällig werden; verfallen; **2.** paiement fällige Zahlung; **3.** loc/adv et loc/adj: à brève, longue ~ auf kurze, lange Sicht; kurz-, langfristig; à plus ou moins longue ~ über kurz oder lang; obtenir des résultats à brève ~ in, binnen kurzer Zeit; **4.** fig ~ fatale unausweichliches Schicksal; bitteres Ende
échéancier [eʃeɑ̃sje] m COMM Fälligkeitsverzeichnis n; par ext Ter'minplan m
échéant [eʃeɑ̃] loc/adv le cas ~ gegebenenfalls
échec [eʃɛk] m **1.** 'Mißerfolg m; Miß'lingen n; à un examen 'Durchfallen n; F 'Durchfall m; d'un spectacle 'Durchfall m; d'un projet, de négociations Scheitern n; SPORTS etc Niederlage f; Schlappe f; d'une entreprise Fehlschlag m; aller au-devant d'un ~, courir à un ~ certain keine Aussicht auf Erfolg haben; e-r (sicheren) Niederlage entgegengehen; essuyer, subir un ~ e-e Niederlage, Schlappe erleiden; e-n Fehlschlag hinnehmen müssen; faire ~ aux projets de qn j-s Pläne vereiteln, zum Scheitern bringen; **2. a)** ~s pl ou jeu m d'~s Schachspiel n; joueur m d'~s Schachspieler m; jouer aux ~s Schach spielen; **b)** aux échecs Schach n;

échelle – éclaircir

~ *à la reine!* gardez!; ~ *au roi!* Schach (dem König)!; ~ *et mat!* Schach (und) matt!; *adjt être* ~ *et mat* (schach)matt sein; *être en* ~ *ou adjt être* ~ im Schach stehen; *faire* ~ *et mat en dix coups* in zehn Zügen matt setzen; *mettre qn en* ~ j-m Schach bieten; *mettre* ~ *et mat* (schach)matt setzen; *fig tenir qn en* ~ j-n in Schach halten
échelle [eʃɛl] *f* **1.** Leiter *f*; ~ *coulissante, à coulisse* Auszieh-, Schiebeleiter *f*; ~ *double* Steh-, Bockleiter *f*; ~ *escamotable* Falltreppe *f*; ~ *la grande* ~ die Feuerwehrleiter; ~ *à incendie* Feuer-, Brandleiter *f*; ~ *de corde* Strickleiter *f*; ~ *de meunier* (kurze) Treppe; Treppenleiter *f*; *faire la courte* ~ *à qn* a) j-m Hilfestellung geben (beim Klettern); j-m hin'aufhelfen; b) *fig* j-m den Steigbügel halten; j-m Hilfestellung leisten; *fig il n'y a plus qu'à tirer l'*~ a) das ist nicht mehr zu über'bieten; b) *iron* (das ist) verlorene Liebesmühe; **2.** *fig* a) *sur des bas* Laufmasche *f*; b) *coiffeur faire des* ~s Treppen *f/pl*, Stufen *f/pl* (ins Haar) schneiden; **3.** (*graduation*) Skala *f* (*a fig*); *ÉCON* ~ *mobile* gleitende Skala; *MÉTÉO* ~ *de Beaufort* Beau'fortskala *f*; Windstärkenskala *f*; *SÉISME* ~ *de Richter* [Riʃter] Richter-Skala *f*; ~ *des salaires* Lohnskala *f*, -tabelle *f*; ~ *des valeurs* Wert(e)skala *f*; **4.** (*hiérarchie*) Rangordnung *f*, Stufenleiter *f*; ~ *sociale* soziale Stufenleiter; gesellschaftliche Rangordnung; *être en bas, en 'haut de l'*~ der unteren, oberen Gesellschaftsschicht gehören; **5.** (*rapport*) Maßstab *m*; *carte f à l'*~ *de 1/10000* (*un dix-millième*) Karte *f* im Maßstab 1:10000 (eins zu zehntausend); *carte f à grande* ~ Karte *f* in kleinem, stark verkleinertem Maßstab; *à l'*~ maßstab(s)gerecht, -getreu; im richtigen Maßstab; *fig: être à l'*~ *de* entsprechen (+*dat*); angemessen sein (+*dat*); im (richtigen) Verhältnis stehen zu; *à l'*~ *nationale* auf nationaler Ebene; *sur une grande, vaste* ~ in großem Maßstab, Stil; in großem *ou* größerem 'Umfang
échelon [eʃlɔ̃] *m* **1.** *d'une échelle* Sprosse *f*; **2.** *fig* Stufe *f*; Ebene *f*; *loc/adv: à l'*~ *national etc* auf nationaler *etc* Ebene; *POL à l'*~ *le plus élevé* auf höchster Ebene; *à tous les* ~s auf allen Ebenen; *gravir les* ~*s du succès* die Stufenleiter des Erfolgs emporklettern; **3.** *ADM* Rang(stufe) *m(f)*; Dienstgrad *m*; *par ext* Dienstaltersstufe *f*; Gehalts-, Besoldungsgruppe *f*; *s'élever d'*~ *en* ~ stufenweise aufsteigen, weiterkommen; *passer à un* ~ *supérieur* in e-e höhere Gehaltsstufe, Besoldungsgruppe kommen; höher eingestuft werden; **4.** *MIL* (Gefechts)Staffel *f*
échelonnement [eʃlɔnmã] *m des paiements etc* Staffelung *f*; Verteilung *f* (*sur trois ans* auf drei Jahre)
échelonner [eʃlɔne] *I v/t* staffeln; abstufen; *paiements, travaux* verteilen (*sur un an* auf, über ein Jahr); *adjt versements échelonnés* Ratenzahlungen *f/pl*; **II** *v/pr s'*~ *paiements etc* sich verteilen, erstrecken (*sur auf, über* +*acc*); sich hinziehen (*über* +*acc*); *policiers etc* in bestimmten Abständen stehen, aufgestellt sein

écheniller [eʃnije] *v/t* (die) Raupen ablesen (*un arbre* von e-m Baum)
écheveau [eʃvo] *m* ⟨*pl* ~x⟩ **1.** *de laine etc* Strang *m*; Docke *f*; **2.** *fig* Wirrwarr *m*; *démêler l'*~ *d'une situation etc* e-e Situation *etc* entwirren
échevelé [eʃəvle] *adj* **1.** *personne* mit zerzaustem, fliegendem Haar; **2.** *fig danse* wild; hemmungslos; *passion* heftig; zügellos; *style* wirr
échevin [eʃ(ə)vɛ̃] *m* **1.** *aux Pays-Bas et en Belgique* Beigeordnete(r) *m* des Bürgermeisters; **2.** *HIST* Magi'stratsbeamte(r) *m*; Schöffe *m*
échine [eʃin] *f* **1.** *ANAT* Rückgrat *n*; Wirbelsäule *f*, *fig: avoir l'*~ *souple* kein Rückgrat haben; unter'würfig, ein Kriecher sein; *courber, plier l'*~ sich 'unterordnen; katzbuckeln; **2.** *CUIS* ~ *de porc* Schweinekamm *m*
échiner [eʃine] *v/pr s'*~ sich abplagen, F abrackern (*à* +*inf* um zu +*inf*)
échinodermes [ekinɔdɛʀm] *m/pl ZO* Stachelhäuter *m/pl*; *sc* Echino'dermen *m/pl*
échiquier [eʃikje] *m* **1.** Schachbrett *n*; *loc/adv: en* ~ schachbrettartig; **2.** *fig* Schau-, Kampfplatz *m*; Schachbrett *n*; *l'*~ *européen* das europäische Kräftespiel; **3.** *en Angleterre chancelier m de l'*~ Schatzkanzler *m*; Fi'nanzminister *m*
écho [eko] *m* **1.** *acoustique* Echo *n*; 'Widerhall *m*; *RADAR* Schattenbild *n*; (Ra'dar)Echo *n*; *TV* Geisterbild *n*; *MUS* Echo *n*; *par ext à tous les* ~s in allen Richtungen; überall; *il y a de l'*~ *ou ça fait (de l')* ~ es gibt ein Echo; es hallt wider; **2.** *fig* a) Echo *n*; 'Widerhall *m*; Reso'nanz *f*; Anklang *m*; *proposition etc éveiller, trouver un vif* ~ ein lebhaftes Echo finden, auslösen; lebhafte Resonanz, großen Anklang finden; *se faire l'*~ *de qn* nachsagen, -beten, -plappern, was j sagt; *se faire l'*~ *de certains bruits* Gerüchte weitererzählen, -tragen; *rester sans* ~ ohne Echo, Resonanz bleiben; b) (*rumeur*) *avez-vous eu quelques* ~s *de cette affaire?* haben Sie (etwas) davon gehört?; ist Ihnen etwas zu Ohren gekommen?; c) *rubrique de journal* ~s *pl* Spalte *f*, Seite *f* mit Gesellschaftsnachrichten, -klatsch
échographie [ekɔgʀafi] *f MÉD* Ultraschalluntersuchung *f*; Sonogra'phie *f*
échoir [eʃwaʀ] ⟨*déf:* il échoit, ils échoient; il échut; il échoira; échéant; échu; *ètre od avoir*⟩ *I v/t/indir* ~ *à qn* j-m zufallen (*en héritage* als, durch Erbschaft); *st/s* j-m an'heimfallen; *destin* j-m zu'teil werden; **II** *v/i COMM* dette fällig werden *ou* date verfallen; *délai* ablaufen; *intérêts m/pl à* ~ anfallende Zinsen *m/pl*; *à terme échu* nach dem Fälligkeitstermin
échoppe [eʃɔp] *f* (Verkaufs)Stand *m*; kleiner (Kram)Laden *m*
échotier [ekɔtje] *m* für die Gesellschaftsnachrichten verantwortlicher Redak'teur
échouage [eʃwaʒ] *m MAR* Stranden *n*; Auflaufen *n*
échouer [eʃwe] *I v/t bateau* auf Strand, auf Grund setzen; auflaufen lassen; **II** *v/i* **1.** a) *bateau* stranden; auf Grund laufen; b) *fig (arriver) dans un café etc* landen; **2.** *personne* schei-

tern; Schiffbruch erleiden; *à un examen* 'durchfallen; *projet etc* scheitern; fehlschlagen; miß'lingen; F schiefgehen; ~ *à un examen* in, bei e-r Prüfung durchfallen; durch e-e Prüfung fallen; e-e Prüfung nicht bestehen; ~ *dans son projet* mit s-m Vorhaben scheitern, Schiffbruch erleiden; *faire* ~ *qc* etw vereiteln, zum Scheitern bringen, hinter'treiben; **III** *v/pr s'*~ *bateau cf II 1.*
échu [eʃy] *p/p cf échoir*
écimer [esime] *v/t arbres* kappen; köpfen
éclabousser [eklabuse] **I** *v/t* **1.** bespritzen; 'vollspritzen; *adjt être éclaboussé de sang* mit Blut bespritzt sein; **2.** *fig* a) ~ *qn* j-s Namen, Ehre beschmutzen, beflecken; j-n in Mitleidenschaft ziehen; b) ~ *qn par son luxe* s-n Luxus vor j-m aufdringlich zur Schau stellen; **II** *v/pr s'*~ sich bespritzen, 'vollspritzen
éclaboussure [eklabusyʀ] *f* **1.** Spritzer *m*; (Schmutz)Fleck(en) *m*; ~s *d'encre, de sang* Tinten-, Blutspritzer *m/pl*; **2.** *fig* a) Fleck(en) *m*; Makel *m*; b) *dans une bagarre etc recevoir quelques* ~s etwas abbekommen, F abkriegen
éclair [eklɛʀ] *m* **1.** *pendant l'orage* Blitz *m*; ~(s) *de chaleur* Wetterleuchten *n*; *loc/adv: avec la rapidité de l'*~ mit Blitzesschnelle; *comme un* ~ *ou rapide comme l'*~ blitzschnell, -artig; wie der *ou* ein Blitz; F wie ein geölter Blitz; *il y a ou il fait un* ~, *des* ~s es blitzt; **2.** *PHOT* Blitz(licht) *m(n)*; **3.** *fig* Aufblitzen *n*; Aufleuchten *n*; ~ *de génie* Geistesblitz *m*; *un* ~ *de malice* (*dans ses yeux*) ein schalkhafter Blick; *diamant jeter des* ~s blitzen; strahlen; glitzern; *ses yeux lançaient des* ~s s-e Augen blitzten, funkelten, sprühten vor Zorn; **4.** *fig* (*bref moment*) (kurzer) Augenblick; ~ *de lucidité* Augenblick der Klarheit; *tout comprendre en un* ~ blitzartig; ♦ *adj* ⟨*inv*⟩ Blitz...; *fermeture f* ~ Reißverschluß *m*; *guerre f* ~ Blitzkrieg *m*; *faire une visite* ~ e-n Blitzbesuch, F e-e Stippvisite machen; **5.** *gâteau* E'clair *m*; Liebesknochen *m*; ~ *au café, au chocolat* Eclair mit Mokkacreme-, Schokoladencremefüllung
éclairage [eklɛʀaʒ] *m* **1.** Beleuchtung *f*; *PEINT* Lichtverteilung *f*, -verhältnisse *n/pl*; ~ *indirect* indirekte Beleuchtung; ~ *au néon* Neonbeleuchtung *f*; ~ *de la scène* Bühnenbeleuchtung *f*; ~ *des vitrines* Schaufensterbeleuchtung *f*; **2.** *fig* Beleuchtung *f*; Licht *n*; *sous cet* ~ in dieser Beleuchtung; in diesem Licht
éclairagiste [eklɛʀaʒist] *m,f* Beleuchtungstechniker(in) *m(f)*
éclairant [eklɛʀɑ̃] *adj* leuchtend, Leucht...; *pouvoir* ~ Leuchtkraft *f*
éclaircie [eklɛʀsi] *f* **1.** *MÉTÉO* (vor'übergehende) Aufheiterung; Zwischenaufheiterung *f*; Aufhellung *f*; **2.** *fig* Lichtblick *m*; Silberstreifen *m* am Horizont
éclaircir [eklɛʀsiʀ] **I** *v/t* **1.** *couleur* aufhellen; *sa voix* klar machen; *sauce etc* verdünnen; strecken; *forêt* lichten, ausholzen; durch'forsten; *plantes* vereinzeln, verziehen; *les rangs* lichten; *suivre un régime pour* ~ *le teint* um e-n klaren, frischen Teint zu bekommen; **2.** *fig point* (auf)klären, klarstellen; Licht, Klarheit bringen in (+*acc*); *malentendu, question* (auf)klären; *doute* beseiti-

gen; *point de vue* klarmachen; *sens d'un mot* erläutern; erklären; F *cela vous éclaircira les idées* davon bekommen Sie e-n klaren Kopf; **II** *v/pr s'~* **3.** *ciel* sich aufhellen, -heitern, -klären; *temps* aufklaren; *brouillard* sich lichten; *couleur* sich aufhellen; heller werden; *teint* klar werden; *voix* hell(er), klar(er) werden; *cheveux* sich lichten; dünner werden; *rangs* sich lichten; (*tousser pour*) *s'~ la voix*, F *la gorge* sich räuspern; **4.** *fig difficultés* sich klären; *situation* sich bessern

éclaircissement [eklɛrsismɑ̃] *m* Auf-, Erklärung *f*; Klarstellung *f*; Klärung *f*; Aufschluß *m*; Erläuterung *f*; *d'un doute* Beseitigung *f*; *demander des ~s* Aufschluß verlangen (*à qn sur* von j-m über *+acc*); *donner des ~s* Aufschluß geben

éclairé [eklere] *adj* **1.** be-, erleuchtet; erhellt; *mal ~* schwach *ou* schlecht be-, erleuchtet; *~ au néon* mit Neonbeleuchtung; **2.** *fig* aufgeklärt; aufgeschlossen; ohne Vorurteile

éclairement [eklɛrmɑ̃] *m PHYS* Beleuchtung *f*; Beleuchtungsstärke *f*

éclairer [eklere] **I** *v/t* **1.** *~ qc* etw be-, erleuchten; etw erhellen (*a fig sourire: visage*); *deux larges baies éclairent la pièce* zwei große Fenster erhellen den Raum; *cf a éclairé 1.*; **2.** *~ qn* j-m leuchten; *~ qn pour descendre, sortir* j-m hin'unter-, hin'ausleuchten; **3.** *fig ~ qn* j-m Aufschluß geben (*sur* über *+acc*); *~ qc* etw aufklären, erklären, klarlegen; **II** *v/i* **4.** *lumière, yeux etc* leuchten; *cette lampe éclaire mal* das Licht (dieser Lampe) ist zu schwach; die Lampe gibt ein schlechtes Licht; **III** *v/pr s'~* **5.** *pièce etc* hell werden; *fenêtre etc* sich erhellen; erhellt, erleuchtet werden; *fig visage* aufleuchten; sich auf-, erhellen; **6.** *fig problème, point* klar, geklärt, verständlich werden; **7.** *s'~ à l'électricité* e'lektrische Beleuchtung haben; *s'~ avec une lampe de poche* mit e-r Taschenlampe leuchten

éclaireur [eklɛrœr] *m* **1.** *MIL* Aufklärer *m*; Kundschafter *m*; *fig envoyer qn en ~* (zur Erkundung) j-n vor(′aus)schicken; **2.** (*scout*) Pfadfinder *m*

éclaireuse [eklɛrøz] *f* Pfadfinderin *f*

éclat [ekla] *m* **1.** (*fragment*) Splitter *m*; *~ d'obus, d'os, de verre* Gra'nat-, Knochen-, Glassplitter *m*; *voler en ~s* zersplittern; in Stücke fliegen; *faire voler en ~s* zersplittern; zerschmettern; **2.** (*bruit soudain*) *de grands ~s de joie* Freudenausbrüche *m/pl*; unbändige Freude; *~ de rire* lautes Auflachen; *de grands ~s de rire* schallendes Gelächter; *des ~s de voix* heftige, erregte Stimmen *f/pl*; Stimmenlärm *m*; *rire aux ~s* schallend, aus vollem Halse, hellauf lachen; **3.** (*retentissement*) Aufsehen *n*; Skan'dal *m*; E'klat *m*; *faire un grand ~* großes Aufsehen erregen; *provoquer un ~* e-n Skandal hervorrufen; e-n Eklat verursachen; **4.** *du soleil, des flammes etc* Helligkeit *f*; *du métal* Glanz *m*; *des yeux, des pierres précieuses* Glanz *m*; Feuer *n*; Funkeln *n*; *des couleurs* Leuchtkraft *f*; Pracht *f*; strahlender Glanz; *st/s* Schmelz *m* (*a fig de la jeunesse*); *fig d'une époque, d'une fête, d'un titre* Glanz *m*; Gepränge *n*; *l'~ des fleurs* die Blumenpracht; die leuchtenden Farben *f/pl* der Blumen; *l'~ de son teint* die Frische ihres Teints; ihr frischer, strahlender Teint; *fig action f d'~* Glanzleistung *f*; Bra'vourstück *n*; *fig coup m d'~* Ge'niestreich *m*; Glanzstück *n*; *loc/adj et loc/adv sans ~* glanzlos, matt (*a fig*); *briller avec ou d'un vif ~* in vollem Glanz erstrahlen (*a fig*); blitzen; funkeln; *être dans tout l'~ de sa beauté* im vollen Glanz der Schönheit stehen; *donner de l'~* (*à*) *a*) *objet* auf Glanz bringen (*+acc*); po'lieren (*+acc*); *b*) *fig à une fête etc* Glanz verleihen (*+dat*); *perdre son ~ a*) *objet* glanzlos, matt werden; *b*) *fig* s-n Glanz verlieren, einbüßen

éclatant [eklatɑ̃] *adj* **1.** *rire, voix* (laut) schallend; *bruit* 'durchdringend; *fanfare* schmetternd; **2.** *soleil* (blendend)hell; strahlend; *couleur* leuchtend; strahlend; *teint* frisch; strahlend; *dents* blendendweiß; *beauté, joie* strahlend; *santé* blühend; **3.** *fig: succès, victoire* glänzend; *vérité, mensonge* augenfällig; ekla'tant

éclatement [eklatmɑ̃] *m* **1.** *de pneus* Platzen *n*; *d'une bombe* Kre'pieren *n*; *de vitres* Bersten *n*; Zersplittern *n*; Zerspringen *n*; **2.** *fig d'une institution* Aufspaltung *f*; Aufteilung *f*; Zersplitterung *f*

éclater [eklate] **I** *v/i* **1.** *pneu, conduite etc* platzen; *bombe* kre'pieren; explo-'dieren; *chaudière* bersten; explo'dieren; *vitres* bersten; zersplittern; zerspringen; *un verre* (zer)springen; *bourgeons* aufspringen; *fig personne la finira par ~* bald platzt ihm der Kragen; *fig: sa tête bourdonnante était près d'~* schien zu zerspringen; *gel faire ~ les roches* das Gestein sprengen; *eau bouillante faire ~ les verres* die Gläser zerspringen, zerplatzen lassen; **2.** *fig parti* sich aufspalten; zersplittern; *route* sich (auf)teilen (*en* in *+acc*); *institution, commune* aufgeteilt, aufgegliedert werden; **3.** *coups de feu* knallen; krachen; *orage* losbrechen, sich entladen (*a fig*); *tempête* losbrechen; *bois, châtaigne dans le feu* krachen; knacken; knallen; platzen; *rire, cris* erschallen; ertönen; *trompettes etc* (los)schmettern; *applaudissements* einsetzen; aufbrausen, -branden; *tonnerre d'applaudissements* losbrechen; *sa colère éclata* er brach in Zorn aus; sein Zorn brach aus ihm hervor; *~ de rire* in Gelächter, Lachen ausbrechen; schallend lachen; laut auflachen; *~ en sanglots* in Schluchzen ausbrechen; aufschluchzen; **4.** *maladie, guerre, incendie etc* ausbrechen; zum Ausbruch kommen; *troubles a* aufflackern; *le scandale a éclaté* es gab e-n Skandal; **5.** (*briller*) strahlen; glänzen; *la joie éclatait sur son visage* sein Gesicht strahlte vor Freude; **6.** (*se manifester*) sich zeigen; zum Ausdruck kommen; sprechen (*dans* aus); *laisser ~ sa joie* s-e Freude zeigen; **II** *v/pr F s'~* sich austoben; P die Sau rauslassen

éclateur [eklatœr] *m ÉLECT* Funkeninduktor *m*; Funkenstrecke *f*

éclectique [eklɛktik] **I** *adj* **1.** *PHILOS* ek'lektisch; **2.** *par ext personne, goûts* vielseitig; **II** *m PHILOS* Ek'lektiker *m*

éclectisme [eklɛktism(ə)] *m* **1.** *PHILOS* Eklekti'zismus *m*; **2.** *par ext d'une personne* Vielseitigkeit *f*

éclipse [eklips] *f* **1.** *ASTR* Sonnen- *ou* Mondfinsternis *f*; *sc* Ek'lipse *f*; *~ partielle, totale* partielle, totale Mond- *ou* Sonnenfinsternis; *~ de Lune, de Soleil* Mond-, Sonnenfinsternis *f*; **2.** *fig d'une personnalité* (zeitweiliges) Verschwinden; Abwesenheit *f*; *de popularité etc* (zeitweiliges) Verblassen, Schwinden, Nachlassen

éclipser [eklipse] **I** *v/t* **1.** *ASTR* verdunkeln; verfinstern; **2.** *fig* in den Schatten stellen; den Rang ablaufen (*qn* j-m); ausstechen; (j-s Ruhm) über'strahlen; **II** *v/pr s'~* F *personne* verschwinden; F sich verziehen; sich verdrücken

écliptique [ekliptik] *m ASTR* Ek'liptik *f*

éclisse [eklis] *f* **1.** *MÉD* Schiene *f*; **2.** *CH DE FER* Lasche *f*

éclopé [eklɔpe] F **I** *adj* schlecht zu Fuß; gehbehindert; **II** *m* Fußkranke(r) *m* (*a iron*); F Hinkebein *n*

éclore [eklɔr] *v/i* (*déf*: il éclôt *ou* éclot, ils éclosent; éclos; être, *manchmal* avoir) **1.** *poussin* ausschlüpfen, -kriechen; aus dem Ei schlüpfen, kriechen; *les œufs éclosent* die Küken schlüpfen aus; die Eier sind ausgebrütet; **2.** *fleurs* auf-, erblühen; zur Blüte kommen; **3.** *fig talents* sich entfalten; *faire ~* zur Entfaltung bringen; her'vorbringen

éclosion [eklozjɔ̃] *f* **1.** *de poussins ~* (*des œufs*) Ausschlüpfen *n*; Auskriechen *n*; **2.** *des fleurs* Aufblühen *n*; **3.** *fig d'idées, de talents* Entfaltung *f*; Entstehung *f*; *de projets* Entstehen *n*; Werden *n*

écluse [eklyz] *f* Schleuse *f*; *bateau faire passer par l'~* 'durchschleusen

écluser [eklyze] *v/t* **1.** *péniche* ('durch-)schleusen; **2.** F (*boire*) P saufen; *en ~ un* F einen zischen, zwitschern

éclus|ier [eklyzje] *m*, *~ière f* Schleusenwärter(in) *m(f)*

éco [eko] *adj abr* (*économique*) **1.** F *sciences f/pl ~* Wirtschaftswissenschaften *f/pl*; **2.** *d'une machine à laver touche ~* Spartaste *f*

écœurant [ekœrɑ̃] *adj* **1.** *odeur* widerlich; übel; ekelhaft; *mets* (*trop sucré*) widerlich süß; (*trop gras*) widerlich fett; *gâteau ~* Kuchen, der einem leicht zu'wider ist *ou* wider'steht; **2.** *fig flatterie, comportement, spectacle* widerlich; 'widerwärtig; ekelhaft; ek(e)lig; *procédés* empörend; *~ de banalité* abstoßend banal; **3.** *fig* (*décourageant*) entmutigend; *tout lui réussit, c'en est ~!* das demoralisiert einen!

écœurement [ekœrmɑ̃] *m* **1.** Übelkeit *f*; Ekel *m*; **2.** *fig* Ekel *m*; Abscheu *m*; 'Widerwillen *m*; 'Überdruß *m*; **3.** *fig* (*découragement*) Niedergeschlagenheit *f*

écœurer [ekœre] *v/t* **1.** *~ qn mets, odeur* j-n anekeln, anwidern; *sucreries etc* j-m (leicht) wider'stehen, zu'wider sein, F 'überwerden; *vous allez vous ~* es wird euch schlecht, übel davon werden; **2.** *fig ~ qn comportement, flatteries etc* j-n anekeln, anwidern; j-m 'wider sein; (*indigner*) j-n empören; **3.** *fig échec, résultats etc ~ qn* j-n entmutigen, demorali'sieren

école [ekɔl] *f* **1.** Schule *f* (*a coll*); *locaux a* Schulhaus *n*; **~ commerciale** Handelsschule *f*; **~ communale** Gemeindeschule *f*; **grande ~** E'litehochschule *f* (*für e-e bestimmte Fachrichtung*); **~ maternelle** Vorschule *f*; **~ militaire** Mili'tärakademie *f*; **~ nationale d'administration** *cf* ENA; **~ normale** *cf* normal *2.*; **~ primaire** Grundschule *f*; **~ d'architecture** Bauakademie *f*; Hochschule *f* für Baukunst; **~ d'art dramatique** Schauspielschule *f*; **~ des arts décoratifs** Hochschule *f* für Kunstgewerbe; **~ de danse** Bal'lettschule *f*; **~ de musique** Musikschule *f*; **~ de secrétariat** Sekre'tärinnenschule *f*; **~ de ski** Skischule *f*; **années** *f/pl* **d'~** Schulzeit *f*; **à Paris Quartier** *m* **des ~s** Quartier latin *n*; **travail** *m* **d'~** Arbeit *f* e-s Kunststudenten; **aller à l'~** in die, zur Schule gehen; F *enf* **aller à la grande ~** in die Schule kommen, gehen; **être en âge d'aller à l'~** im schulpflichtigen Alter, schulpflichtig sein; *enfant* **mettre à l'~** einschulen; in die Schule geben; *plais* **il faudrait le renvoyer à l'~** er sollte sich sein Schulgeld 'wiedergeben lassen; **2.** *ÉQUITATION* **'haute ~** Hohe Schule; **3.** *fig* Schule *f*, Lehre *f*; **l'~ de la vie** die Schule des Lebens; **être à bonne ~** in e-r guten Schule, Lehre sein (*a iron*); **être à dure, à rude ~** in e-r harten Schule, Lehre sein; **être un homme de la vieille ~** ein Kavalier der alten Schule sein; **4.** *PHILOS, PEINT etc* Schule *f*; *par ext* **faire ~** Schule machen; Nachahmer finden; sich 'durchsetzen

écol|lier [ekɔlje] *m*, **~ière** *f* **1.** Schüler(-in) *m(f)*; *fig* **prendre, suivre le chemin des écoliers** 'Umwege machen; nicht den direkten, kürzesten Weg gehen; **2.** *fig* Anfänger(in) *m(f)*; Neuling *m*

écolo [ekɔlo] F *abr* (*écologiste*) **I** *m,f* Grüne(r) *f(m)*; 'Umweltschützer(in) *m(f)*; **II** *adj* grün; der Grünen; 'Umwelt(schutz)...

écologie [ekɔlɔʒi] *f* Öko'logie *f*; *par ext* 'Umweltschutz *m*

écologique [ekɔlɔʒik] *adj* öko'logisch; 'Umwelt...; *par ext* 'Umweltschutz...; **catastrophe** *f* **~** Umweltkatastrophe *f*; **équilibre** *m* **~** ökologisches Gleichgewicht; **mesure** *f* **~** Umweltschutzmaßnahme *f*

écologisme [ekɔlɔʒism(ə)] *m* 'Umweltbewegung *f*

écologiste [ekɔlɔʒist] *m,f* Öko'loge *m*, -'login *m,f*; *par ext* 'Umweltschützer(in) *m(f)*

écomusée [ekomyze] *m* Freilichtmuseum *n*; Heimatmuseum *n*

éconduire [ekõdɥiʀ] *v/t* (*cf* conduire) abweisen; wegschicken; die Tür weisen (*qn* j-m); hin'auskomplimentieren; **soupirant** e-n Korb geben (*qn* j-m)

économat [ekɔnɔma] *m* **1.** Verwaltungsstelle *f*, -büro *n*; (Wirtschafts)Verwaltung *f*; **2.** *MIL* heereseigene Verkaufsstelle

économe [ekɔnɔm] **I** *adj* sparsam; haushälterisch; wirtschaftlich; öko'nomisch; **être ~** sparsam, haushälterisch sein; gut wirtschaften, haushalten (können); *fig* **être ~ de ses louanges, de son temps** mit Lob, mit s-r Zeit geizen,

sparsam 'umgehen; **II** *m,f* Wirtschaftsdirektor(in) *m(f)*; Verwalter(in) *m(f)*

économie [ekɔnɔmi] *f* **1.** Wirtschaft *f*; **science** Wirtschaftswissenschaft *f*; **~ agricole** A'grarwirtschaft *f*; **science** Landwirtschaftswissenschaft *f*; **~ capitaliste** kapitalistisches Wirtschaftssystem; **~ libérale** freie (Markt)Wirtschaft; **~ mixte** gemischtwirtschaftliches System; **~ nationale** einheimische Wirtschaft; Volkswirtschaft *f*; **~ politique** Volkswirtschaft(slehre) *f*; Natio'nalökonomie *f*; **~ souterraine** Schattenwirtschaft *f*; **~ d'entreprise** Betriebswirtschaft(slehre) *f*; **~ de marché** (freie) Marktwirtschaft; **ministère** *m* **de l'~** Wirtschaftsministerium *n*; **vivre en ~ fermée** ein in sich geschlossenes Wirtschaftssystem haben; **2.** (*contraire: gaspillage*) Sparsamkeit *f*; Wirtschaftlichkeit *f*; Ökono'mie *f*; **son esprit d'~** s-e Sparsamkeit; *loc/adv*: **avec ~** sparsam; **par ~** aus Sparsamkeit(sgründen); **3.** *d'argent* **~s** *pl* Ersparnisse *f/pl*; Ersparte(s) *n*; F **petites ~s** Sparpfennig *m*, -groschen *m*; **faire, réaliser des ~s** Ersparnisse machen; sparen; **vivre sur ses ~s** von s-n Ersparnissen leben; *prov* **il n'y a pas de petites ~s** wer den Pfennig nicht ehrt, ist des Talers nicht wert (*prov*); viele Wenig geben ein Viel (*prov*); **4.** *de place, d'énergie etc* Einsparung *f*; Ersparnis *f*; **~ d'essence** Ben'zinersparnis *f*; **~ de temps** Zeitersparnis *f*, -gewinn *m*; **faire l'~ de qc** sich e-e (er)sparen; etw vermeiden; *fig* **faire des ~s de bouts de chandelle** an lächerlichen Kleinigkeiten sparen; **ce sont des ~s de bouts de chandelle** das ist reine Knikkerei, Knauserei; **5.** *d'une œuvre littéraire etc* (zweckmäßiger) Aufbau; sinnvolle (An)Ordnung, Gliederung

économique [ekɔnɔmik] *adj* **1.** Wirtschafts...; wirtschaftlich; öko'nomisch; **crise** *f* **~**; **sciences** *f/pl* **~s** (F **éco**) Wirtschaftswissenschaften *f/pl*; **2.** *chauffage, voiture etc* wirtschaftlich; sparsam (im Verbrauch); **méthode** *f* **~** öko'nomisch; *AVIAT* **classe** *f* **~** E'conomyklasse *f*

économiquement [ekɔnɔmikmã] *adv* **1.** wirtschaftlich; öko'nomisch; **les ~ faibles** *m/pl* die sozi'al Schwachen *pl*; **2.** (*en dépensant peu*) sparsam; billig; öko'nomisch

économiser [ekɔnɔmize] *v/t* **1.** *argent* (er)sparen; *énergie etc* sparen; *matériel, personnel* einsparen; **~ l'eau** Wasser sparen; mit Wasser sparen *ou* sparsam 'umgehen; **~ sur qc** an etw (*dat*) sparen; **~ pour (faire) qc** auf, für etw sparen; **2.** *fig* sparsam sein *ou* 'umgehen (*qc* mit etw); **~ une démarche** sich e-n Gang (er)sparen; **~ son temps, ses forces** mir s-r Zeit, s-n Kräften haushalten *ou* sparsam umgehen

économiste [ekɔnɔmist] *m,f* Wirtschaftswissenschaftler(in) *m(f)*; Wirtschaftler(in) *m(f)*; Volkswirt(schaftler) *m*; Natio'nalökonom *m*; *par ext* Wirtschaftsexperte *m*, -expertin *f*

écope [ekɔp] *f* *MAR* Wasserschöpfer *m*, -schaufel *f*

écoper [ekɔpe] *v/t* **1.** *bateau* ausschöpfen, leer schöpfen; **2.** F **~ (de)** *punition* F aufgebrummt *ou* aufgeknallt kriegen;

abs F **~ (pour les autres)** es ausbaden müssen; die Zeche bezahlen müssen

écorce [ekɔʀs] *f* **1.** *BOT* Rinde *f*; *nordd* Borke *f*; **2.** *d'orange etc* Schale *f*; **~ de citron** Zi'tronenschale *f*; **3.** *GÉOL* **~ terrestre** Erdrinde *f*, -kruste *f*

écorcer [ekɔʀse] *v/t* ⟨-ç-⟩ **1.** *arbre* entrinden; **2.** *orange, riz* schälen

écorché [ekɔʀʃe] *m* **1.** *PEINT, SCULP* Muskelmann *m*; **2.** *fig* **il a une sensibilité d'~ vif** er ist von mi'mosenhafter Empfindlichkeit; er ist zartbesaitet, dünnhäutig

écorcher [ekɔʀʃe] **I** *v/t* **1.** *lapin etc* das Fell abziehen (+*dat*); enthäuten; F *il crie comme si on l'écorchait* er schreit wie am Spieß; **2.** *blesser* aufschürfen; (ab)schürfen; *par frottement* aufscheuern; wund reiben; *adjt* **avoir les genoux écorchés** aufgeschürfte, wunde Knie haben; **3.** *fig*: *sons* **~ les oreilles** in den Ohren weh tun; F **ça t'écorcherait la bouche de dire merci?** kannst du nicht danke sagen?; **4.** *mot, nom* entstellen; falsch aussprechen; F verhunzen; *langue* radebrechen; **II** *v/pr* **s'~** sich aufschürfen, aufscheuern; **s'~ les pieds** sich (die Füße) wund laufen

écorchure [ekɔʀʃyʀ] *f* (kleine) Schürfwunde *f*; Hautabschürfung *f*; Schramme *f*

écorner [ekɔʀne] *v/t* **1.** *meuble, marche etc* die Ecken, Kanten abstoßen (*qc* an etw [*dat*]); **~ un livre** Eselsohren *n/pl* in ein Buch machen; **2.** *ses réserves, économies* angreifen; anbrechen

écossais [ekɔsɛ] **I** *adj* schottisch; *fig* **douche ~** Wechselbad *n*; **jupe ~** Schottenrock *m*; **tissu ~** *ou subst* **~** Schotten(stoff) *m*; **II** *subst* **2(e)** *m(f)* Schotte *m*, Schottin *f*

Écosse [ekɔs] **l'~** *f* Schottland *n*

écosser [ekɔse] *v/t* *petits pois, haricots* aus-, enthülsen; ausschoten

écosystème [ekɔsistɛm] *m* Ökosystem *n*

écot [eko] *m* Anteil *m* (*an der Zeche*)

écoulement [ekulmã] *m* **1.** *de liquide* Abfluß *m*; Abfließen *n*; Ab-, Auslaufen *n*; *PHYSIOL* Ausfluß *m*; Absonderung *f*; **tuyau** *m* **d'~** Abflußrohr *n*; Abfluß *m*; **2.** *d'une foule* Hin'ausströmen *n*; *de la circulation* Abwicklung *f*; Fluß *m*; *du temps* Ablauf *m*; Fluß *m*; Da'hinfließen *n*; **3.** *de marchandises* Absatz *m*; Vertrieb *m*; *de fausse monnaie* Verbreitung *f*; In-'Umlauf-Setzen *n*

écouler [ekule] **I** *v/t* *marchandises* absetzen; vertreiben; verkaufen; 'umsetzen; *fausse monnaie* in 'Umlauf setzen *ou* bringen; verbreiten; **II** *v/pr* **s'~ 1.** *liquide* ab-, auslaufen; abfließen; **laisser, faire (s')~ l'eau** das Wasser abfließen, ablaufen lassen; **2.** *foule* sich verlaufen; strömen (*de* aus); *temps* vergehen; verrinnen; verfließen; da'hinfließen; **laisser s'~ un délai** e-e Frist verstreichen lassen; *adjt* **l'année écoulée** das abgelaufene Jahr; **3.** *marchandises* Absatz finden, gehen; **s'~ facilement** gut gehen; gängig sein

écourter [ekuʀte] *v/t* *voyage, séjour* abkürzen; *texte, discours, citation* kürzen; zu'sammenstreichen; (*tronquer*) sinnentstellend kürzen; verstümmeln

écoute[1] [ekut] *f* *RAD* Hören *n*; *TÉL* Ab-

hören *n*; RAD, TV **heure** *f* **de grande ~** günstige, beliebte Sendezeit; Sendezeit, in der die meisten Hörer *ou* Zuschauer angesprochen werden; **poste** *m* **d'~** Abhörstelle *f*; MIL Horchposten *m*; **table** *f* **d'~** Abhörgerät *n*; TÉL **mise** *f* **sur table d'~** Anzapfen *n*; RAD **vous êtes à l'~ de ...** hier ist ...; Sie hören ...; *être aux* ~*s* auf der Lauer sein, liegen; lauschen; *par ext être aux* ~*s* *de l'actualité* das Tagesgeschehen verfolgen; TÉLÉCOMM: **passer l'~ à qn** an j-n über'geben; **prendre l'~** auf Empfang gehen; RAD **restez à l'~ ...** anschließend hören Sie ...
écoute[2] [ekut] *f mar* Schot(e) *f*; Segelleine *f*
écouter [ekute] **I** *v/t* **1.** *informations, disque, chanteur etc* (an)hören; *aux portes etc* horchen (*abs ou* auf +*acc*); MÉD *battements de cœur etc* abhören; abhorchen; **~ qn** j-m zuhören; j-m lauschen; *abs écoute ou écoutez!* hör *ou* hören Sie (doch) (ein)mal!; hör *ou* hören Sie zu!; paß *ou* passen Sie mal auf!; *avec reproche* na, hör *ou* hören Sie mal!; TÉL **j'écoute** ja bitte?; **écoutez-moi bien!** hören Sie (mir) gut zu!; **~ attentivement** aufmerksam zuhören; gespannt lauschen; **~ le chant des oiseaux** dem Gesang der Vögel lauschen; **~ un concert à la radio** im Radio ein Konzert hören; sich ein Konzert im Radio anhören; **~ la radio** Radio hören; **une des émissions les plus écoutées** e-e der meistgehörten Sendungen; **2.** *avec bienveillance* **~ qn** j-n anhören; j-m Gehör schenken; **~ les doléances de qn** (sich) j-s Klagen anhören; j-s Klagen schenken; **savoir se faire ~** sich Gehör zu verschaffen wissen; Gehör finden; *adjt* **un des orateurs les plus écoutés** e-r der angesehensten, meistbeachteten Redner; **3.** *(suivre)* **~ qn** auf j-n hören; *p/fort* j-m folgen, gehorchen; **~ sa conscience** auf sein Gewissen hören; s-m Gewissen folgen; **~ les conseils de qn** auf j-s Rat(schläge) hören; j-s Rat(schläge) befolgen; **n'~ que son courage** nicht an die Gefahr denken; *st/s* die Gefahr nicht achten; **ne vouloir ~ personne** sich nichts sagen lassen; **II** *v/pr* **4. s'~ parler** sich (selbst) gern reden hören; **5. si je m'écoutais**, *je n'irais pas* wenn es nach mir ginge *ou* wenn ich meiner ersten Eingebung folgen würde ...; **6. s'~** *(trop)* in über'triebener Weise auf s-e Gesundheit achten
écouteur [ekutœR] *m du téléphone, d'un casque* Hörer *m*
écoutille [ekutij] *f* MAR Luke *f*
écouvillon [ekuvijɔ̃] *m* Flaschenbürste *f*
écrabouiller [ekRabuje] F *v/t* zerquetschen; zermalmen; F zermatschen; *escargot* zertreten
écran [ekRɑ̃] *m* **1. a)** **~ (de cheminée)** (Ka'min)Schirm *m*; **b)** *par ext* Schirm *m*; (Sicht)Blende *f*; (Schutz)Wand *f*; **~ de verdure** grüner Wall; grüne Wand; **faire ~** e-e Abschirmung bilden; **se faire un ~ avec sa main** mit der Hand die Augen abschirmen; **c)** TECH Schutzvorrichtung *f*; Abschirmung *f*; Schirm *m*; **~ de protection** Schutzschild *m*; **2. a)** CIN Leinwand *f*; **grand ~ ou ~ panoramique** Breitwand *f*; **b)** *par ext (le ciné-ma)* Film *m*; **vedette** *f* **de l'~** Filmstar *m*; **porter à l'~** *roman etc* verfilmen; auf die Leinwand bringen; **c)** *fig* **le petit ~** das Fernsehen; **3.** ÉLECTRON, TV Bildschirm *m*; MÉD *a* Röntgenschirm *m*; **~ plat** Flachbildschirm *m*; **~ radar** Ra'darschirm *m*; **4.** TYPO, PHOT Filter *m ou n*; **~ coloré** Farbfilter *m*; **5.** PARFUMERIE **~ total** Sonnencreme *f* mit höchstem Schutzfaktor
écrasant [ekRazɑ̃] *adj* **1.** *poids* e'norm; gewaltig; **2.** *fig preuves, majorité* erdrückend; über'wältigend; über'legen; *supériorité* haushoch; *succès* über'wältigend; 'durchschlagend; *défaite* vernichtend; *chaleur* (er)drükkend
écrasement [ekRazmɑ̃] *m* **1.** Zerdrücken *n*; Zermalmen *n*; Zerquetschen *n*; **2.** *fig d'une révolte* Niederschlagung *f*, -werfung *f*; *d'une armée* Vernichtung *f*; Zerschlagung *f*
écraser [ekRaze] **I** *v/t* **1.** zerdrücken; zerquetschen; zermalmen; *ver etc:* ex'près zertreten; *involontairement* treten auf (+*acc*); *herbe* zer-, niedertreten; *véhicule: personne etc* über'fahren; *pédale de frein, accélérateur* ganz 'durchtreten; **~ l'accélérateur** *a* 'Vollgas geben; *par exagération* **~ le pied de qn** j-m auf den Fuß treten; **~ qc avec un marteau** etw mit dem Hammer zerschlagen, zerklopfen; **être écrasé par un éboulement de rochers** von herabstürzenden Steinen zerschmettert werden; **se faire ~ par une voiture** von e-m Auto überfahren werden; ♦ *adjt:* F **rubrique** *f* **des chiens écrasés** vermischte (Lo'kal)Nachrichten *f/pl*; **nez écrasé** platte, plattgedrückte Nase; F Boxernase *f*; **2.** *fig révolte* niederschlagen, -werfen; MIL vernichten; zerschlagen; SPORTS vernichtend schlagen; *adversaire, rival* weit, haushoch über'legen sein (+*dat*); an die Wand drücken; F zermalmen; **elle écrase de luxe tout son entourage** sie sticht mit ihrem Luxus alle aus; sie protzt mit ihrem Luxus; **~ qn de son mépris** j-n mit Verachtung strafen; **3.** *fig* **~ qn** *soucis, malheur etc* j-n (be-, er-, nieder-) drücken, nieder-, zerschmettern; *travail* j-n (fast) erdrücken; *responsabilité* schwer auf j-m lasten; **cet immeuble écrase tous ceux qui l'entourent** dieses Gebäude erdrückt alle anderen in der Nähe; **4.** P **en ~** F wie ein Sack, Ratz schlafen; **II** *v/pr* **5. s'~** *fruits* aufplatzen; *vagues* sich brechen; *avion:* **s'~ (au sol)** abstürzen; am Boden zerschellen; **s'~ contre une montagne** an e-m Berg zerschellen; **voiture s'~ contre un mur** gegen e-e Mauer prallen; **6.** F *foule* sich drängen; **7.** P *(s'effacer)* klein beigeben; P die Klappe, die Schnauze halten; F ganz klein und häßlich werden; P **écrase!** P Schnauze!; quatsch nicht!; halt die Klappe!
écraseur [ekRazœR] *m* F Verkehrsrowdy [-Raudi] *m*
écrémage [ekRemaʒ] *m* Entrahmen *n*
écrémer [ekReme] *v/t* ⟨-è-⟩ **1.** *lait* entrahmen; abrahmen; *adjt* **lait écrémé** entrahmte Milch; Magermilch *f*; **2.** *fig* den Rahm abschöpfen, (sich) das Beste nehmen (**qc** von etw)

écrémeuse [ekRemøz] *f* Milchzentrifuge *f*; Entrahmer *m*
écrevisse [ekRəvis] *f* ZO, CUIS (Fluß-) Krebs *m*; *fig:* **rouge comme une ~** krebsrot; **marcher, aller comme une ~** im Krebsgang gehen; krebsen
écrier [ekRije] *v/pr* **s'~** ausrufen; ... **s'écria-t-il** ... rief er (aus)
écrin [ekRɛ̃] *m* (Schmuck)Kästchen *n*, (-)Kasten *m*; Etu'i *n*; Scha'tulle *f*
écrire [ekRiR] ⟨j'écris, il écrit, nous écrivons; j'écrivais; j'écrivis; j'écrirai; que j'écrive; écrivant; écrit⟩ **I** *v/t* schreiben; *(noter)* auf-, niederschreiben; *abs écrivain* schreiben; schriftstellern; **~ qc à qn** j-m etw schreiben; an j-n etw schreiben; **~ un livre, un roman** ein Buch, e-n Roman schreiben; **~ un opéra, une sonate** e-e Oper, e-e Sonate schreiben; **~ fin, gros, petit** fein, groß, klein schreiben; **~ au brouillon, au propre** ins Konzept, ins reine schreiben; **~ à la craie, au crayon** mit Kreide, mit Bleistift schreiben; **~ à la machine, à la main** mit der Maschine, mit der Hand schreiben; **~ au tableau** an die (Wand-) Tafel schreiben; **~ dans les journaux** für, in Zeitungen schreiben; **~ dans le sable** in den Sand schreiben; **~ sur ou dans un cahier** in ein Heft schreiben; **apprendre à ~** schreiben lernen; **gommer ce que l'on a écrit à crayon** ausradieren; **savoir lire et ~** lesen und schreiben können; *cf a* **écrit**; **II** *v/pr* **s'~ a)** *sens passif* geschrieben werden; sich schreiben; **comment est-ce que ça s'écrit?** wie schreibt man das?; wie wird das geschrieben?; **son nom s'écrit avec ck** er schreibt sich mit ck; **b)** *sens réciproque* sich (*Briefe*) schreiben; mitein'ander in Briefwechsel stehen
écrit [ekRi] **I** *p/p cf* **écrire** *et adj* **1.** schriftlich; geschrieben; *feuille* beschrieben; **autorisation ~e** schriftliche Genehmigung *f*; **droit ~** geschriebenes Recht; **le français ~** das Schriftfranzösische; Schriftfranzösisch *f*; die französische Schriftsprache; **langue ~e** geschriebene Sprache; Schriftsprache *f*; **~ à la machine, à la main** ma'schine(n)-, handgeschrieben; **2. être ~ dans un livre etc** stehen; BIBL *et st/s* geschrieben stehen; **qu'est-ce qui était ~ ou qu'est-ce qu'il y avait d'~ sur cette feuille?** was stand auf diesem Blatt?; *fig:* **c'était ~** es mußte so kommen; das war Schicksal; **la douleur était ~e sur son visage** Schmerz stand ihm im Gesicht geschrieben; **II** *m* **1.** *ouvrage* Schrift *f*; **~ politique, satirique** politische, satirische Schrift; **2.** JUR *(document)* Schriftstück *n*; *examen* schriftliche Prüfung; Schriftliche(s) *n*; schriftlicher Teil (e-r Prüfung); **échouer à l'~** im Schriftlichen 'durchfallen; **4.** *loc/adv* **par ~** schriftlich; **mettre qc par ~** etw niederschreiben, zu Papier bringen
écriteau [ekRito] *m* ⟨*pl* ~x⟩ (Hinweis-) Schild *n*; **mettre un ~ sur une porte** ein Schild an e-r Tür anbringen
écritoire [ekRitwaR] *f autrefois* Schreibzeug *n*, -garnitur *f*
écriture [ekRityR] *f* **1.** Schrift *f*; *action, à l'école* Schreiben *n*; **~ arabe, romaine** arabische, lateinische Schrift; ÉCOLE

écrivailler – éducatif

une page d'~ e-e Seite Schönschrift, Schönschreiben; **2.** *de qn* (Hand)Schrift *f*; **avoir une belle ~** e-e schöne (Hand-)Schrift haben; **3.** COMM Buchung *f*; Eintragung *f*; **~s** *pl* Geschäftsbücher *n/pl*; geschäftliche Aufzeichnungen *f/pl*; **employé** *m* **aux ~s** (Kanz'lei-)Schreiber *m*; **tenir les ~s** die Buchführung machen; die Bücher führen; **4.** JUR Schriftstück *n*; Urkunde *f*; Doku'ment *n*; **5.** REL *l'~* (**sainte**) *ou* **les** (**Saintes**) *~s* die (Heilige) Schrift
écrivaill|er [ekʀivaje] *v/t et v/i péj* viel zu'sammenschreiben; e-n Stiefel zu'sammenschreiben; **~eur** *m ou* **~on** *m* Schreiberling *m*; Skri'bent *m*; Vielschreiber *m*; Federfuchser *m*
écriv|ain [ekʀivɛ̃] *m, parfois* **~aine** *f* **1.** Schriftsteller(in) *m(f)*; Dichter(in) *m(f)*; **un grand écrivain** ein großer Schriftsteller, Dichter; **2.** **écrivain public** Schreibkundige(r) *m*; öffentlicher Schreiber
écrivasser [ekʀivase] *v/t cf* **écrivailler**
écrou [ekʀu] *m* **1.** TECH (Schrauben-)Mutter *f*; **serrer un ~** e-e Mutter anziehen; **2.** JUR Inhaf'tierung *f*; In'haftnahme *f*; **levée** *f* **d'~** Haftaufhebung *f*, -entlassung *f*; **registre** *m* **d'~** Haftregister *n*
écrouelles [ekʀuɛl] *f/pl* MÉD HIST Skrofeln *f/pl*
écrouer [ekʀue] *v/t* inhaf'tieren, einsperren; ins Gefängnis einliefern
écroulement [ekʀulmɑ̃] *m* **1.** Einsturz *m*; Einstürzen *n*; Zu'sammenbrechen *n*; **danger** *m* **d'~** Einsturzgefahr *f*; **2.** *fig* Zu'sammenbruch *m*
écrouler [ekʀule] *v/pr* **s'~** **1.** *maison, pont, échafaudage etc* einstürzen; zu'sammenbrechen; *maison a* in sich zu'sammenstürzen; *tribune* zu'sammenstürzen; *mur* tow einfallen; 'umstürzen; **faire ~** zum Einsturz bringen; **le plafond s'écroula sur les occupants** die Decke stürzte, sam kauf die Bewohner her'unter; **2.** *fig empire, puissance, entreprise* zu'sammenbrechen; *projets, espoirs* sich zerschlagen; zu'nichte werden; *théorie* in sich zu'sammenstürzen, -brechen; **3.** *fig personne* zu'sammenbrechen; **être écroulé** a) *après un malheur* zutiefst betroffen sein; b) *de fatigue* in sich zu'sammengesunken, F zu'sammengesackt sein; **4.** F *fig* sich fallen lassen (**sur son lit, dans un fauteuil** auf sein Bett, in e-n Sessel); **5.** F *fig de rire* **être écroulé** F sich krumm und bucklig lachen; sich kugeln vor Lachen
écru [ekʀy] *adj toile, coton* ungebleicht; **soie ~e** Ekrüseide *f*; Rohseide *f*
ectoplasme [ɛktoplasm(ə)] *m* OCCULTISME Teleplasma *n*
écu [eky] *m* **1.** HIST MIL Schild *m*; **2.** HÉRALDIQUE (Wappen)Schild *m ou* n; **3.** HIST *monnaie* Taler *m*; **4.** *cf* **ECU**
ECU *ou* **E.C.U.** [eky] *m abr* (*European currency unit*) Ecu *ou* ECU [e'ky:] *m*
écueil [ekœj] *m* **1.** Riff *n*; Klippe *f*; *bateau* **se briser sur** *ou* **contre un ~** an e-r Klippe zerschellen; **2.** *fig* Klippe *f*; **éviter un ~** e-e Klippe um'schiffen
écuelle [ekɥɛl] *f pour animaux ou litt* **a**) Napf *m*; Schale *f*; **b)** *contenu* Napfvoll *m*; (e-e) Schale voll
éculé [ekyle] *adj* **1.** *chaussures, talons* abgelaufen; schiefgelaufen, -getreten;

2. *fig plaisanterie etc* abgedroschen; abgegriffen; abgeleiert; *farce, truc* billig
écume [ekym] *f* **1.** Schaum *m*; *sur les vagues a* Gischt *m ou f*; *des animaux* Geifer *m*; *des chevaux* Schaum *m*; Schweiß *m*; **2.** MINÉR **~ de mer** Meerschaum *m*; **pipe** *f* **en ~ de mer** Meerschaumpfeife *f*
écuménique [ekymenik] *adj cf* **œcuménique**
écumer [ekyme] **I** *v/t* **1.** *bouillon, sirop etc* abschäumen; den Schaum abschöpfen (**qc** von etw); **2.** *fig* **a)** *pirates* **~ les mers, les côtes** Seeräuberei betreiben; **b)** *par ext* (*prendre le meilleur*) ausrauben; plündern; das Beste mitnehmen aus; **c)** *les librairies, cafés etc* F abklappern; **II** *v/i* **3.** schäumen; sich mit Schaum bedecken; *mer* Schaum bilden; Gischt aufwerfen, sprühen; **4.** *fig* **~ (de colère, de rage)** vor Zorn, vor Wut schäumen
écumeux [ekymø] *adj* ⟨-euse⟩ schaumbedeckt; schäumend
écumoire [ekymwaʀ] *f* CUIS Schaumlöffel *m*, -kelle *f*; *fig*: **comme une ~** durch'löchert wie ein Sieb; **transformer en ~** mit Kugeln durch'sieben
écureuil [ekyʀœj] *m* ZO Eichhörnchen *n*; *fig personne* **être vif, agile comme un ~** flink wie ein Wiesel, wieselflink sein
écurie [ekyʀi] *f* **1.** (Pferde)Stall *m*; HIST Marstall *m*; MYTH **les ~s d'Augias** [oʒjɑs] der Au'giasstall; *cheval, fig personne* **sentir l'~** den Stall wittern; merken, daß es nach Hause, heimwärts geht; **2.** SPORTS Rennstall *m*; **3.** *fig d'un lieu sale* Schweinestall *m*
écusson [ekysɔ̃] *m* **1.** HÉRALDIQUE Wappenschild *m ou* n; **2.** *par ext* Schild *n*; *österr* Wapperl *m*; **3.** MIL Kragenspiegel *m*; **4.** ARCH Kar'tusche *f* mit Wappenschmuck
écuyer [ekɥije] *m* **1.** **a)** (*cavalier*) (guter) Reiter; **b)** CIRQUE Kunstreiter *m*; **c)** (*professeur d'équitation*) Reitlehrer *m*; **2.** HIST **a)** *d'un chevalier* (Schild-)Knappe *m*; **b)** (*jeune noble*) (junger) Edelmann; **c)** (*intendant des écuries*) Stallmeister *m*
écuyère [ekɥijɛʀ] *f* **a)** Reiterin *f*; **b)** CIRQUE Kunstreiterin *f*
eczéma [ɛgzema] *m* MÉD Ek'zem *n*; Hautausschlag *m*
eczémateux [ɛgzematø] *adj* ⟨-euse⟩ MÉD ekzema'tös; ek'zemartig
édam [edam] *m* CUIS Edamer (Käse) *m*
edelweiss [ɛdɛlvajs, -vɛs] *m* BOT Edelweiß *n*
Éden [edɛn] *m* **1.** BIBL **l'~** *ou* **le jardin d'~** der Garten Eden; **2.** *fig* 𝓁 Para'dies *n*
édenté [edɑ̃te] *adj* zahnlos; *peigne* mit abgebrochenen Zähnen, Zinken
E.D.F. [ədeef] *f abr* (*Électricité de France*) staatliche frz Elektrizitätsgesellschaft
édicter [edikte] *v/t* verordnen; *loi* erlassen; *règles de conduite* vorschreiben
édicule [edikyl] *m* Häuschen *n*
édifiant [edifjɑ̃] *adj* **1.** *sermon etc* erbaulich; **lecture ~e** Erbauungslektüre *f*; **2.** (*instructif*) lehrreich; aufschlußreich
édification [edifikɑsjɔ] *f* **1.** (*construction*) Errichtung *f*; Erbauung *f*; Bau *m*; Erstellung *f*; **2.** *des fidèles etc* Erbauung *f*; (*instruction*) Belehrung *f*; **3.** *fig d'un*

empire, d'une science etc Aufbau *m*; Bau *m*; Schaffung *f*
édifice [edifis] *m* **1.** Gebäude *n*; Bauwerk *n*; Bau *m*; JUR bauliche Anlage; **~s publics** öffentliche Gebäude *n/pl*; **2.** *fig* Bau *m*; Gebäude *n*; **~ social** Gesellschaftsordnung *f*; soziale Struk'tur
édifier [edifje] *v/t* **1.** *palais, cathédrale etc* erbauen; errichten; erstellen; **2.** *fig: empire, société* begründen; aufbauen; schaffen; *théorie* aufstellen; **3.** *sermon: fidèles etc* erbauen; andächtig, besinnlich stimmen; **4.** *iron* (*instruire*) belehren; aufklären; **je suis édifié sur son compte** ich weiß über ihn Bescheid; ich bin über ihn im Bild(e)
édile [edil] *m* **1.** HIST *à Rome* Ä'dil *m*; **2.** *d'une ville* **~s** *pl* Stadtväter *m/pl* (*a iron*)
Édimbourg [edɛ̃buʀ] Edinburg(h) *n*
édit [edi] *m* HIST E'dikt *n*; Erlaß *m*; **l'~ de Nantes** das Edikt von Nantes
éditer [edite] *v/t* herausgeben; verlegen; her'ausbringen (*a disque*); e'dieren
édi|teur [editœʀ], **~trice 1.** *m,f* Verleger(in) *m(f)*; Her'ausgeber(in) *m(f)*; Verlag *m*; **d'un journal éditeur responsable** Herausgeber *m*; Verleger *m*; *par ext* **~ de disques, d'œuvres d'art** Schallplatten-, Kunstverleger(in) *m(f)*; *adjt* **société éditrice** Verlag(sgesellschaft) *m(f)*; **2.** *m* INFORM Editor *m*
Édith [edit] *f* Edith *f*
édition [edisjɔ̃] *f* **1.** *de livres* Ausgabe *f* (*œuvre*); Editi'on *f*; *action* Her'ausgabe *f* (*a de disques*); **~ brochée, reliée** broschierte, gebundene Ausgabe; **~ critique** kritische Ausgabe; **~ de disque** Schallplattenausgabe *f*; **~ de luxe** Luxus-, Prachtausgabe *f*; **~ de poche** Taschenbuchausgabe *f*; **maison** *f*, **société** *f* **d'~** Verlag *m*; Verlagshaus *n*, -anstalt *f*; **travailler dans l'~** im Verlag(swesen) tätig sein; **2.** **a)** *de journaux* Ausgabe *f*; **dernière ~** neueste *ou* letzte Ausgabe; **~ spéciale** Extrablatt *n*; Sonderausgabe *f*; **~ du soir** Abendausgabe *f*; **~ de Paris, de province** Pariser Ausgabe *f*, Regio'nalausgabe *f*; RAD, TV **du journal parlé** Ausgabe *f*; **3.** (*tirage*) Auflage *f*; **~ augmentée** ergänzte, erweiterte Auflage; **nouvelle ~** Neuauflage *f*; **~ revue et corrigée** 'durchgesehene und verbesserte Auflage; **4.** **~s** *pl* Verlag *m*; *ce livre* **est paru aux ~s X** ist im Verlag X, bei X erschienen, herausgekommen; **5.** *fig d'un événement etc* **nouvelle, deuxième ~** Neuauflage *f*; Wieder'holung *f*
éditorial [editɔʀjal] *m* ⟨pl -aux⟩ Leitartikel *m*; **~iste** *m* Leitartikler *m*
Edmond [ɛdmɔ̃] *m* Edmund *m*
Édouard [ɛdwaʀ] *m* Eduard *m*
édredon [edʀədɔ̃] *m* Daunenbett *n*, -decke *f*; Federbett *n*; Plu'meau *n*
éducable [edykabl(ə)] *adj* erziehungsfähig; erziehbar
éduca|teur [edykatœʀ], **~trice I** *m,f* Erzieher(in) *m(f)*; **II** *adj* erzieherisch; Erzieher...
éducatif [edykatif] *adj* ⟨-ive⟩ erzieherisch; bildend; päda'gogisch (wertvoll); belehrend; Erziehungs...; *österr a* erziehlich; **film ~** Lehrfilm *m*; **jeux ~s** erzieherische, pädagogisch wertvolle Spiele *n/pl*

éducation [edykasjõ] f **1.** Erziehung f; Bildung f; **~ mixte** Koedukation f; **~ permanente** ständige Fort-, Weiterbildung; **~ physique** körperliche Ertüchtigung; ÉCOLE **~ physique et sportive** (abr **E.P.S.**) Sportunterricht m; Turnen n; Leibeserziehung f; **~ politique** politische Bildung; **~ religieuse** religiöse Erziehung; **~ sexuelle** Sexu'alerziehung f, -pädagogik f; **ministère** m **de l'~ nationale** Erziehungs-, 'Unterrichtsministerium n; en Allemagne Kultusministerium n; **avoir de l'~** gut erzogen sein; **ne pas avoir d'~** kein (gutes) Benehmen, keine Bildung haben; schlecht erzogen sein; **donner à qn une bonne ~** j-m e-e gute Erziehung zuteil werden lassen; **avoir reçu une bonne ~** e-e gute Erziehung genossen haben; **2.** de la volonté, du goût etc Schulung f; Ausbildung f; **~ de la mémoire** Gedächtnisschulung f
édulcorant [edylkɔʀɑ̃] m Süßstoff m
édulcorer [edylkɔʀe] v/t **1.** PHARM Süßstoff hin'zufügen (**qc** zu etw); **2.** fig texte, propos mildern; entschärfen; abschwächen
éduquer [edyke] v/t **1.** erziehen; bilden; adjt **bien, mal éduqué** wohl- ou guterzogen, schlechterzogen; **2.** la mémoire, le goût etc schulen; ausbilden
Edwige [ɛdviʒ] f Hedwig f
effaçable [efasabl(ə)] adj (aus)löschbar
effacé [efase] adj personne unauffällig; unscheinbar; unbedeutend; comportement zu'rückhaltend; bescheiden
effacement [efasmɑ̃] m **1. a)** d'une chose écrite (Aus)Löschen n; (Aus-) Streichen n; Ausradieren n; Löschung f; Tilgung f; **b)** d'un enregistrement Löschen n, -ung f; **2.** fig de souvenirs etc Verblassen n; Zu'rücktreten n; Tilgung f; **3.** d'une personne **~** (de soi-même) (bescheidenes) Zu'rücktreten; (bescheiden, bewußt) Zu'rückhaltung f
effacer [efase] ⟨-ç-⟩ I v/t **1.** chose écrite (aus)löschen; aus-, wegwischen; (gommer) aus-, wegradieren; noms sur une liste (aus-, weg-, 'durch)streichen; tache entfernen; pli glätten; traces verwischen; löschen; tilgen; enregistrement, données löschen; **~ le tableau** die Tafel abwischen; **2.** fig souvenir etc (aus)löschen; (aus)tilgen; différences ausmerzen; beseitigen; **le temps efface tout** alles ist vergänglich; **~ de sa mémoire** aus s-m Gedächtnis streichen; **3.** fig (éclipser) ausstechen; (bei weitem) über'treffen; in den Schatten stellen; **4.** épaules, haut du corps zu'rücknehmen; II v/pr **s'~ 5.** chose écrite sich aus-, wegwischen, (aus)ra'dieren lassen; verwischen; couleurs, encre verblassen; inscription etc verblassen; vergehen; ausgelöscht werden; **6.** fig souvenir verblassen; zu'rücktreten; sentiments erlöschen; nachlassen; **7.** personne par politesse à q-n zur Seite treten; zu'rücktreten (um j-n vorbeizulassen); **b)** fig zu'rückstehen (**devant qn** vor j-m); sich (bescheiden) zu'rückziehen, -halten; sich im 'Hintergrund halten
effaceur [efasœʀ] m Tintenkiller m
effarant [efaʀɑ̃] adj ignorance etc erschreckend; bestürzend; prix hor'rend; vitesse schwindelerregend

effar|é [efaʀe] adj verwirrt; fassungslos; verstört; bestürzt; **~ement** m Bestürzung f; Verwirrung f; Fassungslosigkeit f; Betroffenheit f; **~er** v/t verwirren; bestürzen
effarouchement [efaʀuʃmɑ̃] m Verschüchterung f
effaroucher [efaʀuʃe] I v/t **1.** gibier, oiseau auf-, verscheuchen; verjagen; vertreiben; **2.** fig ein-, verschüchtern; ab-, erschrecken; adjt **être effarouché** verschreckt, eingeschüchtert sein; II v/pr **s'~** erschrecken, sich entsetzen (**de** über +acc)
effectif [efɛktif] I adj ⟨-ive⟩ wirklich; tatsächlich (vor'handen); wirksam; echt; effek'tiv; re'al; mesure etc **être ~ à partir de ...** wirksam werden ou sein ab ...; II m ou **~s** pl Perso'nalbestand m; d'une entreprise (gesamte) Belegschaft(sstärke) f; d'un parti Mitgliederzahl f; d'une école Schülerzahl f; d'une classe Stärke f; Fre'quenz f; MIL (Truppen)Stärke f
effectivement [efɛktivmɑ̃] adv wirklich; tatsächlich; wahrhaftig; in der Tat
effectuer [efɛktɥe] I v/t aus-, 'durchführen; vornehmen; COMM a effektu'ieren; abwickeln; paiements leisten; achats tätigen; voyage, démarches unter'nehmen; parcours zu'rücklegen; II v/pr **s'~** erfolgen; sich voll'ziehen; vor sich gehen; 'durchgeführt werden
efféminé [efemine] adj péj weibisch; unmännlich; femi'nin; weichlich
effervescence [efɛʀvesɑ̃s] f **1.** CHIM Aufbrausen n, -schäumen n, -wallen n; **entrer en ~** aufbrausen, -wallen; **2.** fig Erregung f; Wallung f; Gärung f; Unruhe f; **tout le pays était en ~** das ganze Land war in Wallung, Aufruhr; im ganzen Land gärte es
effervescent [efɛʀvesɑ̃] adj **1.** CHIM (auf)brausend; (auf)schäumend; PHARM **comprimé ~** Brausetablette f; **2.** fig foule gärend; brodelnd; unruhig; erregt
effet [efɛ] m **1.** Wirkung f; Ef'fekt m; Erfolg m; Auswirkung f; THÉ Beleuchtungseffekt m; PHYS **~ Doppler-Fizeau** Doppler-Effekt m; **un ~ oratoire**, **théâtral** ein rednerischer, theatralischer Effekt; JUR **~ rétroactif** rückwirkende Kraft; PHYS **~ thermique** Wärmewirkung f; TECH **~ utile** Nutzeffekt m; Nutzleistung f; Wirkungsgrad m; **~ du hasard** Zufallswirkung f, -effekt m; **~s de lumière** Lichteffekte m/pl; ÉCOL **~ de serre** Treibhauseffekt m; **~ de surprise** Über'raschungseffekt m, -moment n; ♦ loc/adv: **à cet ~** zu diesem Zweck(e), dazu; **en ~** a) nämlich, denn; il ne pouvait pas aller au théâtre, **il est, en ~, fortement enrhumé** er ist nämlich stark erkältet; b) (effectivement) wirklich; tatsächlich; in der Tat; allerdings; freilich; loc/adj **sans ~** unwirksam, wirkungslos; ohne Wirkung; **rester sans ~** wirkungslos bleiben; loc/pr **sous l'~** unter der Wirkung von (ou +gén); **être sous l'~ de la morphine** unter der Wirkung von Morphium stehen; (agir) **sous l'~ de la colère, de la passion** im Zorn, im Affekt (handeln); ♦ **avoir, produire un ~ salutaire** e-e heilsame Wirkung haben; heilsam, wohltuend wirken; **couper ses ~s à qn** j-n um s-e Wirkung brin-

gen; st/s et iron **si c'était un ~ de votre bonté** wenn Sie die Güte haben wollen; **faire l'~ de** den Eindruck (+gén) machen; wirken wie; **il me fait l'~ d'un imbécile** er macht auf mich den Eindruck e-s Dummkopfes; **cette nouvelle a fait l'~ d'une bombe** diese Nachricht hat wie e-e Bombe eingeschlagen; **tu ne peux pas savoir l'~ que ça m'a fait** du kannst dir nicht vorstellen, wie das auf mich gewirkt hat; médicament etc **faire son ~** s-e Wirkung tun; wirken; **faire (un) bon, mauvais ~** e-n guten, schlechten Eindruck machen (**sur** auf +acc); **c'est tout l'~ que cela te fait?** das scheint dich nicht sehr, sonderlich zu beeindrucken; **faire de l'~** wirken; wirksam sein; s-e Wirkung tun; THÉ **faire un ~** e-n Effekt hin'einbringen; e-e Pointe hin'zufügen; **l'acteur a manqué, F raté son ~** die Pointe (des Schauspielers) hat ihre Wirkung verfehlt, F ist nicht angekommen; **ménager ses ~s** s-e Pointen wirksam dosieren; s-e Wirkung wohl berechnen; JUR loi etc **prendre ~** in Kraft treten; wirksam werden; **produire son petit ~** sich interes'sant machen; **ressentir les ~s de qc** die Wirkung, die Auswirkungen von etw verspüren; **2.** COMM Wertpapier n; (lettre de change) Wechsel m; **~s** pl Ef'fekten pl; Stücke n/pl; **3.** **~s** pl Kleider n/pl; Kleidungsstücke n/pl; Sachen f/pl; Habseligkeiten f/pl
effeuill|age [efœjaʒ] m **1.** AGR Entblatten n; Entlauben n; **~** F Striptease [-tiːz] m ou n; **~aison** f BOT Laubfall m; Abfallen n der Blätter
effeuiller [efœje] I v/t plantes entblättern; AGR abblatten; entlauben; fleur die Blütenblätter auszupfen (+gén); II v/pr **s'~** die Blätter abwerfen; fleurs abblättern
effeuilleuse [efœjøz] plais f F Stripperin f
efficace [efikas] adj wirksam; wirkungsvoll; effek'tiv; effizi'ent; aide tatkräftig; slogan zugkräftig; personne fähig; tüchtig; kompe'tent; erfolgreich; leistungsfähig; **~ment** adv wirksam; wirkungsvoll; **aider** tatkräftig; **intervenir** erfolgreich
efficacité [efikasite] f Wirksamkeit f; Wirkungskraft f, -vermögen n; Wirkung f; Effektivi'tät f; (rendement) Effizi'enz f; d'une personne (Leistungs)Fähigkeit f; Tüchtigkeit f; d'une entreprise Leistungsfähigkeit f; TECH Wirkungsgrad m; (Arbeits)Leistung f; Nutzeffekt m
effici|ence [efisjɑ̃s] f Effizi'enz f; cf a **efficacité**; **~ent** adj effizi'ent; cf a **efficace**
effigie [efiʒi] f **1.** Bild n; Bildnis n; bildliche Darstellung; Nachbildung f; **brûler qn en ~** j-n in ef'figie verbrennen; **2.** sur une monnaie, une médaille Kopfbild(nis) n; **pièce à l'~ de** mit dem Bildnis (+gén)
effilé [efile] I adj schmal; dünn; zugespitzt; spitz (zulaufend); spitzig; **couteau ~** langes spitzes Messer; II m TEXT Franse f
effiler [efile] I v/t bord d'un tissu Fäden auszupfen, ausziehen (**qc** aus etw); cheveux effi'lieren; gleichmäßig ausdünnen; II v/pr **s'~ 1.** tissu (aus)fransen; fil

de laine sich auflösen; sich spalten; **2.** *objet* spitz zulaufen; sich verjüngen
effiloche [efilɔʃ] *f TEXT* Flockseide *f*
effilocher [efilɔʃe] **I** *v/t tissu, chiffons* zerfasern (*a fig vent:* nuages); zerkleinern; *avec les doigts* zerzupfen; *fil, ficelle* aufdröseln; **II** *v/pr* **s'~** *étoffe usée* ausfransen (*a fig nuages*); fransig werden; *adj* **effiloché** ausgefranst; fransig geworden
efflanqué [eflãke] *adj* dürr; mager; ab-, ausgemergelt
effleur|age [eflœraʒ] *m MÉD* Streichmassage *f*; **~ement** *m* Streifen *n*; leichte Berührung
effleurer [eflœRe] *v/t* **1.** streifen; leicht, flüchtig berühren; *de la main* streichen über (+*acc*); **2.** *fig problème* streifen; antippen; anreißen; **3.** *idée etc* ~ *qn* j-m kommen
effloresc|ence [eflɔResɑ̃s] *f* **1.** *CHIM, MINÉR* Ausblühung *f*; Auswitterung *f*; Efflores'zenz *f*; **2.** *litt et fig* Aufblühen *n*; **~ent** *adj* **1.** *CHIM, MINÉR* ausblühend; auswitternd; **2.** *litt et fig* aufblühend
effluent [eflyã] *m* ~ *urbain* städtische Abwässer *n/pl*
effluve [eflyv] *m* **1.** ~**s** *pl* Ausdünstung *f*; *poét* Duft *m*; A'roma *n*; **2.** ~ *électrique* Glimmentladung *f*
effondrement [efõdRəmã] *m* **1.** *d'un bâtiment etc* Einsturz *m*; Zu'sammenbrechen *n*; **2.** *fig d'un empire, d'une entreprise etc* Zu'sammenbrechen *m* (*a physique et moral d'une personne*); rascher Zerfall; *de projets* Scheitern *n*; Fehlschlagen *n*; *d'une fortune* (plötzlicher) Verlust; Vernichtung *f*; ~ *de la monnaie* Währungszusammenbruch *m*, -zerfall *m*; ~ *des prix* Preissturz *m*, -einbruch *m*; **3.** *GÉOL* (Ein)Bruch *m*
effondrer [efõdRe] *v/pr* **s'~ 1.** *plancher, toit, pont etc* einstürzen; einbrechen; zu'sammenbrechen; *maison, tribune a* (in sich) zu'sammenstürzen; *maison a* einfallen; **2.** *fig empire, cours, prix etc* zu'sammenbrechen; (rasch) zerfallen; *espoirs, projets* zu'nichte werden; sich zerschlagen; **3.** *fig personne, a moralement* zu'sammenbrechen (*a accusé*); F zu'sammenklappen; **s'~ dans un fauteuil** sich in e-n Sessel fallen lassen; *adjt* **être effondré** völlig gebrochen, niedergeschlagen sein
efforcer [efɔRse] *v/pr* ⟨-ç-⟩ **s'~** sich bemühen, sich anstrengen; sich Mühe geben, Anstrengungen machen (*de* +*inf* zu +*inf*); *st/s* sich befleißigen; **s'~ de parvenir à un compromis** sich um e-n Kompromiß bemühen
effort [efɔR] *m* **1.** ~ (*physique*) körperliche Anstrengung *f*; Kraftaufwand *m*, -anstrengung *f*, -anspannung *f*; ~ *excessif* Über'anstrengung *f*; *soulever un fardeau sans* ~ *apparent*, *sans le moindre* ~ scheinbar mühelos, ohne sich im geringsten anzustrengen; **2.** *intellectuel ou moral* Anstrengung *f*; (Bemühung *f*; Mühe *f*; Anspannung *f*; (Be-)Streben *n*; ~ *intellectuel* geistige Anstrengung, Anspannung *f*; ~ *de volonté* Willensanstrengung *f*; *faire un* ~ *de volonté* sich über'winden, zu'sammennehmen, aufraffen; *loc/adv:* **après bien des ~s** nach vieler Mühe; *dans un suprême* ~ mit äußerster, letzter Kraft, Anstrengung; *sans* ~ mühelos; *demander des ~s à qn* j-n Mühe kosten; *demander un* ~ *de réflexion* zum Nachdenken zwingen; *fig être un partisan du moindre* ~ den Weg des geringsten 'Widerstandes gehen; *faire un* ~ a) sich anstrengen; es versuchen; b) F *financier* große Summen (aus)geben, aufwenden; *dans un marchandage allez, faites encore un* ~! F los, geben Sie sich noch e-n Ruck *ou* legen Sie noch etwas drauf!; *faire un* ~ *sur soi-même* sich (selbst) über'winden; sich zu'sammennehmen, F -reißen; *faire tous ses ~s pour obtenir qc* größte Anstrengungen machen *ou* sich jede erdenkliche Mühe geben *ou* s-e ganze Kraft einsetzen, um etw zu erreichen; *ne faire aucun* ~ sich gar keine Mühe geben; sich überhaupt nicht anstrengen; keinerlei Anstrengungen machen; *faire un* ~ *d'imagination* s-e Phantasie anstrengen; **3.** *PHYS, TECH* Beanspruchung *f*
effraction [efRaksjõ] *f JUR* Einbruch *m*; *vol m avec* ~ Einbruch(s)diebstahl *m*; *pénétrer par* ~ *dans une maison* in ein *ou* en Haus einbrechen; e-n Einbruch in ein Haus verüben
effraie [efRɛ] *f ZO* Schleiereule *f*
effranger [efRɑ̃ʒe] ⟨-geons⟩ **I** *v/t* ausfransen; **II** *v/pr* **s'~** (aus)fransen; fransig sein *ou* werden; *adjt* **effrangé** ausgefranst; fransig
effrayant [efRejã] *adj* **1.** *spectacle etc* schrecklich; erschreckend; *silence* beängstigend; unheimlich; **2.** F *appétit, chaleur etc* schrecklich; fürchterlich; furchtbar; *prix* hor'rend
effrayer [efReje] ⟨-ay- *od* -ai-⟩ **I** *v/t* erschrecken; in Schrecken, Angst versetzen; angst machen (*qn* j-m); ängstigen; *sens affaibli:* prix *etc* ~ *qn* j-n abschrecken; **II** *v/pr* **s'~** (sich) erschrecken (*de* über +*acc ou* vor +*dat*); e-n Schreck bekommen
effréné [efRene] *adj passion etc* zügellos; hemmungslos; wild; entfesselt; *joie, orgueil* unbändig; maßlos; *jalousie* wild; rasend; *ambition* brennend; maßlos
effritement [efRitmã] *m* **1.** *des roches* Verwitterung *f*; Ab-, Zerbröckeln *n*; **2.** *fig* Zerfall *m*; Auflösung *f*; *des cours de la Bourse* Abbröckeln *f*; *POL* ~ *des voix* Stimmenschwund *m*
effriter [efRite] *v/pr* **s'~ 1.** *roche etc* verwittern; ab-, zerbröckeln; **2.** *fig cours de la Bourse* abbröckeln; *parti, groupe* zerfallen; sich all'mählich auflösen; *majorité etc* langsam zu'rückgehen; schwinden
effroi [efRwa, efRwɑ] *st/s m* Entsetzen *n*; Schrecken *m*; Grau(s)en *n*
effronté [efRõte] **I** *adj* frech; unverschämt; unverfroren; dreist; **II** *subst petit* ~ frecher Kerl; (kleiner) Frechdachs; *petite* ~**e** freches Ding
effronterie [efRõtRi] *f* Frechheit *f*; Dreistigkeit *f*; Unverfrorenheit *f*; Unverschämtheit *f*
effroyable [efRwajabl(ə)] *adj* entsetzlich, schrecklich, fürchterlich, furchtbar, grauenhaft, gräßlich (*a F par exagération*); F schauderhaft
effusion [efyzjõ] *f* **1.** ~ *de sang* Blutvergießen *n*; *sans* ~ *de sang* ohne Blutvergießen; **2.** *souvent pl* ~**s** Gefühlsäußerungen *f/pl*, -ausbrüche *m/pl*; *accueillir qn avec* ~ j-n auf das herzlichste, 'überschwenglich empfangen
égailler [egaje] *v/pr* **s'~** *foule, groupe* sich zerstreuen; ausein'andergehen, -laufen; sich verlaufen
égal [egal] ⟨*m/pl* égaux⟩ **I** *adj* **1.** gleich; *deux poids à peu près égaux* zwei ungefähr gleich schwere Gewichte *n/pl*; *troupes* ~**es** *en nombre* zahlenmäßig gleich starke Truppen *f/pl*; *loc/adv:* **à intervalles** ~**es** in gleichen Abständen; im gleichen Abstand; *à parts* ~**es** zu gleichen Teilen; *avoir des chances* ~**es** gleiche Chancen haben; *combattre à armes* ~**es** mit (den) gleichen Waffen kämpfen (*a fig*); *la partie est* ~**e** die Gegner, Mannschaften sind gleich stark, einander ebenbürtig; *être* ~ *à qc* e-r Sache (*dat*) gleich sein (*a MATH*); *être* ~ *à zéro* gleich Null sein (*a fig*); *être égaux en droits* gleichberechtigt sein; *être de force* ~**e** gleich stark sein; *être de valeur* ~**e** gleichwertig sein; **2.** (*constant*) *mouvement* gleichförmig; gleichmäßig; *humeur* gleichbleibend; *il est toujours* ~ *à lui-même* er ist immer der gleiche, F derselbe; er bleibt sich immer gleich; *être toujours d'une humeur* ~**e** immer gleich aufgelegt sein; ausgeglichen sein; **3.** *terrain* flach; eben; platt; **4.** (*indifférent*) gleich(gültig); einerlei; e'gal; *cela m'est (parfaitement)* ~ das ist mir (ganz, völlig) gleich(gültig), egal, einerlei; *loc/conj* F *c'est* ~ trotzdem; jedenfalls; immerhin; *c'est* ~, *j'aimerais mieux être ailleurs* trotzdem wäre ich lieber woanders; **5.** *GÉOMÉTRIE* deckungsgleich; kongru'ent; **II** *subst* *n'avoir d'~ que ...* ⟨*meist inv*⟩ nur zu vergleichen sein mit ...; *son talent n'a d'~ que sa modestie* er ist so bescheiden wie begabt; *n'avoir point d'~* nicht seinesgleichen haben; *être l'~ de qn* j-m gleich, ebenbürtig, gewachsen sein; *il est mon* ~ er ist meinesgleichen, mir ebenbürtig *ou* gewachsen; *il n'est rien d'~ à ...* es geht nichts über (+*acc*); es gibt nichts Besseres als ...; *trouver son* ~ e-n ebenbürtigen Gegner finden; ♦ *loc/prép à l'~ de* ⟨*inv*⟩ ebenso(sehr) wie; *aimer qn à l'~ de soi-même* j-n wie sich selbst lieben; *loc/adv d'~ à* ⟨*inv*⟩ wie (mit) seinesgleichen; *traiter qn d'~ à* ~ j-n wie seinesgleichen, als gleichstehend behandeln; *loc/adj sans* ~ ohnegleichen; unvergleichlich; einzigartig; *être sans* ~ nicht seinesgleichen haben
égalable [egalabl(ə)] *adj* difficilement ~ dem *ou* der schwer gleichzukommen ist
également [egalmã] *adv* **1.** (*d'une manière égale*) gleich; gleichermaßen; in gleicher Weise; **2.** (*aussi*) ebenfalls; gleichfalls; auch
égaler [egale] *v/t* **1.** ~ *qc, qn* e-r Sache, j-m gleichkommen, gleich sein; gleich sein wie etw, j; *il n'est rien qui égale ...* es geht nichts über (+*acc*); es gibt nichts Schöneres *ou* Besseres als ...; ~ *qn en beauté* j-m an Schönheit gleichkommen, nicht nachstehen; ebenso schön sein wie j; **2.** *MATH* **2 plus 3 égale(nt) 5** 2 und *ou* plus 3 ist 5;

2 multiplié par 3 égale 6 2 mal 3 ist (gleich) 6; **3.** SPORTS record einstellen; egali'sieren

égalisateur [egalizatœʀ] *adj* ⟨-trice⟩ ausgleichend; Ausgleichs...; SPORTS *but* ~ Ausgleichstor *n*, -treffer *m*

égalisation [egalizasjɔ̃] *f* Ausgleich *m*; Anpassung *f*; Angleichung *f*; SPORTS *obtenir l'~* den Ausgleich erzielen

égaliser [egalize] **I** *v/t* **1.** *sol, terrain* ausgleichen; (ein)ebnen; pla'nieren; *cheveux* gleich lang schneiden; geradeschneiden; **2.** *fig* ausgleichen; (ein'ander) angleichen, anpassen; gleichmäßig verteilen; gleichmachen; **II** *v/i* SPORTS ausgleichen; den Ausgleich erzielen; gleichziehen; egali'sieren

égalitaire [egaliteʀ] *adj* POL egali'tär; auf (po'litische, sozi'ale) Gleichheit aller gerichtet

égalitarisme [egalitaʀism(ə)] *m* POL Egalita'rismus *m*

égalité [egalite] *f* **1.** Gleichheit *f*; ~ *civile* Rechtsgleichheit *f*; ~ *des chances* Chancengleichheit *f*; ~ *des droits* Gleichberechtigung *f*; ~ *des salaires* Lohngleichheit *f*; ~ *devant l'impôt* Steuergleichheit *f*; ~ *devant la loi* Gleichheit vor dem Gesetz; GR *comparatif m d'~* Vergleichsform im Positiv; *loc/prép à ~ de* bei Gleichheit (+*gén*); bei gleichem, gleicher, gleichen ...; SPORTS *être à ~* gleichstehen; punktgleich stehen; *être sur un pied d'~ avec qn* mit j-m auf gleichem Fuß stehen; *traiter qn sur un pied d'~* j-n wie seinesgleichen, als gleichstehend behandeln; **2.** *d'un mouvement* Gleichmäßigkeit *f*; Gleichförmigkeit *f*; ~ *d'âme* Gleichmut *m*; Beherrschtheit *f*; Gelassenheit *f*; ~ *d'humeur, de caractère* Ausgeglichenheit *f*; **3.** *d'un terrain* Ebenheit *f*; Flachheit *f*; **4.** TENNIS Einstand *m*; „40 beide"; **5.** GÉOMÉTRIE Deckungsgleichheit *f*; Kongru'enz *f*

égard [egaʀ] *m* **1.** ~*s pl* Rücksicht(nahme) *f*; Achtung *f*; Aufmerksamkeit *f*; *un manque d'~s* e-e Rücksichtslosigkeit; *avoir de grands ~s, être plein d'~s pour qn* gegen'über sehr, äußerst rücksichtsvoll sein; (viel) Rücksicht auf j-n nehmen; *manquer d'~s envers qn* es an Rücksicht gegenüber j-m fehlen lassen; **2.** *loc/adv: à cet ~* in dieser Hinsicht, Beziehung; diesbezüglich; *à beaucoup d'~s, à certains, maints ~s* in vieler, gewisser, mancher Hinsicht, Beziehung; *à plus d'un ~* in mehrfacher Hinsicht, Beziehung, Weise; *à tous ~s* [atuzegaʀ] *ou à tous les ~s* in jeder Hinsicht, Beziehung; ♦ *loc/prép: à l'~ de* was (+*acc*) betrifft; gegen'über (*qn* j-m); zu (*qn* j-m); *il a été injuste à votre ~* er war Ihnen gegenüber, zu Ihnen ungerecht; *eu ~ à* im Hinblick auf (+*acc*); mit Rücksicht auf (+*acc*); in Anbetracht (+*gén*); unter Berücksichtigung (+*gén*); *il a été dispensé de venir, eu ~ à son âge* mit Rücksicht auf sein Alter; in Anbetracht s-s Alters; ADM *eu ~ au fait que ...* unter Berücksichtigung des 'Umstandes, daß ...; in Anbetracht dessen, daß ...; *par ~ à, pour* mit Rücksicht auf (+*acc*); *sans aucun ~, sans le moindre ~* (*pour ...*) ohne (irgendwelche) Rücksicht, ohne auch nur ein geringsten Rücksicht zu nehmen (auf +*acc*)

égaré [egaʀe] *adj* **1.** *personne, animal* verirrt; *objet* verlegt; ab'handen gekommen; *colis postal* fehlgeleitet; verlorengegangen; *automobiliste* der sich verfahren hat; BIBL *brebis ~e* verirrtes, verlorenes Schaf; **2.** (*fou*) *air, regard* verwirrt; verstört; irr(e)

égarement [egaʀmɑ̃] *m* **1.** *litt* (*dérèglement*) Verfehlung *f*; Verirrung *f*; **2.** (*folie*) geistige Verwirrung; *dans un moment d'~* in e-m Anfall geistiger Um'nachtung

égarer [egaʀe] **I** *v/t* **1.** *objets* verlegen; *marchandises* fehlleiten; *personne* irreleiten, irreführen, in die Irre führen (*a fig*); **2.** *passion etc: esprit* verwirren; trüben; **II** *v/pr s'~* **3.** *personnes* sich verirren; sich verlaufen; vom richtigen, rechten Weg abkommen; *en voiture* sich verfahren; *animal* sich verlaufen; *objets* ab'handen kommen; *colis postal* fehlgeleitet werden; verlorengehen; **4.** *orateur etc* abschweifen; vom Thema abkommen; auf Abwege geraten (*a discussion*); *ne nous égarons pas!* bleiben wir beim Thema!

égayer [egeje] ⟨-ay- *od* -ai-⟩ **I** *v/t* **1.** *personne, public* auf-, erheitern; heiter, froh stimmen; **2.** *choses* angenehm, freundlich machen, gestalten; beleben; *récit* auflockern; **II** *v/pr litt s'~* sich belustigen (*aux dépens de qn* auf j-s Kosten [*acc*])

Égée [eʒe] *la mer ~* das Ä'gäische Meer; *die Ä'gäis*

égérie [eʒeʀi] *f* Ratgeberin *f*; guter Geist; *d'un artiste* Muse *f*

égide [eʒid] *loc sous l'~ de* unter der Ä'gide, dem Schutz, der Leitung, der Schirmherrschaft von (*ou +gén*)

églantier [eglɑ̃tje] *m* wilder Rosenstrauch; ~**ine** *f* Heckenrose *f*; wilde Rose

églefin [egləfɛ̃] *m* ZO Schellfisch *m*

église [egliz] *f* **1.** 2̸ Kirche *f*; *abs l'2̸* die (römisch-)katholische Kirche; *l'2̸ catholique* die katholische Kirche; *l'2̸ protestante* die protestantische, *en Allemagne plutôt* evangelische Kirche; *édifice* Kirche *f*; *st/s* Gotteshaus *n*; *chant m d'~* Kirchenlied *n*; *aller à l'~* in die, zur Kirche gehen; *se marier à l'~* sich kirchlich trauen lassen

ego [ego] *m* PHILOS, PSYCH Ego *n*; Ich *n*

égocentr|ique [egɔsɑ̃tʀik] **I** *adj* ego'zentrisch; ichbezogen; **II** *m,f* Ego'zentriker(in) *m(f)*; ~**isme** *m* Ego'zentrik *f*; Ichbezogenheit *f*

égoïne [egɔin] *f scie* Fuchsschwanz *m*

égoïsme [egɔism(ə)] *m* Ego'ismus *m*; Selbstsucht *f*; Eigennutz *m*; *agir par ~* aus Egoismus, egoistisch handeln; *faire preuve d'~* sich als Egoist erweisen

égoïste [egɔist] **I** *adj* ego'istisch; selbstsüchtig; eigennützig; **II** *m,f* Ego'ist(in) *m(f)*; *vivre en ~* nur für sich selber leben; egoistisch eingestellt sein

égorg|er [egɔʀʒe] *v/t* ⟨-geons-⟩ die Kehle 'durchschneiden (*qn* j-m); ~**eur** *m* Mörder *m*

égosiller [egozije] *v/pr s'~* sich heiser schreien

égotisme [egɔtism(ə)] *m* Ego'tismus *m*

égout [egu] *m* (Abwasser-, Abzugs)Ka'nal *m*; Klo'ake *f* (*a fig*); ~*s pl* Kanalisa-ti'on *f*; *bouche f d'~* Gully *m ou n*; *réseau m d'~s* Kanalisati'onsnetz *n*, -system *n*

égoutier [egutje] *m* Ka'nalreiniger *m*, -räumer *m*

égoutter [egute] **I** *v/t légumes, vaisselle etc* (*faire*) ~ abtropfen lassen; **II** *v/pr s'~ linge, vaisselle, eau de pluie* abtropfen; *laisser* (*s'*)~ *du linge* Wäsche abtropfen lassen

égouttoir [egutwaʀ] *m* à *vaisselle* Abtropfgestell *n*, -ständer *m*, -körbchen *n*; à *bouteilles*, PHOT Trockenständer *m*

égratigner [egʀatiɲe] *v/t* **1.** *peau, jambes etc* zer-, aufkratzen; aufritzen; zerschrammen; *meuble, carrosserie etc* zerkratzen; e-e Schramme, e-n Kratzer machen in (+*acc*); **2.** *fig* (*critiquer*) ~ *qn* j-m zusetzen; j-n aufs Korn nehmen; **II** *v/pr s'~* sich auf-, zerkratzen

égratignure [egʀatiɲyʀ] *f sur la peau* Kratzwunde *f*; *sur la peau, sur des objets* Kratzer *m*; Schramme *f*; *se faire des ~* sich zer-, aufkratzen; zerkratzt werden; *s'en tirer sans une ~* nicht einmal e-e Schramme, e-n Kratzer abbekommen; mit heiler Haut davonkommen

égrener [egʀəne] ⟨-è-⟩ **I** *v/t* **1.** *céréales* aus-, entkörnen; *raisins, groseilles* abbeeren; österr rebeln; **2.** *fig* ~ *son chapelet* den Rosenkranz her-, abbeten; *l'horloge égrena les douze coups de minuit* die Turmuhr schlug zwölfmal hintereinander, es war Mitternacht; **II** *v/pr s'~* **3.** *blé etc* aus-, abfallen; **4.** *fig groupe* ausein'andergehen; sich auflösen; *notes d'un instrument* hintereinander ertönen

égrillard [egʀijaʀ] *adj histoires, chansons etc* frech; gewagt; schlüpfrig; *personne, air* lüstern

égrotant [egʀɔtɑ̃] *litt adj vieillard* kränklich; kränkelnd

Égypte [eʒipt] *l'~ f* Ä'gypten *n*

égyptien [eʒipsjɛ̃] **I** *adj* ⟨~ne⟩ ä'gyptisch; **II** *subst* 2̸(*ne*) *m(f)* Ä'gypter(in) *m(f)*

égypto|logie [eʒiptɔlɔʒi] *f* Ägyptolo'gie *f*; ~**logue** *m,f* Ägypto'loge *m*, -'login *f*

eh [e] *int appel* he!; heda!; hallo!; *étonnement* ach!; ah!; *douleur* au!; ~! *attendez un peu* halt *ou* ach, warten Sie mal!; ~! *là! doucement!* immer sachte!; langsam, langsam!; ~! (*vous*) *là-bas!* venez par ici he *ou* hallo, (Sie da!) kommen Sie mal her!; *cf a bien¹ I 7.*

éhonté [eɔte] *adj* schamlos; unverschämt; frech; dreist

eider [edɛʀ] *m* ZO Eiderente *f*

Eiffel [efɛl] *m frz* Ingenieur

éjaculation [eʒakylasjɔ̃] *f* PHYSIOL Ejakulati'on *f*; Samenerguß *m*; MÉD ~ *précoce* vorzeitiger Samenerguß; *sc* Ejacu'latio praecox *f*

éjaculer [eʒakyle] *v/i* PHYSIOL ejaku'lieren; Samen ausspritzen

éjectable [eʒɛktabl(ə)] *adj* AVIAT *siège m ~* Schleudersitz *m*

éjecter [eʒɛkte] **I** *v/t* **1.** TECH auswerfen; ausstoßen; *par ext personne dans un accident être éjecté* (*de la voiture*) her'ausgeschleudert werden; aus dem Auto geschleudert werden; **2.** F *fig* ~ *qn* j-n hin'auswerfen, F rauswerfen, -schmeißen (*de* aus); *se faire ~ d'une école, d'un emploi* F rausgeworfen werden; F fliegen; **II** *v/pr s'~ pilote* sich mit dem Schleudersitz retten

éjection [eʒɛksjɔ̃] *f TECH* Ausstoß(en) *m(n)*; Auswerfen *n*; *d'un pilote* Her'ausschleudern *n*

élaboration [elabɔʀasjɔ̃] *f* **1.** *d'un projet etc* Ausarbeitung *f*; Erarbeitung *f*; Erstellung *f*; **2.** *PHYSIOL de la bile etc* Bildung *f*

élaborer [elabɔʀe] **I** *v/t* **1.** *projet, programme, livre etc* ausarbeiten; erarbeiten; erstellen; abfassen; verfassen; **2.** *PHYSIOL bile etc* bilden; **II** *v/pr s'~* Gestalt, Form annehmen; entstehen

élagage [elagaʒ] *m* **1.** *d'arbres* Auslichten *n*, -schneiden *n*; **2.** *fig* Kürzung *f*; Streichung *f*

élaguer [elage] *v/t* **1.** *arbres* ausschneiden, -lichten; **2.** *fig superflu* streichen; *discours, texte* kürzen; zu'sammenstreichen

élan¹ [elɑ̃] *m* **1.** Schwung *m*; *SPORTS* Anlauf *m*; *SPORTS:* *avec ~* mit Anlauf; *cf a 2.*; *sans ~* ohne Anlauf; aus dem Stand; *perdre son ~* den Schwung verlieren; *prendre de l'~, son ~* (e-n) Anlauf nehmen *ou* Schwung holen; **2.** *fig* Schwung *m*; E'lan *m*; (*ardeur*) Feuer *n*; (*enthousiasme*) Begeisterung *f*; *~ d'affection* Aufwallung *f* von Zärtlichkeit (*vers qn* für j-n); *~ de générosité* Anwandlung *f* von Großzügigkeit; *loc/adv avec ~* mit Schwung *etc*; *briser l'~ de qn* j-m allen Schwung nehmen; *l'~ est donné* der Anfang ist gemacht; *ÉCON redonner de l'~* wieder in Schwung bringen (*à qc* etw)

élan² [elɑ̃] *m ZO* Elch *m*

élancé [elɑ̃se] *adj personne, silhouette* schlank; hoch aufgeschossen; rank; von schlankem Wuchs; *cou* schlank; lang; *tour, colonne* schlank

élancement [elɑ̃smɑ̃] *m MÉD* stechender Schmerz

élancer [elɑ̃se] ⟨-ç-⟩ **I** *v/i MÉD* stechende Schmerzen verursachen; heftig stechen; **II** *v/pr s'~* **1.** *personne* sich stürzen (*sur qn* auf j-n); *abs* los-, her'vorstürzen; (her')vorstürmen; *s'~ à la poursuite de qn* j-m nachstürzen; j-s Verfolgung aufnehmen; *s'~ au secours de qn* j-m zu Hilfe eilen; *s'~ vers la sortie* dem Ausgang zustürzen; zum Ausgang stürzen, stürmen; **2.** *fig et litt* sich emporschwingen; **3.** *tour etc s'~ vers le ciel* (steil) em'porragen; in die Höhe, in den Himmel ragen; hoch aufragen

élargir [elaʀʒiʀ] **I** *v/t* **1. a)** *rue etc* verbreitern; breiter machen; *ouverture* (aus)weiten; erweitern; weiter, größer machen; *vêtement* weiter machen; *chaussure* (aus)weiten; (aus)dehnen; **b)** *vêtement: personne* dick(er) machen; auftragen (*abs*); *coiffure: visage* breiter, voller erscheinen lassen; **c)** *domaine* erweitern; ausdehnen; **2.** *fig connaissances etc* erweitern; vergrößern; (auf neue Gebiete) ausdehnen; *problème* weiter fassen; *~ son horizon* s-n Horizont erweitern; *adjt POL* **majorité élargie** breite Mehrheit; **II** *v/pr s'~ fleuve, rue* breiter werden; sich verbreitern; *vêtements, chaussures* sich ausweiten, ausdehnen; weiter werden

élargissement [elaʀʒismɑ̃] *m* **1.** *d'une route etc* Verbreiterung *f*; *d'une ouver-*

ture Erweiterung *f*; *de vêtements* Weitermachen *n*; **2.** *fig* Erweiterung *f*; Ausdehnung *f*; Vergrößerung *f*; **3.** *JUR* Freilassung *f*

élasticité [elastisite] *f* **1.** *PHYS, de la peau etc* Elastizi'tät *f*; Dehnbarkeit *f*; *d'un matelas* Federkraft *f*; **2.** *par ext du corps, de la démarche etc* Elastizi'tät *f*; Spannkraft *f*; Federn *n*; **3.** *fig de principes etc* Dehnbarkeit *f*

élastique [elastik] **I** *adj* **1.** *PHYS, peau, bretelle etc* e'lastisch; dehnbar; **2.** *par ext démarche, mouvements* e'lastisch; federnd; geschmeidig; **3.** *fig concept, règlement etc* dehnbar; e'lastisch; fle'xibel; *avoir une conscience ~e* ein weites Gewissen haben; **II** *m* **1.** Gummi *m*; Gummiband *n*; *circulaire* Gummiring *m*; *dans un vêtement* Gummizug *m*; F *fig les lâcher avec un ~* F sich jeden Pfennig einzeln aus der Tasche ziehen lassen; knick(e)rig, knaus(e)rig, filzig sein; **2.** *TEXT* E'lastik *n*

élastomères [elastɔmɛʀ] *m/pl CHIM* Elasto'mere *n/pl*; E'laste *m/pl*

Elbe [ɛlb] **1.** *fleuve l'~ f* die Elbe; **2.** *l'île f d'~* Elba *n*

eldorado [ɛldɔʀado] *m* Eldo'rado *n*; Traum-, Wunschland *n*

élec|teur [elɛktœʀ] *m*, *~trice f* **1.** Wähler(in) *m(f)*; *électeur inscrit* Wahlberechtigte(r) *m*; **2.** *HIST* **Électeur** Kurfürst *m*; **3.** *USA* **grands électeurs** Wahlmänner *m/pl*

électif [elɛktif] *adj* ⟨-ive⟩ **1.** Wahl...; durch Wahl (bestimmt); *fonction* durch Wahl zu vergeben(d); **2.** *CHIM HIST* **affinité élective** Wahlverwandtschaft *f* (*a fig*)

élection [elɛksjɔ̃] *f* **1.** *POL* Wahl *f*; *~s* (*législatives*) Parla'mentswahlen *f/pl*; *~s municipales* Gemeinde-, Kommu'nalwahlen *f/pl*; *résultats m/pl des ~s* Wahlergebnis(se) *n(pl)*; *être candidat à une ~, se présenter aux ~s* (bei e-r Wahl) kandi'dieren; **2.** *JUR ~ de domicile* Wahl *f* des Wohnsitzes; **3.** *fig de ~* auserwählt, erwählt (*a REL*); s-r Wahl; *terre f d'~* bevorzugtes Gebiet

électoral [elɛktɔʀal] *adj* ⟨-aux⟩ Wahl...; Wähler...; *campagne ~e* Wahlkampf *m*; *liste ~e* Wählerliste *f*; *loi ~e* Wahlgesetz *n*; *réunion ~e* Wahlversammlung *f*

électoral|isme [elɛktɔʀalism(ə)] *m POL* Wahltaktik *f*, -propaganda *f*; *~iste adj* wahltaktisch

électorat [elɛktɔʀa] *m* **1.** (*électeurs*) Wählerschaft *f*; Wähler *m/pl*; *~ féminin* weibliche Wählerschaft; *~ de gauche* Linkswähler *m/pl*; **2.** *ADM* (*droit de vote*) Wahlrecht *n*; **3.** *HIST* territoire Kurfürstentum *n*

électricien [elɛktʀisjɛ̃] *m* E'lektriker *m*; E'lektromonteur *m*, -installateur *m*, -techniker *m*; *par ext auto* Autoelek'triker *m*; *adjt* **ingénieur, ouvrier ~** Elektroingenieur *m*, -monteur *m*

électricité [elɛktʀisite] *f* Elektrizi'tät *f*; e'lektrischer Strom; *par ext* F **allumer, éteindre l'~** das Licht an-, ausmachen; *avoir l'~* elektrischen Strom haben; F *fig il y a de l'~ dans l'air* es herrscht e-e gespannte Atmosphäre; F hier ist dicke Luft; *faire poser l'~* elektrische Leitungen legen lassen; *marcher à l'~* elektrisch, mit Elektrizität betrieben werden; F elektrisch gehen, laufen

electri|fication [elɛktʀifikasjɔ̃] *f CH DE FER* Elektrifi'zierung *f*; *schweiz* Elektrifikati'on *f*; *~fier v/t ligne de chemin de fer* elektrifi'zieren; auf e'lektrischen Betrieb 'umstellen; *village etc* an die Stromversorgung, an das Stromnetz anschließen

électrique [elɛktʀik] *adj* **1.** e'lektrisch; E'lektro...; *appareil m ~* elektrisches Gerät; E'lektrogerät *n*; *courant m ~* elektrischer Strom; *cuisinière f ~* E'lektroherd *m*; *énergie f ~* elektrische Energie; *locomotive f ~* elektrische Lokomotive; E-Lok *f*; *moteur m ~* E'lektromotor *m*; **2.** *fig tempérament* lebhaft; spon'tan; *bleu m ~* lebhaftes, kräftiges (Hell)Blau

électrisation [elɛktʀizasjɔ̃] *f* Elektri'sierung *f*; Ladung *f*

électriser [elɛktʀize] **I** *v/t* **1.** elektri'sieren; der Wirkung des e'lektrischen Stromes aussetzen; *adjt* **électrisé** elektrisch geladen; **2.** *fig public* elektri'sieren; aufrütteln; begeistern; mitreißen; **II** *v/pr s'~* sich e'lektrisch aufladen

électro|-acoustique [elɛktʀoakustik] **I** *f* E'lektroakustik *f*; **II** *adj* e'lektroakustisch; *~-aimant* E'lektromagnet *m*

électrocardiogramme [elɛktʀɔkaʀdjɔgʀam] *m MÉD* Elektrokardio'gramm *n* (*abr* EKG)

électrochim|ie [elɛktʀɔʃimi] *f* E'lektrochemie *f*; *~ique adj* e'lektrochemisch

électrochoc [elɛktʀɔʃɔk] *m MÉD* E'lektroschock *m*

électrocuter [elɛktʀɔkyte] **I** *v/t* durch e'lektrischen Strom töten; **II** *v/pr s'~* e-n (tödlichen) e'lektrischen Schlag bekommen

électrocution [elɛktʀɔkysjɔ̃] *f* **1.** tödlicher e'lektrischer Schlag; tödliche Starkstromverletzung; **2.** *exécution* Tötung *f*, Hinrichtung *f* durch e'lektrischen Strom

électrode [elɛktʀɔd] *f* Elek'trode *f*

électrodynamique [elɛktʀɔdinamik] **I** *f* E'lektrodynamik *f*; **II** *adj* e'lektrodynamisch

électro-encéphalogramme [elɛktʀoɑ̃sefalɔgʀam] *m MÉD* Elektroenzephalo'gramm *n* (*abr* EEG)

électrogène [elɛktʀɔʒɛn] *adj* stromerzeugend; *groupe m ~* Strom(erzeugungs)aggregat *n*

électrolys|e [elɛktʀɔliz] *f CHIM* Elektro'lyse *f*; *~er v/t* elektroly'sieren

électrolyt|e [elɛktʀɔlit] *m CHIM* Elektro'lyt *m*; *~ique adj* elektro'lytisch; Elektro'lyt...

électromagnét|ique [elɛktʀɔmaɲetik] *adj PHYS* e'lektromagnetisch; *~isme m* E'lektromagnetismus *m*

électroméчcan|icien [elɛktʀɔmekanisjɛ̃] *m* E'lektromechaniker *m*; *~ique* **I** *f* E'lektromechanik *f*; **II** *adj* e'lektromechanisch

électroménager [elɛktʀɔmenaʒe] **I** *adj appareils m/pl ~s* E'lektrogeräte *n/pl*; e'lektrische Haushaltsgeräte *n/pl*; **II** *m* (Sektor *m* der) e'lektrische(n) Haushaltsgeräte *n/pl*

électromoteur [elɛktʀɔmɔtœʀ] *adj* ⟨-trice⟩ e'lektro'torisch; *force électromotrice* (*abr* **f.é.m.**) elektromotorische Kraft (*abr* EMK)

électron [elɛktʀɔ̃] *m PHYS* 'Elektron *ou* E'lektron *n*

électronic|ien [elɛktRɔnisjɛ̃] *m*, **~ienne** *f* Elek'troniker(in) *m(f)*
électronique [elɛktRɔnik] **I** *adj* elek'tronisch; Elek'tronen...; ***calculateur*** *m*, ***calculatrice*** *f* ~ Elektronenrechner *m*; ***flash*** *m* ~ Elektronenblitz(gerät) *m(n)*; ***industrie*** *f* ~ Industrie *f* für elektronische Geräte; ***jeu*** *m* ~ Video-, Telespiel *n*; ***jeu m d'échecs*** ~ Schachcomputer [-pju:-] *m*; ***musique*** *f* ~ elektronische Musik; **II** *f* Elek'tronik *f*
électrophone [elɛktRɔfɔn] *m* Phonokoffer *m*; (*tourne-disque*) Plattenspieler *m*
électro|statique [elɛktRɔstatik] *PHYS* **I** *adj* elektro'statisch; **II** *f* Elektro'statik *f*; **~technicien** *m* E'lektrotechniker *m*; **~technique I** *adj* e'lektrotechnisch; ***industrie*** *f* ~ E'lektroindustrie *f*; **II** *f* E'lektrotechnik *f*
élégamment [elegamɑ̃] *adv cf élégant*
élégance [elegɑ̃s] *f* **1.** Ele'ganz *f*; *d'un meuble etc a* ele'gante Form; Formschönheit *f*; *de l'allure, des mouvements a* Anmut *f*; Grazie *f*; ***s'exprimer avec*** ~ sich elegant, gewandt ausdrücken; ***s'habiller avec*** ~ sich elegant, geschmackvoll kleiden; **2.** *par ext* Takt *m*; kor'rekte Haltung; ***savoir perdre avec*** ~ mit Haltung verlieren können
élégant [elegɑ̃] *adj* **1.** *personne, vêtement, intérieur* ele'gant; *formes etc a* anmutig; *tenue, attitude* tadellos, gewandt; kulti'viert; *restaurant* ele'gant; fein; *style* ele'gant; gewandt; **2.** *par ext procédé etc* ele'gant; geschickt; ***une façon*** **~e *de se débarrasser de qn*** e-e elegante, geschickte Art, j-n loszuwerden; ***un procédé peu*** ~ ein nicht sehr korrektes Verfahren; **II** *subst* ~**(e)** *m(f) plais* Stutzer *m*; Geck *m*; Modepuppe *f*
élégiaque [eleʒjak] **I** *adj* e'legisch; wehmütig; **II** *m* E'legiker *m*
élégie [eleʒi] *f* Ele'gie *f*
élément [elemɑ̃] *m* **1.** *d'un tout* Ele'ment *n*; Teil *m ou n*; Bestandteil *m*; Einzelteil *n*; (*détail*) Einzelheit *f*; (*facteur*) Mo'ment *n*; Faktor *m*; *MIL* Truppenteil *m*; Einheit *f*; *COMPTABILITÉ* Posten *m*; *d'un meuble* Anbauteil *m ou n*; ***les*** ~**s** *a* die verschiedenen *ou* einzelnen Teile; ~ ***de base*** Grundbestandteil *m*, -element *n*; grundlegender Bestandteil; ~**s d'un radiateur** Heizkörperrippen *f/pl*; ***meubles*** *m/pl* **à** ~**s** Anbaumöbel *n/pl*; ***l'enquête n'a apporté aucun*** ~ ***nouveau*** die Unter'suchung hat keine neuen Einzelheiten, kein neues Moment erbracht; ***nous manquons d'***~**s d'appréciation** es fehlen uns die Informationen, um uns ein Urteil bilden zu können; **2.** ~**s** *pl* (*rudiments*) *d'une science etc* Ele'mente *n/pl*; Grundzüge *m/pl*; Anfangsgründe *m/pl*; Grundlagen *f/pl*; Grundbegriffe *m/pl*; *pour un sujet etc* 'Unterlagen *f/pl*; ~**s d'algèbre, de géométrie** elemen'tare Algebra, Geometrie; **3.** ~**s** *pl* (*individus*) Ele'mente *n/pl* (*souvent péj*); Kräfte *f/pl*; ***bons, mauvais*** ~**s** gute, schlechte *ou* üble Elemente; **4.** *CHIM* Ele'ment *n*; **5.** *ÉLECT d'une pile* Ele'ment *n*; *d'une batterie* Zelle *f*; **6.** ~**s** *pl* (*forces naturelles*) Ele'mente *n/pl*; Na'turgewalten *f/pl*; **7.** (*milieu*) (Lebens)Ele'ment *n*; ***être dans son*** ~ in s-m Element sein

élémentaire [elemɑ̃tɛR] *adj* **1.** elemen'tar; grundlegend; Elemen'tar...; Grund...; Anfangs...; (*rudimentaire*) einfach(st); primi'tiv; mindest; ***notions*** *f/pl* ~ Grund-, Elementarkenntnisse *f/pl*; elementare Kenntnisse *f/pl*; ***précaution*** *f* ~ einfach(st)e Vorsichtsmaßnahme; ***c'est*** ~ das weiß jeder, jedes Kind; *cf a* ***cours*** *l.*; **2.** *CHIM, PHYS* Elemen'tar...; ***particule*** *f* ~ Elementarteilchen *n*
éléphant [elefɑ̃] *m ZO* Ele'fant *m*; ***mâle*** Ele'fantenbulle *m*; ~ ***de mer*** See-Elefant *m*; *fig d'une personne*: ***il a l'air d'un*** ~, ***c'est un*** ~ er ist ein richtiger Elefant; (***il est***) ***comme un*** ~ ***dans un magasin de porcelaine*** (er benimmt sich) wie ein Elefant im Porzellanladen; ***avoir une mémoire d'***~ ein phänome'nales Gedächtnis haben; sich alles merken (können); (*être rancunier*) nachtragend sein
éléphant|e [elefɑ̃t] *f ZO* Ele'fantenkuh *f*; **~eau** *m* ⟨*pl* ~**x**⟩ *ZO* junger Ele'fant; **~esque** *adj* ungeheuer; riesig; mächtig
éléphantiasis [elefɑ̃tjazis] *m MÉD* Elefan'tiasis *f*
élevage [elvaʒ] *m* Aufzucht *f*; Zucht *f*; Züchtung *f*; Haltung *f*; *abs* Viehzucht *f*; Viehwirtschaft *f*; ~ ***des moutons, des porcs*** Schaf-, Schweinezucht *f*; ~ ***de poulets*** *a* Hühnerfarm *f*; ***de poules*** ~ ***en batterie*** Batte'riehaltung *f*; ***faire de l'***~ Tiere züchten; Tierzüchter sein; e-e Tierzucht haben; Viehzucht (be)treiben
élévateur [elevatœR] *adj* ⟨-trice⟩ **1.** *TECH* ***appareil*** ~ *ou subst* ~ *m* Hebegerät *n*, -zeug *n*; *de grains* Ele'vator *m*; *MAR* Hebewerk *n*; ***chariot*** ~ Gabelstapler *m*; *t/t* Hubkarren *m*; *AUTO* ***pont*** ~ Hebebühne *f*; **2.** *ANAT* ***muscle*** ~ Hebemuskel *m*; Le'vator *m*
élévation [elevasjɔ̃] *f* **1.** *d'un bras, d'une charge* (An)Heben *n*; *TECH a* Hub *m*; **2.** *fig* Erhebung *f*; ~ ***à une dignité*** Erhebung in e-e Würde; ~ ***de l'âme vers Dieu*** Erhebung der Seele zu Gott; ***une grande*** ~ ***de pensée*** ein hoher Gedankenflug; **3.** (*construction*) *d'un mur etc* Bau *m*; Errichtung *f* (*a d'un monument*); **4.** *du niveau de l'eau, de la température etc* Erhöhung *f*; Anstieg *m*; *de la voix* (Er)Heben *n*; *d'un ballon* ~ ***dans les airs*** Aufsteigen *n*; Aufstieg *m*; **5.** *MATH* ~ ***au carré*** Erhebung *f* ins Qua'drat; **6.** *de terrain* (Boden)Erhebung *f*; Anhöhe *f*; **7.** *fig* (*caractère noble*) Erhabenheit *f*; Größe *f*; Adel *m*; *du style* Gehobenheit *f*; Erhabenheit *f*
élève [elɛv] *m,f* Schüler(in) *m(f)*; *d'un internat a* Zögling *m*; *d'une grande école* Stu'dent(in) *m(f)*; ***bon, mauvais*** ~ guter, schlechter Schüler; ~ ***officier*** Offi'ziersanwärter *m* (*abr* OA); ~ ***pilote*** Flugschüler(in) *m(f)*; ***du Conservatoire*** Schüler(in) *m(f)* am Konservatorium; Mu'sikstudent(in) *m(f)*
élevé [elve] *adj* **1.** (*haut*) hoch; *température* hoch; erhöht; *région* hochgelegen; *pouls* beschleunigt; ***peu*** ~ niedrig; ***poste*** ~ hoher, leitender Posten; **2.** (*noble*) ***pensées*** ~ erhaben; edel; *style* gehoben; erhaben; **3.** ***bien*** ~ wohlerzogen; gut erzogen; ***mal*** ~ schlecht erzogen; unerzogen; ungezogen; ***c'est mal*** ~ ***de dire cela*** es ist ungezogen, so

etwas zu sagen; *subst* F ***c'est un mal*** (**d**)**er ist schlecht erzogen**, *p/fort* ein Flegel
élever [elve] ⟨-è-⟩ **I** *v/t* **1.** *mur* errichten; aufführen; aufmauern; *cloison* hochziehen; *monument* errichten; aufstellen; *digue* aufschütten; **2.** *REL CATH hostie, calice* emporheben; **3.** *température* erhöhen; *niveau de culture, niveau de vie* (an)heben; erhöhen; her'aufsetzen; ***aux plus 'hautes dignités*** zu den höchsten Würden erheben; ~ ***qn au rang de ...*** j-n in den Rang e-s ... erheben; **4.** *protestation* erheben; einlegen; *objection, critique* erheben; vorbringen; ~ ***la voix*** (*parler plus haut*) die Stimme heben; *fig* die Stimme erheben (***contre*** gegen); ***il n'ose plus*** ~ ***la voix*** er wagt nichts mehr zu sagen; **5.** *MATH* ***nombre*** ~ ***à la puissance deux*** *etc* in die zweite *etc* Po'tenz erheben; *MUS* ~ ***d'un demi-ton*** um e-n halben Ton erhöhen; **6.** *enfants* großziehen; aufziehen; (*éduquer*) erziehen; ***ils ont été élevés ensemble*** sie sind zusammen aufgezogen worden, groß geworden; **7.** *animaux* auf-, großziehen; züchten; **II** *v/pr s'*~ **8.** *avion* (auf)steigen; *poussière* sich erheben; *fumée* auf-, hochsteigen; in die Höhe steigen; *flammes* auf-, emporlodern; hoch aufschlagen; *température* (an)steigen; *tour, montagne* sich erheben; (hoch) aufragen; *édifices* stehen; sich erheben; *oiseau s'*~ ***dans le ciel*** hoch aufsteigen; *montagne s'*~ ***en pente douce*** sanft ansteigen; **9.** *fig personne s'*~ ***au-dessus de qc*** sich über etw (*acc*) erheben; über etw (*acc*) hin'auswachsen; ***s'***~ ***au-dessus des préjugés*** sich über Vorurteile hin'wegsetzen; **10.** *voix, dispute, vacarme etc* sich erheben; *dispute a* ausbrechen; **11.** ***s'***~ ***contre qn*** gegen j-n auftreten; sich gegen j-n erklären; ***s'***~ ***contre les abus*** sich gegen 'Mißstände wenden; gegen Mißstände protestieren; **12.** (*parvenir à un rang supérieur*) hoch-, vorwärtskommen; ***s'***~ ***aux premières charges d'État*** es (bis) zu den höchsten Staatsämtern bringen; ***s'***~ ***au rang des grandes puissances*** zu e-r Großmacht werden; ***s'***~ ***au-dessus de sa condition sociale*** aus s-n sozialen Verhältnissen her'auskommen; **13.** *nombre, somme, prix s'*~ **à** betragen (+*acc*); sich belaufen auf (+*acc*)
élev|eur [elvœR] *m*, **~euse** *f* **1.** Züchter(in) *m(f)*; ***éleveur de chevaux, de porcs*** Pferde-, Schweinezüchter *m*; **2.** ***éleveuse*** (***artificielle***) künstliche Glucke
elfe [ɛlf] *m MYTH* Elf(e) *m(f)*
Éliane [eljan] *f Vorname*
élider [elide] *v/t voyelle* eli'dieren; ausstoßen; weglassen; *adjt* ***article élidé*** bestimmter Artikel mit elidiertem e bzw. a
Élie [eli] *m* E'lias *m* (*a BIBL*)
éligibilité [eliʒibilite] *f POL* Wählbarkeit *f*; passives Wahlrecht
éligible [eliʒibl(ə)] *adj* wählbar; ***être*** ~ *a* das passive Wahlrecht besitzen
élimé [elime] *adj* 'durchgescheuert; abgewetzt; fadenscheinig; abgetragen
élimination [eliminasjɔ̃] *f* **1.** Beseitigung *f*; Ausschaltung *f*; Elimi'nierung *f*; *de qn dans un concours* Ausscheiden *n*;

éliminatoire [eliminatwaʀ] **I** *adj* den Ausschluß bedingend; Ausscheidungs...; *SPORTS* *épreuve f*, *match m* ~ Ausscheidungs(wett)kampf *m*, -spiel *n*; *EXAMEN* *note f* ~ den Ausschluß bedingende Note; **II** *f/pl* ~s Ausscheidungs(wett)kämpfe *m/pl*

Ausschluß *m*; ~ *des déchets* (Abfall-)Entsorgung *f*; *procéder par* ~ nacheinander die verschiedenen Möglichkeiten ausschließen; **2.** *MATH* Eliminati'on *f*; **3.** *PHYSIOL* Ausscheidung *f*

éliminer [elimine] *v/t* **1.** *doute, possibilité* ausschalten; ausschließen; *obstacle* beseitigen; aus dem Weg räumen; *déchets* entsorgen; *fautes, erreurs, abus* beseitigen; ausmerzen; elimi'nieren; *difficultés* beseitigen; ausräumen; *du superflu* ausscheiden; aussondern; *concurrent, adversaire* ausschalten; elimi'nieren; *candidat, équipe être éliminé* ausscheiden (müssen); **2.** *MATH* elimi'nieren; **3.** *PHYSIOL* ausscheiden

élire [eliʀ] *v/t* 〈*cf* lire〉 wählen; ~ *qn président* j-n zum Präsidenten wählen; *être élu au premier tour* im ersten Wahlgang gewählt werden; *cf a* **domicile**

Élisabeth [elizabɛt] *f* E'lisabeth *f*

élisabéthain [elizabetɛ̃] *adj HIST* elisabe'thanisch

élision [elizjɔ̃] *f d'une voyelle* Elisi'on *f*

élite [elit] *f* E'lite *f*; Auslese *f*; *loc/adj*: *sujet m d'*~ hervorragender, glänzender Schüler; *tireur m d'*~ Scharfschütze *m*

élitisme [elitism(ə)] *m* eli'täres Sy'stem; *faire de l'*~ e-e elitäre Politik betreiben

élitiste [elitist] *adj* eli'tär

élixir [eliksiʀ] *m PHARM* Eli'xier *n*; Heiltrank *m*; ~ *de longue vie* Lebenselixier *n*; *par ext* F *c'est un véritable* ~ das ist ein köstliches Getränk

elle [el] *pr/pers de la 3ᵉ personne sg f* 〈*pl* elles〉 **1.** *sujet d'un verbe* sie (*sg et pl*); ~*(s) arrive(nt)* sie kommt ou kommen; *la maison*, ~ *est neuve* es ist neu; **2. a)** *employé seul et souvent accentué* sie (*sg et pl*); ~ *non plus* sie auch nicht; ~ *et sa sœur* sie und ihre Schwester; *je n'aime qu'*~ ich liebe nur sie; ~, ~ *n'a rien dit* sie hat nichts gesagt; **b)** *avec prép* sie (*acc sg et pl*); ihr (*dat sg*); ihnen (*dat pl*); *réfléchi* sich; *pour* ~*(s)* für sie; *avec* ~ mit ihr; *avec* ~*s* mit ihnen; ~ *ne pense qu'à* ~ sie denkt nur an sich; **3.** F (*histoire, fait*) ~ *est bien bonne!* das ist ja gut!; ~ *est raide, celle-là!* das ist (ja) ein starkes Stück!

ellébore [elebɔʀ] *m BOT* Nieswurz *f*

elle-même [elmɛm] *pr/pers* 〈*pl* elles-mêmes〉 **1.** *emphatique* (sie) selbst; *elle l'a dit* ~ sie hat es selbst gesagt; **2.** *réfléchi* sich (selbst); *d'*~ von sich aus; von selbst; aus eigenem Antrieb

elles [ɛl] *pr/pers cf* **elle**

ellipse [elips] *f MATH, ASTR, GR* El'lipse *f*

elliptique [eliptik] *adj* **1.** *MATH, ASTR* el'liptisch; el'lipsenförmig; **2. a)** *GR, RHÉT* el'liptisch; unvollständig; **b)** *fig allusions etc* rätselhaft; unverständlich

élocution [elɔkysjɔ̃] *f* Sprech-, Redeweise *f*; Dikti'on *f*; Vortrag *m*; ~ *aisée, facile ou facilité f d'*~ Rede-, Sprachgewandtheit *f*; *défaut m d'*~ Sprachfehler *m*

éloge [elɔʒ] *m* **1.** (*louange*) Lob *n*; *digne d'*~*s* lobenswert; löblich; *faire l'*~ *de qc, qn* etw, j-n (sehr) loben; über etw, j-n des Lobes voll sein; ein Loblied auf etw, j-n anstimmen, singen; *ne pas tarir d'*~*s sur qc, qn* etw, j-n nicht genug loben können; F etw, j-n über den grünen Klee loben; **2.** *discours* Lobrede *f*; ~ *académique* Rede *f* auf ein verstorbenes Akademiemitglied; ~ *funèbre* Grabrede *f*; Nachruf *m*

élogieux [elɔʒjø] *adj* 〈-euse〉 lobend; anerkennend; (*flatteur*) schmeichelhaft; *en termes* ~ mit lobenden Worten

Éloi [elwa] *m saint* E'ligius *m*

éloigné [elwaɲe] *adj* **1. a)** *dans l'espace* fern; (weit) entfernt; abgelegen; entlegen; **b)** *avenir, passé* fern; *époque* weit zu'rückliegend; längst vergangen; **2.** *parents* entfernt; weitläufig; *ils sont parents* ~*s* sie sind entfernt, weitläufig verwandt; **3.** *fig être* ~ *de qc* von etw weit entfernt *ou* weg sein; e-r Sache (*dat*) fernstehen; *il n'était plus très* ~ *de croire que ...* er war nahe daran zu glauben, daß ...

éloignement [elwaɲmɑ̃] *m* **1.** *action* Entfernen *n*, -ung *f*; **2.** (*distance*) Entfernung *f*; Di'stanz *f*; Abstand *m*; **3.** *fig* Abwesenheit *f*, Fernsein *n* (*de* von)

éloigner [elwaɲe] **I** *v/t* **1. a)** *objet, meuble* zur Seite rücken, schieben; wegrücken, (weiter) wegstellen (*de* von); fort-, wegräumen; bei'seite räumen; *personnes* wegbringen (*de* aus, von); entfernen, fernhalten (von); **b)** *dans le temps* entfernen (*qn de qc* j-n von etw); *danger, échéance* auf-, hin'ausschieben; hin'auszögern; **2.** *fig personne* entfremden (*de* dat); entfernen, abbringen (von); *pensées* von sich weisen; verwerfen; ~ *les enfants de leur mère* die Kinder ihrer Mutter entfremden; **II** *v/pr s'*~ **3.** sich entfernen (*de* von); *personne a* weg-, fortgehen (*de la ville* aus der Stadt; *de qn* von j-m); *du chemin* abkommen, abgehen; abweichen; *orage* a abziehen; *bruit* sich in der Ferne verlieren; *éloignez-vous* treten Sie zurück; gehen Sie hier weg; *ne t'éloigne pas trop!* geh nicht zu weit weg!; **4.** *fig du sujet* abkommen; abweichen; abschweifen; *souvenirs* verblassen; in die Ferne rücken; *personne s'*~ *de qn* sich j-m entfremden

élongation [elɔ̃gasjɔ̃] *f MÉD* **a)** *d'un muscle* Zerrung *f*; Überdehnung *f*; **b)** *de la colonne vertébrale* Dehnung *f*

éloquence [elɔkɑ̃s] *f* **1.** Beredsamkeit *f*; Redegabe *f*; Beredtheit *f*; Eloqu'enz *f*; ~ *parlementaire* po'litische Rhe'torik; parlamen'tarische Beredsamkeit; *parler avec* ~ beredt, mit großer Beredsamkeit sprechen; **2.** *fig d'un regard, d'un geste etc* Beredtheit *f*; ~ *des chiffres* deutliche Sprache der Zahlen

éloquent [elɔkɑ̃] *adj* **1.** *personne* beredt, rede-, wort-, sprachgewandt; beredsam; eloqu'ent; wortgewaltig; *en termes* ~*s* mit beredten Worten; **2.** *fig regard, geste, silence* beredt; vielsagend; *regard a* sprechend; *chiffres être* ~ viel zu sagen haben; e-e deutliche Sprache reden

élu [ely] **I** *p/p cf* **élire** *et adj* **1.** *POL* gewählt; **2.** *fig* auserwählt (*a REL*); *poët* auserkoren; **II** *subst* **1.** ~(*e*) *m(f) fig,* *REL* Auserwählte(r) *f(m)*; *poët, plais* Auserkorene(r) *f(m)*; *plais l'*~*e de son cœur* die Auserwählte s-s Herzens; s-e Auserkorene; **2.** *POL les* ~*s m/pl* die gewählten Vertreter *m/pl*

élucidation [elysidasjɔ̃] *f* Aufklärung *f*; Erhellung *f*

élucider [elyside] *v/t énigme* aufklären; aufhellen; *texte, problème* erläutern; erklären; erhellen; ~ *une affaire* Licht in e-e Sache bringen; e-e Angelegenheit klären

élucubrations [elykybʀasjɔ̃] *f/pl péj* Hirngespinste *n/pl*

éluder [elyde] *v/t difficulté, problème* (geschickt) ausweichen, sich entziehen, aus dem Weg gehen (+*dat*)

Élysée [elize] **I** *m l'*~ **1.** *POL* das Ely'see (Sitz des Präsidenten der Republik in Paris); **2.** *MYTH* das El'ysium *n*; **II** *adj MYTH les champs* ~*s* die e'lysischen, ely'säischen Gefilde *n/pl*; *cf a* **Champs-Élysées**

élyséen [elizeɛ̃] *adj* 〈-ne〉 **1.** *MYTH* ely'säisch; e'lysisch; **2.** *POL* des Ely'sees; des Ely'seepalastes

élytre [elitʀ(ə)] *m ZO* Flügeldecke *f*; Deckflügel *m*

émacié [emasje] *adj* abgezehrt; ausgemergelt

émail [emaj] *m* 〈*pl* -aux〉 **1. a)** E'mail *n*; E'maille *f*; Schmelz *m*; *CÉRAMIQUE* Gla'sur *f*; **b)** *bijou* E'mailschmuck *m*; **c)** *TECH* email'liertes Gußeisen, Blech; *baignoire f en* ~ Emailwanne *f*; emaillierte (Bade)Wanne *f*; **2.** *ANAT* ~ (*des dents*) (Zahn)Schmelz *m*

émaillage [emajaʒ] *m* **a)** *action* Email'lieren *n*; *CÉRAMIQUE* Gla'sieren *n*; **b)** *résultat* Email'lierung *f*; Gla'sur *f*

émailler [emaje] *v/t* **1.** email'lieren; *céramique, porcelaine* gla'sieren; *adj émaillé* a) emailliert; b) glasiert; **2.** *fig texte, discours* (aus)schmücken, verzieren (*de citations* mit Zitaten); *iron émaillé de fautes* mit Fehlern gespickt

émanation [emanasjɔ̃] *f* **1.** *PHILOS, PHYS, CHIM* Emanati'on *f*; **2.** *d'une usine etc* Ausdünstung *f*; *de gaz, de vapeurs* Ausströmen *n*; Aufsteigen *n*; **3.** *fig* Auswirkung *f*; Ausdruck *m*; Sichtbarwerden *n*

émancipateur [emɑ̃sipatœʀ] *adj* 〈-trice〉 emanzipa'torisch; Emanzipati'ons...

émancipation [emɑ̃sipasjɔ̃] *f* **1.** Emanzipati'on *f*; Emanzi'pierung *f*; Befreiung *f*; Gleichstellung *f*; Gleichberechtigung *f*; ~ *des femmes* Emanzipation, Gleichberechtigung der Frauen; **2.** *JUR* Volljährigkeitserklärung *f*; Mündigsprechung *f*

émanciper [emɑ̃sipe] **I** *v/t* **1.** emanzi'pieren; befreien; selbständig, unabhängig machen; *femmes a* (rechtlich) gleichstellen; *adj une femme émancipée* e-e emanzipierte, sehr selbständige, unabhängige Frau; **2.** *JUR* für volljährig, mündig erklären; mündigsprechen; **II** *v/pr s'*~ sich emanzi'pieren, befreien, frei machen; unabhängig, selbständig werden

émaner [emane] *v/i* **1.** *gaz, odeurs* ausströmen (*de* aus); *lumière, chaleur* ausgestrahlt werden (von); **2.** *fig pouvoir etc* ausgehen (*a charme, dignité*), kommen, herrühren, sich ableiten (*de* von); *un décret éma-*

nant du gouvernement ein von der Regierung her'ausgegebener Erlaß, erlassenes Dekret
émargement [emaʀʒəmã] *m* Abzeichnung *f*; Unter'schreiben *n*; **feuille** *f* **d'~** (*liste de présence*) Anwesenheitsliste *f*; (*liste de paye*) Gehalts-, Lohnquittungsliste *f*
émarger [emaʀʒe] ⟨-geons⟩ **I** *v/t* (am, auf dem Rand) abzeichnen; unter'schreiben; **II** *v/i* sein Gehalt, Geld empfangen, beziehen
émascul|ation [emaskylasjõ] *f* Entmannung *f*; Kastrati'on *f*; **~er** *v/t* homme entmannen; *animal* ka'strieren
emballage [ãbalaʒ] *m* **1.** *action* Ver-, Einpacken *n*; Packen *n*; **2.** (*enveloppe*) Verpackung *f*; Verpackungsmaterial *n*; **~ d'origine** Origi'nal(ver)packung *f*; **sans ~** unverpackt; ohne Verpackung; offen
emballement [ãbalmã] *m* **1.** *d'un cheval* Scheuen *n*; 'Durchgehen *n*; **2.** (*enthousiasme*) vorschnelle Begeisterung; heftiges Gefühl (*pour* für); **3.** *d'un moteur* Aufheulen *n*; *d'une machine* 'Durchgehen *n*, -drehen *n*
emballer [ãbale] **I** *v/t* **1.** *marchandises, objets* ein-, verpacken; *marchandises a* einschlagen; **2.** *moteur* aufheulen lassen; hochjagen; **3.** *F public* hin-, mitreißen; begeistern; **son discours nous a emballés** wir waren ganz hingerissen, F ganz hin, ganz weg von s-r Rede; **ça ne m'emballe pas** das reizt, lockt mich nicht; F das reißt mich nicht vom Stuhl; **4.** *F criminel etc* F schnappen; hochgehen lassen; **5.** F ~ *une fille* F ein Mädchen her'umkriegen; **II** *v/pr* **s'~ 6.** *cheval* scheuen; 'durchgehen; scheu, wild werden; **7.** *moteur* aufheulen lassen; *machine* 'durchdrehen, -gehen; **8.** F *public, personne* **a)** (*s'enthousiasmer*) sich rasch begeistern; gleich Feuer und Flamme sein; schnell, rasch Feuer fangen; **b)** (*s'emporter*) aufbrausen; sich hinreißen lassen; heftig werden; sich ereifern; F hochgehen; **ne t'emballe pas**, *ce n'est pas sûr!* reg dich nicht auf *ou* freu dich nicht zu früh, …!
embarcadère [ãbaʀkadɛʀ] *m* MAR Landungsbrücke *f*, -steg *m*; Pier *m ou f*; Lande-, Anlegeplatz *m*, -stelle *f*; *pour marchandises a* Verladeplatz *m*
embarcation [ãbaʀkasjõ] *f* (kleines) (Segel-, Ruder-, Motor)Boot *n*; Wasserfahrzeug *n*; *embarqué* Beiboot *n*
embardée [ãbaʀde] *f* **1.** AUTO **faire une ~** plötzlich seitlich, nach der Seite ausweichen; e-e plötzliche Lenkbewegung, F e-n Schlenker machen; **2.** MAR Gieren *n*; Gierschlag *m*
embargo [ãbaʀgo] *m* ÉCON Em'bargo *n*; Handelssperre *f*, -verbot *n*; **~ sur les importations** Einfuhrverbot *n*, -sperre *f*; **~ sur les livraisons d'armes** Waffenembargo *n*; **frapper d'~** mit e-m Embargo belegen; **lever l'~** das Embargo aufheben; **mettre l'~ sur** ein Embargo verhängen über (+*acc*)
embarquement [ãbaʀkəmã] *m sur un bateau* Einschiffung *f*; *de troupes, marchandises a* Verschiffung *f*; *de troupes, marchandises:* sur bateau, en train, en avion Verladung *f*; *des passagers sur bateau, en avion* An'bordgehen *n*; *des passagers dans tous véhicules* Einsteigen *n*

embarquer [ãbaʀke] **I** *v/t* **1.** *sur bateau* einschiffen; an Bord nehmen (*a en avion*); *troupes, marchandises a* verschiffen; *marchandises a* über'nehmen; *par ext marchandises, troupes dans tous véhicules* ver-, einladen; **~ qn dans sa voiture** j-n in sein Auto einsteigen lassen; F j-n in sein Auto packen, verfrachten; **2.** F (*voler*) **~ qc** F etw mitgehen lassen; **3.** F *police* **~ qn** F j-n schnappen, einlochen, *österr* einkasteln; **4.** F **~ qn dans une affaire** j-n in e-e Angelegenheit verstricken, verwickeln, hin'einziehen; **II** *v/i* **5.** *passagers* sich einschiffen; an Bord gehen (*a en avion*); **6.** MAR *navire* Wasser 'übernehmen; **III** *v/pr* **s'~ 7.** sich einschiffen (*sur* auf +*dat*); an Bord gehen (*a en avion*); **s'~ pour l'Angleterre** sich nach England einschiffen; **8.** F **s'~ dans une affaire** sich verwickeln in (+*acc*); sich einlassen in *ou* auf (+*acc*); verwickelt, verstrickt werden in (+*acc*)
embarras [ãbaʀa] *m* **1.** unangenehme, schwierige, peinliche Lage *ou* Situati'on; Notlage *f*; *st/s* Bedrängnis *f*; F Klemme *f*; *par ext* **~ (d'argent)** (Geld-)Verlegenheit *f*, Geldnot *f*, -schwierigkeiten *f/pl*; **être dans l'~** e-r unangenehmen *ou* schwierigen Lage, Situation sein; in e-r Notlage, in e-r Zwickmühle sein; **mettre qn dans l'~** j-n in e-e unangenehme *ou* schwierige Lage, *st/s* in Bedrängnis bringen; **tirer qn d'~** j-m aus e-r schwierigen Situation, aus e-r Verlegenheit, aus e-r Notlage, F aus e-r Klemme helfen; **se tirer d'~** aus e-r schwierigen Situation her'auskommen; sich aus e-r Notlage befreien; F **n'avoir que l'~ du choix** nur zu wählen brauchen; **2.** (*confusion*) Verlegenheit *f*; Verwirrung *f*; Befangenheit *f*; Unsicherheit *f*; Beschämung *f*; **3. faire des ~** Ungelegenheiten, 'Umstände machen; sich zieren; **4.** MÉD **~ gastrique** Magenverstimmung *f*, -beschwerden *f/pl*
embarrassant [ãbaʀasã] *adj* **1.** *situation, question, cas etc* unangenehm; peinlich; schwierig; verzwickt; unbequem; lästig; *question a* verfänglich; *situation a* mißlich; **2.** *colis etc* hinderlich
embarrassé [ãbaʀase] *adj* **1.** *air, sourire etc* verlegen; betreten; befangen; *explications* wirr, verworren; *personne* **être ~** verlegen, verwirrt, peinlich berührt, beschämt, betreten sein; in Verlegenheit kommen; **être bien ~ pour répondre** um e-e Antwort verlegen sein; **je serais bien ~ pour vous le dire** das kann ich Ihnen beim besten Willen nicht sagen; **2. avoir les mains ~es** die Hände nicht frei haben; **être ~ dans un long manteau** *etc* durch e-n langen Mantel *etc* behindert sein
embarrasser [ãbaʀase] **I** *v/t* **1.** *vêtements, paquets etc* **~ qn** j-n behindern, stören; j-m hinderlich, lästig sein; **2.** (*déconcerter*) **~ qn** *personne, question* j-n in Verlegenheit bringen, verlegen machen; verwirren; *situation* für j-n peinlich, unangenehm sein; (*mettre dans une situation gênante*) **~ qn** j-n in e-e schwierige, unangenehme Situation bringen; j-m Ungelegenheiten machen; j-m lästig sein; j-m zu schaffen machen;

II *v/pr* **s'~ 4.** (*s'encombrer*) sich belasten (*de* mit); **5.** *fig* (*se soucier de*) **il ne s'embarrasse pas pour si peu** das stört *ou* kümmert ihn nicht, wenig; **ne pas s'~ de scrupules** sich keine Skrupel machen
embastiller [ãbastije] *v/t* **1.** HIST in die Ba'stille sperren; **2.** *plais* einsperren
embauche [ãboʃ] *f* Ein-, Anstellung *f*; *travailleur* **chercher de l'~** e-e Anstellung, e-e Stelle, Arbeit suchen
embaucher [ãboʃe] *v/t* **1.** *travailleur* ein-, anstellen; **se faire ~** e-e Beschäftigung annehmen; **2.** F *fig* **~ qn** j-n anstellen, einspannen (*pour essuyer la vaisselle* zum Geschirrabtrocknen); **viens, je t'embauche** komm, ich hab' (e-e) Arbeit für dich
embauchoir [ãboʃwaʀ] *m* Schuhspanner *m*; Leisten *m*
embaumement [ãbommã] *m* Einbalsamierung *f*
embaumer [ãbome] **I** *v/t* **1.** *cadavre* einbalsamieren; **2. a)** *pièce, jardin etc* mit Wohlgeruch, (angenehmem) Duft erfüllen; **b)** **~ la violette** *etc* Veilchenduft *etc* ver-, ausströmen, verbreiten; nach Veilchen duften; **II** *v/i* duften (*a iron*); e-n angenehmen Duft verbreiten, aus-, verströmen
embellie [ãbeli] *f* **1.** MAR (vor'übergehende) Windstille *ou* ruhige See; **2.** (*éclaircie*) (Zwischen)Aufheiterung *f*
embellir [ãbeliʀ] **I** *v/t* **1.** schön(er) machen; *personne, visage a* verschönern; *chose, lieu a* verschönern; **2.** *fig personnage, vérité etc* in e-m besseren Licht erscheinen lassen; *récit* ausschmücken; *situation* beschönigen; schönfärben; **II** *v/i* ⟨*Vorgang* avoir, *Ergebnis* être⟩ schön(er), hübsch(er) werden; F sich her'ausmachen
embellissement [ãbelismã] *m* Verschönerung *f*; *de la réalité* Ausschmückung *f*; Beschönigung *f*
emberlificoter [ãbɛʀlifikɔte] F **I** *v/t* **~ qn** F j-n beschwatzen, einwickeln, her'umkriegen; **II** *v/pr* **s'~** sich verheddern (*a fig* **dans ses explications** in s-n Erklärungen)
embêtant [ãbɛtã] F *adj* **1.** (*ennuyeux*) *film, livre etc* langweilig; fad; F blöd; doof; *personne, chose* **être ~** einem auf die Nerven gehen *ou* fallen; einem lästig werden *ou* fallen; **2.** (*fâcheux*) *incident etc* ärgerlich; unangenehm; F blöd; **ça, c'est ~!** so was Dummes, Blödes!; das ist dumm, unangenehm, ärgerlich, blöd!; *subst* **l'~ (dans cette histoire) c'est que …** das Dumme daran *ou* an der Sache ist, daß …
embêtement [ãbɛtmã] F *m* Ärger *m*; Unannehmlichkeit *f*; F Schere'rei *f*
embêter [ãbete] F **I** *v/t* **1.** (*lasser*) **~ qn** j-n langweilig, j-m auf die Nerven gehen *ou* fallen; j-m lästig fallen *ou* werden; F j-n anöden; j-m auf den Geist gehen; j-m auf den Wecker fallen; **2.** (*contrarier*) **~ qn** j-m Ärger, F Schere'reien machen, j-m zu schaffen machen; j-n wurmen; **ça m'embête vachement!** das paßt mir ganz und gar nicht!; F das stinkt mir!; *adjt* **je suis embêté** F in der Patsche, Klemme sein, sitzen, stecken; in der Tinte sitzen; **je suis drôlement embêté!** *a* F so was Blödes, Dummes!; ist das blöd, dumm, ärgerlich!; **3.** (*irri-*

ter) ~ qn j-n ärgern, belästigen, reizen; *ne l'embête pas!* laß ihn in Ruhe, zufrieden!; *ne m'embête pas avec ça!* bleib mir damit vom Hals!; laß mich damit in Ruhe!; komm mir nicht damit!; **II** *v/pr s'~* **4.** *(s'ennuyer)* sich langweilen; F sich mopsen; **5.** *il ne s'embête pas* er kann sich alles leisten; **6.** *ne pas s'~ à faire qc* sich nicht die Mühe machen, etw zu tun; F nicht so dumm *ou* blöd sein und etw tun; *je ne vais pas m'~ avec ça* damit werde ich mich nicht her'umschlagen

emblaver [ãblave] *v/t champ* (mit Weizen, Getreide) besäen

emblée [ãble] *loc/adv d'~* so'fort; gleich (zu Beginn); auf Anhieb; (gleich) beim ersten Versuch, Mal

emblématique [ãblematik] *adj* emble'matisch; sinnbildlich

emblème [ãblɛm] *m* Em'blem *n*; Sinnbild *n*; Wahrzeichen *n*; Attri'but *n*

embobiner [ãbɔbine] *v/t* F ~ *qn* F j-n beschwatzen, einwickeln

emboîtage [ãbwataʒ] *m d'un livre* Schuber *m*; Kas'sette *f*

emboîtement [ãbwatmã] *m* Inein'andergreifen *n*; TECH (Holz-, Me'tall)Verbindung *f*; Verband *m*; Verbund *m*

emboîter [ãbwate] **I** *v/t* **1.** einpassen, einfügen (*qc dans qc* etw in etw [*acc*]); *plusieurs choses* zu'sammensetzen, -fügen; inein'anderstecken; *chaussures ~ bien le pied* gut, F wie angegossen passen; **2.** *le pas à qn* a) j-m auf den Fuße folgen; hinter j-m hergehen; b) *fig* in j-s Fuß(s)tapfen (*acc*) treten; j-s Beispiel (*dat*) folgen; j-m nacheifern; **II** *v/pr s'~* inein'anderpassen, -greifen, -stecken

embolie [ãbɔli] *f MÉD* Embo'lie *f*; ~ *pulmonaire* Lungenembolie *f*

embonpoint [ãbɔ̃pwɛ̃] *m* Korpu'lenz *f*; Körperfülle *f*; (Wohl)Beleibtheit *f*; *avoir tendance à l'~* zur Korpulenz neigen; *prendre de l'~* korpulent, dick, füllig werden

embouché [ãbuʃe] *adj* F *être mal ~* grob, patzig, ausfällig werden

emboucher [ãbuʃe] *v/t instrument à vent* ansetzen

embouchure [ãbuʃyʀ] *f* **1.** *d'un fleuve* Mündung *f*; *l'~ de la Loire* die Loiremündung *f*; **2.** *MUS* Mundstück *n*; Ansatz *m*

embourber [ãbuʀbe] **I** *v/t véhicule* in den Schlamm, Dreck, Mo'rast fahren; *être embourbé* im Schlamm, Dreck, Morast feststecken, festgefahren sein; **II** *v/pr s'~* **1.** im Schlamm, Dreck, Mo'rast steckenbleiben; **2.** *fig* sich verwickeln, verstricken (*dans* in +*acc*)

embourgeois|ement [ãbuʀʒwazmã] *m* Verbürgerlichung *f*; ~*er* s*'~* verbürgerlichen; bürgerlich, *péj* spießig werden

embout [ãbu] *m* **1.** *d'une canne, d'un parapluie* Zwinge *f*; Spitze *f*; **2.** *d'une seringue* Aufsatz *m*

embouteillage [ãbutɛjaʒ] *m* **1.** Verkehrsstockung *f*; (Verkehrs)Stau *m*; Verstopfung *f*; *être pris dans un ~* in e-n Stau geraten; *état* im Stau stecken; **2.** *par ext* Über'füllung *f*; Über'laufensein *n*; Andrang *m*; TÉL Über'lastung *f*

embouteiller [ãbuteje] *v/t voie de communication* verstopfen; *adjt* embou-

teillé rue etc verstopft; *par ext lignes téléphoniques* über'lastet; *profession* über'füllt; über'laufen

emboutir [ãbutiʀ] **I** *v/t* **1.** *aile, arrière de voiture etc* eindrücken; demo'lieren; ~ *une voiture* a auf e-n Wagen auffahren; *je me suis fait ~* (*l'arrière de ma voiture*) F mir ist einer (hinten) rein-, draufgefahren; **2.** TECH tiefziehen; kümpeln; **II** *v/pr s'~* zu'sammenstoßen, -prallen; *s'~ contre un camion* auf e-n Lastwagen auffahren

emboutissage [ãbutisaʒ] *m* **1.** *d'une aile etc* Eindrücken *n*; Zerbeulen *n*; **2.** TECH Tiefziehen *n*; Kümpeln *n*

embranchement [ãbʀãʃmã] *m* **1.** *de routes* Abzweigung *f*; Gabelung *f*; *de tuyaux* Verzweigung *f*; **2.** CH DE FER Abzweigung *f*; Zweig-, Nebenlinie *f*; Zweigbahn *f*; **3.** BIOL Stamm *m*

embrancher [ãbʀãʃe] **I** *v/t route, voie ferrée* verbinden (*à ou sur la voie principale* mit der Hauptstraße *ou* dem Hauptgleis); anschließen (an +*acc*); **II** *v/pr s'~* verbunden sein (*sur* mit); angeschlossen sein (an +*acc*)

embrasement [ãbʀazmã] *m st/s* **1.** (*incendie*) *st/s* Feuersbrunst *f*; **2.** *fig* Glut *f*; Feuer *n*

embraser [ãbʀaze] *st/s* **I** *v/t soleil: ciel* in (rote) Glut tauchen; *soleil: paysage* versengen; brennen auf (+*acc*); *adjt embrasé* in Glut getaucht; glutrot; *personne embrasé de passion st/s* zu wilder Glut entfacht; **II** *v/pr s'~ ciel* sich rot färben; in Glut getaucht sein

embrassade [ãbʀasad] *f* heftige, stürmische (Begrüßungs)Küsse *m/pl*; (stürmische) Um'armung

embrasse [ãbʀas] *f d'un rideau* Raffhalter *m*

embrassé [ãbʀase] *adj rimes ~es* um'armende, um'schließende Reime *m/pl*

embrassement [ãbʀasmã] *m litt* Um'armung *f*

embrasser [ãbʀase] **I** *v/t* **1.** küssen; um'armen (und küssen); *enfants a st/s* herzen; ~ *qn sur la bouche* j-n auf den Mund küssen; *se tenir embrassés* sich um'schlungen halten; *à la fin d'une lettre je t'embrasse bien fort* herzliche Grüße und Küsse. **2.** *fig et st/s ~ une carrière* e-n Beruf ergreifen; e-e Laufbahn einschlagen; *une cause* für e-e Sache eintreten; sich für e-e Sache einsetzen; *prov qui trop embrasse mal étreint* wer zuviel anfängt, führt nichts richtig durch; **3.** *domaine, époque, question* um'fassen; um'schließen; **4.** *paysage, région etc ~ du regard* über'schauen, -'blicken; ~ *d'un coup d'œil* mit e-m Blick um'fassen; **II** *v/pr s'~* sich küssen

embrasure [ãbʀazyʀ] *f CONSTR* Fenster- *ou* Türöffnung *f*; Laibung *ou* Leibung *f*; *se tenir dans l'~ de la porte* in der Tür stehen

embrayage [ãbʀɛjaʒ] *m* **1.** *mécanisme* Kupplung *f*; **2.** *action* Einkuppeln *n*

embrayer [ãbʀeje] ‹-ay- *od* -ai-› **I** *v/t TECH* einrücken, -kuppeln; **II** *v/i AUTO* (ein)kuppeln; die Kupplung kommen lassen; **2.** *fig* anfangen, beginnen (*sur* mit)

embrigadement [ãbʀigadmã] *m* Einreihung *f*, Eingliederung *f* (*dans* in +*acc*); Unter'stellung *f* (unter +*acc*)

embrigader [ãbʀigade] *v/t* einreihen; eingliedern; einteilen, einsetzen (*pour faire qc* zu etw); ~ *dans une organisation* e-r Organisation (*dat*) unter'stellen; in e-e Organisation einreihen, -gliedern

embringuer [ãbʀɛ̃ge] F **I** *v/t* ~ *qn dans une affaire* j-n in e-e Affäre hin'einziehen, verwickeln; **II** *v/pr s'~ dans qc* in etw (*acc*) hin'eingeraten, F hin'einschlittern

embrocher [ãbʀɔʃe] *v/t* **1.** *volaille* an e-n, den (Brat)Spieß stecken; **2.** F *adversaire* durch'bohren; F aufspießen; **3.** *MÉD os* nageln

embrouillamini [ãbʀujamini] F *m* Durchein'ander *n*; Wirrwarr *m*

embrouille [ãbʀuj] F *f* Verwirrung *f*; verworrene Situati'on

embrouillé [ãbʀuje] *adj discours, explications etc* wirr; kon'fus; verworren

embrouiller [ãbʀuje] **I** *v/t* **1.** *fils* verwirren; *fils, papiers etc* durchein'anderbringen; in Unordnung bringen; F verwursteln; **2.** *fig situation, question* kompli'zieren; verwickelt machen; *faits* vernebeln; verschleiern; **3.** ~ *qn* j-n verwirren, durchein'anderbringen, in Verwirrung bringen, aus dem Kon'zept bringen; **II** *v/pr s'~* sich nicht mehr zu'rechtfinden, auskennen (*dans ses calculs* in s-n Rechnungen); *en parlant* den Faden verlieren; aus dem Kon'zept kommen; F sich verheddern; *s'~ dans ses explications* sich in s-n Aussagen verstricken; wirre Erklärungen vorbringen

embroussaillé [ãbʀusaje] *adj chemin* von Gebüsch, Gestrüpp über'wuchert; *cheveux, barbe* struppig; verfilzt

embrumer [ãbʀyme] **I** *v/t* **1.** in Nebel, Dunst hüllen; **2.** *fig alcool: cerveau* be-, vernebeln; *avoir l'esprit embrumé* benommen, benebelt sein; **II** *v/pr s'~ fig regard* sich verschleiern

embruns [ãbʀɛ̃, ãbʀœ̃] *m/pl* Gischt *m ou f*; Sprühwasser *n*

embryologie [ãbʀijɔlɔʒi] *f* Embryolo'gie *f*

embryon [ãbʀijɔ̃] *m* **1.** PHYSIOL Embryo *m*; (Leibes)Frucht *f*; BIOL Embryo *m*; Keimling *m*; **2.** *fig* Ansatz *m*, Keim (-zelle) *m(f)* (*de solution* e-r Lösung)

embryonnaire [ãbʀijɔnɛʀ] *adj* **1.** PHYSIOL embryo'nal; Embryo'nal...; **2.** *fig* (*en*) *être à l'état*, *au stade ~* im Ansatz, Keim vor'handen sein; im Anfangsstadium sein

embûches [ãbyʃ] *f/pl* Fallstricke *m/pl*; Fallen *f/pl*; *plein d'~s a* voller Tücken *f/pl*; *tendre des ~s à qn* j-m Fallstricke legen

embuer [ãbɥe] **I** *v/t vitres* anlaufen lassen; *adjt vitre embuée* beschlagene, angelaufene Fensterscheibe; *par ext yeux embués de larmes* voller Tränen; tränenfeucht; **II** *v/pr s'~ pare-brise etc* (sich) beschlagen; anlaufen

embuscade [ãbyskad] *f MIL* 'Hinterhalt *m*; *être, se tenir en ~* im Hinterhalt liegen, lauern; *tomber dans une ~* in e-n Hinterhalt fallen, geraten

embusqué [ãbyske] *m MIL et péj* E'tappenhase *m*, -schwein *n*; Drückeberger *m*

embusquer [ãbyske] *v/pr s'~* **1.** sich in den 'Hinterhalt legen; *adjt: tireur em-*

busqué Heckenschütze *m*; *se tenir embusqué* im Hinterhalt lauern; **2.** *MIL et péj* sich drücken; *se faire ~* sich e-n Druckposten verschaffen
éméché [emeʃe] *adj* F beschwipst; angeheitert; angesäuselt; beduselt; benebelt
émeraude [emʀod] **I** *f* Sma'ragd *m*; **II** *adj* (**vert**) *~* ⟨*inv*⟩ sma'ragdgrün; sma'ragden
émergence [emɛʀʒɑ̃s] *f* **1.** *d'un rayon, d'un liquide etc* Austritt *m*; Austreten *n*; **2.** *fig* Auftauchen *n*; Zu'tagetreten *n*
émerger [emɛʀʒe] *v/i* ⟨-geait⟩ **1.** *île, rocher etc* auftauchen; her'vorkommen; *définitivement* her'aus-, her'vorragen; **2.** *par ext* (*apparaître*) auftauchen, her'aus-, her'vorkommen (*de* aus); sich zeigen; *vérité* zum Vorschein kommen; zu'tage treten; *édifice, travail etc* her'aus-, her'vorragen; sich her'ausheben; **3.** F *du sommeil* zu sich kommen
émeri [emʀi] *m* **1.** *MINÉR, TECH* Schmirgel *m*; *papier m* (**d'**)*~* Schmirgel-, Schleifpapier *n*; *frotter, passer, polir à l'~* (ab)schmirgeln; **2.** F *fig* *être bouché à l'~* stroh-, stockdumm, F vernagelt sein; ein Brett vor dem Kopf haben
émérite [emeʀit] *adj* **1.** bedeutend; her'vorragend; (*expérimenté*) erfahren; (*méritant*) verdient; verdienstvoll; **2.** *en Belgique*: *professeur* emeri'tiert
émerveillement [emɛʀvɛjmɑ̃] *m* (höchste) Verwunderung; (Er)Staunen *n*; (*admiration*) Bewunderung *f*; (*enchantement*) Entzücken *n*
émerveiller [emɛʀveje] **I** *v/t ~ qn* j-n in (Er)Staunen, Verwunderung (ver)setzen; j-s Bewunderung erregen; *adjt* **émerveillé** staunend; voll(er) Bewunderung; entzückt; **II** *v/pr s'~* staunen; verwundert sein; (*être enchanté*) in Entzücken geraten; entzückt sein
émétique [emetik] *PHARM* **I** *adj* Erbrechen erregend; *sc* e'metisch; **II** *m* Brechmittel *n*; *sc* E'metikum *n*
émetteur [emetœʀ] **I** *m* **1.** *RAD, TV* Sender *m*; Sendeanlage *f*; *~ de télévision* Fernsehsender *m*; **2.** *FIN* Emit'tent *m*; **II** *adj* ⟨-trice⟩ **1.** *RAD, TV* Sende…; *antenne, station émettrice* Sendeantenne *f*, -station *f*; *poste ~* Sendegerät *n*; *Sender m*; **2.** *FIN banque émettrice* emit'tierende Bank; *~-récepteur m* ⟨*pl* émetteurs-récepteurs⟩ Sender-Empfänger *m*; Sende- und Empfangsgerät *n*; Funkgerät *n*
émettre [emɛtʀ(ə)] *v/t* ⟨*cf* mettre⟩ **1.** *TÉLÉCOMM signaux, images* ausstrahlen; senden; **2.** *FIN actions etc* ausgeben; begeben; auflegen; emit'tieren; **3.** *PHYS rayons, particules* aussenden; *lumière* ausstrahlen; *sons* von sich geben; *PHON* aussprechen; **4.** *fig opinion, hypothèse* äußern; aussprechen; von sich geben; vorbringen; *jugement* abgeben
émeu [emø] *m ZO* Emu *m*
émeute [emøt] *f* Aufruhr *m*; Kra'wall *m*; *~s pl* Unruhen *f/pl*
émeutier [emøtje] *m* Aufrührer *m*; Unruhestifter *m*
émiettement [emjɛtmɑ̃] *m* **1.** *d'un gâteau etc* Zerbröckeln *n*; Zerkrümeln *n*; **2.** *fig* Zerstückelung *f*; Zersplitterung *f*
émietter [emjete] **I** *v/t* **1.** *pain, gâteau* zerbröckeln; zerkrümeln; **2.** *fig* zersplittern; zerstückeln; **II** *v/pr s'~* **3.** *gâ-*

teau zerbröckeln; **4.** *fig* (all'mählich) da'hinschwinden; abbröckeln
émigrant [emigʀɑ̃] *m* Auswanderer *m*
émigration [emigʀasjõ] *f* Auswanderung *f*; Abwanderung *f*; *POL* Emigrati'on *f*
émigré [emigʀe] *m POL* Emi'grant *m*
émigrer [emigʀe] *v/i* **1.** auswandern; *POL* emi'grieren (*en Amérique* nach Amerika); in die Emigrati'on gehen; abwandern (*vers la ville* in die Stadt); **2.** *oiseaux* nach Süden ziehen; wegziehen
Émile [emil] *m* Emil *m*
émincer [emɛ̃se] *v/t* ⟨-ç-⟩ *CUIS* in dünne Scheiben schneiden
éminemment [eminamɑ̃] *adv* höchst; außerordentlich; ganz besonders
éminence [eminɑ̃s] *f* **1.** *du terrain* (Boden)Erhebung *f*; Anhöhe *f*; **2.** *ANAT* Vorsprung *m*; Höcker *m*; **3.** *ÉGL CATH* ♀ Emi'nenz *f*; *fig ~ grise* graue Eminenz
éminent [eminɑ̃] *adj savant etc* bedeutend; her'vorragend; vor'züglich; *service rendu etc* außerordentlich; *qualité* her'vor-, her'ausragend; her'vorstehend
émir [emiʀ] *m* Emir *m*
émirat [emiʀa] *m* Emi'rat *n*; *les ♀s arabes unis* die Vereinigten Arabischen Emirate *n/pl*
émissaire [emiseʀ] **I** *m* **1.** Abgesandte(r) *m* mit geheimem Auftrag; Emis'sär *m*; **2.** *TECH* Ableitungs-, Abzugskanal *m*; **II** *adj fig bouc ~* Sündenbock *m*
émission [emisjõ] *f* **1.** *RAD, TV* Sendung *f*; *~s enfantines* Kinderfunk *m*; *~ radiophonique* Rundfunksendung *f*; *~s scolaires* Schulfunk *m*; *~ télévisée, de télévision* Fernsehsendung *f*; *nos ~s sont terminées* unser Programm ist beendet; **2.** *d'obligations etc* Ausgabe *f*; Begebung *f*; Emis'sion *f*; *de timbres* (Her')Ausgabe *f*; *d'emprunt* Anleihebegebung *f*; **3.** *PHYS* Emissi'on *f*; Aussendung *f*; Ausstrahlung *f*
emmagasiner [ɑ̃magazine] *v/t* **1.** *marchandises, objets* (ein)lagern; stapeln; speichern; **2.** *fig connaissances* sich erwerben; *souvenirs* sammeln
emmailloter [ɑ̃majɔte] *v/t bébé* wickeln; *doigt blessé etc* um'wickeln; verbinden; **II** *v/pr s'~ dans une couverture* sich in e-e Decke wickeln
emmancher [ɑ̃mɑ̃ʃe] **I** *v/t* **1.** mit e-m Stiel versehen; e-n Stiel einpassen (*un balai* in e-n Besen); **2.** *par ext TECH* einpassen, -setzen; **3.** F *fig affaires, négociations* einfädeln; einleiten; beginnen; *adjt l'affaire est bien, mal emmanchée* die Sache läßt sich gut, schlecht an; **II** *v/pr F fig affaire s'~ bien, mal* sich gut, schlecht anlassen; gut, schlecht anfangen
emmanchure [ɑ̃mɑ̃ʃyʀ] *f COUT* Ärmel-, Armausschnitt *m*; Armloch *n*
emmêlement [ɑ̃mɛlmɑ̃] **a)** *action* Verwirren *n*; Verwickeln *n*; **b)** *résultat* Wirrwarr *m*; Gewirr *n*
emmêler [ɑ̃mele] *v/t* **1.** *fils, cheveux etc* verwirren; verwickeln; durchein'anderbringen; F verfitzen; verwursteln; *adjt cheveux emmêlés* wirrtes, wirres Haar; **2.** *fig histoire* durchein'anderbringen, kompli'zieren; **II** *v/pr s'~*

s'~ fils, cheveux sich verwirren; F sich verfitzen; **4.** *s'~ les pieds dans le tapis* mit den Füßen am Teppich hängenbleiben; F *fig en parlant s'~ les pieds, les pédales, les pinceaux* ins Schwimmen, Stocken geraten; F sich verheddern
emménag|ement [ɑ̃menaʒmɑ̃] *m* Einzug *m*, Einziehen *n* (*in e-e Wohnung*); *~er v/i* ⟨-geons⟩ einziehen (*dans* in *+acc*)
emmener [ɑ̃mne] *v/t* ⟨-è-⟩ **1.** *personnes, animaux, choses* mitnehmen; *personne a* wegbringen; *prisonnier* abführen; *~ qn au cinéma* mit j-m ins Kino gehen; j-n ins Kino mitnehmen; *~ qn chez soi* j-n mit nach Hause nehmen; *~ qn en promenade, ~ qn promener* j-n zu e-m, auf e-n Spaziergang mitnehmen; *~ qn en voiture* j-n im Auto mitnehmen; **2.** *fig, SPORTS* mitreißen
emmenthal [emɛtal] *m* Emmentaler (Käse) *m*
emmerdant [ɑ̃mɛʀdɑ̃] P *adj problème etc* P beschissen; saublöd; *personne* lästig; unausstehlich; *ça, c'est ~* das ist beschissen, saublöd; *personne, chose être ~* F ein auf den Wecker fallen, auf den Geist gehen
emmerde [ɑ̃mɛʀd] *f* P *cf* **emmerdement**
emmerdement [ɑ̃mɛʀdəmɑ̃] P *m* F Sche're'rei *f*; Mordsärger *m*; *quel ~!* P verdammte Scheiße!
emmerder [ɑ̃mɛʀde] P **I** *v/t* **1.** *~ qn problème, travail etc* F j-m zum Hals her'aushängen; j-m stinken; P j-n ankotzen; *personne* F j-m auf den Wecker fallen, auf den Geist gehen; j-n anöden; *ça m'emmerde d'y aller* F es stinkt mir, daß ich da hingehen soll *ou* muß; *il vient nous ~ tout le temps* P dauernd kommt er angeschissen; **2.** *je t'emmerde!* P leck mich am Arsch!; *je l'emmerde!* P (d)er kann mich am Arsch lecken!; *par euphémisme* (d)er kann mich mal (am Abend besuchen)!; **3.** *adjt être emmerdé* F in der Patsche, in der Tinte, P in der Scheiße sitzen; *je suis drôlement emmerdé, j'ai perdu mon portefeuille* P so 'ne Scheiße …; **II** *v/pr s'~* sich zu Tode langweilen; F sich mopsen; *ce qu'on s'emmerde ici!* F hier ist's stinkfad, -langweilig!; *cf a* **embêter** *5., 6.*
emmerd|eur [ɑ̃mɛʀdœʀ] P *m*, *~euse* P *f* lästige Person; F Nervensäge *f*; ausgewachsener Ekel; *emmerdeur public* F e-r, der allen auf den Wecker fällt
emmieller [ɑ̃mjele] *v/t euphémisme cf* **emmerder**
emmitoufler [ɑ̃mitufle] *v/t* (*et v/pr*) (*s'*)*~* (sich) einmummen; (sich) warm, dick einhüllen, anziehen; *adjt emmitouflé jusqu'au cou* bis zur Nasenspitze eingemummt
emmouscailler [ɑ̃muskaje] *v/t* F *cf* **emmerder**
emmurer [ɑ̃myʀe] *v/t* einmauern; *mineurs accidentellement être emmuré* eingeschlossen werden *ou* sein
émoi [emwa] *m litt* **1.** (*effervescence*) Aufregung *f*; Unruhe *f*; *être, mettre en ~* in Aufregung, Unruhe sein, setzen; **2.** (*trouble intime*) Erregung *f*; beglückendes Gefühl
émollient [emɔljɑ̃] *PHARM* **I** *adj* erweichend; **II** *m sc* E'molliens *n*

émoluments – empire

émoluments [emɔlymã] *m/pl (traitement)* (Dienst)Bezüge *pl;* Einkünfte *pl;* Gehalt *n; pour une expertise etc* Gebühren *f/pl;* Vergütung *f*

émonder [emõde] *v/t* **1.** *arbres* ausschneiden, -putzen; **2.** *graines* verlesen und reinigen

émotif [emɔtif] **I** *adj* ⟨-ive⟩ **1.** *réaction etc* Gefühls...; affek'tiv; **2.** *personne* 'überempfindlich; feinfühlig; empfindsam; *avoir un caractère, un tempérament ~* überempfindlich sein; **II** *subst* ~, *émotive m,f* empfindsamer, affek'tiver Mensch

émotion [emosjõ] *f* **1.** Rührung *f;* (Gemüts)Bewegung *f;* Ergriffenheit *f; sans ~ (apparente)* ohne (sichtbare) Bewegung, Rührung; (scheinbar) unbewegt, ungerührt; *parler avec ~* bewegt, gerührt, mit bewegter Stimme sprechen; *ne ressentir aucune ~* keinerlei Rührung verspüren; nichts empfinden; **2.** *(affolement)* Aufregung *f;* Erregung *f; (bouleversement)* Erschütterung *f;* F *aimer les ~s fortes* den Nervenkitzel lieben; *causer une vive ~* e-e heftige Erschütterung auslösen; in e-n Schock versetzen; F *ça m'a ou tu m'as donné des ~s* ich hab' Ängste ausgestanden

émotionnel [emosjɔnɛl] *adj* ⟨-le⟩ Gefühls...; emotio'nal; emotio'nell; gefühlsmäßig

émotionner [emosjɔne] F *v/t* (be)rühren, bewegen; *(bouleverser)* erschüttern; *adjt être encore tout émotionné* noch ganz erschüttert, F geschockt sein

émotivité [emɔtivite] *f* 'Überempfindlichkeit *f;* Empfindsamkeit *f;* PSYCH Emotivi'tät *f;* erhöhte (Gemüts)Erregbarkeit

émouchet [emuʃɛ] *m* ZO Turmfalke *m*

émoulu [emuly] *adj* *être frais ~* ⟨*f fraîche ~e*⟩ *de l'université etc* gerade, frisch von der Universität *etc* kommen; gerade sein Examen an der Universität *etc* gemacht haben

émousser [emuse] **I** *v/t* **1.** *lame de couteau etc* abstumpfen; stumpf machen; *adjt émoussé* stumpf; **2.** *sentiments, sens etc* abstumpfen; **II** *v/pr s'~* **3.** *lame etc* abstumpfen; stumpf werden; **4.** *passion, désir etc* abstumpfen; nachlassen; schwächer werden

émoustillant [emustijã] *adj propos etc* anregend, pi'kant; *présence d'une femme etc* erregend

émoustiller [emustije] *v/t vin: convives etc* anregen; in angeregte Stimmung versetzen; *adjt émoustillé* in angeregter Stimmung; erregt *(à l'idée de faire qc* beim Gedanken an etw *[acc])*

émouvant [emuvã] *adj* ergreifend; bewegend; rührend; *p/fort* erschütternd

émouvoir [emuvwaʀ] ⟨*cf mouvoir; aber p/p* ému⟩ **I** *v/t* **a)** *~ qn propos, orateur, spectacle etc* j-n rühren, ergreifen, *(bouleverser)* erschüttern; *propos a* j-m zu Herzen gehen; j-n bewegen; *spectacle a* j-m nahegehen; *rien ne peut l'~* ihn rührt, erschüttert nichts; *se laisser ~* sich rühren lassen; **II** *v/pr s'~* sich erregen *(de* über *+acc); p/fort* erschüttert sein *ou* werden; *sans s'~* ruhig, gelassen; ohne ein Zeichen der Rührung, Bewegung

empaillage [ãpajaʒ] *m* **1.** *de chaises* Bespannen *n* mit Stroh; **2.** *d'animaux* Ausstopfen *n* (mit Stroh)

empaillé [ãpaje] *adj* F *(maladroit)* unbeholfen; linkisch; F täppisch

empailler [ãpaje] *v/t* **1.** *chaises* mit Stroh, mit e-m Strohgeflecht bespannen; **2.** *bouteilles, porcelaine* in Stroh ein-, verpacken; **3.** *animaux* ausstopfen

empailleur [ãpajœʀ] *m* **1.** Präpa'rator *m;* Tierausstopfer *m;* **2.** *cf rempailleur*

empaler [ãpale] **I** *v/t* **1.** *(embrocher)* aufspießen; **2.** HIST *malfaiteur* pfählen; **II** *v/pr s'~* aufgespießt werden; *s'~ sur une fourche* in e-e Gabel fallen

empanaché [ãpanaʃe] *adj casque, chapeau* mit e-m Federbusch (verziert)

empaquet|age [ãpaktaʒ] *m* Ein-, Verpacken *n;* *~er* ⟨-tt-⟩ ein-, verpakken; *~eur m, ~euse f* Packer(in) *m(f)*

emparer [ãpaʀe] *v/pr* **1.** *par la force s'~ de qc, de qn* etw, j-n in s-e Gewalt bringen; *st/s* sich e-r Sache, j-s bemächtigen; e-r Sache, j-s habhaft werden; *s'~ de qc a* etw in Besitz nehmen; von etw Besitz ergreifen; **2.** *illégalement s'~ de qc* sich etw ('widerrechtlich) aneignen; etw an sich bringen, nehmen; F sich etw unter den Nagel reißen; **3.** *concrètement s'~ de qc* etw an sich reißen; *gardien de but s'~ du ballon* den Ball an sich reißen; **4.** *fig: journal s'~ d'une affaire* e-e Affäre aufgreifen; *s'~ de la confiance de qn* sich j-s Vertrauen erschleichen; *s'~ de la conversation* das Gespräch an sich ziehen; **5.** *sentiment, sommeil etc s'~ de qn* j-n über'kommen, über'mannen; *st/s* sich j-s bemächtigen; *pensée a* sich j-m aufdrängen

empâté [ãpate] *adj visage* dicklich; aufgedunsen; mit schlaffen Kon'turen

empâtement [ãpatmã] *m* Dicker-, Rundlich-, Schlaffwerden *n*

empâter [ãpate] **I** *v/t bouche, langue* klebrig, pappig machen; **II** *v/pr s'~ personne* in die Breite gehen; ausein'andergehen; dicker werden; *visage* dick, teigig, weich, schlaff werden

empattement [ãpatmã] *m* **1.** AUTO, CH DE FER Radstand *m;* Achsabstand *m;* **2.** *d'un mur* unterer (vorspringender) Absatz; Ban'kett *m*

empêché [ãpeʃe] *adj* (am Erscheinen) verhindert

empêchement [ãpɛʃmã] *m* Hindernis *n;* Hinderungsgrund *m;* ADM *en cas d'~* im Verhinderungsfall; *il a eu un ~* er war verhindert; es ist ihm etwas da'zwischengekommen

empêcher [ãpeʃe] **I** *v/t* **a)** *~ qc* etw verhindern, unter'binden, abwenden; F *qu'est-ce que ça empêche?* was macht das schon (aus)?; **b)** *~ qn de faire qc* j-n (daran) hindern, etw zu tun; j-n an etw *(dat)* hindern; j-n von etw abhalten; *~ qn de dormir, de travailler* j-n am Schlafen, Arbeiten hindern; *ces difficultés ne l'ont pas empêché de réussir* diese Schwierigkeiten konnten s-n Erfolg nicht verhindern; **c)** *~ que ...* (*st/s ne*) (*+subj*) verhindern, daß ...; **d)** *loc/conj (il) n'empêche que ... ou cela n'empêche pas que ... ou abs n'empêche* trotz allem, trotzdem; dennoch; immerhin; jedenfalls; *n'empêche que, sans lui, tu serais mort* immerhin wärst du ohne ihn jetzt nicht mehr am Leben; **II** *v/pr je ne peux pas m'~ de (+inf)* ich muß einfach *(+inf);* ich kann nicht anders, ich muß (einfach) *(+inf);* ich kann nicht um'hin zu *(+inf); je ne peux m'~ de penser que ...* ich werde den Gedanken nicht los, daß ...

empêcheur [ãpɛʃœʀ] *m ~ de danser en rond* Spielverderber *m*

empeigne [ãpɛɲ] *f* **1.** *d'une chaussure* Oberleder *n;* **2.** P *fig gueule f d'~* P blöde Fresse; dreckige Vi'sage

empennage [ãpe(n)naʒ] *m* **1.** AVIAT Leitwerk *n;* Stabili'sierungsflächen *f/pl;* **2.** *d'une flèche* (Be)Fiederung *f*

empenner [ãpe(n)ne] *v/t flèche* befiedern

empereur [ãpʀœʀ] *m* Kaiser *m*

emperler [ãpɛʀle] *v/t fig la sueur commençait à ~ son front* Schweißperlen traten ihm auf die Stirn

empes|age [ãpəzaʒ] *m du linge* Stärken *n;* Steifen *n;* *~er* *v/t* ⟨-è-⟩ *linge* stärken; steifen; *adjt empesé* gestärkt; steif

empester [ãpɛste] *v/t* **1.** *(empuantir)* verpesten; mit Gestank erfüllen; F verstänkern; **2.** *(puer)* stinken, riechen *(qc* nach etw); *abs* stinken

empêtrer [ãpetʀe] *v/pr s'~* **1.** sich verwickeln *(dans* in *+acc);* sich verfangen (in *+dat); être empêtré dans un long manteau* in e-m langen Mantel stekken; durch e-n langen Mantel behindert sein; **2.** *fig* sich verstricken *(dans* in *+acc)*

emphase [ãfaz] *f* Em'phase *f (a* RHÉT, LING); *péj* Pathos *n;* Schwulst *m*

emphatique [ãfatik] *adj* em'phatisch; *péj* pa'thetisch; hochtrabend; schwülstig

emphysème [ãfizɛm] *m* MÉD *~ (pulmonaire)* (Lungen)Emphy'sem *n*

emphytéotique [ãfiteɔtik] *adj* JUR *bail m ~* Erbpacht(vertrag) *f(m)*

empiècement [ãpjɛsmã] *m* COUT Einsatz *m;* Passe *f*

empierr|ement [ãpjɛʀmã] *m* **a)** *action* Beschottern *n;* **b)** *couche* Steinschüttung *f;* Packlage *f;* *~er* *v/t chemin, route* beschottern

empiétement *ou* **empiètement** [ãpjɛtmã] *m* **1.** Vordringen *n (sur* in *+acc);* **2.** *fig et* JUR ('widerrechtlicher) Eingriff *(sur* in *+acc);* 'Übergriff *m (sur +acc)*

empiéter [ãpjete] *v/t/indir* ⟨-è-⟩ *~ sur* **1.** vordringen in *(+acc);* 'übergreifen auf *(+acc); sur un territoire* sich nach und nach aneignen *(+acc); ~ner ~ sur les terres* ins Land vordringen; **2.** *sur des droits etc* ('widerrechtlich) eingreifen in *(+acc);* 'übergreifen auf *(+acc);* antasten *(+acc);* beeinträchtigen *(+acc); ~ sur les attributions de qn* in j-s Kompetenzbereich eingreifen

empiffrer [ãpifʀe] *v/pr* F *s'~* F sich 'vollstopfen, sich den Bauch 'vollschlagen, P sich 'vollfressen *(de* mit*)*

empilement [ãpilmã] *m* **a)** *action* (Auf-)Stapeln *n;* **b)** *(pile)* Stapel *m*

empiler [ãpile] *v/t* (auf)stapeln; auftürmen; (auf)schichten; **II** *v/pr s'~* sich stapeln, anhäufen, türmen

empire [ãpiʀ] *m* **1.** Kaiserreich *n; par ext* Weltreich *n;* Im'perium *n;* Reich *n;* HIST *l'~ britannique* das Empire ['ɛmpaɪə]; das Britische Weltreich; *~ colonial* Koloni'alreich *n; fig ~ industriel* weltweites Unter'nehmen; industrielles Imperium; *HIST*: **le Premier, le Second ♗** das Erste, das Zweite Kaiserreich; **l'♗ romain** das Römische Reich; **das Im'perium Ro'manum; le Saint ♗ romain germanique** das Heilige Römische Reich Deutscher Nation; **l'♗ du Milieu** (*la Chine*) das Reich der Mitte; *fig* **pas pour un ~!** nicht um alles in der Welt!; **bâtir, fonder un ~** ein (Welt)Reich (be)gründen; **2.** *HIST* **l'♗** das Erste Kaiserreich; ♦ *adjt* Empire... [ã'piːʀ] **meuble** *m* ♗ Möbel *n* im Empirestil; Empiremöbel *n*; **style** *m* ♗ Empire *n*; Empirestil *m*; **3.** (*influence*) Einfluß *m*; Wirkung *f*; Gewalt *f*; Macht *f*; (*agir*) **sous l'~ de la boisson, de la colère** unter dem Einfluß *ou* der Wirkung des Alkohols, im Zorn (handeln); **avoir de l'~ sur qn** j-n beherrschen, in der Hand, in der Gewalt haben

empirer [ãpiʀe] **I** *v/t* verschlimmern; verschlechtern; schlimmer machen; **II** *v/i* sich verschlimmern; sich verschlechtern; schlechter werden; **ne faire qu'~** immer schlimmer, nur noch schlimmer werden

empirique [ãpiʀik] **I** *adj* em'pirisch; auf (der) Erfahrung beruhend; *péj a* unwissenschaftlich; **II** *m* Em'piriker *m*

empir|isme [ãpiʀism(ə)] *m* **1.** *PHILOS* Empi'rismus *m*; **2.** *par ext* Empi'rie *f*; auf der Erfahrung beruhende Me'thode; **~iste** *PHILOS* **I** *m* Empi'rist *m*; **II** *adj* empi'ristisch

emplacement [ãplasmã] *m* Stelle *f*; Platz *m*; (Stand)Ort *m*; *d'un terrain* Lage *f*; *réservé à une voiture* Stellplatz *m*; **sur l'~ de l'ancien théâtre** an der Stelle, wo das alte Theater stand

emplâtre [ãplɑtʀ(ə)] *m* **1.** *MÉD* Salbenverband *m*; *fig* **un ~ sur une jambe de bois** *cf* **cautère**; **2.** F *fig* (*empoté*) **quel ~!** F so 'ne Flasche! **3.** F *fig aliment* **être un vrai ~** stopfen

emplette [ãplɛt] *f* Einkauf *m*; Kauf *m*; **faire des ~s** Einkäufe *m/pl*, Besorgungen *f/pl* machen; einkaufen

emplir [ãpliʀ] *st/s v/t* (*et v/pr*) (**s'**)**~** (sich) füllen; *cf a* **remplir**

emploi [ãplwa] *m* **1.** (*utilisation*) Gebrauch *m*; Anwendung *f*; Verwendung *f*; Benutzung *f*; **~ du temps** Zeitplan *m*; Ter'minkalender *m*; *ÉCOLE* Stundenplan *m*; **avoir un ~ du temps très chargé** e-n vollen Ter'minkalender haben; viele Dinge zu erledigen haben; **faire un bon** (*mauvais*) **~ de son argent, de ses connaissances, de son temps** sein Geld gut (schlecht) anlegen; von s-n Kenntnissen sinnvollen (schlechten) Gebrauch machen; s-e Zeit gut (schlecht) nützen; **je n'en ai pas l'~** ich habe keine Verwendung dafür; **2.** (*place, travail*) Beschäftigung *f*; Anstellung *f*; Stelle *f*; Arbeitsplatz *m*; Arbeitsverhältnis *n*; *ÉCON* **l'~** der Beschäftigtenstand; die Beschäftigungslage; **plein ~** 'Vollbeschäftigung *f*; **~ à mi-temps, à temps partiel, à plein temps** Halbtags-, Teilzeit-, 'Vollzeitbeschäftigung *f*; **demande** *f* **d'~** Stellengesuch *n*; **marché** *m* **de l'~** Arbeits-, Stellenmarkt *m*; **sécurité** *f* **de l'~** Sicherheit *f* des Arbeitsplatzes; **situation** *f* **de l'~** Lage *f* auf dem Arbeitsmarkt; **avoir, occuper un ~** e-e Stelle (inne-)haben, Arbeit haben; **il a la tête, le**

physique, P **la gueule de l'~** man sieht ihm sein Gewerbe an; er sieht wie ein typischer Vertreter s-s Berufes aus; **chercher un ~** Arbeit, e-e Stelle, e-e Anstellung suchen; **être sans ~** arbeitslos, stellenlos sein; keine Arbeit, Anstellung haben; **3.** *loc* **faire double ~** unnötig, 'überflüssig, 'überzählig, doppelt, F doppelt gemoppelt sein; **4.** *THÉ* Rollenfach *n*

employé(e) [ãplwaje] *m(f)* Angestellte(r) *f(m)*; **~ de banque** Bankangestellte(r) *f(m)*; **~ de bureau** Bü'roangestellte(r) *f(m)*; Bü'rokraft *f*; Konto'ristin *f*; **employé du gaz** Gasmann *m*; **employée de maison** Hausangestellte *f*

employer [ãplwaje] ⟨-oi-⟩ **I** *v/t* **1.** *mot, ruse, outil etc* gebrauchen, benützen; anwenden; verwenden; *moyen* anwenden; einsetzen; aufbieten; *matériel, somme d'argent* verwenden; *violence* anwenden; **~ un(e) après-midi à faire qc** e-n Nachmittag darauf verwenden *ou* dazu (be)nützen, etw zu tun; **2.** *ÉCON* main-d'œuvre beschäftigen, Arbeit geben (**qn** j-m); **~ qn à (faire) qc** j-n zu etw anstellen; **être employé** im Angestelltenverhältnis stehen; angestellt sein (**chez** bei); **II** *v/pr* **s'~ 3.** *mot, expression* gebraucht werden; *moyen* angewendet, angewandt, verwendet werden; **4. s'~ à (faire) qc** sich für etw einsetzen; sich um etw bemühen; **il s'y emploie de son mieux** er tut sein möglichstes, Bestes

employ|eur [ãplwajœʀ] *m*, **~euse** *f* Arbeitgeber(in) *m(f)*

emplumé [ãplyme] *adj* mit Federn versehen, verziert

empocher [ãpɔʃe] *v/t* F **1.** *argent* einnehmen; F einstecken; einstreichen; **2.** *objet* in die Tasche stecken; F einstecken

empoignade [ãpwaɲad] F *f* heftige Ausein'andersetzung; heftiger Wortwechsel

empoigne [ãpwaɲ] *f* F **c'est une** *ou* **la foire d'~** F es herrscht ein wüstes Gerangel, Gezerre

empoigner [ãpwaɲe] **I** *v/t* **1.** *objet* (an-)packen; (kräftig) anfassen; ergreifen; **~ qn** j-n packen (**par le bras** am Arm); **2.** *fig public* ergreifen; packen; erschüttern; **II** *v/pr* **s'~** anein'andergeraten; Streit bekommen; F sich, ein'ander in die Haare, in die Wolle geraten, kriegen

empois [ãpwa] *m* (Wäsche)Stärke *f*; *TEXT* Schlichte *f*

empoisonnant [ãpwazɔnã] *adj* F *cf* **embêtant**

empoisonnement [ãpwazɔnmã] *m* **1.** Vergiftung *f*; *meurtre* Giftmord *m*; **~ dû à des champignons vénéneux** Pilzvergiftung *f*; **~ du sang** Blutvergiftung *f*; **2.** F *fig* **~s** *pl* Ärger *m*; Unannehmlichkeiten *f/pl*; F Schere'reien *f/pl*

empoisonner [ãpwazɔne] **I** *v/t* **1.** *homme, animal, aliment* vergiften; *homme, animal a* Gift geben (**qn** j-m); *adjt* **flèche empoisonnée** Giftpfeil *m*; **il est mort empoisonné** er ist vergiftet worden; **2.** *pièce, région, atmosphère* verpesten; mit Gestank erfüllen; *abs* stinken; übel riechen; **3.** *fig vie, ambiance* vergiften; *vie a, joie* vergällen; **4.** F *cf*

embêter 1.–3.; **II** *v/pr* **s'~ 5.** sich vergiften; Gift nehmen; **6.** F (*s'ennuyer*) F sich zu Tode langweilen; sich mopsen

empoisonn|eur [ãpwazɔnœʀ] *m*, **~euse** *f* **1.** Giftmischer(in) *m(f)*; Giftmörder(in) *m(f)*; **2.** *fig* F Nervensäge *f*

emporté [ãpɔʀte] *adj personne, caractère* (leicht) aufbrausend; heftig; hitzig; jähzornig

emportement [ãpɔʀtəmã] *m* Zornesausbruch *m*; Aufwallung *f* des Zorns

emporte-pièce [ãpɔʀtəpjɛs] *m* ⟨*inv*⟩ **1.** *TECH* (Loch)Stanze *f*; **2.** *fig loc/adj* **à l'~ expression, phrase** (sehr) deutlich; poin'tiert; zugespitzt; scharf; schneidend; *jugement* treffsicher; scharf; *caractère* gerade; offen

emporter [ãpɔʀte] **I** *v/t* **1.** *objet* mitnehmen; *secret* **~ dans la tombe** mit ins Grab nehmen; **donner qc à ~ à qn** j-m etw mitgeben; **pizza** *f* **à ~** Pizza *f* zum Mitnehmen; **2.** *blessés etc* wegtragen, -schaffen, -bringen; **3. ~ qn maladie** j-n da'hin-, hin'wegraffen; *courant* j-n fort-, mitreißen; *train etc* j-n bringen (**vers l'Italie** nach Italien); **~ qc** *inondations etc* etw fortschwemmen, wegspülen, -schwemmen, -reißen; *vent* etw verwehen, weg-, fortwehen; *tempête* etw mit sich (fort)reißen, ab-, wegreißen; **4. a)** *l'~* im Sieg da'vontragen; siegen; sich 'durchsetzen; **l'~ dans une compétition** siegreich, erfolgreich aus e-m Wettbewerb her'vorgehen; **l'~ dans une discussion** e-e Diskussion für sich entscheiden; **l'~ sur qn, qc** über j-n, etw siegen, den Sieg davontragen, die Oberhand gewinnen *ou* behalten; stärker sein als j, etw; j-n, etw über'treffen; **cette opinion l'emporta** diese Meinung drang durch, setzte sich durch; **b) ~ l'affaire** das Geschäft machen; den Auftrag bekommen; **~ la décision** s-n Entschluß *f*, s-e Entscheidung 'durchsetzen; **5. se laisser ~ à faire qc** sich zu etw hinreißen lassen; **se laisser ~ par la colère** sich in s-m Zorn hinreißen lassen (**à faire qc** zu etw); **II** *v/pr* **s'~** (zornig) aufbrausen, -fahren, hochfahren; sich ereifern, erregen; in Zorn geraten; **s'~ contre qn, qc** gegen j-n, etw loswettern; sich über j-n, etw ereifern

empoté [ãpɔte] F **I** *adj* unbeholfen; schwerfällig; F dämlich; **II** *subst* **~(e)** *m(f)* unbeholfener, schwerfälliger Mensch; F *a* Flasche *f*; F **ne reste pas planté là comme un ~!** steh nicht so dumm, F dämlich, blöd her'um!

empourprer [ãpuʀpʀe] **I** *v/t* **1.** *soleil*: *ciel* purpurn, purpurrot färben; **2.** *adjt* **visage empourpré** gerötetes, puterrotes Gesicht; **II** *v/pr* **s'~ 3.** *ciel* sich purpurn, purpurrot färben; **4.** *visage* sich röten; rot anlaufen; **s'~ de honte** vor Scham erglühen

empreindre [ãpʀɛ̃dʀ(ə)] ⟨*cf* **peindre**⟩ *st/s* **I** *v/t* prägen; *adjt* **empreint de** geprägt sein; **II** *v/pr* **s'~** de geprägt sein *ou* werden von

empreinte [ãpʀɛ̃t] *f* **1.** *d'un sceau, d'une serrure, d'un pied etc*, *GÉOL* Abdruck *m*; **~ digitale** Fingerabdruck *m*; **prendre les ~s digitales de qn** j-m die Fingerabdrücke abnehmen; von j-m Fingerabdrücke machen; *par ext* **~ génétique** genetischer Fingerabdruck; **l'~**

empressé – en 272

des pas dans la neige die Fußabdrücke, Fußspuren *f/pl* im Schnee; *prendre l'~ de qc dans du plâtre etc* etw abdrücken; **2.** *fig* Gepräge *n*; Stempel *m*; Prägung *f*; *d'une maladie etc* Spuren *f/pl*; Zeichen *n/pl*; *marquer une époque de son ~* e-r Epoche das Gepräge geben, verleihen; e-e Epoche prägen
empressé [ãprese] *adj* **1.** *admirateur, prétendant* eifrig; *il paraît fort ~ auprès d'elle* er scheint sich sehr um sie zu bemühen; **2.** *envers un client, un supérieur* (dienst)beflissen; dienstbeflissen, -fertig; eilfertig; geschäftig; *se montrer peu ~* sich wenig interes'siert, begeistert zeigen
empressement [ãpresmã] *m* Dienstbeflissenheit *f*, -fertigkeit *f*, -eifer *m*; Bereitwilligkeit *f*; Eilfertigkeit *f*; Eifer *m*; Geschäftigkeit *f*; Emsigkeit *f*; *avec ~* dienstbeflissen *etc*; *marquer, témoigner de l'~ à, envers qn* j-m gegenüber großen Diensteifer bezeigen, an den Tag legen; *montrer peu d'~ pour qc* wenig Interesse, Begeisterung für etw zeigen; sich nicht zu etw drängen
empresser [ãprese] *v/pr* **1.** *s'~ auprès de qn* sich eifrig um j-n bemühen; *s'~ autour de qn* sich um j-n drängen; **2.** *s'~ de faire qc* sich beeilen, etw zu tun; sofort, unverzüglich, schleunigst etw tun
emprise [ãpriz] *f* (entscheidender) Einfluß; Wirkung *f*; Macht *f*; *sous l'~ de* unter dem Einfluß, unter der Wirkung von (*ou* +*gén*); im Banne (+*gén*); *être sous l'~ de* unter j-s Einfluß stehen; *avoir de l'~ sur qn* großen Einfluß auf j-n haben; j-n beherrschen
emprisonnement [ãprizɔnmã] *m* Gefängnisstrafe *f*, Haft(strafe) *f*; *action* Inhaf'tierung *f*; *il a été condamné à six mois d'~* er ist zu sechs Monaten Gefängnis verurteilt worden
emprisonner [ãprizɔne] *v/t* **1.** ins Gefängnis stecken, schicken; inhaf'tieren; gefangensetzen; *F* einsperren; **2.** *fig* einschließen; einsperren; *adjt être emprisonné dans la carcasse de sa voiture etc* eingeschlossen sein; *être emprisonné dans la routine* Sklave s-r Gewohnheiten sein
emprunt [ãprɛ̃, ãprœ̃] *m* **1.** Anleihe *f*; *action* Kre'ditaufnahme *f*; *~ national, public, d'État* Staatsanleihe *f*; *contracter, faire un ~* e-e Anleihe, ein Darlehen, Kredit aufnehmen; *émettre, lancer, ouvrir un ~* e-e Anleihe auflegen, ausgeben; **2.** *loc/adj d'~* **a)** (*emprunté*) geliehen; geborgt; **b)** *fig* fremd; Schein-...; *sous un nom d'~* unter e-m Decknamen, Pseudo'nym; **3.** *LING* Entlehnung *f*; Lehnwort *n* (*de, à aus*); **4.** *fig à un auteur etc* Anleihe *f* (*à qn* bei j-m)
emprunté [ãprɛ̃te, -prœ̃-] *adj personne* linkisch; verlegen (*a air*) gehemmt
emprunter [ãprɛ̃te, -prœ̃-] *v/t* **1.** *~ qc à qn* sich etw von j-m (aus)leihen, borgen, entleihen, *F* pumpen, *livres à* entlehnen (*à la bibliothèque* aus der Bibliothek); *~ de l'argent* sich Geld leihen; Geld aufnehmen; *F* **je vous emprunte votre crayon cinq minutes!** ich nehme kurz Ihren Bleistift!; ♦ *abs* Anleihen, e-e Anleihe aufnehmen; **2.**
fig **a)** *~ qc à qn* etw von j-m über'nehmen; *~ un mot à l'anglais* ein Wort aus dem Englischen entlehnen; *~ un motif à une légende* ein Motiv e-r Sage (*dat*) entnehmen; aus e-r Sage ein Motiv übernehmen; **b)** *~ l'allure de qn* j-s Benehmen annehmen, nachahmen; **3.** *chemin, itinéraire etc* benutzen; *en voiture* (be)fahren; *empruntez le passage souterrain!* Fußgänger bitte Unter'führung benutzen!
emprunteur [ãprɛ̃tœr, -prœ̃-] *m* Entleiher *m*; Kre'dit-, Darlehensnehmer *m*
empuantir [ãpɥãtir] *v/t* verpesten; mit schlechtem, üblem Geruch erfüllen
ému [emy] *p/p cf émouvoir et adj* bewegt; gerührt; ergriffen; *être très ~* tief bewegt, sehr gerührt, ganz ergriffen sein
émulation [emylasjõ] *f* Wetteifer *m*; Wettstreit *m*; Nacheiferung *f*
émule [emyl] *m,f* Nacheiferer *m*; *être l'~ de qn a* j-m nacheifern; mit j-m wetteifern
émulsifiant [emylsifjã] *CHIM* **I** *adj* emul'gierend; **II** *m* Emul'gator *m*
émulsion [emylsjõ] *f CHIM, PHOT* Emulsi'on *f*
émulsionner [emylsjɔne] *v/t* emul'gieren
en [ã, *vor Vokal u stummem h* ãn]
I *prép* **1.** *lieu*: **a)** *question «wo?»*: in (+*dat*); ♦ *être, passer ses vacances etc ~ Allemagne, Turquie etc* in Deutschland, in der Türkei *etc*; *~ Iran, Uruguay etc* im Iran, in Uruguay *etc*; *~ Normandie, Rhénanie etc* in der Normandie, im Rheinland *etc*; *~ Seine- -et-Marne etc* im Departement Seine- -et-Marne *etc*; *~ Corse* auf Korsika; *litt ~ Avignon* in Avignon; ♦ *classe* in der Schule; *st/s ~ l'église de la Madeleine* in der Madeleinekirche; *~ mer* auf dem Meer; *~ montagne* im Gebirge; *~ banque* Bankkonto *n*; *de la viande ~ boîte* Büchsenfleisch *n*; *être ~ bonnes mains* in guten Händen sein; *habiter, travailler ~ ville* in der Stadt wohnen, arbeiten; *cf a subst correspondants*; ♦ *~ moi(même) etc* in mir *etc*; *il y a ~ lui qc de mystérieux* er hat etw Geheimnisvolles an sich; *~ moi-même, je pensais ...* ich dachte bei mir ...; *~ elle-même, la chose a ...* an und für sich hat die Sache ...; **b)** *direction (question «wohin?»)*: nach; in (+*acc*); *aller, envoyer, venir etc ~ Allemagne, France, Normandie, Sicile, Turquie etc* nach Deutschland, nach Frankreich, in die Normandie, nach Sizilien, in die Türkei *etc*; *aller ~ ville* in die Stadt gehen; *mettre ~ bouteilles* in Flaschen (ab)füllen; **2.** *temporel* **a)** in (+*dat*); *~ 1945* (im Jahre) 1945; *~ l'an mille* im Jahr(e) tausend; *~ quelle année?* in welchem Jahr?; *~ janvier etc* im Januar *etc*; *~ été, automne, hiver* im Sommer, Herbst, Winter; *~ plein jour* am hellichten Tage; **b)** *durée* in (+*dat*); innerhalb von (*ou* +*gén*); *~ deux heures* in zwei Stunden; innerhalb von zwei Stunden; *~ une journée* an e-m Tag; innerhalb e-s Tages; *~ deux jours* innerhalb von zwei Tagen; an zwei Tagen; **3.** *fig domaine ou matière* in (+*dat ou acc*); *~ allemand, français etc* im Deutschen, Französischen
etc; auf deutsch, französisch *etc*; *traduire ~ allemand etc* ins Deutsche *etc* über'setzen; *~ mathématiques, politique etc* in der Mathematik, Politik *etc*; *étudiant m ~ lettres* Philolo'giestudent *m*; *docteur m ~ médecine* Doktor *m* der Medizin; *spécialiste m ~ la matière* Fachmann *m* auf dem Gebiet; *c'est ~ cela qu'il se distingue des autres* darin, hierin ...; **4.** *manière*: *~ largeur, longueur* in der Breite, Länge; der Breite, Länge nach; *le même article ~ rouge, vert etc* in Rot, Grün *etc*; ♦ *agir ~ ami* als Freund handeln; *aller ~ voiture* mit dem Auto fahren; *être ~ blanc, noir* weiß, schwarz gekleidet sein; *être ~ fleurs* in Blüte stehen; blühen; *cela fait ~ francs français ...* das macht in französischen Francs ...; *manger les carottes ~ salade* die Möhren als Salat essen; *teindre qc ~ rouge, bleu etc* etw rot, blau *etc* färben; ♦ *roman m ~ trois volumes* Roman *m* in drei Bänden; dreibändiger Roman; *promenade f ~ vélo, skis* Radtour *f*, Skiwanderung *f*; *voyage m ~ avion, car* Flug-, Busreise *f*; *~ forme*: *~ cercle* im Kreise; kreisförmig; *~ croix* gekreuzt; über Kreuz; ♦ *transformation*: *changer, transformer qc ~ qc* etw in etw (*acc*) verwandeln, 'umwandeln; *se déguiser ~ pirate* sich als Pirat verkleiden; ♦ *loc/adv*: *~ arrière, ~ général, ~ vitesse etc cf mots correspondants*; **5.** *matériau aus*; *~ fer* aus Eisen *etc*; *montre f ~ or* goldene Uhr; *table f ~ bois* hölzerner Tisch; Holztisch *m*; **6.** *de ... en ... ~ ...* zu ...; *d'année ~ année* von Jahr zu Jahr; *d'est ~ ouest* von Ost(en) nach West(en); *d'heure ~ heure* von Stunde zu Stunde; *de plus ~ plus* immer mehr; *de plus ~ plus bête* immer dümmer; *de ville ~ ville* von Stadt zu Stadt; **7.** *introduisant un complément*: *approvisionner qn, qc ~ qc* j-n, etw mit etw versorgen; *croire ~ Dieu* an Gott glauben; *pauvre, riche ~ qc* arm, reich an etw (*dat*); *pays pauvre ~ matières premières* rohstoffarm; *besoins m/pl ~ énergie* Energiebedarf *m*; Bedarf *m* an Energie; **8.** *gérondif*: **a)** *simultanéité*: *parler ~ mangeant* beim Essen sprechen; während des Essens sprechen; *je l'ai vu ~ sortant de la maison* ich habe ihn gesehen, als ich aus dem Haus ging; *~ passant par là, vous éviterez de traverser la ville* wenn Sie so *ou* diese Strecke fahren ...; **b)** *concession*: *tout ~ l'admirant, il ne lui ménageait pas ses critiques* obwohl er ihn bewunderte ...; **c)** *manière*: *arriver ~ courant* angelaufen kommen; *répondre ~ souriant* lächelnd antworten; **d)** *moyen*: *s'en tirer ~ mentant* durch Lügen.
II *adv et pr* (vertritt Konstruktionen mit „*de*") **1.** *local* von dort; von da; daher; *vous allez à Paris? j'~ reviens* ich komme von dort; da komme ich gerade her; *une voiture s'arrêta et un homme ~ descendit* und ein Mann stieg aus; *st/s* dem ein Mann entstieg; *s'~ aller* (weg, fort)gehen; **2.** *se rapportant à une chose* davon (*ou* darüber, daran *etc* selon la rection des verbes en allemand); *se rapportant à un être vivant* von ihm *ou* ihr *ou* ihnen; *vous avez vu ce film? tout*

le monde ~ parle alle sprechen davon; *il a réussi et il ~ est fier* und er ist stolz darauf; *qu'~ dites-vous?* was sagen Sie dazu?; *vous pouvez ~ être sûr da ou* dessen können Sie sicher sein; F *on s'~ souviendra, de ce voyage* an diese Reise werden wir noch lange denken; **3.** *génitif partitif* welchen, welche, welches, *pl* welche; *davon; souvent non traduit; pl st/s* deren; ihrer; *j'ai des bonbons, est-ce que tu ~ veux?* willst du welche *ou* davon?; *prenez des gâteaux, il y ~ a encore* es sind noch (welche) da; *avez-vous de ses frères? j'~ ai deux* ja, zwei; *les journaux ~ sont pleins* die Zeitungen sind voll davon; *connaissez--vous des philatélistes? moi, j'~ connais beaucoup* ich kenne (*st/s ou iron* deren) viele; ♦ *sans antécédent: il y ~ a ou il ~ est qui disent ...* es gibt welche *ou* es gibt Leute, die sagen ...; manche sagen ...; *elle ~ aime un autre* sie liebt e-n anderen; **4.** *possession* sein(e) *ou* ihr(e); *st/s* dessen *ou* deren; *c'est une belle maison, qui ~ est le propriétaire?* wer ist sein *ou* der Besitzer?; **5.** *cause* deswegen; deshalb; darum; *j'étais si pressé que j'~ ai oublié de réclamer ma monnaie ...* daß ich darüber vergessen habe ...; *son succès n'~ est que plus impressionnant* sein Erfolg ist deshalb um so *ou* desto eindrucksvoller; **6.** *dans des locutions verbales souvent non traduit:* **ne pas ~ croire ses oreilles** s-n Ohren nicht trauen; *cf les verbes correspondants*
ENA *ou* **E.N.A.** [ena] *f abr* (*École nationale d'administration*) *Elitehochschule zur Ausbildung des Nachwuchses für hohe Staatsämter*
énamourer [ɑ̃namuʀe] *ou* **enamourer** [ɑ̃namuʀe] *v/pr litt ou iron* **s'~ de qn** in Liebe zu j-m entflammen, entbrennen
énarque [enaʀk] *m, f* Absol'vent(in) *m(f)*, ehemaliger Schüler, ehemalige Schülerin der ENA
encablure [ɑ̃kablyʀ] *f* MAR Kabel-, Taulänge *f; par ext* **à quelques ~s de là** nicht weit (davon) weg
encadré [ɑ̃kadʀe] *m dans un journal etc* Kasten *m*
encadrement [ɑ̃kadʀəmɑ̃] *m* **1.** *d'un tableau etc* (Ein)Rahmen *n*; Einrahmung *f* (*a résultat*); **2.** *d'une porte, d'une fenêtre* Einfassung *f*; Rahmen *m*; *apparaître dans l'~ de la porte* (plötzlich) in der Tür stehen, auftauchen; **3.** MIL Kader *m*; **4.** *par ext* Betreuungspersonal *n*; Betreuer *m/pl*
encadrer [ɑ̃kadʀe] I *v/t* **1. a)** *tableau, miroir* (ein)rahmen; *faire ~* rahmen lassen; **b)** *article, annonce* um'randen; einkasteln; *~ de* **ou** *en noir, rouge* schwarz, rot umranden; *adjt* **encadré de noir** *a* mit Trauerrand; **2.** *fig cheveux: visage, montagnes: paysage* einrahmen; um'rahmen; einfassen; *~ qn* j-n flan'kieren, einrahmen; **3.** MIL e-m Kader unter'stellen; **4.** *par ext jeunes, visiteurs etc* betreuen; **5.** F *fig cf* **encaisser 3.**; II *v/pr* **s'~ dans la porte** in der Tür auftauchen
encadreur [ɑ̃kadʀœʀ] *m j,* der Bilder *etc* (ein)rahmt; *a* Einrahmungsgeschäft *n*
encager [ɑ̃kaʒe] *v/t* ⟨-geons⟩ in e-n Käfig sperren
encaissable [ɑ̃kɛsabl(ə)] *adj somme* einziehbar; einzuziehen(d); *chèque etc* einlösbar
encaisse [ɑ̃kɛs] *f* COMM, FIN Kassenbestand *m*; *~ or* Goldbestand *m*
encaissé [ɑ̃kese] *adj rivière etc* tief (ins Gestein) eingeschnitten; *rue ~e* Straßenschlucht *f*; *vallée ~e* tief eingeschnittenes Tal; *Engtal n*
encaissement [ɑ̃kɛsmɑ̃] *m* **1.** COMM, FIN (Ein)Kas'sieren *n*; Einziehung *f*; Einzug *m*; In'kasso *n*; *d'un chèque, d'un bon* Einlösung *f*; *remettre un chèque à l'~* e-n Scheck zum Inkasso vorlegen; **2.** *d'une vallée etc* Einengung *f*
encaisser [ɑ̃kese] I *v/t* **1.** COMM, FIN einziehen; (ein)kas'sieren; vereinnahmen; *chèque, traite* einlösen; *loyer* einziehen; **2.** F *fig* SPORTS, *coups, injures, défaite, reproches* einstecken, hinnehmen (müssen); *coups a* kas'sieren; *abs boxeur ~ bien* hart im Nehmen sein; *par ext savoir ~* einiges einstecken, hinnehmen können; F hart im Nehmen sein; **3.** F *fig* **ne pas pouvoir ~ qn** j-n nicht ausstehen, F riechen können; **4.** *montagnes: vallée* einengen; einschließen; II *v/pr vallée, route* eng werden; *fleuve* sich (tief) einschneiden
encaisseur [ɑ̃kesœʀ] *m* In'kassobeauftragte(r) *m*; Einkassierer *m*; Kassenbote *m*
encan [ɑ̃kɑ̃] *loc/adv* **vendre qc à l'~** etw versteigern; *fig* **mettre à l'~** meistbietend verkaufen
encanailler [ɑ̃kanaje] *v/pr* **s'~** sich mit den unteren Schichten des Volkes gemein machen
encapuchonné [ɑ̃kapyʃɔne] *adj* (ein)gehüllt, eingemummt (*dans une couverture* in e-e Decke)
encart [ɑ̃kaʀ] *m* (eingeheftete) Beilage; *~ publicitaire* eingeheftete Werbeseiten *f/pl*; Werbebeilage *f*
encarter [ɑ̃kaʀte] *v/t* **1.** TYPO *prospectus etc* einheften; *par ext* einlegen; *(dans un journal* e-r Zeitung [*dat*]); **2.** *épingles* einbriefen; *boutons* auf Kar'ton befestigen
en-cas *ou* **encas** [ɑ̃kɑ] *m* ⟨*inv*⟩ CUIS kalter Imbiß; kleine, rasche Mahlzeit
encastrable [ɑ̃kastʀabl(ə)] *adj* Einbauelement *n*, -möbel *n*
encastrer [ɑ̃kastʀe] I *v/t* TECH einbauen, einpassen, einfügen, einlassen (*dans* in +*acc*); *adjt* **encastré dans un mur** in e-e Mauer, Wand eingelassen; II *v/pr* **s'~** **1.** sich einfügen; (genau) passen; eingelassen sein; **2.** *fig voiture* **s'~ sous un camion** sich unter e-n Lastwagen schieben
encaustique [ɑ̃kɔstik] *f* (Bohner-) Wachs *n*; (Möbel)Poli'tur *f*; *passer à l'~* mit Politur behandeln; polieren
encaustiquer [ɑ̃kɔstike] *v/t parquet* (ein)wachsen; bohnern; *meuble* po'lieren
enceinte[1] [ɑ̃sɛ̃t] *adj f* schwanger; *femme ~* *souvent* Schwangere *f*; *être ~ de quatre mois* im fünften Monat (schwanger) sein; *être ~ de qn* von j-m schwanger sein; *elle est ~ de son troisième enfant* sie ist mit ihrem dritten Kind schwanger; *mettre ~* schwängern
enceinte[2] [ɑ̃sɛ̃t] *f* **1. a)** FORTIF Ring-, Um'fassungsmauer *f*; *d'une ville* Stadtmauer *f*; *~ fortifiée* Festungs-, Befestigungsgürtel *m*; **b)** *par ext* Um'friedigung *f*; Einfried(ig)ung *f*; **2.** (*espace clos*) abgeschlossener Bereich, Raum; *dans l'~ de la ville* auf dem Stadtgebiet; *pénétrer dans l'~ de l'établissement* in den Anstaltsbereich eindringen; **3.** *pour stéréo ~* (*acoustique*) (Lautsprecher)Box *f*; Lautsprechergruppe *f*; **4.** NUCL *~ de confinement* Sicherheitsbehälter *m*
encens [ɑ̃sɑ̃] *m* Weihrauch *m*; *bâtons m/pl* **d'~** Räucherstäbchen *n/pl*
encenser [ɑ̃sɑ̃se] *v/t* **1.** REL (mit Weihrauch) beräuchern; **2.** *fig ~ qn* j-n beweihräuchern
encensoir [ɑ̃sɑ̃swaʀ] *m* (Weih)Rauchfaß *n*; Räuchergefäß *n*; F *fig* **manier l'~, donner des coups d'~** Weihrauch streuen; lobhudeln
encéphale [ɑ̃sefal] *m* ANAT Gehirn *n*; *sc* Zerebrum *n*; *~ite f* MÉD Gehirnentzündung *f*; *sc* Enzepha'litis *f*
encéphalogramme [ɑ̃sefalɔgʀam] *m* MÉD Enzephalo'gramm *n*
encerclement [ɑ̃sɛʀkləmɑ̃] *m* Einkreisung *f*; Um'zingelung *f*; MIL *a* Einschließung *f*, Einkesselung *f*; Um'klammerung *f*
encercler [ɑ̃sɛʀkle] *v/t* einkreisen; um-'zingeln; MIL *a* einschließen; einkesseln; um'klammern; um'fassen
enchaîné [ɑ̃ʃene] *m* CIN *~ ou adjt* **fondu ~** Über'blendung *f*
enchaînement [ɑ̃ʃɛnmɑ̃] *m* **1.** *d'idées, de phrases, de paragraphes* Verbindung *f*; Verknüpfung *f*; *de circonstances, d'événements* Verkettung *f*; *d'heures, d'années* Aufein'anderfolge *f*; MUS Verbindung *f*; Aufein'anderfolge *f*; *~ des idées* Gedankenverbindung *f*, -kette *f*; *l'~ de la violence* die Spi'rale der Gewalt; *par un ~ de circonstances malheureuses* durch e-e Verkettung unglücklicher 'Umstände; **2.** *dans un spectacle etc* 'Überleitung *f*; verbindender Text
enchaîner [ɑ̃ʃene] I *v/t* **1.** *prisonnier* in Ketten legen; anketten (*a chien*); **2.** *fig* **a)** *~ qn à qc* j-n an etw (*acc*) binden, ketten; **b)** *peuple* unter'jochen; unter-'drücken; *presse* an die Kan'dare nehmen; gleichschalten; **3.** *idées, parties d'un discours etc* verbinden; verknüpfen, anein'anderreihen; II *v/i dans une conversation* (rasch) fortfahren (*sur qc* mit etw); die Gesprächspause über-'brücken; THÉ den Dia'log wieder'aufnehmen; CIN über'blenden; III *v/pr* **s'~** *épisodes, parties d'un discours etc* inein-'andergreifen; sich inein'anderfügen; mitein'ander verknüpft, verbunden, verkettet sein
enchanté [ɑ̃ʃɑ̃te] *adj* **1.** (*magique*) verzaubert; Zauber...; *monde ~* Zauber-, Wunderwelt *f*; **2.** *fig* **a)** *être ~* begeistert, entzückt sein (*de qc, qn* von etw, j-m); hocherfreut, sehr froh sein (*de voir que ...* daß ...); **b)** *lors de présentations* *~ de faire votre connaissance* sehr erfreut, Sie kennenzulernen; ich freue mich, Ihre Bekanntschaft zu machen; *elliptiquement* *~!* sehr erfreut!; (sehr) angenehm!
enchantement [ɑ̃ʃɑ̃tmɑ̃] *m* Zauber *m*, Ver-, Bezauberung *f* (*a fig*); *fig a* Entzücken *n*; Wonne *f*; *loc/adv* **comme par ~** wie durch e-n Zauberschlag; wie

enchanter – encrage

durch ein Wunder; urplötzlich; *les douleurs* **ont disparu comme par** ~ sind wie weggeblasen; *par ext* **ce spectacle est un véritable** ~ das ist ein bezaubernder, zauberhafter, entzückender Anblick

enchanter [ãʃãte] *v/t surtout fig* ver-, bezaubern; *fig a* entzücken; begeistern; **cela ne m'enchante guère** ich bin davon nicht sehr begeistert, angetan

enchanteur [ãʃãtœR], **enchanteresse** [ãʃãtRɛs] **I** *subst* **1.** *m,f* Zauberer *m*, Zauberin *f*; **2.** *m fig* Char'meur *m*; **II** *adj* zauberhaft; bezaubernd; entzückend; *st/s* berückend

enchâssement [ãʃasmã] *m* **a)** *de pierres précieuses* Fassen *n*; Fassung *f* (*a résultat*); **b)** *par ext* Einsetzen *n*, -passen *n*

enchâsser [ãʃase] *v/t* **a)** *pierres précieuses* fassen (**dans l'or** in Gold); **b)** *par ext* einsetzen, -passen (**dans** in +*acc*)

enchère [ãʃɛR] *f* **1.** (*offre*) (Mehr)Gebot *n*; (höheres) Angebot; **couvrir une** ~ ein Angebot über'bieten; ein höheres Angebot machen; **faire une** ~ bieten; ein (An)Gebot machen; **2. vente** *f* **aux** ~**s** Versteigerung *f*; Aukti'on *f*; **acheter qc à une vente aux** ~**s** etw bei *ou* auf e-r Versteigerung, Auktion erstehen, kaufen; etw ersteigern; **mettre qc aux** ~**s** etw versteigern (lassen); etw zur Versteigerung bringen; **vendre qc aux** ~**s** etw versteigern, meistbietend verkaufen; etw verauktio'nieren; *lors d'une adjudication a* etw unter den Hammer bringen; **être vendu aux** ~**s** zur Versteigerung kommen; *a* unter den Hammer kommen; **3.** *BRIDGE* Bieten *n*; Reizen *n*

enchérir [ãʃeRiR] *v/t/indir* ~ **sur qn, sur une offre** j-n, ein (An)Gebot über'bieten; mehr bieten als j; *abs* ein höheres Angebot abgeben, machen

enchérisseur [ãʃeRisœR] *m* Bieter *m*; Steigerer *m*; **le dernier** ~ der Meistbietende

enchevêtrement [ãʃ(ə)vɛtRəmã] *m* **1.** *de branches, de fils, de ruelles* Gewirr *n*; (wirres) Durchein'ander, *n*; **2.** *fig* Knäuel *m ou n*; Durchein'ander *n*; *de circonstances etc* Verwicklung *f*; Verwirrung *f*; Komplikati'on *f*; *d'une intrigue a* Verflechtung *f*

enchevêtrer [ãʃ(ə)vɛtRe] **I** *v/t fils, pelote etc, fig* verwirren; verwickeln; durchein'anderbringen; *fils etc a* verschlingen; F verfitzen; *tôles etc* inein'ander verkeilen; *intrigue a* kompli'zieren; verschachteln; **II** *v/pr* **s'**~ *branches, lierre etc* wild durchein'anderwachsen; ein dichtes Gewirr bilden; *fils etc, fig* sich verwirren, verwickeln, verfangen; durchein'andergeraten

enchifrené [ãʃifRəne] *adj* **être** ~ e-n Stockschnupfen haben

enclave [ãklav] *f* **1.** *JUR, POL* En'klave *f*; **2.** *terrain* von fremdem Gebiet um'schlossenes Grundstück; **3.** *GÉOL* Einsprengsel *n*

enclaver [ãklave] *v/t* **1.** *territoire* einschließen; um'schließen; **être enclavé dans** e-e Enklave bilden, sein in (+*dat*); **2.** (*encastrer*) einpassen, -fügen

enclenchement [ãklãʃmã] *m TECH* Einrücken *n*; Einklinken *n*; Einrasten *n*; Einschalten *n*

enclencher [ãklãʃe] **I** *v/t* **1.** *TECH* einklinken; einrücken; *vitesse* einschalten; **2.** *fig* in Gang bringen; **une fois l'affaire enclenchée ...** wenn die Sache einmal angelaufen, in Gang gekommen ist ...; **II** *v/pr* **s'**~ *TECH* einklinken; einrasten

enclin [ãklɛ̃] *adj* ~ **à qc** zu etw neigend; **être** ~ **à l'exagération** zu Über'treibungen neigen; e-n Hang, e-e Neigung zu Über'treibungen haben; **être** ~ **à pardonner qc** geneigt sein, dazu neigen, etw zu verzeihen

enclore [ãklɔR] *v/t* ⟨*cf* clore⟩ *st/s* einfrieden; um'frieden

enclos [ãklo] *m* **1.** *terrain* eingezäuntes, eingefriedetes Grundstück, Stück Land; *pour le bétail* eingezäunte Weide; Koppel *f*; **2.** (*clôture*) Einfriedung *f*; Um'zäunung *f*

enclume [ãklym] *f TECH* Amboß *m* (*a ANAT*); *fig* **être, se trouver entre l'**~ **et le marteau** zwischen Hammer und Amboß geraten (sein)

encoche [ãkɔʃ] *f* Kerbe *f*; Ein-, Auskerbung *f*; Einschnitt *m* (*a d'un répertoire*)

encocher [ãkɔʃe] *v/t* **1.** (ein-, aus)kerben; **2.** *flèche* auflegen

encod|age [ãkɔdaʒ] *m INFORM* Ko'dieren *n*, -ung *f*; ~**er** *v/t* ko'dieren; *t/t a* co'dieren; ~**eur** *m* Ko'dierer *m*

encoignure [ãkɔɲyR, -kwa-] *f* Ecke *f*; Winkel *m*

encoller [ãkɔle] *v/t TECH, dos d'un livre* leimen; *enveloppes* gum'mieren; *TEXT* schlichten; *papier peint* einkleistern; *bois* verleimen

encolure [ãkɔlyR] *f* **1. a)** *surtout des chevaux* Hals *m*; **b)** *HIPPISME* Halslänge *f*; **gagner d'une** ~ mit e-r Halslänge (Vorsprung) gewinnen; **2.** *COUT* **a)** (*tour de cou*) Hals-, Kragenweite *f*; **b)** *d'un vêtement* (Hals)Ausschnitt *m*

encombrant [ãkɔ̃bRã] **I** *adj* **1.** *paquet* sperrig; unhandlich; *meuble* sperrig; platzraubend; *peu* ~ handlich; **2.** *fig personne, présence* störend; lästig; *passé* belastend; **II** *m/pl* ~**s** Sperrmüll *m*

encombre [ãkɔ̃bR(ə)] *loc/adv* **sans** ~ unbehindert; glatt; ohne Zwischenfälle, Schwierigkeiten

encombrement [ãkɔ̃bRəmã] *m* **1.** *surtout de véhicules* Verkehrsstaus *m/pl*, -stockungen *f/pl*, -gewühl *n*, -getriebe *n*; *de personnes* (Menschen)Gewühl *n*; Gedränge *n*; **2.** *de marchandises* 'Überangebot *n*; *dans une profession* Über'füllung *f*; *TÉL* Über'lastung *f*; ~ **du marché** Marktüberfüllung *f*, -schwemme *f*; **3.** (*dimensions*) Abmessungen *f/pl*; *loc/adj* **de faible** ~ platzsparend

encombrer [ãkɔ̃bRe] **I** *v/t* **1.** *route, couloir etc* versperren; *rue a* verstopfen; *table etc* überʼhäufen (**de livres** mit Büchern); ~ **le passage** a im Weg sein, stehen; *adjt* **rue encombrée** verstopfte Straße; **2.** *par ext marchandises: le marché etc* über'füllen; *adjt* **encombré** *profession* über'laufen; über'füllt; *ligne téléphonique* über'lastet; **II** *v/pr* **s'**~ **3.** sich belasten (**de qc, qn** mit etw, j-m); **s'**~ **de bagages** sich mit Gepäck abschleppen; **4.** *fig* sich belasten (**de scrupules etc** mit Skrupeln etc); **s'**~ **la mémoire** sein Gedächtnis belasten

encontre [ãkɔ̃tR(ə)] *loc/prép* **à l'**~ **de** im Gegensatz zu; entgegen (+*dat*); **aller à l'**~ **de qc** im Gegensatz zu etw stehen; e-r Sache (*dat*) zu'widerlaufen

encor [ãkɔR] *adv poét cf* **encore**

encorbellement [ãkɔRbɛlmã] *m ARCH* Auskragung *f*; 'Überhang *m*; Erker *m*; *loc/adj* **en** ~ auskragend

encorder [ãkɔRde] *v/pr* **s'**~ sich anseilen

encore [ãkɔR] **I** *adv* **1.** *temporel* noch; immer noch; **êtes-vous prêt? – pas** ~**!** noch nicht!; **c'est** ~ **l'hiver** es ist (immer) noch Winter; **on en rit** ~ man lacht noch heute *ou* heute noch darüber; **2.** (*de nouveau*) wieder; nochmals; F nochmal; *int* ~**!** schon wieder!; ~ **vous?** Sie sind's schon wieder, nochmal?; ~ **une fois** noch einmal; nochmals; **qu'est-ce qui se passe** ~**?** was ist denn jetzt (schon) wieder los?; **prenez** ~ **du gâteau** nehmen Sie doch noch Kuchen!; **3.** *pour renforcer* **a)** *devant comp* noch; **parlez** ~ **plus bas** sprechen Sie noch leiser!; **b)** *non seulement ... mais* ~ ... nicht nur ... sondern auch, über'dies, obendrein, außerdem (auch) noch ...; **4.** *restrictif* **si** ~ ... wenn wenigstens ...; **si** ~ **il s'était excusé!** wenn er sich wenigstens entschuldigt hätte!; **b)** **on vous en donnera tout juste cent francs, et** ~**!** höchstens!; und vielleicht (noch) nicht mal das!; **c)** **ce n'est pas loin,** ~ **faut-il connaître le chemin** man muß allerdings, freilich den Weg kennen; **5.** (*en plus*) noch (mehr); noch da'zu; **et puis quoi** ~**?** (und) was denn noch alles?; **qu'est-ce qu'il y a** ~**?** was gibt's denn jetzt noch?; **nous vous donnerons certains avantages – mais** ~**?** (und) darf ich fragen welche?; **II** *loc/conj litt* ~ **que** (+*subj*) ob'schon; ob'gleich; ob'wohl

encorner [ãkɔRne] *v/t* auf die Hörner nehmen; mit den Hörnern verletzen

encornet [ãkɔRnɛ] *m ZO* Gemeiner Kalmar; Lo'ligo *m*

encourageant [ãkuRaʒã] *adj* ermutigend; er-, aufmunternd

encouragement [ãkuRaʒmã] *m* **1.** Ermutigung *f*; Er-, Aufmunterung *f*; Zuspruch *m*; **parole** *f* **d'**~ Wort *n* der Ermutigung; aufmunterndes Wort; **2.** *de projets, de talents etc* Förderung *f*, Unter'stützung *f*; **mériter des** ~ förderungswürdig sein; **3.** *ÉCOLE* ~**s** *pl* Belobigung *f*; Lob *n*

encourager [ãkuRaʒe] *v/t* ⟨-geons⟩ **1.** ~ **qn** j-n ermutigen, j-m Mut machen, zusprechen; *SPORTS* j-n anfeuern; ~ **qn à (faire) qc** j-n zu etw ermutigen, ermuntern; j-m zu etw zureden, Mut machen; j-n in etw (*dat*) bestärken, unter'stützen; **à mal faire** j-n zu etw verleiten, aufstacheln; ~ **qn à partir** j-m zureden zu gehen; ~ **à persévérer** j-n darin bestärken auszuharren; ~ **qn dans ses mauvaises habitudes** j-n in s-n schlechten Gewohnheiten (noch) bestärken; **2.** *artiste, talent, industrie, projet etc* fördern; unter'stützen; *économie, production a* ankurbeln; anregen

encourir [ãkuRiR] *v/t* ⟨*cf* courir⟩ ~ **qc** mit etw rechnen müssen; *qc* st/s etw zu gewärtigen haben; *blâme, punition, colère de qn a* sich etw zuziehen; ~ **une peine** *a* sich strafbar machen

encrage [ãkRaʒ] *m TYPO* Einfärben *n*

encrassement [ɑ̃kʀasmɑ̃] *m* Verschmutzung *f*; Verunreinigung *f*; *par la suie* Verrußen *n*
encrasser [ɑ̃kʀase] **I** *v/t* verschmutzen; verunreinigen; F verdrecken; *adjt*: **encrassé** *cheminée*, AUTO *bougie* verrußt; **II** *v/pr* **s'~** *moteur, arme etc* verschmutzen; dreckig, schmutzig werden; F verdrecken; AUTO *bougie* verrußen
encre [ɑ̃kʀ(ə)] *f* **1.** Tinte *f*; **~ à tampon** Stempelfarbe *f*; **gomme** *f* **à ~** Tintengummi *m*; **écrire à l'~** mit Tinte schreiben; *fig* **cette affaire a fait couler beaucoup d'~** darüber ist schon viel Tinte verspritzt *ou* verschwendet worden, geflossen; *fig* **il faisait une nuit d'~** es war e-e raben-, pechschwarze Nacht; **2. ~ d'imprimerie** Druckerschwärze *f*; Druckfarbe *f*; **3. ~ de Chine** Tusche *f*
encrer [ɑ̃kʀe] *v/t* TYPO einfärben; schwärzen; Druckfarbe *ou* Druckerschwärze auftragen auf (+*acc*)
encreur [ɑ̃kʀœʀ] *adj* ⟨*m*⟩ **tampon ~** Stempelkissen *n*
encrier [ɑ̃kʀije] *m* Tintenfaß *n*
encroûté [ɑ̃kʀute] *adj* **1.** krustig; verkrustet; **2.** *fig* **être ~** verknöchert, verkalkt, abgestumpft sein; **être ~ dans ses habitudes, préjugés** in s-n Gewohnheiten, Vorurteilen festgefahren sein
encroûtement [ɑ̃kʀutmɑ̃] *m* **1.** Verkrustung *f*; **2.** *fig* Verknöcherung *f*; Verkalkung *f*; Festgefahrensein *n* (**dans** in +*dat*)
encroûter [ɑ̃kʀute] **I** *v/t* **1.** mit e-r Kruste über'ziehen; **2.** *fig* verknöchern, abstumpfen lassen; **II** *v/pr* **s'~** *fig* verknöchern; verkalken; abstumpfen; festgefahren sein (**dans** in +*dat*)
enculé [ɑ̃kyle] *m injure grossière* (**espèce** *f* **d'**)**~** Arschficker *m* (*obscène*)
enculer [ɑ̃kyle] *v/t injure* **va te faire ~!** P verpiß dich!; P **se faire ~** F reingelegt werden
enculeur [ɑ̃kylœʀ] *m* P **~ de mouches** P Ko'rinthenkacker *m*
encyclique [ɑ̃siklik] *f* ÉGL CATH En'zyklika *f*
encyclopédie [ɑ̃siklɔpedi] *f* Enzyklopä'die *f*; Konversati'onslexikon *n*; *pour un domaine donné* Re'allexikon *n*; Sachwörterbuch *n*; *a* Handbuch *n*; *l'*~ *die große französische Enzyklopädie von Diderot und d'Alembert*; *fig* **c'est une ~ vivante** er *ou* sie ist ein wandelndes Lexikon, F ein gelehrtes Haus
encyclopédique [ɑ̃siklɔpedik] *adj* enzyklo'pädisch; **dictionnaire** *m* **~** Lexikon *n*; Enzyklopä'die *f*; *par ext* **avoir des connaissances ~s** ein enzyklopädisches, um'fassendes Wissen haben
encyclopédiste [ɑ̃siklɔpedist] *m* **1.** *au* XVIIIe *siècle* **les ~s** die Enzyklopä'disten *m/pl*; **2.** Verfasser *m* e-r, Mitarbeiter *m* an e-r Enzyklopä'die
endémie [ɑ̃demi] *f* MÉD Ende'mie *f*
endémique [ɑ̃demik] *adj* **1.** MÉD en'demisch; **2.** *fig* ständig; dauernd; **chômage** *m* **~** ständige Arbeitslosigkeit
endetté [ɑ̃dete] *adj* verschuldet (**de dix mille francs** mit zehntausend Franc)
endettement [ɑ̃detmɑ̃] *m* Verschuldung *f*
endetter [ɑ̃dete] *v/pr* **s'~** sich verschulden; Schulden machen

endeuiller [ɑ̃dœje] *v/t* in Trauer versetzen; *manifestation etc* **être endeuillé par qc** von etw über'schattet sein *ou* werden
endiablé [ɑ̃djable] *adj* **1.** *enfant* **~** kleiner Teufel; Wildfang *m*; **2.** *course* wild; *rythme* wild; toll; leidenschaftlich
endiguer [ɑ̃dige] *v/t* **1.** *fleuve etc* eindämmen; eindeichen; *terres* eindeichen; **2.** *fig progrès etc* hemmen; aufhalten; *revendications etc* in Grenzen halten; eindämmen; *foule* aufhalten; zu'rückdrängen
endimancher [ɑ̃dimɑ̃ʃe] *v/pr* **s'~** s-e Sonntagskleider anziehen; sich festlich kleiden; *adjt* **endimanché** festlich, sonntäglich gekleidet; im Sonntagsstaat
endive [ɑ̃div] *f* BOT, CUIS Chicorée *f ou m*
endocrine [ɑ̃dɔkʀin] *adj* PHYSIOL **glandes** *f/pl* **~s** endo'krine, innersekretorische Drüsen *f/pl*
endocrinien [ɑ̃dɔkʀinjɛ̃] *adj* ⟨**~ne**⟩ PHYSIOL endo'krin; der innersekretorischen Drüsen
endoctrinement [ɑ̃dɔktʀinmɑ̃] *m péj* Indoktri'nierung *f*; Indoktrinati'on *f*; ideo'logische Beeinflussung *f*; **~er** *v/t péj* indoktri'nieren; ideo'logisch beeinflussen
endogamie [ɑ̃dɔgami] *f* Endoga'mie *f*
endogène [ɑ̃dɔʒɛn] *adj* BOT, PHYSIOL, GÉOL endo'gen
endolori [ɑ̃dɔlɔʀi] *adj* schmerzend; **j'ai le bras ~** der Arm tut mir weh; ich habe Schmerzen im Arm
endommagement [ɑ̃dɔmaʒmɑ̃] *m* Beschädigung *f*
endommager [ɑ̃dɔmaʒe] *v/t* ⟨-geons⟩ beschädigen; *fig réputation* schädigen; schaden (+*dat*); *grêle etc* **~ les récoltes** der Ernte schaden; *adjt* **endommagé** beschädigt
endormant [ɑ̃dɔʀmɑ̃] *adj paroles, bruits* einschläfernd; *par ext discours, orateur* zum Einschlafen (langweilig)
endormi [ɑ̃dɔʀmi] *adj* **1.** *personne, animal* schlafend; **être encore tout ~** noch ganz schläfrig, verschlafen sein; **st/s schlaftrunken sein; être à moitié ~** fast, (schon) halb schlafen; halb eingeschlafen sein; **2.** *fig personne* verschlafen; schläfrig; lahm; träge; F schlafmützig; *esprit, intelligence* träge; *subst* **quel(le) ~(e)!** F péj so e-e Schlafmütze!
endormir [ɑ̃dɔʀmiʀ] ⟨*cf* partir⟩ **I** *v/t* **1.** *enfant* einschläfern; einlullen; **~ un enfant (en le berçant)** ein Kind in den Schlaf wiegen; *chaleur, boisson etc* **~ qn** j-n müde, schläfrig machen; auf j-n einschläfernd wirken; *musique, bruit a* j-n einschläfern; **2.** (*anesthésier*) betäuben; e-e Nar'kose geben (**qn** j-m); **3.** *fig livre, film etc* **~ qn** auf j-n einschläfernd wirken; **ce livre, ce film m'endort** a bei diesem Buch, Film schlafe ich ein; **4.** *fig*: *les soupçons etc de qn* einschläfern; einlullen; **II** *v/pr* **s'~ 1.** einschlafen; in Schlaf versinken (*a litt nature, ville*); *st/s* einschlummern; **avant de s'~** vor dem Einschlafen; **6.** *fig*: **ce n'est pas le moment de s'~!** das ist nicht der richtige Augenblick, um zu schlafen!; **s'~ sur son travail** über s-r Arbeit einschlafen; mit s-r Arbeit nicht fertig werden; **7.** *st/s* (*mourir*) **s'~ paisiblement** *st/s* sanft entschlafen; hin-'überschlummern
endormissement [ɑ̃dɔʀmismɑ̃] *m* PSYCH Einschlafen *n*
endoscop|e [ɑ̃dɔskɔp] *m* MÉD Endo-'skop *n*; **~ie** *f* MÉD Endosko'pie *f*
endoss|ataire [ɑ̃dosatɛʀ] *m* FIN Indos'sat *m*; Indossa'tar *m*; Gi'rat [ʒ-] *m*; Gira'tar [ʒ-] *m*; **~ement** *n* FIN Indossa-'ment *n*; Giro [ʒ-] *n*; Über'tragungsvermerk *m*; In'dosso *n*
endosser [ɑ̃dose] *v/t* **1.** *vêtement* anziehen; 'überziehen; *uniforme* anlegen; **2.** *fig responsabilité* auf sich nehmen; *conséquences, erreur etc* auf die Kappe nehmen; einstehen, geradestehen für; **faire ~ qc à qn** j-n für etw geradestehen lassen; j-m etw aufbürden; **3.** FIN indos-'sieren; gi'rieren [ʒ-]
endosseur [ɑ̃dosœʀ] *m* FIN Indos'sant *m*; Gi'rant [ʒ-] *m*
endroit [ɑ̃dʀwa] *m* **1.** Stelle *f* (*a d'un livre, du corps etc*); Ort *m*; Platz *m*; *par ext* (*localité*) Ortschaft *f*; **les paysans de l'~** die hiesigen *ou* dortigen Bauern; *loc/adv*: **à l'~ où** an der Stelle, wo; **à quel ~?** an welcher Stelle?; *par ~s* stellenweise; an manchen, einigen Stellen; *loc/prép st/s* **à l'~ de qn** j-m gegenüber; **son attitude à mon ~** s-e Haltung mir gegenüber; *fig* **toucher qn à l'~ sensible** j-n an s-r schwachen, empfindlichen Stelle treffen; **2.** *d'un tissu, d'un tapis* rechte Seite; Oberseite *f*; *d'une photo* Vorderseite *f*; *loc/adv* **à l'~** auf der rechten Seite; rechts; **mettre sa chemise à l'~** sein Hemd auf die rechte Seite drehen
enduire [ɑ̃dɥiʀ] ⟨*cf* conduire⟩ **I** *v/t* bestreichen, über'streichen (**qc de qc** etw mit etw); CONSTR *mur* bewerfen, verputzen (**de ciment** etc mit Zement etc); CUIS **~ de beurre** mit Butter bestreichen; **~ de crème** eincremen; **~ de graisse** (ein)fetten; F einschmieren; **II** *v/pr* **s'~** (**le corps, la peau**) **de qc** sich (den Körper, die Haut) mit etw einreiben
enduit [ɑ̃dɥi] *m* **1.** CONSTR Putz *m*; Verputz *m*; Bewurf *m*; *à la chaux* Anstrich *m*; **2.** (*revêtement*) Belag *m*; 'Überzug *m*
endurance [ɑ̃dyʀɑ̃s] *f* Ausdauer *f* (*a* SPORTS); 'Widerstandskraft *f*; 'Widerstandsfähigkeit *f*; Zähigkeit *f*; 'Durchhaltevermögen *n*; AUTO **épreuve** *f* **d'~** Zuverlässigkeitsfahrt *f*
endurant [ɑ̃dyʀɑ̃] *adj* ausdauernd; zäh; 'widerstandsfähig
endurci [ɑ̃dyʀsi] *adj* **1.** *physiquement* abgehärtet; gestählt; **~ à la fatigue** gegen Strapazen abgehärtet; **2.** *fig cœur* verhärtet; *pécheur* verstockt; *célibataire* eingefleischt; *criminel* abgebrüht; hartgesotten
endurcir [ɑ̃dyʀsiʀ] **I** *v/t* **1.** *climat etc* **~ qn** j-n abhärten, 'widerstandsfähig, unempfindlich machen (**à**, **contre qc** gegen etw); **~ son corps** s-n Körper abhärten, stählen; **2.** *fig métier etc* **~ qn** j-n hart machen; j-n abstumpfen; **~ son cœur** sein Herz verhärten; **II** *v/pr* **s'~ 3.** sich abhärten (**au froid** *etc* gegen Kälte *etc*); **4.** *fig* hart *ou* gleichgültig werden, abstumpfen (**à la misère** gegenüber dem Elend)
endurcissement [ɑ̃dyʀsismɑ̃] *m* **1.** Abhärtung *f* (**à la douleur** gegen den

endurer – enflammer

Schmerz); **2.** *fig* **a)** ~ (*au malheur*) Abstumpfung *f* (gegen das Unglück); **b)** *du cœur* Verhärtung *f*; Verstocktheit *f*

endurer [ɑ̃dyʀe] *v/t* faim, froid, souffrance etc ertragen; aushalten; *carences, fatigues a* auf sich nehmen; *souffrances, martyre a* erdulden; *coups, injures* einstecken; hinnehmen; sich gefallen lassen

Énée [ene] *m MYTH* Ä'neas *m*

énergétique [enɛʀʒetik] **I** *adj* **a)** *PHYS* ener'getisch; Ener'gie...; *politique f* ~ Energiepolitik *f*; *ressources f/pl* ~s Energiequellen *f/pl*; **b)** *PHYSIOL* aliment *m* ~ Energiespender *m*; **II** *f PHYS, PHILOS* Ener'getik *f*

énergie [enɛʀʒi] *f* **1.** *PHYS* Ener'gie *f*; ~ *atomique, nucléaire* A'tom-, Kernenergie *f*, -kraft *f*; ~ *solaire* Sonnenenergie *f*; *source f d'*~ Energiequelle *f*; *transport m de l'*~ Energieübertragung *f*, -transport *m*; **2.** *d'une personne* Ener'gie *f*; Tatkraft *f*; *protester etc avec* ~ energisch; nachdrücklich; mit Nachdruck; *être plein d'*~ energiegeladen, voll(er) Energie sein; *être sans* ~ energielos, ohne Energie sein; *manquer d'*~ keine Energie haben; energielos sein

énergique [enɛʀʒik] *adj personne* e'nergisch; tatkräftig; *visage, action* e'nergisch; *protestation, invitation* nachdrücklich; *poignée de main a* kraftvoll; kräftig; *style* kraftvoll; *prendre une décision* ~ rasch e-e klare Entscheidung treffen; *prendre des mesures* ~s energische Maßnahmen ergreifen; energisch 'durchgreifen

énergumène [enɛʀgymɛn] *m,f* verrückter Kerl; über'spannte Per'son; *bande f d'*~s F Bande *f* von Wahnsinnigen

énervant [enɛʀvɑ̃] *adj* entnervend; nervenaufreibend; zermürbend; *c'est* ~ das geht einem auf die Nerven; F das macht einen wahnsinnig; *ce qu'il peut être* ~! das kann einem vielleicht auf die Nerven gehen!

énervé [enɛʀve] *adj* aufgeregt; ner'vös; erregt

énervement [enɛʀvəmɑ̃] *m* Erregung *f*; Erregtheit *f*; Aufregung *f*; Nervosi'tät *f*

énerver [enɛʀve] **I** *v/t attente, bruit etc* ~ *qn* j-n ner'vös, F wahnsinnig machen; j-m auf die Nerven gehen; j-n entnerven; F j-m den Nerv töten; *attente a* j-n zermürben; *tu m'énerves!* du gehst mir auf die Nerven!; *ça m'énerve de* (+*inf*) *ou que ...* (+*subj*) es macht mich nervös etc zu (+*inf*) *ou* daß ...; **II** *v/pr s'*~ **1.** sich auf-, erregen; ner'vös werden; *ne t'énerve pas!* reg dich nicht auf!; **2.** F (*se dépêcher*) F sich tummeln, ranhalten

enfance [ɑ̃fɑ̃s] *f* **1.** Kindheit *f*; Kinderzeit *f*; Kinderjahre *n/pl*; Kindesalter *n*; *petite* ~ frühe Kindheit; frühes Kindesalter *n*; *dans mon* ~ in, während meiner Kindheit; *dès l'*~ von Kind an *ou* auf; von Kindheit an; von klein auf; von Kindesbeinen an; *vieillard retomber en* ~ (wieder) kindisch werden; *être sorti de l'*~ den Kinderschuhen entwachsen sein; **2.** *coll* Kinder *n/pl*; **3.** *fig* Anfänge *m/pl*; *être encore dans l'*~ noch in den Kinderschuhen stecken; F *c'est l'*~ *de l'art* das ist kinderleicht; das gehört zu den einfachsten Dingen

enfant [ɑ̃fɑ̃] **I** *m* **1.** Kind *n*; ~ *adoptif* Adop'tivkind *n*; *MÉD* ~ *bleu* Blue baby [blu: 'be:bi] *n*; *petit* ~ kleines Kind; Klein(st)kind *n*; Kindchen *n*; ~ *de l'amour* Kind der Liebe; *ÉGL CATH* ~ *de chœur* Mini'strant *m*; Chorknabe *m*; *fig ce n'est pas un* ~ *de chœur* er *ou* sie ist auch kein Unschuldslamm; ihm *ou* ihr kann man nichts vormachen; *jardin m d'*~s Kindergarten *m*; *lit m d'*~ Kinderbett *n*; *JUR juge m pour* ~s Jugendrichter *m*; *couple m sans* ~s kinderloses Ehepaar; *appellatif alors, les* ~s, *vous êtes prêts?* seid ihr fertig, Kinder?; F *fig en parlant d'adultes les* ~s *s'amusent!* wie die Kinder!; *attendre un* ~ ein Kind erwarten; F *il n'y a plus d'*~s! diese Jugend!; *elle va avoir un* ~ sie bekommt, F kriegt ein Kind; *fig c'est un (grand)* ~ er *ou* sie ist ein (großes) Kind, *péj* ein (großer) Kindskopf; F *faire un* ~ *à une femme* F e-r Frau ein Kind machen; *faire des* ~s Kinder in die Welt setzen; *fig faire l'*~ sich wie ein Kind, kindisch, albern aufführen, gebärden; *ne fais pas l'*~! sei nicht kindisch!; *prendre qn pour un* ~ j-n für naiv halten; *cf a terrible I*.; **2.** *st/s d'un pays etc les* ~s *de ...* die Söhne *m/pl* (und Töchter *f/pl*) (+*gén*); **II** *f kleines, junges Mädchen*; *ma chère* ~! mein liebes Kind!; *pauvre* ~! arme Kleine!; ~ *de Marie* **a)** *ÉGL CATH* (junges) Mädchen, das Mitglied e-r Marianischen Jungfrauenkongregation ist; **b)** *fig* Unschuldslamm *n*; **III** *adj* **1.** *bon* ~ ⟨*inv*⟩ gutmütig; gutartig; *ambiance* ~ gutmütig; *avoir l'air bon* ~ gutmütig aussehen; *être bon* ~ *a* ein guter Kerl sein; **2.** *étant* ~ *ou tout* ~ als Kind; *lorsque j'étais* ~ als ich ein Kind war; als ich klein war

enfant|ement [ɑ̃fɑ̃tmɑ̃] *m* **1.** *litt* (*accouchement*) *litt* Niederkunft *f*; **2.** *fig et st/s* Geburt *f*, Entstehung *f*; Her'vorbringung *f*; ~**er** *v/t* **1.** *litt* (*accoucher*) gebären; *litt* niederkommen (mit); **2.** *fig et st/s* gebären; her'vorbringen; (er-)zeugen

enfantillage [ɑ̃fɑ̃tijaʒ] *m* Kinde'rei *f*; Albe'rei *f*; ~s *pl a* kindisches, albernes Zeug

enfantin [ɑ̃fɑ̃tɛ̃] *adj* **1.** kindlich; Kinder...; kindhaft; *chanson* ~e Kinderlied *n*; *langage* ~ Kindersprache *f*; *visage* ~ Kindergesicht *n*; kindliches Gesicht; **2.** (*facile*) kinderleicht; *c'est d'une simplicité* ~e das ist kinderleicht; **3.** *péj* (*puéril*) kindisch

enfariné [ɑ̃faʀine] *adj THÉ* (*poudré*) (weiß)gepudert; F *fig arriver le bec* ~, P *la gueule* ~e (ohne Grund, naiv) siegessicher, siegesgewiß auftreten

enfer [ɑ̃fɛʀ] *m* **1.** *REL et fig* Hölle *f*; *juron* ~ *et damnation!* Tod und Teufel!; hol's der Teufel!; *loc/adj d'*~ **a)** Höllen...; höllisch; **b)** F super; toll; Klasse; *fig bruit m, feu m d'*~ Höllenlärm *m*, -feuer *n*; *rouler a un train d'*~ F ein Höllentempo draufhaben; F *il est d'*~ F er ist phan'tastisch, super; *aller en* ~ in die Hölle kommen; *fig ma vie est un* ~ mein Leben ist die Hölle (auf Erden); *prov l'*~ *est pavé de bonnes intentions* der Weg zur Hölle ist mit guten Vorsätzen gepflastert (*prov*); **2.** *MYTH* ~s *pl* 'Unterwelt *f*

enfermer [ɑ̃fɛʀme] **I** *v/t* **1.** ~ *qn* j-n einschließen, einsperren (*dans* in +*acc ou dat*); ~ *qc* etw einschließen (*dans* in +*acc ou dat*); etw wegschließen, verschließen; *par ext faire* ~ *qn* j-n in e-e (Heil)Anstalt bringen, sperren; F *il est bon à* ~! er gehört in e-e Anstalt; F er ist reif fürs Irrenhaus; **2.** *SPORTS l'adversaire* abdrängen; **II** *v/pr s'*~ **3.** sich einschließen; **4.** *fig s'*~ *dans une attitude* sich auf e-e Haltung zu'rückziehen; *s'*~ *dans le silence* sich in Schweigen hüllen

enferrer [ɑ̃feʀe] *v/pr s'*~ **1.** sich in die Waffe s-s Gegners stürzen; **2.** *fig* sich (immer mehr) in 'Widersprüche verwickeln; *s'*~ *dans ses mensonges* sich in s-m eigenen Lügengewebe verfangen

enfiévrer [ɑ̃fjevʀe] ⟨-è-⟩ *v/t fig* (leidenschaftlich) erregen, erhitzen; fiebern lassen; *adjt* **enfiévré** (leidenschaftlich) erregt, erhitzt

enfilade [ɑ̃filad] *f* lange, gerade Reihe; *de maisons, de salles, de rues* Flucht *f*; ~ *de colonnes* lange Säulenreihe, Reihe von Säulen; ~ *de maisons* Häuserflucht *f*, -zeile *f*; *en* ~ in e-r langen, geraden Reihe

enfiler [ɑ̃file] **I** *v/t* **1.** *perles etc* auffädeln; auf-, anreihen; ~ *une aiguille a* Nadel, den Faden einfädeln; ~ *des anneaux sur une tringle* Ringe auf e-e Stange schieben; *fig ne pas être là pour* ~ *des perles* nicht dasein, um Händchen zu halten; **2.** *par ext* hin'einzwängen, -stecken (*dans* in +*acc*); **3.** *vêtement* (sich) rasch hin'überziehen, 'überstreifen; hin'einschlüpfen (+*acc*); ~ *une jupe a* rasch in e-n Rock schlüpfen; **II** *v/pr s'*~ **4.** F **a)** *une bière etc* hin'unter-, F runterkippen, -gießen; *nourriture* verschlingen; sich einverleiben; F verputzen; sich reinziehen; **b)** *s'*~ *tout le chemin à pied* F den ganzen Weg tippeln (müssen); *s'*~ *tout le travail* (wohl oder übel) die ganze Arbeit al'lein machen; **5.** *s'*~ *dans une rue* rasch in e-e Straße einbiegen

enfin [ɑ̃fɛ̃] *adv* **1.** (*à la fin*) endlich; schließlich; zu'letzt; ~ *enfin!* endlich!; ~ *seul!* endlich allein!; *viens* ~! komm endlich!; **2.** *conclusion* kurz; kurzum; kurz gesagt; mit einem Wort; *il y avait des oncles, les tantes, les cousins*, ~ *toute la famille* kurz etc, die ganze Familie; **3.** *résignation* nun (ja); F sei's drum; ~, *s'il est heureux, c'est l'essentiel* nun ja, Hauptsache, er ist glücklich; F sei's drum, wenn er nur glücklich ist; ~, *nous verrons* nun, wir werden ja sehen; **4.** *restriction* das heißt; *il n'a pas d'enfants*, ~, *pas que je sache* wenigstens soviel ich weiß; *elle est rousse*, ~ *presque rousse* das heißt, fast rothaarig; **5.** *c'était à vous de décider, car* ~, *vous êtes son père!* schließlich sind Sie ja der Vater!

enflammé [ɑ̃flame] *adj* **1.** *bûche, flambeau etc* brennend; *bûche a* glühend; **2.** *MÉD* entzündet; **3.** *fig discours etc* zündend; flammend; mitreißend; *regards* feurig; glühend; flammend; *lettre* ~e glühender Liebesbrief

enflammer [ɑ̃flame] **I** *v/t* **1.** *bois, papier, édifice etc* anzünden; in Brand setzen, stecken; anbrennen; anstecken; **2.**

enflé – engin

MÉD ~ *une blessure, la peau etc* e-e Entzündung her'vorrufen; **3.** *fig visage* röten; ~ *qn orateur etc* j-n hin-, mitreißen, begeistern; j-s Leidenschaft entzünden, entfachen; *passion, haine* j-n durch'glühen; in j-m brennen, lodern; *st/s* ~ *les cœurs* die Herzen entflammen; **II** *v/pr s'*~ **4.** *bois etc* sich entzünden; in Brand geraten; Feuer fangen; **5.** *fig* in Feuer, Leidenschaft geraten; Feuer fangen; entflammen, sich begeistern (*pour qc* für etw); *regard* feurig, leidenschaftlich werden
enflé [ɑ̃fle] *adj pieds, mains, yeux etc* (an)geschwollen; dick; *visage a* aufgeschwollen
enfler [ɑ̃fle] **I** *v/t pieds etc, fig voix* anschwellen lassen; **II** *v/i* ⟨Vorgang avoir, Ergebnis être⟩ (an)schwellen; dick werden; *bosse, visage a* aufschwellen; auflaufen; **III** *v/pr s'*~ *voix* anschwellen
enflure [ɑ̃flyʀ] *f* **1.** Schwellung *f*; An-, Aufschwellung *f*; **2.** *fig* F Trottel *m*
enfoiré(e) [ɑ̃fwaʀe] *m(f) injure grossière* Arschloch *n*
enfoncement [ɑ̃fɔ̃smɑ̃] *m* **1.** *d'un clou* Einschlagen *n*; *d'un pieu* Einrammen *n*; **2.** *d'une porte etc* Eindrücken *n*; Einstoßen *n*; *MIL* 'Durch-, Einbruch *m*; **3.** (*creux*) Vertiefung *f*
enfoncer [ɑ̃fɔ̃se] ⟨-ç-⟩ **I** *v/t* **1.** *clou etc* (hin')einschlagen; *vis* versenken; hin'eindrehen; *punaise, bouchon* hin'eindrücken; *pieu* einrammen; (hin')eintreiben; *aiguille* (hin')einstecken; ~ *son béret jusqu'aux oreilles* s-e Mütze, sich die Mütze bis zu den Ohren, über die Ohren her'unterziehen; ~ *son chapeau sur les yeux* (sich) den Hut (tief) ins Gesicht drücken, ziehen; ~ *un clou dans le mur* e-n Nagel in die Wand schlagen; ~ *les mains dans ses poches* die Hände (tief) in die Taschen stecken, in den Taschen vergraben; F *fig* ~ *qc dans le crâne, dans la tête de qn* j-m etw einhämmern, F einbleuen, eintrichtern; *adjt*: *clou être bien enfoncé* fest *ou* gerade sitzen; *avoir les yeux enfoncés* (*dans leurs orbites*) tiefliegende Augen haben; **2. a)** *porte etc* eindrücken, -stoßen, -schlagen; *porte a* einrennen; *il a eu la cage thoracique enfoncée* ihm wurde der Brustkorb eingedrückt; **b)** *MIL* ~ *une armée* die feindliche Front eindrücken, aufbrechen, durch'brechen; **c)** F *fig* ~ *qn* (*battre*) j-n (haushoch) schlagen; (*surpasser*) j-n ausstechen, über'treffen; **II** *v/i* **3.** einsinken; *p/p enfoncé jusqu'aux genoux dans la neige* bis zu den Knien im Schnee steckend; **III** *v/pr* **4.** *s'*~ *une épine* (*dans la peau*) sich e-n Dorn einziehen; **5.** *bateau s'*~ (*dans les flots*) (in den Fluten) versinken; sinken; *personne s'*~ *dans la neige* im Schnee ein-, versinken; *fig s'*~ *dans les dettes* immer tiefer in Schulden geraten; *soleil s'*~ *dans la mer* im Meer versinken; **6.** *par ext s'*~ *dans un fauteuil* in e-m Sessel versinken; **7.** (*pénétrer*) *s'*~ (tief, weit) hin'eingehen, vor-, eindringen (*dans une forêt* in e-n Wald)
enfouir [ɑ̃fwiʀ] **I** *v/t* **a)** *cadavre, trésor etc* ver-, eingraben; *cadavre a* ver-, einscharren; F *dans le sable etc* einbuddeln; **b)** *par ext livres etc* vergraben, verbergen (*au fond de l'armoire* ganz unten, hinten im Schrank); **c)** *fig* ~ *dans son cœur* in s-m Herzen begraben, verschließen; **II** *v/pr s'*~ *sous les couvertures* sich unter den Decken verstecken, verkriechen, vergraben
enfouissement [ɑ̃fwismɑ̃] *m* Ver-, Eingraben *n*
enfourcher [ɑ̃fuʀʃe] *v/t* ~ *un cheval, une bicyclette* ein Pferd, ein Fahrrad besteigen; auf ein Pferd, Fahrrad steigen; sich in den Sattel, auf ein Fahrrad schwingen; *fig* ~ *son dada* sein Steckenpferd reiten
enfourner [ɑ̃fuʀne] **I** *v/t* **1.** *pain etc* einschießen; in den Ofen schieben; *poteries* einsetzen; **2.** F *fig* (*avaler*) verschlingen; F verputzen; **II** *v/pr* F *s'*~ *dans le métro etc* sich zwängen in (+*acc*)
enfreindre [ɑ̃fʀɛ̃dʀ(ə)] *v/t* ⟨*cf peindre*⟩ zu'widerhandeln (+*dat*); über'treten; verstoßen gegen
enfuir [ɑ̃fɥiʀ] *v/pr* ⟨*cf fuir*⟩ *s'*~ **1.** fliehen; flüchten; die Flucht ergreifen; entfliehen; (*se sauver*) da'von-, weg-, fortlaufen; *chien etc* entlaufen; *s'*~ *à l'étranger* ins Ausland fliehen; sich ins Ausland absetzen; *s'*~ *de chez soi* von zu Hause fort-, weglaufen; F ausreißen; **2.** *fig et st/s bonheur* da'hinschwinden, entschwinden; *temps* entschwinden; enteilen
enfumé [ɑ̃fyme] *adj pièce etc* verräuchert; verqualmt; voll(er) Rauch, Qualm; rauchig
enfumer [ɑ̃fyme] *v/t* **1.** *pièce etc* verräuchern; verqualmen; einräuchern; ~ *qn* j-n einräuchern, durch Rauch belästigen; *plais a* j-n ausräuchern; **2.** *abeilles, renards* ausräuchern
Engadine [ɑ̃gadin] *l'*~ *f* das Engadin
engagé [ɑ̃gaʒe] **I** *adj écrivain, littérature* enga'giert; **II** *m MIL* Freiwillige(r) *m*; Zeitsoldat *m*
engageant [ɑ̃gaʒɑ̃] *adj sourire, air* gewinnend; *offre, mets* verlockend; *lieu* reizvoll; *pas très* ~ nicht sehr verlockend
engagement [ɑ̃gaʒmɑ̃] *m* **1.** (*obligation*) Verpflichtung *f* (*envers qn* gegenüber j-m); bindende Zusage; Bindung *f*; *COMM* ~*s pl* Verbindlichkeiten *f/pl*; (Zahlungs)Verpflichtungen *f/pl*; ~ *moral* moralische Verpflichtung; ~ *tacite* stillschweigendes Eingehen e-r Verpflichtung; *sans* ~ unverbindlich; *être lié, tenu par ses* ~*s* an s-e Zusagen gebunden sein; *prendre un* ~ e-e Verpflichtung, *COMM* Verbindlichkeit eingehen; e-e Verpflichtung über'nehmen; *prendre l'*~ *de faire qc* sich verpflichten, die Verpflichtung über'nehmen, etw zu tun; **2.** *de main-d'œuvre* Ein-, Anstellung *f*; *THÉ* Engage'ment *n*; *MAR* Anheuerung *f*; Anmusterung *f*; *MIL* freiwillige Verpflichtung; **3.** *d'un écrivain etc* Engage'ment *n*; Einsatz *m*; **4.** (*mise au gage*) Verpfänden *n*, -ung *f*; Versetzen *n*; **5.** *SPORTS* (*inscription*) (An)Meldung *f*; *TURF a* Einschreibung *f*; **6.** *dans un passage etc* Hin'einführen *n*, -fahren *n*, -manövrieren *n*; **7.** *MIL* **a)** *de troupes etc* Einsatz *m*; **b)** (*combat localisé*) Gefecht(sberührung) *n(f)*; Kampfhandlung *f*; **8.** *SPORTS* (*coup d'envoi*) Anstoß *m*

engager [ɑ̃gaʒe] ⟨-geons⟩ **I** *v/t* **1. a)** (*mettre en gage*) verpfänden; versetzen; **b)** *fig sa parole* verpfänden; *sa responsabilité* über'nehmen; *décision* ~ *l'avenir* sich auf die Zukunft auswirken; die Weichen für die Zukunft stellen; **2. a)** (*obliger*) ~ *qn* (*à qc*) j-n (zu etw) verpflichten; j-n (an etw [*acc*]) binden; ~ *des dépenses* Ausgabenverbindlichkeiten eingehen; *cela n'engage à rien* das verpflichtet zu nichts; **b)** *par ext* (*exhorter*) ~ *qn à qc* j-n zu etw anhalten, auffordern, ermahnen, veranlassen; **3.** *main-d'œuvre* an-, einstellen; in Dienst nehmen; anwerben; *tueur a* dingen; *THÉ* enga'gieren, verpflichten (*à un théâtre* an ein Theater); *MAR* anheuern; anmustern; *soldats, mercenaires* ~ *qn dans un parti* j-n für e-e Partei werben, gewinnen; j-n in e-e Partei aufnehmen; **4.** *TECH* ~ *qc dans qc* etw in etw (*acc*) eingreifen lassen, einführen, einlegen, *clé* hin'einstecken; **5.** *véhicule* hin'einfahren (lassen); hin'einsteuern, -manövrieren; *mal* ~ *sa voiture* (*pour se garer*) schlecht einparken; **6.** *argent* hin'einstecken (*dans* in +*acc*); inve'stieren (*+acc ou dat*); *fonds, capitaux a* einsetzen; **7.** ~ *qn dans qc* j-n in etw (*acc*) hin'einziehen, verwickeln; ~ *qn dans une entreprise* j-n an e-m Unternehmen beteiligen; j-n für ein Unternehmen gewinnen; **8.** *MIL troupes etc* einsetzen; **9.** (*commencer*) *négociations* einleiten; aufnehmen; eintreten in (+*acc*); *conversation* anknüpfen; beginnen, anfangen; *discussion* eröffnen; eintreten in (+*acc*); *JUR procédure* einleiten; *MIL combat* einleiten; eröffnen; *fig* ~ *la bataille, le combat* den Kampf aufnehmen; **10.** *TURF* einschreiben; (schriftlich) anmelden; **II** *v/i* **11.** *SPORTS* den Anstoß ausführen; **III** *v/pr s'*~ **12. a)** *s'*~ *à* (*faire*) *qc* sich zu etw verpflichten; sich verpflichten, etw zu tun; *ne pas s'*~ sich nicht festlegen; sich nicht binden; keine bindende Zusage machen; *s'*~ *abs écrivain, homme politique etc* sich enga'gieren; **13. a)** *MIL s'*~ (*dans l'armée*) sich freiwillig verpflichten; **b)** (*entrer au service de qn*) e-e Stelle annehmen (*comme chauffeur* als Chauffeur); *domestique a* sich verdingen; **14.** *personne, véhicule s'*~ *dans qc* in etw (*acc*) einbiegen, hin'einfahren; *train s'*~ *dans un tunnel* in e-n Tunnel fahren; **15.** *TECH s'*~ *dans qc* in etw (*acc*) eingreifen, sich einfügen; **16.** *fig s'*~ *dans qc* sich auf etw (*acc*) einlassen; in etw hin'eingeraten; *tu ne sais pas à quoi tu t'engages* du weißt nicht, worauf du dich einläßt; **17.** *combat, match etc* beginnen; anfangen; *discussion a* sich entspinnen; *dispute a* ausbrechen
engeance [ɑ̃ʒɑ̃s] *f péj* Sippschaft *f*; Gesindel *n*; Gelichter *n*; Brut *f*
engelure [ɑ̃ʒlyʀ] *f* Frostbeule *f*
engendrer [ɑ̃ʒɑ̃dʀe] *v/t* **1.** *enfant* zeugen (*a BIBL*); erzeugen; **2.** *fig* erzeugen; her'vorbringen; verursachen; *conséquences* zeitigen; nach sich ziehen; **3.** *MATH* erzeugen
Enghien [ɑ̃gɛ̃] *Ortsname*
engin [ɑ̃ʒɛ̃] *m* **1.** Gerät *n*; Vorrichtung *f*; Ma'schine *f*; ~ *spatial* Raumfahrzeug

n; **~s de levage** Hebezeuge *n/pl*, -vorrichtungen *f/pl*; **2.** F, *souvent péj* Ding *n*; Appa'rat *m*; **3.** MIL Flugkörper *m*; Ra'kete *f*
engineering [ɛndʒiniRiŋ] *m cf* **ingénierie**
englober [ãglɔbe] *v/t* **1.** um'fassen; einschließen, einbeziehen (*dans* in +*acc*); **2.** *territoire etc* eingliedern (*dans* in +*acc*); *frais etc* (mit) da'zunehmen
engloutir [ãglutiR] *v/t* **1.** *nourriture* (gierig) verschlingen, hin'unterschlingen; in sich hin'einschlingen; *abs* schlingen; **2.** *fig économies, héritage etc* verschwenden; verprassen; 'durchbringen; *projet*: *argent* verschlingen; *économies être englouti* verlorengehen; F draufgehen; **3.** *mer*: *bateau etc* verschlingen; in die Tiefe, in den Abgrund reißen; *séisme etc*: *ville etc* völlig zerstören, vernichten
engluer [ãglye] *I v/t* **1.** *oiseau* mit (Vogel)Leim fangen; **2.** *enduire* mit e-r klebrigen Masse bestreichen; **II** *v/pr* **s'~ les doigts** sich die Finger klebrig machen
engoncer [ãgõse] *v/t* ⟨-ç-⟩ *manteau etc* **~ qn** j-n unförmig, plump machen; *p/p* **engoncé dans une canadienne** *etc* in e-r Lammfelljacke *etc* steckend
engorgement [ãgɔRʒəmã] *m* **1.** *d'un conduit* Verstopfung *f*; **2.** MÉD *du foie etc* (An)Schwellung *f*; *des poumons, des reins etc* Stauung *f*; **3.** ÉCON *du marché* Über'füllung *f*; *des routes* Verstopfung *f*; Stau(ung) *m(f)*
engorger [ãgɔRʒe] ⟨-geons-⟩ **I** *v/t*. *conduit* verstopfen; **2.** MÉD verschleimen, verstopfen; **II** *v/pr* **s'~ 3.** *conduit* verstopft sein *ou* werden; **4.** MÉD sich mit Schleim füllen
engouement [ãgumã] *m* (rasch aufflammende, flüchtige) Begeisterung, Bewunderung; (über'triebene) Vorliebe; Schwärme'rei *f*; Enthusi'asmus *m*
engouer [ãgwe] *v/pr* **s'~ de ou pour qn, qc** für j-n, etw schwärmen, sich begeistern, Feuer und Flamme sein
engouffrer [ãgufRe] *I v/t*. **1.** F *nourriture* verschlingen; hin'unterschlingen; F verdrücken; verputzen; *abs* schlingen; **2.** *argent etc* (in großen Mengen) hin'einstecken (*dans* in +*acc*); **II** *v/pr* **s'~ 3.** *eau* sich ergießen, einbrechen (*dans* in +*acc*); *vent*: **s'~** (*dans une cheminée*) sich (in e-m Kamin) verfangen; **s'~ dans une rue** durch e-e Straße fegen, pfeifen; **4.** *foule* strömen, sich ergießen, sich hin'eindrängen (*dans* in +*acc*); *individus* verschwinden (*dans* in +*dat*); **s'~ dans un taxi** sich in ein Taxi werfen
engourdi [ãguRdi] *adj membres* gefühllos; taub; eingeschlafen; *de froid* klamm; starr; steif; *personne* **tout ~ par la chaleur** ganz schläfrig, träge, benommen von der Hitze; *avoir les doigts ~s a* abgestorbene Finger haben; kein Gefühl (mehr) in den Fingern haben
engourdir [ãguRdiR] **I** *v/t* **1.** *membres* gefühllos, taub machen; *par le froid* klamm, steif, starr werden lassen; **2.** *fig* träge, schlaff, benommen machen; erschlaffen lassen; **II** *v/pr* **s'~** *membres* taub, gefühllos werden; einschlafen; *de froid* erstarren; absterben; klamm, steif, starr werden

engourdissement [ãguRdismã] *m* **1.** *des membres* Betäubung *f*; Einschlafen *n*; Gefühllosigkeit *f*; *par le froid* Erstarrung *f*; **2.** *fig* Betäubung *f*; Erschlaffung *f*; Benommenheit *f*; *dans la routine* Erstarrung *f*
engrais [ãgRɛ] *m* Dünger *m*; Düngemittel *n*; Dung *m*; **~ chimique** Kunstdünger *m*
engraiss|age [ãgRɛsaʒ] *m ou* **~ement** *m* Mast *f*; Mästen *n*
engraisser [ãgRese] **I** *v/t* **1.** *animaux* mästen; **2.** *terres* düngen; **II** *v/i hommes, animaux* dick, fett werden; Fett ansetzen; **III** *v/pr* **s'~** sich bereichern
engranger [ãgRãʒe] *v/t* ⟨-geons-⟩ *récolte* einfahren; einbringen
engrenage [ãgRənaʒ] *m* **1.** TECH (Zahnrad)Getriebe *n*; Räderwerk *n*; **2.** *fig* Räderwerk *n*; Maschine'rie *f*; Verkettung *f*; *l'~ de la violence* die Spirale der Gewalt; *être pris, entraîné dans un ~* von e-m Räderwerk, von e-r Maschinerie erfaßt werden; in ein Räderwerk, in e-e Maschinerie geraten
engrener [ãgRəne] *v/pr* ⟨-è-⟩ **s'~** *roues dentées* inein'andergreifen; sich verzahnen; **s'~ sur, dans qc** in etw (*acc*) eingreifen
engrosser [ãgRose] F *v/t* schwängern; F ein Kind machen, andrehen, anhängen (*qn* j-m)
engueulade [ãgœlad] F *f*. F Anschnauzer *m*; Anranzer *m*; Anpfiff *m*; Rüffel *m*; Abreibung *f*; P Anschiß *m*; *recevoir une ~ cf* (*se faire*) **engueuler**; **2.** (*dispute*) heftige Ausein'andersetzung; F (Heiden)Krach *m*
engueuler [ãgœle] F **I** *v/t* **~ qn** j-n anfahren, *p/fort* anschreien, anbrüllen, F zu'sammenputzen, zu'sammenstauchen, runtermachen, abkanzeln, rüffeln; anpfeifen, anschnauzen, anranzen; j-m eins auf den Deckel geben; **~ qn** (*comme du poisson pourri*) P j-n anscheißen, zu'sammenscheißen, zur Sau machen; *se faire ~* F e-n Anschnauzer *etc* einstecken müssen, kriegen; eins aufs Dach, auf den Deckel kriegen; **II** *v/pr* **s'~** sich anschreien, anbrüllen, F anschnauzen
enguirlander [ãgiRlãde] *v/t* **1.** mit Gir-'landen schmücken; **2.** F *euphémisme pour engueuler*
enhardir [ãaRdiR] **I** *v/t* kühn, mutig machen; *p/p* **enhardi par cette victoire ...** kühn, mutig geworden durch diesen Sieg ...; **II** *v/pr* **s'~** kühn(er), mutig(er) werden (*jusqu'à faire qc* und etw tun); sich erkühnen (*zu* +*inf*)
énième [ɛnjɛm] *adj cf* **nième**
énigmatique [enigmatik] *adj* rätselhaft; rätselvoll; dunkel; unergründlich; geheimnisvoll
énigme [enigm(ə)] *f* **1.** Rätsel *n*; **poser une ~ à qn** j-m ein Rätsel aufgeben; *résoudre une ~* ein Rätsel lösen, raten; **2.** *fig* Rätsel *n*; Geheimnis *n*; *cet homme est une ~ pour moi* dieser Mensch ist mir ein Rätsel; aus diesem Menschen wird nicht klug; *parler par ~s* in Rätseln sprechen
enivrant [ãnivRã] *adj alcool, parfum* berauschend; zu Kopf steigend; *parfum a betäubend; *beauté* hinreißend; betörend

enivrement [ãnivRəmã] *m fig* Rausch *m*; Berauschtheit *f*; Trunkenheit *f*; Taumel *m*; **~ du pouvoir, de la vitesse** Macht-, Geschwindigkeitsrausch *m*
enivrer [ãnivRe] **I** *v/t* **1.** *alcool st/s* **~ qn** j-n berauschen; auf j-n berauschend wirken; *st/s* j-n trunken machen; **2.** *fig* berauschen; betören; zu Kopf steigen (+*dat*); *st/s* trunken machen; *p/p* **enivré de joie** freudetrunken; **II** *v/pr* **3.** **s'~** *st/s* sich berauschen; **4.** *fig* **s'~ de qc** sich an etw (*dat*) berauschen; in etw (*dat*) schwelgen
enjambée [ãʒãbe] *f* (großer, langer) Schritt; **d'une seule ~** mit einem Schritt; *marcher à grandes ~s, faire de grandes ~s* mit großen, langen, weitausgreifenden Schritten gehen; große, lange Schritte machen; rasch, F tüchtig, kräftig ausschreiten
enjambement [ãʒãbmã] *m* Enjambe-'ment *n*; Zeilensprung *m*
enjamber [ãʒãbe] *v/t* **a**) **~ qc, qn** über etw, j-n hin'weggehen, -steigen, -schreiten; *fossé, ruisseau* mit e-m Schritt über'queren; über'springen; **b**) *pont*: *rivière etc* über'spannen
enjeu [ãʒø] *m* ⟨*pl* -x⟩ **1.** *au jeu* Einsatz *m*; **2.** *fig d'un conflit* (Streit)Objekt *n*; (Streit)Gegenstand *m*; *par ext* Frage *f*, Sache *f* (, um die es geht); Pro'blem *n*; Thema *n*
enjoindre [ãʒwɛ̃dR(ə)] *v/t* ⟨*cf* joindre⟩ *litt ou* ADM **~ à qn de** (+*inf*) j-m (ausdrücklich) befehlen, vorschreiben zu (+*inf*)
enjôl|er [ãʒole] *v/t* **~ qn** j-n betören, um'schmeicheln, einwickeln, beschwatzen; (*flatter*) j-m schöntun, um den Bart gehen; **~eur, ~euse I** *m,f* Schönredner *m*; Schöntuer *m*; Betörer(in) *m(f)*; **II** *adj* verführerisch; betörend
enjolivement [ãʒɔlivmã] *m* **1.** Verzierung *f*; Zierat *m*; **2.** *fig* Ausschmückung *f*; Schnörkel *m*
enjoliv|er [ãʒɔlive] *v/t* **1.** *objet* (ver)zieren; schmücken; **2.** *fig récit, faits* ausschmücken; etwas hin'zudichten (*qc* etw); **~eur** *m* AUTO Radkappe *f*; **~ure** *f* (kleine) Verzierung; Zierat *m*; *sur un meuble, une écriture* Schnörkel *m*
enjoué [ãʒwe] *adj personne, sourire, voix* heiter; fröhlich; liebenswürdig; *humeur* heiter; gelöst; unbeschwert; *conversation* zwanglos; scherzhaft; *caractère ~ a* sonniges Gemüt
enjouement [ãʒumã] *m* Heiterkeit *f*; Unbeschwertheit *f*; Gelöstheit *f*; Frohsinn *m*; Frohmut *m*
enlacement [ãlasmã] *m* **1.** *de rubans etc* Geflecht *n*; **2.** (*étreinte*) Um'armung *f*; Um'schlingung *f*
enlacer [ãlase] ⟨-ç-⟩ **I** *v/t* **1.** *lierre*: *arbre etc* um'ranken; um'winden; um'schlingen; **2.** *personne* um'armen; um'schlingen; *corps* um'fassen; *des amoureux enlacés* ein Liebespaar, das sich umschlungen hält; **II** *v/pr* **s'~ 3.** *amoureux etc* sich um'armen, um'schlingen; sich um'schlungen halten; **4.** *rubans* sich inein'anderschlingen; *lierre etc* sich schlingen, winden, ranken (*autour d'un arbre* um e-n Baum)
enlaid|ir [ãlediR] **I** *v/t* entstellen; verunstalten; verschandeln; **II** *v/i* häßlich, unansehnlich werden; **~issement** *m* Ent-

stellung *f*; Verunstaltung *f*; Verschandelung *f*
enlevé [ɑ̃lve] *adj musique, scène* lebhaft, schwungvoll, kühn gespielt *ou* vorgetragen
enlèvement [ɑ̃lɛvmɑ̃] *m* **1.** *de bagages, de meubles etc* Abholung *f*; Mitnahme *f*; Abtransport *m*; Wegfahren *n*; Wegräumen *n*; *des blessés, cadavres etc* Wegschaffen *n*; Wegbringen *n*; *de déchets, de gravats* Abfuhr *f*; Beseitigung *f*; Entfernung *f*; **~ des ordures (ménagères)** Müllabfuhr *f*; **~ à domicile** Abholung vom Hause, in der Wohnung; **2.** JUR Entführung *f*; Raub *m*; **~ d'enfant** Kindesentführung *f*, -raub *m*; **3.** MIL Einnahme *f*; Eroberung *f*
enlever [ɑ̃lve] ⟨-è-⟩ **I** *v/t* **1.** *bagages, marchandises etc* abholen; mitnehmen; abtransportieren; wegschaffen, -tragen, -fahren; fortbringen; *morts, blessés* abtransportieren; wegschaffen, -bringen; *objets gênants* wegschaffen, -nehmen, -räumen, -schieben, -stellen; *ordures, gravats* abfahren; **2.** *étiquette, panneau etc* abmachen; entfernen; F wegmachen; *tache* entfernen; beseitigen; F weg-, her'ausmachen; *objets: d'en haut* her'unternehmen; *d'une boîte, d'une pièce* her'ausnehmen; *tableau d'un mur* ab-, wegnehmen; abhängen; F wegmachen; *saleté* auf-, wegputzen, -kehren, -wischen; *vêtement* ablegen; *chapeau* abnehmen; *gants* abstreifen; ausziehen; *casque* absetzen; *amygdales* her'ausnehmen, F -machen; *rein etc* entfernen; her'ausnehmen; *verrue* wegmachen; *membre* abnehmen; ampu'tieren; *phrase, mot* streichen; weglassen; her'ausnehmen; *vis, ampoule* her'ausdrehen, F -machen; *clou etc* her'ausziehen, F -machen; *toit* abdecken; *chiffre* abziehen; *peau* abziehen; abschälen; F wegmachen; **~ la couverture** das Bett abdecken; **~ la poussière** Staub wischen; abstauben; **~ à coups de marteau** mit dem Hammer wegschlagen; **~ qc d'une étagère** etw aus e-m Regal nehmen; *porte* **~ de ses gonds** ausheben; aushängen; aus den Angeln heben; **~ qc de la table** etw vom Tisch (her'unter-, weg)nehmen; **enlève ta main!** nimm deine Hand weg!; **enlève tes jambes de (sur) la table!** nimm deine Beine vom Tisch (herunter)!; **3.** (*kidnapper*) entführen; rauben; *plais* **je vous enlève votre fils pour ce soir** ich entführe Ihnen für heute abend Ihren Sohn; **4.** (*s'emparer de*) MIL *ville, position* erobern; (er)stürmen; (ein)nehmen; *la victoire* da'vontragen; erkämpfen; COMM **~ l'affaire** das Geschäft machen; sich das Geschäft sichern; SPORTS **~ la première place** den ersten Platz erringen; sich den ersten Platz erkämpfen; POL **~ un siège** e-n Sitz erringen, gewinnen; **5.** *mort, maladie* **~ qn** j-n da'hin-, hin'wegraffen; **la mort nous l'a enlevé** der Tod hat ihn uns genommen, entrissen; **6.** (*priver de*) *courage, espoir, illusions* nehmen, rauben (*à qn* j-m); **~ un poste, un titre à qn** j-m e-e Stelle, e-n Titel entziehen; **cela n'enlève rien à l'amitié que je te porte** das tut unserer Freundschaft keinen Abbruch; **cela n'enlève rien à ses mérites** das schmälert s-e Verdienste nicht;

II *v/pr* **s'~** *peinture* abgehen; sich ablösen; *tache* her'aus-, weggehen; *marchandises* F **s'~ comme des petits pains** reißenden Absatz finden; reißend weggehen
enlisement [ɑ̃lizmɑ̃] *m* **1.** *dans le sable etc* Ein-, Versinken *n*; Steckenbleiben *n*; **2.** *fig* Stocken *n*; Erlahmen *n*; Unbeweglichkeit *f*; Stillstand *m*
enliser [ɑ̃lize] **I** *v/t* **~ sa voiture** mit dem Wagen einsinken, steckenbleiben; **II** *v/pr* **s'~ 1.** *dans le sable, la boue etc* ein-, versinken; *voiture a* steckenbleiben; **2.** *fig enquête etc* steckenbleiben; nicht vorwärtskommen; stocken; erlahmen; versanden
enluminer [ɑ̃lymine] *v/t* **1.** *livre, manuscrit* (mit Farbe) ausmalen; illumi-'nieren; kolo'rieren; **2.** *visage* röten; F **avoir la trogne enluminée** ein gerötetes Gesicht, F e-e Schnapsnase haben
enlumin|eur [ɑ̃lyminœr] *m*, **~euse** *f* Buchmaler(in) *m(f)*; Minia'turmaler (-in) *m(f)*; Illumi'nator *m*; **~ure** *f* **1.** *art* Buchmalerei *f*; Minia'turmalerei *f*; **2.** *œuvre* Minia'tur *f*; (Buch)Male'rei *f*
enneigé [ɑ̃neʒe] *adj* schneebedeckt; verschneit; eingeschneit
enneigement [ɑ̃nɛʒmɑ̃] *m* Schneehöhe *f*; Schneeverhältnisse *n/pl*; **faible ~** geringe Schneehöhe; **bulletin** *m* **d'~** Schneebericht *m*
ennemi(e) [ɛnmi] **I** *m(f)* Feind(in) *m(f)*; Gegner(in) *m(f)*; 'Widersacher (-in) *m(f)*; **ennemi public numéro un** Staatsfeind *m* Nummer eins; **~ de l'alcool** Feind(in) des Alkohols; Alkoholgegner(in) *m(f)*; **le tabac l'ennemi de votre santé** der Feind Ihrer Gesundheit; **c'est son pire ennemi** das ist sein ärgster, schlimmster Feind, sein Hauptfeind; **se faire des ennemis** sich Feinde machen, schaffen; **se faire un ennemi de qn** sich j-n zum Feind machen; **passer à l'ennemi** (zum Feind) 'überlaufen; **tomber aux mains de l'ennemi** in Feindeshand fallen; dem Feind in die Hände fallen; F *fig* **c'est toujours ça de pris sur l'ennemi** das wäre erst, schon einmal gewonnen; das ist immerhin etwas; **II** *adj* feindlich; gegnerisch; verfeindet; Feind...; **frères ennemis** feindliche Brüder *m/pl*; **en pays, territoire ennemi** in Feindesland; **être ~ de qn, qc** j-m, e-r Sache feind sein; **être ~ de toute violence** ein(e) Gegner(in), Feind(in) jeglicher Gewalt sein
ennoblir [ɑ̃nɔbliʀ] *v/t fig* adeln; auszeichnen
ennuager [ɑ̃nɥaʒe] *v/pr* ⟨-geait⟩ **s'~ ciel** sich bewölken; sich (mit Wolken) bedecken; sich beziehen
ennui [ɑ̃nɥi] *m* **1.** *surtout pl* **~s** Ärger *m*; Unannehmlichkeiten *f/pl*; Schwierigkeiten *f/pl*; Ungelegenheiten *f/pl*; 'Widerwärtigkeiten *f/pl*; Verdruß *m*; F Sche'reien *f/pl*; **attirer, causer, faire des ~s à qn** j-m Ärger bereiten, machen, bereiten; **avoir toutes sortes d'~s** e-e Menge Ärger *etc* haben *ou* bekommen, F kriegen; **avoir des ~s d'argent** in Geldschwierigkeiten, in Geldverlegenheit sein; **l'~, c'est que ...** das Dumme, Ärgerliche (an der Sache) ist, daß ...; die Schwierigkeit liegt darin, daß ...; **2.** Lange'weile *f*; *a* Langweile *f*; (*lassitude*)

'Überdruß *m*; **mourir d'~** vor Langeweile (fast) sterben, 'umkommen, vergehen; sich zu Tode langweilen
ennuyé [ɑ̃nɥije] *adj* **1.** (*contrarié*) verstimmt; ärgerlich; verärgert; **2.** (*dans l'embarras*) **je suis très ~** es ist mir unangenehm, peinlich; ich bin in e-r unangenehmen, schwierigen Lage; **3.** (*soucieux*) besorgt; beunruhigt; bekümmert
ennuyer [ɑ̃nɥije] ⟨-ui-⟩ *v/t* **1.** (*contrarier*) **~ qn** j-n stören, belästigen, ärgern, verdrießen; j-m lästig sein, werden, fallen; j-m auf die Nerven gehen; **si cela vous ennuie, n'y allez pas** wenn es Ihnen nicht paßt *ou* lästig ist, gehen Sie nicht hin; **il m'ennuie avec ses questions perpétuelles** er fällt mir lästig mit s-n ewigen Fragen; F er geht mir auf die Nerven mit s-n (ewigen) Fragerei; **cela m'ennuierait d'arriver en retard** es wäre mir unangenehm *ou* nicht recht, wenn ich zu spät kommen würde; **cela vous ennuierait-il d'attendre un moment?** würde es Ihnen etwas ausmachen, e-n Augenblick zu warten?; **2.** (*lasser*) **~ qn** j-n langweilen; j-m 'Überdruß bereiten; **3.** (*préoccuper*) **~ qn** j-n beunruhigen, stören; j-m Sorgen, Kummer machen, keine Ruhe lassen; **II** *v/pr* **s'~ 4.** sich langweilen; Lange'weile haben, verspüren, empfinden; **5.** **s'~ de qn** j-n vermissen, sich nach j-m sehnen; **s'~ de Paris** sich nach Paris sehnen
ennuyeux [ɑ̃nɥijø] *adj* ⟨-euse⟩ **1.** (*désagréable*) ärgerlich; lästig; peinlich; unangenehm; unerquicklich; leidig; verdrießlich; fa'tal; **c'est à dire** es ist unangenehm, das sagen zu müssen; **2.** (*inintéressant*) langweilig; fad; öde
énoncé [enɔ̃se] *m* Ausdruck *m*; Äußerung *f*; Darlegung *f*; LING Aussage *f*; *d'un verdict etc* Wortlaut *m*; Text *m*; MATH **~ du problème** Aufgabenstellung *f*
énoncer [enɔ̃se] ⟨-ç-⟩ *v/t* ausdrücken, -sprechen; formu'lieren; zum Ausdruck bringen; *faits* darlegen; MATH **problème** stellen
énonciation [enɔ̃sjasjɔ̃] *f* Darlegung *f*; Formu'lierung *f*; Aussage *f*
enorgueillir [ɑ̃nɔʀgœjiʀ] **I** *v/t* stolz, *péj* über'heblich machen; **II** *v/pr* **s'~ de qc** stolz sein auf etw (*acc*); *péj* sich etwas einbilden, zu'gute halten auf etw (*acc*)
énorme [enɔʀm] *adj* e'norm; ungeheuer (groß); gewaltig; mächtig; riesig; riesengroß; Riesen...; *erreur a* kraß; *bêtise a* bodenlos; beispiellos; *crime, accusation* ungeheuerlich; *différence a* himmelweit; *succès, majorité* über'wältigend; **masse** *f*, **quantité** *f*, **somme** *f* **~** *a* Unmasse *f*, Unmenge *f*, Unsumme *f*
énormément [enɔʀmemɑ̃] *adv* **1.** e'normi; ungeheuer; gewaltig; mächtig; riesig; **2.** **~ de** (+*subst*) außerordentlich, sehr, F ungeheuer, unwahrscheinlich, schrecklich viel
énormité [enɔʀmite] *f* **1.** *d'un crime, d'une injure etc* Ungeheuerlichkeit *f*; *d'une tâche* gewaltiger 'Umfang; Größe *f*; **2.** *parole ou action* Ungeheuerlichkeit *f*; *bêtise* Riesendummheit *f*
enquérir [ɑ̃keʀiʀ] *v/pr* ⟨*cf* acquérir⟩ *st/s* **s'~ de qc** sich nach etw erkundigen, sich über etw (*acc*) infor'mieren, *st/s* etw erfragen (**auprès de qn** bei j-m)

enquête [ãkɛt] f **1.** ÉCON, POL etc Unter'suchung f; Erhebung f; 'Umfrage f; Befragung f; En'quete f; PRESSE (ausführlicher) Bericht; Re'port m; par ext (investigation) Erkundigung f; Nachforschung f; *faire sa petite ~* sich 'umhören; *mener, effectuer une ~* e-e Untersuchung etc 'durchführen; Erhebungen anstellen; **2.** JUR Ermittlungen f/pl; Unter'suchung f; Beweisaufnahme f, -erhebung f; *~ administrative* behördliche Ermittlungen; *~ parlementaire* parlamentarische Untersuchung; *~ préliminaire* Voruntersuchung f; *ouvrir une ~* e-e Untersuchung einleiten; Ermittlungen aufnehmen
enquêter [ãkete] v/t/indir *~ sur qc* e-e Unter'suchung, Erhebung 'durchführen, anstellen in e-r, über e-e Sache; in e-r Sache ermitteln; etw unter'suchen
enquê|teur [ãketœR] m **1.** JUR (f *~teuse*) Unter'suchungsbeamte(r) m, -beamtin f; **2.** ÉCON etc (f *~trice*) Interviewer(in) [-'vju:-] m(f); Befrager(in) m(f)
enquiquinant [ãkikinã] F adj lästig, langweilig; cf a *embêtant*
enquiquinement [ãkikinmã] F m surtout pl *~s* Ärger m; F Schere'reien f/pl
enquiquiner [ãkikine] v/t F *~ qn* j-m lästig fallen, auf die Nerven gehen, F auf den Wecker fallen; cf a *embêter, emmerder*
enquiquin|eur [ãkikinœR] F m, *~euse* F f lästiger Mensch, lästige Per'son; F Nervensäge f
enracinement [ãRasinmã] m **1.** BOT Einwurzeln n; Anwachsen n; **2.** fig Verwurzelung f; état a Verwurzelt-, Verwachsensein n
enraciner [ãRasine] I v/t *~ qn dans un pays* j-n in e-m Land heimisch werden lassen; *~ qc dans l'esprit de qn* j-m etw anerziehen; etw in j-n hin'einlegen; adjt: *profondément enraciné* personne fest verwurzelt, verbunden, verwachsen (*dans* mit); *habitudes, sentiments, préjugés* tief eingewurzelt; *être enraciné dans ses habitudes* in s-n Gewohnheiten festgefahren sein; II v/pr *s'~* **1.** plante (sich) einwurzeln; Wurzeln schlagen; anwachsen; **2.** fig personne Wurzeln schlagen; erreur, habitude etc sich festsetzen; sich einbürgern; *mauvaise habitude a* einreißen
enragé [ãRaʒe] adj **1.** VÉT tollwütig; **2.** fig joueur, chasseur etc leidenschaftlich; besessen; fa'natisch; subst *un*(*e*) *~*(*e*) *de musique, de cinéma* etc ein leidenschaftlicher Mu'sikfan, Kinofan m [-fen]
enrager [ãRaʒe] v/i ⟨-geons⟩ *j'enrage de* (+inf) es macht mich rasend, F ich könnte mich schwarz ärgern, daß ich ...; *faire ~ qn* j-n ärgern, reizen
enraiement [ãRɛmã] m cf *enrayement*
enray|age [ãRɛjaʒ] m *d'une arme à feu* Ladehemmung f; *~ement* m *d'une épidémie, d'une crise etc* Eindämmung f
enrayer [ãRɛje] ⟨-ay- od -ai-⟩ I v/t crise, évolution aufhalten; (ab)bremsen; Einhalt gebieten (+dat); évolution a hemmen; augmentation de prix, attaque auffangen; épidémie etc eindämmen; unter Kon'trolle bringen; II v/pr *s'~* arme à feu Ladehemmung haben
enrégimenter [ãReʒimãte] v/t eingliedern, einreihen (*dans* in +acc)

enregistrable [ãR(ə)ʒistRabl(ə)] adj faits etc regi'strierbar; concert etc einspielbar
enregistrement [ãR(ə)ʒistRəmã] m **1.** de son, d'images Aufnahme f (*a résultat*); Aufzeichnung f; d'images a Speicherung f; de disques a Einspielung f; de mesures Aufzeichnung f; Regi'strierung f; *~ sur bande magnétique* (Ma'gnet)Bandaufnahme f, -aufzeichnung f; *~ sur disque* (Schall)Plattenaufnahme f; *studio m d'~* Aufnahmestudio n; **2.** JUR Eintragung f; Regi'strierung f; *l'~* die Registrierbehörde, -stelle (*in Frankreich Behörde, bei der rechtlich wichtige Verhältnisse registriert werden müssen*); **3.** de données, d'observations etc Verzeichnung f; Regi'strierung f; Vermerken f; Erfassung f; Verbuchung f; d'une commande Aufnahme f; **4.** *~ des bagages* Gepäckabfertigung f; Gepäckaufgabe(stelle) f; Gepäckannahme(stelle) f
enregistrer [ãR(ə)ʒistRe] v/t **1.** sur bande etc aufnehmen; aufzeichnen; images a speichern; disque a einspielen; mesures regi'strieren; aufzeichnen; *~ de la musique sur bande, sur disque* Musik auf Band, auf Platte aufnehmen; **2.** données, observations etc ver-, aufzeichnen; regi'strieren; festhalten; vermerken; données a erfassen; commande aufnehmen; réclamations entgegennehmen; progrès, tendances verzeichnen; *qc dans sa mémoire* sich merken, einprägen, registrieren; verbuchen; *c'est enregistré* ich denke bestimmt daran; *je l'ai bien enregistré*, F ist gebongt; **3. a)** JUR (in ein Re'gister) eintragen; regi'strieren; einschreiben; **b)** COMM buchen; in ein Re'gister eintragen; **4.** bagages abfertigen; *faire ~ aufgeben*
enregistreur [ãR(ə)ʒistRœR] I adj ⟨-euse⟩ aufzeichnend; Regi'strier...; *caisse enregistreuse* Registrierkasse f; II m TECH *~ de pression* Druckschreiber m

enrhumé [ãRyme] adj erkältet; verschnupft; *être ~ a* e-e Erkältung, e-n Schnupfen haben
enrhumer [ãRyme] I v/t e-e Erkältung, e-n Schnupfen verursachen, auslösen (*qn* bei j-m); II v/pr *s'~* sich erkälten; sich e-e Erkältung, e-n Schnupfen holen, zuziehen; e-e Erkältung, e-n Schnupfen bekommen
enrichir [ãRiʃiR] I v/t **1.** *~ qn* j-n reich, wohlhabend machen; adjt *enrichi* reich geworden; **2.** collection, langue etc bereichern (*de qc* um etw); connaissances bereichern; erweitern; vertiefen; vocabulaire erweitern; *~ son esprit* s-n Horizont erweitern; **3.** minerai, terre anreichern; adjt *uranium enrichi* angereichertes Uran; II v/pr *s'~* reich, wohlhabend werden; zu Geld, Reichtümern kommen; péj sich bereichern
enrichissant [ãRiʃisã] adj expérience, lecture etc gewinn-, nutzbringend; lohnend
enrichissement [ãRiʃismã] m **1.** Reichwerden f; péj Bereicherung f (*a* JUR); **2.** d'une collection etc, des connaissances Bereicherung f; Erweiterung f; des connaissances a Vertiefung f; **3.** TECH Anreicherung f

enrob|age [ãRɔbaʒ] m ou *~ement* m Um'hüllung f; Um'mantelung f; CUIS, PHARM Über'ziehen n; de cigares Um'rollen n mit dem Deckblatt
enrober [ãRɔbe] v/t **1.** um'hüllen; um'manteln; mit e-r (Schutz)Hülle um'geben; fruits kan'dieren; PHARM comprimés mit Zuckermasse über'ziehen; p/p *glace enrobée de chocolat* Eis n mit Schokoladenüberzug; **2.** fig reproches etc einkleiden, verpacken (*de* in +acc); verbrämen (mit)
enrôlement [ãRolmã] m **1.** HIST MIL Anwerbung f; MAR Anheuerung f; Anmusterung f; **2.** fig Ein-, Beitritt m
enrôler [ãRole] I v/t **1.** HIST MIL anwerben; MAR anheuern; anmustern; **2.** fig dans un parti etc aufnehmen; II v/pr *s'~* **3.** HIST MIL Sol'dat werden; zu den Fahnen eilen; **4.** fig *s'~ dans un parti* in e-e Partei eintreten; e-r Partei (*dat*) beitreten
enroué [ãRwe] adj voix, personne heiser
enrouement [ãRumã] m Heiserkeit f
enrouer [ãRwe] v/pr *s'~* heiser werden; *s'~ à force de crier* sich heiser schreien
enroulement [ãRulmã] m **1.** action Her'umwickeln n; de rubans etc Aufrollen n; Aufwickeln n; **2.** ÉLECT Wicklung f
enrouler [ãRule] I v/t papier, tapis etc ein-, auf-, zu'sammenrollen; fil, corde aufwickeln; *~ qc autour de qc* etw um etw (her'um)wickeln, schlingen; *~ qc dans qc* etw in etw (acc) (ein)wickeln, einschlagen; *~ du fil sur une bobine* Faden aufspulen, auf e-e Rolle, Spule wickeln; II v/pr *s'~* sich ein-, auf-, zu'sammenrollen; sich aufwickeln; copeaux etc sich ringeln; *s'~ autour de qc* sich um etw (her'um)wickeln, schlingen, winden, lianes a ranken; *s'~ dans qc* sich in etw (acc) (ein)wickeln
enrouleur [ãRulœR] m AUTO *ceinture f à ~* Auto'matikgurt m
enrubanner [ãRybane] v/t mit e-m Band, mit Bändern, mit e-r Schleife schmücken, verzieren
ensablement [ãsabləmã] m d'un port etc Versandung f; par le vent Sandverwehung f
ensabler [ãsable] v/pr *s'~* **1.** port etc versanden; adjt *estuaire ensablé* versandende, versandete Mündung f; **2.** bateau auf e-e Sandbank laufen; voiture im Sand einsinken, steckenbleiben; coquillage sich im Sand eingraben
ensacher [ãsaʃe] v/t ciment, grains etc in Säcke (ab)füllen, (ab)packen; bonbons etc in Tüten (ab)füllen, (ab)packen
ensanglanter [ãsãglãte] v/t visage, linge etc mit Blut verschmieren, beflekken, besudeln (*a* fig); adjt *ensanglanté* blutverschmiert, -befleckt; blutig; voll(er) Blut; pays mit Krieg, mit blutigen Wirren über'zogen
enseignant [ãsɛɲã] I adj corps *~* Lehrerschaft f; Lehrer m/pl; Erzieher m/pl; d'une école personnel *~* Lehrkörper m; Lehrkräfte f/pl; Lehrerkollegium n; II subst *~*(*e*) m(f) Lehrkraft f; Lehrer(in) m(f)
enseigne¹ [ãsɛɲ] f **1.** (Aushänge-, Laden-, Firmen)Schild n; *~ publicitaire* Re'klameschild n; *~ au néon* Neon-

schild *n*, -reklame *f*; *fig* **être logé(s) à la même ~** im gleichen Boot sitzen; in der gleichen Lage sein; **2.** *HIST MIL* Feldzeichen *n*; **3.** *loc/conj litt* **à telle ~ que** so daß so'gar
enseigne² [ɑ̃sɛɲ] *m MAR MIL* **~ de vaisseau** (Ober)Leutnant *m* zur See
enseignement [ɑ̃sɛɲmɑ̃] *m* **1.** 'Unterricht *m*; *activité a* Unter'richten *n*; *institution* Schul-, 'Unterrichtswesen *n*; **~ commercial** a) Handelsunterricht *m*; b) Handelsschulwesen *n*; **~ général** der Allgemeinbildung dienender Unterricht; **~ libre** *ou* **privé** Pri'vatschulwesen *n*; **~ public** staatliches Schulwesen; **~ religieux** Reli'gionsunterricht *m*; **~ technique, professionnel** a) Fach-, Berufsschulunterricht *m*; b) Fach-, Berufsschulwesen *n*; **~ du dessin, des langues** Zeichen-, Sprachunterricht *m*; **2.** *(métier d'enseignant)* Lehrberuf *m*; Lehrfach *n*; Schuldienst *m*; **être dans l'~** im Schuldienst, Lehrfach sein; **3.** *(leçon) surtout pl* **~s** Lehre(n) *f(pl)*; **tirer des ~s de qc** aus etw die Lehre ziehen
enseigner [ɑ̃sene] *v/t* **~ qc à qn** j-n etw lehren; j-n in etw *(dat)* unter'richten, unter'weisen, F j-m etw beibringen; **~ l'histoire** Geschichte unterrichten, geben; **à l'université** Geschichte lehren, lesen; Vorlesungen in Geschichte halten; *abs* **elle enseigne en province** sie unterrichtet in der Provinz; *par ext* **l'expérience nous enseigne que ...** die Erfahrung lehrt uns, daß ...; *adj* **matière enseignée** Lehr-, 'Unterrichtsfach *n*
ensemble [ɑ̃sɑ̃bl(ə)] **I** *adv* **1.** zu'sammen; mitein'ander; bei'sammen; beiein'ander; *(en commun)* gemeinsam; **tous ~** alle zusammen *etc*; *personnes, choses* **aller ~** zusammenpassen; zueinander passen; zusammengehören; *personnes* **être bien ~** sich gut verstehen, vertragen; gut miteinander auskommen; **faire qc ~** etw zusammen, miteinander, gemeinsam tun; **mettre qc ~** etw zusammenlegen, -setzen, -stellen, -tun; *livres etc* **être rangés ~** beieinander, beisammenstehen; **2.** *(simultanément)* zu'gleich; gleichzeitig; **II** *m* **1.** *(totalité)* Ganze(s) *n*; Gesamtheit *f*; Ganzheit *f*; *de questions etc* Kom'plex *m*; **l'~ des faits** die Gesamtheit der Fakten; **un ~ de faits** ein Komplex von Fakten; *loc/adj* **d'~** Gesamt...; *impression f* **d'~** Gesamteindruck *m*; **plan *m* d'~** Gesamt-, 'Übersichtsplan *m*; **vue *f* d'~** Gesamtansicht *f*; 'Überblick *m*, -sicht *f* *(a fig)*; *loc/adv* **dans l'~** insgesamt; im (großen und) ganzen; alles in allem; im allgemeinen; **dans son ~** in s-r Gesamtheit; **2.** *(harmonie)* Zu'sammenspiel *n*, -wirken *n*, -klang *m*; 'Über'einstimmung *f*; *œuvre* **manquer d'~** nicht ausgewogen, einheitlich, harmonisch sein; **3.** *MUS* En'semble *n*; **~ instrumental, vocal** Instrumen'tal-, Vo'kalensemble *n*; **4.** *d'édifices* Kom'plex *m*; Gruppe *f*; **grand ~** Groß-, Wohnsiedlung *f*; Tra'bantenstadt *f*, -komplex *m*; **5.** *de meubles etc* Garni'tur *f*, Gruppe *f*; *dans les publicités* **l'~ 3000 F** kom'plett 3000 Franc; **6.** *COUT* En'semble *n*; Komplet [-'ple:] *n*; **~ de plage**

Strandensemble *n*; **7.** *MATH* Menge *f*; **théorie *f* des ~s** Mengenlehre *f*
ensemblier [ɑ̃sɑ̃blije] *m* **1.** *décorateur* Innenarchitekt *m*; **2.** *CIN* Ausstatter *m*
ensemencer [ɑ̃sməse] *v/t* ⟨-ç-⟩ **1.** *champ* einsäen; besäen; **2.** *étang, rivière* mit Fischbrut besetzen; **3.** *BIOL* beimpfen
enserrer [ɑ̃seʀe] *v/t* (eng) um'schließen *(a fig montagnes: village etc)*; *p/fort taille etc* einschnüren
ensevelir [ɑ̃sɔv(ə)liʀ] **I** *v/t* **1.** *litt (enterrer)* begraben; bestatten; *(envelopper dans un linceul)* in ein Leichentuch hüllen; **2.** *avalanche etc* **~ qn, qc** j-n, etw unter sich begraben; j-n, etw verschütten; **être enseveli (sous les décombres)** (unter den Trümmern) verschüttet, begraben werden *ou* sein; **3.** *fig secret, passé etc* verbergen; begraben; *silence etc* **~ qn** j-n einhüllen; **II** *v/pr* **s'~ dans la solitude** sich (ganz) von der Welt zu'rückziehen
ensevelissement [ɑ̃sɔv(ə)lismɑ̃] *m* **1.** *litt (enterrement)* Begräbnis *n*; Bestattung *f*; *litt* Grablegung *f*; *dans un linceul* Einhüllen *n* in ein Leichentuch *f*; **2.** *d'une ville etc* Begraben-, Verschüttetwerden *n*
ensiler [ɑ̃sile] *v/t AGR* in e-m Silo einlagern; einsäuern; si'lieren
en-soi [ɑ̃swa] *m PHILOS* An'sichsein *n*
ensoleillé [ɑ̃sɔleje] *adj* sonnig; *endroit a* sonnenbeschienen; besonnt; *pièce a* sonnendurchflutet; **côté ~** Sonnenseite *f*; **être ~** *a* Sonne haben; in der Sonne liegen
ensoleillement [ɑ̃sɔlɛjmɑ̃] *m* Sonnenbestrahlung *f*, -einstrahlung *f*; Sonnenschein *m*; **durée *f* d'~** Sonnenscheindauer *f*; **journées *f/pl* d'~** Sonnentage *m/pl*
ensoleiller [ɑ̃sɔleje] *v/t fig vie, journée* erhellen; Glanz bringen in (+*acc*); verschönern
ensommeillé [ɑ̃sɔmeje] *adj* schläfrig *(a yeux)*; verschlafen, schlaftrunken
ensorcelant [ɑ̃sɔʀsəlɑ̃] *adj* bezaubernd; betörend; *st/s* berückend
ensorceler [ɑ̃sɔʀsəle] *v/t* ⟨-ll-⟩ **1.** *(envoûter)* verzaubern; verwünschen; ver-, behexen; *adj* **ensorcelé** verhext; verzaubert; verwunschen; **2.** *fig (captiver)* bezaubern; betören; bestricken; in s-n Bann ziehen; e-n Zauber ausüben *(qn* auf j-n)
ensorceleur [ɑ̃sɔʀsəlœʀ] *m*, **~euse** *f* Verführer(in) *m(f)*; Hexe *f*
ensorcellement [ɑ̃sɔʀsɛlmɑ̃] *m* **1.** *(sorcellerie)* Zaube'rei *f*; *état* Verzauberung *f*; Behexung *f*; **2.** *fig* Zauber *m*; Reiz *m*; Bezauberung *f*
ensuite [ɑ̃sɥit] *adv* **1.** *temporel* dann; da'nach; dar'auf; nach'her; her'nach; hinter'her; anschließend; *st/s* so'dann; als'dann; **et ~?** und (was) dann?; was weiter?; *litt* **~ de quoi** wor'auf; **2.** *spatial* dann; da'hinter; hinter'her; **3.** *fig (de plus)* ferner; außerdem; *(en second lieu)* zweitens
ensuivre [ɑ̃sɥivʀ(ə)] ⟨*cf* suivre; *déf:* nur *inf u 3. Person sg u pl*; *in zusammengesetzten Zeiten wird en abgetrennt*⟩ *v/pr* **s'~** *(découler)* sich daraus ergeben; daraus resul'tieren, her'vorgehen; *(suivre)* darauf folgen; sich anschließen; **jusqu'à ce que mort s'ensuive** bis der

Tod eintritt; **et tout ce qui s'ensuit** und alles Folgende; und alles, was damit verbunden ist; *impersonnel* **il s'ensuit (de là) que ...** daraus, hieraus ergibt sich *ou* folgt *ou* geht hervor, daß ...; das hat zur Folge, daß ...
entacher [ɑ̃taʃe] *v/t st/s honneur, réputation etc* beflecken; besudeln; beschmutzen; **entaché d'erreurs** mit Fehlern behaftet; fehlerhaft
entaille [ɑ̃tɑj] *f* **1.** Einschnitt *m*; Kerbe *f*; *TECH a* Raste *f*; **faire une ~ dans, à** e-e Kerbe machen in (+*acc*); **2.** *blessure* (tiefe) Schnittwunde *f*; **se faire une ~ dans le doigt** sich tief in den Finger schneiden
entailler [ɑ̃tɑje] **I** *v/t TECH* einschneiden; einkerben, einkehlen; *arbre a* anritzen; **II** *v/pr* **s'~ le doigt** sich tief in den Finger schneiden, *avec une hache* hacken
entame [ɑ̃tam] *f CUIS* Anschnitt *m*
entamer [ɑ̃tame] *v/t* **1.** *réserves, bouteille, paquet de cigarettes etc* anbrechen; *pain, rôti etc* anschneiden; *pomme etc* anbeißen; *boîte de chocolats etc a* anreißen; *billet de banque* anbrechen; *capital, héritage* angreifen; *fig* **la journée est déjà bien entamée** es ist nicht mehr früh am Tag; **2.** *CHIM* angreifen; *diamant: verre etc* ritzen; *rouille: fer etc* zer-, anfressen; *MIL ligne ennemie* eindrücken; einbrechen in (+*acc*); **3.** *fig conviction, optimisme* erschüttern; Abbruch tun (+*dat*); *honneur, réputation* antasten; angreifen; **4.** *(commencer)* beginnen, anfangen *(qc* etw *ou* mit etw); *discussion* einleiten; eröffnen; *négociations* einleiten; aufnehmen; *conversation* anknüpfen; *œuvre* in Angriff nehmen
entartrage [ɑ̃taʀtʀaʒ] *m* Ansatz *m*, Ablagerung *f* von Kesselstein
entartrer [ɑ̃taʀtʀe] **I** *v/t* Kesselstein ablagern, bilden in, auf (+*dat*); **II** *v/pr* **s'~** Kesselstein ansetzen
entassement [ɑ̃tɑsmɑ̃] *m* **1.** Auf-, Anhäufung *f*; *de terre etc* Aufschüttung *f*; *résultat a* Haufen *m*; Berg *m*; *péj* Wust *m*; Durchein'ander *m*; **2.** *d'êtres vivants* Zu'sammenpferchen *n*; *état* Zu'sammengepferchtsein *n*, -gedrängtsein *n*; *de masses humaines* Zu'sammenballung *f*
entasser [ɑ̃tɑse] **I** *v/t* **1.** auf-, anhäufen; (auf)stapeln; auftürmen; aufschichten; *terre, pommes de terre etc* aufschütten; *provisions (amasser)* horten; speichern; hamstern; **2.** *prisonniers etc* zu'sammenpferchen *(dans* in +*dat*); hin'einpferchen (in +*acc*); **II** *v/pr* **s'~ 3.** *marchandises, courrier etc* sich stapeln, türmen, (an)häufen, ansammeln; **4.** *personnes* sich (dicht zu'sammen)drängen; zu'sammengepfercht sein; dichtgedrängt stehen; *masses humaines* sich zu'sammenballen
entendement [ɑ̃tɑ̃dmɑ̃] *m* **1.** *(faculté de comprendre)* Verständnis *n*; Begriffsvermögen *n*; Fassungskraft *f*; **dépasser l'~** die Fassungskraft über'steigen; unbegreiflich, unverständlich sein; **2.** *(intelligence)* Verstand *m* (*a PHILOS*); Urteilskraft *f*
entendeur [ɑ̃tɑ̃dœʀ] *m loc* **à bon ~ salut!** Sie wissen *ou* du weißt jetzt Bescheid!; Sie sind *ou* du bist gewarnt!

entendre [ãtãdʀ(ə)] ⟨cf rendre⟩ **I** v/t **1.** (percevoir par l'ouïe) hören (a abs); vernehmen; verstehen; ~ **mal** a) schlecht, schwer hören; b) un orateur etc schlecht verstehen; **j'ai mal entendu** ich habe mich verhört; ich habe falsch gehört; **ne pas ~ qc** etw über'hören, nicht hören; **à l'~** wenn man ihn (F so) hört; s-n Reden nach; **qu'est-ce que j'entends?** was höre ich da?; was muß ich da hören?; **~ que ...** hören, daß ...; ♦ **~ crier, parler etc** schreien, sprechen etc hören; **j'ai entendu dire que ...** ich habe gehört, daß ...; **d'après ce que j'ai entendu dire** soviel ich gehört habe; **~ qn dire qc** j-n etw sagen hören; hören, wie j etw sagt; etw von j-m hören; **~ parler de qn, de qc** von j-m, von etw hören ou reden hören; **il ne veut pas en ~ parler** er will nichts davon hören; **j'aime ~ parler français** ich höre gern Französisch; ♦ F **il va m'~!** F der kriegt was (von mir) zu hören!; **faire celui qui n'a pas entendu** (absichtlich) etw über'hören; **faire ~ bruit, son** hören lassen; von sich geben; **se faire ~** zu hören sein; **personne** sich Gehör verschaffen; mit s-r Stimme 'durchdringen; bruit etc hörbar, vernehmbar werden; rires a erschallen; musique a erklingen; sirène a ertönen; F **qu'est-ce qu'il ne faut pas ~!** F was man da so alles hört!; was muß man da nicht alles hören!; **il répète à qui veut l'~ que ...** er erzählt jedem, der es hören will, daß ...; **2. a)** (écouter) (an)hören; Gehör schenken (+dat); témoin, accusé hören; vernehmen; **~ une conférence** sich e-n Vortrag anhören; **après avoir entendu les parties** nach Anhörung der Parteien; **il ne veut rien ~** er will nicht hören; cf a **raison** I.; b) plaintes, prières erhören; **que Dieu vous entende!** Gott gebe es!; **3. a)** (comprendre) verstehen; begreifen; **ne rien ~ à qc** von etw nichts verstehen; für etw kein Verständnis haben; **j'entends bien** ich verstehe gut; ich begreife; ich weiß wohl; es ist mir klar; **donner à, laisser ~ qc (à qn)** (j-m) etw zu verstehen, erkennen geben; (j-n) etw merken lassen; (bei j-m) etw 'durchblicken lassen; (bei j-m) etw andeuten, cf a bedeuten; **je te défends de sortir, tu entends?** verstanden?; **b)** (vouloir dire) **~ par** verstehen unter ⟨+dat⟩; meinen mit; **qu'entendez-vous par là?** was verstehen Sie darunter?; was meinen Sie damit?; was wollen Sie damit sagen?; **4.** st/s (vouloir) beabsichtigen; wollen; **qu'entendez-vous faire maintenant?** st/s was gedenken Sie jetzt zu tun?; **faites comme vous l'entendez** machen Sie es, wie es Ihnen beliebt; **j'entends qu'on m'obéisse, j'entends être obéi** ich verlange, erwarte Gehorsam; **II** v/pr **s'~ 5. a)** (s'accorder) **s'~** (**bien, mal**) **avec qn** sich mit j-m (gut, schlecht) verstehen, vertragen; mit j-m (gut, schlecht) auskommen; **réciproque s'~** sich verstehen, vertragen; mitein'ander auskommen; **entendons-nous bien!** wohlverstanden!; damit wir uns recht verstehen!; **b)** (se mettre d'accord) **s'~ avec qn, sur qc** sich mit j-m, über etw (acc) einigen, verständigen; mit j-m, über etw (acc) einig werden; **s'~ a** zu e-r Verständigung kommen; **avec lui il y a moyen de s'~** mit ihm kann man reden; er läßt mit sich reden; **c)** (s'y connaître) **s'~ à qc** sich auf etw (acc) verstehen; **il s'y entend** er versteht sich darauf; **s'y ~ pour** ⟨+inf⟩ sich darauf verstehen zu ⟨+inf⟩; es verstehen zu ⟨+inf⟩; **d)** (être compris) verstanden werden; **cela s'entend** (das) versteht sich; (das ist) selbstverständlich; **ce mot peut s'~ de diverses manières** das Wort kann man verschieden auffassen; **quand je dis jamais, je m'entends ...** dann verstehe ich darunter, dann heißt das ...; **6.** (être perçu par l'ouïe) **a)** bruit etc gehört werden; zu hören sein; **cela s'entend tout de suite** das hört man gleich; **b)** personne(s) sich hören; die eigene Stimme hören; F **tu ne t'entends pas** du merkst gar nicht, wie laut du bist; F **on ne s'entend plus ici** hier hört, versteht man ja sein eigenes Wort nicht mehr; **c)** **s'~ répondre que ...** die Antwort erhalten, daß ...
entendu [ãtãdy] adj **1.** (convenu) abgemacht; beschlossen; **c'est ~!** einverstanden!; abgemacht!; gut!; klar!; geht in Ordnung!; es bleibt dabei!; F ist gebongt!; **étant ~ que ...** wobei als vereinbart gilt, daß ...; loc/adv **bien ~** natürlich; selbstverständlich; selbstredend; das versteht sich; concessif wohlverstanden; wohlgemerkt; allerdings; F **comme de bien ~** F versteht sich!; na klar!; **2.** air, sourire, regard verständnisvoll; des Einverständnisses; e-s Kom'plizen
entente [ãtãt] f **1.** processus Verständigung f; Einigung f; résultat Über'einkommen n; Abmachung f; Absprache f (a ÉCON); **terrain m d'~** Verständigungsgrundlage f; **parvenir à une ~** Einigung erzielen; zu e-m Übereinkommen gelangen; sich verständigen, einigen; **2.** POL Ent'ente f; Bündnis n; HIST **l'E⟨a⟩ (cordiale)** die Entente cordi'ale; **3.** (concorde) Einvernehmen n; Eintracht f; Einigkeit f; gegenseitiges Verstehen; **vivre en bonne ~** in gutem Einvernehmen leben
enter [ãte] v/t (greffer) pfropfen
entériner [ãteRine] v/t **1.** (gerichtlich) bestätigen; **2.** (approuver) billigen; gutheißen; akzep'tieren
entérite [ãteRit] f MÉD Darmkatarrh m; Dünndarmentzündung f; sc Ente'ritis f
enterrement [ãteRmã] m **1.** d'un mort Beerdigung f; Begraben n; Bestattung f; Beisetzung f; d'un trésor etc Ver-, Eingraben n; de cadavres, d'animaux a Verscharren n; **2.** cérémonie Beerdigung f; Begräbnis n; Bestattung f; Beisetzung f; südd a Leiche f; F fig: **un ~ de première classe** ein Begräbnis erster Klasse; **tête f d'~** Leichenbittermiene f; Trauermiene f; **3.** (cortège funèbre) Trauer-, Leichenzug m; Trauergefolge n; a Trauergemeinde f; **4.** fig de projets, d'espoirs etc Ende n; Begraben n
enterrer [ãteRe] **I** v/t **1.** mort beerdigen; begraben; bestatten; beisetzen; zu Grabe tragen; **être enterré au cimetière de ...** auf dem Friedhof von ... begraben sein, liegen; **il est mort et enterré** er ist längst tot, unter der Erde; fig il **nous enterrera tous** er wird uns alle über'leben; **2.** cadavre, animal vergraben; verscharren; trésor, armes etc ver-, eingraben; JARD eingraben; in die Erde stecken; TECH conduites unter der Erde, 'unterirdisch verlegen; **3.** par ext **être enterré sous les décombres** unter den Trümmern verschüttet, begraben werden ou sein, (begraben) liegen; **4.** fig secret begraben, verschließen (**dans son cœur** in s-m Herzen); querelle, affaire, projets, espoirs begraben; espoirs a zu Grabe tragen; **~ sa vie de garçon** den Abschied von s-m Junggesellenleben feiern; **II** v/pr **s'~** fig sich zu'rückziehen (**en province** in die Provinz); F sich vergraben (in der Provinz)
entêtant [ãtetã] adj parfum betäubend; schwer; zu Kopfe steigend; **air de musique** die einem nicht aus dem Kopf geht
en-tête [ãtεt] m ⟨pl en-têtes⟩ **1.** de papier à lettres Briefkopf m; **2.** INFORM Kopf m; Vorsatz m
entêté [ãtete] **I** adj eigensinnig; starrköpfig, -sinnig; halsstarrig; störrisch; F stur; dickköpfig, -schäd(e)lig; **II** subst **~(e)** m(f) Starrkopf m; F Dickkopf m; Dickschädel m
entêtement [ãtεtmã] m Eigensinn(igkeit) m(f); Starrsinn m; Starrköpfigkeit f; Halsstarrigkeit f; F Sturheit f; Dickköpfigkeit f; Dickschädligkeit f
entêter [ãtete] v/pr **s'~** eigensinnig, starrköpfig, halsstarrig werden; F s-n Dickkopf aufsetzen; **s'~ dans qc** sich auf etw (acc) versteifen; eigensinnig auf etw (dat) beharren, an etw (dat) festhalten; sich auf etw (acc) kapri'zieren; **s'~ à faire qc** sich darauf versteifen, etw zu tun; hartnäckig etw tun; **s'~ dans une idée** a sich in e-e Idee verrennen
enthousiasmant [ãtuzjasmã] adj begeisternd; hinreißend
enthousiasme [ãtuzjasm(ə)] m Begeisterung f; Enthusi'asmus m; loc/adv **avec ~** begeistert; mit Begeisterung; **dans l'~ général** in der allgemeinen Begeisterung; **fête célébrée dans l'~** begeistert, 'überschwenglich gefeiertes Fest
enthousiasmer [ãtuzjasme] **I** v/t begeistern; in Begeisterung versetzen; hinreißen; enthusias'mieren; **II** v/pr **s'~** sich begeistern (**pour** für); in Begeisterung geraten (über +acc)
enthousiaste [ãtuzjast] adj accueil, partisan etc begeistert; enthusi'astisch; a péj 'überschwenglich; schwärmerisch
enticher [ãtiʃe] v/pr **s'~ de qn, qc** für j-n, von j-m schwärmen; sich für j-n, etw begeistern; sich in j-n, etw vernarren; **être entiché de** vernarrt sein in ⟨+acc⟩
entier [ãtje] **I** adj ⟨-ière⟩ **1. a)** ganz; (durant) une année entière, des années entières ein ganzes, volles Jahr (lang), jahrelang; **lait ~** 'Vollmilch f; MATH **nombre ~** ganze Zahl; **payer place entière** den vollen Preis bezahlen; **b)** adv **tout** ⟨inv⟩ **~** ganz; völlig; 'vollständig; ganz und gar; über und über; **tout ~ à son travail** ganz in s-e Arbeit vertieft; **avaler qc tout ~** etw ganz (ver)schlucken; **boire une bouteille tout entière** e-e ganze Flasche (aus)trinken; **se donner tout ~ à une tâche** sich e-r Aufgabe voll und ganz

widmen; **c)** *loc/adv* **en ~** ganz; 'vollständig; *écrire son nom en ~* s-n Namen (ganz) ausschreiben; **2.** *(absolu)* *confiance, liberté* völlig; uneingeschränkt; abso'lut; *confiance a* unbedingt; *liberté a* vollkommen; *ignorance, indépendance* völlig; **donner entière satisfaction à qn** j-n voll und ganz, restlos zufriedenstellen; **3.** *(intact) vase etc* ganz; unversehrt; *fig réputation* unangetastet; **rester ~** *mystère, problème* ungelöst bleiben; *question* offenbleiben; **4.** *caractère, personne* gerade; unbeugsam; di'rekt; *péj a* eigensinnig; *caractère a* fest; **II** *m* **1.** MATH Ganze(s) *n*; **2.** *loc/adv* **dans, en son ~** ganz; als Ganzes
entièrement [ɑ̃tjɛRmɑ̃] *adv* ganz; völlig; 'vollständig; voll und ganz; ganz und gar; gänzlich; zur Gänze
entité [ɑ̃tite] *f* **1.** PHILOS Enti'tät *f*; Seinshaftigkeit *f*; Wesenheit *f*; **2.** *par ext* Wesen *n*; Gebilde *n*
entoiler [ɑ̃twale] *v/t* **1.** *carte de géographie* auf Leinwand aufziehen; **2.** COUT mit Leinen, mit e-r Einlage versteifen
entôler [ɑ̃tole] *v/t* F reinlegen; anschmieren; übers Ohr hauen
entomolog|ie [ɑ̃tɔmɔlɔʒi] *f* In'sektenkunde *f*; *sc* Entomolo'gie *f*; **~ique** *adj* entomo'logisch; **~iste** *m* In'sektenforscher *m*; *sc* Entomo'loge *m*
entonner [ɑ̃tɔne] *v/t mélodie* anstimmen; into'nieren; *fig* **~ les louanges de qn** ein Loblied auf j-n anstimmen
entonnoir [ɑ̃tɔnwaR] *m* Trichter *m* (*a d'une bombe*); **en (forme d')~** trichterförmig
entorse [ɑ̃tɔRs] *f* **1.** MÉD Verstauchung *f*; **se faire une ~ au pied** sich den Fuß verstauchen; **2.** *fig* **faire une ~ à** *loi, vérité* verdrehen; *loi a, règlement* miß'achten; sich hin'wegsetzen über (+*acc*); verletzen; verstoßen gegen; **faire une ~ à ses habitudes** (einmal) von s-n Gewohnheiten abgehen, gegen s-e Gewohnheiten verstoßen
entortiller [ɑ̃tɔRtije] **I** *v/t* **1.** *bonbons etc* (ein)wickeln (**dans** in +*acc*); *mouchoir etc* (her'um)wickeln (**autour de son doigt** um den Finger); **2.** *fig phrases* kompli'zieren; *adj* **entortillé** wirr; verworren; kon'fus; **3.** F *fig* **~ qn** F j-n beschwatzen, einwickeln; **II** *v/pr* **s'~ 4.** *plantes, serpent* sich winden, sich wickeln, *plante a* sich ranken, *serpent a* sich ringeln (**autour de** um); **5. a)** F **s'~ dans ses draps** sich in s-n Decken (ver)wickeln; **b)** *fig* sich verwickeln, verheddern (**dans** in +*dat*)
entourage [ɑ̃tuRaʒ] *m* **1.** *d'une personne* Um'gebung *f*; Kreis *m* (**de qn** um j-n); *d'un souverain a* Gefolge *n*; **2.** *de choses* Einfassung *f*; Um'randung *f*
entouré [ɑ̃tuRe] *adj* **a)** um'geben, um'säumt (**de qc** von etw); eingesäumt, eingefaßt (mit etw); **entouré d'amis** von Freunden umgeben; **~ de légendes** sagenumwoben; **~ de suspicion** von allen Seiten verdächtigt; **b)** *personne* (**très**) **~** viel, sehr um'schwärmt; viel bewundert; **être mal ~** schlechte Ratgeber, nicht die richtigen Mitarbeiter haben
entourer [ɑ̃tuRe] **I** *v/t* **1. ~ de** um'geben, einfassen, um'schließen mit; **~ qn de ses bras** j-n um'fassen; *fig* **~ qn**

d'égards j-n rücksichtsvoll behandeln; **~ qc d'une ficelle** etw mit e-r Schnur um'wickeln; **~ de ses flots** um'spülen; um'fluten; **~ de, en rouge** rot um'randen; **2. ~ qc** *choses* etw um'geben; *arbres: maison a* um'stehen; *champs: ferme a* (rings) her'umliegen um; *personnes* um etw her'umstehen; sich um etw versammeln; **3. ~ qn** *personnes* j-n um'geben; um j-n her'um sein; *admirateurs, auditeurs* j-n um'ringen, um'stehen; sich um j-n drängen, versammeln, scharen; *amis etc* j-m beistehen, zur Seite stehen (**dans son malheur** im Unglück); sich um j-n kümmern; *dangers, tentations* auf j-n lauern; *soldats, police* **~ qn, qc** j-n, etw einkreisen, um'zingeln; **II** *v/pr* **s'~ de** sich um'geben mit; *de personnes* um sich scharen, (ver)sammeln (+*acc*); *cf a* **mystère 1.**, **précaution**
entourloupette [ɑ̃tuRlupɛt] F *f* (übler) Streich; **faire une ~ à qn** j-m übel mitspielen; j-m e-n Streich spielen
entournure [ɑ̃tuRnyR] *f* **1.** (*emmanchure*) Ärmelausschnitt *m*; **2.** *fig* **être gêné aux ~s a)** (*être mal à l'aise*) sich unbehaglich, unwohl fühlen; **b)** *financièrement* F knapp bei Kasse sein; keine großen Sprünge machen können
entracte [ɑ̃tRakt] *m* **1.** THÉ, CIN *etc* Pause *f*; **2.** *fig* Atempause *f*; kurze Ruhepause
entraide [ɑ̃tRɛd] *f* (gegenseitige) Hilfe, Unter'stützung; (gegenseitiger) Beistand
entraider [ɑ̃tRede] *v/pr* **s'~** ein'ander, sich (gegenseitig) helfen, unter'stützen, beistehen
entrailles [ɑ̃tRaj] *f/pl* **1.** (*viscères*) Eingeweide *pl*; Gedärme *pl*; **2.** REL **et le fruit de vos ~ est béni** und gebene'deit ist die Frucht Deines Leibes; **3.** *fig* **de la Terre** Innere(s) *n*; *litt* Schoß *m*; **d'un bateau** Bauch *m*; *livre etc* **prendre qn aux ~** j-n tief, bis ins Innerste aufwühlen
entrain [ɑ̃tRɛ̃] *m* Schwung *m*; Tempera'ment *n*; Feuer *n*; Begeisterung *f*; Le'bendigkeit *f*; **plein d'~** *personne* temperamentvoll; aufgeräumt; glänzender Laune; vor Lebenslust sprühend; *musique* schwungvoll; mitreißend; **avec ~** lust-, schwunglos; ohne Schwung; **manquer d'~** *personne* keinen Schwung, kein Temperament, nichts Mitreißendes (an sich) haben; *a conversation etc* schwunglos, lustlos, träge sein; *fête etc* **ça manque d'~** da ist kein Leben, kein Schwung drin; **mettre de l'~** Leben, Schwung hineinbringen
entraînant [ɑ̃tRɛnɑ̃] *adj musique* beschwingt; mitreißend; schwungvoll; *marche a* schmissig; flott
entraînement [ɑ̃tRɛnmɑ̃] *m* **1.** Training ['tRɛ- *ou* 'tRɛ:-] *n* (*a* SPORTS); Ausbildung *f* (*a* MIL); Schulung *f*; Übung *f*; *physique* Ertüchtigung *f*; *de main-d'œuvre* Einarbeitung *f*; Anlernen *n*; MIL **~ sévère** *a* Drill *m*; Schliff *m*; **manque m d'~** Ungeübtheit *f*; mangelnde Übung; SPORTS **match m d'~** Trainings-, Übungsspiel *n*; **à l'~** beim Training; **avoir de l'~** Übung haben; trai'niert, geschult sein; **manquer d'~** keine Übung, kein Training haben;

nicht geübt, trai'niert sein; aus der Übung sein; **2.** TECH Antrieb *m*; **3.** *fig* **a)** *de la passion etc* Macht *f*; **b)** (*impulsion*) Trieb *m*; Regung *f*
entraîner [ɑ̃tRene] **I** *v/t* **1. ~ qc a)** *courant, avalanche etc* etw (mit sich) fortreißen; etw mit-, wegreißen; *eaux a* etw fort-, wegschwemmen, wegspülen, mit sich führen; **~ au fond de l'eau** auf den Grund ziehen; in die Tiefe reißen; **b)** TECH etw antreiben; **2.** *personne* **~ qn** j-n mitnehmen, -führen, -ziehen, *dans sa chute* mitreißen, *de force ou* F mitschleppen; **3.** *fig* **a)** *musique, passion etc* **~ qn** j-n mit-, hinreißen; **b)** *personne* **~ qn dans qc** (*engager*) j-n in etw (*acc*) (mit) hin'einziehen, in etw (*acc*) verwickeln; (*pousser*) j-n zu etw veranlassen, verleiten, über'reden; **~ qn à faire qc** j-n dazu bringen, veranlassen, bewegen, etw zu tun; **il cherchait à m'~ avec lui** er versuchte, mich zum Mitmachen zu über'reden, verleiten; **cela nous entraînerait trop loin** das würde (uns) zu weit führen; **4.** (*avoir pour conséquence*) nach sich ziehen; zur Folge, im Gefolge haben; mit sich bringen; **~ la mort** den Tod zur Folge haben, her'beiführen; **5.** (*exercer*) trai'nieren [tRɛ- *ou* tRe-] (*a* SPORTS); schulen; üben; *son corps* ertüchtigen; *employés* einarbeiten; anlernen; *adjt* **bien entraîné** geübt; gut ('durch)trainiert; **II** *v/pr* **s'~** trai'nieren [tRɛ- *ou* tRe-] (*a* SPORTS); sich üben (**à [faire] qc** in etw [*dat*])
entraîn|eur [ɑ̃tRɛnœR] *m* SPORTS Trainer ['tRɛ:- *ou* 'tRɛ:-] *m*; *d'une femme* Trainerin *f*; **~euse** *f* Ani'mierdame *f*, -mädchen *n*
entrapercevoir [ɑ̃tRapɛRsəvwaR] *v/t* ⟨*cf recevoir*⟩ flüchtig sehen, erblicken
entrave [ɑ̃tRav] *f* **1.** *pour animaux* (Fuß)Fessel *f*; **2.** *fig* Fessel *f*; Hemmnis *n*; Hindernis *n*; Behinderung *f*; Beein'trächtigung *f*; JUR **~ à la circulation** Verkehrsbehinderung *f*; **~ à la liberté de la presse** Beeinträchtigung der Pressefreiheit
entraver[1] [ɑ̃tRave] *v/t* **1.** *animaux, prisonniers* (am Fuß) fesseln; e-e (Fuß-) Fessel anlegen (+*dat*); **2.** *fig circulation, évolution etc* behindern; beein'trächtigen; hemmen; erschweren; *projets etc a* entgegenwirken (+*dat*); *vêtement etc* **~ la marche** beim Gehen (be)hindern, stören, hinderlich sein; *adjt* **jupe entravée** Humpelrock *m*
entraver[2] [ɑ̃tRave] *v/t arg* (*comprendre*) F ka'pieren; mitkriegen
entre [ɑ̃tR(ə)] *prép* **1. a)** *spatial* zwischen (+*dat ou acc*); **~ ces objets** *etc a* da'zwischen; *fig* **être ~ les mains de qn** in j-s Händen sein; **laisser de la place ~ chaque mot** nach jedem Wort Platz lassen; **b)** *temporel* zwischen; **dix et onze heures** zwischen zehn und elf Uhr; **c)** *rapport entre deux personnes ou deux choses* zwischen (+*dat*); **match *m* ~ deux équipes** Spiel *n* zwischen zwei Mannschaften; **je vous assure qu'il n'y a rien ~ nous** wir haben nichts miteinander; es ist nichts zwischen uns; **2.** *entre plusieurs personnes ou choses* unter (+*dat*); von; **amitié *f* ~ frères et sœurs** Freundschaft *f* unter Geschwistern; **~ autres** unter ande-

entrebâillement – entrer

rem; (*soit dit*) ~ *nous* unter uns, im Vertrauen (gesagt); *dîner* ~ *amis* im Freundeskreis essen; *personnes qui parlent* ~ *elles* Menschen, die miteinander sprechen; *ils veulent rester* ~ *eux* sie wollen unter sich bleiben; ♦ *lequel d'*~ *vous?* wer von euch *ou* Ihnen?; *la plupart d'*~ *eux* die meisten von ihnen; *choses* die meisten davon
entrebâillement [ãtrəbajmã] *m* Spalt *m*; *dans l'*~ *de la porte* im Türspalt
entrebâiller [ãtrəbaje] *v/t porte, fenêtre* e-n Spalt (weit), ein wenig, a halb öffnen; anlehnen; *adj fenêtre entrebâillée* angelehntes Fenster; Fenster, das e-n Spalt offensteht
entrechat [ãtrəʃa] *m DANSE* Entre'chat *m*; Kreuzsprung *m*
entrechoquer [ãtrəʃɔke] **I** *v/t vaisselle etc* anein'ander-, gegenein'anderstoßen, -schlagen; *verres en trinquant* klingen lassen; **II** *v/pr s'*~ *tasses etc* aneinander-, gegenein'anderstoßen, -schlagen; klappern; *verres* klirren; *verres en trinquant* klingen; *wagons* zu'sammenstoßen
entrecôte [ãtrəkot] *f CUIS* Rippenstück *n*; Entre'cote *n*
entrecouper [ãtrəkupe] *v/t* unter'brechen (*qc de qc* etw durch etw); *adj il parla d'une voix entrecoupée de sanglots* s-e Worte waren von Schluchzen unterbrochen
entrecroiser [ãtrəkrwaze] **I** *v/t rubans, fils* verflechten, inein'anderschlingen, -flechten; **II** *v/pr s'*~ *lignes, rues etc* sich kreuzen; sich (über')schneiden; *adj lignes entrecroisées* sich (über'-) schneidende Linien *f/pl*
entre-déchirer [ãtrədeʃire] *v/pr litt et fig s'*~ ein'ander bekriegen, *p/fort* zerfleischen
entre-deux [ãtrədø] *m* ⟨*inv*⟩ **1.** *COUT* (Spitzen)Einsatz *m*; **2.** *BASKET* Sprungball *m*; *FOOTBALL* Schiedsrichterball *m*
entre-deux-guerres [ãtrədøger] *m* ⟨*inv*⟩ Zeit *f* zwischen den zwei Weltkriegen
entre-deux-mers [ãtrədømer] *m* weißer Bordeauxwein
entre-dévorer [ãtrədevɔre] *v/pr s'*~ ein'ander verschlingen; sich gegenseitig auffressen
entrée [ãtre] *f* **1.** *de personnes* Eintritt *m*; Eintreten *n*; Her'einkommen *n*; *en scène* Auftritt *m*; Auftreten *n*; *dans un pays* Einreise *f*; *de véhicules* Einfahren *n*; *de bateaux* Einlaufen *n* (*dans un port* in e-n Hafen); *MIL* Einmarsch *m*; Einzug *m*; Einrücken *n*; *MUS* Einsatz *m*; Einsetzen *n*; ~ *interdite!* Eintritt, Zutritt, Eingang verboten!; kein Zugang, Eintritt, Eingang!; *fig* ~ *dans le monde, dans la vie* Geburt *f*; Geborenwerden *n*; ~ *en action* Tätigwerden *n*; Eingreifen *n*; ~ *en fonctions* Amtsantritt *m*, -übernahme *f*; *d'un train* ~ *en gare* Einfahrt *f*; ~ *en guerre* Kriegseintritt *m*; ~ *en matière* Einleitung *f*; Einführung *f*; *d'une loi etc* ~ *en vigueur* In'krafttreten *n*; *à son* ~ bei s-m Ein- *ou* THÉ Auftreten; als er eintrat, hereinkam, auftrat; *fig avoir ses* ~*s chez qn* bei j-m ein und aus gehen; *faire son* ~ s-n Einzug halten; *acteur* auftreten; *faire une* ~ *discrète* unauffällig, diskret hereinkommen; *fai-*

re une ~ *remarquée* bei s-m Kommen viel beachtet werden, Aufsehen erregen; *THÉ* e-n vielbeachteten Auftritt haben; *fig faire son* ~ *dans le monde* zum erstenmal in der Gesellschaft erscheinen; in die Gesellschaft eingeführt werden; debü'tieren; *SPORTS faire son* ~ *dans le stade* ins Stadion einziehen, einlaufen, einfahren; **2.** *endroit* **a)** *pour personnes* Eingang *m*; *dans les bus* Einstieg *m*; *pour véhicules* Einfahrt *f*; ~ *latérale, principale* Neben- *ou* Seiteneingang *m*, Haupteingang *m*; *THÉ* ~ *des artistes* Bühneneingang *m*; ~ *de la cour* Hofeingang *m*, -einfahrt *f*; ~ *d'un défilé* Zugang zu e-m Engpaß *m*; ~ *du métro* Metroeingang *m*; Eingang zur Metro; ~ *du port* Hafeneinfahrt *f*; ~ *de service* Dienstboten-, Liefe'ranteneingang *m*; *porte f d'*~ Eingangstür *f*; **b)** *d'une manche etc* Öffnung *f*; Loch *n*; *d'un câble etc* Ein-, Zuführung *f*; ~ *d'air* Lufteintritt *m*, -zuführung *f*, einlaß *m*; **3.** *dans un parti etc* Eintritt *m*; Beitritt *m*; Aufnahme *f*; ~ *au lycée* Eintritt, Aufnahme ins Gymnasium; *examen* ~ *d'*~ Aufnahmeprüfung *f*; **4.** (*prix d'entrée*) Eintritt *m*; Eintrittsgeld *n*; (*billet*) Eintrittskarte *f*; *l'exposition a enregistré 2000* ~*s* bei der Ausstellung wurden 2000 Besucher gezählt; **5.** *COMM* **a)** *dans un pays* ~(*s*) (*pl*) Einfuhr *f*; **b)** *dans une entreprise* ~*s pl* Eingänge *m/pl*; **6.** (*vestibule*) Diele *f*; Vorraum *m*; Flur *m*; **7.** *CUIS* erster Gang; Vorspeise *f*; **8.** *INFORM* Eingabe *f*; Input *m ou* *n*; **9.** *LEXICOGRAPHIE* Stichwort *n*; **10.** *loc/adv d'*~ (*de jeu*) von Anfang an; gleich zu Beginn, am Anfang; von vornherein
entrefaite [ãtrəfɛt] *loc/adv sur ces* ~*s* in diesem Augenblick, Mo'ment
entrefilet [ãtrəfilɛ] *m dans un journal* kurze No'tiz, Meldung; Pressenotiz *f*, -meldung *f*
entregent [ãtrəʒã] *m* gewandtes Benehmen; *avoir de l'*~ sehr gewandt, kon'taktfreudig sein; mit (den) Leuten 'umgehen können
entrejambe(s) [ãtrəʒãb] *m COUT* Schritt *m*
entrelacement [ãtrəlasmã] *m* Inein'anderflechten *n*, -schlingen; *résultat* Verflochtensein *n*
entrelacer [ãtrəlase] ⟨-ç-⟩ **I** *v/t* inein'ander-, umein'anderschlingen; (mitein'ander) verflechten; *adj entrelacé* inein'ander verschlungen; (inein'ander) verflochten; **II** *v/pr s'*~ *plantes* sich verflechten; *a lignes, rubans* inein'ander verschlingen, verflochten sein
entrelacs [ãtrəla] *m ornement* Flechtdekoration *f*; Flechtwerk *n*
entrelarder [ãtrəlarde] *v/t CUIS* spicken
entremêler [ãtrəmɛle] *v/t* **1.** (ver)mischen; vermengen; **2.** *fig* ~ *qc de qc* etw mit etw vermischen
entremets [ãtrəmɛ] *m CUIS* Süßspeise *f*; Nachtisch *m*
entremett|eur [ãtrəmɛtœr] *m* **a)** (*intermédiaire*) Mittelsmann *m*; **b)** *péj* (*proxénète*) Kuppler *m*; ~**euse** *f péj* Kupplerin *f*
entremettre [ãtrəmɛtr(ə)] *v/pr* ⟨*cf mettre*⟩ *st/s s'*~ vermitteln; sich ins Mittel legen; vermittelnd eingreifen
entremise [ãtrəmiz] *f* Vermittlung *f*;

Fürsprache *f*; *loc/prép par l'*~ *de* durch die Vermittlung, Fürsprache (+*gén*)
entrepont [ãtrəpõ] *m MAR* Zwischendeck *n*
entreposer [ãtrəpoze] *v/t marchandises* (ein)lagern; *meubles etc* 'unter-, einstellen
entrepôt [ãtrəpo] *m* **1.** Lager *n*; Lagerhaus *n*, -halle *f*, -raum *m*; Warenlager *n*; De'pot *n*; Lagerplatz *m*; ~ *frigorifique* Kühlhaus *n*, -halle *f*; ~ *de carburants* Treibstofflager *n*; **2.** ~ (*de douane*) Zollager *n*; Zollniederlage *f*
entreprenant [ãtrəprənã] *adj* **1.** unter'nehmend; unter'nehmungslustig; tatkräftig; tätig; unterschiedsfreudig; rührig; **2.** *auprès des femmes* draufgängerisch; *péj* auf-, zudringlich
entreprendre [ãtrəprãdr(ə)] *v/t* ⟨*cf prendre*⟩ **1. a)** ~ *qc* etw unter'nehmen; *tâche* in Angriff nehmen; *vérifications, recherches* anstellen; ~ *la construction d'un immeuble* mit dem Bau e-s Hauses anfangen, beginnen; **b)** ~ *de faire qc* versuchen, es unter'nehmen, sich zur Aufgabe machen, etw zu tun; **2.** ~ *qn* zu beeinflussen, zur über'reden (ver)suchen; F sich an j-n her'anmachen; ~ *qn sur un sujet* anfangen, (mit j-m) über ein Thema zu sprechen; F von e-m Thema anfangen
entrepreneur [ãtrəprənœr] *m* Unter'nehmer *m*; ~ (*de bâtiment*) Bauunternehmer *m*; ~ *de maçonnerie* selbständiger Maurer(meister); ~ *de transports* Trans'portunternehmer *m*; Spedi'teur *m*
entrepreneuse [ãtrəprənøz] *f* Unter'nehmerin *f*
entreprise [ãtrəpriz] *f* **1.** Unter'nehmen *n*, -ung *f*; Vorhaben *n*; ~ *téméraire* a (kühnes) Unter'fangen; *avoir l'esprit d'*~ Unternehmungsgeist haben; unternehmungslustig sein; **2.** *ÉCON* Unter'nehmen *n*; Betrieb *m*; Firma *f*; Geschäft *n*; ~ *commerciale* Handelsunternehmen *n*, kaufmännischer Betrieb; ~ *familiale* Fa'milienbetrieb *m*, -unternehmen *n*; *grande* ~ Großunternehmen *n*, -betrieb *m*; ~ *industrielle* Indu'striebetrieb *m*, -unternehmen *n*; *par ext la libre* ~ das freie Unternehmertum; *petites et moyennes* ~*s* (*abr* P.M.E.) Klein- und Mittelbetriebe *m/pl*; ~ *privée* Pri'vatbetrieb *m*, -unternehmen *n*; ~ *de transports* Trans'port-, Verkehrsunternehmen *n*; Spediti'onsfirma *f*; **3.** *contrat m d'*~ Werk(lieferungs)vertrag *m*
entrer [ãtre] *v/i* ⟨*être*⟩ **1.** *personnes* eintreten; her'ein- *ou* hin'ein- *ou* F reinkommen; hin'eingehen; betreten (*dans un restaurant etc* ein Lokal etc); kommen, gehen (*dans* in +*acc*); *touristes* einreisen (*dans un pays* in ein Land); *armée* einziehen; einrücken; einmarschieren; *véhicules* hin'ein- *ou* her'ein- *ou* F reinfahren; *bateaux* einfahren; einlaufen; *eau* eindringen; her'einlaufen; *lumière, soleil* her'einkommen, -scheinen, -fallen; *oiseau* hin'ein- *ou* her'einfliegen; *serpent* hin'ein- *ou* her'einkriechen; ♦ *abs: entrez!* kommen Sie her'ein!; treten Sie ein!; *quand on frappe* herein!; *défense f d'*~ Eintritt, Zutritt, Eingang, Einfahrt verboten; kein Eintritt, Zutritt; *frappez avant d'*~ bitte

(an)klopfen; *à droite en entrant* rechts vom Eingang; wenn man hereinkommt, rechts; ♦ *avec adv:* ~ *furtivement* (sich) her'ein- *ou* hin'einschleichen; ~ *précipitamment* her'einstürmen, -stürzen; ♦ *avec prép et loc/adv:* (*en*) *voiture* ~ *au garage* in die Garage fahren; ~ *à l'improviste* her'einplatzen, F -schneien; *fig et litt* **le malheur est entré chez lui** Unglück ist über ihn gekommen; *argent* ~ *dans la caisse* hereinkommen; ~ *dans la chair* ins Fleisch (ein)schneiden, (ein)dringen; *marchandise* ~ *dans un pays* in ein Land eingeführt werden; *lumière* ~ *dans une pièce* in ein Zimmer dringen, fallen; ~ *en courant* her'ein- *ou* hin'einlaufen; ~ *en foule* her'ein- *ou* hin'einströmen, -drängen; ~ *en France* nach Frankreich einreisen, kommen; französischen Boden betreten; THÉ ~ *en scène* auftreten; ~ *par la fenêtre* zum Fenster hin'ein- *ou* her'einsteigen, -kommen; ♦ *avec des verbes:* **aider qn à** ~ j-m hin'ein- *ou* her'einhelfen; *st/s* **donnez-vous la peine d'**~ *st/s* wollen Sie sich bitte her'einbemühen; **empêchez-le d'**~ lassen Sie ihn nicht herein, F rein; **faire, laisser** ~ **qn** j-n her'ein- *ou* hin'ein- *ou* F reinlassen; **faire** ~ *personnes* her'einholen; (mit) her'einbringen; *véhicules* hin'ein- *ou* her'einfahren; *meubles etc* hin'ein- *ou* her'einschaffen, -transportieren, -befördern; **faites** ~ ich lasse bitten; bitten Sie ihn *ou* sie herein; **je ne fais qu'**~ **et sortir** ich schaue nur kurz vorbei, herein; ich gehe gleich wieder; **faire signe à qn d'**~ j-n her'einwinken; **2.** *objets* (hin'ein)passen, (-)gehen (**dans** in *+acc*); **cela n'entre pas dans votre poche** das geht, paßt nicht in Ihre Tasche; **faire** ~ *qc* **dans** *qc* etw in etw (*acc*) hin'einbringen, -stecken, -drücken, -zwängen; **3.** *dans une entreprise, une école, un parti, un club etc* eintreten; ~ **au collège** ins, aufs Gymnasium kommen, gehen; ~ **à l'école** in die, zur Schule kommen; ~ **au parti** in die Partei eintreten; der Partei beitreten; ~ **chez Renault** *etc* zu Renault *etc* gehen; bei Renault *etc* anfangen, beginnen; **faire** ~ **qn chez Renault** j-m e-e Stelle bei Renault vermitteln, verschaffen; j-n bei Renault 'unterbringen; ~ **dans l'enseignement** in den Schuldienst, ins Lehrfach gehen; ~ **dans une famille** in e-e Familie einheiraten; ~ **dans un métier** e-m Beruf zuwenden; ~ **dans le monde** debütieren; in die Gesellschaft eingeführt werden; ~ **dans la police** zur Polizei gehen; Polizist werden; **4.** *par ext* (*changer d'état*) (ein)treten, kommen (**dans, en** in *+acc*); ~ **dans l'âge mûr** ins reif(er)e Alter kommen; ~ **dans un complot** sich an e-r Verschwörung beteiligen; an e-r Verschwörung teilnehmen; ~ **dans l'histoire** in die Geschichte eingehen; ~ **dans la mauvaise saison** in die kalte Jahreszeit kommen; ~ **dans le sommeil** zu schlafen beginnen; ~ **dans l'usage, les mœurs** üblich werden; sich einbürgern, 'durchsetzen; TÉL ~ **en communication** Verbindung bekommen; ~ **en communication avec qn** mit j-m Verbindung aufnehmen; mit j-m in Verbindung treten; sich mit j-m in Verbindung setzen; ~ **en conversation avec qn** mit j-m ins Gespräch kommen; ~ **en correspondance avec qn** mit j-m in Briefwechsel treten; ~ **en guerre** in den Krieg eintreten; ~ **en lutte avec qn** mit j-m den Kampf aufnehmen; ~ **en rivalité avec qn** mit j-m in Wettstreit treten; *machine* ~ **en service** in Betrieb genommen werden; **5.** (*faire partie de*) ein Bestandteil sein, e-n Bestandteil bilden (**dans** von *ou +gén*); ~ **dans une catégorie** zu e-r Kategorie gehören; ~ **dans la fabrication de** *qc* zur Herstellung e-r Sache verwendet werden, dienen; **cela entre pour beaucoup dans ma décision** das spielt e-e große Rolle bei meiner Entscheidung; ~ **dans le prix de revient** im Selbstkostenpreis (mit) enthalten, einkalkuliert sein; ~ **en ligne de compte** in Betracht kommen; **faire** ~ **en ligne de compte** in Betracht ziehen; berücksichtigen; *cf a les subst correspondants*

entresol [ãtʀəsɔl] *m* Zwischen-, Halbgeschoß *n*

entre-temps [ãtʀətã] *adv* in'zwischen; in der Zwischenzeit; unter'dessen

entretenir [ãtʀətniʀ] ⟨*cf* venir⟩ I *v/t* **1.** *température, pression etc* kon'stant, unverändert, auf dem gleichen Stand halten; *feu* unter'halten; nicht ausgehen lassen; *relations, correspondance* unter'halten; aufrechterhalten; *relations* a pflegen; *légende etc* pflegen; erhalten; bewahren; *troubles, révolte* (noch) unter'stützen, schüren; ~ **une atmosphère de gaieté** für e-e fröhliche Atmosphäre sorgen; ~ **la conversation** das Gespräch in Fluß halten; Konversation machen; ~ **une correspondance avec qn** a mit j-m in Briefwechsel stehen; **2.** *vêtements, routes, maison etc* in'stand, in Ordnung, in gutem Zustand halten; *édifice* a erhalten; *édifice, stade etc* a unter'halten; TECH *machine etc* warten; *voiture* a pflegen; *outils etc* a pfleglich behandeln; sorgsam 'umgehen mit; *santé* erhalten; *beauté* pflegen; bewahren; erhalten; *mémoire, connaissances* üben; *mémoire* a trai'nieren; ~ **sa forme** (**physique**) sich (körperlich) in Form halten; **3.** (*nourrir*) *famille, enfant* unter'halten; für den 'Unterhalt aufkommen (*+gén*); *armée* unter'halten; *animaux* (sich) halten; *péj femme, a homme* aushalten; **se faire** ~ sich aushalten lassen; **4.** *st/s* ~ **qn de qc** mit j-m über etw (*acc*) sprechen, reden, etw bereden, besprechen; II *v/pr* **s'**~ **avec qn de qc** sich mit j-m über etw (*acc*) unter'halten; mit j-m etw besprechen; *réciproquement* **s'**~ sich unter'halten; mitein'ander sprechen

entretenu [ãtʀətny] *adj* **1. bien** (*mal*) ~ *parc, maison, voiture* (nicht) gepflegt; in gutem (schlechtem) Zustand; *voiture, édifice* a (nicht) gut erhalten; **2.** *péj femme, homme* ausgehalten

entretien [ãtʀətjɛ̃] *m* **1.** *de maisons, de rues etc* Unter'haltung *f*, 'Unterhalt *m*; In'standhaltung *f*; Pflege *f*; TECH *de machines etc* Wartung *f*; *d'édifices* a Erhaltung *f*; **service** *m* **d'**~ Wartungsdienst *m*; **d'**~ **facile** pflegeleicht; **2.** *d'une famille etc* (Lebens)'Unterhalt *m*; *de troupes etc* 'Unterhalt *m*; *d'animaux* Haltung *f*; 'Unterhalt *m*; **3.** (*conversation*) Unter'redung *f*; Besprechung *f*; Gespräch *n*; **accorder un** ~ **à qn** j-m e-e Unterredung gewähren; **avoir un** ~ **avec qn** mit j-m ein Gespräch, e-e Unterredung haben, führen

entre-tuer [ãtʀətɥe] *v/pr* **s'**~ ein'ander, sich gegenseitig 'umbringen, töten

entrevoir [ãtʀəvwaʀ] ⟨*cf* voir⟩ *v/t* **1.** flüchtig, undeutlich, (nur) kurz sehen; **laisser** ~ *qc* etw ahnen lassen, andeuten; **2.** (*pressentir*) ~ *qc* etw ahnen, erraten, vermuten, durch'schauen, erkennen; *difficultés* vor'aus-, vor'hersehen; **laisser** ~ *qc* **à qn** j-m etw in Aussicht stellen, andeuten; bei j-m etw 'durchblicken lassen

entrevue [ãtʀəvy] *f* (*rencontre*) Begegnung *f*; Zu'sammenkunft *f*; Treffen *n*; (*entretien*) Unter'redung *f*; Rücksprache *f*

entropie [ãtʀɔpi] *f* PHYS, INFORM Entro'pie *f*

entrouvrir [ãtʀuvʀiʀ] ⟨*cf* couvrir⟩ I *v/t fenêtre, porte, yeux etc* halb, ein wenig, e-n Spalt (weit, breit) öffnen, aufmachen; *fenêtre, porte* a anlehnen; *vêtement* ein Stück weit aufknöpfen, aufmachen; *adjt:* **porte entrouverte** halboffene Tür; **dormir la bouche entrouverte** mit halboffenem Mund; II *v/pr* **s'**~ *porte etc* halb, ein wenig, e-n Spalt (weit, breit) aufgehen; sich halb *etc* öffnen

entub|age [ãtybaʒ] *m* P Beschiß *m*; ~**er** P *v/t* F übers Ohr hauen; reinlegen; anschmieren; P bescheißen

enturbanné [ãtyʀbane] *adj* mit e-m Turban (auf dem Kopf)

énumération [enymeʀasjɔ̃] *f* Aufzählung *f*; *de motifs* a Anführung *f*; *écrite* Aufstellung *f*; **faire l'**~ **de** aufzählen; e-e Aufstellung machen von

énumérer [enymeʀe] *v/t* ⟨-è-⟩ *faits etc* aufzählen; hersagen; vor'rechnen; *motifs, exemples* a an-, aufführen

énurésie [enyʀezi] *f* MÉD Bettnässen *n*; *sc* Enur'ese *f*

énurétique [enyʀetik] *adj* **enfant** *m* ~ *ou subst* ~ *m* Bettnässer *m*

envahir [ãvaiʀ] *v/t* **1.** *territoire* einfallen, eindringen, einmarschieren in **un pays** in ein Land); über'fallen; **2.** *par ext insectes etc*: *région* herfallen, sich hermachen über (*+acc*); *mauvaises herbes: jardin* über'wuchern; hin'wegwachsen über (*+acc*); *eau*: *endroit* über'fluten; eindringen in (*+acc*); sich ergießen über (*+acc*); *feu*: *maison* erfassen; 'übergreifen auf (*+acc*); *produit*: *marché* über'schwemmen; *nuages*: *ciel* völlig bedecken; über'ziehen; *foule* strömen (**la salle** in den Saal; **la place publique** auf den Platz); über'fluten; ~ **le domaine privé** auf den privaten Bereich übergreifen; **être envahi par la pub** von Werbung über'flutet werden; **3.** *sentiment* ~ **qn** j-n erfüllen, über'kommen; über'wältigen, ergreifen; über j-n kommen; j-n aufwallen, aufsteigen in; **il est envahi par le doute** er ist, steckt voller Zweifel

envahissant [ãvaisã] *adj* **1.** *voisin etc* zu-, aufdringlich; **2.** *mauvaises herbes*

envahissement – envoi

etc über'handnehmend; alles über'wuchernd

envahissement [ãvaismã] *m* **1.** 'Überfall *m* (*d'un pays* auf ein Land); Einfall *m*, Einmarsch *m*, Eindringen *n* (in ein Land); **2.** *fig* Über'handnahme *f*; Über'handnehmen *n*; *par les mauvaises herbes* Über'wucherung *f*; *par l'eau, par la foule, par la pub* Über'flutung *f*; *du marché* Über'schwemmung *f*; *de la mer* Vordringen *n*

envahisseur [ãvaisœʀ] *m* Angreifer *m*; Ag'gressor *m*; Eindringling *m* (*a fig*); **~s** *pl a* Inva'soren *m/pl*

envasement [ãvazmã] *m d'un port etc* Verschlammung *f*

envaser [ãvaze] *v/pr s'~* **1.** *canal etc* verschlammen; **2.** *bateau etc* im Schlamm versinken, steckenbleiben

enveloppant [ãvlɔpã] *adj* **1.** einhüllend, um'hüllend (*a* MATH); um'fassend; **2.** *fig manières* einschmeichelnd; *a personne* bestrickend; verführerisch

enveloppe [ãvlɔp] *f* **1.** *d'une lettre* (Brief)'Umschlag *m*; Ku'vert *n*; **~ à fenêtre** Fensterbriefumschlag *m*; **mettre dans une ~, sous ~** in e-n Umschlag stecken; *t/t* kuver'tieren; **2.** (*revêtement*) Hülle *f*; Um'hüllung *f*; 'Überzug *m*; Verkleidung *f*; TECH *a* Mantel *m*; Um'mantelung *f*; *d'un pneu* (Lauf-) Mantel *m*; Decke *f*; **~ protectrice** Schutzhülle *f*, -mäntel *m*; **~ de coussin** Kissenbezug *m*, -überzug *m*; **3.** *fig* (*apparence*) Hülle *f*; Schale *f*; **4.** MATH En'veloppe *f*; Hüllkurve *f*; **5.** FIN (*somme*) **a) ~ budgétaire** Haushaltssumme *f*; **b) toucher une ~** ein Draufgeld erhalten

enveloppé [ãvlɔpe] *adj* F **bien ~** 'vollschlank; dicklich

enveloppement [ãvlɔpmã] *m* **1.** Einwickeln *n*, -hüllen *n*, -packen *n*, -schlagen *n*; Verpacken *n*, -ung *f*; **2.** MÉD 'Umschlag *m*; Wickel *m*; **3.** MIL Um'fassung *f*; Einkreisung *f*; Einschließung *f*

envelopper [ãvlɔpe] *v/t* **1. a)** einwickeln, einhüllen, ein-, verpacken, einschlagen (*dans* in +*acc*); TECH *conduite etc* um'wickeln, um'hüllen (*dans qc* mit etw); **~ qn dans une couverture** j-n in e-e Decke hüllen, wickeln, F packen; **b)** *emballage etc* **~ qc** etw um'hüllen, um'geben; **2.** *fig* **a)** *vérité, pensées* verpacken, (ver)kleiden (*sous une forme agréable* in e-e angenehme Form); *brouillard: montagne etc* verhüllen; um'hüllen; *p/p:* **enveloppé de mystère** geheimnisumwittert; **enveloppé de silence** in Schweigen gehüllt; **b)** *st/s* **~ qn, qc du regard** j-n, etw mit e-m zärtlichen, liebevollen Blick um'fangen; **3.** MIL um'fassen; **II** *v/pr* **4. s'~** sich hüllen, wickeln (*dans* in +*acc*); **5.** *fig s'~ dans une certaine réserve etc* sich e-e gewisse Reserve *etc* auferlegen

envenimer [ãvnime] **I** *v/t* **1.** MÉD infi'zieren; e-e Entzündung her'vorrufen (*qc* bei etw); **2.** *fig atmosphère* vergiften; *dispute, situation* verschärfen; *situation a* verschlimmern; verschlechtern; **II** *v/pr s'~* **3.** MÉD sich entzünden; **4.** *fig situation etc* sich verschärfen; *discussion a* böse, bösartig, gehässig werden

envergure [ãvɛʀgyʀ] *f* **1.** *d'un avion, d'un oiseau* Spannweite *f*; **2.** *fig d'une personne* For'mat *n*; (geistige) Spannweite; Größe *f*; *homme politique etc* **d'~** von Format; **avoir de l'~, manquer d'~** Format, kein Format haben; **3.** *fig d'une entreprise etc* Ausmaß *n*; 'Umfang *m*; Zuschnitt *m*; *loc/adj:* **de grande ~** großen Umfangs; großangelegt; Groß...; **œuvre sans ~** mittelmäßig; **prendre de l'~** e-n größeren Umfang annehmen; (an) Bedeutung gewinnen

enverrai *etc* [ãvɛ(ʀ)ʀe] *cf* **envoyer**

envers[1] [ãvɛʀ] *prép* **1.** gegen'über (+*dat*); gegen (+*acc*); **être aimable ~ qn** freundlich, liebenswürdig zu j-m sein; **être ingrat ~ qn** sich j-m gegenüber undankbar erweisen; **être juste ~ tous** gerecht sein gegen alle; **2.** *loc:* **~ et contre tous** *ou* **tout** allen 'Widersachern, Gegnern *ou* 'Widerständen, Schwierigkeiten zum Trotz; gegen jeden, jedermann, alle anderen

envers[2] [ãvɛʀ] *m* **1.** Rückseite *f*; *d'un tissu a* linke Seite; Abseite *f*; BOT *d'une feuille* 'Unterseite *f*; ♦ *loc/adv* **à l'~** 'umgekehrt; verkehrt (her'um); TEXT links; *tableau a* auf dem Kopf; *tableau* **accrocher à l'~** umgekehrt aufhängen; **ton gilet est à l'~** du hast die Weste verkehrt (herum) an; *iron* **faire des progrès à l'~** den Krebsgang gehen; *vêtement* **mettre à l'~** verkehrt (herum) anziehen; **repasser à l'~** (von) links bügeln; **2.** *fig* Kehrseite *f*; Schattenseite *f*; andere Seite *f*; **découvrir l'~ du décor** hinter die Ku'lisse, Fas'sade sehen

envi [ãvi] *loc/adv st/s* **à l'~** um die Wette

enviable [ãvjabl(ə)] *adj* beneidenswert

envie [ãvi] *f* **1.** (*jalousie*) Neid *m*; 'Mißgunst *f*; **avec ~** neidisch; 'mißgünstig; **il est dévoré, rongé d'~** er ist *ou* wird grün, gelb, blaß vor Neid; der Neid frißt, nagt, zehrt an ihm; **regarder qn, qc d'un œil d'~** j-n, etw mißgünstig, neidisch, mit e-m neidischen, scheelen Blick betrachten; **c'est l'~ qui le fait parler** aus ihm spricht (doch nur) der Neid; *prov* **mieux vaut faire ~ que pitié** besser beneidet als bemitleidet; **2.** (*désir*) Lust *f* (*de* auf +*acc*, zu); Verlangen *n* (*nach*); *de femme enceinte* Gelüst(e) *n*; **~ de rire** Lachlust *f*; **avoir ~ de (faire) qc** Lust haben auf etw (*acc*), zu etw, etw zu tun; etw gerne (tun, haben) wollen; **avoir ~ d'un bifteck a** Appetit auf ein Steak haben; **avoir ~ d'une femme** e-e Frau begehren; **il a ~ de pleurer** er möchte am liebsten weinen; **avoir grande ~, une ~ folle de qc** große, F wahnsinnig(e) Lust auf etw (*acc*) haben; **je n'en ai pas ~** ich habe keine Lust dazu, darauf, kein Verlangen; **j'en avais ~ depuis longtemps** das wollte ich schon lange einmal tun *ou* haben; das war schon seit langem mein Wunsch; **avoir ~ que ...** (+*subj*) gerne wollen, daß ...; etw gerne sehen, wenn ...; **brûler, mourir d'~ de faire qc** etw für sein Leben gern tun wollen; darauf brennen, etw zu tun; brennend, F furchtbar gern etw tun wollen; **cela me donne ~ d'y aller** da (-bei) bekomme ich Lust, dort hinzugehen, -fahren; **chose faire ~ à qn** j-n reizen; **cette voiture me fait ~** den Wagen hätte ich gerne; **ôter à qn l'~ de recommencer** j-m die Lust nehmen, es noch einmal zu tun; **passer son ~** sich s-n Wunsch erfüllen; *st/s* s-e Gelüste befriedigen; **l'~ lui en a passé, est passée** ihm ist die Lust dazu, daran vergangen; **faire passer l'~ de qc à qn** j-m die Lust an etw (*dat*), zu etw nehmen; j-m etw austreiben; **3.** (*besoin organique*) (na'türliches) Bedürfnis *n*; Drang *m*; **avoir ~ d'aller aux toilettes**, F **de faire pipi** auf die Toilette müssen; F **mal müssen**; **avoir ~ de dormir** schläfrig werden; (gerne) schlafen wollen; **j'ai ~ de vomir** mir wird schlecht; ich verspüre e-n Brechreiz; **4.** *autour de l'ongle* Niednagel *m*; **5.** *sur la peau* Muttermal *n*

envier [ãvje] *v/t* **~ qn** j-n beneiden; auf j-n neidisch sein; **le sort** *etc* **de qn** j-n um sein Schicksal *etc* beneiden; *st/s* **~ qc à qn** j-n um etw beneiden; j-m etw neiden, miß'gönnen; **je l'envie d'être si peu frileux** ich beneide ihn darum, daß er so wenig kälteempfindlich ist; **n'avoir rien à ~ à qn** j-n nicht zu beneiden brauchen; j-m in nichts nachstehen; *adj* **envié** *emploi etc* begehrt

envieux [ãvjø] **I** *adj* ⟨-euse⟩ neidisch (*de* auf +*acc*); 'mißgünstig; *regard a* scheel; **II** *m* Neider *m*; F Neidhammel *m*; **faire des ~** beneidet werden; sich Neider machen, schaffen

environ [ãviʀõ] *adv* ungefähr; etwa; rund; zirka; *avec prix ou âge a* so bei; so um die; um (die) ... her'um

environnant [ãviʀɔnã] *adj* 'umliegend; in der Um'gebung; **la campagne ~e** die ländliche Umgebung

environnement [ãviʀɔnmã] *m* **1.** ÉCOL 'Umwelt *f*; **protection *f* de l'~** Umweltschutz *m*; **2.** (*entourage*) 'Umgebung *f*

environner [ãviʀɔne] **I** *v/t* um'geben (*a fig*); um'schließen; um'ringen; **environné de** umgeben von; **II** *v/pr s'~ d'amis etc* sich mit Freunden um'geben

environs [ãviʀõ] *m/pl* **1.** *d'une ville etc* Um'gebung *f*; 'Umgegend *f*; 'Umland *n*; **dans les ~** in der Umgebung *etc*; in dieser Gegend; **2.** *loc/prép* **aux ~ de a)** *temporel* um; gegen; **aux ~ de Noël** um Weihnachten (her'um); **b)** *local* in der Nähe, Um'gebung von; bei; **c)** *par ext* **aux ~ de mille francs** etwa, so um die, rund tausend Franc *etc*

envisageable [ãvizaʒabl(ə)] *adj* in Betracht zu zieh(en)d; denkbar

envisager [ãvizaʒe] *v/t* ⟨-geons⟩ **a) ~ qc** etw im Auge haben, ins Auge fassen, in Aussicht nehmen; etw anvisieren; *possibilités, difficultés* in Betracht ziehen; berücksichtigen; vor'sehen; *mesures, conséquences, moyens a* erwägen; in Erwägung ziehen; *situation, danger, mort* ins Auge schauen, sehen (+*dat*); **~ l'avenir avec optimisme** zu'versichtlich in die Zukunft blicken; der Zukunft zuversichtlich entgegensehen; **~ le pire** mit dem Schlimmsten rechnen; **l'angle sous lequel il faut ~ la question** der Blickwinkel, unter dem man die Frage sehen muß; *adj* **la solution actuellement envisagée** die Lösung, an die man zur Zeit denkt; **être envisagé** *a* in Frage kommen; **b) ~ de faire qc** den Plan haben, die Absicht haben, beabsichtigen, vorhaben, daran denken, sich mit dem Gedanken tragen, etw zu tun

envoi [ãvwa] *m* **1.** *action* Absendung *f*;

Versendung *f*; Verschickung *f*; Zusendung *f*; Über'sendung *f*; COMM Versand *m*; *de troupes etc* Entsendung *f*; *d'une lettre pour un concours etc* Einsendung *f*; *contre l'~ de* gegen Einsendung von; **2.** *(paquet etc)* Sendung *f*; Ein-, Zusendung *f*; **3.** SPORTS *coup m d'~* Anstoß *m*; *donner le coup d'~* den Anstoß ausführen; *fig donner le coup d'~ à qc* etw eröffnen, einleiten; **4.** *d'une ballade* Zueignungsstrophe *f*
envol [ãvɔl] *m* **1.** *d'un oiseau* Auf-, Weg-, Da'vonfliegen *n*; Aufflattern *n*; **2.** *d'un avion* Abflug *m*; Start *m*
envolée [ãvɔle] *f* **1.** *de l'inspiration* Aufschwung *m* (*a des prix*); Gedankenflug *m*; **2.** *au Canada* AVIAT *(vol)* Flug *m*
envoler [ãvɔle] *v/pr s'~* **1.** *oiseau* auf-, weg-, da'von-, fortfliegen; aufflattern; *st/s* sich in die Lüfte erheben, schwingen; F *fig l'oiseau s'est envolé* der Vogel ist ausgeflogen; ♦ *non réfléchi*: *faire ~* vertreiben; verscheuchen; verjagen; *laisser ~ un oiseau* e-n Vogel entfliegen, davonfliegen, entkommen lassen; **2.** *feuilles etc dans le vent* da-'von-, wegfliegen; *fumée* verfliegen; sich verziehen; *poussière* aufsteigen; **3.** *avion* abfliegen; starten; aufsteigen; *st/s* sich in die Luft erheben; **4.** F *objets (disparaître)* verschwinden; F Beine kriegen; **5.** *fig et litt temps, espérances* entschwinden; da'hinschwinden; verfliegen
envoût|ant [ãvutã] *adj* bezaubernd; verführerisch; **~ement** *m* **1.** Ver-, Behexung *f*; Verzauberung *f*; Zauber *m*; **2.** *fig* Zauber *m*; Bann *m*; Verzauberung *f*
envoûter [ãvute] *v/t* **1.** ver-, behexen; verzaubern; **2.** *fig* be-, verzaubern; behexen; in s-n Bann ziehen, schlagen; e-n Zauber ausüben *(qn* auf j-n*)*
envoyé [ãvwaje] I *m* **1.** *d'un journal ~ spécial* Sonderberichterstatter *m*, -korrespondent *m*; **2.** *(délégué)* Abgesandte(r) *m*; POL Gesandte(r) *m*; II *adj* F *ça c'est ~!* gut gesagt, geantwortet, gemacht!
envoyer [ãvwaje] ⟨-oi-; *Futur u Conditionnel* j'enverrai(s)⟩ I *v/t* **1.** *personne* schicken; aus-, vor-, F vor'beischicken; *délégué* entsenden, abordnen; *député* schicken, entsenden, wählen (*à* (+*acc*); *troupes* entsenden, schicken; *~ un enfant à l'école, au lit* ein Kind in die Schule, ins Bett schicken; *~ des soldats à la mort* Soldaten in den Tod schicken; *~ qn aux nouvelles* j-n (aus)schicken, um zu erfahren, was es Neues gibt; *~ qn à la rencontre de qn* j-n j-m entgegenschicken; *~ qn en prison* j-n ins Gefängnis schicken; ♦ *avec inf*: *~ (qn) chercher qn, qc* (j-n) nach j-m, etw schicken; (j-n) j-n, etw holen lassen; *ma mère m'envoie dire que ...* meine Mutter läßt (Ihnen) sagen, ausrichten, daß ...; meine Mutter schickt mich, ich soll Ihnen sagen, daß ...; *il ne le lui a pas envoyé dire* er hat es ihm ins Gesicht gesagt; er hat (vor ihm) kein Blatt vor den Mund genommen; *~ qn faire des courses* j-n einkaufen schicken; *cf a promener 3.*; **2.** *choses* (ab-, weg-, ver-, ein)schicken, (-)senden; *lettre, paquet a* aufgeben; *marchandises a* verfrachten; *~ qc à qn a*

j-m etw zuschicken, zusenden, über'senden; *M. Untel vous envoie le bonjour* Herr Soundso läßt Sie grüßen; *~ ses condoléances, ses félicitations à qn* j-m ein Beileidsschreiben, Glückwünsche schicken, senden; *~ une invitation à qn* j-m e-e Einladung schikken; *~ des invitations* Einladungen verschicken; *~ qc par la poste* etw mit der Post schicken; *~ de l'argent par mandat* Geld durch die Post über'weisen; *~ un message par radio* e-e Nachricht funken; **3.** *coup de feu* abgeben; abfeuern; *gifle* geben; verabreichen; *coup (de poing, de pied)* versetzen; F verpassen; *balle* werfen; *avec le pied* treten, stoßen, schießen; *un baiser de la main* zuwerfen; *~ qc à, dans la figure de qn* j-m etw ins Gesicht schleudern, werfen; *il m'envoie sa fumée dans la figure* er bläst mir s-n Rauch ins Gesicht; F *fig ~ à qn dans les dents, gencives* F j-m es auf den Deckel geben; *le cœur envoie le sang dans les artères* das Herz pumpt das Blut in die Arterien; II *v/pr s'~* **4.** *lettres etc* sich schicken; *lettres a* sich schreiben; **5.** F *a) verre de vin etc* trinken; F sich genehmigen; runterkippen; *repas* sich gönnen, einverleiben, F genehmigen, reinziehen; P *une fille* F ernaschen; P 'umlegen; *qu'est-ce qu'il s'est envoyé!* F dem hat's aber geschmeckt!; der hat 'ne ganze Menge verdrückt!; *b) corvée* auf sich nehmen (müssen); *s'~ tout le chemin à pied* den ganzen Weg tippeln (müssen); *je me suis envoyé tout le travail a* die ganze Arbeit ist an mir hängengeblieben
envoyeur [ãvwajœR] *m* Absender *m*; *retour à l'~* zurück an Absender
enzyme [ãzim] *m ou f* BIOL En'zym *n*
éolien [eɔljɛ̃] I *adj* ⟨*~ne*⟩ Wind...; ä'olisch; *énergie ~ne* Windkraft *f*; *'harpe ~ne* Äols-, Windharfe *f*; II *f ~ne* TECH Windrad *n*; Windkraftanlage *f*
éosine [eɔzin] *f* CHIM Eo'sin *n*
épagneul [epaɲœl] *m* ZO Spaniel *m*
épais [epɛ] *adj* ⟨*épaisse* [epɛs]⟩ **1.** *mur, papier, tranche, couche a* dick; *couche de neige* hoch; *lèvres* dick; wulstig; *doigts, mains* dick(lich); *personne* dick; beleibt; *a silhouette* stark; gedrungen; *elle n'est pas ~se* sie ist ziemlich dünn, mager; *une planche ~se de 2 cm* ein 2 cm dickes, starkes Brett; **2.** *brouillard, fumée* dick; stark; *cheveux, forêt etc* dicht; *sourcils* dicht; buschig; *obscurité* undurchdringlich; *au feuillage ~* dichtbelaubt; **3.** *liquides* dick(flüssig); zäh; *soupe, sauce* dick, sämig; **4.** *fig plaisanterie etc* plump; grob
épaisseur [epɛsœR] *f* **1.** Dicke *f*; Stärke *f*; TECH *a* Dickte *f*; *de la neige* Höhe *f*; *un mur de 30 cm d'~* e-e 30 cm dicke, starke Mauer; **2.** *du brouillard, de la fumée* Dichte *f*; Dicke *f*; *des cheveux, de la forêt etc* Dichte *f*; **3.** *d'une sauce etc* Dicke *f*
épaissir [epesiR] I *v/t sauce etc* ein-, verdicken; einkochen; II *v/i peinture, sauce etc* dick(er), dickflüssig werden; *sa taille, il ou elle a épaissi* er, sie ist dicker geworden; III *v/pr s'~ sauce etc* dick(er), dickflüssig werden; sich verdicken; einkochen;

personne dick(er), stärker werden; zunehmen; *brouillard* dichter, dicker, stärker werden; sich verdichten; *obscurité, mystère* (immer) undurchdringlicher werden
épaississement [epesismã] *m du brouillard etc* Dichter-, Dicker-, Stärkerwerden *n*; *de la peau etc* Verdickung *f*; *de la peinture etc* Eindickung *f*
épanchement [epãʃmã] *m* **1.** MÉD Erguß *m*; **2.** *fig* Geständnis *n*; Erguß *m*; Herzensergießung *f*
épancher [epãʃe] I *v/t st/s ~ son cœur* sein Herz ausschütten; II *v/pr s'~* **1.** MÉD *sang etc* sich ergießen; **2.** *st/s (auprès de qn)* (j-m) sein Herz ausschütten; sich (bei j-m) aussprechen
épandage [epãdaʒ] *m* **1.** AGR Ausbreiten *n*, Verteilen *n* (des Düngers); **2.** *champ m d'~* Rieselfeld *n*
épandre [epãdR(ə)] *v/t* ⟨*cf rendre*⟩ *fumier, engrais* ausbreiten; verteilen
épanoui [epanwi] *adj* **1.** *fleur* aufgeblüht; erblüht; aufgegangen; entfaltet; **2.** *visage, sourire* (freude)strahlend; vergnügt; freudig; *personne* heiter und ausgeglichen; **3.** *corps, formes* ('voll-)entwickelt
épanouir [epanwiR] I *v/t* **1.** *fleurs* auf-, erblühen lassen; **2.** *fig visage* erhellen; aufheitern; erstrahlen, aufleuchten lassen; **3.** *~ qn* j-n in s-r Entwicklung fördern; j-m zur Entfaltung s-r Per'sönlichkeit verhelfen; II *v/pr s'~* **4.** *fleur* sich entfalten; auf-, erblühen; aufgehen; **5.** *fig beauté, civilisation etc* sich entfalten; *a personne* aufblühen; *st/s* erblühen; *enfant* sich entfalten, entwikkeln; **6.** *visage* (auf)leuchten; strahlen; sich aufhellen, aufheitern; *personne* (vor Freude) strahlen
épanouissement [epanwismã] *m* **1.** *de fleurs* Auf-, Erblühen *n*; Aufgehen *n*; **2.** *fig du corps, du talent etc* (volle) Entfaltung, Entwicklung; *d'une civilisation* Aufblühen *n*; *st/s* Erblühen *n*; (höchste) Entfaltung; Blüte *f*; Höhepunkt *m*; **3.** *d'un visage* (Er)Strahlen *n*; Aufheiterung *f*
épargnant [epaRɲã] *m* Sparer *m*; *les petits ~s* die Kleinsparer *m/pl*
épargne [epaRɲ] *f* **1.** *action* Sparen *n*; Sparwesen *n*, -tätigkeit *f*; *caisse f d'~* Sparkasse *f*; *encourager l'~* die Spartätigkeit fördern; **2.** *somme(s)* Spargelder *n/pl*; Ersparnisse *f/pl*; *~-logement f* Bausparen *n*
épargner [epaRɲe] I *v/t* **1.** *argent* sparen; zu'rücklegen; **2.** *fig temps, forces etc* sparen; sparsam 'umgehen mit; haushalten mit; (gut) einteilen; *n'~ aucun effort* keine Mühe scheuen; **3.** *~ qc à qn* j-m etw ersparen; j-n mit etw verschonen; *~ qc a* etw unnötig, 'überflüssig machen; *rien ne lui a été épargné* ihm ist nichts erspart geblieben; *épargnez-moi vos explications* verschonen Sie mich mit Ihren Erklärungen; **4.** *(ménager) choses, gens* verschonen; *adversaire a* schonend, milde behandeln; *ne pas ~ qn a* j-n heftig, scharf kritisieren; *être épargné* verschont bleiben; II *v/pr s'~ des ennuis etc* sich Ärger etc (er)sparen
éparpillement [epaRpijmã] *m* **1.** *état* Verstreutsein *n*; Her'umliegen *n*; *action* Verstreuen *n*; Her'umstreuen *n*; **2.** *fig*

des efforts Verzettelung *f*; Zersplitterung *f*

éparpiller [epaʀpije] **I** *v/t* **1.** *objets, papiers* (unordentlich) verstreuen; her'umstreuen; wahllos um'herstreuen; ausbreiten; *vent: feuilles etc* verwehen; *être éparpillé* her'umliegen; verstreut sein, liegen; **2.** *personnes* (da und dort, an mehreren Stellen) verteilen; *(disperser)* zerstreuen; **3.** *fig son énergie etc* verzetteln; zersplittern; **II** *v/pr s'~* **4.** *choses* verstreut, um'hergestreut werden; *grâce au vent* verweht, in alle Richtungen geweht werden; **5.** *foule* sich verteilen, verlaufen, zerstreuen; **6.** *fig personne* sich verzetteln

épars [epaʀ] *adj* ⟨éparse [epaʀs]⟩ **1.** (weit) verstreut; vereinzelt (auftretend, nachweisbar); *cheveux* aufgelöst; wirr; unordentlich; *fliegend*; *pluies ~es* strichweise Regen *m*; **2.** *fig souvenirs* lückenhaft; *fragments* zu'sammenhang(s)los; unzusammenhängend

épatant [epatɑ̃] *adj* F toll; Klasse *(inv)*; prima *(inv)*; dufte; phan'tastisch

épate [epat] *f* F *faire de l'~* F Eindruck schinden (wollen); sich (groß) aufspielen

épaté [epate] *adj* **1.** *nez* platt(gedrückt); stumpf; *nez ~ a* Stumpfnase *f*; **2.** F *être ~* verblüfft, F platt, baff sein; nur so staunen

épatement [epatmɑ̃] *m* **1.** *du nez* Plattheit *f*; **2.** F *(étonnement)* Verblüffung *f*; Erstaunen *n*

épater [epate] F *v/t* verblüffen; impo'nieren *(qn* j-m); F Eindruck schinden (bei j-m); sich (groß) aufspielen (vor j-m); *tu m'épateras toujours!* du bist für jede Über'raschung gut!; *ça t'épate, hein?* F da bist du baff *ou* platt, was?; *ça m'épate que ...* (+*subj*) es verblüfft mich, F haut mich um, daß ...

épaule [epol] *f* Schulter *f* *(a du cheval)*; *du cheval, du bœuf, du chevreuil* Bug *m*; *CUIS a* Schulterstück *n*; *CH* Blatt *n*; *chez l'homme* F *a* Achsel *n*; *largeur f d'~s* Schulterbreite *f*; *fig avoir la tête sur les ~s* vernünftige Ansichten haben; vernünftig, ausgeglichen sein; *fig donner un coup d'~ à qn* j-m unter die Arme greifen; j-n unter'stützen; *être carré, large d'~s* breite Schultern haben; breitschult(e)rig sein; *responsabilités peser, reposer sur les ~s de qn* auf j-s Schultern *(dat)* lasten, ruhen; *porter un fusil, une pelle sur l'~* ein Gewehr geschultert haben, e-e Schaufel auf der Schulter tragen

épaulé [epole] *m HALTÉROPHILIE* 'Umsetzen *n*; *~-jeté* *n* Stoßen *n*

épauler [epole] *v/t* **1.** *fusil etc* anlegen *(a abs)*; in Anschlag bringen; **2.** *fig ~ qn* j-n unter'stützen; j-m helfen; sich für j-n einsetzen, für j-n eintreten (*auprès de qn* bei j-m)

épaulette [epolɛt] *f MIL* Schulterstück *n*; Epau'lette *f*

épave [epav] *f* **1.** *MAR* a) *bateau* (Schiffs)Wrack *n*; b) *(débris sur le rivage)* Strandgut *n*; *sur la mer* Treibgut *n*; **2.** *par ext d'une voiture, d'un avion, fig d'une personne* Wrack *n*

épée [epe] *f* Schwert *n*; Degen *m* *(a d'officier et ESCRIME)*; *fig ~ de Damoclès* [-s] Damoklesschwert *n*; *coup m d'~* Schwertstreich *m*, -hieb *m*; Degen-

stich *m*; *fig un coup d'~ dans l'eau* ein Schlag ins Wasser

épeiche [epɛʃ] *f ZO* Buntspecht *m*
épeire [epɛʀ] *f ZO* Kreuzspinne *f*
épeler [eple] *v/t* ⟨-ll-⟩ buchsta'bieren
épellation [epe(l)lasjɔ̃] *f* Buchsta'bieren *n*
épépiner [epepine] *v/t* entkernen
éperdu [epɛʀdy] *adj* **1.** außer sich; *~ de bonheur* 'überglücklich; *~ de joie* außer sich vor Freude; *~ de reconnaissance* 'überaus, unendlich dankbar; **2.** *amour, désir etc* leidenschaftlich; heftig; **3.** *regard, geste* verzweifelt; *fuite ~e* über'stürzte Flucht

éperdument [epɛʀdymɑ̃] *adv ~ amoureux* (un)sterblich, bis über die Ohren verliebt; *je m'en moque ~* das ist mir völlig gleichgültig; das läßt mich völlig kalt

éperlan [epɛʀlɑ̃] *m ZO* Stint *m*
éperon [epʀɔ̃] *m* **1.** Sporn *m*; *piquer des ~s* s-m Pferd die Sporen geben; **2.** *BOT, ZO* Sporn *m*; *du chien* Afterklaue *f*; **3.** *GÉOL rocheux* Vorsprung *m*

éperonner [epʀɔne] *v/t* **1.** *~ son cheval* s-m Pferd die Sporen geben; sein Pferd anspornen; **2.** *fig (être) éperonné par l'ambition etc* vom Ehrgeiz *etc* angespornt, angestachelt (sein); von Ehrgeiz *etc* getrieben (sein)

épervier [epɛʀvje] *m* **1.** *ZO* Sperber *m*; **2.** *fig et POL* Falke *m*
éphèbe [efɛb] *m* **1.** *ANTIQUITÉ* E'phebe *m*; **2.** *iron* schöner Jüngling
éphémère [efemɛʀ] **I** *adj gloire, bonheur, puissance etc* vergänglich; vor'übergehend; nur kurze Zeit dauernd; kurzlebig; ephe'mer; *caractère m ~* Vergänglichkeit *f*; **II** *m ZO* Eintagsfliege *f*

éphéméride [efemeʀid] *f* **1.** *calendrier* Tages-, Abreißkalender *m*; **2.** *pl ~s ASTR* Epheme'riden *f/pl*

Éphèse [efɛz] *HIST* Ephesus *n*
épi [epi] *m* **1.** Ähre *f*; *de maïs* Kolben *m*; *~ de blé* Korn- *ou* Weizenähre *f*; **2.** *par ext* a) *~ (de cheveux)* (Haar)Wirbel *m*; b) *protection du littoral* Buhne *f*; c) *loc/adv en ~* ährenförmig; *AUTO stationnement en ~* Schrägparken *n*

épice [epis] *f CUIS* Gewürz *n*; *pain d'~(s)* Honig-, Pfeffer-, Lebkuchen *m*
épicé [epise] *adj CUIS* gewürzt; würzig; pi'kant; scharf
épicéa [episea] *m BOT* Fichte *f*; Rottanne *f*
épicentre [episɑ̃tʀ(ə)] *m d'un séisme* Epi'zentrum *n*
épicer [epise] *v/t* ⟨-ç-⟩ *CUIS* würzen (*a fig*)
épicerie [episʀi] **1.** *magasin* Lebensmittelgeschäft *n*; *autrefois* Koloni'alwarengeschäft *n*; *rayon de grande surface* Lebensmittelabteilung *f*; *~ fine* Feinkost-, Delika'tessengeschäft *n*; **2.** *commerce* Lebensmittelhandel *m*; **3.** *produits* Lebensmittel *n/pl*

épic|ier [episje] *m*, **~ière** *f* Lebensmittelhändler(in) *m(f)*; Krämer *m*; *fig mentalité f d'épicier* spießbürgerliche Gesinnung; Engstirnigkeit *f*

Épicure [epikyʀ] *m PHILOS* Epi'kur *m*
épicurien [epikyʀjɛ̃] *PHILOS et fig* **I** *adj* ⟨*~ne*⟩ epiku'reisch; **II** *m* Epiku'reer *m*
épidémie [epidemi] *f* **1.** Epide'mie *f*; Seuche *f*; *~ de grippe* Grippeepidemie

f; **2.** *fig (mode)* Seuche *f*; Epide'mie *f*; *de suicides etc* Serie *f*; Welle *f*

épidémique [epidemik] *adj* epi'demisch; seuchenartig
épiderm|e [epidɛʀm] *m ANAT* Epi'dermis *f*; Oberhaut *f*; *~ique adj* **1.** *ANAT* der Epi'dermis; Oberhaut...; epider'mal; **2.** *fig (superficiel)* oberflächlich
épier [epje] *v/t personne, agissements* (heimlich) beobachten, belauschen, belauern, über'wachen; *bruits* hören, horchen auf (+*acc*); lauschen (+*dat*); *~ qn* a j-m nachspionieren; *~ sa proie* s-r Beute auflauern; auf s-e Beute lauern

épieu [epjø] *m* ⟨*pl ~x*⟩ *HIST, CH* Spieß *m*
épigastre [epigastʀ(ə)] *m ANAT* Oberbauch *m*; *sc* Epi'gastrium *n*
épiglotte [epiglɔt] *f ANAT* Kehlkopfdeckel *m*; *sc* Epi'glottis *f*
épigone [epigɔn] *m* Epi'gone *m*
épigramme [epigʀam] *f* Epi'gramm *n*
épigraphe [epigʀaf] *f* **1.** *(inscription)* Epi'graph *n*; Inschrift *f*; **2.** *en tête d'un chapitre* Motto *n*
épila|tion [epilasjɔ̃] *f* Enthaarung *f*; Haarentfernung *f*; *sc* Epilati'on *f*; *~toire adj* Enthaarungs...; Haarentfernungs...

épilepsie [epilɛpsi] *f MÉD* Epilep'sie *f*; *avoir une crise d'~* e-n epileptischen Anfall haben *ou* bekommen
épileptique [epilɛptik] *MÉD* **I** *adj* epi'leptisch; **II** *m,f* Epi'leptiker(in) *m(f)*
épiler [epile] **I** *v/t* enthaaren; die Haare entfernen von; *sc* epi'lieren; *sourcils* auszupfen; **II** *v/pr s'~ les jambes* sich die Beinhaare entfernen; *s'~ les sourcils* sich die Augenbrauen auszupfen

épilogue [epilɔg] *m* **1.** Epi'log *m*; Schlußwort *n*; *THÉ a* Nachspiel *n*; *d'un roman a* Nachwort *n*; **2.** *litt (dénouement)* Ende *n*; Ausgang *m*; (Auf)Lösung *f*

épiloguer [epilɔge] *v/t/indir ~ sur qc* (hinterher) lange über etw *(acc)* disku'tieren, reden; lange Kommen'tare über etw *(acc)* abgeben

épinard [epinaʀ] *m* **1.** *BOT* Spi'nat *m*; *adjt vert* ⟨*inv*⟩ spinatgrün; **2.** *CUIS ~s pl* Spi'nat *m*

épine [epin] *f* **1.** *BOT* Dorn *m*; Stachel *m* *(a du hérisson etc)*; *fig enlever, ôter, tirer à qn une ~ du pied* j-m aus e-r schwierigen Lage, Notlage helfen; F j-m aus der Klemme, Patsche helfen; **2.** *ANAT ~ dorsale* Rückgrat *n*

épinette [epinɛt] *f* **1.** *MUS* Spi'nett *n*; **2.** *BOT au Canada* Fichte *f*; Rottanne *f*
épineux [epinø] *adj* ⟨*-euse*⟩ **1.** *BOT* dornig; stach(e)lig *(a hérisson etc)*; **2.** *fig problème, situation* heikel; kniff(e)lig; mißlich; schwierig

épingle [epɛ̃gl(ə)] *f* (Steck)Nadel *f*; *d'une broche etc* Nadel *f*; Verschluß *m*; *~ à chapeau* Hutnadel *f*; *~ à cheveux* Haarnadel *f*; *virage m en ~ à cheveux* Haarnadelkurve *f*; *~ de cravate* Kra'wattennadel *f*; *~ de nourrice, de sûreté* Sicherheitsnadel *f*; *coup m d'~* Nadelstich *m*; Stiche'lei *f*; *fig monter qc en ~* etw hochspielen, aufbauschen, groß her'ausstellen; *se piquer avec une ~* sich an e-r Nadel stechen; *fig tirer son ~ du jeu* sich geschickt aus der Affäre ziehen; rechtzeitig abspringen, aussteigen; *fig être tiré à quatre*

épingler – épreuve

~s geschniegelt und gebügelt, wie aus dem Ei gepellt, F piekfein sein
épingler [epɛ̃gle] v/t **1.** an-, feststecken; mit e-r Nadel, mit Nadeln feststecken, -machen, befestigen; *COUT ourlet etc* abstecken; *papiers etc* ~ *ensemble* zu-'sammenstecken; ~ *qc sur la poitrine de qn* j-m etw anstecken, an die Brust stecken; **2.** F *fig* ~ *qn* j-n (am Tatort) erwischen, F schnappen; *se faire* ~ F sich erwischen lassen; erwischt, geschnappt werden
épinière [epinjɛʀ] adj f *ANAT* **moelle** f ~ Rückenmark n
épinoche [epinɔʃ] f *ZO* Stichling m
Épiphanie [epifani] f *REL* (Fest n der) Erscheinung f des Herrn; Epi'phanias n
épiphyse [epifiz] f *ANAT* **1.** *d'un os* Epi-'physe f; **2.** *glande* Zirbeldrüse f; Epi-'physe f
épique [epik] adj **1.** episch; Helden...; *genre* m, *poésie* f ~ Epik f; *poème* m ~ Epos n; *poète* m ~ Epiker m; **2.** *sauvetage etc* abenteuerlich; *scène, discussion* thea'tralisch
épiscopal [episkɔpal] adj ⟨-aux⟩ bischöflich; Bischofs...; Episko'pal...
épiscopat [episkɔpa] m *ÉGL* **1.** *fonction* Episko'pat m *ou* n; Bischofswürde f, -amt n; **2.** *coll* Episko'pat m *ou* n; Bischöfe m/pl
épisode [epizɔd] m **1.** (*événement*) Epi-'sode f; (flüchtige) Begebenheit; (nebensächliches) Erlebnis; Zwischenspiel n; **2.** (*action incidente*) *d'une pièce, d'un roman* Neben-, Zwischenhandlung f; Epi'sode f; Zwischenstück n; **3.** (*partie*) *d'un roman, d'un film* Abschnitt m; Teil m; *film a* ~s Epi'sodenfilm m; *film m en cinq* ~s Film m mit fünf Abschnitten, Episoden
épisodique [epizɔdik] adj epi'sodisch; *événement etc* nebensächlich; vor'übergehend; *rôle* m ~ Nebenrolle f
épissure [episyʀ] f *MAR, TECH* Spleißung f; Splissung f; Spleiß m; Spliß m
épistémologie [epistemɔlɔʒi] f *PHILOS* Epistemolo'gie f; Erkenntnislehre f
épistolaire [epistɔlɛʀ] adj Brief...; brieflich; *littérature* f ~ Briefliteratur f
épitaphe [epitaf] f Grabinschrift f; Epi-'taph(ium) n
épithélium [epiteljɔm] m *BIOL* Epi-'thel(ium) n; Epi'thelgewebe n
épithète [epitɛt] f **1.** E'pitheton n; Beiwort n; ~s *injurieuses* Schimpfnamen m/pl, -wörter n/pl; **2.** *GR* ~ *ou adj adjectif* m ~ attribu'tives Adjektiv n
épître [epitʀ(ə)] f **1.** *BIBL* (A'postel-) Brief m; E'pistel f (*a à la messe*); **2.** *iron* (*lettre*) Brief m; E'pistel f
éploré [eplɔʀe] adj a) *visage* tränenüberströmt; verweint; *personne* in Tränen aufgelöst; *voix* tränenerstickt; b) *par ext* (*affligé*) untröstlich; tiefbetrübt; schmerzerfüllt; *veuve* ~e trauernde Witwe
épluchage [eplyʃaʒ] m **1.** *de pommes de terre etc* Schälen n; *de salades, de légumes* Putzen n; Verlesen n; **2.** *fig* strenge Kon'trolle; genaue Prüfung, 'Durchsicht
épluche-légumes [eplyʃlegym] m ⟨*inv*⟩ Schälmesser n; Gemüseschäler m
éplucher [eplyʃe] v/t **1.** *pommes de terre, oignons, fruits etc* schälen; *pommes de terre a* pellen; *radis, haricots, salade, légumes* putzen; *salade, légumes a* verlesen; **2.** *fig comptes etc* genau prüfen, kontrol'lieren; Punkt für Punkt 'durchgehen; *texte etc* unter die Lupe nehmen; zerpflücken; Fehler her'ausklauben (*qc aus etw*)
éplucheur [eplyʃœʀ] m a) ~ *ou couteau* m ~ Schälmesser n; b) Schälmaschine f
épluchures [eplyʃyʀ] f/pl (Obst-, Kar-'toffel)Schalen f/pl; *de légumes etc* Abfälle m/pl
épointer [epwɛ̃te] v/t *aiguille, couteau, ciseaux* abstumpfen; stumpf machen; die Spitze abbrechen (+*gén*); *crayon* stumpf schreiben; abschreiben
éponge [epɔ̃ʒ] f **1.** Schwamm m (*a ZO*); *CUIS* ~ *métallique* Topfkratzer m; ~ *végétale* Luffaschwamm m; *BOXE jeter l'*~ das Handtuch werfen (*a fig*); *fig passer l'*~ *sur qc* großzügig über etw (*acc*) hin'wegsehen; nicht mehr über etw (*acc*) sprechen; *passons l'*~! Schwamm drüber!; *passer un coup d'*~ *sur la table* den Tisch (mit e-m Schwamm) abwischen; *fig presser l'*~ das Letzte her'ausholen (*aus j-m*); **2.** *adjt serviette* f ~ Frot'tee-, Frot'tier-(hand)tuch n; *tissu* m ~ Frot'tee n *ou* m; Frot'tierstoff m, -gewebe n
éponger [epɔ̃ʒe] v/t ⟨-geons⟩ **I** v/t **1.** *table etc* abwischen; *tache, flaque* aufwischen; **2.** *ÉCON excédent* abschöpfen; **II** v/pr *s'*~ sich abwischen, (ab)trocknen (*le front* die Stirn)
épopée [epɔpe] f **1.** (Helden)Epos n; Heldendichtung f; **2.** *fig l'*~ *napoléonienne* Frankreichs he'roische Zeit unter Napoleon; *iron une véritable* ~ e-e Serie von Abenteuern
époque [epɔk] f **1.** (*période*) E'poche f; Zeit(alter) f(n) (*a GÉOL*); *la Belle É̃ ̃; la Belle É'poque*; die Zeit um die Jahr-'hundertwende; *GÉOL* ~ *carbonifère* Kar'bon n; ~ *classique* Klassik f; *les grandes* ~s *de l'histoire* die großen Geschichtsepochen f/pl; ~ *romane* Ro-'manik f; *l'*~ *des grandes invasions* die Zeit der Völkerwanderung; *costume* m *d'*~ Kostüm n der Zeit; Origi'nalkostüm n; *THÉ a* histori'sierendes Kostüm; *meuble* m *d'*~ (echtes) Stilmöbel; *être d'*~ *meuble etc* echt sein; *loc/adv à l'*~ *de* zur Zeit, im Zeitalter (+*gén*); *à notre* ~ a in der heutigen Zeit; heutzutage; *faire* ~ Epoche machen; *événement* m *qui fera* ~ epochemachendes, epo'chales Ereignis; **2.** (*moment*) Zeit f; Zeitpunkt m; ~ *des vacances* Ferienzeit f; ~ *des vendanges* Zeit der Weinlese; *loc/adv: à cette* ~ (*de l'année*) zu dieser, um diese (Jahres)Zeit; *à l'*~ damals; *l'an dernier à pareille* ~, *à la même* ~ letztes Jahr um diese, um die gleiche Zeit; *à l'*~ *de notre mariage* (damals) als wir heirateten; zur Zeit unserer Heirat
épouillage [epujaʒ] m Entlausung f
épouiller [epuje] **I** v/t (ent)lausen; **II** v/pr *s'*~ sich lausen
époumoner [epumɔne] v/pr *s'*~ *en parlant* F sich die Seele aus dem Leib reden; sich den Mund fusselig reden; *en criant* F sich die Lunge aus dem Hals schreien
épousailles [epuzaj] f/pl *plais ou litt* (*mariage*) Vermählung f; Verehelichung f (*a iron*)
épouse [epuz] f *cf* **époux**
épouser [epuze] v/t **1.** ~ *qn* j-n heiraten; **2.** *fig idées, opinions* sich aneignen; sich zu eigen machen; *cause* sich einsetzen für; vertreten; ~ *la querelle de qn* bei e-m Streit für j-n Partei ergreifen; **3.** *choses* sich anpassen, anschmiegen (*qc dat*); ~ *les formes du corps robe* sich dem Körper anpassen, anschmiegen; (eng) anliegen; *dossier* körpergerecht, dem Körper angepaßt sein; *chaussures* ~ *la forme du pied* a fußgerecht sein
épousseter [epuste] v/t ⟨-tt-⟩ abstauben; ~ *les meubles* a Staub wischen
époustoufl|ant [epustuflɑ̃] F adj verblüffend; höchst über'raschend, erstaunlich; ~er F v/t in Erstaunen versetzen; über'raschen; verblüffen; verdutzen; *être époustouflé* F platt, baff sein
épouvantable [epuvɑ̃tabl(ə)] adj entsetzlich; schrecklich; grauenhaft, -voll, -erregend; grausig; F gräßlich; *temps* scheußlich; *colère* schrecklich; furchtbar; *avoir une mine* ~ erschreckend *ou* entsetzlich schlecht, fürchterlich aussehen
épouvantail [epuvɑ̃taj] m **1.** Vogelscheuche f; **2.** *fig d'une personne* (*à moineaux*) Vogelscheuche f; **3.** *fig d'une chose* Schreckgespenst n; Popanz m
épouvante [epuvɑ̃t] f Entsetzen n; Grauen n; Grausen n; (Er)Schrecken m(n); *cris* m/pl *d'*~ Entsetzensschreie m/pl; *film* m *d'*~ Horrorfilm m; *vision d'*~ Schreckensvision f, -bild n; *saisi d'*~ von Entsetzen gepackt; *jeter, semer l'*~ Schrecken verbreiten
épouvanter [epuvɑ̃te] **I** v/t ~ *qn* **1.** j-m Schrecken, Furcht, Angst einjagen; j-n in Schrecken, Angst versetzen; *adjt épouvanté* (zu Tode) erschrocken; voll(er) Entsetzen; entsetzt; **2.** (*inquiéter*) j-n ängstigen, beunruhigen; j-m angst machen; **II** v/pr F *elle s'épouvante du déménagement etc* es graut ihr, ihr graut vor dem 'Umzug *etc*
époux [epu] m, **épouse** [epuz] f (Ehe-) Mann m, (Ehe)Frau f; *JUR* Ehegatte m; *st/s* Gatte m, Gattin f; Gemahl(in) m(f); *époux pl* Ehegatten pl; Ehepaar n; Eheleute f/pl; *ADM* **Mme Y**, **époux X** Frau X, geborene Y; *les futurs époux* die zukünftigen Ehegatten, -leute; das zukünftige (Ehe)Paar; *les jeunes époux* die Jungverheirateten pl; das junge, neuvermählte Paar; *st/s* die Neuvermählten pl; F *le bonjour à votre épouse* F grüßen Sie *ou* Ihre Frau Gemahlin; Grüße an die Frau Gemahlin; *prendre pour* ~ zum Mann *ou* zur Frau nehmen; ehelichen (*a plais*)
éprendre [eprɑ̃dʀ(ə)] v/pr ⟨*cf prendre*⟩ *st/s s'*~ sich verlieben (*de qn* in j-n)
épreuve [eprœv] f **1.** (*test*) Probe f, Test m, Prüfung f (*a TECH*); (Aus)Pro'bieren n; Testen n; *HIST* ~ *du feu* Feuerprobe f; ~ *de force* Kraft-, Machtprobe f; *loc/adj: amitié, patience etc à toute* ~ unbedingt (zuverlässig); bewährt; erprobt; *santé, nerfs* ~ *santé a* ro-'bust; *à l'*~ *de* 'widerstandsfähig gegen; *à l'*~ *du feu* feuersicher, -fest; **beauté** *à l'*~ *du temps* zeitlose, unvergängliche Schönheit; *mettre à l'*~ *personne*

épris – **équipe**

auf die Probe stellen; TECH erproben; prüfen; e-r Belastungsprobe aussetzen; **mettre la patience de qn à rude ~** j-s Geduld auf e-e harte Probe stellen; j-n auf e-e harte Geduldsprobe stellen; **2.** (*malheur*) (Schicksals)Prüfung *f*; Heimsuchung *f*; **passer par de dures, rudes ~s** schwere Prüfungen 'durchmachen; durch e-e schwere, harte Schule gehen; **3.** EXAMEN Prüfung(sarbeit) *f*; **~s écrites, orales** schriftliche, mündliche Prüfungen; **~s de mathématiques** Prüfungen, Prüfungsarbeiten in Mathematik; **4.** SPORTS Wettkampf *m*; Prüfung *f*; **~s d'athlétisme** Leichtathletikwettkämpfe *m/pl*; **5. a)** TYPO (Korrek'tur)Fahne *f*; Korrek'turabzug *m*, -bogen *m*; Probeabzug *m*; **corriger les ~s** Korrektur lesen; **b)** GRAVURE *etc* Probedruck *m*; (Probe)Abzug *m*; **c)** PHOT Abzug *m*; **faire tirer des ~s** Abzüge machen lassen

épris [epʀi] *p/p cf* **éprendre** *et adj* **1. être ~ de qn** in j-n verliebt, *p/fort* vernarrt sein; **2. être ~ de qc** von etw begeistert, ganz besessen sein; für etw schwärmen

éprouvant [epʀuvɑ̃] *adj climat* hart; *chaleur* schwer zu ertragen(d); *travail* strapazi'ös; anstrengend; beschwerlich

éprouvé [epʀuve] *adj* **1.** *matériel* erprobt; bewährt; geprüft; *appareil* betriebssicher; zuverlässig; **2.** *ami* bewährt; erprobt; abso'lut zuverlässig; *fidélité etc* abso'lut; unbedingt; **3.** (*qui a souffert*) leid-, schwergeprüft; **avoir l'air très ~** sehr mitgenommen aussehen

éprouver [epʀuve] *v/t* **1.** (*tester*) prüfen, testen (*a mémoire, connaissances*); erproben; (aus)pro'bieren; *courage, force* erproben; testen; *sincérité, fidélité, foi* auf die Probe stellen; **2.** (*faire souffrir*) *perte, maladie etc* **~ qn** j-n (sehr) mitnehmen, schwer treffen; *guerre, épidémie* **~ un pays** a-n im Land heimsuchen; **sa santé en a été très éprouvée** s-e Gesundheit hat dadurch schwer gelitten; **3.** (*ressentir*) *joie, déception etc* erleben; *joie, mépris, peur, regret, dégoût, pitié, douleur* empfinden; *douleur, joie, amour* fühlen; spüren; *soulagement, curiosité, envie, désir* verspüren; **~ du bien-être** Wohlbehagen verspüren, empfinden; **~ des difficultés** Schwierigkeiten haben; auf Schwierigkeiten (*acc*) stoßen

éprouvette [epʀuvɛt] *f* **1.** CHIM Rea'genzglas *n*; **~ graduée** Meßzylinder *m*; **2.** *adjt* **bébé** *m* **~** Re'tortenbaby [-beːbi] *n*

E.P.S. [əpeɛs] *f abr* (*éducation physique et sportive*) Sportunterricht *m*; Turnen *n*

épucer [epyse] ⟨-ç-⟩ *v/t* (*et v/pr* **s'~** sich) flöhen

épuisant [epɥizɑ̃] *adj travail, climat etc* kräftezehrend; anstrengend; ermüdend

épuisé [epɥize] *adj* **1.** *source* versiegt; *filon* (völlig) abgebaut; ausgebeutet; *sol* ausgelaugt; ausgemergelt; *tirage* vergriffen; *réserves* verbraucht; erschöpft; *stock* ausverkauft; *sujet* erschöpfend behandelt; **être ~** F a alle, aus sein; **2.** *personne* (völlig) erschöpft; entkräftet; kraftlos; ermattet; matt; abgespannt; abgekämpft; mitgenommen; ausgemergelt; ausgelaugt

épuisement [epɥizmɑ̃] *m* **1.** *du sol* Ausmergelung *f*; Auslaugung *f*; *d'un filon* ('vollständiger) Abbau; Ausbeutung *f*; *des réserves, des fonds etc* Erschöpfung *f*; *d'une source* Versiegen *n*; **jusqu'à l'~ des stocks** solange der Vorrat reicht; **2.** *d'une personne* (völlige) Erschöpfung (*a d'un pays*); Über'müdung *f*; Entkräftung *f*; Ermattung *f*; **jusqu'à ~ complet** bis zur völligen Erschöpfung; **être dans un état d'~ extrême** in e-m, im Zustand äußerster Erschöpfung sein

épuiser [epɥize] **I** *v/t* **1.** *filon, carrière* (völlig) abbauen; ausbeuten; *sol* ausmergeln; auslaugen; *stock etc* ausverkaufen; restlos verkaufen; *réserves, moyens* erschöpfen; ausschöpfen; aufbrauchen; *sujet* erschöpfen; erschöpfend behandeln; *munitions* verschießen; verfeuern; **notre stock est épuisé** a wir sind ausverkauft; **2.** *maladie etc*: *personne, guerre etc*: *pays* erschöpfen; entkräften; mitnehmen; *forces* aufzehren; verbrauchen; **II** *v/pr* **s'~ 3.** *source* versiegen; *réserves, moyens* zu Ende gehen; ausgehen; da'hinschwinden; zu'sammenschrumpfen; F alle werden; **4.** *malade* schwächer werden; Kräfte verlieren, ermatten; *forces* nachlassen; schwinden; schwächer werden; zu Ende gehen; **s'~ en efforts inutiles** sich vergeblich abmühen, anstrengen; **s'~ à faire qc** sich mit etw abmühen, abrackern; **ma patience commence à s'~** meine Geduld geht allmählich zu Ende, ist allmählich erschöpft

épuisette [epɥizɛt] *f* PÊCHE Kescher *m*; Fangnetz *n*

épurateur [epyʀatœʀ] *m* TECH Reiniger *m*; Reinigungsapparat *m*

épuration [epyʀasjɔ̃] *f* **1.** TECH, MÉD Reinigung *f*; *de liquides a* Klärung *f*; **~ des eaux d'égout** Abwasserreinigung *f*; **station *f* d'~** Kläranlage *f* **2.** *fig* Reinigung *f*; Läuterung *f*; *du goût, de la langue* Verfeinerung *f*; **3.** POL Säuberung *f*

épure [epyʀ] *f* TECH Aufriß *m*; Skizze *f*; (Fertigungs-, Werk)Zeichnung *f*

épurement [epyʀmɑ̃] *m fig* Verfeinerung *f*, Veredelung *f*

épurer [epyʀe] *v/t* **1.** TECH reinigen; *liquides a* klären; **2.** *fig* reinigen; läutern; veredeln; *goût, langue* verfeinern; **3.** POL säubern

équarrir [ekaʀiʀ] *v/t* **1.** *bois* vierkantig (zu)schneiden; *t/t* abvieren; *adjt* **bois équarri** Kantholz *n*; **2.** *animal mort* beseitigen; abdecken

équarrissage [ekaʀisaʒ] *m* **1.** *d'une poutre etc* Abvieren *n*; **2.** *de cadavres d'animaux* Tierkörperbeseitigung *f*; Abdecken *n*; **~eur** *m* Abdecker *m*

équateur [ekwatœʀ] *m* **1.** GÉOGR Äqu'ator *m*; *par ext* Äqu'atorzone *f*; **2.** **État l'Équateur** Ecua'dor *n*

équation [ekwasjɔ̃] *f* MATH, CHIM Gleichung *f*; **~ à une inconnue** Gleichung mit einer Unbekannten; **poser, résoudre une ~** e-e Gleichung aufstellen, (auf)lösen

équatorial [ekwatɔʀjal] *adj* ⟨-aux⟩ äquatori'al; Äquatori'al...; Äqu'ator...; **l'Afrique ~e** Äquatorialafrika *n*; **climat ~** äquatoriales Klima

équatorien [ekwatɔʀjɛ̃] **I** *adj* ⟨~ne⟩ ecuadori'anisch; **II** *subst* **2(ne)** *m*(*f*) Ecuadori'aner(in) *m*(*f*)

équerre [ekɛʀ] *f* **1.** Winkel(maß) *m*(*n*); **double ~ ou ~ en T** Reißschiene *f*; **fausse ~** Schmiege *f*; Stellwinkel *m*; **2.** *loc/adj* **d'~, en ~** im rechten Winkel; rechtwink(e)lig; **ne pas être d'~** a schiefwink(e)lig sein; SPORTS **les jambes en ~** mit waagrecht ausgestreckten Beinen; **3.** TECH Winkelband *n*, -eisen *n*

équestre [ekɛstʀ(ə)] *adj* **1. statue** *f* **~** Reiterstandbild *n*, -statue *f*; **2. Reit...; promenade** *f*, **randonnée** *f* **~** Spa'zier-, Ausritt *m*

équeuter [ekøte] *v/t fruits* entstielen

équidés [ekide, -kɥi-] *m/pl* ZO *famille* Pferde *n/pl*; Einhufer *m/pl*

équidistant [ekɥidistɑ̃] *adj* abstandsgleich; gleich weit entfernt; **~latéral** *adj* ⟨-aux⟩ MATH gleichseitig

équilibrage [ekilibʀaʒ] *m* **1.** Ausbalancieren *n*; Ausgleichen *n*; **2.** TECH Auswuchten *n*

équilibre [ekilibʀ(ə)] *m* **1.** Gleichgewicht *n* (*a* PHYS); Ba'lance *f*; PHYS *et fig* **~ des forces** Gleichgewicht der Kräfte; Kräftegleichgewicht *n*; PHYSIOL **sens** *m* **de l'~** Gleichgewichtssinn *m*; *loc/adj* **en ~** im Gleichgewicht; **être en ~ instable** a) PHYS im labilen Gleichgewicht sein; b) *objets* auf der Kippe stehen; *unsicher*, wack(e)lig, nicht gut stehen; **marcher en ~ sur une poutre** über e-n Balken balan'cieren; **mettre qc en ~** etw ausbalancieren, ins Gleichgewicht bringen; **tenir qc en ~** etw balan'cieren; **se tenir en ~ sur un pied** auf e-m Bein balan'cieren; **garder l'~** die Balance, das Gleichgewicht halten; **perdre l'~** die Balance, das Gleichgewicht verlieren; aus der Balance, dem Gleichgewicht kommen; ('um)kippen; **2.** *fig*, ÉCON, ÉCOL, POL Gleichgewicht *n*; *d'une personne* (seelisches, inneres) Gleichgewicht; Ausgeglichenheit *f*; *d'une œuvre d'art* Ausgewogenheit *f*; Harmo'nie *f*; **~ budgétaire** Haushaltsausgleich *m*; ausgeglichener Haushalt; **rompre, troubler l'~** das Gleichgewicht stören; aus dem Gleichgewicht bringen (**de qc, de qn** etw, j-n); **manquer d'~** unausgeglichen sein

équilibré [ekilibʀe] *adj personne* ausgeglichen; *caractère a* ausgeglichen

équilibrer [ekilibʀe] **I** *v/t* **1.** ausbalancieren; ins Gleichgewicht bringen; *bateau, avion* trimmen; **2.** TECH *roue* auswuchten; **3.** *par ext budget etc* ausgleichen; *dépenses et recettes* in Über'einstimmung bringen; **II** *v/pr* **s'~ charges, forces** sich ausgleichen; sich im Gleichgewicht befinden; sich, ein'ander aufheben; *fig a* sich die Waage halten

équilibriste [ekilibʀist] *m,f* Balan'cierkünstler(in) *m*(*f*); Äquili'brist(in) *m*(*f*)

équinoxe [ekinɔks] *m* ASTR Tagund'nachtgleiche *f*; *sc* Äqui'noktium *n*; **~ d'automne, de printemps** Herbst-, Frühlings-Tagundnachtgleiche *f*; **tempêtes** *f/pl* **d'~** Äquinokti'alstürme *m/pl*

équinoxial [ekinɔksjal] *adj* ⟨-aux⟩ äquinokti'al; Äquinokti'al...

équipage [ekipaʒ] *m* **1.** *d'un bateau, d'un avion* Besatzung *f*; Crew [kruː] *f*; Bemannung *f*; *d'un bateau a* Mannschaft *f*

équipe [ekip] *f* Mannschaft *f* (*a* SPORTS); Team [tiːm] *n*; E'quipe *f*; au-

tour d'un chef Stab *m*; *d'ouvriers* Ko'lonne *f*; Trupp *m*; Gruppe *f*; *en usine à* Schicht *f*; *de gymnastes* Riege *f*; *joyeuse ~* lustige, fröhliche Gesellschaft, Gruppe; *~ ministérielle* Re'gierungsmannschaft *f*; *~ d'amateurs, de professionnels* Ama'teur-, Profimannschaft *f*; *~ de chercheurs* Forscherteam *n*, -gruppe *f*; *~ de collaborateurs* Mitarbeiterstab *m*; *~ de football* Fußballmannschaft *f*; *~ de France* französische Natio'nalmannschaft; *~ de jour, de nuit* Tag-, Nachtschicht *f*; *chef m d'~* Teamleiter *m*; *d'ouvriers* Vorarbeiter *m*; Kolonnenführer *m*; *CONSTR* Po'lier *m*; *faire ~ avec qn* mit j-m zusammenarbeiten, im Team arbeiten; *jouer en, par ~* in e-r Mannschaft spielen; *travailler en ~* im Team arbeiten
équipée [ekipe] *f* Abenteuer *n*; Coup *m*; Unter'fangen *n*; *une folle ~* ein wahnwitziges Unterfangen
équipement [ekipmã] *m* Ausrüstung *f* (*a TECH, MIL, d'un chasseur etc*); Ausrüstungsgegenstände *m/pl*, -material *n*; *d'une école, d'un hôpital, d'un café etc* Ausstattung *f*; Ausstattungsgegenstände *m/pl*; Einrichtung *f*; *TECH a* (technische) Einrichtung; Anlage(n) *f(pl)*; Gerät *n* (*coll*); *ADM ~s collectifs* Gemeinschaftseinrichtungen *f/pl*; *~ industriel* Indu'strieanlagen *f/pl*, -ausrüstung *f*; *~ de ski* Skiausrüstung *f*; *biens m/pl d'~* Ausrüstungsgüter *n/pl*
équiper [ekipe] **I** *v/t TECH, MAR, MIL*, *personne* ausrüsten (*de* mit); *école, café etc* ausstatten (mit); einrichten; *TECH a* bestücken (mit); *par ext* (*pouvoir*) versehen (mit); *~ d'un réseau routier* mit e-m Straßennetz über'ziehen, versehen; *~ en véhicules* mit Fahrzeugen ausrüsten, ausstatten; *adjt être bien, mal équipé* gut, schlecht ausgerüstet, ausgestattet sein; *cuisine toute équipée* komplett eingerichtete Küche; **II** *v/pr s'~* sich ausrüsten, ausstatten, versehen (*de qc* mit etw)
équip|ier [ekipje] *m*, *~ière f SPORTS* Mannschaftsmitglied *n*, -angehörige(r) *f(m)*; Spieler(in) *m(f)*
équitable [ekitabl(ə)] *adj* gerecht; *personne a* rechtschaffen; *jugement, solution, mesure a* angemessen; berechtigt; billig
équitation [ekitasjõ] *f* Reiten *n*; Reitsport *m*; Reitkunst *f*; *école f d'~* Reitschule *f*
équité [ekite] *f d'une personne* Gerechtigkeit *f*, Rechtschaffenheit *f*; *d'un jugement etc* Berechtigung *f*; Angemessenheit *f*; Rechtlichkeit *f*; Billigkeit *f*; *avec ~, en toute ~* gerecht(erweise); angemessen; billigerweise, -maßen; *pour des raisons d'~* aus Billigkeitsgründen
équivalence [ekivalãs] *f* **1.** Gleichwertigkeit *f*; (Wert)Gleichheit *f*; *MATH* Äquiva'lenz *f*; **2.** *UNIVERSITÉ* Anerkennung *f* (e-s Di'ploms); *accorder une ~* ein Diplom (als gleichwertig) anerkennen
équivalent [ekivalã] **I** *adj* gleichwertig (*à* mit); entsprechend (+*dat*); *prix, MATH* gleich; *tournure* gleichbedeutend; bedeutungsgleich; *MATH figures ~es* flächengleiche Figuren *f/pl*; *être ~ à* entsprechen (+*dat*); **II** *m* Äquiva'lent *n* (*a PHYS*); Entsprechung *f* (*a LING*);

Entsprechende(s) *n*; (gleichwertiger) Ersatz; Gegenwert *m*; *c'est sans ~* das ist ohne'gleichen; es gibt nichts Gleichwertiges; *offrir l'~ à qn* j-m e-n gleichwertigen Ersatz, etw Gleichwertiges anbieten
équivaloir [ekivalwaʀ] ⟨*cf* valoir⟩ **I** *v/t/indir ~ à* entsprechen, gleichkommen (+*dat*); bedeuten (+*acc*); soviel bedeuten, heißen wie; (eben)so gut sein wie; gleichwertig sein mit; *~ à un refus* e-r Ablehnung gleichkommen; *cela équivaudrait à tout abandonner* das hieße *ou* würde bedeuten, alles aufgeben; **II** *v/pr s'~* gleich (gut *ou* schlecht) sein; *ça s'équivaut* das kommt aufs gleiche her'aus
équivoque [ekivɔk] **I** *adj termes, propos* zweideutig; doppel-, vieldeutig; doppelsinnig; *notion* mehrdeutig; 'mißverständlich; *péj*: *rôle, milieu* zweifelhaft; *péj*: *personnage, passé, comportement* zwielichtig; dubi'os; su'spekt; *sourire* 'hintergründig; **II** *f* (*ambiguïté*) Doppelsinn *m*; Zweideutigkeit *f*; (*manque de clarté*) Unklarheit *f*; Unsicherheit *f*; *sans ~* eindeutig; unzweideutig; klar; unmißverständlich; *pour éviter toute ~* damit keine Unklarheiten entstehen; um 'Mißverständnissen vorzubeugen
érable [eʀabl(ə)] *m BOT* Ahorn *m* (*a bois*)
éradication [eʀadikasjõ] *f d'une maladie* Ausrottung *f*
érafler [eʀafle] **I** *v/t peau* zer-, aufkratzen; (auf)ritzen; (zer)schrammen; (auf)schürfen; *bois, cuir, peinture etc* zerschrammen; zerkratzen; e-n Kratzer, e-e Schramme machen in (+*acc*); *balle ~ qn* j-n streifen; **II** *v/pr s'~* sich (die Haut) zer-, aufkratzen, (auf)ritzen, zerschrammen, (auf)schürfen
éraflure [eʀaflyʀ] *f* Kratzer *m*; Schramme *f*; Ritz *m*; *par un projectile* Streifschuß *m*
éraillé [eʀaje] *adj* **1.** *voix* heiser; krächzend; rauh; **2.** *tissu* fadenscheinig; zerschlissen; abgenutzt; *~ement m de la voix* Heiser-, Rauhwerden *n*, -sein *n*
érailler [eʀaje] *v/pr s'~ la voix* e-e heisere, krächzende, rauhe Stimme bekommen
Érasme [eʀasm(ə)] *m* E'rasmus *m*
ère [ɛʀ] *f* Ära *f*; Zeitalter *n*; Zeitrechnung *f*; *par ext* Zeit *f*; E'poche *f*; *GÉOL* Erdzeitalter *n*; Ära *f*; *~ atomique* A'tomzeitalter *n*; *~ chrétienne* christliche Ära, Zeitrechnung; *~ nouvelle* neues Zeitalter; neue Ära; *l'an 800 de notre ~* das Jahr 800 (nach) unserer Zeitrechnung *ou* nach der Zeitenwende
érectile [eʀɛktil] *adj PHYSIOL* erek'til; eri'gibel
érection [eʀɛksjõ] *f* **1.** *d'un édifice etc* Errichtung *f*; Erstellung *f*; *d'une statue a* Aufstellung *f*; **2.** *PHYSIOL* Erekti'on *f*; *être en ~* eri'giert, im Zustand der Erektion sein
éreintage [eʀɛ̃taʒ] *m cf* **éreintement** **2.**; *~ant adj* sehr anstrengend, ermüdend; aufreibend; kräftezehrend
éreinté [eʀɛ̃te] *adj* todmüde; *être ~ a* (ganz) abgespannt, abgeschlagen, erschlagen, F völlig erledigt sein
éreintement [eʀɛ̃tmã] *m* **1.** (*fatigue*) völlige Erschöpfung; Über'müdung *f*; Abgespanntheit *f*; **2.** (*critique*) uner-

bittliche, scharfe, boshafte, harte Kri'tik; F Verriß *m*
éreinter [eʀɛ̃te] **I** *v/t* **1.** (*fatiguer*) über'anstrengen; sehr ermüden; erschöpfen; **2.** (*critiquer*) scharf, hart, abfällig kriti'sieren; F verreißen; her'untermachen, -reißen; **II** *v/pr s'~* sich abrackern, abmühen, F abplacken, abplagen, abschinden
érésipèle [eʀezipɛl] *cf* **érysipèle**
erg¹ [ɛʀg] *m GÉOGR* Erg *m*; Sandwüste *f*
erg² [ɛʀg] *m PHYS* Erg *n* (*symbole* erg)
ergonom|ie [ɛʀgɔnɔmi] *f* Ergono'mie *f*; Ergo'nomik *f*; *~ique adj* ergo'nomisch
ergot [ɛʀgo] *m* **1.** *du coq* Sporn *m*; *du chien* Afterklaue *f*; *fig monter, se dresser sur ses ~s* aggres'siv werden; sich aufbäumen; sich auf 'die 'Hinterbeine stellen; die Krallen zeigen; **2.** *AGR* Mutterkorn *n* (*a PHARM*); **3.** *TECH* Nase *f*; Dorn *m*; Haltestift *m*
ergotage [ɛʀgɔtaʒ] *m* Nörge'lei *f*; Nörgeln *n*; Mäke'lei *f*; Mäkeln *n*; F Gemekker *n*; Meckern *n*
ergoter [ɛʀgɔte] *v/i* nörgeln; krittteln; mäkeln; F meckern; *~ sur tout* an allem her'umnörgeln, -mäkeln; alles bekritteln
ergot|eur [ɛʀgɔtœʀ], *~euse* **I** *m,f* Nörgler(in) *m(f)*, Krittler(in) *m(f)*; Kriti'kaster *m*; Mäkler *m*; F Meckerer *m*; **II** *adj* nörglerisch; mäkelig
ergothérap|eute [ɛʀgɔteʀapøt] *m,f* Beschäftigungs-, Ergotherapeut(in) *m(f)*; *~ie f* Beschäftigungs-, Arbeits-, Ergotherapie *f*
Éric *ou* **Érik** [eʀik] *m* Erich *m*
ériger [eʀiʒe] ⟨-geons⟩ **I** *v/t* **1.** *édifice, statue* errichten; erstellen; *statue a* aufstellen; **2.** *tribunal, commission* einsetzen; **3.** *~ en* erheben, machen zu; *~ qc en principe* etw zum Prinzip erheben; *~ qc en système* ein System aus etw machen; **II** *v/pr s'~ en personne* sich aufwerfen zu; sich aufspielen als
ermitage [ɛʀmitaʒ] *m* Einsiede'lei *f* (*a fig lieu solitaire*)
ermite [ɛʀmit] *m* Einsiedler *m*; Ere'mit *m*; Klausner *m*; *fig vivre en ~* zurückgezogen, wie ein Einsiedler leben; ein Einsiedlerleben, -dasein führen
Ernest [ɛʀnɛst] *m* Ernst *m*
éroder [eʀɔde] *v/t GÉOL* ero'dieren; *par l'eau a* auswaschen; *par le vent a* abtragen
érogène [eʀɔʒɛn] *adj* ero'gen; *zone f ~* erogene Zone
éros [eʀɔs] *m PSYCH* Eros *m*
érosif [eʀɔzif] *adj* ⟨-ive⟩ *GÉOL* ero'siv; Erosi'ons...
érosion [eʀɔzjõ] *f* **1.** *GÉOL* Erosi'on *f*; *~ du sol* Bodenerosion *f*; **2.** *fig* Abnutzung *f*; langsamer Zerfall; *~ monétaire* schleichende Geldentwertung
érot|ique [eʀɔtik] *adj* e'rotisch; Liebes...; *~isation f* Erotisierung *f*; *~iser v/t* eroti'sieren; *~isme m* E'rotik *f*
érotoman|e [eʀɔtɔman] *MÉD* **I** *adj* eroto'man; **II** *m,f* Eroto'mane *m*; *~ie f MÉD* Erotoma'nie *f*; Liebeswahn *m*
errance [ɛʀãs] *litt f* Irrfahrt *f*; Um'herirren *n*, -schweifen *n*; Ruhelosigkeit *f*
errant [ɛʀã] *adj peuplade* um'herziehend; no'madisch; Wander...; No'maden...; *individu* um'herziehend, -irrend, -schweifend; unstet; *chien* streunend; *regard* schweifend; unstet; irrend;

errata [ɛRata] *m* ⟨*inv*⟩ TYPO Er'rata *n/pl*; Druckfehler(verzeichnis) *m/pl(n)*
erratique [ɛRatik] *adj* **1.** *litt personne* unstet; rulhelos; **2.** MÉD *douleur* nicht lokali'sierbar; **3.** GÉOL *bloc m ~* er'ratischer Block; Findling *m*
erratum [ɛRatɔm] *m* TYPO Druckfehler *m*; Er'ratum *n*
errements [ɛRmɑ̃] *litt m/pl* Fehler *m/pl*; Irrtümer *m/pl*; Irrwege *m/pl*
errer [ɛ(R)Re] *v/i* **1.** um'herirren, -laufen, -wandern, -schweifen, -ziehen; *animaux* streunen; *à travers le monde* durch die Welt ziehen; *~ dans les rues* durch die Straßen irren; **2.** *fig regard* (um'her)schweifen; irren; *un sourire errait sur ses lèvres* spielte, huschte um s-e Lippen; *laisser ~ son imagination* s-r Phantasie freien Lauf lassen
erreur [ɛRœR, e-] *f* Irrtum *m*; Fehler *m* (*a* MATH, PHYS); Versehen *n*; ~*!* (du bist *ou* Sie sind im) Irrtum!; das stimmt nicht!; JUR *~ judiciaire* Ju'stizirrtum *m*; *~ d'appréciation* Fehleinschätzung *f*; *~ de calcul* Rechenfehler *m*; *~ de jeunesse* Jugendsünde *f*; *~ de jugement* falsche Beurteilung; falsches Urteil; *~ de tactique* taktischer Fehler; JUR *~ sur la personne* Irrtum in der Person; ♦ *loc/adv*: *par ~* irrtümlich(erweise); fälschlich(erweise); versehentlich; aus Versehen; *par suite d'une ~* durch ein Versehen, e-n Fehler, e-n Irrtum, e-e Verwechslung; *sauf ~* wenn ich (mich) nicht irre; wenn ich mich nicht täusche; COMM Irrtum vorbehalten; ♦ *il y a ~* das muß ein Irrtum sein; da liegt ein Irrtum, 'Mißverständnis vor; F da stimmt (et)was nicht; *il n'y a pas d'~* da ist jeder Irrtum ausgeschlossen; ganz ohne jeden Zweifel; (ich bin) ganz sicher; *commettre, faire une ~* e-n Fehler, Irrtum begehen; e-n Fehler machen; *être dans l'~* im Irrtum sein; sich im Irrtum befinden; *c'est une ~ de croire que ...* es ist ein Irrtum anzunehmen *ou* zu glauben, daß ...; *vous faites ~* Sie irren, täuschen sich; *laisser dans l'~* im Irrtum, im falschen Glauben lassen
erroné [ɛRɔne, ɛ-] *adj* fehlerhaft; falsch; irrtümlich; irrig; irreführend; *adresse ~e* falsche Adresse; *conclusion ~e* Trug-, Fehlschluß *m*; falscher Schluß; *croyance ~e* Irrglaube *m*; *interprétation ~e* 'Mißdeutung *f*; Fehlinterpretation *f*; *jugement ~* Fehlurteil *n*
ersatz [ɛRzats] *m* Ersatz *m*; *~ de café, de savon* Kaffee-, Seifenersatz *m*
éructation [eRyktasjɔ̃] *f* PHYSIOL Aufstoßen *n*
éructer [eRykte] **I** *v/t injures etc* her'vorstoßen; **II** *v/i* PHYSIOL aufstoßen
érudit [eRydi] **I** *adj personne, ouvrage* gelehrt; **II** *subst ~(e) m(f)* Gelehrte(r) *f(m)*
érudition [eRydisjɔ̃] *f* Gelehrsamkeit *f*; Gelehrtheit *f*; *ouvrage m d'~* gelehrtes Werk; *avoir de l'~* gelehrt sein
éruptif [eRyptif] *adj* ⟨-ive⟩ **1.** MÉD erup'tiv; mit e-m Ausschlag verbunden, ein'hergehend; **2.** GÉOL erup'tiv; *roche éruptive* Eruptivgestein *n*

éruption [eRypsjɔ̃] *f* **1.** MÉD Ausschlag *m*; *sc* Erupti'on *f*; **2.** GÉOL *d'un volcan* Ausbruch *m*; Erupti'on *f*; *de lave* Austreten *n*; Austritt *m*; *volcan m en ~* tätiger Vulkan; *volcan entrer en ~* ausbrechen; tätig, aktiv werden; **3.** *fig ~ de colère, de joie* Zornes-, Freudenausbruch *m*
érysipèle [eRizipɛl] *m* MÉD (Wund)Rose *f*; *sc* Erysi'pel *n*
érythème [eRitɛm] *m* MÉD Ery'them *n*
Érythrée [eRitRe] *l'~ m* Eri'trea *n*
es [ɛ] *cf être*
ès [ɛs] *prép docteur m, licence f, licencié m ~ lettres, ~ sciences cf docteur l., licence l., licencié l.*; JUR *~ qualités* in amtlicher Eigenschaft
Ésaü [ezay] *m* BIBL Esau *m*
esbigner [ɛzbiɲe] *v/pr s'~* F sich da'vonmachen; sich aus dem Staub machen; Reiß'aus nehmen
esbroufe [ɛzbRuf] *f* F Wichtigtue'rei *f*; Angebe'rei *f*; *à l'~* durch Bluff, Blendung; *faire de l'~* bluffen; blenden; F Eindruck schinden
esbrouf|er [ɛzbRufe] F *v/t* blenden; bluffen; *~eur* F *m* Blender *m*
escabeau [ɛskabo] *m* ⟨*pl* -x⟩ **1.** *siège* Schemel *m*; Hocker *m*; **2.** *échelle* Tritthocker *m*; (kleine) Bockleiter
escadre [ɛskadR(ə)] *f* MAR, AVIAT Geschwader *n*
escadrille [ɛskadRij] *f* **1.** AVIAT Staffel *f*; **2.** MAR leichtes Geschwader
escadron [ɛskadRɔ̃] *m* **1.** MIL *de cavalerie* Schwa'dron *f*; *de blindés* Kompa'nie *f*; AVIAT Staffel *f*; **2.** *fig* Schar *f*; Menge *f*; MIL F Geschwader *n*
ESCAE *ou* **E.S.C.A.E.** [ɛskaə] *f abr* (École supérieure de commerce et d'administration des entreprises) Hochschule *f* für Handel und Betriebswirtschaft
escalade [ɛskalad] *f* **1.** *d'un mur etc* Über'steigen *n*; *d'une montagne* Besteigung *f*; Erklettern *n*; SPORTS Klettern *n*; *faire l'~ d'une montagne* e-n Berg besteigen; **2.** *fig*, MIL, POL Eskalati'on *f*; Eska'lierung *f*; POL *a* Zuspitzung *f*; Verschärfung *f*; *~ de la violence* Eskalation, Eskalierung der Gewalt
escalader [ɛskalade] *v/t mur, portail etc* über'steigen; (hin'über)steigen, klettern über (+*acc*); *montagne* be-, ersteigen; erklettern; erklimmen
escalator [ɛskalatɔR] *m* (*nom déposé*) Rolltreppe *f*
escale [ɛskal] *f* **1.** MAR, AVIAT Zwischenlandung *f*; *~ de quelques heures* mehrstündiger Aufenthalt; *vol m sans ~* Di'rektflug; Non'stopflug *m*; AVIAT *faire ~ à Londres* London anfliegen; in London zwischenlanden; *faire ~ dans un port* e-n Hafen anlaufen; **2.** *lieu* Zwischenstation *f*; MAR *a* Anlegeplatz *m*; AVIAT *a* Landeplatz *m*
escalier [ɛskalje] *m* Treppe *f*; *österr* Stiege *f*; *~ roulant, mécanique* Rolltreppe *f*; *~ de la cave* Kellertreppe *f*; *~ d'honneur* Ehrentreppe *f*; *~ de secours* Nottreppe *f*; *~ de service* Dienstboten-, Liefe'rantenaufgang *m*; *dans l'~ ou les ~s* auf der Treppe; *fig avoir l'esprit de l'~* nicht schlagfertig sein; langsam rea'gieren
escalope [ɛskalɔp] *f* CUIS *~ (de veau)* (Kalbs)Schnitzel *n*
escamotable [ɛskamɔtabl(ə)] *adj train d'atterrissage* einziehbar; *machine à coudre, poignée* versenkbar; *antenne* ausziehbar; *meuble* zu'sammenklappbar; *échelle f ~* Falltreppe *f*; *lit m ~* Klapp-, Schrankbett *n*
escamotage [ɛskamɔtaʒ] *m* **1.** *d'un objet* Verschwindenlassen *n*; Wegzaubern *n*; **2.** AVIAT *du train d'atterrissage* Einfahren *n*; Einziehen *n*; **3.** *fig d'une question, d'un problème* Um'gehen *n*; (geschicktes) Ausweichen
escamoter [ɛskamɔte] *v/t* **1.** *carte, mouchoir etc* verschwinden lassen; wegzaubern; *par ext (dérober)* documents etc verschwinden lassen; (heimlich) bei'seite schaffen, wegschaffen; **2.** AVIAT *train d'atterrissage* einfahren; einziehen; **3.** *fig* **a)** (*éluder*) *~ qc* etw um'gehen; e-r Sache (*dat*) geschickt ausweichen; rasch über etw (*acc*) hin'weggehen; **b)** *mot, note* über'springen; auslassen, unter'schlagen
escampette [ɛskɑ̃pɛt] *loc prendre la poudre d'~* da'vonlaufen; das Hasenpanier ergreifen; ausreißen
escapade [ɛskapad] *f* Eska'pade *f*; (un)überlegter Streich; *d'homme marié* Seitensprung *m*; *faire une ~* sich e-e Eskapade leisten
escarbille [ɛskaRbij] *f* Flugasche *f*
escarboucle [ɛskaRbukl(ə)] *f* MINÉR Kar'funkel(stein) *m*
escarcelle [ɛskaRsɛl] *f autrefois ou plais* Geldkatze *f*
escargot [ɛskaRgo] *m* Schnecke *f* (*mit Haus*); *~ de Bourgogne* Weinbergschnecke *f*; *fig marcher comme un ~* im Schneckentempo gehen; kriechen wie e-e Schnecke
escarmouche [ɛskaRmuʃ] *f* **1.** MIL Schar'mützel *n*; kleines Gefecht; **2.** *fig* (Wort)Geplänkel *n*; Plänke'lei *f*; Wortgefecht *n*
escarpé [ɛskaRpe] *adj rocher* schroff; steil (aufragend); jäh abfallend; *pente* steil (ansteigend, abfallend); *chemin* abschüssig; *pente ~e* Steilhang *m*
escarpement [ɛskaRpəmɑ̃] *m* Steilhang *m*; steile Böschung *f*
escarpin [ɛskaRpɛ̃] *m* Pumps [pœmps] *m*
escarpolette [ɛskaRpɔlɛt] *f autrefois* Schaukel *f*
escarre [ɛskaR] *f* MÉD auf-, wundgelegene Stelle *f*; *avoir une ~, des ~s* sich aufliegen, wundliegen (*au dos* den *ou* am Rücken)
Escaut [ɛsko] *l'~ m* die Schelde
Eschyle [eʃil] *m* Äschylus *m*
escient [ɛsjɑ̃] *loc à bon ~* ganz bewußt; aus gutem Grund; (*avec raison*) zu Recht; mit vollem Recht
esclaffer [ɛsklafe] *v/pr s'~* schallend, laut, hellauf lachen; laut auflachen; in schallendes Gelächter ausbrechen
esclandre [ɛsklɑ̃dR(ə)] *m* Szene *f*; Auftritt *m*; Skan'dal *m*; *faire un ~* e-e Szene, e-n Skandal machen
esclavage [ɛsklavaʒ] *m* **1.** Skla've'rei *f*; *st/s* Sklaventum *n*; *réduire en ~* versklaven, **2.** *fig* **a)** Sklave'rei *f*; Knechtschaft *f*; Versklavung *f*; **b)** *par ext ~ des habitudes* Zwang *m* der Gewohnheiten; *~ des passions* Beherrschtsein *n*, (völlige) Abhängigkeit von den Leidenschaften
esclavag|isme [ɛsklavaʒism(ə)] *m*

Sklave'rei f; **Sklavenhaltergesellschaft** f; **~iste** m HIST Verteidiger m, Anhänger m der (Neger)Sklave'rei

esclave [ɛsklav] **I** m,f Sklave m, Sklavin f (a fig); **révolte** f **des ~s** Sklavenaufstand m; **II** adj **être ~ de qc** Sklave e-r Sache (gén) sein; **être ~ des convenances** sich sklavisch an die Anstandsregeln halten; **être ~ de son travail** Sklave s-r Arbeit sein

escogriffe [ɛskɔgrif] m F **un grand ~** ein großer, schlaksiger Kerl; F ein langer Lulatsch

escompte [ɛskõt] m **1.** FIN Dis'kont m; opération Diskon'tierung f; **taux** m **d'~** Diskontsatz m; **2.** COMM Skonto m ou n

escompter [ɛskõte] v/t **1.** FIN lettre de change diskon'tieren; **2.** fig **~ qc** etw erwarten, erhoffen; sich etw erhoffen; auf etw (acc) hoffen; mit etw rechnen

escorte [ɛskɔʀt] f Es'korte f (a MAR); Geleit n; Begleitung f; Begleitmannschaft f; MIL a Bedeckung f; (garde) Bewachung f; Bewachungstrupp m, -mannschaft f; **~ d'honneur** Ehrengeleit n, -eskorte f; loc/adv **sous bonne ~ qn** j-m das Geleit geben; cf a **escorter** unter scharfer, strenger Bewachung; unter starkem Geleitschutz; **faire ~ à**

escorter [ɛskɔʀte] v/t eskor'tieren; geleiten; begleiten; (mili'tärisches, poli'zeiliches) Geleit geben (+dat); prisonniers etc a bewachen; par ext **~ qn, qc** j-n, etw begleiten; mit j-m, etw mitgehen

escouade [ɛskwad] f Gruppe f; Schar f; Trupp m

escrime [ɛskʀim] f SPORTS Fechten n; Fechtkunst f, -sport m; **faire de l'~** fechten; den Fechtsport betreiben

escrimer [ɛskʀime] v/pr **s'~ à faire qc, sur qc** sich abmühen, abquälen, abplagen, F her'umschlagen, -quälen mit etw

escrim|eur [ɛskʀimœʀ] m, **~euse** f SPORTS Fechter(in) m(f); Fechtsportler(in) m(f)

escroc [ɛskʀo] m Betrüger m; Gauner m; Schwindler m; Hochstapler m; **~ au mariage** Heiratsschwindler m

escroquer [ɛskʀɔke] v/t **a) ~ qc** (sich) etw erschwindeln, ergaunern; **~ qc à qn** j-n um etw betrügen, bringen, prellen; **b) ~ qn** j-n betrügen, begaunern

escroquerie [ɛskʀɔkʀi] f **1.** Betrug m (a JUR); Gaune'rei f; Schwindel m; Hochstape'lei f; **~s** pl a Betrüge'reien f/pl; **~ à l'assurance** Versicherungsbetrug m; **~ au mariage** Heiratsschwindel m; **2.** morale (bewußte) Täuschung; Irreführung f

escudo [ɛskydo] m monnaie Es'cudo ou Es'kudo m

Esculape [ɛskylap] m MYTH Äsku'lap m

esgourde [ɛsguʀd] F f Ohr n; F Löffel m

Ésope [ezɔp] m Ä'sop m

ésotér|ique [ezɔteʀik] adj eso'terisch; **~isme** m Eso'terik f

espace [ɛspas] m **1.** PHYS, MATH, PHILOS Raum m; AVIAT **~ aérien** Luftraum m; **~ creux** Hohlraum m; **2.** extra-terrestre Weltraum m; **conquête** f, **exploration** f **de l'~** Eroberung f, Erforschung f des Weltraums; **lancer une fusée dans l'~** e-e Rakete in den Weltraum, ins All schießen; **3.** (étendue) Raum m; Platz m; **~ libre, vide** freier, leerer Platz, Raum; URBANISME **~s**

verts Grünflächen f/pl, -anlagen f/pl; POL **~ vital** Lebensraum m; **4.** (distance) Zwischenraum m; Abstand m; Platz m; **laisser, ménager un ~** Platz, Abstand, e-n Zwischenraum lassen; **5. ~ (de temps)** Zeitraum m, -spanne f; **l'~ d'un an** der Zeitraum, die Zeitspanne von e-m Jahr; **en l'~ d'une heure** in, innerhalb, binnen, im Lauf(e) e-r Stunde

espacement [ɛspasmã] m **1.** action Ausein'anderrücken n; (intervalle) Zwischenraum m; Abstand m; **2.** des visites, paiements etc Seltenerwerden n; all'mähliche Einstellung

espacer [ɛspase] ‹-ç-› **I** v/t **1.** Zwischenräume, Platz, Abstand lassen zwischen (+dat); ausein'anderrücken; adjt: arbres, maisons etc **ne pas être assez espacé(e)s** nicht weit genug auseinander stehen ou liegen; **régulièrement espacés** in regelmäßigen Abständen stehend; **2.** visites, paiements etc auf längere Zeiträume verteilen; immer seltener werden lassen; in immer größeren Abständen vornehmen; adjt **visites espacées** Besuche m/pl in großen Abständen; **II** v/pr **s'~ 3.** maisons etc in immer größeren Abständen stehen; immer weiter ausein'ander liegen; **4.** lettres etc in immer größeren Abständen, immer seltener kommen; immer seltener werden

espadon [ɛspadõ] m ZO Schwertfisch m

espadrille [ɛspadʀij] f Leinenschuh m (mit geflochtener Sohle)

Espagne [ɛspaɲ] l'~ f Spanien n

espagnol [ɛspaɲɔl] **I** adj spanisch; **II** subst **~(e)** m (f) Spanier(in) m(f); **2.** m LING **l'~** das Spanische; Spanisch n

espagnolette [ɛspaɲɔlɛt] f CONSTR Espagno'lette(verschluß) f(m); Drehriegel m

espalier [ɛspalje] m **1.** AGR Spa'lier n; arbres m/pl **en ~** Spa'lierbäume m/pl; **2.** SPORTS **~s** pl Sprossen-, Kletterwand f

espèce [ɛspɛs] f **1.** d'objets Art f; Sorte f; Gattung f; péj de gens Sorte f; Art f; Schlag m; Spezies f; **des gens de cette ~** Leute dieses Schlags; solches Gesindel; **cela n'a aucune ~ d'importance** das hat keinerlei Bedeutung; **être le seul, la seule de son ~** einzigartig sein; der, die, das einzige in s-r, ihrer Art sein; **2. a) une ~ de ...** ⟨F abus oft mit dem Genus des folgenden subst **un ~ de ...**⟩ (so) e-e Art (von) ...; etwas wie ...; F **un ~ de chapeau** e-e Art Hut; iron a ein hutähnliches Gebilde; **éprouver une ~ de répulsion** e-e Art, etwas wie Abneigung empfinden; **b)** péj: **~ d'imbécile!** (Sie ou du) Dummkopf!; **regardez-moi cette ~ d'abruti!** schauen Sie mal diesen blöden Kerl an!; **3.** BIOL Art f; Spezies f; **~ animale, végétale** Tier-, Pflanzenart f; **~ humaine** Menschengeschlecht n; **4.** JUR **cas m d'~** Sonderfall m; besonderer Fall; par ext **c'est un cas d'~** das ist ein (ganz) besonderer, spezi'eller Fall; **en l'~** im vorliegenden, in diesem Fall(e); **5.** ÉGL **communier sous les deux ~s** in beiderlei Gestalt; **6.** COMM **en ~s** (in) bar; **paiement** m **en ~s** Barzahlung f; **payer, régler en ~s** bar zahlen

espérance [ɛspeʀɑ̃s] f Hoffnung f; Erwartung f; DÉMOGRAPHIE **~ de vie** Lebenserwartung f; **briser, détruire les ~s de qn** j-s Hoffnungen zunichte machen, zerstören; **dépasser toutes les ~s** alle Erwartungen über'treffen

espérantiste [ɛspeʀɑ̃tist] **I** adj Espe'ranto...; **II** m,f Esperan'tist(in) m(f)

espéranto [ɛspeʀɑ̃to] m LING Espe'ranto n

espérer [ɛspeʀe] v/t et v/i ⟨-é-⟩ **~ qc** auf etw (acc) hoffen; sich auf etw (acc) Hoffnungen machen; (sich) etw erhoffen; etw erwarten; **~ qn** j-n erwarten; mit j-m rechnen; st/s **~ en qn, qc** auf j-n, etw hoffen, vertrauen; **n'espère de lui aucune aide** erwarte von ihm keine Hilfe; **espérons-le!, je l'espère** hoffentlich!; hoffen wir es!; ich hoffe es!; abs **j'espère bien** das will ich hoffen!; **~ mieux, plus** mehr erwarten, erhoffen; **je n'en espérais pas tant** mit so viel habe ich (gar) nicht gerechnet; **je n'ai plus rien à ~** ich habe nichts mehr zu erwarten, erhoffen; **on ne vous espérait plus** wir haben Sie nicht mehr erwartet; abs F **il faut ~** F hoffen wir's!; **on lui a laissé ~ une réponse favorable** man machte ihm Hoffnung auf e-n günstigen Bescheid; ♦ **j'espère, espérons, il faut ~ que ...** ich hoffe, hoffen wir, daß ...; hoffentlich ...; **espérons que non!** hoffentlich nicht!; **j'espère (bien) que non** ich hoffe nicht; **j'espère (bien) que oui** ich hoffe (es); **on est en droit d'~ que ...** man darf (wohl) annehmen, damit rechnen, daß ...; p/f fort man kann erwarten, verlangen, daß ...; ♦ avec réf: **j'espère y arriver** ich hoffe, daß ich es schaffe; **j'espère avoir fait ce qu'il fallait** ich hoffe, das Nötige getan zu haben ou daß ich das Nötige getan habe

espiègle [ɛspjɛgl(ə)] **I** adj schalkhaft; schelmisch; neckisch; mutwillig; **II** m,f d'un(e) enfant Schelm m; Schalk m

espièglerie [ɛspjɛglʀi] f **1.** caractère Schalkhaftigkeit f; Schelme'rei f; Mutwille m; **2.** (farce) Schelmenstreich m, -stück n; Eulenspiege'lei f

espion [ɛspjõ] m, **espionne** [ɛspjɔn] f **1.** Spi'on(in) m(f); **2.** adjt Spio'nage...; **avion** m, **satellite** m **espion** Spio'nageflugzeug n, -satellit m; **3.** m (miroir à la fenêtre) Spi'on m

espion(n)ite [ɛspjɔnit] f Spio'nagekomplex m; Angst f vor Spi'onen; Spi'onenfurcht f

espionnage [ɛspjɔnaʒ] m Spio'nage f; Spio'nieren n; **~ industriel** Werk-, Wirtschaftsspionage f; **affaire** f **d'~** Spionageaffäre f, -fall m; **roman** m **d'~** Spionageroman m; **service** m **d'~** Spionage-, A'gentendienst m; **faire de l'~, se livrer à l'~** Spionage treiben; spio'nieren

espionner [ɛspjɔne] v/t **~ qn** j-n ausspionieren, bespitzeln; j-m nachspionieren

esplanade [ɛsplanad] f Espla'nade f; großer freier Platz

espoir [ɛspwaʀ] m **1.** Hoffnung f; Hoffen n; Zuversicht f; **~ de guérison, d'une récompense** Hoffnung auf Genesung, auf e-e Belohnung; **amour** m **sans ~** hoffnungslose, aussichtslose Liebe; **dans l'~ de** (+inf) in der Hoffnung zu (+*inf*) (*à la fin d'une lettre*); *j'ai bon ~* ich bin zuversichtlich; ich hoffe schon; *à l'examen j'ai l'~ de réussir* ich hoffe, daß ich Erfolg habe, 'durchkomme, bestehe; *il y a encore de l'~* es besteht noch Hoffnung; *garder un ~* noch Hoffnung haben; immer noch hoffen; *être riche d'~* hoffnungsvoll, zuversichtlich, voll Hoffnung sein; *c'est sans ~* das ist hoffnungslos, aussichtslos; *mettre tout son ~ en qc, qn* s-e ganze Hoffnung auf etw, j-n setzen; *ruiner tous les ~s* alle Hoffnungen zerstören, zunichte machen; *susciter des ~s* Hoffnungen (er)wecken, machen; *il ne vit que dans l'~ que ...* er lebt ganz in der Hoffnung, daß ...; *prov l'~ fait vivre* der Mensch lebt von der Hoffnung; **2.** *personne, chose* Hoffnung *f*; *personne a* Hoffnungsträger *m*; *les jeunes ~s de la chanson etc* die vielversprechenden jungen Ta'lente *n/pl*; *c'est, vous êtes mon dernier ~* das ist, Sie sind meine letzte Hoffnung

esprit [ɛspʀi] *m* **1.** *d'une personne, d'une œuvre, d'une époque,* PHILOS Geist *m*; *d'une personne a* Verstand *m*; Witz *m*; *d'une personne, d'une œuvre a* Geisteshaltung *f*; Gesinnung *f*; Sinn *m*; *~ d'à-propos, de repartie* Schlagfertigkeit *f*; *~ de compétition* Kampfgeist *m*; Wetteifer *m*; *~ de contradiction* 'Widerspruchsgeist *m*; *~ d'équipe* Team-, Mannschaftsgeist *m*; *~ de famille* Fa'miliensinn *m*; *~ de sacrifice* Opferbereitschaft *f*, -mut *m*; *homme m d'~* Mann *m* von Geist; geistvoller, -reicher Mann; *mot m d'~* Witz(wort) *m*(*n*); witziger Einfall; *pauvreté f d'~* geistige Armut *f*; ♦ *loc/adj plein d'~* geistreich, -voll, witzig; *loc/adv*: *dans cet ~* in diesem Sinn(e); *dans un ~ de conciliation* im Geist(e) der Versöhnung; in e-m versöhnlichen Geist(e); *dans l'~ de la loi* im Sinne des Gesetzes; *dans mon ~* meiner Ansicht nach; in meinen Augen; *en ~, par l'~* im Geiste; in Gedanken; ♦ *avoir de l'~* geistreich, -voll sein; Geist haben; *avoir de l'~ jusqu'au bout des ongles* höchst, äußerst geistreich, -voll sein; vor Geist sprühen; *ne plus avoir tous ses ~s* nicht mehr ganz richtig im Kopf sein; *ne pas avoir l'~ à ...* keine Lust haben zu ...; nicht aufgelegt sein zu ...; keinen Kopf haben für ...; *je n'ai pas l'~ au jeu en ce moment* z mir ist jetzt nicht nach Spielen zu'mute; *avoir l'~, le bon ~ de faire qc* klug genug sein, die gute Idee haben, etw zu tun; *où avais-je l'~?* wo hatte ich nur meinen Verstand?; wo war ich nur mit meinen Gedanken?; *avoir l'~ ailleurs* geistesabwesend sein; mit s-n Gedanken anderswo, ganz woanders sein; *avoir l'~ critique* kritisch sein; e-e kritische Ader, e-n kritischen Verstand haben; *avoir l'~ logique* logisch denken können; *avoir mauvais ~, faire preuve de mauvais ~* es am guten Willen fehlen lassen; aufsässig, 'widerspenstig sein; *avoir l'~ préoccupé* vieles im Kopf haben; Probleme, Sorgen haben; *avoir l'~ mal tourné* immer gleich Schlechtes denken, auf schlechte Gedanken kommen; *péj faire de l'~* geistreich tun; den Geistreichen spielen; *occuper l'~ de*

qn j-n ganz beschäftigen, beanspruchen; *perdre l'~* den Verstand verlieren; *perdre ses ~s* den Kopf verlieren; *rendre l'~* den Geist aufgeben; *reprendre, retrouver ses ~s* a) (*se ressaisir*) sich wieder fassen; b) (*reprendre connaissance*) wieder zu sich kommen; das Bewußtsein 'wiedererlangen; *cela m'était* (*complètement*) *sorti de l'~* das hatte ich (völlig) vergessen; daran hatte ich (überhaupt) nicht mehr gedacht; *traverser l'~* durch den Kopf, Sinn gehen; *venir, se présenter à l'~* in den Sinn kommen; einfallen; *cela ne me serait même pas venu à l'~* das wäre mir nicht einmal im Traum eingefallen; **2.** *personne* Geist *m*; Mensch *m*; Kopf *m*; *~s pl* Gemüter *n/pl*; *bel ~* Schöngeist *m*; *~ lent* langsamer Mensch, Denker; *lucide* heller Kopf; *~ noble, généreux* edler Geist; *calmer les ~s* die Gemüter beruhigen, besänftigen; *les ~s sont montés contre lui* die Stimmung ist gegen ihn; *plais les grands ~s se rencontrent* zwei Seelen und ein Gedanke; große Geister finden sich immer; **3.** REL, MYTH Geist *m*; *~ divin* Geist Gottes; göttlicher Geist; *~ frappeur* Klopf-, Poltergeist *m*; *pur ~* reiner Geist; F *fig ne pas être un pur ~* nicht von der Luft leben können; realistisch, materialistisch denken, sein; *l'~ saint* der Heilige Geist

esprit-de-vin [ɛspʀidvɛ̃] *m* Weingeist *m*; Spiritus *m*

esquif [ɛskif] *m litt un frêle ~* ein leichtes, schlankes Boot

esquille [ɛskij] *f* MÉD Knochensplitter *m*

esquimau [ɛskimo] **I** *adj* ⟨-aude; *m/pl* -aux⟩ Eskimo...; eskimoisch; **II** *subst* **1.** ⟨*de*⟩ *m*(*f*) Eskimo(frau) *m*(*f*); **2.** *m* (*nom déposé*) Eis *n* am Stiel mit Schoko'ladenüberzug

esquintant [ɛskɛ̃tɑ̃] *adj* F *travail etc* sehr anstrengend; aufreibend; kräftezehrend

esquinter [ɛskɛ̃te] F **I** *v/t* **1.** (*fatiguer*) überˈanstrengen; erschöpfen; F fertigmachen; erledigen; **2.** (*abîmer*) *objet* abnützen; beschädigen; F ka'puttmachen; rampo'nieren; *personne* F übel, bös zurichten; *adjt* esquinté F a ziemlich mitgenommen; **3.** (*critiquer*) *auteur, film etc* F herˈuntermachen, -reißen; verreißen; **II** *v/pr* **4.** *s'~* (*au travail*) sich abackern, abschinden, abplagen, abmühen; **5.** *objets s'~* F kaˈputtgehen; **6.** *s'~ la santé* s-r Gesundheit (*dat*) schaden; *s'~ la vue* sich die Augen verderben; F kaˈputtmachen

esquisse [ɛskis] *f* **1.** PEINT Skizze *f*; Entwurf *m*; flüchtig hingeworfene Zeichnung; **2.** *par ext d'un roman etc* Skizze *f*; Entwurf *m*; kurze Darstellung; **3.** *fig de sourire* Ansatz *m*; Andeutung *f*; Anflug *m*; Spur *f*

esquisser [ɛskise] **I** *v/t* **1.** PEINT skizˈzieren; flüchtig hinwerfen; skizˈzieren; entwerfen; **3.** *geste, sourire* andeuten; *~ un mouvement de recul* leicht, kurz zuˈrückschrecken, -zucken; *~ un salut* a flüchtig grüßen; **II** *v/pr s'~ solution etc* sich abzeichnen, andeuten

esquive [ɛskiv] *f* SPORTS Ausweichbewegung *f*; Ausweichen *n*

esquiver [ɛskive] **I** *v/t* **1.** (geschickt) ausweichen (*un coup* e-m Schlag); **2.** *fig difficulté etc* (geschickt) ausweichen, aus dem Wege gehen, sich entziehen (+*dat*); um'gehen; **II** *v/pr s'~* (unauffällig) weggehen; verschwinden; sich daˈvon-, wegschleichen; sich fortstehlen

essai [esɛ] *m* **1.** Versuch *m* (*a* ATHLÉTISME, RUGBY); Probe *f*; Erprobung *f*; Ausprobieren *n*; Prüfung *f*; Test *m*; AUTO Probe-, Testfahrt *f*; COURSE AUTOMOBILE Trainingsrunde *f*; *~ nucléaire* A'tomtest *m*; Kernwaffenversuch *m*; *~ timide* schüchterner Versuch, Ansatz; *~ de contrôle* Gegenprüfung *f*, -versuch *m*, -probe *f*; *~ de laboratoire* La'borversuch *m*, -test *m*; *~ de machines* Erprobung, Prüfung, Test von Maschinen; *~ des matériaux* Materi'al-, Werkstoffprüfung *f*; *~ en vol* Flugerprobung *f*, -test *m*; *~ ballon m d'~* Versuchsballon *m* (*a fig*); *fig coup m d'~* (erster) Versuch; Anfang *m*; *période f d'~* Probezeit *f*; *pilote m d'~* Testpilot *m*; *vol m d'~* Probe-, Testflug *m*; *loc/adv* *à l'~, à titre d'~* auf, zur Probe; probe-, versuchsweise; *embaucher, prendre qn à l'~* j-n auf Probe einstellen, nehmen; e-n Versuch mit j-m machen; *faire un ~, des ~s* (*de qc*) e-e Probe, e-n Versuch, Proben, Versuche machen (mit etw); *faire l'~ de qc* etw erproben, ausprobieren, prüfen; *faire faire un ~ à un candidat* e-n Bewerber e-e Probe s-s Könnens ablegen lassen; CIN *tourner un bout d'~* Probeaufnahmen machen; **2.** LITTÉRATURE Essay *m* [ˈɛse, ɛˈse:] *m ou*

essaim [esɛ̃] *m* Schwarm *m* (*a fig d'enfants etc*); *~ d'abeilles* Bienenschwarm *m*

essaimer [eseme] *v/i* **1.** *abeilles* schwärmen; **2.** *fig famille* sich zerstreuen; *entreprise* Niederlassungen gründen

essayage [esɛjaʒ] *m* COUT Anprobe *f*; Anprobieren *n*; *cabine f, salon m d'~* Anprobe-, 'Umkleidekabine *f*, -raum *m*

essayer [eseje] ⟨-ay- *od* -ai-⟩ **I** *v/t* a) *~ qc* etw versuchen; e-n Versuch mit etw machen, es mit etw versuchen; TECH etw erproben, prüfen, testen, ausprobieren; *voiture* testen; e-e Probefahrt machen (*qc* mit etw); probefahren; *vêtements, chaussures* anprobieren; *chapeau* aufprobieren; *coiffure, recette, marque, modèle* (aus)proˈbieren; *boisson, mets, méthode, médicament* (aus-)pro'bieren; versuchen; *~ les petites annonces* es mit e-r Kleinanzeige versuchen, probieren; *~ les coups, la douceur* es mit Schlägen, Güte versuchen; *~ sa force* s-e Kraft erproben; *l'un après l'autre tous les restaurants* alle Restaurants aus-, 'durchprobieren; *il a tout essayé, rien n'y fait er* hat alles (mögliche) versucht, (aus)probiert; b) *abs* es versuchen, pro'bieren; *essayez donc ou toujours!* versuchen Sie es nur F Sie's doch, nur!; *dissuasif essaye un peu (pour voir)!* versuch's, probier's nur!; das versuch, probier nur!; *il n'en coûte rien d'~* probieren, versuchen, ein Versuch kostet nichts; c) *~ de faire qc* etw zu tun versuchen; versuchen, etw zu tun; **II** *v/pr s'~ à (faire) qc* sich in, an etw (*dat*) versuchen; *s'~ à la peinture* sich im Malen versuchen

essay|eur [esɛjœʀ] *m* **1.** *de voitures* Testfahrer *m;* **2.** *HIST* Münzwardein *m;* **~euse** *f COUT* Absteckerin *f;* **~iste** *m* écrivain Essay'ist *m*

esse [ɛs] *f TECH* S-förmiger Haken; S-Haken *m*

ESSEC *ou* **E.S.S.E.C.** [ɛsɛk] *f abr* (École supérieure des sciences économiques et commerciales) Elitehochschule für Wirtschaft und Handel

essence [esɑ̃s] *f* **1.** Ben'zin *n;* F Sprit *m;* **~ ordinaire** Nor'malbenzin *n;* **~ à briquet, à détacher** Feuerzeug-, Waschbenzin *m;* **~ sans plomb** bleifreies Benzin; **faire le plein d'~** 'voll-, auftanken; **prendre de l'~** tanken; **2.** *CHIM* Es'senz *f;* ä'therisches Öl; *CUIS* an Ex'trakt *m;* **~ de roses, de térébenthine** Rosen-, Terpen'tinöl *n;* **3.** *PHILOS* Es'senz *f;* Wesen(heit) *n(f);* Sosein *n; loc/adv par* **~** wesensmäßig; s-m Wesen, s-r Natur nach; **4.** *BOT* (Baum)Art *f*

essencerie [esɑ̃sʀi] *f au Sénégal* Tankstelle *f*

essentiel [esɑ̃sjɛl] **I** *adj* ⟨~le⟩ **1.** wesentlich; wichtigste(r, -s); grundlegend; unab'dingbar; *PHILOS* wesensmäßig; essenti'ell; essenti'al; *caractère* **~** Hauptmerkmal *n; idée* **~le** Grund-, Hauptgedanke *m;* wesentlicher, wichtigster Gedanke; *point* **~** Kernpunkt *m;* wesentlicher, wichtigster Punkt; *être* **~ à la vie** lebenswichtig, -notwendig sein; **2.** *CHIM* **huiles ~les** ä'therische Öle *n/pl;* **II** *m* Wesentliche(s) *n;* Hauptsache *f;* Kern *m* der Sache; *l'~ est de réussir* wesentlich, entscheidend ist der Erfolg; *tu es sain et sauf, c'est l'~!* Hauptsache, dir ist nichts passiert!; *oublier l'~* die Hauptsache, das Wesentliche, Wichtigste vergessen

essentiellement [esɑ̃sjɛlmɑ̃] *adv* **1.** (*principalement*) im wesentlichen; in der Hauptsache; **2.** (*par essence*) s-m Wesen, s-r Natur nach; wesensmäßig

esseulé [esœle] *adj* einsam; vereinsamt; verlassen; (mutterseelen)al'lein

essieu [esjø] *m* ⟨*pl* ~x⟩ *TECH* (Wagen-, Rad)Achse *f;* **~ arrière, avant** 'Hinter-, Vorderachse *f*

Essonne [esɔn] *l'~ f* Fluß *u* Departement in Frankreich

essor [esɔʀ] *m* **1.** *surtout ÉCON* Aufschwung *m;* Auftrieb *m;* Aufblühen *n;* **~ économique** wirtschaftlicher Aufschwung; Wirtschaftsaufschwung *m; ville, pays, industrie* **en plein ~** aufstrebend; in vollem Aufschwung; in voller Blüte; **prendre un ~** e-n Aufschwung nehmen, erfahren; aufblühen; **2.** *poét oiseau* **prendre son ~** *poét* sich in die Lüfte schwingen; sich emporschwingen

essor|age [esɔʀaʒ] *m du linge* Schleudern *n; à la main* Auswringen *n;* **~er** *v/t linge* schleudern; *à la main* auswringen, -winden; **~euse** *f* (Wäsche-, Trocken-) Schleuder *f*

essoufflement [esuflamɑ̃] *m* **1.** Atemlosigkeit *f;* Kurzatmigkeit *f;* **2.** *fig* Nachlassen *n*, Erlahmen *n*

essouffler [esufle] **I** *v/t* außer Atem kommen lassen; *cette course m'a essoufflé* ich bin ganz außer Atem von dem Lauf; *adj* **essoufflé** außer Atem;

atemlos; abgehetzt; *je suis essoufflé a mir ist der Atem ausgegangen;* **II** *v/pr s'~* **1.** außer Atem kommen, geraten; **2.** *fig* nicht mehr mithalten können; nachlassen; erlahmen; *qn, l'économie etc s'essouffle a* j-m, der Wirtschaft *etc* geht der Atem *ou* die Luft aus

essuie|-glace [esɥiglas] *m* ⟨*pl* essuie--glaces⟩ *AUTO* Scheibenwischer *m;* **~-mains** *m* ⟨*inv*⟩ Handtuch *n*

essuyer [esɥije] ⟨-ui-⟩ **I** *v/t* **1.** *vaisselle, mains* abtrocknen; *sueur, poussière, tableau, table* abwischen; *tache, sol* aufwischen; *tache* a wegwischen; *meuble* abstauben; abwischen; *lunettes* putzen; *larmes* abwischen; trocknen; **~ la poussière** abstauben; Staub wischen; **prière d'~ ses pieds** bitte Füße abtreten; **2.** *fig (subir) tempête etc* abbekommen; kommen in (+*acc*); F abkriegen; *défaite, reproches etc* einstecken, hinnehmen müssen; *pertes* erleiden; *cf a refus;* **II** *v/pr s'~* sich abtrocknen; *s'~ le front* sich die Stirn abwischen; *s'~ les mains* sich die Hände abtrocknen

est¹ [ɛst] **I** *m* **1.** *point cardinal (abr* E.⟩ Ost(en) *m (abr* O⟩; **vent d'~** Ostwind *m; à l'~* im Osten, östlich (*de* von *ou* +*gén*); **plus à l'~** weiter *ou* mehr im Osten, östlich; **en direction de l'~, vers l'~** in östlicher Richtung; ostwärts; nach Osten; **2.** *d'un pays, d'une ville etc l'~* der Osten; *loc/adj de l'~* Ost...; *l'Europe de l'~* Osteuropa *n; dans l'~* **parisien** *ou* **de Paris** im Osten von Paris; im Pariser Osten; Ostparis; **3.** *de la France l'~* Ostfrankreich *n;* der Osten (Frankreichs); *dans l'~* in Ostfrankreich; **4.** *POL* **l'~** Osten; *HIST* **les pays** *m/pl* **de l'~** die Ostblockstaaten *m/pl;* **II** *adj* ⟨*inv*⟩ östlich; Ost...; **la banlieue ~ de Paris** die östlichen Vororte *m/pl* von Paris; *côte f* **~** Ostküste *f; POL* **relations** *f/pl* **~-ouest** Ost-West-Beziehungen *f/pl*

est² [ɛ] *cf* **être**

estafette [ɛstafɛt] *f HIST* Sta'fette *f; MIL* Meldegänger *m;* Melder *m*

estafilade [ɛstafilad] *f* Schnittwunde *f;* Schmarre *f;* Schmiß *m*

estaminet [ɛstaminɛ] *m* Schenke *f;* Schankwirtschaft *f*

estampe [ɛstɑ̃p] *f* **1.** *TECH* Prägestempel *m*, -form *f;* Stanze *f;* **2.** *ART* Graphik *f;* (Kupfer)Stich *m; a* Holzschnitt *m;* Lithogra'phie *f*

estamper [ɛstɑ̃pe] *v/t* **1.** *TECH* prägen; stanzen; **2.** F **~ qn** F j-n reinlegen, übers Ohr hauen, begaunern

estampill|e [ɛstɑ̃pij] *f* Güte-, Echtheits-, Herkunfts-, Schutzzeichen *n;* Marke *f;* **~er** *v/t* mit e-m Güte-, Echtheitszeichen, Stempel versehen

est-ce que [ɛskə] *particule interrogative* **~** *tu viens?* kommst du?

Estelle [ɛstɛl] *f* Stella *f*

ester¹ [ɛstɛʀ] *m CHIM* Ester *m*

ester² [ɛste] *v/i JUR* **~ en justice** vor Gericht auftreten; e-n Prozeß führen

Esterel [ɛstɛʀɛl] *l'~ m* Bergmassiv in der Provence

Esther [ɛstɛʀ] *f* Esther *f*

esthète [ɛstɛt] *m* Äs'thet *m (a péj)* Schöngeist *m*

esthétic|ien [ɛstetisjɛ̃] *m* Äs'thetiker *m;* **~ienne** *f* Kos'metikerin *f*

esthétique [ɛstetik] **I** *f* **1.** (*science du beau*) Äs'thetik *f;* **2.** *d'une œuvre etc* Schönheit *f;* Äs'thetische(s) *n;* äs'thetischer Cha'rakter *m;* **II** *adj* **1.** äs'thetisch; schön; geschmackvoll; **sens** *m* **~** äs'thetisches Empfinden *n;* Schönheitssinn *m;* **2. chirurgie** *f* **~** kos'metische Chirur'gie; Schönheitschirurgie *f*

esthétisme [ɛstetism(ə)] *m* Ästheti'zismus *m*

estimable [ɛstimabl(ə)] *adj* schätzenswert; achtbar

estimatif [ɛstimatif] *adj* ⟨-ive⟩ auf Schätzung beruhend; **devis ~** Kostenvoranschlag *m*

estimation [ɛstimasjɔ̃] *f* **1.** (Ab-, Ein-) Schätzung *f;* Bewertung *f;* Veranschlagung *f;* Ta'xierung *f;* (*calcul rapide*) 'Überschlag *m;* Über'schlagen *n;* **d'après mes ~s** meiner Schätzung nach; **faire une ~ de qc** von (ab-, ein)schätzen, bewerten, ta'xieren; **2.** *ÉLECTIONS* Hochrechnung *f*

estime [ɛstim] *f* (Hoch)Achtung *f;* Ansehen *n;* Wert-, Hochschätzung *f;* **~ de soi** Selbstachtung *f;* **avoir de l'~ pour qn** j-n achten, (hoch)schätzen; vor j-m Achtung haben; j-m Achtung entgegenbringen; **avoir, tenir qn en grande, 'haute ~** Hochachtung, große Achtung vor j-m haben; j-n hochachten, sehr schätzen; viel von j-m halten; **cela l'a fait baisser dans mon ~** das hat ihn in meiner Achtung sinken lassen; **forcer l'~ de qn** j-m Achtung abnötigen; **remonter dans l'~ de qn** in j-s Achtung (*dat*) steigen

estimer [ɛstime] **I** *v/t* **1.** (*évaluer*) *objet, dommages etc* (ab-, ein)schätzen; bewerten; ta'xieren; den Wert ermitteln (+*gén*); *frais* veranschlagen; (*calculer approximativement*) über'schlagen; *fig œuvre, personne* einschätzen; beurteilen; **~ qc à un million** etw auf e-e Million schätzen; **2.** (*apprécier*) *personne* (hoch)achten; schätzen; respek'tieren; *qualités de qn* schätzen; **se faire ~** sich Achtung erwerben; *p/p et adj:* **personne, œuvre être très estimé** (*de, par qn*) hochgeachtet, sehr geschätzt, geachtet werden (von j-m); sehr beliebt, angesehen sein (bei j-m); *notre très estimé collègue* unser hochgeschätzter, allseits beliebter Kollege; **3. a)** **~ que ...** der Ansicht sein, daß ...; meinen, glauben, F schätzen, daß ...; *j'estime avoir fait mon devoir* ich bin der Ansicht *etc*, meine Pflicht getan zu haben; **b)** **~ qc convenable** etw für angemessen *etc* halten, erachten; **II** *v/pr s'~ heureux de* (+*inf*) *ou* **que ...** (+*subj*) sich glücklich schätzen, zu (+*inf*) *ou* daß ...; von Glück sagen können, daß ...; *s'~ satisfait* zufrieden sein (*de qc* mit etw)

estivage [ɛstivaʒ] *m AGR* Sömmerung *f*

estival [ɛstival] *adj* ⟨-aux⟩ sommerlich; Sommer...; **station ~e** Sommerfrische *f,* -ferienort *m,* -urlaubsort *m*

estiv|ant [ɛstivɑ̃] *m,* **~ante** *f* Sommergast *m;* (Sommer)Feriengast *m;* Sommerfrischler(in) *m(f)*

est-nord-est [ɛstnɔʀɛst] *m* Ostnordost(en) *m*

estoc [ɛstɔk] *loc/adv* **d'~ et de taille** auf Hieb und Stoß

estocade [ɛstɔkad] *f CORRIDA* Todesstoß *m*

estomac – étamine

estomac [ɛstɔma] *m* Magen *m*; **maux** *m/pl* **d'~** Magenschmerzen *m/pl*, -beschwerden *f/pl*, -leiden *n*; F *fig* **avoir de l'~** dreist, ungeniert, unverfroren sein; F *il a l'~ bien accroché* ihm wird nicht so schnell schlecht; **avoir mal à l'~** Magenweh haben; F **avoir l'~ dans les talons** F e-n Bären-, Mordshunger haben; Kohldampf haben, schieben; F *fig* **faire qc à l'~** etw ganz kühn, dreist, unverfroren machen; *fig peur etc* **prendre qn à l'~, serrer ~ à qn** sich j-m auf den Magen schlagen; **rester sur l'~** schwer im Magen liegen (*a fig*)
estomaquer [ɛstɔmake] F *v/t* verblüffen, verdutzen; **être estomaqué de tant d'insolence** ganz verblüfft, verdutzt, F platt, baff sein über so viel Unverschämtheit
estompe [ɛstɔ̃p] *f* PEINT **1.** Wischer *m*; **2.** (*dessin m à l'*)~ gewischte Zeichnung
estomper [ɛstɔ̃pe] I *v/t* **1.** PEINT (ver-) wischen; **2.** *par ext* rides, contours verwischen; mildern; II *v/pr* **s'~** contours verschwimmen; *souvenirs* verblassen; *haine, douleur* nachlassen, schwinden
Estonie [ɛstɔni] *l'~ f* Estland *n*
estonien [ɛstɔnjɛ̃] I *adj* ⟨~ne⟩ estnisch; estländisch; II *subst* 2(**ne**) *m(f)* Este *m*, Estin *f*; Estländer(in) *m(f)*
estouffade [ɛstufad] *f* CUIS **~ de bœuf** geschmortes Rinderragout
estourbir [ɛsturbir] F *v/t* bewußtlos schlagen; niederschlagen; **être tout estourbi** (*par le choc*) (von dem Schock) ganz betäubt, benommen sein
estrade [ɛstrad] *f* Podium *n*; Po'dest *n*; Bühne *f*
estragon [ɛstragɔ̃] *m* BOT, CUIS Estragon *m*; **moutarde à l'~** Estragonsenf *m*
estropié [ɛstrɔpje] I *adj* verstümmelt (*a fig*); verkrüppelt; versehrt; II *m* Versehrte(r) *m*; Krüppel *m*
estropier [ɛstrɔpje] I *v/t* **1.** zum Krüppel machen; **2.** *fig texte, mot* verstümmeln; entstellen; II *v/pr* **s'~** zum Krüppel werden
est-sud-est [ɛstsydɛst] *m* Ostsüd'ost(en) *m*
estuaire [ɛstɥɛr] *m* Trichtermündung *f*
estudiantin [ɛstydjɑ̃tɛ̃] *adj* stu'dentisch; Stu'denten...; *vie* ~*e* Studentenleben *n*
esturgeon [ɛstyrʒɔ̃] *m* ZO Stör *m*
et [e] *conj* **1.** und; *lui ~ son fils* er und sein Sohn; *deux ~ trois font cinq* zwei und drei ist fünf; *vingt ~ un* einundzwanzig; *il y a mensonge ~ mensonge* es gibt solche und solche Lügen; *il y a parfum ~ parfum* Parfüm ist nicht gleich Parfüm; *en début de phrase*: **~ moi? vous m'oubliez!** und (wo bleibe) ich?; *vous êtes content? –* **~ comment!** und wie!; **2.** *st/s* **~ ... ~ ...** so'wohl ... als auch ...; **3.** *non traduit*: *climat sec ~ froid* trockenes, kaltes Klima; *plus j'écoute ~ moins je comprends* je mehr ich hinhöre, desto weniger verstehe ich; *deux heures ~ demie* zweieinhalb Stunden; *heure halb drei (Uhr)*
étable [etabl(ə)] *f* Stall *m*; ~**s** *pl a* Stallungen *f/pl*
établi [etabli] *m* Werkbank *f*; **~ de menuisier** Hobelbank *f*
établir [etablir] I *v/t* **1.** *usine etc* ein-, errichten; (be)gründen; eröffnen; erstellen; *domicile* aufschlagen; **2.** *rapport, relation* herstellen; *programme, projets, principes, devis, record* aufstellen; *expertise* erstellen; *règles, frontières* festlegen; *prix, salaire, délai* festsetzen; *liste* auf-, zu'sammenstellen; *facture, quittance, certificat* ausstellen; *contrat* abfassen; TÉL **la communication** die Verbindung herstellen; verbinden; **~ le contact** a) den Kontakt herstellen; ÉLECT a einschalten; b) *fig* Kontakt, Verbindung aufnehmen; **~ des relations avec qn** zu j-m Beziehung aufnehmen; ♦ *adj* **établi** *usage etc* bestehend; herrschend; *ordre établi* bestehende, herrschende Ordnung; *avoir une réputation bien établie de ...* bekannt sein als ...; im Ruf(e) e-s ... stehen; **3.** (*démontrer*) feststellen; ermitteln; nachweisen; *l'expertise a établi que ...* das Gutachten hat ergeben, daß ...; *il est établi que ...* es steht fest, es ist sicher, es ist bewiesen, daß ...; II *v/pr* **s'~** sich niederlassen, sich ansässig machen (**à Paris** in Paris); *peuple a* sich ansiedeln
établissement [etablismɑ̃] *m* **1.** *d'un empire etc* (Be)Gründung *f*; Errichtung *f*; *d'un domicile etc* Einrichtung *f*; **2.** *de populations* Niederlassung *f*; Ansied(e)lung *f*; **3.** (*installations*) Anstalt *f*; TECH (Werks-, Betriebs)Anlage *f*; (*entreprise*) Niederlassung *f*, Werk *n*, Betrieb *m*; **les ~s X** die Firma X; **~ commercial** Handelsunternehmen *n*; kaufmännischer Betrieb; **~ hospitalier** Krankenanstalt *f*, -haus *n*; **~ public** öffentlich-rechtliche Anstalt; Anstalt des öffentlichen Rechts; **~ scolaire** Lehr-, 'Unterrichts-, Bildungsanstalt *f*; **~ thermal** Kuranstalt *f*, -haus *n*; Ther'malbad *n*; *chef* **m d'~** (Schul)Di'rektor *m*; **4.** *d'un programme, d'un devis, de projets* Aufstellung *f*; *d'une expertise, d'un rapport* Erstellung *f*; *d'une facture, d'un certificat* Ausstellung *f*; *d'un contrat* Abfassung *f*; *de prix etc* Festsetzung *f*; *de règles* Festlegung *f*; **5.** *de faits* Feststellung *f*; Ermittlung *f*
étage [etaʒ] *m* **1.** Stock(werk) *m(n)*; E'tage *f*; (Ober)Geschoß *n*; *d'une tour* Plattform *f*; E'tage *f*; *dernier ~* oberstes Stockwerk; *immeuble* **m à, de quatre ~s** vierstöckiges, -geschossiges Wohnhaus; *habiter au troisième ~* im dritten Stock wohnen; F drei Treppen hoch wohnen; *habiter à l'~ au-dessus, en dessous* e-n Stock, F e-e Treppe höher, tiefer wohnen; *de fusées, turbines etc* Stufe *f*; *fusée f à* (*plusieurs*) ~**s** (Mehr)Stufenrakete *f*; mehrstufige Rakete; **3.** GÉOL Stufe *f*; Ab'teilung *f*; **4.** *d'une armoire etc* Fach *n*; **5.** MINES Sohle *f*; **6.** *loc/adj fig* **de bas ~** niedrigstehend; minderwertig
étagement [etaʒmɑ̃] *m* Abstufung *f*
étager [etaʒe] ⟨-geons⟩ I *v/t* maisons stufenförmig anordnen; *jardin* ter'rassenförmig anlegen; terras'sieren; II *v/pr* **s'~** stufenförmig ansteigen
étagère [etaʒɛr] *f* a) *meuble* Re'gal *n*; Gestell *n*; b) *au mur* Wandbord *n*, -brett *n*; *à livres* Bücherbord *n*, -brett *n*
étai [etɛ] *m* CONSTR Stützbalken *m*, -holz *n*; Stütze *f*; Versteifung *f*, Strebe *f*; Spreize *f*
étain [etɛ̃] *m* **1.** *métal* Zinn *n*; **2.** *objet* Zinnfigur *f*, -gerät *n*

étais, était [etɛ] *cf être*
étal [etal] *m* ⟨*pl* -als⟩ **1.** *sur le marché* (Markt)Stand *m*; **2.** *de boucher* Hack-, Fleischbank *f*
étalage [etalaʒ] *m* **1.** *de marchandises* Ausstellen *n*, -ung *f*; Auslegen *n*; Ausbreiten *n*; **2.** (*devanture*) Auslage *f*; Schaufenster *n*; **être à l'~** ausgestellt, im Schaufenster, in der Auslage sein; **mettre à l'~** (im Schaufenster) ausstellen, auslegen; **3.** *fig* Zur'schaustellung *f*; **faire ~ de qc** etw zur Schau stellen; mit etw prahlen
étalagiste [etalaʒist] *m,f* Schaufensterdekorateur(in) *m(f)*, -gestalter(in) *m(f)*
étale [etal] *adj* a) *la mer est ~* das Wasser hat s-n höchsten *ou* niedrigsten Stand erreicht, steigt *ou* fällt nicht mehr; b) MAR: *navire* stillstehend; *vent* gleichmäßig
étalement [etalmɑ̃] *m* **1.** *dans le temps* Ver-, Aufteilung *f*; zeitliche Staffelung (*a des vacances*); **2.** *dans l'espace* Ausbreiten *n*; Verteilen *n*
étaler [etale] I *v/t* **1.** *marchandises* ausstellen; auslegen; ausbreiten; *carte, journal* ausbreiten; ausein'anderfalten; entfalten; *cartes* (*au jeu*) aufdecken; (offen) auf den Tisch legen; *peinture, crème* verteilen; verstreichen; verreiben; **~ qc sur la table** etw auf dem Tisch ausbreiten; **~ du beurre sur le pain** Butter aufs Brot streichen; **~ du gravier sur la route** Kies auf der Straße verteilen, auf die Straße streuen; **2.** *dans le temps*: *paiements etc* ver-, aufteilen; (zeitlich) staffeln; **être étalé sur plusieurs années** sich über mehrere Jahre verteilen, erstrecken, hinziehen; über mehrere Jahre verteilt sein; **3.** *fig luxe, savoir* zur Schau stellen; prahlen (mit); *défaut* (offen) zeigen; enthüllen; aufdecken; II *v/pr* **4.** *titre de journal* **s'~ sur** sich erstrecken über (+*acc*); *peinture, crème* **s'~ bien, mal** sich gut, schlecht verteilen, verstreichen, verreiben lassen; **5.** *paiements, vacances* **s'~** sich verteilen; gestaffelt, aufgeteilt werden; **s'~ sur trois mois** über drei Monate verteilt sein, sich über drei Monate verteilen, hinziehen, erstrecken; **6.** *fig luxe* **s'~** sich entfalten, ausbreiten; zur Schau gestellt werden; **7.** F a) **s'~** (*prendre de la place*) sich breitmachen (*a fig*); b) **s'~ de tout son long** (*tomber*) der Länge nach, lang hinfallen, -schlagen
étalon¹ [etalɔ̃] *m* (Zucht)Hengst *m*; Deckhengst *m*; Beschäler *m*
étalon² [etalɔ̃] *m* **1.** Urmaß *n*; *adjt* **mètre ~** Urmeter *n*; **2.** *par ext* Eich-, Nor'mal-, Prüfmaß *n*; Standard *m*; *adjt* Eich...; Nor'mal...; **3.** ÉCON **~** (*monétaire*) Währungsmetall *n*
étalonn|age [etalɔnaʒ] *m ou* **~ement** *m* Eichen *n*, -ung *f*
étalonner [etalɔne] *v/t* (*instrument de*) *mesure* eichen
étalon-or [etalɔ̃ɔr] *m* ÉCON Goldstandard *m*, -währung *f*
étambot [etɑ̃bo] *m* MAR 'Hinter-, Achter-, Rudersteven *m*
étamer [etame] *v/t* **1.** verzinnen; **2.** *glace* belegen; verspiegeln
étamine [etamin] *f* **1.** BOT Staubgefäß *n*, -beutel *m*, -blatt *n*; **2.** TEXT E(s)ta-

'min n; Eta'mine f; **3.** (*tissu à filtrer*) Beutel-, Siebtuch n
étanche [etɑ̃ʃ] *adj* (wasser-, luft)dicht; undurchlässig (*a fig*); *montre* wasserdicht; *fig* her'metisch abgeschlossen; *cloison* f ~ a) *MAR* Schott n; b) *fig* unüberwindliche Schranke; *rendre* ~ abdichten; dicht, undurchlässig machen
étanchéité [etɑ̃ʃeite] f Dichtheit f; Dichtigkeit f; Undurchlässigkeit f
étancher [etɑ̃ʃe] v/t **1.** *TECH*, *MAR* (ab-)dichten; **2.** *litt soif* löschen; *a sang* stillen
étançon [etɑ̃sɔ̃] *m* *CONSTR* Stützholz n, -balken m; Stütze f; *MINES* Stempel m
étang [etɑ̃] m **1.** Teich m; Weiher m; **2.** *GÉOGR* La'gune f; Haff n
étant [etɑ̃] *p/pr cf être*; ~ *donné cf donné 4*.
étape [etap] f **1.** *distance* (Weg-, Teil-)Strecke f; E'tappe f (*a SPORTS*); *CYCLISME*: ~ *contre la montre* Zeitfahren n über e-e Etappe; *vainqueur m de l'*~ Etappensieger m; *parcourir une longue* ~ e-e große, weite Strecke zurücklegen; **2.** *lieu* (Zwischen)Stati'on f; (Zwischen)Aufenthalt m; *adjt ville* f ~ Zwischenstation f; *faire* ~ *à* (Zwischen-)Station machen, e-n Zwischenaufenthalt einlegen in; **3.** *fig* Abschnitt m; Stufe f; Stati'on f; E'tappe f; Schritt m; *par* ~s schritt-, stufen-, etappenweise; in Etappen; *brûler les* ~s einige Stufen, Etappen über'springen; F *a* gleich aufs Ganze gehen
état [eta] m **1.** Zustand m; Stand m; Verfassung f; Status m; Beschaffenheit f; (*situation*) Lage f; Verhältnisse n/pl; *PHYS* Aggre'gatzustand m; ♦ ~ *civil* Fa'milien-, Per'sonenstand m; (*bureau m de l'*)~ *civil* Standesamt n; *PHYS* ~ *gazeux, liquide, solide* gasförmiger, flüssiger, fester (Aggre'gat)Zustand; ~ *général* Allge'meinzustand m, -befinden n; ~ *naturel, de nature* natürlicher Zustand; Na'turzustand m; ~ *originel* Urzustand m; ursprünglicher Zustand; *PSYCH* ~ *second* Bewußtseinstrübung f; *par ext être dans un* ~ *second* in e-r Art Schwebezustand sein; das Gefühl haben zu träumen; ~ *d'alerte* A'larmzustand m, -bereitschaft f; ~ *d'âme* âme *I.*; ~ *de choses* Sachlage f; Stand der Dinge; Zustände m/pl; *dans l'*~ *actuel des choses* beim derzeitigen, gegenwärtigen Stand (der Dinge); ~ *d'esprit* a) (*mentalité*) Einstellung f; Denkweise f; Geisteshaltung f; b) (*disposition*) Geistesverfassung f; geistige Verfassung f; ~ *d'excitation* Erregungszustand m; Zustand der Erregung; ~ *de fait* Sachlage f; Sachverhalt m; Tatbestand m; *l'*~ *de ses finances* s-e finanzielle Lage; ~ *de grâce* a) *REL* Stand der Gnade; b) *POL* Schonfrist f; ~ *de guerre* Kriegszustand m; ~ *des routes* Straßenzustand m; ~ *de santé* Gesundheitszustand m; Befinden n; ~ *de siège* Belagerungszustand m; ~ *d'urgence* Notstand m; Ausnahmezustand m; *LING verbe m d'*~ Zustandsverb n; ♦ *loc/adv*: *à l'*~ *brut* im Rohzustand; roh; unverarbeitet; *à l'*~ *latent* latent (vor'handen); *dans un* ~ *de* ... in e-m Zustand; im Zustand (+*gén*); *dans un parfait* ~ *de conservation* tadellos erhalten; *iron dans un bel* ~! in e-m schönen Zustand!; in e-m Zustand!; *être dans un fichu, sale* ~, *un* ~ *lamentable* in einem jämmerlichen, kläglichen Zustand sein; *dans l'*~ *actuel de la science* beim gegenwärtigen Stand der Wissenschaft; *être dans tous ses* ~s in heller Aufregung, ganz aufgeregt, F ganz aus dem Häuschen sein; *ne vous mettez pas dans des* ~s *pareils!* regen Sie sich doch nicht so auf!; F kriegen Sie bloß keine Zustände!; *en* ~ *de* ... im Zustand (+*gén*); *en bon, mauvais* ~ in gutem Zustand *ou* gut erhalten, in schlechtem Zustand; *être en bon* ~ *a* gut im Stande, F gut im Schuß sein; *en tout* ~ *de cause* auf jeden Fall; in jedem Fall; in jeder Lage; *en* ~ *de marche machine* in betriebsfähigem Zustand; betriebsfähig, -bereit; *véhicule a* fahrbereit; *JUR être en* ~ *d'arrestation* verhaftet, inhaftiert, in Haft sein; *être en* ~ *de faire qc* im'stande, in der Lage sein, etw zu tun; *mettre qn en* ~ *de faire qc* j-n in'stand setzen, in die Lage versetzen, etw zu tun; *remettre, tenir qc en* ~ etw in'stand setzen, halten; *en l'*~ im jetzigen, derzeitigen Zustand; *laisser les choses en l'*~ die Dinge so lassen, wie sie sind; *être 'hors d'*~ *de faire qc* außer'stande *ou* 'außerstande, nicht im'stande sein, nicht in der Lage sein, etw zu tun; *je suis hors d'*~ *de* ... *a* ich fühle, sehe mich außerstande zu ...; *mettre qn hors d'*~ *de nuire* j-n unschädlich machen; ~ **2.** Staat m; ~ *agricole* A'grarstaat m; ~ *industriel, industrialisé* Indu'striestaat m; ~ *membre* Mitgliedsstaat m; *petits* ~s Kleinstaaten m/pl; ~ *satellite* Satel'litenstaat m; ~ *de droit* Rechtsstaat m; *affaire f d'*~ wichtige Staatsangelegenheit; *fig en faire une affaire d'*~ e-e Staatsaffäre, e-e (Haupt- und) Staatsaktion daraus machen; *coup m d'*~ Staatsstreich m; *diplôme m d'*~ staatliches Diplom; Staatsdiplom n, -examen n; *homme m d'*~ Staatsmann m; *secret m d'*~ Staatsgeheimnis n; *diplômé d'*~ staatlich geprüft; *Louis XIV l'*~, *c'est moi* der Staat bin ich; *former un* ~ *dans l'*~ e-n Staat im Staate bilden; **3.** (*description*) Auf-, Zu'sammenstellung f; Liste f; Verzeichnis n; ~ *comparatif* vergleichende Zusammenstellung; ~ *de comptes* Kontenstand m; ~ *de frais* Kostenaufstellung f, -berechnung f, -verzeichnis n; Spesenaufstellung f; ~ *des lieux d'un appartement* Ortsbefund m; Zustandsfeststellung f; *pour fonctionnaires* ~s *de services* Dienstzeitbescheinigung f; *faire* ~ *de qc* sich auf etw (*acc*) berufen; auf etw (*acc*) Bezug nehmen; etw anführen; **4.** *HIST* Stand m; ~s *généraux* Gene'ralstände m/pl; *le tiers* ~ [-tjɛʀzeta] der dritte Stand; *de son* ~ von Beruf; s-s Zeichens; *il est notaire de son* ~ er ist Notar von Beruf; er ist s-s Zeichens Notar
état|ique [etatik] *adj* staatlich; Staats-...; ~**isation** f Verstaatlichung f; ~**iser** v/t verstaatlichen; ~**isme** m *POL* Eta'tismus m; Staatssozialismus m
état-major [etamaʒɔʀ] m ⟨*pl* états-majors⟩ **1.** *MIL* Stab m; Führungsstab m; *MAR d'un navire* Offi'ziere m/pl; ~ (*général des armées*) Gene'ralstab m; *carte f d'*~ Gene'ralstabskarte f; **2.** *fig* a) *d'un ministre etc* (Mitarbeiter)Stab m; engste Mitarbeiter m/pl; b) *d'un parti, d'une entreprise* Führungsspitze f; Führungsgremium n; Führung f; Leitung f
États-Unis (**d'Amérique**) [etazyni (-damerik)] *les* ~ m/pl die Vereinigten Staaten (von A'merika) m/pl
étau [eto] m ⟨*pl* ~x⟩ *TECH* Schraubstock m; *fig*: *être pris, serré* (*comme*) *dans un* ~ eingeklemmt, eingezwängt sein (wie in e-m Schraubstock); *l'*~ *se resserre autour de qn* die Schlinge zieht sich um j-n zusammen
étayer [eteje] v/t ⟨-ay- *od* -ai-⟩ **1.** *mur etc* (ab)stützen; abversteifen; absprießen; **2.** *fig raisonnement etc* stützen (*sur* auf +*acc*; mit); unter'mauern (mit)
etc. *abr cf et cætera*
et cætera *ou* **et cetera** [ɛtsetera] *loc/adv* (*abr etc.*) und so weiter (*abr usw.*); et cetera (*abr etc.*); und so fort (*abr usf.*)
été¹ [ete] m Sommer m; ~ *de la Saint-Martin* Nach-, Spät-, Alt'weibersommer m; *heure f d'*~ Sommerzeit f; *en* ~, *l'*~ im Sommer
été² [ete] *p/p cf être*
éteignoir [etɛɲwaʀ] m Löschhütchen n
éteindre [etɛ̃dʀ(ə)] ⟨*cf peindre*⟩ **I** v/t **1.** *feu, incendie* löschen; *feu a* auslöschen, -machen; *lumière, lampe* ausmachen; aus-, abschalten; (aus)löschen; F ausknipsen; *gaz, chauffage* ausmachen; aus-, abdrehen; *radio, téléviseur* ausmachen; aus-, abschalten; aus-, abdrehen; abstellen; *phares* ausmachen; *bougie* ausmachen, -löschen, -blasen; *allumette* ausblasen; *cigarette* ausmachen, -drücken, -treten; F *éteins le bureau!* mach das Licht im Büro aus!; ♦ *abs* das Licht ausmachen; **2.** *fig soif* löschen; stillen; *passion* löschen, erkalten lassen; *dette* löschen; tilgen; *droit* zum Erlöschen bringen; **II** v/pr s'~ **3.** *feu, lumière, chauffage* ausgehen; **4.** *fig sentiment* erlöschen; erkalten; absterben; *bruit* verstummen; *souvenir* vergehen; verblassen; schwinden; **5.** (*mourir*) entschlummern; einschlafen; verscheiden; *race, famille* aussterben
éteint [etɛ̃] *adj* ⟨éteinte [etɛ̃t]⟩ **1.** *feu, bougie* erloschen; ausgegangen; *chauffage* ausgegangen; abgestellt; *radio, téléviseur* ausgeschaltet; abgestellt; *volcan* erloschen; *TECH chaux* ~*e* gelöschter Kalk; *AUTO circuler tous feux* ~s ohne Licht fahren; *être* ~ *a* aussein; F *toutes les fenêtres sont* ~*es* alle Fenster sind dunkel; **2.** *fig sentiment* erloschen; erkaltet; *st/s* erstorben; *regard* erloschen; glanzlos; *voix* erloschen; ton-, klanglos; **3.** *fig personne* abgespannt; schlapp; a'pathisch
étendard [etɑ̃daʀ] m *MIL* Stan'darte f; Fahne f; *fig brandir, lever l'*~ *de la révolte* das Zeichen zum Aufstand geben
étendre [etɑ̃dʀ(ə)] ⟨*cf rendre*⟩ **I** v/t **1.** *bras, jambes* (aus)strecken; *les bras a* ausbreiten; *ailes* ausbreiten; spannen; *linge* aufhängen; *tapis etc* ausbreiten, -legen; *pâte* ausrollen; *peinture etc* verteilen, -streichen; ~ *qc par terre* etw auf die Erde, auf dem Boden ausbreiten; **2.** *vin etc* verdünnen; strecken; *p/p étendu d'eau* mit Wasser verdünnt,

étendu – étoilé

gestreckt; **3.** ~ *qn sur un lit etc* j-n auf ein Bett *etc* legen; F **~ *qn* (*d'un coup de poing*)** j-n (mit e-m Fausthieb) niederstrecken, zu Boden strecken; F *fig* **~ *un candidat*** e-n Prüfungskandidaten 'durchfallen, F -rasseln, -segeln lassen; F ***se faire* ~ *à un examen*** (bei e-m Examen) 'durchfallen, F -rasseln, -segeln; **4.** *empire, influence, action etc* ausdehnen (*à* auf *+acc*); vergrößern, erweitern; **II** *v/pr s'*~ **5.** *vêtement, tissu* sich (aus)dehnen; *vêtement a* sich weiten, weiter werden (*au lavage* beim Waschen); **6.** *épidémie* sich aus-, verbreiten; um sich greifen; *brouillard, silence* sich ausbreiten; **7.** *forêt, plaine, empire* sich erstrecken, ausdehnen (*jusqu'à* bis [zu]); **8.** *mesure etc* sich erstrecken (*à* auf *+acc*); **9.** *personne* sich ausstrecken (*sur un lit etc* auf e-m Bett *etc*); sich hinlegen; F sich langlegen; **10.** *s'~ sur un sujet* sich über ein Thema auslassen, verbreiten

étendu [etɑ̃dy] *adj* **1.** *bras, jambes* ausgestreckt; *ailes* ausgebreitet; **~ *par terre* *personne*** auf dem Boden hin-, ausgestreckt; *couverture etc* ausgebreitet; **2.** *propriété, forêt etc* ausgedehnt; *surface* weit; **3.** *connaissances etc* um'fassend; 'umfangreich; groß; reich; *registre de voix* 'umfangreich

étendue [etɑ̃dy] *f* **1.** *d'une région* Ausdehnung *f*; Größe *f*; 'Umfang *m*; *de terre, d'eau* Fläche *f*; Weite *f*; **2.** *d'une catastrophe etc* Ausmaß *n*; 'Umfang *m* (*a des connaissances*); **~ *des dégâts*** Schadensumfang *m*; *MUS* **~ *d'une voix*** Stimmumfang *m*

éternel [etɛʀnɛl] **I** *adj* (~le) **1.** *ewig* (*a REL*); unvergänglich; zeitlos; ***l'~ féminin*** das Ewig'weibliche; *neiges* ~*les* ewiger Schnee; *sur une tombe etc* **regrets** ~***s*** in tiefer Trauer; *REL* **salut ~** *m* ewiges Heil, Leben; ***la Ville* ~*le* (*Rome*)** die Ewige Stadt; ***cette situation ne sera pas ~le*** das wird nicht ewig so sein, ewig dauern; ***je ne suis pas ~*** werde nicht ewig leben; ***la vie est un ~ recommencement*** das Leben ist ein ständiger Neubeginn; ***je lui en garderai une reconnaissance ~le*** ich werde ihm dafür immer, ewig dankbar sein; **2.** (*continuel*) ewig; ständig; unaufhörlich; dauernd; ***cette cigarette à la bouche*** die unvermeidliche, obli'gate Zigarette im Mund; ***c'est un ~ mécontent*** er ist ständig, dauernd, ewig unzufrieden; **II** *m ***l'*~** (*Dieu*) der Ewige

éterniser [etɛʀnize] **I** *v/t* *discussion, procès etc* ausdehnen; in die Länge ziehen; **II** *v/pr s'~* **1.** *guerre, crise, discussion* sich in die Länge ziehen; sich ausdehnen; andauern; F ewig dauern; **2.** F *personne* sich festsetzen; lange, F ewig bleiben

éternité [etɛʀnite] *f* **1.** Ewigkeit *f* (*a REL*); **2.** *par exagération* Ewigkeit *f*; *loc/adv **de toute ~*** schon immer; seit jeher; ***il y a une ~ que je ne l'ai pas vu*** F ich habe ihn e-e Ewigkeit, ewig nicht gesehen; **3.** (*caractère éternel*) Ewigkeit *f*; Unvergänglichkeit *f*

éternuement [etɛʀnymɑ̃] *m* Niesen *n*

éternuer [etɛʀnɥe] *v/i* niesen; ***faire ~*** zum Niesen reizen

êtes [ɛt] *cf être*

étêter [etete] *v/t* **a)** *arbre* köpfen; kappen; **b)** *poisson* den Kopf abschneiden (*+dat*)

éthane [etan] *m* CHIM Ä'than *n*

éthanol [etanɔl] *m* CHIM Ätha'nol *n*

éther [etɛʀ] *m* PHILOS, CHIM, *poét* Äther *m*

éthéré [eteʀe] *adj litt créature, sentiments* ä'therisch; zart; 'überirdisch; vergeistigt

Éthiopie [etjɔpi] *l'~ f* Äthi'opien *n*

éthiopien [etjɔpjɛ̃] **I** *adj* (~ne) äthi'opisch; **II** *subst* ℒ(**ne**) *m*(*f*) Äthi'opier(-in) *m*(*f*)

éthique [etik] **I** *adj* ethisch; sittlich; mo'ralisch; **II** *f* Ethik *f*; **~ *professionnelle*** Berufsethos *m*

ethn|ie [ɛtni] *f* Sprach-, Kul'turgemeinschaft *f*; Eth'nie *f*; ~***ique*** *adj* ethnisch; Volks...

ethno|graphe [ɛtnɔgʀaf] *m,f* Ethno'graph(in) *m*(*f*); ~***graphie*** *f* Ethnogra'phie *f*; (*beschreibende*) Völkerkunde *f*; ~***graphique*** *adj* ethno'graphisch; ~***logie*** *f* Ethnolo'gie *f*; (*allgemeine*) Völkerkunde *f*; ~***logique*** *adj* ethno'logisch; völkerkundlich; ~***logue*** *m,f* Ethno'loge, -'login *m*(*f*); Völkerkundler(in) *m*(*f*)

éthologie [etɔlɔʒi] *f BIOL* Verhaltensforschung *f*; Etholo'gie *f*

éthylène [etilɛn] *m* CHIM Äthy'len *n*

éthylique [etilik] **I** *adj* **1.** CHIM **alcool ~** Ä'thylalkohol *m*; **2.** *MÉD* alko'holisch; **II** *m,f MÉD* Alkoholkranke(r) *f*(*m*); Alko'holiker(in) *m*(*f*)

éthylisme [etilism(ə)] *m MÉD* Alkoho'lismus *m*

étiage [etjaʒ] *m* niedrigster Wasserstand; Niedrigwasser *n*

Étienne [etjɛn] *m* **1.** *prénom* Stefan *ou* Stephan *m*; **2.** *saint* Stephanus *m*

étincelant [etɛ̃slɑ̃] *adj* funkelnd; glitzernd; blitzend; schimmernd; *poét* gleißend; ***yeux ~ de colère*** vor Zorn funkelnd; ~***s de joie*** freudestrahlend

étinceler [etɛ̃sle] *v/i* ⟨-ll-⟩ *étoiles, yeux, bijou etc* funkeln; glitzern; blitzen; *yeux, étoiles a* strahlen; leuchten; *or etc* schimmern; *lumières* (auf)blitzen; *soleil, bijou etc poét* gleißen; ***yeux ~ de haine*** vor Haß, haßerfüllt blitzen, funkeln

étincelle [etɛ̃sɛl] *f* Funke(n) *m*; *fig **~ de courage, de génie*** Funke(n) Mut, Ta'lent; *fig **c'est l'~ qui a mis le feu aux poudres*** das war der Funke ins Pulverfaß; ***faire des ~s*** **a)** Funken geben, sprühen; funken; **b)** F *fig personne* bril'lieren; glänzen; F ***ça va faire des ~s*** F es gibt Zunder, Krach

étincellement [etɛ̃sɛlmɑ̃] *m* Funkeln *n*; Glitzern *n*; Blitzen *n*; Strahlen *n*; Schimmern *n*

étiolement [etjɔlmɑ̃] *m* **1.** *d'une plante* Vergeilung *f*; *t/t* Verspillerung *f*; **2.** *fig* Verkümmerung *f*

étioler [etjɔle] *v/t* **1.** *plante* vergeilen lassen; *t/t* etio'lieren; **2.** *fig personne* verkümmern lassen; auszehren; **II** *v/pr s'~* **3.** *plante* vergeilen; *t/t* vergeilen; **4.** *fig personne, intelligence etc* verkümmern; *malade a* da'hinsiechen; *adj **étiolé*** verkümmert

étique [etik] *adj* abgezehrt; dürr; mager

étiquetage [etikta:ʒ] *m* Etiket'tieren *n*; *de marchandises* Auszeichnen *n*

étiqueter [etikte] *v/t* ⟨-tt-⟩ **1.** mit e-m Eti'kett, Schild versehen, bekleben; eti-ket'tieren; *marchandises* auszeichnen; **2.** *fig*, *péj* j-n einstufen, einordnen, péj etiket'tieren (**comme** als); *péj a* j-n abstempeln (als, zum *ou* zur)

étiquette [etikɛt] *f* **1.** Eti'kett *n*; (*Preis-*) Schild *n*; **~ *à bagages*** Anhänger *m*; **2.** *fig* Bezeichnung *f*; Name *m*; Benennung *f*; Aushängeschild *n*; *POL **sans ~*** par'teilos; **3.** (*protocole*) Eti'kette *f*; *par ext* Förmlichkeiten *f/pl*; ***manquer à l'~*** gegen die Etikette verstoßen

étir|age [etiʀaʒ] *m TECH* Strecken *n*; Ziehen *n*; ~***ement*** *m* Dehnen *n*; Strecken *n*

étirer [etiʀe] **I** *v/t métal* strecken; ziehen; *verre* ziehen; **II** *v/pr s'~* **1.** *tissu, vêtement* sich dehnen, ziehen; dehnbar sein; *au lavage etc* sich verziehen; weiter werden; **2.** *personne, animal* sich strecken, recken; *de bien-être* sich räkeln, rekeln; **3.** *par ext nuages, cortège etc* sich ausein'anderziehen

Etna [ɛtna] *l'~ m* der Ätna

étoffe [etɔf] *f* **1.** COUT Stoff *m*; Gewebe *n*; **~ *de laine, de soie*** Woll-, Seidenstoff *m*; **2.** *fig* Stoff *m*; Zeug *n*; Fähigkeiten *f/pl*; ***l'~ dont sont faits les 'héros*** der Stoff, aus dem Helden gemacht sind; ***avoir l'~ d'un chef etc*** das Zeug zum Chef *etc* haben; *abs **il a de l'~*** das ist ein fähiger Kopf; er hat Fähigkeiten; F in ihm steckt etwas

étoffé [etɔfe] *adj travail* stoff-, gedankenreich; gehaltvoll; inhaltsreich

étoffer [etɔfe] **I** *v/t rapport, article* ausbauen; vertiefen; erweitern; *récit a* ausschmücken; *personnage etc* her'ausarbeiten; Farbe geben (*+dat*); **II** *v/pr s'~ par le sport* kräftiger werden; Muskeln bekommen

étoile [etwal] *f* **1.** ASTR Stern *m*; **~ *filante*** Sternschnuppe *f*; **~ *polaire*** Po'larstern *m*; **~ *du matin, du soir*** Morgen-, Abendstern *m*; *loc/adv **à la belle ~*** im Freien; unter freiem Himmel; ***passer la nuit à la belle ~*** F a bei Mutter Grün schlafen; *loc/adj **criblé, (par)semé d'~s*** mit Sternen besät, über'sät; *fig*: ***avoir confiance, foi dans, en son ~*** an s-n Stern glauben; ***être né sous une bonne, mauvaise ~*** unter e-m günstigen, ungünstigen Stern *ou* Unstern geboren sein; **2.** *par ext* **a)** *dessin ou objet* Stern *m*; *NAZISME **~ jaune*** Judenstern *m*; **~ *à cinq branches*** Stern mit fünf Zacken; fünfzackiger Stern; **~ *de David*** David(s)stern *m*; *ZO **~ de mer*** Seestern *m*; ***un* (*hôtel*) *trois ~s*** ein Drei'sternehotel *n*; ***général à quatre ~s*** Vier'sternegeneral *m*; *loc/adj **en ~*** sternförmig; *AVIAT **moteur *m* en ~*** Sternmotor *m*; **b)** ***sur un pare-brise etc*** sternförmiger Bruch; sternförmige Risse *m/pl*; **3.** *THÉ, CIN* Stern *m*; Star *m*; **~ *montante*** (*du théâtre français*) aufsteigender Stern (am französischen Theaterhimmel); *adj **danseur *m* ~*** erster (Solo)Tänzer; ***danseuse *f* ~*** Primaballe'rina *f*

étoilé [etwale] *adj* **1.** *ciel* sternenbesät, -übersät; mit Sternen besät, über'sät; *poét* be-, gestirnt; *nuit* sternklar, -hell; ***ciel ~ a*** Stern(en)himmel *m*; *poét **voûte ~ f** poét* Sternenzelt *n*; **2.** (*décoré d'étoiles*) mit Sternen besetzt, geschmückt, verziert; ***bannière ~e*** Sternenbanner *n*; **3.** (*en forme d'étoile*)

sternförmig; *verre* sternförmig gesprungen
étoiler [etwale] **I** *v/t astres* ~ *le ciel* am Himmel stehen; **II** *v/pr s'*~ **1.** *ciel* sich mit Sternen bedecken; **2.** *verre* sternförmig springen
étole [etɔl] *f ÉGL CATH, fourrure* Stola *f*
étonnamment [etɔnamɑ̃] *adv cf* **étonnant**
étonnant [etɔnɑ̃] *adj* erstaunlich (*a d'une personne*); erstaunenswert; verwunderlich; *ce n'est pas* ~ *ou subst cela n'a rien d'*~ das ist kein Wunder; das ist nicht (weiter) erstaunlich, verwunderlich; *je trouve* ~ *que ...* (+*subj*) ich finde es erstaunlich, daß ...; *subst m l'*~ *est que ...* (+*subj*) das Erstaunliche, Verwunderliche ist, daß ...
étonné [etɔne] *adj* erstaunt, verwundert (*de* über +*acc*); *être* ~ *a* sich wundern; staunen; *ne soyez pas* ~ *si ...* wundern Sie sich nicht, wenn ...
étonnement [etɔnmɑ̃] *m* (Er)Staunen *n*; Verwunderung *f*; Befremden *n*; *à mon grand* ~ zu meinem großen Erstaunen; zu meiner großen Verwunderung; *frapper, remplir d'*~ in (Er)Staunen, Verwunderung versetzen
étonner [etɔne] **I** *v/t* erstaunen; (ver-)wundern; in (Er)Staunen, Verwunderung versetzen; *p/fort* verblüffen; (*surprendre*) über'raschen; *cela ne m'étonne pas* das wundert, erstaunt, überrascht mich nicht; *st/s* das nimmt mich nicht wunder; *ça m'étonnerait* das würde mich wundern; *iron tu m'étonnes!* das ist kein Wunder!; *iron* was du nicht sagst!; **II** *v/pr s'*~ (er)staunen, sich wundern (*de* über +*acc*); *je m'étonne qu'il ne soit pas venu* ich wundere mich *ou* es wundert mich, daß er nicht gekommen ist; *ne t'étonne pas si ...* (+*ind*) wundere dich nicht *ou* du brauchst dich nicht zu wundern, wenn ...
étouffant [etufɑ̃] *adj* air stickig; zum Ersticken; *temps* schwül; drückend; *chaleur* erstickend; drückend; *fig atmosphère* be-, erdrückend; *chaleur* ~*e a* Schwüle *f*
étouffé [etufe] *adj* **1.** erstickt; *mourir* ~ ersticken; **2.** *fig bruits* gedämpft; *cris, rires* unter'drückt; erstickt; gedämpft; *d'une voix* ~*e (par les larmes)* mit (tränen)erstickter Stimme
étouffe-chrétien [etufkʀetjɛ̃] F *m* ⟨*inv*⟩ Speise, die stopft
étouffée [etufe] *loc/adv CUIS à l'*~ geschmort; gedämpft; gedünstet; *cuire à l'*~ schmoren; dämpfen; dünsten
étouffement [etufmɑ̃] *m* **1.** Ersticken *n*; Atemnot *f*; *crise* Erstickungsanfall *m*; *éprouver une sensation d'*~ das Gefühl haben zu ersticken, keine Luft (mehr) zu bekommen; *mourir d'*~ den Erstickungstod sterben; **2.** *de bruits* Dämpfen *n*; *du feu* Ersticken *n*; *d'un scandale* Vertuschung *f*; *d'une révolte etc* Ersticken *n*; Unter'drückung *f*
étouffer [etufe] **I** *v/t* **1.** ~ *qn a) tuer* j-n ersticken; b) (*gêner la respiration*) j-n ersticken; j-m den Atem nehmen; *la chaleur m'étouffe* ich ersticke vor Hitze, in dieser Hitze; ich komme um vor Hitze; *les sanglots l'étouffaient* Schluchzen erstickte ihre Stimme; ~ *qn de baisers* j-n mit (s-n) Küssen (fast) ersticken; F *fig: ça t'étoufferait de dire merci?* du kannst wohl nicht danke sagen?; *ce n'est pas la politesse qui l'étouffe* er ist nicht gerade höflich; *cf a* **scrupule**; **2.** *incendie* ersticken; *bruits* dämpfen; schlucken; *résistance, opinions, soupirs, cri, sentiments* unter'drücken; *révolte, résistance a* ersticken; *scandale* vertuschen; **II** *v/i* ersticken (*a fig*); keine Luft bekommen; ~ *de chaleur* vor Hitze 'umkommen, ersticken; ~ *de rage* vor Wut, Zorn ersticken; *on étouffe ici* es ist zum Ersticken hier; hier erstickt man ja; **III** *v/pr s'*~ ersticken; *en mangeant* sich verschlucken und ersticken
étoupe [etup] *f* Werg *n*; Hede *f*
étourderie [etuʀdəʀi] *f* **1.** *caractère* Unbesonnenheit *f*; Unüberlegtheit *f*; Gedankenlosigkeit *f*; (*légèreté*) Leichtfertigkeit *f*; Leichtsinn *m*; (*oubli*) Vergeßlichkeit *f*; *agir avec, par* ~ unüberlegt, gedankenlos, leichtsinnig handeln; **2.** *faute* (unüberlegter) Streich; Unfug *m*; Dummheit *f*; *commettre une* ~ etwas Unüberlegtes tun, sagen
étourdi [etuʀdi] **I** *adj personne* gedankenlos, unbesonnen; kopflos; (*léger*) leichtsinnig, leichtfertig; (*qui oublie facilement*) vergeßlich; (*distrait*) zerstreut; *réponse* unüberlegt; unbesonnen; vorschnell; **II** *subst* ~*(e) m(f)* gedankenloser, unbesonnener, leichtsinniger Mensch; Leichtfuß *m*; ~*ment adv cf* **étourdi**
étourdir [etuʀdiʀ] **I** *v/t par un coup etc* betäuben; *vacarme* ~ *qn* j-n benommen machen, betäuben; **II** *v/pr s'*~ *fig* sich betäuben; Ablenkung, Zerstreuung suchen
étourdissant [etuʀdisɑ̃] *adj* **1.** *bruit* ohrenbetäubend; **2.** *succès etc* über'wältigend; außerordentlich; großartig
étourdissement [etuʀdismɑ̃] *m* Betäubung *f*; Schwindel(gefühl *n*, -anfall *m*) *m*; Benommenheit *f*, -sein *n*; Taumel *m*; *avoir un* ~, *des* ~*s* schwindlig werden; benommen, taumelig sein; e-n Schwindelanfall, Schwindelanfälle haben; *j'ai un* ~ *a* mir ist, wird ganz schwind(e)lig
étourneau [etuʀno] *m* ⟨*pl* ~*x*⟩ **1.** ZO Star *m*; **2.** *fig personne* Leichtfuß *m*; Springinsfeld *m*
étrange [etʀɑ̃ʒ] *adj* seltsam; sonderbar; merkwürdig; eigenartig; komisch; wunderlich; befremdend; befremdlich; fremdartig; ab'sonderlich
étranger [etʀɑ̃ʒe] **I** *adj* ⟨*-ère*⟩ **1.** (*d'une autre nation*) ausländisch; fremdländisch; Auslands...; Fremd...; *accent* ~ ausländischer Akzent; *langues étrangères* Fremdsprachen *f/pl*; *politique étrangère* Außenpolitik *f*; *travailleur* ~ Gast-, Fremdarbeiter *m*; ausländischer Arbeitnehmer; *cf a affaire I*.; **2.** (*d'un autre groupe*) fremd; außenstehend; (*d'une autre ville*) ortsfremd; auswärtig; *visage etc* fremd; *opinions, choses* ohne Beziehung, nicht zugehörig (*à qc* zu etw); *étranger à un sujet* sachfremd; *MÉD et fig corps* ~ Fremdkörper *m*; *élément* ~ fremdes Element; Fremdkörper *m*; *pays* ~*s* fremde Länder *n/pl*; *personne être* ~ *à qn, qc* j-m, e-r Sache fremd gegenüberhelfen; mit j-m, etw nichts zu tun, zu schaffen haben; *être* ~ *à qc a* an etw (*dat*), bei etw nicht beteiligt, unbeteiligt sein; *chose être* ~ *à qn* j-m fremd, unbekannt sein; **II** *subst* **1.** ~, *étrangère m,f* (*personne d'une autre nation*) Ausländer(in) *m(f)*; **2.** ~, *étrangère m,f* (*personne d'un autre groupe social*) Fremde(r) *f(m)*; **3.** *l'*~ *m* das Ausland; die Fremde; *loc/adj et loc/adv: à l'*~ im *ou* ins Ausland; Auslands...; *voyage m à l'*~ Auslandsreise *f*; *s'installer à l'*~ sich im Ausland niederlassen; *partir à l'*~ ins Ausland gehen; *relations f/pl avec l'*~ Auslandsbeziehungen *f/pl*; *nouvelles f/pl de l'*~ Auslandsnachrichten *f/pl*; *venir de l'*~ aus dem Ausland kommen
étrangeté [etʀɑ̃ʒte] *f* **1.** Seltsamkeit *f*; Sonderbarkeit *f*; Merkwürdigkeit *f*; Eigenartigkeit *f*; Ab'sonderlichkeit *f*; Wunderlichkeit *f*; Fremdartigkeit *f*; **2.** *litt* ~*s pl* Ab'sonderlichkeiten *f/pl*
étranglé [etʀɑ̃gle] *adj* **1.** *voix* erstickt; **2.** *taille* eingeschnürt; eingeengt; *MÉD hernie* eingeklemmt
étranglement [etʀɑ̃gləmɑ̃] *m* **1.** (*strangulation*) Erdrosseln *n*; Erwürgen *n*; **2.** *a) d'une route, d'un conduit etc* Verengung *f*; b) *d'une hernie* Einklemmung *f*; **3.** *fig des libertés etc* Unter'drückung *f*; Einschränkung *f*; *de la critique etc* Ab'würgen *n*
étrangler [etʀɑ̃gle] **I** *v/t* **1.** *être vivant* erdrosseln; erwürgen; strangu'lieren; *sans tuer* j-m die Luft abschnüren (*qn* j-m); *par ext émotion* ~ *qn* j-m die Kehle zuschnüren; **2.** *fig presse, liberté* unter'drücken; einschränken; einengen; *critique etc* abwürgen; **II** *v/pr s'*~ **3.** *se tuer* sich erdrosseln; **4.** (*s'étouffer*) keine Luft mehr bekommen; ersticken; *s'*~ *avec une arête* sich an e-r Gräte verschlucken; **5.** *voix* versagen
étrangleur [etʀɑ̃glœʀ] *m* Würger *m*; *fig des mains d'*~ grobe, brutale Hände
étrave [etʀav] *f MAR* Vordersteven *m*; Bug *m*
être[1] [etʀ(ə)] ⟨*je suis, tu es, il est, nous sommes, vous êtes, ils sont; j'étais; je fus; je serai; que je sois, qu'il soit, que nous soyons; sois, soyons, soyez; étant; avoir été*⟩;

I *v/aux* **1.** *de quelques v/i* sein; *elle est arrivée* sie ist (an)gekommen; **2.** *de tous les v/pr* haben; *elle s'est blessée* sie hat sich verletzt; *ils se sont acheté des livres* sie haben sich Bücher gekauft; *ils se sont serré la main* sie haben sich die Hand gegeben; *cet article s'est bien vendu* dieser Artikel hat sich gut verkaufen lassen, ist gut verkauft worden; **3.** *de la forme passive* werden; *être aimé* geliebt werden; *il a été critiqué* er ist kritisiert worden; **II** *v/i* **4.** (*exister*) sein; dasein; bestehen; exi'stieren; *expressions:* a) *employé seul: cela étant* bei dieser Sachlage; da dem so ist; *comme si de rien n'était* als ob nichts vorgefallen, geschehen wäre; *litt il n'est plus* (*il est mort*) er ist nicht mehr; *cf a* **soit**; b) *suivi d'un attribut:* ~ *bête, jeune etc* dumm, jung *etc* sein; ~ *français ou Français* (ein) Franzose sein; *il n'est pas français ou Français* er ist kein Franzose; *st/s serait-il malade?* sollte er etwa krank sein?; *il n'est plus lui-même ou le*

même er ist gar nicht mehr er selbst; er ist nicht mehr derselbe; **~ tout pour qn** j-m alles bedeuten; **si j'étais (de) vous** wenn ich Sie wäre; **c)** *avec adv:* **en ~** mit da'beisein; mitmachen; da'zugehören; daran beteiligt sein; **j'en suis** ich mache mit; **où en êtes-vous (dans votre travail)?** wie weit sind Sie (mit Ihrer Arbeit)?; **où en est-il de son procès?** wie steht es mit s-m Prozeß?; **voilà où j'en suis** soweit bin ich (jetzt); **je n'en suis pas encore là** soweit bin ich noch nicht; **ne plus savoir où l'on en est** nicht mehr wissen, woran man ist; **on en est à se demander, à croire** man muß fragen, man muß annehmen; man fragt sich, möchte meinen; ♦ **je n'y suis pour personne** ich bin für niemand(en) zu sprechen, zu Hause; **iron va voir dehors si j'y suis!** mach gefälligst die Tür von draußen zu!; verschwinde hier!; **pendant que vous y êtes** wenn Sie gerade dabei sind; *fig:* **j'y suis** jetzt hab' ich's; **vous n'y êtes pas du tout** Sie liegen völlig falsch; **nous y sommes?** sind wir soweit?; alles bereit, fertig?; **je n'y suis pour rien** ich habe nichts damit zu tun, zu schaffen; ich kann nichts dafür; **d)** *avec prép:* **il est à son travail** er ist bei der Arbeit; **il n'est pas à ce qu'il fait** er ist nicht bei der Sache; MATH **a est à x ce que b est à c** a verhält sich zu x wie b zu c; F **vous êtes là à causer, mais vous ne faites rien** Sie reden da und reden ...; **toujours à crier** andauernd, fortwährend schreien; **~ à louer, à vendre** zu vermieten, zu verkaufen sein; **~ après qn** hinter j-m hersein; j-m (scharf) auf die Finger sehen; **~ au-dessus des calomnies** über den Verleumdungen stehen; **~ avec qn a)** *ensemble* bei j-m sein; mit j-m (zusammen)sein; b) *du côté de qn* zu j-m halten; es mit j-m halten; **~ bien avec qn** (sich) mit j-m gut stehen; **~ contre qn, qc** gegen j-n, etw sein; *abs* **~ contre** dagegen sein; **~ dans sa cinquantième année** im fünfzigsten Lebensjahr stehen; F **il est dans les assurances** er ist, arbeitet bei e-r Versicherung; F **~ dans la police** bei der Polizei sein; **~ pour qc dans une affaire** mit e-r Sache zu tun, zu schaffen haben; *péj* s-e Hand im Spiel haben; **il est de Paris** er ist aus *ou* von Paris; **cet enfant est de lui** dieses Kind ist von ihm; **il est de mes amis** er ist ein Freund von mir; **~ de toutes les réunions** auf allen Versammlungen sein; alle Versammlungen mitmachen; **le prix est de 300 francs** der Preis beträgt 300 Franc; **~ d'une curiosité maladive** von e-r krankhaften Neugier sein; krankhaft neugierig sein; **~ de service** Dienst haben; **~ en argent** aus Silber sein; **~ en maillot de bain** im Badeanzug sein; **~ en promenade** auf e-m Spaziergang sein; ÉCOLE **~ en troisième** in der Tertia sein; **~ pour qn, qc** für j-n, etw sein; *abs* **~ pour** dafür sein; *chose* **~ pour qc** zu etw dienen; **j'étais pour partir, quand ...** ich war gerade dabei, im Begriff zu gehen, als ...; **vous n'êtes pas sans savoir que ...** Sie wissen sicherlich *ou* sehr wohl, daß ...; **~ sur une enquête** an

e-r Unter'suchung arbeiten, sein; **5.** (*se trouver*) sein; sich befinden; stehen; liegen; sitzen; *personne, animal* **~ allongé, couché** liegen; **~ assis** sitzen; **~ debout** stehen; *tableau* **~ au mur** an der Wand hängen; **il est chez lui, en prison** er ist, F sitzt zu Hause, im Gefängnis; **~ sur le bureau** auf dem Schreibtisch *lampe* stehen, *journal* liegen; *clé* **~ sur la porte** stecken (*abs*); **6.** *au passé composé* (*aller*) gehen; **il a été à Paris** er ist nach Paris gegangen, gefahren; **j'ai été le voir** ich habe ihn besucht; *supérieur* ich habe bei ihm vorgesprochen; *film* ich habe ihn mir angesehen; **7.** (*se sentir*) sich fühlen; sich befinden; **on est mal dans cette voiture** man sitzt nicht bequem in diesem Wagen; **on était bien à X** in X war es schön *ou* gut; **il est mieux aujourd'hui** es geht ihm heute besser; **8.** *indiquant la date* haben; **quel jour sommes-nous aujourd'hui?** was für e-n Tag *ou* den Wievielten haben wir heute?; **nous sommes lundi** wir haben Montag; **le combien sommes-nous aujourd'hui?** den Wievielten haben wir heute?; **nous sommes le deux mars** wir haben den zweiten März; heute ist der zweite März; **nous sommes en hiver, en mai** *ou* **au mois de mai, en 1995** wir haben Winter, Mai, das Jahr 1995; **9. ~ à** (*appartenir*) gehören (+*dat*); **ce livre est à moi** dieses Buch gehört mir; **je suis à vous tout de suite** ich stehe Ihnen sofort zu Diensten; **III** *v/imp* **10. il est a)** *st/s (il y a)* es gibt; **il est des gens qui ...** es gibt Leute, die ...; **un coquin s'il en est** *ou* **s'il en fut** ein wahrer Schurke; **b)** *avec un attribut:* **il est difficile de** (+*inf*) es ist schwierig zu (+*inf*); **il en est des hommes comme des animaux** es verhält sich mit den Menschen wie mit den Tieren; **c)** *pour exprimer l'heure:* **il est dix heures** es ist zehn (Uhr); **quelle heure est-il?** wieviel Uhr ist es?; wie spät ist es?; **il est temps de partir** es ist Zeit zu gehen; **11. c'est a)** *pour présenter une personne ou une chose* das ist; es ist; *pour présenter une personne souvent ou sie ist;* **c'est exagéré** das ist über-'trieben; **c'est difficile à dire** es *ou* das ist schwer zu sagen; **c'est mon ami** das ist mein Freund; **ce sont,** F **c'est mes livres** das sind meine Bücher; **c'est moi** ich bin es; das bin ich; **c'est le printemps** es ist Frühling; ♦ *expressions:* **c'est combien?** was kostet das?; **c'est trois francs** das kostet drei Franc; **... n'est-ce pas?** ... nicht wahr?; F **... n'est?** **n'est-ce pas que j'ai raison?** habe ich nicht recht?; **c'est que ...** dann ...; weil ...; *(s')***il n'est pas venu, c'est qu'il est malade** ... dann *ou* so ist er krank; ... weil er krank ist; **ce n'est pas que ...** (+*subj*) nicht etwa, daß ...; **laissez-le-moi ne serait--ce qu'un fût-ce qu'un moment** lassen Sie es mir, und sei es auch nur für e-n Augenblick; **qui est-ce?,** F **qui c'est?** wer ist das?; **c'était à qui parlerait le plus fort** jeder wollte am lautesten reden; **c'est à vous** Sie sind dran; **c'est à vous de décider** es ist an Ihnen zu entscheiden; jetzt müssen Sie entscheiden; Sie haben zu entscheiden;

die Entscheidung liegt bei I h n e n ; **c'est bien de lui** das sieht ihm ähnlich; das ist typisch für ihn; **pour ce qui est de ...** was (+*acc*) (an)betrifft, an(be)-langt; **je sais ce que c'est** ich weiß, was das bedeutet, heißt; **voilà ce que c'est (que) de** (+*inf*) so geht es *ou* das kommt davon, wenn man ...; *cf à ça* I.; **b)** *mise en relief* **c'est ... qui** *ou* **que ...** *non traduit et exprimé par l'accentuation adéquate:* **c'est mon frère qui l'a fait** mein B r u d e r hat es getan; **c'est à Paris que je voudrais habiter** in P a r i s möchte ich wohnen; **c)** *forme interrogative* **est-ce que** *rendu en allemand par l'inversion;* **est-ce que tu viens?** kommst du?

être² [ɛtR(ə)] *m* **1.** (*être vivant*) (Lebe-)Wesen *n*; **~ humain** Mensch *m*; **~ vivant** Lebewesen *n*; **2.** (*personne*) Mensch *m*; **~ aimé, cher** geliebter Mensch; **3. être bouleversé au plus profond de son ~** im Innersten; **désirer de tout son ~** von ganzem Herzen, aus tiefster Seele; **4.** PHILOS Sein *n*

étreindre [etRɛ̃dR(ə)] ⟨*cf peindre*⟩ **I** *v/t* **1. ~ qn** j-n in die Arme schließen, (mit beiden Armen) um'schließen, um-'schlingen, um'armen, um'fangen, um-'fassen; *lutteur: adversaire* um'klammern; **~ qc** etw um'klammern; **~ qn son cœur, sa poitrine** j-n an sein Herz, s-e Brust drücken; **2.** *sentiment* **~ qn** j-n bedrücken, beklemmen; **II** *v/pr* **s'~** sich, ein'ander um'armen, um-'schlingen

étreinte [etRɛ̃t] *f* **1. dans ses bras** Um'armung *f*; *par ext* **~ amoureuse** Liebesakt *m*; **2.** *d'un adversaire, de la main* Um'klammerung *f*; **3.** *fig* Beklemmung *f;* Druck *m*

étrenner [etRene] **I** *v/t* **~ qc** etw zum erstenmal, als erster benutzen, in Gebrauch nehmen; F etw einweihen; *vêtements* zum erstenmal tragen, anziehen, F anhaben; **II** *v/i* (*écoper*) es ausbaden müssen; den Kopf hinhalten müssen

étrennes [etRɛn] *f/pl* **a)** Neujahrsgeschenk(e) *n(pl);* **b)** *pour les facteurs etc* Weihnachtsgeld *n*

étrier [etRije] *m* Steigbügel *m* (*a* ANAT); *fig:* **avoir le pied à l'~** auf dem richtigen, besten Weg (zum Erfolg) sein; e-e gute Ausgangsbasis, ein Sprungbrett haben; **mettre le pied à l'~ à qn** j-m in den Sattel helfen; j-m den Steigbügel halten; **boire le coup de l'~** e-n Schluck zum Abschied trinken

étriller [etRije] *v/t* **1.** *cheval etc* striegeln; **2.** *fig* **~ qn a)** (*malmener*) j-n hart anfassen; F j-n striegeln; **b)** (*critiquer*) j-n kriti'sieren; F j-n verreißen, her'untermachen; **c)** (*plumer*) F j-n neppen

étriper [etRipe] **I** *v/t animaux* ausweiden; ausnehmen; (*éventrer*) den Bauch aufschlitzen (+*dat*); **II** *v/pr* **s'~** sich, ein'ander massa'krieren

étriqué [etRike] *adj* **1.** *vêtements* zu eng; zu knapp; *personne* **être ~ dans un complet** in e-n zu engen Anzug stecken; in e-m Anzug gezwängt sein; **2.** *fig vie* kümmerlich; armselig; dürftig; *esprit* **~** engstirniger, F kleinkarierter Mensch

étroit [etRwa] *adj* ⟨*étroite* [etRwat]⟩ **1.** *ruban, épaules, fenêtre etc* schmal; *rue, passage, couloir, ouverture, chaussures*

schmal; eng; *vêtements* eng; knapp; *taille* schlank; schmal; *fig terme* **au sens ~** im engeren Sinn; **2.** *péj esprit* kleinlich; bor'niert; beschränkt; klein; *opinions* engstirnig; bor'niert; **~ d'esprit** engstirnig; kleinlich; F kleinkariert; **3.** *liens, collaboration etc* eng; **rester en rapports ~s avec** *qn* mit j-m in enger, fester Verbindung bleiben; **4.** *loc/adv à l'~* (räumlich) beengt; gedrängt; *être à l'~* eng sitzen, stehen; (räumlich) beengt sein; *être logé à l'~* sehr beengt wohnen; *auf engem Raum wohnen, leben*; *fig* **vivre à l'~** in beschränkten Verhältnissen, eingeschränkt leben
étroitement [etʀwatmɑ̃] *adv liés etc* eng; **surveiller** *qn* **~** j-n scharf, streng, genau über'wachen
étroitesse [etʀwates] *f* **1.** *d'une rue etc* Enge *f*; Schmalheit *f*; **2.** *fig* **~ (d'esprit)** Engstirnigkeit *f*; Bor'niertheit *f*; Beschränktheit *f*; geistige Enge; F Kleinkariertheit *f*
étron [etʀɔ̃] *m* Kothaufen *m*
étrusque [etʀysk] **I** *adj* e'truskisch; **II** *subst* **1.** **~s** *m/pl* E'trusker *m/pl*; **2.** *LING l'~ m* das E'truskische; E'truskisch *n*
Ets *abr* (*établissements*) Werk(e); Fa. (Firma)
étude [etyd] *f* **1. a)** *abs* Lernen *n*; Stu'dieren *n*; **aimer l'~** (lern)eifrig, strebsam, fleißig sein; **b)** *d'une langue etc* Erlernung *f*; *d'un rôle* Einstudierung *f*; *d'un morceau de musique* Einübung *f*; *d'un texte, d'un auteur, d'une science* Studium *n*; *d'un phénomène, d'un problème* Studium *n*; Erforschung *f*; Unter'suchung *f*; Ergründung *f*; **abandonner l'~ du piano** den Klavierunterricht, das Klavierspielen aufgeben; **c)** **~s** *pl* Studium *n*; Studienzeit *f*; **~s primaires** (Volks)Schulzeit *f*; **~s secondaires** Schulzeit *f* im Gymnasium; Gymnasi'alzeit *f*; **~s supérieures** Studium *n*; **~s de droit, de médecine** *etc* Jura-, Medi'zinstudium *n etc*; **faire des ~s de médecine** *etc* Medizin *etc* stu'dieren; **faire ses ~s** stu'dieren; **avoir fait de bonnes ~s** e-e gute Ausbildung, Schulbildung haben; **2.** *de propositions, de projets etc* Prüfung *f*; Studium *n*; *de dossiers a* Bearbeitung *f*; *de projets a* Planung *f*; Vorbereitung *f*; Entwurf *m*; **~ du marché** Marktforschung *f*, -beobachtung *f*; Marktstudie *f* (*a ouvrage*); **voyage m d'~s** Studienreise *f*; *loc/adv* **à l'~** zur Prüfung; in Bearbeitung, Vorbereitung; *projet etc* **être à l'~** geprüft werden; in Vorbereitung sein; **mettre à l'~** *dossier* bearbeiten; *projet* (eingehend) prüfen; **3.** *ouvrage* Studie *f* (*a PEINT*); Abhandlung *f*; Unter'suchung *f*; Arbeit *f*; **4.** *MUS* E'tüde *f*; Übungsstück *n*; **5.** *ÉCOLE* **a)** *salle* Arbeitsraum *m*, -saal *m*; **b)** *temps* Zeit *f* für Schularbeiten, Hausaufgaben; **avoir ~, être en ~** Schulaufgaben unter Aufsicht in der Schule machen; **6.** *de notaire, d'avocat* Kanz'lei *f*; *par ext* Praxis *f*; **~ de notaire** *a* Notari'at *n*
étudi|ant [etydjɑ̃] **,~ante I** *m,f* Stu'dent(in) *m(f)*; Stu'dierende(r) *f(m)*; *iron* Studi'osus *m*; **~ en droit** Jurastudent(in) *m(f)*, *österr* Jusstudent(in) *m(f)* (*abr stud. jur.*); Ju'rist(in) *m(f)*; **~ en lettres** Philolo'giestudent(in) *m(f)* (*abr stud. phil.*); Philo'loge *m*, Philolo-

gin *f*; **~ en médecine** Medi'zinstudent(in) *m(f)* (*abr stud. med.*); Medi'ziner(in) *m(f)*; **~ en sciences** Student(in) der Naturwissenschaften (*abr stud. rer. nat.*); Na'turwissenschaftler(-in) *m(f)*; **II** *adj* stu'dentisch; Stu'denten...; **jeunesse étudiante** studentische, studierende Jugend
étudié [etydje] *adj* **1.** (*calculé*) (wohl-) durch'dacht; ausgearbeitet; ausgefeilt; *prix* scharf, knapp kalku'liert; **2.** (*affecté*) *style, geste etc* gekünstelt; gesucht; berechnet; unnatürlich; gezwungen
étudier [etydje] **I** *v/t* **à l'université** stu'dieren; *leçon etc* lernen; *langues* (er)lernen; *THÉ rôle* einstudieren; *instrument de musique, morceau de musique* (ein)üben; **2.** *phénomène, problème* stu'dieren; erforschen; unter'suchen; (zu) ergründen (suchen); *texte, auteur* stu'dieren; genau, eingehend lesen; (*caractère, traits d'une*) *personne* stu'dieren; genau beobachten; **~ un problème** *a* sich (gründlich, eingehend) mit e-m Problem befassen, beschäftigen; **3.** *proposition, projet etc* prüfen; stu'dieren; *dossiers a* bearbeiten; *projet a* planen; vorbereiten; **II** *v/pr* **s'~** sich mit sich selbst beschäftigen, befassen; sich selbst beobachten
étui [etɥi] *m* Etu'i *n*; Futte'ral *n*; Köcher *m*; *pour raquette etc* Hülle *f*; **~ à cigares** Zi'garrentasche *f*; **~ à cigarettes** Ziga'rettenetui *n*; **~ à lunettes** Brillenetui *n*, -futteral *n*; **~ à peigne** Kammhülle *f*; **~ à violon** Geigenkasten *m*
étuve [etyv] *f* **1.** Schwitzbad *n*; Schwitzkasten *m*; *fig* **quelle ~!** hier ist e-e Hitze wie in e-m Brutkasten!; **2.** *TECH* Trockenofen *m*, -apparat *m*
étuvée [etyve] *loc/adv CUIS* **à l'~** gedämpft; gedünstet; geschmort; **cuire à l'~** dämpfen; dünsten; schmoren
étuver [etyve] *v/t* **1.** *TECH* (durch Wärmeeinwirkung) trocknen; **2.** *CUIS* dämpfen; dünsten; schmoren
étymolog|ie [etimɔlɔʒi] *f* Etymolo'gie *f*; **~ique** *adj* etymo'logisch
eu [y] *p/p cf* **avoir**
Eu [ø] *m Stadt im Dep. Seine-Maritime*
eucalyptus [økaliptys] *m BOT* Euka'lyptus *m*
eucharist|ie [økaʀisti] *f ÉGL CATH* Eucha'ristie *f*; Al'tarsakrament *n*; **~ique** *adj* eucha'ristisch
euclidien [øklidjɛ̃] *adj* ⟨**~ne**⟩ **géométrie (non) ~ne** (nicht)eu'klidische Geometrie
Eugène [øʒɛn] *m* Eugen *m*
Eugénie [øʒeni] *f* Eu'genie *f*
eugén|ique [øʒenik] **I** *f* Eu'genik *f*; Erbgesundheitslehre *f*; **II** *adj* eu'genisch; **~isme** *m cf* **eugénique** *I*
euh [ø] *int* **1.** *en cherchant ses mots* äh ...; **2.** *embarras, hésitation, incrédulité* oh!; ach!; so?; *c'est lui le coupable* **~! vous êtes sûr?** ach (was)? *ou* so?! Sind Sie sicher?; **3.** *indécision* hm!; *alors, cela vous plaît?* **~ !** *a* ! hm!
eunuque [ønyk] *m* Eu'nuch *m*
euphém|ique [øfemik] *adj* euphe'mistisch; beschönigend; verhüllend; **~isme** *m* Euphe'mismus *m*
euphon|ie [øfɔni] *f MUS, LING* Eupho'nie *f*; Wohlklang *m*; *LING a* Wohllaut *m*; **~ique** *adj* eu'phonisch

euphorbe [øfɔʀb] *f BOT* Wolfsmilch *f*
euphorie [øfɔʀi] *f* Eupho'rie *f* (*a MÉD*); Hochstimmung *f*; Glücksgefühl *n*; **dans l'~ de son succès** im Hochgefühl s-s Erfolgs; **être en pleine ~** in Hochstimmung sein
euphorique [øfɔʀik] *adj* eu'phorisch
euphorisant [øfɔʀizɑ̃] **I** *adj* in e-n eu'phorischen Zustand versetzend; euphori'sierend; **II** *m PHARM* Eu'phorikum *n*
Euphrate [øfʀat] *l'~ m* der Euphrat
eurafricain [øʀafʀikɛ̃] *adj* eurafri'kanisch
eurasiatique [øʀazjatik] *adj GÉOGR* eu'rasisch
Eurasie [øʀazi] *l'~ f* Eu'rasien *n*
eurasien [øʀazjɛ̃] **I** *adj* ⟨**~ne**⟩ eu'rasisch; **II** *subst* **~(ne)** *m(f)* Eu'rasier(in) *m(f)*
Eure [œʀ] *l'~ f Fluß u Departement in Frankreich*
Eure-et-Loir [œʀelwaʀ] *l'~ m frz Departement*
eurêka [øʀeka] *int* ich hab's!; *litt* heureka!
eurent [yʀ] *cf* **avoir**
euro... [øʀɔ] *préfixe* Euro...; euro...
eurochèque [øʀɔʃɛk] *m* Eurocheque *ou* -scheck *m*
eurocrate [øʀɔkʀat] *m péj* Euro'krat *m*
eurodollars [øʀɔdɔlaʀ] *m/pl* Eurodollars *m/pl*
euromissile [øʀɔmisil] *m MIL* eurostrategische Mittelstreckenrakete
Europe [øʀɔp] *l'~ f* Eu'ropa *n*; *l'~* **verte** der gemeinsame europäische A'grarmarkt; *l'~* **des Douze** das Europa der Zwölf
européan|iser [øʀɔpeanize] **I** *v/t* europäi'sieren; **II** *v/pr* **s'~** sich europäi'sieren; euro'päisch werden; **~isme** *m* Euro'päertum *n*; euro'päischer Cha'rakter; euro'päisches Denken
européen [øʀɔpeɛ̃] **I** *adj* ⟨**~ne**⟩ euro'päisch; Eu'ropa...; **élections ~nes** Europawahlen *f/pl*; **Parlement ~** Euro'päisches Parlament; **idéal ~** Ideal *n* e-s vereinten Europa; **II** *subst* **1.** ⟨**~(ne)**⟩ *m(f)* habitant(e) Euro'päer(in) *m(f)*; **2.** **~(ne)** *m(f) POL* Euro'päer(in) *m(f)*; Anhänger(in) *m(f)* e-s vereinten Eu'ropa; **~ convaincu** über'zeugter Europäer
eurosignal [øʀɔsiɲal] *m TÉL* Eurosignal *n*
eurotunnel [øʀɔtynɛl] *m* Euro-, Ka'naltunnel *m*
eurovision [øʀɔvizjɔ̃] *f TV* Eurovisi'on *f*; **émission ~** en Eurovisionssendung *f*
Eurydice [øʀidis] *f MYTH* Eu'rydike *f*
eus [y] *cf* **avoir**
Eustache [østaʃ] *m* Eu'stachius *m*
eut, eût [y] *cf* **avoir**
euthanasie [øtanazi] *f* Euthana'sie *f*; Gnadentod *m*; Sterbehilfe *f*
eux [ø] *pr/pers de la 3ᵉ personne pl m* **1.** *employé seul et souvent accentué* sie (*nom et acc*); **~, ils n'ont rien dit** sie haben nichts gesagt; **il court aussi vite qu'~** er läuft so schnell wie sie; **2.** *avec prép* sie (*acc*); ihnen (*dat*); *réfléchi* sich; **pour ~** für sie; **avec ~** mit ihnen; **ils ne pensent qu'à ~** sie denken nur an sich
eux-mêmes [ømɛm] *pr/pers* **1.** *emphatique* (sie) selbst; **ils l'ont promis ~** sie haben es selbst versprochen; **2.** *réfléchi* sich (selbst)

évacuation [evakɥasjɔ̃] f **1.** PHYSIOL Ausscheidung f; Entleerung f; Abführung f; **2.** *de liquides, de gaz, de chaleur* Ableitung f; Abführung f; *de liquides a* Abfließen n; Abfluß m; Ablassen n; TECH Entleerung f; **~ *d'air*** Entlüftung f; **3.** MIL *d'un territoire* Räumung f; *de la population* Evaku'ierung f; *de blessés* Abtransport m; *par ext d'une salle etc* Räumung f

évacuer [evakɥe] v/t **1.** PHYSIOL ausscheiden; entleeren; abführen; **2.** *liquide, chaleur, gaz* ableiten; ab-, wegführen; *liquides a* abfließen, ablaufen lassen; ablassen; TECH entleeren; **3.** MIL *territoire, ville etc* räumen; *population* evaku'ieren; *troupes* verlegen; *blessés* abtransportieren; *par ext salle, stade* räumen; **~ *par avion*** ausfliegen; ***faire ~ la salle*** den Saal räumen lassen

évadé [evade] **I** adj entflohen; flüchtig; **II** m Ausbrecher m; Entflohene(r) m

évader [evade] v/pr *s'~* **1. a)** *prisonnier etc* ausbrechen, (ent)fliehen, entkommen, entweichen (***d'une prison*** aus e-m Gefängnis); ***faire ~ qn*** j-m zur Flucht verhelfen; **b)** *par ext* sich heimlich da'vonmachen; sich wegstehlen; **2.** *fig de ses soucis, de la réalité* entfliehen (+dat); ***s'~ à la campagne*** sich aufs Land zurückziehen, flüchten

évaluable [evalɥabl(ə)] adj abschätzbar

évaluation [evalɥasjɔ̃] f *de valeurs, d'objets* Schätzung f; Bewertung f; Ta'xierung f; Wertbestimmung f; *de distances* (Ab)Schätzen n; *de frais, de prix* Berechnung f; Ermittlung f; Über-'schlagen n; Veranschlagung f; **~ *approximative*** ungefähre Schätzung f; Näherungswert m; ***erreur f d'~*** Schätzungsfehler m

évaluer [evalɥe] v/t *valeur, objet* schätzen; bewerten; ta'xieren; den Wert ermitteln (+gén); *distance, volume* (ab-) schätzen; *chances, risque* abschätzen; *frais, prix* über'schlagen; ungefähr, im voraus berechnen; veranschlagen; *dommages* schätzen; beurteilen; ermitteln; **~ *à 10000 le nombre des manifestants*** die Zahl der Demonstranten auf 10000 schätzen; ***faire ~ qc*** etw schätzen lassen

évanescent [evanesɑ̃] *litt* adj verschwimmend; schwindend

évangélique [evɑ̃ʒelik] adj **1.** (*conforme a l'Évangile*) dem Evan'gelium gemäß; evan'gelisch; **2.** (*protestant*) evan'gelisch; prote'stantisch

évangélisateur [evɑ̃ʒelizatœʀ] **I** adj ⟨-trice⟩ evangeli'sierend; **II** m Verkünder m des Evan'geliums; **~isation** f Evangelisati'on f; Missio'nierung f; **~iser** v/t evangeli'sieren; das Evan'gelium verkünden (**qn** j-m); missio'nieren; **~iste** m Evange'list m (a ÉGL PROT)

évangile [evɑ̃ʒil] m REL 2 *et fig* Evan-'gelium n; *fig* ***ce n'est pas parole d'~*** das ist kein Evangelium

évanoui [evanwi] adj **1.** *personne* ohnmächtig; bewußtlos; ohne Bewußtsein; **2.** *rêve, bonheur* vergangen; entschwunden

évanouir [evanwiʀ] v/pr *s'~* **1.** *personne* ohnmächtig, bewußtlos werden; in Ohnmacht fallen; das Bewußtsein verlieren; **2.** *apparition, image etc* sich (in nichts) auflösen; (in nichts) zerrinnen; (spurlos) verschwinden; sich verflüchtigen; *gloire, illusions, amour, peur etc* vergehen; schwinden; *gloire a* verblassen; *souvenir* verblassen; schwinden; *sons* ab-, verklingen; *par ext personne* verschwinden; entfliehen

évanouissement [evanwismɑ̃] m **1.** Ohnmacht f; Bewußtlosigkeit f; ***avoir un ~*** in Ohnmacht fallen; e-n Ohnmachtsanfall haben; **2.** *d'apparitions, d'espoirs etc* Schwinden n; Zerrinnen n; Vergehen n

évaporation [evapɔʀasjɔ̃] f Verdunstung f; Verdampfung f

évaporé [evapɔʀe] **I** adj **1.** verdunstet; verdampft; **2.** *fig* leichtfertig, -sinnig; flatterhaft; kopflos; **II** subst ⟨e⟩ m(f) Leichtfuß m; F Luftikus m; *d'une jeune fille* leichtsinniges, -fertiges Geschöpf, F Ding

évaporer [evapɔʀe] v/pr *s'~* **1.** verdunsten; verdampfen; sich verflüchtigen; ***faire ~ qc*** etw verdunsten, verdampfen lassen; **2.** F *fig* (*disparaître*) *personne* F sich verdrücken, verdünni'sieren, verflüchtigen; *chose* F sich verflüchtigen, in Luft auflösen

évas|é [evaze, -va-] adj sich erweiternd, verbreiternd; *jupe* ausgestellt; **~ement** m Erweiterung f; (Auf)Weitung f

évaser [evaze, -va-] **I** v/t *ouverture* erweitern; weiter machen; *tuyau* (auf-) weiten; **II** v/pr *s'~* *ouverture* sich weiten, erweitern; *manche, jupe* weiter werden; glockig fallen; *jupe* ausgestellt sein

évasif [evazif] adj ⟨-ive⟩ *réponse* ausweichend; *geste* vage; unbestimmt; ***rester ~*** ausweichend antworten; sich nicht festlegen

évasion [evazjɔ̃] f **1.** *d'un prisonnier etc* Ausbruch m; Flucht f; Entkommen n; **2.** *fig hors du quotidien, de la réalité* Flucht f; Entfliehen n; ***besoin m d'~*** Bedürfnis n nach Ablenkung, Abwechslung; **3.** ÉCON Flucht f; **~ *fiscale*** Steuerflucht f; **~ *des capitaux*** Kapi-'talflucht f, -abwanderung f

Ève [ɛv] f Eva f; *fig*: ***en tenue d'~*** im Evaskostüm; ***je ne le connais ni d'~ ni d'Adam*** ich kenne ihn überhaupt nicht; er ist mir völlig, gänzlich unbekannt

évêché [eveʃe] m **1.** *territoire* Bistum n; **2.** *ville* Bischofssitz m

éveil [evɛj] m **1.** *de l'intelligence, des sens etc* Erwachen n; Wachwerden n; ÉCOLE PRIMAIRE (***activités*** fpl ***d'~*** Anregung f der geistigen Entwicklung durch Beschäftigung mit konkreten Dingen; **2. a)** *loc/adj* ***en ~*** (wach(sam); aufmerksam; *esprit a* aufnahmebereit; ***être en ~*** aufmerksam, wachsam, auf der Hut sein; aufpassen; sich vorsehen; ***tenir en ~*** wachhalten; **b)** ***donner l'~ à qn*** j-n warnen, aufmerksam machen, aufhorchen lassen; j-m e-n Wink geben

éveillé [eveje] adj **1.** wach; schlaflos; *par ext* ***rêve ~*** Wachtraum m; Tagtraum m; ***rêver tout ~*** mit offenen Augen träumen; **2.** *fig* aufgeweckt; (hell-) wach; lebhaft; munter; regsam

éveiller [eveje] **I** v/t **1.** *litt* **~ *qn*** j-n (auf)wecken; **2.** *désirs, sentiments* wachrufen; wecken; *soupçons, jalousie, méfiance, sympathie etc* erwecken; erregen; *curiosité a* wecken; anstacheln; *intelligence* anregen; entwickeln; fördern; **~ *qc en qn*** in j-m etw wachrufen; **II** v/pr *s'~* **3. a)** *litt personne* erwachen; **b)** *poét nature, ville* (aus dem Schlaf) erwachen; **4. a)** *sentiments, souvenirs, intelligence* erwachen; sich regen; geweckt werden; **b)** ***s'~ à l'amour*** zur Liebe erwachen

événement *ou* **évènement** [evɛnmɑ̃] m **a)** Ereignis n; Geschehnis n; Vorkommnis n; Begebenheit f; (*expérience*) Erlebnis n; ***heureux ~*** (*naissance*) freudiges Ereignis; ***les principaux ~s de la journée*** die wichtigsten Tagesereignisse n/pl; *loc/adj* ***chargé, riche en ~s*** ereignisreich; ***être au courant des ~s*** über das Geschehen auf dem laufenden sein; ***ce fut pour lui un grand ~*** das war ein großes Erlebnis für ihn; *plais*: ***il travaille, c'est un ~*** er arbeitet, das ist ein Ereignis; *cf a* ***dépasser*** 6.; **b)** **~s** *pl* besondere Ereignisse n/pl, 'Umstände m/pl; ***en raison des ~s*** auf Grund der besonderen Ereignisse; ***je ne l'avais pas revu depuis les ~s*** seitdem ...; **c)** POL **~s** *pl* (po'litische) Unruhen f/pl

événementiel [evɛnmɑ̃sjɛl] adj ⟨**~le**⟩ *histoire* ***~le*** lediglich die Ereignisse schildernde Geschichtsschreibung

éventail [evɑ̃taj] m **1.** Fächer m; **2.** *loc/adj* ***et*** *loc/adv* ***en ~*** fächerförmig, -artig; fächerig; wie ein ausgebreiteter Fächer; F *fig* ***doigts*** m/pl ***de pied en ~*** F alle viere von sich gestreckt; ***disposer en ~*** fächerförmig anordnen; (auf)fächern; **3.** *fig* Pa'lette f; Spektrum n; Skala f; *de marchandises a* Angebot n; Auswahl f; **~ *des prix*** Preisskala f, -spektrum n; **~ *des salaires*** Lohnspanne f, -skala f; Staffelung f der Lohnsätze

éventaire [evɑ̃tɛʀ] m COMM Auslage f (*im Freien*); *d'un marchand ambulant* Bauchladen m

éventé [evɑ̃te] adj **1.** *boisson* schal; abgestanden; *parfum* verduftet; **2.** *secret* offen; ***c'est un truc ~*** das ist ein alter Trick; den Trick kennt jeder; **3.** *lieu* (*venteux*) windig

éventer [evɑ̃te] **I** v/t **1.** **~ *qn*** j-n fächeln; j-m Luft, Kühlung zufächeln; **2.** *complot, secret* auf-, entdecken; enthüllen; *secret a* lüften; *trahison* wittern; **II** v/pr *s'~* **3.** *personne* sich lüft, Kühlung zufächeln; **4.** *boisson* schal werden; *parfum* verduften; s-n Duft verlieren

éventration [evɑ̃tʀasjɔ̃] f MÉD Bauchwandbruch m

éventrer [evɑ̃tʀe] **I** v/t **1.** **~ *qn, un animal*** j-m, e-m Tier den Bauch aufschlitzen; **2.** *objets* (gewaltsam) aufreißen, -schlitzen, -schneiden, -brechen; *sol* aufwühlen; **II** v/pr *s'~* sich den Bauch aufschlitzen

éventualité [evɑ̃tɥalite] f Eventuali'tät f; Möglichkeit f; möglicher Fall; Eventu'alfall m; ***dans l'~ de*** im Fall(e) (+gén); ***envisager l'~ d'une guerre*** mit der Möglichkeit e-s Krieges rechnen; ***être prêt à toute ~*** auf alle Eventualitäten vorbereitet sein

éventuel [evɑ̃tɥɛl] adj ⟨**~le**⟩ eventu'ell; etwaige(r, -s); möglich; Eventu'al...

éventuellement [evɑ̃tɥɛlmɑ̃] adv eventu'ell; möglicherweise; möglichenfalls; unter 'Umständen; viel'leicht

évêque [evɛk] *m* Bischof *m*
Everest [ɛvʀɛst] *l'~ m ou le mont ~* der Mount Everest [-maunt-]
évertuer [evɛʀtɥe] *v/pr s'~* sich alle, große Mühe geben, sich bemühen, sich anstrengen, *p/fort* sich abmühen (*à faire qc* etw zu tun, mit etw)
éviction [eviksjɔ̃] *f* **1.** *hors d'un parti etc* Ausschluß *m*; Verdrängung *f*; *d'un rival etc* Ausschaltung *f*; Verdrängung *f*; **2.** *JUR* Evikti'on *f*; Entwehrung *f*
évidé [evide] *adj* hohl; ausgehöhlt; vertieft
évidemment [evidamɑ̃] *adv* **1.** (ganz) offensichtlich; offenbar; **2.** *(bien sûr)* selbstverständlich; na'türlich
évidence [evidɑ̃s] *f* **1.** Augenscheinlichkeit *f*; Offenkundigkeit *f*; Offensichtlichkeit *f*; Evi'denz *f*; Deutlichkeit *f*; Eindeutigkeit *f*; *force f de l'~* Kraft *f* des Evidenten; *loc/adv de toute ~* (ganz) offensichtlich; sicher; *démontrer à l'~ que ...* schlüssig, eindeutig, klar beweisen, daß ...; *c'est l'~ même* das ist doch ganz klar, eindeutig, offensichtlich; *nier l'~* die Tatsachen leugnen; leugnen, was klar zu'tage liegt, ganz offensichtlich ist; *se rendre à l'~* die Tatsachen anerkennen; sich den Tatsachen beugen; *refuser de se rendre, se refuser à l'~* sich den Tatsachen, der Wahrheit verschließen; die Sache nicht wahrhaben wollen; **2.** (*chose évidente*) augenscheinliche, offenkundige, offensichtliche, klare Tatsache; Selbstverständlichkeit *f*; **3.** *loc/adv en ~* gut, deutlich sichtbar; *être en ~* klar zu'tage treten; ins Auge fallen; *mettre en ~* a) zur Schau stellen; zeigen; *objet a* auffällig, gut sichtbar hinlegen; b) *fig* klar, deutlich her'vorheben, her'ausstellen; her'ausstreichen; *se mettre en ~* die Aufmerksamkeit auf sich lenken, ziehen; sich in Szene setzen
évident [evidɑ̃] *adj* augenscheinlich; offenkundig; offensichtlich; offenbar; evi'dent; klar (erkennbar); deutlich (sichtbar); eindeutig, einleuchtend; sinnfällig; *preuve ~e* klarer, eindeutiger, schlüssiger Beweis; *c'est ~, c'est une chose ~e* a das liegt klar auf der Hand; *il est ~ qu'il a menti* es ist ganz klar, daß er gelogen hat; er hat eindeutig, offensichtlich gelogen; *ce n'est pas ~* das ist gar nicht so selbstverständlich, einfach, leicht
évider [evide] *v/t* aushöhlen, -bohren, -kehlen
évier [evje] *m* Spüle *f*; Spülbecken *n*; Ausguß(becken) *m(n)*
évincer [evɛ̃se] *v/t* ⟨-ç-⟩ *d'un parti, d'un emploi etc* ausschließen; verdrängen; vertreiben; *rival etc* ausschalten; verdrängen
évitable [evitabl(ə)] *adj* vermeidbar
évitement [evitmɑ̃] *m CH DE FER voie f d'~* Ausweich-, Über'holgleis *n*
éviter [evite] **I** *v/t* **1.** *erreur, rencontre, accident etc* vermeiden; abwenden; *mets, boisson, lieu* meiden; *obstacle, difficulté etc* ausweichen, aus dem Weg gehen (+*dat*); um'gehen; *corvée, tâche* sich entziehen, aus dem Weg gehen (+*dat*); *~ la guerre* e-n Krieg vermeiden, verhüten; es nicht zu e-m Krieg kommen lassen; *~ le regard de qn* j-s

Blick ausweichen; *~ une voiture de justesse* e-m Wagen gerade noch ausweichen (können); *réussir à ~ une corvée* um e-e lästige Arbeit her'umkommen; *~ de faire qc* es vermeiden, sich hüten, etw zu tun; *~ que ... (ne)* (+*subj*) vermeiden, sich vorsehen, daß ...; zusehen, daß nicht ...; **2.** *~ qn* j-n meiden; j-m ausweichen, aus dem Weg gehen; sich von j-m fernhalten; F j-n schneiden; **3.** *~ qc à qn* j-m etw ersparen; **II** *v/pr s'~* **4.** *personnes* sich, ein-'ander meiden, aus dem Weg gehen; **5.** *sens passif* sich vermeiden lassen; **6.** *s'~ qc* sich etw ersparen
évocateur [evɔkatœʀ] *adj* ⟨-trice⟩ *image, parfum* Erinnerungen wachrufend; *geste* bedeutsam, bedeutungsvoll; vielsagend; *nom, titre* bezeichnend; beziehungsreich; *style, film* anschaulich
évocation [evɔkasjɔ̃] *f* **1.** *des esprits* (Geister)Beschwörung *f*; **2.** *d'un souvenir* Wachrufen *n*; Her'aufbeschwören *n*; *d'un événement* Zu'rückrufen *n* in die Erinnerung; Erinnerung *f*, Zu'rückdenken *n* (*de* an +*acc*); *pouvoir m d'~* Aussage-, Sugge'stivkraft *f*
évolué [evɔlɥe] *adj peuple, pays* hochentwickelt; zivili'siert; personne kulti-'viert; aufgeklärt; tole'rant; *idées* fortschrittlich
évoluer [evɔlɥe] *v/i* **1.** (*se mouvoir*) Bewegungen ausführen; *personnes* sich bewegen; hin und her gehen; kommen und gehen; *troupes* schwenken; die Stellung, Lage wechseln; *avion* um'herfliegen; s-e Kreise ziehen; *la société dans laquelle il évolue* in der er verkehrt, sich bewegt, **2.** (*changer*) *science, conception etc* sich (weiter-, fort-) entwickeln; *science a* Fortschritte machen; *opinion, situation* sich (ver)ändern, wandeln; *maladie* fortschreiten; *il a beaucoup évolué* s-e Einstellung hat sich grundlegend geändert; er hat sich zu s-m Vorteil entwickelt; *~ favorablement* sich günstig entwickeln
évolutif [evɔlytif] *adj* ⟨-ive⟩ sich entwickelnd, wandelnd; entwicklungs-, wandlungsfähig; *maladie* fortschreitend
évolution [evɔlysjɔ̃] *f* **1. a)** *~ pl* Bewegungen *f/pl*; Vorführungen *f/pl*; *d'une danseuse a* Schritte *m/pl*; **b)** *de troupes* Schwenkung *f*; Bewegung *f*; Lage-, Stellungswechsel *m*; **2.** *d'une science, théorie etc* (Weiter-, Fort)Entwicklung *f*; Fortschritt *m*; Fortschreiten *n*; *des idées, du goût* Entwicklung *f*; (*changement*) Wandlung *f*, Änderung *f*; *d'une personne a* Werdegang *m*; *d'une langue* Entwicklung *f*; *d'une maladie* Fortschreiten *n*; Verlauf *m*; *~ des prix* Preisentwicklung *f*, -kurve *f*; *civilisation f en pleine ~* in der Entwicklung begriffene Kultur; **3.** *BIOL* Evoluti'on *f*
évolutionnisme [evɔlysjɔnism(ə)] *m BIOL* Evoluti'onstheorie *f*; *PHILOS* Evolutio'nismus *m*; *~iste* **I** *adj* evolutio'nistisch; **II** *m* Evolutio'nist *m*
évoquer [evɔke] *v/t* **1.** *esprits* beschwören; **2.** *événement, personne* in Erinnerung, ins Gedächtnis rufen; erinnern, die Erinnerung wachrufen an (+*acc*); hinweisen auf (+*acc*); *souvenirs* wachrufen; wecken; her'aufbeschwören; *mots ~ des idées* Vorstellungen auslösen, her'vorrufen; *forme ~ une tête*

humaine an e-n menschlichen Kopf denken lassen, erinnern; *cela n'évoquait rien pour lui* das sagte ihm nichts; er konnte nichts damit verbinden; **3.** *par ext pays etc* vor Augen führen; e-e Vorstellung geben von; *problème* erwähnen; streifen; anschneiden
ex [ɛks] *m,f* F Exgatte *m*, -gattin *f*; Verflossene(r) *f(m)* (*a amant*)
ex. *abr* (*exemple*) Beispiel: ...
ex-... [ɛks] *préfixe* Ex...; ehemalige(r, -s); frühere(r, -s); F gewesene(r, -s); *par exemple*: *ex-directeur* ehemaliger, früherer Direktor; *ex-mari* früherer Mann; F Exgatte *m*
exacerbation [ɛgzasɛʀbasjɔ̃] *f MÉD et fig* Verschlimmerung *f*; Steigerung *f*
exacerber [ɛgzasɛʀbe] **I** *v/t douleur* schlimmer machen; verschlimmern; *désir, colère* steigern; *passions* aufstacheln; *adj exacerbé sensibilité, désir, orgueil* über'steigert; *désir a* heftig; **II** *v/pr s'~ douleurs* sich verschlimmern; stärker, schlimmer werden; *sentiments* sich steigern; immer heftiger werden
exact [ɛgza(kt)] *adj* ⟨exacte [ɛgzakt]⟩ **1.** *calcul, mesure, méthode etc* genau; ex-'akt; *raisonnement, constatation* richtig; zutreffend; *réponse* richtig; kor'rekt; *expression a* treffend; *vérification* sorgfältig; eingehend; streng; *heure ~e* genaue Uhrzeit; *reproduction ~e* genaue 'Wiedergabe; *les sciences ~es* die exakten Wissenschaften *f/pl*; *c'est ~* das ist richtig; das stimmt; *c'est l'~e vérité* das ist die reine Wahrheit; **2.** *personne* pünktlich; *être ~ au rendez-vous* pünktlich bei der Verabredung sein
exactement [ɛgzaktəmɑ̃] *adv* genau; *calculer ~* exakt, richtig rechnen
exaction [ɛgzaksjɔ̃] *f* **1.** *FIN* 'übermäßige Forderung, **2.** *pl ~s* (*abus de pouvoir*) Machtmißbrauch *m*; *commettre des ~s* Machtmißbrauch treiben
exactitude [ɛgzaktityd] *f* **1.** *d'un calcul, d'une méthode etc* Genauigkeit *f*; Ex-'aktheit *f*; *d'un raisonnement, d'une constatation* Richtigkeit *f*; Kor'rektheit *f*; *d'une enquête a* Sorgfältigkeit *f*; Sorgfalt *f*; *avec ~* genau; exakt; richtig; kor'rekt; sorgfältig; **2.** (*ponctualité*) Pünktlichkeit *f*; *prov l'~ est la politesse des rois* Pünktlichkeit ist die Höflichkeit der Könige (*prov*)
ex æquo [ɛgzeko] *loc/adv et loc/adj* gleich(rangig, -wertig); gleichstehend; *candidat être premier ~ avec qn* zusammen mit j-m Examensbester sein; *être classé ~ avec* gleich eingestuft, bewertet werden wie; gleichstehen mit
exagération [ɛgzaʒeʀasjɔ̃] *f* Über'treibung *f*; Über'steigerung *f*; Aufbauschung *f*; *sans ~, on peut affirmer que ...* ohne Übertreibung ...; *il est économe, sans ~* er ist sparsam, ohne zu über'treiben sagen; *il y a beaucoup d'~ dans ce qu'il raconte* es ist vieles über'trieben, was er erzählt
exagéré [ɛgzaʒeʀe] *adj* über'trieben; über'zogen; *prix* über'höht; *exigence a* über'steigert; über'spitzt; *il n'est pas ~ de dire que ...* man kann ohne Über-'treibung, ohne zu über'treiben sagen, daß ...
exagérer [ɛgzaʒeʀe] ⟨-è-⟩ **I** *v/t* über-'treiben; aufbauschen; *importance*

'überbewerten; über'schätzen; **II** *v/i* **1.** *(présenter comme plus grand)* über'treiben; F dick auftragen; **sans ~** ohne zu übertreiben; ohne Über'treibung; **2.** *(abuser)* über'treiben; zu weit gehen; es zu weit treiben; **tu exagères!** du übertreibst, gehst zu weit!; F *(il ne) faut, faudrait pas ~!* F das geht zu weit!; jetzt reicht's mir aber!; jetzt ist es mir aber zu dumm!; **III** *v/pr* **s'~** *qc* etw über'schätzen, 'überbewerten
exaltant [ɛgzaltɑ̃] *adj* erhebend; begeisternd; mitreißend; *ça n'a rien d'~* das ist nicht gerade erhebend
exaltation [ɛgzaltasjɔ̃] *f* **1.** leidenschaftliche Erregung, Begeisterung; *péj* 'Überschwenglichkeit *f*; 'Überschwang *m*; Über'spanntheit *f*; Schwärme'rei *f*; Exal'tiertheit *f*; **2.** *litt (glorification)* Verherrlichung *f*
exalté [ɛgzalte] **I** *adj personne, sentiments, souvent péj* 'überschwenglich; über'spannt; schwärmerisch; exal'tiert; **II** *subst* **~(e)** *m(f)* Schwärmer(in) *m(f)*; Phan'tast(in) *m(f)*
exalter [ɛgzalte] **I** *v/t* **1.** *personne* leidenschaftlich erregen; begeistern; mit-, hinreißen; **2.** *st/s (glorifier)* preisen, rühmen; verherrlichen; **3.** *sentiments, sensations etc* steigern; verstärken; erhöhen; **II** *v/pr* **s'~** sich begeistern; sich leidenschaftlich erregen; in Schwärme'rei geraten; *péj* sich exal'tieren
exam [ɛgzam] *m abr cf* **examen** *l.*
examen [ɛgzamɛ̃] *m* **1.** *(épreuves)* Prüfung *f*; Ex'amen *n*; *d'admission* Zulassungs-, Aufnahmeprüfung *f*; **~ d'entrée** Aufnahmeprüfung *f*; **~ de passage** Versetzungsprüfung *f*; **passer, subir un ~** e-e Prüfung, ein Ex'amen machen, ablegen; **2.** *(contrôle)* Prüfung *f*; Über'prüfung *f*; Unter'suchung *f*; Studium *n*; 'Durchsicht *f*, Ein-sicht(nahme) *f* *(de in +acc)*; **à l'~** bei (der) Durchsicht, (Über)Prüfung; **après plus ample ~** bei näherer Prüfung; **pour ~** mit der Bitte um Prüfung; zur (Über)Prüfung, Einsichtnahme; **3.** **~** *(médical)* (ärztliche) Unter'suchung *f*; **se faire faire des ~s** verschiedene Untersuchungen machen lassen; **4.** **~ de conscience** Gewissenserforschung *f (a REL)*; **faire son ~ de conscience** sein Gewissen erforschen; **5.** *JUR* **mise *f* en ~** Eröffnung *f* e-s Ermittlungsverfahrens *(de qn* gegen j-n); **qn a été mis en ~** gegen j-n wird ermittelt
examina|teur [ɛgzaminatœʀ] *m*, **~trice** *f* Prüfer(in) *m(f)*; Prüfende(r) *f(m)*; Exami'nator *m*
examiner [ɛgzamine] **I** *v/t* **1.** *(contrôler)* prüfen; unter'suchen *(a MÉD)*; über'prüfen; stu'dieren; e-r Prüfung, Unter'suchung *(dat)* unter'ziehen; *dossier a* 'durchsehen, -gehen; *documents, papiers a* sichten; *proposition a* erwägen; **~ les défauts de qc** die Mängel e-r Sache prüfen; etw auf s-e Mängel prüfen; **2.** *(observer) personne, chose* mustern; genau, prüfend betrachten, an-, schauen, ansehen; *chose a* in Augenschein nehmen; *lieu* besichtigen; **3.** *candidat* prüfen; exami'nieren; **II** *v/pr* **s'~** *(dans la glace)* sich (im Spiegel) genau betrachten
exaspérant [ɛgzaspeʀɑ̃] *adj* ärgerlich; auf die Nerven gehend, fallend; **être ~**

a einen wütend, rasend machen; einen zur Rase'rei, Verzweiflung bringen
exaspération [ɛgzaspeʀasjɔ̃] *f* **1.** *(irritation)* Verärgerung *f*; Ärger *m*; Gereiztheit *f*; Erbitterung *f*; **2.** *litt du désir, d'un sentiment* Steigerung *f*; Anwachsen *n*
exaspérer [ɛgzaspeʀe] ⟨-é-⟩ **I** *v/t* **1.** *(irriter)* aufs äußerste reizen; aufbringen; rasend machen; in Wut bringen; erbittern; erbosen; *adjt* **exaspéré** wütend; gereizt; aufgebracht; erbittert; erbost; **2.** *souffrance* verschlimmern; *sentiments* (aufs höchste) steigern; *colère* reizen; **II** *v/pr* **s'~** *souffrance* sich verschlimmern; *désir* sich steigern
exaucement [ɛgzosmɑ̃] *m* Erhörung *f*
exaucer [ɛgzose] *v/t* ⟨-ç-⟩ **a)** *Dieu: une prière* erhören; **~ qn** j-n erhören; **b)** *souhait* erfüllen; *demande* gewähren
ex cathedra [ɛkskatedʀa] *loc/adv* *ÉGL CATH* ex cathedra *(a fig)*
excavateur [ɛkskavatœʀ] *m* *TECH* (großer) Bagger
excavation [ɛkskavasjɔ̃] *f* Vertiefung *f*; (Aus)Höhlung *f*; Einbuchtung *f*; *dans le sol a* Mulde *f*; Senke *f*
excavatrice [ɛkskavatʀis] *f cf* **excavateur**
excaver [ɛkskave] *v/t* *TECH* ausbaggern; ausheben; ausschachten
excédent [ɛksedɑ̃] *m* 'Überschuß *m*; Mehrbetrag *m*; 'Überhang *m*; **~ annuel** Jahresüberschuß *m*; **~ de bagages** Übergepäck *n*; **~ des exportations sur les importations** Ex'port-, Ausfuhrüberschuß *m*; **~ de naissances** Geburtenüberschuß *m*; **~ de poids** Mehr-, 'Übergewicht *n*; 'Überfracht *f*; **~ de la production** Produkti'onsüberschuß *m*; *loc/adj* **en ~** 'überschüssig; 'überzählig
excédentaire [ɛksedɑ̃tɛʀ] *adj* 'überschüssig; 'überzählig; **balance commerciale ~** aktive Handelsbilanz
excéder [ɛksede] *v/t* ⟨-é-⟩ **1.** *nombre, quantité, prix, niveau, durée* über'steigen; über'schreiten; hin'ausgehen über *(+acc)*; liegen über *(+dat)*; höher sein *(qc* als etw); *inconvénients: les avantages* über'wiegen; größer sein als; **2.** *par ext pouvoirs* über'schreiten; *moyens, attente, forces* über'steigen; **3.** *(agacer)* **~ qn** j-m lästig sein, fallen; j-n ärgern, belästigen, reizen, ner'vös machen; p/p **je suis excédé par qc** etw geht mir auf die Nerven; *adjt* **d'un air excédé** mit verärgerter, gereizter Miene
excellence [ɛkselɑ̃s] *f* **1.** Vor'trefflichkeit *f*; her'vorragende Quali'tät; *ÉCOLE* **prix *m* d'~** Preis *m* für den Klassenbesten; **2.** *titre* **Ձ** Exzel'lenz *f*; **Son, Votre Ձ** Seine, Eure Exzellenz; **Son Ձ l'ambassadeur** Seine Exzellenz der Botschafter; **3.** *loc/adj* **par ~** schlechthin; par excel'lenz; **le sportif** *etc* **par ~** der Sportler *etc* schlechthin, par excellence
excellent [ɛksɛlɑ̃] *adj* her'vorragend, (ganz) ausgezeichnet; vor'trefflich; vorzüglich; exzel'lent
exceller [ɛksele] *v/i* **~ dans, en qc** sich auszeichnen, sich her'vortun, glänzen, bril'lieren, her'vorragend sein, ausgezeichnet sein in etw *(dat)*; **sa profession** in s-m Beruf, Fach Hervorragendes leisten; **~ à faire qc** etw ganz ausgezeichnet, hervorragend machen

excentricité [ɛksɑ̃tʀisite] *f d'une personne* ex'zentrisches Wesen; Über'spanntheit *f*; Exzentrizi'tät *f*; *d'un vêtement* Extrava'ganz *f*; **faire des ~s** sich Extravaganzen leisten
excentrique [ɛksɑ̃tʀik] **I** *adj* **1.** *personne* ex'zentrisch; über'spannt; *tenue* extrava'gant; ausgefallen; auffallend; **2.** *MATH, TECH* ex'zentrisch; *TECH a* aus-, außermittig; **3.** *quartier* abgelegen; weit vom Zentrum entfernt; **II** *subst* **1.** *m,f* ex'zentrischer, über'spannter Mensch; Ex'zentriker(in) *m(f)*; **2.** *m* *TECH* Ex'zenter *m*
excepté [ɛksɛpte] *prép* ⟨bei Nachstellung veränderlich⟩ ausgenommen *(+cas régi par le verbe précédent)*; mit Ausnahme von *(ou +gén)*; bis auf *(+acc)*; abgesehen von *(+dat)*; außer *(+dat)*; **il avait tout prévu, ~ ce cas** ausgenommen diesen Fall, bis auf diesen Fall, nur nicht diesen Fall; ♦ *loc/conj:* **~ que** ... davon abgesehen *ou* abgesehen davon, daß ...; außer *ou* nur daß ...; sieht man davon ab, daß ...; **~ si** ... außer (wenn) ..., es sei denn, daß ...; wenn nicht ...
excepter [ɛksɛpte] *v/t* **~ qn, qc** j-n, etw ausnehmen, bei'seite lassen; von j-m, etw absehen; **sans ~ personne** ohne Ausnahme; ohne j-n auszunehmen
exception [ɛksɛpsjɔ̃] *f* Ausnahme *f* ⟨*à qc* von etw⟩; Ausnahme-, Sonderfall *m*; *loc/adj* **d'~** Ausnahme...; Sonder...; **un être d'~** ein außergewöhnlicher Mensch; **loi *f* d'~** Ausnahmegesetz *n*; **mesure *f* d'~** Sondermaßnahme *f*; außergewöhnliche Maßnahme; *loc/prép* **à l'~ de, ~ faite de** ausgenommen *(+cas régi par le verbe précédent)*; mit Ausnahme von *(ou +gén)*; bis auf *(+acc)*; abgesehen von *(+dat)*; außer *(+dat)*; *loc/adv:* **à une ~ près** bis auf e-e, mit e-r Ausnahme; **à l'~ d'une e-r** Ausnahme abgesehen; **sans (aucune) ~** ohne (jede) Ausnahme; (ganz) ausnahmslos; **sans ~ d'âge ni de sexe** ohne Rücksicht auf Alter und Geschlecht; **constituer, être une ~, faire ~** e-e Ausnahme bilden, sein; **faire une ~ pour qn, en faveur de qn** bei j-m e-e Ausnahme machen; *prov* **c'est l'~ qui confirme la règle** Ausnahmen bestätigen die Regel *(prov)*
exceptionnel [ɛksɛpsjɔnɛl] *adj* ⟨~le⟩ **1.** Ausnahme...; Sonder...; außergewöhnlich; **des circonstances ~les** besondere, außergewöhnliche 'Umstände *m/pl*; **congé ~** Sonderurlaub *m*; **mesure ~le** Sondermaßnahme *f*; außergewöhnliche Maßnahme; **2.** *personne, réussite etc* außerordentlich; außergewöhnlich; *occasion* einmalig
exceptionnellement [ɛksɛpsjɔnɛlmɑ̃] *adv* **1.** *(par exception)* ausnahmsweise; **2.** *(extraordinairement)* außerordentlich; außer-, ungewöhnlich
excès [ɛksɛ] *m* **1.** 'Übermaß *n*; Unmaß *n*; Unmäßigkeit *f (de table surtout)*; Maßlosigkeit *f*; Ex'zeß *m*; *pl* Exzesse *m/pl*; *(violences) a* Ausschreitungen *f/pl*; Gewalttätigkeiten *f/pl*; *(débauche) a* Ausschweifungen *f/pl*; **un ~ de ...** ein 'Übermaß an *(+dat)*; *pl* **de langage** sprachliche Entgleisungen *f/pl*; **~ de travail** Arbeitsüberlastung *f*; **~ de zèle** 'Übereifer *m*; **pécher par ~**

de zèle 'übereifrig, (all)zu eifrig sein; *loc/adv*: **à l'~, avec ~** 'übermäßig; unmäßig; maßlos; im Übermaß; ohne Maß; über'trieben; **être méticuleux à l'~** 'übergenau, über'trieben genau sein; **jusqu'à l'~** bis zum Exzeß; **pousser qc jusqu'à l'~** etw bis zum Letzten, Äußersten treiben; **faire des ~** unmäßig sein (im Essen und Trinken); **ne faites pas d'~** leben Sie mäßig!; **tomber dans l'~** über'treiben; **tomber dans l'~ inverse** ins andere Extrem fallen; **2.** JUR **~ de pouvoir** Über'schreitung *f* der Amtsgewalt, der Dienstbefugnisse; **~ de vitesse** Geschwindigkeitsüberschreitung *f*; **3.** (*excédent*) 'Überschuß *m*; Mehrbetrag *m*; Plus(differenz *n*)(*f*); MATH *par* ~ aufgerundet
excessif [ɛksesif] *adj* ⟨-ive⟩ **1.** (*démesuré*) 'übermäßig; unmäßig; maßlos; exzes'siv; (*exagéré*) über'trieben; über'zogen; *prix, loyer, vitesse* über'höht; *prise de position* über'trieben; ex'trem; **joie excessive** übertriebene, ausgelassene, maßlose, unbändige Freude; **d'une longueur excessive** extrem, übertrieben lang; **2.** (*extraordinaire*) außerordentlich; außergewöhnlich
excessivement [ɛksesivmɑ̃] *adv* **1.** (*trop*) 'übermäßig, unmäßig, maßlos viel; **2.** (*extrêmement*) äußerst; außerordentlich
excipient [ɛksipjɑ̃] *m* PHARM Grundmasse *f*
exciser [ɛksize] *v/t* MÉD (her')ausschneiden; *sc* exzi'dieren
excision [ɛksizjɔ̃] *f* **1.** MÉD Ausschneiden *n*; *sc* Exzisi'on *f*; **2.** ETHNOLOGIE Beschneidung *f* der Mädchen
excit|abilité [ɛksitabilite] *f* Erregbarkeit *f*, Reizbarkeit *f* (*a* PHYSIOL); **~able** *adj* reizbar, erregbar (*a* PHYSIOL); empfindlich
excitant [ɛksitɑ̃] **I** *adj* erregend, aufreizend (*a sexuellement*); *lecture etc* aufregend (*a beauté*); *boisson etc* anregend; stimu'lierend; **II** *m* Reiz-, Anregungsmittel *n*; Stimulans *n* (*a fig*)
excitation [ɛksitasjɔ̃] *f* **1.** *de l'appétit, de l'imagination* Anregung *f*; *des sens* Reiz(en) *m*(*n*); *à la résistance etc* Aufstachelung *f*; Aufwiegelung *f*; Aufreizung *f*; Verleitung *f*; Anstiftung *f*; JUR **~** (*de mineurs*) **à la débauche** Verführung *f*, Anstiftung (Minderjähriger) zur Unzucht; **~ à la haine** Verhetzung *f*; **2.** *état* Erregung *f* (*a sexuelle*); Erregtheit *f*; Aufregung *f*; **3.** ÉLECT Erregung *f*; NUCL Anregung *f*
excité [ɛksite] **I** *adj* erregt; aufgeregt; **II** *subst* **~(e)** *m*(*f*) Hitzkopf *m*; Heißsporn *m*
exciter [ɛksite] **I** *v/t* **1.** *colère, jalousie, passion etc* erregen; aufstacheln; *appétit, imagination* anregen; *courage* anspornen; anstacheln; *douleur* verstärken; **2.** *personne* erregen, aufreizen (*a sexuellement*); in Wallung bringen; *personne a, animal* (*irriter*) reizen; **~ qn à qc** j-n zu etw aufstacheln, anstiften; *abs* **~ à la révolte** zum Aufruhr hetzen; **~ qn contre qn** j-n gegen j-n aufhetzen; **~ son chien contre qn** s-n Hund auf j-n hetzen; **3.** PHYSIOL *nerf etc* reizen; erregen; ÉLECT erregen; **II** *v/pr* **s'~** erregt werden (*a sexuellement*); in Wallung geraten; (*s'irriter*) sich erregen, aufregen (*sur* über +*acc*)

exclamatif [ɛksklamatif] *adj* ⟨-ive⟩ GR Ausrufe…; Ausrufungs…
exclamation [ɛksklamasjɔ̃] *f* Ausruf *m*; **~ de surprise** Ausruf der Über'raschung; **point** *m* **d'~** Ausrufe-, Ausrufungszeichen *n*
exclamer [ɛksklame] *v/pr* **s'~** ausrufen; **… s'exclama-t-il** … rief er (aus)
exclu [ɛkskly] *p/p cf* **exclure** *et adj* ausgeschlossen; **c'est ~** das ist ausgeschlossen; das scheidet aus; **il n'est pas ~ que** (+*subj*) es ist nicht ausgeschlossen, es kann durchaus sein, daß …; **se sentir ~** sich ausgeschlossen fühlen (*de* von); sich nicht zugehörig fühlen (zu); *subst* **les ~s** die Ausgeschlossenen *pl*
exclure [ɛksklyʀ] ⟨*cf* conclure⟩ **I** *v/t* **1.** **~ qn** j-n ausschließen; **~ qn d'un parti** j-n aus e-r Partei ausschließen, *p/fort* ausstoßen; **2.** *éventualité etc* ausschließen; nicht in Betracht ziehen; nicht in Auge fassen; **l'un n'exclut pas l'autre** das eine schließt das andere nicht aus; **II** *v/pr* **s'~** (**l'un l'autre, mutuellement**) sich (gegenseitig), ein'ander ausschließen
exclusif [ɛksklyzif] *adj* ⟨-ive⟩ ausschließlich; Al'lein…; exklu'siv; Exklu'siv…; **modèle ~** Exklusivmodell *n*; **privilège ~** ausschließliches Vorrecht; **représentant ~** Alleinvertreter *m*; **il est trop ~** a) *dans ses goûts* er ist zu einseitig; b) *dans ses amitiés* er beansprucht ungeteilte Zuneigung
exclusion [ɛksklyzjɔ̃] *f* Ausschluß *m* (*d'un parti* aus e-r Partei); Ausschließung *f*; *d'un élève* Verweisung *f* (von der Schule); *loc/prép* **à l'~ de** mit Ausnahme, *litt* mit Ausschluß von (*ou* +*gén*); außer (+*dat*)
exclusive [ɛksklyziv] *f* Ausschluß *m*; Ausschließungsmaßnahme *f*
exclusivement [ɛksklyzivmɑ̃] *adv* ausschließlich; **jusqu'au 20 mai ~** bis zum 20. Mai ausschließlich, exklu'sive
exclusivité [ɛksklyzivite] *f* COMM Al'leinverkauf(srecht) *m*(*n*); Al'leinvertrieb *m*, -auslieferung *f*; Al'lein-, Exklu'sivvertretung *f*; Al'leinveröffentlichung(srecht) *f*(*n*); Al'leinvorführungsrecht *n*, -aufführungsrecht *n*; Exklu'sivrecht *n*; **cinéma** *m* **d'~** Erstaufführungskino *n*; **contrat** *m* **d'~** Exklu'sivvertrag *m*; *loc/adv* **en ~** ausschließlich; exklu'siv; **ce film passe en ~ au « Royal »** dieser Film läuft exklusiv im „Royal"; **publier en ~** exklusiv, als Exklu'sivbericht veröffentlichen; **avoir l'~ d'une marque** e-e Marke im Alleinvertrieb haben; *publicité* **c'est une ~ X** ein X-Produkt; Alleinhersteller *ou* Alleinvertrieb X
excommun|ication [ɛkskɔmynikasjɔ̃] *f* ÉGL CATH Exkommunikati'on *f*; Exkommuni'zierung *f*; **~ier** *v/t* ÉGL CATH exkommuni'zieren
excréments [ɛkskʀemɑ̃] *m/pl* PHYSIOL Exkre'mente *n/pl*; Kot *m*
excréter [ɛkskʀete] *v/t* ⟨-è-⟩ PHYSIOL ausscheiden; absondern
excrétion [ɛkskʀesjɔ̃] *f* PHYSIOL **1.** Ex'kreti'on *f*; Ausscheidung *f*; *d'une glande* Absonderung *f*; **2. ~s** *pl* Ex'krete *n/pl*; Ausscheidungen *f/pl*
excroissance [ɛkskʀwasɑ̃s] *f* MÉD Auswuchs *m*; Wucherung *f* (*a* BOT); Gewächs *n*
excursion [ɛkskyʀsjɔ̃] *f* Ausflug *m*; **~** (**scientifique**) Exkursi'on *f*; **~ en voiture** Autoausflug *m*, -fahrt *f*, -tour *f*
excursionn|er [ɛkskyʀsjɔne] *v/i* Ausflüge machen; **~iste** *m*,*f* Ausflügler(in) *m*(*f*)
excusable [ɛkskyzabl(ə)] *adj* entschuldbar; zu entschuldigen(d); verzeihlich; **il est ~** man kann es ihm verzeihen
excuse [ɛkskyz] *f* Entschuldigung *f*; Entschuldigungsgrund *m*; (*prétexte*) Ausrede *f*; **mauvaise ~** faule Ausrede; ÉCOLE **mot** *m* **d'~** Entschuldigung *f*; Entschuldigungszettel *m*, -brief *m*; **avoir toujours une bonne ~** nie um e-e Ausrede verlegen sein; **ce n'est pas une ~** das ist keine Entschuldigung; **être sans ~** erreur *etc* unentschuldbar, unverzeihlich sein; *a personne* nicht zu entschuldigen sein; **faire ses** *ou* **des ~s à qn** sich bei j-m entschuldigen, j-n um Entschuldigung bitten (*pour* für, wegen); F **faites ~!** entschuldigen Sie!; **prendre qc pour ~** etw vorschützen; **présenter ses ~s à qn** sich bei j-m (in aller Form) entschuldigen
excuser [ɛkskyze] **I** *v/t* **a)** *comportement, erreur etc* entschuldigen; **b)** **~ qn** j-n entschuldigen (*a pour son absence*); **excusez-moi!, a vous m'excuserez!** entschuldigen, verzeihen Sie (bitte)!; Entschuldigung!; Verzeihung!; **se faire ~** (*de son absence*) sich entschuldigen (lassen); **veuillez m'~ auprès de …** entschuldigen Sie mich bitte bei …; **vous êtes tout excusé** Sie sind entschuldigt; **II** *v/pr* **s'~** sich entschuldigen (**de qc auprès de qn** bei j-m für *ou* wegen etw); **je m'excuse** entschuldigen Sie (bitte) (*de vous déranger* die Störung); **ma femme s'excuse, elle ne peut pas venir** meine Frau läßt sich entschuldigen …
exécr|able [ɛgzekʀabl(ə), ekse-] *adj* scheußlich; ab'scheulich; **~ation** *f* Abscheu *m*; **~er** *v/t* ⟨-è-⟩ verabscheuen
exécutable [ɛgzekytabl(ə)] *adj* **1.** aus-, 'durchführbar; **2.** MUS spielbar
exécutant [ɛgzekytɑ̃] *m* **1.** ausführendes Or'gan (*personne*); **un simple ~** a ein einfacher Befehlsempfänger; **2.** MUS Mitwirkende(r) *m*; Ausführende(r) *m*; Vortragende(r) *m*
exécuter [ɛgzekyte] **I** *v/t* **1.** *mission, ordre, mouvement, commande etc* ausführen; *projet, travail* 'durch-, ausführen; *œuvre d'art* ausführen; *abs* ausführendes Or'gan sein; **~ un virage** e-e Kurve AUTO fahren, AVIAT fliegen, ziehen; **~ les dernières volontés de qn** j-s letzten Willen erfüllen; **2.** JUR *verdict, testament etc* voll'strecken; *verdict a* voll'ziehen; *contrat* erfüllen; **3.** MUS vortragen; spielen; aufführen; **4.** **~ qn** j-n hinrichten, exeku'tieren; *par ext* (*tuer*) j-n 'umbringen; **II** *v/pr* **s'~** der Aufforderung *ou* dem Befehl *ou* s-n Verpflichtungen *etc* nachkommen; sich fügen
exécuteur [ɛgzekytœʀ] *m* **1.** JUR **~ testamentaire** Testa'mentsvollstrecker *m*; **2. ~ des 'hautes œuvres** Scharfrichter *m*; Henker *m*
exécutif [ɛgzekytif] *adj* ⟨-ive⟩ Exeku'tiv…; **le pouvoir ~** *ou subst* **l'~** *m* die Exeku'tive; die Exekutivgewalt; die voll'ziehende (Staats)Gewalt
exécution [ɛgzekysjɔ̃] *f* **1.** *d'un ordre, d'un mouvement etc* Ausführung *f*; *d'un*

exégèse – existence

projet, de travaux 'Durch-, Ausführung *f*; F **~!** los!, los!; schnell!; **mettre à ~** aus-, 'durchführen; *menace* wahr machen; **passer à l'~** an die Ausführung gehen; **2.** JUR *d'un verdict, d'un testament etc* Voll'streckung *f*; *d'un contrat* Erfüllung *f*; **3.** MUS Vortrag *m*; Spiel *n*; Aufführung *f*; **4. ~** (*capitale*) Hinrichtung *f*; Exekuti'on *f*; MIL Erschießung *f*

exégèse [egzeʒɛz] *f* Exe'gese *f* (*surtout* BIBL); Auslegung *f*, -deutung *f*; (Text-) Erklärung *f*; **faire l'~ de qc** etw auslegen, -deuten

exégète [egzeʒɛt] *m* Exe'get *m*; Ausdeuter *m*; Erklärer *m*

exemplaire [egzɑ̃plɛʀ] **I** *adj conduite etc* mustergültig; musterhaft; vorbildlich; beispielhaft; *châtiment* exem'plarisch; **II** *m* Exem'plar *n*; Stück *n*; **~ gratuit** Freiexemplar *n*; *loc/adv*: **à des milliers d'~s** in Tausenden von Exemplaren; in großer Stückzahl; *écrire* **en deux, trois ~s** *ou* **en double, triple ~** in zweifacher *ou* doppelter, dreifacher Ausfertigung

exemplarité [egzɑ̃plaʀite] *f* Mustergültigkeit *f*; Vorbildlichkeit *f*; Bespielhaftigkeit *f*; *d'un châtiment* exem'plarischer Cha'rakter

exemple [egzɑ̃pl(ə)] *m* Beispiel *n*; *en guise d'avertissement* Ex'empel *n*; *d'une personne a* Vorbild *n*; Muster *n*; **un bel ~ de style gothique** ein schönes Beispiel für den gotischen Stil; **un ~ de ce qu'il ne faut pas faire** ein abschreckendes Beispiel; **un cas sans ~** ein beispielloser, noch nie dagewesener Fall; *loc/prép* **à l'~** nach dem Beispiel, Vorbild von (*ou* +*gén*); *loc/adv*: **par ~** a) zum Beispiel (*abr* z. B.); beispielsweise; b) F (*pourtant*) allerdings; (je')doch; c) *int* F (na) so was!; nicht möglich!; Donnerwetter!; *une autre source d'énergie,* (*par*) **~ le soleil** zum Beispiel die Sonne; **pour l'~** um ein Exempel zu statu'ieren; **citer, donner un ~** ein Beispiel geben, anführen (**de qc** für etw); **citer qn, qc en ~** j-n als Vorbild, etw als vorbildlich, mustergültig, beispielhaft hinstellen; **donner l'~** mit gutem Beispiel vor'angehen; ein gutes Beispiel geben; **donner le mauvais ~** ein schlechtes Beispiel geben; **faire un ~** ein Exempel statu'ieren; **prendre ~ sur qn** sich an j-m ein Beispiel nehmen

exempt [egzɑ̃] *adj* ⟨**exempte** [egzɑ̃t]⟩ frei, *personne a* befreit, dispen'siert (**de** von); **pas ~ d'ironie** nicht ohne Ironie; **~ de tout souci** sorgenfrei

exempter [egzɑ̃te] **I** *v/t* befreien, ausnehmen, *personne a* freistellen, dispen'sieren (**de** von); *adjt* **exempté d'impôt(s)** *chose* steuerfrei; *personne* von der Steuer befreit; **exempté du service militaire** vom Militärdienst befreit; **II** *v/pr* **s'~ de qc** etw unter'lassen, vermeiden

exemption [egzɑ̃psjɔ̃] *f* Befreiung *f*, Dis'pens *m*, Dispen'sierung *f* (**de** von); **~ d'impôt(s)** Befreiung von der Steuer (von Steuern); Steuerfreiheit *f*

exercé [egzɛʀse] *adj œil, oreille* geübt

exercer [egzɛʀse] ⟨-ç-⟩ **I** *v/t* **1.** *pouvoir, influence, métier etc* ausüben; *droit a* Gebrauch machen von; **~ un contrôle,** *une influence sur qn, qc* e-e Kontrolle über j-n, etw, Einfluß auf j-n, etw ausüben; **~ un métier** *a* ein Gewerbe betreiben; **~ une pression sur qn,** TECH **sur qc** e-n Druck auf j-n, auf etw ausüben; **~ son talent** sein Talent ausüben, entfalten; **sa verve contre qn** s-n Witz gegen j-n richten; **2.** (*entraîner*) *mémoire etc* üben; schulen; **II** *v/i* **3.** *médecin* prakti'zieren; *avocat* als Anwalt tätig sein; **III** *v/pr* **s'~ 4.** (*s'entraîner*) üben; SPORTS *a* trai'nieren [tʀɛ-]; **s'~ à faire qc** sich in etw (*dat*) üben; **5.** *pouvoir, influence etc* ausgeübt werden (**sur qn** auf j-n); *méchanceté etc* sich richten (**contre** gegen)

exercice [egzɛʀsis] *m* **1.** *du pouvoir, d'un droit, d'un métier etc* Ausübung *f*; **~ illégal de la médecine** unbefugte, illegale Ausübung der Medizin; **libre ~ des cultes** freie Religi'onsausübung *f*; **le président en ~** der am'tierende Präsident; **dans l'~ de ses fonctions** in Ausübung s-s Amtes; **entrer en ~** sein Amt antreten; **2.** SPORTS, ÉCOLE, MUS *etc* Übung *f*; **~s au sol** Bodenturnen *n*; **~ d'alerte** Probealarm *m*; **~s d'assouplissement** Lockerungsübungen *f/pl*; **~ de grammaire** Gram'matikübung *f*; **faire des ~s** Übungen machen; *musicien, chanteur* üben; **3. ~** (*physique*) (körperliche) Bewegung; **faire de l'~** sich Bewegung machen, verschaffen; **manquer d'~** nicht genügend Bewegung haben; **4.** COMM, FIN Geschäfts-, Rechnungs-, Wirtschaftsjahr *n*; **5.** MIL Exer'zieren *n*

exergue [egzɛʀg] *m* **1.** *sur une médaille* Inschrift *f*; **2.** *par ext d'un texte* Motto *n*; **mettre en ~** als Motto vor'anstellen

exfoliation [ɛksfɔljasjɔ̃] *f* Abblättern *n*; MÉD Exfoliati'on *f*

exfolier [ɛksfɔlje] *v/pr* **s'~** abblättern, sich ablösen

exhalaison [egzalɛzɔ̃] *f* Dunst *m*; Ausdünstung *f*; *agréable* Duft *m*

exhaler [egzale] **I** *v/t* **1.** *odeur etc* ausströmen; *st/s* aushauchen; *odeur désagréable a* ausdünsten (*a* PHYSIOL); *litt* **le dernier soupir** s-n letzten Seufzer aushauchen, tun; **~ sa colère** s-m Zorn äußern; bekunden; **II** *v/pr* **s'~** *litt odeur etc* ausströmen; aufsteigen, dringen (**de** aus)

exhaussement [egzosmɑ̃] *m* CONSTR Erhöhung *f*

exhausser [egzose] *v/t mur etc* höher machen; erhöhen; *maison* **~ d'un étage** (um e-e Etage) aufstocken

exhausteur [egzostœʀ] *m* CHIM **~** (**de saveur, de goût**) Geschmacksverstärker *m*

exhaustif [egzostif] *adj* ⟨-**ive**⟩ *étude, liste etc* erschöpfend

exhiber [egzibe] **I** *v/t* **1.** *document* vorzeigen; vorweisen; *animaux au cirque* vorführen; **2.** *ses décorations etc* zur Schau tragen; *savoir, richesse* zur Schau stellen; vorführen; prunken mit; **II** *v/pr* **s'~** *péj* sich zeigen; sich zur Schau stellen

exhibition [egzibisjɔ̃] *f* **1.** Vorzeigen *n*; Vorweisen *n*; *au cirque* Vorführung *f*; **2.** *de richesses etc* Zur'schautragen *n*; Zur'schaustellen *n*; Vorführung *f*

exhibitionnisme [egzibisjɔnism(ə)] *m* **1.** PSYCH Exhibitio'nismus *m*; **2.** *fig* Zur'schaustellung *f* s-r In'timsphäre, s-s Pri'vatlebens

exhibitionniste [egzibisjɔnist] **1.** *m* Exhibitio'nist *m*; **2.** *adjt par ext* **être un peu ~** a) sich gern nackt zeigen; *femme a* freigiebig mit ihren Reizen sein; b) *fig* gern sein Pri'vatleben zur Schau stellen

exhortation [egzɔʀtasjɔ̃] *st/s f* Ermahnung *f* (**à qc** zu etw); **~s** *pl a* Zureden *n*

exhorter [egzɔʀte] *v/t st/s* **~ qn à** j-n ermahnen, j-m zureden (**à faire qc** etw zu tun); **~ qn à la patience** j-n zur Geduld mahnen

exhumation [egzymasjɔ̃] *f* Exhu'mierung *f*; Ausgrabung *f*

exhumer [egzyme] *v/t* **1.** exhu'mieren (**un corps** e-e Leiche); **2.** *ruines etc* ausgraben; **3.** *fig souvenirs, vieux documents* ausgraben

exigeant [egziʒɑ̃] *adj personne, caractère* anspruchsvoll; *chef* sehr viel verlangt; *activité* bei der viel verlangt wird; die hohe Anforderungen stellt

exigence [egziʒɑ̃s] *f* **1. ~s** *pl* a) *de qn, d'un pays etc* Forderungen *f/pl*; Ansprüche *m/pl*; b) *de la situation, d'un métier etc* Erfordernisse *n/pl*; Anforderungen *f/pl*; **2.** *personne* **il est d'une ~ incroyable** er ist unglaublich anspruchsvoll

exiger [egziʒe] *v/t* ⟨-geons⟩ **1.** fordern, verlangen (**qc de qn** etw von j-m); *dédommagement a* beanspruchen; **~ que ...** (+*subj*) fordern, verlangen, daß ...; **on ne peut ~ de lui qu'il ...** (+*subj*) *a* man kann ihm nicht zumuten, daß er ...; *adjt* **diplômes exigés** erforderliche Diplome *n/pl*; **2.** *chose* (*nécessiter*) **~ qc** etw erfordern, erforderlich machen; *plante* **~ beaucoup d'eau** viel Wasser brauchen; *travail* **~ beaucoup de temps** viel Zeit erfordern, beanspruchen, in Anspruch nehmen

exigible [egziʒibl(ə)] *adj dette* eintreibbar; beitreibbar; einklagbar; *impôt, paiement etc* fällig

exigu [egzigy] *adj* ⟨-**guë** [-gy]⟩ sehr klein; winzig; eng

exiguïté [egziguite] *f* Kleinheit *f*; Winzigkeit *f*; Enge *f*

exil [egzil] *m* **1.** E'xil *n*; Verbannung *f*; Emigrati'on *f*; (*lieu* **m d'**)**~** Exil *n*; Verbannungsort *m*; **gouvernement m en ~** Exilregierung *f*; **envoyer qn en ~** j-n ins Exil, in die Verbannung schicken; **être, vivre en ~** im Exil sein, leben; **2.** *fig* Getrenntsein *n*, Trennung *f* von der Heimat, von zu Hause

exilé [egzile] **I** *adj* im E'xil lebend; E'xil ...; **II** *subst* **~**(**e**) *m*(*f*) im E'xil Lebende(r) *f*(*m*); Verbannte(r) *f*(*m*); Emi'grant(in) *m*(*f*)

exiler [egzile] **I** *v/t* **1.** exi'lieren; ins E'xil schicken; verbannen; **2.** *par ext* **~ qn en province** *etc* j-n in die Provinz verbannen; **II** *v/pr* **s'~** ins E'xil gehen; emi'grieren

existant [egzistɑ̃] *adj* bestehend (*a lois, tarifs etc*); vor'handen; exi'stierend; exi'stent

existence [egzistɑ̃s] *f* **1.** Vor'handensein *n*; Bestehen *n*; Exi'stenz *f*; **l'~ de Dieu** die Existenz Gottes; **avoir un siècle d'~** seit einem Jahrhundert bestehen, existieren; **elle avait oublié jusqu'à son ~** sie hatte ihn völlig vergessen; sie hatte sogar vergessen, daß er existierte; **2.** (*vie*) Dasein *n*; Leben *n*; Exi'stenz *f*; ***moyens*** *m/pl* ***d'~*** Existenzmittel *n/pl*; Mittel *n/pl* zur Bestreitung des Lebensunterhalts; ***être las de l'~*** keinen Lebensmut mehr haben; ***mener une ~ misérable*** ein elendes Dasein fristen

existential|isme [ɛgzistɑ̃sjalism(ə)] *m* PHILOS Existentia'lismus *m*; Exi'stenzphilosophie *f*; **~iste** PHILOS **I** *adj* existentia'listisch; **II** *m,f* Existentia'list(in) *m(f)*

existentiel [ɛgzistɑ̃sjɛl] *adj* 〈~le〉 existenti'ell; Exi'stenz...

exister [ɛgziste] **I** *v/i* exi'stieren (*a vivre*); vor'handen sein; bestehen; dasein; *cette coutume* ***existe encore*** besteht, existiert noch; gibt es noch; *ce monument* ***n'existe plus*** existiert nicht mehr; ist nicht mehr vorhanden, da; F ***la solidarité, ça existe!*** es gibt noch Solidarität!; **II** *v/imp* ***il existe*** es gibt; es exi'stiert; ***il en existe de plusieurs sortes*** es gibt, es existieren mehrere Sorten davon

ex-libris [ɛkslibʀis] *m* 〈*inv*〉 Ex'libris *n*

exode [ɛgzɔd] *m* **1.** BIBL ***l'~*** der Auszug aus Ä'gypten; der Exodus; **2.** *par ext* Massenauswanderung *f*; Abwanderung *f*; POL Massenflucht *f*; Fluchtwelle *f*; *st/s* Exodus *m*; **~** ***rural*** Landflucht *f*; ÉCON **~** ***des capitaux*** Kapi'talabwanderung *f*, -flucht *f*; ***l'~ des vacanciers*** der Beginn der Urlaubsreisewelle

exonération [ɛgzɔneʀɑsjɔ̃] *f* Befreiung *f*; Erlaß *m*; **~** ***d'impôts*** Befreiung von der Steuer

exonérer [ɛgzɔneʀe] *v/t* 〈-è-〉 von Steuern, Gebühren *etc* befreien; **~** ***qn de qc*** a j-m etw erlassen; *adjt* ***marchandises exonérées*** zollfreie Waren *f/pl*

exophtalmie [ɛgzɔftalmi] *f* MÉD Glotzauge *n*; *sc* Exoph'thalmus *m*

exorbitant [ɛgzɔʀbitɑ̃] *adj* *prix, loyer etc* 'übermäßig hoch; über'höht; hor'rend; *exigences* 'übermäßig; maßlos; *privilèges* zu weit gehend; ***loyers*** **~s** *a* Mietwucher *m*

exorbité [ɛgzɔʀbite] *adj* *yeux* **~s** vorstehende Augen *n/pl*; Glotzaugen *n/pl*; *d'étonnement* weit aufgerissene, *d'effroi* starre Augen *n/pl*

exorciser [ɛgzɔʀsize] *v/t* **1.** REL die bösen Geister, den Teufel austreiben (***qn*** aus j-m); **~** ***un démon*** e-n Dämon austreiben; **2.** *fig peur, haine* bannen

exorc|isme [ɛgzɔʀsism(ə)] *m* REL Exor'zismus *m*; Teufelsaustreibung *f*; **~iste** *m* Exor'zist *m* (*a* ÉGL CATH)

exorde [ɛgzɔʀd] *m* RHÉT Ex'ordium *n*; Einleitung *f* (*e-r Rede*)

exotique [ɛgzɔtik] *adj* e'xotisch; fremdländisch

exotisme [ɛgzɔtism(ə)] *m* E'xotik *f*; e'xotisches Wesen; e'xotischer Charme

exp. *abr* (*expéditeur*) Abs. (Absender)

expansé [ɛkspɑ̃se] *adj* TECH geschäumt; ***polystyrène*** **~** Styro'por *n* (*Wz*)

expansible [ɛkspɑ̃sibl(ə)] *adj* PHYS ausdehnbar

expansif [ɛkspɑ̃sif] *adj* 〈-ive〉 **1.** mitteilsam; offenherzig; ***un homme peu*** **~** ein ziemlich verschlossener Mensch; **2.** PHYS Ausdehnungs...; Expansi'ons...

expansion [ɛkspɑ̃sjɔ̃] *f* **1.** Ausdehnung *f* (*a d'une ville etc*); Expansi'on *f* (*surtout* POL *et* ÉCON); Ausweitung *f*; **~** ***économique*** wirtschaftliche Expansion; wirtschaftliches Wachstum; ***une industrie en pleine*** **~** e-e expan'sive Industrie; **2.** PHYS Ausdehnung *f*; Expansi'on *f*; **3.** TECH Schäumen *n*; Treiben *n*; **4.** *d'une personne* ***besoin m d'~*** Mitteilungsbedürfnis *n*

expansionn|isme [ɛkspɑ̃sjɔnism(ə)] *m* Expansi'onspolitik *f*, -bestrebungen *f/pl*; **~iste** *adj* POL expansio'nistisch; expan'siv

expatriation [ɛkspatʀijɑsjɔ̃] *f* Verlassen *n* s-s Vaterlandes; Emigrati'on *f*; Auswanderung *f*

expatrier [ɛkspatʀije] **I** *v/t* *capitaux* im Ausland anlegen; **II** *v/pr* ***s'~*** sein (Vater)Land verlassen; emi'grieren; auswandern

expectative [ɛkspɛktativ] *f* **1.** *être, rester dans l'~* sich abwartend verhalten; abwarten; **2.** *litt* Erwartung *f*

expector|ant [ɛkspɛktɔʀɑ̃] *adj* PHARM schleimlösend; **~ation** *f* **1.** Auspucken *n*, -husten *n* (*von Schleim*); **2.** (*crachat*) Auswurf *m*; **~er** *v/t* ausspucken, -husten; *abs* Schleim ausspucken, -husten

expédient [ɛkspedjɑ̃] *m* Ausweg *m*; Notlösung *f*; Notbehelf *m*; ***recourir à des*** **~s** zu allerlei Tricks greifen (, um zu Geld zu kommen); ***vivre d'~s*** sich (so) 'durchlavieren, -schlagen, -bringen, -mogeln

expédier [ɛkspedje] *v/t* **1.** *tâche, affaire* rasch, zügig erledigen; *affaires courantes* erledigen; *péj élève*: *ses devoirs* hinschludern; *repas* hin'unterschlingen; **2.** *client, visiteur etc* rasch abfertigen; **3.** (*envoyer*) *colis, marchandises* versenden; verschicken; *lettre* ab-, wegschicken; absenden; aufgeben (*a télégramme*); *par ext* (*transporter*) befördern; **4.** F *personne*(*s*) schicken, (weg-, fort-)schaffen, F abschieben (***ses enfants chez leurs grands-parents*** s-e Kinder zu den Großeltern); *fig* **~** ***qn dans l'autre monde*** j-n ins Jenseits befördern

expédi|teur [ɛkspeditœʀ] ***, ~trice*** **I** *m,f* Absender(in) *m(f)*; **II** *adj* ***gare expéditrice*** Versand-, Abgangsbahnhof *m*

expéditif [ɛkspeditif] *adj* 〈-ive〉 *personne* flink; fix; zügig, flott arbeitend; *méthode, solution* rasch zum Ziel führend; ***justice expéditive*** Schnelljustiz *f*, -verfahren *n*; ***être*** **~** ***en affaires*** die Geschäfte zügig erledigen

expédition [ɛkspedisjɔ̃] *f* **1.** *scientifique* Expediti'on *f*; Forschungsreise *f*; ~ *polaire* Po'larexpedition *f*; F *fig* ***c'est une véritable*** **~***!* das ist e-e wahre Expedition!; **2.** MIL Expediti'on *f*; Feldzug *m*; **3.** *des affaires* Erledigung *f*; ***être chargé de l'~ des affaires courantes*** mit der Erledigung, Führung der laufenden Geschäfte beauftragt sein; **4.** (*envoi*) *de marchandises, de colis* Versand *m*; Versendung *f*; Verschickung *f*; *d'une lettre etc* Absendung *f*; *d'un télégramme* Aufgabe *f*; *par ext* Beförderung *f*

expéditionnaire [ɛkspedisjɔnɛʀ] **I** *adj* MIL ***corps m*** **~** Expediti'onskorps *n*; **II** *m,f* COMM Expedi'ent(in) *m(f)*

expérience [ɛkspeʀjɑ̃s] *f* **1.** Erfahrung *f*; *comme qualité* a Erfahrenheit *f*; **~** ***amoureuse*****, *sentimentale*** (Liebes-)Erlebnis *n*; **~** ***professionnelle*** Berufserfahrung *f*, -praxis *f*; ***de longues années d'~*** langjährige Erfahrung; *connaître, savoir par* **~** aus Erfahrung; *débutant sans* **~** ohne Erfahrung; unerfahren; ***acquérir de l'~*** Erfahrungen sammeln; ***avoir de l'~*** Erfahrung haben; über Erfahrung verfügen; ***avoir l'~ des affaires*** Geschäftserfahrung haben; geschäftserfahren sein; ***avoir l'~ des hommes*** Erfahrung im 'Umgang mit Menschen haben; ***avoir l'~ du monde*** Weltkenntnis haben; welterfahren sein; ***avoir une certaine*** **~** ***de la vie*** e-e gewisse Lebenserfahrung haben; ***faire l'~ de qc*** Erfahrungen mit etw machen; etw ausprobieren, kennenlernen, erleben; **2.** (*essai*) Experi'ment *n*; Versuch *m*; *par ext* **~** ***malheureuse*** Fehlschlag *m*; *à titre d'~* versuchsweise; ***faire une*** **~** e-n Versuch, ein Experiment machen, anstellen; ***faire des*** **~s** (***sur des animaux vivants***) Experimente (an lebenden Tieren) machen; (mit lebenden Tieren) experimen'tieren; ***tenter l'~*** den Versuch wagen, machen

expérimental [ɛkspeʀimɑ̃tal] *adj* 〈-aux〉 experimen'tell; Experimen'tal ...; Versuchs ...; *cf a science 1., stade 2.*

expérimenta|teur [ɛkspeʀimɑ̃tatœʀ] *m*, **~trice** *f* Experimen'tator *m*, Experimenta'torin *f*

expérimentation [ɛkspeʀimɑ̃tɑsjɔ̃] *f* Experimen'tieren *n*; **~** ***animale*** Tierversuche *m/pl*

expériment|é [ɛkspeʀimɑ̃te] *adj* erfahren; routi'niert; erprobt; **~er** *v/t* erproben, ausprobieren (***qc sur qn*** etw an j-m)

expert [ɛkspɛʀ] **I** *adj* 〈-erte [-ɛʀt]〉 sachverständig; sach-, fachkundig; ***d'une main*** **~e** geschickt; routi'niert; ***être*** **~** ***en la matière*** Fachmann auf dem Gebiet sein; **II** *m* (*a pour une femme*) **a)** *en art etc* Sachverständige(r) *f(m)*; Gutachter(in) *m(f)*; ***de l'avis des*** **~s** nach Meinung der Sachverständigen; ***commission f d'~s*** Sachverständigenausschuß *m*; Gutachterkommission *f*; Fachausschuß *m*; ***avoir recours à, faire appel à***, ***consulter un*** **~** e-n Gutachter, Sachverständigen hin'zuziehen; **b)** *par ext* (*connaisseur*) Fachmann *m*; Ex'perte *m*

expert-comptable [ɛkspɛʀkɔ̃tabl(ə)] *m* 〈*pl experts-comptables*〉 Wirtschafts-, Buch-, Rechnungsprüfer *m*; Bücherrevisor *m*

expertise [ɛkspɛʀtiz] *f* rapport (Sachverständigen)Gutachten *n*; Exper'tise *f*; (*estimation*) Begutachtung *f* durch e-n Sachverständigen; ***établir, faire une*** **~** ein Gutachten erstellen

expertiser [ɛkspɛʀtize] *v/t* (als Sachverständiger) begutachten; ein Gutachten abgeben über (+*acc*); ***faire*** **~** ***qc*** etw (durch e-n Sachverständigen) begutachten lassen

expiation [ɛkspjɑsjɔ̃] *f* Sühne *f*; REL a Buße *f*; ***en*** **~** ***de*** als Sühne für

expiatoire [ɛkspjatwaʀ] *adj* Sühne...

expier [ɛkspje] *v/t* **1.** *faute, crime, péché* sühnen; (ab)büßen; **2.** *par ext* **~** ***qc*** (für) etw büßen müssen

expirant [ɛkspiʀɑ̃] *adj* **1.** *personne* sterbend; **2.** *fig* (ab)sterbend; ***d'une voix*** **~e** mit verlöschender Stimme

expiration [ɛkspiʀɑsjɔ̃] *f* **1.** PHYSIOL Ausatmung *f*; **2.** *d'un délai, d'un con-*

expirer – exposition

trat, d'une garantie etc Ablauf *m*; Erlöschen *n*; **~ de la peine** Ablauf der Strafzeit; **date** *f* **d'~** Ablauf-, Verfallsdatum *n*; **à l'~ de ce délai** nach Ablauf dieser Frist; **arriver à ~** *délai etc* ablaufen; erlöschen; *passeport etc* ungültig werden; verfallen

expirer [ɛkspiʀe] **I** *v/t et abs* ausatmen; **II** *v/i* **1.** (*mourir*) verscheiden; sterben; *st/s* sein Leben aushauchen; **2.** *fig son* verhallen; *feu* erlöschen; **3.** ⟨*Ergebnis* être⟩ *délai, contrat, garantie etc* ablaufen; erlöschen; *délai a* verstreichen; *passeport etc* ungültig werden; verfallen; **laisser ~ un délai** e-e Frist verstreichen lassen, versäumen

explétif [ɛkspletif] *GR* **I** *adj* ⟨-ive⟩ **le «ne»** **~** das funkti'onslose, fakulta'tive „ne"; **II** *m* Füll-, Flickwort *n*; *t/t* Exple'tiv *n*

explicable [ɛksplikabl(ə)] *adj* erklärlich; erklärbar

explicatif [ɛksplikatif] *adj* ⟨-ive⟩ erklärend; erläuternd; **note explicative** Erläuterung *f*; erläuternde Notiz; **notice explicative** Bedienungsanleitung *f*

explication [ɛksplikasjɔ̃] *f* **1.** Erklärung *f*; Erläuterung *f*; **~ de texte** *a* **française** Textinterpretation *f*; **voilà l'~** das ist des Rätsels Lösung; **demander des ~s à qn** a) j-n um e-e Erklärung bitten; b) (*demander des comptes*) j-n zur Rede stellen (*sur qc* wegen etw); **je n'ai pas d'~ à vous donner** ich bin Ihnen keine Erklärung, Rechenschaft schuldig; **donner, fournir des ~s a** Aufschluß geben; **2.** (*discussion*) Ausein'andersetzung *f*; **avoir une ~ avec qn** e-e Auseinandersetzung mit j-m haben

explicite [ɛksplisit] *adj déclaration, texte etc* eindeutig; klar; deutlich; unzweideutig; *clause, volonté* ausdrücklich; expli'zit; *personne* **être ~** sich eindeutig *etc* ausdrücken

explicit|ement [ɛksplisitmɑ̃] *adv* eindeutig; unzweideutig; ausdrücklich; *st/s* ex'plizite; **~er** *v/t* eindeutig formu'lieren, ausdrücken

expliquer [ɛksplike] **I** *v/t* erklären, erläutern (*qn* à qn j-m etw); *auteur, texte* interpre'tieren; **~ qc à qn en détail** *a* j-m etw ausein'andersetzen; **cela explique pourquoi ...** das macht verständlich, warum ...; **expliquez-lui que nous comptons sur lui** machen Sie ihm klar, daß wir uns auf ihn verlassen; *adjt* **lecture expliquée** kommen'tierte Schullektüre; **II** *v/pr* **s'~** (*dire sa pensée*) sich äußern, auslassen, aussprechen, ausdrücken (*sur* über +*acc*); **je m'explique: ...** lassen Sie mich das näher erklären, ausführen ...; **je ne sais pas si je me suis bien expliqué** ich weiß nicht, ob ich mich deutlich genug ausgedrückt habe; **2.** a) **s'~ avec qn** (*discuter*) sich mit j-m ausein'andersetzen, aussprechen; b) F **s'~** (*se battre*) sich prügeln. **3. s'~ qc** (*comprendre*) sich etw erklären (können); **je ne m'explique pas comment ...** ich kann mir nicht erklären, wie ...; **4.** *sens passif* sich erklären lassen; sich erklären sein; **tout s'explique** mir wird alles klar

exploit [ɛksplwa] *m* **1.** (her'vorragende) Leistung; Glanzleistung *f*; Großtat *f*; *surtout iron* Heldentat *f*, -stück *n*; **2.** *JUR* **~** (**d'huissier**) vom Gerichtsvollzieher zugestelltes Schriftstück

exploitable [ɛksplwatabl(ə)] *adj* verwertbar; *gisement* abbauwürdig, -fähig; erschließbar; *sol, forêt* nutzbar

exploitant [ɛksplwatɑ̃] *m* **1. ~** (**agricole**) Landwirt *m*; **petit, gros ~** Klein-, Großlandwirt *m*; **2.** *d'une salle de cinéma* Filmtheater-, Kinobesitzer *m*

exploitation [ɛksplwatasjɔ̃] *f* **1.** *d'une propriété, du sol* Bewirtschaftung *f*; *d'une forêt* Nutzung *f*; *d'une mine* Ausbeutung *f*; *d'un gisement de charbon, de minerai* Abbau *m*; *d'un gisement de pétrole* Ausbeutung *f*; Nutzung *f*; Erschließung *f*; *d'une ligne de bus etc*, *TECH* Betrieb *m*; *d'une ligne aérienne a* Befliegen *n*; *d'un brevet, de statistiques etc* Aus-, Verwertung *f*; *d'un brevet a* Nutzung *f*; *MINES* **~ souterraine, à ciel ouvert** Unter'tage-, Tagebau *m*; *INFORM* **système** *m* **d'~** Betriebssystem *n*; **être en ~** in Betrieb sein; **2.** (*entreprise*) Betrieb *m*; **~ agricole** landwirtschaftlicher Betrieb; **~ familiale** (bäuerlicher) Fa'milienbetrieb; **~ industrielle** Indu'strie-, Gewerbebetrieb *m*; **3.** *d'une situation, d'un avantage etc* Ausnützung *ou* Ausnutzung *f*; **4.** *péj de travailleurs* Ausbeutung *f*

exploiter [ɛksplwate] *v/t* **1.** *ferme, terre* bewirtschaften; *forêt* nutzen; *mine* ausbeuten; *gisement de charbon, de minerai* abbauen; *gisement de pétrole* ausbeuten; nutzen; erschließen; *entreprise, commerce, ligne de bus etc* betreiben; *ligne de bus a* befahren; *ligne aérienne a* befliegen; *brevet, statistiques etc* aus-, verwerten; **2.** *situation, don, avantage, péj ignorance de qn etc* ausnützen; (aus-) nutzen; sich zu'nutze machen; **3.** *péj main-d'œuvre* ausbeuten; aussaugen

exploit|eur [ɛksplwatœʀ] *m*, **~euse**, *péj* Ausbeuter(in) *m(f)*

explorateur [ɛksplɔʀatœʀ] *m* Forschungsreisende(r) *m*; *d'un continent etc* Erforscher *m*

exploration [ɛksplɔʀasjɔ̃] *f* **1.** *d'une région, d'un problème etc* Erforschung *f*; **partir en ~** e-e Forschungsreise unter'nehmen; **2.** *MÉD* Unter'suchung *f* (der inneren Or'gane)

explorer [ɛksplɔʀe] *v/t* **1.** *continent, mer, problème, subconscient etc* erforschen; **2.** *maison etc* gründlich ansehen; besichtigen; *terrain, horizon* absuchen; **3.** *MÉD* unter'suchen

exploser [ɛksploze] *v/i* **1.** *bombe, gaz etc* explo'dieren; *pétard* zerplatzen; zerknallen; **faire ~** zur Explosi'on bringen; zünden. **2.** *fig colère* aus-, her'vorbrechen; sich Luft machen; zum Ausbruch kommen; F **il a explosé** F er explo'dierte; er zerplatzte vor Wut; er ging in die Luft; ihm platzte der Kragen; F **faire ~ qn** F j-n auf die Palme bringen; **3.** *fig prix, ville etc* explosi'onsartig, rapide anwachsen; explo'dieren

explosible [ɛksplozibl(ə)] *adj* explo'siv; leicht explo'dierend; explo'sibel

explosif [ɛksplozif] **I** *adj* ⟨-ive⟩ **1.** explo'siv; Spreng...; **engin ~** Sprengkörper *m*; **mélange ~** explosives Gemisch; **onde explosive** Explosi'onswelle *f*; **2.** *fig situation* spannungsgeladen; bri'sant; *tempérament* explo'siv; **situation devenir ~** sich zuspitzen, verschärfen;

3. *PHON* **consonne explosive** *ou subst* **explosive** *f* Verschluß-, Explo'sivlaut *m*; **II** *m* Spreng-, Explo'sivstoff *m*; **attentat** *m* **à l'~** Sprengstoffattentat *n*

explosion [ɛksplozjɔ̃] *f* **1.** Explosi'on *f*; *bruit a* Knall *m*; **~ de gaz** Gasexplosion *f*; **moteur** *m* **à ~** Explosions-, Verbrennungsmotor *m*; **entendre une ~** souvent e-n Knall hören; **faire ~** explo'dieren; **2.** *fig* (*manifestation soudaine*) Ausbruch *m*; **~ raciale** Ausbruch von Rassenhaß; **~ d'enthousiasme** Ausbruch der Begeisterung; **~ de joie** Freudenausbruch *m*; **3.** *fig* (*expansion soudaine*) explosi'onsartiges, ra'pides Ansteigen, Anwachsen; Explosi'on *f*; **~ démographique** Bevölkerungsexplosion *f*

exponentiel [ɛkspɔnɑ̃sjɛl] *adj* ⟨~le⟩ *MATH* Exponenti'al...; exponenti'ell (*a fig croissance*); **fonction ~le** *ou subst* **~le** *f* Exponentialfunktion *f*

exportable [ɛkspɔʀtabl(ə)] *adj COMM* ausführbar; expor'tierbar

exportateur [ɛkspɔʀtatœʀ] **I** *adj* ⟨-trice⟩ Ausfuhr...; Ex'port...; expor'tierend; **pays ~ de céréales** Getreideausfuhrland *n*; **II** *m* Expor'teur *m*

exportation [ɛkspɔʀtasjɔ̃] *adj* a) *action* Ausfuhr *f*; Ex'port *m*; **maison** *f* **d'~** Exportfirma *f*, b) **~s** *pl* Ex'port(e) *m(pl)*; Ausfuhr(en) *f(pl)*; Ausfuhr-, Ex'portgüter *n/pl*, -artikel *m/pl*

exporter [ɛkspɔʀte] *v/t* **1.** *COMM* ausführen; expor'tieren; **2.** *fig mode, doctrine etc* expor'tieren; im Ausland verbreiten

exposant [ɛkspozɑ̃] *m* **1.** *COMM* Aussteller *m*; **2.** *MATH* Expo'nent *m*; Hochzahl *f*

exposé [ɛkspoze] *m* Darlegung *f*; Darstellung *f*; Bericht *m*; Überblick *m*; Ex'po'sé *n*; Refe'rat *n*; **~ de la situation** Lagebericht *m*

exposer [ɛkspoze] **I** *v/t* **1.** *marchandises, objets d'art* ausstellen; **être exposé à la vue, aux regards de tous** offen zur Schau gestellt sein; den Blicken der Leute ausgesetzt sein; **2.** *morts* aufbahren; **3.** (*soumettre*) aussetzen (*à dat*); **~ à l'air, à la flamme** mit Luft, mit offenem Feuer in Berührung bringen; **~ à la chaleur** der Hitze aussetzen; *adjt* **exposé au vent** dem Wind ausgesetzt; windig; **4. ~ qn, qc** (*au danger*) j-n, etw der Gefahr aussetzen, in Gefahr bringen; j-n, etw expo'nieren; *adjt* **être à un poste exposé** an expo'nierter Stelle stehen; **5.** *édifice* **~ au sud** nach Süden richten; in Südlage bauen; *adjt:* **être exposé au sud** *édifice, jardin etc* nach Süden liegen; *pièce a* nach Süden gehen; auf der Südseite liegen; **maison bien exposée** Haus *n* in sonniger Lage; **6.** *PHOT* belichten; **7.** *fait, problème, raisons etc* darlegen, -stellen; vortragen; *projet, idées a* entwickeln; ausein'andersetzen; **II** *v/pr* **s'~** sich aussetzen (*à dat*); *abs* sich expo'nieren; **s'~ (au soleil)** sich der Sonne aussetzen; **s'~ à des reproches** sich Vorwürfen aussetzen

exposition [ɛkspozisjɔ̃] *f* **1.** *de marchandises, d'objets d'art* Ausstellen *n*, -ung *f*; **2.** (*présentation publique*) Ausstellung *f*; Schau *f*; (*foire*) Messe *f*; **~ (des œuvres de) Picasso** Ausstellung der Werke Picassos, Pi'casso-Ausstellung *f*;

~ de peinture Gemäldeausstellung f; **parc** m **des ~s** Ausstellungs-, Messegelände n; **3. ~ au soleil** Sonnenbestrahlung f; **4.** d'un édifice Lage f; **~ au sud** Südlage f; **5.** PHOT Belichtung f; **6.** de faits etc Darlegung f; Darstellung f; **7.** MUS, d'une pièce de théâtre Exposition f

exprès¹ [ɛkspʀɛ] adv **a)** (à dessein) absichtlich; mit Absicht; bewußt; extra; **il fait ~ de vous contredire** er widerspricht Ihnen absichtlich; **c'est fait ~** das ist absichtlich, extra, ganz bewußt so gemacht; **comme par un fait ~** [-t-] ausgerechnet; es ist wie verhext; **b)** (spécialement) extra; eigens; **il est venu ~ pour vous voir** er ist extra, eigens zu Ihnen gekommen

exprès² [ɛkspʀɛ(s)] adj **1.** ⟨expresse [ɛkspʀɛs]⟩ ausdrücklich; **défense expresse de** (+inf) ausdrückliches Verbot zu (+inf); **2.** [ɛkspʀɛs] ⟨inv⟩ sur une lettre, un colis ~ Eilzustellung f; durch Eilboten; **colis** m **~** Schnellpaket n; **lettre** f **~** Eilbrief m

express [ɛkspʀɛs] **I** adj ⟨inv⟩ Schnell...; **train** m **~** ou subst **~** m Schnellzug m; D-Zug m; **voie** f **~** Schnellstraße f; **II** m café Es'presso m

expressément [ɛkspʀɛsemɑ̃] adv interdire etc ausdrücklich; recommander dringend

expressif [ɛkspʀɛsif] adj ⟨-ive⟩ ausdrucksvoll; ausdrucksstark; expres'siv

expression [ɛkspʀɛsjɔ̃] f **1.** Ausdruck m (a MUS, ART etc); **liberté** f **d'~** (Recht n auf) freie Meinungsäußerung; Meinungsfreiheit f; loc/adv et loc/adj: **au-delà de toute ~** unbeschreiblich; über alle Maßen; **avec une ~ de désespoir** mit dem Ausdruck der Verzweiflung; **d'~ française** pays fran'zösischsprechend, -sprachig; auteur französisch schreibend; **sans ~** ausdruckslos; formule épistolaire **veuillez agréer l'~ de mes sentiments distingués** hochachtungsvoll; mit vorzüglicher Hochachtung; **2.** dans la langue Ausdruck m; (Rede)Wendung f; Redensart f; **~ argotique** Ar'gotausdruck m; **~ toute faite** feste (Rede)Wendung; stehende Redensart; Kli'schee n; **3.** MATH Ausdruck m; **réduire à sa plus simple ~** a) fraction etc auf die einfachste Form bringen; kürzen; b) fig auf ein Minimum reduzieren; données auf die einfachste Formel bringen

expressionn|isme [ɛkspʀɛsjɔnism(ə)] m Expressio'nismus m; **~iste I** adj expressio'nistisch; **II** m Expressio'nist m

expressivité [ɛkspʀɛsivite] f Ausdruckskraft f; Expressivi'tät f

exprimable [ɛkspʀimabl(ə)] adj ausdrückbar

exprimer [ɛkspʀime] **I** v/t **1.** ausdrücken; zum Ausdruck bringen; sentiment a Ausdruck geben, verleihen (+dat); opinion, souhait a äußern; artiku'lieren; regard **~ l'admiration** Bewunderung ausdrücken; **~ l'espoir que ...** der Hoffnung Ausdruck geben, daß ...; **~ ses remerciements** s-n Dank aussprechen, abstatten; **2.** adjt POL **suffrages exprimés** abgegebene Stimmen f/pl; **3.** jus ausdrücken, -pressen; **II** v/pr **s'~** sich ausdrücken; sich artiku'lieren; **si je peux m'~ ainsi** wenn ich so sagen darf;

il s'exprime difficilement er hat Mühe, sich auszudrücken; **s'~ en bon français** (ein) gutes Französisch sprechen; **s'~ par gestes** sich durch Gesten verständlich machen

expropri|ation [ɛkspʀɔpʀijasjɔ̃] f Enteignung f; **~er** v/t enteignen

expulsé [ɛkspylse] m Ausgewiesene(r) m; Vertriebene(r) m

expulser [ɛkspylse] v/t **1.** personne(s) vertreiben, ausweisen, verweisen, entfernen (de aus); d'un parti ausstoßen; ausschließen; étranger indésirable ausweisen; abschieben; SPORTS joueur vom Platz, des Feldes verweisen; **~ un élève du lycée** e-n Schüler vom Gymnasium verweisen; **2.** PHYSIOL ausstoßen

expulsion [ɛkspylsjɔ̃] f **1.** Ausweisung f; Vertreibung f (de son pays aus s-r Heimat); Ausstoßung f, Ausschluß m (d'un parti aus e-r Partei); d'une salle Entfernung f; d'un élève Verweisung f von der Schule; d'un locataire zwangsweise Ausweisung; abs a Zwangsräumung f; d'étrangers Ausweisung f; Abschiebung f; SPORTS Platz-, Feldverweis m; **2.** PHYSIOL Ausstoßung f

expurger [ɛkspyʀʒe] v/t ⟨-geons⟩ die anstößigen Stellen streichen (**un livre** aus e-m Buch); von anstößigen Stellen säubern; adjt **édition expurgée** a zen'sierte Ausgabe

exquis [ɛkski] adj **1.** auserlesen; ausgesucht; her'vorragend; ausgezeichnet; exqui'sit; mets a köstlich; wohlschmeckend; **être d'une politesse ~e** von ausgesuchter Höflichkeit sein; ausgesucht höflich sein; **2.** personne anmutig; char'mant

exsangue [ɛgzɑ̃g, ɛksɑ̃g] adj **1.** lèvres etc blutleer, -los; **2.** blessé, fig pays ausgeblutet; **3.** fig littérature etc kraftlos

exsud|ation [ɛksydasjɔ̃] f MÉD, BOT Ausschwitzung f; sc Exsudati'on f; **~er** MÉD, BOT **I** v/t ausschwitzen; **II** v/i ausgeschwitzt werden

extase [ɛkstaz, -taz] f REL et fig Ek'stase f; Verzückung f; **être en ~ devant qn, qc** von j-m, etw ganz hingerissen sein; **tomber en ~** in Ekstase, Verzückung geraten

extasier [ɛkstazje, -tɑ-] v/pr **s'~** vor Entzücken außer sich geraten; in Entzücken ausbrechen (**devant, sur** über +acc); hell begeistert sein (von); adjt **extasié** verzückt; entzückt; hingerissen

extatique [ɛkstatik] adj ek'statisch; verzückt

extenseur [ɛkstɑ̃sœʀ] m **1.** ANAT **~** et adjt **muscle ~** Streckmuskel m; Strekker m; **2.** SPORTS Ex'pander m

extensible [ɛkstɑ̃sibl(ə)] adj dehn-, streckbar

extensif [ɛkstɑ̃sif] adj ⟨-ive⟩ **1.** AGR **culture extensive** exten'sive Wirtschaft, Bodenwirtschaftung f; **2.** sens d'un mot erweitert

extension [ɛkstɑ̃sjɔ̃] f **1.** d'un ressort etc (Aus)Dehnung f; **2.** SPORTS, MÉD Strecken m; jambe, bras en **~** gestreckt; **3.** d'influence, de pouvoir etc Ausdehnung f; Erweiterung f; Ausweitung f; d'une épidémie, d'une incendie Ausbreitung f; 'Umsichgreifen n; **l'~ du français dans le monde** die Verbreitung des Französischen in der Welt; **prendre de l'~** sich ausweiten; sich vergrößern;

um sich greifen; **4.** LING Bedeutungserweiterung f; **par ~** im weiteren Sinne

exténu|ant [ɛkstenɥɑ̃] adj sehr anstrengend, ermüdend; aufreibend; beschwerlich; **~ation** f Ermattung f; Entkräftung f

exténuer [ɛkstenɥe] **I** v/t sehr anstrengen; aufreiben, ermatten; entkräften; adjt **être exténué** ermattet, erschöpft, entkräftet sein; **II** v/pr **s'~ à faire qc** etw bis zur Erschöpfung tun

extérieur [ɛksteʀjœʀ] **I** adj äußere(r, -s); äußerlich; außerhalb befindlich, liegend; sentiment **tout ~** rein äußerlich; **aspect ~** äußerer Anblick; Äußere(s) n; **boulevards ~s** (äußere) Ringstraßen f/pl; **bruit ~** von außen kommender Lärm; **commerce ~** Außenhandel m; **escalier ~** Außentreppe f; **monde ~** Außenwelt f; **politique ~e** Außenpolitik f; **impôt ~ sur les signes ~s de richesse** Aufwandsteuer f; **II** m **1.** Äußere(s) n (a d'une personne); Außenseite f; (monde ~) Außenwelt f; **peindre l'~ de qc** die Außenseite (+gén) anmalen; etw außen anmalen; ♦ loc/prép **à l'~ de** außerhalb (+gén); loc/adv: **à l'~** (dr)außen; SPORTS **jouer à l'~** auswärts spielen; **de l'~** von außen; **juger de l'~** nach dem Äußeren (be)urteilen; **regarder de l'~** (von außen) her'einschauen, -sehen; **vu de l'~** von außen gesehen (a fig); **2.** CIN **~s** pl Außenaufnahmen f/pl

extérieurement [ɛksteʀjœʀmɑ̃] adv **1.** (au dehors) äußerlich; von außen; **2.** (apparemment) äußerlich; nach außen hin; zum Schein

extérioriser [ɛksteʀjɔʀize] **I** v/t sentiments äußern; ausdrücken; zeigen; **II** v/pr **s'~** sentiment sich äußern; (äußerlich) sichtbar werden; personne aus sich her'ausgehen

exterminateur [ɛkstɛʀminatœʀ] adj ⟨-trice⟩ Ausrottungs...; Vernichtungs...; BIBL **ange ~** Würgengel m

extermination [ɛkstɛʀminasjɔ̃] f Ausrottung f; Vernichtung f; **camp** m **d'~** Vernichtungslager n

exterminer [ɛkstɛʀmine] v/t ausrotten; vernichten; vermine a vertilgen

externat [ɛkstɛʀna] m **1.** ÉCOLE Exter'nat n; **2.** MÉD Tätigkeit f als „externe des hôpitaux"

externe [ɛkstɛʀn] **I** adj äußere(r, -s); äußerlich; Außen...; PHARM **à usage ~** äußerlich anzuwenden; zur äußerlichen Anwendung; **II** m,f **1.** Ex'terne(r) f(m); nicht im Inter'nat wohnender Schüler, wohnende Schülerin; **2. ~** (**des hôpitaux**) Medizinstudent(in), der (die) auf Grund e-r Auslese bereits vom 3. Studienjahr ab im Krankenhaus tätig ist

exterritorialité [ɛkstɛʀitɔʀjalite] f DIPL Exterritoriali'tät f

extincteur [ɛkstɛ̃ktœʀ] m Feuerlöscher m; Feuerlöschgerät n

extinction [ɛkstɛ̃ksjɔ̃] f **1.** d'un incendie Löschen n; d'un feu Auslöschen n; MIL **~ des feux** Zapfenstreich m; **2.** d'une race, d'une famille etc Aussterben n; Erlöschen n (a d'un droit); **en voie d'~** im Aussterben begriffen; aussterbend; **3. ~ de voix** völlige Heiserkeit; Stimmlosigkeit f; **avoir une ~ de voix** völlig heiser, stimmlos sein

extirpation [ɛkstiʀpasjɔ̃] f **1.** de mau-

extirper – eye-liner

vaises herbes Ausreißen *n*; **2.** *MÉD* völlige Entfernung; *sc* Exstirpati'on *f*; **3.** *fig et st/s* Ausrottung *f*; Beseitigung *f*
extirper [εkstiRpe] **I** *v/t* **1.** *mauvaises herbes* (mit der Wurzel) ausreißen; **2.** *MÉD* völlig entfernen; *sc* exstir'pieren; **3.** *st/s préjugé* ausrotten; *abus* beseitigen; abstellen; **4.** *renseignement etc* ~ *à qn* j-m entlocken; aus j-m her'auslokken; **5.** F ~ *qn de son lit* j-n aus dem Bett jagen; **II** *v/pr* F *s'~ de son sac de couchage etc* sich aus s-m Schlafsack *etc* befreien, F quälen
extorquer [εkstɔRke] *v/t aveu, signature etc* erpressen, erzwingen (*à qn* von j-m); abnötigen (j-m); ~ *de l'argent à qn* von j-m Geld erpressen
extorsion [εkstɔRsjɔ̃] *f* Erpressung *f*; Erzwingung *f*; ~ *de fonds* Erpressung von Geld
extra [εkstRa] **I** *m* ⟨*inv*⟩ **1. a)** *un* ~ etwas Außergewöhnliches, Besonderes (*surtout mets, boisson*); *s'offrir un* (*petit*) ~ sich etwas Außergewöhnliches, Besonderes leisten; **b)** *serveur etc faire des* ~ anderswo aushelfen; **2.** *serveur* Aushilfskellner *m*; **II** F *adj* ⟨*inv*⟩ ausgezeichnet; F *prima* (*inv*); super (*inv*)
extra... [εkstRa] *préfixe* außer...; extra...; *cf a les articles suivants*
extra|budgétaire [εkstRabydʒetεR] *adj* außeretatmäßig; **~communautaire** *adj* außerhalb der EG, der EU; **~conjugal** *adj* ⟨-aux⟩ außerehelich
extraction [εkstRaksjɔ̃] *f* **1.** *de charbon, minerai, pétrole etc* Förderung *f*; Gewinnung *f*; *MINES a* Abbau *m*; **2.** *MÉD* (opera'tive) Entfernung; *d'une dent* Ziehen *n*; *sc* Extrakti'on *f*; **3.** *MATH ~ de la racine* Wurzelziehen *n*; **4.** *litt être de haute, basse* ~ von hoher, niederer Ab-, Herkunft sein
extrader [εkstRade] *v/t JUR* ausliefern
extradition [εkstRadisjɔ̃] *f* Auslieferung *f*; *demande f d'~* Auslieferungsersuchen *n*
extra|-dry [εkstRadRaj] *adj* extra dry [dRaj]; **~fin** *adj COMM* extrafein
extrafort [εkstRafɔR] **I** *adj COMM* extrastark; **II** *m COUT* Kanten-, Eckenband *n*
extraire [εkstRε] ⟨*cf traire*⟩ **I** *v/t* **1.** *richesses minières* fördern; gewinnen; *charbon, minerai a* abbauen; *marbre, ardoise* brechen; **2.** *MÉD* entfernen; her'ausziehen; *dent* ziehen; **3.** *passages, textes etc* entnehmen (*d'un livre* e-m Buch); exzer'pieren, her'ausschreiben (aus e-m Buch); **4.** *MATH racine* ziehen (*d'un nombre* aus e-r Zahl); **II** *v/pr* F *s'~ de sa voiture* sich aus s-m Wagen zwängen, F quälen
extrait [εkstRε] *m* **1.** *CHIM* Ex'trakt *m*; Auszug *m*; ~ *de lavande* La'vendelextrakt *f*; **2.** *d'un livre, d'un discours etc* Auszug *m*; *écrit* Ex'zerpt *n*; **reproduire**

des ~s d'un discours e-e Rede in Auszügen, auszugsweise 'wiedergeben; **3.** *JUR* Auszug *m*; ~ (*d'acte*) *de naissance* Geburtsurkunde *f*; ~ *de baptême* Taufschein *m*; ~ *du casier judiciaire* Auszug aus dem Strafregister; ~ *de mariage* Trauschein *m*; Heiratsurkunde *f*
extralucide [εkstRalysid] *adj voyante f* ~ Hellseherin *f*; Wahrsagerin *f*
extra-muros [εkstRamyRos] *adv* außerhalb der Stadt(mauern)
extraordinaire [εkstRaɔRdinεR] *adj* **1.** *séance, mesure etc* außerordentlich; außerplanmäßig; Sonder...; *assemblée f* ~ außerordentliche Versammlung; *en mission* ~ im Sonderauftrag; *loc/adv par* ~ wider Erwarten; ausnahmsweise; **2.** *aventure, nouvelle etc* außer-, ungewöhnlich; erstaunlich; merkwürdig; **3.** *succès, beauté, appétit, joie etc* außergewöhnlich (*a personne*); außergewöhnlich; *fortune* außergewöhnlich groß; F *vin est ordinaire, il n'est pas* ~, *n'a rien d'~* F dieser Film ist nicht besonders
extraparlementaire [εkstRapaRləmãtεR] *adj* außerparlamentarisch
extrapolation [εkstRapɔlasjɔ̃] *f* **1.** (voreilige) Schlußfolgerung, Verallgemeinerung; **2.** *MATH* Extrapolati'on *f*
extrapoler [εkstRapɔle] *v/i* extrapo'lieren (*a MATH*); (voreilig) auf anderes schließen
extrascolaire [εkstRaskɔlεR] *adj* außerschulisch
extraterrestre [εkstRatεRεstR(ə)] **I** *adj* außerirdisch; *sc* extrater'restrisch; **II** *m,f* Außerirdische(r) *f(m)*
extra-utérine [εkstRayteRin] *adj f MÉD grossesse* ~ Bauchhöhlenschwangerschaft *f*
extravagance [εkstRavagãs] *f* **1.** *d'une personne etc* Über'spanntheit *f*; Extrava'ganz *f*; Verstiegenheit *f*; **2.** über'spannte I'dee; *parole* über'spannte Äußerung; *~s pl a* Extrava'ganzen *f/pl*; *il a encore fait quelque* ~ er hat sich wieder etwas Ausgefallenes, Extravagantes geleistet
extravagant [εkstRavagã] *adj* **1.** *personne, comportement, idée* über'spannt; extrava'gant; *idée a* verstiegen; *tenue* ausgefallen; extrava'gant; *idée ~~e a* Hirngespinst *n*; F Schnapsidee *f*; *tenir des propos ~s* ungereimtes Zeug reden; **2.** *exigences* 'übermäßig; über'trieben; *prix* 'übermäßig hoch; hor'rend
extraversion [εkstRavεRsjɔ̃] *f PSYCH* Extraver'tiertheit *f*
extraverti [εkstRavεRti] *PSYCH* **I** *adj* extraver'tiert; **II** *subst ~*(*e*) *m(f)* Extraver-'tierte(r) *f(m)*
extrême [εkstRεm] **I** *adj* äußerste(r, -s); ex'trem (*a MATH, climat etc*); *cas m* ~

Ex'tremfall *m*; *POL l'~ droite, gauche* die äußerste, extreme Rechte, Linke; ~ *urgence* äußerste, höchste Dringlichkeit; *à l'~ limite* an der äußersten *ou* an die äußerste Grenze (*a fig*); *à l'~ pointe de la Bretagne* an der äußersten Spitze der Bretagne; *à l'~ rigueur* im äußersten Notfall; *avoir des opinions ~s* extreme Ansichten haben, vertreten; *la plus ~ prudence est recommandée* es wird äußerste, größte Vorsicht empfohlen; **II** *m* **1.** Ex'trem *n*; *passer d'un ~ à l'autre* von e-m Extrem ins andere fallen; *prov les ~s se touchent* die Extreme berühren sich (*prov*); **2.** *loc/adv à l'~* bis zum Äußersten; *pousser qc à l'~* etw bis zum Äußersten, auf die Spitze treiben
extrêmement [εkstRεmmã] *adv* äußerst; höchst; auf das äußerste; ~ *intelligent* äußerst intelligent; hochintelligent
extrême-onction [εkstRεmɔ̃ksjɔ̃] *f ÉGL CATH* Krankensalbung *f*; Letzte Ölung
Extrême-Orient [εkstRεmɔRjã] *l'~ m* der Ferne Osten; Fern'ost *n*
extrême-oriental [εkstRεmɔRjãtal] *adj* ⟨-aux⟩ fern'östlich
extrém|isme [εkstRemism(ə)] *m POL* Radika'lismus *m*; Extre'mismus *m*; **~iste** *POL* **I** *adj* radi'kal; ex'trem; extre-'mistisch; **II** *m,f* Radi'kale(r) *f(m)*; Extre'mist(in) *m(f)*
extrémité [εkstRemite] *f* **1.** äußerstes Ende; ~ *du doigt* Fingerspitze *f*; *à la dernière* ~ im allerletzten Augenblick; **2.** *~s pl* Gliedmaßen *f/pl*; Extremi'täten *f/pl*; **3.** *fig*: *en arriver aux pires ~s* zum Äußersten schreiten; *malade il est à la dernière* ~ es geht mit ihm zu Ende; F er liegt in den letzten Zügen; *pousser qn à une fâcheuse* ~ j-n zum Äußersten treiben; *j'en suis réduit à cette pénible* ~ ich bin leider zu dieser extremen Maßnahme gezwungen
extrinsèque [εkstRε̃sεk] *adj* äußerlich; äußere(r, -s)
extroverti [εkstRɔvεRti] *cf extraverti*
exubérance [εgzybeRãs] *f* **1.** *de la végétation, des formes etc* Üppigkeit *f*; Fülle *f*; **2.** *d'une personne* 'Überschwenglichkeit *f*; (Gefühls)'Überschwang *m*; *avec* ~ 'überschwenglich
exubérant [εgzybeRã] *adj* **1.** *végétation* üppig (wuchernd); *formes* üppig; **2.** *personnes, comportement, joie* 'überschwenglich
exult|ation [εgzyltasjɔ̃] *f* Froh'locken *n*; **~er** *v/i* froh'locken
exutoire [εgzytwaR] *m* Ven'til *n* (*fig*); *trouver un* ~ *à sa colère* s-m Zorn Luft machen
ex-voto [εksvɔto] *m* ⟨*inv*⟩ Vo'tivbild *n*
eye-liner [ajlajnœR] *m* Eyeliner ['aɪlaɪnər] *m*

F

F, f [ɛf] *m* ⟨*inv*⟩ F, f *n*
F *abr* (*franc*[s]) F (Franc[s])
F₂, F₃, F₄ [ɛfdø, ɛftʀwa, ɛfkatʀ(ə)] *m abr* (*foyer*) Zwei-, Drei-, Vierzimmer(miet)-wohnung *f*
fa [fa, fɑ] *m* ⟨*inv*⟩ MUS f *ou* F *n*
fable [fabl(ə)] *f* **1.** Fabel *f* (*a fig*); **2.** *il est la ~ du quartier* das ganze Viertel spottet, lacht über ihn
fabliau [fablijo] *m* ⟨*pl* ~x⟩ *altfrz* Vers-erzählung
fabricant [fabʀikɑ̃] *m* **1.** (*propriétaire d'usine*) Fabri'kant *m*; Fa'brikbesitzer *m*; **2.** (*producteur*) Hersteller *m*; Pro-du'zent *m*
fabrication [fabʀikasjɔ̃] *f* Herstellung *f*; Fertigung *f*; An-, Verfertigung *f*; Fabri-kati'on *f*; *produit m de ~ française* fran'zösisches Fabri'kat; *être en cours de ~* in der Fertigung sein; F *c'est un plat de ma ~!* F dieses Gericht ist mein eigenes Fabri'kat
fabrique [fabʀik] *f* Fa'brik *f*; Fa'brikbetrieb *m*; *~ de chaussures, de meubles* Schuh-, Möbelfabrik *f*
fabriquer [fabʀike] *v/t* **1.** herstellen; fertigen; an-, verfertigen; (*produire*) erzeugen; produ'zieren (*a fig scientifiques etc*); F *péj* fabri'zieren; *~ des meubles, des outils, des voitures* Möbel, Werkzeuge, Autos herstellen; **2.** F (*faire*) tun; machen; F treiben; *qu'est-ce que tu fabriques?* was machst, tust, treibst du denn da?; *qu'est-ce qu'il peut bien ~!* was macht, tut, treibt er bloß so lange!; **3.** *fig ~ de toutes pièces cf pièce 1.*
fabul|ateur [fabylatœʀ] **I** *adj* ⟨-trice⟩ fabu'lierend; **II** *m* Fabu'lierer *m*; **~ation** *f* Fabu'lieren *n*
fabuler [fabyle] *v/i* fabu'lieren; Geschichten erfinden
fabuleux [fabylø] *adj* ⟨-euse⟩ **1.** *somme, prix* märchen-, sagenhaft; phan'tastisch; unwahrscheinlich; **2.** Fabel...; *animal ~* Fabeltier *m*
fabuliste [fabylist] *m* Fabeldichter *m*
fac [fak] *f* F *abr* (*faculté*) F Uni *f*; *à la ou en ~* an der Uni
façade [fasad] *f* **1.** ARCH Fas'sade *f*; Vorder-, Stirnseite *f*; (Vorder)Front *f*; **2.** *fig* Fas'sade *f*; Äußere(s) *n*; (äußerer) Anschein *m*; *luxe m de ~* äußerer Luxus; glanzvolle Fassade; *ce n'est qu'une ~* das ist nur Fassade; **3.** F (*figure*) *démolir la ~ à qn* j-m die Fassade polieren; *femme se refaire la ~* F sich wieder anmalen
face [fas] *f* **1.** Gesicht *n*; *st/s* Angesicht *n*; Antlitz *n*; *~ contre terre* mit dem Gesicht zur Erde; *fig changer la ~ du monde* das Gesicht, das Aussehen der Welt verändern; *fig perdre, sauver la ~* das Gesicht verlieren, wahren; *st/s ou iron se voiler la ~* sein Antlitz verhüllen; **2.** *avec prép* ♦ *loc/prép à la ~ de* vor; (*+dat*); in Gegenwart von (*ou +gén*); *à la ~ du monde, de l'univers* vor aller Welt; vor der Weltöffentlichkeit; *loc/prép ~ à* zu (*+dat*) hin; *~ à la mer* zum Meer hin (gelegen); *~ au public* zum Publikum hin, gewandt; *loc/adv ~ à* Auge in Auge; von Angesicht zu Angesicht; *se trouver ~ à ~ avec qn* j-m Auge in Auge, von Angesicht zu Angesicht gegen'überstehen; *loc/adv de ~* von vorn; CH DE FER *coin m* (*de*) *~* Eckplatz *m* in Fahrtrichtung; THÉ *loge f de ~* Mittelloge *f*; *portrait m de ~* En-face-Bild *n*; Vorderansicht *f*; *avoir le vent de ~* Gegenwind haben; *photo prise de ~* von vorn aufgenommenes Foto; *loc/prép en ~ de* gegen'über (*+dat*); vor (*+acc ou dat*); *en ~ de cela* demgegenüber; andererseits; *être assis l'un en ~ de l'autre* einander, sich gegenübersitzen; *loc/adj d'en ~* gegen'überliegend; *la maison d'en ~* das gegenüberliegende Haus; das Haus gegenüber; *loc/adv en ~* im Gesicht; *avoir le soleil en ~* die Sonne im Gesicht haben; *il le lui a dit en ~* er hat es ihm ins Gesicht gesagt; *regarder qn* (*bien*) *en ~* j-m (direkt) ins Gesicht schauen; *fig regarder la mort en ~* dem Tod ins Auge sehen; *voir les choses en ~* den Dingen ins Gesicht sehen; ♦ *faire ~ à la demande* die Nachfrage befriedigen; *faire ~ à une dépense* e-e Ausgabe bestreiten; *faire ~ à des difficultés* mit Schwierigkeiten fertig werden; *faire ~ à ses engagements* s-n Verpflichtungen nachkommen; *faire ~ à l'ennemi* dem Feind die Stirn, die Spitze, Trotz bieten; *faire ~ à la situation* die Lage meistern; *sa maison fait ~ à la mienne* liegt meinem gegenüber; **3.** *d'une pièce de monnaie* (*a côté m ~*) Vorder-, Bildseite *f*; A'vers *m*; **4.** *d'un solide* Fläche *f*; *à 'huit ~s* achtflächig; *par ext glace f à trois ~s* dreiteiliger Spiegel; **5.** ANAT, BOT, *de la lune, d'un disque* Seite *f*; *examiner qc sous toutes ses ~s* etw von allen Seiten betrachten
face-à-face [fasafas] *m* ⟨*inv*⟩ TV Fernsehduell *n*
face-à-main [fasamɛ̃] *m* ⟨*pl* faces-à-main⟩ Lor'gnette *f*; Stielbrille *f*
facétie [fasesi] *f* Posse *f*; Schnurre *f*; Spaß *m*; Scherz *m*; *faire des ~s* Possen reißen
facétieux [fasesjø] *adj* ⟨-euse⟩ *personne* immer zu Späßen aufgelegt; *histoire etc* spaßig; spaß-, scherzhaft
facette [fasɛt] *f* **1.** *d'un diamant etc* Fa'cette *f*; **2.** ZO *yeux m/pl à ~s* Fa'cetten-, Netzaugen *n/pl*
fâché [fɑʃe] *adj* **1.** (*irrité*) verärgert; verstimmt; böse; F sauer; *je ne serais pas ~ de le voir partir ou qu'il parte* ich wäre nicht böse, wenn er ginge; *être ~ contre*, F *après qn* auf j-n böse sein; **2.** (*brouillé*) *être ~ avec qn* mit j-m verzankt, zerstritten, böse, F verkracht sein
fâcher [fɑʃe] **I** *v/t ~ qn* j-n ärgern, verstimmen; (*mettre en colère*) j-n zornig, wütend machen; **II** *v/pr* **1.** *se ~* böse, wütend, zornig werden; sich aufregen; sich ärgern, F sauer werden; *se ~ contre*, F *après qn* mit j-m *ou* in en son absence auf j-n schimpfen; **2.** *se ~ avec qn* sich mit j-m verzanken, zerstreiten, über'werfen, verfeinden; mit j-m Streit bekommen
fâcherie [fɑʃʀi] *f* Streit *m*; Zerwürfnis *n*
fâcheux [fɑʃø] *adj* ⟨-euse⟩ mißlich; fa'tal; unangenehm; unerfreulich; peinlich; *contretemps ~* widriger 'Umstand; *c'est ~* das ist mißlich; das kommt sehr ungelegen
facho [faʃo] F *abr cf fasciste*
facial [fasjal] *adj* ⟨-aux⟩ Gesichts...
faciès [fasjɛs] *m* Gesicht *n*; Gesichtszüge *m/pl*, -ausdruck *m*; Aussehen *n*
facile [fasil] *adj tâche, texte etc* leicht; *plaisanterie, critique* billig; *femme* leicht her'umzukriegen(d); *enfant* leicht erziehbar; mit dem man keine Schwierigkeiten hat; *caractère* verträglich; *avoir la vie ~* es leicht haben; *cela lui est ~* das ist leicht für ihn, für ihn ein leichtes; das fällt ihm leicht; ♦ *~ à laver* bequem, leicht zu waschen(d); leicht waschbar; *~ à manier* leicht zu handhaben(d); handlich; *il est ~ à vivre* mit ihm ist gut auszukommen, kann man gut auskommen; er ist 'umgänglich, verträglich; *c'est ~ à comprendre* das ist leicht, unschwer zu verstehen, leicht verständlich; *c'est plus ~ à dire qu'à faire* das ist leichter gesagt als getan
facilement [fasilmɑ̃] *adv* **1.** leicht; mühelos; mit Leichtigkeit; *se casser ~* leicht brechen; *il se vexe ~* er ist leicht, schnell, gleich beleidigt; **2.** *il faut compter ~ deux heures* mindestens, gut und gern zwei Stunden
facilité [fasilite] *f* **1.** *d'une tâche etc* Leichtigkeit *f*; Mühelosigkeit *f*; *enfant n'avoir aucune ~* keine leichte Auffassungsgabe haben; sich schwertun beim Lernen; *avoir des ~s* leicht, mühelos

faciliter – faiblesse

lernen; keinerlei Lernschwierigkeiten haben; *céder à la ~, choisir une solution de ~* es sich leichtmachen; den Weg des geringsten Widerstandes gehen; *écrire avec ~* mühelos, gewandt, mit leichter Hand schreiben; **2.** *~s pl* Erleichterungen *f/pl*; *~s de paiement* Zahlungserleichterungen *f/pl*; bequeme Zahlungsbedingungen *f/pl*; *pour plus de ~s* bequemlichkeitshalber; *fournir, procurer à qn toutes ~s pour ...* j-m jegliche Hilfe gewähren, um zu ...
faciliter [fasilite] *v/t* erleichtern; leichter machen; *digestion* fördern; *~ la tâche à qn* j-m die, s-e Aufgabe erleichtern
façon [fasõ] *f* **1.** Art *f*; Art und Weise *f*; Weise *f*; *~ cachemire, cuir* kaschmir-, lederartig; *~ d'agir, de s'exprimer, de procéder* Handlungs-, Ausdrucks-, Verfahrensweise *f*; *~ d'être* Art, sich zu geben; Auftreten *n*; Verhalten *n*; *~ de voir (les choses)* Ansicht *f* (über die Dinge); *la ~ dont il s'est conduit* die Art, wie er sich verhalten hat; *je vais lui dire ma ~ de penser* dem werde ich meine Meinung sagen; ♦ *loc/adv*: *à ma, sa ~* auf meine, seine Weise, Art; *à la ~ de* nach Art von (*ou +gén*); *de cette ~* auf diese Art, Weise, Art und Weise; so; *de quelle ~* wie; auf welche (Art und) Weise; *de toute ~* auf alle Fälle; auf jeden Fall; jedenfalls; sowie'so; *d'une ~ ou d'une autre* auf die e-e oder andere Art; irgend'wie; *d'une ~ différente* anders; *d'une ~ générale* (im) allgemein(en); *loc/conj de (telle) ~ que ... ou de ~ à ce que ...* (*+subj*) so ..., daß ...; *s'y prendre de telle ~ que ...* es so anstellen, daß ...; *il se plaça de ~ à être vu* er stellte *ou* setzte sich so, daß man ihn sehen konnte *ou* daß er gesehen wurde; *en aucune ~* in keiner Weise; keineswegs; durch'aus nicht; mit'nichten; **2.** *~s pl* Benehmen *n*; Ma'nieren *f/pl*; Al'lüren *f/pl*; Gebaren *n*; Gehaben *n*; (*manières affectées*) Ziere'rei *f*; Gehabe *n*; Getue *n*; *sans ~(s)* zwanglos; ungezwungen; *accepter sans ~* ohne weiteres annehmen; *non merci, sans ~!* nein danke, bestimmt *ou* wirklich nicht!; *sans plus de ~s* ohne weiteres; *faire des ~s* sich nötigen lassen; sich zieren; 'Umstände machen; *TECH a* bearbeiten; fasso'nieren; **2.** *fig personne, esprit* formen; prägen
ne fais pas de ~s!* zier dich nicht!; stell dich nicht so an!; hab dich nicht so!; tu doch nicht so!; **3. *COUT* Fas'son *f*; Ausführung *f*; Verarbeitung *f*; **4.** *ÉCON travail m à ~* Lohnvered(e)lung *f*; Arbeit *f* an geliefertem Materi'al
faconde [fakõd] *litt f* Redseligkeit *f*
façonnage [fasɔnaʒ] *m* Formgebung *f*; Formung *f*; Gestaltung *f*; *TECH a* Bearbeitung *f*; Formarbeit *f*; Fasso'nieren *n*
façonner [fasɔne] *v/t* **1.** formen; gestalten; modeln; *TECH a* bearbeiten; fasso'nieren; **2.** *fig personne, esprit* formen; prägen
fac-similé [faksimile] *m* ⟨*pl* fac-similés⟩ Fak'simile *n*
factage [faktaʒ] *m* **1.** *entreprise f de ~* Rollfuhrunternehmen *n*; **2.** *prix* Rollgeld *n*; **3.** (*distribution du courrier*) (Post)Zustellung *f*
facteur [faktœʀ] *m* **1.** (*préposé*) Briefträger *m*; Postbote *m*; **2.** *MATH, BIOL, ÉCON, PSYCH* Faktor *m*; *MATH mise f*

en ~s Zerlegung *f* in Fak'toren; **3.** *par ext* Faktor *m*; Mo'ment *n*; *le ~ décisif, psychologique* das entscheidende, psychologische Moment; *le ~ chance, surprise* das Glücks-, Über'raschungsmoment; *le ~ temps* der Zeitfaktor; der Faktor Zeit; *~ de sécurité* Sicherheitsfaktor *m*; **4.** *~ de pianos, d'orgues* Kla'vier-, Orgelbauer *m*
factice [faktis] *adj* **1.** nachgemacht, -gebildet; künstlich; *bouteille f ~* (Flaschen)At'trappe *f*; *étalage m ~* Schaupackungen *f/pl*; At'trappen *f/pl*; **2.** *fig sentiments* künstlich; ge-, erkünstelt; unecht; Schein...
factieux [faksjø] *POL* **I** *adj* ⟨-euse⟩ aufrührerisch; 'umstürzlerisch; **II** *m* Aufrührer *m*; Aufwiegler *m*; 'Umstürzler *m*
faction [faksjõ] *f* **1.** *POL* aufrührerische, 'umstürzlerische Par'tei, Gruppe; **2.** *MIL être en* ou *de ~* Wache stehen; *fig* Posten bezogen haben; sich po'stiert haben; *mettre qn en ~* j-n postieren
factoriel [faktɔʀjɛl] *adj* ⟨~le⟩ Fak'toren...
factorielle [faktɔʀjɛl] *f MATH* Fakul'tät *f*
factotum [faktɔtɔm] *m* Fak'totum *n*
factrice [faktʀis] *f* Briefträgerin *f*; Postbotin *f*
factuel [faktɥɛl] *adj* ⟨~le⟩ Tatsachen...; auf Fakten beruhend
facturation [faktyʀasjõ] *f COMM* **1.** Ausstellung *f*, Ausfertigung *f* e-r Rechnung, von Rechnungen (*de* über *+acc*); Faktu'rierung *f*; **2.** *service* Rechnungsabteilung *f*
facture [faktyʀ] *f* **1.** *COMM* (Waren-) Rechnung *f*; Fak'tur *f*; **2.** *d'un poème etc* Anlage *f*; (Auf)Bau *m*; **3.** *d'un instrument de musique* Bau *m*; Herstellung *f*
facturer [faktyʀe] *v/t marchandise* e-e Rechnung ausstellen für, über (*+acc*); faktu'rieren; (*compter*) berechnen; in Rechnung stellen; *article facturé dix francs* mit zehn Franc berechnet
factur|ier [faktyʀje] *m* **1.** Faktu'rist *m*; **2.** *livre* Fak'turenbuch *n*; *~ière f* Faktu'ristin *f*
facultatif [fakyltatif] *adj* ⟨-ive⟩ fakulta'tiv; nicht obliga'torisch; *ÉCOLE matière ~* wahlfrei; *pourboire, présence, devoir* dem einzelnen über'lassen; jedem freigestellt; freiwillig; *arrêt ~* Bedarfshaltestelle *f*; *matière facultative* Wahlfach *n*
faculté [fakylte] *f* **1.** Fähigkeit *f*; Vermögen *n*; *~s intellectuelles* geistige Fähigkeiten, Kräfte *f/pl*; *~ d'adaptation* Anpassungsfähigkeit *f*, -vermögen *n*; *il a une grande ~ d'attention* er kann gut aufpassen; *ne plus jouir de toutes ses ~s* nicht mehr im 'Vollbesitz s-r geistigen Kräfte sein; nicht mehr ganz zurechnungsfähig sein; **2.** *UNIVERSITÉ* Fakul'tät *f*; *la ~ souvent* die Universi'tät; *~ de droit, des lettres et sciences humaines, de médecine, des sciences* juristische, philosophische, medizinische, naturwissenschaftliche Fakultät *f*; **3.** *st/s* (*possibilité*) (Wahl)Freiheit *f*; Möglichkeit *f*; (*droit*) Befugnis *f*; *avoir la ~ de faire qc* die Freiheit haben, etw zu tun; etw tun können
fada [fada] F **I** *adj* ⟨*f inv*⟩ F verrückt; 'übergeschnappt; *cf a* **cinglé**; **II** *m* F Verrückte(r) *m*; Irre(r) *m*

fadaises [fadɛz] *f/pl* Albernheiten *f/pl*; abgeschmacktes, fades Zeug
fadasse [fadas] *adj* F *péj cf* **fade**
fade [fad] *adj* **1.** *mets, boisson* fad(e); geschmacklos; ohne Geschmack; *boisson a* schal; *d'un goût ~* fad schmeckend; *c'est ~* das schmeckt fad(e), nach nichts; **2.** *fig* fad(e); geist-, witzlos; abgeschmackt; schal; langweilig; *couleur* matt; stumpf
fadeur [fadœʀ] *f* **1.** Fadheit *f*; Geschmacklosigkeit *f*; **2.** *fig* Fadheit *f*; Geist-, Witzlosigkeit *f*; Abgeschmacktheit *f*; Schalheit *f*; Langweiligkeit *f*
fading [fadiŋ] *m RAD* Fading ['fɛː-] *n*; Schwund *m*
faf [faf] F *cf* **fasciste**
fafiot [fafjo] *arg m* Geldschein *m*
fagot [fago] *m* Reisigbündel *n*; *fig vin de derrière les ~s* erlesen; von der besten Sorte
fagoté [fagɔte] *adj* F *mal ~* schlecht, geschmacklos angezogen; F komisch ausstaffiert
faiblard [feblaʀ] F **I** *adj* (ziemlich) schwach (*a fig*); *se sentir (assez) ~* sich ziemlich schwach, elend fühlen; **II** *m* Schwächling *m*
faible [fɛbl(ə)] **I** *adj* **1.** schwach (*a élève, lumière*); *personne a* (*sans énergie*) cha'rakterschwach; ener'gielos; zu nachsichtig; *bruit, voix* leise; *dénivellation* leicht; sanft; *pluie etc* leicht; *argumentation* auf schwachen Füßen stehend; *~ indice m* schwaches Anzeichen; kleiner Hinweis; *point m d'une démonstration etc* Schwachpunkt *m*, -stelle *f*; schwacher Punkt; schwache Stelle; *d'une personne* schwache Seite; schwache *f*; *MÉTÉO vent m à ~ modéré* schwacher bis mäßiger Wind; *n'avoir qu'une ~ idée de qc* nur e-e schwache Vorstellung von etw haben; *avoir la vue ~* schwache Augen haben; *être de ~ constitution* von schwacher Konstitution sein; *être trop ~ avec ses enfants* zu nachsichtig gegen s-e Kinder sein; *être ~ en maths* in Mathe schwach sein; *se sentir ~* sich schwach fühlen; **2.** *nombre, hauteur, poids, coût etc* gering; niedrig; *monnaie* weich; *quantité f* geringe Menge; *~ rendement m* geringer Ertrag; *à une ~ profondeur* in geringer Tiefe; **II** *m* **1.** Schwache(r) *m*; *péj* Schwächling *m*; *les économiquement ~s* die sozial Schwachen; *un ~ d'esprit* ein geistig Beschränkter; *c'est un ~* er ist ein schwacher Charakter, ein Schwächling; **2.** (*penchant*) Schwäche *f*; Faible *n*; *avoir un ~ pour qn, qc* e-e Schwäche, ein Faible für j-n, etw haben
faiblement [febləmã] *adv ~ épicé* leicht, schwach gewürzt; *pouls battre ~* schwach schlagen; *critiquer ~* vorsichtig kritisieren; *lampe éclairer ~* schwach leuchten; *protester ~* schwach protestieren
faiblesse [fɛblɛs] *f* **1.** Schwäche *f*; Schwachheit *f*; *~ de caractère* Cha'rakterschwäche *f*; *dans un moment de ~* in e-m schwachen Augenblick; in e-r schwachen Stunde; *par ~* aus Schwäche; *si vous avez la ~ de lui céder ...* wenn Sie so schwach sind und ihm nachgeben ...; *être d'une grande ~ envers qn* sehr nachsichtig gegen j-n

sein; **2.** (*défaillance physique*) Schwäche *f*; Schwächeanfall *m*; **3.** (*point faible*) Schwäche *f*; schwache Seite; **4.** *des revenus, du coût etc* geringe Höhe
faiblir [febliʀ] *v/i* pouls, vent schwächer werden; *courage, vent* nachlassen; *cours boursiers* nachgeben; zu'rückgehen; sinken
faïence [fajɑ̃s] *f* Steingut *n*; *décorée* Fay'ence *f*; *~s de Delft* Delfter Fayencen; *poêle m de ou en ~* Kachelofen *m*; *vaisselle f de ~* Steingutgeschirr *n*
faïencerie [fajɑ̃sʀi] *f* Steingutfabrik *f*; Fay'encemanufaktur *f*
faignant [fɛɲɑ̃] *F cf* **fainéant**
faille[1] [faj] *f* **1.** GÉOL Spalte *f*; Verwerfung *f*; Bruch *m*; Sprung *m*; *ligne f de ~* Verwerfungs-, Bruchlinie *f*; **2.** *fig loc/adj sans ~ raisonnement, alibi* hieb- und stichfest, amitié unverbrüchlich
faille[2] [faj] *cf* **falloir**
failli [faji] COMM, JUR **I** *adj* in Kon'kurs geraten; **II** *m* Gemeinschuldner *m*
faillible [fajibl(ə)] *adj* fehlbar
faillir [fajiʀ] *v/i* ⟨*déf:* j'ai failli; *passé simple* je faillis⟩ **1.** *j'ai failli tomber* ich wäre beinahe, fast, F bald gefallen; es fehlte nicht viel, und ich wäre gefallen; *elle a failli acheter ce manteau* fast hätte sie diesen Mantel gekauft; sie war nahe daran, diesen Mantel zu kaufen; **2.** *st/s ~ à son devoir* s-e Pflicht verletzen; gegen s-e Pflicht verstoßen; *~ à ses engagements* s-n Verpflichtungen nicht nachkommen
faillite [fajit] *f* **1.** COMM, JUR Kon'kurs *m*; Bank'rott *m*; *être en ~* sich im Konkurs befinden; bankrott, F pleite sein; *faire ~* Bankrott, F Pleite machen; bankrott, F pleite gehen; Konkurs machen; in Konkurs geraten, gehen; *cf a* 2.; **2.** *fig d'une politique, d'un projet etc* Fehlschlag *m*; Scheitern *n*; 'Mißerfolg *m*; Zu'sammenbruch *m*; F Pleite *m*; Bank'rott *m*; *faire ~* scheitern
faim [fɛ̃] *f* **1.** Hunger *m*; *la ~ dans le monde* der Hunger in der Welt; *avoir (très) ~* (großen) Hunger haben; F *avoir une ~ de loup* F e-n Bären-, Wolfs-, Mordshunger haben; *j'ai une de ces ~s!* F hab' ich e-n Hunger!; *cela donne ~* dabei *ou* davon bekommt, F kriegt man Hunger; *das macht hungrig, hungrig; laisser qn sur sa ~* a) j-s Hunger ungestillt lassen; b) *fig* j-n unbefriedigt lassen; *manger à sa ~* sich satt essen; *ne pas manger à sa ~* Hunger leiden; hungern; *mourir de ~* a) verhungern; an Hunger *ou st/s* Hungers sterben; den Hungertod sterben; b) F *fig* am Verhungern sein; vor Hunger vergehen; *rester sur sa ~* a) hungrig bleiben; nicht satt werden; b) *fig* nicht auf s-e Kosten kommen; in s-n Erwartungen enttäuscht werden; **2.** *fig et st/s* Hunger *m* (*de* nach); *avoir ~ de tendresse etc st/s* nach Zärtlichkeit *etc* hungern, lechzen
faîne *ou* **faine** [fɛn] *f* BOT Buchecker *f*
fainéant [feneɑ̃] **I** *adj* faul, träge; *p/fort* F stinkfaul; HIST *les Rois ~s* die letzten Merowinger; **II** *subst ~(e) m(f)* Nichtstuer *m*; Faulenzer(in) *m(f)*; Tagedieb *m*; F Faulpelz *m*; Faultier *n*
fainéant|**er** [feneɑ̃te] *v/i* nichts tun; faulenzen; F auf der faulen Haut liegen; *~ise f* Faulenze'rei *f*; Faulheit *f*

faire [fɛʀ] ⟨je fais, il fait, nous faisons [f(ə)zɔ̃], vous faites, ils font; je faisais [f(ə)zɛ]; je fis; je ferai; que je fasse, que nous fassions; faisant [f(ə)zɑ̃]; fait⟩
I *v/t et v/i* **1.** machen; tun; *expressions:* **a)** *avec subst:* ~ *une bonne action* e-e gute Tat voll'bringen, F tun; ~ *des bénéfices* Gewinne erzielen, F machen; ~ *ses chaussures* s-e Schuhe putzen; ~ *la cuisine* kochen; ~ *un excellent déjeuner* a) *personne* ausgezeichnet essen; b) *mets* ein ausgezeichnetes Mittagessen ergeben; ~ *un gâteau* e-n Kuchen backen, F machen; ~ *chat* ~ *ses griffes* die Krallen wetzen; ~ *du jardinage* im Garten arbeiten; gärtnern; ~ *dix kilomètres à pied* zehn Kilometer zu Fuß machen, zurücklegen; ~ *les lits* die Betten machen; *oiseau* ~ *son nid* nisten; sein Nest bauen; ~ *la paix* Frieden schließen; ~ *une robe* ein Kleid machen, schneidern; ~ *la salade* den Salat anmachen; ~ *un tableau* ein Bild malen; *jus etc* ~ *des taches* Flecken machen, hinter'lassen, verursachen; ~ *un tout homogène* ein einheitliches Ganzes bilden, ergeben; ~ *un travail* e-e Arbeit machen, tun, verrichten, erledigen; *cf a* 2.–18. *et les subst correspondants;* ♦ ~ *qn qc* j-n zu etw machen; ~ *qn son héritier* j-n zu s-m Erben machen; ~ *qn président* j-n zum Präsidenten machen; ♦ ~ *qc de qn, de qc* etw aus j-m, aus etw machen; *cet événement a fait de lui un autre homme* dieses Ereignis hat aus ihm e-n anderen Menschen gemacht; *d'un fils on en fera un médecin* wir wollen ihn Arzt werden lassen; **b)** *avec adj* wirken; aussehen; sich ausnehmen; *personne* ~ *jeune* jung aussehen, wirken; *ce tableau fait joli* dieses Bild wirkt hübsch, nimmt sich hübsch aus; ~ *adj: ces lunettes font vieille institutrice* mit dieser Brille sehe ich, siehst du *etc* aus wie e-e alte Lehrerin; *vêtement* ~ *mode* modisch wirken; *expression* ~ *dix-neuvième siècle* nach neunzehntem Jahrhundert klingen; **c)** *avec adv:* F *ça ne fait pas assez* das ist nicht genug; das reicht nicht; F *ça commence à bien* ~ F jetzt reicht's dann aber; *accessoire, bibelot etc* ~ *bien* gut aussehen, wirken; sich gut ausnehmen, machen; F *ça fait bien de parler anglais* es macht sich gut, wenn man englisch spricht; *il a bien fait* er hat richtig gehandelt, recht getan; *de lui dire* es ihm zu sagen); *devise bien* ~ *et laisser dire* tue recht und scheue niemand; *pour bien* ~ *il faudrait* (+*inf*) das richtige, beste wäre zu (+*inf*); *c'est bien fait* das geschieht dir *ou* ihm *etc* recht; *il ferait bien, pas mal de songer à l'avenir* er täte gut daran, an die Zukunft zu denken; *bien* ~ *les choses* es gut *ou* de, großzügig sein; F sich nicht lumpen lassen; *faites comme chez vous!* tun Sie, als ob Sie zu Hause wären!; *machen Sie es sich bequem!; comment avez-vous fait?* wie haben Sie es angestellt?; *st/s c'en est fait de lui, de qc* es ist um ihn, um etw geschehen; es ist aus mit ihm, mit etw; *vous feriez mieux de vous taire* Sie täten besser daran, den Mund zu halten; *ne ~ que ~ qc* nur, bloß etw tun; *il ne fait que com-

mencer er fängt gerade erst an; *il n'a fait qu'effleurer le sujet* er hat das Thema nur gestreift; *ne ~ qu'entrer et sortir* nur kurz herein-, vorbeischauen; gleich wieder gehen; *cela y fait beaucoup* das macht viel aus; *st/s rien n'y fit* nichts wollte helfen; es war zwecklos; **d)** *avec pr: ne fais pas ça!* tu, mach das nicht!; *fais ce que tu veux!* mach *ou* tu, was du willst!; *loc ce qui est fait est fait* das Geschehene kann man nicht ungeschehen machen; geschehen ist geschehen; *ce n'est ni fait ni à ~* das ist nichts Halbes und nichts Ganzes; *ce faisant* dabei; als ich, er *etc* das tat, machte; F *on ne me la fait pas!* F ich lasse mich nicht reinlegen, drankriegen!; F *je le connais comme si je l'avais fait* F ich kenne ihn in- und auswendig, wie meine Westentasche; *que ~?* was tun?; was kann man da machen?; *qu'est-ce que vous faites là?* was tun, machen, treiben Sie da?; *mais qu'est-ce qu'ils font!* was tun, machen sie bloß so lange!; *qu'est-ce que vous faites dans la vie?* welchen Beruf haben Sie?; was arbeiten Sie?; *qu'est-ce que tu as fait de mes clefs?* was hast du mit meinen Schlüsseln gemacht?; *faites quelque chose!* tun Sie (doch) (et)was!; ~ *qc pour qn* für j-n etw tun; *cela lui a fait qc* das hat ihn (sehr) getroffen; das hat ihm e-n Stich gegeben; *d'un enfant on en fera qc* aus dem kann (et)was werden; F *pour quoi ~?* wo'zu?; wo'für?; *quoi qu'on fasse, il n'est jamais content* man kann es ihm nie recht machen; *il ne fait rien* er tut, arbeitet nichts; *il ne fait rien à l'école* er leistet nichts in der Schule; *je ne lui ai rien fait* ich habe ihm nichts getan; *cela ne fait rien* das macht nichts; *cela ne lui fait rien* das macht ihm nichts aus; *ça ne fait rien à l'affaire* das ändert nichts an der Sache; F *rien à ~!* nichts zu machen!; nichts zu wollen!; *st/s n'en faites rien!* tun Sie das nicht!; *formule de politesse je n'en ferai rien* aber ich bitte Sie!; *prov ne faites pas à autrui ce que vous ne voudriez pas que l'on vous fasse (à vous-même)* was du nicht willst, daß man dir tu', das füg auch keinem andern zu (*prov*); **e)** *avec verbe:* ~ *à* ~ ich habe zu tun; zu schaffen; *avoir à ~ à* zu tun, zu schaffen haben mit; *si tu ... tu auras à ~ à moi* dann bekommst du es mit mir zu tun; *le gouvernement a fort à ~* [fɔʀtafɛʀ] *avec les extrémistes* die Radikalen machen der Regierung viel zu schaffen; F *j'en ai rien à ~* damit habe ich nichts zu tun, zu schaffen; das geht mich nichts an; *il n'y a (plus) rien à ~* ou da ist nichts (mehr) zu machen; *st/s n'avoir que ~ de qc* etw entbehren können; *st/s* e-r Sache (*gén*) nicht bedürfen; F *il faut le ~!* das ist gar nicht so einfach!; das soll erst (ein)mal einer nachmachen!; (*se*) *laisser ~ cf* **laisser II** *et* **III**; *je ne peux pas ~ autrement!* ich kann nicht anders; *qu'est-ce que ça peut bien vous ~?* was haben Sie damit zu tun?; was macht das Ihnen aus?; was interessiert Sie das?; F *il ne peut jamais ~ comme tout le monde!* er muß auch immer aus der Reihe tanzen!; *on ne peut rien y* ~ da kann man nichts ma-

faire-part – faisable

chen, tun; F *savoir y ~* sich darauf verstehen; *qu'est-ce que vous voulez que j'en fasse?* was soll ich damit anfangen?; **f)** *avec conj:* **~ *que ...*** bewirken, zur Folge haben, daß ...; *sa maladie a fait qu'il n'a pas pu travailler* s-e Krankheit hatte zur Folge, daß er nicht arbeiten konnte; F *ça fait que ...* deshalb, deswegen, darum ...; *il pleuvait à verse, ça fait qu'on est resté* deshalb sind wir geblieben; *fasse le Ciel qu'il revienne bientôt!* gebe (es) der Himmel, daß er bald zurückkommt!; *st/s* **~ *en sorte que ...*** (+*subj*) es so einrichten, daß ...; das Nötige veranlassen, damit ...; **g)** *abs* (*uriner*, *déféquer*) (hin-) machen; *jeune chien* **~ *partout*** überall hinmachen; **~ *dans sa culotte*** in die Hose machen; **h)** *abs* (*faites,*) *faites!* bitte!; **i)** *reprise d'un verbe précédent* tun; *il répondit comme jamais son frère ne l'aurait fait* er antwortete, wie es sein Bruder nie getan hätte; **2. ~ *du sport*** Sport treiben; F sporteln; **~ *un sport*** e-e Sportart betreiben; **~ *de la natation, de la voile*** Schwimmsport, Segelsport betreiben; schwimmen, segeln; **~ *de la marche*** wandern; (Fuß-) Wanderungen machen; **~ *du tennis*** Tennis spielen; F **~ *du vélo*** radfahren; F radeln; *cf a les subst correspondants*; **3.** (*étudier*) *une matière* stu'dieren; treiben; lernen; *une école* besuchen; durch-'laufen, absol'vieren; **~ *de l'anglais à la fac*** Englisch studieren; *à l'école* Englisch lernen; *seul* Englisch treiben, lernen, F machen; **~ *son droit, sa médecine*** Jura, Medizin studieren; *il fait les Beaux-Arts etc* er studiert an der Kunstakademie *etc*; **4.** (*visiter*) *région* bereisen; F abgrasen; *monument* besichtigen; F machen; *magasins* F abklappern; **5.** F *une maladie* haben; leiden an (+*dat*); F 'durchmachen; **~ *une angine*** e-e Angina durchmachen; **~ *du diabète*** Diabetes haben; an Diabetes leiden; **~ *de la fièvre*** Fieber haben; **6.** F *magasin:* *article* führen; haben; verkaufen; **7.** F (*cultiver*) *blé etc* anbauen; **8.** F (*cambrioler*) *banque etc* ausrauben; **~ *le portefeuille à qn*** j-m die Brieftasche leeren; **9.** (*devenir*) abgeben, werden; *il fera un bon professeur* er wird ein guter Lehrer werden, e-n guten Lehrer abgeben; **10.** (*chercher à passer pour*) sich ... stellen; so tun, als ob ...; mar'kieren; machen; spielen; **~ *le malade*** sich krank stellen; so tun, als sei man krank *ou* als ob man krank wäre; den Kranken markieren, spielen; **11.** F CIN, THÉ *rôle* spielen; **~ *Harpagon*** den Harpagon spielen; **12.** *nombre aux dés* werfen; würfeln; **~ *un six*** e-e Sechs, sechs Augen werfen, würfeln; **13.** F (*vendre*) geben, verkaufen für; *je vous le fais* (*à*) *dix francs* ich geb's, lasse es Ihnen für zehn Franc; **14.** *en incise* sagen; erwidern; *sans doute*, *fit-il, vous avez raison* erwiderte, sagte er; *chut! fit-elle* pst! machte sie; **15.** F (*durer*) *vêtement, objet* halten; *provisions* reichen; F vorhalten; *film, spectacle* dauern; **16.** (*servir de*) dienen als; *un placard qui fait penderie* ein Wandschrank, der als Kleiderschrank dient; **17.** GR bilden; «*cheval*» *fait* «*chevaux*» *au pluriel* „cheval" bildet den Plural „chevaux"; **18.** MATH, MESURES: *quatre et trois font sept* vier und drei ist, macht sieben; *ce mur fait deux mètres* diese Mauer hat zwei Meter (Höhe *ou* Länge); *ce réservoir fait cinquante litres* dieser Tank faßt fünfzig Liter; *mon frère fait quatre-vingts kilos* mein Bruder ist achtzig Kilo schwer, wiegt, F hat (s-e) achtzig Kilo; *il fait un mètre quatre-vingt* er ist eins achtzig groß; *combien fais-tu?* wie groß *ou* schwer bist du?; *quelle pointure faites-vous?* welche (Schuh- *etc*) Größe haben Sie?; *je fais du quarante* ich habe vierzig; AUTO **~ *du cent*** (*à l'heure*) **a)** *vitesse momentanée* mit hundert (Stundenkilometern) fahren, F hundert drauf haben; **b)** *vitesse maximale* hundert (Stundenkilometer) fahren, machen; ♦ *impersonnel:* **a)** *en payant ça fait mille francs* das macht tausend Franc; F *combien ça fait?* was macht das?; **b)** *indication de temps ça fait quinze jours que je ne l'ai pas vu* ich habe ihn seit vierzehn Tagen nicht gesehen; es ist *ou* sind vierzehn Tage her, daß ich ihn nicht gesehen habe; **II** v/aux **19.** *avec inf* (+*inf*); veranlassen zu (+*inf*); bringen zu (+*subst*); **~ *adopter une motion*** e-n Antrag 'durchbringen, zur Annahme bringen; **~ *changer qn d'idée*** j-n 'umstimmen, j-n veranlassen, s-e Absicht zu ändern; *ne me faites pas dire ce que je n'ai pas dit* legen Sie mir nicht Worte in den Mund, die ich nicht gesagt habe; **~ *lire les élèves*** die Schüler lesen lassen; **~ *lire un texte aux élèves*** die Schüler e-n Text lesen lassen; **~ *manger enfant, malade*** füttern; *il me* (*obj/indir*) *fait penser à mon oncle* er erinnert mich an meinen Onkel; **~ *rire qn*** j-n zum Lachen bringen; j-n lachen machen; **~ *savoir*** (*à qn*) *que ...* (j-m) mitteilen, daß ...; **~ *traverser la rue à qn*** j-n über die Straße bringen; **~ *venir qn*** j-n kommen lassen; *cf a les verbes correspondants*
III v/imp **20.** sein; **a)** *temps, température: il fait beau, mauvais* es ist schön, schlechtes Wetter; das Wetter ist schön, schlecht; wir haben schönes, schlechtes Wetter; *il fait chaud, froid etc* es ist warm, kalt *etc*; *il va* **~ *froid*** es wird kalt; wir bekommen, F kriegen kaltes Wetter; *il fait du brouillard* es ist neblig; wir haben, es herrscht Nebel; *il fait une chaleur terrible* es ist furchtbar heiß; wir haben e-e furchtbare Hitze; *il fait trente degrés à l'ombre* es sind, wir haben dreißig Grad im Schatten; *il fait* (*du*) *soleil* die Sonne scheint; *quel temps fait-il?* wie ist das Wetter?; *par le temps qu'il fait* bei dem Wetter; *cf a bon*[1] II; **b)** *il fait jour, nuit* es ist Tag, Nacht; *il fait clair, sombre* es ist hell, dunkel; *autres constructions impersonnelles cf 18., 21. a), d), 24. a)*;
IV v/pr *se* **~ 21. a)** *mariage, paix* zu'stande kommen; *silence* eintreten; *impersonnel il se fit un* (*grand*) *silence* es trat (e-e große) Stille ein; es wurde (ganz) still; **b)** *fromage* reifen; **c)** *cet homme s'est fait seul* dieser Mann hat sich aus eigener Kraft hochgearbeitet; **d)** *impersonnel: il pourrait bien se* **~ *que ...*** (+*subj*) es könnte sehr wohl sein, geschehen, der Fall eintreten, pas-'sieren, daß ...; *comment se fait-il qu'il parte déjà?* wie kommt es, wie ist es möglich, daß er schon geht?; F *comment* (*que*) *ça se fait?* wie kommt das?; wie ist das möglich?; F wie'so?; **22.** *sens passif* **a)** gemacht werden; erfolgen; *le montage se fait dans cet atelier* die Montage erfolgt in dieser Werkstatt; COMM *se* **~ *en acajou, en bleu*** in Mahagoni, in Blau hergestellt werden, lieferbar sein; **b)** (*être courant*) üblich, Brauch, gang *ou* gäbe, Mode sein; *ça ne se fait pas!* das *ou* so was tut man nicht!; **23.** *avec subst* sich (*dat*) ... machen; *se* **~ *des amis*** Freunde gewinnen; *se* **~ *un peu d'argent de poche*** sich etwas Taschengeld verdienen; *se* **~ *un devoir de*** (+*inf*) sich zur Pflicht machen, es als s-e Pflicht ansehen, betrachten zu (+*inf*); *se* **~ *des ennemis*** sich Feinde machen, schaffen; *se* **~ *une opinion*** sich e-e (eigene) Meinung bilden; *se* **~ *une situation*** sich e-e Position schaffen; **24.** *avec adj ou subst sans article:* **a)** werden; *se* **~ *moine*** Mönch werden; *se* **~ *rare*** selten werden; *personne* sich selten sehen lassen; F sich rar machen; *impersonnel il se fait tard* es wird spät; *se* **~ *vieux*** alt werden; altern; **b)** *se* **~ *beau ou belle*** sich fein-, schönmachen; sich her'ausputzen; *se* **~ *fort de*** (+*inf*) sich anheischig machen zu (+*inf*); **25.** *avec inf:* **a)** sich (*dat*) ... lassen; *se* **~ *couper les cheveux*** sich die Haare schneiden lassen; *se* **~ ... *un costume*** sich e-n Anzug machen lassen; *se* **~ *maigrir*** e-e Abmagerungskur machen; **b)** *sens passif* werden; *se* **~ *renverser par une voiture*** von e-m Auto 'umgefahren werden; *se* **~ *sentir*** fühlbar, spürbar werden; sich bemerkbar machen; **26.** *se* **~ *à*** sich gewöhnen an (+*acc*); *se* **~ *à une idée*** sich mit e-m Gedanken abfinden; *s'y* **~** sich daran gewöhnen; **27.** *chaussures, jeans se* **~** nachgeben; sich dehnen, weiten; **28.** F *ne pas s'en* **~ a)** (*ne pas s'inquiéter*) sich (deswegen) keine Sorgen machen; sich nichts daraus machen; sich deswegen keine grauen Haare wachsen lassen; **b)** (*ne pas se gêner*) keine Hemmungen haben; *ça lui fait* sich viel her'ausnehmen; (*ne*) *t'en fais pas!* nur keine Sorge!; *il ne s'en fait pas* F der kennt da nichts, keine Hemmungen; *iron* (*il ne*) *faut pas vous en* **~***!* Sie nehmen sich da ein bißchen viel raus!; F Sie haben vielleicht Nerven!; **29.** P (*coûter*) *se* **~ *qn*** mit j-m ins Bett gehen; F j-n vernaschen; **30.** F *il faut se le* **~** es ist nicht so einfach, mit ihm auszukommen, ihn zu ertragen

faire-part [fɛʀpaʀ] *m* ⟨*inv*⟩ (Fa'milien-) Anzeige *f*; **~ *de décès, de mariage, de naissance*** Todes- *ou* Trauer-, Heirats- *ou* Vermählungs-, Geburtsanzeige *f*
faire-valoir [fɛʀvalwaʀ] *m* ⟨*inv*⟩ AGR Bewirtschaftung *f*; **~ *direct*** Selbst-, Eigenbewirtschaftung *f*
fair-play [fɛʀplɛ] **I** *m* Fairneß ['fɛːr-] *f*; Fair play ['fɛːr'plɛː] *n*; **II** *adj* ⟨*inv*⟩ fair [fɛːr]
fais [fɛ] *cf* faire
faisable [fəzabl(ə)] *adj* 'durchführbar;

faisan [fəzã] *m* **1.** *ZO* Fa'san *m*; ~ *doré* Goldfasan *m*; **2.** *arg* Betrüger *m*; Gauner *m*

faisandé [fəzɑ̃de] *adj CUIS viande* ~*e* Fleisch *n* mit Haut'gout, mit e-m Stich

faisandeau [fəzɑ̃do] *m* ⟨*pl* ~x⟩ junger Fa'san

faisander [fəzɑ̃de] *v/t CUIS gibier* abhängen lassen, bis es den Haut'gout annimmt

faisanderie [fəzɑ̃dʀi] *f* Fasane'rie *f*; Fa'sanengehege *n*

faisane [fəzan] *f ou adj* **poule** *f* ~ Fa'sanenhenne *f*

faisceau [feso] *m* ⟨*pl* ~x⟩ **1.** *de brindilles* Bündel *n*; Bund *n*; **2.** *MATH* Bündel *n*; Büschel *n*; *PHYS* Strahl *m*; *OPT* Bündel *n*; ~ *électronique* Elek'tronenstrahl *m*; *TÉLÉCOMM* ~ *hertzien* Richtfunkstrecke *f*, -verbindung *f*; ~ *lumineux* Lichtkegel *m*; (Licht)Strahlenbündel *n*; **3.** *ANAT* Strang *m*; Bündel *n*; **4.** *MIL* Gewehrpyramide *f*; **5.** *fig* ~ *de preuves* Kette *f* von Beweisen; Beweiskette *f*

fais|eur [fəzœʀ] *m*, ~**euse** *f* ... ...macher(in) *m(f)*; *faiseuse d'anges* Engelmacherin *f*; *faiseur d'embarras* j, der anderen ständig Ungelegenheiten macht; *F* Stänker(er) *m*; *faiseuse de mariage* Ehestifterin *f*; *F* Kupplerin *f*

faisselle [fesɛl] *f* Abtropfsieb *n* (für Quark)

fait¹ [fɛ] *p/p cf* faire *et adj* ⟨faite [fɛt]⟩ **1.** *travail* gemacht; getan; fertig; erledigt; beendet; aus-, 'durchgeführt; *objet* beschaffen; gebildet (*de qc* aus etw); *yeux* geschminkt; *ongles* lac'kiert; *JUR acte* ~ *le* ... ausgefertigt, ausgestellt am ...; *tout* ~ *travail* (fix und) fertig; ganz fertig; *expression* fest; stehend; stereo'typ; *des idées toutes* ~*es* über'nommene, über'kommene Ansichten *f/pl*; (Licht)vorstellungen *f/pl*; *c'est* ~ das ist erledigt, gemacht, getan, fertig; *voilà qui est* ~ das wäre erledigt, geschafft; *c'est un grand pas de* ~ das ist ein großer Schritt vorwärts; das hat uns ein gutes Stück weitergebracht; *c'est bien* ~ das geschieht dir, ihm *etc* recht; ♦ *être* ~ *pour qn, qc* für j-n, etw wie geschaffen sein; ideal, genau richtig für j-n, etw sein; *ils sont* ~*s l'un pour l'autre* sie sind füreinander bestimmt, (wie) geschaffen; *il n'est pas* ~ *pour ce métier, pour être professeur* er eignet sich nicht für diesen Beruf, zum Lehrer; *F c'est* ~ *pour* dazu ist es ja da; **2.** *fromage* reif; weich; *F* durch; **3.** *personne bien* ~ gutgewachsen; *F* gutgebaut; *être mal* ~ nicht gut gewachsen, *F* gebaut sein; *un homme* ~ ein ausgewachsener, *südd* gestandener Mann; **4.** *F être* ~ *F* dran, *p/fort* geliefert, verloren sein

fait² [fɛ(t)] *m* **1.** (*réalité*) **a)** Tatsache *f*; Faktum *n*; ~ *nouveau* Novum *n*; neue Tatsache (*a JUR*); *le* ~ *de* (+*inf*) *ou que* ... (+*ind ou subj*) die Tatsache, daß ...; *le* ~ *de n'avoir rien répondu ou qu'il n'ait rien répondu* (daß, die Tatsache,) daß er nichts geantwortet hat; *c'est un* ~ das ist e-e Tatsache, ein Faktum; das steht fest; *le* ~ *est que vous avez raison* Tatsache ist, daß Sie recht haben; tatsächlich haben Sie recht; *le* ~ *est là, il est trop tard* Tatsache ist ...; **b)** ~*s pl* Sachverhalt *m*; Sachlage *f*; *JUR* Tatbestand *m*; **2.** (*acte*) Tat *f*; Handlung *f*; *'hauts* ~ große, denkwürdige Taten; Heldentaten *f/pl* (*a iron*); ~ *d'armes, de guerre* (kriegerische) Heldentat; *le* ~ *de parler, de s'en aller etc* das Sprechen, Weggehen *etc*; *prendre qn sur le* ~ j-n auf frischer Tat, in fla'granti ertappen; *surveiller les* ~*s et gestes de qn* j-s Tun und Treiben über'wachen; **3.** (*événement*) Ereignis *n*; Begebenheit *f*; Geschehnis *n*; Vorfall *m*; Vorkommnis *n*; (*phénomène*) Erscheinung *f*; ~ *divers cf divers 1.*; **4.** (*cause*) Sache *f*; Fall *m*; *dire son* ~ *à qn* j-m gründlich die Meinung sagen, j-m ordentlich Bescheid sagen; *être sûr de son* ~ s-r Sache (*gén*) sicher sein; *prendre* ~ *et cause pour qn* für j-n Partei ergreifen; sich für j-n einsetzen; (*en*) *venir au* ~ zur Sache, zum Kern der Sache kommen; *le* ~ *loc/adv au* ~ [ofɛt] übrigens; dabei fällt mir ein; eigentlich; *au* ~*, j'ai oublié de vous dire que ...* übrigens, ich habe vergessen, Ihnen zu sagen, daß ...; *que voulez-vous de moi?* was wollen Sie eigentlich von mir?; ♦ *loc/adv et loc/adj de* ~ [dəfɛt] faktisch; tatsächlich; in der Tat; wirklich; wahr'haftig; *gouvernement m de* ~ De-'facto-Regierung *f*; *il avait promis d'être à l'heure et, de* ~*, il y était* tatsächlich; in der Tat; wirklich; wahr'haftig; *loc/adv de ce* ~ aus diesem Grund; deshalb; darum; auf Grund dieser Tatsache; *loc/prép et loc/conj du* ~ (+*subst*) *ou que* ... (+*ind*) durch (+*acc*); in'folge, als Folge, wegen (+*gén*); dadurch daß; da; weil; *du seul* ~ *de son appartenance ou qu'il appartienne à un parti* allein auf Grund s-r Parteizugehörigkeit; allein auf Grund der Tatsache, daß er e-r Partei angehört; ♦ *loc/adv en* ~ [ɑ̃fɛt] in Wirklichkeit; im Grunde; *loc/prép en* ~ *de* was (+*acc*) (an)betrifft, an(be)langt, angeht; in puncto (+*subst sans article*); hinsichtlich (+*gén*); ♦ *loc/adv tout à* ~ [tutafɛ] ganz (und gar); völlig; 'vollständig; 'vollkommen; gänzlich

faîtage [fɛtaʒ] *m ARCH* (Dach)First *m*

faîte [fɛt] *m* **1.** *d'un toit, d'une maison* (Dach)First *m*; *d'une tour* Spitze *f*; **2.** *d'une montagne* Gipfel *m*; Kamm *m*; Grat *m*; *d'un arbre* Wipfel *m*; Gipfel *m*; Krone *f*; *fig* Glanz-, Höhepunkt *m*; Ze'nit *m*; *être* (*parvenu*) *au* ~ *de la gloire* auf der Höhe des Ruhmes stehen; den Gipfel, Höhepunkt des Ruhmes erreicht haben

fait-tout ⟨*inv*⟩ *ou* **faitout** [fɛtu] *m* (schwerer) Kochtopf

faix [fɛ] *m litt* (*fardeau*) Last *f*; *st/s* Bürde *f*

fakir [fakiʀ] *m* Fakir *m*

falaise [falɛz] *f* Steilküste *f*; (Fels)Klippe *f*; Felswand *f*

falbalas [falbala] *m/pl* (üppiger) Besatz; *F péj* Firlefanz *m*

fallacieux [fa(l)lasjø] *adj* ⟨-euse⟩ trügerisch; irreführend

falloir [falwaʀ] *v/imp* ⟨il faut; il fallait; il a fallu; il faudra; il faille; il fallût⟩ **1.** müssen, nötig sein; sollen; dürfen, **a)** *avec inf*: *il me faut* (+*inf*) ich muß (+*inf*); *il faut* (+*inf*) man muß (+*inf*); *il ne faut pas* (+*inf*) man darf, soll nicht (+*inf*); *il lui a fallu attendre* er mußte warten; *il fallait me le dire* du hättest *ou* Sie hätten es mir sagen müssen, sollen; *faut-il être bête tout de même!* wie kann man nur so dumm sein!; *il ne faut pas mentir* man darf, soll nicht lügen; (*il*) *faut voir!* das muß man gesehen haben!; das müßten Sie *etc* mal sehen!; **b)** *il faut que je ...* (+*subj*) ich muß (+*inf*); *il a fallu qu'il arrive juste à ce moment-là* ausgerechnet in diesem Augenblick mußte er kommen!; *encore faut-il qu'il réussisse à son examen* da, dazu muß er erst mal s-e Prüfung bestehen; *il faut toujours qu'elle se trouve des excuses* sie braucht immer e-e Ausrede; **c)** *il le faut* das, es muß sein; *il faut ce qu'il faut* was sein muß, muß sein; *s'il le faut* wenn es sein muß; wenn es nötig, erforderlich ist; *quand on reçoit un cadeau il ne fallait pas!* das wäre doch nicht nötig gewesen!; *quand il faut* wenn es angebracht ist; **d)** *loc/adv et loc/adj comme il faut* vorbildlich; musterhaft, -gültig; wie es sich, wie sich's gehört; *des gens* (*très*) *comme il faut* (sehr) anständige, ordentliche Leute *pl*; **2.** brauchen; benötigen; nötig haben; bedürfen (+*gén*); *il me faut qc* ich brauche etw; *il lui faut qn pour l'aider* er braucht jemand(en) zur Hilfe, der ihm hilft; *il me le faut absolument* ich brauche ihn *ou* es unbedingt; ich muß ihn *ou* es unbedingt haben; *il faut beaucoup de soin* es bedarf großer Sorgfalt; *plus qu'il n'en faut* mehr als genug; **3.** *s'en* ~ fehlen; *il s'en faut de beaucoup qu'elle soit heureuse* sie ist alles andere *ou* nichts weniger als glücklich; sie ist weit davon entfernt, glücklich zu sein; *il s'en faut de beaucoup qu'il soit aussi riche que son frère* er ist bei weitem *ou* lange nicht so reich wie sein Bruder; *il s'en faut de peu ou peu s'en faut que ...* (+*subj*) es fehlt nicht viel *ou* nur wenig und (+ Konditional); *il est ruiné, ou peu s'en faut* er ist so gut wie ruiniert; *il n'est pas bête, tant s'en faut!* weit gefehlt!

falot¹ [falo] *m* große (Hand)La'terne

falot² [falo] *adj personne* unscheinbar; unbedeutend; farblos; blaß; unauffällig

falsifica|teur [falsifikatœʀ] *m*, ~**trice** *f* Fälscher(in) *m(f)*; Verfälscher(in) *m(f)*

falsification [falsifikasjɔ̃] *f d'aliments, d'un texte, de la vérité* Verfälschung *f*; *du vin, du lait a* Panschen *n*; Panscherei *f*; *d'argent, de documents* Fälschung *f*

falsifier [falsifje] *v/t aliments, textes, vérité* verfälschen; *vin, lait a* panschen; *argent, document, signature, date, bilan* fälschen; *bilan a* verschleiern; *F* fri'sieren

falzar [falzaʀ] *m F* (*pantalon*) Buxe *f*; Büx *f*

famé [fame] *adj rue, café etc mal* ~ verrufen; verschrie(e)n; berüchtigt; übel beleumundet

famélique [famelik] *adj personne* ausgehungert; ausgemergelt; abgezehrt; *animal* ausgehungert; mager

fameux [famø] *adj* ⟨-euse⟩ **1.** (*renom*-

mé) berühmt (*par, pour* für); bekannt (wegen, durch); denkwürdig; **2.** *iron* vielzitiert; oft erwähnt; *vos ~ princi- pes* Ihre vielzitierten, gern, oft zitierten Grundsätze *m/pl*; **3.** (*très grand*) riesig; gewaltig; F gehörig; tüchtig; ganz schön; *une fameuse canaille* e-e Erzkanaille; *un ~ coup de soleil* ein schlimmer, F ganz schöner Sonnenbrand; *une fameuse gaffe* e-e gewaltige Dummheit, F Riesendummheit; **4.** (*excellent*) ausgezeichnet; her'vorragend; vor'züglich; vor'trefflich; F *pas ~* F nicht berühmt; nicht besonders; nicht gerade berauschend

familial [familjal] **I** *adj* ⟨-aux⟩ Fa'milien...; famili'är; COMM *boîte ~e, paquet ~* Familienpackung *f*; **II** *f ~e* sechssitziger Kombi(wagen) *m*

familiariser [familjaRize] **I** *v/t ~ qn avec qc* j-n mit etw vertraut machen; j-n in etw (*acc*) einführen; **II** *v/pr se ~ avec qc* sich mit etw vertraut machen; mit etw vertraut werden; sich an etw (*acc*) gewöhnen; *se ~ avec sa nouvelle situation* a sich in s-e neue Situation hin'einfinden

familiarité [familjaRite] *f* **1.** (*intimité*) Vertrautheit *f*, Vertrautsein *n* (*a fig avec une langue etc*); **2.** *du comportement* Vertraulichkeit *f*; Zwanglosigkeit *f*; Ungezwungenheit *f*; Familiari'tät *f*; **3.** *péj ~s pl* Vertraulichkeiten *f/pl*; Zudringlichkeit *f*; *se permettre des ~s avec qn* sich Freiheiten, Vertraulichkeiten gegenüber j-m herausnehmen, erlauben

familier [familje] **I** *adj* ⟨-ière⟩ **1.** (wohl-)vertraut; *langue a* geläufig; *geste, attitude a* gewohnt; üblich; **2.** *péj comportement* (allzu) vertraulich, famili'är; zudringlich; aufdringlich; **3.** *conversation etc* famili'är; ungezwungen; zwanglos; frei; **4.** *tournure, expression* 'umgangssprachlich; famili'är; *langage ~* 'Umgangssprache *f*; *terme ~* Ausdruck *m* der Umgangssprache; **II** *m* häufiger Gast; Freund *m* (des Hauses); Vertraute(r) *m*

familièrement [familjɛRmã] *adv* zwanglos; ungezwungen; famili'är; *comme on dit ~* wie man 'umgangssprachlich sagt

famille [famij] *f* Fa'milie *f* (*a* BOT, ZO, LING, *fig*); *par ext* Verwandtschaft *f*; (*lignée*) Geschlecht *n*; *par ext les deux cents ~s* die reichsten Familien Frankreichs; *fig les grandes ~s politiques* die Par'teien *f/pl* und Grup'pierungen *f/pl* der po'litischen Grundrichtungen; LING *~ de langues, de mots* Sprach-, Wortfamilie *f*; *~ d'ouvriers* Arbeiterfamilie *f*; *médecin m de ~* Hausarzt *m*; *situation f de ~* Familien-, Per'sonenstand *m*; *loc/adj et loc/adv: de bonne ~* aus guter Fa'milie; aus guter Familie; *d'une vieille ~* aus altem Geschlecht; F *distraction etc des ~s* gemütlich; harmlos; *en ~* im (engsten) Familienkreis; im Kreise der Familie; unter sich; *on est en ~* die Familie ist unter sich; *ne pas avoir de ~* keine Familie, kein Zu'hause haben; *c'est dans la, de ~* das liegt in der Familie; F *promener sa petite ~* s-e Familie ausführen; e-n Familienspaziergang machen

famine [famin] *f* Hungersnot *f*; Hunger *m*; *crier ~* über Mangel, s-e geringen Mittel klagen; *mon estomac crie ~* mir knurrt der Magen

fan [fan] *m,f* Fan [fɛn] *m*

fana [fana] F *abr* (*fanatique*) **I** *adj il en est ~* F er ist verrückt, scharf, wild darauf; *je n'en suis pas ~ a* ich mache mir nichts draus; **II** *m,f* Fan [fɛn] *m*

fanage [fanaʒ] *m* AGR Heuwenden *n*

fanal [fanal] *m* ⟨*pl* -aux⟩ MAR Schiffs-, Positi'onslaterne *f*; *par ext* La'terne *f*; Windlicht *n*

fanatique [fanatik] **I** *adj* fa'natisch; **II** *m,f* **1.** (*passionné*) Fa'natiker(in) *m(f)*; begeisterter Anhänger, begeisterte Anhängerin; Fan [fɛn] *m*; (blinder) Bewunderer; *~ du jazz* a) Jazzfan *m*; b) begeisterter Jazzmusiker; **2.** POL, REL Fa'natiker(in) *m(f)*; Eiferer(in) *m(f)*

fanat|iser [fanatize] *v/t* fanati'sieren; aufpeitschen; aufhetzen; *~isme m* Fa'natismus *m*; Besessenheit *f*

fane [fan] *f souvent pl ~s de carottes etc* Kraut *n*; *de radis etc* Blätter *n/pl*

fané [fane] *adj* **1.** *fleurs* welk; verwelkt; verblüht; **2.** *visage* welk; *beauté* verblüht; *couleur* verblaßt; verblichen; *tissu* verblichen; verschossen; ausgeblichen

faner [fane] **I** *v/t* AGR foin wenden; **II** *v/pr se ~* **1.** *fleurs* (ver)welken; welk werden; verblühen; **2.** *couleur* verblassen; verbleichen; *tissu* ausbleichen; verbleichen; verschießen

fanfare [fãfaR] *f* **1. a)** *orchestre* Blaskapelle *f*; Blechmusik(kapelle) *f*; F *fig c'est un sale coup pour la ~* F das ist ein Schlag ins Kon'tor; **b)** *musiciens* Blechbläser *m/pl*; **2.** *musique* Fan'fare *f*; *~s pl* Trom'petengeschmetter *n*; *accueillir qn en ~* j-n mit e-m Tusch begrüßen; F *fig réveiller qn en ~* j-n mit viel Lärm, Getöse wecken, aus dem Schlaf reißen; j-n aus dem Schlaf trommeln

fanfaron [fãfaRõ] **I** *adj* ⟨*~ne*⟩ großsprecherisch; prahlerisch; aufschneiderisch; F angeberisch; **II** *m* Aufschneider *m*; Prahler *m*; Prahlhans *m*; Wichtigtuer *m*; F Angeber *m*; *faire le ~* aufschneiden; prahlen; großtun; sich wichtig machen; F angeben

fanfaronnade [fãfaRɔnad] *f* Prahle'rei *f*; Großspreche'rei *f*; Wichtigtue'rei *f*; F Angebe'rei *f*; Angabe *f*

fanfreluches [fãfRəlyʃ] *f/pl* Flitterkram *m*; F Firlefanz *m*

fange [fãʒ] *f* Schlamm *m*; Schmutz *m* (*a fig*)

fangeux [fãʒø] *adj* ⟨-euse⟩ schlammig

fanion [fanjõ] *m* Wimpel *m*; Fähnchen *n*; Flagge *f*; Stander *m*

fanon [fanõ] *m* **1. a)** *du bœuf* Wamme *f*; **b)** *du dindon* Kehllappen *m*; **2. a)** *de la baleine* Barte *f*; **b)** *substance* Fischbein *n*

fantaisie [fãtezi] *f* **1.** (*caprice*) Laune *f*; Lust *f*; Verlangen *n*; (launischer, plötzlicher) Einfall; *s'offrir, se payer une (petite) ~* sich etwas Besonderes, F Extras gönnen; *il lui a pris la ~ de* ...: plötzlich kam es ihm in den Sinn zu ...; er hatte plötzlich Lust, das Verlangen zu ...; es wandelte ihn die Lust an zu ...; **2.** (*goût*) Geschmack *m*; Gutdünken *n*; Belieben *n*; *selon sa ~* nach eigenem Gutdünken; wie es einem gefällt, in den Sinn kommt; **3.** (*imagination*) schöpferische Phanta'sie; Einfallsreichtum *m*; Erfindungsgabe *f*; origi'neller Einfall; *n'avoir aucune ~* keinerlei originelle Einfälle, keine Phantasie haben; phantasielos sein; *donner libre cours à sa ~* s-r Phantasie, s-m schöpferischen Ta'lent freien Lauf lassen; *vie f qui manque de ~* Leben *n* ohne Abwechslung; gleichförmiges Dasein; **4.** *adjt* (*de*) *~* Phanta'sie...; *tissu, bas etc* lebhaft gemustert; *bijoux m/pl ~* Modeschmuck *m*; *tissu m ~ a* Phanta'siedruck *m*; **5.** MUS Fanta'sie *f*

fantaisiste [fãtezist] **I** *adj* **1.** *hypothèse etc* der Phanta'sie entstammend; aus der Luft gegriffen; *remède* nicht ernst zu nehmen; **2.** *personne* unkonventionell; *péj* unseriös; **II** *m* **1.** unkonventioneller, ungezwungener, sprungfreier Mensch; **2.** *artiste* Unter'haltungskünstler *m*

fantasmagor|ie [fãtasmagɔRi] *f* Phantasmago'rie *f*; phan'tastische Visi'on; Trugbild *n*; *~ique adj* bi'zarr; geisterhaft; phantasma'gorisch

fantasmatique [fãtasmatik] *adj* PSYCH phantas'matisch

fantasme [fãtasm(ə)] *m* Phanta'sie (-bild, -gebilde) *f(n)*; Wunsch-, Trugbild *n*; PSYCH Phan'tasma *n*

fantasmer [fãtasme] *v/i* sich Phanta'sien (*dat*) hingeben; phanta'sieren; träumen

fantasque [fãtask] *adj* wunderlich; launenhaft; seltsam; eigenwillig; kaprizi'ös; unberechenbar

fantassin [fãtasɛ̃] *m* MIL Infante'rist *m*

fantastique [fãtastik] **I** *adj* **1.** phan'tastisch; unwirklich; 'übernatürlich; Phanta'sie...; *cinéma ~* Fantasy-Film ['fɛn-] *m*; **2. a)** (*excellent*) *réussite etc* phan'tastisch; außerordentlich; großartig; **b)** (*incroyable*) *prix etc* phan'tastisch; e'norm; unglaublich; F unwahrscheinlich; **II** *subst le ~* das Phan'tastische

fantoche [fãtɔʃ] *m fig* Hampelmann *m*; Mario'nette *f*; *adjt gouvernement m ~* Marionettenregierung *f*

fantomatique [fãtomatik] *adj* gespenster-, geister-, schemenhaft; gespenstisch

fantôme [fãtom] *m* **1.** (*spectre*) Gespenst *n*; Geist *m*; Phan'tom *n*; Schemen *m*; *fig les ~s du passé* die Geister der Vergangenheit; **2.** (*chimère*) Phanta'siegebilde *n*; Trugbild *n*; Phan'tom *n*; Hirngespinst *n*; **3.** *adjt* Gespenster...; Geister...; Phan'tom...; POL *cabinet m ~* Schattenregierung *f*; MÉD *douleurs f/pl ~s* Phantomschmerz *m*; *train m ~* Geisterbahn *f*

fanzine [fãzin] *m* ou *f* Comicheft *n*

faon [fã] *m* ZO *du chevreuil* (Reh)Kitz *n*; Rehkalb *n*; *du cerf* Hirschkalb *n*

far [faR] *m* CUIS *~ breton* Milch-Eier-Auflauf *m* (mit Backpflaumen)

faramineux [faRaminø] *adj* ⟨-euse⟩ F *prix, somme* e'norm; F phan'tastisch; hor'rend

farandole [faRãdɔl] *f* provenzalischer Tanz

far|aud [faRo] *m*, *~aude f faire le faraud* sich aufspielen (F (e-e Stange) angeben

farce[1] [faRs] *f* **1.** THÉ Farce *f* (*a fig*); Posse *f*; Schwank *m*; *fig cela tourne à*

farce – faucon

la ~ das wird zur Farce; **2.** (*tour*) Streich *m*; Schabernack *m*; Ulk *m*; F Jux *m*; *faire une ~ à qn* j-m e-n Streich, e-n Schabernack spielen; *faire des ~s* Ulk, F Jux, Fez machen; Schabernack treiben; **3.** *~s et attrapes* f/pl Scherzartikel *m/pl*
farce² [faRs] *f* CUIS Füllung *f*; Farce *f*
farc|eur [faRsœR], **~euse** I *m,f* Spaßvogel *m*, -macher(in) *m(f)*; Witzbold *m*; II *adj* witzig; ulkig
farci [faRsi] *adj* **1.** CUIS gefüllt; ~ *aux marrons* mit Kastanienfüllung; *tomates ~es* gefüllte Tomaten f/pl; **2.** *fig* voll(er) (*de gén*); 'vollgestopft, 'vollgepfropft (mit)
farcir [faRsiR] I *v/t* **1.** CUIS füllen; far'cieren; **2.** *fig tête* 'vollstopfen (*de* mit); *livre ~ de citations* mit Zitaten spicken; II *v/pr* **1.** *se ~ la mémoire, la tête de qc* sich das Gedächtnis, den Kopf mit etw 'vollpfropfen, 'vollstopfen; **4.** F: *se ~ 20 km à pied* F 20 km tippeln; *se ~ un bon repas* F sich ein gutes Essen einverleiben, reinziehen; *j'ai dû me ~ tout le travail* ich mußte die ganze Arbeit machen; F an mir blieb alles hängen; *il faut se le ~!* es ist nicht so einfach, mit ihm auszukommen, ihn zu ertragen
fard [faR] *m* **1.** Schminke *f*; ~ *à paupière* Lidschatten *m*; **2.** F *personne piquer un ~* rot anlaufen; ganz rot, F knallrot werden; F e-n roten Kopf kriegen; **3.** *loc/adj et loc/adv fig sans ~* ungeschminkt; unverblümt; *parler sans ~* die ungeschminkte, unverblümte Wahrheit sagen
fardeau [faRdo] *m* ⟨*pl ~x*⟩ Last *f*, *st/s* Bürde *f* (*a fig*)
farder [faRde] I *v/t* **1.** schminken; **2.** *fig vérité* vertuschen; *ses mobiles etc* bemänteln; beschönigen; II *v/pr se ~* sich schminken, zu'rechtmachen
farfadet [faRfadɛ] *m* Kobold *m*; Irrwisch *m*
farfelu [faRfəly] F I *adj* F spinnig; verdreht; II *subst ~(e) m(f)* F komischer Typ; Spinner(in) *m(f)*
farfouiller [faRfuje] F *v/i* F her'umstöbern, -wühlen, -kramen, -schnüffeln (*dans* in +*dat*)
fariboles [faRibɔl] f/pl Belanglosigkeiten f/pl; Nichtigkeiten f/pl; belangloses Zeug
farine [faRin] *f* Mehl *n*; ~ *de blé ou de froment* Weizenmehl *n*; *par ext ~ de poisson, de soja* Fisch-, Sojamehl *n*; F *fig se faire rouler dans la ~* F reingelegt werden
farineux [faRinø] I *adj* ⟨-euse⟩ **1.** *aliments, fruits* mehlig; *par ext* (*féculent*) stärkehaltig; **2.** (*couvert de farine*) mehlig; mit Mehl bestäubt; II *m* stärkehaltiges Gemüse
farniente [faRnjente, -njɛt] *m* Dolcefarni'ente [dɔltʃe-] *n*; (süßes) Nichtstun
farouche [faRuʃ] *adj* **1.** *enfant, animal* scheu; *enfant a* schüchtern; ängstlich; *adulte* (menschen)scheu; ungesellig; *pas ~ a* zutraulich; F *d'une femme elle n'est pas ~* sie ist (sehr) zugänglich; **2.** *haine* heftig, wild; *volonté* unbeugsam; fa'natisch; *résistance, adversaire* erbittert; *regard* wild
farouchement [faRuʃmɑ̃] *adv* sehr heftig, entschieden

fart [faRt] *m* Ski-, Schiwachs *n*; ~*age m* Wachsen *n*; ~*er v/t skis* wachsen
Far West [faRwɛst] *le ~* der Wilde Westen
fascicule [fasikyl] *m* Lieferung *f*; Heft *n*; Fas'zikel *m*; *publié par ~s* in (einzelnen) Lieferungen erscheinend
fascin|ant [fasinɑ̃] *adj* faszi'nierend; bezaubernd; fesselnd; reizvoll; ~*ation f* Faszinati'on *f*; Zauber *m*; Reiz *m*; Anziehungskraft *f*
fasciner [fasine] *v/t* faszi'nieren; in s-n Bann schlagen; e-n unwiderstehlichen Reiz ausüben (*qn* auf j-n); fesseln; bezaubern; *se laisser ~ par* sich faszinieren lassen von; *être fasciné par qc* von etw fasziniert sein
fascisant [faʃizɑ̃] *adj* POL faschisto'id
fascisme [faʃism(ə)] *m* Fa'schismus *m*
fasciste [faʃist] I *adj* fa'schistisch; II *m,f* Fa'schist(in) *m(f)*
fasse [fas] *cf faire*
faste¹ [fast] *m* Prunk *m*; Pracht(entfaltung) *f*; Gepränge *n*
faste² [fast] *adj jour m ~* Glückstag *m*; günstiger Tag; *être dans un jour ~* e-n Glückstag haben
fast-food [fastfud] *m* ⟨*pl* fast-foods⟩ Fast-food-Gaststätte *f*; Schnellimbiß *m*
fastidieux [fastidjø] *adj* ⟨-euse⟩ langweilig; lästig; ermüdend; stumpfsinnig; eintönig
fastueux [fastɥø] *adj* ⟨-euse⟩ prunk-, pracht-, glanzvoll; prächtig; *péj* pomphaft; pom'pös
fat [fa(t)] *litt* I *adj* bla'siert; geckenhaft; über'heblich; selbstgefällig; dünkelhaft; II *m* Geck *m*; Laffe *m*
fatal [fatal] *adj* ⟨-als⟩ **1.** (*fixé par le destin*) schicksalhaft; (*funeste*) verhängnisvoll; unheilvoll; *erreur, décision a* folgenschwer; *femme ~* Femme fatale *f*; ~ *à, pour la santé* für die Gesundheit verhängnisvoll; *ça lui a été ~* das wurde ihm zum Verhängnis; das war sein Verhängnis; **2.** (*mortel*) tödlich; *porter le coup ~* den Todesstoß, den tödlichen Hieb, Schlag versetzen; **3.** (*inévitable*) unabwendbar; zwangsläufig; unvermeidlich; unausweichlich; *c'était ~* es mußte zwangsläufig dahin kommen
fatalement [fatalmɑ̃] *adv* unweigerlich; zwangsläufig
fatal|isme [fatalism(ə)] *m* Fata'lismus *m*; Schicksalsglaube *m*; ~*iste* I *adj* fata'listisch; schicksalsgläubig; II *m,f* Fata'list(in) *m(f)*
fatalité [fatalite] *f* **1.** *de la mort etc* Unabwendbarkeit *f*; Zwangsläufigkeit *f*; Unausweichlichkeit *f*; Unver'meidbarkeit *f*; **2.** (*destin*) Schicksal *n*; Geschick *n*; Verhängnis *n*; Fatum *n*
fatidique [fatidik] *adj* schicksalhaft
fatigant [fatigɑ̃] *adj* **1.** *activité* ermüdend; anstrengend; strapazi'ös; *journée* anstrengend; *voyage a* beschwerlich; **2.** *personne* lästig; störend
fatigue [fatig] *f* **1.** Müdigkeit *f*; Ermüdung *f*; (*épuisement*) Abgespanntheit *f*; Erschöpfung *f*; Mattigkeit *f*; ~ *intellectuelle* geistige Über'anstrengung, Über'arbeitung; ~ *nerveuse* nervöse Erschöpfung; *éprouver une grande ~* große Müdigkeit verspüren; *être mort de ~* todmüde sein; *tomber de ~* vor Müdigkeit 'umfallen; zum 'Umfallen

müde sein; **2.** ~*s pl* Stra'pazen f/pl; Anstrengungen f/pl; **3.** TECH Ermüdung *f*
fatigué [fatige] *adj* müde; (*épuisé*) erschöpft; abgespannt; matt; *voix ~e* müde, matte Stimme; *avoir l'air ~* müde, angestrengt, abgespannt, mitgenommen aussehen; *être ~ de conduire* müde vom Fahren sein
fatiguer [fatige] I *v/t* **1.** *personne* ermüden; müde machen; strapa'zieren; mitnehmen; anstrengen (*a yeux, cœur*); (*épuiser*) erschöpfen; *nerfs* beanspruchen; *cheval* abreiten; müde reiten; *sol* erschöpfen; aussaugen; ¹übermäßig beanspruchen; F *salade* 'umrühren; **2.** (*importuner*) ~ *qn* j-n ermüden (*par* durch); j-n belästigen, j-m lästig fallen *ou* werden, j-n stören (*par* mit); ~ *ses auditeurs* s-e Zuhörer ermüden, langweilen; F *tu me fatigues avec tes histoires* F du fällst, gehst mir auf die Nerven …; II *v/i* **3.** *moteur* Mühe haben; **4.** *poutre* nachgeben; sich ('durch)biegen; III *v/pr se ~* **5.** ermüden; müde werden; **6.** *se ~ de qc* e-r Sache (*gén*) müde, 'überdrüssig werden; etw satt bekommen; **7.** F *et iron*: *il ne s'est pas trop fatigué* F er hat sich nicht gerade über'anstrengt; (*ne*) *te fatigue pas* (*à mentir*), *je sais tout* du brauchst mir nichts zu erzählen, ich weiß alles; *laisse tomber*, (*ne*) *te fatigue pas!* laß doch *ou* gib's auf, das hat (doch) keinen Sinn!
fatras [fatRa] *m* Wust *m*, Durchein'ander *n* (*de* von)
fatuité [fatɥite] *f* Bla'siertheit *f*; Selbstgefälligkeit *f*; Dünkel *m*; Über'heblichkeit *f*
faubourg [fobuR] *m* **1.** Vorstadt *f*; **2.** *in Namen von Pariser Stadtteilen* (*ehemalige Vorstädte*)
faubourien [fobuRjɛ̃] *adj* ⟨~ne⟩ vorstädtisch; *avoir l'accent ~* den typischen Akzent der (Pariser) Vorstadtbewohner haben
fauchage [foʃaʒ] *m* AGR Mähen *n*; Mahd *f*
fauche [foʃ] *f* **1.** F Klauen *n*; *il y a de la ~ dans ce magasin* in diesem Geschäft kommt viel weg, F wird viel geklaut; **2.** F *plus un sou, c'est la ~* F ich bin *ou* er ist *etc* völlig blank, abgebrannt, pleite
fauché [foʃe] I *adj* F *être* (*complètement*) ~, *être ~ comme les blés* F (völlig) blank, abgebrannt, pleite sein; II *m* F j, der keine Piepen, keinen Kies hat
faucher [foʃe] *v/t* **1.** AGR (ab)mähen; *abs* mähen; **2.** *fig voiture*: *piéton* 'umfahren; *footballeur*: *adversaire* F 'umsäbeln; *avec une mitrailleuse* niedermähen; *mort*: *personne* hin'weg-, da'hinraffen; **3.** F **a)** (*voler*) F klauen; **b)** *petit(e) ami(e)* abspenstig machen; F ausspannen; wegschnappen
faucheuse [foʃøz] *f* **1.** AGR Mähmaschine *f*; **2.** ⚲ *litt* (*la mort*) Sensenmann *m*
faucheux [foʃø] *m* ZO Weberknecht *m*; Kanker *m*
faucille [fosij] *f* **1.** AGR Sichel *f*; **2.** emblème *la ~ et le marteau* Hammer *m* und Sichel *f*
faucon [fokɔ̃] *m* ZO Falke *m* (*a* POL); *chasse f au ~* Falkenjagd *f*; (Falken-)Beize *f*

fauconn|erie [fokɔnʀi] *f* Falkne'rei *f*; **~ier** *m* Falkner *m*; Falke'nier *m*
faudra [fodʀa], **faudrait** [fodʀɛ] *cf* **falloir**
faufil [fofil] *m* COUT Heftfaden *m*
faufiler [fofile] **I** *v/t* COUT heften; **II** *v/pr* se ~ sich (hin)'durchschlängeln (*dans, à travers la foule* durch die Menge); sich (hin)'einschleichen (*dans une maison* in ein Haus); sich hin'einschmuggeln, sich mit 'durchschmuggeln (*dans une réunion* in e-e Versammlung); 'durchschlüpfen, sich (hin-) 'durchzwängen, -winden (*dans un passage étroit* durch e-n engen Durchgang)
faune[1] [fon] *m* MYTH Faun *m*
faune[2] [fon] *f* **1.** Fauna *f*; Tierreich *n*, -welt *f*; **~ alpestre** Alpenfauna *f*; **2.** *fig et péj d'un lieu* Typen *m/pl*; Volk *n*
faunesque [fonɛsk] *adj* faunisch; wie ein Faun; Fauns...
faussaire [fosɛʀ] *m* Fälscher *m*
faussement [fosmɑ̃] *adv* **1.** *accuser* fälschlich(erweise); zu Unrecht; **2.** *raisonner etc* falsch; auf falsche Weise; **3.** *devant adj: d'un air ~ modeste* mit geheuchelter, gespielter Bescheidenheit; **prendre une attitude ~ indifférente** gleichgültig, gelassen tun
fausser [fose] *v/t* **1.** *résultat, calcul* (ver)fälschen; *fig sens, pensée, texte* verfälschen; entstellen; verdrehen; *raisonnement* irreleiten; in e-e falsche Richtung lenken; verderben; **~ l'esprit de qn** j-n verbilden; **3.** *clé, serrure, lame* verbiegen; **4. ~ compagnie à qn** j-n plötzlich verlassen; plötzlich von j-m weggehen; j-m entwischen
fausset [fose] *m* **1.** MUS Fal'sett *n*; *péj* **voix *f* de ~** Fistelstimme *f*; **2.** *d'un tonneau* Spund *m*; Zapfen *m*
fausseté [foste] *f* **1.** *d'une information etc* Falschheit *f*; Unwahrheit *f*; Unrichtigkeit *f*; **2.** *d'une personne, d'un sentiment* Falschheit *f*; Unwahrhaftigkeit *f*; Unaufrichtigkeit *f*; Lügenhaftigkeit *f*
faut [fo] *cf* **falloir**
faute [fot] *f* **1.** (*erreur*) Fehler *m* (*a* TENNIS); Verstoß *m*; FOOTBALL *etc* Foul [faʊl] *n*; **~ de calcul** Rechenfehler *m*; **~ de conduite** fehlerhafte Fahrweise; **~ d'étourderie, d'inattention** Leichtsinns-, Flüchtigkeitsfehler *m*; **~ de goût** Verstoß gegen den guten Geschmack; Geschmacksverirrung *f*; **~ de grammaire** Gram'matikfehler *m*; grammat(ikal)ischer Fehler; **~ d'orthographe** Rechtschreibfehler *m*, orthographischer Fehler; **~ de prononciation** Aussprachefehler *m*; **sans ~(s)** fehlerlos, -frei; ohne Fehler; *cf* a 4. b); **faire une ~** e-n Fehler machen; *a* sich verschreiben, verrechnen *etc*; **2.** (*mauvaise action*) Fehler *m*; Verfehlung *f*; Fehltritt *m*; Verstoß *m*; Vergehen *n*; JUR Verschulden *n*; Verletzung *f*; Fahrlässigkeit *f*; JUR **~ commune** Mitverschulden *n*; **~ professionnelle** in Ausübung des Berufs begangener Fehler; MÉD Kunstfehler *m*; **commettre une ~** sich etwas zu'schulden kommen lassen; e-n Fehler begehen; **prendre qn en ~** j-n bei e-m Fehler, Verstoß, bei e-r Verfehlung ertappen; **3.** (*responsabilité*) Schuld *f*; Verschulden *n*; **à qui la ~?** wer ist schuld (daran)?; wessen Schuld ist das?; wer hat schuld, die Schuld?; wer trägt die Schuld?; wen trifft die Schuld?; an wem liegt es?; **par sa ~** durch s-e Schuld, sein Verschulden; **c'est par sa ~ que ...** er ist schuld daran, es ist s-e Schuld, sein Fehler, daß ...; **c'est (de) sa ~** das ist s-e Schuld, sein Fehler; die Schuld liegt bei ihm; er ist schuld daran; **tout est de ma ~** das ist ganz *ou* allein meine Schuld; ich bin an allem schuld; alles ist meine Schuld; **être en ~** im Unrecht sein; **se sentir en ~** sich schuldig, im Unrecht fühlen; *prov* **~ avouée est à moitié pardonnée** gebeichtet ist halb gebüßt; e-e eingestandene Schuld ist so gut wie vergeben; **4. a)** *loc/prép* **~ de** mangels (+*gén*); in Ermangelung von (*ou* +*gén*); aus Mangel an (+*dat*); **~ d'argent** aus Mangel an Geld; aus Geldmangel; **~ de mieux** in Ermangelung e-s Besseren; **~ de preuves** aus Mangel an Beweisen; mangels Beweisen; **~ de quoi** andernfalls; sonst; widrigenfalls; wenn nicht; **~ de savoir si ...** da *ou* weil ich, er *etc* nicht wußte, ob ...; **ce n'est pas ~ d'avoir travaillé** das liegt nicht daran, daß er nicht gearbeitet hätte; **b)** *loc/adv* **sans ~** ganz sicher, gewiß, bestimmt; auf jeden Fall; unbedingt; unweigerlich; **ne pas se faire ~ de** (+*inf*) nicht versäumen, es sich nicht versagen zu (+*inf*)
fauter [fote] *v/i* F *plais femme* e-n Fehltritt begehen, tun
fauteuil [fotœj] *m* Sessel *m*; Lehnsessel *m*, -stuhl *m*; Armsessel *m*, -stuhl *m*; **~ roulant** Rollstuhl *m*; *fig* **~ d'académicien** Sitz *m* in der Académie Française; **~ de dentiste** Zahnarztstuhl *m*; *dans une compétition* F **arriver dans un ~** mühelos, spielend, über'legen gewinnen
fauteur [fotœʀ] *m* **~ de guerre** Kriegstreiber *m*, -hetzer *m*; **~ de troubles** Unruhestifter *m*
fautif [fotif] **I** *adj* ⟨-ive⟩ schuld(ig); **être ~** schuld(ig) sein; **se sentir ~** sich schuldig fühlen; **II** *subst* **~, fautive** *m,f* Schuldige(r) *f(m)*
fauve [fov] **I** *adj* **1.** fahlgelb, -rot; *st/s falb*; **cheval ~** Falbe(r) *m*; **2. bêtes *f/pl* ~s** Raubtiere *n/pl*; wilde Tiere *n/pl*; **3.** PEINT zu den Fauves gehörend; **II** *m* **1. couleur ~** Fahlrot *n*, -gelb *n*; **2.** ZO Raubtier *n*; große Raubkatze; **grands ~s** *a* Großwild *n*; F **ça sent le ~ ici** hier riecht es wie in e-m Raubtierkäfig; **3.** PEINT **les ⁀s** die Fauves *m/pl*; die Fau'visten *m/pl*
fauverie [fovʀi] *f* Raubtierhaus *n*, -gehege *n*
fauvette [fovɛt] *f* ZO Grasmücke *f*
fauvisme [fovism(ə)] *m* PEINT Fau'vismus *m*
faux[1] [fo] *f* AGR Sense *f*; *poét* **de la mort** Hippe *f*
faux[2] [fo] **I** *adj* ⟨**fausse** [fos]⟩ *idée, promesse, soupçon, rumeur* falsch, unrichtig; *idée, conception a* verkehrt; *nouvelle, rapport a* erlogen; unwahr; *calcul etc* falsch; fehlerhaft; *personne* falsch, unaufrichtig; unwahrhaftig; *passeport, argent, cartes* falsch; gefälscht; *bijoux, perles* falsch, unecht; *piano etc* verstimmt; ARCH *porte, fenêtre* blind; ♦ **fausse alerte** falscher, blinder Alarm; LING **~ amis** Faux amis *m/pl*; **fausse barbe** falscher Bart; **fausse candeur** falsche, gespielte Treuherzigkeit; **~ chignon** falscher Knoten; **fausse clef** Nachschlüssel *m*; SPORTS **~ départ** Fehlstart *m*; JUR **fausse déposition** Falschaussage *f*; **fausse facture** gefälschte Rechnung; **une fausse maigre** e-e Frau, die schlanker, dünner wirkt, als sie ist; **fausse monnaie** Falschgeld *n*; **~ nez** Pappnase *f*; **sous un ~ nom** unter falschem Namen; **fausse nouvelle** Falschmeldung *f*; ARCH **~ plafond** Zwischendecke *f*; **~ problème** Scheinproblem *n*; **fausses raisons** Scheingründe *m/pl*; vorgeschobene Gründe *m/pl*; **~ témoin** falscher Zeuge; **un ~ Picasso** *etc* ein falscher Picasso; ♦ **être en porte à ~** *cf* **porter**[1] *16.*; **c'est ~!** das ist falsch, nicht wahr, nicht richtig, *p/fort* erlogen!; das stimmt nicht!; **il est ~ de prétendre que ...** es ist falsch zu behaupten, daß ...; **il est ~ que ...** (+*subj*) es ist falsch, nicht wahr, es stimmt nicht, daß ...; **être dans une situation fausse** in e-r schiefen, peinlichen Situation sein; **faire un ~ mouvement** e-e ungeschickte Bewegung machen; THÉ **faire une fausse sortie** abgehen und gleich zu'rückkommen; **II** *adv* falsch; nicht richtig; **avoir tout ~ a)** ÉCOLE alles falsch haben; **b)** *par ext* sich völlig irren; **chanter, jouer ~** falsch singen, spielen; **III** *m* **1.** Falsche(s) *n*; **plaider le ~ pour savoir le vrai** etwas Falsches behaupten, um die Wahrheit zu erfahren; **2.** JUR, *d'une œuvre d'art* Fälschung *f*; *résultat a* Falsifi'kat *n*; **~ en écriture** Urkundenfälschung *f*; Fälschung *f* e-s Schriftstücks; **commettre un ~** e-e Fälschung begehen; **c'est du ~** das ist unechter Schmuck
faux-filet [fofilɛ] *m* CUIS (Ochsen-, Rinder)Lende *f*
faux-fuyant [fofɥijɑ̃] *m* Ausflucht *f*; Ausrede *f*; **chercher un ~** Ausflüchte machen; e-e Ausrede suchen
faux-monnayeur [fomɔnɛjœʀ] *m* Falschmünzer *m*
faveur [favœʀ] *f* **1.** (*avantage*) Vergünstigung *f*; Gunst *f*; Vorrecht *n*; THÉ **billet *m* de ~** Freikarte *f*; **tarif *m* de ~** Vorzugs-, Ausnahmetarif *m*; **traitement *m*, régime *m* de ~** Bevorzugung *f*, bevorzugte Behandlung (**accordé à qn** j-s); **jouir d'un traitement de ~** bevorzugt behandelt werden; **accorder, faire une ~ à qn** j-m e-e Vergünstigung, e-e Gunst gewähren, e-n Vorteil verschaffen; j-n bevorzugt behandeln; *litt femme* **accorder ses ⁀s à un homme** e-m Mann ihre Gunst schenken; ♦ *loc/prép*: **à la ~ de** begünstigt von (+*dat*), unter (+*acc*); unter dem Schutz (+*gén*); **à la ~ de l'obscurité** im Schutz(e) der Dunkelheit; **en ~ de** zu'gunsten von (*ou* +*gén*); für (+*acc*); **en ma, ta** *etc* **~** zu meinen, deinen *etc* Gunsten; **se prononcer en ~ de qn, qc** sich für j-n, etw aussprechen; **2.** (*considération*) Gunst *f*; Wohlwollen *n*; Gewogenheit *f*; (*protection*) Gönnerschaft *f*; **~ du public** Publikumsgunst *f*; *st/s* **être en ~ auprès de qn** bei j-m in Gunst stehen; sich j-s Gunst erfreuen; **3.** *ruban* (Seiden)Band *n*

favorable [favɔRabl(ə)] *adj* **1.** *personne* geneigt, gewogen, wohlgesinnt, freundlich gesinnt (*à qn, à qc* j-m, e-r Sache); *accueil* freundlich; *il a été ~ à mon projet* er hat meinen Plan günstig, wohlwollend aufgenommen; *recevoir un accueil ~* freundlich, günstig, wohlwollend aufgenommen werden; (e-e) günstige Aufnahme finden; **2.** *instant, circonstances, temps* günstig; *conditions a* vorteilhaft; *nombre m de votes ~s à ...* Anzahl *f* der Stimmen für ...

favori [favɔRi] **I** *adj* ⟨favorite [favɔRit]⟩ **1.** Lieblings...; bevorzugt; *auteur ~* Lieblingsautor *m*; *lecture ~te* Lieblingslektüre *f*; bevorzugte Lektüre *f*; *plat ~* Leibspeise *f*, -gericht *n*; Lieblingsgericht *n*; **2.** SPORTS favori'siert; *partir ~* als Favo'rit ins Rennen gehen; **II** *subst* **1.** *~(te) du public* Liebling *m* (*a femme*); *d'un souverain* Günstling *m*; *femme* Favo'ritin *f*; bevorzugte Mä'tresse; **2.** *~(te) m(f)* SPORTS Favo'rit(in) *m(f)*; **3.** *~s m/pl* Backenbart *m*

favoriser [favɔRize] *v/t* begünstigen; *évolution, économie a* fördern; unter'stützen; *contrebande, révolte a* Vorschub leisten (*+dat*); *candidat, parti* begünstigen; bevorzugen; e-e Be-, Vergünstigung zu'teil werden lassen (*qn* j-m)

favorite *cf* favori

favoritisme [favɔRitism(ə)] *m* Günstlingswirtschaft *f*

fax [faks] *m* TÉLÉCOMM Fax *n*; *~er v/t* faxen

fayot [fajo] *m* F **1.** CUIS weiße Bohne; **2.** *péj personne* Kriecher *m*

fayot(t)|age [fajɔtaʒ] F *m* Krieche'rei *f*; *~er* F *v/i* sich lieb Kind machen; F sich einkratzen

FB *abr* (*franc[s] belge[s]*) bfr (belgischer Franc) *ou* bfrs (belgische Francs)

féal [feal] *adj* ⟨-aux⟩ *litt* (*fidèle*) (ge)treu

fébrifuge [febRifyʒ] PHARM *adj* (*et subst m*) fiebersenkend(es Mittel)

fébrile [febRil] *adj* **1.** fieb(e)rig, fiebernd; fieberkrank; Fieber...; **2.** *fig* fieberhaft; fieb(e)rig, hektisch; *agitation f ~* Hektik *f*

fébrilité [febRilite] *f fig* Fieberhaftigkeit *f*; Betriebsamkeit *f*; Hektik *f*

fécal [fekal] *adj* ⟨-aux⟩ fä'kal; kotig; *matières ~es* Fä'kalien *pl*

fèces [fɛs] *f/pl* PHYSIOL Kot *m*; Stuhl *m*; *sc* Fäzes *pl*

fécond [fekɔ̃] *adj* ⟨féconde [fekɔ̃d]⟩ **1.** BIOL fruchtbar (*a sol*); **2.** *fig esprit, auteur, idée* fruchtbar; fruchtbringend; produk'tiv; *~ en* reich an (*+dat*)

fécondation [fekɔ̃dasjɔ̃] *f* BIOL Befruchtung *f*; BOT *a* Bestäubung *f*; MÉD *~ artificielle* künstliche Befruchtung; *~ in vitro* In-'vitro-Befruchtung *f*, -Fertilisation *f*

féconder [fekɔ̃de] *v/t* **1.** BIOL befruchten; BOT *a* bestäuben; *animaux a* begatten; **2.** *par ext fleuve*: *terre etc* fruchtbar machen; *l'esprit* befruchten

fécondité [fekɔ̃dite] *f* **1.** BIOL Fruchtbarkeit *f* (*a* AGR); **2.** *fig d'un auteur etc* Fruchtbarkeit *f*; *d'un thème a* Ergiebigkeit *f*

fécule [fekyl] *f* CHIM *dans les plantes*, *aliments* Stärke *f*; *extraite des plantes* Stärkemehl *n*; *~ de pommes de terre* Kar'toffelstärke *f*

féculent [fekylɑ̃] **I** *adj* stärkehaltig; **II** *m* stärkehaltiges Nahrungsmittel

fédéral [fedeRal] *adj* ⟨-aux⟩ **1.** POL Bundes...; bundesstaatlich; *en Suisse a* eidgenössisch; *en Suisse* **Assemblée** *~e* Bundesversammlung *f*; *en Suisse* **Conseil** *~* Bundesrat *m*; **État** *~* Bundesstaat *m*; **république** *~e* Bundesrepublik *f*; **2.** *d'une fédération de sociétés* **bureau** *~* oberste Leitung; Vorstand *m*; Prä'sidium *n*; **union** *~e* Zen'tralverband *m*

fédéraliser [fedeRalize] *v/t* föderali'sieren; die Form e-r Föderati'on geben (*+dat*); in e-n Bundesstaat 'umwandeln

fédéral|isme [fedeRalism(ə)] *m* Föderal'lismus *m*; *~iste* I *adj* födera'listisch; **II** *m* Födera'list *m*

fédératif [fedeRatif] *adj* ⟨-ive⟩ föde'ra'tiv

fédération [fedeRasjɔ̃] *f* **1.** POL Föderati'on *f*; Bund *m*; **2.** *d'associations* (Zen'tral-, Spitzen)Verband *m*; Bund *m*; Dachorganisation *f*; *d'associations professionnelles a* Fach-, Berufsverband *m*; *~ sportive* Sportverband *m*, -bund *m*; **3.** HIST *fête f de la ~ in* Frankreich am 14. Juli 1790 gefeiertes Fest

fédéré [fedeRe] **I** *adj* föde'riert; vereinigt; verbündet; **II** *m* HIST Sol'dat *m* der Pa'riser Kom'mune; Kommu'narde *m*

fédérer [fedeRe] ⟨-è-⟩ *v/t* in e-r Föderati'on zu'sammenschließen, vereinigen; **II** *v/pr se ~* sich föde'rieren, verbünden; sich zu e-r Föderati'on, zu e-m Bund zu'sammenschließen

fée [fe] *f* **1.** MYTH Fee *f*; *bonne ~* gute Fee; *la ~ Carabosse* die böse Fee; *conte m de ~s* (Feen)Märchen *n*; **2.** *fig* guter Geist; *la ~ du logis* der gute Geist des Hauses, der Familie; *avoir des doigts de ~* (mit den Händen, Fingern) sehr geschickt sein; fingerfertig sein

feed-back [fidbak] *m* ⟨*inv*⟩ TECH Feedback ['fi:dbɛk] *n* (*a fig*); Rückmeldung *f*, -kopp(e)lung *f*

féerie [feeRi] *f* **1.** THÉ Fee'rie *f*; Feenstück *n*; Zauber-, Märchenspiel *n*; **2.** *fig* märchen-, zauberhaftes Schauspiel

féerique [feeRik] *adj* zauber-, märchenhaft; wunderbar; feenhaft; *monde m ~* Feen-, Märchenwelt *f*

feignant [fɛɲɑ̃] F *cf* fainéant

feindre [fɛ̃dR(ə)] *v/t* ⟨*cf* peindre⟩ *étonnement, joie, tristesse* heucheln; vortäuschen; mimen; *maladie, malaise etc* vortäuschen; simu'lieren; *maladie a* vorschützen; *abs litt* sich verstellen; heucheln; *~ de* (*+inf*) tun, als ob ...; *~ de s'attendrir* Mitgefühl heucheln, vortäuschen; so tun, als hätte man Mitgefühl; *~ d'être malade* sich krank stellen; vorgeben, krank zu sein; Krankheit vortäuschen, vorschützen

feint [fɛ̃] *p/p cf* feindre *et adj* ⟨feinte [fɛ̃t]⟩ *sentiment, douleur etc* vorgetäuscht; gespielt; geheuchelt; falsch; fin'giert; erkünstelt

feinte [fɛ̃t] *f* SPORTS, *fig* Finte *f*; Täuschung *f*; *fig a* Täuschungsmanöver *n*; List *f*; Falle *f*

feinter [fɛ̃te] *v/t* **1.** *adversaire* (durch e-e Finte) täuschen, ablenken; **2.** F *~ qn* F j-n reinlegen, drankriegen

feldspath [fɛldspat] *m* MINÉR Feldspat *m*

fêlé [fele] *adj* **1.** (*objet de*) *porcelaine etc* gesprungen; rissig; mit e-m Sprung; mit Sprüngen, Rissen; **2.** *voix* brüchig; **3.** F *fig avoir le cerveau ~*, *être ~* F e-e Macke haben; *cf a* cinglé

fêler [fele] **I** *v/t* e-n Sprung machen (*une tasse* in e-e Tasse); **II** *v/pr se ~ porcelaine, verre etc* e-n Sprung, Sprünge, e-n Riß, Risse bekommen

félibrige [felibRiʒ] *m* neuprovenzalischer Dichterkreis

félicitations [felisitasjɔ̃] *f/pl* Glückwunsch *m*, -wünsche *m/pl*; Beglückwünschung *f*; Gratulati'on *f*; (*éloge*) Anerkennung *f*; Lob *n*; (*mes ou nos*) *~!* (ich) gratuliere! *ou* wir gratulieren!; *toutes mes ~* herzlichen Glückwunsch; herzliche Glückwünsche; UNIVERSITÉ *avec les ~ spéciales du jury* mit Auszeichnung; *lettre f*, *télégramme m de ~* Glückwunschschreiben *n*, -telegramm *n*; *adresser*, *présenter des ~*, *ses ~ à qn* j-m s-n Glückwunsch, (s-e) Glückwünsche aussprechen, über'mitteln; j-m gratu'lieren; j-n beglückwünschen

félicité [felisite] *st/s f* Glück'seligkeit *f*

féliciter [felisite] **I** *v/t ~ qn* j-n beglückwünschen; j-m gratu'lieren; j-m s-n Glückwünsche aussprechen; *pour un exploit*, *une attitude a* j-m s-e Anerkennung aussprechen; *~ qn pour*, *de son succès* j-m zu s-m Erfolg beglückwünschen *etc*; **II** *v/pr se ~ de qc* froh, glücklich sein über etw (*acc*); F sich gratu'lieren (können) zu etw

félidés [felide] *m/pl* ZO Katzen *f/pl* (*famille*)

félin [felɛ̃] **I** *adj* **1.** ZO Katzen...; katzenartig; **2.** *fig allure*, *grâce* katzenartig, -haft; **II** *m* ZO Katze *f* (*au sens large*); *grands ~s* Großkatzen *f/pl*; große Raubkatzen *f/pl*

fellah [fɛ(l)la] *m* Fel'lache *m*

fellation [fɛ(l)lasjɔ̃] *f* Fel'latio *f*

félon [felɔ̃] MOYEN-ÂGE *et litt* **I** *adj* ⟨*~ne*⟩ eid-, treubrüchig; **II** *m* Verräter *m*

félonie [felɔni] *litt f* Treubruch *m*

fêlure [felyR] *f dans le verre*, *la porcelaine* Sprung *m*; Riß *m*

femelle [fəmɛl] **I** *f* **1.** ZO Weibchen *n*; weibliches Tier; **2.** *péj* Weibsbild *n*, -stück *n*, -person *f*; **II** *adj* **1.** ZO, BOT weiblich; **2.** ÉLECT *fiche f ~* Gerätestecker *m*

féminin [feminɛ̃] **I** *adj* **1.** weiblich; fraulich; Frauen...; SPORTS *équipe ~e* Frauen-, Damenmannschaft *f*; *mode ~e* Damenmode *f*; *succès ~s* Erfolg *m* bei Frauen; *c'est typiquement ~* das ist echt, typisch Frau; **2.** *d'un homme femi'nin*; weibisch; **3.** GR weiblich, femi'nin; *adjectif ~* weibliche Form des Adjektivs; *genre ~* Femininum *n*; weibliches Geschlecht; *nom ~* weibliches Substantiv; Femininum *n*; *rime ~e* weiblicher, klingender Reim; **II** *m* **1.** GR Femininum *n*; weibliches Geschlecht *ou* Substantiv; *au ~* in der weiblichen Form; **2.** *l'éternel ~* das Ewig'weibliche

féminisation [feminizasjɔ̃] *f* **1.** BIOL Verweiblichung *f*; Femi'nierung *f*; **2.**

d'une profession Zunahme *f* des Frauenanteils
féminiser [feminize] **I** *v/t* **1.** BIOL verweiblichen; femi'nieren; **2.** GR in ein Femininum 'umwandeln; **II** *v/pr se* ~ **3.** BIOL weibliche Züge annehmen; verweiblichen; **4.** *cette profession se féminise* immer mehr Frauen üben diesen Beruf aus
fémin|isme [feminism(ə)] *m* Frauenbewegung *f*; Femi'nismus *m*; **~iste I** *adj* femi'nistisch; frauenrechtlerisch; **II** *m,f* Femi'nist(in) *m(f)*; Frauenrechtler(in) *m(f)*
féminité [feminite] *f* Weiblichkeit *f*; Fraulichkeit *f*
femme [fam] *f* **1.** Frau *f*; BIBL, *poét*, *péj* F Weib *n*; F *une bonne ~* e-e Frau; F *fig une petite bonne ~* ein kleines Mädchen; *péj sa bonne ~* F s-e Alte, Olle; *péj les bonnes ~s* die Weiber *n/pl*, Weibsleute *pl*; das Weibervolk; *adjt rideaux m/pl bonne ~* seitlich geraffte Gardinen *f/pl*; *conte m de bonne ~* Ammenmärchen *n*; *remède m de bonne ~* Hausmittel *n*; *iron une faible ~* ein schwaches, hilfloses Weib; *jeune ~* junge Frau; *écrivain* Schriftstellerin *f*; *~ ingénieur* Ingeni'eurin *f*; *~ médecin* Ärztin *f*; Medi'zinerin *f*; *~ au foyer* Hausfrau *f*; *~ d'affaires* Geschäftsfrau *f*; *~ de chambre* Zimmer-, Stubenmädchen *n*; HIST Kammerzofe *f*; *~ d'intérieur* gute, tüchtige Hausfrau *f*; häusliche Frau; *~ de ménage* Putz-, Reinemache-, Aufwarte-, Zugehfrau *f*; Raumpflegerin *f*; *~ de tête* zielstrebige, zielbewußte Frau; *~ de mauvaise vie* liederliches Frauenzimmer; *~ en couches* Wöchnerin *f*; *les ~s et les enfants d'abord!* Frauen und Kinder zuerst!; *devenir ~* Frau werden; *être ~ à* (+*inf*) durchaus die Frau sein, die ...; ganz der Typ sein, der ...; *elle fait déjà très ~* sie ist, wirkt schon sehr weiblich, fraulich; sie sieht schon wie e-e Frau aus; *prov ce que ~ veut, Dieu le veut* wenn e-e Frau sich etwas vornimmt, setzt sie es auch durch; **2.** (*épouse*) (Ehe)Frau *f*; *prendre ~* heiraten; *prendre pour ~* zur Frau nehmen
femmelette [famlɛt] *f d'un homme* Schwächling *m*; F Waschlappen *m*
fémoral [femɔʀal] *adj* ⟨-aux⟩ ANAT Oberschenkel...
fémur [femyʀ] *m* ANAT Oberschenkelknochen *m*; *col m du ~* Oberschenkelhals *m*; MÉD *fracture f du col du ~* Schenkelhalsbruch *m*
FEN *ou* **F.E.N.** [fɛn] *f abr* (*Fédération de l'éducation nationale*) Natio'naler Erzieherverband (*Lehrergewerkschaft*)
fenaison [fənɛzɔ̃] *f* AGR (Zeit *f* der) Heuernte *f*
fendillement [fādijmā] *m* **a)** Rissigwerden *n*; *de la peau a* Aufspringen *n*; **b)** *résultat* feiner Riß, Sprung
fendiller [fādije] **I** *v/t* Risse, Sprünge her'vorrufen, verursachen in (+*dat*); rissig machen; *peau a* aufspringen lassen; *adjt* **fendillé** rissig; **II** *v/pr se ~ plâtre*, *sol etc* Risse bekommen; rissig werden; *peau a* aufspringen
fendre [fādʀ(ə)] ⟨*cf* rendre⟩ **I** *v/t* **1.** *bois*, *pierre* spalten; *bois a* hacken; *~ qc en deux* etw 'durch-, entzweihauen; *il gèle à pierre ~* es friert Stein und Bein; **2.** *fig ~ l'âme*, *le cœur* das Herz zerreißen; *loc/adv à ~ l'âme* herzzerreißend; **3.** *fig* zerteilen; *oiseau ~ l'air* durch die Luft, Lüfte schießen; *navire ~ les flots* die Fluten zerteilen; *personne ~ la foule* sich e-n Weg durch die Menge bahnen; **II** *v/pr se ~* **4.** *rocher etc* sich spalten; bersten; *mur*, *récipient* Risse, Sprünge bekommen; rissig werden; *marrons au feu* (auf-, zer)platzen; *se ~ le crâne* sich ein Loch in den Kopf schlagen, stoßen; **5.** F *se ~ de qc* F etw her'ausrücken; *il ne s'est pas fendu* F er hat sich nicht (gerade) verausgabt, in Unkosten gestürzt; **6.** F *se ~ la gueule, la pipe, la pêche* F wiehern vor Lachen; sich e-n Ast lachen; sich schieflachen; **7.** ESCRIME e-n Ausfall machen
fendu [fādy] *adj bois*, *crâne*, *lèvre* gespalten; *marbre*, *récipient* rissig; gesprungen; mit e-m Riß, Sprung; mit Rissen, Sprüngen; *vêtement* geschlitzt; mit (Geh)Schlitz; *bouche ~e jusqu'aux oreilles* Mund *m* bis zu den Ohren
fenêtre [f(ə)nɛtʀ(ə)] *f* **1.** Fenster *n* (*a d'une enveloppe*, *INFORM*); *~ basculante* Kipp-, Schwingfenster *n*; *~ à guillotine* Fall-, Hebefenster *n*; *fig une ~ sur le monde* ein Tor zur Welt; *jeter par la ~* zum Fenster hinauswerfen, -schmeißen (*a fig l'argent*); *se mettre à la ~* sich ans Fenster stellen; sich ins Fenster legen; **2.** ESPACE *~ de tir* Startfenster *n*
fenil [fənil] *m* Heuboden *m*
fennec [fɛnɛk] *m* ZO Fennek *m*; Wüstenfuchs *m*
fenouil [fənuj] *m* BOT, CUIS Fenchel *m*
fente [fāt] *f* **1.** Spalte *f*; Spalt *m*; *dans la roche a* Kluft *f*; *dans le bois a* Sprung *m*; Riß *m*; *d'un vêtement*, *d'une boîte aux lettres*, *d'un volet* Schlitz *m*; **2.** ESCRIME Ausfall *m*
féodal [feɔdal] *adj* ⟨-aux⟩ feu'dal; lehnsrechtlich; Feu'dal...; Lehns...; feuda'listisch; *époque ~e* Feudalzeit *f*; Zeit *f* des Feudalismus; *régime ~* Feudalsystem *n*, -wesen *n*; Lehnswesen *n*
féodal|isme [feɔdalism(ə)] *m* Feu'dalcharakter *m*, -struktur *f*; **~ité** *f* HIST Feu'dalherrschaft *f*, -system *n*, -wesen *n*; Feuda'lismus *m*; Lehnswesen *n*
fer [fɛʀ] *m* **1.** *métal* Eisen *n*; *~ brut* Roheisen *n*; *loc/adj de*, *en ~* Eisen...; eisern; aus Eisen; *cf a* 2..; *alliage m*, *plaque f de ~* Eisenlegierung *f*, -platte *f*; *par ext* COMM *transport m par ~* Bahntransport *m*; *aliment etc contenir du ~* Eisen enthalten; eisenhaltig sein; *prov il faut battre le ~ pendant qu'il est chaud* man muß das Eisen schmieden, solange es heiß ist (*prov*); **2.** *fig loc/adj de ~ volonté*, *discipline*, *santé* eisern; *volonté a* stählern; *santé a* 'bust; *le chancelier de ~* der Eiserne Kanzler (*Bismarck*); *avoir une poigne de ~* e-e eiserne Hand, Faust haben; **3.** *outils* **a)** *~s pl* (*forceps*) (Geburts-) Zange *f*; *~ à friser* Brennschere *f*; Lokkenstab *m*; *~ à souder* Lötkolben *m*; **b)** *~ à repasser*) Bügeleisen *n*; *~ électrique* elektrisches Bügeleisen; *donner un coup de ~* (F über¹)bügeln (*à qc* etw); F mit dem Bügeleisen drübergehen, -fahren (*à* über +*acc*); **c)** *~ à cheval* Hufeisen *n*; *loc/adj et loc/adv en ~ à cheval* hufeisenförmig; in Form e-s Hufeisens; Hufeisen...; *cheval*, *fig personne tomber les quatre ~s en l'air* auf den Rücken fallen; **d)** *d'une pelle* Blatt *n*; **e)** *d'une flèche*, *d'une lance* Spitze *f*; *fig ~ de lance* Speerspitze *f*; *d'un groupe* Stoßtrupp *m*; *en ~ de lance* spitz(ig); spitz zulaufend; lan'zett-, spieß-, pfeil-, keilförmig; **f)** *sous les chaussures* Eisen *n*; **4.** ESCRIME Klinge *f*; *croiser le ~* die Klinge(n) kreuzen; **5.** *~s pl litt* (*chaînes*) Ketten *f/pl*; Eisen *n/pl*; *mettre aux ~s* in Ketten, Eisen legen, schließen
ferai [f(ə)ʀE], **fera(s)** [f(ə)ʀa] *etc cf faire*
fer-blanc [fɛʀblā] *m* ⟨*pl* fers-blancs⟩ (Weiß)Blech *n*; *boîte f en ~* Blechdose *f*
ferblant|erie [fɛʀblātʀi] *f* **1.** *industrie* Blechwaren-, Klempnerwaren-, Eisenwarenherstellung *f ou commerce* -handel *m*; **2.** *ustensiles* Blech-, Klempner-, Eisenwaren *f/pl*; **~ier** *m* Blechschmied *m*; Klempner *m*
férié [feʀje] *adj jour ~* Feiertag *m*
férir [feʀiʀ] *v/t loc sans coup ~* kampf-, mühelos; ohne auf 'Widerstand zu stoßen
fermage [fɛʀmaʒ] *m* AGR **a)** Pacht(wirtschaft) *f*; Verpachtung *f*; Grundpacht *f*; **b)** *loyer* Pachtzins *m*, -geld *n*
ferme¹ [fɛʀm] **I** *adj chair*, *terre* fest; *poitrine* fest; straff; *fruits* fest; hart; *pas*, *écriture* fest; sicher; *voix*, *ton* fest; sicher; entschieden; bestimmt; *personne* standhaft; beharrlich; unbeirrbar; *règlement* fest; *prix* fest; unveränderlich; gleichbleibend; COMM *offre f ~* Fest(an)gebot *n*; verbindliches, festes Angebot; *prison f ~* Gefängnis *n* ohne Bewährung; *terre f ~* Festland *n*; BOURSE *valeur f ~* fester, gleichbleibender, unveränderter Wert; *loc/adv d'un pas ~* mit festem Schritt; festen Schrittes; *avoir la ~ intention de* (+*inf*) die feste Absicht haben zu (+*inf*); BOURSE *cours rester ~* sich behaupten; unverändert, fest sein, bleiben; **II** *adv discuter ~* heftig diskutieren; *s'ennuyer ~* F sich gewaltig langweilen; *travailler ~* tüchtig, hart, F feste arbeiten
ferme² [fɛʀm] *f* **1.** (Bauern)Hof *m*; (Bauern-, Land)Gut *n*; Gehöft *n*; *maison f* Bauernhaus *f*; *~ d'élevage* Farm *f*; **2.** AGR, JUR Pacht *f*; Verpachtung *f*; *donner à ~* verpachten; in Pacht geben; *prendre à ~* pachten; in Pacht nehmen
fermé [fɛʀme] *adj porte*, *magasin*, *yeux* geschlossen; zu (*attribut seulement*); *société*, *club etc* geschlossen; exklu'siv; *visage* verschlossen; *syllabe*, *voyelle*, MATH *courbe* geschlossen; *loc/adv les yeux ~s* **a)** mit geschlossenen Augen; **b)** *fig* unbesehen; ohne zu prüfen; in blindem Vertrauen; *être ~ à qc* keinen Zugang haben zu etw; keine Begabung, kein Verständnis, keinen Sinn haben für etw; *être ~ à la pitié* sich dem Mitleid verschließen; kein Mitleid empfinden; *porte*, *usine*, *magasin* geschlossen sein; zusein; *magasin a* zuhaben; *entreprise a* stillgelegt sein; *porte*, *fenêtre être mal ~* a nicht (richtig, ganz) zusein; *être ~ à clef* ab-, zuge-

schlossen, verschlossen, ab-, zugesperrt sein
fermement [fɛʀməmã] *adv tenir qc, croire à qc* fest; *inviter qn* nachdrücklich; e'nergisch; *prier qn poliment mais ~ de* (+*inf*) j-n höflich, aber bestimmt bitten zu (+*inf*)
ferment [fɛʀmã] *m* **1.** CHIM Fer'ment *n*; Gärungserreger *m*; Gärstoff *m*; *~s lactiques* Milchsäurebakterien *f/pl*; **2.** *fig et litt* Keim *m* (*de discorde* der Zwietracht)
fermentation [fɛʀmãtasjõ] *f* **1.** CHIM Gärung *f*; Gärungsprozeß *m*, -vorgang *m*; *du lait* Säuerung *f*; **2.** *fig* Gärung *f*; Aufruhrstimmung *f*
fermenter [fɛʀmãte] *v/i* **1.** CHIM gären; *adjt boisson* (*non*) *fermenté* (un)vergoren; *commencer à ~* in Gärung 'übergehen; *faire ~* zur Gärung bringen; **2.** *fig* sich in Gärung befinden; in Aufruhr(stimmung) sein
fermer [fɛʀme] **I** *v/t porte, volet, armoire, valise, magasin, musée, guichet* schließen; F zumachen; *école, casino* schließen; *entreprise, mine, ligne de chemin de fer* stillegen; *yeux, main* schließen; *yeux a* zudrücken; F zumachen; *bouche* halten; F zumachen; *livre, couvercle* schließen; zuklappen; zuschlagen; F zumachen; *vêtement* zuknöpfen; F zumachen; *parapluie* zumachen; *canif* zuklappen; F zumachen; *rideaux* vor-, zuziehen; F zumachen; *passage, frontière* sperren; *appareil électrique* ausschalten; ausmachen; abschalten; abstellen; *radio, télé a* aus-, abdrehen; *lumière* ausmachen, -knipsen, -drehen, -schalten, -löschen; *robinet* aus-, ab-, zudrehen; abstellen; *abs on ferme* wir schließen; wir machen zu; es wird geschlossen; P *ferme-la! ou la ferme!* F (halt die) Klappe, Schnauze!; halt den Schnabel!; *p/fort* halt's Maul!; *fig ~ la carrière à qn* j-m die Laufbahn verbauen; j-s Karriere verhindern; *fig ~ son cœur à la pitié* sich dem Mitleid verschließen; *ferme(z) la porte!* Tür zu!; *cf a porte¹* I.; *~ à clé* ab-, zu-, verschließen; ab-, zusperren; *~ au trafic* für den Verkehr sperren; **II** *v/i magasin* schließen; geschlossen haben; zuhaben; zusein; F zumachen; *porte, boîte ~* (*bien, mal*) (gut, schlecht *ou* nicht richtig) schließen, zugehen, zuzumachen sein; sich (...) schließen lassen; *clé* schließen; *cette porte ne ferme pas à clé* diese Tür kann man nicht abschließen; **III** *v/pr se ~* **a**) *réfléchi*: *porte* zugehen; ins Schloß fallen; *blessure* sich schließen; zuheilen; *ses yeux se ferment* ihm fallen die Augen zu; *personne se ~ à qc* sich e-r Sache (*dat*) verschließen; *pays se ~ aux étrangers* keine Ausländer her'einlassen; **b**) *sens passif: boîte etc se ~* (*bien, mal*) (gut, schlecht *ou* nicht richtig) schließen, zugehen, zuzumachen sein; sich (...) schließen lassen; *robe* zugemacht, geschlossen werden (*dans le dos* auf dem Rücken, hinten)
fermeté [fɛʀməte] *f* **1.** *de la chair etc* Festigkeit *f*; **2.** *de la voix* Festigkeit *f*; *du ton* Bestimmtheit *f*; *du style* Sicherheit *f*; Kraft *f*; *de caractère* Stärke *f*; Festigkeit *f*; *d'une personne* Festigkeit *f*; Entschlossenheit *f*; Bestimmtheit *f*; Entschiedenheit *f*; Standhaftigkeit *f*; Standfestigkeit *f*; Rückgrat *n*; *faire preuve de ~* Festigkeit *etc* beweisen, zeigen; *répondre avec ~* in festem, bestimmtem Ton, mit Bestimmtheit antworten
fermette [fɛʀmɛt] *f* (kleines) Bauern-, Landhaus (*als Zweitwohnung*)
fermeture [fɛʀmətyʀ] *f* **1.** *dispositif* Verschluß *m*; *d'une porte, d'un coffre-fort* Schloß *n*; *~ éclair* (*nom déposé*) Reißverschluß *m*; **2.** *action*: *d'une porte etc* Schließen *n*; *d'un commerce etc* Schließung *f*; *d'une entreprise a* Stilllegung *f*; *de la chasse, de la pêche* Ende *n*; *~ annuelle* Betriebs-, Werksferien *pl*; *~ des bureaux* Bü'roschluß *m*; *~ de la chasse a* Beginn *m* der Schonzeit; *~ des guichets* Schalterschluß *m*; *~ des magasins* Ladenschluß(zeit) *m*(*f*)
ferm|ier [fɛʀmje] *m*, *~ière f* **1.** Landwirt *m*; Bauer *m*, Bäuerin *f*; *USA etc* Farmer *m*, Farmersfrau *f*; *adjt*: *beurre m fermier* Bauern-, Landbutter *f*; *poulet m fermier* auf dem Bauernhof im Freien aufgezogenes Hähnchen; **2.** JUR (Grund-, Land)Pächter(in) *m*(*f*); **3.** HIST *fermier général* Gene'ralsteuerpächter *m*
fermoir [fɛʀmwaʀ] *m d'un bijou, d'un livre, d'un sac à main* Verschluß *m*; Schließe *f*; *d'un sac à main a* Schloß *n*; *d'un livre a* Spange *f*
Fernand [fɛʀnã] *m* Ferdinand *m*
féroce [feʀɔs] *adj animal* wild; reißend; *homme* grausam; unbarmherzig; unerbittlich; mitleid(s)los; *regard, aspect* wild; schrecklich; grausam; grimmig; *appétit ~* unbändiger Appetit; *joie f ~* grausame Lust
férocité [feʀɔsite] *f d'un animal* Wildheit *f*; *d'une personne, d'une mesure* Grausamkeit *f*; Härte *f*; Unmenschlichkeit *f*; Brutali'tät *f*; *d'une personne a* Unbarmherzigkeit *f*; Unerbittlichkeit *f*; Mitleid(s)losigkeit *f*
Féroé [feʀɔe] *les îles f/pl ~* die Färöer *pl*
ferraillage [fɛʀajaʒ] *m* CONSTR Ar'mierung *f*; Bewehrung *f*
ferraille [fɛʀaj] *f* **1.** Schrott *m*; Alteisen *n*; *par ext* Altmetall *n*; *mise f à la ~* Verschrottung *f*; *tas m de ~* Schrotthaufen *m* (*a fig voiture accidentée*); *jeter, mettre à la ~* verschrotten; *être bon à jeter, mettre à la ~, bon pour la ~* schrottreif sein; nur noch Schrottwert haben; *faire un bruit de ~ vieux véhicule* scheppern; klappern; rattern; *chaînes* rasseln; **2.** F (*menue monnaie*) Klein-, Kupfergeld *n*; Münzen *f/pl*
ferrailler [fɛʀaje] *v/i autrefois* sich mit dem Säbel schlagen
ferrailleur [fɛʀajœʀ] *m* **1.** *marchand* Schrott-, Alteisen-, Altmetallhändler *m*; **2.** CONSTR Eisenflechter *m*
ferré [fɛʀe] *adj* **1.** (mit Eisen) beschlagen; *canne* mit Me'tallspitze; *voie ~e* (Bahn)Gleis *n*; Bahnlinie *f*; Schienenstrang *m*; *par voie ~e* auf dem Schienenweg; per Bahn; per Schiene; mit der (Eisen)Bahn; **2.** *fig être ~* (sehr) beschlagen sein, gut Bescheid wissen (*en histoire* in Geschichte; *sur une question* über e-e Frage)
ferrer [fɛʀe] *v/t* **1.** *chevaux* beschlagen; *chaussures* mit Eisen beschlagen; **2.** *pêcheur*: *le poisson* festhaken; anreißen
ferreux [fɛʀø] *adj* ⟨*m*⟩ eisenhaltig; *métaux m/pl non ~* Nichteisenmetalle *n/pl*
ferrite [fɛʀit] *m* ÉLECTRON Fer'rit *m*
ferro|-alliage [fɛʀɔaljaʒ] *m* ⟨*pl* ferro--alliages⟩ MÉTALL Ferro-, Eisenlegierung *f*; *~magnétisme m* PHYS Ferromagnetismus *m*
ferronnerie [fɛʀɔnʀi] *f* **1.** *~* (*d'art*) **a)** *métier* Kunstschlosserei *f*; Kunstschlosser-, Kunstschmiedehandwerk *n*; **b)** *objets* Kunstschmiedearbeiten *f/pl*; **2.** CONSTR Eisen-, Me'tallbauteile *n/pl*
ferronnier [fɛʀɔnje] *m ~* (*d'art*) Kunstschlosser *m*, -schmied *m*
ferroviaire [fɛʀɔvjɛʀ] *adj* (Eisen-)Bahn...; Schienen...; *compagnie f ~* Eisenbahngesellschaft *f*; *trafic m ~* (Eisen)Bahn-, Zugverkehr *m*; *transport m ~* Bahn-, Schienentransport *m*
ferrugineux [fɛʀyʒinø] *adj* ⟨-euse⟩ *eau, roche* eisenhaltig
ferrure [fɛʀyʀ] *f d'une porte etc* (Eisen-, Me'tall)Beschlag *m*
ferry-boat [fɛʀibot] *m* ⟨*pl* ferry-boats⟩ Eisenbahnfähre *f*; Fährschiff *n*; (große) Fähre
fertile [fɛʀtil] *adj* **1.** *sol* fruchtbar; ertragreich; ergiebig; **2.** *fig imagination etc* fruchtbar; *~ en qc* reich an etw (*dat*); *jour, époque ~ en événements* ereignisreich
fertilis|ant [fɛʀtilizã] **I** *adj* fruchtbar machend; **II** *m* Düngemittel *n*; *~ation f du sol* Fruchtbarmachung *f*; Düngung *f*; *~er v/t terre* fruchtbar machen; düngen
fertilité [fɛʀtilite] *f du sol* Fruchtbarkeit *f* (*a fig de l'imagination*); Ergiebigkeit *f*; Ertragfähigkeit *f*
féru [feʀy] *adj être ~ de qc* (ganz) besessen sein von etw; sich begeistern für etw
férule [feʀyl] *f autrefois* (Zucht)Rute *f*; *fig et litt être sous la ~ de qn* unter j-s Zuchtrute, F Fuchtel (*dat*) stehen
fervent [fɛʀvã] **I** *adj croyant* eifrig; *prière* inbrünstig; *démocrate, partisan, amour* leidenschaftlich; glühend; *amour a* heiß; **II** *m* begeisterter, leidenschaftlicher Anhänger, Verehrer
ferveur [fɛʀvœʀ] *f de la prière, de la foi* Inbrunst *f*; *d'une personne* Eifer *m*; *d'un sentiment* Glut *f*; Feuer *n*; *écouter qn avec ~* j-m wie gebannt zuhören; *remercier qn avec ~* j-m 'überschwenglich danken
fesse [fɛs] *f* 'Hinter-, Gesäß-, P Arschbacke *f*; Gesäßhälfte *f*; *~s pl* Gesäß *n*; 'Hinterteil *n*; F Hintern *m*; F *histoire f de ~s* Bettgeschichte *f*; *botter les ~s à qn, donner un coup de pied aux ~s à qn* j-m e-n Tritt in den Hintern geben; j-m in den Hintern treten; F *ça coûte la peau des ~s* das ist sündhaft teuer; F *poser ses ~s* (*s'asseoir*) F sich auf s-n Hintern setzen; F *fig serrer les ~s, avoir chaud aux ~s* F es mit der Angst kriegen; Schiß, (e-n) Bammel haben
fessée [fese] *f* Schläge *m/pl* auf den Hintern; *donner une ~ à qn* F j-m den Hintern 'vollhauen, versohlen; j-m die Hosen strammziehen; *recevoir une* (*bonne*) *~* F den Hintern voll, ein paar auf den Hintern kriegen
fesser [fese] *v/t ~ qn cf* (*donner une*) *fessée* (*à qn*)

fessier [fesje] **I** *F m* 'Hinterteil *n*; F Hintern *m*; **II** *adj* ⟨-ière⟩ ANAT Gesäß...; *muscles ~s* Gesäßmuskeln *m/pl*

fessu [fesy] *adj* F mit e-m breiten, dikken Hintern

festin [fɛstɛ̃] *m* Festessen *n*, -mahl *n*, -schmaus *m*; Ban'kett *n*

festival [fɛstival] *m* **1.** Festspiele *n/pl*; Festival *n*; CIN Filmfestival *n*; **2.** *fig* glänzende Demonstrati'on s-s Könnens; **~ier I** *adj* ⟨-ière⟩ Festspiel...; **II** *m* Festspielteilnehmer *m*

festivités [fɛstivite] *f/pl* (Fest)Veranstaltungen *f/pl*; Festlichkeiten *f/pl*; Feiern *f/pl*; *plais* Festivi'täten *f/pl*

feston [fɛstɔ̃] *m* ARCH, COUT Fe'ston *n*; COUT point *m* de ~ Lan'gettenstich *m*

festonner [fɛstɔne] *v/t* COUT festo-'nieren

festoyer [fɛstwaje] *v/i* ⟨-oi-⟩ festlich, gut essen, speisen; schlemmen

fêtard [fetaʀ] F *m* j, der gern feiert; F Nachtschwärmer *m*

fête [fɛt] *f* **1.** Fest *n*; Fest-, Feiertag *m*; festliche Veranstaltung; Feier *f*; *~ légale* gesetzlicher Feiertag; *~ nationale* Natio'nalfeiertag *m*; *~ de bienfaisance*, *de charité* Wohltätigkeitsfest *n*, -veranstaltung *f*; *~ de famille* Fa'milienfest *n*, -feier *f*; *~s* (*de fin d'année*) Weihnachten *n* und Neujahr *n*; *~ des mères* Muttertag *m*; *~ de la moisson* Ernte(dank)fest *n*; *~ des pères* Vatertag *m*; *~ du travail* Tag *m* der Arbeit; *fig air m de ~* festliches Aussehen; festliche Stimmung; *jour m de ~* (*persönlicher*) Fest-, Feiertag; *loc/adv les dimanches et ~s* an Sonn- und Feiertagen; *fig en ~* festlich; fröhlich; in festlicher Stimmung; *poét nature etc* im Festgewand; *fig être à la ~* ganz in s-m Element sein; 'überglücklich sein; *fig ne pas être à la ~* sich nicht wohl fühlen in s-r Haut; *fig il n'avait jamais été à pareille ~* er hatte noch nie etwas so Herrliches erlebt; *être de la ~* beim Fest (dabei)sein; am Fest teilnehmen; mitfeiern; *faire la ~* F tüchtig, ordentlich feiern; *fig se faire une ~ de qc* sich sehr auf etw (*acc*) freuen; *fig faire ~ à qn* j-n freudig empfangen, begrüßen; **2.** (*jour du saint dont qn porte le nom*) Namenstag *m*; F *fig je vais lui faire sa ~!* der kann was erleben!; dem werd' ich's zeigen!

Fête-Dieu [fɛtdjø] *f* ⟨*pl* Fêtes-Dieu⟩ Fron'leichnam(sfest) *m*(*n*)

fêter [fɛte] *v/t fête, anniversaire, victoire, succès, vainqueur* feiern; *fête a* (festlich, feierlich) begehen; *vainqueur* a festlich, feierlich empfangen; F *on va ~ ça!* das muß gefeiert werden!

fétich|e [fetiʃ] *m* REL et *fig* Fetisch *m*; **~isme** *m* REL, PSYCH, *fig* Feti'schismus *m*; **~iste I** *adj* feti'schistisch; **II** *m* Feti-'schist *m*

fétide [fetid] *adj haleine, émanations* übelriechend; stinkend; *odeur* widerlich; ekelerregend

fétu [fety] *m ~* (*de paille*) Strohhalm *m*; *être emporté comme un ~* vom Strom mitgerissen werden; ein Spielball der Wellen sein

feu¹ [fø] *m* ⟨*pl ~x*⟩ **1.** Feuer *n* (*a fig d'une personne, du regard, de l'amour*); *fig du regard, de la passion* a Glut *f*; (*incendie*) Brand *m*; CUIS Hitze *f*; Flamme *f*; *de mets épicés etc* Brennen *n*; *fig d'un diamant ~x pl* Feuer *n*; ♦ *~ sacré* heiliges Feuer; *fig d'un artiste etc avoir le ~ sacré* von s-r Arbeit, s-m Beruf besessen sein; mit Leib und Seele bei s-r Arbeit sein; *~ d'artifice* Feuerwerk *n* (*a fig*); *~ de Bengale* bengalisches Feuer; *~ de brousse* Buschbrand *m*; *~ de camp* Lagerfeuer *n*; *~ de cheminée* a) Ka'minfeuer *n*; b) *incendie* Ka-'minbrand *m*; *~ de joie* Freudenfeuer *n*; *fig ~ de paille* Strohfeuer *n*; *~ du rasoir* Brennen *n* nach der Rasur; *mise f à ~* Zünden *n*, -ung *f* (*d'une fusée, d'explosifs*); ♦ *int au ~!* Feuer!; es brennt!; *crier au „Feuer!"* rufen; *loc/adj à trois ~x cuisinière à gaz* mit drei Flammen; *cuisinière électrique* mit drei Kochplatten; *loc/adv* CUIS *à ~ doux*, *à grand ~*, *à ~ vif* auf kleiner *ou* schwacher, starker Flamme; bei schwacher, starker Hitze; *fig dans le ~ de l'action* im Eifer, in der Hitze des Gefechts; ♦ *plat aller au ~* feuerfest sein; *fumeur avez-vous du ~?* haben Sie Feuer?; *il y a le ~* es brennt; da brennt es; *fig il n'y a pas le ~* kein Grund zur Eile; warum so eilig?; F *fig avoir le ~ au derrière*, P *au cul* F es brandeilig haben; *fig avoir les joues en ~* glühende, brennend rote Wangen haben; *fig j'ai la bouche, la gorge en ~* mein Mund, meine Kehle brennt wie Feuer; *diamants briller de mille ~x* herrlich strahlen, funkeln; *être en ~* in Brand, in Flammen stehen; brennen; *fig être tout ~ tout flamme pour qc* für etw in Brand, in Flammen sein; *fig être sans ~ ni lieu* weder Haus noch Herd haben; obdachlos sein; *faire du ~* Feuer machen; *fig faire ~ de tout bois* alle Mittel einsetzen; F alle Minen springen lassen; *diamant jeter des ~x* funkeln, Feuer haben; *fig se jeter au ~ pour qn* für j-n durchs Feuer gehen; *fig jouer avec le ~* mit dem Feuer spielen; *mettre le ~ à qc* etw in Brand stecken, anzünden, anstecken; Feuer legen an etw (*acc*); *pays, ville mettre à ~ et à sang* mit Feuer und Schwert verwüsten, verheeren; *fig mettre le ~ aux poudres* den Funken ins Pulverfaß schleudern; der Funke im Pulverfaß sein; CUIS *mettre sur le ~* aufstellen; aufsetzen; aufs Feuer, auf den Herd stellen; *fig parler avec ~* mit Feuer, Begeisterung sprechen; *prendre ~* Feuer fangen; in Brand geraten; sich entzünden; F *il n'y voit que du ~* F das merkt der gar nicht; **2.** (*lumière, signal lumineux*) *d'un bateau* Licht *n*; La'terne *f*; *d'un avion* Kennlicht *n*; CIRCULATION *~(x)* Ampel *f*; *sur un véhicule ~(x) arrière* Rück-, Schlußlicht(er) *n*(*pl*), -leuchte(n) *f*(*pl*); *~x coordonnés* grüne Welle; *titre dans la presse pleins ~x sur ...* im Blickpunkt ...; alles über (+*acc*); CIRCULATION *~ rouge, orange, vert* rotes, gelbes, grünes Licht; *le ~ passe au vert* die Ampel, es wird grün; *fig donner, obtenir le ~ vert* grünes Licht geben, bekommen; AUTO: *~ stop* Bremslicht *n*; *~x de croisement* Abblendlicht *n*; *~x de détresse* Warnblinkanlage *f*, -licht *n*; *~x de position* AUTO Standlicht *n*; MAR, AVIAT Positi'onslichter *n/pl*; THÉ *~x de la rampe* Rampenlicht *n*; AUTO *~x de recul* Rückfahrscheinwerfer *m/pl*; AUTO *~x de route* Fernlicht *n*; *~x de signalisation* Verkehrsampel *f*; AUTO *~x de stationnement* Parkleuchte *f*; *loc/adv sous les ~x des projecteurs* im Scheinwerferlicht (*a fig*); AUTO *rouler tous ~x éteints* ohne Beleuchtung, ohne Licht fahren; **3.** MIL (Gewehr-, Geschütz)Feuer *n*; *ordre ~!* Feuer!; *arme f à ~* Feuer-, Schußwaffe *f*; *coup m de ~* Schuß *m*; *à un coup* 1.; *cessez le ~!* Feuer einstellen!; *être sous le ~ de l'ennemi* unter (feindlichem) Beschuß, unter Feuer liegen; *faire ~* Feuer geben; feuern; *fig faire long ~ projet* zu nichts führen; *sujet* nicht mehr ziehen; *fig ne pas faire long ~ accord etc* nicht lange dauern; von kurzer Dauer sein; *personne à un poste etc* es nicht lange aushalten; nicht lange bleiben; *fig être pris entre deux ~x* zwischen zwei Feuern stehen; **4.** F (*revolver*) F Ka'none *f*; Schießeisen *n*

feu² [fø] *litt adj* ⟨*inv*⟩ verstorben; selig; *~ son père* sein verstorbener, seliger Vater; *südd* sein Vater selig

feuillage [fœjaʒ] *m* **a)** *d'un arbre* Blatt-, Blätter-, Laubwerk *n*; Laub *n*; Blätter *n/pl*; **b)** (*rameaux coupés*) abgeschnittene grüne Zweige *m/pl*; abgeschnittenes grünes Laub

feuillaison [fœjɛzɔ̃] *f des arbres* Belaubung *f*; Grünwerden *n*

feuillantine [fœjãtin] *f* Gebäck *n* aus Blätterteig

feuillard [fœjaʀ] *m* Bandeisen *n*

feuille [fœj] *f* **1.** BOT Blatt *n*; *~s pl a* Laub *n*; *~s mortes* welkes, dürres, trockenes Laub; welke, dürre, trockene Blätter; *~ de chêne* a) Eich(en)blatt *n*; Eichenlaub *n*; b) *salade* Eichblattsalat *m*; CUIS *~s de laurier* Lorbeerblätter *n/pl*; *~ de palmier* Palm(en)blatt *n*, -wedel *m*, -zweig *m*; *~ de vigne* Rebenblatt *n*; BEAUX-ARTS *et fig* Feigenblatt *n*; *fig trembler comme une ~* zittern wie Espenlaub; **2.** *papier* a) Blatt *n* (Pa-'pier); (Schreibpapier-, Packpapier)Bogen *m*; TYPO (Druck)Bogen *m*; *une ~ de papier* ein Blatt Papier; *~ de papier à lettres* Briefbogen *m*; *~ de timbres* Briefmarkenbogen *m*; **b)** *document* Schein *m*; *~ d'impôt* Steuerformular *n*; *~ de maladie* ärztliche Abrechnung, die der Patient zwecks Rückerstattung bei der Sécurité sociale einreicht; *~ de paie* Lohn-, Gehaltsstreifen *m*; MIL *~ de route* Fahrbefehl *m*; *~ de température* Fiebertabelle *f*; **c)** (*journal*) Blatt *n*; F *~ de chou* F Käseblatt *n*; **3.** (*plaque mince*) (Me'tall)Folie *f*; *en bois* Platte *f*; **4.** F *être dur de la ~* schwerhörig sein; schwer hören

feuillée [fœje] *f* **1.** *poét* Laubdach *n*; **2.** *~s pl* MIL La'trine *f*

feuille-morte [fœjmɔʀt] *adj* ⟨*inv*⟩ gelbbraun; rotbraun

feuillet [fœjɛ] *m* **1.** *d'un cahier etc* Blatt *n*; **2.** *des ruminants* Blättermagen *m*; **3.** TECH dünne Platte; dünnes Brett

feuilleté [fœjte] **I** *adj* blätt(e)rig; TECH *pare-brise ~* Verbundglasscheibe *f*; CUIS *pâte ~e* Blätterteig *m*; **II** *m* CUIS Blätterteiggebäck *n*

feuilleter [fœjte] *v/t* ⟨-tt-⟩ **1.** *livre, journal* 'durchblättern; blättern in (+*dat*);

2. *CUIS* ~ *de la pâte* Blätterteig zubereiten
feuilleton [fœjtõ] *m dans un journal* Fortsetzungsroman *m*; *TV*, *RAD* Serie *f*; Sendereihe *f*
feuilletoniste [fœjtɔnist] *m* Autor *m*, Verfasser *m* von Fortsetzungsromanen, Serien
feuillu [fœjy] **I** *adj* **a)** *(touffu)* dichtbelaubt; mit dichtem Laub-, Blätterwerk; **b)** *(qui porte des feuilles)* laubtragend; **II** *m/pl* ~**s** Laubbäume *m/pl*; **forêt** *f* **de** ~**s** Laubwald *m*
feuillure [fœjyʀ] *f MENUISERIE* Falz *m*
feuler [føle] *v/i tigre* brüllen; *chat* fauchen
feutrage [føtʀaʒ] *m des vêtements* (Ver)Filzen *n*; Filzigwerden *n*
feutre [føtʀ(ə)] *m* **1.** *TEXT* Filz *m*; **2.** *chapeau* Filzhut *m*; F Filz *m*; **3.** *crayon* Filz-, Faserschreiber *m*, -stift *m*
feutré [føtʀe] *adj* **1.** *laine*, *vêtement* verfilzt; filzig (geworden); **2.** *bruit* gedämpft; dumpf; **marcher à pas** ~**s** auf leisen Sohlen, mit leisen Schritten gehen; **vivre dans une atmosphère** ~**e** abgeschirmt leben
feutrer [føtʀe] **I** *v/t* **1.** *TEXT* filzen; zu Filz verarbeiten; **2.** *(garnir de feutre)* mit Filz unter'legen, auslegen; **II** *v/i (et v/pr)* **(se)** ~ *laine*, *vêtements* (ver)filzen; filzig werden
feutrine [føtʀin] *f TEXT* Wollfilz *m*
fève [fεv] *f* **1.** *BOT*, *CUIS* **a)** Sau-, Puffbohne *f*; Dicke Bohne; **b)** ~ **de cacao** Ka'kaobohne *f*; **2.** ~ *(des Rois)* am Drei'königsfest in der „galette" versteckte Bohne *ou* kleine Fi'gur
février [fevʀije] *m* Februar *m*; *österr* Feber *m*
FF *abr (franc[s] français)* FF (fran'zösischer Franc *ou* fran'zösische Francs
F.F.I. [εfεfi] *f/pl abr (Forces françaises de l'intérieur)* Streitkräfte der frz Résistance im 2. Weltkrieg
F.F.L. [εfεfεl] *f/pl abr (Forces françaises libres)* Streitkräfte des freien Frankreich im 2. Weltkrieg (de Gaulle)
fi [fi] **1.** *int litt* ~ *(donc)*! pfui!; **2.** *loc faire* ~ *de* verschmähen
fiabilité [fjabilite] *f* **1.** *TECH* Zuverlässigkeit *f*; Betriebssicherheit *f*; **2.** *d'une personne* Vertrauenswürdigkeit *f*
fiable [fjabl(ə)] *adj* **1.** *TECH* zuverlässig, betriebssicher; **2.** *personne* vertrauenswürdig; verläßlich
fiacre [fjakʀ(ə)] *m* (Pferde)Droschke *f*; Mietkutsche *f*; *österr* Fi'aker *m*
fiançailles [f(i)ɑ̃saj] *f/pl* Verlobung *f*; *st/s* Verlöbnis *n*; *temps* Verlobungszeit *f*; **rompre se** ~ die Verlobung (wieder) lösen; sich entloben
fiancé(e) [f(i)ɑ̃se] *m(f)* Verlobte(r) *f(m)*; Bräutigam *m*, Braut *f*; **les fiancés** die Verlobten; das Brautpaar; die Brautleute *pl*
fiancer [f(i)ɑ̃se] ⟨-ç-⟩ **I** *v/t* verloben (*à* mit); **II** *v/pr se* ~ sich verloben (**avec qn** mit j-m)
fiasco [fjasko] *m* Fi'asko *n*; 'Mißerfolg *m*; F *(glatter)* Reinfall *m*
fiasque [fjask] *f* dickbauchige Korbflasche mit langem Hals
fibranne [fibʀan] *f TEXT* Zellwolle *f*
fibre [fibʀ(ə)] *f* **1.** *BIOL*, *TEXT etc* Faser *f*; *BIOL*, *ANAT a* Fiber *f*; *TEXT a* Faserstoff *m*; ~**s musculaires** Muskelfasern *f/pl*; *TÉLÉCOMM* ~ **optique** Glasfaser *f*; ~ **textile** Tex'tilfaser *f*; ~ **végétale** pflanzliche Faser; Pflanzenfaser *f*; ~ **de bois** Holzfaser *f*; *pour emballages* Holzwolle *f*; ~ **de verre** Glasfaser *f*, -wolle *f*; **2.** *fig*: **avoir la** ~ **maternelle** e-e gute Mutter abgeben, sein; **avoir la** ~ **poétique** e-e poetische Ader haben; **faire jouer la** ~ **patriotique** an die patriotischen Gefühle appellieren
fibreux [fibʀø] *adj* ⟨-euse⟩ fas(e)rig; Faser...
fibrillation [fibʀijasjõ] *f MÉD* Herzflimmern *n*
fibrille [fibʀij] *f ANAT*, *BOT* Fi'brille *f*; *BOT a* Fäserchen *n*
fibrine [fibʀin] *f PHYSIOL* Fi'brin *n*
fibrociment [fibʀɔsimɑ̃] *m (nom déposé) CONSTR* As'bestzement *m*; Eter'nit *n ou m* (*Wz*)
fibrome [fibʀom] *m MÉD* Fasergeschwulst *f*; Fi'brom *n*
ficelage [fislaʒ] *m* (Ver-, Zu)Schnüren *n*; Verschnürung *f* (*a résultat*)
ficelé [fisle] *adj* **1.** *paquet etc* verschnürt; **2.** F *être mal* ~ komisch, geschmacklos angezogen sein
ficeler [fisle] *v/t* ⟨-ll-⟩ *paquet etc* ver-, zuschnüren; mit (e-r) Schnur, (e-m) Bindfaden um'wickeln (*a CUIS rôti etc*); mit Schnur, Bindfaden zubinden; *(attacher)* festschnüren, -binden; mit Schnur, Bindfaden befestigen; ~ **qn**, **qc à qc** j-n, etw an etw (*dat*) festbinden, anbinden
ficelle [fisεl] *f* **1.** Bindfaden *m*; Schnur *f*; Kordel *f*; ~**s** *pl d'une marionnette* Fäden *m/pl*; *fig* **tirer les** ~**s** die Fäden in der Hand haben; der Drahtzieher sein; **c'est lui qui tire les** ~**s** a bei ihm laufen alle Fäden zusammen; **2.** *pain* dünnes, langes Weißbrot; **3.** *fig* **de son métier etc** Kniffe *m/pl*; Tricks *m/pl*; Fi'nessen *f/pl*; Schliche *m/pl*; **connaître toutes les** ~**s d'un métier** alle Kniffe etc e-s Berufs kennen; *fig* **la** ~ **est un peu grosse** das ist zu plump, 'durchsichtig, offensichtlich; *adjt* F **méfiez--vous**, **il est drôlement** ~ er ist (ganz) gerissen, durch'trieben, mit allen Wassern gewaschen
fiche¹ [fiʃ] *f* **1.** *ÉLECT* Stecker *m*; Stöpsel *m*; ~ **femelle** Gerätestecker *m*; **2.** *(feuille)* Zettel *m*; Blatt *n*; Bogen *m*; *d'un fichier* (Kar'tei)Karte *f*; ~ **médicale** Krankenblatt *n*; ~ **technique** technische Daten *n/pl*; ~ **de contrôle** Kon'trollzettel *m*, -karte *f*, -schein *m*; ~ **d'état civil** Per'sonenstandsurkunde *f*
fiche² [fiʃ] *cf* **ficher¹**
ficher¹ [fiʃe] ⟨*inf a* fiche; *p/p* fichu⟩ F **I** *v/t* **1.** *(faire)* machen; tun; **il n'a rien fichu aujourd'hui** er hat heute nichts getan; **2.** *(donner)* geben; **un coup** *vr* setzen; **fiche-moi la paix!** laß mich in Ruhe, in Frieden, zu'frieden!; **3.** *(jeter)* werfen; F schmeißen; ~ **le camp** *cf* **camp 1**.; **va te faire fiche!** F mach, daß du fortkommst!; **4. je t'en ficherai**, **moi, des voyages à l'étranger** das würde dir so passen ...; das schlag dir was aus dem Kopf ...; **je croyais qu'il avait fini son discours**, **mais je t'en fiche**, **il a encore parlé** F von wegen; denkste; **II** *v/pr* **5.** **se** ~ **de qc**, **qn** F auf etw, j-n pfeifen; **6. se** ~ **de qn** j-n auslachen, veralbern,
F veräppeln; *cf a les expressions sous* **foutre**
ficher² [fiʃe] *v/t* **1.** *poteau etc* einrammen; einschlagen; **2.** *(mettre en fiche)* kar'teimäßig erfassen; regi'strieren; **être fiché** registriert sein; in e-r, der Kar'tei stehen
fichier [fiʃje] *m* **1.** Kar'tei *f*; ~ **de clients** Kundenkartei *f*; **établir**, **tenir un** ~ e-e Kartei anlegen, führen; **2.** *boîte* Kar'teikasten *m*; Zettelkasten *m*; **3.** *INFORM* Da'tei *f*
fichtre [fiʃtʀ(ə)] *int admirative*, *étonnée* F Donnerwetter!; so was!
fichtrement [fiʃtʀəmɑ̃] *adv* F unwahrscheinlich; unheimlich; verdammt
fichu¹ [fiʃy] *m* Schulter-, Busentuch *n*
fichu² [fiʃy] F *p/p cf* **ficher¹** *et adj* **1.** *(détruit)* F ka'putt; futsch; hin; im Eimer; P im Arsch; **personne il est** ~ *financièrement etc* F der ist erledigt, am Ende; *physiquement* F der macht's nicht mehr lange; **2.** *(désagréable)* F blöd; verdammt; verflixt; **il a un** ~ **caractère** F der kann ganz unangenehm werden; **3. bien** ~ **a)** *femme* gut gewachsen; F gut gebaut; **b)** *mécanisme etc* gut, geschickt gemacht, ausgedacht; **être** ~ **a)** *personne* sich schlecht, elend, jämmerlich fühlen; F nicht auf dem Damm, Posten sein; nicht gut beiein'andersein; **b)** *mécanisme etc* schlecht, nicht gut gemacht sein; **4.** *(capable de)* **il est** ~ **de** *(le faire)* F er ist im'stand(e) und (macht's, tut's)
fictif [fiktif] *adj* ⟨-ive⟩ **1.** *personnage etc* (frei) erfunden; erdacht; fik'tiv; **valeur fictive** gedachter, angenommener, fiktiver Wert; **2.** *(faux, feint) scène*, **accord** *etc* vorgetäuscht; gespielt; fin'giert; *facture* fin'giert; Schein...; Pro-'forma-...; **promesse fictive** falsche, zum Schein abgegebene Versprechungen *f/pl*; **vente fictive** Pro-forma-Verkauf *m*
fiction [fiksjõ] *f* Fikti'on *f*; Erdichtung *f*; Erfindung *f*; **ouvrage** *m* **de** ~ Werk *n* der Dichtkunst; *loc* **la réalité dépasse la** ~ die Wirklichkeit geht über alle Vorstellung hinaus
fidèle [fidεl] **I** *adj* **1.** *ami*, *partenaire*, *serviteur etc* treu; zuverlässig; *serviteur a* (treu)ergeben; *chien a* anhänglich; ~ **à son devoir** pflichttreu; **être**, **rester** ~ **à**, **envers qn** j-m treu sein, bleiben; j-m die Treue halten; treu zu j-m halten; **être**, **rester** ~ **à qc** e-r Sache (*dat*) treu bleiben; an etw (*dat*) festhalten; **être** ~ **à ses habitudes** an s-n Gewohnheiten festhalten; s-n Gewohnheiten treu bleiben; **2.** *reproduction*, *récit etc* genau; getreu; *reproduction a* origi'nalgetreu; *traduction a* wortgetreu; *mémoire* zuverlässig; *mise en scène* ~ **à la conception de l'auteur** ganz im Sinne des Autors; **II** *adj* **a)** *(adepte)* Getreue(r) *f(m)*; **b)** *(client)* Stammkunde *m*, -kundin *f*; **2.** *REL* Gläubige(r) *f(m)*
fidèlement [fidεlmɑ̃] *adv* (ge)treu; (ge-)treulich; genau; ** *fin de lettre*, **plais** ~ **vôtre** ... in aller Treue Ihr ...; **traduire** ~ **un texte** e-n Text wortgetreu über'setzen
fidéliser [fidelize] *v/t public* (auf Dauer) gewinnen; an sich binden; bei der Stange halten
fidélité [fidelite] *f* **1.** Treue *f* (**à**, **envers qn** zu j-m); Anhänglichkeit *f*; Festhal-

fiduciaire – fil

ten *n* (*à qc* an etw [*dat*]); ~ *conjugale* eheliche Treue; ~ *à ses convictions* Festhalten an s-n Über'zeugungen; ~ *à une promesse* Einhaltung *f* e-s Versprechens; *serment m de* ~ Treueschwur *m*, -gelöbnis *n*; Treueid *m*; **2.** *d'une traduction, d'un récit etc* Genauigkeit *f*; Zuverlässigkeit *f* (*a de la mémoire*); *MUS* **'haute ~** High-Fi'delity [haifi-] *f* (*abr* Hi-Fi); origi'nalgetreue 'Wiedergabe; *chaîne f* **'haute ~** Stereoanlage *f*; Hi-Fi-Anlage *f*

fiduciaire [fidysjɛʀ] *adj* **1.** *JUR, ÉCON* treuhänderisch; Treuhand...; *t/t* fiduzi'arisch; *société f* ~ Treuhandgesellschaft *f*; **2.** *ÉCON monnaie f* ~ Zeichengeld *n*; Pa'pier- und Hartgeld *n*

fief [fjɛf] *m* **1.** *HIST* Lehen *n*; Lehnsgut *n*; **2.** *fig* (ureigenstes Fach-, Wirkungs-) Gebiet; (Fach)Bereich *m*; Do'mäne *f*; *d'un politicien* ~ (*électoral*) Hochburg *f*; *c'est son* ~ das ist sein Bereich, s-e Domäne

fieffé [fjefe] *adj menteur etc* abgefeimt; ausgemacht; Erz...

fiel [fjɛl] *m* **1.** *d'animaux de boucherie, de volaille* Galle *f*; **2.** *fig* Galle *f*; Bosheit *f*; Bitterkeit *f*; *plein de* ~ boshaft; gehässig

fielleux [fjɛlø] *adj* 〈-euse〉 *propos, personne* gallig; gehässig; boshaft; *propos à* galle(n)bitter

fiente [fjɑ̃t] *f d'oiseaux* Kot *m*; Mist *m*; Dreck *m*

fienter [fjɑ̃te] *v/i oiseaux* Kot auswerfen; misten

fier[1] [fje] *v/pr se* ~ *à qn* sich auf j-n verlassen; j-m vertrauen, Vertrauen schenken; *se* ~ *à qc* sich auf etw (*acc*) verlassen; mit etw rechnen; *on ne sait plus à qui se* ~ man kann niemand(em) mehr trauen, sich auf niemand(em) mehr verlassen

fier[2] [fjɛʀ] *adj* 〈*fière* [fjɛʀ]〉 **1.** stolz; *péj* hochmütig; *personne a* eingebildet; ~ *comme Artaban* stolz wie ein Spanier, Pfau; *litt avoir fière allure* e-e würdige Haltung haben; vornehm wirken; *être* ~ *de qn, qc* stolz auf j-n, etw sein; *péj* sich etwas einbilden auf j-n, etw; *il n'y a pas de quoi être* ~ darauf brauchst du dir *ou* brauchen Sie sich gar nichts einzubilden; das ist kein Grund, stolz zu sein; *F ne pas être* ~ F ganz schön Angst haben; so klein sein; *subst faire le* ~ stolz, hochmütig, eingebildet tun; **2.** F gewaltig; unwahrscheinlich; *il a un* ~ *culot* F der ist ganz schön frech, dreist, unverfroren

fier-à-bras [fjɛʀabʀɑ] *litt m* 〈*pl* fier(s)- -à-bras〉 Prahlhans *m*; Bra'marbas *m*

fiérot [fjeʀo] *adj* dummstolz; kindisch stolz; eingebildet

fierté [fjɛʀte] *f* Stolz *m*; *péj* Hochmut *m*; *par* ~ aus Stolz; *j'ai ma* ~*!* ich habe auch meinen Stolz!; *c'est sa* ~ das ist sein ganzer Stolz; *il en tire une juste* ~ er ist mit Recht stolz darauf

fiesta [fjɛsta] *f f* Fest *m*; F Fete *f*

fièvre [fjɛvʀ(ə)] *f* **1.** *MÉD* Fieber *n*; ~ *jaune* Gelbfieber *n*; *yeux brillant de* ~ fieberglänzend; *front brûlant de* ~ fieberheiß, -glühend; *avoir de la* ~ Fieber haben; fiebern; *sa fièvre est tombée* er hat kein Fieber mehr, ist fieberfrei; **2.** *fig* Fieber *n*; Erregung *f*; Aufregung *f*; Hektik *f*; ~ *des élections* Wahlfie-

ber *n*; *dans la* ~ *du départ* in der Hektik der Abreise; *discuter avec* ~ eifrig, leidenschaftlich, hitzig, heftig

fiévreusement [fjevʀøzmɑ̃] *adv* fieberhaft; mit Feuereifer

fiévreux [fjevʀø] *adj* 〈-euse〉 **1.** *MÉD* fieb(e)rig; **2.** *fig attente, activité* fieberhaft; fieb(e)rig; *activité a* hektisch

fifille [fifij] *f* F *affectueux ou iron* Töchterchen *n*; F Kleine *f*; Schätzchen *n*

fifre [fifʀ(ə)] *m* **1.** *flûte* Querpfeife *f*; **2.** *joueur* Querpfeifer *m*

fifty-fifty [fiftififti] *loc/adv* F halbe-halbe; fifty-fifty

figé [fiʒe] *adj* **1.** *huile, sauce* fest; steif; erstarrt; **2.** *fig regard, attitude, visage* starr; *sourire a* maskenhaft; *GR expression, locution* ~*e* feste, feststehende (Rede)Wendung; *société* ~*e* verknöcherte Gesellschaft; *être* ~ *dans une attitude* starr an e-r Einstellung festhalten

figer [fiʒe] 〈-geons〉 **I** *v/t* **1.** *huile, sauce* fest werden lassen; **2.** *fig peur, stupeur* ~ *qn* j-n erstarren lassen, lähmen; **II** *v/pr se* ~ **3.** *huile, sauce* erstarren; fest, steif, *sauce* a dick werden; **4.** *fig personne* erstarren; *sourire* gefrieren; (zur Maske) erstarren

fignolage [fiɲɔlaʒ] *m* Ausfeilen *n*; letzter Schliff

fignoler [fiɲɔle] *v/t* sorgfältig, bis ins letzte ausführen; die größte Sorgfalt verwenden auf (+*acc*); ausfeilen; den letzten Schliff geben (+*dat*); F bosseln an (+*dat*)

figue [fig] *f BOT* Feige *f*; ~ *de Barbarie* Kaktusfeige *f*

figuier [figje] *m BOT* Feigenbaum *m*; ~ *de Barbarie* Feigenkaktus *m*

figur|ant [figyʀɑ̃] *m*, ~**ante** *f THÉ, CIN, fig* Sta'tist(in) *m(f)*; Kom'parse *m*, Kom'parsin *f*; *fig a* Randfigur *f*; *rôle m de* ~ Statisten-, Nebenrolle *f* (*a fig*)

figuratif [figyʀatif] *adj* 〈-ive〉 **1.** *art, peinture, peintre* gegenständlich; **2.** *représentation* bildlich; bildhaft; fi'gürlich

figuration [figyʀasjɔ̃] *f* **1.** *THÉ, CIN* **a)** *coll* Statiste'rie *f*; Komparse'rie *f*; **b)** *faire de la* ~ Statisten-, Nebenrollen spielen; **2.** (*représentation*) bildliche Darstellung

figure [figyʀ] *f* **1.** (*visage*) Gesicht *n*; *ne plus avoir* ~ *humaine* unkenntlich, vollkommen entstellt sein; nicht mehr wie ein Mensch aussehen; *F casser la* ~ *à qn* j-n verprügeln, F verdreschen, verhauen; *F se casser la* ~ hinfallen, hinschlagen; stürzen; *fig faire bonne* ~ e-e gute Figur machen; s-n Mann stehen; *sportif a* gut abschneiden; *fig faire piètre* ~ e-e klägliche Figur machen; *sportif* schlecht abschneiden; **2.** *ART, RHÉT, MUS, MATH, PATINAGE etc* Fi'gur *f*; *géométrique* geometrische Figur; *PATINAGE* ~*s imposées* Pflicht(figuren) *f(pl)*; ~*s libres* Kür(lauf) *f(m)*; ~ *de style* Stilfigur *f*; *fig projet* **prendre** ~ Gestalt annehmen; **3.** (*personnalité*) (bedeutende, große) Per'sönlichkeit *f*, Gestalt; *les grandes* ~*s de l'histoire* die großen Gestalten der Geschichte; **4.** *faire de qn, qc* als j, etw *ou* für j-n, etw gelten, angesehen werden; für j-n, etw gehalten werden

figuré [figyʀe] *adj sens* fi'gürlich; bildlich; über'tragen; *au sens* ~ im über-

tragenen, bildlichen Sinn(e); in übertragener Bedeutung; figürlich; *subst au propre et au* ~ in der eigentlichen und übertragenen Bedeutung

figurer [figyʀe] **I** *v/t* (bildlich, fi'gürlich) darstellen; **II** *v/i sur une liste etc* stehen; (aufgeführt) sein; erscheinen; vorkommen; figu'rieren; *candidat* ~ *en bonne place* gute Aussichten haben; in die engere Wahl kommen; ~ *parmi les dix premiers* unter den ersten zehn sein; ~ *sur une photo* auf e-m Foto (abgebildet, zu sehen, F drauf) sein; *faire* ~ *dans le bilan* in der Bilanz ausweisen; *faire* ~ *sur une liste* auf e-e Liste setzen; **III** *v/pr se* ~ *qc* sich etw vorstellen; *figure-toi que l'autre jour* ... stell dir vor *ou* denk nur, kürzlich ...; *s'il se figure que* ... wenn er glaubt, meint, denkt, sich einbildet, daß ...; *tu ne peux pas te* ~ *comme* ... du glaubst nicht, kannst dir nicht vorstellen, machst dir keine Vorstellung, wie ...

figurine [figyʀin] *f* Fi'gürchen *n*; kleine Fi'gur, Statue; Figu'rine *f*

fil [fil] *m* **1.** *COUT, TEXT* Faden *m* (*a fig de la conversation etc*); Garn *n*; *d'une corde, des haricots* Faser *f*; *d'un collier de perles* Schnur *f*; *droit* ~ Fadenlauf *m*; Webrichtung *f*; *fig être dans le droit* ~ *de qc* ganz auf der Linie von etw liegen; *gros* ~ grober, dicker Faden; Grobgarn *n*; ~ *à coudre* Nähfaden *m*, -garn *n*; ~ *à plomb* Lot *n*; Senkblei *n*; ~ *d'araignée* Spinnenfaden *m*; *fig* ~ *d'Ariane* Ari'adnefaden *m*; ~ *de canne à pêche* Angelschnur *f*; *fig* ~ *de la conversation* Gesprächsfaden *m*; ~ *de soie* Nähseide *f*; Seidenfaden *m*, -garn *n*; ~*s de la Vierge* Alt- 'weibersommer *m*; ♦ *loc/adj: de* ~ leinen; *d'Écosse*, *pur* ~ reinleinen; *prétexte etc cousu de* ~ *blanc* zu 'durchsichtig; leicht zu durch'schauen(d); fadenscheinig; *haricots pleins de* ~*s* voller Fasern; fas(e)rig; *loc/adv de* ~ *en aiguille* im Lauf(e) des Gesprächs; ♦ *fig:* F *avoir un* ~ *à la patte* nicht frei sein; gebunden sein; F e-n Klotz am Bein haben; *être maigre comme un* ~ spindel-, klapperdürr sein; *perdre le* ~ (*de ses pensées, idées*) den Faden verlieren; aus dem Kon'zept kommen; *suivre le* ~ *de ses idées, pensées* s-n Gedanken nachhängen; s-e Gedanken weiterspinnen; *vie etc ne tenir qu'à un* ~ an e-m (seidenen) Faden hängen; *cf a retordre*; **2.** *métallique* Draht *m*; *ÉLECT* Leitung(sdraht) *f(m)*; *d'une lampe, de téléphone etc* Schnur *f*; Kabel *n*; *d'un câble a* Ader *f*; ~ *électrique* Leitungsdraht *m*; elektrische Leitung; elektrisches Kabel; ~ *de fer* Eisendraht *m*; *clôture f en* ~*s de fer* Drahtzaun *m*; ~ *de terre* Erdleiter *m*, -leitung *f*; *fig il n'a pas inventé le* ~ *à couper le beurre* er hat das Pulver nicht erfunden; **3.** F (*fil téléphonique*) (Tele'fon)Leitung *f*; *coup m de* ~ Anruf *m*; Tele'fongespräch *n*; *donner, passer un coup de* ~ *à qn* j-n anrufen; *avoir qn au bout du* ~ mit j-m telefonieren; *être au bout du* ~ an der Strippe haben; *il l'entendit rire au bout du* ~ er hörte ihn am anderen Ende lachen; **4.** *dans la viande etc* Faserrichtung *f*, -verlauf *m*; **5.** *d'un couteau, d'une lame*

Schneide f; Schärfe f; **6.** loc/adv **au ~ de l'eau** mit dem Strom; **au ~ des jours** im Laufe der Zeit; mit der Zeit
filage [filaʒ] m TEXT Spinnen n
filaire [filɛR] f ZO Fadenwurm m
filament [filamã] m **1.** (pflanzliche, tierische) Faser; Faden m (a de salive); **2.** ÉLECT Glühfaden m, -draht m; Wendel f
filamenteux [filamãtø] adj ⟨-euse⟩ fas(e)rig; faserförmig
filandreux [filãdRø] adj ⟨-euse⟩ **1.** viande, légume fas(e)rig; voller Fasern; viande a zäh; sehnig; **2.** fig discours weitschweifig; langatmig; unklar; phrase verschachtelt; endlos; wirr
filant [filã] adj **1.** liquide, sauce dick; zähflüssig; Fäden ziehend; **2.** pouls sehr schwach; **3.** étoile ~e Sternschnuppe f
filasse [filas] f **1.** TEXT Fasermasse f, -gut n; Werg n; **2.** adj cheveux m/pl (blond) ~ Flachshaar n; flachs-, strohblonde Haare n/pl
filateur [filatœR] m Spinne'reibesitzer m
filature [filatyR] f **1.** TEXT a) usine Spin-ne'rei f; b) activité Spinnen n; Spinne-'rei f; **2.** par la police Beschattung f; prendre qn en ~ f j-n beschatten
fildefériste [fildəfeRist] m,f Drahtseil-künstler(in) m(f); Seilakrobat(in) m(f)
file [fil] f de gens, de choses Reihe f; de gens, de voitures a Schlange f; de voitures a Ko'lonne f; d'une route (Fahr-) Spur f; ~ d'attente Schlange f (wartender Menschen, Autos); ~ de voitures Autokolonne f, -schlange f; fig chef m de ~ Leiter m; (An)Führer m; führender Kopf; loc/adv: à la, en ~ hinterein-'ander (ausgerichtet); e-r, e-s hinter dem anderen; in einer Reihe; en ~ indienne im Gänsemarsch; se suivre à la ~ (in einer Reihe) hintereinander (her)gehen; e-r hinter dem anderen gehen; personnes se mettre à la, prendre la ~ sich (hinten) anstellen; stationner, stationnement en double ~ in zweiter, in der zweiten Reihe; prendre la ~ de droite sich in die rechte Fahrspur einordnen
filer [file] I v/t **1.** coton, laine etc (ver-)spinnen; machine f, métier m à ~ Spinnmaschine f; ver à soie ~ son cocon sich einspinnen; fig ~ un mauvais coton übel, schlecht, schlimm dran sein; il file un mauvais coton es geht berg'ab mit ihm; araignée ~ sa toile ihr Netz, ihre Fäden spinnen; **2.** TECH a) métaux strangpressen; b) adjt verre filé Fadenglas n; **3.** bateau ~ 30 nœuds (mit) 30 Knoten fahren; 30 Knoten laufen, F machen; **4.** fig a) F ~ le parfait amour F im sieb(en)ten Himmel sein; b) litt métaphore ausspinnen; **5.** ~ qn, F ~ le train à qn j-n beschatten; j-m (unauffällig) folgen; **6.** F argent etc geben; F herʹausrücken (qc mit etw); gifle versetzen; II v/i **7.** sirop, fromage etc Fäden ziehen; sirop a dick-, zähflüssig sein; **8.** maille laufen; son bas a filé ihr Strumpf hat ou bekam e-e Laufmasche; **9.** (aller vite) schnell laufen; rennen; (daʹhin)rasen, F (-)sausen; flitzen; **10.** F (s'en aller) F sich verziehen; abziehen; abzischen; allez file! geh jetzt!; F verʹschwinde!; ab mit dir!; ~ à l'anglaise F sich (auf) französisch empfehlen; französisch Abschied nehmen; **11.** F fig temps verrinnen; verfliegen; l'argent

lui file entre les doigts das Geld zerrinnt ihm (nur so) unter den Fingern, Händen; laisser ~ qc sich etw entgehen lassen; etw verpassen; **12.** F personne ~ doux (avec qn) sich (j-m) fügen; F klein beigeben; kuschen
filet [filɛ] m **1.** (réseau) Netz n; PÊCHE, CH a Fangnetz n; CH a Garn n; ~ à bagages, à cheveux Gepäck-, Haarnetz n; ~ (à provisions) Einkaufsnetz n; ~ de pêche Fisch(er)netz n; ~ de tennis Tennisnetz n; fig coup m de ~ Fang m; Fischzug m; fig attirer, prendre qn dans ses ~s j-n in s-e Netze ziehen; j-n umʹgarnen; ballon envoyer dans le ~ ins Netz schlagen ou werfen; travailler sans ~ a) acrobate ohne Netz arbeiten; b) fig ein großes Risiko eingehen; große Gefahren auf sich nehmen; **2.** CUIS de bœuf etc Fi'let n; Lende(n-stück) f(n); Lendenbraten m; de poisson Fi'let n; faux ~ (Ochsen-, Rinder)Lende f; ~ mignon kleine runde Scheibe vom der Filetspitze; ~ de bœuf Rinderfilet n; bifteck m dans le ~ Filetsteak [fiˈleːstɛk] n; **3.** de liquide feiner, dünner Strahl; quantité Schuß m; kleine Menge; ~ d'air schwacher Luftstrom, -zug; ~ d'eau Rinnsal m; dünner Wasserstrahl; fig ~ de voix schwache, dünne Stimme; **4.** d'une vis Gewinde n; **5.** de la langue, du prépuce Bändchen n; sc Frenulum n
filetage [filtaʒ] m TECH Gewinde n
fil|eur [filœR] m, ~euse f TEXT Spinner(in) m(f)
filial [filjal] adj ⟨-aux⟩ kindlich; Kindes...; der Kinder; amour ~ Liebe f der Kinder (zu den Eltern); st/s Kindesliebe f
filiale [filjal] f COMM Tochtergesellschaft f, -firma f; F Tochter f
filiation [filjasjõ] f **1.** JUR Abstammung f; Filiatiʹon f; ~ naturelle uneheliche Abstammung; **2.** fig d'idées etc Zu'sammenhang m; Aufein'anderfolge f; Verbindung f; ~ des mots Herkunft f, Entwicklung f der Wörter
filière [filjɛR] f **1.** TECH Zieheisen n; **2.** fig Stufenleiter f; UNIVERSITÉ Studiengang m; suivre la, passer par la ~ die ganze Stufenleiter durchʹlaufen; dans un métier a von der Pike auf dienen; **3.** d'un réseau secret Linie f, Kette f, Reihe f, Netz n (von Mittelspersonen, Zwischenstationen); de la drogue Connection [kɔˈnɛkʃən] f; remonter la ~ den Weg, die Linie zuʹrückverfolgen; sich zum Ausgangspunkt vorarbeiten; **4.** NUCL Reʹaktortyp m
filiforme [filifɔRm] adj fadenförmig; dünn (wie ein Faden); personne spindeldürr
filigrane [filigRan] m **1.** (ouvrage de, en) ~ Filiʹgran(arbeit) n(f); **2.** sur le papier, des billets de banque Wasserzeichen n; fig apparaître en ~ 'durchkommen; zu spüren sein
filigrané [filigRane] adj **1.** Filiʹgran...; **2.** papier ~ Papier n mit Wasserzeichen
filin [filɛ̃] m MAR Tau n; Trosse f
fille [fij] f **1.** (opposé à fils) Tochter f; appellatif ma ~ meine Tochter; F a iron meine Liebe; F la ~ Un Tel (das) Fräulein Sowieso, Soundso; plais ~ d'Ève Evastochter f; ~ de la maison Tochter

des Hauses; fig et litt la jalousie, ~ du soupçon Eifersucht, die Tochter des Verdachts; F fig jouer la ~ de l'air (heimlich) verschwinden; F sich verziehen, dünnemachen; verduften; **2.** (opposé à garçon) Mädchen n; südd a Mädel n; jeune ~ junges Mädchen; ~ mère unverheiratete, ledige Mutter; petite ~ kleines Mädchen; vieille ~ alte Jungfer; c'est une chic ~ F sie ist ein netter Kerl; prov la plus belle ~ du monde ne peut donner que ce qu'elle a keiner kann mehr geben, als er hat; **3.** ~ (publique) Dirne f; Prostituʹierte f; Strichmädchen n; ~ de joie, des rues Freuden-, Straßenmädchen n; **4.** dans des noms de métier ~ de cuisine Küchenhilfe f; ~ de ferme Bauernmagd f; ~ de salle Statiʹonsmädchen n (à l'hôpital); **5.** REL Nonne f (dans certains ordres)
fillette [fijɛt] f **1.** (kleines) Mädchen; **2.** (demi-bouteille) kleine Flasche
filleul(e) [fijœl] m(f) Patenkind n, -sohn m ou -tochter f
film [film] m **1.** CIN, TV (Spiel)Film m; F Streifen m; ~ comique Filmkomödie f; ~ éducatif Lehrfilm m; ~ muet Stummfilm m; ~ parlant, sonore Tonfilm m; ~ policier Krimiʹnalfilm m; F Krimi m; ~ publicitaire Werbefilm m; ~ à grand spectacle Ausstattungs-, Monumenʹtalfilm m; ~ d'aventures, d'espionnage, de guerre Abenteuer-, Spioʹnage-, Kriegsfilm m; ~ en couleurs, en noir et blanc Farb-, Schwarz'weißfilm m; ~ en relief, en trois dimensions plastischer, dreidimensionaler Film m; 3-D-Film m; **2.** (pellicule photographique) Film(streifen) m; ~ fixe Stehbildstreifen m; ~ de format réduit Schmalfilm m; **3.** fig dans ces médias ~ des événements de la semaine Chronik f der Woche; **4.** (couche mince) Film m; dünne Schicht; ~ d'huile Ölfilm m; **5.** ~ plastique Frischhaltefolie f
filmage [filmaʒ] m Filmen n
filmer [filme] v/t scène, gens, animaux filmen; scène a (ab)drehen
filmique [filmik] adj filmisch; Film...; œuvre f ~ Filmwerk n; filmisches Werk
filmo|graphie [filmɔgRafi] f d'un metteur en scène, d'un genre systeʹmatisches Filmverzeichnis; ~logie f Filmwissenschaft f
filon [filõ] m **1.** MINES Flöz n; Ader f; Gang m; **2.** F fig einträglicher ou bequemer Job [dʒɔb]; (planque) Druckposten m
filou [filu] m **1.** F d'un enfant Schelm m; Spitzbube m; **2.** (escroc) (gerissener) Dieb, Gauner
filouter [filute] v/t ~ qc F etw stiʹbitzen; ~ qn F j-n beklauen
filouterie [filutRi] f Betrügeʹrei f
fils [fis] m Sohn m; F le ~ Durand der Sohn der Durands; M. Durand ~ Herr Durand junior; COMM Durand et ~ Durand und Sohn; appellatif mon ~ mein Sohn; fig ~ spirituel geistiger Erbe; Schüler m; péj ~ à papa verwöhnter Sohn reicher Eltern; REL le ⁂ de Dieu, de l'homme Gottes, des Menschen Sohn; der Gottes-, Menschensohn; ~ de famille Sohn aus reichem, gutem Hause (a péj); ~ de la maison Sohn

filtrage – fini

des Hauses; *plais* Junior *m*; **c'est bien le ~ de son père** er ist ganz der Sohn s-s Vaters; *péj a* der Apfel fällt nicht weit vom Stamm (*prov*)

filtrage [filtraʒ] *m* **1.** Filtern *n*, -ung *f*; *t/t* Filtrati'on *f*; Fil'trierung *f*; **2.** *fig* genaue Kon'trolle; *d'informations* Siebung *f*

filtrant [filtrɑ̃] *adj* Filter...; Fil'trier...; **crème ~e** Creme *f* mit Filterwirkung; *OPT* **verre ~** Filterglas *n*

filtrat [filtra] *m* Fil'trat *n*

filtration [filtrasjɔ̃] *f cf* **filtrage** 1.

filtre [filtʀ(ə)] *m* Filter *m*, *sc le plus souvent n*; *PHOT* **~ jaune** Gelbfilter *m*; **~ à air** Luftfilter *m*; ♦ **~ (bout m) ~** Filter (-mundstück) *m*(*n*); **cigarette** *f* **à bout ~** Filterzigarette *f*; (**café** *m*) **~** Filterkaffee *m*

filtrer [filtre] **I** *v/t* **1.** *liquides, lumière etc* filtern; *liquides a* fil'trieren; *PHYS a* aussieben; **2.** *fig personnes* genau, streng kontrol'lieren, über'prüfen; *informations* sieben; **II** *v/i* **3.** *café* 'durchlaufen; *eau etc* 'durchsickern, -dringen; versickern (**à travers le sable** im Sand); *lumière* 'durchdringen, -kommen, -scheinen (**à travers les volets** durch die Fensterläden); *vitre etc* **laisser ~ le jour** Licht 'durchlassen; **4.** *fig informations, vérité* 'durchdringen, -sickern

fin[1] [fɛ̃] *f* **1.** Ende *n* (*a de la vie*); Schluß *m*; Ausgang *m*; *d'une fête a* Ausklang *m*; *d'un empire* Ende *n*; 'Untergang *m*; **~ prématurée** vorzeitiges, (all)zu frühes Ende; *d'une personne a* (all)zu früher Tod; **~ de l'année** Jahresende *n*, -(ab)schluß *m*, -ausgang *m*; **~ de citation** Ende des Zitats; Zi'tatende *n*; soweit Zitat; **~ du contrat** Vertragsende *n*, -ablauf *m*; **certificat** *m*, **diplôme** *m* **de ~ d'études** Abschlußzeugnis *n*, -diplom *n*; **~ du mois** Monatsende *n*; **avoir des ~s de mois difficiles** F am, gegen Monatsende knapp bei Kasse sein; **~ du monde** Weltuntergang *m*, -ende *n*; **~ de semaine** Wochenende *n*; *COMM* **~ de série** Restposten *m*; auslaufende Serie; **~ de siècle** a) Jahr'hundertwende *f*; b) *loc/adj* deka'dent; (des) Fin de siècle; ♦ *loc/adv et loc/prép* **~ mai, juin** Ende Mai, Juni; **à la ~** am Ende, Schluß (**de** *gén*); schließlich; zum Schluß; zu'letzt; F **j'en ai assez à la ~!** F jetzt reicht's mir allmählich, dann!; **à la ~ de l'année** *ou* **en ~ d'année** am Jahresende; am Ende, Schluß des Jahres; **en ~ d'après-midi** am Spätnachmittag; **en ~ de compte** schließlich; letztlich; letzten Endes; zu guter Letzt; im Endeffekt; **en ~ de liste** am Ende, Schluß der Liste; (ganz) unten auf der Liste; **en ~ de semaine** am Wochenende; **jusqu'à la ~** bis zu'letzt; bis zum Schluß; **jusqu'à la ~ des temps, des siècles** bis ans Ende der Zeiten; *a loc/adj* **sans ~** endlos (*a TECH*); ohne Ende; ♦ **approcher de la ~** sich dem Ende nähern; **la ~ approche** das Ende zugehen; **la ~ approche** das Ende rückt näher; es geht dem Ende zu; *d'un mourant* es geht zu Ende mit ihm; *mourant* **sentir sa ~** *approcher* sein Ende nahen fühlen; **ne pas avoir de ~** kein Ende nehmen; **commencer par la ~** das Pferd am Schwanz aufzäumen; **c'est la ~ de tout**, F **des 'haricots**

jetzt ist alles aus, F ist's ganz aus; **faire une ~** s-e Verhältnisse ordnen; **mener à bonne ~** (glücklich) zu Ende führen; *affaire* zu'stande bringen; per'fekt machen; **mettre ~ à qc** e-r Sache (*dat*) ein Ende machen, bereiten, setzen; *fig* e-n Schlußstrich unter etw (*acc*) ziehen; **mettre ~ à ses jours** s-m Leben ein Ende machen; sich das Leben nehmen; **prendre ~** ein Ende nehmen, haben; zu Ende gehen; F aussein; **tirer, toucher à sa ~** *fête, jour, provisions* zu Ende gehen; *jour, provisions a* s*t/s* zur Neige gehen; *fête a* sich dem Ende, s-m Ende zuneigen; dem Ende entgegengehen; *provisions a* ausgehen; F alle werden; **2.** (*but*) Ziel *n*; (End)Zweck *m*; **~ en soi** Selbstzweck *m*; *loc/adv*: **à cette ~, à ces ~s** zu diesem Zweck; hierfür; hierzu; **à toutes ~s utiles** für alle Fälle; **à des ~s de documentation** zu Dokumentationszwecken; *loc/conj*: **à seule ~ de** (+*inf*) nur zu dem Zweck, nur in der Absicht, zu dem einzigen Zweck, mit dem einzigen Ziel zu (+*inf*); nur um zu (+*inf*); **aux ~s de** (+*inf*) zwecks (+*gén*); **arriver, parvenir à ses ~s** sein(e) Ziel(e), s-n Zweck erreichen; s-n Willen 'durchsetzen; zum Ziel gelangen; *prov*: **la ~ justifie les moyens** der Zweck heiligt die Mittel (*prov*); **qui veut la ~ veut les moyens** wer den Zweck will, darf vor den Mitteln nicht zurückschrecken; **3.** *cf* **non--recevoir**

fin[2] [fɛ̃] **I** *adj* ⟨**fine** [fin]⟩ *sel, sable, poudre, visage, cheveux* fein; *vins, mets* fein; erlesen; *perception, sensibilité* fein; *ouïe* scharf; ausgeprägt; *mains, taille etc* schmal; schlank; *papier, verre, branche* fein; dünn; *écriture* fein; zierlich, *aiguille, plume, pinceau* fein; (sehr) spitz; *bon remarque* geistreich; witzig; *personne* raffi'niert; **~ connaisseur** ausgezeichneter, hervorragender, feiner Kenner; **~ gourmet**, F **~ gueule** Feinschmecker *m*; F Leckermaul *n*; **~es herbes** Küchenkräuter *n/pl*; **lingerie ~e** Feinwäsche *f*; **or ~** Feingold *n*; **perle ~e** echte Perle; **pierre ~e** Halbedelstein *m*; **pluie ~e** feiner Regen; Sprühregen *m*; *loc/prép* **au ~ fond de** ganz *ou* weit hinten in (+*dat*); tief im Innern, in tiefsten Innern, im entlegensten, fernsten Winkel (+*gén*); **au ~ fond des bois** im tiefsten Wald; *iron* **tu as l'air ~** *avec ce chapeau* du siehst wirklich intelligent aus ...; **avoir l'oreille ~e** ein gutes Gehör haben; ein feines, scharfes Ohr, Gehör haben; **il n'est pas très ~** er ist nicht sehr schlau, F helle; *iron* **c'est ~ ce que tu as fait là!** da hast du was Schönes, Feines angerichtet!; **II** *adv* **1. être ~ prêt** ganz fertig sein; **2. moudre ~** fein mahlen; **III** *m* **1. le ~ du ...** das Feinste vom Feinen; das Allerfeinste; **2. jouer au plus ~ avec qn** j-n zu über'listen suchen; schlauer sein wollen als j

final [final] *adj* ⟨**-als**⟩ **1.** End...; Schluß...; letzte(r, -s); abschließend; *MUS* **accord ~** Schlußakkord *m*; **point ~** Schlußpunkt *m*; **fig mettre le, un point ~ à qc** etw beenden; e-r Sache (*dat*) ein Ende machen; unter etw (*acc*) e-n Schlußstrich ziehen; **résultat ~** Endergebnis *n*; **victoire ~e** Endsieg *m*;

voyelle ~e Endvokal *m*; auslautender Vokal; **2.** *GR* fi'nal; **proposition ~e** Final-, Zwecksatz *m*; **3.** *PHILOS* **cause ~e** Zweckursache *f*

final(e) [final] *m MUS* Fi'nale *n*; *d'une symphonie a* Schlußsatz *m*

finale [final] *f* **1.** *SPORTS* Fi'nale *n*; Endspiel *n*; **'huitième ~, quart ~ de ~** Achtel-, Viertelfinale *n*; **arriver en ~** ins Finale kommen, einziehen; **2.** *GR* Endsilbe *f*; Auslaut *m*

finalement [finalmɑ̃] *adv* schließlich; endlich; am Ende; zu guter Letzt; letzten Endes

final|isme [finalism(ə)] *m PHILOS* Fina'lismus *m*; **~iste** *m,f SPORTS* Fina'list(in) *m*(*f*); Endspielteilnehmer(in) *m*(*f*); **~ité** *f PHILOS* Finali'tät *f*; Zweckbestimmtheit *f*

finance [finɑ̃s] *f* **1.** *pl* **~s** Fi'nanzen *f/pl*; Fi'nanzwesen *n*; (*ressources pécuniaires*) Geldmittel *n/pl*; **~s publiques** öffentliche Finanzen; Staatsfinanzen *f/pl*; **administration** *f* **des ~s** Finanzverwaltung *f*; **loi** *f* **de ~s** Haushaltsgesetz *n*; F **l'état de mes ~s** meine finanzielle Lage; F meine Finanzen; **2. a)** Geldgeschäft(e) *n*(*pl*); **être dans la ~** im Geldgeschäft tätig sein; **b)** (**monde** *m* **de la**) **~** Fi'nanzwelt *f*; '**haute ~** Hochfinanz *f*; Finanz-, Geldaristokratie *f*; **3.** *loc/adv* **moyennant ~** mit, mittels (Bar)Geld

financement [finɑ̃smɑ̃] *m* Finan'zierung *f*; Kapi'talbeschaffung *f*; **plan** *m* **de ~** Finanzierungsplan *m*

financer [finɑ̃se] *v/t* ⟨-ç-⟩ finan'zieren

financier [finɑ̃sje] **I** *adj* ⟨-ière⟩ **1.** finanzi'ell; geldlich; Fi'nanz...; Geld...; **accord ~** Finanzabkommen *n*; **aide financière** finanzielle Hilfe, Unter'stützung; **établissement ~** Geldinstitut *n*; **marché ~** Kapi'talmarkt *m*; **moyens ~s** finanzielle Mittel *n/pl*; Geld-, Finanzmittel *n/pl*; **opération financière** Geldgeschäft *n*; **situation financière** Finanzlage *f*; **soucis ~s** Geldsorgen *f/pl*; **dans la presse la vie financière** (der) Börsenbericht; **2.** *CUIS* **sauce financière** *ou subst* **financière** *f* Ma'deirasoße *f* mit Trüffelfond; **II** *m* Fi'nanzi'er *m*; Fi'nanz-, Geldmann *m*; **~s** *pl a* Fi'nanz-, Geldleute *pl*

financièrement [finɑ̃sjɛʀmɑ̃] *adv* finanzi'ell (gesehen)

finass|er [finase] *v/i* Winkelzüge machen; Tricks, Ausflüchte gebrauchen; **~erie** *f* Trick *m*; **~s** *pl* Winkelzüge *m/pl*

finaud [fino] **I** *adj* (bauern)schlau, pfiffig; **II** *subst* **~(e)** *m*(*f*) F Schlaumeier *m*

fine [fin] *f* **1.** eau-de-vie fein(st)er, erstklassiger Weinbrand; **2. ~ de claire** *cf* **claire**

finesse [fines] *f* **1.** Feinheit *f* (*a fig*); *de la taille a* Zierlichkeit *f*; Schmalheit *f*; *d'un pinceau a* Dünne *f*; *des sens a* Schärfe *f*; *du goût a* Erlesenheit *f*; Raffine'ment *n*; **~ d'esprit** Scharfsinn *m*; Schärfe *f* des Verstandes; **~ d'exécution** Feinheit, Sorgfalt *f* der Ausführung; *pensées, paroles* **plein de ~** scharfsinnig, geistreich; **2.** *pl* **~s** *d'un art etc* Feinheiten *f/pl*; Fi'nessen *f/pl*; Raffi'nessen *f/pl*

finette [finet] *f TEXT* Fi'nett *m*

fini [fini] **I** *adj* **1.** *travail* fertig; abgeschlossen; beendet; **produits ~s** Fertigprodukte *n/pl*, -waren *f/pl*, -erzeugnisse *n/pl*; **c'est ~ entre nous** zwischen

finir – fixer

uns ist es aus; wir haben (miteinander) Schluß gemacht; ich habe mit ihm *ou* ihr Schluß gemacht; **tout est ~** es ist alles aus; **est-ce que c'est ~!** ist endlich Schluß damit!; hört das endlich auf!; Schluß jetzt!; **2.** *vêtements etc* **bien ~** gut, sorgfältig gearbeitet, gefertigt; **3.** *fig* **il est ~, c'est un homme ~** er ist erledigt, am Ende; mit ihm ist es aus, vor'bei; **4.** *péj menteur etc* abgefeimt; ausgemacht; Erz…; *ivrogne* **~** Erzsäufer *m*; **5.** *PHILOS, MATH* endlich; **II** *m* **1.** sorgfältige Verarbeitung, Ausführung; **2.** *PHILOS* Endlichkeit *f*; Endliche(s) *n*

finir [finiʀ] **I** *v/t* **1.** *travail* beend(ig)en; abschließen; fertigstellen, -machen; zu Ende führen, bringen; voll'enden; *sa vie* beschließen; beenden; *vêtements, chaussures* austragen; *assiette* leer essen; aus-, ab-, aufessen; *verre* leer trinken; austrinken; *son pain etc* aufessen; *pipe, cigarette* aufrauchen; zu Ende, fertig rauchen; **~** *qc a* mit etw aufhören; *il a fini son apprentissage* er hat ausgelernt, s-e Lehre beendet, abgeschlossen; *avoir fini son devoir* mit s-r (Schul)Aufgabe fertig sein; **~ ses jours à la campagne** s-n Lebensabend auf dem Land verbringen; **avoir fini son service militaire** s-n Militärdienst abgeleistet, F hinter sich haben; ♦ **~ de faire qc** aufhören, etw zu tun; mit etw aufhören; etw abschließen, zu Ende führen; *ils finissaient de dîner quand je suis arrivé* sie waren gerade mit dem Essen fertig …; *vous n'avez pas fini de vous disputer?* streitet ihr (euch) immer noch?; **2.** (*parachever*) den letzten Schliff geben (+*dat*); *TECH* fein-, endbearbeiten; fertigstellen; **II** *v/i* **3.** *personne etc* aufhören; Schluß machen; *avoir fini* fertig sein; ♦ *en* **~** ein Ende machen; damit Schluß machen; *en* **~ avec qn, qc** mit j-m, e-r Sache Schluß machen; *en* **~ avec qn** sich j-s entledigen; j-n aus dem Weg räumen; *en* **~ avec qc** *a* e-r Sache ein Ende machen; etw aus der Welt schaffen; *il faut en* **~** das muß ein Ende haben, aufhören; *orateur il n'en finit plus* er findet kein Ende, hört überhaupt nicht mehr auf; F *je n'en finirais pas de raconter mes aventures* ich könnte Bände erzählen von meinen Erlebnissen; **4.** *manifestation* zu Ende gehen *ou* sein; aufhören; enden; F aussein; *histoire* ausgehen; aufhören; enden; *rue* enden; zu Ende sein; aufhören; *contrat* ab-, auslaufen; *désagréments* ein Ende haben, nehmen; *malade, blessé* enden; den Tod finden; *il est temps que cela finisse* das muß (endlich) aufhören, ein Ende haben; damit muß (endlich) Schluß sein; **~ bien, mal** gut, schlimm *ou* böse enden; ein gutes, schlimmes *ou* böses Ende nehmen; gut, schlimm *ou* übel ausgehen; *les films qui finissent bien* Filme mit gutem Ausgang, mit Happy-End; *prov* **tout est bien qui finit bien** Ende gut, alles gut (*prov*); *personne: il finira mal* es wird ein böses, schlimmes Ende mit ihm nehmen; **~ clochard** als Penner enden; **~ directeur** es am Ende zum Direktor bringen; **~ à l'hôpital** im Krankenhaus enden; ♦ **n'en pas, plus ~** kein Ende haben; endlos, sehr lang, F ellenlang sein; **applaudissements** *m/pl* **à n'en plus ~** nicht enden wollender, lang anhaltender Beifall; **discussions** *f/pl* **à n'en plus ~** endlose Diskussionen *f/pl*; *des bras m/pl qui n'en finissent pas* sehr lange Arme *m/pl*; **5. ~ par faire qc** am Ende, schließlich, zum Schluß, zu'letzt (doch) etw tun; *il a fini par me persuader* er hat mich schließlich über'zeugt; *ça finira par s'arranger* das wird sich einrenken, geben

finish [finiʃ] *m SPORTS* Finish *n*; Endspurt *m*; *l'emporter au* **~** im Endspurt siegen (*a fig*)

finiss|age [finisaʒ] *m* Fertig-, Endbearbeitung *f*; Fertigstellung *f*; **~ant** *adj* saison, époque zu Ende gehend; sich dem Ende zuneigend; endend; *époque* a ausgehend; **~eur** *m*, **~euse** *f* **1.** *SPORTS* Sportler(in) *m(f)* mit gutem Finish, Endspurt; **2.** *INDUSTRIE* Fertigbearbeiter(in) *m(f)*

Finistère [finistɛʀ] *le* **~** frz Departement
finition [finisjɔ̃] *f* **1.** *action* **a)** Fertig-, Endbearbeitung *f*; Fertigstellung *f*; **b)** *pl* **~s** letzte Arbeiten *f/pl*; letzter Schliff; *COUT* Versäuberungsarbeiten *f/pl*; **2.** *résultat* Verarbeitung *f*; Ausführung *f*

finlandais [fɛ̃lɑ̃dɛ] **I** *adj* état, gouvernement etc finnisch; **II** *subst* ♀(e) *m(f)* Finne *m*, Finnin *f*
Finlande [fɛ̃lɑ̃d] **la ~** Finnland *n*
finnois [finwa] **I** *adj* langue, culture finnisch; **II** *subst LING le* **~** das Finnische; Finnisch *n*
fiole [fjɔl] *f* **1.** *PHARM* Phi'ole *f*; **2.** F fig (*tête*) F Birne *f*; *se payer la* **~** *de qn* F j-n durch den Ka'kao ziehen
fiord *cf* fjord
fioritures [fjɔʀityʀ] *f/pl* Verzierung(en) *f(pl)*; *péj* Verschnörkelung *f*; Schnörkel *m/pl*
firmament [fiʀmamɑ̃] *m litt* Firma'ment *n*; Himmelszelt *n*
firme [fiʀm] *f COMM* Firma *f*
fis [fi] *cf* faire
FIS *ou* **F.I.S.** [fis] *m abr* (*Front islamique du salut*) *en Algérie* Is'lamische Heilsfront
fisc [fisk] *m* Fiskus *m*; Staatskasse *f*; Steuerbehörde *f*
fiscal [fiskal] *adj* ⟨-aux⟩ steuerlich; Steuer…; fis'kalisch; **charges ~es** Steuerlast *f*; steuerliche Belastung(en); **conseiller ~** Steuerberater *m*; **timbre ~** Gebührenmarke *f*
fiscaliser [fiskalize] *v/t* besteuern
fiscalité [fiskalite] *f* **1.** *système* Steuersystem *n*, -wesen *n*; *lois* Steuergesetzgebung *f*; **2.** (*charges fiscales*) **lourde ~** hohe steuerliche Belastung
fissa [fisa] *adv* F *faire* **~** F schnell, fix machen
fissible [fisibl(ə)] *adj NUCL* spaltbar
fissile [fisil] *adj MINÉR, NUCL* spaltbar
fission [fisjɔ̃] *f NUCL* (Kern)Spaltung *f*
fissuration [fisyʀasjɔ̃] *f d'un mur etc* Rissigwerden *n*
fissure [fisyʀ] *f* **1.** Spalt(e) *m(f)*; Riß *m*; *dans un récipient* Sprung *m*; **2.** *fig* Bruch *m*; Unstimmigkeit *f*
fissurer [fisyʀe] **I** *v/t* Risse, Spalten her'vorrufen, verursachen in (+*dat*); *adjt* **fissuré** rissig; von Spalten durch'zogen; **II** *v/pr se* **~** *sol, mur* rissig werden; Risse bekommen; *verre, porcelaine* springen; Sprünge bekommen
fiston [fistɔ̃] *m* F (*fils*) F Filius *m*; *appellatif* Kleine(r) *m*
fistule [fistyl] *f MÉD* Fistel *f*
fit, fît [fi] *cf* faire
fixage [fiksaʒ] *m PHOT* Fi'xieren *n*; Fi'xage *f*
fixateur [fiksatœʀ] *m* **1.** *PHOT* Fi'xiermittel *n*; **2.** *COIFFURE* Haarfestiger *m*; **3.** *PEINT* Fixa'teur *m* (*Zerstäuber*)
fixatif [fiksatif] *m PEINT* Fixa'tiv *n*
fixation [fiksasjɔ̃] *f* **1.** *d'un objet* Befestigen *n*, -ung *f*; Festmachen *n*; *dans un étau etc* Einspannen *n*; **2.** (*dispositif en de*) **~** Befestigung(svorrichtung) *f*; Halterung *f*; *sur des skis* Bindung *f*; **~ de sécurité** Sicherheitsbindung *f*; **3.** *d'un délai, des prix, des salaires etc* Festsetzung *f*; Festlegung *f*; Fi'xierung *f*; Bestimmung *f*; *d'un rendez-vous a* Anberaumung *f*; *d'un délai a* Bemessung *f*; **4.** *par écrit, dans la mémoire* Festhalten *n*; Fi'xierung *f*; **5.** *PHOT, PEINT* Fi'xieren *n*, -ung *f*; *CHIM* Bindung *f*; Anlagerung *f*; **6.** *PSYCH* Fi'xierung *f* (*sur qn auf* j-n); Bindung *f* (*an* j-n); **faire une ~ sur qn, qc** auf j-n, etw fi'xiert sein
fixe [fiks] **I** *adj heure, date* fest; bestimmt; festgesetzt, -gelegt, -stehend; *COMM* fix; *regard* starr; unverwandt; *péj* stier; *objet* unbeweglich, unveränderlich; *TECH* statio'när; ortsfest; *SPORTS* **barre** *f* **~** Reck *n*; **étoile** *f* **~** Fixstern *m*; **fêtes** *f/pl* **~s** unbewegliche Feste *n/pl*; **idée** *f* **~** fixe Idee; Zwangsvorstellung *f*; **point** *m* **~** Fix-, Festpunkt *m*; fester Punkt; **prix** *m* **~** fester Preis; fester, verbindlicher Preis; **à prix ~** zum Festpreis; **revenu** *m* **~** festes, fixes Einkommen; *loc/adv:* **à heure ~** zu e-r bestimmten Stunde, Zeit; immer zur gleichen Stunde, Zeit; **sans domicile ~** ohne festen Wohnsitz; **avoir le regard ~** e-n starren Blick haben; ins Leere starren; **II** *m* Fixum *n*; festes, fixes Gehalt; **III** *int MIL* stillgestanden!
fixé [fikse] *adj* **1.** *je suis* **~** (*sur son compte*) ich weiß (über ihn) Bescheid; ich weiß, woran ich (bei ihm) bin, was ich von ihm zu halten habe; *je ne suis pas encore* **~** ich habe mich noch nicht festgelegt, entschieden, entschlossen; ich bin noch nicht entschlossen, sicher; **2.** *PSYCH* **~ à** fi'xiert auf (+*acc*)
fixement [fiksəmɑ̃] *adv regarder* **~** *qn, qc* j-n, etw starr, unverwandt anschauen
fixer [fikse] **I** *v/t* **1.** *objet* befestigen; festmachen; *insigne* a anstecken; *dans un étau etc* ein-, festspannen; **~ qc au mur** etw an der Wand festmachen, befestigen; **2.** *délai, prix, salaires, date etc* festsetzen, -legen; fi'xieren; bestimmen; *rendez-vous, date a* festmachen; anberaumen; *délai a* setzen; bemessen; *règles, principes* aufstellen; ♦ *adjt:* **au jour fixé** am festgesetzten Tage; **limites fixées par la loi** durch das Gesetz *ou* gesetzlich festgelegte, gezogene Grenzen *f/pl*; **il n'y a encore rien de fixé** es steht noch nichts fest; **3.** *par écrit, dans la mémoire* festhalten; fi'xieren; **4. ~ qn, qc** *ou* **~ son regard, ses yeux sur qn, qc** j-n, etw fi'xieren, anstarren, *péj* anstieren; j-n starr *ou* unverwandt an-

schauen; auf j-n, etw starren, *péj* stieren; den Blick, die Augen auf j-n, etw heften; j-n, etw fest ansehen, scharf ins Auge fassen; **5.** ~ *son attention sur qn, qc* sich auf j-n, etw konzen'trieren; s-e Aufmerksamkeit j-m, e-r Sache zuwenden; *cf a* **choix** *1.*; **6.** PHOT, PEINT fi'xieren; CHIM binden; anlagern; **II** *v/pr* **7.** *se ~* (*s'établir*) sich niederlassen, festsetzen; s-n Wohnsitz aufschlagen; **8.** *se ~ sur regard* sich heften auf (+*acc*); *choix* fallen auf (+*acc*); **9.** *se ~ une ligne de conduite* sich e-e Verhaltensweise zu'rechtlegen; sich auf e-e Verhaltensweise festlegen; **10.** (*trouver l'équilibre*) *se ~* sich stabili'sieren; sich einpendeln
fixing [fiksiŋ] *m* BOURSE Fixing *n*
fixité [fiksite] *f* (*invariabilité*) Unveränderlichkeit *f*; Unbeweglichkeit *f*; *d'un regard* Starre *f*; Starrheit *f*
fjord [fjɔr(d)] *m* Fjord *m*
FL *abr* (*franc[s] luxembourgeois*) lfr(s) (Luxemburger Franc[s])
flac [flak] *int* patsch!; klatsch!
flaccidité [flaksidite] *f* Schlaffheit *f*
flacon [flakõ] *m* kleine Flasche; Fläschchen *n*; Fla'kon *n ou m*; *~ de parfum* Fläschchen, Flakon Parfüm
fla-fla [flafla] *m* F *faire des ~s* sich großtun, wichtig machen; F angeben
flagada [flagada] *adj* ⟨*inv*⟩ F *cf* flapi
flagellation [flaʒɛ(l)lasjõ] *f* Geißelung *f* (*a* REL)
flagelle [flaʒɛl] *m* BIOL Geißel *f*; *sc* Fla'gellum *n*
flageller [flaʒe(l)le] *v/t* geißeln
flageolant [flaʒɔlɑ̃] *adj* (vor Schwäche) zitternd, schlotternd; *il a les jambes ~es* ihm zittern, schlottern, wanken die Knie; er hat weiche Knie; er ist schwach, wack(e)lig auf den Beinen
flageoler [flaʒɔle] *v/i ~* (*sur ses jambes*) schwach, wack(e)lig auf den Beinen sein; *il a les jambes qui flageolent cf* flageolant
flageolet[1] [flaʒɔlɛ] *m* BOT, CUIS kleine weißgrüne Bohne
flageolet[2] [flaʒɔlɛ] *m* MUS Flageo'lett *n*
flagorner [flagɔrne] *v/t litt* liebedienern (*qn* vor j-m)
flagorn|erie [flagɔrnəri] *f litt* Liebedienerei *f*; *~eur m litt* Liebediener *m*
flagrant [flagrɑ̃] *adj* **1.** JUR (*prendre qn*) *en ~ délit* (j-n) in fla'granti, auf frischer Tat (ertappen); **2.** *injustice, contradiction etc* fla'grant; offenkundig; schreiend; ins Auge fallend; *erreur, contradiction a* kraß
flair [flɛr] *m* **1.** *des chiens, du gibier* Witterung *f*; Geruchssinn *m*; **2.** *fig* Gespür *n*; Spürsinn *m*; F Riecher *m*; *avoir du ~* e-e feine, gute Nase, F den richtigen Riecher haben
flairer [flɛre] *v/t* **1.** *animal: nourriture etc* beschnuppern; beschnüffeln; beriechen; schnuppern, schnüffeln an (+*dat*); *gibier* wittern; aufspüren; **2.** *fig trahison, piège etc* wittern
flamand [flamɑ̃] **I** *adj* flämisch (*a* ART); flandrisch; **II** *subst* **1.** ⚥(*e*) *m(f)* Flame *m*, Flamin *ou* Flämin *f*; **2.** LING *le ~* das Flämische; Flämisch *n*
flamant [flamɑ̃] *m* ZO *~* (*rose*) Fla'mingo *m*
flambage [flɑ̃baʒ] *m de la volaille* (Ab-)Sengen *n*; *d'aiguilles etc* Ausglühen *n*

flambant [flɑ̃bɑ̃] *adv ~ neuf* ⟨*inv od ~ neuve*⟩ ganz neu; F brandneu; (funkel-)nagelneu
flambé [flɑ̃be] *adj* **1.** CUIS flam'biert; **2.** F *fig* erledigt; pleite
flambeau [flɑ̃bo] *m* ⟨*pl ~x*⟩ **1.** Fackel *f*; *retraite f aux ~x* Fackelzug *m*; **2.** *fig de la foi, du progrès etc* Fackel *f*; Fa'nal *n*; *passer le ~* die Fackel weiterreichen; **3.** (*candélabre*) (Kerzen-, Arm)Leuchter *m*; Flam'beau *m*
flambée [flɑ̃be] *f* **1.** (kurz auf)loderndes, aufflackerndes Feuer; *faire une ~* Feuer machen (um sich aufzuwärmen); **2.** *fig de haine, de violence etc* Aufflammen *n*, -lodern *n*, -flackern *n*; **3.** ÉCON *~ des prix* starker Preisauftrieb
flamber [flɑ̃be] **I** *v/t* **1.** *volaille* (ab)sengen; *cheveux* absengen; *aiguille etc* ausglühen; (kurz) in, über e-e Flamme halten; **2.** CUIS flam'bieren; **II** *v/i* **3.** *feu* (hell auf)lodern; aufflammen; *bois sec, paille* aufflammen; lichterloh brennen; in Flammen aufgehen; **4.** F *joueur* sehr hoch, mit hohem Einsatz spielen
flambeur [flɑ̃bœr] F *m* Spieler, der hohe Einsätze wagt
flamboiement [flɑ̃bwamɑ̃] *m des flammes* Flammenschein *m*; heller Schein; *du soleil* heller Glanz
flamboyant [flɑ̃bwajɑ̃] *adj* **1.** flammend; *épée etc* (in der Sonne) (auf)blitzend; funkelnd; **2.** *fig regard ~* (*de colère, de haine*) flackernd, funkelnd, lodernd (vor Zorn, Haß); **3.** ARCH spätgotisch; im Flambo'yantstil; *gothique m ~* Spätgotik *f*; Flamboy'ant(stil) *n(m)*
flamboyer [flɑ̃bwaje] *v/i* ⟨*-oi-*⟩ **1.** *feu* aufflammen; (auf)lodern; **2.** *métal au soleil* (auf)blitzen; funkeln; **3.** *fig yeux: de haine etc* flackern; lodern
flamenco [flamɛnko] *m* MUS Fla'menco *m*
flamingant [flamɛ̃gɑ̃] **I** *adj* flämischsprechend; **II** *m* Anhänger *m* der flämischen Autono'miebewegung
flamme [flam, flɑm] *f* **1.** Flamme *f*; F *fig descendre qn en ~s* j-n scharf kriti'sieren; F j-n her'unterreißen; *être dévoré de ~s* ver-, ab-, niederbrennen; *être en ~s* in Flammen stehen; (lichterloh) brennen; *jeter des ~s* aufflammen; (auf)lodern; *passer à la ~* (kurz) in, über die Flamme halten; *aiguille* ausglühen; *avion tomber en ~s* brennend abstürzen; **2.** *fig* **a)** *du regard, de l'enthousiasme etc* Feuer *n*; Glut *f*; (*parler*) *avec ~* feurig, mit Feuer (sprechen); *orateur etc plein de ~* feurig, leidenschaftlich; *être tout feu tout ~ pour qc* für etw Feuer und Flamme sein; **b)** *litt déclarer sa ~* e-e Liebeserklärung machen; **3.** POSTES Ma'schinenwerbestempel *m*
flammé [flame] *adj* geflammt
flammèche [flamɛʃ] *f* brennendes, glühendes Teilchen *n*; Funke(n) *m*; *~s pl a* Funkenflug *m*
flan [flɑ̃] *m* **1.** CUIS Pudding *m*; **2.** F *c'est du ~* das ist Quatsch; **3.** F *au ~* auf gut Glück; *cf a* **rond** *III 1.*
flanc [flɑ̃] *m des hommes, des animaux* Seite *f*; Weiche *f*; *des animaux, etc* Flanke *f*; *d'une montagne* Flanke *f*; (Ab)Hang *m*; Seite *f*; (Berg)Lehne *f*; *d'un bateau* Seite *f*; *à ~ de coteau* am Hang e-s Hügels; F *fig être sur le ~*

erschöpft, F erschlagen, (ganz) ka'putt sein; *prêter le ~* **a)** MIL die Flanke ungedeckt lassen; **b)** *fig* e-e Angriffsfläche bieten (*à la critique* der Kritik); F *fig tirer au ~* sich (von, vor der Arbeit) drücken; faulenzen; F sich auf die faule Haut legen; *cf a* **battre** *8.*
flancher [flɑ̃ʃe] *v/i* F *personne* e-n Rückzieher machen; F kneifen; 'umfallen; schwach werden; *cœur* F streiken; nicht mehr mitmachen; *moral* schwanken; nachlassen; *ce n'est pas le moment de ~!* dies ist nicht der Moment aufzugeben!
flanchet [flɑ̃ʃɛ] *m du bœuf, du veau* Dünnung *f*; Bauchlappen *m*
Flandre [flɑ̃dr(ə)] *la ~ ou les ~s f/pl* Flandern *n*
flandrin [flɑ̃drɛ̃] *m grand ~* großer, schlaksiger Bursche; F (langer) Lulatsch
flanelle [flanɛl] *f* TEXT Fla'nell *m*
flân|er [flane] *v/i* (um'her)schlendern; fla'nieren; F bummeln; *~erie f* (Um'her)Schlendern *n*; F Bummeln *n*; (*promenade*) F Bummel *m*; *~eur m*, *~euse f* Spa'ziergänger(in) *m(f)*
flanquer[1] [flɑ̃ke] *v/t personne*, ARCH flan'kieren; *p/p flanqué de* flankiert von
flanquer[2] [flɑ̃ke] F **I** *v/t* **1.** (*jeter*) werfen; F schmeißen; *~ qn à la porte, dehors* F j-n vor die Tür *ou* an die Luft setzen, rauswerfen, rausschmeißen, feuern; *vaisselle etc ~ par terre* F runterwerfen, -schmeißen; *fig ça flanque tout par terre!* F das wirft, schmeißt alles über den Haufen!; **2.** (*donner*) geben; *une gifle etc* versetzen; F verpassen; *~ la frousse à qn* F j-m e-e Heidenangst einjagen; *~ une volée*, F *une raclée etc à qn* j-n verprügeln, verhauen, F verdreschen, versohlen, verbimsen, verbleuen, vertrimmen, verwichsen, vermöbeln; F j-m e-e tüchtige Abreibung geben, das Fell gerben, die Hucke voll hauen, ein paar 'überziehen; *cf a* **gifle** *1.*; **II** *v/pr se ~ par terre* hinschlagen, -fallen
flapi [flapi] *adj* F ka'putt; fertig; erledigt; hunde-, todmüde
flaque [flak] *f* (Wasser)Pfütze *f*, (-)Lache *f*
flash [flaʃ] *m* ⟨*pl ~es* [flaʃ]⟩ **1.** PHOT **a)** *lumière* Blitz(licht) *m(n)*; **b)** *dispositif* Blitzgerät *n*; **2.** CIN Flash [-ɛ-] *m*; **3.** PRESSE, RAD Kurznachrichten *f/pl*; kurze (wichtige) Meldung; *~ publicitaire* Werbespot *m*
flash-back [flaʃbak] *m* ⟨*inv*⟩ CIN Rückblende *f*
flasque[1] [flask] *adj chair, peau* schlaff
flasque[2] [flask] *f* kleine flache Flasche
flatter [flate] **I** *v/t* **1. a)** *personne ~ qn* j-m schmeicheln; F j-m schöntun; *vous me flattez!* Sie schmeicheln (mir)!; **b)** *chose ~ qn* j-m schmeicheln; *être, se sentir flatté* sich geschmeichelt fühlen (*de, par qc* durch etw); **c)** *portrait, coiffure ~ qn* j-m schmeicheln; **2.** *~ les défauts de qn* j-s Fehler (noch) unter'stützen; **3.** *~ l'oreille, les yeux* für das Ohr, Auge angenehm, wohltuend sein; e-e Augenweide sein; *mets ~ le palais* den Gaumen kitzeln; etwas für den Feinschmecker sein; **4.** *animal* streicheln; tätscheln; **II** *v/pr*

se ~ de (+*inf*) sich einbilden, über'zeugt sein, *st/s* sich schmeicheln zu (+*inf*); **sans me ~** ohne mir schmeicheln zu wollen
flatterie [flatʀi] *f* Schmeiche'lei *f*; F Schöntue'rei *f*; *p/fort* Lobhude'lei *f*
flatt|eur [flatœʀ], **~euse I** *m,f* Schmeichler(in) *m(f)*; F Schöntuer(in) *m(f)*; **II** *adj* **1.** *personne*, *propos* schmeichlerisch; F schöntuerisch; **2.** *comparaison, compliment* schmeichelhaft; **3.** *description* schmeichelhaft; beschönigend; zu günstig
flatulence [flatylɑ̃s] *f* MÉD (Darm)Blähung *f*; *sc* Flatu'lenz *f*
flatuosité [flatɥozite] *f* Darmgas *n*, -wind *m*
fléau [fleo] *m* ⟨*pl* ~x⟩ **1.** AGR (Dresch-) Flegel *m*; **2.** *fig de la guerre, de la peste etc* Geißel *f*; Heimsuchung *f*; *de parasites etc* (Land)Plage *f*; F wahre Plage; **3.** *d'une balance* Balken *m*
fléchage [fleʃaʒ] *m d'un parcours* Mar'kierung *f* mit Pfeilen; Pfeilmarkierung *f*
flèche [flɛʃ] *f* **1.** Pfeil *m* (*projectile et indicateur de direction*); *fig*, *a* SPORTS **démarrage en ~** Blitzstart *m*; **partir comme une ~** wie ein Pfeil; pfeilschnell; **dans le sens de la ~** in Pfeilrichtung; *fig* **décocher une ~ contre qn** e-e spitze Bemerkung machen gegenüber j-m; *fig* **faire ~ de tout bois** alle Mittel einsetzen; F alle Minen springen lassen; **monter en ~** a) *avion* steil, im Steilflug aufsteigen, in die Höhe steigen; b) *prix*, *température* in die Höhe schnellen; jäh ansteigen; **2.** *d'une cathédrale* (Turm-)Spitze *f*; **3.** TECH *d'une grue* Ausleger *m*
flécher [fleʃe] *v/t* ⟨-è-⟩ *parcours* mit Pfeilen mar'kieren, kennzeichnen; beschildern
fléchette [fleʃɛt] *f jeu* Wurfpfeil *m*
fléchir [fleʃiʀ] **I** *v/t* **1.** *genoux etc* beugen; **~ le corps en avant, en arrière** den Rumpf vor-, zu'rückbeugen, nach vorn(e), nach hinten beugen; **2.** *fig* ~ **qn** j-n rühren; j-s Herz erweichen; **3.** *adjt* LING **formes fléchies** flek'tierte Formen *f/pl*; **II** *v/i* **4.** *poutre etc* sich ('durch-)biegen; *jambes* weich werden; nachgeben; **5.** *fig personne, détermination* nachlassen; wanken; *courage* da'hinschwinden; *dans ses convictions, sa décision* wankend werden; *devant les prières de qn* nachgeben; sich erweichen, rühren lassen (*devant qc* durch etw); **6.** BOURSE *cours* sich abschwächen; nachgeben; abflauen; *prix* fallen; zu'rückgehen; sinken
fléchissement [fleʃismɑ̃] *m* **1.** *des genoux etc* Beugen *n*; *d'une poutre etc* ('Durch)Biegen *n*; **2.** *fig de sa détermination* Nachlassen *n*; Wanken *n*; Wankendwerden *n*; **3.** BOURSE Abschwächung *f*; Abflauen *n*; Nachgeben *n*; *des prix* Rückgang *m*; Fallen *n*; **~ des cours** nachgebende Kurse *m/pl*; **~ de la production** Produkti'onsrückgang *m*
fléchisseur [fleʃisœʀ] *adj et subst m* ANAT (**muscle**) ~ Beugemuskel *m*; Beuger *m*
flegmatique [flɛgmatik] *adj* gelassen; gleichmütig; *péj* phleg'matisch; **être ~ a** nicht aus der Ruhe zu bringen sein
flegme [flɛgm(ə)] *m* Gelassenheit *f*; Gleichmut *m*; *péj* Phlegma *n*; **faire perdre son ~ à qn** j-n aus der Ruhe bringen

flegmon *cf* **phlegmon**
flemmard [flemaʀ] F **I** *adj* faul; träge; **II** *subst* ~(**e**) *m(f)* Faulenzer(in) *m(f)*; F Faulpelz *m*; Faultier *n*
flemmarder [flemaʀde] F *v/i* faulenzen; F auf der faulen Haut liegen
flemme [flɛm] F *f* Faulheit *f*; Trägheit *f*; **avoir la ~, tirer sa ~** faulenzen; F s-n faulen Tag haben; **avoir la ~ de faire qc** zu faul zu etw sein; zu faul sein, (um) etw zu tun
flétan [fletɑ̃] *m* ZO Heilbutt *m*
flétri¹ [fletri] *adj* **1.** *plante* welk; verwelkt; *fleur a* verblüht; **2.** *fig peau, visage* welk; schlaff; *beauté* verblüht
flétrir¹ [fletʀiʀ] **I** *v/t* **1.** *plante*, *fleur* (ver)welken lassen; verdorren, vertrocknen lassen; **2.** *fig et litt* den Glanz, die Frische nehmen (+*dat*); **II** *v/pr* **se ~ 3.** *fleurs* (ver)welken; verblühen; welk werden; verdorren; vertrocknen; **4.** *beauté* verblühen; *visage* welk, schlaff werden
flétrir² [fletʀiʀ] *v/t le nom, la mémoire de qn* beschmutzen; in den Schmutz ziehen; schänden; beflecken
flétrissure [fletʀisyʀ] *f* **1.** *d'une plante*, *de la peau* Welken *n*; Welksein *n*; *d'une fleur*, *fig de la beauté* Verblühen *n*; **2.** *fig et litt* Schmach *f*; Entehrung *f*
fleur¹ [flœʀ] *f* **1.** BOT **a)** *plante* Blume *f*; **~s de jardin** Gartenblumen *f/pl*; *fig* **~s de rhétorique** poetische Bilder *n/pl*; *péj* schöne Floskeln *f/pl*; *adjt fig* ~ **bleue** ⟨*inv*⟩ sentimen'tal; gefühlvoll; ro'mantisch; *loc/adj* **à ~s** *tissu, papier etc* mit Blumenmuster; geblümt; *chapeau m* **à ~s** blumengeschmückter Hut; *loc/adv* F *fig* **comme une ~** (spielend) leicht; mühelos; als ob nichts dabei wäre; **sur un faire-part ni ~s ni couronnes** von Blumen- und Kranzspenden bitten wir abzusehen; *fig* **couvrir qn de ~s** j-n mit Kompli'menten über'schütten; *fig d'une jeune fille* **être fraîche comme une ~** frisch wie der junge Morgen sein; F *fig* **faire une ~ à qn** j-m sehr entgegenkommen; **on ne lui a pas fait de ~** a ihm ist nichts geschenkt worden; *fig* **jeter des ~s à qn** j-m Kompli'mente machen; **b)** *partie d'une plante* Blüte *f*; **~s d'oranger** O'rangenblüten *f/pl*; **arbre m en ~(s)** blühender Baum; **être en ~(s)** in Blüte stehen; **être tout en ~(s)** in voller Blüte stehen; **2.** *fig* **la (fine) ~ de la jeunesse, de la société etc** die Blüte; die Besten *m/pl*; *de la société a* die Creme, die E'lite; **~ de farine** Auszugsmehl *n*; feinstes Mehl; **mourir à la ~ de l'âge** im blühendsten Alter, in der Blüte des Lebens sterben; **3.** CHIM **~ de soufre** Schwefelblüte *f*, -blume *f*; **4.** *pl* **~s sur le vin, le vinaigre** Kahm(haut) *m(f)*; Schimmel *m*
fleur² [flœʀ] **I** *loc/prép* **à ~ de** etwa auf gleicher Höhe, Ebene mit (+*dat*); an der Oberfläche (+*gén*); **à ~ d'eau** an der Wasseroberfläche; unter der Wasseroberfläche; *fig* **sensibilité f à ~ de peau** 'Überempfindlichkeit *f*; **avoir les nerfs à ~ de peau** über'reizte, 'überempfindliche Nerven haben; **II** *adjt* **cuir m pleine ~** genarbtes Leder
fleurdelisé [flœʀdəlize] *adj drapeau* mit Lilien verziert

fleurer [flœʀe] *v/t et v/i* duften, riechen (*qc* nach etw)
fleuret [flœʀɛ] *m* ESCRIME Flo'rett *n*
fleurette [flœʀɛt] *f* Blümchen *n*; *fig* **conter ~ à une femme** e-r Frau den Hof machen, schöntun; Süßholz raspeln
fleuri [flœʀi] *adj* **a)** *branche, arbre* blühend; *jardin*, *pré* **a** mit Blumen über'sät; voll(er) Blumen; *balcon* blumengeschmückt; **b)** *tissu, papier peint etc* mit Blumenmuster; geblümt; **c)** *fig teint* blühend; frisch; rosig; *style* blumig; bilderreich; **l'empereur à la barbe ~e** Beiname Karls des Großen
fleurir [flœʀiʀ] **I** *v/t* (mit Blumen) schmücken; **II** *v/i* **1.** *plantes* blühen; in (voller) Blüte stehen; **faire ~** zum Blühen bringen; **2.** ⟨*imparfait meist* florissait; *p/pr* florissant⟩ *fig arts etc* e-e Blütezeit, Glanzzeit, e-n Höhepunkt erleben; (er)blühen
fleuriste [flœʀist] *m,f* **a)** *marchand* Blumenhändler(in) *m(f)*; *boutique* Blumengeschäft *n*, -laden *m*; **b)** *métier* Blumenbinder(in) *m(f)*; Flo'rist(in) *m(f)*
fleuron [flœʀɔ̃] *m d'une couronne* stili'sierte Blätter *n/pl* und Blumen *f/pl*; *fig d'une collection etc* **le plus beau ~** (**de la couronne**) das Prunkstück; das beste, wertvollste Stück; das Kleinod
fleuve [flœv] *m* **1.** (großer) Fluß; Strom *m* (*a fig de sang, de larmes, de gens*); **~ de boue** Schlammflut *f*; **~ de lave** Lavastrom *m*; **2.** *fig et adjt article, discours etc* endlos lang; **discours m ~ a** F Marathonrede *f*
flexibilité [flɛksibilite] *f* **1.** *d'une branche etc* Biegsamkeit *f*; TECH *a* Biegbarkeit *f*; **2.** *fig* Flexibili'tät *f*; Anpassungsfähigkeit *f*
flexible [flɛksibl(ə)] **I** *adj* **1.** *branche*, *lame d'acier etc* biegsam; geschmeidig; e'lastisch; TECH *a* biegbar; *matériau* schmiegsam; nachgiebig; **2.** *fig prix*, *emploi etc* fle'xibel; *caractère a* fügsam; anpassungsfähig; **II** *m adjt* biegsame Welle
flexion [flɛksjɔ̃] *f* **1.** TECH ('Durch-) Biegung *f*; **résistance f à la ~** Biegefestigkeit *f*; **2.** *du bras*, *du genou etc* Beugen *n*; (Ab)Biegen *n*; SPORTS **~ des bras, des genoux** Arm-, Kniebeuge *f*; **3.** LING Flexi'on *f*; Beugung *f*
flexionnel [flɛksjɔnɛl] *adj* ⟨*-le*⟩ LING Flexi'ons...; **langues ~les** flek'tierende Sprachen *f/pl*
flibustier [flibystje] *m* HIST Freibeuter *m* (*a fig*)
flic [flik] F *m* Poli'zist *m*; *plais* Ordnungshüter *m*; **~s pl** *a* F Po'lente *f*; *fig* **vingt-deux, voilà les ~s!** Achtung, (es ist) Gefahr im Anzug!
flicaille [flikaj] *f* F *péj* Bullen *m/pl*; Po'lypen *m/pl*
flic flac [flikflak] *int* F pitsch, patsch!; klitsch, klatsch!
flingue [flɛ̃g] *m* F Knarre *f*; Schießprügel *m*
flinguer [flɛ̃ge] F **I** *v/t* ab-, niederknallen; über den Haufen schießen; **II** *v/pr* **se ~** sich erschießen; *fig* **il y a de quoi se ~!** es ist nicht zum Aushalten!
flipper¹ [flipe] F *v/i* **a)** (*être déprimé*) depri'miert, F down [daʊn] sein; **b)** (*paniquer*) F ausflippen; 'durchdrehen
flipper² [flipœʀ] *m* Flipper *m*

fliquer – foi

fliquer [flike] F v/t (poli'zeilich) über'wachen

flirt [flœrt] m **1.** Flirt m (a fig); Liebe'lei f; **2.** personne Schwarm m; Flamme f; ~**er** v/i flirten (a fig)

F.L.N. [ɛfɛlɛn] m abr (Front de libération nationale) Natio'nale Befreiungsfront (im Algerienkrieg)

floc [flɔk] int plumps!

flocon [flɔkɔ̃] m Flocke f; CUIS ~**s d'avoine** Haferflocken f/pl; ~ **de neige** Schneeflocke f; neige **tomber à gros** ~**s** in dicken Flocken fallen

floconneux [flɔkɔnø] adj ⟨-euse⟩ flockig

flonflons [flõflõ] m/pl Klänge m/pl; Geschmetter n

flopée [flɔpe] F f Menge f; Schwarm m; F Haufen m; ~ **d'enfants** Kinderschar f; Haufen Kinder

floraison [flɔrɛzõ] f **1.** Blüte f; Blühen n; époque Blüte(zeit) f; **en pleine** ~ in voller Blüte (stehend); **2.** fig de talents etc Aufblühen n

floral [flɔral] adj ⟨-aux⟩ **1.** Blumen...; **exposition** ~**e** Blumenschau f, -ausstellung f; **2.** BOT Blüten...

floralies [flɔrali] f/pl Blumenschau f, -ausstellung f

flore [flɔr] f Flora f; ~ **alpestre** Alpenflora f; PHYSIOL ~ **intestinale** Darmflora f

Florence [flɔrɑ̃s] **1.** ville Flo'renz n; **2.** f Vorname

florentin [flɔrɑ̃tɛ̃] **I** adj floren'tinisch **II** subst ⟨(e) m(f) Floren'tiner(in) m(f)

florès [flɔrɛs] m litt **faire** ~ Erfolg haben

Floride [flɔrid] **la** ~ Florida n

florilège [flɔrilɛʒ] m Blütenlese f

florin [flɔrɛ̃] m Gulden m

florissait [flɔrisɛ] cf **fleurir** 2.

florissant [flɔrisɑ̃] adj commerce etc blühend; flo'rierend; pays, santé, teint blühend; être ~ blühen; flo'rieren

flot¹ [flo] m **1.** pl ~**s de la mer**, d'un lac, d'un fleuve Flut(en) f(pl); Wellen f/pl; Wogen f/pl; **2.** (courant) Flut f; Strom m; **3.** fig de larmes, de gens etc Flut f; Strom m; de sang Strom m; de lumière, de pensées etc Flut f; Fülle f; de paroles Flut f; Schwall m; ~**s de dentelle** Spitzengeriesel n; ~ **de voitures** Fahrzeugstrom m; loc/adv **à** ~**s** in Strömen; champagne, sang **couler à** ~**s** in Strömen fließen; soleil **entrer à** ~**s** her'einfluten

flot² [flo] loc/adj **mar à** ~ flott; **remettre à** ~ bateau (wieder) flottmachen (a fig entreprise); fig a wieder auf die Beine helfen (qn j-m)

flottage [flɔtaʒ] m Flößen n; Flöße'rei f

flottaison [flɔtɛzõ] f **1.** MAR **ligne f de** ~ Wasserlinie f; **2.** ÉCON cf **flottement** 3.

flottant [flɔtɑ̃] adj **1.** schwimmend; treibend; Schwimm...; Treib...; **ancre** ~**e** Treibanker m; **bois** ~**s** Treibholz n; **glaces** ~**es** Treibeis n; **grue** ~**e** Schwimmkran m; **2.** fig a) vêtement, drapeau, cheveux wallend; wehend; wallend; vêtement a fließend; cheveux a fliegend; nuages schwebend; treibend; ziehend; **brume** ~**e** Nebelschwaden f/pl; **b)** caractère, esprit schwankend; wankelmütig; unsicher; unstet; **c)** MÉD **rein** ~ Wanderniere f; **d)** FIN **capitaux** ~**s** fluktu'ierende Gelder n/pl; Hot money n; **monnaie** ~**e** floatende [ˈflo:-]

Währung; **e)** INFORM **virgule** ~**e** Fließkomma n

flotte [flɔt] f **1.** MAR, AVIAT Flotte f; ~ **aérienne**, **pétrolière** Luft-, Tankerflotte f; ~ **de commerce** Handelsflotte f; **la** ~ **de guerre** ou abs **la** ⚓ die Kriegsflotte f; **2.** F (eau) Wasser n; **il tombe de la** ~ cf **flotter** III

flottement [flɔtmɑ̃] m **1.** (indécision) Unschlüssigkeit f; Unentschlossenheit f; Zögern n; Schwanken n; **2.** TECH des roues etc Flattern n; **3.** ÉCON d'une monnaie Floaten [ˈflo:-] n; Floating n

flotter [flɔte] **I** v/t bois flößen; **II** v/i **1.** objet schwimmen, treiben (**sur l'eau** auf dem Wasser); ~ **à la dérive** abgetrieben werden; **2.** drapeau, vêtement, cheveux flattern; wehen; cheveux a fliegen; brume wallen; wogen; nuages ziehen, treiben; parfum ~ **dans la pièce** im Raum schweben, hängen; sourire ~ **sur ses lèvres** um s-e Lippen spielen; **3.** TECH roues etc flattern; schlagen; **4.** ÉCON floaten [ˈflo:-]; **laisser** ~ **une monnaie** den Wechselkurs e-r Währung freigeben; e-e Währung floaten lassen; **III** v/imp F **ça**, **il flotte** es, das regnet, P schifft, pißt, F p/fort gießt, schüttet

flotteur [flɔtœr] m TECH Schwimmer m

flottille [flɔtij] f Flot'tille f

flou [flu] **I** adj **1.** photo unscharf; verschwommen; dessin weich; zart; robe weich, locker, lose fallend; fließend; coiffure weich fließend; **tout devint** ~ **autour d'elle** alles verschwamm ihr vor den Augen; **2.** fig pensée unklar; unbestimmt; verschwommen; **II** m PHOT Unschärfe f; Verschwommenheit f; d'une coiffure, d'un vêtement weiche, fließende Linie

flouer [flue] F v/t begaunern; F reinlegen

flouse [fluz] m F cf **fric**

fluctuant [flyktɥɑ̃] adj **1.** personne schwankend; unsicher; unbeständig; **2.** prix etc fluktu'ierend; Schwankungen unter'worfen

fluctuation [flyktɥasjõ] f Schwanken n, -ung f; Fluktuati'on f; ~**s de la main--d'œuvre** Fluktuation der Arbeitskräfte; ~**s des prix** Preisschwankungen f/pl; Fluktuation der Preise

fluctuer [flyktɥe] v/i fluktu'ieren

fluet [flɥɛ] adj ⟨~te⟩ personne schmächtig; zart; jambes dünn; dürr; voix zart; schwach

fluide [flɥid, flyid] **I** adj **1.** huile etc (dünn)flüssig; par ext circulation flüssig; **2.** fig style flüssig; **II** m **1.** PHYS flüssiger oder gasförmiger Körper; des ~**s** Flüssigkeiten f/pl und Gase n/pl; ~**s frigorifiques** Kältemittel n/pl; **2.** (rayonnement) Fluidum n; Ausstrahlung f

fluidifier [flɥidifje] v/t verflüssigen; par ext trafic routier flüssig(er) machen

fluidité [flɥidite] f **1.** du sang etc Dünnflüssigkeit f; par ext du trafic Flüssigkeit f; Fließen n; **2.** fig du style Flüssigkeit f

fluor [flyɔr] m CHIM Fluor n

fluorescence [flyɔrɛsɑ̃s] f PHYS Fluores'zenz f

fluorescent [flyɔrɛsɑ̃] adj corps, lumière fluores'zierend; **écran** ~ Leuchtschirm m; **lampe** ~**e**, **tube** ~ Leuchtstofflampe f, -röhre f

flûte [flyt] f **1.** MUS Flöte f; ~ **à bec** Block-, Schnabelflöte f; ~ **de Pan** Panflöte f; **2.** verre Flöte f; ~ **à champagne** Sektkelch m, -glas n; **3.** pain langes dünnes Brot; F **jouer**, **se tirer des** ~**s** F abhauen; verduften; sich verziehen; türmen; **5.** int ~! verflixt!; zu dumm!

flûté [flyte] adj voix hoch; hell; schrill

flûteau [flyto] ou **flûtiau** [flytjo] m ⟨pl ~x⟩ einfache (Hirten)Flöte

flûtiste [flytist] m,f Flö'tist(in) m(f); Flötenspieler(in) m(f), -bläser(in) m(f)

fluvial [flyvjal] adj ⟨-aux⟩ Fluß...; **navigation** ~**e** Flußschiffahrt f; **port** ~ Binnenhafen m

fluviomètre [flyvjɔmɛtʀ(ə)] m Wasserstandsmesser m; Pegel m

flux [fly] m **1.** PHYSIOL Absonderung f; Ausfluß m; ~ **menstruel** Menstruati'onsblutung f; **2.** MAR Flut f; **le** ~ **et le reflux** a) Ebbe f und Flut f; b) fig das Hin und Her; das Auf und Ab; **3.** PHYS et fig de la circulation, de capitaux etc Fluß m; ~ **monétaire** Geldstrom m

fluxion [flyksjõ] f MÉD a) ~ **de poitrine** Lungen- und Rippenfellentzündung f; b) ~ **dentaire** Zahnfleischinfektion f

F.M. [ɛfɛm] f abr (frequency modulation, modulation de fréquence) UKW n (Ultrakurzwelle)

F.M.I. [ɛfɛmi] m abr (Fonds monétaire international) IWF m (Internationaler Währungsfonds)

FNAC ou **F.N.A.C.** [fnak] f abr (Fédération nationale d'achats des cadres) Name e-r (auf Bücher, Phono, Photo spezialisierten) Warenhauskette

F.N.S.E.A. [ɛfɛnɛsəa] f abr (Fédération nationale des syndicats d'exploitations agricoles) Fran'zösischer Bauernverband

F.O. [ɛfo] f abr (Force ouvrière) sozialdemokratisch orientierte frz Gewerkschaft

foc [fɔk] m MAR Fock(segel) f(n)

focal [fɔkal] adj ⟨-aux⟩ OPT Brenn(punkts)...; fo'kal; Fo'kal...; **distance** ~**e** ou subst ~**e** f Brennweite f

focaliser [fɔkalize] v/t **1.** PHYS in e-m Punkt vereinigen; fokus'sieren; **2.** fig attention etc konzen'trieren (**sur** auf +acc)

Foch [fɔʃ] frz Marschall

foehn [føn] m MÉTÉO Föhn m

fœtal [fetal] adj ⟨-aux⟩ MÉD fe'tal; fö'tal

fœtus [fetys] m MÉD Fetus ou Fötus m; humain a Leibesfrucht f

fofolle [fɔfɔl] adj cf **foufou**

foi [fwa] f **1.** Glaube(n) m; Vertrauen n; **bonne** ~ guter Glaube (a JUR); Treu f und Glauben (a JUR); Aufrichtigkeit f; Ehrlichkeit f; **de bonne**, **en toute bonne** ~ in gutem Glauben; gutgläubig; auf Treu und Glauben; bona fide; **être de bonne** ~ gutgläubig sein; **abuser de la bonne** ~ **de qn** j-s guten Glauben, Gutgläubigkeit ausnützen, miß'brauchen; **mauvaise** ~ Böswilligkeit f; Unaufrichtigkeit f; Unehrlichkeit f; JUR böser Glaube; **de mauvaise** ~ böswillig; unaufrichtig; unehrlich; ♦ int **ma** ~ **oui** aber ja; (aber) gewiß; ja, schon; **c'est ma** ~ **vrai!** ist wahr; ♦ personne **digne de** ~ glaubwürdig; loc/adv: **avec la meilleure** ~ **du monde** in der besten Absicht; **sur la** ~ **de qn**, **qc** im Vertrauen auf, im

Glauben an j-n, etw; *sur la ~ des témoins* auf Grund der Zeugenaussagen; *ajouter ~ à qc* e-r Sache *(dat)* Glauben schenken; *avoir ~, une ~ totale en qn* zu j-m Zutrauen, Vertrauen haben; j-m voll und ganz vertrauen; *avoir ~ en l'avenir* an die Zukunft glauben; Vertrauen in die Zukunft haben; JUR *faire ~* maßgebend, verbindlich, au'thentisch sein; *le cachet de la poste fait ~* es gilt das Datum des Poststempels; *mettre sa ~ en qn, qc* auf j-n, etw s-e Hoffnung setzen; **2.** REL Glaube(n) *m*; *avoir la ~* gläubig sein; *avoir la ~ du charbonnier* e-n Köhlerglauben haben; *n'avoir ni ~ ni loi* weder Glauben noch Moral besitzen; *il n'y a que la ~ qui sauve* der Glaube macht selig *(a fig)*; *perdre la ~* den Glauben verlieren *(a fig)*; BIBL *et fig* la ~ *soulève, transporte les montagnes* der Glaube versetzt Berge
foie [fwa] *m* Leber *f*; *~ gras* Gänse- ou Entenleber(pastete) *f*; *~ de veau* Kalbsleber *f*; MÉD *crise f de ~* (akute) Leberbeschwerden *f*|*pl*; P *fig avoir les ~s* P Schiß haben
foin [fwɛ̃] *m* **1.** AGR Heu *n*; MÉD *rhume m des ~s* Heuschnupfen *m*; F *il est bête à manger du ~* F er ist dumm wie Bohnenstroh, strohdumm; *faire les ~s* heuen; Heu machen; **2.** *~ d'artichaut* Arti'schockenbart *m*, -borsten *f*|*pl*; **3.** F Krach *m*; *faire du ~, un ~ du diable* a) F Krach machen; e-n Mordskrach machen; b) *(se fâcher)* Krach schlagen
foirade [fwaʀad] *f* F Pleite *f*; Fi'asko *n*
foire [fwaʀ] *f* **1.** *(exposition)* Messe *f*; Ausstellung *f*; *~ de Lyon* Lyoner Messe; **2.** *(marché)* (Jahr)Markt *m*; *~ aux bestiaux* Viehmarkt *m*; **3.** *(fête foraine)* Volksfest *n*; Kirmes *f*; **4.** F *fig* a) *c'est la ~ ici* f das ist ein Rummel hier; b) *faire la ~* F einen draufmachen; e-e Sause machen; sumpfen
foirer [fwaʀe] *v*/*i* **1.** *vis* über'dreht sein; *fusée* nicht zünden; verpuffen; **2.** F *projet etc* schiefgehen; platzen; **3.** P *(avoir la diarrhée)* P Dünnschiß haben
foireux [fwaʀø] *adj* **I** *(-euse)* F *projet etc* faul; **II** *m* P *(lâche)* P Hosenscheißer *m*
fois [fwa] *f* Mal *n*; a) *avec adj*: *une ~, deux ~, trois ~* einmal, zweimal, dreimal; *aux enchères* zum ersten, zum zweiten, zum dritten; *une autre ~* ein anderes Mal; ein andermal; *une bonne ~, une ~ pour toutes* ein für allemal; *une seule ~* ein einziges Mal; *une ~ par an* einmal jährlich *ou* im Jahr; *une ~ sur deux* jedes zweite Mal; *en une ~* auf einmal; *encore une ~* noch einmal; F noch mal; *pour une ~* (für) einmal; *dans les contes il était une ~ ...* es war einmal ...; *prov* *une ~ n'est pas coutume* einmal ist keinmal *(prov)*; ♦ F *l'autre ~* letzthin; kürzlich; unlängst; *les autres ~* sonst; *cette ~, cette ~-ci, cette ~-là* dieses (eine) Mal; diesmal; *chaque ~* jedesmal; *la dernière ~* das letzte Mal *ou* letztemal; voriges, das vorige Mal; *pour la dernière ~* zum letzten Mal *ou* letztemal; *la première ~* das erste Mal *ou* erstemal; *c'est la première et la dernière ~ que j'y vais* das ist das erste und das letzte Mal, daß ich da hingehe; *la prochaine ~* nächstes, das nächste Mal; *la seule et unique ~* das erste und einzige Mal; ♦ *bien des ~, de nombreuses ~* (sehr) oft; viele Male; F x-mal; *plus d'une ~* mehr als einmal; *cf a maint, plusieurs*; ♦ *on n'a pas besoin de le lui dire deux ~* man braucht es ihm nicht zweimal zu sagen; *je vous ai dit vingt ~, cent ~ de (+inf) ou que ...* ich habe Ihnen schon hundertmal gesagt, daß ...; b) *MULTIPLICATION* mal; *trois ~ quatre (font) douze* drei mal vier ist zwölf; *cent ~ pire* hundertmal schlimmer; *deux ~ plus grand, petit* doppelt, halb so groß; *dix ~ plus* zehnmal soviel; *das Zehnfache*; *trois ~ centenaire* dreihundert Jahre alt; *c'est trois ~ rien* das ist nicht der Rede wert; das ist doch gar nichts; c) *loc/adv*: *à la ~* zu'gleich; gleichzeitig; auf einmal; *ne parlez pas tous à la ~!* redet nicht alle zugleich etc!; *à, par deux ~* zweimal; *y regarder à deux ~* es sich zweimal über'legen; F *des ~* a) *(parfois)* manchmal; mit'unter; b) *(par hasard)* zufällig; viel'leicht; F *non, mais des ~!* was glauben Sie eigentlich!; d) *loc/conj*: *autant de ... que ...* so'oft ...; *à chaque ~, toutes les ~ que ...* jedesmal, immer wenn ...; so'oft ...; F *des ~ que ...* es könnte ja sein, daß ...; viel'leicht ...; *la première ~ que ...* das erste Mal, als *ou* F wo ...; *la prochaine ~ que ...* nächstes, das nächste Mal, wenn ...; *une ~ que ... ou* F einmal, F mal ...; *une ~ qu'il s'est mis qc dans la tête ...* wenn er sich erst mal was in den Kopf gesetzt hat ...; *pour une ~ que j'ai oublié ...* wenn ich einmal ...; *une ~ dans le train, vous pourrez vous reposer* wenn Sie (erst) einmal, F mal im Zug sind ...; *une ~ parti, il s'aperçut que ...* als er (schon) weg war ...
foison [fwazɔ̃] *loc/adv* *à ~* in Hülle und Fülle; in großen, F rauhen Mengen
foisonnant [fwazɔnɑ̃] *adj* *de* reich an (+*dat*); ...reich
foisonnement [fwazɔnmɑ̃] *m* **1.** *des plantes* Wuchern *n*; üppiges Wachstum; **2.** *fig d'idées* ('Über)Fülle *f*
foisonner [fwazɔne] *v*/*i* **1.** *plantes* wuchern; üppig wachsen; *gibier etc* im 'Überfluß vor'handen sein; über'handnehmen; **2.** *~, en* 'überquellen, wimmeln von; 'Überfluß haben an (+*dat*); reich sein an (+*dat*); *~ d'idées* voller Einfälle stecken
fol [fɔl] *adj cf fou*
folâtre [fɔlɑtʀ(ə)] *adj* ausgelassen; lustig; fröhlich
folâtrer [fɔlɑtʀe] *v*/*i* her'umtollen, -toben; sich tummeln
folichon [fɔliʃɔ̃] *adj* (~*ne*) *pas (très) ~* nicht (sehr) erfreulich; gar nicht lustig
folie [fɔli] *f* **1.** MÉD Wahn(sinn) *m*; Irrsinn *m*; Verrücktheit *f*; geistige Um'nachtung *f*; *~ furieuse* Tobsucht *f*; *~ des grandeurs* Größenwahn *m*; *avoir la ~ des grandeurs* größenwahnsinnig sein; *~ de la persécution* Verfolgungswahn *m*; *accès m, coup m de ~* Anfall *m* von Wahnsinn; **2.** *par ext* Torheit *f*; Narrheit *f*; Tollheit *f*; F Verrücktheit *f*; Wahnsinn *m*; Irrsinn *m*; Riesendummheit *f*; *~ de jeunesse* Jugendtorheit *f*; *aimer qn à la ~* j-n bis zum Wahnsinn, F wahnsinnig lieben; *vous n'aurez pas la ~ de faire ça* Sie werden nicht so töricht sein, das zu tun; *c'est de la (pure) ~, de la ~ furieuse* das ist ja Irrsinn, heller Wahnsinn; F *c'est de la ~ douce* F das ist so e-e Spinne'rei, so ein Spleen [-iː-]; *c'est une vraie ~ en ce moment* das ist zur Zeit ganz große Mode; *faire une ~* a) e-e große Dummheit begehen; b) *dépense excessive* e-e unsinnige Geldausgabe machen; sich in Unkosten stürzen; *s'offrir une petite ~* sich etwas Besonderes leisten; *il a passé l'âge des ~s* er ist über dieses Alter hinaus
folio [fɔljo] *m d'un manuscrit* nume'riertes Blatt
foliole [fɔljɔl] *f* BOT Blättchen *n*
folklo [fɔlklo] *adj* F *abr cf folklorique 2.*
folklore [fɔlklɔʀ] *m* **1.** Folk'lore *f*; *science a* Volkskunde *f*; **2.** F *fig, surtout péj* (Affen)The'ater *n*; (reine) Schau
folklorique [fɔlklɔʀik] *adj* **1.** folklo'ristisch; volkskundlich; Volks...; *costume m ~* Tracht *f*; *danse f ~* Volkstanz *m*; **2.** F *fig, surtout péj* (ein bißchen) komisch, bi'zarr, F spinnig
folle [fɔl] *adj cf fou*
follement [fɔlmɑ̃] *adv* sehr; F irrsinnig; wahnsinnig; *être ~ amoureux* F (un-)sterblich, wahnsinnig, bis über die Ohren verliebt sein
follet [fɔlɛ] *adj* ‹-*te*› **1.** *feu ~* Irrlicht *n*; **2.** *poil ~ des jeunes gens* (erster) Flaum *(a des poussins etc)*; Flaumbart *m*
follicul|**e** [fɔlikyl] *m* **1.** BOT Samenhülle *f*; **2.** ANAT, PHYSIOL Fol'likel *m*; *~ine f* Fol'likelhormon *n*
fomenta|**teur** [fɔmɑ̃tatœʀ] *m*, *~trice f* Anstifter(in) *m(f)*; Aufwiegler(in) *m(f)*
fomenter [fɔmɑ̃te] *v*/*t discorde, troubles* stiften; *conspiration, révolte* anzetteln; *haine* schüren
foncé [fɔ̃se] *adj couleur, peau* dunkel; *rouge ~* ‹*inv*› dunkel-, tiefrot
foncer [fɔ̃se] ‹-ç-› **I** *v*/*t* **1.** CUIS *moule* mit Teig be-, auslegen; *casserole* mit Speckscheiben und Gemüse auslegen; **2.** *couleur* dunkler machen; *cheveux* dunkler färben; **II** *v*/*i* **3.** *tableau, bois* nachdunkeln; *cheveux* dunkler werden; **4.** *~ sur qn* sich auf j-n stürzen; über j-n herfallen; auf j-n losgehen; **5.** *(en) voiture* F (da'hin)rasen, (-)sausen; *a pour terminer* ein hohes Tempo vorlegen; *~ à cent à l'heure dans les virages* F mit hundert Sachen in die Kurve gehen
fonceur [fɔ̃sœʀ] *m* Draufgänger *m*
foncier [fɔ̃sje] *adj* ‹-ière› **1.** Grund..., Boden...; *impôt ~ ou subst ~ m* Grundsteuer *f*; *propriétaire ~* Grund-(stücks)-, Landbesitzer *m*, -eigentümer *m*; *propriété foncière* Grundeigentum *n*; Grund-, Landbesitz *m*; Grund *m* und Boden *m*; *spéculation foncière* Bodenspekulation *f*; **2.** *égoïsme, bonté etc* grundlegend; wesensmäßig; *qualités foncières* Grundeigenschaften *f*|*pl*
foncièrement [fɔ̃sjɛʀmɑ̃] *adv* von Grund auf; durch und durch; *honnête ~* grundehrlich
fonction [fɔ̃ksjɔ̃] *f* **1.** *(activité)* Funkti'on *f*; Amt *n*; Tätigkeit *f*; *(poste)* (Dienst)Stellung *f*; Posten *m*; *(obligation)* (Dienst)Obliegenheit *f*; Aufgabe *f*; *~s pl* Amtsgeschäfte *n*|*pl*; *~ publique* öffentlicher Dienst *(a coll)*; Staats-

fonctionnaire – fondre

dienst m; *employé m de la ~ publique* Angestellte(r) m im öffentlichen Dienst; *~ de directeur* Amt, Posten e-s Direktors; *appartement m, voiture f de ~* Dienstwohnung f, -wagen m; *en ~* im Amt; *entrer en ~(s)* sein Amt antreten, über'nehmen; *comité* s-e Tätigkeit aufnehmen; in Funktion treten; *être en ~* im Amt sein; am'tieren; *exercer la ~, les ~s de ...* das Amt, die Funktion e-s ... ausüben; *als ... am'tie*ren; *faire ~ de* a) fun'gieren, tätig sein, (stellvertretend) am'tieren als; b) *choses* dienen als; **2.** *BIOL, TECH, LING etc* Funkti'on f; *PHYSIOL a* Tätigkeit f; *CHIM ~ acide* Säurewirkung f; **3.** *MATH* Funkti'on f; *~ algébrique* algebraische Funktion; **4.** *loc/prép en ~ de* in Abhängigkeit von (+*dat*); entsprechend (+*dat*); je nach (+*dat*); auf Grund von (*ou* +*gén*); in bezug auf (+*acc*); unter Berücksichtigung von (*ou* + *gén*); *en ~ du contenu* in bezug auf den Inhalt; *en ~ du marché* marktgerecht; *agir en ~ de ses intérêts* in s-m (eigenen) Interesse handeln; *considérer qc en ~ de qc* etw im Zusammenhang mit etw sehen; *être ~ de qc* von etw abhängen; e-e Funktion von etw sein
fonctionnaire [fõksjɔnɛR] *m,f* Beamte(r) m, Beamtin f; *~s pl a* Beamtenschaft f; *'haut ~* hoher Beamter
fonctionnalisme [fõksjɔnalism(ə)] m *ARCH* Funktiona'lismus m
fonctionnar|iser [fõksjɔnaRize] **I** *v/t* verbe'amten; den Beamten gleichstellen; **II** *v/pr se ~* verbürokrati'sieren; *~isme* m *péj* Bürokra'tie f
fonctionnel [fõksjɔnɛl] *adj* ⟨~le⟩ **1.** funktio'nell (*a BIOL, CHIM*); funktio'nal (*a LING*); *MÉD troubles ~s* Funkti'onsstörungen f/pl; funktionelle Erkrankungen f/pl; **2.** (*pratique*) zweckentsprechend, -mäßig; funktio'nell; funktio'nal; *subst le ~* das Zweckmäßige
fonctionnement [fõksjɔnmã] *m* Funktio'nieren n; Arbeiten n; *d'une machine a* Lauf m; *d'une institution a* Betrieb m; *~ d'une entreprise* Betriebsablauf m; (*mode m de*) *~* Arbeitsweise f; *en état de bon ~* funkti'onsfähig, -tüchtig
fonctionner [fõksjɔne] *v/i machine, entreprise, organisation* funktio'nieren; arbeiten; *machine, appareil a* laufen; *organe* arbeiten; s-e Funkti'on erfüllen; *faire ~* in Gang setzen, bringen; bedienen; betätigen
fond [fõ] *m* **1.** *d'un récipient, d'un violon* Boden m; *d'un lac etc* Grund m; *d'une vallée, MINES* Sohle f; *d'une pièce* 'Hintergrund m; entlegenster, hinterster Teil; *d'un bateau* Bauch m; Bilge f; *par ext* Unterste(s) n; Tiefste(s) n; Tiefe f; *abs* Meeresboden m, -grund m; ♦ *grands ~s* Tiefsee f; *d'artichaut* Arti'schockenboden m; *~ de culotte* Hosenboden m; *COUT a* Gesäß(partie) n(f); *user ses ~s de culotte sur les bancs de l'école* die Schulbank drükken; *~ de la mer* Meeresboden m, -grund m; *ANAT ~ de l'œil* Augenhintergrund m; *~ de la vallée* Talsohle f, -grund m; *chambre f du ~* hinteres Zimmer; *mineur m de ~* Unter'tagearbeiter m; ♦ *loc/adv au ~* hinten *ou* unten, *MINES* unter Tage; *être assis au ~ dans une salle etc* hinten, dans une

voiture a im Fond sitzen; *loc/prép au ~ de* im Inner(e)n, Innersten, Hintergrund (+*gén*); (ganz, weit) unten *ou* hinten in (+*dat*); *au ~ de l'armoire* ganz unten, hinten im Schrank; *au ~ des bois, de l'eau* tief im Wald, im Wasser; *au ~ du couloir* am Ende des Ganges; hinten im Gang; *au ~ de ma poche* ganz unten in meiner Tasche; *au ~, dans le ~ d'un récipient* auf dem Boden, Grund e-s Gefäßes; unten in e-m Gefäß; *au ~ de la salle* hinten im Saal; *au ~ de la voiture* hinten im Auto; im Fond des Wagens; *regarder qn au ~ des yeux* j-m prüfend, 'durchdringend in die Augen sehen; *dans le ~ de la gorge* hinten im Hals; *loc/adv ~ en comble* [-fõtã-] a) von oben bis unten; b) *fig* von Grund auf *ou* aus; grundlegend; ganz und gar; völlig; ♦ *il n'y a pas assez de ~ pour plonger* es ist nicht tief genug zum Tauchen; *toucher le ~ bateau* Grundberührung haben; auf Grund geraten, stoßen; *personne* Grund haben; stehen können; **2.** *par ext dans une bouteille, un verre* Bodensatz m; Rest m; *il en reste un ~* es bleibt ein Rest, ein wenig, ein bißchen (davon) übrig; **3.** *en peinture etc* 'Untergrund m; *TEXT d'un tissu à motifs* Grund m; Fond m; *d'un tableau* 'Hintergrund m; *CIN, RAD, TV ~ sonore* musi'kalische, a'kustische Unter'malung; Geräuschkulisse f; akustischer Hintergrund; *~ de robe* 'Unterrock m, -kleid n; *~ de teint* Make-up [me:k'ap] m f; *bruit m de ~* Geräusch n, Lärm m im Hintergrund; *vert sur ~ rouge* grün auf rotem Grund; *se découper, se détacher sur un ~ sombre* sich von e-m dunklen (Hinter)Grund abheben; F *le ~ de l'air est frais* die Luft selber ist kühl; **4.** *fig* Grund(lage) m(f); Kern m; Wesen n; Wesentliche(s) n; Eigentliche(s) n; Innerste(s) n; Tiefste(s) n; *d'un poème etc* Inhalt m; Gehalt m; *le ~ du problème* der Kern des Problems; *article m de ~* Leitartikel m; ♦ *loc/adv: à ~* gründlich; von Grund auf; eingehend; durch und durch; *connaître qc à ~* etw sehr genau, von Grund auf kennen; *étudier qc à ~* etw gründlich studieren; *pousser une idée à ~* e-n Gedanken zu Ende denken; *respirer à ~* tief 'durchatmen; *je vous soutiendrai à ~* ich werde Sie in allem, voll und ganz unter'stützen; *visser à ~* festschrauben; ganz hineinschrauben; *à ~ de train* im Eiltempo; blitzschnell; *au ~, dans le ~* im Grunde (genommen); eigentlich; *au ~, il a raison* im Grunde (genommen), eigentlich hat er recht; *au ~ de son cœur* im Grunde s-s Herzens; *au ~, jusqu'au ~ du cœur* zu-'tiefst; bis ins Innerste; *du ~ du cœur* von (ganzem) Herzen; aus ganzem, tiefstem Herzen; aus Herzensgrund; ♦ *aller au ~ des choses* den Dingen auf den Grund gehen; *avoir un bon ~* e-n guten Kern, Cha'rakter haben; *avoir un ~ d'honnêteté* im Grunde ein ehrlicher Mensch sein; *confier le ~ de sa pensée à qn* j-m s-e geheimsten Gedanken anvertrauen; *découvrir le ~ de son cœur* sein Innerstes offenbaren; *toucher au ~ du désespoir* zu'tiefst verzweifelt sein; *toucher au ~ de la*

misère in tiefste *ou* bitterste Not geraten; **5.** (*course f de*) *~ ATHLÉTISME* Langstreckenlauf m; *SKI* (Ski)Langlauf m; *cf a ski* 2.
fondamental [fõdamãtal] *adj* ⟨-aux⟩ **1.** grundlegend; fundamen'tal; wesentlich; Grund...; Haupt...; *idée ~e* Grundgedanke m; *mépris ~e* tiefe Verachtung; *question ~e* Grundfrage f; *recherche ~e* Grundlagenforschung f; *vocabulaire ~* Grundwortschatz m; **2.** *MUS accords fondamentaux* Grundakkorde m/pl
fondamentalement [fõdamãtalmã] *adv* grundlegend; von Grund auf; ganz und gar; *~ opposé* grundverschieden
fondant [fõdã] **I** *adj* **1.** *glace* schmelzend; tauend; **2.** *dans la bouche* im Mund(e) zergehend; *poire a* weich und saftig; *bonbon ~* Fon'dant m *ou* n; **II** m *MÉTALL* Schmelz-, Flußmittel n
fonda|teur [fõdatœR] m, *~trice* f (Be-)Gründer(in) m(f); *d'une œuvre de bienfaisance, d'un prix* Stifter(in) m(f); *adjt membre fondateur* Gründungsmitglied n
fondation [fõdasjõ] f **1.** *CONSTR ~s pl* Funda'ment(e) n(pl); Grundmauern f/pl; 'Unterbau m; *schweiz* Fundati'on f; *faire, jeter les ~s* das Fundament legen; das Fundament, die Grundmauern errichten; **2.** *d'une ville, d'un parti etc* (Be)Gründung f; **3.** *d'une œuvre de bienfaisance, d'un prix etc* Stiftung f (*a établissement*)
fondé [fõde] **I** *adj reproche, critique etc* begründet; berechtigt; gerechtfertigt; fun'diert; *opinion* begründet; *bien, mal ~* wohlbegründet, schlecht *ou* unzureichend begründet; *non ~* nicht gerechtfertigt *etc*; ungerechtfertigt, unbegründet; **II** *subst ~(e) m(f) de pouvoir(s) JUR, COMM* (Handlungs)Bevollmächtigte(r) f(m); Proku'rist(in) m(f)
fondement [fõdmã] *m* **1.** (*base*) Grundlage f; Funda'ment n; *~ juridique* Rechtsgrundlage f; *loc/adj dénué de tout ~, sans ~ rumeur* haltlos; jeder Grundlage entbehrend; *affirmation* unhaltbar; unbegründet; *jeter, poser les ~s de qc* den Grund, das Fundament legen zu etw; die Grundlage(n) schaffen für etw; **2.** F (*derrière*) F Hintern m; (*anus*) After m
fonder [fõde] **I** *v/t* **1.** État, parti, entreprise, famille etc (be)gründen; *prix, œuvre de bienfaisance etc* stiften; *mouvement littéraire etc* (be)gründen; ins Leben rufen; **2.** *fig ~ qc sur qc* etw auf etw (*acc*) gründen; *~ ses espoirs sur qc* s-e Hoffnungen auf etw (*acc*) gründen; *~ de grands espoirs sur qn, qc* große Hoffnungen auf j-n, etw setzen; *~ ses prétentions sur qc* s-e Ansprüche aus etw ableiten; *être fondé sur qc* auf etw (*dat*) beruhen, ba'sieren, fußen; **3.** *personne être fondé à* (+*inf*) Grund haben zu (+*inf*); **II** *v/pr se ~ sur qc chose* sich auf etw (*acc*) stützen, gründen; auf etw (*dat*) fußen; *personne* sich auf etw (*acc*) stützen
fond|erie [fõdRi] f *MÉTALL* Gieße'rei f (*technique et usine*); *~eur* m **1.** *MÉTALL* Gießer m; **2.** *SKI* Langläufer m
fondre [fõdR(ə)] ⟨*cf rendre*⟩ **I** *v/t* **1.** *métal, cire etc* schmelzen; (*vieux*) *métaux a* einschmelzen; **2.** *FONDERIE statue etc*

gießen; **3.** *fig* (*mélanger*) verschmelzen, vereinigen (*avec*, *dans qc* mit etw); *couleurs* inein'ander 'übergehen, verschmelzen lassen; **II** *v/i* **4.** *glace*, *neige* (ab-, weg)schmelzen; (weg)tauen; *couche de glace* auftauen; *métal* schmelzen (*à ... degrés* bei ... Grad); *glaçon*, *sucre* sich auflösen; zergehen; ~ *dans la bouche* auf der Zunge, im Mund(e) zergehen; *fig* ~ *en larmes* in Tränen zerfließen, ausbrechen; (ganz) in Tränen aufgelöst sein; *faire* ~ zum Schmelzen bringen; *glace a* ~ auftauen; *CUIS beurre etc* zerlassen; zergehen lassen; *laisser* ~ zergehen, sich auflösen lassen; **5.** *fig argent etc* zu'sammenschmelzen; (da'hin)schwinden; *personne* (*maigrir*) abnehmen; abmagern; dünner werden; **6.** ~ *sur* (los)stürzen, sich stürzen auf (+*acc*); *malheur* her'einbrechen über (+*acc*); **III** *v/pr se* ~ **7.** (*se réunir*) verschmelzen; sich vereinigen; *se* ~ *dans* aufgehen in (+*dat*); **8.** (*disparaître*) verschwinden, 'untertauchen (*dans* in +*dat*)

fondrière [fõdRijɛR] *f* Schlamm-, Wasserloch *n*

fonds [fõ] *m* **1.** *pl* Geld(er) *n*(*pl*); Kapi-'tal *n*; *sg* Fonds *m*; ~ *commun de placement* Sammelanlagefonds *m*; ⚥ *monétaire international* (*abr* F.M.I.) Internationaler Währungsfonds (*abr* IWF); ⚥ *national de solidarité* (*abr* F.N.S.) staatlicher Hilfsfonds in Frankreich; ~ *propres* Eigenkapital *n*; ~ *publics*, *d'État* a) Staatsgelder *n*/*pl*; öffentliche Mittel *n*/*pl*; Gelder der öffentlichen Hand; b) *titres* Staatspapiere *n*/*pl*; ~ *secret* Geheim-, Rep'tilienfonds *m*; ~ *de roulement* Betriebskapital *n*; 'Umlaufvermögen *n*; *loc*/*adv* *à* ~ *perdu* ohne Aussicht auf Gegenleistung oder Rückerhalt; auf Verlustkonto; *subvention* verlorren; F *être en* ~ F (gut) bei Kasse sein; **2.** ~ *de commerce* (Handels)Geschäft *n*; **3.** *fig* Schatz *m*; Materi'al *n*; Ausstattung *f*; *d'une bibliothèque etc* Bestand *m*; *de tableaux etc* Stiftung *f*

fondu [fõdy] **I** *adj* **1.** geschmolzen; *beurre*, *graisse* zerlassen; *fromage* ~ Schmelzkäse *m*; *neige* ~*e* Schneeregen *m*; **2.** *teintes* inein'ander 'übergehend; verfließend; **II** *m* **1.** *CIN* ~ *enchaîné* Über'blendung *f*; *faire un* ~ *enchaîné* über'blenden; **2.** *PEINT* Farbabstufung *f*

fondue [fõdy] *f CUIS* (Käse)Fon'due *f* ou *n*; ~ *bourguignonne* Fleischfondue *f* ou *n*

fongicide [fõʒisid] **I** *adj* fungi'zid; pilztötend; **II** *m* Fungi'zid *n*

font [fõ] *cf faire*

fontaine [fõtɛn] *f* (Spring)Brunnen *m*; *prov il ne faut jamais dire* «⚥ *je ne boirai pas de ton eau*» man soll niemals „nie" sagen (*prov*)

fontanelle [fõtanɛl] *f ANAT* Fonta'nelle *f*

fonte [fõt] *f* **1.** *des glaces etc* Schmelze *f*; (Ab)Schmelzen *n*; Auftauen *n*; ~ *des neiges* Schneeschmelze *f*; *eaux f*/*pl de* ~ Schmelzwasser *n*; **2.** *MÉTALL* Gießen *n*; Guß *m*; *VERRERIE* Schmelze(n) *f*(*n*); **3.** *fer* Guß-, Roheisen *n*; *loc*/*adj* *en* ~ gußeisern; aus Gußeisen

fonts [fõ] *m*/*pl* ~ *baptismaux* Taufbecken *n*, -stein *m*; *tenir un enfant sur les* ~ *baptismaux* ein Kind aus der Taufe heben, über die Taufe halten

foot [fut] *m* F *cf football*

football [futbol] *m SPORTS* Fußball *m*; ~ *américain* (A'merican) Football ['futbɔːl] *m*; *championnat m*, *terrain m de* ~ Fußballmeisterschaft *f*, -platz *m*; *jouer au* ~ Fußball spielen

football|eur [futbolœR] *m*, **~euse** *f* Fußballspieler(in) *m*(*f*); F Fußballer(in) *m*(*f*)

footing [futiŋ] *m* Fußmarsch *m*; *a* Jogging ['dʒɔ-] *n*; *dans la forêt* Waldlauf *m*

for [fɔR] *m loc en*, *dans mon*, *son etc* ~ *intérieur* im Innersten

forage [fɔRaʒ] *m TECH*: *d'une pièce* (Aus)Bohren *n*; *d'un puits* Bohrung *f*

forain [fɔRɛ̃] **I** *adj* Jahrmarkts...; *fête* ~*e* Volksfest *n*; Jahrmarkt *m*; Kirmes *f*; *marchand* ~ Jahrmarktshändler *m*; fliegender, ambu'lanter Händler; **II** *m* Schausteller *m*; Budenbesitzer *m*

forban [fɔRbɑ̃] *m* **1.** *HIST* Freibeuter *m* (*a fig*); **2.** *fig* Schuft *m*; Schurke *m*

forçage [fɔRsaʒ] *m* **1.** *CH* Hetzen *n*; **2.** *AGR* Treiben *n*; Frühkultur *f*

forçat [fɔRsa] *m* **1.** *HIST* Ga'leeren-, Bagnosträfling *m*; **2.** (*condamné aux travaux forcés*) Zuchthäusler *m*; Zwangsarbeiter *m*; **3.** *fig*: *travail m de* ~ Sklaven-, Fronarbeit *f*; *travailler comme un* ~ arbeiten wie ein Pferd; F schuften

force¹ [fɔRs] *f* **1.** Kraft *f*; Stärke *f*; ♦ *PHYS* ~ *motrice* Trieb-, Antriebskraft *f*; ~ *physique* Körperkraft; *PHILOS* ~ *vitale* Lebenskraft *f*; ~ *d'âme* seelische Kraft, Stärke *f*; Seelenstärke *f*; *PHYS* ~ *d'attraction* Anziehungskraft *f*; ~ *de l'habitude* Macht *f* der Gewohnheit; ~ *de loi* Gesetzeskraft *f*; ~*s de la nature* Na'turkräfte *f*/*pl*; *fig personne être une* ~ *de la nature* voller Vitalität sein; e-e Bärennatur haben; ~ *du vent* Windstärke *f*; *tour m de* ~ Kunststück *n*; Glanzleistung *f*; *travail m*, *travailleur m de* ~ Schwerarbeit *f*, -arbeiter *m*; ♦ *loc*/*adv*: *à* ~*s égales* mit gleichen Kräften; in gleicher Stärke; *à la* ~ *du poignet* aus eigener Kraft; *à bout de*, *sans* ~ kraftlos; völlig erschöpft; *être à bout de* ~ mit s-r Kraft am Ende sein; *dans la* ~ *de l'âge* in den besten Jahren; *homme à la* ~ *de l'âge* in den besten Mannesalter; *dans toute la* ~ *du terme* im wahrsten Sinne des Wortes; in des Wortes wahrster Bedeutung; im vollen Wortsinn; *loc*/*adj de première* ~ erstklassig; ausgezeichnet; Spitzen...; *loc*/*adv*: *de toutes mes*, *ses etc* ~*s* aus Leibeskräften; mit aller Kraft; *en* ~ a) mit (viel) Kraft (-aufwand); b) *cf 3.*; ♦ *loc*/*prép à* ~ *de* mit, durch viel(es) (+*subst*); *à* ~ *de patience*, *il a réussi* mit viel Geduld; *à* ~ *de chercher*, *il finira par trouver* durch vieles Suchen, wenn er lange genug sucht; *abs à* ~ durch ständiges Bemühen; ♦ *avoir de la* ~ Kraft haben; kräftig, stark sein; *ne plus avoir la* ~ *de marcher* zu kraftlos, schwach sein zum Gehen; *être de* ~ *égale*, *être de la même* ~ gleich stark, kräftig sein; *SPORTS* gleich gut sein, spielen *etc*; *ce travail est au-dessus de ses* ~ diese Arbeit geht über s-e Kräfte, über'fordert ihn; *être de* ~ *à faire qc* zu etw fähig, geeignet sein; fähig sein, etw zu tun; *exiger qc avec* ~ etw nachdrücklich, mit Nachdruck fordern; *s'exprimer avec* ~ e-n kraftvollen Stil schreiben; sich drastisch ausdrücken; *ce qui fait sa* ~, *c'est* ... s-e Stärke ist ...; *MAR faire* ~ *de rames* aus Leibeskräften *ou* mit aller Kraft rudern; *ne pas*, *plus sentir sa* ~ nicht merken, wie stark man ist; **2.** (*contrainte*) Zwang *m*; Gewalt *f*; ~ *majeure* höhere Gewalt; *c'est un cas de* ~ *majeure* hier liegt höhere Gewalt vor; ~ *des choses* Zwangsläufigkeit *f*; Notwendigkeit *f*; *par la* ~ *des choses* zwangsläufig; unter dem Zwang der Verhältnisse; ♦ *loc*/*adv*: *à toute* ~ unbedingt; mit aller Gewalt; *avec* ~, *de* ~, *par* (*la*) ~ mit Gewalt; gewaltsam; *de*, *par* ~ zwangsweise; *faire entrer de* ~ *qc dans qc* etw in etw (*acc*) hineinzwängen; etw mit Gewalt in etw (*acc*) hineinstecken, -pressen; *accepter par* ~ gezwungenermaßen, notgedrungen zustimmen; ♦ *employer la* ~, *recourir à la* ~ Zwang, Gewalt anwenden; *st*/*s lui fut de* (+*inf*) er mußte (+*inf*); *loc la* ~ *prime le droit* Gewalt geht vor Recht; **3.** *surtout pl* ~ *MIL* Streitkräfte *f*/*pl*; ~*s aériennes* Luftwaffe *f*; Luftstreitkräfte *f*/*pl*; ~*s armées* Streitkräfte *f*/*pl*; Streitmacht *f*; ~ *publique* öffentliche Gewalt; Poli'zei *f*; ~ *de frappe* französische A'tomstreitmacht *f*; ~*s de l'ordre* (Ordnungs)Polizei *f*; Ordnungskräfte *f*/*pl*; ~*s de police* Poli'zeikräfte *f*/*pl*, -einheiten *f*/*pl*; *en* ~ a) *MIL* mit starken Kräften; b) *fig* zahlreich; in großer Zahl; **4.** *ÉLECT* Strom *m*; Elektri'zität *f*; **5.** ⚥ *ouvrière* sozialdemokratisch orientierte frz Gewerkschaft

force² [fɔRs] *litt adv* viel(e)

forcé [fɔRse] *adj* **1.** (*imposé*) erzwungen; Zwangs...; *AVIAT atterrissage* ~ Notlandung *f*; *faire un atterrissage* ~ notlanden; *FIN cours* ~ Zwangskurs *m*; *MIL marche* ~*e* Gewalt-, Eilmarsch *m*; *vente* ~ Zwangs-, Notverkauf *m*; *prendre un bain* ~ ein unfreiwilliges Bad nehmen; **2.** *sourire etc* gezwungen; для'ciert; unnatürlich; **3.** *conséquence* zwangsläufig; unvermeidlich; F *il perdra*, *c'est* ~ er verliert auf jeden Fall, F garantiert, das ist ganz klar

forcement [fɔRsəmɑ̃] *m d'une serrure* Aufbrechen *n*; *d'un passage* Erzwingung *f*

forcément [fɔRsemɑ̃] *adv* zwangsläufig; notwendigerweise; notgedrungen; *pas* ~ nicht unbedingt

forcené [fɔRsəne] **I** *adj* (*fanatique*) leidenschaftlich; besessen; fa'natisch; *travail* ~ zäh; verbissen; **II** *m* Rasende(r) *m*; Tobsüchtige(r) *m*; Besessene(r) *m*; *s'agiter comme un* ~ sich wie toll gebärden; wild um sich schlagen; *crier comme un* ~ wie verrückt, besessen, wie ein Besessener schreien; *travailler comme un* ~ wie besessen arbeiten

forceps [fɔRsɛps] *m MÉD* (Geburts)Zange *f*

forcer [fɔRse] ⟨-ç-⟩ **I** *v*/*t* **1.** *serrure*, *porte* aufbrechen; gewaltsam, mit Gewalt öffnen; sprengen; *coffre-fort à* F knacken; *résistance*, *blocus* brechen; *passage* erzwingen; ~ *un barrage* e-e Polizeisperre durch'brechen; *fig* ~ *la porte de qn* sich gewaltsam, mit Gewalt Zutritt ver-

forcing – formel

schaffen bei *ou* zu j-m; den Zutritt zu j-m erzwingen; **2.** *personne* zwingen; nötigen; Zwang antun, auferlegen (*qn* j-m); ~ *la main à qn* j-n zu etw zwingen, nötigen; j-m s-n Willen aufzwingen; j-m etwas aufdrängen; ~ *qn à (faire) qc* j-n zu etw zwingen; j-n zwingen, etw zu tun; *être forcé de faire qc* gezwungen sein, sich gezwungen sehen zu etw, etw zu tun; etw tun müssen; **3.** *succès* erzwingen; ertrotzen; for'cieren; *admiration, estime* abnötigen; *destin* meistern; bezwingen; **4.** *voix* überfordern; über'anstrengen; *le pas, l'allure* beschleunigen; for'cieren; *gibier* (zu Tode) hetzen; ~ *sa voix à* sich über-'schreien; *MUS* for'cieren; **II** *v/i* sich (bis zum äußersten) anstrengen; sich verausgaben; *il a trop forcé* er hat sich über'anstrengt, zu sehr verausgabt; F *il n'a pas forcé* er hat sich nicht besonders angestrengt; F er hat sich kein Bein ausgerissen; *sans* ~ mühelos; ohne sich besonders anzustrengen; **III** *v/pr se* ~ sich zwingen (*à faire qc* etw zu tun)

forcing [fɔRsiŋ] *m SPORTS* For'cierung *f* des Tempos; F *fig faire le ou du* ~ alle Ener'gie aufbieten; alles dar'ansetzen; aufs Ganze gehen

forcir [fɔRsiR] F *v/i* dicker, kräftiger, stark werden; zunehmen

forer [fɔRe] *v/t TECH* **a)** *objet* (aus)bohren; ein Loch bohren in (+*acc*); **b)** *trou, puits, galerie* bohren

foresterie [fɔREstəRi] *f au Canada* Forstwirtschaft *f*

forestier [fɔREstje] **I** *adj* ⟨-ière⟩ Wald...; Forst...; forstlich; forstwirtschaftlich; *chemin* ~ Waldweg *m*; *ADM* Forstweg *m*; *garde* ~ (Re'vier)Förster *m*; *maison forestière* Forst-, Försterhaus *n*; Förste'rei *f*; *région forestière* Waldgebiet *n*; waldreiche Gegend *f*; **II** *m* Förster *m*; Forstbeamte(r) *m*

foret [fɔRE] *m TECH* Bohrer *m*

forêt [fɔRE] *f* **1.** Wald *m*; Forst *m*; Waldung *f*; ~ *domaniale* Staatsforst *m*; ~ *vierge* Urwald *m*; ~ *de haute futaie* Hochwald *m*; ~ *incendie m de* ~ Waldbrand *m*; **2.** *fig d'antennes, de mâts etc* Wald *m*; Laby'rinth *n*; **3.** *pl les Eaux f/pl et ⁂s* das Forstwesen; *cf a eau 2.*

Forêt-Noire [fɔREnwaR] *la* ~ der Schwarzwald

foreuse [fɔRøz] *f TECH* Bohrmaschine *f*, -gerät *n*

forfait [fɔRfɛ] *m* **1.** (*crime*) Verbrechen *n*; Untat *f*; **2.** *COMM* Pau'schalpreis *m*, -summe *f*; Pau'schale *f*; ~ *vacances* Pauschalurlaub *m*; Urlaubspaket *n*; *voyage m à* ~ Pauschalreise *f*; *acheter qc à* ~ etw zu e-m Pauschalpreis kaufen; **3.** *déclarer* ~ **a)** *SPORTS* s-e Meldung zurückziehen; **b)** *fig* aufgeben; ausscheiden; sich zurückziehen

forfaitaire [fɔRfetɛR] *adj COMM* pau-'schal; Pau'schal...; *estimation f* ~ Pauschalbewertung *f*; Pauscha'lierung *f*; *prix m* ~ Pauschalpreis *m*; Pau'schale *f*

forfaiture [fɔRfetyR] *litt f* Unredlichkeit *f*; Pflichtvergessenheit *f*

forfanterie [fɔRfɑ̃tRi] *f* Prahle'rei *f*; *st/s* Bramarba'sieren *n*

forge [fɔRʒ] *f* **1.** Schmiede *f*; *fig ronfler comme une* ~ fürchterlich schnarchen; F sägen; *souffler comme une* ~ schwer schnaufen, keuchen; **2.** *souvent pl* ~*s MÉTALL* (Eisen)Hütte *f*; Hüttenwerk *n*

forgé [fɔRʒe] *adj* **1.** *métal* geschmiedet; *fer* ~ Schmiedeeisen *n*; *de ou en fer* ~ schmiedeeisern; aus Schmiedeeisen; **2.** *fig histoire* ~ *de toutes pièces* frei, von A bis Z erfunden; völlig aus der Luft gegriffen

forger [fɔRʒe] ⟨-geons⟩ *v/t* **1.** *métal, objet* schmieden; *prov c'est en forgeant qu'on devient forgeron* Übung macht den Meister (*prov*); **2.** *fig expression* bilden; prägen; *projet* schmieden; *se* ~ *une réputation de* ... sich den Ruf e-s ... erwerben

forgeron [fɔRʒəRɔ̃] *m* Schmied *m*

forint [fɔRint] *m monnaie* Forint *m*

formage [fɔRmaʒ] *m TECH* Formen *n*; Formgebung *f*

formaldéhyde [fɔRmaldeid] *m CHIM* Formaldehyd *m*

formaliser [fɔRmalize] **I** *v/t* formali'sieren; systemati'sieren; **II** *v/pr se* ~ sich aufregen (*de* über +*acc*; wegen); Anstoß nehmen, sich stoßen (*an* +*dat*); ungehalten sein (über +*acc*); *il ne se formalise pas pour si peu* er regt sich wegen e-r solchen Kleinigkeit nicht auf

formalisme [fɔRmalism(ə)] *m* Forma-'lismus *m* (*a JUR, ART, PHILOS et péj*); *JUR a* Formgebundenheit *f*; *péj a* 'Überbetonung *f* der Form, des For'malen, der Äußerlichkeiten

formaliste [fɔRmalist] **I** *adj* forma'listisch; *personne* förmlich; for'mell; (zu sehr) auf Formen, Äußerlichkeiten bedacht; **II** *m* Forma'list *m*

formalité [fɔRmalite] *f* **1.** *JUR et par ext* Formali'tät *f*; Formvorschrift *f*; Förmlichkeit *f*; ~*s pl a* For'malien *f/pl*; ~*s administratives* Verwaltungsformalitäten *f/pl*; ~*s d'usage* übliche Formalitäten *f/pl*; *sans autre* ~ ohne weitere Formalitäten; **2.** *sens atténué* Formsache *f*; Formali'tät *f*; *ce n'est qu'une pure, simple* ~ das ist e-e reine, bloße Formsache, Formalität

format [fɔRma] *m* For'mat *n*; Größe *f*; *petit* ~ Kleinformat *n*; (*appareil m photographique de*) *petit* ~ Kleinbildkamera *f*; *en petit* ~ kleinformatig; im Kleinformat; ~ *standard* Standard-, Nor'malformat *n*; ~ *de poche* Taschenformat *n*

formater [fɔRmate] *v/t INFORM* forma-'tieren

formateur [fɔRmatœR] *adj* ⟨-trice⟩ formend; bildend; gestaltend

formation [fɔRmasjɔ̃] *f* **1.** *de nuages, de mots, d'un gouvernement etc* Bildung *f*; *d'une nation, d'un projet* Entstehung *f*; *d'un contrat* Zu'standekommen *n*; *d'un organe* Ausbildung *f*; Entwicklung *f*; *PHYSIOL* (*âge m de la*) ~ Entwicklungsjahre *n/pl*; *mot m de* ~ *récente* Neubildung *f*, -prägung *f*; *être en cours, en voie de* ~ im Entstehen, Werden sein; **2.** *professionnelle* (Aus-)Bildung *f*; Schulung *f*; *intellectuelle* Bildung *f*; ~ *accélérée* Kurzausbildung *f*; ~ *permanente ou continue* Fortbildung *f*; ständige Weiterbildung *f*; ~ *professionnelle* Berufs(aus)bildung *f*; berufliche (Aus)Bildung *f*; ~ *professionnelle des adultes* (*abr F.P.A.*) berufsbezogene Aus- und Weiterbildung für Erwachsene; ~ *des maîtres* Lehrerbildung *f*; *congé m de* ~ Bildungsurlaub *m*; **3.** *MIL* **a)** Formati'on *f*; For'mierung *f*; Aufstellung *f*; ~ *de marche* Marschordnung *f*; *en* ~ *serrée* in geschlossener Formation; **b)** Verband *m*; Pulk *m*; ~ *aérienne, blindée* Flugzeug-, Panzerverband *m*; **4.** *surtout POL* Grup'pierung *f*; **5.** *GÉOL* Formati'on *f*

forme [fɔRm] *f* **1.** Form *f* (*a GR, JUR, MATH, MUS, PHILOS*); Gestalt *f* (*a d'un être humain*); Verfassung *f*; Konditi'on *f*; ~*s pl d'une femme* (Körper)Formen *f/pl*; ~ *poétique* dichterische Form; dichterischer Ausdruck; ~*s rondes* rundliche Gestalt; rundliche Formen; ~ *de civilisation* Kul'turform *f*; ~ *de gouvernement* Re'gierungsform *f*; ~ *de pensée, de vie* Denk-, Lebensform *f*; *LITTÉRATURE* *la* ~ *et le fond* Form und Inhalt *m*; *beauté d'une* ~, *des* ~*s* Formschönheit *f*; Schönheit *f* der Form(en); *PSYCH théorie f de la* ~ Gestalttheorie *f*; ♦ *loc/adv et loc/adj*: *dans les* ~*s* in aller Form; förmlich; *dans les* ~*s prévues* in der vorgesehenen Weise; *de* ~ *constante* formbeständig; *de pure* ~ rein for'mal; *COUT de* ~ *raglan* im Raglanschnitt; *de* ~ *sphérique* kugelförmig; *en* ~ *de* in Form von (*ou* +*gén*); als; ...förmig; ~ *de cœur* herzförmig; *en* ~ *de dialogue* in Dia'logform; in Form e-s Dialogs; *en bonne (et due)* ~ in gehöriger Form; formgerecht; vorschriftsmäßig; ordnungsgemäß; in aller Form; *pour la* ~ for'mell; der Form halber, wegen; um die Form zu wahren; pro forma; zum Schein; *d'une personne sous la* ~ *de* in (der) Gestalt (+*gén*); *d'une chose sous (la)* ~ *de* in Form von; *sous une* ~ *différente* in anderer Form, Gestalt; *la bêtise sous toutes ses* ~*s* die Dummheit in all(en) ihren Erscheinungsformen; *sous (la)* ~ *de comprimés* in Ta'blettenform; als Tabletten; ♦ F *je n'ai pas la* ~ *aujourd'hui* ich bin heute nicht in Form; *donner sa* ~ *à qc* e-r Sache (*dat*) Form geben, verleihen; *donner à sa pensée une* ~ *nouvelle* s-e Gedanken neu formulieren; s-e Gedanken in e-e neue Form kleiden; *vêtement épouser, mouler les* ~*s* die Formen betonen; eng anliegen; körperbetont sein; *cf a épouser 3.*; *SPORTS et fig*: *être en* ~ in Form sein; fit sein; *être dans une* ~ *éblouissante, en grande* ~ in blendender, großer Form sein; *être en pleine* ~ (*pour faire qc*) in Hochform, Topform, Bestform, topfit sein (für etw); F *tenir la* (*grande*) ~ in Hochform sein; *y mettre des* ~*s* sich taktvoll ausdrücken; die Form wahren; *en y mettant des* ~*s* in höflicher Form; taktvoll; schonend; *prendre* ~ (feste) Gestalt, Formen annehmen; **2.** (*moule, modèle*) **a)** *TECH* Form *f*; ~ *à fromage* Käseform *f*; **b)** *TYPO* Druckform *f*; **c)** *pour chaussures* Leisten *m*; **d)** ~ *de modiste* Hutform *f*

formé [fɔRme] *adj fruit etc* ausgebildet; ausgewachsen; entwickelt; *jeune fille* (körperlich voll) entwickelt; ausgereift; *goût* ausgeprägt

formel [fɔRmɛl] *adj* ⟨-le⟩ **1.** *déclaration, interdiction etc* ausdrücklich; nachdrücklich; *ordre a* strikt; streng; *refus*

entschieden; *preuve* unwiderlegbar; eindeutig; **en termes ~s** (ganz) entschieden; mit Bestimmtheit; *personne* **être ~** (s-r Sache) ganz sicher sein; sehr bestimmt sein; **2.** *(de pure forme)* for'mell; förmlich; (rein) äußerlich; **3.** *(relatif à la forme)* for'mal *(a ART, MATH, PHILOS)*
formellement [fɔRmɛlmɑ̃] *adv* **1.** aus-, nachdrücklich; auf das entschiedenste; *interdire qc ~* etw strikt, streng verbieten; *reconnaître qn ~* j-n einwandfrei, ganz sicher erkennen; **2.** *(en considérant la forme)* for'mal; for'mell
former [fɔRme] *I v/t* **1.** bilden; formen; gestalten; *troupes* for'mieren, aufstellen; *train, cortège* zu'sammenstellen; bilden; *pacte* schließen; eingehen; *~ une croûte* e-e Kruste bilden; *par ext ~ le dessein de (+inf)* den Plan fassen zu *(+inf)*; *~ une équipe* e-e Mannschaft aufstellen; ein Team zu'sammenstellen, bilden; *~ un gouvernement* e-e Regierung bilden; *bien ~ ses lettres* s-e Buchstaben malen, sorgfältig schreiben; *~ une phrase* e-n Satz bilden; **2.** *(constituer)* bilden; darstellen; ausmachen; *~ un ensemble, un tout* ein Ganzes bilden; **3.** *esprit, caractère* bilden; formen; *goût, aptitudes* ausbilden; entwickeln; *apprenti, ouvrier, soldat* ausbilden; *spécialistes etc* a her'anbilden; **4.** *JUR plainte* einreichen; anstrengen; erheben; *II v/pr se ~ nuages, croûte, bouchon etc* sich bilden; entstehen; *être vivant* entstehen; *fruits* sich entwickeln, (aus)bilden; *relations, état* sich her'ausbilden; *troupes* sich for'mieren, aufstellen; *convoi* sich for'mieren, bilden; *se ~ en cortège* e-n Zug bilden; sich zu e-m Zug aufstellen, formieren
formica [fɔRmika] *m (nom déposé)* Reso'pal *n (Wz)*
formidable [fɔRmidabl(ə)] *adj* **1.** *nombre, quantité* riesig; gewaltig; ungeheuer; e'norm; *coup, détonation etc* gewaltig; furchtbar; fürchterlich; **2.** F **a)** livre, film etc F toll; Klasse *(inv)*; prima *(inv)*; super *(inv)*; e-e Wucht *(attribut seulement)*; **b)** *iron* **vous êtes ~** F Sie sind gut
formique [fɔRmik] *adj CHIM acide m ~* Ameisensäure *f*
formol [fɔRmɔl] *m CHIM* Forma'lin *n*
Formose [fɔRmoz] *HIST* For'mosa *n*
formulaire [fɔRmylɛR] *m* **1.** *à remplir* Formu'lar *n*; Formblatt *n*; Vordruck *m*; **2.** *(recueil de formules)* Formelsammlung *f*
formulation [fɔRmylasjɔ̃] *f* Formu'lieren *n*, -ung *f*
formule [fɔRmyl] *f* **1.** Formel *f (a MATH, CHIM, pour voiture de course)*; *~ magique* Zauberformel *f*, -spruch *m*; *~ toute faite* (Brief-, Höflichkeits)Floskel *f*; feste Formulierung; floskelhafte Redewendung; Kli'schee *n*; *~ de politesse* Höflichkeitsformel *f*, -floskel *f*; **2.** *par ext* Lösung *f*; Me'thode *f*; Modus *m*; Möglichkeit *f*; Art *f*; Typ *m*; *une nouvelle ~ de vacances* e-e neue Art, die Ferien zu verbringen; *(bonne) ~* e-e (gute) Lösung *etc* finden; **3.** *(formulaire)* Formu'lar *n*; Formblatt *n*; Vordruck *m*
formuler [fɔRmyle] *v/t* **1.** *idée, message* formu'lieren; in Worte fassen; *par écrit* a abfassen; **2.** *vœux, craintes, prière etc* aussprechen; äußern; Ausdruck geben, verleihen *(+dat)*; zum Ausdruck bringen; *accusation, objection* vorbringen; erheben; *~ des réserves* Vorbehalte äußern, anmelden
fornication [fɔRnikasjɔ̃] *f REL ou plais* Unzucht *f*; Hure'rei *f*
forniquer [fɔRnike] *v/i REL ou plais* Unzucht treiben; huren
fors [fɔR] *loc tout est perdu ~ l'honneur* alles ist verloren, nur nicht die Ehre
forsythia [fɔRsisja] *m BOT* For'sythie *f*
fort [fɔR] *I adj* ⟨forte [fɔRt]⟩ **1.** *personne, gouvernement, armée* stark; *personne a* kräftig; kraftvoll; *matériau* stark; haltbar; fest; kräftig; *vent, coup* stark; heftig; kräftig; *voix* kräftig; laut; 'volltönend; *dénivellation* stark; *pluie, fièvre, douleur* stark; heftig; *fièvre a* hoch; *impression, sentiment, accent* stark; *lumière* stark; grell; *odeur, goût, café, tabac, vin* stark; *sauce, moutarde, fromage* scharf; *monnaie* stark; hart; *litt esprit ~* Freigeist *m*; *POL l'homme ~* der starke Mann; *mer ~e* hochgehende See; *place ~e* Festung *f*; *~e tête* Re'bell *m*; aufsässiger Mensch; *loc/adj commando etc ~ de 300 hommes* 300 Mann stark; *loc/adv à plus ~ raison* um so mehr, eher; mit um so größerem Recht; *au sens ~ du mot* im vollen Wortsinn; in des Wortes voller Bedeutung; *il y a de ~es chances pour qu'il échoue* er fällt mit großer Wahrscheinlichkeit durch; *avoir une ~ constitution* kräftig (gebaut) sein; e-e kräftige Konstitution haben; *ça a été plus ~ que moi* das war stärker als ich; ich konnte nicht anders; das über'kam mich; *être ~ de qc* sich stützen können, sich verlassen können, bauen können auf etw *(acc)*; *se faire ~ ⟨inv⟩ de (+inf)* sich anheischig machen zu *(+inf)*; **2.** *(corpulent)* stark *(par euphémisme)*; beleibt; korpu'lent; *femme* 'vollschlank; *poitrine* üppig; voll; *taille, hanche* stark; breit; *~ des 'hanches* mit breiten Hüften; **3.** *(doué, capable)* gut; tüchtig; fähig; *être ~ aux échecs* gut Schach spielen; ein guter Schachspieler sein; *être ~ à un exercice* e-e Übung gut können; *être ~ en anglais, en maths* in Englisch, Mathe (sehr) gut sein; *être ~ sur une question* gut Bescheid wissen in e-r, über e-e Frage; *il a trouvé plus ~ que lui* er hat s-n Meister gefunden; **4.** *somme d'argent* hoch; bedeutend; groß; ansehnlich; *payer le prix ~* den vollen Preis, ziemlich viel bezahlen; **5.** *expression, plaisanterie* stark; gewagt; *iron le plus ~, c'est que ...* das (Aller-)Schönste ist, daß ...; F *elle est ~e, celle-là! ou ça, c'est un peu ~ (de café)! ou c'est trop ~!* das geht zu weit!; F das ist ja allerhand!; das ist ein starkes Stück!; F das ist starker Tobak!; *II adv* **1.** stark; heftig; kräftig; fest; F fig *y aller ~* über'treiben; zu weit gehen; *cœur battre ~* stark, heftig, kräftig schlagen; *crier, parler ~* laut schreien, sprechen; *frapper ~* stark, heftig, laut klopfen; *sentir ~* stark riechen, duften; *serrer ~* fest drücken, pressen, anziehen; *le vent souffle ~* es weht ein heftiger, starker Wind; **2.** *(très, beaucoup)* sehr; äußerst; *~ bien* sehr gut; *il aura ~ à faire* [fɔRtafɛR] *pour me convaincre* es wird schwer für ihn sein *ou* es wird ihm nur schwer gelingen, mich zu über'zeugen; *j'en doute ~* ich zweifle sehr daran; das möchte ich stark bezweifeln; *st/s j'en suis ~ aise* [fɔRtɛz] das freut mich sehr; *III m* **1.** Starke(r) *m*; *autrefois ~ des 'Halles* Lastenträger *m* in den Pariser Markthallen; *un ~ en anglais* ein As *n* in Englisch; *iron ou péj un ~ en thème* ein Musterschüler *m*; **2.** *d'une personne* Stärke *f*; starke Seite *f*; *l'orthographe n'est pas son ~* Rechtschreibung ist nicht s-e Stärke; **3.** *loc/adv au ~ de l'été, de l'hiver* mitten im Sommer, Winter; im Hochsommer, im tiefsten, strengsten Winter; *au plus ~ de la discussion* mitten in, auf dem Höhepunkt der Diskussion; **4.** *MIL* Fort [fo:r] *n*
forte [fɔRte] *adv MUS* forte
fortement [fɔRtəmɑ̃] *adv* stark; fest; sehr; kräftig; *il est ~ question de (+inf ou +subst)* es wird ernstlich erwogen zu *(+inf)*; man denkt ernsthaft an *(+acc)*; *~ marqué contours* klar, scharf um'rissen; *traits du visage* markant; scharf ausgeprägt
forteresse [fɔRtəRɛs] *f MIL* Festung *f*
fortiche [fɔRtiʃ] *adj* F *personne* fähig; tüchtig; sehr gut *(en in +dat)*
fortifiant [fɔRtifjɑ̃] *I adj* kräftigend; stärkend; *II m* **a)** *médicament* Stärkungsmittel *n*; **b)** *aliment* Kraftnahrung *f*
fortification [fɔRtifikasjɔ̃] *f MIL* **a)** *action* Befestigung *f*; **b)** *ouvrages ~s pl* Befestigungsanlagen *f/pl*, -bauten *m/pl*, -werke *n/pl*; Befestigung *f*
fortifier [fɔRtifje] *I v/t* **1. a)** *personne, organisme* kräftigen; stärken; **b)** *fig caractère, âme etc* stärken; **2.** *MIL* befestigen; *adjt ville fortifiée* befestigte Stadt; *II v/pr se ~* sich kräftigen, stärken; kräftiger, stärker werden
fortin [fɔRtɛ̃] *m MIL* kleines Fort [fo:r]
fortissimo [fɔRtisimo] *MUS I adv* for'tissimo; *II m* For'tissimo *n*
fortuit [fɔRtɥi] *adj (par hasard)* zufällig; *(imprévu)* unvorhergesehen; unerwartet
fortuitement [fɔRtɥitmɑ̃] *adv* zufällig(erweise); durch Zufall
fortune [fɔRtyn] *f* **1.** *litt (destin)* Schicksal *n*; Geschick *n*; *MYTH* For'tuna *f*; Glücks-, Schicksalsgöttin *f*; *revers m de la* Schicksalsschlag *m*; *cf a 3.*; *roue f de la* Glücksrad *n (a sur les foires)*; *prov la ~ sourit aux audacieux* wer wagt, gewinnt *(prov)*; **2.** *d'une personne (destinée)* Schicksal *n*; *(chance)* Glück *n*; *d'une œuvre etc* Schicksal *n*; Weg *m*; *avoir la bonne ou l'heureuse, la mauvaise ~ de (+inf)* das große Glück, das Unglück *ou* Pech *ou* 'Mißgeschick haben zu *(+inf)*; *chercher ~* sein Glück suchen, machen wollen; *connaître des ~s diverses* die Höhen und Tiefen, das Auf und Ab des Lebens kennen; gute und schlechte Zeiten kennen; *faire ~* **a)** sein Glück machen; *cf a 3.*; **b)** *expression etc* sich 'durchsetzen; ankommen; Erfolg haben; *faire contre mauvaise ~ bon cœur* gute Miene zum bösen Spiel machen; *inviter qn à manger à la ~ du pot* j-n zum

Essen einladen, ohne feste 'Umstände zu machen; **3.** (*richesses*) Vermögen *n*; **sans ~** unvermögend; mittellos; **avoir, posséder de la ~** vermögend sein; Vermögen haben, besitzen; **avoir connu des revers de ~** sein Vermögen verloren haben; **faire ~** ein Vermögen erwerben; reich werden; *prov* **la ~ vient en dormant** den Seinen gibt's der Herr im Schlaf (*prov*); **4.** *loc/adj* **de ~** behelfsmäßig; Behelfs...; Not...; **éclairage** *m* **de ~** behelfsmäßige Beleuchtung; **solution** *f* **de ~** Notlösung *f*

fortuné [fɔʀtyne] *adj* vermögend; begütert; reich; wohlhabend

forum [fɔʀɔm] *m* **1.** HIST Forum *n*; **2.** Sym'posium *n*; Forum *n*; öffentliche Aussprache

fosse [fos] *f* **1.** Grube *f*; SPORTS Sprunggrube *f*; AUTO Abschmiergrube *f*; **~ aux lions** BIBL Löwengrube *f*; **au zoo** Löwenzwinger *m*; **THÉ ~ d'orchestre** Or'chestergraben *m*, -raum *m*; **2.** (*tombe*) Grab *n*; **~ commune** Massen-, Sammelgrab *n*; **3.** GÉOL **~** (*océanique*) Tiefseegraben *m*; **4.** ANAT Grube *f*; Höhle *f*; *sc* Fossa *f*; **~s nasales** Nasenhöhle *f*

fossé [fose] *m* **1.** Graben *m*; Straßengraben *m*; *voiture* **aller dans le ~** in den Graben fahren; **2.** *fig* Kluft *f*; **il y a un ~ entre nous** es besteht e-e Kluft zwischen uns; **3.** GÉOL **~ d'effondrement** Graben(bruch) *m*

fossette [fɔsɛt] *f* **~** *sur les joues, au menton* Grübchen *n*

fossile [fɔsil] **I** *adj* fos'sil (*a combustibles*); versteinert; urweltlich; **II** *m* **1.** GÉOL Fos'sil *n*; Versteinerung *f*; **2.** *fig et péj* **un vieux ~** F *péj* ein alter Knacker, Trottel

fossilisation [fɔsilizasjɔ̃] *f* Fos'silienbildung *f*

fossiliser [fɔsilize] *v/pr* **se ~** zu Fos'silien werden; versteinern

fossoyeur [foswajœʀ] *m* Totengräber *m* (*a fig*)

fou [fu] **I** *adj* ⟨*m vor Vokal u stummem h* **fol** [fɔl]; *f* **folle** [fɔl]⟩ **1.** MÉD *et fig* irr(e); wahnsinnig; irrsinnig; F verrückt; MÉD *a* geistesgestört; *personne, idée* a töricht; närrisch; *espoir, tentative* sinnlos; töricht; wahnwitzig; *peur* sinnlos; unsinnig; *course, vitesse* rasend; irrsinnig; *chevauchée* wild; *personne a* (*furieux*) rasend; wütend; *amour* ~ leidenschaftliche Liebe; JUR **folle enchère** leichtfertiges Angebot; **folle gaieté** ausgelassene Fröhlichkeit; Ausgelassenheit *f*; *regard* **~** irrer Blick; *tireur* **~** Amokschütze *m*; **devenir ~** irre, F verrückt *etc* werden; den Verstand verlieren; **il y a de quoi devenir ~** F es ist zum Verrücktwerden; **il est complètement ~ ou ~ à lier** F er ist total verrückt, völlig 'übergeschnappt, reif fürs Irrenhaus; F **il n'est pas ~** der weiß schon, was er tut; **il est gai vieux**; **il est à moitié ~** er ist nicht recht bei Verstand, F nicht ganz bei Trost; **être ~ de douleur** fast, halb verrückt, wahnsinnig sein vor Schmerz; **être ~ de colère** vor Wut rasen, außer sich sein; rasend sein vor Zorn; **être ~ de désir** F ein wahnsinniges Verlangen verspüren; **être ~ de joie** außer sich sein vor Freude; F sich wahnsinnig freuen; **il faut être ~ pour** (+*inf*) man muß schön dumm sein, um zu (+*inf*); **il n'est pas assez ~ pour** (+*inf*) er ist nicht so verrückt *ou* dumm, daß er ...; **2. être ~ de qn** in j-n vernarrt, F verschossen, verknallt sein; F nach j-m verrückt sein; an j-m e-n Narren gefressen haben; **être ~ de qc** auf etw (*acc*) ganz versessen, F verrückt sein; in etw (*acc*) ganz vernarrt sein; **être ~ de musique** musikbesessen sein; (*ganz*) versessen sein auf Musik; ein Musiknarr sein; **3.** F (*énorme*) wahn-, irrsinnig; unsinnig; irr(e); e'norm; riesig; *argent* **~** F Heiden-, Schweinegeld *n*; irr(sinnig)es Geld; *prix* **~** F irrsinniger, hor'render Preis; *succès* **~** F toller Erfolg, Bomben-, Riesenerfolg *m*; **avoir un travail ~** F wahnsinnig viel zu tun haben; **il y avait un monde ~** F es waren irr-, wahnsinnig viel Leute da; **c'est ~ ce que c'est cher** F das ist irr-, wahnsinnig, sündhaft teuer; **mettre un temps ~** F irrsinnig lange brauchen. **4.** **a)** TECH lose (auf e-r Achse laufend); beweglich; **b)** *herbes* wild(wachsend); 'widerspenstig; **c)** **avoir une patte folle** F ein Hinkebein, e-n Hinkefuß haben; **II** *subst* **1.** **~, folle** *m,f* MÉD *et fig* Irre(r) *f(m)*; Wahnsinnige(r) *f(m)*; F Verrückte(r) *f(m)*; **~ furieux** Tobsüchtige(r) *m*; **pauvre ~** F armer Irrer; **vieille folle** närrische, F verrückte Alte; *apostrophe* **~** F verrücktes Weibsbild; **~ du volant** F Raser *m*; **maison** *f* **de ~s** Irrenhaus *n* (*a fig*); Irrenanstalt *f*; **F vie** *f* **de ~** gehetztes Leben; **courir comme un ~** F wie ein Irrer, Wahnsinniger, Verrückter laufen; F **c'est une histoire de ~s** das ist e-e unglaubwürdige *ou* völlig unverständliche Geschichte; *loc* **plus on est de ~s, plus on rit** je mehr Leute, um so lustiger wird es *ou* um so mehr wird gelacht; F **faire le ~** den Hanswurst, Narren spielen; F Faxen machen; *enfants* her'umtollen, -toben; ausgelassen sein; **2.** *m* HIST (Hof-)Narr *m*; **3.** *m* ÉCHECS Läufer *m*; **4.** *fig* **la folle du logis** die Phanta'sie, Einbildungskraft *f*; **5.** *f* **une folle** (*un homosexuel*) F e-e Tunte

fouace [fwas] *f* Hefekuchen aus der Auvergne

foucade [fukad] *f litt* (*caprice*) Laune *f*

foudre[1] [fudʀ(ə)] *f* **1.** Blitz(schlag) *m*; **frappé par la ~** vom Blitz getroffen; **la ~ est tombée** der Blitz *ou* es hat eingeschlagen (**sur cette maison** in diesem Haus); **2.** *fig* **coup** *m* **de ~** Liebe *f* auf den ersten Blick; *par ext* **avoir le coup de ~ pour qc** sofort begeistert sein von etw; gleich Feuer und Flamme sein für etw; **3.** *fig* **~s** *pl* Zorn *m*; 'Mißbilligung *f*; **s'attirer les ~s de son chef** sich den Zorn s-s Chefs zuziehen

foudre[2] [fudʀ(ə)] *m* **1.** *attribut de Jupiter* Blitzstrahl *m*; **2.** *iron* **~ de guerre** großer Kriegsheld

foudroyant [fudʀwajɑ̃] *adj* **1.** *succès* über'wältigend; 'durchschlagend; *vitesse* rasend; **2.** *poison* (schnell) tödlich (wirkend); *maladie* blitzartig verlaufend; *mort* plötzlich; **3.** *regard* vernichtend

foudroyer [fudʀwaje] *v/t* ⟨-oi-⟩ **1. être foudroyé** vom Blitz erschlagen werden; **2.** *fig* **~ qn** avec une arme à feu j-n (tödlich) treffen; *crise cardiaque* j-n da-'hinraffen; **~ qn du regard** j-m vernichtende Blicke zuwerfen

fouet [fwɛ] *m* **1.** Peitsche *f*; **coup** *m* **de ~** Peitschenhieb *m* (*a fig*); **donner un coup de ~** e-n Peitschenhieb versetzen (**à** *dat*); *fig à l'organisme* aufpeitschen, aufputschen (+*acc*); **faire avancer à coups de ~** mit der Peitsche antreiben; *châtiment* **donner le ~** mit der Rute, Peitsche züchtigen (**à** *acc*); **2.** *loc/adv* **de plein ~** frapper, heurter mit voller Wucht; **3.** CUIS Schneebesen *m*

fouettard [fwɛtaʀ] *adj* **le père ~** a) (der) Knecht Ruprecht; *österr* a der Krampus; b) *pour faire peur aux enfants* der schwarze Mann

fouetter [fwete] **I** *v/t* **1.** (aus)peitschen; **2.** CUIS schlagen; **crème fouettée** Schlagsahne *f*, *südd* -rahm *m*, *österr* -obers *n*; **3.** *pluie, vagues* klatschen, schlagen (**qc** gegen etw); **la pluie me fouettait le visage** der Regen peitschte, schlug mir ins Gesicht; **4.** *fig ambition etc* aufpeitschen; aufputschen; anstacheln; **II** *v/i* **5.** *pluie, vagues* schlagen, klatschen (**contre qc** gegen etw); **6.** P (*puer*) stinken (wie die Pest); F miefen

foufou [fufu] *adj* ⟨**fofolle** [fɔfɔl]⟩ ein bißchen verrückt, F spinnig; *par ext* (*écervelé*) leichtsinnig; kopflos

fougère [fuʒɛʀ] *f* BOT Farn *m*; Farnkraut *n*, -pflanze *f*; **branche** *f* **de ~** Farnwedel *m*

fougue [fug] *f* Ungestüm *n*; Feuer *n*; (mitreißender) Schwung; **avec la ~ de la jeunesse** mit jugendlichem Ungestüm; **plein de ~** voll(er) Schwung, Feuer; mitreißend

fougueux [fugø] *adj* ⟨-euse⟩ *caractère* ungestüm; heftig; aufbrausend; hitzig; *cheval* feurig; *discours* feurig; mitreißend; begeisternd; schwungvoll

fouille [fuj] *f* **1.** ARCHÉOLOGIE **~s** *pl* (Aus)Grabungen *f/pl*; **2. de gens, de bagages, de lieux** Durch'suchung *f*; F Filzen *n*; *d'une région a* Absuchen *n*; **~ corporelle** Leibesvisitation *f*; **~ des bagages** Gepäckdurchsuchung *f*; **3.** CONSTR Baugrube *f*; **4.** F (*poche*) Tasche *f*; *südd* Sack *m*; **s'en mettre plein les ~s** F in die eigene Tasche wirtschaften

fouillé [fuje] *adj* *étude etc* sorgfältig ausgearbeitet; detailliert

fouiller [fuje] **I** *v/t* **1.** ARCHÉOLOGIE Ausgrabungen machen, (aus)graben (**un terrain** in e-m Gebiet); **2.** *gens, bagages, lieu* durch'suchen; F filzen; *région a* absuchen; **II** *v/i* durch'suchen, durch'wühlen (**dans qc** etw); nachsuchen, (F her'um)stöbern, (-)wühlen, (-)kramen (in +*dat*); *personne a* (im Boden) wühlen; **~ dans sa mémoire** sich zu erinnern (ver)suchen; F in s-m Gedächtnis kramen; **III** *v/pr* **il peut toujours se ~** da kann er lange warten; F das kommt nicht in die Tüte

fouillis [fuji] F *m* Durchein'ander *n*; Wirrwarr *m*; F Wust *m*; Kuddelmuddel *m ou n*; **être en ~** in Unordnung sein; *affaires a* durchein'anderliegen

fouine [fwin] *f* **1.** ZO Steinmarder *m*; **2.** *fig d'une personne* **avoir une tête de ~** ein Fuchsgesicht haben; **être curieux**

comme une ~ sehr neugierig, vorwitzig sein

fouin|er [fwine] *v/i* F her'umschnüffeln; s-e Nase in alles hin'einstecken; **~eur** F, **~euse** F I *m,f* F Schnüffler(in) *m(f)*; II *adj* neugierig; zudringlich

fouir [fwiʀ] *v/t animal* wühlen, scharren (*le sol* im Boden)

fouisseur [fwisœʀ] *adj* ⟨-euse⟩ ZO Grab...; *animaux ~s ou subst ~s m/pl* Grabtiere *n/pl*

foulage [fulaʒ] *m* 1. *du raisin* Zerquetschen *n*; Maischen *n*; 2. TEXT Walken *n*

foulant [fulɑ̃] *adj* 1. TECH *pompe ~e* Druckpumpe *f*; 2. F *travail pas très ~* nicht sehr anstrengend

foulard [fulaʀ] *m* 1. *(écharpe)* (Seiden-) Kopftuch *n*; (Seiden)Schal *m*; 2. *étoffe* (leichter) Seidenstoff; Fou'lard *m*

foule [ful] *f* 1. (Menschen)Menge *f*; Gedränge *n*; *il y avait ~* es waren e-e Menge Leute da; F *il n'y a pas ~* es sind nicht gerade viel Leute da; *se mêler à la ~* sich unter die Menge, unters Volk mischen; 2. *la ~* die Masse; der große Haufen; 3. *une ~ de choses, de gens* e-e Menge, Unzahl, Vielzahl, Masse, ein Haufen *m*, *de gens a* e-e Schar, ein Schwarm *m* (von); *loc/adv en ~* in Massen; massenweise; *de gens a* in Scharen; scharen-, haufenweise; in hellen Haufen

foulée [fule] *f* 1. *du cheval* a) Auftreten *n*; b) Ga'loppsprung *m*; 2. SPORTS Schritt *m*; Laufstil *m*; *allonger sa ~* längere Schritte machen; 3. *fig loc/adv dans la ~* unmittelbar danach; gleich im Anschluß (daran); gleich anschließend

fouler [fule] I *v/t* 1. *fig ~ aux pieds* mit Füßen, in den Staub treten; *litt ~ le sol de son pays* die Heimaterde betreten; den Fuß auf Heimaterde setzen; 2. *raisins* zerquetschen; maischen; 3. TECH *drap, cuir* walken; II *v/pr* 4. *se ~ la cheville* sich den Knöchel verstauchen; 5. F *fig ne pas se ~* F sich kein Bein ausreißen

foulque [fulk] *f ZO* Bläßhuhn *n*

foulure [fulyʀ] *f MÉD* Verstauchung *f*

four [fuʀ] *m* 1. *du boulanger* (Back-) Ofen *m*; *d'une cuisinière* Backofen *m*, -röhre *f*; Bratröhre *f*; *~ à micro-ondes* Mikrowellenherd *m*; *cuit au ~* gebraten; F *fig c'est un ~ ici* hier ist e-e Hitze wie in e-m Backofen, e-e Affen-, Bullenhitze; F *il fait noir comme dans un ~* es ist stockdunkel, -finster, pechschwarze Nacht; *mettre au ~* in den (Back)Ofen schieben; F *fig en bâillant ouvrir un (grand) ~* F den Mund (weit) aufreißen, aufsperren; *prov on ne peut être à la fois au ~ et au moulin* man kann nicht auf zwei Hochzeiten tanzen (*prov*); 2. TECH Ofen *m*; 3. *pâtisserie petits ~s pl* Petits fours *pl*; 4. THÉ *etc* Fi'asko *n*; 'Mißerfolg *m*; F 'Durchfall *m*; Reinfall *m*; F *complet* glatter Durchfall; *faire un ~* ein Fiasko erleben, erleiden; F 'durchfallen

fourbe [fuʀb] *litt* I *adj* schurkisch; betrügerisch; arglistig; II *m* Schurke *m*; Schuft *m*; Betrüger *m*

fourberie [fuʀbəʀi] *litt f* Schurke'rei *f*; Schurkenstreich *m*; Betrüge'rei *f*

fourbi [fuʀbi] *m* 1. F *(affaires)* F Krempel *m*; Kram *m*; Zeug *n*; 2. F *(fouillis)* F Wust *m*; Kuddelmuddel *m ou n*

fourbir [fuʀbiʀ] *v/t métal, arme* blank putzen; po'lieren

fourbu [fuʀby] *adj* müde; erschöpft; zerschlagen

fourche [fuʀʃ] *f* 1. AGR Gabel *f*; *nordd* Forke *f*; *d'un deux-roues, d'une route, d'une branche* Gabel *f*; *d'une route a* Gabelung *f*; *~ à foin, à fumier* Heu-, Mistgabel *f*, -forke *f*; *chemin, tronc d'arbre faire une ~* sich gabeln; 2. *fig et litt passer sous les ~s caudines litt* sich unter das Joch beugen müssen

fourcher [fuʀʃe] *v/i* 1. *cheveux* sich spalten; 2. *la langue lui a fourché* er hat sich versprochen

fourchette [fuʀʃɛt] *f* 1. (Eß)Gabel *f*; *~ à dessert, à escargots* Des'sert-, Schneckengabel *f*; F *avoir un bon ou joli coup de ~* kräftig, tüchtig zulangen; F *(r)einhauen*; spachteln; etwas verdrücken können; 2. AUTO Schaltgabel *f*; 3. ZO *des oiseaux* Gabelbein *n*; 4. STATISTIQUES, COMM Spanne *f* (zwischen zwei ex'tremen Werten); *COMM a* Marge *f*

fourchu [fuʀʃy] *adj* gabelförmig; sich gabelnd; gespalten; *pied ~* a) *des ruminants* gespaltene Klaue; b) *d'un satyre* Bocksfuß *m*; *du diable* Pferdefuß *m*

fourgon [fuʀɡɔ̃] *m* 1. AUTO Kastenwagen *m*; geschlossener Lastwagen; *~ mortuaire* Leichenwagen *m*; 2. CH DE FER (*à bagages*) Gepäckwagen *m*; *~ postal* Postwagen *m*

fourgonner [fuʀɡɔne] *v/i* F (her'um-) wühlen, (-)stöbern (*dans* in +*dat*)

fourgonnette [fuʀɡɔnɛt] *f* Lieferwagen *m*; (kleiner) Kastenwagen

fourguer [fuʀɡe] *v/t* F *(vendre)* F verscheuern; *~ qc à qn* F j-m etw andrehen

fourme [fuʀm] *f* halbfester Schnittkäse aus der Auvergne

fourmi [fuʀmi] *f* 1. ZO Ameise *f*; *~ rouge* Rote Waldameise; *fig avoir des ~s dans les jambes* ein (Ameisen-) Kribbeln in den Beinen haben; 2. *fig c'est une vraie ~* er, sie ist e-e Arbeitsbiene, bienenfleißig; *travail m de ~* mühsame Kleinarbeit

fourmil|ier [fuʀmilje] *m ZO* Ameisenbär *m*; *~ière f* Ameisenhaufen *m (a fig)*

fourmi-lion [fuʀmiljɔ̃] *m* ⟨*pl* fourmis-lions⟩ *ou* **fourmilion** *m ZO* Ameisenlöwe *m*

fourmillement [fuʀmijmɑ̃] *m* 1. *d'êtres vivants* Gewimmel *n*; Wimmeln *n*; *d'insectes a* Krabbeln *n*; 2. *fig d'idées, d'événements* Fülle *f*; 3. *dans les membres* (Ameisen)Kribbeln *m*, Ameisenlaufen *n*; *j'ai des ~s dans les jambes* es kribbelt mich *ou* mir in den Beinen; ich habe, spüre ein Kribbeln in den Beinen

fourmiller [fuʀmije] *v/i êtres vivants* wimmeln; *insectes a* krabbeln; *chose ~ de qc* wimmeln, voll sein von etw; *les fautes fourmillent dans ce texte ou ce texte fourmille de fautes* der Text wimmelt von Fehlern; in dem Text wimmelt es von Fehlern

fournaise [fuʀnɛz] *f* 1. starkes, loderndes Feuer; Glut *f*; 2. *fig endroit* Backofen *m*; Brutkasten *m*

fourneau [fuʀno] *m* ⟨*pl* -x⟩ 1. TECH (Fa-'brik-, Schmelz)Ofen *m*; *'haut ~* Hochofen *m*; 2. *~* (*de cuisine*) (Küchen-) Herd *m*; 3. *d'une pipe* Kopf *m*

fournée [fuʀne] *f* 1. *de pain* Schub *m*; Ofenvoll *m*; 2. F *fig de gens* Schub *m*; *de touristes a* F Ladung *f*; Fuhre *f*; *par ~s* schubweise

fourni [fuʀni] *adj* 1. *bien ~* reichhaltig; gut ausgestattet; mit großer Auswahl; 2. *chevelure, barbe* dicht; stark; üppig; 3. *travail* geleistet; *travail ~ a* Arbeitsaufwand *m*

fournil [fuʀni] *m* Backstube *f*

fourniment [fuʀnimɑ̃] F *m* Ausrüstung *f*; F Krempel *m*

fournir [fuʀniʀ] *v/t* 1. *client, commerce, restaurant* beliefern, versorgen (*en qc* mit etw); 2. *marchandises* liefern, besorgen (*qc à qn* j-m etw); *moyens financiers etc* beschaffen; aufbringen; zur Verfügung stellen; bereitstellen; *travail* geben; beschaffen; *cf a 3.*; *certificat etc* (bei)bringen; vorlegen; *preuve* liefern; erbringen; führen; antreten; *alibi* erbringen; nachweisen; *renseignements* erteilen; *raisons* anführen; angeben; *prétexte* liefern; *garantie* leisten; über'nehmen; gewähren; geben; *caution* stellen; leisten; *aide* leisten; *arbre: fruits* her'vorbringen; *au jeu: carte* (aus)spielen; *abs* Farbe bekennen; bedienen; *~ à qn l'occasion de* (+*inf*) j-m Gelegenheit geben zu (+*inf*); 3. *par ext travail* leisten; *~ un effort* e-e Anstrengung machen; II *v/pr se ~ chez qn* s-e Einkäufe für bei j-m tätigen; bei j-m kaufen

fournisseur [fuʀnisœʀ] *m* 1. Liefe'rant *m*; Lieferfirma *f*; *adj pays ~* Lieferland *n*; *pays ~ de matières premières* Rohstoffländer *n/pl*, -lieferanten *m/pl*; 2. (*marchand*) Kaufmann *m*; Händler *m*; *vous trouverez ce produit chez votre ~ habituel* bei Ihrem Kaufmann

fourniture [fuʀnityʀ] *f* 1. Lieferung *f* (*a marchandise fournie*); 2. F Bedarf *m*; *~s scolaires* Schulbedarf *m*; Lernmittel *n/pl*; *~ de bureau* Bü'robedarf *m*; 3. *~s pl d'un artisan* Zutaten *f/pl*

fourrage [fuʀaʒ] *m* (Vieh)Futter *n*; *~ sec, vert* Trocken-, Grünfutter *n*

fourrager[1] [fuʀaʒe] *v/i* ⟨-geons⟩ F (hastig) (her'um)wühlen, (-)stöbern (*dans* in +*dat*)

fourrager[2] [fuʀaʒe] *adj* ⟨-ère⟩ AGR Futter...; *betterave fourragère* Futter-, Runkelrübe *f*

fourragère [fuʀaʒɛʀ] *f MIL* Fangschnur *f*

fourré[1] [fuʀe] *m souvent pl ~s* Gestrüpp *n*; Dickicht *n*

fourré[2] [fuʀe] *adj* 1. *gâteaux, bonbons* gefüllt (*à qc* mit etw); *~s aux amandes* mit Mandelfüllung; 2. *manteau etc* pelzgefüttert; mit Pelzfutter; *bottes ~es* Pelzstiefel *m/pl*; 3. *coup ~* a) ESCRIME Doppeltreffer *m*; b) F *fig* Tücke *f*; Gemeinheit *f*

fourreau [fuʀo] *m* ⟨*pl ~x*⟩ 1. *d'un parapluie etc* Futte'ral *n*; Hülle *f*; *d'une épée* Scheide *f*; 2. COUT *~ ou adj robe f ~* Etu'ikleid *n*; hautenges Kleid

fourrer [fuʀe] *v/t* 1. F a) *(faire entrer)* (hin'ein)stecken, (-)stopfen (*qc dans qc* etw in etw [*acc*]); *~ son doigt, ses doigts dans son nez* in der Nase bohren; F popeln; *fig ~ une idée dans la*

fourre-tout – fragmentation

tête de qn j-m e-n Floh ins Ohr setzen; **~ ses mains dans ses poches** die Hände in die Tasche stecken; *fig* **~ son nez partout** s-e Nase in alles (hinein-)stecken; **~ qn en prison** j-n ins Gefängnis stecken; F j-n einlochen, einbuchten; ♦ *être tout le temps fourré au bistro* F dauernd in der Kneipe hocken, rumsitzen; *être sans arrêt fourré à l'église* F dauernd in die Kirche rennen; **b)** (*placer sans soin*) hinlegen, -stellen, F -tun; **~ la valise sous l'armoire** den Koffer unter dem Schrank verstauen; **2.** *manteau etc* mit Pelz, Fell (ab)füttern; **3.** *CUIS, bonbons* füllen; **II** *v/pr* **4.** F *se* ~ (*se cacher*) sich verkriechen; *fig* **ne plus savoir où se ~** (vor Verlegenheit, Scham) im Boden versinken mögen; F sich am liebsten in ein Mauseloch verkriechen (wollen); **5.** F *se ~ dans qc* in etw (*acc*) hin'eingeraten; *cf a pétrin 2.*; **6.** F *fig se ~ qc dans la tête* sich etw in den Kopf setzen; *cf a doigt 1.*
fourre-tout [furtu] F *m* ⟨*inv*⟩ weite Handtasche
fourreur [furœr] *m* **a)** *artisan* Kürschner *m*; **b)** *commerçant* Pelzhändler *m*
fourrière [furjɛr] *f* **1.** *pour voitures* Kfz-Verwahrstelle *f*; *emmener à la ~ ou mettre en ~* kostenpflichtig abschleppen; **2.** *pour animaux* Tierasyl *n*, -heim *n*
fourrure [furyr] *f* **1.** *vêtement* Pelz *m*; *~s pl a* Pelzwerk *n*; Pelz-, Rauchwaren *f/pl*; *bonnet m de ~* Pelzmütze *f*; (*manteau m de*) *~* Pelz(mantel) *m*; *doublé de ~* pelzgefüttert; mit Pelzfutter; **2.** (*pelage*) Pelz *m*; Fell *n*
fourvoiement [furvwamã] *litt m* Verirrung *f*
fourvoyer [furvwaje] ⟨-oi-⟩ **I** *litt v/t* irreführen; in die Irre führen; **II** *v/pr se ~* **1.** sich verirren (*dans* in +*acc*); **2.** *fig* (sich) irren; fehlgehen; auf dem Holzweg sein
fout|aise [futɛz] F *f* dummes Zeug; F Quatsch *m*; Quark *m*; *~oir m* P Saustall *m*
foutre [futr(ə)] ⟨je fous, il fout, nous foutons; je foutais; *kein Passé simple*; je foutrai; que je foute; foutant; foutu⟩ P **I** *v/t* **1.** (*faire*) machen; tun; *qu'est-ce que j'en ai à ~?* ou *je n'en ai rien à ~* F das kümmert, schert mich e-n Dreck; das kratzt mich wenig; P das ist mir scheißegal; *qu'est-ce que ça fout?* was macht das (aus)?; *qu'est-ce que ça peut te ~?* was geht dich das an?; was kümmert, schert, F juckt, kratzt dich das?; das kann dir doch (P scheiß)egal sein; F das geht dich doch e-n Dreck, e-n feuchten Staub an!; *il ne fout rien de la journée* F der rührt den ganzen Tag keinen Finger, liegt der ganzen Tag auf der faulen Haut; **2.** (*donner*) geben; *un coup* versetzen; F verpassen; *je te fous une baffe* F ich hau' dir eine runter; ich knall', kleb', lang' dir eine; *ça me fout le cafard* das macht mich ganz trübsinnig, elend, krank; **3.** (*jeter*) F schmeißen; *~ qn à la porte* F j-n vor die Tür ou an die Luft setzen, rauswerfen, raussetzen, rausschmeißen, feuern; *elle a été foutue à la porte* ou *elle s'est fait ~ à la porte* F man hat sie rausgeworfen,

sie ist (raus)geflogen; *fig ~ qn dedans* j-n betrügen, F reinlegen, übers Ohr hauen; *~ qc en l'air* F etw weg-, rausschmeißen; *~ qn en colère* F j-n auf die Palme bringen; *~ qn en tôle* F j-n einlochen, einbuchten; *~ qc par terre* F etw runterschmeißen; *fig ça fout tout par terre* ou *en l'air* F das wirft, schmeißt alles über den Haufen; *va te faire ~!* F mach, daß du wegkommst!; hau (bloß) ab!; scher dich zum Teufel!; P verpiß dich!; *cf a camp 1.*; **4.** *ça la fout mal* das macht e-n schlechten Eindruck; das ist peinlich; F so was Blödes, Dummes!; **II** *v/pr* **5.** *se ~ de qc, de qn* (*ne pas se soucier de*) F auf etw, j-n pfeifen, P scheißen; *je m'en fous* F das ist mir e'gal, Wurst *ou* Wurscht, schnuppe, schnurz, (schnurz)piepe, piepegal, P scheißegal; F ich pfeif', P scheiß' drauf; *il s'en fout complètement a* F er kümmert *ou* schert sich e-n Dreck, den Teufel drum; *il se fout du monde!* F der ist gut!; der hat Nerven!; **6.** *se ~ de qn* (*tourner en dérision*) sich über j-n lustig machen; j-n auslachen, veralbern, F verhohnepipeln, P verarschen; **7.** *se ~ dedans* sich gewaltig irren, täuschen; F reinfallen; da'nebenhauen; sich verhauen; **8.** *se ~ qc dans la tête* sich etw in den Kopf setzen; *~ dans une sale affaire* in e-e üble Sache hin'eingeraten; *se ~ en colère* wütend werden; F e-e Wut kriegen; *fig s'en ~ plein la lampe* F sich den Bauch 'vollschlagen
foutu [futy] P *p/p cf foutre et adj cf fichu²*
fox [fɔks] *m cf fox-terrier*
fox-terrier [fɔkstɛrje] *m* ⟨*pl* fox-terriers⟩ *ZO* Foxterrier *m*; Fox *m*
fox-trot [fɔkstrɔt] *m* Foxtrott *m*
foyer [fwaje] *m* **1. a)** (*âtre*) Feuerstelle *f*, -stätte *f*; *TECH d'une chaudière* Feuerung *f*; Feuer(ungs)raum *m*; **b)** (*feu*) (Ka'min)Feuer *n*; **2.** (*domicile familial*) Haushalt(ung) *m(f)*; Hausstand *m*; Heim *n*; häuslicher Herd; *femme f*, *homme m au ~* Hausfrau *f*, -mann *m*; *fonder un ~* e-e Familie, e-n Hausstand gründen; *rentrer, renvoyer dans ses ~s* nach Hause, in die Heimat zurückkehren, -schicken; **3.** (*lieu de réunion*) Heim *n*; *~ d'étudiants* Stu'dentenheim *n*; **4.** *THÉ etc* Foy'er *n*; Wandelgang *m*, -halle *f*; **5.** *OPT, MATH* Brennpunkt *m*; *OPT a* Fokus *m*; **6.** *d'incendie*, *MÉD*, *fig de révolte* Herd *m*; *MÉD a* Krankheitsherd *m*; *sc* Fokus *m*; *fig d'une civilisation etc* Zentrum *n*; Mittel-, Ausgangspunkt *m*; *fig et péj* Brutstätte *f*; *~ d'épidémie(s)* Brutstätte von Seuchen; *~ d'incendie* Brandherd *m*; *POL ~ de troubles* Unruheherd *m*
F.P.A. [ɛfpea] *f abr* (*formation professionnelle des adultes*) berufsbezogene Aus- und Weiterbildung für Erwachsene
F.R. 3 [ɛfɛrtrwa] *abr* (*France-Régions trois*) Drittes fran'zösisches Fernsehprogramm mit Regio'nalsendungen
frac [frak] *m* Frack *m*
fracas [fraka] *m* Krach *m*; Getöse *n*; Gepolter *n*; Gedröhn(e) *n*; *avec ~* krachend; mit Getöse; mit lautem Krach; *fig mettre qn à la porte avec perte et*

338

~ F j-n hochkant(ig), in hohem Bogen rausschmeißen
fracassant [frakasã] *adj* **1.** *bruit* krachend; polternd; dröhnend; **2.** *fig nouvelle* verblüffend; aufsehenerregend
fracasser [frakase] **I** *v/t* zerschmettern; zertrümmern; **II** *v/pr se ~* zerschellen; zerbrechen
fraction [fraksjõ] *f* **1.** *MATH* Bruch *m*; *~ décimale* Dezi'malbruch *m*, -zahl *f*; **2.** *d'un tout* (An)Teil *m*; Bruchteil *m*; *en une ~ de seconde* im Bruchteil e-r Sekunde; *pendant une ~ de seconde* e-n kurzen Augenblick, Moment lang; **3.** *d'un parti* Grup'pierung *f*
fractionnaire [fraksjɔnɛr] *adj MATH* Bruch...; *nombre m ~* Bruchzahl *f*
fractionnel [fraksjɔnɛl] *adj* ⟨*~le*⟩ *POL* zersetzend
fractionnement [fraksjɔnmã] *m* **1.** (Auf)Teilung *f*; Zerlegung *f*; *d'un parti* (Auf)Spaltung *f*; Zersplitterung *f*; **2.** *CHIM* Fraktio'nierung *f*
fractionner [fraksjɔne] **I** *v/t* zerlegen; (auf-, zer)teilen; zersplittern; (auf)spalten; **II** *v/pr se ~ parti etc* sich (auf)spalten, aufsplittern
fraction|isme [fraksjɔnism(ə)] *m POL* Bildung *f* von Splittergruppen; *~iste POL* **I** *adj* spalterisch; **II** *m* Spalter *m*
fracture [fraktyr] *f* **1.** *MÉD* (Knochen-)Bruch *m*; *sc* Frak'tur *f*; *~ ouverte* komplizierter, offener Bruch; *~ simple* einfacher, glatter Bruch; *~ du crâne* Schädelbruch *m* **2.** *GÉOL* Bruch *m*; Verwerfung *f*; Sprung *m*
fracturer [fraktyre] **I** *v/t* **1.** *os* brechen; **2.** *porte, serrure* aufbrechen; **II** *v/pr se ~ le bras etc* sich den Arm etc brechen
fragile [fraʒil] *adj* **1.** *verre etc* zerbrechlich (*a sur étiquettes*); brüchig; spröde; *par ext mécanisme* empfindlich; störanfällig; **2.** *personne* (sehr) zart; empfindlich; anfällig; *constitution* schwach; *cheveux* dünn; empfindlich; *avoir l'estomac ~* e-n empfindlichen *ou* schwachen Magen haben; *avoir une santé ~* von zarter Gesundheit, (gegen Krankheiten) empfindlich, anfällig sein; **3.** *fig bonheur etc* vergänglich; unbeständig; unsicher; *bonheur a* zerbrechlich; *autorité a* schwach; *théorie* fraglich; auf schwachen Beinen stehend
fragiliser [fraʒilize] *v/t MÉD, PSYCH* anfällig, empfindlich machen; schwächen
fragilité [fraʒilite] *f* **1.** *du verre etc* Zerbrechlichkeit *f*; Sprödigkeit *f*; Brüchigkeit *f*; *par ext d'un mécanisme* Empfindlichkeit *f*; Störanfälligkeit *f*; **2.** *d'une personne, de l'organisme* Empfindlichkeit *f*; Anfälligkeit *f*; *d'une personne a* Zartheit *f*; Zerbrechlichkeit *f*; **3.** *fig du bonheur, d'un sentiment etc* Vergänglichkeit *f*; Unbeständigkeit *f*; Unsicherheit *f*; *du bonheur a* Zerbrechlichkeit *f*; *d'une théorie* Schwäche *f*; Fraglichkeit *f*
fragment [fragmã] *m* **1.** *d'une œuvre d'art* Frag'ment *n*; Bruchstück *n*; **2.** *de rocher etc* Brocken *m*; Splitter *m*; *~s d'os* Knochensplitter *m/pl*; **3.** *d'une lettre, d'un discours etc* Auszug *m*; Pas'sage *f*; Stelle *f*
fragmentaire [fragmãtɛr] *adj œuvre* fragmen'tarisch; bruchstückhaft; unvollendet; *connaissances* lückenhaft
fragment|ation [fragmãtasjõ] *f* Zer-

splitterung f; Zerstück(e)lung f; **~er** v/t zerstückeln; zersplittern; aufteilen
fragrance [fRagRɑ̃s] *litt* f Wohlgeruch m; Duft m
frai [fRE] m **1. a)** *ponte* Laichen n; **b)** *période* Laichzeit f; **c)** *œufs* Laich m; **2.** (*alevins*) Fischbrut f
fraîche [fRES] *adj cf* **frais**[1]
fraîchement [fRESmɑ̃] *adv* **1.** (*récemment*) unlängst; (erst) vor kurzem; frisch; **2.** *accueillir* kühl; frostig; unfreundlich
fraîcheur [fRESœR] f **1.** *de l'air, de l'eau, de la nuit* Frische f; Kühle f; **~ du soir** Abendkühle f; **chercher un peu de ~** etwas Kühle, Kühlung suchen; **2.** *fig d'un accueil* Kühle f; Frostigkeit f; **3.** *d'aliments, d'une personne, du teint, de la jeunesse etc* Frische f; *d'impressions a* Neuheit f; *Le'*bendigkeit f; *de sentiments* Reinheit f; Unschuld f
fraîchir [fReSiR] v/i **1.** *vent* auffrischen; stärker, kräftiger werden; **2.** *temps* frischer, kühler werden
frais[1] [fRE] **I** *adj* (fraîche [fRES]) **1.** *vent, nuit, eau* frisch; kühl; *cave, ruelle* kühl; **petit air ~** frisches, kühles Lüftchen; **2.** *fig accueil* kühl; frostig; unfreundlich; **3.** *aliment, traces, blessure, vêtement, personne, teint etc* frisch; *forces a* unverbraucht; *impressions a* neu; le'bendig; *'harengs ~* grüne Heringe m/pl; **légumes ~ a** Frischgemüse n; **neige fraîche** Neuschnee m; frisch gefallener Schnee; **attention, peinture fraîche!** Vorsicht, frisch gestrichen!; **troupes fraîches** frische, neue, ausgeruhte Truppen f/pl; *loc/adj* **de fraîche date** neueren Datums; *loc/adv* **de ~** frisch; **4.** F **nous voilà ~!, nous sommes ~!** F da haben wir den Schla'massel!; jetzt sitzen wir (ganz) schön in der Tinte, Patsche!; **II** *adv* **1.** frisch; kühl; *boire, servir ~* kühl, gekühlt, kalt trinken, servieren; *il fait ~* es ist frisch, kühl; **2.** ⟨*veränderlich*⟩ frisch; vor kurzem, gerade; **des cerises fraîches cueillies** frisch gepflückte Kirschen; *cf a* **émoulu**; **III** *subst* **1.** *m* Kühle f; Frische f; *MAR* **bon, grand ~** starker, steifer Wind; *aliments* **garder au ~** kühl, an e-m kühlen Ort aufbewahren; **mettre qc au ~** etw kalt stellen; F *fig* **on l'a mis au ~** F man hat ihn eingelocht, eingebuchtet; **prendre le ~** frische Luft schöpfen, F schnappen; **2.** *loc/adv* **à la fraîche** in der Morgenkühle
frais[2] [fRE] m/pl Kosten pl; Unkosten pl; Spesen pl; (Kosten)Aufwand m; Ausgaben f/pl; Auslagen f/pl; **faux ~** Nebenkosten pl; zusätzliche Kosten, Spesen; *d'une entreprise* **~ généraux** allgemeine Unkosten; Gemeinkosten pl; **~ professionnels** Werbungskosten pl; **~ de déplacement** Reisespesen pl, -auslagen pl, -kosten pl; **~ d'entretien** 'Unterhalts-, Unter'haltungs-, In'standhaltungskosten pl; *JUR* **~ de justice** Gerichtskosten pl, -gebühren f/pl; **~ de main-d'œuvre** Lohn- ou Arbeitskosten pl; **établir la note de ~** die Spesen abrechnen; die Spesenabrechnung aufstellen; ♦ *loc/adv:* **aux ~ de qn** auf j-s Kosten (*acc*); **aux ~ de l'État** auf Staatskosten; **à grands ~** mit hohen Kosten, hohem Kostenaufwand; mit großer Mühe, Anstrengung; **à peu de, à moindres ~** mit wenig Kosten, geringen Kosten, geringem Kostenaufwand; ohne große Unkosten; *fig* mit geringem Aufwand; mit geringer, wenig Mühe; **tous ~ compris** alle Spesen inbegriffen; einschließlich aller Unkosten; **tous ~ payés** spesen-, kostenfrei; ♦ F *fig* **arrêtez les ~!** hören Sie auf damit!; *fig* **en être pour ses ~** sich um'sonst bemüht haben; nichts erreichen; **faire des ~** *personne* (viel) Geld ausgeben; *chose* **~** Unkosten verursachen; **faire beaucoup de ~ pour** (+*inf*) große Ausgaben haben, viel ausgeben, um zu (+*inf*); **faire les ~ de qc** für etw aufkommen, die Kosten tragen müssen; *fig* **faire les ~ de la conversation** a) (*être le principal sujet*) das Gesprächsthema bilden; den Gesprächsstoff liefern; b) (*parler seul*) die Unter'haltung allein bestreiten; **se mettre en ~** a) sich in Unkosten stürzen; b) *fig* sich anstrengen; sich Mühe geben; *fig* **se mettre en ~ d'amabilité** sich sehr freundlich zeigen; sehr freundlich tun; *cf a* **rentrer** 2.
fraise[1] [fRez] f **1.** Erdbeere f; **~s des bois** Walderdbeeren f/pl; F *fig* **sucrer les ~s** F den Tatterich haben; ganz zitt(e)rig, F tatt(e)rig sein; (*être gâteux*) F ein Tattergreis sein; *cf a* **ramener** 6.; **2.** *adjt* (*inv*) erdbeerfarben, -farbig
fraise[2] [fRez] f **1. a)** *outil* Fräser m; Fräse f; **b)** *de dentiste* Bohrer m; **2.** *COUT* Halskrause f; **3.** *du dindon* Hautlappen m; **4.** *de veau* Gekröse n
fraiser [fReze] v/t *TECH* (aus)fräsen
frais|eur [fRezœR] m *ouvrier* Fräser m; **~euse** f *machine* Fräsmaschine f
fraisier [fRezje] m *BOT* Erdbeerpflanze f; Erdbeere f
framboise [fRɑ̃bwaz] f **1.** *fruit* Himbeere f; *sirop m de* **~** Himbeersirup m; **2.** *liqueur* Himbeerlikör m; **eau-de-vie de ~** Himbeergeist m
framboisier [fRɑ̃bwazje] m *BOT* Himbeerstrauch m; Himbeere f
franc[1] [fRɑ̃] m *monnaie* Franc m; *en Suisse* Franken m; **ancien ~** alter Franc; **~ belge, français, luxembourgeois** belgischer, französischer, Luxemburger Franc; **nouveau ~,** F **lourd** neuer Franc; **~ suisse** Schweizer Franken
franc[2] [fRɑ̃] *adj* ⟨franche [fRɑ̃S]⟩ **1. a)** (*sincère*) frei(mütig); offen(herzig); aufrichtig; gerade; geradeheraus (*attribut seulement*); *advt* **à parler ~** offen gesagt, gestanden; um offen zu sein; **je serai ~ avec vous** ich werde (ganz) offen mit Ihnen reden; **jouer ~ jeu** mit offenen Karten spielen; **b)** *par ext* **franche aversion, hostilité** offene Abneigung, Feindseligkeit; **c)** *couleur* klar, rein; **d) franche canaille** Erzkanaille f; **2.** (*libre*) frei; *FOOTBALL* **coup ~** Freistoß m; *COMM:* **port ~** Freihafen m; **zone franche** Freizone f; **~ de port** porto-, frachtfrei; franko
franc[3] [fRɑ̃] *HIST* **I** *adj* ⟨franque [fRɑ̃k]⟩ fränkisch; **II** *subst* ♀, **Franque** m,f Franke m, Fränkin f
français [fRɑ̃sE] **I** *adj* fran'zösisch; *loc/adj* et *loc/adv* **à la ~e** französisch; auf französisch(e Art); *advt* **acheter ~** (nur) französische Produkte kaufen; **cela n'est pas ~** das sagt man im Französischen nicht; das ist kein Französisch; **être ~** Franzose, französischer Staatsbürger, -angehöriger sein; **II** *subst* **1.** ♀(e) m(f) Fran'zose m, Fran'zösin f; ♀ **moyen** 'Durchschnittsfranzose m; **2.** *LING* **le ~** das Fran'zösische; Fran'zösisch n; **l'ancien ~** das Altfranzösische; Altfranzösisch n; **le ~ parlé** das gesprochene Französisch; gesprochenes Französisch; **enseignement m du ~** Französischunterricht m; *loc/adv:* **en ~** auf französisch; im Französischen; **livre paraître en ~** in französisch erscheinen; *fig* **en bon ~,** *ça veut dire qu'il refuse* das heißt auf gut deutsch ...; **traduire en bon ~** in gutes, korrektes Französisch über'setzen; **traduire de l'allemand en ~** aus dem Deutschen ins Französische übersetzen; **apprendre le ~** Französisch lernen; F *fig* **vous ne comprenez pas le ~?** Sie verstehen wohl kein Deutsch?; *advt:* **parlez-vous ~?** sprechen Sie Französisch?; **on parle ~** hier wird Französisch gesprochen
franc-comtois [fRɑ̃kɔ̃twa] *adj* ⟨franche-comtoise⟩ (*et subst* **Franc-Comtois** Bewohner) der Franche-Comté
France [fRɑ̃s] **1. la ~** Frankreich n; **2.** f *Vorname*
France 2 [fRɑ̃sdø] Zweites Pro'gramm (des fran'zösischen Fernsehens)
Francfort(-sur-le-Main) [fRɑ̃kfɔR(syRləmɛ̃)] Frankfurt n (am Main)
Franche-Comté [fRɑ̃Skɔ̃te] **la ~ 1.** *frz Region*; **2.** *HIST* die Freigrafschaft Bur'gund
franchement [fRɑ̃Smɑ̃] *adv* **1.** (*sincèrement*) offen; aufrichtig; freimütig; gerade-, rundheraus; frank und frei; (**à parler**) **~,** ... offen gestanden, gesagt, ...; **~, tu exagères!** offen gesagt, F (ganz) ehrlich, du über'treibst!; **dire qc ~** etw offen, rundheraus sagen; **parler ~ à qn** mit j-m (ganz) offen reden; **2.** (*nettement*) (ganz) eindeutig; klar; deutlich; **3.** (*courageusement*) beherzt, entschieden; entschlossen
franchir [fRɑ̃SiR] v/t *frontière, seuil* über'schreiten; gehen über (+*acc*); *obstacle* über'steigen, -'klettern, -'springen; nehmen; über'winden (*a fig*); *pont, fleuve, mers* über'queren; *distance* zu'rücklegen; **~ la ligne d'arrivée** die Ziellinie pas'sieren; durchs Ziel laufen, gehen, fahren; **~ les limites de la décence** den Anstand verletzen; **~ le mur du son** die Schallmauer durch'brechen; *fig* **~ le pas** sich zu e-m Entschluß 'durchringen
franchisage [fRɑ̃Sizaʒ] m *COMM* Franchise *ou* Franchising 'fRɛntSaɪz-] n
franchise [fRɑ̃Siz] f **1.** (*sincérité*) Offenheit f; Freimut m; Freimütigkeit f; Aufrichtigkeit f; Geradheit f; **en toute ~** in aller Offenheit; ganz ehrlich; **2.** *ÉCON* (Abgaben-, Gebühren)Freiheit f; *dans une assurance* Fran'chise f; Selbstbehalt m, -beteiligung f; **~ douanière** Zollfreiheit f, -befreiung f; **~ postale** Postgebührenfreiheit f; **en ~** zoll-, gebühren-, portofrei
franchiss|able [fRɑ̃Sisabl(ə)] *adj* über'schreitbar; *col de montagne* befahrbar; **~ement** m *d'un obstacle* Über'steigen n, -'klettern n, -'springen n; Über'windung f; *d'une frontière* Über'schreitung f; *d'un fleuve* Über'querung f

francilien [fʀɑ̃siljɛ̃] *adj* ⟨~ne⟩ (*et subst* ♀ Bewohner) der Ile-de-France
Francine [fʀɑ̃sin] *f Vorname*
francique [fʀɑ̃sik] *LING le* ~ das Fränkische; Fränkisch *n*
Francis [fʀɑ̃sis] *m Vorname*
francisation [fʀɑ̃sizasjɔ̃] *f* Französi(si)'sierung *f*
franciscain [fʀɑ̃siskɛ̃] *REL* **I** *adj* franzis'kanisch; Franzis'kaner...; **II** *subst* ~(e) *m(f)* Franzis'kaner(in) *m(f)*
franciser [fʀɑ̃size] *v/t* französi(si)'sieren
francisque [fʀɑ̃sisk] *f* Streitaxt *f* der Franken (*Emblem der Vichy-Regierung*)
francité [fʀɑ̃site] *f* Fran'zosentum *n*
franc-maçon [fʀɑ̃masɔ̃] **I** *m* ⟨*pl* francs--maçons⟩ Freimaurer *m*; **II** *adj* ⟨franc--maçonne⟩ freimaurerisch; Freimaurer...
franc-maçonnerie [fʀɑ̃masɔnʀi] *f* **1.** Freimaure'rei *f*; **2.** *fig* (Geheim)Bund *m*
franco [fʀɑ̃ko] *adv* **1.** *COMM* franko; (porto-, kosten-, fracht)frei; ~ *à domicile* frei Haus; **2.** F frank und frei; geradde-, rundheraus
franco-... [fʀɑ̃ko] *adj* fran'zösisch-...; *exemples*: *franco-arabe* französisch--arabisch; *franco-allemand* deutsch--französisch
franco-français [fʀɑ̃kofʀɑ̃sɛ] *adj* innerfranzösisch; der Fran'zosen unter sich
François [fʀɑ̃swa] *m* Franz *m*
Françoise [fʀɑ̃swaz] *f* Fran'ziska *f*
Franconie [fʀɑ̃kɔni] *la* ~ Franken *n*
francophil|e [fʀɑ̃kɔfil] **I** *adj* frankreich-, fran'zosenfreundlich; franko'phil; **II** *m,f* Freund *m* Frankreichs; Franko'phile(r) *f(m)*; **~ie** *f* Frankophi'lie *f*
francophob|e [fʀɑ̃kɔfɔb] *adj* frankreich-, fran'zosenfeindlich; franko-'phob; **~ie** *f* Frankopho'bie *f*
francophon|e [fʀɑ̃kɔfɔn] *adj* fran'zösischsprechend; fran'zösischsprachig; franko'phon; **~ie** *f* französische Sprachgemeinschaft; Frankopho'nie *f*
franc-or [fʀɑ̃ɔʀ] *m* ⟨*pl* francs-or⟩ Goldfranc *m*, *schweiz* -franken *m*
franc-parler [fʀɑ̃paʀle] *m* Freimut *m*, Offenheit *f* im Reden; *avoir son* ~ offen reden, frei, frisch von der Leber weg reden
franc-tireur [fʀɑ̃tiʀœʀ] *m* ⟨*pl* francs-tireurs⟩ **1.** Freischärler *m*; **2.** *fig* Einzelgänger *m*
frange [fʀɑ̃ʒ] *f* **1.** *bordure* Franse *f*; **2.** ~ (*de cheveux*) Pony(frisur) *m(f)*; **3.** *fig* kleine Minderheit; Randgruppe *f*
franger [fʀɑ̃ʒe] *v/t* ⟨-geons⟩ mit Fransen verzieren, versehen
frang|in [fʀɑ̃ʒɛ̃] F *m* Bruder *m*; *plais* Bruderherz *n*; **~ine** F *f* Schwester *f*; *plais* Schwesterherz *n*
frangipane [fʀɑ̃ʒipan] *f CUIS* Mandelkrem *f*, -creme *f*
franglais [fʀɑ̃glɛ] *m* mit Angli'zismen durch'setztes Fran'zösisch
franquette [fʀɑ̃kɛt] *loc/adv* F *à la bonne* ~ ohne 'Umstände; ganz zwanglos, einfach
franquiste [fʀɑ̃kist] *m,f POL* Franco-Anhänger(in) *m(f)*
frappant [fʀapɑ̃] *adj* auffallend; über'raschend; verblüffend; frap'pant; frap-'pierend
frappe¹ [fʀap] *f* **1. a)** (*action de taper à la machine*) Ma'schine(n)schreiben *n*; *faute f de* ~ Tippfehler *m*; **b)** (*manière de frapper*) Anschlag *m*; **2.** *de la monnaie* Prägen *n*, -ung *f*; *résultat* Gepräge *n*; **3.** *SPORTS* Schlagkraft *f*; **4.** *MIL* force *f de* ~ französische A'tomstreitmacht
frappe² [fʀap] *f* F *une petite* ~ F ein sauberes Früchtchen
frappement [fʀapmɑ̃] *m* Schlagen *n*; Klopfen *n*
frapper [fʀape] **I** *v/t* **1.** schlagen; *d'un coup*, *d'un projectile* treffen; ~ *qn au visage* j-n ins Gesicht schlagen, treffen; ~ *qn d'un coup de poignard* j-m e-n Dolchstoß versetzen; *balle* ~ *qn en pleine poitrine* j-n in die Brust treffen; *fig* ~ *un grand coup* e-n entscheidenden Schlag führen; *horloge* ~ *les douze coups de minuit* Mitternacht schlagen; *THÉ* ~ *les trois coups* dreimal auf den Boden klopfen (*vor dem Öffnen des Vorhangs*); *projectile etc* ~ *le mur* auf die Mauer auftreffen; ~ *le sol du pied* mit dem Fuß aufstampfen; *pluie* ~ *les vitres* an, gegen die Scheiben schlagen; **2.** *épidémie, catastrophe* ~ *qn* j-n heimsuchen; *malheur a* j-n treffen; über j-n kommen; **3.** *loi, mesure* ~ *qn* j-n (be)treffen; ~ *qn d'une amende* j-n mit e-r Geldstrafe belegen; j-m e-e Geldstrafe auferlegen; ~ *qn, qc d'un impôt* j-m e-e Steuer auferlegen; etw mit e-r Steuer belasten, belegen; **4.** (*étonner*) ~ *qn* j-n über'raschen, verblüffen, frap'pieren, erstaunen; j-m auffallen; *abs cela frappe* das fällt auf, ins Auge; ~ *de terreur* in Schrecken versetzen; **5.** *boisson* kalt stellen; kühlen; *adjt frappé* (eis)gekühlt; **6.** *monnaie* prägen; *drapeau frappé d'une aigle* mit aufgeprägtem Adler; **II** *v/i* **7.** ~ (*à la porte*) (an die Tür) klopfen; *entrez sans* ~ (bitte) nicht anklopfen; *on frappe* es klopft; *fig* ~ *à la bonne, à la mauvaise porte* sich an die richtige, an die falsche *ou* verkehrte Stelle, F Adresse wenden; *fig* ~ *à toutes les portes* sich an alle Stellen wenden; F von Pontius zu Pi'latus laufen; ~ *dans ses mains* in die Hände klatschen; **III** *v/pr* **8.** *se* ~ *le front* sich (*dat*) an die Stirn tippen; *se* ~ *la poitrine* sich (*dat*) an die Brust schlagen; **9.** F *fig* (*ne*) *te frappe pas* mach dir deswegen keine Gedanken; reg dich darüber nicht auf; F laß dir deshalb keine grauen Haare wachsen; *sans se* ~ völlig gelassen
frappeur [fʀapœʀ] *adj m esprit* ~ Klopf-, Poltergeist *m*
frasque [fʀask] *f* Eska'pade *f*; Streich *m*; Torheit *f*; Dummheit *f*; ~ *de jeunesse* Jugendtorheit *f*, -streich *m*; *faire des* ~ *s* über die Stränge schlagen
fraternel [fʀatɛʀnɛl] *adj* ⟨~le⟩ brüderlich, Bruder... (*a fig*); (*entre frères et sœurs*) geschwisterlich; Geschwister...; *baiser* ~ Bruderkuß *m*
fraternis|ation [fʀatɛʀnizasjɔ̃] *f* Verbrüderung *f*; *avec l'ennemi* Fraterni'sierung *f*; **~er** *v/i* sich verbrüdern (*avec qn* mit j-m); fraterni'sieren (mit j-m)
fraternité [fʀatɛʀnite] *f* **1.** Brüderlichkeit *f*; Brüderschaft *f*; Zu'sammengehörigkeit *f*; **2.** *REL* Bruderschaft *f*
fratricide [fʀatʀisid] **I** *adj* brudermörderisch; *guerre f* ~ Bruderkrieg *m*; **II** *subst* **1.** *m JUR* Bruder- *ou* Schwestermord *m*; **2.** *m,f* Bruder- *ou* Schwestermörder(in) *m(f)*
fraude [fʀod] *f* Betrug *m*; Betrüge'rei *f*; *JUR*, *lors d'un examen* Täuschung *f*; *d'un bilan* Verschleierung *f*; ~ *électorale* Wahlbetrug *m*; ~ *fiscale*, *à l'impôt* Steuerhinterziehung *f*; *fabriquer qc en* ~ etw schwarz herstellen; *passer qc en* ~ etw (ein-, her'aus)schmuggeln; *prendre qn en* ~ j-n bei e-r Täuschung, e-m Betrug ertappen
frauder [fʀode] **I** *v/t* betrügen; täuschen; *bilan* verschleiern; ~ *le fisc* Steuern hinter'ziehen; **II** *v/i* betrügen; ~ *à ou dans l'examen* bei der Prüfung täuschen, unerlaubte Hilfsmittel benutzen
fraudeur [fʀodœʀ] *m* Betrüger *m*; *de la douane* Schmuggler *m*; *du fisc* Steuerhinterzieher *m*
frauduleux [fʀodylø] *adj* ⟨-euse⟩ betrügerisch; *banqueroute*, *faillite frauduleuse* betrügerischer Bankrott; *bilan* ~ gefälschte, verschleierte, F fri'sierte Bilanz
frayer [fʀeje] ⟨-ay- *ou* -ai-⟩ **I** *v/t* ~ *un passage* e-n Weg bahnen (*à qn dans la foule* j-m durch die Menge); *fig* ~ *la voie à qn*, *à qc* j-m, e-r Sache den Weg bereiten, ebnen; **II** *v/i* **1.** ~ *avec qn* mit j-m verkehren, 'Umgang *ou* Kon'takt haben, pflegen; **2.** *poisson* laichen; **III** *v/pr se* ~ *un chemin*, *un passage* sich e-n Weg bahnen (*à travers*, *dans la foule* durchs Gedränge)
frayeur [fʀejœʀ] *f* Schrecken *m*; Angst *f*; Schauder *m*
fredaine [fʀɔdɛn] *f* Eska'pade *f*; Streich *m*
Frédéric [fʀedeʀik] *m* Friedrich *m*
fredonn|ement [fʀɔdɔnmɑ̃] *m* Summen *n*; Trällern *n*; **~er** *v/t* summen; trällern
free-lance [fʀilɑ̃s] *adj* freiberuflich tätig; frei
freezer [fʀizœʀ] *m* Gefrierfach *n*; Froster *m*
frégate [fʀegat] *f* **1.** *MAR* Fre'gatte *f*; **2.** *ZO* Fre'gattvogel *m*
frein [fʀɛ̃] *m* **1.** *TECH* Bremse *f*; ~ *avant*, *arrière* Vorderrad-, Hinterradbremse *f*; ~ *moteur* Motorbremse *f*; ~ *à disque*, *à main*, *à tambour* Scheiben-, Hand-, Trommelbremse *f*; *appuyer sur le* ~ auf die Bremse treten; *donner un coup de* ~ kurz (ab)bremsen; *fig coup de* ~ *donné à* Einschränkung *f*, Drosselung *f* (+*gén*); *mettre, serrer* ~ die Bremse anziehen; **2.** *fig* Hemmschuh *m*; Zügel *m*; *sans* ~ zügel-, schranken-, grenzenlos; ungezügelt; *être un* ~ *à qc* etw hemmen, bremsen; ein Hemmschuh sein für etw; *mettre un* ~ *à qc* etw zügeln, im Zaum halten; e-r Sache (*dat*) Zügel anlegen, e-n Riegel vorschieben; *cf a ronger 1.*; **3.** *ANAT* Bändchen *n*; *sc* Frenulum *n*
freinage [fʀɛnaʒ] *m* **1.** *TECH* Bremsen *n*, -ung *f*; Abbremsen *n*; *bon, mauvais* ~ guter, schlechter Bremseffekt *m*; *système m*, *trace f de* ~ Bremssystem *n*, -spur *f*; **2.** *fig des prix, de la production* Drosselung *f*; Dämpfung *f*
freiner [fʀene] **I** *v/t* hemmen, bremsen (*a fig*); *fig* behindern; ein Hemmschuh sein (*qc* für etw); *conjuncture, exportation* bremsen; drosseln; dämpfen; **II** *v/i*

(ab)bremsen; ~ *brusquement, doucement* scharf, weich bremsen

Fréjus [fʀeʒys] *Stadt im Dep. Var*

frelater [fʀəlate] *v/t marchandise* (ver-)fälschen; *vin, lait a* panschen; *adjt* **frelaté** *fig vie, plaisirs* unnatürlich

frêle [fʀɛl] *adj* **1.** (*délicat*) zierlich; feingliedrig; **2.** (*faible*) schwach (*a voix*); schwächlich

frelon [fʀəlɔ̃] *m ZO* Hornisse *f*

freluquet [fʀəlykɛ] *m péj* Laffe *m*; kleiner Geck

frémir [fʀemiʀ] *v/i* **1.** *feuillage etc* rauschen; säuseln; zittern; *insectes* schwirren; *eau avant de bouillir* summen; singen; **2.** *personne* (er)zittern; (er)beben; schau(d)ern; ~ *de crainte, d'impatience, d'indignation* vor Furcht, Ungeduld, Empörung zittern, beben; *abs c'est à faire* ~ das ist schauderhaft, ab'scheulich

frémiss|ant [fʀemisɑ̃] *adj* zitternd, bebend (*de colère etc* vor Zorn etc); vi'brierend; **~ement** *m* **1.** *des feuilles etc* Rauschen *n*; Säuseln *n*; Zittern *n*; **2.** *d'une personne* (Er)Zittern *n*; Beben *n*; Erschauern *n*

frênaie [fʀenɛ] *f* Eschenwald *m*

french cancan [fʀɛnʃkɑ̃kɑ̃] *m danse* Can'can *m*

frêne [fʀɛn] *m* Esche *f* (*arbre et bois*)

frénésie [fʀenezi] *f* Rase'rei *f*; Wahnsinn *m*; *avec* ~ wie wahnsinnig; wie besessen; rasend

frénétique [fʀenetik] *adj rythme, applaudissements* fre'netisch; rasend

fréquemment [fʀekamɑ̃] *adv* häufig; oft

fréquence [fʀekɑ̃s] *f* **1.** Häufigkeit *f*; *CH DE FER* ~ *des trains* Zugdichte *f*; **2.** *PHYS* Frequ'enz *f*; Schwingungszahl *f*

fréquent [fʀekɑ̃] *adj* häufig; ständig 'wiederkehrend; *il est* ~ *de voir ...* man sieht oft, häufig ...; *ce n'est pas* ~ das kommt nicht oft vor, ist nicht üblich; *faire un usage* ~ *de qc* etw oft, häufig benützen

fréquentable [fʀekɑ̃tabl(ə)] *adj individu m peu* ~ Per'son, der man aus dem Weg gehen sollte, mit der man nicht verkehren sollte

fréquentatif [fʀekɑ̃tatif] *adj et subst m LING* (*verbe*) ~ Frequenta'tiv(um) *n*

fréquentation [fʀekɑ̃tasjɔ̃] *f des musées etc* häufiger Besuch; *des gens* 'Umgang *m*, (häufiger) Verkehr, Zu'sammensein *n* (*de mit*); ~ *scolaire* Schulbesuch *m*; ~ *des théâtres* häufiger Theaterbesuch; *avoir de mauvaises* ~s schlechten Umgang haben; *ce n'est pas une* ~ *pour lui* das ist kein Umgang für ihn

fréquenté [fʀekɑ̃te] *adj route* stark, viel befahren; *rue a* belebt; *lieu* vielbesucht; *mal* ~ wo zweifelhafte Leute verkehren

fréquenter [fʀekɑ̃te] *I v/t* **1.** *lieu, spectacle etc* häufig, regelmäßig besuchen; frequen'tieren; **2.** ~ *qn* mit, bei j-m verkehren; mit j-m 'Umgang haben, pflegen; mit j-m oft, häufig zu'sammenkommen; ~ *une jeune fille* mit e-m Mädchen gehen; **II** *v/pr se* ~ mitein'ander verkehren, oft, häufig zu'sammenkommen

frère [fʀɛʀ] *m* **1.** Bruder *m*; ~(*s*) *et sœur*(*s*) *f(pl)* Geschwister *pl*; F *petit* ~ kleiner Bruder; Brüderchen *n*; *nom d'entreprise* **Durand** ~s Gebrüder Durand; **2.** *REL* Bruder *m*; *mes* (*bien chers*) ~s! liebe Brüder (und Schwestern)!; liebe Gemeinde!; *il a été élevé chez les* ~s er ist in e-r (von Mönchen geleiteten) Klosterschule erzogen worden; **3.** *fig* Bruder *m*; *adjt* Bruder...; *faux* ~ falscher Freund, F Fuffziger; F *vieux* ~ F altes Haus; ~s *d'armes* Waffenbrüder *m/pl*; *adjt* **partis** *m/pl* ~s Schwesterparteien *f/pl*; **peuples** *m/pl* ~s Brudervölker *n/pl*; *c'est un* ~ *pour moi* er ist wie ein Bruder für mich; *partager en* ~s brüderlich teilen; *couple vivre comme* ~ *et sœur* wie Bruder und Schwester leben; e-e Josephsehe führen; **4.** F *fig d'objets* Pen'dant *n*; F Zwilling *m*

frérot [fʀeʀo] F *m* kleiner Bruder; Brüderchen *n*; F Bruderherz *n*

fresque [fʀɛsk] *f* **1.** *PEINT* Fresko *n*; Freske *f*; *peinture f à* ~ Freskomalerei *f*; **2.** *fig* (Monumen'tal)Gemälde *n*, (-)Schilderung *f*

fret [fʀɛ] *m* **1. a)** (*coût du transport*) Fracht *f*; Frachtkosten *pl*, -geld *n*, -preis *m*; **b)** *MAR* Schiffsmiete *f*; Schiffsmietpreis *m*; **2.** (*cargaison*) Fracht *f*; Frachtgut *n*; Ladung *f*; ~ *aérien, ferroviaire* Luft-, Bahnfracht *f*

fréter [fʀete] *v/t* ⟨-è-⟩ **1.** *véhicule* mieten; **2.** *navire* verchartern [-'ʃ-]; ~*eur m* Schiffsvermieter *m*

frétillant [fʀetijɑ̃] *adj poisson* zappelnd; zuckend; *personne* lebhaft; quecksilb(e)rig; quirlig; *être tout* ~ *d'impatience* ganz zapp(e)lig sein vor Ungeduld

frétiller [fʀetije] *v/i poisson* zappeln; zucken; *personne* zappeln (*d'impatience* vor Ungeduld); *chien* ~ *de la queue* mit dem Schwanz wedeln

fretin [fʀətɛ̃] *m* **1.** wertlose kleine Fische *m/pl*; **2.** *fig menu* ~ F kleine Fische *m/pl*

freudien [fʀødjɛ̃] **I** *adj* ⟨~ne⟩ freudi'anisch; Freuds; **II** *subst* ~(*ne*) *m(f)* Freudi'aner(in) *m(f)*

freudisme [fʀødism(ə)] *m* Lehre *f* Freuds und s-r Schüler

freux [fʀø] *m ZO* Saatkrähe *f*

friable [fʀijabl(ə)] *adj roche* bröck(e)lig; brüchig; *gâteau* bröck(e)lig; krüm(e)lig; *craie a* zerreibbar

friand [fʀijɑ̃] **I** *adj être* ~ *de qc* **a**) *d'un aliment* etw für sein Leben gern essen; große Lust auf etw (*acc*) haben; **b**) *fig de compliments etc* auf etw (*acc*) aussein; *st/s* nach etw lüstern sein; **II** *m CUIS* kleine Blätterteigpastete

friandise [fʀijɑ̃diz] *f souvent pl* ~s Lecke'reien *f/pl*; *südd* Schlecke'reien *f/pl*

Fribourg [fʀibuʀ] Freiburg *n*

fric [fʀik] *m* F (*argent*) F Zaster *m*; Knete *f*; Kies *m*; Mo'neten *pl*; Pinke *f*; Pinkepinke *f*; Piepen *pl*; Kröten *f/pl*; Moos *n*; Kohlen *f/pl*; Mäuse *f/pl*; Ma'rie *f*; Eier *n/pl*

fricandeau [fʀikɑ̃do] *m* ⟨*pl* ~x⟩ *CUIS* gespickte Kalbsnuß

fricassée [fʀikase] *f* **1.** *CUIS* Frikas'see *n*; ~ *de poulet* Hühnerfrikassee *f*; **2.** F ~ *de museaux* F endlose, allgemeine Küsse'rei

fricasser [fʀikase] *v/t CUIS* frikas'sieren

fricative [fʀikativ] *adj et subst f PHON* (*consonne*) ~ Frika'tiv-, Reibelaut *m*

fric-frac [fʀikfʀak] F *m* ⟨*pl* fric-fracs⟩ Einbruch *m*

friche [fʀiʃ] *f AGR* Brache *f*; Brachland *n*; *loc/adj* **en** ~ *terre* brachliegend (*a fig dons, facultés*); unbestellt; *fig a* ungenutzt; *terre et fig* **être** (*laisser*) **en** ~ brachliegen (lassen)

frichti [fʀiʃti] F *m* Essen *n*

fricot [fʀiko] F *m* Essen *n*

fricotage [fʀikɔtaʒ] F *m* dunkles, faules Geschäft; Schiebergeschäft *n*

fricot|er [fʀikɔte] F **I** *v/t* ~ *qc* etw im Schilde führen; F etw aushecken; **II** *v/i* dunkle, faule Geschäfte machen; **~eur** *m* F Schieber *m*

friction [fʀiksjɔ̃] *f* **1.** Ab-, Einreiben *n*, -ung *f*; Frot'tieren *n*; *MÉD* Frikti'on *f*; Reibmassage *f*; *COIFFEUR* Kopfmassage *f*; **2.** *PHYS, TECH* Reibung *f*; Frikti'on *f*; **3.** *fig* Reibung *f*; Reibe'rei *f*; *cause f de* ~ Anlaß *m* zu Reibereien; Reibungsfläche *f*; *point de* ~ Reibungs-, Streitpunkt *m*

frictionner [fʀiksjɔne] *v/t* ein-, abreiben; frot'tieren

fridolin [fʀidɔlɛ̃] *m* F *péj* Deutsche(r) *m*

frigidaire [fʀiʒidɛʀ] *m* (*nom déposé*) Kühlschrank *m*

frigid|e [fʀiʒid] *adj femme* fri'gid(e); **~ité** *f* Frigidi'tät *f*

frigo [fʀigo] *m* F (*réfrigérateur*) Kühlschrank *m*

frigorifier [fʀigɔʀifje] *v/t* **1.** *aliment* einfrieren; **2.** *adjt personne* F *être frigorifié* ganz 'durchgefroren *ou* durch'froren sein

frigorifique [fʀigɔʀifik] *adj* Kühl...; Gefrier...; Kälte...; *camion m, chaîne f, chambre f* ~ Kühlwagen *m*, -kette *f*, -raum *m*; *machine f* ~ Kältemaschine *f*

frileux [fʀilø] *adj* ⟨-euse⟩ **1.** *personne* kälteempfindlich; *attitude* fröstelnd; *être* ~ leicht frieren, frösteln; **2.** *fig* ängstlich; zaghaft

frimas [fʀima] *poét m/pl* (Rauh)Reif *m*

frime [fʀim] *f* F The'ater *n*; Mache *f*; *pour la* ~ (nur) zum Schein; pro forma; *c'est de la* ~ das ist doch alles nur Theater, Mache; er etc tut doch nur so

frim|er [fʀime] *v/i* F sich groß aufspielen; angeben; **~eur** *m*, **~euse** *f* F Angeber(in) *m(f)*

frimousse [fʀimus] F *f* Gesicht(chen) *n*

fringale [fʀɛ̃gal] F *f* Heißhunger *m* (*a fig*); F Kohldampf *m*; *j'ai une de ces* ~s! F hab' ich e-n Kohldampf!; *fig avoir une* ~ *de lecture* e-n Heißhunger auf Lektüre haben; lesehungrig sein

fringant [fʀɛ̃gɑ̃] *adj* **1.** *cheval* feurig; **2.** *personne* flott; schneidig

fringuer [fʀɛ̃ge] F **I** *v/t* anziehen; *adjt être bien fringué* gut angezogen, F in Schale sein; **II** *v/pr se* ~ sich anziehen

fringues [fʀɛ̃g] *f/pl* F Kla'motten *f/pl*

friper [fʀipe] *v/t tissu, vêtement* zerknittern, -knüllen, F -knautschen

friperie [fʀipʀi] *f* **1.** (*vieux habits*) Altkleider *n/pl*; **2. a)** *commerce* Altkleiderhandel *m*; **b)** *boutique* Secondhandshop *f* [-'hɛnt-]

fripes [fʀip] *f/pl* Altkleider *n/pl*; Secondhandkleidung [-'hɛnt-] *f*

frip|ier [fʀipje] *m*, **~ière** *f* Altkleiderhändler(in) *m(f)*; Trödler(in) *m(f)*

fripon [fʀipɔ̃] F **I** *adj* ⟨~ne⟩ schelmisch;

fripouille – frondaison

spitzbübisch; **II** *subst* ~**(ne)** *m(f) d'un enfant* Schelm *m*; Spitzbube *m*, -bübin *f*; *petit* ~ kleiner Schelm
fripouille [fʀipuj] *F f* Lump *m*; Schuft *m*; Schurke *m*; Ha'lunke *m*
frire [fʀiʀ] ⟨*déf*: je fris, il frit; je frirai; frit⟩ *v/t et v/i* (*faire*) ~ (in schwimmendem Fett) backen, braten; *pâte f à* ~ Ausbackteig *m*; *cf a* **frit**
frisbee [fʀizbi] *m jeu* Frisbee *n* (*Wz*)
frise[1] [fʀiz] *f* **1. a)** ARCH Fries *m*; **b)** *décoration* (Orna'ment)Fries *m*; Zierstreifen *m*; **2.** THÉ Bühnenhimmel *m*
frise[2] [fʀiz] *f* MIL **cheval** *m* **de** ~ ⟨*pl* chevaux *m* de ~⟩ spanischer Reiter
Frise [fʀiz] **la** ~ Friesland *n*
frisé [fʀize] **I** *adj* **1.** *cheveux* lockig; gekräuselt; kraus; gelockt; wellig; *personne* mit gelocktem Haar; kraushaarig; *cheveux* ~**s** a Kraushaar *n*; **2.** *feuilles* kraus; gekraust; *chou* ~ Wirsing *m*; **II** *m* **1.** *personne* Locken-, Krauskopf *m*; **2.** F *cf* **fritz**
friser [fʀize] **I** *v/t* **1.** *cheveux* wellen; in Wellen legen; locken; kräuseln; **2.** (*frôler*) ~ *l'impertinence, le ridicule etc* an Unverschämtheit, ans Lächerliche *etc* grenzen; *il frise la soixantaine* er ist bald, knapp, an die sechzig (Jahre alt); **II** *v/i cheveux* sich wellen, kräuseln, locken, (k)ringeln; wellig, lockig, kraus sein; *personne* Locken-, Kraushaar bekommen *ou* haben; ~ *naturellement* von Natur gelocktes Haar haben; Naturwellen, -locken haben
frisette [fʀizɛt] *f* Löckchen *n*; kleine Locke; *se faire des* ~**s** sich Löckchen machen, drehen
frison [fʀizɔ̃] **I** *adj* ⟨~**ne**⟩ friesisch; **II** *subst* ~**(ne)** *m(f)* Friese *m*, Friesin *f*
frisott|ant [fʀizɔtɑ̃] *ou* -é *adj cheveux* sich kräuselnd, (k)ringelnd
frisotter [fʀizɔte] **I** *v/t* ~ *qn* j-m Löckchen machen, drehen; **II** *v/i cheveux* sich kräuseln, (k)ringeln
frisquet [fʀiskɛ] *F adj* ⟨~**te**⟩ frisch; kühl; *il fait* ~ es ist kühl, frisch
frisson [fʀisɔ̃] *m* Schauder *m*; *st/s* Schauer *m*; *de froid a* Frösteln *n*; Zittern *n*; *de peur, d'excitation a* Zittern *n*; *st/s* (Er)Beben *n*; *de peur a* Gruseln *n*; MÉD ~**s** *pl* Schüttelfrost *m*; *avoir un* ~ *de terreur* vor Schrecken (er)zittern; *donner un* ~ *à qn* j-n schaudern, erschauern lassen; *cela me donne le* ~, *j'en ai des* ~**s** es schaudert mich (dabei); es gruselt mir (davor); es über'läuft mich kalt (dabei); mich erfaßt, ergreift, über'fällt (dabei) ein Schauder
frissonn|ant [fʀisɔnɑ̃] *adj* schaudernd; erschauernd; (er)zitternd; *st/s* (er)bebend; *de froid a* fröstelnd; ~**ement** *m* Erschauern *n*; Schaudern *n*; (Er)Beben *n*; *de peur a* Gruseln *n*; *des feuilles* Rascheln *n*; Rauschen *n*
frissonner [fʀisɔne] *v/i* **1.** erschauern; schaudern; *de froid a* frösteln; *de peur, d'émoi, de froid a* zittern; *st/s* beben; *d'effroi* sich gruseln; ~ *de plaisir* vor Lust beben; **2.** *poét roseau etc* sich (leicht) bewegen; *eau* sich kräuseln (*sous le vent* im Wind)
frisure [fʀizyʀ] *f des cheveux* Kräuselung *f*
frit [fʀi] *p/p cf* **frire** *et adj* **1.** (in schwimmendem Fett) gebacken, gebraten; *pommes de terre* ~**es** Pommes frites *pl*; **2.** F *fig il est* ~ F er ist erledigt; es ist aus mit ihm
frite [fʀit] *f surtout pl* ~**s** Pommes frites *pl*; F **Pommes** ['pɔmɛs] *pl*; **steak** *m* ~**s** (Beef)Steak *n* mit Pommes frites; *cornet m de* ~**s** Tüte *f* (mit) Pommes frites; F *fig avoir la* ~ in Form sein
frit|erie [fʀitʀi] *f* Pommes-frites-Stand *m*; ~**euse** *f* CUIS Pommes-frites-Topf *m*; Fri'teuse *f*
friture [fʀityʀ] *f* **1.** CUIS **a)** *action* Braten *n*, Backen *n* (in schwimmendem Fett); **b)** *graisse* (heißes) Ausbackfett; Fri'türe *f*; **c)** *poissons* (kleine) gebratene, gebackene Fische *m/pl*; **2.** RAD, TÉL Störgeräusch *n*; Knattern *n*
fritz [fʀits] *m* F *péj* Deutsche(r) *m*
frivole [fʀivɔl] *adj* **1.** *personne* leichtfertig; leichtsinnig; oberflächlich; fri'vol; **2.** *lecture*, *prétexte etc* nichtssagend; *prétexte a* nichtig; *lecture a* leicht; oberflächlich; *spectacle a* gehaltlos
frivolité [fʀivɔlite] *f* **1.** *d'une personne* Leichtfertigkeit *f*; Oberflächlichkeit *f*; Leichtsinn *m*; Frivoli'tät *f*; **2.** *d'une chose* Oberflächlichkeit *f*; Nichtigkeit *f*; **3.** ~**s** *pl* Acces'soires *n/pl*; modisches Beiwerk
froc [fʀɔk] *m* **1.** (Mönchs)Kutte *f*; *fig jeter le* ~ *aux orties* moine aus dem Orden austreten; *prêtre* den Priesterberuf aufgeben; **2.** F (*pantalon*) F Büx *f*; Buxe *f*
froid [fʀwa] **I** *adj* ⟨**froide** [fʀwad]⟩ **1.** *temps, vent, eau, lieu etc* kalt; kühl; *moteur, mets* kalt; *chambre* ~**e** Kühlraum *m*; *avoir les mains* ~**es** kalte Hände haben; *boire* ~ kalt, etwas Kaltes trinken; *manger* ~ kalt essen; **2.** *personne* (gefühls)kalt; kühl; (*insensible*) fühllos; kaltherzig; (*indifférent*) gleichgültig; ungerührt; *accueil etc* kalt; frostig; unfreundlich; *colère* kalt; verhalten; *guerre* ~**e** kalter Krieg; *garder la tête* ~**e** e-n kühlen Kopf, kaltes Blut bewahren; *cela me laisse* ~ das läßt mich kalt; *rester* ~ gleichgültig, ungerührt bleiben; **3.** *vêtement* dünn; luftig; leicht; **4.** *loc/adv à* ~ TECH kalt; *démarrage m à* ~ Kaltstart *m*; *fig s'emporter à* ~ *sur un sujet* sich (ganz) plötzlich, unvermittelt über ein Thema ereifern; SPORTS *et fig* **prendre son adversaire à** ~ s-n Gegner über'fahren, über'rumpeln; F kalt erwischen; **II** *m* **1.** Kälte *f*; ~ *artificiel, industriel* künstliche Kälte; *les premiers* ~**s** die ersten kalten Tage *m/pl ou* Nächte *f/pl*; F ~ *de canard, de loup* F Hunde-, P Saukälte *f*; F *il fait un* ~ *de canard, de loup* F es ist hunde-, P saukalt; *vague f de* ~ Kälteeinbruch *m*, -welle *f*; *attraper, prendre* ~ sich erkälten; F sich verkühlen; *attraper un coup de* ~ sich e-e Erkältung holen, zuziehen; *avoir* ~ frieren; *j'ai* ~ ich friere, es friert mich, mich friert, mir ist kalt (*aux mains* an den Händen); *fig n'avoir pas* ~ *aux yeux* Courage haben; *fig battre* ~ *à qn* j-m die kalte Schulter zeigen; j-n links liegenlassen; *cela me donne* ~ davon *ou* dabei wird es mir (ganz) kalt; *cela me donne un frisson dans le dos* läuft es mir kalt den Rücken hinunter; F *fig être en* ~ *avec qn* auf gespanntem Fuß *ou* nicht gut mit j-m stehen; *il fait* ~ es ist kalt, kühl; *fig jeter un* ~ *dans l'assistance* wie e-e kalte Dusche, ernüchternd, peinlich auf das Publikum wirken; *mourir de* ~ erfrieren; an Unter-'kühlung sterben; F *fig on meurt, crève de* ~ *ici* F hier ist's hunde-, P saukalt; **2.** TECH Kältetechnik *f*
froidement [fʀwadmɑ̃] *adv* **1.** (*avec réserve*) kühl; kalt; (*calmement*) unbewegt; gleichgültig; gelassen; *accueillir qn* ~ j-n kühl, frostig, reser'viert empfangen; **2.** *tuer qn* kaltblütig; **3.** *plais*: *comment allez-vous?* – ~! wie's einem so geht bei dem Wetter
froid|eur [fʀwadœʀ] *f* (Gefühls)Kälte *f*; Kühle *f*; Frostigkeit *f*; Reser'viertheit *f*; ~**ure** *litt f* (Winter)Kälte *f*
froissement [fʀwasmɑ̃] *m* **1.** *d'un tissu* (Zer)Knittern *n*; **2.** *bruit* Rascheln *n*; Knistern *n*; **3.** MÉD Zerrung *f*; Quetschung *f*; **4.** *fig* ~**s** *pl* Reibe'reien *f/pl*; Zu'sammenstöße *m/pl*
froisser [fʀwase] **I** *v/t* **1.** *tissu, papier* zerknittern; *papier a* zerknüllen; *tissu a* zerdrücken; F zerknautschen; *adjt tôle froissée* Blechschaden *m*; **2.** MÉD *muscle etc* zerren; quetschen; **3.** *fig* ~ *qn* j-n kränken, verletzen; **II** *v/pr se* ~ **4.** *tissu, vêtement* knittern; knüllen; F knautschen; **5.** *se* ~ *un muscle* sich e-e Muskelzerrung, -quetschung zuziehen; **6.** *personne* gekränkt, beleidigt sein
frôlement [fʀolmɑ̃] *m* **1.** (*effleurement*) Streifen *n*; leichte Berührung; **2.** *bruit* Knistern *n*; Rascheln *n*
frôler [fʀole] *v/t* **1.** (*effleurer*) streifen; leicht berühren; **2.** (*raser*) (ganz) nahe vor'beigehen *ou* -fahren (*qn, qc* an j-m, etw); **3.** *fig* ~ *l'accident* fast, um ein Haar in e-n Unfall geraten; ~ *la catastrophe, la mort* knapp, mit knapper Not e-r Katastrophe, dem Tod entgehen
fromage [fʀɔmaʒ] *m* **1.** Käse *m*; ~ *blanc* Quark *m*; *österr* Topfen *m*; ~ *double crème* Doppelrahmkäse *m*; ~ *fondu, frais* Schmelz-, Frischkäse *m*; ~ *à pâte molle, à pâte pressée ou à pâte ferme* Weich-, Hartkäse *m*; ~ *de brebis, de chèvre* Schaf(s)-, Ziegenkäse *m*; *soufflé m au* ~ Käseauflauf *m*; **2.** ~ *de tête* Schweinskopfsülze *f*; **3.** F *fig*: *avoir un bon* ~ an der Futterkrippe sitzen; *en faire* (*tout*) *un* ~ die Sache mächtig aufbauschen
fromager [fʀɔmaʒe] **I** *adj* ⟨-ère⟩ Käse...; *industrie fromagère* Käseindustrie *f*; **II** *m* **1. a)** *marchand* Käsehändler *m*; **b)** *fabricant* Käsehersteller *m*; **2.** BOT Kapokbaum *m*
fromagerie [fʀɔmaʒʀi] *f* Käse'rei *f*
from(e)gi [fʀɔmʒi] *m* F (*fromage*) Käse *m*
froment [fʀɔmɑ̃] *m* Weizen *m*; *farine f de* ~ Weizenmehl *n*
from(e)ton [fʀɔmtɔ̃] *m* F (*fromage*) Käse *m*
fronce [fʀɔ̃s] *f* COUT Kräuselfalte *f*; Reihfältchen *n*
froncement [fʀɔ̃smɑ̃] *m* ~ *des sourcils* Stirnrunzeln *n*
froncer [fʀɔ̃se] *v/t* ⟨-ç-⟩ **1.** ~ *les sourcils* die Stirn runzeln; **2.** COUT kräuseln; fälteln; (an)reihen; zu'sammenziehen; *adjt jupe froncée* (an)gereihter, geriehener Rock
frondaison [fʀɔ̃dɛzɔ̃] *litt f* Laub-, Blattwerk *n*

fronde [fʀɔ̃d] f **1.** Schleuder f; **2.** HIST la 2 Aufstand gegen Mazarin; **3.** par ext **esprit** m **de ~** Geist m des Aufruhrs
frondeur [fʀɔ̃dœʀ] **I** m HIST et fig Fron-'deur m; fig a scharfer Kritiker der Re-'gierung, der Autori'tät; **II** adj ⟨-euse⟩ aufrührerisch; aufsässig; **esprit ~** 'Widerspruchsgeist m; aufrührerischer Geist; **propos ~s** kritische Reden f/pl
front [fʀɔ̃] m **1.** ANAT Stirn f; loc/adv **le ~ baissé**, **'haut** gesenkten, erhobenen Hauptes; st/s **avoir le ~ de faire qc** die Stirn haben, sich erdreisten, sich unter-'stehen, etw zu tun; fig: **courber le ~** sich fügen, beugen, 'unterordnen, unter'werfen; **faire ~ à qn, qc** j-m die Stirn bieten; j-m, e-r Sache trotzen; sich j-m, e-r Sache wider'setzen; gegen j-n, etw Front machen; **2.** MIL et POL Front f; 2 **national** rechtsextreme frz Partei; 2 **populaire** Volksfront f; **guerre** f **sur deux, plusieurs ~s** Zwei'fronten-, Mehr'frontenkrieg m; **être au, sur le ~** an der Front sein, stehen; **3.** MÉTÉO **~ chaud, froid** Warm-, Kaltfront f; **4.** d'une construction (Vorder-) Front f; Stirn-, Vorderseite f; par ext: **~ de mer** am Meer entlangführende Straße; **~ de Seine** Häuserfront f an der Seine; **5.** loc/adv **de ~ a)** fron'tal; von vorn; **voitures se heurter de ~** in e-n Frontalzusammenstoßen, e-n Frontalzusammenstoß haben; **b)** fig (ganz) di'rekt; ohne 'Umschweife; **aborder un problème de ~** ein Problem direkt angehen; **c)** marcher, rouler nebenein'ander; auf gleicher Höhe; **d)** **mener de ~** gleichzeitig ausüben, betreiben
frontal [fʀɔ̃tal] adj ⟨-aux⟩ **1.** ANAT Stirn...; **os ~ ou subst ~** m Stirnbein n; **2.** **collision ~e** Fron'talzusammenstoß m
frontalier [fʀɔ̃talje] **I** adj ⟨-ière⟩ Grenz...; **population frontalière** Grenzbevölkerung f; **trafic ~** (kleiner) Grenzverkehr; **travailleur ~** Grenzgänger m; **ville, zone frontalière** Grenzstadt f, -gebiet n ou -land n; **II** m Grenzbewohner m
frontière [fʀɔ̃tjɛʀ] f **1.** Grenze f; **~ linguistique** Sprachgrenze f; **~ naturelle** natürliche Grenze; fig **les ~s du savoir** die Grenzen des Wissens; **incident** m **de ~** Grenzzwischenfall m; **passage** m **de la ~** Grenzübertritt m, -überschreitung f; loc/adv **à la ~** an der Grenze; **dans nos ~s** innerhalb unserer Grenzen; **franchir, passer la ~** über die Grenze gehen; die Grenze über'schreiten, passieren; **2.** adjt ⟨inv⟩ Grenz...; **garde** m **~** Grenzwache f, -posten m; Grenzer m; **gare** f, **poste** m, **ville** f **~** Grenzstation f, -übergang m, -stadt f
frontispice [fʀɔ̃tispis] m TYPO **1.** Titelblatt n; **2.** Fronti'spiz m; Titelbild n
fronton [fʀɔ̃tɔ̃] m **1.** ARCH Giebeldreieck n, -feld n; Fronti'spiz m; **2.** PELOTE BASQUE Mauer f
frottage [fʀɔtaʒ] m Reiben n; Scheuern n; du parquet Bohnern n; Wienern n
frottement [fʀɔtmã] m **1.** Reiben n; Reibung f (a PHYS, TECH); Aneinˈander-, Abreiben n; Frot'tieren n; **2.** fig ~s Reiˈbeˈreien f/pl; Schwierigkeiten f/pl
frotter [fʀɔte] **I** v/t **1.** (ab)reiben; frot-'tieren; F (ab)rubbeln; **allumette** anzünden; anreißen; **~ qc à l'émeri** etw (ab)schmirgeln; **~ son doigt sur la table** mit dem Finger über den Tisch reiben; **~ qn pour le réchauffer, sécher** j-n warmreiben, trockenreiben; **adjt instrument** m **à cordes frottées** Streichinstrument n; **2.** sol scheuern; schrubben; parquet bohnern; wienern; cuivre, vitres blank reiben, putzen; **II** v/i **3.** (anein'ander)reiben; scheuern; **III** v/pr **4. a)** **se ~** sich abreiben, frotˈtieren; **b)** **se ~ les mains, les yeux** sich die Hände, die Augen reiben; **5.** fig **a)** **se ~ à qn** sich an j-m reiben; sich mit j-m anlegen; **b)** **se ~ à qc** sich e-e Zeitlang mit etw beschäftigen; F in etw (acc) hin'einriechen; **ne vous y frottez pas!** lassen Sie die Finger davon!; prov **qui s'y frotte s'y pique** wer nicht hören will, muß fühlen (prov)
frottis [fʀɔti] m **1.** PEINT dünner Farbauftrag; **2.** BIOL, MÉD Ausstrich m
frottoir [fʀɔtwaʀ] m d'une boîte d'allumettes etc Reibfläche f
frou-frou ou **froufrou** [fʀufʀu] m d'une robe de soie etc Rascheln n; Rauschen n; Knistern n; Frou'frou m ou n
froufrout|ant [fʀufʀutã] adj raschelnd; knisternd; **~er** v/i rascheln; knistern
froussard [fʀusaʀ] F **I** adj ängstlich; bang(e); furchtsam; **être ~** F ein Angsthase sein; **II** subst **~(e)** m(f) F Angsthase m; nordd Bangbüx(e) f
frousse [fʀus] f F Heidenangst f; Bammel m; P Schiß m; **avoir la ~** F (e-n) Bammel, Heidenangst, F e-n P Schiß haben
fructifier [fʀyktifje] v/i **1.** arbres etc Früchte tragen (a fig), bilden, herˈvorbringen; terre ertragreich sein; **2.** COMM Zinsen abwerfen, bringen, tragen; **faire ~ son argent** sein Geld verzinslich, zins-, gewinnbringend anlegen
fructose [fʀyktoz] m CHIM Fruchtzucker m; sc Frucˈtose f
fructueux [fʀyktɥø] adj ⟨-euse⟩ commerce, spéculation etc einträglich; gewinnbringend; vorteilhaft; collaboration, efforts fruchtbar; fruchtbringend; nützlich; erfolgreich
frugal [fʀygal] adj ⟨-aux⟩ **1.** nourriture, repas fruˈgal; einfach; karg; kärglich; **2.** personne genügsam; mäßig; enthaltsam; anspruchslos; vie einfach; karg; **~ité** f **1.** d'un repas etc Einfachheit f; Kargheit f; Kärglichkeit f; Frugaliˈtät f; **2.** d'une personne Genügsamkeit f; Mäßigkeit f; Enthaltsamkeit f; Anspruchslosigkeit f
fruit [fʀɥi] m **1.** Frucht f; pl **~s** a Obst n; BIBL et fig **le ~ défendu** die verbotene Frucht; **l'attrait** m **du ~ défendu** der Reiz des Verbotenen; **~s secs** Dörr-, Trocken-, Backobst n; fig d'une personne **~ e ~ sec** ein Versager m; F e-e Niete; e-e taube Nuß; **~s tropicaux** Südfrüchte f/pl; **~ vert a)** unreife, grüne Frucht; **b)** fig sehr junges Mädchen; prov **c'est au ~ qu'on connaît l'arbre** an der Frucht erkennt man den Baum; BIBL an ihren Früchten sollt ihr sie erkennen; **2. ~s de mer** Meeresfrüchte f/pl; Krusten- und Schalentiere n/pl; **3.** fig Frucht f; Folge f; Ergebnis n; litt **~ de l'amour** Frucht, Kind n der Liebe; **le ~ d'une vie de travail** die Früchte e-s arbeitsreichen Lebens; **porter ses ~s** Früchte tragen; Folgen zeitigen, haben
fruité [fʀɥite] adj mit Fruchtgeschmack; vin fruchtig; **goût ~** Fruchtgeschmack m
fruiterie [fʀɥitʀi] f Obstgeschäft n
fruitier [fʀɥitje] adj ⟨-ière⟩ Obst...; Frucht...; **arbre ~** Obstbaum m
frusques [fʀysk] F f/pl (alte) Kleider n/pl, F Klaˈmotten f/pl
fruste [fʀyst] adj **1.** personne, manières ungeschliffen; ungehobelt; grob; plump; **2.** médaille abgegriffen; statue verwittert
frustrant [fʀystʀã] adj fruˈstrierend
frustration [fʀystʀasjɔ̃] f **1.** Frustratiˈon f; Fruˈstriertheit f; F Frust m; par ext Enttäuschung f; **2.** d'un héritier Benachteiligung f
frustrer [fʀystʀe] v/t **1.** fruˈstrieren; (déˈcevoir) enttäuschen; espoirs vereiteln; enttäuschen; **~ qn dans ses espoirs** j-n in s-n Erwartungen, j-s Erwartungen enttäuschen; adjt **frustré** frustriert; **2. ~ qn de qc** j-n um etw bringen, betrügen
FS abr (franc[s] suisse[s]) Fr ou sFr ou sfr (pl sfrs) (Schweizer Franken)
fuchsia [fyʃja] m BOT Fuchsie f
fucus [fykys] m BOT Ledertang m
fuégien [fɥeʒjɛ̃] **I** adj ⟨~ne⟩ feuerländisch; **II** subst **2(ne)** m(f) Feuerländer(in) m(f)
fuel [fjul] m Heizöl m
fugac|e [fygas] litt adj flüchtig; von kurzer Dauer; vergänglich; **~ité** litt f Flüchtigkeit f; kurze Dauer
fugitif [fyʒitif] adj ⟨-ive⟩ **1.** personne flüchtig; **2.** pensée, impression, mouvement flüchtig; bonheur (von) kurz(er Dauer); beauté rasch verblühend; vergänglich; **ombres fugitives** fliehende Schatten m/pl; **II** subst **~, fugitive** m,f Flüchtige(r) f(m); Flüchtling m
fugue [fyg] f **1.** MUS Fuge f; **2.** d'enfant, d'adolescent Ausreißen m; **faire une ~** ausreißen; weg-, fort-, da'vonlaufen
fugué [fyge] adj MUS in der Art e-r Fuge; fuˈgiert
fugu|er [fyge] v/i F ausreißen; **~eur** m, **~euse** f Ausreißer(in) m(f)
fuir [fɥiʀ] ⟨je fuis, il fuit, nous fuyons; je fuyais; je fuis; je fuirai; que je fuie; fuyant; fui⟩ **I** v/t **~ qn, qc** j-m, e-r Sache aus dem Weg(e) gehen; j-n, etw meiden; st/s j-n, etw fliehen; **~ un danger** e-r Gefahr ausweichen; **~ un régime** e-m Regime entfliehen; **~ les responsabilités** die Verantwortung scheuen; **II** v/i **1.** fliehen, flüchten (**devant qn** vor j-m; **devant le danger** vor der Gefahr); **faire ~ qn** j-n vertreiben; **2.** fig et litt beaux jours daˈhineilen, -schwinden; verfliegen; litt fliehen; **3.** liquide (durch e-e undichte Stelle) rinnen, auslaufen; gaz ausströmen (**de** aus); **4.** récipient leck sein; lecken; e-e undichte Stelle haben; undicht sein; robinet tropfen, robinet de gaz undicht sein; **5.** lignes etc in die Tiefe laufen; sich verjüngen
fuite [fɥit] f **1.** Flucht f (**devant** vor +dat); fig **~ en avant** Flucht nach vorn; JUR **délit** m **de ~** Fahrer-, Unfallflucht f; loc/adv **dans sa ~** auf der Flucht; loc/adj **en ~** auf der Flucht; fliehend; **prisonnier ~** flüchtig; **être en ~** auf der

fulgurant – fusée

Flucht *ou* flüchtig sein; *mettre en* ~ in die Flucht schlagen; *prendre la* ~ die Flucht ergreifen; **2.** *fig: ÉCON* ~ *des capitaux* Kapi'talflucht *f*; *la* ~ *du temps* die da'hineilende, verfliegende Zeit; **3.** *de liquide* Auslaufen *n*, *de gaz* Ausströmen *n* (aus e-r undichten Stelle); *il y a une* ~ *de gaz* es strömt Gas aus; **4.** *(fissure)* undichte Stelle; Leck *n*; *il y a une* ~ das Rohr ist nicht dicht; **5.** *fig (indiscrétion)* Indiskretion *f*; Geheimnisverrat *m*; *il y a eu des* ~ es gab Indiskretionen; **6.** *perspective ligne f de* ~ Fluchtlinie *f*
fulgur|ant [fylgyrɑ̃] *adj* **1.** *regard* funkelnd; leuchtend; *clarté* gleißend; grell; **2.** *douleur* stechend; **3.** *réponse* blitzschnell und scharf; *vitesse, progrès* F ra'sant; **~ation** *f* **1.** *PHYS* Wetterleuchten *n*; **2.** *fig et litt* Blitzen *n*; Funkeln *n*; Gleißen *n*
fuligineux [fyliʒinø] *adj* ⟨-euse⟩ rußig; Ruß...; *flamme* rußend
fulminant [fylminɑ̃] *adj* **1.** *personne* wütend; tobend; *regard* wütend; drohend; *lettre* wütend; **2.** *CHIM* Knall...
fulminer [fylmine] **I** *v/t reproches* ~ *contre qn* j-m entgegenschleudern; **II** *v/i* **1.** *personne* wettern; toben; schimpfen (*contre* auf +*acc*); F (los)donnern (gegen); **2.** *CHIM* deto'nieren, explo'dieren
fumage [fymaʒ] *m* **1.** *d'aliments* Räuchern *n*; **2.** *AGR* Düngen *n* mit Mist
fumant [fymɑ̃] *adj* **1.** *cendres, cheminée etc* rauchend; *soupe* dampfend; **2.** F *fig* ~ *de colère* kochend vor Zorn; wutschnaubend; **3.** F *réussir un coup* ~ e-n tollen Coup landen; *malfaiteur* ein tolles Ding drehen
fumasse [fymas] *adj* F *cf furax*
fumé [fyme] *adj* **1.** *aliment* geräuchert; Räucher...; *jambon, lard* ~ geräucherter Schinken, Speck; Räucherschinken *m*, -speck *m*; **2.** *verres* ~*s* dunkle Brille(ngläser) *f(n/pl)*
fume-cigarette [fymsigaret] *m* ⟨*inv*⟩ Ziga'rettenspitze *f*
fumée [fyme] *f* **1.** Rauch *m*; ~ *épaisse* Qualm *m*; dicker, dichter Rauch; ~ *du tabac* Tabakrauch *m*; *mur noir de* ~ rauchgeschwärzt; *fig s'en aller, se dissiper, s'évanouir en* ~ *projets* in Rauch aufgehen; *fortune* sich in nichts auflösen; zerrinnen; *fumeur avaler la* ~ auf Lunge rauchen; Lungenzüge machen; *la* ~ *ne vous dérange pas?* stört es Sie, wenn ich rauche?; *prov il n'y a pas de* ~ *sans feu* wo Rauch ist, ist auch Feuer (*prov*); kein Rauch ohne Feuer (*prov*); **2.** *(vapeur)* Dunst *m*; Dampf *m*
fumer [fyme] **I** *v/t* **1.** *tabac, drogue* rauchen (*a abs*); ~ *une cigarette* e-e Zigarette rauchen; ~ *la cigarette, le cigare, la pipe* Zigaretten, Zigarren, Pfeife rauchen; *défense de* ~ Rauchen verboten!; *voulez-vous une cigarette?* – *merci, je ne fume pas* danke, ich bin Nichtraucher; *arrêter, cesser de* ~ das Rauchen aufgeben; sich das Rauchen abgewöhnen; **2.** *aliment* räuchern; **3.** *AGR* (mit Mist) düngen; misten; **II** *v/i* **4.** *cendres, cheminée etc* rauchen; *p/fort* qualmen; **5.** *soupe, cheval en nage etc* dampfen; **6.** F *personne* toben; schäumen, kochen vor Wut

fumerie [fymri] *f* Opiumhöhle *f*
fumerolle [fymrɔl] *f GÉOL* Fuma'role *f*
fûmes [fym] *cf être*
fumet [fymɛ] *m* **1.** *CUIS* Bratenduft *m*; **2.** *par ext (odeur)* Duft *m*; A'roma *n*; Geruch *m*; **3.** *CH* Witterung *f*; Wildgeruch *m*
fum|eur [fymœr] *m*, **~euse** *f* Raucher(in) *m(f)*; *compartiment m (non) fumeurs* (Nicht)Raucherabteil *n*
fumeux [fymø] *adj* ⟨-euse⟩ **1.** *idées* verschwommen, nebu'lös; *explications* verworren; *esprit* ~ Wirrkopf *m*; **2.** *flamme etc* rauchend
fumier [fymje] *m* **1.** *AGR* (Stall)Mist *m*; Stalldünger *m*, -dung *m*; *tas m de* ~ Mist-, Dunghaufen *m*; **2.** *injure* P Mistvieh *n*; Miststück *n*; *pour un homme a* Mist-, Saukerl *m*
fumig|ateur [fymigatœr] *m MÉD, AGR* Räucherapparat *m*; **~ation** *f MÉD, AGR* Räuchern *n*; *AGR a* Begasung *f*; *d'un lieu* Ausräucherung *f*
fumigène [fymiʒɛn] *adj* Rauch entwickelnd; Rauch...; *MIL bombe f* ~ Rauch-, Nebelbombe *f*
fumiste [fymist] **1.** *m ouvrier* Ofensetzer *m*; **2.** *m,f c'est un (une)* ~ er (sie) hält die Leute zum Narren; *(paresseux)* er (sie) reißt sich kein Bein aus
fumisterie [fymistəri] F *f* Bluff *m*; Schwindel *m*; *une vaste* ~ ein aufgelegter Schwindel
fumivore [fymivɔr] **I** *adj* rauchverzehrend; **II** *m* Rauchverzehrer *m*
fumoir [fymwar] *m* **1.** *pour aliments* Räucherkammer *f*; **2.** Rauchsalon *m*
funambule [fynɑ̃byl] *m,f* Seiltänzer(in) *m(f)*
funambulesque [fynɑ̃bylɛsk] *adj* projets verstiegen; ausgefallen
funèbre [fynɛbr(ə)] *adj* **1.** Bestattungs...; Begräbnis...; Beerdigungs...; Trauer...; Leichen...; Toten...; *cérémonie f* ~ Bestattungs-, Beisetzungsfeier *f*; *pompes f/pl* ~*s* Bestattungs-, Beerdigungsinstitut *n*; **2.** *fig mine* traurig; *voix* unheimlich; *couleur, pensées* düster; *air m* ~ *a* Trauer-, Leichenbittermiene *f*
funérailles [fyneraj] *f/pl* Bestattung *f*; Beisetzung *f*; Begräbnis *n*; Leichenbegängnis *n*; Beerdigung *f*; ~ *nationales* Staatsbegräbnis *n*
funéraire [fynerɛr] *adj* **1.** Grab...; *dalle f, pierre f, urne f* ~ Grabplatte *f*, -stein *m*, -urne *f*; **2.** Bestattungs...; Begräbnis...; *drap m* ~ Bahrtuch *n*
funérarium [fynerarjɔm] *m* Leichenhalle *f*
funeste [fynɛst] *adj conséquences, conseil, erreur* verhängnisvoll (*à* für); *st/s* unheilvoll, -bringend; *influence* verderblich; *pressentiment* dunkle Vorahnung; *son audace lui a été* ~ wurde ihm zum Verhängnis
funiculaire [fynikylɛr] *m* (Stand)Seilbahn *f*
fur [fyr] **a)** *loc/adv au* ~ *et à mesure* nach und nach; eins nach dem andern; **b)** *loc/conj au* ~ *et à mesure que* in dem Maße, wie; *au* ~ *et à mesure que l'heure avançait* ... je weiter die Zeit vorrückte ...; **c)** *loc/prép au* ~ *et à mesure de* je nach
furax [fyraks] F *adj* ⟨*inv*⟩ wütend; F

wild; *être* ~ *a* F (e-e) Wut im Bauch haben
furent [fyr] *cf être*
furet [fyrɛ] *m* **1.** *ZO* Frettchen *n*; **2.** *jeu de société* Taler, Taler, du mußt wandern
fureter [fyrte] *v/i* ⟨-è-⟩ (her'um)schnüffeln; *dans une librairie* (her'um)schmökern
furet|eur [fyrtœr], **~euse I** *m,f* Schnüffler(in) *m(f)*; **II** *adj des yeux fureteurs* neugierig blickende Augen *n/pl*
fureur [fyrœr] *f* **1.** Wut *f*; Rase'rei *f*; *des combats* Verbissenheit *f*; Heftigkeit *f*; *poét la* ~ *des flots* das Toben der Wogen; *accès m, crise f de* ~ Wutanfall *m*, -ausbruch *m*; *se battre avec* ~ verbissen kämpfen; *être dans une* ~ *noire* von e-r blinden, sinnlosen Wut gepackt sein; maßlos wütend sein; **2.** *fig* ~ *du jeu, de lire* Spiel-, Lesewut *f*; ~ *de vivre* Lebensgier *f*; *spectacle, chanson, mode faire* ~ wütend Erfolg haben; der (große) Schlager sein; Fu'rore machen
furibard [fyribar] *adj* F *cf furibond*
furibond [fyribɔ̃] *adj* ⟨-bonde [-bɔ̃d]⟩ *personne, regard, air* wütend; zornig; grimmig; wild; *personne a* wutschnaubend; wutschäumend; wutentbrannt; *rouler des yeux* ~*s* wütend die Augen rollen
furie [fyri] *f* **1.** *MYTH et fig d'une femme* Furie *f*; **2.** *(fureur)* (helle, unbändige) Wut; Rase'rei *f*; *loc/adj en* ~ wütend; wild geworden; *poét mer* tobend; *attaquer avec* ~ ungestüm, heftig, wütend angreifen
furieux [fyrjø] *adj* ⟨-euse⟩ **1.** *personne* wütend (*a animal*); zornig; aufgebracht; erbost; erbittert; *regard, air, geste* wütend; zornig; *être* ~ *contre qn auf* j-n wütend sein; *il est* ~ *que* ... (+*subj*) er ist wütend *etc* darüber, daß ...; **2.** *fig attaque* wütend; heftig; erbittert; *appétit* unbändig; *envie* heftig; **3.** *fou* ~ Tobsüchtige(r) *m*; *folie furieuse* Tobsucht *f*
furoncle [fyrɔ̃kl(ə)] *m* Fu'runkel *m*
furoncul|eux [fyrɔ̃kylø] *adj* ⟨-euse⟩ **1.** fu'runkelartig; furunku'lös; **2.** *personne* mit Fu'runkeln behaftet; an Furunku'lose leidend; **~ose** *f MÉD* Furunku'lose *f*
furtif [fyrtif] *adj* ⟨-ive⟩ *regard, geste* verstohlen; heimlich; unauffällig; *sourire, apparition* flüchtig; *MIL avion* ~ Tarnkappenflugzeug *n*; *entrer d'un pas* ~ sich herein- *ou* hineinschleichen; *glisser une main furtive dans qc* heimlich in etw (*acc*) greifen
furtivement [fyrtivmɑ̃] *adv* heimlich; *s'en aller* ~ sich davonschleichen, -stehlen; *regarder* ~ *qn* j-n verstohlen ansehen
fus [fy] *cf être*
fusain [fyzɛ̃] *m* **1.** *BOT* Spindelbaum *m*; **2.** *(charbon pour dessiner)* (Zeichen-) Kohle *f*; **3.** *dessin* Kohlezeichnung *f*
fusant [fyzɑ̃] *adj MIL obus* ~ *ou subst* ~ *m* Brennzündergranate *f*
fuseau [fyzo] *m* ⟨*pl* ~x⟩ **1.** *pour filer* Spindel *f*; **2.** *dentelle f aux* ~x Klöppelspitze *f*; **3.** ~ *ou adjt pantalon m* ~ Keilhose *f*; **4.** *GÉOGR* ~ *horaire* Zeitzone *f*
fusée [fyze] *f* **1.** Ra'kete *f*; ~ *éclairante*

Leuchtrakete *f*; ~ *porteuse* Trägerrakete *f*; **2.** *AUTO* Achsschenkel *m*; **3.** *d'une grenade, d'une bombe* Zünder *m*
fuselage [fyzlaʒ] *m AVIAT* Rumpf *m*
fuselé [fyzle] *adj* spindelförmig; *doigts, jambes* schlank (und wohlgeformt); *AVIAT* stromlinienförmig
fuser [fyze] *v/i* **1.** *pièce de feu d'artifice* unter Zischen abbrennen; *substances chimiques* knisternd verbrennen; **2.** *fig rires, cris* erschallen; ertönen; sich erheben; aufsteigen
fusible [fyzibl(ə)] **I** *adj* schmelzbar; **II** *m ÉLECT* (Schmelz)Sicherung *f*
fusil [fyzi] *m* **1.** *MIL* Gewehr *n*; *HIST* Flinte *f*; ~ **(à chargement) automatique** Selbstladegewehr *n*; Selbstlader *m*; ~ **à air comprimé** Luftgewehr *n*; ~ **de chasse** Jagdgewehr *n*; *à plomb* (Jagd-) Flinte *f*; *à balles* Büchse *f*; **coup** *m* **de** ~ a) Gewehr-, Büchsenschuß *m*; b) F *fig dans un restaurant etc* F gesalzene Rechnung; Nepp *m*; **tirer un coup de** ~ e-n (Gewehr)Schuß abgeben; *fig* **changer son** ~ **d'épaule** 'umschwenken; s-e Ansicht, Pläne ändern; *POL* in das andere Lager 'überwechseln; **2.** *fig personne* **un excellent** ~ ein ausgezeichneter Schütze
fusilier [fyzi(l)je] *m MIL* ~ **marin** Ma'rineinfanterist *m*
fusillade [fyzijad] *f* Schieße'rei *f*; Schußwechsel *m*; **une** ~ **a éclaté** es kam zu e-r Schießerei, zu e-m Schußwechsel
fusiller [fyzije] *v/t* **1.** erschießen; **faire** ~ **qn** j-n erschießen lassen; **2.** *fig* ~ **qn du regard** j-m vernichtende Blicke zuwerfen; **3.** F *fig machine, voiture* F ka'puttmachen

fusion [fyzjõ] *f* **1.** *PHYS, MÉTALL* Schmelzen *n*; **point** *m*, **température** *f* **de** ~ Schmelzpunkt *m*, -temperatur *f*; *loc/adj* **en** ~ schmelzflüssig; in geschmolzenem Zustand; **2.** *NUCL* ~ **nucléaire** Kernfusion *f*, -verschmelzung *f*; **3.** *ÉCON d'entreprises* Fusi'on *f*; Zu'sammenschluß *m* (*a POL de partis*); **4.** *fig de systèmes, de races etc* Verschmelzung *f*
fusionn|ement [fyzjɔnmã] *m ÉCON* Fusio'nierung *f*; Zu'sammenschluß *m*; ~**er I** *v/t surtout ÉCON* zu'sammenschließen, -legen; **II** *v/i* fusio'nieren; sich zu'sammenschließen; inein'ander aufgehen
fusse [fys] *cf* **être**
fustiger [fystiʒe] *v/t* ⟨-geons⟩ **1.** *HIST* auspeitschen; **2.** *fig et litt* geißeln
fut, fût[1] [fy] *cf* **être**
fût[2] [fy] *m* **1.** *d'un arbre* Stamm *m*; **2.** *d'une colonne* Schaft *m*; **3.** *d'un fusil* Schaft *m*; **4.** (*tonneau*) Faß *n*
futaie [fyte] *f* (**'haute**) ~ Hochwald *m*
futaille [fytaj] *f* **1.** Faß *n*; **2.** *coll* Fässer *n/pl*
futé [fyte] **I** *adj personne, air* pfiffig; schlau; verschmitzt; *personne a* gewitzt; gerissen; gerieben; durch'trieben; mit allen Wassern gewaschen; **II** *subst* ~(**e**) *m(f)* pfiffiger *etc* Bursche; schlauer Fuchs; F schlaues Weib; Schlauberger *m*; Schlaumeier *m*; **un petit** ~ ein pfiffiges Kerlchen
fûtes [fyt] *cf* **être**
futile [fytil] *adj* **1.** *conversation etc* belanglos; bedeutungslos; unwichtig; unwesentlich; *propos a* nichtssagend; leer; *raisons a* nichtig; **distractions** *f/pl* ~**s** leerer, nutz-, wertloser Zeitvertreib;

prétexte *m* ~ nichtiger Vorwand; **2.** *personne* belanglosen, unwesentlichen Dingen zugetan; oberflächlich
futilité [fytilite] *f* **1.** *des propos* Belanglosigkeit *f*; Bedeutungslosigkeit *f*; *des raisons* Nichtigkeit *f*; *d'une activité* Wertlosigkeit *f*; Nutzlosigkeit *f*; *d'une vie* Inhaltslosigkeit *f*; *d'une personne* Oberflächlichkeit *f*; **2.** *pl* ~**s** Belanglosigkeiten *f/pl*; Nichtigkeiten *f/pl*; *propos* belangloses Zeug; nichtssagende Dinge *n/pl*
futur [fytyʀ] **I** *adj* zukünftige(r, -s); künftige(r, -s); kommende(r, -s); spätere(r, -s); **générations** ~**es** künftige, kommende Generationen *f/pl*; Geschlechter *n/pl*; ~ **e mère** werdende Mutter; **II** *subst* **1.** ~(**e**) *m(f)* F (*fiancé[e]*) F Zukünftige(r) *f(m)*; **2.** *m* (*avenir*) Zukunft *f*; **3.** *m GR* Fu'tur *n*; Zukunft *f*; ~ **antérieur** zweites Futur; Fu'turum ex'actum *n*; voll'endete Zukunft; ~ **proche** nahe (mit dem Verb „aller" gebildete) Zukunft; ~ **simple** (erstes) Futur; ~ **du passé** Konditio'nal *n* als Tempus in fu'turischen Nebensätzen; **être au** ~ im Futur stehen
futur|isme [fytyʀism(ə)] *m* Futu'rismus *m*; ~**iste** *adj* futu'ristisch
futuro|logie [fytyʀɔlɔʒi] *f* Futurolo'gie *f*; Zukunftsforschung *f*; ~**logue** *m* Futuro'loge *m*; Zukunftsforscher *m*
fuyant [fɥijã] *adj menton, front* fliehend; *regard* ausweichend; *perspective* sich verjüngend
fuyard [fɥijaʀ] *m* Fliehende(r) *m*; Flüchtige(r) *m*; *surtout* vor dem Feind fliehender Sol'dat
fuyons [fɥijõ] *cf* **fuir**

G

G, g [ʒe] *m* ⟨inv⟩ G, g [ge:] *n*
g *abr* (*gramme*[*s*]) g (Gramm)
gabardine [gabaʀdin] *f* **1.** *tissu* Gabardine *m ou f*; **2.** *vêtement* Gabardinemantel *m*
gabarit [gabaʀi] *m* **1.** TECH Scha'blone *f*; Formlehre *f*; CH DE FER ~ **de chargement** Lademaß *n*, -profil *n*; **2.** MAR Mall *n*; **salle** *f* **des ~s** Schnür-, Mallboden *m*; **3.** *par ext* Größe *f*; Größenordnung *f*; F *d'une personne* stattlicher Wuchs; **4.** *fig* (*type*) Art *f*; Sorte *f*; Schlag *m*
gabegie [gabʒi] *f* 'Miß-, Lotterwirtschaft *f*; F Schlampe'rei *f*
gabelle [gabɛl] *f* HIST Salzsteuer *f*
gabelou [gablu] *péj ou iron m* Zöllner *m*
gabier [gabje] *m* MAR Rudergast *m*
gabion [gabjɔ̃] *m* TECH Steinpackung *f* in Maschendraht
gable *ou* **gâble** [gabl(ə), ga-] *m* ARCH Wimperg *m*; Ziergiebel *m*
Gabon [gabɔ̃] *le* ~ Ga'bun *n*
gabonais [gabɔnɛ] **I** *adj* ga'bunisch; **II** *subst* ♀(*e*) *m*(*f*) Ga'buner(in) *m*(*f*)
Gabriel [gabʀiɛl] *m* Gabriel *m*
Gabrielle [gabʀiɛl] *f* Gabri'ele *f*
gâchage [gɑʃaʒ] *du plâtre etc m* Anmachen *n*; Anrühren *n*
gâcher [gɑʃe] *v/t* **1.** *plâtre, mortier* anmachen; anrühren; mischen; **2.** *fig* verderben; *travail, vie* verpfuschen; *occasion* schlecht, mise'rabel nutzen; *temps, argent, talent* vergeuden; ~ **le métier** die Preise verderben; zu billig arbeiten; **il m'a gâché mon plaisir** er hat mir den Spaß verdorben
gâchette [gɑʃɛt, ga-] *f* **1.** *d'une arme à feu* Abzug *m*; **appuyer sur la ~** abdrücken; **avoir le doigt sur la ~** den Finger am Abzug haben; **2.** *d'une serrure* Zuhaltung *f*
gâch|eur [gɑʃœʀ] *m*, **~euse** *f* Verschwender(in) *m*(*f*)
gâchis [gɑʃi] *m* **1.** CONSTR (Gips)Mörtel *m*; **2.** *fig* **a)** (*gaspillage*) Verschwendung *f*; Vergeudung *f*; **b)** (*situation confuse*) F Schla'massel *m*
gadget [gadʒɛt] *m* technische Spiele'rei *f* Appa'rätchen *n*
gadin [gadɛ̃] *m* F **prendre, ramasser un ~** hinfallen; hinschlagen
gadoue [gadu] *f* (Straßen)Schlamm *m*, (-)Dreck *m*
gaélique [gaelik] **I** *adj* gälisch; **II** *subst* LING **le ~** das Gälische; Gälisch *n*
gaffe [gaf] *f* **1.** F (*bourde, maladresse*) Fehler; Dummheit *f*; 'Mißgriff *m*; Schnitzer *m*; **faire une ~** e-n Fehler, Schnitzer, e-e Dummheit machen; F e-n Bock schießen; **2.** F **faire ~** aufpassen; **3.** MAR Bootshaken *m*

gaffer [gafe] *v/i* F *cf* (**faire une**) **gaffe** *l.*
gaff|eur [gafœʀ] *m*, **~euse** *f* F Dussel *m*; *adjt* ungeschickt; F dusselig
gag [gag] *m* CIN *etc* Gag [-ɛ-] *m*
gaga [gaga] *adj* ⟨inv⟩ F vertrottelt; verkalkt; **devenir ~** vertrotteln; verkalken; abbauen
gage [gaʒ] *m* **1.** JUR Pfand *n*; Pfandgegenstand *m*; Faustpfand *n*; **mettre qc en ~** etw verpfänden, versetzen; **prêter sur ~** gegen Pfand leihen; **2.** JEUX Pfand *n*; **3.** *fig* 'Unterpfand *n*, Beweis *m*; Zeichen *n*; ~ **d'amitié** Freundschaftsbeweis *m*; ~ **d'amour** Unterpfand der Liebe; **4.** ~**s** *pl* (*salaire*) Lohn *m*; **tueur à ~s** Killer *m*; gedungener Mörder
gager [gaʒe] *v/t* ⟨-geons⟩ **1.** (*parier*) ~ **que ...** wetten, daß ...; **2.** JUR durch ein Pfand sichern
gageure [gaʒyʀ, *abus* gaʒœʀ] *f* unmögliches Unter'fangen; gewagte Sache
gagnant [gaɲɑ̃] **I** *adj* Gewinn...; *dans une compétition* a siegreich; JUR obsiegend; **billet ~** Gewinnlos *n*; Treffer *m*; **numéro ~** Gewinnzahl *f*; COURSES **pari ~** Siegwette *f*; **jouer ~ et placé** Sieg und Platz wetten; e-e Sieg- und Platzwette abschließen; **donner un cheval ~** ein Pferd als Sieger betrachten; **vous serez ~** Sie haben etwas davon; **partir ~** siegessicher, -gewiß sein; **II** *subst* ~(*e*) *m*(*f*) JEU Gewinner(in) *m*(*f*); COMPÉTITION Sieger(in) *m*(*f*)
gagne-pain [gaɲpɛ̃] *m* ⟨inv⟩ Broterwerb *m*; **perdre son ~** brotlos werden
gagne-petit [gaɲpəti] *m* ⟨inv⟩ Kleinverdiener *m*
gagner [gaɲe] **I** *v/t* **1.** *en travaillant* verdienen; ~ **de l'argent** Geld verdienen; *cf a* **vie** 5.; *adjt* **repos bien gagné** wohlverdiente Ruhe; **2.** *jeu, compétition, guerre, procès* gewinnen; F **c'est toujours ça de gagné** das ist immerhin, wenigstens etwas; besser als nichts; **3.** (*acquérir*) gewinnen; erwerben; ~ **des amis** Freunde gewinnen; ~ **tous les cœurs** alle Herzen gewinnen; ~ **qn à une cause** j-n für e-e Sache gewinnen; **vous n'y gagnerez rien de bon** Sie gewinnen nichts dabei; **tout ce que j'y ai gagné, c'est un rhume** alles, was ich davon gehabt habe, war e-e Erkältung; **4.** *temps, place* gewinnen; (*économiser*) (ein)sparen; **cela nous fait ~ une heure** dadurch gewinnen wir e-e Stunde; dadurch sparen wir e-e Stunde ein; ~ **plusieurs kilos** mehrere Kilo zunehmen; ~ **du terrain a)** MIL Bodengewinne erzielen; **b)** *fig: incendie* sich ausbreiten; sich ausdehnen; um sich greifen; *idées* (an) Boden gewinnen;

coureur Boden gutmachen; aufholen (**sur son adversaire** gegenüber s-m Gegner); **5.** (*atteindre*) erreichen; gelangen zu; ~ **le large** auf die offene See hin'ausfahren; ~ **la sortie** zum Ausgang gelangen; den Ausgang erreichen; ~ **qn de vitesse** schneller sein als j; **6.** *faim, fatigue, sommeil* ~ **qn** j-n über'kommen; *enthousiasme* ~ **qn** auf j-n ansteckend wirken; j-n erfassen; **l'incendie gagne le premier étage** der Brand greift auf den ersten Stock über; **II** *v/i* **7.** gewinnen; *dans une compétition a* siegen; ~ **à la loterie** in der Lotterie gewinnen; ~ **aux points** nach Punkten siegen; ~ **d'une longueur, d'une tête** mit e-r Länge, mit e-r Nasenlänge siegen; ~ **par 2-0** (**deux à zéro**) (mit) 2:0 (zwei zu null) gewinnen; **à tous les coups on gagne!** jedes Los gewinnt!; **jouer à qui perd gagne** „Wer verliert, gewinnt" spielen; **8.** (*obtenir un avantage*) ~ **au change** e-n guten Tausch machen; *fig* ~ **sur tous les tableaux** überall Erfolge verbuchen können; **vous y gagnerez** es ist vorteilhafter für Sie; **9.** (*s'améliorer*) ~ **à être connu** bei näherem Kennenlernen gewinnen; ~ **en précision** *etc* an Präzision *etc* gewinnen
gai [gɛ] *adj* **1.** fröhlich; heiter; lustig; vergnügt; fi'del; *littérature, chanson* heiter; lustig; *couleur, décor, pièce* freundlich; **avoir le cœur ~** fröhlich, gut aufgelegt, guter Dinge sein; **ne pas avoir une vie bien ~e** kein schönes Leben haben; *iron* **eh bien, c'est ~!** das ist ja heiter!; **2.** (*ivre*) **être un peu ~** angeheitert, beschwipst sein; **3.** *cf* **gay**
gaiement [gemɑ̃] *adv* fröhlich; lustig; F **allons-y ~!** F na, dann wollen wir mal!
gaieté [gete] *f* **1.** Fröhlichkeit *f*; Heiterkeit *f*; Lustigkeit *f*; (*bonne humeur*) 'Frohsinn *m*, Heiterkeit *f*; **folle ~** Ausgelassenheit *f*; **ce n'est pas de ~ de cœur que ...** nur ungern, schweren Herzens ...; **2.** *iron* **nous les ~s de ...** die heiteren Seiten (+*gén*)
gaillard [gajaʀ] **I** *adj* **1.** (*costaud*) (gesund und) munter; frisch; voller Schwung; *vieillard* **encore ~** noch rüstig; **2.** (*grivois*) etwas frei; locker; **II** *m* **1.** (kräftiger, strammer) Kerl, Bursche; **un grand, solide ~** ein großer, kräftiger Kerl; F **attends un peu, mon ~!** warte, du Bürschchen!; **2.** MAR **~ d'arrière** Schanze *f*; **~ d'avant** Back *f*
gaillardise [gajaʀdiz] *f* etwas freie, schlüpfrige Äußerung
gaîment *cf* **gaiement**
gain [gɛ̃] *m* **1.** Gewinn *m*; (*profit*) Nutzen *m*; ÉCON ~ **spéculatif** Spekulati'onsgewinn *m*; **amour** *m* **du ~** Ge-

winnstreben *n*, **-sucht** *f*; **(re)tirer un ~ de qc** Gewinn, Nutzen, Vorteil aus etw ziehen; *cf a* **âpre** *3.*; **2. avoir, obtenir ~ de cause** JUR recht bekommen; 'obsiegen *ou* ob'siegen; *par ext* das Gewünschte, Geforderte bekommen; sich 'durchsetzen; gewinnen; siegen; **donner ~ de cause à qn** j-m recht geben; JUR *a* j-s Antrag (*dat*) stattgeben; **3.** (*salaire*) **~s** *pl* Verdienst *m*; (Arbeits-)Einkommen *n*; **4. ~ de temps, de place** Zeit-, Raumgewinn *m*, -ersparnis *f*; **moteur ~ de puissance** Leistungsgewinn *m*, -zunahme *f*

gaine [gɛn] *f* **1.** *sous-vêtement* Mieder *n*; Hüfthalter *m*, -gürtel *m*; **2.** *d'une épée etc* Scheide *f*; **3.** ANAT Sehnenscheide *f*; **4.** TECH (Schutz)Hülle *f*; Mantel *m*; **~ de ventilation** Lüftungskanal *m*; **5.** *d'un buste* Hermenpfeiler *m*

gaine-culotte [gɛnkylɔt] *f* ⟨*pl* gaines--culottes⟩ Miederhose *f*

gainer [gene] *v/t* **1.** TECH mit e-r Schutzhülle versehen; um'hüllen; **2.** *fig* um'hüllen; (*mouler*) model'lieren; **des jambes gainées de soie** seidenbestrumpfte Beine *n/pl*

gaîté *cf* **gaieté**

gala [gala] *m* Fest-, Galaveranstaltung *f*; **~ de bienfaisance** Wohltätigkeitsfest *n*; **~ de patinage artistique** Schaulaufen *n*; **habit *m* de ~** Gala-, Festanzug *m*; Gala *f*; **repas *m*, soirée *f* de ~** Galadiner *n*, -abend *m*

galactique [galaktik] *adj* ASTR ga'laktisch; des Milchstraßensystems

galacto|gène [galaktɔʒɛn] *adj* PHYSIOL milchtreibend; **~mètre** *m* Galakto'meter *n*; Milchwaage *f*

galamment [galamã] *adv cf* **galant**

galant [galã] **I** *adj* **1.** *homme* ga'lant, rücksichtsvoll, zu'vorkommend, aufmerksam (gegenüber Damen); ritterlich; höflich; *propos* ga'lant; artig; **homme ~ a** Kava'lier *m*; **il (n')est (pas) ~ a** er ist (kein) Kavalier; **2.** *par ext* ga'lant; Liebes...; **aventure ~ a** galantes, amou'röses Abenteuer; Liebesabenteuer *n*; **en ~e compagnie** in galanter Gesellschaft; **3.** *litt* **~ homme** Mann *m* von feiner Lebensart; **II** *m* plais Ga'lan *m*; Verehrer *m*; Liebhaber *m*; **vert ~** Weiberheld *m*; Schürzenjäger *m*

galanterie [galɑ̃tʀi] *f* Galante'rie *f*; Zu'vorkommenheit *f*, Rücksichtnahme *f* (gegenüber Damen); Ritterlichkeit *f*; **la vieille ~ française** Kava'lierstum *n* der alten Schule

galantine [galɑ̃tin] *f* Fleisch- *od* Geflügelsülze

galaxie [galaksi] *f* ASTR **a)** ♀ Milchstraßensystem *n*; Ga'laxis *f*; **b)** *par ext* Gala'xie *f*; Sternsystem *n*; Spi'ralnebel *m*

galbe [galb] *m* anmutig geschwungene, wohlgerundete Form *f*, Kon'turen *f/pl*

galbé [galbe] *adj* (anmutig, gefällig) geschwungen, geschweift, gerundet; **colonne** mit Entasis; **des jambes bien ~es** wohlgeformte Beine *n/pl*

gale [gal] *f* **1.** MÉD Krätze *f*; **~ du ciment** (Berufs)Ek'zem *n* der Zementarbeiter; *fig* **bois dans mon verre, je n'ai pas la ~!** trink aus meinem Glas, ich hab' doch keine ansteckende Krankheit!; **2.** VÉT Räude *f*; **3.** *fig* (*personne méchante*) Giftnudel *f*; Giftspritze *f*

galéj|ade [galeʒad] *f* Provence Schwindelgeschichte *f*; Flunke'rei *f*; **~er** *v/i* ⟨-è-⟩ schwindeln; flunkern

galène [galɛn] *f* MINÉR Bleiglanz *m*

galère [galɛʀ] *f* **1.** MAR HIST Ga'leere *f*; *loc:* **que diable allait-il faire dans cette ~?** was hatte er denn da zu suchen?; wie konnte er sich bloß darauf einlassen?; **vogue la ~!** hoffen wir das Beste!; **2.** HIST (**peine** *f* **des**) **~s** Ga'leerenstrafe *f*; *fig* **quelle ~!** so e-e Plage'rei, Schinde'rei!

galérer [galeʀe] *F v/i* ⟨-è-⟩ sich abplagen, F abrackern, abschinden (müssen); es schwer haben

galerie [galʀi] *f* **1.** ARCH Gale'rie *f*; Versailles **~ des Glaces** Spiegelsaal *m*; **2.** (*collection ou magasin d'art*) (Kunst-)Gale'rie *f*; **~ d'art, de peinture, de tableaux** Kunst-, Gemälde-, Bildergalerie *f*; **3.** COMM **~ marchande** Einkaufspassage *f*; Ladengalerie *f*; **4. ~s** *pl* THÉ Rang *m*; *fig* **pour épater la ~** aus Effekthasche'rei; **5.** (*couloir souterrain*) ('unterirdischer) Gang, Stollen *m*; MINES Strecke *f*; Stollen *m*; **~s de taupe** Maulwurfsgänge *m/pl*; MINES **creuser une ~** e-n Stollen, e-e Strecke vortreiben; **6.** AUTO Dachgepäckträger *m*; **7. ~ pare-avalanche** La'winengalerie *f*

galérien [galeʀjɛ̃] *m* HIST **a)** Ga'leerensträfling *m*; **b)** Ga'leerensklave *m*

galet [galɛ] *m* **1.** Kiesel(stein) *m*; **2.** TECH (Lauf)Rolle *f*; **~ de guidage** Führungsrolle *f*

galetas [galta] *m* armselige Behausung; F Loch *n*

galette [galɛt] *f* **1.** CUIS flacher runder Kuchen; Fladen *m*; crêpe (Buchweizen)Pfannkuchen *m*; **~s bretonnes** bretonische Butterplätzchen *n/pl*; **~ des Rois** Drei'königskuchen *m*; *fig* **plat comme une ~** platt, flach wie ein Pfannkuchen; **2.** F (*argent*) F Kies *m*; *cf a* **fric**

galeux [galø] *adj* ⟨-euse⟩ **1.** *animal* räudig; **brebis galeuse a)** räudiges Schaf; **b)** *fig* schwarzes Schaf (**de la famille** der Familie); **2.** MÉD krätzig; F *fig* **j'en mangerais sur la tête d'un ~** das esse ich für mein Leben gern

galhauban [galobɑ̃] *m* MAR Par'dun(e) *n*(*f*)

Galice [galis] **la ~** Ga'licien *n* (*in Spanien*)

Galicie [galisi] **la ~** Ga'lizien *n* (*in Polen*)

Galilée [galile] **1.** *m* HIST Gali'lei *m*; **2.** GÉOGR **la ~** Gali'läa *n*

galimatias [galimatja] *m* Galima'thias *m ou n*; verworrenes Gerede

galion [galjɔ̃] *m* MAR HIST Gale'one *ou* Gali'one *f*

galipette [galipɛt] F *f* Purzelbaum *m*; **faire des ~s** Purzelbäume machen, schlagen, schießen

galle [gal] *f* BOT (Pflanzen)Galle *f*; **~ du chêne** *ou* **noix** *f* **de ~** Gallapfel *m*; Knopper *f*

Galles [gal] **le pays de ~** Wales [we:ls] *n*

gallican [ga(l)likɑ̃] *adj* ÉGL CATH galli'kanisch

gallicanisme [ga(l)likanism(ə)] *m* ÉGL CATH Gallika'nismus *m*

gallicisme [ga(l)lisism(ə)] *m* fran'zösische Spracheigentümlichkeit *f*; Galli'zismus *m*

gallinacés [ga(l)linase] *m/pl* ZO Hühnervögel *m/pl*

gallois [galwa] **I** *adj* wa'lisisch; von, aus Wales; **II** *subst* ♀(**e**) *m*(*f*) Wa'liser(in) *m*(*f*)

gallon [galɔ̃] *m mesure de capacité* Gal'lone *f*

gallo-romain [galoʀɔmɛ̃] HIST **I** *adj* galloromanisch; **II** *m/pl* **Gallo-Romains** Galloromanen *m/pl*; romani'sierte Gallier *m/pl*

galoche [galɔʃ] *f* Holzpantine *f*, -pantoffel *m*; F *fig* **menton *m* en ~** spitzes, vorspringendes Kinn

galon [galɔ̃] *m* **1.** COUT Borte *f*; Tresse *f*; Litze *f*; **2.** MIL Tresse *f*; *jusqu'au sergent-major a* Winkel *m*; *de certains officiers a* Ärmelstreifen *m*; **~s de caporal** Gefreitenwinkel *m/pl*; F **lieutenant *m* deux ~s** Oberleutnant *m*; MIL *et par ext* **prendre du ~** befördert werden; avan'cieren; aufrücken

galonné [galone] **I** *adj* betreßt; **II** *subst* F MIL **un ~** F ein Betreßter *m* (*Offizier, Unteroffizier*)

galonner [galone] *v/t* COUT mit Borten, Tressen besetzen

galop [galo] *m* **1.** Ga'lopp *m*; **grand, petit ~** gestreckter, kurzer Galopp; **~ d'essai** Probe-, Aufgalopp *m*; *fig* Probelauf *m*; *ou* **au ~!** schnell!; F **dalli, dalli!**; **cheval *m* au ~** galop'pierendes Pferd; **se mettre au ~, prendre le ~** in Galopp 'übergehen, fallen; Galopp anschlagen; **partir au ~** da'vongaloppieren, F *fig* da'von-, weg-, fortrennen; **2.** MUS *danse* Ga'lopp *m*

galopade [galɔpad] *f* **1.** Ga'lopp *m*; Galop'pieren *n*; **2.** *fig* Getrappel *n*

galopant [galɔpɑ̃] *adj fig* galop'pierend; **inflation ~e** galoppierende Inflation

galoper [galɔpe] *v/i* **1.** galop'pieren; im Ga'lopp reiten; **2.** *fig* (her'um)rennen; **~ derrière qn** hinter j-m herrennen

galopin [galɔpɛ̃] *m* Schlingel *m*; Lausbub *m*; F Bengel *m*

galuchat [galyʃa] *m* Haifisch- *ou* Rochenhaut *f*; Fischleder *n*

galure [galyʀ] *m ou* **galurin** [galyʀɛ̃] *m* F (*chapeau*) Hut *m*; F Deckel *m*

galvanique [galvanik] *adj* ÉLECT, TECH gal'vanisch

galvanisation [galvanizasjɔ̃] *f* **1.** TECH Verzinkung *f*; **2.** MÉD Galvanisati'on *f*

galvaniser [galvanize] *v/t* **1.** TECH ver'zinken; *adjt* **galvanisé** verzinkt; **2.** *fig orateur: la foule* begeistern; in s-n Bann schlagen; mitreißen; elektri'sieren

galvano|mètre [galvanɔmɛtʀ(ə)] *m* ÉLECT Galvano'meter *n*; **~plastie** [-plasti] *f* TECH Galvano'plastik *f*; **~typie** [-tipi] *f* TYPO Galvano'plastik *f*; Elektroty'pie *f*

galvauder [galvode] *v/t réputation* entwürdigen; kompromit'tieren; *talent* vergeuden; *expression* abnutzen; strapa'zieren

gamay [gamɛ] *m* e-e Rebsorte

gambade [gɑ̃bad] *f* Luftsprung *m*

gambader [gɑ̃bade] *v/i* hüpfen, Luftsprünge machen (**de joie** vor Freude)

gambas [gɑ̃bas] *f/pl* Riesengarnelen

gambe [gɑ̃b] *f* MUS *cf* **viole**

gamberger [gɑ̃bɛʀʒe] F *v/i* ⟨-geons⟩ über'legen; nachdenken; grübeln

gambette [gɑ̃bɛt] *f* F (*jambe*) Bein *n*; F

Gambie – garde

südd Haxen *m*; *jouer, tricoter des ~s* F sich aus dem Staub machen; abhauen; verduften
Gambie [gãbi] *la ~* Gambia *n*
gambien [gãbjɛ̃] **I** *adj* ⟨-ne⟩ gambisch; **II** *subst ℒ(ne) m(f)* Gambier(in) *m(f)*
gambill|e [gãbij] *f* F Schwof *m*; *~er v/i* F schwofen
gamelle [gamɛl] *f* **1.** Koch-, Eßgeschirr *n*; **2.** F *ramasser une ~* F auf die Nase fallen (*a fig*)
gamète [gamɛt] *m* BIOL Ga'met *m*; Keim-, Geschlechts-, Fortpflanzungszelle *f*
gam|in [gamɛ̃], *~ine* **I** *m,f* **1.** *garçon* kleiner Junge, *südd* Bub; F Bengel *m*; *fille* kleines Mädchen; F Göre *f*; *gamins pl a* Kinder *n/pl*; F Gören *pl*; **2.** F (*fils, fille*) F Kleine(r) *f(m)*; **II** *adj* jungenhaft; lausbubenhaft; (*espiègle*) schelmisch; schalkhaft
gaminerie [gaminRi] *f* Kinde'rei *f*, *p/fort* Dumme(r)'jungenstreich *m*
gamma [ga(m)ma] *m* **1.** *lettre* Gamma *n*; **2.** PHYS *rayons m/pl ~* Gammastrahlen *m/pl*
gamme [gam] *f* **1.** MUS Tonleiter *f*; *faire des ~s* Tonleitern üben; **2.** *fig* (*série*) Skala *f*; COMM Pa'lette *f*; (Waren)Angebot *n*; Sorti'ment *n*; Pro'gramm *n*; *~ des prix* Preisskala *f*; *~ de produits* Pro'duktpalette *f*; *toute la ~ des vins de Bordeaux* sämtliche Bor'deauxweine; *loc/adj: bas de ~* der unteren Preisklasse; minderwertig; *'haut de ~* der gehobenen Preisklasse; Qualitäts-...; *produits m/pl haut de ~* Qualitäts-, Spitzen-, Luxus-, Pres'tigeerzeugnisse *n/pl*
gammée [game] *adj f croix ~* Hakenkreuz *n*
ganache [ganaʃ] *f* F (*vieille*) *~* (alter) Esel
Gand [gã] Gent *n*
gandin [gãdɛ̃] *m* Geck *m*; Stutzer *m*
gandoura [gãduRa] *f* Hemd, *das unter dem Burnus getragen wird*
gang [gãg] *m* (Verbrecher)Bande *f*; Gang [gɛŋ] *f*; *chef m de ~* Gangsterboß *f*'gɛŋ-] *m*
Gange [gãʒ] *le ~* der Ganges
ganglion [gãglijõ] *m* ANAT *~ (lymphatique)* Lymphknoten *m*; *inflammation f des ~s* Lymphknotenentzündung *f*; F *avoir des ~s* geschwollene Lymphknoten haben
gangrène [gãgRɛn] *f* **1.** MÉD Brand *m*; Gan'grän *f ou n*; **2.** *fig* Krebsschaden *m*
gangrener [gãgRəne] *v/pr* ⟨-è-⟩ MÉD *se ~* brandig werden; *adj gangrené* brandig (geworden)
gangreneux [gãgRənø] *adj* ⟨-euse⟩ brandig; gangrä'nös
gangster [gãgstɛR] *m* **1.** Gangster ['gɛŋ-] *m*; **2.** *fig* (*crapule*) Lump *m*; (*escroc*) Betrüger *m*
gangstérisme [gãgstɛRism(ə)] *m* Gangstertum *n*, -unwesen *n* ['gɛŋ-]; *par ext* Gangstermethoden *f/pl*
gangue [gãg] *f* **1.** MINES Gangart *f*; **2.** *fig* Schale *f*; Verpackung *f*
gans|e [gãs] *f* COUT Schnur *f*, Kordel *f*; Besatzband *n*; Paspel *f*; *~er v/t* mit Schnur, Band besetzen; einfassen; paspeln
gant [gã] *m* **1.** Handschuh *m*; *~ de boxe, d'escrime* Box-, Fechthandschuh *m*; *~s de caoutchouc, de laine, de peau* Gummi-, Woll-, Lederhandschuhe *m/pl*; *aller à qn comme un ~* vêtement (j-m) sitzen wie angegossen; *rôle* j-m wie auf den Leib geschrieben sein; *personne être souple comme un ~* sehr, überaus geschmeidig, wendig sein; *fig jeter le ~ à qn* j-m den Fehdehandschuh hinwerfen; j-n her'ausfordern; *mettre des ~s* Handschuhe an-, 'überziehen; F *fig prendre des ~s avec qn* j-n mit Samt-, Glacéhandschuhen anfassen; F j-n wie ein rohes Ei behandeln; *sans prendre de ~s a* ohne viel Federlesens; *fig relever le ~* den Fehdehandschuh aufnehmen; die Her'ausforderung annehmen; **2.** *~ (de toilette)* Waschlappen *m*, -handschuh *m*; *~ de crin* Mas'sagehandschuh *m*
ganté [gãte] *adj personne* mit Handschuhen; *main* behandschuht
gantelet [gãtlɛ] *m* TECH Handleder *n*
gant|erie [gãtRi] *f* **a)** *industrie* Handschuhindustrie *f*; **b)** *commerce* Handschuhhandel *m*; **c)** *usine* Handschuhfabrik *f*; *~ier m*, *~ière f* Handschuhmacher(in) *m(f)*
garage [gaRaʒ] *m* **1.** Ga'rage *f*; *pour bicyclettes* Schuppen *m*; *pour avions* Halle *f*; *pour bateaux* Bootshaus *m*; *~ en sous-sol* Tiefgarage *f*; *mettre, rentrer sa voiture au ~* s-n Wagen in die Garage bringen, fahren; s-n Wagen einstellen; **2.** *atelier* (Autoreparatur-, Kraftfahrzeug)Werkstatt *f*; *~ Renault* Renault-Vertretung *f*; **3.** CH DE FER Abstellen *n*; *voie f de ~* Abstellgleis *n*; *cf a voie 2.*
garagiste [gaRaʒist] *m* (selbständiger) Auto-, Kraftfahrzeugmechaniker; Inhaber *m* e-r Autoreparaturwerkstatt
garance [gaRãs] *f* **1.** BOT Färberröte *f*; Krapp *m*; **2.** *adjt* ⟨*inv*⟩ krapprot
gar|ant [gaRã] *m*, *~ante f* **1.** JUR Bürge *m*, Bürgin *f*; *être ~* bürgen (*de* für); **2.** POL Garan'tiemacht *f*; Ga'rant *m*; **3.** *loc se porter ~ de qc* sich für etw verbürgen; die Garan'tie, die Gewähr für etw über'nehmen; für etw einstehen
garantie [gaRãti] *f* **1.** COMM Garan'tie *f*; Gewährleistung *f*; *bon m, certificat m de ~* Garantieschein *m*; *délai m de ~* Garantiefrist *f*; *ma montre est encore sous (la) ~* auf meine Uhr habe ich noch Garantie; auf meiner Uhr ist noch Garantie; **2.** JUR Bürgschaft *f*; *donner sa ~* Bürgschaft leisten; **3.** *par ext* Ga'ran'tie *f*; Gewähr *f*; Sicherheit *f*; *sans ~* ohne Gewähr; *demander des ~s* Garantien, Sicherheiten verlangen; *prendre des ~s* sich absichern
garantir [gaRãtiR] *v/t* **1.** JUR bürgen für; *droits, liberté* garan'tieren; COMM Ga'ran'tie geben auf (+*acc*); *être garanti un an* ein Jahr Garantie haben; **2.** (*certifier*) garan'tieren; gewährleisten; versichern; zusichern; zusagen; *~ le succès* für den Erfolg garantieren; *il m'a garanti que tout irait bien* er hat mir versichert, daß alles gutgehen würde. **3.** (*protéger*) (ab)sichern (*contre un risque* gegen ein Risiko); schützen (*de l'humidité* vor, gegen Nässe)
garbure [gaRbyR] *f* CUIS Kohlsuppe *f* mit Speck
garce [gaRs] *f* F *péj* **1.** *péj* Weibsbild *n*, -stück *n*; F Biest *n*; Luder *n*; **2.** *loc/adj cette ~ de vie* F dieses verdammte, verfluchte, P beschissene Leben
garçon [gaRsõ] *m* **1.** *enfant* Junge *m*; *südd* Bub *m*; *st/s* Knabe *m*; *jeune ~* Halbwüchsige(r) *m*; junger Bursch(e); *mon ~!* mein Junge!; *petit ~* kleiner Junge; *fig se sentir un petit ~ auprès de qn* sich neben j-m klein vorkommen; *traiter qn en petit ~* j-n wie e-n kleinen *ou* dummen Jungen behandeln. **2.** (*jeune homme*) junger Mann; Bursche *m*; F Bursch *m*; Kerl *m*; *un brave ~* ein gutmütiger, braver Kerl; *d'honneur* Brautführer *m*; *être beau ~* ein schmucker Bursch sein; **3.** *mauvais ~* Ga'nove *m*; F schwerer Junge; **4.** *vieux ~* (älterer) Junggeselle; **5.** *~ boucher, boulanger* Fleischer- *ou* Metzger-, Bäckergeselle *m*; *~ coiffeur* Fri'seurgehilfe *m*; *~ d'ascenseur* Fahrstuhlführer *m*; Liftboy *m*; *~ de bureau* Bü'rodiener *m*; *~ de courses* Laufbursche *m*, -junge *m*; Bote *m*; *~ d'écurie* Stallbursche *m*; Pferdeknecht *m*; *~ de ferme* Knecht *m*; *~ de laboratoire* La'borgehilfe *m*; **6.** *~ (de café, de restaurant)* Kellner *m*; Ober *m*; *~ de cabine* Steward ['stju:ərt] *m*
garçonne [gaRsɔn] *f coiffure f à la ~* Bubikopf *m*
garçonnet [gaRsɔnɛ] *m* **1.** (kleiner) Junge; **2.** *adjt* COUT Knaben...; *taille f ~* Knabengröße *f*
garçonnière [gaRsɔnjɛR] *f* Junggesellenwohnung *f*
Gard [gaR] *le ~* Fluß *u* Departement *in Frankreich*
garde[1] [gaRd] *f* **1.** (*surveillance*) Bewachung *f*; Beaufsichtigung *f*; Aufsicht *f* (*de* über +*acc*); *chien m de ~* Wachhund *m*; *faire bonne ~* sehr wachsam sein; gut aufpassen. **2.** JUR *~ judiciaire* gerichtliche Verwahrung; *~ à vue* Poli'zeigewahrsam *m*; *droit m de ~* Sorgerecht *n*; **3.** (*attention*) *~ à vous!* cf *garde-à-vous*; *mettre qn en ~* j-n warnen (*contre qn, qc* vor j-m, etw); *mise f en ~* Warnung *f*; *prendre ~* achtgeben, achthaben, aufpassen, achten (*à* auf +*acc*); sich in acht nehmen, sich hüten, auf der Hut sein, sich vorsehen (vor +*dat*); *prenez ~ (à ce) qu'on ne vous entende pas!* geben Sie acht *ou* passen Sie auf, daß man Sie nicht hört!; *prends ~ de ne pas te salir!* paß auf *ou* gib acht, daß du dich nicht schmutzig machst!; *se tenir, être sur ses ~s* auf der Hut sein, sich in acht nehmen. **4.** *service* Wachdienst *m*; Wache *f*; MÉD, PHARM (*service m de*) *~* Bereitschafts-, Notdienst *m*; Nacht- *ou* Sonntagsdienst *m*; *~ de nuit* Nachtwache *f*; *médecin m de ~* diensthabender Arzt; *pharmacie f de ~* dienstbereite Apotheke; MIL *poste m de ~* Wachlokal *n*; Wache *f*; MIL *sentinelle f de ~* wachhabender, Wache stehender Posten; MIL *tour m de ~* (turnusmäßiger) Wachdienst; *être de ~* **a)** MIL Wache *ou* Wachdienst haben; auf Wache sein; **b)** MÉD, PHARM Bereitschaftsdienst haben; MIL *monter la ~* Wache halten, F schieben; Posten stehen; **5.** (*soldats en faction*) Wache *f*; Wachmannschaft *f*; *~ d'honneur* Ehrenwache *f*; HIST *corps m de ~* Wache *f*; *fig plaisanterie f de corps de ~* deftiger, derber Witz;

6. *corps de troupe* Garde *f;* Gardekorps *n;* HIST ~ *impériale* Kaisergarde *f;* ~ *mobile* Bereitschaftspolizei *f;* ~ *républicaine* Republikanische Garde (*Gendarmeriekorps in Paris zur Bewachung der Regierungsgebäude u zum Ehrendienst); fig la vieille* ~ die alte Garde; **7.** BOXE, ESCRIME Auslage *f;* Grund-, Ausgangsstellung *f;* **8.** *d'une épée* Stichblatt *n;* Glocke *f; jusqu'à la* ~ bis zum Heft; **9.** *page f de* ~ Vorsatzblatt *n;* **10.** AUTO ~ *au sol* Bodenfreiheit *f*

garde² [gaʀd] *m* **1.** Wächter *m;* Wache *f* (*Person*); Aufseher *m;* Wärter *m;* MIL (Wach-, Wacht)Posten *m;* Wachsoldat *m;* ~ *champêtre* Feldhüter *m;* ~ *forestier* (Re'vier)Förster *m;* ~ *du corps* Leibwächter *m;* ~s *du corps pl a* Leibwache *f;* ~ *des Sceaux* Ju'stizminister *m;* HIST Siegelbewahrer *m;* **2.** MIL Gar'dist *m;* ~ *mobile* Bereitschaftspolizist *m;* ~ *républicain* Angehörige(r) *der „garde républicaine"; en Chine les* ~ *rouges* die Roten Garden *pl*

garde³ [gaʀd] *f* (*garde-malade*) Krankenwärterin *f*

Garde [gaʀd] *le lac de* ~ der Gardasee

gardé [gaʀde] *adj parking* bewacht; *passage à niveau* (**non**) ~ (un)beschrankt; *chasse* ~*e* a) (für Unbefugte verbotenes) Jagdrevier; b) *fig* Reser'vat *n*

garde-à-vous [gaʀdavu] MIL **I** ~ *commandement* ~! stillgestanden!; *quand un officier entre* Achtung!; **II** *m* ⟨*inv*⟩ stramme Haltung; Hab'achtstellung *f;* Strammstehen *n; se mettre au* ~ strammstehen; (stramme) Haltung an-, einnehmen

garde|-barrière [gaʀdəbaʀjɛʀ] *m* ⟨*pl* gardes-barrière(s)⟩ Schranken-, Bahnwärter *m;* ~**-boue** *m* ⟨*inv*⟩ Schutzblech *n;* ~**-chasse** *m* ⟨*pl* gardes-chasse(s)⟩ Jagdaufseher *m;* Wildhüter *m*

garde-chiourme [gaʀdəʃjuʀm] *m* ⟨*pl* gardes-chiourme⟩ **1.** HIST Sträflingsaufseher *m;* **2.** *fig et péj* bru'taler Aufseher; Antreiber *m;* KZ-Wächter *m*

garde-corps [gaʀdəkɔʀ] *m* ⟨*inv*⟩ **1.** MAR Manntau *m;* **2.** TECH (Schutz)Geländer *n*

garde|-côte [gaʀdəkot] *m* ⟨*pl* garde-côte(s)⟩ Küstenwachboot *n;* ~**-feu** *m* ⟨*inv*⟩ Ka'min-, Ofenschirm *m;* ~**-fou** *m* ⟨*pl* garde-fous⟩ (Schutz)Geländer *n;* ~**-magasin** *m* ⟨*pl* gardes-magasin(s)⟩ MIL Kammerunteroffizier *m;* ~**-malade** *m,f* ⟨*pl* gardes-malades⟩ Krankenwärter(in) *m(f);* ~**-manger** *m* ⟨*inv*⟩ Fliegenschrank *m;* ~**-meuble** *m* ⟨*pl* garde-meuble(s)⟩ Lagerraum *m* für Möbel; Möbelspeicher *m*

gardénia [gaʀdenja] *m* BOT Gar'denie *f*

garden-party [gaʀdɛnpaʀti] *f* ⟨*pl* garden-parties⟩ Gartenfest *n*

garde-pêche [gaʀdəpɛʃ] *m* ⟨*inv*⟩ *ou adj vedette f* ~ Fische'reikreuzer *m,* -schutzboot *n*

garder [gaʀde] **I** *v/t* **1.** *prisonnier, bâtiment, entrée* bewachen; *personnes a* beaufsichtigen; aufpassen auf (+*acc*); *vaches etc* hüten; ~ *un enfant* auf *ou* auf ein Kind aufpassen; JUR ~ *qn à vue* j-n in Poli'zeigewahrsam halten; **2.** *litt* ~ *qn de qc* j-n vor etw (*dat*) behüten, bewahren; **3.** *provisions, documents etc* aufbewahren; aufheben; verwahren; *place* belegen (*à qn* j-m, für j-n); ~ *le meilleur pour la fin* das Beste bis zuletzt aufsparen; **4.** *objet trouvé etc* behalten; zu'rückbehalten (*a cicatrice*); *vêtement* anbehalten; F anlassen; *chapeau* aufbehalten; F auflassen; *foulard* 'umbehalten; *habitude* beibehalten; *invité à dîner* dabehalten; ~ *un bon, mauvais souvenir de qn, de qc* j-n, etw in guter, schlechter Erinnerung haben, behalten; *secret, réflexion* ~ *pour soi* für sich behalten; **5.** *dans tel ou tel état* halten; bewahren; *fortune, train de vie* erhalten; bewahren; *jeunesse, humour* bewahren; ~ *l'équilibre* das Gleichgewicht halten, *fig* bewahren; ~ *toutes ses facultés* noch im 'Vollbesitz s-r geistigen Kräfte sein; *suivre un régime pour* ~ *la ligne* um die schlanke Linie zu bewahren; ~ *la mesure* maßhalten; ♦ *avec adj:* ~ *les yeux baissés* den Blick gesenkt halten; ~ *la tête froide* e-n kühlen Kopf bewahren; ~ *les mains libres* sich die Hände freihalten; **II** *v/pr* **6.** *se* ~ *de qc* sich vor etw (*dat*) hüten, in acht nehmen; *se* ~ *de faire qc* sich davor hüten *ou* in acht nehmen, etw zu tun; *je m'en garderai bien!* ich werde mich hüten!; **7.** *aliments se* ~ sich halten; haltbar sein; sich aufbewahren lassen

garderie [gaʀdəʀi] *f* ~ (*d'enfants*) Kinderhort *m;* Kinderbetreuungsstelle *f; péj* Kinderbewahranstalt *f*

garde-robe [gaʀdəʀɔb] *f* ⟨*pl* garde-robes⟩ **1.** (*vêtements de qn*) Garde'robe *f;* **2.** (*penderie*) Kleiderschrank *m*

gardeuse [gaʀdøz] *f* ~ *d'oies* Gänsehirtin *f*

garde-voie [gaʀdəvwa] *m* ⟨*pl* gardes-voie(s)⟩ CH DE FER Streckenwärter *m*

gardian [gaʀdjɑ̃] *m en Camargue* berittener Viehhirt

gardien [gaʀdjɛ̃] *m* **1.** Aufseher *m;* Wärter *m;* Wächter *m;* ~ *d'un parking* Parkwächter *m; d'un immeuble* Hauswart *m,* -meister *m;* SPORTS ~ *de but* Torhüter *m,* -wart *m;* ~ *de musée* Mu'seumswärter *m;* ~ *de nuit* Nachtwächter *m;* ~ *de la paix* Poli'zeibeamte(r) *m;* Poli'zist *m;* F Schutzmann *m;* ~ *de phare* Leuchtturmwärter *m;* ~ *de prison* Gefängnisaufseher *m,* -wärter *m;* Gefangenenwärter *m;* **2.** *fig de la tradition etc* Hüter *m;* **3.** *adj ange* ~ Schutzengel *m* (*a fig*)

gardiennage [gaʀdjɛnaʒ] *m* Aufseher-, Wärteramt *n,* -dienst *m; d'un immeuble* Hausmeiste'rei *f; société f de* ~ Wach- und Schließgesellschaft *f*

gardienne [gaʀdjɛn] *f* Aufseherin *f;* Wärterin *f; par ext* Hüterin *f*

gardon [gaʀdɔ̃] *m* ZO Plötze *f;* Rotauge *n; être frais comme un* ~ wie das blühende Leben aussehen

gare¹ [gaʀ] *f* **1.** CH DE FER Bahnhof *m;* ~ *centrale* Hauptbahnhof *m;* ~ *maritime* Hafenbahnhof *m;* ~ *d'arrivée* Ankunftsbahnhof *m,* -bahnsteige *m/pl,* -halle *f;* ~ *de départ* Abgangs-, *pour marchandises a* Aufgabebahnhof *m;* ~ *de marchandises* Güterbahnhof *m;* ~ *de triage* Verschiebe-, Ran'gierbahnhof *m; chef m de* ~ Bahnhofs-, Sta'tionsvorsteher *m; à la* ~ am *ou* auf dem Bahnhof; *aller à la* ~ zum Bahnhof gehen *ou* fahren; *train entrer en* ~ einfahren; **2.** ~ *routière* a) *pour autocars* Busbahnhof *m;* b) *pour camions* Autohof *m*

gare² [gaʀ] *int* **1.** ~ *à toi!* nimm dich in acht!; na warte!; ~ *à tes fesses!* paß auf, sonst gibt's eins hinten'drauf!; ~ *au premier qui rira!* daß mir ja keiner lacht!; **2.** *loc/adv sans crier* ~ unvermutet; unerwartet; unvermittelt

garenne [gaʀɛn] *f* Wildkaninchengehege *n,* -revier *n; lapin m de* ~ Wildkaninchen *n*

garer [gaʀe] **I** *v/t véhicule, avion* abstellen; *voiture a* parken; *adj voiture être garé* geparkt sein; *je suis mal garé* mein Wagen ist schlecht geparkt; **II** *v/pr* **1.** *se* ~ parken; s-n Wagen abstellen; *se* ~ *en marche arrière* rückwärts einparken; **2.** *se* ~ (*éviter*) ausweichen

gargantuesque [gaʀgɑ̃tɥɛsk] *adj* e-s Gar'gantua würdig; *appétit* riesig; *repas m* ~ F Freßgelage *n*

gargariser [gaʀgaʀize] *v/pr* **1.** *se* ~ gurgeln (*avec de ou à l'eau salée*) mit Salzwasser); **2.** F *fig se* ~ *de grands mots* sich an großen Worten berauschen

gargarisme [gaʀgaʀism(ə)] *m* **1.** PHARM Gurgelwasser *n,* -mittel *n;* **2.** *action* Gurgeln *n; faire un* ~, *des* ~s gurgeln

gargote [gaʀgɔt] *f péj* mieses Eßlokal

gargouille [gaʀguj] *f* ARCH Wasserspeier *m*

gargouillement [gaʀgujmɑ̃] *m* **1.** *d'eau* Plätschern; Gurgeln *n;* **2.** *de l'estomac* ~s *m pl* Knurren *m;* Kollern *m*

gargouiller [gaʀguje] *v/i* **1.** *eau* plätschern (*a fontaine*); gurgeln; gluckern; blubbern; sprudeln; **2.** *estomac* knurren; kollern

gargouillis [gaʀguji] *m cf* gargouillement

garnement [gaʀnəmɑ̃] *m* Schlingel *m;* Lausbub *m;* Galgenstrick *m;* F Bengel *m*

garni [gaʀni] *m* mö'bliertes 'Unterkunft

garnir [gaʀniʀ] *v/t* **1.** (*munir*) ausstatten, versehen, TECH verkleiden, belegen (*de* mit); *adj: un portefeuille bien garni* e-e gutgefüllte, prall gefüllte, F dicke Brieftasche; *une table bien garnie* ein reichgedeckter Tisch; **2.** (*décorer*) (aus)schmücken, (ver)zieren (*de* mit); **3.** CUIS gar'nieren (*de* mit); *adj garni a* mit Beilagen; **4.** COUT besetzen, gar'nieren, verzieren, *de fourrure* verbrämen (*de* mit)

garnison [gaʀnizɔ̃] *f* MIL Garni'son *f;* (*ville f de*) ~ Garnison(s)stadt *f;* Standort *m*

garniture [gaʀnityʀ] *f* **1.** Ausstattung *f;* Ausrüstung *f;* Zubehör *n;* ~ *de bureau* Schreibtischgarnitur *f;* **2.** (*décoration*) Verzierung *f;* ~ *de cheminée* Ka'minaufsatz *m;* **3.** CUIS Beilage *f; d'un vol-au-vent* Füllung *f;* **4.** COUT Besatz *m; en fourrure a* Verbrämung *f;* **5.** ~ *périodique* (Damen-, Monats)Binde *f;* **6.** AUTO ~ *d'embrayage, de frein* Kupplungs-, Bremsbelag *m;* ~ *de piston* Kolbenring *m*

Garonne [gaʀɔn] *la* ~ Fluß in Südwestfrankreich

garrigue [gaʀig] *f* immergrüne Strauchheide im Mittelmeerraum

garrot [gaʀo] *m* **1.** *MÉD* Ar'terienabbinder *m*; Abschnürbinde *f*; **~ de fortune** Notaderpresse *f*; **poser, mettre un ~** die Arterie abbinden; **2.** *instrument de supplice* Ga(r)'rotte *f*; Würgschraube *f*; **3.** *du cheval etc* 'Widerrist *m*
garrotter [gaʀɔte] *v/t* fesseln
gars [gɑ] *m* F Bursche *m*; F Bursch *m*; Kerl *m*; **les ~ de la marine** F die blauen Jungs *pl*; F **salut, les ~!** F (guten) Tag zusammen *ou* allerseits!
Gascogne [gaskɔɲ] **la ~** die Gas'kogne (*Landschaft in Südwestfrankreich*); **le golfe de ~** die Bis'kaya; der Golf von Bis'kaya
gascon [gaskɔ̃] **I** *adj* ⟨**~ne**⟩ gas'kognisch; (aus) der Gas'kogne; **II** *subst* ℒ(**ne**) *m(f)* Gas'kogner(in) *m(f)*
gasoil [gazwal] *m* Diesel(kraftstoff) *m*; Dieselöl *n*
gaspi [gaspi] *m* F *abr cf* **gaspillage**
gaspillage [gaspijaʒ] *m* Verschwendung *f*; Vergeudung *f*
gaspiller [gaspije] *v/t* verschwenden; vergeuden; verschwenderisch 'umgehen mit; *fortune a* verschleudern; *argent, temps a* verschwenden; *talent* vergeuden
gaspill|eur [gaspijœʀ], **~euse I** *m,f* Verschwender(in) *m(f)*; **II** *adj* verschwenderisch; **il est gaspilleur** er ist ein Verschwender
gastéropodes [gasteʀɔpɔd] *m/pl ZO* Schnecken *f/pl*; *sc* Gastro'poden *m/pl*
Gaston [gastɔ̃] *m* Vorname
gastrique [gastʀik] *adj* Magen...; *sc* gastrisch; **suc *m* ~** Magensaft *m*
gastrite [gastʀit] *f MÉD* Magenschleimhautentzündung *f*; *sc* Ga'stritis *f*
gastro-entérite [gastʀoɑ̃teʀit] *f MÉD* ⟨*pl* gastro-entérites⟩ Brechdurchfall *m*; Magen-Darm-Entzündung *f*; *sc* Gastroente'ritis *f*
gastro-intestinal [gastʀoɛ̃testinal] *adj* ⟨-aux⟩ *MÉD* Magen-Darm-...; *sc* gastrointesti'nal
gastronom|e [gastʀɔnɔm] *m* Feinschmecker *m*; **~ie** *f* Kochkunst *f*; Gastrono'mie *f*; Eßkultur *f*
gastronomique [gastʀɔnɔmik] *adj* Feinschmecker...; gastro'nomisch; **restaurant *m* ~** Feinschmeckerlokal *n*
gastroscop|e [gastʀɔskɔp] *m MÉD* Gastro'skop *n*; **~ie** *f MÉD* Magenspiegelung *f* (mit dem Gastro'skop); *sc* Gastrosko'pie *f*
gâté [gɑte] *adj* **1.** *fruit* verdorben; *dent* faul; **2.** *enfant* verwöhnt; verzogen; **enfant ~** Hätschel-, Schoßkind *n*
gâteau [gɑto] *m* ⟨*pl* ~x⟩ **1.** *CUIS* Kuchen *m*; *a* (Creme)Torte *f*; **petits ~x** Kleingebäck *n*; **~x secs** Teegebäck *n*; Plätzchen *n/pl*; Kekse *m/pl*; **~ aux amandes** Mandelkuchen *m ou* -torte *f*; **~ d'anniversaire** Geburtstagskuchen *m*, -torte *f*; **~ de riz, de semoule** Reis-, Grießpudding *m ou* -auflauf *m*; F *fig* **c'est du ~** das ist kinderleicht, e-e Kleinigkeit; das schaffe ich *ou* schafft er *etc* spielend; *fig* **vouloir sa part du ~** sein Stück vom Kuchen haben wollen; **2. ~ de cire, de miel** (Bienen-, Honig)Wabe *f*; **3.** *adjt* F **papa *m* (maman *f*) ~** F Opa *m* (Oma *f*), der (die) den Kinder verwöhnt; Kindernarr *m*
gâter [gɑte] **I** *v/t* **1. ~ qn** j-n verwöhnen; *enfant a* verzärteln; verzärtelt; *c'était magnifique*, **vous nous avez gâtés** Sie

haben uns wirklich verwöhnt; **quel beau temps, nous sommes gâtés** wir haben wirklich Glück; *iron* **aujourd'hui je suis gâté** F heute bin ich bedient; **2.** *pluie: séjour, accident: vacances* verderben; **elle est jolie et de plus riche, ce qui ne gâte rien** was nichts schaden kann; **II** *v/pr* **se ~ temps**, situation sich verschlechtern; **le temps se gâte** a wir bekommen schlechtes Wetter; F **attention! ça va se ~** paß auf, das wird nicht gutgehen *ou* F das wird schiefgehen!
gâteries [gɑtʀi] *f/pl* Lecke'reien *f/pl*
gâte-sauce [gɑtsos] *m* ⟨*inv*⟩ plais Küchenjunge *m*
gâteux [gɑtø] **I** *adj* ⟨-euse⟩ kindisch (geworden); trottelig; F verkalkt; vertrottelt; **devenir ~** abbauen; kindisch werden; F verkalken; vertrotteln; **II** *m* **un vieux ~** ein kindischer Alter; F *a* ein alter Knacker
gâtisme [gɑtism(ə)] *m* Altersabbau *m*; Verfall *m* der geistigen Kräfte; F Verkalkung *f*
GATT *ou* **G.A.T.T.** [gat] *m ÉCON* GATT *n*
gauche [goʃ] **I** *adj* **1.** linke(r, -s) (*a POL*); **côté *m* ~** linke Seite; **main *f* ~** linke Hand; *loc/adv* **à main ~** linker Hand; *st/s* zur Linken; *fig* **il s'est levé du pied ~** er ist mit dem linken Fuß zuerst aufgestanden; ◆ *loc/adv* **à ~** links *ou* nach links; *MIL* **à ~, ~!** links-'um!; **la première rue à ~** die erste Straße links; **doubler à ~** links über'holen; *POL* **être à ~** links stehen; *fig* **mettre de l'argent à ~** *ou* **en mettre à ~** etwas auf die hohe Kante legen; **regarder à ~** nach links schauen; **tourner à ~** (nach) links abbiegen; **de ~ à droite** von links nach rechts; ◆ *loc/prép* **à ~ de** links von (+ *gén*); **2.** (*maladroit*) linkisch; unbeholfen; **3.** *poutre etc* verzogen; verbogen; *MATH* **courbe *f* ~** Raumkurve *f*; **II** *subst* **1.** *f* Linke *f*; linke Seite; *loc/adj* **à la ~ de qn** links von j-m; zur Linken (+ *gén*); j-m zur Linken; **à** *ou* **sur notre ~** links (von uns); zu unserer Linken; **de la ~** von links; F *fig* **jusqu'à la ~** völlig bis zum letzten; **être endetté jusqu'à la ~** F bis an den Hals in Schulden stecken; **tenir sa ~** sich links halten; links fahren; **2.** *POL* **la ~** die Linke; **l'extrême ~** die äußerste Linke; *loc/adj* **de ~** Links...; linksstehend; **gouvernement *m* de ~** Linksregierung *f*; **avoir des opinions de ~** linksorientiert, links eingestellt sein; **3.** *m BOXE* **a)** Linke *f*; linke Faust; **crochet *m* du ~** linker Haken; **b)** coup Linke *f*
gauchement [goʃmɑ̃] *adv* linkisch; unbeholfen
gauch|er [goʃe], **~ère I** *m,f* Linkshänder(in) *m(f)*; **II** *adj* linkshändig; **être ~** Linkshänder(in) sein
gaucherie [goʃʀi] *f d'une personne* linkisches, unbeholfenes Wesen *ou* Benehmen; linkische, unbeholfene Art; *a de gestes etc* Unbeholfenheit *f*
gauchir [goʃiʀ] **I** *v/t humidité: le bois etc* verziehen, verbiegen; **II** *v/i (et v/pr se) ~* sich verziehen; sich (ver)werfen; verbiegen
gauch|isant [goʃizɑ̃] *adj POL* nach links ten'dierend; **~isme** *m POL* Linksextremismus *m*, -radikalismus *m*

gauchissement [goʃismɑ̃] *m du bois etc* Verziehen *n*; Verbiegung *f*; Verwerfung *f*
gauchiste [goʃist] *POL* **I** *adj* linksextrem, -radikal; **II** *m,f* Linksextreme(r) *f(m)*, -radikale(r) *f(m)*
gaudriole [godʀijɔl] *f* **1.** (*plaisanterie leste*) loser, etwas freier Scherz; **2.** (*amour physique*) Sinnengenuß *m*; **ne penser qu'à la ~** immer auf Liebesabenteuer aussein; nur Frauen *ou* Männer im Kopf haben
gaufre [gofʀ(ə)] *f CUIS* Waffel *f*
gaufrer [gofʀe] *v/t TEXT*, *papier* gau'frieren; mit e-m Präge-, Reli'efdruck versehen
gaufrette [gofʀɛt] *f gâteau sec* Waffel *f*; *a* Eiswaffel *f*
gaufrier [gofʀije] *m CUIS* Waffeleisen *n*
Gaule [gol] *HIST* **la ~** Gallien *n*
gaule [gol] *f* **1.** (*longue perche*) (lange) Stange; **2.** (*canne à pêche*) Angelrute *f*
gauler [gole] *v/t noix etc* her'unterschlagen
gaullien [goljɛ̃] *adj* ⟨**~ne**⟩ *POL* de Gaulles; de Gaullesche(r, -s)
gaull|isme [golism(ə)] *m POL* Gaul'lismus *m*; **~iste** *POL* **I** *adj* gaul'listisch; **II** *m,f* Gaul'list(in) *m(f)*
gaulois [golwa] **I** *adj* **1.** (*de la Gaule*) gallisch; **moustache *f* à la ~** her'abhängender Schnauzbart; **2.** *propos*, *plaisanterie* derb; frech; anstößig; lokker; schlüpfrig; F saftig; deftig; **esprit ~** derbe *etc* Art, Mentali'tät; **II** *subst* **1.** ℒ(**e**) *m(f)* Gallier(in) *m(f)*; **2. ~e** *f frz Zigarettenmarke*
gauloiserie [golwazʀi] *f* derber, schlüpfriger, anstößiger, F deftiger, saftiger Witz; Zote *f*
gausser [gose] *v/pr litt* **se ~ de qn** j-n auslachen; sich über j-n lustig machen
gavage [gavaʒ] *m* Nudeln *n*; Stopfen *n*
gave [gav] *m* Gieß-, Sturzbach *m* (*in den Pyrenäen*)
gaver [gave] **I** *v/t* **1.** *oies*, *canards* nudeln; stopfen; **2.** *fig* **~ qn** j-n 'vollstopfen, über'füttern (**de** mit); **II** *v/pr* **se ~** sich 'vollstopfen (**de** mit) (*a fig*)
gavotte [gavɔt] *f MUS*, *danse* Ga'votte *f*
gavroche [gavʀɔʃ] **I** *m* (witzig-frecher, aufgeweckter) Pa'riser Straßenjunge; **II** *adj* witzig-frech; aufgeweckt
gay [gɛ] **I** *adj* Schwulen...; **II** *m* Gay [ge:] *m*; Schwule(r) *m*
gaz [gaz] *m* **1.** *CHIM*, *TECH* Gas *n*; **~ carbonique** Kohlen'dioxid *n*; **~ naturel** Erdgas *n*; **~ rare** Edelgas *n*; **~ d'éclairage** Leuchtgas *n*; **~ de pétrole liquéfié** (*abr* **G.P.L.**) Flüssig-, Autogas *n*; **~ de ville** Stadtgas *n*; **en bouteilles** Flaschengas *n*; **chauffage *m* au ~** Gasheizung *f*; **avez-vous le ~ chez vous?** haben Sie Gasanschluß?; **se suicider au ~** F den Gashahn aufdrehen; **2.** *MIL* *pl* **de combat** Kampfgase *n/pl*; chemische Kampfstoffe *m/pl*; **alerte *f* aux ~** Gasalarm *m*; **3.** *d'un moteur* Gas *n*; *pl* **d'échappement** Auspuffgase *n/pl*; Abgase *n/pl*; *loc/adv* F **(à) pleins ~** mit 'Vollgas; **rouler à pleins ~** mit Vollgas fahren; *AVIAT* **couper, mettre les ~** das Gas wegnehmen, Gas geben; **4.** *pl PHYSIOL* Blähungen *f/pl*
gaze [gaz] *f* **1.** *TEXT* Gaze *f*; **2.** *PHARM*

(Verband)Mull *m*; (*bande f de*) ~ Mullbinde *f*
gazé [gɑze] *m de la guerre de 14–18* Gaskriegsversehrte(r) *m*
gazéifier [gazeifje] *v/t* **1.** CHIM, TECH vergasen; in Gas 'umwandeln; **2.** *boisson* mit Kohlensäure versetzen
gazelle [gazɛl] *f* ZO Ga'zelle *f*; *fig yeux m/pl de* ~ Rehaugen *n/pl*; *courir comme une* ~ laufen wie ein Wiesel
gazer [gɑze] **I** *v/t* **1. a)** *exterminer* vergasen; **b)** MIL durch Giftgas kampfunfähig machen; **2.** TEXT ga'sieren; sengen; **II** *v/i F ça gaze* F es klappt; es haut hin; *salut, ça gaze?* grüß dich, geht's gut?
gazette [gazɛt] *f autrefois* Zeitung *f*; Ga'zette *f*
gazeux [gɑzø] *adj* ⟨-euse⟩ **1.** CHIM gasförmig; **2.** *boisson* mit Kohlensäure versetzt; *eau gazeuse a* Sprudel *m*; *eau minérale non gazeuse* Mineralwasser *n* ohne Kohlensäure; F stilles Wasser; *eau gazeuse naturelle* natürliche Kohlensäure enthaltendes Mineralwasser
gazier [gɑzje] *m* Arbeiter *m*, Angestellte(r) *m* e-r Gasgesellschaft
gazinière [gazinjɛʀ] *f* Gasherd *m*
gazo|duc [gɑzɔdyk] *m* TECH Ferngasleitung *f*; **~gène** *m* TECH (Gas)Gene'rator *m*
gazole [gɑzɔl] *m* Diesel(kraftstoff) *m*
gazomètre [gɑzɔmɛtʀ(ə)] *m* Gaskessel *m*, -behälter *m*; Gaso'meter *m*
gazon [gɑzɔ̃] *m* Rasen *m*
gazonner [gɑzɔne] *v/t* Rasen anlegen auf (+*dat*); mit Rasen bepflanzen
gazouillement [gazujmɑ̃] *m* **1.** *d'oiseaux* Zwitschern *n*; Gezwitscher *n*; **2.** *d'un ruisseau* Murmeln *n*; Plätschern; **3.** *d'un bébé* Lallen *n*; Plappern *n*
gazouiller [gazuje] *v/i* **1.** *oiseau* zwitschern; **2.** *ruisseau* murmeln; plätschern; **3.** *bébé* lallen; plappern
gazouillis [gazuji] *m cf gazouillement*
g.d.b. [ʒedebe] *f* F *abr* (*gueule de bois*) *cf gueule 2*
G.D.F. [ʒedeɛf] *m abr* (*Gaz de France*) staatliches frz Gasversorgungsunternehmen
geai [ʒɛ] *m* ZO (Eichel)Häher *m*
gé|ant [ʒeɑ̃], **~ante I** *m,f* **1.** MYTH et *d'une personne* Riese *m*, Riesin *f*; *homme a* Hüne *m*; *à pas de géant* mit Riesenschritten; *avoir une force de géant* Riesenkräfte haben; **2.** *fig*, POL, ÉCON Gi'gant *m*; **II** *adj* riesig; riesengroß, -haft; Riesen... (*a BIOL*); gi'gantisch; *homme a* hünenhaft; *entreprise géante* gigantisches Unter'nehmen; Riesenunternehmen *n*; ASTR *étoile géante* Riese(nstern) *m*; COMM *paquet géant* Großpackung *f*; ZO *tortue géante* Riesenschildkröte *f*
gecko [ʒeko] *m* ZO Gecko *m*
gégène [ʒeʒɛn] *arg f* Folter *f* (durch E'lektroschocks)
geignard [ʒɛɲaʀ] F **I** *adj personne*, *ton* jammernd; wehleidig; weinerlich; **II** *subst* ~(*e*) *m(f)* j, der dauernd jammert
geindre [ʒɛ̃dʀ(ə)] *v/i* (*cf peindre*) **1.** stöhnen; *faiblement* wimmern; *animal* klagen; **2.** *péj* (dauernd, immerzu) jammern, klagen, lamen'tieren; **3.** *fig girouette etc* ächzen
geisha [gɛʃa] *f* Geisha ['ge:-] *f*
gel [ʒɛl] *m* **1.** Frost *m*; *période f de* ~ Frostperiode *f*; **2.** *fig des crédits etc* Einfrieren *n*; **3.** *substance* Gel [g-] *n*
gélatine [ʒelatin] *f* Gela'tine *f* (*a* CUIS); Gallerte *f ou* Gallert *n* (*a* BIOL)
gélatineux [ʒelatinø] *adj* ⟨-euse⟩ **a)** gallertartig; gelati'nös; **b)** CUIS ge'leeartig; *sauce gélatineuse a* Soße, die ge'liert hat
gélatino-bromure [ʒelatinobʀɔmyʀ] *m* PHOT ~ *d'argent* Bromsilbergelatine *f*
gelé [ʒ(ə)le] *adj* **1.** *eau* gefroren; *lac*, *cours d'eau* zugefroren; *canalisation* eingefroren; *membres*, *fleurs* erfroren; *il a eu les pieds ~s* ihm sind die Füße erfroren; er hat sich die Füße erfroren; **2.** *personne être* ~ (schrecklich, entsetzlich, F jämmerlich, wie ein Schneider) frieren; *je suis* ~ *a* mich friert *ou* es friert mich schrecklich; *être complètement* ~ *ou être* ~ *jusqu'aux os* ganz 'durchgefroren *ou* durch'froren sein; *avoir les mains ~es* eiskalte Hände haben; **3.** *fig crédits etc* eingefroren
gelée [ʒ(ə)le] *f* **1.** Frost *m*; ~ *blanche* Reif *m*; ~ *matinale*, *nocturne* Nachtfrost *m*; **2.** CUIS **a)** *de viande* Ge'lee *n*; As'pik *m*; Sülze *f*; *loc/adj en* ~ in Gelee; in Aspik; **b)** *de fruits* Ge'lee *n*; ~ *de pommes* Apfelgelee *n*; **3.** ~ *royale* Ge'lee roy'ale *n*
geler [ʒ(ə)le] ⟨-è-⟩ **I** *v/t* **1.** *eau*, *sol* gefrieren lassen; zum Gefrieren bringen; *membres*, *fleurs* erfrieren lassen; MÉD Erfrierungen verursachen an (+*dat*); **2.** *fig crédits etc* einfrieren; **II** *v/i* **3.** *eau* gefrieren; *cours d'eau*, *lac* zufrieren; *canalisation* einfrieren; *membres*, *fleurs etc* erfrieren; **4.** *personne* frieren; *on gèle ici* man friert hier; es friert einen hier; F hier ist es eiskalt, kommt man um vor Kälte, erfriert man (fast); **III** *v/imp il gèle* es friert; es herrscht Frost; *il gèle à pierre fendre* es friert Stein und Bein; **IV** *v/pr se* ~ *cf 4*.
gélifier [ʒelifje] CHIM **I** *v/t* gelati'nieren; zum Gelati'nieren bringen; **II** *v/pr se* ~ gelati'nieren; ein Gel bilden; CUIS ge'lieren
gélinotte [ʒelinɔt] *f* ZO Haselhuhn *n*
gélule [ʒelyl] *f* PHARM Gela'tinekapsel *f*
gelure [ʒ(ə)lyʀ] *f* MÉD Erfrierung *f*
Gémeaux [ʒemo] *m/pl* ASTR *les* ~ die Zwillinge *m/pl*; *être* ~ ein Zwilling sein
gémellaire [ʒemɛ(l)lɛʀ] *adj* MÉD Zwillings...; *grossesse f* ~ Zwillingsschwangerschaft *f*
gémination [ʒeminasjɔ̃] *f* Verdopp(e)lung *f*; BIOL Paarigkeit *f*; LING Silbenverdoppelung *f*; *de consonnes* Geminati'on *f*
géminé [ʒemine] *adj* Zwillings...; Doppel..; ARCH *colonnes a* gekuppelt; BIOL paarig; PHON gemi'niert
gémir [ʒemiʀ] *v/i* **1.** stöhnen (*de douleur* vor Schmerzen); *sous un fardeau a* ächzen; *animal blessé* klagen; **2.** *par ext vent* heulen; *porte* ächzen; knarren; **3.** *fig (se plaindre)* seufzen, klagen, jammern (*sur* über +*acc*)
gémissant [ʒemisɑ̃] *adj voix* klagend; jammernd
gémissement [ʒemismɑ̃] *m* **1.** Stöhnen *n*; Ächzen *n*; Klagelaut *m*; ~ *de douleur* (Auf)Stöhnen *n* vor Schmerz; *pousser des ~s* stöhnen; Klagelaute ausstoßen; **2.** *par ext du vent* Heulen *n*; *d'une porte* Ächzen *n*; Knarren *n*
gemmage [ʒe(m)maʒ] *m* AGR Anzapfen *n* (von Nadelbäumen)
gemme [ʒɛm] *f* **1.** MINÉR Edelstein *m*; **2.** *adj/t sel m* ~ Steinsalz *n*
gemmer [ʒe(m)me] *v/t pins* anzapfen
gémonies [ʒemɔni] *f/pl litt vouer qn aux* ~ j-n der Schmach preisgeben
gênant [ʒenɑ̃] *adj objet* hinderlich; *bruit* störend; *situation* peinlich; *personne*, *présence de qn* lästig; unbequem; *devenir* ~ (j-m) lästig fallen *ou* werden, im Wege stehen; *c'est* ~ das ist lästig, ärgerlich
gencive [ʒɑ̃siv] *f* ANAT *surtout pl ~s* Zahnfleisch *n*; F *fig en prendre un coup dans les ~s* e-e Niederlage hinnehmen, F einstecken müssen
gendarme [ʒɑ̃daʀm] *m* **1.** Gen'darm *m*; *par ext la peur du* ~ die Angst vor der Poli'zei, vor (der) Strafe; *fig et péj c'est un* ~ sie *ou* er ist ein Feldwebel; F *fig faire le* ~ den Poli'zisten, den Aufpasser spielen; *jouer au(x)* ~(*s*) *et au(x) voleur(s)* Räuber und Gendarm spielen; **2.** F ~ *couché* Boden-, Fahrbahnschwelle *f*; Aufpflasterung *f*; **3. a)** *saucisse* Landjäger *m*; **b)** (*hareng saur*) Bückling *m*; **4.** ALPINISME (Berg)Zinne *f*
gendarmer [ʒɑ̃daʀme] *v/pr se* ~ e-n e'nergischen Ton anschlagen
gendarmerie [ʒɑ̃daʀməʀi] *f* **1.** Gendarme'rie *f*; ~ *maritime* Hafenpolizei *f*; ~ *mobile* Bereitschaftspolizei *f*; ~ *nationale* amtliche Bezeichnung der frz Gendarmerie; ~ *de l'air* Flughafenpolizei *f*; **2. a)** *bureaux* Gendarme'rie(behörde) *f*; **b)** *caserne* Gendarme'riekaserne *f*
gendre [ʒɑ̃dʀ(ə)] *m* Schwiegersohn *m*
gêne [ʒɛn] *f* **1.** *physique* Enge *f*; Beklemmung *f*; Beschwerden *f/pl*; ~ *à respirer* Atembeklemmung *f*; **2.** (*désagrément*) (lästiger) Zwang *m*; Last *f*; *je ne voudrais vous causer aucune* ~ ich möchte Ihnen nicht lästig fallen; *prov où (il) y a de la* ~, (*il n'*)*y a pas de plaisir* wo es gezwungen zugeht, fühlt man sich nicht wohl; **3.** *financière* Geldverlegenheit *f*; F (Geld)Klemme *f*; *être dans la* ~ in Geldverlegenheit, in der Klemme sein; **4.** *psychique* Gehemmtheit *f*, -sein *n*; Hemmungen *f/pl*; Verlegenheit *f*; Betretenheit *f*; Befangenheit *f*; *éprouver de la* ~ sich ge'nieren; Hemmungen haben (*devant* vor j-m; *à raconter qc* etw zu erzählen); *j'éprouve de la* ~ *à* (+*inf*) *a* es ist mir peinlich zu (+*inf*); ◆ *loc/adj sans* ~ ungeniert; *pfort* frech; dreist; unverfroren; rücksichtslos; *être sans* ~ *a* keine Hemmungen haben, kennen; *cf a sans-gêne*
gène [ʒɛn] *m* BIOL Gen *n*
gêné [ʒene] *adj* **1.** *personne*, *air*, *sourire* verlegen; betreten; befangen; *personne a* gehemmt; peinlich berührt; *avoir l'air* ~ verlegen, betreten dreinschauen; **2.** *financièrement* in Geldverlegenheit; *je me trouve un peu* ~ F ich bin gerade etwas knapp bei Kasse
généalogie [ʒenealɔʒi] *f* **1.** (*filiation*) Abstammung *f*; Geschlechter-, Ahnenfolge *f*; **2.** *science* Genealo'gie *f*; Geschlechterkunde *f*; Ahnenforschung *f*
généalogique [ʒenealɔʒik] *adj* genea-

'logisch; *arbre m* ~ Stammbaum *m*; Ahnentafel *f*

généalogiste [ʒenealɔʒist] *m* Genea'loge *m*

gêner [ʒene] **I** *v/t* **1.** *vêtements* ~ *qn* j-n behindern, *chaussures* drücken; **2.** (*entraver*) behindern; im Wege stehen (+*dat*); *évolution* hemmen; stören; ~ *la circulation* den Verkehr behindern; **3.** (*déranger*) ~ *qn* j-m lästig fallen, werden; j-n stören, ge'nieren; *est-ce que la fumée vous gêne?* stört es Sie, wenn ich rauche?; *abs il a toujours peur de* ~ er hat immer Angst zu stören; **4.** (*embarrasser*) ~ *qn* j-n in Verlegenheit bringen, verlegen machen; j-n peinlich berühren; *ça me gêne de vous demander ça* es ist mir peinlich, Sie darum zu bitten; *cf a gêné l.*; **II** *v/pr* **5.** *se* ~ sich Zwang antun, auferlegen; sich ge'nieren (*avec qn* vor j-m); *ne pas se* ~ *a* keine Hemmungen haben, kennen (*avec qn* j-m gegenüber); *ne vous gênez pas!* a) tun Sie sich keinen Zwang an!; fühlen Sie sich wie zu Hause!; b) *iron* tun Sie Ihren Gefühlen keinen Zwang an!; **6.** *se* ~ (*mutuellement*) sich (gegenseitig), ein'ander behindern *ou* stören *ou* lästig fallen

général[1] [ʒeneral] *adj* ⟨-aux⟩ allgemein; gene'rell; Allge'mein...; Gene'ral...; Gesamt...; Haupt...; *amnistie* ~*e* Generalamnestie *f*; *culture* ~*e* Allgemeinbildung *f*; *impression* ~*e* Gesamteindruck *m*; *médecine* ~*e* Allgemeinmedizin *f*; *moyenne* ~*e* Gesamtdurchschnitt *m*; THÉ *répétition* ~*e ou subst* ~*e* Generalprobe *f* (*a fig*); Hauptprobe *f*; *tendance* ~*e* (allgemeiner) Trend; *vue* ~*e* Gesamtansicht *f*; *l'indignation était* ~*e* die Empörung war allgemein; ♦ *loc/adv*: *à la surprise* ~*e* zur allgemeinen Überraschung; *d'une manière* ~*e* allgemein; *en* ~ im allgemeinen; gewöhnlich; meist(ens); *c'est en* ~ *ce qui arrive* so geht es meist; *parler en* ~ im allgemeinen sprechen; ♦ *subst* **conclure du particulier au** ~ vom Besonderen auf das Allgemeine schließen

général[2] [ʒeneral] *m* ⟨*pl* -aux⟩ **1.** MIL Gene'ral *m*; *les généraux a* die Generali'tät; ~ *de brigade, de division, de corps d'armée, d'armée* Bri'gadegeneral *m*, Generalmajor *m*, Generalleutnant *m*, General; ~ *en chef* Oberbefehlshaber *m*; Oberkommandierende(r) *m*; **2.** HIST Feldherr *m*; **3.** ÉGL CATH ~ *des Jésuites* Jesu'itengeneral *m*

générale [ʒeneral] *f la* ~ *X* die Frau des Gene'rals X

généralement [ʒeneralmɑ̃] *adv* a) allgemein; gene'rell; ~ *parlant* allgemein gesprochen; b) (*en général*) im allgemeinen; meist(ens)

généralisation [ʒeneralizasjɔ̃] *f* **1.** *d'une méthode etc* allgemeine Anwendung, Verbreitung, Einführung; *d'un conflit* Ausweitung *f*; **2.** *en raisonnant* Verallgemeinerung *f*

généraliser [ʒeneralize] **I** *v/t* **1.** *mesure, méthode* allgemein anwenden; *méthode a* allgemein verbreiten, einführen; allgemeine Geltung verschaffen (+*dat*); *adjt*: *cancer généralisé* Krebs, der Meta'stasen gebildet hat; *crise généralisée* allgemeine Krise; **2.** *observation, cas* verallgemeinern; generali'sieren; *abs*: *il a tendance à* ~ er neigt zu Verallgemeinerungen; *il ne faut pas* ~ man darf nicht verallgemeinern; **II** *v/pr se* ~ sich allgemein verbreiten; *fléau* sich ausbreiten; *conflit* sich ausweiten; *instruction a* (All)Gemeingut werden

généralissime [ʒeneralisim] *m* MIL Oberbefehlshaber *m*; Oberkommandierende(r) *m*; Genera'lissimus *m*

généraliste [ʒeneralist] *m ou adj médecin m* ~ praktischer Arzt; Allge'meinmediziner *m*

généralité [ʒeneralite] *f* **1.** *d'une affirmation etc* allgemeine Cha'rakter; Allge'meingültigkeit *f*; **2.** ~*s pl* allgemeine Darlegungen *f/pl*, Erläuterungen *f/pl*; Allgemeine(s) *n*

générateur [ʒeneratœʀ] **I** *adj* ⟨-trice⟩ **1.** BIOL Zeugungs...; **2.** *par ext* ~ *de* ... auslösend; bewirkend; **II** *m* ÉLECT Gene'rator *m*

génératif [ʒeneratif] *adj* ⟨-ive⟩ LING *grammaire générative* genera'tive Gram'matik

génération [ʒeneʀasjɔ̃] *f* **1.** Generati'on *f*; *s/s* Geschlecht *n*; *espace de temps a* Menschenalter *n*; *la jeune, nouvelle* ~ die junge Generation; *immigrés de la deuxième* ~ der zweiten Generation; **2.** *par ext* TECH Generati'on *f*; *ordinateur m de la troisième* ~ Computer *m* der dritten Generation; **3.** BIOL Zeugung *f*; Fortpflanzung *f*; **4.** MATH, LING Erzeugung *f*; LING *a* Gene'rierung *f*

génératrice [ʒeneratris] *f* ÉLECT Gene'rator *m*

générer [ʒenere] *v/t* ⟨-è-⟩ **1.** *troubles, conflit* her'vorrufen; auslösen; bewirken; **2.** LING *phrases* gene'rieren; erzeugen

généreux [ʒenerø] *adj* ⟨-euse⟩ **1.** (*magnanime*) edel(mütig); hochherzig; nobel; *vainqueur* großmütig; *sentiments* ~ edle Gesinnung; **2.** (*large*) großzügig, freigebig; großherzig, gene'rös; F nobel; *subst faire le* ~ (demonstrativ) den Großzügigen spielen; **3.** (*riche*) *poitrine* üppig; *sol* ertragreich; fruchtbar; *vin* feurig

générique [ʒenerik] **I** *adj* Gattungs...; *terme* ~ Gattungs-, Oberbegriff *m*; **II** *m* CIN Vorspann *m*

générosité [ʒenerozite] *f* **1.** (*noblesse de caractère*) Edelmut *m*; Hochherzigkeit *f*; *envers le vaincu* Großmut *m*; **2.** (*libéralité*) Großzügigkeit *f*, Freigebigkeit *f*; Generosi'tät *f*

Gênes [ʒɛn] Genua *n*

genèse [ʒənɛz] *f* **1.** BIBL (*le livre de*) *la ℒ* die Genesis; das erste Buch Mose; die Schöpfungsgeschichte; **2.** (*formation*) Entstehung(sgeschichte) *f*; Ge'nese *f*

genêt [ʒ(ə)nɛ] *m* BOT Ginster *m*

généticien [ʒenetisjɛ̃] *m*, ~*ienne f* Ge'netiker(in) *m(f)*

génétique [ʒenetik] **I** *adj* BIOL ge'netisch; Gen...; *code m* ~ genetischer Code; *manipulations f/pl* ~*s* Genmanipulation *f*; **II** *f* Ge'netik *f*, Vererbungslehre *f*

genette [ʒ(ə)nɛt] *f* ZO Ginsterkatze *f*; Ge'nette *f*

gên|eur [ʒenœʀ] *m*, ~*euse f* lästiger Mensch; lästige Per'son; Störenfried *m*

Genève [ʒ(ə)nɛv] Genf *n*

Geneviève [ʒənvjɛv] *f* Geno'veva *f*

genevois [ʒənvwa] **I** *adj* Genfer; **II** *subst ℒ(e) m(f)* Genfer(in) *m(f)*

genévrier [ʒənevʀije] *m* BOT Wa'cholder(strauch) *m*

génial [ʒenjal] *adj* ⟨-aux⟩ geni'al; F *c'est* ~*!* einfach geni'al!; F das ist toll, klasse, dufte, 'ne Wucht!

génie [ʒeni] *m* **1.** (*esprit*) Geist *m*; *allégorie* Genius *m*; *bon, mauvais* ~ guter, böser Geist (*a fig d'une personne*); ~ *tutélaire* Schutzgeist *m*; Genius *m*; **2.** *d'un peuple, d'une langue etc* Geist *m*; Wesen *n*; **3.** (*talent exceptionnel*) Ge'nie *n*; Geniali'tät *f*; *loc/adj de* ~ geni'al; *une idée de* ~ e-e geni'ale (*a iron*) großartige, glänzende, *iron* glorreiche, glori'ose Idee; *avoir du* ~ Genie besitzen; **4.** (*personne géniale*) Ge'nie *n*; geni'aler Kopf; *un* ~ *méconnu* ein verkanntes Genie; *ce n'est pas un* ~ er ist keine große Leuchte; **5.** MIL Pio'niertruppe *f*; Pio'niere *m/pl*; *schweiz* Ge'nietruppe *f*; *soldat m du* ~ Pio'nier *m*; **6.** TECH Ingeni'eurwesen *n*; ~ *chimique* Verfahrenstechnik *f*; ~ *civil* Bau-(ingenieur)wesen *n*; Hoch- und Tiefbau *m*; ~ *génétique* Gentechnologie *f*

genièvre [ʒənjɛvʀ(ə)] *m* **1.** *arbrisseau* Wa'cholder(strauch) *m*; **2.** *baie* Wa'cholderbeere *f*; **3.** *eau-de-vie* Wa'cholder(schnaps *m*, -branntwein *m*) *m*; Ge'never *m*

génique [ʒenik] *adj* BIOL Gen...; MÉD *thérapie* ~ Gentherapie *f*

génisse [ʒenis] *f* AGR Färse *f*; Kalbe *f*

génital [ʒenital] *adj* ⟨-aux⟩ Geschlechts...; geni'tal; Geni'tal...; *organes génitaux, parties* ~*es* Geschlechtsorgane *n/pl*, -teile *n/pl ou m/pl*; Geni'talien *pl*

géniteur [ʒenitœʀ] *m* **1.** *plais* (*père*) Erzeuger *m*; **2.** ZO männliches Zuchttier

génitif [ʒenitif] *m* GR Genitiv *m*; Wesfall *m*; zweiter Fall

génito-urinaire [ʒenitoyʀinɛʀ] *adj* ANAT urogeni'tal; *appareil m* ~ Urogeni'talsystem *n*; Harn- und Geschlechtsorgane *n/pl*

génocide [ʒenɔsid] *m* Völkermord *m*; Geno'zid *m*

génois [ʒenwa] **I** *adj* genu'esisch; Genu'eser; **II** *subst* **1.** *ℒ(e) m(f)* Genu'ese *m*, Genu'esin *f*; **2.** CUIS ~*e f* Tortenbiskuit *n*

genou [ʒ(ə)nu] *m* ⟨*pl* -x⟩ **1.** ANAT Knie *n* (*a d'un pantalon*); *du cheval* Fußwurzel *f*; *jupe, robe*: *au* ~ knielang; *au-dessous du* ~ das Knie bedeckend; *au-dessus du* ~ kniefrei; *loc/adv à* ~*x* kniend; auf (den) Knien; *fig demander à* ~*x* kniefällig, auf Knien bitten; *être à* ~*x* knien; *fig auf den Knien liegen* (*devant qn* vor j-m); *se mettre à* ~*x* niederknien; sich hinknien; F *fig c'est à se mettre à* ~*x devant* das ist einfach herrlich, himmlisch; *fig tomber aux* ~*x de qn* e-n Kniefall vor j-m machen; vor j-m auf die Knie fallen; *fig être sur les* ~*x* todmüde, *wie zerschlagen, völlig* ge'radert sein; *faire du* ~ *à une femme* e-e Frau mit dem Knie anstoßen, berühren; *mettre un* ~ *en terre* sich auf ein Knie niederlassen; *prendre sur ses* ~*x*

genouillère [ʒ(ə)nujɛʀ] f **1.** SPORTS Knieschützer m; MÉD Kniebandage f; *d'une armure* Kniekachel f, -buckel m; **2.** TECH *d'un tuyau* Knie(stück) n

genre [ʒɑ̃ʀ] m **1.** (*espèce*) Art f (*a d'une personne*); *ce ~ de lunettes* diese Art (von) Brille; *~ de vie* (Art der) Lebensführung f; Lebensweise f; *on ne fait pas mieux dans le ~* in dieser, der Art; *de ce ~* (in) dieser Art; derartige(r, -s); solche(r, -s); *des plaisanteries de ~* Scherze dieser Art; derartige, solche Scherze; *du même ~* von derselben Art; *en, dans son ~* in s-r Art; *en tout ~ ou en tous ~s* aller Art; allerlei; *je n'aime pas son ~* ich mag s-e Art nicht; *avoir le ~ artiste* etwas vom Künstler an sich haben; wie ein Künstler aussehen; *avoir (un) mauvais ~* e-e vulgäre Art haben; *se donner un ~*, *faire du ~* sich affek'tiert benehmen; *il fait ça pour se donner un ~* um aufzufallen; aus Angabe; *ce n'est pas mon ~* das ist nicht nach meinem Geschmack; F das ist nicht mein Fall; *il, elle n'est pas mon ~* er, sie ist nicht mein Typ; **2.** *le ~ humain* das Menschengeschlecht; **3.** GR Genus n; Geschlecht n; *adjectif des deux ~s* mit gleicher Form für Maskulinum und Femininum; *accord en ~ et en nombre* in Geschlecht und Zahl; **4.** BIOL Gattung f; **5.** LITTÉRATURE, ART Gattung f; Genre n; **6.** PEINT peinture f, *tableau m de ~* Genremalerei f, -bild n

gens [ʒɑ̃] m/pl 〈*unmittelbar vorangehendes adj steht in der Form des f/pl*〉 Leute pl; Menschen m/pl; *jeunes ~* a) junge Leute; b) (*jeunes hommes*) junge Männer m/pl; *les petites ~* die kleinen Leute; der kleine Mann; *sales ~* übles Volk; *vieilles ~* alte Leute; *des ~ comme toi* (ou *vous*) *et moi* Menschen wie du (ou Sie) und ich; *~ de la campagne* Leute vom Land; *~ du Midi, du Nord* Leute aus dem Süden, Norden; Süd-, Nordfranzosen m/pl; **2.** *~ d'Église* Geistliche(n) m/pl; *~ de lettres* Lite'raten m/pl; Schriftsteller m/pl; *~ de maison* Hauspersonal n; *~ de mer* Seeleute pl, -fahrer m/pl; **3.** JUR *droit m des ~* Völkerrecht n

gent [ʒɑ̃] f litt *la ~ trotte-menu* das Mäusevolk

gentiane [ʒɑ̃sjan] f BOT *et alcool* Enzian m

gentil [ʒɑ̃ti] adj 〈gentille [ʒɑ̃tij]〉 **1.** *personne, comportement* nett; freundlich; liebenswürdig; lieb; *robe, intérieur etc* nett; reizend; *personne* *être ~ comme un cœur* sehr, wirklich, äußerst, F furchtbar nett sein; *vous êtes trop ~* Sie sind zu liebenswürdig; *être ~ avec qn* zu j-m sein; *vous seriez ~ de* (+inf) es wäre nett von Ihnen, wenn Sie ... würden; *c'est ~ comme tout*, F *tout plein ~ de ta part* das ist nett von dir, lieb!; *c'est ~ à vous (d'être venu)* das ist nett von Ihnen (, daß Sie gekommen sind); **2.** *enfant (sage)* lieb; artig; brav; **3.** *somme d'argent* nett; hübsch; *une ~le somme* e-e nettes, hübsches Sümmchen; **4.** péj *c'est ~, mais ça n'a rien d'extraordinaire* das ist ja ganz nett, aber ...; *c'est bien ~ tout*

ça, mais ... das ist alles schön und gut, aber ...

gentilhomm|e [ʒɑ̃tijɔm] m 〈pl gentilshommes [ʒɑ̃tizɔm]〉 HIST Edelmann m; *~ière* f vornehmes, feu'dales Landhaus

gentillesse [ʒɑ̃tijɛs] f **1.** Freundlichkeit f; Liebenswürdigkeit f; Nettigkeit f; *avoir la ~ de* (+inf) die Freundlichkeit haben zu (+inf); so nett, freundlich sein zu (+inf); **2.** *surtout ~s pl* Freundlichkeiten f/pl (*a iron*)

gentillet [ʒɑ̃tijɛ] adj 〈~te〉 ganz nett, hübsch

gentils [ʒɑ̃ti] m/pl REL HIST Heiden m/pl

gentiment [ʒɑ̃timɑ̃] adv **1.** (*aimablement*) nett; freundlich; liebenswürdig; **2.** (*sagement*) lieb; artig; brav

gentleman [dʒɛntləman, F ʒɑ̃-] m 〈pl gentlemen [dʒɛntləmɛn]〉 Gentleman ['dʒ-] m; *se conduire en ~* sich wie ein, als Gentleman verhalten

génuflexion [ʒenyflɛksjɔ̃] f REL Kniebeuge f

géo [ʒeo] f F abr cf **géographie**

géodés|ie [ʒeodezi] f Geodä'sie f; Vermessungskunde f; Landesvermessung f; *~ique* adj geo'dätisch

géographe [ʒeograf] m,f Geo'graph(in) m(f)

géographie [ʒeografi] f **1.** Geogra'phie f; *matière scolaire a* Erdkunde f; *~ économique* Wirtschaftsgeographie f; *~ humaine* Anthropo-, Kul'turgeographie f; *~ linguistique* Sprachgeographie f; *~ régionale* Länderkunde f; *professeur m de ~* Erdkundelehrer m; **2.** *manuel* Erdkunde-, Geogra'phiebuch n

géographique [ʒeografik] adj geo'graphisch; erdkundlich; *carte f ~* Landkarte f; *en France Institut ~ national* staatliches Vermessungsamt

geôle [ʒol] f litt Kerker m

geôlier [ʒolje] m litt Kerkermeister m

géolog|ie [ʒeoloʒi] f Geolo'gie f; *~ique* adj geo'logisch; erdgeschichtlich

géologue [ʒeolɔg] m,f Geo'loge, -'login m,f

géomètre [ʒeomɛtʀ(ə)] m *~ ou adjt arpenteur ~* Geo'meter m; Vermessungsingenieur m

géométrie [ʒeometri] f **1.** Geome'trie f; Raumlehre f; *~ analytique, descriptive* analytische, darstellende Geometrie; *~ plane* ebene Geometrie; Geometrie der Ebene; *~ dans l'espace* Geometrie des Raumes; *~* AVIAT *avion à ~ variable* Schwenkflügelflugzeug n; *fig politique, justice à ~ variable* den jeweiligen Gegebenheiten angepaßt; prag'matisch; **2.** *manuel* Geome'triebuch n

géométrique [ʒeometrik] adj **1.** geo'metrisch (*a ornement*); **2.** fig *précision etc* mathe'matisch

géo|morphologie [ʒeomɔʀfɔlɔʒi] f Geomorpholo'gie f; *~physicien* m Geo'physiker m; *~physique* I adj geophy'sikalisch; II f Geophy'sik f; *~politique* I adj geopo'litisch; II f Geopoli'tik f

Georges [ʒɔʀʒ] m Georg m

Géorgie [ʒeɔʀʒi] *la ~* **1.** Ge'orgien n; **2.** U.S.A. Georgia ['dʒɔ:dʒə] n

géorgien [ʒeɔʀʒjɛ̃] I adj 〈~ne〉 ge'orgisch; II subst 2〈ne〉 m(f) Ge'orgier(in) m(f)

géostationnaire [ʒeostasjɔnɛʀ] adj *satellite* geostatio'när; Syn'chron...

géothermique [ʒeotɛʀmik] adj geo'thermisch

gérance [ʒeʀɑ̃s] f *d'un commerce* Geschäftsführung f; *d'immeubles* Verwaltung f; *mettre en ~* verpachten; in Pacht geben

géranium [ʒeʀanjɔm] m BOT Ge'ranie f

gér|ant [ʒeʀɑ̃] m, *~ante* f *d'une société* Geschäftsführer(in) m(f); *d'un magasin a* Pächter(in) m(f); *d'immeubles* Verwalter(in) m(f); *~ d'une succursale* Fili'alleiter(in) m(f)

Gérard [ʒeʀaʀ] m Gerhard m

Gérardmer [ʒeʀaʀme] Stadt im Dep. Vosges

gerbe [ʒɛʀb] f **1.** AGR Garbe f; **2.** *~ (de fleurs)* (Blumen)Strauß m; Bu'kett m; **3.** FEU D'ARTIFICE Funkengarbe f, -büschel n, -regen m; **4.** MIL Geschoßgarbe f

gerber [ʒɛʀbe] v/t TECH stapeln

gerboise [ʒɛʀbwaz] f ZO Wüstenspringmaus f

gercé [ʒɛʀse] adj *peau, lèvres* aufgesprungen; *peau a* rissig; schrundig

gercer [ʒɛʀse] 〈-ç-〉 I v/t rissig werden lassen, machen; II v/i (*et v/pr se*) *~ peau, lèvres* aufspringen; *peau a* rissig, schrundig werden

gerçure [ʒɛʀsyʀ] f (Haut)Riß m; Schrunde f

gérer [ʒeʀe] v/t 〈-è-〉 *affaires* führen; *un commerce, ses biens etc* verwalten; *par ext sa carrière etc, iron la crise* F managen ['mɛnɪdʒən]; *adjt affaire bien, mal gérée* gut, schlecht geführtes Geschäft

gerfaut [ʒɛʀfo] m ZO Gerfalke m

gériatrie [ʒeʀjatʀi] f MÉD Geria'trie f; Altersheilkunde f

germain[1] [ʒɛʀmɛ̃] adj *cousin ~ ou cousine ~e* Vetter m, Cousin m ou Cousine f (ersten Grades); *cousins issus de ~s* Vettern zweiten Grades

germain[2] [ʒɛʀmɛ̃] HIST I adj ger'manisch; II m/pl 2s Ger'manen m/pl

Germaine [ʒɛʀmɛn] f Vorname

Germanie [ʒɛʀmani] HIST *la ~* Ger'manien n

germanique [ʒɛʀmanik] adj **1.** HIST ger'manisch; LING *langues f/pl ~s* germanische Sprachen f/pl; **2.** (*allemand*) deutsch; *pays m/pl ~s* Länder n/pl deutscher Sprache und Kultur

german|isation [ʒɛʀmanizasjɔ̃] f Germani'sierung f; Eindeutschung f; *~iser* v/t germani'sieren; eindeutschen (*a mots, noms*); *~isme* m deutsche Spracheigentümlichkeit; Germa'nismus m; *~iste* m,f Germa'nist(in) m(f)

germanitude [ʒɛʀmanityd] f Deutschtum n

germanium [ʒɛʀmanjɔm] m CHIM Ger'manium n

germano-... [ʒɛʀmano] adj deutsch-...; *exemple: germano-polonais* deutsch-polnisch

germanophil|e [ʒɛʀmanofil] I adj deutschfreundlich; II m,f Per'son f mit deutschfreundlicher Haltung; *~ie* f Deutschfreundlichkeit f

germanophob|e [ʒɛʀmanofɔb] I adj deutschfeindlich; II m,f Deutschenhasser(in) m(f); *~ie* f Deutschfeindlichkeit f; p/fort Deutschenhaß m

germanophone [ʒɛRmanɔfɔn] *adj* deutschsprachig, -sprechend

germe [ʒɛRm] *m* BIOL, MÉD, *fig* Keim *m*; *dans un œuf* Keimscheibe *f*; Hahnentritt *m*; **~s pathogènes** Krankheitskeime *m/pl*; **~s de blé** Weizenkeime *m/pl*

germer [ʒɛRme] *v/i* BOT keimen (*a fig idée etc*); *pommes de terre* auskeimen; *faire ~* zum Keimen bringen

germicide [ʒɛRmisid] *adj* keimtötend

germinal [ʒɛRminal] **I** *adj* ⟨-aux⟩ BIOL Keim...; **II** *m* HIST Germi'nal *m* (7. Monat des frz Revolutionskalenders)

germin|atif [ʒɛRminatif] *adj* ⟨-ive⟩ BIOL Keim...; **~ation** *f* BIOL Keimen *n*, -ung *f*

gérondif [ʒeRõdif] *m* GR Ge'rundium *n*; *en français a* Géron'dif *m*

géronto|logie [ʒeRõtɔlɔʒi] *f* Gerontolo'gie *f*; Altersforschung *f*; **~logue** *m* Geronto'loge *m*

Gers [ʒɛR, *regional* ʒɛRs] *le ~* Fluß u Departement in Frankreich

gésier [ʒezje] *m des oiseaux* (Muskel-, Kau)Magen *m*

gésir [ʒeziR] *st/s v/i* ⟨*déf*: il gît, ils gisent; il gisait; gisant⟩ (da)liegen; *fig c'est là que gît la difficulté* da(rin) liegt die Schwierigkeit; F da liegt der Hase im Pfeffer; da liegt der Hund begraben

gesse [ʒɛs] *f* BOT Platterbse *f*

gestaltisme [gəʃtaltism(ə)] *m* PHILOS, PSYCH Gestalttheorie *f*, -psychologie *f*

gestation [ʒɛstasjõ] *f* **1.** ZO Trächtigkeit *f*; *sc de la femme* Schwangerschaft *f*; **2.** *fig* Entstehung *f*; *loc/adj en ~* im Entstehen (begriffen)

geste[1] [ʒɛst] *m* **1.** (Hand)Bewegung *f*; Gebärde *f*; Geste *f*; *au moindre ~* bei der geringsten Bewegung; *se faire comprendre par ~s* sich durch Gebärden, Gesten verständlich machen; *faire un ~* (*de la main*) e-e Handbewegung machen; *faire des grands ~s* lebhaft gestiku'lieren; *ne pas faire un ~* sich nicht rühren (*a fig*); **2.** *par ext* Geste *f*; *~ de générosité* großzügige, F noble Geste; F *fig faire un ~* s-m Herzen e-n Stoß geben; F etwas springen lassen; *joindre le ~ à la parole* s-n Worten die Tat folgen lassen

geste[2] [ʒɛst] *f* **1.** *les faits et ~s de qn* j-s Tun und Treiben *n*; **2.** *chanson f de ~* Heldenlied *n*, -epos *n*

gesticulation [ʒɛstikylasjõ] *f* Gestikulati'on *f*; Gestiku'lieren *n*

gesticuler [ʒɛstikyle] *v/i* gestiku'lieren; F mit den Händen, Armen in der Luft her'umfuchteln

gestion [ʒɛstjõ] *f* **1.** *d'une entreprise* Geschäftsführung *f*; *de biens, d'immeubles* Verwaltung *f*; *~ budgétaire* Haushaltsführung *f*; *~ financière* Fi'nanzplanung *f*; *~ de la production* Produkti'onsleitung *f*; **2.** *matière ~* (*d'entreprise*) Betriebswirtschaft(slehre) *f*

gestionnaire [ʒɛstjɔnɛR] **I** *adj* Geschäftsführungs..., Verwaltungs...; betriebswirtschaftlich; **II** *m* Geschäftsführer *m*; Verwalter *m*; Manager ['mɛnɛdʒɐ] *m*; Betriebswirt *m*

gestuel [ʒɛstɥɛl] **I** *adj* ⟨-le⟩ Gesten...; Gebärden...; *langage ~* Gebärdensprache *f*; **II** *f* **~le** Gestik *f*

geyser [ʒezɛR] *m* Geysir *m*; Geiser *m*

Ghana [gana] *le ~* Ghana *n*

ghanéen [ganeɛ̃] **I** *adj* ⟨~ne⟩ ghanaisch; **II** *subst* ⟨*ne*⟩ *m(f)* Ghanaer(in) *m(f)*

ghetto [geto, gɛ-] *m* G(h)etto *n*

gibbon [ʒibõ] *m* ZO Gibbon *m*

gibbosité [ʒibozite] *f* MÉD *et par ext* Buckel *m*; Höcker *m*

gibecière [ʒibsjɛR] *f* **1.** CH Jagdtasche *f*; **2.** *sac de femme* (sportliche) 'Umhängetasche; **3.** *sac d'écolier* Schulranzen *m*, -tasche *f*

gibelotte [ʒiblɔt] *f* CUIS *~ de lapin* Ka'ninchenfrikassee *n* in Weißwein

giberne [ʒibɛRn] *f autrefois* Pa'tronentasche *f*

gibet [ʒibɛ] *m* Galgen *m*

gibier [ʒibje] *m* **1.** Wild *n*; *gros ~* Hoch-, Schalenwild *n*; *menu*, *petit ~* Niederwild *n*; *~ à plume*(*s*) Federflügelwild *n*; *~ à poil* Haarwild *n*; *~ d'eau* jagdbare Wasservögel *m/pl*; **2.** CUIS Wildbret *n*; Wild *n*; **3.** *fig ~ de potence* Galgenvogel *m*

giboulée [ʒibule] *f* (Regen-, Graupel-) Schauer *m*; *~s de mars* A'prilschauer *m/pl*, -wetter *n*

giboyeux [ʒibwajø] *adj* ⟨-euse⟩ wildreich

Gibraltar [ʒibRaltaR] Gi'braltar *n*

gibus [ʒibys] *m* Klappzylinder *m*; Chapeau claque *m*

giclée [ʒikle] *f* Spritzer *m*

gicl|er [ʒikle] *v/i* (her'aus-, auf)spritzen; *~eur* *m* AUTO Vergaserdüse *f*

G.I.E. [ʒei ə] *m abr cf* **groupement** 1.

gifle [ʒifl] *f* **1.** Ohrfeige *f*; Backpfeife *f*; *donner ou* F *flanquer une ~ à qn* j-m e-e Ohrfeige geben *ou* verabreichen; j-n ohrfeigen; F j-m eine knallen, runterhauen, kleben, schmieren, langen, verpassen, schallern; F *flanquer une paire de ~s à qn* F j-m rechts und links eine runterhauen; *recevoir une ~* e-e Ohrfeige bekommen; F eine geklebt, geschmiert, geknallt, gelangt, verpaßt, geschallert kriegen; **2.** *fig* Schlag *m* ins Gesicht; Ohrfeige *f*

gifler [ʒifle] *v/t* **1.** *~ qn* j-n ohrfeigen; **2.** *fig vent*, *pluie* **|** *le visage de qn* j-m ins Gesicht peitschen

giga [ʒiga] *adj* F *abr* (*gigantesque*) F super; Spitze; geil

gigahertz [ʒigaɛRts] *m* (*abr* **GHz**) PHYS Gigahertz *n* (*abr* GHz)

gigantesque [ʒigātɛsk] *adj* **1.** *taille* riesig; riesenhaft; gi'gantisch; Riesen...; **2.** *entreprise* gi'gantisch; gewaltig; Riesen...

gigantisme [ʒigātism(ə)] *m* **1.** MÉD Riesenwuchs *m*; *sc* Gigan'tismus *m*; **2.** *fig* 'übermäßiges Wachstum; Hypertro'phie *f*; *état* Riesenhaftigkeit *f*

G.I.G.N. [ʒeiʒeɛn] *m abr* (*Groupe d'intervention de la Gendarmerie nationale*) *correspond à* GSG 9 *f*

gigogne [ʒigɔɲ] *f* **1.** *fusée ~* Mehrstufenrakete *f*; *lit ~* ausziehbares Doppelbett; *poupée ~* russische Puppen *f/pl*; *table ~* Satztisch(e) *m(pl)*

gigolo [ʒigolo] *m* Gigolo *m* (*junger ausgehaltener Geliebter*)

gigot [ʒigo] *m* **1.** CUIS *~* (*de mouton*) Hammelkeule *f*, *südd a* -schlegel *m*; *~ d'agneau* Lammkeule *f*; **2.** *manches f/pl ~* Keulen-, Schinkenärmel *m/pl*

gigoter [ʒigɔte] F *v/i* zappeln; *bébé* strampeln

gigue [ʒig] *f* MUS, *danse* Gigue [ʒi:k] *f*; **2.** F *fig une grande ~* F e-e Hopfenstange

Gilbert [ʒilbɛR] *m Vorname*

gilet [ʒilɛ] *m* **1.** *d'un costume* Weste *f*; F *fig venir pleurer dans le ~ de qn* j-m sein Leid klagen; **2.** *tricoté* Strickjacke *f*, -weste *f*; **3.** *~ de sauvetage* Schwimmweste *f*; **4.** *~ de corps* 'Unterhemd *n*, -jacke *f*

Gilles [ʒil] *m* **1.** *Vorname*; **2.** *saint* Ä'gidius *m*

gin [dʒin] *m* Gin [dʒ-] *m*

gingembre [ʒɛ̃ʒãbR(ə)] *m* BOT, CUIS Ingwer *m*

gingiv|al [ʒɛ̃ʒival] *adj* ⟨-aux⟩ ANAT Zahnfleisch...; **~ite** *f* MÉD Zahnfleischentzündung *f*

ginkgo [ʒɛ̃ko] *m* BOT Ginkgo(baum) *m*

ginseng [ʒinsãg] *m* BOT, PHARM Ginseng *m*

girafe [ʒiRaf] *f* **1.** ZO Gi'raffe *f*; *fig cou m de ~* langer, dürrer Hals; F *fig peigner la ~* e-e sinnlose Arbeit machen; **2.** F *péj d'une personne* F lange Latte; langes Laster; **3.** CIN, TV (Mikro'phon-) Galgen *m*

girafeau [ʒiRafo] *m* ⟨*pl* ~x⟩ ZO junge, kleine Gi'raffe; Gi'raffenjunge(s) *n*

girandole [ʒiRãdɔl] *f* **1.** FEU D'ARTIFICE Feuerrad *n*; **2.** *chandelier* mehrarmiger Leuchter; **3.** (*guirlande lumineuse*) Lichtgirlande *f*

giratoire [ʒiRatwaR] *adj* kreisend; Dreh...; Kreis...; *sens m ~* Kreisverkehr *m*

giravion [ʒiRavjõ] *m* AVIAT Drehflügelflugzeug *n*

girofle [ʒiRɔfl(ə)] *m* BOT, CUIS *clou m de ~* (Gewürz)Nelke *f*

giroflée [ʒiRɔfle] *f* **1.** BOT Goldlack *m*; **2.** F *fig ~* (*à cinq feuilles*) (Spuren *f/pl* e-r) schallende(n) Ohrfeige

girolle [ʒiRɔl] *f* BOT Pfifferling *m*; *österr* Eierschwamm *m*

giron [ʒiRõ] *m* Schoß *m*; *le ~ familial*, *de l'Église* der Schoß der Familie, der Kirche

girond [ʒiRõ] *adj* ⟨-ronde [-Rõd]⟩ F (*bien fait*) F gutgebaut; (*bien en chair*) mollig

Gironde [ʒiRõd] *la ~* Mündungstrichter der Garonne u Departement in Frankreich

girondin [ʒiRõdɛ̃] **I** *adj* **1.** (aus, von) der Gi'ronde; **2.** HIST giron'distisch; **II** *m/pl* *~s* HIST Giron'disten *m/pl*

girouette [ʒiRwɛt] *f* Wetterfahne *f* (*a fig d'une personne*); *fig c'est une vraie ~* a er wechselt die Meinung wie das Hemd

gisant [ʒizã] *I p/pr cf* **gésir**; **II** *m* SCULP liegende Fi'gur

Gisèle [ʒizɛl] *f* Gisela *f*

gisement [ʒizmã] *m* Lagerstätte *f*; Vorkommen *n*; *~ de houille*, *de pétrole*, *d'uranium* (Stein)Kohle(n)-, Erdöl-, U'ranvorkommen *n*, -lagerstätte *f*

gît [ʒi] *cf* **gésir**

gitan [ʒitã] **I** *subst* **1.** ⟨*e*⟩ *m(f)* Zi'geuner(in) *m(f)*; **2.** *~e f frz* Zigarettenmarke; **II** *adj* Zi'geuner...

gîte[1] [ʒit] *m* **1.** 'Unterkunft *f*; Quar'tier *n*; *~ rural* Ferienquartier *n* auf dem Land; *le ~ et le couvert* Unterkunft und Verpflegung *f*; **2.** *du gibier* Lager *n*; *du lièvre a* Sasse *f*; **3.** MINÉR Lagerstätte *f*; *~ aurifère* Goldlagerstätte *f*,

-vorkommen *n*; **4.** *BOUCHERIE* 'Hinterhesse *f*; ~ *à la noix* Oberschale *f*
gîte² [ʒit] *f MAR* Schlagseite *f*; Krängung *f*; *donner de la* ~ Schlagseite haben; krängen
gîter [ʒite] *v/i MAR* Schlagseite haben
givrage [ʒivraʒ] *m AVIAT* Vereisung *f*
givrant [ʒivrɑ̃] *adj brouillard* ~ Rauhreif bildender Nebel
givre [ʒivR(ə)] *m* (Rauh)Reif *m*; *cristaux m/pl de* ~ Eisblumen *f/pl*
givré [ʒivRe] *adj* **1.** *arbres etc* bereift; mit Rauhreif über'zogen, bedeckt; **2.** *vitre* zugefroren; vereist (*a AVIAT*); **3.** *CUIS orange* ~*e* O'rangensorbet(t) *m ou n* in der Schale serviert; *pour un cocktail verre* ~ Glas *n* mit Zuckerrand; **4.** *F (fou)* F bescheuert; behämmert; *cf a* **cinglé**
givrer [ʒivRe] **I** *v/t* **1.** mit Rauhreif über'ziehen, bedecken; **2.** *fig* mit e-m (Zukker)'Überzug versehen, gar'nieren; **II** *v/i (et v/pr se)* ~ vereisen; *vitre a* zufrieren
glabre [glabR(ə)] *adj* glattrasiert; bartlos
glaçage [glasaʒ] *m* **1.** *TECH* Glänzen(dmachen) *n*; *résultat* Politur *f*; *TEXT* Glanzappretur *f*; **2.** *CUIS* Gla'sieren *n*; *résultat* Gla'sur *f*; Zuckerguß *m*
glace [glas] *f* **1.** Eis *n*; ~*s pl* Eismassen *f/pl*; *Eis n*; ~ *artificielle* Kunsteis *n*; *couche f de* ~ Eisschicht *f*, -decke *f*; *cristaux m/pl de* ~ Eiskristalle *m/pl*; *Mer f de* ~ Gletscher im Montblanc-Massiv; *loc/adj*: *bateau pris dans les* ~*s* im Eis festsitzend; eingefroren; *couvert de* ~ eisbedeckt; *fig il a été, il est resté de* ~ er blieb eiskalt; *fig*: *rompre, briser la* ~ das Eis brechen, zum Schmelzen bringen; *la* ~ *est rompue* das Eis, der Bann ist gebrochen; **2.** *(crème glacée)* (Speise)Eis *n*; *österr* Gefrorene(s) *n*; *schweiz* Glace *f*; *deux* ~*s* zwei (Portionen) Eis; ~ *à l'italienne* Softeis *n*; ~ *à la vanille* Va'nilleeis *n*; **3.** *(miroir)* Spiegel *m*; ~ *de poche* Taschenspiegel *m*; **4.** *AUTO* Wagen-, Autofenster *n*; (Auto)Scheibe *f*; **5.** *verre* Spiegelglas *n*; *d'une porte vitrée* (Glas-)Scheibe *f*; **6.** *CUIS* Gla'sur *f*; Zuckerguß *m*; *adjt* *sucre* ~ Staub-, Puderzucker *m*
glacé [glase] *adj* **1.** *(gelé)* vereist; *neige* ~*e* vereister Schnee; **2.** *CUIS* Eis...; *chocolat* ~ *cf esquimau* II 2.; *coupe*, *crème* ~*e* Eisbecher *m*, -creme *f*; **3.** *eau, pluie, vent, pièce* eisig; *boisson a* eisgekühlt; *eau, pluie* ~ *e* Eiswasser *n*, -regen *m*; *avoir les pieds* ~*s* eiskalte Füße haben; *personne être* ~ 'durchgefroren ou durch'froren sein; steif, starr vor Kälte sein; *CUIS servir* ~ eiskalt servieren; **4.** *fig accueil, regard* eisig; frostig; **5.** *(lustré) étoffe* glanzappretiert; *gants m/pl en chevreau* ~ Gla'céhandschuhe *m/pl*; *papier* ~ Glanzpapier *n*; *riz* ~ polierter Reis; **6.** *CUIS marrons* ~*s* kan'dierte Ka'stanien *f/pl*
glacer [glase] ⟨-ç-⟩ I *v/t* **1.** *fig* ~ *qn* j-n erstarren lassen, lähmen; ~ *le sang dans les veines* das Blut in den Adern erstarren lassen; **2.** *TECH* glänzen(d machen); mit Hochglanz versehen; *TEXT* glanzappretieren; **3.** *CUIS* gla'sieren; **4.** *PEINT* la'sieren; **II** *v/pr se* ~ *fig sourire*

gefrieren; eisig werden; *son sang se glaça dans ses veines* das Blut erstarrte ihm in den Adern
glaceuse [glasøz] *f PHOT* Trockenpresse *f*
glaciaire [glasjɛR] *adj* Eis...; Gletscher...; *sc glazi'al*; *période f* ~ Eiszeit *f*
glacial [glasjal] *adj* ⟨-aux *od* -als⟩ **1.** *pluie, vent* eisig; eiskalt; *froid* eisig; **2.** *GÉOGR océan* ~ Eismeer *n*; *zone* ~*e* kalte Zone; **3.** *fig*: *accueil* eisig; frostig; *silence, regard* eisig; *personne* eiskalt; eisig; abweisend
glaciation [glasjɑsjɔ̃] *f GÉOL* Vereisung *f*; Vergletscherung *f*
glacier [glasje] *m* **1.** *GÉOGR* Gletscher *m*; **2. a)** *pâtissier* Eiskonditor *m*; **b)** *(marchand de glace)* Eisverkäufer *m*
glacière [glasjɛR] *f* **1.** Eisschrank *m*; *portable a* Kühltasche *f*; **2.** F *fig (pièce très froide)* Eiskeller *m*
glaciologie [glasjɔlɔʒi] *f* Gletscherkunde *f*; Glaziolo'gie *f*
glacis [glasi] *m* **1.** *FORTIF* Gla'cis *n*; **2.** *fig POL* stra'tegisches Vorfeld; **3.** *PEINT* La'sur *f*
glaçon [glasɔ̃] *m* **1.** Stück *n* Eis; Eisklumpen *m*; *pour une boisson* Eiswürfel *m*; *dans une rivière* Eisscholle *f*; *sur une gouttière* Eiszapfen *m*; *rivière charrier des* ~*s* Eis führen; **2.** F *fig personne* Eisberg *m*
gladiateur [gladjatœR] *m* Gladi'ator *m*
glaïeul [glajœl] *m BOT* Gladi'ole *f*
glaire [glɛR] *f PHYSIOL* (zäher) Schleim
glaireux [glɛRø] *adj* ⟨-euse⟩ schleimig
glaise [glɛz] *f* ~ *ou adjt terre f* ~ Lehm *m*; Ton *m*; Letten *m*
glais|eux [glɛzø] *adj* ⟨-euse⟩ lehmig; ~*ière f* Lehmgrube *f*
glaive [glɛv] *m HIST, litt* Schwert *n*
gland [glɑ̃] *m* **1.** *BOT* Eichel *f*; **2.** *ANAT* Eichel *f*; **3.** *décoratif* Troddel *f*; Quaste *f*
glande [glɑ̃d] *f* **1.** *ANAT* Drüse *f*; **2.** F *avoir des* ~*s* geschwollene Drüsen (= Lymphknoten) haben; **3.** P *foutre les* ~*s à qn* F j-n auf die Palme bringen
glander [glɑ̃de] *ou* **glandouiller** [glɑ̃duje] *v/i* F her'umstehen, -sitzen, -lungern
glandulaire [glɑ̃dylɛR] *adj ANAT* Drüsen...; *troubles m/pl* ~*s* Drüsenstörungen *f/pl*
glan|er [glane] *v/t* **1.** *abs* Ähren lesen; **2.** *fig* (auf)sammeln; zu'sammentragen; ~*eur m*, ~*euse f* Ährenleser(in) *m(f)*
glap|ir [glapiR] *v/i* **1.** *renard* bellen; *lapin* 'durchdringend pfeifen; klagen; *chien* kläffen; *oiseau* kreischen; **2.** ⟨*a v/t*⟩ *fig personne* (: *des injures*) kreischen; ~*issement m* **1.** *d'un renard* Bellen *n*; *d'un chien* Kläffen *n*; Gekläff *n*; **2.** *fig d'une personne* ~*s pl* Kreischen *n*; Gekreisch *n*
glas [glɑ] *m* Totengeläut(e) *n*; Totenglocke *f*; *sonner le* ~ **a)** die Totenglocke läuten; **b)** *fig d'une époque, d'espérances* das Ende ankündigen
glaucome [glokom] *m MÉD* grüner Star; *sc* Glau'kom *n*
glauque [glok] *adj* **1.** *mer* blau-, graugrün; *yeux* meergrün; **2.** *par ext lumière etc* trüb(e); düster; *(sinistre)* unheimlich
glaviot [glavjo] P *m* Auswurf *m*; F Spukke *f*; *nordd* Qualster *m*
glèbe [glɛb] *f litt* Scholle *f*

glénoïde [glenɔid] *adj ANAT cavité f* ~ Gelenkpfanne *f*
glissade [glisad] *f* **1.** (Aus)Gleiten *n*; (Aus)Rutschen *n*; Schlittern *n*; F Rutschpartie *f*; *faire des* ~*s* (*sur la glace*) (auf dem Eis) schlittern, F glitschen, *südd a* schleifen; **2.** *AVIAT* Abrutschen *n*, F Abschmieren *n* nach innen; **3.** *DANSE* Gleitschritt *m*; Glis'sade *f*
glissant [glisɑ̃] *adj* rutschig; glatt; schlüpfrig, F glitschig; *panneau chaussée* ~*e* Schleudergefahr *f*
glisse [glis] *f des skis* Gleitfähigkeit *f*; *d'un skieur* Gleiten *n*; Gleitgeschwindigkeit *f*
glissé [glise] *adj et subst m DANSE* (*pas m*) ~ Gleitschritt *m*
glissement [glismɑ̃] *m* **1.** Gleiten *n*; Rutschen *n*; *par ext bruit* Gleitgeräusch *n*; **2.** *GÉOL* ~ *de terrain* Erd-, Bergrutsch *m*; **3.** *fig* Verschiebung *f*; Verlagerung *f*; *POL* ~ *à droite* Rechtsruck *m*; *d'un mot* ~ *de sens* Bedeutungsverschiebung *f*
glisser [glise] **I** *v/t* **1.** schieben, stecken (*dans* in +*acc*); ~ *une pièce à* j-m ein Geldstück zustecken; ~ *le courrier sous la porte* die Post unter der Tür 'durchschieben; **2.** *fig* ~ *qc à l'oreille de qn* j-m etw zuflüstern; ~ *un mot dans un discours* ein Wort in e-e Rede einfließen lassen; *en* ~ *un mot à qn* die Sache bei j-m zur Sprache bringen; **II** *v/i* **1.** gleiten (*a TECH*); *sans le vouloir* rutschen; ins Rutschen kommen; schlittern; F glitschen; *personne a* (*tomber*) ausrutschen; ausgleiten, F *ça glisse* es ist rutschig, glatt; *son pied a glissé* er ist (mit dem Fuß) ausgerutscht; *le verre m'a glissé des mains* das Glas ist mir aus der Hand gerutscht, *st/s* ist mir meinen Händen entglitten; F *fig il lui a glissé entre les doigts* er ist ihm entwischt, entschlüpft; ~ *le long d'une pente* e-n Abhang (her'ab-, her'unter-*ou* hin'ab-, hin'unterrutschen; *barque* ~ *sur l'eau* auf dem Wasser da'hingleiten; *se laisser* ~ *de sa chaise* vom Stuhl (her'ab)rutschen; **4.** *fig* ~ *sur un sujet* rasch über ein Thema hin'weggehen; *laisser* ~ *le regard sur qc* den Blick über etw (*acc*) (hin)gleiten lassen; **5.** *reproches, injures* ~ *sur qn* von j-m abgleiten; **6.** *POL* ~ *à gauche* e-n Linksruck erfahren; **III** *v/pr se* ~ **7.** *personne, animal* (sich) schleichen, schlüpfen (*dans* in +*acc*); *se* ~ *dans ses draps* ins Bett schlüpfen; **8.** *fig erreur* sich einschleichen (*dans les calculs* in die Berechnungen); *inquiétude, doute se* ~ *en qn* j-n beschleichen
glissière [glisjɛR] *f TECH* Gleit-, Lauf-, Führungsschiene *f*; ~ *de sécurité* Leitplanke *f*; *fermeture f à* ~ Reißverschluß *m*
glissoire [gliswaR] *f* Schlitter-, F Rutsch-, Glitschbahn *f*; *südd a* Schleifbahn *f*
global [glɔbal] *adj* ⟨-aux⟩ **1.** gesamt; Gesamt...; glo'bal; Glo'bal...; pau'schal; Pau'schal...; *somme* ~*e* Gesamtsumme *f*; **2.** *approche à lire* *méthode* ~*e* Ganzheitsmethode *f*
globalement [glɔbalmɑ̃] *adv* glo'bal; in s-r Gesamtheit; im ganzen (genommen)
globe [glɔb] *m* **1.** ~ *(terrestre)* Erdku-

globe-trotter – golfeuse

gel *f*, -ball *m*; **2.** (*mappemonde*) **~ (terrestre)** Globus *m*; **~ céleste** Himmelsglobus *m*; **~ lumineux** Leuchtglobus *m*; **3.** *pour recouvrir qc* Glassturz *m*, -glocke *f*; **4.** *d'une lampe* Glaskugel *f*, -glocke *f*; lampe Kugelleuchte *f*; **5.** ANAT **~ oculaire, de l'œil** Augapfel *m*
globe-trotter [glɔbtʀɔtɛʀ, -tɛʀ] *m* ⟨*pl* globe-trotters⟩ Weltenbummler *m*; Globetrotter *m*
globulaire [glɔbylɛʀ] *adj* MÉD **numération** *f* **~** (Aus)Zählung *f* der Blutkörperchen
globule [glɔbyl] *m* **~ (du sang)** Blutkörperchen *n*; **~s blancs, rouges** weiße, rote Blutkörperchen
globuleux [glɔbylø] *adj* ⟨-euse⟩ *yeux* her'vortretend; vorquellend; vorstehend
globuline [glɔbylin] *f* BIOL Globu'lin *n*
gloire [glwaʀ] *f* **1.** (*grande renommée*) Ruhm *m*; **à la ~ de** zum Ruhme von (*ou* +*gén*); **avoir son heure de ~** s-e Glanz-, Blütezeit erleben; in hohem Ansehen stehen; **se couvrir de ~** Ruhm erwerben, ernten; sich mit Ruhm bedecken; **faire qc pour la ~** etwa aus Idea'lismus tun; **2.** (*personne célèbre*) Berühmtheit *f*; **3.** (*splendeur*) Glanz *m*; Herrlichkeit *f*; Glorie *f*; **4.** *st/s* **rendre ~ à Dieu** Gott (lob)preisen, rühmen, verherrlichen; **~ à Dieu** Ehre sei Gott; *par ext* **rendre ~ à qn** j-n ehren; **5.** (*auréole*) Glorienschein *m*; Glori'ole *f*; Aure'ole *f*; Strahlenkranz *m*; **Christ en ~** von e-m Glorienschein *etc* um'gebener Christus
gloria [glɔʀja] *m* ⟨*inv*⟩ ÉGL CATH Gloria *n*
gloriette [glɔʀjɛt] *f* ARCH Glori'ette *f*
glorieux [glɔʀjø] *adj* ⟨-euse⟩ ruhmreich; rühmlich; rühmenswert; glorreich; *personne* ruhmreich; ruhmbedeckt; *exploit* **~** Ruhmestat *f*; *journée* **glorieuse** Ruhmestag *m*
glorification [glɔʀifikasjõ] *f* Verherrlichung *f*; Glorifi'zierung *f*
glorifier [glɔʀifje] **I** *v/t* verherrlichen; rühmen; preisen; glorifi'zieren; **II** *v/pr* **se ~ de qc** stolz sein auf etw (*acc*); sich e-r Sache (*gén*) rühmen
gloriole [glɔʀjɔl] *f péj* (kleinliche, armselige) Eitelkeit, Selbstgefälligkeit
glose [gloz] *f* Glosse *f*
gloser [gloze] *v/t texte* glos'sieren; mit Glossen versehen
glossaire [glɔsɛʀ] *m* Glos'sar *n*; Wörterverzeichnis *n* (mit Erklärungen)
glotte [glɔt] *f* ANAT Stimmritze *f*; *sc* Glottis *f*; PHON **coup** *m* **de ~** Kehlkopfverschlußlaut *m*; Stimmritzenverschlußlaut *m*; Knacklaut *m*; harter Vo'kaleinsatz
glouglou [gluglu] *m* **1.** F *d'un liquide* Gluckern *n*; Glucksen *n*; **faire ~** F gluck, gluck machen; **2.** *du dindon* Kollern *n*
glouglouter [gluglute] *v/i* **1.** *liquide* gluckern; glucksen; **2.** *dindon* kollern
gloussement [glusmã] *m* **1.** *d'une poule* Glucken *n*; **2.** *fig* Glucksen *n*; glucksendes Lachen
glousser [gluse] *v/i* **1.** *poule* glucken; **2.** *fig* glucksen; glucksend lachen
glouton [glutõ] **I** *adj* ⟨-ne⟩ gefräßig; (freß)gierig; **II** *m* **1.** gieriger Esser; Vielfraß *m*; **2.** ZO Vielfraß *m*

gloutonnement [glutɔnmã] *adv* **manger (qc) ~** (etw) gierig essen; (etw hin'unter)schlingen
gloutonnerie [glutɔnʀi] *f* Gefräßigkeit *f*; (Freß)Gier *f*
gloxinia [glɔksinja] *m* BOT Glo'xinie *f*
glu [gly] *f* **1.** CH *autrefois* Vogelleim *m*; **2.** F *fig personne* **quelle ~!** F er *ou* sie ist die reinste Klette
gluant [glyã] *adj* klebrig; F pappig
glucides [glysid] *m/pl* CHIM Kohle(n)-hydrate *n/pl*
glucomètre [glykɔmɛtʀ(ə)] *m* VIT Mostwaage *f*
glucose [glykoz] *m* CHIM Traubenzucker *m*; *sc* Glu'cose *f*
glutamate [glytamat] *m* CHIM, CUIS Gluta'mat *n*
glutamique [glytamik] *adj* CHIM **acide** *m* **~** Gluta'minsäure *f*
gluten [glytɛn] *m* CHIM Kleber *m*; Glu'ten *n*
glycémie [glisemi] *f* PHYSIOL Blutzucker *m*; *sc* Glykä'mie *f*
glycérine [gliseʀin] *f* CHIM Glyze'rin *n*; *t/t* Glyce'rin *n*
glycine [glisin] *f* BOT Gly'zinie *f*; Gly'zine *f*
glycogène [glikɔʒɛn] *m* BIOCHIMIE Glyko'gen *n*; tierische Stärke
glycol [glikɔl] *m* CHIM Gly'kol *n*
glycosurie [glikɔzyʀi] *f* MÉD Ausscheidung *f* von Zucker im U'rin; *sc* Glykosu'rie *f*
glyptique [gliptik] *f* Steinschneidekunst *f*; Glyptik *f*
glyptothèque [gliptɔtɛk] *f* Glypto'thek *f*
gnangnan [ɲãɲã] F *adj* ⟨*inv*⟩ ener'gie-, willenlos; schlafmützig; verschlafen; F lahm; tranig; **être ~ a** F e-e Tranfunzel, Schlafmütze sein
gnard [ɲaʀ] *m* P *cf* **moutard**
gnaule [ɲol] *f cf* **gnôle**
gneiss [gnɛs] *m* MINÉR Gneis *m*
gniole [nol] *f cf* **gnôle**
gnocchi [nɔki] *m/pl* Gericht aus überbackenen Klößchen
gnognote [nɔɲɔt] F F **c'est de la ~** das ist wertloses Zeug; F **c'est pas de la ~** das ist schon was Besonderes
gnôle [nol] F *f* Schnaps *m*
gnome [gnom] *m* Gnom *m* (*a fig d'un homme*)
gnon [ɲõ] F *m* Schlag *m*; Hieb *m*; **recevoir un ~** F eins verpaßt kriegen
gnose [gnoz] *f* REL, PHILOS Gnosis *f*; Gnostik *f*
gnost|icisme [gnɔstisism(ə)] *m* REL Gnosti'zismus *m*; **~ique** REL, PHILOS **I** *adj* gnostisch; **II** *m* Gnostiker *m*
gnou [gnu] *m* ZO Gnu *n*
go [go] *loc/adv* **tout de ~** ohne weiteres; ohne 'Umschweife; schlankweg; rundweg; geradeher'aus; F glatt
GO *abr* (*grandes ondes*) LW (Langwelle)[n]
gobelet [gɔblɛ] *m* Becher *m* (*a pour jouer aux dés*); **~ en plastique** Plastikbecher *m*
gobelin [gɔblɛ̃] *m* echter Gobe'lin
gobe-mouches [gɔbmuʃ] *m* ⟨*inv*⟩ ZO Fliegenschnäpper *m*
gober [gɔbe] *v/t* **1.** *œuf* austrinken; ausschlürfen; *huître* schlürfen; *insecte* schnappen; verschlingen; *fig* **~ les mouches** untätig her'umsitzen, -stehen; **2.** F (*croire*) **~ qc** etw (na'iv) glau-

ben; F etw schlucken; **3.** F **ne pas pouvoir ~ qn** j-n nicht ausstehen, F nicht riechen können
goberger [gɔbɛʀʒe] *v/pr* ⟨-geons⟩ **se ~** fröhlich schmausen; sich's wohl sein lassen
gobie [gɔbi] *m* ZO (Meer)Grundel *f*
godailler [gɔdaje] *v/i péj cf* **goder**
godasse [gɔdas] *f* F (*chaussure*) F Latschen *m*; Treter *m*
godelureau [gɔdlyʀo] *m* ⟨*pl* ~x⟩ *péj* Stutzer *m*; Laffe *m*
goder [gɔde] *v/i* COUT (sich) bauschen; Falten werfen
godet [gɔdɛ] *m* **1.** *récipient* kleiner Napf; Näpfchen *n*; PEINT Farbnäpfchen *n*; **2.** TECH (Förder)Becher *m*; Eimer *m*; **chaîne** *f* **à ~s** Eimerkette *f*; **3.** COUT eingesetzte Falte; Glockenfalte *f*; Go'det *n*; *jupe* *f* **à ~s** Glockenrock *m*; **4.** F (*verre*) Glas *n*
godiche [gɔdiʃ] F **I** *adj* linkisch; unbeholfen; tolpatschig; täppisch; F tapsig; *p/fort* dämlich; doof; **II** *f* linkische *etc* Per'son; Tolpatsch *m*; F Taps *m*
godille [gɔdij] *f* **1.** MAR Wrigg-, Wrickriemen *m*; **2.** SKI Wedeln *n*; **faire la ~** wedeln; **3.** *loc/adj* et *loc/adv* F **à la ~** mise'rabel; F schlampig
godiller [gɔdije] *v/i* **1.** MAR wriggen; wricken; **2.** SKI wedeln
godillot [gɔdijo] *m* F *surtout pl* **~s** F Qua'dratlatschen *m/pl*; MIL Knobelbecher *m/pl*
godiveau [gɔdivo] *m* ⟨*pl* ~x⟩ CUIS Kalbsbrät *n*
godron [gɔdʀõ] *m* eiförmiges Orna'ment
goéland [gɔelã] *m* ZO (große) Möwe
goélette [gɔelɛt] *f* MAR Schoner *m*
goémon [gɔemõ] *m* BOT Tang *m*
gogo[1] [gogo] *loc/adv* **à ~** so'viel man will; in Hülle und Fülle; massenhaft; F jede Menge; in rauhen Mengen
gogo[2] [gogo] *m* F Einfaltspinsel *m*
goguenard [gɔgnaʀ] *adj* spöttisch; i'ronisch
goguenardise [gɔgnaʀdiz] *f* propos Spott *m*; *d'une personne* spöttische, i'ronische Art
goguette [gɔgɛt] *loc/adj* F **en ~** (*émoustillé*) F angeheitert; F angesäuselt; F **être en ~** F auf e-r Sauftour sein; einen draufmachen
goinfre [gwɛ̃fʀ(ə)] *péj* **I** *m* Vielfraß *m*; Freßsack *m*; **II** *adj* gefräßig; freßgierig; F verfressen
goinfrer [gwɛ̃fʀe] *v/pr péj* **se ~** F fressen; sich 'vollfressen; sich den Bauch 'vollschlagen
goinfrerie [gwɛ̃fʀəʀi] *f péj* Gefräßigkeit *f*; Freßgier *f*; Verfressenheit *f*
goitre [gwatʀ(ə)] *m* MÉD Kropf *m*
goitreux [gwatʀø] MÉD **I** *adj* ⟨-euse⟩ kropfartig; *personne* mit e-m Kropf behaftet; kropfig; **II** *m* mit e-m Kropf behaftete Per'son
golden [gɔldɛn] *f* ⟨*inv*⟩ *pomme* Golden Delicious [-dɛˈlɪʃəs] *m*
golf [gɔlf] *m* SPORTS Golf *n*; **~ miniature** Mini-, Kleingolf *n*; **pantalon** *m* **de ~** Golfhose *f*; Knickerbocker(s) *pl*; **terrain** *m* **de ~** Golfplatz *m*
golfe [gɔlf] *m* GÉOGR Golf *m*; Meerbusen *m*
golf|eur [gɔlfœʀ] *m*, **~euse** *f* Golfspieler(in) *m(f)*; Golfer(in) *m(f)*

goménol [gɔmenɔl] *m* (*marque déposée*) PHARM Ni'auliöl *n*; Gome'nol *n*
gominé [gɔmine] *adj* pomadi'siert
gommage [gɔmaʒ] *m* **1.** *du papier*, TEXT Gum'mierung *f*; **2.** *avec une gomme* (Aus-, Weg)Ra'dieren *n*; **3.** *fig* Entfernung *f*; Tilgung *f*; **4.** SOINS DE BEAUTÉ Peeling ['pi:-] *n*
gomme [gɔm] *f* **1.** *pour effacer* Ra'diergummi *m*; Gummi *m*; **2.** BOT Gummi *n ou m*; Gummiharz *n*; **3.** F *fig* **mettre la ~** F sich ranhalten; **4.** *loc/adj* F **à la ~** *idée etc* unseriös; *promesse* leer; **un chanteur** *etc* **à la ~** F e-e Niete, Null; **5.** MÉD Gumma *n*
gomme-gutte [gɔmgyt] *f* ⟨*pl* gommes-guttes⟩ Gummigutt *n*
gommer [gɔme] *v/t* **1.** *mot etc* weg-, ausradieren; *abs* ra'dieren; **2.** *timbres etc* gum'mieren; *adjt* **papier gommé** gummiertes Papier; **3.** TEXT gum'mieren; **4.** *fig* beseitigen; entfernen; (aus)tilgen; auslöschen; ausradieren; **5.** *rides etc* durch Peeling ['pi:-] entfernen
gomme-résine [gɔmʀezin] *f* ⟨*pl* gommes-résines⟩ Gummiharz *n*
gommeux [gɔmø] **I** *adj* ⟨-euse⟩ substance gummi(harz)artig; *arbre* Gummi (-harz) liefernd; **II** *m litt* Stutzer *m*
gommier [gɔmje] *m* BOT Gummi(harz) liefernder Baum
gonade [gɔnad] *f* BIOL Geschlechts-, Keimdrüse *f*; *sc* Go'nade *f*
gond [gõ] *m* **1.** (Tür-, Fenster)Angel *f*; **2.** *fig* **mettre qn 'hors de** *ou* **faire sortir qn de ses ~s** j-n wütend machen, in Harnisch bringen; **sortir de ses ~s** (vor Zorn, Wut) außer sich geraten; in Harnisch geraten
gondolage [gõdɔlaʒ] *m du papier etc* Sich'wellen *n*; *du bois* Sich'werfen *n*; *résultat* Wellung *f*; Verwerfung *f*
gondolant [gõdɔlã] *adj* F zum Totlachen, Kugeln, Piepen, Schießen
gondole [gõdɔl] *f* **1.** *barque* Gondel *f*; **2.** COMM Warenstand *m*
gondolement [gõdɔlmã] *m cf* **gondolage**
gondoler [gõdɔle] *v/i et v/pr* **1.** (**se**) **~** *papier, carton* sich wellen; *bois, planche* sich (ver)werfen, verziehen; *adjt* **gondolé** wellig; **2.** F **se ~** F sich biegen, kugeln vor Lachen; sich schieflachen
gondolier [gõdɔlje] *m* Gondoli'ere *m*
gonfanon [gõfanõ] *m* HIST Banner *n*
gonfl∣**able** [gõflabl(ə)] *adj* aufblasbar; **~age** *m* Aufpumpen *n*; Aufblasen *n*; **~ant** *adj* P *cf* **chiant**
gonflé [gõfle] *adj cf* **gonfler**
gonflement [gõfləmã] *m* **1.** *cf* **gonflage**; **2.** *par ext* Anschwellen *n*; Aufblähung *f* (*a* ÉCON)
gonfler [gõfle] **I** *v/t* **1.** *pneu* aufpumpen; *ballon, joues* aufblasen; *aérostat* füllen; *vent: voiles* (auf)blähen; schwellen; **être gonflé à bloc** a) *pneu* aufgepumpt sein; b) F *fig personne* ener'giegeladen, zu allem entschlossen sein; **2.** *par ext* anschwellen, (auf)quellen lassen; *muscles* spannen; ÉCON *circulation des billets etc* aufblähen; *moteur* fri'sieren; P **tu nous les gonfles!** P du fällst uns auf den Sack!; *adjt:* **éponge gonflée d'eau** mit Wasser 'vollgesogener Schwamm; **yeux gonflés de larmes** (vom Weinen) verquollene Augen *n/pl*; **avoir l'estomac gonflé** ein Völlegefühl im Magen haben; **3.** *fig* (*exagérer*) aufbauschen; über'treiben; **4.** *fig* **sentiments ~ (le cœur de) qn** j-n erfüllen; *adjt* **être gonflé d'orgueil** aufgeblasen, hochnäsig, über'heblich sein; **5.** F *fig personne* **être gonflé** a) (*audacieux*) draufgängerisch, nicht bange sein; b) (*effronté*) dreist, frech sein; vor nichts zu'rückschrecken, haltmachen; **c'est gonflé!** das geht zu weit!; **II** *v/i bois humide etc* (auf-, ver)quellen; *fleuve, partie du corps* anschwellen; *pâte* aufgehen; **III** *v/pr* **se ~** *poitrine, voile* schwellen; *voile a* sich (auf)blähen
gonfleur [gõflœʀ] *m pour matelas pneumatique* Blasebalg *m*
gong [gõg] *m* Gong *m*
goniomètre [gɔnjɔmɛtʀ(ə)] *m* **1.** TECH Gonio'meter *n*; Winkelmesser *m*; **2.** MAR, AVIAT Funkpeilgerät *n*
gonocoque [gɔnɔkɔk] *m* MÉD Gono'kokkus *m*
gonzesse [gõzɛs] *f* F (*femme*) F Weib *n*; F (*jeune femme*) F Mieze *f*
gordien [gɔʀdjɛ̃] *adj m loc* **trancher le nœud ~** den gordischen Knoten 'durchhauen
goret [gɔʀɛ] *m* Ferkel *n* (*a fig*)
gorge [gɔʀʒ] *f* **1.** Kehle *f*; Hals *m*; Gurgel *f*; *gosier a* Schlund *m*; Rachen *m*; **mal m de ~** Halsschmerzen *m/pl*, -weh *n*; *loc/adv* **à ~ déployée** aus vollem Hals; aus voller Kehle; lauthals; **j'ai la ~ sèche** mir klebt die Zunge am Gaumen; **avoir mal à la ~**, **-weh haben**; *fig* **faire des ~s chaudes de qc** über etw (*acc*) schadenfroh lachen *ou* reden; sich offen über etw (*acc*) lustig machen; *fumée, odeur* **prendre qn à la ~** sich j-m auf die Brust legen; **rendre ~** zu Unrecht Erworbenes heraus-, zu'rückgeben; *fig* **faire rentrer à qn les mots dans la ~** j-n zwingen, s-e Worte zu'rückzunehmen; *os, fig remarque* **rester dans la ~ de qn** j-m in der Kehle, im Hals steckenbleiben; **saisir qn à la ~** j-n an, bei der Kehle, Gurgel packen; **sauter à la ~ de qn** j-m an die Kehle, Gurgel springen, fahren; *cf a* **pris 2.**; **serré 2.**; **2.** *litt* (*poitrine de femme*) Busen *m*; **3.** GÉOGR **~s** *pl* Schlucht *f*; **4.** ARCH Hohlkehle *f*; **5.** TECH (*rainure*) Rille *f*
gorge-de-pigeon [gɔʀʒdəpiʒõ] *adj* ⟨*inv*⟩ taubenblau
gorgée [gɔʀʒe] *f* Schluck *m*; **boire à petites ~s** schlückchenweise trinken
gorger [gɔʀʒe] *litt v/t* (*-geons*) *de nourriture* über'füttern; (über')sättigen; (*imprégner*) (durch')tränken; *adjt* **terre gorgée d'eau** mit Wasser durchtränkte Erde
gorille [gɔʀij] *m* **1.** ZO Go'rilla *m*; **2.** *fig* Leibwächter *m*; F Go'rilla *m*
gosier [gozje] *m* ANAT Schlund *m*; Rachen *m*; Kehle *f*; Hals *m*; *loc/adv* **à plein ~** *chanter* aus voller Kehle, Brust; *crier* aus vollem Hals; **avoir le ~ sec** e-e trockene, ausgetrocknete Kehle (*Durst*) haben
gosse [gɔs] *m,f* F **1.** (*enfant*) Kind *n*; F Kleine(s) *n*; *westdeutsch* F Blag *n*; *nordd* F Gör *n*; *m a* (kleiner) Junge; *südd* Bub *m*; F Kleine(r) *m*; *f a* (kleines) Mädchen; F Kleine *f*; *péj* **un sale ~** F ein elender Lausebengel; ein Rotzbengel; *adjt* **j'étais tout ~ quand ...** ich war noch klein, ein Kind, ein kleiner Junge, als ...; **2.** *d'adultes* **un beau ~** F ein hübscher Junge; ein schmucker Bursch; **une belle ~** ein hübsches Mädchen; *adjt* **être beau ~** gut aussehen; **c'est une vraie ~** sie ist noch richtig kindlich
gothique [gɔtik] **I** *adj* **1.** gotisch; *art m* ~, **cathédrale** *f* ~ gotische Kunst, Kathedrale *f*; **2.** TYPO **écriture** *f* ~ Frak'tur *f*; **II** *m* Gotik *f*; gotischer Stil; gotische Kunst
Goths [go] *m/pl* HIST Goten *m/pl*
gouache [gwaʃ] *f* PEINT **1.** *matière* Gu'aschfarbe *f*; Deckfarbe *f*; deckende Wasserfarbe *f*; **2.** *tableau* Gu'asch *ou* Gou'ache *f*
gouaille [gwaj] *f* Spottlust *f*
goualante [gwalɑ̃t] P *f* (melan'cholisches) Lied
gouape [gwap] F *f* Lump *m*; Ha'lunke *m*
goudron [gudʀõ] *m* Teer *m*
goudronnage [gudʀɔnaʒ] *m* Teeren *n*
goudronner [gudʀɔne] *v/t* teeren; *adjt* **route goudronnée** geteerte Straße; Teerstraße *f*
goudronn∣**euse** [gudʀɔnøz] *f* Teer(spritz)maschine *f*; **~eux** *adj* ⟨-euse⟩ teerig
gouffre [gufʀ(ə)] *m* **1.** Abgrund *m*; *st/s* Schlund *m*; *fig* **être au bord du ~** am Rand des Abgrunds stehen; **2.** GÉOL (*aven*) Höhle *f*; **3.** *fig* (*chose ruineuse*) Faß *n* ohne Boden
gouge [guʒ] *f* TECH Hohlmeißel *m*
gougère [guʒɛʀ] *f* Käsegebäck *aus Brandteig*
gouine [gwin] *f* P (*lesbienne*) F Lesbe *f*
goujat [guʒa] *m péj* Rüpel *m*; Flegel *m*; Grobian *m*
goujaterie [guʒatʀi] *f* Rüpel-, Flegelhaftigkeit *f*
goujon [guʒõ] *m* **1.** ZO Gründling *m*; **2.** TECH Stift *m*; Bolzen *m*
goulache *ou* **goulasch** [gulaʃ] *f ou m* CUIS Gulasch *n ou m*
goulag [gulag] *m* Straflager *n*
goulée [gule] F *f* großer Schluck; Mundvoll *m*
goulet [gulɛ] *m* **1.** MAR enge Hafenzufahrt; **2.** *en montagne* Engpaß *m*; **3.** *fig* **~ d'étranglement** *cf* **goulot 2.**
gouleyant [gulɛjɑ̃] *adj vin* süffig
goulot [gulo] *m* **1.** *d'une bouteille* (Flaschen)Hals *m*; **boire au ~** aus der Flasche trinken; **2.** *fig* **~ d'étranglement** a) CIRCULATION Engstelle *f*; Engpaß *m*; Nadelöhr *n*; **b)** ÉCON Engpaß *m*; **3.** P **repousser du ~** aus dem Mund riechen, stinken
goulu [guly] **I** *adj* gierig; **II** *m* gieriger Esser
goulûment [gulymɑ̃] *adv* gierig
goupil [gupi(l)] *m litt* Reineke Fuchs *m*
goupille [gupij] *f* TECH Stift *m*; **~ fendue** Splint *m*
goupiller [gupije] **I** *v/t* **1.** TECH mit e-m Stift *ou* Splint befestigen; versplinten; **2.** F **~ qc** F etw deichseln, schaukeln; *adjt* **c'est bien goupillé** F das hat er *ou* sie gut hingekriegt; **II** *v/pr* F **ça s'est bien (mal) goupillé** F das hat (nicht) geklappt, hingehauen
goupillon [gupijõ] *m* **1.** ÉGL CATH Weih(wasser)wedel *m*; **2.** *brosse* Flaschenbürste *f*
gourance [guʀɑ̃s] P *f* Irrtum *m*

gourbi [guRbi] *m elende, armselige Hütte, Behausung;* F *Loch n*
gourd [guR] *adj* ⟨gourde [guRd]⟩ *membre steif, starr vor Kälte; klamm*
gourde [guRd] I *f* **1.** *récipient* Feldflasche *f;* **2.** *fig* F Dussel *m;* Flasche *f;* Trottel *m;* II *F adj* unbeholfen; schwerfällig; F *doof;* dusselig
gourdin [guRdɛ̃] *m* Knüppel *m;* Knüttel *m;* Prügel *m*
gourer [guRe] *v/pr* F *se* ~ sich irren; sich täuschen; F sich vertun; falschliegen; schiefgewickelt sein; reinfallen; *se* ~ *de route* den Weg verfehlen; *en voiture* sich verfahren; *cf a tromper* II
gourgandine [guRgãdin] *f litt ou plais* liederliches Frauenzimmer
gourmand [guRmã] I *adj* **1.** eßlustig; schlemmerhaft; *de sucreries* naschhaft; ~ *de qc* gierig nach etw, auf etw ⟨acc⟩; *être* ~ gern essen; ein Schlemmer sein; *de sucreries* gern naschen, schlecken; **2.** *fig* ⟨avide⟩ hab-, geld-, pro'fitgierig; II *subst* **1.** ~(e) *m(f)* Schlemmer *m;* Gour'mand *m; de sucreries* Nascher(in) *m(f);* F Naschkatze *f;* Leckermaul *n;* **2.** *m branche* wilder Trieb; Wasserschoß *m,* -reis *m*
gourmander [guRmãde] *litt v/t* streng rügen, zu'rechtweisen
gourmandise [guRmãdiz] *f* Eßlust *f; à propos de sucreries* Naschhaftigkeit *f; manger avec* ~ gierig essen; **2.** ~*s pl* Leckerbissen *m/pl; sucrées* Lecke'reien *f/pl;* Schlecke'reien *f/pl*
gourme [guRm] *f loc jeter sa* ~ sich die Hörner abstoßen, ablaufen, sich austoben
gourmé [guRme] *litt adj* steif; förmlich
gourmet [guRmɛ] *m* Feinschmecker *m;* Gour'met *m*
gourmette [guRmɛt] *f* **1.** *bijou* Gliederarmband *n* (mit Namensplakette); **2.** *du mors* Kinnkette *f*
gourou [guRu] *m* REL Guru *m* ⟨*a fig*⟩
gousse [gus] *f* **1.** BOT Hülse *f;* Schote *f* ⟨*a de vanille*⟩; **2.** CUIS ~ *d'ail* Knoblauchzehe *f*
gousset [gusɛ] *m* **1.** *de gilet* Westentasche *f; de pantalon* Uhrentasche *f;* **2.** TECH Knagge *f*
goût [gu] *m* **1.** PHYSIOL Geschmack(s-sinn) *m; organe m du* ~ Geschmacksorgan *n;* **2.** ⟨*saveur*⟩ Geschmack *m;* ~ *de citron* Zi'tronengeschmack *m; avoir un* ~ merkwürdig, F komisch schmecken; *ne pas avoir de* ~ nach nichts schmecken; *quel* ~ *a ce vin?* wie schmeckt dieser Wein?; *avoir un* ~ *amer* e-n bitteren Geschmack haben, bitter schmecken ⟨*a fig souvenir etc*⟩; *avoir bon* ~ gut schmecken; schmackhaft sein; *cf a 3.; avoir un* (*léger*) ~ *de vanille* e-n (leichten) Vanillegeschmack haben; (leicht) nach Vanille schmecken; **3.** ⟨*jugement esthétique*⟩ Geschmack *m; bon* ~ guter Geschmack; *loc/adj de bon* ~ geschmackvoll; *avoir bon* ~ e-n guten Geschmack haben; *mauvais* ~ schlechter Geschmack; *d'une chose a* Geschmacklosigkeit *f; loc/adj de mauvais* ~ geschmacklos; unpassend; *souvenirs etc a* kitschig; *plaisanterie f de mauvais* ~ schlechter, übler Scherz; *un homme de* ~ ein Mann mit Geschmack; *loc/adv:* à *mon* ~ für meinen Geschmack; ⟨*à mon avis*⟩

nach meinem Da'fürhalten; meines Erachtens; *avec, sans* ~ geschmackvoll, -los; mit, ohne Geschmack; *avoir du* ~ Geschmack haben; *être au ou du* ~ *de qn* (nach) j-s Geschmack sein; *ce n'est pas du* ~ *de tout le monde* das ist nicht (nach) jedermanns Geschmack; das ist nicht jedermanns Sache; *manquer de* ~ keinen Geschmack haben; *trouver qn à son* ~ j-n nach s-m Geschmack finden; *prov: des* ~*s et des couleurs* (*on ne discute pas*) über den Geschmack läßt sich (nicht) streiten (*prov*); *tous les* ~*s sont dans la nature* die Geschmäcker sind verschieden (*prov*); *chacun son* ~ jeder nach s-m Geschmack (*prov*); **4.** ⟨*envie*⟩ Lust *f* ⟨*de, pour* zu⟩; ⟨*plaisir*⟩ Gefallen *n,* Spaß *m,* Vergnügen *n,* Freude *f* ⟨an +*dat*⟩; ⟨*penchant*⟩ Sinn *m,* Vorliebe *f* (für); Neigung *f* (zu); ~ *du risque* Risikofreudigkeit *f,* -bereitschaft *f;* Wagemut *m; n'avoir, ne trouver* ~ *à rien* zu nichts Lust haben; *faire passer, faire perdre à qn le* ~ *de qc* j-m die Lust, den Spaß, die Freude, den Geschmack an etw (*dat*) verderben; j-m etw verleiden, verekeln; *prendre* ~ *à qc* Gefallen, Geschmack an etw (*dat*) finden; e-r Sache (*dat*) Geschmack abgewinnen; *y prendre* ~ auf den Geschmack kommen; *prendre* (*du*) ~ *à faire qc* Gefallen, Geschmack daran finden, etw zu tun; **5.** ~*s pl* ⟨*préférences*⟩ Neigungen *f/pl; avoir des* ~ *bizarres* absonderliche Neigungen haben; *avoir des* ~*s simples, de luxe* das einfache Leben, den Luxus lieben; **6.** *d'une époque* Geschmack *m;* Stil *m;* Ma'nier *f;* Art *f; au* ~ *du jour* nach heutigem Geschmack; im Zeitgeschmack; modisch; aktu'ell; *se mettre au* ~ *du jour* mit der Zeit gehen
goûter [gute] I *v/t* **1.** ⟨*déguster*⟩ versuchen; kosten; pro'bieren; *je n'en ai jamais goûté* ich habe noch nie davon versucht *etc; goûtez-y!* versuchen, probieren, kosten Sie mal!; **2.** *fig bonheur, calme etc* genießen; *réussite* auskosten; **3.** *fig et litt* ⟨*apprécier*⟩ schätzen; lieben; II *v/t/indir* ~ *de* ⟨*faire l'expérience de*⟩ kennenlernen; ausprobieren; F hin'einriechen in (+*acc*); III *v/i enfants* (am Nachmittag) e-n Imbiß einnehmen, *B. nordd* e-e Stulle essen; *südd* vespern; *österr* jaus(n)en; IV *m* (Nachmittags)Imbiß *m;* Butterbrot *n, nordd* Stulle *f* (mit Kakao *etc*); *südd* Vesper(brot) *n; österr* Jause *f*
goutte[1] [gut] I *f* **1.** Tropfen *m;* ~ *d'eau* Wassertropfen *m; fig: c'est une* ~ *d'eau dans la mer* das ist (nur) ein Tropfen auf den heißen Stein; *c'est la* ~ *d'eau qui fait déborder le vase* das bringt das Faß zum 'Überlaufen; das ist zuviel; was zuviel ist, ist zuviel; das Maß ist voll; *se ressembler comme deux* ~*s d'eau* sich gleichen wie ein Ei dem andern; ~ *de pluie* Regentropfen *m; il n'est pas tombé une* ~ *de pluie depuis des mois* seit Monaten ist kein Tropfen Regen gefallen; ~ *de rosée* Tautropfen *m;* ~ *de sang* Tropfen Blut; Blutstropfen *m; loc/adv:* à ~ tropfenweise; *couler* à ~ tropfen; tröpfeln; *verser* ~ à ~ träufeln; *jusqu'à la*

dernière ~ bis zum letzten Tropfen; *il a la* ~ *au nez* ihm tropft die Nase; *il sue à grosses* ~*s* der Schweiß bricht ihm aus allen Poren; er schwitzt stark; er trieft von *ou* vor Schweiß; *il tombe des* ~*s* es tröpfelt; *pluie tomber à grosses* ~*s* in dicken, großen Tropfen fallen; **2.** PHARM ~*s pl* Tropfen *m/pl;* ~*s pour les yeux* Augentropfen *m/pl;* **3.** *par ext une* ~ *de café etc* ein klein wenig, ein Schluck, ein Schlückchen Kaffee *etc;* **4.** F *fig boire la* ~ ein Gläschen *n* Schnaps, e-n Schnaps trinken; *il n'y voit ou plais n'y entendre* ~ nicht das geringste, kein Wort davon verstehen; *n'y voir* ~ überhaupt nichts, nicht die Hand vor den Augen sehen
goutte[2] [gut] *f* MÉD Gicht *f; attaque f de* ~ Gichtanfall *m*
goutte-à-goutte [gutagut] *m* ⟨*inv*⟩ MÉD Tropf *m; être au* ~ am Tropf hängen
gouttelette [gutlɛt] *f* Tröpfchen *n*
goutter [gute] *v/i* tropfen
goutteux [gutø] MÉD I *adj* ⟨-euse⟩ **1.** *personne* gichtkrank, -leidend; **2.** (dû à la goutte) Gicht...; II *m* Gichtkranke(r)
gouttière [gutjɛR] *f* **1.** Dachrinne *f; chat m de* ~ ganz gewöhnliche Katze; F Dachhase *m;* **2.** MÉD Schiene *f*
gouvernail [guvɛRnaj] *m* MAR, AVIAT Ruder *n;* AVIAT: ~ *de direction* Seitenruder *n;* ~ *de profondeur* Höhenruder *n; fig tenir le* ~ das Steuer (fest) in der Hand halten; am Ruder sein
gouvernante [guvɛRnãt] *f* **1.** *d'enfants* Gouver'nante *f;* Erzieherin *f;* **2.** *d'un célibataire* Haushälterin *f*
gouvernants [guvɛRnã] *m/pl* POL *les* ~ die Re'gierenden *m/pl*
gouverne [guvɛRn] *f* **1.** AVIAT ~*s pl* Steuerflächen *f/pl;* Leitwerk *n;* **2.** *loc pour votre* ~ als Verhaltens(maß)regel; zu Ihrer Orien'tierung
gouvernement [guvɛRnəmã] *m* **1.** Re'gierung *f;* ~ *central* Zen'tralregierung *f;* ~ *fédéral* Bundesregierung *f; changement m de* ~ Regierungswechsel *m; chef m de* ~ Regierungschef *m; siège m de* ~ Regierungssitz *m;* **2.** ⟨*régime*⟩ Re'gierungsform *f;* ~ *démocratique, monarchique* demokratische, monarchische Regierungsform *f;* **3.** ⟨*fait de gouverner*⟩ Re'gierung *f;* Herrschaft *f*
gouvernemental [guvɛRnəmãtal] *adj* ⟨-aux⟩ **1.** Re'gierungs...; *équipe* ~*e* Regierungsmannschaft *f;* **2.** *presse* re'gierungsfreundlich; der Re'gierung nahestehend
gouverner [guvɛRne] *v/t* **1.** *peuple, pays* re'gieren ⟨*a abs*⟩; **2.** *fig intérêts, argent qc* etw re'gieren, beherrschen; **3.** MAR steuern; **4.** GR re'gieren
gouverneur [guvɛRnœR] *m* ADM, MIL Gouver'neur *m;* HIST *a* Statthalter *m;* ~ *de la Banque de France correspond à* Bundesbankpräsident *m*
goyave [gɔjav] *f fruit* Gua'jave *f*
G.P.L. [ʒepeɛl] *m abr cf gaz l.*
grabat [gRaba] *m* ärmliches Bett
grabataire [gRabatɛR] *adj vieillard* bettlägerig
grabuge [gRabyʒ] F *m* Zank *m* und Streit *m;* F Krach *m;* Knatsch *m;* Kra'wall *m; il va y avoir du* ~ F es wird Krach geben

grâce [gʀɑs] I *f* **1.** (*faveur*) **a)** Gnade *f*; Gunst *f*; Gnaden-, Gunstbeweis *m*; *st/s* Huld *f*; *HIST titre* **Votre ~** Euer Gnaden; **de ~!** ich bitte Sie!; ich flehe Sie an!; *être en ~ auprès de qn* bei j-m in Gunst stehen; *st/s ou iron* in j-s Huld stehen; *faire à qn la ~ de* (+*inf*) j-m den Gefallen erweisen zu (+*inf*); *iron* die Gnade haben zu (+*inf*); *rentrer en ~ auprès de qn* von j-m wieder in Gnaden aufgenommen werden; *trouver ~ devant qn, aux yeux de qn* vor j-m, vor j-s Augen Gnade finden; **b)** *bonnes ~s* Gunst *f*; Wohlwollen *n*; Gewogenheit *f*; *être dans les bonnes ~s de qn* bei j-m in Gunst stehen; j-s Gunst, Wohlwollen genießen; F bei j-m gut angeschrieben sein; F bei j-m e-n Stein im Brett haben; **c)** *bonne ~* Bereitwilligkeit *f*; *mauvaise ~* 'Widerwillen *m*; *faire qc de bonne* (*mauvaise*) *~* etw gern, bereitwillig (ungern, 'widerwillig, mit Widerwillen) tun; **2.** *JUR* Begnadigung *f*; Gnade *f*; *par ext coup m de ~* Gnaden-, Todesstoß *m* (*a fig*); *avec une arme à feu* Gnadenschuß *m*; *COMM délai m de ~* Nachfrist *f*; *droit m de ~* Begnadigungsrecht *n*; *recours m en ~* Gnadengesuch *n*; *int litt ~!* Gnade!; *demander ~* um Gnade bitten; *faire ~ à qn de qc* a) *de dettes*, *d'une punition* j-m etw erlassen; b) *fig* j-m etw erlassen, ersparen, schenken; j-n mit etw verschonen; *iron faites-moi ~ de vos observations!* verschonen Sie mich mit Ihren Bemerkungen!; schenken Sie sich Ihre Bemerkungen!; **3.** *REL* Gnade *f*; *fig à la ~ de Dieu!* hoffen wir das Beste!; *HIST roi par la ~ de Dieu* von Gottes Gnaden; *Je vous salue, Marie, pleine de ~* voll der Gnade; *litt ou iron en l'an de ~* ... im Jahre des Heils, des Herrn ...; *avoir la ~* die Gnade besitzen; *fig artiste* begnadet sein; *être en état de ~* im Stande der Gnade sein; **4.** (*charme*) Anmut *f*; Grazie *f*; *st/s* Liebreiz *m*; *avec ~* anmutig; graziös; *plein de ~* voller Anmut, Liebreiz; anmut(s)voll; *avoir de la ~* Anmut besitzen; anmutig, grazi'ös sein; *st/s il aurait mauvaise ~ à se plaindre* es stünde ihm schlecht an, sich zu beklagen; *faire des ~s à qn* über'trieben freundlich zu j-m sein; **5.** *MYTH* **les trois ⁀s** die drei Grazien *f/pl*; **6.** *REL ~s pl* Dank-, Tischgebet *n* (nach dem Essen); *action f de ~*(*s*) Danksagung *f*; *par ext* **~ à Dieu!** Gott sei Dank!; *gott-*'lob!; *REL et par ext* **rendre ~**(*s*) danken, Dank sagen (*à Dieu, à qn* Gott, j-m); II *loc/prép* **~ à** dank (+*dat ou gén*); durch (+*acc*); auf Grund (+*gén*); *c'est ~ à lui que j'ai réussi* ihm verdanke ich ...
gracier [gʀasje] *v/t* begnadigen
gracieuse|ment [gʀasjøzmɑ̃] *adv* **1.** (*gratuitement*) gratis; unentgeltlich; kostenlos; um'sonst; **2.** (*avec grâce*) anmutig; voller Anmut; grazi'ös; **~tés** *f/pl iron* Liebenswürdigkeiten *f/pl*
gracieux [gʀasjø] *adj* ⟨-euse⟩ **1.** (*charmant*) anmutig, grazi'ös; *st/s* liebreizend; *poét* hold(selig); **2.** (*aimable*) freundlich; liebenswürdig; **3.** *loc/adv* **à titre ~** unentgeltlich; gratis; kostenlos; **4.** *JUR* **juridiction gracieuse** freiwillige Gerichtsbarkeit

gracil|e [gʀasil] *adj* zierlich; zart; gra'zil; **~ité** *f* Zierlichkeit *f*; Zartheit *f*; Grazili-'tät *f*
gradation [gʀadasjɔ̃] *f* Abstufung *f* (*a PEINT*); (stufenweise) Steigerung *f* (*a MUS*); Gradati'on *f* (*a RHÉT et PHOT*)
grade [gʀad] *m* **1.** *MIL, ADM* Dienstgrad *m*; *MIL a* Rang *m*; Charge *f*; **~ militaire** militärischer Dienstgrad; **~ de capitaine** Rang e-s Hauptmanns; Hauptmannsrang *m*; *monter en ~* aufrücken; avan'cieren; befördert werden; F *fig en prendre pour son ~* F gehörig eins auf den Deckel, aufs Dach kriegen; **2.** **~ universitaire** akademischer Grad; akademische Würde; **3.** *MATH* (*abr* **gr**) Neugrad *m*; Gon *n* (*abr* ᵍ)
gradé [gʀade] *m MIL* unterer Dienstgrad (*Person*); *adjt être ~* e-m der unteren Dienstgrade angehören
gradient [gʀadjɑ̃] *m sc* Gradi'ent *m*
gradin [gʀadɛ̃] *m* **1.** *d'un amphithéâtre*, *d'un stade etc ~s pl* (ansteigende) Sitzreihen *f/pl*; (Zuschauer)Ränge *m/pl*; **2.** *d'un terrain* Stufe *f*; Absatz *m*; *MINES* Strosse *f*; *en ~s* stufenförmig (ansteigend)
graduation [gʀadyasjɔ̃] *f* Maßeinteilung *f*; Skala *f*; *d'un thermomètre* Gradeinteilung *f*; *d'une règle* Zenti'metereinteilung *f*
gradué [gʀadye] *adj* **1.** *instrument de mesure* mit (e-r) Skala, Gradeinteilung (versehen); *échelle* **~e** Skala *f*; *règle* **~e** Lineal *n* mit Zentimetereinteilung; **2.** *exercices etc* (im Schwierigkeitsgrad) abgestuft
graduel [gʀadyɛl] *adj* ⟨~le⟩ all'mählich; gradu'ell; stufen-, schrittweise (erfolgend)
graduellement [gʀadyɛlmɑ̃] *adv* all-'mählich; nach und nach; gradu'ell; stufen-, schrittweise
graduer [gʀadye] *v/t* **1.** *difficultés etc* abstufen; all'mählich, stufen-, schrittweise steigern; **2.** *instrument de mesure* mit e-r Skala, Gradeinteilung versehen; gradu'ieren
graffiti [gʀafiti] *m/pl* Kritze'leien *f/pl* (an Mauern); *artistiques* Graf'fiti *pl*
graille [gʀaj] *f F cf* **bouffe¹**
graillon [gʀajɔ̃] *m* **1.** *odeur f de ~* Geruch *m* von, nach angebranntem Fett; *sentir le ~* nach angebranntem Fett riechen; **2.** *~s pl* angebrannte Fettreste *m/pl*; **3.** *P* (*crachat*) (schleimiger) Auswurf
graillonner [gʀajɔne] *v/i* **1.** nach angebranntem Fett riechen; **2.** *P* (*cracher*) Schleim aushusten, -spucken
grain [gʀɛ̃] *m* **1.** *des céréales* Korn *n*; **~ le ~** das Korn; **~ de blé, de riz** Weizen-, Reiskorn *n*; *alcool m, eau-de-vie f de ~s* Kornbranntwein *m*; F Korn *m*; **2.** *de raisin, de groseille* Beere *f*; *de café* Bohne *f*; **~ de café** Kaffeebohne *f*; **~ de poivre** Pfefferkorn *n*; **~ de raisin** Weinbeere *f*; *café, poivre en ~s* ungemahlen; **'haricots** *m/pl* **en ~s** weiße Bohnen *f/pl*; **3.** *d'un collier*, *d'un chapelet* Perle *f*; **4.** *de sable, de sel etc* Korn *n*; Körnchen *n*; **~ de pollen** Pollenkorn *n*; **~ de poussière** Staubkorn *n*, -teilchen *n*; Stäubchen *n*; **~ de sel** Salzkorn *n*; Körnchen Salz; *fig mettre*, F *fourrer son ~ de sel* F s-n Senf da'zugeben; **5.** **~ de beauté** Leberfleck *m*;

6. *d'une surface* körnige Struk'tur; *d'un papier*, *PHOT* Korn *n*; *d'un cuir* Narbe *f*; Narben *m*; **~ de la peau** Oberflächenbeschaffenheit *f*, Feinporigkeit *f* der Haut; *loc/adj*: **à ~ fin** *PHOT etc* feinkörnig; *cuir* feingenarbt; **à gros ~s** grobkörnig; *peau* großporig; **7.** *fig n'avoir pas un ~ de bon sens* keinen Funken, kein Quentchen gesunden Menschenverstand haben; *avoir un* (*petit*) *~* F e-n Sparren (zuviel), e-n (leichten) Stich, nicht alle Tassen im Schrank haben; **8.** *MÉTÉO* (Regen)Schauer *m*; *fig veiller au ~* auf der Hut sein; sich vorsehen; aufpassen
graine [gʀɛn] *f* **1.** *BOT* Samenkorn *n*; Samen *m* (*a coll*); *PHARM* **~ de lin** Leinsamen *m*; **~s de tournesol** Sonnenblumenkerne *m/pl*; *plante* **monter en ~** (in Samen) schießen; *fig en prendre de la ~* sich daran ein Beispiel nehmen; **2.** *fig et péj mauvaise ~* F sauberes Früchtchen; *plais* Schlingel *m*; Racker *m*; *coll* Ba'gage *f*; Rasselbande *f*; **c'est de la ~ de voyou** aus dem wird einmal ein Strolch, Lump
graineterie [gʀɛntʀi] *f* **a)** *magasin* Samenhandlung *f*; **b)** *commerce* Samenhandel *m*
grainet|ier [gʀɛntje] *m*, **~ière** *f* Samen- und Futtermittelhändler(in) *m(f)*
graissage [gʀɛsaʒ] *m TECH* (Ab-)Schmieren *n*; Schmierung *f*; *faire faire le ~ de sa voiture* s-n Wagen abschmieren lassen
graisse [gʀɛs] *f* **1.** *PHYSIOL* Fett *n*; Fettansatz *m*; **couche *f* de ~** Fettschicht *f*; **2.** *CHIM, CUIS* Fett *n*; **~ alimentaire** Speisefett *n*; **~s animales** tierische Fette; **~s végétales** pflanzliche Fette; Pflanzenfette *n/pl*; **~ d'oie** Gänsefett *n*; *odeur f de ~* Fettgeruch *m*; **3.** *TECH* Schmierfett *n*; Schmiere *f*; **~s minérales** Mine'ralfette *n/pl*; **4.** *du vin* Zähwerden *n*
graisser [gʀɛse] I *v/t* **1.** *moule, bottes etc* (ein)fetten; *TECH* schmieren; *AUTO* abschmieren; **2.** *salir* fettig machen; II *v/i vin* zäh werden
graisseur [gʀɛsœʀ] *m TECH* Schmiergerät *n*, -vorrichtung *f*
graisseux [gʀɛsø] *adj* ⟨-euse⟩ **1.** (*gras*) fettig; schmierig; speckig; mit Fettflecken; **2.** *PHYSIOL* Fett...
graminée [gʀamine] *f BOT* Gras *n*; **~s *pl*** Gräser *n/pl*
grammaire [gʀa(m)mɛʀ] *f* **1.** Gram'matik *f* (*a manuel*); Sprachlehre *f*; *faute f de ~* Grammatikfehler *m*; **2.** *fig d'un art* Regelwerk *n*
grammair|ien [gʀa(m)mɛʀjɛ̃] *m*, **~ienne** *f* Gram'matiker(in) *m(f)*
grammatical [gʀa(m)matikal] *adj* ⟨-aux⟩ grammati'kalisch; gram'matisch; Gram'matik...; *mot ~* Struk'turwort *n*
gramme [gʀam] *m* **1.** (*abr* **g**) Gramm *n* (*abr* g); **2.** *1 ~ 6 d'alcoolémie* 1,6 Pro-'mille Blutalkohol; **3.** *fig il n'a pas un ~ de bon sens* er hat keinen Funken, kein Quentchen gesunden Menschenverstand
grand [gʀɑ̃, *in der Bindung* gʀɑ̃t] I *adj* ⟨grande [gʀɑ̃d]⟩ groß; **a)** *taille*: **~ et fort** groß und kräftig; **~ arbre** [gʀɑ̃taʀbʀ(ə)] großer, hoher Baum; **une ~e femme** *ou* **une femme ~e** e-e

große Frau; ~ *format* Großformat *n*; *un homme* ~ ein großer, groß-, hochgewachsener Mann; *cf a d*); ~*es jambes* lange Beine *n/pl*; ~ *nez* große Nase; *RAD* ~*es ondes* Langwelle(n) *f(pl)*; *le* ~ *Paris* Groß-Paris *n*; ~*s pieds* große Füße *m/pl*; ♦ *loc/adj et loc/adv:* à ~*s carreaux* großkariert; à *une* ~*e profondeur* in großer Tiefe; ~ *comme la main* handgroß; *de* ~*e largeur* von großer Breite; *de* ~*e taille* hochgewachsen; von hohem Wuchs; **b)** (*plus âgé, adulte*) *son* ~ *frère* sein großer Bruder; *les* ~*es personnes* die Großen, Erwachsenen *pl*; *quand tu seras* ~ wenn du groß bist; *je suis assez* ~ *pour* (+*inf*) ich bin groß, alt genug, um zu (+*inf*); **c)** *quantité, intensité:* ~ *âge* [-t-] hohes Alter; *le* ~ *air* [-t-] die frische Luft; *en* ~ *air* an, in der frischen Luft; im Freien; ~ *blessé* Schwerverletzte(r) *m*; ~ *bruit* lautes Geräusch; großer Lärm; ~ *buveur* starker Trinker; ~ *choix* reiche Auswahl; ~ *cri* lauter Schrei; ~*es dépenses* große Ausgaben *f/pl*; ~*e foule* große Menschenmenge; ~ *froid* große, starke Kälte; ~ *fumeur* starker Raucher; *deux* ~*es heures* volle, ganze, geschlagene zwei Stunden *f/pl*; ~ *malade* Schwerkranke(r) *m*; ~*e marée* Springflut *f*; ~ *soupir* schwerer, tiefer Seufzer; ~ *travailleur* unermüdlicher Arbeiter; ♦ *loc/adj et loc/adv:* au ~ *complet* 'vollzählig; *en* ~ im großen, in großem Stil, 'Umfang, Ausmaß; ♦ *avoir* ~ *besoin de qc* etw dringend brauchen, benötigen; *être de* ~*s amis* eng miteinander befreundet sein; F dicke Freunde sein; *il est* ~ *temps de* (+*inf*) es ist höchste Zeit zu (+*inf*); *faire* ~ *tort à qn* j-m sehr schaden; **d)** (*important, célèbre*) ~*es actions* große Taten *f/pl*; *c'est du* ~ *art* hohe Kunst; *ÉCOLE les* ~*es classes* die oberen Klassen *f/pl*; ~ *dignitaire* hoher Würdenträger; *un* ~ *esprit* [-t-] ein großer Geist; *HIST la* ⓶*e Guerre* der Erste Weltkrieg; *un* ~ *homme* [-t-] ein großer, berühmter Mann; ~*e industrie* Großindustrie *f*; *CH DE FER* ~*e ligne* Fern-, Hauptstrecke *f*; *le* ~ *monde* die große, vornehme Welt; *un* ~ *nom* ein großer Name; *la* ~*e nouvelle* die große Neuigkeit; *un* ~ *peintre* großer Maler; ~*s vins* berühmte Weine *m/pl*; ♦ *HIST Alexandre le* ⓶ Alexander der Große; *Louis le* ⓶ Ludwig XIV.; **II** *adv* **a)** *voir* ~ in großem Stil handeln; *péj* große, hochfliegende Pläne haben; hoch hin-'auswollen; *voir trop* ~ *a* des Guten zuviel tun; **b)** ⟨*veränderlich*⟩ ~ *ouvert* [-t-] weit offen, geöffnet; *les yeux* ~⟨*s*⟩ *ouverts* mit weit aufgerissenen Augen; *la porte était* ~*e ouverte a* die Tür stand sperrangelweit offen; *ouvrir la fenêtre toute* ~*e* das Fenster weit aufmachen; **III** *subst* **1.** *d'enfants le* ~, *la* ~*e* der, die Große; *ÉCOLE les* ~*s* die Großen; F *mon* ~*! lieber Junge!; ma* ~*e! liebes Kind!;* **2.** (*adulte*) *les* ~*s de* Großen, Erwachsenen *pl*; (*les*) *petits et* (*les*) ~*s* groß und klein; *tout seul comme un* ~ ganz allein wie ein Großer; **3.** (*puissant*) *un* ~ *de l'industrie automobile* ein Großer der Autoindustrie; *les* ~*s de ce monde* die Großen *pl* dieser Welt; *POL les quatre* ⓶*s* die

vier Großen, Großmächte *f/pl*; **4.** *m* ~ (*d'Espagne*) (spanischer) Grande; **5.** *le* ~ das Große; *MATH l'infiniment* ~ das unendlich Große
grand-angle [gʀɑ̃tɑ̃gl(ə)] *adj OPT objectif m* ~ Weitwinkelobjektiv *n*
grand-chose [gʀɑ̃ʃoz] **I** *pr/ind pas* ~ nicht viel; *il n'en sortira pas* ~ *de bon* dabei kommt nicht viel Gutes heraus; *cela ne vaut pas* ~ das ist nicht viel wert; **II** *subst* F *un, une pas* ~ ein Nichtsnutz *m*
grand-croix [gʀɑ̃kʀwa] ⟨*pl* grand(s)--croix⟩ **1.** *f décoration* Großkreuz *n*; **2.** *m dignitaire* Träger *m* des Großkreuzes
grand-duc [gʀɑ̃dyk] *m* ⟨*pl* grands--ducs⟩ **1.** Großherzog *m*; **2.** *HIST en Russie* Großfürst *m*; **3.** *ZO* Uhu *m*
grand-duché [gʀɑ̃dyʃe] *m* ⟨*pl* grands--duchés⟩ Großherzogtum *n*
Grande-Bretagne [gʀɑ̃dbʀətaɲ] *la* ~ Großbri'tannien *n*
grande-duchesse [gʀɑ̃ddyʃɛs] *f* ⟨*pl* grandes-duchesses⟩ Großherzogin *f*
grandelet [gʀɑ̃dlɛ] F *adj* ⟨~te⟩ schon ziemlich, recht groß
grandement [gʀɑ̃dmɑ̃] *adv* **1.** (*beaucoup*) in hohem Maße; sehr; *vous vous trompez* ~ Sie täuschen sich gewaltig; **2.** (*largement*) reichlich
grandeur [gʀɑ̃dœʀ] *f* **1.** *d'un personnage, d'une œuvre d'art etc* Größe *f*; Erhabenheit *f*; *d'un sacrifice* Größe *f*; ~ *d'âme* Seelengröße *f*, -adel *m*; **2.** *d'un danger etc* Größe *f*; *ordre m de* ~ Größenordnung *f*; *loc/adj photo, statue* ~ *nature* in natürlicher Größe; in Lebensgröße; lebensgroß; **3.** *PHYS, MATH* Größe *f*
grand-faim [gʀɑ̃fɛ̃] *loc avoir* ~ großen Hunger haben; sehr hungrig sein
grandiloque|ence [gʀɑ̃dilɔkɑ̃s] *f* hochtrabende Ausdrucksweise; Bom'bast *m*; ~**ent** *adj* hochtrabend; hochtönend; bom'bastisch; schwülstig
grandiose [gʀɑ̃djoz] *adj* großartig; grandi'os; überwältigend
grandir [gʀɑ̃diʀ] **I** *v/t* **1.** *chaussures etc* ~ *qn* j-n größer machen, größer erscheinen lassen; **2.** *fig* Größe verleihen (+*dat*); erhöhen; *sortir grandi d'une épreuve* gestärkt aus e-r Bewährungsprobe hervorgehen; **II** *v/i* **3.** (*pousser*) wachsen; größer *ou* groß werden; ~ *de dix centimètres* zehn Zentimeter wachsen; (um) zehn Zentimeter größer werden; *comme tu as grandi!* bist du aber gewachsen, groß geworden!; **4.** (*s'intensifier*) wachsen; zunehmen; (immer) größer werden; *bruit* (immer) lauter, stärker werden; **5.** *fig* ~ *en sagesse* an Weisheit zunehmen; **III** *v/pr se* ~ sich größer machen
grandissant [gʀɑ̃disɑ̃] *adj* wachsend; zunehmend; (immer) größer werdend
grandissime [gʀɑ̃disim] *plais adj* sehr groß; gewaltig
grand-maman [gʀɑ̃mamɑ̃] *f* ⟨*pl* grand(s)-mamans⟩ F Großmama *f*; Oma *f*
grand-mère [gʀɑ̃mɛʀ] *f* ⟨*pl* grand(s)--mères⟩ **1.** Großmutter *f*; *du temps de nos grands-mères* zu Großmutters Zeiten; als der Großvater die Großmutter nahm; **2.** F (*vieille femme*) F Oma *f*

grand-messe [gʀɑ̃mɛs] *f* ⟨*pl* grand(s)--messes⟩ *ÉGL CATH* Hochamt *n*
grand-oncle [gʀɑ̃tɔ̃kl(ə)] *m* ⟨*pl* grands--oncles⟩ Großonkel *m*
grand-papa [gʀɑ̃papa] *m* ⟨*pl* grands--papas⟩ F Großpapa *m*; Opa *m*
grand-peine [gʀɑ̃pɛn] *loc/adj à* ~ mit Müh und Not; mit großer Mühe; F mit Ach und Krach
grand-père [gʀɑ̃pɛʀ] *m* ⟨*pl* grands-pères⟩ **1.** Großvater *m*; **2.** F (*vieillard*) F Opa *m*
grand-peur [gʀɑ̃pœʀ] *loc avoir* ~ *que ... ne* (+*subj*) sehr fürchten, daß ...
grand-route [gʀɑ̃ʀut] *f* ⟨*pl* grand(s)--routes⟩ Landstraße *f*
grand-rue [gʀɑ̃ʀy] *f* ⟨*pl* grand(s)-rues⟩ Hauptstraße *f*
grand-soif [gʀɑ̃swaf] *loc avoir* ~ großen Durst haben; sehr durstig sein
grands-parents [gʀɑ̃paʀɑ̃] *m/pl* Großeltern *pl*
grand-tante [gʀɑ̃tɑ̃t] *f* ⟨*pl* grand(s)-tantes⟩ Großtante *f*
grand-voile [gʀɑ̃vwal] *f* ⟨*pl* grand(s)--voiles⟩ *MAR* Großsegel *n*
grange [gʀɑ̃ʒ] *f* Scheune *f*
granit(e) [gʀanit] *m MINÉR* Gra'nit *m*; *fig un cœur de* ~ ein Herz von Stein
granit|é [gʀanite] *adj* körnig; gekörnt; *tissu* kreppig; krepp'artig; ~**ique** *adj* Gra'nit...
granivore [gʀanivɔʀ] *adj ZO* körnerfressend
granulat [gʀanyla] *m CONSTR* Zuschlag (-stoffe) *m(pl)*
granulation [gʀanylasjɔ̃] *f* **1.** ~*s pl* Körnung *f*; körnige Struk'tur; **2.** *TECH* Körnen *n*; Granu'lieren *n*
granule [gʀanyl] *m* **1.** Körnchen *n*; **2.** *PHARM* Granulum *n*
granulé [gʀanyle] **I** *adj* körnig; gekörnt; **II** *m/pl* ~*s PHARM* Granu'lat *n*
granuler [gʀanyle] *v/t TECH* körnen; granu'lieren
granuleux [gʀanylø] *adj* ⟨-euse⟩ körnig; gekörnt; *MÉD* granu'lös
graphie [gʀafi] *f LING* Schreibung *f*; Schreibweise *f*; Gra'phie *f*
graphique [gʀafik] **I** *adj* **1.** graphisch; zeichnerisch; *arts* ~*s* a) Graphik *f*; graphische Künste *f/pl*; b) *secteur* graphisches Gewerbe; **2.** Schrift...; *signe m* ~ Schriftzeichen *n*; **II** *m* graphische Darstellung; Graphik *ou* Grafik *f*; Schaubild *n*; Dia'gramm *n*
graphisme [gʀafism(ə)] *m* Handschrift *f*; Schriftzüge *m/pl*; (individu'elles) Schriftbild *n*; *d'un dessinateur* Führung *f* des Zeichenstiftes
graphiste [gʀafist] *m,f* Graphiker(in) *ou* Grafiker(in) *m(f)*
graphite [gʀafit] *m MINÉR* Gra'phit *m*
graphité [gʀafite] *adj TECH lubrifiant* ~ Gra'phitschmieröl *n*
grapho|logie [gʀafɔlɔʒi] *f* Grapholo'gie *f*; ~**logique** *adj* grapho'logisch; ~**logue** *m,f* Grapho'loge, -'login *m,f*; *expert m* ~ Schriftsachverständige(r) *m*
grappe [gʀap] *f* **1.** *BOT* Traube *f*; ~ *de raisin* Weintraube *f*; **2.** *fig* Traube *f*; Knäuel *m ou n*; Klumpen *m*; ~ *humaine* Menschentraube *f*
grappillage [gʀapijaʒ] *m* **1.** *VENDANGES* Nachlese *f*; **2.** *fig* kleine, unlautere Gewinne *m/pl*, Vorteile *m/pl*

grappiller [gʀapije] I v/t **1.** fruits hier und da (ab)pflücken; **2.** fig petits profits, avantages her'ausschlagen, -schinden; informations hier und da auflesen; F zu'sammenstoppeln; II v/i VENDANGES Nachlese halten
grappin [gʀapɛ̃] m **1.** MAR **a)** (crochet d'abordage) Enterhaken m; F fig **mettre le ~ sur qn** j-n mit Beschlag belegen; **b)** ancre Draggen m; Dregge f; **2.** TECH Greifer m
gras [gʀa] I adj ⟨grasse [gʀas]⟩ **1.** nourriture fett; fetthaltig, -reich; personne, animal fett; feist; CHIM **acides ~ (in-)saturés** (un)gesättigte Fettsäuren f/pl; CHIM **corps** m/pl **~** Fette n/pl; fette Öle n/pl; **crème ~se** Fettcreme f; **fromage ~** Fettkäse m; **être ~ comme une moine** dick und fett sein; F ein Fettkloß sein; **2.** (enduit de graisse) peau, cheveux fett(ig); papier, vêtements etc fettig; schmierig; vêtements a speckig; **3.** fig terre fett; schwer; pâturage fett; fruchtbar; üppig; récompense hoch; reichlich; F fett; TYPO **caractères ~** Fettdruck m; **en caractères ~** fettgedruckt; **crayon ~** weicher Bleistift; **rire ~** lautes, ordi'näres Lachen; **toux ~se** Husten m mit Auswurf; **vin ~** zäh gewordener Wein; II adv REL **faire ~** Fleisch essen; III subst **le ~** das Fett(e); **le ~ de la jambe** die Wade; **aimer le ~** die fetten Stücke (vom Fleisch) mögen; F fig: **il n'y a pas ~ à manger** es gibt nicht viel zu essen; **discuter le bout de ~** F e-n kleinen Schwatz machen
gras-double [gʀadubl(ə)] m ⟨pl gras-doubles⟩ CUIS Kal'daunen f/pl, Kutteln f/pl (vom Rindermagen); Ochsenpansen m
grassement [gʀasmã] adv reichlich
grasseyer [gʀaseje] v/i das Zäpfchen-R sprechen
grassouillet [gʀasujɛ] adj ⟨~te⟩ rundlich; femme a mollig
gratifiant [gʀatifjã] adj activité etc (innerlich) befriedigend
gratification [gʀatifikasjõ] f **1.** Gratifikati'on f; Sonderzuwendung f; **~ de fin d'année** Weihnachtsgratifikation f; **2.** PSYCH Befriedigung f; Erfüllung f
gratifier [gʀatifje] v/t **1. ~ qn de qc** j-m etw zukommen lassen, zuwenden, zu'teil werden lassen; j-n mit etw bedenken, beehren; **2.** iron **~ qn d'une gifle** etc j-m e-e Ohrfeige etc verpassen; j-n mit e-r Ohrfeige etc bedenken; **3.** PSYCH **~ qn** j-n befriedigen, erfüllen
gratin [gʀatɛ̃] m **1.** CUIS **a)** loc(adj) **au ~** über'backen; grati'niert; **b)** über'backenes Gericht; **~ dauphinois** über'backener Kar'toffelauflauf; **plat m à ~** feuerfeste Form; **2.** F fig **le ~** die Creme der Gesellschaft; die Hautevo'lee; die oberen Zehntausend
gratiné [gʀatine] adj **1.** CUIS über'backen; grati'niert; **2.** F fig außergewöhnlich; unglaublich; F toll; e'norm
gratinée [gʀatine] f CUIS mit Käse über'backene Zwiebelsuppe f
gratiner [gʀatine] v/t CUIS **faire ~** über'backen; über'krusten; grati'nieren
gratis [gʀatis] F adv um'sonst; gratis; kostenlos; adjt Gratis...; Frei...
gratitude [gʀatityd] f Dankbarkeit f; Erkenntlichkeit f
grattage [gʀataʒ] m (Ab-, Aus)Kratzen n; (Ab)Schaben n; LOTERIE Rubbeln n
gratte [gʀat] f F **faire de la ~** cf gratter 5.
gratte|-ciel [gʀatsjɛl] m ⟨inv⟩ Wolkenkratzer m; **~-cul** m ⟨pl gratte-cul(s)⟩ Hagebutte f; **~-dos** m ⟨inv⟩ Rückenkratzer m
grattement [gʀatmã] m Kratzen n, Scharren n (a bruit)
gratte-papier [gʀatpapje] m ⟨pl gratte-papier(s)⟩ péj Federfuchser m; Schreiberling m
gratter [gʀate] I v/t **1.** surface abkratzen; (ab)schaben; nordd a (ab-) schrap(p)en; chaussures abkratzen; carottes schaben; casserole auskratzen; cicatrice aufkratzen; sol, neige aufscharren; TECH schaben; TEXT rauhen; plume **~ (le papier)** (auf dem Papier) kratzen; **~ le sable** im Sand scharren; **2.** (enlever) ab-, wegkratzen; abschaben; inscription auskratzen; (gommer) aus-, wegradieren; abs LOTERIE rubbeln; **3.** (démanger) kratzen; fumée **~ la gorge** im Hals kratzen; F **ça me gratte** es juckt mich; **4.** F fig et SPORTS concurrent über'holen; hinter sich lassen; **5.** ⟨a v/i⟩ F fig (faire de petits profits) F (kleine, unlautere Gewinne) her'ausholen, -schlagen, -schinden; II v/i **6.** kratzen; scharren; **~ à la porte** personne leise an die Tür klopfen, pochen; chien an der Tür kratzen, scharren; **7.** F **~ de la guitare** F auf der Gitarre klimpern; **8.** F (travailler) F werke(l)n; schaffen; p/fort schuften; III v/pr **9. se ~** sich kratzen; **se ~ la tête** sich am ou den Kopf kratzen; **se ~ jusqu'au sang** sich blutig, wund kratzen; **10.** P fig **tu peux toujours te ~** F das kommt nicht in die Tüte; denkste!; von wegen!; P du kannst mich mal
grattoir [gʀatwaʀ] m TECH Schaber m; Schab-, Kratzeisen n; Kratze(r) f(m); nordd a Schrape f; Schrapper m
grattouiller [gʀatuje] v/t F cf gratter 3., 7.
gratuit [gʀatɥi] adj **1.** (non payant) kostenlos; unentgeltlich; (kosten)frei; Frei...; Gratis...; prêt zinslos; unverzinslich; billet ~ Freikarte f; **échantillon ~** Gratisprobe f; **entrée ~e** freier Eintritt; **panneau** Eintritt frei; **à titre ~** cf gratuitement 1.; **2.** hypothèse, accusation etc unbegründet; grundlos; unmotiviert; willkürlich; **acte ~** unmotivierte Handlung
gratuité [gʀatɥite] f **1.** Unentgeltlichkeit f; **~ de l'enseignement** Schulgeldfreiheit f; **~ des transports publics** Nulltarif m (der öffentlichen Verkehrsmittel) f; **2.** d'une accusation etc Unbegründetheit f; Grundlosigkeit f; Willkürlichkeit f
gratuitement [gʀatɥitmã] adv **1.** (sans payer) kostenlos; unentgeltlich; ohne Entgelt; gratis; um'sonst; **2.** (sans motif) ohne Grund, Mo'tiv; grundlos; (arbitrairement) willkürlich
gravats [gʀava] m/pl Bauschutt m
grave [gʀav] I adj **1.** air, ton, propos, personne ernst; attitude gemessen; würdevoll; **2.** problème, sujet, décision ernst; schwerwiegend; situation, symptôme ernst; bedenklich; bedrohlich; schlimm; faute, erreur schwer(wiegend); gra'vierend; schlimm; maladie, blessure, opération schwer; blessé m **~** Schwerverletzte(r) m; **de ~s ennuis** m/pl ernste, ernstliche Schwierigkeiten f/pl; **de ~s nouvelles** f/pl schlimme Nachrichten f/pl; **avoir des motifs, raisons ~s pour** (+inf) ernsthafte, ernstzunehmende, schwerwiegende Gründe haben zu (+inf); **ce n'est pas ~** a) das ist nicht schlimm; das macht nichts; b) maladie es ist nichts Schlimmes; **son état est ~** sein Zustand ist ernst, bedenklich, besorgniserregend; **3.** voix tief; dunkel; son, note tief; **4.** **accent m ~ en français** Accent grave m; LING Gravis m; II m/pl MUS **les ~s** die tiefen Töne m/pl
graveleux [gʀavlø] adj ⟨-euse⟩ zotig; anstößig; schlüpfrig
gravelle [gʀavɛl] f MÉD HIST f Harngrieß m
gravement [gʀavmã] adv **1.** (dignement) ernst; würdevoll; gemessen; gra'vi'tätisch; **2.** (dangereusement) ernstlich; schwer; **~ malade** schwerkrank; ernstlich erkrankt
graver [gʀave] v/t **1.** inscription, signe einschneiden, einritzen, sur du bois a einschnitzen (sur in +acc); **2.** pour reproduire (ein)gra'vieren, (ein)schneiden, (ein)graben, sur métal a stechen (sur in +acc); disque, tampon schneiden; **~ sur bois** in Holz schneiden; **~ sur pierre** in Stein schneiden, gravieren, st/s (ein)graben; par ext: **faire des cartes de visite** Visitenkarten drucken lassen; **faire ~ un nom sur une bague** e-n Namen in e-n Ring eingravieren lassen; **3.** fig: **souvenir etc est gravé dans ma mémoire** hat sich mir tief ins Gedächtnis (ein)gegraben, eingeprägt
graves [gʀav] m ein Bordeauxwein
graveur [gʀavœʀ] m Gra'veur m; **~ à l'eau-forte** Ra'dierer m; **~ en taille-douce** Kupferstecher m; **~ sur bois** Holz-, Formschneider m; **~ sur métaux** (Kupfer-, Stahl)Stecher m
gravide [gʀavid] adj MÉD sc gra'vid
gravier [gʀavje] m **1.** Kies m; **allée f de ~** Kiesweg m; **2.** (caillou) (kleiner) Kiesel(stein)
gravillon [gʀavijõ] m Splitt m; panneau **~s!** Rollsplitt!
gravir [gʀaviʀ] v/t **1.** montagne etc erklimmen; ersteigen; (hin'auf)klettern auf (+acc); **2.** fig les échelons d'une hiérarchie emporklettern, -steigen; erklimmen
gravitation [gʀavitasjõ] f PHYS, ASTR Gravitati'on f; Massenanziehung f
gravité [gʀavite] f **1.** (sérieux) (feierlicher) Ernst; Würde f; Gemessenheit f; Gravi'tät f; **2.** de la situation Ernst m; Bedrohlichkeit f; d'un problème Gewicht n; Bedeutung f; d'une maladie, d'une erreur Schwere f; accident sans **~** leicht; **3.** d'un son Tiefe f; **4.** PHYS Schwere f; **centre m de ~** Schwerpunkt m (a fig)
graviter [gʀavite] v/t/indir **1.** ASTR **~ autour du Soleil** etc um die Sonne etc kreisen; sich um die Sonne etc drehen; die Sonne etc um'kreisen; **2.** fig **~ autour de qn** ständig um j-n sein
gravure [gʀavyʀ] f **1.** (art de graver) Graphik f; Gra'vierkunst f; **~ à l'eau-forte** Ra'dieren n; **~ sur acier** Stahl-

stechkunst f; Stahlstich m; ~ *sur bois* Holzschneidekunst f; Holzschnitt m; **2.** *ouvrage, reproduction* Graphik f; *sur métal* (Kupfer-, Stahl)Stich m; *sur bois* Holzschnitt m; **3.** *par ext* (*image, illustration*) (Kunst)Druck m; Kunstblatt n; ~ *en couleurs* Farbdruck m, -reproduktion f; **4.** (*action de graver*) (Ein-)Gra'vieren n, -ung f; Schneiden n (*a d'un disque*)

gré [gʀe] m **1.** loc/prép et loc/adv: ♦ *au ~ de qn* agir, faire qc nach j-s Belieben, Wunsch, Gutdünken; wie es j-m gefällt; *à mon ~* a) nach Belieben; nach (meinem) Gutdünken; b) (*à mon avis*) meiner Meinung nach; meines Erachtens; *il trouve cela à son ~* er findet das nach s-m Geschmack; das sagt ihm zu, gefällt ihm; ♦ *au ~ de qc* in Abhängigkeit von etw, je nach *des circonstances, événements* je nach den ('Umständen, Ereignissen; *au ~ de sa fantaisie* nach Lust und Laune; *drapeau, cheveux flotter au ~ du vent* im Wind wehen; ♦ *contre le ~ de qn* gegen, wider j-s Willen; *il a obéi contre son ~* widerwillig, wider Willen; ♦ *de bon ~* bereitwillig; gern; *de son plein ~* (ganz) freiwillig; aus freien Stücken; *COMM vente de ~ à ~* freihändig; *de ~ ou de force* gutwillig oder gezwungen; so oder so; wohl oder übel; *bon ~ mal ~* wohl oder übel; ob man will oder nicht; nolens volens; **2.** *st/s savoir ~ à qn de qc* j-m für etw dankbar sein, verbunden sein, *st/s* Dank wissen

grèbe [gʀɛb] m ZO Lappentaucher m; ~ *huppé* Haubentaucher m

grec [gʀɛk] **I** adj ⟨grecque [gʀɛk]⟩ griechisch; *i ~* Ypsilon n; *les îles grecques* die griechischen Inseln f/pl; *par ext nez ~* griechische Nase; **II** subst **1.** ♀, *Grecque* m,f Grieche m, Griechin f; *les ♀s de l'Antiquité* die alten Griechen; **2.** LING *le ~* das Griechische; Griechisch n; *le ~ ancien, moderne* das Alt-, Neugriechische; Alt-, Neugriechisch n; **3.** CUIS *à la grecque* mit Öl und Gewürzen (zubereitet)

Grèce [gʀɛs] *la ~* Griechenland n

Greco [gʀeko] m *peintre* El Greco m

gréco|-latin [gʀekolatɛ̃] adj griechisch-lateinisch; ~**-romain** adj griechisch-römisch (*a lutte*)

grecque [gʀɛk] f *ornement* Mä'ander (-band) m(n)

gredin [gʀədɛ̃] m Schurke m; Ha'lunke m; F *petit ~* Lausebengel m; Schlingel m

gréement [gʀemã] m MAR Take'lage f; Takelung f; Takelwerk n; Rigg n

gréer [gʀee] v/t MAR (auf-, be)takeln

greffage [gʀefaʒ] m ARBORICULTURE Pfropfen n; Veredeln n

greffe¹ [gʀɛf] m JUR Geschäftsstelle f des Gerichts

greffe² [gʀɛf] f **1.** MÉD Transplantati'on f; Verpflanzung f; Über'tragung f; ~ *osseuse* Knochentransplantation f; ~ *du cœur* Herztransplantation f, -verpflanzung f; ~ *de cornée* Hornhautübertragung f; ~ *d'un rein* Nierentransplantation f; **2.** BOT a) (*greffon*) Edel-, Pfropfreis n; f cf *greffage*

greffer [gʀefe] **I** v/t **1.** *arbre* pfropfen; veredeln; **2.** MÉD verpflanzen; über'tragen; sc transplan'tieren; **II** v/pr fig se ~

sur qc zu etw hin'zukommen; etw über'lagern

greffier [gʀefje] m JUR Urkundsbeamte(r) m (der Geschäftsstelle); *en Suisse* Gerichtsschreiber m

greffon [gʀefɔ̃] m **1.** BOT Edel-, Pfropfreis n; **2.** MÉD Transplan'tat n

grégaire [gʀegɛʀ] adj Herden...; *animal m ~* Herdentier n; *instinct m ~* Herdentrieb m

grégarisme [gʀegaʀism(ə)] m ZO Herdentrieb m, -leben n

grège [gʀɛʒ] adj **1.** TEXT *soie f ~* Rohseide f, Grègeseide f; **2.** *couleur* rohseidenfarben; gelblichweiß; hellbeige

grégeois [gʀeʒwa] adj HIST MIL *feu ~* griechisches Feuer

Grégoire [gʀegwaʀ] m Gregor m

grégorien [gʀegɔʀjɛ̃] adj ⟨~ne⟩ *calendrier ~* Gregori'anischer Kalender; *chant ~* Gregorianischer Gesang, Choral

grêle¹ [gʀɛl] f **1.** Hagel m; *il tombe de la ~* es hagelt; **2.** fig Hagel m; ~ *de balles* Kugelhagel m; ~ *d'injures* Hagel, Flut f von Schimpfwörtern

grêle² [gʀɛl] adj **1.** dünn; schmal; zerbrechlich; *membres a* dürr; mager; **2.** *voix, son* dünn; *voix a* F piepsig; **3.** *intestin m ~* Dünndarm m

grêlé [gʀele] adj pockennarbig

grêler [gʀele] **I** v/imp hageln; *il grêle* es hagelt; **II** v/t *être grêlé* Hagelschaden erleiden

grêlon [gʀelɔ̃] m Hagelkorn n; Schloße f

grelot [gʀəlo] m Schelle f; Glöckchen n

grelott|ant [gʀəlɔtɑ̃] adj zitternd; schlotternd; ~**ement** m Zittern n; Schlottern n

grelotter [gʀəlɔte] v/i (vor Kälte) zittern, schlottern; ~ *de fièvre* vom Fieber geschüttelt werden; ~ *de peur* vor Angst zittern, schlottern

greluche [gʀəlyʃ] f F (*fille sotte*) F (dumme) Zicke, Ziege

grenade [gʀənad] f **1.** BOT Gra'natapfel m; **2.** MIL (Hand)Gra'nate f; ~ *sous-marine* Wasserbombe f; ~ *à main* Handgranate f

Grenade [gʀənad] **1.** *en Espagne* Gra'nada m; **2.** *aux Petites Antilles* Gre'nada m

grenadier [gʀənadje] m **1.** BOT Gra'natapfelbaum m; **2.** HIST MIL Grena'dier m

grenadille [gʀənadij] f *fruit* Grena'dille f

grenadin [gʀənadɛ̃] m CUIS gespicktes Kalbsfilet

grenadine [gʀənadin] f Gra'natapfelsirup m; Grena'dine f

grenaille [gʀənaj] f Me'tallkörner n/pl; ~ *de plomb* (Blei)Schrot m ou n; **2.** *en Belgique* (Roll)Splitt m

grenat [gʀəna] **1.** MINÉR Gra'nat m; **2.** adjt ⟨inv⟩ gra'natfarben

grenier [gʀənje] m **1.** *d'une maison* Speicher m; Dachboden m; Bodenraum m; **2.** AGR Speicher m; ~ *à blé* Getreide-, Kornspeicher m; *fig d'un pays* Kornkammer f; ~ *à foin* Heuboden m

grenouillage [gʀənujaʒ] m POL unsaubere Machenschaften f/pl

grenouille [gʀənuj] f ZO Frosch m

grenouillère [gʀənujɛʀ] f Strampelanzug m

grenu [gʀəny] adj körnig; gekörnt; *cuir* genarbt

grès [gʀɛ] m **1.** *roche* Sandstein m; ~ *rose, rouge* Rotsandstein m; **2.** *céramique* Steinzeug n; loc/adj *en, de ~* Stein(zeug)...; *pot m en ~* Steintopf m; *poterie(s) f(pl) de, en ~* Steinzeug n

gréseux [gʀezø] adj ⟨-euse⟩ Sandstein...

grésil [gʀezil] m MÉTÉO Graupeln f/pl

grésillement [gʀezijmã] m CUIS Brutzeln n; TÉL, RAD Knistern n; Rauschen n

grésiller [gʀezije] v/i *friture etc* brutzeln; TÉL, RAD knistern; rauschen

grève [gʀɛv] f **1.** Streik m; Ausstand m; Arbeitsniederlegung f; ~ *bouchon* Schwerpunktstreik m; ~ *générale* Ge'neralstreik m; ~ *des dockers* Hafenarbeiterstreik m; ~ *de la faim* Hungerstreik m; *faire la ~ de la faim* in den Hungerstreik treten; im Hungerstreik sein; ~ *du zèle* Dienst m nach Vorschrift; Bummelstreik m; ~ *sur le tas, des bras croisés* Sitzstreik m; loc/adj *en ~* streikend; *être en ~, faire ~* streiken; sich im Ausstand befinden; *lancer un ordre de ~* zum Streik aufrufen; *se mettre en ~* in den Ausstand, Streik treten; **2.** *plage* (Sand-, Kies)Strand m; sandiger Uferstreifen

grever [gʀəve] v/t ⟨-è-⟩ FIN belasten (*de mit*)

gréviste [gʀevist] m,f Streikende(r) f(m)

gribouillage [gʀibujaʒ] m (*écriture illisible*) Gekritzel n; Kritze'lei f; F Gekrakel n; a (*mauvais dessin*) F Gesudel n; Sude'lei f; Geschmier n; Schmiere'rei f

gribouill|er [gʀibuje] **I** v/t hinkritzeln, F -sudeln, -schmieren; **II** v/i kritzeln, F sudeln; schmieren; ~**eur** m, ~**euse** f F Sudler(in) m(f); Schmierer(in) m(f); Schmierfink m

gribouillis [gʀibuji] m cf *gribouillage*

grief [gʀijɛf] m (Grund m, Anlaß m zur) Klage f, Beschwerde f; *exposer, formuler ses ~s* s-e Beschwerden vorbringen; *faire ~ de qc à qn* j-m etw vorwerfen, zum Vorwurf machen

grièvement [gʀijɛvmã] adv ~ *blessé* schwerverletzt; *soldat* schwerverwundet

griffe [gʀif] f **1.** ZO Kralle f (*a par ext ongle trop long*); Klaue f (*a fig*); *donner un coup de ~ à qn* j-m e-n Krallen-, fauve Prankenhieb versetzen; *chat a* j-n kratzen, fig j-m e-n Seitenhieb versetzen; *rentrer ses ~s* die Krallen einziehen; fig friedlich, versöhnlich werden; *chat et fig sortir ~s* die Krallen zeigen; fig *tomber sous la ~, dans les ~s de qn* j-m in die Klauen geraten; **2.** ADM 'Unterschrifts-, Namensstempel m; Namenszeichen n; COMM Namenszug m; Markenzeichen n; **3.** fig *d'un auteur etc* Stempel m; Gepräge n; Handschrift f; **4.** TECH Klaue f; Kralle f; Haken m; Greifer m

griffé [gʀife] adj *vêtements* mit dem Markenzeichen e-s berühmten Coutu'riers versehen

griffer [gʀife] v/t ~ *qn* j-n kratzen; ~ *qn au visage* j-m das Gesicht zerkratzen

griffon [gʀifɔ̃] m **1.** *chien* Grif'fon m; **2.** MYTH Greif m

griffonnage [gʀifɔnaʒ] m Gekritzel n; Kritze'lei f

griffonner [gRifɔne] v/t (hin)kritzeln; (*écrire à la hâte*) flüchtig niederschreiben; hinwerfen; **~ son nom sur un bout de papier** s-n Namen auf e-n Zettel kritzeln
grif(f)ton [gRiftõ] *m cf* **griveton**
griffu [gRify] *adj* krallenbewehrt
griffure [gRifyR] *f* Kratzer *m*; Schramme *f*
grignot|age [gRiɲɔtaʒ] *m* **1.** *cf* **grignotement**; **2.** *fig d'un héritage* allmähliche Aufzehrung; *de droits etc* schrittweiser Abbau; Aushöhlung *f*; **~ement** *m* Knabbern *n*
grignoter [gRiɲɔte] v/t **1.** (*manger petit à petit*) knabbern (*a abs*); (*enlever*) abknabbern; (*entamer*) anknabbern; **~ qc a** an etw (*dat*) (her'um)knabbern; **2.** *fig héritage* allmählich aufzehren; *droits, libertés etc* schritt-, stückchenweise abbauen; aushöhlen
grigou [gRigu] F *m* Geizhals *m*; F Geizkragen *m*; Knauser *m*
gri-gri [gRigRi] *m* ⟨*pl* gris-gris⟩ Amu'lett *n*; Talisman *m*
gril [gRil] *m* **1.** *CUIS* Brat-, Grillrost *m*; **cuit sur le ~** auf dem Rost gebraten; gegrillt; F *fig* **être sur le ~** wie auf glühenden Kohlen sitzen; **2.** *TECH* Rost *m*; **3.** *THÉ* Schnürboden *m*
grillade [gRijad] *f CUIS* Grillgericht *n*; Gril'lade *f*
grillage [gRijaʒ] *m* **1.** (*treillis*) (Draht-)Gitter *n*; Drahtgeflecht *n*; Maschendraht *m*; *clôture* Drahtzaun *m*; **2.** (*action de griller*) Rösten *n*; *de viande a* Grillen *n*
grillager [gRijaʒe] v/t ⟨-geons⟩ vergittern; *adjt* **fenêtre grillagée** vergittertes Fenster; Gitterfenster *n*
grille [gRij] *f* **1.** *d'une fenêtre etc* Gitter *n* (*a barrière*); *d'une cellule* Sprechgitter *n*; *d'un égout* Gitterrost *m*; **~ du jardin** (eisernes) Gartentor; **2.** *d'un poêle* (Feuer)Rost *m*; **3.** *ÉLECTRON* Gitter *n*; **4.** (*carton de lecture*) gelochte Scha'blone; Pa'trone *f*; **5.** *de mots croisés etc* Kästchen *n/pl*; Felder *n/pl*; **6.** *par ext* (*tableau*) 'Übersicht *f*; Ta'belle *f*; Schema *n*; *RAD, TV* **~ des programmes** Pro'grammübersicht *f*; **~ des salaires** Lohn- und Gehaltsstaffel *f*, -tabelle *f*; Ta'riftabelle *f*
grille-pain [gRijpɛ̃] *m* ⟨*inv*⟩ Toaster ['to:-] *m*; Brotröster *m*
griller [gRije] I v/t **1.** *viande* (auf dem Rost) braten; grillen; *pain, marrons, café* rösten; *adjt*: **amandes grillées** gebrannte Mandeln *f/pl*; **marrons grillés** geröstete Kastanien *f/pl*; österr heiße Maroni *f/pl*; **pain grillé** Toast [to:st] *m*; Röstbrot *m*; **2.** *par ext chaleur: visage etc* ausdörren; *verbrennen; gel: plantes* vernichten; **3.** *F* **~ une cigarette** e-e Zigarette rauchen, F qualmen; **4.** *ÉLECT* 'durchbrennen lassen; *adjt* **grillé** durchgebrannt; **5.** *fig* **~ un feu rouge** ein Rotlicht über'fahren; bei Rot 'durchfahren; *bus etc* **~ un arrêt** 'durchfahren; F **6.** *fig* **~ qn** *in SPORTS* j-m über'holen, -'runden, -'spurten; *par ext* j-m zu'vorkommen; j-n ausstechen; **7.** F *fig* **être grillé** F erledigt, geliefert, unten durch sein; II v/i **8.** *viande* (auf dem Rost) braten; *pain etc* geröstet werden; **9.** *ampoule électrique* 'durchbrennen; **10.** *par ext F personne* vor Hitze vergehen; F braten; **11.** *fig* **~** (*d'envie*) *de* (+*inf*) darauf brennen zu (+*inf*); **~ d'impatience** vor Ungeduld brennen
grillon [gRijõ] *m ZO* Grille *f*; **~ domestique** Heimchen *n*
grill-room [gRilRum] *m* ⟨*pl* grill-rooms⟩ Grillroom [-ru:m] *m*
grimaçant [gRimasɑ̃] *adj visage* (fratzenhaft) verzerrt
grimace [gRimas] *f* **1.** Gri'masse *f*; Fratze *f*; **~ de dégoût** angewiderte Miene; **~ de douleur** schmerzverzerrtes Gesicht; **faire des ~s** Grimassen machen, schneiden, ziehen; Fratzen, Gesichter schneiden; **faire la ~** ein (schiefes, saures) Gesicht ziehen, machen; **2.** *fig vêtement* **faire des ~s** (unerwünschte) Falten machen, werfen; **3.** *par ext* **~s** *pl* (*manières*) Ziere'rei *f*; F Gehabe *n*; Getue *n*
grimacer [gRimase] v/i ⟨-ç-⟩ **1.** das Gesicht (zu e-r Grimasse, Fratze) verziehen, verzerren; **2.** *cf* **grimace** 2.
grimage [gRimaʒ] *m THÉ* **a)** *action* Schminken *n*; **b)** *résultat* Maske *f*
grimer [gRime] v/t (*et v/pr*) *THÉ, CIN* (**se**) **~** (sich) schminken
grimoire [gRimwaR] *m* **1.** (*livre de magie*) Zauberbuch *n*; **2.** (*ouvrage obscur*) unverständliches, ob'skures Werk; (*écrit illisible*) unleserliches Schriftstück; F Hiero'glyphen *f/pl*
grimpant [gRɛ̃pɑ̃] I *adj BOT* kletternd; Kletter...; **plante ~e** Kletter-, Schlingpflanze *f*; II *m/pl* **~s** F (*pantalon*) F Buxe(n) *f(pl)*; Bux *f*
grimpée [gRɛ̃pe] *f* beschwerlicher Aufstieg; Klette'rei *f*
grimper [gRɛ̃pe] I v/i **1.** (hin'auf)klettern, *par ext* (*monter*) (hin'auf)steigen (*sur, à* auf +*acc*); *plante* in die Höhe klettern; sich emporranken (*à* an +*dat*); *transitivement* **~ les escaliers** die Treppen hinaufsteigen, erklimmen; **~ à, sur un arbre** auf e-n Baum klettern; (auf) e-n Baum, an e-m Baum hinaufklettern; **~ sur un tabouret** auf e-n Hocker steigen; **2.** *par ext chemin* steil ansteigen; sich emporwinden; F *prix, température* in die Höhe klettern; II *m SPORTS* Klettern *n*
grimpereau [gRɛ̃pRo] *m* ⟨*pl* ~x⟩ *ZO* Baumläufer *m*
grimpette [gRɛ̃pɛt] F *f* kurzer, steiler Weg; Steig *m*
grimp|eur [gRɛ̃pœR] *m*, **~euse** *f* **1.** alpiniste Kletterer *m*, Kletterin *f*; **2.** *m CYCLISME* Kletterer *m*; **3.** *ZO adjt* **oiseau grimpeur** Klettervogel *m*
grinçant [gRɛ̃sɑ̃] *adj* **1.** *porte, par ext son* knarrend; quietschend; **2.** *fig compliments* gezwungen, 'widerwillig gemacht; **humour ~** galliger Humor
grincement [gRɛ̃smɑ̃] *m* **1.** *d'une porte* Knarren *n*; Quietschen *n* (*a de freins, de pneus*); **2.** **~ de dents** Zähneknirschen *n*
grincer [gRɛ̃se] v/i ⟨-ç-⟩ **1.** *porte, ressorts etc* knarren; *porte, freins, pneus* quietschen; *freins* a kreischen; **2.** **~ des dents** mit den Zähnen knirschen
grincheux [gRɛ̃ʃø] I *adj* ⟨-euse⟩ mürrisch; griesgrämig; verdrießlich; nörglerisch; *adjt a* F grantig; *enfant* F quengelig; II *subst* **~**, **grincheuse** *m,f* Griesgram *m*; Nörgler(in) *m(f)*; F Quengler(in) *m(f)*; *südd a* F Grantler(in) *m(f)*

gringalet [gRɛ̃galɛ] *m* schmächtiges Männchen, Kerlchen
griot [gRijo] *m en Afrique* um'herziehender Sänger und Magier
griotte [gRijɔt] *f* Sauer-, Weichselkirsche *f*
grippage [gRipaʒ] *m TECH* Festfressen *n*
grippal [gRipal] *adj* ⟨-aux⟩ *MÉD* Grippe...; *sc* grip'pal
grippe [gRip] *f* **1.** *MÉD* Grippe *f*; **avoir la ~** (die) Grippe haben; **2. prendre qn, qc en ~** Abneigung gegen j-n, etw fassen; j-n, etw nicht mehr ausstehen können
grippé [gRipe] *adj MÉD* an Grippe erkrankt; grippekrank; **être ~** (die) Grippe haben
gripper [gRipe] v/i (*et v/pr* **se**) **~ 1.** *TECH* sich festfressen; **2.** *fig* sich festfahren; stocken
grippe-sou [gRipsu] *m* ⟨*pl* grippe-sou(s)⟩ Pfennigfuchser *m*; *adjt* **être ~** ein Pfennigfuchser sein
gris [gRi] I *adj* ⟨grise [gRiz]⟩ **1.** grau; **~ ardoise, fer, perle, souris** ⟨*inv*⟩ schiefer-, stahl-, perl-, mausgrau; **cheveux ~** graue Haare *n/pl*; **aux cheveux ~** grauhaarig; **poivre ~** schwarzer Pfeffer; **vin ~** blaßroter Wein; **~ de poussière** staubbedeckt; **2.** *temps* trüb; *ciel* grau; **il fait ~** es ist trüb(es Wetter); **3.** *fig existence* eintönig; öde; grau; trübselig; ereignislos; uninteressant; *cf a* **mine**[1] *1. a*); **4.** *fig* (*éméché*) angeheitert; F beschwipst; benebelt; II *m* **1.** Grau *n*; **~ ardoise, clair** Schiefer-, Hellgrau *n*; **2.** F *tabac* gewöhnlicher Tabak; F Knaster *m*
grisaille [gRizaj] *f* **1.** *de l'existence* Eintönigkeit *f*; Öde *f*; **2.** *PEINT* Gri'saille *f*; Grau-in-grau-Malerei *f*
grisant [gRizɑ̃] *adj musique, succès* berauschend; *parfum* betäubend
grisâtre [gRizɑtR(ə)] *adj* **1.** *couleur* graulich; ins Graue spielend; *ciel, jour* grau; trüb; **2.** *fig* eintönig; öde; grau
grisbi [gRisbi] *m* F *arg* (*argent*) F Moos *n*; Kohle(n) *f(pl)*; *cf a* **fric**
grisé [gRize] *m* Azu'reelinien *f/pl*; Schraf'fierung *f*
griser [gRize] I v/t **1.** *alcool* **~ qn** j-m die Sinne benebeln; j-m zu Kopf steigen; **2.** *fig* **~ qn** *air vif, parfum, vitesse* j-n benommen machen, betäuben; *succès* j-n berauschen, *st/s* trunken machen; II v/pr *fig* **se ~** sich berauschen (*de an* +*dat*); **se ~ d'air pur** sich mit reiner Luft 'vollsaugen
griserie [gRizRi] *f fig* Rausch *m*; Taumel *m*
grisette [gRizɛt] *f autrefois* Gri'sette *f* (*leichtlebige junge Putzmacherin in Paris*)
gris-gris *cf* **gri-gri**
grison [gRizõ] I *adj* ⟨~ne⟩ grau'bündnerisch; II *subst* **⚥**(**ne**) *m(f)* Grau'bündner(in) *m(f)*
grisonnant [gRizɔnɑ̃] *adj cheveux, tempes* leicht ergraut (*a personne*); graumeliert
grisonner [gRizɔne] v/i *cheveux, personne* ergrauen; grau werden; *personne a* graue Haare, graues Haar bekommen
Grisons [gRizõ] **les ~** *m/pl* Grau'bünden *n*
grisou [gRizu] *m MINES* Grubengas *n*; schlagende Wetter *n/pl*; Schlagwetter

n; **coup** *m* **de ~** Schlagwetterexplosion *f*
grive [gʀiv] *f* ZO Drossel *f*; *fig* **soûl comme une ~** stockbetrunken; F sternhagelvoll; *prov* **faute de ~s on mange des merles** in der Not frißt der Teufel Fliegen (*prov*)
grivèlerie [gʀivɛlʀi] *f* JUR Zechprelle'rei *f*
griveton [gʀivtõ] F *m* einfacher Sol'dat
grivois [gʀivwa] *adj* schlüpfrig; locker; frei; anzüglich
grivoiserie [gʀivwazʀi] *f* Schlüpfrigkeit *f* (*a propos*)
grizzli *ou* **grizzly** [gʀizli] *m* ZO Grislybär *m*
Groenland [gʀɔɛnlɑ̃d] **le ~** Grönland *n*
groenlandais [gʀɔɛnlɑ̃dɛ] **I** *adj* grönländisch; **II** *subst* ⚥(**e**) *m(f)* Grönländer (-in) *m(f)*
grog [gʀɔg] *m* Grog *m*
groggy [gʀɔgi] *adj* ⟨f inv⟩ *boxeur* groggy (*a* F *fig*); angeschlagen
grognard [gʀɔɲaʀ] *m* HIST alter Haudegen der Napole'onischen Garde
grogne [gʀɔɲ] *f* POL Murren *n*; Unzufriedenheit *f*; Unmut *m*
grognement [gʀɔɲmɑ̃] *m* **1.** *d'une personne* Murren *n*; Gemurre *n*; **2.** *d'un cochon* Grunzen *n*; Gegrunze *n*; *d'un ours* Brummen *n*; Gebrumm(e) *n*
grogner [gʀɔɲe] **I** *v/t injures, réponse* (vor sich hin) knurren, brummen; **II** *v/i* **1.** *personne* murren (*contre* gegen); knurren; brummen; F maulen; *enfant* F quengeln; **2.** *cochon* grunzen; *ours* brummen; *chien* knurren
grognon [gʀɔɲɔ̃] **I** *adj* ⟨f inv⟩ *personne, air* mürrisch; *personne a* knurrig; F brummig; *enfant* F quengelig; **II** *m* Brummbär *m*, -bart *m*; *vieux* ≈ alter Brummbär
groin [gʀwɛ̃] *m du porc, du sanglier* Rüssel *m*
grol(l)e [gʀɔl] *f* F (*soulier*) F Latschen *m*
grommeler [gʀɔmle] *v/t et v/i* ⟨-ll-⟩ **~ (entre ses dents)** (vor sich hin, in s-n Bart) brummen, brummeln, murmeln
grommellement [gʀɔmɛlmɑ̃] *m* Gebrumm(e) *n*; Gemurmel *n*
grondement [gʀɔ̃dmɑ̃] *m* **1.** *du tonnerre* Grollen *n*; Rollen *n*; *du canon* Donnern *m*; *d'un moteur* Brummen *n*; Dröhnen *n*; *d'un torrent* Tosen *n*; **2.** *d'un chien* Knurren *n*
gronder [gʀɔ̃de] **I** *v/t* schelten; ausschimpfen; F schimpfen (*qn* mit j-m); *si tu ..., tu vas te faire ~* wenn du ..., gibt es ou kriegst du Schelte, F Schimpfe; **II** *v/i* **1.** *tonnerre* grollen; rollen; *canon* donnern; *moteur* brummen; dröhnen; *torrent* tosen; **2.** *chien, fauve* knurren; *ours* brummen; **3.** *fig révolte* drohen; *l'émeute gronde a* es gärt, brodelt im Volk
grond|erie [gʀɔ̃dʀi] *f* Schelte *f*; F Schimpfe *f*; **~eur** *adj* ⟨-euse⟩ *ton, voix* scheltend; tadelnd
grondin [gʀɔ̃dɛ̃] *m poisson* Knurrhahn *m*
groom [gʀum] *m* (Ho'tel)Page *m*, (-)Boy *m*
gros [gʀo] **I** *adj* ⟨**grosse** [gʀos]⟩ **1.** (*volumineux*) groß; dick; mächtig; massig; **~ arbre** großer, mächtiger Baum; **~ bâton** dicker Prügel; AGR **~ bétail** Großvieh *n*; **~ chat** große, dicke Katze;

~ chien großer Hund; **~se écriture** große Schrift; ANAT **~ intestin** Dickdarm *m*; **~ nuage** dicke Wolke; **~ os** *pl* starke, kräftige Knochen *m/pl*; **~se pierre** großer Stein; **~se vague** große, mächtige Welle; **~se valise** großer Koffer; ◆ *loc/adj et loc/adv*: **~ comme le bras** en employant un titre über'triebener, schmeichelhafter geht es nicht mehr; **~ comme une maison, comme moi** *mensonge* faustdick; **erreur** gewaltig; **~ comme le poing** faustgroß; **~ comme une tête d'épingle** von der Größe e-s Stecknadelkopfes; **2.** (*corpulent*) dick; *personne a* dickleibig; beleibt; stark; **~ et gras** dick und fett; **~se** (F **bonne**) **femme** dicke Frau; **~ses joues** volle, dicke, runde Backen *f/pl*; **~se poitrine** volle, üppige Brust; **~ ventre** dicker Bauch; **3.** (*important*) groß; bedeutend; *mangeur, fumeur etc* stark; *orage, tempête, bruit* stark; heftig; *dégâts* schwer; groß; *erreur, faute* schwer; groß; grob; *somme, dépense* hoch; *affaire* gut; einträglich; lukra'tiv; **~ commerçant** reicher, wohlhabender Kaufmann; Großkaufmann *m*; **~ consommateur** Großverbraucher *m*; **~ fainéant** großer Faulenzer; Erzfaulenzer *m*; **~ fermier** Großbauer *m*; **~se fortune** großes Vermögen; **~ industriel** Großindustrielle(r) *m*; **~se réparation** große Reparatur; Großreparatur *f*; **~ rhume** starker, heftiger Schnupfen; starke, schwere Erkältung; **~ soucis** *pl* große, schwere Sorgen *f/pl*; **~ soupir** schwerer, tiefer Seufzer; F *fig* **~se tête** F gelehrtes Haus; **~ tirage** hohe Auflage; Massenauflage *f*; *cf a* **voix** *1.*; **4.** (*grossier*) grob; derb; **~ses chaussures** derbe Schuhe *m/pl*; grobes Schuhwerk; **~ drap** grobes Tuch; **~ mensonge** grobe Lüge; **~ mot** unanständiges, häßliches Wort; **~ peigne** grober, weiter Kamm; **~se plaisanterie** derber Scherz; **~ rire** lautes, schallendes Lachen; F **~ rouge** gewöhnlicher Rotwein; **~ sel** grobes Salz; **~ bon sens** einfacher, gerader Verstand; **~ travaux** grobe Arbeiten *f/pl*; **5.** MAR *mer* schwere, rauhe, große See; **la mer est ~se** die See geht hoch; es herrscht hoher, starker See-, Wellengang; **6.** *litt* (*enceinte*) schwanger; *loc/adj fig* **de conséquences** folgenschwer; **II** *adv* **1.** groß; *écrire* **~** groß schreiben; e-e große Schrift haben; **2.** (*beaucoup*) viel; **je donnerais ~ pour savoir ...** ich würde viel darum geben, wenn ich wüßte ...; **gagner ~** viel, gut, F groß verdienen; **jouer ~** mit hohem Einsatz, hoch spielen; **risquer ~** viel riskieren, aufs Spiel setzen; *cf a* **parier** *1.*, **cœur** *2.*; **3.** *loc/adv* **en ~ a**) groß; **c'est écrit en ~** das steht groß da; **b**) (*grosso modo*) in großen, groben Zügen, 'Umrissen; im wesentlichen; **voici en ~ de quoi il s'agit** im wesentlichen, ungefähr darum; **c**) COMM im großen, in großen Mengen; en gros; *achat m*, **vente** *f* **en ~** Großeinkauf *m*, -vertrieb *m*; **III** *subst* **1.** **~(se)** *m(f)* (*personne grosse*) Dicke(r) *f(m)*; F **mon ~!** Dickerchen!; mein Lieber!; **un petit ~** ein kleiner Dicker; **2.** F **les ~** *m/pl* (*les riches*) die Reichen *pl*; F

die Geldsäcke *m/pl*; **3.** *m* COMM Großhandel *m*; **le ~ et le détail** der Groß- und Einzelhandel; **commerçant** *m*, **marchand** *m* **de** *ou* **en ~** Großhändler *m*; Gros'sist *m*; **commerce** *m* **de** *ou* **en ~** Großhandel *m*; **au prix de ~** zum Großhandelspreis; **faire le ~** Großhandel treiben; **4. le ~ de ...** der größte Teil, der Hauptteil, die Hauptmasse, das Gros (+*gén*); **le ~ du travail** die Hauptarbeit; **le plus ~ est fait** das Gröbste ist geschafft; **le** (**plus**) **~ de l'hiver est passé** den größten Teil des Winters, das Schlimmste vom Winter haben wir hinter uns
gros-bec [gʀobɛk] *m* ⟨*pl* gros-becs⟩ ZO Kernbeißer *m*
groseille [gʀozɛj] *f* Jo'hannisbeere *f*; *österr* Ribisel *f*; **~ blanche**, **rouge** weiße, rote Johannisbeere; **~ à maquereau** Stachelbeere *f*
groseillier [gʀozeje] *m* Jo'hannisbeerstrauch *m*; **~ à maquereau** Stachelbeerstrauch *m*
gros-grain [gʀogʀɛ̃] *m* ⟨*pl* gros-grains⟩ TEXT Seidenripsband *n*
Gros-Jean [gʀoʒɑ̃] *loc* **être ~ comme devant** so klug sein wie zu'vor
gros-porteur [gʀopɔʀtœʀ] *m* ⟨*pl* gros-porteurs⟩ AVIAT Großraumflugzeug *n*
grosse [gʀos] *f* **1.** JUR voll'streckbare Ausfertigung; **2.** COMM (*douze douzaines*) Gros *n*
grossesse [gʀosɛs] *f* Schwangerschaft *f*
grosseur [gʀosœʀ] *f* **1.** Größe *f*; Dicke *f*; 'Umfang *m*; **de la ~ du poing** faustgroß; **2.** MÉD Geschwulst *f*; Schwellung *f*
grossier [gʀosje] *adj* ⟨-ière⟩ **1.** *tissu, outil etc* grob; derb; *travail* plump; grob ausgeführt; *erreur, faute* grob; kraß; schwer; *ignorance* **grossière** krasse Unwissenheit; *ruse* **grossière** plumpe List; **traits** **~s** grobe Gesichtszüge *m/pl*; **je n'en ai qu'une idée grossière** ich habe nur e-e grobe Vorstellung davon; **2.** *personne, comportement* grob; ungeschliffen; ungehobelt; flegel-, rüpel-, lümmelhaft; *personnage* Grobian *m*; Flegel *m*; Rüpel *m*; Lümmel *m*; F grober Klotz; **être ~ avec**, **envers** *qn* grob zu j-m sein; **3.** *mot, plaisanterie, geste* derb; unanständig; vul'gär; unflätig; nicht sa'lonfähig; wüst
grossièrement [gʀosjɛʀmɑ̃] *adv* **1.** (*en gros*) grob; in großen, groben Zügen, 'Umrissen; **2.** (*lourdement*) **se tromper ~** sich gröblich, schwer, stark, F gewaltig täuschen; **3.** (*de façon impolie*) grob; flegel-, rüpelhaft
grossièreté [gʀosjɛʀte] *f* **1.** (*caractère rudimentaire, lourd*) Grobheit *f*; Plumpheit *f*; **2. a**) *d'une personne* Flegel-, Rüpelhaftigkeit *f*; **b**) *action* Flege'lei, Rüpe'lei *f*; **3. a**) *d'une plaisanterie etc* Derbheit *f*; Unanständigkeit *f*; **b**) *propos, mot* derber, unanständiger Ausdruck; **dire des ~s** derbe, unanständige Worte gebrauchen
grossir [gʀosiʀ] **I** *v/t* **1.** *vêtements* **~** *qn* j-n dick(er) machen, dicker aussehen lassen; *abs a* auftragen; *abs* **le blanc grossit** Weiß macht dick; **2.** OPT **~** *qc* etw vergrößern; *abs* **~ mille fois** tausendfach vergrößern; **3.** (*augmenter*) vergrößern; verstärken; vermehren; *pluie*: *torrent* anschwellen lassen; **4.** *fig* (*exagérer*) über'treiben; aufbauschen; **II** *v/i* **5.** *per-*

grossissant – guerre

sonne dick(er) werden; zunehmen (**d'un kilo** [um] ein Kilo); **6.** (*augmenter*) größer werden; sich vergrößern; zunehmen; *bruit* sich verstärken; stärker, lauter werden; *rivière* anschwellen
grossissant [gʀosisɑ̃] *adj miroir, verre* ~ Vergrößerungsspiegel *m*, -glas *n*
grossissement [gʀosismɑ̃] *m* **1.** OPT Vergrößerung *f*; **à fort** ~ mit starker Vergrößerung; stark vergrößernd; **2.** (*augmentation*) Vergrößerung *f*; Größerwerden *n*; Zunahme *f*; Anschwellen *n*; **3.** *fig* (*exagération*) Über'treibung *f*; Aufbauschung *f*
grossiste [gʀosist] *m,f* COMM Gros'sist (-in) *m(f)*; Großhändler(in) *m(f)*
grosso modo [gʀosomodo] *loc/adv* in großen, groben Zügen, 'Umrissen; ungefähr
grotesque [gʀɔtɛsk] **I** *adj* gro'tesk; wunderlich; bi'zarr; F komisch; ulkig; **II** *subst* **1.** **le** ~ das Gro'teske; *c'est d'un* ~**!** das ist wirklich grotesk!; **2.** *ornement* ~**s** *f/pl* Gro'teske(n) *f(pl)*
grotte [gʀɔt] *f* Höhle *f*; *artificielle* Grotte *f*
grouillant [gʀujɑ̃] *adj* wimmelnd (**de** von); **foule** ~**e** Gewimmel *n*; Gewühl *n*; **place** ~**e de monde** von Menschen wimmelnder Platz; Platz, auf dem es von Menschen (nur so) wimmelt
grouillement [gʀujmɑ̃] *m* Wimmeln *n*
grouiller [gʀuje] **I** *v/i* **1.** *foule* sich drängen; wogen; *enfants* durchein'anderrennen; sich tummeln; **2.** *endroit* wimmeln (**de** von); **la rue grouille de monde** *a* auf der Straße wimmelt es von Menschen; **II** *v/pr* F **se** ~ sich beeilen; F sich tummeln; sich ranhalten; **grouille-toi!** F mach schneller!; (los,) Beeilung!
groupage [gʀupaʒ] *m* COMM (Zu'sammenstellung *f* zu e-r) Sammelladung *f*
groupe [gʀup] *m* **1.** *de personnes* Gruppe *f*; ~ **artistique, littéraire** Künstler-, Lite'ratengruppe *f*, -kreis *m*; ~ **ethnique** Volksgruppe *f*; ~ **professionnel** Berufsgruppe *f*; ~ **social** gesellschaftliche Gruppe *f*; ~ **à risques** Risikogruppe *f*; ~ **de travail** Arbeitsgruppe *f*, -kreis *m*, -gemeinschaft *f*; **cabinet** *m* **de** ~ Gemeinschaftspraxis *f*; **photo** *f* **de** ~ Gruppenfoto *n*, -bild *n*, -aufnahme *f*; **en** ~ *loc/adv* in der, als Gruppe; *loc/adj* Gruppen...; **travail** *m* **en** ~ Gruppenarbeit *f*; **voyage** *m* **en** ~ Gesellschafts-, Gruppenreise *f*; *loc/adv* **par**, **en** ~**s** in Gruppen; gruppenweise; **par petits** ~**s** in kleinen Gruppen; grüppchenweise; **2.** POL ~ **parlementaire** (Parla'ments)Frakti'on *f*; ~ **de pression** Inter'essengruppe *f*, -verband *m*; Pressure-group ['pʀɛʃər-] *f*; **3.** ÉCON Gruppe *f*; Zu'sammenschluß *m*; Kon'sortium *n*; ~ **industriel** Unter'nehmensgruppe *f*; **4.** MIL Gruppe *f*; ~ **franc** Stoßtrupp *m*; ~ **d'armées** Heeresgruppe *f*; **5.** (*ensemble*) Gruppe *f*; ~ **scolaire** Schulzentrum *n*; ~ **d'arbres, de maisons** Baum-, Häusergruppe *f*; **6.** TECH Aggre'gat *n*; Ma'schinensatz *m*; ~ **électrogène** Strom(erzeugungs)aggregat *n*; **7.** BIOL ~ **sanguin** Blutgruppe *f*; ~ **0** [o] Blutgruppe 0 [null]
groupé [gʀupe] *adj* Sammel...; gemeinsam; COMM **commande** ~, **envoi** ~ Sammelbestellung *f*, -sendung *f*
groupement [gʀupmɑ̃] *m* **1.** (*groupe*) Grup'pierung *f*; Zu'sammenschluß *m*; Gruppe *f*; *par ext* Organisati'on *f*; Verband *m*; ~ **politique** politische Gruppierung; ~ **professionnel** Berufsverband *m*, -organisation *f*; berufsständische Vereinigung; Fachgruppe *f*, -verband *m*; MIL ~ **tactique** Kampfgruppe *f*, -verband *m*; JUR COMM ~ **d'intérêt économique** (*abr* G.I.E.) wirtschaftliche Inter'essengemeinschaft *f* (*frz Unternehmensform*); **2.** *action* Zu'sammenfassung *f*, -stellung *f*
grouper [gʀupe] **I** *v/t personnes, États etc* zu'sammenfassen, -schließen; *objets, faits* zu'sammenstellen; (*comprendre*) um'fassen; **II** *v/pr* **se** ~ sich zu'sammenschließen, -tun; **se** ~ **autour d'un chef** sich um e-n Anführer scharen, grup'pieren
groupuscule [gʀupyskyl] *m* POL Splittergruppe *f*
gruau [gʀyo] *m* ⟨*pl* ~**x**⟩ **1.** Grütze *f*; **2.** **farine** *f* **de** ~ feinstes Weizenmehl
grue [gʀy] *f* **1.** ZO Kranich *m*; *fig* **faire le pied de** ~ lange warten (müssen); F sich die Beine in den Bauch stehen; **2.** F (*prostituée*) F Nutte *f*; **3.** TECH Kran *m*; ~ **de chantier** Baukran *m*; CIN ~ **de prise de vues** Kamerakran *m*
gruger [gʀyʒe] *v/t* ⟨-geons⟩ ~ **qn** j-n her'einlegen, ausnehmen
grume [gʀym] *f bois m* **de, en** ~ noch nicht entrindetes (Lang)Holz
grumeau [gʀymo] *m* ⟨*pl* ~**x**⟩ CUIS Klumpen *m*; Klümpchen *n*; **faire des** ~**x** klumpen; Klumpen bilden
grumeleux [gʀymlø] *adj* ⟨-euse⟩ **1.** *sauce etc* klumpig; **2.** *peau* uneben
grutier [gʀytje] *m* Kranführer *m*
gruyère [gʀyjɛʀ] *m* Schweizer Käse *m*; Emmentaler *m*
Guadeloupe [gwadlup] **la** ~ Guade'loupe *n*
guadeloupéen [gwadlupeɛ̃] *adj* ⟨~ne⟩ (*et subst* ⌀ Bewohner *m*) von Guade'loupe
guanaco [gwanako] *m* ZO Gua'nako *n*
guano [gwano] *m engrais* Gu'ano *m*
guarani [gwaʀani] *m monnaie* Gua'rani *m*
Guatemala [gwatemala] **le** ~ Guate'mala *n*
guatémalien [gwatemaljɛ̃] ⟨~ne⟩ *ou* **guatémaltèque** [gwatemaltɛk] **I** *adj* guatemal'tekisch; **II** ⌀ *m,f* Guatemal'tekin, -'tekin *m,f*
gué[1] [ge] *m* Furt *f*; **passer, traverser à** ~ **ou un** ~ durch e-e Furt fahren *ou* waten
gué[2] [ge] *int* ô ~! juch'he; juch'heirassa
guède [gɛd] *f* BOT (Färber)Waid *m*
guéguerre [gegɛʀ] F *f* POL *et fig* Kleinkrieg *m*
guelte [gɛlt] *f* COMM Verkaufsprovision *f*
guenilles [gənij] *f/pl* Lumpen *m/pl*; zerrissene Kleider *n/pl*; **en** ~ zerlumpt; in Lumpen (gehüllt)
guenon [gənɔ̃] *f* **1.** ZO Affenweibchen *n*; Äffin *f*; **2.** F *fig* (*femme laide*) F Eule *f*; Vogelscheuche *f*
guépard [gepaʀ] *m* ZO Gepard *m*
guêpe [gɛp] *f* ZO Wespe *f*; *fig* **taille** *f* **de** ~ Wespentaille *f*; F *fig* **pas folle, la** ~**!** der *ou* die ist aber schlau, raffi'niert, F gerissen!
guêpier [gepje] *m* **1.** Wespennest *n*; *fig* **tomber, se fourrer dans un** ~ sich in e-e schlimme Lage bringen; sich in die Nesseln setzen; **2.** ZO Bienenfresser *m*
guêpière [gepjɛʀ] *f* die Taille einengendes Mieder
guère [gɛʀ] *adv* **a)** *ne* ... ~ (*pas beaucoup*) kaum; nicht sehr, gerade, viel; (*pas longtemps*) nicht lange; (*pas souvent*) fast nie; **il ne va** ~ **mieux** es geht ihm nicht viel, kaum besser; **elle n'a** ~ **plus de soixante ans** sie ist knapp (über) sechzig; **vous n'êtes** ~ **raisonnable** Sie sind nicht sehr, nicht gerade vernünftig; **b)** *ne* ... **plus** ~ kaum noch; **c)** *ne* ... ~ **que** fast nur; höchstens; **il n'y a** ~ **que vous qui puissiez** faire ce travail höchstens Sie können ...
guéri [geʀi] *adj* **1.** *personne* wieder gesund; geheilt; *st/s* genesen; *maladie* ausgeheilt; *blessure* verheilt; zugeheilt; **le voilà enfin** ~ endlich ist er wieder gesund; **2.** *fig* **être** ~ **d'un préjugé** *etc* von e-m Vorurteil *etc* ku'riert, geheilt sein
guéridon [geʀidɔ̃] *m* kleiner runder Tisch (mit nur einem Fuß)
guérilla [geʀija] *f* Gue'rilla(krieg) *f(m)*
guérillero [geʀijeʀo] *m* Gue'rillakämpfer *m*; Gueril'lero *m*
guérir [geʀiʀ] *v/t* **1. a)** *malade* heilen, ku'rieren (**d'une maladie** von e-r Krankheit); gesund machen; **b)** *maladie* (aus)heilen; **2.** *fig* ~ **qn de qc** j-n etw ku'rieren, heilen, befreien; **II** *v/i* **3.** *malade* (wieder) gesund werden, gesunden; *st/s* genesen; **4.** *blessure* (ver-, zu)heilen; *a eczéma* abheilen; *grippe, rhume* ausheilen; weggehen; **III** *v/pr* **5. se** ~ *cf* II; **6.** *fig* **se** ~ **de qc** etw ablegen, aufgeben; von etw loskommen; sich etw abgewöhnen; sich von etw befreien; **se** ~ **de sa timidité** s-e Schüchternheit ablegen
guérison [geʀizɔ̃] *f* **1.** *d'un malade* Genesung *f*; Gesundung *f*; Heilung *f* (*a* BIBL); **2.** *d'une maladie, d'une blessure* (Aus)Heilung *f*; **3.** *fig* Heilung *f*; Befreiung *f* (**de** von)
guériss|able [geʀisabl(ə)] *adj* heilbar; ~**eur** *m* Heilpraktiker *m*; Heilkundige(r) *m*; *péj* Quacksalber *m*
guérite [geʀit] *f* **1.** MIL Schilderhaus *n*; **2.** (*baraque*) Bretterbude *f*; CONSTR Baubaracke *f*
guerre [gɛʀ] *f* Krieg *m*; *fig a* Kampf *m*; Fehde *f*; Streit *m*; Zwist *m*; ~ **atomique, aérienne, civile** A'tom-, Luft-, Bürgerkrieg *m*; **la drôle de** ~ der Zweite Weltkrieg vor der Invasion Frankreichs im Mai 1940; *fig* ~ **économique** Wirtschaftskrieg *m*; ~ **froide** kalter Krieg; **la Grande** ⌀ der Erste Weltkrieg; **la Première, Seconde** ⌀ **mondiale** der Erste, Zweite Weltkrieg; ~ **navale, maritime** Seekrieg *m*; ~ **ouverte** offener Krieg; *fig* offene Feindschaft; **mener une** ~ **ouverte contre qn, qc** j-n, etw offen bekämpfen; **petite** ~ a) Geplänkel *n*; Scheinkrieg *m*; b) *fig* Kleinkrieg *m*; ~ **psychologique** psychologische Kriegführung; **la** ~ **de 14** der Erste Weltkrieg; der Krieg 14/18; **la** ~ **de 70** der Siebzigerkrieg; **la** ~ **d'Algérie** der Al'gerienkrieg; **la** ~ **de Trente, Cent ans** der Dreißigjährige, Hundertjährige Krieg; POL **la** ~ **des étoiles** Krieg der Sterne; ~ **d'indépendance, de libération** Unabhängigkeits-,

Befreiungskrieg *m*; *fig* ~ *des nerfs* Nervenkrieg *m*; ~ *de religion* Religi'ons-, Glaubenskrieg *m*; ~ *d'usure* Abnützungs-, Zermürbungskrieg *m*; *crime m, prisonnier m etc de* ~ Kriegsverbrechen *n*, -gefangene(r) *m etc*; ♦ *loc/adv: fig* **à la** ~ *comme à la* ~ das geht nun einmal nicht anders; man muß auch so zu'rechtkommen; *fig* **de** ~ *lasse* um des lieben Friedens willen; nach langem Sträuben; *loc/adj* **en** ~ **État** im Kriegszustand; im Krieg befindlich; *entrer en* ~ in den Krieg eintreten; *être en* ~ sich im Krieg befinden, im Krieg stehen (*avec un pays* mit e-m Land); *fig être*, *vivre en* ~ *avec qn* mit j-m im Streit, in Fehde liegen, Streit haben; *en cas de* ~ im Kriegsfall; *pendant, durant la* ~ während des Krieges; im Krieg; ♦ *déclarer la* ~ den Krieg erklären (*à un pays* e-m Land); *fig* den Kampf ansagen (*à qn, qc* j-m, e-r Sache); *fig c'est de bonne* ~ das ist durchaus Rechtens; das ist sein, ihr *etc* gutes Recht; das ist nicht unfair [-fɛːr]; *faire la* ~ Krieg führen (*à mit, gegen*); *se faire la* ~ sich bekriegen (*a fig*); *personne avoir fait la* ~ im Krieg gewesen sein; *fig faire la* ~ *à qn* (*à propos de qc*) e-n ständigen Kampf gegen j-n führen (wegen etw); *fig faire la* ~ *à qc* etw bekämpfen, bekriegen; gegen etw kämpfen, in e-m Kampf führen; *mourir à la* ~ (im Krieg) fallen; *partir pour la* ~ in den Krieg, Kampf ziehen; *fig partir en* ~ *contre qc* gegen etw zu Felde ziehen
guerrier [gɛRje] I *m* Krieger *m*; II *adj* ⟨-ière⟩ **1.** (*belliqueux*) kriegerisch; **2.** *litt* (*de la guerre*) Kriegs...
guerroyer [gɛRwaje] *litt v/i* ⟨-oi-⟩ Krieg führen; e-e Fehde austragen
guet [gɛ] *loc faire le* ~ auf der Lauer liegen *ou* sich auf die Lauer legen; *complice* F Schmiere stehen
guet-apens [gɛtapɑ̃] *m* ⟨*pl* guets-apens [gɛtapɑ̃]⟩ 'Hinterhalt *m* (*a fig*); *attirer qn dans un* ~ j-n in e-n Hinterhalt locken
guêtre [gɛtR(ə)] *f* Ga'masche *f*; F *fig traîner ses* ~*s* F sich her'umtreiben
guetter [gete] *v/t* **1.** (*épier*) (*abs ou qn* auf j-n); auflauern (*qn* j-m); belauern (j-n); **2.** (*attendre*) ungeduldig, gespannt warten auf (+*acc*); F spannen, lauern auf (+*acc*); *occasion, signal* abwarten; abpassen; ~ *la sortie de qn* (ab)warten, bis j herauskommt; **3.** *fig maladie etc* ~ *qn* j-n bedrohen; *mort, danger a* auf j-n lauern
guetteur [gɛtœR] *m* Beobachtungsposten *m* (*a* MIL); Späher *m*; Aufpasser *m*; HIST Turmwächter *m*; Türmer *m*
gueulante [gœlɑ̃t] F *f* Geschrei *n*; Gebrüll *n*; *pousser une* ~ losbrüllen; aufschreien
gueulard [gœlaR] I *adj* F (*braillard*) wer dauernd brüllt, schreit; mit e-m lauten Or'gan (ausgestattet); II *subst* **1.** F ⟨-e⟩ *m*,*f* Schreier(in) *m*(*f*); F Schreihals *m*; **2.** *m* TECH Gicht(öffnung) *f*
gueule [gœl] *f* **1.** *de certains animaux* Maul *n*; *fig se jeter dans la* ~ *du loup* sich leichtsinnig in Gefahr bringen; **2.** F (*bouche*) F Maul *n*, Klappe *f*; Schnauze *f*; P Fresse *f*; *südd a* Gosche(n) *f*; *par ext une fine* ~ ein Feinschmecker *m*, F Leckermaul *n*; *une grande* ~, *un fort en* ~ F ein Großmaul *n*; e-e Großschnauze; ein Maulheld *m*; *avoir une grande* ~, *être fort en* ~ F ein großes Maul, e-e große Klappe, Schnauze haben; das Maul, die Klappe aufreißen; ein Maulheld sein; *avoir la* ~ *de bois* e-n Kater haben; verkatert sein; P *crever la* ~ *ouverte* P verrecken, ohne daß sich j darum kümmert; P *ça emporte la* ~ das brennt wie Feuer auf der Zunge; P (*ferme*) *ta* ~*!* P halt's Maul!; (halt die) Schnauze!; halt die Klappe, *p/fort* die Fresse!; *s'en mettre plein la* ~ P sich 'vollfressen; **3.** F (*figure*) Gesicht *n*; F Vi'sage *f*; P Fresse *f*; *par ext* ~ *cassée* Gesichtsverletzte(r) *m*; ~ *s noires* Kumpel *m/pl* (*Bergarbeiter*); ~ *d'amour* Liebling *m* (der Frauen); Herzensbrecher *m*; *avoir une bonne* ~ sympathisch aussehen, wirken; *avoir une jolie petite* ~ reizend, süß aussehen; P *se casser la* ~ a) hinfallen, -schlagen; verunglücken; b) *fig* F auf die Nase fallen; e-n Reinfall erleben; *casser la* ~ *à qn* P j-m in die Fresse hauen, die Fresse polieren; P *se faire casser la* ~ a) P eins in die Fresse kriegen; b) (*mourir*) P draufgehen; *faire la* ~ F ein schiefes Gesicht machen, ziehen; eingeschnappt sein; maulen; *faire une* ~ *d'enterrement* e-e Leichenbittermiene aufsetzen; P *c'est bien fait pour ta* ~ das geschieht dir ganz recht; P *se foutre de la* ~ *de qn* P j-n verarschen; *cf a sale 4*.; **4.** F (*aspect, allure*) Aussehen *n*; Wirkung *f*; Eindruck *m*; *avoir de la* ~ großen Eindruck machen; a'part, inter'essant wirken; F toll, nicht übel, nach etwas aussehen; *avoir une drôle de* ~ F komisch aussehen; **5.** *d'un canon* Mündung *f*
gueule-de-loup [gœldəlu] *f* ⟨*pl* gueules-de-loup⟩ BOT Löwenmaul *n*, -mäulchen *n*
gueulement [gœlmɑ̃] F *m souvent pl* ~*s* Gebrüll *n*; Geschrei *n*
gueuler [gœle] F *péj* I *v/t* (hin'aus)brüllen, (-)schreien; ~ *des ordres* Befehle brüllen, schnauzen; II *v/i* **1.** (*hurler*) (F in der Gegend her'um)brüllen, (-)schreien; F kra'keelen; **2.** (*protester*) (laut) schimpfen, poltern; ~ *contre qc* auf etw (*acc*) schimpfen; gegen etw losziehen, F wettern; **3.** *fig poste de radio, télé* mit voller Lautstärke laufen
gueuleton [gœltɔ̃] F *m* (Fest)Schmaus *m*; Festessen *n*; *un bon petit* ~ ein leckeres Mahl
gueuletonner [gœltɔne] F *v/i* e-n Festschmaus halten; schmausen
gueuse[1] [gøz] *f* MÉTALL Massel *f*
gueux [gø] *m*, **gueuse**[2] [gøz] *f litt* (*mendiant*[*e*]) Bettler(in) *m*(*f*); *mener une vie de gueux* ein Bettlerdasein führen
gueuze [gøz] *f cf lambic*
gui [gi] *m* BOT Mistel *f*; *au* ~ *l'an neuf!* viel Glück im neuen Jahr!
Gui [gi] *m* Veit *m*; Guido *m*
guibol(l)e [gibɔl] *f* F (*jambe*) Bein *n*; F Haxe *f*
guiches [giʃ] *f/pl* Stirn-, Schmachtlocken *f/pl*
guichet [giʃɛ] *m* **1.** Schalter *m*; ~ *automatique* Geldautomat *m*; ~ *de la banque, de la poste* Bank-, Postschalter *m*; *on joue à* ~*s fermés* die Vorstellungen sind für lange Zeit ausverkauft; **2.** *dans une porte* kleine Öffnung; Türchen *n*; Klappe *f*
guichet|ier [giʃtje] *m*, ~**ière** *f* Schalterbeamte(r) *m*, -beamtin *f*
guidage [gidaʒ] *m* TECH Führung *f*; AVIAT Steuerung *f*; Lenkung *f*
guide[1] [gid] *m* **1.** *m*,*f personne* (Fremden-)Führer(in) *m*(*f*); ~ *de (haute) montagne* Bergführer *m*; ~ *d'un musée* Mu'seumsführer(in) *m*(*f*); *servir de* ~ *à qn* j-n führen; **2.** *m livre* (Reise)Führer *m*; *par ext* Ratgeber *m*; Wegweiser *m*; kleines Handbuch; ~ *touristique* Reiseführer *m*; ~ *de camping* Campingführer *m*; ~ *de l'étudiant* Studienführer *m*; **3.** *m fig* **a)** *personne* Führer *m*; Lenker *m*; Lehrmeister *m*; Ratgeber *m*; **b)** *chose* Richtschnur *f*; *st/s* Leitstern *m*
guide[2] [gid] *f* SCOUTISME Pfadfinderin *f*
guider [gide] I *v/t* **1.** *touristes, aveugle* führen; *cheval* lenken; *par ext étoiles etc* ~ *qn* j-m den Weg weisen; *adjt visite guidée* Führung *f*; **2.** *fig* (*orienter*) lenken; leiten; *se laisser* ~ *par qc* sich von etw leiten lassen; **3.** TECH führen; AVIAT steuern; lenken; II *v/pr* *se* ~ *sur* sich richten nach; folgen (+*dat*)
guides [gid] *f/pl d'un cheval* Zügel *m/pl*
guidon [gidɔ̃] *m* **1.** *d'un vélo, d'une moto* Lenker *m*; Lenkstange *f*; **2.** *d'une arme à feu* Korn *n*; **3.** MAR (Doppel-)Stander *m*
guigne [giɲ] *f* **1.** *cerise* kleine saftige Süßkirsche; F *fig se soucier de qn, de qc comme d'une* ~ sich überhaupt nicht, F e-n Dreck um j-n, etw kümmern; **2.** F Pech(strähne) *n*(*f*); *avoir la* ~ Pech, e-e Pechsträhne haben
guigner [giɲe] *v/t poste, héritage etc* schielen nach; es abgesehen haben auf (+*acc*); speku'lieren auf (+*acc*); liebäugeln mit
guignol [giɲɔl] *m* **1.** 🎭 Kasper *m*; *südd* Kasperle *n ou m*; *österr* Kasperl *m*; **2.** *théâtre* Kasper(le)theater *n*; *österr* Kasperltheater *n*; *fig c'est du* ~ das ist die reinste Farce; **3.** *fig* Kasper *m*; Hanswurst *m*; *faire le* ~ den Hanswurst spielen; kaspern
guignolet [giɲɔlɛ] *m* Kirschlikör *m*
guignon [giɲɔ̃] *m* F *cf* **guigne** 2.
guilde [gild] *f* COMM Gilde *f*
guili-guili [giligili] *int* killekille!; F *faire* ~ *à qn* F bei j-m killekille machen
Guillaume [gijom] *m* Wilhelm *m*; HIST ~ *le Conquérant* Wilhelm der Eroberer
guilledou [gijdu] *loc* F *courir le* ~ auf galante Abenteuer ausziehen
guillemets [gijmɛ] *m/pl* Anführungszeichen *n/pl*, -striche *m/pl*; F Gänsefüßchen *n/pl*; *entre* ~ in Anführungszeichen, -strichen (*a fig*); *mettre qc entre* ~ etw in Anführungszeichen, -striche setzen; *ouvrez, fermez les* ~*!* Anführungszeichen (unten, oben)!
guillemot [gijmo] *m* ZO Lumme *f*
guilleret [gijRɛ] *adj* ⟨-te⟩ fröhlich; munter; F fi'del; aufgekratzt
guillocher [gijɔʃe] *v/t* guillo'chieren; mit Guil'lochen verzieren
guillotine [gijɔtin] *f* **1.** Guillo'tine *f*; Fallbeil *n*; *envoyer qn à la* ~ j-n auf die

Guillotine, unter das Fallbeil schicken; **2. fenêtre** f **à ~** Fall-, Hebefenster n
guillotiner [gijɔtine] v/t durch die Guillo'tine, durch das Fallbeil hinrichten; gulloti'nieren
guimauve [gimov] f **1.** BOT Eibisch m; **2. (pâte** f **de) ~** weiche Bon'bonmasse; Marsh'mallow n; Schaumzucker m; **3.** fig et péj **à la ~** süßlich; sentimen'tal; kitschig
guimbarde [gɛ̃baʀd] f **1.** F (vieille voiture) F alte Karre; Kiste f; Klapperkasten m; **2.** MUS Maultrommel f
guimpe [gɛ̃p] f **1.** d'une religieuse Haube f; **2.** corsage hochgeschlossene ärmellose Bluse; **3.** plastron Rüschen-, Spitzenumrandung f
guincher [gɛ̃ʃe] v/i F (danser) F schwofen
guindé [gɛ̃de] adj steif; unnatürlich; gezwungen; gestelzt; style geschraubt
guindeau [gɛ̃do] m ⟨pl ~x⟩ MAR Ankerwinde f, -winsch f
guinder [gɛ̃de] v/t MAR, TECH hieven; hochziehen, -winden
Guinée [gine] **la ~** Gui'nea [gi-] n
Guinée|-Bissau [ginebiso] **la ~** Gui-'nea-Bis'sau n; **~-Équatoriale la ~** Äquatori'alguinea n
guinéen [gineɛ̃] **I** adj ⟨~ne⟩ gui'neisch; **II** subst 2(ne) m(f) Gui'neer(in) m(f)
guingois [gɛ̃gwa] loc/adv **F de ~** schief
guinguette [gɛ̃gɛt] f volkstümliches (Tanz)Lo'kal im Grünen; Ausflugslokal n
guiper [gipe] v/t **1.** TEXT mit Seide um-'spinnen; **fil guipé** Gimpe f; **2.** ÉLECT fil um'spinnen; um'hüllen
guipure [gipyʀ] f dentelle Gi'püre f

guirlande [giʀlɑ̃d] f Gir'lande f (a ARCH, PEINT); **~ lumineuse** Lichtergirlande f; **~ de fleurs** Blumengirlande f
guise [giz] f **1.** loc/adv **à ma (ta** etc) **~** auf meine (deine etc) Weise; nach meiner (deiner etc) Fas'son; wie es mir (dir etc) paßt; **à votre ~** wie es Ihnen beliebt; **2.** loc/prép **en ~ de a)** (comme) als; **en ~ de récompense** als (ganze) Belohnung; **b)** (au lieu de) (an')statt, an'stelle ou an Stelle (+gén)
guitare [gitaʀ] f Gi'tarre f; **~ électrique** elektrische Gitarre
guitariste [gitaʀist] m,f Gitar'rist(in) m(f); Gi'tarrenspieler(in) m(f)
guitoune [gitun] f F (tente) Zelt n; (cabane) Hütte f
Gulf Stream [gœlfstʀim] m Golfstrom m
gunite [gynit] f CONSTR Spritzbeton m
gus [gys] F m Kerl m; F Heini m
gustatif [gystatif] adj ⟨-ive⟩ PHYSIOL Geschmacks...; **nerf ~** Geschmacksnerv m
gutta-percha [gytapɛʀka] f Gutta'percha f ou n
guttural [gytyʀal] adj ⟨-aux⟩ **1.** voix kehlig; guttu'ral; **2.** PHON **consonne ~e** ou subst **~e** f Guttu'ral m; Gaumenlaut m
Guy [gi] m cf **Gui**
Guyana [gɥijana] **la ~** Gu'yana n
guyanais [gɥijanɛ] **I** adj gua'yanisch; **II** subst 2(e) m(f) Gua'yaner(in) m(f)
Guyane [gɥijan] **la ~ ou les ~s** f/pl Gua'yana n; **la ~ française** Fran'zösisch-Gua'yana n
Guyenne [gɥijɛn] **la ~** historische Provinz in Südwestfrankreich
gym [ʒim] f F abr cf **gymnastique**

gymkhana [ʒimkana] m Gym'khana n; Geschicklichkeitswettbewerb m
gymnase [ʒimnaz] m **1.** Turnhalle f; **2.** en Suisse, en Allemagne Gym'nasium n
gymnaste [ʒimnast] m,f Turner(in) m(f); **équipe** f **de ~s** (Turner)Riege f
gymnastique [ʒimnastik] f **1.** Gym'nastik f; discipline scolaire Turnen n; **~ médicale** Heilgymnastik f; **cours** m **de ~** a) Gymnastikkurs m; b) ÉCOLE Turnstunde f; **pas** m **de ~** Laufschritt m; **professeur** m **de ~** Turnlehrer(in) m(f); **faire de la ~** Gymnastik machen, treiben; turnen; **2.** fig turnerische Leistung; **~ de l'esprit** geistige Übung, Anstrengung; Geistestraining [-tre:-] n
gymnospermes [ʒimnɔspɛʀm] f/pl BOT Nacktsamer m/pl; sc Gymno'spermen pl
gymnote [ʒimnɔt] m ZO Zitteraal m
gynéco [ʒineko] m,f abr cf **gynécologue**
gynéco|logie [ʒinekɔlɔʒi] f MÉD Frauenheilkunde f; sc Gynäkolo'gie f; **~logique** adj gynäko'logisch; frauenärztlich; **~logue** m,f Frauenarzt, -ärztin m,f; sc Gynäko'loge, -'login m,f
gypaète [ʒipaɛt] m ZO Bart-, Lämmergeier m
gypse [ʒips] m MINÉR (na'türlicher) Gips
gyrophare [ʒiʀɔfaʀ] m d'une voiture prioritaire Blaulicht n
gyropilote [ʒiʀɔpilɔt] m AVIAT Flugregler m; Autopilot m
gyroscope [ʒiʀɔskɔp] m PHYS, TECH Kreisel m
gyroscopique [ʒiʀɔskɔpik] adj Kreisel...; **compas** m **~** Kreiselkompaß m

H

H, h [aʃ] *m* ⟨*inv*⟩ **1.** H, h [ha:] *n*; ~ *aspiré*, *muet* aspiriertes, stummes H; **2.** *bombe H* H-Bombe *f*; Wasserstoffbombe *f*; **3.** *MIL et fig l'heure H* die Stunde X

h *abr* (*heure[s]*) h; *exemple*: *à 5 h* um 5 h ou 5ʰ (fünf Uhr)

ha *abr* (*hectare[s]*) ha (Hektar)

'ha [(h)a] *int rire* ~, ~! ha'ha!; *cf a* **ah**

habile [abil] *adj* **1.** geschickt; gewandt; *péj a* raffi'niert; *être* ~ *à faire qc* etw geschickt tun, zu tun verstehen; geschickt in etw (*dat*) sein; **2.** *JUR* fähig; ~ *à tester* te'stierfähig

habileté [abilte] *f* (*adresse*) Geschick(-lichkeit) *n(f)*; Geschicktheit *f*; Gewandtheit *f*

habilitation [abilitasjɔ̃] *f JUR* Ermächtigung *f*; Verleihung *f* der Fähigkeit; Erteilung *f* der Befugnis

habilité [abilite] *adj JUR* befugt; *non* ~ unbefugt; *personne non* ~*e* Unbefugte(r) *m*; Nichtberechtigte(r) *m*

habillage [abijaʒ] *m* **1.** Anziehen *n*; Ankleiden *n*; **2.** *TECH* **a)** *d'une montre* Zu'sammenfügen *n*, -montieren *n*; **b)** *de bouteilles etc* Verkleidung *f*

habillé [abije] *adj* **1.** angezogen, (an)gekleidet; *se coucher tout* ~ mit, in den Kleidern zu Bett gehen; *être* ~ *en, de noir* schwarz gekleidet sein; **2.** *vêtements* festlich (wirkend); *cela fait* ~ das wirkt festlich, feierlich

habillement [abijmɑ̃] *m* **1.** *action* Einkleiden *n*, -ung *f*; **2.** (*vêtements*) (Be-)Kleidung *f*; *dépenses f/pl d'*~ Ausgaben *f/pl* für Kleidung

habiller [abije] **I** *v/t* **1.** *enfant etc* anziehen; ankleiden; *militaires etc* einkleiden; **2.** *COUT* ~ *qn* für j-n anziehen, nähen; **3.** (*aller à*) ~ *qn bien* j-n gut kleiden; j-m gut stehen; *un rien l'habille* ihr steht alles; sie kann alles tragen; **4.** *TECH* **a)** *montre* zu'sammenfügen, -montieren; **b)** (*recouvrir*) verkleiden (*de* mit); **II** *v/pr s'*~ **5.** (*mettre des vêtements*) sich anziehen, ankleiden; **6.** *d'une certaine façon* sich anziehen, kleiden; *s'*~ *à la mode* sich modisch anziehen, kleiden; mit der Mode gehen; **7.** (*mettre une tenue habillée*) sich festlich kleiden; **8.** (*acheter des vêtements*) *s'*~ *chez qn* bei j-m s-e Kleidung kaufen; *s'*~ *de neuf* sich neu einkleiden; *s'*~ *sur mesure* (sich) s-e Kleidung nach Maß arbeiten lassen

habill|eur [abijœʀ] *m*, ~**euse** *f THÉ* Garderobi'er *m*, Garderobi'ere *f*

habit [abi] *m* **1.** ~*s pl* (*vêtements*) Kleidung *f*; Kleider *n/pl*; ~*s du dimanche* Sonntagskleidung *f*; **2.** *propre à une époque, à une fonction* Kleid *n*; Gewand *n*; *d'un ordre religieux* Ordenstracht *f*, -gewand *n*; ~ *vert* Or'nat *m* der Mitglieder der Académie française; *prendre l'*~ Mönch werden; die Kutte nehmen; *prov l'*~ *ne fait pas le moine* der Schein trügt; das Kleid macht noch keinen Menschen; **3.** (*costume de cérémonie*) Frack *m*; *en* ~ im Frack

habitabilité [abitabilite] *f* **1.** Bewohnbarkeit *f*; **2.** *d'un véhicule etc* Geräumigkeit *f*

habitable [abitabl(ə)] *adj* bewohnbar; *surface f* ~ Wohnfläche *f*

habitacle [abitakl(ə)] *m* **1.** *MAR* Kompaßhaus *n*; **2.** *AVIAT* Pi'lotenkanzel *f*; *d'un engin spatial* Kom'mandokapsel *f*; *AUTO* Fahrgastraum *m*, -zelle *f*

habit|ant [abitɑ̃] *m*, ~**ante** *f* **1.** *d'un pays, d'une ville* Einwohner(in) *m(f)*; *d'un pays, d'une île a* Bewohner(in) *m(f)*; ~ *d'Europe centrale* Mitteleuropäer(in) *m(f)*; ~ *d'une grande, petite ville* Groß-, Kleinstädter(in) *m(f)*; *nombre m d'habitants* Einwohnerzahl *f*; *loger chez l'habitant* pri'vat wohnen; ein Pri'vatquartier haben; **2.** *d'un immeuble* Bewohner(in) *m(f)*

habitat [abita] *m* **1.** (*mode de peuplement*) Siedlung(sweise *f*, -wesen *n*) *f*; **2.** (*conditions de logement*) Wohnverhältnisse *n/pl*; *par ext* (*logement*) Wohnung *f*; *coll l'*~ *ancien* Altbauwohnungen *f/pl*; **3.** *BOT, ZO* Standort *m*

habitation [abitasjɔ̃] *f* Wohnung *f*; ~ *à loyer modéré* (*abr* *H.L.M.*) Sozi'alwohnung *f*; *pl* a sozialer Wohnungsbau; *conditions f/pl d'*~ Wohnverhältnisse *n/pl*; *locaux à usage d'*~ zu Wohnzwecken

habité [abite] *adj* **1.** *maison, village* bewohnt; **2.** *engin spatial* bemannt

habiter [abite] **I** *v/t* **1.** bewohnen; wohnen in (+*dat*); ~ *Paris, la campagne, la ville* in Paris, auf dem Land, in der Stadt wohnen; **2.** *fig peur, passion* ~ *qn* j-n beherrschen; *st/s* in j-m wohnen; **II** *v/i* wohnen; ~ *à Paris, à la campagne, en ville* in Paris, auf dem Land, in der Stadt wohnen; ~ *au quatrième* im vierten Stock, in der vierten Etage, vier Treppen hoch wohnen; *par ext aller* ~ *en province* in die Provinz ziehen

habitude [abityd] *f* Gewohnheit *f*; Gepflogenheit *f*; Angewohnheit *f*; *mauvaise* ~ schlechte Angewohnheit; Unart *f*; *ÉCON* ~*s de consommation* Kon'sumgewohnheiten *f/pl*; ♦ *loc/adv: comme à son* ~, *selon son* ~, *suivant son* ~ wie es s-e Gewohnheit ist; wie es s-r Gewohnheit entspricht; wie gewöhnlich; *d'*~ gewöhnlich; nor'malerweise; sonst; *comme d'*~ wie gewöhnlich, üblich, sonst, immer; *par* ~ aus (alter) Gewohnheit; gewohnheitsmäßig; ♦ *avoir l'*~ *de faire qc* a) die Gewohnheit haben, etw zu tun; etw zu tun pflegen; gewöhnlich etw tun; b) (*être habitué*) (es) gewohnt *ou* (daran) gewöhnt sein, etw zu tun; *j'en ai l'*~ ich bin daran gewöhnt; ich bin es gewohnt; *avoir l'*~ *de qc, de qn* sich mit etw, mit j-m auskennen; mit etw, mit j-m 'umzugehen verstehen; an etw (*acc*) gewöhnt sein; *il a ses petites* ~*s* er ist ein bißchen schrullig; *entrer dans les* ~*s de qn* zur Gewohnheit werden; *cela n'est pas ou n'entre pas dans ses* ~*s* das ist nicht s-e Gewohnheit; das macht er nie; *c'est une question d'*~ das ist Gewohnheitssache; *être esclave de ses* ~*s* ein Sklave s-r Gewohnheiten sein; F ein Gewohnheitstier sein; *perdre l'*~ *de* (+*inf*) es sich abgewöhnt zu (+*inf*); *avoir perdu l'*~ *de* (+*inf*) es nicht mehr gewohnt sein zu (+*inf*); *prendre l'*~ *de* (+*inf*) (es) sich angewöhnen, die Gewohnheit annehmen, es sich zur Gewohnheit machen zu (+*inf*); *il a pris des* ~*s de paresse* er ist (mit der Zeit) bequem geworden; *faire prendre l'*~ *à qn de* (+*inf*) j-n angewöhnen, j-n daran gewöhnen zu (+*inf*); *prov l'*~ *est une seconde nature* Gewohnheit wird zur zweiten Natur

habitué(e) [abitɥe] *m(f) d'un lieu public* Stammgast *m* (*a femme*); *c'est un habitué de la maison* er ist ein regelmäßiger Gast in unserem Haus; er geht bei uns ein und aus

habituel [abitɥɛl] *adj* ⟨~*le*⟩ üblich; gewöhnlich; gewohnt; zur Gewohnheit geworden; *client* ~ Stammkunde *m*; *au sens* ~ *du mot* im üblichen, gebräuchlichen Sinn des Wortes

habituellement [abitɥɛlmɑ̃] *adv* gewöhnlich; im allgemeinen; in der Regel

habituer [abitɥe] **I** *v/t* ~ *qn à* (+*inf*) j-n daran gewöhnen zu (+*inf*); j-m angewöhnen zu (+*inf*); *adj être habitué à qc ou à* (+*inf*) an etw (*acc*) gewöhnt sein *ou* (daran) gewöhnt sein zu (+*inf*); etw gewohnt sein *ou* (es) gewohnt sein zu (+*inf*); *j'y suis habitué* ich bin daran gewöhnt; ich bin es gewohnt; **II** *v/pr s'*~ *à qc, à qn* sich an etw, an j-n gewöhnen; *s'*~ *à* (+*inf*) sich daran gewöhnen zu (+*inf*)

'hâbl|erie [ɑblʀi] *f* Prahle'rei *f*; Aufschneide'rei *f*; ~**eur, ~euse I** *m,f* Prahler(in) *m(f)*; Prahlhans *m*; Aufschneider(in) *m(f)*; F Großmaul *n*, -schnauze *f*; **II** *adj* prahlerisch; aufschneiderisch; F großschnauzig

Habsbourg [apsbuʀ] *m/pl HIST* Habsburger *m/pl*
hache [aʃ] *f* Axt *f*; Beil *n*; **~ de guerre** Kriegsbeil *n*; *fig* **déterrer, enterrer la ~ de guerre** das Kriegsbeil ausgraben, begraben; **à coups de ~** mit Axtschlägen, Beilhieben; *fig visage* **taillé à coups de ~** grob (geschnitten)
haché [aʃe] *adj* **1.** *CUIS* **steak ~ cru** Ta'tar(beefsteak) *n*; *cuit* Hacksteak [-ste:k] *n*; **viande ~e** Hackfleisch *n*; Gehackte(s) *n*; **2.** *fig style*, *débit* abgehackt
hacher [aʃe] *v/t CUIS à la main* hacken; zerkleinern; *avec un appareil* 'durchdrehen; *AGR paille* häckseln; **~ fin, menu fin** hacken; wiegen; *fig* **il se ferait plutôt ~ que de** (+*inf*) er ließe sich eher in Stücke reißen als zu (+*inf*)
hachette [aʃɛt] *f* (kleines) Beil; kleine Axt
hachis [aʃi] *m CUIS* kleingehacktes Fleisch *ou* Geflügel *ou* Gemüse; kleingehackter Fisch; *mets* Ha'schee *n*; **~ Parmentier** Hackbraten, *der mit Kartoffelbrei umgeben u im Ofen überbacken wird*
hachisch [aʃiʃ] *m* Haschisch *n*
hachoir [aʃwaʀ] *m CUIS pour la viande* a) *appareil* Fleischwolf *m*; b) *couteau* Hackbeil *n*, -messer *n*; *pour les légumes* Gemüsezerkleinerer *m*, -schneider *m*; (*couperet*) Wiegemesser *n*
hachur|e [aʃyʀ] *f souvent pl* **~s** Schraf'fierung *f*; Schraf'fur *f*; Strichelung *f*; **~er** *v/t* schraf'fieren; stricheln
haddock [adɔk] *m CUIS* geräucherter Schellfisch
hagard [agaʀ] *adj air etc* verstört; verängstigt
haie [ɛ] *f* **1. ~** (*vive*) Hecke *f*; **2.** *SPORTS* Hürde *f*; **course f de ~s** Hürdenlauf *m*; *HIPPISME* Hürdenrennen *n*; **le 110 m ~s** der 110-m-Hürdenlauf; **3.** *fig* (*rangée de personnes*) Spa'lier *n*; **~ d'honneur** Ehrenspalier *n*; **faire, former la ~** (ein) Spalier bilden
haillon [ajõ] *m surtout pl* **~s** Lumpen *m/pl*; Fetzen *m/pl*; **en ~s** zerlumpt; in Lumpen
Hainaut [ɛno] **le ~** der Hennegau
haine [ɛn] *f* Haß *m* (**pour qn, a de qn, de qc** gegen, auf j-n, auf etw); **~ de la médiocrité** Haß auf alles Mittelmäßige; *loc/prép* **par ~ de qn, de qc** aus Haß gegen j-n, auf etw (*acc*); **vouer une ~ à qn** Haß gegen j-n hegen
haineux [ɛnø] *adj* ⟨-euse⟩ haßerfüllt; gehässig
haïr [aiʀ] ⟨je hais [ɛ], il hait [ɛ], nous haïssons, ils haïssent; je haïssais; je hais; je haïrai; que je haïsse; haïssant; haï⟩ **I** *v/t* **~ qn, qc** j-n, etw hassen; **II** *v/pr se ~* ein'ander, sich hassen
haïssable [aisabl(ə)] *adj* hassenswert
Haïti [aiti] Ha'iti *n*
haïtien [aisjɛ̃] **I** *adj* ⟨**~ne**⟩ haiti'anisch; *a* ha'itisch; **II** *subst* ⚥(**ne**) *m*(*f*) Haiti'aner(in) *m*(*f*); *a* Ha'itier(in) *m*(*f*)
halage [alaʒ] *m MAR* Treideln *n*; **chemin m de ~** Treidelweg *m*, -pfad *m*
hâle [ɑl] *m* (Sonnen-, Wetter)Bräune *f*
hâlé [ɑle] *adj* (sonnen-, wetter)gebräunt
haleine [alɛn] *f* Atem *m*; *loc/adv et loc/adj*: **il a couru à perdre ~** er ist so (schnell, lange) gerannt, daß er ganz

außer Atem war; *fig* **ils ont discuté à perdre ~** sie haben endlos (lang) diskutiert; *fig travail* **de longue ~** langwierig; **hors d'~** atemlos; außer Atem; **avoir (une) mauvaise ~** e-n üblen, unangenehmen Mundgeruch haben; aus dem Mund riechen; **reprendre ~** wieder zu Atem kommen; F (sich) verschnaufen, verpusten; *fig* Atem holen, schöpfen; *fig* **tenir qn en ~** j-n in Atem halten
haler [ale] *v/t bateau* treideln; *MAR cordage* (ver-, an)holen
hâler [ɑle] *v/t* bräunen
haletant [altɑ̃] *adj personne* keuchend; schnaufend; nach Luft ringend; F japsend; *chien* japsend; *cheval* schnaubend; *par ext souffle* keuchend; **d'une voix ~e** mit keuchender Stimme
halètement [alɛtmɑ̃] *m* Keuchen *n*; Schnaufen *n*; F Japsen *n*; *d'un chien* Japsen *n*; *d'un cheval* Schnauben *n*
haleter [alte] *v/i* ⟨-è-⟩ keuchen; schnaufen; nach Luft ringen; F japsen; *chien* japsen; *cheval* schnauben
hall [ol] *m* Halle *f*; **~ d'exposition, de gare, d'hôtel** Ausstellungs-, Bahnhofs-, Hotelhalle *f*
hallali [alali] *m CH* Hala'li *n* (*a fig*); **sonner l'~** das Halali blasen
halle [al] *f* **1.** Markthalle *f*; **~ aux vins** Weinmarkt *m*; **2.** *HIST* **les ⚥s** die Pariser Markthallen *f/pl* (*heutiges Stadtviertel*)
hallebarde [albaʀd] *f HIST* Helle'barde *f*; *fig* **il tombe, pleut des ~s** es regnet in Strömen, F wie aus *ou* mit Eimern *ou* Kübeln; F es regnet Bindfäden
hallucinant [a(l)lysinɑ̃] *adj ressemblance* verblüffend; *spectacle* grauenhaft; grauenerregend
hallucination [a(l)lysinasjõ] *f MÉD* Halluzinati'on *f*; Sinnestäuschung *f*; *par ext* **avoir des ~s** Halluzinationen, Wahnvorstellungen haben; Hirngespinste sehen
halluciné [a(l)lysine] **I** *adj personne* an Halluzinati'onen leidend; *par ext regard, expression* verwirrt; geistesabwesend; *p/fort irr*(e); **II** *subst* **~(e)** *m*(*f*) an Halluzinati'onen Leidende(r) *m*(*f*)
hallucinogène [a(l)lysinɔʒɛn] **I** *adj* Halluzinati'onen her'vorrufend; **II** *m* Halluzino'gen *n*
halo [alo] *m* **1.** *ASTR* Hof *m*; *sc* Halo *m*; **2.** *PHOT* Lichthof *m*; **3.** *effet lumineux* (verschwommener) Lichtkreis (**de** um); **4.** *fig* **~ de gloire** Glori'ole *f*; Glorienschein *m*
halogène [alɔʒɛn] **I** *adj* **1.** *CHIM* Halo'gen...; halo'gen; salzbildend; **2.** *ÉLECT* **lampe ~** Halo'genlampe *f*; **II** *m CHIM* Halo'gen *n*; Salzbildner *m*
halte [alt] **I** *f* **1.** Halt *m*; Rast *f*; **faire (une) ~** haltmachen; **2.** *CH DE FER* kleine (Eisenbahn)Stati'on; Haltepunkt *m*; **II** *int MIL* halt!; *fig* **~ au gaspillage!** Schluß mit der Verschwendung!; **~-là!** a) *MIL* halt!; stehenbleiben!; b) *fig* halt!; genug!
halte-garderie [altəgaʀdəʀi] *f* ⟨*pl* haltes-garderies⟩ *d'un grand magasin etc* Kinderkrippe *f*, -hort *m* (für kurzzeitige Betreuung)
haltère [altɛʀ] *m abus f SPORTS* Hantel *f*; **les poids et ~s** das Gewichtheben
haltérophil|e [altɛʀɔfil] *m SPORTS* Ge-

wichtheber *m*; **~ie** *f SPORTS* Gewichtheben *n*
hamac [amak] *m* Hängematte *f*
hamamélis [amamelis] *m BOT* Hama'melis *f*; Zaubernuß *f*
Hambourg [ɑ̃buʀ] Hamburg *n*
hambourgeois [ɑ̃buʀʒwa] **I** *adj* Hamburger; hamburgisch; **II** *subst* ⚥(**e**) *m*(*f*) Hamburger(in) *m*(*f*)
hamburger [ɑ̃buʀgœʀ] *m CUIS* Hamburger *m*
hameau [amo] *m* ⟨*pl* **~x**⟩ Weiler *m*
hameçon [amsõ] *m* Angelhaken *m*; *fig* **mordre à l'~** sich ködern lassen; F anbeißen
hammam [amam] *m* Ham'mam *m*; türkisches Dampfbad
hampe [ɑ̃p] *f* **1.** *d'une lance, d'un drapeau* Schaft *m*; *d'un drapeau a* Stange *f*; *d'un pinceau* Stiel *m*; **2.** *BOT* Schaft *m*; **3.** *d'une lettre* senkrechter Hauptstrich; **4.** *BOUCHERIE* Bauchfleisch *n* (vom Rind)
hamster [amstɛʀ] *m ZO* Hamster *m*
han [(h)ɑ̃] *int en faisant un effort* haa!
hanap [anap] *m* Humpen *m*
hanche [ɑ̃ʃ] *f* Hüfte *f*; **tour m de ~s** Hüftumfang *m*, -weite *f*; **mettre les poings sur les ~s** die Arme in die Hüften, Seiten stemmen; **rouler des** *ou* **les ~s** sich in den Hüften wiegen
handball [ɑ̃dbal] *m SPORTS* Handball *m*; **~eur, ~euse** *f* Handballspieler(in) *m*(*f*); F Handballer(in) *m*(*f*)
handicap [ɑ̃dikap] *m* **1.** *SPORTS* **a)** désavantage Handikap ['hɛndikɛp] *n*; Vorgabe *f*; **b)** *épreuve* Handikaprennen *n*, -wettkampf *m*; *HIPPISME a* Ausgleichsrennen *n*; **2.** *fig* Handikap *n*; Nachteil *m*; Benachteiligung *f*; **3.** *MÉD* Behinderung *f*
handicapé [ɑ̃dikape] **I** *adj* behindert; **II** *subst* **~(e)** *m*(*f*) Behinderte(r) *f*(*m*); **~ mental** geistig Behinderter *m*; **~ moteur** spastisch Gelähmter *m*; Spastiker *m*; **~ physique** Körperbehinderter *m*
handicaper [ɑ̃dikape] *v/t* **1.** *SPORTS* handikapen ['hɛndikɛpən]; **2.** *fig* handikapen; benachteiligen; behindern; *adjt* **être handicapé par qc** durch etw gehandikapt sein
hangar [ɑ̃gaʀ] *m* Schuppen *m*; *AVIAT* Flugzeughalle *f*, -schuppen *m*; Hangar *m*; *MAR* Bootshaus *n*
hanneton [antõ] *m ZO* Maikäfer *m*; *cf a* **piqué I 2.**
Hanoi [anɔj] Ha'noi *n*
Hanovre [anɔvʀ] Han'nover *n*
hanséatique [ɑ̃seatik] *adj* hanse'atisch; **ville f ~** Hansestadt *f*
hanté [ɑ̃te] *adj* Spuk...; Geister...; **château ~** Spukschloß *n*; **maison ~e** Haus, in dem es spukt
hanter [ɑ̃te] *v/t* **1.** *fantôme* **~ une maison** in e-m Haus spuken, 'umgehen; **le château est hanté** im Schloß spukt es; **2.** *fig souvenir etc* **~ qn** j-m keine Ruhe lassen; j-n 'umtreiben, quälen
hantise [ɑ̃tiz] *f* **~ de qc** (ständige) Angst, Grauen *n* vor etw (*dat*); *p/fort* Zwangsvorstellung *f* (+*gén*)
happening [ap(ə)niŋ] *m* Happening ['hɛ-] *n*
happer [ape] *v/t* **1.** schnappen; erhaschen; **2.** *fig* **être happé par une voiture** von e-m Auto erfaßt, mitgerissen werden

happy end – haut

'happy end [apiɛnd] *m ou f* Happy-End [hɛpi-] *n*
'hara-kiri [aRakiRi] *m* Hara'kiri *n*; *faire* ~ Harakiri begehen, machen (*a iron*)
'harangu|e [aRɑ̃g] *f* Rede *f*; Ansprache *f*; **~er** *v/t* e-e Rede, Ansprache halten (*la foule* an die Menge)
'haras [aRa, aRɑ] *m* Gestüt *n*
'harassant [aRasɑ̃] *adj* ermüdend; aufreibend
'harasser [aRase] *v/t* über'müden; erschöpfen; *adjt* **harassé** (völlig) über'müdet; erschöpft; F ka'putt
'harcèlement [aRsɛlmɑ̃] *m* Stören *n*; Bedrängen *n*; ~ **sexuel** sexuelle Belästigung; MIL et fig **guerre** *f* **de** ~ Kleinkrieg *m*; MIL **tir** *m* **de** ~ Störfeuer *n*
'harceler [aRsəle] *v/t* ⟨-è-⟩ **1.** MIL Feind beunruhigen; **2.** *fig* ~ *qn* j-n bedrängen; ~ *qn de questions* j-n mit Fragen bedrängen, bestürmen, attac'kieren; j-m mit Fragen zusetzen
'harde [aRd] *f* **1.** *de bêtes sauvages* Rudel *n*; **2.** CH Koppel *f* Hunde; **3.** ~**s** *pl péj* (*vêtements*) abgetragene Kleidungsstücke *n/pl*, Sachen *f/pl*
'hardi [aRdi] **I** *adj personne* kühn; unerschrocken; beherzt; mutig; *péj* kühn; unverfroren; *projet, entreprise* kühn; mutig; *expression* gewagt; (*original*) kühn; **II** *int* ~! nur zu!; nur Mut!; los!
'hardiesse [aRdjɛs] *f d'une personne* Kühn-, Unerschrocken-, Beherztheit *f*; Mut *m*; *d'un projet etc* Kühnheit *f*
'hardiment [aRdimɑ̃] *adv cf* **hardi**
'hardware [aRdwɛR] *m* INFORM Hardware ['ha:rdvɛ:r] *f*
'harem [aRɛm] *m* Harem *m* (*a plais*)
'hareng [aRɑ̃] *m* ZO, CUIS Hering *m*; ~ **frais** *or* **vert** grüner Hering; ~ **saur**; *cf a* **saur**, F *être serrés comme des* ~**s** wie die Heringe (zusammengepreßt) sitzen *ou* stehen
'harengère [aRɑ̃ʒɛR] *f crier comme une* ~ wie ein Marktweib schreien
'hargn|e [aRɲ] *f* Bissigkeit *f*; *p/fort* Gehässigkeit *f*; ~**eux** *adj* ⟨-euse⟩ bissig; zänkisch; *p/fort* gehässig
'haricot [aRiko] *m* **1.** BOT, CUIS Bohne *f*; ~**s beurre** Wachsbohnen *f/pl*; ~ **blancs, verts** weiße, grüne Bohnen *f/pl*; ~**s nains, à rames, d'Espagne** Busch-, Stangen-, Feuerbohnen *f/pl*; F *fig courir sur le* ~ *à qn* F j-m auf den Wecker gehen, F fällen; F *fig c'est la fin des* ~**s** jetzt ist alles aus; **2.** CUIS ~ **de mouton** Hammelragout *n* mit Kartoffeln und weißen Bohnen
'haridelle [aRidɛl] *f* Klepper *m*; Schindmähre *f*
'harki [aRki] *m* ehemaliger algerischer Hilfssoldat der frz Armee
harmonica [aRmɔnika] *m* MUS Mundharmonika *f*
harmonie [aRmɔni] *f* **1.** MUS **a)** Harmo'nie *f*; **b)** *science* Harmo'nielehre *f*; Har'monik *f*; **c)** *dans un orchestre* Blasinstrumente *n/pl*; *par ext* (*fanfare*) Harmo'nieorchester *n*; Blaskapelle *f*; **2.** LITTÉRATURE Harmo'nie *f*; Wohlklang *m*; **3.** *des couleurs, des formes* Harmo'nie *f*; Zu'sammenpassen *n*; **4.** *des sentiments etc* Harmo'nie *f*; Einklang *m*; Übereinstimmung *f*; *être en* ~ *avec qc* mit etw in Einklang stehen, über'einstimmen
harmonieux [aRmɔnjø] *adj* ⟨-euse⟩ **1.** har'monisch; wohlklingend; **2.** *fig* har'monisch; wohlausgewogen
harmonique [aRmɔnik] *adj* **1.** MUS, PHYS **son** *m* ~ *ou subst* ~ *m ou f* Oberton *m*; **2.** MATH har'monisch; **division** *f* ~ harmonische Teilung
harmonisation [aRmɔnizasjɔ̃] *f* Harmoni'sierung *f*; Angleichung *f*
harmoniser [aRmɔnize] **I** *v/t* **1.** *tarifs, goûts etc* aufein'ander abstimmen (*a couleurs*); (ein'ander) angleichen; harmoni'sieren; **2.** MUS harmoni'sieren; *un chant* mit e-r Begleitung versehen; **II** *v/pr s'*~ über'einstimmen, harmo'nieren (*avec* mit); *abs* mitein'ander harmo'nieren; gut zuein'ander passen
harmonium [aRmɔnjɔm] *m* MUS Har'monium *n*
'harnachement [aRnaʃmɑ̃] *m* **1.** *action* Anschirren *n*; **2.** (*harnais*) (Pferde)Geschirr *n*, Sattel- und Zaumzeug *n*; **3.** *fig* (*accoutrement*) Ausstaffierung *f*; Aufzug *m*
'harnacher [aRnaʃe] *v/t* **1.** *cheval etc* (an)schirren; **2.** *fig personne être harnaché de qc* mit etw ausstaffiert sein
'harnais [aRnɛ] *m* **1.** *d'un cheval etc* Geschirr *n*; **2.** *d'un parachutiste* Gurte *m/pl*
'harnois [aRnwa] *m* HIST Harnisch *m*; *fig blanchi sous le* ~ im Dienst ergraut
'haro [aRo] *m loc crier* ~ *sur qn* j-n anprangern; sich laut über j-n entrüsten; gegen j-n wettern
harpagon [aRpagɔ̃] *m* Geizhals *m*, -kragen *m*
'harpe [aRp] *f* MUS Harfe *f*
'harpie [aRpi] *f* **1.** MYTH, ZO Har'pyie *f*; **2.** *fig* (*femme méchante*) Xan'thippe *f*
'harpiste [aRpist] *m,f* MUS Harfe-'nist(in) *m(f)*; Harfenspieler(in) *m(f)*
'harpon [aRpɔ̃] *m* **1.** PÊCHE Har'pune *f*; **2.** CONSTR (Me'tall)Haken *m*
'harponn|age [aRpɔnaʒ] *m* Harpu'nieren *n*; ~**er** *v/t* **1.** harpu'nieren; **2.** F *fig* ~ *qn* F j-n schnappen; ~**eur** *m* Harpu'nier(er) *m*; Har'punenwerfer *m*
'hasard [azaR] *m* Zufall *m*; ~**s** *pl a* Zufälligkeiten *f/pl*; **heureux** ~ glücklicher Zufall; **pur** ~ reiner, purer Zufall; **jeu** *m* **de** ~ Glücksspiel *n*; *loc/adv*: **au** ~ aufs Geratewohl; auf gut Glück; **se connaître au** ~ **d'une rencontre** sich anläßlich e-r zufälligen Begegnung kennenlernen; **à tout** ~ für alle Fälle; **par** ~ zufällig(erweise); durch Zufall; F per Zufall; (*éventuellement*) vielleicht; etwa; **auriez-vous par** ~ **l'intention de** (+*inf*)? haben Sie etwa, vielleicht vor zu (+*inf*)?; **si par** ~ **vous le rencontrez** falls Sie ihn zufällig, vielleicht treffen (sollten); **comme par** ~ wie zufällig; so, als ob es unbeabsichtigt sei; **le** ~ **fait bien les choses** der Zufall fügt die Dinge wohl; **ne rien laisser au** ~ nichts dem Zufall über'lassen; **le** ~ **a voulu que** ... (+*subj*) der Zufall hat (es) gewollt, fügte es, daß ...
'hasardé [azaRde] *adj cf* **harsardeux**
'hasarder [azaRde] **I** *v/t* **1.** *démarche, question etc* wagen; ris'kieren; **2.** *litt* (*risquer*) ris'kieren; aufs Spiel setzen; **II** *v/pr se* ~ sich wagen, sich trauen (*dans la rue* auf die Straße); *être en* ~ *à faire qc* es wagen, sich trauen, etw zu tun
'hasardeux [azaRdø] *adj* ⟨-euse⟩ *entreprise* gewagt; ris'kant; mit unsicherem Ausgang; *affirmation* gewagt; unsicher; willkürlich
'hasch [aʃ] *m* F (*haschisch*) F Hasch *n*
'haschisch [aʃiʃ] *m* Haschisch *n*
'hase [ɑz, az] *f* CH Häsin *f*
'hâte [ɑt] *f* Eile *f*; Hast(igkeit) *f*; *loc/adv*: **à la** ~ (zu) hastig, eilig; über'stürzt; **travail fait à la** ~ *a* flüchtige Arbeit; **en** ~ in Eile; (sehr) hastig, schnell; eilends; **en toute** ~ in aller, größter Eile; schleunigst; **sans** ~ ohne Eile, Hast; ohne sich sonderlich zu beeilen; **avoir** ~ **de** (+*inf*) *ou* **que** ... (+*subj*) es kaum erwarten können, ungeduldig darauf warten zu (+*inf*) *ou* daß ...; **je n'ai qu'une** ~, **c'est de partir** *ou* **qu'il parte** ich habe nur das e-e Verlangen, schnell wegzugehen *ou* daß er schnell weggeht; **mettre peu de** ~ **à faire qc** es mit etw nicht sehr eilig haben
'hâter [ɑte] **I** *v/t* **1.** *départ, évolution* beschleunigen; vor'antreiben; *mort* beschleunigen; schneller eintreten lassen; *cf a* **pas¹** *1.*; **2.** AGR *plante* treiben; *fruits* früh zur Reife bringen; **II** *v/pr se* ~ sich beeilen; F sich eilen; **se** ~ **de faire qc** sich beeilen, etw zu tun; *péj* etw zu schnell, zu hastig tun; *prov* **hâte-toi lentement** eile mit Weile (*prov*)
'hâtif [ɑtif, a-] *adj* ⟨-ive⟩ **1.** *développement* (zu) hastig; über'eilt; über'stürzt; *travail* flüchtig; zu hastig gemacht; oberflächlich; *conclusion* vorschnell; **2.** AGR Früh-...; *fruits, légumes* ~**s** Frühobst *n*, -gemüse *n*
'hauban [obɑ̃] *m* **1.** MAR Want *f*, ~**s de misaine** Fockwanten *f/pl*; **2.** TECH Verspannungskabel *n*, -glied *n*
'hausse [os] *f* **1.** ÉCON Steigen *n*; Anstieg *m*; Steigerung *f*; Erhöhung *f*; *des prix a* Anziehen *n*; Auftrieb *m*; ~ **illicite de l'essence** Preistreiberei *f* bei Benzin; ~ **des cours** Kursanstieg *m*; Hausse *f*; **en** ~ steigend; *être en* (an-) steigen; *prix a* anziehen; *fig* **ses actions sont en** ~ s-e Aktien steigen; BOURSE **jouer à la** ~ auf das Steigen der Kurse, auf Hausse spekulieren; **2.** MÉTÉO Anstieg *m*; Ansteigen *n*; ~ **de la température** Tempera'turanstieg *m*; **le baromètre est en** ~ das Barometer steigt; **3.** *d'une arme à feu* Vi'sier *n*; *d'un canon a* Aufsatz *m*
'haussement [osmɑ̃] *m* ~ **d'épaules** Achselzucken *n*
'hausser [ose] **I** *v/t* **1.** *le ton, la voix* heben; *cf a* **ton²** *2.*; **2.** ~ **les épaules** mit den Achseln, die Achseln, mit den Schultern, die Schultern zucken; **II** *v/pr se* ~ **sur la pointe des pieds** sich auf die Zehenspitzen stellen
'haussier [osje] *m* BOURSE Haussi'er *m*
'haussière [osjɛR] *f* MAR Trosse *f*
'haut [o] **I** *adj* ⟨**haute** [ot]⟩ **1.** *dans l'espace* hohe(r, -s) (*épithète*); hoch (*attribut*); Hoch...; Ober...; *silhouette* groß; **plus** ~ höher; ♦ *une table te* ~ **bout** das obere Ende; ~**es eaux** Hochwasser *n*; hoher Wasserstand; **front** ~ hohe Stirn; ~**e montagne** Hochgebirge *n*; **montagne** ~**e** hoher Berg; ♦ *loc/adj*: **chapeau** ~ **de forme** Zy'linder (-hut) *m*; **arbre** ~ **de dix mètres** zehn Meter hoher Baum; Baum *m* von zehn Meter(n) Höhe; **de** ~**e taille** groß; hochgewachsen; von hohem Wuchs; *loc/adv* **la tête** ~**e** *cf* **tête** *1.*; ♦ *fig* **avoir**

hautain – hébété

la ~e main sur qc maßgebenden, entscheidenden Einfluß auf etw (acc) haben; être ~ de deux mètres zwei Meter hoch sein; la rivière est ~e der Fluß hat, führt Hochwasser; le soleil est ~ dans le ciel die Sonne steht hoch am Himmel; **2.** dans une hiérarchie, échelle de valeurs hohe(r, -s); Hoch...; führend; ♦ ~e bourgeoisie Großbürgertum n; la ~e couture die Haute Couture; die führenden modeschaffenden Häuser n/pl; ~s faits große, denkwürdige Taten f/pl; Heldentaten f/pl; ~e finance Hochfinanz f; Geld-, Finanzaristokratie f; ~ fonctionnaire hoher Beamter; la ~e société die (feine, gute, vornehme) Gesellschaft; die Oberschicht; les ~es sphères de la politique die führenden politischen Kreise m/pl; ♦ avoir une ~e idée, opinion de qn, de qc e-e hohe Meinung von j-m, von etw haben; avoir une ~e idée de soi-même e-e hohe Meinung von sich haben; von sich selbst über'zeugt sein; selbstbewußt sein n; (a péj) ein gesundes Selbstbewußtsein besitzen; **3.** température, salaire, cours, précision, valeur etc hohe(r, -s) (épithète); hoch (attribut); Hoch...; ÉLECT ~e tension Hochspannung f; loc/adj: de la plus ~e importance von höchster, größter Wichtigkeit, Bedeutung; ~ en couleur(s) cf couleur 1.; loc/adv: au plus ~ point in höchstem Maße; im höchsten Grade; **4.** dans le temps la plus ~e antiquité uralte Zeiten f/pl; die graue Vorzeit; le ~ Moyen Âge das frühe Mittelalter; **5.** GÉOGR Ober...; la ~e Seine die obere Seine; der Oberlauf der Seine; **6.** LING le ~ allemand das Ober- und Mitteldeutsche; Ober- und Mitteldeutsch n; le moyen, vieux ~ allemand das Mittel-, Althochdeutsche; Mittel-, Althochdeutsch n; **7.** MUS note ~e hoher Ton; loc/adv à voix ~e laut; mit lauter Stimme; fig: n'avoir jamais une parole plus ~e que l'autre im Gespräch niemals laut werden; pousser les ~s cris in großes Geschrei ausbrechen; F sich aufregen; **II** adv **1.** dans l'espace et fig hoch; plus ~ höher; weiter oben (a dans un texte); ~ les cœurs! Kopf hoch!; ~ les mains! Hände hoch!; fig ~ la main ohne Mühe; spielend; mit Leichtigkeit; l'emporter, gagner ~ la main über'legen siegen; haushoch gewinnen; être pendu ~ et court gehängt, gehenkt werden; personnage ~ placé hochgestellte Persönlichkeit; voir plus ~ siehe oben; voler ~ hoch fliegen; **2.** dans le temps remonter plus ~ (dans le temps) weiter ausholen; **3.** à propos d'un son laut; MUS hoch; chanter ~ hoch singen; lire tout ~ laut lesen; MUS monter ~ hohe Töne singen; parler plus ~ lauter sprechen; penser tout ~ laut denken; **4.** loc/adv: de ~ von oben (a fig); le prendre de ~ von oben her'ab tun; tomber de ~ a) aus großer Höhe fallen; b) fig (a tomber de son ~) (wie) aus allen Wolken fallen; voir les choses de ~ a) die Dinge insge'samt sehen; b) péj sich nicht mit Kleinigkeiten abgeben; de ~ en bas [dɔotɑ̃bɑ] von oben nach unten; en ~ oben; avec mouvement nach oben; aufwärts; hin'auf; tout en ~ ganz oben

ou ganz nach oben; être en ~ oben sein; chemin mener en ~ nach oben führen; aufwärts-, hinaufführen; regarder en ~ nach oben sehen; hinaufsehen; d'en ~ von oben (her, her'ab) (a fig); les voisins d'en ~ die Nachbarn von oben; l'ordre vient d'en ~ der Befehl kommt von oben; par en ~ oben entlang, her'um; F oben lang, rum; ♦ loc/prép: en ~ de qc (dat ou acc); en ~ de la page 10 auf Seite 10 oben; arriver en ~ de la montagne oben auf dem Berg ankommen; mettre qc en ~ de l'armoire etw oben auf den Schrank legen; **III** m **1.** oberer Teil; inscription sur une caisse ~ oben; dans le ~ du tableau oben auf dem Gemälde; dans le tiroir du ~ in der obersten Schublade; les voisins du ~ die Nachbarn von oben; ♦ loc/prép: du ~ de qc von etw her- ou hin'unter, her- ou hin'ab, F runter; von etw aus; du ~ du balcon, il me salua vom Balkon herunter, herab, F runter; **2.** avoir dix mètres de ~ zehn Meter hoch sein; **3.** fig les ~s et les bas die Höhen f/pl und Tiefen f/pl; das Auf und Ab; il a connu dans sa vie des ~s et des bas er ist in s-m Leben durch Höhen und Tiefen gegangen

'hautain [otɛ̃] adj hochmütig; stolz
'hautbois [obwɑ] m MUS **1.** O'boe f; **2.** musicien Obo'ist m
'hautboïste [oboist] m,f MUS Obo'ist(in) m(f)
'haut|-commissaire [okɔmisɛʀ] m ⟨pl hauts-commissaires⟩ Hochkommissar m; ~-**commissariat** m ⟨pl hauts-commissariats⟩ Hochkommissariat n; ~-**chausse(s)** m ⟨pl hauts-de-chausse(s)⟩ HIST Oberschenkelhose f; ~-**de-forme** m ⟨pl hauts-de-forme⟩ Zy'linder(hut) m
'haute [ot] f F les gens de la ~ die Hauteuvo'lee; F die oberen Zehn'tausend
'Haute-Corse [otkɔʀs] la ~ frz Departement auf Korsika
'Haute-Égypte [oteʒipt] la ~ Oberägypten n
'haute-fidélité [otfidelite] f cf fidélité 2.
'Haute|-Garonne [otgaʀɔn], ~-**Loire**, ~-**Marne** la ~ frz Departements
'hautement [otmɑ̃] adv **1.** hoch...; überaus; ~ **qualifié** hochqualifiziert; **2.** (ouvertement) gerade-, freiher'aus; klar und deutlich
'Haute-Normandie [otnɔʀmɑ̃di] la ~ frz Region
'Hautes-Alpes [otzalp] les ~ f/pl frz Departement
'Haute|-Saône [otson], ~-**Savoie** la ~ frz Departements
'Hautes-Pyrénées [otpiʀene] les ~ f/pl frz Departement
'hauteur [otœʀ] f **1.** Höhe f; ~ **vertigineuse** schwindelnde, schwindelerregende Höhe; SPORTS saut m en ~ Hochsprung m; loc/adv: à ~ **d'homme** in Menschenhöhe; à la ~ de la table in Tischhöhe; avoir une ~ de deux mètres e-e Höhe von zwei Meter(n) haben; zwei Meter hoch sein; **2.** fig (arrogance) Hochmut m, Arro'ganz f; **3.** MATH, ASTR Höhe f; ~ **du soleil** Sonnenhöhe f, -stand m; **4.** d'un son Höhe f; **5.** GÉOGR (An)Höhe f; Erhöhung f;

6. loc/prép à la ~ de qn, de qc auf gleicher Höhe mit j-m, mit etw; à ma ~ auf gleicher Höhe mit mir; bateau être à la ~ des Açores auf der Höhe der Azoren sein; **7.** fig: être à la ~ de qc e-r Sache (dat) gewachsen sein; abs F il n'est pas à la ~ er ist der Sache nicht gewachsen; er ist unfähig; se montrer à la ~ de la situation sich der Lage, Situation gewachsen zeigen; loc/adj F un type à la ~ F ein fähiger, tüchtiger Typ, Kerl
'Haute-Vienne [otvjɛn] la ~ frz Departement
'Haute-Volta [otvɔlta] la ~ HIST Ober'volta n
'haut-fond [ofɔ̃] m ⟨pl hauts-fonds⟩ Untiefe f; seichte Stelle
'haut-le-cœur [olkœʀ] m ⟨inv⟩ **1.** Übelkeit f; Brechreiz m; j'ai un ~ mir ist übel, schlecht; **2.** fig Abscheu m, Ekel m (devant vor +dat); il a eu un ~ devant ce spectacle a ihm wurde ganz übel von, bei diesem Anblick
'haut-le-corps [olkɔʀ] m ⟨inv⟩ avoir un ~ auf-, hochschrecken, -fahren
'haut-parleur [opaʀlœʀ] m ⟨pl haut--parleurs⟩ Lautsprecher m
'Haut-Rhin [oʀɛ̃] le ~ frz Departement das Oberelsaß
'Hauts-de-Seine [odsɛn] les ~ m/pl frz Departement
'hauturier [otyʀje] adj ⟨-ière⟩ MAR Hochsee...; navigation hauturière Hochseeschiffahrt f
'Havane (La) [laavan] Ha'vanna n
'havane [avan] **I** m **a)** Ha'vanna(tabak) m; **b)** Ha'vanna(zigarre) f; **II** adj ⟨inv⟩ ha'vannabraun, -farben; gelbbraun
'hâve [ɑv] adj ⟨pâle⟩ fahl, bleich; (émacié) eingefallen
'Havre (Le) [ləavʀ(ə)] Stadt im Dep. Seine-Maritime
'havre [avʀ(ə)] m st/s Zufluchtsort m; Insel f; Hafen m; ~ **de paix** Insel des Friedens
'havresac [avʀəsak] m MIL Tor'nister m
'Hawaï [awaj] Ha'waii n; les îles f/pl ~ die Hawaii-Inseln f/pl
hawaïen [awajɛ̃] **I** adj ⟨~ne⟩ ha'waiisch; Ha'waii...; MUS guitare ~ne Hawaiigitarre f; **II** subst ⟨♀(ne) m(f)⟩ Hawaii'aner(in) m(f)
'Haye (La) [laɛ] Den Haag n
'hayon [ajɔ̃, ɛjɔ̃] m AUTO Hecktür f, -klappe f
'hé [(h)e] int **1.** he(da)!; ~**!** vous, là-bas he, Sie da!; **2.** ~**! ~!** nun (ja)!; cf a eh
'heaume [om] m HIST Helm m (a HÉRALDIQUE)
hebdo [ɛbdo] m F abr cf hebdomadaire II
hebdomadaire [ɛbdɔmadɛʀ] **I** adj wöchentlich; Wochen....; revue wöchentlich erscheinend; **II** m Wochenblatt n, -schrift f, -zeitschrift f
hébergement [ebɛʀʒəmɑ̃] m **a)** 'Unterbringung f; Beherbergung f; centre m d'~ **pour réfugiés** Flüchtlingsaufnahmezentrum n, -lager n; **b)** (logement) 'Unterkunft f
héberger [ebɛʀʒe] v/t ⟨-geons⟩ ~ **qn** j-n beherbergen; (bei sich) 'unterbringen, réfugiés aufnehmen
hébété [ebete] adj **a)** air, regard stumpf (-sinnig); **b)** personne benommen, wie betäubt (de qc von etw)

hébétement [ebɛtmã] *m* **a)** *du regard etc* Stumpfheit *f*; **b)** *d'une personne* Benommenheit *f*; *a* Stumpfsinn *m*
hébétude [ebetyd] *f litt* Stumpfsinn *m*
hébraïque [ebʀaik] *adj* he'bräisch
hébreu [ebʀø] **I** *adj* ⟨*nur m, pl* ~x⟩ he-'bräisch; **II** *m* **1.** *pl ⩾x* He'bräer *m/pl*; **2.** LING *l'*~ das He'bräische; He'bräisch *n*; *fig* ***c'est de l'*~** das sind für mich böhmische Dörfer; das ist unverständlich
'H.E.C. [aʃəse] *abr* ([*École des*] *Hautes études commerciales*) (*führende*) *Wirtschaftshochschule in Jouy-en-Josas bei Paris*
hécatombe [ekatõb] *f* **1.** (*massacre*) Blutbad *n*; Gemetzel *n*; Heka'tombe *f*; **faire une ~** ein Blutbad anrichten; **2.** *plais à un examen* **quelle ~!** *ou* **c'était une vraie ~** da blieben viele auf der Strecke
hectare [ɛktaʀ] *m* (*abr* **ha**) Hektar *n ou m* (*abr* ha)
hecto [ɛkto] *m abr cf* **hectolitre**
hecto|gramme [ɛktogʀam] *m* (*abr* **hg**) Hekto'gramm *n* (*abr* hg); **~litre** *m* (*abr* **hl**) Hektoliter *n ou m* (*abr* hl); **~mètre** *m* (*abr* **hm**) Hektometer *n ou m* (*abr* hm)
hédonisme [edɔnism(ə)] *m* PHILOS Hedo'nismus *m*
hégél|ianisme [egeljanism(ə)] *m* PHILOS Hegelia'nismus *m*; **~ien I** *adj* ⟨~ne⟩ hegeli'anisch; Hegelsche(r, -s); **II** *subst* **~(ne)** *m(f)* Hegeli'aner(in) *m(f)*
hégémonie [eʒemɔni] *f* POL Hegemo-'nie *f*; Vorherrschaft *f*; Vormachtstellung *f*
hégire [eʒiʀ] *f* ISLAM Hedschra *f*
'hein [ɛ̃] *int* F **~?** **1.** *pour faire répéter* F hm?; was?; **2.** *demande d'approbation* nicht (wahr)?; F hm?; südd gelt?; **3.** *surprise* F na('nu)!; was!
'hélas [elas] *int* ach!; o weh!; leider!; **~! non** leider nein!
'héler [ele] *v/t* ⟨-è-⟩ her('an)-, her'beirufen
hélice [elis] *f* **1.** AVIAT Pro'peller *m*; Luftschraube *f*; MAR (Schiffs)Schraube *f*; **2.** MATH Schrauben-, Schneckenlinie *f*; **3.** ARCH **escalier** *m* **en ~** Wendeltreppe *f*
hélicoïdal [elikɔidal] *adj* ⟨-aux⟩ TECH schrauben-, schneckenförmig; Schrauben...; Schnecken...; Spi'ral...; **engrenage** *m* **~** Schrauben(rad)getriebe *n*
hélicoptère [elikɔptɛʀ] *m* AVIAT Hubschrauber *m*; Heli'kopter *m* (*surtout en Suisse*); MIL **~ de combat** Kampfhubschrauber *m*
héligare [eligaʀ] *f* AVIAT Abfertigungsgebäude *n* für Hubschrauberpassagiere
hélio [eljo] *f abr cf* **héliogravure**
héliogravure [eljogʀavyʀ] *f* TYPO Tiefdruck *m*
héliomarin [eljomaʀɛ̃] *adj* MÉD **cure ~e** auf Sonnenbestrahlung und Seeluft ba-'sierende Heilkur
héliotrop|e [eljɔtʀɔp] *m* **1.** BOT Helio-'trop *n*; Sonnenwende *f*; **2.** MINÉR Helio'trop *m*; **~isme** *m* BOT Heliotro'pismus *m*
héliport [elipɔʀ] *m* AVIAT Hubschrauberlandeplatz *m*; Heli'port *m*
héliporté [elipɔʀte] *adj* mit Hubschrauber(n) befördert; *par ext* **opération ~e** Hubschrauberaktion *f*

hélium [eljɔm] *m* CHIM Helium *n*
hélix [eliks] *m* ANAT Helix *f*; 'umgebogener Rand der Ohrmuschel
hellène [elɛn, ɛllɛn] HIST *ou* st/s **I** *adj* hel'lenisch; griechisch; **II** *m,f* ⩾ Hel'lene *m*, Hel'lenin *f*
hellén|ique [ε(l)lenik] HIST *ou* st/s *adj* hel'lenisch; griechisch; **~isme** *m* HIST Helle'nismus *m*
hellénist|e [ε(l)lenist] *m,f* Grä'zist(in) *m(f)*; **~ique** *adj* HIST helle'nistisch
Helvètes [ɛlvɛt] *m/pl* HIST Hel'vetier *m/pl*
helvétique [ɛlvetik] *adj* Schweizer; schweizerisch; hel'vetisch; **Confédération** *f* **~** Schweizerische Eidgenossenschaft
helvétisme [ɛlvetism(ə)] *m* LING Helve-'tismus *m*; schweizerische Spracheigentümlichkeit
hématie [emasi] *f* BIOL rotes Blutkörperchen
hématite [ematit] *f* MINÉR Häma'tit *m*
hématologie [ematɔlɔʒi] *f* Hämatolo-'gie *f*; Lehre *f* vom Blut
hématome [ematom] *m* MÉD Bluterguß *m*; *sc* Häma'tom *n*
hématurie [ematyʀi] *f* MÉD Blutharnen *n*; *sc* Häma'turie *f*
hémicycle [emisikl(ə)] *m d'un théâtre, d'une salle* Halbrund *n*; *abs* **l'~** die (Sitzreihen *f/pl* der französischen) Natio'nalversammlung; **en ~** halbkreisförmig; im Halbrund
hémiplég|ie [emipleʒi] *f* MÉD halbseitige Lähmung; *sc* Hemiple'gie *f*; **~ique** *m,f* MÉD halbseitig Gelähmte(r) *f(m)*
hémisphère [emisfɛʀ] *m* **1.** Halbkugel *f*; Hemi'sphäre *f*; *de la Terre* **~ nord** *ou* **boréal**, **sud** *ou* **austral** nördliche, südliche Halbkugel *ou* Hemisphäre *f*; Nord-, Südhalbkugel *f*; **2.** ANAT **~ cérébral** Großhirnhälfte *f*
hémisphérique [emisfeʀik] *adj* halbkugelförmig; in Form e-r Halbkugel
hémistiche [emistiʃ] *m* VERSIFICATION Halbvers *m*; Hemi'stichion *n*
hémoglobine [emoglɔbin] *f* Hämoglo-'bin *n*; Blutfarbstoff *m*
hémophil|e [emɔfil] *m* MÉD Bluter *m*; **~ie** *f* MÉD Bluterkrankheit *f*; *sc* Hämophi'lie *f*
hémorragie [emɔʀaʒi] *f* **1.** MÉD Blutung *f*; **~ cérébrale** Hirnblutung *f*; **2.** *fig (perte de vies humaines)* Aderlaß *m*; *de capitaux* Schwund *m*; Abwanderung *f*
hémorroïdal [emɔʀɔidal] *adj* ⟨-aux⟩ MÉD hämorrhoi'dal; Hämorrhoi'dal...
hémorroïdes [emɔʀɔid] *f/pl* MÉD Hämorrho'iden *f/pl*
hémo|stase [emɔstaz] *f* MÉD Blutstillung *f*; **~statique** *adj* (*et subst m*) MÉD blutstillend(es Mittel)
Hendaye [ãdaj] Stadt im Dep. Pyrénées-Atlantiques
'henné [ene, ε(n)ne] *m* **a)** BOT Hennastrauch *m*; **b)** *colorant* Henna *f ou n*
'hennin [enɛ̃, ε(n)nɛ̃] *m* HIST bur'gundische Haube
'henn|ir [eniʀ] *v/i* wiehern; **~issement** *m* Wiehern *n*; Gewieher *n*
Henri [ãʀi] *m* Heinrich *m*
'hep [(h)ɛp] *int* he!; hallo!
hépatique [epatik] **I** *adj* ANAT, MÉD Leber...; **colique** *f* **~** Gallenkolik *f*; **II** *m,f* Leberkranke(r) *f(m)*

hépatite [epatit] *f* MÉD Hepa'titis *f*; Leberentzündung *f*
heptathlon [ɛptatlõ] *m* SPORTS Siebenkampf *m*
hérald|ique [eʀaldik] **I** *adj* he'raldisch; Wappen...; **II** *f* He'raldik *f*; Wappenkunde *f*; **~iste** *m,f* He'raldiker(in) *m(f)*; Wappenforscher(in) *m(f)*
Hérault [eʀo] *l'~* Fluß *u* Departement in Frankreich
'héraut [eʀo] *m* HIST **~** (**d'armes**) Herold *m*
herbacé [ɛʀbase] *adj* BOT krautartig; **plante ~e** Kraut *n*; krautige *ou* nicht verholzende Pflanze
herbage [ɛʀbaʒ] *m* Weide *f*; **~s** *pl a* Weideland *n*
herbe [ɛʀb] *f* **1.** *coll* Gras *n*; **mauvaise ~** Unkraut *n*; **brin** *m* **d'~** Grashalm *m*; *loc/adj* **blé en ~** noch grün; *fig* **c'est un pianiste en ~** aus ihm könnte ein großer Pianist werden; er hat die Anlagen zu e-m großen Pianisten; *fig* **couper l'~ sous le pied de qn** j-m den Rang ablaufen; j-n ausstechen; j-m den Wind aus den Segeln nehmen; **marcher dans, sur l'~** durch das Gras gehen; **2.** BOT Kraut *n*; krautiges Gewächs; CUIS **fines ~s** Küchenkräuter *n/pl*; feine (grüne) Kräuter *n/pl*; **omelette** *f* **aux fines ~s** Kräuteromelett *n*; PHARM **~s médicinales**, **officinales** Heilkräuter *n/pl*; **~ de la Saint-Jean** Jo'hanniskraut *n*; **3.** *arg (drogue)* arg Grass *n*
herbeux [ɛʀbø] *adj* ⟨-euse⟩ grasbewachsen
herbicide [ɛʀbisid] **I** *adj* unkrautvertilgend; **II** *m* Unkrautvertilgungs-, Unkrautbekämpfungsmittel *n*; Herbi'zid *n*
herbier [ɛʀbje] *m* Her'barium *n*
herbivore [ɛʀbivɔʀ] ZO **I** *adj* pflanzenfressend; **II** *m* Pflanzenfresser *m*
herboriser [ɛʀbɔʀize] *v/i* botani'sieren; Pflanzen, Kräuter sammeln
herboriste [ɛʀbɔʀist] *m,f* (Heil)Kräuterhändler(in) *m(f)*
herboristerie [ɛʀbɔʀistəʀi] *f* **a)** *commerce* (Heil)Kräuterhandel *m*; **b)** *magasin* (Heil)Kräuterhandlung *f*
Hercule [ɛʀkyl] *m* **1.** MYTH Herkules *m*; Herakles *m*; **2.** *fig* ⩾ wahrer Herkules; **bâti**, **taillé en ~** wie (ein) Herkules *ou* her'kulisch gebaut
herculéen [ɛʀkyleɛ̃] *adj* ⟨~ne⟩ her'kulisch; **force ~ne** Bärenkraft *f*
'hère [ɛʀ] *m* **pauvre ~** armer Kerl, Teufel, Tropf
héréditaire [eʀeditɛʀ] *adj* **1.** BIOL Erb...; erb...; erbbedingt; **caractères** *m/pl* **~s** Erbanlagen *f/pl*; **maladie** *f* **~** Erbkrankheit *f*; erbliche Krankheit; **2.** JUR Erb...; erblich; *titre etc a* vererblich; vererbbar; **monarchie** *f* **~** Erbmonarchie *f*; **3.** *fig* Erb...; **ennemi** *m* **~** Erbfeind *m*
hérédité [eʀedite] *f* BIOL **1.** *transmission* Vererbung *f*; **lois** *f/pl* **de l'~** Vererbungsgesetze *n/pl*; **2.** (*caractères héréditaires*) Erbgut *n*, -anlagen *f/pl*; **avoir une lourde ~** erblich belastet sein
hérésie [eʀezi] *f* REL *et fig* Häre'sie *f*; Ketze'rei *f*; Irrlehre *f*
hérétique [eʀetik] REL *et fig* **I** *adj* hä'retisch; ketzerisch; **II** *m,f* Hä'retiker(in) *m(f)*; Ketzer(in) *m(f)*
'hérissé [eʀise] *adj* **1.** *plumes*, *poils*, *cheveux* gesträubt; *cheveux a* hochste-

hérissement – heure

hend; **2.** ~ *de qc* bedeckt, gespickt mit etw; *fig* ~ *de difficultés* voller Schwierigkeiten; F mit Schwierigkeiten gespickt; *parcours* ~ *d'obstacles* mit vielen Hindernissen
'hérissement [erismã] *m des plumes etc* Sträuben *n*
'hérisser [erise] **I** *v/t* **1.** *animal: ses plumes ou ses poils* sträuben; **2.** *fig* ~ *qn* j-n zornig machen, erzürnen; **II** *v/pr se* ~ **3.** *cheveux, poils, plumes* sich sträuben; **4.** *fig personne* zornig, böse, aggres'siv werden
'hérisson [erisõ] *m* **1.** *zo* Igel *m*; **2.** *du ramoneur* Sonne *f*; **3.** *AGR* Stachelwalze *f*; **4.** *MIL* Igelstellung *f*
héritage [eritaʒ] *m* **1.** Erbe *n*; Erbschaft *f*; ~ *paternel* väterliches Erbe; *oncle m*, *tante f à* ~ Erbonkel *m*, -tante *f*; *faire un* ~ e-e Erbschaft machen; *laisser qc en* ~ etw vererben; *fig* etw hinter'lassen; **2.** *fig* Erbe *n*; Erbteil *n*; Hinter'lassenschaft *f (a péj)*
hériter [erite] *v/t, v/t/indir et v/i* erben (*a fig*); ~ (*de*) *qc* etw erben (*de qn* von j-m); ~ *de qn* j-n beerben
héritier [eritje] *m* **1.** *JUR et fig* Erbe *m*; *adjt prince* ~ Erbprinz *m*; Kronprinz *m*; Thronfolger *m*; **2.** *plais (enfant)* F *plais* Sprößling *m*; Sproß *m*
héritière [eritjer] *f JUR et fig* Erbin *f*
hermaphrodite [ermafrɔdit] *m* **1.** *MYTH* Hermaphro'dit *m*; **2.** *BIOL* Zwitter *m*; *sc* Hermaphro'dit *m*; **II** *adj BIOL* zweigeschlechtig; zwittrig
hermétique [ermetik] *adj* **1.** *fermeture* her'metisch; luft- und wasserdicht; *par ext boîte* her'metisch verschlossen; **2.** *fig (difficile à comprendre)* schwerverständlich; undurchschaubar; geheimnisvoll; *a style* her'metisch; *visage* verschlossen; ~**ment** *adv* ~ *fermé* her'metisch verschlossen
hermine [ermin] *f* **1.** *zo* Herme'lin *n*; **2.** *fourrure* Herme'lin(pelz) *m*
'herniaire [ernjer] *adj MÉD* Bruch...; *bandage m* ~ Bruchband *m*
'hernie [erni] *f MÉD* **a)** (Eingeweide-)Bruch *m*; **b)** ~ *discale* Bandscheibenvorfall *m*
héroïne[1] [erɔin] *f* **1.** Heldin *f*; He'roin *n*; ~ *nationale* Natio'nalheldin *f*; **2.** *d'un roman, film etc* Heldin *f*; *d'une fête etc* Hauptperson *f*, -figur *f*
héroïne[2] [erɔin] *f drogue* Hero'in *n*
héroïnomane [erɔinɔman] **I** *adj* hero'insüchtig; **II** *m,f* Hero'insüchtige(r) *f(m)*
héroïque [erɔik] *adj* **1.** *personne, combat etc* heldenhaft, -mütig; he'roisch; **2.** *ère der Helden*, He'roen; he'roisch; *par ext âge m* ~ Pio'nierzeit *f*; **3.** *LITTÉRATURE* Helden...; he'roisch; *poème m* ~ Heldengedicht *n*
héroïsme [erɔism(ə)] *m d'une personne* Heldenmut *m*, -tum *n*; Hero'ismus *m*; *d'un comportement* Hero'ismus *m*; Heldenhaftigkeit *f*; *acte m d'* ~ he'roische Tat; Heldentat *f*; *iron c'est de l'* ~*!* das ist der reinste Heroismus!; das ist ja geradezu he'roisch!
'héron [erõ] *m zo* Reiher *m*; ~ *cendré* Fisch-, Graureiher *m*
'héros [ero] *m* **1.** Held *m*; Heros *m*; He'roe *m*; ~ *national* Natio'nalheld *m*; *mourir en* ~ als Held, wie ein Held sterben; **2.** *d'un roman, film etc* Held *m*; *d'un événement* Hauptperson *f*, -figur *f*; ~ *du jour* Held *m* des Tages
herpès [erpɛs] *m MÉD* Bläschenausschlag *m*; *sc* Herpes *m*
'herse [ers] *f* **1.** *AGR* Egge *f*; **2.** *FORTIF* Fallgatter *n*
'herser [erse] *v/t AGR* eggen
hertz [erts] *m (abr Hz) PHYS* Hertz *n (abr* Hz)
hertzien [ertsjɛ̃] *adj* ⟨~ne⟩ *RAD ondes* ~*nes* Hertzsche Wellen *f/pl*
Hervé [erve] *m* Vorname
hésitant [ezitã] *adj* zögernd; zaudernd; *personne a* unschlüssig; schwankend; *voix a* stockend
hésitation [ezitasjõ] *f* Zögern *n*; Zaudern *n*; Unschlüssigkeit *f*; Schwanken *n (entre* zwischen *+dat)*; *après bien des* ~*s* nach langem Zögern, Zaudern; nach langem Hin und Her; *obéir sans* ~ auf der Stelle, ohne Zögern gehorchen
hésiter [ezite] *v/i* **1.** zögern, zaudern *(à faire qc* etw zu tun*)*; *il hésitait à répondre* er zögerte mit der Antwort; *sans* ~ ohne zu zögern, zaudern; ohne Zögern, Zaudern; *il n'y a pas à* ~ da gibt es kein Zögern; da braucht man nicht lange zu über'legen; **2.** ~ *sur qc* (sich *[dat]*) über etw *(acc)* unschlüssig sein; sich *(dat)* über etw *(acc)* im unklaren sein; **3.** ~ *entre diverses choses* zwischen verschiedenen Dingen schwanken; **4.** *en parlant* stocken; F steckenbleiben
'Hesse [ɛs] *la* ~ Hessen *n*
hétéroclite [eterɔklit] *adj* verschieden-, ungleichartig; bunt zu'sammengewürfelt
hétérogène [eterɔʒɛn] *adj* hetero'gen; verschieden-, ungleichartig
hétérogénéité [eterɔʒeneite] *f* Heterogeni'tät *f*; Verschiedenartig-, Ungleichartigkeit *f*
hétéro|sexualité [eterɔsɛksɥalite] *f* Heterosexuali'tät *f*; ~**sexuel** ⟨~le⟩ heterosexu'ell
hêtraie [ɛtrɛ] *f* Buchenhain *m*, -wald *m*
'hêtre [etr(ə)] *m* **1.** *BOT* Buche *f*; **2.** *bois* Buche(nholz) *f(n)*; *en* ~ buchen; aus Buchenholz
'heu [ø] *int cf* euh
heur [œr] *m iron ne pas avoir l'* ~ *de plaire à qn* nicht das Glück haben, j-m zu gefallen
heure [œr] *f* **1.** *(60 minutes)* Stunde *f*; ♦ *une petite* ~ e-e knappe Stunde; ein Stündlein, Stündchen; ~ *supplémentaire* 'Überstunde *f*; *deux* ~*s de route* zwei Stunden Fahrt; ~ *de cours* 'Unterrichtsstunde *f*; ~*s de travail* Arbeitszeit *f*; *quart m d'* ~ Viertel'stunde *f*; *cf a quart 3.*; ♦ *loc/adv: deux* ~*s plus tôt, plus tard* zwei Stunden früher, später; *revenez dans trois* ~*s* in drei Stunden; *faire qc en trois* ~*s* in drei Stunden; innerhalb von drei Stunden; *vingt-quatre* ~*s sur vingt-quatre* rund um die Uhr; ♦ F *voilà* ou *ça fait une* ~ *qu'on t'attend* wir warten seit e-r Ewigkeit auf dich; *Lyon est à deux* ~*s de Paris par le train* Lyon liegt zwei Zugstunden von Paris entfernt; *être payé à l'* ~ Stundenlohn bekommen; stundenweise bezahlt werden; *faire du cent à l'* ~, *rouler à cent à l'* ~ (mit) hundert (Stundenkilometern) fahren; *gagner, toucher cent francs l'* ~, F *de l'* ~ hundert Franc die Stunde, pro Stunde verdienen; **2.** *division du temps* (Uhr)Zeit *f*; *après un chiffre* Uhr; ♦ ~ *exacte* genaue Uhrzeit; ~ *locale* Orts-, Lo'kalzeit *f*; *MAR* ~ *de bord* Bordzeit *f*; ~ *d'été* Sommerzeit *f*; ~ *de l'Europe centrale* mitteleuropäische Zeit *(abr* MEZ*)*; ♦ *deux* ~*s dix* zwei Uhr zehn, zehn (Minuten) nach zwei; *deux* ~*s et quart*, *deux* ~*s un quart* (ein) Viertel nach zwei; Viertel drei; *dix* ~*s et demie* halb elf; *une* ~ *moins le quart* Viertel vor eins; drei Viertel eins; *trois* ~*s moins cinq* fünf (Minuten) vor drei; *neuf* ~*s du matin* neun Uhr morgens ou vormittags; ♦ *loc/adv: à l'* ~ pünktlich; *être à l'* ~ **a)** *personne* pünktlich sein; **b)** *montre* richtig, genau gehen; *à* ~ *fixe* zu e-r bestimmten Stunde, Zeit; *à la même* ~ immer zur gleichen Stunde, Zeit; *à deux* ~*s juste* genau, pünktlich um zwei (Uhr); *à quelle* ~*?* um wieviel Uhr?; um welche Zeit?; *sur le coup de dix* ~*s* Schlag zehn (Uhr); *après l'* ~ nach der vereinbarten Zeit; später; zu spät; *avant l'* ~ vor der Zeit; vorzeitig; F *loc adv à l'* ~ *c'est pas l'* ~, *après l'* ~ *c'est plus l'* ~ zu früh ist zu früh und spät ist zu spät; man soll nie zu früh und nie zu spät kommen; ♦ *vous avez l'* ~*?* haben Sie die genaue Uhrzeit?; *ne pas avoir d'* ~ keine festen Zeiten kennen; sich an keine festen Zeiten halten; *demander l'* ~ fragen, wieviel Uhr ou wie spät es ist; F *fig je ne te demande pas l'* ~ *qu'il est* ich habe dich nicht um deine Meinung gefragt; misch dich nicht ein!; *quelle* ~ *est-il?* wie spät ist es?; wieviel Uhr ist es?; *il est 'huit* ~*s* es ist acht (Uhr); **3.** *(moment)* Zeit(-punkt) *f(m)*; Stunde *f*; Augenblick *m*; *par ext (époque)* Zeitalter *n*; ♦ *l'* ~ *de l'informatique* das Zeitalter der Informatik; *l'* ~ *de la liberté* die Stunde der Freiheit; ~*s de pointe cf pointe 10.*; ~*s des repas* Essens-, Tischzeiten *f/pl*; *problèmes m/pl de l'* ~ aktu'elle, a'kute, anstehende Probleme *n/pl*; ♦ *loc/adv et loc/adj: à l'* ~ *qu'il est*, *à l'* ~ *actuelle*, F *à cette* ~ [astœr] jetzt; zu, in dieser Zeit, Stunde; zu diesem Zeitpunkt; gegenwärtig; zur Zeit; in der heutigen Zeit; *int à la bonne* ~*!* (das ist aber) schön, prächtig!; *iron* nun schön!; *à la première* ~ zu früher Stunde; sehr früh; *il est poète à ses* ~*s* zu s-r Zeit; bisweilen, wenn er dazu aufgelegt ist; *à toute* ~ jederzeit; zu jeder Tageszeit; *magasin ouvert à toute* ~ ganztägig geöffnet; *tout à l'* ~ **a)** (so')eben; gerade; vorhin; **b)** (so')gleich; so'fort; *à tout à l'* ~*!* bis gleich, nachher, später, bald!; *la conversation de tout à l'* ~ das Gespräch von eben, von vorhin; *d'* ~ *en* ~ von Stunde zu Stunde; mit jeder Stunde; stündlich; *d'une* ~ *à l'autre* von e-r Stunde zur anderen; jeden Augenblick; *de bonne* ~ **a)** *(tôt le matin)* früh (am Tage); **b)** *par ext* frühzeitig; *nouvelle f de (la) dernière* ~ allerneueste Meldung; *elliptiquement Dernière* ~ die allerneuesten Meldungen; *iron militant etc de la dernière* ~ der sich erst kurz vor Torschluß anschließt; *partisan etc de la première* ~ der ersten Stunde; *sur l'* ~ auf der Stelle; so'gleich; so'fort;

heureusement – histoire

unverzüglich; ♦ *il a cru sa dernière ~ arrivée* er glaubte, sein letztes Stündlein habe (schon) geschlagen; *l'~ est grave* die Stunde, der Augenblick ist ernst; *c'est son ~* das ist s-e *ou* ihre Zeit, Stunde; das ist die Zeit, zu der er *ou* sie gewöhnlich kommt; *c'est l'~ de* (+*inf*) es ist die Zeit zu (+*inf*); *sa dernière ~ ou son ~ a sonné* sein letztes Stündlein, s-e letzte Stunde hat geschlagen; *sa dernière ~ ou son ~ est venue* s-e letzte Stunde ist gekommen; *son ~ viendra* s-e Stunde, Zeit wird (noch) kommen; **4.** REL (*livre m d'*)*~s* Stundenbuch *n*
heureusement [ørøzmã, œrøz-] *adv* **1.** (*par bonheur*) glücklicherweise; zum Glück; erfreulicherweise; *~* (*que*) *nous sommes indemnes* glücklicherweise, zum Glück sind wir unverletzt; *~ pour lui* (*que*) *...* (es ist) ein Glück für ihn, daß ...; **2.** (*de façon avantageuse*) glücklich; gut; *l'affaire s'est terminée ~* die Sache hat ein glückliches Ende gefunden
heureux [ørø, œrø] **I** *adj* ⟨-euse⟩ **1.** (*content, ravi*) glücklich; *bonne et heureuse année!* glückliches neues Jahr!; *~ caractère, heureuse nature* glückliche Natur; glückliches Naturell; *~ événement* (*naissance*) freudiges Ereignis; *~* (*st/s celui*) *qui ...* glücklich (ist), wer ...; *être ~ de qc* sich freuen, glücklich sein über etw (*acc*); *j'en suis ~* das freut mich; *être ~ de* (+*inf*) *ou que ~* (+*subj*) sich freuen, glücklich sein zu (+*inf*) *ou* daß ...; *je suis ~ de vous revoir a* es freut mich, Sie 'wiederzusehen; *nous sommes ~ que vous soyez venu a* es freut uns, daß Sie gekommen sind; *être ~ en ménage* e-e glückliche Ehe führen; *rendre qn ~* j-n glücklich machen; **2.** (*chanceux*) glücklich; *~ gagnant* glücklicher Gewinner; *avoir la main heureuse* e-e glückliche Hand haben; *s'estimer ~ de* (+*inf*) *ou que ~* (+*subj*) sich glücklich schätzen, von Glück sagen können, zu (+*inf*) *ou* daß ...; *être ~ au jeu, en affaires* beim Spiel, bei s-n Geschäften Glück haben; *prov ~ au jeu, malheureux en amour* Glück im Spiel, Unglück in der Liebe (*prov*); *c'est ~ pour vous* das ist ein Glück für Sie; da haben Sie Glück; *encore ~ que ...* (+*subj*) es ist noch ein Glück, daß ...; **3.** *expression, formule* gut; treffend; trefflich; glücklich; gelungen; **II** *subst ~,* heu*reuse m,f* Glückliche(r) *f*(*m*); *faire un ~* j-n *ou* ihn glücklich machen
'**heurt** [œr] *m* Reibe'rei *f*; Zu'sammenstoß *m*
'**heurté** [œrte] *adj couleurs* stark kontra'stierend; *p/fort* nicht zu'sammenpassend; sich beißend; *style* (zu) kon'trastreich; *discours* abgehackt; nicht fließend
'**heurter** [œrte] **I** *v/t* **1.** *~ qc* an etw (*acc*) *ou* gegen etw stoßen; an etw (*acc*) anstoßen; *en tombant* auf etw (*acc ou dat*) aufschlagen; *véhicule* etw streifen; gegen etw fahren; auf etw (*acc*) aufprallen; *sa tête a heurté l'armoire* er ist mit dem Kopf an, gegen den Schrank gestoßen; **2.** *~ qn* j-n (versehentlich) anstoßen; *en voiture* j-n anfahren; **3.** *fig personne* verletzen; vor den Kopf sto-

ßen; brüs'kieren; *les idées de qn* erschüttern; **II** *v/t/indir* **4.** *~ contre qc* gegen etw stoßen; **5.** *~ à la porte* an die Tür klopfen, schlagen; **III** *v/pr se ~* **6.** *réfléchi* **a)** *se ~ à un obstacle etc* auf ein Hindernis *etc* stoßen, treffen; *se ~ contre qc* gegen *ou* an etw (*acc*) stoßen; **b)** *fig se ~ à une forte opposition* auf starken 'Widerstand stoßen; **7.** *réciproque* **a)** *véhicules* zu'sammenstoßen; aufein'ander-, gegenein'anderprallen; **b)** *fig personnes* zu'sammenstoßen; anein'andergeraten; **c)** *couleurs* nicht zu'sammenpassen; sich beißen
'**heurtoir** [œrtwar] *m* Türklopfer *m*
hévéa [evea] *m* BOT Kautschukbaum *m*; *sc* Hevea *f*
hexaèdre [ɛgzaɛdʀ(ə)] *m* MATH Sechsflächner *m*; Hexa'eder *n*
hexagonal [ɛgzaɡɔnal] *adj* ⟨-aux⟩ **1.** sechseckig; *prisme* sechsseitig; TECH Sechskant...; **2.** *fig* fran'zösisch; das fran'zösische Mutterland betreffend
hexagone [ɛgzaɡɔn, -ɡɔn] *m* **1.** Sechseck *n*; **2.** *l'~* (Kontinen'tal)Frankreich *n*; das fran'zösische Mutterland
hexamètre [ɛgzamɛtʀ(ə)] *adj et subst m* (*vers m*) He'xameter *m*
'**hi** [(h)i] *int* *~, ~, ~! rire* hihi(hi)!; *pleurs* huhu!
hiatus [jatys] *m* **1.** PHON Hi'at(us) *m*; **2.** *fig* Unter'brechung *f*; Kluft *f*, Graben *m* (*entre* zwischen +*dat*)
hibernal [ibɛrnal] *adj* ⟨-aux⟩ ZO *sommeil ~* Winterschlaf *m*
hibernation [ibɛrnasjɔ̃] *f* **1.** ZO Winterschlaf *m*; **2.** MÉD *~ artificielle* künstlicher Winterschlaf; Hibernati'on *f*; **3.** *fig en ~* ruhend; stilliegend
hiberner [ibɛrne] *v/i animal* Winterschlaf halten
hibiscus [ibiskys] *m* BOT Hi'biskus *m*
'**hibou** [*ibu*] *m* ⟨*pl ~x*⟩ ZO Eule *f*
'**hic** [ik] F *m* Hauptschwierigkeit *f*; F Haken *m*; *voilà le ~, c'est là le ~* F da liegt *ou* sitzt der Haken; da liegt der Hase im Pfeffer; da liegt der Hund begraben
'**hid|eur** [idœr] *litt f* Ab'scheulichkeit *f*; Scheußlichkeit *f*; Grauenhaftigkeit *f*; *~eux* ⟨-euse⟩ ab'scheulich; scheußlich; grauenerregend; grauenhaft; greulich
hier [ijɛʀ, jɛʀ] *adv* **1.** gestern; *~ matin,* (*à*) *midi*, (*au*) *soir* gestern früh *ou* morgen *ou* vormittag, mittag, abend; *la journée d'~* der gestrige Tag; *je m'en souviens comme si c'était ~* als wenn es gestern gewesen wäre; **2.** *par ext* gestern; früher; *cela ne date pas d'~* das ist schon alt, nicht neu; das gibt es schon lange; F *ne pas être né d'~* F nicht von gestern sein
'**hiérarchie** [jeʀaʀʃi] *f* **1.** ADM, MIL *etc* Hierar'chie *f*; Rangordnung *f*, -folge *f*; **2.** *fig* Rangordnung *f* (rangmäßige) Staffelung, Stufenfolge; *~ des valeurs* Rangordnung der Werte; Werteskala *f*
'**hiérarchique** [jeʀaʀʃik] *adj* hier'archisch; ADM Dienst...; *ordre m ~* Rangordnung *f*; *supérieur m ~* Dienstvorgesetzte(r) *m*; *voie f ~* Dienst-, In'stanzenweg *m*
'**hiérarchis|ation** [jeʀaʀʃizasjɔ̃] *f* hier'archische Gliederung; (rangmäßige) Einstufung; Abstufung *f*; Staffelung *f*; *~er v/t société* hier'archisch gliedern;

valeurs in e-e Rangordnung bringen; nach dem Rang einstufen
hiératique [jeʀatik] *litt adj* gemessen (-feierlich)
hiéroglyph|e [jeʀɔglif] *m* Hiero'glyphe *f* (*a fig*); *~ique adj* hiero'glyphisch; Hiero'glyphen...
'**hi-fi** [ifi] *f cf* (*haute*) *fidélité* 2.
'**hi-han** [iɑ̃] **I** *int âne* iah!; **II** *m pousser des ~s* iah schreien; iahen
hilarant [ilaʀɑ̃] *adj* **1.** CHIM *gaz ~* Lachgas *n*; **2.** *histoire* belustigend; erheiternd; vergnüglich; zum Lachen
hilar|e [ilaʀ] *adj* vergnügt; heiter; fröhlich; *~ité f* Heiterkeit *f*; Lachen *n*; *~ générale* allgemeine Heiterkeit; allgemeines Gelächter
'**hile** [il] *m* ANAT Hilus *m*
Himalaya [imalaja] *l'~ m* der Hi'malaja
'**hindi** [indi] *m* LING Hindi *n*
hindou [ɛ̃du] *surtout* REL **I** *adj* Hindu...; hindu'istisch; *abus* indisch; **II** *subst* ⟨*(e)*⟩ *m(f)* Hindu *m*, Hindufrau *f*; *abus* Inder(in) *m(f)*; *~isme m* REL Hindu'ismus *m*; *~iste adj* REL hindu'istisch
'**hip** [ip] *int ~, ~, ~, hourra!* hipp, hipp, hur'ra!
'**hippie** [ipi] **I** *m,f* Hippie *m*; Blumenkind *n*; **II** *adj* Hippie...
hippique [ipik] *adj* Pferde(sport)...; Reit...; *concours m ~* Reit- und Fahrturnier *n*; *sport m ~* Pferdesport *m*
hippisme [ipism(ə)] *m* Pferdesport *m*
hippocampe [ipɔkɑ̃p] *m* ZO Seepferdchen *n*
Hippocrate [ipɔkʀat] *m* MÉD Hip'pokrates *m*
hippodrome [ipodʀom] *m* (Pferde-) Rennbahn *f*, (-)Rennplatz *m*; Hippo'drom *m ou n*
hippomobile [ipɔmɔbil] *adj véhicule m ~* Pferdefuhrwerk *n*, -wagen *m*
hippophagique [ipɔfaʒik] *adj boucherie f ~* Pferdemetzgerei *f*; Pferde-, Roßschlachterei *f*
hippopotame [ipɔpɔtam] *m* **1.** ZO Nil-, Flußpferd *n*; **2.** F *fig d'une personne* Ko'loß *m*; F Fleischberg *m*
hirondelle [iʀɔ̃dɛl] *f* ZO Schwalbe *f*; *~ de mer* Seeschwalbe *f*; *prov une ~ ne fait pas le printemps* e-e Schwalbe macht noch keinen Sommer (*prov*)
hirsute [iʀsyt] *adj* struppig
hispanique [ispanik] **I** *adj* spanisch; **II** *subst* ⟨*2*⟩ *m* U.S.A. spanischsprachiger Einwanderer
hispanis|ant [ispanizɑ̃] *m*, *~ante f* Hispa'nist(in) *m(f)*
hispanisme [ispanism(ə)] *m* Hispa'nismus *m*; spanische Spracheigentümlichkeit
hispano|-... [ispano] *adj* spanisch-...; *~-arabe ou ~-moresque adj* ART spanisch-maurisch
hispanophone [ispanɔfɔn] *adj* spanischsprachig, -sprechend
'**hisse** [is] *int oh ~!* hau ruck!
'**hisser** [ise] **I** *v/t* **1.** *drapeau, voile* hissen; aufziehen; *voile a* setzen; **2.** *fardeau* hoch-, her'auf-, hin'aufziehen, -winden; in die Höhe ziehen; F (hoch-) hieven; **II** *v/pr se ~* sich hoch-, emporziehen, in die Höhe ziehen
histamine [istamin] *f* BIOCHIMIE Hista'min *m*
histoire [istwaʀ] *f* **1.** *science* Geschichte *f*; *a* Geschichtswissenschaft *f*; *~ mo-*

histologie – homme

derne Neuere Geschichte; **~ naturelle** Na'turgeschichte *f*; *la petite ~* die kleinen Ereignisse *n/pl* am Rande der Weltgeschichte; **~ de l'art** Kunstgeschichte *f*; **~ de France** Geschichte Frankreichs; französische Geschichte; **~ de la littérature** Litera'turgeschichte *f*; **~ d'une personne** Lebensgeschichte *f* e-r Person; **~ d'un peuple** Geschichte e-s Volkes; (*livre m d'*)**~** Geschichtsbuch *n*; **2.** (*récit*) Geschichte *f*; Erzählung *f*, (*anecdote comique*) Witz *m*; **~ drôle** lustige Geschichte; **~s marseillaises** Witze (voller Über'treibungen), die in Marseille spielen; **~ à dormir debout** ganz unwahrscheinliche, völlig unglaubwürdige Geschichte; Räubergeschichte *f*, F -pistole *f*; **~ d'amour** Liebesgeschichte *f*; *ce sont des ~s das sind Märchen*; *das ist nicht wahr*; *il nous raconte des ~s* er erzählt uns Märchen; er tischt uns Lügen auf; **3.** (*affaire*) Geschichte *f*; Sache *f*; Angelegenheit *f*; *par ext ~s pl* (*ennuis*) Unannehmlichkeiten *f/pl*; Schere'reien *f/pl*; **~ d'argent, de femmes** Geld-, Frauengeschichte *f*; **~ de fous** ganz verrückte, unglaubliche Geschichte, Sache; *loc/adj* F *sans ~* einfach; unauffällig; *il m'est arrivé une drôle d'~, une sale ~* mir ist e-e komische, üble *ou* unangenehme Geschichte *ou* Sache passiert; *chercher des ~s à qn* mit j-m Streit, Händel suchen; *c'est une autre ~* das steht auf e-m anderen Blatt; das ist e-e ganz andere Sache, Geschichte; *c'est toujours la même ~* es ist immer (wieder) das gleiche, die gleiche Geschichte; *c'est toute une ~* a) das ist e-e lange Geschichte; b) das ist e-e Riesenaffäre; *en faire toute une ~* daraus e-e Riesenaffäre, F e-e Staatsaktion machen; *faire des ~s* sich zieren; F ein großes Getue machen; sich haben; *faire des ~s à qn* j-m Unannehmlichkeiten, Schereien machen; *je ne veux pas d'~s* ich will keine Schereien, keinen Streit (haben); **4.** *loc/conj* F **~ de** (+*inf*) um zu (+*inf*); **~ de rire** aus, zum, im Spaß, Scherz
histo|logie [istɔlɔʒi] *f BIOL* Histolo'gie *f*; Gewebelehre *f*; **~logique** *adj* histo'logisch
historicité [istɔʀisite] *f* hi'storische Wahrheit, Zuverlässigkeit
historié [istɔʀje] *adj ART* mit Fi'guren *ou* Szenen *ou* Orna'menten geschmückt; *ARCH chapiteau ~* Fi'gurenkapitell *n*
histor|ien [istɔʀjɛ̃] *m*, **~ienne** *f* Hi'storiker(in) *m(f)* (*a étudiant[e] en histoire*); Geschichtsforscher(in) *m(f)*, -wissenschaftler(in) *m(f)*, -schreiber(in) *m(f)*
historiette [istɔʀjɛt] *f* Hi'störchen *n*; Anek'dote *f*
historiograph|e [istɔʀjɔgʀaf] *m* (offizi'eller) Historio'graph, Geschichtsschreiber; **~ie** *f* (offizi'elle) Historiogra'phie, Geschichtsschreibung
historique [istɔʀik] **I** *adj* hi'storisch; geschichtlich; Geschichts...; *citation, mot* denkwürdig; berühmt; *événement n* historisches, denkwürdiges Ereignis; Ereignis *n* von historischer Bedeutung; *monument* (*classé*) **~** unter Denkmalschutz stehendes Bauwerk; *roman*

m ~ historischer Roman; **II** *m* geschichtlicher, chrono'logischer 'Überblick; *d'un mot* Geschichte *f*; *faire l'~ de qc* e-n geschichtlichen Überblick über etw (*acc*) geben; etw in s-m geschichtlichen Zu'sammenhang darstellen
histrion [istʀijɔ̃] *litt et péj m* schlechter Schauspieler
hitlér|ien [itleʀjɛ̃] *adj* (~ne) Hitler...; Nazi...; na'zistisch; **~isme** *m* Na'zismus *m*
'hit-parade [itpaʀad] *m* Hitparade *f*
'hittite [itit] *HIST* **I** *adj* he'thitisch; **II** *subst* ⚥ *m/pl* He'thiter *m/pl*
hiver [ivɛʀ] *m* Winter *m*; **~ doux, rude** milder, strenger Winter; *blé m d'~* Wintergetreide *n*; *sports m/pl d'~* Wintersport *m*; *en ~, l'~* im Winter
hivern|age [ivɛʀnaʒ] *m* Über'wintern *n*, -ung *f*; **~al** *adj* (-aux) winterlich; Winter...; **~ant** *m*, **~ante** *f* (Winter)Feriengast *m*
hiverner [ivɛʀne] *v/i* über'wintern
hl *abr* (*hectolitre[s]*) hl (Hektoliter)
H.L.M. [aʃɛlɛm] *m ou f abr* (*habitation à loyer modéré*) Sozi'alwohnung *f*
'ho [(h)o] *int pour appeler* he(da)!
'hobby [ɔbi] *m* ⟨*pl* hobbies⟩ Hobby *n*
'hobereau [ɔbʀo] *m* ⟨*pl ~x*⟩ (Land)Junker *m*; *péj* Krautjunker *m*
'hochement [ɔʃmɑ̃] *m* **~ de tête** Kopfschütteln *n*, -wiegen *n*; *a* zögerndes Kopfnicken
'hocher [ɔʃe] *v/t* **~ la tête** den Kopf schütteln, wiegen; *approbation* zögernd mit dem Kopf nicken
'hochet [ɔʃɛ] *m* (Kinder)Klapper *f*
'hockey [ɔkɛ] *m SPORTS* **~** (*sur gazon*) (Feld)Hockey [-ke:] *n*; **~ sur glace** Eishockey *n*
'hockey|eur [ɔkejœʀ] *m*, **~euse** *f* Hockeyspieler(in) *m(f)*
'holà [ɔla] **I** *int pour appeler* he(da)!; *pour arrêter* halt!; **II** *m* **mettre le ~ à qc** e-r Sache (*dat*) Einhalt gebieten, e-n Riegel vorschieben
'holding [ɔldiŋ] *m ÉCON* Holding(gesellschaft) *f*
'hold-up [ɔldœp] *m* ⟨*inv*⟩ (bewaffneter) Raubüberfall (*d'une banque* auf e-e Bank)
'hollandais [ɔlɑ̃dɛ] **I** *adj* holländisch; *CUIS sauce ~* holländische Soße; **II** *subst* **1.** ⚥(*e*) *m(f)* Holländer(in) *m(f)*; **2.** *LING le ~* das Holländische; Holländisch *n*
'Hollande [ɔlɑ̃d] *la ~* Holland *n*
'hollande [ɔlɑ̃d] *m* **1.** Edamer(käse) *m*; **2.** Luxuspapier *n* mit Wasserzeichen
'hollywoodien [ɔliwudjɛ̃] *adj* ⟨~ne⟩ an (den Hollywood von) Hollywood erinnernd; Hollywood...
holo|causte [ɔlɔkost] *m* **1.** *HIST REL* Brandopfer *n*; **2.** *fig* Holocaust *m*; Massenvernichtung *f*; **~gramme** *m OPT* Holo'gramm *n*; **~graphie** *f OPT* Hologra'phie *f*
'homard [ɔmaʀ] *m ZO, CUIS* Hummer *m*; *fig être rouge comme un ~* krebsrot sein
'home [om] *m* **~ d'enfants** Kinderheim *n*
homélie [ɔmeli] *litt f* (langweilige) Mo'ralpredigt
homéopath|e [ɔmeɔpat] *adj et subst m,f* (*médecin ~*) Homöo'path(in) *m(f)*;

~ie *f* Homöopa'thie *f*; **~ique** *adj* homöo'pathisch
homéotherme [ɔmeɔtɛʀm] *ZO* **I** *adj* warmblütig; **II** *m* Warmblüter *m*
Homère [ɔmɛʀ] *m* Ho'mer *m*
homérique [ɔmeʀik] *adj* ho'merisch; *rire m ~* homerisches, schallendes Gelächter
'home-trainer [omtʀɛnœʀ] *m* ⟨*pl* home-trainers⟩ *SPORTS* Heimtrainer [-tre:-] *m*
homicide [ɔmisid] **I** *m* Tötung *f*; *JUR* **~ involontaire** fahrlässige Tötung; **~ volontaire** vorsätzliche Tötung; **II** *adj* Mord...; mörderisch; todbringend; *guerre f ~* mörderischer Krieg
hominidés [ɔminide] *m/pl ou* **hominiens** [ɔminjɛ̃] *m/pl* Homi'niden *m/pl*; Menschenartige(n) *m/pl*
hommage [ɔmaʒ] *m* **1.** Huldigung *f*; Ehrerbietung *f*; *mes ~s, Madame* guten Tag, gnädige Frau!; *a* meine Verehrung!; *formule épistolaire* (*daignez agréer, Madame,*) *mes respectueux ~s* Ihr sehr ergebener; *en ~ de ma reconnaissance* als Ausdruck meiner Dankbarkeit; (*présentez*) *mes ~s à Madame* bitte empfehlen Sie mich Ihrer Frau Gemahlin; *rendre ~ à qn* j-m huldigen, Huldigungen darbringen, Ehre erweisen; j-n ehren; *rendre ~ à qc* etw würdigen, e-r Sache (*dat*) Anerkennung zollen; **2. ~ d'auteur, d'éditeur** Widmungsexemplar *n* (des Autors, Verlegers); **3.** *HIST* Huldigung *f*; *foi f et ~* Lehnseid *m*
hommasse [ɔmas] *adj péj femme f ~* Mannweib *n*
homme [ɔm] *m* **1.** (*être humain*) Mensch *m*; **~ des cavernes** Höhlenmensch *m*; *ce n'est qu'un ~* er ist auch nur ein Mensch; *REL le Christ s'est fait ~* Christus ist Mensch geworden; *prov: l'~ propose, Dieu dispose* der Mensch denkt, Gott lenkt (*prov*); *l'~ est un loup pour l'~* Homo homini lupus; der Mensch ist der Feind des Menschen; **2.** (*individu mâle*) Mann *m*; F Mannsbild *n*, -person *f*; *un groupe de cinq ~s* von fünf Männer, Leute *pl*, *iron* Mannen *m/pl*; ♦ *grand ~* großer, berühmter Mann; *jeune ~* junger Mann; *plais* **~** F *eh, jeune ~! ...* he, junger Mann! ...; *F votre jeune ~* Ihr Sohn; **~ politique** Po'litiker *m*; **~ à femmes** Frauen-, F Weiberheld *m*; Schürzenjäger *m*; **~ à principes** Mann mit, von Prinzipien; *péj* Prin'zipienreiter *m*; **~ d'action** Mann der Tat; **~ d'affaires** Geschäftsmann *m*; **~s d'affaires** Geschäftsleute *pl*; **~ de couleur** Farbige(r) *m*; **~ d'Église** Kirchenmann *m*; **~ d'équipe** Arbeiter *m* e-r Kolonne; **~ d'esprit** Mann von Geist; geistvoller, -reicher Mann; **~ d'État** Staatsmann *m*; **~ d'honneur** Ehrenmann *m*; Mann von Ehre; **~ de lettres** Schriftsteller *m*; Lite'rat *m*; **~ de loi** Ju'rist *m*; *péj* **~ de main** Handlanger *m*; Helfershelfer *m*; **~ du monde** Mann von Welt; Weltmann *m*; *fig* **~ de paille** Strohmann *m*; **~ du peuple** Mann aus dem Volk(e); *l'~ de la rue* der Mann auf der Straße; der kleine Mann; **~ de science** Wissenschaftler *m*; ♦ *loc/adj d'~* Männer...; *chemise f d'~* Herrenhemd *n*;

homme-grenouille — honte 376

métier m d'~ Männerberuf m; *parole* f d'~ Manneswort n; *voix* f d'~ Männerstimme f; männliche Stimme; *loc/adv*: *comme un seul* ~ wie ein Mann; geschlossen; d'~ à ~ von Mann zu Mann; ganz offen; ♦ *voilà mon* ~!, *c'est l'~ qu'il me faut* das ist mein Mann!; das ist der richtige Mann für mich; das ist der Mann, den ich brauche, suche; *je suis votre* ~ ich bin bereit, das (für Sie) zu machen; ich mache das; *c'est l'~ de la situation* das ist der richtige Mann in dieser Situation; *être* (*un*) ~ *à* (+*inf*) im'stande, fähig sein zu (+*inf*); *vas-y, si tu es un* ~ wenn du ein Mann bist; *vous êtes un* ~ *mort* Sie sind ein Kind, Mann des Todes; *fig c'est un* ~ *mort* er ist ein toter Mann; *trouver son* ~ den richtigen Mann, s-n Mann finden; **3.** F *son* ~ der Mann, F Kerl, mit dem sie zu'sammenlebt
homme|-grenouille [ɔmgʀənuj] m ⟨pl hommes-grenouilles⟩ Froschmann m; **~-orchestre** m ⟨pl hommes-orchestres [ɔmɔʀkɛstʀ(ə)]⟩ **1.** MUS Ein'mannorchester n; **2.** *fig* Allroundman [ɔːl-'ʀaʊndmɛn] m; F Hans'dampf m in allen Gassen; **~-sandwich** m ⟨pl hommes--sandwich(e)s⟩ Sandwichmann ['zɛntvɪtʃmɛn] m; Pla'kattrager m
homo [omo] m F *abr* (*homosexuel*) F Homo m
homogène [ɔmɔʒɛn] *adj* **1.** *substance* homo'gen; *pâte* f ~ glatter Teig; **2.** *groupe* homo'gen; gleichartig (zu'sammengesetzt); *œuvre* einheitlich; homo'gen
homogénéis|ation [ɔmɔʒeneizasjɔ̃] f Homogeni'sierung f; **~er** v/t CHIM, TECH homogeni'sieren; *adjt lait homogénéisé* homogenisierte Milch
homogénéité [ɔmɔʒeneite] f Homogeni'tät f; Gleichartigkeit f; Einheitlichkeit f
homographe [ɔmɔgʀaf] m LING Homo'graph n
homologation [ɔmɔlɔgasjɔ̃] f **1.** SPORTS *d'un record* offizi'elle Anerkennung; **2.** *des prix* (staatliche) Genehmigung
homologue [ɔmɔlɔg] I *adj* **1.** *grade etc* entsprechend; *personne* in gleicher Stellung; **2.** BIOL, MATH, CHIM homo'log; ANAT sich entsprechend; II m (Amts)Kol'lege m
homologuer [ɔmɔlɔge] v/t **1.** SPORTS *record* offizi'ell anerkennen; **2.** *prix* (staatlich) genehmigen
homonym|e [ɔmɔnim] I *adj* LING gleichlautend; ho'mo'nym; II m **1.** LING Ho'mo'nym n; **2.** *personne* Namensvetter m; **~ie** f LING Homony'mie f
homosexu|alité [ɔmɔsɛksyalite] f Homosexuali'tät f; **~el** *adj* ⟨~le⟩ homosexu'ell; gleichgeschlechtlich; II *subst* ~(*le*) m(f) Homosexu'elle(r) f(m)
'**Honduras** [ɔ̃dyʀas] *le* ~ Hon'duras n
'**hondurien** [ɔ̃dyʀjɛ̃] I *adj* ⟨~ne⟩ hondu'ranisch; II *subst* ♀(*ne*) m(f) Hondu'raner(in) m(f)
'**hongre** [ɔ̃gʀ] *adj et subst* m (*cheval* m) ~ Wallach m
'**Hongrie** [ɔ̃gʀi] *la* ~ Ungarn n
'**hongrois** [ɔ̃gʀwa] I *adj et subst* ungarisch; II *subst* ♀(*e*) m(f) Ungar(in) m(f); **2.** LING *le* ~ das Ungarische; Ungarisch n
honnête [ɔnɛt] *adj* **1.** *personne, conduite, intentions* ehrlich; aufrichtig; anständig; kor'rekt; redlich; *personne a* rechtschaffen; bieder; *les* ~*s gens* m/pl die anständigen, ehrlichen, *a* biederen, rechtschaffenen Leute *pl*; HIST ~ *homme* m allseitig gebildeter Weltmann; *homme* m ~ ehrlicher, aufrichtiger Mann; **2.** *résultat, travail etc* recht, ganz gut; befriedigend; anständig; *prix* angemessen; anständig
honnêtement [ɔnɛtmɑ̃] *adv* **1. a)** (*sans voler*) auf ehrliche, anständige (Art und) Weise; **b)** (*loyalement*) anständigerweise; *il m'a* ~ *mis en garde* er hat mich anständigerweise gewarnt; **c)** (*franchement*) (ganz) ehrlich; ~, *qu'est--ce que vous en pensez?* ganz ehrlich *ou* sagen Sie mir ehrlich ...; **2.** (*passablement*) ganz gut, anständig; nicht schlecht
honnêteté [ɔnɛtte] f Ehrlichkeit f; Aufrichtigkeit f; Anständigkeit f; Kor'rektheit f; Redlichkeit f; Rechtschaffenheit f; Biederkeit f; *ayez l'*~ *de le reconnaître* seien Sie so ehrlich, es zuzugeben
honneur [ɔnœʀ] m **1.** Ehre f; *place* f d'~ Ehrenplatz m; ~ *à ceux qui ...* Ehre denen, die ...; *au jeu: à vous l'*~ Sie dürfen anfangen; ~ *aux vaincus* der Verlierer darf anfangen; ♦ *loc/adv*: *à son* ~ zu s-r Ehre(nrettung); *avec* ~ ehrenvoll; mit Ehren; *en tout bien* (*et*) *tout* ~ in (allen) Ehren; *pour l'*~ um der Ehre willen; nur um die Ehre; *st/s sauf votre* ~ mit Verlaub; bei allem Respekt Ihnen gegenüber; *jurer, attester sur l'*~, *sur son* ~ bei s-r Ehre; ♦ *loc/prép en l'*~ *de qn* zu j-s Ehren; *en son* ~ ihm zu Ehren; *iron en quel* ~? zu wessen Ehren?; warum denn nur?; aus welchem besonderen Anlaß?; ♦ *avoir l'*~ *de faire part de qc* die Ehre haben, sich beehren, etw bekanntzugeben; *je n'ai pas l'*~ *de vous connaître* ich habe nicht die Ehre, Sie zu kennen; *à qui ai-je l'*~? mit wem habe ich die Ehre?; *iron j'ai bien l'*~ *de vous saluer* ich empfehle mich; *c'est comme j'ai l'*~ *de vous le dire* es ist so, wie ich sage; das können Sie mir glauben; *c'est beaucoup, trop d'*~ *que vous me faites* Sie tun mir e-e große, Sie tun mir zu viel Ehre an (*a iron*); *cette action* (*toute*) *à son* ~ gereicht ihm zur Ehre; *être, rester en* ~ in Mode sein, bleiben; sich großer Beliebtheit erfreuen; (weiterhin) beliebt sein; *faire un* (*grand*) ~ *à qn* ihm e-e (große) Ehre erweisen; *c'est lui faire trop d'*~ damit erweist man ihm zu viel Ehre; diese Ehre hat er nicht verdient; *faire à qn l'*~ *de* (+*inf*) ihm die Ehre erweisen, antun zu (+*inf*); *faire* ~ *à qn* j-m Ehre machen; COMM *faire* ~ *à ses obligations, engagements* s-n Verpflichtungen nachkommen; s-e Verpflichtungen einhalten; *faire* ~ *à sa signature* e-e durch s-e 'Unterschrift anerkannte Verpflichtung erfüllen, einhalten; F *faire* ~ *à un plat* e-m Gericht fleißig, tüchtig, wakker zusprechen; sich ein Gericht gut schmecken lassen; *mettre son point d'*~ *à faire qc, se faire un point d'*~ *de faire qc* s-e Ehre dar'ein-, dar'ansetzen, etw zu tun; *il s'en est fait un point d'*~ *a* das war Ehrensache für ihn;
2. ~*s pl* Ehren f/pl; Ehrungen f/pl; Ehrenerweisung(en) f(pl), -bezeigung(en) f(pl); (*dignités*) Würden f/pl; MIL *les* ~*s de la guerre* freier Abzug; *fig avec les* ~*s de la guerre* in (allen) Ehren; glimpflich; *fig avoir les* ~*s de la première page* auf der ersten Seite erscheinen; *faire les* ~*s de la maison* (*à qn*) j-n will'kommen heißen (und durch das Haus führen); die Hon'neurs [-s] machen; *rendre à qn les derniers* ~*s* j-m die letzte Ehre erweisen; **3.** HIST *Anrede Votre* ♀ Euer Gnaden; **4.** ~*s pl* BRIDGE Hon'neurs [-s] *pl*
'**honnir** [ɔniʀ] v/t *litt surtout p/p honni de ou par qn* verabscheut von j-m; *devise honni soit qui mal y pense* ein Schelm, wer Arges dabei denkt
honorabilité [ɔnɔʀabilite] f Achtbarkeit f; Ehrenhaftigkeit f; Ehrbarkeit f
honorable [ɔnɔʀabl(ə)] *adj* **1.** *personne, famille* ehren-, achtenswert; achtbar; *métier* ehrbar; *conduite* ehrenhaft; *cf a amende* 2.; **2.** (*distingué*) *le discours de mon* ~ *collègue* die Rede des verehrten *ou* geschätzten Herrn Kollegen; *plais l'*~ *compagnie* f die erlauchte Gesellschaft; **3.** *appréciation* *mention* f ~ ehrenvolle, rühmliche, lobende Erwähnung; Belobigung f; Auszeichnung f; **4.** (*convenable, moyen*) achtbar; annerkennswert; *note d'examen* ganz gut; befriedigend; *fortune* ansehnlich
honorablement [ɔnɔʀabləmɑ̃] *adv cf honorable*; ~ *connu* als ehrenhaft, achtbar bekannt
honoraire [ɔnɔʀɛʀ] I *adj* Ehren...; *membre* m, *président* m ~ Ehrenmitglied n, -vorsitzende(r) m; *professeur* m ~ emeri'tierter Professor; II m/pl ~*s* Hono'rar n
honoré [ɔnɔʀe] I *adj* **1.** *mon* ~ *collègue* der verehrte *ou* mein verehrter Herr Kollege; **2.** *je suis très* ~ ich fühle mich sehr geehrt (*par qc* durch etw); II f ~*e* COMM *votre* ~*e du 2 mai* Ihr (sehr) geehrtes Schreiben vom 2. Mai
Honoré [ɔnɔʀe] m Vorname
honorer [ɔnɔʀe] I v/t **1.** (*traiter avec respect*) ehren; *la mémoire de qn* in Ehren halten; ~ *qn de sa confiance, de sa présence* j-n durch sein Vertrauen ehren, mit s-r Anwesenheit beehren; **2.** (*faire honneur*) Ehre machen (+*dat*); *cette franchise vous honore* diese Offenheit ehrt Sie, macht Ihnen Ehre; **3.** COMM *lettre de change* hono'rieren; einlösen; *par ext contrat* einhalten; erfüllen; *promesse* einlösen; II v/pr *s'*~ *de qc* sich durch etw geehrt fühlen; auf etw (*acc*) stolz sein; *s'*~ *de* (+*inf*) (darauf) stolz sein, sich rühmen (dürfen) zu (+*inf*)
honorifique [ɔnɔʀifik] *adj* Ehren...; ehrenamtlich; *titre* m ~ Ehrentitel m; *à titre* ~ ehrenamtlich
honoris causa [ɔnɔʀiskoza] *loc/adj docteur* m ~ Doktor m ho'noris causa (*abr* h.c.); Ehrendoktor m
'**honte** [ɔ̃t] f **1.** (*déshonneur*) Schande f; Schmach f; ~ *à ceux qui ...* Schande, Schmach über die, die ...; *il n'y a pas de* ~ *à cela* es ist keine Schande; man braucht sich deshalb nicht zu schämen; *j'avoue à ma grande* ~ *que ...* zu meiner Schande muß ich gestehen, daß ...; *se couvrir de* ~ sich mit (Schimpf und)

Schande bedecken; *moins fort* sich bla'mieren; *c'est une ~!* das ist e-e Schande!; *être la ~ de la famille* der Schandfleck der Familie sein; *faire ~ à qn* j-m Schande machen, bereiten; *moins fort* j-n bla'mieren; *cf a 2.*; **2.** (*sentiment d'humiliation*) Scham(gefühl) *f(n)*; *sans ~* ohne sich zu schämen; *sans fausse ~* ohne falsche Scham; *avoir ~* sich schämen (*de qn* für j-n; *de qc* e-r Sache [*gén*]; *d'avoir fait qc* etw getan zu haben); *tu n'as pas ~!* (pfui,) schäm dich!; schämst du dich nicht!; *tu devrais avoir ~!* du solltest dich schämen!; *faire ~ à qn* a) (*faire des reproches*) j-m ins Gewissen reden; b) (*être un sujet de honte*) j-n beschämen; *mourir de ~* sich zu Tode schämen; *avoir toute ~ bue* alles, jegliches Schamgefühl, alle Scham verloren haben
'honteusement [õtøzmã] *adv* **a)** (*de manière déshonorante*) mit (Schimpf und) Schande; **b)** (*de manière révoltante*) schändlich; auf schändliche Weise
'honteux [õtø] *adj* ⟨-euse⟩ **1.** (*déshonorant, méprisable*) schändlich; schimpflich; schmählich; *capitulation* schmachvoll; *il est ~ de* (*+inf*) es ist schändlich, e-e Schande zu (*+inf*); **2.** (*qui a honte*) verschämt; schamhaft; *être ~ de qc* sich e-r Sache (*gén*) schämen; **3.** *vieilli ou plais maladie honteuse* Krankheit *f* der Geschlechtsorgane; *parties honteuses* Schamteile *m/pl*
'hop [(h)ɔp] *int pour stimuler, faire sauter hopp!*; *enf* hopsa!; *allez, ~!* los, los!; auf geht's!; schnell!; *pour transcrire un geste rapide ~ là!* husch!; wuppdich!; schwupp(di'wupp)!
hôpital [ɔpital] *m* ⟨*pl* -aux⟩ Krankenhaus *n*; Klinik *f*; Hospi'tal *n*; *österr, schweiz* Spi'tal *n*; *~ militaire* Laza'rett *n*; *~ pour enfants* Kinderklinik *f*; *lit m d'~* Krankenhausbett *n*; *médecin m des hôpitaux* Krankenhausarzt *m*
'hoquet [ɔkɛ] *m* Schluckauf *m*; *avoir le ~* den Schluckauf haben
'hoqueter [ɔkte] *v/i* ⟨-tt-⟩ **1.** (*sangloter*) laut schluchzen; **2.** *fig moteur* stottern
horaire [ɔrɛr] **I** *adj* **1.** Stunden...; *salaire m, vitesse f ~* Stundenlohn *m*, -geschwindigkeit *f*; **2.** *GÉOGR fuseau ~* Zeitzone *f*; **II** *m* **1.** *des transports publics* Fahrplan *m*; *AVIAT* Flugplan *m*; *~ des chemins de fer* Eisenbahnfahrplan *m*; **2.** (*emploi du temps*) Zeitplan *m*; *ÉCOLE* Stundenplan *m*; *avoir un ~ chargé* e-n vollen Ter'minkalender haben; viel zu erledigen haben; **3.** *~ mobile, variable, à la carte* gleitende Arbeitszeit; Gleitzeit *f*
'horde [ɔrd] *f* **1.** Horde *f*; Bande *f*; *~ de gamins* Horde, Bande von Kindern; **2.** *HIST* Horde *f*
'horions [ɔrjõ] *st/s m/pl* heftige Schläge *m/pl*
horizon [ɔrizõ] *m* **1.** Hori'zont *m*; *AVIAT ~ artificiel* künstlicher Horizont; *ligne f d'~* Horizontlinie *f*; *à l'~* am Horizont; *par ext d'une personne* Aussicht *f*; Blickfeld *n*; *fig* Gesichtskreis *m*; Hori'zont *m*; *avoir pour tout ~ un mur* nur auf e-e Mauer sehen können; *fig changer d'~* aus der gewohnten Um'gebung herauskommen; F e-n Ta'petenwechsel vornehmen; *interlocuteurs venir d'~s divers* aus verschiedenen Bereichen kommen; **3.** *fig* Hori'zont *m*; Perspek'tive *f*; *tour m d'~* 'Überblick *m*; Bestandsaufnahme *f*; *faire un tour d'~* e-n Überblick geben (*de* über *+acc*); e-e Bestandsaufnahme machen; die gegenseitig interessierenden Fragen 'durchsprechen; *ouvrir des ~s nouveaux* neue Horizonte, Möglichkeiten, Perspektiven eröffnen
horizontal [ɔrizõtal] **I** *adj* ⟨-aux⟩ waag(e)recht; horizon'tal; Horizon'tal...; **II** *f ~e* Waag(e)rechte *f*; Horizon'tale *f*; *à l'~e* in der Horizontalen *ou* in die Horizontale
horizontal|ement [ɔrizõtalmã] *adv* waag(e)recht; horizon'tal; *~ité f* waagerechte Lage
horloge [ɔrlɔʒ] *f* (öffentliche) Uhr; Turmuhr *f*; Nor'maluhr *f*; *~ atomique* A'tomuhr *f*; *RAD, TÉL, ~ parlante* Zeitansage *f*; *~ de la gare* Bahnhofsuhr *f*; *fig: une heure d'~* e-e ganze, volle, geschlagene Stunde *f*; *il est réglé comme une ~* er führt ein pedantisch geregeltes Leben
horloger [ɔrlɔʒe] **I** *adj* ⟨-ère⟩ Uhren...; *industrie horlogère* Uhrenindustrie *f*; **II** *subst ~, horlogère m,f* Uhrmacher (-in) *m(f)*; *~ bijoutier* Uhrmacher und Juwe'lier *m*
horlogerie [ɔrlɔʒri] *f* **1. a)** *fabrication* Uhrmache'rei *f*; Uhrmacherkunst *f*; **b)** *industrie* Uhrenindustrie *f*; **c)** *commerce* Uhrenhandel *m*; **d)** *magasin* Uhrengeschäft *n*; **2.** *coll* Uhren *f/pl*
'hormis [ɔrmi] *st/s prép* außer (*+dat*); mit Ausnahme von (*ou +gén*)
hormonal [ɔrmɔnal] *adj* ⟨-aux⟩ hormo'nal; Hor'mon...; *traitement ~* Hormonbehandlung *f*
hormone [ɔrmɔn] *f BIOL* Hor'mon *n*
horodateur [ɔrɔdatœr] *m TECH* Datum- und Uhrzeitstempler *m*; *AUTO* Parkscheinautomat *m*
horokilométrique [ɔrɔkilɔmetrik] *adj compteur m ~* Tacho'meter *m*
horoscope [ɔrɔskɔp] *m* Horo'skop *n*
horreur [ɔrœr] *f* **1.** Entsetzen *n*; Grauen *n*; Grausen *n*; Schauder *m*; Abscheu *m*; Horror *m*; Schrecken *m*; *frappé, saisi d'~* von Entsetzen *etc* gepackt; *avoir ~ de qc, qn, avoir qc, qn en ~* etw, j-n verabscheuen, entsetzlich *ou* schrecklich finden; e-n Horror vor etw, j-m haben; *moins fort* etw, j-n nicht mögen; *j'en ai ~ a* mir graut davor; *avoir ~ d'écrire* schreibfaul sein; *avoir une sainte ~ de qc* e-n ausgesprochenen Abscheu vor etw haben; *chose faire ~* Entsetzen *etc* hervorrufen (*à qn* bei j-m); in Schrecken versetzen (j-n); *prendre qn, qc en ~* j-n, etw verabscheuen; Abscheu gegen j-n, etw bekommen; *moins fort* j-n, etw nicht mehr mögen; **2.** *d'un crime etc* Ab'scheulich-, Entsetzlich-, Grauenhaftigkeit *f*; *film d'~* Horrorfilm *m*; *vision f d'~* Schreckensvision *f*; **3.** *fig* **a)** (*chose laide*) Scheußlichkeit *f*; *quelle ~!* wie entsetzlich, scheußlich, schrecklich; *par ext* (*personne laide*) F *c'est une ~* sie, *a* er ist ein wahres Scheusal, abstoßend häßlich; **b)** *~s pl* (*aspects, choses horribles*) Ab'scheulichkeiten *f/pl*; Scheußlichkeiten *f/pl*; *les ~s de la guerre* die Schrecken des Krieges; **c)** *~s pl* (*propos malveillants*) üble Dinge *n/pl*; Beschimpfungen *f/pl*; Verleumdungen *f/pl*; (*propos obscènes*) ob'szöne Dinge *n/pl*; Zoten *f/pl*
horrible [ɔribl(ə)] *adj* **1.** (*effroyable*) grauenhaft, -voll; entsetzlich; ab'scheulich; fürchterlich; schauderhaft; **2.** (*très laid*) scheußlich, schrecklich; fürchterlich; **3.** (*extrême*) *chaleur, soif etc* entsetzlich; fürchterlich; wahnsinnig
horri|fiant [ɔrifjã] *adj* grauen-, schrekkenerregend; *~fié adj* entsetzt (*de, par* über *+acc*)
horripil|ant [ɔripilã] *adj* nervenaufreibend; nervtötend; unausstehlich; *~er v/t* ner'vös, gereizt machen; F den (letzten) Nerv töten (*qn* j-m)
'hors [ɔr] **I** *prép dans des loc*: *~ ligne* außergewöhnlich; her'vorragend; *AUTO dimensions ~ tout* über alles; *être ~ concours* (wegen s-r Über'legenheit) außer Konkur'renz teilnehmen; *par ext* F phan'tastisch, konkur'renzlos sein; *SPORTS être ~ jeu* abseits stehen; *cf a pair[2] 1., série 1., taxe 3.*; **II** *loc/prép ~ de* außerhalb (*+gén*); aus (*+dat*) her'aus *ou* hin'aus; außer (*+dat*) (*a fig*); *~ de danger* außer Gefahr; *~ d'haleine* außer Atem; atemlos; *~ d'ici!* hinaus!; F raus!; *c'est ~ du sujet* das gehört nicht zum Thema; *être ~ de soi* außer sich sein; *mettre qn ~ de soi* j-n aufbringen, wütend machen, empören, aus der Fassung bringen; *se précipiter ~ de sa chambre* aus s-m Zimmer hinausstürzen; *cf a subst correspondants*
'hors-bord [ɔrbɔr] *m* ⟨*inv*⟩ Boot *n* mit Außenbordmotor; F Außenborder *m*; *adjt moteur m ~* Außenbordmotor *m*
'hors-d'œuvre [ɔrdœvr(ə)] *m* ⟨*inv*⟩ *CUIS* (kalte) Vorspeise; Horsd'œuvre *n*; *~ variés* verschiedene Vorspeisen *f/pl*
'hors-jeu [ɔrʒø] *m* ⟨*inv*⟩ *SPORTS* Abseits *n*
'hors-la-loi [ɔrlalwa] *m* ⟨*inv*⟩ **1.** *HIST* für vogelfrei Erklärte(r) *m*; **2.** Gesetzlose(r) *m*; Verfemte(r) *m*
'hors-texte [ɔrtɛkst] *m* ⟨*inv*⟩ *TYPO* Einschaltbild *n*
hortensia [ɔrtãsja] *m BOT* Hor'tensie *f*
horticole [ɔrtikɔl] *adj* Gartenbau...; *exposition f ~* Gartenbauausstellung *f*; Gartenschau *f*
horticul|teur [ɔrtikyltœr] *m*, *~trice f* Gärtner(in) *m(f)*
horticulture [ɔrtikyltyr] *f* Gartenbau *m*; Gärtne'rei *f*; Gartenkunst *f*
hosanna [ɔzana] *REL* **I** *int* hosi'anna!; **II** *m* Hosi'anna *n*
hospice [ɔspis] *m* **1.** (*asile*) (Alten)Pflegeheim *n*; *fig finir à l'~* im Armenhaus enden; **2.** *REL* von Mönchen geführte Herberge; Hos'piz *n*
hospitalier [ɔspitalje] *adj* ⟨-ière⟩ **1.** (*accueillant*) gastfreundlich; gastlich; gastfrei; **2.** (*relatif aux hôpitaux*) Krankenhaus...; Pflege...; *établissement ~* Krankenanstalt *f*; *personnel ~* Krankenhaus-, Pflegepersonal *n*
hospitalisation [ɔspitalizasjõ] *f* **a)** *admission* Einweisung *f*, Einlieferung *f*, Aufnahme *f* in ein Krankenhaus; **b)** *séjour* Krankenhausaufenthalt *m*; statio'näre Behandlung; *frais m/pl d'~* Krankenhauskosten *pl*
hospitaliser [ɔspitalize] *v/t* in ein Krankenhaus einweisen, einliefern; *être*

hospitalité – humain

hospitalisé ins Krankenhaus eingeliefert werden; *adjt hospitalisé* in statio'närer Behandlung (befindlich)
hospitalité [ɔspitalite] *f* Gastfreundschaft *f*; Gastlichkeit *f donner l'~ à qn* j-m Gastfreundschaft gewähren, bieten
hospitalo-universitaire [ɔspitaloynivɛRsitɛR] *adj centre m ~* (*abr C.H.U.*) Universi'tätsklinikum *n*
hostellerie [ɔstɛlRi] *f* (gutes) Ho'tel *ou* Restau'rant (mit erstklassiger Küche)
hostie [ɔsti] *f REL* Hostie *f*
hostile [ɔstil] *adj* feindlich; feindselig; *être ~ à qn, qc* j-m, etw feindlich, feindselig gegen'überstehen
hostilité [ɔstilite] *f* **1.** Feindseligkeit *f*, Feindschaft *f* (*envers, contre, à l'égard de qn* gegenüber j-m); *~ à qc* feindliche, feindselige Einstellung gegenüber e-r Sache (*dat*); *MIL ~s pl* Feindseligkeiten *f/pl*; Kampfhandlungen *f/pl*
hosto [ɔsto] *m F abr cf hôpital*
hot-dog [ɔtdɔg] *m CUIS* Hot dog *n ou m*
hôte [ot] *m* **1.** (*celui qui reçoit*) Gastgeber *m*; **2.** (*invité*) Gast *m* (*a femme*); *~ payant* zahlender Gast; **3.** *table f d'~* Tisch *m* für Ho'tel-, Pensi'ons-, Stammgäste; **4.** *BIOL d'un parasite* Wirt *m*
hôtel [otɛl] *m* **1.** Ho'tel *n*; Gasthof *m*, -haus *n*; *chambre f d'~* Hotelzimmer *n*; **2.** ~ (*particulier*) herrschaftliches Stadthaus; Pa'lais *n*; **3.** *~ des ventes* Versteigerungs-, Aukti'onsgebäude *n*; *~ de ville* Rathaus *n*
hôtel-Dieu [otɛldjø] *m* ⟨*pl* hôtels-Dieu⟩ (Zen'tral)Krankenhaus *n*
hôtelier [otəlje] **I** *adj* ⟨-ière⟩ Ho'tel…; *école hôtelière* Hotelfachschule *f*; *industrie hôtelière cf hôtellerie 1.*; **II** *subst ~, hôtelière m,f* Ho'telbesitzer (-in) *m(f)*; Hoteli'er *m*; Gastwirt(in) *m(f)*
hôtellerie [otɛlRi] *f* **1.** Ho'tel(- und Gaststätten)gewerbe *n*; Beherbergungs(- und Gaststätten)gewerbe *n*; Hotelle'rie *f*; **2.** *cf hostellerie*
hôtel-restaurant [otɛlRɛstoRɑ̃] *m* ⟨*pl* hôtels-restaurants⟩ Ho'tel *n* mit Restau'rant
hôtesse [otɛs] *f* **1.** Gastgeberin *f*; **2.** *~ (d'accueil)* Ho'stess *ou* Ho'steß *f*; *AVIAT ~ (de l'air)* Stewardeß ['stju:ərdɛs] *f*
hotte [ɔt] *f* **1.** Tragkorb *m*; *VIT a* Butte *f*; *nordd* Kiepe *f*; *~ du père Noël* Sack *m* des Weihnachtsmanns; **2.** *~ (de cheminée)* Rauchfang *m*; *~ (filtrante)* Dunstabzugshaube *f*
'hottentot [ɔtɑ̃to] **I** *adj* hotten'tottisch; **II** *subst ⍻(e) m(f)* Hotten'totte *m*, Hotten'tottin *f*
'hou [(h)u] *int pour faire peur* hu!; *pour faire honte* pfui!
'houblon [ublɔ̃] *m BOT* Hopfen *m*
'houblonnière [ublɔnjɛR] *f* Hopfengarten *m*, -feld *n*
'houe [u] *f AGR* Hacke *f*; *südd a* Haue *f*
'houille [uj] *f* Steinkohle *f*; *fig ~ blanche* weiße Kohle
'houiller [uje] *adj* ⟨-ère⟩ Steinkohlen…; steinkohlenhaltig; *bassin ~* Steinkohlenbecken *n*, -revier *n*
'houillère [ujɛR] *f* (Stein)Kohlenbergwerk *n*, -zeche *f*, -grube *f*
'houle [ul] *f* **1.** *MAR* Dünung *f*; Seegang

m; *il y a de la ~* es herrscht Seegang; **2.** *fig ~ humaine* wogende Menschenmenge
'houlette [ulɛt] *f* Hirtenstab *m*; *fig sous la ~ de* unter der Führung von (*ou* +*gén*)
'houleux [ulø] *adj* ⟨-euse⟩ **1.** *mer* bewegt; unruhig; *p/fort* stürmisch; *la mer est houleuse* es herrscht Seegang; **2.** *fig réunion* sehr lebhaft; erregt; bewegt (verlaufend); *la salle était houleuse* im Saal herrschte Unruhe
'houligan [uligan] *m* Rowdy ['raʊ-] *m*; *~isme m* Rowdytum *n*
'houp [(h)up] *int cf hop*
'houppe [up] *f* (*touffe*) Quaste *f*; *de cheveux* Haarbüschel *n*; Tolle *f*; *Riquet à la ~* Märchenfigur von Perrault
'houppelande [uplɑ̃d] *f* mantelartiger 'Überwurf
'houppette [upɛt] *f à poudre* Puderquaste *f*
'hourdis [uRdi] *m CONSTR* Fachwerkausriegelung *f*; Ausmauerung *f*
'hourra [uRa] **I** *int* hur'ra!; **II** *m* Hur'ra *n*; *~s pl* Hurrarufe *m/pl*
'houspiller [uspije] *v/t* ausschimpfen; ausschelten; *se faire ~* ausgeschimpft werden
'housse [us] *f* (Schutz)Hülle *f*; *pour meubles* Schoner *m*; Schonbezug *m* (*a pour sièges de voiture*); *~ à vêtements* Schutzhülle für Kleidung
'houx [u] *m BOT* Stechpalme *f*; Ilex *f ou m*
'hovercraft [ɔvœRkRaft] *m MAR* Luftkissenfahrzeug *n*; Hovercraft *n*
H.T. *abr* (*hors taxe*) *cf taxe 3.*
'hublot [yblo] *m* **1.** *MAR* Bullauge *n*; **2.** *AVIAT* (kleines rundes) Fenster; **3.** *d'une machine à laver* Schauglas *n*; Sichtfenster *n*
'huche [yʃ] *f* Brotkasten *m*, -schrank *m*
'hue [y] *int* hü!; *fig l'un tire à ~ et l'autre à dia* der eine sagt hü und der andere hott
'huées [ɥe, ye] *f/pl* Buhrufe *m/pl*; Pro'testgeschrei *n*; 'Mißfallenskundgebungen *f/pl*; Hohngelächter *n*
'huer [ɥe, ye] **I** *v/t abs* buh rufen; buhen; *orateur etc* ausbuhen; **II** *v/i chouette* schreien
'huguenot [ygno] **I** *adj* huge'nottisch; **II** *subst ~(e) m(f)* Huge'notte *m*, Huge'nottin *f*
Hugues [yg] *m* Hugo *m*
huilage [ɥilaʒ] *m TECH* Ölen *n*
huile [ɥil] *f* **1.** Öl *n*; *de poissons* Tran *m*; *~ alimentaire* Speiseöl *n*; *~ minérale* Mine'ralöl *n*; *~ moteur* Mo'torenöl *n*; *~ solaire* Sonnenöl *n*; *~ végétale* Pflanzenöl *n*; pflanzliches Öl; *~ de foie de morue* Lebertran *m*; *~ de graissage* Schmieröl *n*; *~ d'olive* O'livenöl *n*; *~ de table* Tafelöl *n*; *faire la cuisine à l'~* mit Öl kochen; **2.** *PEINT* (*peinture f à l'~*) a) *art* Ölmalerei *f*; b) *tableau* Ölgemälde *n*; Ölbild *n*; **3.** *fig: mer f d'~* spiegelglatte See; spiegelglattes Meer; F *baigner dans l'~ (se dérouler parfaitement)* F wie geschmiert gehen; F *ça baigne dans l'~* (*tout va bien*) F es ist alles in Butter; *jeter de l'~ sur le feu* Öl ins Feuer gießen; *mettre de l'~ de coude* Energie, Kraft aufwenden; *mettre de l'~ dans les rouages* wieder für e-n reibungslosen Ablauf

sorgen; den Apparat wieder funktionsfähiger machen; *cf a tache 1.*; **4.** F *fig (personnalité importante)* wichtige Persönlichkeit; F hohes, großes Tier
huilé [ɥile] *adj* **1.** ölgetränkt; *papier ~* Ölpapier *n*; **2.** *CUIS salade trop ~e* Salat, der mit zuviel Öl angemacht ist; **3.** *fig bien ~* reibungslos funktio'nierend
huil|er [ɥile] *v/t* (ein)ölen; (mit Öl) schmieren; *~erie f* **1.** *usine* Ölmühle *f*; **2.** *commerce* Ölhandel *m*; *~eux adj* ⟨-euse⟩ ölig; ölhaltig; *par ext peau*, *cheveux* fettig
huilier [ɥilje] *m* Me'nage *f*; Ständer *m* mit Gefäßen für Essig und Öl
'huis clos [ɥiklo] *m JUR* Ausschluß *m* der Öffentlichkeit; *à ~ audience* unter Ausschluß der Öffentlichkeit
huisserie [ɥisRi] *f CONSTR* Tür- *ou* Fenstereinfassung *f*, -rahmen *m*, -zarge *f*
huissier [ɥisje] *m* **1.** *JUR ~ (de justice)* Gerichtsvollzieher *m*; **2.** *ADM* Amtsdiener *m*
'huit [ɥit, *vor Konsonant* ɥi] **I** *num/c* acht; *~ avril* der achte *ou* am achten April; *chapitre ~* Kapitel acht; *Henri VIII* Heinrich VIII. (der Achte); ♦ *~ jours* acht Tage; *e-e* Woche; *arriver dans ~ jours* in acht Tagen; *elliptiquement mardi en ~* Dienstag in acht Tagen; *fig donner ses ~ jours à qn* j-n entlassen; j-m kündigen; ♦ *loc/adv à ~* zu acht; *loc/adj: enfant de ~ ans* achtjährig; von acht Jahren; *journée f de ~ heures* Acht'stundentag *m*; *voyage m de ~ jours* achttägige Reise; **II** *m* ⟨*inv*⟩ **1.** *chiffre* Acht *f*; *südd a* Achter *m*; *le ~ (du mois)* der Achte *ou* am Achten (des Monats); *faire des ~* a) Achten beschreiben, machen; b) (*zigzaguer*) Schlangenlinien beschreiben; *cf a deux II*; **2.** *grand ~* Achterbahn *f*; **3.** *ÉCON faire les trois ~* in drei Schichten (zu acht Stunden) arbeiten; **4.** *AVIRON* Achter *m*
'huitaine [ɥitɛn] *f* **1.** *une ~* etwa, ungefähr acht (*de personnes etc* Personen *etc*); **2.** *une ~* etwa, ungefähr acht Tage; etwa, ungefähr e-e Woche; *sous ~* binnen acht Tagen; *remettre qc à ~* etw um acht Tage, um e-e Woche verschieben
'huitante [ɥitɑ̃t] *num/c en Suisse* achtzig
'huitième [ɥitjɛm] **I** *num/o* achte(r, -s); *la ~ partie* der achte Teil; *la ~, le ~* der, die, das achte (*dans l'ordre*); der, die, das Achte (*selon le mérite ou rang*); **2.** *m MATH* Achtel *n*; **3.** *m étage* achter Stock; *achte* E'tage; **4.** *m SPORTS ~ de finale* Achtelfinale *n*
'huitièmement [ɥitjɛmmɑ̃] *adv* achtens
huître [ɥitR(ə)] *f ZO* Auster *f*
huîtrier [ɥitRije] **I** *adj* ⟨-ière⟩ Austern…; *industrie huîtrière* Austernzucht *f*; **II** *m ZO* Austernfischer *m*
huîtrière [ɥitRijɛR] *f* Austernpark *m*
'hulotte [ylɔt] *f ZO* Waldkauz *m*
'hulul|ement [ylylmɑ̃] *m des oiseaux de nuit* Schrei *m*; *~er v/i hibou etc* schreien
'hum [(h)œm] *int* hm!
humain [ymɛ̃] **I** *adj* **1.** (*de l'homme*) menschlich; Menschen…; *manger de la chair ~e* Menschenfleisch *n*; *corps ~* menschlicher Körper; *dignité f* des Menschen; Würde *f* des Menschen; *espèce ~e, genre ~* Menschengeschlecht *n*; *géographie ~e* Anthropo-,

Kul'turgeographie *f*; **sciences** ~**es** Hu'manwissenschaften *f/pl*; **ne plus avoir figure** ~**e** nicht mehr wie ein Mensch, nicht mehr menschlich aussehen; unkenntlich, vollkommen entstellt sein; **2.** (*bon*) menschlich; hu'man; menschenfreundlich; **3.** *comportement, erreur* menschlich (verständlich); **c'est** ~ **das ist menschlich; II** *m* **1.** *st/s* **les** ~**s** *pl* die Menschen *m/pl*; **2.** *l'*~ das Menschliche
humainement [ymɛnmã] *f* **1.** ~ **parlant** nach menschlichem Ermessen; **faire tout ce qui est** ~ **possible** das menschenmögliche tun; **2.** *traiter* ~ *qn* j-n menschlich, wie e-n Menschen, als Menschen behandeln
humanisation [ymanizasjõ] *f* Humani'sierung *f*; menschenwürdige Gestaltung
humaniser [ymanize] **I** *v/t conditions de vie etc* menschlicher, hu'maner, menschenwürdiger gestalten, machen; humani'sieren; **II** *v/pr s'*~ menschlicher, hu'maner werden
human|isme [ymanism(ə)] *m* HIST, PHILOS Huma'nismus *m*; ~**iste I** *adj* HIST, PHILOS huma'nistisch; **II** *m,f* **1.** *m* HIST, PHILOS Huma'nist(in) *m(f)*; **2.** *lettré* Kenner(in) *m(f)* der alten Sprachen
humanitaire [ymanitɛʀ] *adj* humani'tär; menschenfreundlich; dem Wohl der Menschen dienend; *organisation a* wohltätig
humanitarisme [ymanitaʀism(ə)] *m péj* Humani'tätsduselei *f*
humanité [ymanite] *f* **1.** (*genre humain*) Menschheit *f*; **2.** (*bonté*) Menschlichkeit *f*; Humani'tät *f*; Menschenfreundlichkeit *f*, -liebe *f*; *avec* ~ hu'man; **3.** (*nature humaine*) menschliche Na'tur; **4.** *faire ses* ~**s** ein huma'nistisches Gym'nasium besuchen
humble [ɛ̃bl(ə), œ̃-] **I** *adj* **1.** (*modeste*) demütig; ergeben; de'vot; 'untertänig; unter'würfig *ou* 'unterwürfig; **à mon** ~ **avis** nach meiner unmaßgeblichen, bescheidenen Meinung; *litt* **votre très** ~ **serviteur** Ihr ergebenster, untertänigster Diener; **2.** *st/s* (*de condition sociale modeste*) einfach; niedrig; *demeure, vie, cadeau* bescheiden; einfach; **II** *m/pl st/s* **les** ~**s** die einfachen Leute
humblement [ɛ̃bləmã, œ̃-] *adv* demütig; *iron* **je vous fais** ~ **remarquer que...** darf ich Sie in aller Bescheidenheit darauf aufmerksam machen, daß ...?
humecter [ymɛkte] **I** *v/t* an-, befeuchten; *st/s* (be)netzen; *linge a* einsprengen; **II** *v/pr s'*~ **les lèvres** sich die Lippen befeuchten; **ses yeux s'humectèrent** *et ou* sie bekam feuchte Augen; *fig s'*~ **le gosier** sich die Kehle anfeuchten
'**humer** [yme] *v/t parfum, air* einatmen; einsaugen; inha'lieren; ~ **un plat** sich den Geruch e-r Speise in die Nase steigen lassen
humérus [ymeʀys] *m* ANAT Oberarmknochen *m*
humeur [ymœʀ] *f* **1.** (*disposition momentanée*) Stimmung *f*; Laune *f*; **bonne ou a belle** ~, **mauvaise** *ou* **a plus méchante** ~ gute, schlechte Laune; **être de bonne**, **mauvaise** ~ gut, schlecht gelaunt sein *ou* aufgelegt sein; gute,

schlechte Laune haben; (in) guter, schlechter Laune *ou* Stimmung sein; **mettre qn de bonne**, **mauvaise** ~ j-n in gute, schlechte Laune *ou* Stimmung versetzen; j-n gut-, schlechtgelaunt machen; **selon l'**~ **du moment** je nach momentaner Stimmung, Laune; **être, se sentir d'**~ **à** (+*inf*) in der Stimmung, Laune sein *ou* (+*inf*); **je ne suis pas, je ne me sens pas d'**~ **à plaisanter** mir ist nicht nach Scherzen zu'mute; ich bin nicht zu Scherzen aufgelegt; **2.** (*irritation*) schlechte Laune; Gereiztheit *f*; **dans un mouvement d'**~ in e-r Anwandlung von schlechter Laune; *litt* **avec** ~ verstimmt; **3.** (*tempérament*) Gemüt(sart) *n(f)*; Wesen *n*; **incompatibilité** *f* **d'**~ Unvereinbarkeit *f* der Charaktere; **4.** ANAT ~ **aqueuse** (Augen)Kammerwasser *n*
humide [ymid] *adj* feucht; *p/fort* naß; **chaleur** *f* ~ feuchte Wärme, Hitze; **froid** *m* ~ feuchte Kälte; **c'est un froid** ~ es ist naßkalt; **herbe** *f* ~ **de rosée** taufeuchtes Gras; *regard* **m** ~ (tränen)feuchter Blick; **yeux** *m/pl* ~**s** (**de larmes**) (tränen)feuchte Augen *n/pl*
humidi|ficateur [ymidifikatœʀ] *m* TECH ~ (**d'air**) Luftbefeuchter *m*; ~**fication** *f* TECH Be-, Anfeuchtung *f*; ~ **d'air** Luftbefeuchtung *f*; ~**fier** *v/t* be-, anfeuchten
humidité [ymidite] *f* Feuchtigkeit *f*; *st/s* Feuchte *f*; *p/fort* Nässe *f*; ~ **de l'air** Luftfeuchtigkeit *f*; **tache** *f* **d'**~ Stockfleck *m*
humiliant [ymiljã] *adj* demütigend; erniedrigend
humiliation [ymiljasjõ] *f* Demütigung *f*; Erniedrigung *f*; **infliger une** ~ **à qn** j-m e-e Demütigung zufügen
humilier [ymilje] **I** *v/t* demütigen; erniedrigen; *adjt* **humilié** gedemütigt; **se sentir humilié par, de qc** sich durch etw gedemütigt fühlen; **II** *v/pr s'*~ sich demütigen, erniedrigen (**devant qn** vor j-m)
humilité [ymilite] *f* Demut *f*; (*déférence*) tiefe Ergebenheit; Unter'würfigkeit *f*; **avec** ~ demütig; **en toute** ~ in aller Bescheidenheit (**a iron**)
humorist|e [ymɔʀist] **I** *m,f* Humo'rist(-in) *m(f)*; **II** *adj* humo'ristisch; ~**ique** *adj* humo'ristisch; **histoire** *f* ~ *a* Humo'reske *f*
humour [ymuʀ] *m* Hu'mor *m*; ~ **noir** schwarzer Humor; **avoir** (**le sens**) **de l'**~ (Sinn für) Humor haben
humus [ymys] *m* Humus *m*; **couche** *f* **d'**~ Humusschicht *f*
'**hune** [yn] *f* MAR Mars *m*; Mastkorb *m*; **mât** *m* **de** ~ Marsstenge *f*
'**hunier** [ynje] *m* Marssegel *n*
'**Huns** [ɛ̃, œ̃] *m/pl* HIST Hunnen *m/pl*
'**huppe** [yp] *f* **1.** (*touffe de plumes*) Haube *f*; Schopf *m*; **2.** *oiseau* Wiedehopf *m*
'**huppé** [ype] *adj* **1.** ZO Hauben...; **alouette** ~**e** Haubenlerche *f*; **2.** F *fig* (F stink)vornehm, (-)reich; F nobel
'**hure** [yʀ] *f* **1.** *du sanglier, de certains poissons* (abgetrennter) Kopf; **2.** CUIS Schweinskopf *m*
'**hurlant** [yʀlã] *adj* **foule** brüllend; schreiend; **meute de loups** heulend
'**hurlement** [yʀləmã] *m* **1.** *d'une personne* Schrei *m*; ~**s** *pl* Brüllen *n*; Gebrüll

n; Schreien *n*; Geschrei *n*; Heulen *n*; Geheul *n*; ~**s de douleur** Schmerzgebrüll *n*; Schmerzensschreie *m/pl*; **2.** *d'un animal, d'une sirène, du vent* Heulen *n*
'**hurler** [yʀle] **I** *v/t sa douleur, sa rage* hin'ausschreien, -brüllen; **II** *v/i* **1.** *personne* (auf)brüllen, (-)schreien, (-)heulen (**de douleur** vor Schmerz); **2.** **chien, loup** heulen; ~ **à la lune** den Mond anbellen; *fig* ~ **avec les loups** mit den Wölfen heulen; **3.** **sirène, vent** heulen; **freins** kreischen; **4.** *fig* **couleurs** sich beißen
'**hurleur** [yʀlœʀ] *adj et subst m* ZO (**singe** *m*) ~ Brüllaffe *m*
hurluberlu [yʀlybɛʀly] **I** *m* komischer Kauz; F Spinner *m*; **II** *adj* verschroben; F spinnig
'**huron** [yʀõ] **I** *adj* ⟨-ne⟩ hu'ronisch; **II** *m/pl* ⚥ H**urones** *m/pl*
'**hussard** [ysaʀ] *m* HIST MIL Hu'sar *m*
'**hussarde** [ysaʀd] *loc/adv* **à la** ~ bru'tal; draufgängerisch
'**hutte** [yt] *f* Hütte *f*
Huysmans [ɥismɑ̃s] *frz Dichter*
hybridation [ibʀidasjõ] *f* BIOL Bastar'dierung *f*; Artenkreuzung *f*; Hybridi'sierung *f*
hybride [ibʀid] **I** *adj* **1.** BIOL hy'brid; Bastard...; **plante** *f* ~ Bastardpflanze *f*; **2.** *fig* Zwitter...; zwitterhaft; Misch...; gemischt; hy'brid; **II** *m* BIOL Hy'bride *f ou m*; Bastard *m*
hydracide [idʀasid] *m* CHIM Wasserstoffsäure *f*
hydratant [idʀatã] *adj* Feuchtigkeits...; feuchtigkeitsspendend; **crème** ~**e** Feuchtigkeitscreme *f*
hydratation [idʀatasjõ] *f* CHIM Hydra(ta)ti'on *f*
hydrate [idʀat] *m* CHIM Hy'drat *n*; ~ **de carbone** Kohle(n)hydrat *n*
hydrater [idʀate] **I** *v/t* **1.** CHIM mit Wasser verbinden; hydrati'sieren; *adjt* **hydraté** wasserhaltig; **chaux hydratée** Löschkalk *m*; **2.** *produits de beauté* ~ **la peau der Haut** (*dat*) Feuchtigkeit zuführen; **II** *v/pr s'*~ CHIM ein Hy'drat bilden; Wasser aufnehmen
hydraulique [idʀolik] **I** *adj* **1.** Wasser(kraft)...; **énergie** *f* ~ Wasserkraft *f*; **2.** TECH hy'draulisch; Flüssigkeits...; **frein** *m* ~ hydraulische Bremse; **presse** *f* ~ hydraulische Presse; **II** *f* Hy'draulik *f*
hydravion [idʀavjõ] *m* Wasserflugzeug *n*
hydre [idʀ(ə)] *f* MYTH *et fig* Hydra *f*
hydrocarbure [idʀɔkaʀbyʀ] *m* CHIM Kohlen'wasserstoff *m*
hydrocéphal|e [idʀɔsefal] MÉD **I** *adj* mit e-m Wasserkopf; **II** *m,f* Mensch *m* mit e-m Wasserkopf; ~**ie** *f* MÉD Wasserkopf *m*
hydrocuté [idʀɔkyte] *adj* (durch plötzlichen Kon'takt mit kaltem Wasser) ertrunken
hydrocution [idʀɔkysjõ] *f* MÉD Ertrinken *n* durch Bewußtloswerden in kaltem Wasser; Herzschlag *m* nach e-m Sprung ins kalte Wasser
hydro|dynamique [idʀɔdinamik] PHYS **I** *adj* hydrody'namisch; **II** *f* Hydrody'namik *f*; ~**électricité** *f* durch Wasserkraft erzeugte Elektrizi'tät; ~**électrique** *adj* hydro'elektrisch; **centrale** *f* ~ Wasserkraftwerk *n*
hydrofoil [idʀɔfɔjl] *m* MAR Tragflächen-, Tragflügelboot *n*

hydrogénation [idrɔʒenasjõ] *f CHIM, TECH* Hy'drieren *n*, -ung *f*; ~ *du charbon* Kohlehydrierung *f*
hydrogène [idrɔʒɛn] *m CHIM* Wasserstoff *m*; *MIL bombe f à* ~ Wasserstoffbombe *f*
hydrogén|é [idrɔʒene] *adj CHIM* Wasserstoff...; wasserstoffhaltig; ~**er** *v/t* ⟨-è-⟩ *CHIM, TECH* hy'drieren
hydroglisseur [idrɔglisœʀ] *m* Gleitboot *n*; Hydro'plan *m*
hydrographie [idrɔgrafi] *f* **1.** *science* Hydrogra'phie *f*; Gewässerkunde *f*; **2.** (*cours d'eau et lacs*) Gewässer *n/pl*
hydrolat [idrɔla] *m PARFUMERIE* mit destil'liertem Wasser versetztes ä'therisches Öl
hydrologie [idrɔlɔʒi] *f* Hydrolo'gie *f*
hydrolyse [idrɔliz] *f CHIM* Hydro'lyse *f*
hydromel [idrɔmɛl] *m* Met *m*
hydrophile [idrɔfil] *adj* wasseranziehend, -aufnehmend; hydro'phil; *coton m* ~ Verband(s)-, Saugwatte *f*
hydrophob|e [idrɔfɔb] *adj MÉD* (krankhaft) wasserscheu; ~**ie** *f MÉD* (krankhafte) Wasserscheu
hydro|pique [idrɔpik] *adj MÉD* wassersüchtig; an Wassersucht leidend; ~**pisie** [-pizi] *f MÉD* Wassersucht *f*
hydropulseur [idrɔpylsœʀ] *m* Mundduschе *f*
hydrosphère [idrɔsfɛʀ] *f GÉOGR* Hydro'sphäre *f*
hydrostatique [idrɔstatik] *PHYS* **I** *adj* hydro'statisch; **II** *f* Hydro'statik *f*
hydrothérap|ie [idrɔterapi] *f MÉD* Hydrothera'pie *f*; Wasserheilverfahren *n*, -heilkunde *f*; ~**ique** *adj MÉD* hydrothera'peutisch; Wasserheil...; *cure f* ~ Kneippkur *f*
hydroxyde [idrɔksid] *m CHIM* Hydro'xid *n*
hydrure [idryʀ] *m CHIM* Hy'drid *n*
hyène [jɛn] *f ZO* Hy'äne *f* (*a fig*)
Hyères [jɛʀ] *Stadt im Dep. Var*
hygiaphone [iʒjafɔn] *m* (*nom déposé*) *à un guichet* (hygi'enisch gestaltete) Sprechöffnung
hygiène [iʒjɛn] *f* Hygi'ene *f*; Gesundheitslehre *f*, -pflege *f*; ~ *alimentaire* Lebensmittelhygiene *f*; ~ *corporelle* Körperpflege *f*, -hygiene *f*; ~ *publique* öffentliche Gesundheitspflege; ~ *de la bouche, de la peau* Mund-, Hautpflege *f*; ~ *du travail* Arbeitshygiene *f*; *soins m/pl d'*~ Gesundheitspflege *f*; *manquer d'*~ *personne* es an Hygiene fehlen lassen; *lieu* unhygienisch, nicht sauber sein
hygié|nique [iʒjenik] *adj* hygi'enisch; der Gesundheit dienend; *papier m* ~ Toi'letten-, Klo'sett-, F Klopapier *n*; *seau m* ~ Toi'letteneimer *m*; *serviette f* ~ (Damen-, Monats)Binde *f*; *soins m/pl* ~**s** Gesundheitspflege *f*
hygiéniste [iʒjenist] *m,f* Hygi'eniker(in) *m(f)*
hygro|mètre [igrɔmɛtr(ə)] *m MÉTÉO* Hygro'meter *n*; Luftfeuchtigkeitsmesser *m*; ~**métrique** *adj MÉTÉO* *état m* ~ (*de l'air*) (Luft)Feuchtigkeitsgehalt *m*; ~**scopique** *adj CHIM* hygro'skopisch; wasseranziehend
hymen [imɛn] *m* **1.** *ANAT* Jungfernhäutchen *n*; *sc* Hymen *n*; **2.** *poét* (*mariage*) Vermählung *f*, Ehe *f*
hyménée [imene] *m poét cf hymen* 2.
hyménoptères [imenɔptɛʀ] *m/pl ZO* Hautflügler *m/pl*

hymne [imn(ə)] **1.** *m* Hymne *f*; Hymnus *m*; preisendes Gedicht; ~ *national* Natio'nalhymne *f*; ~ *à la nature* Hymne an die Natur; **2.** *f REL* (geistlicher) Lobgesang; Hymnus *m*
hyper... [ipɛʀ] *préfixe* Hyper...; hyper...; Über...; über...; *cf les mots suivants*
hyperacidité [ipɛʀasidite] *f MÉD* 'übermäßig hoher Säuregehalt des Magensaftes; *sc* Super-, Hyperacidität *f*
hyperbole [ipɛʀbɔl] *f* **1.** *MATH* Hy'perbel *f*; **2.** *RHÉT* Hy'perbel *f*; *par ext* Über'treibung *f*
hyper|correct [ipɛʀkɔʀɛkt] *adj LING* hyperkor'rekt; ~**critique** *adj* hyper'kritisch; 'überkritisch, -streng; ~**émotivité** *f PSYCH* 'übermäßige Emotivi'tät, Empfindsamkeit *f*; ~**esthésie** *f MÉD* 'Überempfindlichkeit *f* (der Haut); ~**glycémie** *f MÉD* vermehrter Blutzuckergehalt; *sc* Hyperglykä'mie *f*
hypermarché [ipɛʀmaʀʃe] *m* Verbrauchermarkt *m*, großer Supermarkt (*mit mehr als 2500 m² Verkaufsfläche*)
hypermétrop|e [ipɛʀmetrɔp] **I** *adj* weitsichtig; **II** *m,f* Weitsichtige(r) *f(m)*; ~**ie** *f* Weit-, 'Übersichtigkeit *f*
hypernerveux [ipɛʀnɛʀvø] *adj* ⟨-euse⟩ 'übernervös; *subst c'est un* ~ er ist übernervös
hyper|sensibilité [ipɛʀsãsibilite] *f* 'Überempfindlichkeit *f*; ~**sensible** *adj* 'überempfindlich
hypersustentateur [ipɛʀsystãtatœʀ] *adj et subst m AVIAT* (*dispositif m*) ~ Hochauftriebsmittel *n*; Auftriebshilfe *f*
hyper|tendu [ipɛʀtãdy] *MÉD* **I** *adj* an zu hohem Blutdruck leidend; **II** *subst* ~(**e**) *m(f)* an zu hohem Blutdruck Leidende(r) *f(m)*; ~**tension** *f MÉD* erhöhter Blutdruck; Bluthochdruck *m*; *sc* Hyperto'nie *f*
hypertrophie [ipɛʀtrɔfi] *f* **1.** *MÉD* 'übermäßige Vergrößerung; 'übermäßiges Wachstum; *sc* Hypertro'phie *f*; **2.** *fig du moi* 'Übersteigerung *f*; *d'un système* 'übermäßiges Wachstum
hypertroph|ié [ipɛʀtrɔfje] *adj* **1.** *MÉD* (durch Zellenwachstum) 'übermäßig vergrößert; *sc* hyper'troph(isch); **2.** *fig* über'steigert; 'übermäßig entwickelt; aufgebläht; ~**ier** *v/pr s'*~ **1.** *MÉD* sich ('übermäßig) vergrößern; 'übermäßig wachsen; **2.** *fig* sich 'übermäßig entwickeln; 'übermäßig anwachsen; ~**ique** *adj MÉD* hyper'troph(isch)
hypnose [ipnoz] *f* Hyp'nose *f*
hypnotique [ipnɔtik] **I** *adj* hyp'notisch; *personne* hypnoti'sierbar; **II** *m PHARM* Hyp'notikum *n*; Schlafmittel *n*
hypnotiser [ipnɔtize] *v/t* **1.** hypnoti'sieren; in Hyp'nose versetzen; **2.** *fig* in s-n Bann schlagen; fesseln; *p/p être hypnotisé par qc* hypnoti'siert, von etw (wie) hypnoti'siert, wie gebannt, wie geblendet sein; **II** *v/pr s'*~ *sur qc* von etw besessen sein, verfolgt werden
hypnot|iseur [ipnɔtizœʀ] *m* Hypnoti'seur *m*; ~**isme a**) *procédés* hyp'notische Praktiken *f/pl*; **b**) *science* Hypno'tismus *m*
hypo-cagne *cf* **hypo-khâgne**
hypo|calorique [ipokalɔʀik] *adj* kalo'rienarm; ~**centre** *m GÉOL* Hypo'zentrum *n*; Erdbebenherd *m*
hypocondr|iaque [ipokɔ̃dʀijak] **I** *adj*

hypo'chondrisch; **II** *m* Hypo'chonder *m*; eingebildete(r) Kranke(r); ~**ie** *f MÉD* Hypochon'drie *f*
hypocrisie [ipɔkrizi] *f* Heuche'lei *f*; Verstellung *f*, Scheinheiligkeit *f*
hypocrite [ipɔkrit] **I** *adj* heuchlerisch; scheinheilig; **II** *m,f* Heuchler(in) *m(f)*; *faire l'*~ heucheln; sich verstellen; scheinheilig tun
hypodermique [ipɔdɛʀmik] *adj MÉD* subku'tan
hypogastre [ipɔgastr(ə)] *m ANAT* 'Unterbauchgegend *f*
hypoglycémie [ipɔglisemi] *f MÉD* verminderter Blutzuckergehalt; F 'Unterzuckerung *f*; *sc* Hypoglykä'mie *f*
hypo-khâgne [ipokɑɲ] F *f* Klasse *f* vor der „khâgne" (*cf* **khâgne**)
hypophyse [ipɔfiz] *f ANAT* Hypo'physe *f*; Hirnanhangsdrüse *f*
hypo-taupe [ipotop] F *f* Klasse *f* vor der „taupe" (*cf* **taupe** 3.)
hypo|tendu [ipotãdy] **I** *adj* an zu niedrigem Blutdruck leidend; **II** *subst* ~(**e**) *m(f)* an zu niedrigem Blutdruck Leidende(r) *f(m)*; ~**tenseur** (*et subst m*) *PHARM* blutdrucksenkend(es Mittel); ~**tension** *f MÉD* zu niedriger Blutdruck; *sc* Hypoto'nie *f*
hypoténuse [ipɔtenyz] *f MATH* Hypote'nuse *f*
hypothécable [ipɔtekabl(ə)] *adj* hypothe'karisch belastbar
hypothécaire [ipɔtekɛʀ] *adj* hypothe'karisch; Hypo'theken...; *prêt m* ~ hypothekarisch gesichertes Darlehen
hypothèque [ipɔtɛk] *f* **1.** *JUR* Hypo'thek *f*; *grever qc d'une* ~ etw mit e-r Hypo'thek belasten; **2.** *fig* Hypo'thek *f*; (schwere) Belastung; *prendre une* ~ *sur l'avenir* e-e Hypothek auf die Zukunft aufnehmen; die Zukunft belasten
hypothéquer [ipɔteke] *v/t* ⟨-é-⟩ **1.** *JUR* **a**) *grever* mit e-r Hypo'thek belasten; **b**) *garantir* hypothe'karisch, durch e-e Hypo'thek sichern; **2.** *fig* (vor'weg, im voraus) belasten; mit e-r Hypothek belasten
hypothermie [ipɔtɛʀmi] *f MÉD* Unter'kühlung *f*; *sc* Hypother'mie *f*
hypothèse [ipɔtɛz] *f* **1.** Hypo'these *f*; Annahme *f*; ~ *de travail* Arbeitshypothese *f*; *faire, formuler une* ~ e-e Hypothese aufstellen; *faire des* ~**s** *sur qc* Vermutungen über etw (*acc*) anstellen; *en être réduit aux* ~**s** auf Vermutungen angewiesen sein; **2.** (*éventualité*) Möglichkeit *f* (*d'un accident* e-s Unfalls); *loc/conj dans l'*~ *où ...* im Fall(e), daß ...
hypothétique [ipɔtetik] *adj* **1.** (*supposé*) hypo'thetisch; nur angenommen; **2.** (*douteux*) zweifelhaft, fraglich; unsicher; ungewiß
hysope [izɔp] *f BOT* Ysop *m*
hystérectomie [isterɛktɔmi] *f MÉD* opera'tive Entfernung der Gebärmutter; *sc* Hysterekto'mie *f*
hystérie [isteri] *f MÉD et fig* Hyste'rie *f*; ~ *collective* Massenhysterie *f*; *c'est de l'*~ das ist Wahnsinn
hystérique [isterik] **I** *adj* hy'sterisch; **II** *m,f* Hy'steriker(in) *m(f)*
hystérographie [isterɔgrafi] *f MÉD* Röntgenbild *n* der Gebärmutter; *sc* Hystero'gramm *n*

I

I, i [i] *m* ⟨*inv*⟩I, i *n*; *i grec* Ypsilon *n*; *fig* **mettre les points sur les i** sich klar und deutlich erklären; es klipp und klar sagen; *personne* **droit comme un I** kerzengerade; gerade wie e-e Eins
iambe [jãb] *m* VERSIFICATION Jambus *m*; Jambe *f*
Ibères [ibɛʀ] *m/pl* HIST I'berer *m/pl*
ibérique [ibeʀik] *adj* i'berisch; *péninsule f* ♀ Iberische Halbinsel; Pyre-'näenhalbinsel *f*
ibidem [ibidɛm] *adv* (*abr ibid., ib.*) ibidem; ebenda
ibis [ibis] *m* ZO Ibis *m*
iceberg [ajsbɛʀg, isbɛʀg] *m* Eisberg *m*
ichtyolog|ie [iktjɔlɔʒi] *f* Fischkunde *f*; *sc* Ichthyolo'gie *f*; **~iste** *m,f* Ichthyo'loge, -'login *m,f*
ichtyose [iktjoz] *f* MÉD Fischschuppenkrankheit *f*; *sc* Ichthy'ose *f*
ici [isi] *adv* **1.** *désignant le lieu* hier *ou* hierher; *à un chien* **~!** hierher!; TÉL **~ Monsieur X** hier (ist) X; RAD **~ Paris** hier ist Paris; *Monsieur X*, **~** *présent*, *va vous l'expliquer* der hier anwesende Herr X ...; **~ et là** hier und da; bald hierhin, bald dorthin; *il y a une faute* **~** hier, an dieser Stelle ist ein Fehler; *on est bien* **~** hier fühlt man sich wohl; *sur une pierre tombale* **~** *repose ...* hier ruht ...; *viens* **~!** komm (hier)her!; ♦ *avec prép*: *d'***~** von hier; *loc/adj* hiesige(r, -s); *la population d'***~** die hiesige Bevölkerung; *d'***~** (*à*) *la gare, il y a cent mètres* (von hier) bis zum Bahnhof sind es hundert Meter; *il n'est pas d'***~** er ist nicht von hier; *c'est loin, près d'***~** das ist weit von hier (entfernt), ganz in der Nähe; *d'***~** *on voit ...* von hier (aus) sieht man ...; *jusqu'***~** bis hier(her, -hin); *par* **~** a) hier entlang, F hier lang *ou* hier hin'auf, F hier rauf *ou* hier hin'unter, F hier runter; hierhin *ou* hierher; b) hier (in der Gegend); *par* **~** *la sortie* hier entlang *etc* (geht es) zum Ausgang; *il est passé par* **~** er ist hier vorbeigekommen; *il séjourne par* **~** er hält sich hier in der Gegend auf; **2.** *temporel d'***~** von jetzt, heute an; *d'***~** (*à*) *un an* übers Jahr; in Jahresfrist; *d'***~** (*à*) *demain, d'***~** *deux jours,* (*à*) *la semaine prochaine* bis morgen, heute in zwei Tagen, bis zur nächsten Woche; *d'***~** *là* bis da'hin; in'zwischen; *d'***~** *peu* binnen kurzem; in Kürze; bald; *loc/conj d'***~** (*à ce*) *que ...* (+*subj*) bis (F daß) ...; *d'***~** (*à ce*) *qu'il vienne, il sera deux heures* bis er kommt; *jusqu'***~** bis jetzt; bis'her; bis'lang
ici-bas [isiba] *loc/adv* hier unten; auf dieser Erde; im Diesseits; *poét* hie'nieden; *loc/adj d'***~** irdisch; diesseitig

icône [ikon] *f* PEINT I'kone *f*
iconoclaste [ikɔnɔklast] **I** *m* Bilderstürmer *m*; Ikono'klast *m*; **II** *adj* bilderstürmerisch; ikono'klastisch
iconographie [ikɔnɔgʀafi] *f* **1.** *science* Ikonogra'phie *f*; **2.** *d'un livre* Bebilderung *f*; Illustrati'onen *f/pl*
ictère [iktɛʀ] *m* MÉD Gelbsucht *f*; *sc* Ikterus *m*
idéal [ideal] **I** *adj* ⟨-aux *od* -als⟩ **1.** (*parfait en son genre*) ide'al; voll'kommen; dem Ide'al entsprechend; *beauté* **~e** vollkommene, ideale Schönheit; **2.** F (*rêvé, parfait*) ide'al; voll'kommen; per-'fekt; Ide'al...; *mari* **~** idealer Ehemann; *solution* **~e** ideale Lösung; Ideallösung *f*; **3.** (*imaginaire*) ide'al; gedacht; in der Vorstellung vor'handen; *ligne* **~e** ideale, gedachte Linie; **II** *m* ⟨*pl* idéaux *od* idéals⟩ **1.** Ide'al *n*; **~** *de beauté* Schönheitsideal *n*; *homme m sans* **~** Mensch *m* ohne Ideale; *avoir des idéaux* Ideale haben; **2.** *l'***~** das Ide'ale, Günstigste, Beste; (*pour qn*), *c'est de ou que ...* (+*subj*) das Ideale (für j-n) ist, zu (+*inf*) *ou* wenn ...; *l'***~** *serait que tu viennes lundi* das Ideale wäre (es), wenn du Montag kommen würdest; *ce n'est pas l'***~** (*, mais ...*) das ist nicht das Ideale (, aber ...)
idéal|isation [idealizaʒɔ̃] *f* Ideali'sierung *f*; **~iser** *v/i* ideali'sieren; verklären; **~isme** *m* Idea'lismus *m*; **~iste I** *adj* idea'listisch; **II** *m,f* Idea'list(in) *m(f)*
idée [ide] *f* **1.** PHILOS I'dee *f*; Urbild *n*; reiner Begriff; **2.** (*pensée*) I'dee *f*; Gedanke *m*; Vorstellung *f*; (*pensée originale*) Einfall *m*; (*notion*) Begriff *m*; **~s** *pl* (*opinion*) Auffassung *f*; Meinung *f*; *bonne* **~** gute Idee; guter Einfall, Gedanke; **~** *directrice* Leit-, Grund-, Hauptgedanke *m*; **~** *fixe* fixe Idee; Zwangsvorstellung *f*; **~s** *noires* trübe Gedanken; *avoir des* **~s** *noires* trüben Gedanken nachhängen; *quelle* **~!** was für e-e Idee, Vorstellung!; was für ein Einfall, Gedanke!; wo denken Sie hin!; **~** *reçue* über'kommene Vorstellung; *l'***~** *du refus lui faisait peur* der Gedanke e-r, an e-e Ablehnung; **~** *de derrière la tête* 'Hintergedanke *m*; *plein d'***~s** ideenreich; voller (guter) Ideen, Einfälle; *être plein d'***~s** voller Ideen, Einfälle stecken; *en voilà une* **~!** was für e-e (verrückte) Idee!; ♦ *à mon* **~** für meine Begriffe; nach meinen (eigenen) Vorstellungen; *il fait à son* **~** er macht es (so), wie er es für richtig hält; *à l'***~** *d'un échec ...* bei dem Gedanken an e-n 'Mißerfolg ...; *à l'***~** *d'échouer ou qu'il pourrait échouer ...* bei dem Gedanken (daran), scheitern zu können *ou* daß er scheitern könnte ...; ♦ *avoir une* **~** e-e Idee, e-n Gedanken, e-n Einfall haben; *avoir des* **~s** Ideen haben; *avoir de l'***~** einfallsreich, erfinderisch sein; F etwas loshaben; *il y a de l'***~** *dans ce plan* dieser Plan ist nicht dumm; *avoir une* **~** *de qc* e-e Vorstellung, Idee, Ahnung, e-n Begriff von etw haben; *je n'en ai aucune* **~** ich habe keine Ahnung (davon); *n'avoir pas la moindre* **~** *de qc* nicht den geringsten Begriff, die leiseste Ahnung, die mindeste Vorstellung von etw haben; *avoir l'***~** *de* (+*inf*) die Idee *ou* den Gedanken haben, auf die Idee *ou* den Gedanken kommen zu (+*inf*); *avoir l'***~** *de qc* die Idee zu etw haben; etw ersinnen; *avoir* **~** *que ..., avoir dans l'***~** *que ...* sich vorstellen *ou* denken können, daß ...; vermuten, daß ...; *on n'a pas* **~!** *ou a-t-on* **~!** das ist unglaublich, unvorstellbar, unmöglich!; *j'ai mon* **~** ich habe meine eigene Vorstellung, Meinung, Idee (*sur* über +*acc*; von); *avoir ses* **~s** s-e eigenen Vorstellungen, Ideen, Ansichten haben (*sur* über +*acc*); *avoir une 'haute* **~** *de qn, qc* e-e hohe Meinung von j-m, etw haben; *avoir des* **~s** *de droite, de gauche* rechts, links eingestellt sein; *changer d'***~** s-e Meinung, Absicht ändern; sich anders besinnen; *changer les* **~s** *à qn* j-n auf andere Gedanken bringen; *donner à qn une* **~** *de qc* j-m e-e Idee, e-e Vorstellung, ein Bild von etw geben, vermitteln; *donner à qn l'***~** *de faire qc* j-n auf die Idee, auf den Gedanken bringen, etw zu tun; F *ça pourrait donner des* **~s** *aux enfants* das könnte die Kinder auf dumme Gedanken bringen; *tiens, c'est une* **~!** halt, das ist e-e Idee!; das wäre was!; *c'est son* **~** das entspricht s-r Vorstellung; das ist sein Gedanke; *c'était dans mon* **~** *de* (+*inf*) es war meine Absicht zu (+*inf*); *cela n'est pas dans mes* **~s** das entspricht nicht meinen Vorstellungen, Auffassungen, meiner Über'zeugung; *se faire une* **~** *de qc* sich e-e Vorstellung, e-n Begriff von etw machen; *se faire des* **~s** sich falsche Gedanken, falsche Hoffnungen machen; *ôter, enlever à qn une* **~** *de la tête* j-n von e-m Gedanken abbringen; j-m e-n Gedanken ausreden; *ôtez-vous cette* **~** *de l'esprit* schlagen Sie sich diesen Gedanken aus dem Kopf, Sinn; *on ne m'ôtera, m'enlèvera pas cela de l'***~** man wird mich nicht davon abbringen können; man wird mir das nicht ausreden

können; *cela m'est sorti de l'~* das ist mir entfallen; *il me vient une ~* mir kommt e-e Idee, ein Gedanke; *l'~ me vint de* (+*inf*) *ou que ...* mir kam die Idee, zu (+*inf*) *ou daß ...*; *il ne me viendrait pas à l'~ de* (+*inf*) ich käme nicht auf den Gedanken, auf die Idee zu (+*inf*); es würde mir nicht einfallen, in den Sinn kommen zu (+*inf*)

idée-force [idefɔRs] *f* ⟨*pl* idées-forces⟩ Leitgedanke *m*

idem [idɛm] *adv* (*abr* **id.**) **1.** idem; der-, das/selbe; **2.** F (*de même*) ebenso; des'gleichen

identifiable [idɑ̃tifjabl(ə)] *adj* identifi'zierbar

identification [idɑ̃tifikasjõ] *f* **1.** *d'une personne, d'un avion etc* Identifi'zierung *f*; Identifikati'on *f*; **2.** (*assimilation*) Identifi'zierung *f*, Gleichsetzung *f* (*à, avec* mit); **3.** PSYCH Sich-Identifi'zieren *n*, Identifikati'on *f* (*à, avec* mit)

identifier [idɑ̃tifje] **I** *v/t* **1.** *cadavre, empreintes etc* identifi'zieren; die Identi'tät feststellen (+*gén*); **2.** (*reconnaître*) 'wiedererkennen; (erkennen und) einordnen; **3.** (*assimiler*) identifi'zieren, gleichsetzen (*qc avec, à qc* etw mit etw); **II** *v/pr* **s'~** *avec ou à qn, qc* sich mit j-m, etw identifi'zieren

identique [idɑ̃tik] *adj* i'dentisch (*a* MATH); (völlig) gleich; ein und der- *ou* die- *ou* das'selbe; über'einstimmend; *opinions f/pl* **~s** übereinstimmende Meinungen *f/pl*; *demeurer ~ à soi-même* immer derselbe bleiben; sich selbst treu bleiben; *être ~ à qc* mit etw identisch sein

identité [idɑ̃tite] *f* **1.** (völlige) Gleichheit, Über'einstimmung; Identi'tät *f*; PSYCH *~ du moi* Ich-Identität *f*; *~ des points de vue* Übereinstimmung der Standpunkte; **2.** *d'une personne* Identi'tät *f*; *par ext ~ judiciaire* Erkennungsdienst *m*; *carte f d'~* Perso'nalausweis *m*; *photo f d'~* Paßbild *n*, -foto *n*; Lichtbild *n*; *pièce f d'~* Ausweis(papier) *m(n)*; *vérification f d'~* Über'prüfung *f* der Perso'nalien; *établir l'~ de qn* j-s Perso'nalien feststellen

idéogramme [ideɔgRam] *m* LING Ideo'gramm *n*; Begriffszeichen *n*

idéologie [ideɔlɔʒi] *f* **1.** Ideolo'gie *f*; **2.** *péj* reine Theo'rie; **~ique** *adj* ideo'logisch

idéologue [ideɔlɔg] *m* **1.** Ideo'loge *m*; **2.** *péj* wirklichkeitsfremder Theo'retiker

IDHEC *ou* **I.D.H.E.C.** [idɛk] *m abr* (*Institut des hautes études cinématographiques*) (staatliche) Filmhochschule

idiolecte [idjɔlɛkt] *m* LING Idio'lekt *m*

idiomatique [idjɔmatik] *adj* LING idio'matisch; *expression f ~* idiomatische Redewendung

idiome [idjɔm] *m* Idi'om *m*

idiot [idjo] **I** *adj* **1.** (sehr) dumm; töricht; F blöd(sinnig); idi'otisch; *ce serait ~ de* (+*inf*) es wäre dumm, töricht zu (+*inf*); *il est complètement ~* F er ist ein 'Vollidiot; **2.** MÉD idi'otisch; **II** *subst* **~(e)** *m(f)* **1.** Dummkopf *m*; F Trottel *m*; Idi'ot(in) *m(f)*; *süd* Depp *m*; *~ du village* Dorftrottel *m*; *espèce d'~!, quel ~!* (du, Sie) Idiot!; *faire l'~* a) (*simuler la bêtise*) sich dumm stellen; b) (*faire des bêtises*) F Faxen machen; **2.** MÉD Idi'ot(in) *m(f)*; hochgradig Schwachsinnige(r) *f(m)*

idiotie [idjɔsi] *f* **1.** *d'une personne* Dummheit *f*; Torheit *f*; F Blödheit *f*; Idio'tie *f*; *d'une réponse etc* F Blödsinnigkeit *f*; **2.** *parole, action* Dummheit *f*, Torheit *f*; F dummes Zeug; Blödsinn *m*; Idio'tie *f*; *dire des ~s* Dummheiten, Blödsinn, idiotische Sachen sagen; **3.** MÉD Idio'tie *f*; Idio'tismus *m*; hochgradiger Schwachsinn

idiotisme [idjɔtism(ə)] *m* LING Spracheigenheit *f*; Idi'om *n*

idoine [idwan] *adj* geeignet; tauglich

idolâtre [idolɑtR(ə)] **I** *adj* götzendienerisch (*a fig*); *fig* abgöttisch; **II** *m,f* Götzendiener(in) *m(f)*; *~er v/t* abgöttisch verehren, lieben; *~ie f* **1.** Götzendienst *m*; **2.** *fig* abgöttische Verehrung, Liebe; Abgötte'rei *f*

idole [idɔl] *f* **1.** REL Götze(nbild) *m(n)*; I'dol *n*; **2.** *fig* Abgott *m*; I'dol *n*; Kultfigur *f*

idylle [idil] *f* **1.** ro'mantische, zarte Liebe; Ro'manze *f*; **2.** *poème* I'dylle *f*

idyllique [idilik] *adj* i'dyllisch; *faire un tableau ~ de qc* ein idyllisches Bild von etw entwerfen

Iéna [jena] Jena *n*

I.E.P. [iəpe] *m abr* (*Institut d'études politiques*) Hochschule *f* für Poli'tikwissenschaft

if [if] *m* BOT Eibe *f*; Taxus *m*

IFOP *ou* **I.F.O.P.** [ifɔp] *m abr* (*Institut français d'opinion publique*) Fran'zösisches Meinungsforschungsinstitut

igloo *ou* **iglou** [iglu] *m* Iglu *m ou* n

Ignace [iɲas] *m prénom* Ignaz *m*; *saint* Ig'natius *m*

igname [iɲam] *f* BOT Jams-, Yamswurzel *f*

ignare [iɲaR] *péj* **I** *adj* völlig unwissend, ungebildet; **II** *m,f* Igno'rant(in) *m(f)*; Nichtswisser(in) *m(f)*

igné [iɲe, igne] *adj* GÉOL *roche ~e* Vul'kangestein *n*

ignifuge [iɲifyʒ, igni-] *ou* **ignifugeant** [iɲifyʒɑ̃, igni-] *adj et subst m* (*produit m*) *~* Feuerschutzmittel *n*

ignifuger [iɲifyʒe, igni-] *v/t* ⟨-geons⟩ TECH feuerfest, feuersicher machen; feuersicher imprä'gnieren

ignition [iɲisjɔ̃, igni-] *f* CHIM Brennen *n*; Verbrennung *f*

ignoble [iɲɔbl(ə)] *adj* **1.** (*abject*) gemein; schändlich; niederträchtig; **2.** (*sordide*) widerlich; ab'scheulich; ekelhaft

ignominie [iɲɔmini] *f* **1.** (*déshonneur*) Schande *f*; Schmach *f*; *st/s* Schimpf *m*; **2.** (*caractère infamant*) Schändlichkeit *f*; *st/s* acte Schandtat *f*; Schändlichkeit *f*

ignominieux [iɲɔminjø] *adj* ⟨-euse⟩ schändlich; schimpflich; schmachvoll

ignorance [iɲɔRɑ̃s] *f* **1.** Unkenntnis *f*; *dans l'~ des faits* in Unkenntnis der Tatsachen; *être dans l'~ de qc* in Unkenntnis über etw (*acc*) sein; *tenir qn dans l'~ de qc* j-n in Unkenntnis über etw (*acc*) lassen; **2.** Unwissenheit *f*, Igno'ranz *f*; mangelndes Wissen, mangelnde Kenntnisse *f/pl* (*dans ce domaine* auf diesem Gebiet); (*manque de culture*) Unbildung *f*

ignorant [iɲɔRɑ̃] **I** *adj* **1.** *être ~ de qc* etw nicht kennen; über etw (*acc*) nicht infor'miert sein, nicht Bescheid wissen; **2.** unwissend, ungebildet (*en histoire* in Geschichte); **II** *subst* **~(e)** *m(f)* Unwissende(r) *f(m)*; Unkundige(r) *f(m)*; Igno'rant *m*; Ungebildete(r) *f(m)*; *faire l'~* sich dumm stellen

ignoré [iɲɔRe] *adj* unbeachtet (*de qn* von j-m); (*méconnu*) verkannt

ignorer [iɲɔRe] **I** *v/t* **1.** nicht wissen; *viendra-t-il? je l'ignore* ich weiß (es) nicht; *vous ne l'ignorez pas* Sie wissen es genau; *j'ignore tout de cette affaire* ich weiß überhaupt nichts von dieser Sache; *loc afin que nul ne l'ignore* zur allgemeinen Beachtung; damit jedermann es wisse; *il ignorait avoir gagné* er wußte nicht, daß er gewonnen hatte; *~ que ...* (+*ind ou subj*) nicht wissen, daß ...; *j'ignorais qu'il était ou s/ts fût malade* ich wußte nicht, daß er krank war; *ne pas ~ que ...* (+*ind*) genau, sehr wohl wissen, daß ...; **2.** nicht kennen; *~ les difficultés de la vie* die Schwierigkeiten des Lebens nicht kennen; *il ignore le mensonge* er kennt keine Lüge; **3.** *~ qn, qc* j-n, etw igno'rieren, nicht kennen wollen, nicht beachten; **II** *v/pr* **s'~ 4.** *c'est un poète qui s'ignore* er ist ein Dichter, ohne es zu wissen; er ist ein Dichter und weiß es nicht; **5.** *réciproque* **s'~** sich *ou* ein'ander nicht kennen

iguane [igwan] *m* ZO Legu'an *m*; Kammeidechse *f*; Igu'ana *f*

il [il, F *vor Konsonanten* i] **1.** *pr/pers* er; *~ lit* er liest; *est-il sorti?* ist er ausgegangen?; **2.** *impersonnel* es; *~ fait froid* es ist kalt; *~ arriva des gens* es kamen Leute; *il y a cf* **avoir** *III*; *~ faut cf* **falloir**

île [il] *f* **1.** Insel *f*; *poét* Eiland *n*; *l'~ de Beauté* die Insel der Schönheit (*Korsika*); *l'~ de Malte* die Insel Malta; **2.** *loc/adj* **des ~s** a) von den An'tillen; b) exo'tisch; **3.** CUIS *~ flottante* Eierschnee *m* auf Va'nillesoße

Île-de-France [ildəfRɑ̃s] *l'~ f frz* Region (*Paris u Umgebung*)

iléon [ileõ] *m* ANAT Krummdarm *m*; *sc* Ileum *n*

iliaque [iljak] *adj* ANAT *os ~* Hüftknochen *m*, -bein *n*

ilion [iljɔ̃] *m ou* **ilium** [iljɔm] *m* ANAT Darmbein *n*

Ille-et-Vilaine [ilevilɛn] *l'~ f frz* Departement

illégal [i(l)legal] *adj* ⟨-aux⟩ gesetz-, rechtswidrig, illegal; ungesetzlich; 'widerrechtlich; **~ité** *f* **1.** Gesetz-, Rechtswidrigkeit *f*; Illegali'tät *f*; Ungesetzlichkeit *f*; 'Widerrechtlichkeit *f*; **2.** *acte* gesetzwidrige *etc* Handlung

illégitime [i(l)leʒitim] *adj* **1.** unrechtmäßig; illegitim; *enfant* unehelich; außerehelich; **2.** *fig craintes etc* ungerechtfertigt; unberechtigt; **~ité** *f* Unrechtmäßigkeit *f*; Illegitimi'tät *f*; *d'un enfant* Un-, Außerehelichkeit *f*

illettré [i(l)letRe] **I** *adj* des Lesens und Schreibens unkundig; **II** *subst* **~(e)** *m(f)* Analpha'bet(in) *m(f)*

illicite [i(l)lisit] *adj* unerlaubt; unzulässig; unstatthaft; *concurrence f ~* unlauterer Wettbewerb

illico [i(l)liko] *adv* F (*presto*) auf der Stelle; so'fort; unverzüglich

illimité [i(l)limite] *adj* unbegrenzt; *dans le temps a* unbefristet; *confiance* grenzenlos; **responsabilité ~e** unbeschränkte Haftung

illisible [i(l)lizibl(ə)] *adj* **1.** *écriture* unleserlich; **2.** *ouvrage* unlesbar

illogique [i(l)lɔʒik] *adj* unlogisch; *personne être ~* nicht logisch sein

illogisme [i(l)lɔʒism(ə)] *m* Mangel *m* an Logik

illumination [i(l)lyminasjō] *f* **1.** *d'un monument* (Fest)Beleuchtung *f*; Illumination *f*; *avec des projecteurs* Anstrahlung *f*; **les ~s du 14 Juillet** die Festbeleuchtung am 14. Juli; **2.** (*inspiration subite*) Erleuchtung *f*; Geistesblitz *m*; **3.** REL Illumination *f*; Erleuchtung *f*

illuminé [i(l)lymine] *m péj* wirklichkeitsfremder Schwärmer; Illusio'nist *m*

illuminer [i(l)lymine] **I** *v/t* **1.** *monument, ville etc* (festlich) beleuchten; illumi'nieren; *avec des projecteurs* anstrahlen; *éclair: le ciel* erhellen; **2.** *par ext joie: le visage* erhellen; *yeux illuminés de bonheur* glückstrahlende Augen *n/pl*; **II** *v/pr s'~* erstrahlen (*de joie* vor Freude); *son visage s'illumina d'un sourire* ein Lächeln erhellte sein Gesicht

illusion [ilyzjō] *f* **1.** *des sens* (Sinnes-)Täuschung *f*; *st/s* Gaukelspiel *n*; THÉ Illusi'on *f*; **~ d'optique** a) optische Täuschung; b) *fig* Fehleinschätzung *f*; **donner l'~ de qc** die Illusion von etw erwecken, vermitteln; etw vorspiegeln, vortäuschen; **2.** (*croyance erronée*) Illusi'on *f*; falsche Hoffnung; Wahn *m*; **faire ~** den Leuten etwas vormachen, vorgaukeln; **se faire des ~s** sich (*dat*) Illusionen machen; sich (*acc*) Selbsttäuschungen hingeben; sich (*dat*) etwas vormachen

illusionner [ilyzjɔne] **I** *v/t ~ qn* j-m etwas vorgaukeln; **II** *v/pr s'~ sur qn, qc* sich über j-n, etw Illusi'onen hingeben; sich über j-n, etw etwas vormachen

illusionn|isme [ilyzjɔnism(ə)] *m* Zauberkunst *f*; **~iste** *m* Zauberkünstler *m*; Illusio'nist *m*

illusoire [i(l)lyzwaʀ] *adj* illu'sorisch; trügerisch; *il est ~ de* (+*inf*) es ist illusorisch zu (+*inf*)

illustra|teur [ilystʀatœʀ] *m*, **~trice** *f* Illu'strator *m*, Illustra'torin *f*

illustration [ilystʀasjō] *f* **1.** *action* Illu'strierung *f*; Bebilderung *f*; **2.** *résultat* **a)** Illustrati'on *f*; Abbildung *f*; **b)** *coll* Illustrati'onen *f/pl*; Bebilderung *f*; **3.** *fig* Illustrati'on *f*; Veranschaulichung *f*; Erläuterung *f*

illustre [i(l)lystʀ(ə)] *adj* il'luster; erlaucht; berühmt; *plais un ~ inconnu* ein ganz und gar Unbekannter; F ein unbeschriebenes Blatt

illustré [ilystʀe] **I** *adj livre etc* illu'striert; bebildert; *affiche* **~e** Bildplakat *n*; **II** *m* Illu'strierte *f*

illustrer [ilystʀe] **I** *v/t* **1.** *livre etc* illu'strieren; mit Illustrati'onen versehen; bebildern; **2.** *fig ~ qc* etw illu'strieren, veranschaulichen, erläutern; **II** *v/pr s'~ par, dans qc* sich durch etw auszeichnen; mit etw berühmt werden

illustrissime [i(l)lystʀisim] *adj iron* erlauchteste(r, -s)

îlot [ilo] *m* **1.** kleine Insel; **2.** *fig: ~ de calme* Insel *f* der Ruhe; **~ de verdure** kleine Grünanlage; **~ de résistance** 'Widerstandsnest *n*; **3.** (*groupe de maisons*) Häuserblock *m*

îlotier [ilɔtje] *m agent de police* Kon'takt(bereichs)beamte(r) *m*

ils [il] *pr/pers m/pl* sie; *elle et lui*, **ils en savent davantage** sie wissen mehr darüber

image [imaʒ] *f* **1.** Bild *n* (*a* OPT, TV, CIN, PHOT); *floue, nette* unscharfes *ou* verschwommenes, scharfes *ou* klares Bild; REL *~s pieuses* Andachtsbilder *n/pl*; *~ d'Épinal* a) Bilderbogen *m* von Epinal (*volkstümliche Bildergeschichten*); b) *fig* na'ives Kli'schee; *livre m d'~s* Bilderbuch *n*; *enfant sage comme une ~* sehr artig, brav; *regarder son ~ dans la glace* sein Bild im Spiegel betrachten; **2.** (*ce qui évoque qc ou qn*) (Ab)Bild *n*; BIBL *Dieu créa l'homme à son ~* Gott schuf den Menschen ihm zum Bilde; *donner une ~ fidèle de qc* ein wahrheitsgetreues Bild von etw entwerfen; *être l'~ fidèle de qc* das getreue Abbild von etw sein; *être à l'~ de qn* j-s Charakter 'widerspiegeln; *offrir l'~ du bonheur* Glück ausstrahlen; **3.** (*vision mentale*) Bild *n*; Vorstellung *f*; PSYCH *~ du père* Vaterbild *n*; *cette ~ me suit partout* dieses Bild *ou* diese Vorstellung *ou* die Erinnerung daran verfolgt mich überall; **4.** RHÉT Bild *n*; *riche en ~s* bilderreich; *s'exprimer par des ~s* in Bildern sprechen; **5.** *~* (*de marque*) Image ['ɪmɪtʃ] *n*; **~ d'une société** Firmenimage *n*; **soigner son ~ de marque** sein Image pflegen

imagé [imaʒe] *adj style, langage* bilderreich; bildhaft

imagerie [imaʒʀi] *f* Bilder *n/pl* (*e-r Epoche, e-s Stils etc*); **~ populaire** volkstümliche Bilderbogen *m/pl*

imaginable [imaʒinabl(ə)] *adj* vorstellbar; denkbar; *par tous les moyens possibles et ~s* mit allen erdenklichen, mit allen nur denkbaren Mitteln

imaginaire [imaʒineʀ] *adj* imagi'när; erdacht; nicht wirklich; nur in der Einbildung vorhanden; MATH *nombre m ~* imaginäre Zahl; *c'est un malade ~* er ist ein eingebildeter Kranker

imaginatif [imaʒinatif] **I** *adj* ⟨-ive⟩ phanta'sievoll, -begabt; einfallsreich; **II** *subst ~, imaginative f* phanta'sievoller *etc* Mensch; *c'est un ~ a* er besitzt viel Phantasie

imagination [imaʒinasjō] *f* **1.** Einbildungskraft *f*; Vorstellungskraft *f*, -vermögen *n*; Phanta'sie *f*; Einbildung *f*; *en ~ in* Gedanken; in der Phantasie, Einbildung, Vorstellung; *avoir de l'~* viel Phantasie haben; *cf a* **2.**; *cela n'existe que dans ton ~* das existiert nur in deiner Phantasie, Einbildung; *manquer d'~* keine Phantasie besitzen; phanta'sielos sein; **2.** (*faculté d'inventer*) Erfindungsgabe *f*; Phanta'sie *f*; Einfallsreichtum *m*; *avoir de l'~* einfallsreich, erfinderisch sein

imaginer [imaʒine] **I** *v/t* **1.** *~ qc* sich (*dat*) etw vorstellen, denken, ausmalen (können); *vous viendrez aussi*, *j'imagine* denke ich; *cela dépasse tout ce qu'on peut ~* das übersteigt jegliches Vorstellungsvermögen; *vous n'imaginez pas comme c'est difficile* Sie können sich nicht vorstellen, wie schwer das ist; *~ que ...* (+*ind ou subj*) sich vorstellen, denken (können), daß ...; **2.** (*inventer*) *~ qc* sich (*dat*) etw einfallen lassen, ausdenken; *~ une histoire* sich e-e Geschichte ausdenken; *~ de* (+*inf*) auf die (merkwürdige) Idee verfallen zu (+*inf*); **II** *v/pr s'~* **3.** (*se figurer*) sich (*dat*) vorstellen; *imagine-toi!* stell dir vor!; *s'~ qn, qc autrement* sich j-n, etw anders vorstellen; **4.** (*croire à tort*) sich einbilden; *qu'est-ce qu'il s'imagine!* was bildet er sich ein!

imam [imam] *m* REL I'mam *m*

imbattable [ɛ̃batabl(ə)] *adj personne* unschlagbar; *record* nicht zu über'bieten(d); COMM *prix* nicht zu unter'bieten(d)

imbécile [ɛ̃besil] **I** *adj* dumm, einfältig, F idi'otisch; blöd; **II** *m,f* Dummkopf *m*; Schwachkopf *m*; F Esel *m*; Blödian *m*, Einfaltspinsel *m*; Idi'ot(in) *m(f)*; *südd* Depp *m*; *~ heureux* glücklicher Trottel; *il me prend pour un ~!* F ich lasse mich nicht für dumm verkaufen!

imbécillité [ɛ̃besilite] *f* **1.** Dummheit *f*; Torheit *f*; Einfältigkeit *f*; F Blödheit *f*; Idio'tie *f*; **2.** *~s pl* Dummheiten *f/pl*; Torheiten *f/pl*

imberbe [ɛ̃bɛʀb] *adj* (noch) bartlos

imbiber [ɛ̃bibe] **I** *v/t* **1.** (durch')tränken (*de qc* mit etw); (*tremper*) durch'nässen; **2.** F *fig adjt complètement imbibé* F stink-, stockbesoffen; **II** *v/pr s'~* **3.** sich 'vollsaugen (*de qc* mit etw); **4.** F *fig s'~ d'eau-de-vie* F sich mit Schnaps 'vollaufen lassen

imbrication [ɛ̃bʀikasjō] *f* **1.** CONSTR sich über'schneidende *ou* schuppenförmige Anordnung; **2.** *fig* Über'schneidung *f*; Verschachtelung *f*

imbriqu|é [ɛ̃bʀike] *adj* **1.** CONSTR sich über'schneidend; schuppenförmig angeordnet; **2.** *fig* inein'ander verschachtelt; sich über'schneidend; inein'ander 'übergreifend, verzahnt; **~er** *v/pr pro-blèmes etc s'~* sich über'schneiden, vermischen; inein'ander 'übergreifen

imbroglio [ɛ̃bʀɔglijo, ɛ̃bʀɔljo] *m* Wirrwarr *m*; Durchein'ander *n*; Verwicklung *f*

imbu [ɛ̃by] *adj ~ de qc* von etw durch'drungen; *être ~ de soi, de sa supériorité* von sich eingenommen, über'zeugt sein

imbuvable [ɛ̃byvabl(ə)] *adj* **1.** *boisson* ungenießbar; nicht trinkbar; **2.** F *fig* (*insupportable*) ungenießbar; unmöglich; *personne* a unausstehlich

imitable [imitabl(ə)] *adj* nachahmbar

imita|teur [imitatœʀ] *m*, **~trice** *f* Nachahmer(in) *m(f)*; *artiste de variétés* Imi'tator *m*

imitatif [imitatif] *adj* ⟨-ive⟩ nachahmend

imitation [imitasjō] *f* **1.** Nachahmung *f*; Imitati'on *f*; Imi'tieren *n*; *don m*, *talent m d'~* Imitationsgabe *f*, -talent *n*; *à l'~ de qn* nach j-s Vorbild, Art; in j-s Nachahmung (*dat*); **2.** (*œuvre imitée*) Nachahmung *f*, -bildung *f*; Imitati'on *f*; Ko'pie *f*; **3.** COMM Imitati'on *f*; *~ vison* Nerzimitation *f*; imi'tierter Nerz; *sac etc c'est en ~* cuir das ist e-e Lederimitation, aus imitiertem Leder; **4.** REL *l'~ de Jésus-Christ* die Nachfolge Christi

imiter [imite] *v/t* **1.** *personne, geste, voix, signature etc* nachahmen, -ma-

immaculé – impartialité

chen; imi'tieren; *modèle, héros* nacheifern, -streben (*qn* j-m); (*s'inspirer de*) (sich [*dat*]) zum Vorbild nehmen; *il se leva et tous l'imitèrent* er erhob sich, und alle folgten s-m Beispiel; **2.** *matière* **~ qc** genauso aussehen wie etw; *instrument de musique* **~ qc** sich genauso anhören wie etw; *cette pierre imite le topaze* dieser Stein sieht genauso aus wie ein Topas, ist e-e Topasimitation

immaculé [i(m)makyle] *adj* **1.** *REL* ℓe *Conception* Unbefleckte Empfängnis; **2.** *fig* makellos rein; *neige, linge* strahlendweiß

immanent [i(m)manã] *adj* imma'nent (*a PHILOS*); innewohnend (*à qn, qc* j-m, e-r Sache); enthalten (in etw [*dat*]); *justice* **~e** immanente Gerechtigkeit

immangeable [ɛ̃mɑ̃ʒablə] *adj* ungenießbar; nicht zu essen(d)

immanquable [ɛ̃mɑ̃kablə] *adj* **1.** (*inévitable*) unausbleiblich; *c'était* **~ a** das mußte so kommen; **2.** *cible* nicht zu verfehlen(d)

immatériel [i(m)materjɛl] *adj* ⟨~le⟩ **1.** *PHILOS* immateri'ell; unkörperlich; unstofflich; **2.** *finesse, légèreté* ä'therisch; vergeistigt; erdentrückt

immatriculation [i(m)matrikylasjɔ̃] *f* Eintragung *f*; Einschreibung *f*; Regi'strierung *f*; *AUTO* Zulassung *f*; *numéro m d'~* a) *AUTO* amtliches, F polizeiliches Kennzeichen; Zulassungsnummer *f*; b) *SÉCURITÉ SOCIALE* Sozi'alversicherungsnummer *f*; *plaque f d'~* Nummernschild *n*

immatriculer [i(m)matrikyle] *v/t* eintragen; einschreiben; regi'strieren; *AUTO* zulassen; *adjt voiture immatriculée dans la Somme* im Departement Somme zugelassener Wagen

immatur|e [i(m)matyʀ] *adj PSYCH* unreif; **~ité** *f PSYCH* Unreife *f*

immédiat [i(m)medja] **I** *adj* **1.** *successeur, voisinage etc* unmittelbar; di'rekt; *cause* **~e** (unmittelbarer) Anlaß; **2.** *départ, effet, livraison etc* so'fortig; unverzüglich; **II** *m loc/adv dans l'~* im, für den Augenblick; zu'nächst

immédiatement [i(m)medjatmã] *adv* **1.** unmittelbar; di'rekt; **~** *après* j-m, *avant le croisement, le départ* unmittelbar nach, vor der Kreuzung, der Abfahrt; **2.** (*tout de suite*) so'fort; unverzüglich; auf der Stelle

immémorial [i(m)memɔʀjal] *adj* ⟨-aux⟩ uralt; *loc/adv de temps* **~** von alters her; seit uralten Zeiten; seit Menschengedenken

immense [i(m)mãs] *adj espace, foule, fortune, fig succès etc* unermeßlich (groß); unendlich groß; im'mens; *océan, plaine a* unermeßlich, unendlich weit

immensément [i(m)mãsemã] *adv* **~** *riche* unermeßlich, im'mens reich; steinreich

immensité [i(m)mãsite] *f* Unermeßlichkeit *f*; unermeßliche, unendliche Größe; (*vaste étendue*) unermeßliche, unendliche Weite

immergé [i(m)mɛʀʒe] *adj* im, unter Wasser befindlich; *terre im Meer versunken; über'flutet

immerger [i(m)mɛʀʒe] ⟨-geons⟩ *v/t* versenken (*dans la mer* im Meer); eintauchen

immérité [i(m)meʀite] *adj* unverdient

immersion [i(m)mɛʀsjɔ̃] *f* Versenken *n*; 'Unter-, Eintauchen *n*

immettable [ɛ̃mɛtablə] *adj vêtement* nicht (mehr) tragbar

immeuble [i(m)mœblə] **I** *adj JUR* unbeweglich; *biens m/pl* **~s** unbewegliche Sachen *f/pl*; Immo'bilien *f/pl*; Liegenschaften *f/pl*; **II** *m* **1.** Gebäude *n*; Haus *n*; **~** *de bureaux* Bürogebäude *n*; **~** *de rapport* Ren'dite-, Mietshaus *n*; **2.** *JUR* unbewegliche Sache; Grundstück *n*

immigr|ant [i(m)migʀã] *m*, **~ante** *f* Einwanderer *m*, Einwand(r)erin *f*; Immi'grant(in) *m(f)*; **~ation** *f* Einwanderung *f*; Immigrati'on *f*

immigré [i(m)migʀe] **I** *adj* eingewandert; *travailleur* **~** Gastarbeiter *m*; ausländischer Arbeitnehmer; **II** *subst* **~(e)** *m(f)* Einwanderer *m*, Einwand(r)erin *f*; **~s** *pl a* Zuwanderer *m/pl*; *travailleurs* **~s** Gastarbeiter *m/pl*

immigrer [i(m)migʀe] *v/i* einwandern; immi'grieren

immin|ence [i(m)minãs] *f d'un départ etc* unmittelbares, nahes Bevorstehen; *d'un conflit a drohendes Bevorstehen; Drohen *n*; **~ent** *adj départ etc* unmittelbar, nahe bevorstehend; *danger, crise a* drohend; *être* **~** unmittelbar, nahe bevorstehen; drohen; in Kürze zu erwarten sein

immiscer [i(m)mise] *v/pr* ⟨-ç-⟩ *s'~ dans qc* sich in etw (*acc*) einmischen

immixtion [i(m)miksjɔ̃] *f* Einmischung *f* (*dans* in + *acc*)

immobile [i(m)mɔbil] *adj* **1.** unbeweglich; bewegungslos; regungslos; immo'bil; *visage, mer* unbewegt; **2.** *fig* (geistig) unbeweglich

immobilier [i(m)mɔbilje] **I** *adj* ⟨-ière⟩ **1.** Grundstücks...; Immobilien...; *agence immobilière* Maklerbüro *n*; *société immobilière* Grundstücks-, Immobiliengesellschaft *f*; **2.** *JUR* unbeweglich; *biens* **~s** Immo'bilien *f/pl*; Liegenschaften *f/pl*; **II** *m* Immo'bilien-, Grundstückshandel *m*

immobilisation [i(m)mɔbilizasjɔ̃] *f* **1.** *de la circulation etc* Bloc'kierung *f*; **2.** *MÉD d'un membre* Ruhigstellung *f*; **3.** *FIN* a) *de capitaux* festes Anlage; Festlegung *f*; b) **~s** *pl* Anlagevermögen *n*

immobiliser [i(m)mɔbilize] *v/t* **1.** *circulation, véhicule* bloc'kieren; zum Stehen bringen; **2.** *MÉD membre* ruhigstellen; **3.** *FIN capitaux* fest anlegen; festlegen; **4.** *affaires etc* lähmen; **II** *v/pr s'~* (unbeweglich) stehen-, liegenbleiben; sich nicht mehr bewegen

immobil|isme [i(m)mɔbilism(ə)] *m* Immobi'lismus *m*; geistige Unbeweglichkeit; Fortschrittsfeindlichkeit *f*; **~iste** *adj* geistig unbeweglich; fortschrittsfeindlich; **~ité** *f* Unbeweglichkeit *f* (*a fig*); Bewegungslosigkeit *f*; Regungslosigkeit *f*; *du visage* Unbewegtheit *f*

immodéré [i(m)mɔdeʀe] *adj* unmäßig; **~ment** *adv* unmäßig; *boire* **~** im Trinken unmäßig sein

immolation [i(m)mɔlasjɔ̃] *f REL et fig litt* Opferung *f*

immoler [i(m)mɔle] *v/t REL et fig litt* opfern; zum Opfer (dar)bringen

immonde [i(m)mɔ̃d] *adj* **1.** (*dégoûtant*) sehr unsauber, schmutzig; **2.** (*ignoble*) schmutzig; schändlich

immondices [i(m)mɔ̃dis] *f/pl* Unrat *m*

immoral [i(m)mɔʀal] *adj* ⟨-aux⟩ unmoralisch; unsittlich; sittenwidrig; (*indécent*) unanständig; **~isme** *m* Immora'lismus *m*; **~ité** *f* Immorali'tät *f*; Unsittlichkeit *f*; Sittenwidrigkeit *f*

immortal|iser [i(m)mɔʀtalize] **I** *v/t* unsterblich machen; *nom a* verewigen; **II** *v/pr s'~* unsterblich werden; **~ité** *f* Unsterblichkeit *f*

immortel [i(m)mɔʀtɛl] **I** *adj* ⟨~le⟩ **1.** unsterblich (*a fig*); **2.** *principe, passion etc* unvergänglich; unauslöschlich; **II** *subst* **1.** **~s** *m/pl litt* (*dieux*) Unsterbliche(n) *m/pl*; **2.** ℓ *m* Unsterbliche(r) *m* (*Mitglied der Académie française*)

immortelle [i(m)mɔʀtɛl] *f BOT* Immor'telle *f*; Strohblume *f*

immotivé [i(m)mɔtive] *adj* unmotiviert

immuable [i(m)mɥablə] *adj* unveränderlich; unwandelbar; unentwegt

immunis|ant [i(m)mynizã] *adj MÉD* immuni'sierend; Im'mun...; *sérum* **~** Immunserum *n*; **~ation** *f MÉD* Immuni'sierung *f*

immuniser [i(m)mynize] *v/t* **1.** *MÉD* immuni'sieren; *adjt être immunisé contre une maladie* gegen e-e Krankheit immun sein; **2.** *fig* im'mun machen; *adjt être immunisé contre qc* gegen etw immun, unempfänglich, gefeit sein

immunitaire [i(m)mynitɛʀ] *adj MÉD réaction f* **~** Abwehr-, Im'munreaktion *f*

immunité [i(m)mynite] *f* **1.** *JUR, POL, DIPL* Immuni'tät *f*; *levée f de l'*~ Aufhebung *f* der Immunität; **2.** *MÉD* Immuni'tät *f* (*à qch*)

immuno|logie [i(m)mynɔlɔʒi] *f MÉD* Immunolo'gie *f*; Immuni'tätsforschung *f*; **~thérapie** *f MÉD* Immunothera'pie *f*

immutabilité [i(m)mytabilite] *f* Unveränderlichkeit *f*; Unwandelbarkeit *f*

impact [ɛ̃pakt] *m* **1.** *de la foudre* Einschlag *m*; *d'un projectile* (*point m d'*)~ Einschlag(stelle) *m(f)*; Aufschlagstelle *f*; **2.** *fig* (nachhaltiger) Einfluß (nachhaltige) Wirkung, Einwirkung, Auswirkung (*sur* auf + *acc*); *d'une publicité etc* force *f d'*~ Zugkraft *f*; 'Durchschlagskraft *f*; *avoir de l'*~, *un* **~** sehr wirkungsvoll sein; e-e starke Wirkung haben (*sur* auf + *acc*)

impair [ɛ̃pɛʀ] **I** *adj nombre* ungerade; *jours* **~s** ungerade Tage *m/pl*; **II** *m* (dummer, ungeschickter) Fehler; Ungeschicklichkeit *f*; Dummheit *f*; F Schnitzer *m*; *commettre un* **~** e-e Ungeschicklichkeit begehen; e-n Fehler machen

impalpable [ɛ̃palpablə] *adj* nicht greifbar (*a fig*); nicht faßbar

imparable [ɛ̃paʀablə] *adj coup* unabwendbar; *FOOTBALL etc: tir* unhaltbar

impardonnable [ɛ̃paʀdɔnablə] *adj faute, erreur* unverzeihlich; unentschuldbar; *vous êtes* **~** *de ne pas être venu* es ist unverzeihlich von Ihnen, daß Sie nicht gekommen sind

imparfait [ɛ̃paʀfɛ] **I** *adj* ⟨-faite [-fɛt]⟩ unvollkommen; unzulänglich; mangelhaft; *connaissances a* lückenhaft; *guérison* unvollständig; **II** *m GR* Imperfekt *n*; erste Vergangenheit

impartial [ɛ̃paʀsjal] *adj* ⟨-aux⟩ unparteiisch; **~ité** *f* Unparteilichkeit *f*

impartir [ɛ̃paʀtiʀ] v/t **1.** JUR, ADM ~ un délai e-e Frist bewilligen; adjt **les délais impartis par la loi** die gesetzlich bewilligten Fristen f/pl; **2.** st/s dons zuteilen (à qn j-m); ausstatten mit (à qn j-n)

impasse [ɛ̃pas] f **1.** Sackgasse f, -straße f; **2.** fig Sackgasse f; **être dans une ~** in e-r Sackgasse stecken; négociations a auf e-m toten Punkt angelangt sein; **3.** FIN, POL **~ budgétaire** Haushaltsdefizit n, -fehlbetrag m, -lücke f; **4.** BELOTE, BRIDGE **faire une ~** schneiden; **5.** pour un examen **faire une ~ sur un sujet** darauf speku'lieren, daß ein Thema nicht drankommt; ein Thema ausklammern

impassibilité [ɛ̃pasibilite] f d'une personne Unbewegtheit f; Gefaßtheit f; du visage Unbewegtheit f; Undurchdringlichkeit f; **garder son ~** die ou s-e Fassung bewahren

impassible [ɛ̃pasibl(ə)] adj **1.** personne unbewegt, gefaßt (devant angesichts +gén); unerschütterlich; **être ~ a** s-e Gefühle, Regungen nicht zeigen; **2.** visage unbewegt; undurchdringlich

impatiemment [ɛ̃pasjamɑ̃] adv ungeduldig

impatience [ɛ̃pasjɑ̃s] f Ungeduld f; **attendre qn avec ~** j-n mit Ungeduld, ungeduldig, sehnlich(st) erwarten; **brûler d'~** vor Ungeduld vergehen; **il meurt d'~ de savoir si ...** er möchte brennend gern wissen, ob ...

impatient [ɛ̃pasjɑ̃] **I** adj ungeduldig; **être ~ de** (+inf) begierig darauf sein, darauf brennen zu (+inf); **II** subst **~(e)** m(f) Ungeduldige(r) f(m)

impatienter [ɛ̃pasjɑ̃te] **I** v/t **~ qn** j-n ungeduldig machen; (énerver) j-m auf die Nerven gehen; **II** v/pr **s'~** ungeduldig werden; die Geduld verlieren; (s'énerver) sich aufregen (contre, de über +acc)

impavide [ɛ̃pavid] litt adj furchtlos; unerschrocken

impayable [ɛ̃pɛjabl(ə)] adj F köstlich; unbezahlbar; gottvoll

impayé [ɛ̃peje] **I** adj unbezahlt; facture a unbeglichen; traite nicht eingelöst; **II** m nicht bezahlte Rechnung ou nicht eingelöster Wechsel

impec [ɛ̃pɛk] adj F abr cf **impeccable**

impeccable [ɛ̃pɛkabl(ə)] adj tadellos; einwandfrei; personne äußerst kor'rekt aussehend; **parler un français ~** ein einwandfreies, tadelloses, fehlerfreies Französisch sprechen; (c'est) **~!** tadellos!; ausgezeichnet!

impédance [ɛ̃pedɑ̃s] f ÉLECT Impe'danz f; Scheinwiderstand m

impénétrable [ɛ̃penetʀabl(ə)] adj **1.** forêt undurchdringlich; **2.** intentions, secret etc unergründlich; unerforschlich; personne undurchschaubar; undurchsichtig; visage undurchdringlich

impénit|ence [ɛ̃penitɑ̃s] f REL Unbußfertigkeit f; **~ent** adj **1.** fumeur, buveur etc unverbesserlich; **2.** REL unbußfertig; pécheur verstockt

impensable [ɛ̃pɑ̃sabl(ə)] adj undenkbar; unvorstellbar

imper [ɛ̃pɛʀ] m F abr cf **imperméable** II

impératif [ɛ̃peʀatif] **I** adj ⟨-ive⟩ **1.** (obligatoire) zwingend; bindend; impera'tiv; JUR **disposition impérative** Mußvorschrift f; POL **mandat ~** imperatives Mandat; **2.** (autoritaire) befehlend; Befehls...; impera'tiv; geste gebieterisch; **ton ~** Befehlston m; **3.** (urgent) vordringlich; dringend erforderlich, geboten; **4.** GR impera'tivisch; Befehls...; **II** m **1.** GR Imperativ m; Befehlsform f; **2.** surtout pl **~s** (unabdingbare) Notwendigkeiten f/pl, Erfordernisse n/pl; **les ~s de l'heure** das Gebot der Stunde

impératrice [ɛ̃peʀatʀis] f Kaiserin f

imperceptible [ɛ̃pɛʀsɛptibl(ə)] adj **1.** (non perceptible) nicht wahrnehmbar; **2.** (à peine perceptible) kaum wahrnehmbar, merklich; unmerklich; winzig

imperdable [ɛ̃pɛʀdabl(ə)] adj partie, match schon im voraus gewonnen

imperfection [ɛ̃pɛʀfɛksjɔ̃] f **1.** Unvollkommenheit f; **2. ~s** pl Unvollkommenheiten f/pl; Schwächen f/pl; Mängel m/pl

impérial [ɛ̃peʀjal] **I** adj ⟨-aux⟩ **1.** kaiserlich; Kaiser...; **2.** fig maje'stätisch; hoheitsvoll; **3.** CUIS **pâté ~** Frühlingsrolle f; **II** f **~e** d'un bus Oberdeck n; obere E'tage

impérial|isme [ɛ̃peʀjalism(ə)] m POL Imperia'lismus m; **~iste I** adj imperia'listisch; **II** m,f Imperia'list(in) m(f)

impérieux [ɛ̃peʀjø] adj ⟨-euse⟩ **1.** ton etc herrisch; gebieterisch; **2.** besoin etc (vor)dringlich; nécessité zwingend

impérissable [ɛ̃peʀisabl(ə)] adj œuvre, gloire unvergänglich; **garder un ~ souvenir de qn, qc** j-n, etw in bleibender Erinnerung behalten

imperméabil|isation [ɛ̃pɛʀmeabilizasjɔ̃] f d'un tissu Imprä'gnierung f; **~iser** v/t tissu imprä'gnieren; wasserdicht machen; **~ité** f Wasserundurchlässigkeit f

imperméable [ɛ̃pɛʀmeabl(ə)] **I** adj **1.** undurchlässig (à für); **~ (à l'eau)** wasserundurchlässig; tissu m **~** wasserdichter, imprä'gnierter Stoff; **2.** fig (insensible) unempfänglich, unzugänglich (à für); **II** m Regen-, Wettermantel m

impersonnalité [ɛ̃pɛʀsɔnalite] f d'un entretien etc Unpersönlichkeit f

impersonnel [ɛ̃pɛʀsɔnɛl] adj ⟨~le⟩ **1.** atmosphère, entretien etc unpersönlich; **2.** GR unpersönlich; **verbes ~s** unpersönliche Verben n/pl

impertinence [ɛ̃pɛʀtinɑ̃s] f Ungehörigkeit f, Frechheit f, Unverschämtheit f (a parole, action); Imperti'nenz f

impertinent [ɛ̃pɛʀtinɑ̃] **I** adj ungehörig; frech; unverschämt; imperti'nent; **II** subst **petit(e) ~(e)** m(f) Frechdachs m; fille freches Ding

imperturb|abilité [ɛ̃pɛʀtyʀbabilite] f Unerschütterlichkeit f; **~able** adj unerschütterlich

impétigo [ɛ̃petigo] m MÉD Eiterflechte f; Impe'tigo f

impétr|ant [ɛ̃petʀɑ̃] m, **~ante** f ADM Empfänger(in) m(f) (e-s Diploms etc)

impétueux [ɛ̃petɥø] adj ⟨-euse⟩ **1.** caractère, personne ungestüm; heftig, stürmisch; **2.** flots, torrent reißend; vent heftig

impétuosité [ɛ̃petɥozite] f d'une personne Ungestüm n; d'une passion Heftigkeit f

impie [ɛ̃pi] litt adj gottlos

impitoyable [ɛ̃pitwajabl(ə)] adj mitleid(s)los; unerbittlich; schonungslos; erbarmungslos; unbarmherzig

implacable [ɛ̃plakabl(ə)] adj **1.** ennemi unversöhnlich; **2.** logique unerbittlich; mal unaufhaltsam

implant [ɛ̃plɑ̃] m MÉD Implan'tat n

implantation [ɛ̃plɑ̃tasjɔ̃] f **1.** d'une entreprise, d'un groupe ethnique Ansied(e)lung f; de traditions Einbürgerung f; **2.** MÉD Implantati'on f

implanter [ɛ̃plɑ̃te] **I** v/t **1.** entreprise ansiedeln; mode einführen; adjt **implanté** traditions, doctrine verwurzelt; **2.** MÉD implan'tieren; **II** v/pr **s'~** entreprise, groupe ethnique sich niederlassen; sich ansiedeln; traditions, doctrine sich festsetzen; sich einbürgern

implication [ɛ̃plikasjɔ̃] f **1.** JUR Verwicklung f (dans in +acc); **2.** (conséquence) (impli'zite) Auswirkung, Folge

implicite [ɛ̃plisit] adj mit enthalten; mit inbegriffen, impli'zit; stillschweigend; **~ment** adv im'plizite

impliquer [ɛ̃plike] v/t **1.** (mêler) **~ qn dans qc** j-n in etw (acc) verwickeln; **2.** (comporter) **~ qc** etw mit enthalten, mit einschließen, impli'zieren; (supposer) **~ que ...** (+ind ou subj) (logischerweise) bedeuten, voraussetzen, daß ...

implor|ant [ɛ̃plɔʀɑ̃] adj flehend; flehentlich; **~ation** litt f Flehen n

implorer [ɛ̃plɔʀe] v/t **1. ~ qn** j-n anflehen; **~ Dieu** zu Gott flehen; **2. ~ qc** um etw flehen, flehentlich bitten; etw erflehen

implos|er [ɛ̃ploze] v/i téléviseur implo'dieren; **~ion** f PHYS Implosi'on f

impoli [ɛ̃pɔli] **I** adj unhöflich; **il est ~** (+inf) es ist unhöflich zu (+inf); **II** subst **~(e)** m(f) unhöflicher Mensch

impolitesse [ɛ̃pɔlitɛs] f Unhöflichkeit f (a acte)

impondérable [ɛ̃pɔ̃deʀabl(ə)] adj unwägbar; unberechenbar; **facteurs** m/pl **~s** ou subst **~s** m/pl Pondera'bilien pl

impopulaire [ɛ̃pɔpylɛʀ] adj mesure, personnalité unpopulär; chef, collègue etc unbeliebt (parmi, auprès de bei)

impopularité [ɛ̃pɔpylaʀite] f Unpopularität f; Unbeliebtheit f

importable [ɛ̃pɔʀtabl(ə)] adj **1.** vêtement nicht (mehr) tragbar; **2.** ÉCON einführ-, impor'tierbar

importance [ɛ̃pɔʀtɑ̃s] f **1.** Bedeutung f; Wichtigkeit f; **d'~** a) loc/adv (très fort) tüchtig; kräftig; b) loc/adj wichtig; von Bedeutung; **nouvelle d'~** wichtige Nachricht; Nachricht f von Bedeutung; **accorder, attacher, donner de l'~ à qc** e-r Sache (dat) Bedeutung, Gewicht beimessen, -legen; Gewicht auf etw (acc) legen; **avoir de l'~** von Bedeutung, Wichtigkeit sein; (cela n'a) aucune **~** das hat keinerlei Bedeutung; das ist völlig unwichtig; **être de la plus 'haute ~** von größter, höchster Bedeutung, Wichtigkeit sein; höchst bedeutsam sein; **être de peu d'~** von geringer Bedeutung, Wichtigkeit sein; **être sans ~** ohne Bedeutung, bedeutungslos, belanglos, unwichtig sein; **2.** d'une personne Wichtigkeit f; **se donner de l'~, prendre des airs d'~** sich wichtig machen, tun; sich aufspielen; **3.** d'une somme Größe f; Höhe f

important [ɛ̃pɔʀtɑ̃] **I** adj **1.** affaire, pro-

importateur [ɛ̃pɔʀtatœʀ] **I** *adj* ⟨-trice⟩ Einfuhr...; Im'port...; impor'tierend; *pays* ~ *de pétrole* Öleinfuhrland *n*; ölimportierendes Land; **II** *m* Impor'teur *m*; ~ *de vin* Weinimporteur *m*

importation [ɛ̃pɔʀtasjɔ̃] *f* **1.** COMM **a)** Einfuhr *f*; Im'port *m*; *l'*~ *de légumes en provenance de la France* die Gemüseeinfuhr aus Frankreich; *articles m/pl d'*~ Importartikel *m/pl*, -güter *n/pl*; **b)** ~*s pl* (*marchandises importées*) Im'porte *m/pl*; Einfuhr-, Im'portwaren *f/pl*; **2.** (*introduction*) Einführung *f*; *d'une épidémie* Einschleppung *f*; *d'une mode etc* 'Übernahme *f* (aus dem Ausland)

importer[1] [ɛ̃pɔʀte] *v/t* **1.** COMM einführen; impor'tieren; **2.** (*introduire*) (zum ersten Mal) einführen; *épidémie* einschleppen; *mode, doctrine etc* (aus dem Ausland) über'nehmen; impor'tieren

importer[2] [ɛ̃pɔʀte] *v/i et v/imp* bedeuten, wichtig sein (*à qn* j-m); von Bedeutung, Belang sein (für j-n); *la seule chose qui importe* (, *c'est* ...) das einzige, was zählt, worauf es ankommt, was wichtig, von Belang, von Bedeutung ist (, ist ...); ♦ *il importe de ou que* ... (+*subj*) es ist wichtig, es kommt darauf an, zu (+*inf*) *ou* daß ...; ♦ *qu'importe!* was bedeutet das schon!; was liegt daran!; was soll's!; *qu'importe qu'il vienne ou non* was bedeutet es schon, ob er kommt oder nicht; ♦ *peu importe!* das ist nicht so wichtig; das hat wenig zu bedeuten; *peu m'importe son avis* s-e Meinung bedeutet mir wenig, ist mir nicht so wichtig; *peu importe que tu viennes* es ist nicht so wichtig, daß du kommst; ♦ *avec ou sans glace?* – *n'importe!* das ist gleichgültig, e'gal; *c'est très cher, n'importe, ça se vend bien!* einerlei; und trotzdem; ♦ *pr/ind et loc/adv n'importe qui, quoi, où, quand etc* irgend jemand, irgend etwas, irgendwo(hin), irgendwann *etc*; e'gal *ou* gleichgültig *ou* ganz gleich wer, was, wo(hin), wann *etc*; *travailler n'importe comment* ohne Methode; unüberlegt; oberflächlich; *la jeep peut rouler n'importe où* über'all; *n'importe qui peut le faire* jeder (x-beliebige); *il n'est pas n'importe qui* er ist nicht irgendwer; *acheter, dire n'importe quoi* irgend etwas, F irgendwas (Unsinniges) kaufen, da'herreden; *à n'importe quel prix* zu jedem Preis

import-export [ɛ̃pɔʀɛkspɔʀ] *m* COMM Import-Export *m*; *société f d'*~ Import-Export-Firma *f*

importun [ɛ̃pɔʀtœ̃, -tœn] **I** *adj* ⟨-une [-yn]⟩ lästig; zudringlich; aufdringlich; *visiteur a* ungelegen; **II** *m* lästiger, zudringlicher, aufdringlicher Mensch

importun|er [ɛ̃pɔʀtyne] *v/t* ~ *qn* j-n belästigen, behelligen (*par, de* mit); j-m lästig fallen, lästig werden, zur Last fallen; ~**ité** *f* Zu-, Aufdringlichkeit *f*; Lästigkeit *f*; *d'une visite* Ungelegenheit *f*

imposable [ɛ̃pozabl(ə)] *adj revenu* steuerpflichtig; zu versteuern(d)

imposant [ɛ̃pozɑ̃] *adj* **1.** (*impressionnant*) impo'sant; impo'nierend; beeindruckend; eindrucksvoll; *personne a* stattlich; **2.** (*considérable*) beträchtlich; ansehnlich; ziemlich groß; impo'nierend

imposé [ɛ̃poze] *adj* **1.** vorgeschrieben; PATINAGE *figures* ~*es* Pflicht(figuren) *f(pl)*; COMM *prix* ~ gebundener, vorgeschriebener, festgesetzter Preis; *prix* ~*s a* Preisbindung *f*; **2.** *revenu* besteuert

imposer [ɛ̃poze] **I** *v/t* **1.** ~ *à qn* *conditions, tâche, règle, date* j-m vorschreiben; *devoirs, privations, punition* j-m auferlegen; *volonté, opinion, régime, nouveau chef etc* j-m aufdrängen; *p/plot* j-m aufzwingen; (bei j-m) 'durchsetzen; ~ *le respect* Respekt, Achtung einflößen; **2.** FIN besteuern; mit e-r Steuer belegen; *contribuable a* (steuerlich, zur Steuer) veranlagen; **3.** REL, *guérisseur* ~ *les mains* die Hände auflegen; **II** *v/i* **4.** *en* ~ *à qn* j-m impo'nieren; auf j-n großen Eindruck machen; *s'en laisser* ~ sich beeindrucken lassen; **III** *v/pr* **5.** *s'*~ *qc ou de faire qc* sich etw auferlegen, aufbürden; etw auf sich (*acc*) nehmen; sich etw zur Pflicht machen ou sich zur Pflicht machen, etw zu tun; **6.** *décision, solution, mesure etc s'*~ (zwingend) geboten sein; sich aufdrängen; *une vérification s'impose* das bedarf der Nachprüfung; e-e Über'prüfung ist angezeigt; **7.** *personne, produit etc dans un domaine s'*~ sich behaupten; **8.** *s'*~ (*imposer sa présence*) sich aufdrängen; *je ne voudrais pas m'*~ ich möchte mich nicht aufdrängen

imposition [ɛ̃pozisjɔ̃] *f* **1.** FIN Besteuerung *f*; *d'un contribuable a* (Steuer-)Veranlagung *f*; *double* ~ Doppelbesteuerung *f*; **2.** REL ~ *des mains* Handauflegung *f*

impossibilité [ɛ̃pɔsibilite] *f* **1.** Unmöglichkeit *f*; *il est dans l'*~ *de venir* es ist ihm unmöglich, er ist außer'stande zu kommen; **2.** (*chose impossible*) Unmöglichkeit *f*; unmögliche Sache

impossible [ɛ̃pɔsibl(ə)] **I** *adj* **1.** unmöglich; ~*!* unmöglich!; ausgeschlossen!; *projet m à réaliser* Plan, der unmöglich zu realisieren ist; unmöglich realisierbarer Plan; *cela m'est* ~ das ist mir unmöglich; *il est* ~ *de* (+*inf*) es ist unmöglich zu (*inf*); *il est* ~ *qu'il soit parti* es ist unmöglich, daß er abgereist ist; **2.** F (*insupportable*) F unmöglich; *rendre la vie* ~ *à qn* j-m das Leben unerträglich, F unmöglich machen; **3.** F (*bizarre*) F unmöglich; *rentrer à une heure* ~ zu e-r unmöglichen Zeit; **II** *m* Unmöglichkeit(en) *n*; *vous me demandez l'*~ Sie verlangen Unmögliches von mir; *nous ferons l'*~ wir werden das *ou* alles menschenmögliche tun; *prov à l'*~ *nul n'est tenu* man kann von niemandem Unmögliches verlangen

imposte [ɛ̃pɔst] *f* **1.** ARCH Kämpfer(gesims) *m(n)*; **2.** CONSTR Oberlicht *n*

impost|eur [ɛ̃pɔstœʀ] *m* Hochstapler *m*; Betrüger *m*; Schwindler *m*; ~**ure** *f* Hochstape'lei *f*; Betrug *m*; Schwindel *m*

impôt [ɛ̃po] *m* FIN Steuer *f*; Abgabe *f*; ~*s directs* direkte Steuern; ~ *foncier* Grundsteuer *f*; ~ *indirects* indirekte Steuern; ~*s locaux* Gemeinde- und Departe'mentsteuern *f/pl*; ~ *sur les* (*bénéfices des*) *sociétés* Körperschaftsteuer *f*; ~ *sur le chiffre d'affaires* 'Umsatzsteuer *f*; ~ *sur les grandes fortunes* Vermögensteuer *f*; ~ *sur le revenu* Einkommen(s)steuer *f*; *déclaration f d'*~*s* Steuererklärung *f*

impot|ence [ɛ̃pɔtɑ̃s] *f* MÉD Bewegungsunfähigkeit *f*; gehemmte Bewegungsfähigkeit; Unbeweglichkeit *f*; ~**ent** *adj* MÉD bewegungsunfähig; unbeweglich

impraticable [ɛ̃pʀatikabl(ə)] *adj* **1.** *chemin* nicht begehbar; *route* unbefahrbar; unpassierbar; *terrain de sports* unbespielbar; **2.** *solution, idée* undurchführbar

imprécation [ɛ̃pʀekasjɔ̃] *litt f* Verwünschung *f*; Fluch *m*

imprécis [ɛ̃pʀesi] *adj indications* ungenau; unpräzis(e); *idées, style* unklar; verschwommen; *contours* undeutlich

imprécision [ɛ̃pʀesizjɔ̃] *f* Ungenauigkeit *f*; Unklarheit *f*; Undeutlichkeit *f*

imprégnation [ɛ̃pʀeɲasjɔ̃] *f* **1.** TECH (Durch')Tränken *n*; Sättigen *n*; Imprä'gnierung *f*; ~ *du bois* Holzimprägnierung *f*; **2.** *fig* Beeinflussung *f* (*par qc* durch etw)

imprégner [ɛ̃pʀeɲe] ⟨-è-⟩ **I** *v/t* **1.** TECH (durch')tränken, sättigen (*de qc* mit etw); *bois* imprä'gnieren; *par ext odeur tenace* sich festsetzen in (+*dat*); **2.** *fig* ~ *qn* j-n erfüllen; *être imprégné d'une idée, de préjugés* von e-r Idee, von Vorurteilen durch'drungen sein; *adjt imprégné d'ironie, de tristesse* voller Ironie, Traurigkeit; **II** *v/pr s'*~ **3.** *tissu, substance* sich 'vollsaugen (*de qc* mit etw); in sich (*dat*) aufnehmen (etw); *par ext s'*~ *d'une odeur* e-n Geruch annehmen; **4.** *fig s'*~ *de qc* etw in sich (*dat*) aufnehmen

imprenable [ɛ̃pʀənabl(ə)] *adj* **1.** *forteresse* uneinnehmbar; unbezwingbar; **2.** *vue* unverbaubar

imprésario *ou* **impresario** [ɛ̃pʀezaʀjo] *m* Impre'sario *m*

imprescriptible [ɛ̃pʀɛskʀiptibl(ə)] *adj* JUR unverjährbar; *par ext droits* immer geltend; unantastbar

impression [ɛ̃pʀesjɔ̃] *f* **1.** Eindruck *m*; *st/s* Impressi'on *f*; ~*s de voyage* Reiseeindrücke *m/pl*; *avoir l'*~ *de* (+*inf*) *ou que* ... den Eindruck, das Gefühl haben, zu (+*inf*) *ou* daß ...; *donner une* ~ *de qc* e-n Eindruck von etw vermitteln, geben; *donner l'*~ *de* (+*inf*) den Eindruck machen, erwecken (*à qn* bei j-m); scheinen zu (+*inf*); *quelle est votre* ~*?* was ist Ihr Eindruck?, was für e-n Eindruck haben Sie? (*sur lui* von ihm); *faire* (*grande*) ~ (sehr) eindrucksvoll sein; *faire* (*une*) *bonne, mauvaise* ~ e-n guten, schlechten Eindruck machen (*à, sur qn* auf j-n);

impressionnable – inaccessible

quelle* ~ *vous fait-il? welchen, was für e-n Eindruck macht er auf Sie?; ***ressentir une* ~ *de tristesse*** Traurigkeit empfinden; **2.** *de tissus etc* Bedrucken *n*; *TEXT* Zeug-, Stoffdruck *m*; **3.** *TYPO* Drucken *n*; (Buch)Druck *m*; ***faute f d'~*** Druckfehler *m*

impressionnable [ɛ̃pREsjɔnabl(ə)] *adj* empfindlich; sen'sibel

impressionnant [ɛ̃pREsjɔnɑ̃] *adj* eindrucksvoll; beeindruckend

impressionner [ɛ̃pREsjɔne] *v/t* **1.** ~ *qn* j-n beeindrucken; nachhaltig auf j-n wirken; ***se laisser* ~ *par qc*** sich von etw beeindrucken lassen; **2.** *PHYSIOL, PHOT* einwirken auf (+*acc*)

impressionn|isme [ɛ̃pREsjɔnism(ə)] *m* Impressio'nismus *m*; **~iste** I *adj* impressio'nistisch; II *m* Impressio'nist *m*

imprévisible [ɛ̃pRevizibl(ə)] *adj* unvorhersehbar; *personne* unberechenbar

imprévoy|ance [ɛ̃pREvwajɑ̃s] *adj* Sorglosigkeit *f*; Gedankenlosigkeit *f*; Kurzsichtigkeit *f*; **~ant** *adj* sorglos; gedankenlos; kurzsichtig; nicht vor'ausplanend

imprévu [ɛ̃pREvy] I *adj* unvorhergesehen; II *m* Unvorhergesehene(s) *n*; ***sauf*** ~ unvorhergesehene 'Umstände ausgenommen; wenn nichts da'zwischenkommt; ***en cas d'~*** falls etwas dazwischenkommt

imprimable [ɛ̃pRimabl(ə)] *adj* druckreif; druckfähig

imprimante [ɛ̃pRimɑ̃t] *f INFORM* Drucker *m*; ~ ***matricielle***, (***à***) ***laser*** Matrix-, Laserdrucker ['le:-] *m*

imprimé [ɛ̃pRime] I *adj livre etc* gedruckt; *tissu, papier* bedruckt; *en-tête etc* aufgedruckt; *formulaire* vorgedruckt; II *m* **1.** *POSTE* Drucksache *f*; *depuis 1993* Imprimé *f*; **2.** *livre, brochure etc* Gedruckte(s) *n*; Druckwerk *n*; **3.** (*formulaire*) Formu'lar *n*; Vordruck *m*; Formblatt *n*; **4.** *TEXT* bedruckter Stoff; Druck *m*; Impri'mé *m*; ~ ***à fleurs*** geblümter Druck

imprimer [ɛ̃pRime] I *v/t* **1.** *livre etc, auteur* drucken; *extraits d'un livre* abdrucken; ***faire*** ~ drucken lassen; ***se faire*** ~ sein Werk drucken lassen; **2.** *tissu, papier etc* bedrucken; *motif* aufdrukken; ~ ***des fleurs sur un tissu*** ein Blumenmuster auf e-n Stoff drucken; e-n Stoff mit e-m Blumenmuster bedrucken; **3.** *cachet* ~ *sur qc* auf etw (*acc*) drücken; *fig et litt souvenir être imprimé dans la mémoire* im Gedächtnis eingeprägt sein; **4.** (*communiquer*) mitteilen (*à dat*); ~ *une direction à qc* e-r Sache (*dat*) e-e Richtung geben; II *v/pr* **5.** *TYPO s'~* gedruckt werden; sich im Druck befinden; **6.** *fig et litt souvenir s'~ dans la mémoire de qn* sich j-m einprägen

imprimerie [ɛ̃pRimRi] *f* **1.** *entreprise* (Buch)Drucke'rei *f*; **2.** *technique* Buchdruck(erkunst) *m(f)*

imprimeur [ɛ̃pRimœR] *m* **1.** *propriétaire* Drucke'reibesitzer *m*; **2.** ~ *ou adjt ouvrier m* ~ (Buch)Drucker *m*; **~-éditeur** *m* 〈*pl* imprimeurs-éditeurs〉 Drucker *m* und Verleger *m*

improbabilité [ɛ̃pRɔbabilite] *f* Unwahrscheinlichkeit *f*

improbable [ɛ̃pRɔbabl(ə)] *adj* unwahrscheinlich; kaum anzunehmen(d); *il est* ~ *que ...* (+*subj*) es ist unwahrscheinlich, daß ...

improductif [ɛ̃pRɔdyktif] *adj* 〈-ive〉 unproduktiv; unergiebig; unwirtschaftlich; *capital* ~ totes Kapital

improductivité [ɛ̃pRɔdyktivite] *f* Unproduktivität *f*; Unergiebigkeit *f*

impromptu [ɛ̃pRɔ̃(p)ty] I *adj visite* über-'raschend; *concert* improvi'siert; ***discours*** ~ Stegreifrede *f*; Rede *f* aus dem Stegreif; II *m MUS* Impromp'tu *n*

imprononçable [ɛ̃pRɔnɔ̃sabl(ə)] *adj* unaussprechbar

impropre [ɛ̃pRɔpR(ə)] *adj* **1.** *mot, expression* unpassend; falsch gewählt; sinnentstellend; **2.** ~ *à qc* ungeeignet für etw; *aliment* ~ *à la consommation* nicht zum Verzehr geeignet

improprement [ɛ̃pRɔpRəmɑ̃] *adv* fälschlicherweise

impropriété [ɛ̃pRɔpRijete] *f* **1.** *d'un mot* falscher Gebrauch; **2.** (*expression impropre*) falsch gebrauchtes, gewähltes Wort

improvisa|teur [ɛ̃pRɔvizatœR] *m*, **~trice** *f* Improvi'sator *m*, Improvisa'torin *f*; ***talent m d'improvisateur*** Improvisati'onstalent *n*

improvisation [ɛ̃pRɔvizasjɔ̃] *f* **1.** *action* Improvi'sieren *n*; **2.** *résultat* Improvisati'on *f*; Stegreifdarbietung *f*; **3.** *MUS* Improvisati'on *f*; *JAZZ* ~ ***collective*** Jam Session ['dʒɛmsefən] *f*

improviser [ɛ̃pRɔvize] I *v/t discours, fête etc* improvi'sieren; *discours* a aus dem Stegreif halten; *adjt discours improvisé* Stegreifrede *f*; II *v/i MUS* improvi'sieren (*au piano* auf dem, *am* Klavier); III *v/pr s'~ arbitre etc* als Schiedsrichter *etc* einspringen, aushelfen; ***on ne s'improvise pas médecin*** man wird nicht von e-m Tag auf den anderen Arzt

improviste [ɛ̃pRɔvist] *loc/adv à l'*~ unerwartet; unvermutet; unversehens; unverhofft; plötzlich; über'raschend

imprudemment [ɛ̃pRydamɑ̃] *adv cf imprudent*

imprudence [ɛ̃pRydɑ̃s] *f* **1.** (*manque de prudence*) Unvorsichtigkeit *f*; Unklugheit *f*; Unbesonnenheit *f*; Unbedachtsamkeit *f*; **2.** (*action imprudente*) Unvorsichtigkeit *f*; ***commettre, faire une*** ~ e-e Unvorsichtigkeit begehen; ***ne faites pas d'~s sur la route*** fahren Sie vorsichtig; **3.** *JUR* Fahrlässigkeit *f*; ***homicide m par*** ~ fahrlässige Tötung

imprudent [ɛ̃pRydɑ̃] I *adj* unvorsichtig; unklug; unbedacht; unbesonnen; *conducteur a* leichtsinnig; II *subst* ~(*e*) *m(f)* unvorsichtiger *etc* Mensch

impubère [ɛ̃pybɛR] *adj* noch nicht geschlechtsreif; *JUR* noch nicht ehemündig

impubliable [ɛ̃pyblijabl(ə)] *adj* nicht druckreif, -fähig

impudence [ɛ̃pydɑ̃s] *f* Unverschämtheit *f*; Schamlosigkeit *f*; ***avec*** ~ unverschämt; schamlos

impudent [ɛ̃pydɑ̃] *st/s adj* unverschämt; schamlos

impudeur [ɛ̃pydœR] *f* Mangel *m* an Scham(gefühl); Schamlosigkeit *f*

impud|icité [ɛ̃pydisite] *f* Unkeuschheit *f*; Unzüchtigkeit *f*; **~ique** *adj* unkeusch; unzüchtig

impuissance [ɛ̃pɥisɑ̃s] *f* **1.** (*faiblesse*) Unvermögen *n*, Machtlosigkeit *f*, Ohnmacht *f* (***devant*** gegenüber +*dat*; angesichts +*gén*; ***à*** +*inf* zu +*inf*); *régime etc* ***être frappé d'*~** zur Ohnmacht, Machtlosigkeit verurteilt sein; ***réduire qn à l'*~** j-m die Macht nehmen; j-n s-r Macht (*gén*) berauben; **2.** (*inutilité*) Vergeblichkeit *f*; **3.** *sexuelle de l'homme* Impotenz *f*

impuissant [ɛ̃pɥisɑ̃] *adj* **1.** machtlos, ohnmächtig; ***être*** ~ ***devant qc*** bei etw machtlos sein; ***être*** ~ ***à*** (+*inf*) nicht im'stande sein zu (+*inf*); **2.** *efforts* vergeblich; *rage* ohnmächtig; **3.** *sexuellement* impotent

impulsif [ɛ̃pylsif] I *adj* 〈-ive〉 impul'siv; II *subst* ~, ***impulsive*** *m,f* impul'siver Mensch

impulsion [ɛ̃pylsjɔ̃] *f* **1.** *PHYS* Im'puls *m*; *ÉLECT* Stromstoß *m*; **2.** *fig* (*élan*) Auftrieb *m*; Anstoß *m*; Im'puls *m*; ***donner une*** ~ ***à qc*** a etw ankurbeln, in Schwung bringen; **3.** *PSYCH* Im'puls *m*; (plötzliche) Eingebung; innerer Drang; ***sous l'*~ *de la jalousie*** von Eifersucht getrieben

impulsivité [ɛ̃pylsivite] *f* Impulsivi'tät *f*

impunément [ɛ̃pynemɑ̃] *adv* ungestraft

impuni [ɛ̃pyni] *adj* unbestraft; ungestraft; straflos, -frei; ***laisser un crime*** ~ ein Verbrechen ungestraft, ungesühnt lassen

impunité [ɛ̃pynite] *f* Straffreiheit *f*; Straflosigkeit *f*; ***en toute*** ~ völlig ungestraft

impur [ɛ̃pyR] *adj* **1.** *liquide, air etc* unsauber; unrein; **2.** *REL* unrein; **3.** *st/s* (*impudique*) unkeusch; unzüchtig

impureté [ɛ̃pyRte] *f* **1.** Unsauberkeit *f*; Unreinheit *f*; **2.** ~*s pl d'un liquide* Verunreinigungen *f/pl*; *dans un cristal, sur la peau* Unreinheiten *f/pl*; **3.** *st/s* (*impudicité*) Unkeuschheit *f*; Unzüchtigkeit *f*

imputable [ɛ̃pytabl(ə)] *adj* **1.** ***être*** ~ ***à qc*** e-r Sache (*dat*) zuzuschreiben sein; auf etw (*acc*) zu'rückzuführen sein; **2.** *FIN* ***être*** ~ ***sur qc*** auf etw (*acc*) anzurechnen sein; zu Lasten von etw gehen

imputation [ɛ̃pytasjɔ̃] *f* **1.** Beschuldigung *f*, Bezichtigung *f* (***de vol*** des Diebstahls); **2.** *FIN* Anrechnung *f* (***à***, ***sur*** auf +*acc*); Verrechnung *f*

imputer [ɛ̃pyte] *v/t* **1.** ~ *qc à qn* j-n für etw verantwortlich machen; j-m etw zur Last legen, anlasten; ~ *un accident à la fatigue* e-n Unfall auf Übermüdung zurückführen; **2.** *FIN somme* ~ *sur qc* auf etw (*acc*) anrechnen; *à un certain budget* bei etw verbuchen, 'unterbringen

imputrescible [ɛ̃pytREsibl(ə)] *adj* unverweslich; nicht verfaulend

in [in] *adj* 〈*inv*〉 *F* (*à la mode*) F in; ***être*** ~ in sein; ***une boîte*** ~ ein Lokal, das gerade in ist

in... [ɛ̃, *vor Vokal u stummem h* in] *préfixe indiquant la négation* un...; in...; Un...; In...; *cf les articles suivants*

inabordable [inabɔRdabl(ə)] *adj* **1.** *prix* unerschwinglich; **2.** *rivage* unzugänglich; **3.** *personnage* unnahbar; unzugänglich

inaccentué [inaksɑ̃tɥe] *adj* unbetont

inacceptable [inaksɛptabl(ə)] *adj* unannehmbar; inakzeptabel; unzumutbar

inaccessible [inaksesibl(ə)] *adj* **1.** *sommet*, *fig but etc* unerreichbar (***à qn*** für

inaccoutumé – incidemment

j-n); *sommet a* unbezwingbar; *lieu* unzugänglich; **2.** *personne* unnahbar; unzugänglich; **3.** ~ *à la pitié etc* für Mitleid *etc* unempfänglich
inaccoutumé [inakutyme] *adj* ungewohnt; ungewöhnlich
inachevé [inaʃve] *adj* unbeendet; unvollendet; unfertig
inachèvement [inaʃɛvmɑ̃] *m* Unfertigkeit *f*
inactif [inaktif] *adj* ⟨-ive⟩ **1.** untätig; tatenlos; inaktiv; *vie inactive* untätiges Leben; *rester* ~ untätig bleiben; **2.** *population inactive* nicht erwerbs-, berufstätige Bevölkerung; **3.** *Bourse* matt; **4.** *remède* unwirksam
inaction [inaksjɔ̃] *f* Untätigkeit *f*; Nichtstun *n*
inactivité [inaktivite] *f* **1.** Untätigkeit *f*; Tatenlosigkeit *f*; Inakti'tät *f*; **2.** *ADM, MIL en* ~ inaktiv; im einstweiligen Ruhestand
inactuel [inaktɥɛl] *adj* ⟨~le⟩ unzeitgemäß; nicht zeitnah; inaktuell
inadaptation [inadaptasjɔ̃] *f* PSYCH mangelnde Anpassung(sfähigkeit); *d'enfants* Verhaltensgestörtheit *f*; ~ *sociale* mangelnde soziale Anpassung
inadapté [inadapte] PSYCH **I** *adj* **a)** nicht anpassungsfähig; **b)** *enfant* verhaltensgestört; schwererziehbar; **II** *subst* ~*e) m(f)* Verhaltensgestörte(r) *f(m)*
inadéquat [inadekwa] *adj* unangemessen; nicht passend; nicht entsprechend; inadäquat
inadmissible [inadmisibl(ə)] *adj* **1.** unzulässig; inakzeptabel; indiskutabel; *il est* ~ *que ...* (+*subj*) *a* es kann nicht hingenommen werden, daß ...; **2.** *candidat à un examen* nicht zugelassen
inadvertance [inadvɛʀtɑ̃s] *loc/adv par* ~ aus Versehen; versehentlich
inaliénable [inaljenabl(ə)] *adj* JUR unveräußerlich; nicht über'tragbar
inaltérable [inalteʀabl(ə)] *adj* **1.** unveränderlich, -bar; ~ *à l'air, à la chaleur* luft-, hitzebeständig; **2.** *fig bonne humeur, principes* unwandelbar; unveränderlich; *amitié a* unverbrüchlich
inamical [inamikal] *adj* ⟨-aux⟩ unfreundlich
inamovible [inamɔvibl(ə)] *adj* JUR unabsetzbar; unkündbar; nicht versetzbar
inanimé [inanime] *adj* leblos; *matière* unbelebt; *corps* ~ lebloser Körper; *tomber* ~ leblos zu Boden fallen
inanition [inanisjɔ̃] *f* Entkräftung *f*; *mourir d'*~ an Entkräftung sterben; *fig tomber d'*~ vor Hunger sterben, F 'umkommen
inaperçu [inapɛʀsy] *adj loc passer* ~ unbemerkt bleiben; nicht auffallen; *événement* unbemerkt vor'übergehen; *invention* (in der Öffentlichkeit) keine Beachtung finden
inappétence [inapetɑ̃s] *f* **1.** MÉD Appe'titlosigkeit *f*; **2.** PSYCH ~ *sexuelle* verminderte sexu'elle Begierde
inapplicable [inaplikabl(ə)] *adj* unanwendbar; *mesures* undurchführbar
inappréciable [inapʀesjabl(ə)] *adj* **1.** (*précieux*) unschätzbar; außerordentlich groß; **2.** (*minime*) verschwindend klein, gering
inapte [inapt] *adj* untauglich, ungeeignet, unbrauchbar (*à* für); MIL wehruntauglich; ~ *au travail* arbeitsunfähig

inaptitude [inaptityd] *f* Untauglichkeit *f*, Ungeeignetheit *f*, Unbrauchbarkeit *f* (*à qc* für etw; *à* +inf zu +inf); MIL Wehruntauglichkeit *f*; ~ (*physique*) *au travail* Arbeitsunfähigkeit *f*
inarticulé [inaʀtikyle] *adj* unartikuliert; undeutlich
inassimilable [inasimilabl(ə)] *adj individus dans un groupe* nicht assimi'lierbar
inassouvi [inasuvi] *litt adj* ungestillt
inattaquable [inatakabl(ə)] *adj* unangreifbar; *théorie etc a* unanfechtbar
inattendu [inatɑ̃dy] *adj* unerwartet; unvermutet; unverhofft; über'raschend; *c'est* ~ *de sa part* damit war bei ihm nicht zu rechnen; das hatte man von ihm nicht erwartet
inattentif [inatɑ̃tif] *adj* ⟨-ive⟩ unaufmerksam; unachtsam; achtlos
inattention [inatɑ̃sjɔ̃] *f* Unaufmerksamkeit *f*; Unachtsamkeit *f*; *faute f, erreur f d'*~ Flüchtigkeitsfehler *m*; *cela s'est passé dans un moment d'*~ in e-m Augenblick der Unaufmerksamkeit
inaudible [inodibl(ə)] *adj* **1.** (*non audible*) unhörbar; **2.** (*peu audible*) kaum hörbar, vernehmbar; **3.** *péj musique etc* nicht anzuhören(d)
inaugur|al [inogyʀal] *adj* ⟨-aux⟩ Eröffnungs...; Einweihungs...; ~**ation** *f* Einweihung *f*; (feierliche) Eröffnung
inaugurer [inogyʀe] *v/t* **1.** *monument, bâtiment, plaque* einweihen; *exposition, autoroute* (feierlich) eröffnen; **2.** *fig politique, période* einleiten; *méthode* einführen; **3.** *plais* (*utiliser pour la première fois*) einweihen
inauthent|icité [inotɑ̃tisite] *f* Unechtheit *f*; ~**ique** *adj document* unecht; *fait* unverbürgt
inavouable [inavwabl(ə)] *adj intentions, mœurs* die man nicht nennen, eingestehen kann
inavoué [inavwe] *adj* uneingestanden
inca [ɛ̃ka] **I** *adj* ⟨*inv*⟩ Inka...; *Empire m* ~ Inkareich *n*; **II** *m/pl* 2*s* Inkas *m/pl*
incalculable [ɛ̃kalkylabl(ə)] *adj* **1.** *risques, conséquences* unberechenbar; **2.** *nombre* unermeßlich groß
incandesc|ence [ɛ̃kɑ̃desɑ̃s] *f* (Weiß-) Glühen *n*; Weißglut *f*; ~**ent** *adj* (weiß-) glühend
incantation [ɛ̃kɑ̃tasjɔ̃] *f* **a)** Bezauberung *f*; Beschwörung *f*; **b)** (*paroles magiques*) Zauberworte *n/pl*, -formel *f*
incantatoire [ɛ̃kɑ̃tatwaʀ] *adj* Zauber...; Beschwörungs...; *formule f* ~ Zauberformel *f*, -spruch *m*
incapable [ɛ̃kapabl(ə)] **I** *adj* **1.** unfähig; untauglich; ~ *de* (+*inf*) unfähig, nicht in der Lage, außer'stande, nicht im'stande zu (+*inf*); *être* ~ *de faire qc a* etw nicht tun können; *être* ~ *d'agir a* handlungsunfähig sein; ~ *de qc* zu etw unfähig, nicht in der Lage sein; *je le crois* ~ *d'un tel acte* ich halte ihn e-r solchen Tat für nicht fähig; **2.** JUR unfähig (*de* +*inf* zu +*inf*); *par ext* geschäftsunfähig; **II** *subst* **1.** *m,f* Unfähige(r) *f(m)*; *c'est un* ~ er ist (völlig) unfähig; **2.** *m* JUR Geschäftsunfähige(r) *m*
incapacité [ɛ̃kapasite] *f* **1.** Unfähigkeit *f* (*de* +*inf* zu +*inf*); *être dans l'*~ *de* (+*inf*) unfähig, außer'stande, nicht im'stande, nicht in der Lage sein zu (+*inf*); **2.** ~ (*de travail*) Arbeits-, Be-

rufs-, Erwerbsunfähigkeit *f*; ~ *partielle* Erwerbsminderung *f*, -beschränkung *f*; Teilinvalidität *f*; **3.** JUR ~ (*d'exercice*) Geschäftsunfähigkeit *f*
incarcér|ation [ɛ̃kaʀseʀasjɔ̃] *f* Inhaf'tierung *f*; In'haftnahme *f*; Gefangensetzung *f*; ~**er** ⟨-é-⟩ *v/t* inhaf'tieren; in Haft nehmen; gefangensetzen
incarnat [ɛ̃kaʀna] **I** *adj* blut-, fleischrot; **II** *m* blut-, fleischrote Farbe
incarnation [ɛ̃kaʀnasjɔ̃] *f* **1.** REL Inkarnati'on *f*; Fleisch-, Menschwerdung *f*; **2.** *fig* Verkörperung *f*, Inkarnati'on *f*
incarné [ɛ̃kaʀne] *adj* **1.** REL *le Verbe* ~ das fleischgewordene Wort; **2.** *fig c'est la bonté* ~*e* sie ist die verkörperte Güte, die Güte in Per'son; **3.** *ongle* ~ eingewachsener Nagel
incarner [ɛ̃kaʀne] **I** *v/t* verkörpern (*a THÉ personnage*); **II** *v/pr s'*~ **1.** REL Fleisch, Mensch werden; sich inkar'nieren; **2.** *espoirs etc* sich verkörpern (*en qn* in j-m)
incartade [ɛ̃kaʀtad] *f* Dummheit *f*; Streich *m*; Torheit *f*; *à la moindre* ~, *il était puni* bei dem geringsten Verstoß (gegen die Ordnung, Disziplin)
incassable [ɛ̃kasabl(ə)] *adj vaisselle etc* unzerbrechlich; *fil* unzerreißbar
incendiaire [ɛ̃sɑ̃djɛʀ] **I** *adj* **1.** Brand...; *bombe f* ~ Brandbombe *f*; **2.** *fig* Hetz...; aufrührerisch; *article m* ~ Hetzartikel *m*; *propos m/pl* ~*s* Hetzreden *f/pl*; Hetze *f*; **3.** *œillade* aufreizend; **II** *m,f* Brandstifter(in) *m(f)*
incendie [ɛ̃sɑ̃di] *m* Brand *m*; Feuersbrunst *f*; (Schaden-, Groß)Feuer *n*; JUR ~ *volontaire* Brandstiftung *f*; ~ *de forêt* Waldbrand *m*; *bouche f d'*~ Hy'drant *m*; *foyer m d'*~ Brandherd *m*
incendié [ɛ̃sɑ̃dje] *adj* **1.** *maison, forêt* abgebrannt; **2.** *personne* brandgeschädigt
incendier [ɛ̃sɑ̃dje] *v/t* **1.** (*mettre le feu à*) in Brand stecken; anzünden; **2.** (*irriter*) ~ *la gorge à qn* j-m in der Kehle brennen; **3.** *poét* feuerrot färben; **4.** F ~ *qn* F j-n rüffeln, abkanzeln
incertain [ɛ̃sɛʀtɛ̃] *adj* **1.** *futur, origine, succès* unsicher; ungewiß; zweifelhaft; *temps* unbeständig; veränderlich; **2.** *démarche* unsicher; **3.** *contours* ungenau; unbestimmt; verschwommen; **4.** *personne* unentschlossen; unschlüssig; unsicher
incertitude [ɛ̃sɛʀtityd] *f* **1.** Unsicherheit *f*; Ungewißheit *f*; *être dans l'*~ nichts Genaues wissen; **2.** ~*s pl* Unsicherheiten *f/pl*; Unsicherheitsfaktoren *m/pl*; **3.** PHYS *principe m d'*~ Unschärfe-, Unbestimmtheitsrelation *f*
incess|amment [ɛ̃sesamɑ̃] *adv* gleich; so'gleich; unverzüglich; ~**ant** *adj* unaufhörlich; unablässig; ständig; dauernd; stetig
incessible [ɛ̃sesibl(ə)] *adj* JUR nicht über'tragbar; nicht abtretbar
inceste [ɛ̃sɛst] *m* Blutschande *f*; In'zest *m*
incestueux [ɛ̃sɛstɥø] *adj* ⟨-euse⟩ **a)** blutschänderisch; inzestu'ös; **b)** *enfant* in Blutschande gezeugt
inchangé [ɛ̃ʃɑ̃ʒe] *adj* unverändert
inchavirable [ɛ̃ʃaviʀabl(ə)] *adj* MAR unkenterbar; kentersicher
incidemment [ɛ̃sidamɑ̃] *adv* neben'bei; beiläufig

incidence [ɛ̃sidɑ̃s] f **1.** (conséquence) Folge f (**sur** für); (répercussion) (Rück-, Aus)Wirkung f (auf +acc); **avoir une ~ sur qc** sich auf etw (acc) auswirken; e-e Rückwirkung auf etw (acc) haben; **2.** PHYS **angle** m **d'~** Einfallswinkel m
incident [ɛ̃sidɑ̃] **I** adj **1.** Zwischen...; **question ~e** Zwischenfrage f; **2.** PHYS **rayon** einfallend; **3.** GR **proposition ~e** cf II 3.; **II** subst **1.** m Zwischenfall m; (unerwarteter) Vorfall; NUCL Störfall m; **~ diplomatique** diplomatischer Zwischenfall; **~ technique** Betriebsstörung f; technische Panne; SPORTS et fig **~ de parcours** Panne f; 'Mißgeschick n; Pech n; **sans ~** ohne Zwischenfall; reibungslos; **l'~ est clos** der Zwischenfall ist erledigt; der Streit ist beigelegt; **2.** m JUR Inzi'dentklage f; Zwischenfeststellungsklage f; **3.** GR **~e** f eingeschobener Satz
incinérateur [ɛ̃sineRatœR] m Müllverbrennungsofen m
incinération [ɛ̃sineRasjɔ̃] f **1.** Verbrennung f (zu Asche); **usine d'~ des ordures ménagères** Müllverbrennungsanlage f; **2. ~ (des morts)** Feuerbestattung f; Einäscherung f; Verbrennung f der Toten
incinérer [ɛ̃sineRe] v/t ⟨-è-⟩ **1.** ordures (zu Asche) verbrennen; **2.** mort einäschern; verbrennen
incise [ɛ̃siz] f GR **ou** adjt **proposition** f **~** eingeschobener Satz
inciser [ɛ̃size] v/t MÉD, arbre e-n Schnitt machen in (+acc); einschneiden
incisif [ɛ̃sizif] adj ⟨-ive⟩ ton schneidend; bissig; ironie, critique beißend
incision [ɛ̃sizjɔ̃] f (Ein)Schnitt m
incisive [ɛ̃siziv] f ANAT Schneidezahn m
incitation [ɛ̃sitasjɔ̃] f Anreizen n, Anreiz m, Anregen n, -ung f, p/fort An-, Aufstachelung f, Aufreizung f, a JUR Verführung f, Verleitung f, Anstiftung f (**à qc** zu etw); JUR **~ à la débauche** Anstiftung zur Unzucht; **~ à la révolte** Aufwiegelung f
inciter [ɛ̃site] v/t **~ qn à** (+inf) **ou à qc** j-n anreizen, anregen, p/fort an-, aufstacheln, aufreizen, a JUR verführen, verleiten, anstiften zu (+inf) **ou** zu etw; **~ à la révolte** aufwiegeln; **cela m'incite à penser que ...** das bewegt mich zu der Annahme, das macht mich glauben, daß ...
incivil [ɛ̃sivil] litt adj unhöflich; ungesittet
inclément [ɛ̃klemɑ̃] litt adj climat, temps rauh; unfreundlich
inclinaison [ɛ̃klinɛzɔ̃] f **1.** d'un plan Neigung f; d'une route Gefälle n; d'un mur Schräge f; Schrägheit f; **angle d'~** Neigungswinkel m; **2.** (position penchée) Schrägstellung f, -lage f; de la tête, du buste geneigte Haltung; **3.** PHYS (**magnétique**) Inklinati'on f
inclination [ɛ̃klinasjɔ̃] f **1.** du corps Verneigung f; Verbeugung f; **~ de tête** Kopfnicken n; **2.** st/s (penchant) Neigung f, Vorliebe f (**pour** für); litt **avoir de l'~ pour qn** e-e (Zu)Neigung zu j-m hegen
incliné [ɛ̃kline] adj geneigt; schräg; abfallend; PHYS **plan ~** schiefe Ebene; **tête légèrement ~e** leicht geneigter Kopf

incliner [ɛ̃kline] **I** v/t **1.** (pencher) neigen; schräg halten, stellen; **2.** (rendre enclin) **~ qn à** (+inf) j-n geneigt machen, dazu bringen zu (+inf); **cela m'incline à lui pardonner** a das veranlaßt mich, ihm zu verzeihen; **II** v/i **3. ~ à** (+inf) dazu neigen zu (+inf); **j'incline à croire que ...** ich neige zu der Auffassung, daß ...; **III** v/pr **s'~ 4.** (se courber) branche etc sich neigen; personne sich verneigen, verbeugen (**devant** vor +dat); **5.** fig (rendre hommage) **s'~ devant qn, qc** sich vor j-m, etw verbeugen; j-m, etw Re'spekt, Bewunderung zollen; **6.** fig (se soumettre) sich beugen, fügen (**devant qn, qc** j-m, e-r Sache); **s'~ devant les faits** sich den Tatsachen beugen
inclure [ɛ̃klyR] v/t ⟨cf conclure; p/p inclus⟩ **1. ~ qc dans une lettre** etw in e-n Brief (hin'ein)legen, e-m Brief beifügen, beilegen; disposition **~ dans un contrat** in e-n Vertrag aufnehmen, einbeziehen, einfügen; **2.** (impliquer) einschließen; enthalten; **cela inclut que ...** das bedeutet, daß ...
inclus [ɛ̃kly] p/p cf **inclure** et adj ⟨-use [-yz]⟩ einschließlich; **jusqu'à la page deux ~e** bis Seite zwei einschließlich; cf a **ci-inclus**
inclusion [ɛ̃klyzjɔ̃] f Einbeziehung f; Einschließung f; Einschluß m
inclusivement [ɛ̃klyzivmɑ̃] adv einschließlich
incoercible [ɛ̃kɔɛRsibl(ə)] adj litt rire, toux nicht zu unter'drücken(d)
incognito [ɛ̃kɔɲito] **I** adv in'kognito; **II** m In'kognito n; **garder l'~** das Inkognito wahren
incohér|ence [ɛ̃kɔeRɑ̃s] f **1.** Zu'sammenhang(s)losigkeit f; mangelnder Zu'sammenhang; Inkohä'renz f; **2. ~s** pl idées, propos unzusammenhängende Gedanken m/pl **ou** Worte n/pl; **~ent** adj unzusammenhängend; zu'sammenhang(s)los; inkohä'rent
incollable [ɛ̃kɔlabl(ə)] adj **1.** F (imbattable) un'schlagbar; **il est ~** er kann alle Fragen beantworten; **2.** riz der nicht anhängt
incolore [ɛ̃kɔlɔR] adj farblos (a fig style)
incomber [ɛ̃kɔ̃be] v/t/indir responsabilité, tâche **~ à qn** j-m obliegen, zukommen; **les frais nous incombent** Sie haben für die Kosten aufzukommen; impersonnel **il vous incombe de** (+inf) es obliegt Ihnen **ou** es liegt Ihnen ob zu (+inf)
incombustible [ɛ̃kɔ̃bystibl(ə)] adj feuerfest; unverbrennbar; nicht brennbar
incommensurable [ɛ̃kɔmɑ̃syRabl(ə)] adj **1.** MATH inkommensu'rabel; **2.** fig (démesuré) maßlos; **II** m **l'~** das Unermeßliche
incommodant [ɛ̃kɔmɔdɑ̃] adj lästig, störend
incommode [ɛ̃kɔmɔd] adj (peu pratique) unpraktisch; unzweckmäßig; outil a unhandlich; (inconfortable) unbequem
incommoder [ɛ̃kɔmɔde] v/t **~ qn** j-n belästigen, stören
incommodité [ɛ̃kɔmɔdite] f Unzweckmäßigkeit f; Unbequemlichkeit f
incommunicable [ɛ̃kɔmynikabl(ə)] adj **1.** émotion etc nicht mitteilbar; **2.** deux univers etc unvereinbar

incomparable [ɛ̃kɔ̃paRabl(ə)] adj unvergleichlich; unübertrefflich
incompatibilité [ɛ̃kɔ̃patibilite] f **1.** Unvereinbarkeit f; **~ de caractère**, **d'humeur** Unvereinbarkeit der Charaktere; **2.** JUR, MÉD, INFORM Inkompatibili'tät f
incompatible [ɛ̃kɔ̃patibl(ə)] adj **1.** unvereinbar (**avec** mit); **être ~ avec qc** a nicht zu etw passen; **2.** JUR fonctions, MÉD groupes sanguins, INFORM inkompa'tibel
incompétence [ɛ̃kɔ̃petɑ̃s] f **1.** Inkompetenz f; Unkenntnis f; Unzulänglichkeit f; **2.** JUR Inkompetenz f; Un-, Nichtzuständigkeit f
incompétent [ɛ̃kɔ̃petɑ̃] adj **1.** inkompetent; **être ~** nicht kompe'tent sein, sich nicht auskennen (**en musique** in der Musik); **2.** tribunal etc nicht zuständig; unzuständig; inkompetent
incomplet [ɛ̃kɔ̃plɛ] adj ⟨-ète [-ɛt]⟩ unvollständig; connaissances a lückenhaft
incompréhensible [ɛ̃kɔ̃pReɑ̃sibl(ə)] adj unverständlich; unbegreiflich; schleier-, rätselhaft; **il est ~ que ...** (+subj) es ist unverständlich etc, daß ...
incompréhensif [ɛ̃kɔ̃pReɑ̃sif] adj ⟨-ive⟩ kein Verständnis zeigend; ohne Einfühlungsvermögen
incompréhension [ɛ̃kɔ̃pReɑ̃sjɔ̃] f Unverständnis n; Mangel m an Einfühlungsvermögen, an (gegenseitigem) Verständnis
incompressible [ɛ̃kɔ̃pResibl(ə)] adj **1.** PHYS inkompres'sibel; nicht zu'sammendrückbar; **2.** FIN dépense nicht einschränkbar; nicht redu'zierbar
incompris [ɛ̃kɔ̃pRi] **I** adj unverstanden (a iron); verkannt; **II** subst **~(e)** m(f) unverstandener Mensch; Unverstandene(r) f(m)
inconcevable [ɛ̃kɔ̃s(ə)vabl(ə)] adj unbegreiflich; unfaßbar, -lich; unvorstellbar; **il est ~ que ...** (+subj) es ist unbegreiflich etc, daß ...
inconciliable [ɛ̃kɔ̃siljabl(ə)] adj unvereinbar (**avec** mit)
inconditionnel [ɛ̃kɔ̃disjɔnɛl] **I** adj ⟨-le⟩ bedingungslos; uneingeschränkt; appui a an keine Bedingung geknüpft; **II** m bedingungsloser Anhänger
inconduite [ɛ̃kɔ̃dɥit] f schlechter, lasterhafter Lebenswandel
inconfort [ɛ̃kɔ̃fɔR] m mangelnder Kom'fort
inconfortable [ɛ̃kɔ̃fɔRtabl(ə)] adj **1.** maison, siège etc unkomfortabel; unbequem; **2.** fig position, situation unbequem; unangenehm
incongru [ɛ̃kɔ̃gRy] adj remarque, question etc unpassend; unschicklich; p/fort ungehörig; ungebührlich
inconnaissable [ɛ̃kɔnɛsabl(ə)] **I** adj nicht erkennbar (**à qn** für j-n); unergründbar; **II** m **l'~** das Unergründbare

inconnu [ɛ̃kɔny] **I** adj unbekannt (**à, de qn** j-m); **sa voix ne m'était pas ~e** s-e Stimme kam mir bekannt vor; ADM **enfant né de père ~** Vater unbekannt; **II** subst **1. ~(e)** m(f) Unbekannte(r) f(m); **la belle ~** die schöne Unbekannte; **ne parlez pas à des ~s** sprechen Sie nicht mit Fremden; **2.** JUR **déposer une plainte contre ~** Strafanzeige gegen Unbekannt erstatten; **3. l'~** m (ce qui *n'est pas connu*) das Unbekannte; **4.** MATH **~e** f Unbekannte f (*a fig*)

inconsciemment [ɛ̃kõsjamɑ̃] *adv* unbewußt; unwillkürlich

inconscience [ɛ̃kõsjɑ̃s] f **1.** Unüberlegtheit f; Unbedachtsamkeit f; Leichtfertigkeit f; *p/fort* Leichtsinn m; *c'est de l'~* das ist Leichtsinn; **2.** MÉD Bewußtlosigkeit f; Bewußtseinstrübung f; Dämmerzustand m

inconscient [ɛ̃kõsjɑ̃] **I** *adj* **1.** *personne* unüberlegt; unbedacht; leichtfertig; *il est ~ a* er weiß nicht, was er tut; **2.** *geste, réaction* unbewußt; *personne être ~ du danger* sich (*dat*) der Gefahr (*gén*) nicht bewußt sein; **3.** MÉD bewußtlos; **II** *subst* **1.** *~(e) m(f)* Leichtfertige(r) f(m); *p/fort* Leichtsinnige(r) f(m); **2.** PSYCH *l'~ m* das Unbewußte; das 'Unterbewußtsein; das 'Unterbewußte

inconséqu|ence [ɛ̃kõsekɑ̃s] f Inkonsequenz f; 'Widersprüchlichkeit f; Folgewidrigkeit f; **~ent** *adj attitude, personne* inkonsequent; 'widersprüchlich; *raisonnement a* folgewidrig

inconsidéré [ɛ̃kõsideʀe] *adj* unüberlegt; unbesonnen; unbedacht; über'eilt

inconsistance [ɛ̃kõsistɑ̃s] f *d'une argumentation, d'une théorie etc* Unhaltbarkeit f; mangelnde Stichhaltigkeit f; *d'un thème, d'un personnage etc* Sub'stanzlosigkeit f

inconsistant [ɛ̃kõsistɑ̃] *adj* **1.** *argumentation, théorie etc* haltlos; nicht stichhaltig; *programme, scénario etc* sub'stanzlos; **2.** *personne, caractère* unbeständig; haltlos

inconsolable [ɛ̃kõsɔlabl(ə)] *adj* untröstlich

inconst|ance [ɛ̃kõstɑ̃s] f Unbeständigkeit f; Unstetigkeit f; Wankelmut m; *en amour* Treulosigkeit f; Untreue f; **~ant** *adj humeur, personne* unbeständig, unstet, wankelmütig, wetterwendisch (*dans ses amitiés* in bezug auf s-e Freundschaften); *en amour* treulos, untreu

inconstitutionnel [ɛ̃kõstitysjɔnɛl] *adj* (*~le*) verfassungswidrig

incontestable [ɛ̃kõtɛstabl(ə)] *adj* unbestreitbar, unstreitig; unstrittig; *il est ~ que ...* es ist unbestreitbar, daß ...; *c'est ~ a* das ist (ganz) offensichtlich, sicher

incontestablement [ɛ̃kõtɛstabləmɑ̃] *adv* ganz offensichtlich, sicher; mit Sicherheit

incontesté [ɛ̃kõtɛste] *adj* unbestritten; (allgemein) anerkannt

incontinence [ɛ̃kõtinɑ̃s] f MÉD Inkontinenz f; *~ d'urine a* unwillkürlicher Harnabfluß

incontinent [ɛ̃kõtinɑ̃] *adj* MÉD an Inkontinenz leidend

incontournable [ɛ̃kõtuʀnabl(ə)] *adj* unumgänglich

incontrôlable [ɛ̃kõtʀolabl(ə)] *adj* unkontrollierbar; nicht nachprüfbar

incontrôlé [ɛ̃kõtʀole] *adj* unkontrolliert; sich der Kon'trolle entziehend

inconven|ance [ɛ̃kõvnɑ̃s] f Unschicklichkeit f; Ungebührlichkeit f; unschicklich; *p/fort* unanständig

inconvénient [ɛ̃kõvenjɑ̃] m Nachteil m; nachteilige Folge; *sans ~* pro'blemlos; *avoir des ~s* Nachteile haben; *il n'y a pas d'~ à* (+*inf*) es ist nichts dabei, es spricht nichts dagegen zu (+*inf*); *je n'y vois pas d'~* ich habe nichts dagegen

inconvertible [ɛ̃kõvɛʀtibl(ə)] *adj monnaie* nicht konver'tierbar; inkonver'tibel

incoordination [ɛ̃kɔɔʀdinasjõ] f MÉD *~ motrice* Koordinati'onsstörungen f/pl

incorporation [ɛ̃kɔʀpɔʀasjõ] f **1.** *d'une substance* Vermengung f (*dans ou à qc* mit etw); **2.** *par ext* Einverleibung f, Eingliederung f (*dans* in +*acc*); **3.** MIL Einziehung f, Einberufung f (zum Wehrdienst)

incorporel [ɛ̃kɔʀpɔʀɛl] *adj* (*~le*) JUR *biens ~s* unkörperliche Güter n/pl

incorporer [ɛ̃kɔʀpɔʀe] **I** v/t **1.** *~ une substance dans ou à qc* e-e Substanz e-r Sache (*dat*) beimengen, -mischen, zusetzen; *adjt* TECH *incorporé* eingebaut; **2.** *par ext ~ dans qc* e-r Sache (*dat*) einverleiben; *a personne* in etw (*acc*) eingliedern, aufnehmen; *~ dans une commune* eingemeinden; **3.** MIL einziehen, einberufen (*dans* zu); **II** v/pr **4.** *substance s'~ dans ou à qc* sich mit etw vermengen; **5.** *passage dans un texte, personne dans un groupe s'~ à ou dans qc* sich in etw (*acc*) eingliedern

incorrect [ɛ̃kɔʀɛkt] *adj* **1.** *expression etc* un-, inkorrekt; ungenau; unrichtig; **2.** *manières, tenue etc* un-, inkorrekt; nicht angemessen; **3.** *personne* nicht kor'rekt (*avec qn* j-m gegenüber); unhöflich, grob (zu j-m); *en affaires* nicht kor'rekt; unreell

incorrection [ɛ̃kɔʀɛksjõ] f **1.** *d'une expression etc,* (*faute*) Un-, Inkorrektheit f; Ungenauigkeit f; Unrichtigkeit f; **2.** (*manque de savoir-vivre*) Un-, Inkorrektheit f; *p/fort* Unhöflichkeit f; Grobheit f; *en affaires* unkorrektes, unreelles Gebaren

incorrigible [ɛ̃kɔʀiʒibl(ə)] *adj* unverbesserlich

incorruptible [ɛ̃kɔʀyptibl(ə)] *adj* **1.** *fonctionnaire* unbestechlich; **2.** *matière* unvergänglich; unzersetzbar

incrédibilité [ɛ̃kʀedibilite] f Unglaubhaftigkeit f; Unglaubwürdigkeit f

incrédule [ɛ̃kʀedyl] *adj* ungläubig; skeptisch; *avoir l'air ~* ungläubig dreinschauen; nicht über'zeugt zu sein scheinen

incrédulité [ɛ̃kʀedylite] f Unglaube(n) m; Ungläubigkeit f; Skepsis f

incrément [ɛ̃kʀemɑ̃] m INFORM Inkre'ment n

increvable [ɛ̃kʀəvabl(ə)] *adj* **1.** F (*infatigable*) unermüdlich; F nicht totzukriegen(d); **2.** *pneu* schlauchlos, pannensicher

incriminer [ɛ̃kʀimine] v/t *personne* be-, anschuldigen; inkrimi'nieren; *comportement de qn* beanstanden

incrochetable [ɛ̃kʀɔʃtabl(ə)] *adj serrure* einbruch(s)sicher; mit e-m Dietrich nicht zu öffnen(d)

incroyable [ɛ̃kʀwajabl(ə)] **I** *adj* **1.** (*invraisemblable*) unglaublich; unglaubhaft; kaum glaubhaft; unglaubwürdig; *~, mais vrai*; *il est ~ que ...* (+*subj*) es ist unglaublich *etc,* daß ...; **2.** (*fantastique*) unglaublich; unwahrscheinlich; außerordentlich; **3.** (*inouï*) unglaublich; unerhört; empörend; *c'est ~!* das ist ja unglaublich!; *d'une personne il est vraiment ~!* er ist einfach unmöglich!; **II** *subst* **1.** m *l'~ c'est que ...* (+*subj*) es ist unglaublich, kaum zu glauben, daß ...; **2.** *les ~s m/pl* exzentrische Modenarren zur Zeit des Directoire

incroy|ance [ɛ̃kʀwajɑ̃s] f REL Unglaube(n) m; **~ant** REL **I** *adj* ungläubig; **II** *subst ~(e) m(f)* Ungläubige(r) f(m)

incrustation [ɛ̃kʀystasjõ] f **1. a)** *technique décorative* Einlegen n; **b)** *ornement* Einlegearbeit f; In'tarsien f/pl; Inkrustati'on f; **2.** GÉOL Sinter m; TECH (*tartre*) Kesselstein m

incruster [ɛ̃kʀyste] v/t **1.** ART mit Einlegearbeiten, In'tarsien verzieren; inkru'stieren; *adjt incrusté de nacre* mit Perlmuttintarsien (verziert); **2.** TECH *adjt incrusté de tartre* mit Kesselsteinablagerungen; **II** v/pr *s'~* **3.** GÉOL sich mit Sinter, TECH sich mit Kesselstein über'ziehen; **4.** *corps étranger* sich eindrücken (*dans* in +*acc*); sich festsetzen (in +*dat*); **5.** *visiteur* sich einnisten (*chez qn* bei j-m)

incubateur [ɛ̃kybatœʀ] m MÉD Brutkasten m; Inku'bator m

incubation [ɛ̃kybasjõ] f **1.** ZO Brüten n; Bebrütung f; **2.** MÉD (*période f d'*) *~* Inkubati'on(szeit) f; **3.** *fig d'une révolte* la'tentes Vorstadium

incuber [ɛ̃kybe] v/t ZO bebrüten

inculpation [ɛ̃kylpasjõ] f JUR Be-, Anschuldigung f

inculp|é [ɛ̃kylpe] JUR **I** *adj* beschuldigt; angeschuldigt; **II** *subst ~(e) m(f)* Beschuldigte(r) f(m); Angeschuldigte(r) f(m); **~er** v/t JUR be-, anschuldigen (*d'un crime* e-s Verbrechens)

inculquer [ɛ̃kylke] v/t *~ qc à qn* j-m etw beibringen, *p/fort* einschärfen, einhämmern

inculte [ɛ̃kylt] *adj* **1.** AGR unbebaut; brachliegend; *terre f ~* Brachland n; **2.** *personne* ungebildet; **3.** *cheveux, barbe* ungepflegt

inculture [ɛ̃kyltyʀ] f Mangel m an Bildung; Unbildung f

incurable [ɛ̃kyʀabl(ə)] *adj* **1.** *maladie* unheilbar; *malade* unheilbar krank; **2.** *fig* (*incorrigible*) unverbesserlich

incurie [ɛ̃kyʀi] f Fahrlässigkeit f; (grobe) Nachlässigkeit

incursion [ɛ̃kyʀsjõ] f **1.** MIL Einfall m; **2.** *fig* Abstecher m; *faire une ~ dans un domaine inconnu a* sich vorübergehend auf ein unbekanntes Gebiet vorwagen

incurv|é [ɛ̃kyʀve] *adj* gekrümmt; gebogen; **~er** v/pr *s'~* sich krümmen, biegen

indatable [ɛ̃databl(ə)] *adj* undatierbar

Inde [ɛ̃d] *l'~ f* Indien n

indécence [ɛ̃desɑ̃s] f Unschicklichkeit f, Anstößigkeit f; *p/fort* Unanständigkeit f; *avoir l'~ de faire qc* die Unverschämtheit besitzen, etw zu tun

indécent [ɛ̃desɑ̃] *adj* **1.** *tenue, geste, propos* unschicklich; anstößig; *p/fort* unanständig; **2.** *luxe etc* unverschämt

indéchiffrable [ɛ̃deʃifʀabl(ə)] *adj* **1.** nicht zu entziffern(d); *écriture a* schwer leserlich; **2.** *fig personnage* rätselhaft; *regard* unerklärlich

indéchirable [ɛ̃deʃiʀabl(ə)] *adj* unzerreißbar

indécis [ɛ̃desi] **I** adj **1.** personne, caractère unentschlossen; schwankend; personne a unschlüssig; **2.** problème unentschieden; ungelöst; *la victoire demeura ~e* der Kampf blieb unentschieden; **3.** (vague) unbestimmt; ungenau; **II** subst ~(e) m(f) Unentschlossene(r) f(m)

indécision [ɛ̃desizjɔ̃] f Unentschlossenheit f; Unschlüssigkeit f; Unentschiedenheit f

indéclinable [ɛ̃deklinabl(ə)] adj GR undeklinierbar

indécomposable [ɛ̃dekõpozabl(ə)] adj unzerlegbar

indécrottable [ɛ̃dekʀɔtabl(ə)] F adj unverbesserlich

indéfectible [ɛ̃defɛktibl(ə)] litt adj unvergänglich; unwandelbar

indéfendable [ɛ̃defɑ̃dabl(ə)] adj **1.** MIL nicht zu verteidigen(d); unhaltbar; **2.** fig thèse etc unhaltbar; unvertretbar

indéfini [ɛ̃defini] adj **1.** GR unbestimmt; indéfi'nit; *adjectif ~* attributives Indefi'nitpronomen; *article ~* unbestimmter Artikel; *pronom ~* (al'leinstehendes) Indefinitpronomen, unbestimmtes Fürwort; **2.** (vague) sentiment unbestimmt; durée, quantité unbegrenzt; *~ment* adv auf unbestimmte Zeit; unbegrenzt F ewig

indéfinissable [ɛ̃definisabl(ə)] adj couleur, odeur, saveur undefinierbar; unbestimmbar; sentiment, charme unerklärlich; unbegreiflich

indéformable [ɛ̃defɔʀmabl(ə)] adj TEXT formbeständig; formtreu

indéfrisable [ɛ̃defʀizabl(ə)] f autrefois Dauerwelle f

indélébile [ɛ̃delebil] adj nicht zu entfernen(d); unauslöschlich (a fig); rouge à lèvres kußecht; encre f *~* Wäschetinte f

indélicat [ɛ̃delika] adj **1.** (sans tact) rücksichts-, taktlos; **2.** (malhonnête) unredlich; unehrlich

indélicatesse [ɛ̃delikates] f **1.** (manque de tact) Rücksichts-, Taktlosigkeit f; **2.** (procédé malhonnête) Unredlichkeit f; unredliches Gebaren

indémaillable [ɛ̃demajabl(ə)] TEXT **I** adj maschenfest; **II** loc/adj *en ~* aus maschenfestem Gewebe

indemne [ɛ̃dɛmn] adj unverletzt; unversehrt; *sortir ~ d'un accident* bei e-m Unfall unverletzt bleiben, da'vonkommen

indemnis|able [ɛ̃dɛmnizabl(ə)] adj personne entschädigungsberechtigt; dommage entschädigungsfähig; vergütbar; *~ation* f Entschädigung f; Vergütung f; Abfindung f

indemniser [ɛ̃dɛmnize] v/t **1.** *~ qn* j-n entschädigen, j-m Schaden(s)ersatz leisten (*de qc* für etw); j-n abfinden; **2.** dommage, perte vergüten; e-e Entschädigung gewähren für

indemnité [ɛ̃dɛmnite] f (dédommagement) Entschädigung f; Schaden(s)ersatz m; Abfindung f(summe) f; Vergütung f; (prime) Zulage f; SÉCURITÉ SOCIALE *~ journalière* Krankengeld n; *~ kilométrique* Kilo'metergeld n; *~ parlementaire* Di'äten pl; *~ de déplacement* Reisekostenvergütung f; *~ de guerre* Kriegsentschädigung f; *~ de licenciement* Abfindung(ssumme) f bei Kündigung; *~ de résidence* Ortszuschlag m, -zulage f

indémontrable [ɛ̃demɔ̃tʀabl(ə)] adj unbeweisbar

indéniable [ɛ̃denjabl(ə)] adj unleugbar; nicht zu (ver)leugnen(d)

indépendamment [ɛ̃depɑ̃damɑ̃] loc/prép *~ de* **a)** (sans égard à) unabhängig von (+dat); ungeachtet (+gén); **b)** (en plus de) zusätzlich zu (+dat)

indépendance [ɛ̃depɑ̃dɑ̃s] f Unabhängigkeit f; Selbständigkeit f; POL a Freiheit f; *guerre f d'~* Unabhängigkeitskrieg m

indépendant [ɛ̃depɑ̃dɑ̃] adj **1.** personne, peuple unabhängig (*de qn, qc* von j-m, etw); selbständig (a travailleur); frei; freiheitsliebend; péj eigenwillig; **2.** choses *~ de* unabhängig von; *pour des raisons ~es de notre volonté* aus Gründen, die von unserem Willen unabhängig sind; **3.** *chambre ~e* Sepa-'ratzimmer n; Zimmer n mit eigenem Eingang; **4.** *AUTO roue ~e* einzeln aufgehängtes Rad; **5.** GR *proposition ~e ou subst ~e* f unabhängiger (Haupt-) Satz

indépendantiste [ɛ̃depɑ̃datist] POL **I** adj *mouvement ~* Unabhängigkeitsbewegung f; **II** m,f Mitglied n der Unabhängigkeitsbewegung; Freiheitskämpfer(in) m(f)

indéracinable [ɛ̃deʀasinabl(ə)] adj unausrottbar

indéréglable [ɛ̃deʀeglabl(ə)] adj TECH nie versagend

indescriptible [ɛ̃dɛskʀiptibl(ə)] adj unbeschreiblich

indésirable [ɛ̃dezirabl(ə)] **I** adj unerwünscht (a personne); nicht wünschenswert; **II** m,f unerwünschte Per'son

indésiré [ɛ̃deziʀe] adj unerwünscht

indestructible [ɛ̃dɛstʀyktibl(ə)] adj unzerstörbar

indéterminable [ɛ̃detɛʀminabl(ə)] adj unbestimmbar

indétermination [ɛ̃detɛʀminasjɔ̃] f **1.** (indécision) Unentschlossenheit f; Unschlüssigkeit f; **2.** (imprécision) Unbestimmtheit f

indéterminé [ɛ̃detɛʀmine] adj unbestimmt

indétraquable [ɛ̃detʀakabl(ə)] adj F narren-, idi'otensicher

index [ɛ̃dɛks] m **1.** ANAT Zeigefinger m; **2.** (table alphabétique) Re'gister n; Namen(s)-, Sach-, Stichwortverzeichnis n; Index m; **3.** TECH Zeiger m; **4.** ÉGL CATH *l'* Index m; *être à l'* auf dem Index stehen; *mettre à l'*, fig à l'~ auf den Index setzen (a fig); **5.** STATISTIQUE *~ de mortalité* Mortali'tätsziffer f, -quote f

indexation [ɛ̃dɛksasjɔ̃] f ÉCON Inde'xierung f; Indexbindung f

indexer [ɛ̃dɛkse] v/t **1.** ÉCON inde'xieren; *~ qc sur l'indice du coût de la vie* etw an den Lebenshaltungsindex binden; adjt *indexé* Index…; indexgebunden; **2.** INFORM inde'xieren

indic [ɛ̃dik] m F abr (indicateur) Spitzel m

indicateur [ɛ̃dikatœʀ] **I** adj ⟨-trice⟩ Anzeige…; Hinweis…; anzeigend; *panneau ~* Hinweisschild n, -tafel f; *poteau ~* Wegweiser m; **II** m **1.** *~* (*des chemins de fer*) Kursbuch n; *~ immobilier* Immo'bilienanzeiger m; **2.** (mouchard) (Poli'zei)Spitzel m; **3.** TECH Anzeiger m; Indi'kator m; AVIAT *~ d'altitude* Höhenmesser m; AUTO *~ de changement de direction* Fahrtrichtungsanzeiger m; **4.** CHIM Indi'kator m; *~ coloré* Farbindikator m; *~ radioactif* Radioindikator m; **5.** ÉCON Indi'kator m

indicatif [ɛ̃dikatif] **I** adj ⟨-ive⟩ **1.** anzeigend; informa'torisch; *prix ~* Richtpreis m; *signe ~* Anzeichen n; Merkmal n; Hinweis m; *à titre ~* zur Information, Kenntnisnahme, Orien'tierung; (nur) als Hinweis (dienend); **2.** GR *mode ~* cf II 1.; **II** m **1.** GR Indikativ m; Wirklichkeitsform f; *être à l'~* im Indikativ stehen; *d'une émission*, Kenn-, Erkennungsmelodie f; **3.** TÉL *~* (*téléphonique*) Vorwahl(nummer) f; ADM Ortsnetzkennzahl f; **4.** *d'un poste émetteur-récepteur ~ d'appel* Rufzeichen n

indication [ɛ̃dikasjɔ̃] f **1.** (renseignement) Angabe f; Hinweis m; Auskunft f; (directive) Anweisung f; *~s scéniques* Re'gieanweisungen f/pl; COMM *~ d'origine* Ursprungsbezeichnung f, -angabe f; COMM *~ de prix* Preisangabe f, -auszeichnung f; *~ d'un virage* Hinweis auf e-e Kurve; *sauf ~ contraire* wenn nichts anderes angegeben ist; **2.** (indice) Hinweis m; Anzeichen n; **3.** MÉD *~* (*thérapeutique*) Indikati'on f

indice [ɛ̃dis] m **1.** (signe) (An-, Kenn-) Zeichen n; In'diz n; Merkmal n; Anhaltspunkt m; Hinweis m; **2.** JUR In'diz n; souvent pl *~s* In'dizien n/pl; **3.** ÉCON Index(ziffer) m(f); Meß-, Kennziffer f; *~ du coût de la vie*, *des prix*, *de la production* Lebenshaltungs-, Preis-, Produkti'onsindex m; **4.** MATH Index m; **5.** TV *~ d'écoute* Einschaltquote f; **6.** CHIM *~ d'octane* Ok'tanzahl f

indicible [ɛ̃disibl(ə)] adj unsagbar; unsäglich; unaussprechlich; namenlos

indien [ɛ̃djɛ̃] **I** adj ⟨~ne⟩ **1.** indisch; *l'océan* *l'* der Indische Ozean; **2.** in'dianisch; Indio…; *à la*, *en file ~ne* im Gänsemarsch; SPORTS *nage à l'~ne* Seitenschwimmen n; Hand-über-Hand-Schwimmen n; **II** subst **1.** *(ne)* m(f) de l'Inde Inder(in) m(f); **2.** *(ne)* m(f) d'Amérique du Nord Indi'aner(in) m(f); **3.** *~ne* f gemusterter kat'tunähnlicher Baumwollstoff

indifféremment [ɛ̃difeʀamɑ̃] adv 'unterschiedslos; in gleicher Weise

indifférence [ɛ̃difeʀɑ̃s] f Gleichgültigkeit f; Teilnahmslosigkeit f; Unbeteiligtheit f; Indifferenz f; Desinteresse n; *~ pour*, *à qc* Gleichgültigkeit etc gegenüber etw

indifférencié [ɛ̃difeʀɑ̃sje] adj undifferenziert

indifférent [ɛ̃difeʀɑ̃] **I** adj **1.** (peu intéressé) gleichgültig; teilnahmslos; unbeteiligt; indifferent; desinteressiert; p/fort gefühllos; kalt; *être ~ à qc* für etw kein Interesse, keine Teilnahme zeigen; e-r Sache (dat) gleichgültig gegenüberstehen; *laisser qn ~* j-n gleichgültig lassen; **2.** (sans importance) gleichgültig; belanglos; unwichtig; unwesentlich; *âge*, *salaire ~* Alter, Gehalt spielt keine Rolle; *être ~ à qn* j-m gleichgültig sein; *à propos de sentiments*

indifférer – inducteur

il ne m'est pas ~ er ist mir nicht gleichgültig; *il est* ~ *que* ... (+*subj*) es ist gleich(gültig), F e'gal, ob ...; **3.** PHYS **équilibre** ~ indifferentes Gleichgewicht; **II** *subst* ~(**e**) *m(f)* Gleichgültige(r) *f(m)*; *p/fort* gefühlloser, kalter Mensch

indifférer [ɛ̃difeʀe] *v/t* ⟨-è-⟩ *cela m'indiffère* das ist mir gleich(gültig), F e'gal

indigence [ɛ̃diʒɑ̃s] *f* Bedürftigkeit *f*; Armut *f*; Not *f*

indigène [ɛ̃diʒɛn] *I adj* **1.** (*autochtone*) eingeboren; Eingeborenen...; **2.** (*local*) einheimisch; **II** *m,f* **1.** *d'une* (*ancienne*) *colonie* Eingeborene(r) *f(m)*; **2.** *plais* Einheimische(r) *f(m)*

indigent [ɛ̃diʒɑ̃] **I** *adj* **1.** bedürftig; notleidend; arm; unbemittelt; **2.** *fig végétation, imagination* dürftig; kümmerlich; spärlich; **II** *subst* ~(**e**) *m(f)* Bedürftige(r) *f(m)*; Notleidende(r) *f(m)*

indigeste [ɛ̃diʒɛst] *adj* schwerverdaulich; unverdaulich

indigestion [ɛ̃diʒɛstjɔ̃] *f* **1.** Magenverstimmung *f*; verdorbener Magen; **2.** *fig avoir une* ~ *de qc* von etw genug haben; e-r Sache (*gén*) 'überdrüssig sein; *j'en ai une* ~ *a* ich habe es satt; F es steht mir bis oben; es hängt mir zum Hals raus

indignation [ɛ̃diɲasjɔ̃] *f* Entrüstung *f*; Empörung *f*; Unwille(n) *m*

indigne [ɛ̃diɲ] *adj* **1.** ~ *de qn, de qc* j-s, e-r Sache unwürdig, nicht würdig *ou* wert; *cela est* ~ *de lui* das ist seiner unwürdig; **2.** (*odieux*) nichts-, unwürdig; schändlich; erbärmlich; *parents m/pl* ~s Eltern *pl*, die dieses Namens nicht würdig sind; Rabeneltern *pl*

indigné [ɛ̃diɲe] *adj* entrüstet, empört (*par ou de qc* über etw [*acc*]); unwillig; indi'gniert; *personne a* aufgebracht

indigner [ɛ̃diɲe] **I** *v/t* ~ *qn* j-n aufbringen, empören, in Empörung versetzen; **II** *v/pr s'*~ sich entrüsten, sich empören (*contre qn, de qc* über j-n, etw); *s'*~ *de* (+*inf*) *ou* (*de ce*) *que* ... (+*subj*) sich darüber entrüsten, empören, zu (+*inf*) *ou* daß ...

indignité [ɛ̃diɲite] *f* Nichts-, Unwürdigkeit *f*; Schändlichkeit *f*; Erbärmlichkeit *f*

indigo [ɛ̃digo] *m* **1.** Indigo *m ou n*; **2.** *adj* ⟨*inv*⟩ *bleu m* ~ Indigoblau *n*

indiqué [ɛ̃dike] *adj* **1.** (*déterminé*) angegeben; *à l'heure* ~**e** zur angegebenen, festgesetzten Zeit, Stunde; **2.** (*conseillé*) angebracht; angezeigt; ratsam; MÉD indi'ziert; *ce n'est pas du tout* ~ das ist ganz und gar nicht angebracht; **3.** *être* ~ (*être écrit*) stehen (*dans, sur* in, auf +*dat*); *le prix est* ~ *sur l'emballage* steht auf der Verpackung

indiquer [ɛ̃dike] *v/t* **1.** (*montrer*) zeigen, (hin)weisen, deuten auf (+*acc*); *chemin* zeigen; weisen; *direction, température* anzeigen; angeben; *aiguille d'une montre* ~ *midi* auf zwölf Uhr zeigen, weisen; *boussole* ~ *le nord* nach Norden weisen, zeigen; **2.** (*faire connaître*) ~ *qc* (*à qn*) (j-n) auf etw (*acc*) hinweisen; (j-m) etw angeben, nennen, sagen; *dictionnaire: sens d'un mot* angeben; *une adresse* e-e Adresse angeben, nennen; ~ *les conséquences, dangers* auf die Folgen, Gefahren hinweisen; ~ *un bon restaurant, un spécia-* *liste* ein gutes Restaurant, e-n Spezialisten nennen; *pouvez-vous m'*~ *la gare?* können Sie mir sagen, wie ich zum Bahnhof komme? **3.** (*signaler*) *indice etc* ~ *qc* etw (an)zeigen, auf etw (*acc*) hinweisen, hindeuten, schließen lassen; *tout indique qu'il est parti* alles deutet darauf hin *ou* läßt darauf schließen *ou* spricht dafür, daß er verreist ist; **4.** PEINT ~ *qc* etw (nur) andeuten

indirect [ɛ̃diʀɛkt] *adj* **1.** indirekt; *cause, effet a* mittelbar; *critique a* versteckt; *éclairage* ~ indirekte Beleuchtung; *impôt* ~ indirekte Steuer; **2.** GR (*complément m d'*)*objet* ~ Präpositio'nalobjekt *n*; *interrogation* ~**e** indirekte Frage; *style, discours* ~ indirekte, abhängige, nicht wörtliche Rede; *style* ~ *libre* erlebte Rede; *verbe transitif* ~ Verb *n* mit Präpositionalobjekt

indirectement [ɛ̃diʀɛktəmɑ̃] *adv* indirekt; mittelbar

indiscernable [ɛ̃disɛʀnabl(ə)] *adj* nicht zu unter'scheiden(d)

indiscipline [ɛ̃disiplin] *f* Undiszipliniertheit *f*; Diszi'plinlosigkeit *f*

indiscipliné [ɛ̃disipline] *adj* undiszipliniert; diszi'plinlos; *fig cheveux* 'widerspenstig

indiscret [ɛ̃diskʀɛ] **I** *adj* ⟨-ète [-ɛt]⟩ **1.** (*qui manque de tact*) indiskret; taktlos; auf-, zudringlich; **2.** (*bavard*) nicht verschwiegen; indiskret; **II** *subst* ~, *indiscrète m,f* indiskreter Mensch; indiskrete Per'son

indiscrétion [ɛ̃diskʀesjɔ̃] *f* **1.** (*manque de discrétion, de tact*) Indiskretion *f*; Taktlosigkeit *f*; Auf-, Zudringlichkeit *f*; *sans* ~, *vous travaillez ici depuis longtemps?* ohne indiskret sein zu wollen...; **2.** *acte ou parole* Indiskretion *f*; *commettre une* ~ e-e Indiskretion begehen

indiscutable [ɛ̃diskytabl(ə)] *adj* unbestreitbar; ganz klar

indispensable [ɛ̃dispɑ̃sabl(ə)] **I** *adj* unerläßlich; unentbehrlich; unbedingt notwendig; *personne* unentbehrlich; *il est* ~ *que* ... (+*subj*) es ist unerläßlich, daß ...; (*seulement*) *si c'est* ~ (nur) wenn es (gar) nicht anders geht; (nur) wenn es unbedingt sein muß; **II** *l'*~ *m* das Allernotwendigste, Unentbehrliche

indispon|ibilité [ɛ̃disponibilite] *f* Nichtverfügbarkeit *f*; ~**ible** *adj* nicht verfügbar; nicht zur Verfügung stehend

indisposé [ɛ̃dispoze] *adj* indisponiert; unpäßlich; *femme* unwohl

indisposer [ɛ̃dispoze] *v/t* **1.** (*rendre malade*) ~ *qn* j-s Wohlbefinden stören, beeinträchtigen; **2.** *fig* (*déplaire à*) ~ *qn* j-n verstimmen, verärgern

indisposition [ɛ̃dispozisjɔ̃] *f* Indisposition *f*; Unpäßlichkeit *f*; *d'une femme* Unwohlsein *n*

indissociable [ɛ̃disɔsjabl(ə)] *adj* un(ab)trennbar

indissoluble [ɛ̃disɔlybl(ə)] *adj* un(auf)lösbar; unauflöslich

indistinct [ɛ̃distɛ̃(kt)] *adj* ⟨-incte [-ɛ̃kt]⟩ undeutlich; unklar

indistinctement [ɛ̃distɛ̃ktəmɑ̃] *adv* **1.** (*confusément*) undeutlich; unklar; **2.** (*indifféremment*) 'unterschiedslos; ohne 'Unterschied

individu [ɛ̃dividy] *m* **1.** Indi'viduum *n*; BIOL *a* Einzelwesen *n*; (*être humain*) *a* Einzelperson *f*, -mensch *m*; *l'*~ *a* der einzelne; **2.** *péj* Indi'viduum *n*; Sub'jekt *n*; Kerl *m*; ~ *suspect* verdächtiges Individuum

individu|isation [ɛ̃dividyalizasjɔ̃] *f* Individualisati'on *f*; Individuali'sierung *f*; ~**iser** *v/t* individuali'sieren; (*personnaliser*) individu'ell gestalten; individu'ell, jeweils auf den Einzelfall abstimmen; ~**isme** *m* Individua'lismus *m*; ~**iste I** *adj* individua'listisch; **II** *m,f* Individua'list(in) *m(f)*

individualité [ɛ̃dividyalite] *f* **1.** (*particularité*) Individuali'tät *f*; Eigenart *f*; Eigenartigkeit *f*; Einzigartigkeit *f*; **2.** (*personnalité*) Individuali'tät *f*; Per'sönlichkeit *f*; **3.** (*individu*) Indi'viduum *n*; Einzelwesen *n*

individuel [ɛ̃dividyɛl] *adj* ⟨~**le**⟩ **1.** (*propre à l'individu*) individu'ell; (rein) per'sönlich; Eigen...; *liberté* ~**le** per'sönliche, individuelle Freiheit; *maison* ~**le** Einfamilienhaus *n*; Eigenheim *n*; *responsabilité* ~**le** Eigenverantwortlichkeit *f*; **2.** (*concernant une seule personne*) individu'ell; Einzel...; *cas* ~ Einzelfall *m*

indivis [ɛ̃divi] *adj* JUR *propriété* ungeteilt; gemeinschaftlich; *cohéritiers m/pl* ~ Erbengemeinschaft *f*; *loc/adv par* ~ gemeinschaftlich

indivisible [ɛ̃divizibl(ə)] *adj* unteilbar

indivision [ɛ̃divizjɔ̃] *f* JUR Miteigentum *n*; Gesamthandsgemeinschaft *f*

indo- [ɛ̃do] *adj* indisch-...; *exemple*: **indo-pakistanais** indisch-pakistanisch

Indochine [ɛ̃dɔʃin] HIST *l'*~ *f* Indochina *n*; *guerre f d'*~ Indochinakrieg *m*

indochinois [ɛ̃dɔʃinwa] **I** *adj* indochi'nesisch; Indo'china...; **II** *subst* ⚥(**e**) *m(f)* Indochi'nese *m*, Indochi'nesin *f*

indocil|e [ɛ̃dɔsil] *st/s adj* 'widerspenstig; unlenksam; ungehorsam; ~**ité** *st/s f* 'Widerspenstigkeit *f*; Unlenksamkeit *f*; Ungehorsam *m*

indo-européen [ɛ̃doœʀopeɛ̃] **I** *adj* ⟨~**ne**⟩ LING indoger'manisch, -euro'päisch; **II** *subst* **1.** **Indo-Européens** *m/pl* Indoger'manen *m/pl*, -euro'päer *m/pl*; **2.** LING *l'*~ *m* das Indoger'manische; Indoger'manisch *n*

indol|ence [ɛ̃dɔlɑ̃s] *f* Trägheit *f*; Indolenz *f*; ~**ent** *adj* träg(e); indolent; a'pathisch

indolore [ɛ̃dɔlɔʀ] *adj* schmerzlos

indomptable [ɛ̃dɔ̃tabl(ə)] *adj* **1.** *animal* un(be)zähmbar; **2.** *fig adversaire, caractère, volonté* unbeugsam

indompté [ɛ̃dɔ̃te] *adj* **1.** *animal* ungezähmt; ungebändigt; **2.** *fig et st/s volonté* ungebeugt

Indonésie [ɛ̃dɔnezi] *l'*~ *f* Indo'nesien *n*

indonésien [ɛ̃dɔnezjɛ̃] **I** *adj* ⟨~**ne**⟩ indo'nesisch; **II** *subst* **1.** ⚥(**ne**) *m(f)* Indo'nesier(in) *m(f)*; **2.** LING *l'*~ *m* das Indo'nesische; Indo'nesisch *n*

Indre [ɛ̃dʀ(ə)] *l'*~ *f* Fluß *u* Departement in Frankreich; ~**-et-Loire** *l'*~ *f* frz Departement

indu [ɛ̃dy] *adj* **1.** *à une heure* ~**e** zu unpassender, ungehöriger Stunde, Zeit; **2.** *réclamation, créance* unberechtigt; ungebündet; ungerechtfertigt

indubitable [ɛ̃dybitabl(ə)] *adj* unzweifelhaft; *c'est* ~ das ist über jeden Zweifel erhaben

inducteur [ɛ̃dyktœʀ] ÉLECT **I** *adj* ⟨-tri-

inductif – infantile

ce⟩ indu'zierend; Indukti'ons...; Erreger...; **II** m Feldmagnet m
inductif [ɛ̃dyktif] adj ⟨-ive⟩ PHILOS induk'tiv
induction [ɛ̃dyksjɔ̃] f ÉLECT, PHILOS, BIOL Indukti'on f
induire [ɛ̃dɥiʀ] v/t ⟨cf conduire⟩ **1.** ~ **en erreur** irreführen, -leiten; zu Fehlern verleiten; **2.** ÉLECT indu'zieren
induit [ɛ̃dɥi] adj ÉLECT indu'ziert; Indukti'ons...; *courant* ~ Induktionsstrom m; *circuit* ~ *ou subst* ~ m Anker m
indulgence [ɛ̃dylʒɑ̃s] f **1.** Nachsicht f; Milde f; *avec*, *sans* ~ nachsichtig, unnachsichtig; **2.** ÉGL CATH Ablaß m
indulgent [ɛ̃dylʒɑ̃] adj nachsichtig; mild(e)
indûment [ɛ̃dymɑ̃] adv unberechtigt; unbegründet; ungerechtfertigt
induration [ɛ̃dyʀasjɔ̃] f MÉD Verhärtung f; sc Indurati'on f
industrialisation [ɛ̃dystʀijalizasjɔ̃] f Industriali'sierung f; **~iser I** v/t industriali'sieren; **II** v/pr *s'*~ industriali'siert werden; **~isme** m Industria'lismus m
industrie [ɛ̃dystʀi] f **1.** Indu'strie f; *grande* ~, ~ *lourde*, *petite* ~ Groß-, Schwer-, Kleinindustrie f; ~ *textile* Tex'tilindustrie f; ~ *de base* Grundstoffindustrie f; **2.** (*secteur d'activité*) Indu'strie(zweig) f(m); Gewerbe n; ~ *du tourisme* Fremdenverkehrsgewerbe n
industriel [ɛ̃dystʀijɛl] **I** adj ⟨~le⟩ **1.** industri'ell; Indu'strie...; gewerblich; Gewerbe...; *dessinateur* ~ technischer Zeichner; *eaux* ~*les* Brauchwasser n; *espionnage* ~ Werk-, Industriespionage f; *produit* ~ Industrieprodukt n, -erzeugnis n; *révolution* ~*le* industrielle Revolution; **2.** Indu'strie...; industri'ell entwickelt; *centre* ~, *ville* ~*le*, *région* ~*le* Industriezentrum n, -stadt f, -gebiet n; **3.** (*contraire: artisanal*) industri'ell; *élevage* ~ Massentierhaltung f; **4.** F *fig en quantité* ~*le* in sehr großer Menge; massenweise, -haft; **II** m Industri'elle(r) m; *grand* ~ Großindustrielle(r) m
industrieux [ɛ̃dystʀijø] st/s adj ⟨-euse⟩ geschickt; gewandt
inébranlable [inebʀɑ̃labl(ə)] adj unerschütterlich (*a fig*)
inédit [inedi] **I** adj **1.** (*non publié*) (noch) unveröffentlicht; nicht im Druck erschienen; **2.** (*nouveau*) ganz neu; noch nicht dagewesen; **II** m **1.** Neuheit f; *c'est de l'*~ das ist etwas ganz Neues; **2.** (noch) unveröffentlichtes Werk
ineffable [inefabl(ə)] adj st/s *bonheur*, *joie* unaussprechlich; unsagbar
ineffaçable [inefasabl(ə)] adj unauslöschlich; unzerstörbar
inefficace [inefikas] adj unwirksam; wirkungslos; *personne* leistungsschwach; **~ité** f Unwirksamkeit f; Wirkungslosigkeit f; *d'une personne* Leistungsschwäche f
inégal [inegal] adj ⟨-aux⟩ **1.** ungleich (*a* MATH); *conditions* ~*es* ungleiche Bedingungen f/pl; *lutte* ~*e* ungleicher Kampf; *être de force* ~*e* ungleich stark sein; **2.** (*irrégulier*) ungleichförmig; *pouls*, *respiration* unregelmäßig; *être d'humeur* ~*e* nicht immer gleich aufgelegt sein; unausgeglichen sein; **3.** *sol*, *surface* uneben

inégalable [inegalabl(ə)] adj unerreichbar
inégalé [inegale] adj unerreicht
inégalement [inegalmɑ̃] adv ungleich
inégalité [inegalite] f **1.** Ungleichheit f (*a* MATH); ~ *sociale* soziale Ungleichheit; **2.** (*irrégularité*) Ungleichförmigkeit f; *du pouls*, *de la respiration* Unregelmäßigkeit f; ~*s d'humeur* Stimmungsschwankungen f/pl; **3.** *du sol* Unebenheit f
inélégant [inelegɑ̃] adj **1.** nicht ele'gant; unelegant; **2.** (*indélicat*) taktlos
inéligible [ineliʒibl(ə)] adj nicht wählbar
inéluctable [inelyktabl(ə)] adj unvermeidbar, -lich; unabwendbar
inemployé [inɑ̃plwaje] adj un(aus)genutzt
inénarrable [inenaʀabl(ə)] adj unbeschreiblich komisch
inepte [inɛpt] adj albern; dumm
ineptie [inɛpsi] f **1.** Albernheit f; Dummheit f; **2.** ~*s* pl albernes, dummes Zeug, Geschwätz; Unsinn n
inépuisable [inepɥizabl(ə)] adj unerschöpflich; nie versiegend; *source* f ~ unerschöpfliche Quelle
inéquation [inekwasjɔ̃] f MATH Ungleichung f
inerte [inɛʀt] adj **1.** (*immobile*) leb-, bewegungs-, reg(ungs)los; PHYS träge; **2.** *fig* (*apathique*) passiv; untätig; unbeweglich; ener'gielos
inertie [inɛʀsi] f **1.** PHYS Trägheit f; *force* f *d'*~ Beharrungsvermögen n; *fig opposer la force d'*~ *à qc* e-r Sache (*dat*) passiven 'Widerstand entgegensetzen; **2.** *fig d'une personne*, *de l'administration* Passivi'tät f; Untätigkeit f; Unbeweglichkeit f
inespéré [inɛspeʀe] adj unverhofft; unerwartet
inesthétique [inɛstetik] adj unästhetisch
inestimable [inɛstimabl(ə)] adj unschätzbar (*a fig*)
inévitable [inevitabl(ə)] adj **1.** unvermeidlich, -bar; nicht zu verhindern(d); *subst* m *accepter l'*~ sich ins Unvermeidliche schicken; **2.** *plais avec son* ~ *cigare etc* mit s-r obli'gaten, unvermeidlichen Zi'garre etc
inexact [inɛgza(kt)] adj ⟨-acte [-akt]⟩ **1.** *renseignement*, *réponse etc* ungenau; nicht ganz richtig; p/fort unrichtig; fehlerhaft; falsch; *c'est* ~ das ist nicht ganz richtig; p/fort das ist falsch; **2.** *personne* unpünktlich
inexactitude [inɛgzaktityd] f **1.** (*manque de précision*) Ungenauigkeit f; p/fort Unrichtigkeit f; **2.** (*erreur*) Ungenauigkeit f; **3.** (*manque de ponctualité*) Unpünktlichkeit f
inexcusable [inɛkskyzabl(ə)] adj *faute etc* unentschuldbar; unverzeihlich; *vous êtes* ~ *de n'y avoir pas pensé* es ist unverzeihlich (von Ihnen), daß Sie nicht daran gedacht haben
inexécutable [inɛgzekytabl(ə)] adj unausführbar; undurchführbar
inexistant [inɛgzistɑ̃] adj **1.** (*absent*) nicht vor'handen; inexistent; **2.** (*sans efficacité*) wert-, bedeutungslos
inexistence [inɛgzistɑ̃s] f Nichtvorhandensein n
inexorable [inɛgzɔʀabl(ə)] adj unerbittlich; *personne être* ~ *a* sich nicht erweichen lassen (*à qc* durch etw)
inexpérience [inɛkspeʀjɑ̃s] f Unerfahrenheit f (*du métier* im Beruf)
inexpérimenté [inɛkspeʀimɑ̃te] adj **1.** *personne* unerfahren; ungeübt; **2.** *procédé* nicht erprobt
inexpiable [inɛkspjabl(ə)] adj unsühnbar; nicht zu sühnen(d)
inexplicable [inɛksplikabl(ə)] adj unerklärlich
inexpliqué [inɛksplike] adj ungeklärt; nicht aufgeklärt
inexploitable [inɛksplwatabl(ə)] adj *invention etc* nicht verwertbar; *gisement* nicht abbauwürdig
inexploité [inɛksplwate] adj nicht verwertet; *gisement* nicht abgebaut
inexploré [inɛksplɔʀe] adj unerforscht
inexplosible [inɛksplozibl(ə)] adj explosi'onssicher
inexpressif [inɛkspʀesif] adj ⟨-ive⟩ ausdruckslos; nichtssagend
inexprimable [inɛkspʀimabl(ə)] adj unaussprechlich; nicht auszudrücken(d); unbeschreiblich
inexprimé [inɛkspʀime] adj unausgesprochen
inexpugnable [inɛkspygnabl(ə)] adj MIL uneinnehmbar
inextensible [inɛkstɑ̃sibl(ə)] adj nicht (aus)dehnbar
in extenso [inɛkstɛ̃so] loc/adv in voller Länge; in vollem Wortlaut; ausführlich; in ex'tenso
inextinguible [inɛkstɛ̃gibl(ə)] litt adj unstillbar
in extremis [inɛkstʀemis] loc/adv **1.** (*à l'article de la mort*) auf dem Sterbebett; **2.** *fig* in letzter Mi'nute
inextricable [inɛkstʀikabl(ə)] adj unentwirrbar (*a fig*); *affaire* verzwickt
infaillibilité [ɛ̃fajibilite] f Unfehlbarkeit f; ÉGL CATH ~ *pontificale* Unfehlbarkeit des Papstes
infaillible [ɛ̃fajibl(ə)] adj **1.** *personne* unfehlbar; **2.** *remède* unfehlbar; *instinct* untrüglich
infailliblement [ɛ̃fajibləmɑ̃] adv unweigerlich; ganz sicher
infaisable [ɛ̃fəzabl(ə)] adj undurchführbar; unmöglich; nicht machbar
infalsifiable [ɛ̃falsifjabl(ə)] adj ADM fälschungssicher
infamant [ɛ̃famɑ̃] adj ehrenrührig; entehrend
infâme [ɛ̃fam] adj **1.** *trahison*, *mensonge etc* in'fam; niederträchtig; schändlich; **2.** *taudis etc* schmutzig; abstoßend (*a odeur*)
infamie [ɛ̃fami] f **1.** *d'un crime etc* Infa'mie f; Niedertracht f; Schändlichkeit f; **2.** *action* Schandtat f; *a parole* Schändlichkeit f; Infa'mie f
infant [ɛ̃fɑ̃] m, **~ante** f HIST Espagne, Portugal In'fant(in) m(f)
infanterie [ɛ̃fɑ̃tʀi] f MIL Infante'rie f; ~ *de marine* Ma'rineinfanterie f
infanticide [ɛ̃fɑ̃tisid] **1.** m,f *personne* Kindesmörder(in) m(f); *adj* *mère* f Kindesmörderin f; **2.** m *acte* Kindesmord m
infantile [ɛ̃fɑ̃til] adj **1.** MÉD Kinder...; *maladie* f ~ Kinderkrankheit f; *mortalité* f ~ Säuglings-, *par ext* Kindersterblichkeit f; **2.** PSYCH infan'til; **3.** *péj comportement* kindisch; infan'til

infantilisme [ɛ̃fɑ̃tilism(ə)] *m* **1.** PSYCH Infanti'lismus *m*; **2.** *péj* kindische Art; kindisches Benehmen

infarctus [ɛ̃faʀktys] *m* MÉD In'farkt *m*; **~ du myocarde** Herzinfarkt *m*

infatigable [ɛ̃fatigabl(ə)] *adj* unermüdlich

infatuation [ɛ̃fatɥasjɔ̃] *st/s f* Selbstgefälligkeit *f*

infatué [ɛ̃fatɥe] *adj st/s* **être ~ de sa personne** selbstgefällig, sehr von sich über'zeugt *ou* eingenommen sein

infécond [ɛ̃fekɔ̃] *adj* ⟨-onde [-ɔ̃d]⟩ BIOL unfruchtbar

infécondité [ɛ̃fekɔ̃dite] *f* Unfruchtbarkeit *f*

infect [ɛ̃fɛkt] *adj* **1.** *nourriture, odeur, temps etc* scheußlich; ab'scheulich; **2.** *personnage* ekelhaft; widerlich

infecter [ɛ̃fɛkte] I *v/t* **1.** MÉD infi'zieren; anstecken; **2.** *air* verpesten; verseuchen; II *v/pr* **s'~ plaie** sich infi'zieren

infectieux [ɛ̃fɛksjø] *adj* ⟨-euse⟩ MÉD infekti'ös; ansteckend; Infekti'ons...; **maladie infectieuse** Infektionskrankheit *f*

infection [ɛ̃fɛksjɔ̃] *f* **1.** MÉD Infekti'on *f*, Infi'zierung *f*; Ansteckung *f*; **foyer** *m* **d'~** Infektionsherd *m*; **2.** (*puanteur*) scheußlicher Geruch; **c'est une ~** es stinkt scheußlich

inféodé [ɛ̃feɔde] *adj* **être ~ à un parti** in der Abhängigkeit e-r Partei stehen

inféoder [ɛ̃feɔde] I *v/t* HIST belehnen; II *v/pr* **s'~ à un parti** sich in die Abhängigkeit e-r Partei begeben

infér|ence [ɛ̃feʀɑ̃s] *f* (Schluß)Folgerung *f*; **~er** *v/t* ⟨-è-⟩ folgern, schließen (*de* aus)

inférieur [ɛ̃feʀjœʀ] I *adj* **1.** *dans l'espace* untere(r, -s); 'Unter...; *d'une rivière* **cours ~** Unterlauf *m*; **les étages ~s** die unteren Stockwerke *n/pl*; **lèvre**, **mâchoire ~e** Unterlippe *f*, -kiefer *m*; **la partie ~e de qc** der untere Teil, *m ou* das Unterteil e-r Sache; **la vallée ~e du Rhin** das untere Rheintal; **2.** *dans une hiérarchie* **a)** *personne*(r, -s); *animaux* **~s** niedere Tiere *n/pl*; **classes ~es de la société** niedere, untere Gesellschaftsklassen *f/pl*; **position ~e** niedere, 'untergeordnete Position; **b)** **~ à qc** niedriger als etw; **note ~e à la moyenne** unter dem 'Durchschnitt liegende, 'unterdurchschnittliche Note; **température ~e à la normale** niedrigere als die Normaltemperatur; **être ~ à** stehen unter (+*dat*); tiefer stehen als; niveau liegen unter (+*dat*); **3.** *en quantité ou en qualité* **unter'legen** (**à qn, à qc** j-m, e-r Sache); **qualité ~e** mindere Qualität; **être ~ à qn, à qc** hinter j-m, e-r Sache zu'rückbleiben; schlechter, minderwertiger sein als etw; **être ~ en nombre** zahlenmäßig, an Zahl unterlegen sein; in der Minderzahl sein; **4.** MATH **~ à** kleiner als; II *subst* ⟨~(e) *m(f)*⟩ Unter'gebene(r) *f(m)*

infériorité [ɛ̃feʀjɔʀite] *f* Unter'legenheit *f*; Minderwertigkeit *f*; Inferiori'tät *f*; **~ intellectuelle** geistige Unterlegenheit; **~ numérique**, **en nombre** zahlenmäßige Unterlegenheit; GR **comparatif** *m* **d'~** Kompara'tiv *m* des niedrigeren Grades; mit „moins" gebildeter Komparativ; **complexe** *m*, **sentiment** *m* **d'~** Minderwertigkeitskomplex *m*, -gefühl *n*

infernal [ɛ̃fɛʀnal] *adj* ⟨-aux⟩ **1.** MYTH Höllen...; **puissances ~es** Höllenmächte *f/pl*; **2.** (*diabolique*) infer'nal(-isch); teuflisch; höllisch; **machine ~e** Höllenmaschine *f*; **3.** F (*insupportable*) unerträglich; unausstehlich; F infer'nalisch; **vacarme ~** Höllenlärm *m*

infertil|e [ɛ̃fɛʀtil] *adj* unfruchtbar (*a fig*); **thème** unergiebig; **~ité** *f* Unfruchtbarkeit *f* (*a fig*)

infester [ɛ̃fɛste] *v/t animaux ou plantes nuisibles*: *région* befallen; heimsuchen; *pirates*: *côte* unsicher machen; heimsuchen; **maison infestée de rats** von Ratten befallenes Haus; **mer infestée de requins** von Haien verseuchtes Meer

infidèle [ɛ̃fidɛl] I *adj* **1.** *ami* treulos; *en amour* untreu; *récit, traduction* ungenau; *mémoire* unzuverlässig; **être ~ à sa parole** sein Wort nicht halten; **2.** REL ungläubig; II *m,f* REL Ungläubige(r) *f(m)*

infidélité [ɛ̃fidelite] *f* **d'un ami** Treulosigkeit *f*; *en amour* Untreue *f*; Seitensprung *m*; *d'un récit, d'une traduction* Ungenauigkeit *f*; *de la mémoire* Unzuverlässigkeit *f*; **faire des ~s à son mari** ihrem Mann untreu sein *ou* werden; **plais faire des ~s à son fournisseur habituel** s-m alten Kaufmann untreu werden; **épouse pardonner une ~** e-n Seitensprung verzeihen

infiltration [ɛ̃filtʀasjɔ̃] *f* **1.** *de liquides* Eindringen *n*; Einströmen *n*; Ein-, 'Durch-, Versickern *n*; **2.** MÉD Infiltrati'on *f*; *fig d'espions etc* Infiltrati'on *f*, Eindringen *n*; Einschleichen *n*; Unter'wanderung *f*

infiltrer [ɛ̃filtʀe] *v/pr* **s'~ 1.** *liquide, gaz, lumière s'~* (*dans*) eindringen, einströmen (in +*acc*); *liquide a* einsickern (in +*acc*); versickern (in +*dat*) 'durchsickern; *fig provocateurs, idées etc s'~* (*dans*) eindringen (in +*acc*); infil'trieren, unter'wandern (+*acc*); *personnes a* sich einschleichen (in +*acc*); **s'~ au travers des lignes ennemies** durch die feindlichen Linien dringen

infime [ɛ̃fim] *adj* winzig (klein)

infini [ɛ̃fini] I *adj* **1.** un'endlich (*a* MATH); endlos; **2.** *fig* un'endlich; *confiance, patience a* grenzenlos; **prendre d'~es précautions** unendlich vorsichtig, behutsam sein; II *m* **1.** MATH, PHOT **l'~** Un'endlich *n*; **2.** PHILOS **l'~** das Un'endliche; **3.** *loc/adv* **à l'~** (bis) ins Un'endliche; (bis) ins Endlose; un'endlich; endlos

infiniment [ɛ̃finimɑ̃] *adv* **1.** MATH **~ grand, petit** un'endlich groß, klein; **2.** (*beaucoup*) un'endlich; **il est ~ plus intelligent** er ist unendlich viel intelligenter; **je regrette ~** (ich) bedaure unendlich, außerordentlich

infinité [ɛ̃finite] *f* **1.** Un'endlichkeit *f*; Endlosigkeit *f*; **2.** **une ~ de** e-e unendlich große Menge, e-e Unmenge, Unzahl, Unmasse von (*ou* +*gén*)

infinitésimal [ɛ̃finitezimal] *adj* ⟨-aux⟩ MATH infinitesi'mal; **calcul ~** Infinitesimalrechnung *f*

infinitif [ɛ̃finitif] GR I *adj* ⟨-ive⟩ **proposition infinitive** Infinitivsatz *m*; II *m* Infinitiv *m*; **~ substantivé** substanti-vierter Infinitiv; **verbe** *m* **à l'~** Verb *n* im Infinitiv

infirmatif [ɛ̃fiʀmatif] *adj* ⟨-ive⟩ JUR **arrêt ~** aufhebend

infirme [ɛ̃fiʀm] I *adj* verkrüppelt; (körper)behindert; II *m,f* Krüppel *m*; Körperbehinderte(r) *f(m)*

infirmer [ɛ̃fiʀme] *v/t* **1.** (*démentir*) entkräften; **2.** JUR *jugement* aufheben

infirmerie [ɛ̃fiʀməʀi] *f* Krankenabteilung *f*, -zimmer *n*, -saal *m*; MIL Krankenrevier *n*

infirmier [ɛ̃fiʀmje] *m* Krankenpfleger *m*; MIL Sani'täter *m*

infirmière [ɛ̃fiʀmjɛʀ] *f* Krankenschwester *f*, -pflegerin *f*

infirmité [ɛ̃fiʀmite] *f* Behinderung *f*; Gebrechen *n*

inflammable [ɛ̃flamabl(ə)] *adj* entzündbar; feuergefährlich; leicht brennbar; entflammbar

inflamma|tion [ɛ̃flamasjɔ̃] *f* MÉD Entzündung *f*; **~toire** *adj* MÉD entzündlich; Entzündungs...

inflation [ɛ̃flasjɔ̃] *f* **1.** ÉCON Inflati'on *f*; **2.** *fig* Inflati'on *f*, Über'handnehmen *n* (**de** *ou* +*gén*)

inflationniste [ɛ̃flasjɔnist] *adj* ÉCON inflatio'när; inflatio'nistisch; Inflati'ons...

infléchir [ɛ̃fleʃiʀ] I *v/t politique etc* e-e andere Richtung geben (+*dat*); II *v/pr* **s'~ 1.** *route, cours d'un fleuve* e-e Biegung machen (**vers** nach); **2.** *fig politique* e-e andere Richtung nehmen

inflexibilité [ɛ̃flɛksibilite] *f* Unbeugsamkeit *f*; Unnachgiebigkeit *f*

inflexible [ɛ̃flɛksibl(ə)] *adj personne, caractère* unbeugsam (*a volonté*), unnachgiebig; *décision* unerbittlich; **rester ~ dans sa résolution** auf s-m Entschluß beharren

inflexion [ɛ̃flɛksjɔ̃] *f* **1.** Biegung *f*, Krümmung *f*; *du corps, de la tête* Beugung *f*; **2.** MATH **point** *m* **d'~** Wendepunkt *m*; **3.** *de la voix* Modulati'on *f*; leichte Veränderung; Schwingung *f*; **4.** LING 'Umlaut *m*

infliger [ɛ̃fliʒe] *v/t* ⟨-geons⟩ **~ à qn** *punition, amende* j-m auferlegen; gegen j-n verhängen; *leçon* j-m erteilen; *pertes* j-m zufügen, beibringen; *défaite* j-m beibringen; *humiliation* j-m zufügen; **sa présence** *a* aufdrängen; **~ un démenti à qn** j-n (nachdrücklich) widerlegen; **~ une peine à qn** *a* j-n mit e-r Strafe belegen; j-n zu e-r Strafe verurteilen

inflorescence [ɛ̃flɔʀesɑ̃s] *f* BOT Blütenstand *m*

influençable [ɛ̃flyɑ̃sabl(ə)] *adj* (leicht) beeinflußbar, zu beeinflussen(d)

influence [ɛ̃flyɑ̃s] *f* **1.** Einfluß *m*; Einwirkung *f*; **bonne, mauvaise ~ de qn** j-s guter, schlechter Einfluß (**sur** auf +*acc*); **sous l'~ de qc** unter dem Einfluß *ou* der Einwirkung e-r Sache; **exercer une ~ sur** e-n Einfluß ausüben auf (+*acc*); **subir l'~ de qn** unter j-s Einfluß (*dat*) stehen; **2.** PHYS Influ'enz *f*

influencer [ɛ̃flyɑ̃se] *v/t* ⟨-ç-⟩ **~ qn, qc** j-n, etw beeinflussen; **~ qn dans sa décision** j-n bei s-r Entscheidung beeinflussen; **se laisser ~** sich beeinflussen lassen

influent [ɛ̃flyɑ̃] *adj* einflußreich

influer [ɛ̃flye] *v/i* **~ sur qc** Einfluß ha-

ben *ou* ausüben auf etw (*acc*); (sich aus-) wirken auf etw (*acc*)
influx [ɛ̃fly] *m* PHYSIOL **~ nerveux** Nervenleitung *f*
info [ɛ̃fo] *f* F *abr cf* **information** 2.
in-folio [infɔljo] TYPO **I** *adj* ⟨*inv*⟩ Folio...; **II** *m* ⟨*inv*⟩ Folioband *m*; Foli'ant *m*
informa|teur [ɛ̃fɔʀmatœʀ] *m*, **~trice** *f* Infor'mant(in) *m(f)*
informatic|ien [ɛ̃fɔʀmatisjɛ̃] *m*, **~ienne** *f* Infor'matiker(in) *m(f)*; EDV-Fachmann *m*, -frau *f*
information [ɛ̃fɔʀmasjɔ̃] *f* **1.** *action* Informati'on *f*; Unter'richtung *f*; Infor'mierung *f*; *journal m d'~* Informationsblatt *m*; *voyage m d'~* Informationsreise *f*; *à titre d'~* zur Information, Unterrichtung, Kenntnisnahme; *pour votre ~* zu Ihrer Information *etc*; **2.** (*renseignement*) Informati'on *f*; Auskunft *f*; Mitteilung *f*; (*nouvelle*) Nachricht *f*; PRESSE, RAD, TV *a* Meldung *f*; *~s sportives* Sportnachrichten *f/pl*, -meldungen *f/pl*; *~s télévisées* Fernsehnachrichten *f/pl*; *aller aux ~s* Erkundigungen einziehen; Nachrichten, Informationen sammeln; sich Aufschluß verschaffen; *écouter, regarder les ~s* die Nachrichten hören, ansehen; **3.** INFORM Informati'on *f*; *traitement de l'~* Datenverarbeitung *f*; **4.** JUR Ermittlungen *f/pl*; *ouvrir une ~* ein Ermittlungsverfahren einleiten
informatique [ɛ̃fɔʀmatik] **I** *adj* Datenverarbeitungs...; EDV-...; Computer... [-'pju:-]; **II** *f* **a)** *science* Infor'matik *f*; **b)** *techniques* EDV *f*; elek'tronische Datenverarbeitung; *commission ~ et libertés* Datenschutzkommission *f*
informatisation [ɛ̃fɔʀmatizasjɔ̃] *f* 'Umstellung *f* auf EDV; Computeri'sierung [-pju:-] *f*
informatiser [ɛ̃fɔʀmatize] *v/t* auf EDV 'umstellen; computeri'sieren [-pju:-]; mit Com'putern ausstatten; *adjt informatisé* Com'puter...
informe [ɛ̃fɔʀm] *adj* **1.** *masse* formlos; unförmig; ungestaltet; *vêtement être ~* keine Form haben; **2.** *fig projet* nicht genügend 'durchgearbeitet; unvollkommen
informé [ɛ̃fɔʀme] **I** *adj* infor'miert, unter'richtet (*sur qn, de ou sur qc* über j-n, etw); *milieux bien ~s* gutunterrichtete Kreise *m/pl*; **II** *m loc jusqu'à plus ample ~* bis weitere Informati'onen vorliegen
informel [ɛ̃fɔʀmɛl] *adj* ⟨*~le*⟩ **1.** *rencontre etc* nicht for'mell, förmlich; formlos; **2.** PEINT infor'mell
informer [ɛ̃fɔʀme] **I** *v/t* **~ qn de qc** j-n über etw (*acc*) unter'richten, infor'mieren; j-n von etw in Kenntnis setzen, benachrichtigen; *~ qn que ...* j-n darüber unterrichten, informieren, j-n davon in Kenntnis setzen, verständigen, benachrichtigen, j-m mitteilen, Bescheid geben, daß ...; **II** *v/i* JUR *~ contre qn* gegen j-n ermitteln (*sur, de* wegen); **III** *v/pr s'~* sich infor'mieren, unter'richten (*de qc auprès de qn* über etw [*acc*] bei j-m)
informulé [ɛ̃fɔʀmyle] *adj* unausgesprochen
infortune [ɛ̃fɔʀtyn] *st/s f* Unglück *n*; 'Mißgeschick *n*; *~s pl* Schicksalsschläge *m/pl*; Unglücksfälle *m/pl*; *compagnon m d'~* Leidensgenosse *m*, -gefährte *m*
infortuné [ɛ̃fɔʀtyne] *st/s* **I** *adj* unglücklich; leidgeprüft; **II** *subst* ~(*e*) *m(f)* Unglückliche(r) *f(m)*
infra [ɛ̃fʀa] *adv voir ~* siehe unten (*abr* s. u.)
infraction [ɛ̃fʀaksjɔ̃] *f* Zu'widerhandlung *f*; Verstoß *m* (*à* gegen); Über'tretung *f*, Verletzung *f* (*à gén*); *~ au code de la route* Verstoß gegen die Verkehrsregeln; *être en ~* sich e-s Verstoßes schuldig gemacht haben
infranchissable [ɛ̃fʀɑ̃ʃisabl(ə)] *adj* unüberwindlich, -bar; *obstacle m ~* unüberwindliches Hindernis (*a fig*)
infrarouge [ɛ̃fʀaʀuʒ] PHYS **I** *adj* infrarot; **II** *m* Infrarot *n*; *chauffage m par ~* Infraroheizung *f*
infrastructure [ɛ̃fʀastʀyktyʀ] *f* **1.** ÉCON Infrastruktur *f*; **2.** *d'un aéroport* Bodenorganisation *f*; **3.** *ferroviaire, routière* 'Unterbau *m*
infroissable [ɛ̃fʀwasabl(ə)] *adj* TEXT knitterfrei
infructueux [ɛ̃fʀyktɥø] *adj* ⟨-euse⟩ frucht-, erfolg-, ergebnis-, nutzlos
infuse [ɛ̃fyz] *adj loc iron avoir la science ~* F die Weisheit mit Löffeln gefressen haben; die Weisheit für sich gepachtet haben; *je n'ai pas la science ~* ich kann ja nicht alles wissen
infuser [ɛ̃fyze] *v/t* **1.** *tisane etc laisser, faire ~* aufgießen; aufbrühen; ziehen lassen; **2.** *litt al* einflößen; *un sang nouveau à st/s* neues Leben einhauchen (+*dat*)
infusette [ɛ̃fyzɛt] *f* Aufgußbeutel *m*
infusion [ɛ̃fyzjɔ̃] *f* **1.** (*tisane*) (Kräuter-) Tee *m*; Aufguß *m*; *~ de menthe* Pfefferminztee *m*; **2.** *action* Aufgießen *n*; Ziehenlassen *n*
ingénier [ɛ̃ʒenje] *v/pr s'~ à* (+*inf*) s-n Geist, Verstand anstrengen, um zu (+*inf*)
ingénierie [ɛ̃ʒeniʀi] *f* TECH **a)** *d'un projet industriel* Glo'balplanung *f*; **b)** *discipline* Engineering [ɛndʒɪ'ni:ʀɪŋ] *n*
ingénieur [ɛ̃ʒenjœʀ] *m* Ingeni'eur *m*; *~ diplômé* Di'plomingenieur *m*; *~ technico-commercial* Vertriebs-, Verkaufsingenieur *m*; *~ d'études* Entwicklungsingenieur *m*; *~ des mines* Bergingenieur *m*; *~ du son* Toningenieur *m*, -meister *m*; *~ des travaux publics* Tiefbauingenieur *m*; *femme f ~* Ingeni'eurin *f*
ingénieur-conseil [ɛ̃ʒenjœʀkɔ̃sɛj] *m* ⟨*pl* ingénieurs-conseils⟩ **a)** (selbständiger) beratender Ingeni'eur; **b)** JUR Pa'tentanwalt *m*
ingénieux [ɛ̃ʒenjø] *adj* ⟨-euse⟩ *personne* erfinderisch; findig; einfallsreich; *idée, explication* geist-, sinnreich; sinnig; geschickt
ingéniosité [ɛ̃ʒenjozite] *f d'une personne* Erfindungsgabe *f*; Findigkeit *f*; Einfallsreichtum *m*; *d'une idée* Sinnigkeit *f*; Durch'dachtheit *f*; *d'une explication* Geschicktheit *f*; *faire preuve d'~* erfinderisch sein
ingénu [ɛ̃ʒeny] **I** *adj* treu-, offenherzig; na'iv; unschuldig; arglos; unbefangen; **II** *f ~e* THÉ Na'ive *f*
ingénuité [ɛ̃ʒenɥite] *f* Treu-, Offenherzigkeit *f*; Naivi'tät *f*; Arglosigkeit *f*; Unbefangenheit *f*

ingénument [ɛ̃ʒenymɑ̃] *adv cf* **ingénu**
ingérence [ɛ̃ʒeʀɑ̃s] *f* Einmischung *f* (*dans* in +*acc*)
ingérer [ɛ̃ʒeʀe] ⟨-è-⟩ **I** *v/t aliments* aufnehmen; *médicament* einnehmen; **II** *v/pr s'~* sich einmischen (*dans* in +*acc*)
ingestion [ɛ̃ʒɛstjɔ̃] *f* PHYSIOL Nahrungsaufnahme *f*
ingouvernable [ɛ̃guvɛʀnabl(ə)] *adj* unregierbar
ingrat [ɛ̃gʀa] *adj* **1.** *personne* undankbar (*envers qn* j-m gegenüber); **2.** *tâche* undankbar; nicht lohnend; **3.** *visage* ungefällig; *elle a un physique ~* die Natur hat sie stiefmütterlich behandelt; **4.** *âge ~* Puber'tätsalter *n*; Entwicklungsjahre *n/pl*; *pour les garçons a* Flegeljahre *n/pl*; **II** *subst* ~(*e*) *m(f)* Undankbare(r) *f(m)*
ingratitude [ɛ̃gʀatityd] *f* Undank(barkeit) *m(f)*
ingrédient [ɛ̃gʀedjɑ̃] *m* Zutat *f*; Ingredi'enz *f*
Ingres [ɛ̃gʀ(ə)] *frz Maler*
inguérissable [ɛ̃geʀisabl(ə)] *adj* unheilbar (*a fig*)
inguinal [ɛ̃gɥinal] *adj* ⟨-aux⟩ ANAT Leisten...; *'hernie ~e* Leistenbruch *m*
ingurgiter [ɛ̃gyʀʒite] *v/t* **1.** *nourriture* gierig verschlingen, hin'unterschlingen; *boisson* hin'unterstürzen; **2.** *fig des connaissances* F pauken
inhabile [inabil] *st/s adj* ungeschickt
inhabitable [inabitabl(ə)] *adj* unbewohnbar
inhabité [inabite] *adj* unbewohnt; *maison a* leerstehend
inhabituel [inabitɥɛl] *adj* ⟨*~le*⟩ ungewohnt; ungewöhnlich
inhalateur [inalatœʀ] *m* MÉD Inhalati'onsapparat *m*
inhalation [inalasjɔ̃] *f* **1.** Einatmen *n*, Inha'lieren *n* (*de gaz* von Gas); **2.** MÉD Inhalati'on *f*; *faire des ~s* inha'lieren
inhaler [inale] *v/t* einatmen; inha'lieren (*a* MÉD)
inhérent [ineʀɑ̃] *adj* innewohnend, anhaftend (*à qc* e-r Sache [*dat*]); unzertrennlich verbunden (mit etw)
inhib|é [inibe] *adj* PSYCH gehemmt; **~er** *v/t* PSYCH, PHYSIOL hemmen
inhibi|teur [inibitœʀ] **I** *adj* ⟨-trice⟩ PSYCH, PHYSIOL hemmend; **II** *m* CHIM Hemmstoff *m*; *sc* In'hibitor *m*; **~tion** *f* PSYCH, PHYSIOL Hemmung *f*; PSYCH *a* Gehemmtheit *f*
inhospitalier [inɔspitalje] *adj* ⟨-ière⟩ ungastlich; *région a* unwirtlich
inhumain [inymɛ̃] *adj* unmenschlich; inhuman; *traitement a* menschenunwürdig
inhumanité [inymanite] *f* Unmenschlichkeit *f*; Inhumani'tät *f*
inhumation [inymasjɔ̃] *f* Bestattung *f*; Beisetzung *f*; Beerdigung *f*; Begräbnis *n*
inhumer [inyme] *v/t* bestatten; beisetzen; beerdigen; begraben; *permis m d'~* Totenschein *m*
inimaginable [inimaʒinabl(ə)] *adj* unvorstellbar; undenkbar
inimitable [inimitabl(ə)] *adj* unnachahmlich
inimitié [inimitje] *st/s f* Feindschaft *f*
ininflammable [inɛ̃flamabl(ə)] *adj* nicht entzündbar, brennbar; feuerfest
inintellig|ence [inɛ̃teliʒɑ̃s] *f* Intelli-

inintelligent – inoxydable

'genzmangel *m*; Unklugheit *f*; Unverständnis *n* (*d'un problème* für ein Problem); **~ent** *adj* unintelligent

inintellig|ibilité [inɛ̃teliʒibilite] *f* Unverständlichkeit *f*; **~ible** *adj* unverständlich

inintéressant [inɛ̃teʀɛsɑ̃] *adj* uninteressant

ininterrompu [inɛ̃teʀɔ̃py] *adj* ununterbrochen

iniqu|e [inik] *st/s adj* ungerecht; *st/s* unbillig; **~ité** *st/s f* Ungerechtigkeit *f*; *st/s* Unbill *f*

initial [inisjal] *adj* ⟨-aux⟩ **1.** Anfangs...; anfänglich; Initi'al...; *cause* ~*e* anfänglicher Grund; *vitesse* ~*e* Anfangsgeschwindigkeit *f*; **2.** *lettre* ~*e* ou *subst* ~*e f* Anfangsbuchstabe *m*; Initi'ale *f*

initia|teur [inisjatœʀ] *m*, **~trice** *f* Initi'ator *m*, Initia'torin *f*; Urheber(in) *m(f)*; Anreger(in) *m(f)*; (*précurseur*) Wegbereiter(in) *m(f)*; (*maître*) Lehrmeister(in) *m(f)*

initiation [inisjasjɔ̃] *f* **1.** *à un culte, à des choses secrètes* Einweihung *f* (*à* in +*acc*); **2.** (*instruction*) Einführung *f* (*à* in +*acc*)

initiatique [inisjatik] *adj* REL, SOCIOLOGIE Initiati'ons...; *rites m/pl* ~*s* Initiationsriten *m/pl*

initiative [inisjativ] *f* **1.** Initia'tive *f*; ~ *privée* Pri'vatinitiative *f*; *esprit m d'*~ Unter'nehmungsgeist *m*, -lust *f*; Initiative *f*; *de sa propre* ~ aus eigener Initiative; aus eigenem Antrieb, Entschluß; von sich aus; *sur ou à l'*~ *de qn* auf j-s Initiative (*acc*) hin; *prendre l'*~ die Initiative ergreifen (*de qc* zu etw); **2.** POL Initia'tive *f*; ~ *législative* Gesetzesinitiative *f*; *droit m d'*~ Initia'tivrecht *n*; **3.** *syndicat m d'*~ Fremdenverkehrsamt *n*; Verkehrsverein *m*

initié(e) [inisje] *m(f)* Eingeweihte(r) *f(m)*; Insider ['ɪnsaɪdɐ] *m*; BOURSE *délit m d'initié* Insidergeschäft *n*, -verstoß *m*

initier [inisje] **I** *v/t* einweihen, einführen (*à qc* in etw [*acc*]); ~ *qn aux secrets de la Bourse* j-n in die Geheimnisse der Börse einweihen; ~ *qn à l'informatique* j-n in die Informatik einführen; **II** *v/pr s'*~ *à qc* sich mit etw vertraut machen

injectable [ɛ̃ʒɛktabl(ə)] *adj* MÉD inji'zierbar

injecté [ɛ̃ʒɛkte] *adj yeux* ~ (*de sang*) blutunterlaufen

injecter [ɛ̃ʒɛkte] *v/t* **1.** MÉD inji'zieren, (ein)spritzen (*dans* in +*acc*); **2.** TECH einspritzen (*dans* in +*acc*)

injecteur [ɛ̃ʒɛktœʀ] **I** *adj* ⟨-trice⟩ MÉD Injekti'ons...; **II** *m* **1.** MÉD Injekti'onsinstrument *n*; **2.** AUTO Einspritzdüse *f*

injection [ɛ̃ʒɛksjɔ̃] *f* **1.** MÉD Injekti'on *f*; Einspritzung *f*; *action a* (Ein)Spritzen *n*; Inji'zieren *n*; ~ *intramusculaire, intraveineuse* intramuskuläre, intravenöse Injektion; **2.** TECH Einspritzung *f*; Injekti'on *f*; *moteur m à* ~ Einspritzmotor *m*

injonction [ɛ̃ʒɔ̃ksjɔ̃] *f* (ausdrücklicher) Befehl

injouable [ɛ̃ʒwabl(ə)] *adj* unspielbar

injure [ɛ̃ʒyʀ] *f* **1.** (*insulte*) Beleidigung *f* (*a* JUR); Beschimpfung *f*; Verunglimpfung *f*; (*gros mot*) Schimpfwort *n*; *bordée f*, *chapelet m*, *flot m d'*~*s* Schimpfkanonade *f*; Flut *f*, Hagel *m* von Beleidigungen, Beschimpfungen; *faire* ~ *à qn* j-n beleidigen; **2.** *litt l'*~ *du temps*, *des ans* der Zahn der Zeit

injurier [ɛ̃ʒyʀje] **I** *v/t* beleidigen; beschimpfen; verunglimpfen; **II** *v/pr s'*~ ein'ander beleidigen; sich gegenseitig beschimpfen

injurieux [ɛ̃ʒyʀjø] *adj* ⟨-euse⟩ beleidigend

injuste [ɛ̃ʒyst] *adj* ungerecht (*envers*, *avec qn* j-m gegenüber, zu j-m)

injustice [ɛ̃ʒystis] *f* **1.** *caractère* Ungerechtigkeit *f*; ~ *sociale* soziale Ungerechtigkeit *f*; **2.** *acte* Unrecht *n*; Ungerechtigkeit *f*; *réparer une* ~ ein Unrecht wieder'gutmachen

injustifiable [ɛ̃ʒystifjabl(ə)] *adj* nicht zu rechtfertigen(d)

injustifié [ɛ̃ʒystifje] *adj* ungerechtfertigt; unberechtigt

inlassable [ɛ̃lasabl(ə)] *adj* unermüdlich

inné [i(n)ne] *adj* angeboren; PHILOS *idées* ~*es* angeborene Ideen *f/pl*

innervation [inɛʀvasjɔ̃] *f* ANAT Versorgung *f* mit Nerven; *sc* Innervati'on *f*

innocemment [inɔsamɑ̃] *adv cf innocent*

innocence [inɔsɑ̃s] *f* **1.** *d'une personne non coupable* Unschuld *f*; Schuldlosigkeit *f*; *protester de son* ~ s-e Unschuld beteuern; **2.** (*candeur*) Unschuld *f*; Unverdorbenheit *f*; (*naïveté*) Naivi'tät *f*; *en toute* ~ in aller Unschuld

innocent [inɔsɑ̃] **I** *adj* **1.** (*non coupable*) unschuldig (*de qc* an etw [*dat*]); schuldlos; **2.** (*candide*) unschuldig; unschuldsvoll; (*pur*) rein; unverdorben; *air* ~ Unschuldsmiene *f*; ~ *comme l'enfant qui vient de naître* unschuldig wie ein neugeborenes Kind, wie ein Lamm; **3.** (*naïf*) na'iv; einfältig; leichtgläubig; *il est bien* ~ *de croire que* ... er ist recht naiv, zu glauben ...; **4.** *jeux etc* harmlos; *plaisirs a* unschuldig; **II** *subst* ~(*e*) *m(f)* **1.** Unschuldige(r) *f(m)*; **2.** BIBL *massacre m des* ~*s* Kindermord *m* zu Bethlehem; **3.** *fig* Unschuldslamm *n*; Na'ivling *m*; *prov aux* ~*s les mains pleines* den Seinen gibt's der Herr im Schlaf (*prov*); die dümmsten Bauern haben die größten Kartoffeln (*prov*)

Innocent [inɔsɑ̃] *m* Innozenz *m*

innocenter [inɔsɑ̃te] **I** *v/t* ~ *qn* j-n für unschuldig erklären; *déposition* j-n entlasten; **II** *v/pr s'*~ s-e Unschuld beweisen

innocuité [inɔkɥite] *f* Unschädlichkeit *f*

innombrable [i(n)nɔ̃bʀabl(ə)] *adj* zahllos; unzählig; *foule* unübersehbar

innommable [i(n)nɔmabl(ə)] *adj péj* unbeschreiblich; scheußlich; ekelhaft; *conduite f* ~ sehr häßliches Benehmen

innovateur [inɔvatœʀ] **I** *adj* ⟨-trice⟩ neue Wege beschreitend; *esprit* ~ auf Neuerungen sinnender Geist; **II** *subst* ~, *innovatrice m,f* Neuerer *m*; Wegbereiter(in) *m(f)*

innovation [inɔvasjɔ̃] *f* **1.** *action* Einführung *f* von Neuerungen; TECH Innovati'on *f*; **2.** *chose* Neuerung *f*; ~ *technique* technische Neuerung

innover [inɔve] *v/i* Neuerungen einführen (*en matière de mode* in der Mode); *a v/t ne rien* ~ keine Neuerungen einführen

inoccupé [inɔkype] *adj* **1.** (*désœuvré*) untätig; unbeschäftigt; **2.** (*vide*) *maison* unbewohnt; leerstehend; *compartiment* leer; *siège, poste* unbesetzt

in-octavo [inɔktavo] TYPO **I** *adj* ⟨*inv*⟩ Ok'tav...; **II** *m* ⟨*inv*⟩ Ok'tavband *m*

inoculation [inɔkylasjɔ̃] *f* MÉD Inokulati'on *f*; (Ein)Impfung *f*; Über'tragung *f*

inoculer [inɔkyle] *v/t* **1.** MÉD inoku'lieren; (ein)impfen; über'tragen; **2.** *fig passion du jeu etc* ~ *à qn* j-m weitergeben; auf j-n über'tragen

inodore [inɔdɔʀ] *adj* geruchlos

inoffensif [inɔfɑ̃sif] *adj* ⟨-ive⟩ harmlos; ungefährlich

inondation [inɔ̃dasjɔ̃] *f* **1.** Über'schwemmung *f* (*a plais dans une salle de bains*); Hochwasser *n*; Wasserflut *f*; *d'un terrain a* Über'flutung *f*; **2.** *fig* Über'schwemmung *f*; Über'flutung *f*; ~ *de produits sur le marché* Über'schwemmung *f*, -'flutung *f* des Marktes mit Produkten

inondé [inɔ̃de] *p/p et adj* **1.** *région* über'schwemmt, -'flutet; **2.** *par ext* ~ *de larmes* tränenüberströmt; *front* ~ *de sueur* schweißgebadet; **3.** *fig* ~ *de lumière, de soleil paysage* licht-, sonnenüberflutet; *pièce* licht-, sonnendurchflutet; *personne être* ~ *de lettres* mit Briefen über'häuft, -'schwemmt werden; *région être* ~ *de touristes* von Touristen über'flutet sein; *marché être* ~ *de produits* von Produkten über'schwemmt, -'flutet sein

inonder [inɔ̃de] **I** *v/t* **1.** *fleuve: région* über'schwemmen, -'fluten; unter Wasser setzen; **2.** *par ext:* F ~ *la salle de bains* das Badezimmer unter Wasser setzen; im Badezimmer e-e Über'schwemmung anrichten; *larmes, sueur* ~ *le visage* über das Gesicht strömen; **3.** *fig* über'schwemmen, über'fluten, über'häufen (*de* mit); ÉCON ~ *le marché de produits bon marché* den Markt mit Billigprodukten über'schwemmen, -'fluten; **4.** *joie* ~ *qn* j-n über'kommen; **II** *v/pr s'*~ *les cheveux de parfum* zu'viel Par'füm auf sein Haar spritzen

inopérable [inɔpeʀabl(ə)] *adj* MÉD nicht ope'rierbar; inoperabel

inopérant [inɔpeʀɑ̃] *adj* unwirksam; wirkungslos

inopiné [inɔpine] *adj* unerwartet; unvermutet; unverhofft

inopportun [inɔpɔʀtɛ̃, -tœn] *adj* ⟨-une [-yn]⟩ unpassend; unangebracht; unzweckmäßig; ungelegen; inopportun; *moment a* ungünstig, falsch (gewählt)

inopportunité [inɔpɔʀtynite] *litt f* Unangebrachtheit *f*; Unzweckmäßigkeit *f*; Inopportuni'tät *f*

inorganique [inɔʀganik] *adj* anorganisch

inorganisé [inɔʀganize] *adj* **1.** unorganisiert; **2.** *travailleurs* nicht gewerkschaftlich organi'siert

inoubliable [inublijabl(ə)] *adj* unvergeßlich

inouï [inwi] *adj* unerhört; unglaublich; beispiellos; F *il est* ~ F *critique* er ist unmöglich; *compliment* er ist unwahrscheinlich

inox [inɔks] *m abr cf inoxydable* II

inoxydable [inɔksidabl(ə)] **I** *adj* nicht oxy'dierend; rostfrei; **II** *m* nicht oxy'dierendes, rostfreies Me'tall

in petto [inpeto] *loc/adv* bei sich; im Herzen; im stillen
inqualifiable [ɛ̃kalifjabl(ə)] *adj* unqualifizierbar; unglaublich; unerhört
in-quarto [inkwaʀto] *TYPO* **I** *adj* ⟨*inv*⟩ Quart...; **II** *m* ⟨*inv*⟩ Quartband *m*
inquiet [ɛ̃kjɛ] *adj* ⟨-ète [-ɛt]⟩ *personne, regard* unruhig; besorgt; ängstlich; *être ~ de qc* besorgt sein über, um etw (*acc*); *je suis ~ pour lui* ich bin um ihn besorgt; ich mache mir Sorgen um ihn; *être ~ que ...* (+*subj*) unruhig, besorgt sein, weil ...
inquiétant [ɛ̃kjetɑ̃] *adj* beunruhigend; besorgniserregend
inquiéter [ɛ̃kjete] ⟨-è-⟩ **I** *v/t* **1.** *~ qn* j-n beunruhigen, besorgt machen; *vous m'inquiétez* Sie machen mir Sorge(n); **2.** *fisc, police ~ qn* j-n belästigen; hinter j-m hersein; **II** *v/pr* **3.** *s'~* sich sorgen, sich Sorgen *ou* Gedanken machen (*pour qn* um j-n; *de qc* um etw); sich beunruhigen, ängstigen (wegen etw); *ne vous inquiétez pas!* machen Sie sich keine Sorgen!; *il n'y a pas de quoi s'~* es besteht kein Grund *ou* Anlaß zur Sorge; *s'~ de ne pas voir rentrer qn* sich Sorgen machen, weil j nicht nach Hause kommt; **4.** (*se préoccuper*) *s'~ de qc* sich um etw kümmern; *sans s'~ des conséquences* ohne sich um die Folgen zu kümmern
inquiétude [ɛ̃kjetyd] *f* Unruhe *f*; Sorge *f*; Besorgnis *f*; *avoir beaucoup de sujets d'~* viel Anlaß zur Sorge haben; *donner de l'~ à qn* j-n beunruhigen; j-m Sorgen machen, bereiten; *être dans l'~* unruhig, in Sorge sein; *soyez sans ~!* seien Sie unbesorgt!
inquisiteur [ɛ̃kizitœʀ] **I** *adj* ⟨-trice⟩ *regard* inquisi'torisch; streng forschend; **II** *m HIST* Inqui'sitor *m*
Inquisition [ɛ̃kizisjõ] *f HIST* Inquisiti'on *f* (*a fig*); *tribunal m de l'~* Inquisitions-tribu'nal *n*
insaisissable [ɛ̃sezizabl(ə)] *adj* **1.** *JUR* unpfändbar; **2.** *ennemi, fugitif* nicht zu ergreifen(d); nicht zu fassen(d); **3.** *nuance* kaum wahrnehmbar
insalubre [ɛ̃salybʀ(ə)] *adj bâtiment, climat* ungesund; gesundheitsschädlich, -schädigend; *climat a* der Gesundheit unzuträglich; *îlot m ~ a*) Kom'plex *m* baufälliger Häuser; *b*) *par ext* Elendsviertel *n*, -quartiere *n/pl*
insalubrité [ɛ̃salybʀite] *f* Gesundheits-schädlichkeit *f*; *du climat a* Unzuträglichkeit *f*
insanité [ɛ̃sanite] *f* **1.** Unsinnigkeit *f*; **2.** *propos ~s pl* Unsinn *m*; unsinniges Zeug
insatiable [ɛ̃sasjabl(ə)] *adj* unersättlich
insatisfaction [ɛ̃satisfaksjõ] *f* Unbefriedigtheit *f*; Unzufriedenheit *f*
insatisfait [ɛ̃satisfɛ] *adj* ⟨-faite [-fɛt]⟩ *envie, désir* unbefriedigt; *personne* unzufrieden
inscription [ɛ̃skʀipsjõ] *f* **1.** *gravée* Inschrift *f*; *imprimée* Aufschrift *f*; Beschriftung *f*; **2.** *action* Eintragung *f*, Einschreibung *f* (*sur une liste* in e-e Liste); (An)Meldung *f*; *à un cours* Anmeldung zu e-m Kurs; Belegung *f* e-s Kurses; *~ à ou dans une faculté* Immatrikulati'on *f*, *österr* Inskripti'on *f* (an e-r Hochschule); *~ à l'ordre du jour* Aufnahme *f* in die Tagesordnung; *date f d'~* Einschreibungs-, (An)Meldedatum *n*, -termin *m*; *droits m/pl d'~* Einschreibungs-, Anmeldegebühren *f/pl*; **3.** *MAR ~ maritime* Regi'strierung *f* beim Seemannsamt; **4.** *JUR ~ en faux* Fälschungsklage *f*; Bestreitung *f* der Echtheit e-r Urkunde
inscrire [ɛ̃skʀiʀ] ⟨*cf écrire*⟩ **I** *v/t* **1.** eintragen (*sur, dans un registre, sur un agenda* in ein Register, in ein Notizbuch); *~ à l'ordre du jour* auf die Tagesordnung setzen; *~ sur une liste* auf e-e Liste setzen, schreiben; (*faire*) *~ anmelden* (*à une école* in e-r Schule); *se faire ~* sich anmelden; **2.** *MATH* einbeschreiben; **II** *v/pr* *s'~* **3.** sich eintragen, -schreiben (*sur une liste* in e-e Liste); sich (an)melden (*à un concours* zu e-m Wettbewerb); *s'~ à un cours* e-n Kurs belegen; *s'~ à une faculté* sich (an e-r Hochschule) immatriku'lieren lassen, *österr* inskri'bieren; *s'~ à un parti* e-r Partei beitreten; **4.** *fig* (*s'insérer*) *s'~ dans qc* in Verbindung, Zu'sammenhang mit etw stehen; *s'~ dans le cadre de qc* im Rahmen e-r Sache (*gén*) erfolgen; **5.** *JUR s'~ en faux* e-e Fälschungsklage erheben
inscrit [ɛ̃skʀi] **I** *adj* **1.** *personne* eingeschrieben; angemeldet; *député non ~* fraktionsloser Abgeordneter; *être ~ à un parti* (eingetragenes) Mitglied e-r Partei sein; **2.** *MATH* einbeschrieben; **II** *subst* **1.** *~*(*e*) *m*(*f*) Eingeschriebene(r) *f*(*m*); Angemeldete(r) *f*(*m*); **2.** *POL ~s m/pl* Wahlberechtigte(n) *m/pl*; **3.** *MAR ~ m maritime* beim Seemannsamt regi'strierter Seemann
insecte [ɛ̃sɛkt] *m ZO* In'sekt *n*; Kerbtier *n*
insecticide [ɛ̃sɛktisid] **I** *adj* in'sekten-vertilgend, -tötend; *poudre f ~* In'sektenpulver *n*; **II** *m* In'sektenvertilgungsmittel *n*; Schädlingsbekämpfungsmittel *n*; Insekti'zid *n*
insectivore [ɛ̃sɛktivɔʀ] *ZO* **I** *adj* in'sektenfressend; **II** *m/pl ~s* In'sektenfresser *m/pl*
insécuriser [ɛ̃sekyʀize] *v/t* verunsichern; *~ité f* Unsicherheit *f*
INSEE *ou* **I.N.S.E.E.** [inse] *m abr* (*Institut national de la statistique et des études économiques*) Natio'nales Insti'tut für Sta'tistik und Wirtschaftsplanung
insémin|ation [ɛ̃seminasjõ] *f ~ (artificielle)* künstliche Besamung; *sc* Insemi-nati'on *f*; *~er v/t* künstlich besamen
insensé [ɛ̃sɑ̃se] *adj* unsinnig; verrückt; sinnlos
insensibilis|ation [ɛ̃sɑ̃sibilizasjõ] *f MÉD* Betäubung *f*; *~er v/t MÉD* betäuben; unempfindlich machen
insensibilité [ɛ̃sɑ̃sibilite] *f* **1.** *PHYSIOL* Unempfindlichkeit *f*; Gefühllosigkeit *f*; *~ à la douleur* Schmerzunempfindlichkeit *f*; **2.** *morale* (Gefühls)Kälte *f*; Gefühllosigkeit *f*; *~ à qc* Gleichgültigkeit *f* gegenüber etw
insensible [ɛ̃sɑ̃sibl(ə)] *adj* **1.** *PHYSIOL* unempfindlich, gefühllos (*à* gegenüber); *~ au froid* kälteunempfindlich; **2.** *moralement* (gefühls)kalt; gefühllos; *être ~ à qc* e-r Sache (*dat*) gleichgültig gegen'überstehen; sich von etw nicht beeindrucken lassen; **3.** (*imperceptible*) unmerklich; kaum *ou* nicht wahrnehmbar

insensiblement [ɛ̃sɑ̃sibləmɑ̃] *adv* unmerklich
inséparable [ɛ̃sepaʀabl(ə)] *adj* **1.** *~ (de qc)* untrennbar (mit etw verbunden); **2.** *personnes* unzertrennlich; *deux amis ~s* zwei unzertrennliche Freunde
insérer [ɛ̃seʀe] ⟨-é-⟩ **I** *v/t* **1.** (*introduire*) (hin'ein)legen (*dans* in +*acc*); **2.** *dans un texte* einfügen, -schieben, -streuen (*dans* in +*acc*); *clause dans un contrat* aufnehmen, einsetzen (in +*acc*); *article* bringen (*dans un journal* in e-r Zeitung); *prière d'~ m ou f* Waschzettel *m*; *cf a annonce 2.*; **II** *v/pr s'~ dans qc* **3.** (*s'inscrire*) in Zu'sammenhang, Verbindung mit etw stehen; **4.** (*s'intégrer*) sich einfügen, einordnen, eingliedern in etw (*acc*)
insertion [ɛ̃sɛʀsjõ] *f* **1.** *action* Einführung *f*, -schiebung *f*, -streuung *f*, -setzung *f* (*dans, à* in +*acc*); *JUR ~ légale* gesetzlich vorgeschriebene Bekanntgabe durch Anzeige in e-r Zeitung; **2.** *dans un groupe* Sich-'Einfügen *n*; Einordnung *f*; Eingliederung *f*; **3.** *ANAT, BOT* Ansatz(stelle) *m*(*f*)
insidieux [ɛ̃sidjø] *adj* ⟨-euse⟩ *question* verfänglich; *promesses* 'hinterhältig; *fièvre, maladie* heimtückisch; schleichend; *odeur* sich allmählich 'durchsetzend, verbreitend
insigne[1] [ɛ̃siɲ] *m* Abzeichen *n*; *HIST ~s pl* In'signien *n/pl*
insigne[2] [ɛ̃siɲ] *adj* bemerkenswert (*a iron*); *faveur f ~* ganz besondere Gunst
insignifi|ance [ɛ̃siɲifjɑ̃s] *f* Bedeutungslosigkeit *f*; Belanglosigkeit *f*; Unbedeutendheit *f* (*a d'une personne*); *~ant adj* bedeutungslos; belanglos; unbedeutend (*a personne*); unwichtig; unerheblich; *visage* nichtssagend
insinu|ant [ɛ̃sinyɑ̃] *adj* schmeichlerisch; einschmeichelnd; *~ation f* Andeutung *f*; Anspielung *f*; Einflüsterung *f*; *p/fort* Verdächtigung *f*; Unter'stellung *f*
insinuer [ɛ̃sinɥe] **I** *v/t* (geschickt) zu verstehen geben; *qu'est-ce que vous insinuez?* was wollen Sie damit sagen?; **II** *v/pr s'~ personne* sich einschmeicheln; *idées s'~ dans l'esprit de qn* sich allmählich bei j-m festsetzen; *s'~ dans les bonnes grâces de qn* sich j-s Gunst erschleichen
insipide [ɛ̃sipid] *adj* **1.** (*fade*) fad(e); unschmackhaft; geschmacklos; **2.** *fig conversation, œuvre* langweilig; fad(e); *~ité f* Geschmacklosigkeit *f*; Fadheit *f* (*a fig*); *fig a* Langweiligkeit *f*
insistance [ɛ̃sistɑ̃s] *f* Beharrlichkeit *f*; Hartnäckigkeit *f*; Inständigkeit *f*; Eindringlichkeit *f*; Nachdruck *m*; *PHON accent m d'~* em'phatische, der Her'vorhebung dienende Betonung *f*; *avec ~* beharrlich *etc*
insistant [ɛ̃sistɑ̃] *adj* beharrlich; hartnäckig; inständig; eindringlich; nachdrücklich
insister [ɛ̃siste] *v/i* **1.** *~ sur qc* Nachdruck, Gewicht, den Ak'zent auf etw (*acc*) legen; **2.** *~ auprès de qn* in j-n dringen; *~ pour* (+*inf*) *ou que ...* (+*subj*) darauf dringen, bestehen, beharren zu (+*inf*) *ou* daß ...; **3.** *abs* weitermachen; beharren; nicht lockerlassen; darauf bestehen; *il a commencé à apprendre l'anglais, mais il n'a pas insisté* aber er hat nicht weitergemacht;

insolateur – instance

elle a menti, **insista-t-il** beharrte er, behauptete er hartnäckig (weiter); *s'il n'est pas d'accord*, **insistez** lassen Sie nicht locker, bestehen Sie darauf, bleiben Sie hartnäckig *ou* beharrlich; *il n'acceptera jamais*, **n'insistons pas** lassen wir davon ab; bestehen wir nicht darauf
insolateur [ɛ̃sɔlatœʀ] *m* TECH so'lare Warm'wasserbereitungsanlage
insolation [ɛ̃sɔlasjõ] *f* **1.** MÉD Sonnenstich *m*; *sc* Insolati'on *f*; **attraper une ~** e-n Sonnenstich bekommen; **2.** MÉTÉO Sonneneinstrahlung *f*; *a* Sonnenscheindauer *f*
insolemment [ɛ̃sɔlamã] *adv cf* **insolent**
insolence [ɛ̃sɔlãs] *f* **1. a)** *(impertinence)* Frechheit *f*; Unverschämtheit *f*; **b)** *(arrogance)* Arro'ganz *f*; Anmaßung *f*; **2.** *propos*, *action* Frechheit *f*; Unverschämtheit *f*
insolent [ɛ̃sɔlã] **I** *adj* **1. a)** *(impertinent)* frech; unverschämt; **b)** *(arrogant)* arro'gant; anmaßend; **II** *subst* **~(e)** *m(f)* frecher, unverschämter Mensch; freche, unverschämte Per'son; F *a* Frechdachs *m*
insolite [ɛ̃sɔlit] *adj* ungewöhnlich
insoluble [ɛ̃sɔlybl(ə)] **1.** CHIM unlöslich; **~ dans l'eau** wasserunlöslich; **2.** *problème* unlösbar
insolv|abilité [ɛ̃sɔlvabilite] *f* ÉCON Zahlungsunfähigkeit *f*; Insolvenz *f*; **~able** *adj* ÉCON zahlungsunfähig; insolvent
insomniaque [ɛ̃sɔmnjak] **I** *adj* an Schlaflosigkeit leidend; schlaflos; **II** *m,f* an Schlaflosigkeit Leidende(r) *f(m)*
insomnie [ɛ̃sɔmni] *f* Schlaflosigkeit *f*; *avoir des* **~s** schlaflose Nächte haben; an Schlaflosigkeit leiden
insondable [ɛ̃sõdabl(ə)] *adj* **1.** *gouffre* unergründlich; **2.** *fig désespoir etc* unermeßlich; un'endlich; *mystère* unergründlich
insonor|e [ɛ̃sɔnɔʀ] *adj* schalldicht, -schluckend, -dämmend; **~isation** *f* CONSTR Schalldämmung *f*; *d'un studio d'enregistrement* schalldichte Abschirmung
insonoriser [ɛ̃sɔnɔʀize] *v/t* schalldicht machen, abschirmen, *adjt* **insonorisé** schalldicht; *appartement* **mal insonorisé** hellhörig
insouci|ance [ɛ̃susjãs] *f* Sorglosigkeit *f*; Unbekümmertheit *f*; *péj* Leichtsinn *m*; **~ant** *adj* sorglos; unbesorgt; unbekümmert; *péj* leichtsinnig
insoumis [ɛ̃sumi] *adj* **1.** *tribu*, *région* nicht unter'worfen; *caractère* aufsässig; 'widerspenstig; **2.** *soldat* der s-r Einberufung *(dat)* nicht Folge leistet
insoumission [ɛ̃sumisjõ] *f* **1.** Aufsässigkeit *f*; 'Widerspenstigkeit *f*; 'Widerstand *m* (**à** *gegen*); **2.** MIL Nichtbefolgung *f* des Einberufungsbefehls
insoupçonnable [ɛ̃supsɔnabl(ə)] *adj* über jeden Verdacht erhaben
insoupçonné [ɛ̃supsɔne] *adj* ungeahnt; unvermutet
insoutenable [ɛ̃sutnabl(ə)] *adj* **1.** *argument* unhaltbar; **2.** *spectacle*, *violence* unerträglich; nicht auszuhalten(d)
inspecter [ɛ̃spɛkte] *v/t* inspi'zieren (*a* MIL); in Augenschein nehmen; mustern; genau *ou* prüfend betrachten; *(surveiller)* beaufsichtigen; *(contrôler)* kontrol'lieren

inspecteur [ɛ̃spɛktœʀ] *m* **1.** Aufsichtführende(r) *m*; In'spektor *m*; Kontrol'leur *m*; **2.** *fonctionnaire correspond à* (Ober)Re'gierungsrat *m*; **~ pédagogique régional** *(abr* I.P.R.*)* (für ein Fach zuständiger) Oberschulrat; **~** *(de l'enseignement)* **primaire** *correspond à* Schulrat *m*; **~ d'académie** *correspond à* Oberschulrat *m*; **~ des finances** Fi'nanzinspekteur *m*; **~ de police** Poli'zeiinspektor *m*; **~ du travail** Gewerbeaufsichtsbeamte(r) *m*; **3.** *fig* **~ des travaux finis** *j*, der erst kommt, wenn die Arbeit von anderen getan ist
inspection [ɛ̃spɛksjõ] *f* **1.** *(examen)* Inspekti'on *f*; Aufsicht *f*; Kon'trolle *f*; genaue Betrachtung, Besichtigung; **2.** *(administration)* Aufsichtsbehörde *f*, -stelle *f*, -amt *n*; **~ académique** Schulaufsichtsbehörde *f*; **~ générale des Finances** Generalinspektion der Finanzen; Oberste Fi'nanzaufsichtsbehörde; ♀ **du travail et de la main-d'œuvre** Gewerbeaufsichtsamt *n*
inspectorat [ɛ̃spɛktɔʀa] *m charge* Stelle *f*, Amt *n ou durée* Amtszeit *f* e-s „Inspecteur"
inspectrice [ɛ̃spɛktʀis] *f* **1.** Aufsichtführende *f*, Inspek'torin *f*; **2.** *fonctionnaire correspond à* (Ober)Re'gierungsrätin *f*; **~** *(de l'enseignement)* **primaire** *correspond à* Schulrätin *f*; *cf a* **inspecteur** 2.
inspira|teur [ɛ̃spiʀatœʀ] *m*, **~trice** Inspi'rator *m*, Inspira'torin *f*; Anreger(in) *m(f)*; *péj* Anstifter(in) *m(f)*
inspiration [ɛ̃spiʀasjõ] *f* **1.** PHYSIOL Einatmung *f*; **2.** Inspirati'on *f* (*a* REL); Anregung *f*; Eingebung *f*; Erleuchtung *f*; Einfall *m*; *l'~ du moment* die Inspiration, Eingebung des Augenblicks; *loc/adj œuvre* **d'~ cubiste**, **orientale** *etc* vom Kubismus, vom Orient *etc* inspi'riert; *avoir une* (*heureuse*) **~** e-e (glückliche) Erleuchtung haben; *j'ai eu la mauvaise* **~ d'accepter** ich hatte den dummen Einfall zu akzeptieren; *ça ne s'est pas fait par l'~ du Saint-Esprit* das kommt nicht von allein; *j* hat dabei die Hand im Spiel gehabt; *suivre son* **~** s-r Eingebung *(dat)* folgen
inspiré [ɛ̃spiʀe] *adj* **1.** *œuvre*, *poète* voller Inspirati'on; *poète* inspi'riert; erleuchtet (*a* REL); **2.** *il a été bien*, *mal* **de** (+*inf*) es war ein guter, schlechter Einfall von ihm zu (+*inf*); **3.** *œuvre*, *mode* **~ de qn**, *qc* von j-m, etw inspi'riert; **4.** *être* **~ par la peur**, *la pitié etc* sich von Furcht, Mitleid *etc* leiten lassen
inspirer [ɛ̃spiʀe] **I** *v/t* **1.** PHYSIOL einatmen (*a abs*); **2.** *artiste* inspi'rieren; **~ qc à qn** j-n zu etw inspirieren, anregen; *par ext* F *cela ne m'inspire pas* da fällt mir nichts dazu ein; das sagt mir nichts; **3.** *(susciter)* **~ un sentiment à qn** in j-m ein Gefühl erwecken, erregen, wachrufen; **~ confiance à qn** j-m Vertrauen einflößen; e-n vertrauenerweckenden Eindruck auf j-n machen; *spectacle* **~ de l'horreur à qn** j-m Grauen, Abscheu einflößen; **~ santé** **de l'inquiétude à qn** j-m Anlaß, Grund zur Besorgnis geben; **II** *v/pr artiste* **s'~ de qn**, *de qc* sich von j-m, von etw inspi'rieren, anregen lassen; *personne* **s'~**

de l'exemple de qn sich nach j-s Beispiel richten; sich von j-s Beispiel leiten lassen; *mode*, *style* **s'~ de qc** von etw inspiriert werden; sich an etw *(acc)* an'lehnen
instabilité [ɛ̃stabilite] *f* **1.** *de caractère* Labili'tät *f*; **2.** *d'une situation*, *d'un régime etc* mangelnde Stabili'tät; Unstabilität *f*; Unbeständigkeit *f*; *des prix*, *des cours a* Unsicherheit *f*; **3.** PHYS Labili'tät *f*; Instabili'tät *f*
instable [ɛ̃stabl(ə)] **I** *adj* **1.** *caractère* la'bil; **2.** *temps* unbeständig; *paix*, *cours*, *prix etc* unsicher; unbeständig; *situation*, *régime a* unstabil; nicht sta'bil; la'bil; **3.** PHYS instabil; *équilibre* la'bil; *cf a* **équilibre** 1.; **4.** *population* no'madenhaft; unstet; **II** *m,f* **c'est un** (*une*) **~** er (sie) ist ein la'biler Cha'rakter
installateur [ɛ̃stalatœʀ] *m* (E'lektro-, Gas-, Heizungs)Installa'teur *m*
installation [ɛ̃stalasjõ] *f* **1.** TECH *du gaz etc* Instal'lierung *f*; Installati'on *f*; Einrichtung *f*; **2.** **équipement** Anlage *f*; Einrichtung *f*; Vorrichtung *f*; Installati'on *f*; **~ électrique** elektrische Anlage(n); **~s industrielles**, **portuaires** Indu'strie-, Hafenanlagen *f/pl*; **~s sanitaires** sanitäre Anlagen; **3.** *du mobilier* Aufstellung *f*; *d'un appartement* Einrichtung *f*; Ausstattung *f*; *(emménagement)* Einzug *m*; **4.** *d'un fonctionnaire* **~** *(dans ses fonctions)* Amtseinweisung *f*, -einführung *f*, -einsetzung *f*; Bestallung *f*
installer [ɛ̃stale] **I** *v/t* **1.** *eau*, *gaz*, *électricité*, *téléphone etc* instal'lieren; *appareil a* einbauen; **2.** *cuisine etc* einrichten; ausstatten; *meubles*, *échafaudage*, *tente* aufstellen; **3.** **~ qn** j-n 'unterbringen; **~ un blessé sur une civière** e-n Verletzten auf e-e Trage legen; **~ un enfant sur son siège** ein Kind auf s-n Stuhl setzen; *ils ont installé leur fille dentiste* sie haben ihrer Tochter e-e Zahnarztpraxis eingerichtet; **4.** ADM *fonctionnaire* einweisen, -führen, -setzen (*dans ses fonctions* in sein Amt); bestallen; **II** *v/pr* **s'~ 5. a)** *(se loger, s'établir)* sich einrichten; sich niederlassen; **s'~ à la campagne** sich auf dem Land niederlassen; aufs Land ziehen; **b)** **s'~ à son compte** sich selbständig machen; **~** *sur un siège*, *par terre* sich niederlassen; **s'~ dans un fauteuil** es sich in e-m Sessel bequem machen; **6.** *fig sentiments*, *doute etc* **s'~ dans le cœur de qn** sich in j-s Herzen *(dat)* festsetzen, einnisten; *pays* **s'~ dans la crise** in e-e Dauerkrise geraten
instamment [ɛ̃stamã] *adv prier* inständig
instance [ɛ̃stãs] *f* **1. ~s** *pl* inständige, dringende Bitten *f/pl*; *sur les* **~s de qn** auf j-s inständiges, dringendes Bitten *(acc)* hin; **2.** JUR **a)** In'stanz *f*; **première ~** erste Instanz; **tribunal m d'~** *correspond à* Amtsgericht *n*; **tribunal m de grande ~** *correspond à* Landgericht *n*; **b)** **introduire une ~** Klage erheben; **3.** **être en ~ a)** JUR anhängig sein; **b)** *par ext* zur Entscheidung anstehen; noch unerledigt sein; vorliegen; *courrier m* **en ~** unerledigte Post; *train* **être en ~ de départ** im Begriff sein abzufahren; **être en ~ de divorce** in Scheidung leben, liegen; **4.** *(autorité)* In'stanz *f*; (zu-

ständige) Stelle; ~s *gouvernementales* Re'gierungsinstanzen *f/pl*
instant¹ [ɛ̃stã] *m* Augenblick *m;* Mo'ment *m;* ~ *propice* günstiger Augenblick, Moment; ~s *de bonheur* Augenblicke des Glücks; ♦ *loc/adj de tous les* ~s dauernd; ständig; *loc/adv:* *un* ~ e-n Augenblick, Moment lang; *un* ~*!* e-n Augenblick, Moment(, bitte)!; *pas un seul* ~ nicht e-n einzigen Augenblick, Moment lang; *à l'*~ gerade; (so')eben; im Augenblick; *à chaque* ~, *à tout* ~ alle Augenblicke; fortwährend; ständig; (an)dauernd; *au même* ~ im gleichen Augenblick, Moment; *dans un* ~ im gleichen Augenblick, Moment; gleich; so'fort; *d'*~ *en* ~ mit jeder Minute; von Minute zu Minute; ständig; ununterbrochen; *en un* ~ im Nu; im Handumdrehen; in ganz kurzer Zeit; *par* ~s von Zeit zu Zeit; zeitweise; dann und wann; mit'unter; gelegentlich; *pour l'*~ für den Augenblick; im Augenblick, Moment; vorerst; vorläufig; einstweilen; *loc/conj: à l'*~ *où* in dem Augenblick, Moment, als; *dès l'*~ *où, que* a) (*dès que*) so'bald; so'wie; b) (*puisque*) da
instant² [ɛ̃stã] *adj litt prière* inständig
instantané [ɛ̃stɑ̃tane] **I** *adj* augenblicklich; so'fortig; unverzüglich; **II** *m PHOT* Mo'mentaufnahme *f;* Schnappschuß *m;* ~**ment** *adv* augenblicklich; so'fort; unverzüglich
instar [ɛ̃staʀ] *litt loc/prép à l'*~ *de* nach Art (+*gén*); nach dem Beispiel, Muster (+*gén*)
instaur|ation [ɛ̃stɔʀasjɔ̃] *f* Begründung *f;* Errichtung *f;* Einführung *f;* ~**er** *v/t régime politique* begründen; errichten; *réforme* einführen
instiga|teur [ɛ̃stigatœʀ] *m,* ~**trice** *f* Anführer(in) *m(f);* Hauptmacher(in) *m(f)*
instigation [ɛ̃stigasjɔ̃] *f loc/prép à ou sous l'*~ *de qn* auf j-s Anregung, Anraten (*acc*) hin
instinct [ɛ̃stɛ̃] *m* **1.** In'stinkt *m;* (angeborener) Trieb; Na'turtrieb *m;* ~ *maternel* Mutterinstinkt *m;* mütterlicher Instinkt; ~ *sexuel* Geschlechtstrieb *m;* ~ *de conservation* Selbsterhaltungstrieb *m; péj céder à ses* (*mauvais*) ~*s* s-n Trieben, niederen Instinkten nachgeben; **2.** *par ext* In'stinkt *m,* Gespür *n,* (richtiges) Gefühl (*de* für); ~ *des affaires* Geschäftssinn *m; loc/adv d'*~ instink'tiv
instinctif [ɛ̃stɛ̃ktif] *adj* ⟨-ive⟩ instink'tiv; in'stinktmäßig; unwillkürlich; *personne* instink'tiv handelnd; spon'tan; *péj* triebhaft; *acte* ~ *a* In'stinkthandlung *f; c'est* ~ das geschieht instinktiv
instinctivement [ɛ̃stɛ̃ktivmɑ̃] *adv* instink'tiv; unwillkürlich
instit [ɛ̃stit] *m,f F abr cf instituteur, -trice*
instituer [ɛ̃stitɥe] **I** *v/t* **1.** *règlement etc* (neu) einführen; **2.** *JUR* ~ *qn héritier* j-n zum Erben einsetzen; **II** *v/pr* **3.** *s'*~ *habitude* sich einbürgern; *relations* sich her'ausbilden; **4.** *s'*~ *l'ardent défenseur etc de qc* sich zum glühenden Verteidiger *etc* e-r Sache (*gén*) machen
institut [ɛ̃stity] *m* **1.** Insti'tut *n;* Lehr-, Forschungsstätte *f;* 2̂ *catholique de Paris* katholische Universität von Paris;* ~ *français* Französisches Kul'turinstitut (*im Ausland*); ~ *médico-légal* gerichtsmedizinisches Institut; ~ *universitaire de technologie* (*abr* **I.U.T.**) *correspond à* Fachhochschule *f;* **2.** 2̂ (*de France*) fran'zösische Akade'mie der Wissenschaften; **3.** ~ *de beauté* Schönheits-, Kos'metiksalon *m*
institu|teur [ɛ̃stitytœʀ] *m,* ~**trice** *f* (Volksschul)Lehrer(in) *m(f)*
institution [ɛ̃stitysjɔ̃] *f* **1.** *d'un règlement etc* Einführung *f; JUR* ~ *d'héritier* Erbeinsetzung *f;* **2.** (*organisme*) Instituti'on *f;* Einrichtung *f;* ~*s internationales, politiques* internationale, politische Institutionen; *iron élever la corruption à la hauteur d'une* ~ die Korruption zu e-r festen Einrichtung machen; **3.** ~ *religieuse* kirchliche (pri'vate) Lehranstalt
institutionnal|isation [ɛ̃stitysjɔnalizasjɔ̃] *f* Institutionali'sierung *f;* ~**iser I** *v/t* institutionali'sieren; zu e-r festen Einrichtung machen; **II** *v/pr s'*~ sich institutionali'sieren; zu e-r festen Einrichtung werden
institutionnel [ɛ̃stitysjɔnɛl] *adj* ⟨~le⟩ institutio'nell
instructeur [ɛ̃stʀyktœʀ] **I** *m MIL* Ausbilder *m;* **II** *adj m* **1.** *MIL officier* ~ Ausbildungsoffizier *m;* **2.** *JUR juge* ~ Unter'suchungsrichter *m*
instructif [ɛ̃stʀyktif] *adj* ⟨-ive⟩ instruk'tiv; lehr-, aufschlußreich; belehrend
instruction [ɛ̃stʀyksjɔ̃] *f* **1.** (*enseignement*) 'Unterricht *m;* Unter'richten *n;* Ausbildung *f;* Unter'weisung *f;* Belehrung *f;* ~ *civique* Staatsbürgerkunde *f;* ~ *militaire* militärische Ausbildung; ~ *publique* staatliches Schul-, Unterrichtswesen; ~ *religieuse* Religi'onsunterricht *m;* **2.** (*connaissances*) Wissen *n;* Kenntnisse *f/pl;* Schulbildung *f; sans* ~ ohne großes Wissen; ungebildet; *avoir de l'*~ ein großes Wissen, viele Kenntnisse besitzen; gebildet sein; **3.** (*directive*) (An)Weisung *f;* Instrukti'on *f;* Vorschrift *f; ÉGL CATH* ~ *pastorale* Hirtenbrief *m; loc/adv conformément aux* ~s *weisungsgemäß;* **4.** (*mode d'emploi*) ~*s pl* (Betriebs)Anleitung *f;* Gebrauchsanweisung *f;* **5.** *INFORM* Befehl *m;* **6.** *JUR* Unter'suchung *f;* strafrechtliche Voruntersuchung
instruire [ɛ̃stʀɥiʀ] ⟨*cf conduire*⟩ **I** *v/t* **1.** (*enseigner*) ~ *qn* j-n unter'weisen, unter'richten, ausbilden (*à MIL*), anleiten (*dans qc* in etw [*dat*]); j-n belehren (*sur qc* über etw [*acc*]); ♦ *abs* Wissen, Kenntnisse vermitteln; belehren; **2.** *fig p/p instruit par l'expérience* durch Erfahrung klug geworden; **3.** *st/s* (*informer*) ~ *qn de qc* j-n über etw (*acc*) unter'richten, instru'ieren, von etw in Kenntnis setzen; **4.** *JUR* ~ *une affaire, un procès* die strafrechtliche Voruntersuchung einleiten, 'durchführen; ~ *contre qn* die strafrechtliche Voruntersuchung gegen j-n 'durchführen; **II** *v/pr s'*~ sich Kenntnisse *ou* Wissen aneignen, sich bilden (*dans une science* in e-m Wissenschaftszweig)
instruit [ɛ̃stʀɥi] *adj* gebildet, mit großem Wissen, viele Kenntnisse besitzend; mit großem Wissen; gebildet
instrument [ɛ̃stʀymɑ̃] *m* **1.** Instru'ment *n;* Gerät *n;* Werkzeug *n;* ~ *tranchant* Schneidwerkzeug *n;* ~ *de chirurgie* chirurgisches Instrument; ~ *de mesure* Meßinstrument *n,* -gerät *n;* ~ *de précision* Präzisi'onsinstrument *n; HIST et fig plais* ~ *de torture* Folter-, Marterwerkzeug *n,* -instrument *n;* ~ *de travail* Arbeitsgerät *n;* Hilfsmittel *n; AVIAT vol m aux* ~*s* Instru'menten-, Blindflug *m;* **2.** *MUS* ~ (*de musique*) (Mu'sik)Instru'ment *n;* ~ *à clavier, à cordes* Tasten-, Saiteninstrument *n;* ~ *à cordes frottées, pincées* Streich-, Zupfinstrument *n;* ~ *à percussion, à vent* Schlag-, Blasinstrument *n; jouer d'un* ~ ein Instrument spielen; **3.** *fig* Instru'ment *n;* Mittel *n; personne* Werkzeug *n*
instrumental [ɛ̃stʀymɑ̃tal] *adj* ⟨-aux⟩ *MUS* instrumen'tal...; *musique* ~*e* Instrumentalmusik *f*
instrumentation [ɛ̃stʀymɑ̃tasjɔ̃] *f MUS* Instrumentati'on *f;* Instrumen'tierung *f*
instrumentiste [ɛ̃stʀymɑ̃tist] *m,f MUS* Instrumenta'list(in) *m(f)*
insu [ɛ̃sy] *loc/prép à l'*~ *de qn* ohne j-s Wissen; *à mon* ~ ohne mein Wissen; ohne daß ich es wußte
insubmersible [ɛ̃sybmɛʀsibl(ə)] *adj* unsinkbar
insubordination [ɛ̃sybɔʀdinasjɔ̃] *f* Gehorsamsverweigerung *f; MIL a* Befehlsverweigerung *f*
insubordonné [ɛ̃sybɔʀdɔne] *adj* ungehorsam; 'widerspenstig; *st/s* unbotmäßig; *soldat* ~ Befehlsverweigerer *m*
insuccès [ɛ̃syksɛ] *m* 'Mißerfolg *m;* Miß'lingen *n;* Scheitern *n; d'une pièce, à un examen* 'Durchfall *m; d'un projet a* Fehlschlag *m*
insuffisamment [ɛ̃syfizamɑ̃] *adv* nicht genügend, genug
insuffisance [ɛ̃syfizɑ̃s] *f* **1.** Unzulänglichkeit *f;* ~ *de personnel* Perso'nalmangel *m;* ~ *de ressources* nicht ausreichende, unzureichende Mittel *n/pl; travail* présenter des ~ Unzulänglichkeiten aufweisen; **2.** *MÉD* ~ *cardiaque* Herzschwäche *f,* -insuffizienz *f*
insuffisant [ɛ̃syfizɑ̃] *adj* ungenügend; unzureichend; unzulänglich
insuffler [ɛ̃syfle] *v/t* **1.** *MÉD* einblasen, -hauchen; **2.** *fig courage etc* einflößen; *désir* erwecken (*à qn* in j-m)
insulaire [ɛ̃sylɛʀ] **I** *adj* Insel-...; insu'lar; **II** *m,f* Inselbewohner(in) *m(f);* Insu'laner(in) *m(f)*
insularité [ɛ̃sylaʀite] *f* Insellage *f;* Inselcharakter *m*
insuline [ɛ̃sylin] *f MÉD* Insu'lin *n*
insultant [ɛ̃syltɑ̃] *adj* beleidigend
insulte [ɛ̃sylt] *f* **1.** Beleidigung *f;* Beschimpfung *f;* **2.** *par ext* ~ *à la misère* Beleidigung angesichts des Elends; *être une* ~ *à qc cf insulter II*
insulter [ɛ̃sylte] **I** *v/t* beleidigen, beschimpfen; *se faire, se laisser* ~ sich beleidigen, beschimpfen lassen (*par qn* von j-m); **II** *v/t/indir st/s* ~ *à qc* ein Hohn auf etw (*acc*) sein; e-r Sache (*dat*) ins Gesicht schlagen, hohnsprechen; **III** *v/pr s'*~ ein'ander, sich gegenseitig beleidigen, beschimpfen
insupportable [ɛ̃sypɔʀtabl(ə)] *adj* unerträglich; *personne a* unausstehlich
insurgé [ɛ̃syʀʒe] **I** *adj* aufständisch; aufrührerisch; **II** *m* Aufständische(r) *m*
insurger [ɛ̃syʀʒe] *v/pr* ⟨-geons⟩ *s'*~ sich

auflehnen, erheben, empören (*contre* gegen) (*a fig*); aufstehen (gegen)
insurmontable [ɛ̃syRmõtabl(ə)] *adj* unüberwindlich
insurpassable [ɛ̃syRpasabl(ə)] *adj* unübertrefflich
insurrection [ɛ̃syRɛksjõ] *f* Aufstand *m*; (bewaffnete) Erhebung, Empörung; Insurrekti'on *f*; ~ *populaire* Volksaufstand *m*
insurrectionnel [ɛ̃syRɛksjɔnɛl] *adj* ⟨~le⟩ Aufstands...; *gouvernement* ~ von Aufständischen gebildete Regierung; *mouvement* ~ Aufstandsbewegung *f*
intact [ɛ̃takt] *adj* **1.** *objet* unbeschädigt; ganz; heil; in'takt; *somme d'argent* unberührt; 'vollständig; **2.** *fig réputation* einwandfrei; untadelig; *honneur a* unbefleckt
intang|ibilité [ɛ̃tɑ̃ʒibilite] *f* Unantastbarkeit *f*; ~**ible** *adj* unantastbar
intarissable [ɛ̃taRisabl(ə)] *adj* **1.** *source, imagination etc* nie versiegend; unversiegbar; *larmes* nicht versiegen wollend; **2.** *personne* unerschöpflich (*sur ce sujet* auf diesem Gebiet)
intégral [ɛ̃tegRal] **I** *adj* ⟨-aux⟩ **1.** *changement, somme etc* 'vollständig; *remboursement a* in voller Höhe; *texte, édition a* ungekürzt; *casque* ~ 'Integralhelm *m*; **2.** MATH *calcul* ~ Integralrechnung *f*; **II** *f* ~*e* **1.** MATH Inte'gral *n*; **2.** MUS Gesamtausgabe *f*, -aufnahme *f*; ~*e des quatuors à cordes* sämtliche Streichquartette *n/pl*
intégralement [ɛ̃tegRalmɑ̃] *adv* 'vollständig; ganz; in vollem 'Umfang
intégralité [ɛ̃tegRalite] *f* 'Vollständigkeit *f*; *loc/adv dans son* ~ 'vollständig; ganz
intégrant [ɛ̃tegRɑ̃] *adj partie* ~*e* inte'grierender, wesentlicher, unerläßlicher Bestandteil; *faire partie* ~*e de qc* ein integrierender Bestandteil e-r Sache sein; unbedingt zu e-r Sache (da'zu)gehören
intégration [ɛ̃tegRasjõ] *f* **1.** Integrati'on *f*; Inte'grierung *f*; POL, ÉCON *a* Zu'sammenschluß *m*; *dans un ensemble a* Eingliederung *f*, Einbeziehung *f* (*dans* in +*acc*); ~ *raciale* Aufhebung *f* der Rassentrennung; **2.** ~ *sociale* soziale Integration; **2.** MATH Inte'grieren *n*; Integrati'on *f*
intégrationniste [ɛ̃tegRasjɔnist] *m,f* Verfechter(in) *m(f)* rassischer Gleichberechtigung; Integratio'nist(in) *m(f)*
intègre [ɛ̃tegR(ə)] *adj* in'teger, mo'ralisch sauber; rechtschaffen; unbescholten
intégrer [ɛ̃tegRe] ⟨-è-⟩ **I** *v/t* **1.** inte'grieren, (als Bestandteil) einfügen, eingliedern, einbeziehen, einbinden (*dans, à* in +*acc*); **2.** MATH inte'grieren; **II** *v/i arg universitaire* à *une grande école* eintreten in (+*acc*); **III** *v/pr s'~* sich inte'grieren, einfügen (*dans, à* in +*acc*); *sus est intégré* er integriert sein
intégr|isme [ɛ̃tegRism(ə)] *m* REL Fundamenta'lismus *m*; ÉGL CATH Integra'lismus *m*; ~**iste** *m* REL **I** *adj* fundamenta'listisch; ÉGL CATH integra'listisch; **II** *m* Fundamenta'list *m*; ÉGL CATH Integra'list *m*
intégrité [ɛ̃tegRite] *f* **1.** *d'un territoire etc* 'Vollständigkeit *f*; Unversehrtheit *f*; Integri'tät *f*; *conserver l'*~ *de ses facultés intellectuelles* noch im 'Vollbesitz s-r geistigen Fähigkeiten sein; **2.** (*probité*) Integri'tät *f*; mo'ralische Sauberkeit; Rechtschaffenheit *f*; Unbescholtenheit *f*
intellect [ɛ̃telɛkt] *m* Intel'lekt *m*; Verstand *m*; Vernunft *f*
intellectual|iser [ɛ̃telɛktyalize] *v/t* intellektuali'sieren; intellektu'ell, geistig 'umformen, verarbeiten; ~**isme** *m* PHILOS *et par ext* Intellektua'lismus *m*; ~**iste** *adj* intellektua'listisch; ~**ité** *f* Geistigkeit *f*; Verstandesmäßigkeit *f*
intellectuel [ɛ̃telɛktyɛl] **I** *adj* ⟨~le⟩ **1.** geistig; Geistes...; intellektu'ell; verstandesmäßig; *facultés* ~*les* geistige Fähigkeiten *f/pl*, Kräfte *f/pl*; *quotient* ~ (*abr* Q. I.) Intelli'genzquotient *m* (*abr* IQ); *travail* ~ geistige Arbeit; *vie* ~*le* Geistesleben *n*; **2.** *personne* intellektu'ell; geistig orien'tiert; **II** *subst* ~(*le*) *m(f)* Intellektu'elle(r) *f(m)*
intelligemment [ɛ̃teliʒamɑ̃] *adv cf intelligent*
intelligence [ɛ̃teliʒɑ̃s] *f* **1.** (*facultés mentales*) Intelli'genz *f*; Verstandeskraft *f*; Geist *m*; Einsicht *f*; Klugheit *f*; ~ *artificielle* künstliche Intelligenz; *test m d'*~ Intelligenztest *m*; *avec* ~ intelli'gent; klug; *il a eu l'*~ *de ne pas lui répondre* er war so klug, ihm nicht zu antworten; *mettre de l'*~ *dans qc* etw intelli'gent, klug machen; **2.** (*compréhension*) Verständnis *n*, Sinn *m* (*de qc* für etw); *pour l'*~ *du texte* ... zum besseren Verständnis des Textes ...; **3.** (*personne intelligente*) 'überdurchschnittlich intelli'genter Mensch; geistige Größe; *une* ~ *normale* ein mit normaler Intelligenz begabter Mensch; **4.** (*entente*) Einvernehmen *n*; (*complicité*) (geheimes) Einverständnis; *regard m d'*~ verständnisinniger Blick; *être d'*~ *avec qn* sich mit j-m im Einvernehmen, in geheimem Einverständnis befinden; F mit j-m unter e-r Decke stekken; *vivre en bonne, en mauvaise* ~ *avec qn* mit j-m in gutem, schlechtem Einvernehmen leben; **5.** ~*s pl* (*complicités secrètes*) (geheime) Verbindungen *f/pl* (*avec qn* zu j-m); *avoir des* ~*s dans la place* (an der zuständigen Stelle) s-e Informanten haben; *entretenir des* ~*s avec l'ennemi* geheime Verbindungen zum Feind unter'halten
intelligent [ɛ̃teliʒɑ̃] *adj* intelli'gent; klug; gescheit; verständig
intelligentsia [ɛ̃teli(d)ʒɛntsja] *f* Intelli'genz(schicht) *f*; Intellektu'elle(n) *m/pl*; Intelli'genzija *f*
intelligibilité [ɛ̃teliʒibilite] *f* Verständlichkeit *f*
intelligible [ɛ̃teliʒibl(ə)] *adj* **1.** verständlich; vernehmbar, -lich; *parler à 'haute et* ~ *voix* laut und deutlich sprechen; **2.** (*compréhensible*) verständlich; *rendre qc* ~ *à qn* j-m etw klarmachen; **3.** PHILOS intelli'gibel
intello [ɛ̃telo] *m,f* F *abr* (*intellectuel[le]*) Intelli'genzler(in) *m(f)*
intempérance [ɛ̃tɑ̃peRɑ̃s] *st/s f* Unmäßigkeit *f*; *par ext* ~ *de langage* maßlose, ungezügelte Worte *n/pl*, Reden *f/pl*
intempérant [ɛ̃tɑ̃peRɑ̃] *st/s adj* unmäßig; maßlos
intempéries [ɛ̃tɑ̃peRi] *f/pl* Unbilden *pl* der Witterung; ungünstige Witterungseinflüsse *m/pl*; *résistant aux* ~ wetterbeständig, -fest
intempestif [ɛ̃tɑ̃pɛstif] *adj* ⟨-ive⟩ unangebracht; unpassend; *zèle* ~ blinder Eifer
intenable [ɛ̃t(ə)nabl(ə)] *adj* **1.** MIL unhaltbar; **2.** (*insupportable*) unerträglich; F nicht zum Aushalten
intendance [ɛ̃tɑ̃dɑ̃s] *f* **1.** *d'un lycée* Verwaltung *f*; Verwaltungsstelle *f*, -büro *n*; **2.** MIL ~ (*militaire*) (Wirtschafts-) Verwaltungsbehörde *f*; **3.** POL *l'*~ die wirtschaftlichen Aufgaben *f/pl* des Staates; *loc l'*~ *suivra* die Wirtschaft bleibt der Politik 'untergeordnet
intend|ant [ɛ̃tɑ̃dɑ̃] *m*, ~**ante** *f* **1.** *d'un lycée* Verwaltungsdirektor(in) *m(f)*; **2.** (*régisseur*) Verwalter(in) *m(f)*; **3.** MIL *intendant militaire* Leiter *m* e-r Verwaltungsbehörde des Heeres; **4.** *m* HIST *dans les provinces françaises* Inten'dant *m*
intense [ɛ̃tɑ̃s] *adj douleur, émotion, froid, lumière, couleur* stark; inten'siv; *circulation f* ~ starker, dichter, lebhafter Verkehr
intensément [ɛ̃tɑ̃semɑ̃] *adv* inten'siv
intensif [ɛ̃tɑ̃sif] *adj* ⟨-ive⟩ **1.** *apprentissage, cours, travail* inten'siv; *travail a* angestrengt; **2.** AGR *culture intensive* inten'sive Bodenbewirtschaftung, Inten'sivanbau *m*; *élevage* ~ Inten'sivhaltung *f*; **3.** LING verstärkend; Verstärkungs...; *préfixe* ~ Verstärkungspräfix *n*
intensi|fication [ɛ̃tɑ̃sifikasjõ] *f* Intensi'vierung *f*, Verstärkung *f*, Steigerung *f*; ~**fier I** *v/t* intensi'vieren; verstärken; *production* steigern; *échanges a* ausbauen; **II** *v/pr s'*~ stärker, inten'siver werden
intensité [ɛ̃tɑ̃site] *f* **1.** Intensi'tät *f*; Stärke *f*; OPT ~ *lumineuse* Lichtstärke *f*; ~ *de la circulation* Verkehrsdichte *f*, -aufkommen *n*; ÉLECT ~ *d'un courant électrique* elektrische Stromstärke *f*; PHYS ~ *du son* Lautstärke *f*; **2.** *d'un sentiment, d'un regard* Intensi'tät *f*; Eindringlichkeit *f*; ~ *dramatique* dramatische Dichte; **3.** PHON *accent m d'*~ dy'namischer Ak'zent; Tonstärke *f*
intenter [ɛ̃tɑ̃te] *v/t* JUR ~ *une action, un procès à ou contre qn* j-n verklagen; e-e Klage, e-n Prozeß gegen j-n anstrengen; gegen j-n gerichtlich vorgehen
intention [ɛ̃tɑ̃sjõ] *f* Absicht *f*; Vorsatz *m*; Intenti'on *f*; ~ *délibérée* feste Absicht; fester Vorsatz; ~*s secrètes* geheime Absichten; *intentions de vote* voraussichtliche (Zahl der) Wählerstimmen *f/pl*; *loc/prép: à l'*~ *de qn cadeau, livre, film* (spezi'ell) für j-n; *fête* j-m zu Ehren; *dire une messe à l'*~ *d'un défunt* für e-n Toten; *avec, dans l'*~ *de* (+*inf*) in der Absicht zu (+*inf*); *avoir l'*~ *de* (+*inf*) die Absicht haben, beabsichtigen, vorhaben, sich mit der Absicht tragen zu (+*inf*); *n'avoir nullement l'*~ *de* (+*inf*) keinesfalls, -falls die Absicht haben, gar nicht daran denken zu (+*inf*); *avoir de bonnes* ~*s envers, à l'égard de qn* es gut mit j-m meinen; *loc c'est l'*~ *qui compte* der gute Wille gilt für die Tat; *il n'est pas*

intentionné – intérieur

dans mes ~s de (+*inf*) es liegt nicht in meiner Absicht zu (+*inf*); **faire qc dans une bonne, mauvaise ~** etw in guter, böser Absicht tun; *cf a* **procès** 2.
intentionné [ɛ̃tɑ̃sjɔne] *adj* **bien, mal ~** wohlmeinend *ou* -gesinnt, übelgesinnt
intentionnel [ɛ̃tɑ̃sjɔnɛl] *adj* ⟨~le⟩ absichtlich; beabsichtigt; vorsätzlich
inter [ɛ̃tɛʀ] *m* **1.** *abr* (*interurbain*) TÉL Fernamt *n*; **2.** *abr* (*intérieur*) SPORTS Halbstürmer *m*; **~ droit, gauche** Halbrechte(r) *m*, -linke(r) *m*
inter... [ɛ̃tɛʀ] *préfixe* inter...; Inter...; zwischen...; Zwischen...; *cf les articles suivants*
interactif [ɛ̃tɛʀaktif] *adj* ⟨-ive⟩ interak'tiv; INFORM Dia'log...
interaction [ɛ̃tɛʀaksjɔ̃] *f* Wechselwirkung *f*; PSYCH *a* Interakti'on *f*
inter|allemand [ɛ̃tɛʀalmɑ̃] *adj* HIST innner-, gesamtdeutsch; deutsch-deutsch; **~allié** *adj* interalli'iert; **~armes** *adj* ⟨*inv*⟩ MIL mehrere *ou* alle Waffengattungen betreffend
intercalaire [ɛ̃tɛʀkalɛʀ] **I** *adj* **1.** eingeschoben, -gelegt, -gefügt; **2.** ASTR **jour** *m* **~** Schalttag *m*; **II** *m* eingelegtes Blatt; Trennblatt *n*
intercaler [ɛ̃tɛʀkale] *v/t* einschieben, -legen, -fügen, -schalten
intercéder [ɛ̃tɛʀsede] *v/i* ⟨-è-⟩ sich einsetzen, sich verwenden (**pour, en faveur de qn** für j-n; **auprès de qn** bei j-m)
intercellulaire [ɛ̃tɛʀselylɛʀ] *adj* BIOL interzellu'lar
intercep|ter [ɛ̃tɛʀsɛpte] *v/t* **1.** *lettre, message, avion, bateau, ballon* abfangen; *lettre a* unter'schlagen; *communication téléphonique* abhören; **2.** *lumière, chaleur* ab-, zu'rückhalten; **~teur** *m* AVIAT MIL Abfangjäger *m*; **~tion** *f* **1.** Abfangen *n* (*a* MIL); *d'une lettre* Unter'schlagen *n*; TÉL Abhören *n*; **2.** *de lumière, de chaleur* Ab-, Zu'rückhalten *n*
intercess|eur [ɛ̃tɛʀsɛsœʀ] *m* REL, *litt* Fürsprecher *m*; **~ion** *f* REL, *litt* Fürspra-che *f*
interchangeable [ɛ̃tɛʀʃɑ̃ʒabl(ə)] *adj* (unterein'ander) austauschbar, auswechselbar
interclasse [ɛ̃tɛʀklas] *m* ÉCOLE kurze Pause (*zwischen zwei Unterrichtsstunden*)
inter|clubs [ɛ̃tɛʀklœb] *adj* ⟨*inv*⟩ *tournoi* **~** zwischen mehreren Klubs, Vereinen; **~communal** *adj* ⟨-aux⟩ mehrere Kom'munen, Gemeinden betreffend; **~connexion** *f* TECH, ADM Verbund *m*; **~continental** *adj* ⟨-aux⟩ interkontinen'tal; Interkontinen'tal...; **fusée ~e** Interkontinentalrakete *f*
inter|costal [ɛ̃tɛʀkɔstal] *adj* ⟨-aux⟩ ANAT zwischen den Rippen (liegend); *sc* interko'stal; **~départemental** *adj* ⟨-aux⟩ mehrere Departe'ments betreffend
interdépend|ance [ɛ̃tɛʀdepɑ̃dɑ̃s] *f* gegenseitige Abhängigkeit *f*; Wechselbeziehung *f*; Verflechtung *f*; **~ant** *adj* vonein'ander abhängend; interdepen'dent
interdiction [ɛ̃tɛʀdiksjɔ̃] *f* **1.** Verbot *n*; **~ de sortir, de stationner** Ausgeh-, Parkverbot *n*; **2.** JUR **a**) **~ (judiciaire)** Entmündigung *f*; **b**) **~ légale** Aberkennung *f* der bürgerlichen Rechte; **~ de séjour** Aufenthaltsverbot *n*; **3.** *concernant l'exercice de fonctions* Amtsenthebung *f*; Berufsverbot *n*

interdire [ɛ̃tɛʀdiʀ] ⟨*cf* dire; *aber vous interdisez*⟩ **I** *v/t* **1. ~ qc** etw verbieten, unter'sagen (**à qn** j-m); **~ à qn de faire qc** j-m verbieten, untersagen, etw zu tun; **son état de santé lui interdit de** (+*inf*) sein Gesundheitszustand verbietet es ihm zu (+*inf*); **2.** JUR **~ qn** j-n entmündigen; **3.** *fonctionnaire s-s* Amtes entheben; **4.** ÉGL CATH mit dem Inter'dikt belegen; **II** *v/pr* **s'~ qc** *ou* **de faire qc** sich etw verbieten, versagen *ou* es sich verbieten, versagen, etw zu tun

interdisciplinaire [ɛ̃tɛʀdisiplinɛʀ] *adj* mehrere 'Unterrichtsfächer, Diszi'plinen, Fachrichtungen betreffend; interdiszipli'när; fächerübergreifend

interdit [ɛ̃tɛʀdi] **I** *adj* **1.** verboten; unter'sagt; *passage* **~** 'Durchgang, -fahrt verboten; **~ aux moins de 18 ans** für Jugendliche unter 18 Jahren verboten; *route* **~ aux véhicules** für Fahrzeuge gesperrt; *il est* **~ de** (+*inf*) es ist verboten zu (+*inf*); *par est espoir, bonheur* **être ~ à qn** j-m versagt sein; **2.** JUR entmündigt; **~ de séjour** mit e-m Aufenthaltsverbot belegt; **3.** (*très étonné*) bestürzt; verblüfft; wie vor den Kopf geschlagen; sprachlos; **II** *subst* **1. ~(e)** *m(f)* JUR Entmündigte(r) *f(m)*; **~ de séjour** von e-m Aufenthaltsverbot Betroffene(r) *m*; **2.** *m* ÉGL CATH Inter'dikt *n*; *fig* **jeter l'~ sur** ausschließen; ächten; in Acht und Bann tun; **3.** *m* (*tabou*) (gesellschaftliches, religi'öses, mo'ralisches) Verbot, Ta'bu; **braver les ~s** sich über Verbote, Tabus hinwegsetzen

interentreprises [ɛ̃tɛʀɑ̃tʀəpʀiz] *adj* ⟨*inv*⟩ 'überbetrieblich

intéressant [ɛ̃teʀesɑ̃] **I** *adj* **1.** interes'sant; reizvoll; anregend; beachtenswert; aufschlußreich; (**ne pas**) **être ~ a** (kein) Inter'esse, (keine) Beachtung verdienen; *péj* **chercher à se rendre ~** sich interessant machen wollen; **2.** (*avantageux*) interes'sant; vorteilhaft, lohnend; **3.** *plais* **être dans une position ~e** (*être enceinte*) in anderen 'Umständen sein; **II** *subst péj* **faire l'~(e)** *m(f)* sich interes'sant machen; F sich aufspielen; angeben

intéressé [ɛ̃teʀese] **I** *adj* **1.** (*qui est en cause*) betreffend; beteiligt; in Frage kommend; betroffen; interes'siert; **2.** (*recherchant son intérêt*) eigennützig; *personne a* auf s-n Vorteil bedacht; **3.** ÉCON **être ~ aux bénéfices** am Gewinn beteiligt sein; **II** *subst* **~(e)** *m(f)* Betreffende(r) *f(m)*; Beteiligte(r) *f(m)*; Betroffene(r) *f(m)*; Interes'sierte(r) *f(m)*

intéressement [ɛ̃teʀesmɑ̃] *m dans une entreprise* Gewinnbeteiligung *f*

intéresser [ɛ̃teʀese] **I** *v/t* **1. ~ qn** j-n interes'sieren, j-s Inter'esse wecken (**à qn, qc** für j-n, etw); **cela m'intéresse beaucoup** das interessiert mich sehr; *iron* **cause toujours** *ou* **continue, tu m'intéresses!** red du nur!; **2.** (*concerner*) **~ qc, qn** etw, j-n betreffen; für etw, j-n wichtig, interes'sant sein; **3.** ÉCON **~ qn** j-n beteiligen (**aux bénéfices** am Gewinn); **II** *v/pr* **s'~ à**

qn, qc sich für j-n, etw interes'sieren; an j-m, etw interessiert sein; für j-n, etw *ou* an j-m, etw Inter'esse haben; **s'~ au sort de qn** *a* an j-s Schicksal (*dat*) Anteil nehmen

intérêt [ɛ̃teʀɛ] *m* **1.** (*attention*) Inter'esse *n*; (geistige) Anteilnahme; Aufmerksamkeit *f*; Beachtung *f*; **avec ~** mit Interesse; interes'siert; **manifester de l'~ pour qn, qc** Interesse für j-n, etw zeigen, bekunden; **prendre ~ à qc** e-r Sache (*dat*) Interesse entgegenbringen; für etw Interesse bekommen, aufbringen; **2.** (*importance*) Inter'esse *n*; Reiz *m*; Bedeutung *f*; *sujet, problème* **d'~ général** von allgemeinem Interesse; allgemein interes'sierend; **du plus grand ~** von größtem Interesse; sehr interes'sant; **sans ~, dénué d'~** uninteressant; **avoir, présenter de l'~** von Interesse sein (**pour qn** für j-n); **quel est l'~ de ce film?** worin liegt eigentlich die Bedeutung, der Reiz dieses Films?; was ist eigentlich an diesem Film so interessant?; F was ist eigentlich an diesem Film dran?; **manquer d'~** uninteressant, reizlos sein; **3.** (*avantage*) Inter'esse *n*; Vorteil *m*; Nutzen *m*; **~s** *pl a* Belange *m/pl*; **~s matériels** materielle Interessen, Belange; **~ national** nationales Interesse; **groupement** *m* **d'~s** Inter'essengemeinschaft *f*, -gruppe *f*; **dans l'~ de qn** in j-s Interesse (*dat*); zu j-s Bestem, Nutzen; **dans son ~** in s-m Interesse; **dans l'~ général** im allgemeinen Interesse; im Interesse der Allgemeinheit; **il a (tout) ~ à faire qc** es ist, liegt (ganz) in seinem Interesse, daß er etw tut; **il y a ~ à** (+*inf*) es ist von Vorteil *ou* Nutzen, es ist gut zu (+*inf*); **c'est dans votre propre ~** das liegt in Ihrem eigenen Interesse; **prendre soin des ~s de qn** j-s Interessen, Belange wahrnehmen, vertreten; **4.** (*avantage personnel*) Eigennutz *m*; **mariage** *m* **d'~** vorteilhafte Partie; **faire qc par ~** etw aus Eigennutz tun; **5.** FIN Zins *m*; *souvent pl* **~s** Zinsen *pl*; **~(s) composé(s)** Zinseszins(en) *m(pl)*; **prêt** *m* **à ~** verzinsliches Darlehen; **taux** *m* **de l'~** Zinsfuß *m*, -satz *m*; **sans ~** zinslos; **demander un ~ de dix pour cent** zehn Prozent Zinsen verlangen; **rapporter des ~s** sich verzinsen; Zinsen bringen, tragen; **6.** ÉCON **avoir des ~s dans une affaire** an e-m Geschäft beteiligt sein; **7.** JUR **dommages et ~s** *pl* Schaden(s)ersatz *m*; Entschädigung *f*

interface [ɛ̃tɛʀfas] *f* INFORM Interface [-fɛs] *n*; Schnittstelle *f*

interfér|ence [ɛ̃tɛʀfeʀɑ̃s] *f* **1.** PHYS Interfe'renz *f*; Über'lagerung *f* (*a fig*); **2.** (*intervention*) Einmischung *f*, Eingriff *m* (**dans** in +*acc*); **~er** *v/i* ⟨-è-⟩ **1.** PHYS interfe'rieren; sich über'lagern (*a fig*); **2.** (*intervenir*) eingreifen (**dans** in +*acc*)

interféron [ɛ̃tɛʀfeʀɔ̃] *m* MÉD Interfe'ron *n*

inter|glaciaire [ɛ̃tɛʀglasjɛʀ] *adj* GÉOL zwischeneiszeitlich; *sc* interglazi'al; **~gouvernemental** *adj* ⟨-aux⟩ zwischen den Re'gierungen; **~groupe(s)** *adj* POL interfraktio'nell

intérieur [ɛ̃teʀjœʀ] **I** *adj* innere(r, -s); Innen...; innerlich; innerhalb befind-

intérieurement – interrègne

lich, liegend; *POL* **affaires ~es** innere Angelegenheiten *f/pl*; **commerce ~** Binnenhandel *m*; *AUTO* **conduite ~e** Limou'sine *f*; **cour ~e** Innenhof *m*; **marché ~** (ein)heimischer Markt; Inland(s)-, Binnenmarkt *m*; **mer ~e** Binnenmeer *n*; **navigation ~e** Binnen-, Flußschiffahrt *f*; **poche ~e** Innentasche *f*; **politique ~e** Innenpolitik *f*; **vie ~e** Innenleben *n*; *AVIAT* **vol ~** Inlandflug *m*; **II** *m* **1.** Innere(s) *n* (*a fig*); *d'un pays* Inland *n*; *l'~ du pays* das Landesinnere, Binnenland; **les ennemis** *m/pl* **de l'~** die inneren Feinde *m/pl*; **ministère** *m* **de l'~** Ministerium *n* des Innern; Innenministerium *n*; ♦ *loc/prép* **à l'~ de** innerhalb, im Innern (+*gén*); (innen) in (+*dat*); **à l'~ d'un groupe** innerhalb, in e-r Gruppe; *loc/adv*: **à l'~** (dr)innen; drin; im Inner(e)n; *favoriser l'industrialisation* **à l'~** im Landesinnern; *le taux de change* **à l'~** im Inland; **de l'~** von innen heraus; **2.** (*chez-soi*) (Da')Heim *n*; Zu'hause *n*; **femme** *f* **d'~** gute, tüchtige Hausfrau; Frau, die in ihrem Zuhause aufgeht; häusliche Frau; **veste** *f* **d'~** Hausjoppe *f*, -jacke *f*; **3.** *CIN* **~s** *pl* Innenaufnahmen *f/pl*; **4.** *PEINT* (**tableau** *m* **d'**)**~** Interi'eur *n*
intérieurement [ɛ̃teʀjœʀmɑ̃] *adv* innerlich (*a fig*); im Inner(e)n; innen
intérim [ɛ̃teʀim] *m* **1.** Zwischen-, 'Übergangszeit *f*; Interim *n*; **par ~** in der Zwischen-, Übergangszeit; zeitweilig; in Vertretung; Interims...; **gouvernement** *m* **par ~** Interimsregierung *f*; **assurer l'~ de qn** j-s Vertretung über'nehmen; j-n vertreten; **2.** (*travail temporaire*) Zeitarbeit *f*; **agence** *f*, **société** *f* **d'~** Zeitarbeitagentur *f*, -firma *f*
intérimaire [ɛ̃teʀimɛʀ] **I** *adj* zeitweilig; vorläufig; vor'übergehend; interi'mistisch; *personnel* **~** Aushilfspersonal *n*; *travail* **~** Zeitarbeit *f*; **II** *m,f* **a)** *remplaçant* Vertreter(in) *m(f)*; Vertretung *f* (*Person*); **b)** *travailleur* Zeitarbeiter(in) *m(f)*
intérioriser [ɛ̃teʀjɔʀize] *v/t émotion* nicht äußern; nicht nach außen hin zeigen; *conflit* in s-m Innern austragen
interjectif [ɛ̃tɛʀʒɛktif] *adj* ⟨-ive⟩ *LING* interjektio'nell; **locution interjective** als Interjekti'on gebrauchte Wendung
interjection [ɛ̃tɛʀʒɛksjɔ̃] *f LING* Interjekti'on *f*; Ausrufe-, Empfindungswort *n*
interligne [ɛ̃tɛʀliɲ] *m* Zwischenraum *m* (zwischen den Zeilen); *TYPO* 'Durchschuß *m*
interlocu|teur [ɛ̃tɛʀlɔkytœʀ] *m*, **~trice** *f* Gesprächspartner(in) *m(f)*; *en vue de négociations* Verhandlungspartner(in) *m(f)*
interlope [ɛ̃tɛʀlɔp] *adj* **1.** *milieu* zweideutig; anrüchig; verrufen; **2.** **commerce** *m* **~** Schleich-, Schwarzhandel *m*
interloqué [ɛ̃tɛʀlɔke] *adj* verdutzt; verwirrt; verblüfft; **~er** *v/t* aus der Fassung bringen; verwirren; verblüffen
interlude [ɛ̃tɛʀlyd] *m* Zwischenspiel *n*, -musik *f*; *MUS* Inter'ludium *n*; *TV* Pausenfüller *m*
intermède [ɛ̃tɛʀmɛd] *m* **1.** *THÉ* Zwischenspiel *n*, -akt *m*; Einlage *f*; Inter'mezzo *n*; **2.** *fig* Inter'mezzo *n*; Zwischenspiel *n*

intermédiaire [ɛ̃tɛʀmedjɛʀ] **I** *adj* da'zwischenliegend; Zwischen...; Mittel...; intermedi'är; **couleur** *f* **~** Zwischenfarbe *f*; **époque** *f* **~** 'Übergangsepoche *f*, -zeit *f*; **espace** *m* **~** Zwischenraum *m*; **partie** *f* **~** Zwischen-, Mittelteil *n*; **position** *f* **~** mittlere Position; Mittelstellung *f*; **produit** *m* **~** Zwischenprodukt *n*; **II** *subst* **1.** *m,f* Mittelsmann *m*, -person *f*; Vermittler(in) *m(f)*; **2.** *m,f COMM* Zwischenhändler(in) *m(f)*; **3.** *loc/prép* **par l'~ de qn** (auf dem Wege) über j-n; durch j-s Vermittlung
interminable [ɛ̃tɛʀminabl(ə)] *adj* endlos; unendlich lang; *applaudissements* nicht enden wollend
interministériel [ɛ̃tɛʀministeʀjɛl] *adj* ⟨-le⟩ interministeri'ell
intermittence [ɛ̃tɛʀmitɑ̃s] *f* zeitweiliges Aussetzen; Unregelmäßigkeit *f*; *loc/adv* **par ~** in Abständen, Inter'vallen
intermittent [ɛ̃tɛʀmitɑ̃] *adj* zeitweilig aussetzend; mit Unter'brechungen erfolgend; intermit'tierend; *lumière* peri'odisch unter'brochen; *pouls* unregelmäßig; *travail* nicht kontinu'ierlich; *MÉD* **fièvre ~e** Wechselfieber *n*; intermittierendes Fieber
internat [ɛ̃tɛʀna] *m* **1.** *établissement* Inter'nat *n*; **2.** *MÉD* **a)** *fonction* Tätigkeit *f* als Assi'stenzarzt; **b)** *concours* Prüfung *f* zur Zulassung als Assi'stenzarzt
international [ɛ̃tɛʀnasjɔnal] ⟨*m/pl* -aux⟩ **I** *adj* internatio'nal; zwischenstaatlich; **droit** *m* (**public**) Völkerrecht *n*; internationales Recht; **langue ~e** Weltsprache *f*; *SPORTS* **match ~** Länderspiel *n*; **politique ~e a** Weltpolitik *f*; **relations ~es** internationale, zwischenstaatliche Beziehungen *f/pl*; **trafic ~** grenzüberschreitender Verkehr; **II** *subst* **1.** *m SPORTS* Natio'nalspieler *m*; Mitglied *n* der Natio'nalmannschaft; **2.** **~e** *f hymne, association* Internatio'nale *f*
international|isation [ɛ̃tɛʀnasjɔnalizasjɔ̃] *f d'un conflit* internatio'nale Ausweitung; **~iser** *v/t* **1.** *port etc* internationali'sieren; **2.** *conflit* internatio'nal ausweiten; **~isme** *m* Internatio'nalismus *m*
interne [ɛ̃tɛʀn] **I** *adj* innere(r, -s); innerlich; Innen...; in'tern; **causes** *f/pl* **~s** innere Ursachen *f/pl*; **oreille** *f* **~** inneres Ohr; Innenohr *n*; *ANAT* **organe** *m* **~** inneres Organ; *PHYSIOL* **sécrétion** *f* **~** innere Sekretion; *PHARM* **à usage ~** innerlich anzuwenden; zur innerlichen Anwendung; **II** *m,f* **1.** Inter'natsschüler(in) *m(f)*; **2.** **~ (des hôpitaux)** Assi'stenzarzt, -ärztin *m,f*
interné(e) [ɛ̃tɛʀne] *m(f)* **a)** *POL* Inter'nierte(r) *f(m)*; **b)** *MÉD* (in e-e geschlossene Anstalt) Eingewiesene(r) *f(m)*
internement [ɛ̃tɛʀnəmɑ̃] *m* **a)** *POL* Inter'nierung *f*; **camp** *m* **d'~** Internierungslager *n*; **b)** *MÉD* Einweisung *f* (in e-e geschlossene Anstalt)
interner [ɛ̃tɛʀne] *v/t* **a)** *POL* inter'nieren; **b)** *MÉD* (in e-e geschlossene Anstalt) einweisen
interpellation [ɛ̃tɛʀpelasjɔ̃] *f* **1.** *POL* parlamen'tarische Anfrage; Interpellati'on *f*; **2.** (*apostrophe*) (laute, brüske) Anrede; **3.** *par la police* (Festnahme *f* zur) Über'prüfung *f* der Perso'nalien
interpeller [ɛ̃tɛʀpəle] *v/t* **1.** *POL* inter-

pel'lieren (*abs*); **~ qn** an j-n e-e Anfrage richten; **2.** (*apostropher*) **~ qn** j-n (laut) anreden, ansprechen; *péj* j-n anfahren; j-m ins Wort fallen; **3.** *police* die Perso'nalien über'prüfen (**des suspects** der Verdächtigen); **être interpellé par la police** *a* von der Polizei (zur Über'prüfung der Perso'nalien) festgenommen werden
interpénétration [ɛ̃tɛʀpenetʀasjɔ̃] *f* gegenseitige Durch'dringung; Verflechtung *f*
interphone [ɛ̃tɛʀfɔn] *m* (*nom déposé*) Sprechanlage *f*
interplanétaire [ɛ̃tɛʀplanetɛʀ] *adj* interplane'tar(isch)
interpol|ation [ɛ̃tɛʀpɔlasjɔ̃] *f MATH*, *d'un texte* Interpolati'on *f*; **~er** *v/t MATH, texte* interpo'lieren
interposé [ɛ̃tɛʀpoze] *adj* **par personne ~e** durch e-e Mittelsperson, e-n Mittelsmann; **par ext par ... ~** durch Vermittlung, mit Hilfe (+*gén*)
interposer [ɛ̃tɛʀpoze] **I** *v/t* **1. ~ qc entre qc** etw da'zwischenlegen, -setzen, -stellen; **~ qc entre qc** etw zwischen etw (*acc*) setzen, legen, stellen; **2.** *fig* einsetzen; verwenden; **~ sa médiation entre** vermitteln zwischen (+*dat*); **II** *v/pr* **s'~** (*intervenir*) da'zwischentreten; eingreifen; einschreiten; *comme médiateur* vermitteln (**entre** zwischen +*dat*); **s'~ dans une dispute** in e-n Streit eingreifen
interprétable [ɛ̃tɛʀpʀetabl(ə)] *adj* interpre'tier-, auslegbar
interprétariat [ɛ̃tɛʀpʀetaʀja] *m* Dolmetscherwesen *n*, -beruf *m*; **école** *f* **d'~** Dolmetscherschule *f*
interprétation [ɛ̃tɛʀpʀetasjɔ̃] *f* **1.** (*explication*) Interpretati'on *f*; Auslegung *f*; Deutung *f*; Erklärung *f*; **~ d'une loi** Gesetzauslegung *f*; **~ des rêves, des songes** Traumdeutung *f*; **erreur** *f* **d'~** Interpretationsfehler *m*; **2.** *THÉ*, *MUS* Interpretati'on *f*; (künstlerische) 'Wiedergabe, *THÉ a* Darstellung; *d'un rôle a* Verkörperung *f*; *CIN* **prix** *m* **de la meilleure ~ féminine**, **masculine** Preis *m* für die beste Darstellung e-r weiblichen, männlichen Filmrolle; **3.** (*traduction*) Dolmetschen *n*; **~ consécutive**, **simultanée**, **de conférence** Konseku'tiv-, Simul'tan-, Konfe'renzdolmetschen *n*
interprète [ɛ̃tɛʀpʀɛt] *m,f* **1.** (*traducteur*) Dolmetscher(in) *m(f)*; **servir d'~**, **faire l'~** dolmetschen; F den Dolmetscher machen; **2.** *THÉ*, *MUS* Inter'pret (-in) *m(f)*; *THÉ a* Darsteller(in) *m(f)*; **3.** *d'un texte* Inter'pret(in) *m(f)*; Ausleger (-in) *m(f)*; **~ des rêves, des songes** Traumdeuter(in) *m(f)*; **4.** *fig* (*porte-parole*) Dolmetsch *m*; Fürsprecher(in) *m(f)*; **se faire l'~ de qn** sich zum Dolmetsch für j-n machen; **se faire l'~ de qc** sich zum Sprachrohr e-r Sache machen
interpréter [ɛ̃tɛʀpʀete] *v/t* ⟨-è-⟩ **1.** (*expliquer*) interpre'tieren; auslegen; deuten; erklären; *rêve* deuten; **2.** *THÉ*, *MUS* (künstlerisch) 'wiedergeben; interpre'tieren; *rôle a* darstellen; verkörpern
inter|professionnel [ɛ̃tɛʀpʀɔfesjɔnɛl] *adj* ⟨~le⟩ mehrere Berufsgruppen um-'fassend; **~racial** *adj* ⟨-aux⟩ zwischen den Rassen; **~règne** *m HIST*, *fig* Inter'regnum *n*

interro [ɛ̃tɛʀo] *f* F *abr cf* **interrogation** (*écrite*)

interrogateur [ɛ̃tɛʀɔgatœʀ] **I** *adj* ⟨-trice⟩ fragend; **II** *subst* ~, **interrogatrice** *m,f* Prüfer(in) *m(f)*; Prüfende(r) *f(m)*; Exami'nator *m*, Examina'torin *f*

interrogatif [ɛ̃tɛʀɔgatif] **I** *adj* ⟨-ive⟩ **1.** fragend; **2.** GR Frage...; Interroga'tiv...; interroga'tiv; *adjectif* ~ attributives Interrogativpronomen; *adverbe* ~ Frage-, Interrogativadverb *n*; *pronom* ~ (alleinstehendes) Interrogativpronomen, Fragefürwort; **II** *subst* **1.** *m* GR Fragewort *n*; **2.** *f* GR **interrogative** (*directe, indirecte*) (direkter, indirekter) Frage-, Interroga'tivsatz

interrogation [ɛ̃tɛʀɔgasjɔ̃] *f* **1.** GR Frage(form) *f*; *point m d'~* Fragezeichen *n* (*a fig*); **2.** Befragung *f*; (*question*) Frage *f*; ÉCOLE ~ **écrite** schriftliche Beantwortung von Fragen über den Lehrstoff; Extempo'rale *n*; F Ex *f*; ~ *orale* Abfragen *n* des Lehrstoffs

interrogatoire [ɛ̃tɛʀɔgatwaʀ] *m* JUR (gerichtliche) Vernehmung; Verhör *n* (*a fig*); *österr, schweiz* Einvernahme *f*; *subir un* ~ vernommen, verhört werden; *faire subir un* ~ *à qn* j-n vernehmen, verhören; j-n ins Verhör nehmen (*a fig*); *fig subir un* ~ *en règle* e-m regelrechten Verhör unter'zogen werden

interroger [ɛ̃tɛʀɔʒe] ⟨-geons⟩ **I** *v/t* **1.** ~ *qn* j-n be-, ausfragen, j-m Fragen stellen (*sur* über +*acc*); j-n fragen (*nach*); JUR j-n vernehmen, verhören; j-n abfragen; (*examiner*) prüfen; ~ *qn du regard* j-n fragend, mit e-m fragenden Blick ansehen; **2.** *conscience* befragen; *prüfen*; *faits* zu Rate ziehen; *ciel* prüfend betrachten; ~ *sa mémoire* sich zu erinnern versuchen; **II** *v/pr* **s'~** sich Fragen stellen; sich fragen

interrompre [ɛ̃tɛʀɔ̃pʀ(ə)] ⟨*cf* rompre⟩ **I** *v/t* **1.** ~ *qc* etw unter'brechen (*a* ÉLECT); *entretien, voyage a* abbrechen; ~ *le travail* a mit der Arbeit aussetzen; **2.** ~ *qn* (*couper la parole*) j-n unter'brechen; j-m ins Wort fallen; **3.** ~ *qn dans sa lecture, dans son travail etc* j-n bei der Lek'türe, bei der Arbeit *etc* stören; **II** *v/pr* **s'~ 4.** *personne* innehalten (*dans son travail* in *ou* bei s-r Arbeit; *pour* +*inf* um zu +*inf*); **5.** *émission* unter'brochen werden; *conversation* stocken

interrupteur [ɛ̃tɛʀyptœʀ] *m* ÉLECT (Licht)Schalter *m*; TECH Unter'brecher *m*

interruption [ɛ̃tɛʀypsjɔ̃] *f* **1.** Unter'brechung *f* (*a* ÉLECT, JUR); ~ *volontaire de grossesse* (*abr* **I.V.G.**) Schwangerschaftsabbruch *m*; *sans* ~ ohne Unterbrechung; ununterbrochen; *ouvert sans* ~ 'durchgehend geöffnet; **2.** *paroles* Zwischenruf *m*

intersection [ɛ̃tɛʀsɛksjɔ̃] *f* **1.** MATH Schnittpunkt *m*, -linie *f*, -fläche *f*; *point m d'~* Schnittpunkt *m*; **2.** (*croisement*) Kreuzungspunkt *m*, -stelle *f*; Kreuzung *f*

interstellaire [ɛ̃tɛʀstɛ(l)lɛʀ] *adj* ASTR interstel'lar

inter|stice [ɛ̃tɛʀstis] *m* (kleiner) Zwischenraum; Spalt *m*; **~syndical** *adj* ⟨-aux⟩ mehrere Gewerkschaften betreffend, um'fassend; **~titre** *m* CIN eingeblendeter Zwischentext; **~tropical** *adj* ⟨-aux⟩ GÉOGR zwischen den Wendekreisen befindlich

interurbain [ɛ̃tɛʀyʀbɛ̃] TÉL **I** *adj* Fern...; **communication** ~*e* Ferngespräch *n*; **II** *m* Fernamt *n*

intervalle [ɛ̃tɛʀval] *m* **1.** *dans le temps* Zwischenzeit *f*; Zeitabstand *m*, -spanne *f*, -raum *m*; Inter'vall *n*; *à deux jours d'~* nach zweitägiger Unter'brechung, Pause; *à* ~*s réguliers* in regelmäßigen Abständen; *dans l'~* in der Zwischenzeit; in'zwischen; unter'dessen; *par* ~*s* dann und wann; hin und wieder; von Zeit zu Zeit; **2.** *dans l'espace* Zwischenraum *m*, Abstand *m* (*entre* zwischen +*dat*); ~ *de sécurité* Sicherheitsabstand *m*; *par* ~(*s*) hier und da; in Abständen; **3.** MUS Inter'vall *n*

intervenir [ɛ̃tɛʀvəniʀ] *v/i* ⟨*cf* venir⟩ **1.** einschreiten; eingreifen, sich einschalten (*dans qc* in etw [*acc*]); interve'nieren (*auprès de qn* bei j-m); ~ *en faveur de qn* zugunsten j-s, für j-n intervenieren; sich für j-n einsetzen, verwenden; ein gutes Wort für j-n einlegen; MIL *faire* ~ *la force armée* bewaffnete Streitkräfte einsetzen; **2.** MÉD e-n (chir'urgischen) Eingriff vornehmen; **3.** *événement* eintreten; geschehen; sich ereignen; da'zwischenkommen; vorkommen; stattfinden; *accord* zu'stande kommen; erzielt werden; *décision* fallen; **4.** JUR interve'nieren; e-m Pro'zeß beitreten

intervention [ɛ̃tɛʀvɑ̃sjɔ̃] *f* **1.** Einschreiten *n*; Eingreifen *n*; Eingriff *m*; Interventi'on *f*; MIL ~ **armée** bewaffnete Intervention; **2.** (*prise de parole*) Stellungnahme *f*; **3.** MÉD ~ (*chirurgicale*) (chir'urgischer) Eingriff; **4.** *d'un fait* Eintreten *n*; Da'zwischenkommen *n*; (*rôle*) Rolle *f*; **5.** JUR Beteiligung *f* e-s Dritten an e-m Prozeß

interventionnisme [ɛ̃tɛʀvɑ̃sjɔnism(ə)] *m* **a)** ÉCON Interventio'nismus *m*; **b)** POL Interventi'onspolitik *f*

interversion [ɛ̃tɛʀvɛʀsjɔ̃] *f* 'Umstellung *f*; Vertauschung *f*

intervertir [ɛ̃tɛʀvɛʀtiʀ] *v/t mots etc* 'umstellen; *rôles* vertauschen

interview [ɛ̃tɛʀvju] *f* Interview [-'vju:] *n*; *accorder, donner une* ~ ein Interview geben; geben

interviewer¹ [ɛ̃tɛʀvjuve] *v/t* ~ *qn* j-n interviewen [-'vju:-]

interview|er² *ou* **~eur** [ɛ̃tɛʀvjuvœʀ] *m*, **~euse** *f* Interviewer(in) [-'vju:-] *m(f)*

intestat [ɛ̃tɛsta] *adj* ⟨*a f*⟩ JUR ohne (ein) Testa'ment (zu hinter'lassen)

intestin [ɛ̃tɛstɛ̃] *m* ANAT Darm *m*; ~*s pl* Gedärm(e) *n(pl)*; Eingeweide *n(pl)*; ~ *grêle* Dünndarm *m*; *gros* ~ Dickdarm *m*

intestinal [ɛ̃tɛstinal] *adj* ⟨-aux⟩ Darm...; *grippe* ~*e* Darmgrippe *f*

intestine [ɛ̃tɛstin] *adj* ⟨*nur f*⟩ *st/s querelles* ~*s* innere, in'terne Streitigkeiten *f/pl*

intimation [ɛ̃timasjɔ̃] *f* JUR Ladung *f* (*vor e-e höhere Instanz*)

intime [ɛ̃tim] **I** *adj* **1.** in'tim; innig; (*étroit*) eng; (*familier*) vertraut; *ami* ~ *a* Busenfreund *m*; Intimus *m*; *être* ~ *avec qn* mit j-m eng befreundet, mit j-m vertraut, intim sein; **2.** (*privé*) ganz per'sönlich; in'tim; *journal m* ~ Tagebuch *n*; *vie f* ~ Pri'vatleben *n*; **3.** (*sexuel*) in'tim; *rapports m/pl* ~*s*, *relation f/pl* ~*s* intime Beziehungen *f/pl*; *toilette f* ~ Intimpflege *f*; **4.** *cérémonie, mariage* im engsten (Fa'milien)Kreis; im in'timen, *poét* trauten Kreis; **5.** *atmosphère* in'tim; gemütlich; behaglich; traulich; **6.** *avoir la conviction* ~ *que* ... im Innersten, innerlich (davon) über'zeugt sein, daß ...; **II** *m,f* enger Freund, Vertrauter; enge Freundin, Vertraute

intimement [ɛ̃tim(ə)mɑ̃] *adv* **1.** eng; innig; *être* ~ *lié avec qn* mit j-m eng, innig befreundet sein; j-m sehr nahestehen; **2.** *être* ~ *convaincu de qc* im Innersten, innerlich von etw über'zeugt sein

intimer [ɛ̃time] *v/t* **1.** ~ *l'ordre à qn de* (+*inf*) j-m den Befehl erteilen zu (+*inf*); **2.** JUR (vor e-e höhere In'stanz) laden

intimid|ant [ɛ̃timidɑ̃] *adj* furchteinflößend; **~ation** *f* Einschüchterung *f*

intimider [ɛ̃timide] *v/t* ~ *qn* j-n einschüchtern; *être intimidé a* gehemmt, unsicher sein; *ne pas se laisser* ~ sich nicht einschüchtern lassen

intimiste [ɛ̃timist] *m* PEINT Maler *m* von Interi'eurs

intimité [ɛ̃timite] *f* **1.** Intimi'tät *f*; Innigkeit *f*; (*familiarité*) Vertrautheit *f*; *vivre dans l'~ avec qn* zu j-s Vertrauten gehören, zählen; zum engsten Kreis um j-n gehören; **2.** (*vie privée*) Pri'vatleben *n*, -sphäre *f*; *dans l'~* im Privatleben; **3.** *cérémonie avoir lieu dans la plus stricte* ~ im engsten (Fa'milien)Kreis stattfinden; *les obsèques ont eu lieu dans l'~* die Beisetzung fand in aller Stille statt; **4.** (*atmosphère intime*) in'timer Cha'rakter; Gemütlichkeit *f*; Behaglichkeit *f*; Traulichkeit *f*

intitulé [ɛ̃tityle] *m* **1.** 'Überschrift *f*; Titel *m*; **2.** JUR Eingangsformel *f*; Rubrum *n*

intituler [ɛ̃tityle] **I** *v/t* betiteln; über'schreiben; mit e-m Titel, e-r 'Überschrift versehen; *intitulé* ... mit dem Titel ...; **II** *v/pr* **s'~** *livre* den Titel, die 'Überschrift tragen; **2.** *personne* sich den Titel ... geben, beilegen

intolér|able [ɛ̃tɔleʀabl(ə)] *adj* **1.** (*insupportable*) unerträglich; nicht auszuhalten(d); **2.** (*inadmissible*) unzulässig, den, die, das man nicht dulden darf; **~ance** *f* **1.** Intoleranz *f*; Unduldsamkeit *f*; **2.** MÉD Intoleranz *f* (*à gegen*); **~ant** *adj* intolerant; unduldsam

intonation [ɛ̃tɔnasjɔ̃] *f* Intonati'on *f* (*a* MUS *et* PHON); Tonfall *m*

intouchable [ɛ̃tuʃabl(ə)] **I** *adj* *personnage haut placé etc* unantastbar; **II** *m,f en Inde* Unberührbare(r) *f(m)*

intox(e) [ɛ̃tɔks] *f* F *abr cf* **intoxication 2.**

intoxication [ɛ̃tɔksikasjɔ̃] *f* **1.** Vergiftung *f*; *sc* Intoxikati'on *f*; ~ *alcoolique, alimentaire* Alkohol-, Nahrungsmittelvergiftung *f*; ~ *par le(s) gaz* Gasvergiftung *f*; **2.** *fig* Beeinflussung *f*; Indoktri'nierung *f*; F Berieselung *f*

intoxiqué(e) [ɛ̃tɔksike] *m(f)* Süchtige(r) *f(m)* (*a fig*)

intoxiquer [ɛ̃tɔksike] **I** *v/t* **1.** vergiften; *être intoxiqué par le tabac* e-e Niko-

intracellulaire – inventivité 404

'tinvergiftung haben; **2.** *fig* beeinflussen; indoktri'nieren; F berieseln; *se laisser ~ par la pub* sich von der Werbung beeinflussen *etc* lassen; **II** *v/pr* **s'~** sich vergiften

intra|cellulaire [ɛ̃tRaselylɛR] *adj* BIOL intrazellu'lar, -zellu'lär; **~communautaire** *adj* im Rahmen, innerhalb der EG, der EU; innergemeinschaftlich; **~dermique** *adj* MÉD intraku'tan

intrados [ɛ̃tRado] *m* ARCH innere Wölbfläche; Laibung *f*; Leibung *f*

intraduisible [ɛ̃tRadɥizibl(ə)] *adj* **1.** unübersetzbar; **2.** *fig* nicht 'wiederzugeben(d)

intraitable [ɛ̃tRɛtabl(ə)] *adj* unnachgiebig, unerbittlich, kompro'mißlos (*sur* in bezug auf +*acc*); *être ~ sur qc a* über etw (*acc*) nicht mit sich reden lassen

intra|-muros [ɛ̃tRamyRos] *loc/adv* innerhalb der Stadt(mauern); **~musculaire** *adj* MÉD intramusku'lär

intransige|ance [ɛ̃tRɑ̃ziʒɑ̃s] *f* Unnachgiebigkeit *f*; Starrsinn *m*; Unversöhnlichkeit *f*; Kompro'mißlosigkeit *f*; **~ant** *adj* unnachgiebig; starrsinnig; unversöhnlich; kompro'mißlos

intransitif [ɛ̃tRɑ̃zitif] GR **I** *adj* ⟨-ive⟩ intransitiv; nichtzielend; **II** *m* intransitives Verb; Intransitiv(um) *n*

intransmissible [ɛ̃tRɑ̃smisibl(ə)] *adj* nicht über'tragbar; BIOL *a* nicht vererblich

intransportable [ɛ̃tRɑ̃spɔRtabl(ə)] *adj* nicht transpor'tabel; nicht transpor'tierbar; *malade* nicht trans'portfähig

intra|-utérin [ɛ̃tRaytɛRɛ̃] *adj* MÉD innerhalb der Gebärmutter liegend *ou* erfolgend; *sc* intraute'rin; **~veineux** MÉD **I** *adj* ⟨-euse⟩ intrave'nös; **II** *f* **intraveineuse** intrave'nöse Injekti'on

intrépid|e [ɛ̃tRepid] *adj* unerschrocken; furchtlos; kühn; **~ité** *f* Unerschrockenheit *f*; Furchtlosigkeit *f*; Kühnheit *f*

intrigant [ɛ̃tRigɑ̃] **I** *adj* intri'gant; ränkesüchtig; **II** *subst* **~(e)** *m(f)* Intri'gant(in) *m(f)*; Ränkeschmied *m*

intrigue [ɛ̃tRig] *f* **1.** In'trige(nspiel) *f(n)*; Ränkespiel *n*; **~s** *pl a* Machenschaften *pl*; Ränke *pl*; 'Umtriebe *pl*; **~s politiques** politische Intrigen; **2.** THÉ In'trige *f*; Knoten *m* (der Handlung); Verwicklung *f*; *comédie* **d'~** Intrigenstück *n*

intriguer [ɛ̃tRige] **I** *v/t* **~ qn** j-s Neugier wecken; j-n aus der Ruhe bringen, aufhorchen lassen, aufmerksam werden lassen, stutzig machen; *être intrigué* stutzig werden; **II** *v/i* intri'gieren; Ränke schmieden; In'trigen spinnen

intrinsèque [ɛ̃tRɛ̃sɛk] *adj* eigentlich; wahr; echt

introduc|teur [ɛ̃tRɔdyktœR] *m*, **~trice** *f* Einführer(in) *m(f)*

introduction [ɛ̃tRɔdyksjɔ̃] *f* **1.** *d'une personne* Einführung *f* (*dans un milieu* in e-n Kreis); *d'un visiteur* Hin'ein- *ou* Her'einführen *n* (*auprès de qn* zu j-m); *lettre d'~* Empfehlungsschreiben *n*; **2.** MÉD *d'une sonde etc* Einführen *n*, -ung *f* (*dans* in +*acc*); **3.** *d'une mode, d'un produit etc* Einführen *n*, -ung *f*; **4.** (*initiation*) Einführung *f* (*à* in +*acc*); **5.** (*préface*) Einleitung *f*; **6.** INFORM **~ des données** Dateneingabe *f*; **7.** JUR **~ d'instance** Klageerhebung *f*

introduire [ɛ̃tRɔdɥiR] ⟨*cf* conduire⟩ **I** *v/t* **1. ~ qn a)** j-n hin'ein- *ou* her'einführen (*auprès de qn* zu j-m); *on m'introduisit dans son bureau* ich wurde in sein Büro geführt; **b)** j-n einführen (*auprès de qn* bei j-m; *dans sa famille* in s-e Familie); *adj être bien introduit dans un milieu* in e-m Kreis sehr gut eingeführt sein; **2.** *objet* hin'einführen, -stecken, -schieben; *jeton, pièce* einwerfen; hin'einstecken; MÉD *sonde* einführen; **~ la clé dans la serrure** den Schlüssel ins Schloß stecken; **3.** *mode, idées, marchandises etc* einführen; *usage, mode a* aufbringen; **~ en fraude** einschmuggeln; **~ qc sur le marché** etw auf den Markt bringen; **4.** *corrections* anbringen (*dans un ouvrage* in *ou* an e-m Werk); *citation* aufnehmen (*dans* in +*acc*); **5.** JUR **~ une instance** Klage erheben; **II** *v/pr* **s'~ 6.** *personne* **a)** (*pénétrer*) eindringen, sich einschleichen, sich Zutritt verschaffen (*dans une maison* in ein Haus); **b)** (*se faire admettre*) sich eindrängen, sich Einlaß verschaffen (*dans un milieu* in e-n Kreis); **7.** *méthode, usage etc* aufkommen; sich einbürgern

intronis|ation [ɛ̃tRɔnizɑsjɔ̃] *f* Inthronisati'on *f*; Inthroni'sierung *f*; Thronerhebung *f*; **~er** *v/t pape, souverain* inthroni'sieren; feierlich einsetzen

introspection [ɛ̃tRɔspɛksjɔ̃] *f* PSYCH Introspekti'on *f*; Selbstbeobachtung *f*

introuvable [ɛ̃tRuvabl(ə)] *adj* unauffindbar; COMM nicht aufzutreiben(d)

introversion [ɛ̃tRɔvɛRsjɔ̃] *f* PSYCH Introversi'on *f*; Introver'tiertheit *f*

introverti [ɛ̃tRɔvɛRti] PSYCH **I** *adj* introver'tiert; **II** *subst* **~(e)** *m(f)* Introver'tierte(r) *f(m)*

intr|us [ɛ̃tRy] *m*, **~use** [-yz] *f* Eindringling *m*; ungebetener Gast

intrusion [ɛ̃tRyzjɔ̃] *f* Eindringen *n* (*dans un milieu etc* in e-n Kreis *etc*); *faire ~* eindringen; sich eindrängen

intuitif [ɛ̃tɥitif] **I** *adj* ⟨-ive⟩ intui'tiv; *connaissance intuitive* intuitive Erkenntnis; **II** *subst* **~**, *intuitive m,f* intui'tiver Mensch

intuition [ɛ̃tɥisjɔ̃] *f* Intuiti'on *f* (*a* PHILOS); (*pressentiment*) (Vor)Ahnung *f*; Vorgefühl *n*; *avoir de l'~* Intuition besitzen; *en* *e feine, gute Nase haben; *avoir l'~ que ...* (vor'aus)ahnen, daß ...

inusable [inyzabl(ə)] *adj* unverwüstlich; nicht abzunutzen(d)

inusité [inyzite] *adj* mot ungebräuchlich

inutile [inytil] **I** *adj* **1.** unnütz, nutzlos, unnötig; 'überflüssig; *efforts a* vergeblich; *mesure a* sinn-, zwecklos; (*il est*) **~ de** (+*inf*) *ou* **que ...** (+*subj*) es ist unnötig *ou* überflüssig, es erübrigt sich, zu (+*inf*) *ou* daß ...; **~ d'insister** es lohnt sich nicht *ou* hat keinen Zweck, Sinn, F Wert weiterzumachen; **2.** *personne* unnütz (*à la société* für die Gesellschaft); 'überflüssig; *bouche* **~** unnützer Esser; **II** *m,f* unnützer Mensch; Unnütze(r) *f(m)*; **~ment** *adv* unnütz, unnötig; um'sonst

inutilisable [inytilizabl(ə)] *adj* unbrauchbar; unbenutzbar; *véhicule a* nicht mehr fahrbereit

inutilisé [inytilize] *adj* ungenützt; ungenutzt

inutilité [inytilite] *f* Nutz-, Sinn-, Zwecklosigkeit *f*

invaincu [ɛ̃vɛ̃ky] *adj* unbesiegt

invalidation [ɛ̃validɑsjɔ̃] *f* JUR, POL Ungültigkeitserklärung *f*; Annul'lierung *f*

invalide [ɛ̃valid] **I** *adj* inva'lid(e); arbeits-, erwerbs-, berufsunfähig; dienstuntauglich; **II** *m* **1.** Inva'lide *m*; **~ de guerre** Kriegsinvalide *m*; **~ du travail** (durch Arbeitsunfall, Berufskrankheit) Arbeitsunfähige(r) *m*, Dienstuntaugliche(r) *m*; Frührentner *m*; **2.** *l'hôtel des ₰ ou les ₰s à Paris*: Grab Napoleons, Armeemuseum u Heim für Kriegsinvaliden

invalider [ɛ̃valide] *v/t* JUR, POL für ungültig erklären; annul'lieren

invalidité [ɛ̃validite] *f* Invalidi'tät *f*; Arbeits-, Erwerbs-, Berufsunfähigkeit *f*, Dienstuntauglichkeit *f* (durch Arbeitsunfall, Berufskrankheit); *assurance f ~* Inva'lidenversicherung *f*

invari|abilité [ɛ̃vaRjabilite] *f* Unveränderlichkeit *f*; **~able** *adj* unveränderlich (*a* GR); *habitude a* (stets) gleichbleibend

invasion [ɛ̃vɑzjɔ̃] *f* **1.** Invasi'on *f*; (feindlicher) Einfall; (gewaltsames) Eindringen; HIST **~s barbares, grandes ~s** Völkerwanderung *f*; **2.** *fig* Invasi'on *f*; massenhaftes Auftreten; Über'handnehmen *n*, -nahme *f*; **~ de rats** *a* Rattenplage *f*

invective [ɛ̃vɛktiv] *f* Beschimpfung *f*; Schmährede *f*; *st/s* Invek'tive *f*; *se répandre en ~s contre qn* sich in Beschimpfungen gegen j-n ergehen

invectiver [ɛ̃vɛktive] *v/t* **~ qn** j-n beschimpfen, schmähen

invendable [ɛ̃vɑ̃dabl(ə)] *adj* unverkäuflich

invendu [ɛ̃vɑ̃dy] **I** *adj* unverkauft; **II** *m/pl* **~s** unverkaufte Ar'tikel *m/pl*; *journaux* unverkaufte Exem'plare *n/pl*

inventaire [ɛ̃vɑ̃tɛR] *m* **1.** *opération* Bestandsaufnahme *f*; *liste* Inven'tar *n*; Verzeichnis *n*; Aufstellung *f*; *dresser, faire un ~* e-e Bestandsaufnahme machen; das Inventar aufnehmen; *faire l'~ de qc* e-e Bestandsaufnahme von etw machen; e-e Aufstellung über etw (*acc*) machen; **2.** COMM Inven'tur *f*; **~ de fin d'année** Jahresinventur *f*; *fermé pour cause d'~* wegen Inventur geschlossen

inventer [ɛ̃vɑ̃te] *v/t* **1.** *qc de nouveau* erfinden; **2.** (*imaginer*) *excuse etc* sich ausdenken; ersinnen; *histoire passée* erfinden; erdichten; **~ de** (+*inf*) darauf verfallen zu (+*inf*); **II** *v/pr* **ce sont des choses qui ne s'inventent pas** das ist nicht erfunden, das ist tatsächlich wahr

inven|teur [ɛ̃vɑ̃tœR] *m*, **~trice** *f* **1.** Erfinder(in) *m(f)* **2.** JUR *d'un trésor* Entdecker(in) *m(f)*

inventif [ɛ̃vɑ̃tif] *adj* ⟨-ive⟩ erfinderisch; findig

invention [ɛ̃vɑ̃sjɔ̃] *f* **1.** Erfindung *f*; *brevet m d'~* Pa'tent *n*; **2.** (*chose imaginée*) Erfindung *f*; Erdichtung *f*; *c'est une ~* das ist (frei) erfunden; *c'est de son ~* das hat er erfunden; **3.** *don* Erfindungsgabe *f*; **4.** MUS Inventi'on *f*; **5.** JUR *d'un trésor* Entdeckung *f*; Auffindung *f*

inventivité [ɛ̃vɑ̃tivite] *f* Findigkeit *f*; Erfindungsgeist *m*, -gabe *f*

inventorier [ɛ̃vɑ̃tɔʀje] v/t inventari'sieren
invérifiable [ɛ̃veʀifjabl(ə)] adj nicht nachprüfbar; nicht beweisbar
inverse [ɛ̃vɛʀs] **I** adj **1.** 'umgekehrt; entgegengesetzt; *dans l'ordre ~* in umgekehrter Reihenfolge; *cf a sens 4.*; **2.** MATH *fonction f ~* 'Umkehrfunktion *f*; *nombre m ~* Kehrwert *m*; *en rapport ~ de* in 'umgekehrtem Verhältnis zu; **II** *m* **1.** Gegenteil *n*; *c'est justement l'~!* das ist genau das Gegenteil!; *il fait l'~ de ce qu'on lui dit* er macht das Gegenteil dessen *ou* von dem, was man ihm sagt; **2.** *loc/adv à l'~* 'umgekehrt; hin'gegen; da'gegen; *loc/prép à l'~ de qc* im Gegensatz zu etw
inversement [ɛ̃vɛʀsəmɑ̃] adv **1.** 'umgekehrt; hin'wieder(um); **2.** MATH *~ proportionnel* 'umgekehrt proportio'nal (*à* zu)
inverser [ɛ̃vɛʀse] v/t **1.** *ordre* 'umkehren; *rôles* vertauschen; **2.** ÉLECT 'umkehren; *~ les pôles* 'umpolen (*de qc* etw)
inversible [ɛ̃vɛʀsibl(ə)] adj PHOT *film m ~* 'Umkehrfilm *m*
inversion [ɛ̃vɛʀsjɔ̃] *f* **1.** GR Inversi'on *f*; 'Umkehrung *f* der üblichen Wortstellung; **2.** ÉLECT 'Umkehrung *f ~ des pôles* 'Umpolung *f*; **3.** MÉD, CHIM Inversi'on *f*; MÉTÉO *~ thermique* Inversion(swetterlage) *f*; **4.** *~ (sexuelle)* 'Umkehrung *f* des Geschlechtstriebs
invertébré [ɛ̃vɛʀtebʀe] ZO **I** adj wirbellos; **II** *m/pl ~s* Wirbellose(n) *pl*
inverti [ɛ̃vɛʀti] **I** adj CHIM *sucre ~* In'vertzucker *m*; **II** *subst ~(e) m(f)* Inver'tierte(r) *f(m)*; Homosexu'elle(r) *f(m)*
investiga|teur [ɛ̃vɛstigatœʀ] *m*, *~trice f* Forscher(in) *m(f)*; *~tion f* (Nach)Forschung *f*; Unter'suchung *f*
investir [ɛ̃vɛstiʀ] v/t **1.** *~ qn (d'une charge)* j-n (in ein Amt) einsetzen; HIST *~ qn d'un fief* j-n belehnen; *~ qn de pouvoirs extraordinaires* j-n mit außerordentlichen 'Vollmachten ausstatten; **2.** POL *candidat* aufstellen; **3.** ÉCON inve'stieren (*dans* in +*acc*); anlegen (*in* +*dat*); **4.** *fig énergie etc* inve'stieren (*dans* in +*acc*); **5.** MIL einschließen; um'zingeln
investissement [ɛ̃vɛstismɑ̃] *m* **1.** ÉCON **a)** *action* Inve'stieren *n*, -ung *f*; Anlage *f*; *société f d'~* In'vestmentgesellschaft *f*; **b)** (*capitaux investis*) Investiti'on *f*; (Kapi'tal)Anlage *f*; *politique f d'~s* Investitionspolitik *f*; *c'est un bon ~* das ist e-e gute Geldanlage; **2.** MIL Einschließung *f*; Um'zingelung *f*
investisseur [ɛ̃vɛstisœʀ] *m* ÉCON In'vestor *m*; Anleger *m*
investiture [ɛ̃vɛstityʀ] *f* **1.** HIST Investi'tur *f*; (feierliche) Einsetzung; *querelle f des ~s* Investiturstreit *m*; **2.** *d'un candidat à des élections* Aufstellung *f*
invétéré [ɛ̃vetere] adj *habitude* eingefleischt; tief eingewurzelt; *tricheur, menteur* unverbesserlich; *alcoolique ~ a* Gewohnheitstrinker *m*
invincible [ɛ̃vɛ̃sibl(ə)] adj *adversaire, armée* unbesiegbar, unschlagbar; unbezwingbar (*a obstacle*); *attirance, répugnance* unüberwindlich; *courage* unerschütterlich
inviol|abilité [ɛ̃vjɔlabilite] *f* Unverletzlichkeit *f*; Unantastbarkeit *f*; *~able* adj *droit* unverletzlich; *diplomate* unantastbar
invisibilité [ɛ̃vizibilite] *f* Unsichtbarkeit *f*
invisible [ɛ̃vizibl(ə)] adj **1.** unsichtbar; **2.** *fig danger* unsichtbar; verborgen; **3.** *personne* nicht anzutreffen(d); *être ~ a* sich nicht blicken lassen; *être ~ pour qn* für j-n nicht zu sprechen sein
invitation [ɛ̃vitasjɔ̃] *f* **1.** Einladung *f* (*à* zu); *carte f d'~* Einladungskarte *f*; *faire une ~ à qn* j-n einladen; **2.** *par ext* Einladung *f*; Einladungsschreiben *m*, -karte *f*; *envoyer les ~s* die Einladungen verschicken; **3.** (*incitation*) Aufforderung *f*; *sur l'~ de qn* auf j-s Aufforderung (*acc*) hin
invite [ɛ̃vit] *f* Wink *m*; auffordernde Geste
invité(e) [ɛ̃vite] *m(f)* Gast *m* (*a d'une femme*); *vous êtes mon ~* ich lade Sie ein; Sie sind mein Gast
inviter [ɛ̃vite] **I** v/t **1.** (*convier*) einladen (*qn à qc* j-n zu etw); *~ qn au cinéma, à dîner* j-n ins Kino, zum Abendessen einladen; *~ qn à danser* j-n zum Tanz auffordern; *le beau temps invite à la promenade* läd zum Spaziergang ein; **2.** (*inciter*) *~ qn à* (+*inf*) j-n auffordern zu (+*inf*); **II** v/pr *s'~* sich selbst einladen; ungebeten erscheinen
in vitro [invitʀo] loc/adv im Rea'genzglas (durchgeführt); in vitro; MÉD *fécondation f ~* In-'vitro-Fertilisation *f*
invivable [ɛ̃vivabl(ə)] adj **1.** F *personne* unerträglich; *il est ~* mit ihm kann man einfach nicht auskommen; **2.** *atmosphère, situation* unerträglich
invocation [ɛ̃vɔkasjɔ̃] *f* REL Anrufung *f* (*à un saint* e-s Heiligen)
involontaire [ɛ̃vɔlɔ̃tɛʀ] adj **1.** unabsichtlich; ungewollt; unfreiwillig; unbewußt; PHYSIOL unwillkürlich; JUR *homicide m ~* fahrlässige Tötung; **2.** *témoin* unfreiwillig
invoquer [ɛ̃vɔke] v/t **1.** REL anrufen; *par ext ~ les Muses* die Musen anrufen; **2.** *par ext l'aide de qn* flehen, bitten um; erflehen; **3.** (*avoir recours à*) sich berufen, stützen auf (+*acc*); her'anziehen; geltend machen; *argument a* anführen; *excuse* benutzen; *invoquant le fait que ...* unter Berufung darauf, daß ...
invraisemblable [ɛ̃vʀɛsɑ̃blabl(ə)] adj **1.** *histoire, nouvelle* unwahrscheinlich; unglaublich; **2.** *chapeau, tenue* unmöglich
invraisemblance [ɛ̃vʀɛsɑ̃blɑ̃s] *f* **a)** *d'une nouvelle etc* Unwahrscheinlichkeit *f*; **b)** *récit, témoignage plein d'~s* voller Unwahrscheinlichkeiten, Ungereimtheiten
invulnér|abilité [ɛ̃vylneʀabilite] *f* Unverwundbarkeit *f*; Unverletzlichkeit *f* (*a fig*); *~able.* **1.** unverwundbar; **2.** *fig* unverwundbar; unverletzlich; *~ à qc* gefeit gegen etw
iode [jɔd] *m* CHIM Jod *n*; AUTO *phare m à ~* Halo'genscheinwerfer *m*; PHARM *teinture f d'~* Jodtinktur *f*
iodé [jɔde] adj jodhaltig
iodure [jɔdyʀ] *m* CHIM Jo'did *n*; PHOT *~ d'argent* Silberjodid *n*; Jodsilber *n*
ion [jɔ̃] *m* PHYS I'on *n*
ionien [jɔnjɛ̃] adj *(~ne)* HIST i'onisch; GÉOGR *les îles 2nes* die Ionischen Inseln *f/pl*; *la mer 2ne* das Ionische Meer
ionique [jɔnik] adj ARCH i'onisch; *ordre m ~* i'onische Säulenordnung
ionis|ation [jɔnizasjɔ̃] *f* PHYS Ionisati'on *f*; Ioni'sierung *f*; *~er* v/t PHYS ioni'sieren
ionosphère [jɔnɔsfɛʀ] *f* Iono'sphäre *f*
iota [jɔta] *m lettre* Jota *n*; *fig sans changer un ~* ohne auch nur ein Jota zu ändern
ipéca [ipeka] *m* BOT Brechwurz(el) *f*
I.P.R. [ipeɛʀ] *m abr cf inspecteur 2.*
ipso facto [ipsofakto] loc/adv JUR ipso facto; durch die Tat selbst; *par ext* auto'matisch
Irak [iʀak] *cf Iraq*
irakien [iʀakjɛ̃] *cf iraq(u)ien*
Iran [iʀɑ̃] *l'~ m* I'ran *n ou* der I'ran
iranien [iʀanjɛ̃] **I** adj *(~ne)* i'ranisch; **II** *subst* **1.** *2(ne) m(f)* I'raner(in) *m(f)*; **2.** LING *l'~ m* das I'ranische; I'ranisch *n*
Iraq [iʀak] *l'~ m* I'rak *n ou* der I'rak
iraq(u)ien [iʀakjɛ̃] **I** adj *(~ne)* i'rakisch; **II** *subst* *2(ne) m(f)* I'raker(in) *m(f)*
irasc|ibilité [iʀasibilite] *f* Jähzorn *m*; *~ible* adj jähzornig
ire [iʀ] litt *f* Zorn *m*
iridié [iʀidje] adj TECH *platine ~* Platin-I'ridium-Legierung *f*
iridium [iʀidjɔm] *m* CHIM I'ridium *n*
iris [iʀis] *m* **1.** BOT Schwertlilie *f*; Iris *f*; **2.** ANAT Iris *f*; Regenbogenhaut *f*; **3.** PHOT *diaphragme m (à) ~* Irisblende *f*; **4.** MINÉR *pierre f d'~* Regenbogenquarz *m*
irisation [iʀizasjɔ̃] *f* Iri'sieren *n*; Schillern *n* in den Regenbogenfarben
irisé [iʀize] adj iri'sierend; regenbogenfarbig (schillernd)
irlandais [iʀlɑ̃dɛ] **I** adj irisch; irländisch; **II** *subst* **1.** *2(e) m(f)* Ire *m*, Irin *f*; Irländer(in) *m(f)*; **2.** LING *l'~ m* das Irische; Irisch *n*
Irlande [iʀlɑ̃d] *l'~ f* Irland *n*; *l'~ du Nord* Nordirland *n*
ironie [iʀɔni] *f* Iro'nie *f*; feiner *ou* versteckter Spott; *~ du sort* Ironie des Schicksals
iron|ique [iʀɔnik] adj i'ronisch; *~iser* v/i i'ronische Bemerkungen machen; i'ronisch sein *ou* werden; *~iste* *m* I'roniker *m*
iroquois [iʀɔkwa] **I** adj iro'kesisch; *punk coiffure f à l'~* iro'kesenschnitt *m*; **II** *subst* *2(e) m(f)* Iro'kese *m*, Iro'kesin *f*
irradiation [iʀadjasjɔ̃] *f* **1.** PHYS (Aus-)Strahlung *f*; **2.** PHYSIOL *~ (douloureuse)* Ausstrahlen des Schmerzes; **3.** MÉD, NUCL Bestrahlung *f*
irradier [iʀadje] **I** v/t MÉD, NUCL bestrahlen; Strahlen (*dat*) aussetzen; *accidentellement* verstrahlen; **II** v/i **1.** PHYS (aus)strahlen; **2.** *douleur* ausstrahlen (*dans l'épaule* in die Schulter); **3.** *fig (se propager)* ausstrahlen (*de* von)
irraisonné [iʀɛzɔne] adj verstandesmäßig nicht kontrol'lierbar *ou* erklärbar; *peur* sinnlos; unsinnig
irrational|isme [iʀasjɔnalism(ə)] *m* PHILOS Irratio'nalismus *m*; *~ité* *f* Irrationali'tät *f*
irrationnel [iʀasjɔnɛl] **I** adj *(~le)* **1.** verstandesmäßig nicht faßbar; vernunftwidrig; unberechenbar; irrational; **2.** MATH *nombre ~* irrationale Zahl; **II** *m l'~* das Irrationale
irréalisable [iʀealizabl(ə)] adj nicht zu verwirklichen(d); nicht reali'sierbar

irréal|isme [i(ʀ)ʀealism(ə)] *m* mangelnder Rea'lismus; mangelnde Wirklichkeitsnähe; **~iste** *adj* unrealistisch; wirklichkeitsfremd; **~ité** *f* Irreali'tät *f*; Nicht-, Unwirklichkeit *f*

irrecevable [i(ʀ)ʀəsəvabl(ə)] *adj* JUR *demande* unzulässig

irréconciliable [i(ʀ)ʀekõsiljabl(ə)] *adj* unversöhnlich

irrécouvrable [i(ʀ)ʀekuvʀabl(ə)] *adj créance* nicht ein-, beitreibbar

irrécupérable [i(ʀ)ʀekypeʀabl(ə)] *adj* **1.** *déchets* nicht mehr brauchbar, verwertbar; **2.** *personne* nicht wieder'eingliederungsfähig; nicht resoziali'sierbar

irrécusable [i(ʀ)ʀekyzabl(ə)] *adj* **1.** JUR *témoignage, juge* nicht ablehnbar; **2.** *preuve* nicht anfechtbar; unwiderlegbar

irréductible [iʀedyktibl(ə)] *adj* **1.** *ennemi, opposition* unbeugsam; nicht kleinzukriegen(d); **2.** MATH *fraction* der sich nicht mehr kürzen läßt; nicht mehr zu kürzen(d); **3.** CHIM nicht redu'zierbar; **4.** MÉD *fracture, luxation* nicht wieder in die nor'male Lage zu'rückzubringen(d); *sc* irreponibel

irréel [i(ʀ)ʀeɛl] **I** *adj* ⟨~le⟩ **1.** irreal; unwirklich; nicht wirklich; **2.** GR irreal; *mode ~ ou subst ~ m* Irreal(is) *m*; **II** *m l'~* das Irreale

irréfléchi [i(ʀ)ʀefleʃi] *adj comportement, geste* unüberlegt; *a personne* unbesonnen; unbedacht; gedankenlos

irréflexion [i(ʀ)ʀefleksjõ] *f* Unüberlegtheit *f*; Unbesonnenheit *f*; Gedankenlosigkeit *f*

irréfragable [iʀefʀagabl(ə)] *adj preuve, alibi* unabweislich, -bar; unwiderlegbar

irréfutable [iʀefytabl(ə)] *adj argument, preuve* unwiderlegbar

irrégularité [iʀegylaʀite] *f* **1.** *de formes, d'un rythme, d'un travail* Unregelmäßigkeit *f*; Regellosigkeit *f*; *d'une physionomie a* Unebenmäßigkeit *f*; **2. a)** *d'une situation* Regel-, Ordnungswidrigkeit *f*; Irregulari'tät *f*; **b)** *~s pl* Unregelmäßigkeiten *f/pl*, Regel-, Ordnungswidrigkeiten *f/pl* (**dans une élection** bei e-r Wahl); **3.** *d'une personne dans son travail* Ungleichmäßigkeit *f* (in der Leistung); ungleichmäßige Leistung

irrégulier [iʀegylje] *adj* ⟨-ière⟩ **1.** *forme, rythme, travail, visites* unregelmäßig; regellos; *traits a* unebenmäßig; *écriture irrégulière* unregelmäßige Schrift; GR *verbe ~* unregelmäßiges Verb; **2.** *situation, opération* regel-, ordnungswidrig; irregu'lär; **3.** *personne dans son travail* mit ungleichmäßigen Leistungen; Leistungsschwankungen (*dat*), SPORTS *a* Formschwankungen (*dat*) unter'worfen

irrégulièrement [iʀegyljɛʀmɑ̃] *adv* unregelmäßig

irrélig|ieux [i(ʀ)ʀeliʒjø] *adj* ⟨-euse⟩ nicht religi'ös; religi'onslos; irreligi'ös; **~ion** *f* Irreligiosi'tät *f*; Unglaube *m*

irrémédiable [iʀʀemedjabl(ə)] *adj mal, vice* nicht behebbar; unheilbar; *perte* unersetzbar; *faute* nicht wieder'gutzumachen(d)

irrémissible [i(ʀ)ʀemisibl(ə)] *st/s adj* unverzeihlich

irremplaçable [i(ʀ)ʀɑ̃plasabl(ə)] *adj* unersetzbar, -lich

irréparable [i(ʀ)ʀepaʀabl(ə)] *adj* **1.** *objet, voiture* nicht zu repa'rieren(d); nicht wieder'herstellbar; **2.** *faute, bévue* nicht wieder'gutzumachen(d); irreparabel; *perte* unersetzbar, -lich

irrépréhensible [i(ʀ)ʀepʀeɑ̃sibl(ə)] *st/s adj* untad(e)lig

irrépressible [i(ʀ)ʀepʀesibl(ə)] *adj* nicht zu unter'drücken(d); nicht zu-'rückzudrängen(d)

irréprochable [iʀepʀɔʃabl(ə)] *adj personne, comportement, mœurs* untad(e)lig; mustergültig; *tenue* tadellos; einwandfrei

irrésistible [iʀezistibl(ə)] *adj* **1.** *charme, penchant, personne* unwiderstehlich; **2.** (*très amusant*) zum Lachen her-'ausfordernd; hinreißend komisch

irrésolu [i(ʀ)ʀezɔly] *adj* unentschlossen; unschlüssig; **~tion** *f* Unentschlossenheit *f*; Unschlüssigkeit *f*

irrespect [i(ʀ)ʀɛspɛ] *m* Re'spektlosigkeit *f*; Unehrerbietigkeit *f*

irrespectueux [i(ʀ)ʀɛspɛktɥø] *adj* ⟨-euse⟩ re'spektlos; unehrerbietig

irrespirable [i(ʀ)ʀɛspiʀabl(ə)] *adj* **1.** *air* nicht (ein)atembar; irrespirabel; **2.** *fig atmosphère* unerträglich

irrespons|abilité [iʀɛspõsabilite] *f* **1.** *morale* Verantwortungslosigkeit *f*; **2.** JUR Schuldunfähigkeit *f*; **~able** *adj* **1.** (*qui agit à la légère*) verantwortungslos; **2.** JUR schuldunfähig

irrétrécissable [iʀetʀesisabl(ə)] *adj tissu* nicht einlaufend, eingehend

irrévérence [i(ʀ)ʀeveʀɑ̃s] *st/s f* Unehrerbietigkeit *f*; Re'spektlosigkeit *f*

irrévérencieux [i(ʀ)ʀeveʀɑ̃sjø] *adj* ⟨-euse⟩ unehrerbietig; re'spektlos

irréversible [iʀeveʀsibl(ə)] *adj* nicht 'umkehrbar; unumkehrbar; nicht rückgängig zu machen(d); irreversibel (*a* CHIM, BIOL)

irrévocable [iʀevɔkabl(ə)] *adj* unwiderruflich

irrigation [iʀigasjõ] *f* **1.** AGR Bewässerung *f*; **2.** PHYSIOL Durch'blutung *f*

irriguer [iʀige] *v/t* **1.** AGR bewässern; **2.** PHYSIOL durch'bluten

irrit|abilité [iʀitabilite] *f* Reizbarkeit *f*; Erregbarkeit *f*; **~able** *adj* reizbar; (leicht) erregbar; ('über)empfindlich

irritant [iʀitɑ̃] *adj* **1.** *attitude etc* aufreizend; ener'vierend; ärgerlich; **2.** MÉD *Reiz...*

irritation [iʀitasjõ] *f* **1.** *d'une personne* Gereiztheit *f*; Erregung *f*; Verärgerung *f*; **2.** MÉD Reizung *f*; leichte Entzündung

irrité [iʀite] *adj* **1.** *geste, regard, personne* gereizt; erregt; ungehalten; verärgert; *avoir un air ~* ein ärgerliches Gesicht machen; **2.** MÉD gereizt; leicht entzündet

irriter [iʀite] **I** *v/t* **1.** *~ qn* j-n reizen, verärgern, ungehalten *ou* ärgerlich machen; **2.** MÉD reizen; **II** *v/pr* **3.** *s'~ contre qn, de qc* sich über j-n, etw aufregen; **4.** *s'~* sich leicht, ein wenig entzünden

irruption [iʀypsjõ] *f* Eindringen *n*; *faire ~* (gewaltsam) eindringen (**dans** in +*acc*); *faire ~ dans une salle a* in e-n Saal stürzen, stürmen

isabelle [izabɛl] *adj* isa'bellfarben, -farbig; bräunlichgelb

isard [izaʀ] *m* ZO Gemse *f* (*in den Pyrenäen*)

Isère [izɛʀ] *l'~ f* Fluß *u* Departement in Frankreich

Iseu(l)t [isø] *f* MYTH I'solde *f*

islam [islam] *m* **1.** REL Is'lam *ou* 'Islam *m*; **2.** *par ext l'I* die is'lamische Welt; die is'lamischen Völker *n/pl*; **~ique** *adj* is'lamisch; **~isation** *f* Islami'sierung *f*; **~iser** *v/t* islami'sieren; den Islam ausbreiten in (+*dat*); **~isme** *m* Isla'mismus *m*; (is'lamischer) Fundamenta'lismus *m*; **~iste I** *adj* isla'mistisch; **II** *m* Isla'mist *m*; (is'lamischer) Fundamenta'list *m*

islandais [islɑ̃dɛ] **I** *adj* isländisch; **II** *subst* **1.** ♀(e) *m(f)* Isländer(in) *m(f)*; **2.** LING *l'~ m* das Isländische; Isländisch *n*

Islande [islɑ̃d] *l'~ f* Island *n*

isobare [izɔbaʀ] *f* MÉTÉO Iso'bare *f*

isocèle [izɔsɛl] *adj* MATH gleichschenklig

isohypse [izɔips] *adj et subst f* GÉOGR (*ligne*) *~* Höhenlinie *f*

isolable [izɔlabl(ə)] *adj* iso'lierbar

isolant [izɔlɑ̃] **I** *adj* **1.** ÉLECT, PHYS, CONSTR iso'lierend; Iso'lier...; *ruban ~* Isolierband *n*; **2.** LING *langues ~es* iso'lierende Sprachen *f/pl*; **II** *m* TECH Iso'lierstoff *m*; Iso'lator *m*; **~ acoustique, thermique** Schall-, Wärmedämmstoff *m*

isolateur [izɔlatœʀ] *m* ÉLECT Iso'lator *m*

isolation [izɔlasjõ] *f* ÉLECT, PHYS, CONSTR Isolati'on *f*; Iso'lierung *f*; *~ acoustique* Schalldämmung *f*; *~ thermique* Wärmeisolation *f*, -dämmung *f*, -schutz *m*

isolationn|isme [izɔlasjɔnism(ə)] *m* POL Isolatio'nismus *m*; **~iste** POL *adj* isolatio'nistisch

isolé [izɔle] **I** *adj* **1.** *endroit* abgelegen; entlegen; einsam (gelegen); **2.** *arbre, bâtiment* frei-, al'leinstehend; ARCH *colonne ~e* freistehende Säule *f*; **3.** (*individuel*) einzeln; Einzel...; abgesondert; vereinzelt; *bruits ~s* einzelne, vereinzelte Geräusche *n/pl*; *cas ~* Einzelfall *m*; *mot ~* einzelnes, aus dem Zu'sammenhang gerissenes Wort; **4.** *personne* iso'liert (*de* von); al'lein; einsam; vereinsamt; *se sentir ~* sich isoliert, al'lein, einsam fühlen; **5.** ÉLECT, PHYS, CONSTR iso'liert; **II** *m* **1.** (*individu*) Einzelperson *f*; einzelner *m*; **2.** (*personne seule*) iso'liert Lebende(r) *m*; Vereinsamte(r) *m*

isolement [izɔlmɑ̃] *m* **1.** *d'un endroit* Abgelegenheit *f*; Entlegenheit *f*; Einsamkeit *f*; Abgeschiedenheit *f*; **2.** *d'une personne* (*solitude*) Isolati'on *f*; Al'leinsein *n*; Einsamkeit *f*; Vereinsamung *f*; Abkapselung *f*; **3.** *d'un malade, d'un détenu* Iso'lierung *f*; Isolati'on *f*; Absonderung *f*; *~ cellulaire* Iso'lier-, Einzelhaft *f*; **4.** ÉLECT Iso'lierung *f*; **5.** POL Isolati'on *f*; Iso'lierung *f*; po'litische Absonderung

isolément [izɔlemɑ̃] *adv* einzeln; iso'liert; *chacun pris ~* jeder für sich genommen

isoler [izɔle] **I** *v/t* **1.** ÉLECT, PHYS, CONSTR, CHIM, BIOL iso'lieren; **2.** *endroit* abschneiden (**du monde extérieur** von der Außenwelt); **3.** *fait, mot* iso'liert, für sich betrachten; für sich nehmen; **4.** *malade, détenu* iso'lieren; **II** *v/pr s'~* sich iso'lieren, sich absondern (*de qn* von j-m); sich zu'rückziehen

(*dans un lieu* an e-n Ort); sich abkapseln
isoloir [izɔlwaʀ] *m* POL Wahlzelle *f*, -kabine *f*
isomère [izɔmɛʀ] CHIM **I** *adj* iso'mer; **II** *m* Iso'mer(e) *n*
isomérie [izɔmeʀi] *f* CHIM Isome'rie *f*
isotherme [izɔtɛʀm] *adj et subst f* MÉTÉO (*ligne f*) ~ Iso'therme *f*
isotope [izɔtɔp] *m* PHYS NUCL Iso'top *n*; **~s radioactifs** radioaktive Isotope
Israël [isʀaɛl] ⟨*ohne Artikel*⟩ Israel *n*; **l'État d'~** der Staat Israel
israélien [isʀaeljɛ̃] **I** *adj* ⟨~ne⟩ isra'elisch; **II** *subst* ℒ(**ne**) *m(f)* Isra'eli *m,f*
israélite [isʀaelit] **I** *adj* israe'litisch; **II** *m,f* Israe'lit(in) *m(f)*
israélo-arabe [isʀaeloaʀab] *adj* isra'elisch-a'rabisch
issu [isy] *adj* **1.** ~ **de** abstammend von; her'vorgegangen, entsprossen aus; **cousins ~s de germains** Vettern *m/pl* zweiten Grades; **2.** *fig* ~ **de** her'vorgegangen, entstanden aus
issue [isy] *f* **1.** Ausgang *m* ~ **de secours** Notausgang *m*; **rue** *f*, **voie** *f* **sans** ~ Sackgasse *f*, -straße *f*; **2.** *fig* (*solution*) Ausweg *m* (**à une situation** aus e-r Situation); **sans** ~ ausweg-, aussichts-, hoffnungslos; **3.** *fig* (*fin*) Ausgang *m*; Ende *n*; ~ **fatale** tödlicher Ausgang; *loc/prép* **à l'~ de** am Ende, am Schluß *m* mit Abschluß (+*gén*); *cette affaire a eu une heureuse* ~ hat e-n glücklichen Ausgang genommen, ist gut ausgegangen
isthme [ism(ə)] *m* **1.** GÉOGR Landenge *f*; Isthmus *m*; ~ **de Corinthe** Isthmus von Korinth; ~ **de Panama** Landenge von Panama; **2.** ANAT enge Stelle; *sc* Isthmus *m*
italian|iser [italjanize] *v/t* italiani'sieren; italieni'sieren; **~isme** *m* LING Italia'nismus *m*; itali'enische Spracheigentümlichkeit
Italie [itali] **l'~** *f* I'talien *n*
italien [italjɛ̃] **I** *adj* ⟨~ne⟩ itali'enisch; THÉ **comédie ~ne** Com'media dell'arte *f*; **à l'~ne** nach italienischer Art; italienisch; **II** *subst* **1.** ℒ(**ne**) *m(f)* Itali'ener(in) *m(f)*; **2.** LING **l'~** *m* das Itali'enische; Itali'enisch *n*
italique [italik] **I** *adj* **1.** TYPO **caractère** *m* ~ Kur'sivbuchstabe *m*; **2.** HIST i'talisch; **II** *m* TYPO Kur'sive *f*; Kur'sivschrift *f*; Schrägschrift *f*, -druck *m*; **en** ~ kur'siv
italo-... [italo] *adj* itali'enisch-...; *exemple*: **italo-libyen** italienisch-libysch
item [itɛm] **I** *adv* COMM ebenso; des'gleichen; **II** *m* Item ['aɪtəm] *n*; Punkt *m*; Ele'ment *n*
itératif [iteʀatif] *adj* ⟨-ive⟩ GR itera'tiv; **verbe** ~ Itera'tiv(um) *n*
itinéraire [itineʀɛʀ] *m* (Reise)Route *f*, (-)Weg *m*; (Fahr)Strecke *f*; AVIAT Flugstrecke *f*; ~ **bis** [-bis] Ausweichstrecke *f*, -route *f*
itinérant [itineʀɑ̃] *adj* Wander...; DIPL **ambassadeur** ~ fliegender Botschafter; **exposition ~e** Wanderausstellung *f*
itou [itu] *adv plais* **moi** ~ ich auch
I.U.F.M. [iyɛfɛm] *m abr* (*institut universitaire de formation des maîtres*) Ausbildungsstätte für Grundschul- u Gymnasiallehrer
I.U.T. [iyte] *m abr* (*institut universitaire de technologie*) Fachhochschule *f*
I.V.G. [iveʒe] *f abr* (*interruption volontaire de grossesse*) Schwangerschaftsabbruch *m*
ivoire [ivwaʀ] *m* **1.** Elfenbein *n*; **d'~, en** ~ aus Elfenbein; elfenbeinern; Elfenbein...; *cf a* **tour**[1]; **2.** *objet d'art* Elfenbeinstück *n*, -schnitzerei *f*; **3.** ANAT Zahnbein *n*
ivoirien [ivwaʀjɛ̃] **I** *adj* ⟨~ne⟩ der *ou* von Elfenbeinküste; i'vorisch; **II** *subst* ℒ(**ne**) *m(f)* Staatsangehörige(r) *f(m)* der *ou* von Elfenbeinküste; I'vorer(in) *m(f)*
ivraie [ivʀɛ] *f* BOT Lolch *m*; Raigras *n*; *fig* **séparer le bon grain de l'~** die Spreu vom Weizen sondern
ivre [ivʀ(ə)] *adj* **1.** betrunken; ~ **mort** völlig betrunken; F stockbesoffen; **2.** *fig* ~ **de qc** trunken von *ou* vor etw; ganz erfüllt von etw; ~ **de bonheur, de fatigue, de joie** wonne-, schlaf-, freudetrunken
ivresse [ivʀɛs] *f* **1.** Trunkenheit *f*; Rausch *m*; **conduite** *f* **en état d'~** Trunkenheit am Steuer; **2.** *fig* Taumel *m*; Rausch *m*; ~ **des sens** Sinnenrausch *m*, -taumel *m*; ~ **du triomphe, de la victoire** Siegestaumel *m*, -rausch *m*
ivrogne [ivʀɔɲ] **I** *adj* trunksüchtig; dem Trunk ergeben, verfallen; **II** *m,f* Säufer(in) *m(f)*; Trunkenbold *m*; *fig* **serment** *m* **d'~** leere Versprechungen *f/pl*
ivrognerie [ivʀɔɲʀi] *f* Trunksucht *f*
ivrognesse [ivʀɔɲɛs] F *f* Säuferin *f*

J

J, j [ʒi] *m* ⟨*inv*⟩ J, j [jɔt] *n*; *le jour J* der ou am Tag X
j' [ʒ] *cf je*
jabot [ʒabo] *m* **1.** *ZO* Kropf *m*; **2.** *COUT* Ja'bot *n*; **~ de dentelle** Spitzenjabot *n*
jacass|er [ʒakase] *v/i* **1.** *pie* schreien; **2.** F *fig* schwatzen; F plappern; schnattern; **~erie** F *f* Schwatzen *n*; F Plappern *n*; Geplapper *n*; Schnattern *n*; Geschnatter *n*; **~eur** F *adj* ⟨-euse⟩ geschwätzig
jachère [ʒaʃɛʀ] *f AGR* Brachliegen *n*; *par ext* (*terre f en*) **~** Brache *f*; Brachland *n*, -feld *n*; *mise f en* **~** Flächenstillegung *f*; *laisser en* **~** brachliegen lassen
jacinthe [ʒasɛ̃t] *f BOT* Hya'zinthe *f*
jack [(d)ʒak] *m TÉL* (Schalt)Klinke *f*
jacobin [ʒakɔbɛ̃] **I** *m* **1.** *HIST* ♀ Jako'biner *m*; **2.** *fig* leidenschaftlicher Republi'kaner, Demo'krat; **II** *adj* jako'binisch; Jako'biner...
jacobinisme [ʒakɔbinism(ə)] *m* Jako'binertum *n*
jaco(t) *cf jacquot*
jacquard [ʒakaʀ] *m TEXT* **1.** **~** *ou adjt métier m* ♀ Jac'quardwebstuhl *m*; Jac'quardmaschine *f*; **2.** **~** *ou adjt chandail m* ♀ jacquardgemusterter Pullover
Jacqueline [ʒaklin] *f* Vorname
jacquerie [ʒakʀi] *f HIST* Bauernaufstand *m*
Jacques [ʒak] *m* **1.** *prénom* Jakob *m*; **2.** *HIST* **~** (*Bonhomme*) (fran'zösischer) Bauer; **3.** F *faire le* **~** den Hans'wurst spielen
jacquet [ʒakɛ] *m jeu de dés* Tricktrack *n*; Puff(spiel) *n*; Backgammon *n*
jacquot [ʒako] *m* **1.** *ZO* Jako *m*; Graupapagei *m*; **2.** *nom de perroquet* Lora *f*; Jakob *m*
jact|ance [ʒaktɑ̃s] *f* **1.** *litt* (*vanité*) Prahle'rei *f*; Großtue'rei *f*; **2.** F (*bavardage*) Gequassel *n*; Gequatsche *n*; **~er** *v/i* F quasseln; quatschen
jade [ʒad] *m* **1.** *MINÉR* Jade *m ou f*; **2.** *objet* Gegenstand *m* aus Jade
jadis [ʒadis, ʒa-] *adv* **~** einst(mals); früher (einmal); ehemals; vor'zeiten; *de* **~** von einst; von früher; *adjt au temps* **~** in alten, früheren Zeiten; vor langer Zeit
jaguar [ʒagwaʀ] *m ZO* Jaguar *m*
jaillir [ʒajiʀ] *v/i* **1.** *liquide* her'ausspritzen (*de* aus); her'aus-, empor-, hochschießen; her'vorquellen, -sprudeln; *source* wegspritzen; *sang* spritzen, quellen (*d'une blessure* aus e-r Wunde); *larmes* schießen, quellen (*des yeux* aus den Augen); *gaz naturel, pétrole* ausströmen; *flammes* empor-, hochschlagen; *étincelles* sprühen *ou ÉLECT* 'überspringen; *lumière* aufblitzen; *cris, rire* her'vorbrechen; plötzlich erschallen; *bourgeons* her'vorbrechen *ou poét* sprießen; **2.** *fig vérité, idées* her'vorgehen, -brechen; aufblitzen; *faire* **~** *la vérité* der Wahrheit zum Sieg verhelfen
jaillissant [ʒajisɑ̃] *adj* sprudelnd; *source* **~***e* Springquelle *f*
jaillissement [ʒajismɑ̃] *m* **1.** *d'un liquide* (Auf)Spritzen *n*; Empor-, Hochschießen *n*; Sprudeln *n*; *d'une flamme* Empor-, Hochschlagen *n*; *d'étincelles* Sprühen *n*; *ÉLECT* 'Überspringen *n*; *de la lumière* Aufblitzen *n*; **2.** *fig de la vérité* Her'vorbrechen *n*; Aufblitzen *n*
jais [ʒɛ] *m MINÉR* Ga'gat *m*; Jett *m ou n*; Pechkohle *f*; *fig yeux m/pl de* **~** tiefschwarze, kohl(raben)schwarze Augen *n/pl*
jaja [ʒaʒa] *m arg* (*vin*) Wein *m*
jalon [ʒalɔ̃] *m* **1.** *ARPENTAGE* Fluchtstab *m*; Absteckpfahl *m*; **2.** *fig* Anhaltspunkt *m*; **~***s pl* Richtlinien *f/pl*; Leitfaden *m*; *poser, planter des* **~***s* den Weg bereiten *ou* vorzeichnen, die Richtung weisen (*de qc* für etw)
jalonnement [ʒalɔnmɑ̃] *m ARPENTAGE* Abstecken *n*; Ausfluchten *n*
jalonner [ʒalɔne] **I** *v/t* **1.** *terrain etc* abstecken; ausfluchten; mar'kieren; kennzeichnen; **2.** (*border*) *arbres* **~** *la route* die Straße entlang stehen; die Straße säumen; **3.** *fig* **~** *la vie de qn* j-s Leben durch'ziehen, prägen; *adjt jalonné de qc* reich an etw (*dat*); voller (+*gén*); **II** *v/i* Fluchtstäbe, Absteckpfähle stekken
jalousement [ʒaluzmɑ̃] *adv cf jaloux*; *garder* **~** *un secret* ein Geheimnis ängstlich hüten
jalouser [ʒaluze] **I** *v/t* **~** *qn, qc* auf j-n, etw eifersüchtig sein; j-n beneiden; **II** *v/pr se* **~** aufein'ander eifersüchtig, neidisch sein
jalousie [ʒaluzi] *f* **1.** (*envie*) Neid *m*; 'Mißgunst *f*; **~***s mesquines* kleinlicher Neid; *exciter la* **~** *de qn* j-n neidisch machen; j-s Neid erregen; **2.** *en amour* Eifersucht *f*; **3.** *persienne* Jalou'sie *f*
jaloux [ʒalu] **I** *adj* ⟨*jalouse* [ʒaluz]⟩ **1.** (*envieux*) neidisch; 'mißgünstig; *être* **~** *de qn, qc* auf j-n, etw neidisch sein; j-n beneiden; *être* **~** *du succès de qn* um s-n Erfolg beneiden; auf j-s Erfolg neidisch sein; j-m den Erfolg miß'gönnen, nicht gönnen; *loc/adv d'un œil* **~** mißgünstig; neidisch; scheelen Blickes; **2.** *en amour* eifersüchtig; **~** *comme un tigre* schrecklich, entsetzlich eifersüchtig; *être* **~** *de qn* auf j-n eifersüchtig sein; **3.** (*très attaché à*) *être* **~** *de qc* ängstlich auf etw (*acc*) bedacht sein; *loc/adv avec un soin* **~** mit ängstlicher Sorgfalt; **II** *subst* **~**, *jalouse m,f* **1.** Neider *m*; F Neidhammel *m*; *son succès lui a fait des* **~** der Erfolg hat ihm Neider gebracht, hat Neid erregt; **2.** Eifersüchtige(r) *f(m)*
jamaïquain [ʒamaikɛ̃] **I** *adj* jamai'kanisch; **II** *subst* ♀(*e*) *m(f)* Jamai'kaner(in) *m(f)*
Jamaïque [ʒamaik] *la* **~** Ja'maika *n*
jamais [ʒamɛ] *adv* **1.** *sens positif* je (-mals); *a-t-on* **~** *vu pareille chose?* hat man je so (et)was gesehen?; (*c'est*) *pire que* **~** (das ist) schlimmer denn je; *aujourd'hui, plus que* **~** heute mehr denn je; *avec un* «*ne*» *explétif plus que je n'ai* **~** *espéré* mehr als ich je gehofft habe; *avec un* «*si*» *hypothétique si* **~** *je te revois* wenn ich dich je 'wiedersehen sollte; *loc/adv à* (*tout*) **~** für immer; auf ewig; für alle Zeiten; **2.** *sens négatif* **a)** *ne* ... **~**, *p/fort* **~** ... *ne* nie(mals); *je ne l'oublierai* **~** ich werde es nie vergessen; *st/s secret ne fut mieux gardé* niemals wurde ein Geheimnis besser gewahrt; *on n'a* **~** *rien vu de pareil* man hat noch nie so (et)was gesehen; *il n'en fait* **~** *d'autres* er macht immer solche Dummheiten; *on ne sait* **~** man kann nie wissen; **b)** *ne* ... *plus* **~**, *ne* ... **~** *plus* nie mehr; nie wieder; *je ne le ferai plus* **~** ich werde es nie mehr tun, nie 'wiedertun; *on ne l'a plus* **~** *revu* man hat ihn nie 'wiedergesehen; **c)** *sans* **~** ... ohne je(mals) ...; *il m'écoute sans* **~** *s'impatienter, sans s'impatienter* **~** er hört mir zu, ohne jemals ungeduldig zu werden; **d)** *ne* ... **~** *que* ... immer nur; schließlich; *il n'a* **~** *fait que s'amuser* er hat sich immer nur amüsiert; *ce n'est* **~** *qu'un enfant* das ist schließlich nur ein Kind; **e)** *sans* «*ne*»: *l'avez-vous déjà vu?* – **~**! nie!; *le feriez-vous encore?* – **~** *plus!* nie wieder!; **~** *de la vie!* nie und nimmer!; nie im Leben!; *c'est le moment ou* **~**!, *c'est maintenant ou* **~**! jetzt oder nie!; **f)** *subst* **~**, *au grand* **~** nie und nimmer
jambage [ʒɑ̃baʒ] *m* **1.** *des lettres m*, *n*, *u*, *p*, *q* Grund-, Abstrich *m*; **2.** *CONSTR* Stützglied *n*; gemauerter Pfosten
jambe [ʒɑ̃b] *f* **1.** Bein *n* (*a d'un pantalon*); *opposé à cuisse* **~** 'Unterschenkel *m*; *CH* Lauf *m*; **~** *artificielle* (Bein)Pro'these *f*; **~** *de bois* Holzbein *n*; Stelzfuß *m*; **~** *de derrière d'un cheval etc* 'Hinterbein *n*; *CH* 'Hinterlauf *m*; **~** *de devant* Vorderbein *n*; *CH* Vorderlauf *m*; ♦ *loc/adv à toutes* **~***s*: *courir à toutes* **~***s* laufen, was man kann *ou* was s-e Beine hergeben; *s'enfuir à toutes* **~***s* Hals über Kopf davonlaufen, -rennen; *fig faire qc par-dessous ou par-dessus la* **~** nachlässig; flüchtig; oberfläch-

lich; oben'hin; *traiter qn par-dessus la* ~ j-m nicht genügend Beachtung schenken; j-n links liegenlassen; ♦ *avoir encore de bonnes ~s,* F *avoir des ~s de vingt ans* noch gut zu Fuß sein; noch junge Beine haben; *fig n'avoir plus de ~s* vor Müdigkeit nicht mehr laufen können, kaum noch stehen können; *avoir les ~s longues, être 'haut de ou sur ~s* lange Beine haben; hochbeinig sein; *avoir les ~s molles, en coton* weiche Knie haben; F *avoir dix kilomètres dans les ~s* zehn Kilometer gelaufen, F getippelt sein; *peur donner des ~s* Beine machen; *être solide sur ses ~s* sicher, fest auf den Beinen, Füßen stehen; *être dans les ~s de qn* j-m im Wege sein, in die Quere kommen, vor den Füßen herumlaufen, F -tanzen; F *fig cela me fait une belle ~!* was nützt mir das!; das bringt mir nichts ein!; F dafür kann ich mir nichts kaufen!; *plier la ~* das Knie beugen; *fig prendre ses ~s à son cou* Hals über Kopf davonlaufen, -rennen; F die Beine in die Hand, unter den Arm nehmen; *ne plus tenir sur ses ~s* sich nicht mehr auf den Beinen halten können; F *fig tenir la ~ à qn* j-n nicht lange Gerede aufhalten; *traîner la ~* ein Bein nachziehen; lahmen; *fig* sich nur noch mit Mühe weiterschleppen; kaum noch gehen können; **2.** *d'un compas* Schenkel *m*; **3.** CONSTR Mauerverstärkung *f*; *~ de force* Strebe *f*; **4.** AVIAT Bein *n*
jambière [ʒɑ̃bjɛʀ] *f* **1.** SPORTS (Schien-) Beinschutz *m*, -schützer *m*; **2.** HIST *d'une armure* Beinschiene *f*; **3.** *en laine* Legwarmer [-wɔ:-] *m*
jambon [ʒɑ̃bõ] *m* **1.** Schinken *m*; *~ blanc, cuit, de Paris* gekochter Schinken; *~ cru, fumé* roher, geräucherter Schinken; *~ de Bayonne* roher, leicht gesalzener Schinken; *~ d'York* gekochter und leicht angeräucherter Schinken; *omelette f au ~* Schinkenomelett *n*; **2.** F *(cuisse)* F Schinken *m*
jambonneau [ʒɑ̃bɔno] *m* ⟨*pl ~x*⟩ Eisbein *n*; Schweinshaxe *f*
jamboree [ʒɑ̃bɔʀe, -ʀi] *m* internationales Pfadfindertreffen; Jamboree [dʒɛmbɔ'ri:] *n*
janissaire [ʒanisɛʀ] *m* HIST Jani'tschar *m*
jansén|isme [ʒɑ̃senism(ə)] *m* REL Janse'nismus *m*; *par ext* große Sittenstrenge; *~iste I adj* REL janse'nistisch; *par ext* (sitten)streng; **II** *m,f* Janse'nist(in) *m(f)*
jante [ʒɑ̃t] *f* TECH Felge *f*
janvier [ʒɑ̃vje] *m* Januar *m*; österr Jänner *m*; *en ~, au mois de ~* im (Monat) Januar; F *du premier ~ à la Saint-Sylvestre* das ganze Jahr über, hindurch
Japon [ʒapõ] *le ~* Japan *n*
japon [ʒapõ] *m* **1.** ja'panisches Porzel-'lan; **2.** Japanpapier *n*
japonais [ʒapɔnɛ] **I** *adj* ja'panisch; **II** *subst* **1.** ♀(e) *m(f)* Ja'paner(in) *m(f)*; **2.** LING *le ~* das Ja'panische; *Ja'panisch n*
japonaiserie [ʒapɔnɛzʀi] *f* ja'panischer Kunstgegenstand; *bibelot* ja'panische Nippsache
japonis|ant [ʒapɔnizɑ̃] *m*, *~ante* Japano'loge *m*, Japano'login *f*
japp|ement [ʒapmɑ̃] *m d'un chien* Kläffen *n*; Gekläff(e) *n*; *~er v/i chien* kläffen; *chacal* heulen
jaquette [ʒakɛt] *f* **1. a)** *pour hommes* Cut(away) ['kœt(ɑve:)] *m*; **b)** *pour femmes* tail'lierte (Ko'stüm)Jacke; **2.** *d'un livre* Schutzumschlag *m*; *sous ~* im Schutzumschlag; **3.** *d'une dent* Jacketkrone ['dʒɛkət-] *f*
jardin [ʒaʀdɛ̃] *m* **1.** Garten *m* (*a fig d'une région agricole riche*); *~ anglais* englischer Garten; Landschaftsgarten *m*; *~ botanique* botanischer Garten; *~ classique, à la française* französischer Garten; *~ japonais* japanischer Garten; *~ ouvrier* Schreber-, Kleingarten *m*; *~ potager, maraîcher* Gemüsegarten *m*; *~ public* öffentliche Anlage; *~ zoologique* zoologischer Garten; Tierpark *m*; *~ d'acclimatation* (botanischer und zoologischer) Versuchsgarten *m*; BIBL *le ~ d'Éden* der Garten Eden; *~ d'hiver* Wintergarten *m*; ♀ *des Plantes* Botanischer Garten in Paris; *architecture f, art m des ~s* Gartenkunst *f*; *aménager, faire un ~* e-n Garten anlegen; *faire son ~* s-n Garten bestellen; im Garten arbeiten; **2.** *~ d'enfants* Kindergarten *m*; **3.** THÉ *côté ~* (auf der) recht(e)n Seite der Bühne (*vom Schauspieler aus gesehen*)
jardinage [ʒaʀdinaʒ] *m* Gartenarbeit *f*; Gartenbau *m*; *outils m/pl de ~* Gartengeräte *n/pl*
jardiner [ʒaʀdine] *v/i* im Garten arbeiten; gärtnern; s-n Garten bestellen
jardinerie [ʒaʀdinʀi] *f* Gartencenter *n*
jardinet [ʒaʀdinɛ] *m* Gärtchen *n*; Gärtlein *n*
jardinier [ʒaʀdinje] *m* Gärtner *m*; *~ fleuriste, maraîcher, paysagiste* Blumen-, Gemüse-, Landschaftsgärtner *m*
jardinière [ʒaʀdinjɛʀ] *f* **1.** Gärtnerin *f*; **2.** *~ d'enfants* Kindergärtnerin *f*; **3.** *(bac à fleurs)* Blumenkasten *m*; *meuble* Blumenständer *m*; **4.** CUIS gemischtes Gemüse
jargon [ʒaʀgõ] *m* **1.** Fach-, Berufssprache *f*; Jar'gon *m*; *~ de la publicité, du sport* Werbe-, Sportjargon *m*; **2.** *péj* (*charabia*) Kauderwelsch *n*
Jarnac [ʒaʀnak] *coup m de ~* gemeiner, 'hinterhältiger Schlag, Streich
jarre [ʒaʀ] *f* großer Tonkrug; große Kruke
jarres [ʒaʀ] *m/pl* Stichel-, Grannenhaar *n*
jarret [ʒaʀɛ] *m* **1.** Kniekehle *f*; *d'un cheval* Sprunggelenk *n*; *fig avoir du ~, avoir des ~s d'acier* unermüdlich sein; *marcheur* gut zu Fuß sein; *danseur* ein unermüdlicher Tänzer sein; **2.** CUIS *de porc, de veau* Hachse *f*; *südd* Haxe *f*; *de bœuf* Hesse *f*; *~ de veau* Kalbshachse *f*
jarretelle [ʒaʀtɛl] *f* Strumpfhalter *m*
jarretière [ʒaʀtjɛʀ] *f* Strumpfband *n*; *décoration anglaise* (*ordre m de la*) ♀ Hosenbandorden *m*
jars [ʒaʀ] *m* ZO Gänserich *m*; Ganter *m*
jaser [ʒɑze] *v/i* schwatzen, klatschen, F herziehen (*de, sur* über +*acc*); *on jase* die Leute reden darüber; *ça fera ~* man wird darüber reden
jaseur [ʒɑzœʀ] *adj* ⟨-euse⟩ schwatzhaft; geschwätzig; klatschhaft
jasmin [ʒasmɛ̃] *m* BOT (Echter) Jas'min
jaspe [ʒasp] *m* MINÉR Jaspis *m*
jatte [ʒat] *f* Schale *f*; Napf *m*; *nordd* Satte *f*

jauge [ʒoʒ] *f* **1.** *instrument* Meßstab *m*; TECH Lehre *f*; Ka'liber *n*; *~ d'épaisseur* Dick(t)enlehre *f*; AUTO *~ d'essence* Ben'zinuhr *f*; AUTO *~ (de niveau) d'huile* Ölmeßstab *m*; Ölstandanzeiger *m*; **2.** MAR Rauminhalt *m*; Tonnengehalt *m*; Ton'nage *f*; *~ brute, nette* Brutto-, Nettoraumgehalt *m*, -tonnengehalt *m*
jaugeage [ʒoʒaʒ] *m* **1.** *de récipients* (Aus)Messen *n*, -ung *f*; **2.** MAR Ton'nagebestimmung *f*
jauger [ʒoʒe] ⟨-geons⟩ **I** *v/t* **1.** (*mesurer*) (aus-, ver)messen; **2.** MAR die Ton'nage bestimmen (*un navire* e-s Schiffes); **3.** *fig* (*évaluer*) ab-, einschätzen; **II** *v/i* MAR **a)** *e-e* Ton'nage, e-n Tonnengehalt haben von; *~ 1200 tonneaux* 1200 Registertonnen haben; **b)** *~ trois mètres* (*de tirant d'eau*) drei Meter Tiefgang haben; e-n Tiefgang von drei Metern haben
jaunâtre [ʒonɑtʀ(ə)] *adj* gelblich
jaune [ʒon] **I** *adj* gelb; *~ canari, citron, clair, paille* ⟨*inv*⟩ ka'narien-, zi'tronen-, hell-, strohgelb; *~ d'or* ⟨*inv*⟩ goldgelb; PHOT *filtre m ~* Gelbfilter *m*; GÉOGR *le fleuve* ♀ der Gelbe Fluß; *la mer* ♀ das Gelbe Meer; *or m ~* Gelbgold *n*; *fig le péril ~* die gelbe Gefahr; *race f ~* gelbe Rasse; **II** *adv fig rire ~* gezwungen lachen; **III** *m* **1.** *couleur* Gelb *n*; *~ citron* Zi'tronengelb *n*; *~ colorant* gelber Farbstoff; gelbe Farbe; *~ de chrome* Chromgelb *n*; **3.** CUIS *~ d'œuf* (Ei)Dotter *n*; Eigelb *n*; **4.** *personne* ♀ *m,f* Gelbe(r) *f(m)*; **5.** *péj* Streikbrecher *m*
jaunet [ʒonɛ] *m autrefois* Goldstück *n*
jaunir [ʒoniʀ] **I** *v/t* gelb färben; **II** *v/i* gelb werden; *papier a* vergilben; *feuilles a* sich (gelb) färben; *adj jauni* vergilbt; gelb (gefärbt, geworden)
jaunissant [ʒonisɑ̃] *adj feuillages* (sich) gelb färbend; *papier* vergilbend
jaunisse [ʒonis] *f* MÉD Gelbsucht *f*; F *fig en faire une ~* sich krank, F schwarz ärgern
jaunissement [ʒonismɑ̃] *m* Gelbfärbung *f*; Gelbwerden *n*; Vergilben *n*
Jaurès [ʒoʀɛs] *frz* Politiker
Java [ʒava] Java *n*
java [ʒava] *f* **1.** für den „*bal musette*" typischer Tanz; **2.** F *fig faire la ~* F e-e tolle Sause veranstalten; einen draufmachen
javanais [ʒavanɛ] **I** *adj* ja'vanisch; **II** *subst* **1.** ♀(e) *m(f)* Ja'vaner(in) *m(f)*; **2.** LING *le ~* das Ja'vanische; Ja'vanisch *n*; **3.** *argot conventionnel, correspond à* B-Sprache *f*
Javel [ʒavɛl] *eau f de ~* Eau de Ja'vel *n ou f*; Chlor-, Bleichwasser *n*
javelle [ʒavɛl] *f* AGR Schwade(n) *f(m)*
javellis|ant [ʒavɛlizɑ̃] *adj produit récurant* mit geballter Bleichkraft; *~ation f* Keimfreimachen *n* mit Eau de Ja'vel; Chloren *n*; *~er v/t* mit Eau de Ja'vel keimfrei machen; chloren; *adj eau très javellisée* stark gechlort
javelot [ʒavlo] *m* **1.** HIST Wurfspieß *m*; Ger *m*; **2.** SPORTS Speer *m*; *par ext* discipline Speerwerfen *n*
jazz [dʒaz] *m* MUS Jazz [dʒɛs] *m*; *~man* [-man] *m* ⟨*pl* jazzmen [dʒazmɛn]⟩ Jazzmusiker *m*; Jazzer *m*
J.-C. *abr* (*Jésus-Christ*) Chr. (Christus)

je [ʒ(ə)] I pr/pers ⟨vor Vokal u stummem h j'⟩ ich; **~ parle** ich spreche; **j'entends** ich höre; **~ hais** ich hasse; **j'habite à Paris** ich wohne in Paris; **où suis-~?** wo bin ich?; *renforcé par «moi»* **mais moi, ~ sais** aber ich weiß; II *m* Ich *n* (*a* PHILOS); Ichform *f*; **employer le ~ dans un récit** in e-r Erzählung die Ichform benutzen

Jean [ʒã] *m* Hans *m*; Jo'hannes *m* (*a nom de saints et de papes*); Jo'hann *m* (*a nom de princes*)

jean [dʒin] ,*m* **1.** *étoffe* Jeansstoff [ˈdʒiːns-] *m*; **veste f en ~** Jeansjacke *f*; **2.** *pantalon* **~** *ou pl* **~s** [dʒins] Jeans [dʒiːns] *pl*

Jean-Baptiste [ʒãbatist] *m* BIBL **saint ~** Jo'hannes der Täufer

jean-foutre [ʒãfutR(ə)] P *m* ⟨*inv*⟩ Taugenichts *m*; Nichtsnutz *m*

Jeanine [ʒanin] *f Vorname*

Jeanne [ʒan] *f* Jo'hanna *f*; HIST **~ d'Arc** die heilige Johanna; **coiffure** *f*, **coupe** *f* **à la ~ d'Arc** Pagenfrisur *f*, -kopf *m*

Jeannette [ʒanɛt] *f Vorname*

jeannette [ʒanɛt] *f* **1.** Ärmel(plätt)brett *n*; **2.** christliche Pfadfinderin (*8–11 Jahre*); Wölfling *m*

jeep [dʒip] *f* Jeep [dʒiːp] *m*

je-m'en-fich|isme [ʒmãfiʃism(ə)] F *m ou* **je-m'en-fout|isme** [ʒmãfutism(ə)] F *m* Gleichgültigkeit *f*; Wurstigkeit *ou* Wurschtigkeit *f*; **~iste** *mf* I *adj* gleichgültig; F wurstig *ou* wurschtig; II *m,f* Person *f*, der alles gleichgültig, F Wurst *ou* Wurscht, wurschtegal, piepe ist

je-ne-sais-quoi *ou* **je ne sais quoi** [ʒənsekwa] *m* ⟨*inv*⟩ **un ~** ein gewisses Etwas

jérémiade [ʒeRemjad] *f* F *surtout pl* **~s** Jeremi'ade(n) *f(pl)*; Klagelied(er) *n(pl)*; F Gejammer *n*; Geklage *n*

Jérémie [ʒeRemi] *m prophète* Jere'mia(s) *m*

jerez *cf* **xérès**

jéroboam [ʒeRɔbɔam] *m* große Cham'pagnerflasche

Jérôme [ʒeRɔm] *m* Hie'ronymus *m*

jerricane *ou* **jerrycan** [(d)ʒeRikan] *m* (Ben'zin)Ka'nister *m*

Jersey [ʒɛRze] Jersey ['dʒœːrzɪ] *n*

jersey [ʒɛRze] *m* **1.** TEXT Jersey ['dʒɜː-] *m*; **~ de soie, de laine** Seiden-, Wolljersey *m*; TRICOT **point de ~** Rechts-'links-Muster *n*; **au point de ~** glatt rechts (gestrickt); **2.** *corsage* enganliegende Jerseybluse; *tricot* enganliegender Jerseypullover

Jérusalem [ʒeRyzalɛm] Je'rusalem *n*

jésuit|e [ʒezyit] I *m* **1.** ÉGL CATH Jesu'it *m*; **2.** *fig péj* raffi'nierter Heuchler; II *adj* **1.** Jesu'iten...; *père m* **~** Jesuitenpater *m*; **2.** *fig péj* heuchlerisch; falsch; verschlagen; **~isme** *m péj fig* Heuche'lei *f*; Falschheit *f*; Verschlagenheit *f*

Jésus [ʒezy] *m* REL Jesus *m*; **l'enfant ~, le petit ~** das Jesuskind, Christkind (-lein); ÉGL CATH **la Compagnie, la Société de ~** die Gesellschaft Jesu; *int* **~!, doux ~!, ~ Marie!** Jesses!; herr'je(mine)!; Jesus Maria!

jésus [ʒezy] *m* **1.** *représentation* Jesuskind *n*; **2.** *fig à un enfant* **mon ~!** mein Liebling, Liebes, Süßes!; **3.** TYPO (Pa'pier)For'mat *n* 56 × 76 cm; **4.** *saucisson* kurze, dicke Sa'lami

Jésus-Christ [ʒezykRi] *m* REL Jesus Christus *m*; **avant, après ~** vor, nach Christus; vor, nach Christi Geburt; **d'avant, d'après ~** vor-, nachchristlich

jet¹ [ʒɛ] *m* **1.** (*action de jeter*) Wurf *m*; Werfen *n*; *d'un filet* Auswerfen *n*; *fig* **le premier ~** der erste Entwurf; **~ de pierre** Steinwurf *m*; **à un ~ de pierre** e-n Steinwurf weit (entfernt); **2.** *d'un fluide* Strahl *m*; **~ d'eau** a) Wasserstrahl *m*; b) *vertical* Fon'täne *f*; **~ d'encre, de flammes, de lumière, de sable, de sang, de vapeur** Tinten-, Feuer-, Licht-, Sand-, Blut-, Dampfstrahl *m*; F *fig* **à ~ continu** unaufhörlich; in einem fort; ununterbrochen; **3.** MÉTALL Einguß *m* (*in die Form*); **d'un seul ~** aus e-m Guß; *fig* **d'un (seul) ~** in e-m Zug

jet² [dʒɛt] *m* AVIAT Jet [dʒɛt] *m*; Düsenverkehrsmaschine *f*; Düsenflugzeug *n*

jetable [ʒətabl(ə)] *adj* Wegwerf...; Einmal...; **briquet** *m* **~** Wegwerffeuerzeug *n*

jeté [ʒ(ə)te] *m* **1.** DANSE Jeté *n*; **2.** HALTÉROPHILIE Drücken *n*; **3.** TRICOT 'Umschlag(en) *m(n)*; **4.** **~** (**de table**) Tischläufer *m*; **~ de lit** Tagesdecke *f*

jetée [ʒ(ə)te] *f* MAR Mole *f*; Pier *m ou f*; Hafendamm *m*; **~ flottante** schwimmende Landungsbrücke

jeter [ʒ(ə)te] ⟨-tt-⟩ I *v/t* **1.** (*lancer*) ballon, pierre *etc* werfen; schleudern; F *filet, ligne de pêche* auswerfen; *objets* hinwerfen, -schleudern, F -schmeißen; *avec violence* schmettern; *terre* schütten; *liquide* gießen; schütten; **~ l'ancre** den Anker auswerfen; vor Anker gehen; ankern; ◆ *avec adv:* **~ çà et là** um'herwerfen; **~ dehors** hin'auswerfen; F herauswerfen, -schmeißen; **~ en arrière** zu'rückwerfen; **~ sa tête en avant** den Kopf nach vorn werfen; ◆ *avec prép:* **~ qc à qn** j-m etw zuwerfen; *nourriture à un animal* vor-, hinwerfen; **~ des pierres à qn** j-n mit Steinen bewerfen; Steine auf j-n werfen; mit Steinen nach j-m werfen; *cf* **a pierre I.**; *fig* **~ un regard à qn** j-m e-n Blick zuwerfen; *fig* **~ qc à la figure, au visage de qn** j-m etw an den Kopf werfen, ins Gesicht schleudern; F j-m etw unter die Nase reiben; **~ qc à la tête de qn** j-m etw an den Kopf werfen (*a fig reprocher*); **~ des citations à la tête des gens** mit Zitaten um sich werfen; **~ les bras autour du cou de qn** j-m um den Hals fallen; **~ contre le mur** gegen *ou* an die Wand schleudern; **troupes ~ dans la bataille** in die Schlacht werfen; **~ en l'air** in die Luft, in die Höhe werfen; hochwerfen; **~ en prison** ins Gefängnis werfen, stecken; **~ en tas** auf e-n Haufen werfen; in Haufen schütten; **~ qc par-dessus son épaule** etw über die Schulter werfen; **~ un manteau sur ses épaules** sich e-n Mantel 'umwerfen, 'über-, 'umhängen; **~ sur le marché** auf den Markt werfen; **~ sur le rivage** ans Ufer spülen; **2.** *pour s'en débarrasser* fort-, wegwerfen; F wegschmeißen; *liquide* aus-, weggießen, aus-, wegschütten; *fardeau, carte au jeu* abwerfen; (*bon*) **à ~** zum Wegwerfen; **~ ses cartes** die Karten hinwerfen, zu spielen aufhören; **~ à l'eau, au feu** ins Wasser, Feuer werfen; **~ à la mer, par--dessus bord** auswerfen; über Bord werfen; **~ à la poubelle** in den Mülleimer werfen; **personne** F **se faire ~** F rausgeschmissen werden; **3.** (*émettre*) *lumière*, *fig panique* verbreiten; *lumière a*, *ombre* werfen (**sur** auf +*acc*); *cris* ausstoßen; *étincelles* sprühen; F **en ~** Eindruck machen; etwas darstellen; F viel hermachen; **~ le désordre** Unruhe stiften; **~ une lueur** aufblitzen, -leuchten; **~ le trouble, la confusion dans les esprits** in den Köpfen Verwirrung stiften; **4.** CONSTR **~ les fondations** (**d'un édifice**) das Fundament (zu e-m Gebäude), die Grundmauern (e-s Gebäudes) errichten; *fig* **~ les bases, fondements de qc** den Grund, das Fundament zu etw legen; **~ un pont** e-e Brücke schlagen (**sur** über +*acc*); II *v/pr* **5. se ~** (sich) stürzen; ◆ *avec adv:* **se ~ à terre, par terre** sich hin-, niederwerfen; **se ~ de côté** bei'seite springen; zur *ou* auf die Seite springen; **se ~ dehors** hin'aus-, her'ausstürzen; **se ~ en arrière** zu'rückspringen; **se ~ en avant** vorstürzen, -springen; ◆ *avec prép:* **se ~ à l'assaut, à l'attaque** stürmen; angreifen; **se ~ au cou de qn** j-m um den Hals fallen; **se ~ à l'eau** *cf* **eau 1.**; **se ~ aux pieds de qn** sich j-m zu Füßen werfen; sich vor j-m niederwerfen; *fig* **se ~ à la tête de qn** sich j-m an den Hals werfen; sich j-m aufdrängen; **se ~ au travers, en travers de qc** sich e-r Sache (*dat*) in den Weg stellen; *accident* **se ~ contre un arbre** gegen e-n Baum prallen, geschleudert werden; F *fig* **il y aurait de quoi se ~ la tête contre le mur!** das ist zum Verzweifeln, F Auswachsen!; **se ~ dans un travail** sich in e-e Arbeit stürzen; **se ~ entre les deux adversaires** sich zwischen die (beiden) Streitenden werfen, stellen; **se ~ par la fenêtre** sich aus dem Fenster stürzen; zum Fenster hinausspringen; **se ~ sur qn** a) (*se précipiter*) auf j-n zuspringen, zustürzen; sich auf j-n stürzen; b) (*agresser*) über j-n herfallen; sich auf j-n stürzen, werfen; **se ~ sur le lit** sich aufs Bett werfen, fallen lassen; **se ~ sur la nourriture** über die Nahrung herfallen; sich über die Nahrung hermachen; **6.** *fleuve* **se ~ dans** münden, fließen, *poét* sich ergießen in (+*acc*)

jeteur [ʒ(ə)tœR] *m* **~ de sort** mit dem bösen Blick behafteter Mensch

jeton [ʒ(ə)tɔ̃] *m* **1.** Marke *f*; Münze *f*; *au jeu* Spielmarke *f*; Je'ton *m*; **~ de contrôle** Kon'trollmarke *f*; **~s** (**de présence**) Sitzungs-, Tagegeld *n*; **~ de téléphone** Tele'fonmarke *f*; Jeton *m*; **2.** F *fig* (*personne hypocrite*) **un faux ~** [fo**ʃ**tɔ̃] F ein falscher Fuffziger; **3.** F (*coup*) Schlag *m*; **4.** F **avoir les ~s** F Man'schetten, P Schiß haben

jeu [ʒø] *m* ⟨*pl* **~x**⟩ **1.** Spiel *n* (*a comme objet*, *fig*); Spielen *n*; MOYEN ÂGE Schauspiel *n*; ◆ **~x amoureux, érotiques** Liebesspiel *n*; **~ à treize, quinze** Dreizehner-, Fünfzehner-Rugby *n*; **~ d'adresse, de balle** Geschicklichkeits-, Ballspiel *n*; **~x de** *ou* **en plein air** Freiluft-, Rasenspiele *n/pl*; Spiele im Freien; **~ de cartes** Kartenspiel *n*; HIST **~x du cirque** Zirkusspiele *n/pl*; ÉCON **le ~ de la libre concurrence** der freie Wettbewerb; **~ de construction**

Baukasten *m*; ~ *de dames, de dés, d'échecs* Dame-, Würfel-, Schachspiel *n*; ~ *d'enfant* Kinderspiel *n* (*a fig*); *fig c'est un* ~ (*d'enfant*) das ist ein Kinderspiel, e-e Kleinigkeit, ein leichtes; ~ *d'équipe* Mannschafts-, Zu'sammenspiel *n*; ~ *des sept familles* Quartett *n*; ~ *de hasard* Glücksspiel *n*; ~ *de mots* Wortspiel *n*; ~ *de piste* Schnitzeljagd *f*; ~ *de société* Gesellschaftsspiel *n*; ♦ *loc/adv: au* ~ beim Spiel(en); *gagner, perdre au* ~ beim Spiel(en) gewinnen, verlieren; *SPORTS* **'hors** ~ abseits; *par* ~ aus *ou* zum Vergnügen; *cf a 6*.; ♦ *fig entrer dans le* ~ mitmachen; darauf eingehen; *entrer en* ~ ins Spiel kommen; *fig* eingreifen; sich einschalten; in Funktion treten; *facteur* wirksam werden; *fig faire entrer en* ~ ins Spiel bringen; *fig ne pas faire entrer en* ~ aus dem Spiel lassen; *fig c'est le* ~ das ist die (Spiel)Regel; das ist nun einmal so üblich; *ce n'est pas de* ~ das ist gegen die Spielregel; das war nicht abgemacht; das gilt nicht; das ist unfair; *fig être en* ~ auf dem Spiel stehen; *fig faire le* ~ *de qn* j-m (unbeabsichtigt) in die Hände arbeiten; *fig se faire un* ~ *de qc* a) etw spielend meistern; b) *péj* sein Vergnügen an etw (*dat*) haben, finden; sich aus etw ein Vergnügen machen; *jouer le* ~ sich an die Spielregeln halten (*a fig*); fair spielen; *fig jouer un* ~ *dangereux* ein gefährliches, gewagtes Spiel spielen, treiben; *fig jouer* (*un*) *double* ~ ein doppeltes Spiel spielen, treiben; *fig jouer le grand* ~ alles aufbieten, einsetzen; F alle Register ziehen; *fig jouer le* ~ *de qn* mit j-m gemeinsame Sache machen; *fig mener le* ~ Herr der Lage sein; *mettre en* ~ (*miser*) setzen; *fig* (*se servir de*) aufbieten; einsetzen; (*risquer*) aufs Spiel setzen; *ballon remettre en* ~ einwerfen; *prov* ~(*x*) *de main,* ~(*x*) *de vilain* dieses Spiel wird noch böse enden; **2.** *JEUX DE CARTES* Karten*f/pl*; ~ *entier* (Karten)Spiel *n* mit 52 Karten; *avoir* (*un*) *beau* ~, *du* ~ gute Karten, ein gutes Blatt haben; *je n'ai pas de* ~ ich habe schlechte Karten, ein schlechtes Blatt; *fig avoir beau* ~ leichtes, gewonnenes Spiel haben; *fig jouer franc* ~ mit offenen Karten spielen, **3.** (*mise*) Einsatz *m*; *faites vos* ~*x*! Setzen Sie!; *fig les* ~*x sont faits* die Würfel sind gefallen; *jouer gros* ~ (sehr) hoch spielen, setzen; mit (sehr) hohem Einsatz spielen (*a fig*); **4.** (*terrain de jeu*) Spielfeld *n*, -platz *m*, -gelände *n*; *un* ~ *de boule ombragé* ein schattiger Platz zum Boulespielen; *ballon sortir du* ~ ins Aus gehen; **5.** *THÉ, CIN, fig* Spiel *m*; *MUS a* Vortrag *m*; F *fig adjt vieux* ~ altmodisch; unmodern; ~ *d'eau* Wasserspiel *n* (*a l'installation*); *SPORTS* ~ *de jambes* Beinarbeit *f*; ~ *de lumière* Lichterspiel *n*; ~ *de physionomie* Mienenspiel *n*; *THÉ* ~ *de scène* Bühnenspiel *n*; *jouer le* ~ *du désespoir* Verzweiflung mimen; die (den) Verzweifelte(n) spielen; *fig:* *bien jouer son* ~ sich gut verstellen können; *voir clair dans le* ~ *de qn* j-s Spiel durch'schauen; *se laisser prendre au* ~ *de qn* j-m in die Falle gehen; *être pris à son propre* ~ sich in der eigenen Schlinge fangen; *cf a*

prendre 26. ; **6.** (*plaisanterie*) Scherz *m*; Spaß *m*; *loc/adv par* ~ aus *ou* zum Scherz, Spaß; *ce n'est qu'un* ~ das ist nur ein Scherz, Spaß; **7.** *TECH* (*série*) Satz *m*; *Garni'tur f*; ~ *de clefs* Satz Schlüssel; *MAR* ~ *de voiles* Satz, Stell *m* Segel; **8.** *TECH* (*mouvement*) Spiel *n*; *fig a* Spielraum *m*; ~ *des pistons* Spiel der Kolben; *fig* ~ *d'orgue* a) *MUS* Re'gister *n*; b) *THÉ* Bühnenlichtregler *m*; **10.** *COMM* ~ *d'écritures* Buchung(svorgang) *f*(*m*); 'Umbuchung *f*

jeudi [ʒødi] *m* Donnerstag *m*; *REL* ~ *saint* Grün'donnerstag *m*; F *fig la semaine des quatre* ~*s* der St. Sankt-'Nimmerleins-Tag; *loc/adv; il vient* ~ er kommt (am) Donnerstag, *un* ~ an e-m Donnerstag; *le* ~ donnerstags; am Donnerstag; *tous les* ~*s* jeden Donnerstag; ~ *prochain* (am) nächsten, kommenden Donnerstag; ~ *soir* Donnerstag abend *ou* am Donnerstagabend; *le* ~ *soir* Donnerstag *ou* donnerstags abends

jeun [ʒɛ̃, ʒœ̃] *loc/adv à* ~ nüchtern; mit nüchternem Magen; auf nüchternen Magen (*a fig*); *être à* ~ nüchtern sein (*a alcoolique*); nichts gegessen haben; *médicament prendre à* ~ nüchtern (ein-)nehmen

jeune [ʒœn] I *adj* **1.** jung; *tout* ~ blutjung; ganz jung; *plus* ~ *que moi de deux ans* zwei Jahre jünger als ich; *le* ~ *Dubois* der junge Dubois; *âge* ~ Jugend(zeit) *f*; Jugendalter *n*; *dans mon* ~ *âge, temps* in meiner Jugend(-zeit); in jungen Jahren; *dès son plus* ~ *âge* von früh(e)ster Jugend an; ~ *fille* (junges) Mädchen; ~ *génération f* junge Generation; ~ *homme m* junger Mann; *cf a homme 2*.; *un homme* (*assez*) ~ ein jüngerer Mann; *par ext* ~ *industrie f* junge Industrie; ~ *personne f* junges Mädchen; junge Dame; *THÉ* ~ *premier m* jugendlicher Held, Liebhaber; ~ *première f* jugendliche Heldin; ~ *travailleur m* Jungarbeiter *m*; jugendlicher Arbeitnehmer; *par ext vin m* ~ junger Wein; *nous avons été* ~*s avant vous!* wir sind schließlich älter und haben mehr Erfahrung!; *on sait ce que c'est que d'être* ~ wir sind auch einmal jung gewesen; *se marier* ~ jung heiraten; **2.** (*juvénile*) jugendlich (*a coiffure*); *être* ~ *de caractère* ein jugendliches Wesen haben; (im Wesen) jung geblieben sein; *ils font* ~*s ou* ~ *se voir jung,* sehen jung aus; sie haben ein jugendliches Aussehen; *s'habiller* ~ sich jugendlich kleiden, anziehen; **3.** (*nouveau*) a) *trop* ~ zu unerfahren, unreif; F *être* ~ *dans un métier* ein Anfänger, Neuling sein; b) ~*s mariés* Jungverheiratete(n) *pl*; -ges, neuvermähltes Paar; **II** *m un* ~ ein junger Mann; *les* ~*s* die jungen Leute; die Jugendlichen; die Jugend; die Jungen; *dans une entreprise etc* der Nachwuchs; *place aux* ~*s!* Platz den Jungen, dem Nachwuchs!; ~*s et vieux* jung und alt; *nous serons entre* ~*s* wir Jungen werden unter uns sein; ♦ *adjt réduction etc* ~*s* für Jugendliche; Jugend...

jeûne [ʒøn] *m* Fasten *n* (*a REL*); *jour m de* ~ Fasttag *m*

jeûner [ʒøne] *v/i* fasten (*a REL*)

jeunesse [ʒœnɛs] *f* **1.** Jugend(zeit) *f*; Jugendjahre *n/pl*; *prime, première* ~ frühe(ste) Jugend; *dès ma première* ~ von früh(e)ster Jugend an; *n'être plus de la première* ~ nicht mehr der *ou* die Jüngste sein; die besten Jahre hinter sich haben; über die erste Jugend hinaus sein; *seconde* ~ zweite Jugend; Jo'hannistrieb *m*; *au temps de ma* ~, *dans ma* ~ in meiner Jugend(zeit); *prov il faut que* ~ *se passe* Jugend muß sich austoben (*prov*); **2.** (*les jeunes*) Jugend *f*; junge Leute *pl*; ~ *agricole, ouvrière* Land-, Arbeiterjugend *f*; *F ça va, la* ~? na, ihr jungen Leute, wie geht's?; *prov si* ~ *savait, si vieillesse pouvait* Jugend weiß nicht, Alter kann nicht; wenn die Jugend wüßte und das Alter könnte; **3.** *d'animaux, de plantes, de choses* geringes Alter; **4.** *qualité* Jugendlichkeit *f*; Frische *f*; ~ *d'esprit* geistige Frische; *air m de* ~ jugendliches Aussehen; **5.** *plais une* ~ ein junges Ding, Blut

jeunet [ʒœnɛ] F *adj* (~*te*) sehr jung; reichlich jung

jeunot [ʒœno] *m* F *un petit* ~ ein junger Kerl; F ein Bürschchen *n*

jiu-jitsu [ʒyʒitsy] *m* Jiu-Jitsu [dʒ-] *n*

J.O. [ʒio] **1.** *m abr* (*Journal officiel*) Amts-, Gesetzblatt *n*; *correspond à* BGBl. (Bundesgesetzblatt); **2.** *m/pl abr* (*jeux Olympiques*) O'lympische Spiele *n/pl*

joaillerie [ʒɔajRi] *f* a) *art* Juwe'lierkunst *f*; b) *magasin* Juwe'liergeschäft *n*; c) *articles* Juwe'lierwaren *f/pl*; Schmuck (-waren) *m*(*f/pl*); d) *commerce* Ju'welenhandel *m*

joaill|ier [ʒɔaje] *m*, ~**ière** *f* Juwe'lier *m*; Ju'welenhändler(in) *m*(*f*)

job [dʒɔb] *m* F Job [dʒ-] *m*

Job [ʒɔb] *m BIBL* Hiob *m*; Job *m*; *loc: pauvre comme* ~ bettelarm; arm wie e-e Kirchenmaus; *être comme* ~ *sur son fumier* im tiefsten Elend leben

jobard [ʒɔbaR] I *adj* einfältig; leichtgläubig; II *subst* ~(*e*) *m*(*f*) Leichtgläubige(r) *f*(*m*); Gimpel *m*; F Einfaltspinsel *m*

jobard|erie [ʒɔbaRd(ə)Ri] *f ou* ~**ise** *f* Leichtgläubigkeit *f*; Einfalt *f*

J.O.C. [ʒiose] *f abr* (*Jeunesse ouvrière chrétienne*) Christliche Arbeiterjugend

Jocelyne [ʒɔslin] *f Vorname*

jociste [ʒɔsist] *m*,*f* Mitglied *n*, Angehörige(r) *f*(*m*) der J.O.C.

jockey [ʒɔkɛ] *m* Jockei *ou* Jockey ['dʒɔke] *m*; F *fig être au régime* ~ e-e Abmagerungs-, Fasten-, Hungerkur machen

Joconde [ʒɔkɔ̃d] *la* ~ *PEINT* die Mona Lisa

jodler [ʒɔdle] *v/i* jodeln

Joëlle [ʒɔɛl] *f Vorname*

jogg|eur [dʒɔgœR] *m*, ~**euse** *f* Jogger(in) ['dʒ-] *m*(*f*)

jogging [dʒɔgiŋ] *m* **1.** *sport* Jogging ['dʒ-] *n*; *faire du* ~ joggen ['dʒ-]; **2.** *vêtement* Jogginganzug *m*

joie [ʒwa] *f* Freude *f*; ~*s de l'amour* Liebesfreuden *f/pl*; *iron* ~*s de la voiture* die Freuden des Autofahrens; ~ *d'offrir* Freude am Schenken; ~ *de vivre* Lebensfreude *f*, -lust *f*; Daseinsfreude *f*; ♦ *loc/adv: à ma grande* ~ zu meiner großen Freude; *à cœur ~ nach Herzenslust*; ***s'en donner à cœur ~*** mit Leib und Seele dabei sein; ***avec ~*** mit Freuden; ***de ~*** vor Freude; ***pleurer de ~*** vor Freude weinen; Freudentränen vergießen; ***sauter de ~*** Freudensprünge machen; ***pour la plus grande ~ de*** zum größten Vergnügen, zum Ergötzen, zur größten Freude (*+gén*); ***sans ~*** freudlos; ♦ *quand aurai-je la ~ de vous revoir?* wann habe ich das Vergnügen, Sie 'wiederzusehen?; *avoir le cœur en ~* im Innern jubeln, froh-'locken; sich zutiefst freuen; *faire la*, *laisser éclater sa ~* in Jubel ausbrechen; *c'était une fausse ~* er (*ou sie etc*) hat sich zu früh gefreut; *être la seule ~, toute la ~ de qn* j-s einzige, ganze Freude sein; *être en ~* fröhlich, vergnügt, ausgelassen sein; *faire la ~ de qn* j-s ganze Freude sein; *il fait ma ~, il est ma ~ a* ich freue mich an ihm, über ihn; ich habe meine Freude an ihm; *se faire une ~ de faire qc* sich ein Vergnügen daraus machen, etw zu tun; *mettre en ~* erheitern; fröhlich stimmen, machen

joignable [ʒwaɲabl(ə)] *adj personne* erreichbar

joindre [ʒwɛ̃dR(ə)] ⟨je joins [ʒwɛ̃], il joint, nous joignons [ʒwaɲɔ̃]; je joignais; je joignis; je joindrai; que je joigne; joignant; joint⟩ **I** *v/t* **1.** (*mettre ensemble*) anein'anderfügen, -legen, -setzen, -stellen; inein'anderfügen, zu-'sammenfügen, -setzen; mitein'ander verbinden; *st/s musique etc* ***les cœurs*** die Herzen verbinden, zu'sammenführen; ***deux cours d'eau par un canal*** zwei Wasserläufe durch e-n Kanal verbinden; ***~ ses efforts*** gemeinsame Anstrengungen machen; ***les mains*** die Hände falten; **2.** (*ajouter*) ***~ à*** hin'zufügen (*+dat*); da'zulegen, -stellen, -tun zu; *à une lettre etc* beilegen, -fügen; ***~ qc à une lettre*** *a* etw in e-m Brief mitschicken; ***~ le geste à la parole*** s-n Worten die Tat folgen lassen; ***~ ses prières à celles de qn*** j-s Bitten unter'stützen; ***~ sa voix à*** einstimmen in (*+acc*); *ADM* ***en y joignant*** unter Hinzufügung, Beifügung (*qc gén*); **3.** ***~ qn*** j-n erreichen, treffen; mit j-m zu'sammentreffen; ***~ qn par téléphone*** j-n telefonisch, per Telefon erreichen; *où puis-je le ~?* wo kann ich ihn erreichen, treffen?; wo ist er erreichbar?; **II** *v/i* **4.** *planches etc* ***bien*** (***mal***) (un)genau anliegen; *porte, fenêtre a* (nicht) dicht sein; gut (schlecht) schließen; **III** *v/pr* **5.** ***se ~*** sich mitein-'ander verbinden; sich vereinigen (*à mit*); sich treffen; zu'sammenstoßen; **6.** ***se ~ à qn*** sich j-m anschließen; sich zu j-m gesellen; mit j-m mitmachen; ***se ~ à qc*** sich e-r Sache (*dat*) anschließen; bei etw mitmachen; ***se ~ à la discussion*** an der Diskussion teilnehmen

joint [ʒwɛ̃] **I** *adj* ⟨jointe [ʒwɛ̃t]⟩ aneinander-, inein'ander-, zu'sammengefügt; verbunden, vereinigt (*à* mit); *document* beigefügt, beigelegt (*à dat*); *porte, fenêtre* ***être bien*** (***mal***) *a* gut (schlecht) schließen; (nicht) dicht sein; ***les mains ~es*** mit gefalteten Händen; *ADM, COMM* ***pièces ~es*** (*abr P.J.*) Anlagen *f/pl*; ***sauter à pieds ~s a***) mit geschlossenen Füßen, aus dem Stand springen; *b*) *SPORTS* e-n Schlußsprung machen; **II** *m* **1.** *TECH, ANAT* Gelenk *n*; ***~ de cardan*** Kardangelenk *n*; *fig* ***chercher le ~*** e-n Weg, eine Lösung suchen; ***trouver le ~*** e-n Weg, ein Mittel, e-e Lösung finden; Mittel und Wege finden; F auf den Dreh kommen; **2.** *TECH de robinet etc* Dichtung *f*; *AUTO* ***~ de culasse*** Zy'linderkopfdichtung *f*; **3.** *TECH* (*endroit de jonction*) Verbindungsstelle *f*; Stoß(stelle) *m(f)*; *SOUDAGE* Naht(stelle) *f*; **4.** *CONSTR* Fuge *f*; **5.** F (*cigarette de haschisch*) Joint [dʒɔɪnt] *m*

jointif [ʒwɛ̃tif] *adj* ⟨-ive⟩ *CONSTR* aneinan'dergesetzt; fugendicht

jointoyer [ʒwɛ̃twaje] *v/t* ⟨-oi-⟩ *CONSTR* aus-, verfugen

jointure [ʒwɛ̃tyR] *f* **1.** *ANAT* Gelenk *n*; *d'un cheval* Fessel(gelenk) *f(n)*; **2.** *CONSTR, TECH* Verbindungsstelle *f*; Fuge *f*

joint venture [dʒɔjnt vɛntʃəR] *m* ⟨*pl* joint ventures⟩ *ÉCON* Joint-'venture *n*

jojo [ʒɔʒo] F **I** *adj c'est pas très ~* das ist nicht sehr schön, nett; **II** *m un affreux ~ enfant* F ein unmögliches Kind; *adulte* ein unangenehmer Kerl; ein Ekel *n*

joker [ʒɔkɛR] *m carte à jouer* Joker *m*

joli [ʒɔli] *adj* **1.** hübsch; nett; ***~e fille*** hübsches Mädchen; ***~ comme un cœur*** bildhübsch; *fig* ***faire le ~ cœur*** den Charmeur spielen; sich wie ein Geck benehmen; **2.** *somme, bénéfices* (ganz) hübsch, beachtlich; ***une ~e somme*** a F ein nettes Sümmchen; ***une ~e situation*** e-e gute, F prima Stellung; *c'est bien ~, mais ...* das ist alles ganz schön und gut, aber ...; **3.** *iron* sauber; nett; reizend; ***un monsieur*** ein übler Bursche, Patron, Kunde; ***un ~*** ein sauberes, nettes Früchtchen; *subst c'est du, en voilà du ~!* das ist ja reizend!; das ist e-e schöne Geschichte, F Bescherung!

joliesse [ʒɔljɛs] *litt f* hübsches Aussehen; Anmut *f*

joliment [ʒɔlimɑ̃] *adv* **1.** hübsch; **2.** F *je me suis ~ trompé* F da habe ich mich ganz schön getäuscht; **3.** *iron vous voilà ~ arrangé* Sie sehen ja reizend aus

jonc [ʒɔ̃] *m* **1.** *BOT* Binse *f*; ***canne f de ~*** Rohrstock *m*; **2.** *bague, bracelet* (Finger-, Arm)Reif *m*

jonchée [ʒɔ̃ʃe] *f* ***~ de fleurs*** gestreute Blumen *f/pl*; *par ext* ***~ de papiers etc*** auf dem Boden her'umliegende Papiere *n/pl etc*

joncher [ʒɔ̃ʃe] *v/t a*) bestreuen, bedecken (*de qc* mit etw); ***~ le sol de fleurs*** Blumen auf den Boden streuen; *b*) *choses* her'um-, um'herliegen, verstreut liegen (*le sol* auf dem Boden); ***des feuilles mortes jonchent le sol*** der Boden liegt voller Laub; ***jonché de*** bedeckt, über'sät, besät mit

jonchet [ʒɔ̃ʃɛ] *m* Mi'kadostäbchen *n*; ***jouer aux ~s*** Mikado spielen

jonction [ʒɔ̃ksjɔ̃] *f* Verbindung *f* (*a TECH, ÉLECT*); Vereinigung *f*; *JUR* ***des causes*** Pro'zeßverbindung *f*; *ÉLECT* ***bloc m de ~*** Lüsterklemme *f*; *CH DE FER* ***gare f de ~*** Anschluß-, Knotenpunktbahnhof *m*; (*point m de*) ***~ de deux routes*** Stelle *f*, wo zwei Straßen zusammenlaufen; *les deux armées ont opéré leur ~* haben sich vereinigt

jongler [ʒɔ̃gle] *v/i* jon'glieren (*avec* mit) (*a fig*); *fig* ***~ avec les chiffres*** mit Zahlen jonglieren

jongleur [ʒɔ̃glœR] *m* **1.** *artiste de cirque* Jon'gleur *m*; **2.** (*ménestrel*) fahrender Sänger

jonque [ʒɔ̃k] *f MAR* Dschunke *f*

jonquille [ʒɔ̃kij] **I** *f BOT* Gelbe Nar'zisse; Osterglocke *f*; **II** *adj* ⟨*inv*⟩ nar'zissengelb

Jordanie [ʒɔRdani] *la ~* Jor'danien *n*

jordanien [ʒɔRdanjɛ̃] **I** *adj* ⟨~ne⟩ jor'danisch; **II** *subst* ⟨*2*(ne)⟩ *m(f)* Jor'danier(in) *m(f)*

Joseph [ʒozef] *m* Joseph *ou* Josef *m*

joseph [ʒozef] *adj* ⟨*inv*⟩ *CHIM* **papier ~** Fil'trier-, Filterpapier *n*

Josette [ʒozɛt] *f* Vorname

jouable [ʒwabl(ə)] *adj* spielbar; aufführbar

joubarbe [ʒubaRb] *f BOT* Hauswurz *f*

joue [ʒu] *f* **1.** *ANAT, ZO* Backe *f* (*a BOUCHERIE*); *st/s* Wange *f*; ***~s creuses*** hohle Wangen; ***~s pendantes*** Hängebacken *f/pl*; *loc/adv* ***~ à ou contre ~*** Wange an Wange; *MIL* ***en ~!*** legt – an!; ***coucher, mettre le fusil en ~*** das Gewehr anlegen, in Anschlag bringen; ***coucher, mettre, tenir qn en ~*** auf j-n anlegen, zielen; F ***se caler les ~s*** tüchtig drauf'losessen; F spachteln; reinhauen; *BIBL* et *fig* ***tendre, présenter l'autre ~*** auch die andere Backe hinhalten, darbieten; **2.** *TECH* Seitenfläche *f*, -wand *f*

jouer [ʒwe] **I** *v/t* **1.** spielen; *carte, couleur* ausspielen; *pion* setzen; ziehen (*un pion* mit e-m Stein); *somme a*) (*miser*) setzen (*sur* auf *+acc*); *b*) (*perdre*) verspielen; *fig réputation etc* aufs Spiel setzen; ris'kieren; ***~ la belle*** um die Entscheidung spielen; ***~ un cheval*** auf ein Pferd setzen; ***une partie d'échecs*** e-e Partie Schach spielen; ***~ un*** (***mauvais***) ***tour à qn*** j-m e-n (bösen, üblen) Streich spielen; *fig* ***~ le tout pour le tout, son va-tout*** alles auf eine Karte setzen; va banque spielen; *cf a jeu 1., 3., 5.*; **2.** *morceau de musique* spielen; ***~ qc à qn*** j-m etw vorspielen; ***~ qc au violon*** etw auf der Geige (vor)spielen; ***~ (du) Mozart*** Mozart spielen; F ***~ un disque à qn*** j-m e-e Platte vorspielen; **3.** *THÉ, CIN, rôle* spielen; *pièce, film a* aufführen; geben; zur Aufführung bringen; *qu'est-ce qu'on joue au cinéma?* was wird im Kino gespielt, gegeben?; *fig* ***~ le désespoir, l'étonnement*** Verzweiflung, Erstaunen mimen, heucheln; *THÉ* ***les ingénues*** die Nai've spielen; *fig* ***elle joue les innocentes*** sie spielt, markiert die Unschuldige; ***~ Néron*** den Nero spielen; *adj t* ***l'auteur le plus joué*** der meistgespielte Autor; *cf a rôle 1.*; **4.** *st/s* ***~ qn*** j-n täuschen, narren; **II** *v/i* et *v/t/indir* **5.** ***à qui de ~?*** wer ist dran, an der Reihe?; ***~ bien, mal*** gut, schlecht spielen; ***bien joué!*** gut so!; gut gemacht!; *MUS* ***faux*** falsch spielen; ♦ *avec prép*: ***~ aux cartes, aux échecs etc*** Karten, Schach etc spielen; ***~ aux courses*** (bei Pferderennen) wetten; ***~ au football, au tennis***

etc Fußball, Tennis *etc* spielen; ~ *à la guerre* Krieg spielen; *FIN* ~ *à la hausse, à la baisse* auf Hausse, Baisse spekulieren; ~ *aux indiens* Indianer spielen; ~ *au loto* im Lotto spielen; ~ *aux quilles* kegeln; ~ *avec qn, qc* mit j-m, etw spielen; ~ *avec une balle* (mit e-m) Ball spielen; *fig* ~ *avec les cœurs* mit der Liebe spielen; *fig* ~ *avec sa santé* mit s-r Gesundheit spielen; ~ *dans un film, une pièce* in e-m Film, (Theater)Stück spielen; ~ *de la flûte, du piano, du violon etc* Flöte, Klavier, Violine *etc* spielen; ~ *du cor* Horn blasen; ~ *sur le cours des devises, fig sur la crédulité des gens etc* auf den Devisenkurs, *fig* auf die Leichtgläubigkeit der Leute *etc* spekulieren; ~ *sur les mots* Wortspielereien machen; **6.** (*utiliser*) ~ *de qc* etw einsetzen, ausnutzen; ~ *de son charme* s-n Charme einsetzen, aufbieten; ~ *de son infirmité* s-e Behinderung ausnutzen; **7.** (*entrer en jeu*) e-e Rolle spielen; zum Tragen kommen; *ça ne joue pas* das ist nicht wichtig; das gilt nicht; *argument, mesure etc* ~ *à plein* voll 'durchschlagen; sich voll auswirken; voll zum Tragen kommen; *circonstances etc* ~ *contre qn* gegen j-n sein; **8.** (*fonctionner*) *faire* ~ in Gang bringen; ausprobieren; *faire* ~ *la clef dans la serrure* (aus)probieren, ob der Schlüssel schließt; *faire* ~ *ses muscles* s-e Muskeln spielen lassen; **9.** *bois* sich werfen; verziehen; **10.** *TECH* Spiel, Luft haben; **III** *v/pr* **11.** *se* ~ *THÉ, MUS* gespielt werden; *fig drame* sich abspielen; *son avenir se joue aujourd'hui* heute geht es um, entscheidet sich s-e Zukunft; *morceau m qui se joue à quatre mains* Stück *n* für vier Hände; **12.** *se* ~ *de qn* sein Spiel mit j-m treiben; j-n zum besten, zum Narren haben *ou* halten; *se* ~ *des difficultés* die Schwierigkeiten spielend über'winden, meistern; mit den Schwierigkeiten spielend fertig werden

jouet [ʒwɛ] *m* **1.** Spielzeug *n*; ~*s pl* Spielzeug *n* (*coll*); Spielsachen *f/pl*, *COMM* -waren *f/pl*; *industrie f du* ~ Spielzeug-, Spielwarenindustrie *f*; **2.** *être le* ~ *d'une illusion etc* das Opfer e-r Illusion *etc* sein; *navire être le* ~ *des flots* ein Spielball der Wellen sein

jou|eur [ʒwœʀ], ~**euse** I *m,f* Spieler(in) *m(f)*; *joueur de boules, de football* Boule-, Fußballspieler *m*; *joueur de cartes* Kartenspieler *m*; *joueur de cornemuse* Dudelsackpfeifer *m*; *c'est un joueur* er ist ein Spieler, Hasar-'deur; *c'est un ou il est beau, mauvais joueur* er ist ein guter, schlechter Verlierer (*a fig*); *se montrer beau joueur* gut, mit Anstand verlieren können (*a fig*); **II** *adj* **1.** *enfant, chat* verspielt; *enfant joueur a* F Spielratte *f*; **2.** (*qui a la passion du jeu*) *être* ~ dem Spiel verfallen sein; ein Spieler sein; spielen

jouffu [ʒufly] *adj* pausbäckig, -backig; *un bébé* ~ *a* F ein Pausback *m*

joug [ʒu] *m* **1.** *AGR* Joch *n*; **2.** *fig et st/s* Joch *n*; *de la loi* Zwang *m*; *du mariage* Ehejoch *n*; *mettre qn sous le* ~ j-n unter'jochen, ins Joch spannen; *secouer le* ~ das Joch abschütteln; *tomber sous le* ~ *de qn* unter j-s Gewalt (*acc*) geraten

jouir [ʒwiʀ] **I** *v/t/indir* ~ *de qc* **1.** (*tirer plaisir de*) etw genießen, auskosten; ~ *de l'embarras de qn* sich an j-s Verwirrung (*dat*) weiden; ~ *de sa victoire, de son triomphe* s-n Sieg, Triumph genießen, auskosten; **2.** (*posséder*) etw genießen, besitzen, haben; sich e-r Sache (*gén*) erfreuen; im Besitz von etw sein; ~ *de la considération générale* allgemeines Ansehen genießen; sich allgemeinen Ansehens erfreuen; ~ *d'un droit* ein Recht genießen, haben, besitzen; *région* ~ *d'une douce température* ein mildes Klima haben; *cet appartement jouit d'une belle vue* von dieser Wohnung aus hat man, genießt man e-n schönen Blick; **3.** *JUR* den Nießbrauch, die Nutzung, die Nutznießung von etw haben; **II** *v/i* (*éprouver l'orgasme*) e-n Or'gasmus haben; F kommen; fertig werden; *par ext* F *ça a le fait* er hat s-n Spaß daran; er genießt es; *iron* *on m'a arraché une dent ça m'a fait* ~ F ich hörte die Engel im Himmel singen

jouissance [ʒwisɑ̃s] *f* **1.** Genuß *m*; Lust *f*; ~*s matérielles, de l'esprit* materielle, geistige Genüsse; ~*s des sens* Sinnengenuß *m*, -lust *f*; **2.** *JUR* Nutzung *f*; Nutzungsrecht *n*; Nießbrauch *m*; *avoir la pleine* ~ *de ses facultés mentales* voll zurechnungsfähig sein; im 'Vollbesitz s-r geistigen Kräfte sein; **3.** F (*orgasme*) Or'gasmus *m*

jouiss|eur [ʒwisœʀ] *m*, ~**euse** *f* Genießer(in) *m(f)*; Genußmensch *m*

joujou [ʒuʒu] *m* ⟨*pl* ~*x*⟩ *enf* **1.** Spielzeug *n* (*a fig*); ~*x pl* Spielsachen *f/pl*; **2.** *faire* ~ spielen

joule [ʒul] *m* (*abr* J) *PHYS* Joule [dʒu:l] *n* (*abr* J)

jour [ʒuʀ] *m* **1.** Tag *m*; *les beaux* ~*s* die schönen Tage; die Sommertage *m/pl*; *le plus beau* ~ *de ma vie* der schönste Tag meines Lebens; *HIST les Cent* ~*s* die Hundert Tage; ~ *fixe* fester Tag, Termin; *mauvais* ~*s* schlechte, schlimme Zeiten *f/pl*, Tage; F *il a sa tête des mauvais* ~*s* er hat heute e-n schlechten Tag; ~ *de l'an* Neujahrstag *m*; ~ *d'automne, d'été, d'hiver, de printemps* Herbst-, Sommer-, Winter-, Frühlingstag *m*; ~ *de départ, d'arrivée* Abreise-, Ankunftstag *m*; ~ *de deuil* Trauertag *m*; ~ *de fermeture* Tag, an dem ein Geschäft, e-e Behörde *etc* geschlossen hat; *BIBL le* ~ *du Jugement dernier* der Jüngste Tag; der Tag des Jüngsten Gerichts; ~ *de marché* Markttag *m*; ~ *de paie* Zahl-, Lohntag *m*; ~ *de pluie, de soleil* Regen-, Sonnentag *m*; ~ *de réception ou litt* ~ Empfangstag *m*; *Jour fixe m*; ~ *de repos* Ruhe-, Rasttag *m*; ~ *des Rois* Drei'königstag *m*; Heilige Drei Könige; *POL* ~ *de scrutin* Wahltag *m*; *REL* ~ *du Seigneur* Tag des Herrn; ~ *de semaine, de travail* Wochen-, Arbeitstag *m*; ~ *de sortie* Tag, an dem man Ausgang hat; *LOTERIE* ~ *de tirage* Ziehungstag *m*; ♦ *loc/adj*: *de chaque* ~ täglich; *de tous les* ~*s* alltäglich; Alltags...; *robe, costume des grands* ~*s* Festtags...; *public m des grands* ~*s* Premi'erenpublikum *n*; *bébé m de huit* ~*s* acht Tage

alter Säugling; *bonheur m d'un* ~ kurzes Glück; *caprice m d'un* ~ Laune *f*; plötzlicher Einfall; *gloire f d'un* ~ vergänglicher Ruhm; *conversation f du* ~ Tagesgespräch *n*; *mode f du* ~ herrschende Mode; Mode von heute; *MIL officier m de* ~ diensthabender Offizier; Offizier *m* vom Dienst; *beau comme le* ~ bildschön; *long comme un* ~ *sans pain* ewig lang; ♦ *loc/adv*: *le* ~, *pendant le* ~ tagsüber; am Tag(e); während des Tages; *österr, schweiz* unter'tags; *le* ~ *et la nuit, nuit et* ~ *et nuit* Tag und Nacht; *le* ~ *d'après, suivant* am nächsten, folgenden Tag; am Tag danach, darauf; tags darauf; *antentags*; *le* ~ *d'avant, précédent* am vorhergehenden Tag; am Vortag; am Tag vorher, zuvor; tags zuvor; *l'autre* ~ neulich; unlängst; kürzlich; vor kurzem; letzthin; *le même* ~ am selben, gleichen Tag; *le* ~ *de ...* am Tag (+*gén*); *le* ~ *où ...* an dem Tag, an dem *ou* F wo ...; *un* ~ e-s Tages; einmal; *venez donc me voir un* ~! kommen Sie mich doch einmal besuchen!; *un* ~ *que je ...* als ich einmal, e-s Tages ...; *si un* ~ *...* wenn je ...; *un autre* ~ an e-m anderen Tag; ein and(e)res Mal; ein andermal; *un beau* ~ e-s schönen Tages; *un* ~ *ou l'autre* früher oder später; über kurz oder lang; *un* ~ *sur deux*, tous les *deux* ~*s* alle zwei Tage, jeden zweiten Tag; *ce* ~(-*ci*) am heutigen Tag; *ce* ~-*là* an dem, diesem, jenem Tag; *ces* ~*s-ci* in diesen Tagen; dieser Tage; *un de ces* ~*s* an e-m der nächsten Tage; in den nächsten Tagen; *à un de ces jours!* demnächst!; bis bald einmal!; *chaque* ~ jeden Tag; *tout le* (*long du*) ~ den ganzen Tag (lang, über); *tous les* ~*s* alle Tage; jeden Tag; tagtäglich; *à* ~ auf dem laufenden; auf dem neuesten Stand; *mettre à* ~ aufs laufende, auf den neuesten Stand bringen; aufarbeiten; *courrier* erledigen; *tenir à* ~ auf dem laufenden halten; *au* ~ *le* ~ Tag zu Tag; regelmäßig; *vivre au* ~ *le* ~ von der Hand in den Mund leben; in den Tag hinein leben; F *au* ~ *d'aujourd'hui* am heutigen Tag; heute; *au* ~ *dit* am, zum vereinbarten Tag, Termin; ~ *après* ~, ~ *par* ~ Tag für Tag; tag'aus; tag'ein; tagtäglich; *dans quelques* ~*s* in einigen Tagen; *de* ~ am Tag(e); tagsüber; *de* ~ *en* ~ von Tag zu Tag; mit jedem Tag; *de nos* ~*s* heutzutage; in unseren Tagen; *d'un* ~ *à l'autre* von e-m Tag zum ander(e)n, an den ander(e)n; jeden Tag; *du* ~ *au lendemain* von heute auf morgen; über Nacht; *de ce* ~ *... et un* autre Tag ...; *du* ~ *où ...* seit dem Tag, da *ou* an dem ...; *en peu de* ~*s* in wenigen Tagen; *jusqu'à nos* ~*s* bis in unsere Tage (hinein); *par* ~ täglich; pro, am Tag; *pour* ~ auf den Tag (genau); ♦ *quel* ~ *sommes-nous?* welchen Tag *ou* den Wievielten haben wir heute?; welcher Tag *ou* der Wievielte ist heute?; *c'est à un* ~ *de train* man fährt, braucht mit dem Zug e-n Tag bis dorthin; *c'est mon* ~ heute habe ich Dienst; ich bin heute an der Reihe; *il est dans un* ou *son bon* ~ er hat heute s-n guten Tag; *être comme le* ~ *et la nuit* grundverschieden sein; *c'est le* ~ *et la nuit* das ist ein 'Unterschied wie Tag und Nacht, ein himmelweiter Unterschied; *il ne se passe pas un ~ sans que ... ne* (+*subj*) es vergeht kein Tag, ohne daß ...; *un ~ viendra où ...* es wird ein Tag kommen, an dem *ou* F wo ...; *prov*: *à chaque ~ suffit sa peine* jeder Tag hat s-e Plage (*prov*); *Paris ne s'est pas fait en un ~* Rom wurde auch nicht an einem Tag erbaut (*prov*); gut Ding will Weile haben (*prov*); *les ~s se suivent et ne se ressemblent pas* kein Tag gleicht dem ander(e)n (*prov*); **2.** Tageslicht *n*; Licht *n*, Beleuchtung *f* (*a* PEINT); *~ artificiel* künstliches Licht; künstliche Beleuchtung; *faux ~* schlechtes Licht; ungünstige Beleuchtung; Zwielicht *n*; ♦ *loc*/*adv*: *au ~* bei Tageslicht; *au grand ~* a) am hellichten Tag(e); mitten am Tag; b) *fig* vor aller Augen; in aller Öffentlichkeit; *éclater au grand ~* an den Tag, ans Tageslicht kommen; *étaler qc au grand ~* etw offen zur Schau stellen; *avant le ~* vor Tagesanbruch; in aller Herrgottsfrühe; *en plein ~* am hellichten Tag(e); mitten am Tag; *il faisait clair comme en plein ~* es war taghell; *fig*: *montrer qc sous son vrai ~* etw ins rechte Licht stellen; etw im rechten Licht zeigen; *se montrer sous son vrai ~* sein wahres Gesicht zeigen; *il fait ~* es ist Tag, hell; *il fait grand ~* es ist taghell; es ist hellichter Tag; *il commence à faire ~* es wird Tag, hell; *fig se faire ~ idée* sich Bahn brechen; zum 'Durchbruch kommen; *vérité* ans Licht, an den Tag kommen; zu'tage treten; *fig mettre au, à ~* (*révéler*) ans Tageslicht, an den Tag bringen; *fouilles* ausgraben; *fig voir le ~ personne* das Licht der Welt erblicken; zur Welt kommen; *idée, mode* aufkommen; *mouvement politique etc* entstehen; sich bilden; **3.** (*la vie*) *souvent pl les ~s* das (*menschliche*) Leben; *donner le ~ à un enfant* e-m Kind das Leben schenken; ein Kind zur Welt bringen; *finir ses ~s à la campagne* s-n Lebensabend auf dem Land verbringen; *mettre fin à ses ~s* s-m Leben ein Ende machen; sich das Leben nehmen; **4.** CONSTR Öffnung *f*; *à ~ durch'brochen*; **5.** COUT *~* (*à fils tirés*) Hohlsaum *m*; *faire des ~s à qc* etw mit Hohlsaum verzieren

Jourdain [ʒuʀdɛ̃] *le ~* der Jordan

journal [ʒuʀnal] *m* ⟨*pl* -aux⟩ **1.** (Tages-) Zeitung *f*; Blatt *n*; (*périodique*) Zeitschrift *f*; *~ local, régional* Lo'kal-, Pro'vinzzeitung *f*, -blatt *n*; *~ du dimanche* Sonntagszeitung *f*, -blatt *n*; *~ d'information* Nachrichten-, Informati'onsblatt *n*; *~ du matin, du soir* Morgen-, Abendzeitung *f*, -blatt *n*; *~ de mode* Mode(n)zeitschrift *f*; Modejournal *n*; *adjt papier m ~* Zeitungspapier *n*; *lire qc dans, F sur le ~* etw in der Zeitung lesen; **2.** (*bulletin d'information*) RAD *~ parlé* (Rundfunk)Nachrichten *f*/*pl*; TV *~ télévisé* (Fernseh)Nachrichten *f*/*pl*; **3.** Tagebuch *n*; *intime* (persönliches) Tagebuch; MAR *~ de bord* Logbuch *n*; Schiffstagebuch *n*; Jour'nal *n*; *~ de voyage* Reisetagebuch *n*; *tenir un ~* ein Tagebuch führen; **4.** COMM (*livre m*) *~* Jour'nal *n*

journalier [ʒuʀnalje] **I** *adj* ⟨-ière⟩ täglich; Tage(s)...; *travail ~* tägliche Arbeit; **II** *subst ~, journalière m,f* Tagelöhner(in) *m(f)*

journalisme [ʒuʀnalism(ə)] *m* Journa'lismus *m*; Journa'listik *f*; Publi'zistik *f*; *faire du ~* sich publizistisch betätigen; (Artikel) für Zeitungen schreiben

journaliste [ʒuʀnalist] *m,f* Journa'list(in) *m(f)*; Publi'zist(in) *m(f)*

journalistique [ʒuʀnalistik] *adj* journa'listisch; publi'zistisch; Zeitungs...; *style m ~* Zeitungsstil *m*; journalistischer Stil

journée [ʒuʀne] *f* **1.** (*jour*) Tag *m*; *bonne ~!* schönen Tag!; *~ d'été* Sommertag *m*; *la ~ d'hier* der gestrige Tag; *~ de repos* Ruhetag *m*; *loc*/*adv*: *à la ~* tageweise; pro Tag; nach Tagen; *cf a 2.*; *à n'importe quel moment de la ~* zu jeder Tageszeit; *toute la ~* den ganzen Tag (lang, über); *toute la sainte ~* den lieben langen Tag; *des ~s entières* tagelang; *passer des ~s entières à (faire) qc* ganze Tage mit etw verbringen (damit verbringen, etw zu tun); *en fin de ~* am Abend; *pendant la ~* tagsüber; während des Tages; *österr, schweiz* unter'tags; **2.** *~* (*de travail*) Arbeitstag *m*; *salaire* Tag(e)lohn *m*; *~ continue* 'durchgehende Arbeitszeit; *faire, avoir la ~ continue* 'durcharbeiten; *~ de huit heures* Acht'stundentag *m*; *faire des ~ de huit, dix heures* acht, zehn Stunden pro Tag arbeiten; *faire des ~s, travailler à la ~* im Tag(e)lohn arbeiten; *iron aujourd'hui j'ai gagné ma ~* heute war ich schwarzer Tag für mich

journellement [ʒuʀnɛlmɑ̃] *adv* täglich; alle Tage; tag'aus, tag'ein; Tag für Tag

joute [ʒut] *f* **1.** MOYEN ÂGE Tjost *f ou m*; **2.** *~ nautique* Fischerstechen *n*; **3.** *fig ~ oratoire* Wortgefecht *n*; Rededuell *n*

jouvence [ʒuvɑ̃s] *f fontaine f de ~, fig a bain m de ~* Jungbrunnen *m*

jouvenc|eau [ʒuvɑ̃so] *m* ⟨*pl* -x⟩ *plais* Jüngling *m*; **~elle** *f plais* Jungfrau *f*; Maid *f*

jovial [ʒɔvjal] *adj* ⟨-aux *od* -als⟩ fröhlich; heiter; frohsinnig; **-ité** *f* Fröhlichkeit *f*; Heiterkeit *f*; Frohsinn *m*

joyau [ʒwajo] *m* ⟨*pl* -x⟩ Ju'wel *n ou m* (*a fig*); Kleinod *n* (*a fig*); *~x de la couronne* Kronjuwelen *pl*, -schatz *m*

joyeux [ʒwajø] *adj* ⟨-euse⟩ lustig; fröhlich; vergnügt; heiter; F fi'del; *surprise* freudig; *nouvelle* froh; erfreulich; *joyeuse(s) fête(s)*, *~ Noël!* frohes Fest!; frohe Feiertage!; fröhliche *ou* frohe Weihnachten!

jubarte [ʒybaʀt] *f* ZO Buckelwal *m*

jubé [ʒybe] *m* ARCH Lettner *m*

jubilation [ʒybilasjɔ̃] *f* Jubel *m*; Froh-'locken *n*; unbändige Freude

jubilé [ʒybile] *m* **1.** fünfzigjähriges (Dienst)Jubi'läum; **2.** REL *chez les Juifs* Jubel-, Halljahr *n*; ÉGL CATH Jubeljahr *n*; Heiliges Jahr

jubiler [ʒybile] *v/i* (innerlich) froh'locken; sich unbändig, F mächtig freuen

juché [ʒyʃe] *adj* hoch oben (liegend, sitzend, stehend); *enfant ~ sur les épaules de son père* (hoch oben) auf den Schultern s-s Vaters (sitzend); *maison etc ~ au sommet d'une colline* auf e-r Hügelkuppe (gelegen); *oiseau être ~ sur une branche* (hoch oben) auf e-m Zweig sitzen

jucher [ʒyʃe] **I** *v/t* (hoch) hin'aufstellen, -legen, -setzen, -hängen; **II** *v/pr se ~ oiseau* sich setzen (*sur* auf +*acc*)

juchoir [ʒyʃwaʀ] *m* (Sitz)Stange *f*; Hühnerstange *f*

judaïque [ʒydaik] *adj* jüdisch; *la loi ~* das mo'saische Gesetz

judaïsme [ʒydaism(ə)] *m* Judentum *n*; Juda'ismus *m*; jüdische Religi'on

Judas [ʒyda] *m* **1.** BIBL Judas *m*; **2.** *fig* Verräter *m*; *baiser de ~* Judaskuß *m*; **3.** ⚥ Guckloch *n*, -fenster *n*; Spi'on *m*

Judée [ʒyde] *la ~* Ju'däa *n*

judéo|-... [ʒydeo] *adj* jüdisch-...; *~-chrétien* Judenchrist *m*

judiciaire [ʒydisjɛʀ] *adj* gerichtlich; Gerichts...; richterlich; Rechts...; Ju'stiz...; *aide f ~* Armenrecht *n*; *conseil m ~* Vormund *m*; *enquête f ~* gerichtliche Unter'suchung *f*; *erreur f ~* Ju'stizirrtum *m*; *police f ~* (*abr* P.J.) Krimi'nalpolizei *f* (*abr* Kripo *f*); *pouvoir m ~* richterliche Gewalt; *vente f ~* Zwangsversteigerung *f*; gerichtlich angeordneter Verkauf; *par voie ~* auf dem Rechtsweg(e)

judicieusement [ʒydisjøzmɑ̃] *adv cf judicieux*; *il a ~ fait remarquer que ...* er bemerkte sehr richtig, daß ...

judicieux [ʒydisjø] *adj* ⟨-euse⟩ klug; gescheit; vernünftig; *critique judicieuse* scharfsinnige Kritik; *il serait très ~ de* (+*inf*) es wäre ganz klug, sinnvoll zu (+*inf*)

judo [ʒydo] *m* Judo *n*; *prise f de ~* Judogriff *m*

judoka [ʒydɔka] *m,f* Ju'doka *m*; Judosportler(in) *m(f)*

juge [ʒyʒ] *m* JUR Richter *m* (*a fig*); SPORTS Schiedsrichter *m*; *~s pl a* Gericht *n*; *femme f ~* Richterin *f*; *~ civil, pénal* Zi'vil-, Strafrichter *m*; *fig souverain ~, ~ suprême* oberster, höchster Richter (Gott); *~ au tribunal d'instance, au tribunal de grande instance* correspond à Amts-, Landgerichtsrat *m*; *~ d'un concours* Preisrichter *m*; *~ de la cour d'assises* Richter beim Schwurgericht; SPORTS *~ des courses* Kampfrichter *m*; *~ d'instruction* Unter'suchungsrichter *m*; TENNIS *~ de ligne*, FOOTBALL *~ de touche* Linienrichter *m*; *~ de paix* Friedensrichter *m*; *~ pour enfants* Jugendrichter *m*; *aller devant les ~s* vor Gericht gehen; *fig: être (à la fois) ~ et partie* Richter in eigener Sache sein; *être bon, mauvais ~ en la matière* die Sache gut, schlecht beurteilen können; *il est seul ~ de ce qu'il doit faire* er allein kann entscheiden, was er zu tun hat; *faire qn ~, prendre qn pour ~ dans une affaire* j-n in e-r Sache als Richter anrufen; *je vous fais ~!* finden Sie nicht auch?

jugé [ʒyʒe] *m loc*/*adv au ~* ungefähr; nach Augenmaß; F nach Gefühl; *estimer au ~* a über den Daumen peilen; *tirer au ~* ungefähr in der Zielrichtung schießen

juge-arbitre [ʒyʒaʀbitʀ(ə)] *m* ⟨*pl* juges-arbitres⟩ SPORTS Schiedsrichter *m*

jugement [ʒyʒmɑ̃] *m* **1.** JUR (Gerichts-) Urteil *n*; (Urteils)Spruch *m*; richterli-

che Entscheidung; *österr* Erkenntnis *n*; *d'un accusé* Aburteilung *f*; Urteilsverkündung *f*; **~ arbitral** Schiedsspruch *m*; **~ civil** Urteil im Zivilprozeß; BIBL ⚥ **dernier, universel** Jüngstes Gericht; Weltgericht *n*; **~ pénal** Strafurteil *n*; **~ de Dieu** a) HIST Gottesurteil *n*; b) *fig* Ratschluß *m* Gottes; MYTH **le ~ de Pâris** das Urteil des Paris; *fig* **~ de Salomon** salo'monisches Urteil; **~ par défaut** Versäumnisurteil *n*; **confirmer, prononcer, rendre un ~** ein Urteil bestätigen, verkünden, fällen; **passer en ~** abgeurteilt werden; **2.** *fig* Urteil *n* (*a* PHILOS); Urteilsvermögen *n*, -kraft *f*, -fähigkeit *f*; *a* Beurteilung *f*; **~ de valeur** Werturteil *n*; **défaut m de ~** mangelndes Urteilsvermögen; mangelnde Urteilsfähigkeit, -kraft; **homme m de ~** urteilsfähiger Mensch; **avoir du ~** ein sicheres Urteil haben; **quel est votre ~ sur lui?** was halten Sie von ihm?; wie beurteilen Sie ihn?; **manquer de ~** kein Urteil haben; unkritisch sein; **soumettre un livre au ~ des lecteurs** die Leser über ein Buch urteilen lassen; **je soumets cela à votre ~** ich über'lasse das Ihrem Urteil
jugeote [ʒyʒɔt] *f* F Grips *m*; Köpfchen *n*
juger [ʒyʒe] ⟨-geons⟩ **I** *v/t* **1.** JUR richten; zu Gericht sitzen, das Urteil sprechen (**qn** über j-n); aburteilen; entscheiden (**qc** in e-r Sache); befinden (**qc** über etw [*acc*]); *abs*: **le tribunal jugera** das Gericht wird darüber befinden, wird das Urteil sprechen; *fig* **la postérité jugera** die Nachwelt wird das Urteil sprechen; *adjt* **chose jugée** abgeurteilte Sache; **autorité f, force f de chose jugée** Rechtskraft *f*; **passer en, acquérir force de chose jugée** Rechtskraft erlangen; rechtskräftig werden; **2.** *fig* urteilen (*abs ou* **qn, qc** über j-n, etw); beurteilen; ermessen (**qc** etw); **vous me jugez mal si ...** Sie kennen mich schlecht, wenn ...; **cela vous permettra de mieux ~** das wird Ihnen die Beurteilung erleichtern; **~ autrui d'après soi-même** von sich auf andere schließen; **~ d'après des** *ou* **sur les critères européens** *etc* mit europäischen *ou* Maßstäben messen; **3.** *par ext* (*considérer*) meinen; glauben; sich (*dat*) denken, vorstellen; *avec adj* für ... halten, erachten; als ... ansehen; **vous jugez bien que ...** Sie können sich leicht denken, vorstellen, daß ...; **jugez combien** *ou* **si j'ai été surpris** stellen Sie sich meine Über'raschung vor; Sie können sich denken, wie über'rascht ich war; **~ qc bon** etw für gut, richtig halten *ou* erachten; **~ nécessaire de faire qc** urteilen, erachten, etw zu tun; **il juge qu'on l'a trompé** er ist der Meinung, er glaubt, daß man ihn betrogen hat; **II** *v/t/indir* **~ de** urteilen, entscheiden über (+*acc*); beurteilen, ermessen (+*acc*); **la joie, surprise de qn** sich (*dat*) vorstellen, denken (können); **si j'en juge par sa réaction** *ou* **à en ~ par sa réaction...** nach s-r Reaktion zu urteilen...; **jugez-en par vous-même** über'zeugen Sie sich selbst (davon); **autant qu'on puisse en ~** soweit sich das beurteilen läßt; nach menschlichem Ermessen; **III** *v/pr* **a)** *réfléchi* **se ~** (*soi--même*) sich (selbst) beurteilen; **se ~ perdu** sich verloren wähnen, glauben; **b)** *réciproque* **ils se jugent faits l'un pour l'autre** sie glauben, füreinander geschaffen zu sein; **c)** *sens passif* **se ~** beurteilt, gemessen werden; **JUR se ~** zur Entscheidung, Aburteilung kommen; **procès se ~ à l'automne** im Herbst stattfinden; **IV** *loc/adv* **au ~ cf jugé**
jugulaire [ʒygylɛʀ] **I** *adj* ANAT **veines** *f/pl* **~s** Drosselvenen *f/pl*, -adern *f/pl*; **II** *f* Sturm-, Kinnriemen *m*
juguler [ʒygyle] *v/t* **révolte** *etc* im Keim ersticken; unter'drücken; abwürgen; *passion* zügeln; bändigen; *épidémie* Einhalt gebieten (+*dat*)
juif [ʒɥif] **I** *adj* ⟨**juive** [ʒɥiv]⟩ jüdisch; Juden...; **II** *subst* **1. ~, juive** *m,f* Jude *m*, Jüdin *f*; **2.** ANAT **petit ~** Musi'kantenknochen *m*
juillet [ʒɥijɛ] *m* Juli *m*; **le quatorze** ⚥ der vierzehnte Juli (*frz Nationalfeiertag*); HIST **journées** *f/pl*, **révolution** *f* **de** ⚥ Julitage *m/pl*, -revolution *f*
juin [ʒɥɛ̃] *m* Juni *m*
jujub|e [ʒyʒyb] *m* **1.** BOT Ju'jube *f*; Brustbeere *f*; **2.** PHARM Brustbeerensaft *m*; **-ier** *m* BOT Ju'jube *f*
juke-box [(d)ʒukbɔks] *m* ⟨*pl* juke-boxes⟩ Mu'sikbox *f*, -automat *m*; Jukebox ['dʒuːk-] *f*
Jules [ʒyl] *m* **1.** *prénom* Julius *m*; **2.** ⚥ **a)** F (*amant*) F Kerl *m*; Ga'lan *m*; **b)** F (*mari*) F Gatterich *m*; **c)** F (*souteneur*) Zuhälter *m*; F Kerl *m*; Louis *m*; **3.** ⚥ F (*vase de nuit*) F Mitternachtsvase *f*; Pinkelpott *m*
Julie [ʒyli] *f* Julia *f*
julien [ʒyljɛ̃] *adj* ⟨**~ne**⟩ **calendrier ~** Juli'anischer Kalender
julienne [ʒyljɛn] *f* **1.** BOT Nachtviole *f*; **2.** CUIS Juli'enne *f* (*dünne Gemüsestreifen*); **potage Juli'ennesuppe** *f*
Juliers [ʒylje] Jülich *n*
Juliette [ʒyljɛt] *f* Vorname; **Roméo et ~** Romeo und Julia
jumbo(-jet) [dʒœmbo(dʒɛt)] *m* ⟨*pl* jumbo-jets⟩ AVIAT Jumbo(-Jet) [-dʒɛt] *m*
jumeau [ʒymo] **I** *adj* ⟨-elle, *m/pl* ~x⟩ Zwillings...; Doppel...; **frère ~, sœur jumelle** Doppel-, Zwillingsbruder *m*; -schwester *f*; **lits ~x** Doppel-, Ehebett *n*; **maisons jumelles** Doppelhaus *n*; **II** *subst* **~, jumelle** *m,f* Zwilling *m*; Zwillingsbruder *m*, -schwester *f*; **~x, jumelles** Zwillinge *m/pl*; Zwillingspaar *n*, -pärchen *n*; **vrais, faux ~x** eineiige, zweieiige Zwillinge *m/pl*
jumelage [ʒymlaʒ] *m* **1.** TECH Verbindung *f*; Kopp(e)lung *f*; **2.** **de villes** Städtepartnerschaft *f*
jumelé [ʒymle] *adj* Zwillings...; Doppel...; **billets de loterie ~s** Doppellos *n*; ARCH **colonnes ~es** gekuppelte Säulen *f/pl*; Doppelsäule *f*; **pari ~** Sieg- und Platzwette *f*; **roues ~es** Zwillingsreifen *m*; Doppelrad *n*; **villes ~es** Partnerstädte *f/pl*
jumeler [ʒymle] *v/t* ⟨-ll-⟩ **1.** TECH miteinˈander verbinden; koppeln; kuppeln; MAR **mât** durch Mastbacken verstärken; **2. deux villes** zu Partnerstädten erklären; durch e-e Partnerschaft verbinden
jumelle [ʒymɛl] *f* **1.** OPT *souvent pl* **~s**, *abus* **paire f de ~s** Fernglas *n*; Feldstecher *m*; **~ marine** Fernglas *n*; **~s de spectacle, de théâtre** Theaterglas *n*; Opernglas *n*, F -gucker *m*; **regarder avec les ~s** durch das Fernglas sehen, gucken; **2.** *cf* **jumeau II**
jument [ʒymɑ̃] *f* ZO Stute *f*
jumping [dʒœmpiŋ] *m* ÉQUITATION Jagdspringen *n*
jungle [ʒɛ̃gl(ə), ʒœ̃-] *f* Dschungel *m* (*a fig*); **loi f de la ~** Gesetz *n* des Dschungels, der Wildnis
junior [ʒynjɔʀ] **I** *adj* ⟨*f inv*⟩ **1.** SPORTS Juni'oren...; **catégorie f, équipe f ~** Juniorenklasse *f*, -mannschaft *f*; *par ext* **mode f ~** Mode *f* für Junioren, für die Jugend; **2.** COMM *ou plais* **Durand ~** a) der jüngere Durand (*le frère*); b) Durand 'junior (*le fils*); **II** *m,f* SPORTS 'Junior *m*, Juni'orin *f*; *pl* **~s** Juni'oren *m/pl*
junkie [dʒœnki] *m,f* Junkie ['dʒaŋki:] *m*; Drogenabhängige(r) *m(f)*
junte [ʒɛ̃t, ʒœ̃t] *f* POL Junta [x-] *f*; **~ militaire** Mili'tärjunta *f*
jupe [ʒyp] *f* Rock *m*; **~ droite, en forme, étroite, large** gerader, ausgestellter, enger, weiter Rock; **~ à plis** Faltenrock *m*; *fig* **être (fourré) dans les ~s de sa mère** sich an Mutters Rockzipfel klammern
jupe-culotte [ʒypkylɔt] *f* ⟨*pl* jupes-culottes⟩ Hosenrock *m*
jupette [ʒypɛt] *f* Röckchen *n*; **~ de tennis** Tennisröckchen *n*
Jupiter [ʒypitɛʀ] **1.** ASTR (der) Jupiter; **satellites** *m/pl* **de ~** Jupitermonde *m/pl*; **2.** *m* MYTH Jupiter *m*; *cf a* **cuisse** *I*.
jupon [ʒypɔ̃] *m* **1.** 'Unterrock *m*; **2.** *fig* **courir le ~** ein Schürzenjäger sein; F hinter jeder Schürze hersein, herlaufen
Jura [ʒyʀa] **le ~ 1.** *montagnes* der Jura; **2.** *frz Departement*; **3.** *en Suisse* **le canton du ~** der Kanton Jura
jurançon [ʒyʀɑ̃sɔ̃] *m* ein frz Weißwein
jurassien [ʒyʀasjɛ̃] GÉOGR **I** *adj* ⟨**~ne**⟩ Jura...; des Jura; ju'rassisch; GÉOL **relief ~** Jurarelief *n*; **II** *subst* ⚥ (**ne**) *m(f)* Bewohner(in) *m(f)* des Jura; Ju'rassier(in) *m(f)*
jurassique [ʒyʀasik] GÉOL *adj* Jura...; **période f ~** Jura *m*; **II** *m* Jura *m*; Juraformation *f*
juré [ʒyʀe] **I** *adj* **ennemi ~** geschworener, erklärter Feind; Tod-, Erzfeind *m*; **II** *m* JUR Geschworene(r) *m*; Schöffe *m*; Laienrichter *m*
jurer [ʒyʀe] **I** *v/t* schwören (*a abs*); *par ext* (*promettre*) geloben; (*assurer*) versichern; **~ fidélité, obéissance à qn** j-m Treue, Gehorsam schwören, geloben; **~ par tous les saints, par tout ce qui est le plus sacré** bei allem, was heilig ist, schwören; *fig* **on ne jure plus que par lui** man schwört auf ihn; man hält große Stücke auf ihn; **~ sur la Bible, sur son honneur** auf die Bibel, bei s-r Ehre schwören; **~ de faire qc** schwören, geloben, etw zu tun; **il ne faut ~ de rien** man kann nie wissen (,was dazwischenkommt); man soll nicht zuviel versprechen; **j'en jurerais** ich könnte darauf schwören; F darauf kannst du *ou* können Sie Gift nehmen; **~ ses grands dieux que ...** Stein und Bein schwören, daß ...; **je vous jure** das kann ich Ihnen sagen, versichern; F **ah, je vous jure!**

juridiction – justice

das ist doch nicht zu fassen, nicht zu glauben!; **II** *v/i* **1.** *(dire des jurons)* fluchen; **~ comme un charretier** fluchen wie ein Droschkenkutscher; **2.** *objets, couleurs* nicht zuein'ander passen; *couleurs a* sich beißen; **~ avec qc** nicht zu etw passen; sich nicht mit etw vertragen; **III** *v/pr* **a)** *réciproque* **se ~ un amour éternel** sich, ein'ander ewige Liebe schwören; **b)** *réfléchi* **se ~ de faire qc** sich fest vornehmen, etw zu tun

juridiction [ʒyridiksjõ] *f* Rechtsprechung *f*; Rechtspflege *f*; Gerichtsbarkeit *f*; Jurisdikti'on *f*; *(tribunal)* Gericht *n*; **~ administrative, civile, commerciale, pénale** Verwaltungs-, Zi'vil-, Handels-, Strafgerichtsbarkeit *f*; **~ de droit commun** ordentliche Gerichtsbarkeit *f*; **~ d'exception** Sonder-, Ausnahmegerichtsbarkeit *f*; **~ d'instance, de jugement** erkennendes Gericht; **avoir recours à la ~ supérieure** die höhere Instanz anrufen; **exercer la ~** die Gerichtsbarkeit ausüben; Recht sprechen

juridictionnel [ʒyridiksjɔnɛl] *adj* ⟨~le⟩ richterlich; Gerichts…; **pouvoir ~** richterliche Gewalt

juridique [ʒyridik] *adj* **1.** *(relatif au droit)* rechtlich; ju'ristisch; Rechts…; **acte ~** Rechtsgeschäft *n*, -handlung *f*; **études** *f/pl* **~s** Jurastudium *n*; juristisches Studium; **statut** *m* **~** Rechtsstellung *f*; rechtlicher Status; **vocabulaire** *m*, **langue** *f* **~** Rechtsvokabular *n*, -sprache *f*; **2.** *(devant la justice)* gerichtlich; **action** *f* **~** gerichtliche Klage; Klage *f* vor Gericht

jurisconsulte [ʒyRiskõsylt] *m* Ju'rist *m*; Rechtskundige(r) *m*

jurisprudence [ʒyRispRydɑ̃s] *f* Rechtsprechung *f*; **la ~ de la Cour de cassation** die Spruchpraxis des Kassationshofs; **recueil** *m* **de ~** Sammlung *f* von gerichtlichen Entscheidungen; **faire ~** zum Präzedenzfall werden

juriste [ʒyRist] *m,f* Ju'rist(in) *m(f)*

juron [ʒyRõ] *m* Fluch *m*

jury [ʒyRi] *m* **1.** *JUR* Geschworene(n) *m/pl*; Geschworenenbank *f*; **2.** *d'un prix littéraire etc, SPORTS* Jury [ʒy'ri:] *f*; **~ (d'examen)** Prüfungskommission *f*, -ausschuß *m*

jus [ʒy] *m* **1.** Saft *m*; **~ de fruit** Obst-, Fruchtsaft *m*; **~ de pommes, de raisin, de tomates** Apfel-, Trauben-, To'matensaft *m*; *CUIS* **~ de rôti** Bratensaft *m*; Jus [ʒy:] *f*; *CUIS* **carottes** *f/pl* **au ~** Karotten *f/pl* in Fleischsaft; F *fig* **cuire dans son ~** im eigenen Saft schmoren; F **laisser qn cuire, mijoter dans son ~** j-n im eigenen Saft schmoren lassen; F *fig* **ça valait le ~** es hat sich gelohnt; **2.** F *(café)* Kaffee *m*; *péj* **~ de chaussette** F Blümchenkaffee *m*; Brühe *f*; *nordd* Plörre *f*. **3.** F *(courant électrique)* F Saft *m*; **il n'y a plus de ~!** kein Saft mehr!

jusant [ʒyzɑ̃] *m MAR* Ebbe *f*; Tidenfall *m*

jusqu'au-bout|isme [ʒyskobutism(ə)] *m* 'Durchhalten *n* bis zum Ende, um jeden Preis; *POL a* 'Durchhaltepolitik *f*; **~iste** *m POL* 'Durchhaltepolitiker *m*; *par ext* Unentwegte(r) *m*

jusque [ʒysk(ə)] **I** *prép* ⟨vor Vokal *jusqu'*⟩ **1. jusqu'à a)** *lieu*: bis nach; bis zu; **jusqu'à Paris** bis nach Paris; **rempli jusqu'au bord** bis an den Rand gefüllt; randvoll; **~s et y compris la page vingt** bis einschließlich Seite zwanzig; **b)** *temps*: **jusqu'à aujourd'hui** *ou* **jusqu'aujourd'hui** bis heute; **jusqu'à demain** bis morgen; **jusqu'à quand?** bis wann?; wie lange noch?; **jusqu'à la mort** bis zum Tod; **jusqu'à ce jour** bis auf diesen, bis auf den heutigen Tag; **jusqu'au 17 décembre inclus** bis einschließlich 17. Dezember; **c)** *fig*: **jusqu'au dernier (homme)** bis auf den letzten Mann; **s'attendrir jusqu'aux larmes** zu Tränen gerührt sein; **2.** *avec d'autres prép*: **a)** *lieu*: **accompagner qn ~ chez lui** j-n bis nach Hause begleiten; **b)** *temps*: **demeurer jusqu'après Pâques** bis nach, bis über Ostern bleiben; **jusqu'en avril** bis zum April *ou* bis in den April hinein; **attendre ~ vers onze heures** bis gegen elf (Uhr) warten; **3.** *avec adv*: **jusqu'alors** bis'her; bis'lang; bis jetzt; **jusqu'à présent** bis jetzt; **jusqu'ici** *lieu* bis hier(her); *temps* bis jetzt; bis'her; **~-là** bis dahin, dorthin; so weit (a *fig*); *temps* bis dahin; F *fig* **en avoir ~-là** es satt, F dick haben; F **j'en ai ~-là** F mir steht's bis hierhin; es hängt mir zum Halse raus; **~ minuit passé** bis nach Mitternacht; **~ tard dans la nuit** bis spät in die Nacht (hinein); **II** *adv* so'gar; selbst; **il regarda ~ sous le lit** er sah sogar unter dem Bett nach; **il est allé jusqu'à prétendre que …** er ging so weit zu behaupten, er verstieg sich zu der Behauptung, daß …; **III** *conj* **jusqu'à ce que …** *(+Subj)* bis

jusquiame [ʒyskjam] *f BOT* Bilsenkraut *n*

justaucorps [ʒystokɔR] *m* Gym'nastikanzug *m*

juste [ʒyst] **I** *adj* **1.** *(équitable)* *personne, punition, colère, note* gerecht; *récompense, indemnisation, salaire* angemessen; **~ ciel!** gerechter Himmel, Gott!; **être ~ à l'égard de, pour, envers qn** j-m gegenüber gerecht sein; gerecht gegen j-n sein; **soyons ~s!** seien wir gerecht!; **ce n'est que trop ~** das ist nicht mehr als recht und billig; das ist nicht mehr als recht und billig. **2.** *(justifié)* *revendication, reproche, craintes* berechtigt; *doutes a* begründet; **avoir ~ des raisons de s'alarmer** allen Anlaß, guten *ou* allen Grund zur Beunruhigung haben; **à ~ titre** mit vollem Recht; zu Recht; mit Fug und Recht. **3.** *(exact)* *balance, mesure, heure* genau; *montre* richtig, genaugehend; *addition, réponse, solution, idée* richtig; *MUS note* rein; *mot, expression* passend; treffend; **~ milieu** *m* richtige, goldene Mitte; goldener Mittelweg; *tir* **~** Treffer *m*; **à six heures ~** genau um, Punkt sechs Uhr; **au sens le plus ~ du terme** im wahrsten Sinne des Wortes; **très ~!** sehr richtig!; ganz recht!; **rien de plus ~!** das ist nur zu richtig!; **avoir le coup d'œil, l'oreille ~** ein gutes Auge, Ohr *ou* Gehör haben; **estimer qc à son ~ prix, qn à sa ~ valeur** etw, j-n nach s-m wahren Wert einschätzen, beurteilen; **être ~** *addition, réponse etc* stimmen; **c'est ~** das ist richtig; das stimmt; **c'est assez ~** das stimmt ziemlich genau; **4.** *(serré)*

trop **~** *vêtement* zu eng, knapp; *quantité* knapp, wenig; **prix le plus ~** knapp, scharf kalku'lierter Preis; **c'est un peu ~** *vêtement a* das spannt; **trois minutes pour changer de train, ce sera ~** das wird knapp werden; **II** *adv* **1.** *(exactement)* genau; richtig; **~ autant** ebensoviel; **~ au coin de la rue** genau, di'rekt an der Straßenecke; **~ l'opposé, le contraire** das genaue Gegenteil; gerade das Gegenteil; **arriver ~ à l'heure** ganz pünktlich (an)kommen; **chanter ~** richtig singen; **c'est ~ ce qu'il faut** das ist genau das, was wir brauchen; **mesurer ~** genau messen; **penser ~** (folge)richtig denken; **tirer, viser ~** richtig, genau zielen; **tomber ~** **a)** *(deviner)* es erraten; das Richtige treffen; *loc/adv*: **au ~** eigentlich; genau; **que veux-tu au ~?** was willst du eigentlich?; **comme de ~** wie nicht anders zu erwarten; **comme de ~, il n'était pas là** er war natürlich wieder nicht da; **2.** *(de justesse)* gerade (F grade) noch; knapp; nur; **arriver ~ pour voir le bus démarrer** g(e)rade noch zurechtkommen, um den Bus abfahren zu sehen; **avoir ~ de quoi vivre** sein knappes Auskommen haben; g(e)rade so aus-, hinkommen; **on a ~ le temps** die Zeit reicht g(e)rade noch; wir schaffen es g(e)rade noch; **rester le temps de faire qc** nur so lange bleiben, bis man etw getan hat; *loc/adv*: **au plus ~** ganz knapp; **tout ~** g(e)rade noch; ganz knapp; F **il a eu le train tout ~** F er kriegte den Zug mit knapper Not, mit Müh und Not; **c'est tout ~ passable** das geht g(e)rade noch; das geht eben. **III** *m* **1.** Gerechte(r) *m*; **les ~s** die Gerechten (a *BIBL*); **2. le sentiment du ~ et de l'injuste** das Gefühl für Recht und Unrecht

justement [ʒystəmɑ̃] *adv* **1.** *(précisément)* gerade (F grade); eben; **~ le voici!** da kommt er ja g(e)rade!; **c'est ce qu'il ne fallait pas faire** das war g(e)rade das Verkehrte; **il a choisi ce moment** er wählte ausgerechnet diesen Augenblick; **2.** *(avec justesse)* richtig; **comme on l'a dit si ~** wie ganz richtig gesagt wurde; **3.** *(à bon droit)* zu, mit Recht; **faire ~ remarquer que …** mit, zu Recht darauf hinweisen, daß …

justesse [ʒystɛs] *f* **1.** *d'une montre, balance etc* Genauigkeit *f*; *d'une comparaison, expression etc* Richtigkeit *f*; *d'un son* Reinheit *f*; *de l'oreille, du raisonnement* Schärfe *f*; **~ du coup d'œil** gutes Augenmaß *n*; **~ du tir** Treffsicherheit *f*; **remarque** *f* **d'une grande ~** scharfsinnige Bemerkung. **2.** *loc/adv* **de ~** gerade (F grade) noch; mit knapper Not; **échapper de ~ à la mort** um Haaresbreite, mit knapper Not dem Tod entrinnen

justice [ʒystis] *f* **1.** *(équité)* Gerechtigkeit *f*; Recht *n*; **la ~** Ju'stitia *f*; die Göttin der Gerechtigkeit; **~ sociale** soziale Gerechtigkeit; **en bonne ~** mit gutem Recht; mit Fug und Recht; **avoir la ~ de son côté, pour soi** das Recht auf s-r Seite haben; **demander, obtenir ~** Gerechtigkeit, sein Recht fordern, erlangen *ou* erhalten; **on lui doit cette ~**

justiciable – kidnappeuse

das muß man ihm lassen; *c'est ~* das ist gerecht; *ce n'est que ~* das ist nur recht und billig; das ist nicht mehr als recht und billig; *faire ~ de qc* (*récuser*) etw verwerfen; (*réfuter*) etw wider'legen; *faire, rendre ~ à qn* j-m Gerechtigkeit wider'fahren lassen; **2.** (*juridiction*) Ju'stiz *f*; Rechtswesen *n*; Gerichtsbarkeit *f*; *par ext* (*tribunal*) Gericht *n*; *par ext* (*police judiciaire*) Krimi'nalpolizei *f*; *~ administrative, civile* Verwaltungs-, Zi'vilgerichtsbarkeit *f*; *loc/adv en ~* vor Gericht; *assigner, citer en ~* vor Gericht laden; vorladen; *passer en ~* vor Gericht kommen; *traduire qn en ~* j-n gerichtlich belangen, vor Gericht stellen *ou* bringen; *être brouillé avec la ~* mit dem Gesetz in Konflikt geraten sein; *se faire ~* (*soi-même*) a) (*se tuer*) sich selbst richten; b) (*se venger*) sich selbst Recht verschaffen; *rendre la ~* Recht sprechen; Gericht halten
justiciable [ʒystisjabl(ə)] *adj* JUR e-r Gerichtsbarkeit, der Zuständigkeit e-s Gerichts unter'liegend, unter'stehend, unter'worfen
justic|ier [ʒystisje] *m*, **~ière** *f* Verfechter(in) *m(f)* der Gerechtigkeit; *personnage de roman etc* für das Recht eintretender Held; Rächer *m*; *iron* Weltverbesserer *m*

justifiable [ʒystifjabl(ə)] *adj* vertretbar; zu rechtfertigen(d)
justificateur [ʒystifikatœʁ] *adj* ⟨-trice⟩ rechtfertigend; Rechtfertigungs...
justificatif [ʒystifikatif] *adj* ⟨-ive⟩ **1.** rechtfertigend; Rechtfertigungs...; JUR *fait ~* Rechtfertigungsgrund *m*; **2.** (*qui prouve*) beweiskräftig; Beweis...; COMM Beleg...; *exemplaire ~ ou subst ~ m* Belegexemplar *n*; *pièce justificative* Beweisstück *n*; Beweis *m*; COMM Beleg *m*; (Rechnungs)'Unterlage *f*
justification [ʒystifikasjõ] *f* **1.** Rechtfertigung *f*; *qu'avez-vous à dire pour votre ~?* was haben Sie zu Ihrer Rechtfertigung zu sagen?; **2.** (*preuve*) Nachweis *m*, Beweis *m*, COMM Beleg *m* (*de qc* für etw); *~ d'un paiement* Zahlungsbeleg *m*; **3.** TYPO **a)** *des lignes* Ausschließen *n*; *machine f à écrire à ~* Schreibmaschine *f* mit Randausgleich; **b)** (*longueur d'une ligne*) Zeilenlänge *f*; Satzbreite *f*
justifier [ʒystifje] **I** *v/t* **1.** rechtfertigen; *conduite, critiques etc a* begründen; *affirmation* beweisen; *~ l'emploi des sommes reçues* über die Verwendung der empfangenen Gelder Rechenschaft ablegen; *adjt reproche, craintes etc justifié* berechtigt; begründet; *ne pas être justifié* unbegründet sein; **2.**
(*confirmer*) bestätigen; *cet événement justifia ses craintes, son opinion* bestätigte s-e Befürchtungen, s-e Meinung; **3.** TYPO ausschließen; **II** *v/t/indir ~ de qc* für etw den Beweis liefern, den Nachweis erbringen; etw beweisen, nachweisen, belegen; *~ de son identité* sich ausweisen, legiti'mieren; *reçu ~ d'un paiement* e-e Zahlung belegen; **III** *v/pr se ~* **a)** sich rechtfertigen (*auprès de qn* vor j-m); *se ~ de qc devant qn* sich vor j-m für etw verantworten; *se ~ d'une accusation* sich von e-r Anschuldigung reinwaschen; **b)** *craintes* sich als begründet, gerechtfertigt erweisen
jute [ʒyt] *m* TEXT Jute *f*
juteux [ʒytø] **I** *adj* ⟨-euse⟩ **1.** *fruit* saftig; **2.** F *fig affaire juteuse* einbringliches, einträgliches Geschäft; F Bombengeschäft *n*; **II** *m arg militaire* (*adjudant*) Hauptfeldwebel *m*; F Spieß *m*
juvénile [ʒyvenil] *adj allure, grâce* jugendlich; JUR *délinquance f ~* Jugendkriminalität *f*
juxta|poser [ʒykstapoze] *v/t* nebenein-'anderstellen, -legen, -setzen; *textes* gegen'überstellen; *phrases* (anein'anderreihen; *mots* anein'andersetzen; **~position** *f* Nebenein'anderstellen *n*; LING Juxtaposition *f*

K

K, k [kɑ] *m* ⟨*inv*⟩ K, k *n*
K7 [kasɛt] *f* Kas'sette *f*
kabbale [kabal] *f cf cabale*
kabuki [kabuki] *m théâtre japonais* Ka-'buki *n*
kabyle [kabil] **I** *adj* ka'bylisch; **II** *subst* ♀ *m,f* Ka'byle *m*, Ka'bylin *f*
Kabylie [kabili] *la ~* die Kaby'lei
kafkaïen [kafkajɛ̃] *adj* ⟨~ne⟩ kafka'esk
kahoua [kawa] F *m* Kaffee *m*
kaiser [kajzɛʁ, kɛ-] *m* HIST (deutscher) Kaiser (*1871–1918*)
kakatoès *cf cacatoès*
kaki¹ [kaki] **I** *adj* ⟨*inv*⟩ khakibraun, -farben; *chemise f ~* Khakihemd *n*; **II** *m* Khaki *n*; Khakibraun *n*, -farbe *f*
kaki² [kaki] *m fruit* Kaki *f*
kalachnikov [kalaʃnikɔf] *f* MIL Ka-'laschnikow *f*
kaléidoscope [kaleidɔskɔp] *m* Kaleido-'skop *n* (*a fig*)
Kalmouks [kalmuk] *m/pl* Kal'mücken *m/pl*
kamikaze [kamikaz] *m* **1.** MIL Kami'kazeflieger *m*; **2.** *fig* verwegener Bursche; Draufgänger *m*; *adjt* (geradezu) selbstmörderisch
kangourou [kɑ̃guʁu] *m* ZO Känguruh *n*
kantisme [kɑ̃tism(ə)] *m* PHILOS Lehre *f*, Philoso'phie *f* Kants

kaolin [kaɔlɛ̃] *m* MINÉR Kao'lin *n ou m*; Porzel'lanerde *f*
kapok [kapɔk] *m* TEXT Kapok *m*; *~ier m* BOT Kapokbaum *m*
karaté [kaʁate] *m* Ka'rate *n*
karma [kaʁma] *m* REL Karma *n*
karst [kaʁst] *m* GÉOL Karst(landschaft) *m(f)*; *~ique adj* GÉOL Karst...
kart [kaʁt] *m* **1.** SPORTS Go-Kart *m*; **2.** *pour enfants* Kettcar *m* (*Wz*)
karting [kaʁtiŋ] *m* Go-Kart-Sport *m*; Karting *n*
kascher [kaʃɛʁ] *adj* ⟨*inv*⟩ koscher
kayak *ou* **kayac** [kajak] *m* Kajak *m*
kazakh [kazak] **I** *adj* ka'sachisch; **II** *m/pl* ♀s Ka'sachen *m/pl*
Kazakhstan [kazakstɑ̃] *n* Kasachstan *n*
kebab [kebab] *m* CUIS Ke'bab *m*
kéfir [kefiʁ] *m boisson* Kefir *m*
kelvin [kɛlvin] *m* (*abr* K) PHYS Kelvin *n* (*abr* K)
Kenya [kenja] *le ~* Kenia *n*
kényan [kenja] **I** *adj* keni'anisch; **II** *subst* ♀(*e*) *m(f)* Keni'aner(in) *m(f)*
képi [kepi] *m* Schirmmütze *f* (*der frz Offiziere u Polizisten*)
kératine [keʁatin] *f* BIOCHIMIE Kera'tin *n*
kératite [keʁatit] *f* MÉD Hornhautentzündung *f*; *sc* Kera'titis *f*

kératoplastie [keʁatoplasti] *f* MÉD Hornhautüberpflanzung *f*; *sc* Kerato-'plastik *f*
Kerguelen [kɛʁgelɛn] *les îles f/pl ~* die Kerguelen
kermesse [kɛʁmɛs] *f* **1.** (*fête de charité*) Wohltätigkeitsfest *n*; **2.** (*fête foraine*) Kirmes *f*; Kirchweih(fest) *f(n)*
kérosène [keʁozɛn] *m carburant* Kero-'sin *n*
ketchup [kɛtʃœp] *m* CUIS Ketchup ['kɛtʃap] *m ou n*
kg *abr* (*kilogramme*[*s*]) kg (Kilogramm)
khâgne [kaɲ] *f* F Klasse, in der man sich nach dem Baccalauréat zur Aufnahmeprüfung für die „École normale supérieure (*lettres*)" vorbereitet
khâgn|eux [kaɲø] F *m*, **~euse** F *f* Student(in), der (die) die „khâgne" besucht
khmer [kmɛʁ] **I** *adj* (*khmère*) der Khmer; Khmer...; **II** *m/pl* ♀s Khmer *m/pl*; *les* ♀s *rouges* die Roten Khmer
khôl [kol] *m* (*fard à paupières*) Ka'jal *m*
kibboutz [kibuts] *m* ⟨*pl ~od ~im* [-im]⟩ Kib'buz *m*
kick [kik] *m* Kickstarter *m*
kidnapp|er [kidnape] *v/t* kidnappen [-nɛ-]; entführen; **~eur** *m*, **~euse** *f* Kidnapper [-nɛ-] *m*; Entführer(in) *m(f)*

kidnapping [kidnapiŋ] *m* Kidnapping [-nɛ-] *n*; Entführung *f*

kif [kif] *m cf* **kif-kif**

kif(f) [kif] *m* Kif *m* (*nordafrikanisches Rauschgift*)

kif-kif [kifkif] *adj* ⟨*inv*⟩ F **c'est ~ (bourricot)**, *subst* **c'est du kif** das ist gleich, e'gal, ein und dasselbe; F das ist Jacke wie Hose; das ist gehupft wie gesprungen

kiki [kiki] *m* **1.** F (*gorge*) Gurgel *f*; Kehle *f*; **serrer le ~ à qn** j-m die Gurgel, Kehle zudrücken; **2.** F **c'est parti, mon ~** F und los geht's; und schon läuft die Sache

kil [kil] P *m* Liter *n ou m*; **un ~ de rouge** ein Liter Rotwein

kilo [kilo] *m* Kilo *n*; **cinq ~s** fünf Kilo

kilo|ampère [kilɔɑ̃pɛʀ] *m* (*abr* **kA**) ÉLECT Kiloam'pere *n* (*abr* kA); **~calorie** *f* (*abr* **kcal**) Kilokalorie *f* (*abr* kcal); **~gramme** *m* (*abr* **kg**) Kilo'gramm *n* (*abr* kg); **~hertz** *m* (*abr* **kHz**) RAD Kilo'hertz *n* (*abr* kHz); **~joule** *m* (*abr* **kJ**) ÉLECT Kilo'joule *n* (*abr* kJ)

kilométrage [kilometʀaʒ] *m* **1.** *d'une route etc* Kilome'trieren *n*, -ung *f*; **2.** (*nombre de km parcourus*) Kilo'meterzahl *f*; *d'un compteur* Kilo'meterstand *m*

kilomètre [kilɔmɛtʀ(ə)] *m* (*abr* **km**) Kilo'meter *m* (*abr* km); **~ carré** (*abr* **km²**) Qua'dratkilometer *m* (*abr* km² *ou* qkm); **faire des ~s** kilometerweit, viele Kilometer laufen *ou* fahren; **faire 130 ~s à l'heure** mit 130 Stundenkilometern fahren; **~-heure** *m* ⟨*pl* kilomètres-heure⟩ (*abr* **km/h**) Stundenkilometer *m* (*abr* km/h)

kilométrique [kilometʀik] *adj* Kilo'meter...; in Kilo'metern; kilo'metrisch; **borne** *f* **~** Kilometerstein *m*; **distance** *f* **~** Entfernung *f* in Kilometern

kilo-octet [kilɔɔktɛ] *m* ⟨*pl* kilo-octets⟩ (*abr* **ko**) INFORM Kilobyte [-'baɪt] *n* (*abr* kByte)

kilo|tonne [kilɔtɔn] *f* (*abr* **kt**) PHYS NUCL Kilotonne *f* (*abr* kt); **~volt** *m* (*abr* **kV**) ÉLECT Kilo'volt *n* (*abr* kV); **~voltampère** *m* (*abr* **kVA**) ÉLECT Kilovoltam'pere *n* (*abr* kVA); **~watt** *m* (*abr* **kW**) ÉLECT Kilo'watt *n* (*abr* kW); **~wattheure** *m* (*abr* **kWh**) ÉLECT Kilo'wattstunde *f* (*abr* kWh)

kilt [kilt] *m* Kilt *m*; Schottenrock *m*

kimono [kimɔno] *m* Ki'mono *ou* 'Kimono *m*; *adjt* **manches** *f/pl* **~** Kimonoärmel *m/pl*

kiné(si) [kine(zi)] *m,f* F *abr cf* **kinésithérapeute**

kinésithérap|eute [kineziteʀapøt] *m,f* Heil-, Krankengymnast(in) *m(f)*; **~ie** *f* Heil-, Krankengymnastik *f*

kinestés|ie [kinɛstezi] *f* PHYSIOL Kinästhe'sie *f*; **~ique** *adj* kinäs'thetisch

kiosque [kjɔsk] *m* **1.** Ki'osk *m*; **~ à journaux** Zeitungskiosk *m*, -stand *m*; **2.** (Garten)Pavillon *m*; **~ à musique** Mu'sikpavillon *m*; **3.** MAR *d'un sous-marin* Turm *m*; **~ de la timonerie** Ruderhaus *n*

kipper [kipœʀ] *m* CUIS Räucherhering *m*

kirghiz [kiʀgiz] **I** *adj* kir'gisisch; **II** *m/pl* ♀ Kir'gisen *m/pl*

Kirghizistan [kiʀgizistɑ̃] **le ~** Kir'gisien *n*

kirsch [kiʀʃ] *m* Kirsch *m*; Kirschwasser *n*

kit [kit] *m* Bausatz *m*

kitchenette [kitʃɔnɛt] *f* kleine Küche, Kochnische *f*

kitsch [kitʃ] **I** *adj* ⟨*inv*⟩ kitschig; Kitsch...; **II** *m* Kitsch *m*

kiwi [kiwi] *m* **1.** *fruit* Kiwi *f*; **2.** *oiseau* Kiwi *m*

klaxon [klaksɔ̃] *m* (*nom déposé*) Hupe *f*; **donner un coup de ~** (kurz) hupen

klaxonner [klaksɔne] **I** *v/t* **~ qn** j-n anhupen; **II** *v/i* hupen; **interdiction** *f* **de ~** Hupen verboten

klebs *cf* **clebs**

kleptoman|e [klɛptɔman] **I** *adj* klepto'manisch; **II** *m,f* Klepto'mane, -'manin *m,f*; **~ie** *f* Kleptoma'nie *f*

km *abr* (*kilomètre[s]*) km (Kilometer)

km/h *abr* (*kilomètres-heure*) km/h (Stundenkilometer, Kilometer je Stunde)

knock-out [(k)nɔkawt, -kut] (*abr* **K.-O.**) BOXE **I** *adj* knockout [nɔk'aut] (*abr* k. o.); **mettre qn ~** j-n knockout,

k. o. schlagen; **II** *m* ⟨*inv*⟩ Knockout *m* (*abr* K. o.); **battu par ~** durch K. o. besiegt

knout [knut] *m* Knute *f*

K.-O. [kao] *abr* (*knock-out*) **I** *adj* ⟨*inv*⟩ **1.** BOXE k. o.; **2.** F *fig* **être complètement ~** F völlig k. o. *ou* ka'putt sein; **II** *m* BOXE K. o. *m*

koala [kɔala] *m* ZO Ko'ala *m*; Beutelbär *m*

kola [kɔla] *m* BOT (**noix** *f* **de**) **~** Kolanuß *f*

kolkhoz(e) [kɔlkoz] *m* Kol'chose *f*; Kolchos *m*

kolkhoz|ien [kɔlkozjɛ̃] *m*, **~ienne** *f* Kolchosbauer, -bäuerin *m,f*

konzern [kõzɛʀn, -tsɛʀn] *m* ÉCON Kon'zern *m*

kopeck [kɔpɛk] *m* Ko'peke *f*; *fig* **il n'a plus un ~** er hat keinen Pfennig, F keinen roten Heller mehr

korrig|an [kɔʀigɑ̃] *m*, **~ane** *f* dans les légendes bretonnes Kobold *m*; Wichtelmännchen *n*

kouglof [kuglɔf] *m* CUIS Napf-, Topfkuchen *m*; *südd* Gugelhupf *ou* Gugelhopf *m*

Koweit [kɔwɛt] **le ~** Ku'wait *n*

koweitien [kɔwɛtjɛ̃] **I** *adj* ⟨**~ne**⟩ ku'waitisch; **II** *subst* ♀ (**ne**) *m(f)* Ku'waiter(in) *m(f)*

krach [kʀak] *m* ÉCON Börsenkrach *m*

kraft [kʀaft] *m ou adjt* **papier** *m* **~** Packpapier *n*

Kremlin [kʀɛmlɛ̃] **le ~** der Kreml

krill [kʀil] *m* ZO Krill *m* (*e-e Garnele*)

krypton [kʀiptɔ̃] *m* CHIM Krypton *n*

kummel [kymɛl] *m alcool* Kümmel *m*

kumquat [kumkwat] *m* BOT Kumquat *f*

kurde [kyʀd] **I** *adj* kurdisch; **II** *subst* ♀ *m,f* Kurde *m*, Kurdin *f*

kW *abr* (*kilowatt[s]*) kW (Kilowatt)

kWh *abr* (*kilowattheure[s]*) kWh (Kilowattstunde[n])

kyrie (**eleison**) [kiʀje(eleisɔn)] *m* ⟨*inv*⟩ REL, MUS Kyrie(e'leison) *n*

kyrielle [kiʀjɛl] *f* **~ d'enfants** Schar *f*, Schwarm *m* von Kindern; **~ de reproches** lange Reihe von Vorwürfen

kyste [kist] *m* MÉD, BOT Zyste *f*

L

L, l [ɛl] *m* ⟨*inv*⟩ L, l *n*
l *abr* (*litre*[*s*]) l (Liter)
l' [l] *cf* **le**
la¹ [la] *article et pr/pers cf* **le**
la² [la] *m MUS* a *ou* A *n*; **donner le ~** das A angeben; *fig* den Ton angeben
là [la] **I** *adv* **1.** *lieu*: da; dort; dahin; dorthin; *ces gens-~* diese Leute da; *st/s* jene Leute; *~ où ...* da, wo ...; *asseyez-vous ~!* setzen Sie sich hier-, da-, dorthin!; *~, il interrompt son récit* an dieser Stelle unterbrach er s-n Bericht; *qui va ~?* wer da?; *être ~* dasein; F *fig être un peu ~* ziemlich groß, gewichtig, auffällig sein; *il est un peu ~ a* mit ihm muß man rechnen; *les faits sont ~* das sind (nun einmal) Tatsachen; *c'est ~ que je voudrais aller* dorthin möchte ich gern fahren, reisen; *c'est bien ~ qu'est la difficulté* darin liegt ja gerade die Schwierigkeit; *j'en étais ~ de ma lettre lorsque ...* bis hierhin, so weit war ich mit meinem Brief gekommen, als ...; *rester ~* dableiben; da, hier stehenbleiben; ♦ *de ~* von da, dort; von dorther; *causalité daher*; *de ~ au village il y a deux kilomètres* von da *ou* dort bis zum Dorf; *il est allé à Paris et* (*à partir de*) *~ en Angleterre* und von da aus nach England; *il n'a pas assez travaillé, de ~ son échec* daher sein 'Mißerfolg; *mais de ~ à prétendre que ...* aber deswegen gleich behaupten zu wollen, daß ...; *tout près de ~* ganz in der Nähe; ♦ *par ~* da, dort (entlang *ou* hindurch *ou* hinein *ou* herein); *par ~, par ~* dorthin; *a dort in der Gegend*; *montez par ~!* gehen Sie da-, dorthinauf; *sors par ~!* geh dorthinaus!; *fig que faut-il entendre par ~?* was soll man darunter verstehen?; **2.** *temps*: *à quelque temps, à quelques jours de ~* einige Zeit, Tage danach ou darauf; *d'ici ~,* je serai rentré bis dahin; **3.** *marque d'insistance, souvent non traduit*: *c'est ~ une chose importante* das ist e-e wichtige Sache; *est-ce ~ l'homme qui ...?* ist das der Mann, der ...?; *elle est ~ qui pleure* sie (sitzt *ou* steht da und) weint; *c'est ~ votre erreur!* da irren Sie sich!; *qu'allez-vous penser ~!* wie können Sie nur so etwas denken!; *que dites-vous ~?* was sagen Sie da?; **4.** *fig*: *je n'en suis pas encore* (*arrivé*) *~ a*) *par rapport à un travail* ich bin noch nicht soweit; *b*) *par rapport à la situation* dahin *ou* so weit ist es noch nicht mit mir gekommen; *restons-en ~, tenons-nous-en ~!* wir wollen es dabei bewenden lassen!; **II** *int ~, ~, calmez-vous!* na *ou* nun *ou* schon gut, beruhigen Sie sich!; '*hé ~!* heda!; *oh! ~ ~!* ach je!; *o'je!*

là-bas [lɑbɑ] *loc/adv* da drüben; da; dort; da hinten; dorthin; dahin

label [labɛl] *m COMM* Warenkennzeichen *n*; *~ vert* 'Umweltzeichen *n*; *~* (*de garantie*) Garan'tiezeichen *n*; *~ d'origine* Hersteller-, Ursprungszeichen *n*; *~ de qualité* Gütezeichen *n*, -siegel *n* (*a fig*)

labeur [labœʀ] *m* **1.** *st/s* (*travail pénible*) (langwierige, mühsame) Arbeit; **2.** *TYPO* Werkdruck *m*

labiacées [labjase] *f/pl BOT* Lippenblütler *m/pl*

labial [labjal] *adj* ⟨-aux⟩ Lippen...; Labi'al...; *PHON consonne ~e ou subst ~e f* Labial(laut) *m*; Lippenlaut *m*; *ANAT muscle ~* Lippenmuskel *m*

labié [labje] *BOT* **I** *adj* lippenförmig; Lippen...; *fleur ~* Lippenblüte *f*; **II** *f/pl ~es cf labiacées*

labiodental [labjɔdɑ̃tal] *adj* ⟨-aux⟩ *PHON consonne ~e ou subst ~e f* Labioden'tal(laut) *m*

labo [labo] *m* F *abr* (*laboratoire*) La'bor *n*

laborant|in [labɔʀɑ̃tɛ̃] *m*, *-ine f* Labo'rant(in) *m*(*f*)

laboratoire [labɔʀatwaʀ] *m* Labora'torium *n*; La'bor *n*; *~ spatial ou orbital* Raumlabor *n*; *~ d'analyses médicales* diagnostisches Laboratorium; *~ de langues* Sprachlabor *n*; *animaux m/pl de ~* Versuchstiere *n/pl*

laborieux [labɔʀjø] *adj* ⟨-euse⟩ **1.** *recherches etc* mühsam; mühselig; *négociations* schwierig; langwierig; *style* 'umständlich; schwerfällig; *c'est ~!* das geht nicht gerade schnell!; das dauert aber lange!; **2.** *personne* fleißig; arbeitsam; *les classes laborieuses* die arbeitenden Klassen *f/pl*; *une vie laborieuse* ein arbeitsreiches Leben

labour [labuʀ] *m AGR* **1.** (*labourage*) Pflügen *n*; Ackern *n*; *par ext* Bodenarbeitung *f*; Feldbestellung *f*, -arbeit *f*; *cheval m de ~* Ackerpferd *n*, F -gaul *m*; **2.** *~s pl* (bestelltes) Feld; Ackerland *n*

labourable [labuʀabl(ə)] *adj* bestellbar; kulti'vierbar; *terre f ~* Ackerland *n*, -boden *m*

labourage [labuʀaʒ] *m* ('Um)Pflügen *n*; Ackern *n*; *par ext* Feldbestellung *f*; (*agriculture*) Ackerbau *m*

labourer [labuʀe] **I** *v/t* **1.** *terre* ('um)pflügen; *abs* pflügen; ackern; *par ext champ a* bestellen; *~ au tracteur* mit dem Traktor pflügen; **2.** *fig: sabots des chevaux: le terrain* auf-, 'umwühlen; *visage ~ de coups de griffes* zerkratzen; *adjt visage labouré de rides* zerfurchtes Gesicht; von Falten, Runzeln durch'furchtes Gesicht; **II** *v/pr se ~ le visage avec les ongles* sich das Gesicht mit den Nägeln zerkratzen

laboureur [labuʀœʀ] *m* Pflüger *m*; *litt* Landmann *m*

Labrador [labʀadɔʀ] **1.** *le ~* Labra'dor *n*; **2.** ♀ *m ZO* Labra'dor(hund) *m*

labyrinthe [labiʀɛ̃t] *m* Laby'rinth *n* (*a ARCH, ANAT et fig*); *jardin d'agrément a* Irrgarten *m*; *fig a* Gewirr *n*; *fig un ~ de ruelles* ein Labyrinth, Gewirr von Gassen

lac [lak] *m* See *m*; *~ artificiel* künstlicher See; *~ de cratère* Kratersee *m*; *~ de retenue* Stausee *m*; F *fig projet tomber dans le ~* F ins Wasser fallen

laçage [lasaʒ] *m* Schnüren *n*

lacer [lase, la-] ⟨-ç-⟩ *v/t chaussures* zubinden; zuschnüren; *corset* schnüren

lacér|ation [laseʀasjɔ̃] *f* Zer-, Abreißen *n*; *-er v/t* ⟨-è-⟩ *vêtements etc* zerreißen; zerfetzen; *affiche* abreißen

lacet [lasɛ, la-] *m* **1.** Schnürsenkel *m*; Schuhband *n*; Schnürband *n* (*a pour un vêtement*); **2.** *d'une route ~s pl* Serpen'tinen *f/pl*; Kehren *f/pl*; Windungen *f/pl*; Schleifen *f/pl*; *chemin m en ~*(*s*) Serpentine *f*; *route f en ~*(*s*) Serpentinenstraße *f*; *faire des ~s* sich schlängeln; *monter en ~*(*s*) in Serpentinen ansteigen; **3.** CH Schlinge *f*; *pour les oiseaux* Dohne *f*; *prendre au ~* in *ou* mit der Schlinge fangen; **4.** (*cordon de passementerie*) (geflochtenes) Band; La'cetband *n*; *broderie f à ~* 'Durchzugarbeit *f*; *dentelle f au ~* Bändchenspitze *f*; **5.** *AVIAT* Gierbewegung *f*

lâchage [lɑʃaʒ] *m* **1.** Loslassen *n*; **2.** F *fig de qn* Fallenlassen *n*

lâche [lɑʃ] *adj* **1.** *corde, ressort, nœud* locker; schlaff; *nœud a* lose; *maille* weit; *filet* weitmaschig; **2.** *fig style* kraftlos; **3.** (*couard*) feige; *subst le ~!* dieser Feigling!; **4.** (*méprisable*) *procédés* gemein; schändlich; niederträchtig

lâcher¹ [lɑʃe] **I** *v/t* **1.** (*cesser de tenir*) *objet, main etc* loslassen; *verre, vaisselle a* fallen lassen; *animal* (frei) laufen lassen; loslassen; *österr* auslassen; *pigeons* auflassen; *ballon* aufsteigen lassen; *bombe, lest* abwerfen; *MAR les amarres* die Halteaue losmachen; *~ son chien sur qn* s-n Hund auf j-n hetzen; F *fig ne pas les ~* F am s-m Geld sitzen; knaus(e)rig sein; *cf a élastique II 1.*; *~ pied cf pied 1.*; **2.** *fig bêtise, remarque* fallenlassen; äußern; F von sich geben; *juron* ausstoßen; F *~ le morceau* F auspacken; *lâchons le mot!* sprechen wir es aus!; sagen wir es!; *voilà le grand mot lâché!* nun ist

lâcher – laisser

es heraus!; **3.** (*laisser partir*) ~ *qn* j-n (nach Hause) gehen lassen; *ne pas ~ qn* nicht von j-s Seite weichen; *créanciers* j-m auf den Fersen sein; j-n bedrängen; *par ext migraine etc* nicht weichen, weggehen; *cf a semelle 1.*; **4.** F (*abandonner*) *copain* fallenlassen; im Stich lassen; *petite amie* sitzenlassen; *place, poste* aufgeben; *par ext appareil ~ qn* j-n im Stich lassen; **5.** CYCLISME *~ le peloton* das Feld abhängen; **6.** (*desserrer*) locker lassen; *~ la bride* die Zügel lockern; *p/fort* schießen lassen (*à dat*) (*a fig*); *~ la ligne* mehr Schnur geben; **II** *v/i corde* reißen; *freins* nachgeben; versagen

lâcher² [lɑʃe] *m de pigeons* Auflassen *n*; *de ballons* (Auf)Steigenlassen *n*
lâcheté [lɑʃte] *f* **1.** (*couardise*) Feigheit *f*; **2.** (*bassesse*) Niedertracht *f*
lâch|eur [lɑʃœR] F *m*, *~euse* F *f* F treulose To'mate
lacis [lasi, lɑ-] *m* La'cis *n*; netzartiges Gewebe; *fig* Netz *n*; Gewirr *n*
lacon|ique [lakɔnik] *adj réponse* la'konisch; kurz (und bündig); *style* knapp; straff; gedrängt; *personne* wortkarg; einsilbig; kurz angebunden; *~isme m* gedrängte Kürze; Knappheit *f*; Bündigkeit *f*
lacrymal [lakrimal] *adj* ⟨-aux⟩ ANAT Tränen...; *glande ~e* Tränendrüse *f*
lacrymogène [lakrimɔʒɛn] *adj gaz m ~* Tränengas *n*; *grenade f ~* Tränengasgranate *f*
lacs [lɑ, la] *m* CH Schlinge *f*; *fig et litt* Fallstrick *m*
lactaire [laktɛR] *m* BOT Milchling *m*; Reizker *m*
lactalbumine [laktalbymin] *f* CHIM Milcheiweiß *n*; *sc* Laktalbu'min *n*
lactation [laktasjɔ̃] *f* PHYSIOL Milchabsonderung *f*; *sc* Laktati'on *f*
lacté [lakte] *adj* Milch...; milchig; *litt blanc ~* milchiges Weiß; *farine ~e* Kindermehl *n*; BOT, PHYSIOL *secrétion ~e* Milchabsonderung *f*; ASTR *Voie ~e* Milchstraße *f*
lactifère [laktifɛR] *adj* Milch...; milchhaltig; ANAT *conduits m/pl ~s* Milchgänge *m/pl*
lactique [laktik] *adj* CHIM *acide m ~* Milchsäure *f*; *fermentation f ~* Milchsäuregärung *f*
lacto(densi)mètre [lakto(dɑ̃si)mɛtr(ə)] *m* Lakto(densi)'meter *n*; Galakto'meter *n*; Milchwaage *f*
lactose [laktoz] *m* CHIM Milchzucker *m*; *sc* Lak'tose *f*
lacune [lakyn] *f* Lücke *f* (*a en législation*); *sans ~s* lückenlos; *avoir, présenter des ~s* lückenhaft sein; Lücken aufweisen; *combler une ~* e-e Lücke ausfüllen, schließen
lacustre [lakystr(ə)] *adj plantes etc* in Seen vorkommend; *cité f*, *village m ~* Pfahldorf *n*; Pfahlbauten *m/pl*
lad [lad] *m* Stallbursche *m*
là-dedans [lad(ə)dɑ̃] *loc/adv* dar'in (*a fig*); F da drin(nen); *indiquant un mouvement* dahin'ein; F da rein; *fig: il y a du vrai ~* da ist etwas Wahres dran; F *il y en a, ~!* F Köpfchen, Köpfchen!
là-dessous [lad(ə)su] *loc/adv* dar'unter; F da drunter; *fig on ne sait pas ce qui se cache ~* man weiß nicht, was sich dahinter verbirgt

là-dessus [lad(ə)sy] *loc/adv* dar'auf; dar'über; F da drauf; da drüber; *fig: ~ il s'en alla* und damit ging er weg; *nous sommes d'accord ~* darüber *ou* darin sind wir (uns) einig
ladite [ladit] *adj cf ledit*
ladre [lɑdr(ə)] *adj* **1.** *litt* geizig; **2.** VÉT finnig
ladrerie [lɑdrəri] *f* **1.** *litt* schmutziger Geiz; **2.** VÉT Finnenkrankheit *f*
lagon [lagɔ̃] *m* La'gune *f*
lagopède [lagɔpɛd] *m* ZO Schneehuhn *n*
lagune [lagyn] *f* La'gune *f*
là-haut [lao] *loc/adv* da oben, dort oben (*a fig: au ciel*); (da) droben
lai [lɛ] *m poème au Moyen Âge* Lai *n*
laiche [lɛʃ] *ou* **lâche** [lɛʃ] *f* BOT Segge *f*
laïc|isation [laisizasjɔ̃] *f* Befreiung *f* von religi'öser, kirchlicher Bindung; *~iser v/t enseignement* entkonfessionali'sieren; bekenntnisneutral gestalten; *~isme m* Lai'zismus *m*; *~ité f* religi'öse, bekenntnismäßige Neutrali'tät des Staates; Trennung *f* von Kirche und Staat
laid [lɛ] **I** *adj* ⟨*laide* [lɛd]⟩ **1.** *personne, visage, ville* häßlich; unschön; *~ comme un pou, comme un singe, comme les sept péchés capitaux, à faire peur* häßlich wie die Nacht, wie die Sünde; abstoßend, furchtbar häßlich; **2.** *moralement: action* häßlich; *à un enfant c'est ~ de mentir* das ist gar nicht schön, wenn man lügt; **II** *subst le ~* das Häßliche
laideron [lɛdrɔ̃] *m* häßliches Mädchen; häßliche junge Frau; F häßliches Entlein
laideur [lɛdœr] *f* Häßlichkeit *f* (*physique et morale*)
laie [lɛ] *f* ZO Wildsau *f*; Bache *f*
lainage [lɛnaʒ] *m* **1.** (*étoffe de laine*) Wollgewebe *n*, -stoff *m*; *robe f de ~* Wollkleid *n*; **2.** *chandail* Pull'over *m*; *gilet* Woll-, Strickjacke *f*; *~s pl* a) Wollsachen *f/pl*; b) COMM Wollwaren *f/pl*; **3.** TEXT Rauhen *n*
laine [lɛn] *f* **1.** Wolle *f*; COMM *pure ~ vierge* reine Schurwolle; *~ à repriser, à tricoter* Stopf-, Strickwolle *f*; TECH *~ de verre* Glaswolle *f*; *loc/fig de ou en ~* wollen; aus Wolle; Woll...; *~ vêtements m/pl en ~* Woll-, Strickkleidung *f*; *fig se laisser manger la ~ sur le dos* sich alles gefallen lassen; alles mit sich machen lassen; F ein gutmütiges Schaf sein; **2.** F *petite ~ cf lainage 2.*
lainer [lene] *v/t* TEXT *tissu, drap* rauhen
laineux [lɛnø] *adj* ⟨*-euse*⟩ wollig; wollartig; BOT wollig; behaart
lainier [lɛnje] *adj* ⟨*-ière*⟩ Woll...; *industrie f* Wollindustrie *f*
laïque [laik] **I** *adj* **1.** ÉGL Laien...; weltlich; *état m ~* Laienstand *m*; *habit m ~* weltliche Kleidung; **2.** bekenntnisneutral, -frei; ohne kirchliche, konfessi'onelle Bindung; lai'zistisch; *école primaire ~* konfessi'onslose, staatliche Volksschule; *enseignement m ~* bekenntnisfreies (staatliches) 'Unterrichtswesen; *État ~* bekenntnisneutraler Staat; **II** *m,f* ⟨*m a laïc*⟩ ÉGL Laie *m*
laisse [lɛs] *f* Leine *f*; *mener, tenir en ~* a) *chien* an der Leine führen, haben, halten; b) *fig* am Gängelband führen
laissées [lese] *f/pl* CH Losung *f*

laissé-pour-compte *ou* **laissé pour compte** [lesepurkɔ̃t] **1.** *m* COMM nicht angenommene, nicht abgeholte Ware; **laissés-pour-compte** *pl a* Re'touren *f/pl*; Rückwaren *f/pl*; **2.** *fig les laissé(e)s-pour-compte m/pl* (*f/pl*) die Stiefkinder *n/pl*; F die, die nicht mitgekommen sind *ou* die den Anschluß verpaßt haben
laisser [lese] **I** *v/t* **1.** (*ne pas emmener*) *personne, objet* (zu'rück)lassen; *par ext* (*oublier*) liegenlassen; *~ ses bagages à la consigne* sein Gepäck in der Handgepäckaufbewahrung lassen; *~ ses enfants à la maison* s-e Kinder zu Hause lassen; *~ qn loin derrière soi* j-n weit hinter sich lassen (*a fig*); **2.** (*quitter*) verlassen; *logement* aufgeben; *elle a laissé son mari* sie hat ihren Mann verlassen; F *je te ou vous laisse* ich gehe jetzt; ich muß jetzt gehen; **3.** (*garder*) (übrig)lassen; *laisse un morceau de gâteau à ton frère!* laß deinem Bruder ein Stück Kuchen übrig!; *~ le meilleur pour la fin* das Beste für den Schluß aufheben; *laissez ça pour demain!* lassen Sie das für morgen!; *~ à désirer* zu wünschen übriglassen; **4.** (*perdre*) *argent, fortune* verlieren; *sa vie* sein Leben lassen; **5.** *traces, dépôt, goût, adresse etc* hinter'lassen (*a en héritage*); zu'rücklassen; **6.** *~ qc à qn* j-m etw überlassen; (*céder*) *~ sa place à qn* j-m s-n Platz überlassen; (*confier*) *~ les enfants à la grand-mère* die Kinder der Großmutter überlassen, anvertrauen; *ne rien ~ au hasard* nichts dem Zufall überlassen; (*vendre*) *il lui a laissé sa voiture pour mille francs* er hat ihm s-n Wagen für tausend Franc überlassen, abgelassen; **7.** *~ qc à qn* (*ne pas enlever*) j-m etw lassen; *~ à qn ses illusions, sa liberté* j-m s-e Illusionen, s-e Freiheit lassen; *~ à qn le temps de réfléchir* j-m Bedenkzeit, Zeit zum Über'legen lassen; *il est courageux, il faut lui ~ cela* das muß man ihm lassen; **8.** (*ne pas s'occuper de*) (*unter'*)lassen; *laissez donc!* lassen Sie (doch)!; bitte nicht!; *laisse ça!* laß das (bleiben, sein)!; **9.** (*ne pas modifier un état, une situation*) (be)lassen; *fautes dans un texte* stehenlassen; *~ la lumière allumée* das Licht brennen lassen; das Licht anlassen; *~ qn indifférent* j-n gleichgültig lassen; *~ qn pour mort* j-n für tot halten und liegen lassen; *~ la porte ouverte* die Tür offenlassen; *~ une route à droite* e-e Straße rechts liegenlassen; *~ qn à son travail, à ses occupations* j-n bei s-r Arbeit, bei s-n Beschäftigungen lassen; *~ qn dans le doute* j-n im Zweifel lassen; *~ qn dans la misère* j-n in der Not sitzenlassen; *qc, fig qn de côté* etw beiseite lassen; *fig* j-n links liegenlassen; *~ en liberté* auf freiem Fuß lassen; *~ en plan* im Stich lassen; **II** *v/aux ~ aller* gehen lassen; *~ tout aller* alles (so) laufen lassen; *ne pas ~ les choses aller si loin* die Dinge nicht so weit kommen lassen; *~ entrer* her'ein-, hin'einlassen; *~ faire qn* j-n gewähren lassen; *~ faire qc à qn* j-n etw tun lassen; j-m etw überlassen; *laisse-moi faire!* laß mich nur machen!; laß mich das tun!; *~ faire le temps* die Zeit wirken lassen; die Zeit

ihre Wirkung tun lassen; *il laisse faire* er läßt alles geschehen; *fig ~ mûrir* reifen lassen; *~ partir* gehen lassen; fortlassen; *n'en rien ~ voir* sich nichts anmerken lassen; **III** *v/pr se ~ aller* sich gehenlassen; sich vernachlässigen; *se ~ aller à faire qc* sich dazu hinreißen lassen, etw zu tun; *se ~ attendrir* sich rühren lassen; *ce vin se laisse boire* dieser Wein läßt sich trinken, ist nicht übel; *se ~ faire* sich alles gefallen lassen; *laissez-vous faire une douce violence*, F *laissez-vous faire!* lassen Sie sich verführen!; *se ~ gagner de vitesse SPORTS* sich über'holen, *fig* sich über'runden lassen; *cela se laisse manger* das schmeckt nicht übel; *se ~ prendre à qc* sich von etw blenden lassen; auf etw (*acc*) her'ein-, F reinfallen
laisser|-aller [leseale] *m* **1.** *péj* (*absence de soin*) Sich'gehenlassen *n*; Nachlässigkeit *f*; *dans le travail* F Schlendrian *m*; **2.** (*désinvolture*) Ungezwungenheit *f*; Zwanglosigkeit *f*; **~-faire** *m* Gewährenlassen *n*; Laisser-faire *n*
laissez-passer [lesepase] *m* ⟨*inv*⟩ Pas'sierschein *m*
lait [lɛ] *m* **1.** Milch *f*; ~ *de brebis, de chèvre, de vache* Schaf-, Ziegen-, Kuhmilch *f*; *CUIS ~ de poule* Eiermilch *f*; *~ en poudre* Milchpulver *n*; Trockenmilch *f*; *frère m, sœur f*, **2.** *BOT* Milch(saft) *f(m)*; *~ d'amandes* Mandelmilch *f*; *~ de coco* Kokosmilch *f*
laitages [lɛtaʒ] *m/pl* Milchprodukte *n/pl*
laitance [lɛtɑ̃s] *f ou* **laite** [lɛt] *f des poissons* Milch *f*
laité [lete] *adj ZO poisson ~* Milch(n)er *m*
laiterie [lɛtʀi] *f* Molke'rei *f*
laiteux [lɛtø] *adj* ⟨-euse⟩ *couleur, lumière, peau* milchig; *d'un blanc ~* milchweiß; *BOT suc ~* Milchsaft *m*
laitier [lɛtje] **I** *adj* ⟨-ière⟩ Milch...; Molke'rei...; *beurre ~* Molkereibutter *f*; *coopérative laitière* Molkereigenossenschaft *f*; *industrie laitière* Milchwirtschaft *f*; *vache laitière ou subst laitière f* Milchkuh *f*; **II** *subst* **1.** ~, *laitière m,f* Milchmann, -frau *m,f*; **2.** *m MÉTALL* (Hochofen)Schlacke *f*
laiton [lɛtɔ̃] *m* Messing *n*; *loc/adj de ~* Messing...; messingen; *fil m de ~* Messingdraht *m*
laitue [lety] *f* Kopfsalat *m*; grüner Sa'lat; Gartensalat *m*; *BOT* Lattich *m*; *cœurs de ~ braisés* in Bratensoße gedämpfte Salatherzen *n/pl*; (*salade f de*) *~* grüner Salat
laïus [lajys] F *m* (lange, endlose, wortreiche) Rede, Ansprache; *faire un ~* F e-e Rede schwingen
lama[1] [lama] *m ZO* Lama *n*; *en laine de ~* aus Lamawolle
lama[2] [lama] *m REL* Lama *m*
lamantin [lamɑ̃tɛ̃] *m ZO* Laman'tin *m* (e-e Seekuh)
lamaserie [lamazʀi] *f REL* Lamakloster *n*
lambeau [lɑ̃bo] *m* ⟨*pl ~x*⟩ **1.** Fetzen *m*; Stoffetzen *m*; *~ de chair, de papier* Fleisch-, Pa'pierfetzen *m*; *en ~x* in Fetzen; zerfetzt; zerrissen; *vêtements en ~x* zerschlissen; abgerissen; *mettre en ~x* zerfetzen; in Fetzen, Stücke reißen; *tomber en ~x* in Fetzen gehen; brüchig werden; **2.** *fig ~x pl* Fetzen *m/pl*; Bruchstücke *n/pl*; *~x de conversation* Gesprächsfetzen *m/pl*
lambic(k) [lɑ̃bik] *m bière belge* Lambic *n*; Krickenbier *n*
lambin [lɑ̃bɛ̃] F *adj* F trödelig; bumm(e)lig; *être ~* F ein Trödelfritze *ou* e-e Trödelliese sein
lambiner [lɑ̃bine] *v/i* F trödeln; bummeln
lambourde [lɑ̃buʀd] *f CONSTR* Streif-, Streichbalken *m*; *d'un parquet* Lagerholz *n*
lambrequin [lɑ̃bʀəkɛ̃] *m* Lambre'quin *m*; dra'pierter Querbehang
lambris [lɑ̃bʀi] *m décorant les murs* Lam'bris *m*, *österr f*; Wandverkleidung *f*; *en bois de* Täfelung *f*; *Pa'neel n*; *au plafond* Deckentäfelung *f*; *~ de chêne* Eichentäfelung *f*; *~ de marbre* Marmorverkleidung *f*
lambrisser [lɑ̃bʀise] *v/t* verkleiden (*de marbre* mit Marmor); *avec des boiseries a* täfeln; panee'lieren
lame [lam] *f* **1.** *d'un couteau, d'une épée* Klinge *f*; *d'un rabot, d'un burin* Messer *n*; Schneide *f*; *~ à deux tranchants* zweischneidige Klinge; *~ de rasoir* Ra'sierklinge *f*; *~ de scie* Sägeblatt *n*; *fig visage m en ~ de couteau* schmales, hageres Gesicht; *d'un escrimeur c'est une bonne, fine ~* er schlägt, führt e-e gute Klinge; **2.** (*bande plate et mince*) Plättchen *n*; dünne Platte; Streifen *m*; *d'une jalousie* La'melle *f*; *~ de parquet* Par'kettstab *m*; Riemen *m*, *österr* Par'kette *f*; **3.** (*vague forte*) Woge *f*; Welle *f*; *MAR* See *f*; *~ de fond* Grundsee *f*
lamé [lame] *TEXT* **I** *adj* mit Me'tallfäden, mit Lamé durch'wirkt; *~ or* golddurchwirkt; **II** *m* La'mé *m*; *robe f en ~* Lamékleid *n*
lamelle [lamɛl] *f* dünnes Plättchen, Scheibchen; La'melle *f* (*a d'un champignon*); *pour examen microscopique* Deckglas *n*; *~ de mica, de verre* Glimmer-, Glasplättchen *n*; *légumes découper en ~s* in (dünne) Scheibchen schneiden
lamellé [lame(l)le] *m TECH ~ collé* la'mel'liertes Holz; Schicht-, Lagenholz *n*
lamellibranches [lame(l)librɑ̃ʃ] *m/pl ZO* Muscheln *f/pl*
lamentable [lamɑ̃tabl(ə)] *adj état, résultats, échec* lamen'tabel; kläglich; *sort* beklagenswert; bejammernswert; *litt ton, voix* kläglich, wehleidig; *il a été ~* er hat kläglich, jämmerlich versagt
lamentations [lamɑ̃tasjɔ̃] *f/pl* Jammern *n*; Klagen *f*; *st/s* Wehklage *f*; Wehklagen *n*, F Gejammer *n*; La'mento *n*; *à Jérusalem* Mur *m* des Klagemauer *f*
lamenter [lamɑ̃te] *v/pr se ~* jammern, klagen (*a poét: vent*); *st/s* wehklagen, F lamen'tieren (*sur* über +*acc*)
lamento [lamɑ̃to] *m MUS* La'mento *m*
lamier [lamje] *m BOT* Taubnessel *f*
lamifié [lamifje] *m TECH* Schichtpreßstoff *m*; Lami'nat *n*
laminage [laminaʒ] *m MÉTALL* Walzen *n*; *~ à chaud, à froid* Warm-, Kaltwalzen *n*
laminaire[1] [laminɛʀ] *f BOT* Blattang *m*
laminaire[2] [laminɛʀ] *adj* **1.** *MINÉR* plattig; blätt(e)rig; **2.** *PHYS* lami'nar; *AVIAT profil m* Lami'narprofil *n*

laminé [lamine] **I** *adj* gewalzt; Walz...; *acier ~* Walzstahl *m*; **II** *m* Walz(werk)-erzeugnis *n*
laminer [lamine] *v/t* **1.** *MÉTALL* walzen; **2.** *fig* niederwalzen; erdrücken
lamineur [laminœʀ] *m* Walzwerkarbeiter *m*; **II** *adj cylindre ~* Walzzylinder *m*; Walze *f*
laminoir [laminwaʀ] *m MÉTALL* Walzwerk *n*; *train m de ~* Walzstraße *f*
lampadaire [lɑ̃padɛʀ] *m* **1.** *de voie publique* La'ternenpfahl *m*; Lichtmast *m*; (*réverbère*) Straßenlaterne *f*; **2.** *d'appartement* Stehlampe *f*; Standleuchte *f*
lampant [lɑ̃pɑ̃] *adj pétrole ~* Leuchtöl *n*, (-)Pe'troleum *n*; *schweiz a* Pe'trol *n*
lamparo [lɑ̃paʀo] *m* La'terne *f* (*zum Fischfang*); *pêche f au ~* Fischfang *m* mit Laternen
lampe [lɑ̃p] *f* **1.** Lampe *f*; Leuchte *f*; (*ampoule*) Glühlampe *f*, -birne *f*; *~ tempête* Sturmlaterne *f*; *~ à arc* Bogenlampe *f*; *~ à bronzer* Höhensonne *f*; *~ à halogène* Halo'genlampe *f*; *~ à incandescence* Glühlampe *f*; *~ au néon* Neonlampe *f*, -röhre *f*; *~ à pétrole* Pe'troleumlampe *f*; *~ à rayons infrarouges* Infrarotstrahler *m*; *~ à rayons ultraviolets* Ultraviolettlampe *f*; Höhensonne *f*; *~ de bureau* Schreibtischlampe *f*, -leuchte *f*; *~ de chevet* Nachttischlampe *f*, -leuchte *f*; *MINES ~ de mineur* Grubenlampe *f*, -licht *n*; Geleucht *n*; *~ de poche* Taschenlampe *f*; *ÉGL CATH la ~ du Saint-Sacrement* das Ewige Licht; die Ewige Lampe; *~ en verre dépoli* Mattglaslampe *f*; F *fig s'en mettre plein la ~* F sich den Bauch 'vollschlagen; **2.** *TECH ~ à souder* Lötlampe *f*; **3.** *RAD* Röhre *f*
lampée [lɑ̃pe] F *f* tüchtiger Schluck; *boire à grandes ~s* in langen Zügen; *d'une seule ~* in einem Zug
lamper [lɑ̃pe] *v/t* gierig, in langen Zügen trinken
lampion [lɑ̃pjɔ̃] *m* Lampion *m ou n*; *fig demander, réclamer sur l'air des ~s* im Sprechchor fordern
lampiste [lɑ̃pist] *m* **1.** *CH DE FER etc* Lampenwärter *m*; *THÉ* Beleuchter *m*; **2.** *fig* kleiner Angestellter, kleiner Mann (*der etw ausbaden muß*)
lamproie [lɑ̃pʀwa] *f ZO* Neunauge *n*; Lam'prete *f*; *~ marine* Meerneunauge *n*; Meerpricke *f*
lance [lɑ̃s] *f* **1.** Lanze *f*; *coup m de ~* Lanzenstoß *m*, -stich *m*; *fig rompre une ~, des ~s avec ou contre qn* ein Wortgefecht, e-n Wortstreit mit j-m haben, austragen; mit j-m e-n Strauß ausfechten; *cf a fer 3. d*); **2.** ~ (*à eau*) Strahlrohr *n*; Spritzdüse *f*; Schlauchmundstück *n*; *par ext* Spritze *f*; *~ d'arrosage* Spritzdüse *f*; *~ d'incendie* Strahlrohr *n*
lancé [lɑ̃se] *adj* **1.** *artiste* arri'viert; bekannt; **2.** (*sur sa lancée*) in Schwung, in Fahrt (*a fig*); *SPORTS départ ~* fliegender Start; F *le voilà ~, il ne s'arrêtera plus* F jetzt ist er so richtig in Fahrt; *véhicule être ~ à toute vitesse* in voller Fahrt sein; *pays être ~ à fond dans la course aux armements* mit allen Kräften am Wettrüsten beteiligt sein
lancée [lɑ̃se] *f* Schwung *m*; *sur sa ~* solange man ist im Schwung ist; *continuer sur sa ~ coureur* weiterlaufen;

lance-flammes – languir

véhicule weiterrollen; *fig* weitermachen, solange man noch im Schwung ist
lance|-flammes [lɑ̃sflam] *m* ⟨*inv*⟩ MIL Flammenwerfer *m*; **~-fusées** *m* ⟨*inv*⟩ MIL Ra'ketenwerfer *m*; **~-grenades** *m* ⟨*inv*⟩ MIL Gra'natwerfer *m*
lancement [lɑ̃smɑ̃] *m* **1.** *d'une pierre, d'une balle etc* Werfen *n*; Schleudern *n*; *d'une fusée* Abschuß *m*; *d'un satellite* Start *m*; *d'une torpille* Ausstoßen *n*; SPORTS **~ du disque** *etc cf* **lancer²** *1.*; **2.** *d'un navire* Stapellauf *m*; **3.** *d'une campagne publicitaire* Einleitung *f*; Entfesselung *f*; *d'un artiste* Lan'cierung *f*; Förderung *f*; *d'une nouvelle mode* Aufbringen *n*; *d'un nouveau produit* Einführung *f*; *d'un emprunt* Auflegung *f*; Ausgabe *f*; Begebung *f*
lance-missiles [lɑ̃smisil] *m* ⟨*inv*⟩ MIL Ra'ketenabschußvorrichtung *f*; *adjt* **sous-marin** *à* **nucléaire** *m* mit Atomraketen ausgerüstetes 'Unterseeboot
lance-pierres [lɑ̃spjɛʀ] *m* ⟨*inv*⟩ Steinschleuder *f*; F *fig* **manger avec un ~** hastig essen; schlingen
lancer¹ [lɑ̃se] ⟨-ç-⟩ **I** *v/t* **1.** *pierre, balle etc* werfen; schleudern; *p/fort* schmettern; F schmeißen; *bombe* abwerfen; *fusée, flèche* abschießen; *satellite* starten; *sous-marin, torpille* ausstoßen; *javelot, disque, marteau* werfen; *poids* stoßen; *filet* auswerfen; **~ qc à qn** j-m etw zuwerfen, *balle avec raquette* zuschlagen; **~ des pierres à qn** j-n mit Steinen bewerfen; Steine auf j-n werfen; mit Steinen nach j-m werfen, F schmeißen; **~ qc à la tête de qn** j-m etw an den Kopf werfen (*a fig*); **~ en l'air** in die Luft werfen; hochwerfen; **2.** *juron, cri* ausstoßen; *insultes* entgegenschleudern, ins Gesicht schleudern (*à qn* j-m); *gros mots* sagen; F von sich geben; *plaisanterie* machen; *coup de pied, gifle* geben; versetzen; *regard* zuwerfen (*à qn* j-m); *j'en ai horreur, lança-t-elle* stieß sie hervor; **3.** *artiste* lan'cieren; zum Erfolg verhelfen (+*dat*); fördern; *affaire* in Gang bringen; lan'cieren; ankurbeln; einfädeln; *projet a* in Schwung bringen; *nouveau produit* einführen; auf den Markt bringen; *emprunt* auflegen; aus-, begeben; *campagne publicitaire* einleiten; starten; *mode, bruits* aufbringen; *bruits a, nouvelle* in 'Umlauf bringen, setzen; verbreiten; *proclamation, mandat d'arrêt* erlassen; *appel* ergehen lassen; richten (*à qn* an j-n); *ultimatum* stellen; *invitation* ergehen lassen; ausschicken; **~ l'ordre de grève** e-n Streik ausrufen; **~ son fils dans les affaires** s-n Sohn e-e kaufmännische Laufbahn einschlagen lassen; **~ son pays dans une aventure** sein Land in ein Abenteuer stürzen; **4.** *moteur* anlassen; anwerfen; **5.** *navire* vom Stapel (laufen) lassen; **6.** *chiens* hetzen (**sur un lièvre** auf e-n Hasen); **~ les troupes à l'assaut** die Truppen stürmen lassen; F **~ qn sur un sujet** j-n auf e-n (Gesprächs)Thema bringen; **II** *v/i* **7.** MAR **~ dans le vent** gegen den Wind fahren; **III** *v/pr* **8.** *emploi réfléchi* **a)** *se* **~ à la poursuite de qn** j-s Verfolgung aufnehmen; *se* **~ dans le vide** sich in die Tiefe stürzen; **b)** *fig se* **~ dans l'aventure, dans des dépenses** *etc* sich in ein Abenteuer, in

Ausgaben *etc* stürzen; *se* **~ dans des explications confuses** sich in verworrenen Erklärungen ergehen; *se* **~ dans la lecture d'un livre difficile** sich an e-e schwierige Lektüre wagen; *se* **~ dans la politique** in der Politik sein Glück versuchen; F *tant pis, je me lance!* egal, ich wag's!; **9.** *emploi réciproque*: *regards, balle se* **~** sich zuwerfen
lancer² [lɑ̃se] *m* **1.** SPORTS, *de grenades etc* Werfen *n*; Wurf *m*; **~ du disque, du javelot, du marteau** Diskus-, Speer-, Hammerwerfen *n*; **~ du poids** Kugelstoßen *n*; **2.** (*pêche f au*) **~** Spinn-, Flugangeln *n*; **canne** *f* **à ~** Spinnrute *f*
lance|-roquettes [lɑ̃sʀɔkɛt] *m* ⟨*inv*⟩ Ra'ketenwerfer *m*; **~-torpilles** *m* ⟨*inv*⟩ Ausstoßrohr *n*
lancette [lɑ̃sɛt] *f* **1.** MÉD Lan'zette *f*; **2.** ARCH **arc** *m* **en ~** Lan'zettbogen *m*
lanc|eur [lɑ̃sœʀ] *m*, **~euse** *f* **1.** SPORTS Werfer(in) *m(f)*; **~ de disque, de javelot** Diskus-, Speerwerfer(in) *m(f)*; **lanceur de marteau** Hammerwerfer *m*; **~ de poids** Kugelstoßer(in) *m(f)*; **2.** *m fusée* Trägerrakete *f*
lancier [lɑ̃sje] *m* HIST Lanzenreiter *m*
lancin|ant [lɑ̃sinɑ̃] *adj douleur* stechend; *sc* lanzi'nierend; *souvenirs* quälend; *regrets* schmerzlich; *musique* aufdringlich; **~er I** *v/t fig* quälen; **II** *v/i* e-n stechenden Schmerz verursachen; MÉD lanzi'nieren
lançon [lɑ̃sɔ̃] *m* ZO Sandaal *m*
land [lɑ̃d] *m* ⟨*pl* länder [lɛndɛʀ]⟩ *en* Allemagne *et en* Autriche (Bundes)Land *n*
landais [lɑ̃dɛ] **I** *adj* GÉOGR der Landes-; **II** *subst* ⟨2̂(e)⟩ *m(f)* Bewohner(in) *m(f)* der Landes
landau [lɑ̃do] *m* Kinderwagen *m*
lande [lɑ̃d] *f* **1.** Heide *f*; Heideland *n*; **2.** *les* **2̂s** Landschaft *u* Departement in Südwestfrankreich
langage [lɑ̃ɡaʒ] *m* Sprache *f*; Rede-, Sprech-, Ausdrucksweise *f*; **~ administratif, technique** Verwaltungs-, Fachsprache *f*; **~ clair** offene Sprache; Klartext *m*; **~ cru** derbe Sprache, Ausdrucksweise; INFORM **~ machine** Ma'schinensprache *f*; **~ populaire** (derbe) Volkssprache; Volksmund *m*; **~ secret** Geheimsprache *f*; **~ des animaux** *ou* **~ animal** Tiersprache *f*; **~ du cœur, de la raison** Sprache des Herzens, der Vernunft; **~ des fleurs** Blumensprache *f*; INFORM **~ de programmation** Pro'gram'miersprache *f*; **~ des sourds-muets** Taubstummensprache *f*; **~ par gestes, par signes** Zeichensprache *f*; **trouble** *m* **du ~** Sprachstörung *f*; **tenir un autre ~ à qn** ie-e andere Sprache mit j-m sprechen; e-n anderen Ton mit j-m anschlagen
langagier [lɑ̃ɡaʒje] *adj* ⟨-ière⟩ sprachlich
lange [lɑ̃ʒ] *m* Wickeltuch *n*; (*couche*) Windel *f*
langer [lɑ̃ʒe] *v/t* ⟨-geons⟩ *bébé* wickeln; **table** *f* **à ~** Wickeltisch *m*
langoureux [lɑ̃ɡuʀø] *adj* ⟨-euse⟩ *air, regard* schmachtend; *musique* schmalzig; **prendre une pose langoureuse** e-e verführerische Pose einnehmen
langoust|e [lɑ̃ɡust] *f* ZO Lan'guste *f*; **~ier** *m* Fischerboot *n* für den Lan-

'gustenfang; **~ine** *f* ZO Kaisergranat *m*; COMM Krabbe *f*
langue [lɑ̃ɡ] *f* **1.** ANAT Zunge *f*; CUIS **~ de bœuf, de veau** Rinder- *ou* Ochsen-, Kalbszunge *f*; **tirer la ~** a) die Zunge herausstrecken (*à qn* j-m); *au médecin* die Zunge zeigen; *chien* die Zunge heraushängen lassen; b) F *fig* (*être dans le besoin*) F fast blank sein; auf dem letzten Loch pfeifen; *a* (*être frustré*) fru'striert sein; *de soif* **il tire la langue** F die Zunge hängt ihm zum Hals heraus; **2.** *fig* (*personne médisante*) **mauvaise ~, ~ de vipère** böse Zunge; F Lästermaul *n*, -zunge *f*; **elle est mauvaise** *ou* **c'est une mauvaise ~, elle a une ~ de vipère** *ou* **c'est une ~ de vipère** a sie hat e-e böse, spitze, scharfe Zunge; ♦ *loc:* **as-tu avalé, perdu ta ~?** *à un enfant* kannst du deinen Mund nicht auftun?; hast du die Sprache verloren?; **avoir la ~ trop longue** den Mund nicht halten können; nicht schweigen, F dichthalten können; **avoir la ~ bien pendue** ein tüchtiges, großes, gutes Mundwerk haben; zungenfertig sein; F nicht auf den Mund gefallen sein; **délier la ~ à qn** j-n zum Reden, Sprechen bringen; *qn* j-m die Zunge lösen; **donner sa ~ au chat** es (*das Raten*) aufgeben; **se mordre la ~** sich auf die Zunge beißen (*a fig*); **tenir sa ~** s-e Zunge im Zaum halten; den Mund halten; *prov* **il faut tourner sa ~ sept fois dans sa bouche avant de parler** man muß jedes Wort auf die Goldwaage legen, sich jedes Wort zweimal über'legen, ehe man es ausspricht; **3.** Sprache *f*; **~s anciennes, modernes** alte, neuere Sprachen; **~ nationale, du pays** Landessprache *f*; **~ verte** Gaunersprache *f*; Rotwelsch *n*; **~ de bois** Appa'ratschiksprache *f*; Funktio'närssprache *f*; **connaissance** *f* **des ~s** Sprachkenntnisse *f/pl*; **don** *m* **des ~s** Sprachbegabung *f*; **avoir le don des ~s, être doué pour les ~s** sprachbegabt sein; **4.** GÉOL **~ glaciaire** Gletscherzunge *f*; GÉOGR **~ de terre** Landzunge *f*
langue-de-bœuf [lɑ̃ɡdəbœf] *f* ⟨*pl* langues-de-bœuf⟩ BOT Leberpilz *m*, -reischling *m*
langue-de-chat [lɑ̃ɡdəʃa] *f* ⟨*pl* langues-de-chat⟩ Gebäck in der Form wie „Katzenzungen"
Languedoc [lɑ̃ɡdɔk] **le ~** das *ou* die Langue'doc
languedocien [lɑ̃ɡdɔsjɛ̃] **I** *adj* ⟨-ne⟩ GÉOGR des Langue'doc; **II** *subst* **1.** 2̂(ne) *m(f)* Bewohner(in) *m(f)* des Languedoc; **2.** *m* Dialekte *m/pl* des Languedoc
Languedoc-Roussillon [lɑ̃ɡdɔkʀusijɔ̃] **le ~** *frz* Region
languette [lɑ̃ɡɛt] *f* **1.** *d'une chaussure* Zunge *f*; Lasche *f*; *d'une balance* Zunge *f*; *de pain etc* schmaler Streifen; **2.** MENUISERIE Feder *f*
langueur [lɑ̃ɡœʀ] *f* **1.** (*mélancolie*) Schmachten *n*; leise Wehmut; **~ amoureuse** F Liebessehnen *n*; **2.** (*indolence*) Trägheit *f*; träge Gleichgültigkeit
languir [lɑ̃ɡiʀ] **I** *v/i* **1.** *personne* schmachten; **~ d'amour pour qn** sich in Liebe nach j-m verzehren; **~ d'ennui** vor Langeweile vergehen; F **faire ~ qn** j-n warten, F schmachten, zappeln las-

sen; **2.** *conversation* stocken; ins Stokken geraten; erlahmen; sich da'hinschleppen; **II** *v/pr régional* **se ~ de qn** sich nach j-m sehnen; nach j-m schmachten
languissant [lɑ̃gisɑ̃] *adj* **1.** *conversation* stockend; schleppend; **2.** *litt ou plais regard* sehnsüchtig; schmachtend
lanière [lanjɛʀ] *f* langer, schmaler (Leder)Riemen; *découper en ~s* in Streifen schneiden
lanoline [lanɔlin] *f* Lano'lin *n*
lanterne [lɑ̃tɛʀn] *f* **1.** La'terne *f*; ~ *magique* La'terna 'magica *f*; ~ *rouge* Schlußleuchte *f*; Schlußlicht *n* (*a fig*); *fig a* rote Laterne; ~ *vénitienne* Lampion *m ou n*; *fig* **éclairer la ~ de qn** j-n aufklären; **2.** ARCH La'terne *f*
lanterneau [lɑ̃tɛʀno] *m* ⟨*pl* ~x⟩ *cf lanternon*
lanterner [lɑ̃tɛʀne] *v/i* **faire ~ qn** j-n warten, F zappeln lassen
lanternon [lɑ̃tɛʀnɔ̃] *m* ARCH **1.** kleine La'terne; **2.** (*cage vitrée*) Oberlicht *n*
Laon [lɑ̃] *Stadt im Dep. Aisne*
Laos [lɑɔs] *le ~* Laos *n*
laotien [lɑɔsjɛ̃] **I** *adj* ⟨~ne⟩ la'otisch; **II** *subst* 𝒬(**ne**) *m(f)* La'ote *m*, La'otin *f*
Lao-Tseu [lɑotsø] *m* PHILOS Laotse *m*
lapalissade [lapalisad] *f* Binsenwahrheit *f*, -weisheit *f*
lap|ement [lapmɑ̃] *m d'un chien, chat* Schlecken *n*; F Schlabbern *n*; **~er** *v/t chien, chat: lait etc* schlecken; F schlabbern
lapereau [lapʀo] *m* ⟨*pl* ~x⟩ ZO junges, kleines Ka'ninchen, Kar'nickel
lapidaire¹ [lapidɛʀ] *adj style, formule* kurz und bündig; lapi'dar
lapidaire² [lapidɛʀ] **I** *m* **1.** *artisan* Steinschneider *m*; Edelsteinschleifer *m*, -graveur *m*; **2.** *commerçant* Edelsteinhändler *m*; **II** *adj* **musée ~** Glyptothek *f*; Lapi'darium *n*
lapid|ation [lapidasjɔ̃] *f* Steinigung *f*; **~er** *v/t* **1.** *tuer* steinigen; **2.** (*jeter des pierres sur*) mit Steinen bewerfen
lapin [lapɛ̃] *m* **1.** ZO, CUIS Ka'ninchen *n*; Kar'nickel *n*; **~ domestique** Hauskaninchen *n*; Stallhase *m*; **~ de garenne** Wildkaninchen *n*; **2.** F *fig* **chaud ~** F geiler Bock; **mon** (**petit**) **~** F mein Häschen; **courir comme un ~** sausen; F flitzen; **poser un ~ à qn** F j-n versetzen
lapine [lapin] *f* ZO weibliches Ka'ninchen, Kar'nickel; Häsin *f*; F *fig* **mère *f* ~** kinderreiche Frau
lapis(-lazuli) [lapis(lazyli)] *m* ⟨*inv*⟩ MINÉR Lapis'lazuli *m*; La'surstein *m*
lapon [lapɔ̃] **I** *adj* ⟨**lapone** [lapɔn]⟩ lappländisch; lappisch; **II** *subst* 𝒬(**e**) *m(f)* Lappländer(in) *m(f)*; Lappe *m*, Lappin *f*
Laponie [lapɔni] **la ~** Lappland *n*
laps [laps] *m* **~ de temps** (gewisse) Zeit; Zeitraum *m*, -abschnitt *m*; **après un court ~ de temps** nach kurzer Zeit
lapsus [lapsys] *m* Lapsus *m*; Fehler *m*; **faire un ~** sich versprechen
laquage [lakaʒ] *m* Lacken *n*; Lac'kieren *n*, -ung *f*
laquais [lakɛ] *m* La'kai *m* (*a fig*)
laque¹ [lak] *f* **1.** BOT Lack(saft) *m*; **2.** (echter) Lack; ~ *rouge*, *noire* Rot-, Schwarzlack *m*; ~ *de Chine*, *du Japon* China-, Japanlack *m*; **3.** CHIM Lack *m*; Lackfarbe *f*; E'maillack *m*; **4.** *pour les cheveux* Haarspray [-eː] *n ou m*
laque² [lak] *m objet d'art* Lackarbeit *f*
laqué [lake] *adj* **1.** gelackt; lac'kiert; Lack...; *table* ~*e* Lacktisch *m*; **2.** CUIS *canard* ~ Pekingente *f*
laquelle *cf* **lequel**
laquer [lake] *v/t* lacken; lac'kieren
larbin [laʀbɛ̃] *péj m* Diener *m*; *péj* Dome'stik(e) *m*
larcin [laʀsɛ̃] *m* kleiner Diebstahl; kleine Diebe'rei
lard [laʀ] *m* Speck *m*; F *fig* **gros ~** Dickwanst *m*; ~ **maigre** magerer, durch'wachsener Speck; ~ **de poitrine** Bauchspeck *m*; F *fig* **tête *f* de ~** Dickkopf *m*, F -schädel *m*; F **faire du ~** Speck ansetzen; fett werden; F *fig* **ne pas savoir, se demander si c'est du ~ ou du cochon** nicht wissen, woran man ist
larder [laʀde] *v/t* **1.** CUIS spicken; **2.** *fig texte ~ de citations* mit Zitaten spikken; ~ *qn de coups de couteau* j-n mit Messerstichen durchbohren
lardon [laʀdɔ̃] *m* **1.** CUIS **a)** *pour larder* Speckstreifen *m*; **b)** *qu'on fait revenir* ausgelassenes Speckstückchen; **2.** F (*petit enfant*) F Balg *n ou m*; Gör(e) *n(f)*
largable [laʀgabl(ə)] *adj* AVIAT abwerfbar; Abwurf...; **réservoir *m* ~** Abwurftank *m*
largage [laʀgaʒ] *m de bombes* Abwurf *m*; Abwerfen *n*; *de parachutistes* Absetzen *n*
large [laʀʒ] **I** *adj* **1.** *avenue, porte, carrure etc* breit; *vêtements* weit; *tranche* dick; ~ *sourire* **m** breites Lächeln; ~ *de hanches* breit in den Hüften; *terme au sens* ~ weiterem Sinn; **décrire un ~ cercle** e-n weiten Kreis beschreiben, ziehen; **être ~ de cent mètres** hundert Meter breit sein; **2.** *fig* (*important*) groß; *facilités de paiement, crédit* großzügig; *pouvoirs a* beachtlich; *part a* bedeutend; erheblich; *responsabilités, concessions* weitgehend; *entreprise, projet de* **~ envergure** großangelegt; **3.** **avoir l'esprit ~, les ou des idées ~s, être ~ d'idées** großzügig, libe'ral, vorurteilsfrei, freisinnig sein; großzügig, liberal denken; großzügige, liberale Anschauungen haben; *péj* **conscience *f* ~** weites Gewissen; **4.** (*généreux*) *personne* freigebig; großzügig; **II** *adv* **1.** *weit*; **fenêtres ~(s) ouvertes** weitgeöffnete Fenster *n/pl*; **s'habiller ~** weite Kleider tragen; *fig* **ne pas en mener ~** sich in s-r Haut nicht wohl fühlen; ängstlich, besorgt, kleinlaut sein; **2.** **mesurer, calculer ~** großzügig messen, kalkulieren; **voir ~** große Pläne haben; hoch hin'auswollen; **III** *m* **1.** Breite *f*; **de dix mètres de ~** zehn Meter breit; **von zehn Metern Breite; avoir dix mètres de ~** zehn Meter breit haben; *loc/adv* **de long en ~** auf und ab; hin und her; *fig* **en long et en ~** lang und breit; des langen und breiten; **2.** F *ou!* Platz da!; Platz machen!; **être au ~** viel Platz, Bewegungsfreiheit haben; **être au ~ dans son appartement** *a* e-e geräumige Wohnung haben; **3.** *MAR la pleine mer* hohe, offene See; offenes Meer; **vent *m* du ~** Seewind *m*; *loc/adv* **au ~** auf hoher See; **au ~ de Cherbourg** vor der Küste, auf der Höhe von Cherbourg; **gagner, prendre le ~** in die offene See, aufs offene Meer hinausfahren; F *fig* **prendre le ~** das Weite suchen; F ausreißen; Reiß'aus nehmen; abhauen; türmen
largement [laʀʒəmɑ̃] *adv* **1.** *weit*; *fleuve* ~ **déborder sur les rives** weit über die Ufer treten; *fenêtre* ~ **ouvert** weitgeöffnet; weit offenstehend (*a col*); **2.** (*amplement*) reichlich; **avoir ~ de quoi vivre** sein reichliches, gutes Auskommen haben; reichlich zum Leben haben; *il est ~ trois heures* es ist längst drei Uhr (vorbei)
largesse [laʀʒɛs] *f* **1.** *qualité* Freigebigkeit *f*; Großzügigkeit *f*; **2.** *cadeau* ~*s pl* großzügige Geschenke *n/pl*
largeur [laʀʒœʀ] *f* **1.** Breite *f*; **~ de la chaussée** Fahrbahnbreite *f*; CH DE FER **~ de la voie** Spurweite *f*; **étoffe *f* en grande ~** Stoff, der 120–140 cm breit liegt; **étoffe *f* en petite ~** Stoff, der 60–90 cm breit liegt; *loc/adv* **dans le sens de la ~** der Breite nach; *fig* **dans les grandes ~** restlos; gründlich; **tu te trompes dans les grandes ~s** da täuschst du dich gründlich; F da bist du schiefgewickelt; **2.** *fig* **~ d'esprit, d'idées, de vues** Großzügigkeit *f* im Denken; libe'rale Gesinnung; Liberali'tät *f*; Vorurteilslosigkeit *f*; Freisinnigkeit *f*
largo [laʀgo] MUS **I** *adv* largo; **II** *m* Largo *n*
larguer [laʀge] *v/t* **1.** *bombes* abwerfen; *parachutistes* absetzen; **2.** F *fig*: ~ *qn* j-n fallenlassen, F abhängen; j-m den Laufpaß geben; **être largué** F nicht mehr mitkommen; *t/t* loswerfen; **3.** MAR *amarres* losmachen; *t/t* loswerfen; **larguez!** los!
larme [laʀm] *f* **1.** Träne *f*; ~*s de colère, de joie* Tränen des Zorns, der Freude; Freudentränen *f/pl*; *fig* ~ *de crocodile* Kroko'dilstränen *f/pl*; **crise *f* de ~s** Weinkrampf *m*; *visage baigné, inondé de ~s* tränenüberströmt; *loc/adv* **les ~s aux yeux** mit Tränen in den Augen; **avec des ~s dans la voix** mit tränenerstickter Stimme; **avoir les ~s aux yeux** Tränen in den Augen haben; **il avait les ~s aux yeux** *a* die Tränen standen ihr in den Augen; **avoir toujours la ~ à l'œil** leicht zu Tränen gerührt sein; F nah ans Wasser gebaut haben; **être au bord des ~s** den Tränen nahe sein; **être (tout) en ~s** in Tränen aufgelöst sein; **être ému jusqu'aux ~s** zu Tränen gerührt sein; *fumée, émotion* **faire venir les ~s aux yeux** die Tränen in die Augen treiben; *fig* **mêler ses ~s à celles de qn** j-s Schmerz teilen; **pleurer à chaudes ~s** heiße Tränen vergießen; bitterlich weinen; **rire aux ~s** Tränen lachen; *fig* **sécher, essuyer les ~s de qn** j-s Tränen trocknen; j-n trösten; *st/s* **verser, pleurer des ~s de sang** blutige, bittere Tränen weinen; **verser toutes les ~s de son corps, des torrents de ~s** Ströme von Tränen vergießen; F sich die Augen ausweinen; **2.** *fig* **une ~ de cognac** *etc* ein paar Tropfen, ein ganz klein wenig Kognak *etc*
larmoiement [laʀmwamɑ̃] *m* **1.** *des yeux* Tränen *n*; **2.** (*pleurnicherie*) Jammern *n*; F Flennen *n*

larmoyant – lavette 424

larmoyant [laʀmwajɑ̃] *adj* **1.** *yeux* tränend; **2.** *voix* weinerlich; **3.** *histoire, pièce* rührselig
larmoyer [laʀmwaje] *v/i* ⟨-oi-⟩ **1.** *yeux* tränen; **2.** *personne* weinerlich tun; jammern; F flennen
larron [laʀɔ̃] *m* **1.** *autrefois* Dieb *m*; Spitzbube *m*; *fig un troisième ~* der lachende Dritte; *fig ils s'entendent comme ~s en foire* sie halten zusammen wie Pech und Schwefel; sie stecken unter e-r Decke; **2.** *BIBL* Schächer *m*; *le bon et le mauvais ~* die beiden Schächer am Kreuz
larvaire [laʀvɛʀ] *adj* ZO *état m ~* Larvenstadium *n*
larve [laʀv] *f* **1.** ZO Larve *f*; *~ d'insecte* In'sektenlarve *f*; **2.** *fig et péj* Jammergestalt *f*
larvé [laʀve] *adj* **1.** *conflit etc* la'tent; verkappt; verborgen; versteckt; **2.** *MÉD* lar'viert
laryngal [laʀɛ̃gal] *PHON* **I** *adj* ⟨-aux⟩ Kehl(kopf)...; **II** *f ~e* Kehl(kopf)laut *m*; Laryn'gal *m*
laryngite [laʀɛ̃ʒit] *f MÉD* Kehlkopfentzündung *f*; *sc* Laryn'gitis *f*
laryngo|logie [laʀɛ̃gɔlɔʒi] *f* Laryngolo'gie *f*; *~scope m MÉD* Kehlkopfspiegel *m*; *sc* Laryngo'skop *n*; *~scopie f MÉD* Kehlkopfspiegelung *f*; *sc* Laryngosko'pie *f*
larynx [laʀɛ̃ks] *m ANAT* Kehlkopf *m*; *sc* Larynx *m*
las¹ [lɑ] *adj* ⟨lasse [lɑs]⟩ **1.** *st/s* (*fatigué*) müde; abgespannt; **2.** *fig ~ de qc* e-r Sache (*gén*) müde, 'überdrüssig; *être ~ de qc* etw leid sein; *~ d'attendre* des Wartens müde; *loc/adv de guerre lasse* um des lieben Friedens willen; nach langem Sträuben
las² [lɑs] *int litt ~!* ach!
lasagnes [lazaɲ] *f/pl CUIS* La'sagne *pl*
lascar [laskaʀ] *m* F *un drôle de ~* ein schlauer, alter Fuchs; ein schlauer Kerl, Bursche
lascif [lasif] *adj* ⟨-ive⟩ las'ziv; lüstern; sinnlich
laser [lazɛʀ] *m PHYS* Laser ['le:-] *m*; *~ à gaz, à rubis* Gas-, Ru'binlaser *m*; *imprimante f à ~* Laserdrucker *m*; *adjt: rayon m, faisceau m ~* Laserstrahl *m*; *platine f ~* CD-Player [-ple:-] *m*; CD-Spieler *m*
laserothérapie [lazɛʀɔteʀapi] *f MÉD* Behandlung *f* mit Laserstrahlen ['le:-]
lassant [lɑsɑ̃] *adj* ermüdend; langweilig
lasser [lɑse] **I** *v/t* ermüden; langweilen; 'überstrapazieren (*a: la patience de qn*); auf die Nerven gehen (*qn* j-m); zermürben; **II** *v/pr* *se ~ de qc* e-r Sache (*gén*) müde, 'überdrüssig werden; etw leid werden; *se ~ d'attendre qn* des Wartens auf j-n müde, überdrüssig werden; *ne pas se ~ de faire qc* nicht müde werden, etw zu tun; *loc/adv sans se ~* unermüdlich; unverdrossen; ohne zu ermüden
lassitude [lɑsityd] *f* **1.** (*fatigue*) Müdigkeit *f*; Ermüdung *f*; Mattigkeit *f*; Abgespanntheit *f*; **2.** (*ennui*) 'Überdruß *m*; (*abattement*) Mutlosigkeit *f*; Niedergeschlagenheit *f*
lasso [laso] *m* Lasso *n ou m*
lastex [lastɛks] *m* (*nom déposé*) Lastex *n* (*Wz*)
latence [latɑ̃s] *f MÉD, PSYCH* La'tenz *f*

latent [latɑ̃] *adj* la'tent (*a MÉD, PSYCH, PHYS*); heimlich; verborgen; versteckt; *MÉD à l'état ~* im latenten Stadium; *demeurer à l'état ~ MÉD* latent, *fig* verborgen bleiben
latéral [lateʀal] *adj* ⟨-aux⟩ seitlich; Seiten...; Neben...; *sc* late'ral; *chapelle, nef ~e* Seitenkapelle *f*, -schiff *n*; *rue ~e* Seiten-, Nebenstraße *f*
latérite [lateʀit] *f MINÉR* Late'rit(boden) *m*
latex [latɛks] *m BOT* Latex *m*
latin [latɛ̃] **I** *adj* **1.** la'teinisch; *l'alphabet ~* das lateinische Alphabet; *l'Amérique ~e* La'teinamerika *n*; *de l'Amérique ~e* la'teinamerikanisch; *Quartier ~* Quartier latin *n* (*Pariser Studentenviertel*); **2.** ro'manisch; *langues ~es* romanische Sprachen *f/pl*; *peuples ~s* romanische Völker *n/pl*; **II** *subst* **1.** *LING le ~ du bas* Spät-, Mittellatein *n*; *~ classique* klassisches Latein *n*; *~ populaire* Vul'gärlatein *n*; *péj ~ de cuisine* Küchenlatein *n*; *fig être au bout de son ~, y perdre son ~* mit s-m Latein, mit s-r Weisheit am Ende sein; *c'est à y perdre son ~!* jetzt verstehe ich überhaupt nichts mehr!; *c'est du ~ pour moi* das ist für mich chinesisch; das sind für mich böhmische Dörfer; **2.** *~s m/pl* Ro'manen *m/pl*
latin|iser [latinize] *v/t* latini'sieren; *~isme m LING* Lati'nismus *m*; *~iste m,f* Lati'nist(in) *m(f)*; *~ité f* la'teinische Welt, Zivilisati'on
latino-américain [latinoameʀikɛ̃] *adj* la'teinamerikanisch
latitude [latityd] *f* **1.** (geo'graphische) Breite; *50 degrés de ~ nord, sud* 50 Grad nördlicher, südlicher Breite; *sous nos (douces) ~s* in unseren (gemäßigten) Breiten; *sous toutes les ~s* in *ou* auf allen Breiten; überall auf der Welt; **2.** *fig avoir toute ~ de, pour faire qc* völlige Freiheit *ou* völlig freie Hand haben, etw zu tun; *donner, laisser toute ~ à qn* j-m freie Hand lassen
latrines [latʀin] *f/pl* La'trine *f*
latte [lat] *f* Latte *f*; *~ de plancher* Fußboden-, Dielenbrett *n*
latté [late] *m* Tischlerplatte *f*
latter [late] *v/t CONSTR* verlatten; mit Latten verschlagen; Latten anbringen (*qc* an etw [*dat*])
lattis [lati] *m CONSTR* Lattenwerk *n*; Latten *f/pl*; (Be)Lattung *f*; *~ de plancher* Fußboden-, Dielenbretter *n/pl*
laudanum [lodanɔm] *m PHARM* Opiumtinktur *f*; Lau'danum *n*
laudatif [lodatif] *adj* ⟨-ive⟩ lobend; Lob...; *discours ~* Lobrede *f*
lauracées [lɔʀase] *f/pl BOT* Lorbeergewächse *n/pl*
lauré|at [lɔʀea] *m*, *~ate f* Preisträger(in) *m(f)*; *d'une compétition* Sieger(in) *m(f)*; *lauréat du prix Nobel* No'belpreisträger *m*
Laurent [lɔʀɑ̃, lo-] *m* Lorenz *m*
laurier [lɔʀje] *m* **1.** *BOT* Lorbeer(baum) *m*; **2.** *fig ~s pl* Lorbeeren *m/pl*; Ruhm *m*; *~s de la victoire* Siegeslorbeeren *m/pl*; *être chargé, couvert de ~s* mit Lorbeeren überhäuft werden; *s'endormir, se reposer sur ses ~s* sich auf s-n Lorbeeren ausruhen

laurier-rose [lɔʀjeʀoz] *m* ⟨*pl* lauriers--roses⟩ *BOT* Ole'ander *m*
lavable [lavabl(ə)] *adj* waschbar; *tissu a* waschecht; *peinture etc* abwaschbar
lavabo [lavabo] *m* **1.** Waschbecken *n*; **2.** *~s pl* Toi'lette *f*; Klo'sett *n*; **3.** *ÉGL CATH* Handwaschung *f*; La'vabo *n* (*a prière*)
lavage [lavaʒ] *m* **1.** *du linge, d'une voiture etc* Waschen *n*; Wäsche *f*; *de carreaux, de peinture* Abwaschen *n*; *du sol* (feuchtes) Aufwischen *n*; *des vitres* Putzen *n*; *d'une plaie, d'une tache* Auswaschen *n*; *fig ~ de cerveau* Gehirnwäsche *f*; *~ du linge* Wäschewaschen *n*; *couleur, tissu ne pas déteindre au ~* waschecht, farbecht sein; **2.** *TECH d'un minerai, d'un gaz etc* Waschen *n*; Wäsche *f*; *d'un minerai a* naßmechanische Aufbereitung *f*; **3.** *MÉD* Spülung *f*; *~ d'estomac* Magenspülung *f*; *faire un ~ d'estomac a* den Magen auspumpen
lavallière [lavaljɛʀ] *f* Künstlerschleife *f*; locker gebundene Seidenschleife
lavande [lavɑ̃d] *f BOT* La'vendel *m*; *parfum* Lavendel(wasser) *n*; *adjt bleu ~* ⟨*inv*⟩ lavendelblau
lavandière [lavɑ̃djɛʀ] *poét f* Waschfrau *f*; Wäscherin *f*
lavasse [lavas] *f* F (*soupe etc*) F (dünne) Brühe; (*mauvais café*) *a* Blümchenkaffee *m*
lavatory [lavatɔʀi] *m* ⟨*pl* lavatories⟩ Bedürfnisanstalt *f*
lave [lav] *f* **1.** *GÉOL* Lava *f*; *champ m de ~* Lavafeld *n*; **2.** *CONSTR* Lavastein *m*
lavé [lave] *adj* **1.** *couleur* verwaschen; *bleu ~* verwaschenes Blau; **2.** *PEINT dessin ~* la'vierte Zeichnung
lave-glace [lavglas] *m* ⟨*pl* lave-glaces⟩ *AUTO* Scheibenwaschanlage *f*
lave-linge [lavlɛ̃ʒ] *m* ⟨*inv*⟩ Waschmaschine *f*
lavement [lavmɑ̃] *m MÉD* Kli'stier *n*; Einlauf *m*; *faire un ~ à qn* j-m ein Klistier geben; j-m e-n Einlauf machen; j-n kli'stieren
lave-phares [lavfaʀ] *m* ⟨*inv*⟩ *AUTO* Scheinwerferwaschanlage *f*
laver [lave] **I** *v/t* **1.** *mains, visage, linge, voiture etc* waschen; *vitres* putzen; *sol* (feucht) (auf)wischen; *tache, plaie* auswaschen; *peinture* abwaschen; *chien* baden; *~ la vaisselle* (das Geschirr) spülen; *ab-, aufwaschen*; *den Abwasch, Aufwasch machen*; **2.** *fig* reinwaschen; reinigen; *~ les péchés* von den Sünden reinwaschen; *affront, injure ~ dans le sang* mit Blut abwaschen, rächen; *~ qn d'une accusation, d'un soupçon* j-n von e-r Anklage, von e-m Verdacht reinwaschen; **3.** *TECH minerai, gaz etc* waschen; *minerai a* naßmechanisch aufbereiten; **4.** *MÉD estomac etc* ('durch-)spülen; **5.** *PEINT couleur* verwaschen; verwischen; **II** *v/pr se ~* **6.** sich waschen; *se ~ les dents* sich die Zähne putzen; *se ~ la figure, les mains* sich das Gesicht, die Hände waschen; *fig je m'en lave les mains* ich wasche meine Hände in Unschuld; **7.** *fig* sich reinwaschen (*d'une accusation*) von e-r Anklage)
laverie [lavʀi] *f* **1.** *~ (automatique)* Waschsalon *m*; **2.** *TECH* Waschanlage *f*
lavette [lavɛt] *f* **1.** Spültuch *n*, -lappen *m*; Abwasch-, Aufwaschlappen *m*; **2.** F

fig (*homme mou*) *une* (*vraie*) ~ F ein (richtiger) Waschlappen
laveur [lavœʀ] *m* **1.** Wäscher *m*; ~ *de carreaux*, *vitres* Fensterputzer *m*; **2.** TECH appareil Wäscher *m*; **3.** ZO adjt *raton m* ~ Waschbär *m*
laveuse [lavøz] *f* Wäscherin *f*; Waschfrau *f*
lave-vaisselle [lavvɛsɛl] *m* ⟨*inv*⟩ Geschirrspülmaschine *f*, -automat *m*; F Geschirrspüler *m*; *adjt vaisselle* spülmaschinenfest
lavis [lavi] *m* PEINT **1.** *procédé* Tuschen *n*; La'vieren *n*; *au* ~ getuscht; la'viert; **2.** *dessin* Tuschzeichnung *f*
lavoir [lavwaʀ] *m* ~ (*municipal*, *public*) öffentlicher Waschplatz; öffentliches Waschhaus
laxatif [laksatif] **I** *adj* ⟨-ive⟩ leicht abführend; *tisane laxative* Abführtee *m*; **II** *m* leichtes Abführmittel; Laxa'tiv(um) *n*; MÉD Laxans *n*
lax|isme [laksism(ə)] *m* Laxheit *f*; Prin'zipienlosigkeit *f*; zu große Nachgiebigkeit; **~iste** *adj attitude* lax; prin'zipienlos
layette [lɛjɛt] *f* Babywäsche *f*, -ausstattung *f*
Lazare [lazaʀ] *m* BIBL Lazarus *m*
lazaret [lazaʀɛ] *m* Quaran'tänestation *f*
lazzi [lazi, ladzi] *m* ⟨*pl lazzi(s)*⟩ *st/s surtout pl* ~(*s*) Spott *m*; Gespött *n*; Spötte'leien *f/pl*
le [l(ə)] *m*, **la** [la] *f* ⟨*beide vor Vokal u stummem h l'*⟩, *pl* **les** [le]
I *article défini* **1.** *m* der, *f* die, *n* das; *pl* die; *le chien* der Hund; *la femme* die Frau; *la maison* das Haus; *l'ami* der Freund; *l'homme* der Mensch, Mann; *les élèves* die Schüler *m/pl*; **2.** *démonstratif*: *de la sorte* auf diese, solche Weise; *l'ingrat!* dieser Undankbare!; *oh, le beau chien!* was für ein schöner Hund!; *approchez, les enfants!* kommt mal her, (ihr) Kinder!; **3.** *déterminatif*: *le célèbre Lamartine* der berühmte Lamartine; *le Paris du 20ᵉ siècle* das Paris des 20. Jahrhunderts; **4.** *déterminatif de temps*: *le jour* am Tage; tagsüber; *le premier lundi du mois* am ersten Montag des Monats; *le 20 juillet* am 20. Juli; *les 4 et 5 mai* am 4. und 5. Mai; *le mardi* dienstags; **5.** *distributif*: *cent francs la pièce* hundert Franc das *ou* das *ou* das Stück; *quatre francs le mètre* vier Franc das *ou* der Meter; **6.** *possessif*: *le bras droit me fait mal* mein rechter *ou* der rechte Arm tut mir weh; **7.** *modal*: *la mine allongée* mit langem Gesicht; **8.** *non traduit en allemand*: *vive la France!* es lebe Frankreich!; *les Durand viennent ce soir* heute abend kommen Durands; *la Pentecôte* Pfingsten; *le manger et le boire* Essen und Trinken; *la nature et l'étendue des contrôles* Art und 'Umfang der Kontrollen; *vers les trois heures* gegen drei (Uhr); *avoir les yeux bleus* blaue Augen haben; *l'or est plus cher que l'argent* Gold ist teurer als Silber; *les deux tiers des députés* zwei Drittel der Abgeordneten; *l'article trois du Code civil* Artikel drei des Code civil; **II** *pr/pers* **1.** *m* ihn, *f* sie, *n* es; *pl* sie; *je le connais* ich kenne ihn *ou* es; *je la vois* ich sehe sie; *je l'entends* ich höre ihn *ou* sie *ou* es; *je les ai rencontré(e)s hier* ich habe sie gestern getroffen; *regardez-les!* seht sie an!; **2.** *neutre le* es; **a)** *représentant une phrase*: *c'est une idée stupide, je le sais* ich weiß es; **b)** *représentant un subst ou un adj*: *ils sont amis et ils le seront toujours* sie sind Freunde und werden es immer bleiben; *êtes-vous satisfait?* – *je le suis* ich bin es; **c)** *dans une proposition comparative*: *il n'est pas si pauvre qu'on le pense* er ist nicht so arm, wie man denkt; *il est plus intelligent qu'on ne le croit* er ist klüger, als man glaubt
lé [le] *m* **1.** (*largeur d'une étoffe*) Breite *f*; **2.** (*panneau*, *bande*) Bahn *f*
leader [lidœʀ] *m* **1.** POL (Par'tei)Führer *m*; ~ *de l'opposition* Oppositi'onsführer *m*; **2.** SPORTS Spitzenreiter *m* (*a* ÉCON *entreprise*); Erste(r) *m*; *être* ~ *du classement général* FOOTBALL Ta'bellenführer sein; die Tabelle anführen; *pour toute compétition* an der Spitze der Gesamtwertung liegen
leasing [lizin] *m* ÉCON Leasing ['li:-] *n*; *société f de* ~ Leasinggesellschaft *f*; *acheter en* ~ leasen ['li:-]
léchage [leʃaʒ] *m* **1.** ~ *de bottes* Speichellecke'rei *f*; Krieche'rei *f*; Liebedienerei *f*; **2.** *d'un dessin* über'trieben sorgfältige Ausarbeitung, -führung; *d'un texte* über'triebenes Feilen
lèche [lɛʃ] *f* F *faire de la* ~ (*à qn*) ein Kriecher, Speichellecker sein; (vor j-m) kriechen, liebedienern; j-m um den Bart gehen
lèche-bottes [lɛʃbɔt] *m et adj* ⟨*inv*⟩ F (*il est*) ~ (er ist ein) Speichellecker *m*, Kriecher *m*
lèche-carreaux [lɛʃkaʀo] F *m cf lèche-vitrines*
lèche-cul [lɛʃky] *m et adj* ⟨*inv*⟩ P (*il est*) ~ P (er ist ein) Arschkriecher *m*, Schleimscheißer *m*
lèchefrite [lɛʃfʀit] *f* CUIS Auffangschale *f*; Abtropfpfanne *f*
lécher [leʃe] ⟨-è-⟩ **I** *v/t* **1.** lecken; schlecken; *plat* auslecken; *cuillère*, *assiette* ablecken; *animal*: *qc du sol* auflecken; *objet* belecken; *fig*: *flammes* (*empor*)züngeln (*qc* an etw [*dat*]); *vagues*: *sable etc* um'spülen; bespülen; **2.** *fig* ~ *les vitrines cf lèche-vitrines*; **3.** F ~ *les bottes*, P *le cul à qn* vor j-m kriechen, liebedienern; P j-m in den Arsch kriechen; **4.** *adjt trop léché dessin*, *tableau* zu sorgfältig ausgearbeitet, ausgeführt; *texte* zu sehr ausgefeilt; **II** *v/r animal se* ~ sich lecken; *se* ~ *les doigts* (sich) die Finger ablecken; *cf a babine 2.*
léchette [leʃɛt] F *f* Scheibchen *n*; Stückchen *n*
lécheur [leʃœʀ] *m péj* Speichellecker *m*; Kriecher *m*
lèche-vitrines [lɛʃvitʀin] *m* ⟨*inv*⟩ *faire du* ~ e-n Schaufensterbummel machen; die Schaufenster ansehen, F begucken
lécithine [lesitin] *f* BIOL Lezi'thin *ou* Leci'thin *n*
leçon [l(ə)sɔ̃] *f* **1.** ('Unterrichts-, Lehr-)Stunde *f*; *d'un manuel scolaire* Lekti'on *f*; *~s pl* 'Unterricht *m*; *~s de chant*, *d'équitation*, *de français* Gesangs-, Reit-, Fran'zösischunterricht *m*, -stunden *f/pl*; ~ *de choses* Anschauungsunterricht *m*; *dans le primaire* Sachkunde *f*; *donner des* ~*s à qn* j-m Stunden geben, Unterricht erteilen; *prendre des* ~*s avec qn* bei j-m Stunden, Unterricht nehmen; **2.** *à apprendre* Lekti'on *f*; (mündliche) Aufgabe; *cf a réciter*; **3.** *fig* Lehre *f*; *je vous dispense de vos* ~*s de morale* Sie können sich Ihre weisen Lehren, Ratschläge sparen, schenken; *donner*, *infliger une* ~ *à qn* j-m e-e heilsame Lehre erteilen, F e-n Denkzettel geben; *faire la* ~ *à qn* j-m e-e Lektion erteilen; j-m die Le'viten lesen; j-m den Kopf zurechtrücken, -setzen; *que cela lui serve de* ~*!* möge ihm das e-e Lehre, Warnung sein!; *tirer la* ~ *de qc* aus etw e-e Lehre ziehen
lec|teur¹ [lɛktœʀ] *m*, **~trice** *f* **1.** Leser(in) *m(f)*; *d'un dictionnaire* Benutzer *m*; *lecteurs m/pl* Leser *m/pl*; Leserschaft *f*; ~ *de journaux*, *de romans* Zeitungs-, Ro'manleser(in) *m(f)*; **2.** *à l'université*, *dans une maison d'édition* Lektor *m*, Lek'torin *f*; **3.** (*qui lit à haute voix*) Vorleser(in) *m(f)*
lecteur² [lɛktœʀ] *m* *appareil* Abtastgerät *n*; *pour le son* Abspielgerät *n*; ~ *optique* Scanner ['skɛ-] *m*; ~ *de cassettes* Kas'settenrecorder *m*; INFORM ~ *de disquettes* Dis'kettenlaufwerk *n*
lecture [lɛktyʀ] *f* **1.** (*action de lire*) Lesen *n*; Lek'türe *f*; *d'une lettre*, *d'un texte a* 'Durchlesen *n*; ÉCOLE Lesen *n*; *livre m de* ~ Lesebuch *n*; *à la première* ~ beim ersten (Durch)Lesen; bei der ersten Lektüre; **2.** *à haute voix* Vorlesen *n*; *d'un testament*, *d'un jugement etc* Verlesung *f*; *donner*, *faire* (*la*) ~ *de qc* etw vorlesen, verlesen; *faire la* ~ *à qn* j-m vorlesen; **3.** (*texte*, *livre à lire*) Lek'türe *f*; (*texte d'un manuel scolaire*) *a* Lesestück *n*; *c'est* (*d'*)*une facile* das ist e-e leichte Lektüre; das liest sich leicht; *je vous ai apporté de la* ~ ich habe Ihnen Lektüre, Lesestoff, etwas zum Lesen, etwas zu lesen mitgebracht; **4.** *d'un projet de loi* Lesung *f*; **5.** (*interprétation*) Lesart *f*; Deutung *f*; **6.** *d'un appareil de mesure* Ablesen *n*, -ung *f*; **7.** ÉLECTRON, INFORM Abtasten *n*, -ung *f*; *d'un disque*, *d'une bande magnétique* Abspielen *n*; *bras m de* ~ Tonarm *m*; *table f de* ~ Plattenspieler *m*; *tête f de* ~ 'Wiedergabe-, Abtastkopf *m*
ledit [lədi] *adj* ⟨*f ladite* [ladit]; *m/pl lesdits* [ledi], *f/pl lesdites* [ledit]⟩ JUR besagte(r, -s); der, die, das genannte, vorerwähnte; *le prix dudit terrain* der Preis des besagten Grundstücks
légal [legal] *adj* ⟨-aux⟩ gesetzlich; le'gal; rechtmäßig; *âge* ~ (gesetzlich) vorgeschriebenes Alter; *dispositions* ~*es* gesetzliche Bestimmungen *f/pl*; *médecine* ~*e* Gerichtsmedizin *f*; *monnaie* ~*e* gesetzliches Zahlungsmittel; *moyens légaux* gesetzliche Mittel *n/pl*; Rechtsmittel *n/pl*; *pays* ~ Gesamtheit *f* der Bürger, die im Genuß der politischen Rechte sind; *tuteur* ~ gesetzlicher Vormund
légalement [legalmɑ̃] *adv* gesetzlich; le'gal; auf gesetzlichem, le'galem Wege
légalisation [legalizasjɔ̃] *f* Legali'sierung *f*; *d'un document*, *d'une signature* amtliche Beglaubigung; Legalisati'on *f*
légaliser [legalize] *v/t* legali'sieren; *document*, *signature* amtlich beglaubigen;

légalité – lenteur

legali'sieren; *faire ~ sa signature* s-e 'Unterschrift amtlich beglaubigen lassen
légalité [legalite] *f* Gesetzlichkeit *f*; Legali'tät *f*; Rechtmäßigkeit *f*; *sortir de la ~* den Boden der Legalität verlassen
légat [lega] *m ÉGL CATH* päpstlicher Le'gat
légataire [legatɛR] *m,f JUR* Vermächtnisnehmer(in) *m(f)*; Lega'tar *m*; *~ universel* Al'lein-, Univer'salerbe *m*
légation [legasjɔ̃] *f DIPL* Gesandtschaft *f* (*à résidence*); *secrétaire m de ~* Legati'ons-, Gesandtschaftssekretär *m*
légendaire [leʒɑ̃dɛR] *adj* 1. (*fabuleux, mythique*) legen'där; Le'genden...; sagenhaft; Sagen...; Fabel...; *personnage m* ~ Sagengestalt *f*; 2. (*célèbre*) exploit, acteur etc berühmt; *sa distraction devenue ~* s-e sprichwörtlich gewordene Zerstreutheit
légende [leʒɑ̃d] *f* 1. Le'gende *f*; Sage *f*; *~ de Roland, de Faust* Roland-, Faustsage *f*; *entrer dans la ~* in die Legende eingehen; zur Legende, legen'där werden; 2. *d'une médaille, monnaie* Beschriftung *f*; *d'un dessin, d'une illustration* Bildunterschrift *f*; Bildtext *m*; *d'une carte, d'un plan* Zeichenerklärung *f*; Le'gende *f*
léger [leʒe] *adj* ⟨-ère⟩ 1. *objet, poids, bagages etc* leicht; *MIL armes légères* leichte Waffen *f/pl*; *huile légère, métal ~* Leichtöl *n*, -metall *n*; *subst les plus ~s que l'air* die Luftfahrzeuge *n/pl* leichter als Luft; 2. *vin, parfum etc* leicht; *thé, café a* dünn; schwach; *plat, repas* leicht(verdaulich); 3. *sommeil, coup, douleur, peine, tristesse, ironie etc* leicht; *contact physique a* leise; zart; *mouvement, bruit a* leise; schwach; *vent a* sanft; *faute, erreur a* unbedeutend; harmlos; geringfügig; *différence* geringfügig; fein; klein; *blessé ~* Leichtverletzte(r) *m*; *~ doute* leichter, leiser Zweifel; 4. *couche* dünn; *brouillard* leicht; dünn; *vêtement, étoffe* leicht; dünn; luftig; *dentelle* zart; *le ~ couche de neige* dünne Schneedecke; *une légère prise de sel* e-e kleine Prise Salz; 5. *pas* leicht; *démarche a* anmutig; *taille* schlank; dünn; *le cœur ~* leichten Herzens; unbeschwert; *avoir la main légère* e-e leichte Hand haben; *d'un pas, pied ~* leichtfüßig; *tableau peint par touches légères* mit leichten (Pinsel)Strichen gemalt; (wie) hingehaucht; 6. *personne, caractère* leichtfertig; leichtsinnig; *mœurs* locker; lose; frei; *propos, histoire* schlüpfrig; gewagt; fri'vol; *femme légère* leichtes Mädchen; *musique légère* leichte Musik; Unter'haltungsmusik *f*; *loc/adv à la légère* leichtfertig(erweise); leichtsinnig(erweise); *prendre les choses à la légère* die Dinge leichtnehmen, auf die leichte Schulter nehmen; *il a été bien ~ de lui confier ce dossier* es war sehr leichtsinnig von ihm ...; 7. *MUS soprano ~* hoher, beweglicher Sopran; *ténor ~* hoher, lyrischer Tenor
légèrement [leʒɛRmɑ̃] *adv* 1. leicht; *~ vêtu* leichtgekleidet; leicht, dünn angezogen; *manger ~* leichte Kost zu sich nehmen; 2. (*un peu*) leicht; ein wenig; ein bißchen; *~ blessé* leichtverletzt; F *iron elle est ~ prétentieuse* sie ist ziemlich eingebildet; 3. (*à la légère*) leichtfertig; leichtsinnig
légèreté [leʒɛRte] *f* 1. *d'un objet* Leichtheit *f*; Leichtigkeit *f*; geringes, kleines Gewicht; 2. *d'un plat, repas* Bekömmlichkeit *f*; leichte Verdaulichkeit; 3. *d'un coup, d'une punition* Harmlosigkeit *f*; *d'une erreur a* Geringfügigkeit *f*; 4. *d'un vêtement, d'une étoffe* Leichtheit *f*; Leichtigkeit *f*; Luftigkeit *f*; 5. *des mouvements* Leichtigkeit *f*; Anmut *f*; *marcher avec ~* leichtfüßig dahinschreiten; 6. *d'une personne* Leichtfertigkeit *f*; Leichtsinn *m*
légiférer [leʒifeRe] *v/i* ⟨-è-⟩ Gesetze erlassen, machen
légion [leʒjɔ̃] *f* 1. *MIL, HIST* Legi'on *f*; *♀ (étrangère)* Fremdenlegion *f*; *s'engager dans la ♀* in die Fremdenlegion gehen, eintreten; 2. *fig une ~ de ...* ein Heer, e-e Schar, e-e Unzahl von ...; *être ~* Legi'on, sehr zahlreich sein; 3. *♀ d'honneur* a) *ordre honorifique* Ehrenlegion *f*; b) *par ext décoration* Kreuz *n der Ehrenlegion*; *avoir la ♀ d'honneur* Mitglied der Ehrenlegion sein
légionnaire [leʒjɔnɛR] *m* 1. *MIL* Fremdenlegionär *m*; 2. *HIST* (römischer) Legio'när
législateur [leʒislatœR] *m* Gesetzgeber *m*; *les intentions du ~* die Absicht des Gesetzgebers
législatif [leʒislatif] *adj* ⟨-ive⟩ 1. gesetzgebend; legisla'tiv; *assemblée législative* gesetzgebende Versammlung; *HIST l'Assemblée législative* ou *subst la Législative* die Legisla'tive (1791–92); *le pouvoir ~* ou *subst le ~* die gesetzgebende Gewalt; die Legisla'tive; 2. *par ext acte ~* gesetzgeberischer Akt; *élections législatives* ou *subst législatives f/pl* Parla'mentswahlen *f/pl*
législation [leʒislasjɔ̃] *f* Gesetzgebung *f*; Rechtsvorschriften *f/pl*; *~ aérienne, maritime* Luft-, Seerecht *n*; *~ du travail* Arbeitsgesetzgebung *f*
législature [leʒislatyR] *f* Legisla'turperiode *f*
légiste [leʒist] *adj médecin m ~* Gerichtsarzt *m*, -mediziner *m*
légitimation [leʒitimasjɔ̃] *f* 1. *JUR d'un enfant naturel* Ehelichkeitserklärung *f*; Legitimati'on *f*; 2. *st/s* (*justification*) Rechtfertigung *f*
légitime [leʒitim] I *adj* 1. rechtmäßig; gesetzlich anerkannt; legi'tim; *enfant, naissance, père* ehelich; *descendants m/pl ~s* eheliche Nachkommen *m/pl*; *femme ~* Ehefrau *f*; *union f ~* rechtmäßige Ehe; 2. *JUR défense f* Notwehr *f*; *être en état de ~ défense* in Notwehr handeln; 3. *fig colère, récompense, excuse* gerecht(fertigt); berechtigt; *rien de plus ~ que cette demande* diese Forderung ist nur recht und billig; II F *f* Ehefrau *f*; F *plais* Eheweib *n*; angetrautes Weib
légitimer [leʒitime] *v/t* 1. *JUR enfant naturel* für ehelich erklären; legiti'mieren; 2. *élection, pouvoir* rechtlich anerkennen; für rechtmäßig erklären; legiti'mieren; 3. *fig conduite* rechtfertigen
légitimistes [leʒitimist] *m/pl POL, HIST* Legiti'misten *m/pl*
légitimité [leʒitimite] *f* 1. *d'un pouvoir, d'une mesure* Rechtmäßigkeit *f*; Legitimi'tät *f*; 2. *d'un enfant* Ehelichkeit *f*; eheliche Geburt; 2. *fig d'une revendication etc* Berechtigung *f*; Billigkeit *f*
legs [lɛg] *m* 1. *JUR* Vermächtnis *n*; Le'gat *n*; *faire un ~* ein Vermächtnis aussetzen; 2. *st/s et fig* Erbe *n*
léguer [lege] *v/t* ⟨-é-⟩ 1. *JUR* (testamentarisch) vererben; vermachen; hinter'lassen; 2. *fig* vererben; hinter'lassen; *~ une œuvre à la postérité* der Nachwelt ein Werk hinterlassen
légume [legym] 1. *m* Gemüse *n*; *~s frais, verts* frisches Gemüse; Frischgemüse *n*; *~s secs* Hülsenfrüchte *f/pl*; *marché m aux ~s* Gemüsemarkt *m*; 2. F *fig une grosse ~* F ein hohes Tier; ein Bonze *m*; *südd a* ein Großkopfeter *m*; *les grosses ~s du parti* die Par'teibonzen *m/pl*
légumineuse [legyminøz] *adj et subst f BOT* (*plante*) *~* Hülsenfrucht *f*; Hülsenfrüchtler *m*; *sc* Legumi'nose *f*
leitmotiv [lajtmɔtif, lɛt-] *m* ⟨*pl ~e ou ~s*⟩ 1. *MUS* Leitmotiv *n*; 2. *fig* ständig 'wiederkehrende Formel, I'dee; Dauerthema *n*
Léman [lemɑ̃] *le lac ~* der Genfer See
lémuriens [lemyRjɛ̃] *m/pl ZO* Halbaffen *m/pl*
lendemain [lɑ̃dmɛ̃] *m* 1. nächster, folgender Tag; *le ~* am nächsten, folgenden Tag; am Tag dar'auf, da'nach; tags dar'auf; *le ~ matin* am anderen, nächsten, folgenden Morgen; am Morgen darauf, danach; *le ~ de son arrivée* am Tage nach s-r Ankunft; *au ~ de la guerre, de son mariage* kurz nach dem Krieg, s-r Heirat; *remettre qc au ~* etw auf den nächsten, folgenden, anderen Tag verschieben; *prov il ne faut jamais remettre au ~ ce qu'on peut faire le jour même* verschiebe nicht auf morgen, was du heute kannst besorgen (*prov*); 2. (*avenir*) Morgen *n*; Zukunft *f*; *sans ~* ohne Bestand; *bonheur m sans ~* flüchtiges Glück; Glück *n* von kurzer Dauer; *st/s des ~s qui chantent* e-e glückliche Zukunft; 3. *~s pl* (*conséquences*) Folgen *f/pl*
lénifi|ant [lenifjɑ̃] *adj* 1. *MÉD* (schmerz-) lindernd; mildernd; 2. *fig et st/s* beruhigend; besänftigend; *~er v/t* 1. *MÉD* lindern; mildern; 2. *fig et st/s* beruhigen; besänftigen
lénin|isme [leninism(ə)] *m POL* Leni'nismus *m*; *~iste* I *adj* leni'nistisch; II *m,f* Leni'nist(in) *m(f)*
Lens [lɑ̃s] Stadt im Dep. Pas-de-Calais
lent [lɑ̃] *adj* ⟨*lente* [lɑ̃t]⟩ langsam; *esprit* träge; schwerfällig; *poison* schleichend; *voix* schleppend; *véhicule ~* langsam fahrendes Fahrzeug; *avoir l'esprit ~* schwer von Begriff sein; begriffsstutzig sein; *il est ~ à agir, à se décider* es dauert lange, bis er handelt, bis er sich entscheidet; *être ~ à comprendre* schwer begreifen; schwer von Begriff sein; *marcher à pas ~s* langsam, gemächlich gehen
lente [lɑ̃t] *f ZO* Nisse *f*
lentement [lɑ̃tmɑ̃] *adv* langsam
lenteur [lɑ̃tœR] *f* Langsamkeit *f*; *des travaux* langsames Vorangehen; *~s pl a* 'Umständlichkeit *f*; *~ à comprendre* schweres Begriffsvermögen; *d'esprit* geistige Trägheit, Schwerfälligkeit; *~s de l'administration* 'umständliches, langsames Arbeiten der Verwaltung; F.

lentigo – lettre

Amtsschimmel *m*; *loc/adv* **avec ~** langsam; **agir avec une sage ~** sich bewußt Zeit nehmen
lentigo [lɑ̃tigo] *m* Leberfleck *m*; *sc* Len-'tigo *f*
lentille [lɑ̃tij] *f* **1.** BOT Linse *f*; CUIS **~s** *pl* Linsen *f/pl*; **2.** OPT Linse *f*; **~s de contact** Kon'taktlinsen *f/pl*
lentisque [lɑ̃tisk] *m* BOT Mastixstrauch *m*; Len'tiske *f*
lento [lɛnto] MUS **I** *adv* lento; **II** *m* Lento *n*
Léon [leɔ̃] *m* Leo *m*
Léonard [leɔnaʀ] *m* Leonhard *m*; **~ de Vinci** [-vɛ̃si] Leo'nardo da Vinci [-vɪntʃi]
léonin [leɔnɛ̃] *adj* **1.** löwenartig; Löwen...; *fig* **tête ~e** Löwenkopf *m*; **2.** *fig* **contrat ~** leo'ninischer Vertrag
léopard [leɔpaʀ] *m* ZO Leo'pard *m*; Panther *m*
LEP *ou* **L.E.P.** [lɛp] *m* *abr* (*lycée d'enseignement professionnel*) Fachoberschule *f*
lépidoptères [lepidɔptɛʀ] *m/pl* ZO Schmetterlinge *m/pl*; Falter *m/pl*
lépiote [lepjɔt] *f* BOT Schirmpilz *m*
lèpre [lɛpʀ(ə)] *f* **1.** MÉD Lepra *f*; Aussatz *m*; **2.** *fig d'un mur* Flecke *m/pl*; verwitterte Stellen *f/pl*; **3.** *fig et litt* (um sich greifendes) Übel; Krebsschaden *m*
lépreux [lepʀø] **I** *adj* <-euse> **1.** MÉD leprakrank; aussätzig; le'prös; le'pros; **2.** *fig mur, façade* fleckig; verwittert; zerfressen; **II** *subst* **~, lépreuse** *m,f* Leprakranke(r) *f(m)*; Aussätzige(r) *f(m)*
léproserie [lepʀɔzʀi] *f* Lepraheim *n*, -krankenhaus *n*
lepton [lɛptɔ̃] *m* PHYS NUCL Lepton *n*
lequel [l(ə)kɛl] <*f* **laquelle** [lakɛl]; *m/pl* **lesquels** [lekɛl], *f/pl* **lesquelles**>
I *pr/rel* **1.** *suivant une prép*: der, die, das, *pl* die; *st/s* welche(r, -s), *pl* welche; **le milieu dans lequel il vit** das Milieu, in dem *ou* in welchem er lebt; **c'est un point auquel vous n'avez pas pensé** das ist ein Punkt, an den Sie nicht gedacht haben; **le pays à l'avenir duquel je pense** das Land, an dessen Zukunft ich denke; **il rencontra plusieurs parents, parmi lesquels son cousin Jean** unter ihnen auch s-n Vetter Jean; **les amis avec le concours desquels il a monté cette affaire** die Freunde, mit deren Hilfe er ...; **2.** *sujet*: **le portail de la cathédrale, lequel a été restauré** das Portal der Kathedrale, das *ou* welches restauriert wurde; JUR **après un certain temps, lequel ne peut jamais excéder trente ans** letztere darf jedoch niemals dreißig Jahre überschreiten; **3.** *adjt*: **... auquel cas ...** in welchem Fall;
II *pr/int* **1.** *avec de*: welche(r, -s)?, *pl* welche?; **lequel de vos enfants?** welches Ihrer Kinder?; welches *ou* wer von Ihren Kindern?; **lequel des deux gagnera?** wer *ou* welcher von (den) beiden wird gewinnen?; **laquelle d'entre vous veut lui écrire?** wer von euch will ihm schreiben?; **dans laquelle de ces deux maisons habite-t-il?** in welchem der beiden Häuser *ou* in welchem von beiden Häusern wohnt er?; **2.** *sans complément ni verbe*: **votre ami est venu – lequel?** wer *ou* welcher (ist es) denn?; **dans cette phrase il y a une faute – laquelle?** was für e-r?; **j'ai rencontré quelques anciens amis – lesquels?**

wen denn alles?; **nous avons visité un château de la Loire – duquel parlez-vous?** von welchem sprechen Sie?
Lérins [leʀɛ̃s] **les îles** *f/pl* **de ~** Inseln vor der Côte d'Azur
lérot [leʀo] *m* ZO Gartenschläfer *m*
les [le] *cf* **le**
lesbienne [lɛzbjɛn] *f* Lesbierin *f*; F Lesbe *f*
lèse-majesté [lɛzmaʒɛste] *f* **crime *m* de ~** Maje'stätsbeleidigung *f* (*a fig*)
léser [leze] *v/t* <-è-> **1.** benachteiligen; beeinträchtigen; **~ les droits de qn** j-s Rechte verletzen; j-n in s-n Rechten beeinträchtigen; **être lésé dans un partage** bei e-r Teilung benachteiligt werden; **2.** MÉD verletzen; schädigen
lésiner [lezine] *v/t/indir* **~ sur qc** etw (*dat*) sparen; mit etw geizen, knausern; *abs*: **le jour du mariage de son fils, il n'a pas lésiné ...** hat er nicht gespart, F hat er sich nicht lumpen lassen
lésion [lezjɔ̃] *f* MÉD Verletzung *f*; Schädigung *f*; **~ cérébrale, du cerveau** Gehirnverletzung *f*, -schädigung *f*
lésionnel [lezjɔnɛl] *adj* <-le> MÉD **signe ~** (An)Zeichen *n* für e-e Verletzung
Lesotho [lezoto] **le ~** Le'sotho *n*
lesquel(le)s [lekɛl] *cf* **lequel**
lessivage [lesivaʒ] *m* **1.** *d'un plancher* Wischen *n*; Scheuern *n*; Schrubben *n*; *de murs* Abwaschen *n*; Abseifen *n*; **2.** GÉOL Auswaschung *f*; Auslaugung *f*
lessive [lesiv] *f* **1.** *produit* Waschmittel *n*, -pulver *n*; Seifenpulver *n*; **2.** (*lavage*) Waschen *n*; Wäsche *f*; **eau *f* de ~** (Wasch-, Seifen)Lauge *f*; *couleur* **aller à la ~** waschecht sein; **faire la ~** (Wäsche) waschen; große Wäsche haben; **3.** (*linge*) (gewaschene) Wäsche *f*; **4.** CHIM Lauge *f*
lessivé [lesive] *adj* **1.** F **être ~** F ka'putt, völlig erschlagen, völlig erschossen sein; **2.** GÉOL **sol ~** ausgewaschener, ausgelaugter Boden
lessiver [lesive] *v/t* **1.** *plancher* wischen; scheuern; schrubben; *murs* abwaschen; abseifen; **2.** CHIM auswaschen; auslaugen; **3.** F **se faire ~ au jeu** F sich ausnehmen lassen; *dans une compétition* ausscheiden müssen
lessiveuse [lesivøz] *f* Wäsche(koch)topf *m*; Waschkessel *m*
lest [lɛst] *m* **1.** MAR Bal'last *m*; *d'un aérostat* (Sand)Bal'last *m*; **navire *m* sur ~** unbefrachtetes, Ballast führendes Schiff; **lâcher du ~** a) Ballast abwerfen; b) *fig* teilweise nachgeben; Konzessionen machen; **2.** *pour une ligne, un filet de pêche* Senker *m*; **3.** PHYSIOL **aliment *m* de ~** Bal'laststoff *m*
leste [lɛst] *adj* **1.** (*agile*) flink; behend(e); gewandt; beweglich; *d'une personne âgée* **être encore ~** noch recht beweglich sein; *fig* **avoir la main ~** e-e lockere Hand haben; ein lockeres, loses Handgelenk haben; **il a la main ~** a ihm rutscht die Hand leicht aus; **2.** (*cavalier*) manières ungehörig; re'spektlos; frech; **3.** (*grivois*) propos fri'vol; pi'kant; schlüpfrig; anzüglich; lose
lestement [lɛstəmɑ̃] *adv* **1.** behend(e); gewandt; **2.** *fig* **mener ~ une affaire** e-e Sache mit Schwung leiten
lester [lɛste] *v/t* **1.** *navire, aérostat* mit

Bal'last beladen; **2.** *filet de pêche*, *ligne* mit Senkern beschweren
let [lɛt] *adj* <*inv*> TENNIS (DE TABLE) **balle *f* ~** Netzball *m*; **~!** Netz!
létal [letal] *adj* <-aux> BIOL, MÉD *sc* le-'tal; Le'tal...; tödlich; **gène ~** letal wirkendes Gen
letchi [lɛtʃi] *cf* **litchi**
léthargie [letaʀʒi] *f* **1.** MÉD Lethar'gie *f*; Erstarrung *f*; Scheintod *m*; **2.** *fig* Teilnahmslosigkeit *f*; Inter'esselosigkeit *f*; Gleichgültigkeit *f*; Stumpfheit *f*; Erstarrung *f*; Lethar'gie *f*; **arracher qn à, tirer qn de sa ~** j-n aus s-r Teilnahmslosigkeit *etc* aufrütteln, herausreißen; **tomber en ~** teilnahmslos, gleichgültig, stumpf werden
léthargique [letaʀʒik] *adj* **1.** MÉD sommeil le'thargisch; **2.** *fig personne* teilnahmslos; inter'esselos; gleichgültig; stumpf; le'thargisch
letton [lɛtɔ̃] **I** *adj* <**~ne**) lettisch; **II** *subst* **♀(ne)** *m(f)* Lette *m*, Lettin *f*
Lettonie [lɛtɔni] **la ~** Lettland *n*
lettre [lɛtʀ(ə)] *f* **1.** (*caractère*) Buchstabe *m*; Schriftzeichen *n*; TYPO Letter *f*; Type *f*; F **les cinq ~s** (= **merde**) F Scheibenhonig *m*, -kleister *m*; Schiet *m*; *fig* **~ morte** toter Buchstabe; **tous vos conseils sont restés ~ morte** alle Ihre Ratschläge waren umsonst; **~s d'imprimerie** Block-, Druckschrift *f*; *fig* **la ~ et l'esprit d'une loi** (der) Geist und Buchstabe e-s Gesetzes; *loc/adv* **à la ~, au pied de la ~** (wort)wörtlich; im wörtlichen, buchstäblichen Sinn; **il ne faut pas prendre ça à la ~** a das ist nicht so genau zu nehmen; **il était futuriste avant la ~** ehe es diesen Begriff überhaupt gab; **en toutes ~s** mot, date ausgeschrieben; *chiffre* in Worten, Buchstaben; **écrire qc en toutes ~s** etw ausschreiben; *fig* **dire, écrire qc en toutes ~s** etw deutlich, ganz offen, unmißverständlich, unumwunden sagen, schreiben; **être écrit en ~s d'or** *ou* mit Goldbuchstaben, *fig* goldenen Lettern geschrieben stehen; **2.** (*missive*) Brief *m*; COMM, ADM Schreiben *n*; **~ exprès** Eilbrief *m*; **~ d'adieux, d'amour, d'affaires** Abschieds-, Liebes-, Geschäftsbrief *m*; **~ de change** Wechsel *m*; **~ de condoléances** Beileids-, Kondo'lenzbrief *m*, -schreiben *n*; DIPL **~s de créance** Beglaubigungsschreiben *n*; COMM **~ de crédit** Kre'ditbrief *m*; Akkredi'tiv *n*; **~ de démission** Rücktrittsgesuch; **~ d'excuse** Entschuldigungsbrief *m*, -schreiben *n*; **~ de licenciement** Kündigungsschreiben *n*; schriftliche Kündigung; **~ de menaces** Drohbrief *m*; **~ de rappel** Mahnschreiben *n*; DIPL **~s de rappel** Abberufungsschreiben *n*; **~ de remerciement(s)** Dankbrief *m*, -schreiben *n*; COMM **~ de transport aérien** Luftfrachtbrief *m*; COMM **~ de voiture** Frachtbrief *m*; **~ par avion** Luftpostbrief *m*; *loc/adv* **par ~(s)** brieflich; F **passer comme une ~ à la poste** glattgehen; reibungslos gehen, verlaufen; *excuse* ohne weiteres geglaubt, abgenommen werden; **3.** **~s** *pl* (*culture littéraire*) schöne Litera'tur; Belle'tristik *f*; **homme *m*, femme *f* de ~s** Lite-'rat(in) *m(f)*; Schriftsteller(in) *m(f)*; Belle'trist(in) *m(f)*; **avoir des ~s** gebil-

det sein; **4. ~s** pl (opposé à «sciences») Sprach- und Litera'turwissenschaft f (ou Philolo'gie f) und Philoso'phie f; par ext Geisteswissenschaften f/pl; **~s classiques** Französisch n in Verbindung mit klassischer Philologie, mit Altphilologie; **~s modernes** Neuphilologie f; **faculté** f **des ~s et sciences humaines** philosophische Fakultät; **professeur** m **de ~s** Lehrer m für Französisch (, Latein und Griechisch); **étudiant** m **en ~s** Philolo'giestudent m; Philol'loge m; **docteur** m **ès ~s** Doktor m der Philosophie

lettré [letRe] **I** adj gebildet; **II** m Gebildete(r) m

lettrine [letRin] f TYPO **1.** d'un dictionnaire lebender Ko'lumnentitel; **2.** au début d'un chapitre Initi'ale f; Zierbuchstabe m

leu¹ [lø] m ⟨pl lei [lɛ]⟩ monnaie Leu m (pl Lei)

leu² [lø] cf queue 1.

leucém|ie [løsemi] f MÉD Leukä'mie f; Blutkrebs m; **~ique I** adj leuk'ämisch; **II** m,f an Leukä'mie Erkrankte(r) f(m)

leucocyte [løkɔsit] m BIOL surtout pl **~s** weiße Blutkörperchen n/pl; sc Leuko'zyten m/pl

leucome [løkom] m MÉD weißer Hornhautfleck; Leu'kom n

leucorrhée [løkɔRe] f MÉD Weißfluß m; sc Leukor'rhö(e) f

leur [lœR] **I** pr/pers ⟨inv⟩ ihnen; **je ne ~ ai pas donné ce livre** ich habe ihnen das Buch nicht gegeben; **je ~ en parlerai** ich werde mit ihnen darüber sprechen; **donnez-~ à manger!** gebt ihnen zu essen!; **prêtez-la-~!** leiht sie ihnen!; **II** adj/poss ⟨f inv; pl ~s⟩ ihr(e); pl ihre; **ils aiment ~ métier** sie lieben ihren Beruf; **ces enfants ont perdu ~ mère** diese Kinder haben ihre Mutter verloren; **elles ont mis ~(s) chapeau(x)** sie haben ihre Hüte aufgesetzt; **III** pr/poss ⟨f inv⟩ **1. le ~, la ~** der, die, das ihr(ig)e; ihre(r, -s); pl **les ~s** die ihr(ig)en; ihre; **ma maison est bien modeste, mais la ~ est magnifique** aber das ihr(ig)e ist prächtig; **mes enfants et les ~s** meine und ihre Kinder; meine Kinder und die ihren ou und ihre; **2.** adjt **ils ont fait ~s mes revendications** sie haben meine Forderungen zu den ihr(ig)en gemacht; **cette richesse qui était ~** der Reichtum, den sie den ihren nannten; **3.** subst a) **le ~** das Ihr(ig)e; **ils y ont mis du ~** sie haben das Ihre getan, ihren Teil dazu beigetragen; **b) les ~s** die Ihr(ig)en; ihre Familie; ihre Angehörigen; par ext ihre Freunde; **j'étais un des ~s** ich war e-r der Ihren; par ext ich war dabei; **j'étais des ~s dimanche dernier à dîner** ich war letzten Sonntag bei ihnen zum Abendessen

leurre [lœR] m **1.** PÊCHE künstlicher Köder; CH (künstlicher) Lockvogel; **2.** fig Köder m; Lockmittel n; Augenwische'rei f

leurrer [lœRe] **I** v/t ködern (a CH), (an-)locken (par mit); **se laisser ~** sich täuschen lassen; **II** v/pr **se ~** sich Illusi'onen machen; sich etwas vormachen

levage [l(ə)vaʒ] m TECH Heben n; **appareil** m **de ~** Hebevorrichtung f, -zeug n

levain [l(ə)vɛ̃] m **1.** CUIS pour pâte levée Hefestück n; Vorteig m; pour le pain Sauerteig m; **pain** m **sans ~** ungesäuertes Brot; **2.** fig Keim m

levant [l(ə)vã] **I** adj ⟨m⟩ **soleil ~** aufgehende Sonne; **II** m **1.** (orient) st/s Morgen m; **du ~ au couchant** von Morgen bis Abend; **2.** HIST **le L̂** die Le'vante; das Morgenland

levantin [l(ə)vãtɛ̃] **I** adj levan'tinisch; morgenländisch; **II** subst **L̂(e)** m(f) Levan'tiner(in) m(f)

levé [l(ə)ve] **I** adj **1.** bras, tête etc erhoben; cf a **main** 1., **pied** 1.; **2.** (sorti du lit) auf(gestanden); **déjà ~?** schon auf(-gestanden)?; **3. pain bien ~** locker; **pâte ~e** Hefeteig m; **II** m de terrain Aufnahme f; par ext (plan) (Lage)Plan m

levée [l(ə)ve] f **1.** d'un siège, d'une interdiction, d'une punition, d'une séance Aufhebung f; **~ d'écrou** Haftentlassung f, -aufhebung f; JUR **~ des scellés** Entfernung f, Abnahme f der Siegel; Entsiegelung f; **2.** du courrier Leerung f; **heures** f/pl **des ~** Leerungszeiten f/pl; **faire la ~** den Briefkasten leeren; **3.** d'un impôt Erhebung f; **4.** MIL de troupes Einziehung f; HIST Aushebung f; **~ en masse** Massenaushebung f, -aufgebot n; **5.** CARTES Stich m; **faire une ~** e-n Stich machen; **6.** (digue) Aufschüttung f; Damm m; Deich m; **~ de terre** Erddamm m, -wall m; **7.** COMM **~ d'option** Ausübung f des Opti'onsrechts; **8. ~ du corps** a) action Abholung f des Toten; b) cérémonie Aussegnung f; **9.** fig **~ de boucliers** starke Oppositi'on; starker, heftiger 'Widerstand; einstimmiger Pro'test

lève-glaces [lɛvglas] m ⟨inv⟩ AUTO Fensterheber m

lever¹ [l(ə)ve] ⟨-è-⟩ **I** v/t **1.** main, poing, jambe, tête (hoch)heben; in die Höhe heben; objet st/s emporheben; THÉ rideau auf-, hochziehen; voile lüften; MAR ancre lichten; fig **~ les bras au ciel** die Hände über dem Kopf zu'sammenschlagen; **~ les enfants** die Kinder aus dem Bett holen und anziehen; **en voiture etc ~ les glaces** die Fenster schließen, F hochmachen, -kurbeln; **~ la main sur qn** die Hand gegen j-n erheben; cf a **main** 1.; **~ les pieds** die Füße heben; **~ son verre à la santé de qn** sein Glas auf j-s Gesundheit erheben; **~ les yeux sur** ou **vers qn** j-n anblicken, -sehen; **~ les yeux de son livre** von s-m Buch aufblicken, -sehen; **travailler sans ~ les yeux** ohne aufzublicken, aufzusehen; **2.** JUR **~ les scellés** die Siegel entfernen, abnehmen; entsiegeln (de qc etw); **3. interdiction** etc aufheben; **siège** a abbrechen; **séance** aufheben, schließen; beenden; cf a **camp** 1.; **4. impôt** erheben; **5. troupes** einziehen; HIST ausheben; **6. plan** d'un terrain aufnehmen; **7.** CH **gibier** (faire) **~** aufscheuchen, -jagen; F **~ une femme** F e-e Frau aufgabeln, anhalten; **8.** COMM **~ une option** e-e Option ausüben; **II** v/i **9. pâte** gehen; **semis** aufgehen; sprießen; **III** v/pr **se ~ 10.** personne a) de son siège aufstehen; sich erheben; **faire ~ qn** j-n aufstehen heißen; **se ~ de table** vom Tisch, Essen aufstehen; b) du lit aufstehen; BIBL **lève-toi et marche!** stehe auf und wandle!; **11. astre** aufgehen; jour anbrechen; **12. vent** sich erheben; aufkommen; **tempête** losbrechen; **13. temps** sich aufklären, -hellen; **brouillard** sich auflösen; **14. mains** etc, THÉ rideau sich heben; hochgehen; **rideau a** aufgehen; sich öffnen

lever² [l(ə)ve] m **1. ~ du jour** Tagesanbruch m; **~ du soleil** Sonnenaufgang m; **2. ~** Aufstehen n; HIST **du roi** Le'ver n; **au ~, à son ~** beim Aufstehen; **3.** THÉ **~ du rideau** Auf-, Hochgehen n des Vorhangs; **4.** TOPOGRAPHIE cf **levé** II

lève|-tard [lɛvtaR] m ⟨inv⟩ Langschläfer m; **~-tôt** m ⟨inv⟩ Frühaufsteher m

levier [l(ə)vje] m TECH, PHYS Hebel m; AUTO **~ de changement de vitesse** Schalthebel m; **~ de commande** Schalt-, Steuerhebel m; fig **être aux ~s de commande** an den Schalthebeln der Macht sitzen; das Steuer in der Hand haben; F am Drücker sitzen; fig **ambition** etc **être un puissant ~** ein mächtiger, starker Hebel sein

levraut [ləvRo] m ZO junger Hase

lèvre [lɛvR(ə)] f **1.** Lippe f; **~ inférieure, supérieure, pendante** 'Unter-, Ober-, Hängelippe f; loc/adv **du bout des ~** gezwungen; widerstrebend; mit 'Widerwillen; 'widerwillig; **manger du bout des ~s** mit Widerwillen essen; **sourire du bout des ~s** gezwungen lächeln; **avoir la cigarette aux ~s** die Zigarette im Mund haben; **avoir le sourire aux ~s** ein Lächeln auf den Lippen haben; **lire sur les ~s** vom Mund, von den Lippen ablesen; **porter aux ~s, à ses ~s** zum Mund führen; an die Lippen setzen; cf a **mordre** 10.; **2. de la vulve grandes, petites ~s** große, kleine Schamlippen f/pl; **3.** ZO, BOT Lippe f; **4.** MÉD **~s** pl Wundränder m/pl

levrette [ləvRɛt] f ZO **1.** Windhündin f; **2.** Itali'enisches Windspiel

lévrier [levRije] m ZO Windhund m; petit Windspiel n; **~ afghan** Afghane m; Afghanischer Windhund; **course** f **de ~s** Windhundrennen n

levure [l(ə)vyR] f CUIS Hefe f; BOT Hefepilz m; **~ chimique** Backpulver n; **~ de bière** Bierhefe f

lexical [lɛksikal] adj ⟨-aux⟩ lexi'kalisch; **~iser** v/t lexikali'sieren; lexiko'graphisch erfassen

lexicograph|e [lɛksikɔgRaf] m,f Lexiko'graph(in) m(f); **~ie** f Lexikogra'phie f; **~ique** adj lexiko'graphisch

lexico|logie [lɛksikɔlɔʒi] f LING Lexikolo'gie f; **~logique** adj lexiko'logisch; **~logue** m,f Lexiko'loge, -'login m,f

lexique [lɛksik] m **1.** dictionnaire (kleines) Wörterbuch; Glos'sar n; **2.** (vocabulaire) Wortschatz m, -gut n; Vokabu'lar n

Leyde [lɛd] Leiden n (Stadt in den Niederlanden)

lézard [lezaR] m **1.** ZO Eidechse f; **~ vert** Sma'ragdeidechse f; F fig **faire le ~** sich sonnen; F sich in der Sonne aalen; **2. peau** Eidechsenleder n; **en ~** aus Eidechsenleder

lézarde [lezaRd] f dans un mur Riß m; Ritze f; Ritz m

lézardé [lezaRde] adj mur rissig; voller Risse

lézarder [lezaRde] **I** v/t Risse her'vor-

rufen (*un mur* in e-r Wand); **II** F *v/i* sich sonnen; F sich in der Sonne aalen; **III** *v/pr se ~* Risse bekommen; rissig werden
liaison [ljɛzõ] *f* **1.** *~* (*amoureuse*) Liebschaft *f*; (Liebes)Verhältnis *n*; Liai'son *f*; **2.** (*contact*) Verbindung *f*; *en ~ avec qn* mit j-m zu'sammen; *être en ~ avec qn* mit j-m in Verbindung stehen; *travailler en ~ étroite avec qn* mit j-m eng zusammenarbeiten; **3.** (*rapport*) Zu'sammenhang *m*; Verbindung *f*; *établir, faire la ~ entre deux événements* zwei Ereignisse miteinander in Verbindung, Zusammenhang bringen; **4.** (*communication*) Verbindung *f*; *~ aérienne, ferroviaire, maritime, postale, radio, routière, téléphonique* Flug-, Bahn-, Schiffs-, Post-, Funk-, Straßen-, Tele'fonverbindung *f*; *agent m, officier m de ~* Verbindungsmann *m*, -offizier *m*; **5.** GR **a)** Bindung *f*; Liai'son *f*; *faire la ~* binden; **b)** *mots m/pl de ~* Konjunkti'onen *f/pl* und Präpositi'onen *f/pl*; **6.** CHIM, PHYS, CUIS Bindung *f*; *~ chimique* chemische Bindung; **7.** MUS Bogen *m*
liane [ljan] *f* BOT Li'ane *f*; Kletterpflanze *f*
liant [ljã] **I** *adj personne* kon'taktfreudig; gesellig; **II** *m* CONSTR, PEINT Bindemittel *n*
liard [ljaʀ] *m* alte frz Kupfermünze
lias [ljas] *m* GÉOL Lias *m ou f*
liasse [ljas] *f de papiers, de documents* Bündel *n*; Pack(en) *m*; Stoß *m*; *~ de billets, de lettres* Bündel Banknoten, Briefe
Liban [libã] *le ~* der Libanon
libanais [libanɛ] **I** *adj* liba'nesisch; **II** *subst (e) m(f)* Liba'nese *m*, Liba'nesin *f*
libations [libasjõ] *f/pl* ANTIQUITÉ Trankopfer *n*; *fig faire des ~* ein Zechgelage veranstalten
libelle [libɛl] *m* Schmäh-, Spottschrift *f*
libellé [libe(l)le] *m* Wortlaut *m*; Text *m*; Fassung *f*
libeller [libe(l)le] *v/t contrat, écrit officiel* aufsetzen; abfassen; ausfertigen; *demande, lettre* abfassen; formu'lieren; *chèque, virement* ausstellen, -schreiben; *p/p libellé au nom de ..., en dollars* auf den Namen ..., auf Dollars lautend; *texte ainsi libellé* folgendermaßen Wortlauts
libellule [libe(l)lyl] *f* ZO Li'belle *f*; Wasserjungfer *f*
liber [libɛʀ] *m* BOT Bast *m*
libérable [libeʀabl(ə)] *adj militaire m ~* (*nach Ableistung s-s Wehrdienstes*) zu entlassender Soldat; *permission f ~* dem Soldaten noch zustehender Urlaub, der zu s-r früheren Entlassung führt
libéral [libeʀal] ⟨*m/pl* -aux⟩ **I** *adj* **1.** POL libe'ral; *personne a* freiheitlich gesinnt; *économie ~e* freie (Markt)Wirtschaft; *parti ~* liberale Partei; **2.** (*tolérant*) *personne, attitude* libe'ral; tole'rant; großzügig; **3.** *médecin etc* freiberuflich; *professions ~es* freie Berufe *m/pl*; **II** *subst ~(e) m(f)* POL Libe'rale(r) *f(m)*
libéralement [libeʀalmã] *adv* großzügig
libéralis|ation [libeʀalizasjõ] *f* ÉCON, POL Liberali'sierung *f*; *~er v/t* liberali'sieren
libéralisme [libeʀalism(ə)] *m* **1.** POL,

ÉCON Libera'lismus *m*; **2.** (*attitude libérale*) Liberali'tät *f*; Tole'ranz *f*; Großzügigkeit *f*
libéralité [libeʀalite] *f st/s* **1.** Freigebigkeit *f*; Großzügigkeit *f*; **2.** *~s pl* großzügige Geschenke *n/pl*, Gaben *f/pl*, Spenden *f/pl*
libérateur [libeʀatœʀ] **I** *adj* ⟨-trice⟩ befreiend (*a fig humour etc*); *guerre libératrice f*; **II** *subst ~, libératrice m,f* Befreier(in) *m(f)*
libération [libeʀasjõ] *f* **1.** *d'un prisonnier*, POL *d'un pays* Befreiung *f*; *des femmes a* Emanzipati'on *f*; *d'un détenu* (*mise en liberté*) Freilassung *f*, Entlassung *f* (aus der Haft); *la 2* die Befreiung (Frankreichs im 2. Weltkrieg); *~ conditionnelle* bedingte Haftentlassung; **2.** MIL Entlassung *f* (*nach abgeleistetem Wehrdienst*); **3.** *d'une obligation* Entbindung *f*, Entlastung *f*, Befreiung *f* (*de* von); **4.** ÉCON Freigabe *f*; *~ des échanges* Liberali'sierung *f* des Warenaustausches; **5.** FIN *~ d'une action* Einzahlung *f* des Aktienbetrages; **6.** PHYS, CHIM Freisetzung *f*; Abgabe *f*; *~ d'énergie* Freisetzung von Energie; Ener'gieabgabe *f*; **7.** ESPACE *vitesse f de ~* Fluchtgeschwindigkeit *f*
libératoire [libeʀatwaʀ] *adj* FIN *prélèvement m ~* Abgeltungssteuer *f*
libéré [libeʀe] **I** *adj pays* befreit; *femme a* emanzi'piert; *détenu* freigelassen; entlassen; *jeune homme ~ des obligations militaires* der s-n Wehrdienst abgeleistet hat; **II** *m* aus der Haft Entlassene(r) *m*
libérer [libeʀe] ⟨-è-⟩ **I** *v/t* **1.** *pays, prisonnier* befreien; *femmes a* emanzi'pieren; *détenu* (*mettre en liberté*) aus der Haft) entlassen; freilassen; freigeben; auf freien Fuß setzen; **2.** MIL (*nach abgeleistetem Wehrdienst*) entlassen; **3.** *d'une obligation, d'une servitude* entbinden (*de* von); entlasten (von); *de liens a* befreien (von) **4.** ÉCON *prix* freigeben; *échanges* liberali'sieren; *montant d'une action* einzahlen; **5.** *passage* frei machen; freigeben; **6.** CHIM, PHYS *énergie etc* freisetzen; abgeben; **7.** *fig sa conscience* erleichtern; *ses instincts* freien Lauf lassen (+*dat*); **II** *v/pr se ~ de son travail etc* sich frei machen (*de* von); *d'obligations, d'une étreinte a* sich befreien (*de* von *ou* aus); *se ~ d'une dette* e-e Schuld ab-, bezahlen, tilgen, abtragen; *je peux me ~ lundi a* Montag bin ich frei, habe ich Zeit
Libéria *ou* **Liberia** [libeʀja] *le ~* Li'beria *n*
libérien [libeʀjɛ̃] **I** *adj* ⟨*~ne*⟩ li'berisch; liberi'anisch; **II** *subst ~(e) m(f)* Li'berier(in) *m(f)*; Liberi'aner(in) *m(f)*
libéro [libeʀo] *m* FOOTBALL Libero *m*
libertaire [libɛʀtɛʀ] *adj* POL anar'chistisch
liberté [libɛʀte] *f* Freiheit *f*; *~ civile* staatsbürgerliche Freiheit; *~ économique* Gewerbefreiheit *f*; *~ individuelle* persönliche, individuelle Freiheit; PHILOS *~ morale* sittliche, innere Freiheit; *~ politique* politische Freiheit; *~s publiques* Grund-, Freiheitsrechte *n/pl*; *~ religieuse* Religi'onsfreiheit *f*; * 2, Égalité, Fraternité* Freiheit, Gleichheit, Brüderlichkeit; *~ d'action, de mouvement* Handlungs-, Bewegungsfreiheit

f; *donner, laisser à qn toute ~ d'action* j-m volle Handlungsfreiheit, völlig freie Hand geben, lassen; *~ d'association* Vereinigungs-, Assoziati'ons-, Koaliti'onsfreiheit *f*; *~ du commerce et de l'industrie* Handels- und Gewerbefreiheit *f*; *~ du culte* Glaubensfreiheit *f*; *~ des échanges, du commerce* Handelsfreiheit *f*; *~ de l'enseignement* Lehrfreiheit *f*; *~ d'établissement* Niederlassungsfreiheit *f*; *~s de langage* ungehörige, dreiste Redeweise; *~ de mœurs* freie, lockere Sitten *f/pl*; *~ d'opinion* Meinungsfreiheit *f*; Recht *n* auf freie Meinungsäußerung; *~ de la presse* Pressefreiheit *f*; *~ de réunion* Versammlungsfreiheit *f*; *~ du travail* Freiheit der Arbeit; *heures f/pl de ~* Freizeit *f*; *moment m de ~* freier Augenblick; *mise f en ~* Freilassung *f*; *loc/adv en toute ~* völlig frei, ungehindert; *agir en toute ~, avoir toute ~* volle Handlungsfreiheit, völlig freie Hand haben, in s-n Handlungen völlig frei sein; *être en ~* frei her'umlaufen; auf freiem Fuß sein; *laisser qn en ~* j-n auf freiem Fuß lassen; *mettre qn en ~* j-n freilassen, freigeben, auf freien Fuß setzen, in Freiheit setzen; *prendre la ~ de faire qc* sich die Freiheit nehmen, etw zu tun; *prendre des ~s avec qn* sich j-m gegenüber Freiheiten herausnehmen; j-m gegenüber frech, dreist, zudringlich werden; *prendre des ~s avec un texte* mit e-m Text sehr frei 'umgehen
libertin [libɛʀtɛ̃] *litt* **I** *adj personne* ausschweifend; liederlich; zügellos; *ouvrage* sehr frei; *propos a* locker; schlüpfrig; **II** *m*. liederlicher, zügelloser Mensch; *litt* Libertin *m*; **2.** (*libre penseur*) Freigeist *m*
libertinage [libɛʀtinaʒ] *litt m* Ausschweifung *f*; Liederlichkeit *f*; Zügellosigkeit *f*
libidineux [libidinø] *adj* ⟨-euse⟩ lüstern; wollüstig
libido [libido] *f* PSYCH Libido *f*
libraire [libʀɛʀ] *m,f* Buchhändler(in) *m(f)*; *t/t* Sorti'mentsbuchhändler(in) *m(f)*; *~-éditeur m* ⟨*pl* libraires-éditeurs⟩ Verlagsbuchhändler *m*
librairie [libʀɛʀi] *f* **1.** *magasin* Buchhandlung *f*; *~ de gare* Bahnhofsbuchhandlung *f*; *~ d'occasion* mo'dernes Antiquari'at; **2.** *commerce* Buchhandel *m*; Büchermarkt *ou* Buchmarkt *m*; *en ~* im Buchhandel; auf dem Büchermarkt; *on ne trouve plus ce livre en ~* dieses Buch ist im Buchhandel vergriffen, nicht mehr zu haben; **3.** *profession* Buchhändlerberuf *m*
librairie-papeterie [libʀɛʀipapətʀi] *f* ⟨*pl* librairies-papeteries⟩ Buch- und Schreibwarenhandlung *f*
libre [libʀ(ə)] *adj* frei; *personne* (*sans obligation familiale*) *a* ungebunden; *attitude* allzu, sehr frei; *propos a* locker; lose; ♦ *après-midi m ~ a* Nachmittag *m* zur freien Verfügung; *école f ~* (private) Konfessi'onsschule; (private) katholische Schule; *élections f/pl ~s* freie Wahlen *f/pl*; *entrée f ~* freier Ein-, Zutritt; GYMNASTIQUE *exercices m/pl ~* Kür(übungen) *f(pl)*; PATINAGE *figures f/pl ~s* Kür(lauf) *f(m)*; *heures f/pl ~s, temps m ~* Freizeit *f*; freie Zeit; *vous*

avez une heure de ~? haben Sie e-e Stunde Zeit?; *POL* **monde** *m* **~** freie Welt; *ADM (opposé à timbré)* **papier** *m* **~** einfaches, gewöhnliches, stempelfreies Papier; **passage** *m* **~** freie ('Durch-)Fahrt; **presse** *f* **~** freie Presse; **prix** *m* **~** freier, unverbindlicher, ungebundener Preis; *JOURNALISME* **~s propos** *m/pl* Kommen'tar *m*; *TECH* **roue** *f* **~** Freilauf *m*; **ville** *f* **~** Freie Stadt; **voie** *f* **~** freie Bahn; *CH DE FER* freies Gleis; *comme signal* freie Fahrt; **zone** *f* **~** freie, unbesetzte Zone (Frankreichs im 2. Weltkrieg); ♦ **~ à vous de** (+*inf*) es steht Ihnen frei, es steht in Ihrem Belieben zu (+*inf*); **~ comme l'air** frei wie der Vogel in der Luft; **à l'air ~** in *ou* an der freien Luft; *médicament* **en vente ~** frei verkäuflich; re'zeptfrei; ♦ **avoir les mains ~s** freie Hand haben; **êtes-vous ~ ce soir?** sind Sie heute abend frei?; **être très ~ avec qn** ungezwungen, in familiärem Ton mit j-m verkehren; ein familiäres Verhältnis zu j-m haben; *st/s* **être ~ de qc** frei von etw sein; **je suis ~ d'agir comme je l'entends** es steht mir frei zu handeln, wie ich will
libre-échange [libʀeʃɑ̃ʒ] *m ÉCON* Freihandel *m*; **zone** *f* **de ~** Freihandelszone *f*
libre-échangiste [libʀeʃɑ̃ʒist] ⟨*pl* libre-échangistes⟩ I *adj* Freihandels...; II *m* Anhänger *m* des Freihandels, e-r Freihandelspolitik
librement [libʀəmɑ̃] *adv* **1.** frei; *circuler* **~ personne** sich frei bewegen; *marchandises* frei zirkulieren; *traduire* **~** frei über'setzen; **2.** (*avec franchise*) offen; **3. sacrifice ~ consenti** freiwillig gebrachtes Opfer
libre-penseur [libʀəpɑ̃sœʀ] *m* ⟨*pl* libres-penseurs⟩ Freidenker *m*; Freigeist *m*
libre-service [libʀəsɛʀvis] *m* ⟨*pl* libres-services⟩ **1.** *principe* Selbstbedienung *f*; **2.** *magasin* Selbstbedienungsladen *m*, -geschäft *n*
librettiste [libʀe(t)tist] *m* (Opern)Textdichter *m*; Libret'tist *m*
Libye [libi] *la* **~** Libyen *n*
libyen [libjɛ̃] I *adj* ⟨**~ne**⟩ libysch; II *subst* 𝒬(**ne**) *m*(*f*) Libyer(in) *m*(*f*)
lice [lis] *f* **1.** *HIST* Tur'nier-, Kampfplatz *m*; *fig* **entrer en ~** die Arena betreten; auf dem Plan erscheinen; **2.** *cf* lisse²
licence [lisɑ̃s] *f* **1.** *grade universitaire français* Li'cence *f*; *correspond à* Staatsexamen *n*; **~ en droit, ès lettres, ès sciences** Licence in Rechts-, Geistes-, Naturwissenschaften; **faire une ~ d'allemand** a Germanistik studieren; **2.** *COMM, JUR* Li'zenz *f*; Konzessi'on *f*; Genehmigung *f*; Bewilligung *f*; Erlaubnis *f*; **~ de débit de boissons** Schankkonzession *f*, -erlaubnis *f*; **~ d'exploitation** Lizenz zur Nutzung e-s Patents; **~ d'importation, d'exportation** Ein-, Ausfuhrbewilligung *f*, -genehmigung *f*, -erlaubnis *f*, -lizenz *f*; Im'port-, Ex'portlizenz *f*; **titulaire** *m* **d'une ~** Lizenzinhaber *m*; **3.** *SPORTS* Li'zenz *f* (**de tennis** die zur Teilnahme an Tennis-wettkämpfen berechtigt); **4.** (*liberté*) Freiheit *f*; **~ grammaticale, orthographique** eigenwillige Grammatik, Rechtschreibung; **~ poétique** dichterische Freiheit; **5.** *litt* (*liberté excessive*) Zügellosigkeit *f*; Ausschweifung *f*; **~ des mœurs** Sittenlosigkeit *f*
licencié(e) [lisɑ̃sje] *m*(*f*) **1. ~ ès lettres, ès sciences** Hochschulabsolvent(in), der (die) die Licence ès lettres, ès sciences besitzt; *adjt* **professeur licencié** Lehrer am Gymnasium, der e-e Licence hat; **2.** *SPORTS* Li'zenzinhaber(in) *m*(*f*)
licenc|iement [lisɑ̃simɑ̃] *m* Entlassung *f*; **~ier** *v/t* entlassen
licencieux [lisɑ̃sjø] *litt adj* ⟨**-euse**⟩ unanständig; anstößig; fri'vol
lichen [likɛn] *m* **1.** *BOT* Flechte *f*; **2.** *MÉD* Knötchenflechte *f*; *sc* Lichen *n*
lichette [liʃɛt] F *f* Stückchen *n*; Scheibchen *n*
licite [lisit] *adj* erlaubt; zulässig; statthaft
licorne [likɔʀn] *f MYTH* Einhorn *n*
licou [liku] *m* Halfter *m ou n*
lie [li] *f* **1. ~ de vin** Weinhefe *f*; *adjt* **~ de vin** *ou* **~-de-vin** [-dvɛ̃] ⟨*inv*⟩ dunkelrot, weinrot; *fig* **boire le calice, la coupe jusqu'à la ~** den Kelch bis zur Neige leeren; **2.** *litt et fig* Abschaum *m*; *st/s* Hefe *f*
Liechtenstein [liʃtɛnstajn] **le ~** Liechtenstein *n*
lied [lid] *m* ⟨*pl* **~s** *ou* **~er** [-ɛʀ]⟩ (das deutsche) Lied
liège [ljɛʒ] *m BOT* Kork *m*; **~ aggloméré** Preßkork *m*; **bouchon** *m* **de ~** Korken *m*; Korkpfropfen *m*
Liège [ljɛʒ] Lüttich *n*
liégeois [ljeʒwa] I *adj* von Lüttich; Lütticher; *CUIS* **café ~** Eiskaffee *m*; II *subst* 𝒬(**e**) *m*(*f*) Lütticher(in) *m*(*f*)
lien [ljɛ̃] *m* **1.** Band *n*; **2.** *fig* Band *n*; Bindung *f*; **~s de l'amitié, de famille, de parenté** Freundschafts-, Fa'milien-, Verwandtschaftsbande *n/pl*; **nouer des ~s étroits avec qn** reif Bindungen mit j-m eingehen; **servir de ~ entre deux personnes** das Bindeglied zwischen zwei Menschen sein; **3.** *entre les faits, des idées* Verbindung *f*; Zu'sammenhang *m*
lier [lje] I *v/t* **1.** binden (à an +*acc*); *plusieurs choses* zu'sammenbinden; *fig* **~ contrat, promesse ~ qn** j-n binden; für j-n verbindlich sein; **~ les mains à qn** j-m die Hände binden, fesseln; *fig* j-m jede Handlungsmöglichkeit nehmen; *fig* **j'ai les mains liées** mir sind die Hände gebunden; *fig* **être fou à ~** F total verrückt sein; reif fürs Irrenhaus sein; **2. lettres en écrivant** (mit e-m Haarstrich) verbinden; *en français:* **deux mots,** *MUS* **des notes** binden; **3.** *CUIS* **sauce** binden; andicken; sämig machen; le'gieren; **4.** *fig* **intérêts, sentiments: personnes** mitein'ander verbinden; **~ amitié avec qn** mit j-m Freundschaft schließen; **être lié d'amitié avec** *ou* **à qn** mit j-m befreundet sein; mit j-m in Freundschaft verbunden sein; **~ conversation avec qn** mit j-m ein Gespräch anknüpfen; **avoir partie liée avec qn** mit j-m gemeinsame Interessen haben; **être lié avec, à qn** mit j-m verbunden, befreundet, li'iert sein; j-m nahestehen; **ils sont très liés** sie sind eng befreundet, li'iert; **5. idées, événements** *etc* mitein'ander, unterein-'ander verbinden, verknüpfen; in e-n logischen Zu'sammenhang bringen; **~ à qc** mit etw verbinden, verknüpfen; **être lié à qc** a in Zusammenhang mit etw stehen; **~ la cause à l'effet** a e-n Kausalzusammenhang herstellen; II *v/pr* **6. se ~** (*par un contrat*) sich (vertraglich) binden; *fig* **se ~ les mains** sich selbst die Hände binden; **7. se ~ d'amitié avec qn** mit j-m Freundschaft schließen; sich mit j-m anfreunden; *abs* **il ne se lie pas facilement** er schließt sich nicht so schnell, leicht an
lierre [ljɛʀ] *m BOT* Efeu *m*
liesse [ljɛs] *f* **en ~** jubelnd; **foule** *f* **en ~** jubelnde Menge
lieu¹ [ljø] *m* ⟨*pl* **~x**⟩ **1.** Ort *m*; Platz *m*; Stelle *f*; *st/s* Stätte *f*; ♦ *fig* **~ commun** Gemeinplatz *m*; *MATH* **~ géométrique** geometrischer Ort; '**haut ~** *historiquement célèbre* berühmter Schauplatz; *en art* berühmte Stätte; *par ext* Hochburg *f*; Mittelpunkt *m*; Zentrum *n*; **haut ~ touristique** Hochburg *etc* des Tourismus; *fig* **en haut ~** höheren Orts; an höherer, maßgeblicher Stelle; **mauvais ~** verrufenes Haus, Lo'kal; **~ public** jedermann zugänglicher Ort; öffentlicher Ort; **~ saint** heiliger Ort; heilige Stätte; **les &x saints** die Heiligen Stätten; **~ sûr** sicherer Ort; **mettre en sûr** an e-n sicheren Ort bringen; in Sicherheit bringen; *JUR* **~ d'exécution** Erfüllungsort *m*; **~ d'expédition** Versand-, Aufgabeort *m*; **~ de naissance** Geburtsort *m*; **~ de pèlerinage** Wall-stätte *f*, -stelle *f*, -platz *m*; *GR* **adverbe** *m* **de ~** Ortsadverb *n*; ♦ *loc/prép:* **au ~ de** anstelle, an Stelle (+*gén*); (an)statt (+*gén*, F +*dat*); **au ~ de cela** statt dessen; **au ~ de vous lamenter ...** (an)statt zu klagen ...; *ADM* **en ~ et place de qn** stellvertretend für j-n; an j-s Stelle, Statt; *loc/adv* **en dernier ~** an letzter Stelle; zu'letzt; schließlich; **en premier ~** an erster Stelle; in erster Linie; zu'erst; pri'mär; **en tous ~x** über'all; *st/s* allerorts; ♦ **avoir ~** stattfinden; geschehen; sich ereignen; sich zutragen; pas'sieren; **réunion ne pas avoir ~** ausfallen; **avoir ~ de faire qc** Grund, Anlaß haben, etw zu tun; **il n'y a pas ~ de s'inquiéter pour le moment** im Moment besteht kein Grund, Anlaß zur Beunruhigung; **s'il y a ~** gegebenenfalls; **donner ~ à qc** Anlaß, Veranlassung zu etw geben; *ADM* **donner ~ à une demande** e-m Gesuch stattgeben; **tenir ~ de qc** etw ersetzen; an die Stelle von etw treten; die Stelle von etw einnehmen; **2. ~x** *pl* Örtlichkeit *f*; *d'un appartement, d'une maison* Räume *m/pl*; Räumlichkeiten *f/pl*; *par ext* Wohnung *f*; Haus *n*; **dresser, faire l'état des ~x** schriftlich niederlegen, in welchem Zustand sich die Räume befinden; **faire une reconnaissance des ~x** die örtlichen Verhältnisse erkunden; **quitter, vider les ~x** die Wohnung, das Haus räumen; ausziehen; **3.** *JUR* **~x** *pl* **du crime** Tatort *m*; *loc/adv* **sur les ~x** an Ort und Stelle; *JUR* **~** a am Tatort; *JUR* **descente** *f* **sur les ~x** Lo'kaltermin *m*; Augenscheinseinnahme *f*; **se rendre sur les ~x** sich an Ort und Stelle, *JUR* an den Tatort begeben
lieu² [ljø] *m ZO* **~ jaune** Pollack *m*;

COMM Heller Seelachs; ~ *noir* Köhler *m*; *COMM* Seelachs *m*
lieu-dit [ljødi] *m* ⟨*pl* lieux-dits⟩ *ou* **lieudit** *m* ⟨*pl* lieudits⟩ Ort, der e-n Flurnamen trägt
lieue [ljø] *f ancienne mesure* Meile *f* (*etwa 4 km*); Wegstunde *f*; *bottes f/pl de sept ~s* Sieben'meilenstiefel *m/pl*; *fig j'étais à cent* ou *mille ~s de supposer cela* ich war meilenweit davon entfernt, so etwas zu vermuten
lieutenant [ljøtnã] *m* **1.** *MIL* Oberleutnant *m*; *MAR ~ de vaisseau* Kapi'tänleutnant *m*; **2.** *HIST ~ général du royaume* Reichsverweser *m*; *~-colonel m* ⟨*pl* lieutenants-colonels⟩ *MIL* Oberst'leutnant *m*
lièvre [ljɛvʀ(ə)] *m* ZO, CUIS Hase *m*; *courir comme un ~* laufen wie ein Wiesel; *fig courir deux ~s à la fois* zwei Dinge auf einmal betreiben; zwei Ziele auf einmal verfolgen; *être peureux comme un ~* ein Angsthase, Hasenfuß sein; *fig* (*sou*)*lever un ~* e-e heikle Frage stellen, aufwerfen; ein heikles Thema berühren, anschneiden
liftier [liftje] *m* Liftboy *m*; Fahrstuhlführer *m*
lifting [liftiŋ] *m* Lifting *n*; *se faire faire un ~* sich liften lassen
ligament [ligamã] *m* ANAT Band *n*; *sc* Liga'ment(um) *n*; *~ articulaire* Gelenkband *n*
ligature [ligatyʀ] *f* MÉD Unter'bindung *f*; Liga'tur *f*; *~ des trompes* Tubenligatur *f*
ligaturer [ligatyʀe] *v/t* MÉD unter'binden
lige [liʒ] *adj* HIST *homme m ~* Lehnsmann *m*; *fig être l'homme ~ de qn* j-m blind ergeben, j-m hörig sein
ligne [liɲ] *f* **1.** Linie *f*; Strich *m*; *sur une route ~ blanche, jaune* weiße, gelbe Mar'kierungslinie; weißer, gelber Mar'kierungsstrich; *~ droite* gerade Linie; gerader Strich; *MATH* Gerade *f*; *en droite ~* in gerader Linie; in Luftlinie; geradlinig; *SPORTS ~ d'arrivée* Ziellinie *f*; Ziel *n*; *franchir la ~ d'arrivée* durchs Ziel gehen; *~ de but FOOTBALL etc* Tor-, *RUGBY* Mallinie *f*; *~ de cœur, de vie, de la main* Herz-, Lebens-, Handlinie *f*; *MAR ~ d'eau* Wasserlinie *f*; *MIL ~ de mire, de visée, de tir* Vi'sier-, Ziel-, Schußlinie *f*; *GÉOL ~ de partage des eaux* Wasserscheide *f*; *TENNIS ~ de service* Aufschlaglinie *f*; *FOOTBALL etc ~ de touche* Seitenlinie *f*; *fig expliquer dans ses grandes ~s* in großen Zügen, 'Umrissen erklären; um'reißen; **2.** *ÉLECT, TÉL* Leitung *f*; *TÉL ~ groupées* Sammel(ruf)nummer *f*; *~ à 'haute tension* Hochspannungsleitung *f*; *TÉL: avoir qn en ~* j-n am Apparat, F an der Strippe haben; *il y a qn sur la ~* es ist j in der Leitung; *être en ~* am Telefon, am Apparat sein; *vous êtes en ~, parlez* Sie sind verbunden, sprechen Sie; **3.** *TRANSPORTS* Linie *f*; Strecke *f*; *CH DE FER grandes ~s* Fernstrecken *f/pl*; *~ maritime, de navigation* Schiffahrtslinie *f*; *AVIAT, MAR ~ régulière* planmäßig beflogene *ou* befahrene Strecke; *CH DE FER: ~ secondaire* Nebenstrecke *f*, -linie *f*, -bahn *f*; *~ à double voie, à voie unique* zweigleisige, eingleisige Strecke; *~ d'autobus, de tramway* Autobus-, Straßenbahnlinie *f*; *~ de banlieue* Vorortstrecke *f*, -linie *f*, -bahn *f*; *~ de chemin de fer* Eisenbahnlinie *f*, -strecke *f*; *~ de métro* U-Bahn-Linie *f*; *~ de vol m de ~* Linienflug *m*; **4.** *MIL* Linie *f*; Front *f*; *~s adverses, ennemies* feindliche Linien, Stellungen; *HIST ~ Maginot* Magi'notlinie *f*; *~ Siegfried* Westwall *m*; *~s de défense* Abwehrfront *f*; *MAR bâtiment m de ~* Schlachtschiff *n*; *loc/adv en ~* im Einsatz; in der vordersten Linie; vorn; *monter en ~* zum Einsatz, an die Front kommen; in die vorderste Linie einrücken; *fig sur toute la ~* auf der ganzen Linie; **5.** *dans un texte, TV* Zeile *f*; *dictée à la ~!* neue Zeile!; Absatz!; *aller à la ~* e-e neue Zeile anfangen; *être payé à la ~* pro Zeile bezahlt werden; *fig: lire entre les ~s* zwischen den Zeilen lesen; *résumer en deux ~s* kurz zusammenfassen; **6.** (*suite alignée*) Reihe *f*; *~ d'arbres* Baumzeile *f*, -reihe *f*; *FOOTBALL etc ~ d'avants* Stürmerreihe *f*; *loc/adv en ~* in e-r Reihe; *MIL* in Linie; *mettre en ~* in e-r Reihe aufstellen; in e-r Reihe stellen; *MIL en ~ sur deux rangs* in Linie zu zwei Gliedern; *intelligence, personnalité 'hors ~* her'vorragend; außergewöhnlich; *fig entrer en ~ de compte* in Betracht kommen; *arbres plantés à la ~* schnurgerade gepflanzt; *être rangés sur deux ~s* in zwei Reihen hintereinander aufgestellt sein; **7.** *MAR* Leine *f*; *~ de loch, de sonde* Log-, Lotleine *f*; **8.** *PÊCHE* Angelschnur *f*, -leine *f*; *par ext* Angel *f*; *~ de fond* Grundangel *f*; *pêche f à la ~* Angeln *n*; **9.** *fig* (*règle*) Linie *f*; *~ directrice* Leitlinie *f*; *~ de conduite* Verhaltensmaßregeln *f/pl*; Richtschnur *f*; *~ du parti* Par'teilinie *f*; *être dans la ~ du parti* linientreu sein; **10.** (*contour, tracé*) Linie *f*; *d'une voiture, d'un visage a* Form *f*; Schnitt *m*; *personne avoir la ~* e-e schlanke Figur haben; *garder la ou sa ~* s-e schlanke Linie bewahren; **11.** *GÉNÉALOGIE* Linie *f*; *descendre en ~ directe de qn* in direkter, gerader Linie von j-m abstammen; **12.** *MAR baptême m de la ~* Linien-, Äqu'atortaufe *f*; *passer la ~* die Linie, den Äquator passieren
lignée [liɲe] *f* Nachkommenschaft *f*; Geschlecht *n*; Stamm *m*; *fig se situer dans la ~ de qn* in j-s Nachfolge (*dat*) stehen
ligner [liɲe] *v/t* li'nieren; lini'ieren; *adjt papier ligné* lin(i)iertes Papier; Linienpapier *n*
ligneux [liɲø] *adj* ⟨-euse⟩ holzig; Holz...; *plante ligneuse* Holzgewächs *n*
ligni|fication [liɲifikasjõ] *f* BOT Verholzung *f*; *~fier v/t* (zu e-m Bund) zu'sam-
lignite [liɲit] *m* MINÉR Braunkohle *f*
ligoter [ligɔte] *v/t* **1.** *personne* fesseln; **2.** *fig ~ qn* j-n s-r Freiheit (*gén*) berauben
ligue [lig] *f* Liga *f*; Bund *m*; Bündnis *n*; ⚹ *arabe* Arabische Liga; ⚹ *des droits de l'homme* Liga für Menschenrechte
liguer [lige] **I** *v/t* (zu e-m Bund) zu'sammenschließen; *avoir tout le monde ligué contre soi* alle gegen sich haben; **II** *v/pr se ~* sich verbünden, zu'sam-
menschließen (*avec qn* mit j-m); *se ~ contre qn* sich gegen j-n verbünden
Ligurie [ligyʀi] *la ~* Li'gurien *n*
lilas¹ [lila] *m* BOT Flieder *m*; *arbuste* Fliederstrauch *m*
lilas² [lila] **I** *adj* ⟨*inv*⟩ lila; fliederfarben; **II** *m couleur* Lila *n*
liliacées [liljase] *f/pl* BOT Liliengewächse *n/pl*
Lille [lil] Stadt im Dep. Nord
lilliputien [lilipysjɛ̃] **I** *adj* ⟨~ne⟩ lilipu'tanisch; **II** *subst ~*(*ne*) *m*(*f*) Lilipu'taner(in) *m*(*f*)
limace [limas] *f* **1.** *ZO* Nacktschnecke *f*; *~ noire, rouge* Schwarze, Rote Wegschnecke *f*; F *fig quelle ~!* so ein Trödelfritze!; so e-e Trödelliese!; **2.** *arg* (*chemise*) Hemd *n*
limaçon [limasõ] *m* **1.** *ZO* Schnecke *f* (mit Haus); **2.** *ANAT* Schnecke *f*
limage [limaʒ] *m* TECH Feilen *n*
limaille [limaj] *f* Feilspäne *m/pl*, -staub *m*
limande [limãd] *f* ZO Kliesche *f*; Scharbe *f*; F *elle est plate comme une ~* F sie ist platt, flach wie e-e Flunder
limbe [lɛ̃b] *m* **1.** *BOT* Blattspreite *f*; **2.** *d'un sextant etc* Grad-, Kreisrand *m*; Limbus *m*; **3.** *REL CATH ~s pl* Vorhölle *f*; Limbus *m*; *fig projet être encore dans les ~s* noch keine Gestalt angenommen haben; noch im Werden sein; noch nicht ausgereift sein
lime [lim] *f* **1.** *TECH* Feile *f*; *~ à ongles* Nagelfeile *f*; **2.** *BOT* saure Li'mette *f* (*fruit*)
limer [lime] *v/t* TECH feilen (*a ongles*); *enlever* abfeilen; *barreau* 'durchfeilen
limette [limɛt] *f* BOT süße Li'mette *f* (*fruit*)
limier [limje] *m* **1.** *CH* Stöberhund *m*; **2.** F *fig policier, détective un fin ~* ein guter Spürhund
limitatif [limitatif] *adj* ⟨-ive⟩ die Grenzen festlegend; einschränkend; *énumération* erschöpfend
limitation [limitasjõ] *f* Beschränkung *f*; Einschränkung *f*; Begrenzung *f*; *~ des naissances* Geburtenbeschränkung *f*; *~ de la vitesse* Geschwindigkeitsbeschränkung *f*, -begrenzung *f*; *sans ~ de temps* zeitlich unbegrenzt; ohne zeitliche Beschränkung
limite [limit] *f* **1.** Grenze *f*; *d'un territoire a* Grenzlinie *f*; *d'une période* Ende *n*; *COMM, d'une quantité* Limit *m*; *~s pl souvent* Begrenzung *f*; *d'un terrain de jeu* Begrenzungslinien *f/pl*; *dans le temps dernière ~* letzter, äußerster Ter'min (*pour qc* für etw); *~ maximale* Höchstgrenze *f*; oberste Grenze; *~ d'âge* Altersgrenze *f*; *pour des candidats a* Höchstalter *n*; *TECH ~ d'élasticité* Elastizi'täts-, Fließgrenze *f*; *~ d'endurance* Ermüdungsgrenze *f*; *~ des neiges éternelles* Schneegrenze *f*; *loc/adv à la ~* äußerstenfalls; *loc/prép dans les ~s de* im Rahmen (+*gén*); *dans les ~s de nos moyens* soweit es unsere Mittel erlauben; *loc/adv confiance etc sans ~s* grenzenlos; unbegrenzt; uneingeschränkt; *patience avoir des ~s* Grenzen haben; *il y a des ~s, une ~ (à tout*); *se fixer des ~s*; *BOXE gagner avant la ~* vor Ablauf der vereinbarten Runden siegen; **2.** *MATH* Grenzwert *m*; *sc* Limes *m*; **3.** *adjt* Grenz...;

limité – liséré

Höchst...; *âge m* ~ Höchstalter *n*; Altersgrenze *f*; *cas m* ~ Grenzfall *m*; *charge f* ~ Höchstlast *f*; *date f* ~ letzter, äußerster Termin; Schlußtermin *m*; *valeur f* ~ Grenzwert *m*; *vitesse f* ~ zulässige Höchstgeschwindigkeit

limité [limite] *adj* begrenzt, beschränkt (*à* auf +*acc*); eingeschränkt; ~ *dans le temps* zeitlich begrenzt; befristet; F *fig il est assez* ~ er ist ziemlich beschränkt

limiter [limite] **I** *v/t* begrenzen, beschränken (*à* auf +*acc*); *quantité, prix a* limi'tieren; *frais a* drosseln; *le pouvoir, la liberté de qn a* beschneiden; einengen; **II** *v/pr se* ~ sich einschränken; sich beschränken (*à* auf +*acc*); *se* ~ *à faire qc* sich darauf beschränken, etw zu tun

limitrophe [limitʀɔf] *adj* angrenzend (*de* an +*acc*); benachbart (*de* dat); Grenz...

limog|eage [limɔʒaʒ] *m* F Kaltstellung *f*; Abhalfterung *f*; **~er** *v/t* ⟨-geons⟩ *haut fonctionnaire, officier* F kaltstellen; abhalftern; absägen

limon [limɔ̃] *m* **1.** Schlamm *m*; Schlick *m*; **2.** *d'un attelage* Deichselbaum *m*, -stange *f*; **3.** *d'un escalier* Lichtwange *f*

limonad|e [limɔnad] *f* Limo'nade *f*; F Limo *f*; **~ier** *m* **1.** Limo'nadenhersteller *m*; **2.** *ADM* (*cafetier*) Schankwirt *m*

limoneux [limɔnø] *adj* ⟨-euse⟩ schlammig; schlickig; Schlamm..., Schlick...;

Limousin [limuzɛ̃] *le* ~ Region in Mittelfrankreich

limousin [limuzɛ̃] **I** *adj* limou'sinisch; aus dem Limou'sin; **II** *subst* ♀(*e*) *m*(*f*) Limou'siner(in) *m*(*f*)

limousinage [limuzinaʒ] *m CONSTR* Bruchsteinmauerwerk *n*

limousine [limuzin] *f ancien modèle de voiture* (große) Limou'sine

limpide [lɛ̃pid] *adj* **1.** *eau, ciel, air, cristal* klar; *regard* offen; *âme* rein; lauter; **2.** *explication etc* klar; *c'est* ~ das ist sehr klar (und verständlich); F das ist sonnenklar

limpidité [lɛ̃pidite] *f* Klarheit *f*, Reinheit *f*; Lauterkeit *f*

lin [lɛ̃] *m* **1.** *BOT* Flachs *m*; Echter Lein; *fig cheveux m/pl de* ~ Flachshaar *n*; flachsblondes Haar; *fibre f de* ~ Flachsfaser *f*, *huile f de* ~ Leinöl *n*; **2.** *TEXT* Leinen *n*; Leinwand *f*; *poét* Linnen *n*

linceul [lɛ̃sœl] *m* Leichentuch *n*

linéaire [lineɛʀ] *adj* **1.** line'ar; Line'ar...; *dessin m* ~ Linearzeichnung *f*; *MATH équation f* ~ lineare Gleichung; *mesures f/pl* ~s Längenmaße *n/pl*; **2.** *fig récit* eindimensional; geradlinig

linéament [lineamɑ̃] *litt m* Grundzug *m*, -linie *f*

linge [lɛ̃ʒ] *m* **1.** Wäsche *f*; Wäschestücke *n/pl*; ~ *blanc* Weißwäsche *f*; ~ *fin* feine, zarte 'Unterwäsche; ~ *hygiénique* waschbare Damenbinde; ~ *sale* schmutzige Wäsche; *fig laver son* ~ *sale en famille* s-e schmutzige Wäsche nicht in der Öffentlichkeit waschen; ~ (*de corps*) Leib-, 'Unterwäsche *f*; ~ *de couleur* Buntwäsche *f*; ~ *de maison, de table* Haus(halts)-, Tischwäsche *f*; **2.** (*chiffon*) (*sauberes*) Tuch, (sauberer) Lappen; *fig être blanc comme un* ~ leichenblaß, kreidebleich sein; weiß wie e-e *ou* die Wand sein

lingère [lɛ̃ʒɛʀ] *f dans un hôtel etc* Wäschebeschließerin *f*

lingerie [lɛ̃ʒʀi] *f* **1.** Damen(unter)wäsche *f*; *rayon m de* ~ Abteilung *f* für Damenwäsche; **2.** *dans un hôtel etc* Wäschekammer *f*, -zimmer *n*

lingot [lɛ̃go] *m MÉTALL* (Roh)Block *m*; *de métaux précieux* Barren *m*; ~ *d'or* Goldbarren *m*

lingual [lɛ̃gwal] *adj* ⟨-aux⟩ **1.** *ANAT* Zungen...; *muscle* ~ Zungenmuskel *m*; **2.** *PHON consonne* ~*e ou subst* ~*e f* Zungenlaut *m*; Lingu'al(laut) *m*

linguiste [lɛ̃gɥist] *m,f* Sprachwissenschaftler(in) *m*(*f*), -forscher(in) *m*(*f*); Lingu'ist(in) *m*(*f*)

linguistique [lɛ̃gɥistik] **I** *adj* **1.** *études, théorie etc* sprachwissenschaftlich; lingu'istisch; **2.** (*relatif à la langue*) Sprach(en)...; *atlas m* ~ Sprachatlas *m*; *séjour m* ~ Sprachaufenthalt *m*; **II** *f* Sprachwissenschaft *f*, -forschung *f*; Lingu'istik *f*; ~ *appliquée* angewandte Sprachwissenschaft

liniment [linimɑ̃] *m PHARM* Lini'ment *n*; Mittel *n* zum Einreiben

lino [lino] *m abr cf linoléum*

linoléum [linɔleɔm] *m* Li'noleum *n*

linon [linɔ̃] *m TEXT* feinstes Leinen(gewebe)

linotte [linɔt] *f* **1.** *ZO* Hänfling *m*; **2.** F *fig tête f de* ~ vergeßlicher, gedankenloser Mensch; F Schussel *m*

linotype [linɔtip] *f TYPO* Linotype ['laɪnotaɪp] *f* (*Wz*); Setz- und Zeilengießmaschine *f*

linteau [lɛ̃to] *m* ⟨*pl* ~x⟩ *CONSTR* Sturz *m*; ~ *de fenêtre, de porte* Fenster-, Türsturz *m*

lion [ljɔ̃] *m* **1.** *ZO* Löwe *m*; ~ *de mer* Seelöwe *m*; *chasse f au* ~ Löwenjagd *f*; *courageux comme un* ~ mutig wie ein Löwe; *il est courageux comme un* ~, *c'est un (vrai)* ~ er besitzt e-n Löwenmut; *se battre comme un* ~ wie ein Löwe kämpfen; F *fig il a bouffé du* ~ er hat e-e ungewöhnliche Energie, e-n ungewöhnlichen Schwung; **2.** *ASTR* ♌ Löwe *m*; **3.** *GÉOGR le golfe du* ♌ Golf zwischen Rhonedelta u spanischer Grenze

lionceau [ljɔ̃so] *m* ⟨*pl* ~x⟩ *ZO* junger Löwe

Lionel [ljɔnɛl] *m* Vorname

lionne [ljɔn] *f ZO* Löwin *f*

lipides [lipid] *m/pl CHIM* Fette *n/pl*; *sc* Li'pide *n/pl*

lipoïde [lipɔid] *CHIM* **I** *adj* fettähnlich; *sc* lipo'id; **II** *f* Lipo'id *n*

lippe [lip] *f faire la* ~ schmollen; F e-e Schippe machen

lippu [lipy] *adj lèvre* wulstig; dick; *bouche* ~*e* wulstige Lippen *f/pl*

liquéfaction [likefaksjɔ̃] *f TECH* Verflüssigung *f*; *sc* Liquefakti'on *f*

liquéfier [likefje] **I** *v/t gaz* verflüssigen; **II** *v/pr se* ~ *glace* schmelzen; flüssig werden (*a gaz*)

liquette [likɛt] *f* F Hemd *n*

liqueur [likœʀ] *f* Li'kör *m*

liquidateur [likidatœʀ] *m JUR* ~ *judiciaire* gerichtlich bestellter Liqui'dator

liquidation [likidasjɔ̃] *f* **1.** *JUR d'une société, d'une succession* Liquidati'on *f*, Auflösung *f*; **2.** *COMM* ~ (*du stock*) (Räumungs)Ausverkauf *m*; ~ *pour cause de cessation de commerce* To'tal-, Räumungsausverkauf *m* wegen Geschäftsaufgabe; **3.** F *d'une personne* Liqui'dierung *f*; Beseitigung *f*; **4.** *PSYCH* ~ *d'un transfert* Ablösung *f* e-r Über'tragung

liquide [likid] **I** *adj* **1.** *substance, air, état* flüssig; *CUIS sauce trop* ~ zu dünn; *litt l'élément* ~ das nasse, feuchte Element; **2.** *FIN* flüssig; bar; liqu'id; *argent m* ~ Bargeld *n*; *avoir m* ~ Barvermögen *n*; **3.** *PHON consonne f* ~ *ou subst* ~ *f* Liquida *f*; **II** *m* **1.** Flüssigkeit *f*; ~ *pour freins* Bremsflüssigkeit *f*; **2.** *PHYSIOL* (Körper)Flüssigkeit *f*; *sc* Liquor *m*; ~*s organiques a* Körpersäfte *m/pl*; **3.** *FIN* Bargeld *n*, -mittel *n/pl*; flüssige Mittel *n/pl*; *payer en* ~ bar (be)zahlen

liquider [likide] *v/t* **1.** *JUR société, succession etc* verkaufen; liqui'dieren; **2.** *FIN actions etc* verkaufen; liqui'dieren; **3.** *COMM*: *marchandises* ausverkaufen; (billig) abstoßen; *stock a* abbauen; **4.** F *affaire, travail* erledigen; zum Abschluß bringen; abwickeln; *F c'est liquidé, n'en parlons plus!* das ist erledigt, sprechen wir nicht mehr darüber!; **5.** F *restes d'un repas* aufessen; F wegputzen; **6.** F *adversaire* liqui'dieren; beseitigen

liquidité [likidite] *f FIN* Liquidi'tät *f*; ~*s pl* flüssige, li'quide Mittel *n/pl*; Barmittel *n/pl*

liquoreux [likɔʀø] *adj* ⟨-euse⟩ *vin* ~ Li'körwein *m*; Süßwein *m*

lire[1] [liʀ] ⟨je lis, il lit, nous lisons; je lisais; je lus; je lirai; que je lise; lisant; lu⟩ **I** *v/t* lesen; *à voix haute* vorlesen; *jugement etc* verlesen; *INFORM* (ein)lesen; abtasten; ~ *qc à qn* j-m etw vorlesen; ~ *tout un auteur* alles von e-m Autor lesen; e-n Autor ganz lesen; ~ *tout Gide a* den ganzen Gide lesen; ~ *un discours* (e-e Rede) ablesen; *TYPO* ~ *des épreuves* Korrektur lesen; ~ *un graphique* e-e Graphik lesen, deuten; ♦ ~ *entièrement, d'un bout à l'autre* ganz (durch)lesen; ~ (*l'avenir*) *dans les cartes, les lignes de la main* die Zukunft aus den Karten, Handlinien deuten; aus der Hand lesen; ~ *dans le cœur de qn* (*comme à livre ouvert*) in j-s Herz (wie in e-m aufgeschlagenen Buch) lesen; ~ *dans le jeu de qn* j-s Spiel durch'schauen; ~ *dans les pensées de qn* j-s Gedanken lesen, erraten; ~ *la haine dans les yeux de qn* den Haß in j-s Augen (*dat*) lesen, sehen; ~ *qc sur le visage de qn* j-m etw an der Miene, am Gesicht ablesen; ♦ *apprendre à* ~ lesen lernen; *savoir* ~ lesen können; *à la fin d'une lettre dans l'espoir de vous* ~ ... in Erwartung Ihrer Nachricht, Ihrer Antwort ...; *lu et approuvé* (vor)gelesen und genehmigt; **II** *v/pr se* ~ gelesen werden; sich lesen lassen; *cela se lit facilement* das liest sich leicht; *se* ~ *sur le visage de qn* j-m auf der Stirn, im Gesicht geschrieben stehen

lire[2] [liʀ] *f monnaie* Lira *f*; *mille* ~*s* tausend Lire

lis[1] [lis] *m* **1.** *BOT* Lilie *f*; **2.** *fleur f de* ~ Lilie *f* (*Emblem der frz Könige*)

lis[2] [li] *cf lire*

Lisbonne [lizbɔn] Lissabon *n*

Lise [liz] *f* Liese *f*

liser|é [lizʀe] *ou* **lisér|é** [lizeʀe] *m COUT*

Paspel f; Borte f; Biese f; Litze f; ~**er** v/t ⟨-è-⟩ COUT paspe'lieren; mit e-r Paspel, Borte etc einfassen
liseron [lizʀɔ̃] m BOT Winde f
lis|eur [lizœʀ] m, ~**euse**[1] f c'est un grand liseur, une grande liseuse er, sie liest viel und gern; F er, sie ist e-e Leseratte
liseuse[2] [lizøz] f **1.** (couvre-livre) Buchhülle f; **2.** vêtement Bettjäckchen n
lisibilité [lizibilite] f Lesbarkeit f; Leserlichkeit f
lisible [lizibl(ə)] adj lesbar; leserlich
lisiblement [lizibləmɑ̃] adv cf lisible; écrire ~ leserlich, deutlich schreiben
lisier [lizje] m AGR Jauche f; Gülle f
lisière[2] [lizjɛʀ] f **1.** TEXT Webkante f; Salkante f, -leiste f, -band n; **2.** ~ **d'un bois** Waldrand m; st/s Waldsaum m; ~ **d'un champ** Feldrain m
lissage [lisaʒ] m TECH Glätten n
lisse[1] [lis] adj peau, cheveux, pierre, surface glatt; ARCH **colonne** f ~ Säule f mit glattem Schaft; ANAT **muscles** m/pl ~**s** glatte Muskeln m/pl
lisse[2] [lis] f TEXT Helfe f; **métier** m **de basse** ~ Flachwebstuhl m; Basselissestuhl m; **métier** m **de haute** ~ Hochwebstuhl m; Hautelissestuhl m
lisser [lise] v/t **1.** cheveux, moustache glattstreichen; glätten; **2.** TECH papier etc glätten
listage [listaʒ] m cf **listing**
liste [list] f Liste f; Verzeichnis n; d'un chef d'État ~ **civile** Zi'villiste f; ~ **électorale**, **des électeurs** Wählerliste f; ~ **noire** schwarze Liste; ~ **nominative**, **de noms** Namenliste f, -verzeichnis n; namentliches Verzeichnis; TÉL ~ **rouge** Liste der Teilnehmer, die e-e Geheimnummer haben; ~ **des absents** Liste der Abwesenden; Abwesenheitsliste f; ~ **d'attente** Warteliste f; POL ~ **des candidats** Wahlliste f; ~ **des inscriptions** Melde-, Bewerberliste f; ~ **des marchandises** Warenliste f, -verzeichnis n; ~ **de mariage** Geschenkliste f (e-s Brautpaars); Wunschliste f (für Hochzeitsgeschenke); ~ **des numéros gagnants** Gewinnliste f; ~ **des passagers** Passa'gierliste f; ~ **de présence** Anwesenheitsliste f; POL **scrutin** m **de** ~ Listenwahl f; POL **tête** f **de** ~ Spitzenkandidat m; **être sur une** ~ auf e-r Liste stehen; fig: **la** ~ **de ses mérites est longue** er hat e-e ganze Reihe von Vorzügen; **grossir la** ~ **des mécontents** die Zahl der Unzufriedenen vermehren
listel [listɛl] m **1.** ARCH Stab m; **2.** HÉRALDIQUE Spruch-, De'visenbinde f
lister [liste] v/t INFORM ausdrucken
listing [listiŋ] m INFORM (Computer-) Ausdruck [-'pju:-] m
lit[1] [li] m **1.** Bett n; cadre Bettstelle f; Bettgestell n; ~ **clos** bretonisches Schrankbett; ~ **de camp** Feldbett n; Campingliege f; ~ **d'enfant** Kinderbett n; ~ **de fer** eisernes Bettstelle; ~ **de mort** Sterbebett m, -lager n; Totenbett n; **sur son** ~ **de mort** auf dem Sterbebett; **être sur son** ~ **de mort** im Sterben liegen; ~ **de repos** Ruhebett n; **aller**, **se mettre au** ~ ins ou zu Bett gehen; schlafen gehen; **être au** ~ im ou zu Bett liegen; **faire le** ~ das Bett machen; **garder le** ~ das Bett hüten; bett-

lägerig sein; enfant **mettre au** ~ ins Bett bringen; schlafen legen; prov **comme on fait son** ~ **on se couche** wie man sich bettet, so liegt, schläft man (prov); **2.** par ext Lager n; ~ **de douleur**, **de paille** Schmerzens-, Strohlager n; **3.** enfant m **du premier**, **second** ~ Kind n aus erster, zweiter Ehe; **4.** d'un cours d'eau Bett n; ~ **fluvial** Flußbett n; fleuve **sortir de son** ~ über die Ufer treten; **5.** (couche) Lage f; Schicht f; CUIS saumon etc **sur** ~ **d'épinards** auf Spinat; **6.** MAR ~ **du courant** Stromstrich m; ~ **du vent** Windrichtung f; **7.** HIST ~ **de justice** Thronsessel m; par ext großer Gerichtstag
lit[2] [li] cf **lire**
litanie [litani] f **1.** REL ~**s** pl Lita'nei f; ~**s des saints** Aller'heiligenlitanei f; **2.** fig ~ **de plaintes** Lita'nei f von Klagen; ~ **de reproches** lange Reihe von Vorwürfen; **c'est toujours la même** ~ das ist immer die alte Leier, das alte Lied, dieselbe Litanei
lit-cage [likaʒ] m ⟨pl **lits-cages**⟩ (metallenes) Klappbett
litchi [litʃi] m BOT Litschi(pflaume) f
liteau [lito] m ⟨pl ~x⟩ CONSTR Holzleiste f
literie [litʀi] f Bettzeug n; Bettwäsche f; Betten n/pl und Ma'tratzen f/pl
litharge [litaʀʒ] f CHIM Bleiglätte f, -asche f
lithiase [litjaz] f MÉD Steinleiden n; sc Li'thiasis f
lithiné [litine] adj **eaux minérales** ~**es** Lithiumwässer n/pl
lithium [litjɔm] m CHIM Lithium n
litho [lito] f abr cf **lithographie**
lithograph|e [litɔgʀaf] m TYPO, artiste Litho'graph m; ~**ie** f procédé, feuille Lithogra'phie f; Steindruck m; ~**ier** v/t in Steindruck 'wiedergeben; lithogra-'phieren
lithographique [litɔgʀafik] adj litho-'graphisch; **encre** f ~ lithographische Tusche; **pierre** f ~ Steindruckplatte f
lithotri(p)teur [litɔtʀi(p)tœʀ] m MÉD Litho'tripter m
litière [litjɛʀ] f **1.** Streu f; Strohschütte f; **2.** autrefois Sänfte f
litige [litiʒ] m Streit m; JUR Streitfall m; Rechtsstreit m; ~**s** pl Streitigkeiten f/pl; loc/adj **en** ~ Streit...; strittig; um-'stritten; **cas** m **en** ~ Streitfall m; **point** m **en** ~ Streitpunkt m
litigieux [litiʒjø] adj ⟨-euse⟩ strittig; um'stritten; **affaire litigieuse** Streitsache f; strittige Angelegenheit
litorne [litɔʀn] f ZO Wa'cholderdrossel f; Krammetsvogel m
litote [litɔt] f RHÉT Li'totes f
litre [litʀ(ə)] m **1.** (abr **l**) Liter n ou m (abr l); **un** ~ **de lait** ein Liter Milch; **2.** récipient Litermaß n; bouteille Literflasche f
litron [litʀɔ̃] P m Liter m Wein
littéraire [liteʀɛʀ] I adj œuvre, milieux, revue lite'rarisch; Litera'tur...; talent a schriftstellerisch; par ext études geisteswissenschaftlich; **histoire** f ~ Literaturgeschichte f; **langue** f ~ Literatur-, Schriftsprache f; **soirée** f ~ Vortrags-, Rezitati'onsabend m; II m,f lite'rarisch, par ext geisteswissenschaftlich inte'ressierter ou gebildeter Mensch
littéral [liteʀal] adj ⟨-aux⟩ **1.** traduction

etc wörtlich; buchstäblich; **au sens** ~ **du mot** im wörtlichen, eigentlichen Sinne des Wortes; **2.** LING **l'arabe** ~ die arabische Schriftsprache; das Schriftarabische
littéralement [liteʀalmɑ̃] adv **1.** **traduire** ~ wörtlich über'setzen; **2.** F fig buchstäblich; wirklich
littérateur [liteʀatœʀ] souvent péj m Lite'rat m
littérature [liteʀatyʀ] f **1.** Litera'tur f; Schrifttum n; **la** ~ **française** die französische Literatur; ~ **spécialisée** Fachliteratur f; ~ **d'évasion** Unter'haltungsliteratur f; ~ **pour enfants**, **pour la jeunesse** Kinder-, Jugendliteratur f; **2.** (travail d'écrivain) Schriftstelle'rei f; **3.** péj welt-, wirklichkeitsfremde Ansicht, Theo'rie; Bücherweisheit f
littoral [litɔʀal] I adj ⟨-aux⟩ Küsten...; sc lito'ral; II m Küstenstrich m, -streifen m; Küste f
Lituanie [litɥani] **la** ~ Litauen n
lituanien [litɥanjɛ̃] I adj ⟨~ne⟩ litauisch; II subst ℒ(**ne**) m(f) Litauer(in) m(f); **2.** LING **le** ~ das Litauische, Litauisch n
liturgie [lityʀʒi] f ÉGL Litur'gie f
liturgique [lityʀʒik] adj li'turgisch; **fête** f ~ kirchliches Fest; **réforme** f ~ Litur'giereform f
livarot [livaʀo] m Weißschimmelkäse aus der Normandie
livèche [livɛʃ] f BOT Liebstöckel n ou m
livide [livid] adj teint, visage (asch)fahl; aschgrau
lividité [lividite] f Fahlheit f; (asch)fahle, aschgraue Farbe; MÉD ~ **cadavérique** Totenflecke m/pl
living [liviŋ] m Wohnzimmer n
Livourne [livuʀn] Li'vorno n
livrable [livʀabl(ə)] adj lieferbar
livraison [livʀɛzɔ̃] f **1.** (An)Lieferung f; Zustellung f; ~ **à domicile** Lieferung ins Haus; **prendre** ~ **de qc** etw in Empfang nehmen; etw annehmen, entgegennehmen; **2.** d'un ouvrage Lieferung f; **paraître par** ~**s** in Lieferungen erscheinen
livre[1] [livʀ(ə)] m Buch n; POL ℒ **blanc**, **bleu** etc Weiß-, Blaubuch n etc; ~**s classiques** Klassiker m/pl; COMM **grand** ~ Hauptbuch n; POL **le petit** ℒ **rouge** das Rote Buch; F die Mao-Bibel; ~ **scolaire** Schulbuch n; ~ **d'arithmétique** Rechenbuch n; ~ **d'art** Kunstband m; MAR ~ **de bord**, **de loch** Logbuch n; ~ **de caisse** Kassen-, öster Kassabuch n; ~ **de chevet** Lieblingsbuch n; ~ **de classe** Schulbuch n; COMM ~ **des commandes** Bestell-, Auftragsbuch n; ~**s de commerce** (Geschäfts)Bücher n/pl; ~ **de comptes** Kontobuch n; ~ **de cuisine** Kochbuch n; REL ~ **d'heures** Stundenbuch n; ~ **d'images** Bilderbuch n; ~ **de lecture** Lesebuch n; ~ **de médecine** medizinisches Buch; ~ **de messe** Meßbuch n; ~ **d'occasion** antiquarisches Buch; ℒ **d'or** Goldenes Buch; ~ **de poche** Taschenbuch n; ~ **de prières** Gebetbuch n; COMM ~ **des sorties**, **des ventes** Warenausgangsbuch n; ~ **pour les enfants**, **pour la jeunesse** Kinder-, Jugendbuch n; **industrie** f **du** ~ Buchgewerbe n; **écrire**, **faire un** ~ ein Buch schreiben; COMM

livre – logiquement

inscrire aux ~s ou dans les ~s in die Bücher eintragen; (ver)buchen; *parler comme un ~* sich gewählt ausdrücken; *péj* geschwollen daherreden; *traduire à ~ ouvert* mühelos, fließend übersetzen
livre² [livʀ(ə)] *f* **1.** *(demi-kilo)* Pfund *n*; *une ~ de fruits* ein Pfund Obst; **2.** *unité monétaire* Pfund *n*; *~ anglaise, turque etc* englisches, türkisches *etc* Pfund
livrée [livʀe] *f* **1.** *(uniforme)* Li'vree *f*; *en ~* in Livree; li'vriert; **2.** *CH* (charakteristisches) Haarkleid *ou* Federkleid
livrer [livʀe] **I** *v/t* **1.** *marchandises, commande* (an-, ab)liefern; *en voiture a* ausfahren; *~ qc à qn* j-m etw liefern; *~ qn* j-n beliefern; *~ à domicile, en gare* ins Haus, bahnlagernd liefern; **2.** *coupable, criminel* ausliefern *(à qn* j-m *ou* an j-n); *à la vengeance* der Rache *(dat)*); überl'antworten *(à qn* j-m); *complice, secret* preisgeben *(à qn* j-m); verraten (an j-n); *pays ~ à l'anarchie* der Anarchie preisgeben; *~ qn à la police* a) *(remettre)* j-n der Polizei ausliefern; b) *(dénoncer)* j-n an die Polizei verraten; *il est livré à lui-même* er ist sich selbst überl'lassen; **3.** *~ (une) bataille* e-e Schlacht schlagen, liefern; *~ passage à qn* j-n 'durch-, vor'beilassen; j-m den Weg frei machen; **II** *v/pr* **4.** *criminel se ~* sich stellen *(à la police* der Polizei *[dat]*); **5.** *se ~ à qc* sich e-r Sache *(dat)* hingeben, widmen; *se ~ à un commerce illicite* unerlaubten Handel treiben; *se ~ à une enquête, à des essais* Nachforschungen, Versuche anstellen; *se ~ aux excès* Exzesse begehen; **6.** *se ~ (se confier)* von sich reden; mitteilsam sein; *se ~ à qn* sich j-m anvertrauen
livresque [livʀɛsk] *adj péj* Buch...; Bücher...; *connaissances f/pl ~s* Buchwissen *n*
livret [livʀɛ] *m* **1.** kleines Buch; Heft *n*; *~ militaire* Wehrpaß *m*; *~ scolaire* Zeugnis(heft) *n*; *~ de caisse d'épargne* Spar(kassen)buch *n*; *~ de famille* Fa'milienstammbuch *n*; **2.** *d'un opéra* Li'bretto *n*; Textbuch *n*
livreur [livʀœʀ] *m* (Aus)Fahrer *m*; Auslieferer *m*
lob [lɔb] *m* TENNIS Lob *m*; Hochschlag *m* *(a* FOOTBALL *etc)*
lobby [lɔbi] *m ⟨pl* lobbies⟩ POL Lobby *f*
lobe [lɔb] *m* **1.** ANAT Lappen *m*; *~ du cerveau* (Ge)Hirnlappen *m*; *~ de l'oreille* Ohrläppchen *n*; *~ du poumon* Lungenlappen *m*; **2.** BOT, ZO Lappen *m*; **3.** ARCH Paß *m*; *... à trois ~s* Dreipaß...
lobé [lɔbe] *adj* **1.** ANAT, BOT gelappt; lappig; **2.** ARCH aus Kreisbögen gebildet
lober [lɔbe] **I** *v/t* FOOTBALL *~ un adversaire* den Ball über e-n Gegenspieler hin'wegheben; **II** *v/i* TENNIS lobben; e-n Lob schlagen; e-n Hochschlag ausführen
lobule [lɔbyl] *m* ANAT Läppchen *n*
local [lɔkal] ⟨m/pl -aux⟩ **I** *adj* örtlich; Orts...; lo'kal; Lo'kal...; einheimisch; MÉD *anesthésie ~e* örtliche Betäubung; Lokalanästhesie *f*; *autorité ~e* örtliche Behörde; Orts-, Lokalbehörde *f*; *averses ~es* örtliche Schauer *m/pl*; *d'un journal* **chronique** *~e* Lokalnach-

richten *f/pl*; Lokalteil *m*; Lokale(s) *n*; ADM *collectivités ~es* Gebietskörperschaften *f/pl*; *couleur ~e* PEINT Lokalfarbe *f*; *fig a* Lokalkolorit *n*; *faire très couleur ~e* typisch *(bretonisch etc)* sein; *coutumes ~es* örtliche, einheimische Bräuche *m/pl*; *produit ~* einheimisches Produkt; **II** *m* Raum *m*; Lo'kal *n*; Lokali'tät *f*; *pl locaux a* Räumlichkeiten *f/pl*; *locaux administratifs* Bü'roräume *m/pl*; *locaux commerciaux* Geschäftsräume *m/pl*; gewerbliche Räume *m/pl*
localement [lɔkalmɑ̃] *adv* örtlich; *temps ~ brumeux* stellenweise Nebel
localisable [lɔkalizabl(ə)] *adj* lokali'sierbar
localisation [lɔkalizasjɔ̃] *f* **1.** *d'un bruit etc*, MÉD Lokalisati'on *f*; Lokali'sierung *f*; örtliche Zuordnung; *d'un avion, navire* Orts-, Lagebestimmung *f*; **2.** *d'un conflit, incendie etc* Lokali'sierung *f*; Begrenzung *f* (*dans une région* auf ein Gebiet); Eindämmung *f*
localiser [lɔkalize] **I** *v/t* **1.** *bruit, maladie etc* lokali'sieren; **2.** *conflit, incendie, épidémie* lokali'sieren; eindämmen; **II** *v/pr conflit se ~* lokali'siert werden (können)
localité [lɔkalite] *f* Ort *m*; Ortschaft *f*
locataire [lɔkatɛʀ] *m,f* Mieter(in) *m(f)*; *être ~* zur Miete wohnen
locatif¹ [lɔkatif] *adj* ⟨-ive⟩ Miet...; Mieter...; *charges locatives* Mietnebenkosten *pl*; *logement ~* Mietwohnung *f*; *réparations locatives* zu Lasten des Mieters gehende Reparaturen *f/pl*; *risques ~s* Mieterhaftung *f*; *valeur locative* Mietwert *m*
locatif² [lɔkatif] *m* GR Lokativ *m*
location [lɔkasjɔ̃] *f* **1.** *d'une maison, d'un appartement par le locataire* (ADM An)Mieten *n*; *par le propriétaire* Vermieten *n*; Vermietung *f*; *de voitures* Mieten *n ou* Vermietung *f*; *de barques, vélos etc* Verleih *m*; *écriteaux: ~ de skis, de vélos* Ski-, Fahrradverleih *m*; *~ de voitures* Autovermietung *f*; *Mietwagen m/pl*; *mettre en ~* vermieten; **2.** THÉ Vorverkauf *m*; CH DE FER, AVIAT (Platz)Reser'vierung *f*; **3.** *pour les vacances (gemietetes)* Ferienhaus *ou* (gemietete) Ferienwohnung
location-vente [lɔkasjɔ̃vɑ̃t] *f* ⟨*pl* locations-ventes⟩ Mietkauf *m*
loch [lɔk] *m* MAR Log *n*; *livre m de ~* Logbuch *n*; Schiffstagebuch *n*; Schiffsjournal *n*
loche [lɔʃ] *f* ZO *~ de rivière* Steinbeißer *m*
lock-out [lɔkawt] *m* ⟨*inv*⟩ Aussperrung *f*; *lever le ~* die Aussperrung beenden
lock-outer [lɔkawte] *v/t ouvriers* aussperren
locomoteur [lɔkɔmɔtœʀ] *adj* ⟨-trice⟩ *muscles, organes* der Fortbewegung dienend; *sc* lokomo'torisch
locomotion [lɔkɔmɔsjɔ̃] *f* Fortbewegung *f*; *moyens m/pl de ~* Fortbewegungsmittel *n/pl*
locomotive [lɔkɔmɔtiv] *f* **1.** CH DE FER Lokomo'tive *f*; Lok *f*; *~ électrique* elektrische Lokomotive; E-Lok *f*; *~ (à moteur) diesel* Diesellok(omotive) *f*; *~ à vapeur* Dampflok(omotive) *f*; F *fig fumer comme une ~* F rauchen wie ein Schlot; **2.** *fig personne* Motor *m*;

treibende Kraft; Zugpferd *n*; SPORTS Schrittmacher *m*
locotracteur [lɔkɔtʀaktœʀ] *m* CH DE FER kleine Dieselrangierlok *f*
locuteur [lɔkytœʀ] *m* LING Sprecher *m*
locution [lɔkysjɔ̃] *f* GR Redewendung *f*; Redensart *f*; Wendung *f*
loden [lɔdɛn] *m* **1.** *tissu* Loden *m*; **2.** *manteau* Lodenmantel *m*
lœss [løs] *m* GÉOL Löß(boden) *m*
lof [lɔf] *m* MAR Luv(seite) *f*; *aller, venir au ~* (an)luven; *virer ~ pour ~* halsen; vor dem Wind wenden
lofer [lɔfe] *v/i* MAR (an)luven
loft [lɔft] *m logement* Loft *m*
logarithm|e [lɔgaʀitm(ə)] *m* MATH Loga'rithmus *m*; **~ique** *adj* loga'rithmisch
loge [lɔʒ] *f* **1.** *~ du concierge* Pförtner-, Hausmeisterwohnung *f*; **2.** THÉ Loge *f*; *première ~, ~ de balcon* Bal'konloge *f*; Loge im ersten Rang; *fig être aux premières ~s* es, etw aus nächster Nähe miterleben, sehen; *~ d'avant-scène* Or'chester-, Pro'szeniumsloge *f*; *~ de corbeille* vordere Seitenloge im ersten Rang; *~ de côté, de face* Seiten-, Mittelloge *f*; **3.** THÉ *d'un acteur* Garde'robe *f*; **4.** *des francs-maçons* Loge *f*; *Grande ⌧ de France* Großloge *f* von Frankreich; **5.** ARCH Loggia [-dʒa] *f*
logeable [lɔʒabl(ə)] *adj* bewohnbar
logement [lɔʒmɑ̃] *m* **1.** Wohnung *f*, Wohnraum *m*; *pour les vacances etc* Quar'tier *n*; 'Unterkunft *f*; *~ meublé* möblierte Wohnung; *~ ouvrier* Arbeiterwohnung *f*; *~ provisoire* 'Übergangs-, Notwohnung *f*; *~ social* Sozi'alwohnung *f*; *~ de deux pièces* Zwei'zimmerwohnung *f*; *~ d'entreprise, de service* Werks-, Dienstwohnung *f*; *en copropriété* Eigentumswohnung *f*; **2.** TECH Lager *n*; Lagerung *f*
loger [lɔʒe] ⟨-geons⟩ **I** *v/t* **1.** *personnes* beherbergen; 'unterbringen; aufnehmen; *soldats* einquartieren; *être logé et nourri* freie Kost und Logis haben; *être logé, mal logé* gut, schlecht untergebracht sein; *e-e* gute, schlechte Wohnung haben; **2.** *par ext des affaires dans un placard etc* 'unterbringen; *~ la balle dans la cible* die Zielscheibe mit der Kugel treffen; **II** *v/i* **3.** wohnen, lo'gieren; Wohnung nehmen; *à l'hôtel a* absteigen; *~ chez qn* bei j-m wohnen; **III** *v/pr* **4.** *trouver où ou à se ~* e-e Wohnung, 'Unterkunft finden; **5.** *se ~ une balle dans la tête* sich e-e Kugel in den Kopf schießen; **6.** *balle se ~* steckenbleiben *(dans le bras* im Arm)
log|eur [lɔʒœʀ] *m*, **~euse** *f* (Zimmer-) Vermieter(in) *m(f)*; (Zimmer)Wirt(in) *m(f)*; Quar'tiergeber(in) *m(f)*
loggia [lɔdʒja] *f* ARCH Loggia [-dʒa] *f*
logiciel [lɔʒisjɛl] *m* INFORM Software [-wɛə] *f*; *~s pl* Softwareprogramme *n/pl*
logic|ien [lɔʒisjɛ̃] *m*, **~ienne** *f* PHILOS, *fig* Logiker(in) *m(f)*
logique [lɔʒik] **I** *f* Logik *f*; *manquer de ~* der Logik entbehren; nicht logisch, unlogisch sein; *personne a* nicht logisch denken können; **II** *adj argument, conséquence etc* logisch; GR *analyse f ~* Satzanalyse *f*; *être, rester ~ avec soi-même* konse'quent sein, bleiben
logiquement [lɔʒikmɑ̃] *adv* logisch; *en début de phrase ou en incise* logischerweise

logis [lɔʒi] *m* **1.** *litt* Behausung *f*; **maître m du ~** Hausherr *m*; **2.** MIL **maréchal m des ~** 'Unteroffizier *m*; **3.** ARCH **corps m de ~** Hauptbau *m*, -trakt *m*; **4.** *fig* **la folle du ~** die Phanta'sie, Einbildungskraft

logistique [lɔʒistik] **I** *adj* MIL lo'gistisch; Versorgungs...; **base f ~** Versorgungsbasis *f*, -stützpunkt *m*; **II** *f* **1.** MIL, ÉCON Lo'gistik *f*; **2.** PHILOS mathe'matische Logik

logo [logo] *m* COMM Logo *n ou m*; Firmen-, Markenzeichen *n*

loi [lwa] *f* Gesetz *n*; **~ biologique** biologisches Gesetz; **~ économique** ökonomisches Gesetz; **~ fiscale** Steuergesetz *n*; MIL **~ martiale** Standrecht *n*; **~ pénale** Strafgesetz *n*; **~ physique** physikalisches Gesetz; PHYS **~ de la chute des corps** Fallgesetz *n*; **~ d'exception** Ausnahmegesetz *n*; **~ du plus fort** Recht *n* des Stärkeren; Faustrecht *n*; BIOL **les ~s de Mendel** [mɛ̃del] die Mendelschen Gesetze; **~ du milieu, de la pègre** Gesetz der 'Unterwelt; REL **la ~ de Moïse, de l'Ancien Testament** das Mo'saische Gesetz; **~ de la nature** Na'turgesetz *n*; ÉCON **~ de l'offre et de la demande** Gesetz von Angebot und Nachfrage; PHYS **~ de la pesanteur** Gesetz der Schwerkraft, Schwere; **~ en vigueur** geltendes Gesetz, Recht; **~ sur la presse** Pressegesetz *n*; **force f de ~** Gesetzeskraft *f*; ♦ *loc/adj*: **conforme à la ~** gesetzlich; gesetzmäßig; **contraire à la ~** ungesetzlich; gesetz-, rechtswidrig; **'hors la ~** vogelfrei; **mettre 'hors la ~** für vogelfrei erklären; *loc/adv*: **d'après la ~** nach dem Gesetz; ♦ **avoir la ~ pour soi** das Recht auf s-r Seite haben; **faire la ~** befehlen; Vorschriften machen; **vous ne ferez pas la ~ chez moi!** in meinem Hause haben Sie nicht zu befehlen!; **tomber sous le coup de la ~ ...** unter das Gesetz ... fallen; *abs* strafbar sein

loi-cadre [lwakadʀ(ə)] *f* ⟨*pl* lois-cadres⟩ Rahmen-, Mantelgesetz *n*

loin [lwɛ̃] *adv* **1.** *distance et fig* weit (weg), fern, weit entfernt (**de** von); **plus ~** weiter; **deux kilomètres plus ~** zwei Kilometer weiter; **plus ~ dans le texte** weiter unten (im Text); **aller ~** weit gehen, fahren; *fig* **événement, scandale** weitreichende Folgen haben; weite Kreise ziehen; *personne* **il ira ~** er wird es weit bringen; **ne pas aller ~** nicht weit gehen, fahren; *fig* nicht weit kommen (**avec qc** mit etw); *malade* es nicht mehr lange machen; *fig* **il n'ira pas ~ avec cent francs** *a* mit hundert Franc kann er keine großen Sprünge machen; **aller plus ~** weiter gehen (*a fig*), fahren; *fig* **j'irai même plus ~ (et je dirai que ...)** ich gehe sogar noch weiter (und sage, daß ...); **aller trop ~** zu weit gehen (*a fig*), fahren; *fig* **vous allez trop ~ dans vos reproches** Sie gehen zu weit mit Ihren Vorwürfen; **il y a ~ d'ici jusqu'à** *ou* **à la gare** es ist weit von hier bis zum Bahnhof; *fig* **il y a ~ d'un projet à sa réalisation** von e-m Plan bis zu s-r Verwirklichung ist (es) ein weiter Weg; e-n Plan haben und ihn ausführen ist zweierlei; *fig* **ne cherchez pas si ~** Sie brauchen (*die Erklärung, Gründe*) nicht so weit zu suchen; **est-ce encore ~?** ist es noch weit?; **vous êtes trop ~, rapprochez-vous!** Sie sind *ou* stehen zu weit weg ...; **les fuyards sont déjà ~** die Ausreißer sind längst über alle Berge; *fig* **être ~** abwesend sein; mit s-n Gedanken weit weg sein; *fig* **il a été trop ~ dans ses critiques** er ist mit s-r Kritik zu weit gegangen; *fig* **voir ~** weitblickend, vorausschauend sein; Weitblick haben; **2.** *temps* weit; fern; **le temps n'est pas ~ où ...** die Zeit ist nicht mehr fern, wo ...; **en évoquant le passé** es ist noch nicht lange her, daß ...; **3.** *loc/adv* **au ~** in der *ou* in die Ferne; weit weg; **au ~, on voyait déjà le bateau** in der Ferne sah man schon das Schiff; **partir au ~** in die Ferne ziehen; weit weg reisen; **de ~** a) aus der Ferne; von fern; von weitem; von weit her; b) *fig* bei weitem; mit Abstand; **c'est de ~ son meilleur livre** das ist bei weitem sein bestes Buch; *personne gravement malade* **revenir de ~** noch einmal davongekommen sein; **suivre ~ les événements** die Ereignisse aus der Ferne verfolgen; **je l'ai vu venir de ~** a) *prévu* ich habe es längst kommen sehen; b) *remarqué* ich habe längst gemerkt, worauf er hinauswill; **de ~ en ~** ab und zu; von Zeit zu Zeit; hin und wieder; *a pour localiser* in großen Abständen; **4.** *loc/prép* **de ~** weit (weg) von; **pas ~ de, non ~ de** unweit, unfern (+*gén*); **~ d'ici** weit (weg) von hier; *fig* **~ de là!** weit davon entfernt!; im Gegenteil!; **~ de moi cette idée!** dieser Gedanke liegt mir völlig fern; das sei fern von mir!; *fig* **tu en es (bien) ~!** weit gefehlt!; *fig* **nous en sommes encore ~** davon sind wir noch weit entfernt; so weit sind wir noch lange nicht; **être ~ d'être parfait** noch lange nicht *ou* alles andere als vollkommen sein; **il n'est pas ~ de dix heures** es ist kurz vor, es ist fast zehn Uhr; **être (bien) ~ de faire qc** weit, himmelweit davon entfernt sein, etw zu tun; **je suis ~ d'y penser** ich denke nicht im entferntesten daran; **je suis ~ de faire qc** *ou* **j'en suis ~!** ich denke gar nicht daran, es zu tun!; das fällt mir nicht im Traum ein!; **cela ne fait pas ~ de cent francs** das macht fast hundert Franc; **5.** *loc/conj* **d'aussi ~ que, du plus ~ que ~** (+*ind ou subj*) so/bald; so'weit; **d'aussi ~, du plus ~ qu'il nous vit ...** sobald er uns sah ...; **d'aussi ~, du plus ~ que je m'en souvienne ...** soweit ich (zurück)denken kann ...

lointain [lwɛ̃tɛ̃] **I** *adj* fern; *époque* **~e** weit zurückliegende Epoche; **pays ~** fernes Land; **dans un avenir ~** in ferner Zukunft; *fig* **il n'y a qu'un rapport ~ entre ces deux événements** diese beiden Ereignisse stehen nur in indirekter, loser Beziehung zueinander; **II** *m* **1.** Ferne *f*; **dans le ~** in der Ferne; **2.** **~s** *pl* PEINT 'Hintergrund *m*

loi-programme [lwapʀɔgʀam] *f* ⟨*pl* lois-programmes⟩ Rahmengesetz *n*

loir [lwaʀ] *m* ZO Siebenschläfer *m*; *fig* **dormir comme un ~** schlafen wie ein Murmeltier, wie ein Ratz

Loir [lwaʀ] **le ~** *Fluß in Westfrankreich*

Loire [lwaʀ] **la ~** *Fluß u Departement in Frankreich*

Loire-Atlantique [lwaʀatlãtik] **la ~** *frz Departement*

Loiret [lwaʀɛ] **le ~** *Fluß u Departement in Frankreich*

Loir-et-Cher [lwaʀɛʃɛʀ] **le ~** *frz Departement*

loisible [lwazibl(ə)] *adj* **il vous est (il m'est, il lui est** *etc*) **~ de faire qc** es steht Ihnen (mir, ihm *etc*) frei, etw zu tun

loisir [lwaziʀ] *m* **1.** Muße *f*; (freie) Zeit; **~s** *pl* Freizeit *f*; **civilisation f des ~s** Freizeitgesellschaft *f*; **heures** *f/pl*, **moments** *m/pl* **de ~** Mußestunden *f/pl*; *loc/adv* **(tout) à ~** in (aller) Ruhe; mit Muße; **avoir le ~ de faire qc** Zeit, Muße haben, etw zu tun; **avoir beaucoup de ~s** viel Freizeit haben; **2.** **~s** *pl occupations* Freizeitbeschäftigungen *f/pl*

lokoum [lɔkum] *m cf* **loukoum**

lolo [lolo] *m enf* (*lait*) Milch *f*

lombago [lɔ̃bago] *m cf* **lumbago**

lombaire [lɔ̃bɛʀ] *adj* ANAT Lenden...; MÉD **ponction f ~** Lum'balpunktion *f*; **vertèbre f ~** Lendenwirbel *m*

lombard [lɔ̃baʀ] **I** *adj* lom'bardisch; **II** *subst* **1.** **~(e)** *m(f)* Lom'barde *m*, Lom-'bardin *f*; **2.** HIST **~s** *m/pl* Lango'barden *m/pl*

Lombardie [lɔ̃baʀdi] **la ~** die Lombar'dei

lombes [lɔ̃b] *m/pl* ANAT Lenden *f/pl*; Lendengegend *f*

lombric [lɔ̃bʀik] *m* ZO Regenwurm *m*

l'on [lɔ̃] *cf* **on**

londonien [lɔ̃dɔnjɛ̃] **I** *adj* ⟨~**ne**⟩ Londoner; **II** *subst* **~(ne)** *m(f)* Londoner(in) *m(f)*

Londres [lɔ̃dʀ(ə)] London *n*

long [lɔ̃] **I** *adj* ⟨**longue** [lɔ̃g]⟩ *espace, temps* lang; *détour, intervalle* groß; *voyelle* lang; *visage* länglich; *cri* langgezogen; **moins ~** kürzer; **plus ~** länger; **chaise longue** Liegestuhl *m*; **une longue suite de ...** e-e lange Reihe von ...; *loc/adj*: MAR **au ~ cours** auf großer Fahrt; COMM **à ~ terme** langfristig; *travail* **de longue haleine** langwierig; *loc/adv* **à la longue** auf die Dauer; mit der Zeit; **avoir une longue habitude de qc** seit langem an etw (*acc*) gewöhnt sein; *réunion etc* **être ~** lange dauern; **être ~ de trois mètres** drei Meter lang sein; **ce qu'il est ~! ou** **ce qu'elle est longue!** braucht der *ou* die aber lang!; so ein Trödelfritze *ou* so e-e Trödelliese!; *d'un orateur* **er findet gar kein Ende!**; **être ~ à faire qc** lange brauchen, um etw zu tun; **ce serait trop ~ à raconter** *a* es würde zu weit führen, das zu erzählen; *réponse, personne* **être ~ à venir** lange auf sich warten lassen; lange ausbleiben; **II** *adv attitude, regard, silence* **en dire ~** vielsagend sein; Bände sprechen; **en savoir ~ sur qn, qc** viel über j-n, etw sagen, erzählen; **en savoir ~** gut, genau Bescheid wissen (**sur** über +*acc*); **s'habiller ~** lange Kleider *ou* Röcke tragen; lang tragen; **III** *m* Länge *f*; **de dix mètres de ~** von zehn Metern Länge; zehn Meter lang; **avoir dix mètres de ~** zehn Meter lang sein; e-e Länge von zehn Metern haben; ♦ *loc/adv*: **de tout son ~** der Länge nach; **étendu de tout son ~** lang, der Länge nach hingestreckt; **tomber de tout son**

~ der Länge nach hinfallen, -schlagen; **de ~ en large** auf und ab; hin und her; **en ~** in der Länge; der Länge nach; *fig* **en ~ et en large** lang und breit; des langen und breiten; ♦ *loc/prép a) espace* (**tout**) **le ~ de**, (**tout**) **au ~ de** *qc* (immer) längs (+*gén*); (immer) an etw (*dat*) entlang; **le ~, au ~ du bois** längs des Waldes; am Wald entlang; **tout le ~ du chemin** auf dem ganzen Weg; *abs*: **en m'accompagnant, il a chanté tout du ~**... hat er auf dem ganzen Weg, hat er die ganze Zeit über gesungen; *b)* **temps tout au ~ ou tout le ~ de l'année** das ganze Jahr über, lang, hin-'durch
long-courrier [lɔkuʀje] *m* ⟨*pl* long-courriers⟩ **1.** AVIAT Langstreckenflugzeug *n*; *adjt* **vol** *m* **~** Langstreckenflug *m*; **2.** MAR Übersee-, Ozeandampfer *m*
longe [lɔ̃ʒ] *f* **1.** CUIS *de veau, de chevreuil* Lendenstück *n*, -braten *m*; **~ de veau** *a* Kalbsnierenbraten *m*; **2.** *corde* Longe *f*; Laufleine *f*
longer [lɔ̃ʒe] *v/t* ⟨-geons⟩ **~ qc** an etw (*dat*) entlanggehen, -laufen; *en voiture, bateau* -fahren; *voie ferrée, chemin, route* an etw (*dat*) entlangführen, -laufen; *forêt, chaîne montagneuse* sich an etw (*dat*) entlangziehen; sich erstrecken längs (+*gén*)
longeron [lɔ̃ʒRɔ̃] *m* TECH Längsträger *m*
longévité [lɔ̃ʒevite] *f a)* (*longue durée de la vie*) Langlebigkeit *f*; *b)* (*durée de la vie*) Lebensdauer *f*
longiligne [lɔ̃ʒiliɲ] *adj* langglied(e)rig
longitude [lɔ̃ʒityd] *f* (geo'graphische) Länge; **40 degrés de ~ est, ouest** 40 Grad östlicher, westlicher Länge
longitudinal [lɔ̃ʒitydinal] *adj* ⟨-aux⟩ der Länge nach; in der Längsrichtung; Längs...; **coupe ~e** Längsschnitt *m*
longtemps [lɔ̃tɑ̃] *adv* lange (Zeit); **vivre ~** lange leben; **après sa mort ~** lange nach s-m Tod; **ne reste pas trop ~!** bleib nicht zu lange weg!; ♦ **il y a ~** vor langer Zeit; schon lange *ou* längst; **il n'y a pas ~** vor kurzer Zeit; unlängst; **il y a ~ que ...** es ist schon lange her, daß ...; **y a-t-il ~ que vous êtes ici?** sind Sie schon lange hier?; **avant ~** bald; binnen kurzem; F **dans ~?** bald?; **depuis ~** seit langer Zeit; seit langem; schon lange; schon längst; **pendant ~** lange Zeit (über, hindurch); **pour ~** für *ou* auf lange Zeit; **il y en a encore pour ~?** dauert es noch lange?; **je n'en ai pas pour ~** ich brauche nicht lange; es dauert nicht lange; **il n'en a plus pour ~** er hat nicht mehr lange zu leben; F er wird es nicht mehr lange machen; ♦ *loc/conj* **aussi ~ que** so'lange
longue [lɔ̃g] *cf* **long** I
longuement [lɔ̃gmɑ̃] *adv* lange; **s'étendre ~ sur un sujet** sich lang und breit über ein Thema auslassen; **parler ~** lange sprechen
longuet [lɔ̃gɛ] F *adj* ⟨~te⟩ etwas, ein bißchen (zu) lang (*dimension ou durée*)
longueur [lɔ̃gœR] *f* **1.** Länge *f*; *durée* a lange Dauer; *d'un ouvrage* a 'Umfang *m*; *de négociations* Langwierigkeit *f*; PHYS, RAD **~ d'onde** Wellenlänge *f*, *fig* (**ne pas**) **être sur la même ~ d'onde** F (nicht) auf derselben Wellenlänge sein, liegen; **pièce f tout en ~** langes, schmales Zimmer; F Schlauch *m*;

SPORTS **saut** *m* **en ~** Weitsprung *m*; *loc/adv* **en ~, dans le sens de la ~** in der Länge; in der Längsrichtung; der Länge nach; **à ~ d'année, de journée, de semaine** das ganze Jahr, die ganze Woche über *ou* hin-'durch; **avoir la même ~** dieselbe Länge haben; gleich lang sein; **tirer, faire traîner qc en ~** etw in die Länge ziehen; etw verschleppen; **2.** TURF Länge *f*; **gagner de deux ~s** mit zwei Längen Vorsprung siegen; **3.** *d'un texte, d'un film* **~s** *pl* Längen *f/pl*; **avoir des ~s** Längen haben
longue-vue [lɔ̃gvy] *f* ⟨*pl* longues-vues⟩ OPT Fernrohr *n*; Tele'skop *n*
look [luk] *m* Look [luk] *m*; Aussehen *n*
looping [lupiŋ] *m* AVIAT Looping ['luː-] *m ou n*
lopin [lɔpɛ̃] *m* **~ de terre** ein kleines Stück Erde, Land
loquace [lɔkas] *adj* redselig; gesprächig; **il n'est pas très ~ aujourd'hui** *a* er ist heute nicht sehr zum Reden aufgelegt
loquacité [lɔkasite] *f* Redseligkeit *f*; Gesprächigkeit *f*
loque [lɔk] *f* **1. ~s** *pl* Lumpen *m/pl*; Fetzen *m/pl*; **être vêtu de ~s** in Lumpen gekleidet, gehüllt sein; zerlumpt sein; *vêtement* **tomber en ~s** in Fetzen gehen; **2.** *fig personne* Wrack *n*
loquet [lɔkɛ] *m* Schnappschloß *n*; Schnäpper *ou* Schnepper *m*
loqueteux [lɔktø] *adj* ⟨-euse⟩ zerlumpt
lord [lɔR(d)] *m* Lord *m*; **~ Chancelier** Lordkanzler *m*; **la Chambre des ~s** das Oberhaus
lord-maire [lɔR(d)mɛR] *m* ⟨*pl* lords-maires⟩ Lord-Mayor ['lɔrt'meːɔr] *m*
lorgner [lɔRɲe] *v/t* **1.** *une femme* anschielen; begehrliche, unverschämte (Seiten)Blicke zuwerfen (*qn* j-m); **2.** *fig* **~ une place a** mit e-m Posten liebäugeln
lorgnette [lɔRɲɛt] *f* kleines Fern-, Opernglas *n*; *fig* **voir les choses par le petit bout de la ~** die Dinge nur einseitig sehen; engstirnig sein; e-n begrenzten, engen Horizont haben
lorgnon [lɔRɲɔ̃] *m* **a)** (*pince-nez*) Zwicker *m*; Kneifer *m*; **b)** (*face-à-main*) Stielbrille *f*; Lor'gnon *n*; Lor'gnette *f*; **c)** F *plais* (*lunettes*) Brille *f*
loriot [lɔRjo] *m* ZO Pi'rol *m*
lorrain [lɔRɛ̃] I *adj* lothringisch; II *subst* ♀(**e**) *m(f)* Lothringer(in) *m(f)*
Lorraine [lɔRɛn] **la ~** Lothringen *n*
lors [lɔR] *adv* **1. depuis ~** seit'dem; seit-'her; seit der Zeit; von der Zeit an *ou* ab; von da an *ou* ab; **dès ~ a)** *cf* (*depuis*) **~**; **b)** (*en conséquence*) folglich; infolge'dessen; also; **2.** *loc/prép* **~ de** bei; als (*suivi d'une phrase*); zur Zeit (+*gén*); **~ de mon mariage** bei meiner Heirat; als ich heiratete; **3.** *loc/conj* **dès ~ que a)** (*dès l'instant où*) so'bald; **b)** (*puisque*) da ... (ja); *litt* **même que** (+*conditionnel*) selbst wenn
lorsque [lɔRsk(ə)] *conj* ⟨*vor Vokal* **lorsqu'**⟩ **1.** *récit au passé* als; **j'allais sortir ~ vous avez téléphoné** ich war gerade im Begriff wegzugehen, als Sie anriefen; **2.** *avec présent ou futur* rapportez-moi mon livre wenn Sie daran denken ...
losange [lɔzɑ̃ʒ] *m* MATH Raute *f*; Rhombus *m*; **en ~** rautenförmig

lot [lo] *m* **1.** LOTERIE Gewinn *m*; Treffer *m*; **gros ~** Hauptgewinn *m*, -treffer *m*; *fig* **gagner le gros ~** das Große Los ziehen; **~ de consolation** Trostpreis *m*; **2.** JUR Anteil *m*; **~ de succession** Erbteil *m ou n*; **3.** COMM Los *n*; Posten *m*; Par'tie *f*; **~ de marchandises** Warenposten *m*, -partie *f*; **un ~ de chemises** ein Los, ein Posten, e-e Partie Hemden; **4.** *litt* (*sort*) Los *n*
Lot [lɔt] **le ~** Fluß *u* Departement in Frankreich
loterie [lɔtRi] *f* **1.** Lotte'rie *f*; **~ foraine** Glücksbude *f*; ♀ **nationale** (französische) Staatslotterie *f*; **2.** *fig* Lotte'riespiel *n*; **c'est une ~** das ist ein Lotteriespiel; das ist (reine) Glückssache
Lot-et-Garonne [lɔtegaRɔn] **le ~** *frz* Departement *n*
Lothaire [lɔtɛR] *m* HIST Lothar *m*
loti [lɔti] *adj* **être mal ~**, *iron* **bien ~** schlecht dran sein; Pech gehabt haben; reingefallen sein; F in der Patsche sitzen; **le voilà bien ~!** *a* da ist er aber gut bedient!
lotion [lɔsjɔ̃] *f* Gesichtswasser *n*; Loti'on *f*; **~ capillaire** Haar-, Kopfwasser *n*
lotionner [lɔsjɔne] *v/t* einreiben
lotir [lɔtiR] *v/t biens d'une succession etc* aufteilen; *terrain* a parzel'lieren; in Par-'zellen aufteilen
lotissement [lɔtismɑ̃] *m* **1.** (*partage*) Aufteilung *f*; *d'un terrain* a Parzel'lierung *f*; **2.** (*terrain morcelé*) (Grundstücks)Par'zelle *f*; *ensemble* Siedlung *f*; **~ jardin** Kleingartenparzelle *f*; *ensemble* Kleingartenanlage *f*
loto [lɔto] *m* Lotto *n*; **~ sportif** Fußballtoto *n*; *bulletin* **m ~** Lottoschein *m*; **jouer au ~** im Lotto spielen
lotte [lɔt] *f* ZO Quappe *f*; Rutte *f*; **~ de mer** Seeteufel *m*
lotus [lɔtys] *m* BOT Lotos *m*; Lotosblume *f*
louable¹ [lwabl(ə)] *adj* lobenswert; löblich; rühmlich; anerkennenswert; **peu ~** unrühmlich
louable² [lwabl(ə)] *adj* vermietbar; **difficilement ~** schwer zu vermieten
louage [lwaʒ] *m* JUR Miete *f*; Vermietung *f*; (*contrat* **m de**) **~ de services** Dienstvertrag *m*; **voiture** *f* **de ~** Mietwagen *m*
louange [lwɑ̃ʒ] *f souvent pl* **~s** Lob *n*; Belobigung *f*; *poét*, REL Lobpreis *m*; Lobpreisung *f*; **à la ~ de qn** zu j-s Lob, Ehre; **discours** *m* **à la ~ de qn** Rede, die j-s Verdienste würdigt; **chanter les ~s de qn** j-s Lob singen; ein Loblied auf j-n singen, anstimmen
loubar(d) [lubaR] F *m* Rocker *m*; F Halbstarke(r) *m*; **bande** *f* **de ~s** Rokkerbande *f*
louche¹ [luʃ] *adj affaire, attitude, milieux, individu etc* undurchsichtig; verdächtig; fragwürdig; zweifelhaft; *manœuvres, histoire a* anrüchig; *passé a* dunkel; *subst* **il y a du ~ dans cette histoire** an der Geschichte, Sache ist etwas faul, verdächtig; **c'est ~!** da stimmt etwas nicht!; da ist etwas faul!
louche² [luʃ] *f* CUIS Schöpflöffel *m*; Suppenkelle *f*
loucher [luʃe] *v/i* **1.** schielen; **2.** F *fig* **~ sur qc, qn** nach etw, j-m schielen; begehrliche Blicke auf etw, j-n werfen
louer¹ [lwe] I *v/t* loben; rühmen; prei-

sen; *Dieu loben; lobpreisen; efforts, mérites de qn* würdigen; **~** *qn de ou pour qc* j-n für etw loben; ***Dieu soit loué!*** gott'lob!; Gott sei (Lob und) Dank!; **II** *v/pr se* **~** *de qc, qn* mit etw, j-m zu'frieden sein; sich zu etw, j-m gratu'lieren können; *se* **~** *d'avoir fait qc* froh sein, etw getan zu haben

louer[2] [lwe] **I** *v/t* **1.** *propriétaire: maison, appartement etc* vermieten; *à* **~** zu vermieten; *chambre à* **~** Zimmer frei; **2.** *locataire, utilisateur: appartement, garage, voiture, bateau etc* mieten; *locaux* ADM *a* anmieten; **3.** **~** *une place* THÉ e-e Karte vorbestellen; e-e Karte reser'vieren lassen; CH DE FER e-e Platzkarte bestellen; AVIAT e-n Flug reser'vieren; **II** *v/pr se* **~ 4.** *appartement etc* vermietet werden; **5.** *journalier* sich verdingen

lou|eur [lwœR] *m*, **~euse** *f* Vermieter(in) *m(f)*; *loueur de voitures* Autovermieter *m*

loufiat [lufja] *m* P (*garçon de café*) Kellner *m*

loufoque [lufɔk] F **I** *adj* verrückt; *personne cf a* **cinglé**; **II** *m,f* Verrückte(r) *f(m)*

loufoquerie [lufɔkRi] F *f* Verrücktheit *f* (*a acte*)

louis [lwi] *m ancienne pièce d'or* Louis'dor *m*

Louis [lwi] *m* **1.** *prénom* Ludwig *m*; HIST *saint* **~** Ludwig der Heilige; **2.** *adjt* ART *style m* **~** *XIV, XV, XVI* Louis-quatorze(-), Louis-quinze(-), Louis-seize(-Stil) *n(m)*

Louise [lwiz] *f* Lu'ise *f*

louise-bonne [lwizbɔn] *f* ⟨*pl* louises-bonnes⟩ *variété de poire* Gute Lu'ise

Louisiane [lwizjan] *la* **~** Louisi'ana *n*

Louis-Philippe [lwifilip] *adjt style m* **~** *en Allemagne correspond à* Biedermeier *n*

loukoum [lukum] *m confiserie orientale* Rachat Lokum *n*

loulou [lulu] *m* **1.** ZO Spitz *m*; **2.** ⟨*f* **louloutte** [lulut]⟩ F *terme d'affection* Liebling *m*; Schatz *m*; Schätzchen *n*; Herzchen *n*; **3.** (*jeune voyou*) Halbstarke(r) *m*

loup [lu] *m* **1.** ZO Wolf *m*; *fig*: *enfermer le* **~** *dans la bergerie* den Bock zum Gärtner machen; *être connu comme le* **~** *blanc* bekannt sein wie ein bunter Hund; '*hurler avec les* **~s** mit den Wölfen heulen; *prov*: *les* **~s** *ne se mangent pas entre eux* e-e Krähe hackt der andern kein Auge aus (*prov*); *quand on parle du* **~**, *on en voit la queue* wenn man den Esel nennt, kommt er gerennt; Lupus in fabula; **2.** *fig jeune* **~** ehrgeiziger junger Mann; **3.** F *mon* **~** *cf loulou* 2.; **4.** F **~** *de mer* F (alter) Seebär; **5.** *masque* schwarze Halbmaske; **6.** ZO **~** (**de mer**) Wolfsbarsch *m*

loupage [lupaʒ] F *m* F Verpatzen *n*; Verpfuschen *n*; P Versauen *n*

loup-cervier [luseRvje] *m* ⟨*pl* loups-cerviers⟩ ZO (Nord)Luchs *m*

loupe [lup] *f* **1.** OPT Lupe *f*; Vergrößerungsglas *n*; *fig regarder qc à la* **~** unter die Lupe nehmen; **2.** *sur le bois d'un arbre* Knorren *m*; *par ext bois knorriges Holz*; **3.** MÉD Grützbeutel *m*; Balggeschwulst *f*

louper [lupe] F **I** *v/t* **1.** *travail* F verpfuschen; verpatzen; P versauen; *composition* F verhauen; **~** *son examen* F 'durchfallen; **2.** *train, bus, occasion* verpassen; versäumen; *qn à un rendez-vous* verfehlen; verpassen; **II** *v/i ça n'a pas loupé* das mußte ja so kommen

loup-garou [lugaRu] *m* ⟨*pl* loups-garous⟩ Werwolf *m*

loupi|ot [lupjo] *m*, **~otte** *f* F (*enfant*) F Gör *n*; Göre *f*; Balg *m ou n*

loupiote [lupjɔt] F *f* Lämpchen *n*; Lichtlein *n*; *péj* Funzel *f*

lourd [luR] **I** *adj* ⟨lourde [luRd]⟩ **1.** *objet, pas, parfum, vin, charge, responsabilité, tâche* schwer; *charge fiscale* drückend; *nourriture* schwer(verdaulich); *sommeil, jambes* schwer; bleiern; MIL *artillerie* **~e** schwere Artillerie; CHIM *eau* **~e** schweres Wasser; JUR *faute* **~e** grobes, schweres Verschulden; schwere, schwerwiegende Verfehlung; *frais* **~s** hohe (Un)Kosten *pl*; *huile* **~e** Schweröl *n*; *industrie* **~e** Schwerindustrie *f*; *neige* **~e** Pappschnee *m*; *terrain* **~** aufgeweichter, schwerer Boden; *subst les plus* **~s** *que l'air* die Flugzeuge *n/pl*; ♦ *loc/adj*: MAR, AVIAT **~** *de l'arrière, de l'avant* hecklastig, bug- *ou* kopflastig; *décision etc* **~** *de conséquences* folgenschwer; *phrase* **~** *de sous-entendus* voller Anspielungen; ♦ *elle a le cœur* **~** das Herz ist ihr schwer; ihr ist schwer ums Herz; *j'ai l'estomac* **~** mir liegt etw schwer im Magen; ich habe Magendrücken; *avoir la main* **~e** hart, fest zuschlagen; *fig* hart, schwer bestrafen; *avoir la main* **~e** *en salant la soupe* die Suppe zu stark salzen; *avoir la tête* **~e** e-n schweren Kopf haben; e-n Druck im Kopf haben; *il avait les yeux* **~s** *de sommeil* ihm fielen (vor Müdigkeit) die Augen zu; **2.** *temps, air* schwül; drückend; *chaleur* **~e** feuchtwarm; *fig silence, atmosphère* beklemmend; bedrückend; dumpf; *il fait* **~** ist schwül, drückend; **3.** *fig marché* flaue, lustlose, rückläufige Börse; **4.** *personne, caractère, démarche, style* schwerfällig; unbeholfen; plump; *esprit* schwerfällig; *compliment, plaisanterie* plump; **II** *adv* **1.** *objet peser* **~** schwer sein; *fig*: *ne pas peser* **~** kein Gewicht haben; *cela ne pèsera pas* **~** *dans la balance* das wird nicht sehr ins Gewicht, nicht schwer in die Waagschale fallen; **2.** F *fig d'une somme ça ne fait pas* **~** das ist nicht viel; *employé etc ne pas en faire* **~** nicht viel tun; *ne pas en savoir* **~** nicht viel wissen; *des survivants? – y en avait pas* **~** es gab nicht viele

lourdaud [luRdo] **I** *adj* schwerfällig; unbeholfen; ungeschickt; plump; tölpelhaft; **II** *m* schwerfälliger, unbeholfener, ungeschickter, plumper Mensch; Tölpel *m*; Tolpatsch *m*

lourde [luRd] *f arg* (*porte*) Tür *f*

lourdement [luRdəmã] *adv* **1.** schwer; *véhicule* **~** *chargé* schwerbeladen; *dépenses grever* **~** *le budget* das Budget schwer belasten; *fig peser* **~** *sur* schwere, schlimme Folgen haben für; *tomber* **~** wie ein Klotz, Sack fallen; *fig se tromper* **~** sich schwer täuschen; **2.** *fig* schwerfällig; unbeholfen; plump

lourdeur [luRdœR] *f* **1.** *fig d'une charge* Schwere *f*; **~** *des impôts* drückende Steuerlast *f*; **~s** *d'estomac* Magendrücken *n*; **~** *de tête* Benommenheit *f*; **2.** *fig des formes, d'un style* Plumpheit *f*; *de l'esprit, a d'un style* Schwerfälligkeit *f*

lourdingue [luRdɛ̃g] F *adj et subst cf* **lourdaud**

loustic [lustik] *m* **1.** (*farceur*) Spaßmacher *m*; Witzbold *m*; **2.** F *péj* (*type*) Kerl *m*; F Type *f*; F *péj* Knilch *m*; *un drôle de* **~** ein komischer Knilch

loutre [lutR(ə)] *f* ZO Fischotter *m*; **~** *de mer* Seeotter *m*

Louvain [luvɛ̃] Löwen *n* (*Stadt in Belgien*)

louve [luv] *f* ZO Wölfin *f*

louveteau [luvto] *m* ⟨*pl* **~x**⟩ **1.** ZO junger Wolf; **2.** (*jeune scout*) Wölfling *m*

louvoiement [luvwamã] *m surtout pl* **~s** La'vieren *n*; Winkelzüge *m/pl*

louvoyer [luvwaje] *v/i* ⟨-oi-⟩ **1.** MAR kreuzen; **2.** *fig* la'vieren; ausweichen; Winkelzüge machen

lover [lɔve] **I** *v/t* MAR *cordage* aufschießen; **II** *v/pr se* **~** *serpent* sich zu'sammenrollen

loyal [lwajal] *adj* ⟨-aux⟩ *adversaire* anständig; fair [fɛːR]; ehrenhaft; *ami* treu; aufrichtig; *serviteur etc* rechtschaffen; redlich; loy'al; (pflicht)treu; *loyaux services* treue Dienste *m/pl*; *loc/adv* F *à la* **~e** anständig; fair

loyalement [lwajalmã] *adv* anständig; fair [fɛːR]; ehrenhaft; *accepter* **~** *sa défaite* mit Anstand verlieren

loyalisme [lwajalism(ə)] *m* **1.** POL Loyali'tät *f*; Re'gierungs-, Staatstreue *f*; **2.** (*treue*) Ergebenheit *f* (*envers un parti* gegenüber e-r Partei)

loyauté [lwajote] *f* Anständigkeit *f*; Fairneß ['fɛːR-] *f*; Ehrenhaftigkeit *f*; Rechtschaffenheit *f*; Redlichkeit *f*; Loyali'tät *f*; (Pflicht)Treue *f*

loyer [lwaje] *m* **1.** Miete *f*; Mietpreis *m*; *österr, schweiz* Mietzins *m*; **2.** FIN **~** *de l'argent* Zins(satz) *m*

Lozère [lɔzɛR] *la* **~** *frz Departement*

L.S.D. [ɛlɛsde] *m drogue* LSD *n*

lu [ly] *p/p cf* **lire**

lubie [lybi] *f* Schrulle *f*; Grille *f*; Ma'rotte *f*; *avoir des* **~s** Schrullen, Grillen im Kopf haben; *il lui prend parfois la* **~** *de faire qc* er kommt manchmal auf den komischen Einfall ...

lubricité [lybRisite] *f* Geilheit *f*; Lüsternheit *f*

lubrifiant [lybRifjã] TECH **I** *adj* Schmier...; **II** *m* Schmiermittel *n*

lubri|fication [lybRifikasjɔ̃] *f* TECH (Ab)Schmieren *n*; Schmierung *f*; **~fier** *v/t* TECH (ab)schmieren

lubrique [lybRik] *adj* geil; lüstern; las'ziv

Luc [lyk] *m* Lukas *m*

lucane [lykan] *m* ZO Hirschkäfer *m*

lucarne [lykaRn] *f* **1.** ARCH Dachfenster *n*, -luke *f*; **2.** *par ext* kleines Fenster; Luke *f*

Lucerne [lysɛRn] Lu'zern *f*

lucide [lysid] *adj esprit, raisonnement* klar; scharf; *personne* scharfblickend; hellsichtig; *esprit m* **~** klarer, heller Kopf; *être* **~** scharfblickend, hellsichtig sein; klar sehen; *mourant être encore* **~** noch bei klarem Verstand, Bewußtsein sein

lucidement [lysidmã] *adv envisager* **~**

lucidité – lunetterie 438

qc e-r Sache (*dat*) mit klarem Blick entgegensehen
lucidité [lysidite] *f de l'esprit, d'une analyse etc* Klarheit *f*; *d'une personne* Scharfblick *m*; Hellsichtigkeit *f*; *malade mental* **avoir des moments de ~** lichte Augenblicke, Momente haben; **garder sa pleine ~** bei klarem Verstand, Bewußtsein bleiben; *dans une situation difficile* e-n kühlen, klaren Kopf bewahren
Lucien [lysjɛ̃] *m* Vorname
Lucienne [lysjɛn] *f* Vorname
Lucifer [lysifɛʀ] *m REL* Luzifer *m*
luciole [lysjɔl] *f ZO* Leuchtkäfer *m*; Glühwürmchen *n*
lucratif [lykʀatif] *adj* ⟨-ive⟩ einträglich; einbringlich; gewinnbringend; (finanziell) lohnend; lukra'tiv; *JUR:* **association *f à but ~*** wirtschaftlicher Verein; **association *f sans but ~*** Ide'alverein *m*
lucre [lykʀ(ə)] *st/s et péj m* Gewinn *m*; **passion *f de ~*** Gewinnsucht *f*
ludique [lydik] *adj* Spiel...; *PSYCH* **activité *f ~*** Spielen *n*
ludothèque [lydɔtɛk] *f* Spielsachenverleih *m*
luette [lɥɛt] *f ANAT* Zäpfchen *n*
lueur [lɥœʀ] *f* 1. (*lumière faible*) (Licht-)Schein *m*; (Licht)Schimmer *m*; (schwaches) Licht; **à la ~ des flambeaux** im Fackelschein; im Schein, Licht der Fackeln; 2. *du regard* Aufblitzen *n*; **une ~ de désir illumina ses yeux** s-e Augen funkelten begehrlich; **une ~ de colère passa dans ses yeux** in s-n Augen blitzte es zornig auf; 3. *fig* Funke(n) *m*; **~ d'espoir** Funke(n) Hoffnung *m*; Hoffnungsschimmer *m*, -strahl *m*; **chez un fou ~ de raison** lichter Augenblick
luge [lyʒ] *f* (Rodel)Schlitten *m*; *österr* Rodel *f*; **piste *f de ~*** Rodelbahn *f*; **faire de la ~** Schlitten fahren; rodeln
lugubre [lygybʀ(ə)] *adj atmosphère, air* düster; traurig; trübselig; *pensées a* trübe; *bâtiment* trostlos, düster, finster wirkend; **mine *f ~*** Trauermiene *f*
lui [lɥi] *pr/pers* 1. ⟨*m et f*⟩ a) *obj/indir* ihm (*m et n*); ihr (*f*); **je ~ parlerai de vous** ich werde mit ihm *ou* ihr über Sie sprechen; **remettez-~ ce livre!** geben Sie ihm *ou* ihr dieses Buch zurück!; b) *avec la fonction d'obj/dir* ihn (*m*); sie (*f*); es (*n*); **faites-~ recommencer ce travail** lassen Sie ihn *ou* sie *ou* es diese Arbeit noch einmal machen; **je ~ ai laissé lire cette lettre** ich habe ihn *ou* sie *ou* es diesen Brief lesen lassen; 2. ⟨*m*⟩ a) *sujet* er; **~ non plus n'a rien compris** auch er hat nichts verstanden; **c'est tout à fait ~** das ist er, wie er leibt und lebt; **toi, tu te reposes et ~, il travaille** du ruhst dich aus, und er arbeitet; **c'est ~ qui sera content de vous voir** gerade er wird sich freuen, Sie zu sehen; b) *obj/dir* ihn; **qui avez--vous choisi?** ihn; c) *avec prép* ihm (*dat*); ihn (*acc*); **à ~ seul** (er) allein; **il n'y arrivera jamais à ~ tout seul** ganz allein wird er das nie schaffen; *loc/adj* **bien à ~** ihm eigen; typisch für ihn; **il a des idées bien à ~** er hat so s-e eigenen Ideen; **chez ~** bei ihm (zu Hause); **de ~** von ihm; **parler de ~** von ihm, über ihn sprechen; **à cause de ~** seinetwegen; **se souvenir de ~** sich an ihn

erinnern; *st/s* sich s-r erinnern; **apprendre par ~** durch ihn; d) *réfléchi* sich; **il est content de ~** er ist mit sich zufrieden
lui-même [lɥimɛm] *pr/pers* 1. *emphatique* (er) selbst; **il l'a dit ~** er hat es selbst gesagt; 2. *réfléchi* sich (selbst); **la bonne opinion qu'il a de ~** die gute Meinung, die er von sich (selbst) hat; **il a agi de ~** er hat von sich aus, aus eigenem Antrieb gehandelt; **il se rendra compte de la situation par ~** er wird sich selbst, persönlich mit eigenen Augen von der Lage über'zeugen
luire [lɥiʀ] *v/i* ⟨*cf conduire; aber p/p* lui⟩ *st/s* 1. *soleil* scheinen; strahlen; *métal* glänzen; blinken; schimmern; leuchten; *poét* gleißen; 2. *fig* **un espoir luit encore** es gibt noch e-n Hoffnungsschimmer, -strahl
luisant [lɥizɑ̃] *adj* 1. *métal* blank; glänzend; blinkend; schimmernd; leuchtend; *poét* gleißend; *peau grasse* glänzend; 2. *ZO* **ver ~** Glüh-, Jo'hanniswürmchen *n*; Leuchtkäfer *m*
lumbago [lɔ̃bago, lɛ̃-] *m MÉD* Hexenschuß *m*; *sc* Lum'bago *f*
lumen [lymɛn] *m* (*abr* **lm**) *PHYS* Lumen *n* (*abr* lm)
lûmes [lym] *cf* lire
lumière [lymjɛʀ] *f* 1. Licht *n*; **~ électrique** elektrisches Licht; **~ du jour** Tageslicht *n*; *AUTO* **~ des phares** Scheinwerferlicht *n*; **~ du soleil, solaire** Sonnenlicht *n*; **les ~s de la ville** die Lichter der Stadt; *adjt* **la ville ~** die Lichterstadt an der Seine (*Paris*); **habit *m de ~*** bestickte Stierkämpfertracht; *loc/adv* **à la ~ (du jour)** bei (Tages)Licht; **sous la ~ des projecteurs** im Scheinwerferlicht; **il y a encore de la ~ chez le voisin** beim Nachbarn brennt, ist noch Licht; **donner, faire de la ~ à qn** j-m leuchten; *BIBL* **que la ~ soit!** es werde Licht!; 2. *fig* (*éclaircissement*) Licht *n*; **faire (toute) la ~ sur une affaire** Licht in e-e Sache bringen; e-e Sache (völlig) aufklären; **la ~ se fit dans son esprit** ihm ging ein Licht auf; **jeter une ~ nouvelle sur qc** ein neues Licht auf etw (*acc*) werfen; **mettre qc en (pleine) ~** auf etw (*acc*) aufmerksam machen, hinweisen; 3. *fig* (*personne très intelligente*) Leuchte *f*; **iron ce n'est pas une ~** er *ou* sie ist kein großes (Kirchen)Licht, keine große Leuchte; 4. *loc/prép* **à la ~ de** auf Grund *ou* aufgrund (der Ergebnisse) (*+gén*); angesichts (*+gén*); wie ... gezeigt haben *ou* lehren; 5. **~s** *pl* Wissen *n*; Kenntnisse *f/pl*; Können *n*; **le siècle des ~s** das Jahrhundert, Zeitalter der Aufklärung; **j'ai besoin de vos ~s** ich brauche Ihre Hilfe, Ihre guten Einfälle; 6. *TECH* (*ouverture*) Öffnung *f*; (*fente*) Schlitz *m*
lumignon [lymiɲɔ̃] *m* Lämpchen *n*; Lichtlein, *n*; *péj* Funzel *f*
luminaire [lyminɛʀ] *m* Beleuchtungskörper *m*; Leuchte *f*
luminesc|ence [lyminɛsɑ̃s] *f PHYS* Lumines'zenz *f*; **~ent** *adj PHYS* lumines-'zierend
lumineux [lyminø] *adj* ⟨-euse⟩ 1. Leucht...; Licht...; *teint* schimmernd; *regard, yeux d'un chat* leuchtend; **enseigne lumineuse** Leuchtschild *n*; **fontaine lumineuse** beleuchteter

Springbrunnen; **point ~** Lichtpunkt *m*; **rayon ~** Lichtstrahl *m*; **source lumineuse** Lichtquelle *f*; 2. *fig* klar; einleuchtend; F **c'est une idée lumineuse!** das ist e-e glänzende Idee!
luminosité [lyminozite] *f* 1. *du ciel* strahlende Helle; Glanz *m*; *poét* **la ~ de son regard** sein strahlender Blick; 2. *ASTR* **d'un astre** Leuchtkraft *f*; Helligkeit *f*
lump [lɛ̃p, lœp] *m ZO* Seehase *m*; **œufs *m/pl de ~*** Seehasenrogen *m*; deutscher Kaviar
lunaire [lynɛʀ] *adj* Mond...; *ASTR* **année *f ~*** Mondjahr *n*; *fig* **face *f ~*** 'Vollmondgesicht *n*; *ASTR* **mois *m ~*** Mondmonat *m*; *fig* **paysage *m ~*** Mondlandschaft *f*
lunaison [lynɛzɔ̃] *f ASTR* Mondumlaufzeit *f*; *sc* Lunati'on *f*
lunatique [lynatik] I *adj personne* launisch; launenhaft; *humeur* wechselnd; **être ~ a** Launen haben; II *m,f* launischer, launenhafter Mensch
lunch [lœntʃ, lɛ̃ʃ] *m* kaltes Bü'fett
lundi [lɛ̃di, lœ̃-] *m* Montag *m*; **~ de Pâques, de (la) Pentecôte** Oster-, Pfingst'montag *m*; *cf a* jeudi
lune [lyn] *f* 1. (*ASTR* ☾) Mond *m*; **~ croissante, décroissante** zunehmender, abnehmender Mond; **nouvelle ~** Neumond *m*; **pleine ~** 'Vollmond *m*; **à la nouvelle, pleine ~** bei Neu-, Vollmond; **la ~ est nouvelle, pleine** es ist, wir haben Neu-, Vollmond; **~ rousse** Zeit *f* der späten Nachtfröste im April/Mai; **atterrir, se poser sur la ☾** auf dem Mond landen, aufsetzen; *fig:* **aller décrocher la ~ pour qn** Unmögliches für j-n tun; für j-n die Sterne vom Himmel holen; **demander la ~** Unmögliches verlangen; P **être con comme la ~** P saudumm, -blöd sein; **être dans la ~** nicht bei der Sache sein; geistesabwesend sein; mit s-n Gedanken ganz woanders sein; **promettre la ~ à qn** j-m Unmögliches versprechen; **tomber de la ~** F aus allen Wolken fallen; 2. **~ de miel** Honigmond *m*, Flitterwochen *f/pl* (*a fig*); 3. F (*derrière*) F (nackter) Hintern, Po; 4. *ZO* **~ de mer** *ou* **poisson *m ~*** Mondfisch *m*
luné [lyne] *adj* **bien, mal ~** gut-, schlechtgelaunt; froh-, 'mißgestimmt; froh-, 'mißgelaunt; **être bien, mal ~ a** (bei) guter, schlechter Laune sein
lunet|ier [lyntje] *m* a) (*opticien*) ~ Brillen-, Augenoptiker *m*; b) *fabricant* Brillenfabrikant *m*; **~ière** *adj* ⟨*f*⟩ **industrie ~** Brillenindustrie *f*
lunette [lynɛt] *f* 1. **~s** *pl* Brille *f*; **~s de plongée** Taucherbrille *f*; **~s de protection** Schutzbrille *f*; **~s de soleil** Sonnenbrille *f*; **une nouvelle paire de ~s** e-e neue Brille; *loc/adj* **à ~s** mit Brille; bebrillt; **mettre qc en Brille** Brille aufsetzen; F *fig* **mets tes ~s!** sieh besser *ou* genauer hin!; **porter des ~s** e-e Brille tragen; Brillenträger sein; 2. *OPT* **~ (d'approche)** Fernrohr *n*; Tele'skop *n*; **~ astronomique** astronomisches *ou* Keplersches Fernrohr; 3. *AUTO* **~ (arrière)** Rück- *ou* Heckfenster *n*, -scheibe *f*; 4. *ARCH* Stichkappe *f*; runde Öffnung *f*; 5. (*siège d'aisances*) (Klo'sett-)Brille *f*
lunetterie [lynɛtʀi] *f* a) *commerce* Bril-

lunule – lys

lenhandel *m*; **b)** *industrie* Brillenherstellung *f*
lunule [lynyl] *f de l'ongle* (Nagel)Möndchen *n*; *sc* Lunula *f*
lupanar [lypanaʀ] *litt m* Bor'dell *n*; Freudenhaus *n*
lupin [lypɛ̃] *m BOT* Lu'pine *f*
lupus [lypys] *m MÉD* Lupus *m*; ~ *tuberculeux* Hauttuberkulose *f*
lurent [lyʀ] *cf lire*
lurette [lyʀɛt] *f loc* F *il y a belle* ~ es ist schon lange, F e-e Ewigkeit her
lur|on [lyʀɔ̃] *m*, ~**onne** *f un gai, joyeux luron* ein lustiger, fi'deler Kerl, Geselle, Kum'pan; F ein fideles Haus
lus [ly] *cf lire*
Lusitanie [lyzitani] *la* ~ *HIST* Lusi'tanien *n*
lusitanien [lyzitanjɛ̃] *adj* ⟨~ne⟩ **1.** *HIST* lusi'tanisch; **2.** portu'giesisch
lustrage [lystʀaʒ] *m* Glänzendmachen *n*; *TEXT* Lü'strieren *n*
lustral [lystʀal] *litt adj* ⟨-aux⟩ Reinigungs...
lustre [lystʀ(ə)] *m* **1.** *luminaire* Kronleuchter *m*; Lüster *m*; ~ *de cristal* Kri'stallüster *m*; Kri'stalleuchter *m*; **2.** (*éclat*) Glanz *m* (*a fig*); *donner du* ~ *à qc* e-r Sache Glanz verleihen, geben; etw glänzend machen; *fig à une ville etc redonner du* ~ neuen Glanz verleihen; **3.** *litt depuis des* ~s seit langer Zeit; seit langem
lustré [lystʀe] *adj* **1.** *vêtement* blankgescheuert, -gewetzt; **2.** *poil, cheveux, étoffe* glänzend
lustrer [lystʀe] *v/t* **1.** glänzend machen; Glanz geben (+*dat*); *TEXT* lü'strieren; **2.** *par l'usure* blank scheuern, wetzen
lustrine [lystʀin] *f TEXT* Lüster *m*
lut [ly] *cf lire*
Lutèce [lytɛs] *HIST* (*Paris*) Lu'tetia *n*
lûtes [lyt] *cf lire*
lutétium [lytesjɔm] *m CHIM* Lu'tetium *n*
luth [lyt] *m MUS* Laute *f*; *joueur m de* ~ Lautenspieler *m*
luthéranisme [lyteʀanism(ə)] *m REL* Luthertum *n*
lutherie [lytʀi] *f* Geigenbau *m*; Bau *m* von Saiteninstrumenten
luthérien [lyteʀjɛ̃] *REL* **I** *adj* ⟨~ne⟩ lutherisch; *Église* ~*ne* (evan'gelisch-)lutherische Kirche; **II** *subst* ~(*ne*) *m*(*f*) Luthe'raner(in) *m*(*f*)
luth|ier [lytje] *m* Geigenbauer *m*; ~**iste** *m*,*f* Lautenspieler(in) *m*(*f*)
lutin [lytɛ̃] *m* **1.** Kobold *m*; Wichtel-, Heinzelmännchen *n*; **2.** *fig d'un enfant* Wildfang *m*; Schelm *m*
lutiner [lytine] *v/t* ~ *une femme* mit e-r Frau schäkern
lutrin [lytʀɛ̃] *m* Noten-, Chorpult *n*

lutte [lyt] *f* **1.** (*combat*) Kampf *m*; Ringen *n*; (*conflit*) Ausein'andersetzung *f*; (*action soutenue*) Bekämpfung *f* (*contre gén*); ~ *contre l'alcoolisme* Kampf gegen den Alkoholismus; Bekämpfung des Alkoholismus; ~ *contre le bruit, le cancer* Lärm-, Krebsbekämpfung *f*; ~ *des classes* Klassenkampf *m*; ~ *d'intérêts* Inter'essenkonflikt *m*; ~ *pour le pouvoir* Machtkampf *m*; Kampf, Ringen um die Macht; ~ *pour la vie, pour l'existence* Kampf ums Dasein; Exi'stenz-, Daseins-, Lebenskampf *m*; *loc/adv de haute* ~ nach hartem Kampf, Ringen; *mener la* ~ *contre qc, qn* etw, j-n bekämpfen; den Kampf gegen etw, j-n führen; **2.** *SPORTS* Ringen *n*; Ringkampf *m*; ~ *gréco-romaine* griechisch-römisches Ringen; ~ *libre* Freistilringen *n*
lutter [lyte] *v/i* kämpfen; ringen (*a SPORTS, fig*); ~ *contre qc, qn* gegen etw, j-n kämpfen; etw, j-n bekämpfen; ~ *contre la mort* mit dem Tod(e) ringen; ~ *contre le sommeil* mit dem Schlaf kämpfen; gegen den Schlaf ankämpfen; ~ *pour qc* für *ou* um etw kämpfen
lutt|eur [lytœʀ] *m*, ~**euse** *f* **1.** ⟨*m*⟩ *SPORTS* Ringer *m*; Ringkämpfer *m*; **2.** *fig* Kämpfer(in) *m*(*f*)
lux [lyks] *m* (*abr* **lx**) *PHYS* Lux *n* (*abr* lx)
luxation [lyksasjɔ̃] *f MÉD* Verrenkung *f*; *sc* Luxati'on *f*; ~ *de l'épaule* Schulterverrenkung *f*
luxe [lyks] *m* **1.** Luxus *m*; Pracht *f*; Aufwand *m*; Verschwendung *f*; *loc/adj de* ~ Luxus-...; *article m, objet m de* ~ Luxusartikel *m*, -gegenstand *m*; *édition f de* ~ Pracht-, Luxusausgabe *f*; *c'est du* ~! so ein Luxus!; das ist reiner Luxus, reine Verschwendung!; *ce n'est pas du* ~! das ist wirklich kein Luxus!; das ist unerlässlich!; *c'est mon seul* ~ das ist der einzige Luxus, den ich mir leiste; F *se payer le* ~ *de dire, de faire qc* es sich leisten *ou* erlauben, etw zu sagen, zu tun!; **2.** *fig un* ~ *de* (zu) viele, reichlich viele; *raconter une histoire avec un* ~ *de détails* e-e Geschichte mit e-r Fülle von Einzelheiten erzählen
luxé [lykse] *adj MÉD* ausgerenkt; verrenkt; ausgekugelt
Luxembourg [lyksɑ̃buʀ] *ville* ~, *pays le* ~ Luxemburg *n*
luxembourgeois [lyksɑ̃buʀʒwa] **I** *adj* luxemburgisch; **II** *subst* ~(*e*) *m*(*f*) Luxemburger(in) *m*(*f*)
luxer [lykse] *v/pr se* ~ *le bras etc* sich den Arm *etc* ausrenken, verrenken, auskugeln

luxueux [lyksɥø] *adj* ⟨-euse⟩ luxuri'ös; prunkvoll; F feu'dal
luxure [lyksyʀ] *litt f* Wollust *f*; Sinnenlust *f*, -genuß *m*; Unkeuschheit *f*
luxuriance [lyksyʀjɑ̃s] *f* **1.** *de la végétation* Üppigkeit *f*; **2.** *fig* Fülle *f*
luxuriant [lyksyʀjɑ̃] *adj* **1.** *végétation* üppig; *plante être* ~ *a* üppig wachsen; wuchern; **2.** *fig imagination* blühend; üppig
luxurieux [lyksyʀjø] *litt adj* ⟨-euse⟩ wollüstig; lüstern; unkeusch
luzerne [lyzɛʀn] *f BOT* Lu'zerne *f*
lycée [lise] *m* Gym'nasium *n*; höhere Schule; Oberschule *f*
lyc|éen [liseɛ̃] *m*, ~**éenne** *f* Oberschüler(in) *m*(*f*); Gymnasi'ast(in) *m*(*f*)
lychnis [liknis] *m BOT* Lichtnelke *f*
lycra [likʀa] *m* (*nom déposé*) *TEXT* Lycra *n* (*Wz*)
lymphangite [lɛ̃fɑ̃ʒit] *f MÉD* Lymphgefäßentzündung *f*; *sc* Lymphan'gitis *f*
lymphatique [lɛ̃fatik] **I** *adj* **1.** *ANAT, MÉD* Lymph...; lym'phatisch; *ganglion m* ~ Lymphknoten *m*; *vaisseaux m/pl* ~*s* Lymphgefäße *n/pl*; **2.** *fig personne* träge; phleg'matisch; *tempérament m* ~ Trägheit *f*; Phlegma *n*; **II** *m*,*f* träger, phleg'matischer Mensch
lymphe [lɛ̃f] *f PHYSIOL* Lymphe *f*
lympho|cyte [lɛ̃fɔsit] *m surtout pl* ~*s* Lympho'zyten *m/pl*; ~**graphie** *f MÉD* Lymphogra'phie *f*
lynch|age [lɛ̃ʃaʒ] *m* Lynchen *n*; Lynchjustiz *f*; ~**er** *v/t* lynchen
lynx [lɛ̃ks] *m ZO* Luchs *m*; *fig avoir des yeux de* ~ Augen wie ein Luchs haben
Lyon [ljɔ̃] Stadt im Dep. Rhône
lyonnais [ljɔnɛ] **I** *adj* Ly'oner; von, aus Ly'on; **II** *subst* ⚥(*e*) *m*(*f*) Ly'oner(in) *m*(*f*)
lyophilis|ation [ljɔfilizasjɔ̃] *f TECH* Gefriertrocknung *f*; Lyophilisati'on *f*; ~**er** *v/t TECH* gefriertrocknen; *adjt* **lyophilisé** gefriergetrocknet
lyre [liʀ] *f MUS* Lyra *f*; Leier *f*; *fig et litt accorder, prendre sa* ~ *litt* den Pegasus besteigen
lyrique [liʀik] **I** *adj* **1.** lyrisch; *genre m, poésie f* ~ lyrische Dichtung; Lyrik *f*; *poète m* ~ Lyriker(in) *m*(*f*); **2.** *MUS artiste m*,*f* Opern-, Ope'rettensänger(in) *m*(*f*); *comédie f* ~ Ope'rette *f*; komische Oper; *théâtre m* ~ Ope'rettentheater *n*; **3.** *fig lyrisch*; gefühlvoll; **II** *m* Lyriker *m*
lyrisme [liʀism(ə)] *m* **1.** (*genre lyrique*) Lyrik *f*; *le* ~ *romantique* die Lyrik der Romantik; **2.** (*caractère lyrique*) Lyrik *f*; Ly'rismus *m*; *s'exprimer avec* ~ sich lyrisch ausdrücken
lys [lis] *m cf lis*[1]

M

M, m [ɛm] *m ⟨inv⟩* M, m *n*
m *abr* (*mètre*[*s*]) m (Meter)
M. *abr* (*monsieur*) Herr
m' [m] *cf* **me**
ma *cf* **mon**
maboul [mabul] *adj* F me'schugge; plem'plem; *cf a* **cinglé**
mac [mak] *m arg cf* **maquereau** 2.
macabre [makabʀ(ə)] *adj* ma'kaber; grausig; unheimlich; PEINT *Danse ~* Totentanz *m*
macadam [makadam] *m* Maka'dam *m ou n*; Maka'damdecke *f*; **~iser** *v/t* makadami'sieren
macaque [makak] *m* **1.** ZO Makak *m*; **2.** F *fig ce vieux ~* dieser häßliche Kerl
macareux [makaʀø] *m* ZO *~* (*moine*) Papa'geitaucher *m*
macaron [makaʀɔ̃] *m* **1.** *gâteau sec* Ma'krone *f*; **2.** *coiffure* Schnecke *f*; **3.** F *insigne* (rundes) Abzeichen; Pla'kette *f*
macaroni [makaʀɔni] *m* **1.** CUIS *~(s) pl* Makka'roni *pl*; **2.** P *péj* ⚥ Itali'ener *m*; P Makka'roni(fresser) *m*
macchabée [makabe] *m* P (*cadavre*) Leiche *f*
macédoine [masedwan] *f* CUIS *~ de fruits* Frucht-, Obstsalat *m*; *~ de légumes* Mischgemüse *n*; gemischtes Gemüse
Macédoine [masedwan] *la ~* Make'donien *ou* Maze'donien *n*
macédonien [masedɔnjɛ̃] **I** *adj* ⟨*~ne*⟩ make'donisch *ou* maze'donisch; **II** *subst* ⚥(*ne*) *m*(*f*) Make'donier(in) *ou* Maze'donier(in) *m*(*f*)
macération [maseʀasjɔ̃] *f* **1.** PHARM, CHIM Mazerati'on *f*; **2.** CUIS Einlegen *n*
macérer [maseʀe] ⟨-è-⟩ *v/t et v/i* PHARM, CHIM maze'rieren; CUIS *p/p macéré dans du cognac* in Kognak eingelegt; *faire, laisser ~* PHARM, CHIM mazerieren, ausziehen lassen; CUIS liegen, (aus)ziehen lassen
Mach [mak] PHYS, AVIAT *nombre m de ~* Mach-Zahl *f*; *voler à ~ 2* mit (e-r Geschwindigkeit von) Mach 2 fliegen
mâche [maʃ] *f* BOT Feldsalat *m*; Ra'punze(l) *f*
mâchefer [maʃfɛʀ] *m* TECH Schlacke *f*
mâcher [maʃe] *v/t* **1.** kauen (*a abs*); zerkauen; **2.** *fig ~ qc à qn* F j-m etw vorkauen; *~ la besogne, le travail à qn* schon die halbe Arbeit für j-n machen; *ne pas ~ ses mots, son opinion* kein Blatt vor den Mund nehmen; unverblümt s-e Meinung sagen; **3.** *adj papier mâché* Pappmaché *ou* Papiermaché [-'ʃe:] *n*; *fig avoir une figure, une mine de papier mâché* sehr schlecht, angegriffen, mitgenommen,

elend, F wie Braunbier und Spucke aussehen
machette [maʃɛt] *f* Buschmesser *n*; Ma'chete *f*
Machiavel [makjavɛl] *m* HIST Machia'velli *m*
machiavél|ique [makjavelik] *adj* POL et *fig* machiavel'listisch; **~isme** *m* POL et *fig* Machiavel'lismus *m*
mâchicoulis [maʃikuli] *m* FORTIF Pechnase *f*
machin [maʃɛ̃] F *m* **1.** (*chose*) F Dings *n*; Dingsda *n*; Dingsbums *n*; *~s pl* F Zeug(s) *n*; **2.** (*personne*) ⚥, *Machine m,f* der, die Dingsda *ou* Dingsbums; *monsieur* ⚥ Herr Dingsda, -bums
machinal [maʃinal] *adj* ⟨-aux⟩ *réaction, geste* me'chanisch; auto'matisch; *mouvement a* unwillkürlich; *sourire a* gedankenlos
machination [maʃinasjɔ̃] *f* Ränkespiel *n*; *~s pl* Machenschaften *f/pl*; Ränke *m/pl*; 'Umtriebe *m/pl*
machine [maʃin] *f* **1.** TECH Ma'schine *f*; *~ à calculer* Rechenmaschine *f*; *~ à coudre, à laver* Näh-, Waschmaschine *f*; *~ à sous* Spielautomat *m*; *~ à vapeur* Dampfmaschine *f*; *~ de bureau* Bü'romaschine *f*; HIST *~s de guerre* Kriegsmaschinen *f/pl*; *loc/adj fait à la ~* maschi'nell hergestellt; **2.** MAR *~s pl* Ma'schinen *f/pl*; *faire ~ arrière* rückwärts fahren; *fig* e-n Rückzieher machen; es sich anders über'legen; **3.** *~ (à écrire)* (Schreib)Ma'schine *f*; *loc/adj écrit à la ~* maschinegeschrieben; *écrire une lettre à la ~* e-n Brief mit der Maschine schreiben; **4.** THÉ *~s pl* Bühnenmaschinerie *f*; **5.** (*locomotive, moto, vélo*) Ma'schine *f*; **6.** *fig* Maschine'rie *f*; Räderwerk *n*; Getriebe *n*; *~ administrative, économique, politique* Maschinerie *f* der Ver'waltung, Wirtschaft, Politik; **7.** *fig et péj d'une personne* Ma'schine *f*; Roboter *m*; *~ à faire des enfants* Gebärmaschine *f*; **8.** *cf* **machin** 2.
machine-outil [maʃinuti] *f* ⟨*pl* machines-outils⟩ TECH Werkzeugmaschine *f*
machinerie [maʃinʀi] *f* **1.** *coll* Ma'schinen *f/pl*; Ma'schinenbetrieb *m*; **2.** MAR Ma'schinenraum *m*, -haus *n*
machin|isme [maʃinism(ə)] *m* Ma'schinenbetrieb *m*; maschi'nelle Arbeitsweise; **~iste** *m* **1.** THÉ Bühnenarbeiter *m*; **2.** ADM (*conducteur*) Fahrer *m*; Wagenführer *m*
mach|isme [ma(t)ʃism(ə)] *m péj* (männlicher) Chauvi'nismus *m*; Ma'chismo *m*; Männlichkeitskult *m*; **~iste I** *adj* chauvi'nistisch; Chauvi…; **II** *m* Chauvi'nist *m*; *cf a* **macho**

macho [matʃo] *m* F *péj* Chauvi *m*; Macho *m*
mâchoire [maʃwaʀ] *f* **1.** ANAT Kiefer *m*; *~s pl a* Kinnbacken *f/pl ou m/pl*, -lade *f*; *~ inférieure, supérieure* 'Unter-, Oberkiefer *m*; **2.** TECH *d'un étau etc* Backe *f*; AUTO *~ de frein* Bremsbacke *f*
mâchonner [maʃɔne] *v/t* **1.** (*mâcher*) (lange) kauen; F mümmeln; *~ son crayon* an s-m Bleistift kauen; **2.** (*marmonner*) murmeln; brummen; F brummeln
mâchouiller [maʃuje] *v/t* F *~ qc* dauernd an etw (*dat*) kauen
mâchurer [maʃyʀe] *v/t* **1.** *visage, vêtement* schmutzig, schwarz machen; **2.** TYPO unsauber abziehen
maçon [masɔ̃] *m* **1.** Maurer *m*; **2.** *cf* **franc-maçon**
maçonner [masɔne] *v/t* mauern; (*revêtir*) ausmauern
maçonnerie [masɔnʀi] *f* **1.** CONSTR **a)** *ouvrage* Mauerwerk *n*; *~ de briques* Ziegelmauerwerk *n*; **b)** *travail* Mau(r)erarbeit *f*; *petite ~* Verputz- und Gipsarbeiten *f/pl*; **2.** *cf* **franc-maçonnerie**
maçonnique [masɔnik] *adj* freimaurerisch; Freimaurer…; *loge f ~* Freimaurerloge *f*
macramé [makʀame] *m* Makra'mee *n*
macreuse [makʀøz] *f* **1.** ZO *~ brune, noire* Samt-, Trauerente *f*; **2.** *morceau de bœuf* mageres Schulterstück
macrocéphale [makʀɔsefal] *adj* MÉD großköpfig; *sc* makroze'phal
macro|cosme [makʀɔkɔsm(ə)] *m* Makro'kosmos *m*; **~économie** *f* Makroökono'mie *f*; **~instruction** *f* INFORM Makrobefehl *m*; **~molécule** *f* CHIM Makromole'kül *n*; **~photographie** *f* Makrofotogra'fie *f*; **~scopique** *adj* mit bloßem Auge sichtbar; *sc* makro'skopisch
maculer [makyle] *v/t* **1.** *st/s* beflecken (*de* mit); *p/p*: *papier maculé d'encre* voller Tintenflecke, -kleckse; *vêtement maculé de sang* blutbefleckt; **2.** TYPO verschmutzen; *adjt feuille maculée* Schmutzbogen *m*
Madagascar [madagaskaʀ] Mada'gaskar *n*
madame [madam] *f* (*abr* **Mme**) ⟨*pl* mesdames [medam] (*abr* **Mmes**)⟩ **1. a)** *avec un nom* Frau *f*; *~ X, née Y ou ~ Y, épouse X* Frau X, geborene Y; ⚥ *votre mère* Ihre Frau Mutter; **b)** *pour s'adresser à une femme* ⚥ Frau (+ *nom de famille*)!; *très formel* gnädige Frau!; *dans un magasin a* meine Dame!; F die Dame!; *Mesdames!* meine Da-

men!; **Mesdames,** (**Mesdemoiselles,**) **Messieurs!** meine Damen und Herren!; *à un public a* verehrte Anwesende!; *parfois non traduit:* (**bonjour,**) ⌾! guten Tag! *ou* guten Tag, Frau (+ *nom de famille*)!; **c**) *au début d'une lettre* ⌾ Sehr geehrte Frau (+ *nom de famille*); **Mesdames, Messieurs** Sehr geehrte Damen und Herren; **d**) *avec un titre:* **le Maire, la Présidente** die Frau Bürgermeister(in), Präsidentin; *en s'adressant à cette personne* Frau Bürgermeister(in), Präsidentin!; **2.** *en s'adressant au mari* **comment va** ⌾ **Dubois?** wie geht es Ihrer Gattin, *très formel* Ihrer Frau Gemahlin?; **3.** (*maîtresse de maison*) ⌾ die gnädige Frau (*a iron*); ⌾ **est sortie** die gnädige Frau ist ausgegangen

Madeleine [madlɛn] *f* Magda'lena *ou* Magda'lene *f*; F *fig* **pleurer comme une ~** F heulen wie ein Schloßhund

madeleine [madlɛn] *f CUIS* e-e Art Sandplätzchen

Madelon [madlõ] *f* Vorname

mademoiselle [madmwazɛl] *f* (*abr* **M**^lle) ⟨*pl* **mesdemoiselles** [medmwazɛl] (*abr* **M**^lles)⟩ **a**) *avec un nom* Fräulein *n* (*abr* Frl.); **~ X** Fräulein X; ⌾ **votre fille** Ihr Fräulein Tochter; **b**) *pour s'adresser à une jeune fille/femme* ⌾ Fräulein (+ *nom de famille ou prénom*)!; *très formel* gnädiges Fräulein!; *parfois non traduit:* (**bonjour,**) ⌾! guten Tag! *ou* guten Tag, Fräulein (+ *nom de famille ou prénom*)!; **Mesdemoiselles!** meine Damen!; **c**) *au début d'une lettre* ⌾ Sehr geehrtes Fräulein (+ *nom de famille ou prénom*)!; **d**) *iron* ⌾ **n'est pas contente** das gnädige Fräulein ist nicht zufrieden

Madère [madɛʀ] Ma'deira *ou* Ma'dera *n*

madère [madɛʀ] *m* Ma'de(i)ra(wein) *m*; *verre m à* **~** Süßweinglas *n*; *adjt CUIS* **sauce** *f* **~** Ma'de(i)rasoße *f*

madone [madɔn] *f* **1.** *PEINT, SCULP* Ma'donna *f*; Ma'donnenbild *n*, -figur *f*; **2. la** ⌾ die Jungfrau Ma'ria; die Mutter'gottes

madras [madʀɑs] *m TEXT* Madras *m*

madré [madʀe] *adj* (bauern)schlau; gerieben; gerissen; pfiffig; durch'trieben

Madrid [madʀid] Ma'drid *n*

madrier [madʀije] *m* Bohle *f*; **~ de chêne** Eichenbohle *f*

madrigal [madʀigal] *m* ⟨*pl* -aux⟩ *MUS, POÉSIE* Madri'gal *n*

madrilène [madʀilɛn] **I** *adj* von Ma'drid; Ma'drider; **II** *m,f* ⌾ Ma'drider(in) *m(f)*

maelstrom [ma(ɛ)lstʀɔm] *m MAR* Ma(h)lstrom *m*

maestria [maestʀija] *f* Meisterschaft *f*; *avec* **~** meisterhaft; meisterlich

maf(f)ia [mafja] *f* Mafia *f* (*a fig*)

maf(f)ieux [mafjø] **I** *adj* ⟨-euse⟩ der Mafia; Mafia...; mafi'os; **II** *m* Mafi'oso *m*; *pl* Mafi'osi *m/pl*

magasin [magazɛ̃] *m* **1.** (*boutique*) Geschäft *n*; Laden *m*; **grand ~** Kauf-, Warenhaus *n*; **~ spécialisé** Fachgeschäft *n*; **~ (à) libre-service** Selbstbedienungsgeschäft *n*, -laden *m*; **~ d'alimentation, de lingerie, de jouets, de sport** Lebensmittel-, Wäsche-, Spielwaren-, Sportgeschäft *n*; **~ de** (**vente au**) **détail** Einzelhandelsgeschäft *n*; **~ de** (**vente en**) **gros** Großhandlung *f*; **courir, faire les ~s** F die Geschäfte, Läden abklappern; **tenir un ~** ein Geschäft, e-n Laden haben, führen, betreiben; **2.** (*entrepôt*) Lager *n*; Lagerhaus *n*, -raum *m*; Speicher *m*; Maga'zin *n* (*a THÉ*); **avoir en ~** auf Lager, vorrätig haben; **3.** *d'une arme à feu, d'une caméra* Maga'zin *n*

magasinage [magazinaʒ] *m* (Ein)Lagerung *f*; Lagerhaltung *f*; **frais** *m/pl* **de ~** Lagerhaltungskosten *pl*

magasiner [magazine] *v/i au Canada* einkaufen gehen

magasinier [magazinje] *m* Lage'rist *m*; Lagerverwalter *m*

magazine [magazin] *m* **1.** *publication* Maga'zin *n*; Illu'strierte *f*; **2.** *TV, RAD* Maga'zin *n*

mage [maʒ] *m* **1.** *BIBL* **les ~s** *ou adjt* **les Rois** *m/pl* **~s** die Heiligen Drei Könige *m/pl*; die (drei) Weisen aus dem Morgenland; **2.** (*magicien*) Magier *m*

Maghreb [magʀɛb] **le ~** der Maghreb

maghrébin [magʀebɛ̃] **I** *adj* des Maghreb; maghre'binisch; **II** *subst* ⌾(**e**) *m(f)* Nordafrikaner(in) *m(f)*

magic|ien [maʒisjɛ̃] *m*, **~ienne** *f* Magier *m*, Zauberer *m*, Zauberin *f* (*a fig*)

magie [maʒi] *f* **1.** Ma'gie *f*; **comme par ~** wie durch Hexe'rei; auf unerklärliche Weise; **c'est de la ~** das ist Hexerei; **2.** *fig de la musique etc* Zauber *m*; Ma'gie *f*

magique [maʒik] *adj* **1.** magisch (*a fig*); Zauber...; **baguette** *f* **~** Zauberstab *m*; **2. lanterne** *f* **~** La'terna magica *f*

magistère [maʒistɛʀ] *m* (geistige, mo'ralische) Macht, Gewalt, Autori'tät

magistral [maʒistʀal] *adj* ⟨-aux⟩ **1.** meisterlich; meisterhaft; **réussir un coup ~** ein Meisterstück voll'bringen; **2.** F **plais** *f* **~** gifle schallend; **3.** *UNIVERSITÉ* **cours ~** Hauptvorlesung *f*

magistrat [maʒistʀa] *m* **1.** (*haut fonctionnaire*) (hohe[r]) Beamte(r); **le premier ~ de l'État** der höchste französische Beamte; **~ du siège** Richter *m*; **~ du parquet** Staatsanwalt *m*

magistrature [maʒistʀatyʀ] *f* **1.** (*charge de magistrat*) hohes Staatsamt; **faire carrière dans la ~** als Richter, Staatsanwalt Karriere machen; **2.** *JUR* **~ assise** Richterstand *m*; **~ debout** Staatsanwaltschaft *f*

magma [magma] *m* **1.** *GÉOL* Magma *n*; **2.** *fig* (wirres) Durcheinander

magnanerie [maɲanʀi] *f* Seidenraupenzucht(stätte) *f*

magnanim|e [maɲanim] *adj* großmütig; hoch-, großherzig; edelmütig; edel; **~ité** *f* Großmut *m*; Hoch-, Großherzigkeit *f*; Edelmut *m*

magnat [magna] *m* Ma'gnat *m*; **~ de la finance, de l'industrie** Fi'nanz-, Indu'striemagnat *m*; **~ de la presse** Pressezar *m*

magner [maɲe] *v/pr* F **se ~** sich beeilen, F sich tummeln; sich ranhalten

magnésie [maɲezi] *f CHIM* Ma'gnesia *f*; **sulfate** *m* **de ~** Magnesiumsulfat *n*; Bittersalz *n*

magnésium [maɲezjɔm] *m CHIM* Ma'gnesium *n*

magnétique [maɲetik] *adj* ma'gnetisch (*a fig*); Ma'gnet...; **bande** *f* **~** Magnetband *n*; **sonore** Tonband *n*; *PHYS* **champ** *m*, **pôle** *m* **~** Magnetfeld *n*, -pol *m*; *MÉD* **fluide** *m* **~** magnetisches Fluidum

magnétis|er [maɲetize] *v/t* **1.** *PHYS, MÉD* magneti'sieren; **2.** *fig* in s-n (unwiderstehlichen) Bann ziehen, schlagen; **~eur** *m* Magneti'seur *m*; Magneto'path *m*

magnétisme [maɲetism(ə)] *m* **1.** *PHYS* Magne'tismus *m*; **~ terrestre** Erdmagnetismus *m*; **2.** *fig* Anziehungskraft *f*; **subir le ~ de qn** in j-s Bann (*dat*) stehen

magnéto [maɲeto] **1.** *f TECH* Ma'gnetzündanlage *f*; **2.** *m* F *abr cf* **magnétophone**

magnétophone [maɲetɔfɔn] *m* Tonbandgerät *n*; *sc* Ma'gnettongerät *n*; **~** (**à cassettes**) Kas'settenrecorder *m*

magnétoscope [maɲetɔskɔp] *m* Videorecorder *m*

magnificat [maɲifikat] *m* ⟨*inv*⟩ *ÉGL CATH, MUS* Ma'gnifikat *n*

magnificence [maɲifisɑ̃s] *f* **1.** *st/s* (*splendeur*) Pracht *f*; Prunk *m*; Glanz *m*; **2.** *litt* (*libéralité*) Großzügigkeit *f*; Freigebigkeit *f*

magnifier [maɲifje] *litt v/t* preisen; verherrlichen

magnifique [maɲifik] *adj* herrlich; prächtig; prachtvoll; großartig; *réception a* glanzvoll

magnitude [maɲityd] *f ASTR* Größe(nklasse) *f*

magnolia [maɲɔlja] *m BOT* Ma'gnolie *f*

magnum [magnɔm] *m* große Cham'pagnerflasche (*etwa 2 l fassend*)

magot [mago] *m* **1.** *ZO* Magot *m*; Berberaffe *m*; **2.** *figurine* gro'teske (Porzel'lan-, Ton-, Jade- *etc*)Fi'gur (*aus China od Japan*); **3.** *argent* versteckte Ersparnisse *f/pl*; verstecktes Geld

magouillage [maguja3] *m ou* **magouille** [maguj] *f* F *péj* Mausche'lei *f*; Gemauschel *n*; Kunge'lei *f*; Filz *m*

magouiller [maguje] *v/i* F *péj* mauscheln; kungeln

magret [magʀɛ] *m CUIS* **~ de canard** Entenbrust(filets) *f*(*n/pl*)

magyar [magjaʀ] **I** *adj* ma'djarisch *ou* magy'arisch; **II** *subst* ⌾(**e**) *m(f)* Ma'djar(in) *ou* Magy'ar(in) *m(f)*

mahara(d)jah [maaʀadʒa] *m* Maha'radscha *m*

mahatma [maatma] *m* Ma'hatma *m*

mah-jong [maʒõg] *m jeu chinois* Ma(h)-Jongg [-dʒɔŋ] *n*

Mahomet [maɔmɛ] *m* Mohammed *m* (*Prophet*)

mahous [maus] *cf* **maous**

mai [mɛ] *m* Mai *m*; **le Premier ~** der Erste Mai; **le Maifeiertag**; **le joli mois de ~** der Wonnemonat (Mai)

maïeutique [majøtik] *f PHILOS* Mä'eutik *f*

maigre [mɛgʀ(ə)] **I** *adj* **1.** *personne, bras, jambes* mager (*a animal*); dünn; *joues* dünn; schmal; *visage a* hager; **2.** *viande, jambon, lard* mager; *viande a* schier; *lard a* durch'wachsen; **bouillon** *m* **~** magere (Fleisch)Brühe; **fromage** *m* **~** Magerkäse *m*; **3.** *ÉGL CATH* **jour** *m* **~** Fast-, Fischtag *m*; *advt* **faire ~** kein Fleisch essen; fleischlos essen; **4.** *TYPO* **caractères** *m/pl* **~s** magere Schrift; *subst* **imprimé en ~** mager gedruckt; **5.** *végétation* spärlich; *pâturage*

maigrelet – maintenir

mager; ~ *filet d'eau* kleines Rinnsal; **6.** *fig résultat etc* mager; dürftig; kümmerlich; kärglich; *bénéfice a* spärlich; *repas a* knapp, karg (*a salaire*); F *c'est un peu* ~*!* das ist ziemlich wenig, dürftig, kümmerlich!; **II** *subst* **1.** *m,f* Dünne(r) *f(m)*; *une fausse* ~ e-e Frau, die schlanker wirkt, als sie ist; **2.** *viande* **le** ~ das Magere

maigrelet [mɛgRəlɛ] *adj* ⟨~te⟩ ein bißchen, etwas zu mager, dünn; schmächtig

maigreur [mɛgRœR] *f* **1.** *d'une personne, d'un animal* Magerkeit *f*; **2.** *de la végétation* Spärlichkeit *f*; **3.** *fig de résultats* Dürftigkeit *f*; *de bénéfices, de revenus* geringe Höhe

maigrichon [mɛgRiʃõ] **I** *adj* ⟨~ne⟩ *cf* **maigrelet**; **II** *subst* **un**(**e**) **petit**(**e**) ~(**ne**) ein mageres, dünnes, schmächtiges Kerlchen, ein kleines Ding

maigriot [mɛgRijo] *adj* ⟨~te⟩ *cf* **maigrelet**

maigrir [mɛgRiR] **I** *v/t vêtements* ~ **qn** j-n schlanker machen, erscheinen lassen; **II** *v/i personne* abnehmen, dünn(er), schlank(er) werden (**des 'hanches** um die Hüften); *p/fort* mager werden; *le sport l'a fait* ~ er ist durch Sport dünner, schlanker geworden; *se faire* ~ sein Gewicht verringern

mail [maj] *m* Prome'nade / Al'lee *f*

mailing [mɛliŋ] *m COMM* Mailing ['me:-] *n*

maille [maj] *f* **1.** *d'un tricot, d'un filet, d'un grillage* Masche *f*; ~ *à l'endroit, à l'envers* rechte, linke Masche; *passer à travers les* ~*s du filet poisson* durch die Maschen des Netzes schlüpfen; *fig* der gestellten Falle wieder entkommen; **2.** *d'une chaîne* Glied *n*; *HIST* **cotte** *f* **de** ~**s** Kettenhemd *n*, -panzer *m*; **3.** *loc* **avoir** ~ **à partir avec qn** e-n Streit mit j-m haben; mit j-m anein'andergeraten; F mit j-m ein Hühnchen zu rupfen haben

maillechort [majʃɔR] *m* Neusilber *n*

maillet [majɛ] *m* **1.** *TECH* Holzhammer *m*; **2.** *de croquet, de polo* Hammer *m*

mailloche [majɔʃ] *f* **1.** *TECH* schwerer Holzhammer; **2.** *de grosse caisse* Schlegel *m*

Maillol [majɔl] *frz* Bildhauer

maillon [majõ] *m d'une chaîne* Glied *n*; *fig être un* ~ *de la chaîne* ein Glied in der Kette sein

maillot [majo] *m* **1.** ~ (**de bain**) Badeanzug *m*; **une pièce, deux pièces** einteiliger, zweiteiliger Badeanzug; **2.** *de danseur, de sportif* Trikot [-'ko:] *n*; *CYCLISME* **le** ~ **jaune** das gelbe Trikot; *être* ~ *jaune, porter le* ~ *jaune* das gelbe Trikot tragen; **3.** ~ (**de corps**) 'Unterhemd *n*, -jacke *f*

main [mɛ̃] *f* **1.** *ANAT, fig* Hand *f*; ♦ ~ *artificielle* künstliche Hand; *COUT* **petite** ~ weiblicher Schneiderlehrling; Nähmädchen *n*; *COUT* **première** ~ erste Schneiderin, Näherin; *coup m de* ~ a) *MIL* Handstreich *m*; Stoßtruppunternehmen *n*; b) (*aide*) Handreichung *f*; **donner un coup de** ~ **à qn** j-m zur Hand ou an die Hand gehen; mit Hand anlegen (*abs*); *politique f de la* ~ tendue Versöhnungspolitik *f*; ♦ *loc/adj et loc/adv:* **large comme la** ~ handbreit; *à la* ~ *écrire, coudre etc* mit der Hand; *avoir, tenir* in der Hand; *écrit à la* ~ handgeschrieben; handschriftlich; *fait à la* ~, *COMM fait* ~ handgearbeitet; von Hand gemacht; *étiquette* Handarbeit; *à deux* ~*s* mit beiden Händen; *à* ~ *levée dessiner* freihändig; *dessin m à* ~ *levée* Freihandzeichnung *f*; *vote m à* ~ *levée* Abstimmung *f* durch Handerheben, durch Handzeichen; *à pleines* ~**s** *empoigner, prendre* mit beiden Händen; *dépenser* mit vollen Händen; *MUS à quatre* ~**s** *jouer* vierhändig; *sonate f à quatre* ~**s** vierhändige Sonate; *f* für vier Hände; *tomber aux ou dans les* ~**s** *de qn* j-m in die Hände fallen; *dans la* ~ *ou* in die Hand; *la* ~ *dans la* ~ Hand in Hand; *avoir, tenir qc dans la* ~ etw in der Hand haben, halten; *animal* **manger dans la** ~ aus der Hand fressen; *de la* ~ mit der Hand; *écrit de la* ~ *de qn* von j-m handgeschrieben; *écrit de sa* ~ eigenhändig geschrieben; *exécuté de la* ~ *de Rubens* von Rubens gemalt; *recevoir qc de la* ~ *de qn* etw aus j-s Händen empfangen; *des deux* ~**s** mit beiden Händen; *fig* **souscrire à un projet des deux** ~**s** e-m Plan eifrig zustimmen; *de longue* ~ seit langem; *préparer* von langer Hand; *informations* **de première, seconde** ~ aus erster, zweiter Hand; *de la* ~ **à la** ~ *payer* ohne Quittung; *donner* di'rekt; ohne Formali'täten; *de* ~ *de maître* von Meisterhand; *de* ~ *en* ~ von Hand zu Hand; *photo, document* **passer de** ~ *en* ~ von Hand zu Hand gehen; *en* ~ in der Hand; *avoir une affaire bien en* ~ e-e Angelegenheit fest in der Hand haben; *avoir sa voiture bien en* ~ s-n Wagen in der Gewalt haben; *fig* **prendre qc en** ~ etw in die Hand nehmen; *être en* (**de**) **bonnes** ~**s** in guten Händen sein; *gut aufgehoben sein; lettre* **remettre en** ~(**s**) **propre**(**s**) persönlich, zu eigenen Händen über'geben; *entre les* ~**s** *de qn* in j-s Hände; *sa vie est entre vos* ~**s** sein Leben steht, liegt in Ihrer Hand; *ne pas mettre qc entre toutes les* ~**s** etw nicht jedem in die Hände geben; *'haut les* ~**s***!,* ~**s** *en l'air!* Hände hoch!; *cf a* **haut** II *l.*; *par la* ~ an *ou* bei der Hand; *mener par la* ~ an der Hand führen; *prendre par la* ~ bei der Hand *ou* an die Hand nehmen; *bei, in der Hand fassen; F fig* **se prendre par la** ~ F sich e-n Ruck geben; *sous la* ~ bei der *ou* zur Hand; griffbereit; *avoir qn sous la* ~ j-n an der Hand haben; *il casse tout ce qui lui tombe sous la* ~ was ihm in die Hände *ou* Finger kommt, gerät; *fig négocier* (**en**) **sous** ~ unterder'hand; heimlich; ♦ *accorder* ~ *qn la* ~ *de sa fille* j-m s-e Tochter zur Frau geben; *ne pas y aller de* ~ *morte* a) (*frapper fort*) kräftig zuschlagen; b) (*exagérer*) über'treiben; *s'en aller, rentrer les* ~**s** *vides* mit leeren Händen, unverrichteter Dinge abziehen, zurückkommen; *FOOTBALL il y a* ~*!* das war Hand!; *JEUX DE CARTES* **avoir la** ~ greifen; F *péj* **ils peuvent se donner la** ~*!* F *péj* die können sich die Hand reichen!; *être habile de ses* ~**s** geschickte Hände haben; mit den Händen geschickt sein; *faire les* ~**s** *de qn* j-n mani'küren; *se faire la* ~ (sich) üben; *faire* ~ *basse sur qc* etw an sich bringen; (*voler*) etw entwenden; F sich etw unter den Nagel reißen; *fig je m'en lave les* ~**s** ich wasche meine Hände in Unschuld; *lever, porter la* ~ *sur qn* die Hand gegen j-n erheben; sich an j-m vergreifen; Hand an j-n legen; gegen j-n tätlich werden; *lever la* ~ *pour prêter serment* die Hand zum Schwur erheben; *mettre la dernière* ~ *à qc* letzte Hand an etw legen; *j'en mettrais ma ou la* ~ *au feu* dafür könnte ich meine Hand ins Feuer legen; F *mettre la* ~ *à la pâte* Hand ans Werk legen; mit Hand anlegen; mit zupacken; *police* **mettre la** ~ *sur qn* j-n fassen; *JEUX DE CARTES* **passer la** ~ passen; F *fig* **passe la** ~*!* gib sie her!; verzichte!; laß es sein!; *fig passer la* ~ *dans le dos de qn* vor j-m kriechen; *passer la* ~ *sur qc* mit der Hand über etw (*acc*) streichen, fahren; *objet* **passer par bien des** ~**s** durch viele Hände gehen; *perdre la* ~ aus der Übung kommen; *voleur* F *être pris la* ~ *dans le sac* auf frischer Tat ertappt werden; *prêter la* ~ *à un crime* ein Verbrechen begünstigen; e-m Verbrechen Vorschub leisten; *en venir aux* ~**s** handgemein werden; *cf a* **forcer** *2., lier 1., tendre*[1] *3.*; ♦ *prov c'est une* ~ *de fer dans un gant de velours* er wirkt entgegenkommend, setzt aber eisern seinen Willen durch; **2.** ~ (**de toilette**) Waschhandschuh *m*; **3.** *d'un escalier* ~ **courante** Handlauf *m*; **4.** *TYPO* **une** ~ 25 Bogen

main-d'œuvre [mɛ̃dœvR(ə)] *f* ⟨*pl* **mains-d'œuvre**⟩ **1.** *coll* Arbeitskräfte *f/pl*; Arbeiter *m/pl*; ~ *étrangère* ausländische Arbeitskräfte; Gastarbeiter *m/pl*; **2.** (*travail*) (geleistete) Arbeit; *frais m/pl de* ~ Fertigungslöhne *m/pl*; Arbeits-, Lohnkosten *pl*

Maine [men] *m* **le** ~ historische Provinz in Westfrankreich

Maine-et-Loire [menelwaR] **le** ~ *frz* Departement

main-forte [mɛ̃fɔRt] *loc* **donner, prêter** ~ **à qn** j-m Beistand, Hilfe leisten

mainlevée [mɛ̃lve] *f JUR d'une saisie* Aufhebung *f*; *d'une hypothèque* Löschung *f*

mainmise [mɛ̃miz] *f* Aneignung *f*, Inbe'sitznahme *f* (*sur un territoire* e-s Gebietes); (*domination*) Beherrschung *f* (*sur la presse* der Presse)

maint [mɛ̃] *st/s adj/ind* ⟨**mainte** [mɛ̃t]⟩ so manche(r, -s); ~**e**(**s**) **fois** so manches Mal; ~**es et** ~**es fois** immer wieder; soundso oft; *à* ~**es reprises** zu wieder'holten Malen

maintenance [mɛ̃tnɑ̃s] *f TECH* Wartung *f*

maintenant [mɛ̃tnɑ̃] *adv* jetzt; nun; *suivi du futur à partir de* ~ von jetzt an; von nun an; *st/s* hin'fort; *loc/conj* ~ **que** jetzt *ou* nun, da F wo

maintenir [mɛ̃tniR] ⟨*cf* **tenir**⟩ **I** *v/t* **1.** *ordre, paix, température etc* aufrechterhalten; *paix a* erhalten; wahren; *tradition* erhalten; beibehalten; bewahren;

maintien – majeur

festhalten an (+*dat*); *sa candidature* aufrechterhalten; *fonctionnaire ~ dans son poste* in s-m Amt belassen; *machine, objet ~ en bon état* in gutem Zustand erhalten; in'stand halten; *loi ~ en vigueur* in Kraft lassen; **2.** (*soutenir*) *~ que ...* dabei bleiben, daß ...; *témoin ~ sa déposition* bei s-r Aussage bleiben; *je l'ai dit et je le maintiens* ich habe es gesagt, und dabei bleibe ich; **3.** (*tenir*) halten; *~ la foule loin de qc* die Menschenmenge von etw fernhalten; **II** *v/pr se ~ temps, prix, état d'un malade etc* sich halten; *tradition a* sich erhalten; fortbestehen; *paix* erhalten bleiben; F *alors, la santé, ça se maintient?* F na, gesundheitlich immer noch auf der Höhe?; *POL se ~ au pouvoir* sich an der Macht halten; *élève, sportif se ~ dans la moyenne* sich auf dem Durchschnitt halten

maintien [mɛ̃tjɛ̃] *m* **1.** *de l'ordre, de la paix etc* Aufrechterhaltung *f*; *de la paix a, des libertés individuelles* Erhaltung *f*; Wahrung *f*; *de la tradition a* Fortbestand *m*; **2.** *de qn en fonction* Belassung *f*; *d'un locataire ~ dans les lieux* Fortsetzung *f* des Mietverhältnisses; **3.** (*attitude*) Haltung *f*; *autrefois* leçon *f de ~* Anstandsunterricht *m*

maire [mɛʀ] *m* **1.** Bürgermeister *m*; *femme* Bürgermeisterin *f*; *d'un village a* Gemeindevorsteher *m*; *d'une grande ville a* Ober'bürgermeister *m*; *d'un arrondissement* Bezirksbürgermeister *m*; **2.** *HIST ~ du palais* Hausmeier *m*

mairesse [mɛʀɛs] *plais f* Frau *f* des Bürgermeisters

mairie [mɛʀi] *f* Rathaus *n*; *d'un village a* Bürgermeisteramt *n*; Bürgermeiste'rei *f*; Gemeindeamt *n*; *d'un arrondissement* Bezirksamt *n*

mais [mɛ] **I** *conj* **1.** aber; (je')doch; *après un énoncé négatif* sondern; *ce n'est pas rouge, ~ orange* das ist nicht rot, sondern orange; *non seulement ... ~ aussi ou encore* nicht nur ..., sondern auch; **2.** *transition: ~ alors* wenn dem so ist; *~ j'y pense que faites-vous dimanche?* da ich gerade daran denke ...; da fällt mir gerade ein ...; **II** *adv* **1.** *pour renforcer ~ non!* aber nein!; nicht doch!; *~ oui!, ~ si!* aber ja!; ja doch!; *~ bien sûr!* aber gewiß!; (ja) freilich!; *impatient ~ enfin, qu'avez-vous?* also, was haben Sie eigentlich?; *indigné ah ~!* also wirklich!; F *non ~, des fois! mais pour qui tu me prends-tu?* sag mal, wofür hältst du dich eigentlich?; *c'est d'un drôle, ~ d'un drôle* das ist wirklich urkomisch; **2.** *litt n'en pouvoir ~* nichts da'fürkönnen; **III** *m* Aber *n*; *il n'y a pas de ~ qui tienne!* keine 'Widerrede!

maïs [mais] *m* Mais *m*; *épi m de ~* Maiskolben *m*

maison [mɛzõ, me-] *f* **1.** Haus *n*; *POL la ♀ Blanche* das Weiße Haus; *~ close, de tolérance* Bor'dell *n*; Freudenhaus *n*; *ÉGL ~ mère* Mutterhaus *n*; *cf a 2.*; *~ de banlieue, de campagne* Vorort-, Landhaus *n*; *~ de Dieu, du Seigneur* Gotteshaus *n*; *~ des jeunes et de la culture* (*abr M.J.C.*) städtisches Jugendklubhaus; *~s de jeu* Spielbanken *f/pl*; *~ de poupée* Puppenhaus *n*; *~ de la radio* Funkhaus *n*; *~ de repos* Erho-lungs-, Genesungsheim *n*; Sana'torium *n*; *~ de retraite* Alten-, Altersheim *n*; **2.** *COMM ~* (*de commerce*) (Handels-)Haus *n*; Geschäft *n*; Firma *f*; *~ mère* Stammhaus *n*; Hauptgeschäft *n*; Zen'trale *f*; *~ d'édition* Verlag *m*; Verlagshaus *n*, -anstalt *f*; *employé avoir trente ans de ~* dreißig Jahre in der Firma tätig sein; **3.** *JUR ~ centrale* Zen'tralgefängnis *n*; Zuchthaus *n*; *~ d'arrêt* Haftanstalt *f*; **4.** *fig* (*famille*) Haus *n*; *ami m de la ~* Freund *m* des Hauses; Hausfreund *m*; *être de la ~* quasi zum Haus, zur Familie gehören; *c'est la ~ du bon Dieu* das ist ein gastfreies, gastfreundliches Haus; *savoir tenir sa ~* e-e gute Hausfrau sein; **5.** *loc/adv à la ~* zu *ou* nach Hause; *rentrer à la ~* nach Hause gehen; heimgehen; *rester à la ~* zu Hause, da'heim bleiben; **6.** *adj CUIS* hausgemacht; Hausmacher...; *pâté m ~* hausgemachte Fleischpastete; *tarte f ~* selbstgebackener (Obst)Kuchen; **7.** (*lignée de nobles*) Haus *n*; *la ♀ de Habsbourg* das Haus Habsburg; **8.** *HIST* Hofstaat *m*; *~ du roi* königlicher Hofstaat; **9.** *ASTROLOGIE* (Himmels-)Haus *n*

maisonn/ée [mɛzɔne] *f* Hausgemeinschaft *f*; Fa'milie *f*; *~ette f* Häuschen *n*

maître [mɛtʀ(ə)] **I** *m* **1.** *~, maîtresse m, f d'un serviteur* Herr(in) *m(f)* (*a d'un animal*); Gebieter(in) *m(f)*; *d'un chien a* F Herrchen *n*, Frauchen *n*; *les ~s* die Herrschaft; *~, maîtresse de maison* Hausherr(in) *m(f)*; Herr *m*, Dame *f* des Hauses; Hausfrau *f*; *plais mon seigneur et ~* mein Herr und Gebieter *ou* Meister; *loc/adv* être *~* als ob man der Herr wäre; *parler en ~* in e-m herrischem, gebieterischem Ton sprechen; *être son* (*propre*) *~* sein eigener, freier Herr sein; *c'est moi le ~ ici* ich bin hier der Herr im Hause; *être ~ de qc* Herr e-r Sache (*gén*) sein; etw beherrschen; *être ~ de la situation* Herr der Lage sein; *être ~, maîtresse de soi* Herr s-r selbst sein; sich in der Gewalt haben; Selbstbeherrschung besitzen; *être ~ de faire qc* frei sein, die Freiheit haben, etw zu tun; *vous êtes ~ de refuser* es steht Ihnen frei abzulehnen; *se rendre ~ de qc* e-r Sache (*gén*) *ou* über etw (*acc*) Herr werden; *MIL rester ~ du champ de bataille* das Feld behaupten (*a fig*) *prov: tel ~, tel valet ou les bons ~s font les bons valets* wie der Herr, so 's Gescherr (*prov*); *nul ne peut servir deux ~s à la fois* niemand kann zwei Herren dienen (*prov*); **2.** (*enseignant*) *~, maîtresse m f* Lehrer(in) *m(f)*; *fig* Lehrmeister(in) *m(f)*; Meister *m*; Vorbild *n*; *~ à penser* geistiges Vorbild; *~ d'armes* Fechtmeister *m*; *~, maîtresse d'école* Volksschullehrer(in) *m(f)*; *autrefois ~, maîtresse d'internat* Aufsichtsperson *f* an e-m Gymnasium mit Internat; **3.** *~* (*artisan*) *m* (Handwerks)Meister *m*; *fig: coup m de ~* Meisterstück *n*, -leistung *f*; *de main de ~* von Meisterhand; *être* (*passé*) *~ dans l'art de faire qc* ein Meister in etw (*dat*) sein; *trouver son ~* s-n Meister finden; **4.** *désignant une fonction: grand ~* Großmeister *m* (*a des francs-maçons*); *chanteur cf chanteur 3.*; *~ nageur surveillant* Bademeister *m*; *professeur* Schwimmlehrer *m*; *~, maîtresse de ballet* Bal'lettmeister(in) *m(f)*; *HIST ~ des cérémonies* Zere'monienmeister *m*; *UNIVERSITÉ ~ de conférences* correspond à außerordentlicher Professor; *~ d'hôtel gastronomie* Oberkellner *m*; *chez un riche particulier* Butler ['bat-] *m*; *~ d'œuvre* (Architekt *m* und) Bauleiter *m*; *MOYEN ÂGE* Dombaumeister *m*; *~ de l'ouvrage* Bauherr *m*; **5.** *MAR MIL* Maat *m*; *MAR ~ d'équipage* Bootsmann *m*; **6.** *JUR* (*abr Mᵉ*) *♀ Dupont* der Rechtsanwalt *ou* Notar Dupont; *♀! Herr* Rechtsanwalt! *ou* Herr Notar!; **7.** *artiste, sculpteur, peintre* Meister *m*; *~ anonyme* unbekannter Meister; **8.** *dans la fable ~ Corbeau* der Rabe; *~ Renard* Reineke Fuchs; **II** *adj* ⟨maîtresse [mɛtʀɛs]⟩ **1.** Haupt...; wichtigste(r, -s); *UNIVERSITÉ ~ assistant* correspond à Aka'demischer Rat; Oberassistent *m*; *atout ~* höchster Trumpf; *branche maîtresse* Hauptast *m*; *idée maîtresse* Haupt-, Leitgedanke *m*; **2.** *c'est une maîtresse femme* das ist e-e e'nergische Frau, die zu kom-man'dieren versteht

maître-autel [mɛtʀotɛl] *m* ⟨*pl* maîtres-autels⟩ Hoch-, Hauptaltar *m*

maître-chien [mɛtʀəʃjɛ̃] *m* ⟨*pl* maîtres-chiens⟩ Hundeführer *m*

maîtresse [mɛtʀɛs] *f* **1.** Geliebte *f*; *péj* Mä'tresse *f*; **2.** *cf maître I 1., 2., 4.*

maîtrisable [mɛtʀizabl(ə)] *adj colère, peur difficilement ~* schwer bezähmbar, bezwingbar

maîtrise [mɛtʀiz] *f* **1.** *~ de soi* Selbstbeherrschung *f*; *perdre sa ~* s-e Selbstbeherrschung verlieren; **2.** (*domination*) Herrschaft *f* (*de* über +*acc*); *MIL ~ de l'air, des mers* Luft-, Seeherrschaft *f*; **3.** (*virtuosité*) Meisterschaft *f*; **4.** *dans une entreprise agents m/pl de ~* Werk- *ou* Indu'striemeister *m/pl*; Vorarbeiter *m/pl*; technische(n) Angestellte(n) *m/pl*; **5.** *diplôme universitaire* Ma'gisterwürde *f ou* -prüfung *f*; *avoir, passer une ~ d'histoire* den Magister in Geschichte haben, machen; **6.** *MUS, REL* Domsingschule *f*; Kanto'rei *f*; *par ext* (kirchlicher) Knabenchor

maîtriser [mɛtʀize] **I** *v/t ~ cheval emballé* bändigen; bezähmen; *agresseur* über'wältigen; *révolte* niederwerfen; *incendie, épidémie* unter Kon'trolle bringen; Einhalt gebieten (+*dat*); *difficulté* meistern; *colère, jalousie etc* bezwingen; bezähmen; beherrschen; zügeln; bändigen; **II** *v/pr se ~* sich beherrschen, bezähmen

majesté [maʒɛste] *f* **1.** *de la nature, d'un palais etc* Maje'stät *f*; Erhabenheit *f*; *la ~ divine* die göttliche Majestät; die Herrlichkeit Gottes; *PEINT, SCULP Christ m en ~* thronender Christus; Ma'jestas Domini *f*; **2.** *titre* Votre *♀* Eure Majestät; *Sa ♀* Seine Majestät; *Sa ♀ la reine d'Angleterre, HIST Sa Très Gracieuse ♀* Ihre Majestät die Königin von England; *Leurs ♀s* die Majestäten

majestueux [maʒɛstyø] *adj* ⟨-euse⟩ maje'stätisch; erhaben; hoheits-, würdevoll

majeur [maʒœʀ] **I** *adj* **1.** (*important*)

ma-jong — maladif

wichtig(ste, -r, -s); Haupt...; *force* ~e höhere Gewalt; *intérêt* ~ Hauptinteresse n; *la* ~e *partie* der größere, überwiegende Teil; die Mehrzahl; *la* ~e *partie des Français a* die Mehrheit der Franzosen; *loc/adv en* ~e *partie* größtenteils; **2.** *MUS* Dur...; ...-Dur; *gamme* ~e Durtonleiter f; *intervalle* ~ großes Intervall; *tierce* ~e große Terz; *en ré* ~ in D-Dur; **3.** *JUR* 'volljährig; mündig; großjährig; F *il est* ~, *il sait ce qu'il fait* er ist alt genug, er ist kein Kind mehr ~; **4.** *le lac* ♂ der Lago Maggiore [-'dʒo:re]; **5.** *REL saint Jacques le* ♂ Ja'kobus der Ältere; **II** *subst* **1.** *ANAT m* Mittelfinger m; **2.** *JUR* ~(*e*) m(f) 'Voll-, Großjährige(r) f(m); **3.** *MUS m* Dur n; Durtonart f

ma-jong cf mah-jong

major [maʒɔʀ] m **1.** *MIL* **a)** ~ *de garnison* Erster Standortoffizier; **b)** (*médecin militaire*) Stabsarzt m; **c)** cf *sergent-major*; **2.** *au concours d'une grande école* ~ *de promotion* Beste(r) m; Erste(r) m

majoration [maʒɔʀasjɔ̃] f Erhöhung f; Her'aufsetzung f; ~ *d'impôt, des prix, des salaires* Steuer-, Preis-, Lohnerhöhung f

majordome [maʒɔʀdɔm] m *HIST* Haushofmeister m

majorer [maʒɔʀe] *v/t* erhöhen, her'aufsetzen (*de 10 pour cent* um 10 Prozent); *salaires a* aufbessern; anheben

majorette [maʒɔʀɛt] f Majo'rette f; Funkenmariechen n

majoritaire [maʒɔʀitɛʀ] **I** *adj* Mehrheits...; *actionnaire m* ~ Mehrheitsaktionär m, -aktionärin f; *scrutin* ~ Mehrheitswahl f; **II** *m/pl* ~s Mehrheit f

majorité [maʒɔʀite] f **1.** Mehrheit f (*a POL*); Majori'tät f; Mehr-, 'Überzahl f; ~ *gouvernementale* Re'gierungsmehrheit f; ~ *des deux tiers* Zwei'drittelmehrheit f; ~ *des suffrages, des voix* Stimmenmehrheit f; *partis m/pl de la* ~ Mehrheitsparteien f/pl; *loc/adv* **à la** ~ **absolue** mit absoluter Mehrheit; *dans la* ~ *des cas* in den meisten Fällen; *dans leur immense* ~, *les Français* ... die große Mehrheit der Franzosen ...; *en* ~ überwiegend; mehrheitlich; *être en* ~ in der Mehr-, Überzahl sein; **2.** *JUR* ~ (*civile*) 'Volljährigkeit f; Großjährigkeit f; ~ *pénale* Strafmündigkeit f

Majorque [maʒɔʀk] Mal'lorca n

majuscule [maʒyskyl] **I** *adj lettre f* ~ cf *II*; *un A* ~ ein großes A; **II** *f* Großbuchstabe m; großer Buchstabe f; *TYPO* Ma'juskel f; Ver'sal(buchstabe) m; *ce mot prend une* ~ dieses Wort wird groß geschrieben

maki [maki] m *ZO* Maki m; Halbaffe m

mal¹ [mal] **I** *adv* **1.** schlecht; übel; ♦ *loc/adj: moment* ~ *choisi* ungelegen gewählt; *enfant* ~ *élevé* schlechterzogen; unerzogen; *emploi, personne* ~ *payé* schlechtbezahlt; 'unterbezahlt; ♦ *loc/adv: pas* ~ **a)** *avec négation* nicht übel; nicht schlecht; ganz gut; **b)** *sans négation* ziemlich ou sehr ou recht (viel); *pas* ~ *froussard* ziemlich ou recht ängstlich; *il a pas* ~ *voyagé* er ist ziemlich ou recht viel gereist; *tu ne ferais pas* ~ *de* (+*inf*) du tätest ganz gut daran zu (+*inf*); *pas* ~ *de* (+*subst*)

ziemlich viel(e), e-e (ganze) Menge (+*subst*); *pas* ~ *de monde* ziemlich viel(e) Leute; ♦ *aller* ~ *affaires* schlechtgehen; *projet etc* schlecht stehen; *personne il va* ~ es geht ihm schlecht; *vêtements, couleur aller* ~ *à qn* j-m schlecht, nicht gut stehen; *les choses vont de* ~ *en pis* es geht immer, zunehmend schlechter; die Lage verschlechtert, verschlimmert sich; *être* ~ *assis* unbequem sitzen; *malade il est au plus* ~ es steht sehr schlecht mit ihm; *parler* ~ schlecht sprechen; *par ext* (*dire des gros mots*) derb, unflätig daherreden; *enfant* freche Antworten geben; *plaisanterie* **prendre** ~ übelnehmen; übel aufnehmen, vermerken; *respirer* ~ schwer atmen; *se trouver* ~ ohnmächtig werden; cf *a les verbes correspondants*; **2.** (*incorrectement*) falsch; ~ *interpréter* falsch interpretieren, miß'deuten; *s'y prendre* ~ es falsch, verkehrt anpacken; **II** *adj* (*inv*) *dire, faire qc de* ~ etw Böses, Schlimmes, Häßliches sagen, tun; *être* ~ sich nicht wohl fühlen; *on est* ~ *dans cette voiture* man sitzt in diesem Wagen nicht bequem; *être* ~ *avec* (sich) mit j-m schlecht stehen; *c'est* ~, *il est* ~ *de* (+*inf*) es ist schlecht, häßlich, ungehörig zu (+*inf*); *être pas* ~ *chose, résultat* nicht übel, nicht schlecht, ganz gut, ganz ordentlich, *personne* ganz hübsch sein

mal² [mal] m ⟨*pl* maux [mo]⟩ **1.** Übel n; *le* ~ *est fait* es ist nun (ein)mal geschehen; *de là vient tout le* ~ das ist die Wurzel allen Übels; *prov de ou entre deux maux, il faut choisir le moindre* man muß von zwei Übeln das kleinere wählen; **2.** (*du* ~) Schlimme(s) n; Schlechte(s) n; Böse(s) n; Arge(s) n; *REL le* ~ das Böse; *quel* ~ *y a-t-il à lui dire la vérité?* was ist denn dabei, was schadet es schon, wenn man ihm die Wahrheit sagt?; *dire du* ~ *de qn* j-m Schlechtes, Böses nachsagen; Schlechtes über j-n sagen; schlecht über j-n reden; *faire du* ~ *à qn, à qc* **a)** (*nuire*) j-m, e-r Sache schaden; **b)** (*faire souffrir*) j-m etwas (zu'leide) tun; c) (*paroles etc* (*blesser*) j-n verletzen; j-m weh tun; *cela ne lui ferait pas de* ~ das könnte ihm nicht schaden; *il ne ferait pas de* ~ *à une mouche* er könnte keiner Fliege etwas zu'leide tun; *penser du* ~ *de qn* schlecht von j-m denken; *sans penser, sans songer à* ~ ohne (sich) Schlimmes, Böses, Arges dabei zu denken; *je n'y vois aucun* ~ ich finde nichts Schlimmes dabei; *voir le* ~ *partout* in allem, überall Schlechtes, Böses sehen; *vouloir du* ~ *à qn* j-m übelwollen; mit j-m Böses im Sinn haben; *il ne veut de* ~ *à personne* er wünscht niemandem etwas Böses; **3.** (*souffrance*) Schmerz m; (*maladie*) Krankheit f; Leiden n; ~ *blanc* cf *panaris*; ~ *de l'air* Luftkrankheit f; ~ *d'amour* (Liebes-) Sehnsucht f; *maux de dents, de tête* Zahn-, Kopfschmerzen m/pl ou -weh n; *avoir des maux de dents etc* Zahnschmerzen *etc* haben; ~ *de mer* Seekrankheit f; *avoir le* ~ *de mer* seekrank sein; ~ *du pays* Heimweh n; ~ *du siècle* Weltschmerz m; ~ *des transports* Reisekrankheit f; *où as-tu*

~? wo tut es dir weh?; *j'ai* ~ *au cœur* mir ist ou mir wird schlecht, übel; *avoir* ~ *aux dents, à la tête* Zahn-, Kopfschmerzen ou -weh haben; *j'ai* ~ *partout* mir tut alles weh; *il n'y a pas de* ~! bitte, (das) macht nichts!; *fig être en* ~ *de qc* etw sehnlich(st) wünschen; *journaliste en* ~ *de copie* dem nichts einfällt; *être en* ~ *d'enfant* e-n starken Kinderwunsch haben; *faire* ~ *à qn* j-m weh tun; *son bras lui fait* ~ ihm tut der Arm weh; *fig cela me ferait* ~! nie und nimmer!; *fig cela me fait* ~ (*au cœur*) *de* (+*inf*) es tut mir leid, p/*fort* es tut mir in der Seele weh, wenn ...; *se faire* ~ *en tombant* sich beim Hinfallen weh tun; *prendre* (*du*) ~ krank werden; erkranken; *prov aux grands maux les grands remèdes* große Übel erfordern starke Mittel; **4.** (*peine*) Mühe f; *loc/adv sans* ~ mühelos; *avoir du* ~ *à faire qc* Mühe haben, etw zu tun; *j'ai du* ~ *à* (+*inf*) es fällt mir schwer zu (+*inf*); *j'aurai du* ~ *à* (*en*) *trouver un autre* ich werde schwer e-n andern finden; *il a eu du* ~ *à se décider a* er konnte sich nur schwer entscheiden; *donner du* ~ *à qn* j-m viel Mühe, viel zu schaffen machen; *se donner du* ~, *un* ~ *inouï*, F *un* ~ *de chien* sich Mühe, unsägliche Mühe, alle erdenkliche Mühe geben (*pour qn* mit j-m; *pour faire qc* um etw zu tun); *prov on n'a rien sans* ~ ohne Fleiß kein Preis (*prov*)

malabar [malabaʀ] F m stämmiger, handfester Kerl

malachite [malakit] f *MINÉR* Mala'chit m

malade [malad] **I** *adj* **1.** krank; *avoir le cœur* ~, *être* ~ *du cœur* herzkrank ou -leidend sein; *fig être* ~ *de jalousie* krank vor Eifersucht sein; *je suis* ~ **a)** ich bin krank; **b)** (*j'ai mal au cœur*) mir ist schlecht, übel; F *fig j'en suis* ~, *cela me rend* ~ F das macht mich (ganz) krank; F *fig t'es pas* ~? F bis du noch zu retten?; du bist wohl 'übergeschnappt?; *se faire porter* ~ sich krank melden; sich krank schreiben lassen; *tomber* ~ krank werden; erkranken; **2.** F *objet* beschädigt; F mitgenommen; rampo'niert; *entreprise etc* in e-r kritischen Lage; F angeschlagen; **II** *m,f* Kranke(r) f(m); *par rapport au médecin* Pati'ent(in) m(f); *grand(e)* ~ Schwerkranke(r) f(m); ~ *mental(e)* Geisteskranke(r) f(m).

maladie [maladi] f **1.** Krankheit f; Erkrankung f; ~ *bleue* Blausucht f; ~s *de cœur* Herzkrankheiten f/pl, -leiden n/pl; ~ *de Parkinson* [paʀkinsɔn] Parkinsonsche Krankheit, Schüttellähmung f; *adjt assurance f* ~ Krankenversicherung f; *être en* (*congé de*) *longue* ~ langfristig krank geschrieben sein (und Krankengeld beziehen); F *fig il n'y a pas de quoi en faire une* ~ das ist doch kein Grund, sich (krank) zu ärgern, sich aufzuregen, F ein solches Theater zu machen; **2.** *des chiens la* ~ die Staupe; **3.** *fig* krankhafte Angewohnheit; p/*fort* Sucht f; *c'est une* ~ *chez elle* das ist krankhaft bei ihr

maladif [maladif] *adj* (*-ive*) **1.** *personne* kränklich; *être* ~ kränkeln; **2.** *pâleur, curiosité, peur* krankhaft

maladresse [maladʀɛs] *f* Ungeschicklichkeit *f*; Ungeschick *n*; Unbeholfenheit *f*; (*manque de tact*) Taktlosigkeit *f*; **commettre une ~** e-e Ungeschicklichkeit, Taktlosigkeit begehen

maladroit [maladʀwa] **I** *adj personne* ungeschickt; *enfant* tolpatschig; *dans ses mouvements a* ungelenk; unbeholfen; plump (*a mensonge, parole*); *être* **~ de ses mains** ungeschickte, F zwei linke Hände haben; **II** *subst* **~(e)** *m(f)* ungeschickter, unbeholfener Mensch; Tolpatsch *m*; Tölpel *m*

malaga [malaga] *m* Malaga(wein) *m*

mal-aimé [maleme] *adj* ungeliebt

malais [malɛ] **I** *adj* ma'laiisch; **II** *subst* **♀(e)** *m(f)* Ma'laie *m*, Ma'laiin *f*

malaise [malɛz] *m* **1.** MÉD Unwohlsein *n*; **2.** (*mécontentement*) Unbehagen *n*; 'Mißbehagen *n*; 'Mißstimmung *f*; POL a Ma'laise *f*

malaisé [maleze] *adj st/s tâche* nicht leicht; schwierig

Malaisie [malezi] *la* **~** *cf* **Malaysia**

malandrin [malɑ̃dʀɛ̃] *litt m* Räuber *m*

malappris [malapʀi] *m* Flegel *m*; Lümmel *m*; Rüpel *m*

malaria [malaʀja] *f* MÉD Ma'laria *f*

malavisé [malavize] *litt adj* unklug; unbesonnen; unüberlegt

Malawi [malawi] *le* **~** Ma'lawi *n*

malaxer [malakse] *v/t beurre, argile* ('durch)kneten; *farine avec œufs* miteinander verkneten

Malaysia [malezja] *la* **~** Ma'laysia *n*

malaysien [malezjɛ̃] **I** *adj* ⟨**~ne**⟩ ma'laysisch; **II** *subst* **♀(ne)** *m(f)* Ma'laysier(-in) *m(f)*

malchance [malʃɑ̃s] *f* 'Mißgeschick *n*; Unglück *n*; F Pech *n*; **avoir de la ~** kein Glück haben; F Pech haben; **jouer de ~** ein Unglücksrabe, Pechvogel sein

malchanceux [malʃɑ̃sø] *adj* ⟨**-euse**⟩ *joueur* glücklos; *subst* **un ~** F ein Pechvogel *m*; ein Unglücksrabe *m*

malcommode [malkɔmɔd] *adj cf* **incommode**

Maldives [maldiv] *les îles f/pl* **~** die Male'diven *pl*

maldivien [maldivjɛ̃] **I** *adj* ⟨**~ne**⟩ male'divisch; **II** *subst* **♀(ne)** *m(f)* Male'diver (-in) *m(f)*

maldonne [maldɔn] *f* **1.** CARTES **~!** (du hast *ou* Sie haben) falsch gegeben!; **2.** *fig* **il y a ~** F so haben wir nicht gewettet!

mâle [mɑl] **I** *m* **1.** ZO Männchen *n*; männliches Tier; **2.** (*homme*) männliches Wesen; Mann *m*; **un beau ~** ein gutgebauter, sportlicher, vi'taler Mann; **II** *adj* BIOL, *a fig voix etc* männlich; TECH *pièce f* **~** männliches Teil

malédiction [malediksjɔ̃] *f* Fluch *m* (*a malheur*); Verwünschung *f*; *st/s* Unsegen *m*

maléfice [malefis] *m* Verhexung *f*; Hexe'rei *f*; böser Zauber

maléfique [malefik] *adj* unheilvoll; unheil-, unglückbringend

malencontreux [malɑ̃kɔ̃tʀø] *adj* ⟨**-euse**⟩ unglücklich; leidig; unangenehm; ärgerlich

malentend|ant [malɑ̃tɑ̃dɑ̃] *m*, **~ante** *f* Hörgeschädigte(r) *f(m)*

malentendu [malɑ̃tɑ̃dy] *m* 'Mißverständnis *n*

mal-être [malɛtʀ(ə)] *m* Unbehagen *n*

malfaçon [malfasɔ̃] *f* schlechte, mangelhafte Ausführung; **~s** *pl* Mängel *m/pl*

malfaisant [malfəzɑ̃] *adj personne* böse (*a esprit*); bösartig; *influence* schädlich; verderblich

malfaiteur [malfɛtœʀ] *m* Übeltäter *m*; Verbrecher *m*; Ga'nove *m*

malfamé [malfame] *adj* verrufen

malformation [malfɔʀmasjɔ̃] *f* MÉD 'Mißbildung *f*

malfrat [malfʀa] F *m* Ga'nove *m*

malgache [malgaʃ] **I** *adj* mada'gassisch; **II** *m,f* ♀ Mada'gasse *m*, Mada'gassin *f*

malgré [malgʀe] **I** *prép* **1.** **~ moi** a) (*de mauvais gré*) gegen meinen Willen; b) (*sans le vouloir*) ungewollt; **2.** (*en dépit de*) trotz (+*gén, a* +*dat*); ungeachtet (+*gén*); **~ cela** trotzdem; dessenungeachtet; **~ tout** trotz allem; trotz alledem; **II** *loc/conj* **~ que** (+*subj*) ob'wohl; F trotzdem

malhabile [malabil] *adj* ungeschickt

malheur [malœʀ] *m* **1.** Unglück *n*; (*ennui*) 'Mißgeschick *n*; **un petit ~** ein kleines Mißgeschick, F Malheur; *int:* **~!** ach je!; ach Gott!; o weh!; **~ à ...!** wehe ... (+*dat*)!; **~ aux vaincus!** wehe den Besiegten!; *loc/adv:* **par ~** unglücklicherweise; **pour son ~** zu s-m Unglück; **le ~ c'est que ...** unglücklicherweise ...; **un ~ est si vite arrivé** es ist so schnell ein Unglück passiert; **il lui arrivera (un) ~** ihm wird noch ein Unglück zustoßen, passieren; **avoir le ~ de** (+*inf*) das Unglück, F das Pech haben zu (+*inf*); **être dans le ~s** in e-r unglücklichen, traurigen Lage sein; **faire le ~ de qn** ein Unglück für j-n sein; j-n ins Unglück stürzen; F *retenez-moi ou je fais un ~!* oder es gibt ein Unglück!; *spectacle* **faire un ~** F e-n Riesen-, Bombenerfolg haben; **jouer de ~** F Pech haben; ein Pechvogel sein; **ne parlez pas de ~!** man soll den Teufel nicht an die Wand malen!; **porter ~** Unglück bringen; *iron* **raconter ses ~s** s-e ganze Leidensgeschichte erzählen; **le ~ a voulu que ...** das Unglück wollte es, daß ...; *prov:* **un ~ n'arrive, ne vient jamais seul** ein Unglück kommt selten allein (*prov*); **à quelque chose ~ est bon** auch das Unglück hat sein Gutes; durch Schaden wird man klug (*prov*); **le ~ des uns fait le bonheur des autres** des e-n Not ist des andern Brot (*prov*); des e-n Glück ist des andern Unglück (*prov*); **2.** F **cette pluie de ~!** F dieser verdammte Regen!

malheureusement [malœʀøzmɑ̃, -lœ-] *adv* leider; unglücklicherweise; bedauerlicherweise

malheureux [malœʀø, -lœ-] **I** *adj* ⟨**-euse**⟩ **1.** (*qui souffre*) unglücklich; (*malchanceux*) glück-, erfolglos; *situation, suites* unglücklich, F bedauerlich, betrüblich; **avoir la main malheureuse** keine glückliche Hand haben; **avoir un mot ~** ein unglückliches, unpassendes Wort gebraucht; **être ~ comme les pierres** tod-, F kreuzunglücklich sein; **être ~ au jeu, en amour** Unglück im Spiel, in der Liebe haben; **il est ~ que ...** (+*subj*) es ist schade, bedauerlich, ein Jammer, daß ...; F **si c'est pas ~ de voir une chose pareille!** es ist doch traurig *ou* ein Jammer, so etwas mit ansehen zu müssen!; **2.** *péj* (*insignifiant*) unbedeutend; **un ~ billet de dix francs** ein lumpiger Zehn-Franc-Schein; **II** *subst* **~, malheureuse** *m,f* (*infortuné*) Unglückliche(r) *f(m)*; (*indigent*) Notleidende(r) *f(m)*; Arme(r) *f(m)*; **~! qu'avez-vous fait?** Menschenskind, F Mensch, ...!

malhonnête [malɔnɛt] *adj* unehrlich; unredlich

malhonnêteté [malɔnɛtte] *f* Unehrlichkeit *f*; Unredlichkeit *f*; **~ intellectuelle** Unaufrichtigkeit *f*

Mali [mali] *le* **~** Mali *n*

malice [malis] *f* **1.** (*espièglerie*) Schalkhaftigkeit *f*; Spottlust *f*; **plein de ~** schelmisch; schalkhaft; **2.** (*méchanceté*) **être sans ~** arglos sein; **3.** **sac** *m* **à ~** a) *d'un prestidigitateur* Chan'gierbeutel *m*; b) *fig* schelmischer Kerl

malicieux [malisjø] *adj* ⟨**-euse**⟩ *sourire, personne* schelmisch; schalkhaft; *réponse* spitz; leicht boshaft; **avoir l'esprit ~** den Schalk im Nacken haben

malien [maljɛ̃] **I** *adj* ⟨**~ne**⟩ malisch; von Mali; **II** *subst* **♀(ne)** *m(f)* Malier(in) *m(f)*

maligne *cf* **malin**

malignité [malinite] *f* **1.** Bösartigkeit *f*; Bosheit *f*; **2.** MÉD Bösartigkeit *f*

malin [malɛ̃] **I** *adj* ⟨**maligne** [malin]⟩, F **maline** [malin]⟩ **1.** (*rusé, intelligent*) *personne* schlau, pfiffig; gewitzt; findig; F gewiegt; gewieft; gerissen; *air, sourire* listig; **se croire ~** sich für besonders schlau, klug halten; F das Gras wachsen hören; **être ~** F a Köpfchen haben; F *iron* **c'était ~ de l'avoir averti** *iron* das war sehr intelligent, ihn zu warnen; **ce n'est pas (bien) ~** das ist ganz einfach; **jouer au plus ~ avec qn** j-n zu über'listen suchen, schlauer, klüger als j sein wollen; **2.** (*malveillant*) *plaisir, joie* diebisch; boshaft; *p/fort* hämisch; **joie maligne** *a* Schadenfreude *f*; **3.** MÉD *tumeur* bösartig; **II** *subst* **1.** **~, maligne** *m,f* Schlaukopf *m*; schlauer Fuchs; schlauer, findiger Kopf; F Pfiffikus *m*; *d'un homme a* F gewiegter, gewiefter, gerissener Bursche, Kerl; F *iron* **regardez-moi ce gros ~!** F seht euch diesen Schlauberger, Schlaumeier an!; **faire ou son ~** angeben; F große Töne, Bogen spucken; *prov* **à ~, ~ et demi** auf e-n Schlauen gehört ein 'Überschlauer; auf e-n Schelm anderthalbe; **2.** REL **le ~** der Böse

Malines [malin] Mecheln *n*

malingre [malɛ̃gʀ(ə)] *adj* schwächlich; zart

malintentionné [malɛ̃tɑ̃sjɔne] *adj* übelgesinnt

malle [mal] *f* 'Übersee-, Ka'binenkoffer *m*; **faire sa ~** (s-n Koffer) packen; *fig* sein Bündel schnüren

malléable [maleabl(ə)] *adj* **1.** *métal* schmiedbar; hämmerbar; streckbar; *cire* model'lierfähig; **2.** *fig* bildsam

mallette [malɛt] *f* (kleiner) Koffer; Köfferchen *n*

malmener [malməne] *v/t* ⟨**-è-**⟩ **1.** *personne* grob behandeln; miß'handeln; *fig auteur, pièce* zerreißen; F her'unternmachen; **2.** SPORTS *l'adversaire* hart bedrängen; hart zusetzen (**qn** j-m)

malnutrition [malnytʀisjɔ̃] *f* falsche Ernährung(sweise)

malodorant [malɔdɔʀɑ̃] *adj* übelriechend

malotru [malɔtʀy] *m* ungehobelter, ungeschliffener Kerl; Rüpel *m*; Flegel *m*

Malouines [malwin] *les (îles)* ~ *f/pl* die Falklandinseln *f/pl*

malpropre [malpʀɔpʀ(ə)] **I** *adj* **1.** (*sale*) unsauber; schmutzig; unreinlich; **2.** *fig (malhonnête)* gemein; schmutzig; **II** *m* gemeiner Kerl; Lump *m*

malpropreté [malpʀɔpʀəte] *f* Unsauberkeit *f*; Schmutzigkeit *f*; Unreinlichkeit *f*

malsain [malsɛ̃] *adj* **1.** *climat, logement, travail* ungesund; der Gesundheit unzuträglich; gesundheitsschädlich; F *fig: filons d'ici*, **ça devient** ~ das wird gefährlich; **2.** *fig imagination, curiosité* ungesund; krankhaft; *influence* schädlich; *littérature* sittlichkeitsgefährdend

malséant [malseɑ̃] *st/s adj* ungehörig; anstößig; unschicklich

malstrom [malstʀɔm] *m cf* **maelstrom**

malt [malt] *m* Malz *n*

maltais [maltɛ] **I** *adj* mal'tesisch; **II** *subst* ♀(*e*) *m(f)* Mal'teser(in) *m(f)*

Malte [malt] Malta *n*

malter [malte] *v/t* **1.** *orge* mälzen; **2.** *adjt lait malté* mit Malzextrakt angereicherte Milch

malthusianisme [maltyzjanism(ə)] *m* Malthusia'nismus *m*; ~ *économique* freiwillige Produkti'onsbeschränkung

maltose [maltoz] *m* CHIM Mal'tose *f*

maltraiter [maltʀete] *v/t* **1.** (*brutaliser*) miß'handeln; malträ'tieren; schlecht behandeln; **2.** *fig* (*critiquer*) zerreißen; F her'untermachen

malus [malys] *m* ASSURANCES Malus *m*

malveillance [malvɛjɑ̃s] *f* **1.** (*hostilité*) Feindseligkeit *f*; Gehässigkeit *f*; Boshaftigkeit *f*; **2.** (*intention de nuire*) Böswilligkeit *f*; *böse* Absicht; *incendie dû à la* ~ vorsätzliche Brandstiftung

malveillant [malvɛjɑ̃] *adj* boshaft; gehässig; feindselig

malvenu [malvəny] *adj être* ~ *de ou à* (*+inf*) kein Recht haben zu (*+inf*)

malversation [malvɛʀsasjɔ̃] *f* JUR Untreue *f*; Unter'schlagung *f*

malvoy|ant [malvwajɑ̃] *m*, **~ante** *f* Sehbehinderte(r) *f(m)*

maman [mamɑ̃] *f* Mutti *f*; Ma'ma *f*

mambo [mɑ̃mbo] *m danse* Mambo *m*

mamelle [mamɛl] *f* ANAT Brust(drüse) *f*

mamelon [mamlɔ̃] *m* **1.** ANAT Brustwarze *f*; **2.** (*sommet arrondi*) Kuppe *f*; (*colline*) Hügel *m*

mamelonné [mamlɔne] *adj paysage* hügelig

mamie [mami] *f* **1.** *enf* Oma *f*; Omi *f*; **2.** *litt cf* **mie**²

mammaire [ma(m)mɛʀ] *adj* ANAT Brust...; *glande f* ~ Brust-, Milchdrüse *f*

mammifère [mamifɛʀ] *m* ZO Säugetier *n*

mammographie [mamɔgʀafi] *f* MÉD Mammogra'phie *f*

mammouth [mamut] *m* ZO Mammut *n*

mamours [mamuʀ] *m/pl* F *faire des* ~ *à qn* j-n liebkosen; F mit j-m schmusen

mam'selle *ou* **mam'zelle** [mamzɛl] *f* F *cf* **mademoiselle**

manade [manad] *f en Provence* Stier- *ou* Pferdeherde *f*

management [manaʒmɑ̃] *m* Management ['mɛnɪdʒ-] *n*

manager [manadʒɛʀ] *m* Manager ['mɛnɪdʒər] *m*

manant [manɑ̃] *m* **1.** *litt* (*rustre*) Flegel *m*; Lümmel *m*; **2.** HIST (Frei)Bauer *m*

manche¹ [mɑ̃ʃ] *f* **1.** *d'un vêtement* Ärmel *m*; F *a* Arm *m*; *loc/adj: à* ~*s courtes, longues* kurz-, langärm(e)lig; *mit kurzen, langen Ärmeln; sans* ~*s* ärmellos; F *fig avoir qn dans sa* ~ j-n im 'Hintergrund haben; F *fig* **c'est une autre paire de** ~*s* das ist etwas ganz anderes; *retrousser ses* ~*s* die Ärmel hochkrempeln (*a fig*); **2.** *d'un Par*'tie *f*; Runde *f* (*a fig*); *aux épreuves de ski* 'Durchgang *m*; **3.** ~ *à air* AVIAT Windsack *m*; MAR Lüfter *m*; ~ *à incendie* Feuerwehrschlauch *m*; **4.** *musicien des rues* **faire la** ~ Geld sammeln; (aufdringlich) betteln

manche² [mɑ̃ʃ] *m* **1.** *d'un marteau, d'un pinceau, d'une fourchette, d'une cuiller, d'une pelle* Stiel *m*; *d'un couteau* Heft *n*; *d'un tournevis, d'une lime* Griff *m*; ~ *à balai* a) Besenstiel *m*; b) AVIAT Steuerknüppel *m*; *fig* **jeter le** ~ *après la cognée* die Flinte ins Korn werfen; *fig* **se mettre du côté du** ~ sich auf die Seite des Stärkeren stellen; es mit dem stärkeren Seite halten; **2.** F *fig* (*maladroit*) *quel* ~! F Ungeschick läßt grüßen!; **se débrouiller comme un** ~ sich ungeschickt, tolpatschig anstellen; *d'un violon, d'une guitare* Hals *m*; **4.** *d'une côtelette, d'un gigot* Knochenende *n*; *instrument* ~ *à gigot* Zange *f* (zum Festhalten e-r Hammerkeule beim Tranchieren); *côtelette f à* ~ (Stiel)Kote'lett *n*

Manche [mɑ̃ʃ] *la* ~ **1.** der Ärmelkanal; **2.** *frz Departement*; **3.** *en Espagne* die Mancha [-tʃa]

manchette [mɑ̃ʃɛt] *f* **1.** *de chemise* Man'schette *f*; *de gant* Stulpe *f*; **2.** (*fausse manche*) 'Überärmel *m*; **3.** *d'un journal* Schlagzeile *f*; Balkenüberschrift *f*; **4.** *en lutte* Schlag *m*, Hieb *m* mit der flachen Hand

manchon [mɑ̃ʃɔ̃] *m* **1.** Muff *m*; ~ *fourrure* Pelzmuff *m*; **2.** TECH Muffe *f*; ~ *à incandescence* Glühstrumpf *m*

manch|ot [mɑ̃ʃo], ~**ote** f, *m,f* Einarmige(r) *f(m)*; Krüppel *m* mit e-r Hand; F *fig adjt* **ne pas être** ~ nicht ungeschickt sein; **2.** *m* ZO Pinguin *m*; **manchot empereur**, *royal* Kaiser-, Königspinguin *m*

mandale [mɑ̃dal] *f arg* (*gifle*) Ohrfeige *f*

mandarin [mɑ̃daʀɛ̃] **1.** *m* **1.** HIST Manda'rin *m*; **2.** *fig et péj* einflußreiche(r), privile'gierte(r) Intellektu'elle(r) *m*; F Halbgott *m*; *péj* Bonze *m*

mandarinat [mɑ̃daʀina] *m* **1.** HIST Manda'rinenwürde *f*; *coll* Manda'rinenkaste *f*; **2.** *fig et péj* Kaste *f*; Bonzentum *m*; ~ *littéraire* Kaste der Literaten; ~ *politique* politisches Bonzentum

mandarin|e [mɑ̃daʀin] **I** *f* BOT Manda'rine *f*; **II** *adj* (*inv*) o'range(rot); ~**ier** *m* BOT Manda'rinenbaum *m*

mandat [mɑ̃da] *m* **1.** JUR, POL Man'dat *n*; *a* COMM Auftrag *m*; (Handlungs-) 'Vollmacht *f*; JUR *légal* gesetzliche Vertretung; ~ *législatif*, *parlementaire* Abgeordnetenmandat *n*; **donner** ~ *à qn* j-m ein Mandat, e-n Auftrag, e-e Vollmacht erteilen; **2.** JUR ~ *d'amener* Vorführungsbefehl *m*; ~ *d'arrêt, de dépôt* Haftbefehl *m*; **3.** ~ (*postal*) Postanweisung *f*; ~ *international* Auslandspostanweisung *f*; ~ *optique* maschinenlesbare Postanweisung; *un* ~ *de 100 francs* e-e Anweisung über 100 Franc

mandataire [mɑ̃datɛʀ] **1.** *m,f* JUR, POL Manda'tar *m*; *a* COMM Beauftragte(r) *f(m)*; (Handlungs)Bevollmächtigte(r) *f(m)*; *adjt* **État** *m* ~ Mandatarstaat *m*; **2.** *m à Paris* ~ *aux 'Halles* Kommissio'när *m*; Zwischenhändler *m*

mandat-carte [mɑ̃dakaʀt] *m* 〈*pl* mandats-cartes〉 Postanweisung *f*

mandater [mɑ̃date] *v/t* ~ *qn* j-n beauftragen (*pour qc* mit etw, *pour faire qc* etw zu tun); j-m ein Man'dat erteilen (für etw, etw zu tun)

mandat|-lettre [mɑ̃datlɛtʀ(ə)] *m* 〈*pl* mandats-lettres〉 Postanweisung *f* (die in e-m Brief geschickt u bei Vorlage von der Post eingelöst wird); ~**-poste** *m* 〈*pl* mandats-poste〉 Postanweisung *f*

mandchou [mɑ̃dʃu] **I** *adj* man'dschurisch; Mandschu...; **II** *m/pl les* ♀*s* die Mandschu *m/pl*

Mandchourie [mɑ̃tʃuʀi] *la* ~ die Mandschu'rei

mander [mɑ̃de] *litt v/t* zu sich bitten; rufen lassen

mandibule [mɑ̃dibyl] *f* **1.** F *loc jouer des* ~*s* essen; F futtern; **2.** ZO *des insectes* ~*s pl* Freßwerkzeuge *n/pl*; *sc* Man'dibeln *pl*; *des oiseaux* ~ **supérieure**, **inférieure** Ober-, 'Unterschnabel *m*

mandoline [mɑ̃dɔlin] *f* MUS Mando'line *f*

mandragore [mɑ̃dʀagɔʀ] *f* BOT Man'dragora *f*; Al'raunwurzel *f*

mandrin [mɑ̃dʀɛ̃] *m* TECH **1.** (*support*) (Spann)Futter *n*; *d'une perceuse* Bohrfutter *n*; **2.** (*poinçon*) Dorn *m*; 'Durchschlag *m*; 'Durchschläger *m*

manécanterie [manekɑ̃tʀi] *f* MUS *cf* **maîtrise** 6.

manège [manɛʒ] *m* **1.** ÉQUITATION (*salle f de*) ~ Reitbahn *f*, -halle *f*, -schule *f*; Tattersall *m*; **2.** *attraction foraine* Karus'sell *n*; ~ *de chevaux de bois* Pferdekarussell *n*; **faire un tour de** ~ Karussell fahren; **3.** *comportement* Schliche *m/pl*; Tricks *m/pl*

mânes [mɑn] *m/pl* HIST REL Manen *pl*

manette [manɛt] *f* TECH (Schalt-, Bedienungs)Hebel *m*

manganèse [mɑ̃ganɛz] *m* CHIM Man'gan *n*

mangeable [mɑ̃ʒabl(ə)] *adj* eßbar; genießbar; *pas* ~ ungenießbar

mangeaille [mɑ̃ʒaj] *f* F *péj* Fraß *m*; P Fressen *n*

mangeoire [mɑ̃ʒwaʀ] *f pour bestiaux* Futtertrog *m*; Futterkrippe *f*; *pour volaille* Futter-, Freßnapf *m*

manger [mɑ̃ʒe] 〈-geons〉 **I** *v/t* **1.** essen (*a abs*); *animal* fressen; ~ *de tout* alles essen; **tout** ~ alles aufessen; **trop** ~ zuviel essen; sich über'essen; **aller** ~ *au restaurant*, **chez qn** ins Restaurant, zu j-m essen gehen; ~ **comme un oiseau** wie ein Spatz essen; *fig* ~ *qn de baisers, de caresses* j-n mit Küssen, Zärtlichkeiten über'schütten; ~ *qn des yeux* j-n mit den Augen verschlingen; **on en mangerait** das sieht lecker, appetitlich aus; *fig* **il ne te mangera pas** er wird dich schon nicht fressen;

mange-tout – manœuvre

qu'y a-t-il à ~? was gibt es zu essen?; **donner à ~ à qn, à un animal** j-n, ein Tier füttern; j-m zu essen, e-m Tier zu fressen geben; *inviter qn à ~* j-n zum Essen einladen; *rester trois jours sans ~* drei Tage lang nichts essen; *prov il faut ~ pour vivre et non pas vivre pour ~* man lebt nicht, um zu essen, sondern man ißt, um zu leben; **2.** *fig chauffage: électricité etc* verschlingen; F fressen; *sa fortune etc* vertun; vergeuden; 'durchbringen; *~ de l'argent dans une affaire* bei e-m Geschäft Geld einbüßen, verlieren; *son visage est comme mangé par la barbe* sein Gesicht verschwindet fast unter dem Bart; **3.** *adjt: mangé des,* F *aux mites* von Motten zerfressen; *mangé par la rouille* von Rost zerfressen; **II** *v/pr cela se mange avec du beurre* das wird mit Butter gegessen; **III** *m* Essen *n*
mange-tout [mɑ̃ʒtu] *adj et subst m/pl BOT, CUIS* **1.** (*'haricots m/pl*) **~** zarte, fadenlose grüne Bohnen *f/pl;* **2.** (*pois m/pl*) **~** Zuckererbsen *f/pl*
mang|eur [mɑ̃ʒœʀ] *m,* **~euse** *f* Esser (-in) *m(f);* **un gros, petit mangeur** ein starker, mäßiger *ou* schlechter Esser; *mangeur de viande* Fleischesser *m*
mangouste [mɑ̃gust] *f ZO* Man'guste *f*
mangrove [mɑ̃gʀɔv] *f GÉOGR* Man'grove *f*
mangu|e [mɑ̃g] *f BOT* Mango *f;* **~ier** *m BOT* Mangobaum *m*
maniabilité [manjabilite] *f* Handlichkeit *f; d'un appareil* leichte Handhabbarkeit *f; d'un véhicule* große Manö'vrierfähigkeit; Wendigkeit *f*
maniable [manjabl(ə)] *adj* **1.** *outil, format* handlich; *appareil* leicht zu handhaben(d); *véhicule* leicht zu fahren(d); sehr manö'vrierfähig; wendig; **2.** *fig personne* fügsam; leicht zu lenken(d); lenkbar
maniaco-dépressif [manjakodepʀesif] *adj* ⟨-ive⟩ *PSYCH* manisch-depres'siv
maniaque [manjak] **I** *adj* **1.** *PSYCH* manisch; **2.** *fig* eigenbrötlerisch; schrullig, schrullenhaft; **II** *m,f* **1.** *PSYCH* manisch Kranke(r) *f(m);* **2.** *fig* Eigenbrötler(in) *m(f);* Sonderling *m;* komischer Kauz; (*tatillon*) Pe'dant(in) *m(f); être un(e) ~ de l'ordre* ordnungswütig sein
maniaquerie [manjakʀi] *f* Schrulligkeit *f*
manich|éen [manikeɛ̃] **I** *adj* ⟨~ne⟩ **1.** *REL* mani'chäisch; **2.** *fig* rigo'ros; einseitig; **II** *m REL* Mani'chäer *m;* **~isme** *m REL* Manichä'ismus *m*
manie [mani] *f* **1.** *PSYCH* Ma'nie *f; ~ de la persécution* Verfolgungswahn *m;* **2.** *fig* Ma'nie *f;* (*krankhafte*) Angewohnheit (*de qc ou de faire qc* etw zu tun); (*habitude bizarre*) Schrulle *f; chacun a ses petites ~s* jeder hat s-e kleinen Eigenheiten, Eigenarten; F jeder hat s-n Vogel
maniement [manimɑ̃] *m* **1.** *d'un outil etc* Handhabung *f;* 'Umgang *m,* Han'tieren *n* (*de* mit); *d'une machine* Bedienung *f;* Betätigung *f; d'un véhicule* Lenken *n;* Manö'vrieren *n; MIL ~ d'armes* (Gewehr)Griffe *m/pl;* **2.** *fig de fonds, d'une foule etc* 'Umgang *m* (*de* mit)
manier [manje] **I** *v/t* **1.** *outil, arme etc* handhaben; 'umgehen, han'tieren (*qc* mit etw); *épée, pinceau a* führen; *ma-*

chine bedienen; betätigen; *véhicule* lenken; manö'vrieren; *CUIS beurre etc* bearbeiten; 'durchkneten; **2.** *fig fonds, foule, langue etc* 'umgehen (*qn, qc* mit j-m, etw); *ironie* (geschickt) gebrauchen; *il manie de grosses sommes d'argent a* große Geldsummen gehen durch s-e Hand; **II** *v/pr* F *se ~ cf magner*
manière [manjɛʀ] *f* **1.** Art *f;* Weise *f;* Art und Weise *f; BEAUX-ARTS* Ma'nier *f; ~ d'agir* Handlungsweise *f; ~ d'être* Wesen *n;* Wesensart *f; ~ de s'exprimer* Ausdrucksweise *f; ~ de travailler* Arbeitsweise *f; ~ de vivre* Lebensart *f,* -weise *f,* -führung *f; GR adverbe m de ~* Adverb *n* der Art und Weise; ♦ *loc/prép à la ~ de* nach Art (+*gén*); *BEAUX-ARTS* in der Manier (+*gén*); *à la ~ paysanne* nach Art der Bauern; wie die Bauern; *à sa ~* auf s-e Weise; *loc/adv: d'une ~ ou d'une autre* irgendwie; auf die e-e oder andere Weise; so oder so; *d'une certaine ~* in gewisser Weise; *de cette ~* auf diese Art, Weise, Art und Weise; so; *d'une ~ générale* im großen (und) ganzen; aufs Ganze gesehen; *de la même ~* auf dieselbe, auf die gleiche Art, Weise, Art und Weise; ebenso; *de quelle ~?* wie?; auf welche Weise?; *de la ~ suivante* folgendermaßen; auf folgende Weise; *de toute ~* auf jeden Fall; auf alle Fälle; jedenfalls; sowieso; *de toutes les ~s possibles* auf alle mögliche Weise; auf jede mögliche Art; *en aucune ~* keineswegs; in keiner Weise; durchaus nicht; ganz und gar nicht; *loc/conj ~ à* (+*inf*) um zu (+*inf*); *de telle ~ que ...* so *ou* derart ..., daß ...; *de ~* (*à ce*) *que ...* (+*subj*) so daß; damit; ♦ *personne avoir la ~* die richtige Art haben; zu verstehen; *il y a la ~!* das ist keine Art, Manier!; *employer la ~ forte* Gewalt, Zwang anwenden; *refusez, mais mettez-y la ~* aber auf geschickte Weise, Art; **2.** *~s pl* Ma'nieren *f/pl;* 'Umgangsformen *f/pl;* Benehmen *n;* Betragen *n; péj* Al'lüren *f/pl; ~s affectées* affektiertes Benehmen; Ziere'rei *f;* F Getue *n;* Gehabe *n;* F *sans ~* ohne große 'Umstände; in aller Einfachheit; *en voilà des ~s!* was ist das für ein Benehmen!; *für Manieren, Allüren!;* so kannst du mir nicht kommen!; *apprendre les belles ~s* feine, vornehme Manieren lernen; *faire des ~s* sich zieren; F sich haben
maniéré [manjeʀe] *adj* **1.** *comportement, politesse etc* affek'tiert; geziert; gesucht; gekünstelt; F affig; **2.** *style* ma'nie'riert; **~isme** *m* Manie'rismus *m*
manieur [manjœʀ] *m ~ d'argent, de fonds* Fi'nanz-, Geschäftsmann *m*
manif [manif] *f* F *abr* (*manifestation*) F Demo *f* (Demonstration)
manifest|ant [manifɛstɑ̃] *m,* **~ante** *f POL* Demon'strant(in) *m(f)*
manifestation [manifɛstasjɔ̃] *f* **1.** *d'un sentiment* Äußerung *f;* Bezeigung *f;* Bekundung *f;* Manifestati'on *f; ~ de joie* Freudenbezeigung *f; ~ de mécontentement* 'Mißfallensäußerung *f;* **2.** *POL* Demonstrati'on *f;* (Massen)Kundgebung *f; ~ de soutien* Sympa'thiekundgebung *f;* **3.** (*réunion*) Veranstaltung *f;*

~ culturelle kulturelle Veranstaltung; *~ sportive* Sportveranstaltung *f*
manifeste [manifɛst] **I** *adj* offenkundig; offenbar; offensichtlich; **II** *m* Mani'fest *n*
manifester [manifɛste] **I** *v/t* **1.** *opinion, intention, volonté* äußern; kundtun; zum Ausdruck bringen; *surprise, joie, regret, indignation etc* äußern; ausdrücken; Ausdruck geben, verleihen (+*dat*); sympathie bekunden (*à qn* j-m); *joie a* bezeigen; **2.** (*révéler*) erkennen lassen; offen'baren; zeugen von; **II** *v/i* **3.** *POL* demon'strieren; **III** *v/pr se ~* **4.** *crise, maladie, sentiment* sich äußern, sich zeigen, sich manife'stieren, zum Ausdruck kommen, offenbar werden (*par* durch; *in* +*dat*); **5.** *personne* sich melden; von sich hören lassen; **6.** *Dieu* sich offen'baren
manigance [manigɑ̃s] *f* Trick *m;* **~s** *pl a* Schliche *m/pl*
manigancer [manigɑ̃se] *v/t* ⟨-ç-⟩ aushecken; anzetteln; einfädeln
Manille [manij] Ma'nila *n*
manille [manij] *f* **a**) ein Kartenspiel; **b**) Zehnkarte *f* in diesem Spiel
manillon [manijɔ̃] *m* As *n* (*im Kartenspiel „Manille"*)
manioc [manjɔk] *m BOT* Mani'ok *m*
manipula|teur [manipylatœʀ], **~trice 1.** *m,f ~ radiographe* Röntgenassistent(in) *m(f);* **2.** *m TECH* Manipu'lator *m;* **3.** *m TÉLÉCOMM* (Sende)Taste *f;* Taster *m;* Geber *m*
manipulation [manipylasjɔ̃] *f* **1.** (*maniement*) 'Umgang *m,* Han'tieren *n* (*de* mit); Handhabung *f;* Manipulati'on *f* (+*gén*); *d'une manette* Betätigung *f;* **2.** *ÉCOLE* (chemischer *ou* physikalischer) Versuch *f;* **3.** *MÉD ~ vertébrale* chiropraktischer Handgriff zur Einrenkung von Wirbeln; **4.** *péj* Manipulati'on *f;* **~s électorales* Wahlmanipulationen *f/pl*
manipuler [manipyle] *v/t* **1.** *substance chimique, appareil, colis* 'umgehen, han'tieren (*qc* mit etw); manipu'lieren (etw); *appareil a* handhaben; *manette* betätigen; **2.** *péj personne* manipu'lieren; *résultats, données* manipu'lieren; F fri'sieren; hindrehen
manitou [manitu] *m* **1.** *chez les Indiens ♀* Manitu *m;* **2.** F *fig* Boß *m;* Bonze *m; le grand ~* F der Allgewaltige
manivelle [manivɛl] *f* **1.** *TECH* Kurbel *f; de vélo* Tretkurbel *f;* **2.** *CIN premier tour de ~* Beginn *m* der Dreharbeiten
manne [man] *f BIBL, BOT* Manna *n ou f*
mannequin [mankɛ̃] *m* **1.** *profession* Manne'quin *n;* Vorführdame *f;* **2.** (*forme humaine*) Puppe *f; COUT* Schneiderpuppe *f; dans une vitrine* Schaufensterpuppe *f; BEAUX-ARTS* Gliederpuppe *f,* -mann *m; adjt taille ~* Konfekti'onsgröße *f*
manœuvr|abilité [manœvʀabilite] *f* Manö'vrierfähigkeit *f;* Wendigkeit *f;* **~able** *adj* manö'vrierfähig; wendig
manœuvre¹ [manœvʀ(ə)] *f* **1.** *d'un véhicule* Ma'növer *n;* Manö'vrieren *n;* Lenken *n; d'un bateau a* Steuern *n; faire une fausse ~* beim Manö'vrieren, Steuern e-n Fehler machen; *fig* falsch handeln; **2.** *MIL a* (planmäßige) (Gefechts)Bewegung *f;* Ma'növer *n; ~ de repli* Absetzbewegung *f;* **b**) *~s pl* Ma'növer *n;* Truppenübung *f; ~s navales* Flottenmanöver *n; faire des ~s* (ein

manœuvre – maquignonnage

Manöver abhalten; **3.** MAR *~s pl* Tauwerk *n*; *~s **courantes**, **dormantes*** laufendes, stehendes Tauwerk, Gut; **4.** CH DE FER Ran'gieren *n*; ***faire des ~s*** ran'gieren; **5.** *fig et péj* Ma'növer *n*; Trick *m*; *~s pl a* Machenschaften *f/pl*; Schliche *m/pl*; *~s **électorales*** Wahlmanöver *n/pl*; *~s **frauduleuses*** Betrugsmanöver *n/pl*; betrügerische Machenschaften *f/pl*; ***déjouer les ~s de qn*** j-m auf die Schliche kommen; hinter j-s Schliche (*acc*) kommen

manœuvre² [manœvR(ə)] *m* ungelernter Arbeiter; Hilfsarbeiter *m*; Handlanger *m*

manœuvrer [manœvRe] **I** *v/t* **1.** *véhicule* manö'vrieren; ran'gieren; lenken; *bateau a* steuern; *gouvernail* bedienen; betätigen; *volant* drehen; **2.** *fig ~ qn* j-n manipu'lieren, nach s-m Willen lenken, diri'gieren; **II** *v/i* **3.** MIL (Gefechts)Bewegungen ausführen; **4.** MAR manö'vrieren; **5.** *fig* manö'vrieren; vorgehen; zu Werke gehen; ope'rieren

manoir [manwaR] *m* Herren-, Landsitz *m*; Herrenhaus *n*

manomètre [manɔmɛtR(ə)] *m* TECH Mano'meter *n*; Druckmesser *m*

manouche [manuʃ] *m,f* Zi'geuner(in) *m(f)*

manquant [mākā] **I** *adj* fehlend; **II** *m/pl* ***les ~s*** die Fehlenden *pl*

manque [māk] *m* **1.** Mangel *m* (***de*** an +*dat*); Manko *n*; ***~ d'amour*** fehlende Liebe; ***~ d'argent*** Geldmangel *m*; ***~ de compréhension, d'égards, d'imagination*** Verständnis-, Rücksichts-, Phanta'sielosigkeit *f*; ***~ d'intérêt*** Inter'esselosigkeit *f*; Desinteresse *n*; ***~ de maturité*** Mangel an Reife; Unreife *f*; ***~ d'organisation*** mangelnde Organisation; ***~ de sommeil*** Mangel an Schlaf; Schlafdefizit *n*; *loc/prép* ***par ~ de*** aus Mangel an (+*dat*); mangels (+*gén*); ***par ~ de place*** aus, wegen Platzmangel; *cf a* **pot** 2.; **2.** *fig ~s pl d'une personne* Mängel *m/pl*; Unzulänglichkeit (-en) *f(pl)*; ***de connaissances*** Lücken *f/pl*; **3.** COMM ***à gagner*** entgangener Gewinn; Verdienstausfall *m*; **4.** ***d'un drogué (état m de) ~*** Entziehungs-, Entzugserscheinungen *f/pl*; ***être en ~*** unter Entziehungserscheinungen leiden; **5.** *loc/adj* ***F à la ~*** schlecht; F mies

manqué [māke] *adj* occasion, rendez--vous verpaßt; versäumt; *tentative* fehlgeschlagen; miß'lungen (*a photo*); miß'glückt; gescheitert; *photo a* nichts geworden; *vie* verfehlt; F verpfuscht; verpatzt; *d'une fille* F ***c'est un garçon ~*** an ihr ist ein Junge verlorengegangen

manquement [mākmā] *m ~ à* Verstoß *m* gegen; Verletzung *f* (+*gén*)

manquer [māke] **I** *v/t* **1.** *cible* verfehlen (*a effet, marche*); nicht treffen; *ballon a* nicht fangen; F nicht kriegen; *personne* verfehlen; *occasion* verpassen; versäumen; *train, bus* verpassen; versäumen; nicht mehr erreichen, F kriegen, erwischen; *cours, spectacle* versäumen; FOOTBALL *etc ~ **le but** a* vor'beischießen; F ***il a manqué son coup*** sein Vorhaben ist gescheitert; F aus ist schiefgegangen, in die Binsen gegangen; ***~ sa vocation*** s-n Beruf verfehlen (*a plais*); ***vous n'avez rien manqué!*** Sie haben nichts verpaßt, versäumt!; F ***il n'en manque pas une!*** F er muß doch immer ins Fettnäpfchen treten!; F ***la prochaine fois je ne te manquerai pas!*** das nächste Mal entkommst, entgehst du mir nicht!; **2.** *photo, sa vie etc* verderben; F verpfuschen; verpatzen; **II** *v/t/indir* **3.** ***~ à qn*** es j-m gegenüber am schuldigen Respekt fehlen lassen; **4.** ***~ à qc*** etw verletzen; gegen etw verstoßen; ***~ à ses devoirs*** s-e Pflichten verletzen, vernachlässigen, versäumen, nicht erfüllen; pflichtvergessen sein; ***~ à sa parole*** sein Wort nicht halten; sein Wort brechen; wortbrüchig werden; **5.** ***~ de*** Mangel an etw (*dat*) haben; *p/fort* etw nicht haben, nicht besitzen; *st/s* e-r Sache (*gén*) ermangeln; F ***il ne manque pas d'air, de culot*** F er ist ganz schön frech, unverschämt; ***il manque d'argent*** er hat nicht genug Geld; es fehlt, mangelt ihm an Geld; ***~ d'expérience, d'imagination*** keine Erfahrung, Phantasie haben, besitzen; unerfahren, phanta'sielos sein; **6.** ***ne pas ~ de faire qc*** nicht vergessen, nicht unter'lassen, nicht versäumen, etw zu tun; etw (ganz) bestimmt tun; ***ne manquez pas de venir me voir!*** besuchen Sie mich unbedingt!; ***je n'y manquerai pas*** ich werde es bestimmt tun; ***je lui donner le bonjour*** ich werde es ausrichten, bestellen; ***ça n'a pas manqué!*** das mußte ja so kommen!; das konnte nicht ausbleiben!; **7.** (*faillir*) ***elle a manqué (de) se faire écraser*** sie wäre beinahe, fast über'fahren worden; **III** *v/i et v/imp* **8.** *objet, élève, occasion, temps etc* fehlen (*à qn* j-m); ***~ à l'appel*** beim namentlichen Aufruf, MIL beim Appell fehlen; ***~ à l'école*** in der Schule fehlen; ***les enfants lui manquent*** die Kinder fehlen ihr; sie vermißt, entbehrt die Kinder; ***ce n'est pas l'envie qui lui manque*** Lust hätte er schon; ***les mots me manquent*** mir fehlen die Worte; ***les occasions ne manquent pas*** an Gelegenheiten fehlt, mangelt es nicht; ***ça ne manque pas!*** daran fehlt es nicht!; daran ist kein Mangel!; F ***il manque deux pages*** es fehlen zwei Seiten; ***il ne manquait plus que cela!*** das fehlte g(e)rade noch!; auch das noch!; ***il ne manquait plus que toi!*** der hat uns g(e)rade noch gefehlt!; ***il ne manquerait plus que ... (+subj)*** es fehlte nur noch, daß ...; **9.** *tentative* fehlschlagen; miß'lingen; miß'glücken; scheitern; *voix, forces* versagen; **IV** *v/pr* **10.** *réciproque* ***se ~*** sich verfehlen; **11.** *réfléchi* ***il s'est manqué*** sein Selbstmordversuch ist miß'glückt, fehlgeschlagen

mansarde [māsaRd] *f* CONSTR **1.** Man'sarde *f*; Man'sardenzimmer *n*; Dachkammer *f*; **2.** (***comble m en***) ***~*** Man'sard(en)dach *n*

mansardé [māsaRde] *adj chambre, étage* mit schrägen Wänden

mansuétude [māsyetyd] *st/s f* Milde *f*; Nachsicht *f*

mante [māt] *f* ZO (***~ religieuse***) Gottesanbeterin *f*; **2.** *autrefois* weiter 'Umhang (*für Frauen*)

manteau [māto] *m* ⟨*pl ~x*⟩ **1.** Mantel *m*; ***~ de fourrure*** Pelzmantel *m*; *fig* ***sous le ~*** heimlich; unterder'hand; **2.** ***~ de cheminée*** Mantel *m* und Kon'solen *f/pl*; **3.** ***pour un chien*** Hundedecke *f*, -kleid *n*

mantille [mātij] *f* Mantilla [-'tilja] *f*; Schleier-, Spitzentuch *n*

Mantoue [mātu] Mantua *n*

manucur|e [manykyR] *f* Mani'küre *f*; Handpflegerin *f*; ***~er*** *v/t* mani'küren

manuel¹ [manɥɛl] **I** *adj* ⟨*~le*⟩ Hand...; manu'ell; ***métier ~*** handwerklicher Beruf; ***travail ~*** Handarbeit *f*; manuelle Arbeit; ***matière travaux ~s*** Werkunterricht *m*; **II** *subst* ***~(le)*** *m(f)* Per'son, die manu'ell veranlagt ist

manuel² [manɥɛl] *m* Handbuch *n*, Leitfaden *m*, *scolaire* Lehrbuch *n* (***de physique*** der Physik)

manuellement [manɥɛlmā] *adv* mit der Hand; manu'ell

manufacture [manyfaktyR] *f* Manufak'tur *f*; Fa'brik *f*; ***~ de porcelaine*** Porzel'lanmanufaktur *f*

manufacturé [manyfaktyRe] *adj* ***produits ~s*** gewerbliche und industri'elle Erzeugnisse *n/pl*

manu militari [manymilitaRi] *loc/adv* mit Waffengewalt; (*par la force*) mit Gewalt; gewaltsam

manuscrit [manyskRi] **I** *adj* handgeschrieben; handschriftlich; **II** *m* **1.** *ancien* Handschrift *f*; **2.** TYPO Manu'skript *n*

manutention [manytāsjō] *f* **1.** *action* (Be)Förderung *f*; Trans'port *m*; ***appareils m/pl de ~*** Flurfördermittel *n/pl*; Förder-, Trans'portanlagen *f/pl*; **2.** *local* Lager *n*

manutentionn|aire [manytāsjɔnɛR] *m* Lage'rist *m*; Lagerarbeiter *m*; ***~er*** *v/t marchandises* befördern; transpor'tieren

maoïsme [maɔism(ə)] *m* POL Mao'ismus *m*

maoïste [maɔist] **I** *adj* mao'istisch; **II** *m,f* Mao'ist(in) *m(f)*

maori [maɔRi] **I** *adj* der Ma'ori; ma'orisch; **II** *subst* ***les ~s*** *m/pl* die Ma'ori(s) *m/pl*

maous [maus] F *adj* ⟨*~se*⟩ riesig; mächtig

mappemonde [mapmōd] *f* **a)** *globe* Globus *m*; **b)** Welt-, Erdkarte *f*; Plani'glob *n*; ***~ céleste*** Himmelskarte *f*

maquer [make] P *v/pr* ***se ~*** zu'sammenziehen (***avec qn*** mit j-m); *gaiement* ***être maqué*** zu'sammenleben (***avec*** mit)

maquereau [makRo] *m* ⟨*pl ~x*⟩ **1.** ZO Ma'krele *f*; **2.** P (*souteneur*) Zuhälter *m*; F Lude *m*; öster Strizzi *m*

maquerelle [makRɛl] *f* P Puffmutter *f*

maquette [makɛt] *f* **1.** (*modèle réduit*) (verkleinertes) Mo'dell; ***~ d'avion*** Flugzeugmodell *n*; Modellflugzeug *n*; **2.** SCULP Mo'dell *n*; **3.** *d'affiche etc* Entwurf *m*; TYPO Layout [le:'aut] *n*

maquettiste [makɛtist] *m* **1.** Mo'dellbauer *m*, -tischler *m*; **2.** TYPO Layouter [le:'autəR] *m*

maquignon [makiɲō] *m* **1.** Pferdehändler *m*; *péj* Roßtäuscher *m*; **2.** *fig et péj* Schacherer *m*; gerissener, betrügerischer Geschäftsmann, Vermittler

maquignonnage [makiɲɔnaʒ] *m* **1.** Pferdehandel *m*; **2.** *péj* (***manœuvres frauduleuses***) Roßtäuschertricks *m/pl*; Schwindel *m*; **b)** (*marchandage honteux*) Schacher *m*; F Kuhhandel *m* (*a POL*)

maquillage [makijaʒ] *m* **1.** *action* Schminken *n*; **2.** *résultat* Make-up [meːkˈap] *n*; **3.** *d'une voiture volée etc* F Fri'sieren *n*; F 'Umfrisieren *n*
maquiller [makije] **I** *v/t* **1.** *acteur etc* schminken; **2.** *bilan, voiture volée, vérité* F fri'sieren; *bilan a* verschleiern; *voiture a* F 'umfrisieren; **II** *v/pr se ~* sich schminken
maquill|eur [makijœʀ] *m*, **~euse** *f* THÉ, CIN, TV Maskenbildner(in) *m(f)*
maquis [maki] *m* **1.** GÉOGR Macchia [ˈmakja] *f*; Buschwald *m*; **2.** *sous l'occupation allemande* Maˈquis *m*; franˈzösische 'Widerstandsgruppe; *prendre le ~* sich e-r Widerstandsgruppe anschließen; **3.** *fig (fouillis)* Dickicht *n*; Gestrüpp *n*
maquisard [makizaʀ] *m* Maquiˈsard *m*; franˈzösischer 'Widerstandskämpfer
marabout [maʀabu] *m* **1.** ZO Marabu *m*; **2.** ISLAM Maraˈbut *m*
maraîch|er [maʀeʃe], **~ère I** *m,f* Gemüsegärtner(in) *m(f)*; **II** *adj* Gemüse...; *culture maraîchère* Gemüse(an)bau *m*
marais [maʀɛ] *m* **1.** Sumpf *m*; Moor *n*; *par ext* Sumpfgebiet *n*; Moorland *n*; **2.** *~ salant* Salzgarten *m*
marasme [maʀasm(ə)] *m* ÉCON Flaute *f*; Stocken *n*; Stillstand *m*
marasquin [maʀaskɛ̃] *m liqueur* Maraschino [-sˈkiː-] *m*
marathon [maʀatõ] *m* **1.** SPORTS Marathon(lauf) *m*; *coureur m de ~* Marathonläufer *m*; **2.** *fig* Marathonveranstaltung *f*; F Marathon *n*; *~ de danse* Tanzmarathon *m*; *adjt séance f ~* Marathonsitzung *f*
marâtre [maʀatʀ(ə)] *f péj* Rabenmutter *f*
maraudage [maʀodaʒ] *m cf maraude 2.*
maraude [maʀod] *f* **1.** *taxi être en ~, faire la ~* langsam durch die Straßen fahren und Kunden suchen; **2.** JUR Felddiebstahl *m*
maraud|er [maʀode] *v/i* **1.** *taxi cf maraude 1.*; **2.** (Feld-, Gartenfrüchte, Geflügel *etc*) stehlen; **~eur** *m*, **~euse** *f* (Feld-, Garten)Dieb(in) *m(f)*
marbre [maʀbʀ(ə)] *m* **1.** Marmor *m*; *~ de Carrare* Carˈrara-Marmor *m*; *loc/adj de ou en ~* Marmor...; *marmorn*; *bloc m, escalier m de ~* Marmorblock *m*, -treppe *f*; *fig visage m de ~* versteinertes, unbewegliches Gesicht; *fig être, rester de ~* nicht zu erschüttern sein; ungerührt sein, bleiben; **2.** *statue* Marmorstatue *f*; *plaque* Marmorplatte *f*; **3.** TECH Arbeitsplatte *f (aus Gußeisen)*; TYPO *être sur le ~* zum Druck bereit sein; fertig gesetzt sein
marbré [maʀbʀe] *adj* **1.** *papier, reliure* marmoˈriert; **2.** CUIS *gâteau ~* Marmorkuchen *m*; **3.** *peau ~ par le froid* blau (gefleckt) vor Kälte
marbrerie [maʀbʀəʀi] *f* **1.** *atelier* Marmorwerk *n*, -schleiferei *f*; **2.** *~ funéraire* Steinmetzgeschäft *f* für Grabsteine
marbrier [maʀbʀije] *m* **1.** *ouvrier* Marmorschleifer *m*; **2.** *~ (funéraire)* Steinmetz *m* (für Grabsteine)
marbrière [maʀbʀijɛʀ] *f* Marmorbruch *m*
marbrure [maʀbʀyʀ] *f* **1.** *sur papier* Marmoˈrierung *f*; **2.** *sur la peau* leichte Flecke(n) *m/pl*

marc [maʀ] *m* **1.** *résidu* Trester *m/pl*; *~ de pommes, de raisin* Apfel-, Traubentrester *m/pl*; **2.** *eau-de-vie* Tresterbranntwein *m*, -schnaps *m*; Grappa *f*; **3.** *~ de café* Kaffeesatz *m*
Marc [maʀk] *m* Markus *m*; *à Venise place f Saint-~* [sɛ̃maʀ] Markusplatz *m*
marcassin [maʀkasɛ̃] *m* ZO, CH Frischling *m*
marcassite [maʀkasit] *f* MINÉR Markaˈsit *m*
Marcel [maʀsɛl] *m* Vorname
Marcelle [maʀsɛl] *f* Vorname
marchand [maʀʃɑ̃] **I** *subst* **1.** *~(e) m(f)* Händler(in) *m(f)*; *~ de bestiaux* Viehhändler *m*; *péj ~ de canons* Waffenhändler *m*; *~ de couleurs* Droˈgist *m*; *~ de journaux, de meubles* Zeitungs-, Möbelhändler *m*; *~ des quatre-saisons* Obst- und Gemüsehändler *m (auf der Straße)*; *péj ~ de sommeil* Vermieter, der Gastarbeiter ausbeutet; Miethai *m*; *péj ~ de soupe* schlechter (Gast)Wirt; *~ de tapis* Teppichhändler *m*; *~ de, en gros* Großhändler *m*; Grosˈsist *m*; *jouer à la ~e* mit dem Kaufmannsladen spielen; **2.** *enf ~ de sable* Sandmännchen *n*; *le ~ de sable est passé* das Sandmännchen kommt, war da; **II** *adj* Handels...; *marine ~e* Handelsmarine *f*; *navire ~* Handelsschiff *m*; *prix ~* Einkaufs-, Großhandelspreis *m*; *valeur ~e* Handels-, Verkaufs-, Markt-, Verkehrswert *m*
marchandage [maʀʃɑ̃daʒ] *m* **1.** Handeln *n*, *péj* Feilschen *n*, Schachern *n* (*de qc* um etw); **2.** *fig et péj* Feilschen *n*; Schachern *n*; F Kuhhandel *m*
marchander [maʀʃɑ̃de] *v/t* **1.** handeln, *péj* feilschen, schachern (*qc* um etw); **2.** *fig ne pas ~ ses éloges à qn* j-m gegenüber mit Lob nicht sparen, geizen, kargen
marchandise [maʀʃɑ̃diz] *f* Ware *f*; *~s pl* Ware(n) *f(pl)*; Güter *n/pl*; *faire valoir sa ~* s-e Ware anpreisen, loben (*a fig*); *tromper qn sur la ~* F j-m schlechte Ware andrehen
marche¹ [maʀʃ] *f* CONSTR (Treppen-) Stufe *f*; *attention à la ~!* Vorsicht, Stufe!
marche² [maʀʃ] *f* **1.** *mode de locomotion* Gehen *n*; Laufen *n*; *dans la nature* Wandern *n*; SPORTS Gehen *n*; *chaussures f/pl de ~* Laufschuhe *m/pl*; *aimer la ~ (à pied)* gern(e) laufen; **2.** *(chemin parcouru [en groupe])* Marsch *m (a* MIL*)*; *(randonnée)* Wanderung *f*; *~ à pied* Fußmarsch *m*; MIL *~ de nuit* Nachtmarsch *m*; POL: *~ de la paix* Friedensmarsch *m*; *~ de protestation* Proˈtestmarsch *m*; *heure f de ~* Wegstunde *f*; *être situé à une heure de ~* e-e Wegstunde entfernt sein, liegen; *loc/adv en ~* auf dem (Vor)Marsch (*vers* nach); *cf a 4.*; *se mettre en ~* aufbrechen; sich in Marsch setzen; MIL *a* ab-, ausrücken; *cf a 4.*; *conduire, ouvrir la ~* an der Spitze marschieren; *faire une ~ de dix kilomètres* e-n Marsch von zehn Kilometern machen, zehn Kilometer marschieren; *fermer la ~* am Schluß marschieren; **3.** MUS Marsch *m*; *~ funèbre, militaire, nuptiale* Trauer-, Miliˈtär-,

Hochzeitsmarsch *m*; **4.** *d'un véhicule* Fahrt *f*; *d'une machine* Gang *m*; AUTO *~ arrière* Rückwärtsgang *m*; *faire ~ arrière* a) rückwärts fahren; im Rückwärtsgang sein; zu'rücksetzen, -stoßen; b) *fig* e-n Rückzieher machen; TECH *~ à vide* Leerlauf *m*; *sens m de la ~* Fahrtrichtung *f*; *loc/adj en état de ~ machine* betriebsbereit, -fähig; *véhicule a* fahrbereit; *loc/adv en ~ véhicule*, navire in Fahrt; fahrend; *machine, moteur* in Gang; in Betrieb; laufend; *mise f en ~ d'une machine* Anstellen *n*; Anˈlassen *n*; Inˈgangbringen *n*; Inbeˈtriebsetzung *f*; *d'un moteur* Anlassen *n*; Anwerfen *n*; *machine, moteur être en ~* in Betrieb, in Gang sein; laufen; arbeiten; *mettre en ~ machine* in Gang bringen, setzen; in Betrieb setzen; anstellen (*a radio, télé*); anlaufen lassen; *moteur* anlassen; anwerfen; *se mettre en ~ machine* anlaufen; zu laufen, zu arbeiten beginnen; sich in Gang setzen; *moteur* anspringen; anlaufen; *monter en ~* im Fahren aufspringen; *prendre le train en ~* auf den fahrenden Zug aufspringen (*a fig*); **5.** *(cours)* Gang *m*; Lauf *m*; *du temps* ⇒ Ablauf *m*; Fortschreiten *n*; *d'une entreprise* Gang *m*; *d'un service* Betrieb *m*; *à suivre* Vorgehen *n*; einzuschlagender Weg; *l'employé lui indiqua la ~ à suivre* der Angestellte sagte ihm, wie er vorgehen müsse, was er alles zu tun habe; *~ des affaires* Geschäftsgang *m*
marche³ [maʀʃ] *f* HIST Mark *f*; Grenzland *n*
marché [maʀʃe] *m* **1.** *réunion et lieu* (Wochen)Markt *m*; *~ couvert* überˈdachter Markt; Markthalle *f*; *~ aux bestiaux, aux fleurs, aux poissons* Vieh-, Blumen-, Fischmarkt *m*; *~ aux puces* Flohmarkt *m*; *jour m de ~* Markttag *m*; *place f du ~* Marktplatz *m*; *aller au ~* auf den Markt gehen; *faire son ~* auf dem Markt einkaufen, Einkäufe machen; **2.** ÉCON Markt *m*; *par ext d'une grande ville* Handels-, 'Umschlagplatz *m*; *~ agricole* Aˈgrarmarkt *m*; *le ⸰ commun* der Gemeinsame Markt; die EG (*Europäische Gemeinschaft*); *le grand ~ européen ou le ~ unique* der europäische Binnenmarkt; BOURSE *~ libre* freier Markt; *~ noir* schwarzer Markt; Schwarzmarkt *m*; BOURSE *~ officiel* Markt der amtlich notierten Wertpapiere; BOURSE *~ à terme* Terˈminmarkt *m*; *cf a 3.*; *~ des changes, des devises* Deˈvisenmarkt *m*; *~ de l'emploi* Arbeits-, Stellenmarkt *m*; *~ de l'or* Goldmarkt *m*; *~ de valeurs mobilières* Efˈfekten-, Wertpapiermarkt *m*; *produit lancer, mettre sur le ~* auf den Markt werfen, bringen; *ouvrir le ~ à un produit* den Markt für ein Produkt öffnen, freigeben; **3.** *(transaction)* Geschäft *n*; (Geschäfts)Abschluß *m*; Handel *m*; *~ conclu!* abgemacht!; ADM *~s publics* (Vergabe *f*) öffentliche(r) Aufträge *m/pl*; *~ à prime* Prämiengeschäft *n*; *~ à terme* Terˈmingeschäft *n*; *loc/adv par-dessus le ~* a) COMM als Zugabe; b) *fig* obenˈdrein; noch daˈzu; *conclure, passer un ~* ein Geschäft, e-n Handel abschließen; e-n Abschluß tätigen; *faire un ~* ein Geschäft, e-n Handel machen, tätig-

gen; *fig* **mettre le ~ en main à qn** j-n vor die Wahl stellen, entweder anzunehmen oder abzulehnen; j-m die Pistole auf die Brust setzen; **4. a)** *(à)* **bon ~** *loc/adj* ⟨inv⟩ billig; preiswert, -günstig; *loc/adv* billig; *(à)* **meilleur ~** billiger *etc*; **c'est bon ~** das ist billig; *fig* **faire bon ~ de qc** etw geringachten; wenig auf etw *(acc)* geben; wenig Wert auf etw *(acc)* legen; *fig* **s'en tirer à bon ~** glimpflich davonkommen; gut dabei wegkommen; **b)** *subst* **le bon ~** *d'un produit* die Billigkeit, *st/s* Preiswürdigkeit; **elle n'achète que du bon ~** sie kauft nur billige Sachen
marchepied [maʀʃəpje] *m* **1.** *d'un train, d'un bus* Trittbrett *n*; **2.** *(petite échelle)* Tritt-, Stehleiter *f*; Tritt *m*; **3.** *fig* **servir de ~ à qn** j-m als Sprungbrett dienen
marcher [maʀʃe] *v/i* **1.** *personne* gehen; laufen *(a animal, jeune enfant)*; mar-'schieren *(a* MIL*)*; treten *(dans* in *+acc*; *sur* auf *+acc)*; ♦ *avec prép*: **dans une flaque d'eau** in e-e Pfütze treten; **~ derrière, devant qn** hinter, vor j-m (her)gehen, (-)laufen; **~ en tête** vor'angehen; an der Spitze gehen; **~ sur qc** auf etw *(dat)* gehen, laufen; auf etw *(acc)* treten; **~ sur qn** auf j-n losgehen; *acrobate* **~ sur les mains** auf den Händen laufen; *fig* **~ sur les pas, sur les traces de qn** in j-s Fuß(s)tapfen *(acc)* treten; **défense de ~ sur la pelouse!** Betreten des Rasens verboten!; **~ sur les pieds de qn** j-m auf die Füße treten; F *fig* **il n'aime pas qu'on lui marche sur les pieds** er hat es nicht gern, wenn man ihm ins Gehege, in die Quere kommt; F *fig* **se laisser ~ sur les pieds** sich alles gefallen, bieten lassen; **ne pas se laisser ~ sur les pieds** *a* F sich nicht auf der Nase herumtanzen lassen; nicht auf sich herumtrampeln lassen; sich nicht die Butter vom Brot nehmen lassen; MIL **~ sur une ville** auf e-e Stadt vorrücken, vorstoßen; *cf a* **pas¹** *1.*; ♦ **en marchant** im *ou* beim Gehen, Laufen, Marschieren; MIL **en avant, marche!** im Gleichschritt, marsch!; **j'ai besoin de ~ un peu** ich muß mir ein wenig die Füße vertreten; *enfant* **commencer à ~** anfangen zu laufen; **2.** F *(consentir)* mitmachen; mittun; einverstanden sein; **je ne marche pas!** da mache ich nicht mit!; kommt nicht in Frage!; darauf lasse ich mich nicht ein!; **3.** F *(croire)* **~** *(dans qc)* F (auf etw *acc*) reinfallen; **faire ~ qn** j-n reinlegen, an der Nase herumführen, zum Narren haben, halten; **4.** *(fonctionner) montre* gehen; *radio, chauffage* laufen; gehen; *appareil, machine* in Gang, in Betrieb sein; laufen; funktio'nieren; arbeiten; **faire ~** *radio, télé, fer à repasser* anstellen; *machine a* in Betrieb, in Gang setzen; **5.** *(rouler) auto(mobiliste)* fahren (**à 100 km à l'heure** mit 100 Stundenkilometern); **6.** *(réussir) affaires* gehen; *études, projets* erfolgreich verlaufen; *ruse* wirken; F **comment ça marche?** wie geht das Geschäft?; F **wie klappt's?**; F **ça marche** F es macht sich; es klappt; **rien ne marche** F nichts klappt
marcheur [maʀʃœʀ], **~euse 1.** *m,f* Mar'schierer(in) *m(f)*; **être un bon ~**, *mauvais marcheur* gut, schlecht zu Fuß sein; **2.** *m* SPORTS Geher *m*; **3.** *adjt* ZO **oiseaux marcheurs** Laufvögel *m/pl*
marcottage [maʀkɔtaʒ] *m* JARD, VIT Absenken *n*
marcott|e [maʀkɔt] *f* JARD, VIT Ableger *m*; Absenker *m*; **~er** *v/t* JARD, VIT absenken
mardi [maʀdi] *m* Dienstag *m*; **~ gras** Fastnacht *f*; Karnevals-, Faschingsdienstag *m*; *cf a* **jeudi**
mare [maʀ] *f* **1.** Tümpel *m*; kleiner Teich; Pfuhl *m*; **~ aux canards** Ententeich *m*; **2. ~ de sang** Blutlache *f*
marécag|e [maʀekaʒ] *m* Sumpf *m*; Moor *n*; Sumpfgebiet *n*; Moorland *n*; **~eux** *adj* ⟨-euse⟩ sumpfig; moorig; Sumpf...; Moor...
maréchal [maʀeʃal] *m* ⟨*pl* -aux⟩ MIL **1.** Marschall *m*; **2. ~ des logis** 'Unteroffizier *m*
maréchale [maʀeʃal] *f* Frau *f* e-s Mar'schalls
maréchal-ferrant [maʀeʃalfeʀɑ̃] *m* ⟨*pl* maréchaux-ferrants⟩ Hufschmied *m*
maréchaussée [maʀeʃose] *f* HIST *ou plais* Gendarme'rie *f*
marée [maʀe] *f* **1.** MAR Ebbe *f* und Flut *f*; Tide *f*; **~s** *pl a* Gezeiten *pl*; **~ basse** Niedrigwasser *n*; Ebbe *f* *(abus)*; **~ descendante** Ebbe *f*; **~ faible** *ou* **~ de morte-eau** Nippflut *f*, -tide *f*; **grande ~** *ou* **~ de vive-eau** Springflut *f*, -tide *f*; **~ 'haute** Hochwasser *n*; Flut *f* *(abus)*; **~ montante** Flut *f*; *loc/adv* **à ~ basse, 'haute** bei Ebbe, Flut; **la ~ descend, monte** die Flut fällt, steigt; es ist Ebbe, Flut; **2.** COMM frische Seefische *m/pl*; **3. ~ noire** Ölpest *f*; **4.** *fig* **~ humaine** (wogende) Menschenmenge
marégraphe [maʀegʀaf] *m* (Gezeiten-)Regi'strierpegel *m*
marelle [maʀɛl] *f* *jeu d'enfants* Himmel und Hölle; **jouer à la ~** Himmel und Hölle spielen
marémoteur [maʀemɔtœʀ] *adj* ⟨-trice⟩ Gezeiten...; **usine marémotrice** Gezeiten-, Flutkraftwerk *n*
marengo [maʀɛ̃go] *adj* ⟨inv⟩ CUIS **poulet** *m*, **veau ~** in Weißwein gedünstetes Huhn, Kalbfleisch mit Tomaten und Zwiebeln
marennes [maʀɛn] *f* ZO, CUIS Auster *f* aus Marennes
marey|eur [maʀɛjœʀ] *m*, **~euse** *f* Seefisch(groß)händler(in) *m(f)*
margarine [maʀgaʀin] *f* CUIS Marga'rine *f*
marge [maʀʒ] *f* **1.** *d'un texte* Rand *m*; **à grande ~** mit breitem Rand; **écrire, mettre qc dans la, en ~** etw auf, an den Rand schreiben; **2.** *fig* Spielraum *m*; **~ d'erreur** (zulässige) Fehlermenge; Fehlergrenze *f*; **~ de manœuvre** Handlungsspielraum *m*; TECH **~ de sécurité** Sicherheitsmarge *f*; TECH **~ de tolérance** Tole'ranz *f*; **avoir de la ~** genügend Zeit, Spielraum haben; **3.** COMM Spanne *f*; **~ bénéficiaire** Gewinn-, Verdienstspanne *f*; **~ commerciale** Handelsspanne *f*; Marge *f*; **4.** *fig loc/prép* **en ~ de** am Rand(e) *(+gén)*; **~ de l'actualité** am Rande des Tagesgeschehens; **vivre en ~ (de la société)** am Rande der (menschlichen) Gesellschaft leben
margelle [maʀʒɛl] *f* Brunnenrand *m*
margeur [maʀʒœʀ] *m* **1.** TYPO Anlegeapparat *m*; **2.** *d'une machine à écrire* Randsteller *m*
marginal [maʀʒinal] ⟨*m/pl* -aux⟩ **I** *adj* **1.** Rand...; **note ~e** Randnotiz *f*, -bemerkung *f*; Margi'nalie *f*; **2.** *fig (secondaire)* unwichtig; nebensächlich; margi'nal; **phénomène ~** Randerscheinung *f*; **3.** ÉCON Grenz...; **utilité ~e** Grenznutzen *m*; **4.** SOCIOLOGIE margi'nal; **groupe ~** Randgruppe *f*; **II** *m* (gesellschaftlicher) Außenseiter; Aussteiger *m*; Randpersönlichkeit *f*; Margi'nalexistenz *f*; **marginaux** *pl a* Randgruppen *f/pl*
marginal|iser [maʀʒinalize] *v/t* an den Rand der Gesellschaft, ins sozi'ale Abseits drängen; ausgrenzen; **~isme** *m* ÉCON Grenznutzenschule *f*; Margina'lismus *m*; **~ité** *f* Exi'stenz *f* am Rande der Gesellschaft; Marginali'tät *f*
Margot [maʀgo] *f* Margot *f*
margoulette [maʀgulɛt] *f* P Maul *n*; **se casser la ~** hinfallen
margoulin [maʀgulɛ̃] *m* *péj* skrupelloser Geschäftemacher; Jobber [dʒ-] *m*
margrave [maʀgʀav] *m* HIST Markgraf *m*
marguerite [maʀgəʀit] *f* **1.** BOT Marge'rite *f*; **effeuiller la ~** das Blumenorakel befragen; **2.** *d'une machine à écrire* Typenrad *n*
Marguerite [maʀgəʀit] *f* Marga'rete *f*
marguillier [maʀgije] *litt m* Küster *m*
mari [maʀi] *m* Ehemann *m*; Mann *m*; *st/s* Gatte *m*; **mon ~** mein Mann
mariable [maʀjabl(ə)] *adj* heiratsfähig
mariage [maʀjaʒ] *m* **1.** *institution* Ehe *f*; *(fait de se marier)* Eheschließung *f*; Heirat *f*; Verheiratung *f*; ADM Vereheli-chung *f*; *st/s* Vermählung *f*; **cérémonie** *f* **du ~** Trauung *f*; **~ civil** standesamtliche Trauung; Zi'viltrauung *f*, -ehe *f*; **~ religieux** kirchliche Trauung; **~ d'amour** Liebesheirat *f*; Neigungsehe *f*; **~ de raison** Vernunftheirat *f*, -ehe *f*; **faire un ~ de raison** e-e Vernunftehe eingehen; **enfant né 'hors ~** uneheliches Kind; **demander une jeune fille en ~** um die Hand e-s Mädchens anhalten; **donner sa fille en ~ à qn** j-m s-e Tochter zur Frau geben; **faire un beau ~** e-e gute Par'tie machen; **2. fête** Hochzeit *f*; **cadeau** *m* **de ~** Hochzeitsgeschenk *n*; ÉGL CATH **messe** *f* **de ~** Brautmesse *f*; **3.** *situation de couple* Ehe *f*; Ehestand *m*; **fêter ses dix ans de ~** sein zehnjähriges Ehejubiläum feiern; **4.** *fig de deux couleurs, parfums etc* Zu'sammenstellung *f*; Verbindung *f*; Vereinigung *f*
marial [maʀjal] *adj* ⟨-als *ou* -aux⟩ ÉGL CATH Ma'rien...; Ma'rianisch; **culte ~** Marienverehrung *f*, -kult *m*
Marianne [maʀjan] **1.** *f prénom* Mari'anne *f* *(a symbole de la République Française)*; **2.** *adjt* GÉOGR **les îles ~s** *f/pl* die Mari'anen *pl*
Marie [maʀi] *f* Ma'ria *f* *(a* REL*)*; Ma'rie *f*
marié [maʀje] **I** *adj* verheiratet; **~ avec qn** mit j-m ver'mählt; **II** *subst* **~(e)** *m(f)* Bräutigam *m*, Braut *f*; **les ~s** das Brautpaar; **le jeune ~** der junge Ehemann; **la jeune ~e** die junge (Ehe)Frau; **les jeunes ~s** das junge Paar; die jungen Eheleute *pl*; die Jungverheirateten *pl*; *fig* **se plaindre que la ~e est trop belle** klagen, anstatt sich zu freuen; grundlos klagen

Marie-Chantal [maʀiʃɑ̃tal] *f iron* snobistische höhere Tochter
marie-jeanne [maʀiʒan] *f* F *cf* **marijuana**
marier [maʀje] **I** *v/t* **1.** (*unir*) trauen; **2.** (*donner en mariage*) verheiraten; *st/s* vermählen; *fille f* **à** ~ heiratsfähige Tochter; ~ *sa fille avec ou à qn* s-e Tochter mit j-m verheiraten; *être marié avec qn* mit j-m verheiratet sein; **3.** *fig couleurs, styles etc* verbinden, vereinigen, kombi'nieren (*à* mit); **II** *v/pr* **4.** *se* ~ heiraten; sich verheiraten; *ADM et plais* sich verehelichen; *se* ~ *avec qn* j-n heiraten; sich mit j-m verheiraten; *se* ~ *à l'église* sich kirchlich trauen lassen; **5.** *fig couleurs bien se* ~ gut zu'sammenpassen; mitein'ander harmo'nieren
marihuana [maʀiɥana] *ou* **marijuana** [maʀiʒɥana] *f* Marihu'ana *n*; F Pot *n*
marin [maʀɛ̃] **I** *adj* **1.** Meer(es)...; See...; *sc* ma'rin; *air* ~ Seeluft *f*; *mille* ~ Seemeile *f*; *MYTH monstre* ~ Meerungeheuer *n*; *plante* ~*e* Meerespflanze *f*; *sel* ~ Meersalz *n*; **2.** *MAR bateau* seetüchtig; *personne avoir le pied* ~ seefest sein; **3.** *col, costume* ~ Matrosenkragen *m*, -anzug *m*; **II** *m* (*matelot*) Seemann *m*; Ma'trose *m*; (*navigateur*) Seefahrer *m*; ~*s pl* Seeleute *pl*; *plais* ~ *d'eau douce plais* Süßwassermatrose *m*; *peuple m de* ~*s* seefahrendes Volk; *vie f de* ~ Seemannsleben *n*
marina [maʀina] *f* Ferienwohnanlage *f* mit Bootsanlegeplätzen; Ma'rina *f*
marinade [maʀinad] *f CUIS* Mari'nade *f*; Beize *f*
marine¹ [maʀin] *f* **1.** Ma'rine *f*; *marchande* Handelsmarine *f*; ~ *militaire, de guerre* Kriegsmarine *f*; *la 2 nationale* die französische (Kriegs)Marine; F *les gars m/pl de la* ~ F die blauen Jungs *m/pl*; *ministère m, ministre m de la 2* Marineministerium *n*, -minister *m*; *vocabulaire m de la* ~ Seemannssprache *f*; **2.** *PEINT* Seestück *n*; **3.** *adjt* (*bleu*) ~ ⟨*inv*⟩ ma'rineblau; *subst le* ~ das Ma'rineblau
marine² [maʀin] *m MIL* (amerikanischer) Ma'rineinfanterist
mariner [maʀine] **I** *v/t CUIS* mari'nieren; einlegen; *adjt* **mariné** mari'niert; eingelegt; **II** *v/i* **1.** *CUIS* in Mari'nade liegen; **2.** F *laisser qn* ~ F j-n schmachten lassen
marinier [maʀinje] **I** *adj* ⟨-ière⟩ *MAR MIL officier* ~ 'Unteroffizier *m*; **II** *m* (Binnen-, Fluß)Schiffer *m*
marinière [maʀinjɛʀ] *f* **1.** *vêtement* 'Überziehbluse *f*; Jumper *m*; **2.** *nager* (**à**) *la* ~ auf der Seite schwimmen; **3.** *CUIS moules f/pl* (*à la*) ~ Muscheln *f/pl* im eigenen Saft mit Zwiebeln gekocht
marin-pêcheur [maʀɛ̃pɛʃœʀ] *m* ⟨*pl* marins-pêcheurs⟩ *ADM* (Hochsee-, Küsten)Fischer *m*
mariol(le) [maʀjɔl] F *m* Schlaukopf *m*, F -meier *m*; *faire le* ~ sich wichtig machen; (sich) wichtig tun
marionnette [maʀjɔnɛt] *f* **1.** Puppe *f*; ~ *à fils* Mario'nette *f*; *montreur m de* ~*s* Puppen-, Mario'nettenspieler *m*; **2.** ~*s pl* Puppen-, Mario'nettenspiel *n*; **3.** *fig* Mario'nette *f*; willenloses Werkzeug
marital [maʀital] *adj* ⟨-aux⟩ *JUR autorisation* des Ehemannes

maritalement [maʀitalmɑ̃] *adv vivre* ~ in eheähnlicher Gemeinschaft, in wilder Ehe leben
maritime [maʀitim] *adj* See...; mari'tim; *climat m* ~ Seeklima *n*; *commerce m* ~ Seehandel *m*; *droit m* ~ Seerecht *n*; *gare f* ~ Hafenbahnhof *m*; *navigation f* ~ Seeschiffahrt *f*; *plante f* ~ Strandpflanze *f*; *port m* ~ Seehafen *m*; *puissance f* ~ Seemacht *f*; *signaux m/pl* ~*s* Schiffahrtssignale *n/pl*; *trafic m* ~ See-, Schiffsverkehr *m*
Marius [maʀjys] *m* Mario *m*
marivaud|age [maʀivodaʒ] *m* ga'lantes Geplauder; ~**er** *v/i* ga'lant plaudern
marjo [maʀʒo] *m* F *abr cf* **marginal** II
marjolaine [maʀʒɔlɛn] *f BOT* Majo'ran *m*
mark [maʀk] *m monnaie* Mark *f*
marketing [maʀkətiŋ] *m ÉCON* Marketing *n*
marlou [maʀlu] *m arg* (*souteneur*) F Lude *m*; Louis *m*
marmaille [maʀmaj] F *f* (lärmende) Kinderschar; F Gören *n/pl*; Bälger *n/pl ou m/pl*
marmelade [maʀməlad] *f* **1.** *CUIS* Mus *n*; Kom'pott *n*; ~ *d'oranges* O'rangenkonfitüre *f*; ~ *de pommes, de prunes* Apfel-, Pflaumenmus *n ou* -kompott *n*; **2.** F *fig nez etc en* ~ übel zugerichtet; zu Brei geschlagen
marmite [maʀmit] *f* **1.** *CUIS* (Koch)Topf *m*; *très grande* (Koch)Kessel *m*; *une* ~ *de soupe* ein Topf (voll) Suppe; *fig faire bouillir la* ~ für den (Lebens)Unterhalt sorgen; die Familie ernähren; **2.** *GÉOL* ~ *de géants* Strudeltopf *m*; Kolk *m*
marmiton [maʀmitɔ̃] *m* Küchenjunge *m*
marmonn|ement [maʀmɔnmɑ̃] *m* Murmeln *n*; Brummen *n*; Brummeln *n*; ~**er** *v/t* in s-n Bart, vor sich hin) murmeln, brummen, brummeln
marmoréen [maʀmɔʀeɛ̃] *adj* ⟨~ne⟩ **1.** *GÉOL* marmorartig; **2.** *fig litt* weiß, kalt wie Marmor; *st/s* marmorn
marmot [maʀmo] F *m* **1.** **a)** F Knirps *m*; Kerlchen *m*; **b)** ~*s pl* F Gören *n/pl*; Bälger *n/pl ou m/pl*; Krabben *f/pl*; **2.** *fig croquer le* ~ F sich die Beine in den Bauch stehen
marmotte [maʀmɔt] *f ZO* Murmeltier *n*; *fig dormir comme une* ~ wie ein Murmeltier, wie ein Dachs, wie ein Ratz schlafen
marmotter [maʀmɔte] *v/t cf* **marmonner**
Marne [maʀn] *la* ~ Fluß *u* Departement in Frankreich
marne [maʀn] *f GÉOL* Mergel *m*
marner [maʀne] *v/i* F schuften; sich schinden, abrackern
marneux [maʀnø] *adj* ⟨-euse⟩ *GÉOL* mergelig; Mergel...; *sol* ~ Mergelboden *m*
Maroc [maʀɔk] *le* ~ Ma'rokko *n*
marocain [maʀɔkɛ̃] **I** *adj* marok'kanisch; **II** *subst 2*(*e*) *m*(*f*) Marok'kaner (-in) *m*(*f*)
maroilles [maʀwal] *ou* **marolles** [maʀɔl] *m ein frz* Weichkäse
maronite [maʀɔnit] *REL* **I** *adj* maro'nitisch; **II** *m, f* Maro'nit(in) *m*(*f*)
maronner [maʀɔne] F *v/i* knurren; murren; *faire* ~ *qn* F j-n auf die Palme bringen

maroquin [maʀɔkɛ̃] *m* **1.** Maro'quin *m*; Saffian(leder) *m*(*n*); **2.** F *fig* Mi'nisterposten *m*
maroquinerie [maʀɔkinʀi] *f* **1.** *industrie* Lederwarenindustrie *f*; **2.** *commerce* Lederwarenhandel *m*; **3.** *magasin* Lederwarengeschäft *n*; **4.** *articles* feine Lederwaren *f/pl*
maroquinier [maʀɔkinje] *m* **1.** *fabricant* Lederwarenhersteller *m*; **2.** *commerçant* Lederwarenhändler *m*
marotte [maʀɔt] *f* Ma'rotte *f*; Schrulle *f*
maroufl|e [maʀufl(ə)] *m* Malerleim *m*; ~**er** *v/t toile* aufleimen, aufziehen (*sur* auf *+acc*)
marquage [maʀkaʒ] *m* **1.** *par un signe distinctif* Kennzeichnung *f*; Mar'kierung *f*; Kenntlichmachung *f*; *COMM* ~ *des prix* (*sur les marchandises*) Auszeichnung *f* (der Waren); **2.** *SPORTS de l'adversaire* Deckung *f*
marquant [maʀkɑ̃] *adj événement, fait* bedeutend; her'vorstehend; wichtig; *personnage a* mar'kant; profi'liert
marque [maʀk] *f* **1.** (*signe*) (Erkennungs-, Kenn)Zeichen *n*; Mar'kierung *f*; Merkzeichen *n*; (*cachet*) Stempel *m*; *sur une liste, dans un livre* Merkzeichen *n*; (*cachet*) Stempel *m*; ~ *au fer rouge* Brandzeichen *n*; *SPORTS* **à vos** ~*s – prêts? – partez!* auf die Plätze – fertig – los!; *faire une* ~ ein Zeichen an *ou* auf etw (*acc*) machen; etw mar'kieren; *mettre une* ~ *dans un livre* ein (Lese)Zeichen in ein Buch legen; **2.** *COMM* Marke *f* (*a le produit*); Warenzeichen *n*; ~ *déposée* eingetragenes Warenzeichen; Schutzmarke *f*; *les grandes* ~*s d'automobiles* die großen Auto(mo'bil)marken *f/pl*; ~ *de commerce* Handelsmarke *f*; ~ *de fabrique* Fa'brikmarke *f*; ~ *d'origine, de producteur* Ursprungs-, Herstellerzeichen *n*; ~ *de qualité* Gütezeichen *n*, Quali'tätsmarke *f*; *loc/adj de* ~ Marken...; *fig* hohe(r, -s); *de grande* ~ Spitzen...; Quali'täts...; *fig hôte m*, *personnage m de* ~ hoher Gast, hohe Persönlichkeit; *produit m de* ~ Markenerzeugnis *n*, -artikel *m*; *acheter une* ~ *bon marché* e-e billige Marke, Sorte kaufen; **3.** *d'une fonction, d'une grade* (Ab)Zeichen *n*; *GR s est la* ~ *du pluriel* s ist das Zeichen für die Mehrzahl, das Pluralzeichen; **4.** (*trace de doigts, de pieds, de dents*) Spur *f*; Abdruck *m*; *sur la peau a* Mal *n*; *CH* ~*s pl* Spuren *f/pl*; *fig et litt* ~ *d'infamie* Schandmal *n*, -fleck *m*; **5.** *fig* (*témoignage*) Zeichen *n*; Beweis *m*; ~ *d'amitié, d'amour* Freundschafts-, Liebesbeweis *m*; *donner des* ~*s d'estime à qn* j-m s-e Wertschätzung bekunden, bezeigen, beweisen; **6.** *fig du génie etc* Stempel *m*; Gepräge *n*; **7.** *SPORTS* (*score*) *la* ~ *est de deux à zéro* (*2–0*) das Spiel steht zwei zu null (2:0); *mener à la* ~ (nach Punkten) führen; **8.** *au jeu* (Spiel)Marke *f*
marqué [maʀke] *adj* **1.** *objet* gekennzeichnet; mar'kiert; *linge* gezeichnet; *prix* ~ Auszeichnungspreis *m*; angeschriebener Preis; **2.** *fig*: *personne* gezeichnet (*par la misère* von der Not); *traits* scharf; mar'kant; *visage* zerfurcht, faltig; *homme politique* ~ *à gauche* Politiker, der als Linker abgestempelt ist; *il vieillit, il est* ~ er wird alt, man

sieht es ihm an; **3.** (*accentué*) *taille* betont; *différence* deutlich; unverkennbar; *préférence* ausgeprägt; ausgesprochen; **4.** (*écrit*) *il n'y a rien de ~* es ist nichts angegeben, vermerkt (*sur* auf +*dat*); F es steht nichts da
marquer [maʀke] **I** *v/t* **1.** *par un signe distinctif* kennzeichnen; mar'kieren; bezeichnen; kenntlich machen; *linge* zeichnen; *viande de boucherie, marchandise à la douane* stempeln; *place* belegen (*avec son gant* mit s-m Handschuh); *passage dans un livre* anstreichen (*au crayon* mit [dem] Bleistift); *bétail ~ au fer rouge* mit dem Brandeisen zeichnen; *~ d'une croix* ankreuzen; *~ d'un signe* mit e-m Zeichen versehen; anzeichnen; *~ d'un trait* anstreichen; **2.** (*écrire*) aufschreiben, no'tieren, vermerken (*sur le carnet* im Notizbuch); *~ les points* a) *arbitre* die Punkte zählen, *dispositif* anzeigen; b) *fig* die Plus- und Minuspunkte regi'strieren; *~ les prix sur la marchandise* die Ware auszeichnen; **3.** (*laisser des traces*) Spuren hinter'lassen (*qc* auf etw [*dat*]); *fig époque* prägen; das Gepräge geben, den Stempel aufdrücken (+*dat*); *la maladie l'a marqué* die Krankheit hat ihn gezeichnet, hat ihre Spuren bei ihm hinterlassen, ist nicht spurlos an ihm vorübergegangen; **4.** *fig événement etc ~ qc* ein Zeichen für etw sein; etw bedeuten, darstellen, kennzeichnen; *~ un tournant* e-n Wendepunkt, e-e Wende bedeuten (*dans l'histoire* der Geschichte); **5.** *instrument de mesure ~ qc* etw anzeigen, angeben; *montre ~ cinq heures* auf fünf (Uhr) stehen; **6.** *SPORTS* **a)** abs e-n Treffer erzielen; *FOOTBALL ~ un but* ein Tor schießen, erzielen; *RUGBY ~ un essai* e-n Versuch erzielen; *BASKET ~ un panier* e-n Korb werfen, erzielen; *~ un point* e-n Punkt erzielen; *fig* e-n Erfolg verbuchen, haben; **b)** *~ un joueur* e-n Spieler dekken; **7.** *fig événement, date importante* feierlich begehen; feiern; *l'anniversaire du débarquement a été marqué par un défilé* wurde mit e-r Parade gefeiert; *~ le coup* a) (*souligner un événement positif*) das Ereignis feiern; b) (*réagir à une offense etc*) zeigen, daß man sich getroffen fühlt; Wirkung zeigen; *ne pas ~ le coup* sich nichts anmerken lassen; nicht darauf rea'gieren; keine Wirkung zeigen; **8.** (*souligner*) *MUS ~ la mesure* den Takt schlagen, angeben; *MIL ~ le pas* auf der Stelle treten; *vêtement ~ la taille* die Taille betonen, unter'streichen, zur Geltung bringen; *~ un temps d'arrêt* e-e kurze Pause einlegen; kurz innehalten; **9.** *sentiment, pensée* Ausdruck geben, verleihen (+*dat*); *joie, intérêt* äußern; zum Ausdruck bringen; *intérêt a* bekunden; zeigen; an den Tag legen; **II** *v/i* **10.** *coups etc* Spuren hinter'lassen; *tampon ~ plus ~* nicht mehr (richtig) stempeln; **11.** *fig événement* prägend wirken, bedeutsam ou einschneidend sein (*dans la vie de qn* in j-s Leben [*dat*])
marqueter [maʀkəte] *v/t* <-tt-> *bois* mit In'tarsien verzieren
marqueterie [maʀkɛtʀi] *f* **a)** *ouvrage* Einlegearbeit *f*; In'tarsien *f/pl*; Marke-

te'rie *f*; **b)** *art* In'tarsien-, Einlegekunst *f*
marqueur [maʀkœʀ] *m* **1.** Per'son, die etw kennzeichnet, mar'kiert; **2.** *SPORTS* **a)** (*qui marque un but*) Torschütze *m*; **b)** (*qui compte les points*) Per'son, die die Punkte zählt, no'tiert; *TIR* Anzeiger *m*; *~ automatique* automatischer Treffermelder; **3.** (*crayon-feutre*) (dicker) Filzschreiber; (Text)Marker *m*
marqueuse [maʀkøz] *f* Ma'schine, die das Warenzeichen einprägt
marquis [maʀki] *m* Mar'quis *m*
marquise [maʀkiz] *f* **1.** (*femme d'un marquis*) Mar'quise *f*; **2.** *auvent* gläsernes Schutz-, Vordach; Glasdach *n*; **3.** *bague* Fingerring *m* mit e-m langen, schmalen Stein; **4.** *les îles ~s f/pl* die Marquesasinseln [-'keː-] *f/pl*
marraine [maʀɛn] *f* **1.** *d'un enfant* (Tauf)Patin *f*; Patentante *f*; *appellatif* Tante (+*prénom*)!; **2.** *par ext* **a)** *d'un navire* Frau, die e-n Schiff tauft; Taufpatin *f*; **b)** *~ de guerre* Briefpartnerin *f* (e-s Frontsoldaten)
marrant [maʀɑ̃] *adj* F **a)** (*rigolo*) lustig; spaßig; drollig; zum Piepen; *on est pas ~* das ist gar nicht lustig, zum Lachen; *il est ~ ou subst c'est un ~* F er ist ein ulkiger Typ; *il n'est pas ~* (*ennuyeux*) F er ist e-e trübe Tasse; **b)** (*bizarre*) seltsam, komisch; eigenartig, F ulkig; *iron* heiter; *reproche t'es ~, toi*, je n'ai pas le temps F du bist vielleicht gut!; du machst mir (vielleicht) Spaß!
marre [maʀ] *adv* F *en avoir ~* F es satt haben; die Nase voll haben; es dick(e) haben; *j'en ai ~* a F mir langt's; es steht mir bis hier oben, bis zum Hals; *en avoir ~ de qn, qc* j-n, etw satt haben; von j-m, etw die Nase voll haben; (*il*) *y en a ~!* jetzt langt's, reicht's aber!; P *c'est ~!* a) (*ça suffit*) jetzt reicht's!; b) (*c'est tout*) das ist alles
marrer [maʀe] *v/pr F se ~* F sich e-n Ast lachen; sich schieflachen; *tu me fais ~!* daß ich nicht lache!
marri [maʀi] *litt adj* betrübt; traurig
marron[1] [maʀɔ̃] *m* **1.** eßbare Ka'stanie; Eßkastanie *f*; Ma'rone *f*; *CUIS* **dinde** *f* **aux ~s** mit Kastanien gefüllte Pute; *crème f, purée f de ~s* Kastanienpüree *n*; *marchand m de ~s* Maronenou österr Ma'ronenverkäufer *m*; *chaud les ~s!* heiße Maronen ou österr Ma'roni!; *fig tirer les ~s du feu de qn* die Kastanien aus dem Feuer holen (*pour qn* für j-n); **2.** *~ d'Inde* (Roß)Ka'stanie *f*; **3.** F (*coup de poing*) Faustschlag *m*
marron[2] [maʀɔ̃] *adj* <*inv*> **1.** braun; F *fig être ~* der ou die Dumme sein; F reingefallen, angeschmiert sein; **II** *m* Braun *n*
marron[3] [maʀɔ̃] *adj* <~ne> *avocat ~* Winkeladvokat *m*; *médecin ~* Kurpfuscher *m*
marronnier [maʀɔnje] *m BOT* **1.** *~ (d'Inde)* (Roß)Ka'stanie *f* (*Baum*); **2.** Ma'rone *f* (*Baum*)
mars [maʀs] *m* März *m*; *giboulée f de ~* A'prilschauer *m*
Mars [maʀs] **1.** *ASTR* (der) Mars; **2.** *m MYTH* Mars *m*; *à Paris* **champ** *m* **de ~** Marsfeld *n*
marseillais [maʀsɛjɛ] **I** *adj* Mar'seiller; von, aus Marseille; **II** *subst* **1.** *2(e) m(f)*

Mar'seiller(in) *m(f)*; **2.** *la 2e* die Marseil'laise (*frz Nationalhymne*)
Marseille [maʀsɛj] Stadt im Dep. Bouches-du-Rhône
marsouin [maʀswɛ̃] *m ZO* kleiner Tümmler
marsupial [maʀsypjal] *ZO* **I** *adj* <-aux> Beutel...; *poche ~e* Beutel *m*; **II** *m/pl* **marsupiaux** Beuteltiere *n/pl*
marte [maʀt] *f ZO cf* **martre**
marteau [maʀto] *m* <*pl* ~x> **1.** *outil* Hammer *m* (a *d'un piano*, *SPORTS*, *ANAT*); *d'horloge* Schlaghammer *m*; *de porte* Klopfer *m*; *~ piqueur* Preßlufthammer *m*; *coup m de ~* Hammerschlag *m*; *fig être entre le ~ et l'enclume* zwischen Hammer und Amboß geraten (sein); **2.** *ZO adj* *requin m ~* Hammerhai *m*; **3.** *adj* F *être ~* F bekloppt, behämmert sein; *cf a* **cinglé**
marteau-pilon [maʀtopilɔ̃] *m* <*pl* marteaux-pilons> Fallhammer *m*
martel [maʀtɛl] *loc se mettre ~ en tête* sich Gedanken, Sorgen machen
martelage [maʀtəlaʒ] *m TECH* (Be-)Hämmern *n*
martèlement *ou* **martellement** [maʀtɛlmɑ̃] *m* **1.** Hämmern *n*; Gehämmer *n*; **2.** *fig des pas etc* Dröhnen *n*
marteler [maʀtəle] *v/t* <-è-> **1.** *métaux* (be)hämmern; *aus* gehämmert; *cuivre martelé* gehämmertes Kupfer; **2.** *fig il lui martelait la figure à coups de poing* er hämmerte mit (den) Fäusten auf sein Gesicht ein; **3.** *vacarme etc ~ le crâne de qn* j-m im Kopf dröhnen; **4.** *ses mots* laut und deutlich artiku'lieren
Marthe [maʀt] *f* Martha *f*
martial [maʀsjal] *adj* <-aux> **1.** *allure* kriegerisch; marti'alisch; *discours ~* Brandrede *f*; **2.** *JUR cour ~e* Standgericht *n*; *loi ~e* Standrecht *n*; **3.** *arts martiaux* ja'panische Kampfsportarten *f/pl*
martien [maʀsjɛ̃] **I** *adj* <~ne> *ASTR* Mars...; des Mars; **II** *m 2* Marsbewohner *m*, -mensch *m*
Martin [maʀtɛ̃] *m* **1.** *prénom* Martin *m*; **2.** *plais* (*ours*) Petz *m*; (*âne*) Langohr *n*; *ours ~* Meister *m* Petz; **3.** *MÉTALL acier m ~* Siemens-Martin-Stahl *m*
Martine [maʀtin] *f* Mar'tina *f*
martinet [maʀtinɛ] *m* **1.** *ZO* Segler *m*; *~ noir* Mauersegler *m*; **2.** *fouet* (Klopf-)Peitsche *f*; **3.** *TECH* Ma'schinenhammer *m*
martingale [maʀtɛ̃gal] *f* **1.** *d'un manteau etc* Rückenspange *f*; Halbgürtel *m*; **2.** *JEU* **a)** *à la mise* Verdoppelung *f* des Einsatzes; **b)** *système* Gewinnsystem *n*
martiniquais [maʀtinikɛ] **I** *adj* aus, von Martinique; **II** *subst 2(e) m(f)* Bewohner(in) *m(f)* von Martinique
Martinique [maʀtinik] *la ~* Marti'nique *n*
martin-pêcheur [maʀtɛ̃pɛʃœʀ] *m* <*pl* martins-pêcheurs> *ZO* Eisvogel *m*
martre [maʀtʀ(ə)] *f* **1.** *ZO* Marder *m*; **2.** *fourrure* Marder(pelz) *m*
martyr(e) [maʀtiʀ] *m(f)* **1.** *REL, pour une cause* Märtyrer(in) *m(f)*; *st/s* Blutzeuge, -zeugin *m,f*; *fig se donner*, *prendre des airs de martyr* e-e Leidens-, Duldermiene aufsetzen; *jouer les martyrs* den Märtyrer spielen; **2.** *adj* *enfant ~* grausam behandelt, gequält; miß'handelt

martyre [maʀtiʀ] m **1.** REL, pour une cause Mar'tyrium n; Märtyrertod m, -tum n; **2.** fig (grande souffrance) Mar'tyrium n; Marter f; Qual f; maladie être un ~ pour qn ein Martyrium, e-e Qual für j-n sein; souffrir le ~ ein Martyrium, Qualen erdulden, ausstehen

martyriser [maʀtiʀize] v/t personne, animal quälen; grausam behandeln; douleurs ~ qn j-n quälen, peinigen, martern

marxisme [maʀksism(ə)] m POL Mar'xismus m; ~-léninisme m POL Mar'xismus-Leni'nismus m

marxiste [maʀksist] I adj mar'xistisch; II m,f Mar'xist(in) m(f)

Maryse [maʀiz] f Vorname

mas [mɑ(s)] m en Provence Land- ou Bauernhaus n

mascara [maskaʀa] m (nom déposé) Wimperntusche f

mascarade [maskaʀad] f **1. a)** (déguisement) Vermummung f; Maske'rade f; Aufzug m; **b)** divertissement Maskenfest n; litt Mummenschanz m; **2.** fig Vortäuschung f; Maske'rade f; Farce f

mascaret [maskaʀɛ] m Sprungwelle f

mascotte [maskɔt] f Mas'kottchen n

masculin [maskylɛ̃] I adj **1.** männlich; Männer...; péj d'une femme masku'lin; métier ~ Männerberuf m; mode ~e Herrenmode f; sexe ~ männliches Geschlecht; **2.** GR männlich; masku'lin; genre, nom ~ männliches Geschlecht, Substantiv; rime ~e männlicher, stumpfer Reim; II m GR Maskulinum n; männliches Geschlecht ou Substantiv; au ~ in der männlichen Form

masculiniser [maskylinize] v/t vermännlichen

maso [mazo] F abr cf **masochiste**

masoch|isme [mazɔʃism(ə)] m Maso'chismus m; ~iste I adj maso'chistisch; II m,f Maso'chist(in) m(f)

masque [mask] m **1.** (Gesichts)Maske f; de fête costumée a Larve f; de chirurgien Mundschutz m; d'apiculteur Bienenhaube f; d'escrime Fechtmaske f, -korb m; de plongée Tauchermaske f; ~ mortuaire Totenmaske f; ~ respiratoire Atemmaske f; ~ à gaz Gasmaske f; ~ de protection Schutzmaske f; **2.** fig Maske f; jeter, lever, ôter le ~ die Maske fallen lassen, von sich werfen; **3.** (physionomie) Gesichtsausdruck m; Miene f; Gesicht n; **4.** préparation (Gesichts)Maske f; ~ de beauté Schönheitsmaske f

masqué [maske] adj personne mas'kiert; bal ~ Maskenball m

masquer [maske] v/t **1.** vérité verbergen; verschleiern; mas'kieren; faits a vernebeln; vertuschen; **2.** vue versperren; verdecken; nehmen; goût, odeur über'decken; lumière abschirmen; abblenden

massacrant [masakʀɑ̃] adj être d'une humeur ~e unaus'stehlicher, ab'scheulicher Laune sein; F e-e Stinklaune haben

massacre [masakʀ(ə)] m **1.** Mas'saker n; Blutbad n; Gemetzel n; Metze'lei f; HIST le ~ de la Saint-Barthélemy die Pariser Bluthochzeit; die Bartholo'mäusnacht; soldats envoyer au ~ in den sicheren Tod schicken; fig match de boxe tourner au ~ in e-e brutale Schlägerei ausarten; travail mal exécuté c'est un vrai ~! das sieht aus wie ein Schlachtfeld!; **2.** (défiguration d'une œuvre) Verschandelung f; F Verhunzung f; **3.** jeu m de ~ **a)** jeu forain Wurfspiel n (bei dem mit Bällen nach Figuren geworfen wird); **b)** fig critique Rund'umschlag m

massacrer [masakʀe] v/t **1.** personnes niedermetzeln; niedermachen; hinmorden; hinschlachten; massa'krieren; ~ des prisonniers a ein Blutbad unter den Gefangenen anrichten; **2.** F fig adversaire übel zurichten; bru'tal zu'sammenschlagen; œuvre, texte, paysage verschandeln; verpfuschen; F verhunzen

massage [masaʒ] m Mas'sage f; Mas'sieren n; ~ cardiaque, du visage Herz-, Gesichtsmassage f

masse¹ [mas] f **1.** d'une matière (formlose) Masse f; MÉTÉO ~s d'air Luftmassen f/pl; ~ d'eau Wassermassen f/pl; tomber comme une ~ schwer zu Boden fallen; zu'sammensacken; **2.** SCULP Block m; tailler dans la ~ aus e-m Block (heraus)hauen; **3.** (grande quantité) Masse f; Menge f; Haufen m; une ~ de pierres e-e Masse, e-e Menge, ein Haufen Steine; une ~ énorme de ... e-e Unmasse, Unmenge (von) ...; F des ~s de ... Massen von ...; e-e Masse, e-e Menge, F ein Haufen ...; F il n'y en a plus des ~s es ist nicht mehr viel davon da; la grande ~ des ... die große Masse, die Mehrzahl, das Gros (+gén); **4.** de personnes (Menschen-, Volks-)Masse f; abs la ~ die große, breite Masse; les ~s de Massen; civilisation f de ~ Massengesellschaft f; psychologie f des ~s Massenpsychologie f; en ~ **a)** loc/adj Massen...; **b)** loc/adv massen-, scharen-, haufenweise; in Massen, Scharen; in großen Haufen; **5.** PHYS Masse f; ~ atomique A'tomgewicht n; ~ spécifique (Massen)Dichte f; **6.** ÉLECT Erde f; Masse f; mettre à la ~ erden; mit der Masse verbinden; **7.** JUR, FIN Masse f; ~ active, passive Aktiv-, Passivmasse f; Ak'tiva pl, Pas'siva pl; ~ monétaire Geldvolumen n, -menge f; ~ salariale (gesamtes) Lohn- und Gehaltsaufkommen f; **8.** ARCH plan m de ~ Übersichts-, Lageplan m

masse² [mas] f **1.** (gros maillet) Schlegel m; Fäustel m; F fig c'est le coup de ~ F hier wird man ganz schön ausgenommen, gerupft; **2.** HIST ~ (d'armes) Streitkolben m; Morgenstern m

massepain [maspɛ̃] m en Belgique Marzipan n

masser [mase] I v/t **1.** troupes zu'sammenziehen; mas'sieren; p/p: les gens massés devant la porte vor der Tür dicht zu'sammengedrängt; **2.** MÉD mas'sieren; se faire ~ sich massieren lassen; II v/pr foule se ~ sich (in Massen) versammeln; sich drängen

mass|eur [masœʀ], ~euse **1.** m,f personne Mas'seur m, Mas'seurin f; **2.** m appareil Mas'sagegerät n

massicot [masiko] m TYPO Pa'pierschneidemaschine f

massif [masif] I adj ⟨-ive⟩ **1.** silhouette massig, klobig; colonne, meuble etc a wuchtig; **2.** bois, or, argent mas'siv; chêne ~ massive Eiche; **3.** fig Massen...; attaque mas'siv; dose stark; départs ~s Massenaufbruch m; II m **1.** GÉOGR (Gebirgs)Mas'siv n; Gebirgsstock m; le ~ central das Zen'tralmassiv; **2.** ~ de fleurs (kunstvoll angelegtes) Blumenbeet; ~ de rhododendrons Gruppe f von Rhododendronsträuchern; **3.** CONSTR mas'siver Sockel

massivement [masivmɑ̃] adv in Massen; massenweise

mass media [masmedja] m/pl Massenmedien n/pl

massue [masy] f **1.** Keule f; coup m de ~ **a)** Keulenschlag m; **b)** fig schwerer, harter Schlag; **2.** adjt argument m ~ schlagendes Argument

mastic [mastik] I m **1.** de vitrier (Fenster)Kitt m; **2.** TYPO Druckfehler m (bei dem Zeilen vertauscht sind); II adj ⟨inv⟩ beigefarben (wie Kitt)

masticage [mastikaʒ] m TECH Kitten n

masticateur [mastikatœʀ] adj ⟨-trice⟩ ANAT Kau...; muscles ~s Kaumuskeln m/pl

mastication [mastikasjɔ̃] f PHYSIOL Kauen n

mastiquer [mastike] v/t **1.** (mâcher) kauen; **2.** vitres kitten; joints verkitten; zukitten

mastite [mastit] f MÉD Brustdrüsenentzündung f

mastoc [mastɔk] F adj ⟨inv⟩ plump; klobig; massig

mastodonte [mastodɔ̃t] m **1.** personne Ko'loß m (a machine); F Fleischberg m; **2.** animal fossile Mastodon n

mastoïde [mastɔid] adj ANAT f Warzenfortsatz m des Schläfenbeins

mastroquet [mastʀɔkɛ] m F Kneipe f

masturbation [mastyʀbasjɔ̃] f (geschlechtliche) Selbstbefriedigung; Masturbati'on f

masturber [mastyʀbe] I v/t mastur'bieren; II v/pr se ~ sich selbst befriedigen; mastur'bieren; ona'nieren

m'as-tu-vu(e) [matyvy] m(f) ⟨pl inv⟩ F Angeber(in) m(f)

masure [mazyʀ] f baufälliges Haus

mat¹ [mat] ÉCHECS I adj ⟨inv⟩ (schach-)matt; faire ~ en trois coups mit drei Zügen matt setzen; II m Matt n

mat² [mat] adj ⟨mate [mat]⟩ **1.** couleur, métal matt (a teint); glanzlos; soie a stumpf; couleur a tief; or ~ Mattgold n; papier ~ Mattpapier m; **2.** bruit, son dumpf; gedämpft

mât [mɑ] m **1.** MAR Mast m; grand ~ Großmast m; ~ de charge Lademast m, -baum m; ~ de pavillon Flaggenstock m; **2.** d'un drapeau Fahnenmast m, -stange f; SPORTS Kletterstange f; ~ de cocagne Klettermast m

matador [matadɔʀ] m Mata'dor m

mataf [mataf] m arg (matelot) F Ma'riner m; Blau-, Teerjacke f

matamore [matamɔʀ] m Prahlhans m; Aufschneider m; F Maulheld m; faire le ~ prahlen; aufschneiden

match [matʃ] m ⟨pl ~s od ~es⟩ SPORTS Spiel n; (Wett)Kampf m; Match [mɛtʃ] n; ~ aller Hinspiel n; ~ retour Rückspiel n; ~ de boxe Boxkampf m; ~ de football Fußballspiel n; ~ de tennis Tenniswettkampf m

maté [mate] m **1.** BOT Matestrauch m; **2.** boisson Mate(tee) m

matelas [matla] m **1.** Ma'tratze f; ~ pneumatique Luftmatratze f; ~ à res-

matelasser – matricule

sorts Federkernmatratze *f*; ~ *de crin, de mousse* Roßhaar-, Schaumgummimatratze *f*; **2.** *CONSTR* ~ *d'air* Luftschicht *f*, -polster *n*; **3.** F *fig un* ~ *de billets de banque* ein dickes Bündel Banknoten
matelasser [matlɑse] *v/t COUT* (wattieren und) steppen; *adjt manteau matelassé* Mantel *m* mit gestepptem Futter
matelassier [matlɑsje] *m* Polsterer *m*
matelot [matlo] *m* Ma'trose *m*
matelote [matlɔt] *f CUIS* Fischragout *n* (*mit Wein u Zwiebeln gewürzt*); *adjt sauce f* ~ Rotweinsoße *f* (*mit Zwiebeln od Pilzen*); *en* ~ in Rotweinsoße
mater [mate] *v/t* **1.** *ÉCHECS* matt setzen; **2.** *fig* révolte niederwerfen, -schlagen; *adversaire* bezwingen; F kleinkriegen; *qn d'indiscipliné* bändigen; F *arg (reluquer)* F schielen nach; *abs* F gucken
mâter [mɑte] *v/t MAR* bemasten
matérialisation [materjalizɑsjɔ̃] *f* **1.** *d'un plan, d'une idée* Verwirklichung *f*; Reali'sierung *f*; *d'un espoir* Erfüllung *f*; **2.** *PHYS, OCCULTISME* Materialisati'on *f*
matérialiser [materjalize] **I** *v/t* **1.** *plan, idée* verwirklichen, in die Tat 'umsetzen; reali'sieren; *promesse* einlösen; **2.** *PHILOS* materiali'sieren; verstofflichen; *BEAUX-ARTS* gegenständlich darstellen; **3.** *adjt route matérialisée* Straße *f* mit Leitlinien; **II** *v/pr se* ~ *rêve, projet* Wirklichkeit werden; sich verwirklichen; *espoir* sich erfüllen
matérialisme [materjalism(ə)] *m PHILOS et par ext* Materia'lismus *m*
matérialiste [materjalist] *PHILOS et par ext* **I** *adj* materia'listisch; **II** *m,f* Materia'list(in) *m(f)*; *être* ~ ein(e) Materialist (-in) sein; materialistisch eingestellt sein
matérialité [materjalite] *f* **1.** *PHILOS* Materiali'tät *f*; Stofflichkeit *f*; Körperlichkeit *f*; **2.** *JUR* ~ *des faits* Tatbestand *m*
matériau [materjo] *m ⟨pl* ~*x⟩* **1.** *TECH* Materi'al *n (a fig)*; *pour construire a* Baustoff *m*; *pour fabriquer qc a* Werkstoff *m*; ~*x de construction* Baumaterial(ien) *n(pl)*, -stoffe *m/pl*; **2.** *pl* ~*x (documents)* Materi'al *n*
matériel [materjɛl] **I** *adj ⟨*~*le⟩* **1.** *PHILOS* materi'ell; körperlich; sinnlich; *cause* ~*le* materi'ale Ursache; **2.** *preuve* handgreiflich; *obstacle* materi'ell; *dégâts* ~*s* Sachschaden *m*; *je suis dans l'impossibilité* ~*le de la joindre* es ist mir praktisch, faktisch, F technisch unmöglich ...; *ne pas avoir le temps* ~ *de faire qc* nicht die notwendige Zeit haben, einfach nicht die Zeit haben ...; **3.** *avantages, aide* materi'ell; *difficultés, problèmes* finanzi'ell; Geld...; **4.** *péj personne* materia'listisch; materi'ell eingestellt; **II** *m* **1.** Materi'al *n*; Gerät *n*; Ausrüstung *f*; ~ *pédagogique* Lehrmittel *n/pl*; ~ *publicitaire* Werbematerial *n*; ~ *de bureau* Bü'romaterial *n*, -bedarf *m*; ~ *de camping* Campingausrüstung *f*; ~ *de guerre* Kriegsmaterial *n*; ~ *de pêche* Angelgeräte *n/pl*; **2.** *INFORM* Hardware [-wɛə]-
matériellement [materjɛlmɑ̃] *adv* faktisch; praktisch; F technisch
maternel [matɛrnɛl] *adj ⟨*~*le⟩* **1.** Mutter...; *geste, ton, soins* mütterlich;

amour ~ Mutterliebe *f*; *lait* ~ Muttermilch *f*; *langue* ~*le* Muttersprache *f*; **2.** *parenté du côté* ~ mütterlicherseits; **3.** *école* ~*le ou subst* ~*le f* (staatliche) Vorschule; *correspond à* Kindergarten *m*; Kindertagesstätte *f*
materner [matɛrne] *v/t* bemuttern; um'sorgen
maternité [matɛrnite] *f* **1.** *état* Mutterschaft *f*; **2.** *établissement* Entbindungsheim *n*
math [mat] F **1.** ~*s f/pl* F Mathe *f*; *être fort en* ~*s* F in Mathe gut sein; **2.** ~ *spé* [matspe], ~ *sup* [matsyp] *cf mathématique II 2.*
mathématic|ien [matematisjɛ̃] *m*, ~*ienne f* Mathe'matiker(in) *m(f)*
mathématique [matematik] **I** *adj* mathe'matisch; F *fig c'est* ~*!* das steht fest!; das ist (F bomben)sicher!; **II** *f/pl* ~*s* **1.** Mathema'tik *f*; ~*s pures, appliquées* reine, angewandte Mathematik; **2.** ~*s spéciales, supérieures* mathematische Vorbereitungsklassen für die „grandes écoles"
mathématiquement [matematikmɑ̃] *adv* ~ mathe'matisch; **2.** *par ext* notwendigerweise
math|eux [matø] *m*, ~*euse f* F **1.** Mathema'tikstudent(in) *m(f)*; **2.** F *As n in* Mathema'tik
Mathias [matjas] *m* Mat'thias *m*
Mathilde [matild] *f* Mat'hilde *f*
matière [matjɛr] *f* **1.** *PHILOS, PHYS* Ma'terie *f*; Urstoff *m*; *état m de la* ~ Ag'gre'gatzustand *m*; **2.** *(substance)* Stoff *m*; Materi'al *n*; ~*s grasses* Fett *n*; *ANAT* ~ *grise* graue Sub'stanz; F *fig faire travailler sa* ~ *grise* F s-n Grips anstrengen; ~ *première* Rohstoff *m*, -material *n*; Grund-, Ausgangsstoff *m*; **3.** *(sujet)* Gegenstand *m*; Thema *n*; Stoff *m*; Ma'terie *f*; *table f des* ~*s* Inhaltsverzeichnis *n*; *entrée f en* ~ Einleitung *f*; Einführung *f*; *entrer en* ~ zur Sache kommen; **4.** (~ *d'enseignement)* (Schul-, 'Unterrichts)Fach *n*; **5.** *(domaine)* (Sach)Gebiet *n*; Sache *f*; *en la* ~ *loc/adv* auf diesem Gebiet; in dieser Sache; *loc/adj* einschlägig; *en* ~ *pénale* in Strafsachen; *loc/prép en* ~ *de* in Sachen, in puncto (+*subst*); auf dem Gebiet, hinsichtlich (+*gén*); *en cette, en pareille* ~ in diesen, in solchen Dingen, Sachen; **6.** *(motif) donner, être* ~ *à qc* Anlaß, Veranlassung zu etw geben, sein
MATIF *ou* **M.A.T.I.F.** [matif] *m abr* (*marché à terme international de France*) *BOURSE* Ter'minmarkt *m*
Matignon [matiɲɔ̃] *f (l'hôtel m)* ~ Sitz *des frz Premierministers*
matin [matɛ̃] *m* **1.** Morgen *m*; Vormittag *m*; *d'un journal édition f du* ~ Morgenausgabe *f*; *loc/adv: le* ~ morgens, vormittags; am Morgen, Vormittag; *un beau* ~, *un de ces* ~*s* e-s schönen Morgens; *ce* ~ heute früh; heute morgen; heute vormittag; *chaque* ~, *tous les* ~*s* jeden Morgen; jeden Vormittag; *au* ~ morgens; vormittags; am Morgen, Vormittag; *le 21 mars au* ~ am Morgen, Vormittag des 21. März; *au petit* ~ beim Morgengrauen; in der Morgendämmerung; *de bon, de grand* ~ früh'morgens; in aller (Herrgotts)Frühe; am frühen Morgen; *du* ~ *au soir* von

morgens bis abends; vom Morgen bis zum Abend; von früh bis spät; *à sept heures du* ~ um sieben Uhr morgens, vormittags, früh; *personne être du* ~ ein Frühaufsteher, ein Morgenmensch sein; **2.** *advt:* ~ *et soir* morgens und abends; *demain* ~ morgen früh; morgen vormittag; *hier* ~ gestern früh; gestern morgen; gestern vormittag; *lundi* ~ (am) Montag früh, morgen, vormittag; *le lundi* ~ Montag *ou* montags früh, morgens, vormittags; *tous les lundis* ~(*s*) jeden Montagmorgen; *litt se lever* ~ morgens zeitig aufstehen
mâtin [mɑtɛ̃] *m* großer Wach-, Hofhund
matinal [matinal] *adj* ⟨-aux⟩ **1.** morgendlich; Morgen...; *gelée* ~*e* Nachtfrost *m*; *à une heure* ~*e* zu früher (Morgen)Stunde; **2.** *personne être* ~ früh, zeitig aufstehen; ein Frühaufsteher sein
mâtiné [mɑtine] *adj* **1.** *chien* nicht reinrassig; bastar'diert; *chien* ~ *a* F Prome'nadenmischung *f*; ~ *de ...* gekreuzt mit ...; **2.** *fig un français* ~ *d'espagnol* ein mit Spanisch gemischtes, durch'setztes Französisch
matinée [matine] *f* **1.** Vormittag *m*; Vormittagsstunden *f/pl*; Morgen *m*; *une belle* ~ *d'octobre* ein schöner Ok'tobermorgen; *loc/adv: dans la* ~ im Laufe des Vormittags; in den Vormittagsstunden; *en début de* ~ gleich morgens; am frühen Vormittag; *en fin de* ~ gegen Mittag; am späten Vormittag; *faire la grasse* ~ bis in den Tag hinein, F bis in die Puppen schlafen; **2.** *spectacle* Nachmittagsveranstaltung *f*; *THÉ, CIN* Nachmittagsvorstellung *f*; ~ *enfantine* Kindervorstellung *f* (am Nachmittag); *en* ~ in der Nachmittagsvorstellung
matines [matin] *f/pl ÉGL CATH* Mette *f*
matois [matwa] *litt adj* schlau; pfiffig; gewitzt
mat|on [matɔ̃] *m*, ~*onne f arg* Gefängnisaufseher(in) *m(f)*
matou [matu] *m* Kater *m*
matraquage [matraka3] *m* **1.** Niederknüppeln *n*; **2.** *fig* Berieselung *f*; Einhämmern *n*
matraque [matrak] *f* Knüppel *m*; Knüttel *m*; *en caoutchouc* Gummiknüppel *m*; *coup m de* ~ Schlag *m*, Hieb *m* mit dem (Gummi)Knüppel
matraquer [matrake] *v/t* **1.** *police: manifestants etc* niederknüppeln; **2.** *fig des clients* F ausnehmen; neppen; **3.** *publicité: le public* berieseln; bearbeiten; *radio: une chanson* einhämmern
matriarc|al [matrijarkal] *adj* ⟨-aux⟩ matriar'chalisch; ~*at m* Matriar'chat *n*; Mutterrecht *n*
matrice [matris] *f* **1.** *TECH* Ma'trize *f*; *TYPO a* Mater *f*; *forgeage* Gesenk *n*; *pour médailles* Prägestock *m*, -stempel *m*; **2.** *MATH* Matrix *f*; **3.** *FIN* Ma'trikel *f*; Steuerrolle *f*
matriciel [matrisjɛl] *adj* ⟨-le⟩ *MATH calcul* ~ Matrizenrechnung *f*
matricule [matrikyl] **1.** *f (registre) ADM* Ma'trikel *f*; *MIL* Stammrolle *f*; *adjt livret m* ~ Wehrstammbuch *n*; **2.** *m (a adjt numéro m* ~) Ma'trikel-, Stammrollen-, Perso'nalnummer *f*; *ASSURANCES* Versicherungsnummer *f*; *MIL* Wehrstammnummer *f*

matrimonial [matʀimɔnjal] *adj* ⟨-aux⟩ ehelich; Ehe...; *agence ~e* Eheanbahnungsinstitut *n*; Heiratsvermittlung(sbüro) *f(n)*; *JUR régime ~* Güterstand *m*
matrone [matʀɔn] *f* Ma'trone *f*
Matthieu [matjø] *m* Mat'thäus *m*
maturation [matyʀasjɔ̃] *f BOT, MÉD* Reifen *n*, -ung *f*; Reifwerden *n*; Reifungsprozeß *m*; *fig* Her'anreifen *n*; *du fromage cave f de ~* Keller *m* zum Reifen
mâture [matyʀ] *f MAR* Bemastung *f*
maturité [matyʀite] *f BOT, MÉD, fig* Reife *f*; *BIOL* Geschlechtsreife *f*; *BOT, BIOL ~ précoce, tardive* Früh-, Spätreife *f*; *~ d'esprit* geistige Reife; *être en pleine ~ personne* im besten Alter, in den besten Jahren sein; *talent* voll entfaltet, entwickelt sein; *il manque de ~* es fehlt ihm an Reife; er ist noch unreif; *idée etc venir à ~* (her'an)reifen
maudire [modiʀ] *v/t* ⟨je maudis, il maudit, nous maudissons; je maudissais; je maudis; je maudirai; que je maudisse; maudissant; maudit⟩ verfluchen; verwünschen; *~ qn a st/s* j-m fluchen; *BIBL être maudit par Dieu* von Gott verdammt, verworfen werden
maudit [modi] **I** *adj* verflucht; verwünscht; verdammt; *REL a* fluchbeladen; *poète ~* von der Gesellschaft verstoßener Dichter; *~ soit ...!* verflucht, verwünscht sei ...!; **II** *subst* **1.** *les ~s m/pl* die Verdammten *m/pl*; **2.** *le ♂* der Böse; der Teufel
maugréer [mogʀee] *v/i* murren; (vor sich hin) schimpfen; *~ contre qn* auf j-n schimpfen
Maure [moʀ] **I** *m,f* Maure *m*, Maurin *f*; **II** *♂ adj* maurisch
mauresque [moʀɛsk] *adj ART* maurisch
Maurice [moʀis, mo-] **1.** *m prénom* Moritz *m*; **2.** *l'île f ~* Mau'ritius *m*
mauricien [moʀisjɛ̃] **I** *adj* ⟨~ne⟩ mau'ritisch; **II** *subst ♂*(ne) *m(f)* Mau'ritier(in) *m(f)*
Mauritanie [moʀitani, mo-] *la ~* Maure'tanien *n*
mauritanien [moʀitanjɛ̃] **I** *adj* ⟨~ne⟩ maure'tanisch; **II** *subst ♂*(ne) *m(f)* Maure'tanier(in) *m(f)*
mausolée [mozɔle] *m* Mauso'leum *n*
maussad|e [mosad] *adj* **1.** *personne, mine, humeur* griesgrämig; verdrießlich; verdrossen; mürrisch; übellaunig; **2.** *temps, ciel* unfreundlich; trist; trostlos; *~erie f* Verdrießlichkeit *f*
mauvais [movɛ] **I** *adj* **1.** schlecht; *odeur, situation a* übel; *nouvelle, situation a* schlimm; *~ acteur* schlechter Schauspieler; *~e affaire* schlechtes Geschäft; *~e excuse* faule Ausrede; *~e gestion a* 'Mißwirtschaft *f*; *~e graisse* 'überflüssiges Fett; *~e herbe* Unkraut *n*; *~ jours* schlechte, schlimme Zeiten *f/pl*, Tage *m/pl*; *~e plaisanterie* schlechter, übler Scherz; *~e récolte* schlechte Ernte; 'Mißernte *f*; *~e saison* schlechte, ungünstige Jahreszeit; *~e santé* schlechter Gesundheitszustand; *~ signe* schlechtes Zeichen; *~ temps* schlechtes Wetter; *~e tête* Dickkopf *m*, F -schädel *m*; Querkopf *m*; *faire la ~e tête* eigensinnig, dickköpfig, F querköpfig sein; *~ traitements* Miß'handlung(en) *f(pl)*; *~e vie* liederlicher Lebenswandel; *femme f de ~e vie*

liederliches Frauenzimmer; *en ~e compagnie* in schlechter Gesellschaft; *en ~ état* in schlechtem Zustand; *avoir ~e conscience* ein schlechtes Gewissen haben; *avoir ~e mine* schlecht, krank aussehen; *avoir ~e vue, de ~ yeux* schlechte, schwache Augen haben; *être ~ en français* in Französisch schlecht sein; *c'est ~ pour votre santé* das schadet Ihrer Gesundheit; das ist schlecht, schädlich für Ihre Gesundheit; F *ce n'est pas un ~ bougre, cheval, type* er ist kein schlechter Kerl; F *ce n'est pas ~* das ist nicht schlecht, nicht übel; *il ne serait pas ~ de faire qc ou que ...* (+subj) es wäre ganz gut, ganz angebracht, ganz nützlich, etw zu tun *ou* daß ... *ou* wenn ...; *faire ~ effet* e-n schlechten Eindruck machen; *parler un ~ français* schlechtes Französisch sprechen; *prendre tout du ~ côté* alles von der schlechten Seite nehmen, betrachten; *st/s ne pas trouver ~ que ...* (+subj) nicht schlecht, es ganz gut finden, daß ...; F *je la trouve ~e ou je l'ai ~e* das gefällt, das paßt mir gar nicht; das finde ich gar nicht schön; F ich bin sauer; **2.** (*erroné*) *route, date, moment, méthode, adresse, clé etc* falsch; verkehrt; *prendre la ~e direction* die falsche, verkehrte Richtung einschlagen; **3.** (*méchant*) *personne, instincts, pensées, rêve* böse; *pensées a, blessure* schlimm; *~e étoile* Unstern *m*; *~ garçon* Ga'nove *m*; F schwerer Junge; *~ génie* böser Geist; *joie ~e* Schadenfreude *f*; hämische Freude; *~ œil* böser Blick; *~ présage* böses Omen; *rire ~* böses, hafstes, hämisches Lachen; *~ tour* böser, schlimmer, übler Streich; *être ~ comme une teigne* sehr boshaft, F e-e Giftnudel, ein Giftzwerg sein; *il s'est fait une ~e fracture* er hat sich e-n schlimmen Bruch zugezogen; **4.** *MAR la mer est ~e* die See ist bewegt, unruhig, stürmisch; **II** *adv* schlecht; übel; *il fait ~* es ist schlechtes Wetter; *sentir ~* schlecht, übel riechen; F *fig ça sent ~* F hier wird es mulmig; die Sache sieht mulmig aus; **III** *subst le ♂* das Schlechte
mauve¹ [mov] *f BOT* Malve *f*
mauve² [mov] *adj* malvenfarben; blaßlila; mauve; **II** *m* Mauve *n*
mauviette [movjɛt] *f péj* Schwächling *m*
maux [mo] *m/pl cf mal²*
max [maks] F *abr* (*maximum*) *loc/adv un ~* F to'tal; F *flipper un ~* total 'durchdrehen
maxi [maksi] **I** *adj* ⟨*inv*⟩ **1.** *mode f ~* Maximode *f*; **2.** F *abr* (*maximal*) Höchst...; *prix m ~, vitesse f ~* Höchstpreis *m*, -geschwindigkeit *f*; **II** *m* Maximode *f*
maxi... [maksi] *préfixe* Maxi...; *exemples*: *maxibouteille f* 1,5-Liter-Flasche *f*; *maximanteau m* Maximantel *m*
maxillaire [maksilɛʀ] *f ANAT* Kiefer (-knochen) *m*; *~ inférieur, supérieur* 'Unter-, Oberkiefer *m*
maxima [maksima] *cf maximum*
maximal [maksimal] *adj* ⟨-aux⟩ maxi'mal; Maxi'mal...; höchste(r, -s); Höchst...; *température ~e* Höchsttemperatur *f*
maxime [maksim] *f* Ma'xime *f*; Leitsatz *m*; Lebensregel *f*

Maxime [maksim] *m Vorname*
maximis|ation [maksimizasjɔ̃] *f ÉCON* Maxi'mierung *f*; *~er v/t* maxi'mieren
maximum [maksimɔm] **I** *adj* ⟨*f ~ od* maxima, *pl m u f ~s od* maxima⟩ maxi'mal; höchste(r, -s); größte(r, -s); Maxi'mal...; Höchst...; *'hauteur f ~* größte Höhe; *poids m, rendement m, vitesse f ~* Maximal- *ou* Höchstgewicht *n*, -leistung *f*, -geschwindigkeit *f*; **II** *m* ⟨*pl ~s od* maxima⟩ Maximum *n* (*a MATH*); Höchstmaß *n*; *MÉTÉO* *~ barométrique* barometrisches Maximum; *un ~ d'attention* ein Höchstmaß an Aufmerksamkeit; *le ~ de chances, de risques* die meisten Chancen, Risiken; *JUR ~ de la peine* Höchststrafe *f*; höchstes Strafmaß; *abs il a eu le ~* er hat die Höchststrafe bekommen; *un ~ de sécurité* ein Höchstmaß an Sicherheit; *les ~s ou maxima de température du mois d'août* die Höchstwerte der Temperatur im August; *loc/adv au ~* höchstens; im Höchstfall; maxi'mal; F *au grand ~* allerhöchstens; *température etc atteindre son ~* den höchsten Stand erreichen; *faire le ~* alles tun, was irgend möglich ist
maya [maja] **I** *adj* ⟨*f inv*⟩ Maya...; der Maya(s); **II** *subst les ♂*(s) *m/pl* die Maya(s) *m/pl*
Mayence [majɑ̃s] Mainz *n*
Mayenne [majɛn] *la ~* Fluß *u* Departement in Frankreich
mayonnaise [majɔnɛz] *f CUIS* Mayon'naise *f*; *loc/adj (à la) ~* mit Mayonnaise
mazout [mazut] *m* (Heiz)Öl *n*
mazouter [mazute] **I** *v/t* polluer mit Öl verschmutzen, verseuchen; *adjt mazouté* ölverschmutzt; ölverseucht; **II** *v/i MAR* Öl bunkern
mazurka [mazyʀka] *f DANSE, MUS* Ma'surka *ou* Ma'zurka [-z-] *f*
me [m(ə)] *pr/pers* ⟨vor Vokal u stummem h m'⟩ **a)** *obj/dir* mich; *il ~ voit* er sieht mich; *réfléchi je ~ lave* ich wasche mich; **b)** *obj/indir* mir; *il ~ donne un livre* er gibt mir ein Buch; *donnez-m'en!* geben Sie mir etwas davon!; *réfléchi je ~ lave les mains* ich wasche mir die Hände; *il veut ~ parler* er will mit mir sprechen; *emphatique va ~ fermer cette porte!* mach doch bitte die Tür zu!; **c)** *~ voici! ou ~ voilà!* hier *ou* da bin ich!
Me *ou* **M^e** *abr* (*maître*) Rechtsanwalt *ou* No'tar (+Name)
mea-culpa [meakylpa] *loc faire son ~* ein Schuldbekenntnis ablegen; sich schuldig bekennen
méandre [meɑ̃dʀ(ə)] *m* **1.** *d'un fleuve* Windung *f*; Schleife *f*; Mä'ander *m*; *décrire des ~s* sich winden; sich (da'hin-) schlängeln; **2.** *fig les ~s de sa pensée* s-e verschlungenen Gedankengänge *m/pl*
méat [mea] *m ANAT* (*conduit*) Gang *m*; (*orifice*) Mündung *f*; *~ urinaire* Harnröhrenmündung *f*
mec [mɛk] F *m* Kerl *m*; F Typ *m*; *son ~* (*petit ami*) F ihr Macker *m*; *les ~s* (*les hommes*) F die Mannsbilder *n/pl*
mécanicien [mekanisjɛ̃] *m* **1.** Me'chaniker *m*; *dans une usine* Ma'schinenschlosser *m*; *MAR* Maschi'nist *m*; *~ d'avion* Flugzeugmechaniker *m*; **2.** *CH DE FER* Lok(omo'tiv)führer *m*; *~-den-*

tiste *m* ⟨*pl* mécaniciens-dentistes⟩ Zahntechniker *m*
mécanique [mekanik] **I** *adj* **1.** me'chanisch (*a* PHYS); Ma'schinen...; *construction f* ~ Maschinen- und Gerätebau *m*; PHYS *énergie f* ~ mechanische Energie; *escalier m* ~ Rolltreppe *f*; *piano m* ~ mechanisches Klavier; Pia'nola *n*; *train m* ~ Eisenbahn *f* zum Aufziehen; *automobiliste avoir des ennuis* ~*s* Ärger mit dem Motor haben; **2.** *fig geste etc* me'chanisch; auto'matisch; gewohnheitsmäßig; **II** *f* **1.** PHYS Me'chanik *f*; ASTR ~ *céleste* Himmelsmechanik *f*; ~ *des fluides* Strömungslehre *f*; **2.** TECH (*construction de machines*) Ma'schinenbau *m*; ~ *de précision* Feinmechanik *f*; **3.** *d'une horloge etc* Mecha'nismus *m*; Me'chanik *f*; F *fig rouler les ou des* ~*s* s-e Muskeln spielen lassen
mécanis|ation [mekanizasjõ] *f* Mechani'sierung *f*; ~*er v/t* mechani'sieren
mécanisme [mekanism(ə)] *m* **1.** TECH Mecha'nismus *m*; Getriebe *n*; **2.** *fig souvent pl* ~*s* Mecha'nismen *m/pl*; Pro'zesse *m/pl*; Vorgänge *m/pl*; ~*s économiques* Wirtschaftsmechanismen *m/pl*; ~*s psychologiques* psychologische Prozesse, Vorgänge; ~ *de la parole, de la pensée* Sprach-, Denkmechanismus *m*; **3.** PHILOS Mecha'nismus *m*
mécano [mekano] F *m* Me'chaniker *m*
mécanographie [mekanɔgrafi] *f* maschi'nelle Datenverarbeitung
meccano [mekano] *m* (*nom déposé*) Sta'bilbaukasten *m*
mécénat [mesena] *m* Mäze'natentum *n*
mécène [mesɛn] *m* Mä'zen *m*
méchamment [meʃamã] *adv* bös(e); boshaft; bösartig
méchanceté [meʃãste] *f* **1.** *d'une personne, de propos* Bosheit *f*; Boshaftigkeit *f*; Bösartigkeit *f*; *loc/adv*: *par pure* ~ aus reiner, purer Bosheit; *sans* ~ ohne böse Absicht; **2.** *parole ou action* Bosheit *f*; *se dire des* ~*s* sich Bosheiten sagen
méchant [meʃã] **I** *adj* **1.** *personne, regard, paroles etc* bös(e); boshaft; bösartig; *personne a gemein*; *enfant* (*pas gentil*) unartig; ungezogen; F bös(e); *animal* bösartig; bissig; *attention, chien* ~! Vorsicht, bissiger Hund!; **2.** (*mauvais*) *humeur* übel; schlecht; *histoire* schlimm; übel; **3.** *litt* (*médiocre*) schäbig; erbärmlich; *pour un* ~ *billet de dix francs* um e-n lumpigen Zehn-Franc-Schein; **4.** F *pas* ~ *blessure etc* ungefährlich; harmlos; *ce n'est pas (bien)* ~ das ist nicht (weiter) schlimm, gefährlich; das ist (ganz) harmlos; **5.** F (*formidable*) *succès, moto etc* F toll; **II** *subst* ~(*e*) *m(f)* Böse(r) *f(m)*; Bösewicht *m*; F *faire le* ~ aufbegehren; sich ereifern
mèche [mɛʃ] *f* **1.** *d'une bougie, d'une lampe à pétrole* Docht *m*; **2.** *d'une charge explosive* Zündschnur *f*; HIST Lunte *f*; *fig*: *éventer la* ~ Lunte, den Braten riechen; *vendre la* ~ das Geheimnis verraten, ausplaudern; **3.** *pour percer* (Spi'ral)Bohrer *m*; **4.** ~ *de cheveux* (Haar)Strähne *f*; **5.** MÉD Drain *ou* Drän *m*; **6.** F *être de* ~ *avec qn* mit j-m unter e-r Decke stecken; mit j-m gemeinsame Sache machen

méchoui [meʃwi] *m* CUIS (a'rabischer) Hammelspießbraten
Mecklembourg [meklēbuʀ, -klã-] *le* ~ Mecklenburg *n*
mécompte [mekõt] *m* Enttäuschung *f*
méconnaissable [mekɔnɛsabl(ə)] *adj* unkenntlich; *être* ~ *a* nicht 'wiederzuerkennen sein; *rendre* ~ unkenntlich machen
méconnaissance [mekɔnɛsãs] *st/s f* Verkennung *f*; Fehleinschätzung *f*
méconnaître [mekɔnɛtʀ(ə)] *v/t* ⟨*cf connaître*⟩ verkennen; falsch beurteilen, einschätzen; *ne pas* ~ *qc* etw nicht verkennen; etw sehr wohl erkennen
méconnu [mekɔny] *adj génie, talent* verkannt
mécontent [mekõtã] **I** *adj* **1.** (*insatisfait*) unzufrieden (*de* mit); *ne pas être* ~ *de qc* mit etw recht zufrieden sein; **2.** (*contrarié*) ungehalten, ärgerlich (*de* über +*acc*); **II** *subst* ~(*e*) *m(f)* Unzufriedene(r) *f(m)*; *un perpétuel* ~ ein ewig Unzufriedener
mécontentement [mekõtãtmã] *m* Unzufriedenheit *f*
mécontenter [mekõtãte] *v/t* unzufrieden machen; verärgern
Mecque (La) [lamɛk] Mekka *n*
mécréant [mekʀeã] *litt ou plais* **I** *adj* ungläubig; **II** *subst* ~(*e*) *m(f)* Ungläubige(r) *f(m)*
médaille [medaj] *f* **1.** *en souvenir de qn, qc* (Gedenk-, Schau)Münze *f*; Medaille [-'dalja] *f*; ~ *pieuse* religiöse Medaille; **2.** *décoration* Me'daille *f*; ~ *militaire* Tapferkeits-, Verdienstmedaille *f*; SPORTS ~ *d'argent, de bronze, d'or* Silber-, Bronze-, Goldmedaille *f*; *sportif être* ~ *d'or* Goldmedaillengewinner(in) sein; ~ *du travail* Jubi'läumsmedaille *f* für Arbeitnehmer
médaillé(e) [medaje] *m(f)* Inhaber(in) *m(f)* e-r Medaille [-'dalja]; SPORTS Me'daillengewinner(in) *m(f)*
médaillon [medajõ] *m* **1.** *bijou, ornement* Medaillon [-dal'jõ:] *n*; *portrait* Bildnismedaillon *n*; **2.** CUIS ~ *de veau* Kalbsmedaillon *n*
médecin [medsẽ] *m* Arzt *m* (*a fig*); Medi'ziner *m*; F Doktor *m*; *d'une femme* Ärztin *f*; ~*s pl a* Ärzteschaft *f*; ~ *généraliste, de médecine générale* praktischer Arzt; Allge'meinmediziner *m*; ~ *militaire* Mili'tär-, Stabsarzt *m*; *fig* ~ *des âmes* Seelenarzt *m*; ~ *du bord* Schiffsarzt *m*; ~ *de campagne* Landarzt *m*; ~ *de famille* Hausarzt *m*; ~ *des hôpitaux* Krankenhausarzt *m*; ~ *de quartier* (praktischer) Arzt, der in der Nähe, im selben Stadtviertel s-e Praxis hat; ~ *du travail* Werk(s)-, Betriebsarzt *m*; Arbeitsmediziner *m*; *femme* ~ Ärztin *f*; Medi'zinerin *f*; (*aller*) *voir le* ~ zum Arzt gehen
médecin|-chef [medsẽʃɛf] *m* ⟨*pl* médecins-chefs⟩ Chefarzt *m*; leitender Arzt; ~*-conseil m* ⟨*pl* médecins-conseils⟩ Vertrauensarzt *m*
médecine [medsin] *f* **1.** *science* (Hu'man)Medi'zin *f*; Heilkunde *f*; ~ *spatiale* Raumfahrtmedizin *f*; ~ *vétérinaire* Tierheilkunde *f*; Veteri'närmedizin *f*; ~ *du travail* Arbeitsmedizin *f*; *faire sa* ~, *ses études de* ~ Medizin studieren; **2.** *profession* ärztlicher Beruf;

Arztberuf *m*; *exercer la* ~ den Arztberuf ausüben; als Arzt tätig sein
Médée [mede] *f* MYTH Me'dea *f*
média [medja] *m* Medium *n*; *un nouveau* ~ ein neues Medium; *les* ~*s* die Medien *n/pl*
médian [medjã] **I** *adj* mittlere(r, -s); Mittel...; ANAT medi'an; *ligne* ~*e* Mittellinie *f*; BOT *nervure* ~ Mittelrippe *f*; ANAT *plan* ~ Medianebene *f*; **II** *subst* ~*e f* **1.** *d'un triangle* Seitenhalbierende *f*; **2.** STATISTIQUE Zen'tral-, Medi'anwert *m*
médiateur [medjatœʀ] *m* **1.** POL ~, *médiatrice m,f* Vermittler(in) *m(f)*; DROIT DU TRAVAIL Schlichter(in) *m(f)*; *adjt commission médiatrice* Vermittlungs-, Schlichtungskommission *f*; **2.** BIOCHIMIE ~ *chimique* humo'raler Über'tragungsstoff; Medi'ator *m*
médiathèque [medjatɛk] *f* Medio'thek *f*
médiation [medjasjõ] *f* POL Vermittlung *f*; DROIT DU TRAVAIL Schlichtung *f*
médiatique [medjatik] *adj* ~ Medien...; in den Medien; medi'al; *événement m* ~ Medienereignis *n*; **b)** *être* ~ medienwirksam sein
médiatiser [medjatize] *v/t événement, film etc* durch die Medien bekanntmachen
médiatrice [medjatʀis] *f* **1.** *cf médiateur 1.*; **2.** MATH Mittellot *n*, -senkrechte *f*
médical [medikal] *adj* ⟨-aux⟩ medi'zinisch; ärztlich; *corps* ~ Ärzteschaft *f*; *études* ~*es* medizinische Studien *n/pl*; *profession* ~*e* Arztberuf *m*; *soins médicaux* ärztliche Behandlung
médicament [medikamã] *m* Arz'nei-, Heilmittel *n*; Medika'ment *n*; Medi'zin *f*; Arz'nei *f*
médicamenteux [medikamãtø] *adj* ⟨-euse⟩ **1.** *substance* heilkräftig; Arz'nei...; **2.** *traitement* medikamen'tös
médication [medikasjõ] *f* MÉD *sc* Medikati'on *f*
médicinal [medisinal] *adj* ⟨-aux⟩ heilkräftig; Heil...; Arz'nei...; *plantes* ~*es* Arznei-, Heilpflanzen *f/pl*
Médicis [medisis] *HIST* Medici [-tʃi]
médico|-légal [medikolegal] *adj* ⟨-aux⟩ gerichtsmedizinisch; ~*-social adj* ⟨-aux⟩ der sozi'alen Gesundheitsfürsorge
médiéval [medjeval] *adj* ⟨-aux⟩ mittelalterlich; des Mittelalters; *sc* mediä'val
médina [medina] *f en Afrique du Nord* mos'lemische Altstadt
médiocre [medjɔkʀ(ə)] **I** *adj* **1.** *résultats, salaire, éclairage* unzureichend; unzulänglich; dürftig; *existence* armselig; kümmerlich; *nourriture* minderwertig; *travail* mangelhaft; *intérêt* gering; mäßig; *élève* schlecht; schwach; *être* ~ *en français* in Französisch schwach sein, schlecht stehen; **2.** *personne, esprit* mittelmäßig; **II** *subst* **1.** un(*e*) ~ ein alltäglicher, mittelmäßiger Mensch; ein 'Durchschnittsmensch; **2.** *le* ~ das Mittelmäßige; die Mittelmäßigkeit; *c'est au-dessous du* ~ das ist mehr als dürftig
médiocrement [medjɔkʀəmã] *adv* **1.** (*assez peu*) wenig; **2.** (*assez mal*) ziemlich schlecht
médiocrité [medjɔkʀite] *f* **1.** *de revenus, de résultats* Unzulänglichkeit *f*; Dürftigkeit *f*; *de l'existence* Armselig-

médire [mediʀ] *v/t/indir* ⟨*cf* dire; *aber vous médisez*⟩ ~ **de qn** j-m Schlechtes nachsagen; j-n schlechtmachen, verleumden; über j-n lästern

médisance [medizɑ̃s] *f* üble Nachrede; Verleumdung *f*

médisant [medizɑ̃] **I** *adj* verleumderisch; **II** *subst* ~(**e**) *m(f)* Verleumder(in) *m(f)*; Lästerzunge *f*

méditatif [meditatif] *adj* ⟨-ive⟩ nachdenklich; versonnen; medita'tiv

méditation [meditɑsjɔ̃] *f* **1.** (*réflexion*) Nachsinnen *n*; Nachdenken *n*; (*pensée profonde*) Medi'tieren *n*; Meditati'on *f*; **2.** *REL* stille Andacht; stilles Gebet

méditer [medite] **I** *v/t* **1.** (*réfléchir*) ~ **qc** über etw (*acc*) nachdenken, nachsinnen; **2.** *projet* ausdenken; ~ **une revanche** auf Rache sinnen; ~ **de faire qc** vorhaben, im Sinn haben, etw zu tun; **II** *v/t/indir* ~ (**sur**) nachdenken, nachsinnen, medi'tieren, Betrachtungen anstellen (über +*acc*)

Méditerranée [mediteʀane] *la* ~ das Mittelmeer

méditerranéen [mediteʀaneɛ̃] *adj* ⟨~ne⟩ Mittelmeer…; mittelmeerisch; *sc* mediter'ran; **bassin** ~ Mittelmeerraum *m*; **climat** ~ Mittelmeerklima *n*; mediterranes Klima; **pays** ~**s** Mittelmeerländer *n/pl*

médium [medjɔm] *m* **1.** *SPIRITISME* Medium *n*; **2.** *MUS* Mittelstimme *f*, -lage *f*

médius [medjys] *sc m* Mittelfinger *m*

médoc [medɔk] *m* ein Bordeauxwein

médullaire [medylɛʀ] *adj* ANAT Knochen-, Rückenmark(s)…; *sc* medul'lär

méduse [medyz] *f* **1.** ZO Qualle *f*; *sc* Me'duse *f*; **2.** *MYTH* ♀ Me'dusa *f*; **tête** *f* **de** ♀ Medusenhaupt *n*

méduser [medyze] *v/t* betroffen machen; *adjt* **en rester médusé** erstarren; wie versteinert dastehen, sein

meeting [mitiŋ] *m* POL Versammlung *f*; Treffen *n*; Meeting [mi:-] *n*; *SPORTS* Veranstaltung *f*; ~ **aérien** Flugtag *m*; ~ **électoral** Wahlversammlung *f*

méfait [mefɛ] *m* **1.** *pl* ~**s** *de l'alcoolisme etc* schlimme, böse, schädliche, verhängnisvolle Folgen *f/pl*, Auswirkungen *f/pl*; **2.** (*délit*) Missetat *f*; Übeltat *f*; *st/s* Freveltat *f*

méfiance [mefjɑ̃s] *f* 'Mißtrauen *n*; Argwohn *m*; **sans** ~ arglos

méfiant [mefjɑ̃] *adj* 'mißtrauisch, argwöhnisch (**à l'égard de qn** j-m gegenüber)

méfier [mefje] *v/pr* **se** ~ **de qn, de qc 1.** (*ne pas se fier*) j-m, e-r Sache miß'trauen, 'Mißtrauen entgegenbringen; **2.** (*faire attention*) sich vor j-m, etw hüten, in acht nehmen; **méfiez-vous!** passen Sie auf!; sehen Sie sich vor!

méforme [mefɔʀm] *f* SPORTS Formtief *n*; Formkrise *f*

méga… [mega] *préfixe* **1.** *sc* Mega…; **2.** *arg scolaire* F Riesen…; ungeheuer; *exemple*: **une méga-boum** e-e Riesenparty

mégahertz [megaɛʀts] *m* (*abr* **MHz**) *PHYS* Megahertz *n* (*abr* MHz)

mégalith|e [megalit] *m* Mega'lith *m*; ~**ique** *adj* mega'lithisch; Mega'lith…

mégalo [megalo] F *abr cf* **mégalomane**

mégalomane [megalɔman] *adj* größenwahnsinnig; *subst* **c'est un(e)** ~ er (sie) ist größenwahnsinnig, ist vom Größenwahn befallen

mégalomanie [megalɔmani] *f* Größenwahn *m*; *PSYCH* Megaloma'nie *f*

mégalopole [megalɔpɔl] *f* Mega'lopolis *f*; Riesenstadt *f*

méga-octet [megaɔktɛ] *m* ⟨*pl* méga--octets⟩ (*abr* **Mo**) INFORM Megabyte [-'baɪt] *n* (*abr* MB)

mégaphone [megafɔn] *m* Mega'phon *n*; Sprachrohr *n*

mégarde [megaʀd] *loc/adv* **par** ~ aus Versehen

méga|tonne [megatɔn] *f* (*abr* **Mt**) *PHYS NUCL* Megatonne *f* (*abr* Mt); ~**watt** *m* (*abr* **MW**) *ÉLECT* Megawatt *n* (*abr* MW)

mégère [meʒɛʀ] *f* Me'gäre *f*; Xan'thippe *f*

mégisserie [meʒisʀi] *f* **1.** *technique* Weiß-, A'laungerbung *f*; **2.** *usine* Weiß-, Gla'cégerberei *f*; **3.** *commerce* Handel *m* mit weißgegerbtem Leder, mit Gla'céleder

mégot [mego] *m* **a)** Ziga'rettenstummel *m*; F Kippe *f*; **b)** Zi'garrenstummel *m*

mégoter [megote] F *v/i* geizig, kleinlich, F knaus(e)rig sein (**sur** bei; mit)

méhari [meaʀi] *m* schnellfüßiges Reitdromedar; Me'hari *n*

meilleur [mɛjœʀ] **I** *adj* ⟨*comp von* bon⟩ besser; **un monde** ~ e-e bessere Welt; **une** ~**e place** ein besserer Platz; ~**e santé!** gute Besserung!; (à) ~ **marché** (*inv*) billiger; preiswerter; **je ne connais rien de** ~ ich kenne nichts Besseres; *advt*: **il fait** ~ **aujourd'hui qu'hier** heute ist das Wetter besser, schöner als gestern; **sentir** ~ besser riechen; **2.** ⟨*sup von* bon⟩ **le** ~, **la** ~**e** der, die, das beste; **son** ~ **ami** sein bester Freund; **le** ~ **écrivain de son temps** der beste Schriftsteller s-r Zeit; **le** ~ **des mondes** die beste aller Welten; **mes** *ou* **nos** ~**s remerciements!** besten Dank!; *elliptiquement*: F **ça alors, c'est la** ~**e!** F na so was, das ist doch das Dollste, der Clou!; **j'en passe et des** ~**es** ich über'gehe einiges, und nicht das Schlechteste; **II** *subst* **1.** *personne* **le** ~, **la** ~**e** der, die Beste; **2.** **le** ~ das Beste; **donner le** ~ **de soi** sein Bestes geben; **être unis pour le** ~ **et pour le pire** auf Gedeih und Verderb miteinander verbunden sein

méiose [mejoz] *f BIOL* Redukti'ons-, Reifeteilung *f*; Mei'ose *f*

méjuger [meʒyʒe] *v/t/indir* ⟨-geons⟩ *st/s* ~ **de qn, de qc** j-n, etw unter'schätzen

Mékong [mekɔ̃g] **le** ~ der Mekong

mélaminé [melamine] *adj* **panneau** ~ Mela'minbeschichtung *f*

mélancolie [melɑ̃kɔli] *f* Schwermut *f*; Melancho'lie *f*; *d'une personne a* Trübsinn *m*; tiefe Niedergeschlagenheit *f*; **ne pas engendrer la** ~ ein heiteres Gemüt haben; kein Kind von Traurigkeit sein; **sombrer dans la** ~ in Schwermut *etc* verfallen

mélancolique [melɑ̃kɔlik] **I** *adj* *personne, air, chanson, paysage* schwermütig; melan'cholisch; *personne a* trübsinnig; **II** *m,f* Melan'choliker(in) *m(f)*

Mélanésie [melanezi] *la* ~ Mela'nesien *n*

mélanésien [melanezjɛ̃] **I** *adj* ⟨~ne⟩ mela'nesisch; **II** *subst* ♀(**ne**) *m(f)* Mela'nesier(in) *m(f)*

mélange [melɑ̃ʒ] *m* **1.** *opération* (Ver-)Mischung *f*; Vermengung *f*; ~ **de races** Rassenmischung *f*; *loc/adj* **sans** ~ unvermischt; rein; *fig* **bonheur** ungetrübt; *loc/adv* **sans** ~ **de …** nicht gemischt, nicht durch'setzt mit …; **2.** *produit* Mischung *f*; Gemisch *n*; *CHIM* a Gemenge *n*; ~ **carburant** Treibstoff-, Kraftstoffgemisch *n*; ~ **de tabacs** Tabakmischung *f*; *fig* **un** ~ **d'indulgence et de rigueur** e-e Mischung aus Nachsicht und Strenge; F **se méfier des** ~**s** sich davor hüten, (zuviel) durchein'ander zu trinken

mélangé [melɑ̃ʒe] *adj* **public** gemischt

mélanger [melɑ̃ʒe] *v/t* ⟨-geons⟩ **1.** *substances entre elles* (ver)mischen; (ver)mengen (**à** *ou* **avec** mit); mengen (unter +*acc*); *avec qc de liquide* a verrühren (mit); **2.** F *papiers, noms* durchein'anderbringen, -werfen

mélangeur [melɑ̃ʒœʀ] *m* **1.** Mischer *m*; Mischapparat *m*, -maschine *f*; **2.** ~ *ou* **adjt robinet** *m* ~ Mischbatterie *f*; **3.** *CIN, RAD, TV* ~ **de son** Mischpult *n*

mélanine [melanin] *f BIOL* Mela'nin *n*

mélasse [melas] *f* **1.** Me'lasse *f*; **2.** F *fig* **être dans la** ~ F in der Patsche, Tinte sitzen

Melba [mɛlba] *adj* ⟨*inv*⟩ *CUIS* **pêches** *f/pl* ~ Pfirsich *m* Melba

Melchior [mɛlkjɔʀ] *m* Melchior *m*

mêlé [mele] *adj* **1.** Misch…; **couleur**, **race** ~**e** Mischfarbe *f*, -rasse *f*; **sang** ~ Mischblut *n*; Mischling *m*; **2.** **société**, **clientèle** gemischt

mêlé-cass(e) [melekas] *m* F **voix** *f* **de** ~ F Säuferstimme *f*

mêlée [mele] *f* **1.** Handgemenge *n*; Schläge'rei *f*; Kampfgetümmel *n*; *fig* Streit *m*; Ausein'andersetzung *f*; **se jeter dans la** ~ sich in das Kampfgetümmel, *fig* in den Kampf stürzen; *fig* **se** ~ **tenir au-dessus de la** ~ über dem Streit, den Streitenden stehen; **2.** *RUGBY* Gedränge *n*

mêler [mele] **I** *v/t* **1.** (*mélanger*) (ver)mischen, (ver)mengen (**à** *ou* **avec** mit); versetzen, mischen (**a** *fig*) (**de** mit); *fig* **plaisir mêlé de crainte** mit Furcht gemischtes, durch Furcht getrübtes Vergnügen; **2.** *fig* (*ajouter*) ~ **à** *ou* **avec** verbinden, vereinigen, verschmelzen, verquicken mit; **3.** (*embrouiller*) in Unordnung bringen; durchein'anderbringen, -werfen; ~ **à** *ou* **à une affaire**, **à une querelle** j-n in e-e Sache, in e-n Streit hin'einziehen, verwickeln; **II** *v/pr* **se** ~ **5.** *odeurs etc* sich (ver)mischen (**à** *ou* **avec** mit); *races, foules, voix* sich vermischen; *fig* **sa colère se mêlait d'amertume** sein Zorn war nicht frei von Bitterkeit; **6.** *personne* **se** ~ **à la foule** sich unter die Menge mischen; **7.** *voix*, *rires etc* **se** ~ **à** *ou* **avec** sich vereinigen, verbinden mit; **8.** *personne* **se** ~ **de qc** sich um etw kümmern; *péj* sich in etw (*acc*) (ein)mischen; F se Nase in etw (*acc*) stecken; **je ne m'en mêle pas** ich will nichts damit zu tun haben; **quand l'orgueil s'en mêle** wenn der Stolz mit im Spiel ist; **mêlez-vous de vos affaires**,

mélèze – ménage

de ce qui vous regarde! kümmern Sie sich um Ihre eigenen Angelegenheiten!; *de quoi se mêle-t-il?* was geht ihn das an?; **9.** *personne se ~ de faire qc* (*s'aviser de*) darauf verfallen, auf den Gedanken kommen, etw zu tun
mélèze [melɛz] *m* BOT Lärche *f*
méli-mélo [melimelo] F *m* ⟨*pl* mélis-mélos⟩ Durchein'ander *n*; Wirrwarr *m*
mélisse [melis] *f* BOT Me'lisse *f*; *eau f de ~* Melissengeist *m*
mélo [melo] F *abr cf* **mélodrame, mélodramatique**
mélodie [melɔdi] *f* **1.** (*air*) Melo'die *f*; Weise *f*; **2.** (*chant*) (Kunst)Lied *n* (*sur des vers de Verlaine* nach Versen von Verlaine); **3.** *fig* (*harmonie*) Me'lodik *f*; *d'un texte a* Wohlklang *m*
mélodieux [melɔdjø] *adj* ⟨-euse⟩ *air, chant, voix* melodi'ös; me'lodisch; wohlklingend; *voix a* klangvoll
mélodique [melɔdik] *adj* **1.** MUS me'lodisch; **2.** *fig* wohlklingend; me'lodisch
mélodramatique [melɔdramatik] *adj* melodra'matisch; rührselig
mélodrame [melɔdram] *m* THÉ, CIN, TV Rührstück *n*; Melo'drama *n*; *TV a* Seifenoper *f*; *scène f de ~* melodra'matische, rührselige Szene; *tourner au ~* ins Melodramatische, Rührselige 'umschlagen
mélomane [melɔman] **I** *adj* mu'sikliebend, -begeistert; **II** *m,f* begeisterter Mu'sikfreund; begeisterte Mu'sikfreundin
melon [m(ə)lɔ̃] *m* **1.** BOT Me'lone *f*; **2.** (*chapeau m*) *~* Me'lone *f*
mélopée [melɔpe] *f* mono'toner Gesang; Singsang *m*
membrane [mɑ̃bran] *f* **1.** ANAT, BIOL Mem'bran *f*; Haut *f*; Hülle *f*; *~ cellulaire* Zellmembran *f*; **2.** TECH, PHYS, CHIM Mem'bran *f*
membraneux [mɑ̃branø] *adj* ⟨-euse⟩ BIOL häutig; hautartig
membre [mɑ̃br] *m* **1.** ANAT Glied *n*; *~s pl a* Gliedmaßen *f/pl*; Extremi'täten *pl*; *~s courts* kurze Gliedmaßen; *chez l'homme ~s inférieurs, supérieurs* untere, obere Gliedmaßen; *~* (*viril*) (männliches) Glied; **2.** *d'une association* Mitglied *n*; *d'une famille a* Angehörige(r) *m*; *de l'Église, de la société* Glied *n*; *~* aktives Mitglied; *~ de l'équipage* Besatzungsmitglied *n*; *~ de l'O.N.U.* UNO-Mitglied *n*; *~ du parti* Par'teimitglied *n*; *carte f de ~* Mitgliedskarte *f*; *qualité f de ~* Mitgliedschaft *f*; *adjt* État *m*, *pays m ~* Mitglied(s)staat *m*; Mitgliedsland *n*; **3.** GR *~ de phrase* Satzglied *n*, -teil *m*; **4.** MATH *d'une équation* Seite *f*; **5.** ARCH Bauelement *n*
membrure [mɑ̃bryr] *f* **1.** *d'une personne* Glieder *n/pl*; Gliedmaßen *f/pl*; **2.** MAR Spant *n*; *coll* Spanten *n/pl*
même [mɛm] **I** *adj/ind* **1.** *le, la ~, pl les ~s* der-, die-, das'selbe, *pl* die'selben; der, die, das gleiche, *pl* die gleichen; *st/s* der, die, das nämliche, *pl* die nämlichen; *la ~ chose* dasselbe; das gleiche; *au ~ endroit* am selben, gleichen Ort (*que* wie); *du ~ âge* im gleichen Alter; *de la ~ couleur a* in *ou* von der gleichen Farbe; gleichfarbig; *de ~ grandeur ou taille* gleich groß; *du ~ nom* mit dem gleichen Namen; gleichnamig; *pour la ~ raison* aus dem gleichen, demselben Grund; *être dans la ~ classe* in derselben Klasse sein (*que* wie); *je me trouve dans le ~ cas* mir geht es ebenso; **2.** ⟨*nachgestellt*⟩ *c'est cela ~* das ist es ja gerade; selbst; *c'est cela ~* das ist es ja gerade; es ist genau, wie Sie sagen; *par cela ~* gerade dadurch; *être la bonté ~* die Güte selbst sein; *ce sont les paroles ~s de mon chef* das sind meines Chefs eigene Worte; **3.** *moi-~, nous-~s etc cf pr correspondant*; **II** *pr/ind* *le, la ~* der-, die-, das'selbe; der, die, das gleiche; *les ~s* die'selben; die gleichen; *il est toujours le ~* er ist immer (noch) derselbe; *ce sont toujours les ~s qui travaillent* es sind immer dieselben, die gleichen, die arbeiten; *cela revient au ~* das läuft auf dasselbe, auf eins, aufs gleiche hinaus; das kommt auf dasselbe, auf eins, aufs gleiche heraus; **III** *adv* **1.** *renchérissement* (ja) so'gar; selbst; *pas ~* nicht einmal; *avant ~ que* (+*subj*) noch ehe; noch bevor; *sans ~* (+*inf*) ohne überhaupt zu (+*inf*); *~ si* selbst wenn; wenn auch; *il est réservé et ~ timide* ja sogar schüchtern; *~ lui était malade* selbst er, sogar er war krank; *je ne me rappelle ~ plus le nom* ich erinnere mich nicht einmal mehr an den Namen; **2.** (*précisément*) genau; *aujourd'hui ~* noch heute; heute schon; *ici ~* genau hier; *loc/prép à ~* direkt auf (+*dat*); *coucher à ~ le sol* auf der nackten, bloßen Erde schlafen; **3.** *loc/adv:* *de ~* ebenso; genauso; geradeso; *faire de ~* ebenso, genauso machen; *bon weekend! – toi ou vous de ~!* danke, gleichfalls!; *il en est, il en va de ~ pour moi* mir geht es ebenso, genauso, geradeso; *quand ou tout de ~* trotzdem; dennoch; doch; *cf a quand* II 2.; **4.** *être à ~ de faire qc* im'stande sein, in der Lage sein, etw zu tun; *mettre qn à ~ de faire qc* j-n in die Lage, in den Stand versetzen, etw zu tun; P *~ que* so'gar; übrigens
mémé [meme] *f* F *enf* Oma *f* (*a par ext*)
mémento [memɛ̃to] *m* **1.** (*agenda*) No-'tiz-, Merkbuch *n*; **2.** (*aide-mémoire*) Handbuch *n*, Abriß *m*; *~ de géographie* der Geographie
mémère [memɛʀ] *f* **1.** *enf* Oma *f*; **2.** *péj grosse ~* dicke, ältliche Frau; F *chien-chien m à sa ~* F Hätschelhund *m*; *adjt: vêtement faire ~* F muttchenhaft aussehen
mémoire[1] [memwaʀ] *f* **1.** *faculté* Gedächtnis *n*; Erinnerung(svermögen) *f(n)*; *~ des chiffres, des noms* Zahlen-, Namensgedächtnis *n*; *je n'ai pas la ~ des noms* ich habe kein Gedächtnis für Namen; ich habe ein schlechtes Namensgedächtnis; *troubles m/pl de ~* Gedächtnisstörungen *f/pl*; *loc/adv de ~* aus dem Kopf; auswendig; aus dem Kopf; *avoir de la ~* ein gutes Gedächtnis haben; *n'avoir aucune ~* gar kein Gedächtnis haben; sehr vergeßlich sein; *si j'ai bonne ~* wenn ich mich recht erinnere; *avoir la ~ courte* ein kurzes Gedächtnis haben; *être encore présent à, vivant dans la ~* in der Erinnerung noch gegenwärtig, lebendig sein; *garder qc en ~, dans la ~* etw im Gedächtnis behalten, bewahren; *perdre la ~ en vieillissant* vergeßlich werden; *à la suite d'un accident* das Gedächtnis verlieren; **2.** (*souvenir*) Erinnerung *f*, Gedenken *n* (*de* an +*acc*); Andenken *n* (*an ou* +*gén*); Gedächtnis *n* (+*gén*); *loc/prép à la ~ de, st/s en ~ de* zur Erinnerung, zum Andenken, zum Gedenken an (+*acc*); *loc/adj de sinistre, triste ~* unseligen, traurigen Angedenkens; *loc/adv de ~ d'homme* seit Menschengedenken; *de ~ de paysan, on n'avait vu une telle sécheresse* die Bauern können sich nicht erinnern, je e-e solche Dürre erlebt zu haben; *réhabiliter la ~ de qn* j-n nachträglich, nach s-m Tode rehabilitieren; **3.** INFORM Speicher *m*; *~ morte* ROM *n*; Festspeicher *m*; *~ vive* RAM *n*; Arbeitsspeicher *m*; *~ de masse* Massenspeicher *m*; *mise f en ~* (Ab-) Speicherung *f*; *mettre en ~* (ab)speichern; **4.** COMM *pour ~* (*abr* p.m.) erinnerungshalber, (nur) zur Information, Erinnerung
mémoire[2] [memwaʀ] *m* **1.** (*écrit sommaire*) Denkschrift *f*; Memo'randum *n*; **2.** (*requête*) Gesuch *n*; Eingabe *f*; **3.** *sur un sujet scientifique* Abhandlung *f*; Aufsatz *m*; *~ de maîtrise correspond à* Di-'plomarbeit *f*; **4.** COMM Kostenaufstellung *f*; Rechnung *f*; **5.** JUR Pro'zeßschrift *f*; **6.** *~s pl* (*souvenirs*) (Lebens)Erinnerungen *f/pl*; Me'moiren *pl*
mémorable [memɔrabl(ə)] *adj* denkwürdig
mémorandum [memɔrɑ̃dɔm] *m* DIPL Memo'randum *n*; Denkschrift *f*
mémorial [memɔrjal] *m* ⟨*pl* -aux⟩ Denkmal *n*
mémoris|ation [memɔrizasjɔ̃] *f* **1.** Me-mo'rieren *n*; Sich'einprägen *n*; **2.** INFORM Speicherung *f*; *~er* *v/t* **1.** memo-'rieren; sich einprägen; **2.** INFORM speichern
menaçant [mənasɑ̃] *adj ton, geste, propos* drohend; *ciel, foule* bedrohlich
menace [mənas] *f* **1.** Drohung *f*, Androhung *f*; *~s de mort* Todesdrohungen *f/pl*; *~ de punition* Androhung von Strafe; *~s en l'air* leere Drohungen; *geste m de ~* drohende Geste; *loc/adv par la ~* durch Drohung; *sous la ~ de son arme* mit vorgehaltener Waffe; *être sous la ~ de qc* von etw bedroht sein, werden; **2.** (*danger imminent*) Bedrohung *f*; (drohende) Gefahr *f*; *~ de guerre* (drohende) Kriegsgefahr; *constituer une ~ pour qc* e-e Bedrohung, Gefahr für etw darstellen; e-e Gefährdung (+*gén*) sein
menacé [mənase] *adj* bedroht; gefährdet; *ses jours sont ~s* sein Leben ist bedroht, gefährdet, in Gefahr
menacer [mənase] *v/t* ⟨-ç-⟩ **1.** *personne abs* drohen; *~ qn de qc* j-m mit etw drohen; j-n mit etw bedrohen; *d'une punition a* j-m etw androhen; *~ (qn) de faire qc* (j-m) drohen, etw zu tun; **2.** *orage abs* drohen; *danger, guerre ~ (qn)* (j-m) drohen; *la pluie menace* es droht Regen *ou* zu regnen
ménage [menaʒ] *m* **1.** (*entretien d'un intérieur*) Haushalt *m* (*a* ADM); Haushaltung *f*; Hauswirtschaft *f*; Hauswesen *n*; *argent m du ~* Haushalts-, Wirtschaftsgeld *n*; *articles m/pl de ~* Haushaltwaren *f/pl*; *tenir le ~ à qn* j-m den Haushalt führen, besorgen; **2.** (*net-*

toyage) Putzen *n* und Aufräumen *n*; **femme** *f* **de ~** Putz-, Aufwarte-, Zugehfrau *f*; Raumpflegerin *f*; **faire le ~** putzen; aufräumen (*a fig*); *fig a* Ordnung schaffen; **faire des ~s** putzen gehen; **3.** (*objets domestiques*) Hausrat *m*; **monter son ~, se monter en ~** Hausrat anschaffen; sich einrichten; **~ de poupée** Puppengeschirr *n*, -küche *f*; **4.** (*couple*) Ehepaar *n*; Eheleute *pl*; Ehe *f*; **jeune ~** junges Ehepaar; F **~ à trois** Dreiecksverhältnis *n*; **être heureux en ~** e-e glückliche Ehe führen; **se mettre en ~** zu'sammenziehen; **5. faire bon, mauvais ~ avec qn** sich mit j-m gut, schlecht verstehen, vertragen; **6. pain** *m* **de ~** selbst-, hausgebackenes Brot
ménagement [menaʒmã] *m* Schonung *f*; Rücksicht *f*; *loc/adv:* **avec ~** schonend; rücksichtsvoll; **sans ~** schonungslos; rücksichtslos
ménager¹ [menaʒe] ⟨-geons⟩ **I** *v/t* **1.** *ses forces, sa santé, adversaire etc* schonen; *personne a* rücksichtsvoll behandeln; *les sentiments, la susceptibilité de qn* Rücksicht nehmen auf (+*acc*); **ne ~ aucun effort, ne pas ~ sa peine** keine Mühe scheuen (*pour faire qc* um etw zu tun); **ne pas ~ ses éloges** mit Lob nicht sparen; **~ ses expressions** sich im Ausdruck mäßigen; **~ ses forces** *a* mit s-n Kräften haushalten; s-e Kräfte einteilen; **2.** *entretien, rencontre* her'beiführen; zu'stande bringen; bewerkstelligen; *surprise* bereiten (**à** *qn* j-m); *place, espace* lassen; **~ un entretien à qn** j-m e-e Unter'redung verschaffen; *cf a* **effet** *1.*; **3.** *escalier* anbringen; anlegen; *fenêtre* brechen (**dans le mur** in die Wand); **II** *v/pr* **4. se ~** sich schonen; **5. se ~ l'appui de qn** sich j-s Unter'stützung sichern
ménager² [menaʒe] *adj* ⟨-ère⟩ **1.** Haushalt(ung)s...; **appareils ~s** Haushalts- und Küchengeräte *n/pl*; **arts ~s** Industriezweig, der Hausrat herstellt; **enseignement ~** Hauswirtschaftsunterricht *m*; **travaux ~s** Hausarbeit *f*; **2. eaux ménagères** (Haushalts)Abwässer *n/pl*; **ordures ménagères** (Küchen)Abfälle *m/pl*
ménagère [menaʒɛR] *f* **1.** *personne* Hausfrau *f*; **2.** (*service de couverts*) Besteckgarnitur *f*
ménagerie [menaʒRi] *f* Menage'rie *f*; *d'un cirque* Tierschau *f*
mendi|ant [mɑ̃djɑ̃] *m*, **~ante** *f* **1.** Bettler(in) *m(f)*; **2.** *adjt* ÉGL CATH **ordres mendiants** Bettelorden *m/pl*
mendicité [mɑ̃disite] *f* Betteln *n*; Bette'lei *f*; **en être réduit à la ~** an den Bettelstab gekommen sein; zum Bettler geworden sein
mendier [mɑ̃dje] *v/t et v/i* betteln (**qc** um etw) (*a fig*)
mendig|ot [mɑ̃digo] F *m*, **~ote** F *f* Bettler(in) *m(f)*
menées [məne] *f/pl* (geheime) Machenschaften *f/pl*, 'Umtriebe *m/pl*; **mettre fin aux ~ de qn** j-m das Handwerk legen
mener [məne] ⟨-è-⟩ **I** *v/t* **1.** *personne quelque part* bringen (*a bus etc: transporter*), hinführen, geleiten, begleiten (**à la gare** zum Bahnhof); *bêtes* **~ aux champs** auf die Weide treiben, bringen; *enfant* **~ à l'école** in die Schule bringen; zur Schule begleiten; *chien* **~**

promener ausführen; **sa promenade le mena à ...** sein Spaziergang führte ihn zu ...; **cette rue vous mène à ...** auf dieser Straße kommen Sie zu ...; **2.** *fig* führen; bringen; **où cela peut-il nous ~?** wohin wird uns das führen, bringen?; **cela peut vous ~ plus loin que vous ne pensez** das kann weitreichende Folgen für Sie haben; **cela ne vous mène à rien** das führt zu nichts; das ist sinnlos, zwecklos; **profession ~ à tout** viele Möglichkeiten eröffnen; *cet acte* **l'a mené en cour d'assises** hat ihn vor das Schwurgericht gebracht; **3.** (*être en tête de*) anführen; **~ le deuil** *a* an der Spitze des Trauerzuges gehen; **4.** *affaire* betreiben; *enquête* 'durchführen; *vie* führen; **~ la vie dure à qn** j-m das Leben schwermachen; **~ de front deux activités** gleichzeitig ausüben; *des affaires* gleichzeitig betreiben; **5.** (*diriger*) leiten; führen; lenken; *intérêt, argent* **~ le monde** die Welt regieren; **se laisser ~** sich her'umkommandieren, gängeln lassen; **6.** MATH **parallèle** ziehen (**à** zu); *tangente* legen (**an** +*acc*); **7.** *chemin etc* führen (**à** nach, zu); **8.** SPORTS führen; in Führung, an der Spitze liegen; **~ par 2 à 0** mit 2 zu 0 (2:0) führen
ménestrel [menɛstʀɛl] *m* MOYEN ÂGE fahrender Sänger; Spielmann *m*
ménétrier [menetʀije] *m* autrefois Dorfmusikant *m*, -geiger *m*
meneur [mənœʀ] *m* **1.** Anführer *m*; *péj* Rädelsführer *m*; **~s de la grève** Streikführer *m/pl*; **~ d'hommes** Führernatur *f*; **2. ~ de jeu** VARIÉTÉS Conférenci'er *m*; RAD, TV Spielleiter *m*; Quizmaster ['kvis-] *m*
menhir [menir] *m* Menhir *m*; Hinkelstein *m*
méninge [menɛ̃ʒ] *f* **1.** ANAT Hirnhaut *f*; **2.** F *fig* **ne pas se fatiguer les ~s** F s-n Grips nicht anstrengen
méningite [menɛ̃ʒit] *f* MÉD (Ge-)Hirnhautentzündung *f*; *sc* Menin'gitis *f*; **2.** F *fig* **il ne risque pas d'attraper une ~** F er strengt s-n Grips überhaupt nicht an
ménisque [menisk] *m* ANAT, OPT Me'niskus *m*
ménopause [menɔpoz] *f* PHYSIOL Meno'pause *f*; Wechseljahre *n/pl*
ménopausée [menɔpoze] *adj femme* die die Wechseljahre hinter sich hat
menotte [mənɔt] *f* **1.** *~s pl* Handschellen *f/pl*; **mettre, passer les ~s à qn** j-m Handschellen anlegen; **2.** *enf* (Patsch)Händchen *n*
mensonge [mɑ̃sɔ̃ʒ] *m* **1.** Lüge *f*; Unwahrheit *f*; **gros ~** grobe Lüge; **pieux ~** fromme Lüge; Notlüge *f*; **pur ~** glatte Lüge; **purs ~s** Lug *m* und Trug *m*; **~ par omission** bewußtes Verschweigen (*e-s Tatbestandes*); **dire un ~, des ~s** e-e Unwahrheit sagen, lügen; **dire des ~s à qn** j-n anlügen; j-m etw vorlügen; **c'est vrai, ce ~-là?** was soll ich glauben?; **2.** (*illusion*) (Be)Trug *m*; Täuschung *f*
mensonger [mɑ̃sɔ̃ʒe] *adj* ⟨-ère⟩ erlogen; lügenhaft; lügnerisch; Lügen...; irreführend; unwahr
menstruation [mɑ̃stʀyasjɔ̃] *f* PHYSIOL Monatsblutung *f*; Peri'ode *f*; *sc* Menstruati'on *f*

menstruel [mɑ̃stʀyɛl] *adj* ⟨~le⟩ PHYSIOL Menstruati'ons...; *sc* menstru'al; **cycle ~** Zyklus *m*
menstrues [mɑ̃stʀy] *f/pl sc cf* **menstruation**
mensualis|ation [mɑ̃sɥalizasjɔ̃] *f* ('Umstellung *f* auf) monatliche Bezahlung; **~er** *v/t ouvrier, salaire, impôt* monatlich (be)zahlen
mensualité [mɑ̃sɥalite] *f* Monatsrate *f*
mensuel [mɑ̃sɥɛl] *adj* ⟨~le⟩ monatlich; Monats...; *revue* monatlich erscheinend; **salaire ~** Monatsgehalt *n*
mensuration [mɑ̃syʀasjɔ̃] *f* **a)** *action* Körpermessung *f*; **b)** *dimensions* Körpermaße *n/pl*; **prendre les ~s de qn** j-n messen
mental [mɑ̃tal] *adj* (-aux) **1.** (*de l'esprit*) geistig; Geistes...; PSYCH **âge ~** Intelli'genzalter *n*; **état ~** Geisteszustand *m*; **maladie ~e** Geisteskrankheit *f*; **2.** (*dans l'esprit*) gedanklich; **calcul ~** Kopfrechnen *n*
mentalement [mɑ̃talmɑ̃] *adv* **1.** geistig; in geistiger Hinsicht; **2.** in Gedanken; **calculer ~** im Kopf rechnen
mentalité [mɑ̃talite] *f* **1.** *d'une collectivité* Mentali'tät *f*; Denk-, Anschauungsweise *f*; **2.** F *d'un individu* (geistige, moralische) Einstellung *f*; **jolie ~!** *ou* **quelle ~!** das ist e-e Einstellung!
ment|eur [mɑ̃tœʀ] *m*, **~euse** *f* **1.** Lügner(in) *m(f)*; **2.** *adjt personne* verlogen
menthe [mɑ̃t] *f* **1.** BOT Minze *f*; **~ poivrée, anglaise** Pfefferminze *f*; **thé *m* à la ~** schwarzer Tee mit frischen Pfefferminzblättern; (*infusion f, tisane f de*) **~** Pfefferminztee *m*; **2.** *sirop, essence* Pfefferminzsirup *m*, -essenz *f*; **~ à l'eau** erfrischendes Pfefferminzgetränk; **bonbon *m*, pastille *f* à la ~** Pfefferminzbonbon *n ou m*, -pastille *f*; Pfefferminz *n*; **cigarette *f* à la ~** Zigarette *f* mit Men'thol
menthol [mɑ̃tɔl] *m* PHARM Men'thol *n*
mentholé [mɑ̃tɔle] *adj* mit Men'thol; **cigarette ~e** Zigarette *f* mit Menthol
mention [mɑ̃sjɔ̃] *f* **1.** (*action de citer*) Erwähnung *f*; **faire ~ de qc** etw erwähnen; *cf a* **honorable** *3.*; **2.** (*indication*) Vermerk *m*; Angabe *f*; **~ du poids, de la qualité** Gewichts-, Quali'tätsangabe *f*; ADM **rayer, biffer les ~s inutiles** Nichtzutreffendes streichen; **3.** EXAMEN Note *f*; Prädi'katsexamen *n*; **être reçu avec ~** mit besser als „ausreichend" bestanden haben; **être reçu avec (la) ~ «très bien»** mit (der Note) „sehr gut" bestanden haben
mentionner [mɑ̃sjɔne] *v/t* **1.** (*citer*) erwähnen; **2.** *sur un document etc* vermerken; angeben
mentir [mɑ̃tiʀ] ⟨*cf* partir⟩ **I** *v/i* lügen; F schwindeln; **~ à qn** j-n anlügen, belügen; F j-n anschwindeln, beschwindeln; **faire ~ qn, le proverbe** j-n, das Sprichwort Lügen strafen; **il ment comme il respire** er lügt wie gedruckt; *loc/adv* **sans ~** ungelogen; **II** *v/pr* **se ~ à soi--même** sich selbst betrügen, belügen
menton [mɑ̃tɔ̃] *m* Kinn *n*; **double ~** Doppelkinn *n*
mentonnière [mɑ̃tɔnjɛʀ] *f* **1.** *d'un casque* breiter Kinnriemen; **2.** MÉD Kinnverband *m*, -schleuder *f*; **3.** *d'un violon* Kinnstütze *f*

mentor [mɛ̃tɔʀ] *st/s m* (weiser) Ratgeber; Mentor *m*
menu¹ [məny] **I** *adj morceaux* klein; *tige, doigt* dünn; *voix* dünn; fein; *personne* schmächtig; klein und zart; *~s détails* kleinste Einzelheiten *f/pl*; *~e monnaie* kleine Münzen *f/pl*; *subst par le ~* haarklein; bis in die kleinsten Einzelheiten; **II** *adv couper ~* kleinschneiden; in kleine Stücke schneiden; *'hacher ~* fein hacken; wiegen
menu² [məny] *m* **1.** Me'nü *n*; Speisenfolge *f*; *~ à prix fixe* (Tages)Menü *n* (zu festem Preis); **2.** (*carte*) Speisekarte *f*; **3.** *INFORM* Me'nü *n*
menuet [mənɥɛ] *m DANSE, MUS* Menu'ett *n*
menuiserie [mənɥizʀi] *f* **1.** **a)** *métier* Tischle'rei *f*; *südd* Schreine'rei *f*; *atelier m de ~* Tischler-, Schreinerwerkstatt *f*; **b)** *ouvrage(s)* Tischler-, Schreinerarbeit(en) *f(pl)*; **2.** *~ métallique* **a)** *fabrication* Herstellung *f* von Metalltüren und -fenstern; **b)** *produits* Metalltüren *f/pl* und -fenster *n/pl*
menuisier [mənɥizje] *m* Tischler *m*; *südd* Schreiner *m*; *~ de bâtiment, en meubles* Bau-, Möbeltischler *m ou* -schreiner *m*
méphitique [mefitik] *adj vapeurs* übelriechend und giftig; me'fitisch
méplat [mepla] **I** *adj* flach, **II** *m* flache Stelle; Fläche *f* (*a BEAUX-ARTS*)
méprendre [mepʀɑ̃dʀ(ə)] *v/pr* ⟨*cf prendre*⟩ *st/s se ~ sur qn, qc* sich in j-m, in etw täuschen, irren; *ils se ressemblent à s'y ~* sie sehen sich zum Verwechseln ähnlich
mépris [mepʀi] *m* Geringschätzung *f*; Verachtung *f*; 'Mißachtung *f*; *loc/adv avec ~* verächtlich; mit Verachtung; *loc/prép au ~ de* (*sans tenir compte de*) ungeachtet (+*gén*); unter Mißachtung (+*gén*); (*en dépit de*) e-r Sache (*dat*) zum Hohn, zum Trotz; *avoir un ~ sans bornes pour qc, qn* e-e grenzenlose Verachtung für etw, j-n haben
méprisable [mepʀizabl(ə)] *adj* verächtlich; verachtenswert
méprisant [mepʀizɑ̃] *adj air, sourire* verächtlich; geringschätzig; *personne être ~* verächtlich tun
méprise [mepʀiz] *f* Irrtum *m*; Versehen *n*; *loc/adv par ~* irrtümlich(erweise); versehentlich; aus Versehen
mépriser [mepʀize] *v/t* verachten (*a danger, mort*); geringschätzen, -achten (*a argent*); *conseil* in den Wind schlagen
mer [mɛʀ] *f* **1.** Meer *n*; See *f*; *la ~ Morte* das Tote Meer; *'haute, pleine ~* offene, hohe See; Hochsee *f*; offenes Meer; *en 'haute, pleine ~* auf offener, hoher See; *la ~ est 'haute ou pleine, basse* es ist *MAR* Hoch-, Niedrigwasser, *abus* Flut, Ebbe; *POL ~ territoriale* Hoheits-, Küstengewässer *n/pl*; *~ d'huile* spiegelglatte See; spiegelglattes Meer; *la ~ du Nord* die Nordsee; *eau f de ~* Meerwasser *n*; *loc/adj et adv/c: à la ~* am Meer; an der See; *aller à la ~* ans Meer, an die See fahren; *en ~* auf See; auf dem Meer; *par ~* See...; zur See; *COMM* auf dem Seeweg; *sur terre et sur ~* zu Wasser und zu Lande; *un homme à la ~!* Mann über Bord!; *MAR il y a de la ~* es ist hoher Seegang; *fig ce n'est pas la ~ à boire* das ist gar

nicht so schwierig, so schwer; das ist halb so schlimm; das ist zu schaffen; F das ist nicht die Welt; *bateau prendre la ~* in See stechen; auslaufen; *bien tenir la ~* seetüchtig, seetauglich, seefest sein; **2.** *fig une ~ de ...* ein Meer von ...; *~ de feu* Flammenmeer *n*
mercantile [mɛʀkɑ̃til] *adj péj* krämerhaft; pro'fitgierig; *esprit m ~* Krämergeist *m*, -seele *f*
mercantilisme [mɛʀkɑ̃tilism(ə)] *m* **1.** *péj* Krämergeist *m*; Pro'fitgier *f*; **2.** *ÉCON HIST* Merkanti'lismus *m*
mercenaire [mɛʀsənɛʀ] **I** *adj* Söldner...; *troupes f/pl ~s* Söldnertruppen *f/pl*; **II** *m* Söldner *m*
mercerie [mɛʀsəʀi] *f* **a)** *marchandises* Kurzwaren *f/pl*; **b)** *commerce* Kurzwarenhandel *m*; **c)** *magasin* Kurzwarengeschäft *n*, -handlung *f*
merceriser [mɛʀsəʀize] *v/t TEXT* merzeri'sieren; *adjt coton mercerisé* merzerisierte Baumwolle
merci¹ [mɛʀsi] *int* danke!; *~ beaucoup!* vielen Dank!; *~ bien!* schönen Dank!; danke sehr!; danke schön!; *Dieu ~!* Gott sei Dank! F Gott sei's gedankt!; *~ mille fois!* tausend Dank!; vielen herzlichen Dank!; *non, ~, je ne fume pas* nein, danke, ...; danke, nein, ...; *~ à vous* ich danke Ihnen *ou* euch; *~ de ou pour votre cadeau* haben Sie Dank für Ihr Geschenk; *iron ~ du compliment!* ich danke für das Kompliment!; *~ d'être venu* haben Sie Dank, daß Sie gekommen sind; *dire ~* danke (schön) sagen; danken; *dire ~ à qn* sich bei j-m bedanken; *subst dites-lui un grand ~ de ma part* richten Sie ihm meinen besten Dank aus
merci² [mɛʀsi] *f dans les loc: lutte f sans ~* gnadenloses Ringen; *être à la ~ de qn, de qc* j-m, e-r Sache ausgeliefert, preisgegeben sein; j-s Willkür preisgegeben sein; j-m auf Gnade oder Ungnade ausgeliefert sein; *tenir qn à sa ~* j-n in s-r Gewalt haben
merc|ier [mɛʀsje] *m*, *~ière f* Kurzwarenhändler(in) *m(f)*
mercredi [mɛʀkʀədi] *m* Mittwoch *m*; *~ des Cendres* Ascher'mittwoch *m*; *cf a jeudi*
mercure [mɛʀkyʀ] *m CHIM* Quecksilber *n*
Mercure [mɛʀkyʀ] **1.** *ASTR* (der) Mer'kur; **2.** *m MYTH* Mer'kur *m*
mercuriale [mɛʀkyʀjal] *f st/s* (*réprimande*) Tadel *m*; Rüge *f*; Verweis *m*
mercurochrome [mɛʀkyʀɔkʀom] *m PHARM* (*nom déposé*) Mittel zur Wunddesinfektion (*von roter Farbe*)
merde [mɛʀd] P **1.** *f* P Scheiße *f*; Scheißdreck *m*; *~ de chien, d'oiseaux* P Hunde-, Vogelscheiße *f*, F -dreck *m*; *loc/adj de ~* P Scheiß...; F Mist..., Dreck(s)...; *fig: c'est de la ~* das ist Schund, F Mist, Dreck, P Scheiße; *être dans la ~ (jusqu'au cou)* P in der Scheiße sitzen; *foutre la ~* in heilloses Durcheinander anrichten; *il ne se prend pas pour une ou pour de la ~* F er bildet sich wunder was ein; **2.** *int* **a)** *colère, mépris* P *~!* P (verdammte) Scheiße!; so e-e Scheiße!; *nordd* (so ein) Schiet!; F so ein Mist!; verdammter Mist!; verdammt!; *après tout, ~!* P das ist doch alles Scheiße, F Mist!; *~ pour*

X! P dieser Scheiß...!; **b)** *admiration, étonnement* F *~ alors!* Donnerwetter!; **c)** F *~ puissance treize!* ich drücke, halte dir die Daumen; Hals- und Beinbruch!; toi, toi, toi!
merder [mɛʀde] P *v/i personne* P Scheiße bauen; *projet etc* F in die Hose gehen
merdeux [mɛʀdø] P **I** *adj* ⟨-*euse*⟩ P beschissen; *fig bâton ~* widerlicher Kerl; P Drecks-, Scheißkerl *m*; **II** *subst ~, merdeuse m,f* F (eingebildeter) Schnösel, eingebildete Pute; P Rotzjunge *m*, Rotznase *f*
merdier [mɛʀdje] *m* P Saustall *m*
merdique [mɛʀdik] *adj* P beschissen
merdoyer [mɛʀdwaje] *v/i* ⟨-oi-⟩ F ins Schwimmen kommen
mère [mɛʀ] *f* **1.** Mutter *f* (*a ÉGL CATH et fig*); (*femelle animale*) a Muttertier *n*; F *la ~ X* Mutter X; (die) Frau X; *appellatif REL ma ~* Mutter (+*Name*); F *allons, la petite ~*, *...* F na, Mütterchen *ou* Mutti, ...; *~ porteuse* Leihmutter *f*; *~ de famille* verheiratete Frau mit Kindern; *comme profession* Hausfrau *f*; *~ de deux enfants* Mutter zweier Kinder; *fête f des ~s* Muttertag *m*; **2.** *adjt* Haupt...; Grund...; *~ branche* Hauptast *m*; *idée f ~* Haupt-, Grundgedanke *m*; *maison f ~* **a)** *COMM* Stammhaus *n*; Hauptgeschäft *n*; **b)** *ÉGL CATH* Mutterhaus *n*; *~ patrie* Mutterland *n*; *reine f ~* Königinmutter *f*; **3.** *~ du vinaigre* Essigmutter *f*
mère-grand [mɛʀgʀɑ̃] *f dans les contes de fées* Großmutter *f*
merguez [mɛʀgɛz] *f CUIS* scharf gewürzte kleine Bratwurst
méridien [meʀidjɛ̃] **I** *adj* ⟨-*ne*⟩ *ASTR* Meridi'an...; Mittags...; *'hauteur ~ne* Meridian-, Mittagshöhe *f*; *plan ~* Meridianebene *f*; **II** *m* **1.** *GÉOGR* Meridi'an *m*; Längenkreis *m*; *~ d'origine* Nullmeridi'an *m*; **2.** *ASTR* (*céleste*) Meridi'an *m*; Mittagskreis *m*
méridional [meʀidjɔnal] ⟨*m/pl -aux*⟩ **I** *adj* **1.** (*au sud*) südlich, Süd...; *climat ~* südliches Klima; *côte ~e* Südküste *f*; **2.** (*du Midi*) südfranzösisch; *accent ~* südfranzösischer Akzent; **II** *subst ~(e) m(f)* Südfranzose, -französin *m,f*; *par ext* Südländer(in) *m(f)*
meringue [məʀɛ̃g] *f gâteau* Baiser [bɛ'ze:] *n*; Me'ringel *f*
meringué [məʀɛ̃ge] *adj CUIS* mit Baiserteig über'zogen
mérinos [meʀinos] *m* **1.** *ZO* Me'rino (-schaf) *m(n)*; F *fig laisser pisser le ~* die Dinge laufen lassen; **2. a)** *laine* Me'rinowolle *f*; **b)** *étoffe* Me'rino *m*
merise [məʀiz] *f BOT* Süß-, Vogelkirsche *f*
merisier [məʀizje] *m* **1.** *BOT* Süß-, Vogelkirsche *f* (*Baum*); **2.** (*bois m de*) *~* Kirschbaumholz *n*
méritant [meʀitɑ̃] *adj personne* verdienstvoll; verdient
mérite [meʀit] *m* **1.** Verdienst *n*; *loc/adj: de ~* verdient; *plein de ~, de grand ~* verdienstvoll; sehr verdient; *il a du ~ à travailler dans ces conditions* es ist ihm hoch anzurechnen *ou* er verdient Anerkennung, daß er unter diesen Verhältnissen arbeitet; *ils ont réussi, mais il n'y a aucun ~ à cela* es ist nicht ihr Verdienst; *se faire un ~ de faire qc*

mériter – mesure

es sich als Verdienst anrechnen, etw zu tun; *tout le ~ lui en revient* das ist alles sein Verdienst; **2.** (*qualité[s]*) Vorzug *m*; *avoir le ~ de la sincérité* den Vorzug haben, aufrichtig zu sein; *ce livre n'est pas sans ~* dieses Buch ist durchaus, recht wertvoll; **3.** (*ordre m du*) ♀ *agricole* Orden *m* für Verdienste um die Landwirtschaft

mériter [meRite] **I** *v/t estime, récompense, punition, vacances etc* verdienen; *personne, chose ~ qc a* etw wert sein; *endroit ~ le détour* den Umweg wert sein, lohnen; *ceci mérite réflexion* das ist über'legenswert; das bedarf der Über'legung; *cela mérite d'être lu* das ist lesenswert; *il ne mérite pas qu'on se fasse du souci pour lui* er verdient es gar nicht, er ist es gar nicht wert, daß man sich um ihn sorgt; *il l'a bien mérité!* das geschieht ihm recht (so)!; das hat er verdient!; *adjt repos bien mérité* wohlverdiente Ruhe; **II** *v/t/indir st/s il a bien mérité de la patrie* er hat sich um das Vaterland verdient gemacht

méritoire [meRitwaR] *adj action* verdienstvoll; verdienstlich; *efforts* löblich

merlan [mɛRlɑ̃] *m ZO* Mer'lan *m*; Wittling *m*; F *fig faire des yeux de ~ frit* F glotzen, stieren (wie ein abgestochenes Kalb)

merle [mɛRl] *m* **1.** *ZO* Amsel *f*; Schwarzdrossel *f*; *fig siffler comme un ~* gut pfeifen können; **2.** *fig ~ blanc* weißer Rabe

merlu [mɛRly] *m ZO* Seehecht *m*; Hechtdorsch *m*

merluche [mɛRlyʃ] *f* **1.** *ZO cf* **merlu**; **2.** *COMM* Stockfisch *m*

mérou [meRu] *m ZO* Zackenbarsch *m*

mérovingien [meRɔvɛ̃ʒjɛ̃] *HIST* **I** *adj* ⟨~ne⟩ merowingisch; **II** *m/pl ♀s* Merowinger *m/pl*

merveille [mɛRvɛj] *f* Wunder(werk) *n*; *une pure ~* ein wahres Wunder(werk); *les sept ♀s du monde* die Sieben Weltwunder *n/pl*; *fig la huitième ~ du monde* das achte Weltwunder; *loc/adv à ~* wunderbar; herrlich; sehr gut; ausgezeichnet; vor'trefflich; großartig; *il se porte à ~* es geht ihm sehr gut, ausgezeichnet, glänzend; *être une ~ de précision etc* ein Wunder an Präzision *(dat)* etc sein; *médicament etc faire ~, des ♀s* Wunder wirken, voll'bringen

merveilleux [mɛRvɛjø] **I** *adj* ⟨-euse⟩ wunderbar; wundervoll; wunderschön; herrlich; großartig; **II** *subst* **1.** *le ~* das Wunderbare; **2.** *HIST les Merveilleuses f/pl* allzu modisch gekleidete Damen zur Zeit des Directoire

mes [me] *cf* **mon**

mésalliance [mezaljɑ̃s] *f* 'Mißheirat *f*; nicht standesgemäße Heirat; Mesalli'ance *f*

mésange [mezɑ̃ʒ] *f ZO* Meise *f*

mésaventure [mezavɑ̃tyR] *f* 'Mißgeschick *n*

mescaline [mɛskalin] *f* Meska'lin *n*

mesdames, mesdemoiselles *pl cf* **madame, mademoiselle**

mésentente [mezɑ̃tɑ̃t] *f* 'Mißhelligkeit *f*; Unstimmigkeit *f*; *fort* Uneinigkeit *f*

mésentère [mezɑ̃tɛR] *m ANAT* Dünndarmgekröse *n*; *sc* Mesen'terium *n*

mésestim|e [mezestim] *litt f* 'Mißachtung *f*; Geringschätzung *f*; **~er** *v/t litt*

personne, talent miß'achten; geringschätzen; *difficultés* unter'schätzen

mésintelligence [mezɛ̃teliʒɑ̃s] *litt f* Uneinigkeit *f*; mangelndes Einvernehmen; Unstimmigkeit *f*

mésocarpe [mezɔkaRp] *m BOT* mittlere Schicht der Fruchtwand; *sc* Meso'karp(ium) *n*

mésolithique [mezɔlitik] **I** *adj* mittelsteinzeitlich; *sc* meso'lithisch; **II** *m* mittlere Steinzeit; *sc* Meso'lithikum *n*

Mésopotamie [mezɔpɔtami] *HIST la* Mesopo'tamien *n*

mésopotamien [mezɔpɔtamjɛ̃] *HIST* **I** *adj* ⟨~ne⟩ mesopo'tamisch; **II** *m/pl les ♀s* die Mesopo'tamier *m/pl*

mesquin [mɛskɛ̃] *adj* **1.** (*étriqué*) kleinlich; engstirnig; engherzig; schäbig; *esprit ~* Kleingeist *m*; **2.** (*avare*) schäbig; F knaus(e)rig; knick(e)rig

mesquinerie [mɛskinRi] *f* **1.** (*caractère mesquin*) Kleinlichkeit *f*; Engstirnigkeit *f*; Engherzigkeit *f*; Schäbigkeit *f*; **2.** (*action, attitude mesquine*) kleinliches, schäbiges Verhalten; kleinliche, schäbige Handlungsweise; Schäbigkeit *f*; **3.** (*avarice*) Schäbigkeit *f*; F Knaus(e)rigkeit *f*

mess [mɛs] *m MIL* Ka'sino *n*

message [mesaʒ] *m* **1.** (*information transmise*) Botschaft *f* (*a POL, BIBL, fig d'un artiste etc*); Nachricht *f*; Mitteilung *f*; Meldung *f* (*a INFORM*); *RAD, TV* 'Durchsage *f*; *~ publicitaire* Werbespot *m*, -durchsage *f*, -text *m*; *~ radio* Funkspruch *m*; *fig ~ de l'au-delà* Botschaft aus dem Jenseits; *AVIAT, MAR ~ de détresse* Notruf *m*; **2.** (*commission*) Auftrag *m*; Bestellung *f*; *s'acquitter d'un ~* sich e-s Auftrags entledigen

messag|er [mesaʒe] *m*, **~ère** *f* Bote *m*, Botin *f* (*a fig*); *fig messager de malheur, de mauvais augure* Unglücksbote *m*; *poét messagers du printemps* Vorboten *m/pl* des Frühlings

messagerie [mesaʒRi] *f* **1.** *pl ~s aériennes, maritimes* Luft-, Seefrachtagentur *f*; *~s de presse* Zeitungsvertriebsgesellschaft *f*; **2.** *INFORM* elek'tronische Post; elek'tronischer Briefkasten

messe [mɛs] *f* **1.** *ÉGL CATH* Messe *f*; *~ basse* stille Messe; F *fig ~s basses* Getuschel *n*; F *fig faire des ~s basses* miteinander tuscheln; *~ chantée* (Hoch)Amt *n*; *~ noire* schwarze Messe; *~ de minuit* Christmette *f*; *~ des morts* Toten-, Seelenmesse *f*; *aller à la ~* zur Messe gehen; in die Kirche gehen; *dire la ~* die Messe halten *ou* lesen; *faire dire une ~ pour qn* für j-n e-e Messe lesen lassen; *servir la ~* mini'strieren; **2.** *MUS* Messe *f*; *~ en si mineur* h-Moll-Messe *f*

Messiaen [mesjɑ̃] *frz* Komponist

messianique [mesjanik] *adj REL et fig* messi'anisch

Messie [mesi] *REL le ~* der Mes'sias; F *fig attendre qn comme le ~* j-n sehnlichst erwarten

messieurs *pl cf* **monsieur**

messire [mesiR] *m ancien titre* gnädiger Herr

mesur|able [məzyRabl(ə)] *adj* meßbar; **~age** *m TECH* (Ab-, Aus-, Ver)Messen *n*, -ung *f*

mesure [məzyR] *f* **1.** (*action de mesurer*) Messung *f*; *~ de chaleur, de température* Wärme-, Tempera'turmessung *f*; *appareil m, instrument m de ~* Meßgerät *n*, -instrument *n*; **2.** (*dimension, étalon*) Maß *n* (*a fig*); *fig* Maßstab *m*; *fig la bonne, juste ~* das richtige, rechte Maß; *~s de capacité, de longueur, de superficie, de volume* Hohl-, Längen-, Flächen-, Raummaße *n/pl*; *système m de ~* Maßsystem *n*; ♦ *loc/adv: au fur et à ~* nach und nach; *dans une certaine ~* in gewissem Maße; bis zu e-m gewissen Grad, 'Umfang; einigermaßen; *dans une large ~* weitgehend; in hohem Maße; *dans quelle ~?* inwie'weit?; in welchem 'Umfang?; *sur ~* nach Maß (*a fig*); *travail m sur ~* Maßarbeit *f*; *se faire faire une robe sur ~* sich ein Kleid nach Maß anfertigen lassen; ♦ *loc/conj* (*au fur et*) *à ~ que* in dem Maße, wie; *dans la ~ où* so'weit; in dem Maße, wie; insoweit *ou* insofern, als; ♦ *loc/prép à la ~ de qn, qc* j-m, e-r Sache angemessen, entsprechend; auf j-n, etw zugeschnitten; *un adversaire à sa ~* ein Gegner, der es mit ihm aufnehmen kann *ou* der sich mit ihm messen kann; *au fur et à ~ de* je nach; *dans la ~ de* im Rahmen, nach Maßgabe (+*gén*); *dans la ~ du possible* im Rahmen des Möglichen; soweit (es) möglich (ist); nach Möglichkeit; ♦ *il n'y a pas de commune ~ entre … et …* man kann … und … nicht an denselben Maßstab messen; man kann an (+*acc*) nicht denselben Maßstab anlegen wie an (+*acc*); es gibt keinen gemeinsamen Maßstab für … und …; *ces deux événements sont sans commune ~* sind nicht vergleichbar; kann man nicht miteinander vergleichen; stehen in keinem Verhältnis zueinander; *donner la ~ de son talent, donner (toute) sa ~* zeigen, was man kann; *prendre les ~s de qc* etw aus-, abmessen; *COUT prendre les ~s d'un costume* für e-n Anzug Maß nehmen; *je prends vos ~s* ich nehme bei Ihnen Maß; **3.** (*modération*) Maß *n*; *loc/adv: avec ~* maßvoll; *outre ~* 'übermäßig; *sans ~* maßlos; ohne Maß (und Ziel); *ambition f sans ~* maßloser Ehrgeiz; *il n'a pas le sens de la ~* er kennt kein Maß; er kann nicht maßhalten; **4.** (*disposition*) Maßnahme *f*, -regel *f*; *~ disciplinaire* Diszipli'narmaßnahme *f*; *~ de contrôle* Kon'trollmaßnahme *f*; *~ de précaution* Vorsichtsmaßnahme *f*, -maßregel *f*; *~ de protection* Schutzmaßnahme *f*; *~ de sécurité, de sûreté* Sicherheitsmaßnahme *f*, -vorkehrung *f*; *loc/prép par ~ de* aus Gründen (+*gén*); *par ~ de prudence* vorsichtshalber; *prendre des ~s* Maßnahmen ergreifen; Vorkehrungen treffen (*contre* gegen); **5.** *MUS* Takt(maß) *m(n)*; *~ à trois, à quatre temps* Drei'viertel-, Vier'vierteltakt *m*; *barre f de ~* Taktstrich *m*; *loc/adv en ~* im Takt; *battre, marquer la ~* den Takt schlagen, angeben; *perdre la ~* aus dem Takt kommen; **6.** (*récipient*) Maß *n*; *~ à grains* Kornmaß *n*; *deux ~s d'avoine* zwei Maß Hafer; *faire bonne ~* gut, reichlich messen, wiegen; *fig la ~ est comble!* das Maß ist voll!; **7.** *être en ~ de faire qc* in der Lage,

mesuré – mètre

im'stande sein, etw zu tun; *mettre qn en ~ de faire qc* j-m die Möglichkeit, Gelegenheit geben, j-n in den Stand setzen, etw zu tun
mesuré [məzyʀe] *adj personne* maßvoll; *ton, propos* gemäßigt; *à pas ~s* gemessenen Schrittes
mesurer [məzyʀe] **I** *v/t* **1.** *(prendre les mesures)* (ab-, aus-, ver)messen; *longueur* (ab)messen; *volume* (aus)messen; *~ qn* j-n messen; *fig ~ ses forces avec qn* s-e Kräfte mit j-m messen; *~ un terrain* ein Gelände vermessen; **2.** *(avoir pour mesure)* messen; groß sein; *la pièce mesure trois mètres sur cinq* das Zimmer ist drei mal auf fünf Meter groß; **3.** *fig (évaluer) risque etc* ermessen; (richtig) abschätzen, beurteilen; **4.** *fig ~ qc à ou sur qc* etw an etw *(dat)* messen; etw nach etw bemessen, regeln; **5.** *fig ~ ses expressions* sich vorsichtig ausdrücken; sich in s-n Ausdrücken mäßigen; *~ ses paroles* s-e Worte abwägen; *notre temps est mesuré* unsere Zeit ist knapp bemessen; **II** *v/pr* **a)** *réfléchi se ~ à ou avec qn* sich mit j-m messen; **b)** *réciproque se ~ du regard* sich mit Blicken messen; **c)** *sens passif se ~ en mètres* in Metern gemessen werden; *fig se ~ à qc* an etw *(dat)* gemessen werden
métabolisme [metabɔlism(ə)] *m PHYSIOL* Stoffwechsel *m*; *sc* Metabo'lismus *m*; *~ basal, de base* Grundumsatz *m*
métacarpe [metakaʀp] *m ANAT* Mittelhand *f*
métairie [meteʀi] *f AGR* (Halb)Pachthof *m*, -gut *n*
métal [metal] *m* ⟨*pl* -aux⟩ Me'tall *n*; *loc/adj de, en ~* Metall...; me'tallen
méta|langage [metalɑ̃gaʒ] *m ou* **~langue** *f LING, INFORM* Metasprache *f*
métallifère [metalifɛʀ] *adj* me'tall-, erzhaltig; *gisement m ~* Erzlagerstätte *f*
métallique [metalik] *adj* **1.** *(en métal)* Me'tall...; me'tallen; *mobilier m ~* Stahlmöbel *n/pl*; *monnaie f ~* Hart-, Metallgeld *n*; *plaque f ~* Metallplatte *f*; *toile f ~* Drahtgewebe *n*; Metalltuch *n*; *tour f ~* Turm *m* in Eisenkonstruktion; **2.** *éclat, son* me'tallisch; *voix f ~* metallische Stimme
métalliser [metalize] *v/t TECH* **1.** *(recouvrir de métal)* metalli'sieren; **2.** *(donner un éclat métallique)* Me'tallglanz geben (+*dat*); *adjt métallisé* me'tallisch glänzend; me'tallic
métallo [metalo] *m F abr (métallurgiste 1.)* F Me'taller *m*
métallographie [metalɔgʀafi] *f* Me'tallkunde *f*; *~ microscopique* Metallogra'phie *f*
métalloïde [metalɔid] *m CHIM* Halbmetall *n*
métallurgie [metalyʀʒi] *f* **1.** *industrie* Me'tallindustrie *f*; *~ lourde* Hüttenindustrie *f*; *~ de transformation* metallverarbeitende Industrie; **2.** *techniques* Me'tallbearbeitung *f*; Metallur'gie *f*
métallurgique [metalyʀʒik] *adj* Hütten..., Me'tall...; *industrie f ~* Metallindustrie *f*; *usine f ~* Hütte *f*; Hüttenwerk *n*
métallurgiste [metalyʀʒist] *m* **1.** Me'tallarbeiter *m*; **2.** *adjt ingénieur m ~* Hütteningenieur *m*
métamorph|ique [metamɔʀfik] *adj*

roche f ~ metamorphes Gestein; *~isme m GÉOL* Metamor'phose *f*
métamorphose [metamɔʀfoz] *f* Verwandlung *f*; 'Umwandlung *f*; Metamor'phose *f* (*a ZO, MYTH*)
métamorphoser [metamɔʀfoze] **I** *v/t* verwandeln (*en* in +*acc*); 'umwandeln; völlig verändern; *st/s* metamorpho'sieren; **II** *v/pr se ~* sich verwandeln (*en* in +*acc*)
métaphor|e [metafɔʀ] *f* Me'tapher *f*; bildlicher Ausdruck; Bild *n*; *~ique adj* **1.** *sens, emploi* bildlich; über'tragen; meta'phorisch; **2.** *style* bilderreich
métaphysique [metafizik] **I** *f PHILOS* Metaphy'sik *f*; **II** *adj* meta'physisch
métastase [metastaz] *f MÉD* Meta'stase *f*; Tochtergeschwulst *f*
métatarse [metataʀs] *m ANAT* Mittelfuß *m*
métayage [metɛjaʒ] *m AGR* Halb-, Teilpacht *f*
métay|er [meteje] *m*, *~ère f* Halb-, Teilpächter(in) *m(f)*
métempsyc(h)ose [metɑ̃psikoz] *f REL* Seelenwanderung *f*; *sc* Metempsy'chose *f*
météo [meteo] *f abr (météorologie)* Wetterbericht *m*, -vorhersage *f*
météore [meteɔʀ] *m ASTR* Mete'or *m*; Sternschnuppe *f*; *fig passer comme un ~* a) F vor'beiflitzen; b) *fig* ko'metenhaft aufsteigen und wieder verschwinden
météor|ique [meteɔʀik] *adj ASTR* Mete'or...; Meteo'riten...; *~ite m ou f* Meteo'rit *m*
météorologie [meteɔʀɔlɔʒi] *f* **1.** *science* Wetterkunde *f*; Meteorolo'gie *f*; **2.** *service* Wetterdienst *m*, -amt *m*
météorologique [meteɔʀɔlɔʒik] *adj* wetterkundlich; meteoro'logisch; Wetter...; *bulletin m*, *carte f ~* Wetterbericht *m*, -karte *f*
météoro|logiste [meteɔʀɔlɔʒist] *m,f ou* **~logue** *m,f* Meteoro'loge, -'login *m,f*
métèque [metɛk] *m péj* lästiger, unliebsamer Ausländer; F Ka'nake *m*
méthacrylique [metakʀilik] *adj CHIM résines f/pl ~s* Polya'crylharze *n/pl*
méthane [metan] *m CHIM* Me'than *n*
méthanier [metanje] *m MAR* Gastanker *m*
méthanol [metanɔl] *m CHIM* Metha'nol *n*
méthode [metɔd] *f* **1.** Me'thode *f*; Verfahren *n*; Verfahrens-, Vorgehensweise *f*; *~ d'enseignement* 'Unterrichts-, Lehrmethode *f*; *~ de production* Produkti'onsverfahren *n ou* -methode *f ou* -weise *f*; *~ de travail* Arbeitsmethode *f*, -weise *f*; *loc/adv: avec ~* mit Methode, methodisch; planmäßig; syste'matisch; *sans ~* planlos; unsystematisch; **2.** *livre* Lehrbuch *n*, Lehrgang *m*, Leitfaden *m* (*de comptabilité* der Buchführung); *MUS ~ de piano, de violon* Kla'vier-, Vio'linschule *f*; **3.** F *fig (moyen)* F Masche *f*
méthodique [metɔdik] *adj* me'thodisch; planmäßig; syste'matisch
méthod|isme [metɔdism(ə)] *m REL* Metho'dismus *m*; *~iste REL* **I** *adj* metho'distisch; Metho'disten...; **II** *m,f* Metho'dist(in) *m(f)*
méthodologie [metɔdɔlɔʒi] *f* Methodolo'gie *f*; Me'thodik *f*; Me'thodenlehre *f*
méthyle [metil] *m CHIM* Me'thyl *n*

méthylène [metilɛn] *m* **1.** *CHIM* Methy'len *n*; **2.** *COMM* Me'thylalkohol *m*; Metha'nol *n*
méthylique [metilik] *adj CHIM alcool m ~* Me'thylalkohol *m*; Metha'nol *n*
méticuleux [metikylø] *adj* ⟨-euse⟩ *personne* gewissenhaft, peinlich genau, sehr sorgfältig, F pingelig (*dans son travail* in s-r Arbeit); *propreté* peinlich
métier [metje] *m* **1.** Beruf *m*; Gewerbe *n*; Fach *n*; Handwerk *n* (*fig*); F Meti'er *n*; *~ manuel, intellectuel* handwerklicher, geistiger Beruf; *fig ~ des armes* Kriegshandwerk *n*; *~ d'écrivain* Beruf e-s Schriftstellers; Schriftstellerberuf *m*; *argot m de ~* Berufssprache *f*; Fachjargon *m*; *homme m de ~, qn du ~* j vom Fach; Fachmann *m*; *avoir un ~* e-n Beruf haben, F ein Metier haben; *ein Gewerbe betreiben*; *connaître son ~* sein Fach, sein Handwerk, sein Geschäft, F sein Metier verstehen; sich in s-m Fach, Beruf auskennen; *être du ~* vom Fach, F vom Bau sein; von der Sache etwas verstehen; *faire son ~* s-e Arbeit, s-e Pflicht tun; *faire tous les ~s* sich in vielen Berufen versuchen; *parler ~* fachsimpeln; *prov: chacun son ~ (, les vaches seront bien gardées)* Schuster, bleib bei deinem Leisten! (*prov*); *il n'est point de sot ~ (, il n'y a que de sottes gens)* kein Beruf ist schlechter als der andere (, es gibt nur Leute, die ihn schlecht ausüben); **2.** *artisanal* Handwerk *n*; *~ de serrurier, de tailleur* Schlosser-, Schneiderhandwerk *n*; **3.** *(savoir-faire)* (handwerkliches) Können *n*; *avoir du ~* Berufserfahrung besitzen; *artiste etc* das Handwerksmäßige beherrschen; *il a des idées, mais aucun ~* er hat Ideen, aber keinerlei Erfahrung, aber er versteht nichts vom Handwerklichen; **4.** *TEXT ~ (à tisser)* Webstuhl *m*; *~ à filer le coton, la laine* Baumwoll-, Wollspinnmaschine *f*; *fig mettre qc sur le ~* (mit) etw beginnen; etw in Angriff nehmen; *Boileau vingt fois sur le ~ remettez votre ouvrage* über'prüfe deine Arbeit immer wieder; **5.** *~ (à broder, à tapisserie)* Stickrahmen *m*
métis [metis] **I** *adj* ⟨-se⟩ **1.** *population* Mischlings...; *BOT* durch Kreuzung entstanden; hy'brid; *enfant ~* Mischlingskind *n*; **2.** *TEXT toile ~se* Halbleinen *n*; **II** *subst* **1.** *~(se) m(f) personne* Mischling *m*; *ZO, BOT* Bastard *m*; *ZO a* Halbblut *n*; **2.** *m TEXT* Halbleinen *n*; *drap m de ~* halbleinenes Bettuch
métissage [metisaʒ] *m* Rassenmischung *f*; Bastar'dierung *f*
métissé [metise] *adj race ~e* Mischrasse *f*
métonymie [metɔnimi] *f LING* Metony'mie *f*
métrage [metʀaʒ] *m* **1.** *COUT* Meterzahl *f*; Stoffmenge *f*; *un petit ~* e-e kleine Stoffmenge; wenig Stoff; **2.** *CIN court ~* Kurzfilm *m*; *long ~* Haupt-, Spielfilm *m*; abendfüllender Film; **3.** *CONSTR* (Ver)Messen *n*, -ung *f (nach Metern)*
mètre [mɛtʀ(ə)] *m* **1.** *unité de mesure (abr m)* Meter *m ou n (abr m)*; *~ carré, cube* Qua'drat-, Ku'bikmeter *m ou n*; *loc/adv: au ~* meterweise; *par ~* je Meter; *il mesure un ~ soixante-dix (1,70 m)* er ist eins siebzig (1,70 m)

groß; er ist ein(en) Meter siebzig groß; **2.** *règle ou ruban* Metermaß *n*; ~ **pliant** Zollstock *m*; Gliedermaßstab *m*; ~ **à ruban** (Stahl)Bandmaß *n*; ~ **de couturière** Zenti'metermaß *n*; **3.** *SPORTS* **cent**, **'huit cents** ~**s** Hundert-, Achthundert'meterlauf *m*; 100-m-Lauf *m*, 800-m-Lauf *m*; **courir le cent** ~**s** am 100-m-Lauf teilnehmen; **4.** *VERSIFICATION* Metrum *n*; Versmaß *n*

métrer [metʀe] *v/t* ⟨-è-⟩ *CONSTR* (nach Metern) vermessen; ausmessen

métreur [metʀœʀ] *m CONSTR* ~ **vérificateur** Vermesser, der das Aufmaß feststellt

métrique [metʀik] **I** *adj* **1.** metrisch; **système** *m* ~ metrisches System; **2.** *VERSIFICATION* metrisch; **vers** *m* ~ quanti'tierender Vers; **II** *f* (versification) Metrik *f*; Verslehre *f*

métrite [metʀit] *f MÉD* Gebärmutterentzündung *f*

métro [metʀo] *m* U-Bahn *f*; **le** ~ **de Paris** *a* die Pariser Metro

métronome [metʀɔnɔm] *m MUS* Metro'nom *n*; Taktmesser *m*

métropole [metʀɔpɔl] *f* **1.** *ville* Metro'pole *f*; ~ **économique** Wirtschaftsmetropole *f*; **2.** *d'une colonie* Mutterland *n*; **3.** *ÉGL CATH* Sitz *m* e-s Metropo'liten, e-s Erzbischofs

métropolitain [metʀɔpɔlitɛ̃] *adj* **1.** *ADM* **chemin de fer** ~ *ou subst* ~ *m* 'Untergrundbahn *f*; **2.** des Mutterlandes; **la France** ~**e** das französische Mutterland; **3.** *ÉGL CATH* **église** ~**e** Metropoli'tankirche *f*; **archevêque** ~ *ou subst* ~ *m* Metropo'lit *m*

mets [mɛ] *m* Gericht *n*; Speise *f*

mettable [mɛtabl(ə)] *adj vêtements* tragbar; brauchbar; F anständig; **ce manteau n'est plus** ~ a diesen Mantel kann man nicht mehr tragen

metteur [mɛtœʀ] *m* **1.** *THÉ, CIN, TV* ~ **en scène** Regis'seur *m*; Spielleiter *m*; **2.** *TYPO* ~ **en pages** Met'teur *m*

mettre [mɛtʀ(ə)] ⟨je mets, il met, nous mettons; je mettais; je mis; je mettrai; que je mette; mettant; mis⟩
I *v/t* **1.** *objet* legen; stellen; setzen; (hin-)ein)stecken, (-)tun (**dans sa poche** in die Tasche); bringen, schaffen (**à la poste** zur *ou* auf die Post); **pellicule** einlegen (**dans l'appareil photo** in den Fotoapparat); *nappe* aufdecken; auflegen (*a couverts*); *lit* aufstellen; **du beurre** *etc* (auf)streichen (**sur** auf +*acc*); *liquide* gießen (**dans** in +*acc*); *bouton* annähen (**à** an +*acc*); *pièce* aufsetzen (**à** auf +*acc*); F *radio, chauffage* anstellen; *RAD, TV* einstellen ([**sur**] **France-Inter** [auf] France-Inter); *qc etc* legen (**dans une maison** in ein Haus; **chez qn** bei j-m); *verrou* vorlegen; vor-, zuschieben; *tête etc* her'ausst(r)ecken, F rausst(r)ecken (**à la fenêtre** zum Fenster); *argent* bringen (**à la banque** zur Bank); anlegen (**dans qc** in etw [*dat*]); stecken (**dans une entreprise** in ein Unter'nehmen); *personne* schicken (**à l'école maternelle** in den Kindergarten); geben (**en pension** in Pension); *sentinelles* aufstellen (**aux portes** vor den Türen);
expressions: **a)** *avec subst et pr*: F ~ **les bouts**, *abs* **les** ~ F abhauen; türmen; verduften; *SPORTS* F **ils leur ont mis cinq buts à zéro** sie haben sie mit fünf zu null (Toren) geschlagen; ~ **le couvert, la table** den Tisch decken; **où ai-je mis mes lunettes?** wo habe ich meine Brille hingelegt?; F **qu'est-ce qu'il lui met!** F der verdrischt ihn, der gibt es ihm aber ordentlich!; **y** ~ **du sien** das Seine dazu beitragen, tun; *cf a les subst correspondants*; **b)** *avec adv*: ~ **ailleurs** anderswohin legen, stellen, setzen; *animal* ~ **bas** (Junge) werfen; ~ **bas les armes** die Waffen strecken, niederlegen; **combien voulez-vous y** ~**?** wieviel wollen Sie dafür anlegen, ausgeben?; **y** ~ **le prix** es sich etwas kosten lassen; **c)** *avec prép et loc/adv*: ~ **à la boîte aux lettres** in den Briefkasten werfen; einwerfen; ~ **à chauffer** aufwärmen; ~ **qn à la direction** j-n an die Spitze stellen, setzen; ~ **à la tête** j-m die Leitung über'tragen; *CUIS* ~ **au four** in den (Back)Ofen schieben; *GR* ~ **au futur, au pluriel** ins Futur, in den Plural setzen; **montre** ~ **à l'heure** stellen; ~ **à mal** verprügeln; ~ **à mort** töten; ~ **à la place d'honneur** auf den Ehrenplatz setzen; ~ **de l'énergie, du soin à faire qc** Energie, Sorgfalt darauf verwenden, etw zu tun; ~ **son orgueil à faire qc** s-n Stolz dar'einsetzen, etw zu tun; ~ **de la bonne volonté à faire qc** guten Willen bei etw zeigen; ~ **une note amusante dans qc** e-e heitere Note in etw (*acc*) bringen; ~ **du sel dans le potage** Salz an ou in die Suppe tun; ~ **la clé dans la serrure** den Schlüssel ins Schloß stecken; ~ **de côté** bei'seite legen, auf die Seite legen (*a argent*); zur Seite legen; ~ **ses mains derrière le dos** die Hände auf den Rücken legen; ~ **en bouteilles** in Flaschen (ab)füllen; auf Flaschen ziehen; abziehen; *personne* ~ **en forme** in Form bringen; fit machen; *texte* ~ **en bon français** in gutes Französisch bringen; *TYPO* ~ **en pages** um'brechen; ~ **par terre** auf den Boden stellen, legen, setzen; ~ **sous clé** ein-, wegschließen; ~ **qc l'un sur l'autre** etw aufei'nander-, überei'nanderlegen; *fig* ~ **qn sur le droit chemin** j-n auf den richtigen Weg bringen; ~ **sur la table** auf den Tisch legen, stellen setzen; *nourriture* auf den Tisch bringen; aufhängen; ~ **ses coudes sur la table** die Ellbogen auf den Tisch stützen; *cf a les subst correspondants*;
2. *vêtements, chaussures, gants* anziehen; *gants a* 'überziehen; *chapeau, lunettes* aufsetzen; *cravate* 'umbinden; *ceinture* 'umschnallen; *tablier* 'umbinden; F *vorbinden*; *foulard* 'umwerfen; 'umnehmen; 'umtun; *bijoux* anlegen; *bague* anstecken; *collier* 'umtun; F 'ummachen; *patins* anschnallen; **il ne met jamais de chapeau** er trägt nie e-n Hut; ~ **sur les épaules** *manteau* 'umhängen; *foulard* über die Schultern nehmen; **3.** *un certain temps* brauchen, benötigen; ~ **deux jours à faire qc** zwei Tage brauchen, um etw zu tun; *plat* ~ **longtemps à cuire** lange kochen müssen; **4.** (*écrire*) schreiben; **mettez cent francs!** schreiben Sie hundert Franc!; ~ **une somme au compte de qn** e-e Summe auf j-s Konto (*acc*) über-'schreiben; über'tragen; über'weisen; ~ **son nom sur une liste** s-n Namen auf e-e Liste setzen, schreiben; **5.** F (*supposer*) **mettons que ...** (+*subj*) nehmen wir (einmal) an, gesetzt den Fall, angenommen, (daß) ...; **mettons vingt** sagen wir zwanzig;
II *v/pr* **se** ~ **6.** sich setzen (**au piano** ans Klavier; **dans un fauteuil** in e-n Sessel); sich stellen (**à la fenêtre** ans Fenster; **à côté de qn** neben j-n; **derrière qn, qc** hinter j-n, etw); sich legen (**au lit** ins Bett); treten, gehen (**à la fenêtre** ans Fenster); F **s'en** ~ **partout** F sich völlig bekleckern; F *fig* **s'en** ~ **jusque là** F sich den Bauch 'vollschlagen; P sich 'vollfressen; *fig* **se** ~ **bien, mal avec qn** sich gut, schlecht mit j-m stellen; **ne plus savoir où se** ~ sich am liebsten in ein Mauseloch verkriechen (mögen); **se** ~ **à la tête** sich an die Spitze stellen, setzen; *fig* **se** ~ **avec qn** sich mit j-m zu'sammentun; *poussière* **se** ~ **dans qc** sich in etw (*acc*) setzen; **se** ~ **dans une mauvaise posture** sich in e-e üble, schlimme Lage bringen; **se** ~ **du côté du plus fort** sich auf die Seite des Stärkeren stellen, schlagen; **se** ~ **en rapport, en relation avec qn** sich mit j-m in Verbindung setzen; mit j-m in Verbindung treten; **se** ~ **de l'encre sur les doigts** sich die Finger mit Tinte beschmieren; *cf a les subst correspondants*; **7.** **se** ~ **à qc** sich an etw (*acc*) machen, begeben; an etw (*acc*) gehen; **se** ~ **à faire qc** beginnen, anfangen, etw zu tun; **se** ~ **à l'œuvre, au travail** sich ans Werk, an die Arbeit machen; ans Werk, an die Arbeit gehen; **se** ~ **à l'anglais** anfangen, Englisch zu lernen; **s'y** ~ sich dranmachen; sich dransetzen; sich ins Zeug legen; F **c'est le coup de s'y** ~ nur am Anfang ist es schwer; **il se met à pleuvoir** es beginnt, es fängt an zu regnen; **8. se** ~ **une robe de chambre** *etc* sich e-n Morgenmantel *etc* anziehen; *cf a I 2.*; **se** ~ **en civil** Zivilkleidung anlegen, anziehen; **je n'ai rien à me** ~ ich habe nichts anzuziehen; **9.** *Wetter* **se** ~ **au beau** schön werden; **le temps se met au froid** es wird kalt; **10.** *sens passif* **où se mettent les verres?** wo kommen die Gläser hin?; *GR* **se** ~ **après qc** hinter etw (*dat*) stehen; **11.** *réciproque*: F *fig* **qu'est-ce qu'ils se sont mis!** F die haben sich vielleicht verdroschen!

Metz [mɛs] Metz [mɛts] *n*

meuble [mœbl(ə)] **I** *adj* **1.** *JUR* beweglich; **biens** *m/pl* ~**s** bewegliche Sachen *f/pl*; bewegliches Vermögen; Mo'bilien *pl*; Fahrnis *f*; bewegliches Gut; bewegliche Habe; **2.** *AGR* **sol** *m* ~ lockerer, leichter Boden; **II** *m* Möbelstück *n*; Möbel *n*; ~**s** *pl* Möbel *n/pl*; Mobili'ar *n*; (Wohnungs)Einrichtung *f*; ~**s de bureau, de cuisine, de jardin** Büro-, Küchen-, Gartenmöbel *n/pl*; ~**s de rangement** Schränke *m/pl*; Kastenmöbel *n/pl*; ~**s de style** Stilmöbel *n/pl*; **être dans ses** ~**s** in eigenen Möbeln wohnen; F *fig* **sauver les** ~**s** das Notwendigste retten

meublé [mœble] **I** *adj* mö'bliert; **II** *m* **chambre** ~ mö'bliertes Zimmer; **appartement** ~ mö'blierte Wohnung; **être, habiter en** ~ möbliert wohnen

meubler [mœble] **I** *v/t* **1.** *appartement, pièce* mö'blieren; (mit Möbeln) einrich-

meuf [mœf] *f* F (*femme*) F Tussi *f*
meugl|ement [møgləmɑ̃] *m* Muhen *n*; Brüllen *n*; **~er** *v/i* muhen; brüllen
meuh! [mø] *int* muh!
meule [møl] *f* **1.** **~** (**de moulin**) Mühl-, Mahlstein *m*; **2.** TECH Schleifstein *m*, -scheibe *f*; **3.** *de fromage* großer, runder Laib; **~ de gruyère** Laib Schweizer Käse; **4.** AGR Schober *m*; nordd Feim(en) *m*; Feime *f*; Diemen(n) *f*(*m*); **~ de paille** Strohschober *m*; **5.** F (*moto*) F Feuerstuhl *m*; heißer Ofen
meuler [møle] *v/t* TECH schleifen
meulière [møljɛʀ] *f* **~ ou adjt pierre** *f* **~** kieseliger Kalkstein; fran'zösischer Quarz
meunerie [mønʀi] *f* **1.** *industrie* Mülle-'rei *f*; **2.** *coll* Müller *m/pl*
meunier [mønje] *m* Müller *m*
meunière [mønjɛʀ] *f* **1.** CUIS (**à la**) **~** nach Müllerinart; *truite f* **~** Forelle *f* nach Müllerinart; **2.** *adjt* *industrie* **~** Mühlenindustrie *f*
meurs, meurt [mœʀ] *cf* **mourir**
meurt-de-faim [mœʀdəfɛ̃] *m* ⟨*inv*⟩ Hungerleider *m*
Meurthe [mœʀt] *la* **~** Fluß in Lothringen
Meurthe-et-Moselle [mœʀtemozɛl] *la* **~** *frz Departement*
meurtre [mœʀtʀ(ə)] *m* Totschlag *m* (*a* JUR); Mord *m* (**de qn** an j-m)
meurtrier [mœʀtʀije] **I** *adj* ⟨-ière⟩ combat mörderisch; *épidémie*, *accident* verheerend; *route*, *croisement* lebensgefährlich, unfallträchtig; **arme meurtrière** Mordwaffe *f*; **folie meurtrière** Amoklauf *m*; **II** *subst* **1.** **~**, **meurtrière** *m,f* Mörder(in) *m*(*f*); **2.** FORTIF **meurtrière** *f* Schießscharte *f*
meurtrir [mœʀtʀiʀ] *v/t* **1.** (zer)quetschen; *p/p meurtri par les coups* grün und blau geschlagen; **2.** *fig cœur* zerreißen; *âme* verwunden
meurtrissure [mœʀtʀisyʀ] *f* **1.** *sur la peau* blauer Fleck; Striemen *m*; blutunterlaufene Stelle; **2.** *sur des fruits* Druckstelle *f*; angeschlagene Stelle; Fleck *m*; **3.** *fig* Wunde *f*
meus, meut [mø] *cf* **mouvoir**
Meuse [møz] *la* **~ 1.** *fleuve* die Maas; **2.** *frz Departement*
meute [møt] *f* **1.** CH Meute *f*; **2.** *fig* Meute *f*; Bande *f*; Horde *f*
mévente [mevɑ̃t] *f* COMM schlechter Absatz; Absatzschwierigkeiten *f/pl*, -stockung *f*
mexicain [mɛksikɛ̃] **I** *adj* mexi'kanisch; **II** *subst* **2**(**e**) *m*(*f*) Mexi'kaner(in) *m*(*f*)
Mexico [mɛksiko] Mexiko *n* (*Stadt*); Mexico City *n*
Mexique [mɛksik] *le* **~** Mexiko *n* (*Land*)
mézigue [mezig] *pr/pers arg* (*moi*) ich; *avec prép* mich *ou* mir
mezzanine [mɛdzanin] *f* ARCH Zwischen-, Halbgeschoß *n*; Mezza'nin *f*
mezzo-soprano [mɛdzɔsopʀano] ⟨*pl* mezzo-sopranos⟩ **1.** *m voix* Mezzo-sopran *m*; **2.** *f cantatrice* Mezzosopranistin *f*; Mezzosopran *m*
mg *abr* (*milligramme[s]*) mg (Milligramm)
Mgr *ou* **Mgr** *abr cf* **monseigneur**
mi [mi] *m* ⟨*inv*⟩ MUS e *ou* E *n*
mi-... [mi] *préfixe* **1.** *devant noms de mois* Mitte ...; (**à la**) **~-janvier** *etc* Mitte Januar *etc*, COMM medio Januar *etc*; **2.** *étoffe* **~-fil** **~-coton** halbleinen; **~-laine** **~-coton** halbwollen; **~-soie** halbseiden; **3.** *suivi d'un adj* halb...; halb; **~-long** halblang; **~-souriant** halb lächelnd; **4.** *suivi d'un nom* halb; **~-salle à manger**, **~-cuisine** halb Eßzimmer, halb Küche; *loc/adv* **à ~-hauteur** *ou* **à halber Höhe**; **à ~-distance** in halber Entfernung; *cf a articles ultérieurs*
miam-miam [mjammjam] *int* mm!; lekker, lecker!
miaou [mjau] **I** *m* Mi'au(en) *n*; **II** *int* **~!** mi'au!
miasme [mjasm(ə)] *m* Mi'asma *n*; giftige, übelriechende Ausdünstung
miaul|ement [mjolmɑ̃] *m* Mi'auen *n*; **~er** *v/i* mi'auen
mi-bas [miba] *m* ⟨*pl inv*⟩ Halb-, Kniestrumpf *m*
mica [mika] *m* MINÉR Glimmer *m*
Mi-Carême [mikaʀɛm] *la* **~** Mittfasten *pl* in Frankreich Faschingsfest für die Kinder)
micelle [misɛl] *f* CHIM Mi'zell(e) *n*(*f*)
miche [miʃ] *f* **1.** **~** (**de pain**) Brotlaib *m*; Laib *m* Brot; **2.** **~s** *pl arg* (*fesses*) F Hintern *m*; Po *m*
Michel [miʃɛl] *m* Michael *m*
Michel-Ange [mikɛlɑ̃ʒ] *m* Michelangelo [mikɛl'ɑ̃dʒelo] *m*
Michèle *ou* **Michelle** [miʃɛl] *f* Micha-'ela *f*
Micheline [miʃlin] *f* Vorname
micheline [miʃlin] *f* CH DE FER Schienen(omni)bus *m*
mi-chemin [miʃmɛ̃] *loc/adv* **à ~** auf halbem Wege, auf halber Strecke (**entre ... et ...** zwischen ... und ...); *fig* **s'arrêter à ~** auf halbem Wege stehen-, steckenbleiben
micheton [miʃtɔ̃] *arg m d'une prostituée* Freier *m*
Mickey [mikɛ] *m* Mickymaus *f*
mi-clos [miklo] *adj yeux*, *volets* halbgeschlossen
micmac [mikmak] F *m* **a)** (*intrigues*) Machenschaften *f/pl*, 'Umtriebe *m/pl*; **b)** (*situation confuse*) Durcheinander *n*
micocoulier [mikɔkulje] *m* BOT Zürgelbaum *m*
mi-corps [mikɔʀ] *loc/adv* **à ~** bis zur Taille; bis zu den Hüften
mi-côte [mikot] *loc/adv* **à ~** auf halber Höhe
mi-course [mikuʀs] *loc/adv* SPORTS **à ~** auf halber Strecke
micro [mikʀo] **1.** *m abr* (*microphone*) Mikro'phon *n*; *pour espionner* **~** (*clandestin*) F Wanze *f*; *loc/adv* **au ~** am Mikrophon; **devant le ~** vor dem Mikrophon; **2.** *m abr* (*micro-ordinateur*) PC *m*; **3.** *f abr* (*micro-informatique*) PC-Bereich *m*
microbalance [mikʀobalɑ̃s] *f* CHIM Mikrowaage *f*
microbe [mikʀɔb] *m* **1.** BIOL Mi'krobe *f*; Bak'terie *f*; Krankheitserreger *m*, -keim *m*; **2.** F *fig* Wicht *m*
microbien [mikʀɔbjɛ̃] *adj* ⟨-ne⟩ BIOL, MÉD Mi'kroben...; mikrobi'ell; **maladie ~ne** durch Mikroben verursachte Krankheit
microbiologie [mikʀobjɔlɔʒi] *f* Mikrobiologie *f*
microcéphale [mikʀosefal] *adj* kleinköpfig; *sc* mikroze'phal
micro|chimie [mikʀoʃimi] *f* Mikrochemie *f*; **~chirurgie** *f* Mikrochirurgie *f*; **~climat** *m* Klein-, Mikroklima *n*
microcosme [mikʀɔkɔsm(ə)] *m* Mikrokosmos *m*
micro|-économie [mikʀoekɔnɔmi] *f* Mikroökonomie *f*; **~électronique** *f* Mikroelektronik *f*; **~fiche** *f* Mikrofiche *n ou m*; **~film** *m* Mikrofilm *m*; **~filmer** *v/t* auf Mikrofilm aufnehmen; **~informatique** *f* (Infor'matik *f* im) PC-Bereich *m*; Einsatz *m* von Mikroprozessoren
micro|mètre [mikʀomɛtʀ(ə)] *m* unité de longueur, instrument Mikro'meter *n*; **~métrique** *adj* mikro'metrisch; **vis** *f* **~** Mikro'meterschraube *f*
Micronésie [mikʀonezi] *la* **~** Mikro'nesien *n*
micro|-onde [mikʀood] *f* **1.** PHYS, TECH Mikrowelle *f*; **2.** (**four** *m* **à**) **~s** Mikrowellenherd *m*, -gerät *n*; **~ordinateur** *m* Mikrocomputer [-pju:-] *m*; (*ordinateur personnel*) Perso'nalcomputer *m*; *abr* PC *m*; **~organisme** *m* Mikroorganismus *m*; Kleinstlebewesen *n*
microphone [mikʀofɔn] *m* Mikro'phon *ou* Mikro'fon *n*
micro|photographie [mikʀofotografi] *f* Mikrofotografie *f*; **~physique** *f* Mikrophysik *f*; **~processeur** *m* INFORM Mikroprozessor *m*
microscope [mikʀɔskɔp] *m* Mikro'skop *n*; **~ électronique** Elek'tronenmikroskop *n*; *loc/adv* **au ~ a**) *observer* unter dem Mikroskop; **b)** *fig examiner* aufs genau(e)ste; genau(e)stens
microscop|ie [mikʀɔskɔpi] *f* Mikrosko-'pie *f*; **~ique** *adj* **1.** *examen etc* mikro-'skopisch; **2.** (*minuscule*) verschwindend klein; winzig (klein)
micro|seconde [mikʀosgõd] *f* Mikrosekunde *f*; **~sillon** *m disque* Langspielplatte *f*
miction [miksjõ] *f* MÉD Harnlassen *n*; *sc* Mikti'on *f*
midi [midi] *m* **1.** (*milieu du jour*) Mittag *m*; Mittagszeit *f*; *loc/adv*: **à ~** mittags; während der *ou* um die Mittagszeit; *cf a 2.*; **demain (à) ~** morgen mittag; **ce ~** heute mittag; **tous les ~s** jeden Mittag; **prendre un cachet matin, ~ et soir** morgens, mittags und abends; **2.** *heure* zwölf Uhr (mittags); **~ dix** zehn nach zwölf (Uhr); **~ un quart** *ou* **et quart** Viertel eins; (ein) Viertel nach zwölf; **il est ~** es ist zwölf Uhr (mittags); **à ~ um** zwölf (Uhr) (mittags); **sur le coup de ~**, **vers ~**, F **vers les ~s** gegen, etwa um zwölf Uhr; *fig* **chercher ~ à quatorze heures** Schwierigkeiten sehen, wo keine sind; die Sache unnötig komplizieren; *iron* warum einfach, wenn es auch 'umständlich geht; **3.** **le 2** Südfrankreich *n*; *d'un autre pays* der Süden; **du 2** südfranzösisch; **gens** *m/pl* **du 2** Südfranzosen *m/pl*; **il est du 2** er stammt aus Südfrankreich; er ist Südfranzose

midinette [midinɛt] f **1.** *autrefois* Pa'riser Nähmädchen n; **2.** *par ext* na'iv-sentimen'tales junges Mädchen

Midi-Pyrénées [midipiʀene] *le ~ frz* Region

mie[1] [mi] f *du pain* la ~ das weiche Innere; die Krume; *pain m de* ~ Toastbrot n

mie[2] [mi] f *litt dans les chansons* ma ~ *litt* mein Lieb(chen) n, Feins'liebchen n

miel [mjɛl] m **1.** Honig m; *adj* **couleur (de)** ~ honigfarben, -gelb; *fig* **être (tout sucre) tout** ~ über'trieben freundlich, katzenfreundlich, F scheißfreundlich sein; **2.** *fig* **lune f de** ~ Flitterwochen f/pl; *plais* Honigmond m; **3.** F *euphémisme* (*merde*) ~! F Scheibenhonig!; Scheibenkleister!

miellé [mjele] *litt adj* Honig...; *parfum* ~ Honigduft m

mielleux [mjelø] *adj* ⟨-euse⟩ *ton*, *sourire* honigsüß; süßlich; *personne* katzenfreundlich; F scheißfreundlich

mien [mjɛ̃] **I** *pr/poss* ⟨mienne [mjɛn]⟩ *le* ~, *la* ~*ne* der, die, das mein(ig)e; mein(e(r, -s); *pl* les ~*s*, les ~*nes* die mein(ig)en; meine; *votre fils et le* ~ Ihr und mein Sohn; Ihr Sohn und meiner *ou* und mein(ig)e; *votre chapeau est gris, le* ~ *est noir* meiner ist schwarz; *attribut* **ce livre n'est pas le** ~ dieses Buch gehört mir nicht; das ist nicht mein Buch; **vos idées sont les** ~**nes** Ihre Gedanken sind auch die meinigen; ich denke genauso (wie Sie); *votre prix sera le* ~ ich akzeptiere Ihren Preis; **II** *adj/poss litt* ~ *cousin* ein Vetter von mir; e-r meiner Vettern; *des revendications que je fais* ~*nes* die ich zu den meinen mache; *st/s* **cette maison est** ~**ne** dieses Haus ist mein Eigentum, *st/s* mein eigen *ou* Eigen; **III** *subst* **1.** *le* ~ das Mein(ig)e; mein Eigentum; *la distinction du tien et du* ~ die Unter'scheidung von mein und dein; *j'y ai mis du* ~ ich habe das Mein(ig)e getan, mein(en) Teil dazu beigetragen; **2.** *les* ~*s m/pl* die Mein(ig)en; meine Familie; meine Angehörigen; *par ext* meine Freunde

miette [mjɛt] f **1.** *de pain*, *de gâteau* Krümel m; Krümchen n; Krume f; ~*s pl a* Brösel m/pl; **ne pas en laisser une** ~ alles bis auf den letzten Krümel aufessen; **2.** *verre etc* **mettre en** ~**s** in (viele kleine) Stücke schlagen; zerschlagen; zertrümmern; **3.** *fig d'un héritage* **des** ~**s** ein paar kümmerliche Brocken m/pl; F **ne pas perdre une** ~ **de qc** sich nicht das Geringste von etw entgehen lassen

mieux [mjø] **I** *adv* **1.** ⟨*comp von bien*⟩ besser; ♦ *j'accepte tous vos projets*, ~, *je vous soutiendrai* ja ich werde Sie sogar unter'stützen; ♦ *je le connais* ~ *que tu ne crois* ich kenne ihn besser, als du glaubst; *je le sais* ~ *que personne* ich weiß es besser als irgend jemand sonst; ♦ *loc/adv:* **à qui** ~ ~ um die Wette; *beaucoup*, *bien* ~ viel besser; *de* ~ *en* ~ immer besser; **on ne peut** ~ (aller)bestens; aufs beste; vor'trefflich; vor'züglich; **un peu** ~ etwas besser; *tant* ~ (*pour lui*)! um so besser (für ihn)!; ♦ *avec verbes et p/p:* **aimer** ~ *cf* **aimer** I.; *aller* ~ *malade* sich besser befinden; *affaires etc* bessergehen; *le malade va* ~ *a* dem Kranken geht es besser; *ça ira* ~ *demain* morgen wird es bessergehen; F *indigné* *ça ne va pas* ~! das ist doch die Höhe!; das ist unerhört, unverschämt!; *dire* ~ mehr bieten; *je ne peux pas vous dire* ~ mehr kann ich Ihnen nicht sagen; *pour* ~ *dire* besser, richtiger gesagt; *faire* ~ *de* (+*inf*) besser daran tun zu (+*inf*); *être* ~ *habillé*, *logé* besser gekleidet, 'untergebracht sein; *valoir* ~ *cf* **valoir** 3.; ♦ *adj*: *c'est* ~ *ainsi* das ist besser so; *mettez-vous dans ce fauteuil*, **vous serez** ~ da sitzen Sie bequemer, besser; *malade il est* ~ *qu'hier* es geht ihm besser als gestern; *elle est* ~ *que sa sœur* sie sieht besser aus, sie ist hübscher als ihre Schwester; *et*, *qui* ~ *est …* und (was) das Schönste ist …; und was noch besser ist …; **se sentir** ~ *aujourd'hui* ich finde, daß es Ihnen heute bessergeht; *il n'y a rien de* ~ etwas Besseres gibt es nicht; es gibt nichts Besseres; **ce qui se fait** *ou* **ce qu'on fait de** ~ das ist das Beste in s-r Art; *ce qu'il y a de* ~ *dans ce spectacle*, *c'est …* das Beste an diesem Schauspiel ist …; *iron il n'a rien trouvé de* ~ *que de* (+*inf*) es ist ihm nichts Besseres eingefallen, er hatte nichts Besseres zu tun, als (+*inf*); ♦ *subst* **il y a un** ~, **mais c'est plus cher** es gibt Besseres, aber das ist teurer; *en attendant* ~ in Erwartung e-s Besser(e)n; *il a changé en* ~ er hat sich zu s-m Vorteil verändert; *je ne demande pas* ~ ich wüßte nicht(s), was ich lieber täte; es könnte mir gar nichts Besseres passieren; **2.** ⟨*sup von bien*⟩ *le* ~ am besten; ♦ *avec verbes et p/p*: *c'est lui que j'aime le* ~ ihn liebe ich am meisten; *le plus tôt sera le* ~ je eher, desto besser; *il a fait le* ~ *qu'il a pu* er hat es so gut gemacht, wie er irgend konnte; *la femme la* ~ *habillée* die bestgekleidete Frau; ♦ *loc/adv: des* ~ (+*p/p*) sehr gut; bestens; *ce travail est des* ~ *réussis* diese Arbeit ist bestens gelungen; *au* ~, *le* ~ *du monde* sehr gut; bestens; aufs beste; *pour le* ~ sehr gut; bestens; *arrangez l'affaire au* ~ regeln Sie die Angelegenheit, so gut es irgend geht; *être au* ~ *avec qn* mit j-m sehr gut stehen; *être au* ~ *de sa forme* bestens in Form sein; (**en mettant les choses**) *au* ~ bestenfalls; im günstigsten Falle; günstigstenfalls; *tout va pour le* ~ es ist alles bestens (in Ordnung); es geht, läuft alles bestens; es steht alles zum besten; *espérons que tout ira pour le* ~ hoffen wir das Beste; *faire pour le* ~ sein Bestes tun; Bestmögliche tun; **II** *m* **1.** *le* ~ das Beste *ou* das Bessere; *le* ~ *serait de prévenir ses parents* das beste wäre es *ou* es wäre am besten, s-e Eltern zu benachrichtigen; *faire de son* ~ sein Bestes, möglichstes tun; *je t'aide de mon* ~ ich helfe dir, so gut ich kann *ou* nach besten Kräften; *prov* **le** ~ **est l'ennemi du bien** das Bessere ist des Guten Feind (*prov*); **2.** (*amélioration*) Besserung f; (*progrès*) Fortschritt m; *il y a du* ~ es ist e-e Besserung eingetreten, es geht, steht (schon) besser

mieux-être [mjøzɛtʀ(ə)] m höherer Wohlstand; höherer Lebensstandard

mièvre [mjɛvʀ(ə)] *adj* *beauté*, *charme* fad(e); *compliments* abgeschmackt; *poésie*, *genre*, *roman* geziert, gekünstelt, gewollt manie'riert (und langweilig)

mièvrerie [mjɛvʀəʀi] f Fadheit f; Abgeschmacktheit f; Geziertheit f; Künste'lei f; Manie'riertheit f

mi-figue, mi-raisin [mifigmiʀɛzɛ̃] *loc/adj accueil* lau(warm); *réponse*, *mine* zweideutig

mi-fin [mifɛ̃] *adj COMM* mittelfein

mignard [miɲaʀ] *adj* geziert; affek'tiert

mignardise [miɲaʀdiz] f Geziertheit f; Affek'tiertheit f

mignon [miɲɔ̃] **I** *adj* ⟨~ne⟩ **1.** *personne jeune*, *objet* niedlich; aller'liebst; süß; goldig; reizend; herzig; *CUIS* *filet* ~ kleine runde Scheibe von der Filetspitze; *fig* *fièvre* ~ (kleine) Schwäche; **2.** (*gentil*) nett; *sois* ~, *aide-moi* sei so nett, lieb, freundlich und hilf mir; **II** *subst* **1.** ~**(ne)** m(f) (*petit garçon*) niedliches Kerlchen n; (*petite fille*) F süßes kleines Ding; (*jeune fille*) F süßer Fratz; *appellatif mon* ~, *ma* ~*ne* mein Süßer, meine Süße; Herzchen n; Liebling m; *à une jeune fille a* F Puppe f; **2.** m *HIST* Liebling m, Günstling m (*Heinrichs III.*)

mignonnet [miɲɔnɛ] *adj* ⟨~te⟩ ganz niedlich

migraine [migʀɛn] f Mi'gräne f

migrant [migʀɑ̃] m *ADM* ~*s pl ou adj travailleurs* ~*s* Wanderarbeitnehmer m/pl; Gastarbeiter m/pl

migrateur [migʀatœʀ] *adj* ⟨-trice⟩ wandernd; Wander…; *oiseau* ~ *ou subst* ~ m Zugvogel m

migration [migʀasjɔ̃] f *de populations*, *d'animaux* Wanderung(sbewegung) f; *sc* Migrati'on f; *par ext* **les grandes** ~**s des vacances** F die Völkerwanderung in den Ferien; *REL* ~ *des âmes* Seelenwanderung f; ~ *des oiseaux* Vogelzug m

migratoire [migʀatwaʀ] *adj* Wanderungs…; *mouvement m* ~ Wanderungsbewegung f

mi-jambe [miʒɑ̃b] *loc/adv* à ~ bis an die Waden

mijaurée [miʒɔʀe] f *péj* affek'tiertes Frauenzimmer n; F eingebildete Pute f

mijoter [miʒɔte] **I** *v/t* **1.** *CUIS* **a)** (*cuire lentement*) bei schwacher Hitze, auf kleiner Flamme schmoren, kochen; **b)** (*préparer avec soin*) liebevoll zubereiten; ~ *des petits plats à qn* F j-n liebevoll bekochen; **2.** F *fig mauvais coup etc* ausbrüten; F aushecken; *qu'est-ce qu'il mijote encore?* a was führt er nun wieder im Schilde?; **II** *v/i CUIS* (*faire*) ~ bei schwacher Hitze, auf kleiner Flamme kochen (lassen)

mikado [mikado] m **1.** *empereur du Japon* Mi'kado m; **2.** *jeu* Mi'kado m

mil[1] [mil] *num/c dans une date* tausend; *mil neuf cent quatorze* 1914

mil[2] [mil] m *BOT* Hirse f

milan [milɑ̃] m *ZO* Mi'lan m

Milan [milɑ̃] Mailand n

milanais [milanɛ] **I** *adj* **1.** *GÉOGR* mailändisch; **2.** *CUIS* **à la** ~ auf Mailänder Art; **II** *subst* ⟨(*e*)⟩ *m(f)* Mailänder(in) m(f)

mildiou [mildju] m *VIT* Mehltau m

Milhaud [mijo] *frz* Komponist

milice [milis] f **1.** Mi'liz f; Hilfstruppe f, -polizei f; **2.** *1943–1944 la ⚥* die Mi'liz des Vichy-Regimes
milicien [milisjɛ̃] m Mi'lizsoldat m; Milizio'när m
milieu [miljø] m ⟨pl ~x⟩ **1.** Mitte f; *~ du jour* Tagesmitte f; *~ de la route* Straßenmitte f; *loc/adj du ~* mittlere(r, -s); Mittel...; F *doigt m du ~* Mittelfinger m; FOOTBALL *ligne f de ~* Mittellinie f; *la porte du ~* die mittlere Tür; *loc/adv: par le ~* in der Mitte; F mitten'durch; *couper par le ~* in der Mitte 'durchschneiden; mitten'durch schneiden; *loc/prép: au ~ de* in der Mitte (+gén); in'mitten (+gén); mitten in, auf, unter (+dat); *travailler au ~ du bruit* im Lärm, von Lärm um'geben arbeiten; *au ~ de la semaine prochaine* Mitte kommender Woche; *au beau ~, en plein ~ de* mitten in, auf, unter (+dat); *au beau ~ de son discours, de la route* mitten in s-r Rede, mitten auf der Straße; **2.** *fig* Mittelweg m; mittlere Linie; *le juste ~* die richtige, goldene Mitte; der goldene Mittelweg; *garder le juste ~* den goldenen Mittelweg gehen; *il n'y a pas de ~* e-n Mittelweg, e-e dritte Möglichkeit gibt es nicht; entweder – oder; **3.** (*entourage*) 'Umwelt f; Mili'eu n; 'Um'gebung f; *~ naturel* natürliche Umwelt; *~ social* (soziales) Milieu; gesellschaftliches 'Umfeld; *se sentir dans son ~* sich in s-r gewohnten Umgebung, in s-m Milieu fühlen; **4.** *~x pl* Kreise m/pl; *~x diplomatiques* diplomatische Kreise; Diplo'matenkreise m/pl; *~x économiques, gouvernementaux* Wirtschafts-, Regierungskreise m/pl; *~x des affaires* Geschäftswelt f, -kreise m/pl; **5.** *le ~ ou ⚥* die 'Unterwelt; *loc/adj du ~* der Unterwelt; 'unterweltlich; Ga'noven...; **6.** FOOTBALL *~ de terrain* Mittelfeldspieler m
militaire [militɛʀ] I *adj* mili'tärisch; sol'datisch; Mili'tär...; Wehr...; Kriegs...; *budget m ~* Wehretat m; Militärbudget n; *coup m d'État, putsch m ~* Militärputsch m; *gouvernement m ~* Militärregierung f; *marine f ~* Kriegsmarine f; *véhicule m ~* Militärfahrzeug n; *loc/adv à l'heure ~* auf die Minute (pünktlich); II m Mili'tärperson f; Sol'dat m; (*officier supérieur*) Mili'tär m; *~ de carrière* Berufssoldat m
militant [militɑ̃] I *adj* mili'tant; kämpferisch; po'litisch ak'tiv; II *subst ~(e)* m(f) Akti'vist(in) m(f); *d'un parti, d'un syndicat* ak'tives Mitglied
militantisme [militɑ̃tism(ə)] m mili'tante, po'litisch ak'tive Haltung
militar|isation [militaʀizasjɔ̃] f Militari'sierung f; *~iser* v/t **a)** *zone, peuple* militari'sieren; **b)** *police etc* mili'tärisch organi'sieren; *~isme* m *péj* Milita'rismus m; *~iste péj* I *adj* milita'ristisch; II m Milita'rist m
militer [milite] v/i **1.** *personne* sich ak'tiv betätigen; (po'litisch) ak'tiv sein; *~ en faveur de, pour qc* für etw kämpfen; **2.** *arguments, raisons ~ en faveur de ou pour* sprechen für, gegen
Millau [mijo] *Stadt im Dep. Aveyron*
mille¹ [mil] I *num/c* ⟨inv⟩ **1.** tausend; *un ~* tausend(und)'eins; *trois ~* dreitausend; *cent ~* hunderttausend; *hom-*

mes tausend Mann; *Les ⚥ et une Nuits* Tausendundeine Nacht; *page ~* Seite tausend; *l'an deux ~* das Jahr zweitausend; *en ~ neuf cent quarante* (im Jahr) neunzehnhundertvierzig; **2.** *fig: ~ choses à M. X!* viele, F tausend Grüße an Herrn X!; *loc/adv ~ fois* tausendmal; unzählige Male; unzähligemal; *vous avez ~ fois raison* Sie haben völlig, vollkommen recht; *je vous le donne en ~* ich wette hundert zu eins, daß Sie es nicht erraten (werden); II m ⟨inv⟩ **1.** *nombre* Tausend m; Tausender m (a MATH); *cinq pour ~* (‰) fünf Pro'mille (‰); fünf vom Tausend (*abr* v.T.); **2.** *quantité* Tausend n (*abr* Tsd.) (a TYPO *d'un tirage*); *un ~ d'aiguilles* ein Tausend Nadeln; F *des ~ et des cents* F Unsummen f/pl; *ne pas gagner des ~ et des cents* kein Großverdiener sein; **3.** *d'une cible* Schwarze(s) n; *mettre, F taper dans le ~* ins Schwarze treffen; *fig a* den Nagel auf den Kopf treffen
mille² [mil] m Meile f; *~ anglais* englische Meile; *~ marin* Seemeile f
millefeuille [milfœj] **1.** m CUIS Cremeschnitte f aus Blätterteig; **2.** f BOT Schafgarbe f
millénaire [mi(l)lenɛʀ] I *adj* tausendjährig; *par ext* uralt; *une tradition plusieurs fois ~* e-e mehrere tausend Jahre alte Tradition; II m **1.** *période* Jahr'tausend n; *st/s* Mill'ennium n; **2.** *anniversaire* Tausend'jahrfeier f
mille-pattes [milpat] m ⟨inv⟩ Tausendfüß(l)er m
millepertuis [milpɛʀtɥi] m BOT Jo'hanniskraut n
mille-raies [milʀɛ] m ⟨inv⟩ TEXT feingestreifter *ou* feingerippter Stoff; *adjt velours ~* feingerippter Samt
millésime [milezim] m **1.** *d'une monnaie* Jahreszahl f; *d'un vin* Jahrgang m; *une bouteille au ~ de 1975* e-e Flasche (vom) Jahrgang 1975; e-e Flasche 75er; **2.** *dans une date* (Zahl f) Tausend f
millésimé [milezime] *adj vin* mit e-r Jahreszahl (versehen)
millet [mijɛ] m BOT Hirse f
milliard [miljaʀ] m Milli'arde f (*abr* Mrd.); *un ~ de dollars* e-e Milliarde Dollar; *dépenser des ~s* Milliarden, *par ext* F Unsummen ausgeben
milliardaire [miljaʀdɛʀ] m,f Milliar'där(in) m(f)
milliardième [miljaʀdjɛm] I *num/o* milli'ardste(r, -s); II m Milli'ardstel n
millième [miljɛm] I *num/o* tausendste(r, -s); II *subst* **1.** *le, la ~* der, die, das tausendste; **2.** m MATH Tausendstel n; *un ~ de millimètre* ein tausendstel Millimeter
millier [milje] m Tausend n; *des ~s de ...* (Aber)Tausende von (*ou* +gén); *un ~ d'hommes, d'électeurs* tausend Mann, Wähler; *loc/adv par ~s* zu Tausenden
milligramme [miligʀam] m (*abr* mg) Milli'gramm n (*abr* mg)
millimètre [milimɛtʀ(ə)] m (*abr* mm) Milli'meter m *ou* n (*abr* mm); *~ carré, cube* Quad'rat-, Ku'bikmillimeter m *ou* n
milli|métré [milimetʀe] *adj ou ~métrique adj* in Milli'meter eingeteilt; *papier ~* Milli'meterpapier n

million [miljɔ̃] m Milli'on f (*abr* Mill. *ou* Mio.); *des ~s de ...* Millionen (und aber Millionen) von (*ou* +gén); F Unmengen, e-e Unmenge, e-e Unzahl von (*ou* +gén); *deux ~s de francs* zwei Millionen Franc; *1,5 ~* (*sg*) 1,5 Millionen; *être riche à ~s* steinreich, F milli'onenschwer sein
millionième [miljɔnjɛm] I *num/o* millio'nste(r, -s); *le ~ visiteur* der millionste Besucher; II m Milli'onstel n; *un ~ de millimètre* ein millionstel Millimeter
millionnaire [miljɔnɛʀ] m,f Millio'när(in) m(f); *il est plusieurs fois ~* er ist mehrfacher Millionär
mi-lourd [miluʀ] m *cf poids 3.*
mime [mim] m **1.** *acteur* Panto'mime m; **2.** *par ext avoir un talent de ~* andere gut nachahmen können
mimer [mime] v/t **1.** THÉ panto'mimisch darstellen; **2.** *par ext* (*imiter*) nach-ahmen, -machen; (*singer*) nachäffen
mimétisme [mimetism(ə)] m **1.** BIOL Mimikry f; Mi'mese f; **2.** *fig* Nachahmung f
mimi [mimi] m F **1.** (*baiser*) Küßchen n; *südd* F Bussi n; *fais ~ à ta tante* gib deiner Tante ein Küßchen!; **2.** *enf* (*chat*) Mieze(kätzchen) f(n); **3.** F *terme d'affection* Schätzchen n; Herzchen n; Mäuschen n; *adjt* ⟨inv⟩ *il ou elle est ~* er *ou* sie ist niedlich, F goldig, herzig, süß
mimique [mimik] I *adj langage ~* Gebärdensprache f; II f Mimik f und Gestik f; Mienen- und Gebärdenspiel n
mimolette [mimɔlɛt] f holländischer Hartkäse
mimosa [mimoza] m **1.** BOT Mi'mose f; **2.** *adjt* CUIS *œufs m/pl ~* halbierte harte Eier, deren Eigelb mit Mayonnaise vermischt wird
mi-moyen [mimwajɛ̃] *adj cf poids 3.*
minable [minabl(ə)] F I *adj* mise'rabel; erbärmlich; kläglich; kümmerlich; jämmerlich; II m,f Nichtskönner m; Versager m; F Flasche f
minaret [minaʀɛ] m Mina'rett n
minauder [minode] v/i sich zieren; sich spreizen; F sich haben; *par ext* kokettieren; *~eries* f/pl Ziere'rei f; affek'tiertes Benehmen n; F Gehabe n; Getue n; Affigkeit f; *par ext* Koketterie f; *~ier adj* ⟨-ière⟩ affek'tiert; F affig
mince [mɛ̃s] I *adj* **1.** *feuille de papier, tranche, couche etc ~ comme une feuille de papier à cigarettes* hauchdünn; **2.** *colonne, taille, personne* schmal (*a lèvres*); schlank (*a jambes*); *personne ~ comme un fil* gertenschlank; **3.** *fig profit, rôle etc* klein; unbedeutend; *savoir* bescheiden; dürftig; *prétexte* nichtig; fadenscheinig; *ce n'est pas une ~ affaire* das ist keine Kleinigkeit (*que de* +*inf* zu +*inf*); II *int* F *~ (alors)!* **a)** *surprise désagréable* F verdammt (noch mal)!; so ein Mist!; **b)** *admiration* Donnerwetter!
minceur [mɛ̃sœʀ] f **1.** *d'une feuille etc* Dünne f; Dünnheit f; **2.** *de la taille etc* Schmalheit f; Schlankheit f
mine¹ [min] f **1. a)** (*physionomie*) Gesichtsausdruck m; Gesicht n; Miene f; *avoir une ~ effrayée, étonnée* ein erschrockenes, erstauntes Gesicht machen; *avoir une ~ éveillée* aufgeweckt

aussehen; *faire bonne* ~ *à qn* freundlich, nett zu j-m sein; j-m freundlich begegnen; *faire grise* ~ *à qn* j-m ein finsteres, saures Gesicht zeigen; j-m abweisend begegnen; *faire triste* ~ ein trauriges Gesicht machen; **b)** ~**s** *pl* Mienen- und Gebärdenspiel n; *péj* ~**s** *affectées cf* **minauderies**; *péj* **faire des** ~**s** *cf* **minauder**; **2.** (*aspect extérieur*) Äußere(s) n; Aussehen n; *sous sa* ~ *tranquille* unter s-m ruhigen Äußeren; *il a la* ~ *de qn qui ...* er sieht aus wie jemand, der ...; *faire* ~ *de* so tun, als ob; *il faisait* ~ *de lui donner un coup* er tat, als wollte er ihm e-n Schlag versetzen; *juger les gens sur la* ~ die Menschen nach ihrem Äußeren beurteilen; *à en juger sur sa* ~ s-m Aussehen nach; F ~ *de rien* ohne es sich anmerken zu lassen; (so) als ob nichts wäre; *cf a* **payer** 7.; **b)** *selon l'état de santé* Aussehen n; *avoir bonne* ~ a) gut, gesund aussehen; b) F iron bla'miert sein; *avoir mauvaise* ~ schlecht, krank aussehen

mine[2] [min] *f* **1.** *exploitation* Bergwerk n; Grube f; Zeche f; Mine f; ~ *souterraine* Unter'tagebau m; Grube f; ~ *à ciel ouvert* Tagebaubetrieb m; ~ *d'argent, de cuivre* Silber-, Kupferbergwerk n, -mine f; ~ *de diamants* Dia'mantbergwerk n; ~ *de fer* Eisen(erz)bergwerk n, -grube f; ~ *de houille* Steinkohlenbergwerk n, -grube f, -zeche f; ~ *d'or* a) Goldmine f; b) *fig* Goldgrube f; ~ *de sel* Salzbergwerk n; *exploitation* f *des* ~**s** Bergbau m; *descendre dans la* ~ in das Bergwerk einfahren; *travailler à la* ~ im (Kohlen-)Bergwerk arbeiten; **2.** *ADM les* ⚒**s** die staatliche Bergbehörde; *École* f *des* ⚒**s** Bergakademie f; *service* m *des* ⚒**s** *correspond à* Technischer Über'wachungsverein m (*abr* TÜV); **3.** *fig* (*source inépuisable*) Fundgrube f; **4.** *d'un crayon* Mine f; *TECH* ~ *de plomb* Gra'phit m (*für Bleistifte*); ~ *de rechange* Ersatzmine f

mine[3] [min] *f MIL* Mine f; *champ* m *de* ~**s** Minenfeld n; *marcher sur une* ~ auf e-e Mine treten; *poser des* ~**s** Minen legen

miner [mine] I *v/t* **1.** *MIL* verminen; *adjt* **miné** vermint; **2.** *mer: falaise etc* aushöhlen; unter'spülen; **3.** *fig santé etc* unter'graben; zerrütten; *chagrin, soucis* ~ *qn* j-n zermürben; an j-m zehren; (*a maladie*); II *v/pr* F *se* ~ sich (seelisch) rui'nieren, F ka'puttmachen

minerai [minRε] m Erz n; ~ *de fer, d'uranium* Eisen-, U'ranerz n

minéral [mineRal] (*m/pl* -aux) I *adj* mine'ralisch; Mine'ral...; *chimie* ~**e** anorganische Chemie; *eau* ~**e** Mineralwasser n; Tafelwasser n; *huile* ~**e** Mineralöl n; *sel* ~ Mineralsalz n; *substances* ~**es** Mineralstoffe m/pl; II m Mine'ral n

minéralier [mineRalje] m *MAR* Erzfrachter m

minéraliser [mineRalize] *v/t* Mine'ralien zusetzen (*l'eau* dem Wasser); *eau minéralisée* künstliches Mine'ralwasser

minéralogie [mineRalɔʒi] f Mineralo'gie f

minéralogique [mineRalɔʒik] *adj* **1.** mi'neralogisch; *collection* f ~ Mine'ra-lien-, Gesteinssammlung f; **2.** *AUTO* **numéro** m ~ amtliches Kennzeichen; *plaque* f ~ Nummernschild n

minéralogiste [mineRalɔʒist] m,f Mine'ra'loge m, -'login f

minerve [minεRv] f *MÉD* Halskrause f; *t/t* (Gips)Kra'watte f

min|et [minε] m, ~**ette** f **1.** F (*chat*) F Miez(e) f; Miezchen n; Miezekatze f; **2.** *terme d'affection* F *mon minet, ma minette* (mein) Schätzchen n, Herzchen n, Mäuschen n; **3.** *jeune homme* F Schicki'micki m; Geck m; *jeune fille* F Mieze f

mineur[1] [minœR] I *adj* **1.** (*d'importance secondaire*) zweitrangig; nebensächlich; 'untergeordnet; *auteur, peintre a* unbedeutend; *arts* ~**s** Kunstgewerbe n; *ÉGL CATH* **frères** ~**s** Mino'riten m/pl; Franzis'kaner m/pl; **2.** *MUS* Moll...; ...-Moll; *gamme* ~**e** Molltonleiter f; *intervalle* ~ kleines Intervall; *tierce* ~**e** kleine Terz; *en ut* ~ in c-Moll; *messe* f *en si* ~ h-Moll-Messe f; **3.** *JUR* minderjährig; unmündig; **4.** *l'Asie* ⚒**e** Klein'asien n; **5.** *REL saint Jacques le* ⚒ Ja'kobus der Jüngere; II *subst* **1.** *JUR* ~(**e**) *m(f)* Minderjährige(r) *f(m)*; Unmündige(r) *f(m)*; *en matière pénale* Jugendliche(r) *f(m)*; **2.** *MUS* m Moll n; Molltonart f

mineur[2] [minœR] m *ouvrier* Bergarbeiter m, -mann m; Kumpel m; Knappe m; ~ *de fond* Unter'tagearbeiter m

mini [mini] I *adj* ⟨*inv*⟩ **1.** *mode* f ~ Minimode f; *advt* **s'habiller** ~ mini tragen; **2.** F (*très petit*) F Mini...; *réforme* f ~ Minireform f; *son studio, c'est* ~ ist winzig; II m Minimode f

mini... [mini] *préfixe* Mini...; *cf a* articles ultérieurs

miniature [minjatyR] f **1.** *image* Minia'tur f; **2.** *art* Minia'turmalerei f; (*enluminure*) Buchmalerei f; **3.** *adjt* (*en*) ~ Minia'tur...; im kleinen; in verkleinertem Maßstab; *golf* m ~ Mini-, Kleingolf n

miniaturis|ation [minjatyRizasjɔ̃] f *TECH* Miniaturi'sierung f; Kleinstbauweise f; ~**er** *v/t TECH* miniaturi'sieren

miniaturiste [minjatyRist] m Minia'turmaler m

minibus [minibys] m Kleinbus m

minichaîne [miniʃεn] f kleine Stereoanlage f; Kom'paktanlage f

minidose [minidoze] *adj* **pilule** ~**e** Minipille f

minier [minje] *adj* ⟨-ière⟩ Bergwerks...; Bergbau...; Gruben...; *bassin* ~ Bergbaugebiet n, -revier n

minigolf [minigolf] m Mini-, Kleingolf n

minijupe [miniʒyp] f Minirock m; F Mini m

minima [minima] *cf* **minimum**

minimal [minimal] *adj* ⟨-aux⟩ mini'mal; Mini'mal..., Mindest...; *températures* ~**es** Tiefsttemperaturen f/pl

minime [minim] I *adj* gering(fügig); unbedeutend; unwesentlich; verschwindend klein; mini'mal; II m *SPORTS* Jugendliche(r) m (*zwischen 13 u 15 Jahren*)

minimiser [minimize] *v/t* bagatelli'sieren; her'unterspielen; verharmlosen; verniedlichen

minimum [minimɔm] I *adj* ⟨f ~ *od* minima; *pl* m *u* f ~**s** *od* minima⟩ mini'mal; Mini'mal...; Mindest...; *âge* ~ *requis* erforderliches Mindestalter; II m ⟨*pl* ~**s** *od* minima⟩ Minimum n (*a* MATH); Mindestmaß n; *somme* Mindestbetrag m; ~ *vital* Exi'stenzminimum n; *le* ~ *de chances, de risques* die geringsten Chancen f/pl, die kleinsten Risiken n/pl; ~ *de frais* minimale Unkosten pl; ~ *de la peine* Mindeststrafe f; niedrigstes Strafmaß f; *abs* *être condamné au* ~ die Mindeststrafe erhalten; *les* ~**s** *ou* *minima de température d'août* die Tiefstwerte m/pl der Temperatur im August; *un* ~ *de travail* ein Minimum, Mindestmaß an Arbeit; *loc/adv: au* ~ mindestens; wenigstens; *dans le* ~ *de temps* in kürzester Zeit; *température etc* **atteindre son** ~ den niedrigsten Stand erreichen; *s'il avait un* ~ *de savoir-vivre* wenn er den geringsten, ein klein bißchen Anstand besäße

mini-ordinateur [miniɔRdinatœR] m Mini-, Bü'rocomputer [-pju:-] m

miniski [miniski] m Kurzski m

ministère [ministεR] m **1.** *POL* Mini'sterium n (*a bâtiment*); ~ *des Affaires étrangères* Außenministerium n; Auswärtiges Amt; Ministerium für auswärtige Angelegenheiten; ~ *des Finances* Fi'nanzministerium n; Ministerium der Finanzen; **2.** *POL charge* Mi'nisteramt n; **3.** *POL* (*cabinet*) Re'gierung f; Kabi'nett n; *le* ~ *X* die Regierung X; das Kabinett X; **4.** *POL période* Regierungszeit f; **5.** *JUR* ~ *public* Staatsanwaltschaft f; Anklagevertretung f; **6.** *REL* Priesteramt n

ministériel [ministeRjεl] *adj* ⟨~**le**⟩ **1.** (*d'un ministère*) ministeri'ell; Ministeri'al...; *département* ~ Abteilung f e-s Mini'steriums; *fonctionnaire* ~ Ministerialbeamte(r) m; **2.** (*du gouvernement*) Re'gierungs...; Kabi'netts...; *déclaration* ~**le** Regierungserklärung f; **3.** *journal* re'gierungstreu, -freundlich; **4.** (*de ministre*) ministeri'ell; *arrêté* ~**le** ministerieller Erlaß; *conférence* ~**le** Ministerkonferenz f; **5.** *cf* **officier**[1] 3.

ministrable [ministRabl(ə)] I *adj* mini'strabel; II m Anwärter m auf e-n Mi'nisterposten

ministre [ministR(ə)] m **1.** *POL* Mi'nister m; ~ *délégué correspond à* parlamen'tarischer Staatssekretär; *Premier* ~ Premi'erminister m; Ministerpräsi'dent m; ~ *des Affaires étrangères, de l'Agriculture, de l'Éducation nationale, des Finances, de l'Intérieur, de la Justice* Außen-, Landwirtschafts-, Erziehungs- *ou* Kultus-, Fi'nanz-, Innen-, Ju'stizminister m; *madame X, de la Santé publique* Frau X, Minister(in) für das Gesundheitswesen; *d'État* Staatsminister m; **2.** *DIPL* (*plénipotentiaire*) Gesandte(r) m; **3.** *adjt bureau* m ~ Diplo'matenschreibtisch m; *papier* m ~ Kanz'leipapier n (*im Format* 34 × 44 *cm*); **4.** *ÉGL PROT* Pfarrer m; Pastor m; Geistliche(r) m; *ÉGL CATH* ~ *du culte* (die Messe haltender) Priester

minitel [minitεl] m Btx(-Gerät) n; Bildschirmtext m

minium [minjɔm] m Mennige f

minoen [minɔε̃] I *adj* ⟨-enne [-εn]⟩ mi'noisch; II m mi'noische Kul'tur

minois [minwa] m frisches, niedliches Gesicht

minorer [minɔʀe] **a)** (*réduire*) senken; her'absetzen; **b)** (*sous-évaluer*) 'unterbewerten
minoritaire [minɔʀitɛʀ] **I** *adj* Minderheits...; *groupe m* ~ Minderheit *f*; *parti m* ~ Minderheitspartei *f*; **II** *m/pl* ~**s** Minderheit *f*
minorité [minɔʀite] *f* **1.** *d'une collectivité* Minderheit *f*; Minderzahl *f*; Minori'tät *f*; ~ *ethnique*, *nationale* ethnische *ou* völkische, nationale Minderheit; *droits m/pl*, *protection f des* ~**s** Minderheitenrechte *n/pl*, -schutz *m*; *être en* ~ in der Minderheit, Minderzahl, Minorität sein; *mettre en* ~ über'stimmen; *majori'siren*; *être mis en* ~ überstimmt werden; **2.** (*petit nombre*) *une* ~ *de* e-e kleine Gruppe, Anzahl von; *dans la* ~ *des cas* in den seltensten, wenigsten Fällen; **3.** *JUR* Minderjährigkeit *f*; Unmündigkeit *f*; ~ *pénale* Strafunmündigkeit *f*
Minorque [minɔʀk] Me'norca *n*
minot|erie [minɔtʀi] *f* **1.** *usine* Mühle(nbetrieb) *f(m)*; **2.** *secteur* Mühlenindustrie *f*; ~**ier** *m* Mühlenbesitzer *m*
minou [minu] *m* F *enf cf minet 1.*
minuit [minɥi] *m* Mitternacht *f*; zwölf Uhr nachts; *à* ~ um Mitternacht; *à* ~ *et demi* nachts um halb eins; *vers* ~ gegen Mitternacht; gegen zwölf Uhr nachts; *il est* ~ es ist Mitternacht
minus [minys] F *m* Versager *m*; F Null *f*; Niete *f*
minuscule [minyskyl] **I** *adj* **1.** (*très petit*) winzig; **2.** *lettre f* ~ *cf II*; *un a* ~ ein kleines a; **II** *f* Kleinbuchstabe *m*; kleiner Buchstabe; *TYPO* Mi'nuskel *f*; *prendre une* ~ klein geschrieben werden
minutage [minytaʒ] *m* genauer Zeitplan; genaue (Zeit)Einteilung
minute¹ [minyt] *f* **1.** *division du temps* Mi'nute *f*; *par ext* (*instant*) Augenblick *m*; Mo'ment *m*; *une* ~! e-n Augenblick!; e-n Moment!; *(c'est) la* ~ *de silence* Schweigeminute *f*; *(c'est) la* ~ *de vérité* die Stunde der Wahrheit (ist gekommen, hat geschlagen); *loc/adv*: *à la* ~ in dieser Minute, im Moment; gleich; *à la* ~ *même où* ... gerade in dem Augenblick, wo *ou* als ...; *dans une* ~ so'fort; gleich; in e-r Minute; *d'une* ~ *à l'autre* jeden Augenblick; jede Minute; *de* ~ *en* ~ von Minute zu Minute; *jusqu'à la dernière* ~ bis zur letzten Minute; bis zum letzten Augenblick, Moment; *toutes les cinq* ~**s** alle fünf Minuten; alle (paar) Augenblicke; *cf a cinq I*; **2.** *adjt* Schnell...; So'fort...; *clé f* ~ Schlüsseldienst *m*; *nettoyage m* ~ Schnell-, Ex'preßreinigung *f*; *talon m* ~ Schnellreparatur *f* von Schuhen; **3.** *int* À ~! *ou* ~, *papillon*! sachte!; langsam!; nicht so eilig!; Moment mal!; **4.** *GÉOMÉTRIE* Mi'nute *f*
minute² [minyt] *f* *JUR* Origi'nal *n*; Urschrift *f*
minuter [minyte] *v/t* **1.** *emploi du temps*, *spectacle etc* (zeitlich) genau festlegen, einteilen; **2.** *JUR* die Urschrift abfassen (*un acte* e-r Urkunde)
minut|erie [minytʀi] *f* auto'matische Treppen(haus)beleuchtung; ~**eur** *m* (Zeit)Schaltuhr *f*
minutie [minysi] *f* (peinliche) Genauigkeit, Sorgfalt; Gründlichkeit *f*

minutieux [minysjø] *adj* ⟨-euse⟩ *personne*, *inspection* peinlich genau; sehr sorgfältig; gründlich; *dessin* genau; sorgfältig; *récit* detail'liert; ins einzelne gehend; *soin*, *propreté* peinlich
mioche [mjɔʃ] F *m,f* (*petit garçon*) F Knirps *m*; Stöpsel *m*; Steppke *m*; (*petite fille*) F Gör *n*; *pl* ~**s** (*enfants*) F Gören *n/pl*
mirabelle [miʀabɛl] *f* **1.** *fruit* Mira'belle *f*; **2.** *eau-de-vie* Mira'bellenschnaps *m*
mirabellier [miʀabɛlje] *m* Mira'bellenbaum *m*
miracle [miʀakl(ə)] *m* **1.** Wunder *n* (*a REL*); ~ *économique* Wirtschaftswunder *n*; *loc/adv* (*comme*) *par* ~ wie durch ein Wunder; *accomplir*, *faire des* ~**s** Wunder voll'bringen, wirken, tun; *crier au* ~ von e-m Wunder sprechen; *il n'y a pas de quoi crier au* ~ das ist nichts Besonderes, Außergewöhnliches; *ce serait (un)* ~ *si* ... es wäre ein Wunder, wenn ...; *cela tient du* ~ das grenzt an ein Wunder, ans Wunderbare; **2.** (*réalisation étonnante*) Wunder(werk) *n*; *un* ~ *d'équilibre* ein Wunder an Ausgewogenheit; **3.** *adjt* Wunder...; *remède* ~ Wundermittel *n*; *solution* ~ Pa'tentlösung *f*; **4.** *drame médiéval* Mi'rakel(spiel) *n*; **5.** *HIST à Paris la Cour des* ~**s** das Viertel der Bettler und Diebe
miraculé [miʀakyle] *adj* malade durch ein Wunder geheilt
miraculeusement [miʀakyløzmɑ̃] *adv* auf wunderbare Weise; wie durch ein Wunder
miraculeux [miʀakylø] *adj* ⟨-euse⟩ **1.** *guérison*, *apparition* wunderbar; Wunder...; *eau* wundertätig; *remède* ~ Wundermittel *n*; **2.** (*extraordinaire*) außergewöhnlich; *il n'y a rien de* ~ *dans sa réussite* sein Erfolg ist nichts Außergewöhnliches, Besonderes
mirador [miʀadɔʀ] *m* Wach(t)turm *m*
mirage [miʀaʒ] *m* **1.** Luftspiegelung *f*; *du désert* Fata Mor'gana *f*; **2.** *fig* Trugbild *n*; trügerischer Schein
miraud [miʀo] *adj* F *cf miro*
mire [miʀ] *f* **1.** *d'une arme à feu* cran *m de* ~ Kimme *f*; *ligne f de* ~ Vi'sier-, Ziel-, Schußlinie *f*; *point m de* ~ Ziel(-punkt) *n(m)*; *fig être le point de* ~ die Blicke auf sich ziehen; im Mittelpunkt des Interesses stehen; **2.** *TECH* Meßlatte *f*, -stab *m*; **3.** *TV* Testbild *n*
Mireille [miʀɛj] *f* Vorname
mirent [miʀ] *cf mettre*
mirer [miʀe] **I** *v/t œufs* prüfend gegen das Licht halten; **II** *v/pr litt se* ~ sich spiegeln (*dans l'eau* im Wasser)
mirettes [miʀɛt] *f/pl* Augen *n/pl*; F Gucker *m/pl*
mirifique [miʀifik] *adj* F *cf mirobolant*
mirliton [miʀlitɔ̃] *m* Mirli'ton *n* (*Art Rohrpfeife mit Membranen*); *fig vers m/pl de* ~ schlechte Verse *m/pl*
miro [miʀo] *adj* ⟨*inv*⟩ F (*myope*) kurzsichtig; *tu es* ~! du siehst wohl nicht gut!
mirobolant [miʀɔbɔlɑ̃] *adj* F phan'tastisch; sagenhaft
miroir [miʀwaʀ] *m* **1.** Spiegel *m*; *fig* ~ *aux alouettes* Lockvogel *m*; Dummenfang *m*; *AUTO* ~ *de courtoisie* Make-up-Spiegel [me:k'ap-] *m* (*in der Beifahrersonnenblende*); *fig les yeux sont le* ~ *de l'âme* die Augen sind der Spiegel

der Seele; **2.** (*surface unie*) spiegelglatte, spiegelnde Fläche
miroit|ant [miʀwatɑ̃] *adj* spiegelnd; glänzend; ~**ement** *m* Spiegeln *n*; Glänzen *n*
miroiter [miʀwate] *v/i* **1.** *eau*, *vitre etc* spiegeln; glänzen; schillern; blitzen; funkeln; **2.** *fig faire* ~ *qc à qn* j-m etw in den verlockendsten, schönsten Farben ausmalen; j-n mit etw locken
miroit|erie [miʀwatʀi] *f* **a)** *fabrication* Spiegelherstellung *f*, -fabrikation *f*; **b)** *commerce* Spiegelhandel *m*; ~**ier**, ~**ière** *f* **a)** *fabricant* Spiegelfabrikant(in) *m(f)*; **b)** *commerçant* Spiegelhändler(in) *m(f)*
mironton [miʀɔ̃tɔ̃] *ou* **miroton** [miʀɔtɔ̃] *adjt* *CUIS bœuf m* ~ in Scheiben geschnittenes, mit Speck, Zwiebeln u Essig gekochtes Rindfleisch
mironton, **mirontaine** [miʀɔ̃tɔ̃, miʀɔ̃tɛn] *refrain* valle'ri, valle'ra!
mis [mi] **I** *p/p et passé simple cf mettre*; **II** *adj* ⟨mise [miz]⟩ **1.** *table* gedeckt; **2.** *personne bien*, *mal* ~ gut, schlecht gekleidet, angezogen
misaine [mizɛn] *f MAR* Fock *f*; Focksegel *n*; *mât m de* ~ Fockmast *m*
misanthrop|e [mizɑ̃tʀɔp] *m,f* Menschenfeind *m*, -hasser *m*; Misan'throp *m*; *par ext* (*personne peu sociable*) menschenscheuer Mensch; ~**ie** *f* Menschenhaß *m*; menschenfeindliche Einstellung; Misanthro'pie *f*; *par ext* Menschenscheu *f*
mise [miz] *f* **1.** *au jeu* Einsatz *m*; *sauver la* ~ wenigstens den Einsatz retten, wieder herausbekommen; F *fig sauver la* ~ *à qn* j-n vor Ärger bewahren; **2.** *FIN* ~ *de fonds* Kapi'taleinlage *f*; **3.** *vestimentaire* Art *f* sich zu kleiden; Kleidung *f*; *avoir une* ~ *négligée* schlampig angezogen sein; *soigner sa* ~ sich sorgfältig, gut kleiden; **4.** *fig être de* ~ angebracht, passend sein; *ne pas être de* ~ unangebracht, unpassend, unzeitgemäß sein; fehl am Platz sein; **5.** *avec prép en complément*: ~ *au courant* Unter'richtung *f*; Infor'mierung *f*; professionnelle Einarbeitung *f*; ~ *à la disposition* Bereitstellung *f*; Zur'Verfügungstellung *f*; *MAR* ~ *à l'eau* Stapellauf *m*; ~ *aux enchères* Versteigerung *f*; Verauktio'nierung *f*; ~ *à exécution* Aus-, 'Durchführung *f*; ~ *d'une charge à feu* Zündung *f*; ~ *à jour* Aufarbeitung *f*; auf den neuesten Stand gebrachte Fassung *f*; *ÉLECT* ~ *à la masse* Erdung *f*; ~ *à mort* Tötung *f* (*a dans une corrida*); ~ *au pas* Zur-Ordnung-Rufen *n*; *POL* Gleichschaltung *f*; ~ *à pied* Entlassung *f*; ~ *au point* (*réglage*) Einstellung *f*; (*éclaircissement*) Richtig-, Klarstellung *f*; (*création*) Entwicklung *f*; *faire une* ~ *au point* e-e Richtig-, Klarstellung vornehmen; *ENCHÈRES* ~ *à prix* Taxpreis *m*, -wert *f*; Ausrufpreis *m*; ~ *à la retraite* Versetzung *f* in den Ruhestand; Pensio'nierung *f*; *ÉLECT* ~ *à la terre* Erdung *f*; *REL*, *BEAUX-ARTS la* ~ *au tombeau* die Grablegung Christi; ~ *en action* Einsatz *m*; Aufgebot *n*; ~ *en bouteilles* Abfüllung *f* in Flaschen; *ÉLECT* ~ *en circuit* Einschalten *n*; ~ *en état* In'standsetzung *f*; ~ *en liberté* Freilassung *f*; ~ *en marche* In'gangbringen *n*;

Inbe'triebsetzung *f*; *d'un moteur a* Anlassen *n*; Anwerfen *n*; **~ en œuvre** a) (*emploi*) Anwendung *f*; Gebrauch *m*; Einsatz *m*; b) (*réalisation*) Aus-, 'Durchführung *f*; Verwirklichung *f*; *TYPO* **~ en pages** 'Umbruch *m*; **~ en place** *d'une machine* Aufstellung *f*; *d'un dispositif* Anbringung *f*; Instal'lierung *f*; Einbau *m*; *de forces de police* Aufstellung *f*; Bereitstellung *f*; *d'une commission* Einsetzung *f*; **~ en pratique** 'Umsetzung *f* in die Praxis, in die Tat; Verwirklichung *f*; Reali'sierung *f*; 'Durchführung *f*; Ausführung *f*; *THÉ, CIN* **~ en scène** Insze'nierung *f* (*a fig*); Re'gie *f*; **~ en valeur** *d'un terrain* Erschließung *f*; *du sol* Bewirtschaftung *f*; Bestellung *f*; *d'un mot etc* Her'vorhebung *f*; **~ en vente** (Anbieten *n* zum) Verkauf *m*; **~ sur pied** Schaffung *f*; Bildung *f*; Errichtung *f*; Einrichtung *f*; Aufbau *m*; Aufstellung *f*; *cf a les subst correspondants*
miser [mize] *v/t au jeu* setzen (*sur le rouge* auf Rot); *somme a* einsetzen; **~ sur un cheval** auf ein Pferd setzen, wetten; F *fig* **~ sur le mauvais cheval** aufs falsche Pferd setzen; F *fig* **on ne peut ~ là-dessus** man kann nicht damit rechnen *ou* sich nicht darauf verlassen
misérabiliste [mizeRabilist] *adj auteur etc* der mit Vorliebe das Elend darstellt
misérable [mizeRabl(ə)] **I** *adj* **1.** (*pauvre*) *personne, région* (sehr, bitter) arm; *cabane, vêtements etc* ärmlich; armselig; erbärmlich; *cabane a elend*; *vêtements a* schäbig; dürftig; **2.** (*qui inspire pitié*) beklagens-, bedauerns-, bejammernswert; **3.** (*sans valeur*) dürftig; armselig; *pour quelques* **~s sous** ein paar lumpige Mark; **II** *m,f* **1.** (*pauvre*) Arme(r) *f(m)*; Bedürftige(r) *f(m)*; **2.** *litt ou plais* Schurke *m*, Schurkin *f*; Elende(r) *f(m)*
misère [mizɛR] *f* **1.** (*dénuement*) Armut *f*; Elend *n*; Not *f*; **~ noire** bittere Armut; größtes, äußerstes Elend; **salaire** *m* **de ~** Hungerlohn *m*; **crier, pleurer ~** s-e Not, sein Elend klagen; jammern; **vivre dans la ~** im Elend leben; **2.** (*malheur*) souvent *pl* **~s** Elend *n*; Not *f*; Jammer *m*; Leiden *n/pl*; Unglück *n*; Mi'sere *f*; Mühsal *f*; Plagen *f/pl*; **petites ~s** kleine Nöte; F Weh'wehchen *n/pl*; **quelle ~!** so ein Elend, Jammer!; int **~!** o Elend, Jammer!; ach du Schande!; **faire des ~s à qn** j-n quälen, plagen, F piesacken; **3.** (*bagatelle*) lächerliche, winzige Kleinigkeit; **4.** *BOT* Dreimasterblume *f*; Trades'kantie *f*
miséreux [mizeRø] *adj* ⟨-euse⟩ arm; notleidend; **quartier ~** Elends-, Armenviertel *n*; *subst* **les ~** *m/pl* die Armen *m/pl*, Notleidenden *m/pl*
miséricorde [mizeRikɔRd] *f* **1.** Barm'herzigkeit *f*; Erbarmen *n*; **2.** *int de surprise* **~!** du liebe Güte!
miséricordieux [mizeRikɔRdjø] *adj* ⟨-euse⟩ barmherzig; gnädig
misogyne [mizɔʒin] **I** *adj* frauenfeindlich; **II** *m* Frauen-, Weiberfeind *m*; *p/fort* Frauenhasser *m*; *PSYCH* Miso'gyn *m*
misogynie [mizɔʒini] *f p/fort* Frauenhaß *m*; *PSYCH* Misogy'nie *f*
miss [mis] *f* ⟨inv⟩ **~ France** Miß *f* Frankreich

missel [misɛl] *m ÉGL CATH* Meßbuch *n*; Mis'sale *n*
missile [misil] *m MIL* Ra'kete *f*; Flugkörper *m*; **~ antichar** Panzerabwehrrakete *f*; **~ sol-air** Boden-Luft-Rakete *f*; **~s stratégiques**, **tactiques** strategische, taktische Raketenwaffen *f/pl*; **~ de croisière** Marschflugkörper *m*; Cruise-Missile ['kruːz-] *n*
mission [misjɔ̃] *f* **1.** (*charge*) Auftrag *m*; Missi'on *f*; Aufgabe *f*; *fig et st/s* Sendung *f*; *ADM* Dienstreise *f*; *AVIAT MIL* **~ aérienne** Einsatz *m*; **~ secrète** geheime Mission; **~ spéciale** Sonderauftrag *m*; *MIL* **~ de reconnaissance** Erkundungsauftrag *m*; **avoir pour ~ de faire qc** den Auftrag *ou* die Aufgabe haben, beauftragt sein, etw zu tun; **charger qn d'une ~** j-n mit e-r Mission, Aufgabe betrauen; **envoyer qn en ~** j-n als Beauftragten, mit e-m Auftrag schicken (**à l'étranger** ins Ausland); **fonctionnaire** **être**, **partir en ~** auf Dienstreise sein, e-e Dienstreise antreten; **2.** **groupe** Missi'on *f*; Abordnung *f*; Vertretung *f*; Delegati'on *f*; **~ diplomatique** diplomatische Mission; **chef** *m* **de ~** Missionschef *m*; Delegationsleiter *m*; **3.** *REL* a) *surtout pl* **~s** Missi'on *f*; **pays** *m/pl* **de ~(s)** Missionsländer *n/pl*; **société** *f* **des ~s** (**étrangères**) Missionsgesellschaft *f*; b) **bâtiment** Missi'on(sgebäude) *f(n)*; Missi'onsstation *f*
missionnaire [misjɔnɛR] *REL* **I** *m* Missio'nar *m*; **II** *adj* Missi'ons...; **œuvre** *f* **~** Missionswerk *n*; **sœur** *f* **~** Missionsschwester *f*
missive [misiv] *f litt ou iron* Brief *m*
mistigri [mistigRi] *m* F Mieze(katze) *f*
mistoufle [mistufl(ə)] *f* **1.** F **faire des ~s à qn** j-n quälen, plagen, F piesacken; **2.** *arg* (*misère*) Armut *f*; Elend *n*; Not *f*
mistral [mistRal] *m* Mi'stral *m* (*kalter Nordwind in der Provence*)
mit [mi] *cf* **mettre**
mitage [mitaʒ] *m du paysage* Zersiedelung *f*
mitaine [mitɛn] *f autrefois* fingerloser Handschuh *m*; Halbhandschuh *m*
mitard [mitaR] *m arg cf* **cachot**
mite [mit] *f* (Kleider)Motte *f*; **mangé des**, F **aux ~s** von Motten zerfressen
mité [mite] *adj* von Motten zerfressen
mi-temps [mitɑ̃] *f* **1.** *f SPORTS* Halbzeit *f*; **en première, seconde ~** in der ersten, zweiten Halbzeit; **pendant la ~** in der Halbzeit(pause); **2.** *m ou* **travail** *m* **à ~** Halbtagsarbeit *f*, -beschäftigung *f*, -stellung *f*; **travailler à ~** halbtags arbeiten
miter [mite] *v/pr* **se ~** von Motten zerfressen werden
miteux [mitø] **I** *adj* ⟨-euse⟩ *hôtel, vêtements* schäbig; dürftig; armselig; **II** *subst* F **~**, **miteuse** *m,f* F armer Schlucker
mithridat|iser [mitRidatize] *v/t* durch Gewöhnung gegen Gift im'mun machen; **~isme** *m MÉD* Giftfestigkeit *f*; *sc* Mithrida'tismus *m*
mitigé [mitiʒe] *adj* **1.** (*relâché*) abgeschwächt; gemäßigt; **zèle ~** erlahmter, mäßiger Eifer; **2.** F (*mélangé*) gemischt (**de** mit); **avec des sentiments ~s** mit gemischten Gefühlen
mitigeur [mitiʒœR] *m robinet* Einhandmischer *m*; Einlochbatterie *f*

mitonner [mitɔne] *v/t et v/i cf* **mijoter**
mitose [mitoz] *f BIOL* indirekte Zellkernteilung; Mi'tose *f*
mitoyen [mitwajɛ̃] *adj* ⟨-ne⟩ **mur ~** gemeinschaftliche Grenzmauer *f*
mitoyenneté [mitwajɛnte] *f JUR* Grenzeinrichtungs-, Grenzmauergemeinschaft *f*
mitraillage [mitRajaʒ] *m MIL* Beschießung *f*, Beschuß *m* mit Ma'schinengewehr(en); MG-Feuer *n*
mitraille [mitRaj] *f* **1.** *MIL* **sous la ~** unter Beschuß; im Geschoß-, Kugelhagel; **2.** F (*menue monnaie*) Klein-, Kupfergeld *n*; Münzen *f/pl*
mitrailler [mitRaje] *v/t* **1.** *MIL* mit Ma'schinengewehr(en) beschießen; mit MG-Feuer belegen; **2.** *fig* bombar'dieren (**de questions** mit Fragen); **3.** F *PHOT* Bilder schießen (**qn**, **qc** von j-m, etw); **être mitraillé par les photographes** von den Fotografen bedrängt werden; e-m Blitzlichtgewitter ausgesetzt sein
mitraillette [mitRajɛt] *f* Ma'schinenpistole *f*
mitrailleur [mitRajœR] *m MIL* **1.** soldat MG-Schütze *m*; *AVIAT a* Bordschütze *m*; **2.** *adj* **fusil** *m* **~** leichtes Ma'schinengewehr; **pistolet** *m* **~** (*abr* **P.M.**) Ma'schinenpistole *f* (*abr* MP, MPi)
mitrailleuse [mitRajøz] *f MIL* Ma'schinengewehr *n* (*abr* MG)
mitral [mitRal] *adj* ⟨-aux⟩ *ANAT* **valvule ~e** Mi'tralklappe *f*
mitre [mitR(ə)] *f ÉGL CATH* Mitra *f*; Inful *f*; **~ épiscopale** Bischofsmütze *f*
mitron [mitRɔ̃] *m* Bäckerjunge *m*, -geselle *m*
mi-voix [mivwa] *loc/adv* **à ~** halblaut; **parler à ~** *a* mit gesenkter Stimme sprechen
mix|age [miksaʒ] *m CIN*, *MUS* Mischen *n*; Mixen *n*; Tonmischung *f*; **~er¹** *v/t CIN, MUS* mischen; mixen
mixer² [miksɛR] *m ou* **mixeur** [miksœR] *m CUIS* Mixer *m*; Handrührgerät *n*
mixité [miksite] *f* gemischter Cha'rakter; *de l'enseignement* koeduka'tiver Cha'rakter
mixte [mikst] *adj* gemischt; Misch...; **cargo** *m* **~** Frachtschiff *n*, Frachter *m* mit Passa'gierkabinen; **classe** *f* **~** (*aus Jungen und Mädchen*) gemischte Klasse; **commission** *f* **~** gemischte Kommission; *TENNIS* **double** *m* **~** gemischtes Doppel; Mixed [mikst] *n*; **école** *f* **~** Schule *f* für Jungen und Mädchen; **mariage** *m* **~** Mischehe *f*
mixture [mikstyR] *f péj*: *à boire* Gebräu *n*; *à manger* Mischmasch *m*
M.L.F. [ɛmɛlɛf] *m abr* (*Mouvement de libération des femmes*) Frauenbewegung *f*
Mlle *ou* **Mlle** *abr cf* **mademoiselle**
MM. *abr* (*millimètre[s]*) mm (Millimeter)
MM. *abr* (*messieurs*) *cf* **Monsieur**
Mme *ou* **Mme** *abr cf* **Madame**
mn *abr* (*minute[s]*) Min. (Minute[n])
mnémotechnique [mnemɔtɛknik] *adj* mnemo'technisch; **moyen** *m* **~** *a* Gedächtnisstütze *f*; Lernhilfe *f*
Mo *abr* (*méga-octet[s]*) MB (Megabyte)
mob [mɔb] *f* F *abr cf* **mobylette**
mobile [mɔbil] **I** *adj* beweglich, mo'bil; *TECH a* ortsbeweglich; *ÉCON* **échelle ~** gleitend; **main-d'œuvre** mo'bil; *physio-*

mobilier – modification

nomie wandlungsfähig; **fêtes** f/pl ~s bewegliche Feste n/pl; **en feuillets** ~s Lose'blatt...; II **m 1.** d'une action Beweggrund m; Mo'tiv n (a JUR); Triebfeder f; **2.** PHYS in Bewegung befindlicher Körper; **3.** BEAUX-ARTS Mobile n
mobilier [mɔbilje] **I** adj ⟨-ière⟩ JUR propriété, fortune etc beweglich; Mobili'ar...; **biens** ~s a Mo'bilien pl; Fahrnis f; fahrende, bewegliche Habe; **valeurs mobilières** Wertpapiere n/pl; Ef'fekten pl; II **m 1.** (meubles) Mobili'ar m; Möbel n/pl; (Wohnungs)Einrichtung f; ~ **de bureau** Bü'romöbel n/pl, -einrichtung f; **2.** ADM ~ **urbain** dem öffentlichen Nutzen dienende Gegenstände m/pl
mobilisable [mɔbilizabl(ə)] adj MIL, fig mobili'sierbar; fig a verfügbar; einsatzbereit, -fähig
mobilisation [mɔbilizasjɔ̃] f **1.** MIL Mo'bilmachung f; Mobili'sierung f; ~ **générale, partielle** Gene'ral-, Teilmobilmachung f; **2.** de capitaux Mobili'sierung f; a de ressources Bereitstellung f; Aufbringung f; **3.** fig d'énergies, de militants etc Mobili'sierung f; Einsatz m
mobiliser [mɔbilize] **I** v/t **1.** MIL mobili'sieren; mo'bil machen (a abs); **être mobilisé dans le génie** zu den Pionieren eingezogen, einberufen werden; **2.** capitaux mobili'sieren; flüssigmachen; bereitstellen; aufbringen; **3.** fig énergies, militants etc mobili'sieren; einsetzen; **événement ~ l'attention du public** die Aufmerksamkeit der Öffentlichkeit auf sich ziehen; II v/pr **se ~** aktiv werden; handeln
mobilité [mɔbilite] f Beweglichkeit f; Mobili'tät f (a de la main-d'œuvre); du visage Wandlungsfähigkeit f
mobylette [mɔbilɛt] f (nom déposé) Mofa n
mocassin [mɔkasɛ̃] m **1.** des Indiens Mokas'sin m; **2.** par ext Slipper m
moche [mɔʃ] F adj **1.** (laid) häßlich; F scheußlich; **2.** (mauvais) schlecht; übel; F mies; film blöd; doof; **3.** moralement gemein, F mies (**avec qn** zu j-m)
mocheté [mɔʃte] f F (femme laide) F Vogelscheuche f; Nachteule f
modal [mɔdal] adj ⟨-aux⟩ **1.** GR mo'dal; **auxiliaire** ~ modales Hilfsverb; **2.** MUS mo'dal; Mo'dal...; **musique** ~**e** Musik, die die alten Modi wieder anwendet
modalité [mɔdalite] f **1.** Art und Weise f; ~**s** pl a Modali'täten f/pl; JUR **les** ~**s a** das Nähere f; JUR ~**s d'application** 'Durchführungsbestimmungen f/pl; ~**s de paiement** Zahlungsweise f, -modalitäten f/pl, -bedingungen f/pl; **2.** GR **adverbe m de** ~ Mo'daladverb n; **3.** MUS Ton-, Klanggeschlecht n; Modali'tät f
mode¹ [mɔd] m **1.** Art f; Weise f; Art und Weise f; Form f; Modus m; ~ **d'emploi** f d'un remède, d'un produit Gebrauchsanweisung f; d'un appareil Bedienungsanleitung f; ~ **d'existence, de vie** Lebensweise f, -art f, -form f; Art zu leben; ~ **de pensée** Denkart f, -weise f; Denkungsart f; ~ **de scrutin** Abstimmungsverfahren n; Wahlmodus m; ~ **de transport** Beförderungs-, Trans'portart f; **2.** GR Modus m; Aussageweise

f; **3.** MUS Tonart f; ~ **majeur** Dur (-tonart) n(f); ~ **mineur** Moll(tonart) n(f)
mode² [mɔd] f **1.** Mode f; Zeitgeschmack m; ~ **rétro** Nostal'giewelle f; loc/adj **à la** ~ Mode...; modisch; modern; in Mode befindlich; **auteur m à la** ~ Modeschriftsteller m; **chanson** f **à la** ~ sehr beliebtes, viel gesungenes, oft gehörtes Lied; Schlager m; Hit m; **à la dernière** ~ nach der neuesten Mode; neumodisch; **être très à la** ~ große Mode sein; sehr in Mode sein; F in sein; **c'est la** ~ das ist jetzt so Mode, so üblich; **mettre qc à la** ~ etw in Mode bringen; etw aufbringen; **être passé de** ~ altmodisch, unmodern sein; aus der Mode gekommen sein; **suivre la** ~ mit der Mode gehen; die Mode mitmachen; **revenir à la** ~ wieder Mode, modern werden; ♦ adjt Mode...; modisch; **couleur** f ~ Modefarbe f; **tissu** m ~ modischer Stoff; **2.** COUT Mode f; par ext sehr beliebtes; ~ **féminine, masculine** Damen-, Herrenmode f; ~ **parisienne** Pariser Mode f; **articles** m/pl **de** ~ Modeartikel m/pl, -waren f/pl; **gravure** f **de** ~ (alter) Ko'stümstich; **3.** parents **à la** ~ **de Bretagne** entfernt, weitläufig verwandt; **4.** CUIS **bœuf** m (**à la**) ~ mit Karotten geschmortes Rindfleisch
modelage [mɔdlaʒ] m Model'lieren n; Formen n
modèle [mɔdɛl] m **1.** Muster n (a fig); Vorlage f; fig Vorbild n; **pour élèves** Musterlösung f; ~ **de conjugaison** Konjugati'onsmuster n, -schema n; **dessiner d'après un** ~ nach e-r Vorlage zeichnen; fig personne **être un** ~ **de fidélité** etc ein Muster an, iron ein Ausbund von Treue etc sein; **c'est le** ~ **de l'enfant gâté** das ist das Musterbeispiel e-s verzogenen Kindes; **prendre qn pour** ~, **prendre** ~ **sur qn** sich j-n zum Vorbild nehmen; sich an j-m ein Beispiel nehmen; ♦ adjt (exemplaire) Muster...; mustergültig; musterhaft; vorbildlich; **élève** m ~ Musterschüler m; **ferme** f ~ landwirtschaftlicher Musterbetrieb; **2.** BEAUX-ARTS, PHOT Fotomodell n; **3.** TECH, COUT Mo'dell n; TECH a Ausführung f; ~ **courant** Nor'malausführung f; ~ **déposé** Gebrauchsmuster n; ~ **réduit** Modell (in verkleinertem Maßstab); AUTO: ~ **sport** Sportmodell n; ~ **standard** Standardmodell n, -ausführung f; ~ **de luxe** Luxusausführung f; **4.** ÉCON, MATH, LING etc Mo'dell n
modelé [mɔdle] m **1.** SCULP Model'lierung f Formgebung f; PEINT Her'ausarbeitung f der Formen; **2.** GÉOGR Reli'ef n; Oberflächengestalt f
modeler [mɔdle] **I** v/t ⟨-è-⟩ **1.** SCULP, POTERIE, terre glaise, cire model'lieren; formen; **pâte** f **à** ~ Knetmasse f; Plasti'lin n (Wz); **2.** par ext (former) formen; gestalten; Form, Gestalt geben (+dat); **3.** fig ~ **sur** ausrichten nach; anpassen (+dat); II v/pr **se** ~ **sur qn, qc** sich nach j-m, etw richten
modeleur [mɔdlœʁ] m **1.** SCULP Model'lierer m; Model'leur m; **2.** TECH Mo'delltischler m, südd -schreiner m
model|isme [mɔdelism(ə)] m Mo'dellbau m; ~**iste** m,f **1.** COUT Modezeich-

ner(in) m(f); **2.** de maquettes Mo'dellbauer(in) m(f)
modem [mɔdɛm] m INFORM Mo'dem n ou m
modérateur [mɔdeʁatœʁ] **I** adj ⟨-trice⟩ **1.** mäßigend; regu'lierend; **2.** SÉCURITÉ SOCIALE **ticket** ~ Selbstbeteiligung f; II subst **1.** personne ~, **modératrice** m,f Befürworter(in) m(f) des Maßhaltens, der Zu'rückhaltung; Ele'ment n der Mäßigung; **2.** m TECH Regler m; **3.** m NUCL Mode'rator m; Bremssubstanz f
modération [mɔdeʁasjɔ̃] f **1.** d'une personne Mäßigung f; Maßhalten n; Zu'rückhaltung f; d'une réponse, de mesures etc maßvolle Form; maßvoller Cha'rakter; **2.** JUR ~ **de peine** Strafermäßigung f
modéré [mɔdeʁe] **I** adj vitesse, vent mäßig; prix maßvoll; parti gemäßigt; personne **être** ~ **dans ses prétentions** in s-n Ansprüchen maßvoll sein; II m/pl POL **les** ~**s** die Gemäßigten m/pl
modérément [mɔdeʁemɑ̃] adv maßvoll; mit Maßen; **boire et manger** ~ **a** im Essen und Trinken Maß halten
modérer [mɔdeʁe] ⟨-è-⟩ **I** v/t mäßigen; prétentions zu'rückschrauben; enthousiasme de qn dämpfen; emportement, zèle zügeln; im Zaum halten; **modérez vos expressions!** mäßigen Sie sich in Ihren Worten!; II v/pr **se** ~ sich mäßigen
moderne [mɔdɛʁn] **I** adj mo'dern (a personne); neuzeitlich; zeitgemäß; **enseignement** m ~ (naturwissenschaftlicher und) neusprachlicher 'Unterricht; **histoire** f ~ Neuere Geschichte; **langues** f/pl ~**s** neuere Sprachen f/pl; **le Paris** ~ das moderne, heutige Paris; **les temps** ~**s** die Neuzeit; II subst **1.** style **le** ~ das Mo'derne; **2.** auteurs, créateurs **les** ~**s** m/pl die Mo'dernen m/pl
modernisation [mɔdɛʁnizasjɔ̃] f Moderni'sierung f
moderniser [mɔdɛʁnize] **I** v/t moderni'sieren; II v/pr **se** ~ sich der neuen Zeit anpassen
modern|isme [mɔdɛʁnism(ə)] m Mo'dernismus m (a BEAUX-ARTS, REL); Bejahung f des Mo'dernen; ~**iste I** adj moder'nistisch; mo'dern eingestellt; II m Moder'nist m; ~**ité** f Moderni'tät f
modern style [mɔdɛʁnstil] m ARCH, PEINT etc Jugendstil m; adjt im Jugendstil; Jugendstil...
modeste [mɔdɛst] adj bescheiden; personne a anspruchslos; tenue a schlicht; einfach; **commerçant** m ~ kleiner Kaufmann; loc/adj **d'origine** ~ aus bescheidenen, einfachen Verhältnissen; subst **faire le** ~ den Bescheidenen spielen
modestie [mɔdɛsti] f Bescheidenheit f; Schlichtheit f; Einfachheit f; Anspruchslosigkeit f; **fausse** ~ falsche Bescheidenheit
modicité [mɔdisite] f de revenus geringe, bescheidene Höhe; **d'un prix** Niedrigkeit f
modifiable [mɔdifjabl(ə)] adj abänderungsfähig; modifi'zierbar
modificateur [mɔdifikatœʁ] adj ⟨-trice⟩ modifi'zierend; ändernd
modification [mɔdifikasjɔ̃] f (Ab-, Ver)Änderung f; Abwandlung f; Modifi'zierung f; Modifikati'on f (a BIOL); ~

(*apportée*) *à un programme* Pro'grammänderung *f*; *sans ~* ohne (e-e) Änderung; unverändert
modifier [mɔdifje] **I** *v/t* (ab-, ver)ändern; abwandeln; modifi'zieren; *GR* näher bestimmen; *la politique financière n'a pas été modifiée a* in der Finanzpolitik hat sich nichts geändert; **II** *v/pr se ~* sich ändern; sich wandeln
modique [mɔdik] *adj somme, prix etc* bescheiden; gering; niedrig; klein; mäßig
modiste [mɔdist] *f* Mo'distin *f*; Putzmacherin *f*; *atelier m*, *boutique f de ~* Hutsalon *m*
modulable [mɔdylabl(ə)] *adj* **1.** *TECH système ~* Baukastensystem *n*; **2.** *fig* fle'xibel; anpassungsfähig
modulation [mɔdylasjɔ̃] *f* **1.** *ÉLECT* Modulati'on *f*; *~ d'amplitude* Ampli'tudenmodulation *f*, *~ de fréquence* a) *PHYS* Frequ'enzmodulation *f*; b) *RAD* (*abr F.M.*) Ultra'kurzwelle *f* (*abr UKW*); *écouter qc en ~ de fréquence* etw auf UKW hören; **2.** *MUS* Modulati'on *f*
module [mɔdyl] *m* **1.** *MATH, PHYS* 'Modul *m*; *~ d'élasticité* Elastizi'tätsmodul *m*; **2.** *TECH, INFORM* Mo'dul *n*; **3.** *ESPACE ~ lunaire* Mond(lande)fähre *f*; **4.** *par ext* (*élément*) *de meubles* Ele'ment *n*; Bauteil *n*; *d'apprentissage* Lerneinheit *f*; Baustein *m*
moduler [mɔdyle] *v/t* **1.** *ÉLECT, RAD, MUS* modu'lieren; **2.** *fig* (den jeweiligen 'Umständen, dem Einzelfall) anpassen
modus vivendi [mɔdysvivɛ̃di] *m* ⟨*inv*⟩ Modus vi'vendi *m*
moelle [mwal] *f* **1.** *ANAT* (Knochen-)Mark *n*; *~ épinière* Rückenmark *n*; *CUIS os m à ~* Markknochen *m*; *fig jusqu'à la ~* (*des os*) bis ins Mark; durch und durch; **2.** *BOT* Mark *n*
moelleux [mwalø] *adj* ⟨-euse⟩ **1.** *étoffe* weich und flauschig, füllig; *siège, tapis, coussin* weich; behaglich; **2.** *chocolat* sahnig; *vin* lieblich; voll und mild; **3.** *son* weich; *voix* schmelzend
moellon [mwalɔ̃] *m CONSTR* Bruchstein *m*
mœurs [mœRs, mœR] *f/pl* **1.** (*morale*) Sitten *f/pl*; Sittlichkeit *f*; *d'un individu a* Lebenswandel *m*; *~ austères* strenge Sitten; *bonnes ~* gute Sitten; *JUR* Sittlichkeit *f*; *loc/adj* *contraire aux bonnes ~* sittenwidrig, unsittlich; *~ corrompues ou dissolues, légères* verdorbene, lockere Sitten; *affaire f de ~* Sitten-, Sexskandal *m*; *la police des ~ ou les ~* die Sittenpolizei; F die Sitte; **2.** (*coutumes*) Sitten *f/pl* (und Gebräuche *m/pl*); Lebensweise *f*, -gewohnheiten *f/pl*; *drôles de ~!, quelles ~!* ein Benehmen ist das!; *iron* das sind vielleicht komische Sitten!; **3.** (*manières*) Betragen *n*; Benehmen *n*; Lebensgewohnheiten *f/pl*; *c'est entré, passé dans les ~* das ist Sitte, Brauch, üblich geworden; **3.** (*manières*) Betragen *n*; Benehmen *n*; Lebensgewohnheiten *f/pl*; *drôles de ~!, quelles ~!* ein Benehmen ist das!; *iron* das sind vielleicht komische Sitten!
mohair [mɔɛR] *m étoffe* Mo'hair *ou* Mo'här *m*; *adjt laine f ~* Mohairwolle *f*
Mohammed [mɔamɛd] *m* Mohammed *m* (*Vorname*)
moi [mwa] **I** *pr/pers* **a)** *sujet* ich; *je le savais bien, ~, que ...* ich wußte genau, daß ...; *toi, tu lis, et ~, je travaille* und ich arbeite; *~ parti, que ferez-vous?* was werdet ihr machen wenn ich weg bin?; *~, trahir un ami!* ich und e-n Freund verraten!; *ne faites pas comme ~* machen Sie es nicht (so) wie ich; *c'est comme ~* genau wie bei mir; ich bin in der gleichen Lage; *mon frère et ~* (*nous*) travaillons mein Bruder und ich (, wir) arbeiten; *ni lui ni ~* weder er noch ich; *il est plus grand que ~* er ist größer als ich; *c'est ~* ich bin's; *c'est ~ qui ... ich ...; ~ aussi* ich auch; *~ non plus* ich auch nicht; *~ seul* ich allein; **b)** *obj/dir* mich; *il nous a invités, ma femme et ~* er hat meine Frau und mich eingeladen; *c'est ~ que vous cherchez?* suchen Sie mich?; **c)** *précédé d'une prép* mir (*dat*); mich (*acc*); *de vous à ~* unter uns gesagt; *c'est un ami à ~* das ist ein Freund von mir; *une photo de ~* ein Foto von mir; *il se souvient de ~* er erinnert sich an mich; *st/s à ~* er erinnert sich meiner; *sans ~* ohne mich; *selon ~, d'après ~, pour ~* meiner Ansicht, Meinung, Auffassung nach; meines Erachtens (*abr m. E.*); **d)** *après un impératif: obj/indir* mich; *obj/indir* mir; *laissez-~ passer!* lassen Sie mich durch, vorbei!; *rendez-le-~!* geben Sie es mir zurück!; P *donne-~-z-en!* gib mir was davon!; **II** *m* ⟨*inv*⟩ *PHILOS, PSYCH* Ich *n*; Ego *n*; Selbst *n*; *notre vrai ~* unser wahres Ich, Selbst
moignon [mwaɲɔ̃] *m* **1.** *d'un membre amputé* Stumpf *m* (*a d'une branche*); **2.** *ZO ~s d'ailes* verkümmerte Flügel *m/pl*; Stummelflügel *m/pl*
moi-même [mwamɛm] *pr/pers* **1.** *emphatique* (ich) selbst; *je l'ai vu ~* ich habe ihn *ou* es selbst gesehen; **2.** *réfléchi* mich selbst; *je m'étonne ~* ich wundere mich selbst
moindre [mwɛ̃dR(ə)] *adj* **1.** ⟨*comp von petit*⟩ geringer; kleiner; minder; *à ~ prix* zu e-m niedrigeren Preis; *de ~ importance* von geringerer, von nicht so großer Wichtigkeit; **2.** ⟨*sup von petit*⟩ *le ~, la ~* der, die, das geringste, kleinste, mindeste; *au ~ bruit* beim leisesten, geringsten Geräusch; *les ~s détails* die kleinsten Einzelheiten; *il n'y a pas le ~ doute* es besteht nicht der geringste Zweifel (daran); *je n'en ai pas la ~ idée* ich habe nicht die leiseste, geringste Ahnung davon; ♦ *la ~ des choses est de vous excuser* das mindeste ist, daß Sie sich entschuldigen; *je vous en prie, c'était la ~ des choses* aber bitte, das war doch selbstverständlich; *c'est le ~ de mes soucis* das ist meine geringste Sorge; *certains savants, et non des ~s* manche Gelehrte, und zwar durchaus nicht die unbedeutendsten
moine [mwan] *m* **1.** *REL* Mönch *m*; *~ bouddhiste* buddhistischer Mönch; **2.** *ZO* **a)** *phoque* Mönchsrobbe *f*; **b)** *papillon de nuit* Nonne *f*
moineau [mwano] *m* ⟨*pl ~x*⟩ **1.** *ZO* Sperling *m*; Spatz *m*; **2.** *fig un vilain ~* ein widerlicher, F gräßlicher Kerl; *un drôle de ~* ein komischer Kerl
moinillon [mwaniɲɔ̃] *m iron* Mönchlein *n*
moins [mwɛ̃] **I** *adv* **1.** ⟨*comp von peu*⟩ **a)** weniger; ♦ *~ que, suivi d'un numéral ~ de* weniger als; *il travaille ~ que son frère* er arbeitet weniger als sein Bruder; *~ que jamais* weniger denn je; *c'est ~ que rien* das ist weniger als nichts; das hat überhaupt nichts zu sagen; *subst c'est un ~ que rien* er ist ein nichtswürdiger, erbärmlicher Mensch, Kerl; *je touche cent francs de ~ que lui* ich bekomme hundert Franc weniger als er; *avoir ~ de vingt ans* keine zwanzig Jahre alt sein; *subst interdit aux ~ de 18 ans* für Jugendliche unter 18 Jahren verboten; *il y a ~ d'une semaine* es ist noch nicht e-e Woche her; *nous n'étions pas ~ de cent personnes* wir waren nicht weniger als hundert Personen; *je ne vous le céderai pas à ~ de cent francs* unter hundert Franc; *en ~ de deux heures* in weniger als zwei Stunden; ♦ *loc/adv: à ~* a) für weniger; b) bei e-m geringeren Anlaß; *il ne l'aura pas à ~* für weniger bekommt er es nicht; *il est furieux, on le serait à ~* man wäre es schon bei e-m geringeren Anlaß; *beaucoup, bien ~* viel, weit weniger; *de ~ en ~* immer weniger; *en ~* zu'wenig; *être en ~* fehlen; *il y a dix francs en ~* es fehlen zehn Franc; *il a un doigt en ~* ihm fehlt ein Finger; *c'est une simple réédition, avec les illustrations en ~* ohne Abbildungen; es fehlen nur die Abbildungen; *en ~ bien, en ~ grand etc* nur nicht so gut *ou* hübsch, nur nicht so groß *etc*; *en ~ de rien, en ~ de deux* im Nu; im Handumdrehen; *encore ~* noch weniger; *la moitié ~* halb so viel; *un peu ~* etwas, ein bißchen weniger; *on ne peut ~* überhaupt nicht; nicht im mindesten, geringsten; nicht ein bißchen; *j'étais on ne peut ~ surpris* ich war überhaupt nicht *etc* erstaunt; *n'en ... pas ~* nichtsdesto'weniger; dennoch; *il n'en est pas ~ vrai que ...* nichtsdestoweniger, und doch ist es wahr, daß ...; ♦ *loc/conj: à ~ que ...* (*ne*) (+*subj*), *à ~ de* (+*inf ou* +*subst*) es sei denn (, daß); wenn nicht; außer wenn; *nous ferons grève à ~ que nous* (*ne*) *soyons augmentés ou à ~ d'être augmentés ou à ~ d'une augmentation* wenn wir keine Lohnerhöhung bekommen; *~ ... ~ ...* je weniger ... desto weniger ...; *~ ... plus ...* je weniger ... desto mehr ...; *d'autant ~ que ...* um so weniger als ...; ♦ *avec adj, adv, verbe: il est ~ riche* er ist weniger, nicht (mehr) so reich; *parlez ~ vite!* sprechen Sie weniger schnell, langsamer!; *j'ai ~ faim* ich habe nicht mehr so großen Hunger; *j'ai ~ froid* mir ist nicht mehr so kalt; *on ne peut pas faire ~* weniger kann man nicht tun; ♦ *avec subst: ~ de gâteau que de pain* weniger Kuchen als Brot; *fumez ~ de cigarettes!* rauchen Sie weniger Zigaretten!; **b)** *heure: cinq heures ~ dix* (*minutes*) zehn (Minuten) vor fünf; *à ~ le quart* um Viertel vor; *à ~ cinq* es ist fünf vor; **c)** *MATH* weniger; minus; *sept ~ un égalent, font six* sieben weniger, minus eins ist *ou* gleich sechs; *fig il était ~ une, ~ cinq* es hätte nicht mehr viel gefehlt; fast hätte es mich, ihn *etc* erwischt; **d)** *température* minus; *il fait ~ dix* es sind zehn Grad minus, zehn Grad unter Null, zehn Grad Käl-

moins-perçu — moment

te, minus zehn Grad; **e)** COMM abzüglich; *dix francs ~ les frais* zehn Franc abzüglich der Unkosten; **2.** ⟨sup von peu⟩ *le ~* am wenigsten; ♦ *loc/adv: pas le ~ du monde* nicht im geringsten, mindestens; *au ~* wenigstens; mindestens; *si, au ~, il était arrivé à temps* wenn er wenigstens rechtzeitig gekommen wäre; *il y a au ~ une heure* vor mindestens, wenigstens e-r Stunde; *tout au ~, pour le ~* (aller)mindestens, (-)wenigstens; zu'mindest; zum mindesten; *du ~* wenigstens; zu'mindest; ♦ *avec adj: le climat le ~ humide du continent* das am wenigsten feuchte Klima ...; *un roman des ~ connus* e-r der am wenigsten bekannten Romane; ♦ *avec adv: le ~ longtemps possible* so kurz wie möglich; *le ~ souvent possible* so selten wie möglich; ♦ *avec subst: faites le ~ de dépenses que vous pourrez!* geben Sie so wenig wie möglich aus!; **II** *subst* **1.** *le ~* das mindeste, wenigste, geringste; *c'est le ~ que vous puissiez faire* das ist das mindeste, was Sie tun könnten; **2.** MATH *le ~* das Minuszeichen

moins|-perçu [mwɛ̃pɛʀsy] *m* ⟨*pl* moins--perçus⟩ FIN Mindereinnahme *f*; **~-value** *f* ⟨*pl* moins-values⟩ COMM Wertminderung *f*, -verlust *m*

moire [mwaʀ] *f tissu* Moi'ré *m* ou *n*

moiré [mwaʀe] **I** *adj* **1.** *tissu, papier* moi'riert; **2.** *litt* ⟨*chatoyant*⟩ schillernd; **II** *m* TEXT Moi'ré(muster) *n*

moirer [mwaʀe] *v/t tissu, papier* moi-'rieren

mois [mwa] *m* **1.** Monat *m*; *dix-huit ~* anderthalb Monate; *six ~* ein halbes Jahr; *sechs Monate*; *trois ~* ein Vierteljahr *n*; drei Monate; *le ~ de janvier* der Monat Januar; *~ de trente jours* Monat mit dreißig Tagen; *trois ~ de loyer* drei Monatsmieten; *deux ~ de vacances* zwei Monate Ferien; *loc/adj:* COMM *de ce ~* dieses Monats (abr d. M.); *un bébé de trois ~* ein drei Monate alter Säugling; *loc/adv: le ~ dernier, prochain* letzten *ou* vorigen, nächsten *ou* kommenden Monat; im letzten *ou* nächsten Monat; *au ~* monatlich; monatsweise; *au ~ d'août* im (Monat) August; *au cours du ~* im Laufe des Monats; COMM *au dernier du ~* (per) ultimo; *dans un ~* in e-m Monat; *des ~ entiers* monatelang; *par ~* monatlich; im, pro Monat; *tous les ~* alle Monate; monatlich; *tous les trois, six ~* viertel-, halbjährlich; alle Vierteljahre, alle halbe(n) Jahre; **2.** *salaire* Monatslohn *m*, -gehalt *n*; *treizième ~* dreizehntes Monatsgehalt

Moïse [mɔiz] *m* BIBL Mose(s) *m*

moïse [mɔiz] *m* Babykorb ['be:bi-] *m*

moisi [mwazi] **I** *adj* schimm(e)lig; angeschimmelt; verschimmelt; **II** *m* Schimmel *m*; *du vin goût m de ~* Schimmelgeschmack *m*; *tache f de ~* Stockfleck *m*; *pièce qui sentir le ~* muffig, mod(e)rig, nach Schimmel riechen

moisir [mwaziʀ] **I** *v/t* schimm(e)lig werden lassen; **II** *v/i* **1.** (ver)schimmeln; schimm(e)lig werden; *ce pain a moisi* das Brot ist verschimmelt; **2.** F *fig personne ne pas ~* nicht lange bleiben; F nicht alt werden; *je ne veux pas ~ ici* a F ich will hier nicht versauern

moisissure [mwazisyʀ] *f souvent pl ~s* Schimmel *m*; BOT Schimmelpilze *m/pl*

moisson [mwasɔ̃] *f* **1.** AGR (Getreide-)Ernte *f*; *faire la ~* ernten; **2.** *saison* Erntezeit *f*; **3.** *fig* Ernte *f*, Ausbeute *f* (*de* an +dat); *faire (une) ~ de renseignements* viele, zahlreiche Auskünfte einholen

moissonner [mwasɔne] *v/t* **1.** *blé etc* ernten; mähen; schneiden; *champ* abernten; *abs commencer à ~* mit der Getreideernte beginnen; **2.** *fig ~ des lauriers* Lorbeeren ernten

moissonneur [mwasɔnœʀ] *m* Erntearbeiter *m*; *autrefois* Schnitter *m*

moissonneuse [mwasɔnøz] *f* Mähmaschine *f*; Mäher *m*; **~-batteuse** *f* ⟨*pl* moissonneuses-batteuses⟩ Mähdrescher *m*

moite [mwat] *adj* feucht

moiteur [mwatœʀ] *f* **1.** *de l'air* Feuchtigkeit *f*; Feuchte *f*; **2.** *du corps* leichter Schweiß

moitié [mwatje] *f* Hälfte *f*; *une bonne, grosse ~* die gute, reichliche, F größere Hälfte; F *fig ma ~* (ma femme) F meine bessere Hälfte; *la seconde ~ du XXe siècle* die zweite Hälfte des 20. Jahrhunderts; *la ~ de ...* die Hälfte (+*gén*); der, die, das halbe ...; *la ~ de la France* halb Frankreich; ♦ *loc/adv:* F *~ plus* um die Hälfte mehr; *la ~ plus cher, plus petit etc* um die Hälfte teurer, kleiner etc; *la ~ du temps* die Hälfte der Zeit; die meiste Zeit; *à la ~ du chemin* auf halbem Weg; *à ~* halb; zur Hälfte; *faire qc à ~* etw nur zur Hälfte machen; *ne rien faire à ~* halb tun; *remplir à ~* (bis) zur Hälfte, halb füllen; *à ~ plein* halbvoll; zur Hälfte voll; *à ~ pourri* halbverfault; (*à*) *~ ..., ~ ...* halb ..., halb ...; zur Hälfte ..., zur Hälfte ...; teils ..., teils ...; zum Teil ..., zum Teil ...; *êtes-vous content de votre voyage? – ~-~!* teils, teils!; halb und halb!; F *faire ~-~* F halbe-halbe *ou* fifty-fifty machen; *à ~ prix* zum halben Preis; *de ~* zur Hälfte; um die Hälfte; *se mettre de ~ avec qn* mit j-m zur Hälfte teilen; mit j-m halbpart machen; *réduire de ~* um die Hälfte *ou* auf die Hälfte reduzieren; *partager en deux ~s* hal'bieren; in zwei (F gleiche) Hälften, gleiche Teile teilen; *couper par la ~* in der Mitte 'durchschneiden; *être pour ~ dans qc, par ext* in starkem Maße an etw (*dat*) beteiligt, für etw verantwortlich sein

moka [mɔka] *m* **1.** *café* Mokka *m*; **2.** *gâteau* (kleine) Mokka-, Schoko'ladentorte

mol [mɔl] *cf mou*

molaire[1] [mɔlɛʀ] *f* Backen-, Mahlzahn *m*

molaire[2] [mɔlɛʀ] *adj* CHIM mo'lar; *masse f ~* molare Masse

Moldavie [mɔldavi] *la ~* **1.** Mol'dawien *n*; **2.** HIST *le* Moldau

mole [mɔl] *f* CHIM Mol *n*

môle [mol] *m* **a)** (jetée) Mole *f*; Hafendamm *m*; **b)** (quai) Ladekai *m*

moléculaire [mɔlekylɛʀ] *adj* CHIM moleku'lar; Moleku'lar...; Mole'kül...; *biologie f ~* Molekularbiologie *f*; *poids m ~* Molekulargewicht *n*

molécule [mɔlekyl] *f* CHIM Mole'kül *n*

moleskine [mɔlɛskin] *f* TEXT Moleskin ['mo:lskin] *m* ou *n*; Englischleder *n*

molester [mɔlɛste] *v/t* miß'handeln; bru'tal behandeln

moleter [mɔlte] *v/t* ⟨-tt-⟩ *tech* rändeln; kor'dieren; *adj vis moletée* Rändelschraube *f*

molette [mɔlɛt] *f* **1.** *outil* Rändel(eisen, -rad) *n*; *de graveur à* Mo'lette *f*; **2.** *sur jumelles etc* Rändelschraube *f*; gerändelte Stellschraube *f*; *d'un briquet* gerändeltes Rädchen; *clé f à ~* Rollgabelschlüssel *m*; **3.** *d'un éperon* Spornrad *n*; **4.** MINES Seilscheibe *f*

mollah [mɔ(l)la] *m* REL Mulla(h) *ou* Molla *m*

mollard [mɔlaʀ] P *m* Auswurf *m*; Schleim *m*; *nordd* Qualster *m*

mollasse [mɔlas] *adj* **1.** *chairs* wabb(e)lig; *nordd* quabb(e)lig; **2.** *fig* ener'gielos; träg(e); lasch; schlaff; schlapp

mollass|on [mɔlasɔ̃] *m*, **~onne** *f* F Schlappschwanz *m*; träge Masse

molle [mɔl] *cf mou*

mollement [mɔlmɑ̃] *adv travailler* lasch, träg(e); *être étendu* lässig

mollesse [mɔlɛs] *f* **1.** *d'une personne* Laschheit *f*, Trägheit *f*; Schlappheit *f*; *loc/adv avec ~* lasch; träg(e); lahm; **2.** *d'un matelas, de contours etc* Weichheit *f*; PEINT *~ du pinceau* weiche Pinselführung

mollet[1] [mɔlɛ] *adj* ⟨*~te*⟩ *œuf ~* weichgekochtes, weiches Ei; *petit pain ~* Milchbrötchen *n*

mollet[2] [mɔlɛ] *m* ANAT Wade *f*; *iron ~s de coq* dünne und sehnige Waden

molletière [mɔltjɛʀ] *adj* ⟨*nur f*⟩ *bande ~* Wickelgamasche *f*

molleton [mɔltɔ̃] *m* TEXT Molton *m*

molletonné [mɔltɔne] *adj* mit Molton gefüttert

mollir [mɔliʀ] *v/i* **1.** *résistance* nachlassen; schwächer werden; *personne* Angst bekommen; feig(e) zu'rückweichen; F kneifen; *il sentit ses jambes ~* er fühlte, wie ihm die Knie weich wurden; *sa résolution a molli* er wurde in s-m Entschluß wankend; **2.** MAR *vent ~* abflauen

mollo [mɔlo] *adv* F *vas-y ~!* F sachte, sachte!

mollusques [mɔlysk] *m/pl* ZO Weichtiere *n/pl*; sc Mol'lusken *f/pl*

molosse [mɔlɔs] *m* großer massiger Hund; F Fleischerhund *m*

Moluques [mɔlyk] *les ~ f/pl* die Mo'lukken *pl*

molybdène [mɔlibdɛn] *m* CHIM Molyb'dän *n*

môme [mom] F **1.** *m,f* Kind *n*; F Gör *n*; Balg *m* ou *n*; *adj il est encore tout ~* er ist noch ganz klein; **2.** *f* junges Mädchen; junge Frau; *une belle ~* F ein reizender Käfer; ein süßer Fratz

moment [mɔmɑ̃] *m* **1.** (*instant*) Augenblick *m*; Mo'ment *m*; Zeitpunkt *m*; (*laps de temps*) Zeit *f*; *bon ~* richtiger, passender, geeigneter, günstiger Augenblick, Moment, Zeitpunkt; *bons ~s* schöne, nette Stunden *f/pl*, Zeiten *f/pl*; *mourant: rester lucide jusqu'aux derniers ~s* bis zum letzten Augenblick, Atemzug; *mauvais ~* unpassender, falscher Augenblick, Moment, Zeitpunkt; *mauvais ~s* böse, schlimme Stunden *f/pl*, Zeiten *f/pl*; *c'est un*

mauvais ~ à passer das ist nicht angenehm, aber da muß man eben durch; **le ~ présent** dieser, der jetzige Augenblick; **~ de bonheur, de gêne** glücklicher, peinlicher Augenblick, Moment; **dans un ~ de faiblesse** in e-m Augenblick der Schwäche; ♦ *loc/adj* **du ~** Augenblicks...; augenblicklich; momen'tan; **succès m ~** Augenblickserfolg m; ♦ *loc/adv* **un ~** e-n Augenblick, Moment lang; **un ~!** e-n Augenblick, Moment, bitte!; **un bon ~** ziemlich lange; e-e ganze, geraume Weile; **à aucun ~** niemals; nicht e-n Augenblick lang; **à ce ~-là** damals *ou* dann; zu dem Zeitpunkt; in diesem, dem Augenblick; **à ce ~ de la journée** um diese *ou* zu dieser Tageszeit; **à ce ~ du récit** an dieser Stelle des Berichts; **à certains ~s ..., à d'autres (~s)** ... mit'unter..., mit'unter ...; **à tout ~, à tous ~s** alle Augenblicke; fortwährend; ständig; andauernd; immerzu; **dans un ~ Moment**; gleich; so'fort; **d'un ~ à l'autre** jeden Augenblick, Moment; **dès ce ~-là** von diesem, dem Augenblick, Moment, Zeitpunkt an; **en ce ~** im Augenblick, Moment; zur Zeit; gegenwärtig; **par ~s** dann und wann; mit'unter; gelegentlich; zeitweise; zu'weilen; **pour le ~** vorerst; vorläufig; einstweilen; vorderhand; für den Augenblick; im Augenblick, Moment; **sur le ~** e-n Augenblick, Moment (lang); im ersten Augenblick; ♦ *loc/prép* **au ~ de** (+*subst*) im Augenblick (+*gén*); **au ~ de** (+*inf*) in dem Augenblick, Moment, als ich *etc*; gerade als ich *etc*; ♦ *loc/conj* **au ~ où** in dem Augenblick, Moment, als *ou* wo; **au ~ où l'on s'y attend le moins** in dem Augenblick, wo man es am wenigsten erwartet; **à partir du ~ où** von dem Augenblick, Moment, Zeitpunkt an, wo; **du ~ que** (*puisque*) da ja; da doch; ♦ **n'avoir pas un ~ à soi** nicht einen Augenblick für sich haben; **je n'en ai que pour un ~** ich brauche nicht (mehr) lange; **elle en a pour un bon ~** das dauert noch ziemlich lange bei ihr; sie braucht noch ziemlich viel Zeit; **c'est le ~ ou jamais!** jetzt oder nie!; **c'est le ~ (ou jamais) de faire qc** das ist der Moment, um etw zu tun; **ce n'est pas le ~** das ist nicht der passende Augenblick, Moment; **profiter du ~** den Augenblick nutzen; **ne pas trouver un ~ pour faire qc** nicht einen Augenblick Zeit finden, um etw zu tun; **2.** PHYS Mo'ment n; **~ d'inertie** Trägheitsmoment n
momentané [mɔmɑ̃tane] *adj* augenblicklich; momen'tan; vor'übergehend; **~ment** *adv* augenblicklich; momen'tan; im Augenblick, Moment; zur Zeit
momie [mɔmi] *f* Mumie *f*
momi|fication [mɔmifikɑsjɔ̃] *f* Mumifi'zierung *f*; Mumifikati'on *f*; **~fier** *v/t* mumifi'zieren
mon [mɔ̃] *adj/poss* ⟨*f* **ma** [ma], *vor Vokal u stummem h* **mon**; *pl* **mes** [me]⟩ mein(e); **mes chers auditeurs!** verehrte Anwesende, Zuhörer!; F **~ bonhomme** F der gute Mann; MIL **~ capitaine!, ~ colonel!** Herr Hauptmann!, Herr Oberst!; **~ cher monsieur!** (mein) lieber Herr X!; **à ~ égard** zu mir; mir gegenüber; F **je gagne mes mille francs par jour** ich verdiene meine tausend Franc pro Tag
monacal [mɔnakal] *adj* ⟨-aux⟩ mönchisch; Mönchs...; mo'nastisch
Monaco [mɔnako] Monaco *ou* Monaco *n*
monarch|ie [mɔnaʁʃi] *f* Monar'chie *f*; **~ique** *adj* mon'archisch; **~isme** *m* Monar'chismus *m*; **~iste I** *adj* monar'chistisch; **II** *m f* Monar'chist(in) *m(f)*
monarque [mɔnaʁk] *m* Mon'arch *m*
monastère [mɔnastɛʁ] *m* Kloster *n*; *au sens restreint* Mönchskloster *n*
monastique [mɔnastik] *adj* klösterlich; Kloster...; mönchisch; mo'nastisch; **discipline** *f* **~** Klosterzucht *f*; **vie** *f* **~** Klosterleben *n*; mönchisches Leben
monceau [mɔ̃so] *m* ⟨*pl* ~x⟩ Haufen *m*; Berg *m*; *fig* **un ~ d'erreurs** ein Haufen, e-e Menge Fehler
mondain [mɔ̃dɛ̃] **I** *adj* **1.** gesellschaftlich; Gesellschafts...; *dans un journal* **carnet ~, chronique ~e** Gesellschaftschronik *f*; **chroniqueur ~** Redakteur *m* der Gesellschaftschronik; **obligations ~es** gesellschaftliche Verpflichtungen *f/pl*; **vie ~e** gesellschaftliches Leben; **2.** *personne* mon'dän; **être ~** mondän sein; in der großen Gesellschaft verkehren; **3.** *police* **~e** *ou subst* **~e** *f* Rauschgiftfahnder *m/pl*; *service* Rauschgiftdezernat *n*; **II** *subst* **~(e)** *m(f)* Weltmann *m*, -dame *f*; Mann *m*, Dame *f* von Welt
mondanité [mɔ̃danite] *f* **1.** **~s** *pl* **a)** (*vie mondaine*) gesellschaftliches Leben; gesellschaftliche Veranstaltungen *f/pl*; **b)** *chronique* Gesellschaftschronik *f*; **2.** *d'une personne* Hang *m* zum mon'dänen Leben; mon'dänes Leben
monde [mɔ̃d] *m* **1.** (*la Terre, l'univers*) Welt *f*; **l'Ancien ~** die Alte Welt; **le ~ antique** die antike Welt; die Welt der Antike; **l'autre ~** das Jenseits; **envoyer, expédier qn dans l'autre ~** F j-n ins Jenseits befördern; REL **ce (bas) ~** das Diesseits; die irdische Welt; **les biens** *m/pl* **de ce ~** die Güter *n/pl* dieser Welt; **en ce bas ~** im Diesseits; auf dieser Welt; auf Erden; *poét* hie'nieden; **il n'est plus de ce ~** er ist nicht mehr unter den Lebenden; **le ~ entier** die ganze Welt; **~ extérieur** Außenwelt *f*; **le Nouveau ~** die Neue Welt; **~ végétal** Pflanzenwelt *f*; **~ des affaires, des finances** Geschäfts-, Fi'nanzwelt *f*; **~ des lettres** literarische Welt; **~ du travail** Arbeitswelt *f*; Welt der Arbeit; ♦ *loc/adv*: **au ~** auf die *ou* die Welt; **être seul au ~** keinen Menschen auf der Welt haben; ganz allein auf dieser Welt stehen, sein; **mettre un enfant au ~** ein Kind zur Welt bringen, *péj* in die Welt setzen; **venir au ~** auf die *ou* zur Welt kommen; **pour rien au ~** um nichts in der Welt; **dans le ~** auf der Welt, Erde; **de par le ~** überall auf der Welt; ♦ **ainsi va le ~** das ist der Lauf der Welt; so geht es nun einmal zu auf der Welt; **il y a un ~ entre le père et le fils** Vater und Sohn trennen Welten; zwischen Vater und Sohn liegen Welten; **être (tout) un ~** e-e Welt für sich sein; **indigné c'est un ~!** das hat die Welt noch nicht gesehen!; das ist doch unerhört!; **le ~ est mal fait** es gibt keine Gerechtigkeit auf der Welt!; **(comme) le ~ est petit!** die Welt ist doch klein, ist ein Dorf!; **c'est le ~ à l'envers** das ist e-e verkehrte Welt; **depuis que le ~ est ~** seit die Erde sich dreht; solange die Welt (be)steht; seit Bestehen der Welt; **c'est vieux comme le ~** das ist so alt wie die Welt; das ist uralt; **il faut de tout pour faire un ~** unser Herrgott hat seltsame Kostgänger; es gibt (eben) solche und solche; **se faire un ~ de qc** etw als sehr schwierig ansehen; **2.** (*gens*) Menschen *m/pl*; Leute *pl*; (*foule*) Menschenmenge *f*; viele Menschen, Leute; **un ~ fou** e-e ungeheure Menschenmenge; **le pauvre ~** die einfachen, kleinen Leute; *par ext* **tout mon ~** meine ganze Familie; *loc/adv* **devant le ~** vor den Leuten; vor aller Welt; **avoir du ~** Besuch, Gäste haben; **il y avait du ~, beaucoup de ~** es waren viele Menschen, Leute da; **il y a du ~?** ist hier jemand, F wer?; **il y a du ~ chez lui** es ist jemand, F wer bei ihm; er hat Besuch; **il n'y avait pas grand ~** es waren nicht viele Menschen, Leute da; es war nicht viel los; **connaître son ~** s-e Leute, F s-e Pappenheimer kennen; **il se moque,** F **se fiche,** P **se fout du ~** F der ist gut!; der hat Nerven!; **3. tout le ~** jeder(mann); alle; alle Welt; **Monsieur Tout le ~** der kleine Mann; **bonjour tout le ~!** guten Tag allerseits!; MAR **tout le ~ sur le pont!** alle Mann an Deck!; *loc/adv* **aux yeux de tout le ~** vor aller Welt; vor aller Augen; **ce n'est pas donné à tout le ~** das ist nicht jedermanns Sache; **tout le ~ est d'accord** alle sind einverstanden; **être à tout le ~** allen gehören; **il ne peut jamais rien faire comme tout le ~** F er muß immer e-e Extrawurst (gebraten) haben; **tout le ~ le sait** alle Welt, jeder weiß es; alle wissen es; *prov* **on ne peut contenter tout le ~ et son père** man kann es nicht allen recht machen (*prov*); **4.** (*haute société*) Gesellschaft *f*; Welt *f*; **le beau ~** die vornehme, feine Gesellschaft, Welt; **femme** *f*, **homme** *m* **du ~** Dame *f*, Mann *m* von Welt; Weltdame *f*, -mann *m*; **les gens** *m/pl* **du ~** die oberen Zehn'tausend *pl*; **être du même ~** aus derselben Gesellschaftsschicht, denselben Kreisen, demselben Milieu kommen
mondé [mɔ̃de] *adj* **orge ~** (Gersten-)Graupen *f/pl*
mondial [mɔ̃djal] *adj* ⟨-aux⟩ Welt...; weltweit; glo'bal; **guerre ~e** Weltkrieg *m*; **marché ~** Weltmarkt *m*; **production ~e** Weltproduktion *f*; **réputation, renommée ~e** Weltruf *m*; **à l'échelle ~e** im Weltmaßstab
mondialement [mɔ̃djalmɑ̃] *adv* weltweit; in der ganzen Welt; **~ connu** weltbekannt
mondialisation [mɔ̃djalizɑsjɔ̃] *f* weltweite Ausdehnung
mond(i)ovision [mɔ̃d(j)ɔvizjɔ̃] *f* TV weltweite (Fernseh)Ausstrahlung
monégasque [mɔnegask] **I** *adj* mone'gassisch; **II** *subst* **♀** *m f* Mone'gasse *m*, Mone'gassin *f*
monétaire [mɔnetɛʁ] *adj* Währungs...; Geld...; mone'tär; geldwirtschaftlich; **circulation** *f* **~** Geldumlauf *m*; **marché** *m* **~** Geldmarkt *m*; **politique** *f* **~** Währungspolitik *f*; **presse** *f* **~** (Münz)Prägepresse *f*; **système** *m* **~** Währungssystem *n*

monétique [mɔnetik] *f* elek'tronischer Zahlungsverkehr; (Verwendung *f* von) Plastikgeld *n*

mongol [mɔ̃gɔl] **I** *adj* mon'golisch; Mon'golen...; **II** *subst* **1.** ♀(*e*) *m*(*f*) Mon'gole *m*, Mon'golin *f*; **2.** *LING le ~* das Mon'golische; Mon'golisch *n*

Mongolie [mɔ̃gɔli] *la ~* die Mongo'lei

mongol|ien [mɔ̃gɔljɛ̃] *MÉD* **I** *adj* mongolo'id; *enfant ~* mongoloides Kind; **II** *subst ~(ne) m(f)* mongolo'ider Mensch; *~isme m MÉD* Mongo'lismus *m*

Monique [mɔnik] *f* Monika *f*

moni|teur [mɔnitœʀ], *~trice* **1.** *m,f ~ (d'auto-école)* Fahrlehrer(in) *m(f)*; *~ (d'aviation)* Fluglehrer(in) *m(f)*; *~ (d'une colonie de vacances)* Betreuer(in) *m(f)* (e-r Ferienkolonie); *~ (de ski)* Skilehrer(in) *m(f)*; **2.** *m INFORM, MÉD* Monitor *m*

monnaie [mɔnɛ] *f* **1.** *d'un État* Währung *f*; (*argent*) Geld *n*; Zahlungsmittel *n*; *~ électronique* Plastikgeld *n*; *~s étrangères* ausländische, fremde Währungen *f/pl*, Zahlungsmittel *n/pl*, Geldsorten *f/pl*; *fausse ~* Falschgeld *n*; *~ forte* harte Währung; *~ nationale* Landeswährung *f*; *fig ~ d'échange* Tauschobjekt *n*; *fig c'est ~ courante* das ist gang und gäbe; das ist so üblich; F *passons la ~!* jetzt geht's ans Zahlen!; F jetzt heißt es berappen!; *fig payer qn en ~ de singe* j-n mit leeren Versprechungen abspeisen; **2.** *pièces* Münzen *f/pl*; *coll* Kleingeld *n*; *d'un gros billet* Wechsel-, Kleingeld *n*; *petite, menue ~* kleine Münzen; *à Paris l'hôtel des ♀s ou la ♀* die Münzstätte, -anstalt; die Münze; *je n'ai pas de ~* ich habe kein Kleingeld; *auriez-vous la ~ de cent francs?* können Sie mir hundert Franc wechseln, F kleinmachen?; *battre, frapper ~* Münzen prägen, schlagen; *faire de la ~* wechseln; *faire la ~ de cent francs* e-n Hundert'francschein wechseln, F kleinmachen; *préparez votre ~!* bitte Kleingeld bereithalten!; **3.** (*somme rendue*) Wechselgeld *n*; *rendre la ~* herausgeben; *rendre, donner la ~ sur dix francs* auf zehn Franc herausgeben; *fig rendre la ~ de sa pièce à qn* j-m mit gleicher Münze heimzahlen

monnayable [mɔnɛjabl(ə)] *adj* in Geld 'umsetzbar

monnayer [mɔneje] *v/t* ⟨-ay- *od* -ai-⟩ **1.** *TECH métal* (aus)münzen; *adjt or monnayé* gemünztes Gold; **2.** (*convertir en argent*) zu Geld machen; in klingende Münze 'umsetzen; F versilbern; *fig ~ son talent* aus s-m Talent Kapi'tal schlagen

monnayeur [mɔnɛjœʀ] *m faux ~* Falschmünzer *m*

mono [mɔno] **I** *adj* ⟨*inv*⟩ F *abr* (*monophonique*) F mono; *disque m ~* Monoplatte *f*; **II** *m,f* F *abr cf moniteur, -trice*

monobloc [mɔnɔblɔk] **I** *adj* ⟨*inv*⟩ *TECH* in einem Stück, Block gefertigt, gegossen, hergestellt; **II** *m AUTO* Zy'linderblock *m*

monochrome [mɔnɔkʀom] *adj* einfarbig; mono'chrom

monocle [mɔnɔkl(ə)] *m* Mon'okel *n*

monocoque [mɔnɔkɔk] *adj TECH* voiture mit selbsttragender Karosse'rie; *voilier, avion* mit nur einem Rumpf

monocorde [mɔnɔkɔʀd] **I** *adj* **1.** *MUS* einsaitig; **2.** *fig voix* mono'ton; einförmig; **II** *m MUS* Mono'chord *n*

monocotylédones [mɔnɔkɔtiledɔn] *f/pl BOT* Einkeimblättrige(n) *pl*; *sc* Monokotyle'donen *f/pl*

monoculture [mɔnɔkyltyʀ] *f AGR* Monokultur *f*

monogam|e [mɔnɔgam] *adj* **1.** mono'gam (*a ZO*); **2.** *BOT* eingeschlechtig; *~ie f* Monoga'mie *f*; Einehe *f*

monogramme [mɔnɔgʀam] *m* Mono'gramm *n*; Namenszeichen *n*; Signum *n*; *d'un artiste* Künstlermonogramm *n*; Meisterzeichen *n*

monographie [mɔnɔgʀafi] *f* Monogra'phie *f*; Einzeldarstellung *f*

monokini [mɔnɔkini] *m* Oben-ohne-Badeanzug *m*

monolingue [mɔnɔlɛ̃g] *adj* einsprachig

monolith|e [mɔnɔlit] **I** *adj* mono'lithisch; **II** *m* Mono'lith *m*; *~ique adj* **1.** *ARCH* mono'lithisch; **2.** *fig système, parti* mono'lithisch; in sich geschlossen; *parti a* straff organi'siert; *~isme m fig* mono'lithischer Cha'rakter; Geschlossenheit *f*; straffe Organisati'on

monologue [mɔnɔlɔg] *m* Mono'log *m* (*a THÉ*); Selbstgespräch *n*; *dans un roman ~ intérieur* innerer Monolog

monologuer [mɔnɔlɔge] *v/i* Selbstgespräche führen; monologi'sieren

monôme [mɔnom] *m* **1.** *MATH* Mo(no)-'nom *m*; **2.** *des étudiants* (lärmender) 'Umzug (*im Gänsemarsch, die Hände auf den Schultern des Vordermannes*)

monomoteur [mɔnɔmɔtœʀ] *AVIAT* **I** *adj* ⟨-trice⟩ *avion* einmotorig; **II** *m* einmotoriges Flugzeug

monoparental [mɔnɔpaʀɑ̃tal] *adj* ⟨-aux⟩ *famille ~* Familie, die nur aus einem Elternteil besteht; Al'leinerziehende(r) *f(m)*; Einelternfamilie *f*; *foyer ~* Haushalt *n* e-s Al'leinerziehenden

monophasé [mɔnɔfaze] *adj ÉLECT* einphasig; Ein'phasen...

monophonique [mɔnɔfɔnik] *adj disque etc* mono'phon; monau'ral

monoplace [mɔnɔplas] *adj* einsitzig; *avion m ~ ou subst ~ m* einsitziges Flugzeug; Einsitzer *m*; *kayak m ~* Einerkajak *m*; Kajakeiner *m*; *voiture f ~ ou subst ~ f* einsitziger Wagen; Einsitzer *m*

monoplan [mɔnɔplɑ̃] *m AVIAT ~ ou adjt avion m ~* Eindecker *m*

monopole [mɔnɔpɔl] *m* **1.** *ÉCON* Mono-'pol *n*; *~ d'État* staatliches Monopol; Staatsmonopol *n*; *~ des tabacs* Tabakmonopol *n*; *avoir le ~ d'un produit* das Monopol für *ou* auf ein Produkt haben; *détenir un ~* e-e Monopolstellung innehaben, ein Monopol besitzen; **2.** *fig* Exklu'sivrecht *n* (*de* auf +*acc*); *il n'a pas le ~ de l'intelligence* F er hat die Klugheit nicht für sich gepachtet

monopol|isation [mɔnɔpɔlizɑsjɔ̃] *f* Monopoli'sierung *f*; *~iser v/t* **1.** *ÉCON* monopoli'sieren; zu e-m Mono'pol ausbauen; **2.** *fig* für sich in Anspruch nehmen; mit Beschlag belegen; in Beschlag nehmen; vereinnahmen; *~iste I adj* monopo'listisch; **II** *m* Monopo'list *m*; *péj* Mono'polkapitalist *m*

monoprix [mɔnɔpʀi] *m* (*nom déposé*) (billiges) Waren-, Kaufhaus

monorail [mɔnɔʀaj] *m TECH* Einschienenbahn *f*

monoski [mɔnɔski] *m* Snowboard ['snoːbɔʀt] *n*

monospace [mɔnɔspas] *m ou f* Großraumlimousine *f*

mono|syllabe [mɔnɔsi(l)lab] **I** *adj LING* einsilbig; *sc* monosyl'labisch; **II** *m* **1.** *LING* einsilbiges Wort; *sc* Mono'syllabum *n*; **2.** *fig* **ne répondre que par ~s** nur einsilbige Antworten geben; *~syllabique adj cf monosyllabe*

monothé|isme [mɔnɔteism(ə)] *m REL* Monothe'ismus *m*; *~iste REL* **I** *adj* monothe'istisch; **II** *m* Monothe'ist *m*

monoton|e [mɔnɔtɔn] *adj* mono'ton; eintönig; einförmig; gleichförmig; *~ie f* Monoto'nie *f*; Eintönigkeit *f*; Einförmigkeit *f*; Gleichförmigkeit *f*

monotype [mɔnɔtip] **1.** *m MAR* Einheitsklassenboot *n*; **2.** *m PEINT* Monoty'pie *f*; **3.** *f TYPO* Monotype [-taɪp] *n*

monovalent [mɔnɔvalɑ̃] *adj CHIM* einwertig

monoxyde [mɔnɔksid] *m CHIM* Monoxyd *ou* Monoxid *n*; *~ de carbone* Kohlen'monoxyd *ou* -oxid *n*

Mons [mõs] Stadt in Belgien

monseigneur [mõsɛɲœʀ] *m* **1.** (*abr* Mgr) ⟨*pl* messeigneurs [mesɛɲœʀ]⟩ *titre donné à un évêque* Seine Exzel'lenz (*abr* Se. Exz.); *à un prince* Seine 'Durchlaucht; *appellatif* Eure Exzellenz *ou* Euer Durchlaucht; **2.** *adjt pince f ~* Brecheisen *n*, -stange *f*

monsieur [məsjø] *m* ⟨*abr* M.⟩ ⟨*pl* messieurs [mesjø] ⟨*abr* MM.⟩⟩ **1. a**) *avec un nom* Herr *m*; *~ Durand* Herr Durand; *♀ votre père* Ihr Herr Vater; **b**) *pour s'adresser à un homme* ♀ Herr (+*nom de famille*); *dans un magasin a* F der Herr!; *avec irritation* mein Herr!; **Messieurs!** meine Herren!; **mon bon ~!** mein lieber Herr!; *parfois non traduit*: (*bonjour,*) ♀! guten Tag! *ou* guten Tag, Herr (+*nom de famille*)!; **bonjour, Messieurs Dames**, **m'sieu dames!** guten Tag, die Herrschaften!; **ces messieurs désirent déjeuner?** wünschen die Herren zu speisen?; **c**) *au début d'une lettre* ♀ sehr geehrter Herr (+*nom de famille*); **Cher** ♀ Lieber Herr (+*nom de famille*); **Messieurs** Sehr geehrte Herren; **d**) *avec un titre* ♀ **le Comte, le Maire, le Ministre** der Herr Graf, Bürgermeister, Minister; *en s'adressant à cette personne* Herr Graf, Bürgermeister, Minister!; **e**) *en s'adressant à l'épouse* **comment va ♀ Durand?** wie geht es Ihrem Gatten, *très formel* Ihrem Herrn Gemahl?; **f**) (*maître de maison*) ♀ Herr (+*nom de famille*); der gnädige Herr (*a iron*); **♀ et Madame sont sortis** die Herrschaften sind ausgegangen; **g**) *en présence de qn dont on parle*: ♀ **demande si ...** der Herr fragt, ob ...; **h**) *suivi d'une spécialité*: *~ Sécurité* der Spezia'list für Sicherheit; F Mister *m* Sicherheit; **2.** (*homme*) Herr *m*; *un vieux ~* ein alter Herr; *à un enfant* **dis merci au ~!** sag dem Herrn, *enf* dem Onkel danke schön!; **3.** *péj* **un joli ~** ein übler Bursche, Pa'tron, Kunde; **4.** *HIST* ♀ Titel des ältesten Bruders des frz Königs

monstre [mõstʀ(ə)] *m* **1.** (*créature difforme*) 'Mißgeburt *f*; Monstrum *n*; **2.**

MYTH Ungeheuer *n*; Monster *n*; Monstrum *n*; **3.** *fig (personne cruelle)* Ungeheuer *n*; Scheusal *n* (*a très laide*); F **petit ~** F kleines Scheusal; **un ~ de cruauté** ein wahres Scheusal; **~ d'ingratitude** entsetzlich undankbares Geschöpf; **4.** *CIN, SPORTS etc* **~ sacré** Welt-, Superstar *m*; Kultfigur *f*; **5.** *adjt* Monster...; riesig; ungeheuer; kolos'sal; *procès m* **~** Monsterprozeß *m*; **effet** *m*, **succès** *m* **~** Bomben-, Riesenwirkung *f*, -erfolg *m*; **travail** *m* **~** Riesenarbeit *f*; riesige, ungeheure, kolossale Arbeit

monstrueux [mɔ̃stryø] *adj* ⟨-euse⟩ **1.** (*gigantesque*) ungeheuer; riesig; e'norm; kolos'sal; mon'strös; *bruit a* ohrenbetäubend; **2.** (*horrible*) *crime, idée etc* scheußlich; ab'scheulich; ungeheuerlich; gräßlich; entsetzlich; grauenhaft; *laideur* ab'scheulich; gräßlich; **chose monstrueuse** Unge'heuerlichkeit *f*

monstruosité [mɔ̃stryozite] *f* **1.** *MÉD* 'Mißbildung *f*; **2.** *d'un crime etc* Scheußlichkeit *f*; Entsetzlichkeit *f*; **3.** *parole, action* Ungeheuerlichkeit *f*; Monstrosi'tät *f*

mont [mɔ̃] *m* **1.** *GÉOGR avec un nom propre* Berg *m*; **le ~ Blanc** der Montblanc; **le ~ Rose** der Monte Rosa; **le ~ des Oliviers** der Ölberg; **2.** *litt (montagne)* Berg *m*; *loc/adv* **par ~s et par vaux** über Berg und Tal; **être toujours par ~s et par vaux** immer unter'wegs, F ständig auf (der) Achse sein; **promettre ~s et merveilles** goldene Berge versprechen; **3.** *ANAT* **~ de Vénus** Scham-, Venusberg *m*; **4.** *CHIROMAN-CIE* Berg *m*

montage [mɔ̃taʒ] *m* **1.** *TECH* Mon'tage *f*; Mon'tieren *n*; *d'une machine a* Zu'sammenbau *m*; Zu'sammensetzen *n*; Einbau *m* (**dans** in +*acc*); *d'un complexe a* Aufbau *m*; Errichtung *f*; *d'une tente, d'un lit* Aufschlagen *n*; Aufstellen *n*; *d'un échafaudage* Aufstellung *f*; Aufbau *m*; Errichtung *f*, **chaîne** *f* **de ~** Fließ-, Montageband *n*; **2.** *ÉLECT* Schaltung *f*; **3.** *COUT de manches* Einsetzen *n*; **4.** *d'un bijou* Fassen *n*; **5.** *CIN d'un film* Mon'tage *f* (*a résultat*); Schnitt *m*; **6.** *PHOT* **~** (**photo**) Fotomontage *f*

montagnard [mɔ̃taɲaʀ] **I** *adj* Berg...; Gebirgs...; **II** *subst* **~(e)** *m(f)* Berg-, Gebirgsbewohner(in) *m(f)*; Gebirgler(in) *m(f)*

montagne [mɔ̃taɲ] *f* **1.** Berg *m*; **au pied de la ~** am Fuß des Berges; *fig* **il ou elle ferait battre des ~s** er *ou* sie ist e-e Lästerzunge; *fig* **se faire une ~ de qc** die Wichtigkeit, die Schwierigkeiten e-r Sache (*gén*) über'treiben; F aus e-r Mücke e-n Elefanten machen; *prov*: **c'est la ~ qui accouche d'une souris** der Berg kreißt und gebiert e-e Maus (*prov*); **il n'y a que les ~s qui ne se rencontrent pas** Berg und Tal, die Berge, kommen nicht zusammen, wohl aber die Menschen, Leute (*prov*); **2.** *ou* **~s** *pl* Gebirge *n*; Berge *m/pl*; **'haute ~** Hochgebirge *n*; **école** *f* **de haute ~** Bergsteigerschule *f*; **les ~s Rocheuses** die Rocky Mountains [-maʊntəns] *pl*; das Felsengebirge; **faune** *f*, **flore** *f* **des ~s** Gebirgsfauna *f*, -flora *f*; **station** *f* **de ~** Höhen(luft)kurort *m*; *iron* **c'est la ~ à vaches** das sind doch nur harmlose Hügel; **passer ses vacances à la ~** die Ferien im Gebirge, in den Bergen verbringen; **3.** *fig* Berg *m*; Haufen *m*; **une ~ de livres** ein Berg, Haufen Bücher; **4.** **~s russes** Berg-und-Tal-Bahn *f*; Achterbahn *f*; **5.** *HIST* **la ♀** die Bergpartei

montagneux [mɔ̃taɲø] *adj* ⟨-euse⟩ bergig; gebirgig; **région montagneuse** *a* Gebirgsgegend *f*

montant [mɔ̃tɑ̃] **I** *adj* **1.** *chemin* ansteigend; *MUS gamme* aufsteigend; *MAR* **marée ~e** Flut *f*; **2.** *corsage, robe* hochgeschlossen; **chaussure ~e** hoher Schuh; Stiefel *m*; **col ~** hoher Kragen; **II** *m* **1.** (*somme*) Betrag *m*; Summe *f*; Höhe *f*; *C.E.E.* **~ compensatoire** Grenzausgleich *m*; **~ de l'assurance** Versicherungssumme *f*; **~ des dépenses** Höhe der Ausgaben; **~ de la facture** Rechnungsbetrag *m*; **d'un ~ de** im Betrag, in Höhe von; **2.** *d'un lit, d'une fenêtre* Pfosten *m*; *d'une échelle* Holm *m*; Leiterbaum *m*; **3.** *de la bride* Backenriemen *m*

Mont-Cenis [mɔ̃səni] **le ~** der Mont Cenis

mont-de-piété [mɔ̃dpjete] *m* ⟨*pl* monts-de-piété⟩ Leihhaus *n*; Pfandleihe *f*; **mettre qc au ~** etw zum Leihhaus tragen; etw versetzen

monte [mɔ̃t] *f* **1.** *ÉLEVAGE* Decken *n*; Belegen *n*; Bespringen *n*; *d'une jument a* Beschälen *n*; **2.** *TURF* Ritt *m*

Monte-Carlo [mɔ̃tekaʀlo] Monte Carlo *n*

monte-charge [mɔ̃tʃaʀʒ] *m* ⟨*inv*⟩ Lastenaufzug *m*

montée [mɔ̃te] *f* **1.** *d'une montagne* Aufstieg *m* (**de** auf +*acc*); Be-, Ersteigen *n* (+*gén*); *d'un escalier* Hin'auf- *ou* Her'auf-, F Raufgehen *n*, -steigen *n*; *en voiture* Hin'auf- *ou* Her'auf-, F Rauffahren *n* (auf +*acc*); *en ascenseur* Auffahrt *f*; Hin'auffahren *n*; *en téléphérique* Bergfahrt *f*; *d'un avion* Steigflug *m*; *d'un ballon* (Auf)Steigen *n*; *des eaux* (An)Steigen *n*; *de la sève* Steigen *n*; *PHYSIOL* **~ du lait** Einschießen *n* der Milch (*in der Brust*); **2.** *fig des prix, de la température* Anstieg *m*; Steigen *n*; *du racisme, de l'indignation a* Zunahme *f*; **~ des prix** *a* Preissteigerung *f*; **3.** (*pente*) Steigung *f*; **4.** *menant à un bâtiment* Auffahrt *f*; **5.** *ARCH d'une voûte* Stich (-höhe) *m(f)*

monte-en-l'air [mɔ̃tɑ̃lɛʀ] F *m* ⟨*inv*⟩ Fas'sadenkletterer *m*

monténégrin [mɔ̃tenegʀɛ̃] **I** *adj* monte-ne'grinisch; **II** *subst* **♀(e)** *m(f)* Monte-ne'griner(in) *m(f)*

Monténégro [mɔ̃tenegʀo] **le ~** Monte'negro

monte-plats [mɔ̃tpla] *m* ⟨*inv*⟩ Speisenaufzug *m*

monter [mɔ̃te] **I** *v/t* **1.** *escalier, marches, côte* hin'auf- *ou* her'auf- *ou* hoch- *ou* F raufgehen, -steigen, -kommen, emporsteigen; erklimmen; *côte a* ersteigen; (*à bord d'un*) *véhicule* hin'auf- *ou* her'auf- *ou* hoch- *ou* F rauffahren; *MUS gamme* hin'aufsingen *ou* -spielen; aufwärts singen, spielen; **~ la garde** Wache halten, F schieben; Posten stehen; **2.** *CUIS* **~ des blancs en neige** Eiweiß zu Schnee schlagen; **3.** (*porter*) *courrier, petit déjeuner* hin'auf- *ou* her'auf- *ou* hoch- *ou* F raufbringen, *objet lourd* -tragen, -schaffen; **~ la valise au grenier** den Koffer auf den Speicher bringen, tragen, schaffen; **4.** (*chevaucher*) reiten; **~ un cheval** ein Pferd reiten; auf e-m Pferd reiten; **ce cheval est monté par ...** das Pferd wird von ... geritten; **5.** *TECH* mon'tieren; *machine a* zu'sammenbauen, -setzen (*a meuble*); einbauen (**dans** in +*acc*); *complexe a* aufbauen, errichten; *tente, lit* aufschlagen; aufstellen; *échafaudage* aufstellen; aufbauen, errichten; *ÉLECT* schalten; *COUT manche* einsetzen; *mailles* aufschlagen; *film* mon'tieren; schneiden; *bijou* fassen; **~ un diamant sur une bague** e-n Diamanten in e-n Ring einarbeiten; **6.** *une affaire* aufbauen; einrichten; gründen; *campagne publicitaire* aufziehen; organi'sieren; *spectacle* zur Aufführung bringen; her'ausbringen; insze'nieren; *cf a* **coup** *1.*; **7.** *fig* **~ la tête à qn** (**contre qn**) (gegen j-n) aufbringen, aufhetzen; *adjt* **être monté contre qn** gegen j-n aufgebracht sein; auf j-n zornig, wütend sein; **8.** **~ son ménage** Hausrat anschaffen; sich einrichten; *adjt* **être bien monté en qc** mit etw gut versorgt, ausgestattet, ausgerüstet, eingedeckt sein; **9.** *ÉLEVAGE femelle* decken; belegen; bespringen; *jument a* beschälen; **II** *v/i* ⟨*meist* être, wenn e-e Person Subjekt ist⟩ **10.** **à pied** steigen (**à, sur** auf +*acc*); emporsteigen (**zu**); besteigen (+*acc*); hin'auf- *ou* her'auf- *ou* hoch- *ou* F raufgehen, -steigen, -kommen, (**à bord d'un**) *véhicule* -fahren; *dans un moyen de transport* einsteigen (**dans, en** in +*acc*); besteigen (+*acc*); *fig* **les générations qui montent** die kommenden Generationen; **~ se coucher** hinaufgehen und sich schlafen legen; **~ à bicyclette** aufs (Fahr)Rad steigen; das (Fahr)Rad besteigen; **~ à bord** an Bord gehen; **~ au troisième étage** in den dritten Stock hinaufgehen, -steigen *ou* -fahren; **~ à Paris** nach Paris gehen; **~ dans un train, en avion** in e-n Zug, in ein Flugzeug (ein)steigen; e-n Zug, ein Flugzeug besteigen; **~ par l'ascenseur** mit dem Fahrstuhl hinauf-, herauf-, hoch-, F rauffahren; **~ sur une chaise, sur une échelle** auf e-n Stuhl, auf e-e Leiter steigen; *p/p* **monté sur une chaise, sur une échelle** auf e-m Stuhl, auf e-r Leiter stehend; **~ sur le trône** den Thron besteigen; **11.** *route* ansteigen; *avion, ballon, oiseau, soleil, brouillard* aufsteigen; *niveau des eaux, baromètre, température* steigen (**de** um); *fleuve* (an)schwellen; steigen; *sève* steigen; *lait qui bout* hochkommen; *tas* höher, größer werden; *flammes* hochschlagen, auf-, emporlodern (**de** aus); *odeurs, bruit* her'aufkommen, -dringen, *odeurs a* aufsteigen (**de la rue** von der Straße); *fig prix* steigen; anziehen; aufschlagen; *succès, admiration et* größer werden; zunehmen; *ton dans une discussion* scharf, gereizt, heftig werden; F (*faire carrière*) aufsteigen; F groß im Kommen sein; *avion* **~ à 3000 mètres** auf 3000 Meter (auf)steigen, (hoch)gehen; **les larmes lui sont montées aux yeux** die Tränen traten, stiegen ihm in

monteur – mordicus

die Augen; *vin* ~ *à la tête* zu Kopf steigen; *vêtement* ~ *(jusqu')à* gehen, reichen bis zu; *faire* ~ *prix* in die Höhe treiben; hochtreiben; *faire* ~ *le sang au visage* das Blut ins Gesicht treiben; **12.** ~ *(à cheval)* reiten; *il monte bien* er reitet gut; *adjt* **police montée** berittene Polizei; **13.** AGR wachsen; sprießen; *salade schießen;* **III** *v/pr* **14.** *dépenses etc se* ~ *à mille francs* sich auf tausend Franc belaufen; tausend Franc betragen, ausmachen; **15.** *personne se* ~ *en qc* sich mit etw versorgen, eindecken, ausstatten, ausrüsten; *se* ~ *en ménage* Hausrat anschaffen; sich einrichten; **16.** *sens passif se* ~ *facilement appareil, meuble* leicht zu mon'tieren sein; *côte* leicht zu besteigen sein; *escalier* bequem zu begehen sein; *cheval* sich gut reiten lassen

mont|eur [mɔ̃tœR] *m,* **~euse** *f* **1.** TECH Mon'teur *m,* Mon'teurin *f;* **monteur électricien** E'lektromonteur *m;* E'lektroinstallateur *m;* **2.** CIN Schnittmeister(in) *m(f);* Cutter(in) ['kat-] *m(f)*

montgolfière [mõgɔlfjɛR] *f* Heißluftballon *m;* Montgolfi'ere *f*

monticule [mõtikyl] *m* Hügel *m;* Anhöhe *f;* kleiner Berg

Montpellier [mõpəlje, -pe-] *Stadt im Dep. Hérault*

montre [mõtR(ə)] *f* **1.** (Armband-, Taschen)Uhr *f;* ~ *à quartz* Quarzuhr *f;* ~ *de précision* Präzisi'onsuhr *f; course f contre la* ~ a) CYCLISME (Einzel)Zeitfahren *n;* b) *fig* Wettlauf *m* mit der Zeit; *loc/adv* ~ *en main* (auf die Minute, Sekunde) genau; *ma* ~ *est arrêtée* meine Uhr ist stehengeblieben; *mettre sa* ~ *à l'heure* s-e Uhr stellen; *regarder l'heure à sa* ~ auf die *ou* nach der Uhr sehen; **2.** *loc* **faire** ~ *de qc* etw beweisen, zeigen

Montréal [mõReal] Montreal [mɔntre'a:l] *n*

montre-bracelet [mõtRəbRaslɛ] *f* ⟨*pl* montres-bracelets⟩ Armbanduhr *f*

montrer [mõtRe] **I** *v/t* zeigen; *papiers a* vor-, herzeigen; *chemin a* weisen; *courage, zèle a* beweisen; an den Tag legen; *émotion, humeur a* sich anmerken lassen; *peinture, film, livre* ~ *qn, qc* j-n, etw darstellen, zeigen; *auteur etw* aufzeigen; *réponse, réalisation etw* erkennen lassen, zeigen, beweisen; ~ *qn, qc du doigt* (mit dem Finger) auf j-n, etw zeigen; *cf a* **doigt** *1.;* ~ *les dents* die Zähne fletschen; *fig* die Zähne zeigen; ~ *l'exemple* Vorbild sein; ~ *le fonctionnement de qc* zeigen, wie etw funktioniert; ~ *la porte à qn* j-m die Tür weisen; **II** *v/pr* **se** ~ *personne* sich zeigen; sich sehen, blicken lassen; *se* ~ *courageux* sich mutig zeigen; sich als mutig erweisen; *mesure se* ~ *efficace* sich als wirksam erweisen; *se* ~ *d'une fermeté inébranlable* sich von e-r unerschütterlichen Festigkeit zeigen

montr|eur [mõtRœR] *m,* **~euse** *f* ~ *de marionnettes* Mario'netten-, Puppenspieler(in) *m(f);* **montreur d'ours** Bärenführer *m*

monture [mõtyR] *f* **1.** *animal* Reittier *n;* *cheval* Reitpferd *n; prov* **qui veut voyager loin ménage sa** ~ eile mit Weile!; wer langsam geht, kommt auch ans Ziel; langsam, aber sicher *(trois prov);* **2.** TECH *de parapluie etc* Gestell *n; d'un bijou* Fassung *f;* ~ *(de lunettes)* Brillengestell *n*

monument [mɔnymã] *m* **1.** Denkmal *n,* Monu'ment *n* (*a fig*); *d'une ville etc* Baudenkmal *n;* ~ *(commémoratif)* Denkmal *n;* ~ *funéraire* Grabmal *n;* ~ **classé** unter Denkmalschutz stehendes Bauwerk; ~ *aux morts* Krieger-, Gefallenendenkmal *n;* **2.** *d'une armoire etc* F *c'est un vrai* ~ F das ist ein wahres Monstrum, Ungetüm; F *être un* ~ *de bêtise* e-e ganz große Dummheit sein

monumental [mɔnymãtal] *adj* ⟨-aux⟩ **1.** *de proportions* monumen'tal; gewaltig; *kolos'sal; œuvre* ~*e* monumentales Werk; *statue* ~*e* Kolos'salstatue *f;* **2.** F *erreur* kapi'tal; grundlegend; *bêtise* grenzenlos; bodenlos

moquer [mɔke] *v/pr* **1.** *(tourner en ridicule)* **se** ~ *de qn, de qc* sich über j-n, über etw lustig machen, mo'kieren; über j-n, etw spotten; j-n, etw verspotten; j-n auslachen, verlachen; *se faire* ~ *de soi* sich lächerlich machen; **2.** *(ne pas se soucier de)* **se** ~ *de qn, de qc* sich nicht um j-n, um etw kümmern; *se* ~ *pas mal de qc* sich überhaupt nicht für etw interes'sieren; F sich e-n Dreck um etw kümmern; *je m'en moque, p/fort je m'en moque comme de l'an quarante, comme de ma première chemise* das ist mir (*p/fort* völlig) gleichgültig, egal, F schnuppe, Wurscht, piepe; *p/fort* F das ist mir schnurzpiepe, piepegal; ich pfeife darauf; **3.** *(berner)* **se** ~ *de qn* j-n an der Nase her'umführen; j-n zum Narren, zum besten haben, halten

moquerie [mɔkRi] *f* Spott *m*

moquette [mɔkɛt] *f* Teppichboden *m;* COMM *a* Auslegeware *f*

moqueur [mɔkœR] **I** *adj* ⟨-euse⟩ *personne* spottlustig; *regards,* ~ *sourire, ton* spöttisch; *sourire a* mo'kant; *être* ~ gern spotten; **II** *subst* ~, **moqueuse** *m,f* Spötter(in) *m(f)*

moraine [mɔRɛn] *f* GÉOL Mo'räne *f*

moral [mɔRal] **I** *adj* ⟨-aux⟩ **1.** *conduite valeur etc* mo'ralisch; sittlich; ethisch; *loi* ~*e* Sittengesetz *n; sens* ~ Gefühl *n* für Sittlichkeit, für sittliches Verhalten; *être dans l'obligation* ~*e de faire qc* die moralische Verpflichtung haben, etw zu tun; **2.** *(mental)* geistig; *(psychologique)* seelisch; innere(r, -s); mo'ralisch; *certitude* ~*e* innere, intuitive Gewißheit; *douleur* ~*e* seelischer Schmerz; *force* ~*e* seelische, innere, geistige Kraft; **3.** JUR *dommage* ~ immaterieller, ide'eller Schaden; *personne* ~*e* ju'ristische Person; **II** *m* Mo'ral *m* (*a des troupes*); geistige, seelische, innere Verfassung; Stimmung *f; avoir bon* ~ in guter seelischer Verfassung sein; *ne pas avoir le* ~ *ou avoir le* ~ *à zéro* e-n seelischen Tiefstand haben; stimmungsmäßig, seelisch auf dem Nullpunkt (angelangt) sein; *le* ~ *est bas* die Stimmung, die seelische Verfassung, die Moral ist schlecht; *remonter le* ~ *à qn* j-m wieder Mut machen

morale [mɔRal] *f* **1.** a) *(valeurs morales)* Mo'ral *f;* Sittlichkeit *f;* b) *doctrine* Mo'ral-, Sittenlehre *f;* Ethik *f;* ~ *chrétienne* christliche Moral, Ethik; **2.** *(leçon prov);* **2.** TECH *de parapluie etc* Gestell *n; d'un bijou* Fassung *f;* ~ *(de lunettes)* Brillengestell *n* Mo'ral *f; la* ~ *de cette histoire est que ...* die Moral der Geschichte ist, daß ...; **3.** *loc* **faire (de) la** ~ *à qn* j-m e-e Strafpredigt halten; j-m die Le'viten lesen; j-n Mores lehren

moralisateur [mɔRalizatœR] *péj* **I** *adj* ⟨-trice⟩ morali'sierend; **II** *m* Mo'ralprediger *m*

moral|iser [mɔRalize] *v/i* morali'sieren; *péj* Mo'ral predigen; **~isme** *m* Mora'lismus *m;* **~iste 1.** *m* *auteur* Mora'list *m;* **2.** *m,f* Mora'list(in) *m(f); péj* Mo'ralprediger(in) *m(f)*

moralité [mɔRalite] *f* **1.** Mo'ral *f;* Sittlichkeit *f; (conduite morale) a* Lebenswandel *m; certificat m de* ~ Leumundszeugnis *n; d'une* ~ *douteuse, irréprochable* von zweifelhafter, einwandfreier Moral; **2.** *d'une fable, d'un événement* Mo'ral *f;* Nutzanwendung *f;* ~*: il ne faut pas fumer* Moral: ...; F da sieht man es wieder: ...

moratoire [mɔRatwaR] *jur* **I** *adj* aufschiebend; *intérêts m/pl* ~*s* Verzugszinsen *m/pl;* **II** *m* Mora'torium *n;* Zahlungsaufschub *m;* Stundung *f*

moratorium [mɔRatɔRjɔm] *m cf* **moratoire** II

Moravie [mɔRavi] *la* ~ Mähren *n*

morbide [mɔRbid] *adj* **1.** *curiosité, imagination etc* krankhaft; *littérature* angekränkelt; mor'bid; **2.** MÉD Krankheits...; krankhaft; mor'bid

Morbihan [mɔRbijã] *le* ~ *frz Departement*

morbleu [mɔRblø] *ancien juron* sakker'lot!

morceau [mɔRso] *m* ⟨*pl* ~x⟩ **1.** *(abgetrenntes)* Stück *n;* BOUCHERIE **bas** ~**x** billige Stücke; Stücke dritter oder vierter Qualität; ~ *de bois* Holzstück *n;* Stück Holz; *un* ~ *d'étoffe, de pain etc* ein Stück Stoff, Brot *etc;* ~ *de roi* a) köstlicher Bissen; Leckerbissen *m;* b) F *fig d'une femme (a beau* ~*)* stattliche Frau; F strammes Weibsbild; *sucre m en* ~*x* Würfelzucker *m; loc/adv en (mille)* ~*x* in (tausend) Stücke; *vase etc être en mille* ~*x* in tausend Stücke zersprungen sein; *mettre en* ~*x* ausein'andernehmen; in (einzelne) Stücke zerlegen; *par* ~*x* stückweise; F *fig* **emporter le** ~ erreichen, bekommen, was man will; F *fig d'une personne* **c'est un** ~ F er *ou* sie ist ein (schwerer, ganz schöner) Brocken; F **manger un** ~ F e-n Happen, e-n Bissen, e-e Kleinigkeit essen; F *fig* **manger, casser, lâcher le** ~ auspacken; **2.** MUS (Mu'sik)Stück *n;* ~ *de piano* Kla'vierstück *n;* **3.** *d'une œuvre littéraire* Stelle *f;* Abschnitt *m;* ~**x choisis** ausgewählte Lesestücke *n/pl,* Texte *m/pl*

morceler [mɔRsəle] *v/t* ⟨-ll-⟩ *propriété, héritage* aufteilen; zerstückeln

morcellement [mɔRsɛlmã] *m* Aufteilung *f;* Zerstückelung *f*

mordant [mɔRdã] **I** *adj personne, article* bissig; *ironie* beißend; *réplique* scharf; *froid* beißend; schneidend *(a ton);* **II** *m* **1. avoir du** ~ a) *personne, équipe* Schneid haben; angriffslustig sein; F schwer rangehen; b) *critique, œuvre* bissig, scharf sein; **2.** *d'une scie* Schärfe *f;* **3.** *pour métal* Ätzmittel *n*

mordicus [mɔRdikys] *adv* F *soutenir qc* ~ etw steif und fest behaupten

mordiller [mɔʀdije] v/t ~ qc an etw (dat) knabbern, her'umbeißen
mordoré [mɔʀdɔʀe] adj goldbraun
mordre [mɔʀdʀ(ə)] ⟨cf rendre⟩ I v/t **1.** chien, puce, serpent etc beißen (**qn à la jambe** j-n ins Bein); insecte stechen; personne ~ qc a) en mangeant auf etw (acc) beißen; b) (ronger) an etw (dat) knabbern, kauen; auf etw (dat) her'umbeißen; plais **je ne mords pas** ich beiße nicht; **se faire ~ par un chien** von e-m Hund gebissen werden; **2.** acide: métal angreifen; crampons: roche ins eingreifen, eindringen (**qc** in etw [acc]); **le froid mord** (**le visage**) die Kälte beißt, schneidet ins Gesicht; **II** v/t/indir **3.** poisson ~ (**à l'appât**) anbeißen; an die Angel gehen; **ça mord** die Fische beißen gut an; fig **~ à l'appât, à l'hameçon** sich ködern lassen; F anbeißen; **4.** fig personne ~ **à qc** an etw (dat) Gefallen, Geschmack finden; **5.** personne, animal ~ **dans qc** in etw (acc) beißen; etw anbeißen; **6.** SPORTS **~ sur la ligne** 'übertreten; automobiliste ~ (**sur**) **la ligne blanche** die weiße Leitlinie über'fahren; **7.** TECH **~ sur qc** etw angreifen; acide a etw ätzen; **III** v/i **8.** mécanisme a (ein)greifen; vis fassen, greifen; TEXT étoffe die Farbe annehmen; **IV** v/pr **9.** réciproque se ~ sich, einander beißen; **10.** fig **se ~ les doigts de qc, d'avoir fait qc** etw bereuen; es bereuen, etw getan zu haben; **se ~ la langue** sich auf die Zunge beißen (a fig); **se ~ les lèvres** sich auf die Lippen beißen; **se ~ les lèvres pour s'empêcher de rire** sich das Lachen verbeißen
mordu [mɔʀdy] F **I** adj (amoureux) être ~ verliebt, F in j-n verknallt, verschossen sein; **II** subst **un ~ du football, du jazz** ein begeisterter Anhänger des Fußballs, Liebhaber des Jazz; ein Fußball-, Jazzfan m
More [mɔʀ] cf **Maure**
moresque [mɔʀɛsk] cf **mauresque**
morfal [mɔʀfal] m arg (goinfre) F Vielfraß m; **~er** v/i (et v/pr) (se) ~ arg (s'empiffrer) F sich den Bauch 'vollschlagen
morfondre [mɔʀfõdʀ(ə)] v/pr ⟨cf rendre⟩ se ~ sich langweilen (und Trübsal blasen)
morfondu [mɔʀfõdy] adj bedrückt; F geknickt
morgue¹ [mɔʀg] f a) bâtiment Leichenschauhaus n; b) salle Leichenhalle f
morgue² [mɔʀg] f (orgueil) Dünkel m; Hochmut m; Über'heblichkeit f; Arro'ganz f
moribond [mɔʀibõ] **I** adj ⟨-onde [-õd]⟩ im Sterben liegend; sterbend; dem Tode nahe; MÉD mori'bund; **II** subst ~(e) m(f) Sterbende(r) f(m)
moricaud [mɔʀiko] F péj **I** adj dunkelhäutig; **II** subst ~(e) m(f) Dunkelhäutige(r) f(m)
morigéner [mɔʀiʒene] st/s v/t ⟨-è-⟩ zu'rechtweisen; tadeln; rügen
morille [mɔʀij] f BOT Morchel f
mormon [mɔʀmõ] REL **I** adj ⟨-one [-ɔn]⟩ mor'monisch; Mor'monen...; **II** subst ~(e) m(f) Mor'mone m, Mor'monin f
morne [mɔʀn] adj personne, air trübsinnig; trübselig; niedergeschlagen; bedrückt; p/fort schwermütig; existence trübselig; freudlos; öde; journée, temps trüb(selig); düster; trist; trostlos; ville, paysage trübselig; trist; trostlos; öde; conversation öde; eintönig
mornifle [mɔʀnifl(ə)] F f Ohrfeige f; Backpfeife f; cf a **gifle**
moros|e [mɔʀoz] adj 'mißmutig; mürrisch; griesgrämig; grämlich; verdrossen; verdrießlich; F sauertöpfisch; **~ité** f 'Mißmut m; Verdrossenheit f; Verdrießlichkeit f; Grämlichkeit f; F Stimmungstief n
Morphée [mɔʀfe] m MYTH Morpheus m
morphème [mɔʀfɛm] m LING Mor'phem n
morphin|e [mɔʀfin] f Morphium n; t/t Mor'phin n; **~isme** m MÉD chronische Morphiumvergiftung
morphinoman|e [mɔʀfinɔman] **I** adj morphiumsüchtig; **II** m,f Morphi'nist(in) m(f); Morphiumsüchtige(r) f(m); **~ie** f Morphi'nismus m; Morphiumsucht f
morpholog|ie [mɔʀfɔlɔʒi] f Morpholo'gie f; LING a Formenlehre f; **~ique** adj morpho'logisch
morpion [mɔʀpjõ] m **1.** F ZO Filzlaus f; **2.** F (petit garçon) F Knirps m; péj Lausbub m; Lausebengel m; **3.** jeu: von Schülern zu zweit gespieltes Schreibspiel
mors [mɔʀ] m **1.** du harnais Gebiß n; **prendre le ~ aux dents** a) cheval 'durchgehen; scheuen; b) (s'emporter) in Harnisch geraten; sich ereifern; aufbrausen; **2.** d'un étau Backe f
morse¹ [mɔʀs] m ZO Walroß n
morse² [mɔʀs] m TÉLÉCOMM ~ ou adjt **alphabet** m ~ Morsealphabet n; **signaux** m/pl **en** ~ Morsezeichen n/pl
morsure [mɔʀsyʀ] f a) action Biß m; ~ **d'un chien, d'un serpent** Hunde-, Schlangenbiß m; b) blessure Bißwunde f
mort¹ [mɔʀ] m **1.** Tod m; (décès) Todesfall m; allégorie, PEINT **la ⚰** der Tod; poét Freund Hein m; MÉD ~ **clinique** klinischer Tod; **violente** gewaltsamer Tod; JUR **peine** f **de** ~ Todesstrafe f; **silence** m **de** ~ Toten-, Grabesstille f; loc/adv: **à** ~ tödlich; zu Tode; **combat** m **à** ~ Kampf m auf Leben und Tod; **blessé à** ~ tödlich verletzt, verwundet; **être fâché à** ~ **avec qn** mit j-m tödlich verfeindet sein; F restlos mit j-m verkracht sein; j-m spinnefeind sein; F fig **freiner à** ~ e-e 'Vollbremsung machen; **à la** ~ **de son père** beim Tod s-s Vaters; als sein Vater starb; **pour cause de** ~ wegen e-s Todesfalles; **aimer mieux souffrir mille** ~s **que de** (+inf) lieber sterben wollen als (+inf); (avoir) **la** ~ **dans l'âme** tiefbetrübt, zu Tode betrübt, todunglücklich (sein); **il n'y a pas eu d'homme** es sind keine Menschenleben zu beklagen; es ist niemand 'umgekommen; **condamner qn à** ~ j-n zum Tode verurteilen; **se donner la** ~ sich das Leben nehmen; sich (selbst) 'umbringen; **ce n'est pas la** ~ (**du petit cheval**) a) (pas cher) das kostet nicht die Welt; b) (faisable) das ist doch zu schaffen; das ist doch e-e Kleinigkeit; chien **'hurler à la** ~ (F gotts)jämmerlich, unheimlich, schauerlich heulen; **souffrir mille** ~s Höllenqualen ausstehen, leiden; **2.** int **à** ~ ! nieder mit ihm!; bringt ihn um!; ~ **au tyran!** Tod dem Tyrannen!; F ~ **aux vaches!** F nieder mit der Polente!; **3.** (destruction, fin) Tod m; 'Untergang m; Ende n; Ru'in m
mort² [mɔʀ] **I** p/p cf **mourir** et adj ⟨morte [mɔʀt]⟩ **1.** personne a gestorben; verstorben; animal a verendet; BOT, MÉD tot; abgestorben; bois, feuilles dürr; yeux glanzlos; erloschen; ville (wie) tot, ausgestorben; F **moteur** etc F ka'putt; hin; F **pile** leer; ~ **ou vif** tot oder lebendig; lebend oder tot; **de peur plus** ~ **que vif** F mehr tot als lebendig; ~ **accidentellement** durch e-n Unfall 'umgekommen; tödlich verunglückt; **soldat** ~ **au champ d'honneur** gefallen (auf dem Felde der Ehre); **angle** ~ toter Winkel; **eau** ~**e** stehendes Wasser; **langue** ~**e** tote Sprache; PEINT **nature** ~**e** Stilleben n; b) fig **poids** ~ a) TECH Eigengewicht n; b) fig Hemmschuh m; Hemmnis n; Last f; Ballast m; **point** ~ TECH Totpunkt m; toter Punkt (a fig); AUTO Leerlauf m; fig **affaire être au point** ~ an e-m toten Punkt angelangt sein; **temps** ~ a) sans activité tote, stille Zeit; b) TECH Totzeit f; c) non-productif Ausfallzeit f; d) SPORTS Auszeit f; **être** ~ **d'un cancer** an Krebs gestorben sein; **être** ~ (**de fatigue**) todmüde, zu Tode erschöpft, F tot sein; **être** ~ **de peur** vor Angst mehr gelähmt, F halb tot sein; **tomber** (**raide**) ~ tot 'umfallen; **II** subst **1.** ~(**e**) m(f) Tote(r) f(m); (victime) Todesopfer n; **les** ~**s de la guerre** die Kriegstoten m/pl; die Gefallenen m/pl; ÉGL CATH **fête** f, **jour** m **des** ~**s** Aller'seelen f; AUTO plais **place** f **du** ~ Beifahrer-, F Todessitz m; **il y a eu un** ~ **et deux blessés** es gab e-n Toten und zwei Verletzte; **c'est un** ~ **vivant, en sursis** er ist ein Todeskandidat; **faire le** ~ sich totstellen; fig nichts von sich hören lassen; **cet accident a fait trois** ~**s** der Unfall hat drei Todesopfer gefordert, drei Menschenleben gekostet; **2.** m BRIDGE Strohmann m; Dummy ['dami] m
mortadelle [mɔʀtadɛl] f Morta'della f
mortaise [mɔʀtɛz] f TECH: dans du bois Zapfenloch n; d'une serrure Öffnung f
mortalité [mɔʀtalite] f Sterblichkeit f; Mortali'tät f; ~ **infantile** Kindersterblichkeit f; (taux m de) ~ Sterbeziffer f
mort-aux-rats [mɔʀoʀa] f ⟨inv⟩ Rattengift n
morte-eau [mɔʀto] f ⟨pl mortes-eaux⟩ MAR Nipptide f; Nippflut f
mortel [mɔʀtɛl] **I** adj ⟨~le⟩ **1.** (sujet à la mort) sterblich; **tous les hommes sont** ~**s** alle Menschen sind sterblich; **2.** blessure, maladie, poison tödlich; **coup** ~ Todesstoß m; **danger** ~ Lebens-, Todesgefahr f; F ~ **pour qn, qc** schlimm, verhängnisvoll, F tödlich für j-n, etw; **3.** fig **ennemi** ~ Todfeind m; **ennui** ~ tödliche Langeweile; **froid** ~ bittere Kälte; **pâleur** ~**le** Leichenblässe f; REL **péché** ~ Todsünde f; **silence** ~ betretene Stille; betretenes Schweigen; **4.** F (très ennuyeux) sterbenslangweilig; zum Sterben, tödlich langweilig; **II** subst ~(**le**) m(f) Sterbliche(r) f(m); **les heureux** ~**s qui** ... die Glücklichen, die ...; **un simple** ~ ein gewöhnlicher Sterblicher; cf a **commun II 1.**
mortellement [mɔʀtɛlmã] adv **1.** ~

morte-saison – motoriser

blessé tödlich verletzt; **2. ~ ennuyeux** sterbenslangweilig; tödlich langweilig
morte-saison [mɔʀt(ə)sɛzõ] ⟨pl mortes-saisons⟩ COMM geschäftlich stille Zeit; F Saure'gurkenzeit *f*
mortier [mɔʀtje] *m* **1.** CONSTR Mörtel *m*; **2.** MIL Mörser *m*; INFANTERIE Gra-'natwerfer *m*; **3.** *récipient* Mörser *m*; **4.** (*toque de magistrat*) Ba'rett *n*
mortifiant [mɔʀtifjɑ̃] *adj* kränkend; demütigend
mortification [mɔʀtifikasjõ] *f* **1.** Kränkung *f*; Demütigung *f*; **2.** REL ~*s pl* Ka'steiung *f*
mortifier [mɔʀtifje] **I** *v/t* **1.** *personne* kränken; demütigen; *être mortifié de qc* sich durch etw gekränkt fühlen; **2.** REL ka'steien, **~ sa chair** das Fleisch abtöten; **II** *v/pr* REL *se* ~ sich ka'steien
mortinatalité [mɔʀtinatalite] *f* (*taux m de*) ~ Zahl *f* der Totgeburten
mort-né [mɔʀne] **I** *adj* ⟨mort-née⟩ totgeboren, *fig c'est un projet* ~ dieser Plan ist ein totgeborenes Kind, hat keine Aussicht auf Erfolg; **II** *m* ⟨*pl* mort--nés⟩ Totgeburt *f*
mortuaire [mɔʀtɥɛʀ] *adj* Toten...; Sterbe...; Leichen...; *chambre f* ~ Sterbezimmer *n*; *couronne f* ~ Trauer-, Grabkranz *m*; *masque m* ~ Totenmaske *f*; *registre m* ~ Sterbebuch *n*, -register *n*
morue [mɔʀy] *f* **1.** ZO ~ (*fraîche*) Kabeljau *m*; *jeune poisson* Dorsch *m*; ~ *séchée* Stockfisch *m*; *foie m de* ~ Dorschleber *f*; *huile f de foie de* ~ Lebertran *m*; **2.** P *péj* Hure *f*; Nutte *f*
morutier [mɔʀytje] *m* **a)** *pêcheur* Kabeljau-, Dorschfischer *m*; **b)** *bateau* Kabeljau-, Dorschfänger *m*
morve [mɔʀv] *f* **1.** Nasenschleim *m*; F Rotz *m*; **2.** VÉT Rotz *m*
morveux [mɔʀvø] **I** *adj* ⟨-euse⟩ *enfant* F mit e-r Rotznase; *prov qui se sent* ~, (*qu'il*) *se mouche* wen's juckt, der kratze sich (*prov*); **II** *subst* F ~, *morveuse m,f* F Rotznase *m*; Rotzbengel *m*, -göre *f*
mosaïque¹ [mɔzaik] *f* **1.** ART Mosa'ik *n*; *loc/adj en* ~ Mosa'ik...; *adjt parquet m* ~ Mosa'ikparkett *n*; **2.** *fig* Mosa'ik *n* (*de* aus)
mosaïque² [mɔzaik] *adj* REL mo'saisch; *loi f* ~ mosaisches Gesetz
mosaïsme [mɔzaism(ə)] *m* REL Mosa'ismus *m*; Judentum *n*
mosaïste [mɔzaist] *m artisan* Mosa'ikleger *m*; *artiste* Mosai'zist *m*
Moscou [mɔsku] Moskau *n*
moscovite [mɔskɔvit] **I** *adj* Moskauer; moskauisch; **II** *subst* ♀ *m,f* Moskauer(-in) *m(f)*; HIST Mosko'witer(in) *m(f)*
Moselle [mɔzɛl] *la* ~ **1.** *rivière* die Mosel; **2.** *frz Departement*
mosquée [mɔske] *f* Mo'schee *f*
mot [mo] *m* **1.** Wort *n*; *d'une langue étrangère a* Vo'kabel *f*; ♦ *bon* ~, ~ *d'esprit* Bon'mot *n*; Aper'çu *n*; geistreiche, witzige Bemerkung; ~ *célèbre*, *historique* berühmtes Zitat; berühmter Ausspruch; berühmtes, geflügeltes Wort; GR ~ *composé* zusammengesetztes Wort; Kom'positum *n*; Zu'sammensetzung *f*; ~s *croisés* Kreuzworträtsel *n(pl)*; *faire des* ~s *croisés* (ein) Kreuzworträtsel lösen; *deux* ~s *einige, ein paar Worte; j'ai deux* ~s *à*

vous dire ich habe ein Wörtchen mit Ihnen zu reden; *le dernier* ~ das letzte Wort; *avoir le dernier* ~ das letzte Wort haben; *il n'a pas dit son dernier* ~ das ist noch nicht sein letztes Wort; *c'est mon dernier* ~ das ist mein letztes Wort; *fig le fin* ~ *de l'histoire* der wahre Sachverhalt; der wahre (Beweg-)Grund; des Pudels Kern; *grands* ~s groß(artig)e, hochtrabende, hochtönende Worte; große Töne *m/pl*; *le grand* ~ *est lâché* jetzt ist das Wort endlich gesagt, offen ausgesprochen, F raus; *gros* ~ unanständiges, häßliches Wort; ~ *nouveau* neues Wort; Neuwort *n*; Neolo'gismus *m*; LING ~ *outil* Struk'turwort *n*; *quelques* ~s einige, ein paar Worte; ~ *d'auteur* Dichterwort *n*; *le* ~ *de Cambronne* das Wort „merde" („Scheiße"); LING ~ *d'emprunt* Lehnwort *n*; ~ *d'enfant* Kindermund *m*; *fig le* ~ *de l'énigme* des Rätsels Lösung *f*; *le* ~ *de la fin* die resümierende Schlußbemerkung; ~ *d'ordre* Pa'role *f*; Losung *f*; MIL ~ *de passe* Losung(swort) *f(n)*; Kennwort *n*; Pa'role *f*; ♦ *loc/adv:* ~ *à* ~ [motamo], ~ *pour* ~ wörtlich; wortwörtlich; worttreu; Wort für Wort; *subst le* ~ *à* ~ die wörtliche Übersetzung; *faire du* ~ *à* ~, *traduire* ~ *à* ~ wörtlich über'setzen; *au* ~ mindestens; bei vorsichtiger Schätzung; *à ces* ~s, *sur ces* ~s mit diesen Worten; auf diese Worte hin; *à* ~s *couverts* durch die Blume; *en disant ces* ~s mit diesen Worten; *en un* ~ (*comme en cent, comme en mille*) mit einem Wort; kurz; *pas un* ~ *de plus!* kein Wort mehr (davon)!; *pas un* ~ *là-dessus!* laß ou lassen Sie kein Wort darüber verlauten!; *sans* ~ *dire* wortlos; ohne ein Wort zu sagen; ♦ F *avoir des* ~s *avec qn* ein Wortwechsel, e-e kleine Ausein'andersetzung mit j-m haben; *avoir toujours le* ~ *pour rire* immer zu Scherzen aufgelegt sein; immer e-n Scherz auf den Lippen haben; *chercher ses* ~s nach Worten suchen; *ne* (*pas*) *dire* (*un*) ~ kein Wort sagen, reden, sprechen, keinen Ton von sich geben; *tu as dit le* ~ du sagst es; *avoir son* ~ *à dire* auch noch ein Wort, Wörtchen mitzureden haben; *je n'ai qu'un* ~ *à dire* ich brauche nur ein Wort zu sagen; *se donner le* ~ vorher ausmachen, abmachen, absprechen; *ce ne sont que des* ~s das sind nur leere, schöne Worte, leere Redensarten; *il est paresseux, c'est bien le* ~ das ist das richtige Wort; *ne pas mâcher ses* ~s kein Blatt vor den Mund nehmen; *manger ses* ~s die Hälfte der Wörter verschlucken; undeutlich sprechen; F nuscheln; *ne pas placer un* ~ nicht zu Wort kommen; *prendre qn au* ~ j-n beim Wort nehmen; *ne* (*pas*) *souffler* ~ kein Sterbenswörtchen sagen (*de qc* von etw); *je ne trouve pas mes* ~s ich finde die richtigen Worte nicht; *prov qui ne dit* ~ *consent* schweigen heißt zustimmen; *cf a glisser* 2., *toucher¹* 8.; **2.** (*message*) *un* ~ en paar Zeilen *f/pl*; ein Briefchen *n*; (*d'excuse*) Entschuldigung(szettel *m*, -brief *m*) *f*; *laisser un petit* ~ *à qn* j-m ein paar Zeilen, e-e Nachricht, e-e Mitteilung hinter'lassen

motard [mɔtaʀ] F *m* **1.** *de la police* motori'sierter (Verkehrs)Poli'zist; **2.** (*motocycliste*) Motorradfahrer *m*
motel [mɔtɛl] *m* Motel *n*
motet [mɔtɛ] *m* MUS Mo'tette *f*
moteur [mɔtœʀ] **I** *adj* ⟨-trice⟩ **1.** ANAT mo'torisch; Bewegungs...; *nerfs* ~s motorische Nerven *m/pl*; Bewegungsnerven *m/pl*; *troubles* ~s Bewegungsstörungen *f/pl*; **2.** TECH Antriebs...; *arbre* ~ Antriebswelle *f*; *roue motrice* Antriebs-, Treibrad *n*; *voiture à quatre roues motrices* mit Allradantrieb; **II** *m* **1.** TECH 'Motor *ou* Mo'tor *m*; Kraftmaschine *f*; AVIAT a Triebwerk *n*; ~ *électrique* E'lektromotor *m*; ~ *thermique* Wärmekraftmaschine *f*; ~ *à l'arrière, à l'avant* Heck-, Frontmotor *m*; ~ *à combustion interne* Verbrennungsmotor *m*; ~ *à quatre cylindres* Vierzylindermotor *m*; ~ *à essence* Ben'zinmotor *m*; ~ *à explosion* Explosi'ons-, Verbrennungsmotor *m*; ~ *à injection* Einspritzmotor *m*; AVIAT ~ *à réaction* Strahltriebwerk *n*; ~ *à deux, à quatre temps* Zwei-, Viertaktmotor *m*; *véhicules m/pl à* ~ Motor-, Kraftfahrzeuge *n/pl*; *adjt: bloc m, frein m* ~ Motorblock *m*, -bremse *f*; *huile f* ~ Mo'torenöl *n*; **2.** *fig personne, chose* Motor *m*; treibende Kraft
moteur-fusée [mɔtœʀfyze] *m* ⟨*pl* moteurs-fusées⟩ Ra'ketentriebwerk *n*
motif [mɔtif] *m* **1.** (*raison*) Mo'tiv *n*; (Beweg)Grund *m*; Anlaß *m*; *pour quel* ~? aus welchem Grund?; F *plais pour le bon* ~ mit der ernsten Absicht zu heiraten; *sans* ~ grundlos; unbegründet; ohne Veranlassung; **2.** PEINT Mo'tiv *n*; Gegenstand *m*; **3.** MUS Mo'tiv *n*; **4.** *d'un tissu etc* Mo'tiv *n*; Muster *n*; ~ *de fleurs* Blumenmotiv *n*, -muster *n*
motion [mɔsjõ] *f* POL Antrag *m*; ~ *de censure* 'Mißtrauensantrag *m*
motivation [mɔtivasjõ] *f* Motivati'on *f*; Moti'vierung *f*; ÉCON a Kaufmotive *n/pl*; *s pl a* Beweggründe *m/pl*; *études f/pl de* ~ Mo'tivforschung *f*
motivé [mɔtive] *adj* **1.** *personne* moti'viert; *très* ~ hochmotiviert; **2.** *refus, plaintes* begründet; moti'viert
motiver [mɔtive] *v/t* **1.** (*justifier*) *démarche etc* begründen; moti'vieren; **2.** (*être le motif de*) der Grund, Anlaß sein (*qc* für etw); **3.** PSYCH ~ *qn* j-n moti'vieren
moto [mɔto] *f abr* (*motocyclette*) Motorrad *n*; *course f de* ~s Motorradrennen *n*; *faire de la* ~ Motorrad fahren
motocross [mɔtɔkʀɔs] *m* ⟨*inv*⟩ SPORTS Moto-'Cross *n*
motoculteur [mɔtɔkyltœʀ] *m* AGR Einachsschlepper *m*
motocycl|e [mɔtɔsikl(ə)] *m* ADM Kraftrad *n*; **~ette** *f cf moto*; **~isme** Motorradsport *m*; **~iste** *m,f* Motorradfahrer(in) *m(f)*
moto|nautisme [mɔtɔnotism(ə)] *m* Motorbootsport *m*; **~neige** *f au Canada* Motorschlitten *m* (mit Kufen u Raupen); **~pompe** *f* Motorspritze *f*
motorisation [mɔtɔʀizasjõ] *f* Motori'sierung *f*
motoriser [mɔtɔʀize] *v/t* motori'sieren; *adjt: troupes motorisées* motorisierte Truppen *f/pl*; F *personne être motori'sé* motorisiert sein

motrice [mɔtʀis] **I** adj cf *moteur I*; **II** f TECH Triebwagen m

motricité [mɔtʀisite] f PHYSIOL Fähigkeit f, Muskelzusammenziehungen zu bewirken; ~ *volontaire* Mo'torik f

motte [mɔt] f **1.** ~ (*de terre*) Scholle f; Erdklumpen m; ~ *de gazon* Rasensode f; *nordd* Plagge f; **2.** ~ *de beurre* Butterklumpen m; *acheter du beurre à la*, *en* ~ Butter lose, vom Stück kaufen

motus [mɔtys] int ~ (*et bouche cousue*)! (reinen) Mund halten!; nichts verraten!

mot-valise [movaliz] m ⟨pl mots-valises⟩ LING Wortmischung f; Kontaminati'on(sform) f

mou [mu] **I** adj ⟨m vor Vokal u stummem h mol [mɔl]; f molle [mɔl]⟩ **1.** *substance*, *matelas*, *cheveux*, *tissu etc* weich; *ondulations de terrain* sanft; weich; *bruit* dumpf; *dessin* mit zu weichen Kon'turen; *chapeau* ~ Schlapphut m; ANAT *parties molles* Weichteile pl; *fromage* **à pâte molle** Weichkäse m; **2.** *fig* (*sans énergie*) *personne* willen-, ener'gielos; lasch; schlaff; schlapp; träg(e); F lahm; *gestes*, *poignée de main* schlaff; matt; *opposition* schwach; lahm; *style* kraftlos; **II** adv *vas-y* ~*!* sachte, sachte!; **III** m **1.** BOUCHERIE Lunge f; ~ *de veau* Kalbslunge f; **2.** P *fig bourrer le* ~ *de qn* j-m etw weismachen wollen; F *fig rentrer dans le* ~ *de qn* j-n anrempeln; in j-n hineinlaufen, -rennen; **3.** F (*homme faible*) F Schlappschwanz m; Waschlappen m; **4.** *corde avoir du* ~ locker sein; nicht straff genug gespannt sein; *donner du* ~ locker lassen (*à qc*)

mouch|ard [muʃaʀ] m, **~arde** f F **1.** (*espion*) Spitzel m; *payé par la police* Poli'zeispitzel m; **2.** ÉCOLE F Petze f; *garçon a* Petzer m; **3.** m (*dispositif de contrôle*) Kon'trollgerät n; (*tachygraphe*) Fahrt(en)schreiber m

mouchardage [muʃaʀdaʒ] F m **1.** Bespitzelung f; (Her'um)Spio'nieren n; **2.** ÉCOLE F (Ver)Petzen n

moucharder [muʃaʀde] F v/t **1.** (*espionner*) bespitzeln; (her'um)spio'nieren; **2.** ÉCOLE F verpetzen; verpfeifen; *abs* petzen

mouche [muʃ] f **1.** ZO Fliege f; ~ *bleue*, *de la viande* Schmeißfliege f; F Brummer m; *fine* ~ F schlaues Weib; schlauer Fuchs; *on aurait entendu une* ~ *voler* man konnte e-e Stecknadel fallen hören; *il ne ferait pas de mal à une* ~ er tut keiner Fliege etwas zuleide; *fig faire la* ~ *du coche* sich wichtig tun, machen; *mourir*, *tomber comme des* ~*s* wie die Fliegen sterben, 'umfallen; *fig quelle* ~ *le pique?* was ist bloß in ihn gefahren?; *fig prendre la* ~ gleich böse werden, aufbrausen, F hochgehen; *on ne prend pas les* ~*s avec du vinaigre* durch Milde erreicht man mehr als durch Strenge; mit Speck fängt man Mäuse (*prov*); **2.** PÊCHE ~ *artificielle* künstliche Fliege; *pêche f à la* ~ Fliegenfischerei f, -fischen n; **3.** TIR *faire* ~ ins Schwarze treffen (*a fig*); *fig a* den Nagel auf den Kopf treffen; **4.** BOXE, LUTTE adj *poids* ~ a) Fliegengewicht(sklasse) n(f); b) *sportif* Fliegengewichtler m; **5.** *à Paris adj* ba-

teau m ~ Schiff n für Rundfahrten auf der Seine; **6.** *en taffetas* Schönheitspflästerchen n; **7.** (*petite barbe*) Fliege f; **8.** *d'un fleuret* Lederknopf m

moucher [muʃe] **I** v/t **1.** die Nase putzen (*qn* j-m); *mouche ton nez!* putz dir, schneuz dir die Nase!; **2.** F *fig se faire* ~ abgekanzelt, F her'untergeputzt werden; e-e Abreibung bekommen; **II** v/pr *se* ~ sich die Nase putzen; sich schneuzen; *nordd a* sich schnauben; *fig et iron ne pas se* ~ *du coude*, *du pied* Ansprüche stellen; hoch hin'auswollen

moucheron [muʃʀɔ̃] m **1.** ZO (kleine) Mücke; **2.** F cf *moustique 2.*

moucheté [muʃte] adj **1.** *pelage*, *plumage* getüpfelt, getupft (*à tissu*); gesprenkelt; gefleckt; *laine* bunt genoppt; **2.** *fleuret* mit e-m Lederknopf geschützt, versehen

moucheter [muʃte] v/t ⟨-tt-⟩ tüpfeln; tupfen; mit Tupfen, Tüpfeln versehen

mouchetis [muʃti] m CONSTR Spritzputz m

moucheture [muʃtyʀ] f *sur le pelage*, *plumage* Tüpfel m ou n, Tupfen m (*a sur une étoffe*); Fleck m; Sprenkel m

mouchoir [muʃwaʀ] m **1.** Taschentuch n; ~ *en dentelle* Spitzentaschentuch n; Spitzentüchlein n; ~ *en papier* Pa'piertaschentuch n; Tempotaschentuch n (Wz); *appartement*, *jardin* **grand comme un** ~ (*de poche*) winzig; F ein Handtuch n; SPORTS *arriver dans un* ~ mit ganz knappem Vorsprung (inmitten e-r gedrängten Spitzengruppe) durchs Ziel gehen

moudjahid [mudʒaid] m ⟨pl moudjahiddin [-in]⟩ Mudscha'hed m

moudre [mudʀ(ə)] v/t ⟨je mouds, il moud, nous moulons; je moulais; je moulus; je moudrai; que je moule; je moulant; moulu⟩ mahlen; cf *a moulu*

moue [mu] f schiefes Gesicht; ~ (*boudeuse*) Schmollmund m; ~ *de dédain* verächtlich herabgezogene Mundwinkel m/pl; *faire une* ~ *de dédain* verächtlich den Mund verziehen; *faire la* ~ ein (schiefes) Gesicht, F ein schiefes Maul, e-n Flunsch ziehen

mouette [mwɛt] f ZO Möwe f

moufeter [mufte] v/i cf *moufter*

mouffette [mufɛt] f ZO Stinktier n; Skunk m

moufle [mufl(ə)] **1.** f *gant* Fausthandschuh m; Fäustling m; **2.** f ou m TECH (*poulies*) Flaschenzug m; **3.** m TECH *four* Muffelofen m

moufl|et [muflɛ] m, **~ette** f F Gör n; Balg n ou m; Fratz m

mouflon [muflɔ̃] m ZO Mufflon m

moufter [mufte] F v/i *ne pas* ~ F nicht (auf)mucken; *sans* ~ ohne 'Widerrede; F ohne zu muck(s)en

mouillage [mujaʒ] m **1.** MAR a) *d'un navire* Ankern n; MIL ~ *de mines* Minenlegen n; b) *endroit* Ankerplatz m; *être au* ~ vor Anker liegen; **2.** (*humidification*) Anfeuchten n; Befeuchten n; *du linge* Einsprengen n; **3.** *du lait*, *du vin* Panschen n

mouillant [mujɑ̃] m ou adj *produit* m ~ CHIM Netzmittel n; Ten'sid m

mouillé [muje] adj **1.** (*humide*) naß; feucht; **2.** *yeux* ~*s de larmes* (tränen-) feuchte, (-)nasse Augen n/pl; *par ext voix* ~*e* tränenerstickte Stimme; **3.** *fig*

poule ~*e* F Angsthase m; Hasenfuß m; **4.** PHON mouilliert [mu'ji:rt]; erweicht; *l* ~ mouilliertes l

mouillement [mujmɑ̃] m PHON Mouil'lierung f; Erweichung f

mouiller [muje] **I** v/t **1.** naß machen; (*humidifier*) anfeuchten; befeuchten; feucht machen; (*asperger*) benetzen; *abs* F *ça mouille* es regnet; man wird naß; *être tout mouillé* völlig durch'näßt sein; *se faire* ~ naß werden; **2.** CUIS *sauce* verdünnen (*de* mit); *boisson* mit Wasser verdünnen; *lait*, *vin* frauduleusement panschen; **3.** MAR *ancre* (aus-) werfen; MIL *mines* legen; **4.** PHON mouil'lieren; erweichen; **5.** P (*les*) ~ P Schiß haben; die Hosen (gestrichen) voll haben; **II** v/i **6.** *bateau* vor Anker gehen; ankern; Anker werfen; **III** v/pr *se* ~ **7.** *personne*, *objet* naß, feucht werden; *personne a* sich naß machen; *yeux* sich mit Tränen füllen; feucht werden; *se* ~ *les pieds* nasse Füße bekommen; **8.** F *fig personne se* ~ sich kompromit'tieren; ein Risiko eingehen; sich die Hände schmutzig machen; *il s'est mouillé dans cette affaire a* er ist in diese Affäre verwickelt

mouillette [mujɛt] f (*in Streifen geschnittenes*) Stück n Brot (*zum Tunken*)

mouilleur [mujœʀ] m **1.** MAR MIL ~ *de mines* Minenleger m; **2.** *pour coller des timbres etc* Anfeuchter m

mouise [mwiz] f P (*misère*) Not f; Elend n; *il est dans la* ~ F es geht ihm dreckig

moujingue [muʒɛ̃g] P m,f F Gör n; Balg n ou m; Fratz m

moukère [mukɛʀ] f *péj* (a'rabische) Frau

moulage [mulaʒ] m **1.** TECH *procédé* Formguß m; Gießen n (in Formen); ~ *en cire perdue* Wachsausschmelzverfahren n; **2.** SCULP a) Abformung f; Abguß m; *prendre un* ~ *de qc* etw abformen; e-n Abguß von etw machen; b) *objet* Abguß m

moulant [mulɑ̃] adj *vêtement* enganliegend; hauteng

moule¹ [mul] m **1.** TECH, SCULP (Guß-, Gieß)Form f; *pour reproduire* Mo'dell n; *fig femme* *être faite au* ~ gut gebaut, gut gewachsen sein; e-e tadellose Figur haben; **2.** CUIS Back-, Kuchenform f; *à soufflé* Auflaufform f; *à tarte* rundes Obstkuchenblech f; **3.** *pour pâtés de sable* Sandform f, -förmchen n

moule² [mul] f ZO Miesmuschel f

moulé [mule] adj **1.** *statue etc* gegossen; **2.** *pain* ~ in der Form gebackenes Brot; Kastenbrot n; **3.** *écriture* ~*e* Schrift, die wie gestochen ist; *lettre* ~*e* Druckbuchstabe m

mouler [mule] v/t **1.** *statue etc* gießen; *briques etc* formen; **2.** (*reproduire*) abformen; ~ *en cire*, *en plâtre* in Wachs, in Gips abformen; **3.** *fig sur qc* nach etw bilden, formen, ausrichten; **4.** *robe*, *jeans etc a* (*le corps*) hauteng sitzen; sich eng an den Körper anschmiegen

mouleur [mulœʀ] m TECH Gießer m; MÉTALL *a* Former m; Formgießer m

moulin [mulɛ̃] m **1.** Mühle f; ~ *à café* Kaffeemühle f; ~ *à eau* Wassermühle f; ~ *à huile* Ölmühle f; CUIS ~ *à légumes* Pas'siermaschine f; ~ *à poivre* Pfeffermühle f; REL ~ *à prières* Gebetsmühle f; ~ *à vent* a) Windmühle f; b) *jouet*

mouliner – mouvement

Windrädchen n; fig **se battre contre des ~s à vent** gegen Windmühlenflügel kämpfen; F fig **c'est un ~ à paroles** der Mund steht ihm ou ihr nie still; F er ou sie redet wie ein Buch, wie ein Wasserfall; **on entre dans cette maison comme dans un ~** man kann in diesem Haus ein- und ausgehen, wie man will; **2.** F (*moteur*) Motor m
mouliner [muline] v/t **1.** TEXT soie zwirnen; mouli'nieren; **2.** CUIS légumes (durch die Pas'siermaschine) pas'sieren
moulinet [mulinɛ] m **1.** *d'une canne à pêche* Rolle f; **2.** **faire des ~s** im Kreis her'umwirbeln, -schwingen (**avec sa canne, avec ses bras** s-n Spazierstock, die Arme)
moulinette [mulinɛt] f (*nom déposé*) CUIS kleine Mühle zum Zerkleinern von Gemüse *etc*
moult [mult] adv iron (*beaucoup*) viel(e); (*très*) sehr
moulu [muly] p/p cf **moudre** et adj **1.** gemahlen; **2.** fig **être ~** (**de fatigue**) völlig erschöpft, wie zerschlagen sein
moulure [mulyʀ] f ARCH, MENUISERIE Pro'filleiste f, -stab m; Zierleiste f; ~ **creuse** Hohlkehle f
moumoute [mumut] f **1.** *plais* (*perruque*) falsches Haar; Pe'rücke f; **2.** *veste* Schaffelljacke f
mouquère [mukɛʀ] f cf **moukère**
mourant [muʀɑ̃] I adj **1.** *personne* sterbend; im Sterben liegend; **être ~** im Sterben liegen; **2.** fig et litt voix, son ersterbend; jour sich neigend; zur Neige gehend; **son aller en ~** ersterben; verklingen; verhallen; II subst ~(e) m(f) Sterbende(r) f(m)
mourir [muʀiʀ] (je meurs, il meurt, nous mourons, ils meurent; je mourais; je mourus; je mourrai; que je meure, que nous mourions; mourant; être mort) I v/i *personne* sterben (**de** an +dat); fig vergehen, 'umkommen, sterben (vor +dat); plante absterben; animal eingehen (à plante); verenden; civilisation, pays, langue 'untergehen; bruit, son, voix verklingen; sich verlieren; immer leiser werden; st/s ersterben; voix, son vergehen; fig passion vergehen; st/s sterben; ♦ iron **tu n'en mourras pas** du wirst nicht gleich daran sterben; ~ **assassiné** ermordet werden; ~ **empoisonné** vergiftet werden; ~ **jeune** jung sterben; ~ **à la guerre** (im Krieg) fallen; ~ **dans un accident de voiture** bei e-m Autounfall umkommen, ums Leben kommen; ~ **dans son lit** in s-m Bett sterben; fig ~ **d'amour** (un)sterblich verliebt sein; ~ **d'un cancer** an Krebs sterben; fig ~ **de chaleur** vor Hitze umkommen; ~ **de sa belle mort** e-s natürlichen Todes sterben; fig ~ **de peur** sich zu Tode ängstigen; vor Angst sterben; cf a ennui 2., envie 2., faim 1., soif 1.; ♦ **s'ennuyer à ~** sich tödlich, zu Tode langweilen; **c'est à ~ de rire** das ist zum Totlachen; chagrin etc **faire ~ qn** j-n ins Grab bringen; **faire ~ qn à petit feu** j-n zu Tode quälen, allmählich ins Grab bringen; vagues **venir ~ sur la plage** am Strand sanft auslaufen; II v/pr litt **se ~** im Sterben liegen
mouroir [muʀwaʀ] m *péj* Sterbeanstalt f
mouron [muʀɔ̃] m **1.** BOT ~ (**rouge**) (Acker)Gauchheil m; ~ **blanc, des oiseaux** Vogelmiere f; **2.** F fig **se faire du ~** sich Sorgen, Gedanken, F Kopfschmerzen machen
mouscaille [muskaj] f P **être dans la ~** F im Dreck, P in der Scheiße sitzen ou stecken
mousquet [muskɛ] m HIST Mus'kete f
mousquetaire [muskətɛʀ] m **1.** HIST Musketier [-'tiːʀ] m; **2.** adj **poignet ~** 'Umlegemanschette f
mousqueton [muskətɔ̃] m **1.** MIL Kara'biner m; **2.** *d'alpiniste* Kara'binerhaken m
moussaillon [musajɔ̃] F m kleiner Schiffsjunge
mousse¹ [mus] f **1.** Schaum m; ~ **de la bière, de savon** Bier-, Seifenschaum m; **2.** CUIS Mousse f; ~ **au chocolat** Schoko'ladencremespeise f; ~ **de foie de volaille** (*schaumige*) Geflügelleberpastete; **3.** *matière plastique* Schaumstoff m; adjt **caoutchouc m ~** Schaumgummi m; **4.** TECH ~ **carbonique** Kohlensäureschnee m; **5.** TEXT ~ (**de nylon**) Nylonkrepp ['nai-] m; **6.** TRICOT adjt **point m ~** Rechts-'rechts-Muster n; **7.** F fig **se faire de la ~** sich Sorgen, F Kopfschmerzen machen
mousse² [mus] f BOT Moos n; loc/adj **couvert de ~** moosbedeckt; bemoost; moosig; adjt **vert ~** ⟨inv⟩ moosgrün
mousse³ [mus] m MAR Schiffsjunge m; plais Moses m
mousseline [muslin] f **1.** TEXT Musse'lin m; **2.** CUIS adjt **pommes f/pl ~** sahnig geschlagenes Kar'toffelpüree; **sauce** f ~ holländische Soße mit Schlagsahne
mousser [muse] v/i **1.** bière, savon etc schäumen; vin a mous'sieren; perlen; **2.** F fig **faire ~ qn, qc** j-n, etw (über Gebühr) her'ausstreichen; j-n, etw in zu günstigem Licht darstellen; F fig **se faire ~** sich besonders herausstreichen
mousseron [musʀɔ̃] m BOT Mairitterling m; Georgspilz m
mousseux [musø] adj ⟨-euse⟩ bière, savon etc schäumend; **vin ~** ou subst **~** m Schaumwein m; Sekt m
mousson [musɔ̃] f Mon'sun m
moussu [musy] adj BOT bemoost, moosbedeckt; moosig
moustache [mustaʃ] f **1.** Schnurrbart m; *grosse* Schnauzbart m; *plais d'une femme* Damenbart m; ~(**s**) **à la Charlot** kleine Fliege; ~(**s**) **en brosse** englischer Schnurrbart; F (*trace de lait etc*) **tu t'es fait une ~** du hast dir e-n Bart gemacht; **porter la ~, des ~s** e-n Schnurrbart tragen; **2.** *d'un animal* **~s** pl Schnurrhaare n/pl; Bart m
moustachu [mustaʃy] I adj schnurrbärtig; schnauzbärtig; mit (e-m) Schnurr-, Schnauzbart; II m Schnurr-, Schnauzbärtige(r) m; F Schnauzbart m
moustiquaire [mustikɛʀ] f Mos'kitonetz n
moustique [mustik] m **1.** ZO (Stech-) Mücke f; *des pays tropicaux* Mos'kito m; **2.** F fig enfant F Wicht m; Krümel m; (*petit garçon*) F Knirps m; Drei'käsehoch m
moût [mu] m Most m; unvergorener Saft; ~ **de raisin** Traubenmost m
moutard [mutaʀ] m F (*petit garçon*) F Knirps m; Stöpsel m; Steppke m; pl **~s** F (*enfants*) F Gören n/pl; Bälger m/pl ou n/pl; Blagen n/pl
moutarde [mutaʀd] f **1.** CUIS Senf m; *nordd a* Mostrich m; ~ **de Dijon** scharfer Senf (aus Dijon); adjt (**jaune**) **~** ⟨inv⟩ senffarben; **sauce** f ~ Senfsoße f; fig **la ~ lui monte au nez** er fängt an, ärgerlich, ungehalten, gereizt zu werden; der Zorn steigt in ihm hoch; **2.** BOT Senf m
moutardier [mutaʀdje] m Senftopf m
mouton [mutɔ̃] m **1.** ZO Schaf n; *mâle castré* Hammel m; *österr a* Schöps m; fig **un ~ à cinq pattes** chose etwas ganz Seltenes; *personne* ein weißer Rabe; **troupeau m de ~s** Schafherde f; **doux comme un ~** lammfromm; sanft, geduldig wie ein Lamm; **être frisé comme un ~** Kraushaar, Lockenhaar haben; kraushaarig, -köpfig sein; fig **revenons à nos ~s!** kommen wir wieder zur Sache ou zum Thema!; zur Sache!; **2.** *viande* Hammelfleisch n; **ragoût m de ~** Hammelragout n; **3.** *cuir* Schafleder n; loc/adj **en ~** Schafleder...; schafledern; **4.** *fourrure* Schaffell n, -pelz m; ~ **doré** stark gekräuselter Schafpelz; **doublé de ~** mit Schaffell gefüttert; **5.** fig et péj *d'une personne* ~ **de Panurge** Herdenmensch m, -tier n; **c'est un ~** a) (*de Panurge*) er ou sie ist ein Herdenmensch, Herdentier; b) (*doux et passif*) F er ou sie ist ein gutmütiges Schaf; **6.** **~s** pl a) **poussière** (Staub)Flocken f/pl; b) **sur les vagues** Schaumkronen f/pl, -kämme m/pl; c) **nuages** Schäfchen (-wolken) n/pl (f/pl); **7.** arg (*mouchard*) (als) Poli'zeispitzel m (tätiger Zellengenosse); **8.** TECH Ramme f; (Ramm)Bär m
moutonné [mutɔne] adj **1.** *ciel* mit Schäfchen(wolken) bedeckt; **2.** (*frisé*) kraushaarig, -köpfig; **tête ~e** Krauskopf m
moutonnement [mutɔnmɑ̃] m *des vagues* Schäumen n; Kräuselung f
moutonner [mutɔne] v/i mer Schaumkronen, -kämme bilden, tragen; sich kräuseln; **les nuages moutonnent** es bilden sich Schäfchen (-wolken)
moutonnier [mutɔnje] adj ⟨-ière⟩ péj (wie die Schafe) blind den ander(e)n folgend; vom Herdentrieb gelenkt
mouture [mutyʀ] f **1.** *du blé etc* Mahlen n; t/t Vermahlen n; **2.** *café* **~ fine** feingemahlener Kaffee; **3.** péj (*reprise*) Aufguß m; Abklatsch m
mouvance [muvɑ̃s] f **1.** HIST Lehnsverhältnis n; **2.** fig Einflußbereich m
mouvant [muvɑ̃] adj **1.** sich ständig wandelnd, bewegend; blés wogend; flammes unruhig flackernd; fig situation sich ständig ändernd; unsicher; unbeständig (à idées); **2.** **sables ~s** Treibsand m; fig **avancer en terrain ~** sich auf unsicheres Gebiet begeben
mouvement [muvmɑ̃] m **1.** Bewegung f; ~ **brusque** plötzliche Bewegung; **faux ~** falsche, ungeschickte Bewegung; PHYS ~ **perpétuel** Per'petuum mobile n; **des prix, des cours ~ de baisse** rückläufige Bewegung; Rückgang m; ~ **de capitaux** Kapi'talbewegung f, -verkehr m; **~s de fonds** Geldverkehr m, -umlauf m; **~s de foule** Wogen n der Menge; **des prix, des cours ~ de**

hausse Anstieg *m*; ~ ***des marchandises*** Warenbewegung *f*, -verkehr *m*, -umschlag *m*, -umlauf *m*; ~**s de nage** Schwimmbewegungen *f/pl*; ~**s de population** Bevölkerungsbewegungen *f/pl*; ~**s de prix** Preisbewegung *f*; ~ **de rotation** rotierende Bewegung; Drehbewegung *f*; ~ **de tête, de bras, de jambe** Kopf-, Arm-, Beinbewegung *f*; *loc/adv* **en deux temps, trois** ~**s** blitzschnell; im Handumdrehen; im Nu; F in Null Komma nix; *personne* **aimer le** ~ Bewegung und Abwechslung lieben; **avoir besoin de** ~ Bewegung brauchen; **se donner du** ~ sich Bewegung verschaffen, machen; *mécanisme* **mettre en** ~ in Bewegung, in Gang setzen; *fig* **suivre le** ~ mit dem Strom schwimmen; sich der Allgemeinheit anschließen; **2.** MIL Bewegung *f*; ~ **de repli, de retrait** Absetz-, Rückzugsbewegung *f*, ~ **de troupes** Truppenbewegung *f*, -verschiebung *f*; **3.** MUS **a)** (*degré de vitesse*) Tempo *n*; Zeitmaß *n*; **indication** *f* **de** ~ Tempoangabe *f*; **presser, ralentir le** ~ das Tempo beschleunigen, verlangsamen (*a fig*); *fig* **pressons le** ~**!** wir müssen uns beeilen, sputen!; **b)** *partie d'une œuvre* Satz *m*; **c)** *d'une mélodie, d'une voix* Bewegung *f*; **4.** TECH Räderwerk *n*; ~ **d'horlogerie** Uhrwerk *n*; **5.** POL, *littéraire etc* Bewegung *f*; ~ **ouvrier, syndicaliste** Arbeiter-, Gewerkschaftsbewegung *f*; ~ **de grève** Streikbewegung *f*; ~**s de jeunesse** Jugendbewegungen *f/pl*; ~ **de libération nationale** nationale Befreiungsbewegung; ~ **de protestation, de réforme, de résistance** Pro'test-, Re'form-, 'Widerstandsbewegung *f*; **6.** (*impulsion*) Reakti'on *f*; (Gefühls)Regung *f*; *de colère, de mauvaise humeur* Anwandlung *f* (**de** von); Aufwallung *f* (+*gén*); **bon** ~ gute Regung; **un bon** ~, **venez avec nous!** geben Sie uns e-n Ruck und ...!; geben Sie Ihrem Herzen e-n Stoß und ...!; **son premier** ~ *a été de* s-e erste Reaktion ...; ~ **d'impatience, d'indignation** plötzlich aufsteigende Ungeduld, Entrüstung; *loc/adv* **de son propre** ~ aus eigenem Antrieb; aus eigener Initiative; **7.** (*animation*) reges Leben (und Treiben); *dans un récit, dans une œuvre* Le'bendigkeit *f*; Anschaulichkeit *f*; PEINT Ausdruck *m*; Leben *n*; **il y a beaucoup de** ~ **dans cette rue** dies ist e-e sehr belebte Straße; in dieser Straße herrscht ein reges Leben

mouvementé [muvmɑ̃te] *adj séance* erregt; stürmisch; *poursuite* dra'matisch; *vie* bewegt; abwechslungsreich; *récit* le'bendig; anschaulich

mouvoir [muvwaʀ] ⟨je meus, il meut, nous mouvons, ils meuvent; je mouvais; je mus; je mouvrai; que je meuve, que nous mouvions; mouvant; mû, mue; *bis auf inf*, *présent ind u p/p selten gebraucht*⟩ **I** *v/t* **1.** *ses membres* bewegen; *machine* **être mû par l'électricité** elektrisch angetrieben werden; **2.** *fig personne* **être mû par la passion** von Leidenschaft beseelt sein, getrieben werden; **II** *v/pr se* ~ sich bewegen

moyen¹ [mwajɛ̃] *adj* ⟨moyenne [mwajɛn]⟩ **1.** (*intermédiaire*) mittlere(r, -s); Mittel...; **2 Âge** Mittelalter *n*; ***classes*** ~**nes** Mittelstand *m*; ~**ne entreprise** Mittelbetrieb *m*; mittleres Unter'nehmen; LING: **le** ~ **français** das Mittelfranzösische; Mittelfranzösisch *n*; **le** ~ **'haut-allemand** das Mittelhochdeutsche; Mittelhochdeutsch *n*; RAD **ondes** ~**nes** Mittelwelle(n) *f(pl)*; ANAT **oreille** ~**ne** Mittelohr *n*; **2.** (*en moyenne*) 'durchschnittlich; 'Durchschnitts... (*a fig*) **âge** ~ Durchschnittsalter *m*; durchschnittliches Alter; **espérance** ~**ne de vie** durchschnittliche Lebenserwartung; *fig* **le Français, le lecteur** ~ der Durchschnittsfranzose, -leser; MÉTÉO **température** ~**ne** Durchschnittstemperatur *f*; Tempera'turmittel *n*; **3.** **résultats, élève, qualité** mittelmäßig; **qualité** ~**ne** *a* mittelgute, mittlere, 'durchschnittliche Qualität; **élève être** ~ **en français** in Französisch mittelmäßig sein

moyen² [mwajɛ̃] *m* **1.** Mittel *n*; Weg *m*; Möglichkeit *f*; **un bon** ~, **un** ~ **efficace, simple, sûr** ein gutes, wirksames, einfaches, sicheres Mittel; **les grands** ~**s** das äußerste, letzte Mittel; **employer les grands** ~**s** zum äußersten, letzten Mittel greifen; ~ **d'action** Akti'onsmöglichkeit *f*; Möglichkeit zum Handeln, Eingreifen; *fig* ~**s du bord** verfügbare, vorhandene Mittel; ~**s de communication** Kommunikati'onsmittel *n/pl*; ~ **d'expression** Ausdrucksmittel *n*; ~ **de fortune** Behelf(smittel) *m(n)*; ~ **de pression** Druck-, Zwangsmittel *n*; ~ **de production** Produkti'onsmittel *n/pl*; ~ **de transport** Beförderungs-, Trans'port-, Verkehrsmittel *n*; GR **complément** *m* **de** ~ Instrumen'talergänzung *f*; *loc/prép*: **au** ~ **de** mit (+*dat*); mit Hilfe von (*ou* +*gén*); mittels (+*gén*); **par le** ~ **de** durch (+*acc*); mit Hilfe von (*ou* + *gén*); *loc/adv*: **par tous les** ~**s** mit allen Mitteln; **par ce** ~ hierdurch; **par quel** ~**?** (aber) wie?; **le** ~ **de faire tout** *ce qu'il demande!* wie soll man alles tun ...!; F **pas** ~**!** unmöglich!; F geht nicht!; nichts zu machen!;
♦ **il y a** ~ **de** (+*inf*) es gibt ein Mittel, e-n Weg, e-e Möglichkeit zu (+*inf*); es ist möglich zu (+*inf*); **(il n'y a) pas** ~ **de** (+*inf*) es ist unmöglich, nicht möglich zu (+*inf*); es gibt kein Mittel zu (+*inf*); **il y a plusieurs** ~**s de** (+*inf*) es gibt mehrere Mittel, Wege, Möglichkeiten zu (+*inf*); **s'il en avait le** ~ *ou* **les** ~**s!** wenn er es nur könnte!; **c'est l'unique** ~ **de le persuader** das ist das einzige Mittel, ihn zu über'zeugen; **tous les** ~**s lui sont bons** ihm ist jedes Mittel recht; **il a essayé tous les** ~**s** er hat alles versucht; er hat nichts, kein Mittel unversucht gelassen; **trouver (le, un)** ~ **de, pour** (+*inf*) Mittel und Wege, ein Mittel, e-n Weg finden zu (+*inf*); F *iron* **tu as trouvé** ~ **de casser le vase** Tu hast es also tatsächlich geschafft ...; **2.** ~**s** *pl d'une personne* **a)** *intellectuels* (geistige) Fähigkeiten *f/pl*; Anlagen *f/pl*; Ta'lent *n*; Begabung *f*; **b)** *physiques* (körperliche) Kräfte *f/pl*; *loc/adv* **par ses propres** ~**s** aus eigener Kraft; ohne fremde Hilfe; allein; **il est rentré chez lui par ses propres** ~**s** er ist allein *ou* im eigenen Wagen *ou* zu Fuß nach Hause gekommen; **couper les** ~**s à qn** j-n entwaffnen (*fig*); **c'est au-dessus de mes** ~**s a)** *physiquement* das geht über, das über'steigt meine Kräfte; **b)** *intellectuellement* das übersteigt mein Können; da bin ich über'fordert; *cf a 3.*; **à un examen perdre ses** ~**s** völlig versagen; **3.** ~**s** *pl* (*ressources pécuniaires*) Mittel *n/pl*; **avoir des (petits) gros** ~**s** (nicht sehr) bemittelt, wohlhabend sein; F **il a les** ~**s!** er kann es sich leisten!; F er hat es ja!; **avoir les** ~**s de** (+*inf*) die Mittel haben, es sich leisten können zu (+*inf*); **c'est au-dessus de mes** ~**s** das über'steigt meine Mittel, Verhältnisse; das kann ich mir nicht leisten; **vivre au-dessus de ses** ~**s** über s-e Verhältnisse leben

Moyen-Âge [mwajɛnɑʒ] *m* Mittelalter *n*

moyenâgeux [mwajɛnɑʒø] *adj* ⟨-euse⟩ mittelalterlich (*a péj*); *procédés a* wie im (finsteren) Mittelalter

moyen-courrier [mwajɛ̃kuʀje] *m* ⟨pl moyen-courriers⟩ AVIAT Mittelstreckenflugzeug *n*; *adjt* **vol** *m* ~ Mittelstreckenflug *m*

moyennant [mwajɛnɑ̃] *prép* mittels (+*gén*); durch (+*acc*); für (+*acc*); gegen (+*acc*); ~ **un effort soutenu** durch ununterbrochene Bemühung; *rendre un service* ~ **récompense** gegen Belohnung; ~ **une somme modique** für e-e bescheidene Summe; ~ **quoi** wo'für; wo'mit; wo'durch

moyenne [mwajɛn] *f* 'Durchschnitt *m*; MATH, MÉTÉO Mittel *n*; Mittelwert *m*; MATH ~ **arithmétique** arithmetisches Mittel; ~ **d'âge** Durchschnittsalter *n*; **la** ~ **d'âge est de ...** das Durchschnittsalter liegt bei ...; ~ **des températures** durchschnittliche Temperatur; *loc/adj*: *dons etc* **au-dessus de la** ~ 'überdurchschnittlich; **être au-dessus, au-dessous de la** ~ über, unter dem Durchschnitt liegen; *loc/adv* **en** ~ durchschnittlich; im Durchschnitt; im Mittel; F im Schnitt; *élève* **avoir la** ~ den Durchschnitt erreicht haben; **calculer, faire la** ~ den Durchschnitt, Mittelwert errechnen, ausrechnen; den Durchschnitt ermitteln; *élève* **être dans la bonne** ~ guter Durchschnitt sein; F **cela fait une** ~ das gleicht sich aus; das hält sich die Waage; **en voiture faire du 70 de** ~, **rouler à une** ~ **de 70** durchschnittlich, im Schnitt (mit) 70 fahren

moyennement [mwajɛnmɑ̃] *adv* mittelmäßig; **comment va-t-il?** – ~ (mittel-)mäßig; F mittelprächtig

moyenner [mwajɛne] *v/i* F **il n'y a pas moyen de** ~ da ist nichts zu machen

Moyen-Orient [mwajɛnɔʀjɑ̃] **le** ~ der Mittlere Osten

moyeu [mwajø] *m* ⟨pl ~x⟩ Nabe *f*; *d'une roue a* Radnabe *f*

Mozambique [mɔzɑbik, mɔ-] **le** ~ Mosam'bik *ou* Moçam'bique *n*

Mozart [mɔzaʀ, mo-] *m* MUS Mozart *m*

M.R.G. [ɛmɛʀʒe] *m abr cf* **radical** II 4.

M.S.T. [ɛmɛste] *f abr* (*maladie sexuellement transmissible*) Geschlechtskrankheit *f*

mû [my] *p/p cf* **mouvoir**

mucilage [mysilaʒ] *m* BOT Pflanzenschleim *m*

mucosité [mykozite] *f* PHYSIOL Schleim *m*

mucus [mykys] *m* PHYSIOL Schleim *m*

mue [my] *f* **1.** ZO **a)** *des oiseaux* Mauser *f*; Mauserung *f*; *des serpents* Häutung *f*; *de mammifères* Sich'haaren *n*; **b)** *période* Zeit *f* der Mauser, der Häutung, des Sichhaarens; **c)** *(peau du serpent)* abgestreifte Haut; **2.** *de la voix humaine* Stimmbruch *m*, -wechsel *m*

muer [mɥe] **I** *v/i* **1.** *oiseaux* sich mausern; in der Mauser sein; *serpents* sich häuten; *mammifères* sich haaren; **2.** *jeune homme* im Stimmbruch sein; *sa voix mue* er ist im Stimmbruch; **II** *v/pr litt* **se ~ en** sich verwandeln in (+*acc*)

muet [mɥɛ] **I** *adj* (~te) *personne* stumm (*a fig reproche, protestation etc*); *fig* sprachlos; PHON **e, h ~** stummes e, h; GÉOGR **carte ~e** stumme Karte; *cinéma, film* **~** Stummfilm *m*; *joie* **~te** stille, innige Freude; *reproche* **~** a stiller, unausgesprochener Vorwurf; THÉ *rôle* **~** stumme Rolle; *fig* **~ d'admiration, d'étonnement** stumm, sprachlos vor Bewunderung, Staunen; *loi, règlement etc être* **~ sur qc** über etw (*acc*) schweigen, nichts sagen; *rester* **~ de terreur** vor Entsetzen verstummen, kein Wort herausbringen; *prov* **les grandes douleurs sont ~tes** großer Schmerz macht stumm; **II** *subst* **1.** ~(te) *m(f)* Stumme(r) *f(m)*; HIST *la grande ~te* zur Zeit der 3. Republik Spitzname für die französische Armee; **2.** CIN **le ~** der Stummfilm

muezzin [mɥɛdzɛ̃] *m* REL Mu'ezzin *m*

mufle [myfl(ə)] *m* **1.** *d'un chien, chat, rongeur* Schnauze *f*; *d'un bovin, lion etc* Maul *n*; **2.** *péj (goujat)* Flegel *m*; Lümmel *m*; ungehobelter, ungeschliffener Kerl; Rüpel *m*; *se conduire comme un* **~** *a* sich flegel-, lümmel-, rüpelhaft benehmen; *adjt être* **~** ein Flegel *etc* sein

muflerie [myfləri] *f* Flege'lei *f*; Lümme'lei *f*; Rüpe'lei *f*; Flegel-, Lümmel-, Rüpelhaftigkeit *f*

muflier [myflije] *m* BOT Löwenmaul *n*, -mäulchen *n*

mufti [myfti] *m* REL Mufti *m*

muge [myʒ] *m* ZO Meeräsche *f*

mugir [myʒiʀ] *v/i* **1.** *bovins* brüllen; muhen; **2.** *fig mer* brausen; tosen; *vent* brausen; sausen; heulen

mugissement [myʒismɑ̃] *m* **1.** *des bovins* Brüllen *n*; Gebrüll *n*; Muhen *n*; **2.** *fig de la mer* Brausen *n*; Tosen *n*; *du vent* Brausen *n*; Sausen *n*; Heulen *n*

muguet [mygɛ] *m* **1.** BOT Maiglöckchen *n*; **2.** MÉD Schwämmchen *n*, Soor *m*

mulâtr|e [mylɑtʀ(ə)] **I** *adj* (*a f*) Mu'latten...; **II** *m,f* Mu'latte *m*, Mu'lattin *f*; **~esse** *f* Mu'lattin *f*

mule¹ [myl] *f* ZO weibliches Maultier; Mauleselin *f*; F *fig de qn tête f de* **~** Dick-, Starrkopf *m*; F Dickschädel *m*; F *avoir une tête de* **~** e-n Dickkopf, -schädel haben; F *têtu comme une* **~** störrisch wie ein Esel; dick-, starrköpfig; F *être chargé comme une* **~** wie ein Packesel beladen sein

mule² [myl] *f pantoufle* Pan'toffel *m*

mulet [mylɛ] *m* ZO **1.** (*grand*) **~** Maultier *n*; (*petit*) **~** Maulesel *m*; F *fig chargé, têtu comme un* **~** *cf mule¹*; **2.** *poisson* Meeräsche *f*

muletier [myltje] **I** *m* Maultiertreiber *m*; **II** *adj* (-ière) *chemin, sentier* **~** Maultier-, Saumpfad *m*

mullah [my(l)la] *m cf mollah*

mulot [mylo] *m* ZO Waldmaus *f*

multi|colore [myltikɔlɔʀ] *adj* mehr-, vielfarbig; bunt; **~dimensionnel** *adj* (~le) mehrdimensional; **~forme** *adj* vielgestaltig, -förmig; **~grade** *adj* TECH *huile f* **~** Mehrbereichsöl *n*; **~latéral** *adj* (-aux) POL multilate'ral; mehrseitig; **~média** *adj* Multi'media...; **~millionnaire** *adj* viele *ou* mehrere Milli'onen besitzend; F milli'onenschwer; **II** *m,f* Multimillionär(in) *m(f)*; **~national** **I** *adj* (-aux) POL, ÉCON multinatio'nal; **II** *f* **~e** multinatio'nales Unter'nehmen; F Multi *m*; **~place** *adj* mehrsitzig

multiple [myltipl(ə)] **I** *adj* mehrfach; vielfach; *sc* mul'tipel; *aspects, causes etc* mannigfach; mannigfaltig; verschieden (-artig); vielfältig; *grossesse f* **~** Mehrlingsschwangerschaft *f*; ÉLECT *prise f* **~** Mehrfachsteckdose *f*; *loc/adj* **à usages ~s** Mehrzweck...; *loc/adv* **à de ~s reprises** mehrmals; mehrere Male; wieder'holt; mehrfach; **II** *m* MATH Vielfache(s) *n*; **le plus petit commun ~** (*abr p.p.c.m.*) das kleinste gemeinsame Vielfache; *21 est* (*un ou adjt*) **~** *de 7* 21 ist ein Vielfaches von 7

multiplex [myltipleks] *m* **a)** TÉLÉCOMM Multiplex(system) *n*; **b)** RAD, TV Konfe'renzschaltung *f*

multiplicande [myltiplikɑ̃d] *m* MATH Multipli'kand *m*

multiplicateur [myltiplikatœʀ] **I** *m* MATH, ÉCON Multipli'kator *m*; **II** *adj* (-trice) vervielfachend; *par ext* steigernd; verstärkend

multiplicatif [myltiplikatif] *adj* (-ive) MATH *signe* **~** Malzeichen *n*; Multiplikati'onszeichen *n*

multiplication [myltiplikasjɔ̃] *f* **1.** MATH Malnehmen *n*, Multipli'zieren *n*, Multiplikati'on *f* (*par* mit); *table f de* **~** Einmal'eins *n*; *faire une* **~** malnehmen; multipli'zieren; **2.** (*augmentation*) Vermehrung *f*; Zunahme *f*; **3.** BIOL Vermehrung *f*; **4.** TECH Über'setzung *f*

multiplicité [myltiplisite] *f* **1.** (*grand nombre*) Vielzahl *f*; Menge *f*; **2.** (*caractère multiple*) Vielfalt *f*; Vielfältigkeit *f*; Mannigfaltigkeit *f*; Reichhaltigkeit *f*

multiplier [myltiplije] **I** *v/t* **1.** MATH malnehmen, multipli'zieren (*par* mit); **2.** *tentatives, offres* mehrfach wieder'holen; *erreurs, difficultés* vervielfachen, vergrößern; vervielfachen; *besoins a* steigern; *précautions* verdoppeln; verstärken; *adjt des offres multipliées* mehrfaches, wiederholtes Angebot; **3.** BOT vermehren; **II** *v/i* **4.** BIBL *croissez et multipliez* seid fruchtbar und mehret euch; **III** *v/pr* **se ~ 5.** *cas, incidents etc* sich häufen; sich mehren; zunehmen; **6.** *êtres vivants* sich vermehren

multi|programmation [myltipʀɔɡʀamasjɔ̃] *f* INFORM Multiprogramming *n*; **~propriété** *f* Miteigentum *n* an e-r Ferienwohnung *etc* für e-e festgelegte Zeit des Jahres; Teilzeiteigentum *n*; Time-sharing [ˈtaɪmʃɛːʀɪŋ] *n*; **~racial** *adj* (-aux) *société* wo mehrere Rassen zu'sammenleben; gemischtrassig

multirisque [myltiʀisk] *adj assurance f* **~** kombi'nierte (Hausrat- und Haftpflicht)Versicherung

multisalles [myltisal] *adj cinéma m* **~** Kinocenter *n*

multitude [myltityd] *f* **1.** Vielzahl *f*; große Zahl; Menge *f*; große Unmenge *f*; *une* **~** *de ...* e-e Vielzahl *etc* von (*ou* +*gén*); **2.** *st/s* (*foule*) (Menschen-, Volks)Menge *f*; große Masse

muni [myni] *cf munir*

Munich [mynik] München *n*

munichois [mynikwa] **I** *adj* Münchner; **II** *subst* 2(*e*) *m(f)* Münchner(in) *m(f)*

municipal [mynisipal] *adj* (-aux) kommu'nal; gemeindlich; städtisch; Kommu'nal...; Gemeinde...; Stadt...; *conseil* **~** Gemeinde-, Stadtrat *m*; *corps* **~** Gemeinde-, Kommunalbeamte(n) *m/pl*; *élections* **~es** Kommunal-, Gemeindewahlen *f/pl*; *piscine* **~e** städtisches Bad; *théâtre* **~** Stadttheater *n*

municipalité [mynisipalite] *f* **1.** (*corps municipal*) Gemeindevorstand *m*; Magi'strat *m*; **2.** (*commune*) Gemeinde *f*; (*ville*) Stadt *f*

munificence [mynifisɑ̃s] *litt f* große Freigebigkeit

munir [myniʀ] **I** *v/t* ausstatten, versehen (*de* mit); *p/p* **muni de qc** versehen, ausgestattet; *être muni de qc a* etw (bei sich) haben; **II** *v/pr* **se ~ de qc** sich mit etw versehen; (*emporter*) etw mitnehmen; *se ~ de patience* sich mit Geduld wappnen

munitions [mynisjɔ̃] *f/pl* Muniti'on *f*

munster [mɛ̃stɛʀ, mœ̃-] *m* Münsterkäse *m*

muphti [myfti] *m cf mufti*

muqueuse [mykøz] *f* ANAT Schleimhaut *f*; **~ buccale, nasale** Mund-, Nasenschleimhaut *f*; **~ de l'estomac** Magenschleimhaut *f*

muqueux [mykø] *adj* (-euse) PHYSIOL schleimig; Schleim...; *sc* mu'kös

mur [myʀ] *m* Mauer *f*; *d'une habitation a* Wand *f*; **~s** *pl a* Mauerwerk *n*; **~ antibruit** Lärmschutzwall *m*; **~ extérieur** Außenmauer *f*, -wand *f*; **~ intérieur** Innenwand *f*; *les quatre* **~s**: *il n'en reste plus que les quatre* **~s** es stehen nur noch die nackten, kahlen Wände, Mauern; *rester entre ses quatre* **~s** in s-n vier Wänden; zu Hause; HIST *le* **~ *de Berlin*** die Berliner Mauer; **~ *de brique(s)*** Ziegel-, Backsteinmauer *f*, -wand *f*; **~ *de clôture*** Mauereinfriedung *f*; Um'fassungsmauer *f*; **~ *d'enceinte*** *d'une ville* Stadtmauer *f*; FORTIF Ringmauer *f*; Mauerring *m*; *fig* **un ~ *de haine*** e-e Mauer des Hasses; **~ *de pierres sèches*** Trockenmauer *f*; *fig* **~ *de pluie*** Regenwand *f*; AVIAT **~ *du son*** Schallmauer *f*; **~ *de terre*** Erdwall *m*; *loc/adj* *entouré de* **~s** von Mauern um'geben; *loc/adv* *dans nos* **~s** in (den Mauern) unserer Stadt; *fig il y a un* **~ *d'incompréhension entre eux*** e-e Wand (des Nichtverstehens) steht zwischen ihnen; *les* **~s** *ont des oreilles* die Wände haben Ohren; *fig* **se cogner, se heurter à un ~** auf unüberwindliche Schwierigkeiten stoßen; *c'est à se cogner, se taper la tête contre les* **~s** F das ist, um an den Wänden hochzugehen, das ist zum Verzweifeln, zum Auswachsen; *fig coller qn au* **~** j-n an die Wand stellen; *c'est comme si on parlait à un* **~** bei ihm redet man wie gegen e-e Wand; *faire le* **~ a)** *de la caserne, de l'internat* heimlich, unerlaubt weggehen; F ausreißen;

mûr – musqué

b) *SPORTS* e-e Mauer bilden; **mettre au ~ an die Wand hängen;** *fig* **mettre qn au pied du ~** j-n in die Enge treiben
mûr [myR] *adj fruit, blé, abcès, affaire, personne* reif; *personne a* gereift; F *étoffe* mürb(e); brüchig; *péj femme* in reiferen Jahren; vorgeschrittenen Alters; **trop ~** 'überreif; **âge ~** reife(re)s Alter; **après ~e réflexion** nach reiflicher Über'legung; *personne, époque* **être ~ pour qc** für etw reif sein
muraille [myRaj] *f* (Stadt-, Befestigungs)Mauer *f;* **la Grande ♀ de Chine** die Chinesische Mauer; *adjt* **couleur (de) ~** grau
mural [myRal] *adj* ⟨-aux⟩ Wand...; **carte ~e** Wandkarte *f;* **journal ~** Wandzeitung *f;* **pendule ~e** Wanduhr *f*
mûre [myR] *f* **1.** *(fruit de la ronce)* Brombeere *f;* **2.** *(fruit du mûrier)* **~ (blanche, noire)** (weiße, schwarze) Maulbeere
mûrement [myRmã] *adv* **réfléchir ~ à qc** etw reiflich über'legen
murène [myREn] *f ZO* Mu'räne *f*
murer [myRe] **I** *v/t* **1.** *fenêtre, porte* zu-, vermauern; *personne* einmauern; *lieu mit* Mauern um'geben, einschließen; **2.** *mineurs* **être murés au fond de la mine** in der Grube eingeschlossen sein; **II** *v/pr fig* **se ~ dans son silence** sich hinter hartnäckigem Schweigen verschanzen
mur|et [myRe] *m,* **~ette** *f* niedrige Mauer; Mäuerchen *n*
mûrier [myRje] *m BOT* **~ (blanc, noir)** (Weißer, Schwarzer) Maulbeerbaum
mûrir [myRiR] **I** *v/t* **1.** *fruit, blé* reifen lassen; *fig* reif werden lassen; **2.** *fig malheur, épreuves:* qn zu e-m reifen Menschen machen; reifer werden lassen; **II** *v/i* **3.** *fruit, blé* reifen; reif werden *(a abcès);* **4.** *fig personne* reifen; ein gereifter, reifer Mensch werden; *projet, idée* (her'an)reifen **(dans son esprit** in ihm); **laisser ~** *projet, idée* (her'an)reifen lassen; *affaire* sich entwickeln lassen
mûrissant [myRisã] *adj* **1.** *fruit* reifend; **2.** *fig personne* reiferen Alters
mûrissement [myRismã] *m* a) *naturel* Reifen *n (a fig);* b) *provoqué* Nachreifenlassen *n*
mûrisserie [myRisRi] *f pour bananes* Lagerhaus *n* zum Nachreifen
murmure [myRmyR] *m* **1.** a) Murmeln *n;* Gemurmel *n;* **~ d'approbation** Beifallsgemurmel *n;* b) *souvent pl* **~s de mécontentement** Murren *pl;* **2.** *poét de l'eau* Murmeln *n;* Plätschern *n;* *du vent, des feuilles* Säuseln *n*
murmurer [myRmyRe] **I** *v/t mots* murmeln; **II** *v/i* **1.** a) murmeln; **~ entre ses dents** in den Bart brummen, murmeln; b) *(grogner)* murren; **obéir sans ~** ohne Murren gehorchen; **2.** *poét eau, source* murmeln; plätschern; *vent, feuilles* säuseln; leise rauschen
mus [my] *cf* **mouvoir**
musaraigne [myzaRɛɲ] *f ZO* Spitzmaus *f*
musarder [myzaRde] *v/i* die Zeit vertrödeln
musc [mysk] *m* Moschus *m*
muscade [myskad] *f BOT, CUIS* **~ ou** *adjt* **noix** *f* **~** Mus'katnuß *f;* **à la ~** mit Muskat (gewürzt)

muscadet [myskadɛ] *m* trockener Weißwein aus der Gegend um Nantes
muscadier [myskadje] *m BOT* Mus'katnußbaum *m*
muscadin [myskadɛ̃] *m HIST* stutzerhafter junger Adliger *(zur Zeit der 1. Frz. Republik)*
muscat [myska] *adj et subst m* **1.** *(raisin m)* **~** Muska'teller(traube) *f;* **2.** *(vin m)* **~** Muska'teller(wein) *m*
muscle [myskl(ə)] *m* Muskel *m;* **avoir des ~s,** F *du* **~** Muskeln, Kraft haben; **avoir des ~s d'acier** Muskeln hart wie Stahl, wie aus Stahl haben; **être tout en ~(s)** sehr musku'lös sein
musclé [myskle] *adj* **1.** *personne, jambe etc* musku'lös; **2.** *fig (énergique)* e'nergisch; stark; *critique a* handfest; **politique ~a** Politik *f* der starken Hand
muscler [myskle] *v/t exercices* die Muskeln stärken *(qn* j-m); **~ le ventre** die Bauchmuskeln stärken
musculaire [myskylɛR] *adj ANAT* Muskel...; **force** *f* **~** Muskelkraft *f*
musculation [myskylasjõ] *f* Muskeltraining [-tre:-] *n;* *(culturisme)* Bodybuilding [-bıl-] *n;* **salle** *f* **de ~** Fitneßraum *m*
musculature [myskylatyR] *f ANAT* Muskula'tur *f;* **~ du bras** Armmuskulatur *f*
musculeux [myskylø] *adj* ⟨-euse⟩ **1.** *personne, membre* musku'lös; **2.** *ANAT* Muskel...; **membrane musculeuse** Muskelhaut *f*
muse [myz] *f* **1.** *MYTH* ♀ Muse *f;* **2.** *litt d'un poète* Muse *f*
museau [myzo] *m* ⟨*pl* -x⟩ **1.** *de chien, de chat etc* Schnauze *f;* *de bovins* Maul *n;* **2.** *CUIS* **~ de bœuf, de porc** Rinder-, Schweinesülze *f;* **~ (de bœuf) à la vinaigrette** Ochsenmaulsalat *m;* **3.** F *(figure)* Gesicht *n;* *(bouche)* F Schnute *f*
musée [myze] *m* Mu'seum *n;* **~ des arts décoratifs** Kunstgewerbemuseum *n;* F *fig* **un ~ des horreurs** e-e (An)Sammlung scheußlicher, häßlicher Dinge; ein Gruselkabinett *n;* **~ du Louvre** Louvre-Museum *n;* *adjt* **ville** *f* **~** historische Stadt mit e-r Fülle von Baudenkmälern; *fig* **pièce** *f* **de ~** sehenswertes, seltenes Stück; Museumsstück *n;* **son appartement est un vrai ~** s-e Wohnung ist das reinste Museum
museler [myzle] *v/t* ⟨-ll-⟩ **1. ~ un chien** e-m Hund e-n Maulkorb anlegen; *adjt* **muselé** mit e-m Maulkorb; **2.** *fig presse, opposition* e-n Maulkorb anlegen *(+dat);* mundtot machen
muselière [myzəljɛR] *f* Maul-, Beißkorb *m;* **mettre une ~ à un chien** e-m Hund e-n Maulkorb anlegen, aufsetzen
muséologie [myzeɔlɔʒi] *f* Mu'seumskunde *f*
musette[1] [myzɛt] *MUS* **1.** *adjt* **bal** *m* **~** volkstümliches Tanzvergnügen, bei dem nach Ak'kordeonmusik getanzt wird; **orchestre** *m* **~** Mu'setteorchester *n;* **valse** *f* **~** Mu'settewalzer *m;* **2.** *m* Mu'settemusik *f;* *par ext* Tanzmusik *f*
musette[2] [myzɛt] *f (sac de toile)* Brot-, Tuchbeutel *m*
muséum [myzeɔm] *m* **~ (d'histoire naturelle)** Na'turkundemuseum *n*
musical [myzikal] *adj* ⟨-aux⟩ **1.** musi'kalisch; Mu'sik...; **comédie ~e** Musical ['mju:zɪkl] *m;* **éducation ~e** Musikerziehung *f;* **émission ~e** Musiksendung *f;* **œuvre ~e** Tonwerk *n;* **soirée ~e** Musikabend *m;* musikalischer Abend; **avoir l'oreille ~e** ein musikalisches Gehör haben; **2.** *voix etc* klangvoll; me'lodisch; **phrase, vers a** musi'kalisch
musicalement [myzikalmã] *adv* **être doué ~** musi'kalisch begabt sein
musicalité [myzikalite] *f d'une chaîne stéréo etc* Klangreinheit *f;* *d'un texte poétique* Musikali'tät *f;* Klangfülle *f,* -schönheit *f*
music-hall [myzikol] *m* ⟨*pl* music-halls⟩ Varie'té(theater) *n;* **chanteuse** *f* **de ~** Varietésängerin *f*
music|ien [myzisjɛ̃], **~ienne I** *m,f (interprète)* Musiker(in) *m(f);* *(compositeur)* Kompo'nist(in) *m(f);* *st/s* Tondichter(in) *m(f);* *de musique folklorique, de bal populaire* Musi'kant(in) *m(f);* *d'une fanfare a* Spielmann *m;* **musicien de jazz** Jazzmusiker *m;* **II** *adj personne* **être ~** musi'kalisch sein
musico|logie [myzikɔlɔʒi] *f* Mu'sikwissenschaft *f;* **~logue** *m,f* Mu'sikwissenschaftler(in) *m(f);* **~thérapie** *f MÉD* Mu'siktherapie *f*
musique [myzik] *f* **1.** Mu'sik *f;* *st/s* Tonkunst *f;* **~ classique,** F **grande ~** klassische Musik; **~ légère** leichte Musik; Unter'haltungsmusik *f;* **~ militaire** Mili'tärmusik *f; cf a* **3.**; **~ populaire** Volksmusik *f;* **~ sacrée** geistliche Musik; **~ de bal** Tanzmusik *f;* **~ de ballet, de danse** Bal'lettmusik *f;* **~ de chambre** Kammermusik *f;* **~ de film** Filmmusik *f;* **~ de fond** 'Hintergrundmusik *f;* **~ de jazz** Jazzmusik *f;* **~ d'orchestre,** Or'chestermusik *f;* **~ de scène** Bühnenmusik *f;* **~ pour piano** Kla'viermusik *f;* **boîte** *f* **à ~** Spieldose *f,* -uhr *f;* **œuvre** *f* **de ~** Musik-, Tonwerk *n;* **travailler, dîner en ~** bei, mit Musik; F *fig* **changer de ~** das Thema wechseln; von etwas anderem reden; **composer, écrire, faire la ~ d'un film** die Musik zu e-m Film komponieren, schreiben, machen; F *fig* **connaître la ~** F wissen, wie der Hase läuft; F *fig* **c'est toujours la même ~** das ist immer das alte Lied, F die alte Leier; **faire de la ~** musi'zieren; Musik machen; **poème etc mettre en ~** vertonen; in Musik setzen; *prov* **la ~ adoucit les mœurs** wo man singt, da laß dich ruhig nieder (, böse Menschen haben keine Lieder) *(prov);* **2.** *écrite* Noten *f/pl;* **papier** *m* **à ~** Notenpapier *n;* *fig* **c'est réglé comme du papier à ~** das geht alles wie nach der Uhr; **cahier** *m* **de ~** Notenheft *n;* **magasin** *m,* **marchand** *m* **de ~** Musi'kalienhandlung *f,* -geschäft *n,* -händler *m;* **3.** *MIL (militaire)* Mili'tärkapelle *f;* Mu'sikkorps *n;* Spielmannszug *m;* F Mus. *f* **~ d'un régiment** Regi'mentskapelle *f,* -musik *f;* **chef** *m* **de ~** Ka'pellmeister *m;* *loc/adv* **en tête** mit klingendem Spiel; F *fig* **il va toujours plus vite que la ~** F bei ihm geht's immer a tempo; **je ne peux pas aller plus vite que la ~** F ich bin doch kein D-Zug; **4.** *fig des oiseaux etc* Kon'zert *n;* *d'un poème* Me'lodik *f;* Gesang *m;* Klangschönheit *f*
musiquette [myzikɛt] *f péj* seichte Unter'haltungsmusik
musqué [myske] *adj* **1.** *ZO* **bœuf ~**

Moschusochse *m*; *rat* ~ Bisamratte *f*; **2.** *parfum etc* nach Moschus duftend
must [mœst] *m* *être un* ~ ein Muß *n* sein
mustang [mystãg] *m* Mustang *m*
musulman [myzylmã] **I** *adj* mos'lemisch; mohamme'danisch; *t/t* mus'limisch; *art* ~ islamische Kunst; **II** *subst* ~(*e*) *m*(*f*) Moslem *m*; Mohamme'daner(in) *m*(*f*); *t/t* Muslim *m*, Mus'lime *f*
mutant [mytã] **I** *adj* BIOL mu'tiert; **II** *m* **1.** BIOL Mu'tant *m*; Mu'tante *f*; **2.** Person, die ihre Tätigkeit, ihren Beruf wechselt
mutation [mytasjõ] *f* **1.** *d'un fonctionnaire* Versetzung *f*; ~ *pour raison de service* Versetzung aus dienstlichen Gründen; **2.** BIOL Mutati'on *f*; **3.** *fig* (tiefgreifende) (Ver)Änderung, Wandlung; *société* *être en pleine* ~ sich mitten im 'Umbruch befinden; **4.** JUR (Eigentums)Übertragung *f*; Veräußerung *f*; *droits* *m/pl* *de* ~ Steuer, die bei e-r Eigentumsübertragung zu zahlen ist (*Erbschafts-, Grunderwerbsteuer etc*)
muter [myte] *v/t fonctionnaire, militaire* versetzen; ~ *par mesure disciplinaire* strafversetzen
mutilation [mytilasjõ] *f* Verstümmelung *f* (*a fig*); ~ *volontaire* Selbstverstümmelung *f*
mutilé [mytile] *m* Versehrte(r) *m*; Körperverletzte(r) *m*; *grand* ~ Schwer(kriegs)beschädigte(r) *m*; ~ *de guerre* Kriegsbeschädigte(r) *m*, -versehrte(r) *m*; ~ *du travail* durch e-n Arbeitsunfall Beschädigte(r), Körperverletzte(r)
mutiler [mytile] **I** *v/t organe, personne, animal* verstümmeln (*a fig texte etc*); *il a été mutilé du bras gauche* er hat s-n linken Arm verloren; *adjt cadavre mutilé* verstümmelte Leiche; **II** *v/pr se* ~ *volontairement* sich selbst verstümmeln
mutin[1] [mytẽ] *adj st/s air* schelmisch; verschmitzt
mutin[2] [mytẽ] *m* Re'bell *m*; Aufrührer *m*; Empörer *m*
mutiné [mytine] **I** *adj* meuternd; **II** *m* Meuterer *m*
mutiner [mytine] *v/pr se* ~ meutern, aufsässig werden, sich empören (*contre qn* gegen j-n)
mutinerie [mytinRi] *f* Meute'rei *f*; Aufruhr *m*; Empörung *f*
mutisme [mytism(ə)] *m* Schweigen *n*; Stummheit *f* (*a* PSYCH); *s'enfermer dans un* ~ *obstiné* sich hartnäckig in Schweigen hüllen
mutité [mytite] *f* MÉD Stummheit *f*
mutualisme [mytualism(ə)] *m* ÉCON Mutua'lismus *m*

mutualiste [mytualist] **I** *adj société f* ~ *cf mutuelle*; **II** *m,f* Mitglied *n* e-s Versicherungsvereins auf Gegenseitigkeit, e-r Zusatzkasse
mutualité [mytualite] *f* Versicherung(swesen) *f*(*n*) auf Gegenseitigkeit
mutuel [mytuɛl] *adj* (~*le*) gegenseitig; wechselseitig; *assurance* ~*le* Versicherung(sgesellschaft) *f* auf Gegenseitigkeit; *torts* ~*s* beiderseitiges Verschulden; *cf a pari* 2.
mutuelle [mytuɛl] *f* Versicherungsverein *m* auf Gegenseitigkeit, *d'une catégorie professionnelle* Zusatzkasse *f*, Zusatzversicherung *f* (zur Kranken- und Sozi'alversicherung)
mutuellement [mytuɛlmã] *adv* gegenseitig
mycélium [miseljɔm] *m* BOT My'zel(ium) *n*
Mycènes [misɛn] HIST My'kene *n*
mycénien [misenjẽ] *adj* (~*ne*) HIST my'kenisch
mycologie [mikɔlɔʒi] *f* BOT Pilzkunde *f*, *sc* Mykolo'gie *f*
mycose [mikoz] *f* MÉD Pilzkrankheit *f*; *sc* My'kose *f*
mygale [migal] *f* ZO Vogelspinne *f*
myocarde [mjɔkaRd] *m* ANAT Herzmuskel *m*; *sc* Myo'kard *n*; *infarctus m du* ~ Herzinfarkt *m*
myome [mjɔm] *m* MÉD My'om *n*
myopath|**e** [mjɔpat] *adj* MÉD an Muskelschwund leidend; ~*ie f* MÉD Muskelschwund *m*
myop|**e** [mjɔp] **I** *adj* kurzsichtig (*a fig*); **II** *m,f* Kurzsichtige(r) *f*(*m*); ~*ie f* Kurzsichtigkeit *f* (*a fig*)
myosotis [mjɔzɔtis] *m* BOT Vergißmeinnicht *n*
myriade [miRjad] *f* Myri'ade *f*; *fig a* Unzahl *f*
myriapodes [miRjapɔd] *m/pl* ZO Tausendfüß(l)er *m/pl*
myrrhe [miR] *f* Myrrhe *f*
myrte [miRt] *m* BOT Myrte *f*
myrtille [miRtij] *f* Heidelbeere *f*, Blaubeere *f* (*plante et fruit*)
mystère [mistɛR] *m* **1.** Geheimnis *n*; *loc/adj entouré de* ~ *lieu* geheimnisumwittert, -umwoben; *mort etc* geheimnisvoll; *plais* ~ *et boule de gomme!* das ist ein großes Geheimnis!; *pas tant de* ~*s!* was soll die Geheimniskrämerei, F -tuerei!; *il y a un* ~ *là-dessous* dahinter verbirgt sich, steckt ein Geheimnis; *entourer qc de* ~ etw mit e-m Geheimnis um'geben; *s'entourer de* ~ geheimnisvoll tun; *ce n'est un* ~ *pour personne* das ist ein offenes Geheimnis; *faire* (*un*) ~ *de qc* aus etw ein Geheim-

nis machen; *faire des* ~*s* geheimnisvoll tun; **2.** ANTIQUITÉ ~*s pl* My'sterien *n/pl*; **3.** REL My'sterium *n*; **4.** THÉ *au Moyen Âge* My'sterienspiel *n*; **5.** CUIS Tar'tuffo *n*
mystérieux [misteRjø] *adj* (~*-euse*) geheimnisvoll; mysteri'ös; rätselhaft; *subst faire le* ~ geheimnisvoll tun
mysticisme [mistisism(ə)] *m* **1.** REL Mystik *f*; ~ *chrétien* christliche Mystik; **2.** PHILOS Mysti'zismus *m*
mystificateur [mistifikatœR] **I** *adj* (-*trice*) *intention mystificatrice* Absicht *f*, andere her'einzulegen, irrezuführen; **II** *subst* ~, *mystificatrice m,f* Spaßvogel *m*
mystification [mistifikasjõ] *f* **a)** (*blague*) lustiger Streich, Ulk (*wobei j hereingelegt wird*); **b)** *péj* Irreführung *f*; Täuschung *f*; Schwindel *m*; *être le jouet d'une* ~ **a)** der Genarrte, Her'eingelegte sein; **b)** *péj* das Opfer e-r Täuschung sein; irregeführt worden sein
mystifier [mistifje] *v/t* **a)** *un naïf etc* her'einlegen; hinters Licht führen; narren; nasführen; **b)** *péj*: *le peuple etc* irreführen; täuschen
mystique [mistik] **I** *adj* **1.** REL mystisch; geheimnisvoll; *le corps* ~ *du Christ* der mystische Leib Christi; **2.** *personne être* ~ e-n Hang zur Mystik haben; mystisch veranlagt sein; **3.** *fig amour, patriotisme* schwärmerisch; exal'tiert; **II** *subst* **1.** *m,f* **a)** REL Mystiker(in) *m*(*f*); **b)** *fig d'une idéologie* über'zeugter Anhänger, überzeugte Anhängerin; **2.** *f* **a)** REL Mystik *f*; **b)** *fig la* ~ *de la force, de la paix* der mystische, blinde Glaube an die Gewalt, an den Frieden
mythe [mit] *m* **1.** Mythos *m*; (Götter-, Helden)Sage *f*; *le* ~ *de Prométhée* der Mythos, die Sage von Prometheus; **2.** *par ext* (*représentation idéalisée*) Mythos *m*; Leitbild *n*, -idee *f*; **3.** *péj* (*opposé à «réalité»*) Le'gende *f*; Wunschbild *n*; Fikti'on *f*; Erfindung *f*; **4.** *fig d'une personne* Mythos *m*; I'dol *n*
mythique [mitik] *adj* **1.** mythisch; mythen-, sagenhaft; **2.** *fig* (*irréel*) erfunden
mytholog|**ie** [mitɔlɔʒi] *f* **1.** Mytholo'gie *f*; **2.** *fig* Le'genden *f/pl*; ~*ique adj* mytho'logisch
mythoman|**e** [mitɔman] **I** *adj* zum Fabu'lieren neigend; **II** *m,f* Fabu'lierer(in) *m*(*f*); F Geschichtenerzähler(in) *m*(*f*); ~*ie f* Drang *m* zum Fabu'lieren; *sc* Mythoma'nie *f*
myxomatose [miksɔmatoz] *f* VÉT Myxoma'tose *f*

N

N, n [ɛn] *m* ⟨*inv*⟩ **1.** *lettre* N, n *n*; **2.** MATH **le nombre n** die Zahl n
N. *abr* (*nord*) N (Nord[en])
N. *ou* **N*** *ou* **N**** (*personne indéterminée*) N.N.
n' [n] *cf* **ne**
na! [na] *int* F ätsch!
nabab [nabab] *m* HIST *et fig* Nabob *m*
nabot [nabo] *m péj* Knirps *m*; Zwerg *m*
Nabuchodonosor [nabykɔdɔnɔzɔʀ] *m* HIST Nebukad'nezar *m*
nacelle [nasɛl] *f d'un ballon* Korb *m*; Gondel *f*; *d'un aérostat* Gondel *f*
nacre [nakʀ(ə)] *f* Perl'mutter *f ou n*; Perlmutt *n*; **de ~, en ~** perl'muttern; Perl'mutter...; **bouton** *m* **de ~** Perlmutt(er)knopf *m*
nacré [nakʀe] *adj* wie Perl'mutt(er) glänzend, schimmernd; perl'mutterartig; **vernis** *m* **à ongles ~** Pearl-Lack *m*
nage [naʒ] *f* **1.** *action* Schwimmen *n*; *manière* Schwimmstil *m*; **~ libre** Freistilschwimmen *n*; **quatre ~s** Lagenschwimmen *n*; **400 mètres quatre ~s** 400 Meter Lagen; **~ sur le dos** Rückenschwimmen *n*; *loc/adv* **à la ~** schwimmend; *rivière* **traverser à la ~** durch'schwimmen; schwimmend über'queren; **2.** *fig* **en ~** schweißgebadet, -triefend; **être en ~** in Schweiß gebadet sein; von Schweiß triefen; **3.** MAR Rudern *n*; *t/t* Pullen *n*; Rojen *n*
nageoire [naʒwaʀ] *f* ZO Flosse *f*; **~ dorsale, ventrale** Rücken-, Bauchflosse *f*
nager [naʒe] (*-geons*) **I** *v/t* **~ la brasse** brustschwimmen; **~ le crawl** kraulen; **~ le 400 mètres** am Wettkampf über 400 Meter teilnehmen; **II** *v/i* **1.** *personne, animal* schwimmen; F **~ comme un fer à repasser** F wie e-e bleierne Ente schwimmen; **~ comme un poisson** wie ein Fisch schwimmen; *fig* **~ dans le bonheur, dans la joie** im Glück, in eitel Wonne schwimmen; **~ sous l'eau** unter Wasser schwimmen; **savoir ~** a) schwimmen können; b) F *fig* sich zu helfen wissen; **2.** F *fig* **il nage dans son costume** der Anzug schlottert ihm um den Leib, um den Körper; **3.** F *fig* (*être dans l'embarras*) schwimmen; ins Schwimmen geraten; **4.** MAR (*ramer*) rudern; *t/t* pullen; rojen
nag|eur [naʒœʀ] *m*, **~euse** *f* **1.** SPORTS Schwimmer(in) *m(f)*; *adjt* **maître nageur** *professeur* Schwimmlehrer *m*; **surveillant** Bademeister *m*; **2.** *adjt* ZO **oiseaux nageurs** Schwimmvögel *m/pl*
naguère [nagɛʀ] *adv* **1.** *litt* (*récemment*) unlängst; vor kurzem; **2.** *abus* (*jadis*) früher
naïade [najad] *f* **1.** MYTH Na'jade *f*; Quell-, Wassernymphe *f*; **2.** *litt ou plais* Badenixe *f*
naïf [naif] *adj* ⟨*naïve* [naiv]⟩ **1.** (*ingénu*) na'iv; ungekünstelt; na'türlich; unbefangen; *foi* kindlich; PEINT **les peintres ~s** *ou subst* **les ~s** *m/pl* die Naiven *m/pl*; die Vertreter *m/pl* der naiven Malerei; **2.** (*niais*) na'iv; einfältig; töricht; *subst* **un ~, une naïve** F ein Na'ivling *m*
nain [nɛ̃], **naine** [nɛn] **I** *subst* **1.** *m,f* Zwerg(in) *m(f)*; **2. nain jaune** ein kombiniertes Karten- und Brettspiel; **II** *adj* Zwerg...; BOT **arbre nain** Zwergbaum *m*; **'haricot nain** Buschbohne *f*; ZO **poule naine** Zwerghuhn *n*
naissain [nɛsɛ̃] *m* Muschel-, Austernlarven *f/pl*
naissance [nɛsɑ̃s] *f* **1.** Geburt *f*; **~ avant terme** Frühgeburt *f*; *loc/adv* **à sa ~** bei s-r Geburt; **de ~** von Geburt (an); gebürtig; **aveugle de ~** von Geburt an blind; blindgeboren; **Français de ~** von Geburt, gebürtiger Franzose; **donner ~ à une fille** e-m Mädchen das Leben schenken; **2.** *fig du jour* Anbruch *m*; *d'une nation, d'une idée etc* Entstehung *f*; *st/s* Geburt *f*; **donner ~ à qc** zur Bildung *ou* Entstehung von etw führen; **prendre ~** s-n Anfang, Ausgang nehmen; entstehen; **3.** ANAT, ARCH Ansatz *m*; **~ des cheveux** Haaransatz *m*
naissant [nɛsɑ̃] *adj amour* (auf)keimend; erwachend; *jour* anbrechend; *poét* erwachend; *talent* angehend; *barbe* sprießend; CHIM **état ~** Entstehungszustand *m*
naître [nɛtʀ(ə)] *v/i* ⟨je nais, il naît, nous naissons; je naissais; je naquis; je naîtrai; que je naisse; naissant; être né⟩ **1.** *personne* geboren werden; zur Welt kommen; **être né aveugle** blind geboren sein *ou* werden; **être né Français** von Geburt Franzose sein; **être né poète** von Dichter geboren sein; **être né, personnage célèbre il naquit à Paris** er ist, wurde in Paris geboren; *fig et litt* **~ à l'amour** *st/s* zur Liebe erwachen; **être né de qn** von j-m abstammen; **être né d'un père français et d'une mère allemande** e-n französischen Vater und e-e deutsche Mutter haben; *st/s* **de cette union naquirent deux enfants** dieser Verbindung entsprangen zwei Kinder; aus dieser Verbindung gingen zwei Kinder hervor; *fig* **je ne suis pas né d'hier** ich bin doch nicht von gestern; *fig* **être né pour qc** zu etw geboren sein; für etw geschaffen, bestimmt sein; **être né pour commander** e-e Führernatur sein; *impersonnel* **il naît plus de garçons que de filles** es werden mehr Jungen als Mädchen geboren; **2.** *fig industrie, amitié etc* entstehen; *idée* a auftauchen; *st/s* geboren werden; *amour* aufkeimen; *jour* anbrechen; **~ de qc** aus etw entstehen; her'vorgehen, entspringen; **faire ~** entstehen lassen; her'vorrufen; *sentiment, soupçons a* aufkommen lassen
naïveté [naivte] *f* **1.** (*ingénuité*) Naivi'tät *f*; Na'türlichkeit *f*; Unbefangenheit *f*; **2.** (*crédulité*) Naivi'tät *f*; Einfalt *f*
naja [naʒa] *m* ZO Kobra *f*; *sc* Naja *f*
Namibie [namibi] **la ~** Na'mibia *n*
namibien [namibjɛ̃] **I** *adj* ⟨**~ne**⟩ na'mibisch; **II** *subst* ♀(**ne**) *m(f)* Na'mibier(in) *m(f)*
nana [nana] *f* F (*jeune fille, femme*) F Tussi *f*; Puppe *f*; Ische *f*
nanan [nanã] *m* F **c'est du ~** das ist etwas Feines, Gutes, Leckeres
nanisme [nanism(ə)] *m* Zwergwuchs *m*
nanoseconde [nanosgɔd] *f* (*abr* **ns**) PHYS Nanosekunde *f* (*abr* ns)
nanti [nɑ̃ti] *adj* wohlhabend; *subst* **les ~s** *m/pl* die Besitzenden *m/pl*, Wohlhabenden *m/pl*; Reichen *m/pl*; *cf a* **nantir**
nantir [nɑ̃tiʀ] *v/t surtout p/p* **être nanti de qc** mit etw versehen, versorgt, ausgestattet sein; im Besitz von etw sein
nantissement [nɑ̃tismɑ̃] *m* JUR Verpfändung *f*; Sicherungsübereignung *f*; dingliche Sicherung; **prêt** *m* **sur ~** durch Pfand gesichertes Darlehen; *sur titres* a Lom'bardkredit *m*
napalm [napalm] *m* Napalm *m*; **bombe** *f* **au ~** Napalmbombe *f*
naphtaline [naftalin] *f* CHIM, COMM Naphtha'lin *n*; **boule** *f* **de ~** Mottenkugel *f*
naphte [naft] *m* Erdöl *n*; Rohöl *n*; Naphtha *n*
Naples [napl(ə)] Ne'apel *n*
Napoléon [napɔleõ] *m* **1.** HIST Na'poleon *m*; **2.** ♀ *pièce d'or* Napoleon'dor *m*
napoléonien [napɔleɔnjɛ̃] *adj* ⟨**~ne**⟩ napole'onisch
napolitain [napɔlitɛ̃] **I** *adj* neapoli'tanisch; CUIS **tranche ~e** Fürst-Pückler-Eis *n*; **II** *subst* ♀(**e**) *m(f)* Neapoli'taner(in) *m(f)*
nappe [nap] *f* **1.** Tischtuch *n*, -decke *f*; Tafeltuch *n*, ÉGL **~ d'autel** Al'tartuch *n*; **~ en papier** Pa'piertischtuch *n*; **2.** (*couche*) Schicht *f*; (*étendue*) große Fläche; **~ phréatique** Grundwasser(spiegel) *n(m)*; **~ de brouillard** Nebelbank *f*; **~ d'eau** große, glatte Wasserfläche; **~ de feu** Flächenbrand *m*; **~ de gaz** Gasschwaden *m/pl*; **~ de mazout** Ölteppich *m*; **~ de pétrole** Erdölschicht *f*, -vorkommen *n*
napper [nape] *v/t* CUIS über'gießen; über'ziehen (**de** mit)

napperon [napʀõ] *m* (Zier)Deckchen *n*
naquit [naki] *cf* **naître**
narciss|e [naʀsis] *m* **1.** *BOT* Nar'zisse *f*; **2.** *MYTH* ♀, *fig* ~ Nar'ziß *m*; **~ique** *adj* nar'zißtisch; **~isme** *m* Nar'zißmus *m*
narcodollar [naʀkodɔlaʀ] *m* Drogendollar *m*
narcose [naʀkoz] *f MÉD* Nar'kose *f*
narcotique [naʀkɔtik] *MÉD* **I** *adj* nar'kotisch; betäubend; **II** *m* Nar'kotikum *n*; Nar'kose-, Betäubungsmittel *n*
narghilé [naʀgile] *m cf* **narguilé**
narguer [naʀge] *v/t* verhöhnen; mit Verachtung entgegentreten (*qn* j-m); ~ *le danger* der Gefahr (*gén*) spotten
narguilé [naʀgile] *m* Wasserpfeife *f*; Nargi'leh *f ou n*
narine [naʀin] *f ANAT* Nasenloch *n*; **~s** *pl a st/s* Nüstern *f/pl*
narquois [naʀkwa] *adj* spöttisch; i'ronisch
narra|teur [naʀatœʀ] *m*, **~trice** *f* Erzähler(in) *m(f)*
narratif [naʀatif] *adj* ⟨-ive⟩ erzählend
narration [naʀasjõ] *f* **1.** Erzählung *f*; Bericht *m*; *GR*: *infinitif de* ~ historischer Infinitiv; *présent de* ~ Präsens *n* der lebhaften Erzählung; **2.** *exercice scolaire* (Schul)Aufsatz *m*
narrer [naʀe] *litt v/t* erzählen; berichten (*qc* [über] etw, von etw)
narval [naʀval] *m ZO* Narwal *m*
nasal [nazal] *adj* ⟨-aux⟩ **1.** *ANAT* Nasen...; *fosses* **~es** Nasenhöhle *f*; **2.** *PHON* na'sal; *consonne* **~e** Na'salkonsonant *m*; Nasenlaut *m*; *voyelle* **~e** Na'salvokal *m*; *subst* **~e** *f* Na'sal *m*; **3.** *voix* näselnd
nasalis|ation [nazalizasjõ] *PHON* Nasa'lierung *f*; **~er** *v/t PHON* nasa'lieren; na'sal aussprechen
nase [naz] *adj* **1.** F (*foutu*) F hin'über; ka'putt; im Eimer; **2.** F *cf* **cinglé**
naseau [nazo] *m* ⟨*pl* ~x⟩ *d'un cheval, d'un taureau* Nüster *f*
nasill|ard [nazijaʀ] *adj* *ton, voix* näselnd; **~ement** *m* Näseln *n*
nasiller [nazije] *v/i* **1.** näseln; **2.** *fig vieille radio etc* näselnde, gequetschte Töne von sich geben; **3.** *canard* schnattern
nasique [nazik] *m ZO* Nasenaffe *m*
nasse [nas] *f PÊCHE* Reuse *f*
natal [natal] *adj* ⟨-als⟩ Geburts...; Heimat...; heimatlich; *maison* **~e** Geburtshaus *n*; *pays* ~ Heimat(land) *f(n)*; *terre* **~e** Heimaterde *f*; heimatliche Erde; *village* ~ Heimatdorf *n*
nataliste [natalist] *adj* geburtenfördernd; *politique f* ~ Politik *f* der Geburtenförderung
natalité [natalite] *f* (*taux m de*) ~ Geburtenziffer *f*, -zahl *f*; *pays à faible, forte* ~ geburtenschwach, -stark; mit niedriger, hoher Geburtenziffer
natation [natasjõ] *f* Schwimmsport *m*; Schwimmen *n*; *épreuve f de* ~ Schwimmwettkampf *m*; *faire de la* ~ den Schwimmsport betreiben; schwimmen
natatoire [natatwaʀ] *adj ZO vessie f* ~ Schwimmblase *f*
Nathalie [natali] *f* Na'talie *f*
natif [natif] *adj* ⟨-ive⟩ **1.** *personne* ~ *de* gebürtig aus; *il est* ~ *de Paris*, *subst c'est un* ~ *de Paris* er ist gebürtiger Pariser; **2.** *or etc* gediegen

nation [nasjõ] *f* Nati'on *f*; Volk *n*; ~ *industrielle* Indu'strienation *f*; *les* **~s** *Unies* die Vereinten Nationen *f/pl*; ~ *de marchands* Volk von Kaufleuten; Handelsnation *f*
national [nasjɔnal] **I** *adj* ⟨-aux⟩ natio'nal; Natio'nal...; Volks...; Landes...; Staats...; 'überregional; *ÉCON* Inland(s)...; inländisch; (ein)heimisch; *POL, ADM* einzelstaatlich, innerstaatlich; der einzelnen Länder; *caractère* ~ Volks-, Nationalcharakter *m*; *costume* ~ National-, Landestracht *f*; *SPORTS équipe* **~e** Nationalmannschaft *f*; *fête* **~e** Nationalfeiertag *m*; *industrie* **~e** (ein)heimische Industrie; *marché* ~ Inlands-, Binnenmarkt *m*; (ein)heimischer Markt; *monnaie* **~e** Landeswährung *f*; *grand poète* ~ großer Dichter des Volkes, der Nation; *ÉCON produit* ~ *brut* (*abr P.N.B.*) Bruttosozialprodukt *m*; *réglementation* **~e** innerstaatliche, einzelstaatliche Regelung; *route* **~e** Nationalstraße *f*; *correspond à* Bundesstraße *f*; *subst la* **~e** *7* die Nationalstraße 7; *victoire* **~e** Sieg *m* der ganzen Nation, des ganzen Volkes; **II** *subst JUR les nationaux m/pl* die eigenen Staatsangehörigen *pl*; die Inländer *m/pl*
nationalisation [nasjɔnalizasjõ] *f* Verstaatlichung *f*; Nationali'sierung *f*
nationaliser [nasjɔnalize] *v/t* verstaatlichen; nationali'sieren; in Staatseigentum über'führen; *adjt entreprises nationalisées* *a* staatseigene Betriebe *m/pl*; Staatsbetriebe *m/pl*
national|isme [nasjɔnalism(ə)] *m* Nationa'lismus *m*; **~iste** **I** *adj* nationali'stisch; **II** *m,f* Nationali'st(in) *m(f)*
nationalité [nasjɔnalite] *f* **1.** *état d'un individu* Staatsangehörigkeit *f*; Nationali'tät *f*; Staatsbürgerschaft *f*; Volks-, Staatszugehörigkeit *f*; *acquérir la* ~ *française* die französische Staatsangehörigkeit erwerben, annehmen; **2.** *groupe d'hommes* Volksgruppe *f*; Nationali'tät *f*
national-social|isme [nasjɔnalsɔsjalism(ə)] *m HIST* Natio'nalsozialismus *m*; **~iste** *HIST* ⟨*f inv*; *m/pl* nationaux-socialistes⟩ **I** *adj* natio'nalsozialistisch; **II** *m,f* Natio'nalsozialist(in) *m(f)*
nativité [nativite] *f REL, PEINT* Geburt *f* Christi
natte [nat] *f* **1.** *tapis* Matte *f*; ~ *isolante* Isomatte *f*; ~ *de paille* Strohmatte *f*; **2.** *tresse* (Haar)Zopf *m*, (-)Flechte *f*; *se faire une* ~ sich e-n Zopf flechten
natter [nate] *v/t ses cheveux* flechten
naturalisation [natyʀalizasjõ] *f* **1.** *d'un étranger* Einbürgerung *f*; Naturali'sierung *f ou* Naturalisati'on *f*; *demande f de* ~ Einbürgerungsgesuch *n*; **2.** *BIOL (acclimatation)* Einbürgerung *f*; **3.** *d'un animal mort* Ausstopfen *n*; Präpa'rierung *f ou* Präparati'on *f*; *d'une plante coupée* Haltbarmachung *f*; Präpa'rierung *f*
naturaliser [natyʀalize] *v/t* **1.** *étranger, apatride* einbürgern; naturali'sieren; *se faire* ~ *français* die französische Staatsbürgerschaft erwerben, annehmen; *adjt un Français naturalisé* ein naturalisierter Franzose; **2.** *plante, animal (acclimater)* einbürgern; heimisch machen; **3.** *animal mort* ausstopfen; präpa'rieren; naturali'sieren; *plante coupée* haltbar machen; präpa'rieren
naturalisme [natyʀalism(ə)] *m BEAUX-ARTS, LITTÉRATURE* Natura'lismus *m*
naturaliste [natyʀalist] **I** *adj* naturali'stisch; **II** *m* **1.** *peintre, romancier* Natura'list *m*; **2.** (*empailleur*) Präpa'rator *m*; **3.** *savant* Na'turforscher *m*
nature [natyʀ] *f* **1.** (*monde physique*) Na'tur *f*; *loc/adj et loc/adv*: *contre* ~ 'widernatürlich; unnatürlich; naturwidrig; *c'est contre* ~ *a* das ist wider die Natur; das geht gegen die Natur; *d'après* ~ nach der Natur; *grandeur* ~ lebensgroß; in Lebensgröße; in voller, natürlicher Größe; *plus grand que* ~ 'überlebensgroß; in 'Überlebensgröße; F *disparaître dans la* ~ spurlos von der Bildfläche verschwinden; *c'est la voix de la* ~, *c'est la* ~ *qui parle* das ist die Stimme der Natur; **2.** (*caractère*) Na'tur *f* (*a personne*); Wesen *n*; Art *f*; *de qn a* Wesensart *f*; Natu'rell *n*; Veranlagung *f*; *de qc a* Beschaffenheit *f*; *une bonne* ~ ein gutmütiges Wesen; ein gutmütiger Mensch; *la* ~ *humaine, la* ~ *de l'homme* die menschliche Natur, die Natur des Menschen; ~ *du sol, du terrain* Boden-, Geländebeschaffenheit *f*; *loc/adj et loc/adv*: *de cette* ~ dieser Art; derartig; *de toute* ~ aller, jeder Art; *de* ~ *à* (+*inf*) geeignet, dazu angetan zu (+*inf*); so geartet, beschaffen, daß ...; *il n'est pas de* ~ *à se rebeller* Rebellieren liegt ihm nicht; *de ou par* ~ von Natur (aus); *être timide par* ~ von Natur (aus) schüchtern sein; *d'une personne c'est une heureuse* ~ er *ou* sie ist e-e glückliche Natur, hat ein glückliches Naturell; *c'est une petite* ~ er *ou* sie ist e-e schwache Natur; *c'est dans la* ~ *même de la chose* das liegt in der Natur, im Wesen der Sache; *d'une personne ce n'est pas dans sa* ~ das ist nicht s-e Art; das ist s-m Wesen fremd, ihm wesensfremd; das liegt nicht in s-r Natur, in s-r Wesensart; **3.** *PEINT* ~ *morte* Stilleben *n*; **4.** *en* ~ *loc/adj* Natu'ral...; *loc/adv* in Natu'ralien; F in na'tura; *salaire m en* ~ Naturallohn *m*; Depu'tat *n*; *payer en* ~ in Naturalien, in natura (be)zahlen; **5.** *adjt* ⟨*inv*⟩ **a)** *CUIS* nature [-'ty:r]; ohne Zutaten; *café m* ~ schwarzer Kaffee; *yaourt m* ~ Naturjoghurt *m ou n*; **b)** F *personne être* ~ unbefangen, na'türlich sein
naturel [natyʀɛl] **I** *adj* ⟨~le⟩ **1.** (*relatif à la nature*) na'türlich; Na'tur...; (*non modifié*) *couleur, goût etc* na'türlich; (*non traité*) *aliment* na'turrein; na'turbelassen; Bio...; *droit* ~ Naturrecht *n*; *eau minérale* ~ die natürliches Mineralwasser; *état* ~ Naturzustand *m*; *frontières* **~les** natürliche Grenzen *f/pl*; *gaz* ~ Erd-, Naturgas *n*; *mort* **~le** na'türlicher Tod; *phénomène* ~ Naturerscheinung *f*, -ereignis *n*; *produits* **~s** Naturprodukte *n/pl*; *d'un pays richesses* **~les** natürliche Reichtümer *m/pl*; *soie* **~le** Naturseide *f*; echte Seide; *vin* ~ naturreiner Wein; Naturwein *m*; **2.** (*inné*) *dons, penchants* na'türlich; angeboren; **3.** *personne, geste, style* na'türlich; ungekünstelt; ungezwungen; *personne a* unverbildet; *rester* ~ natürlich bleiben; **4.** (*normal*) na'türlich; selbst-

verständlich; nor'mal; *c'est tout ~!* das ist doch selbstverständlich!; *il est tout ~ que ...* (+*subj*) es ist ganz natürlich, selbstverständlich, normal, daß ...; **5.** *enfant* unehelich; außerehelich; *litt* na'türlich; **6.** MUS *note ~le* Note *f* ohne ein Vorzeichen; **II** *m* **1.** (*caractère de qn*) Natu'rell *n*; Wesen *n*; Wesensart *f*; Veranlagung *f*; *être d'un ~ aimable* ein liebenswürdiges Naturell, Wesen haben; *prov chassez le ~, il revient au galop* niemand kann aus s-r Haut (heraus); die Katze läßt das Mausen nicht (*prov*); **2.** (*simplicité*) *de qn, d'un geste, du style* Na'türlichkeit *f*; Ungezwungenheit *f*; *d'une personne a* na'türliches, ungekünsteltes, ungezwungenes Wesen; **3.** *loc/adv au ~* a) *conserves* ohne besondere Zutaten; b) (*en réalité*) in na'tura; in Wirklichkeit; *il est mieux en photo qu'au ~* auf dem Foto sieht er besser aus als in Wirklichkeit
naturellement [natyʀɛlmɑ̃] *adv* **1.** (*évidemment*) na'türlich; selbstverständlich; **2.** (*de nature*) von Na'tur; *être ~ gai* von Natur (aus) fröhlich sein; **3.** (*normalement*) auf na'türliche Weise, Art; na'türlicherweise; **4.** (*avec naturel*) na'türlich; ungekünstelt
natur|isme [natyʀism(ə)] *m* **1.** (*nudisme*) Freikörperkultur *f* (*abr* FKK); Natu'rismus *m*; **2.** MÉD Na'turheilkunde *f*, -heilverfahren *n*; *~iste* I *adj* der Freikörperkultur; natu'ristisch; **II** *m,f* Anhänger(in) *m(f)* der Freikörperkultur; Natu'rist(in) *m(f)*; *cf a nudiste*
naufrage [nofʀaʒ] *m* **1.** Schiffbruch *m*; 'Untergang *m*; *faire ~ bateau* 'untergehen; *personne* e-e Schiffskatastrophe (mit)erleben; **2.** *fig* Scheitern *n*; Zu'nichtewerden *n*
naufragé [nofʀaʒe] **I** *adj* schiffbrüchig; **II** *subst ~(e) m(f)* Schiffbrüchige(r) *f(m)*
nauséabond [nozeabɔ̃] *adj odeur* widerlich; ekelhaft; ek(e)lig; ekelerregend
nausée [noze] *f* **1.** (*envie de vomir*) Übelkeit *f*; Brechreiz *m*; *avoir des ~s, la ~* Übelkeit empfinden; Brechreiz haben; würgen; *cette odeur me donne la ~* von diesem Geruch wird mir schlecht; **2.** *fig* Ekel *m*; Abscheu *m*; *donner la ~* Abscheu, Ekel einflößen
nauséeux [nozeø] *adj* (-euse) Übelkeit, Brechreiz her'vorrufend
nautile [notil] *m* ZO Nautilus *m*
nautique [notik] *adj* **1.** MAR nautisch; *carte f ~* Seekarte *f*; **2.** SPORTS *joutes f/pl ~s* Fischerstechen *n*; *ski m ~* Wasserski *m*; *sports m/pl ~s* Wassersport(-arten) *m(f/pl)* (*ohne Schwimmen*)
nautisme [notism(ə)] *m* Wassersport *m* (*ohne Schwimmen*)
naval [naval] *adj* (-als) **1.** TECH Schiff(s)...; *chantier ~* (Schiffs)Werft *f*; **2.** MAR MIL Ma'rine...; See...; *combat ~* Seegefecht *n*; *École ~e ou subst ℒe f* Marineakademie *f*; *forces ~es* Seestreitkräfte *f/pl*
navarin [navaʀɛ̃] *m* CUIS Lammragout *n* mit Rüben, Ka'rotten und Zwiebeln
Navarre [navaʀ] *la ~* Na'varra *n*
navet [navɛ] *m* **1.** BOT, CUIS weiße Rübe; Teltower Rübchen *n*; *cf a sang*; **2.** F *péj* (*mauvais film etc*) F Schmarren *m*; Krampf *m*; Quatsch *m*
navette [navɛt] *f* **1.** *d'un métier à tisser* Web(er)schiffchen *n*; *d'une machine à coudre* Schiffchen *n*; **2.** *fig* **a)** *service* Pendelverkehr *m*; **b)** *bus* Pendelbus *m*; *train* Pendelzug *m*; *faire la ~ personne, véhicule* pendeln; *dossiers etc* dauernd hin und her gehen (*entre ... et ...* zwischen [+*dat*] und ...); **3.** *~ spatiale* Raumfähre *f*, -transporter *m*
navig|abilité [navigabilite] *f* **1.** *d'un cours d'eau* Schiffbarkeit *f*; *d'un navire* Seetüchtigkeit *f*; *d'un avion* Flugfähigkeit *f*; *~able adj cours d'eau* schiffbar
navigant [navigɑ̃] *adj le personnel ~* MAR das zur See fahrende Perso'nal; AVIAT das fliegende Perso'nal, Flugpersonal
navigateur [navigatœʀ] *m* **1.** AVIAT, MAR Navi'gator *m*; Orter *m*; **2.** *st/s* Seefahrer *m*; *adjt un peuple ~* ein seefahrendes Volk
navigation [navigasjɔ̃] *f* **1.** MAR Schifffahrt *f*; *~ côtière, fluviale* Küsten-, Flußschiffahrt *f*; *~ au long cours* große Fahrt; **2.** AVIAT *~ aérienne* Luftfahrt *f*; *cf a 3.*; *~ spatiale* Raumfahrt *f*; **3.** (*détermination de la route*) Naviga'tion *f*; *~ aérienne* Flugnavigation *f*
naviguer [navige] *v/i* **1.** *bateau* fahren; *marin* zur See fahren; *voilier* segeln; *passager* (mit dem Schiff) fahren; *bateau en état de ~* seetüchtig; **2.** AVIAT, MAR (*diriger la marche*) navi'gieren; *par ext le pilote navigue à 5000 m d'altitude* der Pilot fliegt in 5000 m Höhe; **3.** F *fig personne* viel auf Reisen sein; F ein Reiseonkel, e-e Reisetante sein
navire [naviʀ] *m* (großes See)Schiff; *~ de commerce, de guerre* Handels-, Kriegsschiff *n*; *~ de pêche* Fischereifahrzeug *n*; *~-citerne m* ⟨*pl navires- -citernes*⟩ Tankschiff *n*; *~-école m* ⟨*pl navires-écoles*⟩ Schulschiff *n*; *~-usine m* ⟨*pl navires-usines*⟩ Fa'brikschiff *n*
navrant [navʀɑ̃] *adj* betrüblich; (sehr) bedauerlich; schmerzlich
navrer [navʀe] *v/t*. *st/s ~ qn* j-n tief betrüben; *st/s* den schmerzlich berühren; *adjt je suis navré d'apprendre que son père est mort* die Nachricht vom Tode s-s Vaters hat mich sehr betrübt; **2.** *sens affaibli je suis navré, mais cela nous est impossible* es tut mir sehr leid *ou* ich bedauere, aber ...
naze [naz] *cf nase*
nazi [nazi] *péj* **I** *adj* Nazi...; na'zistisch; **II** *subst ~(e) m(f)* Nazi *m* (*a d'une femme*)
nazisme [nazism(ə)] *m péj* Na'zismus *m*
N.B. *abr* (*nota bene*) Anm. (Anmerkung); NB (notabene)
N.-D. *abr* (*Notre-Dame*) Unsere Liebe Frau
N.D.L.R. *abr* (*note de la rédaction*) Anm. d. Red. (Anmerkung der Redaktion)
ne [n(ə)] *adv* ⟨*vor Vokal u stummem h n'*⟩ **1.** *~ ... pas* nicht; *~ ... pas de* (+*subst*) kein(e); *~ ... pas du tout* überhaupt nicht; *~ ... guère* kaum; *~ ... jamais* nie(mals); *~ ... personne* niemand(en) (*acc*); *personne, nul ~ ...* niemand (*nom*); *~ ... plus* nicht mehr; *~ ... plus de* (+*subst*) kein(e) ... mehr; *~ ... que* nur; *temporel* erst; *~ ... plus que* nur noch; *~ ... rien* nichts; *~ ... plus rien* nichts mehr; *cf a pas² etc*; **2.** *sans « pas »* dans *un style plus élégant: je ~ cesse* (*pas*) *de vous le répéter* ich wieder'hole es Ihnen immer wieder; *je n'ose* (*pas*) *accepter votre offre* ich wage nicht, Ihr Angebot anzunehmen; *il ~ peut* (*pas*) *vous aider* er kann Ihnen nicht helfen; *je ~ sais* (*pas*) *ce qu'il veut* ich weiß nicht, was er will; *si je ~ me trompe* (*pas*) wenn ich mich nicht irre; wenn mich nicht alles täuscht; *ce n'est pas que je n'en aie* (*pas*) *eu envie* nicht, daß ich keine Lust dazu gehabt hätte; *st/s que ~ ferais-je* (*pas*) *pour vous aider!* was täte ich nicht (alles), um Ihnen zu helfen!; *il y a longtemps que je ~ vous ai* (*pas*) *vu* es ist lange her, daß ich Sie nicht gesehen habe; **3.** *employé seul: st/s je n'ai cure de ses plaintes* ich kümmere mich nicht um s-e Klagen; (*il*) *n'empêche que vous auriez pu m'avertir* das ändert nichts, daß ...; trotzdem ...; *st/s il n'est pas de jour qu'il ~ se plaigne* es vergeht kein Tag, ohne daß er sich beklagt; **4.** *explétif* (*emploi facultatif*): *non traduit*; *je crains qu'il ~ lui soit arrivé un malheur* ich fürchte, daß ihm ein Unglück zugestoßen ist; *je ~ nie pas que je ~ me sois trompé* ich leugne nicht, daß ich mich getäuscht habe; *il est plus riche qu'on ~ pense* er ist reicher, als man denkt; *loc/conj: avant que ... (+subj)* ehe; bevor; *sans que ... (+subj)* ohne daß
né [ne] *p/p cf naître et adj* **1.** geboren; *madame X ~e Y* Frau X geborene Y; **2.** *litt une âme bien ~e* e-e edle Seele; **3.** *un orateur-~ etc* ein geborener Redner *etc*
néandert(h)alien [neɑ̃dɛʀtaljɛ̃] *m* Ne'andertaler *m*
néanmoins [neɑ̃mwɛ̃] *adv* dennoch; und doch; trotzdem; gleich'wohl; nichtsdesto'weniger
néant [neɑ̃] *m* **1.** *le ~* das Nichts (*a* PHILOS); *espoirs, projets* réduire à *~* zu'nichte machen; **2.** (*importance nulle*) Nichtigkeit *f*; *le sentiment de son ~* das Gefühl der eigenen Nichtigkeit; **3.** ADM (*rien à signaler*) entfällt; *signes particuliers: ~* besondere Kennzeichen: keine
nébuleux [nebylø] *adj* ⟨-euse⟩ **1.** *ciel* bewölkt; *air* neb(e)lig; **2.** *fig explication etc* unklar; unbestimmt; dif'fus; vage; nebu'los *ou* nebu'lös; *idée a* nebelhaft; undeutlich
nébulis|ation [nebylizasjɔ̃] *f* Zerstäubung *f*; *~ateur m* TECH Zerstäuber *m*
nébulosité [nebylozite] *f* **1.** MÉTÉO Bewölkung *f*; **2.** *fig d'une théorie etc* mangelnde Klarheit *f*; Verschwommenheit *f*
nécessaire [nesesɛʀ] **I** *adj* **1.** (*indispensable*) nötig; notwendig; erforderlich; *mal m ~* notwendiges Übel; *être ~ à qn, qc* für j-n, etw nötig, notwendig sein; *il est ~ de* (+*inf*) *ou que ...* (+*subj*) es ist nötig, notwendig zu (+*inf*) *ou* daß ...; man muß (+*inf*); *il n'est pas ~ de* (+*inf*) *a* man braucht nicht zu (+*inf*); *personne se rendre ~, se sentir ~* sich unentbehrlich machen, vorkommen; **2.** (*inéluctable*) *conséquence, résultat* notwendig; zwangsläufig; unvermeidlich; unausbleiblich; **II** *m* **1.** *le ~* das Nötige, Notwendige; *faire le ~* das Nötige, Notwendige, Erforder-

nécessairement – néo-classique 488

liche tun, veranlassen; **2.** (*trousse*) Necess'aire *n*; ~ **à ongles** Nagelnecessaire *n*; ~ **de couture** Nähnecessaire *n*, -etui *n*; ~ **de toilette, de voyage** Reisenecessaire *n*
nécessairement [neseseRmɑ̃] *adv* notwendigerweise; notgedrungen; zwangsläufig; *il refusera – pas ~!* nicht unbedingt!
nécessité [nesesite] *f* **1.** Notwendigkeit *f*; *loc/adj* **de première ~** *dépenses etc* unumgänglich notwendig; unbedingt *ou* dringend erforderlich; *objets a* unentbehrlich; lebensnotwendig; *loc/adv*: **par ~** notgedrungen; **sans ~** ohne Not; unnötig(erweise); **être, se trouver, se voir dans la ~ de faire qc** genötigt, gezwungen sein, sich genötigt, gezwungen sehen, etw zu tun; *prov* **~ fait loi** Not kennt kein Gebot (*prov*); **2.** **~s** *pl* Erfordernisse *n/pl*; Anforderungen *f/pl*
nécessiter [nesesite] *v/t* erfordern; erforderlich, notwendig machen; *st/s* erheischen
nécessiteux [nesesitø] **I** *adj* ⟨-euse⟩ notleidend; bedürftig; mittellos; unbemittelt; **II** *subst* ~, **nécessiteuse** *m.f* Notleidende(r) *f(m)*; Bedürftige(r) *f(m)*
nec plus ultra [nɛkplysyltRa] *m* ⟨*inv*⟩ Nonplus'ultra *n* (**de luxe**) an Luxus)
nécrologie [nekRɔlɔʒi] *f* **1.** (*notice biographique*) Nachruf *m*; Nekro'log *m*; **2.** *dans un journal* Todesanzeigen *f/pl*.
nécrologique [nekRɔlɔʒik] *adj* **notice** *f* ~ kurzer Nachruf; **rubrique** *f* ~ (Ru'brik *f* der) Todesanzeigen *f/pl*
nécromancie [nekRɔmɑ̃si] *f* Toten-, Geisterbeschwörung *f*; *sc* Nekroman'tie *f*
nécropole [nekRɔpɔl] *f* **1.** ANTIQUITÉ Totenstadt *f*; Nekro'pole *ou* Ne'kropolis *f*; **2.** *litt* (*vaste cimetière*) Gräberstadt *f*
nécrose [nekRoz] *f* MÉD Ne'krose *f*; Gewebstod *m*
nécrosé [nekRoze] *adj* MÉD ne'krotisch
nectar [nɛktaR] *m* **1.** BOT Nektar *m*; **2.** MYTH Nektar *m*; Göttertrank *m* (*a fig*)
nectarine [nɛktaRin] *f* Nekta'rine *f*
néerlandais [neeRlɑ̃dɛ] **I** *adj* niederländisch; **II** *subst* **1.** 👤(e) *m(f)* Niederländer(in) *m(f)*; **2.** LING **le ~** das Niederländische; Niederländisch *n*
nef [nɛf] *f* **1.** ARCH (Kirchen)Schiff *n*; ~ **centrale, principale** Mittel-, Hauptschiff *n*; **2.** *poét* (Segel)Schiff *n*
néfaste [nefast] *adj* verhängnisvoll; unheilvoll; unselig; Unglücks...; **année** *f*, **jour** *m* ~ Unglücksjahr *n*, -tag *m*
Néfertiti [nefeRtiti] *f* HIST Nofre'tete *f*
nèfle [nɛfl(ə)] *f* **1.** BOT Mispel *f* (*Frucht*); **2.** F **fig des ~s!** F (ja) Pustekuchen!
néflier [neflije] *m* BOT Mispel *f* (*Baum*)
négateur [negatœR] *litt adj* ⟨-trice⟩ verneinend
négatif [negatif] **I** *adj* ⟨-ive⟩ **1.** *critique, attitude,* MÉD*, ÉLECT, MATH* negativ; ÉLECT **charge négative** negative Ladung; MATH **nombre ~** negative Zahl; ÉLECT **pôle ~** Minuspol *m*; **se montrer ~** sich negativ verhalten; **être négative** Haltung einnehmen; **2.** **signe de tête, réponse** verneinend; **réponse** *a* abschlägig; negativ; GR verneinend; Verneinungs...; **adverbe** ~ Adverb *n* der Verneinung; **particule négative, préfixe** ~ Verneinungspartikel *f*, -präfix *n*; **phrase négative** verneinter, verneinender Satz; **II** *subst* **1.** *m* PHOT Negativ *n*; **2.** *loc/adv* **dans la négative** im Falle e-s abschlägigen Bescheides, e-r abschlägigen Antwort, e-r Absage, e-r Ablehnung
négation [negasjɔ̃] *f* **1.** *attitude, action* Verneinung *f*; Ne'gierung *f*; Negati'on *f*; **2.** GR **a)** Verneinung *f*; Negati'on *f*; **b)** *mot(s)* Verneinungswort *n*; Negati'on *f*
négativement [negativmɑ̃] *adv* **répondre** ~ verneinen; mit Nein antworten; e-e abschlägige Antwort, e-n abschlägigen Bescheid geben
négligé [negliʒe] **I** *adj* **1.** *tenue* nachlässig; sa'lopp; unordentlich; **barbe, intérieur** ungepflegt; *intérieur a* verwahrlost; **personne** ungepflegt; nachlässig, sa'lopp, unordentlich gekleidet; F schlampig; **travail** F schlud(e)rig; schlampig; **2.** *personne par ses amis etc* vernachlässigt; **II** *m* **1.** *tenue* nachlässige, sa'loppe Kleidung; **2.** (*déshabillé*) Negli'gé *n*
négligeable [negliʒabl(ə)] *adj* unerheblich; unwesentlich; unbedeutend; belanglos; geringfügig; **qui n'est pas ~** nicht unerheblich, unwesentlich, unbedeutend; **quantité** *f* ~ Quanti'té négli'geable *f* (*a fig de qn*)
négligemment [negliʒamɑ̃] *adv* cf **négligent**
négligence [negliʒɑ̃s] *f* **1.** (*manque de soin*) Nachlässigkeit *f*; Fahrlässigkeit *f* (*a* JUR); mangelnde Sorgfalt, F Schlampe'rei *f*; (*manque de précautions*) Unachtsamkeit *f*; Achtlosigkeit *f*; ~ **professionnelle** Nachlässigkeit *etc* im Beruf, bei der Arbeit; **2.** (*faute*) Flüchtigkeit(sfehler) *f(m)*; Ungenauigkeit *f*; **~s de style** Stilunebenheiten *f/pl*
négligent [negliʒɑ̃] **I** *adj* **1.** *personne* nachlässig; fahrlässig; unachtsam; achtlos; F schlampig; **2.** *geste* lässig; leger [-'ʒɛːR]; **II** *subst* **~(e)** *m(f)* nachlässiger, unachtsamer Mensch
négliger [negliʒe] ⟨-geons⟩ **I** *v/t* **1.** *ses amis, sa tenue, son travail, sa santé etc* vernachlässigen; **2.** *occasion* versäumen; ungenutzt lassen; *avis, conseil* nicht beachten; in den Wind schlagen; **ce n'est pas à ~** das darf man nicht außer acht lassen; ~ **de faire qc** versäumen, es unter'lassen, etw zu tun; **II** *v/pr* **se ~** sich vernachlässigen
négoce [negɔs] *m autrefois* Handel *m*
négociable [negɔsjabl(ə)] *adj* COMM **titre** begebbar; über'tragbar; ~ **en Bourse** börsengängig, -fähig
négociant [negɔsjɑ̃] *m* (Groß)Händler *m*; ~ **en vins** Wein(groß)händler *m*
négocia|teur [negɔsjatœR] *m*, **~trice** *f* 'Unterhändler(in) *m(f)*
négociation [negɔsjasjɔ̃] *f* **1.** Verhandlung *f*; POL *a* Unter'handlung *f*; **~s salariales** Lohnverhandlungen *f/pl*; **engager, entamer des ~s** Verhandlungen aufnehmen; in Verhandlungen eintreten; **être en ~** in Verhandlung stehen (**avec qn** mit j-m); **2.** COMM *d'un titre* Begebung *f*; Über'tragung *f*; Weitergabe *f*; Negoziati'on *f*
négocier [negɔsje] **I** *v/t* **1.** *accord* aushandeln; ~ **un traité** *a* über den Abschluß e-s Vertrages verhandeln; **2.** COMM *titre* begeben; über'tragen; weitergeben; **3.** AUTO ~ **un virage** e-e Kurve nehmen; in die Kurve gehen; **II** *v/i* verhandeln, POL *a* unterhandeln (**avec qn** mit j-m)
nègre [nɛgR(ə)] *m*, **négresse** [negRɛs] *f* **1.** *péj* (*Noir*) Neger(in) *m(f)*; **2.** HIST (*esclave noir*) Negersklave, -sklavin *m,f*; *fig* **travailler comme un nègre** wie ein Pferd arbeiten; **3.** **petit nègre** primi'tives Fran'zösisch; Kauderwelsch *n*; **parler petit nègre** kauderwelschen; radebrechen; **4.** *m fig* Ghostwriter [-Raɪ-] *m*; **5.** *adjt* **nègre** ⟨*m u f*⟩ Neger...; **art** *m*, **masque** *m*, **musique** *f* **nègre** Negerkunst *f*, -maske *f*, -musik *f*
négrier [negRije] *m* **1.** HIST Sklavenhändler *m*; **2.** *péj d'un employeur* Ausbeuter *m*
négrill|on [negRijɔ̃] *m*, **~onne** *f péj* (*kleines*) Negerkind
négritude [negRityd] *f* Negri'tude *f*; Rückbesinnung *f* der Afri'kaner auf ihre eigene Kul'tur
négro [negRo] *m péj* Nigger *m*
négroïde [negRɔid] *adj* negro'id
negro-spiritual [negRospiRityol] *m* ⟨*pl* negro-spirituals⟩ (Negro) Spiritual [('niːgroː)'spɪrɪtjuəl] *n ou m*
neige [nɛʒ] *f* **1.** Schnee *m*; ~ **artificielle** künstlicher Schnee; **~s éternelles** ewiger Schnee; ~ **fondue** Schneeregen *m*; **classe** *f* **de ~** Skilager *n*; **paysage** *m* **de ~** Schnee-, Winterlandschaft *f* (*a* PEINT); **train** *m* **de ~** Wintersportzug *m*; *par ext* CUIS **œufs** *m/pl* **en ~** Eischnee *m*; **village** *m* **sous la ~** verschneites Dorf; *loc/adj*: **cheveux** *m/pl* **blancs comme la ~** schneeweiß; **barbe de ~** schnee-, schlohweiß; **sans ~** schneefrei; **couvert de ~** verschneit; schneebedeckt; **blanc comme ~** weiß wie Schnee, schneeweiß; *personne, véhicule* **être bloqué par la ~** eingeschneit sein; *espoir* **fondre comme ~ au soleil** dahinschwinden wie Schnee an der Sonne; **2.** *arg* (*cocaïne*) *arg* Koks *m*; Schnee *m*
neiger [neʒe] *v/imp* ⟨-geait⟩ **il neige** es schneit
neigeux [nɛʒø] *adj* ⟨-euse⟩ **cime** schneebedeckt; verschneit; Schnee...; **temps** zu Schneefällen neigend
nem [nɛm] *m* CUIS (*kleine*) Frühlingsrolle
néné [nene] *m* F (*sein*) P Titte *f*
nénette [nenɛt] *f* F **1.** *loc* **ne pas se casser la ~** sich nicht den Kopf zerbrechen; *par ext* F sich kein Bein ausrei'ßen; **2.** *cf* **nana**
nenni [nɛ(n)ni] *litt adv* nein
nénuphar [nenyfaR] *m* BOT Seerose *f*
néo-... [neo] *préfixe* neo...; Neo...; neu...; Neu...; *cf* **les articles suivants**
néo-calédonien [neokaledɔnjɛ̃] **I** *adj* ⟨~ne⟩ neukale'donisch; **II** *subst* **Néo-Calédonien(ne)** *m(f)* Neukale'donier (-in) *m(f)*
néo|-capitalisme [neokapitalism(ə)] *m* ÉCON mo'derner Kapita'lismus, verbunden mit Staatsinterventionismus; **~-classicisme** *m* BEAUX-ARTS Neoklassi'zismus *m*; LITTÉRATURE Neuklassi'zismus *m*; Neuklassik *f*; **~-classique** *adj* neo-, neuklassi'zistisch;

~-colonialisme *m* Neokolonia'lismus *m*; **~-colonialiste** *adj* neokolonia'listisch; **~-gothique** ARCH **I** *adj* neugotisch; **II** *m* Neugotik *f*
néolithique [neɔlitik] **I** *adj* jungsteinzeitlich; *sc* neo'lithisch; **II** *m* Jungsteinzeit *f*; *sc* Neo'lithikum *n*
néologisme [neɔlɔʒism(ə)] *m* LING Neolo'gismus *m*; (sprachliche) Neubildung; Neuwort *n*
néon [neɔ̃] *m* CHIM Neon *n*; *tube m au* **~** Neonröhre *f*
néo-nazi [neonazi] **I** *adj* neonazistisch; **II** *m* Neonazi *m*
néophyte [neɔfit] *m,f d'une doctrine, d'un parti* neuer Anhänger, neue Anhängerin; Neuling *m*
néoprène [neɔpʀɛn] *m* (*nom déposé*) Neo'pren *n*
néo-réalisme [neɔʀealism(ə)] *m* Neorea'lismus *m*; CIN *a* Neove'rismus *m*
néo-zélandais [neozeládɛ] **I** *adj* neu-'seeländisch; **II** *subst* **Néo-Zélandais(e)** *m(f)* Neu'seeländer(in) *m(f)*
Népal [nepal] *le* **~** Nepal *n*
népalais [nepalɛ] **I** *adj* nepa'lesisch; ne-'palisch; **II** *subst* **~(e)** *m(f)* Nepa'lese, -'lesin *m,f*; Ne'paler(in) *m(f)*
népérien [nepeʀjɛ̃] *adj* MATH **logarithme ~** na'türlicher Loga'rithmus
néphrétique [nefʀetik] *adj* MÉD Nieren...; *colique f* **~** Nierenkolik *f*
néphrite [nefʀit] *f* MÉD Nierenentzündung *f*; *sc* Ne'phritis *f*
népotisme [nepɔtism(ə)] *m* HIST et fig Vetternwirtschaft *f*; Nepo'tismus *m*
Neptune [nɛptyn] **1.** ASTR (der) Nep-'tun; **2.** *m* MYTH Nep'tun *m*
néréide [neʀeid] *f* MYTH Nere'ide *f*, Meernymphe *f*
nerf [nɛʀ] *m* **1.** ANAT Nerv *m*; **2.** PSYCH **~s** *pl* Nerven *m/pl*; *avoir ses* **~s** gereizt, reizbar sein; *avoir des* **~s à toute épreuve** starke, eiserne Nerven haben; F Nerven wie Drahtseile, Stricke haben; *il avait les* **~s** *tendus, p/fort à vif*, F *en pelote* s-e Nerven waren zum Zerreißen gespannt; er war sehr nervös, erregt; *être à bout de* **~s** mit den Nerven *ou* nervlich fertig, am Ende, F völlig runter sein; zerrüttete Nerven haben; *être, vivre sur les* **~s** nervlich stark angespannt sein; 'übernervös, übererregt sein; *passer ses* **~s** *sur qn* s-e Nervosität an j-m auslassen, abreagieren; F *taper sur les* **~s** *à qn* j-m auf die Nerven gehen, fallen; **3.** (*vigueur*) Kraft *f*; Ener'gie *f*; *avoir du* **~** *personne* Kraft und Energie haben; Mark, F Mumm in den Knochen haben; *style* mar'kant, kraftvoll sein; *personne manquer de* **~** kraftlos, schlaff sein; F *allons, du* **~!**, *un peu de* **~!** nun streng dich *ou* strengt euch ein bißchen an!; **4.** **~ de bœuf** Ochsenziemer *m*
Néron [neʀɔ̃] *m* HIST Nero *m*
nerveux [nɛʀvø] **I** *adj* ⟨-euse⟩ **1.** ANAT Nerven...; *cellule nerveuse* Nervenzelle *f*; *centres* **~** Nervenzentren *n/pl*; **2.** *personne, rire, geste, tempérament* ner'vös; *troubles* **~** nervöse Störungen *f/pl*; *rendre* **~** nervös machen; **3.** MÉD *grossesse nerveuse* eingebildete Schwangerschaft; **4.** *mains* nervig; sehnig; *viande* sehnig; **5.** *style* kraftvoll; mar'kant; markig; ausdrucksvoll; **6.** *cheval, voiture* schnell rea'gierend; *voi-*

ture a spritzig; mit großem Anzugsvermögen; *il n'est pas très* **~** *dans son travail* er ist so lahm, langsam bei s-r Arbeit; **II** *subst* **~**, *nerveuse m,f* ner-'vöser Mensch
nervi [nɛʀvi] *m* (*homme de main*) Handlanger *m*; (*tueur*) (gedungener) Mörder
nervosité [nɛʀvozite] *f* Nervosi'tät *f*; Gereiztheit *f*; Erregtheit *f*
nervure [nɛʀvyʀ] *f* **1. a)** BOT Rippe *f*; Blattader *f*; **~s** *pl a* Blattaderung *f*; Nerva'tur *f*; **b)** *d'une aile d'insecte* Ader *f*; **~s** *pl a* Aderung *f*; Nerva'tur *f*; **2.** *d'une voûte*, TECH Rippe *f*
n'est-ce pas? [nɛspa] *adv* nicht wahr?; F nicht?; **~** *qu'elle est mignonne?* ist sie nicht süß?
net [nɛt] **I** *adj* ⟨**nette** [nɛt]⟩ **1.** (*propre*) sauber; rein(lich); ordentlich; *vouloir en avoir le cœur* **~** Gewißheit haben wollen; ganz sicher sein wollen; *avoir la conscience* **~te** ein reines Gewissen haben; *faire place* **~te** (*faire de la place*) alles ausräumen, leer räumen, leer machen; *par ext* (*jeter*) alles raus-, wegwerfen, F -schmeißen; *subst mettre au* **~** ins reine schreiben; **2.** (*clair*) klar; (*distinct*) deutlich; *réponse, prise de position a* unzweideutig; eindeutig; unmißverständlich; *image, photo, contours* scharf; *cassure* glatt; sauber; *j'aime les situations* **~tes** bei mir muß immer alles klar sein; *garder des souvenirs très* **~s** *de qc* sich noch sehr deutlich an etw (*acc*) erinnern können; sehr deutliche Erinnerungen an etw (*acc*) haben, bewahren; *il a été très* **~** er hat klar und deutlich, unmißverständlich s-e Meinung gesagt; **3.** COMM Netto...; Rein...; *bénéfice* **~** Rein-, Nettogewinn *m*; *poids* **~** Netto-, Eigengewicht *n*; *animaux de boucherie* Schlachtgewicht *n*; *poids* **~** *à l'emballage* Füllgewicht *n*; Einwaage *f*; *prix* **~** Preis *m* einschließlich aller Steuern und Abgaben, Inklu'sivpreis *m*; **~** *d'impôt* steuerfrei; **II** *adv* ⟨*inv*⟩ **1.** (*brusquement*) plötzlich; mit e-m Mal; *la balle l'a tué* **~** die Kugel hat ihn auf der Stelle getötet; **2.** (*carrément*) (*tout*) **~** klar und deutlich; rundheraus; geradeheraus; unumwunden; *refuser tout* **~** rundweg ablehnen; **3.** COMM netto
nettement [nɛtmã] *adv* **1.** (*clairement*) *répondre etc* klar und deutlich; unzweideutig; eindeutig; unmißverständlich; **~** *mieux* deutlich, eindeutig besser; **2.** (*distinctement*) deutlich; scharf
netteté [nɛtte] *f* **1.** (*propreté*) Sauberkeit *f*; Reinlichkeit *f*; **2.** (*clarté*) Klarheit *f*; Deutlichkeit *f*; *avec* **~** klar und deutlich; unmißverständlich; **3.** PHOT, TV *de l'image* Schärfe *f*
nettoiement [nɛtwamã] *m* Reinigung *f*; Säuberung *f*; **~** *des rues* Straßenreinigung *f*; *service m de* **~** (*de la ville*) städtische Müllabfuhr und Straßenreinigung
nettoyage [nɛtwajaʒ] *m* **1.** Reinigen *n*, -ung *f*; Säubern *n*, -ung *f*; Saubermachen *n*; *d'un logement a* Reinemachen *n*; Putzen *n*; **~** *à sec* chemische Reinigung; Trockenreinigung *f*; *entreprise f de* **~** (Gebäude)Reinigungsdienst *m*, -firma *f*; F fig *faire le* **~** *par le vide* alles wegwerfen, F -schmeißen; F ausmisten; F fig *procéder à un* **~** *général* F ein

Großreinemachen veranstalten; **2.** MIL Säuberung *f* (vom Feind)
nettoyant [nɛtwajã] *m* Reinigungsmittel *n*
nettoyer [nɛtwaje] *v/t* ⟨-oi-⟩ **1.** reinigen; säubern; saubermachen; *pièce, logement a* putzen; *étable* ausmisten; *fenêtre, argenterie, verres* putzen; *oreilles* ausputzen; *plaie* reinigen; säubern; *son assiette* mit Brot alle Essensreste vom Teller aufnehmen; *faire* **~** *les vêtements* die Kleider reinigen lassen; *se* **~** *les mains, la figure* sich die Hände, das Gesicht reinigen, säubern, saubermachen; **2.** MIL vom Feind säubern; *police* e-e Säuberungsaktion 'durchführen (*un quartier* in e-m Stadtviertel); **3.** F fig (*vider*) *frigo, voleurs: maison* F ausräumen; **4.** F fig *au jeu etc se faire* **~** F tüchtig gerupft werden
nettoyeur [nɛtwajœʀ] *m* **1.** *personne* Putzer *m*; **2.** *machine* Reinigungsmaschine *f*
neuf¹ [nœf] **I** *num/c* neun; *chapitre, page* **~** Kapitel, Seite neun; *Charles IX* Karl IX. (der Neunte); *le* **~** *juin* der neunte *ou* am neunten Juni; *à* **~** zu neunt, neunen; *une fille de* **~** *ans* [nœvã] ein neunjähriges Mädchen; ein Mädchen von neun Jahren; *il est* **~** *heures* [nœvœʀ] es ist neun (Uhr); **II** *m* ⟨*inv*⟩ Neun *f*; *süd a* Neuner *m*; *le* **~** (*du mois*) der Neunte *ou* am Neunten (des Monats); *cf a* **deux II**
neuf² [nœf] **I** *adj* ⟨**neuve** [nœv]⟩ **1.** *maison, robe, voiture etc* neu; *tout* **~**, F *flambant* **~** ganz neu; F (funkel)nagelneu; brandneu; *être à l'état* **~**, *comme* **~** neuwertig, wie neu sein; **2.** (*plus récent*) neu; *un pays* **~** ein junges Land, *la ville neuve* die Neustadt; **3.** *idée, thème etc* neu(artig); noch nicht dagewesen; *quoi de* **~?** was gibt's Neues?; *rien de* **~** nichts Neues; *poser un regard* **~** *sur qc* etw mit anderen Augen sehen; **II** *m* ⟨*inv*⟩ **1.** *le* **~** das Neue; *du* **~** (etwas) Neues; neue Sachen *f/pl*; *ils n'ont que du* **~** sie haben nur neue Sachen; *c'est du* **~** das ist etwas Neues; *être habillé, vêtu de* **~** neu eingekleidet sein; etwas Neues anhaben; *vendre du* **~** *et de l'occasion* neue und gebrauchte Gegenstände verkaufen; **2.** *loc/adv* **à** **~** neu; *pièce refaire à* **~** ganz neu, anders einrichten, gestalten; *remettre à* **~** wieder neu herrichten; *pièce, appartement a* reno'vieren; *repeindre à* **~** frisch an/streichen
neurasthén|**ie** [nøʀasteni] *f* Depressionen *f/pl*; MÉD Neurasthe'nie *f*; **~ique** **I** *adj* depres'siv; MÉD neuras'thenisch; **II** *m,f* an Depressi'onen Leidende(r) *f(m)*; MÉD Neurasʼtheniker(in) *m(f)*
neuro|**chirurgie** [nøʀoʃiʀyʀʒi] *f* Neurochirurgie *f*; **~leptique** [-lεptik] PHARM **I** *adj* nervenberuhigend; **II** *m* Neuro-'leptikum *n*; **~logie** *f* MÉD Nervenheilkunde *f*; *sc* Neurolo'gie *f*; **~logique** *adj* Nerven...; *sc* neuro'logisch; **~logiste** *m,f ou* **~logue** *m,f* MÉD Nervenarzt, -ärztin *m,f*; *sc* Neuro'loge, -'login *m,f*
neurone [nøʀɔn] *m* ANAT Neuron *n*
neuro-végétatif [nøʀoveʒetatif] *adj* ⟨-ive⟩ PHYSIOL vegeta'tiv; *système* **~** vegetatives Nervensystem
neutralisation [nøtʀalizasjɔ̃] *f* **1.** CHIM, PHYS Neutralisati'on *f*; PHYS *de forces a*

neutraliser – nidation

Aufhebung *f*; **2.** POL, MIL Neutrali'sierung *f*; **3.** *de l'adversaire* Ausschaltung *f*; Unschädlichmachung *f*

neutraliser [nøtralize] **I** *v/t* **1.** CHIM, PHYS neutrali'sieren; PHYS *a* die Wirkung aufheben (+*gén*); **2.** POL, MIL für neu'tral erklären; neutrali'sieren; **3.** *adversaire* (*a* MIL) ausschalten; neutrali'sieren; unschädlich machen; SPORTS *a* kaltstellen; nicht zum Zug kommen lassen; *projet de loi etc* vereiteln; verhindern; zu Fall bringen; **II** *v/pr se ~ forces* sich (gegenseitig) aufheben

neutral|isme [nøtralism(ə)] *m* POL Neutra'lismus *m*; Neutrali'tätspolitik *f*; **~iste I** *adj* neutra'listisch; **II** *m* Neutra'list *m*

neutralité [nøtralite] *f* **1.** POL *d'un État* Neutrali'tät *f*; **2.** *d'une personne, d'un rapport* Neutrali'tät *f*; Unparteilichkeit *f*; unparteiische Haltung; *rester dans la ~* neutral bleiben; sich neutral verhalten; **3.** CHIM, ÉLECT Neutrali'tät *f*

neutre [nøtr(ə)] **I** *adj* **1.** *État, pays* neu'tral; **2.** *personne* neu'tral; unparteiisch; *rester ~* neutral bleiben; sich heraushalten; sich nicht einmischen; **3.** GR sächlich; *genre m ~* sächliches Geschlecht; Neutrum *n*; **4.** CHIM, ÉLECT neu'tral; *conducteur m ~* Nulleiter *m*; **5.** ZO geschlechtslos; **6.** *fig couleur* neu'tral; *ton* leidenschaftslos; unbeteiligt; *style* trocken; farblos; **II** *m* **1.** POL *les ~s pl* die Neu'tralen *m/pl*; die neu'tralen Staaten *m/pl*; **2.** GR Neutrum *n*; sächliches Geschlecht *ou* Substantiv; sächliche Form

neutron [nøtrɔ̃] *m* PHYS NUCL Neutron *n*

neuvaine [nøvɛn] *f* ÉGL CATH No'vene *f*

neuvième [nœvjɛm] **I** *num/o* neunte(r, -s); **II** *subst* **1.** *le, la ~* der, die, das neunte; **2.** *m* MATH Neuntel *n*; **3.** *m étage* neunter Stock; neunte E'tage; **4.** *f* ÉCOLE dritte Grundschulklasse

neuvièmement [nœvjɛmmɑ̃] *adv* neuntens

névé [neve] *m* Firn(schnee) *m*

Nevers [nɔvɛr] Stadt im Dep. Nièvre

neveu [n(ə)vø] *m* (*pl ~x*) Neffe *m*

névralgie [nevralʒi] *f* **1.** MÉD Nervenschmerz *m*; Neural'gie *f*; **2.** *abus* (*mal de tête*) Kopfschmerzen *m/pl*

névralgique [nevralʒik] *adj* **1.** MÉD neur'algisch; **2.** *fig centre m ~* Nervenzentrum *n*; *point m ~* neur'algischer, wunder Punkt

névrite [nevrit] *f* MÉD Nervenentzündung *f*; *sc* Neu'ritis *f*

névrose [nevroz] *f* MÉD Neu'rose *f*

névrosé(e) [nevroze] *m(f)* MÉD Neu'rotiker(in) *m(f)*

névrotique [nevrɔtik] *adj* MÉD neu'rotisch

new-look [njuluk] *m* mode des années 50 New Look *m* (*a fig*)

newton [njutɔn] *m* (*abr* **N**) PHYS Newton *n* (*abr* N)

New York [njujɔrk] New York [nju'jɔrk] *n*

new-yorkais [nujɔrkɛ] **I** *adj* New Yorker; **II** *subst* **New-Yorkais(e)** *m(f)* New Yorker(in) *m(f)*

nez [ne] *m* **1.** Nase *f*; ♦ *~ crochu, en bec d'aigle* gebogene Nase; Haken-, Adlernase *f*; *faux ~* Pappnase *f*; *long ~* lange Nase; *fig faire un long ~, un ~,* *un drôle de ~* ein langes Gesicht machen; *~ en pied de marmite* Sattel-, Kar'toffelnase *f*; *~ en trompette* Stülp-, F Himmelfahrtsnase *f*; *bout m du ~ cf bout¹* I.; ♦ *loc/adv: au ~ et à la barbe de qn* vor j-s Augen (*dat*); *le ~ au vent* CH *chien* mit hoher Nase; *personne marcher, se promener le ~ au vent* unbekümmert, vergnügt dahinschlendern; *le ~ en l'air* in die Luft guckend; ♦ *fig avoir du ~, le ~ creux, fin* e-e feine, gute, die richtige Nase, F den richtigen Riecher haben; F *fig avoir qn dans le ~* j-n nicht ausstehen, F riechen können; *tu as le ~ dessus* es liegt vor deiner Nase; du stößt gleich mit der Nase darauf; *baisser le ~* den Kopf, das Gesicht senken; *se boucher le ~* sich die Nase zuhalten; *ton ~ bouge, remue* ich sehe es dir an der Na-se(nspitze) an, daß du lügst; *se casser le ~* sich das Nasenbein brechen; *fig* es nicht schaffen; *fig se casser le ~* (*à la porte de qn*) vor verschlossener Tür stehen; niemanden antreffen; *mon ~ coule* mir läuft die Nase; *faire un pied de ~ à qn* j-m e-e lange Nase machen; *fermer, F claquer la porte au ~ de qn* j-m die Tür vor der Nase zumachen, zuschlagen; *lever le ~* den Kopf heben; aufblicken; *il n'a pas levé le ~ de son bouquin* er blickte nicht von s-m Buch auf; *fig se manger, F se bouffer le ~ cf bouffer²* II; *mettre le ~ à la fenêtre* den Kopf aus dem Fenster strecken; zum Fenster hinaussehen, -gucken; *ne pas mettre, F fourrer le ~ dehors* keinen Fuß vor die Tür setzen; *fig mettre, F fourrer son ~ dans les affaires d'autrui* F s-e Nase in fremde Angelegenheiten stecken; *mettre, F fourrer son ~ partout* F s-e Nase in alles (hinein)stecken; *se mettre, F se fourrer les doigts dans le ~* (mit dem Finger) in der Nase bohren; F popeln; *montrer son ~* den Kopf zur Tür hereinstecken; *parler du ~* durch die Nase sprechen; *passer sous le ~ de qn* occasion, poste F j-m durch die Lappen gehen; *cela lui* (*te, vous etc*) *pend au ~* das kann nicht ausbleiben; das ist unausbleiblich; *piquer du ~* einnicken; F *fig se manger le ~*, F sich die Nase begießen; einen heben; F *fig si on lui pressait le ~, il en sortirait du lait* F er ist noch nicht trocken hinter den Ohren; *regarder qn sous le ~* j-m frech ins Gesicht sehen; *respirer par le ~* durch die Nase atmen; *rire au ~ de qn* j-m (frech) ins Gesicht lachen; *saigner du ~* aus der Nase bluten; Nasenbluten haben; *ça sent le gaz à plein ~* es riecht stark nach Gas; *se trouver ~ à ~* [neəne] *avec qn* j-m unverhofft gegenüberstehen; *cela se voit comme le ~ au milieu de la figure* F das sieht selbst ein Blinder; **2.** *de navire* Bug *m*; *d'avion* Nase *f*; *avion piquer du ~* im Sturzflug abstürzen; **3.** TECH *de gouttière* Nase *f*

N.F. [ɛnɛf] *abr cf* **norme** (*française*)

ni [ni] *conj* **1** (*in Verbindung mit e-m Verb immer mit* ne) und nicht; noch; ♦ *~ ... ~ ...* weder ... noch ...; *~ aujourd'hui ~ demain* weder heute noch morgen; *ne dire ~ oui ~ non* weder ja noch nein sagen; *~ plus ~ moins* (*que*) nicht mehr und nicht weniger (als); ♦ *l'un ~ l'autre ne lui plaisent* keines *ou* keiner von beiden gefällt ihm; ♦ *je ne crois pas qu'il vienne, ~ même qu'il puisse venir* ich glaube weder, daß er kommt, noch daß er kommen kann; *il ne veut ~ ne peut refuser* er will (nicht) und kann nicht ablehnen; er will nicht und kann es auch nicht; *sans ... ~ ...* ohne ... und ohne ...; *sans crainte ~ faiblesse* ohne Furcht und ohne Schwäche; *~ ... non plus* und ... auch nicht

niable [njabl(ə)] *adj cela n'est pas ~* das läßt sich nicht leugnen

niais [njɛ] **I** *adj* dumm; einfältig; kindisch; albern; **II** *subst ~(e) m(f)* Dummkopf *m*, F Einfaltspinsel *m* (*a d'une personne*)

niaiserie [njɛzri] *f* **1.** *caractère* Dummheit *f*; Einfalt *f*; **2.** *débiter des ~s* dummes, albernes Zeug reden, F verzapfen

nib [nib] *adv arg* (*rien*) *~ de ~* überhaupt nichts; rein gar nichts

Nicaragua [nikaragwa] *le ~* Nica'ragua *ou* Nika'ragua *n*

nicaraguayen [nikaragwajɛ̃] **I** *adj* ⟨*~ne*⟩ nicaragu'anisch; **II** *subst ⚥(ne) m(f)* Nicaragu'aner(in) *m(f)*

niche¹ [niʃ] *f* **1.** *dans un mur* (Wand-, Mauer)Nische *f*; **2.** *de chien* Hundehütte *f*; *à la ~!* geh in deine Hütte!

niche² [niʃ] *f* (*farce*) Streich *m*; Schabernack *m*; Possen *m*; *faire des ~s à qn* j-m lustige Streiche spielen; mit j-m s-n Schabernack treiben

nichée [niʃe] *f* **1.** *d'oiseaux* Brut *f*; **2.** *fig d'enfants* F Küken *n/pl*

nicher [niʃe] **I** *v/i* **1.** *oiseaux* nisten; **2.** F *fig personne* wohnen; F hausen; **II** *v/pr* **3.** *oiseaux se ~* nisten; sein Nest bauen; **4.** *fig qc est allé se ~ quelque part* etw steckt irgendwo; *p/p maison nichée dans la forêt* im Wald verstecktes Haus; *par ext où l'orgueil va-t-il se ~!* solche Formen kann der Stolz annehmen!

nichon [niʃɔ̃] *m* F (*sein*) P Titte *f*

nickel [nikɛl] *m* **1.** *métal* Nickel *n*; **2.** *adjt* F *c'est ~ chez eux* bei ihnen ist alles blitzblank, blitzsauber, F wie geleckt

nickeler [nikle] *v/t* ⟨-ll-⟩ vernickeln

Nicolas [nikɔla] *m* Nikolaus *m*

Nicole [nikɔl] *f Vorname*

nicotine [nikɔtin] *f* Niko'tin *n*

nid [ni] *m* **1.** *d'oiseau etc* Nest *n* (*a fig*); *fig d'une habitation ~ d'aigle* Felsennest *n*; *fig ~ de brigands* Räuberhöhle *f*; *~ de guêpes* Wespennest *n*; *~ d'hirondelle* Schwalbennest *n* (*a* CUIS); MIL *~ de mitrailleuses* Ma'schinengewehrnest *n*; *~ d'oiseau* Vogelnest *n*; MAR *~ de pie* Krähennest *n*; *fig dans une chaussée ~ de poule* Schlagloch *n*; *~ de souris* Mäusenest *n*; **2.** COUT *~s d'abeilles* Smokarbeit *f*; AUTO *radiateur m à ~(s) d'abeilles* Wabenkühler *m*; *serviette f en ~(s) d'abeilles* Handtuch *n* mit Waffelmuster, in Waffelbindung; **3.** *fig* (*foyer*) Nest *n*; *un ~ douillet* ein warmes, weiches Nest; *~ d'amoureux* Liebesnest *n*

nidation [nidasjɔ̃] *f* BIOL Einnistung *f*; *sc* Nidati'on *f*

nièce [njɛs] *f* Nichte *f*
nielle¹ [njɛl] *f AGR* ~ *du blé* Gicht *f* des Weizens
nielle² [njɛl] *m ORFÈVRERIE* Ni'ello(arbeit) *n(f)*
nieller [njele] *v/t TECH* niel'lieren
nième [ɛnjɛm] *adj* **1.** *MATH* n-te(r, -s); *la* ~ *puissance* die n-te Potenz; **2.** F x-te(r, -s); *je vous le répète pour la* ~ *fois* ich wieder'hole es Ihnen zum x-tenmal
Niémen [njemɛn] *le* ~ *fleuve* die Memel
nier [nje] *v/t* leugnen (*a abs*); bestreiten; abstreiten; in Abrede stellen; ~ *avoir fait qc* bestreiten, (es) abstreiten, etw getan zu haben; ~ *que* ... (+*ind ou subj*) leugnen, bestreiten, daß ...
Nièvre [njɛvʀ(ə)] *la* ~ *Fluß u Departement in Frankreich*
nigaud [nigo] **I** *adj* dumm; einfältig; albern; **II** *subst* ~(e) *m(f)* Dummkopf *m*, F Dummerjan *m*, Schafskopf *m*, Einfaltspinsel *m*, Trottel *m*, südd Depp *m* (*tous a d'une femme*); *affectueusement gros* ~ du Dummerjen
Niger [niʒɛʀ] *le* ~ **1.** *fleuve* der Niger; **2.** *État* Niger *n*
Nigeria [niʒɛʀja] Ni'geria *n*
nigérian [niʒɛʀjã] **I** *adj* nigeri'anisch; **II** *subst* ♀(*e*) *m(f)* Nigeri'aner(in) *m(f)*
nigérien [niʒɛʀjɛ̃] **I** *adj* ⟨~ne⟩ nigrisch; **II** *subst* ♀(*ne*) *m(f)* Nigrer(in) *m(f)*
night-club [najtklœb] *m* ⟨*pl* night--clubs⟩ Nachtlokal *n*, -klub *m*
nihil|isme [niilism(ə)] *m* Nihi'lismus *m*; **~iste I** *adj* nihi'listisch; **II** *m,f* Nihi'list(in) *m(f)*
Nil [nil] *le* ~ der Nil
nimbe [nɛ̃b] *m PEINT* Heiligenschein *m*; Glorie(nschein) *f(m)*; Glori'ole *f*; Nimbus *m*
nimber [nɛ̃be] *v/t PEINT* mit e-m Heiligenschein um'geben; *litt nimbé de lumière* lichtumflutet
nimbo-stratus [nɛ̃bostʀatys] *m* ⟨*inv*⟩ *MÉTÉO* Nimbo'stratus *m*; tiefhängende Regenwolke
nimbus [nɛ̃bys] *m MÉTÉO* Regenwolke *f*; *sc* Nimbus *m*
n'importe ... [nɛ̃pɔʀt] *cf* importer²
ninas [ninas] *m* Ziga'rillo *m ou n*
n-i-ni, c'est fini [ɛninisefini] *loc* F **a)** (*terminé*) das wäre geschafft; **b)** (*trop tard*) das ist (endgültig) vor'bei; F der Zug ist abgefahren
niôle [njol] *f cf* gnôle
nipper [nipe] F **I** *v/t surtout adjt être bien nippé* F in Schale sein; *être mal nippé* F alte Kla'motten anhaben; **II** *v/pr se* ~ F sich neu ausstaffieren
nippes [nip] *f/pl* (*vieilles*) ~ F (alte) Kla'motten *f/pl*
nippon [nipɔ̃] **I** *adj* ⟨-on(n)e⟩ ja'panisch; **II** *m/pl les* ♀s die Söhne *m/pl* Nippons; die Ja'paner *m/pl*
nique [nik] *f faire la* ~ *à un* (j-n schadenfroh auslachen und dabei) Rübchen schaben; F fätsch machen
niquer [nike] *v/t* P ficken
nirvana [niʀvana] *m* **1.** *REL* Nir'wana *n*; **2.** F *fig* sieb(en)ter Himmel
nitouche [nituʃ] *f f sainte* ~ Scheinheilige *f*; *prendre des airs de sainte* ~ so tun, als ob man kein Wässerchen trüben könnte
nitrate [nitʀat] *m CHIM* Ni'trat *n*; sal'petersaures Salz; ~ *d'argent* Silbernitrat *n*; *MÉD bâton m de* ~ *d'argent* Höllenstein *m*; ~ *de potassium* Kaliumnitrat *n*; Kalisalpeter *m*
nitré [nitʀe] *adj CHIM dérivés* ~s Nitroverbindungen *f/pl*
nitreux [nitʀø] *adj* ⟨-euse⟩ *CHIM acide* ~ sal'petrige Säure
nitrique [nitʀik] *adj CHIM acide m* ~ Sal'petersäure *f*
nitrite [nitʀit] *m CHIM* Ni'trit *n*
nitro|cellulose [nitʀoselyloz] *f CHIM* Nitrozellu'lose *f*; **~glycérine** *f CHIM* Nitroglyze'rin *n*
nival [nival] *adj* ⟨-aux⟩ *régime* ~ durch Schmelzwasser bedingte Wasserführung
niveau [nivo] *m* ⟨*pl* ~x⟩ **1.** *instrument* ~ (*à bulle*) Wasser-, Richt-, Setzwaage *f*; **2.** (*hauteur*) Ni'veau *n*; Höhe *f*; *d'un liquide* Stand *m*; ~ *sonore* Geräusch-, Lärmpegel *m*; *d'un cours d'eau* ~ *des eaux* Wasserstand *m*; Pegel(stand *m*, -höhe *f*) *m*; *AUTO* ~ *d'essence, d'huile* Ben'zin-, Ölstand *m*; ~ *de la mer* Meeresspiegel *m*, -höhe *f*; *à 200 m au--dessus du* ~ *de la mer* 200 m über dem Meeresspiegel (*abr* ü.d.M.); in 200 m Meeres-, Seehöhe; *différence de* ~ Höhenunterschied *m*; *loc/prép au* ~ *de* in Höhe (+*gén*); auf gleicher Höhe mit; *cf a 3.*; *l'eau lui arrive au* ~ *des genoux* das Wasser reicht, geht ihm bis zu den Knien; *mettre de* ~ *cf niveler 1.*; **3.** *fig de connaissances, d'évolution etc* Ni'veau *n*; Stand *m*; Höhe *f*; Stufe *f*; *dans une hiérarchie* Ebene *f*; ~ *culturel* Kul'turstufe *f*; ~ *intellectuel* geistiges Niveau; Bildungsstand *m*, -niveau *n*; *PSYCH* ~ *mental* geistiger Entwicklungsstand; geistige Entwicklungsstufe; ~ *social* soziale, gesellschaftliche Stellung; soziale Stufe; ~ *des études* Ausbildungsniveau *n*, -stand *m*; *LING* ~ *de langue* Sprachebene *f*; ~ *des prix* Preisniveau *n*; ~ *de la production* Produkti'onsstand *m*, -höhe *f*, -niveau *n*; ~ *des salaires* Lohnniveau *n*, -höhe *f*; ~ *de vie* Lebensstandard *m*; ♦ *loc/adj de même* ~ ebenbürtig; gleichwertig; *loc/adv à tous les* ~x auf allen Ebenen; ohne Rücksicht auf den Rang; *au* ~ *de* **a)** auf ...ebene; **b)** *par ext* (*dans le domaine de*) im ...bereich; im Bereich (+*gén*); (*en ce qui concerne*) in bezug auf (+*acc*); hinsichtlich (+*gén*); ...mäßig; *au* ~ *le plus élevé* auf höchster Ebene; *au* ~ *du consommateur* auf Verbraucherebene; *au* ~ *de l'intelligence* intelli'genzmäßig; *des problèmes au* ~ *de la production* Probleme *n/pl* im Produktionsbereich; *la qualité au* ~ *des couleurs* die Qualität hinsichtlich der Farben; ♦ *atteindre son* ~ *le plus bas, le plus 'haut* s-n tiefsten Stand, Höchststand erreichen; *être au* ~ *de qn livre ou* ~ *de* j-s Niveau (*dat*) entsprechen, angemessen sein; *personne* j-m ebenbürtig sein; mit j-m auf gleicher Stufe stehen; *mettre au même* ~ auf die gleiche Stufe stellen; *se mettre au* ~ *de qn* sich j-s (geistigem) Niveau, Fassungsvermögen anpassen; **4.** (*étage*) E'tage *f*; Stockwerk *n*
nivelage [nivlaʒ] *m cf nivellement 1., 2.*
niveler [nivle] *v/t* ⟨-ll-⟩ **1.** *sol, terrain* einebnen; pla'nieren; ebnen; abgleichen; **2.** *ARPENTAGE* nivel'lieren; **3.** *fig* (*égaliser*) (ein'ander) angleichen; gleichmachen; die 'Unterschiede ausgleichen zwischen (+*dat*); nivel'lieren; egali'sieren
niveleuse [nivløz] *f TECH* Pla'niermaschine *f*
nivellement [nivɛlmɑ̃] *m* **1.** *d'un terrain* Einebnung *f*; Pla'nierung *f*; Abgleichung *f*; **2.** *ARPENTAGE* Nivel'lieren *n*; Nivelle'ment *n*; **3.** *fig* Angleichung *f*; Ausgleichen *n* der 'Unterschiede; Ni'vel'lierung *f*; ~ *des salaires* Angleichung der Löhne; ~ *par la base, par le bas* Angleichung nach unten
n° *ou* **N°** *abr* (*numéro*) Nr. (Nummer)
nobiliaire [nɔbiljɛʀ] **I** *adj* Adels...; *particule f* ~ Adelsprädikat *n*; *titre f* ~ Adelstitel *m*; **II** *m* Adelsmatrikel *f*, -buch *n*, -kalender *m*
noble [nɔbl(ə)] **I** *adj* **1.** ad(e)lig; *famille f* ~ Adelsfamilie *f*, -geschlecht *n*; *être* ~ ad(e)lig sein; **2.** *fig* edel; vornehm; *sentiments a, style* erhaben; *attitude* würde-, hoheitsvoll; *métaux m/pl* ~s Edelmetalle *n/pl*; *THÉ rôle père m* ~ Heldenvater *m*; **II** *m,f* Ad(e)lige(r) *f(m)*; *HIST a* Edelmann *m*, -frau *f*, -fräulein *n*; ~*s pl* Edelleute *pl*
noblesse [nɔblɛs] *f* **1.** Adel *m*; ~ *d'épée* Schwertadel *m*; militärischer Verdienstadel *m*; ~ *de robe* Amtsadel *m*; *lettres f/pl de* ~ Adelsbrief *m*; *fig chose ne pas avoir ses lettres de* ~ sich noch nicht so recht eingebürgert haben; *titre m de* ~ Adelstitel *m*; *prov* ~ *oblige* Adel verpflichtet (*prov*); **2.** *fig* Adel *m*; *des sentiments* Erhabenheit *f*; *d'une attitude* Würde *f*; Hoheit *f*; ~ *d'âme, de cœur* Seelen-, Herzensadel *m*
nobliau [nɔblijo] *m* ⟨*pl* ~x⟩ *péj* kleine(r) Ad(e)lige(r)
noce [nɔs] *f* **1.** ~s *pl* Hochzeit *f*; ~ *ou* ~s Hochzeitsfeier *f*, -fest *n*; ~s *d'argent, d'or, de diamant, de platine* silberne, goldene, diamantene, eiserne Hochzeit; *nuit f de* ~s Hochzeits-, Brautnacht *f*; *loc/adv: épouser qn en premières, secondes* ~s in erster, zweiter Ehe; *le jour de ses* ~s an ihrem *ou* s-m Hochzeitstag; *aller à la* ~ *de qn tu ou* auf j-s Hochzeit (*acc*) gehen; F *fig n'être pas à la* ~ übel, schlecht dran sein; **2.** (*les invités*) Hochzeitsgesellschaft *f*; **3.** F *fig faire la* ~ in Saus und Braus leben; ein flottes, ausschweifendes Leben führen; prassen
noceur [nɔsœʀ] F *m* Lebemann; Bonvi'vant *m*; Prasser *m*
nocif [nɔsif] *adj* ⟨-ive⟩ schädlich
nocivité [nɔsivite] *f* Schädlichkeit *f*
noctambule [nɔktɑ̃byl] *m,f* Nachtschwärmer *m*
nocturne [nɔktyʀn] **I** *adj* nächtlich; Nacht...; *ZO papillon m* ~ Nachtfalter *m*; *en* ~ Abend stattfindend; *match m en* ~ Flutlichtspiel *n*; **II** *subst* **1.** *m MUS* Not'turno *n*; **2.** *f ou m match* Flutlichtspiel *n*; *TURF* Abendrennen *n*; **3.** *f ou m COMM* verlängerte Öffnungszeit am Abend; Dienstleistungsabend *m*
nodosité [nɔdozite] *f MÉD* Knoten *m*
nodule [nɔdyl] *m* **1.** *MÉD* Knötchen *n*; **2.** *GÉOL* Knolle *f*
Noé [nɔe] *m BIBL* Noah *m*
Noël¹ [nɔɛl] *m* **1.** ⟨ohne Artikel, im Dia-

Noël – nom

lekt a la ⁓) Weihnachten n ou F f/pl; das Weihnachtsfest; **joyeux** ⁓! fröhliche Weihnachten!; **arbre** m **de** ⁓ Weihnachts-, Christbaum m; **nuit** f **de** ⁓ Weihnachts-, Christnacht f; Heilige Nacht; **père** m ⁓ Weihnachtsmann m; Christkind n; fig croire au père ⁓ noch an den Weihnachtsmann glauben; loc/adv **à** ⁓, régional **à la** ⁓ (zu ou an) Weihnachten; prov ⁓ **au balcon, Pâques au tison** grüne Weihnachten, weiße Ostern (prov); **2.** F (**petit**) ♀ Weihnachtsgeschenk n; **je voudrais ce livre pour mon** ♀ ich wünsche mir dieses Buch zu Weihnachten; **3.** ♀ **chant** Weihnachtslied n

Noël[2] [nɔɛl] m Vorname
Noëlle [nɔɛl] f Vorname
nœud [nø] m **1.** pour attacher Knoten m; **coulant** Schlinge f; ⁓ **de cravate** Kra'watten-, Schlipsknoten m; fig **il avait un** ⁓ **dans la gorge** s-e Kehle war wie zugeschnürt; **faire un** ⁓ e-n Knoten machen, knüpfen; pour se rappeler qc **faire un** ⁓ **à son mouchoir** sich e-n Knoten ins Taschentuch machen; **2.** (ruban noué) Schleife f; ⁓ **papillon** Fliege f; **faire un** ⁓ e-e Schleife binden; **mettre des** ⁓**s dans les cheveux** Schleifen ins Haar binden; **3.** fig d'une action dramatique Verwicklung f; Knoten m; **4.** fig d'une affaire springender Punkt; **5.** pl ⁓s litt (liens) Bande n/pl; **6.** ZO ⁓ **de vipères** zu e-m Knäuel verschlungene Vipern f/pl; **7.** ⁓ **ferroviaire** (Eisen)Bahnknotenpunkt m; ⁓ **routier** (Straßen)Verkehrsknotenpunkt m; **8.** MAR Knoten m; bateau filer vingt ⁓s mit zwanzig Knoten fahren; zwanzig Knoten laufen, F machen; **9.** dans du bois Ast m; **sans** ⁓**s** astfrei, -rein; **10.** BOT Knoten m; **11.** ÉLECT Knoten-, Verzweigungspunkt m; **12.** MATH Knoten m

noir [nwaʀ] **I** adj **1.** couleur schwarz; cheveux a schwarzbraun; raisin blau; dunkel; **café** ⁓ schwarzer Kaffee; **cheval** ⁓ Rappe m; ROULETTE **le huit, six** ⁓ die schwarze Acht, Sechs; PHYS **lumière** ⁓**e** Ultravio'lettlicht n; **lunettes** ⁓**es** dunkle, schwarze Brille; **la mer** ♀**e** das Schwarze Meer; **pain** ⁓ Schwarzbrot n; **point** ⁓ a) sur la peau Mitesser m; b) fig neur'algischer Punkt; ⁓ **comme du jais, comme de l'encre, comme du charbon, comme de l'ébène,** F **comme du cirage** schwarz wie die Nacht, wie ein Rabe, wie Ebenholz; pechschwarz; kohl(raben)schwarz; **être tout** ⁓ (très bronzé) ganz braungebrannt sein; **2.** (sale) schwarz, schmutzig; F **gueules** ⁓**es** Kumpel m/pl (Bergarbeiter); ⁓ **de suie** rußgeschwärzt; **3.** (sans lumière) dunkel; finster; ciel, nuage schwarz; dunkel; **nuit** ⁓**e** dunkle, finst(e)re, schwarze Nacht; **il fait** ⁓ **comme dans un four, comme dans la gueule d'un loup** es ist stockdunkel, -finster; es ist pechschwarze Nacht; es ist so dunkel, daß man die Hand nicht vor den Augen sieht; **4.** race, personne schwarz; Neger...; farbig; **l'Afrique** ⁓**e** Schwarzafrika n; **enfant** ⁓ Negerkind n; **femme** ⁓ Schwarze f; Negerin f; Farbige f; **quartier** ⁓ Negerviertel n; **5.** fig: idées trüb(e); schwarz; regard finster; **humeur** ⁓**e** düstere Stimmung,

Laune; **être d'humeur** ⁓**e** (in) düsterer Stimmung sein; **jeter un regard** ⁓ **sur qn, regarder qn d'un œil** ⁓ j-n finster anblicken; j-m finstere Blicke zuwerfen; **6.** fig: complot, crime etc schändlich; ruchlos; desseins finster; colère maßlos; sinnlos; blind; hell; **humour** ⁓ schwarzer Humor; ⁓**e ingratitude** schnöder Undank; **magie** ⁓**e** Schwarze Magie; **roman** ⁓ Schauer-, Gruselroman m; cf a **série** 1.; **7.** (illégal) **caisse** ⁓**e** Geheimkasse f, -fonds m; **marché** ⁓ schwarzer Markt; Schwarzmarkt m; **travail** (**au**) ⁓ Schwarzarbeit f; loc/adv **travailler au** ⁓ schwarzarbeiten; **8.** F (ivre) F blau; besoffen; **II** subst **1.** m couleur Schwarz n (a ROULETTE); loc/adv **sur blanc** schwarz auf weiß; **c'est écrit** ⁓ **sur blanc** da steht es schwarz auf weiß; **vous me mettez** ⁓ **sur blanc vos projets** reichen Sie mir Ihre Pläne schriftlich ein; loc/adj PHOT, TV **en** ⁓ **et blanc** schwarz'weiß; **photo** f **en** ⁓ **et blanc** Schwarz'weißaufnahme f; **avoir du** ⁓ **sur la joue** auf der Backe schwarz sein, etwas Schwarzes haben; sich auf der Backe schwarz gemacht haben; **se mettre du** ⁓ **aux yeux** sich e-n schwarzen Lidstrich ziehen; **être en** ⁓, **être habillé de** ou **en** ⁓ in Schwarz sein, gehen; schwarz gekleidet sein; Schwarz tragen; **teindre en** ⁓ schwarz färben; fig **voir tout en** ⁓ alles schwarz, grau in grau sehen; cf a **broyer** 2.; **2.** m (obscurité) Dunkel n; Dunkelheit f; **avoir peur dans le, du** ⁓ im Dunkeln, im Finstern, in ou vor der Dunkelheit Angst haben; **3.** ♀(**e**) m(f) Schwarze(r) f(m); Neger(in) m(f); Farbige(r) f(m); **4.** MUS ⁓**e** f Viertelnote f; **5. café F un** (**petit**) ⁓ e-e Tasse schwarzen Kaffee
noirâtre [nwaʀɑtʀ(ə)] adj schwärzlich
noiraud [nwaʀo] **I** adj personne dunkel (-häutig und dunkelhaarig); **II** subst ⁓(**e**) m(f) dunkler Typ
noirceur [nwaʀsœʀ] f **1.** couleur Schwärze f; **2.** litt d'une trahison, d'un crime etc Schändlichkeit f; Ruchlosigkeit f; ⁓ **d'âme** Niedertracht f
noircir [nwaʀsiʀ] **I** v/t **1.** (colorer en noir) schwarz machen, färben; schwärzen; (salir) schwarz, schmutzig machen (**de** mit); **2.** fig: situation in schwarzen, düsteren Farben schildern; pages (eng) beschreiben; 'vollschreiben; F péj ⁓ **du papier** schriftstellern; ⁓ (**la réputation de**) **qn** j-s (guten) Ruf beflecken; j-n in schlechten Ruf bringen; **II** v/i et v/pr **3.** (**se**) ⁓ schwarz werden; sich schwarz färben; couleur, objet nachdunkeln; **4.** ciel se ⁓ schwarz, dunkel werden; sich schwarz, dunkel färben
noircissement [nwaʀsismɑ̃] m Schwärzen n, -ung f; (fait de devenir noir) Schwarzwerden n
noire [nwaʀ] f **1.** MUS Viertelnote f; **2.** ♀ Schwarze f; Negerin f; Farbige f
noise [nwaz] loc **chercher** ⁓ ou **des** ⁓**s à qn** mit j-m Streit, Händel suchen
noisetier [nwaztje] m BOT Hasel(nuß)strauch m
noisette [nwazɛt] f **1.** BOT Haselnuß f; **chocolat** m **aux** ⁓**s** Nußschokolade f; **2.** CUIS ⁓ **de beurre** ein haselnußgroßes Stück Butter; **3.** adj ⟨inv⟩ haselnußbraun; **des yeux** m/pl ⁓ haselnußbraune Augen n/pl

noix [nwa] f **1.** BOT du noyer (Wal)Nuß f; **casser des** ⁓ Nüsse (auf)knacken; **2.** BOT Nuß(frucht) f; ⁓ **muscade** Mus'katnuß f; ⁓ **du Brésil, de coco** Para-, Kokosnuß f; loc/adj F fig **à la** ⁓ (**de coco**) schlecht; wertlos; F ohne Hand und Fuß; **3.** CUIS **une** ⁓ **de beurre** ein walnußgroßes Stück Butter; **4.** d'une côtelette schieres Fleisch; ⁓ **de veau** Kalbsnuß f; **5.** F fig (imbécile) **quelle** (**vieille**) ⁓! F so e-e, diese doofe Nuß!; adjt **être** ⁓ dumm, F doof sein

nom [nɔ̃] m **1.** d'une personne, d'une chose Name m; (désignation) Benennung f; Bezeichnung f; ⁓ **commercial** Handelsname m; JUR ⁓ **déposé** eingetragenes Warenzeichen; **faux** ⁓ falscher Name; F **petit** ⁓ Vorname m; **le** ⁓ **de Dupont** der Name Dupont; ⁓ **de baptême** Taufname m; ⁓ **d'emprunt** Deckname m; Pseudo'nym n; ⁓ (**de famille**) Fa'milien-, Nach-, Zuname m; ⁓ **de fille, de garçon** Mädchen-, Jungenname m; ⁓ **de jeune fille** Mädchenname m (e-r verheirateten Frau); ⁓ **de guerre** Deckname m; Pseudo'nym n; ⁓ **de lieu** Ortsname m; COMM ⁓ **de marque** Markenname m, -bezeichnung f; ⁓**s de personnes** Per'sonennamen m/pl; ⁓ **de plume** Künstler-, Schriftstellername m; ⁓ **de rue** Straßenname m; ⁓ **de théâtre** Künstlername m; ♦ loc/adj: **une personne du** ⁓ **de Martin** namens, mit (dem) Namen Martin; **Louis, treizième du** ⁓ Ludwig, der dreizehnte des Namens; **sans** ⁓ misère, horreur namenlos; bêtise, douleur unsagbar; unsäglich; loc/adv: **connaître qn de** ⁓ dem Namen nach; **connaître ses collègues par leur** ⁓ namentlich; mit Namen; **appeler les choses par leur** ⁓ die Dinge, das Kind beim rechten Namen nennen; loc/prép **au** ⁓ **de** im Namen, im Auftrag, namens (+gén); JUR **au** ⁓ **de la loi** im Namen des Gesetzes; REL **au** ⁓ **du Père, du Fils et du Saint-Esprit** im Namen des Vaters, des Sohnes und des Heiligen Geistes; **au** ⁓ **du ciel!** um('s) Himmels willen!; **j'agis en son** ⁓ ich handle in s-m Namen, Auftrag; **en mon** ⁓ in meinem (eigenen) Namen; ♦ **ça n'a pas de** ⁓! das ist unerhört, unglaublich!; **sa conduite n'a pas de** ⁓ für sein Verhalten gibt es keinen Ausdruck; **changer de** ⁓ den Namen wechseln, ändern; e-n anderen Namen annehmen; dictature etc **qui n'ose pas dire son** ⁓ versteckt; verkappt; **donner son** ⁓ s-n Namen angeben; **donner un** ⁓ **à qn, à qc** j-m, e-r Sache e-n Namen geben; **donner le** ⁓ **de qn à une rue** e-e Straße nach j-m benennen; **quel est le** ⁓ **de la rue?** wie heißt die Straße?; **être le dernier du** ⁓ der letzte s-s Namens, Geschlechts sein; tolérance, liberté **n'être qu'un** ⁓ nur ein schöner Name sein; ein bloßer Name sein, nichts weiter als ein Name sein; **se faire un** ⁓, **laisser un** ⁓ sich e-n Namen machen; **comme son** ⁓ **l'indique** wie der Name schon sagt; **mêler le** ⁓ **de qn à qc** j-s Namen in Zusammenhang mit etw nennen; **mettre son** ⁓ **au bas d'une lettre** unter e-n Brief setzen; **ne pas arriver à mettre un** ⁓ **sur le visage de qn** sich nicht mehr an j-s Namen (acc) erinnern können; **porter le** ⁓ **de**

nomade — nonciature

qn j-s Namen tragen, führen; ***prendre le ~ de** qn* j-s Namen annehmen; ***prêter son ~ à** qc* s-n Namen für etw hergeben; ***répondre au ~ de Paul*** auf den Namen Paul hören; Paul heißen; ***traiter** qn **de tous les ~s*** j-n mit allen möglichen Schimpfnamen belegen; **2.** *GR* Substantiv *n;* Hauptwort *n;* Dingwort *n;* ***~ commun*** Gattungsname *m;* ***~ composé*** zusammengesetztes Substantiv; ***~ propre*** Eigenname *m;* ***complément** m **de ~*** Ergänzung *f* zum Substantiv; **3.** *int* F **~ de ~!, ~ d'un chien!, ~ d'une pipe!, ~ d'un petit bonhomme!** zum Donnerwetter!; verdammt *ou* verflixt (und zugenäht)!; Himmeldonnerwetter!

nomade [nɔmad] **I** *adj* No'maden...; no'madisch; no'madenhaft; ***peuple** m,* ***tribu** f ~* Nomadenvolk *n,* -stamm *m; fig* ***vie** f ~* unstetes Leben; Nomadendasein *n;* Wanderleben *n;* **II** *m,f* **1.** *du désert* No'made *m;* **2.** *ADM (personne sans domicile fixe)* Nichtseßhafte(r) *f(m);* Per'son *f* ohne festen Wohnsitz

nomadisme [nɔmadism(ə)] *m* No'madentum *n;* Noma'dismus *m*

no man's land [nomanslɑd] *m MIL, fig* Niemandsland *n*

nombre [nɔ̃bR(ə)] *m* **1.** Zahl *f* (*a MATH*); *de personnes ou d'objets a* Anzahl *f, MATH* ***~ entier*** ganze Zahl; ***~ total*** Gesamtzahl *f,* -ziffer *f;* ***~ des chômeurs*** Arbeitslosenzahl *f,* -ziffer *f;* ***~ d'habitants*** *d'une ville* Einwohnerzahl *f, d'un pays* Bevölkerungszahl *f, BEAUX-ARTS* ***~ d'or*** Goldener Schnitt; *TECH* ***~ de tours*** Dreh-, Tourenzahl *f, STATISTIQUE* **la loi des grands ~s** das Gesetz der großen Zahl; ♦ *loc/adj et loc/adv: st/s ~ de* ... viele ...; ***depuis d'années*** seit vielen Jahren; (*un*) ***bon ~ de spectateurs*** ein großer Teil der, nicht wenige, viele Zuschauer; ***un grand ~ de*** ... e-e große (An)Zahl (von) ...; sehr viele ...; ***le plus grand ~*** (*de*) ...) die Mehrheit, Mehrzahl (der ...); die meisten (...); ***un petit ~ de*** ... e-e kleine, geringe (An)Zahl (von) ...; ein paar ...; wenige ...; ***le petit ~ de gens qui*** ... die wenigen, die paar Menschen, die ...; ***au ~ de trois*** zu dritt; drei an der Zahl; F drei Mann hoch; ***ils étaient au ~ de trois*** *a* sie waren ihrer drei; ***je le compte au ~ de mes amis*** ich zähle, rechne ihn zu meinen Freunden; ***dans le ~*** dar'unter; ***en ~*** a) (*nombreux*) zahlreich; in großer Zahl; b) *être supérieur* zahlenmäßig; ***nous ne sommes pas en ~ suffisant*** wir sind (zahlenmäßig) zu wenige; ***sans ~*** zahllos; unzählig; ohne Zahl; ***être du ~ des invités*** unter den Gästen sein; zu den Gästen zählen; ***serez-vous du ~?*** werden Sie auch dabeisein?; ***faire ~*** zahlreich sein; ***succomber sous le ~*** der 'Überzahl unter'liegen; **2.** *GR* Numerus *m;* Zahl *f*

nombreux [nɔ̃bRø] *adj* ⟨-euse⟩ zahlreich; *foule, public etc a* groß; ***famille nombreuse*** kinderreiche Familie; ***de ~ spectateurs*** zahlreiche, viele Zuschauer; ***des visiteurs toujours plus ~*** nein; ♦ *renforcé:* immer mehr Besucher; ***dans de ~ cas*** in zahlreichen, vielen Fällen; ***venir ~*** zahlreich, in großer Zahl erscheinen

nombril [nɔ̃bRil] *m ANAT* Nabel *m;* F Bauchnabel *m; fig* ***se prendre pour le ~ du monde*** sich für den Nabel der Welt halten

nombrilisme [nɔ̃bRilism(ə)] *m* F Nabelschau *f;* ***faire du ~*** Nabelschau betreiben

nomenclature [nɔmɑ̃klatyR] *f* **1.** (*terminologie*) Nomenkla'tur *f;* **2.** (*répertoire*) Verzeichnis *n;* Kata'log *m;* Aufschlüsselung *f; MÉD* Gebührenordnung *f;* **3.** *d'un dictionnaire* Stichwörter *n/pl;* Wortmaterial *n;* Wortgut *n*

nominal [nɔminal] *adj* ⟨-aux⟩ **1.** (*des noms*) namentlich; Namen(s)...; ***appel ~*** namentlicher Aufruf; Namen(s)aufruf *m;* ***liste ~e*** Namenliste *f,* -verzeichnis *n;* **2.** (*n'existant que de nom*) nomi'nell; (nur) dem Namen nach; ***être le chef ~*** der nominelle Chef sein; (nur) dem Namen nach Chef sein; *ÉCON* Nomi'nal...; Nenn...; ***salaire ~*** Nominallohn *m,* -einkommen *n;* ***valeur ~e*** Nominal-, Nennwert *m;* **4.** *GR* nomi'nal; Nomi'nal...; ***forme ~e*** infinite Form; Nominalform *f;* ***phrase ~e*** Nominalsatz *m*

nominatif¹ [nɔminatif] *m GR* Nominativ *m;* Werfall *m;* erster Fall

nominatif² [nɔminatif] *adj* ⟨-ive⟩ namentlich; Namen(s)...; *ÉCON* ***titre ~*** Namens-, Rektapapier *n*

nomination [nɔminasjɔ̃] *f* **1.** Ernennung *f;* Berufung *f;* ***au grade de capitaine*** Ernennung, Beförderung *f* zum Hauptmann; ***sa ~ au poste d'ambassadeur*** s-e Ernennung zum Botschafter; s-e Berufung in das Amt des Botschafters; **2.** *document* Ernennungsurkunde *f,* -schreiben *n;* **3.** *dans une distribution de prix* Nennung *f* als Preisträger

nommé [nɔme] *adj* **1.** namens; mit (dem) Namen; ***un homme ~ Dupont*** ein Mann namens Dupont, mit (dem) Namen Dupont; ***le ~ Dupont*** besagter Dupont; **2.** (*cité*) genannt; erwähnt; *subst* ***un ~ Dupont*** einer namens Dupont; ***le ~ ci-dessus*** der Obengenannte, -erwähnte; **3.** *loc/adv* ***à point ~*** wie gerufen; gerade recht, zur rechten Zeit; sehr gelegen; **4.** (*opposé: élu*) ernannt

nommément [nɔmemɑ̃] *adv* namentlich; mit Namen

nommer [nɔme] *v/t* **1.** (*donner un nom*) nennen; (*chose a* benennen; ***ses parents l'ont nommé Paul*** s-e Eltern nannten ihn Paul, gaben ihm den Namen Paul; ***ce que nous nommons liberté*** was wir Freiheit nennen, als Freiheit bezeichnen; **2.** (*dire le nom*) (mit Namen) nennen; *ADM* namhaft machen; ***ses complices a* nannten; *plais:* ***un riche banquier, Rockefeller,* pour ne pas le ~*** um es genau zu sagen; **3.** *qn à une fonction* ernennen; berufen; ***il a été nommé directeur*** *ou* ***on l'a nommé directeur*** er wurde zum Direktor ernannt; ***~ qn à un poste*** j-n in ein Amt berufen; **II** *v/pr* **se ~ 4.** (*s'appeler*) sich nennen; heißen; **5.** (*dire son nom*) s-n Namen nennen

non [nɔ̃] **I** *adv* **1.** nein; nicht; ***il est venu? – ~ nein;*** ♦ *renforcé:* **~, et ~!** *ou* **~, mille fois ~!** nein, nein und nochmals nein!; ***ah, ça ~!*** ganz bestimmt nicht!; ***oh, (que) ~!*** o nein!; ***ma foi ~!*** ach nein!; ***vraiment ~!*** wirklich, wahrhaftig nicht!; ***mais ~!*** aber nein!; nicht doch!; ***moi ~*** ich nicht!; ***~, rien à faire*** nein, da ist nichts zu machen; ♦ *en phrase avec d'autres adv ou conj:* ***et ~*** (***pas***) und nicht *ou* kein(s); ***c'est un conseil et ~*** (***pas***) ***un ordre*** das ist ein Rat und kein Befehl; ***ou ~*** oder nicht; ***que vous le vouliez ou ~*** ob Sie wollen oder nicht; ***~ plus*** auch nicht; ***elle ne parlait pas, lui ~ plus*** er auch nicht; ***elle ne plus l'a pas vu*** auch sie hat ihn nicht gesehen; ***~ sans*** nicht ohne; ***~ sans hésitation*** nicht ohne Zögern; ***~ sans s'être retourné plusieurs fois*** nicht ohne sich mehrmals 'umgedreht zu haben; ***~* (***pas***) ***mais*** ... *nicht ...,* sondern ...; ***~ seulement*** ... ***mais aussi*** *ou* ***encore*** ... nicht nur ..., sondern auch ...; ♦ *loc/conj* ***~ que*** ... (+*subj*), ***st/s ~ pas que*** ... (+*subj*) nicht (etwa), daß *ou* weil ...; ***il ne réussit pas, ~ qu'il soit paresseux,*** *mais parce que* ... nicht (etwa), daß er faul wäre *ou* nicht (etwa), weil er faul ist; ♦ *avec des verbes:* ***il dit toujours ~*** er sagt immer nein; ***j'espère que ~*** ich hoffe nicht; ***faire ~ de la tête*** (verneinend) den Kopf schütteln; ***il prétend que ~*** er behauptet nein; ***répondre ~ à toutes les offres*** zu allen Angeboten nein sagen; *slogan:* **2.** ***au nucléaire*** nein zur Kernkraft; **2.** *int* **~! *ou* ~, mais!** *ou* **~, par exemple!** F nein, so was!; das ist doch nicht zu fassen!; **3.** F *en fin de phrase* nicht (wahr)?; ja?; *süd* gelt?; gell?; ***tu as fini de t'agiter, ~?*** du sitzt jetzt schön still, ja *ou* gelt?; **II** *m* ⟨*inv*⟩ **1.** Nein *n;* ***un ~ catégorique*** ein kategorisches Nein; **2.** *POL* Neinstimme *f*

non-... *ou* **non ~** [nɔ̃, *vor Vokal u stummem h* nɔn] *préfixe* Nicht...; nicht...; *exemples:* ***non-discrimination** f* Nichtdiskriminierung *f;* ***non-gréviste** m* Nichtstreikende(r) *m;* ***devant adj souvent pas de trait d'union:*** ***non coupable*** nicht schuldig; ***non terminé*** nicht fertig; *cf les articles suivants*

non|-actif [nɔnaktif] *m* Nichterwerbstätige(r) *m;* **~-activité** *f MIL, ADM* mise *f* **en ~** Versetzung *f* in den Wartestand, einstweiligen Ruhestand

nonagénaire [nɔnaʒenɛR] **I** *adj* neunzigjährig; **II** *m,f* Neunzigjährige(r) *f(m);* Neunziger(in) *m(f)*

non-agression [nɔnagRɛsjɔ̃] *f POL* ***pacte** m **de ~*** Nicht'angriffspakt *m*

non|-aligné [nɔnaliɲe] *POL* **I** *adj* blockfrei; **II** *m* blockfreier Staat; ***les ~s** pl a* die Blockfreien *m/pl;* **~-alignement** *m POL* Blockfreiheit *f*

nonante [nɔnɑ̃t] *num/c en Belgique et en Suisse* neunzig

non-assistance [nɔnasistɑ̃s] *f JUR* ***~ à personne en danger*** unter'lassene Hilfeleistung

nonce [nɔ̃s] *m ÉGL CATH* ***~*** (***apostolique***) (Apo'stolischer) Nuntius

nonchalamment [nɔ̃ʃalamɑ̃] *adv cf* **nonchalant**

nonchalance [nɔ̃ʃalɑ̃s] *f* Lässigkeit *f;* Noncha'lance *f; de qn a* Unbekümmertheit *f;* ***avec ~*** lässig, leger [-ʒɛːʀ]

nonchalant [nɔ̃ʃalɑ̃] *adj* lässig; noncha'lant; *personne a* unbekümmert; *pose, geste a* leger [-ʒɛːʀ]

nonciature [nɔ̃sjatyR] *f ÉGL CATH* Nuntia'tur *f*

non-conform|isme [nõkɔ̃fɔʀmism(ə)] *m* Nonkonfor'mismus *m*; **~iste I** *adj* nonkonfor'mistisch; **II** *m* Nonkonfor-'mist *m*

non|-engagé [nɔnãgaʒe] *adj cf* **non--aligné**; **~-exécution** *f d'un contrat* Nichterfüllung *f*; **~-existence** *f PHILOS* Nichtexistenz *f*

non|-figuratif [nõfigyʀatif] *adj* ⟨-ive⟩ *BEAUX-ARTS* ungegenständlich; gegenstandslos; ab'strakt; nonfigura'tiv; *subst* **les ~s** die Vertreter *m/pl* der abstrakten Kunst; **~-fumeur** *m* Nichtraucher *m*

non|-ingérence [nɔnɛ̃ʒeʀãs] *f POL* Nichteinmischung *f*; **~-initié(e)** *m(f)* Uneingeweihte(r) *f(m)*; Nichteingeweihte(r) *f(m)*; Laie *m*; **~-inscrit** *adj et subst m POL* (**député**) **~** frakti'onslose(r) Abgeordnete(r); **~-intervention** *f POL* Nichteinmischung *f*; **politique** *f* **de ~** Politik *f* der Nichteinmischung

non-lieu [nõljø] *m JUR* Einstellung *f* des (Straf)Verfahrens; **ordonnance** *f* **de ~** Einstellungsbeschluß *m*; **il y a ~** das Verfahren wird eingestellt

non-moi [nõmwa] *m PHILOS* Nicht-Ich *n*

nonne [nɔn] *f plais* (*religieuse*) Nonne *f*

nonnette [nɔnɛt] *f* **1.** *plais* Nönnchen *n*; junge Nonne; **2.** *CUIS* kleiner runder Lebkuchen (*mit Marmelade*)

nonobstant [nɔnɔpstã] *ADM prép* ungeachtet, trotz (+*gén*)

non-paiement [nõpɛmã] *m* Nicht(be)zahlung *f*

non-prolifération [nõpʀɔlifeʀasjõ] *f* Nichtverbreitung *f*; Nichtweitergabe *f*; **traité ~ des armes nucléaires** A'tom(waffen)sperrvertrag *m*

non-recevoir [nõʀ(ə)səwaʀ] *m* **fin** *f* **de ~** a) strikte Ablehnung; abschlägiger Bescheid; b) *JUR* (Antrag *m* auf) Abweisung *f* der Klage

non-résident [nõʀezidã] *m ÉCON* De-'visenausländer *m*

non-retour [nõʀ(ə)tuʀ] *m* **point m de ~** Punkt *m*, an dem es kein Zu'rück mehr gibt

non-sens [nõsãs] *m* **1.** Unsinn *m*; Nonsens *m*; 'Widersinn *m*; **c'est un ~** das ist unsinnig, 'widersinnig, absurd; **2.** *dans une traduction* unverständliche Stelle; **faire un ~** Unsinn, völlig Unverständliches schreiben

nón-stop [nɔnstɔp] *adj* ⟨*inv*⟩ Non-'stop...

non|-violence [nõvjɔlãs] *f POL* Gewaltlosigkeit *f*; **~-violent** *POL adj* gewaltlos; **II** *m/pl* **~s** Anhänger *m/pl* der Gewaltlosigkeit

nord [nɔʀ] **I** *m* **1.** *point cardinal* (*abr* **N.**) Nord(en) *m* (*abr* N); **vent** *m* **du ~** Nordwind *m*; *loc/adv* **au ~** im Norden, nördlich (**de** von *ou* +*gén*); **au ~ de la Loire** nördlich der Loire; **plus au ~** weiter im Norden, nördlich; **en direction du ~**, **vers le ~** in nördlicher Richtung; nordwärts; nach, gegen, *poét* gen Norden; F *fig* **perdre le ~** den Kopf verlieren; **2. le ~** a) *d'une région, d'une ville etc* der Norden; **le Grand ~** der hohe Norden; **l'Afrique** *f*, **l'Allemagne** *f*, **l'Amérique** *f* **du ~** Nordafrika *n*, -deutschland *n*, -amerika *n*; **la mer du ~** die Nordsee; **dans le ~ de Paris** im Norden von Paris; in Paris Nord; **b)** *de la France* Nordfrankreich *n*; der Norden (Frankreichs); **canal** *m* **du ~** Nordkanal *m*; *à Paris* **gare** *f* **du ~** Nordbahnhof *m*; **les gens** *m/pl* **du ~** die Nordfranzosen *m/pl*; **c)** *frz Departement*; **II** *adj* ⟨*inv*⟩ nördlich; Nord...; **la banlieue ~** die nördlichen Vororte *m/pl*; *GÉOGR* **cap ~** Nordkap *n*; **côte** *f* **~** Nordküste *f*

nord-africain [nɔʀafʀikɛ̃] **I** *adj* nordafrikanisch; **II** *subst* **Nord-Africain(e)** *m(f)* Nordafrikaner(in) *m(f)*

nord-américain [nɔʀameʀikɛ̃] **I** *adj* nordamerikanisch; **II** *subst* **Nord-Américain(e)** *m(f)* Nordamerikaner(in) *m(f)*

nord-est [nɔʀɛst] **I** *m* **1.** *direction* Nord-'ost(en) *m*; **vent** *m* **du ~** Nord'ost (-wind) *m*; **2.** *d'un pays* **le Nord-Est** der Nord'osten; *de la France* Nord'ostfrankreich *n*; der Nord'osten Frankreichs; **II** *adj* ⟨*inv*⟩ nord'östlich; Nord'ost...

nordique [nɔʀdik] **I** *adj* nordisch; **langues** *f/pl*, **pays** *m/pl* **~s** nordische Sprachen *f/pl*, Länder *n/pl*; **II** *subst* **~** *m,f* Nordländer(in) *m(f)*

nordiste [nɔʀdist] *HIST U.S.A.* **I** *m,f* Nordstaatler(in) *m(f)*; **II** *adj* der Nordstaaten

nord-nord|-est [nɔʀnɔʀɛst] *m* Nord'ost(en) *m*; **~-ouest** *m* Nordnord-'west(en) *m*

nord-ouest [nɔʀwɛst] **I** *m* **1.** *direction* Nord'west(en) *m*; **vent** *m* **du ~** Nord-'west(wind) *m*; **2.** *d'un pays* **le Nord-Ouest** der Nord'westen; **II** *adj* ⟨*inv*⟩ nord'westlich; Nord'west...

Nord-Pas-de-Calais [nɔʀpɑdkalɛ] **le ~** *frz Region*

noria [nɔʀja] *f TECH* Becherwerk *n*; Schöpfrad *n*

normal [nɔʀmal] **I** *adj* ⟨-aux⟩ **1.** nor'mal; Nor'mal...; üblich; *prix a* regu'lär; **état ~** Normalzustand; *CHIM* **solution ~e** Normallösung *f*; **c'est bien ~** das ist doch ganz normal, natürlich, verständlich; **il n'est pas ~** er ist (geistig *ou* körperlich) nicht ganz normal; **il est ~ de** (+ *inf*) **ou que ...** (+*subj*) es ist (ganz) normal zu (+*inf*) *ou* daß ...; *situation etc* **redevenir ~** sich wieder normali'sieren; *maladie* **suivre son cours ~** ihren normalen, üblichen Verlauf nehmen; **trouver ~ de** (+*inf*) **ou que ...** (+*subj*) es (ganz) normal finden zu (+*inf*) *ou* daß ...; **2. École ~e** Päda'gogische Hochschule (*abr* PH); **École ~e supérieure** *ou* F *subst* **~e sup** Elitehochschule zur Ausbildung von Lehrern an höheren Schulen; **II** *f* **1. la ~e** das Nor'male, Übliche; *intelligence* **au-dessus de la ~e** 'überdurchschnittlich; *situation* **revenir à la ~e** sich wieder normali'sieren; **2.** *GÉOMÉTRIE* **~e** Nor'male *f*

normalement [nɔʀmalmã] *adv* **a)** *en début de phrase* nor'maler-, üblicherweise; in der Regel; **b)** **tout se passe ~** alles verläuft nor'mal, wie üblich

normal|ien [nɔʀmaljɛ̃] *m*, **~ienne** *f* Absol'vent(in) *m(f)*, ehemaliger Schüler, ehemalige Schülerin e-r „École normale" oder der „École normale supérieure"

normalisation [nɔʀmalizasjõ] *f* **1.** *des relations diplomatiques etc* Normali'sierung *f*; **2.** *TECH* Normung *f*; Nor'mierung *f*; Standardi'sierung *f*; Vereinheitlichung *f*

normaliser [nɔʀmalize] *v/t* **1.** *relations diplomatiques etc* normali'sieren; **2.** *TECH* normen; nor'mieren; standardi'sieren; vereinheitlichen; *adj* **normalisé** genormt

normalité [nɔʀmalite] *f* Normali'tät *f*

normand [nɔʀmã] **I** *adj* **1.** nor'mannisch; der Norman'die; **armoire ~e** riesiger, schwerer Schrank; *bovins* **race ~e** normannische Rasse; **faire le trou ~** zwischen zwei Gängen ein Gläschen Schnaps trinken; **2.** *HIST* nor'mannisch; **II** *subst* **1. ~(e)** *m(f)* Bewohner(in) *m(f)* der Norman'die; *fig* **réponse** *f* **de ~** zweideutige, ausweichende Antwort; weder ja noch nein; **2.** *HIST* **les ~s** *m/pl* die Nor'mannen *m/pl*

Normandie [nɔʀmãdi] **la ~** die Norman'die

normatif [nɔʀmatif] *adj* ⟨-ive⟩ norma'tiv

norme [nɔʀm] *f* **1.** Norm *f*; Regel *f*; **s'écarter de la ~** von der Norm, Regel abweichen; **rester dans la ~** nicht von der Norm, Regel abweichen; **2.** *TECH* Norm *f*; **~ française** *ou* **N.F.** französisches Normenwerk; französische Normblätter *n/pl*; *produit* **être conforme aux ~s** normgerecht sein

norois *ou* **noroît** [nɔʀwa] *m MAR* Nord-'west(wind) *m*

Norvège [nɔʀvɛʒ] **la ~** Norwegen *n*

norvégien [nɔʀveʒjɛ̃] **I** *adj* ⟨~ne⟩ norwegisch; *CUIS* **marmite ~ne** großer Thermosbehälter; **II** *subst* **1. ~(ne)** *m(f)* Norweger(in) *m(f)*; **2.** *LING* **le ~** das Norwegische; Norwegisch *n*

nos [no] *cf* **notre**

nostalgie [nɔstalʒi] *f* Sehnsucht *f*, sehnsüchtiges Verlangen (**de** nach); **du passé** Nostal'gie *f*; **avoir la ~ de qc** Sehnsucht nach etw haben; sich nach etw sehnen, **de son enfance etc** zu'rücksehnen

nostalgique [nɔstalʒik] *adj chant, regard* sehnsüchtig; sehnsuchtsvoll; wehmütig (*a souvenir*); **personne** (**être**) **~** wehmütig gestimmt (sein)

nota [nɔta] *m ou* **nota bene** [nɔtabene] *m* ⟨*inv*⟩ (*abr* **N.B.**) Anmerkung *f* (*abr* Anm.); **en bas de page** Fußnote *f*

notabilité [nɔtabilite] *f* bedeutende, angesehene, bekannte, promi'nente Per-'sönlichkeit; **les ~s** *pl a* alles, was Rang und Namen hat; die Promi'nenz; *d'une petite ville* die Honorati'oren *pl*

notable [nɔtabl(ə)] **I** *adj* **différence**, **progrès** *etc* beachtlich; beträchtlich; nennenswert; merklich; spürbar; fühlbar; **fait** beachtlich; bemerkenswert; beachtenswert; **II** *m cf* **notabilité**

notaire [nɔtɛʀ] *m JUR* No'tar *m*; **cabinet** *m*, **étude** *f* **de ~** Notari'at *n*; **acte**, **contrat passé devant ~** notari'ell beurkundet, beglaubigt

notamment [nɔtamã] *adv* besonders; im besonderen; namentlich; vor allem

notariat [nɔtaʀja] *m* **1.** *fonction* Notari'at *n*; Amt *n* e-s No'tars; **2.** *coll* (Gesamtheit *f* der) No'tare *m/pl*

notarié [nɔtaʀje] *adj* **acte ~** notari'elle Urkunde

notation [nɔtasjõ] *f* **1.** (*système de symboles*) 'Wiedergabe *f* durch Zeichen; Zeichenschrift *f*, -system *n*; *t/t* Notati'on *f*; ~ *chimique* chemische Zeichensprache; ~ *musicale* Notenschrift *f*; Notati'on *f*; No'tierung *f*; ~ *phonétique* Lautschrift(zeichen) *f(n/pl)*; ~ *sténographique* Kurzschriftzeichen *n/pl*; **2.** (*courte remarque*) No'tiz *f*; (kurzer) Vermerk; (kurze) Eintragung; **3.** ÉCOLE Zen'sierung *f*; Bewertung *f*; Benotung *f*; *d'un fonctionnaire* Beurteilung *f*

note [nɔt] *f* **1.** *imprimée* Anmerkung *f*; Vermerk *m*; Bemerkung *f*; *en bas de page* Fußnote *f*; ~ *de l'auteur* Vorbemerkung *f* des Autors; ~ *du traducteur* Anmerkung des Über'setzers; *loc/adv en* ~ als Anmerkung, Fußnote; **2.** *par écrit* No'tiz *f*; Vermerk *m*; ~*s pl* Notizen *f/pl*; Aufzeichnungen *f/pl*; 'Unterlagen *f/pl*; *d'un cours* Nachschrift *f*; Skript *n*; *orateur parler sans* ~ *s* frei sprechen; *prendre des* ~*s* sich Notizen machen; *à un cours* mitschreiben; *prendre* ~ *de qc* a) sich etw notieren, aufschreiben; etw vermerken, vormerken; b) *fig* etw zur Kenntnis nehmen; *fig j'en prends bonne* ~ das werde, will ich mir gut merken; *prendre qc en* ~ etw mitschreiben; **3.** DIPL ~ (*diplomatique*) (diplo'matische) Note; ~ *de protestation* Pro'testnote *f*; **4.** ~ (*de service*) (innerbetriebliche) Mitteilung; (*circulaire*) 'Umlauf *m*; **5.** MUS a) *signe* Note *f*; b) *son* Ton *m*; *fausse* ~ falscher Ton; *cf a 6.*; c) (*touche d'un clavier*) Taste *f*; **6.** *fig* Note *f*; Gepräge *n*; Prägung *f*; *fausse* ~ störendes Detail; *c'est une* ~ *juste* das paßt gut, fügt sich harmonisch ein; *ne pas être dans la* ~ *réflexion* nicht passen; *personne* nicht in diesen Rahmen passen; nicht da'zupassen; *forcer la* ~ über'treiben; zu weit gehen; F zuviel des Guten tun; *mettre une* ~ *gaie dans qc* e-r Sache (*dat*) e-e fröhliche, heitere Note, ein fröhliches, heiteres Gepräge verleihen; **7.** ÉCOLE Note *f*; Zen'sur (*f*); *d'un fonctionnaire* Beurteilung *f*; *avoir une bonne* ~ *en physique* e-e gute Note, Zensur in Physik haben; *fig c'est une mauvaise* ~ *pour lui* das macht e-n schlechten Eindruck; *mettre une bonne* ~ *à un élève* e-m Schüler e-e gute Note, Zensur geben; **8.** (*facture*) Rechnung *f*; ~ *d'électricité, de gaz, d'hôtel* Strom-, Gas-, Ho'telrechnung *f*; ~ *de frais* Spesenrechnung *f*

noter [nɔte] *v/t* **1.** (*marquer*) anstreichen; anzeichnen; anmerken; **2.** (*écrire*) (sich) no'tieren, (sich) aufschreiben, vermerken (*sur un agenda* in e-m Taschenkalender); **3.** (*remarquer*) bemerken; feststellen; *il faut ... il est à* ~, *notons que ...* es muß festgestellt, festgehalten, her'vorgehoben werden, daß ...; *ceci mérite d'être noté* das verdient Beachtung; *notez bien que je ne lui ai rien dit* ich habe ihm, wohlgemerkt, nichts gesagt; **4.** *élève* e-e Note, Zen'sur geben (*qn* j-m); *devoir, copie* zen'sieren; benoten; bewerten; *employé etc* beurteilen; *être noté dix sur vingt* correspond à mit „ausreichend", mit e-r Vier zensiert werden

notice [nɔtis] *f* **1.** (*bref exposé*) Abriß *m*; kurze Darstellung; Hinweise *m/pl*; ~ *biographique* Kurzbiographie *f*; kurzes Lebensbild; *d'un appareil* ~ *explicative* (Bedienungs)Anleitung *f*; **2.** (*préface*) Vorwort *n*, in dem der Autor und das Werk vorgestellt werden

notification [nɔtifikasjɔ̃] *f* JUR, ADM offizi'elle, amtliche Benachrichtigung, Mitteilung

notifier [nɔtifje] *v/t* ~ *qc à qn* j-m etw offizi'ell mitteilen; j-n offizi'ell von etw benachrichtigen, in Kenntnis setzen

notion [nosjɔ̃] *f* **1.** (*idée*) Begriff *m*; (*connaissance intuitive*) Vorstellung *f*; Gefühl *n* (*de qc* für etw); ~ *du bien et du mal* Wissen *n* um Gut und Böse; Kenntnis *f* von Gut und Böse; ~ *du temps* Zeitbegriff *m*, -gefühl *n*; *perdre la* ~ *de la réalité* der Wirklichkeit (*dat*) entrückt sein; *je n'en ai pas la moindre* ~ ich habe nicht die geringste Ahnung, Vorstellung davon; **2.** ~*s pl* Grund-, Elemen'tarkenntnisse *f/pl* (*de français* im Französischen); Anfangsgründe *m/pl* (des Französischen)

notionnel *adj* ⟨~le⟩ LING *champ* ~ Begriffsfeld *n*

notoire [nɔtwaʀ] *adj* fait allgemein bekannt; offenkundig; *criminel, tricheur* no'torisch; berüchtigt; *être d'une bêtise, paresse* ~ strohdumm, stinkfaul sein

notoriété [nɔtɔʀjete] *f* **1.** *d'un fait* allgemeine Bekanntheit; Offenkundigkeit *f*; JUR *acte* ~ *de* ~ Offenkundigkeitsurkunde *f*; *correspond à* eidesstattliche Versicherung; *il est de* ~ *publique que ...* es ist allgemein bekannt, daß ...; **2.** (*célébrité*) Bekanntheit(sgrad (*m*)); Ruf *m*; Name *m*; *ses publications lui ont acquis une grande* ~ s-e Veröffentlichungen haben ihn berühmt, ihm e-n Namen gemacht

notre [nɔtʀ(ə)] *adj/poss* ⟨*pl* nos [no]⟩ unser(e), *pl* uns(e)re; ~ *ami* unser Freund; ~ *fille* uns(e)re Tochter; *nos enfants* uns(e)re Kinder; *dans un récit* ~ 'héros unser Held; *comment va* ~ *malade?* wie geht es uns(e)rem Kranken?

nôtre [notʀ(ə)] **I** *pr/poss le* ~, *la* ~ der, die, das uns(e)re, unsrige; unsere(r, -s); unsre(r, -s); *pl les* ~*s* die uns(e)ren, unsern, unsrigen; uns(e)re; **II** *adj/poss litt un* ~ *cousin* ein Vetter von uns; *st/s cette richesse qui était* ~ *st/s* der Reichtum, den wir den unser(e)n nannten; *ces revendications nous les avons faites* ~*s* wir haben sie zu den unser(e)n gemacht; **III** *subst* **1.** *le* ~ das Uns(e)re, Unsrige; *nous y mettrons chacun du* ~ jeder von uns wird das Sein(ig)e dazu beitragen; **2.** *les* ~*s m/pl* (*famille, amis etc*) die Uns(e)ren, Unsren; *serez-vous des* ~*s?* kommen Sie auch?; *il était des* ~*s dimanche dernier* er war letzten Sonntag bei uns

Notre-Dame [nɔtʀədam] *f* ÉGL CATH **1.** (*la Vierge Marie*) Unsere Liebe Frau; **2.** *nom d'église, correspond à* Ma'rienkirche *f*

nouba [nuba] *f loc* F *faire la* ~ tüchtig, ordentlich, F feste feiern; F einen draufmachen

nouer [nwe, nue] **I** *v/t* **1.** *lacets* (zu-) schnüren; (zu)binden; *cravate* binden; knoten; *bouquet* (zu'sammen)binden; *paquet* ver-, zuschnüren; *cheveux* (zu-) 'sammen)knoten; *foulard* knoten, schlingen (*autour du cou* um den Hals); **2.** *fig relations* anknüpfen; *intrigues* spinnen; einfädeln; THÉ ~ *l'action, l'intrigue* den Knoten schürzen; *fig émotion* ~ *la gorge à qn* j-m die Kehle zuschnüren, zu'sammenschnüren; *adjt il avait la gorge nouée* s-e Kehle war wie zugeschnürt; **II** *v/pr se* ~ *relations* sich anbahnen; *intrigues* eingefädelt, gesponnen werden

noueux [nwø] *adj* ⟨-euse⟩ *arbre, racine* knorrig; *bois* astreich; astig; *mains* knotig

nougat [nuga] *m* **1.** Art türkischer Honig; Nougat *m ou n* aus Montélimar; **2.** F *fig c'est du* ~ das ist kinderleicht; das ist ein Kinderspiel; **3.** *arg* ~*s pl* (*pieds*) F Quanten *pl*

nougatine [nugatin] *f* Kro'kant *m*

nouille [nuj] *f* **1.** CUIS ~*s pl* Nudeln *f/pl*; **2.** F *fig de qn* F Flasche *f*; *quelle* ~!, *quel plat de* ~*s!*, *adjt ce qu'il peut être* ~! so e-e Flasche!; **3.** *péj style m* ~ Jugendstil *m*

nounou [nunu] *enf f* Amme *f*

nounours [nunuʀs] *enf m* Teddy(bär) *m*

nourri [nuʀi] *adj* **1.** *personne bien* ~ wohl-, gutgenährt; *mal* ~ schlechtgenährt; *être logé et* ~ freie Kost und Wohnung, Logis haben; **2.** *fig applaudissements* anhaltend; *conversation* lebhaft; nicht abreißend; MIL *feu* ~ anhaltendes Feuer; Dauerfeuer *n*

nourrice [nuʀis] *f* **1.** a) *qui allaite* Amme *f*; b) *qui garde* Pflegemutter *f*; *enfant mettre en* ~ a) zu e-r Amme geben; e-r Amme über'geben; b) in Pflege geben; **2.** *épingle f de* ~ Sicherheitsnadel *f*; **3.** TECH Re'servetank *m*, -kanister *m*

nourricier [nuʀisje] *adj* ⟨-ière⟩ Nähr...; Pflege...; *père* ~ Pflege-, BIBL Nährvater *m*; *fig la terre nourricière* die Nährmutter Erde

nourrir [nuʀiʀ] **I** *v/t* **1.** *personne, famille* (*entretenir*) ernähren; unter'halten; (*alimenter*) beköstigen; verpflegen; *région-, ville* mit Nahrungsmitteln versorgen; *fig bois; feu* immer wieder neue Nahrung geben (+*dat*); in Gang halten; *fig lectures* ~ *l'esprit* dem Geist Nahrung geben; *métier* (*ne pas*) ~ *son homme* s-n Mann (nicht) ernähren; *enfant* ~ *au sein* stillen; nähren; *abs le sucre nourrit* Zucker nährt, ist nahrhaft; **2.** *animal* füttern; **3.** *fig désir, projet etc* hegen; *espoir, illusion à* sich hingeben (+*dat*); *haine à* im Herzen nähren, tragen (*contre qn* gegen j-n); **II** *v/pr* **4.** *se* ~ sich ernähren, *st/s* sich nähren (*de* von ou mit); leben (von); *bien se* ~ sich gut ou richtig ernähren; **5.** *fig se* ~ *d'illusions* sich Illusi'onen hingeben, machen; in, von Illusi'onen leben

nourrissant [nuʀisɑ̃] *adj* nahrhaft

nourrisson [nuʀisɔ̃] *m* Säugling *m*; *service m de consultation des* ~*s* Mütterberatungsstelle *f*

nourriture [nuʀityʀ] *f* **1.** (*aliments*) Nahrung *f*; Kost *f*; Essen *n*; (*alimentation*) Ernährung *f*; Beköstigung *f*; Verpflegung *f*; *litt et fig* ~ *de l'esprit* geistige Nahrung, Kost; **2.** *d'un animal* Futter *n*

nous [nu] *pr/pers* **1.** *sujet* wir; ~ *sommes content(e)s* wir sind zufrieden; *pl de majesté* ~, *président de ...*, déci-

nous-mêmes *dons ...* wir, der Präsident von ..., bestimmen ...; *pl de modestie* **comme ~ le présentons dans ce livre** wie wir es in diesem Buch darbieten; *F à la place de* tu *ou* vous: **comment allons-~?** wie geht es uns?; **elle est plus intelligent que ~** sie ist klüger als wir; **2.** *obj/dir ou obj/indir* uns (*acc ou dat*); *il ~ l'a écrit* er hat es uns geschrieben; *il ne ~ voit pas* er sieht uns nicht; **pardonne-~!** verzeih uns!; **présentez-~ à lui!** stellen Sie uns ihm vor!; *réfléchi* **~ sommes acheté une nouvelle voiture** wir haben uns e-n neuen Wagen gekauft; *réciproque* **~ ~ sommes regardé(e)s sans rien dire** wir sahen uns an, ohne etwas zu sagen; **3.** *emphatique, renforcé:* **c'est ~** wir sind es; F **~, on n'ira pas** wir gehen nicht hin; **~ autres Français** wir Franzosen; **~ autres, ~ sommes persuadés de son innocence** wir sind von s-r Unschuld über'zeugt; **cela ~ regarde, ~ et pas eux** das geht uns etwas an und nicht sie; **4.** *avec prép* uns (*acc et dat*); **ce livre est à ~** das Buch gehört uns; **à ~ trois, nous y arriverons** wir drei werden es, zu dritt werden wir es schon schaffen; **la plupart d'entre ~** die meisten von uns

nous-mêmes [numɛm] *pr/pers* **1.** *accentué* (wir) selbst; **nous l'ignorons** wir wissen es selbst nicht; **2.** *réfléchi* uns selbst; **nous nous faisons du tort à ~** wir schaden uns selbst

nouveau [nuvo] **I** *adj* ⟨*m vor Vokal u stummem h* **nouvel** [nuvɛl]; *f* **nouvelle** [nuvɛl]; *m/pl* **~x**⟩ neu; Neu...; *devant le nom a* andere(r, -s); *vin* jung; *légumes* jung; frisch; Früh...; ♦ **nouvel an** Neujahr(stag) *n*(*m*); *art* **~** Jugendstil *m*; *adjt im* Jugendstil; **nouvelle édition** Neuauflage *f*; neue Auflage; **le nouvel élu** der Neugewählte; **un homme ~** ein neuer Mann (*in der Politik etc*); **un nouvel homme** ein neuer, anderer Mensch; **son ~ mari** ihr neuer Mann; **le ♀ Monde** die Neue Welt; **mot ~** neues Wort; Neuwort *n*; Neolo'gismus *m*; **pommes de terre nouvelles** neue Kartoffeln *f/pl*; Frühkartoffeln *f/pl*; **les ~x pauvres** die neuen Armen *pl*; **les ~x pères** die heutigen Väter *m/pl*; die Väter von heute; **les ~x riches** die Neureichen *m/pl*; *poét* **saison nouvelle** Frühling *m*; **de nouvelles têtes** neue Gesichter *n/pl*; **nouvelle voiture** neuer (*anderer*) Wagen; **voiture nouvelle** neuer Wagen (*neues Modell*); ♦ *loc/adv:* **à ~** aufs neue; von neuem; er'neut; **comptabilité porter à ~** auf neue Rechnung über'tragen, vortragen; **de ~** wieder; nochmals; abermals; noch einmal; **commettre de ~ la même erreur** wieder *etc* den gleichen Fehler begehen; **pour une nouvelle période de trois mois** auf weitere drei Monate; ♦ **qu'y a-t-il de ~?, quoi de ~?** was gibt es, gibt's Neues?; **rien de ~** nichts Neues; **c'est ~ pour moi** das ist neu für mich; das ist mir neu; **mettre une nouvelle robe** neues, anderes Kleid anziehen; *prov* **tout ~, tout beau** alles Neue reizt, gefällt; **II** *subst* **1.** *du ~* etwas Neues; **voilà du ~** das ist etwas Neues; **il y a du ~ dans cette affaire** es gibt etwas Neues in dieser Sache, An-gelegenheit; **2. le ~, la nouvelle** der, die Neue (*dans une école, une entreprise etc*)

Nouveau-Brunswick [nuvobʀœ̃svik, -bʀɞ̃-] **le ~** Neu'braunschweig *n*

Nouveau-Mexique [nuvomɛksik] **le ~** New Mexico [nju:-] *n*

nouveau-né [nuvone] **I** *adj* ⟨nouveau-née⟩ neugeboren; **II** *m* ⟨*pl* nouveau-nés⟩ **le ~** das Neugeborene

nouveauté [nuvote] *f* **1.** (*originalité*) Neuheit *f*; Neuartigkeit *f*; **2.** (*du nouveau*) Neue(s) *n*; **tu ne fumes plus? c'est une ~** das ist ja ganz neu; **3.** (*innovation*) Neuerung *f*; **4.** (*produit récent*) Neuheit *f*; Novi'tät *f*; eine Neuerscheinung *f*; **5.** (*article de mode*) (Mode)Neuheit *f*; **~s de printemps, d'hiver** Neuheiten der Frühjahrs-, Wintermode; **magasin m de ~** Modewaren-, Mode(n)geschäft *n*

nouvelle [nuvɛl] *f* **1.** *d'un événement* Nachricht *f*; Meldung *f*; Neuigkeit *f*; *PRESSE, RAD, TV* **~s pl** Nachrichten *f/pl*; Meldungen *f/pl*; **bonne, mauvaise ~** gute, schlechte Nachricht; *BIBL* **la bonne ~** die frohe Botschaft; **fausse ~** falsche Nachricht; Falschmeldung *f*; **la grande ~** die große Neuigkeit; **première ~!** das ist das erste, was ich (davon) höre!; **les ~s du jour** Neues, die Nachrichten, die Meldungen vom Tage; Tagesneuigkeiten *f/pl*; **aller aux ~s** sich erkundigen, was es Neues gibt; **connaissez-vous la ~?** wissen Sie schon das Neueste?; **quelles sont les ~s aujourd'hui?** was gibt es heute Neues in der Welt?; **2. ~s pl** Nachricht *f* (, *die j von sich gibt*); **aux dernières ~s, il était encore à Paris** als ich (*ou* wir) das letzte Mal von ihm hörte(n), ...; **avoir des ~ de qn** von j-m Nachricht haben *ou* erhalten; **on n'a pas de ~s depuis longtemps** *a* man hat schon lange nichts mehr von ihm gehört; **menace vous aurez, entendrez de mes ~s!** Sie werden noch von mir hören!; **demander des ~s de qn** sich nach j-m erkundigen; nach j-m fragen; **goûtez donc cette sauce, vous m'en direz des ~s** Sie werden sehen, wie gut das ist *ou* schmeckt; **donner, envoyer de ses ~s** von sich hören lassen; **donner des ~s de sa santé** schreiben, hören lassen, wie es e-m gesundheitlich geht; **être, rester sans ~s de qn** ohne Nachricht von j-m sein, bleiben; nichts von j-m hören; **faire** *ou* **envoyer prendre des ~s de qn** nach j-s Befinden fragen lassen; *prov* **pas de ~s, bonnes ~s** keine Nachricht, gute Nachricht; **3.** *LITTÉRATURE* No'velle *f*

Nouvelle-Angleterre [nuvɛlɑ̃glətɛʀ] **la ~** Neu'england *n*

Nouvelle-Calédonie [nuvɛlkaledɔni] **la ~** Neukale'donien *n*

Nouvelle-Guinée [nuvɛlgine] **la ~** Neugui'nea *n*

nouvellement [nuvɛlmɑ̃] *adv* neu; vor kurzem; **il est ~ arrivé** er ist neu *ou* vor kurzem angekommen

Nouvelle-Orléans (La) [lanuvɛlɔʀleɑ̃] New Orleans [nju:ɔr'li:nz] *n*

Nouvelle-Zélande [nuvɛlzelɑ̃d] **la ~** Neu'seeland *n*

nouvelliste [nuvɛlist] *m* Novel'list *m*

nova|teur [nɔvatœʀ] *m*, **~trice** *f* Neuerer *m*; *adjt* **esprit novateur** auf Neuerungen sinnender Geist

novembre [nɔvɑ̃bʀ(ə)] *m* No'vember *m*

novice [nɔvis] *m*, *f* **1.** *ÉGL CATH* No'vize *m, f*; No'vizin *f*; **2.** (*débutant*[*e*]) Neuling *m*; Anfänger(in) *m*(*f*); *adjt* **il est encore bien ~ dans son métier** er ist ein blutiger Anfänger in s-m Beruf

noviciat [nɔvisja] *m* *ÉGL CATH* Novizi'at *n*

novocaïne [nɔvɔkain] *f* *MÉD* Novoca'in *n* (*Wz*)

noyade [nwajad] *f* Ertrinken *n*; **sauver qn de la ~** j-n vor dem Ertrinken retten

noyau [nwajo] *m* ⟨*pl* **~x**⟩ **1.** *BOT* Stein *m*; Kern *m*; **~ de cerise, de datte, de pêche** Kirsch-, Dattel-, Pfirsichkern *m*; *F plais:* **lit etc rembourré avec des ~x de pêche** sehr hart; **fruits** *m/pl* **à ~** Steinobst *n*; **enlever le ~** den Stein, Kern entfernen, herausmachen; **2.** *GÉOL, ÉLECT* d'une bobine, *ASTR* d'une comète *etc*, a fig Kern *m*; **3.** *PHYS NUCL* **~ de l'atome** A'tomkern *m*; **4.** *BIOL* Zellkern *m*; *sc* Nukleus *m*; **5.** *de personnes* kleine Gruppe; **~ d'opposants** kleine Gruppe politischer Gegner (, *die e-e Partei unterwandert*); **~ de résistance** 'Widerstandsgruppe *f*

noyaut|age [nwajotaʒ] *m* *POL* Unter'wanderung *f*; **~er** *v/t parti etc* unter'wandern

noyé [nwaje] **I** *adj* **1.** ertrunken; *cf a* **noyer**[1]; **2.** *regard* verschwommen; **elle avait les yeux ~s de pleurs** ihre Augen schwammen in Tränen; **II** *subst* **~(e)** *m*(*f*) Ertrunkene(r) *f*(*m*)

noyer[1] [nwaje] ⟨-oi-⟩ *v/t* **1.** *personne, animal* ertränken; *animal* F ersäufen; *inondation: région* über'fluten; unter Wasser setzen; *AUTO* **~ le carburateur** den Motor absaufen lassen; *fig:* **~ son chagrin dans l'alcool** s-n Kummer im Alkohol ersäufen; **révolte ~ dans le sang** im Blut ersticken; blutig niederschlagen; **~ le poisson** e-r klaren Antwort (durch Ablenkungsmanöver) ausweichen; **2.** *par ext souvent p/p: personne* **être noyé dans la foule** von der Menge verschluckt worden sein; **être noyé dans la graisse** fettleibig, F ein Fettkloß, Fettwanst sein; **pièce être noyée dans l'obscurité** in Dunkel gehüllt, getaucht sein; **cri être noyé par le bruit** im Lärm unter'gehen; vom Lärm über'tönt werden; **3.** *TECH* einlassen, einbetten (*dans* in +*acc*); **4.** *couleurs, contours* zerfließen lassen; verwischen; inein'ander verschmelzen lassen; **II** *v/pr* **5.** *baigneur etc* **se ~** ertrinken; **6.** *par ext* **se ~ dans les détails** sich in Einzelheiten verlieren

noyer[2] [nwaje] *m* **1.** *BOT* (Wal)Nußbaum *m*; **2.** *bois* Nußbaum(holz) *m*(*n*)

nu [ny] **I** *adj* **1.** *personne* nackt; unbekleidet; *bras, jambes etc* nackt; bloß; entblößt; **tout ~, ~ comme un ver** splitter(faser)nackt; *fig* **la vérité toute ~e** die nackte, reine, ungeschminkte Wahrheit; **à moitié ~** halbnackt; notdürftig bekleidet; *loc/adv:* **les mains ~es** mit bloßen Händen; **se battre les mains ~es** sich mit bloßen Fäusten verteidigen; (**les**) **pieds ~s** barfuß; mit nackten, bloßen Füßen; (**la**) **tête ~e** mit bloßem, entblößtem Kopf; ohne Kopfbedeckung; barhäuptig; (**le**) **torse**

~ mit nacktem Oberkörper; *à l'œil* ~ mit bloßem Auge; *se mettre* ~ sich nackt ausziehen; **2.** *mur* nackt; kahl; *chambre, arbre* kahl; *pièce a* nicht möbliert; *épée* blank; *fil* ~ blanker Draht; *mettre à* ~ a) *fil électrique* frei-, bloßlegen; b) *fig* entblößen; schonungslos darstellen; offen darlegen; **II** *m BEAUX-ARTS* **a)** *technique* Aktdarstellung *f*, -malerei *f*, -zeichnung *f*; **b)** *œuvre* Akt *m*; ~ *féminin couché* liegender weiblicher Akt; ~ *photographique* Aktfoto *n*, -aufnahme *f*
nuage [nɥaʒ] *m* **1.** Wolke *f*; ~s *pl a* Bewölkung *f*; Gewölk *n*; ~ *de fumée, de grêle, de pluie, de poussière* Rauch-, Hagel-, Regen-, Staubwolke *f*; *loc/adj sans* ~s ciel wolkenlos; *fig* bonheur ungetrübt; *fig*: *il y a des* ~s *noirs à l'horizon* schwarze Wolken ziehen am Horizont auf; *être dans les* ~s zerstreut, geistesabwesend sein; mit s-n Gedanken ganz wo'anders, nicht bei der Sache sein. **2.** *dans le café etc un* ~ *de lait* ein Tröpfchen, ein klein wenig Milch
nuageux [nɥaʒø] *adj* ⟨-euse⟩ *ciel* bewölkt; *MÉTÉO* *temps* ~ wolkig; bewölkt
nuance [nɥɑ̃s] *f* **1.** *d'une couleur* Abstufung *f*; Abtönung *f*; Schat'tierung *f*; Nu'ance *f*; **2.** (*différence subtile*) feiner 'Unterschied; Nu'ance *f*; Feinheit *f*; *loc/adj tout en* ~s *esprit* sehr differen'ziert; *interprétation, expression* nuancenreich; sehr nuan'ciert; **3.** *fig* (*soupçon*) (leichte) Spur, Hauch *m*, Anflug *m* (*de regret etc* von Bedauern *etc*); **4.** *MUS* ~s *pl* Tonstärken *f/pl*
nuancé [nɥɑ̃se] **I** *adj* nuan'ciert; differen'ziert; **II** *m* Nuan'ciertheit *f*; Nu'ancenreichtum *m*
nuancer [nɥɑ̃se] *v/t* ⟨-ç-⟩ **1.** *pensée, jugement* nuan'cieren; fein differen'zieren; **2.** *couleur* abstufen; abtönen; schat'tieren; nuan'cieren
Nubie [nybi] *la* ~ Nubien *n*
nubien [nybjɛ̃] **I** *adj* ⟨~ne⟩ nubisch; **II** *subst* ⚥(**ne**) *m(f)* Nubier(in) *m(f)*
nubil|e [nybil] *adj* heiratsfähig; ~**ité** *f* Heiratsfähigkeit *f*; heiratsfähiges Alter
nucléaire [nykleɛʀ] **I** *adj* **1.** Kern...; A'tom...; nukle'ar; Nukle'ar...; *armes f/pl* ~ Kern-, Atom-, Nuklearwaffen *f/pl*; *centrale* ~ Kern-, Atomkraftwerk *n*; *énergie f* ~ Kern-, Atomenergie *f*; Kern-, Atomkraft *f*; *explosion f* ~ Kern-, Atomexplosion *f*; *guerre f* ~ Atomkrieg *m*; *médecine f* ~ Nuklearmedizin *f*; *physique f* ~ Kernphysik *f*; *puissance f* ~ Atom-, Nuklearmacht *f*; *recherche f* ~ Kernforschung *f*; **2.** *BIOL* (Zell)Kern...; **II** *m* Kern-, A'tomkraft *f*
nucléique [nykleik] *adj BIOCHIMIE acides m/pl* ~s Nukle'insäuren *f/pl*
nudisme [nydism(ə)] *m* Freikörperkultur *f* (*abr* FKK); Nacktkultur *f*; Nu'dismus *m*; *faire du* ~ FKK machen
nudiste [nydist] **I** *adj* FKK-...; der Freikörper-, Nacktkultur; nu'distisch; **II** *m,f* FKK-Anhänger(in) *m(f)*; Anhänger(in) *m(f)* der Freikörperkultur; Nu'dist(in) *m(f)*; F FKKler(in) *m(f)*; *camp m de* ~s FKK-Gelände *n*; *en bord de mer* FKK-Strand *m*
nudité [nydite] *f* **1.** *d'une personne*

Nacktheit *f*; Blöße *f*; **2.** *fig d'une cellule etc* Nacktheit *f*; Kahlheit *f*; *vices s'étaler dans toute leur* ~ sich in ihrer ganzen Schamlosigkeit zeigen; **3.** *PEINT* ~s *pl* nackte Gestalten *f/pl*, Fi'guren *f/pl*
nue [ny] *f* **1.** *litt* (*nuages*) Wolken *f/pl*; **2.** *fig porter qn aux* ~s j-n in den Himmel heben; *tomber des* ~s (wie) aus allen Wolken fallen
nuée [nɥe] *f* **1.** *litt* (*gros nuage*) große, dicke Wolke; **2.** *fig* Schwarm *m*; ~ *d'admirateurs* Schwarm von Bewunderern; ~ *de sauterelles* Heuschreckenschwarm *m*
nue-propriété [nypʀɔpʀijete] *f* ⟨*pl* nues-propriétés⟩ *JUR* mittelbarer Besitz
nuire [nɥiʀ] ⟨*cf* conduire; *aber p/p* nui⟩ **I** *v/t/indir* ~ *à qn* j-m schaden, Schaden zufügen; ~ *à qc* e-r Sache (*dat*) schaden, schädlich sein, abträglich sein, Abbruch tun; etw schädigen; für etw nachteilig sein; ~ *à la santé* der Gesundheit unzuträglich sein, schaden *etc*; *cette affaire lui a beaucoup nui* diese Sache hat ihm sehr geschadet; *abs la volonté de* ~ der Wille, Schaden zuzufügen, zu stiften, anzurichten; **II** *v/pr se* ~ **a)** *réfléchi* sich (selbst) schaden; **b)** *réciproque* sich (gegenseitig) schaden
nuisance [nɥizɑ̃s] *f* 'Umweltbelastung *f*; Beeinträchtigung *f* der Lebensqualität; schädliche Einwirkung; Unzuträglichkeit *f*; *t/t* Immissi'on *f*; ~s *sonores* Lärmbelästigung *f*
nuisette [nɥizɛt] *f* kurzes (Damen-) Nachthemd; Shorty *n*
nuisible [nɥizibl(ə)] *adj* schädlich; abträglich; unzuträglich; *animaux m/pl* ~s Schädlinge *m/pl*; ~ *à la santé* gesundheitsschädlich, -schädigend
nuit [nɥi] *f* Nacht *f*; ~ *blanche* schlaflose Nacht; *bonne* ~! gute Nacht!; *gardien m, table* ~, *vol m de* ~ Nachtwächter *m*, -tisch *m*, -flug *m*; ♦ *loc/adv*: *la* ~ in der Nacht; nachts; bei Nacht; *st/s du* ~ des Nachts; nächtlicherweise; *toute la* ~ die ganze Nacht (über, hindurch); *le jour et la* ~ *ou* ~ *et jour* [nɥite-] *ou jour et* ~ = Tag und Nacht; *dans la* ~ *des temps* in grauer Vorzeit; *de* ~ in der Nacht; nachts; bei Nacht; *en pleine* ~ mitten in der Nacht; *par une* ~ *sans lune* in e-r mondlosen Nacht; *pendant la* ~ während der Nacht; in der Nacht; ♦ *ne pas dormir de* (*toute*) *la* ~ die ganze Nacht nicht schlafen; *fig c'est le jour et la* ~ das ist ein 'Unterschied wie Tag und Nacht; das ist ein himmelweiter Unterschied; *il fait* ~ es ist Nacht, dunkel; *passer une bonne, mauvaise* ~ gut, schlecht schlafen; *malade e-e* gute, schlechte Nacht haben, verbringen; *rentrer avant la* ~ vor Einbruch der Nacht, Dunkelheit nach Hause kommen; *prov*: *la* ~ *porte conseil* guter Rat kommt über Nacht (*prov*); *la* ~, *tous les chats sont gris* bei Nacht sind alle Katzen grau (*prov*)
nuitamment [nɥitamɑ̃] *adv litt* nächtlicherweile; nächtens
nuitée [nɥite] *f TOURISME* Über'nachtung *f*
Nuits-Saint-Georges [nɥisɛ̃ʒɔʀʒ] Weinort in Burgund
nul[1] [nyl] *adj* ⟨~le⟩ **1.** *SPORTS* unentschieden; *match* ~ unentschiedenes

Spiel; *faire match* ~ unentschieden spielen; *ÉCHECS* remis spielen; **2.** (*inexistant*) *visibilité, bénéfice* gleich Null; *résultats, risques pratiquement* ~ praktisch gleich Null; *intelligence* ~*le* keine Spur von Intelligenz; **3.** *JUR* ungültig; nichtig; (rechts)unwirksam; *déclarer* ~ *et non avenu* für null und nichtig erklären; **4.** (*sans valeur*) *travail, devoir* wertlos; **5.** *personne être* ~ ein Versager, F e-e Null, e-e Niete sein (*en latin* in Latein)
nul[2] [nyl] **I** *adj/ind* ⟨~le; mit ne *vor dem Verb*⟩ **1.** *st/s* (*aucun*) kein(e); ~ *autre que lui ne peut le faire* kein anderer als er, keiner außer ihm, nur er kann es tun; *sans* ~ *doute* ohne (jeden) Zweifel; zweifellos; zweifelsohne; **2.** *loc/adv* ~*le part* nirgends; nirgendwo; **II** *pr/ind* ⟨*nur m sg; mit* ne *beim Verb*⟩ *st/s* (*aucun*) keiner; niemand; ~ *n'est censé ignorer la loi* Unkenntnis des Gesetzes schützt nicht vor Strafe
nullard [nylaʀ] *m* F (*incapable*) F Null *f*; Niete *f*
nullement [nylmɑ̃] *adv* keineswegs; ganz und gar nicht; überhaupt nicht; in keiner Weise; nicht im geringsten
nullité [nylite] *f* **1.** *JUR* Ungültigkeit *f*; Nichtigkeit *f*; (Rechts)Unwirksamkeit *f*; ~ *de forme* Nichtigkeit wegen Formmangels; *loc/adj frappé de* ~ (für) nichtig, ungültig, unwirksam (erklärt); **2.** *d'une personne* Unfähigkeit *f*; *d'un argument etc* Wertlosigkeit *f*; **3.** (*personne incapable*) Versager *m*; F Null *f*; Niete *f*
numéraire [nymeʀɛʀ] *m* (Bar)Geld *n*; *payer en* ~ in bar zahlen
numéral [nymeʀal] *adj* ⟨-aux⟩ Zahl...; Zahlen...; *GR adjectif* ~ *ou subst* ~ *m* Zahlwort *n*; Nume'rale *n*; (*adjectif*) ~ *cardinal* Grund-, Kardi'nalzahl *f*; (*adjectif*) ~ *ordinal* Ordnungs-, Ordi'nalzahl *f*; *lettres* ~*es* als Zahlen verwendete Buchstaben *m/pl*; *système* ~ Zahlensystem *n*
numérateur [nymeʀatœʀ] *m MATH* Zähler *m*
numération [nymeʀasjɔ̃] *f* **1.** (*dénombrement*) Zählen *n*, -ung *f*; **2.** *système* Zahlensystem *n*; ~ *décimale* Dezi'malsystem *n*
numérique [nymeʀik] *adj* **1.** mit Zahlen; Zahlen...; *MATH* a nu'merisch; *calcul m* ~ Zahlenrechnen *n*; numerisches Rechnen; *données f/pl* ~s gegebene Zahlen *f/pl*; Zahlenangaben *f/pl*; *tableau m* ~ Zahlentabelle *f*; **2.** (*en nombre*) zahlenmäßig; der Zahl nach; nu'merisch; *force f*, *supériorité f* ~ zahlenmäßige Stärke, F'berlegenheit *f*; **3.** *INFORM* digi'tal; Digi'tal...
numéro [nymeʀo] *m* **1.** (*abr n°, N°*) Nummer *f* (*abr* Nr.); *LOTERIE* ~ *gagnant, sortant* Gewinnzahl *f*; *fig d'une personne le* ~ *un* die Nummer eins; der Spitzenreiter; *loc/adj* ~ *un* Haupt...; wichtigste(r, -s); *ennemi public* ~ *un* Staatsfeind *m* Nummer eins; *le problème* ~ *un* das Hauptproblem; *TÉL* ~ *vert* Service *m* 130; *TÉL* ~ *d'appel* Rufnummer *f*; ~ *de compte* Kontonummer *f*; *AUTO* ~ *d'immatriculation, minéralogique* amtliches, F polizeiliches Kennzeichen; Zulassungsnummer *f*; ~ *d'une maison* Hausnummer *f*; ~ *d'ordre* lau-

numérotage – nymphomanie

fende Nummer; **~ de la page** Seitenzahl f; **~ de série** Fabrikati'ons-, Seriennummer f; **~ de téléphone** Telefon-, Rufnummer f; Ruf m; **~ d'une voiture** Auto-, Wagennummer f; *TÉL* **composer, faire un ~** e-e Nummer wählen; **habiter au ~ six** (in der) (Haus)Nummer sechs wohnen; *fig:* **tirer le bon ~** das große Los ziehen; **tirer le mauvais ~** Pech haben; **2.** *d'un journal* Nummer f; Ausgabe f; *d'une revue* Nummer f; Heft n; **~ spécial** Sondernummer f, -heft n; **3.** *SPECTACLES* Nummer f; Auftritt m; Darbietung f; **~ de chant, de cirque, de danse** Gesangs-, Zirkus-, Tanznummer f; F *fig* **faire son ~ habituel** F das übliche Theater machen; die übliche Komödie aufführen; **4.** F *fig d'une personne* **c'est un** (*drôle de, sacré*) **~** er *ou* sie ist e-e komische Nummer, Type
numérot|age [nymeʀɔtaʒ] m Nume'rieren n; **~ation** f Nume'rierung f; Benummerung f
numéroter [nymeʀɔte] v/t nume'rieren;
benummern; *adjt* **numéroté** numeriert
numerus clausus [nymeʀysklozys] m Numerus clausus m
numide [nymid] *HIST* **I** *adj* nu'midisch; **II** m/pl **~s** Nu'mider m/pl
Numidie [nymidi] **la ~** *HIST* Nu'midien n
numismat|e [nymismat] m Numis'matiker m; **~ique I** *adj* numis'matisch; **II** f Münzkunde f; Numis'matik f
nu-pieds [nypje] **I** *adv* barfuß; **II** m/pl (einfache) San'dalen f/pl
nuptial [nypsjal] *adj* ⟨-aux⟩ Braut...; Hochzeits...; **bénédiction ~e** kirchliche Trauung (ohne Brautmesse); **chambre ~e, lit ~** Brautgemach n, -bett n; **marche ~e** Hochzeitsmarsch m
nuptialité [nypsjalite] f *STATISTIQUE* Zahl f der Eheschließungen
nuque [nyk] f Nacken m; Genick n; **~ épaisse** Stiernacken m
Nuremberg [nyʀɛ̃bɛʀ, -ʀɑ̃-] Nürnberg n
nurse [nœʀs] f Kindermädchen n, -frau f, -pflegerin f
nu-tête [nytɛt] *adv* barhäuptig; ohne Kopfbedeckung
nutritif [nytʀitif] *adj* ⟨-ive⟩ **1.** Nähr...; der Ernährung dienend; *sc* nutri'tiv; **besoins ~s** Nahrungsbedarf m; **solution, valeur nutritive** Nährlösung f, -wert m; **2.** (*nourrissant*) nahrhaft
nutrition [nytʀisjɔ̃] f Ernährung f; Nahrungsaufnahme f; *sc* Nutriti'on f; **troubles** m/pl **de la ~** Ernährungsstörungen f/pl
nutritionn|el [nytʀisjɔnɛl] *adj* ⟨~le⟩ Ernährungs...; **~iste** m,f Diä'tetiker(in) m(f); Ernährungswissenschaftler(in) m(f)
nylon [nilɔ̃] m (*nom déposé*) Nylon ['naɪlɔn] n (Wz); **de** *ou* **en ~** Nylon...; **bas** m/pl (**en**) **~** Nylonstrümpfe m/pl; F Nylons pl
nymphe [nɛ̃f] f **1.** *MYTH* Nymphe f; **2.** *ZO* Puppe f
nymphéa [nɛ̃fea] m *BOT* Weiße Seerose
nymphette [nɛ̃fɛt] f Lo'lita(typ) f(m); Kindfrau f
nymphoman|e [nɛ̃fɔman] **I** *adj* nympho'man(isch); **II** f Nympho'manin f; **~ie** f Nymphoma'nie f

O

O, o [o] *m* ⟨*inv*⟩ O, o *n*
ô [o] *int* o; **~ ciel!** o Himmel!
O. *abr* (*ouest*) W (West[en])
O.A.S. [oaɛs] *f abr* (*Organisation de l'armée secrète*) nationalistische frz Untergrundbewegung am Ende des Algerienkrieges
oasis [ɔazis] *f, a m* **1.** GÉOGR O'ase *f*; **2.** *fig* **une ~ de calme** e-e Oase der Stille
obédience [ɔbedjɑ̃s] *f* **1.** *loc/adj* **d'~ communiste** *etc* kommu'nistischer *etc* Prägung, Obser'vanz, Weltanschauung; **2.** *litt* (*obéissance*) Gehorsam *m*; (*soumission*) Unter'werfung *f*
obéir [ɔbeiʀ] *v/t/indir personne, animal* **~ à qn** j-m gehorchen; j-m folgen (*surtout rares*); auf j-n hören; F (j-m) pa-'rieren; **~ à sa conscience** s-m Gewissen folgen; **~ à un ordre** e-m Befehl gehorchen, Folge leisten; *par ext: chose* **~ à une loi physique** e-m physikalischen Gesetz gehorchen; *abs*: **il faut ~** da heißt es gehorchen, sich fügen; (**savoir**) **se faire ~** sich Gehorsam (zu) verschaffen (wissen); **refuser d'~** den Gehorsam verweigern; *p/p* **être obéi** Gehorsam finden; **il était obéi** *a* man gehorchte ihm, leistete ihm Gehorsam
obéissance [ɔbeisɑ̃s] *f* Gehorsam *m* (**à qn** j-m gegenüber); **~ aveugle** blinder Gehorsam; *péj* Ka'davergehorsam *m*
obéissant [ɔbeisɑ̃] *adj* gehorsam; *enfant, chien* a folgsam; artig; brav; *nature* fügsam; nachgiebig
obélisque [ɔbelisk] *m* Obe'lisk *m*
obéré [ɔbeʀe] *adj st/s* **~ (de dettes)** tief verschuldet; tief in Schulden steckend
obèse [ɔbɛz] **I** *adj* fett-, dickleibig (*a méd*); **II** *m,f* Fett-, Dickleibige(r) *f(m)*
obésité [ɔbezite] *f* Fett-, Dickleibigkeit *f* (*a MÉD*)
objecter [ɔbʒɛkte] *v/t* **1.** (*opposer*) einwenden, zu bedenken geben (**que** daß); **~ qc à qn** j-m etw entgegenhalten; **~ à qn que ...** j-m entgegenhalten, daß ...; **rien à ~** (**à notre projet**)? keine Einwände (gegen unseren Plan)?; **2.** (*alléguer*) vorgeben; vorschützen; **~ la fatigue** Müdigkeit vorschützen
objecteur [ɔbʒɛktœʀ] *m* **~ de conscience** Wehrdienst-, Kriegsdienstverweigerer *m*
objectif [ɔbʒɛktif] **I** *adj* ⟨-ive⟩ objek'tiv (*a PHILOS*); sachlich; **II** *m* **1.** OPT, PHOT Objek'tiv *n*; **braquer son ~ sur qn** sein Objektiv, s-e Kamera auf j-n richten; **2.** MIL Ziel *n*; **3.** *fig* (*but*) Ziel *n*; **atteindre son ~** sein Ziel erreichen
objection [ɔbʒɛksjɔ̃] *f* Einwand *m*, Einwendung *f* (**à qc** gegen etw); **~ de conscience** Wehrdienst-, Kriegsdienstverweigerung *f* (aus Gewissensgründen); **il n'y a pas d'~ à cela** es ist nichts dagegen einzuwenden; **faire, formuler une ~** e-n Einwand geltend machen, erheben, vorbringen; **si vous n'y voyez pas d'~** wenn Sie nichts dagegen einzuwenden haben
objectivité [ɔbʒɛktivite] *f* Objektivi'tät *f* (*a PHILOS*); Sachlichkeit *f*
objet [ɔbʒɛ] *m* **1.** *concret* Gegenstand *m*; Ding *n*; Sache *f*; **~ précieux, de valeur** Wertgegenstand *m*, -sache *f*; Kostbarkeit *f*; **~ rare** Rari'tät *f*; seltenes Stück; **~ d'art** Kunstgegenstand *m*; **~ d'usage courant** Gebrauchsgegenstand *m*; *cf a* **trouvé** *1.*; **2.** (*sujet, matière*) Gegenstand *m*; COMM, ADM **en début de lettre ~: ...** Betrifft, Betreff, souvent abr Betr.: ...; **~ du contrat, du litige** Vertrags-, Streitgegenstand *m*; **avoir pour ~ qc** etw zum Gegenstand, Inhalt haben; etw beinhalten, betreffen; *cf a* 3.; *personne, chose* **être un ~ de curiosité pour qn** für j-n ein Gegenstand der Neugier sein; *réclamation etc* **être sans ~** gegenstandslos sein; **être, faire l'~ de qc** Gegenstand von etw sein; **il est l'~ d'une grave accusation** e-e schwere Beschuldigung richtet sich gegen ihn; **faire l'~ d'une surveillance constante** ständig über'wacht werden; ständiger Über'wachung (*dat*) unter'liegen; **3.** (*but*) Zweck *m*; Ziel *n*; **~ de la visite** Zweck des Besuches; **avoir pour ~ qc** etw bezwecken; etw zum Ziel, zum Zweck, zur Aufgabe haben; **4.** GR **complément m d'~** Satzergänzung *f*; Ob'jekt *n*; (**complément m d'~**) **direct** Akkusativobjekt *n*; Ergänzung *f* im Wenfall, im vierten Fall; (**complément m d'~**) **indirect** Präpositio'nalobjekt *n*; **5.** PHILOS, PSYCH Ob'jekt *n*
objurgations [ɔbʒyʀgasjɔ̃] *litt f/pl* inständiges Bitten; Beschwörungen *f/pl*
obligataire [ɔbligatɛʀ] FIN **I** *adj* Obligati'onen...; **II** *m* Inhaber *m* e-r Schuldverschreibung; *schweiz* Obligatio'när *m*
obligation [ɔbligasjɔ̃] *f* (*engagement*) Verpflichtung *f*; (*devoir*) Pflicht *f* (**envers qn** j-m gegenüber); COMM Verpflichtung *f*; Verbindlichkeit *f*; JUR **~ alimentaire** 'Unterhaltspflicht *f*; **~ morale** moralische Pflicht; **~s professionnelles** berufliche Verpflichtungen; JUR **~ de témoigner** Zeugnispflicht *f*; *st/s* **se faire un ~ de ~** sich zur Pflicht machen, etw zu tun; **2.** (*nécessité*) Notwendigkeit *f*; (*contrainte*) Zwang *m*; **sans ~ d'achat** ohne Kaufzwang; **être dans l'~ de faire qc** gezwungen, genötigt sein, etw zu tun; **se voir dans l'~ de faire qc** sich gezwungen, genötigt sehen, etw zu tun; **3.** FIN Schuldverschreibung *f*; Obligati'on *f*; **4.** *litt* **avoir beaucoup d'~(s) à qn** j-m zu großem Dank verpflichtet sein
obligatoire [ɔbligatwaʀ] *adj* **1.** obliga-'torisch; vorgeschrieben; verbindlich; Pflicht...; **...pflicht**; **~ pour tous** allgemeinverbindlich; **enseignement** *m*, **instruction** *f* **~** Schulpflicht *f*; **circulation sens m ~** vorgeschriebene Fahrtrichtung; **service m militaire ~** allgemeine Wehrpflicht; **être ~** Pflicht, obligatorisch sein; **2.** F (*inévitable*) zwangsläufig; **c'était ~** das konnte nicht ausbleiben; das mußte ja so kommen; es mußte zwangsläufig dahin kommen
obligatoirement [ɔbligatwaʀmɑ̃] *adv* obliga'torisch; zwangsläufig
obligé [ɔbliʒe] **I** *adj et p/p* **1.** *cf* **obliger** *2., 3.*; **2.** F **c'est ~!** das kann nicht anders sein; **II** *subst* **1. être l'~(e)** *m(f)* **de qn** j-m zu Dank verpflichtet sein; **2.** JUR **principal ~** Hauptschuldner *m*
obligeamment [ɔbliʒamɑ̃] *adv* entgegenkommenderweise
obligeance [ɔbliʒɑ̃s] *f* Gefälligkeit *f*; Zu'vorkommenheit *f*; Entgegenkommen *n*; Verbindlichkeit *f*; **avoir l'~ de faire qc** so freundlich sein, die Freundlichkeit besitzen, die Güte haben, etw zu tun
obligeant [ɔbliʒɑ̃] *adj* gefällig; entgegenkommend; zu'vorkommend; verbindlich
obliger [ɔbliʒe] ⟨-geons⟩ **I** *v/t* **1.** *loi, contrat etc* **~ qn** j-n verpflichten, binden; **~ qn à faire qc** j-n dazu verpflichten, etw zu tun; **2.** (*forcer*) **~ qn à qc** j-n zu etw zwingen, nötigen; **rien ne vous y oblige** nichts zwingt Sie dazu; **~ qn à faire qc** j-n zwingen, nötigen, etw zu tun; ♦ *p/p*: **se croire obligé de faire qc** glauben, etw tun zu müssen; *iron* sich bemüßigt fühlen, etw zu tun; **être obligé de faire qc** gezwungen, genötigt sein, etw zu tun; etw tun müssen; **tu n'es pas obligé de venir** *a* du brauchst nicht zu kommen; **je suis bien obligé** ich muß (es tun); ich kann (leider) nicht anders; **se voir obligé de faire qc** sich gezwungen, genötig, veranlaßt sehen, etw zu tun; **3.** (*rendre service*) surtout *p/p*: **je vous suis bien obligé de votre aide** ich bin Ihnen für Ihre Hilfe sehr verbunden, dankbar, zu Dank verpflichtet; **je vous serais très obligé de bien vouloir faire qc** ich wäre Ihnen sehr verbunden, dankbar, wenn Sie etw tun würden; **II** *v/pr* **s'~ à faire qc** **a)** (*s'engager*) sich verpflichten, etw zu tun; **b)** (*se forcer*) sich zwingen, etw zu tun
oblique [ɔblik] *adj* schief; schräg; MATH

obliquer – occasion

ligne *f* ~ *ou subst* ~ *f* schräge Linie; **regard** *m* ~ Seitenblick *m*; *loc/adv* **en** ~ schräg
obliquer [ɔblike] *v/i* ~ **à droite, à gauche** (seitwärts) nach rechts, nach links abbiegen
obliquité [ɔblikɥite] *f* Schiefe *f*; Schiefheit *f*; Schräge *f*; Schrägheit *f*; Neigung *f* (*a* MATH)
oblitér|ateur [ɔbliteRatœR] *m de timbres* Entwerter *m*; Entwertungsstempel *m*; ~**ation** *f* **1.** *de timbres* Entwertung *f*; Abstemp(e)lung *f*; **2.** MÉD Verstopfung *f*; *sc* Obliterati'on *f*
oblitérer [ɔblitere] *v/t* ⟨-è-⟩ **1.** *timbres* entwerten; abstempeln; **timbre oblitéré** *a* gestempelte Marke; **2.** MÉD *vaisseau etc* verstopfen
oblong [ɔblɔ̃] *adj* ⟨oblongue [ɔblɔ̃g]⟩ länglich
obnubiler [ɔbnybile] *v/t* ~ **qn** j-s ganzes Denken beherrschen; *surtout p/p* **avoir l'esprit obnubilé, être obnubilé par une idée** von e-r Idee beherrscht werden, besessen sein
obole [ɔbɔl] *f* Obolus *m*; Scherflein *n*
obscène [ɔpsɛn] *adj* obs'zön; unanständig; schmutzig; *paroles a* unflätig; zotig; zotenhaft
obscénité [ɔpsenite] *f* **1.** *caractère* Obszöni'tät *f*; Unanständigkeit *f*; Unflätigkeit *f*; **2.** *propos* Zote *f*; **dire des** ~**s** Zoten reißen
obscur [ɔpskyR] *adj* **1.** (*sombre*) dunkel; finster; **2.** *fig affaire, point* dunkel; *texte, raisons* dunkel; unverständlich, unklar; *sentiment* dunkel; undeutlich; **3.** *personnage, auteur* unbekannt; unbedeutend; ob'skur; *existence* bescheiden, unauffällig; unscheinbar
obscurantisme [ɔpskyRãtism(ə)] *m* Fortschritts- und Bildungsfeindlichkeit *f*; Obskuran'tismus *m*; Dunkelmännertum *n*
obscurcir [ɔpskyRsiR] **I** *v/t* **1.** *salle* verdunkeln (*a ciel*); dunkel machen; **2.** *fig explications, sens etc* unverständlich, unklar, dunkel machen; *yeux* **obscurcis de larmes** von Tränen getrübt; **II** *v/pr* **s'**~ *ciel* sich verdunkeln; sich verfinstern; *temps* sich eintrüben
obscurcissement [ɔpskyRsismã] *m du ciel* Verdunk(e)lung *f*; Verfinsterung *f*
obscurément [ɔpskyRemã] *adv* dunkel; undeutlich
obscurité [ɔpskyRite] *f* **1.** Dunkelheit *f*; Dunkel *n*; Finsternis *f*; **dans l'**~ im Dunkeln, Finstern; **2.** *d'un texte etc* Unverständlichkeit *f*; Unklarheit *f*; **b)** (*passage, point obscur*) dunkle, unverständliche, unklare Stelle; Unklarheit *f*; Die Unbekanntheit *f*; Obskuri'tät *f*; **l'**~ **des origines de l'homme** der im dunkeln liegende Ursprung des Menschen; **vivre dans l'**~ ein unauffälliges, unscheinbares Leben führen
obsédant [ɔpsedã] *adj souvenir, rythme etc* der, die, das einem nicht aus dem Sinn geht *ou* einen nicht losläßt
obsédé(e) [ɔpsede] *m(f)* Besessene(r) *f(m)*; ~ **sexuel(le)** Sexbesessene(r) *f(m)*
obséder [ɔpsede] *v/t* ⟨-è-⟩ *idée, crainte, remords, souvenir* ~ **qn** j-n nicht aus dem Sinn gehen; j-n verfolgen, nicht loslassen, bedrängen, quälen; **être obsédé par une idée** von e-r Idee (wie) besessen sein, beherrscht werden

obsèques [ɔpsɛk] *f/pl* Trauerfeier(lichkeiten) *f(f/pl)*; Beisetzung *f*; Totenfeier *f*; ÉGL CATH E'xequien *pl*; ~ **nationales** Staatsbegräbnis *n*
obséquieux [ɔpsekjø] *adj* ⟨-euse⟩ unterwürfig; über'trieben ehrerbietig, diensteifrig; *péj* kriecherisch
obséquiosité [ɔpsekjozite] *f* Unterwürfigkeit *f*; über'triebene Ehrerbietung; *péj* kriecherische Höflichkeit
observance [ɔpsɛRvãs] *f d'une règle religieuse* Befolgung *f*; Einhaltung *f*; Beobachtung *f*; Obser'vanz *f*; *monastère, ordre* **de stricte, rigoureuse** ~ strenger Observanz
observa|teur [ɔpsɛRvatœR] *m*, ~**trice** *f* **1.** Beobachter(in) *m(f)* (*a* POL, MIL); *loc/adv* **en** ~ als Beobachter(in); **2.** *adjt* **être très** ~ (sehr) genau beobachten; ein guter, scharfer Beobachter, e-e gute, scharfe Beobachterin sein
observation [ɔpsɛRvasjɔ̃] *f* **1.** (*examen, surveillance*) Beobachtung *f* (*a* MIL); aufmerksame Betrachtung; *sc a* Observati'on *f*; *résultat* Beobachtung *f*; Wahrnehmung *f*; ~**s astronomiques** astronomische Beobachtungen; **instrument** *m d'*~ Beobachtungsinstrument *n*; **faire des** ~**s sur qn, qc** Beobachtungen an j-m, etw anstellen; MÉD **mettre qn en** ~ j-n zur Beobachtung ins Krankenhaus schicken, einliefern; **2.** (*remarque*) (kritische) Bemerkung, Anmerkung; **je n'ai pas d'**~**s à faire** (*là-dessus*) ich habe nichts dazu zu bemerken *ou* daran auszusetzen; **3.** (*réprimande*) Ermahnung *f*; Verweis *m*; Tadel *m*; Rüge *f*; **faire des** ~**s à un élève** e-n Schüler ermahnen, tadeln, rügen; e-m Schüler e-n Verweis *etc* erteilen; **4.** *d'un règlement* Einhaltung *f* (*a d'un délai*); Beachtung *f*; Befolgung *f*
observatoire [ɔpsɛRvatwaR] *m* **1.** Observa'torium *n*; ASTR *a* Sternwarte *f*; MÉTÉO *a* Wetterwarte *f*; **2.** MIL Beobachtungspunkt *m*, -stand *m*
observer [ɔpsɛRve] *v/t* **1.** (*regarder attentivement*) beobachten (*a* MIL); **se sentir observé** sich beobachtet fühlen; **2.** (*remarquer*) *amélioration, changement* beobachten; wahrnehmen; bemerken; **faire** ~ **à qn que ...** j-n darauf aufmerksam machen, hinweisen, daß ...; **3.** *loi, règlement, coutume* einhalten; befolgen; beachten; sich halten an (+*acc*); *st/s* beobachten; *délai* einhalten; wahren; REL *commandement* halten; **II** *v/pr* **s'**~ **4.** (*se surveiller*) sich in acht nehmen; sich vorsehen; **5.** *réfléchi ou réciproque* sich beobachten
obsession [ɔpsesjɔ̃] *f* **1.** Zwangsvorstellung *f* (*a* PSYCH); fixe I'dee; quälender Gedanke; quälende Vorstellung; PSYCH *a* Obsessi'on *f*; **avoir l'**~ **de l'échec** von der Zwangsvorstellung des Scheiterns beherrscht werden
obsessionnel [ɔpsesjɔnɛl] *adj* ⟨~le⟩ PSYCH Zwangs...; **névrose** ~**le** Zwangsneurose *f*
obsidienne [ɔpsidjɛn] *f* MINÉR Obsidi'an *m*; Lavaglas *n*
obsolète [ɔpsɔlɛt] *adj* veraltet; über'holt; obso'let
obstacle [ɔpstakl(ə)] *m* Hindernis *n*; *fig a* Hemmnis *n*; *fig* **principal** ~ Haupthindernis *n*; HIPPISME **course** *f d'*~**s**

Hindernisrennen *n*; *fig* **faire** ~ **à qc** etw verhindern, vereiteln, durch'kreuzen; sich e-r Sache (*dat*) in den Weg stellen
obstétrique [ɔpstetRik] *f* Geburtshilfe *f*; *sc* Ob'stetrik *f*
obstination [ɔpstinasjɔ̃] *f* Hartnäckigkeit *f*; Halsstarrigkeit *f*; Eigensinn *m*; Sturheit *f*; Starrsinn *m*
obstiné [ɔpstine] *adj personne, lutte, travail* hartnäckig; *personne a* halsstarrig; eigensinnig; starrsinnig; stur; ~**ment** *adv cf* **obstiné**
obstiner [ɔpstine] *v/pr* **s'**~ halsstarrig, eigensinnig, stur sein; **s'**~ **à faire qc** hartnäckig etw tun; darauf beharren, sich darauf versteifen, etw zu tun; **s'**~ **dans son refus** hartnäckig bei s-r Weigerung bleiben; sich hartnäckig weigern
obstruction [ɔpstRyksjɔ̃] *f* **1.** POL (parlamen'tarische) Obstrukti'on; **faire de l'**~ Obstruktion (be)treiben; **2.** SPORTS Behinderung *f* (des Gegners); **3.** MÉD *d'une artère etc* Verstopfung *f*
obstructionnisme [ɔpstRyksjɔnism(ə)] *m* POL Verzögerungs-, Verschleppungs-, Obstrukti'onstaktik *f*
obstruer [ɔpstRye] *v/t tuyau* verstopfen; *passage* versperren; bloc'kieren; MÉD *artère etc* verstopfen
obtempérer [ɔptɑ̃peRe] *v/t/indir* ⟨-é-⟩ ADM ~ **à un ordre** e-m Befehl Folge leisten, nachkommen; *abs* ~ sich fügen
obtenir [ɔptəniR] ⟨*cf* venir⟩ **I** *v/t* erlangen; erhalten; bekommen; erreichen; 'durchsetzen; JUR erwirken; *résultat, prix, succès* erzielen; ~ **de l'avancement** befördert werden; ~ (**la permission**) **de faire qc** die Erlaubnis erhalten, bekommen, erwirken, etw zu tun; ~ **qc de qn** etw bei j-m erreichen, durchsetzen; **j'ai obtenu de lui qu'il se taise sur cette affaire** ich habe bei ihm durchgesetzt, erreicht, daß ...; **faire** ~ **qc à qn** j-m etw verschaffen, beschaffen; **je lui ai fait** ~ **un emploi** ich habe ihm e-e Stelle verschafft; **II** *v/pr* **s'**~ zu erlangen *ou* sein; erlangt *etc* werden
obtention [ɔptɑ̃sjɔ̃] *f* Erlangung *f*
obturateur [ɔptyRatœR] **I** *adj* ⟨-trice⟩ Verschluß...; **II** *m* **1.** TECH Absperrventil *n*, -hahn *m*; **2.** PHOT Verschluß *m*
obturation [ɔptyRasjɔ̃] *f* **1.** Verschließen *n*; Verstopfen *n*; **2.** *dentaire* (Zahn-) Füllung *f*
obturer [ɔptyRe] *v/t* **1.** (*boucher*) verschließen; verstopfen; **2.** *dent* füllen; plom'bieren
obtus [ɔpty] *adj* ⟨obtuse [ɔptyz]⟩ **1.** MATH *angle* stumpf; **2.** *fig esprit* schwerfällig; *personne* **être** ~ schwer von Begriff, begriffsstutzig sein
obus [ɔby] *m* (Artille'rie)Gra'nate *f*
obusier [ɔbyzje] *m* MIL Hau'bitze *f*
obvier [ɔbvje] *v/t/indir litt* ~ **à qc** e-r Sache (*dat*) vorbeugen, begegnen
oc [ɔk] **la langue d'**~ die süd- und südwestfranzösischen Dialekte *m/pl*; das Okzi'tanische; Okzi'tanisch *n*
OC *abr* (*ondes courtes*) KW (Kurzwelle[n])
ocarina [ɔkaRina] *m* MUS Oka'rina *f*
occase [ɔkaz] *f* F *abr cf* **occasion** 3.
occasion [ɔkazjɔ̃] *f* **1.** Gelegenheit *f*; **les grandes** ~**s** die großen, festlichen, besonderen Gelegenheiten; *loc/adv* **à**

l'~ bei Gelegenheit; gelegentlich; *à cette ~* bei dieser Gelegenheit; *à la première ~* bei der ersten (besten) Gelegenheit; *avoir l'~ de faire qc* (die) Gelegenheit haben, etw zu tun; *cf a 2.*; *iron tu as perdu une belle ~ de te taire!* du hättest lieber den Mund halten sollen!; *prov l'~ fait le larron* Gelegenheit macht Diebe (*prov*); **2.** (*cause*) Anlaß *m*; Veranlassung *f*; Grund *m*; *loc/prép à l'~ de* anläßlich, aus Anlaß (+*gén*); *avoir l'~ de faire qc* Anlaß, Veranlassung, Grund haben, etw zu tun; *être l'~ de qc* Anlaß, Veranlassung zu etw geben, sein; *être l'~ pour qn de faire qc* der Anlaß für j-n sein *ou* j-n veranlassen, etw zu tun; **3.** *COMM* Gelegenheitskauf *m*; günstiger Kauf; *une belle ~* ein besonders (preis)günstiger Kauf; F ein Schnäppchen *n*; ♦ *loc/adj et loc/adv d'~* gebraucht; Gebraucht...; aus zweiter Hand; *livre antiquarisch; voiture f d'~* Gebrauchtwagen *m*; *acheter qc d'~* etw gebraucht, antiquarisch kaufen; *coll le marché de l'~* der Gebrauchtwarenhandel

occasionnel [ɔkazjɔnɛl] *adj* ⟨~le⟩ gelegentlich; Gelegenheits...; (*fortuit*) zufällig; *travail ~* Gelegenheitsarbeit *f*

occasionner [ɔkazjɔne] *v/t* verursachen; Anlaß geben zu; führen zu; bewirken; *~ des soucis à qn* j-m Sorgen bereiten

Occident [ɔksidɑ̃] *m* **1.** *l'~* das Abendland; der Okzident; *HIST l'Empire romain d'~* das Weströmische Reich; **2.** *POL l'~* der Westen; die westliche Welt

occidental [ɔksidɑ̃tal] I *adj* ⟨-aux⟩ **1.** *GÉOGR, POL* westlich; West...; *côte ~* Westküste *f*; *l'Europe ~e* Westeuropa *n*; *les puissances ~es* die Westmächte *f/pl*; **2.** *civilisation* abendländisch; II *subst les Occidentaux m/pl* a) die abendländischen Völker *n/pl*; die Abendländer *m/pl*; b) *POL* die westlichen Länder *n/pl*

occidentaliser [ɔksidɑ̃talize] I *v/t* dem westlichen Vorbild, Lebensstil anpassen; II *v/pr s'~* verwestlichen

occipital [ɔksipital] *adj* ⟨-aux⟩ *ANAT* 'Hinterhaupt(s)...; *os ~ ou subst ~ m* Hinterhaupt(s)bein *n*

occiput [ɔksipyt] *m ANAT* 'Hinterhaupt *n*, -kopf *m*

occire [ɔksiʀ] *v/t* ⟨*nur inf u p/p* occis⟩ *plais* 'umbringen, töten; F kaltmachen

occitan [ɔksitɑ̃] I *adj* **1.** *LING* okzi'tanisch; **2.** *par ext* proven'zalisch; süd- und süd'westfranzösisch; II *m LING l'~* das Okzi'tanische; Okzi'tanisch *n*

occlure [ɔklyʀ] *v/t* ⟨*cf* conclure; *aber p/p* occlus⟩ *MÉD* verschließen

occlusif [ɔklyzif] *adj* ⟨-ive⟩ *PHON* **consonne occlusive** *ou subst* **occlusive** *f* Verschluß-, Explo'sivlaut *m*

occlusion [ɔklyzjɔ̃] *f* **1.** *MÉD* Verschluß *m*; *sc* Okklusi'on *f*; *~ intestinale* Darmverschluß *m*; **2.** *PHON* Verschluß *m*

occultation [ɔkyltasjɔ̃] *f* **1.** *ASTR* Bedeckung *f* (*durch e-n anderen Himmelskörper*); **2.** *fig* Verdeckung *f*; Ka'schierung *f*

occulte [ɔkylt] *adj forces, puissances* geheim; verborgen; ok'kult; *sciences f/pl ~s* Geheimwissenschaften *f/pl*

occulter [ɔkylte] *v/t* **1.** *ASTR* bedecken; **2.** *fig réalité, problème etc* verdecken, ka'schieren; verschleiern; vernebeln; vertuschen

occultisme [ɔkyltism(ə)] *m* Okkul'tismus *m*

occupant [ɔkypɑ̃] I *adj MIL* Besatzungs...; Okkupati'ons...; *armée, puissance ~e* Besatzungsarmee *f*, -macht *f*; II *m* **1.** *d'un logement* Bewohner *m*; (Wohnungs)Inhaber *m*; *d'une voiture* Insasse *m*; *JUR* **premier ~** Erstbesitzer *m*; **2.** *MIL* Besatzungsangehörige(r) *m*; F Besatzer *m*; ~(*s*) Besatzung(smacht) *f*; Okku'pant *m*

occupation [ɔkypasjɔ̃] *f* **1.** (*activité*) Beschäftigung *f* (*a emploi*); Tätigkeit *f*; Betätigung *f*; **2.** *MIL* a) Besatzung *f*; Okkupati'on *f*; b) *HIST en France l'~* deutsche Besatzungszeit; **3.** *d'un logement* Bewohnen *n*; **4.** *d'un terrain etc* Inbe'sitznahme *f*; *illicite* Besetzung *f*; *grève f avec ~ des locaux* Streik *m* mit Werksbesetzung

occupé [ɔkype] *adj* **1.** *personne* beschäftigt; *un homme très ~* ein vielbeschäftigter Mann; *être très ~* sehr beschäftigt, in Anspruch genommen sein; viel zu tun haben; *être ~ à qc* mit etw beschäftigt sein; *être ~ à faire qc* damit beschäftigt sein *ou* dabeisein, etw zu tun; **2.** *MIL pays* besetzt; *HIST en France* **zone** *~e* (von den Deutschen) besetzte Zone; **3.** *logement* bewohnt; belegt; *place, taxi, téléphone, toilettes* besetzt; *téléphone a* belegt; *poste* besetzt; vergeben

occuper [ɔkype] I *v/t* **1.** *entreprise*: *main-d'œuvre* beschäftigen; **2.** *travail, tâche*: *qn* beschäftigen; ausfüllen; in Anspruch nehmen; *temps* ausfüllen; *ses loisirs à faire qc* s-e Freizeit damit ausfüllen, verbringen, darauf verwenden, etw zu tun; **3.** *poste, fonction* bekleiden; innehaben; einnehmen; ausfüllen; **4.** *de la place* einnehmen; ~ *trop de place* zuviel Platz einnehmen, wegnehmen; **5.** *logement* bewohnen; wohnen in (+*dat*); innehaben; **6.** *MIL*: *ville, pays, grévistes*: *usine* besetzen; besetzt halten; *MIL a* okku'pieren; II *v/pr s'~* sich beschäftigen, betätigen; *il y a de quoi s'~* da ist man voll und ganz beschäftigt, ausgefüllt; **8.** *s'~ de qn, qc* sich um j-n, etw kümmern; sich mit j-m, etw befassen, beschäftigen, abgeben; *dans un magasin* **on s'occupe de vous, Monsieur?** werden Sie schon bedient?; *je m'en occupe* ich kümmere mich darum; ich erledige das; *ne vous en occupez pas a* lassen Sie das meine Sorge sein; *s'~ de* (+*inf*) sich darum kümmern *ou* dafür Sorge tragen *ou* es sich angelegen sein lassen, daß ...; *F t'occupe (pas)!* das geht doch dich nichts an!; F das kümmert dich e-n Dreck!

occurrence [ɔkyʀɑ̃s] *f* **1.** *loc/adv* **en l'~** in diesem (gegebenen) Fall; im vorliegenden Fall; **2.** *LING* Vorkommen *n*; *sc* Okkur'renz *f*

O.C.D.E. [osedeə] *f abr* (Organisation de coopération et de développement économique) OECD *f*

océan [ɔseɑ̃] *m* **1.** Ozean *m*; Weltmeer *n*; *l'~ Atlantique ou l'~* der Atlantische Ozean; der Atlantik; **2.** *fig un ~ de ...* ein Meer von ...

Océanie [ɔseani] *l'~ f* Oze'anien *n*

océanien [ɔseanjɛ̃] *GÉOGR* I *adj* ⟨~ne⟩ oze'anisch; Oze'aniens; II *subst les ~s m/pl* die Oze'anier *m/pl*; die oze'anischen Völker *n/pl*

océanique [ɔseanik] *adj* oze'anisch; Meeres...; *climat m ~* ozeanisches Klima; Meeresklima *n*

océanograph|e [ɔseanɔgʀaf] *m,f* Meereskundler(in) *m(f)*; Ozeano'graph(in) *m(f)*; **~ie** *f* Meereskunde *f*; Ozeanogra'phie *f*; **~ique** *adj* meereskundlich; ozeano'graphisch; **Musée** *m* **~** Museum *n* für Meereskunde

ocelle [ɔsɛl] *m ZO tache* Augenfleck *m*

ocelot [ɔslo] *m ZO* Ozelot *m* (*a fourrure*); *manteau m d'~* Ozelotmantel *m*

ocre [ɔkʀ(ə)] *f* **1.** *MINÉR, PEINT* Ocker *m ou n*; *PEINT a* Ockerfarbe *f*; **2.** *couleur* Ockergelb *n*; **3.** *adjt* ⟨*inv*⟩ (*de couleur*) ~ ocker(farben, -gelb)

ocré [ɔkʀe] *adj* ockerfarben, -gelb

octaèdre [ɔktaɛdʀ(ə)] *m MATH* Achtflächner *m*; Okta'eder *n*

octane [ɔktan] *m CHIM* Ok'tan *n*

octante [ɔktɑ̃t] *num/c en Belgique, en Suisse* achtzig

octave [ɔktav] *f* **1.** *MUS* Ok'tave *f*; *jouer à l'~ (supérieure)* e-e Oktave höher spielen; **2.** *ÉGL CATH* Ok'tav *f*

octet [ɔktɛ] *m* **1.** *INFORM* Byte [baɪt] *n*; **2.** *CHIM* Ok'tett *n*

octobre [ɔktɔbʀ(ə)] *m* Ok'tober *m*; *HIST en Russie* **la révolution d'~** die Oktoberrevolution

octogénaire [ɔktɔʒenɛʀ] I *adj* achtzigjährig; II *m,f* Achtzigjährige(r) *f(m)*; Achtziger(in) *m(f)*

octogonal [ɔktɔgɔnal] *adj* ⟨-aux⟩ achteckig; *pyramide* achtseitig

octogone [ɔktɔgon, -gɔn] *m MATH* Achteck *n*; *sc* Okto'gon *n*

octosyllabe [ɔktɔsi(l)lab] I *adj vers* achtsilbig; II *m* Achtsilb(n)er *m*

octroi [ɔktʀwa] *m* **1.** *st/s ou ADM* Bewilligung *f*; Genehmigung *f*; Gewährung *f*; **2.** *HIST* a) (Stadt)Zoll *m*; b) Zollhaus *n*

octroyer [ɔktʀwaje] ⟨-oi-⟩ *v/t st/s ou ADM* bewilligen; genehmigen; zubilligen; gewähren; II *v/pr F s'~ qc* sich etw genehmigen, gönnen

oculaire [ɔkylɛʀ] I *adj* Augen...; *globe m ~* Augapfel *m*; *témoin m ~* Augenzeuge *m*; II *m OPT* Oku'lar *n*

oculiste [ɔkylist] *m,f* Augenarzt, -ärztin *m,f*

odalisque [ɔdalisk] *f* Oda'liske *f*

ode [ɔd] *f* Ode *f*

odéon [ɔdeɔ̃] *m ARCH, THÉ* O'deon *n*

odeur [ɔdœʀ, o-] *f* Geruch *m*; (*parfum*) Duft *m*; *~ agréable* Wohlgeruch *m*; angenehmer Duft; *~ de brûlé* Brandgeruch *m*; *~ de gaz* Gasgeruch *m*; *~ de jasmin* Jas'minduft *m*; *~ de moisi* Modergeruch *m*; *loc/adj sans ~* geruchlos; *avoir une bonne, mauvaise ~* gut, schlecht riechen; *cf a sainteté 1.*

odieux [ɔdjø] *adj* ⟨-euse⟩ **1.** *crime, personnage* ab'scheulich; abscheuerregend; verabscheuenswürdig; scheußlich; **2.** *personne* (*insupportable*) unausstehlich; gräßlich; *être ~ avec qn* gemein zu j-m sein

odontologie [ɔdɔ̃tɔlɔʒi] *f* Zahnheilkunde *f*; *sc* Odontolo'gie *f*

odorant [ɔdɔʀɑ̃] *adj* wohlriechend; duftend

odorat [ɔdɔʀa] *m* Geruch(ssinn) *m*

odyssée [ɔdise] *f fig* Odys'see *f*; Irrfahrt *f*

œcumén|ique [ekymenik] *adj REL* öku'menisch; **~isme** *m REL* öku'menische Bewegung

œdème [edɛm] *m MÉD* Ö'dem *n*

Œdipe [edip] *m* **1.** *MYTH* Ödipus *m*; **2.** *PSYCH* (**complexe** *m d'*)**~** Ödipuskomplex *m*

œil [œj] *m* **1.** ⟨*pl* yeux [jø]⟩ *ANAT* Auge *n*; *fig* **mauvais ~** böser Blick; **~ de verre** Glasauge *n*; ♦ **coup** *m d'~* a) flüchtiger, kurzer Blick; b) (Aus)Blick *m* (**sur la ville** auf die Stadt); *loc/adv* **du premier coup d'~** auf den ersten Blick; **avoir le coup d'~** ein gutes Augenmaß haben; **jeter un coup d'~** (**rapide**) **sur qc, sur le journal** e-n flüchtigen, kurzen Blick auf etw (*acc*), in die Zeitung werfen; die Zeitung über'fliegen; ♦ *loc/adj* **aux yeux bleus** blauäugig; *loc/adv* **les yeux fermés** *cf* **fermé**; **les yeux grand**(**s**) **ouverts** mit aufgerissenen Augen; F **mon ~!** ich bin doch nicht so dumm, das zu glauben!; F wer's glaubt, wird selig!; F **à l'~** um'sonst; gratis; ohne e-n Pfennig zu bezahlen; **aux yeux de qn** a) *concret* vor j-s Augen (*dat*); b) *abstrait* in j-s Augen (*dat*); **aux yeux de tous** vor aller Augen; **à mes yeux, c'est un escroc** in meinen Augen ist er ein Betrüger; **à vue d'~** zusehends; merklich; **d'un ~ critique** kritisch; mit kritischem Blick, Auge; **de ses** (**propres**) **yeux** mit eigenen Augen; **entre quatre yeux**, F **entre quatre-z-yeux** [ātrəkatzjø] unter vier Augen; **pour ses beaux yeux** um s-r schönen Augen willen; *BIBL* **~ pour ~, dent pour dent** Auge um Auge, Zahn um Zahn; **sous les yeux de qn** vor j-s Augen; **avoir qc sous les yeux** etw vor sich, vor den Augen haben; **mettre qc sous les yeux de qn** j-m etw zeigen, vorlegen; ♦ *locutions verbales avec* **œil**: **avoir l'~** (**à tout**) (auf alles) ein aufmerksames, wachsames Auge haben; F **avoir un ~ qui dit merde à l'autre** schielen; F mit dem rechten Auge in die linke Westentasche sehen; **avoir l'~ sur qn**, **avoir, tenir qn à l'~** ein wachsames Auge, ständig ein Auge auf j-n haben; j-n ständig im Auge behalten; j-n nicht aus den Augen lassen; F **je m'en bats l'~** ich schere mich den Teufel darum; F das kümmert mich e-n Dreck; F **faire de l'~ à qn** j-m Blicke zuwerfen; j-m zuzwinkern; **ne pas fermer l'~ de** (**toute**) **la nuit** die ganze Nacht kein Auge zutun; **frapper, tirer l'~** sofort ins Auge fallen; den Blick auf sich ziehen; **couleur** a F knallig sein; **ouvrir l'~** (F **et le bon**) auf der Hut, vorsichtig, wachsam sein; die Augen offenhalten, aufmachen; F *fig* **se rincer l'~** Stielaugen machen; sich die Augen ausgucken; den stillen Genießer spielen; *fig* **taper dans l'~ de qn** j-m ins Auge, in die Augen stechen; **tourner de l'~** in Ohnmacht fallen; F 'umfallen; 'umkippen; **voir qc d'un bon, mauvais ~** etw gern, ungern sehen; ♦ *locutions verbales avec* **yeux**: **avoir les yeux bleus** blaue Augen haben; **avoir les yeux perdus dans le vague** ins Leere starren; *fig* **il a les yeux plus grands que le ventre** s-e Augen sind größer als sein Magen; F *fig* **n'avoir pas les yeux dans sa poche** die Augen überall haben; F vorn und hinten Augen haben; F **t'as pas les yeux en face des trous!** du hast wohl keine Augen im Kopf?; wo hast du denn deine Augen?; **il n'avait d'yeux que pour elle** er hatte nur Augen für sie; *fig* **ne pas avoir assez de ses yeux pour pleurer** unaussprechlichen Kummer haben; *fig* **n'avoir plus que les yeux pour pleurer** alles verloren haben; buchstäblich nichts mehr besitzen; **être tout yeux, tout oreilles** ganz Auge und Ohr sein; F **faire les gros yeux à un enfant** ein Kind tadelnd, strafend, streng anblicken; **se faire les yeux** sich die Augen schminken; Augen-Make-up [-'me:kap] auftragen; **fermer les yeux à un mort** e-m Toten die Augen zudrücken; *fig* **fermer les yeux** ein Auge, *p/fort* beide Augen zudrücken (**sur qc** bei etw); *fig* **fermer les yeux devant qc** die Augen vor etw (*dat*) verschließen; **ouvrez bien vos yeux!** macht eure Augen gut auf!; haltet eure Augen gut offen!; *fig* **ouvrir les yeux à qn** (**sur qc**) j-m (über etw [*acc*]) die Augen öffnen; *de surprise* **ouvrir de grands yeux** große Augen machen; die Augen aufreißen; aufsperren; F Kulleraugen machen; *fig* **sauter aux yeux** in die Augen *ou* ins Auge springen, fallen; **les yeux lui sortent de la tête** ihm treten die Augen aus dem Kopf; F *fig* **ça me sort par les yeux** F das hängt mir zum Hals heraus; **brusquement ses yeux tombèrent sur la lettre** plötzlich fiel sein Blick auf den Brief; **s'user les yeux** (**à lire**) sich die Augen (mit Lesen) verderben; *prov* **loin des yeux, loin du cœur** aus den Augen, aus dem Sinn (*prov*); **2.** ⟨*pl* yeux⟩ *ÉLECTRON* **~ électrique** Photozelle *f*; lichtelektrische Zelle; **3.** ⟨*pl* yeux⟩ *BOT* Auge *n* (*a de pomme de terre*); **4.** *pl* **yeux de bouillon** Fettaugen *n/pl*; **5.** ⟨*pl* œils⟩ *TECH* (*ouverture*) Loch *n*; Auge *n*; Öse *f*

œil-de-bœuf [œjdəbœf] *m* ⟨*pl* œils-de-bœuf⟩ *ARCH* Ochsenauge *n*; Rundfenster *n*; **~-chat** *m* ⟨*pl* œils-de-chat⟩ *MINÉR* Katzenauge *n*; **~-perdrix** *m* ⟨*pl* œils-de-perdrix⟩ *MÉD* Hühnerauge *n*; **~-tigre** *m* ⟨*pl* œils-de-tigre⟩ *MINÉR* Tigerauge *n*

œillade [œjad] *f* verliebter Blick; ko'kettes Augenzwinkern; **décocher, jeter, lancer une ~, faire des ~** (**à qn**) j-m verliebte Blicke zuwerfen; schöne Augen machen

œillère [œjɛʀ] *f* **1.** *d'un cheval* **~s** *pl* Scheuklappen *f/pl*, -leder *n/pl*; *fig* **avoir des ~s** Scheuklappen tragen; **2.** *MÉD* Augenbadewanne *f*

œillet [œjɛ] *m* **1.** *BOT* Nelke *f*; **~ d'Inde** Ta'getes *f*; **2.** *de chaussure* Schnürloch *n*; *de ceinture* Öse *f*

œilleton [œjtɔ̃] *m* **1.** *BOT* Trieb *m*; Schoß *m*; Schößling *m*; **2.** *d'une arme à feu* rundes Vi'sier; Lochkimme *f*; **3.** *OPT* Augenmuschel *f*

œno|logie [enɔlɔʒi] *f*; Önolo'gie *f*; Wein(bau)kunde *f*; **~logique** *adj* öno'logisch; Weinbaukundige(r) *m*; **~logue** *m* Öno'loge *m*; **~métrie** *f* Be'stimmung *f* des Alkoholgehalts des Weins

œsophage [ezɔfaʒ] *m ANAT* Speiseröhre *f*

œstrogène [ɛstʀɔʒɛn, ø-] *m PHYSIOL* Östro'gen *n*

œuf [œf] *m* ⟨*pl* ~s [ø]⟩ **1.** Ei *n* (*a BIOL*); **~ cru** rohes Ei; **~ dur** hartes, hartgekochtes Ei; **~ frais** frisches Ei; F *fig* (*imbécile*) **quel ~!** so ein Dummkopf!; F so ein doofes Ei!; **~ à la coque** weiches, weichgekochtes Ei; **~ à repriser** Stopfei *n*; **~ de cane, de fourmi, d'oiseau, de Pâques, de pigeon** Enten-, Ameisen-, Vogel-, Oster-, Taubenei *n*; **~s de poisson** Fischeier *n/pl*; Rogen *m*; **~ de poule** Hühnerei *n*; **~s en neige, ~(s) battu(s) en neige** Ei(er)schnee *m*; **battre des** (**blancs d'**)**~s en neige** Eiweiß zu Schnee schlagen; **~ sur le plat, au plat** Spiegelei *n*; F *fig et péj* **tête** *f*, **crâne** *m d'~* Eierkopf *m*; *loc/adj*: **en forme d'~** ei'förmig; o'val; **salle** *etc* **plein comme un ~** gestopft, brechend, zum Brechen, Bersten voll; *loc/adv fig* **dans l'~** im Keim; **scandale, affaire écraser, étouffer dans l'~** im Keim ersticken; F *fig* **va te faire cuire un ~!** scher dich zum Kuckuck, Teufel!; **c'est comme l'~ de** (**Christophe**) **Colomb, il fallait y penser!** das ist das Ei des Kolumbus!; das ist ganz einfach, man muß nur darauf kommen!; *fig* **marcher sur des ~s** wie auf Eiern gehen; *fig* **mettre tous ses ~s dans le même panier** alles auf e-e Karte setzen; **il tondrait un ~** er ist ein alter Geizkragen, -hals, F Knauser, Knicker, Filz; *prov* **qui vole un ~, vole un bœuf** mit kleinen Dingen fängt es an, mit großen hört es auf (*prov*); **2.** *SKI* Eiform(haltung) *f*

œuvre[1] [œvʀ(ə)] *f* **1.** (*travail*) Werk *n*; Arbeit *f*; *litt* **femme grosse des ~ de X** von X geschwängerte Frau; *loc/adv* **à l'~**: **être à l'~** am Werk, bei der Arbeit sein; **juger qn à l'~** j-n nach s-r Arbeit, nach s-r Leistung beurteilen; **se mettre à l'~** sich ans Werk, an die Arbeit machen, begeben; **être l'~ de qn** j-s Werk sein; **il est fils de ses ~s** er ist ein Selfmademan; er hat es aus eigener Kraft zu etwas gebracht; **faire ~ utile** e-e nützliche Arbeit, etwas Nützliches tun; **la mort avait déjà fait son ~** der Tod hatte das Seine schon getan; **mettre en ~** a) (*employer*) anwenden; gebrauchen; einsetzen; Gebrauch machen von; b) (*réaliser*) ins Werk setzen; ausführen; 'durchführen; in die Tat 'umsetzen; verwirklichen; **mettre tout en ~ pour faire qc** alle Hebel in Bewegung setzen, alles aufbieten, alles einsetzen, nichts unversucht lassen, um etw zu tun; **2.** *artistique* Werk *n*; *coll a* Œuvre *n*; **~s choisies, complètes** ausgewählte, sämtliche *ou* gesammelte Werke; **~ maîtresse** Meisterwerk *n*; **~ d'art** Kunstwerk *n*; **~ de jeunesse** Jugendwerk *n*; **3.** ~ (**de bienfaisance**) Wohlfahrts-, Wohltätigkeitseinrichtung *f*; **~s sociales de l'entreprise** betriebliche Sozialeinrichtungen *f/pl*; **4.** *REL* **bonnes ~s** gute Werke *n/pl*; **être jugé selon ses ~** nach s-n Werken, Taten gerichtet werden

œuvre[2] [œvʀ(ə)] *m* **1.** *CONSTR* **gros ~** Rohbau *m*; **2.** *litt d'un artiste* (Gesamt-)

Werk *n*; *l'~ gravé* die Kupferstiche *m/pl*

œuvrer [œvʀe] *litt v/i* wirken, tätig sein, arbeiten (*pour qc* für etw)

OFAJ *ou* **O.F.A.J.** [ɔfaʒ] *m abr* (*Office franco-allemand pour la Jeunesse*) Deutsch-Französisches Jugendwerk *n*

off [ɔf] *adj* ⟨*inv*⟩ **1.** CIN *voix f* ~ Stimme *f* aus dem Off; Off-Stimme *f*; *être* ~ off, im Off sein; **2.** *spectacle, festival* alterna'tiv; paral'lel

offensant [ɔfɑ̃sɑ̃] *adj* beleidigend; kränkend; verletzend

offense [ɔfɑ̃s] *f* **1.** (*affront*) Beleidigung *f*; Kränkung *f*; ~ *envers le chef de l'État* Beleidigung des Staatsoberhaupts; **2.** REL Sünde *f*; Schuld *f*; *pardonne-nous nos* ~*s* vergib uns unsere Schuld

offensé [ɔfɑ̃se] **I** *adj air* beleidigt; gekränkt; *se sentir* ~ sich gekränkt, beleidigt, verletzt fühlen; **II** *subst* ~(*e*) *m(f)* Beleidigte(r) *f(m)*

offenser [ɔfɑ̃se] **I** *v/t* **1.** *personne* beleidigen; kränken; verletzen; weh tun (*qn* j-m); *st/s* ~ *la pudeur* das Schamgefühl verletzen; *loc/adv sans vous* ~ nichts für ungut; ich will Sie nicht kränken, Ihnen nicht zu nahe treten; **2.** REL ~ *Dieu* sich gegen Gott versündigen; **II** *v/pr s'*~ *de qc* sich durch etw gekränkt, beleidigt, verletzt fühlen; etw übelnehmen

offenseur [ɔfɑ̃sœʀ] *m* Beleidiger *m*

offensif [ɔfɑ̃sif] *adj* ⟨-ive⟩ **1.** MIL Angriffs...; Offen'siv...; offen'siv; *armes offensives* Angriffs-, Offensivwaffen *f/pl*; **2.** *fig retour* ~ *du froid* erneuter Kälteeinbruch

offensive [ɔfɑ̃siv] *f* MIL, *fig* Offen'sive *f*; Angriff *m*; ~ *diplomatique* diplomatische Offensive; ~ *publicitaire* Werbefeldzug *m*; ~ *de l'hiver* erneutes Einsetzen des Winters; MIL, *fig passer à l'*~ zur Offensive, zum Angriff 'übergehen

offert [ɔfɛʀ] *p/p cf offrir*

offertoire [ɔfɛʀtwaʀ] *m* ÉGL CATH Offer'torium *n*; Gabenbereitung *f*

office [ɔfis] *m* **1.** *loc faire* ~ *de ...*) *personne* (stellvertretend, vor'übergehend) tätig sein als ...; die Stelle e-s *ou* e-r ... einnehmen; b) *chose, lieu* als ... dienen; *faire* ~ *de bureau* als Büro dienen; *choses remplir son* ~ s-n Zweck, s-e Aufgabe, s-e Funktion erfüllen; **2.** ~ (*ministériel*) (auf Lebenszeit verliehenes) öffentliches Amt; ~ *de notaire* Notaria't *n*; **3.** (*service, bureau*) Amt *n*; Dienststelle *f*; 2 *franco-allemand pour la Jeunesse* (*abr* OFAJ) Deutsch-Französisches Jugendwerk; 2 *national du Tourisme* staatliches Verkehrsamt; 2 *d'échanges universitaires* Akademischer Austauschdienst; ~ *de publicité* Werbeagentur *f*; **4.** *bons* ~*s* gute Dienste *m/pl* (*a* DIPL); Vermittlung *f*; *Monsieur m Bons* ~*s* Vermittler *m*; Schlichter *m*; *offrir, proposer ses bons* ~*s* s-e guten Dienste, s-e Vermittlung anbieten; **5.** *loc/adv d'*~ a) (*à titre officiel*) von Amts wegen; b) (*automatiquement*) zwangsweise; c) (*sans l'avoir demandé*) ohne lange zu fragen; *commis, nommé d'*~ amtlich bestellt; *avocat* (*commis*) *d'*~ Pflicht-, Offizi'alverteidiger *m*; *être mis à la retraite d'*~ zwangsweise in den Ruhestand versetzt werden; **6.** ÉGL CATH a) (*messe*) ~ (*divin*) Gottesdienst *m*; ~ *des morts* Totenmesse *f*; b) *prières* Of'fizium *n*; Stundengebete *n/pl*; **7.** ⟨*a f*⟩ *autrefois* Anrichtezimmer *n* (*neben der Küche*)

officialiser [ɔfisjalize] *v/t* offizi'ell, amtlich bestätigen, anerkennen

officiant [ɔfisjɑ̃] *adj et subst m* (*prêtre*) ~ die Messe haltender, lesender Priester; Zele'brant *m*

officiel [ɔfisjɛl] **I** *adj* ⟨~le⟩ offizi'ell; amtlich; Amts...; *cachet* ~ Dienst-, Amtsstempel *m*; BOURSE *cote* ~*le* amtliche Notierung; *fiançailles* ~*les* offizielle Verlobung; *Journal* ~ (*abr J.O.*) Amts-, Gesetzblatt *n*; *correspond à* Bundesgesetzblatt *n*; *langue* ~*le* Amtssprache *f*; *personnages* ~*s cf II 1.*; *version* ~*le* offizielle Version; *visite* ~*le* Staatsbesuch *m*; offizieller Besuch; *loc/adv de source* ~*le* von amtlicher Seite; *nouvelle etc être* ~ amtlich sein; **II** *m* **1.** *souvent pl* ~*s* Vertreter *m/pl* von Staat und Behörden; Per'sönlichkeiten *f/pl* des öffentlichen Lebens; **2.** SPORTS Offizi'elle(r) *m*; (Sport)Funktio'när *m*

officiellement [ɔfisjɛlmɑ̃] *adv* offizi'ell; amtlich

officier¹ [ɔfisje] *m* **1.** MIL Offi'zier *m* (*a marine marchande*); ~*s supérieurs* höhere Offiziere; Stabsoffiziere *m/pl*; ~ *d'active* aktiver Offizier; ~ *de marine* Ma'rine-, Seeoffizier *m*; ~ *de réserve* Re'serveoffizier *m*; *passer* ~ Offizier werden; zum Offizier befördert werden; **2.** *dans un ordre honorifique* Offi'zier *m*; ~ *de la Légion d'honneur* Offizier der Ehrenlegion; **3.** ADM, JUR Beamte(r) *m*; ~ *ministériel* Träger *m* e-s öffentlichen Amtes (*Notar, Gerichtsvollzieher, Auktionator*); ~ *de l'état civil* Standesbeamte(r) *m*; ~ *de police judiciaire* Strafverfolgungsbeamte(r) *m*

officier² [ɔfisje] *v/i* **1.** REL den Gottesdienst halten; die Messe zele'brieren; **2.** *iron d'un cuisinier etc* s-s Amtes walten

officieusement [ɔfisjøzmɑ̃] *adv* inoffiziell; von halbamtlicher Seite

officieux [ɔfisjø] *adj* ⟨-euse⟩ offizi'ös; halbamtlich; inoffiziell

officinal [ɔfisinal] *adj* ⟨-aux⟩ PHARM offizi'nal; *plantes, herbes* ~*es* Arznei-, Heilpflanzen *f/pl*; Heilkräuter *n/pl*

officine [ɔfisin] *f* PHARM Offi'zin *f*

offrande [ɔfʀɑ̃d] *f* REL Opfer(gabe) *n(f)*

offrant [ɔfʀɑ̃] *m le plus* ~ der Meistbietende; *vendre au plus* ~ meistbietend verkaufen

offre [ɔfʀ] *f* Angebot *n*; *st/s* Anerbieten, COMM *a* Of'ferte *f*; ÉCON Angebot *n*; ENCHÈRES Gebot *n*; ~ *d'achat* Kaufangebot *n*; FIN ~ *publique d'achat* (*abr* O.P.A.) 'Übernahmeangebot *n*; ~*s d'emplois* Stellenangebote *n/pl* (*a rubrique de journal*); offene Stellen *f/pl*; ~ *de médiation, de négociations, de paix* Vermittlungs-, Verhandlungs-, Friedensangebot *n*; ÉCON *l'*~ *et la demande* Angebot und Nachfrage; ADM *appel m d'*~ Ausschreibung *f*; ENCHÈRES *faire la première* ~ zuerst, als erste(r) bieten

offrir [ɔfʀiʀ] ⟨*cf couvrir*⟩ **I** *v/t* **1.** *en cadeau* schenken; ~ *qc à qn pour son anniversaire* j-m etw zum Geburtstag schenken, über'reichen; *abs c'est pour* ~? als Geschenk?; **2.** (*proposer*) ~ *qc à qn* j-m etw anbieten, offe'rieren; j-m etw bieten (*pour qc* für etw); ~ *à qn de faire qc* j-m anbieten, etw zu tun; *que puis-je vous* ~? was darf ich Ihnen anbieten?; ~ *son aide* s-e Hilfe anbieten, *st/s* antragen; ~ *son bras à qn* j-m s-n Arm (an)bieten; ~ *des rafraîchissements* Erfrischungen anbieten, her'umreichen; ~ *une récompense* e-e Belohnung aussetzen; **3.** (*présenter*) *avantages, difficultés* bieten; *spectacle* (dar)bieten; *exemple* darstellen; bilden; *cela n'offre rien de répréhensible* das stellt nichts Verwerfliches dar; **II** *v/pr* **4.** *s'*~ a) *personne* sich anbieten; *s'*~ *à faire qc* sich erbieten, etw zu tun; b) *occasion* sich bieten; *vue* sich darbieten; **5.** *personne s'*~ *qc* (*se payer qc*) sich etw leisten, gönnen

offset [ɔfsɛt] *m* TYPO Offsetdruck *m*; *adjt machine f* ~ Offset(druck)maschine *f*

off-shore [ɔfʃɔʀ] **I** *adj* Off-shore-...; **II** *m* Off-shore-Bohranlage *f*

offusquer [ɔfyske] *v/t* ~ *qn* bei j-m Anstoß erregen; j-n schoc'kieren; *être offusqué par qc* über etw (*acc*) pi'kiert, *p/fort* entrüstet, empört sein; **II** *v/pr s'*~ *de qc* an etw (*dat*) Anstoß nehmen

ogival [ɔʒival] *adj* ⟨-aux⟩ ARCH spitzbogig; *sc* ogi'val; *arc* ~ Spitzbogen *m*

ogive [ɔʒiv] *f* **1.** ARCH Rippe *f* (*des gotischen Gewölbes*); b) (*arc m en*) ~ Spitzbogen *m*; **2.** *de projectiles* (Spreng-)Kopf *m*; ~ *nucléaire* A'tomsprengkopf *m*

ogre [ɔgʀ(ə)] *m* Menschenfresser *m* (*im Märchen*); *fig manger comme un* ~ F essen wie ein Scheunendrescher

ogresse [ɔgʀɛs] *f* Frau *f* des Menschenfressers

oh [o] *int* oh!; ach!; ~*!* là! là! ach je!; o'je!; ~*! quelle horreur!* oh, wie schrecklich!; *subst pousser des* ~*! et des ah!* [...deoodea] in ein freudiges Oh ausbrechen

ohé [ɔe] *int* he(da)!; hallo!; MAR a'hoi!; ~*! vous là-bas!* he *ou* hallo, Sie da!; MAR ~*! du bateau!* Schiff ahoi!

ohm [om] *m* ÉLECT Ohm *m*; *la loi d'*2 das Ohmsche Gesetz; ~*mètre m* ÉLECT Ohmmeter *n*

oie [wa] *f* **1.** ZO Gans *f* (*espèce et femelle*); ~ *cendrée, sauvage* Grau-, Wildgans *f*; *graisse f d'*~ Gänsefett *n*; **2.** *jeu de l'*~ Gänsespiel *n*; **3.** *fig une* ~ *blanche* ein Gänschen *n*; **4.** MIL *pas m de l'*~ Pa'rade-, Stechschritt *m*

oignon [ɔɲɔ̃] *m* **1.** BOT, CUIS Zwiebel *f* (*plante, bulbe*); *loc/adv fig en rang d'*~*s* in einer Reihe; F *fig après tout, c'étaient ses* ~*s!* das war schließlich s-e Angelegenheit, F sein Bier!; F *fig occupe-toi de tes* ~*s!* kümmere dich um deine eigenen Angelegenheiten, F um deinen eigenen Dreck!; F *fig soigner qn aux petits* ~*s* j-n bestens versorgen; **2.** BOT (Blumen)Zwiebel *f*; ~ *de tulipe* Tulpenzwiebel *f*; **3.** MÉD *au pied* Ballen *m*; **4.** *montre* eiförmige Taschenuhr

oïl [ɔjl] LING HIST *la langue d'*~ die alte nordfranzösische Sprache

oindre [wɛ̃dʀ(ə)] *v/t* ⟨*cf* joindre⟩ *REL* salben
Oise [waz] *l'~ f* Fluß u Departement in Frankreich
oiseau [wazo] *m* ⟨*pl* ~x⟩ **1.** *ZO* Vogel *m*; **~ de paradis** Para'diesvogel *m*; **~ de proie** Raubvogel *m*; **chant *m* des ~x** Vogelgesang *m*; *cf a* **vol**[1] *1.*; *fig*: **donner à qn des noms d'~** j-m Schimpfnamen geben; **être comme l'~ sur la branche** im ungewissen schweben; in der Ungewißheit leben; *prov* **petit à petit l'~ fait son nid** gut Ding will Weile haben (*prov*); steter Tropfen höhlt den Stein (*prov*); viele Wenig machen ein Viel (*prov*); **2.** F (*individu*) **un drôle d'~** ein komischer Kauz; ein seltsamer Vogel; *iron* **un ~ rare** ein weißer Rabe; ein Unikum *n*; **~ de mauvais augure**, **de malheur** Unglücksprophet *m*
oiseau|-lyre [wazolir] *m* ⟨*pl* oiseaux--lyres⟩ *ZO* Leierschwanz *m*; **~-mouche** *m* ⟨*pl* oiseaux-mouches⟩ *ZO* Kolibri *m*
oiseleur [wazlœʀ] *m* Vogelfänger *m*, -steller *m*
oiselier [wazəlje] *m* Vogelzüchter *m*, -händler *m*
oiseux [wazø] *adj* ⟨-euse⟩ *question, discussion* müßig; unnütz; 'überflüssig; nutzlos
oisif [wazif] **I** *adj* ⟨-ive⟩ *personne, vie* müßig; untätig; unbeschäftigt; **II** *subst* **~, oisive** *m,f* Müßiggänger *m*
oisillon [wazijõ] *m* kleiner, junger Vogel; Vögelchen *n*
oisiveté [wazivte] *f* Müßiggang *m*; Untätigkeit *f*; Nichtstun *n*; *prov* **l'~ est mère de tous les vices** Müßiggang ist aller Laster Anfang (*prov*)
oison [wazõ] *m* Gänseküken *n*; Gänschen *n*; *nordd a* Gössel *n*
O.K. [okɛ] *int* F O. K. *ou* o. k. [o'kɛː]; o'kay; *adj t c'est ~* es ist o. k., in Ordnung
okapi [ɔkapi] *m ZO* O'kapi *n*
olé [ɔle] **I** *int CORRIDA* olé!; **II** *adj* ⟨*inv*⟩ F *être un peu ~ ~* ein bißchen keck, frei, gewagt sein
oléacées [ɔlease] *f/pl BOT* Ölbaumgewächse *n/pl*; *sc* Olea'zeen *f/pl*
oléagineux [ɔleaʒinø] **I** *adj* ⟨-euse⟩ ölhaltig; Öl...; **graines oléagineuses** Ölsaat *f*; **plantes oléagineuses** Ölpflanzen *f/pl*; **II** *m/pl BOT* Ölfrüchte *f/pl*, -pflanzen *f/pl*
oléfines [ɔlefin] *m/pl CHIM* Ole'fine *n/pl*
oléique [ɔleik] *adj CHIM* **acide *m* ~** Ölsäure *f*
oléoduc [ɔleɔdyk] *m* (Erd)Ölleitung *f*; Pipeline ['paɪplaɪn] *f*
olfactif [ɔlfaktif] *adj* ⟨-ive⟩ *ANAT* Geruchs...; Riech...; **appareil ~** Geruchsorgane *n/pl*; **nerf ~** Riechnerv *m*
olibrius [ɔlibʀijys] F *m* Kauz *m*; F Type *f*
olifant [ɔlifɑ̃] *m HIST* Olifant *m*
oligarch|ie [ɔligaʀʃi] *f* Oligar'chie *f*; **~ique** *adj* oli'garchisch
oligo-éléments [ɔligoelemɑ̃] *m/pl BIOL* Spurenelemente *n/pl*
oligopole [ɔligɔpɔl] *m ÉCON* Oligo'pol *n*
olivaie [ɔlivɛ] *f cf* oliveraie
olivâtre [ɔlivɑtʀ] *adj* teint fahl; aschgrau; grünlich
olive [ɔliv] *f* **1.** *BOT* O'live *f*; **~ noire, verte** schwarze, grüne Olive; **huile *f* d'~** Olivenöl *n*; **2.** *adj t* ⟨*inv*⟩ o'liv; o'livenfarben, -farbig; **vert ~** o'livgrün;

3. *interrupteur* Schnur(zwischen)schalter *m*
oliveraie [ɔlivʀɛ] *f* O'livenpflanzung *f*, -hain *m*
olivette [ɔlivɛt] *f* Eiertomate *f*
olivier [ɔlivje] *m* **1.** *BOT* O'livenbaum *m*; Ölbaum *m*; O'live *f*; *symbole* **rameau *m* d'~** Ölzweig *m*; **2.** *bois* O'livenholz *n*; *en ~* aus Olivenholz
Olivier [ɔlivje] *m* Oliver *m*
ollé [ɔle] *int cf* olé
olographe [ɔlɔgʀaf] *adj JUR* **testament *m* ~** eigenhändiges Testa'ment
O.L.P. [oɛlpe] *f abr* (Organisation de libération de la Palestine) PLO *f*
Olympe [ɔlɛ̃p] *l'~ m* der O'lymp
olympiade [ɔlɛ̃pjad] *f surtout pl ~s SPORTS* Olympi'ade *f*
olympien [ɔlɛ̃pjɛ̃] *adj* ⟨-ne⟩ **1.** *MYTH* o'lympisch; des O'lymp; **2.** *fig et st/s* o'lympisch; **calme ~** olympische Ruhe
olympique [ɔlɛ̃pik] *adj SPORTS* o'lympisch; O'lympia...; **champion *m* ~** Olympiasieger *m*; **Comité international ~** Internationales Olympisches Komitee (*abr* IOC); **flamme *f* ~** olympisches Feuer; **Jeux *m/pl* ~s** Olympische Spiele *n/pl*; Olympi'ade *f*; *au sens strict* Olympische Sommerspiele *n/pl*; Sommerolympiade *f*; **Jeux *m/pl* ~s d'hiver** Olympische Winterspiele *n/pl*; Winterolympiade *f*; **piscine *f* ~** Schwimmbecken *n* mit olympischen Maßen; **stade *m* ~** Olympiastadion *n*; **village *m* ~** olympisches Dorf
Oman [ɔmɑ̃] *l'~ m* O'man *n*
ombelle [ɔ̃bɛl] *f BOT* Dolde *f*
ombellifères [ɔ̃bɛ(l)lifɛʀ] *f/pl BOT* Doldenblütler *m/pl*
ombilic [ɔ̃bilik] *m ANAT* Nabel *m*
ombilical [ɔ̃bilikal] *adj* ⟨-aux⟩ *ANAT* Nabel...; **cordon ~** Nabelschnur *f*; *MÉD* **'hernie ~e** Nabelbruch *m*
omble [ɔ̃bl(ə)] *m ZO* **~ (chevalier)** Seesaibling *m*
ombrage [ɔ̃bʀaʒ] *m* **1.** (*feuillage*) schattenspendendes Laubwerk, Blätterdach, **2.** (*ombre*) Schatten *m*; **3.** *st/s* **prendre ~ de qc** sich durch etw verletzt, gekränkt fühlen; etw übelnehmen
ombrag|é [ɔ̃bʀaʒe] *adj* schattig; **~er** *v/t* ⟨-geait⟩ Schatten geben, spenden (+*dat*)
ombrageux [ɔ̃bʀaʒø] *adj* ⟨-euse⟩ **1.** *personne, caractère* leicht verletzlich, verletzbar; sich leicht in s-m Stolz verletzt, gekränkt fühlend; **2.** *cheval* schreckhaft; leicht scheuend
ombre[1] [ɔ̃bʀ(ə)] *f* **1.** Schatten *m* (*a PEINT, MYTH*); **THÉ ~s chinoises** Schattenspiel *n*; *loc/adj* **plein d'~** schattig; *loc/adv*: **à l'~** im Schatten; **à l'~ d'un arbre** im Schatten e-s Baumes; **trente degrés à l'~** dreißig Grad im Schatten; F *fig* **mettre qn à l'~** j-n hinter Schloß und Riegel bringen; j-n einsperren; F einlochen, einbuchten; **se mettre à l'~** sich in den Schatten stellen, begeben, setzen; **dans l'~** a) im Dunkeln; b *fig* im dunkeln, ungewissen; im verborgenen, geheimen; **vivre dans l'~ de qn** in j-s Schatten (*dat*) stehen; *fig* **il y a une ~ au tableau** die Sache hat auch e-e Schattenseite, e-n Nachteil, F e-n Haken; **avoir peur de son ~** Angst vor dem eigenen Schatten haben; *fig* **il n'est plus que l'~ de lui-**

-même er ist nur noch ein Schatten s-r selbst; *arbre etc* **faire**, **donner de l'~** Schatten geben, spenden; **tu me fais de l'~** du stehst mir im Licht; **suivre qn comme son ~** j-m wie sein Schatten, auf Schritt und Tritt folgen; j-m nicht von der Seite gehen, weichen; **2.** *fig* **une ~ de ...** ein Anflug *m*, e-e Spur, ein Schimmer *m*, ein Hauch *m* von ...; **une ~ de moustache** ein Anflug von Bart; **il n'y a pas l'~ d'un doute** es besteht nicht der leiseste, geringste Zweifel (daran); **3.** **~ à paupières** Lidschatten *m(pl)*; **4.** *PEINT* (**terre *f* d'**)**~** Umbra *f*; Umbrabraun *n*; Umber *m*
ombre[2] [ɔ̃bʀ(ə)] *m ZO* Äsche *f*
ombrelle [ɔ̃bʀɛl] *f* **1.** *de dame* Sonnenschirm *m*; **2.** *ZO d'une méduse* Schirm *m*
ombrer [ɔ̃bʀe] *v/t* **1.** *PEINT* schat'tieren; **2.** **~ les paupières** den Lidschatten auftragen
ombreux [ɔ̃bʀø] *litt adj* ⟨-euse⟩ schattig
Ombrie [ɔ̃bʀi] *l'~ f* Umbrien *n*
oméga [ɔmega] *m* Omega *n*
omelette [ɔmlɛt] *f CUIS* Ome'lett *n*; *österr, schweiz* Ome'lette *f*; **~ norvégienne** mit Eischnee über'backenes und flam'biertes Eisdessert; **~ aux champignons** Omelett mit Pilzen; *prov* **on ne fait pas d'~ sans casser d'œufs** wo gehobelt wird, (da) fallen Späne (*prov*)
omettre [ɔmɛtʀ(ə)] *v/t* ⟨*cf* mettre⟩ auslassen; weglassen; **~ de faire qc** (es) unter'lassen, etw zu tun
omis [ɔmi] *p/p cf* omettre
omission [ɔmisjõ] *f* **1.** *d'un mot, d'un détail etc* Auslassung *f*; Weglassung *f*; *ADM* **sauf erreur ou ~** Irrtum oder Auslassung vorbehalten; **2.** *dans un texte* Lücke *f*; ~s *pl a* Auslassungen *f/pl*; **3.** *JUR* Unter'lassung *f*; **mensonge *m* par ~** bewußtes Verschweigen (*e-s Tatbestandes*); *REL et fig* **pécher par ~** e-e Unter'lassungssünde begehen
omnibus [ɔmnibys] *m ~ ou adj* **train *m* ~** Zug, der an allen Stati'onen hält; Per'sonenzug *m*; Nahverkehrszug *m*
omni|potence [ɔmnipɔtɑ̃s] *f* Allmacht *f*; Allgewalt *f*; Omnipo'tenz *f*; **~potent** *adj* all'mächtig; allgewaltig; omnipo'tent; **~praticien(ne)** *m(f) MÉD* praktischer Arzt, praktische Ärztin; **~présence** *litt f* All'gegenwart *f*; Omniprä'senz *f*; **~présent** *litt adj* all'gegenwärtig; omniprä'sent; **~scient** [-sjɑ̃] *litt adj* all'wissend; **~sport(s)** *adj* ⟨*inv*⟩ für alle Sportarten
omnium [ɔmnjɔm] *m* **1.** *ÉCON* Beteiligungs-, Holdinggesellschaft *f*; **2.** *CYCLISME, TURF* Omnium *n*
omnivore [ɔmnivɔʀ] *ZO* **I** *adj* alles fressend; *sc* omni'vor; **II** *m* Allesfresser *m*
omoplate [ɔmɔplat] *f ANAT* Schulterblatt *n*
O.M.S. [oɛmɛs] *f abr* (Organisation mondiale de la santé) Weltgesundheitsorganisation *f*; WHO *f*
on [õ] *pr/ind* ⟨*nach et, ou, où, que, qui, si meist* l'on⟩ **1.** man; **~ se demande** man fragt sich; **~ fait ce qu'~ peut** man tut, was man kann; **~ frappe** es klopft; **quand ~ veut, ~ peut** man muß nur wollen, dann kann man auch; wer will, der kann; **2.** *fonction passive* **~ a barré**

la route die Straße ist gesperrt worden; ~ *vous demande au téléphone* Sie werden am Telefon verlangt; ~ *montrera dans ce livre que ...* in diesem Buch soll gezeigt werden, daß ...; **3.** F **a)** (*nous*) *alors,* ~ *y va?* also, gehen wir hin?; *lui et moi,* ~ *s'entend bien* er und ich, wir verstehen uns gut; *nous,* ~ *n'y peut rien* wir können doch nichts dafür; ~ *est rentrés tard* wir sind spät nach Hause gekommen; **b)** (*tu, vous, il[s], elle[s]*) ~ *ne dit même pas merci?* sagst du wirklich nicht einmal danke?; *elle ne s'est même pas excusée,* ~ *est trop fière pour ça* dazu ist sie zu stolz

onagre [ɔnagʀ(ə)] *m* ZO Wildesel *m*
onanisme [ɔnanism(ə)] *m* Ona'nie *f*
once [õs] *f poids* Unze *f*
oncle [õkl(ə)] *m* Onkel *m*; *plais* ~ *d'Amérique* (*reicher*) Onkel aus Amerika; F *fig* ~ *Sam* [sam] F Onkel Sam [sɛm]
onction [õksjõ] *f* **1.** REL Salbung *f*; **2.** *litt l'*~ das Salbungsvolle; *loc/adv* **plein d'**~ salbungsvoll
onctueux [õktɥø] *adj* ⟨-euse⟩ **1.** *savon* mild; cremig; *potage* sämig; **2.** *fig manières, voix* salbungsvoll; F gesalbt
ondatra [õdatʀa] *m* **1.** ZO Bisamratte *f*; **2.** *fourrure* Bisam *m*
onde [õd] *f* **1.** PHYS, RAD Welle *f*; *RAD* ~*s courtes* Kurzwelle(n) *f(pl)*; *écouter une émission sur* ~*s courtes* auf (der) Kurzwelle; *RAD* **grandes** ~*s* Langwelle(n) *f(pl)*; ~*s lumineuses* Lichtwellen *f/pl*; *RAD* **petites** ~*s* Mittelwelle(n) *f(pl)*; ~ *de choc* Stoß-, Druckwelle *f*; **2.** *par ext* **les** ~*s* der Rundfunk; das Radio; die Ätherwellen *f/pl*; *loc/adv* **sur les** ~*s* über den Rundfunk, das Radio, die Ätherwellen; *passer sur les* ~*s* im Rundfunk, Radio über'tragen, gebracht werden; *metteur* **en** ~*s* Spielleiter *m*; Regis'seur *m*; *mise* **en** ~*s* Spielleitung *f*; Regie *f*; **3.** *poét* **a)** (*ondulation*) Welle *f*; Woge *f*; **b)** (*l'eau de la mer etc*) Flut(en) *f(pl)*
ondée [õde] *f* (Regen)Guß *m*, (-)Schauer *m*; Platzregen *m*
ondine [õdin] *f* MYTH Un'dine *f*; Nixe *f*; Wasserjungfrau *f*
on-dit [õdi] *m* ⟨*inv*⟩ Gerücht *n*; *st/s* On-'dit *n*; *pl a* Gerede *n* der Leute; Klatsch *m*
ondoiement [õdwamã] *m* **1.** *des herbes, du blé* (sanftes) Wogen; *sur l'eau* sanfte Wellenbewegung; leichte Kräuselung; **2.** REL Nottaufe *f*
ondoyant [õdwajã] *adj blés* (sanft) wogend; *démarche* wiegend
ondoyer [õdwaje] ⟨-oi-⟩ **I** *v/t* REL nottaufen; die Nottaufe spenden (+*dat*); **II** *v/i blés* (sanft) wogen; *surface de l'eau* sich leicht kräuseln
ondulé [õdyle] *adj démarche* wiegend
ondulation [õdylasjõ] *f* **1.** *cf ondoiement 1.*; **2.** *des cheveux* Ondu'lieren *n*; Wellen *n*; **3.** ~(*s*) *du sol, du terrain* Bodenwellen *f/pl*
ondulatoire [õdylatwaʀ] *adj* PHYS Wellen...; *mécanique f, mouvement m* ~ Wellenmechanik *f*, -bewegung *f*
ondulé [õdyle] *adj* wellig; wellenförmig; *cheveux* wellig; gewellt; ondu'liert; *tôle* ~*e* Wellblech *n*
onduler [õdyle] **I** *v/t cheveux* ondu'lieren; wellen; **II** *v/i* sanft wogen; sich wiegen; *surface de l'eau* sich leicht kräuseln
onduleux [õdylø] *adj* ⟨-euse⟩ wellig; gewellt; wellenförmig
onéreux [ɔneʀø] *adj* ⟨-euse⟩ **1.** *st/s* (*coûteux*) kostspielig; teuer; aufwendig; **2.** JUR *à titre* ~ gegen Entgelt
ongle [õgl(ə)] *m* **1.** ANAT Nagel *m*; ~ *des mains, des pieds* Finger-, Zehenou Fußnagel *m*; F *fig* **avoir les** ~*s* **en deuil** F Trauerränder an den Nägeln haben; *avoir* **les** ~*s* **faits** lac'kierte Fingernägel haben; *se faire* **les** ~*s* sich (die Fingernägel) mani'küren; *cf a* **bout**[1] *1.*; **2.** ZO Kralle *f*; *des rapaces a* Klaue *f*
onglée [õgle] *f loc* **avoir l'**~ erstarrte Fingerspitzen haben
onglet [õglɛ] *m* **1.** MENUISERIE Gehre *f*; Gehrung *f*; **2.** RELIURE Falz *m*; **3.** (*entaille*) Einkerbung *f*; Kerbe *f*; *d'un livre* Daumeneinschnitt *m*; **4.** BOUCHERIE Steakfleisch ['ste:k-] *n* (aus dem Rinderzwerchfell)
onguent [õgã] *m* PHARM Salbe *f*
ongulés [õgyle] *m/pl* ZO Huftiere *n/pl*
onirique [ɔniʀik] *adj* traumhaft; Traum...
ONISEP *ou* **O.N.I.S.E.P.** [ɔnisɛp] *m abr* (*Office national d'information sur les enseignements et les professions*) staatliche frz Berufsberatungsbehörde
onomastique [ɔnɔmastik] LING **I** *adj* Namen...; **II** *f* Namenkunde *f*; *sc* Ono-'mastik *f*
onomatopée [ɔnɔmatɔpe] *f* LING Lautmale'rei *f*; *sc* Onomatopö'ie *f*
ont [õ] *cf* **avoir**
ontolog|ie [õtɔlɔʒi] *f* PHILOS Ontolo'gie *f*; ~**ique** *adj* PHILOS onto'logisch
ONU *ou* **O.N.U.** [ɔny] *f abr* (*Organisation des Nations Unies*) UNO ['u:no] *f*
onusien [ɔnyzjɛ̃] **I** *adj* ⟨~ne⟩ UNO-...; **II** *m* UNO-Beamte(r) *m*
onyx [ɔniks] *m* MINÉR Onyx *m*
onze [õz, *keine Elision u selten Elision*] **I** *num/c* elf; ~ **cents** elfhundert; **Louis XI** Ludwig XI. (der Elfte); **le** ~ **mai** der elfte Mai *ou* am elften Mai; **page** ~ Seite elf; *loc/adj* **de** ~ **ans** elfjährig; *von elf Jahren*; *il est* ~ **heures** es ist elf (Uhr); F *fig* **prendre le train** ~ zu Fuß gehen; F auf Schusters Rappen reisen; **II** *m⟨inv⟩* **1.** Elf *f*; *südd* Elfer *m*; **le** ~ (**du mois**) der Elfte *ou* am Elften (des Monats); *cf a* **deux** *II*; **2.** FOOTBALL Elf *f*; **le** ~ **de France** die französische Natio'nalmannschaft, -elf
onzième [õzjɛm, *keine Elision u keine Bindung*] **I** *num/o* elfte(r, -s); *iron* **ce sont les ouvriers de la** ~ **heure** diese da haben nur kurze Zeit am Schluß mitgearbeitet; **II** *subst* **1. le, la** ~ der, die, das elfte; **2.** *m* MATH Elftel *n*; ~**ment** *adv* elftens
O.P.A. [ɔpea] *f abr* (*offre publique d'achat*) (Aktien)'Übernahmeangebot *n*
opacifier [ɔpasifje] *v/t* undurchsichtig machen
opacité [ɔpasite] *f* Lichtundurchlässigkeit *f*; *sc* Opazi'tät *f*
opale [ɔpal] *f* MINÉR O'pal *m*
opalin [ɔpalɛ̃] *adj* o'palen; o'palartig
opaline [ɔpalin] *f* O'palglas *n*
opaque [ɔpak] *adj* **1.** lichtundurchlässig; undurchsichtig; *t/t* o'pak; *verre m* ~ O'pakglas *n*; ~ *aux rayons X* für Röntgenstrahlen undurchlässig; **2.** *brouillard, nuit* undurchdringlich

OPEP *ou* **O.P.E.P.** [ɔpɛp] *f abr* (*Organisation des pays exportateurs de pétrole*) OPEC ['o:pɛk] *f*
opéra [ɔpeʀa] *m* **1.** *œuvre* Oper *f*; ~ *de Mozart* Mozartoper *f*; Oper von Mozart; **2.** *théâtre* **a)** ♫ Opernhaus *n*; Oper *f*; *l'*♫ *de Vienne* die Wiener Oper; *aller à l'*♫ in die Oper gehen; **b)** *abs l'*♫ die Pa'riser Oper; **3.** *troupe* Opernensemble *n*; Oper *f*
opérable [ɔpeʀabl(ə)] *adj* MÉD ope'rabel; ope'rierbar
opéra-comique [ɔpeʀakɔmik] *m* ⟨*pl* opéras-comiques⟩ **1.** MUS mit gesprochenen Dia'logen durch'setzte (komische) Oper; Opé'ra co'mique *f*; **2.** *théâtre l'***Opéra-Comique** die Pa'riser Opéra-Comique
opérateur [ɔpeʀatœʀ] *m* **1.** ~, *opératrice m,f d'un appareil* Bedienungskraft *f*, -person *f*; INFORM Ope'rator *m*, Ope-ra'torin *f*; **2.** MAR, AVIAT (**radio**) Bordfunker *m*; **3.** CIN Kameramann *m*; **4.** MATH Ope'rator *m*
opération [ɔpeʀasjõ] *f* **1.** MATH Operati'on *f*; Rechenvorgang *m*; **les quatre** ~*s* die vier Grundrechenarten *f/pl*; *faire une* ~ *de tête* im Kopf rechnen; **2.** ~ (*chirurgicale*) Operati'on *f*; *faire une* ~ e-e Operation vornehmen; *subir une* ~ ope'riert werden; sich e-r Operation unter'ziehen; **3.** ~ (*militaire*) (mili'tärische) Operati'on; *l'*~ **X** das Unter'nehmen X; **4.** *par ext* Akti'on *f*; COMM ~ «*baisse des prix*» Preissenkungsaktion *f*; Aktion „runter mit den Preisen"; ~ *de police, de publicité, de sauvetage* Poli'zei-, Werbe-, Rettungsaktion *f*; **5.** COMM, FIN Geschäft *n*; Abschluß *m*; ~*s pl a* Verkehr *m*; ~ *boursière, de bourse* Börsengeschäft *n*; *pl a* Börsenmarkt *m*, -handel *m*; ~*s de virement* Giro-, Über'weisungsverkehr *m*; *faire une* ~ in Geschäft abschließen; e-n Abschluß tätigen; **6.** TECH Arbeits(vor)gang *m*; (Arbeits)Verrichtung *f*; Operati'on *f*; ÉLECT ~ **de couplage** Schaltvorgang *m*; PHYSIOL ~ **de la digestion** Verdauungsvorgänge *m/pl*, -prozeß *m*; *en une seule* ~ in e-m einzigen Arbeitsgang; **7.** REL Wirken *n*; F *iron par l'*~ *du Saint-Esprit* auf unerklärliche, rätselhafte Weise
opérationnel [ɔpeʀasjɔnɛl] *adj* ⟨~le⟩ **1.** MIL ope'rativ; Operati'ons...; **base** ~*le* Operationsbasis *f*; **2.** TECH *appareil etc* einsatzfähig (*a personne*); einsatzbereit; **3.** ÉCON *recherche* ~*le* Unter'nehmensforschung *f*; Operations-Research [ɔpə're:ʃənz ri'sœ:tʃ] *f*
opératoire [ɔpeʀatwaʀ] *adj* MÉD opera-'tiv; Operati'ons...; *bloc m* ~ Operationstrakt *m*
opercule [ɔpɛʀkyl] *m* BOT, ZO Deckel *m*; *des poissons* Kiemendeckel *m*
opéré [ɔpeʀe] MÉD **I** *adj* ope'riert; **II** *subst* ⟨~**e**⟩ *m(f)* Ope'rierte(r) *f(m)*
opérer [ɔpeʀe] ⟨-è-⟩ **I** *v/t* **1.** MÉD ~ *qn* j-n ope'rieren (*a abs*); ~ *qn d'une tumeur* j-m e-n Tumor her'ausoperieren; ~ *à qn l'œil droit* j-n am rechten Auge operieren; *se faire* ~ sich operieren lassen; **2.** (*provoquer*) *changement etc* bewirken; her'beiführen; **3.** (*effectuer*)

paiement vornehmen; *réforme, sauvetage* 'durchführen; ~ *un choix* e-e Wahl treffen; **II** *v/i* **4.** (*procéder*) vorgehen; verfahren; handeln; **5.** *remède* wirken; s-e Wirkung tun; **III** *v/pr changements etc s'~* sich voll'ziehen; vor sich gehen; erfolgen

opérette [ɔpeRɛt] *f* **1.** *MUS, THÉ* Ope'rette *f*. **2.** *fig loc/adj d'~ personnage* Ope'retten...; nicht ernstzunehmend; *décor* kitschig; billig

ophidiens [ɔfidjɛ̃] *m/pl ZO* Schlangen *f/pl*

ophtalm|ie [ɔftalmi] *f MÉD* Augenentzündung *f*; *sc* Ophthal'mie *f*; ~ *des neiges* Schneeblindheit *f*; **~ique** *adj ANAT, MÉD Augen...*; *sc* oph'thalmisch

ophtalmo|logie [ɔftalmɔlɔʒi] *f MÉD* Augenheilkunde *f*; *sc* Ophthalmolo'gie *f*; **~logique** *adj MÉD* ophthalmo'logisch; **clinique** *f* ~ Augenklinik *f*; **~logiste** *ou* **~logue** *m,f MÉD* Augenarzt, -ärztin *m,f*; *sc* Ophthalmo'loge, -'login *m,f*; **~scope** *m MÉD* Augenspiegel *m*; *sc* Ophthalmo'skop *n*

opiacé [ɔpjase] *PHARM* **I** *adj* opiumhaltig; **II** *m* Opi'at *n*

opiner [ɔpine] *v/i* ~ *du bonnet, de la tête* zeigen, daß man einverstanden ist; (durch Kopfnicken) zustimmen

opiniâtre [ɔpinjɑtR(ə)] *adj caractère* unbeugsam; unnachgiebig; *lutte, résistance* erbittert; hartnäckig (*a toux*); *travail* zäh; beharrlich

opiniâtreté [ɔpinjɑtRəte] *f de qn* Unbeugsamkeit *f*; Unnachgiebigkeit *f*; Hartnäckigkeit *f*; Zähigkeit *f*; *loc/adv avec* ~ *lutter* erbittert; *résister* hartnäckig

opinion [ɔpinjɔ̃] *f* **1.** Meinung *f*; Ansicht *f*; Anschauung *f*; Auffassung *f*; Einstellung *f*; *presse f d'~* par'teigebundene Presse; Ten'denzpresse *f*; *ne pas avoir d'~* keine eigene Meinung haben; *avoir (une) bonne, mauvaise ~ de qn, qc* e-e gute, schlechte Meinung von j-m, etw haben; *avoir (une) bonne ~ de soi* e-e hohe Meinung von sich haben; sehr von sich eingenommen sein; *avoir des ~s de gauche* linke Ansichten, Anschauungen haben, vertreten; links eingestellt sein; *c'est une affaire d'~* das ist Ansichtssache; darüber kann man geteilter, verschiedener Meinung, Ansicht sein; *se faire une* ~ sich e-e (eigene) Meinung bilden; **2.** *l'~ (publique)* die öffentliche Meinung; die Öffentlichkeit; *l'~ française* die öffentliche Meinung Frankreichs; *l'~ mondiale* die Weltmeinung; *alerter, informer l'~* die Öffentlichkeit alarmieren, informieren; *cela a provoqué un mouvement d'~* das hat e-e Reaktion der öffentlichen Meinung hervorgerufen

opioman|e [ɔpjɔman] *m,f* Opiumsüchtige(r) *f(m)*; **~ie** *f* Opiumsucht *f*

opium [ɔpjɔm] *m* Opium *n*

opossum [ɔpɔsɔm] *m ZO*, *fourrure* O'possum *n*

opportun [ɔpɔRtœ̃, -tœn] *adj* 〈-tune [-tyn]〉 günstig; angebracht; geeignet; passend; zweckmäßig; zweckdienlich; oppor'tun; *au moment* ~ im geeigneten, passenden, günstigen Augenblick

opportunément [ɔpɔRtynemɑ̃] *st/s adv* zur rechten Zeit

opportun|isme [ɔpɔRtynism(ə)] *m* Opportu'nismus *m*; **~iste I** *adj* opportu'nistisch; **II** *m,f* Opportu'nist(in) *m(f)*

opportunité [ɔpɔRtynite] *f* **1.** *d'une démarche etc* Zweckmäßigkeit *f*; Opportuni'tät *f*. **2.** (*occasion*) (günstige, gute) Gelegenheit

opposable [ɔpozabl(ə)] *adj* **1.** *argument, objection* der, die, das entgegengehalten, *JUR* geltend gemacht werden kann; **2.** *ANAT le pouce est ~ aux autres doigts* kann den übrigen Fingern gegen'übergestellt werden

opposant [ɔpozɑ̃] **I** *adj* **1.** *JUR la partie* ~*e* die Einspruch einlegende Par'tei; **2.** *minorité etc* gegnerisch; sich wider'setzend; oppo'nierend; **II** *subst* ~(e) *m(f)* **1.** (*adversaire*) Gegner(in) *m(f)* (*à un projet, au régime* e-s Projekts, des Regimes); Oppo'nent *m*; **2.** *POL* Oppositi'onsmitglied *n*; Mitglied *n* der Opposition; *les ~s a* die Opposition

opposé [ɔpoze] **I** *adj* **1.** gegen'überliegend, -stehend (*à dat*); *BOT feuilles* gegenständig; *MATH angles ~s par le sommet* Scheitelwinkel *m/pl*; *sur le rive ~e* auf dem gegenüberliegenden, anderen Ufer; **2.** *direction, bout, point* entgegengesetzt; *MATH nombres* mit umgekehrtem Vorzeichen; **3.** *fig: goûts, opinions, intérêts* entgegengesetzt; kon'trär; gegensätzlich; *opinion, avis a* gegenteilig; *couleurs ~es* Kon'trastfarben *f/pl*; kontra'stierende Farben *f/pl*; **4.** *personne être ~ à qc* gegen etw sein; ein Gegner e-r Sache (*gén*) ou von etw sein; **II** *m* Gegenteil *n*; Gegensatz *m*; *loc/adv à l'~* auf der entgegengesetzten, gegenüberliegenden Seite; *loc/prép à l'~ de qn* ganz das Gegenteil von; *être tout l'~ de qn* ganz das Gegenteil, das genaue Gegenteil von j-m sein

opposer [ɔpoze] **I** *v/t* **1.** (*mettre en face*) gegen'überstellen (*à qn, qc* j-m, e-r Sache); *pour faire obstacle* entgegenstellen (*à dat*); **2.** *argument* entgegenhalten; *objection* (dagegen) erheben, vorbringen; *veto* einlegen; *JUR* geltend machen; ~ *un refus à qc* auf etw (*acc*) e-e Absage erteilen; etw ablehnen; ~ *une (vive) résistance à qc, à qn* e-r Sache, j-m (heftig) 'Widerstand leisten; ~ *le silence à qc* e-r Sache (*dat*) mit Schweigen begegnen; *il n'y a rien à ~ à cela* dagegen ist nichts einzuwenden; **3.** *conflit, question* ~ *deux pays etc* zwei Länder *etc* zu Gegnern, 'Widersachern, Ri'valen machen; *ce match opposera l'équipe de R à celle de M* in diesem Spiel werden sich die Mannschaften von R und M gegen'überstehen; **4.** (*comparer*) gegen'überstellen (*à dat*); vergleichen (mit); **II** *v/pr* **5.** *personne s'~ à qn, à qc* sich j-m, e-r Sache widersetzen; sich gegen j-n, etw stellen; gegen j-n, etw sein; gegen j-n, etw oppo'nieren; *je m'y oppose formellement* ich bin strikt dagegen; **6.** *chose, situation s'~ à qc* e-r Sache (*dat*) im Wege stehen, entgegenstehen; *qu'est-ce qui s'oppose à votre départ?* was steht Ihrer Abreise im Wege, was hindert Sie daran abzureisen?; **7.** *opinions, positions s'~* ausein'andergehen; sich scheiden; *nos points de vue s'opposent sur cette question a* in dieser Frage sind wir entgegengesetzter, gegenteiliger, gegensätzlicher Meinung

opposite [ɔpozit] *loc/prép à l'~ de* gegen'über (+ *dat*)

opposition [ɔpozisjɔ̃] *f* **1.** (*contraste*) Gegensatz *m*; Gegensätzlichkeit *f*; (*contradiction*) 'Widerspruch *m*; ~ *de caractères* Cha'raktergegensatz *m*; ~ *de couleurs* Farbkontrast *m*; *loc/prép par* ~ *à* im Gegensatz zu; *sa conduite est en* ~ *avec ses idées* sein Benehmen steht im Widerspruch zu s-n Ansichten; **2.** (*résistance*) 'Widerstand *m*, Oppositi'on *f* (*à qc* gegen etw); *être en* ~ *avec qn, qc* zu j-m, etw in Opposition stehen; *faire de l'~* Widerstand leisten; oppo'nieren; Opposition treiben, *F* machen; *faire, former* ~ *à qc* sich e-r Sache (*dat*) wider'setzen; gegen etw oppo'nieren; gegen etw sein; *projet rencontrer beaucoup d'~* auf großen Widerstand, 'Widerspruch stoßen; **3.** *JUR* Einspruch *m*; *délai m d'~* Einspruchsfrist *f*; *faire* ~ *à qc* Einspruch gegen etw einlegen, erheben; **4.** *FIN* Sperrung *f*; *faire* ~ *à un chèque* e-n Scheck sperren lassen; *abs faire* ~ sein Konto sperren lassen; **5.** *POL* Oppositi'on *f*; *partis m/pl de l'~* Oppositionsparteien *f/pl*; **6.** *ASTR* Oppositi'on *f*

oppositionnel [ɔpozisjɔnɛl] *POL* **I** *adj* 〈~le〉 oppositio'nell; **II** *subst* *les ~s m/pl* die Oppositio'nellen *m/pl*

oppressant [ɔpRɛsɑ̃] *adj* **a)** *chaleur* drückend; **b)** *fig ambiance, souvenirs* bedrückend; beklemmend

oppressé [ɔpRese] *adj être* ~ **a)** an Atemnot leiden; Atembeklemmungen haben; **b)** *fig* beklommen sein

oppresser [ɔpRese] *v/t* ~ *qn* **a)** *chaleur, crainte* j-n beklemmen; j-m den Atem benehmen; **b)** *fig ambiance, souvenirs* j-n bedrücken, bedrängen; schwer auf j-m lasten

oppress|eur [ɔpRɛsœR] *m* Unter'drücker *m*; Bedrücker *m*; Bedränger *m*; **~if** *adj* 〈-ive〉 unter'drückend; Unter'drückungs...

oppression [ɔpResjɔ̃] *f* **1.** *du peuple etc* Unter'drückung *f*; Bedrückung *f*; Unter'jochung *f*; Knechtung *f*; *état a* Knechtschaft *f*; **2.** (*gêne respiratoire*) Atembeklemmung *f*, -not *f*

opprimé [ɔpRime] **I** *adj peuple etc* unter'drückt; unter'jocht; geknechtet; **II** *subst les ~s m/pl* die Unter'drückten *m/pl*, Geknechteten *m/pl*

opprimer [ɔpRime] *v/t les faibles, un peuple* unter'drücken; unter'jochen; knechten

opprobre [ɔpRɔbR(ə)] *m* **1.** *litt* (*honte*) Schmach *f*; Schande *f*; *jeter l'~ sur qn* j-m (e-e) Schmach zufügen; **2.** *st/s personne* Schandfleck *m*

optatif [ɔptatif] *adj* 〈-ive〉 *GR* Wunsch...; *mode* ~ *ou subst* ~ *m* Opta'tiv *m*

opter [ɔpte] *v/i* ~ *pour qc* sich für etw entscheiden; etw wählen; für etw op'tieren (*a pour une nationalité*)

optic|ien [ɔptisjɛ̃] *m*, **~ienne** *f* Optiker (-in) *m(f)*; *adjt* **ingénieur** *m* **opticien** staatlich geprüfter Augenoptiker

optimal [ɔptimal] *adj* 〈-aux〉 opti'mal; Opti'mal...; bestmögliche(r, -s); beste(r, -s); Best...; günstigste(r, -s)

optim(al)is|ation [ɔptim(al)izasjɔ̃] f
ÉCON Opti'mierung f; **~er** v/t ÉCON
opti'mieren
optim|isme [ɔptimism(ə)] m Opti'mismus m; Zuversicht f; **~iste** I adj opti-'mistisch; zuversichtlich; II m,f Opti-'mist(in) m(f)
optimum [ɔptimɔm] I adj ⟨f ~ od optima; pl m u f ~s od optima⟩ cf **optimal**; II m ⟨pl ~s od optima⟩ Optimum n
option [ɔpsjɔ̃] f 1. (choix) Wahl(möglichkeit) f; Opti'on f; (décision) Entscheidung f; ENSEIGNEMENT (matière f à) ~ Wahlfach n; 2. JUR Opti'on f (de la nationalité française für die französische Staatsangehörigkeit); 3. JUR, COMM Opti'on f; Opti'onsrecht n; **lever l'~** das Optionsrecht ausüben; **prendre une ~ sur qc** e-e Option auf etw (acc) erwerben; 4. AUTO **~s** pl Extras n/pl; **en ~** als Extra (gegen Aufpreis); 5. POL **~ zéro** Nullösung f
optionnel [ɔpsjɔnɛl] adj ⟨~le⟩ zur Wahl gestellt; Wahl...; nach Wahl
optique [ɔptik] I adj 1. PHYSIOL Seh...; **angle** m **~** Seh-, Gesichtswinkel m; **nerf** m **~** Sehnerv m; 2. OPT optisch; **verres** m/pl **~s** optische Gläser n/pl; 3. TÉLÉCOMM **fibre** f **~** Glasfaser f; II f 1. **science** Optik f; **~ électronique** Elek'tronenoptik f; loc/adj **d'~** optisch; **instruments** m/pl **d'~** optische Instrumente n/pl; 2. **d'un appareil** Optik f; optisches Sy'stem; 3. fig (façon de voir) Blickwinkel m; Perspek'tive f; Gesichtspunkt m; Optik f; Betrachtungsweise f; loc/adv **dans une ~ de médecin** aus dem Blickwinkel, aus der Perspektive, aus der Sicht e-s Arztes; **dans cette ~** unter diesem Gesichtspunkt; 4. **secteur industriel** optische Indu'strie
opulence [ɔpylɑ̃s] st/s f 1. Überfluß m; großer Reichtum; **vivre dans l'~** im Überfluß leben; 2. **d'une poitrine** Üppigkeit f
opulent [ɔpylɑ̃] adj st/s 1. **famille, personne** sehr reich; steinreich; **luxe** groß; 2. **poitrine** üppig
opus [ɔpys] m MUS Opus n
opuscule [ɔpyskyl] m kleines Werk; Werkchen n; kleine Schrift
or¹ [ɔʀ] m 1. Gold n; **~ fin, pur** reines, gediegenes Gold; Feingold n; **~ blanc** Weißgold n; **~ massif** massives Gold; Mas'sivgold n; fig **l'~ noir** (le pétrole) das flüssige, schwarze Gold; **~ rouge** Rotgold m; **en barre, en lingot** Barrengold m; fig **c'est de l'~ en barre d'une affaire** das bringt viel Geld ein; das ist e-e sichere Geldanlage; **d'un commerce** das ist e-e Goldgrube; ♦ **en or** Gold...; FIN **couverture f ~** Golddeckung f; **peinture f ~** Goldfarbe f; loc/adj **d'~, en ~** Gold...; golden; fig **une affaire d'~, en ~** ein sehr günstiges, vorteilhaftes Geschäft; F ein Bombengeschäft n; fig **cœur m d'~** goldenes Herz, Gemüt; **dent** f **en ~** Goldzahn m; F fig **un mari en ~** ein Ehemann, der Gold wert ist; F fig **un sujet en ~** ein dankbares Thema; loc/adv: **à prix d'~** für teures Geld; teuer; **pour tout l'~ du monde** ⟨+Verneinung⟩ um keinen Preis der Welt; nicht für Geld und gute Worte; ♦ **être cousu d'~,** F **rouler sur l'~** steinreich sein; F Geld wie Heu haben; im Geld schwimmen; **être franc**

comme l'~ ohne Falsch, sehr aufrichtig, F goldecht sein; 2. **couleur** goldgelbe Farbe; Goldton m; **poét** Gold n; **cheveux** m/pl **d'~** goldblondes Haar
or² [ɔʀ] conj nun (aber)
oracle [ɔʀakl(ə)] m 1. O'rakel n; **l'~ de Delphes** das Orakel von Delphi; 2. fig **personne** Pro'phet m; O'rakel n
orage [ɔʀaʒ] m 1. Gewitter n; **le temps est à l'~** es ist gewitt(e)rig; **il fait de l'~** es gewittert; 2. fig **il y a de l'~ dans l'air** die Zeichen stehen auf Sturm; **sentir venir l'~** das Gewitter kommen sehen
orageux [ɔʀaʒø] adj ⟨-euse⟩ 1. gewitt(e)rig; Gewitter...; **chaleur, pluie orageuse** Gewitterschwüle f, -regen m; **nuage ~** Gewitterwolke f; 2. fig **séance, discussion** stürmisch; hitzig; bewegt
oraison [ɔʀɛzɔ̃] f 1. (prière) Gebet n; ÉGL CATH a Orati'on f; 2. **~ funèbre** Grabrede f; Leichenpredigt f (a LITTÉRATURE)
oral [ɔʀal] I adj ⟨-aux⟩ 1. **tradition, promesse, déposition, épreuve** mündlich; 2. ANAT, MÉD Mund...; sc o'ral; PSYCH **stade ~** orale Phase; PHON **voyelle ~** oraler, nicht nasalierter Vokal; MÉD **par voie ~** oral; durch den Mund; II m mündliche Prüfung; Mündliche(s) n; mündlicher Teil (e-r Prüfung)
orange¹ [ɔʀɑ̃ʒ] f **fruit** Apfel'sine f; O'range f; **~ amère** Pome'ranze f; Bitterorange f; **~ pressée** frisch ausgepreßter Apfelsinen-, Orangensaft
orange² [ɔʀɑ̃ʒ] **couleur** I adj ⟨inv⟩ o'range; o'rangefarben, -farbig; **feu m ~** gelbes Licht; II m O'range n; **feu passer à l'~** gelb werden; auf Gelb schalten
Orange [ɔʀɑ̃ʒ] 1. **ville en France** O'range n; 2. **dynastie** O'ranien; 3. **fleuve d'Afrique l'~** m der O'ranje
orangé [ɔʀɑ̃ʒe] adj et subst m cf **orange²**
orangeade [ɔʀɑ̃ʒad] f Orange'ade f
oranger [ɔʀɑ̃ʒe] m BOT Apfel'sinen-, O'rangenbaum m; **fleur f d'~** Orangenblüte f
orang|eraie [ɔʀɑ̃ʒʀɛ] f Apfel'sinen-, O'rangenplantage f; **~erie** f Orange'rie f
orang-outan(g) [ɔʀɑ̃utɑ̃] m ⟨pl orangs--outans⟩ ZO Orang-Utan m
orateur [ɔʀatœʀ] m Redner(in) m(f); **être un bon ~** ein guter Redner sein
oratoire¹ [ɔʀatwaʀ] adj Rede...; rednerisch; ora'torisch; **par ext précautions** f/pl **~s** schonende Vorbereitung
oratoire² [ɔʀatwaʀ] m 1. (petite chapelle) Ora'torium n; Hauskapelle f; 2. **nom de congrégation** ⚲ Ora'torium n
oratorien [ɔʀatɔʀjɛ̃] m ÉGL CATH Ora'tori'aner m
oratorio [ɔʀatɔʀjo] m MUS Ora'torium n; **~ de Noël** Weihnachtsoratorium n
orbital [ɔʀbital] adj ⟨-aux⟩ ASTR, ESPACE Bahn...; Orbi'tal...; **station ~e** Raum-, Orbitalstation f; **vitesse ~e** 'Umlauf-, Orbitalgeschwindigkeit f
orbite [ɔʀbit] f 1. ANAT Augenhöhle f; **avoir les yeux enfoncés dans les ~s** tiefliegende Augen haben; 2. ASTR, ESPACE 'Umlaufbahn f; Bahn(kurve) f; ESPACE a Orbit m; PHYS NUCL **~s des électrons** Elek'tronenbahnen f/pl; **engin spatial mettre en** ou **sur ~** in e-e Umlaufbahn bringen; **placer sur son ~**

in die vorgesehene Umlaufbahn bringen; 3. fig (sphère d'influence) Einflußbereich m; Bannkreis m; **attirer, entraîner qn dans son ~** j-n in s-n Bannkreis ziehen
orbiter [ɔʀbite] v/i **engin spatial** sich auf e-r 'Umlaufbahn bewegen; kreisen
orchestral [ɔʀkɛstʀal] adj ⟨-aux⟩ MUS Or'chester...; orche'stral; **musique ~e** Orchestermusik f
orchestra|teur [ɔʀkɛstʀatœʀ] m MUS Instrumen'tator m; **~tion** f 1. MUS Instrumentati'on ou Instrumen'tierung f; Orchestrati'on ou Orche'strierung f; 2. fig Insze'nierung f; Organi'sierung f
orchestre [ɔʀkɛstʀ(ə)] m 1. Or'chester n; Ka'pelle f; **de jazz, rock etc** Band [bɛnt] f; **~ symphonique** Sinfo'nieorchester n; **~ à cordes** Streichorchester n; **~ de chambre** Kammerorchester n; **~ de danse** Tanzkapelle f; **~ de jazz** Jazzkapelle f, -band f; 2. THÉ (**fosse f d'**) **~** Or'chester(graben m, -raum m) n; 3. **places**: THÉ vorderes Par'kett; CIN erstes (und zweites) Par'kett; (**fauteuil** m **d'**) **~** Platz m im vorderen Parkett; Or'chestersessel m
orchestrer [ɔʀkɛstʀe] v/t 1. MUS instrumen'tieren; orche'strieren; 2. fig **campagne de presse etc** organi'sieren; insze'nieren
orchidée [ɔʀkide] f Orchi'dee f
ordalie [ɔʀdali] f HIST Gottesurteil n; Or'dal n
ordinaire [ɔʀdinɛʀ] I adj 1. (habituel) gewöhnlich; üblich; gewohnt; alltäglich; **une histoire pas ~** e-e nicht alltägliche Geschichte; 2. (normal) gewöhnlich; alltäglich; nor'mal; (simple) einfach; (moyen) 'durchschnittlich; **gens** m/pl **~s** 'Durchschnittsmenschen m/pl; **qualité f ~** 'Durchschnittsqualität f; **vin** m **~** einfacher Tischwein; 3. péj **personne, manières etc** ordi'när; gewöhnlich; unfein; 4. JUR **juridiction f ~** ordentliche Gerichtsbarkeit; II subst 1. m **sortir de l'~** aus dem Rahmen fallen; vom Üblichen, Gewohnten abweichen; ungewöhnlich sein; loc/adv: **comme à l'~** ou **à son ~** wie üblich; wie gewöhnlich; **d'~** (für) gewöhnlich; im allgemeinen; sonst; meistens; 2. f **essence ~** Nor'malbenzin n; 3. m **nourriture** Alltagsessen n, -kost f; einfaches Essen; **menu** m **~** Stammgericht n; MIL Mannschaftsverpflegung f; 4. m ÉGL CATH **~ de la messe** Ordo missae m
ordinairement [ɔʀdinɛʀmɑ̃] adv (für) gewöhnlich; im allgemeinen; sonst; meistens
ordinal [ɔʀdinal] adj ⟨-aux⟩ (**adjectif**) **numéral ~** ou subst **~** m, **nombre ~** Ordnungs-, Ordi'nalzahl f
ordinateur [ɔʀdinatœʀ] m Computer [-'pju:-] m; Elek'tronenrechner m; EDV-Anlage f; **~ personnel** PC m; Perso'nalcomputer m; **~ portable** Laptop ['lɛp-] m; **~ de bord** Bordcomputer m
ordination [ɔʀdinasjɔ̃] f REL Priesterweihe f; Ordinati'on f
ordinogramme [ɔʀdinɔgʀam] m INFORM Flußdiagramm n
ordonnance [ɔʀdɔnɑ̃s] f 1. MÉD Re'zept n; Verschreibung f; Verordnung f; **médicament délivré seulement sur ~** re'zept-, verschreibungspflichtig; 2. **d'un gouvernement** (Rechts)Verordnung f;

ordonnancement – oreillette

3. *JUR* richterliche Verfügung, Anordnung; richterlicher Beschluß; *rendre une ~* e-e Verfügung erlassen; **4.** *MIL* **a)** *officier m d'~* Adjutant *m*; **b)** ⟨*a m*⟩ autrefois soldat (Offi'ziers)Bursche *m*; **5.** (*disposition*) (An)Ordnung *f*; Reihenfolge *f*; *d'un repas* Ordnung *f*; Speisenfolge *f*; **6.** *PEINT* Kompositi'on *f*; künstlerische Gestaltung; *ARCH* architek'tonische Gestaltung; Architek'tonik *f*

ordonnanc|ement [ɔʀdɔnɑ̃smɑ̃] *m* **1.** *FIN* Zahlungsanweisung *f*; **2.** *ÉCON, TECH* Fertigungssteuerung *f* und -kontrolle *f*; Ablauf-, Arbeitsplanung *f*; *~er v/t* ⟨-ç-⟩ *FIN* zur Zahlung anweisen

ordonnateur [ɔʀdɔnatœʀ] *m* Ordner *m*; *~ d'une fête* Festordner *m*; *~ des pompes funèbres* Leichenbestatter *m*

ordonné [ɔʀdɔne] *adj* **1.** *personne* ordentlich; ordnungsliebend; **2.** *intérieur etc* wohlgeordnet

ordonnée [ɔʀdɔne] *f MATH* Ordi'nate *f*

ordonner [ɔʀdɔne] *v/t* **1.** *éléments, idées* ordnen (*a MATH*); **2.** (*commander*) befehlen; anordnen; verfügen; *st/s* gebieten; *travail* auftragen, befehlen (*à qn* j-m); *expertise* in Auftrag geben; einholen; *~ qc à qn* j-m etw befehlen, *st/s* gebieten; *~ à qn de faire qc* j-m befehlen, auftragen, *st/s* gebieten, etw zu tun; *~ que* (+*subj*) anordnen, verfügen, befehlen, daß ...; **3.** *MÉD traitement, remède* verschreiben; verordnen (*a repos*); **4.** *REL* weihen; ordi'nieren; *être ordonné prêtre* zum Priester geweiht werden; die Priesterweihe empfangen

ordre [ɔʀdʀ(ə)] *m* **1.** (*opposé à chaos*) Ordnung *f*; *~ établi* bestehende, herrschende Ordnung; *~ public* öffentliche Ordnung; *partisans m/pl de l'~* Anhänger *m/pl* der bestehenden Ordnung; *loc/adj en ~* ordentlich; (wohl)geordnet; *tout est en ~* alles ist ordentlich, aufgeräumt, in Ordnung; *mettre qc en ~* etw in Ordnung bringen; etw ordnen; *personne avoir de l'~* ordentlich, ordnungsliebend sein; *Ordnung halten (können); Ordnungsliebe besitzen; Ordnungssinn haben; c'est l'~ des choses* das ist nun einmal so; das ist der Lauf der Dinge, der Welt; das ist völlig normal; *personne manquer d'~* unordentlich sein; keine Ordnung halten können, haben; *mettre de l'~* Ordnung machen, schaffen; *mettre de l'~ dans qc* etw ordnen; in etw (*acc*) Ordnung bringen; *mettre bon ~ à qc* e-r Sache (*dat*) ein Ende machen, Einhalt gebieten; etw abstellen; mit etw aufräumen; *rappeler qn à l'~* j-n zur Ordnung rufen; *tout est rentré dans l'~* alles ist wieder in Ordnung (gekommen); alles läuft wieder normal, in geordneten Bahnen; **2.** (*succession régulière*) Reihenfolge *f*; Rangfolge *f*; (An-)Ordnung *f*; *~ alphabétique* alphabetische Reihenfolge, Ordnung; *loc/adv par ~ alphabétique* alphabetisch, nach dem Alphabet geordnet; *JUR ~ successoral, d'héritiers* Erbfolge *f*; *MIL HIST ~ de bataille* Schlachtordnung *f*; *~ de grandeur* Größenordnung *f*; *MIL ~ de marche* Marschordnung *f*; *cf a 5.*; *GR ~ des mots* Wortstellung *f*; *numéro m d'~* laufende Nummer; *loc/adj: de l'~ de* in der Größenordnung von; *du même ~* gleichrangig; gleichwertig; gleichartig; in der gleichen Größenordnung; *de premier ~* erstrangig; erstklassig; ersten Ranges; *de second ~* zweitrangig; *loc/adv: avec ~* syste'matisch; *dans l'~* der Reihe nach; *tiercé* in der richtigen Reihenfolge; *noms des acteurs cités dans l'~ d'entrée en scène* in der Reihenfolge ihres Auftritts; *par ~* der Reihe nach; *par ~ d'ancienneté* dem Dienstalter nach; nach Dienstalter; *mettre dans un certain ~* in e-e gewisse Ordnung bringen; **3.** (*nature, catégorie*) Art *f*; Na'tur *f*; *loc/adj d'un autre ~* anderer Art, Natur; *problème d'~ économique* wirtschaftlicher Art, Natur; *loc/adv dans un autre ~ d'idées* in e-m anderen Zusammenhang; *dans le même ~ d'idées* in diesem Zusammenhang; *a cf a 5.*; *être à l'~ du jour* a) auf der Tagesordnung stehen; b) *fig* an der Tagesordnung, aktuell sein; **5.** (*directive*) Befehl *m* (*a MIL et INFORM*); Anordnung *f*; (An)Weisung *f*; *~ de grève* Streikaufruf *m*; *MIL ~ du jour* Tagesbefehl *m*; *~ de mission* dienstlicher Auftrag; *~ de route, de marche* Marschbefehl *m*; *loc/adv: à vos ~s, mon capitaine!* zu Befehl, Herr Hauptmann!; *conformément aux ~s reçus* befehls-, weisungsgemäß; *jusqu'à nouvel ~* bis auf weiteres; bis auf 'Widerruf; *COMM par ~* (*abr p.o.*) im Auftrag (*abr i. A.*); *par ~ de, sur (l')~ de* auf Befehl, Anordnung von (*ou* +*gén*); *sous les ~s de* unter dem Befehl von (*ou* +*gén*); *avoir qn sous ses ~s* j-n unter sich haben; *être sous les ~s de qn* j-m, j-s Befehlsgewalt unter'stehen; j-m unter'stellt sein; *mettre, placer sous les ~s de qn* j-m, j-s Befehl unter'stellen; *donner un ~* e-n Befehl erteilen, geben; e-e Anordnung erlassen, geben; *donner l'~ de faire qc* befehlen, den Befehl erteilen *ou* geben, (An)Weisung geben, anordnen, etw zu tun; *plais je suis à vos ~s!* ich stehe Ihnen zu Diensten!; ich erwarte Ihre Befehle!; *je n'ai d'~ à recevoir de personne* mir hat keiner etwas zu befehlen, vorzuschreiben, zu sagen; mir hat keiner Vorschriften zu machen; **6.** *COMM* **a)** *FIN* Auftrag *m*; Order *f*; *~ d'achat* Kaufauftrag *m*, -order *f*; *~ de Bourse* Börsenauftrag *m*; *~ de virement* Über'weisungsauftrag *m*; *loc/adv: à l'~ de* an die Order von; *payer, payez à l'~ de* zahlbar an die Order von; *d'~ et pour compte de* im Auftrag und für Rechnung von (*ou* +*gén*); **b)** (*commande*) Bestellung *f*; Auftrag *m*; *passer un ~* e-n Auftrag erteilen, e-e Bestellung aufgeben; **7.** *REL et par ext* Orden *m*; *~ des bénédictins* Benedik'tinerorden *m*; *HIST ~ de chevalerie* Ritterorden *m*; *~ de Malte* Malteserorden *m*; *membre m d'un ~* Ordensmitglied *n*; *entrer dans les ~s* in e-n Orden eintreten; **8.** *ÉGL CATH* Weihe *f*; Weihegrad *m*; *~s majeurs, mineurs* höhere, niedere Weihen; **9.** *professions libérales* Verband *m*; Kammer *f*; *~ des avocats, des médecins* Anwalts-, Ärztekammer *f*; *conseil m de l'~* Kammervorstand *m*; **10.** *BIOL* Ordnung *f*; **11.** *ARCH* (Säulen)Ordnung *f*; **12.** *HIST* (*classe sociale*) Stand *m*

ordure [ɔʀdyʀ] *f* **1.** *pl ~s* (*ménagères*) Abfall *m*; Abfälle *m/pl*; Müll *m*; *st/s* Unrat *m*; *tas m d'~s* Abfall-, Müllhaufen *m*, -berg *m*; *jeter, mettre qc aux ~s* etw in den Abfall, Müll werfen; etw wegwerfen; **2.** *propos ~s pl* gemeine, unflätige Ausdrücke *m/pl*; Gemeinheiten *f/pl*; Zoten *f/pl*; *st/s* Unflat *m*; **3.** P *injure* P Miststück *n*; Mistvieh *n*

ordurier [ɔʀdyʀje] *adj* ⟨-ière⟩ gemein; schmutzig; zotig; *st/s* unflätig

orée [ɔʀe] *f st/s à l'~ du bois st/s* am Waldessaum

oreille [ɔʀɛj] *f* **1.** *ANAT* Ohr *n*; *par ext* (*ouïe*) Gehör *n*; *du lapin, du lièvre a* Löffel *m*; *~s en feuille de chou* große abstehende Ohren; *loc/adv: de bouche à ~* von Mund zu Mund; *le chapeau sur l'~* den Hut schief aufs Ohr gesetzt; *si cela arrivait, venait à ses ~s* wenn ihm das zu Ohren käme; *avoir de l'~* ein musikalisches Gehör haben; *litt avoir l'~ de qn* j-s Vertrauen, Ohr haben, besitzen; *avoir l'~ fine* ein feines, scharfes Ohr, Gehör haben; ein gutes Gehör haben; *casser les ~s à qn bruit* j-m in den Ohren weh tun; j-m auf die Nerven gehen; *pour demander qc* j-m in den Ohren liegen; *dire qc à l'~ de qn ou dire qc à qn dans le creux de l'~* j-m etw ins Ohr flüstern, sagen; j-m etw zuflüstern; *fig dormir sur ses deux ~s* ganz ohne Sorge, ganz beruhigt sein; *dresser l'~* die Ohren spitzen (*a fig*); (*é*)*chauffer les ~s à qn* j-n wütend machen, in Harnisch bringen; *n'écouter que d'une ~* nur mit halbem Ohr zu-, hinhören; *écouter de toutes ses ~s* sich kein Wort entgehen lassen; konzentriert, gespannt zuhören; aufmerksam lauschen; *entendre mal de l'~ gauche* auf dem linken Ohr schlecht hören; *fig il ne l'entend pas de cette ~* davon will er nichts wissen; F *auf dem* Ohr hört er schlecht, ist er taub; *cela lui entre par une ~ et lui sort par l'autre* das geht ihm zum e-n Ohr hinein und zum anderen wieder hinaus; *être* (*tout yeux*) *tout ~s* ganz (Auge und) Ohr sein; *faire la sourde ~* sich taub stellen; nichts hören wollen; *ouvrir bien ou grand ses ~s* aufmerksam, gut zu-, hinhören; die Ohren aufmachen, F aufsperren; *prêter l'~ à qc* e-r Sache (*dat*) Gehör schenken; etw aufmerksam anhören; *abs* aufmerksam hinhören; *tendre l'~* die Ohren spitzen; *tirer les ~s à qn* j-n an den Ohren ziehen; *fig tirer, frotter les ~s à qn* j-m die Ohren langziehen; j-n bei den Ohren nehmen; j-m den Kopf waschen; *fig se faire tirer l'~* sich lange bitten lassen; *ce n'est pas tombé dans l'~ d'un sourd* das will ich mir gut merken; da hat einer gut aufgepaßt; **2.** *d'une marmite etc* Griff *m*; **3.** *TECH écrou m à ~s* Flügelmutter *f*; **4.** *fauteuil m à ~s* Ohrensessel *m*

oreiller [ɔʀeje] *m* Kopfkissen *n*; *fig: confidences f/pl sur l'~* Bettgeflüster *n*; *se réconcilier sur l'~* sich im Bett wieder versöhnen

oreillette [ɔʀɛjɛt] *f* **1.** *du cœur* Vorhof

m; **2.** *d'une toque etc* Ohrenklappe *f*; **3.** TECH Ohrhörer *m*
oreillons [ɔRejõ] *mpl* MÉD Ziegenpeter *m*; Mumps *m*
ores [ɔR] *loc/adv* **d'~ et déjà** [dɔRzedeʒa] schon jetzt; jetzt schon
orfèvre [ɔRfɛvR(ə)] *m* Goldschmied *m*; *fig* **être ~ en la matière** auf dem Gebiet ein Fachmann sein; sich bestens auskennen; **~-bijoutier** *m* ⟨*pl* orfèvres-bijoutiers⟩ Juwe'lier *m*
orfèvrerie [ɔRfɛvRəRi] *f* **1.** *art, métier* Goldschmiedekunst *f*, -handwerk *n*; **2.** *ouvrage* Goldschmiedearbeit *f*
orfraie [ɔRfRɛ] *f* ZO Seeadler *m*; *fig* **pousser des cris d'~** gellende Schreie ausstoßen; gellend schreien
organdi [ɔRgãdi] *m* TEXT Or'gandy *m*; **robe** *f* **en ~** Organdykleid *n*
organe [ɔRgan] *m* **1.** ANAT Or'gan *n*; **~s** (**génitaux**) Geschlechtsorgane *n/pl*; **~s des sens** Sinnesorgane *n/pl*; **~ de la vue** Sehorgan *n*; **2.** (*institution*) Or'gan *n*; **~ administratif** Verwaltungsorgan *n*; **~s du pouvoir** Organe der Staatsgewalt; **3.** (*journal d'un parti etc*) Or'gan *n*; Blatt *n*; Sprachrohr *n*; **4.** *fig* (*instrument*) Werkzeug *n*; Instru'ment *n*; *personne* Stimme *f*; Sprecher *m*; Inter'pret *m*; **5.** TECH Ele'ment *n*; Or'gan *n*; **~s de commande** Antriebsorgane *n/pl*, -elemente *n/pl*
organigramme [ɔRganigRam] *m* **1.** *d'une entreprise*, ADM Organisati'onsplan *m*, -schema *n*; Organi'gramm *n*; **2.** INFORM Flußdiagramm *n*
organique [ɔRganik] *adj* **1.** ANAT, MÉD or'ganisch; **maladie** *f* **~** organische Krankheit; **2.** *matière* or'ganisch; **chimie** *f* **~** organische Chemie; **3.** POL **loi** *f* **~** grundlegendes Gesetz über Staatsorgane
organisa|teur [ɔRganizatœR] *m*, **~trice** *f* Organi'sator *m*, Organisa'torin *f*; *d'une fête, d'un congrès a* Veranstalter(in) *m(f)*
organisation [ɔRganizasjɔ̃] *f* **1.** *action* Organi'sierung *f*; Organisati'on *f*; Gestaltung *f*; *d'un congrès etc* Veranstaltung *f*; Abhaltung *f*; 'Durchführung *f*; **~ des loisirs** Freizeitgestaltung *f*; **~ du travail** Arbeitsorganisation *f*, -gestaltung *f*; **avoir l'esprit d'~** Organisationstalent besitzen; **2.** (*structure*) Organisati'on *f*; Aufbau *m*; **~ administrative** Verwaltungsaufbau *m*, -organisation *f*; **~ judiciaire** Gerichtsverfassung *f*; **3.** (*association*) Organisati'on *f*; Verband *m*; **~ mondiale** Weltorganisation *f*; **♎ des Nations Unies** (*abr* **O.N.U.**) Organisation der Vereinten Nationen (*abr* UNO); *cf a* **O.C.D.E., O.P.E.P., O.T.A.N.**
organisé [ɔRganize] *adj* **1.** BIOL **être** *m* **~** organi'siertes Lebewesen; **2.** *travail, affaire* **bien ~** gut organi'siert; **voyage** **~** Gesellschaftsreise *f*; **c'est une personne ~e** *ou* sie ist ein Mensch, der s-e Zeit, s-e Arbeit richtig einzuteilen versteht; *cf a* **vol²** **2.**; **3.** *au sein d'un parti etc* organi'siert (**en** +*dat*)
organiser [ɔRganize] **I** *v/t* organi'sieren; *travail a* sinnvoll einteilen; *son temps, une journée* richtig einteilen; *congrès, réception, fête* veranstalten; ausrichten; F aufziehen; *programme* zu'sammenstellen; *rencontre, excursion* arran'gie-ren; **~ ses loisirs** s-e Freizeit gestalten; **II** *v/pr* **s'~ 1.** *personne* mit s-r Zeit richtig 'umgehen; sich s-e Zeit, s-e Arbeit richtig einteilen; **comment s'~ pour** (+*inf*)**?** wie muß man es anstellen, einrichten, um zu (+*inf*)?; **2.** *choses* sich einspielen, regeln
organisme [ɔRganism(ə)] *m* **1.** BIOL Orga'nismus *m* (*a fig d'une nation etc*); *au sens strict* menschlicher Orga'nismus, Körper *m*; **2.** (*institution, services*) Organisati'on *f*; Einrichtung *f*; Instituti'on *f*; Gremium *n*; Or'gan *n*; **~ compétent** zuständige Stelle; **~ privé** private Organisation, Einrichtung; **~ de contrôle** Kon'trollorgan *n*
organiste [ɔRganist] *m,f* Orga'nist(in) *m(f)*
orgasme [ɔRgasm(ə)] *m* Or'gasmus *m*
orge [ɔRʒ] **1.** *f* BOT, AGR Gerste *f*; **2.** **sucre** *m* **d'~** Lutschstange *f*; **3.** *m* **~ mondé** (Gersten)Graupen *f/pl*; **~ perlé** Perlgraupen *f/pl*
orgeat [ɔRʒa] *m* (**sirop** *m* **d'**)**~** Mandelmilchgetränk *n*
orgelet [ɔRʒɔlɛ] *m* MÉD Gerstenkorn *n*
orgiaque [ɔRʒjak] *litt adj* orgi'astisch
orgie [ɔRʒi] *f* **1.** Orgie *f*; wüstes Gelage; **se livrer à une véritable ~** e-e wahre Orgie feiern; **2.** *fig* **une ~ de lumières, de fleurs, de couleurs** e-e verschwenderische Fülle von Lichtern, Blumen, Farben
orgue [ɔRg] *m* **1.** **~ ou ~s** *f/pl* Orgel *f*; **les grandes ~s** die Orgel (e-r Kirche); **~ électronique** Elek'tronenorgel *f*; **musique** *f* **d'~** Orgelmusik *f*; **jouer de l'~** Orgel spielen; **2.** **~ de Barbarie** Drehorgel *f*; Leierkasten *m*; *österr* Werkel *n*; **3.** MUS **point** *m* **d'~** Fer'mate *f*; **4.** GÉOL **~s basaltiques** gebündelte Ba'saltsäulen *f/pl*
orgueil [ɔRgœj] *m* Stolz *m*; *péj* Hochmut *m*; Dünkel *m*; *st/s* Hoffart *f*; *loc/adv* **par ~** aus Stolz; **avoir l'~ de son nom** auf s-n Namen stolz sein; **ne pas en tirer d'~** nicht sonderlich stolz darauf sein; sich nichts darauf einbilden
orgueilleux [ɔRgœjø] **I** *adj* ⟨-euse⟩ stolz; *péj* hochmütig; eingebildet; dünkelhaft; *st/s* hoffärtig; **II** *subst* **~, orgueilleuse** *m,f* stolzer *m*, -e Mensch
orient [ɔRjã] *m* **1.** GÉOGR **l'♎** der Orient; HIST **l'Empire** (**romain**) **d'♎** das Oströmische, Byzantinische Reich; **2.** *poét* Morgen *m*; Osten *m*; **3.** *d'une perle* Glanz *m*; Schmelz *m*
orientable [ɔRjãtabl(ə)] *adj* verstellbar; einstellbar; *antenne, lampe* schwenkbar; *drehbar;* **bras** *m* **~** Schwenkarm *m*
oriental [ɔRjãtal] **I** *adj* ⟨-aux⟩ **1.** (*est*) östlich; Ost...; **côte, frontière ~e** Ostküste *f*, -grenze *f*; **2.** (*de l'Orient*) orien'talisch; **langues ~es** orientalische Sprachen *f/pl*; Orienta'listik *f*; **II** *subst* **♎(e)** *m(f)* Orien'tale *m*, Orien'talin *f*
orientalisme [ɔRjãtalism(ə)] *m* **1.** *science* Orienta'listik *f*; **2.** (*goût de l'Orient*) Vorliebe *f* für alles Orien'talische; **~iste** *m,f* Orienta'list(in) *m(f)*
orientation [ɔRjãtasjɔ̃] *f* **1.** Orien'tierung *f*; **sens** *m* **de l'~** Orientierungssinn *m*, -vermögen *f*; Ortssinn *m*; **2.** *fig* Lenkung *f*; Steuerung *f*; Ausrichtung *f*; **~ professionnelle** Berufsberatung *f*; **conseiller** *m* **d'~ professionnelle** Be-rufsberater *m*; ÉCON **~ des besoins, des capitaux** Bedarfs-, Kapi'tallenkung *f*; **3.** *d'un journal etc* Einstellung *f*; (Aus)Richtung *f*; Orien'tierung *f*; Ten'denz *f*; POL Kurs *m*; **changement** *m* **d'~** Kurswechsel *m*; **4.** *d'un édifice etc* Lage *f*
orienté [ɔRjãte] *adj* **1.** *chambre, appartement* **être ~ à l'est** nach Osten liegen, gehen; **être bien ~** e-e gute Lage haben; **2.** *fig article etc* tendenzi'ös
orienter [ɔRjãte] *v/t* **1.** ausrichten, orien'tieren (**au sud** nach Süden); **2.** *fig élève* beraten; hinlenken (**vers** auf +*acc*); *recherches etc* lenken; steuern; auf ein bestimmtes Ziel ausrichten; e-e bestimmte Richtung geben (+*dat*); **II** *v/pr* **3. s'~** sich orien'tieren; sich zu'rechtfinden; s-n Weg finden; **4.** *fig* **s'~ vers qc** sich e-r Sache (*dat*) zuwenden
orienteur [ɔRjãtœR] *m* **~** (**professionnel**) Berufsberater *m*
orifice [ɔRifis] *m* Öffnung *f*; *d'un puits, d'un tuyau a* Mündung *f*
oriflamme [ɔRiflam] *f* HIST Oriflamme *f*
origan [ɔRigã] *m* **1.** BOT Dost *m*; **2.** CUIS O'regano *m*; O'rigano *m*
originaire [ɔRiʒinɛR] *adj* **1. être ~ de** stammen aus; beheimatet sein in (+*dat*); *d'une ville a* gebürtig sein aus; *coutume, produit* kommen aus; **il est ~ du pays** er ist ein Einheimischer; **2.** (*primitif*) ursprünglich; **~ment** *adv* anfangs; ursprünglich
original [ɔRiʒinal] ⟨*m/pl* -aux⟩ **I** *adj* **1.** *document etc* origi'nal; Origi'nal...; Ur...; **édition ~e** Erstausgabe *f*, -druck *m*; Originalausgabe *f*; **texte ~** Origi'nal-, Urtext *m*; **2.** *idée etc* origi'nell; neuartig; *création, artiste a* eigenständig; schöpferisch; **3.** *personne* (*étrange*) sonderbar; eigenartig; **II** *subst* **1.** *m* *d'une reproduction* Origi'nal *n*; *d'une traduction a* Urtext *m*; *d'un document a* Urschrift *f*; **2.** **~(e)** *m(f)* *personne* Origi'nal *n*; Unikum *n*; Sonderling *m*
originalité [ɔRiʒinalite] *f* **1.** *d'une idée etc* Originali'tät *f*; Neuartigkeit *f*; *d'une œuvre, d'un artiste a* Eigenständigkeit *f*; Ursprünglichkeit *f*; **2.** *d'une personne* (*étrangeté*) Sonderbarkeit *f*; sonderbares Wesen, Verhalten; **3.** (*élément original*) Besonderheit *f*; Neuartige(s) *n*; Neuerung *f*; Neuheit *f*
origine [ɔRiʒin] *f* **1.** (*commencement*) Anfang *m*; Beginn *m*; *pl* **~s de la vie etc** Entstehung *f*; *d'une coutume* Aufkommen *n*; *loc/adv* **à l'~** ursprünglich; anfangs; anfänglich; am Anfang; **dès l'~** von Anfang an; von Anbeginn; gleich zu Anfang; **des ~s à nos jours** von den Anfängen bis zur Gegenwart; **2.** (*provenance*) Ursprung *m*; Herkunft *f*; *d'une personne a* Abstammung *f*; Abkunft *f*; *loc/adj* **d'~** origi'nal; Origi'nal...; echt; **Allemand, Français** *etc* **d'~** gebürtiger Deutscher, Franzose *etc*; **nationalité** *f* **d'~** ursprüngliche, durch die Geburt erworbene Staatsangehörigkeit; **pays** *m* **d'~ de qn** Geburts-, Heimatland *n*; *d'un produit* Ursprungs-, Herstellungsland *n*; *coutume* **d'~ ancienne** althergebracht; **mot d'~ latine** lateinischen Ursprungs; *personne*: **être d'~ française** gebürtiger Franzose, von Geburt Franzose sein; **être d'~ paysanne** bäuerlicher Herkunft,

Abstammung sein; **3.** (*cause*) Ursache *f*; *être à l'~ de qc* Ursache e-r Sache (*gén*) sein; etw verursachen, her'vorrufen, auslösen; **4.** MATH Nullpunkt *m*; Ursprung *m*
originel [ɔRiʒinɛl] *adj* ⟨~le⟩ **1.** *état, sens* ursprünglich; **2.** REL *péché* ~ Erbsünde *f*
originellement [ɔRiʒinɛlmã] *adv* ursprünglich
orignal [ɔRiɲal] *m* ⟨*pl* -aux⟩ ZO Ameri'kanischer Elch
oripeaux [ɔRipo] *m/pl* zerschlissene, fadenscheinige Kleidung; Lumpen *m/pl*
O.R.L. [ɔɛRɛl] *m,f abr cf oto-rhino--laryngologie, ...iste*
orlon [ɔRlõ] *m* (*nom déposé*) TEXT Orlon *n* (Wz)
orme [ɔRm] *m* **1.** BOT Ulme *f*; Rüster *f*; **2.** *bois* Rüsterholz *m*; *en* ~ aus Rüster; Rüster...
ormeau [ɔRmo] *m* ⟨*pl* ~x⟩ ZO Seeohr *n*
Orne [ɔRn] *l'~ f* Fluß u Departement in Frankreich
ornement [ɔRnəmã] *m* **1.** Orna'ment *n* (*a* BEAUX-ARTS); Verzierung *f*; Zierat *m*; Schmuck *m*; *plante f d'~* Zierpflanze *f*; *loc/adj sans aucun* ~ völlig schmucklos; ganz schlicht; **2.** MUS Verzierung *f*; **3.** REL ~*s sacerdotaux* priesterlicher Or'nat
ornemental [ɔRnəmɑ̃tal] *adj* ⟨-aux⟩ schmückend; ornamen'tal; Schmuck...; Zier...; *plante* ~*e* Zierpflanze *f*
ornement|ation [ɔRnəmɑ̃tasjõ] *f* Verzierung *f* (mit Ornamenten); ~*er v/t* (mit Ornamenten) verzieren
orner [ɔRne] *v/t* **a**) schmücken, verzieren, ausschmücken (*de* mit); **b**) *objet* ~ *qc* etw zieren, schmücken; *orné de* geschmückt, verziert, geziert mit
ornière [ɔRnjɛR] *f* Wagenspur *f*; *fig sortir de l'~* sich aus e-r schwierigen Lage her'ausarbeiten
ornitho|logie [ɔRnitɔlɔʒi] *f* Vogelkunde *f*; *sc* Ornitholo'gie *f*; ~**logique** *adj* vogelkundlich; *sc* ornitho'logisch; ~**logiste** *ou* ~**logue** *m,f* Ornitho'loge, -'login *m,f*; ~**rynque** [-Rɛ̃k] *m* ZO Schnabeltier *n*
oronge [ɔRõʒ] *f* BOT ~ (*vraie*) Kaiserling *m*; *fausse* ~ Fliegenpilz *m*
orpailleur [ɔRpajœR] *m* HIST Goldwäscher *m*
Orphée [ɔRfe] *m* MYTH Orpheus *m*
orphel|in [ɔRfəlɛ̃] *m*, ~**ine** *f* **1.** Waise *f*; ~ *de père* vaterlose Halbwaise; ~ *de père et de mère* Vollwaise *f*; **2.** *adjt* verwaist; *enfant* ~ Waisenkind *n*
orphelinat [ɔRfəlina] *m* Waisenhaus *n*
orphéon [ɔRfeõ] *m* Blaskapelle *f*
orph|ique [ɔRfik] *adj* orphisch; ~**isme** *m* ANTIQUITÉ Orphik *f*
orque [ɔRk] *m* ZO Schwertwal *m*
ORSEC [ɔRsɛk] *abr* (*organisation des secours*) *plan m* ~ (staatlicher) Kata'stropheneinsatzplan
orteil [ɔRtɛj] *m* ANAT Zehe *f*; Zeh *m*; *gros, petit* ~ große, kleine Zehe; großer, kleiner Zeh
orthodontie [ɔRtɔdõti] *f* MÉD Zahnregulierung *f*; *sc* Ortho'dontie *f*
orthodoxe [ɔRtɔdɔks] **I** *adj* **1.** REL *et par ext* ortho'dox; streng-, rechtgläubig; **2.** *fig procédé etc peu* ~ unorthodox; ungewöhnlich; *péj* nicht ganz koscher; **3.** ÉGL ortho'dox; *Église* ~ (*grecque*) (griechisch-)orthodoxe Kirche; **II** *subst les* ~*s m/pl* REL die Ortho'doxen *m/pl*
orthodoxie [ɔRtɔdɔksi] *f* REL *et par ext* Ortho'xie *f*; Rechtgläubigkeit *f*
orthogonal [ɔRtɔgɔnal] *adj* ⟨-aux⟩ MATH rechtwink(e)lig; orthogo'nal
orthographe [ɔRtɔgRaf] *f* **1.** Rechtschreibung *f*; Orthogra'phie *f*; *réforme f de l'~* Rechtschreibreform *f*; *avoir une mauvaise* ~ viele orthographische Fehler machen; in der Rechtschreibung viele Fehler machen; **2.** *d'un mot* Schreibung *f*; Schreibweise *f*
orthographier [ɔRtɔgRafje] **I** *v/t correctement, mal* ~ richtig, falsch schreiben; **II** *v/pr s'~* geschrieben werden
orthographique [ɔRtɔgRafik] *adj* ortho'graphisch; *signes m/pl* ~*s* diakritische Zeichen *n/pl* und Satzzeichen *n/pl*
orthopédie [ɔRtɔpedi] *f* MÉD Orthopä'die *f*; ~ *dento-faciale* Kieferorthopä'die *f*
orthopédique [ɔRtɔpedik] *adj* ortho'pädisch; *appareils m/pl, chaussures f/pl* ~*s* orthopädische Geräte *n/pl*, Schuhe *m/pl*
orthopédiste [ɔRtɔpedist] *m* **1.** MÉD Ortho'päde *m*; Facharzt *m* für Orthopä'die *f*; **2.** Orthopä'dist *m*; Orthopä'diemechaniker *m*, -schuhmacher *m*
orthophon|ie [ɔRtɔfɔni] *f* MÉD Sprachheilkunde *f*; Logopä'die *f*; ~**iste** *m,f* MÉD Logo'päde *m*, Logo'pädin *f*
orthoptiste [ɔRtɔptist] *m,f* MÉD Orthop-'tist(in) *m(f)*
ortie [ɔRti] *f* BOT **1.** Brennnessel *f*; **2.** ~ *blanche* Weiße Taubnessel
ortolan [ɔRtɔlɑ̃] *m* ZO Orto'lan *m*; *fig manger des* ~*s* etwas Gutes, Leckeres essen
orvet [ɔRvɛ] *m* ZO Blindschleiche *f*
os [ɔs]; *pl* o] *m* **1.** ANAT Knochen *m*; ~ *longs* lange Knochen; Röhrenknochen *m/pl*; ~ *à moelle* Markknochen *m*; ~ *du bassin, de la main, de poulet* Becken-, Hand-, Hühnerknochen *m*; *loc/adv objet en* ~ beinern; aus Knochen; Knochen...; *loc/adv F jusqu'à l'*~ völlig; durch und durch; F *fig il y a un* ~ die Sache hat e-n Haken; F *fig l'avoir dans l'~* F übers Ohr gehauen worden sein; reingelegt worden sein; *personne avoir de gros, petits* ~ e-n kräftigen, zarten Knochenbau haben; *il ne fera pas de vieux* ~ er wird nicht alt werden; *fig jeter, donner un* ~ *à ronger à qn* j-m etwas zukommen lassen, zum Fraß vorwerfen; *plais réchauffer ses vieux* ~ sich (auf)wärmen; F *fig tomber sur un* ~ auf unvorhergesehene Schwierigkeiten stoßen; *être trempé jusqu'aux* ~ bis auf die Haut naß sein; F pudel-, patsch-, klatschnaß sein; **2.** ZO ~ *de seiche* Sepiaschale *f*; Schulp *m*
O.S. [ɔɛs] *m,f abr* (*ouvrier spécialisé*) angelernter Arbeiter, angelernte Arbeiterin
oscar [ɔskaR] *m* **1.** CIN Oscar *m*; **2.** *par ext* (*prix*) Preis *m* (*de* für)
oscillant [ɔsilɑ̃] *adj* schwingend; PHYS *a* oszil'lierend; *circuit* ~ *s* Schwingkreis *m*
oscillateur [ɔsilatœR] *m* ÉLECT Oszil'lator *m*; Schwingungserzeuger *m*
oscillation [ɔsilasjõ] *f* **1.** PHYS, ÉLECT Schwingung *f*; Oszillati'on *f*; **2.** *fig* (*variation*) Schwankung *f*

osciller [ɔsile] *v/t* **1.** *pendule* schwingen; PHYS *a* oszil'lieren; *tête etc* (hin und her) schwanken; **2.** *fig* (*hésiter*) schwanken (*entre* zwischen +*dat*)
oscillo|gramme [ɔsilogRam] *m* Oszillo'gramm *n*; ~**graphe** *m* Oszillo'graph *m*; ~**mètre** *m* MÉD Blutdruckmesser *m*
osé [oze] *adj* **1.** *tentative, plaisanterie, tenue, scène* gewagt; *entreprise* ris'kant; **2.** *personne* keck; dreist
oseille [ozɛj] *f* **1.** BOT Sauerampfer *m*; **2.** *arg cf fric*
oser [oze] *v/t* wagen; *abs* es wagen; sich trauen; *je voudrais bien, mais je n'ose pas* aber ich wage es nicht, ich traue mich nicht; *litt* ~ *qc* etw wagen; ~ *faire qc* **a**) (*avoir le courage*) wagen, sich (ge)trauen, etw zu tun; **b**) (*avoir l'audace*) sich unter'stehen, sich unter'fangen, sich erdreisten, sich erkühnen, etw zu tun; *ose répéter ce que tu viens de dire!* untersteh dich, wage es, das noch einmal zu sagen!; *si j'ose dire* ou *si j'ose m'exprimer ainsi* wenn ich so sagen darf; *j'ose espérer que vous accepterez* ich darf doch hoffen, daß Sie annehmen werden?
oseraie [ozRɛ] *f* Weidengebüsch *n*, -pflanzung *f*
osier [ozje] *m* **1.** BOT Korbweide *f*; **2.** VANNERIE Weidenruten *f/pl*; *panier m d'~* Weidenkorb *m*; *fauteuil m en* ~ Korbsessel *m*, -stuhl *m*
osmose [ɔsmoz] *f* **1.** BIOL, CHIM Os'mose *f*; **2.** *fig* gegenseitige Durch'dringung, Beeinflussung
osmotique [ɔsmɔtik] *adj* BIOL, CHIM *pression* ~ osmotischer Druck
ossature [ɔsatyR] *f* **1.** ANAT Knochengerüst *n*, -bau *m*; *avoir une* ~ *robuste* e-n kräftigen Knochenbau haben; **2.** CONSTR Ske'lett *n*; Gerippe *n*
osselet [ɔslɛ] *m* **1.** ANAT ~*s de l'oreille* Gehörknöchelchen *n/pl*; **2.** ~*s pl* Geschicklichkeitsspiel mit kleinen Knochen, die hochgeworfen u mit dem Handrücken aufgefangen werden
ossements [ɔsmã] *m/pl* (Toten)Gebeine *n/pl*
osseux [ɔsø] *adj* ⟨-euse⟩ **1.** ANAT Knochen...; knöchern; *cellule, charpente osseuse* Knochenzelle *f*, -gerüst *n*; ZO *poisson* ~ Knochenfisch *m*; *tissu* ~ Knochengewebe *n*; **2.** *visage, mains* knochig
ossi|fication [ɔsifikasjõ] *f* PHYSIOL Verknöcherung *f*; ~**fier** *v/pr s'~* verknöchern
ossuaire [ɔsɥɛR] *m* Beinhaus *n*; *t/t* Os'sarium *ou* Ossu'arium *n*
ostéite [ɔsteit] *f* MÉD Knochenentzündung *f*; *sc* O'stitis *f*
ostensible(ment) [ɔstãsibl(mã)] *adj* (*et adv*) ostenta'tiv
ostensoir [ɔstãswaR] *m* ÉGL CATH Mon-'stranz *f*
ostenta|tion [ɔstãtasjõ] *f* Zurschaustellung *f*, -tragen *n*; Großtun *n* (*de* mit); *avec* ~ großtuerisch; prahlerisch; ~**toire** *adj* großtuerisch
ostéo|blaste [ɔsteoblast] *m* PHYSIOL Knochenbildungszelle *f*; ~**pathe** [-pat] *m* MÉD Chiro'praktiker *m*; ~**porose** [-pɔRoz] *f* MÉD Osteopo'rose *f*
ostracisme [ɔstRasism(ə)] *m* Ächtung *f*; Verfemung *f*; Ausschluß *m*; *être frap-*

pé d'~ geächtet, verfemt werden *ou* sein
ostréicult|eur [ɔstʀeikyltœʀ] *m* Austernzüchter *m*; **~ure** *f* Austernzucht *f*
ostrogot(h) [ɔstʀɔgo] *m* **1.** HIST *⚥s pl* Ostgoten *m/pl*; **2.** F (*malotru*) Grobian *m*; ungehobelter Kerl; Bar'bar *m*; **3.** F *un drôle d'~* F ein komischer Heiliger
otage [ɔtaʒ] *m* Geisel *f*; *prise f d'~(s)* Geiselnahme *f*; *prendre qn en ~ comme ~* j-n als Geisel nehmen
OTAN *ou* **O.T.A.N.** [ɔtɑ̃] *f abr* (*Organisation du traité de l'Atlantique Nord*) NATO *ou* Nato *f*
otarie [ɔtaʀi] *f* ZO Ohrenrobbe *f*
ôter [ote] I *v/t* **1.** (*enlever*) objet de sa place wegnehmen, -legen, -stellen, -setzen; *manteau etc* ablegen; ausziehen (*a gants*); *chapeau, lunettes* abnehmen; *noyau, tache* entfernen; **2.** MATH abziehen; *3 ôté de 9 égale 6* 9 weniger *ou* minus 3 macht *ou* ist 6; **3.** *~ qc à qn* j-m etw wegnehmen; *~ à qn ses forces* j-m die Kräfte nehmen, rauben; *cela n'ôte rien à son mérite* das schmälert sein Verdienst nicht; *cf a idée 2*; II *v/pr ôtez-vous de là!* gehen Sie mir aus dem Weg!; machen Sie Platz!; F *ôte-toi de là que je m'y mette!* Platz da, jetzt komme ich!
otite [ɔtit] *f* MÉD Ohrenentzündung *f*; *sc* O'titis *f*; *~ moyenne* Mittelohrentzündung *f*
oto-rhino [ɔtoʀino] *m,f* F *abr cf* oto-rhino-laryngologiste
oto-rhino-laryngo|logie [ɔtoʀinolaʀɛ̃gɔlɔʒi] *f* MÉD Hals-Nasen-Ohren-Heilkunde *f*; **~logiste** *m,f* MÉD Hals-Nasen-Ohren-Arzt *m ou* -Ärztin *f*; *abr* HNO-Arzt *ou* -Ärztin *m,f*; F Ohrenarzt, -ärztin *m,f*
ottoman [ɔtɔmɑ̃] I *adj* HIST os'manisch; *l'Empire ~* das Osmanische Reich; II *subst* **1.** HIST *⚥s m/pl* Os'manen *m/pl*; **2.** *m* TEXT Otto'man *m*; **3.** *~e f* canapé Otto'mane *f*
ou [u] *conj* **1.** oder; *~ bien* oder; *~ (bien) ... ~ (bien)* entweder ... oder; *~ alors* sonst; wenn nicht; *~ même, ~ plutôt* oder vielmehr; *tôt ~ tard* früher oder später; **2.** *évaluation* bis; *deux ~ trois fois* zwei- bis dreimal
où [u] *adv* **1.** *interrogation*: **a)** *directe* wo? *ou* wohin?; *~ est votre frère?* wo ist Ihr Bruder?; *~ vas-tu?* wohin gehst du?; *~ en êtes-vous?* wie weit sind Sie?; *d'~?* woher?; *d'~ vient-il?* woher kommt er?; *jusqu'~?* bis wohin?; wie weit?; *par ~ commencer?* womit *ou* wo soll man beginnen; *par ~ est-il passé?* welche Strecke, F wie ist er gefahren?; **b)** *indirecte* wo *ou* wohin; *je ne sais ~ aller* ich weiß nicht, wohin ich gehen soll; *je me demande ~ il est* ich frage mich, wo er steckt; **c)** *loc/adv d'~* daher; darum; *d'~ mon étonnement* daher mein Erstaunen; **d)** *loc/conj ~ que* (+*subj*) wo *ou* wohin auch (immer); *~ qu'il soit* wo er auch sein mag; **2.** *relatif*: **a)** *local*: *le pays ~ il est né* das Land, in dem *ou* wo er geboren wurde; *là ~* da *ou* dort, wo; **b)** *temporel*: *l'époque ~ nous vivons* die Zeit, in der wir leben; *à l'époque ~ j'allais à l'école* zu der Zeit, als ich in die Schule ging; *au moment ~ il arriva* in dem Augenblick, als *ou* wo er an-

kam; **c)** *situation*: *dans l'état ~ il est* in dem, in diesem Zustand; *dans le trouble ~ j'étais* in meiner Verwirrung
O.U.A. [oya] *f abr* (*Organisation de l'unité africaine*) OAU *f*
Ouagadougou [wagadugu] Waga'dugu *n* (*Hauptstadt von Burkina Faso*)
ouailles [waj] *f/pl* REL, *plais* Schäflein *n/pl*; Herde *f*
ouais [wɛ] F I *int iron ou sceptique* schau (mal) an!; was du nicht sagst!; II *adv* ja
ouate [wat, *meist keine Elision*] *f* Watte *f*
ouat|é [wate] *adj* **1.** TEXT wat'tiert; **2.** *fig bruit, ambiance* gedämpft; **~er** *v/t* wat'tieren
ouatiné [watine] *adj* mit Steppfutter; wat'tiert
oubli [ubli] *m* **1.** *d'un nom etc* Vergessen *n*; *collectif* Vergessenheit *f*; *tirer, sortir, sauver de l'~* der Vergessenheit (*dat*) entreißen; *tomber dans l'~* in Vergessenheit geraten; **2.** (*omission*) Unter'lassung *f*; Versäumnis *n*; Versehen *n*; *réparer un ~* sein Versäumnis wieder'gutmachen; **3.** *de ses obligations* Vernachlässigung *f*; *des convenances* Verletzung *f*; *d'une injure* Verzeihen *n*; Nichtnachtragen *n*; **5.** *~ de soi (-même)* Selbstverleugnung *f*, -losigkeit *f*
oublier [ublije] I *v/t* **1.** *nom, date etc* vergessen; *ce qu'on a appris a* (wieder) verlernen; *~ de faire qc* vergessen, etw zu tun; *~ que ...* vergessen, daß ...; *il en oublie le boire et le manger* er vergißt Essen und Trinken darüber; F *vous nous oubliez!* haben Sie uns denn ganz vergessen!; *il oublie tout* er vergißt alles; er ist sehr vergeßlich; *être oublié* vergessen sein; in Vergessenheit geraten sein; *faire ~ qc* etw vergessen lassen; *se faire ~* dafür sorgen, daß man nicht (gleich wieder) auffällt, daß man erst einmal vergessen wird; **2.** (*laisser*) *clefs etc* vergessen; liegenlassen; *parapluie a* stehenlassen; **3.** (*omettre*) *mot etc, qn lors d'une distribution* vergessen; auslassen; über'sehen (*a faute*); *n'oubliez pas que ...* vergessen Sie nicht, denken Sie daran, daß ...; **4.** (*négliger*) *amis, obligations etc* vernachlässigen; *devoirs a* versäumen; verletzen; **5.** *injures, vexation* nicht nachtragen; verzeihen; II *v/pr* **6.** *sens passif s'~* vergessen werden; *ce genre d'affront ne s'oublie pas* vergißt man nicht; F *iron il ne s'est pas oublié* er hat sein Schäfchen ins trockene gebracht; er hat für sich gesorgt; **8.** *s'~* (*manquer aux égards dus*) sich gehenlassen; sich vergessen; **9.** *s'~* (*faire ses besoins*) *enfant* in die Hosen machen; *animal* sein Geschäft verrichten; F sich verewigen
oubliettes [ublijɛt] *f/pl* HIST Verlies *n*; Kerker *m*; *fig tomber dans les ~* in Vergessenheit geraten; F in der Versenkung verschwinden
oued [wɛd] *m* GÉOGR Wadi *n*
ouest [wɛst] I *m* **1.** *point cardinal* (*abr* O.) West(en) *m* (*abr* W); *vent m d'~* Westwind *m*; *loc/adj à l'~* im Westen, westlich (*de* von *ou* +*gén*); *plus à l'~* weiter *ou* mehr im Westen, westlich; *en direction de l'~, vers l'~* in westlicher Richtung; westwärts; nach Westen; **2.** *d'un pays, d'une ville etc l'⚥* der We-

sten; *loc/adj de l'⚥* West...; *l'Europe f de l'⚥* Westeuropa *n*; *dans l'⚥ de Paris* im Westen von Paris; im Pariser Westen; **3.** *de la France l'⚥* Westfrankreich *n*; der Westen (Frankreichs); **4.** POL *l'⚥* der Westen; II *adj* ⟨*inv*⟩ westlich; West...; *côte f ~* Westküste *f*; *portail m ~* Westportal *n*
ouest|-nord-ouest [wɛstnɔʀwɛst] *m* Westnord'west(en) *m*; **~-sud-ouest** *m* Westsüd'west(en) *m*
ouf [uf] *int* uff!; Gott sei Dank!; F *sans avoir le temps de dire ~, elle avait ...* ehe sie sich's versah, hatte sie ...; F *il n'a pas eu le temps de dire ~* er hatte nicht einmal Zeit zum Luftholen
Ouganda [ugɑ̃da] *l'~ m* U'ganda *n*
ougandais [ugɑ̃dɛ] I *adj* u'gandisch; II *subst ⚥(e) m(f)* U'gander(in) *m(f)*
oui [wi, *keine Bindung*] I *adv* **1.** ja; *êtes-vous satisfait?* – *~ et non* ja und nein; *~ ou non?* ja oder nein?; P *tu viens, ~ ou merde?* F was ist jetzt!; sag was!; *on se demande si ~ ou non on partira en vacances* ob wir in Ferien fahren sollen oder nicht; *résigné eh!* na ja; nun ja; *mon Dieu, ~* Gott, ja!; *~, bien sûr* ja gewiß; ja sicher; ja freilich; ja natürlich; *mais ~* aber ja; ja doch; gewiß doch; allerdings; (*oh*) *que ~* ja gewiß; ja sicher; natürlich; *je crois que ~* ich glaube ja *ou* schon; *dire ~* ja sagen; *dire que ~* sagen, daß es so ist; *il semble que ~* es scheint so; II *m* ⟨*inv*⟩ **1.** Ja *n*; *loc/adv pour un ~ ou pour un non* bei der geringsten Kleinigkeit; wegen e-r Lap'palie; ohne rechten, ersichtlichen Grund; **2.** POL Jastimme *f*
ouï [wi] *p/p cf* **ouïr**
oui-da [wida] *adv litt* ei ja!; aber gewiß!
ouï-dire [widiʀ] *m* ⟨*inv*⟩ Hörensagen *n*; *loc/adv par ~* vom Hörensagen; gerüchteweise
ouïe¹ [wi] *f* **1.** Gehör(sinn) *n(m)*; *avoir l'~ fine* ein feines Gehör haben; F *je suis tout ~* ich bin ganz Ohr; **2.** *des poissons ~s pl* Kiemen *f/pl*
ouïe² *ou* **ouille** [uj] *int* au!
ouïr [wiʀ] *v/t* ⟨*déf: nur inf u p/p* ouï⟩ **1.** *litt ou plais j'ai ouï dire que ...* ich habe sagen hören, daß ...; **2.** JUR *ouï les témoins* nach Anhörung der Zeugen
ouistiti [wistiti, *keine Elision*] *m* **1.** ZO Seiden-, Pinseläffchen *n*; **2.** F *fig un drôle de ~* ein komischer Kerl; F e-e seltsame Type
oukase [ukaz] *m cf* ukase
ouragan [uʀagɑ̃] *m* **1.** Or'kan *m*; **2.** *fig ~ de protestations* Sturm *m* der Entrüstung; *arriver en ~* angestürmt, angebraust kommen; wie ein Wirbelwind da'herkommen
Oural [uʀal] *l'~ m* der U'ral
ourdir [uʀdiʀ] *v/t* **1.** TEXT schären; zetteln; **2.** *fig complot* anzetteln; schmieden
ourdou [uʀdu] *m* LING *l'~* das Urdu; Urdu *n*
ourlé [uʀle] *adj* **1.** COUT gesäumt; **2.** *oreilles finement ~* mit e-m feinen, zarten Rand
ourler [uʀle] *v/t* COUT säumen
ourlet [uʀlɛ] *m* **1.** COUT Saum *m*; *faux ~* falscher Saum; *faire un ~ à qc* etw ('um-, ein)säumen; **2.** TECH (umgebogener) Rand
ours [uʀs] *m* **1.** ZO Bär *m*; *~ blanc*

Eisbär *m*; **~ brun** Braunbär *m*; **~ savant** Tanzbär *m*; dressierter Bär; **~ en peluche** Teddy(bär) *m*; **2.** *fig personne* Einzelgänger *m*; Eigenbrötler *m*; **~ mal léché** ungehobelter, ungeschlachter Kerl; Grobian *m*; *vivre en ~, comme un ~* das Leben e-s Eigenbrötlers führen; zu'rückgezogen leben; *adjt* **être un peu ~** etwas kontakt-, menschenscheu, eigenbrötlerisch sein; **3.** PRESSE Im'pressum *n*
ourse [uRS] *f* **1.** ZO Bärin *f*; **2.** ASTR *la Grande, Petite ♀* der Kleine, Große Bär, Wagen
oursin [uRsɛ̃] *m* ZO Seeigel *m*
ourson [uRsɔ̃] *m* ZO junger, kleiner Bär
oust(e) [ust] *int* F **1.** *pour chasser qn* F (nichts wie) raus!; hau ab!; **2.** *(vite!)* schnell!; F dalli!
out [awt] *adv* TENNIS aus; *adjt* **balle** *f* **~** Ausball *m*; **être ~** aus sein; im Aus sein
outarde [utaRd] *f* ZO Trappe *f*
outil [uti] *m* **1.** Werkzeug *n* (*a fig de qn*); **~s** *pl a* Handwerkszeug *n*; **~s de cordonnier, de maçon** Schuster-, Maurerwerkzeuge *n/pl*; **~s de jardinage** Gartengeräte *n/pl*; **2.** *fig* **~ (de travail)** Arbeitsinstrument *n*, -mittel *n*; Hilfsmittel *n*; **~ pédagogique** Lernmittel *n*; **3.** *adjt* LING **mot ~** Struk'turwort *n*
outillage [utijaʒ] *m coll* Handwerkzeug *n*; Werkzeugausrüstung *f*; Arbeitsgerät(e) *n(pl)*; *d'une usine* maschi'nelle, technische Ausrüstung
outillé [utije] *adj* **bien ~** gut mit Handwerkszeug, Werkzeugen ausgerüstet; *usine* maschi'nell, technisch gut ausgerüstet; **être ~ pour faire qc** die nötige, passende Ausrüstung haben *ou* entsprechend ausgerüstet sein, um etw zu tun
outilleur [utijœR] *m* Werkzeugmacher *m*
outrage [utRaʒ] *m* **1.** (grobe, schwere) Beleidigung (*a* JUR); schwere Kränkung; Schmähung *f*; Beschimpfung *f*; Schimpf *m*; Schmach *f*; JUR: **~ à agent de la force publique** Beleidigung e-s Polizeibeamten; **~ à magistrat** Beamtenbeleidigung *f*; **~ aux bonnes mœurs** Verbreitung *f* unzüchtiger Schriften, Abbildungen oder Darstellungen; **~ public à la pudeur** Erregung *f* öffentlichen Ärgernisses; *iron* **faire subir les derniers ~s à qn** (*violer*) j-m Gewalt antun; **2.** *litt* (*atteinte*) Verheerung *f*
outragé [utRaʒe] *adj* beleidigt; gekränkt
outrag|eant [utRaʒɑ̃] *adj* beleidigend; kränkend; **~er** *v/t* (-geons) (*offenser*) beleidigen; kränken; (*injurier*) schmähen; beschimpfen
outrageusement [utRaʒøzmɑ̃] *adv* zu stark; **~ fardé** F entsetzlich geschminkt
outrance [utRɑ̃s] *f* **1.** Über'treibung *f*; Über'spitztheit *f*; Über'spitzung *f*; *loc/adv* **à ~** über'trieben; 'übermäßig; *guerre* bis zum siegreichen *ou* bitteren Ende; *combat* auf Leben und Tod; **2.** *~ de langage* sprachliche Entgleisung
outrancier [utRɑ̃sje] *adj* ⟨-ière⟩ *propos* über'trieben; über'spitzt; *caractère* zur Über'treibung neigend
outre¹ [utR(ə)] *f récipient* (Leder-) Schlauch *m*; **~ de vin** Weinschlauch *m*; F **être gonflé, plein comme une ~** F 'voll(gefressen) sein; nicht mehr papp sagen können

outre² [utR(ə)] **I** *prép* außer (+*dat*); **II** *adv* **1.** *passer ~ à qc* über etw (*acc*) hin'weggehen; etw über'gehen; sich über etw (*acc*) hin'wegsetzen; **2.** *loc/adv* **en ~** außerdem; über'dies; dar'über hin'aus; **~ mesure** über die Maßen; 'übermäßig; *pas ~ mesure* nicht übermäßig, besonders, sonderlich
outré [utRe] *adj* **1.** (*exagéré*) über'trieben; zu weit getrieben; über'spitzt; auf die Spitze getrieben; **2.** (*indigné*) *cf* **outrer**
outre-Atlantique [utRatlɑ̃tik] *adv* jenseits des At'lantiks
outrecuid|ance [utRəkɥidɑ̃s] *litt f* Über'heblichkeit *f*; Anmaßung *f*; Vermessenheit *f*; **~ant** *litt adj* über'heblich; anmaßend; vermessen
outre-Manche [utRəmɑ̃ʃ] *adv* jenseits des (Ärmel)Ka'nals
outremer [utRəmɛR] *m* **1.** *couleur* Ultrama'rin *n*; *adjt* ⟨*inv*⟩ ultrama'rin; **2.** MINÉR La'surstein *m*; Lapis'lazuli *m*
outre-mer [utRəmɛR] *loc/adj* **d'~** 'überseeisch; 'Übersee...; *in* 'Übersee; **département m d'~** überseeisches Departement *n*; Überseedepartement *n*
outrepasser [utRəpase] *v/t* *ses droits* über'schreiten
outrer [utRe] *v/t* *une telle injustice m'a outré* hat mich empört; *être outré de, par qc* über etw (*acc*) empört, entrüstet sein
outre-Rhin [utRəRɛ̃] *adv* jenseits des Rheins (*von Frankreich aus*); auf der rechten Rheinseite; in Deutschland
outre-tombe [utRətɔ̃b] *loc/adj* **d'~** von jenseits des Grabes; **une voix d'~** e-e Stimme aus dem Jenseits
outsider [awtsajdœR] *m* *cheval, fig personne* Außenseiter *m*; Outsider ['aʊtsaɪdər] *m*
ouvert [uvɛR] *p/p cf* **ouvrir** *et adj* ⟨ouverte [uvɛRt]⟩ *porte, fenêtre, fleur, magasin* offen; geöffnet; auf (*attribut seulement*); *robinet a* aufgedreht; *main* geöffnet; *yeux, bouche, plaie, chemise, col* offen; *chemise, col, fenêtre, porte a* offenstehend; PHON: *voyelle, syllabe* offen; *fig personne* offen; freimütig; *air ~, physionomie ~e* offenes Gesicht; ÉLECT *circuit ~* unter'brochener Stromkreis; *esprit ~* aufgeschlossener Geist, Mensch; *famille ~e* gastfreundliche Familie; Familie, die ein offenes Haus hat; *lettre ~e* offener Brief; MIL *ville ~e* offene Stadt; ♦ **toute l'année, toute la journée** ganzjährig, ganztägig geöffnet; **~ à un certain public** geöffnet für; zugänglich für; *route ~ à la circulation* für den Verkehr freigegeben; *personne ~ à qc* für etw aufgeschlossen, zugänglich; an etw (*dat*) interes'siert; *opération f à cœur ~* Operation *f* am offenen Herzen; *parler à cœur ~* offen, freimütig, frei von der Leber weg reden; ♦ *la chasse est ~e* es ist Jagdzeit; *t/t* die Jagd geht auf; *le gaz est ~* der Gashahn ist offen, auf, aufgedreht; das Gas ist an; *la pêche est ~e* die Angelsaison ist eröffnet; es ist Angelsaison; *commerçant* F **je suis ~ jusqu'à huit heures** ich habe bis um acht (Uhr) auf; *cf a* **grand** II *b)*, **porte¹** I.
ouvertement [uvɛRtəmɑ̃] *adv* offen; geradeheraus; freimütig

ouverture [uvɛRtyR] *f* **1.** *d'une porte, d'une lettre, d'un magasin etc* Öffnen *n*, -ung *f*; Aufmachen *n*; *d'un parachute* Öffnung *f*; Entfaltung *f*; JUR **~ du testament** Testa'mentseröffnung *f*; **heures** *f/pl* **d'~** Öffnungszeiten *f/pl*; *d'un magasin a* Geschäfts-, Verkaufszeiten *f/pl*; *d'une banque, de la poste a* Schalterstunden *f/pl*; **2.** *d'une séance, de débats, d'un compte, d'une exposition, d'une partie d'échecs etc* Eröffnung *f*; *d'un spectacle a* Auftakt *m*; Beginn *m*; *d'une enquête*, JUR *de poursuites* Einleitung *f*; *d'une route* **~ à la circulation** Freigabe *f* für den Verkehr; Verkehrsübergabe *f*; **~ de la chasse** Eröffnung, Beginn, *t/t* Aufgang *m* der Jagd(zeit); Ende *n* der Schonzeit; FIN **~ de crédit** Kre'diteröffnung *f*, -gewährung *f*; ASSURANCES **~ des droits** Erwerb *m* des Leistungsanspruches; **~ d'un magasin** Geschäftseröffnung *f*; JUR **~ de la succession** Eintritt *m* des Erbfalles; BOURSE **cours m d'~** Anfangskurs *m*; **séance f d'~** Eröffnungssitzung *f*; CH **faire l'~** am ersten Tag der Jagdzeit zur Jagd gehen; **3.** *dans un mur etc* Öffnung *f*; CONSTR **~s** *pl* Fenster-, Türöffnungen *f/pl*; **4.** MUS Ouver'türe *f*; **5.** *pl* (**faire des**) **~s de négociation, de paix** Verhandlungs-, Friedensvorschläge *m/pl* (machen, unter'breiten); **6.** *fig* **~ d'esprit** geistige Aufgeschlossenheit; **7.** POL **~ à droite, à gauche** Öffnung *f* nach rechts, nach links; **8.** OPT Aper'tur *f*; Öffnung *f*; **~ du diaphragme** Blende(nöffnung) *f*
ouvrable [uvRabl(ə)] *adj* **jour ~** Werk-, Wochentag *m*
ouvrage [uvRaʒ] *m* **1.** (*travail*) Arbeit *f*; Werk *n*; **~ de dames** (weibliche) Handarbeit; **boîte f à ~** Nähkasten *m*; *se mettre à l'~* sich an die Arbeit, ans Werk machen; **2.** *résultat, produit* Arbeit *f*; **~ de maçonnerie, d'orfèvrerie** Maurer-, Goldschmiedearbeit *f*; F *plais c'est de la belle ~* das ist e-e saubere Arbeit; **3.** CONSTR Bau(werk) *m(n)*; **~s d'art** Kunstbauten *m/pl*; **4.** *littéraire, scientifique* Werk *n*; Schrift *f*; Buch *n*; **~ de référence** Nachschlagewerk *n*; **5.** FORTIF Befestigungsanlage *f*, -werk *n*
ouvragé [uvRaʒe] *adj* kunstvoll, fein gearbeitet
ouvrant [uvRɑ̃] *adj* AUTO **toit ~** Schiebedach *n*
ouvré [uvRe] *adj* **1.** LINGERIE mit Sticke'rei, Spitze verziert; **2.** *produit ~* Fertigprodukt *n*, -erzeugnis *n*, -ware *f*; **3.** ADM **jour ~** Arbeitstag *m*
ouvre-|boîtes [uvRəbwat] *m* ⟨*inv*⟩ Büchsen-, Dosenöffner *m*; **~-bouteilles** *m* ⟨*inv*⟩ Flaschenöffner *m*
ouvr|eur [uvRœR] *m skieur* Vorläufer *m*; **~euse** *f* CIN, THÉ Platzanweiserin *f*
ouvrier [uvRije] **I** *m* **1.** (Indu'strie-, Fa'brik)Arbeiter *m*; *coll* **les ~s** die Arbeiter(schaft) *m/pl(f)*; **~ agricole** Landarbeiter *m*; *prov* **les mauvais ~s ont toujours de mauvais outils** der Pfuscher gibt dem Werkzeug die Schuld; wenn der Reiter nichts taugt, ist das Pferd schuld (*prov*); **2.** **~ maçon, menuisier** *etc* unselbständiger Maurer, Tischler *etc*; Maurergeselle *m*; Tischlergeselle *m* *etc*; **II** *adj* ⟨-ière⟩ **1.** Arbeiter...; *classe ouvrière* Arbeiterklasse

f; **quartier ~** Arbeiterviertel *n*; **revendications ouvrières** Forderungen *f/pl* der Arbeiter(schaft); **2.** *fig* **cheville ouvrière** treibende Kraft
ouvrière [uvRijeR] *f* **1.** (Indu'strie-, Fa-'brik)Arbeiterin *f*; **2.** *ZO dans une ruche* Arbeiterin *f*
ouvrir [uvRiR] ⟨*cf* couvrir⟩ **I** *v/t* **1.** *porte, fenêtre, boîte, bouteille, magasin etc* öffnen; aufmachen; *avec une clé* aufschließen; aufsperren; *volets a* aufstoßen; *bouche a* auftun; *yeux, livre a* aufschlagen; *enveloppe a* aufreißen; *avec un coupe-papier* aufschlitzen; *robinet a* aufdrehen; *rideaux, tiroir* aufziehen; *canif, couvercle* aufklappen; *parapluie* aufspannen; *journal* aufschlagen; entfalten; *gaz, eau, radio* anstellen; *radio, télé a* anmachen; andrehen; einschalten (*a électricité*); *lumière* anmachen; anknipsen; einschalten; *bras, ailes* ausbreiten; *JUR testament* eröffnen; **~ l'appétit** den Appetit anregen; **il n'a pas ouvert la bouche**, F **il ne l'a pas ouverte de la soirée** er hat den ganzen Abend über den Mund nicht aufgetan, aufgemacht; *fig* **~ son cœur à qn** j-m sein Herz öffnen, ausschütten; *st/s* aufschließen; *fig* **~ l'esprit à qn** j-n geistig aufgeschlossen machen, geistig anregen; *magasin* **nous ouvrirons toute la matinée du dimanche** wir haben den ganzen Sonntag vormittag über offen, geöffnet; *route* **~ à la circulation** dem Verkehr über'geben; für den Verkehr freigeben; **~ d'un coup de pied** mit dem Fuß aufstoßen; *abs* **va ~!** geh aufmachen!; *sur une caisse* **côté à ~** hier öffnen; **2.** *séance, débats, exposition, bal, compte en banque, nouveau magasin, MIL feu, hostilités etc* eröffnen; *enquête* einleiten; *crédit a* bereitstellen; **~ droit aux prestations** e-n Anspruch auf Leistungen begründen; *CARTES* **~ le jeu** das Spiel eröffnen, beginnen; *abs* **~ à trèfle** Treff ausspielen; *nom* **~ la liste** auf der Liste obenan stehen; als erster auf der Liste stehen; am Anfang der Liste stehen; **~ la marche** den Zug eröffnen; an der Spitze des Zuges marschieren; **3.** (*percer*) *fenêtre etc* brechen

(*dans un mur* in e-e Mauer); *MIL* **~ une brèche** e-e Bresche schlagen; **II** *v/i* **4.** *magasin, musée etc* öffnen; aufmachen; geöffnet haben; aufhaben; *fenêtre, porte* **~ sur la rue** auf die *ou* nach der Straße (hinaus)gehen; **III** *v/pr* **5. s'~** *fenêtre, porte* sich öffnen; sich auftun; aufgehen; geöffnet, aufgemacht werden; *porte a* aufspringen; *fleur* sich öffnen; sich entfalten; *parachute* sich öffnen; aufgehen; *tiroir, boîte* **s'~ facilement** sich leicht öffnen lassen; *fenêtre, porte* **s'~ sur la rue** *cf* 4.; *fig* **la foule s'ouvrit sur mon passage** die Menge teilte sich, um mich 'durchzulassen; die Menge gab mir den Weg frei; **6. s'~ les veines** sich die Pulsadern aufschneiden, öffnen; **7.** *exposition, congrès etc* **s'~** eröffnet werden, beginnen (*par* mit); *perspectives, vie nouvelle* **s'~ devant qn** sich j-m eröffnen; vor j-m liegen; **8.** *personne* **s'~ à qn** sich j-m mitteilen, anvertrauen, offen'baren, erschließen
ouvroir [uvRwaR] *m dans un couvent* Nähstube *f*
ouzbek [uzbɛk] **I** *adj* us'bekisch; **II** *subst* **⚥s** *m/pl* Us'beken *m/pl*
Ouzbékistan [uzbekistã] **l'~** *m* Us'bekistan *n*
ovaire [ɔvɛR] *m* **1.** *ANAT* Eierstock *m*; *sc* O'varium *n*; **2.** *BOT* Fruchtknoten *m*
ovale [ɔval] **I** *adj* o'val; eiförmig; länglichrund; *SPORTS* **le ballon ~** a) der Rugbyball; b) *par ext* das Rugby; **II** *m* O'val *n* (*a du visage*); **en ~** o'val
ovalisé [ɔvalize] *adj TECH* unrund
ovariectomie [ɔvaRjɛktɔmi] *f MÉD* ope-ra'tive Entfernung e-s Eierstocks *ou* der Eierstöcke; *sc* Ovariekto'mie *f*
ovarien [ɔvaRjɛ̃] *adj* ⟨**~ne**⟩ *ANAT* Eierstock...; *sc* Ovari'al...
ovation [ɔvasjɔ̃] *f* Ovati'on *f*; **faire une ~ à qn** j-m e-e Ovation darbringen
ovationner [ɔvasjɔne] *v/t* **~ qn** j-m zujubeln
overdose [ɔvərdoz] *f* 'Überdosis *f*
ovidés [ɔvide] *m/pl ZO* Schafe *n/pl*
ovin [ɔvɛ̃] *adj* Schaf...; *race* **~e** Schafrasse *f*; *subst* **les ~s** *m/pl* die Schafe *n/pl*

ovipare [ɔvipaR] *ZO* **I** *adj* eierlegend; *sc* ovi'par; **II** *m/pl* **~s** eierlegende Tiere *n/pl*
ovni [ɔvni] *m abr* (*objet volant non identifié*) Ufo *ou* UFO *n*
ovoïde [ɔvɔid] *adj* eiförmig
ovulation [ɔvylasjɔ̃] *f BIOL* Ei-, Fol'likelsprung *m*; *sc* Ovulati'on *f*
ovule [ɔvyl] *m* **1.** *BIOL* Eizelle *f*; Ei *n*; **2.** *BOT* Samenanlage *f*; **3.** *PHARM* Vagi-'nalzäpfchen *n*
oxalique [ɔksalik] *adj CHIM* **acide** *m* **~** O'xal-, Kleesäure *f*
oxhydrique [ɔksidRik] *adj CHIM* **gaz** *m* **~** Knallgas *n*
oxyd|able [ɔksidabl(ə)] *adj CHIM* oxy-*ou* oxi'dierbar; **~ant** *chim* **I** *adj* oxy- *ou* oxi'dierend; Oxy- *ou* Oxidati'ons...; **II** *m* Oxy- *ou* Oxidati'onsmittel *n*; **~ation** *f CHIM* Oxy- *ou* Oxi'dierung *f*; Oxy- *ou* Oxidati'on *f*
oxyde [ɔksid] *m CHIM* O'xyd *ou* O'xid *n*; **~ de carbone, de cuivre, de fer** Kohlen-, Kupfer-, Eisenoxyd *ou* -oxid *n*
oxyder [ɔkside] *CHIM* *v/t* (*et v/pr*) (**s'**)**~** oxy'dieren *ou* oxi'dieren
oxygénation [ɔksiʒenasjɔ̃] *f CHIM* Anreicherung *f* mit Sauerstoff; Sauerstoffaufnahme *f* (*a du sang*); *MÉD* Sauerstoffzufuhr *f*
oxygène [ɔksiʒɛn] *m CHIM* Sauerstoff *m*; **manque** *m* **d'~** Sauerstoffmangel *m*
oxygéné [ɔksiʒene] *adj* **1.** *CHIM* sauerstoffhaltig; **eau ~e** Wasserstoff'per-oxyd *ou* -oxid *n*; **2. cheveux blonds ~s** wasserstoffblondes Haar; **blonde ~e** F Wasserstoffblondine *f*
oxygéner [ɔksiʒene] ⟨-è-⟩ **I** *v/t* **1.** *CHIM* mit Sauerstoff anreichern; **2.** *cheveux* mit Wasserstoff'peroxyd bleichen, blon'dieren; **II** *v/pr* F **s'~** (**les poumons**) F frische Luft tanken; die Lungen mit Sauerstoff 'vollpumpen
oxygénothérapie [ɔksiʒenɔteRapi] *f MÉD* Sauerstofftherapie *f*
oxyure [ɔksjyR] *m ZO* Madenwurm *m*
oyez [oje] *litt* ⟨*Imperativ von* ouïr⟩ hört!
ozone [ozɔn] *m CHIM* O'zon *n ou m*; **couche** *f* **d'~** O'zonschicht *f*; **trou** *m* **dans la couche d'~** O'zonloch *n*
ozoniser [ozonise] *v/t CHIM, TECH* ozoni'sieren

P

P, p [pe] *m ⟨inv⟩* P, p *n*
p. *abr* **1.** (*page*[*s*]) S. (Seite[n]); **2.** (*pour*) für
PAC *ou* **P.A.C.** [pak] *f abr* (*politique agricole commune*) gemeinsame A'grarpolitik (*der EU*)
pacage [pakaʒ] *m AGR* Weide *f*
pace-maker [pɛsmɛkœʀ] *m MÉD* Herzschrittmacher *m*
pacha [paʃa] *m HIST et fig* Pascha *m*; F *fig* : **faire le ~** den Pascha spielen; **mener une vie de ~** wie ein Pascha leben
pachyderme [paʃidɛʀm, -ki-] *m ZO* Dickhäuter *m*
pacifica|teur [pasifikatœʀ], **~trice I** *m,f* Friedensbringer(in) *m(f)*; Frieden(s)stifter(in) *m(f)*; **II** *adj mesures* der Befriedung dienend; friedenschaffend
pacification [pasifikasjɔ̃] *f* Befriedung *f*
pacifier [pasifje] *v/t* **1.** befrieden; den Frieden, *après une émeute* Ruhe und Ordnung wieder'herstellen (**un pays** in e-m Land); **2.** *fig* **~ les esprits** die Gemüter beruhigen
pacifique [pasifik] *adj* **1.** friedlich; *personne, peuple a* friedliebend; friedfertig; **2.** *l'océan m* **♇** *ou subst le* **♇** der Pa'zifische, Stille, Große Ozean; der Pa'zifik
pacifiquement [pasifikmɑ̃] *adv* auf friedlichem Wege
pacif|isme [pasifism(ə)] *m* Pazi'fismus *m*; **~iste I** *adj* pazi'fistisch; **II** *m,f* Pazi'fist(in) *m(f)*
pack [pak] *m* **1.** *emballage* Blockpackung *f*; **2.** *RUGBY* Stürmer *m/pl*
package [pakɛdʒ] *m INFORM* (Pro'gramm)Paket *n*
pacotille [pakɔtij] *f péj* Schund(ware) *m(f)*; F Tinnef *m*; *loc/adj* **de ~** wertlos
pacson [paksɔ̃] *m arg* (*paquet*) Pa'ket *n*; Packen *m*
pacte [pakt] *m* Pakt *m*; Abkommen *n*; *fig* **faire un ~ avec le diable** e-n Pakt mit dem Teufel schließen
pactiser [paktize] *v/i* **~ avec** pak'tieren, gemeinsame Sache machen mit
pactole [paktɔl] *m c'est un* (*vrai*) **~** das ist e-e (wahre) Goldgrube
paddock [padɔk] *m* **1.** *pour chevaux* Paddock ['pɛ-] *m*; **2.** *arg cf* **pageot**
Padoue [padu] Padua *n*
paella [paela] *f CUIS* Paella [pa'ɛlja] *f*
paf [paf] **I** *int* **a)** *bruit de chute* bums!; klatsch!; *d'un enfant a* bauz!; **b)** *bruit de coup, de gifle* klatsch!; **II** *adj ⟨inv⟩* être **~** F blau, besoffen sein
PAF *ou* **P.A.F.** [paf] *m abr* (*paysage audiovisuel français*) Hörfunk *m* und Fernsehen *n* in Frankreich
pagaie [pagɛ] *f* Paddel *n*
pagaïe *ou* **pagaille** [pagaj] *f* F **1.** (*désordre*) Durchein'ander *n*; Tohuwa'bohu *n*; Wirrwarr *m*; F Kuddelmuddel *m ou n*; **c'est la ~** es herrscht ein heilloses Durcheinander; *chambre* **être en ~** unordentlich, unaufgeräumt sein; **2.** *loc/adv* **en ~** (*beaucoup*) F in rauhen Mengen; en masse; haufenweise
paganisme [paganism(ə)] *m REL* Heidentum *n*
pagayer [pageje] *v/i ⟨-ay- od -ai-⟩* paddeln
page¹ [paʒ] *f* (Druck-, Text)Seite *f*; *par ext les plus belles ~s d'un auteur* die schönsten Stellen bei e-m Autor; die schönsten Texte e-s Autors; *TÉL* **~s jaunes** gelbe Seiten *fig* **une ~ glorieuse de l'histoire de France** ein ruhmreiches Blatt (in) der Geschichte Frankreichs; *d'un journal:* **première ~** Titelseite *f*; erste Seite; **~ de publicité**, **des sports** Werbe-, Sportseite *f*, -teil *m*; **un livre de deux cents ~s** ein zweihundert Seiten starkes Buch; **à la ~**, **en 10** auf Seite 10; *fig* **être à la ~** mit der Zeit, mit der Mode gehen; auf dem laufenden sein; *TYPO* **mettre en ~s** um'brechen; **être payé à la ~** pro Seite, nach Seiten bezahlt werden; **tourner la ~** **a)** die Seite 'umblättern; **b)** *fig* das Vergangene vergessen, hinter sich lassen; ein Kapitel abschließen, als erledigt betrachten
page² [paʒ] *m HIST* Page *m*
pageot [paʒo] *m* P (*lit*) F Falle *f*; Klappe *f*; Kahn *m*
pageoter [paʒɔte] *v/pr* P **se ~** (*se coucher*) P sich in die Falle hauen
pagin|ation [paʒinasjɔ̃] *f TYPO* Pagi'nierung *f*; **~er** *v/t TYPO* pagi'nieren; mit Seitenzahlen versehen
pagne [paɲ] *m* Lendenschurz *m*
pagode [pagɔd] *f* Pa'gode *f*
paie [pɛ] *f* **1.** *action* Lohn(aus)zahlung *f*; *jour m de* **~** Lohn-, Zahltag *m*; **2.** (*salaire*) (Arbeits)Lohn *m*; Löhnung *f*; **3.** F *fig* **il y a une ~ ou ça fait une ~ que ...** F es ist e-e Ewigkeit her, daß ...
paiement [pɛmɑ̃] *m* Zahlung *f* (*a somme payée*); Begleichung *f*; *d'une dette* Abzahlung *f*; *de taxes* Entrichtung *f*; *ADM* Abführung *f*; *d'un chèque* Einlösung *f*; *d'une traite* Hono'rierung *f*; *des salaires* Auszahlung *f*; **moyennant ~ de dix francs** gegen Zahlung von zehn Franc; **effectuer**, **faire un ~** e-e Zahlung leisten, vornehmen
païen [pajɛ̃] **I** *adj ⟨~ne⟩* heidnisch; **II** *subst* **~(ne)** *m(f)* Heide *m*, Heidin *f*
paierie [pɛʀi] *f ADM* **~ générale** Oberfi'nanzdirektion *f* (*e-s Departements*)
paillard [pajaʀ] *adj personne* geil; *chanson, histoire* unanständig; anstößig; schlüpfrig
paillardise [pajaʀdiz] *f histoire* unanständige(r), schlüpfrige(r) Geschichte (Witz)
paillasse¹ [pajas] *f* Strohsack *m*
paillasse² [pajas] *m litt* (*pitre*) Hanswurst *m*; Ba'jazzo *m*
paillasson [pajasɔ̃] *m* Abtreter *m*; Fußmatte *f*
paille [paj, pɑj] *f* **1.** Stroh *n*; **plais la ~ humide des cachots** F das Kittchen, Nummer Sicher; *fig* **être sur la ~** bettelarm, im Elend sein; *fig* **mettre qn sur la ~** j-n an den Bettelstab, ins Elend bringen; *BIBL* **voir la ~ dans l'œil du voisin et ne pas voir la poutre dans le sien** den Splitter im Auge s-s Bruders sehen und des Balkens im eigenen nicht gewahr werden; **2.** (*brin de ~*) Strohhalm *m*; **pour boire** Trinkhalm *m*; **tirer à la courte ~** mit Strohhalmen knobeln; **à la ~**, **en ~ 3.** F *fig et iron* Kleinigkeit *f*; **4. ~ de fer** Stahlwolle *f*; **5.** *TECH* (*défaut*) fehlerhafte Stelle; Fehler *m*; *d'une pierre précieuse* Fleck *m*; **6.** *adj* (*jaune*) ⟨*inv*⟩ strohgelb, -farben
paillé [paje] *adj* **1.** chaise mit Strohsitz; **2.** *TECH* fehlerhaft
paillet [pajɛ] *m ou adj vin m* **~** (gelblicher) Bleichert
pailleté [pajte] *adj COUT* mit Pail'letten besetzt, bestickt
paillette [pajɛt] *f* **1.** *COUT* Pail'lette *f*; **2.** *d'une matière* Plättchen *n*; **~ de mica** Glimmerplättchen *n*; **~ (d'or)** Goldflitterchen *n*, -blättchen *n*; **lessive** *f*, **savon** *m* **en ~s** Seifenflocken *f/pl*
paillon [pajɔ̃] *m pour bouteilles* Strohhülse *f*
paillote [pajɔt] *f* Strohhütte *f*
pain [pɛ̃] *m* **1.** Brot *n*; **~ blanc** Weißbrot *n*; *fig* **manger son ~ blanc le premier** das Angenehme vorweg genießen; **~ complet** 'Vollkornbrot *n*; **~ frais** frisches Brot; **~ noir** Schwarzbrot *n*; **petit ~** Brötchen *n*; *südd* Semmel *f*; *fig* **se vendre comme des petits ~s** reißenden Absatz finden; F weggehen wie warme Semmeln; **~ au chocolat** Schoko'ladenbrötchen *n*; **~ aux raisins** Schnecke *f*; **~ de campagne**, **gros ~** Land-, Bauernbrot *n*; **~ d'épice(s)** Leb-, Honig-, Pfefferkuchen *m*; **~ de fantaisie** Stangenbrot *n* (*Oberbegriff*); **~ de mie**, **de seigle** Toast- ['tɔːst-], Roggenbrot *n*; *BOT* **arbre** *m* **à ~** Brot(frucht)baum *m*; **morceau** *m* **de ~** Stück *n* Brot; *fig*: **avoir du ~ sur la planche** alle Hände voll zu tun haben; **gagner son ~ à la sueur de son front**

im Schweiße s-s Angesichts sein Brot verdienen, *BIBL* sein Brot essen; ***je ne mange pas de ce ~-là*** da mache ich nicht mit; darauf lasse ich mich nicht ein; *ôter, faire passer à qn le goût du ~* j-n 'umbringen, F 'umlegen; *ôter, enlever, retirer à qn le ~ de la bouche* j-n brotlos machen; **2.** *par ext:* **~ *de glace*** Stange f Eis; **~ *de savon*** Riegel m (Kern)Seife; **~ *de sucre*** Zuckerhut m; *à Rio de Janeiro le ♀ de Sucre* der Zuckerhut; **3.** F (*coup*) Fausthieb m, -schlag m; F (*gifle*) Ohrfeige f

pair¹ [pɛʀ] *adj nombre* gerade; ***jours ~s*** gerade Tage m/pl

pair² [pɛʀ] m **1.** *st/s* ***ses ~s*** (*ses égaux*) seinesgleichen; *loc/adj* **'*hors* (*de*) ~** unerreicht; unvergleichlich; unübertrefflich; einzigartig; *être* **'*hors* (*de*) ~** *a* nicht seinesgleichen haben; einzig dastehen; *personne a* ohne Rivalen sein; *aller de ~* Hand in Hand gehen (*avec* mit); nicht voneinander zu trennen sein; **2.** *jeune fille* f *au ~* Au-'pair-Mädchen n; *être au ~* e-e Au-'pair-Stelle haben; gegen Kost und Logis arbeiten; **3.** *FIN d'un titre boursier* Parikurs m, -wert m; *~ du change* Wechselparität f; *au ~* (al) pari; zum Nennwert; **4. a)** *en Grande-Bretagne* Peer [piːr] m; *Chambre* f *des ~s* Oberhaus n; **b)** *HIST en France* Pair m

paire [pɛʀ] f **1.** Paar n; *une ~ de chaussettes, de gants, de souliers* ein Paar Socken, Handschuhe, Schuhe; F *plais une ~ d'amis* ein Freundespaar n; *avoir une bonne ~ de joues* dicke Backen, F Pausbacken haben; *fig:* ***c'est une autre ~ de manches*** das ist etwas ganz anderes; *les deux font bien la ~* die beiden passen gut zusammen; *cf a gifle 1.*; **2.** *une ~ de ciseaux, de lunettes* e-e Schere, Brille; **3.** *une ~ de bœufs* ein Joch n Ochsen; **4.** F *se faire la ~* F abhauen; sich auf die Socken machen

paisible [pezibl(ə), pɛ-] *adj* **1.** friedlich; *personne, peuple a* friedfertig; friedliebend; *sommeil, vie* ruhig; *lieu a* still; **2.** *JUR ~ possesseur* (in s-m Besitz) ungestörter Besitzer

paître [pɛtʀ(ə)] *v/i* ⟨*déf:* il paît, ils paissent; il paissait; il paîtra; qu'il paisse; paissant⟩ **1.** *animaux* weiden; *faire ~* weiden lassen; **2.** F *fig envoyer ~ qn* F j-n zum Teufel jagen

paix [pɛ] f **1.** *POL* Frieden m; ***négociations*** f/pl, ***pourparlers*** m/pl *de ~* Friedensverhandlungen f/pl; *loc/adv* ***en temps de ~*** in Friedenszeiten; ***demander la ~*** um Frieden bitten; ***faire la ~ avec qn*** mit j-m Frieden schließen; ***signer la ~*** den Frieden(svertrag) unter'zeichnen; **2.** *fig* Frieden m; Ruhe f; *REL a* Friede m; ~ *sociale* sozialer Frieden; *int la ~!* Ruhe!; ruhig!; still!; *loc/adv ***en ~*** in Ruhe, Frieden; ***être en ~ avec sa conscience*** ein ruhiges Gewissen haben; ***laisser en ~*** j-n in Ruhe, in Frieden lassen; j-n zu'friedenlassen; *loc il faut laisser les morts en ~* die Toten soll man ruhen lassen; *REL ***qu'il repose en ~!*** er ruhe in Frieden!; *être ~ chez soi* bei sich zu Hause Ruhe und Frieden haben; *je voudrais bien avoir la ~* ich möchte gern meine Ruhe haben; *pour avoir la ~* **a)** *fermer la télé*

um s-e Ruhe zu haben; **b)** *céder* um des lieben Friedens willen; F *fiche-moi, P fous-moi la ~!* laß mich in Ruhe, in Frieden, zu'frieden!; ***troubler la ~ des ménages*** den Ehefrieden stören; **3.** *d'un lieu* Frieden m; Ruhe f; Stille f; *d'une forêt* Schweigen n

Pakistan [pakistɑ̃] *le ~* Pakistan n

pakistanais [pakistanɛ] **I** *adj* pakistanisch; **II** *subst ♀(e)* m(f) Paki'stani m,f; Paki'staner(in) m(f)

pal [pal] m *HIST* (*supplice* m *du*) *~* (Hinrichtung f durch) Pfählen n

palabrer [palabʀe] *v/i* pa'lavern

palabres [palabʀ(ə)] f/pl *ou* m/pl *péj* Pa'laver n; endlose Diskussi'onen f/pl

palace [palas] m Luxus-, Grandhotel n

paladin [paladɛ̃] m **1.** *de Charlemagne* Pala'din m; **2.** *chevalier* fahrender Ritter

palais¹ [palɛ] m **1.** Pa'last m; Schloß n; Pa'lais n; *à Paris: le ~ de l'Élysée* der Ely'seepalast (*Sitz des Staatspräsidenten*); *le ~ du Louvre* der Louvre; *le ~ du Luxembourg* Sitz des Senats; ~ *des Sports* Sportpalast m; *révolution f de ~* Palastrevolution f; **2.** *~ de justice* Gerichtsgebäude n; *dans certaines grandes villes* Ju'stizpalast m; *gens* m/pl *de, du ~* Gerichtspersonen f/pl; *style* m *du ~* Kanz'leistil m

palais² [palɛ] m **1.** *ANAT* Gaumen m; *dur, mou* harter, weicher Gaumen; **2.** *fig avoir le ~ fin* e-n feinen Gaumen haben; ein Feinschmecker sein

Palais-Bourbon [palɛbuʀbɔ̃] *le ~* Sitz der frz Nationalversammlung

palan [palɑ̃] m *TECH* Flaschenzug m; *MAR* Talje f

palanquin [palɑ̃kɛ̃] m Tragsessel m; Palan'kin m

palatal [palatal] *PHON* **I** *adj* ⟨-aux⟩ pala'tal; Gaumen...; **II** f ~e Gaumen-, Pala'tallaut m; Pala'tal m; *~isation* f *PHON* Palatali'sierung f

palatin¹ [palatɛ̃] *adj HIST comte ~* Pfalzgraf m; *la princesse ♀e* Liselotte f von der Pfalz

palatin² [palatɛ̃] *adj ANAT* Gaumen...; *voûte ~e* knöcherner, harter Gaumen

Palatinat [palatina] *le ~* die Pfalz

pale [pal] f *d'une hélice, d'un aviron* Blatt n; *d'un rotor* Rotorblatt n

pâle [pal] *adj* **1.** teint, peau, personne blaß; bleich; fahl (*a lueur*); *bleu ~* ⟨*inv*⟩ blaßblau; bleu; *~ comme la ou un mort* totenblaß, -bleich; leichenblaß; *~ de colère, de peur* blaß, bleich vor Wut, Angst; *MIL* F *se faire porter ~* sich krank melden; **2.** *fig* imitation farblos; nichtssagend; *voyou, truand* erbärmlich; F mies

palefrenier [palfʀənje] m Stallbursche m

palefroi [palfʀwa] m *HIST* Pa'radepferd n; Zelter m

paléolithique [paleɔlitik] **I** *adj* altsteinzeitlich; *sc* palaö'lithisch; **II** m Altsteinzeit f; *sc* Palão'lithikum n

paléontologie [paleɔ̃tɔlɔʒi] f Paläontolo'gie f; *~ animale* Paläozoolo'gie f; *~ végétale* Paläobo'tanik f

Palerme [palɛʀm] Pa'lermo n

paleron [palʀɔ̃] m *ZO, BOUCHERIE* Bug m

Palestine [palɛstin] *la ~* Palä'stina n

palestinien [palɛstinjɛ̃] **I** *adj* ⟨*~ne*⟩ pa-

lästi'nensisch; **II** *subst ♀(ne)* m(f) Palästi'nenser(in) m(f)

palet [palɛ] m **1.** *HOCKEY SUR GLACE* Puck m; *CURLING* Eisstock m; **2.** *MARELLE etc* flacher, runder Stein

paletot [palto] m Pale'tot m; kurzer Mantel; F *fig tomber sur le ~ à qn* über j-n herfallen

palette [palɛt] f **1.** *PEINT* Pa'lette f; *fig* (*ensemble des nuances*) Farbenpalette f; Farb(en)skala f; **2.** *MANUTENTION* Pa'lette f; **3.** *BOUCHERIE* Bug m

palettiser [palɛtize] *v/t MANUTENTION* palet'tieren

palétuvier [paletyvje] m *BOT* Man'grove(nbaum) f(m)

pâleur [palœʀ] f Blässe f; blasses, bleiches Aussehen; Fahlheit f (*a d'une couleur*)

pâlichon [paliʃɔ̃] F *adj* ⟨*~ne*⟩ bläßlich; etwas, ein wenig, leicht blaß

palier [palje] m **1.** *CONSTR* Treppenabsatz m; *être voisins de ~* auf der gleichen Etage wohnen; **2.** *TECH* Lager n; **3.** *entre deux pentes* Absatz m; Stufe f; *d'une route etc* horizon'tale, ebene Strecke; *AVIAT vol* m *en ~* Nor'malflug m; **4.** *fig* **a)** (*degré*) Stufe f; *loc/adv par ~s* stufen-, schritt-, e'tappenweise; **b)** (*phase stable*) Phase f, Zeit f der Stabili'tät; Atempause f

palière [paljɛʀ] *adj f porte ~* auf den Treppenabsatz gehende Tür

palinodies [palinɔdi] *litt* f/pl (häufiger) Gesinnungswechsel, -wandel; *péj* Gesinnungslumpe'rei f

pâlir [paliʀ] *v/i* **1.** *personne* blaß werden, bleich werden, erblassen; *a st/s* erbleichen (*de colère etc* vor Zorn etc); fahl (im Gesicht) werden; *succès de qn etc* *faire ~ qn d'envie* j-n vor Neid erblassen lassen; **2.** *couleurs, étoiles, souvenir* verblassen

palissade [palisad] f Latten-, Bretter-, *österr* Sta'ketenzaun m; Pali'sade(n) f(pl)

palissandre [palisɑ̃dʀ(ə)] m Pali'sander(holz) m(n)

palladium [paladjɔm] m *CHIM* Pal'ladium n

palliatif [paljatif] m Notlösung f; (Not-)Behelf m; vorläufige, halbe Maßnahme

pallier [palje] *v/t* (*et abus v/t/indir*) *~ (à)* (notdürftig) beheben, beseitigen, abstellen; (einigermaßen) abhelfen (*+dat*)

palmarès [palmaʀɛs] m *d'un concours* Liste f der Preisträger, Preisgekrönten, Sieger; *SPORTS* Siegerliste f; (*hit-parade*) Hitparade f; *par ext avoir de nombreux exploits à son ~* viele Erfolge verbuchen können

palme [palm] f **1.** *BOT* Palm(en)zweig m, -wedel m; *huile* f, *vin* m *de ~* Palmöl m, -wein m; **2.** *fig et litt* Siegespalme f; *remporter la ~* die Siegespalme, den Sieg erringen; *iron* den Vogel abschießen; **3.** *les ~s académiques* Auszeichnung für Verdienste um das Bildungswesen; **4.** *SPORTS* Schwimmflosse f; **5.** *ARCH* Palmblatt n; Pal'mette f

palmé [palme] *adj* **1.** *BOT* hand-, fächerförmig; **2.** *ZO* mit Schwimmhäuten versehen; *patte ~e, pied ~* Schwimmfuß m

palmer [palmɛʀ] m *TECH* Mikro'meter-, Meßschraube f

palmeraie [palmǝʀɛ] *f* Palmenpflanzung *f*, -hain *m*
palmier [palmje] *m* **1.** BOT Palme *f*; *feuille f de* ~ Palm(en)blatt *n*, -wedel *m*, -zweig *m*; **2.** *gâteau* Schweinsohr *n*
palmipède [palmipɛd] *adj et subst m* ZO (*oiseau m*) ~ Schwimmvogel *m*
palmiste [palmist] *adj*t *chou m* ~ Palmkohl *m*
palombe [palɔ̃b] *f* ZO Ringeltaube *f*
palonnier [palɔnje] *m* **1.** *attelage* Ortscheit *n*; **2.** AVIAT Pe'dale *n/pl* zur Betätigung des Seitenruders
pâlot [pɑlo] *adj* ⟨~te⟩ **1.** *enfant* bläßlich; etwas blaß; **2.** *fig* blaß; unscheinbar
palourde [paluʀd] *f* ZO Venus-, Teppichmuschel *f*
palp|able [palpabl(ǝ)] *adj* **1.** tastbar; fühlbar; MÉD *a* palpabel; **2.** *fig preuve, avantage etc* handgreiflich; greifbar, kon'kret; handfest; ~**ation** *f* MÉD Abtasten *n*, -ung *f*; *sc* Palpati'on *f*
palper [palpe] *v/t* **1.** abtasten (*a* MÉD), betasten; befühlen, anfühlen; MÉD *sc* pal'pieren; **2.** F *fig* ~ (*de l'argent*) F Geld kas'sieren, einstreichen
palpeur [palpœʀ] *m* TECH (Meß)Fühler *m*
palpitant [palpitɑ̃] *I adj* **1.** zuckend; zitternd; **2.** *fig récit, film etc* spannend; packend; fesselnd; aufregend; **II** *m* F (*cœur*) Herz *n*; F Pumpe *f*
palpitation [palpitasjõ] *f* **1.** *pl* ~*s du cœur* (starkes) Herzklopfen; *avoir des* ~*s* Herzklopfen haben; **2.** *des paupières etc* Zucken *n*
palpiter [palpite] *v/i* **1.** *paupières, bête blessée* zucken; *narines* zittern; **2.** *cœur* klopfen, pochen; heftig schlagen; *poitrine* wogen
palplanche [palplɑ̃ʃ] *f* TECH Spundbohle *f*; ~*s pl a* Spundwand *f*
paltoquet [paltɔkɛ] *m litt et péj* eingebildeter Wicht
paluche [palyʃ] *f* F (*main*) F Flosse *f*; Pfote *f*; Patsche *f*
paludéen [palydeẽ] *I adj* ⟨~ne⟩ **1.** (*des marais*) Sumpf...; *flore* ~*ne* Sumpfflora *f*; **2.** MÉD an Ma'laria erkrankt; **II** *subst* ⟨~ne⟩ *m(f)* Ma'lariakranke(r) *f(m)*
paludisme [palydism(ǝ)] *m* MÉD Ma'laria *f*; Sumpf-, Wechselfieber *n*
pâmer [pɑme] *v/pr litt ou plais se* ~ *d'admiration* in Bewunderung erstarren; *se* ~ *d'amour* vor Liebe vergehen; *se* ~ *de rire* sich nicht halten können vor Lachen
pâmoison [pɑmwazõ] *f plais tomber en* ~ in Ohnmacht fallen; F 'umkippen
pampa [pɑ̃pa] *f* GÉOGR Pampa *f*; BOT *herbe f des* ~ Pampasgras *n*
Pampelune [pɑ̃plyn] Pam'plona *n*
pamphlet [pɑ̃flɛ] *m* Pam'phlet *n*; Schmäh-, Streitschrift *f*
pamphlétaire [pɑ̃fletɛʀ] *m* Pamphle'tist *m*
pamplemousse [pɑ̃plǝmus] *m* BOT Pampelmuse *f*; Grapefruit ['grɛ:pfru:t] *f*
pampre [pɑ̃pʀ(ǝ)] *m* (Wein)Rebe *f* (*a* ARCH); Weinranke *f*
pan[1] [pɑ̃] *m* **1.** COUT Schoß(teil) *m(n)*; ~ *d'habit* Frackschoß *m*; **2.** ~ *de mur* Mauer- *ou* Wandstück *n*, -fläche *f*, -teil *n*; **3.** MATH, CONSTR, TECH Seite *f*; Seitenfläche *f*; ~ *coupé* abgestumpfte Ecke; abgestumpfter Winkel; ~ *de* *comble* Dachfläche *f*, -seite *f*; **4.** CONSTR ~ *de bois* hölzernes Fachwerk
pan[2] [pɑ̃] *int* peng!; bum!; bums!
panacée [panase] *f* ~ (*universelle*) All-'heil-, Univer'sal-, Wundermittel *n*
panachage [panaʃaʒ] *m mode de scrutin* Pana'schieren *n*
panache [panaʃ] *m* **1.** *ornement* Federbusch *m*; *sur un casque a* Helmbusch *m*; **2.** *fig* ~ *de fumée* Rauchfahne *f*; **3.** *fig personne avoir du* ~ ein stolzes, forsches, schneidiges Auftreten haben
panaché [panaʃe] *adj* **1.** BOT andersfarbig gesprenkelt, getüpfelt, gestreift; **2.** *salade, glace etc* gemischt; **3.** *bière* mit Limo'nade gemischt; *subst un* ~ *südd a* e-e Radlermaß
panacher [panaʃe] *v/t* **1.** (bunt) mischen; **2.** ~ *une liste électorale* pana-'schieren
panade [panad] *f* **1.** CUIS Brotsuppe *f*; **2.** F *fig être dans la* ~ in Not, im Elend sein; *il est dans la* ~ *a* F es geht ihm dreckig
pan|africain [panafʀikɛ̃] *adj* POL panafri'kanisch; ~**africanisme** *m* POL Panafrika'nismus *m*
panais [panɛ] *m* BOT Pastinak *m*
Panam [panam] *arg* Paris *n*
Panama [panama] **1.** État (*le*) ~ Panama *n*; **2.** *ville* Panama *n*; **3.** *m* Ҫ Panama(hut) *m*
Paname *cf* **Panam**
panaméen [panameɛ̃] *I adj* ⟨~ne⟩ pana-'maisch; **II** *subst* Ҫ(*ne*) *m(f)* Pana-maer(in) *m(f)*
pan|américain [panameʀikɛ̃] *adj* POL panameri'kanisch; ~**américanisme** *m* POL Panamerika'nismus *m*
panarab|e [panaʀab] *adj* POL pana'rabisch; ~**isme** *m* POL Panara'bismus *m*
panard [panaʀ] *m* F Fuß *m*; ~*s pl* F *péj* Mauken *f/pl*; Quanten *m*
panaris [panaʀi] *m* MÉD eit(e)rige Fingerentzündung *f*; *sc* Pana'ritium *n*; F 'Umlauf *m*; böser, schlimmer Finger
pancarte [pɑ̃kaʀt] *f* **1.** (*écriteau*) Schild *n*; **2.** *de manifestants* Transpa'rent *n*; Spruchband *n*
panchromatique [pɑ̃kʀɔmatik] *adj* PHOT panchro'matisch
pancréas [pɑ̃kʀeas] *m* ANAT Bauchspeicheldrüse *f*; *sc* Pankreas *n*
pancréatique [pɑ̃kʀeatik] *adj* ANAT, PHYSIOL Bauchspeicheldrüsen...; *sc* Pankreas...
panda [pɑ̃da] *m* ZO Panda(bär) *m*
pandore [pɑ̃dɔʀ] *m iron* Gen'darm *m*
pané [pane] *adj* CUIS pa'niert
panégyr|ique [paneʒiʀik] *m* Lobrede *f*; *faire le* ~ *de qn* j-s Lob singen; ein Loblied auf j-n anstimmen; ~**iste** *m* Lobredner *m*
panel [panɛl] *m* STATISTIQUES Panel ['pɛnǝl] *n*
paner [pane] *v/t* CUIS pa'nieren
pangermanisme [pɑ̃ʒɛʀmanism(ǝ)] *m* HIST, POL Pangerma'nismus *m*; Alldeutschtum *n*; alldeutsche Bestrebungen *f/pl*
panier [panje] *m* **1.** (Henkel-, Hand-) Korb *m*; ~ *à bouteilles* Flaschenkorb *m*; ~ *à provisions* Einkaufs-, Marktkorb *m*; ~ *à salade* a) CUIS Sa'latkorb *m*; b) F *fig* (*fourgon cellulaire*) grüne Minna; *quantité un* ~ *de ...* ein Korb (voll) ...; *fig c'est un* ~ *percé* er ist ein maßloser Verschwender *ou* sie ist e-e maßlose Verschwenderin; ihm *ou* ihr rinnt das Geld nur so durch die Finger; *fig c'est un* ~ *de crabes* sie suchen einander zu schaden, wo sie nur können; F sie würden sich am liebsten alle gegenseitig die Augen auskratzen; sie stehen miteinander auf Hauen und Stechen; *jeter, mettre au* ~ in den Pa'pierkorb werfen, tun; wegwerfen; **2.** BASKET Korb *m* (*a but marqué*); **3.** ÉCON ~ *de la ménagère* Warenkorb *m*; **4.** *robe f à* ~*s* Reifrock *f*; **5.** PÊCHE Reuse *f*, Fangkorb *m* (*zum Langustenfang*); **6.** *loc* P *mettre la main au* ~ *à qn* F j-m den Po betatschen; ~**-repas** *m* ⟨*pl* paniers-repas⟩ Lunchpaket ['lantʃ-] *n*
pani|fiable [panifjabl(ǝ)] *adj* *céréales f/pl* ~ Brotgetreide *n*; ~**fication** *f* Brotbacken *n*; ~**fier** *v/t* zu Brot verbacken
panique [panik] **I** *adj* terreur, *peur* pa'nisch; **II** *f* Panik *f*; *surtout, pas de* ~! nur keine Panik!; *être pris de* ~ von Panik, von panischer Angst ergriffen, erfaßt werden *ou* sein; in Panik geraten; *semer la* ~ Panikstimmung verbreiten; Panik hervorrufen
paniquer [panike] F **I** *v/t* ~ *qn* j-n in Panik versetzen; jdn ängstlich in panischer Angst sein; **II** *v/i* (*et v/pr se* ~) in Panik geraten, verfallen
panislamisme [panislamism(ǝ)] *m* POL Panisla'mismus *m*
panne[1] [pan] *f* **1.** TECH Panne *f*; Betriebsstörung *f*; De'fekt *m*; Schaden *m*; ~ *d'électricité* Stromausfall *m*; ~ *de moteur* Motorpanne *f*, Austeller *m*; *loc/adj en* ~ de'fekt; schadhaft; F ka'putt; *avoir une* ~ *machine, moteur, véhicule* e-e Panne haben (*a conducteur*); e-e Betriebsstörung, e-n Defekt, Schaden haben; defekt, kaputt sein; ausfallen; versagen; *bateau a* e-n Ma'schinenschaden haben; *il a une* ~ *d'essence, sèche ou il est tombé en* ~ *sèche* er hat kein(en Tropfen) Benzin mehr; ihm ist das Benzin ausgegangen; *être en* ~ *a*) *cf avoir une* ~; b) F *fig personne* nicht weiterarbeiten, weitermachen können; F aufgeschmissen sein; F *fig personne être en* ~ *de qc* etw *m* Augenblick, zur Zeit nicht haben; um etw verlegen sein; *rester en* ~ a) *automobiliste* mit e-r Panne, mit e-m Motorschaden liegenbleiben; b) *fig travaux* steckenbleiben; *personne* nicht mehr weiterkönnen, weiterwissen; *tomber en* ~ *cf avoir une* ~; **2.** MAR *mettre en* ~ beidrehen
panne[2] [pan] *f* **1.** *du cochon* Bauchfett *n*; Schmer *m ou n*; *nordd* Flom(en) *m*; Liesen *pl*; **2.** TEXT Seidenplüsch *m*; Pelzsamt *m*; TECH Pinne *f*; **3.** CONSTR (Dach)Pfette *f*; **4.** *du marteau* Pinne *f*
panneau [pano] *m* ⟨*pl* ~x⟩ **1.** Schild *n*; Tafel *f*; ~ *électoral* Pla'katwand *f* bei Wahlen; ~ *publicitaire* Reklamefläche *f*, -schild *n*, -tafel *f*; ~ *d'affichage en bois* Pla'katwand *f*; Re'klamefläche *f*; ~ *électronique* Anzeigetafel *f*; TECH ~ *de contrôle* Schalttafel *f*, -brett *n*; ~ *de signalisation* Verkehrsschild *n*, -zeichen *n*; **2.** CONSTR Platte *f*; ~ *de fibres* Faserplatte *f*; **3.** *d'une porte* (Tür)Füllung *f*; **4.** *loc donner, tomber dans le*

panonceau – paquet

~ j-m ins Garn, F auf den Leim gehen; sich anführen, über'listen lassen; **5.** *COUT* (Stoff)Bahn *f*; **6.** *PEINT* Holztafel *f*
panonceau [panõso] *m ⟨pl ~x⟩* (kleines) Schild; *de notaire etc* Berufs-, Amtsschild *n*; *publicitaire* Empfehlungsschild *n*
panoplie [panɔpli] *f* **1.** *jouet ~ de cowboy, d'Indien* (Karton *m* mit e-r) Cowboy-, Indi'anerausrüstung *f*; **2.** *fig* Arse'nal *n*; **3.** *d'armes* Waffen(sammlung) *f*/*pl*(*f*)
panorama [panɔrama] *m* **1.** Pano'rama *n*; Rundsicht *f*, -blick *m*; **2.** *fig* um'fassender 'Überblick (*de* über *+acc*)
panoramique [panɔramik] **I** *adj* Rundsicht...; Rundblick...; Pano'rama...; *CIN écran m ~* Breitwand *f*; *vue f ~* a) Rundblick *m*, -sicht *f*; b) *PHOT* Pano'ramaaufnahme *f*; c) *fig* um'fassender 'Überblick (*de* über *+acc*); *wagon m ~* Aussichtswagen *m*; **II** *m CIN, TV* (Pano'rama)Schwenk *m*
panse [pɑ̃s] *f* **1.** *ZO* Pansen *m*; **2.** F (*ventre*) F Wanst *m*; *se remplir la ~* F sich den Bauch 'vollschlagen; **3.** *d'une cruche etc* Bauch *m*
pansement [pɑ̃smɑ̃] *m* **1.** *MÉD* Verband *m*; *adhésif* Pflaster *n*; *boîte f à ~* Verband(s)kasten *m*; **2.** *MÉD action* Verbinden *n*
panser [pɑ̃se] *v*/*t* **1.** *MÉD* verbinden; **2.** *cheval* striegeln; putzen
panslavisme [pɑ̃slavism(ə)] *m POL* Pansla'wismus *m*
pansu [pɑ̃sy] *adj cruche etc* bauchig
pantagruélique [pɑ̃tagryelik] *adj repas m ~* üppiges, schwelgerisches Mahl; Schlemmermahl *n*
pantalon [pɑ̃talõ] *m* (lange) Hose; *~ de pyjama* Schlafanzug-, Py'jamahose *f*; *~ de ski* Skihose *f*; *en ~* in Hose; *mettre un ~* e-e Hose, Hosen anziehen
pantalonnade [pɑ̃talɔnad] *f* **1.** *THÉ* derbe Posse; **2.** *fig et péj* Heuche'lei *f*
pantelant [pɑ̃tlɑ̃] *adj* keuchend; schnaufend
panthé|isme [pɑ̃teism(ə)] *m PHILOS* Panthe'ismus *m*; *~iste f adj* panthe'istisch; **II** *m*,*f* Panthe'ist(in) *m*(*f*)
panthéon [pɑ̃teõ] *m ARCH, REL* Pantheon *n*
panthère [pɑ̃tɛʀ] *f* **1.** *ZO* Leo'pard *m*; Panther *m*; *~ noire* Schwarzer Panther; **2.** *fourrure* Leo'pardenfell *n*
pantin [pɑ̃tɛ̃] *m jouet*, *fig* Hampelmann *m*
pantographe [pɑ̃tɔgʀaf] *m* **1.** *DESSIN* Panto'graph *m*; Storchschnabel *m*; **2.** *CH DE FER* (Bügel)Stromabnehmer *m*
pantois [pɑ̃twa] *adj m rester ~* verdutzt, verblüfft, baß erstaunt sein
pantomime [pɑ̃tɔmim] *f* **1.** *art* Panto'mimik *f*; **2.** *THÉ* Panto'mime *f*
pantoufl|ard [pɑ̃tuflaʀ] *m*, *~arde f* F Stubenhocker(in) *m*(*f*); *adjt être ~* ein Stubenhocker sein
pantoufle [pɑ̃tufl(ə)] *f* Hausschuh *m*; Pan'toffel *m*; *österr* Patschen *m*; *en ~s* in Hausschuhen, Pantoffeln
panure [panyʀ] *f CUIS* Pa'niermehl *n*; *österr* Semmelbrösel *pl*
P.A.O. [peao] *f abr* (*publication assistée par ordinateur*) Desktop publishing [-pab-] *n*
paon [pɑ̃] *m ZO* **1.** Pfau *m*; *personne être orgueilleux, vaniteux comme un ~* ein eitler Pfau sein; sich spreizen wie ein Pfau; **2.** *papillon* Pfauenauge *n*
papa [papa] *m* **1.** *enf* Papa *m*; Papi *m*; Vati *m*; *jouer au ~ et à la maman* Vater, Mutter und Kind spielen; **2.** F *fig : loc*/*adj de ~* F Opas ...; *le cinéma de ~* Opas Kintopp; *loc*/*adv à la ~* ganz gemütlich, gemächlich; *conduire à la ~* ganz gemütlich (durch die Gegend) fahren
papal [papal] *adj ⟨-aux⟩* päpstlich; Papst...
papauté [papote] *f* **1.** *système* Papsttum *n*; **2.** *dignité* Amt *n*, Würde *f* des Papstes
papay|e [papaj] *f BOT* Pa'paya *f*; *~er m BOT* Me'lonenbaum *m*; Pa'paya *f*
pape [pap] *m ÉGL CATH* Papst *m* (*a fig*); F *fig sérieux comme un ~* todernst
Papeete [papeete] *Stadt auf Tahiti*
papelard [paplaʀ] F *m* Stück *n* Pa'pier; (*écrit*) F Wisch *m*
paperass|e [papʀas] *f* **1.** *péj* Pa'pier-, Schreibkram *m*; *ADM* Papierkrieg *m*; **2.** *~s pl* (alte) Pa'piere *n*/*pl*, Schriftstücke *n*/*pl*, Akten *f*/*pl*; *~erie f péj* Pa'pierwust *m*; *ADM* Papierkrieg *m*; *~ier adj ⟨-ière⟩ administration paperassière* Verwaltung, die e-n furchtbaren Papierkrieg führt
papesse [papɛs] *f HIST la ~ Jeanne* die Päpstin Johanna
papeterie [papɛtʀi] *f* **1.** *magasin* Schreibwarengeschäft *n*; **2.** *fabrication* Pa'piererzeugung *f*, -fabrikation *f*, -industrie *f*; **3.** *usine* Pa'pierfabrik *f*
papetier [paptje] *m* **1.** *commerçant* Schreibwarenhändler *m*; **2.** *fabriquant* Pa'piermacher *m*
papi [papi] *m enf* Opa *m*
papier [papje] *m* **1.** Pa'pier *n*; *~ journal* Zeitungspapier *n*; *vieux ~s* Altpapier *n*; *à calquer*, *calque* Pauspapier *n*; *~ à cigarettes* Ziga'rettenpapier *n*; *~ à la cuve* Bütten(papier) *n*; *~ à dessin* Zeichenpapier *n*; *~ à lettres* Briefpapier *n*; *~ d'emballage* Pack-, Einwickelpapier *n*; *~ de verre* Glas-, Sandpapier *n*; *un bout de ~* ein Stück(chen) *n*, Fetzen *m* Papier; ein Zettel *m*; *loc*/*adj en ou de ~* Papier...; pa'pier(e)n; *fleur f*, *serviette f en ~* Papierblume *f*, -serviette *f*; *fig sur le ~* auf dem Papier; *jeter*, *mettre sur le ~* zu Papier bringen; aufschreiben; notieren; **2.** *~ peint* Ta'pete *f*; *poser du ~ peint* tape'zieren; **3.** *~ d'aluminium* Alu'minium-, Alufolie *f*; *~ d'argent* Silberpapier *n*; *~ d'étain* Stanni'ol(papier) *n*; Zinnfolie *f*; **4.** *abs un ~* ein Stück *n*, Blatt *n* Papier; ein Zettel *m*; **5.** (*article de journal*) (Zeitungs)Ar'tikel *m*; **6.** *pl ~s* (wichtige) Pa'piere *n*/*pl*; b) *~s (d'identité)* (Ausweis)Papiere *n*/*pl*; *faux ~s* falsche Papiere; *MAR ~s de bord* Schiffspapiere *n*/*pl*; *fig être dans les petits ~s de qn* bei j-m gut angeschrieben sein; bei j-m e-n Stein im Brett haben; **7.** *COMM ~ (de commerce)* Wechsel *m*; *~-monnaie m* Pa'piergeld *n*
papille [papij] *f ANAT* Pa'pille *f*; *~ gustative* Geschmackspapille *f*; *~ de la langue* Zungenwärzchen *n*
papillon [papijõ] *m* **1.** *ZO* Schmetterling *m*; Falter *m*; *~ de jour* Tagfalter *m*; *~ de nuit* Nachtfalter *m*, -schmetterling *m*; **2.** F (*contravention*) F Strafzettel *m*; Knöllchen *n*; **3.** *adjt brasse f ~* Del'phin-, Schmetterlingsschwimmen *n ou* -stil *m*; **4.** *adjt nœud m ~*, F *nœud pap* Fliege *f*; **5.** *TECH écrou* Flügelmutter *f*; **6.** *AUTO* Drosselklappe *f*
papillonner [papijɔne] *v*/*i* **1.** *personne* flatterhaft, unstet, unbeständig sein; *en discutant* von e-m Thema zum anderen springen; **2.** (*être volage*) *femme* F viele Männer am Bendel haben; *homme* wie ein Schmetterling von Blume zu Blume gaukeln
papillote [papijɔt] *f* **1.** *pour cheveux* Haar-, Lockenwickel *m* (aus Pa'pier); **2.** *CUIS* a) *côtelette*, *poisson etc en ~* in (gefettetem) Papier gebacken; en papillote; b) *pour gigot* Papier *n*, mit dem die Hammelkeule zum Servieren garniert wird; **3.** *bonbon* Knallbonbon *n ou m*
papillot|ement [papijɔtmɑ̃] *m* Flimmern *n*; *~er v*/*i* **1.** (*scintiller*) flimmern; **2.** *yeux* flackern; *personne* blinzeln; zwinkern
pap|isme [papism(ə)] *m péj* Pa'pismus *m*; *~iste m*,*f péj* Pa'pist(in) *m*(*f*)
papot|age [papɔtaʒ] *m* Geplauder *n*; Geschwätz *n*; *~er v*/*i* plaudern; schwatzen
papou [papu] **I** *adj* papu'anisch; **II** *subst* **1.** *♀(e) m*(*f*) Papua(frau) *m*(*f*); **2.** *LING le ~* die Papuasprache(n) *f*(*pl*)
Papouasie-Nouvelle-Guinée [papwazinuvɛlgine] *la ~* Papua-Neugui'nea *n*
papouille [papuj] *f* F *faire des ~s à qn* j-n tätscheln, streicheln, kitzeln
paprika [papʀika] *m condiment* Paprika *m*
papy *cf papi*
papyrus [papiʀys] *m* **1.** *manuscrit*, *feuille* Pa'pyrus *m*; **2.** *BOT* Pa'pyrus(staude) *m*(*f*)
Pâque [pɑk] *f fête juive la ~* (das) Passah(fest)
paquebot [pakbo] *m MAR* Fahrgast-, Passa'gierschiff *n*; Ozeandampfer *m*
pâquerette [pakʀɛt] *f BOT* Gänseblümchen *n*; Maßliebchen *n*; *loc*/*adj fig au ras des ~s* ni'veaulos; ba'nal
Pâques [pɑk] *⟨ohne Artikel m sg, mit adj f*/*pl⟩* Ostern *n ou pl*; Osterfest *n*; *poét ~ fleuries* Palm'sonntag *m*; *joyeuses ~!* frohe Ostern!; *GÉOGR île f de ~* Osterinsel *f*; *à ~* (zu, an) Ostern; *fig à ~ ou à la Trinité* wenn Ostern und Pfingsten auf einen Tag fallen; am Sankt-'Nimmerleins-Tag; *ÉGL CATH* *faire ses ♀* in der österlichen Zeit zu den Sakramenten gehen
paquet [pakɛ] *m* **1.** Pa'ket *n*; Pack(en) *m*; Bündel *n*; *~ d'actions* Aktienpaket *n*; *~ de billets de banque* Bündel Banknoten; *~ de café, de lessive etc* Paket, Packung *f* Kaffee, Waschpulver *etc*; *~ de cigarettes* Päckchen *n*, Schachtel *f* Zigaretten; *~ de linge*, *de livres* Paket, Packen Wäsche, Bücher; Bündel Wäsche; *~ de neige* Klumpen *m*, F Ladung *f* Schnee; *fig de ~ de nerfs* Nervenbündel *n*; *fig c'est un ~ d'os* [-dɔs] er *ou* sie ist spindel-, klapperdürr; bei ihm *ou* ihr kann man die Rippen zählen; *faire un ~* ein Paket, ein Bündel, e-n Packen machen; **2.** *ADM* (*poste*) Pa'ket *n*; *petit ~* Päckchen *n*; **3.** *MAR ~ de mer* Brecher *m*; Sturzsee *f*, -welle *f*; **4.** *loc* **I:** *lâcher le,*

paquetage – parallèle

son ~ F auspacken; **(y) mettre le ~** s-e ganze Kraft (und Energie) einsetzen; **risquer le ~** alles aufs Spiel setzen, d(a)ransetzen; es darauf ankommen lassen; **toucher un joli ~** F ein nettes, hübsches Sümmchen kassieren; **5.** RUGBY Stürmer m/pl

paquetage [pakta3] m d'un soldat Gepäck n

par¹ [paʀ] prép **1.** lieu durch; über (+acc); **~ cet itinéraire** auf dieser Route; **aller à Paris ~ Reims** über Reims nach Paris fahren; **passer ~ le couloir** durch, über den Flur gehen; **regarder ~ la fenêtre** aus dem Fenster sehen; zum Fenster hinaussehen; cf a **terre** 1., **ici** 1., **là** 1. etc; **2.** temps an (+dat); in (+dat); bei; **~ un bel après-midi d'automne** an e-m schönen Herbstnachmittag; **~ un beau clair de lune** bei schönem Mondschein; **~ quinze degrés** bei fünfzehn Grad; **~ mer calme** bei ruhiger See; **~ une nuit noire** in e-r finsteren, dunklen Nacht; **3.** moyen durch; mit; mittels; per; **~ (le) bateau, train** mit dem Schiff, mit der Bahn; per Schiff, Bahn; **~ la douceur** mit, durch Milde; **~ la force** mit Gewalt; gewaltsam; **~ ruse** durch List; **je l'ai appris ~ les voisins** ich habe es durch die, von den Nachbarn erfahren; **faire faire qc ~ qn** etw von j-m machen lassen; **prouver ~ des exemples** durch Beispiele, an Hand von Beispielen beweisen; **je l'ai su ~ le journal** ich habe es durch die, aus der Zeitung erfahren; ♦ **après un verbe passif** von; durch; **il a été choisi ~ l'assemblée** er ist von der Versammlung gewählt worden; **être détruit ~ un incendie** durch e-n Brand zerstört werden; ♦ indiquant l'auteur d'une œuvre etc «**La Peste» ~ Camus** von Camus; **4.** manière: **~ petites bouchées** in kleinen Bissen; **~ centaines** zu Hunderten; **~ deux fois** zweimal; **~ petits groupes** in kleinen Gruppen; **~ voie aérienne, maritime** auf dem Luft-, Seeweg; **~ trois voix contre 'huit** mit drei gegen acht Stimmen; **diviser ~ quatre** durch vier teilen, dividieren; **il ne fait rien ~ lui-même** er tut nichts von sich aus; **gagner ~ trois à deux (3 – 2)** (mit) drei zu zwei (3:2) gewinnen; cf a die subst und verbes correspondants; **5.** cause aus; **~ amour, curiosité** etc aus Liebe, Neugier etc; **6.** distributif pro; **~ an** jährlich; im, pro Jahr; **~ jour** täglich; am, pro Tag; **~ personne** pro Person, Mann, Kopf; **7.** ADM für; im Namen (+gén); **8.** loc/prép de **~ a)** lieu de **~ le monde** über all auf der Welt; **b)** cause **de ~ sa nature** von Natur aus; **c)** HIST **de ~ la loi** im Namen des Gesetzes; **de ~ le roi** im Namen, auf Befehl des Königs

par² [paʀ] m GOLF Par n

para [paʀa] m F abr (parachutiste) MIL Fallschirmjäger m

parabole [paʀabɔl] f **1.** BIBL Gleichnis n; fig **parler par ~s** in Gleichnissen reden; **2.** MATH Pa'rabel f

parabolique [paʀabɔlik] adj MATH pa'bolisch; par ext pa'rabelförmig; **antenne** f, **miroir** m **~** Para'bolantenne f, -spiegel m; ÉLECT **radiateur** m **~** Heizsonne f

par|achèvement [paʀaʃɛvmã] m Voll-'endung f; Beendigung f; **~achever** v/t ⟨-è-⟩ voll'enden; abschließen; beenden; fertigstellen

parachutage [paʀaʃytaʒ] m **1.** de vivres etc Abwurf m, de troupes Absetzen n (mit dem Fallschirm); **2.** F fig plötzliche Beorderung auf e-n Posten

parachute [paʀaʃyt] m **1.** Fallschirm m; **sauter en ~** mit dem Fallschirm abspringen; **2.** d'un ascenseur Fangvorrichtung f

parachuter [paʀaʃyte] v/t **1.** troupes (mit dem Fallschirm) absetzen; matériel (mit dem Fallschirm) abwerfen; **2.** F fig **~ qn à un poste** j-n (unerwartet) auf e-n Posten beordern, setzen, F katapul'tieren

parachutisme [paʀaʃytism(ə)] m Fallschirmsport m, -springen n

parachutiste [paʀaʃytist] **1.** m MIL Fallschirmjäger m; adj **division** f **~** Fallschirmjägerdivision f; **2.** m,f SPORTS Fallschirmspringer(in) m(f)

parade [paʀad] f **1.** loc/adj **de ~** Pa'rade...; Prunk...; **tenue** f **de ~** Paradeuniform f; **faire ~ de qc** mit etw prunken, protzen, prahlen, F angeben; **2.** MIL (Truppen)Pa'rade f; Heerschau f; **3.** SPORTS Pa'rade f; **4.** fig Abwehr f; à un argument Entgegnung f; Gegenargument n; **trouver la bonne ~** die Angriffe geschickt abwehren, parieren

parader [paʀade] v/i para'dieren

paradigmatique [paʀadigmatik] adj LING paradig'matisch

paradigme [paʀadigm(ə)] m LING, GR Para'digma n; GR a Flexi'onsmuster n

paradis [paʀadi] m **1.** REL et fig Para'dies n; fig **~ fiscal** Steueroase f, -paradies n; BIBL **le ♀ terrestre** das Paradies; **aller au, en ~** in den Himmel kommen; fig **il ne l'emportera pas au, en ~** das werde ich ihm heimzahlen; das soll er mir (noch) büßen; F dem werde ich's noch zeigen; fig **c'est le ~ sur terre** ist das Paradies, der Himmel auf Erden; **2.** THÉ autrefois Gale'rie f; F O'lymp m; **3.** ZO **oiseau** m **de ~** Para'diesvogel m

paradis|iaque [paʀadizjak] adj para'diesisch; himmlisch; F wonnig; **~ier** m ZO Para'diesvogel m

paradoxal [paʀadɔksal] adj ⟨-aux⟩ para'dox; 'widersinnig; **~ement** adv para'doxerweise

paradoxe [paʀadɔks] m Para'dox n; Pa'radoxon n; Parado'xie f; 'Widersinnigkeit f

paraf|e [paʀaf] m **1.** (signature abrégée) Namenszeichen n; Pa'raphe f; **2.** trait ajouté Schnörkel m; **~er** v/t JUR, ADM abzeichnen; DIPL para'phieren; **~eur** m 'Unterschriftenmappe f

paraffinage [paʀafinaʒ] m TECH Paraffi'nierung f

paraffine [paʀafin] f CHIM, TECH Paraf'fin n; **huile** f **de ~** Paraffinöl n

paraffiner [paʀafine] v/t TECH paraffi'nieren; adj **papier paraffiné** Ölpapier n

parafiscal [paʀafiskal] adj ⟨-aux⟩ steuerähnlich; **~ité** f zweckgebundene, steuerähnliche Abgaben f/pl

parages [paʀaʒ] m/pl **1.** MAR Seegebiet n (**de Terre-Neuve** vor Neufundland); **2.** (région) Gegend f; **il doit être dans les ~** er muß hier in der Gegend sein

paragraphe [paʀagʀaf] m **1. a)** d'un texte Abschnitt m; Absatz m; **b)** JUR Absatz m; **article 2, ~ 3** Paragraph 2, Absatz 3; **2.** TYPO Para'graphzeichen n (§)

paragrêle [paʀagʀɛl] adj **fusée** f **~** Hagelabwehrrakete f

Paraguay [paʀagwɛ] **le ~** Paragu'ay

paraguayen [paʀagwejɛ̃] **I** adj ⟨~ne⟩ paragu'ayisch; **II** subst ♀(ne) m(f) Paragu'ayer(in) m(f)

paraître [paʀɛtʀ(ə)] ⟨cf connaître⟩ **I** v/i **1.** (se montrer) erscheinen; sichtbar werden; sich zeigen; sich sehen lassen; zum Vorschein kommen; **~ au balcon** auf dem Balkon erscheinen; sich auf dem Balkon zeigen, sehen lassen; **sentiments laisser ~** zeigen; sich anmerken lassen; impersonnel **sans qu'il y paraisse** ohne daß man etwas (davon) merkt, sieht, spürt; d'une maladie **dans quelques jours il n'y paraîtra plus** in ein paar Tagen sieht, merkt man nichts mehr (davon), ist nichts mehr (davon) zu sehen, zu merken; **2.** (sembler) (er)scheinen; aussehen; vorkommen (**à qn** j-m); **a)** avec adj: **il ne paraît pas très intelligent** er sieht nicht sehr intelligent aus; er macht keinen sehr intelligenten Eindruck; **le voyage me paraît très long** die Reise kommt mir sehr lang vor; **cela me paraît possible** das erscheint mir möglich; das scheint mir möglich zu sein; **aussi étrange que cela paraisse** so merkwürdig dies auch erscheinen mag; **cette robe la fait ~ plus mince** dieses Kleid läßt sie schlanker erscheinen, aussehen; **b)** avec subst **il ne paraît pas son âge** man sieht ihm sein Alter nicht an; **c)** avec inf **il paraît approuver cette idée** er scheint diese Idee gutzuheißen; **3.** (être publié) ⟨oft être⟩ erscheinen; her'auskommen; her'ausgegeben werden; **faire ~** her'ausbringen, -geben; im Druck erscheinen lassen; **journal cesser de ~** ihr Erscheinen einstellen; impersonnel **il a ou est paru une nouvelle édition de cet ouvrage** es ist e-e neue Auflage dieses Werkes erschienen; **II** v/imp **4.** **il paraît que ...**, F **paraît que ...** ⟨on dit que ...⟩ man sagt, man erzählt sich, man behauptet, es geht das Gerücht, man munkelt, daß ...; es wird gesagt, erzählt, behauptet, gemunkelt, daß ..; es scheint, daß ...; es hat den Anschein, als ⟨+conditionnel ou subj⟩; **il paraît qu'ils sont allés en Italie** a sie sollen nach Italien gefahren sein; loc/adv: **en fin de phrase à ce qu'il paraît** wie es scheint; (so) scheint es; **en incise paraît-il** so scheint es; wie es scheint; F scheint's; **5.** (sembler) **il (me, te etc) paraît douteux, important, nécessaire etc que ...** ⟨+subj⟩ es (er)scheint (mir, dir etc) zweifelhaft, wichtig, notwendig, daß ...; **il paraît certain que ...** ⟨+ind⟩ es scheint sicher, daß ...; **il paraît impossible de revenir sur cette question** es scheint unmöglich (zu sein), auf diese Frage zurückzukommen; **III** m PHILOS Schein m

parallaxe [paʀa(l)laks] f **1.** ASTR Paral'laxe f; **2.** OPT Paral'laxe f; **correction** f **de ~** Parallaxenausgleich m

parallèle [paʀa(l)lɛl] **I** adj **1.** MATH et

par ext paral'lel (*à* zu); Paral'lel...; **rues** *f/pl* **~s** Parallelstraßen *f/pl*; **une rue ~ à la rue X** e-e Parallelstraße zur X-Straße; **être ~ à qc** zu etw parallel sein, verlaufen; **2.** *fig (comparable)* paral'lel; gleichlaufend; gleichgerichtet; gleichgelagert; **3.** SPORTS **barres** *f/pl* **~s** Barren *m*; **4.** *fig (non officiel)* inoffiziell; *médecine, presse* alterna'tiv; FIN **cours** *m* **~** außerbörslicher, nichtamtlicher Kurs; COMM **marché** *m* **~** Paral'lelmarkt *m*; grauer Markt; **police** *f* **~** Geheimpolizei *f*; **II** *subst* **1.** *f* MATH Paral'lele *f*; ÉLECT **montage** *m* **en ~** Paral'lel-, Nebenein'anderschaltung *f*; **2.** *m* GÉOGR Breitenkreis *m*, -grad *m*; Paral'lelkreis *m*; **3.** *m fig* Paral'lele *f*; Vergleich *m*; Gegen'überstellung *f*; **établir, faire un ~ entre ...** e-e Parallele ziehen zwischen (+*dat*)
parallèlement [paʀa(l)lɛlmã] *adv* **~ à** paral'lel zu
parallélépipède [paʀa(l)lelepipɛd] *m* MATH Paral'lelflach *n*; Paral'lelepiped *n*; **~ rectangle** Quader *m*
parallélisme [paʀa(l)lelism(ə)] *m* **1.** MATH Paralleli'tät *f*; **2.** AUTO Spur *f*; **faire vérifier le ~** die Spur kontrollieren lassen; **3.** *fig* Paralle'lismus *m*; Über'einstimmung *f*
parallélogramme [paʀa(l)leloɡʀam] *m* MATH Parallelo'gramm *n*
paralyser [paʀalize] *v/t* **1.** MÉD lähmen; *sc* paraly'sieren; *adjt* **paralysé** gelähmt; **2.** *fig personne* lähmen; *économie, circulation* lahmlegen; zum Stillstand, zum Erliegen bringen; paraly'sieren
paralysie [paʀalizi] *f* **1.** MÉD Lähmung *f*; *sc* Para'lyse *f*; **être atteint, frappé de ~** gelähmt sein; **2.** *fig* Ohnmacht *f*; Machtlosigkeit *f*
paralytique [paʀalitik] **I** *adj personne* gelähmt; *sc* para'lytisch; **II** *subst* **1.** *m,f* Gelähmte(r) *f(m)*; *sc* Para'lytiker(in) *m(f)*; **2.** *m* BIBL Gichtbrüchige(r) *m*; *de la fable* Lahme(r) *m*
paramédical [paʀamedikal] *adj* ‹-aux› **professions ~es** medi'zinische, ärztliche Hilfsberufe *m/pl*
paramètre [paʀamɛtʀ(ə)] *m* MATH et fig Pa'rameter *m*
paramilitaire [paʀamilitɛʀ] *adj* para-, halbmilitärisch
parangon [paʀãɡɔ̃] *m litt* **~ de vertu** Muster *n* an, Ausbund *m* von Tugend
parano [paʀano] *abr f cf* **paranoïaque**
paranoïa [paʀanɔja] *f* MÉD Para'noia *f*; Wahnvorstellungen *f/pl*
paranoïaque [paʀanɔjak] MÉD **I** *adj* para'noisch; **II** *m,f* Para'noiker(in) *m(f)*; j, der an Wahnvorstellungen leidet; *par ext* Wahnsinnige(r) *f(m)*; Geistesgestörte(r) *f(m)*
parapente [paʀapɑ̃t] *m* **a)** *engin* Gleitschirm *m*; **b)** *sport* Gleitschirmfliegen *n*; Paragliding [-ɡlaɪ-] *n*
parapet [paʀapɛ] *m* **1.** Brüstung *f*; **~ de pont** Brückengeländer *n*; **2.** FORTIF Brustwehr *f*
paraphe *cf* **parafe**
paraphrase [paʀafʀɑz] *f* Para'phrase *f*; **~er** *v/t* paraphra'sieren
paraplégie [paʀaple3i] *f* MÉD Querschnittslähmung *f*; *sc* Paraple'gie *f*; **~ique** MÉD **I** *adj* querschnittsgelähmt; **II** *m,f* Querschnittsgelähmte(r) *f(m)*
parapluie [paʀaplɥi] *m* **1.** (Regen-)Schirm *m*; **2.** *fig* **~ nucléaire** ato'marer Schirm
parapsychologie [paʀapsikɔlɔʒi] *f* Parapsychologie *f*
parascolaire [paʀaskɔlɛʀ] *adj* außerhalb des Lehrplans
parasitaire [paʀazitɛʀ] *adj* BIOL et fig parasi'tär; schma'rotzerhaft; schma'rotzerisch
parasite [paʀazit] **I** *m* **1.** BIOL et fig Para'sit *m*; Schma'rotzer *m*; **2.** RAD **~s** *pl* Stör-, Nebengeräusch(e) *n(pl)*; Störungen *f/pl*; **II** *adj* BIOL schma'rotzend; Schma'rotzer...
parasiter [paʀazite] *v/t* **1.** BIOL et fig schma'rotzen (**un hôte** in *ou* auf e-m Wirt); **2.** RAD stören
parasitisme [paʀazitism(ə)] *m* BIOL et fig Schma'rotzertum *n*; Para'sitentum *n*; BIOL a Parasi'tismus *m*
parasol [paʀasɔl] *m* **1.** Sonnen-, Gartenschirm *m*; **2.** *adjt* BOT **pin** *m* **~** Pinie *f*
parasympathique [paʀasɛ̃patik] *adj et subst m* ANAT (**système** *m*) **~** Parasym'pathikus *m*
parataxe [paʀataks] *f* LING Para'taxe *f*
paratonnerre [paʀatɔnɛʀ] *m* Blitzableiter *m*
paravalanche [paʀavalɑ̃ʃ] *m* La'winenschutz *m*, -galerie *f*
paravent [paʀavɑ̃] *m* **1.** spanische Wand; Wandschirm *m*; **2.** *fig* Deckmantel *m*; Tarnung *f*; Vorwand *m*
parbleu [paʀblø] *litt int* wahr'haftig!; bei Gott!
parc [paʀk] *m* **1.** Park *m*; **~ national** Natio'nalpark *m*; **~ régional** Na'turpark *m*; **~ d'attractions** Erlebnis-, Vergnügungspark *m*; **~ de loisirs** Freizeitpark *m*; **le ~ de Versailles** der (Schloß)Park von Versailles; **2. ~ de stationnement** Parkplatz *m*; **~ de dissuasion** Stadtrandparkplatz *m*; **3. pour bébés** Laufgitter *n*, -stall *m*; **4. ~ à huîtres** Austernpark *m*; **5.** ÉCON (**ensemble**) **~ de ...** Bestand *m* an (+*dat pl*); **...park** *m* **~ automobile** Wagen-, Fuhrpark *m*; (Kraft)Fahrzeugbestand *m*; **~ de machines** Ma'schinenpark *m*; **~ d'ordinateurs, de téléviseurs** Bestand an Computern, Fernsehern; **6. pour stockage** Lagerplatz *m*; **~ à brut** Tanklager *n* für Rohöl; **7. à bestiaux** Pferch *m*
parcellaire [paʀsɛ(l)lɛʀ] *adj* Par'zellen...
parcelle [paʀsɛl] *f* **1. ~ (de terre)** Par'zelle *f*; Stück *n* Land; **2.** *fig* winziges Stück; Quentchen *n*
parcellisation [paʀsɛlizaʒɔ̃] *f* **1.** ADM Par'zellierung *f*; **2.** *fig* Aufsplitterung *f*; **~er** *v/t* **1.** ADM terre parzel'lieren; **2.** *fig* (in kleine Einheiten) aufteilen; aufsplittern
parce que [paʀsk(ə)] *conj* ‹vor Vokal **parce qu'**› **1.** weil; **c'est ~ ... que ...** eben *ou* gerade weil ...; **2.** *abs*: *refus d'explication* (eben) darum
parchemin [paʀʃəmɛ̃] *m* **1. peau et écrit** Perga'ment *n*; *loc/adj* **en ~** Perga'ment...; perga'menten; **2.** F *fig* Di'plom *n*
parcheminé [paʀʃəmine] *adj cuir, papier* perga'mentartig; *fig visage* ledern; wie gegerbt (aussehend)
par-ci [paʀsi] *loc/adv* **~, par-là** espace hier und da; *temps* hin und wieder; *fig*

parallèlement – pardon

maman ~, maman par-là Mutti hier und Mutti da; F Mutti vorn und Mutti hinten
parcimonie [paʀsimɔni] *f loc/adv* **avec ~** sehr sparsam; **distribuer ses éloges avec ~** mit s-m Lob geizen, sehr sparsam 'umgehen
parcimonieux [paʀsimɔnjø] *adj* ‹-euse› geizig; F knaus(e)rig; knick(e)rig
parcmètre [paʀkmɛtʀ(ə)] *m ou* **parcomètre** [paʀkɔmɛtʀ(ə)] *m* Parkuhr *f*
parcourir [paʀkuʀiʀ] *v/t* ‹*cf* courir› **1.** *région, ville etc: à pied* durch'laufen; um'hergehen, -laufen in (+*dat*); durch'streifen; durch'ziehen; *en voiture* durch'fahren; um'herfahren in (+*dat*); kreuz und quer fahren durch; **à la recherche de qc** F abklappern; **un pays** durch'reisen; bereisen; *par ext*: **~ la pièce du regard, des yeux** s-n Blick über das Zimmer schweifen lassen; **son corps fut parcouru par un frisson** ein Schauer durch'lief s-n Körper, über'lief ihn; **2.** *trajet, distance* zu'rücklegen; durch'laufen; durch'fahren; **3.** *texte, lettre* über'fliegen; kurz, flüchtig 'durchlesen
parcours [paʀkuʀ] *m* Strecke *f*; **d'un autobus** (Fahr)Strecke *f*; **d'un fleuve** (Ver)Lauf *m*; SPORTS (Renn)Strecke *f*; Par'cours *m*; **~ du combattant** MIL Hindernisbahn *f*; *fig* Hindernisrennen *n*; SPORTS **~ de santé** Trimm-dich-Pfad *m*
par-delà [paʀdəla] *loc/prép* jenseits (+*gén ou* von); hinter (+*dat*)
par-derrière [paʀdɛʀjɛʀ] **a)** *loc/adv* von hinten; 'hinterrücks (*a fig*); *fig* **dire du mal de qn** hinten(he)rum Schlechtes über j-n sagen; **passez ~!** kommen Sie hinten(he)rum!; **b)** F *loc/prép* hinter (+*dat*); **passer ~ la maison** hinter dem Haus he'rumgehen
par-dessous [paʀdəsu] **a)** *loc/adv*: **passer ~** dar'unter hin'durch; F drunter durch; **b)** *loc/prép* unter (+*dat*)
pardessus [paʀdəsy] *m* Überzieher *m*
par-dessus [paʀdəsy] **a)** *loc/adv* d(a')rüber (hin'weg); **sautez ~!** springen Sie darüber, F drüber!; **b)** *loc/prép* über (+*acc*); F *fig* **j'en ai ~ la tête** ich habe genug davon; F ich habe die Nase voll (davon); **mettez un pull ~ votre chemise** ziehen Sie e-n Pulli über Ihr Hemd!; (**et**) **~ tout** (und) vor allem; (und) vor allen Dingen
par-devant [paʀdəvɑ̃] **a)** *loc/adv* vorn (her'um); **endommagé ~** vorn beschädigt; **passer ~** vorn her'umgehen; **b)** *loc/prép* JUR **~ notaire** vor dem Notar
par-devers [paʀdəvɛʀ] *loc* **garder qc ~ soi** etw für sich behalten
pardi [paʀdi] *litt int* na'türlich; gewiß
pardon [paʀdɔ̃] *m* **1.** Verzeihung *f*; Entschuldigung *f*; REL Vergebung *f*; **accorder son ~ à qn** j-m verzeihen, *st/s* vergeben; **demander ~ à qn** j-n um Entschuldigung, Verzeihung bitten; **2. formule de politesse a)** (**je vous demande**) **~!** Verzeihung!; Entschuldigung!; entschuldigen, verzeihen Sie bitte!; Par'don!; **b)** *en passant devant qn sans le déranger* **~!** unübersetzt, da keine deutsche Entsprechung; **c)** (**comment?**) **~?** wie bitte?; **3.** *formule de protestation*: **vous n'étiez pas à cette réunion? – ~, j'y étais** (aber) natürlich war

pardonnable – parfumerie

ich da!; doch, ich war da!; **4.** F *renforçant un énoncé:* F ich kann dir *ou* Ihnen sagen!; mein lieber Mann!; **5.** REL **a)** *fête juive* **le Grand 2** das Versöhnungsfest; **b)** *en Bretagne:* Wallfahrt u Fest zu Ehren e-s Heiligen

pardonnable [paʀdɔnabl(ə)] *adj faute, erreur* verzeihlich; entschuldbar; *cet enfant est ~* das Kind kann nichts dafür

pardonner [paʀdɔne] **I** *v/t et v/t/indir* verzeihen; entschuldigen; *st/s ou* REL vergeben; *~ (qc) à qn* j-m (etw) verzeihen, vergeben; *ne pas ~ à qn de* (+*inf*) j-m nicht verzeihen, daß ...; *vous êtes pardonné* Sie sind entschuldigt; *il cherche à se faire ~* er möchte, daß man ihm verzeiht; *fig il n'arrivait pas à se faire ~ ses succès* man gönnte, verzieh ihm s-e Erfolge nicht; *les enfants sont bruyants, mais on leur pardonne* aber man kann ihnen deswegen nicht böse sein; aber man kann es ihnen nicht übelnehmen, verargen; *formule de politesse* **pardonnez-moi, mais je crois que ...** verzeihen, entschuldigen Sie, aber ich glaube, daß ...; **II** *v/i personne ~ facilement* nicht nachtragend sein; *maladie grave etc cela ne pardonne pas* da gibt es keine Rettung; das ist tödlich; **III** *v/pr* **a)** *réfléchi: je ne me le pardonnerai jamais* das werde ich mir nie verzeihen; **b)** *sens passif: cette faute ne se pardonne pas* ist unverzeihlich, unentschuldbar

pare-avalanches [paʀavalɑ̃ʃ] *m ⟨inv⟩* cf *paravalanche*

pare-balles [paʀbal] *m ⟨inv⟩* MIL Kugelfang *m*; *adjt gilet m ~* kugelsichere Weste

pare|-boue [paʀbu] *m ⟨inv⟩* AUTO Schmutzfänger *m*; *~-brise m ⟨inv⟩* AUTO Windschutzscheibe *f*; *~-chocs m ⟨inv⟩* AUTO Stoßstange *f*; *~-feu m ⟨inv⟩* Brand-, Feuerschutz(vorrichtung) *m(f)*; *en forêt* Brandschneise *f*

pareil¹ [paʀɛj] **I** *adj ⟨pareille⟩* **1.** (semblable) gleich; ähnlich; *c'est ~ à nul autre* ~ ohne'gleichen; *et votre santé? – toujours ~!* immer das gleiche, F das'selbe; *choses, personnes être ~(le)s* gleich sein; sich, einander gleichen; *ce n'est pas ~* das ist nicht das gleiche; **2.** (*tel*) solche(r, -s); derartige(r, -s); so ein(e); *~le chose, chose ~le* so etwas; *loc/adv à une heure ~le, à ~le heure* zu so ungewöhnlicher Stunde, Zeit; *en ~ cas* in e-m solchen, in so e-m Fall; **3.** *comparaison st/s ~ à* gleich (+*dat*) *au vent qui ...* gleich dem Wind, der ...; **4.** F *advt ⟨inv⟩* gleich; *faire ~* das gleiche, F dasselbe tun; *être habillé(e)s ~* gleich angezogen sein; **II** *subst* **1.** *~(le) m(f): ne pas avoir son ~, sa ~le* nicht seines-, ihresgleichen haben; *elle n'a pas sa ~le pour* (+*inf*) niemand versteht es so gut wie sie (+*inf*), *péj vous et vos ~s* Sie und Ihresgleichen *ou* ihr und euresgleichen; *sans ~(le)* ohnegleichen; unvergleichlich; *d'une naïveté sans ~le* e-r Naivität ohnegleichen, die ihresgleichen sucht; **2.** *f rendre la ~le à qn* es j-m mit gleicher Münze heimzahlen; j-m Gleiches mit Gleichem vergelten; **3.** *m F c'est du ~ au même* F das ist Jacke wie Hose, gehupft wie gesprungen

pareillement [paʀɛjmɑ̃] *adv* ebenfalls; gleichfalls; auch; ebenso; *bonne année! – et à vous ~* danke gleichfalls, ebenfalls, Ihnen auch

parement [paʀmɑ̃] *m* **1.** COUT (Ärmel-) Aufschlag *m*; **2.** CONSTR Ansichts-, Sichtfläche *f*; Vorderseite *f*

parenchyme [paʀɑ̃ʃim] *m* ANAT, BOT Paren'chym(gewebe) *n*

parent [paʀɑ̃] **I** *subst* **1.** *~(e) m(f)* Verwandte(r) *f(m)*; *il est mon ~ par ma mère* er ist ein Verwandter mütterlicherseits; er ist durch meine Mutter, von meiner Mutter her mit mir verwandt; *fig traiter qn en ~ pauvre* j-n zurücksetzen, benachteiligen; **2.** *m/pl ~s (père et mère)* Eltern *pl*; *l'un des ~s* ein Elternteil *m*; *~s d'élèves* (Schüler-) Eltern *pl*; *association f de(s) ~s d'élèves* Elternverband *m*, -vereinigung *f*; **3.** *m* BIOL Elter *m ou n*; **II** *adj* **1.** verwandt; *être ~ avec qn* mit j-m verwandt sein; **2.** *fig* verwandt; ähnlich

parental [paʀɑ̃tal] *adj* ⟨-aux⟩ elterlich; JUR *autorité ~e* elterliche Gewalt

parenté [paʀɑ̃te] *f* **1.** *rapport* Verwandtschaft(sverhältnis) *f(n)*; *~ par alliance* Schwägerschaft *f*; *il n'y a entre eux aucune ~* sie sind nicht miteinander verwandt; **2.** *coll* Verwandtschaft *f*; Verwandte(n) *m/pl*; **3.** *fig* Verwandtschaft *f*; Ähnlichkeit *f*

parenthèse [paʀɑ̃tɛz] *f* **1.** GR Einschub *m*; Paren'these *f*; *par ext* (*digression*) Abschweifung *f*; Ex'kurs *m*; Zwischenbemerkung *f*; **2.** *signe* (runde) Klammer; *loc/adv entre ~s* **a)** in Klammern; **b)** *fig* nebenbei, beiläufig gesagt, bemerkt; *mettre un mot entre ~s* ein Wort in Klammern setzen, einklammern; *ouvrez, fermez la ~!* Klammer auf, zu!; *fig : fermer une ~* zum eigentlichen Thema zurückkehren; *j'ouvre ici une ~* ich möchte hier e-e Zwischenbemerkung einschieben

paréo [paʀeo] *m* Pareo *m*; Hüfttuch *n*

parer¹ [paʀe] **I** *v/t* **1.** *st/s (orner)* festlich schmücken, (ver)zieren, deko'rieren (*de* mit); *p/p femme parée de bijoux* mit Juwelen geschmückt; **2.** (*attribuer*) zuschreiben, nachsagen (*de qc* j-m etw); *~ qn de toutes les qualités* j-n mit allen guten Eigenschaften ausstatten; **3.** BOUCHERIE *~ la viande* Fleischstücke sauber zuschneiden *ou* von Haut, Fett und Sehnen befreien; **4.** TEXT schlichten; **5.** MAR klarmachen; **II** *v/pr se ~* sich schmücken (*de* mit); *fig se ~ de qc* sich e-n Titel zulegen

parer² [paʀe] **I** *v/t* **1.** *coup, attaque* pa'rieren; abwehren; ab-, auffangen; **2.** MAR *abordage* vermeiden; *cap um'fahren; um'schiffen; **II** *v/t/indir ~ à qc* gegen etw schützen, e-r Sache (*dat*) vorbeugen, begegnen, abhelfen; *~ à un danger* e-e Gefahr abwenden; *~ à toute éventualité* allen Eventualitäten vorbeugen; *p/p paré contre qc* gegen etw geschützt, gefeit, gewappnet

pare-soleil [paʀsɔlɛj] *m ⟨inv⟩* AUTO Sonnenblende *f*

paresse [paʀɛs] *f* Faulheit *f*; Trägheit *f*; Bequemlichkeit *f*; *~ intellectuelle* Denkfaulheit *f*; geistige Trägheit *f*; MÉD *~ intestinale* Darmträgheit *f*; *prov la ~ est mère de tous les vices* Müßiggang ist aller Laster Anfang (*prov*)

paresser [paʀɛse] *v/i* faulenzen; F auf der faulen Haut liegen; *~ dans son lit* gemütlich im Bett bleiben

paresseux [paʀɛsø] **I** *adj* ⟨-euse⟩ *personne* faul; träge; bequem; arbeitsscheu; *intestin, gestes* träge; *attitude, solution* bequem; *être ~ pour se lever* morgens schwer, nicht aus dem Bett finden *ou* kommen; **II** *subst* **1.** *~, paresseuse m,f* Faulenzer(in) *m(f)*; F Faulpelz *m*; **2.** *m* ZO Faultier *n*

parfaire [paʀfɛʀ] *v/t ⟨nur inf⟩* voll'enden; vervollkommnen

parfait [paʀfɛ] **I** *adj* ⟨-faite [-fɛt]⟩ **1.** *beauté, travail etc* voll'endet; per'fekt; voll'kommen *ou* 'vollkommen; (*impeccable*) tadellos; vorzüglich; *le crime ~* das perfekte Verbrechen; *exemple ~* typisches Beispiel; CHIM *gaz ~* ide'ales Gas; MATH *nombre ~* vollkommene Zahl; *le type ~ du petit bourgeois* der Prototyp e-s Kleinbürgers; (*c'est*) *~!* also gut!; na schön, gut!; dann ist ja alles in bester Ordnung! (*a iron*); *elle est ~e* an ihr ist nichts auszusetzen; *personne n'est ~* niemand ist, kein Mensch ist vollkommen; *compliment vous avez été ~* Sie waren großartig, herrlich; **2.** *iron: goujat etc* ausgemacht; *un ~ imbécile a* F ein 'Vollidiot *m*; **3.** (*total*) völlig; *tranquillité* 'vollkommen; *ressemblance* täuschend; *en ~ accord* in völliger Über'einstimmung; *être dans la plus ~e ignorance de qc* von etw nicht die leiseste Ahnung, F keinen (blassen) Schimmer haben; **4.** MUS *accord ~* Dreiklang *m* (mit Terzenaufbau); **II** *m* **1.** GR Perfekt *n*; voll'endete Gegenwart *f*; **2.** *glace* Par'fait *n*; *~ au café* Mokkaparfait *n*

parfaitement [paʀfɛtmɑ̃] *adv* **1.** (*complètement*) vollkommen; völlig; *c'est ~ ridicule a* das ist einfach lächerlich; **2.** (*très bien*) sehr gut; *je comprends ~ que ...* ich verstehe sehr gut, daß ...; *vous avez ~ le droit de ...* selbstverständlich haben Sie das Recht zu ...; **3.** *abs réponse* gewiß; sicher; na'türlich; ja'wohl

parfois [paʀfwa] *adv* mitunter; gelegentlich; manchmal; bis-, zu'weilen

parfum [paʀfœ̃, -fɑ̃] *m* **1.** *odeur* Duft *m*; Wohlgeruch *m*; **2.** *substance* Par'füm *ou* Parfum [-'fœ̃] *n*; *se mettre du ~* sich parfü'mieren; **3.** BIOL, CHIM Riech-, Duftstoff *m*; **4.** *d'une glace* Geschmack *m*; *voulez-vous une glace? quel ~?* was für eins?; **5.** F *être au ~* Bescheid wissen (*de* über +*acc*); *mettre qn au ~* j-n einweihen, ins Bild setzen

parfumé [paʀfyme] *adj* **1.** *savon, crème etc* duftend (*à la lavande*) nach Lavendel); wohlriechend; **2.** *personne* parfü'miert; **3.** *glace ~e au citron, à la fraise* Zi'tronen-, Erdbeereis *n*

parfumer [paʀfyme] **I** *v/t* **1.** *pièce etc* mit s-m Duft erfüllen; **2.** *mouchoir etc* parfü'mieren; mit Par'füm betupfen, besprühen; **3.** CUIS *~ au citron, à la fraise* Zi'tronen-, Erdbeergeschmack geben (+*dat*); **II** *v/pr personne se ~* sich parfü'mieren; *je ne me parfume pas* ich benütze kein Parfüm

parfumerie [paʀfymʀi] *f* **1.** *industrie* Parfüme'rie-, Kos'metikindustrie *f*; **2.**

produits Parfüme'riewaren *f/pl*; **3.** *usine, boutique* Parfüme'rie *f*
parfum|eur [paʀfymœʀ] *m*, **~euse** *f* **1.** *fabricant(e)* Parfü'meur *m*; **2.** *marchand(e)* Inhaber(in) *m(f)* e-r Parfüme'rie
pari [paʀi] *m* **1.** Wette *f*; *faire un ~* e-e Wette abschließen, eingehen, machen; *tenir le ~* die Wette annehmen; **2.** *~ mutuel* Rennwette *f*; *cf a* **P.M.U.**; *fig les ~s sont ouverts* die Frage bleibt offen; alles ist noch offen; es gilt abzuwarten; **3.** *fig* Her'ausforderung *f*; Risiko *n*; *~ financier* finanzielles Risiko; *~ technique* technische Herausforderung, Aufgabe; *faire un ~ sur qc* (s-e feste Zuversicht, sein festes Vertrauen) auf etw (*acc*) setzen
paria [paʀja] *m* **1.** *en Inde* Paria *m*; **2.** *fig* Paria *m*; Ausgestoßene(r) *m*; Entrechtete(r) *m*
parier [paʀje] **I** *v/t* **1.** wetten; *abs ~ aux courses* Rennwetten abschließen; bei Pferderennen wetten; *~ mille francs sur un cheval* tausend Franc auf ein Pferd setzen, wetten; *je (te) parie que ...* ich wette (darauf), ich möchte *ou* wollte wetten, daß ...; *je parie une bouteille de vin avec toi que ...* ich wette um e-e Flasche Wein mit dir, daß ...; *je parie tout ce que tu veux que ...* ich gehe jede Wette ein, daß ...; *qu'est-ce que tu paries?* was gilt die Wette?; um was wollen wir wetten?; *~ gros* hoch wetten; *il y a gros à ~ que ...* ich wette zehn gegen eins, es ist so gut wie sicher, daß ...; **2.** (*supposer*) *vous avez faim, je parie?* Sie haben sicher Hunger?; **II** *v/t/indir fig ~ sur qc, qn* auf etw, j-n setzen, vertrauen
pariétal [paʀjetal] *adj* ⟨-aux⟩ **1.** ANAT *os ~ ou subst ~ m* Scheitelbein *n*; **2.** PRÉHISTOIRE *peintures ~es* Felsmalereien *f/pl*
pari|eur [paʀjœʀ] *m*, **~euse** *f* Wetter(-in) *m(f)*
parigot [paʀigo] F **I** *adj* pa'riserisch; **II** *subst* ⟨~(e) *m(f)*⟩ Pa'riser(in) *m(f)*
Paris [paʀi] Pa'ris [-s] *n*
paris-brest [paʀibʀɛst] *m* ⟨*inv*⟩ CUIS mit Creme gefüllter *u* mit Mandelsplittern bestreuter Kuchen aus Brandteig
parisien [paʀizjɛ̃] **I** *adj* ⟨~ne⟩ Pa'riser; pa'riserisch; *la banlieue ~ne* die Vororte *m/pl* von Paris; **II** *subst* ⟨~(ne) *m(f)*⟩ Pa'riser(in) *m(f)*
paritaire [paʀitɛʀ] *adj* pari'tätisch; *commission f ~* paritätisch zusammengesetzter Ausschuß
parité [paʀite] *f* Pari'tät *f* (*a* ÉCON); *~ des changes* Währungsparität *f*
parjure [paʀʒyʀ] **1.** *m* (*violation de serment*) Eidbruch *m*; (*faux serment*) Meineid *m*; **2.** *m,f personne* Eidbrüchige(r) *f(m)*; Meineidige(r) *f(m)*; **3.** *adjt* eidbrüchig; meineidig
parka [paʀka] *m* Parka *m ou f*
parking [paʀkiŋ] *m* Parkplatz *m*; *~ souterrain* Tiefgarage *f*
parkinsonien [paʀkinsɔnjɛ̃] MÉD **I** *adj* ⟨~ne⟩ der Parkinsonschen Krankheit; **II** *subst* ⟨~(ne) *m(f)*⟩ an der Parkinsonschen Krankheit Leidende(r) *f(m)*
par-là [paʀla] *cf* **par-ci**
parlant [paʀlɑ̃] *adj* **1.** *cinéma, film ~* Tonfilm *m*; RAD, TÉL *horloge ~e* Zeit-

ansage *f*; **2.** *comparaison* anschaulich; treffend (*a portrait*); *preuve* sprechend; *les chiffres sont ~s* die Zahlen sprechen für sich (selbst); **3.** *loc/adv* *économiquement etc ~* vom wirtschaftlichen *etc* Standpunkt aus betrachtet; wirtschaftlich gesehen; *strictement ~* strenggenommen
parlé [paʀle] *adj* gesprochen; RAD *journal ~* Nachrichten *f/pl*; *langue ~e* gesprochene Sprache
Parlement [paʀləmɑ̃] *m* Parla'ment *n*; *membre m du ~* Parlamentsmitglied *n*; *au ~* im Parlament
parlementaire [paʀləmɑ̃tɛʀ] **I** *adj* parlamen'tarisch; Parla'ments...; *groupe m ~* Frakti'on *f*; *régime ~* parlamentarische Regierungsform; **II** *subst* **1.** *m,f* POL Parlamen'tarier(in) *m(f)*; **2.** *m à la guerre* Parlamen'tär *m*
parlementarisme [paʀləmɑ̃taʀism(ə)] *m* POL Parlamenta'rismus *m*
parlementer [paʀləmɑ̃te] *v/i* **1.** *avec l'ennemi* verhandeln; unter'handeln; **2.** *par ext ~ avec qn* mit j-m lang und zäh verhandeln
parler[1] [paʀle] **I** *v/t* **1.** *une langue* sprechen; *~ (le) français* Französisch *ou* französisch sprechen; **2.** *~ affaires, chiffons etc* über Geschäfte, Kleider *etc* reden; *~ boutique, métier* fachsimpeln; *~ politique a* politi'sieren; **II** *v/t/indir* **3.** *~ à qn* mit j-m sprechen, reden; j-n sprechen; *après une brouille ne plus ~ à qn* nicht mehr mit j-m sprechen, reden; *pour insister moi qui vous parle* ich persönlich; *à qui croyez-vous ~!* in welchem Ton reden Sie eigentlich mit mir!; mit wem sprechen Sie überhaupt!; *il demande à vous ~* er möchte Sie sprechen; er wünscht Sie zu sprechen; *par ext savoir ~ aux femmes* mit Frauen 'umgehen können; **4.** *~ de qc* von etw, über etw (*acc*) sprechen, reden; etw besprechen, bereden; F *livre, film* von etw handeln; *de quoi parlez-vous?* worüber, wovon sprechen Sie?; wovon ist die Rede?; *toute la ville en parle* das ist Stadtgespräch; die ganze Stadt spricht davon, ist voll davon; *à force d'en ~, ça va finir par arriver* man soll den Teufel nicht an die Wand malen (*prov*); *on vint à en ~* die Rede kam darauf; *iron: le menu, l'hôtel?* **parlons-en!** reden wir lieber nicht davon!; *n'en parlons plus!* reden wir nicht mehr davon!; schon gut!; F Schwamm drüber!; ♦ *~ de qn* von j-m, über j-n reden, sprechen; *faire ~ de soi* ins Gerede kommen; ♦ *~ de* (+*inf*) davon, darüber reden, sprechen, daß ...; *on parle d'abattre ces maisons* wie es heißt, sollen die Häuser abgerissen werden; ♦ *loc/prép sans ~ de ...* ganz abgesehen von ...; von ... ganz zu schweigen; **5.** *~ de qc à qn* (*mentionner*) mit j-m über (*acc*) sprechen, reden; j-m von etw erzählen; *~ de qc avec qn* (*discuter*) mit j-m über etw (*acc*) sprechen, reden; sich mit j-m über etw unter'halten; *on m'a beaucoup parlé de vous* ich habe viel von Ihnen gehört; man hat mir viel von Ihnen erzählt; *qu'on ne m'en parle plus!* ich will davon nichts mehr hören!; F kom-

men Sie mir nicht mehr damit!; *ne m'en parlez pas!* wem sagen Sie das?; ich weiß auch ein Lied davon zu singen!; **6.** F *fig: tu parles d'un idiot!* F das ist vielleicht ein Idiot!; *parlez-moi d'un chef pareil!* F gehen Sie mir weg mit so e-m Chef!; *lui, généreux? tu parles ou vous parlez!* so siehst du *ou* sehen Sie aus!; von wegen!; **III** *v/i* reden; sprechen; (*avouer*) reden; gestehen; ♦ *parlons bien, parlons peu* kurz und gut; *parlez plus fort!* sprechen Sie lauter!; *~ à la radio* im Rundfunk sprechen; *les faits parlent d'eux-mêmes* die Tatsachen sprechen für sich (selbst); *~ par gestes* sich durch Gebärden verständlich machen; *pour ne rien dire* reden, nur um zu reden; ♦ *d'un portrait on dirait qu'il va ~* man könnte meinen, er *ou* sie lebt; *enfant commencer à ~ à deux ans* mit zwei Jahren zu sprechen beginnen; *c'est une façon de ~* das sagt man halt so; das ist so e-e Redensart; das war nicht so gemeint; *faire ~ qn* j-n zum Reden, Sprechen bringen; j-m ein Geständnis entlocken; *c'est le désespoir qui le fait ~ ainsi* aus ihm, aus s-n Worten spricht die Verzweiflung; *laisser ~ qn* j-n reden, zu Wort kommen lassen; **IV** *v/pr* **a)** *réfléchi se ~ à soi-même* mit sich selber sprechen; **b)** *réciproque nous ne nous parlons plus* wir reden, sprechen nicht mehr miteinander; *se ~ par signes* sich durch Zeichen verständigen; **c)** *sens passif: langue se ~ (dans le monde entier)* (in der ganzen Welt) gesprochen werden
parler[2] [paʀle] *m* **1.** *individuel* Sprache *f*; Sprechweise *f*; **2.** *~ (régional)* Mundart *f*; Idi'om *n*
parleur [paʀlœʀ] *m péj beau ~* Schönredner *m*
parloir [paʀlwaʀ] *m* Besuchszimmer *n*
parlot(t)e [paʀlɔt] *f* F Schwatz *m*; *péj ~s pl* Geschwätz *n*; Gerede *n*; *faire la ~ avec qn* mit j-m e-n Schwatz halten
Parme [paʀm] Parma *n*; *jambon m de ~* Parmaschinken *m*
parme [paʀm] *adj* blaßviolett
parmesan [paʀməzɑ̃] *m* Parme'san(käse) *m*
parmi [paʀmi] *prép* unter, von, bei (+*dat*); *~ tant d'autres* unter *ou* von vielen; *provoquer l'étonnement ~ ceux qui ...* Erstaunen hervorrufen bei den(jenig)en, die ...; *nous souhaitons vous avoir bientôt ~ nous* wir möchten Sie bald unter uns haben, in unserer Mitte haben, als unseren Gast begrüßen dürfen; *être connu ~ les savants* in Gelehrtenkreisen, unter Gelehrten bekannt sein
Parnasse [paʀnas] *m ou* **parnassiens** [paʀnasjɛ̃] *m/pl mouvement littéraire* Parnassi'ens *m/pl*
parodie [paʀɔdi] *f* **1.** *d'une œuvre* Paro'die *f*; *~ de western* Parodie auf die Westernfilme; **2.** *fig* Farce *f*
parod|ier [paʀɔdje] *v/t* paro'dieren; *~ique* *adj* paro'distisch; *~iste* *m,f* Paro'dist(in) *m(f)*
parodontose [paʀɔdɔ̃toz] *f* MÉD Parodon'tose *f*; Zahnbettschwund *m*
paroi [paʀwa] *f* Wand *f*; *d'un véhicule* (Seiten)Wand *f*; CONSTR (Zwischen-)Wand *f*; *d'un récipient* (Innen)Wand *f*;

Wandung *f*; ~ (*rocheuse*) (Fels)Wand *f*; ANAT ~ *abdominale* Bauchwand *f*
paroisse [paʀwas] *f* (Kirchen-, Pfarr-)Gemeinde *f*; Pfar'rei *f*; Pfarrbezirk *m*
paroissial [paʀwasjal] *adj* ⟨-aux⟩ Pfarr...; Gemeinde...; *église ~e* Pfarrkirche *f*
paroiss|ien [paʀwasjɛ̃] *m*, **~ienne** *f* **1.** Gemeinde(mit)glied *n*; **2.** F *fig un drôle de paroissien* ein komischer Kauz; ein wunderlicher Heiliger; **3.** *m* (*missel*) Meßbuch *n*
parole [paʀɔl] *f* **1.** (*mot, action de parler*) Wort *n*; *de belles ~s* schöne Worte; Phrasen *f/pl*; Redensarten *f/pl*; *voilà une bonne ~!* das ist ein Wort!; *temps m de ~* Redezeit *f*; *accorder, donner la ~ à qn* j-m das Wort erteilen; *vous avez la ~!* Sie haben das Wort!; *avoir la ~ facile* redegewandt, beredt sein; *couper la ~ à qn* j-m das Wort abschneiden; j-m ins Wort fallen; *croire qn sur ~* j-m aufs Wort glauben; *demander la ~* ums Wort bitten; sich zu Wort melden; *la ~ est à monsieur X* das Wort hat Herr X; *ce sont ses propres ~s* das sind s-e eigenen Worte; *prendre la ~* das Wort ergreifen, nehmen; *refuser la ~ à qn* j-m die Redeerlaubnis verweigern; j-n nicht reden lassen; *prov: la ~ est d'argent, le silence est d'or* Reden ist Silber, Schweigen ist Gold (*prov*); *les ~s s'envolent et les écrits restent* was man schwarz auf weiß besitzt, kann man getrost nach Hause tragen (*prov*). **2.** (*promesse*) (*d'honneur*) (Ehren)Wort *n*; (*ma*) ~ (*d'honneur*)! (mein) Ehrenwort!; auf (mein) Ehrenwort!; *sur ma ~* auf Ehrenwort; *vous avez ma ~* Sie haben mein (Ehren)Wort; *n'avoir qu'une ~* sein Wort halten; *n'avoir aucune ~* sein Wort nie halten; immer wortbrüchig werden; *donner sa ~* (*d'honneur*) sein (Ehren)Wort geben; *je vous en donne ma ~* ich gebe Ihnen mein (Ehren)Wort darauf; *c'est un homme de ~* er ist ein Mann von Wort; *rendre sa ~ à qn* j-n von s-r Zusage entbinden, aus s-r Verpflichtung entlassen; *reprendre sa ~* sein Wort zurücknehmen; *tenir* (*sa*) ~ (sein) Wort halten; **3.** (*faculté de parler*) Sprache *f*; *organes m/pl de la ~* Sprechwerkzeuge *n/pl*; *d'un chien etc il ne lui manque que la ~* es fehlt nur noch, daß er spricht; *fig perdre, recouvrer la ~* die Sprache verlieren, 'wiedererlangen; **4.** *d'une chanson ~s pl* Text *m*; Worte *n/pl*; *dessin histoire f sans ~s* ohne Worte; **5.** (*sentence*) Ausspruch *m*; Wort *n*; *~ historique* berühmter Ausspruch; geflügeltes Wort; **6.** REL *la ~ de Dieu* das Wort Gottes; *prêcher la bonne ~* Gottes Wort, das Evan'gelium verkünd(ig)en; **7.** LING Sprechakt *m*; Rede *f*
parol|ier [paʀɔlje] *m*, **~ière** *f* Textdichter(in) *m(f)*; *de chansons* Texter(in) *m(f)*
paronyme [paʀɔnim] *m* LING ähnlich lautendes Wort; Homöo'nym *n*
parotide [paʀɔtid] *f* ANAT Ohrspeicheldrüse *f*
paroxysme [paʀɔksism(ə)] *m* **1.** MÉD Paro'xysmus *m*; **2.** *fig* Höhepunkt *m*; *loc/prép au ~ de* auf dem Höhepunkt

(+*gén*); *au ~ de la colère* außer sich, blind vor Zorn; *porter la colère de qn à son ~* F j-n zur Weißglut bringen; *joie, douleur etc atteindre son ~* s-n *ou* ihren Höhepunkt erreichen
parpaing [paʀpɛ̃] *m* CONSTR Bau-, Mauerstein *m*; *t/t* Binder *m*; **~ creux** Hohlblockstein *m*
parquer [paʀke] *v/t* **1.** *bétail* einpferchen; **2.** *péj personnes* ein-, zu'sammenpferchen (*dans* in +*dat*); pferchen (in +*acc*); **3.** *voiture* parken, abstellen; *schweiz* par'kieren
Parques [paʀk] *f/pl* MYTH Parzen *f/pl*
parquet [paʀkɛ] *m* **1.** CONSTR Par'kett (-boden) *n(m)*; **2.** JUR Staatsanwaltschaft *f*; **3.** BOURSE Par'kett *n*
parquet|er [paʀkəte] *v/t* ⟨-tt-⟩ TECH parket'tieren; mit Par'kett auslegen; **~eur** *m* Par'kettleger *m*
parrain [paʀɛ̃] *m* **1.** *d'un enfant* (Tauf-)Pate *m*; Patenonkel *m*; **2.** *d'un navire* männliche Person, die ein Schiff tauft; Taufpate *m*; **3.** *dans un cercle, club* Fürsprecher *m*, Bürge *m*; **4.** *de la maffia* Pate *m*
parrainage [paʀɛnaʒ] *m* **1.** *d'un futur membre de club etc* Fürsprache *f*, Bürgschaft *f*, wohlwollende Unter'stützung (*de qn* für j-n); **2.** (*patronage*) Schirmherrschaft *f*; Patro'nat *n*; Gönnerschaft *f*
parrainer [paʀɛne] *v/t* **1.** *futur membre d'un club etc ~ qn* für j-n bürgen; j-s Aufnahmegesuch wohlwollend unter'stützen; **2.** *œuvre, entreprise ~ qc* die Schirmherrschaft, das Patro'nat über etw (*acc*) über'nehmen; *être parrainé par qn* unter der Schirmherrschaft, Gönnerschaft von j-m stehen
parricide [paʀisid] **1.** *m crime* Vater-, Mutter-, JUR *a* Verwandtenmord *m*; **2.** *m,f personne* Vater-, Muttermörder(in) *m(f)*
parsemer [paʀsəme] *v/t* ⟨-è-⟩ *le sol de fleurs etc* bestreuen (*de* mit); *des feuilles mortes parsèment le gazon* der Rasen ist von welkem Laub über'sät; *p/p: ciel parsemé d'étoiles* mit Sternen über'sät; *texte parsemé de difficultés, de fautes* mit Schwierigkeiten, mit Fehlern gespickt
parsi [paʀsi] REL **I** *adj* parsisch; **II** *m/pl* **~s** Parsen *m/pl*
part [paʀ] *f* **1.** Anteil *m*; Teil *m ou* n; COMM **~ sociale** Geschäfts-, Gesellschafteranteil *m*; *d'une* S.A.R.L. Stammeinlage *f*; *d'héritage* Erbteil *n*; *fig ~ du lion* Löwenanteil *m*; COMM **~ du marché** Marktanteil *m*; ♦ *loc/adj et loc/adv à ~ entière* 'vollwertig; 'vollberechtigt; mit allen Rechten (ausgestattet); (*complètement*) 'vollständig; ganz; *membre m à ~ entière* a 'Vollmitglied *n*; *loc/adv: à ou par ~s égales* zu gleichen Teilen; gleichmäßig; *pour ma ~* ich für mein(en) Teil; was mich betrifft, an(be)langt; *pour une ~* teilweise; *zum* (*abr z.T.*); *pour une bonne, large ~* zum großen, größten Teil; großenteils; *pour une petite ~* zu e-m kleinen Teil; ♦ *fig avoir sa ~ du gâteau* ein Stück vom Kuchen abbekommen, F abkriegen; *il y a aussi une ~ de vérité là-dedans* es ist etwas Wahres daran; *diviser qc en six ~s égales* etw in sechs gleiche Teile teilen; **2.** *loc avec*

verbes: avoir ~ à qc an etw (*dat*) teilhaben, beteiligt sein, Anteil haben; *faire ~ de qc à qn* j-m etw mitteilen, bekanntgeben; *faire la ~ de qc* etw berücksichtigen, in Betracht ziehen; e-r Sache (*dat*) Rechnung tragen; *faire la ~ des choses* den Dingen Rechnung tragen; *fig faire la ~ du feu* etw preisgeben, opfern, um anderes zu retten; *faire une large ~ à qc* e-r Sache (*dat*) breiten Raum einräumen; *prendre ~ à qc à une réunion etc* an etw (*dat*) teilnehmen; *à une discussion, mission etc a* sich an etw (*dat*) beteiligen; *à la douleur de qn* an etw (*dat*) teilnehmen, Anteil nehmen; *prendre ~ à une excursion* a e-n Ausflug mitmachen; **3.** ♦ *loc/adj* besondere(r, -s); für sich; *un cas à ~* ein besonderer, spezi'eller Fall; *c'est un garçon à ~* dieser Junge ist anders als die anderen; ♦ *loc/adv* gesondert; für sich; getrennt; bei'seite; besonders; F extra; *mettre qc à ~* etw beiseite, F extra tun, legen, stellen; *mis à ~ la morale etc ...* ausgenommen; *le mauvais temps mis à ~* abgesehen vom schlechten Wetter; bis auf das schlechte Wetter; *toute plaisanterie* (*mise*) *à ~!* Scherz beiseite!; *prendre qn à ~* j-n beiseite, auf die Seite nehmen; *traiter qc à ~* etw gesondert, getrennt, für sich, besonders, F extra behandeln; *penser à ~ soi, moi etc* insgeheim; ♦ *loc/prép* außer (+*dat*); gesondert *ou*; bis auf (+*acc*); *à ~ cela*, F ça abgesehen davon; sonst; *à ~ ça, qu'est-ce que vous devenez?* was machen, treiben Sie sonst so?; ♦ *loc/conj à ~ que* ... abgesehen davon, daß ...; **4.** *loc/adv: autre ~* wo'anders; anderswo; F sonstwo; *avec verbe de mouvement* wo'andershin; anderswohin; F sonstwohin; *d'autre ~* außerdem; übrigens; *de ~ et d'autre* [*oft* dəpaʀte-] auf *ou* von *ou* zu beiden Seiten; gegenseitig; *d'une ~ ... d'autre ~* einerseits ... anderseits; einesteils ... anderenteils; *de la ~ de qn* von j-m; von seiten j-s; *par ext* in j-s Auftrag (*dat*); *donnez-lui le bonjour de ma ~* grüßen Sie ihn von mir; *cela ne me surprend pas de sa ~* bei, von ihm über'rascht mich das nicht; *il vient de la ~ du président* er kommt im Auftrag des Präsidenten; *de toute*(*s*) *~*(*s*) von allen Seiten; von überall (her); *bateau faire eau de toutes ~s* überall leck sein; *en ~ avec certains verbes* durch'...; *projectile transpercer le blindage de ~ en ~* die Panzerung durch'schlagen; *en bonne, mauvaise ~* im guten, schlimmen Sinn; *c'était en bonne ~* das war im guten Sinn gemeint; *prendre une remarque en bonne ~* e-e Bemerkung so nehmen, wie sie gemeint ist; e-e Bemerkung nicht übelnehmen; *prendre qc en mauvaise ~* etw übelnehmen; *nulle ~* nirgends; nirgendwo; *quelque ~* irgendwo; *avec verbe de mouvement* irgendwohin; F *par euphémisme: aller quelque ~* F auf ein gewisses, stilles Örtchen gehen; *donner à qn un coup de pied quelque ~* F j-m e-n Fußtritt in den Hintern, Allerwertesten geben
partage [paʀtaʒ] *m* **1.** (Auf)Teilung *f*; **~ du travail** Job-sharing ['dʒɔpʃɛ:-] *n*;

loc/adj sans ~ amitié unbedingt; *autorité* uneingeschränkt; unbestritten; **2.** (*part d'héritage*) Erbteil *n* (*a fig*); *en ~* als Erbteil; **3.** *~* (*des voix*) Stimmengleichheit *f*; *s'il y a un ~* bei Stimmengleichheit

partagé [paʀtaʒe] *adj* **1.** *amour ~* gegenseitige Liebe; *les torts sont ~s* beide (Seiten) haben, sind schuld; die Schuld liegt bei beiden; **2.** *personne être ~ entre deux sentiments* schwanken, hin- und hergerissen werden zwischen (+*dat*); *les avis sont ~s* die Meinungen sind geteilt, gehen auseinander

partageable [paʀtaʒabl(ə)] *adj* (auf-)teilbar

partager [paʀtaʒe] ⟨-geons⟩ **I** *v/t* **1.** *terrain, biens, gâteau etc* (auf-, ver)teilen; *~ qc avec qn* etw mit j-m teilen; *~ les frais avec qn* a sich mit j-m die Kosten teilen; *~ qc entre plusieurs personnes* etw unter mehrere(n) Personen aufteilen, unter mehrere Personen verteilen; *~ son temps entre plusieurs occupations* s-e Zeit zwischen mehreren Beschäftigungen aufteilen; *abs ne pas aimer ~* (*avec qn*) nicht gern (mit j-m) teilen; **2.** *opinion, sentiments de qn* teilen; *~ le lit de qn* das Bett mit j-m teilen; *~ le repas de qn* mit j-m zusammen essen; j-s Tischgast sein; *~ la responsabilité, le pouvoir avec qn* sich mit j-m in die Verantwortung, Macht teilen; **II** *v/pr* **a)** *réfléchi se ~* sich teilen; **b)** *réciproque se ~ qc* sich etw teilen

partageur [paʀtaʒœʀ] *adj* ⟨-euse⟩ (*ne pas*) être ~ (nicht) gern teilen

partance [paʀtɑ̃s] *f loc/adj en ~ train, bateau* abfahrbereit; *avion* abflugbereit; *en ~ pour* zur Abfahrt *ou* zum Abflug bereit nach

partant[1] [paʀtɑ̃] *m* **1.** SPORTS Startende(r) *m*; *adjt* startend; **2.** TURF startendes Pferd; (*cheval déclaré*) *non ~* Nichtstarter *m*

partant[2] [paʀtɑ̃] *litt conj* mit'hin; demnach

partenaire [paʀtənɛʀ] *m,f* Partner(in) *m(f)*; *~s sociaux* Sozi'al-, Ta'rifpartner *m/pl*

partenariat [paʀtənaʀja] *m* Partnerschaft *f*

parterre [paʀtɛʀ] *m* **1.** JARD Blumenbeet *n*; *~ de roses* Rosenbeet *n*; **2.** THÉ **a)** Par'kett *n*; *place f de ~* Parkettsitz *m*, -platz *m*; **b)** *coll* (Zuschauer *m/pl* im) Parkett *n*

parthénogénèse [paʀtenɔʒenɛz] *f* BIOL Parthenoge'nese *f*; Jungfernzeugung *f*

parti[1] [paʀti] *m* **1.** POL Par'tei *f*; *~ politique* politische Partei; *~ de droite, de gauche* Rechts-, Linkspartei *f*; **2.** *par ext: le ~ des mécontents etc* die Gruppe, Par'tei der Unzufriedenen *etc*; *prendre ~* Partei ergreifen (*pour, contre* für, gegen); *prendre le ~ des opprimés* für die Unter'drückten eintreten, Partei ergreifen; sich auf die Seite der Unterdrückten stellen; **3.** *st/s* (*solution*) Lösung *f*; (*décision*) Entschluß *m*; *prendre le ~ de faire qc* den Entschluß fassen, sich entschließen, etw zu tun; *prendre son ~ de qc* sich mit etw abfinden; **4.** *loc tirer ~ de qc* etw (aus)nutzen, (aus)nützen; e-n Vorteil, Nutzen aus etw ziehen; Kapi'tal aus etw schlagen; etw verwerten, F ausschlachten; **5.** *~ pris* Voreingenommenheit *f*; vorgefaßte Meinung; *loc/adv sans ~ pris* ohne voreingenommen zu sein; unbefangen; *être de ~ pris* voreingenommen, befangen, Par'tei sein; **6.** *loc faire un mauvais ~ à qn* j-m übel mitspielen; j-n übel zurichten; **7.** (*personne à marier*) Par'tie *f*; *c'est un beau, riche ~* er *ou* sie ist e-e gute Partie

parti[2] [paʀti] *p/p cf partir et adj* **1.** *personne, train, tache, marchandise être ~* weg sein; *personne a fort sein; bouton, peinture* absein; **2.** *bien, mal ~ cf partir 3.*; **3.** F (*ivre*) *être ~* F e-n Schwips haben; beschwipst, angeheitert, angesäuselt sein; einen sitzen haben

partial [paʀsjal] *adj* ⟨-aux⟩ par'teiisch; voreingenommen; unsachlich; befangen; *~ité f* Par'teilichkeit *f*; Voreingenommenheit *f*; Unsachlichkeit *f*; Befangenheit *f*

participant [paʀtisipɑ̃] **I** *adj* teilnehmend; **II** *subst ~(e) m(f)* Teilnehmer (-in) *m(f)*

participation [paʀtisipɑsjɔ̃] *f* **1.** Teilnahme *f* (*à* an +*dat*); Beteiligung *f* (an +*dat*); Mitwirkung *f* (bei); *~ électorale, à la grève* Wahl-, Streikbeteiligung *f*; **2.** FIN (finanzi'elle) Beteiligung, Partizipati'on *f*; *~ aux bénéfices, au chiffre d'affaires* Gewinn-, 'Umsatzbeteiligung *f*; *~ aux frais* Beteiligung an den (Un)Kosten; Unkostenbeitrag *m*; **3.** (*cogestion*) Mitbestimmung(srecht) *f(n)*; Mitspracherecht *n*

participe [paʀtisip] *m* GR Parti'zip *n*; Mittelwort *n*

participer [paʀtisipe] *v/t/indir* **1.** *~ à* **a)** *débat, vote, voyage etc* teilnehmen an (+*dat*); sich beteiligen an (+*dat*); *activement* mitmachen, mitwirken bei; *~ au jeu* mitspielen; **b)** FIN *bénéfice, chiffre d'affaires* beteiligt sein, partizi'pieren an (+*dat*); *frais* sich beteiligen an (+*dat*); *nous vous prions de ~ aux frais* wir bitten Sie um e-n Unkostenbeitrag; **c)** *chagrin, joie de qn* teilnehmen, Anteil nehmen an (+*dat*); **d)** *succès de qc* Anteil haben, teilhaben, beteiligt sein an (+*dat*); **2.** *litt ~ de* teilhaben an (+*dat*); etwas haben von; Merkmale tragen von

participial [paʀtisipjal] *adj* ⟨-aux⟩ GR partizipi'al; Partizipi'al...; *proposition ~e ou subst ~e f* Partizipialsatz *m*

particularisme [paʀtikylaʀism(ə)] *m* **1.** POL Partikula'rismus *m*; **2.** (*particularité*) Eigentümlichkeit *f*

particularité [paʀtikylaʀite] *f* Eigentümlichkeit *f*; Besonderheit *f*; Eigenart *f*; *d'une personne a* Eigenart *f*; *cette horloge a, offre, présente la ~* (+*inf*) das Besondere an dieser Uhr ist, daß sie ...

particule [paʀtikyl] *f* **1.** Teilchen *n*, Par'tikel *n ou f* (*a* PHYS); **2.** *~* (*nobiliaire*) Adelsprädikat *n*; *avoir un nom à ~* e-n Namen mit „von" haben; ad(e)lig sein; **3.** GR Par'tikel *f*

particulier [paʀtikylje] **I** *adj* ⟨-ière⟩ **1.** (*privé*) pri'vat; Pri'vat...; *appartement ~* Privatwohnung *f*; *intérêts ~s* Privatinteressen *n/pl*; Eigennutz *m*; *leçons particulières* Privat-, Nachhilfestunden *f/pl*; *voiture particulière* Privatwagen *m*; **2.** (*spécifique*) besondere(r, -s); eigentümlich; spezi'ell; *style a* eigenwillig; *cas ~* Sonderfall *m*; besonderer, spezieller Fall; *signes ~s* besondere Kennzeichen *n/pl*; ♦ *~ à qn, qc* j-m, e-r Sache eigen; typisch, charakte'ristisch für j-n, etw; *cela lui est ~* das ist e-e Eigenart, Eigenheit von ihm; ♦ *loc/adv: en ~* **a)** (*à part*) gesondert; für sich; getrennt; besonders; *parler à qn* al'lein; unter vier Augen; **b)** *cf particulièrement*; *à titre ~* in diesem, Ihrem *etc* speziellen Fall; *dans des circonstances particulières* unter bestimmten Voraussetzungen, 'Umständen; *sur ce point ~* in diesem speziellen, bestimmten Punkt; ♦ *avoir qc de ~* etwas Besonderes an sich haben; **II** *m* **1.** *chose le ~* das Besondere; *passer du général au ~* vom Allgemeinen zum Besonderen 'übergehen; **2.** *personne* Pri'vatmann *m*, -person *f*

particulièrement [paʀtikyljɛʀmɑ̃] *adv* besonders; insbesondere; im besonderen; vor allem; spezi'ell

partie [paʀti] *f* **1.** *d'un tout* Teil *m*; Bestandteil *m*; *d'un visage, tableau* Par'tie *f*; *~ centrale* mittlerer Teil; Mittelteil *m*, -stück *n*, -partie *f*; *d'un bâtiment* Mitteltrakt *m*; ANAT *les ~s* (*génitales, sexuelles*) die Geschlechtsteile *pl*; *~ du corps* Körperteil *m*; GR *~ du discours* Wortarten *f/pl*; GÉOGR *les cinq ~s du monde* die fünf Erdteile *m/pl*; ♦ *quantité: la dixième ~* (*de*) der zehnte Teil, ein Zehntel (+*gén*); *une* (*petite*) *~ de* ein (kleiner) Teil (+*gén*); *une grande ~ de* ein großer Teil, ein Großteil (+*gén*); ♦ *loc/adv: en ~* teilweise; zum Teil (*abr* z. T.); teils; *en ~ ... en ~* teils ... teils; *en grande ~* zum großen Teil; großenteils; *en trois ~s* in drei Teilen; *diviser en trois ~s* in drei Teile; ♦ *faire ~ de* gehören zu; *d'un club, parti* angehören (+*dat*); **2.** (*spécialité*) Fach(gebiet) *n*; Sparte *f*; COMM Branche *f*; *je ne suis pas de la ~* ich bin nicht vom Fach, von der Branche; **3. a)** (*durée d'un jeu*) Spiel *n*; Par'tie *f*; *~ d'échecs* Schachpartie *f*; Partie *f* Schach; *faire une ~* ein Spiel(chen) machen; spielen; *faire une ~ de cartes* (miteinander) Karten spielen; *faire une ~ de tennis* e-e Partie Tennis spielen; **b)** *fig* (*lutte*) Kampf *m*; Rennen *n*; *~ de bras de fer* zähes Ringen; Kraftprobe *f*; *abandonner la ~* (das Rennen, den Kampf) aufgeben; *il a la ~ belle* er hat leichtes Spiel; *gagner, perdre la ~* das Spiel, die Partie gewinnen; *fig* das Rennen machen, verlieren; *la ~ est perdue* da ist nichts mehr zu machen, zu retten; *cf a serré 2.*; **4.** *divertissement* Par'tie *f*; Ausflug *m*; *plais ~ carrée* Schäferstündchen *n* zu viert mit Partnertausch; *~ de campagne* Ausflug aufs Land; Landpartie *f*; *~ de canot* (*age*) Bootsfahrt *f*; *~ de chasse* Jagdpartie *f*, -ausflug *m*; *faire une ~ de pêche* zusammen Angeln, Fischen gehen; *fig: ce n'est pas une ~ de plaisir* das ist weiß Gott kein Vergnügen, alles andere als ein Vergnügen; *ce n'est que ~ remise* aufgeschoben ist nicht aufgehoben (*prov*); *se mettre, être de la ~* mit

von der Partie sein; mitmachen; *je suis de la ~ a* ich bin (mit) da'bei; **5.** *JUR* Par'tei *f*; Teil *m*; **~** *civile* Nebenkläger *m*; *se constituer, se porter ~ civile* als Nebenkläger auftreten; *fig avoir affaire à forte ~* es mit e-m starken Gegner zu tun haben; *SPORTS* auf e-n ernstzunehmenden Gegner treffen; *fig prendre qn à ~* j-n angreifen; auf j-n losgehen; **6.** *MUS* Part *m*; Stimme *f*; **7.** *COMM* **comptabilité** *f* **en ~ double** doppelte Buchführung; Doppik *f*
partiel [paʀsjɛl] *adj* ⟨~le⟩ Teil...; F teilweise; *sc* parti'ell; *informations* unvollständig; lückenhaft; *élection ~le ou subst ~le f* Nach-, Ersatzwahl *f*; *examen ~ ou subst ~ m* Teilprüfung *f*; *résultat ~* Teil-, Zwischenergebnis *n*; *succès ~* Teilerfolg *m*; *emploi m, travail m à temps ~* Teilzeitbeschäftigung *f*, -arbeit *f*
partiellement [paʀsjɛlmɑ̃] *adv* teilweise; zum Teil (*abr* z. T.)
partir¹ [paʀtiʀ] *v/i* ⟨je pars, il part, nous partons; je partais; je partis; je partirai; que je parte; partant; être parti⟩
1. (*s'en aller*) (weg)gehen, fortgehen, losgehen, aufbrechen (*de chez soi* von zu Hause); (*se mettre en route*) (ab)reisen, (ab)fahren, aufbrechen (*à ou pour Paris* nach Paris; *en France* nach Frankreich); fort-, wegfahren, F starten; *train, bus, bateau* (ab)fahren, (ab-)gehen, losfahren; *avion* (ab)fliegen; *troupes* abziehen, abrücken; abmarschieren; *coureur* starten; ♦ *SPORTS à vos marques! prêts? partez!* auf die Plätze – fertig – los!; *elle est déjà partie* sie ist schon weg; *il part demain* er reist morgen (ab); *par euphémisme*: *sa femme est partie* s-e Frau hat ihn verlassen; *il est parti jeune* er ist früh von uns, aus dieser Welt gegangen; *prov ~, c'est mourir un peu* Scheiden tut weh (*prov*); jeder Abschied, jede Trennung ist schmerzlich; ♦ *~ à pied* zu Fuß (los-, weg-, fort)gehen; *le train part dans cinq minutes* der Zug fährt, geht in fünf Minuten (ab); *~ en avion* (mit dem Flugzeug) (ab)fliegen; *~ en bateau* mit dem Schiff fahren; *~ en vacances, en ville* in Urlaub, in die Stadt gehen, fahren; *~ en voiture* im Auto wegfahren; mit dem Auto (weg-)fahren; *~ en voyage* verreisen; auf Reisen gehen; e-e Reise antreten; *~ pour la chasse* auf die Jagd gehen; *cf a ~ guerre*; ♦ *~ faire qc* zu etw aufbrechen, gehen; *~ faire une excursion* zu e-m Ausflug aufbrechen; *aujourd'hui, il est parti travailler plus tôt* heute ist er früher zur Arbeit gegangen, gefahren; ♦ *faire ~* a) *lettre etc* ab-, wegschicken; absenden; abgehen lassen; b) *personne* loswerden; wegschicken; **2.** *~ de* (*provenir de*) ausgehen von; *votre proposition part d'un bon sentiment* Ihr Vorschlag ist gut gemeint; ♦ *loc/prép* **en partant de** ausgehend von; *c'est le 4ᵉ en partant de la droite* von rechts; **3.** (*commencer*) anfangen; beginnen; *l'affaire est bien, mal partie* die Sache läßt sich gut, schlecht an; die Sache nimmt e-n guten, schlechten Anfang; die Sache beginnt recht, wenig verheißungsvoll; *personne il est mal parti* der Anfang ist für ihn wenig ver-

heißungsvoll; er hat e-n schlechten Start; es geht bergab mit ihm; F *c'est parti (, mon kiki)!* F und los geht's!; *orateur* une fois qu'il est parti ... F wenn der erst einmal loslegt ...; *~ d'un éclat de rire* laut auflachen; in Gelächter ausbrechen; *route ~ du faubourg nord de la ville* im nördlichen Außenbezirk der Stadt beginnen; *il est parti de rien, de zéro* er hat mit nichts, bei Null angefangen; **4.** (*disparaître*) bouton, peinture abgehen; tache weggehen; her'ausgehen; maladie weggehen; douleur vergehen; **5.** *coup de feu* fallen; abgefeuert werden; *involontairement* sich lösen; *bouchon de champagne ~ au plafond* an die Decke springen, fliegen; *faire ~ mine etc* auslösen; F hochgehen lassen; *pétard* werfen; **6.** *loc/prép à ~ de* von ... an, ab; *à ~ d'aujourd'hui* ab heute; von heute an, ab; *à ~ d'ici* ab hier; von hier an; *produit obtenu à ~ de la houille* aus Steinkohle gewonnen
partir² [paʀtiʀ] *v/t loc avoir maille à ~ avec qn cf maille 3.*
partisan [paʀtizɑ̃] **I** *m* **1.** *POL* Anhänger *m*; Par'teigänger *m*; Gefolgsmann *m*; *d'une théorie, réforme etc* Anhänger *m*; Verfechter *m*; Befürworter *m*; **2.** *MIL* Parti'san *m*; *guerre f de ~s* Partisanenkrieg *m*; **II** *adj* **1.** ⟨*f inv od* F *-ante*⟩ *être ~ de qc* für etw sein; etw befürworten; für etw eintreten; **2.** ⟨*f ~e*⟩ *esprit ~* Voreingenommenheit *f*; Par'teilichkeit *f*; *querelles ~es* Par'teikämpfe *m/pl*
partitif [paʀtitif] *adj* ⟨-ive⟩ *GR* parti'tiv; Teilungs...; *article ~* Teilungsartikel *m*
partition [paʀtisjɔ̃] *f MUS* Parti'tur *f*; *~ de piano* Kla'vierpartitur *f*, -auszug *m*; *jouer sans ~* auswendig spielen
partouse [paʀtuz] *f* F Sexparty *f*, -orgie *f*
partout [paʀtu] *adv* **1.** überall *ou* über'all; *avec verbe de mouvement* überall'hin; *st/s* aller'orts; allent'halben; *de ~* von überall her; *il a mal de ~* es tut ihm überall weh; *on ne peut être ~ à la fois* man kann nicht überall zugleich sein; **2.** *TENNIS trente ~* dreißig beide; *FOOTBALL deux buts ~* zwei zu zwei (unentschieden) (2:2)
partouze *cf* **partouse**
paru [paʀy] *p/p cf* **paraître**
parure [paʀyʀ] *f* **1.** *litt* (*ornement*) Zierde *f*; Schmuck *m*; **2.** *de bijoux* Geschmeide *n*; *~ de diamants* Dia'mantschmuck *m*, -geschmeide *n*; **3.** *de linge* (Wäsche)Garni'tur *f*
parution [paʀysjɔ̃] *f d'un ouvrage* Erscheinen *n*
parvenir [paʀvəniʀ] *v/t/indir* ⟨*cf* venir; être⟩ **1.** (*atteindre*) *~ à qc, qn* zu etw, j-m gelangen; bei etw, j-m anlangen, ankommen; zu etw, j-m (hin)kommen; j-n, etw erreichen; *~ au bout de son voyage* am Ziel s-r Reise anlangen; *fruit ~ à maturité* zur Reife kommen; *votre lettre m'est parvenue* Ihr Brief ist bei mir angekommen, hat mich erreicht, ist mir zugegangen; *faire ~ qc à qn* j-m etw zugehen lassen, zukommen lassen; schicken; **2.** (*réussir*) *~ à faire qc* etw tun können; *il parvient à (+inf) a* es gelingt ihm zu (+*inf*)
parvenu(e) [paʀvəny] *m(f)* Emporkömmling *m*; Parve'nü *m*
parvis [paʀvi] *m* (Kirchen)Vorplatz *m*

pas¹ [pɑ, pa] *m* **1.** Schritt *m*; Tritt *m*; *~ pl dans la neige etc* Fuß(s)tapfen *f/pl ou m/pl*; Tritte *m/pl*; *faux ~* a) falscher Tritt; Tritt daneben; b) *fig* Fauxpas *m*; Taktlosigkeit *f*; *faire un faux ~* a) stolpern; fehltreten; *st/s* straucheln; b) *fig* e-n Fauxpas, e-e Taktlosigkeit begehen; *lourd* schwerer Schritt, Tritt; *premier ~* erster Schritt (*a fig*); *prov il n'y a que, c'est le premier ~ qui coûte* der erste Schritt ist immer der schwerste; aller Anfang ist schwer (*prov*); *faire les premiers ~* a) *enfant* die ersten Schritte machen, tun; b) *fig après une dispute* den ersten Schritt (zur Versöhnung) tun; *MIL ~ de charge* Sturmschritt *m*; *~ de course* Lauf-, Eilschritt *m*; *aller, marcher au ~ de course* im Laufschritt eilen; im Eilschritt gehen; ♦ *loc/adv*: *~ à ~* [paza̩pa] Schritt für Schritt; schrittweise; *au ~* im (gleichen) Schritt; *aller au ~* im Schritt gehen; *MIL marcher au ~* im Gleichschritt marschieren; *se mettre au ~* Tritt fassen; *fig (re)mettre qn au ~* j-n zur Ordnung rufen; F j-n auf Vordermann bringen; *POL* j-n gleichschalten; *voiture rouler au ~* (im) Schritt fahren; *à chaque ~, à tous les ~* bei jedem Schritt; *à ~ comptés, mesurés* gemessenen Schrittes; *à grands ~* mit großen, langen, weit ausgreifenden Schritten; *fig avancer à grands ~* rasche, große Fortschritte machen; *marcher à grands ~* große, lange Schritte machen; *à petits ~* mit kleinen, kurzen Schritten; *à ~ de loup* auf leisen Sohlen; *d'un ~* (um) e-n Schritt; *s'avancer, reculer d'un ~* e-n Schritt vor-, zurücktreten; *marcher d'un bon ~* kräftig, tüchtig ausschreiten; F e-n guten Schritt am Leib haben; *j'y vais de ce ~* ich gehe sofort, auf der Stelle hin; ♦ *MIL changer de ~* den Schritt, Tritt wechseln; *faire un ~* e-n Schritt machen; *faire les cent ~* auf und ab gehen; hin und her gehen; *faire un ~ en avant, en arrière* e-n Schritt vor-, zurücktreten; *fig c'est un grand ~ de fait* wir sind ein gutes Stück vor'an-, weitergekommen; *'hâter, presser le ~* s-n Schritt beschleunigen; e-n Schritt zulegen; schneller gehen; *st/s* s-e Schritte beflügeln; *fig prendre le ~ sur* überflügeln; hinter sich (*dat*) lassen; ausstechen; *reconnaître qn à son ~* j-n am Schritt erkennen; *retourner, revenir sur ses '~* umkehren; *fig sortir, se tirer d'un mauvais ~* den Kopf aus der Schlinge ziehen; sich aus der Klemme ziehen; *cf a céder 1.*, *emboîter 2. etc*; **2.** *distance ~ pl* Schritt *m/pl*; *à trente ~* in dreißig Schritt Entfernung; *fig c'est à deux ~, à quelques ~ d'ici* das ist ganz in der Nähe; das ist nur ein paar Schritte von hier entfernt; *fig*: *de la dénonciation à la trahison il n'y a qu'un ~* ist es nur ein kleiner Schritt; **3.** *DANSE* (Tanz)Schritt *m*; *figure(s) ~ de deux* Pas de deux *m*; *~ de tango* Tangoschritt *m*; **4.** *SKI DE FOND* Schritt *m*; *~ du patineur* Schlittschuhschritt *m*; **5.** *allure d'un cheval* Schritt *m*; *aller au ~* im Schritt gehen; **6.** *loc/adv* *sur le ~ de la porte* vor der, in der Haustür; **7.** *COMM ~ de porte* Abstand(szahlung) *m(f)*; **8.** *GÉOGR le ~ de Calais* die Stra-

ße von Dover; **9.** *TECH* **a)** *filet* (Gewinde)Gang *m*; ~ *de vis* Schraubengang *m*; **b)** *distance* (Gewinde)Steigung *f*
pas² [pɑ, pa] *adv de négation* **1.** *avec ne* ⟨*in der gesprochenen Sprache meist ohne* ne⟩ **a)** *avec verbe* nicht; *il ne vient ~* er kommt nicht; *je ne vous ai ~ vu* ich habe Sie nicht gesehen; *je ne veux ~ le voir* ich will ihn nicht sehen; *je ne peux ~ ne ~ y croire* ich kann nicht um'hin, daran zu glauben; *je regrette de ne ~ avoir vu ou de n'avoir ~ vu la pièce* ich bedauere (es), das Stück nicht gesehen zu haben; ♦ *ne ... ~ plus* mehr ... nicht; *je n'en dis ~ plus* mehr sage ich nicht darüber; *ne ... ~ non plus* auch nicht; *je n'y vais ~ non plus* ich gehe auch nicht hin; *ne ... ~ que* nicht nur; nicht bloß; *il n'y a ~ que toi ici!* du bist nicht allein hier!; *ce n'est ~ que ..., mais ...* nicht (etw), daß ..., aber ...; *ne ... ~ seulement ... mais aussi* nicht nur ..., sondern auch; *ce n'est ~ sans ... que* nur mit; *ce n'est ~ sans hésitation qu'il a ...* nur zögernd hat er ...; **b)** *ne ... ~ de* (+*subst*) kein(e); *je n'ai ~ d'argent* ich habe kein Geld; *~ une voiture n'était sur la route* kein, nicht ein Auto fuhr auf der Straße; *cf a un I d*); **2.** *sans ne: avez-vous de l'argent? – ~ beaucoup* nicht viel; *il est rentré? – ~ encore* noch nicht; *qui l'a cassé? – moi, ~ ou ~ moi* ich nicht; *pourquoi ~?* warum nicht?; *sûrement ~* ganz bestimmt nicht, gewiß nicht!; *~ du tout* überhaupt nicht; durchaus nicht; *~ la moindre réaction dans la salle* nicht die geringste Reaktion im Saal; *ceci est à vous ou ~?* gehört das Ihnen oder nicht?; *tombera, tombera ~?* fällt er, fällt er nicht?; wird er fallen oder nicht?; ♦ *il a un travail ~ fatigant* er hat keine ermüdende Arbeit; *manger des poires ~ mûres* unreife Birnen essen; *~ mal cf mal¹ I*.
pascal¹ [paskal] *adj* ⟨-als *od* -aux⟩ **1.** österlich; Oster...; *cierge ~* Osterkerze *f*; **2.** *REL JUIVE* Passah...; *agneau ~* Passah-, Osterlamm *n*
pascal² [paskal] *m* ⟨*pl ~s*⟩ (*abr* Pa) *PHYS* Pas'cal *n* (*abr* Pa)
Pascal(e) [paskal] *m(f)* Vornamen
Pas-de-Calais [padkalɛ] *le ~ frz* Departement; *cf a pas¹ 8*.
pas-de-géant [padʒeɑ̃] *m* ⟨*inv*⟩ *SPORTS* Rundlauf *m*
pas-de-porte [padpɔʀt] *m* ⟨*inv*⟩ *COMM* Abstand(szahlung) *m(f)*
passable [pɑsabl(ə)] *adj* **1.** (*acceptable*) leidlich; annehmbar; pas'sabel; einigermaßen, halbwegs gut; **2.** *note scolaire* ausreichend
passablement [pɑsabləmɑ̃] *adv* **1.** (*pas trop mal*) leidlich; einigermaßen; ziemlich gut; **2.** (*assez*) ziemlich viel
passade [pɑsad] *f* **1.** *amoureuse* flüchtige Liebschaft; kurze Liebesaffäre; **2.** (*caprice*) Laune *f*; rasch verfliegende Begeisterung; Strohfeuer *n*
passage [pɑsaʒ] *m* **1.** *action* **a)** *devant qn, qc* Vor'bei- *ou* Vor'übergehen *n*, -kommen *n*; (*à bord*) *d'un véhicule* Vor'beifahren *n*, -fahrt *f*; Vor'überfahren *n*; *à cheval* Vor'beireiten *n*, -ritt *m*; *d'un oiseau, avion* Vor'beifliegen *n*, -flug *m*; *loc/adv: au ~* im Vorbei-, Vor-

übergehen, -fahren *etc*; *les gens se découvraient sur le ~ du cortège* als der Trauerzug vorbeikam; *attendre le ~ du facteur* warten, bis der Briefträger kommt; auf den Briefträger warten; **b)** *en traversant un lieu* 'Durchreise *f*; 'Durchfahrt *f* (*a de véhicules*); 'Durchfahren *n*; *MIL* 'Durchmarsch *m*; *~ interdit!* Durchfahrt, -gang verboten!; *loc/adj de ~* 'durchreisend, -fahrend; auf der Durchreise, -fahrt (befindlich); *être de ~ à Paris* auf der Durchreise in Paris sein; *fig pendant son ~ au ministère* in der kurzen Zeit, in der er im Ministerium tätig war; *rue f où il y a du ~* belebte, verkehrsreiche, stark befahrene Straße; **c)** *d'une rivière* Über'queren *n*, -ung *f*; *en bateau* 'Übersetzen *n*, 'Überfahrt *f* (*du fleuve* über den Fluß); *d'une montagne* Über'queren *n*, -ung *f*; 'Übergang *m* (*des Alpes* über die Alpen); *d'une frontière* Über'schreiten *n*, -ung *f*; Pas'sieren *n*, 'Übertritt *m* (*de la frontière* über die Grenze); *~ de la frontière* a Grenzübertritt *m*; **d)** *de la mer en bateau* 'Überfahrt *f*; Pas'sage *f*; **e)** *d'un état à un autre* 'Übergang *m*, *fig* Wandel *m*; **f)** *ÉCOLE examen de ~* Versetzungsprüfung *f*; **g)** *MÉTÉO ~s nuageux* 'durchziehende Wolken(felder) *f/pl(n/pl)*; **h)** *ASTR* 'Durchgang *m*; **i)** *SPORTS ~ du témoin* Stabübergabe *f*; **2.** *endroit* 'Durchgang *m*, -fahrt *f*, -laß *m*; *CH DE FER, ROUTE* 'Übergang *m*; *couvert* Pas'sage *f*; *ALPINISME un ~ difficile* e-e schwierige Stelle; *panneau ~ protégé* Vorfahrt an der nächsten Kreuzung; *~ souterrain* Unter'führung *f*; *~ à niveau* schienengleicher Bahnübergang; *~ pour piétons* Fußgängerüberweg *m*, -übergang *m*; *laissez le ~!* lassen Sie den Weg, Durchgang frei!; *cf a livrer 3.*; **3.** *d'une œuvre* Stelle *f*; Pas'sage *f*; *d'un texte a* Passus *m*; **4.** *fig ~ à vide* F völliges Abschalten (*infolge Übermüdung*); *avoir un ~ à vide* F geistig weggetreten sein; Mattscheibe haben
passag|er¹ [pɑsaʒe] *m*, *~ère f MAR* Passa'gier *m*; Fahrgast *m*; *AVIAT* (Flug-) Passa'gier *m*; Fluggast *m*, -reisende(r) *f(m)*; *CH DE FER, BUS* Fahrgast *m*; Insasse *m*; *d'une voiture* Insasse *m*, Insassin *f*; *à côté du conducteur* Beifahrer(in) *m(f)*
passager² [pɑsaʒe] *adj* ⟨-ère⟩ **1.** (*rasch*) vor'übergehend; von kurzer Dauer; kurz; *beauté, bonheur* vergänglich; *bonheur a* flüchtig; **2.** *rue cf passant I 1*.
passant [pɑsɑ̃] **I** *adj rue* belebt; verkehrsreich; stark befahren; lebhaft; **II** *loc/adv en ~* **a)** (*au passage*) im Vor-'bei-, Vor'übergehen; **b)** *fig* beiläufig; neben'bei; am Rande; in pas'sant; *soit dit en ~* beiläufig, nebenbei gesagt; **III** *subst* **1.** *~(e) m(f) personne* Pas'sant(in) *m(f)*; Vor'übergehende(r) *f(m)*; **2.** *m anneau* (Gürtel)Schlaufe *f*
passation [pɑsasjɔ̃] *f* **1.** *~ d'un contrat* Vertragsabschluß *m*; **2.** *~ des pouvoirs* Über'tragung *f* der Befugnisse; **3.** *COMM ~ d'écriture* Buchung *f*
passe¹ [pɑs, pas] *f* **1.** *SPORTS* Zuspiel *n*; Ballabgabe *f*; Abspiel *n*; *FOOTBALL* Paß *m*; *~ en arrière* Rückpaß *m*; *faire une ~ à qn* j-m den Ball zuspielen; j-n anspielen; **2.** *TAUROMACHIE* Pas'sage *f*;

3. *fig ~ d'armes* Wortgefecht *n*, -streit *m*; Dis'put *m*; **4.** *~s* (*magnétiques*) *pl* magnetische Striche *m/pl*; **5.** *MIL mot m de ~* Losung(swort) *f(n)*; Kennwort *n*; Pa'role *f*; **6.** *hôtel m, maison f de ~* Stundenhotel *n*; Absteige *f*; **7.** *fig être dans une bonne ~* e-e gute, glückliche Zeit erleben; F e-e Glückssträhne haben; *être dans une mauvaise ~* e-e schwere Zeit 'durchmachen; F e-e Pechsträhne haben; *être en ~ de* (+*inf*) auf dem besten Wege sein, gute Aussichten haben zu (+*inf*); **8.** *TYPO* (*main f de*) *~* Zuschuß(bogen) *m(m/pl)*; *volumes m/pl de ~* über die vorgesehene Auflagenziffer hinaus gedruckte Exemplare *n/pl*
passe² [pɑs, pas] *m cf passe-partout 1*.
passé [pɑse, pa-] **I** *m* **1.** Vergangenheit *f*; Vergangene(s) *n*; *loc/adv: dans le ~* in der Vergangenheit; *comme par le ~* wie früher; F *tout ça, c'est du ~* das gehört alles der Vergangenheit an; F das ist Schnee von gestern; *oublions le ~!* vergessen wir das Vergangene, was früher war!; **2.** *de qn* Vergangenheit *f*; Vorleben *n*; **3.** *GR ~ composé* Perfekt *n*; zweite Vergangenheit; voll'endete Gegenwart; *~ simple* historisches Perfekt; Passé simple *n*; **II** *prép* ⟨*inv*⟩ nach; *~ dix heures, il ne faut pas faire de bruit* nach zehn Uhr ...; *~ le délai* nach Ablauf der Frist; **III** *adj* **1.** vergangen; *l'année ~e, l'an ~* **a)** das vergangene, vorige, verflossene, letzte Jahr; **b)** *loc/adv* vergangenes *etc* Jahr; im vergangenen *etc* Jahr; *il est onze heures ~es* es ist elf (Uhr) durch; **2.** *GR participe ~* Partizip Perfekt *n*; Mittelwort *n* der Vergangenheit; zweites Partizip; **3.** *couleur* verblichen; verschossen; *fleur* verwelkt
passe-crassane [pɑskʀasan, pa-] *f* ⟨*inv*⟩ e-e Art Bergamottebirne
passe-droit [pɑsdʀwa, pa-] *m* ⟨*pl passe-droits*⟩ ungerechtfertigte Bevorzugung; Schiebung *f*
passé|isme [pɑseism(ə)] *m* nost'algisches Festhalten am Vergangenen; *~iste adj* vergangenheitsbezogen; nost'algisch; traditiona'listisch
passe-lacet [pɑslasɛ, pa-] *m* ⟨*pl passe-lacets*⟩ **1.** 'Durchziehnadel *f*; **2.** F *fig être raide comme un ~* F pleite, abgebrannt, blank sein
passementerie [pɑsmɑ̃tʀi] *f* **1.** *articles* Posa'menten *n/pl*; **2.** *industrie, commerce* Posamente'rie *f*
passe-montagne [pɑsmɔ̃taɲ, pa-] *m* ⟨*pl passe-montagnes*⟩ Kopfschützer *m*
passe-partout [pɑspaʀtu, pa-] *m* ⟨*inv*⟩ **1.** *clé* Hauptschlüssel *m*; **2.** *cadre* Wechselrahmen *m*; Passepar'tout *n*; **3.** *adj* ⟨*inv*⟩ für alle Gelegenheiten passend; F Aller'welts...; *péj* Nullachtfuffzehn-...
passe-passe [pɑspas, paspas] *m* ⟨*inv*⟩ *tour m de ~* **a)** Taschenspielerkunststück *n*; **b)** *péj* Taschenspielertrick *m*
passe-plat [pɑspla, pa-] *m* ⟨*pl passe-plats*⟩ 'Durchreiche *f*
passepoil [pɑspwal] *m COUT* Paspel *f ou* österr Passe'poil *m*; Vorstoß *m*; Biese *f*; *~er v/t COUT* paspe'lieren; paspeln; österr passepoi'lieren
passeport [pɑspɔʀ] *m* (Reise)Paß *m*; *~ diplomatique* Diplo'matenpaß *m*

passer [pɑse, pa-]
I v/t **1.** *rivière* über'queren; pas'sieren; (*en*) *voiture a fahren über* (+*acc*); *en bac* 'übersetzen über (+*acc*); *frontière* über'schreiten; pas'sieren; gehen über (+*acc*); *obstacle* über'winden; nehmen; *cap* um'fahren; um'schiffen; SPORTS *ligne d'arrivée* durch'laufen; **quand vous aurez passé la gare ...** wenn Sie am Bahnhof vor'bei(gegangen) sind ...; **faire ~ une rivière à qn** j-n über e-n Fluß setzen; j-n 'übersetzen; **2.** *fig* (*dépasser*) *limite* (*d'âge*) über'schreiten; **~ les bornes, les limites** a zu weit gehen; **il a passé la cinquantaine** er hat die Fünfzig überschritten; er ist über die Fünfzig hinaus; *malade* **il ne passera pas la nuit** er wird die Nacht nicht über'stehen; **3.** *temps, hiver, vacances etc* verbringen; *vacances a* verleben; **~ une bonne nuit** gut schlafen; *malade* e-e gute Nacht haben, verbringen; **~ ses journées, sa vie etc à faire qc** s-e Tage, sein Leben *etc* damit zubringen, damit verbringen, etw zu tun; **~ ses journées à ne rien faire** s-e Tage mit Nichtstun verbringen; **je lis pour ~ le temps** ich lese, um mir die Zeit zu vertreiben; ich lese zum Zeitvertreib; **4.** *examen* machen; ablegen; **faire ~ un examen, un test à qn** j-n prüfen, testen (lassen); j-n e-r Prüfung, e-m Test unter'ziehen; **5.** (*omettre*) *ligne, mot* aus-, weglassen; über'springen; über'gehen; **j'en passe et des meilleures** ich übergehe einiges, und nicht das Schlechteste; *au jeu* **~ son tour** passen; *abs* **je passe** (ich) passe; **6.** (*permettre*) **~ qc à qn** j-m etw 'durchgehen lassen, nachsehen; **passez-moi ce mot, cette expression!** verzeihen Sie dieses Wort, diesen Ausdruck!; **7.** (*donner*) **~ qc à qn** j-m etw geben; j-m etw (hin'über-, her'über-, F rüber)reichen (*a à table*); TÉL **je vous passe Monsieur X** ich gebe Ihnen Herrn X; ich verbinde Sie mit Herrn X; SPORTS **~ le ballon à qn** j-m den Ball zuspielen; den Ball an j-n abgeben; COMM **~ une commande à qn** bei j-m e-e Bestellung aufgeben; j-m e-n Auftrag erteilen; TÉL F **~ un coup de fil à qn** j-n anrufen; **~ une maladie à qn** j-n (mit e-r Krankheit) anstecken; **~ la parole à qn** das Wort an j-n weitergeben; **tu me passes ta voiture ce soir?** kann ich heute abend deinen Wagen haben?; F **qu'est-ce qu'il lui a passé!** F der hat ihn vielleicht runtergeputzt, abgekanzelt!; **8.** JUR *contrat,* COMM *marché* abschließen; **9.** (*enfiler*) *vêtement* (rasch) 'überziehen, -streifen, anziehen; schlüpfen in (+*acc*); **10.** CUIS *soupe, sauce* (durch ein Sieb) pas'sieren; 'durchpassieren, -seihen; *thé* durch ein Sieb laufen lassen, gießen; *café* filtern; **11.** *film, vidéo* vorführen; zeigen; *spectacle* aufführen; *disque* auflegen; laufen lassen; *cassette* (ab)spielen; **12.** AUTO **~ la seconde** in den zweiten (Gang) schalten, gehen; **~ les vitesses** schalten; **13.** COMM **~ une écriture** e-e Buchung vornehmen; **~ qc au compte des pertes et profits** etw auf dem Gewinn-und-Verlust-Konto verbuchen; **14.** (*assouvir*) **~ sa colère, ses nerfs sur qn** s-n Zorn, s-e Nervosität an j-m auslassen, abreagieren; **15.** *furtivement* **~ un faux billet** e-n falschen Geldschein in Zahlung geben, anbringen; **~ en fraude** (ein-, her'aus)schmuggeln; **16.** (*mettre*) **~ une bague au doigt** e-n Ring an den Finger stecken; **~ la main dans les cheveux, sur le front de qn** j-m mit der Hand durch die Haare fahren, über die Stirn streichen, fahren; **faire ~ une annonce dans le journal** e-e Anzeige, Annonce aufgeben, in die Zeitung setzen; *caoutchouc* **~ dans l'ourlet** in den Saum einziehen; *bras etc* **~ par la portière** zum Wagenfenster her'aus- *ou* hin'ausstrecken, -stecken; **17.** (*traiter*) **~ qc à qc** etw mit etw behandeln; *plaie* **~ à l'alcool** mit Alkohol auswaschen, reinigen; *parquet* **~ à la cire** wachsen; **~ qn par les armes** j-n erschießen; **18.** (*appliquer*) **~ qc sur qc** etw auf etw (*acc*) auftragen; **~ une couche** (**deux couches**) **de peinture sur qc** e-e Farbschicht (zwei Farbschichten) auf etw auftragen; etw (zweimal) streichen; **19.** MIL **~ en revue** *cf* revue *4.; cf a d'autres subst correspondants.*
II v/i ⟨avoir, häufiger être⟩ **20.** *devant qn, qc* vor'bei- *ou* vor'übergehen, -kommen, -laufen; (*à bord d'un*) *véhicule* vor'bei- *ou* vor'überfahren; *à cheval* vor'beireiten; *oiseau, avion* vor'bei- *ou* vor'überfliegen; **en traversant un lieu** durch'gehen, -laufen, -kommen, -reisen, MIL -ziehen, -marschieren; (*à bord d'un*) *véhicule* 'durchfahren; *d'un endroit à un autre* gehen; (*à bord d'un*) *véhicule* 'durchfahren; CUIS *café* 'durchlaufen; ÉLECT *courant* fließen; *fig* **loi au Parlement** 'durchkommen; verabschiedet, angenommen werden; *idées, principe* sich 'durchsetzen; *Boden* gewinnen; *circulaire, slogan* her'umgehen; **ne pas ~** *objet* nicht 'durchgehen; *repas* im Magen liegen; THÉ *scène etc* beim Publikum nicht ankommen; kein Echo finden; MIL **l'ennemi ne passera pas** der Feind wird nicht 'durchkommen; *expressions:* **a)** *abs:* **défense de ~!** 'Durchgang, -fahrt verboten!; **on ne passe pas!** hier ist kein 'Durchgang, keine 'Durchfahrt!; hier können Sie nicht durch!; **passez donc!** bitte, treten Sie ein!; **il n'y a pas moyen de ~** man kommt nicht durch, vorbei; es ist kein 'Durchkommen; **le boulanger passe tous les mardis** der Bäcker kommt jeden Dienstag (durch, vorbei); **le facteur vient de ~** der Briefträger ist gerade dagewesen; **b)** *avec inf:* **il est passé me prendre** er hat mich abgeholt; F er ist mich abholen gekommen; **je passerai voir Paul** ich werde Paul kurz besuchen (gehen); **c)** *avec adj et adv:* **où est passé mon crayon?** wo ist mein Bleistift hingekommen?; **y ~** *économies, fortune* F draufgehen; *personne* F dran glauben müssen (*a mourir*); **~ inaperçu, outre²** *I.*; **d)** *avec prép et loc/adv:* **~ à autre chose** zu etwas anderem übergehen; **~ à l'ennemi** (zum Feind) 'überlaufen; **il est passé à Paris** er ist auf der 'Durchreise, -fahrt in Paris gewesen; **la Seine passe à Paris** die Seine fließt durch Paris; *voiture* **~ au rouge** bei Rot durchfahren; **passons à table!** gehen wir zu Tisch!; MÉD **~ à la visite médicale** ärztlich unter'sucht werden; *fig* **~ avant qn, qc** vor j-m, etw den Vorrang haben; wichtiger sein als j, etw; **~ chez qn** kurz bei j-m vorsprechen; bei j-m her'einschauen, F vorbeikommen; **~ à côté de qn, qc** (seitlich) an j-m, etw vorbeigehen, -fahren; *élève* **~ dans la classe supérieure** versetzt werden; in die nächste Klasse kommen; **un frisson lui passa dans le dos** ein Schauer lief ihm über den Rükken; *mot* **~ dans une langue** in e-e Sprache eindringen; sich in e-r Sprache einbürgern; *mot* **~ dans l'usage** gebräuchlich, üblich werden; **~ de l'autre côté** auf die andere Seite gehen; von der anderen Seite kommen; **~ de mode** aus der Mode kommen; unmodern werden; PHYS **~ de l'état liquide à l'état gazeux** vom flüssigen in den gasförmigen Zustand 'übergehen; *propriété* **~ du père au fils** vom Vater auf den Sohn 'übergehen; **~ d'une pièce à ou dans une autre** von e-m Zimmer in ein anderes (hin'über)gehen; **~ de France en Italie** von Frankreich nach Italien fahren, reisen; **~ de main en main** von Hand zu Hand gehen; **~ derrière qn, derrière la maison** hinter j-m, hinter dem Haus vorbeigehen, -fahren; F **le camion lui a ou est passé dessus** der Lastwagen hat ihn über'fahren; **une passerelle passe au-dessus de la voie ferrée** führt über die Bahnlinie; **~ devant qn, qc** an *ou* vor j-m, etw vorbeigehen, -fahren, -kommen; etw passieren; **passez devant!** gehen Sie voran, voraus!; *dans une queue* **il m'est passé devant** er hat sich vor mich gestellt, gedrängt; **~ devant qn pour lui montrer le chemin** vor j-m hergehen ...; **~ devant un tribunal** vor Gericht kommen; *conducteur* **~ en seconde** in den zweiten Gang schalten, gehen; *élève* **~ en cinquième** in die Quinta kommen, versetzt werden; **~ par a)** *personne: rue, lieu* gehen, laufen, fahren, kommen durch; 'durchfahren, -kommen; pas'sieren; *ville, pays a* ('durch)reisen durch; ('durch-) ziehen durch; (*via*) fahren, reisen, kommen über (+*acc*); *par ext: école* absol'vieren; *services d'une entreprise* durch'laufen; **b)** *route* führen, verlaufen über (+*acc*); F **~ par chez qn** F bei j-m vor'beikommen, -schauen; *fumée* **~ par la cheminée** durch den Schornstein abziehen; **il faut ~ par la Croix-Rouge (pour ...)** man muß sich an das Rote Kreuz wenden (, um zu ...); nur über *ou* durch das Rote Kreuz kann man ...; *fig* **il faut en ~ par là** darum kommt man nicht herum; das muß 'durchgestanden werden; in den sauren Apfel muß man beißen; **je suis passé par là** das habe ich auch 'durchgemacht; davon weiß ich ein Lied zu singen; **~ par bien des mains** durch viele Hände gehen; **ça fait du bien par où ça passe** ah, das tut gut!; **~ par la porte** zur *ou* durch die Tür her'ein- *ou* her'auskommen, hin'ein- *ou* hin'ausgehen; **~ par la voie hiérarchique** den Dienstweg gehen, beschreiten; **il faut en ~ par ses volontés, par ses caprices** man muß sich s-m Willen, s-n Launen beugen, fügen; **~ sous un pont** unter e-r

Brücke 'durchgehen, -fahren, *nageur* -schwimmen; F **~ sous un train, sous une voiture** unter e-n Zug, unter ein Auto kommen; **~ sur qc** a) über etw *(acc)* gehen, fahren; b) *fig (ne pas tenir compte)* über etw *(acc)* hin'weggehen; etw über'gehen; etw beiseite lassen, weglassen; nicht mit etw nicht lange aufhalten; *imperfections, erreurs* etw hinnehmen, in Kauf nehmen; sich mit etw abfinden; *abs: pour abréger* **passons!** weiter!; doch lassen wir das!; **e)** *avec verbes:* **faire ~** *personne, véhicule* 'durchlassen; passieren lassen; *projet de loi* 'durchbringen; *objet* weiter-, her-'umreichen; her'umgehen lassen; *consigne, mot d'ordre etc* weitersagen; 'durch-, weitergeben; *médecin etc* **faire ~ qn avant les autres** j-n vor den anderen drannehmen; **ne faire que ~** a) *chez qn* nicht lange bleiben; F nur kurz, nur auf e-n Sprung vor'beikommen; nur mal schnell her'einschauen, -gucken; b) *en voyage* nur auf der 'Durchreise, -fahrt sein; nur 'durchreisen, -fahren; **laisser ~** *personne, véhicule* vor'bei-, 'durchlassen; passieren lassen; *lumière* 'durchlassen; *fig: faute* 'durchgehen lassen; über'sehen; *occasion* vor-'übergehen lassen; versäumen; verpassen; *laissez ~!* geben, machen Sie den Weg frei!; machen Sie Platz!; **laisse-moi ~ le premier!** laß mich vor!; **pouvoir ~** vor'bei-, 'durchkönnen; F *résultat* leidlich, mittelmäßig, noch ganz annehmbar sein; noch so hin-, angehen mögen; **vouloir ~** vor'bei-, 'durchwollen; 21. *(être tolérable)* **passe** *(encore) de* (+*inf*) es mag noch angehen, hingehen, daß ...; **passe pour cette fois** diesmal mag es noch hingehen; **passe encore, mais ...** das mag noch angehen, aber ...; 22. F *fig: douleur physique* **il l'a senti ~** F das hat ihm verdammt weh getan; er hat die Engel (im Himmel) singen hören; **il l'a sentie ~, la note** F das war ein teurer Spaß für ihn; er hat tief in die Tasche greifen müssen; F er hat ganz schön blechen müssen; 23. *(être promu)* **~ capitaine** *etc* Hauptmann *etc* werden; zum Hauptmann *etc* befördert werden, ernannt werden, aufrücken; *fig* **il est passé maître dans l'art de mentir** er ist ein Meister im Lügen; 24. ⟨*avoir*⟩ *personne* **~ pour** (+*adj ou subst*) gelten als; angesehen werden als, für; gehalten werden für; **faire ~ qn pour** (+*subst*) j-n ausgeben als; *péj* j-n hinstellen als; **se faire ~ pour** (+*subst*) sich ausgeben als, für; **se faire ~ pour un étranger** sich als Ausländer, für e-n Ausländer ausgeben; 25. *temps, heures etc* vergehen; da'hingehen; verstreichen; verrinnen, verfließen; *douleur, chagrin* vergehen; vor'übergehen; weggehen; *colère* vergehen; verrauchen; sich legen; *couleurs, étoffe* verblassen; verbleichen; verschießen; *douleurs, chagrin* **ça va ~** das ist jetzt bald vorüber, weg; das hört bald auf; F **ça lui passera avant que ça me reprenne** F bald wird er die Nase davon voll haben; **maintenant que le plus dur est passé** jetzt, wo das Schlimmste vorüber, vorbei, über-

'standen ist; **comme le temps passe!** wie die Zeit vergeht!; *prov* **tout passe, tout lasse, tout casse** nichts ist beständig, von Dauer; **faire ~ qc** etw beseitigen; *douleurs* nehmen, vergehen lassen; **faire ~ qc à qn** j-m etw austreiben; **ces cachets m'ont fait ~ mon mal de tête** durch diese Tabletten sind meine Kopfschmerzen weg, verschwunden, vergangen; 26. *film* laufen; gespielt, gezeigt werden; *spectacle* aufgeführt, gespielt werden; **~ à la télévision** *acteur etc* im Fernsehen auftreten, zu sehen sein; *émission* im Fernsehen kommen; 27. *régional (mourir)* ⟨*avoir*⟩ sterben; verscheiden; F hin'übergehen; **III** *v/pr se ~* 28. *événement* sich ereignen; sich zutragen; sich abspielen; vor sich gehen; pas'sieren; vorfallen; geschehen; *st/s* sich begeben; *scène, action* spielen *(à Paris* in Paris*)*; *menace* F **ça ne se passera pas comme ça!** so geht das nicht!; das kommt nicht in Frage!; **comment s'est passé votre voyage?** wie war Ihre Reise?; wie ist Ihre Reise verlaufen?; **tout s'est bien passé** alles ist glattgegangen; alles ist gut verlaufen, gutgegangen, gut (ab)gelaufen; F alles hat geklappt; **cela s'est mal passé** es ist schlecht (ab)gelaufen; F es ist schiefgegangen, hat nicht geklappt; ♦ *impersonnel*: **il ne se passe jamais rien ici** hier passiert nie etwas, ist nie etwas los, tut sich nie etwas; **il s'en passe de belles quand je ne suis pas là** es geht hoch her *ou* der Teufel ist los, wenn ich nicht da bin; **comment cela s'est-il passé?** wie hat sich die Sache zugetragen?; wie ist das passiert?; **que se passe-t-il?** *ou* **qu'est-ce qui se passe?** was ist hier los?; was geht hier vor?; was gibt es hier?; 29. *temps, douleurs cf* 25.; *impersonnel* **il ne se passe de jour qu'il ne nous écrive** es vergeht kein Tag, an dem er uns nicht schreibt; 30. **se ~ de qc** nicht auf etw *(acc)* verzichten; ohne etw auskommen; **s'il ne veut pas venir, on se passera de lui** dann geht es auch ohne ihn; *si vous n'avez pas de sucre,* **on s'en passera** kommen wir auch ohne aus; geht es auch ohne; **ne plus pouvoir se ~ de qc, qn** etw, j-n nicht mehr entbehren, missen können; 31. *réfléchi* **se ~ la main sur le front** sich mit der Hand über die Stirn streichen, fahren

passereaux [pasRo] *m/pl* ZO Sperlingsvögel *m/pl*

passerelle [pasRɛl] *f* **1.** *(pont étroit)* Steg *m*; Fußgängerbrücke *f*, -überführung *f (a CH DE FER)*; **2.** AVIAT, MAR Gangway ['gɛŋve] *f*; AVIAT **~ télescopique** Fluggastbrücke *f*; **3.** MAR **~** *(de navigation)* (Kom'mando)Brücke *f*; **4.** *fig* Bindeglied *n*; Brücke *f*

passe-temps [pastɑ̃, pa-] *m* ⟨*inv*⟩ Zeitvertreib *m*

passeur [pasœR] *m* **1.** *batelier* Fährmann *m*; **2.** *clandestin* (Menschen-) Schmuggler *m*; Fluchthelfer *m*; F *péj* Schlepper *m*; **~ de drogue** Rauschgiftschmuggler *m*

passible [pasibl(ə)] *adj* JUR **être ~ d'une amende** mit e-r Geldstrafe rechnen müssen; e-e Geldstrafe zu gewärtigen haben

passif [pasif] **I** *adj* ⟨-ive⟩ **1.** *personne, comportement* passiv; inaktiv; unbeteiligt; **résistance passive** passiver 'Widerstand; **rester ~ devant qc** inaktiv, gleichgültig, teilnahmslos gegenüber etw bleiben; **2.** GR **forme passive** pas-'sivische Form; **voix passive** Passiv *n*; Leideform *f*; **II** *m* **1.** COMM Pas'siva *pl*; Schulden *f/pl*; Verbindlichkeiten *f/pl*; *d'une faillite* Schuldenmasse *f*; *d'un bilan* Passivseite *f*; **2.** GR Passiv *n*; Leideform *f*; **au ~** im Passiv; **mettre au ~** ins Passiv setzen

passiflore [pasiflɔR] *f* BOT Passi'onsblume *f*

passion [pasjõ] *f* **1.** *amoureuse* Leidenschaft *f*; leidenschaftliche, glühende, unbezwingliche Liebe; heftige Zuneigung; **2.** *(émotion)* Leidenschaft *f*; **~s politiques** politische Leidenschaften; *par ext: œuvre* **pleine de ~** mitreißend; erregend; **maîtriser ses ~s** s-e Leidenschaft(en) beherrschen, zügeln; **3.** *(vive inclination)* Leidenschaft *f*; Passi'on *f*; **~ du jeu** Spielleidenschaft *f*; **~ de la lecture** F Lesewut *f*; **~ des voyages** unbezähmbare Reiselust *f*; **4.** REL **la ♀** *(du Christ)* die Passi'on; das Leiden (und Sterben) Christi; **5.** BEAUX-ARTS, MUS **♀** Passi'on *f*; **la ♀ selon saint Matthieu** die Mat'thäuspassion; **6.** BOT **fleur *f*, fruit *m* de la ♀** Passi'onsblume *f*, -frucht *f*

passionnant [pasjonɑ̃] *adj* spannend; fesselnd; packend; aufregend; begeisternd; mit-, hinreißend

passionné [pasjone] *adj* leidenschaftlich; *partisan a* begeistert; *chasseur, lecteur etc a* passio'niert; begeistert; *haine, amour a* glühend; *amour a* heiß; brennend; **il est ~,** *subst* **c'est un ~ de la chasse, du jeu** er ist ein leidenschaftlicher, passionierter, begeisterter Jäger, Spieler; **elle est ~e,** *subst* **c'est une ~e de musique** sie liebt die Musik leidenschaftlich

passionnel [pasjonɛl] *adj* ⟨-le⟩ **crime ~** im Af'fekt begangenes Verbrechen; **drame ~** Eifersuchtsdrama *n*

passionnément [pasjonemɑ̃] *adv* leidenschaftlich; *aimer a* glühend; heiß

passionner [pasjone] **I** *v/t* **1.** *œuvre, film etc* **~ qn** j-n begeistern, hinreißen, fesseln, packen, leidenschaftlich erregen; **2.** *débat* emotionali'sieren; **II** *v/pr se ~ pour qc* sich für etw begeistern; für etw schwärmen

passivité [pasivite] *f* Passivi'tät *f*

passoire [paswaR] *f* CUIS Sieb *n*; 'Durchschlag *m*; **~ (à thé)** Teesieb *n*; *fig* **sa mémoire est une ~** sein Gedächtnis ist wie ein Sieb

pastel¹ [pastɛl] *m* **1.** PEINT **a)** *(crayon m de)* **~** Pa'stellstift *m*, -farbe *f*; **au ~** *loc/adj* Pastell...; *loc/adv* mit Pastellfarben; in Pastell; **portrait *m* au ~** Pastellbildnis *n*, **b)** *œuvre* Pa'stell *n*; Pa'stellgemälde *n*, -zeichnung *f*, -bild *f*; **2.** *adj* ⟨*inv*⟩ **tons *m/pl* ~** Pa'stelltöne *m/pl*

pastel² [pastɛl] *m* **1.** BOT (Färber)Waid *m*; **2.** *adj* **bleu *m* ~** ⟨*inv*⟩ Indigoblau *n* (aus Färberwaid)

pastèque [pastɛk] *f* BOT Wassermelone *f*

pasteur [pastœR] *m* **1.** ÉGL PROT **~** *(protestant)* (evan'gelischer) Pfarrer, Pastor; **femme *f* du ~** Pfarrfrau *f*; *adj* **femme *f* ~** Pa'storin *f*; Pfarrerin *f*; **2.**

pasteurisation – pâtisserie

BIBL le Bon ♫ der Gute Hirte; **3.** *poét (berger)* Hirte *m*
pasteuris|ation [pastœʀizasjɔ̃] *f* Pasteurisati'on *f*; Pasteuri'sierung *f*; **~er** *v/t* pasteuri'sieren; *adjt lait pasteurisé* pasteurisierte Milch; *schweiz* Pastmilch *f*
pastich|e [pastiʃ] *m LITTÉRATURE* Nachahmung *f* (des Stils); *PEINT, MUS* Pa'sticcio [-tʃo] *n*; **~er** *v/t* nachahmen; **~eur** *m* Nachahmer *m*
pastille [pastij] *f* **1.** *confiserie* (Zucker-, Schoko'laden)Plätzchen *n*; Pa'stille *f*; **2.** *PHARM* Pa'stille *f*; **3.** *tissu à ~s* gepunktet; mit großen Punkten; **4.** *TECH* Ta-'blette *f*
pastis [pastis] *m* Aperitif mit Anis
pastoral [pastɔʀal] *adj* ⟨-aux⟩ **1.** *LITTÉRATURE* Schäfer...; Hirten...; *pasto'ral*; *chant* **~** Schäfer-, Hirtenlied *n*; *roman* **~** Schäferroman *m*; *Beethoven* **la symphonie ~e** *ou subst* **la** ♫**e** die Pasto'rale; **2.** *REL* seelsorgerisch; seelsorg(er)lich; pfarramtlich; pasto'ral; *lettre ~e* Hirtenbrief *m*
pastorale [pastɔʀal] *f* **1.** *LITTÉRATURE* Schäfer-, Hirtendichtung *f*; *THÉ* Schäferspiel *n*; **2.** *PEINT, MUS* Pasto'rale *n ou f*
pastorat [pastɔʀa] *m ÉGL PROT* Pasto-'rat *n*; Pfarramt *n*
pastour|eau [pasturo] *litt m* ⟨*pl* **~x**⟩ junger Hirt; **~elle** *litt f* junge Hirtin
pat [pat] *ÉCHECS* **I** *adj* ⟨*inv*⟩ patt; *être* **~** patt sein; **II** *m* Patt *n*
patachon [pataʃɔ̃] *m loc* F *mener une vie de* **~** ein Lotterleben führen
Patagonie [patagɔni] *la* **~** Pata'gonien *n*
patapouf [patapuf] **I** *int chute de qn* plumps!; bums!; **II** *m* F *gros* **~** F Fettkloß *m*; *enfant* F Pummel *m*; Dickerchen *n*
pataquès [patakɛs] *m* falsche Bindung (*im Frz*); *faire un* **~** falsch binden
patate [patat] *f* **1.** *BOT* **(douce)** Süßkartoffel *f*; Ba'tate *f*; **2.** F (*pomme de terre*) Kar'toffel *f*; **3.** F (*imbécile*) Dumm-, Schwachkopf *m*; F Trottel *m*; **4.** *fig* *en avoir gros sur la* **~** bedrückt, niedergeschlagen sein
patati [patati] *int* F *et* **~** *et patata!* und so schwatzen, F quasseln sie in einem fort
patatras [patatʀa] *int bruit fracassant* krach!; *bruit de chute* bums!; bauz!
pataud [pato] **I** *adj* tolpatschig; täppisch; unbeholfen; **II** *subst* **1.** **~**(*e*) *m(f) personne* Tolpatsch *m*; **2.** *m jeune chien* tolpatschiger junger Hund
pataugeoire [patoʒwaʀ] *f* Planschbecken *n*
patauger [patoʒe] *v/i* ⟨-geons⟩ **1.** *péniblement* waten; F (her'um)patschen; *dans l'eau pour s'amuser* planschen; **2.** F *fig en parlant* sich verwirren; F sich verhaspeln; sich verheddern
patchouli [patʃuli] *m* **1.** *BOT* Patschulipflanze *f*; **2.** *parfum* Patschuli *n*
patchwork [patʃwœʀk] *m COUT* Patchwork ['petʃvœʀk] *n*
pâte [pat] *f* **1.** *CUIS* Teig *m*; **~** *à crêpes*, *à pain* Eierkuchen-, Brotteig *m*; **2.** *pl* **~s (alimentaires)** Teigwaren *f/pl*; **~s aux œufs** Eierteigwaren *f/pl*; **3.** (*substance*) (breiige, formbare) Masse; *PHARM* Paste *f*; **~** *dentifrice* Zahnpasta *f*, -creme *f*; **~** *à modeler* Knetmasse *f*; Plasti'lin *n* (*Wz*); *TECH* **~** *à papier* Pa-'pierbrei *m*; *CUIS*: **~** *d'amandes* Marzipan *n*; **~** *de coings* Quittenbrot *m*; **~s**

de fruits Ge'leefrüchte *f/pl*; *péj c'est une vraie* **~** das ist der reinste Brei, F Pamps; **4.** *fig d'une personne*: *une bonne* **~** ein gutmütiger Mensch; F e-e gute Haut; e-e Seele von Mensch; *une* **~** *molle* ein nachgiebiger, fügsamer, willfähriger Mensch
pâté [pate] *m* **1.** *CUIS* Pa'stete *f*; **~** *de campagne* Pastete aus verschiedenen Fleischsorten; **~** *de foie* Leberpastete *f*; **~** *de foie gras* Gänseleberpastete *f*; **~** *en croûte* (in e-r Blätterteighülle gebackene) Pastete; **2.** (*tache d'encre*) Tintenklecks *m*; *faire des* **~s** klecksen; **3.** **~** *de maisons* Häuserblock *m*, -komplex *m*; **4.** *enfants* faire des **~s** (*de sable*) mit Sandförmchen spielen; Sandkuchen backen
pâtée [pate] *f* **1.** *pour animaux* (breiiges, angemachtes) Futter; **2.** F *fig* **a)** (*correction*) F Dresche *f*; Senge *pl* Wichse *f*; **b)** (*défaite*) F Schlappe *f*
patelin¹ [patlɛ̃] *m* F Nest *n*; Kaff *n*
patelin² [patlɛ̃] *adj litt personne* katzenfreundlich; *ton* honigsüß
patent [patɑ̃] *litt adj* offenkundig, -sichtlich
patente [patɑ̃t] *f* **1.** *impôt jusqu'en 1975* Gewerbesteuer *f*; **2.** *MAR* **~ (***de santé***)** Gesundheitspaß *m*
patenté [patɑ̃te] *adj* **1.** *commerçant* gewerbesteuerpflichtig; **2.** F *fig imbécile, menteur etc* anerkannt
Pater [pateʀ] *m* ⟨*inv*⟩ *REL* Vater'unser *n*; Pater'noster *n*
patère [pateʀ] *f* Kleiderhaken *m*
paternal|isme [patɛʀnalism(ə)] *m* Bevormundung *f*; Paterna'lismus *m*; **~iste** *adj* patriar'chalisch; paterna'listisch; *politique de* Bevormundung
paterne [patɛʀn] *litt adj* gönnerhaft
paternel [patɛʀnɛl] **I** *adj* ⟨-*le*⟩ **1.** Vater...; väterlich; *maison* **~** Vaterhaus *n*; **2.** *parenté du côté* **~** väterlicherseits; **3.** *ton, conseil etc* väterlich; *être très* **~** *avec qn* a wie ein Vater zu j-m sein; **II** *m* F *mon* **~** mein Vater; F mein alter Herr
paternité [patɛʀnite] *f* **1.** Vaterschaft *f* (*a JUR*); **2.** *fig d'une idée etc* Urheberschaft *f*; Autorschaft *f*
pâteux [patø] *adj* ⟨-euse⟩ **1.** *substance* teigig; breiig; F pappig; *encre* dickflüssig; klumpig; **2.** *fig style* schwerfällig; *il répondit d'une voix pâteuse* mit schwerer Zunge; *j'ai la bouche, la langue pâteuse* ich habe e-n trockenen Mund; mir klebt die Zunge am Gaumen
pathétique [patetik] **I** *adj* bewegend; ergreifend; erschütternd; aufwühlend; zu Herzen gehend; aufrüttelnd; leidenschaftlich; **II** *subst litt* **le** **~** *d'une scène* das Ergreifende, Erschütternde, Bewegende, Pa'thetische
patho|gène [patoʒɛn] *adj MÉD* krankheitserregend; *sc* patho'gen; **~logie** *f MÉD* Patholo'gie *f*; Lehre *f* von den Krankheiten; **~logique** *adj MÉD et par ext* krankhaft; patho'logisch
pathos [patos] *m litt et péj* Pathos *n*
patibulaire [patibylɛʀ] *adj air* **~**, *mine* **~** Galgen-, Verbrechergesicht *n*
patiemment [pasjamɑ̃] *adv cf patient*
patience [pasjɑ̃s] *f* **1.** Geduld *f*; *s/s* Langmut *m*; (*persévérance*) Ausdauer *f*; Beharrlichkeit *f*; *jeu m de* **~** Geduld(s)-

spiel *n* (*a fig*); *ouvrage m de* **~** Arbeit, die Geduld und Ausdauer erfordert; geduldige Kleinarbeit; *int* **~***!* (nur) Geduld!; hab(t) ein wenig Geduld!; *menace* **~***! je saurai me venger* abwarten! ich werde mich rächen; *ma* **~** *est à bout ou je suis à bout de* **~** meine Geduld ist erschöpft, zu Ende; mir reißt die Geduld, F der Geduldsfaden; mir geht die Geduld aus; *perdre* **~** die Geduld verlieren; ungeduldig werden; *prendre* **~** sich in Geduld fassen; *prendre son mal en* **~** sein Unglück, *iron* Ungemach geduldig, mit Geduld ertragen; *prov* **~** *et longueur de temps font plus que force ni rage* mit Geduld und Zeit kommt man weit (*prov*); F mit Geduld und Spucke fängt man e-e Mucke (*prov*); Beharrlichkeit führt zum Ziel; **2.** *fig* à *l'épreuve 1.*; **2.** *jeu de cartes* Pati'ence *f*; *faire une* **~** e-e Patience legen
patient [pasjɑ̃] **I** *adj* geduldig; *s/s* langmütig; (*persévérant*) ausdauernd; beharrlich; *être* **~** *avec qn* mit j-m Geduld haben; **II** *subst* **~**(*e*) *m(f) MÉD* Pati'ent(in) *m(f)*
patienter [pasjɑ̃te] *v/i* sich gedulden; geduldig warten; *faire* **~** *qn* j-n warten lassen
patin [patɛ̃] *m* **1.** *SPORTS* **a)** **~** (*à glace*) Schlittschuh *m*; *faire du* **~** Schlittschuh laufen, fahren; eislaufen; **b)** **~** *à roulettes* Rollschuh *m*; *faire du* **~** *à roulettes* Rollschuh laufen, fahren; **2.** *TECH* **~** *de frein* Bremsklotz *m*; F *donner un coup de* **~** plötzlich bremsen; **3.** *CH DE FER* Schienenfuß *m*; **4.** *ÉLECT* Schleifkontakt *m*; **5.** *pour parquet* Filzpantoffel *m*, -fleck *m*; **6.** P baiser (-Zungen-) Kuß *m*; *rouler un* **~** *à qn* j-m e-n Kuß auf den Mund drücken
patinage [patinaʒ] *m* **1.** *SPORTS* **a)** Eislauf(en) *m(n)*; Schlittschuhlaufen *n*; **~** *artistique* Eiskunstlauf *m*; **~** *de vitesse* Eisschnellauf *m*; **b)** **~** *à roulettes* Rollschuhlaufen *n*; **2.** *d'un véhicule* Rutschen *n*; *des roues* 'Durchdrehen *n*
patine [patin] *f* Patina *f*; *sur métal* Edelrost *m*
patiner¹ [patine] *v/i* **1.** *SPORTS* eislaufen; Schlittschuh laufen, fahren; **2.** (*glisser*) *personne, véhicule* rutschen; F schlittern; **3.** *roues* 'durchdrehen; *embrayage* rutschen; *faire* **~** die Kupplung schleifen lassen
patiner² [patine] **I** *v/t TECH* pati'nieren; **II** *v/pr se* **~** Patina ansetzen
patinette [patinɛt] *f* (Kinder)Roller *m*
patin|eur [patinœʀ] *m*, **~euse** *f* Schlittschuhläufer(in) *m(f)*; Eisläufer(in) *m(f)*
patinoire [patinwaʀ] *f* Eisbahn *f*; Schlittschuhbahn *f*; **~** *artificielle* Kunsteisbahn *f*; *fig la route est une vraie* **~** die Straße ist spiegelglatt, ist die reinste Rutschbahn
patio [pasjo, patjo] *m ARCH* Innenhof *m*
pâtir [patiʀ] *v/i s/s* **~** *de qc* unter etw (*dat*) leiden
pâtisserie [patisʀi, pa-] *f* **1.** *coll* **~** *ou* **~s** *pl* feine Backwaren *f/pl*; Feingebäck *n*; *schweiz a* Patisse'rie *f*; *aimer les* **~s** gerne Kuchen essen; **2.** *CUIS* Kuchenbacken *n*; *rouleau m à* **~** Nudelholz *n*; **3.** *magasin* Kondito'rei *f*; Feinbäckerei *f*; *schweiz a* Patisse'rie *f*; **4.** *métier* Kon-'ditorhandwerk *n*; Feinbäckerei *f*

pâtissier [patisje, pa-] *m* Kon'ditor *m*; Fein-, Kuchen-, *österr a* Zuckerbäcker *m*
pâtissière [patisjɛʀ, pa-] *f* **1.** Kon'ditorsfrau *f*; **2.** *adjt* **crème** *f* ~ Va'nillecreme *f* (*als Füllung für Backwaren*)
pâtissier-glacier [patisjeglasje, pa-] *m* ⟨*pl* pâtissiers-glaciers⟩ Eiskonditor *m*
pâtisson [patisõ, pa-] *m* BOT *courge* Bischofsmütze *f*
patois [patwa] **I** *m* Mundart *f*; Dia'lekt *m*; **parler** ~ Dialekt, Mundart sprechen; **II** *adj* **mot** ~ mundartliches Wort; Dia'lektwort *n*
patouiller [patuje] *v/i* F manschen; *dans l'eau a* F patschen
patraque [patʀak] *adj* F **être** ~ sich nicht (recht) wohl fühlen; nicht (recht) auf der Höhe, F auf dem Posten, auf dem Damm sein
pâtre [pɑtʀ(ə)] *litt m* Hirt(e) *m*
patriarc|al [patʀijaʀkal] *adj* ⟨-aux⟩ patriar'chalisch; **~at** *m* SOCIOLOGIE, ÉGL Patriar'chat *n*
patriarche [patʀijaʀʃ] *m* **1.** BIBL Erzvater *m*; Patri'arch *m*; **2.** ÉGL Patri'arch *m*; **3.** *fig* ehrwürdiges Fa'milienoberhaupt; Patri'arch *m*
Patrice [patʀis] *m* Vorname
patric|ien [patʀisjɛ̃], **~ienne I** *m,f* **1.** HIST Pa'trizier(in) *m(f)*; **2.** *litt* Aristo'krat(in) *m(f)*; **II** *adj* pa'trizisch
patrie [patʀi] *f* **1.** (*pays*) Vaterland *n*; Heimat(land) *f(n)*; ~ **d'adoption** Wahlheimat *f*; **c'est ma seconde** ~ das ist meine zweite Heimat; **mourir pour la** ~ für das Vaterland sterben; **2.** (*ville natale*) Vaterstadt *f*; Geburtsort *m*, -stadt *f*; **3.** *fig des arts etc* Heimat *f*
patrimoine [patʀimwan] *m* **1.** Erbe *n*; Erbgut *n*; ererbtes Vermögen, *F* **paternel** väterliches Erbe; **2.** *fig* Erbe *n*; ~ **culturel** Kul'turerbe *n*, -gut *n*; **3.** BIOL ~ **génétique**, **héréditaire** Erbgut *n*, -masse *f*; **4.** JUR Vermögen *n*
patriot|e [patʀijɔt] **I** *m,f* Patri'ot(in) *m(f)*; **II** *adj personne* patri'otisch; vaterländisch gesinnt; *st/s* vaterlandsliebend; **~ique** *adj sentiments, chants etc* patri'otisch; vaterländisch; **~isme** *m* Patrio'tismus *m*; Vaterlandsliebe *f*; vaterländische Gesinnung
patr|on[1] [patʀɔ̃] *m*, **~onne** *f* **1.** (*employeur*) Arbeitgeber(in) *m(f)*; (*chef d'entreprise*) Chef(in) *m(f)*; F Boß *m*; *de restaurant etc* Wirt(in) *m(f)*; **les grands patrons de l'industrie** F die Indu'striebosse *m/pl*; **jeune patron** erfolgreicher, dynamischer junger Unter'nehmer; **patron de pêche** Schiffseigner *m* (e-s Fischdampfers); **2.** REL *du même nom* Namenspatron(in) *m(f)*; (*protecteur*, *-trice*) Schutzpatron(in) *m(f)*, -heilige(r) *f(m)*; Pa'tron(in) *m(f)*; Pa'trona *f*; *d'une église* Kirchenpatron(-in) *m(f)*; **3.** *f* F (*maîtresse de maison*) Hausherrin *f*, -frau *f*; **4.** *m* MÉD Chefarzt *m*; **les grands patrons** F die Halbgötter *m/pl* in Weiß; **5.** UNIVERSITÉ **patron de thèse** Doktorvater *m*
patron[2] [patʀɔ̃] *m* COUT Schnittmuster *n*
patronage [patʀɔnaʒ] *m* **1.** *d'un personnage influent* Schirmherrschaft *f*; Patro'nat *n*; Protekto'rat *n*; **sous le** ~ unter der Schirmherrschaft (+*gén*); **2.** *d'un saint* (Schirm *m* und) Schutz *m*; **3.** **pour jeunes a)** *organisme* Jugendgruppe *f*, -werk *n*; **b)** *siège* Jugendheim *n*; **4.** *loc/adj iron spectacle etc* **de** ~ erbaulich; na'iv; harmlos
patronal [patʀɔnal] *adj* ⟨-aux⟩ **1.** Arbeit'geber...; **cotisation** ~**e** Arbeitgeberbeitrag *m*; **2.** ÉGL CATH Patro'nats...; **fête** ~**e** Patronatsfest *m*; Patro'zinium *n*
patronat [patʀɔna] *m coll* Arbeit'geber(-schaft) *m/pl(f)*
patronner [patʀɔne] *v/t* prote'gieren; fördern; begünstigen; unter'stützen; eintreten für
patronnesse [patʀɔnɛs] *adj f iron* **dame** ~ (Vorstands)Dame *f* e-s Wohltätigkeitsvereins
patronym|e [patʀɔnim] *litt m* Fa'milienname *m*; **~ique** *adj* ADM **nom** ~ Fa'milienname *m*
patrouille [patʀuj] *f* **1. a)** *de police* Streife *f*; ~ **de police** Poli'zeistreife *f*; **b)** MIL Patrouille [pa'tʀuljə] *f*; *de soldats a* Spähtrupp *m*; **2. mission a)** *de police* Streifen-, Kon'trollgang *m*; **b)** MIL Pa'trouille *f*; Pa'trouillen-, Erkundungsgang *m*; Spähtruppunternehmen *n*; AVIAT MIL Pa'trouillen-, Erkundungsflug *m*; MAR MIL Pa'trouillen-, Erkundungsfahrt *f*
patrouiller [patʀuje] *v/i* patrouillieren [patʀul'ji:ʀən]
patrouilleur [patʀujœʀ] *m* **1.** MAR MIL Pa'trouillenboot *m*; AVIAT MIL Jagdflugzeug *n* auf e-m Erkundungsflug; **2.** ~ **scolaire** Schülerlotse *m*
patte [pat] *f* **1.** ZO Pfote *f*; *d'un fauve a* Tatze *f*; Pranke *f*; *d'un oiseau, insecte, cheval* Bein *n*; Fuß *m*; *fig*: ~**s de mouche** kritzelige Handschrift; F Gekritzel *n*; Gekrakel *n*; **pantalon à** ~**s d'éléphant** Hose *f* mit ausgestelltem Bein; *chien* **donner la** ~ Pfötchen geben; **faire** ~ **de velours** *chat* Samtpfötchen machen; die Krallen einziehen; *fig personne* katzenfreundlich sein; **2.** F (*jambe*) Bein *n*; Fuß *m*; F Hachse *f*; *südd* Haxen *m*; *loc/adv* **à** ~**s** zu Fuß; F per pedes; **avoir 20 km dans les** ~**s** 20 km gelaufen sein; **se casser la** ~ sich das Bein brechen; **être bas, court sur** ~**s** kurzbeinig sein; kurze Beine haben; **marcher à quatre** ~ auf allen vieren kriechen, laufen; *fig* **montrer** ~ **blanche** sich gebührend ausweisen; *fig* **tirer dans les** ~ **de qn** j-m in den Rücken fallen; **3.** F (*main*) F Pfote *f*; Flosse *f*; **bas les** ~**s!** Finger, Hände, F Pfoten weg!; *fig* **graisser la** ~ **à qn** j-n schmieren; **4.** *pl* ~**s** (*favoris*) Kote'letten *pl*; **5.** COUT Patte *f*; Klappe *f*; ~ **d'épaule** Schulter-, Achselpatte *f*, -klappe *f*; **6.** MAR *d'une ancre* Flunke *f*; **7.** TECH (*attache*) Halterung *f*; **8.** ~ **d'oie** *cf* **patte-d'oie**
patte-d'oie [patdwa] *f* **1.** *carrefour* Straßen-, Wegkreuzung *f*; **2.** *à l'œil* **pattes--d'oie** *pl* Krähenfüße *m/pl*
pattemouille [patmuj] *f* feuchtes (Bügel)Tuch
pâturage [pɑtyʀaʒ] *m* (Vieh)Weide *f*; Weidefläche *f*; ~**s** *pl a* Weideland *n*
pâture [pɑtyʀ] *f* **1.** *des animaux* Futter *n*; Nahrung *f*; **2.** *fig* Nahrung *f*; **donner, jeter, livrer qc en** ~ **à qn** j-m etw preisgeben, opfern, ausliefern; F zum Fraß vorwerfen
pâturer [pɑtyʀe] *v/i* weiden

paturon [patyʀɔ̃] *ou* **pâturon** [pɑtyʀɔ̃] *m du cheval* Fessel *f*
Paul [pɔl] *m* **1.** *prénom* Paul *m*; **2.** *apôtre* Paulus *m*
Paule [pɔl] *f* Paula *f*
Paulette [pɔlɛt] *f* Vorname
paume [pom] *f* **1.** *de la main* Handfläche *f*, -teller *m*; **2.** (*jeu m de*) ~ altes französisches Ballspiel; HIST **serment** *m* **du Jeu de ♀** Ballhausschwur *m*
paumé [pome] F **I** *adj* **être complètement** ~ völlig ratlos, hilflos, F aufgeschmissen sein; **II** *subst* ~(**e**) *m(f)* j, der völlig ratlos *etc* ist
paumelle [pomɛl] *f* TECH *d'une porte* (Angel)Band *n*
paumer [pome] F **I** *v/t* ~ *qc* etw verlieren, verlegen, F verbumfiedeln, versaubeuteln; **II** *v/pr* **se** ~ sich verirren, verlaufen; *en voiture a* sich verfahren
paupér|isation [popeʀizasjõ] *f* ÉCON Verelendung *f*; Verarmung *f*; **~isme** *m* ÉCON Massenelend *n*, -armut *f*; Paupe'rismus *m*
paupière [popjɛʀ] *f* (Augen)Lid *n*; **fermer les** ~**s** die Augen zudrücken (*d'un mort* e-m Toten)
paupiette [popjɛt] *f* CUIS ~ **de veau** Kalbsroulade *f*
pause [poz] *f* **1.** Pause *f*; **en travaillant, marchant a** Ruhepause *f*; **en marchant a** Rast *f*; F ~ **café** Kaffeepause *f*; ~ **de midi** Mittagspause *f*; **cinq minutes de** ~ fünf Minuten Pause *f*; **faire une** ~ e-e Pause machen, einlegen; pau'sieren; **2.** MUS ganze Pause *f*; Ganztaktpause *f*
pauvre [povʀ(ə)] **I** *adj* **1.** *personne, pays* arm; *demeure, vêtements* ärmlich; armselig; dürftig; *vêtements a* schäbig; *demeure a* kümmerlich; *nourriture* ohne großen Nährwert; *sol* arm; karg; mager; nicht sehr fruchtbar; *gisement* wenig ergiebig; unergiebig; *langue* wortarm; arm an Ausdrucksmitteln; **quartier** *m* ~ Armenviertel *n*; **rime** *f* ~ stumpfer, männlicher Reim; *loc/adj* **en, île de** ~ arm an (+*dat*); ...arm; ~ **en vitamines** vita'minarm; F ~ **d'esprit** geistig arm; **2.** (*malheureux*) arm; bedauernswert; beklagenswert; **la** ~ **bête** das arme Tier; **France!** **armes Frankreich!**; **un** ~ **sourire** ein armseliges, schwaches Lächeln; ~ **de moi!** ich Arme(r), Ärmste(r)!; **3.** *en s'adressant à qn* **mon** ~ **ami** Lieber; mein (lieber) Freund; **mon** ~ **monsieur** lieber *ou* guter Mann; **II** *subst* **1.** *m*; **les** ~**s** *a* die armen Leute *pl*; **les nouveaux** ~**s** die neuen Armen *m/pl*; **riches et** ~**s** arm und reich; **2.** *exprimant la pitié* **le, la** ~ der, die Arme, Ärmste; **mon, ma** ~ du Arme(r), Ärmste(r)
pauvrement [povʀəmɑ̃] *adv* être vêtu ärmlich; dürftig; schäbig; vivre kümmerlich; ärmlich
pauvresse [povʀɛs] *litt f* Arme *f*; arme Frau
pauvreté [povʀəte] *f d'une personne, d'un pays* Armut *f*; *d'une demeure, de vêtements* Ärmlichkeit *f*; Armseligkeit *f*; Dürftigkeit *f*; *du sol* Kargheit *f*; Unfruchtbarkeit *f*; *d'un gisement* Unergiebigkeit *f*; *d'une langue* Wortarmut *f*; **vivre dans la** ~ in Armut leben; *prov* ~ **n'est pas vice** Armut schändet nicht (*prov*)

pauvrette [povʀɛt] *la* ~ die Arme, Ärmste; das arme Ding, Geschöpf
pavage [pavaʒ] *m* **1.** *action* Pflastern *n*, -ung *f*; **2.** *résultat* Pflaster *n*; Pflasterung *f*
pavane [pavan] *f DANSE, MUS* Pa'vane *f*
pavaner [pavane] *v/pr se* ~ para'dieren; ein'herstolzieren; sich in Szene setzen; po'sieren
pavé [pave] *m* **1.** *bloc de pierre* Pflasterstein *m*; *fig*: *j'ai un* ~ *sur l'estomac* das Essen liegt mir wie ein Stein im Magen; *c'est le* ~ *dans la mare* das, diese Nachricht schlägt wie e-e Bombe ein; die Sache erregt Aufsehen, löst e-n Skandal aus, schlägt Wellen; *c'est le* ~ *de l'ours* da hat man ihm e-n Bärendienst erwiesen; **2.** *revêtement* (Straßen)Pflaster *n*; ~ *de marbre, de mosaïque* Marmor-, Mosa'ik(fuß)boden *m*; *fig*: *battre le* ~ durch die Straßen bummeln; *F* in den Straßen herumlungern; *être sur le* ~ *F* auf der Straße sitzen, liegen, stehen; *tenir le haut du* ~ zur Oberschicht, zu den oberen Zehn'tausend, *dans une petite ville* zu den Honorati'oren gehören; **3.** *F fig* **a)** *livre F* (dicker) Schinken; Wälzer *m*; **b)** *publicité* auffallender, eingerahmter (Werbe)Text; **4.** *de viande* dickes Fi'letstück
pavement [pavmã] *m* Pflaster *n*; Pflasterung *f*; ~ *de mosaïque* Mosa'ik(fuß)boden *m*
pav|er [pave] *v/t route* pflastern; *schweiz* pflästern; *sol de mosaïque etc* auslegen, belegen; *adjt pavé rue, cour* gepflastert; **~eur** *m* Pflasterer *m*; Steinsetzer *m*; *schweiz* Pflästerer *m*
pavillon [pavijɔ̃] *m* **1.** *ARCH, dans un jardin, d'une exposition, d'un hôpital etc* Pavillon [-lj-] *m*; ~ *de chasse* Jagdhütte *f*; *somptueux* Jagdschlößchen *n*; **2.** (*maison individuelle*) Einfamilienhaus (*de banlieue* in e-m Vorort); **3.** *MAR* Flagge *f*; *COMM* ~ *de complaisance* Billigflagge *f*; *baisser le* ~ die Flagge einholen; *fig baisser* ~ (*devant qn*) (vor j-m) die Flagge, die Segel streichen; sich geschlagen geben; klein beigeben; *navire battant* ~ *britannique* unter britischer Flagge (fahrend); *naviguer sous* ~ *étranger* unter fremder Flagge fahren; **4.** *d'une trompette etc* Schalltrichter *m*; Schallbecher *m*; Stürze *f*; **5.** *ANAT* (*de l'oreille*) Ohrmuschel *f*
pavillonnaire [pavijɔnɛʀ] *adj banlieue etc* aus (einfachen, gleichförmigen) Einfamilienhäusern bestehend
pavois [pavwa] *m* **1.** *MAR* **a)** *de la coque* Schanzkleid *n*; **b)** '*hisser le grand* ~ über die Toppen flaggen; **2.** *HIST* bouclier Pa'vese *f*
pavoiser [pavwaze] *v/t édifice, ville* beflaggen; *abs* flaggen (*a MAR*); *F fig* (*il n'y a pas de quoi* ~) das ist kein Grund zur Freude, stolz zu sein
pavot [pavo] *m BOT* Mohn *m*
payable [pɛjabl(ə)] *adj* zahlbar (*à échéance* bei Fälligkeit)
payant [pɛjɑ̃] *adj* **1.** *personne* zahlend; *hôte,* ~ *spectateur* ~ zahlender Gast, Zuschauer; **2.** *billet* ~ Eintrittskarte, (für) die bezahlt werden muß; *parking* ~ gebührenpflichtiger Parkplatz; **3.** *fig* (*rentable*) lohnend; einträglich; *être* ~

sich lohnen; sich auszahlen; sich bezahlt machen
paye [pɛj] *cf* **paie**
payé [peje] *adj* bezahlt; *tous frais* ~*s* spesen-, kostenfrei; *personne, travail bien, mal* ~ gut, schlecht bezahlt
payement [pɛjmã] *m cf* **paiement**
payer [peje] ⟨-ay- *od* -ai-⟩ **I** *v/t* **1.** *personne, travail* bezahlen; *travail a* hono'rieren; *ouvrier a* entlohnen; *somme, cotisation, loyer, impôt etc* (be)zahlen; entrichten; *ADM* abführen; *salaire* (aus-) zahlen; *facture, note, dettes* bezahlen; begleichen; *dettes a* ab(be)zahlen; abtragen; *somme f à* ~ zu zahlender Betrag; ~ *son déplacement à qn* j-m die Fahrt-, Reisekosten bezahlen, erstatten, vergüten; ~ *qc dix francs* für etw zehn Franc (be)zahlen; *combien l'avez-vous payé?* wieviel haben Sie dafür be-, gezahlt?; ~ *qc cher cf cher II.*; *être payé à l'heure, au mois* stundenweise *ou* pro Stunde, monatlich bezahlt werden; Stunden-, Monatslohn bekommen; *F fig: je ne suis pas payé pour ça* dafür werde ich nicht bezahlt; das ist eigentlich nicht meine Aufgabe; *je suis payé pour le savoir* ich habe es am eigenen Leib erfahren; ich weiß es aus eigener leidvoller Erfahrung; ♦ *abs: c'est une maison qui paie bien* diese Firma zahlt gut; *c'est moi qui paie!* ich zahle (es)!; das geht auf meine Rechnung!; *avoir de quoi* ~ genug Geld bei sich haben, es bezahlen können; ~ *pour qn* für j-n (be)zahlen; *cf a 3.*; **2.** *F* (*offrir*) ~ *qc à qn F* j-m etw spen'dieren; *il lui a payé des fleurs* er hat ihr Blumen geschenkt; **3.** *fig* (*expier*) ~ (für) etw büßen, bezahlen müssen; *il me le paiera!* das soll er mir büßen!; *abs* ~ *pour qn* für j-n büßen, leiden müssen; *il a payé pour tout le monde a* er hat für alle die Zeche bezahlen müssen; **4.** *fig* (*récompenser*) ~ *qn de qc* j-n für etw belohnen; j-m etw lohnen; ~ *qn de sa peine* j-m s-e Mühe lohnen; j-n für s-e Mühe belohnen; **5.** *fig* (*compenser*) *mon argent de poche ne paie pas mes dépenses* reicht nicht für, deckt nicht meine Ausgaben; **II** *v/i* **6.** (*rapporter*) *métier, travail* einträglich, einbringlich sein; etwas einbringen; *efforts, stratégie etc* sich lohnen; sich bezahlt machen; sich auszahlen; **7.** ~ *d'audace* kühn, dreist auftreten; Kühnheit, Dreistigkeit besitzen; etwas ris'kieren; ein Wagnis eingehen; *ne pas* ~ *de mine personne* nach nichts aussehen; *restaurant* nicht sehr einladend, vertrauenerweckend aussehen; ~ *de sa personne* s-e ganze Kraft, sich voll und ganz, sich mit s-r ganzen Person einsetzen; sich nicht schonen; s-n Mann stehen; **III** *v/pr* **8.** *F* (*s'offrir*) *se* ~ *qc* sich etw leisten; **9.** *payez-vous et rendez-moi la monnaie* ziehen Sie ab, was Sie bekommen *ou* was ich schuldig bin ...; **10.** *sens passif se* ~ bezahlt, entrichtet, beglichen werden; *fig tout se paie* für alles muß man einmal büßen; alles rächt sich einmal
pay|eur [pɛjœʀ] *m,* ~**euse** *f* **1.** Zahler (-in) *m(f)*; *mauvais payeur* säumiger Zahler; **2.** *m ADM* Zahlmeister *m*; *adjt service payeur* Zahlstelle *f*

pays¹ [pɛi] *m* **1.** *GÉOGR, POL* Land *n*; ~ *chauds, froids* heiße, kalte Länder; ~ *industriel* Indu'strieland *n*; *fig le* ~ *du soleil, du vin* das Land der Sonne, des Weins; ~ *en voie de développement* Entwicklungsland *n*; **2.** (*région*) Land *n*; Gegend *f*; Landstrich *m*; Gau *m*; ~ *montagneux* gebirgige Gegend; Bergland *n*; *loc/adj du* ~ einheimisch; *les gens m/pl du* ~ die Einheimischen *m/pl*; *vin m du ou de* ~ Landwein *m*; *il n'est pas du* ~ er ist, stammt nicht von hier, aus dieser Gegend; er ist kein Einheimischer; *fig être en* ~ *de connaissance, en* ~ *connu* **a)** *en parlant de personnes* bekannte, vertraute Gesichter um sich haben, sehen; **b)** *dans une matière* darin zu Hause, bewandert sein; sich auskennen; gut Bescheid wissen; *voir du* ~ viel reisen; weit in der Welt her'umkommen; viel von der Welt sehen; **3.** (*patrie*) Heimat *f*; Vaterland *n*; *mal m du* ~ Heimweh *n*; *avoir le mal du* ~ Heimweh haben; **4.** (*localité*) kleiner Ort; Kleinstadt *f*; Dorf *n*; *un* ~ *perdu* ein abgelegenes Nest
pays² [pɛi] *m,* **payse** [pɛiz] *f régional* (*compatriote*) Landsmann *m*, -männin *f*
paysage [peizaʒ] *m* **1.** Landschaft *f*; ~ *méditerranéen* Mittelmeerlandschaft *f*; ~ *urbain* Stadtlandschaft *f*; *F fig cela fait bien dans le* ~ das macht sich gut; das nimmt sich gut aus; das wirkt gut; **2.** *PEINT* **a)** *tableau* Landschaft(sbild *f(n)*; **b)** *genre* Landschaftsmalerei *f*; **3.** *fig* Landschaft *f*; ~ *médiatique* Medienlandschaft *f*; ~ *politique* politische Landschaft; *cf a* **PAF**
paysager [peizaʒe] *adj* ⟨-ère⟩ Landschafts...; *bureau* ~ Bü'rolandschaft *f*; *jardin* ~ Landschaftsgarten *m*
paysagiste [peizaʒist] *m* **1.** *PEINT* Landschaftsmaler *m*; **2.** ~ *ou adjt architecte* ~ Garten-, Landschaftsarchitekt *m*
paysan [peizɑ̃], **paysanne** [peizan] **I** *subst* **1.** *m,f* Bauer, Bäuerin *m,f*; Bauersfrau *f*; *loc/adj de paysan* bäurisch; **2.** *m péj* ungehobelter, grober Kerl; **II** *adj* **1.** *mœurs, vie* bäuerlich; *revendications, problèmes* der Bauern; **2.** *péj* bäurisch
paysann|at [peizana] *m ou* ~**erie** *f coll* Bauern *m/pl*; Bauernschaft *f*, -stand *m*
Pays-Bas [pɛiba] *les* ~ *m/pl* die Niederlande *n/pl*
Pays-de-la-Loire *ou* **Pays de la Loire** [peidlawaʀ] *les* ~ *m/pl frz* Region
P.C. [pese] *m abr* **1.** (*Parti communiste*) KP *f* (*Kommunistische Partei*); **2.** (*poste de commandement*) Befehlsstelle *f*; **3.** *INFORM* (*personal computer*) PC *m*
p.c.c. *abr* (*pour copie conforme*) für die Richtigkeit der Abschrift
P.C.V. [peseve] *abr* (*paiement contre vérification*) *TÉL* (*communication f en*) ~ *m* R-Gespräch *n*
P.D.G. *ou* **P.-D.G.** [pedeʒe] *m abr* (*président-directeur général*) **1.** Gene'raldirektor *m*; *d'une S.A.* Vorstandsvorsitzende(r) *m*; **2.** *par ext F* Chef *m*
péage [peaʒ] *m* **1.** (Straßen)Benutzungsgebühr *f*; *österr* Maut(gebühr) *f*; ~ *pour autoroute* Autobahngebühr *f*; *loc/adj à* ~ gebührenpflichtig; *österr* Maut...; *route f à* ~ *österr* Mautstraße *f*; **2.** *lieu* Zahlstelle *f*; *österr* Mautstelle *f*

péagiste [peaʒist] *m,f* Angestellte(r), die (der) die Benutzungsgebühr, *österr* Maut kas'siert

peau [po] *f ⟨pl ~x⟩* **1.** *de l'homme* Haut *f*; F *fig* **vieille ~!** F alte Schachtel, Schar'teke, P Vettel!; *affection f, maladie f de la ~* Hautkrankheit *f*; *couleur f de la ~* Hautfarbe *f*; F *attraper qn par la ~ du cou, du dos, des fesses* j-n im letzten Moment, gerade noch zu fassen kriegen; *n'avoir que la ~ et les os, la ~ sur les os* nur noch, nichts als Haut und Knochen sein; F *fig j'aurai ta ~, je te ferai la ~!* F ich werde dir den Hals 'umdrehen, dich kaltmachen!; F *fig avoir qn dans la ~* j-m (F mit Haut und Haar) verfallen sein; j-m hörig sein; F *fig je ne voudrais pas être dans sa ~* ich möchte nicht in s-r Haut stecken; *fig être bien, mal dans sa ~* sich in s-r Haut wohl, nicht wohl fühlen; *acteur être, entrer, se mettre dans la ~ de son personnage* sich völlig mit der von ihm dargestellten Gestalt identifizieren; ganz in s-r Rolle aufgehen; *fig:* **faire ~ neuve** *personne* sich verändern, (ver)wandeln; ein neuer, ganz anderer Mensch werden; *parti, entreprise etc* ein neues Gesicht zeigen; in e-m völlig neuen Gewand erscheinen; F *y laisser sa ~* sein Leben lassen; *se mettre dans la ~ de qn* sich in j-s Lage versetzen; F *risquer sa ~* sein Leben riskieren, aufs Spiel setzen; F *sauver sa ~* sein Leben, s-e Haut retten; F *tenir à sa ~* am Leben hängen; **2.** *d'un animal (dépouille)* Balg *m*; Haut *f*; (*fourrure*) Fell *n*; (*cuir souple*) Leder *n*; *~ d'agneau* Lammfell *n*; F *fig ~ d'âne* Di'plom *n*; (Abschluß)Zeugnis *n*; *péj* Wisch *m*; *~ de chamois* Fenster-, Autoleder *n*; *~ de lapin* a) Ka'ninchenbalg *m*, -fell *n*; *t/t* Ka'nin *n*; b) F *péj* billiger Pelzmantel; *~ d'ours* Bärenfell *n*; (*industrie f des*) *cuirs et ~x* ledererzeugende Industrie; *loc/adj de, en ~* Leder...; *culotte f, gant m de ~* Lederhose *f*, -handschuh *m*; *sac m en ~* Ledertasche *f*; *adjt* (**reliure** *f*) **pleine ~** Ganzleder(einband) *n(m)*; *prov* **il ne faut pas vendre la ~ de l'ours avant de l'avoir tué** man soll die Rechnung nicht ohne den Wirt machen; man soll sich nicht zu früh freuen; **3.** *de fruits* Schale *f*; *de saucisson* Pelle *f*; Haut *f*; *~ de banane* Ba'nanenschale *f*; *~ d'orange* a) Apfel'sinen-, O'rangenschale *f*; b) (*cellulite*) O'rangenhaut *f*; **4.** *~ du lait* Milchhaut *f*; **5.** *pl ~x* (**autour de l'ongle**) Nagelhaut *f*, -häutchen *n*

peaucier [posje] *adj et subst muscle ANAT* (*muscle ~*) *m* Hautmuskel *m*

peaufiner [pofine] *v/t* den letzten Schliff geben (*+dat*); ausfeilen

Peau-Rouge [poʀuʒ] *m,f ⟨pl* Peaux-Rouges⟩ Rothaut *f*

peausserie [posʀi] *f* **a)** *fabrication* Lederherstellung *f*; **b)** *commerce* Lederhandel *m*; **c)** *marchandise* Leder *n* (zur Weiterverarbeitung)

pécaïre [pekaiʀ] *int cf* **peuchère**

pécari [pekaʀi] *m* **1.** *ZO* Pe'kari *n*; Nabelschwein *n*; **2.** *cuir* Pe'karileder *n*

peccadille [pekadij] *f litt* kleiner, geringfügiger Fehler; kleines Versehen

pechblende [pɛʃblɛ̃d] *f MINÉR* Pechblende *f*; U'ranpecherz *n*

pêche¹ [pɛʃ] *f* **1.** *BOT* Pfirsich *m*; *fig:* **peau** *f* **de ~** Pfirsichhaut *f*; **teint** *m* **de ~** rosiger, samtiger Teint; *adjt* **couleur ~** *⟨inv⟩* pfirsichfarben; **2.** F *coup* Schlag *m* ins Gesicht; **3.** *loc* F *avoir la ~* in Form sein; *cf a* **fendre** 6.

pêche² [pɛʃ] *f* **1.** Fische'rei *f*; Fischfang *m*; Fischen *n*; *à la ligne* Angeln *n*; *période* Fangzeit *f*; *~ 'hauturière, grande ~* Hochseefischerei *f*; *~ sous-marine* Unter'wasserjagd *f*; *~ à la baleine* Walfang *m*; *~ au filet* Netzfischerei *f*; *~ au hareng* Heringsfischerei *f*, -fang *m*; *~ à la ligne* Angelfischerei *f*; Angeln *n*; **articles** *m/pl* **de ~** Angelgeräte *n/pl*; **aller à la ~** angeln, fischen gehen; **2.** (*poissons pêchés*) Fang *m*; **3.** (*droit de pêcher*) Fische'reirecht *n*, -berechtigung *f*; **4.** *endroit* Angelplatz *m*

pêché [peʃe] *m* **1.** *REL* Sünde *f*; *~ de jeunesse* Jugendsünde *f*; **commettre, faire un ~** e-e Sünde begehen; **vivre dans le ~** in (der) Sünde leben; *prov* **à tout ~ miséricorde** jede Sünde findet Vergebung; **2.** *fig ~ mignon* (kleine) Schwäche

pécher [peʃe] *v/i ⟨-è-⟩* **1.** *REL* sündigen; *~ par orgueil* aus Hochmut sündigen; **2.** *fig personne ~* **contre qc** gegen etw verstoßen; sich gegen etw vergehen; *st/s* sich an etw (*acc*) versündigen; *~ par excès d'optimisme* (all)zu optimistisch sein; **3.** *projet, article etc ~ par* kranken, leiden an (*+dat*); *~ sur un point* in e-m Punkt hinken, nicht stimmen

pêcher¹ [pɛʃe] *m BOT* Pfirsichbaum *m*

pêcher² [pɛʃe] *v/t* **1.** *poissons* fangen (*a grenouilles, crabes*), fischen (*a perles, corail*); *~ la truite* Forellen fischen, fangen, angeln; *abs: ~ au filet* mit dem Netz fangen, fischen; *~ à la ligne* angeln; **2.** F (*trouver*) F auftreiben, aufgabeln; aufstöbern; auffischen; **idée, mot** auffangen; F aufschnappen

pécheresse [peʃʀɛs] *f REL* Sünderin *f*

pêcherie [pɛʃʀi] *f* (Fisch)Fanggebiet *n*; *~s pl* Fisch-, Fanggründe *m/pl*

pécheur [peʃœʀ] *m REL* Sünder *m*

pêcheur [pɛʃœʀ] *m* Fischer *m*; *~ 'hauturier, de haute mer* Hochseefischer *m*; *~ à la ligne* Angler *m*; *~ de corail, de perles* Ko'rallen-, Perlenfischer *m*

pêcheuse [pɛʃøz] *f ~ de perles* Perlenfischerin *f*

pecnot [pɛkno] *m cf* **péquenaud**

pécore [pekɔʀ] *f cf* **pimbêche**

pectine [pɛktin] *f BIOCHIMIE* Pek'tin *n*

pectoral [pɛktɔʀal] *adj ⟨-aux⟩* **1.** *ANAT* Brust...; *sc* pekto'ral; **muscles pectoraux** *ou subst* **pectoraux** *m/pl* Brustmuskeln *m/pl*; *ZO* **nageoire ~e** Brustflosse *f*; **2.** *PHARM* **fleurs ~es** Brusttee *m*; **sirop ~** Hustensaft *m*, -sirup *m*

pécule [pekyl] *m* **1.** Sparsumme *f*; Rücklage *f*; Notgroschen *m*; **amasser un petit ~** e-e kleine Summe zusammensparen; **2.** *d'un détenu* Guthaben *n*

pécuniaire [pekynjɛʀ] *adj* finanzi'ell; geldlich; pekuni'är; Geld...

pédagogie [pedagɔʒi] *f* Päda'gogik *f*; Erziehungswissenschaft *f*; **personne manquer de ~** ein schlechter Pädagoge sein; kein pädagogisches Talent besitzen

pédagogique [pedagɔʒik] *adj* päda'gogisch; Erziehungs...; erzieherisch

pédagogue [pedagɔg] *m,f* Päda'goge *m*, Päda'gogin *f*; *adjt* **être ~** ein guter Pädagoge, e-e gute Pädagogin sein

pédale [pedal] *f* **1.** *de vélo, voiture, piano* Pe'dal *n*; *TECH a* Fußhebel *m*; *AUTO ~ d'accélérateur, d'embrayage, de frein* Gas-, Kupplungs-, Bremspedal *n*; **poubelle** *f* **à ~** Treteimer *m*; **jouet voiture** *f* **à ~s** Tretauto *n*; F *fig* **perdre les ~s** a) (*s'affoler*) kopflos werden; sich nicht mehr zu helfen wissen; b) (*perdre le fil*) ins Schwimmen geraten; F sich verheddern; **2.** F *péj cf* **pédé**; **être de la ~** a F andersherum, vom anderen Ufer sein; **3.** *MUS* (**note** *f* **de ~**) Orgelpunkt *m*

pédaler [pedale] *v/i* **1.** *cycliste* in die Pe'dale treten; (*faire du vélo*) radfahren; F radeln; *sans ~* ohne zu treten; im Freilauf; F *fig ~ dans la choucroute, dans la semoule* nicht vorwärtskommen; F sich vergeblich abstrampeln; **2.** F *fig* (*se dépêcher*) F sich ranhalten; sich tummeln

pédalier [pedalje] *m* **1.** *d'un vélo* Tretkurbel *f*; **2.** *d'un orgue* Pe'dal(tastatur) *n(f)*

pédalo [pedalo] *m* Tretboot *n*; Wasservelo *n*; **faire du ~** mit dem Tretboot fahren

pédant [pedã] *péj* **I** *adj* schulmeisterlich; **II** *m* Schulmeister *m*

pédant|erie [pedãtʀi] *f litt cf* **pédantisme**; **~esque** *litt adj* schulmeisterlich; **~isme** *m* schulmeisterliche Art; schulmeisterliches Gehabe; affek'tierte Gelehrsamkeit

pédé [pede] *m* F *abr* (*pédéraste*) F Schwule(r) *m*; Homo *m*; Hundertfünfund'siebziger *m*; *péj* warmer Bruder

pédérast|e [pedeʀast] *m* Päde'rast *m*; *par ext* Homosexu'elle(r) *m*; **~ie** *f* Päde'ra'stie *f*; Knabenliebe *f*; *par ext* Homosexuali'tät *f*

pédestre [pedɛstʀ(ə)] *adj* Fuß...; **randonnée** *f* **~** Fußwanderung *f*

pédiatre [pedjatʀ(ə)] *m,f* Kinderarzt *m*, -ärztin *f*

pédiatrie [pedjatʀi] *f* Kinderheilkunde *f*; *dans un hôpital* **service** *m* **de ~** Kinderstation *f*

pédicule [pedikyl] *m* **1.** *ANAT* Stiel *m*; **2.** *BOT* Stiel *m* (*a d'un champignon*); Stengel *m*

pédicure [pedikyʀ] *m,f* Fußpfleger(in) *m(f)*; Pedi'küre *f*

pedigree [pedigʀe] *m d'un animal* Stammbaum *m*; Pedigree [-gri:] *m*

pédoncule [pedɔ̃kyl] *m BOT, ANAT* Stiel *m*

pedzouille [pɛdzuj] *m cf* **péquenaud**

peeling [piliŋ] *m* Schälkur *f*; Peeling ['pi:-] *n*

Pégase [pegaz] *m MYTH, ASTR* Pegasus *m*

P.E.G.C. [peɔʒese] *m,f abr* (*professeur d'enseignement général de collège*) *correspond à* Re'alschullehrer(in) *m(f)*

pègre [pɛgʀ(ə)] *f coll* 'Unterwelt *f*

peignage [pɛɲaʒ] *m TEXT de la laine* Kämmen *n*; *du lin* Hecheln *n*

peigne¹ [pɛɲ] *m* **1.** Kamm *m*; **pour retenir les cheveux** Einsteckkamm *m*; **~ fin** Staubkamm *m*; *fig* **passer au ~ fin** sorgfältig prüfen, durch'suchen; *région* 'durchkämmen *ou* durch'kämmen; *~ de corne, de poche* Horn-, Taschen-

kamm *m*; *se donner un coup de* ~ sich rasch (über')kämmen; (sich) schnell mit dem Kamm über die Haare fahren; *être sale comme un* ~ vor Dreck starren; *personne a* wie ein Schwein aussehen; **2.** TEXT *pour la laine* Kamm *m*; *pour le lin* Hechel *f*; *sur métier à tisser* Riet *n*; Webeblatt *n*; **3.** ZO Kamm-, Pektenmuschel *f*
peigne² [pɛɲ] *cf* peindre
peigne-cul [pɛɲky] P *m* ⟨*pl* peigne-culs⟩ *péj* übler Bursche; F Fiesling *m*
peigner [pεɲe] I *v/t* **1.** *cheveux, personne* kämmen; **2.** TEXT *laine* kämmen; *lin* hecheln; *adj* **laine peignée** Kammgarn *n*; II *v/pr se* ~ sich kämmen
peignoir [pεɲwaʀ] *m* **1.** *de bain* Bademantel *m*; **2.** (*robe de chambre*) Morgenrock *m*, -mantel *m*
peinard [penaʀ] F *adj* **1.** *personne* ruhig; bequem; *père* ~ Mensch, der s-e Bequemlichkeit über alles liebt, der Schwierigkeiten gern aus dem Weg geht; *rester, se tenir* ~ sich (ruhig) abseits halten; **2.** *vie, travail* bequem; gemütlich; *il a un emploi* ~*a* er schiebt e-e ruhige Kugel
peindre [pɛ̃dʀ(ə)] (je peins, il peint, nous peignons; je peignais; je peignis; je peindrai; que je peigne; peignant; peint) I *v/t* **1.** *mur, clôture etc* (an)streichen; F anmalen; anpinseln; *pièce* streichen; *carrosserie* ~ *au pistolet* spritzen; spritzlackieren; ~ *en bleu* blau (an)streichen, anmalen; ~ *décorer qc* etw bemalen; ~ *qc sur qc* etw auf etw (*acc*) malen; *abs* ~ *sur étoffe etc* auf Stoff *etc* malen; **3.** PEINT malen; ~ *à l'huile* in Öl malen; **4.** *fig* (*décrire*) darstellen; schildern; beschreiben; 'wiedergeben; II *v/pr peur, surprise se* ~ *sur les visages* sich auf den Gesichtern ausdrücken; sich in den Gesichtern 'widerspiegeln
peine [pɛn] *f* **1.** (*chagrin*) Kummer *m*; (seelischer) Schmerz; Leid *n*; Sorge(n) *f*(*pl*); ~*s de cœur* Liebeskummer *m*; *avoir de la* ~ Kummer, Sorgen haben; Leid tragen; *faire de la* ~ *à qn* j-m Kummer, Sorgen machen, bereiten; j-m weh tun; *cela me fait de la* ~ *pour vous* das tut mir leid für Sie; *son air abattu fait* ~ *à voir* es tut einem (in der Seele) weh, wenn man sein betrübtes Gesicht sieht; **2.** (*effort*) Mühe *f*; Anstrengung *f*; *autrefois homme m de* ~ Hausknecht *m*, -bursche *m*, -diener *m*; *loc/adv*: *avec* ~ mit Mühe, mühsam; *pour ta* ~ zum Lohn für deine Mühe; *sans* ~ mühelos; unschwer; leicht; *avoir* (*de la*) ~ *à faire qc* Mühe haben, etw zu tun; etw nur mit Mühe tun können; *j'ai* (*de la*) ~ *à le croire* ich kann es kaum glauben; es fällt mir schwer, das zu glauben; *il a de la* ~ *à marcher a* das Gehen kostet ihn Mühe, Anstrengung; *se donner, prendre la* ~ *de faire qc* sich die Mühe machen, etw zu tun; *veuillez vous donner la* ~ ~ *ou prenez la* ~ *de vous asseoir!* würden Sie, wollen Sie, bitte, Platz nehmen!; *se donner beaucoup de* ~ *pour faire qc* sich große, viel, alle Mühe geben, sich sehr bemühen, etw zu tun; *c'est la* ~ *de* (+*inf*) *ou que* ... (+*subj*) es lohnt sich, es ist der Mühe wert zu (+*inf*); *ce n'est pas la* ~ das ist nicht nötig; *ce* *n'est pas la* ~ *de me le répéter* du brauchst *ou* Sie brauchen es (mir) nicht noch einmal zu sagen; *ce n'était pas la* ~ *que vous vous dérangiez* Sie hätten sich nicht persönlich zu bemühen brauchen; *iron c'était bien la* ~ *de tant attendre!* das lange Warten hat sich wirklich nicht gelohnt, war um'sonst, F war für die Katz!; *n'être pas au bout de ses* ~*s* noch nicht über den Berg sein; es noch lange nicht geschafft haben; *en être pour sa* ~ sich die ganze Mühe um'sonst gemacht haben; sich umsonst, vergeblich bemüht haben; *il n'est pas en* ~ *pour trouver une excuse* er ist nie um e-e Ausrede verlegen; *ne vous mettez pas en* ~*!* bemühen Sie sich nicht!; *c'est* ~ *perdue* das ist verlorene, vergebliche (Liebes)Mühe; *valoir la* ~ der Mühe wert sein; *st/s* sich verlohnen, F sich ren'tieren (*de faire qc* etw zu tun); *cela vaut, vaudrait la* ~ *d'essayer, que vous essayiez* ein Versuch lohnt sich, würde sich lohnen; *valoir la* ~ *d'être lu, vu* lesens-, sehenswert sein; *cela n'en vaut pas la* ~ das ist nicht der Mühe wert; es lohnt nicht die Mühe; *cela ne vaut pas la* ~ *d'en parler* das ist nicht der Rede wert; *prov toute* ~ *mérite salaire* jede Arbeit ist ihres Lohnes wert (*prov*). **3.** (*punition*) Strafe (*a* REL); ~ *capitale, de mort* Todesstrafe *f*; ~ *maximale* Höchststrafe *f*; ~ *de prison* Gefängnisstrafe *f*; *loc/prép*: *défendu sous* ~ *d'amende* bei (Geld)Strafe; *par ext sous* ~ *de* (+*inf*) sonst; andernfalls; *il ne peut rien dire sous* ~ *d'être renvoyé* sonst wird er entlassen; sonst droht ihm die Entlassung. **4.** *loc/adv* à ~; *pièce à* ~ *éclairé* kaum, spärlich beleuchtet; *à* ~ *dix personnes* kaum, keine zehn Menschen; *j'ai à* ~ *commencé* ich habe kaum, eben, gerade erst begonnen; *c'est à* ~ *s'il m'a salué* er hat mich kaum gegrüßt; kaum daß er mich gegrüßt hat; *cela se voit à* ~ das sieht man kaum, fast gar nicht; *loc/conj à* ~ *étiez-vous parti qu'il arrivait* Sie waren kaum weg, da kam er
peiner [pene] I *v/t* ~ *qn* j-n betrüben, bekümmern, traurig machen; j-m weh tun; *nous sommes peinés d'apprendre que* ... zu unserer tiefen Betrübnis erfahren wir, daß ...; II *v/i personne* sich (ab)mühen, sich plagen, sich anstrengen (müssen); *a moteur* Mühe haben; es schwer haben
peins, peint¹ [pɛ̃] *cf* peindre
peint² [pɛ̃] *p/p cf* peindre *et adj papier* ~ Ta'pete *f*
peintre [pɛ̃tʀ(ə)] *m* **1.** ~ (*en bâtiment*) Anstreicher *m*; Maler *m*; **2.** *artiste* (Kunst)Maler(in) *m*(*f*); **3.** *fig et st/s* Schilderer *m*
peinture [pɛ̃tyʀ] *f* **1.** *matière* Farbe *f*; *t/t a* Lack *m*; ~ *à la colle, à l'eau, à l'huile* Leim-, Wasser-, Ölfarbe *f*; **2.** *couche* Anstrich *m*; Farbe *f*; *d'une voiture* Lack *m*; *attention,* ~ *fraîche!* Vorsicht, frisch gestrichen!; ~ *à l'huile* Ölanstrich *m*; *refaire les* ~*s d'une pièce* ein Zimmer frisch streichen; den Anstrich e-s Zimmers erneuern; **3.** *opération* (An)Streichen *n*; F Anmalen *n*; *pour décorer* Bemalen *n*; PEINT Malen *n*; *au pistolet* Spritzen *n*; Spritzlackieren *n*, -ung *f*; ~ *à la brosse ou au pinceau, au rouleau* Streichen mit dem Pinsel, mit dem Farbroller; **4.** *œuvre d'art* Gemälde *n*; Bild *n*; Male'rei *f*; ~ *murale* Wandgemälde *n*, -bild *n*, -malerei *f*; ~ *à l'huile* Ölgemälde *n*, -bild *n*; *fig ne pas pouvoir voir qn en* ~ j-n nicht ausstehen, F riechen, verknusen können; **5.** *art* Male'rei *f*; Malkunst *f*; ~ *à l'huile* Ölmalerei *f*; ~ *de la Renaissance* Renais'sancemalerei *f*; ~ *sur fond d'or* Malerei auf Goldgrund; ~ *sur porcelaine, sur verre* Porzel'lan-, Glasmalerei *f*; *école f de* ~ Malerschule *f*; *style m, technique f de* ~ Malstil *m*, -technik *f*; *faire de la* ~ malen; **6.** *fig* (*description*) Schilderung *f*; Darstellung *f*; Bild *n*
peinturlurer [pɛ̃tyʀlyʀe] F I *v/t* mit grellen, schreienden Farben (an)streichen, F anmalen, anpinseln; II *v/pr se* ~ (*le visage*) F sich (über'trieben) anmalen
péjoratif [peʒɔʀatif] *adj* ⟨-ive⟩ pejora'tiv; abschätzig; abfällig; abwertend; verächtlich; herabsetzend
Pékin [pekɛ̃] Peking *n*
pékin [pekɛ̃] *arg m* Zivi'list *m*
pékinois [pekinwa] **1.** *adj* (*et subst* ⟨⟩) Einwohner(in) von Peking; **2.** *m* ZO Peki'nese *m*
pelade [pəlad] *f* MÉD Haarschwund *m*, -ausfall *m*
pelage [pəlaʒ] *m* Fell *n*; Haarkleid *n*
pélagique [pelaʒik] *adj* BIOL, GÉOL pe'lagisch; Tiefsee...
pelé [pəle] I *adj* **1.** *animal* kahl; *fourrure etc* mit nicht kahlen Stellen; abgewetzt; **2.** *fig colline, paysage* kahl; öde; II *m* F *fig il n'y avait que trois* ~*s et un tondu* es war so gut wie niemand da; es war fast kein Mensch da; F es waren nur ein paar Männeken da
pêle-mêle [pɛlmɛl] *adv* bunt durchein'ander; ohne Ordnung; wie es gerade kommt; *jeter qc* ~ etw (bunt) durcheinanderwerfen
peler [pəle] ⟨-è-⟩ I *v/t fruit, oignon* (ab)schälen; *pomme de terre* (ab)pellen; II *v/i peau, nez etc* sich schälen; *nordd* sich pellen; *après un coup de soleil je pèle* meine Haut schält sich, pellt sich; III *v/pr fruit se* ~ *facilement* sich leicht schälen lassen
pèlerin [pεlʀɛ̃] *m* **1.** REL Pilger(in) *m*(*f*); Wallfahrer(in) *m*(*f*); **2.** ZO *adj*: *faucon* ~ Wanderfalke *m*; *requin* ~ Riesenhai *m*
pèlerinage [pεlʀinaʒ] *m* **1.** Pilgerfahrt *f*; Wallfahrt *f* (*a fig*); *aller en* ~, *faire un* ~ e-e Pilger-, Wallfahrt machen; wallfahr(t)en; pilgern (*a fig*); **2.** *lieu* Wallfahrtsort *m*
pèlerine [pεlʀin] *f* Pele'rine *f*; 'Umhang *m*
pélican [pelikɑ̃] *m* ZO Pelikan *m*
pelisse [pəlis] *f* pelzgefütterter Mantel
pellagre [pε(l)lagʀ(ə)] *f* MÉD Pellagra *n*
pelle [pɛl] *f* **1.** *outil* Schaufel *f*; Schippe *f*; *jouet* (Sand)Schaufel *f*; ~ *à charbon* Kohlenschaufel *f*, -schippe *f*; ~ (*à ordures*) (Kehricht)Schaufel *f*; *fig on en ramasse à la* ~ das findet man haufenweise; F *fig*: *ramasser une* ~ hinfallen, F -fliegen, -knallen; *rouler une* ~ *à qn* j-m e-n Zungenkuß geben; **2.** CUIS

(Braten-, Pfannen)Wender *m*; ~ *à gâteau*, *à tarte* Tortenheber *m*, -schaufel *f*; **3.** *TECH* ~ *mécanique* (Löffel)Bagger *m*; **4.** *d'un aviron* (Riemen)Blatt *n*

pelletée [pɛlte] *f* Schaufelvoll *f*; *une* ~ *de sable* e-e Schaufelvoll Sand

pelleter [pɛlte] *v/t* ⟨-tt-⟩ schaufeln; schippen

pelleterie [pɛltʀi] *f* **1.** *préparation* Rauchwarenzurichtung *f*; **2.** *commerce* Pelz-, Rauchwarenhandel *m*; **3.** *peau* Pelz-, Rauchware *f*

pelleteuse [pɛltøz] *f TECH* Bagger *m*

pelletier [pɛltje] *m* **1.** *commerçant* Pelz-, Rauchwarenhändler *m*; **2.** *ouvrier* Rauchwarenzurichter *m*

pellicule [pelikyl] *f* **1.** *dans les cheveux* ~*s pl* (Kopf)Schuppen *f/pl*; **2.** *PHOT, CIN* Film *m*; *CIN a* Filmstreifen *m*, -material *n*; **3.** *(couche mince)* Film *m*; ~ *lubrifiante* Schmierfilm *m*; **4.** *BIOL* Häutchen *n*

Péloponnèse [peloponɛz] *le* ~ der Peloponn'nes

pelotage [p(ə)lɔtaʒ] *m F* Begrapschen *n*; Befummeln *n*; Betatschen *n*

pelote [p(ə)lɔt] *f* **1.** Knäuel *m ou n*; ~ *de fil*, *de laine* Garn-, Wollknäuel *m ou n*; *F fig avoir les nerfs en* ~ nervlich stark angespannt, sehr nervös, *F* genervt sein; **2.** *COUT* ~ *(d'épingles)* Nadelkissen *n*; **3.** *balle* Pe'lotaball *m*; *jeu* ~ *basque* Pe'lota *f*

pelot|er [p(ə)lɔte] *v/t F* begrapschen; befummeln; betatschen; ~**eur** *m*, ~**euse** *f f* Grapscher(in) *m(f)*; Fummler(in) *m(f)*; *adjt gestes peloteurs F* grapschende Handbewegungen *f/pl*

peloton [p(ə)lɔtõ] *m* **1.** *(petite pelote)* (kleiner, kleines) Knäuel, Knäulchen *n*; **2.** *SPORTS* (Haupt)Feld *n*; ~ *de tête* Spitzengruppe *f*; vorderes Feld; *fig être dans le* ~ *de tête* zu den Besten gehören, zählen; unter den Besten sein; **3.** *MIL* Zug *m*; ~ *d'exécution* Erschießungs-, Exekuti'onskommando *n*

pelotonner [p(ə)lɔtɔne] *v/t fil*, *laine* zu e-m Knäuel aufwickeln; **II** *v/pr personne*, *animal se* ~ sich (zu e-r Kugel) zu'sammenrollen; *se* ~ *contre qn* sich eng an j-n (an)schmiegen

pelouse [p(ə)luz] *f* Rasen(fläche *f*, -platz *m*) *m*

peluche [p(ə)lyʃ] *f* **1.** *TEXT* Plüsch *m*; *animaux m/pl en* ~ Stofftiere *n/pl*; *ours m en* ~ Teddy(bär) *m*; **2.** *(flocon de poussière)* Staubflocke *f*; *(petit poil)* Fussel *f ou m*; **3.** *F* ~*s pl* ~*s pl de pluches*

peluch|é [p(ə)lyʃe] *adj* plüschartig, ~**er** *v/i étoffe* fusseln; ~**eux** *adj* ⟨-euse⟩ **1.** *étoffe* fusselig; **2.** *plante* samtig

pelure [p(ə)lyR] *f* **1.** (abgeschälte) Schale; ~ *d'oignon* Zwiebelschale *f*; *adjt vin m* ~ *d'oignon* Schillerwein *m*; Bleichert *m*; **2.** *F plais (manteau)* Mantel *m*; *enlever sa* ~ *F* sich auspellen; **3.** *adjt papier m* ~ 'Durchschlagpapier *n*

pelvien [pɛlvjɛ̃] *adj* ⟨~ne⟩ *ANAT* Becken...

pelvis [pɛlvis] *m ANAT* Becken *n*

pénal [penal] *adj* ⟨-aux⟩ *JUR* Straf...; strafrechtlich; *droit* ~ Strafrecht *n*; *responsabilité* ~*e* strafrechtliche Verantwortlichkeit, Haftung *f*; ~**ement** *adv* strafrechtlich

pénalisation [penalizasjõ] *f* **1.** *SPORTS* Strafe *f*; Strafpunkte *m/pl ou* -minuten *f/pl*; **2.** *par ext* Benachteiligung *f*; Zu'rücksetzung *f*

pénaliser [penalize] *v/t* **1.** *SPORTS, JUR* bestrafen; mit e-r Strafe belegen; *JUR a* mit e-m Bußgeld belegen; **2.** *par ext* benachteiligen; zu'rücksetzen; bestrafen

pénalité [penalite] *f JUR, SPORTS* Strafe *f*; *JUR a* Bußgeld *n*; Geldbuße *f*; *RUGBY coup m de pied de* ~ Straftritt *m*

penalty [penalti] *m* ⟨*pl* penalties⟩ *FOOTBALL* Elfmeter *m*; Strafstoß *m*

pénard [penaʀ] *adj cf peinard*

pénates [penat] *m/pl HIST à Rome* Hausgötter *m/pl*; Pe'naten *pl*; *fig et plais regagner*, *réintégrer ses* ~ an den häuslichen Herd, ins traute Heim zurückkehren

penaud [pəno] *adj* beschämt; verlegen; betreten; kleinlaut

penchant [pɑ̃ʃɑ̃] *m* Hang *m*, Neigung *f* (*à ou pour qc* zu etw); *st/s* ~ *pour qn* Zuneigung *f* zu j-m; *mauvais* ~*s* schlimme Neigungen; schlechte Anlagen *f/pl*; *avoir un* ~ *à ou pour qc* e-n Hang, e-e Neigung zu etw haben; zu etw neigen

penché [pɑ̃ʃe] *adj* **1.** geneigt; schräg (*à écriture*); schief; **2.** *fig avoir*, *prendre des airs* ~*s* e-e nachdenkliche, träumerische Miene aufsetzen

pencher [pɑ̃ʃe] **I** *v/t objet* neigen; *tête* neigen, senken; (nieder)beugen; **II** *v/i* **1.** *arbre*, *mur etc* sich neigen; schief sein, stehen; *balance* sich senken; ~ *à gauche* nach links hängen; **2.** *personne* ~ *pour qc* zu etw (hin)neigen, ten'dieren; **III** *v/pr* **3.** *personne se* ~ sich nieder-, her'abbeugen; *se* ~ *en avant* sich nach vorn, vorn'über beugen, neigen; *CH DE FER ne pas se* ~ *au-dehors* nicht hin'auslehnen!; *se* ~ *par la fenêtre* sich zum Fenster hinauslehnen, -beugen; sich aus dem Fenster lehnen; *p/p penché sur un livre* über ein Buch gebeugt; **4.** *fig se* ~ *sur qc* sich mit etw beschäftigen, befassen, ausein'andersetzen; in etw (*acc*) vertiefen

pendable [pɑ̃dabl(ə)] *adj tour m* ~ schlimmer, übler, böser Streich

pendaison [pɑ̃dɛzõ] *f* **1.** *supplice* Henken *n*; *exécuter par* ~ durch den Strang hinrichten; **2.** *suicide* Erhängen *n*; **3.** ~ *de crémaillère* Wohnungseinweihung *f*; *F* Einzugsfete *f*

pendant[1] [pɑ̃dɑ̃] *m* Gegenstück *n*, Pen'dant *n*, Entsprechung *f* (*de zu*); *être le* ~ *de qc*, *faire* ~ *à qc* das Gegenstück, Pendant zu etw sein, bilden; *par ext* e-r Sache (*dat*) entsprechen, vergleichbar sein; *se faire* ~ sich genau gegen'überstehen, -hängen; *par ext* sich genau entsprechen

pendant[2] [pɑ̃dɑ̃] **I** *prép* während (+*gén*, *F a* +*dat*); ~ *trois heures* drei Stunden (lang); ~ *l'hiver* während des Winters; ~ *la nuit* während, in der Nacht; die Nacht über; ~ *ce temps* während dessen; *während'dessen*; *avant la guerre et* ~ vor und während des Krieges; **II** *loc/conj* ~ *que* **a)** *simultanéité* während; **b)** *opposition* während; wo(hin)'gegen; **c)** ~ *que j'y pense* ... da ich gerade daran denke ...; *iron* ~ *que tu y es*, *prends tout!* da du nun schon (einmal) dabei bist, nimm alles!

pendant[3] [pɑ̃dɑ̃] **I** *adj* **1.** (her'ab-, her'unter)hängend; *d'un animal oreilles* ~*es* Hänge-, *F* Schlappohren *n/pl*; *loc/adv*: *les bras* ~*s* mit (herab)hängenden Armen; *les jambes* ~*es* mit baumelnden Beinen; *chien la langue* ~*e* mit her'aushängender Zunge; **2. a)** *JUR procès* ~ abhängiges, schwebendes Verfahren; **b)** *par ext*: *affaire*, *question* unentschieden; in der Schwebe (befindlich); **II** *m/pl* ~*s d'oreilles* Ohrgehänge *n*

pendeloque [pɑ̃dlɔk] *f bijou* Gehänge *n*; *d'un lustre* ~*s pl* Behänge *m/pl*

pendentif [pɑ̃dɑ̃tif] *m* **1.** *bijou* Anhänger *m*; **2.** *ARCH* Hängezwickel *m*; Penden'tif *n*

penderie [pɑ̃dʀi] *f* **a)** *(placard)* (eingebauter) Kleiderschrank; **b)** *pièce* Kleiderkammer *f*; **c)** *partie d'une armoire* Kleiderteil *m*

pendiller [pɑ̃dije] *v/i linge* flattern

Pendjab [pɛndʒab] *le* ~ der *ou* das Pandschab

pendouiller [pɑ̃duje] *v/i F* (her'um)baumeln

pendre [pɑ̃dʀ(ə)] ⟨*cf* rendre⟩ **I** *v/t* **1.** *objet* hängen (*à an* +*acc*); aufhängen (*à* an +*dat*); **2.** *condamné* (auf-, er)hängen; henken; *F* aufknüpfen; *fig dire pis que* ~ *de qn* kein graues Haar, keinen guten Faden an j-m lassen; *F fig qu'il aille se faire* ~ *ailleurs!* *F* er soll sich zum Teufel, zum Henker scheren!; *fig je veux être pendu si* ... *F* ich fresse e-n Besen *ou* ich will e-n Besen fressen, wenn ...; **II** *v/i* **3.** hängen (*à* an +*dat*); *jusqu'à terre branches* bis zur Erde herab-, herunterhängen; *manteau etc* bis zum *ou* auf den Boden reichen; *laisser* ~ *ses bras* die Arme (herab-, herunter)hängen lasssen; **4.** *robe* ~ *d'un côté*, *par derrière* auf e-r Seite, hinten zu lang sein, *F* zipfeln; **III** *v/pr* **5.** *personne se* ~ *à qc* sich an etw (*acc*) hängen; *F fig se* ~ *à la sonnette de qn F* bei j-m Sturm läuten; **6.** *suicidé se* ~ sich er-, aufhängen

pendu [pɑ̃dy] **I** *p/p cf* pendre; *être* ~ aufgehängt sein (*à* an +*dat*); hängen (*à* an +*dat*, *à fig*); *F fig être toujours au téléphone F* dauernd an der Strippe hängen; *cf a langue* 2.; **II** *subst* ~(*e*) *m(f)* Erhängte(r) *f(m)* (*a par suicide*); Gehängte(r) *f(m)*; Gehenkte(r) *f(m)*

pendulaire [pɑ̃dylɛʀ] *adj* Pendel...; *mouvement m* ~ Pendelbewegung *f*; Pendeln *n*

pendule[1] [pɑ̃dyl] *m PHYS, RADIESTHÉSIE* Pendel *n*

pendule[2] [pɑ̃dyl] *f* Pendel-, Wand-, Tisch-, Küchen-, Stutzuhr *f*; *fig remettre les* ~*s à l'heure* Klarheit schaffen; keine 'Mißverständnisse aufkommen lassen

pendulette [pɑ̃dylɛt] *f* kleine Pendel-, Wanduhr *etc*

pêne [pɛn] *m d'une serrure* Riegel *m*; Falle *f*

pénéplaine [peneplɛn] *f GÉOL* Rumpffläche *f*; Fastebene *f*

pénétrable [penetʀabl(ə)] *adj difficilement* ~ **a)** *forêt* fast undurchdringlich; **b)** *fig*: *intentions de qn* schwer zu durch'schauen(d); *mystère* schwer zu ergründen(d), erforschen(d)

pénétrant [penetʀɑ̃] **I** *adj* **1.** *odeur* pe-

pénétration – pension

ne'trant; *regard, froid, vent* 'durchdringend; scharf; *froid, vent a* schneidend; *pluie* durch alle Kleider ('durch)gehend, (-)dringend; **2.** *fig esprit* 'durchdringend; scharf; *remarque* scharfsinnig; **II** *f* ~e (zum Zentrum führende) Stadtautobahn
pénétration [penetʀasjɔ̃] *f* **1.** Eindringen *n* (*a fig d'idées nouvelles etc*); *d'un projectile* **force** *f* **de ~** 'Durchschlagskraft *f*; **2.** *fig* (*sagacité*) Scharfsinn *m*; Geistes-, Verstandesschärfe *f*
pénétré [penetʀe] *adj personne* ~ **de qc** von etw erfüllt, durch'drungen; ~ **de son importance** von s-r Wichtigkeit überzeugt, durchdrungen; **d'un ton ~** im Brustton der Über'zeugung
pénétrer [penetʀe] ⟨-è-⟩ **I** *v/t* **1.** *liquide* ~ **qc** in etw (*acc*) eindringen; durch etw ('durch)dringen; *froid* ~ **qn jusqu'aux os** j-m durch und durch gehen; **2.** *fig: intentions de qn* durch'schauen; *mystère* ergründen; erforschen; ~ **un secret** *a* hinter ein Geheimnis kommen, in ein Geheimnis eindringen; **3.** *fig* ~ **qn d'admiration, de reconnaissance** j-n mit Bewunderung, Dankbarkeit erfüllen; *cf a* **pénétré**; **II** *v/i eau, fumée, projectile etc, par ext idées, cambrioleur, envahisseur etc* eindringen (*dans* in +*acc*); ~ **à travers qc** durch etw ('durch)dringen; *vernis* ~ **dans le bois** in das Holz (ein)dringen, einziehen; *par ext* **on pénètre dans le bureau** par un petit couloir man kommt in das Büro, man betritt das Büro ...; ~ **dans des milieux fermés** in exklusive Kreise eindringen; sich zu exklusiven Kreisen Zutritt verschaffen; *fig* ~ **dans les secrets de la nature** in die Geheimnisse der Natur eindringen; *crème dans la peau* **faire ~ en massant** einmassieren; **III** *v/pr personne* **se ~ d'une idée** e-n Gedanken in sich (*dat*) aufnehmen; **se ~ de l'utilité de qc** sich von der Nützlichkeit e-r Sache (*gén*) über'zeugen
pénibilité [penibilite] *f d'un travail* Mühseligkeit *f*; Beschwerlichkeit *f*
pénible [penibl(ə)] *adj* **1.** *travail, existence, voyage etc* mühselig; mühevoll; mühsam; beschwerlich, anstrengend; **2.** *situation, événement, nouvelle etc* traurig; schmerzlich; betrüblich; *situation a* mißlich; *moments, heures a* schwer; *maladie* schmerzhaft; *il m'est* ~ **de devoir vous annoncer que ...** es ist mir sehr schmerzlich, Ihnen mitteilen zu müssen, daß ...; **3.** F *caractère, personne* schwierig
péniblement [penibləmɑ̃] *adv* **1.** (*difficilement*) mühsam; mit Mühe (und Not); **2.** (*cruellement*) schmerzlich
péniche [peniʃ] *f* **1.** Last-, Frachtkahn *m*; Zille *f*; ~ **remorquée** Schleppkahn *m*; **2.** **MAR MIL** ~ **de débarquement** Landungsboot *n*, -fahrzeug *n*
pénicilline [penisilin] *f* PHARM Penizil'lin *ou* t/t Penicil'lin *n*
péninsulaire [penɛ̃sylɛʀ] *adj* Halbinsel...; *sc* peninsu'lar(isch)
péninsule [penɛ̃syl] *f* Halbinsel *f*
pénis [penis] *m* ANAT Penis *m*; männliches Glied
pénitence [penitɑ̃s] *f* **1.** (*châtiment*) Strafe *f*; **pour** (**ta, sa** *etc*) ~ zur Strafe; **2.** REL **a)** (*repentir*) Bußfertigkeit *f*; **b)** (*peine imposée*) Buße *f*; Bußübung *f*; **faire ~** Buße tun; **c)** (*sacrement m de*) ~ Bußsakrament *n*
pénitencier [penitɑ̃sje] *m* JUR Strafanstalt *f*
pénitent [penitɑ̃] REL **I** *adj* bußfertig; **II** *subst* **1.** (*qui se confesse*) ~(**e**) *m(f)* Beichtkind *n*; **2.** HIST Büßer(in) *m(f)*
pénitentiaire [penitɑ̃sjɛʀ] *adj* JUR Straf(vollzugs)...; **établissement** *m* ~ Straf(vollzugs)anstalt *f*; HIST **colonie** *f* ~ Strafkolonie *f*
penne [pɛn] *f* ZO Schwung- *ou* Schwanzfeder *f*
penné [pɛ(n)ne] *adj* BOT *feuille* gefiedert
Pennsylvanie [pɛnsilvani] **la ~** Pennsyl'vanien *n*
pénombre [penɔ̃bʀ(ə)] *f* Halbdunkel *n*; Dämmerlicht *n*; PHYS Halbschatten *m*
pensable [pɑ̃sabl(ə)] *adj* **ne pas être ~** nicht denkbar, undenkbar sein
pensant [pɑ̃sɑ̃] *adj* **1.** denkend; **un être ~** ein denkendes Wesen; **2.** *personne, presse* **bien ~** konfor'mistisch
pense-bête [pɑ̃sbɛt] *m* ⟨*pl* pense-bêtes⟩ Merkzeichen *n*
pensée¹ [pɑ̃se] *f* **1.** (*fait de penser*) Denken *n*; (*faculté de penser*) Denkvermögen *n*, -fähigkeit *f*; **abstraite** abstraktes Denken; **2.** (*idée*) Gedanke *m*; **la ~ de qn, qc** der Gedanke an j-n, etw; *loc/adv*: **à la seule ~ de** (+*inf*) bei dem bloßen Gedanken, allein schon bei dem Gedanken zu (+*inf*); **à la ~ qu'il pouvait mourir** bei dem Gedanken, daß er sterben könnte; **par la ~, en ~** im Geiste; in Gedanken; **aller jusqu'au bout de sa ~** e-n Gedanken bis zu Ende denken; **avoir une ~ émue pour qn** in Gedanken bei j-m sein; *dans une lettre* **recevez nos plus affectueuses ~s** in herzlichem Gedenken; **3.** (*façon de penser*) Denkweise *f*, -art *f*; *st/s* Denkungsart *f*; (*opinion*) Ansicht *f*; Meinung *f*; Auffassung *f*; *d'un écrivain, philosophe* Gedankenwelt *f*; (*doctrine*) Denken *n*; Gedankengut *n*
pensée² [pɑ̃se] *f* BOT Stiefmütterchen *n*
penser [pɑ̃se] **I** *v/t* **1.** (*croire*) denken; glauben; meinen; ~ **du bien, du mal de qn** gut, schlecht, Gutes, Schlechtes von j-m denken; e-e gute, schlechte Meinung von j-m haben; **contrairement à ce que j'avais pensé** entgegen meiner Vermutung; **dire ce que l'on pense** sagen, was man denkt; **il n'est pas si bête qu'on le pense** er ist nicht so dumm, wie man denkt, glaubt, meint; **qu'est-ce qui vous fait ~ cela?** wie kommen Sie darauf?; ♦ ~ **de qc, qn** halten von etw, j-m; **que penses-tu de cette solution?** was hältst du von dieser Lösung?; **qu'en pensez-vous?** was halten Sie davon; wie denken Sie darüber?; **que faut-il ~ de lui?** was soll man von ihm halten?; *il ne dit rien*, **mais il n'en pense pas moins** aber er denkt sich sein Teil; ♦ ~ **que ...** denken, glauben, meinen, daß ...; **vous pensez bien que ...** Sie können sich (wohl) denken, daß ...; **je ne pense pas que ce soit si difficile** ich glaube nicht, daß das so schwierig ist; **je pense qu'il a raison ou** **je pense qu'elle n'a que vingt ans!** denken Sie *ou* stellen Sie sich vor, sie ist erst zwanzig Jahre alt!; ♦ ~ (+*inf*) glauben zu (+*inf*); **il a pensé mourir** er glaubte zu sterben; *cf a* **2.**; **2.** (*avoir l'intention de*) ~ (+*inf*) gedenken, beabsichtigen zu (+*inf*); **je pense partir demain** ich gedenke, beabsichtige, morgen abzureisen; **3.** (*concevoir*) *problème, aménagement etc* durch'denken; *adjt* **minutieusement pensé** bis ins kleinste durch'dacht; **4.** *par euphémisme*: **il a marché dans ce que je pense** er ist in die Sch... getreten; **il lui a flanqué un coup de pied là où je pense** in den Allerwertesten; **II** *v/t/indir* **5.** ~ **à qn, qc** an j-n, etw denken; **ne ~ qu'à s'amuser** nur ans Vergnügen denken; **à quoi penses-tu?** woran denkst du?; **n'y pensons plus!** denken wir nicht mehr daran!; vergessen wir es!; **tu n'y penses pas!** das ist doch nicht dein Ernst!; **ah, j'y pense ...** *ou* **mais j'y pense ...** ach, da fällt mir gerade ein ...; ach, daß ich nicht vergesse ...; **j'essaierai d'y ~** ich werde versuchen, daran zu denken; **c'est simple, mais il fallait y ~** aber man muß erst darauf kommen; ♦ *loc/adv* **sans ~ à mal** ohne sich Böses, Schlimmes, Arges dabei zu denken; **sans y ~** ganz in Gedanken; ♦ ~ **à faire qc** daran denken, nicht vergessen, etw zu tun; **fais-moi ~ à payer la note** erinnere mich daran, laß mich daran denken, daß ich die Rechnung bezahlen muß; ♦ *photo, musique etc* **faire ~ à qc** an etw (*acc*) erinnern; **III** *v/i* **6.** denken; **son maître à ~** sein geistiges Vorbild; **façon** *f* **de ~** Denkweise *f*, -art *f*; **je leur dirai ma façon de ~!** ich werde ihnen meine Meinung sagen!; ~ **tout 'haut** laut denken; *Descartes* **je pense, donc je suis** ich denke, also bin ich; **je ne pense pas comme vous sur cette question** in dieser Frage denke ich nicht wie Sie, bin ich anderer Meinung als Sie; ♦ *événement etc* **donner, laisser à ~** zu denken geben; einen bedenklich, nachdenklich machen, stimmen; **7.** *exclamations*: F **tu penses!, vous pensez!** pour insister F und ob!; das kannst du dir *ou* können Sie sich denken!; *pour refuser* F denkste!; **vous pensez si j'avais peur!** und ob ich Angst hatte!; ♦ F **penses-tu!, pensez-vous!** ach wo(her)!; i wo!; i bewahre!; wo denkst du *ou* wo denken Sie hin!
penseur [pɑ̃sœʀ] *m* Denker *m*; **libre ~** Freidenker *m*; Freigeist *m*
pensif [pɑ̃sif] *adj* ⟨-ive⟩ nachdenklich; gedankenvoll
pension [pɑ̃sjɔ̃] *f* **1.** (*internat*) Inter'nat *n*; Schüler(innen)heim *n*; **mettre son fils en ~** s-n Sohn ins Internat geben; **2.** *hôtel* Pensi'on *f*; Fremdenheim *n*; ~ **de famille** kleine Pension; Fa'milienpension *f*; **3.** (*hébergement et nourriture*) Pensi'on *f*; *somme a* Kostgeld *n*; ~ **complète** 'Vollpension *f*; **chambre** *f* **avec ~ complète** Zimmer *n* mit Vollpension; **être en ~ chez qn** bei j-m in Pension sein (*a animal*); **prendre qn en ~** j-n in Pension nehmen *ou* behalten; **prendre ~ chez qn, dans un hôtel** Wohnung und Verpflegung, Vollpension bei j-m, in e-m Hotel nehmen; **4.** **allocation** Rente *f*; ~ **alimentaire** 'Unterhaltsrente *f*; *pour enfant naturel* Ali'mente *pl*; ~ **de guerre** Kriegshinterbliebenenrente *f*; ~ **d'invalidité** In-

va'liden-, Berufsunfähigkeits-, Erwerbsunfähigkeitsrente *f*; **~ de retraite, de vieillesse** Altersrente *f*; Ruhegeld *n*; *pour fonctionnaires* Pensi'on *f*; Ruhegehalt *n*; **~ de réversion** Hinter'bliebenenrente *f*
pensionnaire [pɑ̃sjɔnɛʀ] *m,f* **1.** *élève* Inter'natsschüler(in) *m(f)*; Zögling *m*; **2.** *d'une pension de famille, d'un hôtel* Pensi'onsgast *m*; *d'une maison de retraite etc* Insasse *m*, Insassin *f*; **3. ~ de la Comédie-Française** befristet angestellter Schauspieler, angestellte Schauspielerin der Comédie Française; **4.** *artiste* **~ de la Villa Médicis** Stipendi-'at(in) *m(f)* der Villa Medici
pensionnat [pɑ̃sjɔna] *m* ~ **(de jeunes filles)** (Mädchen)Pensio'nat *n*
pensionné [pɑ̃sjɔne] *adj et subst cf* **retraité**
pensum [pɛ̃sɔm] *m* ÉCOLE Strafarbeit *f* (*a fig*)
pentacle [pɛtakl(ə)] *m* OCCULTISME Penta'gramm *n*; Drudenfuß *m*
pentaèdre [pɛtaɛdʀ(ə)] *m* MATH Fünfflächner *m*; *sc* Penta'eder *n*
pentagonal [pɛ̃tagɔnal] *adj* ⟨-aux⟩ fünfeckig; *sc* pentago'nal
pentagone [pɛ̃tagon, -gɔn] *m* **1.** MATH Fünfeck *n*; *sc* Penta'gon *n*; **2. à Washington le ⌾** das Pentagon
pentathlon [pɛ̃tatlɔ̃] *m* SPORTS ~ **(moderne)** (moderner) Fünfkampf
pente [pɑ̃t] *f* **1.** *d'un terrain, d'une route etc* Gefälle *n* (**de dix pour cent** von zehn Prozent); Neigung *f*; *d'un toit* Dachneigung *f*; *loc/adj* **en ~** abfallend; **en ~ raide** abschüssig; **aller, être en ~** abfallen; Gefälle haben; **descendre en ~ douce, raide** sanft, steil abfallen; ein sanftes, steiles Gefälle haben; **2.** *d'une colline, montagne* (Ab)Hang *m*; *südd a* Lehne *f*; *fig personne:* **être sur une ~ glissante** auf e-r gefährlichen Bahn sein; **être sur une ou la mauvaise ~** auf die schiefe Ebene, Bahn geraten sein; **remonter la ~** wieder auf die Beine kommen; *il a remonté la ~* es geht wieder berg'auf mit ihm; **suivre sa ~** s-r Neigung (*dat*) nachgehen; **3.** MATH *d'une droite* Steigung *f*
Pentecôte [pɑ̃tkot] **la ~** Pfingsten *n ou pl*; **à la ~** (an, zu) Pfingsten
penture [pɑ̃tyʀ] *f* TECH *d'un volet etc* Band *n*
pénultième [penyltjɛm] *f* LING Pän'ultima *f*; vorletzte Silbe
pénurie [penyʀi] *f* (großer) Mangel (**de** an +*dat*), Knappheit *f*; **~ de devises** De'visenmangel *m*, -knappheit *f*; **~ d'eau** Wasserknappheit *f*; **~ de logements** Wohnungsnot *f*; Wohnraummangel *m*; **~ de main-d'œuvre** Arbeitskräftemangel *m*; Mangel *m* an Arbeitskräften
pep [pɛp] *m* F **avoir du ~** Schwung, Pep haben
pépé [pepe] *m* enf Opa *m* (*a par ext*)
pépée [pepe] *f* F **une jolie ~** F ein hübscher Käfer; ein Klasseweib *n*
pépère [pepɛʀ] **I** *adj* F *vie, travail* gemütlich; bequem, geruhsam; *vie à beschaulich*; **un petit coin ~** ein ruhiges Fleckchen; **II 1. ~** F Opa *m*; **2. le un gros ~** ein gemütlicher Dicker; *enfant* ein Dickerchen *n*; F ein Pummelchen *n*
pépètes [pepɛt] *f/pl* F *cf* **fric**

pépie [pepi] *f* F *fig* **avoir la ~** sehr durstig sein; e-e trockene Kehle haben
pépiement [pepimɑ̃] *m* Piep(s)en *n*; Tschilpen *n*
pépier [pepje] *v/i jeunes oiseaux* piep(s)en; *moineaux* tschilpen
pépin [pepɛ̃] *m* **1.** *de certains fruits* Kern *m*; *fruits m/pl* **à ~s** Kernobst *n*; **sans ~s** kernlos; **2.** F *fig personne* **avoir un ~** auf Schwierigkeiten stoßen; Ärger, Schere'reien, Pech haben; **3.** F (*parapluie*) Schirm *m*; F Mussspritze *f*
Pépin [pepɛ̃] *m* HIST Pip'pin *ou* 'Pippin *m*
pépinière [pepinjɛʀ] *f* **1.** Baumschule *f*; **2.** *fig* Pflanz-, Bildungsstätte *f*
pépiniériste [pepinjeʀist] *m,f* Baumschulgärtner(in) *m(f)*
pépite [pepit] *f* (Gold)Klumpen *m*
péplum [peplɔm] *m* (in der An'tike spielender) Monumen'tal-, Kolos'salfilm
pepsine [pɛpsin] *f* BIOCHIMIE Pep'sin *n*
peptique [pɛptik] *adj* BIOCHIMIE peptisch
péquen|aud [pɛkno] *m*, **~aude** *f*, **péquenot** [pɛkno] *m* F *péj* **1.** *péj* Bauernlümmel *m*, -trampel *m ou n*; Bauernweib *n*; *par ext* 'Hinterwäldler(in) *m(f)*; **2.** *adj* ungehobelt; ungeschliffen; 'hinterwäldlerisch
péquin [pekɛ̃] *m cf* **pékin**
perçage [pɛʀsaʒ] *m* TECH ('Durch)Bohren *n*; Durch'bohren *n*
percale [pɛʀkal] *f* TEXT Per'kal *m*
perçant [pɛʀsɑ̃] *adj regard* 'durchdringend; scharf; *voix* schrill; *cris* gellend; 'durchdringend; *froid* schneidend; 'durchdringend
perce [pɛʀs] *f tonneau* **mettre en ~** anstechen; anzapfen; **mise f en ~** Anstich *m*; Anzapfen *n*
percée [pɛʀse] *f* **1.** *dans une forêt* 'Durchhieb *m*; **2.** TECH (Mauer-, Straßen)'Durchbruch *m*; *d'un tunnel* 'Durchstich *m*; **3.** MIL, SPORTS *et fig* (*réussite*) 'Durchbruch *m*; MIL a 'Durchstoß *m*
percement [pɛʀsəmɑ̃] *m d'un mur, d'une rue etc* 'Durchbrechen *n*, -bruch *m*; *d'un tunnel* 'Durchstechen *n*, -stich *m*; Bohren *n*, -ung *f*
perce-neige [pɛʀsənɛʒ] *m ou f* ⟨*inv*⟩ BOT Schneeglöckchen *n*
perce-oreille [pɛʀsɔʀɛj] *m* ⟨*pl* perce--oreilles⟩ ZO Ohrwurm *m*
percepteur [pɛʀsɛptœʀ] *m* Fi'nanzbeamte(r) *m*; *par ext* Fi'nanzamt *m*; HIST Steuereinnehmer *m*
perceptible [pɛʀsɛptibl(ə)] *adj* **1.** wahrnehmbar; *sc* perzep'tibel; **~ à l'œil nu** mit bloßem Auge erkennbar, wahrnehmbar; *son* **~ (à l'oreille)** hörbar; vernehmbar; **2.** *avantage, amélioration* spürbar; merklich; **3.** *ironie, subtilité etc* faßbar; faßlich; spürbar; begreiflich
perceptif [pɛʀsɛptif] *adj* ⟨-ive⟩ PSYCH perzep'torisch; perzep'tiv
perception [pɛʀsɛpsjɔ̃] *f* **1.** (*recouvrement d'impôts*) Erhebung *f*; Einziehung *f*; Beitreibung *f*; **2.** *bureau* Fi'nanzamt *n*; **3.** PHILOS, PSYCH Wahrnehmung *f*; *sc* Perzepti'on *f*; GR **verbes m/pl de ~** Verben *n/pl* der sinnlichen Wahrnehmung
percer [pɛʀse] ⟨-ç-⟩ **I** *v/t* **1.** *mur, planche* 'durchbohren *ou* durch'bohren; *avec une aiguille* durch'stechen; *pro-*

jectile: *mur etc* durch'schlagen, -'bohren; MIL *front ennemi*, SPORTS *défense* durch'brechen; 'durchbrechen durch; *avec des chars* durch'stoßen; 'durchstoßen durch; *trou, tunnel* bohren; *porte, fenêtre, mur, route* 'durchbrechen; *porte, fenêtre a* ausbrechen; *tonneau* anstechen; anzapfen; *coffre-fort* aufbrechen; F knacken; *abcès* öffnen; *ampoule* aufstechen; **~ un chemin dans la forêt** e-n Weg durch den Wald hauen, schlagen; *fig* **~ le cœur** das Herz zerreißen; *bébé* **~ ses dents** s-e Zähne bekommen; zahnen; **~ la foule** sich gewaltsam e-n Weg durch die Menge bahnen; sich durch die Menge 'durchkämpfen; *soleil* **~ les nuages** durch die Wolken brechen; *lumière* **~ l'obscurité** durch die Dunkelheit dringen; *cris, vacarme* **~ les oreilles** durch die Ohren weh tun; in den Ohren gellen; *explosion, cris* **~ le silence** die Stille zerreißen; ♦ *adjt* **percé** *chaussures, poche etc* durch'löchert; **être percé** in Löchern sein; durch'löchert sein; **2. ~ (à jour)** *intentions de qn* durch'schauen; *mystère* ergründen; erforschen; **~ un secret** a hinter ein Geheimnis kommen; **II** *v/i* **3.** *dents* 'durchkommen, -brechen; *abcès* aufgehen; MIL, SPORTS 'durchbrechen; *chars a* 'durchstoßen; *jour* anbrechen; *soleil* **~ (à travers les nuages)** 'durchbrechen, -kommen; **4.** *fig:* **vraie nature de qn** 'durchbrechen, -schlagen; zum Vorschein kommen; *ironie dans les paroles de qn* 'durchklingen; mitschwingen; *personne: sentiments* **laisser ~ (à l'extérieur)** nach außen hin merken lassen, zeigen; **rien n'a percé de leur entretien** von ihrer Unter'haltung ist nichts 'durchgedrungen, 'durchgesikkert; **5.** *fig personne* (*réussir*) den 'Durchbruch schaffen; berühmt werden; Berühmtheit erlangen
perceur [pɛʀsœʀ] *m* **1.** *ouvrier* Bohrer *m*; **2. ~ de coffre-fort** Geldschrankknacker *m*
perceuse [pɛʀsøz] *f* TECH Bohrmaschine *f*; **~ à percussion** Schlagbohrmaschine *f*
percevable [pɛʀsəvabl(ə)] *adj impôts* einziehbar; erhebbar
Perceval [pɛʀsəval] *m* MYTH Parzival *m*
percevoir [pɛʀsəvwaʀ] *v/t* ⟨*cf* recevoir⟩ **1.** *par les sens* wahrnehmen; *acoustiquement a* vernehmen; *visuellement a* erkennen; *par l'esprit* erkennen; erfassen; **2.** *impôts* einnehmen, einziehen; erheben (*a redevances*); *loyer, somme* einnehmen, vereinnahmen; kas'sieren; (*recevoir*) bekommen
perche[1] [pɛʀʃ] *f* ZO Barsch *m*; **~ -en-ciel** Sonnenbarsch *m*
perche[2] [pɛʀʃ] *f* **1.** Stange *f*; *pour saut à la* **~** Stab *m*; *pour grimper* Kletterstange *f*; CIN, TV **(à son)** (Mikro'phon)Galgen *m*; Gi'raffe *f*; TECH **(de prise de courant)** Stromabnehmer *m*; SPORTS **saut m à la ~** Stabhochsprung *m*; *fig* **tendre la ~ à qn** (*tirer d'embarras*) j-m Hilfestellung leisten; j-m aus der Klemme, F Patsche helfen; **pour faire céder qn** j-m goldene Brücken bauen; **2.** F *fig de qn* **grande ~** lange Latte; Bohnen-, Hopfenstange *f*
Perche [pɛʀʃ] **le ~** Landschaft im Südosten der Normandie

perché [pɛrʃe] *adj* **1.** *oiseau, personne* (erhöht) sitzend (*sur* auf +*dat*); *fig village etc* ~ *dans la* **montagne** hoch im Gebirge liegend, gelegen; *être* ~ (oben, erhöht) sitzen; **2.** *fig* **voix** (*'haut*) ~e hohe Stimme

percher [pɛrʃe] **I** *v/t* F *objet* (hin'auf-, hoch)stellen, (-)legen, F hin'auftun (*sur l'armoire* auf den Schrank); **II** *v/i* **1.** *oiseaux* sich setzen (*sur un arbre* auf e-n Baum); sich niederlassen, *se tenir* sitzen (auf e-m Baum); **2.** F *fig personne* wohnen; F hausen; **III** *v/pr* **3.** *oiseaux se* ~ *cf 1.*; **4.** F *personne se* ~ *sur le parapet* sich auf das Geländer setzen

percheron [pɛrʃərõ] *m* Kaltblutpferd aus dem Perche

percheur [pɛrʃœr] *adj* ⟨-euse⟩ ZO *oiseaux* ~s Vögel *m/pl*, die in der Höhe zu sitzen pflegen

perchiste [pɛrʃist] *m* **1.** SPORTS Stabhochspringer *m*; **2.** CIN, TV Mikromann *m*, -assistent *m*; Tonangler *m*

perchman [pɛrʃman] *m* ⟨*pl* perchmen [pɛrʃmɛn]⟩ *cf* **perchiste** 2.

perchoir [pɛrʃwar] *m* **1.** *pour oiseaux* (Sitz)Stange *f*; *pour poules* Hühnerstange(n) *f(pl)*; **2.** *fig* erhöhter Sitz; **3.** *fig* POL Tri'büne *f*, *par ext* Amt *n* des Präsi'denten der Natio'nalversammlung

perclus [pɛrkly] *adj* ⟨-use [-yz]⟩ *personne être* ~ *de douleurs* vor Schmerzen wie gelähmt sein; *être* ~ *de rhumatismes* durch Rheuma steif, unbeweglich sein

percolateur [pɛrkɔlatœr] *m* Kaffeemaschine *f (für Restaurants)*

perçu [pɛrsy] *p/p cf* **percevoir**

percussion [pɛrkysjõ] *f* **1.** Schlag *m* (*a* TECH); PHYS Stoß *m*; MIL Perkussi'on *f*; **2.** MÉD Abklopfen *n*; *sc* Perkussi'on *f*; **3.** MUS (Gruppe *f* der) Schlaginstrumente *n/pl*; JAZZ *a* Percussion [-'kaʃən] *f*; *instrument m à ou de* ~ Schlaginstrument *n*

percussionniste [pɛrkysjɔnist] *m* MUS Schlagzeuger *m*; JAZZ *a* Drummer [-a-] *m*

percutant [pɛrkytã] *adj* **1.** MIL Aufschlag...; *obus* ~ Granate *f* mit Aufschlagzünder; **2.** *fig argument* schlagend; *article, formule* von 'durchschlagender Wirkung; frap'pierend

percuter [pɛrkyte] **I** *v/t* ~ *qc* auf etw (*acc*) (auf)schlagen, (auf)prallen, PHYS *a* stoßen; *véhicule* ~ *un arbre* gegen e-n Baum fahren, prallen; **II** *v/i obus etc* ~ *contre qc* auf etw (*acc*) aufschlagen, auftreffen; *voiture* ~ *contre un arbre* gegen e-n Baum fahren, prallen

percuteur [pɛrkytœr] *m d'une arme à feu* Schlagbolzen *m*

perdant [pɛrdã] **I** *adj* verlierend; *billet, numéro* ~ Niete *f*; *vous serez* ~ Sie gewinnen nichts dabei; Sie haben nichts davon; **II** *subst* ~(*e*) *m(f)* Verlierer(in) *m(f)*

perdition [pɛrdisjõ] *f* **1.** *navire en* ~ in Seenot; **2.** REL Verderben *n*; Verdammnis *f*; *iron* **un lieu de** ~ ein Ort *n* des Lasters

perdre [pɛrdr(ə)] ⟨*cf* rendre⟩ **I** *v/t* **1.** verlieren; *somme, situation, prestige, droits a* einbüßen; kommen um, *avantage, droits a* verlustig gehen (+*gén*); *j'ai* **perdu** *qc* a mir ist etw ab'handen gekommen; ~ *qn* j-n verlieren (*a par la mort*); ~ *qn, qc de vue* j-n, etw aus den Augen verlieren; ♦ *avec subst:* ~ *son* **argent** sein Geld verlieren; ~ *son argent au jeu* sein Geld verspielen; ~ *une* **bataille** e-e Schlacht verlieren; *il a perdu un bras à la guerre* er hat im Krieg e-n Arm verloren, eingebüßt; ~ **confiance** das Vertrauen verlieren; ~ **courage** den Mut verlieren, sinken lassen; ~ **espoir** die Hoffnung verlieren, aufgeben; ~ *l'esprit, la raison, la tête* den Verstand verlieren; *arbre* ~ *ses feuilles* die Blätter verlieren, abwerfen; ~ *ses forces* s-e Kräfte verlieren, einbüßen; von Kräften kommen; *couleur* ~ *sa fraîcheur* ihre Frische verlieren, einbüßen; *elle a perdu deux kilos* sie hat zwei Kilo abgenommen; *il a perdu sa mère à cinq ans a* er war fünf, als s-e Mutter starb; ~ *son pantalon* s-e Hose verlieren; ~ *de son prestige* an Prestige verlieren, einbüßen; ~ *un procès* e-n Prozeß verlieren; *mot* ~ *son sens* s-e Bedeutung verlieren; *véhicule* ~ *de la vitesse* (an) Geschwindigkeit verlieren; langsamer werden; *cf a les subst correspondants:* ♦ *tu ne le connais pas? tu n'y perds rien!* da hast du nichts verpaßt, versäumt!; *menace tu ne perds rien pour attendre!* du wirst deinen Lohn schon noch bekommen!; ♦ *n'avoir rien à* ~ *mais tout à gagner* nichts zu verlieren, aber alles zu gewinnen haben; *vous n'avez pas un instant à* ~ Sie haben keinen Augenblick zu verlieren; *faire* ~ *sa place, sommeil etc à qn* j-n um s-e Stelle, den Schlaf *etc* bringen; *cette recherche m'a fait* ~ *une heure* diese Sucherei hat mich e-e Stunde gekostet; **2.** *mauvaise habitude* ablegen; aufgeben; *cf a* **habitude**; **3.** *occasion* versäumen; verpassen; sich entgehen lassen; *ne* ~ *aucune occasion de* (+*inf*) keine Gelegenheit versäumen *etc* zu (+*inf*); *cf a* **occasion** 2.; **4.** *fig* ~ *qn* (*causer sa ruine*) j-n zu'grunde richten; j-n ins Verderben bringen, stürzen; j-n rui'nieren, verderben; *sa témérité l'a perdu* s-e Tollkühnheit hat ihn zugrunde gerichtet, ins Verderben gestürzt; **II** *v/i* **5.** *personne* verlieren (*a dans une compétition*); ~ *au change* e-n schlechten Tausch machen; ~ *au jeu* beim Spiel verlieren; *objet* ~ *de sa valeur* an Wert verlieren, einbüßen; COMM ~ *sur un article* bei e-r Ware draufzahlen, zusetzen; ein Ware e-n Verlust haben; *j'y perds* da zahle ich drauf, setze ich zu; *il n'aime pas* ~ er verliert nicht gern; **6.** *réservoir* (*fuir*) undicht, leck sein; lekken; ein Loch, Leck haben; **III** *v/pr se* ~ **7.** (*disparaître*) sich verlieren, verlorengehen; *autorité, prestige* schwinden; *métier, tradition, sens d'un mot* 'untergehen; ♦ *il y a des coups de pied au derrière, des gifles qui se perdent!* F er *ou* sie *etc* hätte e-n Tritt in den Hintern, e-e Ohrfeige verdient!; *cris, conversation se* ~ *dans le bruit* im Lärm 'untergehen; *traces se* ~ *dans la forêt* sich im Wald verlieren; *personne se* ~ *dans la foule* in der Menge verschwinden, 'untertauchen; MAR *bateau se* ~ *en mer* 'untergehen; Schiffbruch erleiden; **8.** (*s'égarer*) *personne* sich verirren; sich verlaufen; in die Irre gehen; *st/s* irregehen; *en voiture* sich verfahren; *avion* sich verfliegen; *t/t* sich verfranzen; *fig: je m'y perds* da komme ich nicht mehr mit; daraus werde ich nicht klug; *se* ~ *dans les détails* sich in Einzelheiten verlieren; sich verzetteln; *se* ~ *en conjectures, explications* sich in Vermutungen, Erklärungen ergehen; **9.** *denrées alimentaires* verderben; schlecht werden; **10.** *litt personne* sich zu'grunde richten; sich ins Verderben bringen

perdreau [pɛrdro] *m* ⟨*pl* ~x⟩ ZO junges Rebhuhn

perdrix [pɛrdri] *f* ZO Rebhuhn *n*

perdu [pɛrdy] **I** *p/p cf* **perdre** *et adj* **1.** *procès, bataille, cause etc* verloren; *objet a* verlorengegangen; ab'handen gekommen; *temps a* vertan; *occasion* verpaßt; versäumt; *balle* ~e verirrte Kugel; *chien* ~ herrenloser Hund; *fille* ~e Dirne *f*; CUIS *pain* ~ armer Ritter; *une soirée* ~e ein verlorener Abend; ♦ *à tes heures* ~*es, moments* ~*s* in deinen Mußestunden; *à temps* ~ in der freien Zeit; ♦ ~ *dans la foule* in der Menge verschwunden, 'untergetaucht; von der Menge verschluckt; ~ *dans ses pensées* gedankenversunken, -verloren; ~ *dans ses rêveries* traumverloren; ♦ *malade être* ~ verloren, nicht mehr zu retten sein; *rien n'est* ~ noch ist nicht alles aus, verloren; *tout est* ~ alles ist verloren, aus; *iron ce n'est pas* ~ *pour tout le monde* irgend jemandem wird es noch nutzen, zu'gute kommen; *prov* **une de** ~, *dix de retrouvées* für e-e verlorene Liebe finden sich zehn andere; **2.** *pays, coin* entlegen; abgelegen; **3.** *je suis* ~ a) (*égaré*) ich habe mich verlaufen, verirrt, *en voiture* verfahren; b) *fig* ich weiß nicht mehr aus noch ein; ich weiß mir nicht mehr zu helfen; F ich bin aufgeschmissen; **4.** (*abîmé*) *vêtement, nourriture* verdorben; **5.** COMM *emballage* ~ Einwegverpackung *f*; Wegwerfpackung *f*; *bouteille f à verre* ~ Einwegflasche *f*; **II** *subst loc crier, courir comme un* ~ schreien, rennen wie ein Verrückter, Besessener; F schreien wie am Spieß

perdurer [pɛrdyre] *v/i* fortdauern; fortbestehen

père [pɛr] *m* **1.** Vater *m* (*a d'un animal*); *appellatif st/s* **mon** ~ Vater; *le* ~ *et la mère* Vater und Mutter; *Durand* ~ Durand senior; ~ *de famille* Fa'milien-, Hausvater *m*; *par ext placement m*, *valeurs f/pl de* ~ *de famille* mündelsichere Geldanlage *f*, Wertpapiere *n/pl*; JUR *jouir de qc en bon* ~ *de famille* mit etw sorgfältig, pfleglich 'umgehen; *loc/adv de* ~ *en fils* von Generation zu Generation; *une famille où l'on est vigneron de* ~ *en fils* e-e Familie, in der sich der Winzerberuf vom Vater auf den Sohn weitervererbt (hat); *être, devenir* ~ Vater sein, werden; *être* (*le*) ~ *de deux enfants* Vater von zwei Kindern *ou* zweier Kinder sein; *fig être un* (*vrai*) ~ *pour qn* wie ein Vater zu j-m sein; *prov tel* ~, *tel fils* wie der Vater, so der Sohn (*prov*); der Apfel fällt nicht weit vom Stamm (*prov*). **2.** *par ext nos* ~*s* (*ancêtres*) unsere (Vor)Väter *m/pl*, Voreltern *pl* Vorfahren *m/pl*; **3.** *fig* (*créateur*) Schöp-

fer *m*; Begründer *m*; Vater *m*; **4. F le ~ X** Vater X; (der) Herr X; *péj* der (alte) X; *le ~ Noël* der Weihnachtsmann; *fig le coup du ~ François* ein heimtückischer, 'hinterhältiger Streich; *fig un gros ~* ein Dicker *m*, F Dickwanst *m*; *d'un enfant* ein Dickerchen *n*, F Pummelchen *n*; *fig* **un ~ tranquille** ein ruhiger, friedlicher Mensch; F *alors, mon petit ~, comment ça va?* F na, alter Freund *ou* Alterchen, wie geht's?; **5.** REL **le ♀** der Vater; **le ♀ éternel** der himmlische Vater; der Herrgott; *Dieu le ♀* Gott'vater *m*; **Notre ♀ qui es aux cieux** Vater unser(, der Du bist) im Himmel; *par ext* **le Notre ♀** das Vater-'unser; **6.** ÉGL CATH (*abr P.*) Pater *m* (*abr P.*); **le ~ X** (der) Pater X; *appellatif* **mon ♀** ehrwürdiger Vater; *ordre* **les ♀s Blancs** die Weißen Väter; **~ domini-cain, jésuite** Domini'kaner-, Jesu'itenpater *m*; **les ♀s de l'Église** die Kirchenväter *m/pl*
pérégrinations [peʀegʀinasjɔ̃] *f/pl* Um'herreisen *n*; vieles Reisen; F Reise-'rei *f*
péremption [peʀɑ̃psjɔ̃] *f* JUR Verwirkung *f*
péremptoire [peʀɑ̃ptwaʀ] *adj* **1.** *ton, argument* keinen 'Widerspruch duldend; *ton a* e'nergisch; entschieden; *il a été ~* er duldete keinen Widerspruch; **2.** JUR perem(p)'torisch; aufhebend
pérennité [peʀɛ(n)nite] *st/s f* Fortbestand *m*; Fortdauer *f*; Weiterbestehen *n*
péréquation [peʀekwasjɔ̃] *f* **1.** *des charges, des impôts* gerechte, gleichmäßige Verteilung; ÉCON (Fi'nanz)Ausgleich *m*; **2.** *des traitements* Angleichung *f*; Anpassung *f*
perfectible [pɛʀfɛktibl(ə)] *adj* vervollkommnungs-, verbesserungsfähig
perfection [pɛʀfɛksjɔ̃] *f* **1.** Voll'kommenheit *f* (*a* PHILOS, REL); Voll'endung *f*; Perfekti'on *f*; *loc/adv* **à la ~** voll'endet; meisterhaft; her'vorragend; **2.** *st/s* **~s** *pl* Vorzüge *m/pl*; gute Eigenschaften *f/pl*; **3.** *de qn* **c'est une ~** sie *ou* er ist unersetzlich, F ein Ju'wel *n*, e-e Perle
perfectionnement [pɛʀfɛksjɔnmɑ̃] *m* Ver'vollkommnung *f*; Perfektio'nierung *f*; Verbesserung *f*; Weiterentwicklung *f*; *cours m*, *stage m de ~* Fortbildungslehrgang *m*, -kurs *m*; *appareil* **doté des derniers ~s** mit den letzten technischen Neuerungen, Errungenschaften ausgestattet
perfectionner [pɛʀfɛksjɔne] **I** *v/t* ver-'vollkommnen; perfektio'nieren; verbessern; weiterentwickeln; **II** *v/pr* **se ~ 1.** *personne* sich fort-, weiterbilden; *se ~ en français* sich im Französisch fort-, weiterbilden; s-e Französischkenntnisse verbessern, vervollkommnen; **2.** *procédé etc* vervollkommnet, perfektio'niert, verbessert werden
perfectionn|isme [pɛʀfɛksjɔnism(ə)] *m* Perfektio'nismus *m*; **~iste I** *adj* perfektio'nistisch; **II** *m.f* Perfektio'nist(in) *m(f)*
perfid|e [pɛʀfid] *adj* heim'tückisch; 'hinterhältig; per'fid(e); *promesse* falsch; trügerisch; *st/s femme* treulos; **~ie** *f* Heimtücke *f*; 'Hinterhältigkeit *f*; Perfi-'die *f*; *st/s d'une femme* Treulosigkeit *f*
perforant [pɛʀfɔʀɑ̃] *adj* MIL *projectile* panzerbrechend

perforation [pɛʀfɔʀasjɔ̃] *f* **1.** *action* Durch'lochen *n*, -'bohren *n*; Perfo'rieren *n*; Perforati'on *f*; *de cartes, de bandes* Lochen *n*; *d'un projectile* 'Durchschlag(en) *m(n)*; **2.** *résultat* Loch *n*; Lochung *f*; *coll* Löcher *n/pl*; Perfo'rierung *f*; Perforati'on *f*; **3.** MÉD 'Durchbruch *m*; Perforati'on *f* (*a accidentelle*)
perforatrice [pɛʀfɔʀatʀis] *f* **1.** *appareil* Locher *m* (*a* INFORM); *adjt* **pince ~** Knipszange *f*; **2.** *personne* Locherin *f*; **3.** MINES (Gesteins)Bohrmaschine *f*
perforé [pɛʀfɔʀe] *adj* INFORM **bande, carte ~e** Lochstreifen *m*, -karte *f*
perforer [pɛʀfɔʀe] *v/t* TECH durch'lochen, -'löchern, -'bohren; perfo'rieren (*a* MÉD); *papier*, INFORM *cartes, bandes* lochen; *billet* knipsen; *projectile*: blindage *etc* durch'schlagen, -'bohren
perforeuse [pɛʀfɔʀøz] *f cf* **perforatrice** *1., 2.*
performance [pɛʀfɔʀmɑ̃s] *f* **1.** Leistung *f* (*a* SPORTS, TECH); *meilleure ~* Best-, Spitzenleistung *f*; *réaliser une belle ~* e-e gute Leistung erzielen; *iron c'est une belle ~* das ist wirklich e-e Leistung; F dazu gehört was; **2.** LING Per'for'manz *f*
performant [pɛʀfɔʀmɑ̃] *adj* leistungsfähig
perfusion [pɛʀfyzjɔ̃] *f* MÉD Infusi'on *f*; **~ de sang** Bluttransfusion *f*; **être sous ~** am Tropf hängen
Pergame [pɛʀgam] HIST Pergamon *n*
pergola [pɛʀgɔla] *f* Pergola *f*
périarthrite [peʀiaʀtʀit] *f* MÉD Periar-'thritis *f*
péricard|e [peʀikaʀd] *m* ANAT Herzbeutel *m*; *sc* Peri'kard(ium) *n*; **~ite** *f* MÉD Herzbeutelentzündung *f*; *sc* Perikar'ditis *f*
péricarpe [peʀikaʀp] *m* BOT Fruchthülle *f*; *sc* Peri'karp *n*
péricliter [peʀiklite] *v/i entreprise* langsam, all'mählich eingehen, zu'grunde gehen; *affaires* immer weiter zu'rückgehen; all'mählich zum Erliegen kommen
périgée [peʀiʒe] *m* ASTR Peri'gäum *n*; Erdnähe *f*
Périgord [peʀigɔʀ] **le ~** historische Landschaft in Südwestfrankreich
péril [peʀil] *m* (große) Gefahr; *loc/adv* **au ~ de sa vie** unter Einsatz s-s Lebens; *unter, mit* Lebensgefahr; **en ~** in Seenot; *il (n')y a (pas) ~ en la demeure* es ist (keine) Gefahr im Verzug; **mettre en ~** in Gefahr bringen; gefährden
périlleux [peʀijø] *adj* ⟨-euse⟩ gefährlich; gefahrvoll; gewagt; ris'kant; *sujet a* heikel; *saut ~* Salto *m*
périmé [peʀime] *adj* **1.** *passeport, date etc* abgelaufen; *garantie a* erloschen; *billet a* verfallen; ungültig; nicht mehr gültig; **2.** *théorie etc* über'holt; veraltet; nicht mehr zeitgemäß
périmer [peʀime] *v/pr* **1.** ⟨ohne „se"⟩ **laisser ~** *billet* verfallen lassen; **2.** *procédé etc* **se ~ vite** schnell veralten; sich rasch über'leben
périmètre [peʀimɛtʀ(ə)] *m* **1.** MATH 'Umfang *m*; **2.** *fig* **a)** 'Umkreis *m*; *dans un ~ de cinq kilomètres* **b)** (*zone*) Bereich *m*
périnatal [peʀinatal] *adj* ⟨-als⟩ MÉD peri-na'tal

périnée [peʀine] *m* ANAT Damm *m*
période [peʀjɔd] *f* **1.** Zeit(abschnitt) *f(m)*; Zeitraum *m*, -spanne *f*; Peri'ode *f*; *Picasso* **~ bleue** blaue Periode; **~ électorale** Zeit des Wahlkampfes; *d'une femme* **~ féconde, stérile** fruchtbare, unfruchtbare Tage *m/pl*; **~ d'activité** Zeit, Dauer *f* der Berufs-, Erwerbstätigkeit; ÉCON **~ de croissance** Wachstumsperiode *f*; **~ de démarrage** Anlaufzeit *f*; **~ d'imposition** Besteuerungszeitraum *m*; **~ de transition** 'Übergangszeit *f*; **~ des vacances** Ferien-, Urlaubszeit *f*; *loc/adv* **en ~ de** in Zeiten, in e-r Zeit (+*gén*); **en ~ de crise** in Krisenzeiten; **pour la ~ allant jusqu'au** (+*date*) für die Zeit bis zum (+*Datum*); **2.** GÉOL Formati'on *f*; **~ carbonifère** Steinkohlenformation *f*; Kar'bon *n*; **3.** PHYS NUCL Halbwertszeit *f*; **4.** PHYS *d'une onde* Peri'ode *f*; Schwingungsdauer *f*; **5.** ASTR Peri'ode *f*; 'Umlauf(s)zeit *f*; **6.** MATH, CHIM, RHÉT, MUS Peri'ode *f*; **7.** MIL **~** (*d'instruction*) Wehrübung *f*; *faire une ~* e-e Wehrübung ableisten
périodicité [peʀjɔdisite] *f* Periodizi'tät *f*; regelmäßige 'Wiederkehr
périodique [peʀjɔdik] **I** *adj* **1.** peri'odisch; peri'odisch, regelmäßig, 'wiederkehrend, auftretend; *publication* regelmäßig erscheinend; CHIM **classification** *f* **~** periodisches System (der Elemente); MATH **fraction (décimale) ~** periodischer Dezi'malbruch; **presse** *f* **~** Peri'odika *n/pl*; **2. serviette** *f*, **garniture** *f* **~** (Damen-, Monats)Binde *f*; **II** *m* Zeitschrift *f*; **~s** *pl t/t a* Peri'odika *n/pl*
périodiquement [peʀjɔdikmɑ̃] *adv* peri'odisch; in regelmäßigen Zeitabständen
périoste [peʀjɔst] *m* ANAT Knochenhaut *f*
péripatéticienne [peʀipatetisjɛn] *f plais* (*prostituée*) Dame *f* vom ambu'lanten Gewerbe
péripétie [peʀipesi] *f* **1.** *surtout pl* **~s** unvorhergesehene, unerwartete, über-'raschende Ereignisse *n/pl*, Zwischenfälle *m/pl*; *voyage* **plein de ~s** ereignisreich; **2.** *dans un récit etc* entscheidender Wendepunkt; plötzlicher 'Umschwung *m*; Peripe'tie *f*
périphérie [peʀifeʀi] *f* **1.** *d'une ville* Periphe'rie *f*; Stadtrand(gebiet) *m(n)*; Außenbezirke *m/pl*; **à la ~** am Stadtrand; an der Peripherie; **2.** GÉOMÉTRIE Begrenzungslinie *f*; Periphe'rie *f*
périphérique [peʀifeʀik] **I** *adj* **1.** (Stadt)Rand...; **boulevard** *m* **~** Um'gehungsstraße *f*; Außenring *m*; **quartier** *m* **~** Stadtrandviertel *n*; **2.** INFORM, PHYSIOL peri'pher; **II** *m* **à Paris le ~** die Ringautobahn; **2.** INFORM peri'pheres Gerät
périphrase [peʀifʀaz] *f* Um'schreibung *f*; Peri'phrase *f*
périple [peʀipl(ə)] *m* **1.** (große) (Rund-)Reise *f*; **2.** HIST Seereise *f*; (*circumnavigation*) Um'schiffung *f*
périr [peʀiʀ] *litt v/i* **1.** *personne* 'umkommen; ums Leben, zu Tode kommen; den Tod finden; **~ noyé** den Tod in den Wellen finden; *fig* **~ d'ennui** sich zu Tode langweilen; *marin* **péri en mer** den Seemannstod gestorben; **2.** *civilisa-*

périscope – perpétuer

tion etc zu'grunde gehen; 'untergehen; *gloire* vergehen
périscope [peʀiskɔp] *m* OPT Peri'skop *n*; *d'un sous-marin* Sehrohr *n*
périssable [peʀisabl(ə)] *adj* **1.** *denrées alimentaires* leichtverderblich; **2.** *litt sentiments, bonheur etc* vergänglich
périssoire [peʀiswaʀ] *f* langes, schmales Paddelboot
péristaltique [peʀistaltik] *adj* PHYSIOL *mouvements m/pl* ~s peri'staltische Bewegungen *f/pl*; Peri'staltik *f*
péristyle [peʀistil] *m* ARCH Säulenhalle *f*, -umgang *m*; *sc* Peri'styl(ium) *n*
péritoine [peʀitwan] *m* ANAT Bauchfell *n*
péritonite [peʀitɔnit] *f* MÉD Bauchfellentzündung *f*
perle [pɛʀl] *f* **1.** Perle *f*; ~ *fine* echte Perle; ~ *de culture* Zuchtperle *f*; *fig* ~s *de rosée* Tauperlen *f/pl*; ~ *en bois, en verre* Holz-, Glasperle *f*; *rideau m de* ~s Vorhang *m* aus Perlenschnüren; *adjt gris* ~ ⟨*inv*⟩ perlgrau; *fig jeter des* ~s *aux porceaux, aux cochons* Perlen vor die Säue werfen; **2.** *fig* Perle *f*; Ju'wel *n*; *cette île,* ~ *de la Méditerranée* e-e Perle des Mittelmeers; *de qn c'est une* ~ sie *ou* er ist e-e Perle, ein Juwel; **3.** *fig* (*ineptie burlesque*) Stilblüte *f*; *recueil m de* ~s Stilblütensammlung *f*; **4.** ARCH *ornement* Perle *f*
perlé [pɛʀle] *adj* **1.** (*orné de perles*) mit Perlen verziert, bestickt, besetzt; *broderie* ~e Perlenstickerei *f*; **2.** (*en forme de perle*) perl(en)förmig; perlig; Perl...; *gouttes wie Perlen; *orge* ~ Perlgraupen *f/pl*; *riz* ~ Perlreis *m*; CUIS *sucre* ~ zu kleinen Perlen kristallisierter Zucker; **3.** *coton* ~ Perlgarn *n*; **4.** *fig grève* ~ aufeinanderfolgende Streiks *m/pl* einzelner Abteilungen; *st/s rire* ~ perlendes Lachen
perler [pɛʀle] *v/i sueur* perlen; *la sueur lui perlait au front a* Schweißperlen standen ihm auf der Stirn
perlier [pɛʀlje] *adj* ⟨-ière⟩ Perl(en)...; ZO *huître perlière* Perlmuschel *f*; *industrie perlière* Perlenindustrie *f*
perlimpinpin [pɛʀlɛ̃pɛ̃pɛ̃] *m poudre f de* ~ (von Quacksalbern angebotenes) Wunderpulver, All'heilmittel *n*
permanence [pɛʀmanɑ̃s] *f* **1.** Fortdauer *f*, Perma'nenz *f*; *d'institutions, de traditions* Dauerhaftigkeit *f*, Beständigkeit *f*; *loc/adv en* ~ ständig; dauernd; perma'nent; in Permanenz; POL *siéger en* ~ in Permanenz tagen; *assurer la* ~ *du pouvoir* den Fortbestand, die Kontinui'tät der Macht sichern; **2. a)** *service* Bereitschaftsdienst *m*; *assurer, tenir la* ~, *être de* ~ Bereitschaftsdienst haben; **b)** *bureau* Dienst-, Geschäftsstelle *f*; **3.** ÉCOLE Klassenraum *m*, in dem die Schüler in der 'unterrichtsfreien Zeit beaufsichtigt werden
permanent [pɛʀmanɑ̃] **I** *adj* **1.** (*constant*) beständig; unveränderlich; (stets gleich)bleibend; **2.** *exposition, comité etc* ständig; *collaboration, contrôle etc a* dauernd; stetig, perma'nent; *armée* ~e stehendes Heer; *cinéma* ~ Non'stopkino *n*; *correspondant* ~ ständiger Korrespondent, Berichterstatter; *spectacle* ~ pausenlose, ununterbrochene Darbietungen *f/pl*; *être en liaison* ~e *avec qn* mit j-m ständig, laufend in Verbindung stehen; **II** *m* ~ (*d'un syn-*

dicat, parti) (Gewerkschafts-, Par'tei-) Funktio'när *m*
permanente [pɛʀmanɑ̃t] *f* Dauerwelle *f*
permanenté [pɛʀmanɑ̃te] *adj cheveux* ~s dauergewelltes Haar
permanganate [pɛʀmɑ̃ganat] *m* CHIM ~ (*de potassium*) (Kalium)Permanganat *n*
perme [pɛʀm] *f* F *abr cf permission* 2.
perméabilité [pɛʀmeabilite] *f* 'Durchlässigkeit *f*; *t/t* Permeabili'tät *f*
perméable [pɛʀmeabl(ə)] *adj* **1.** 'durchlässig; *personne* perme'abel; ~ (*à l'eau*) wasserdurchlässig; ~ *à la lumière* lichtdurchlässig; **2.** *fig personne* ~ *à qc* für etw empfänglich; e-r Sache (*dat*) leicht zugänglich
permettre [pɛʀmɛtʀ(ə)] ⟨*cf mettre*⟩ **I** *v/t* **1.** (*autoriser*) erlauben, gestatten (*que* ... +*subj* daß ...); ~ *à qn* j-m etw erlauben, gestatten; ~ *à qn de faire qc* j-m erlauben, gestatten, etw zu tun; ♦ *formules de politesse:* **vous permettez?** gestatten Sie?; Sie gestatten?; *permettez! je ne suis pas de votre avis* nehmen Sie es mir nicht übel, aber da teile ich Ihre Meinung nicht; *si vous permettez* ... *a* wenn Sie nichts dagegen haben ...; *permettez-moi de vous présenter monsieur X* darf ich Ihnen Herrn X vorstellen?; ♦ *p/p: être permis* erlaubt, gestattet sein; *ne pas être permis a* nicht zulässig sein; *il se croit tout permis* er glaubt, er kann *ou* darf sich alles erlauben; ♦ *impersonnel:* **s'il m'est permis de faire une objection** wenn ich mir e-n Einwand erlauben darf; *autant qu'il est permis d'en juger* soweit einen ein Urteil darüber zusteht; *il est permis à tout le monde de se tromper* jeder kann sich mal irren, täuschen; *ça n'est pas permis à tout le monde* **a)** (*autorisé*) das darf nicht jeder; **b)** *matériellement* das kann (sich) nicht jeder (leisten); **2.** (*rendre possible*) ermöglichen; erlauben; zulassen; *texte* ~ *plusieurs interprétations* mehrere Deutungen zulassen; *son attitude permet tout ce laisser-aller* ermöglicht diesen ganzen Schlendrian; *si le temps le permet* wenn es das Wetter erlaubt; bei günstigem Wetter; *ces lunettes vous permettent de mieux voir* diese Brille ermöglicht es Ihnen, besser zu sehen; **II** *v/pr* **3.** (*prendre la liberté*) *se* ~ sich erlauben, sich gestatten, *p/fort* sich her'ausnehmen (*qc* etw; *de faire qc* zu tun); *puis-je me* ~ *une remarque?* darf ich mir e-e Bemerkung erlauben?; **4.** (*s'offrir*) *se* ~ *qc* sich etw gönnen, leisten, erlauben
permien [pɛʀmjɛ̃] *m* GÉOL Perm *n*
permis [pɛʀmi] **I** *m* **1.** Erlaubnis(schein) *f*(*m*); (schriftliche) Genehmigung; ~ *de chasse* Jagdschein *m*; ~ *de construire* Baugenehmigung *f*; COMM ~ *d'entrée, de sortie* Einfuhr-, Ausfuhrgenehmigung *f*; ~ *de séjour* Aufenthaltserlaubnis *f*, -bewilligung *f*, -genehmigung *f*; **2.** ~ (*de conduire*) Führerschein *m*; ~ *à points* Punkteführerschein *m*; *correspond à* Verkehrssünderkartei *f*; *avoir son* ~ den Führerschein haben; *passer son* ~ den Führerschein, die Fahrprüfung machen; **II** *p/p cf permettre*
permissif [pɛʀmisif] *adj* ⟨-ive⟩ permis'siv; freizügig

permission [pɛʀmisjɔ̃] *f* **1.** Erlaubnis *f*; Genehmigung *f*; *avec, sans la* ~ *de qn* mit, ohne j-s Erlaubnis, Genehmigung; *avec votre* ~ *a* mit Ihrer Zustimmung, Einwilligung; wenn Sie nichts dagegen haben; *avoir la* ~ *de faire qc* etw tun dürfen; **2.** MIL **a)** (*congé*) Urlaub *m*; ~ *de minuit* Ausgang *m* bis Mitternacht; *en* ~ auf Urlaub; beurlaubt; *venir en* ~ auf Urlaub kommen; **b)** *document* Urlaubsschein *m*; **3.** *d'un détenu* Hafturlaub *m*
permissionnaire [pɛʀmisjɔnɛʀ] *m* MIL Urlauber *m*
permutable [pɛʀmytabl(ə)] *adj* aus-, vertauschbar; *t/t* permu'tabel
permutation [pɛʀmytasjɔ̃] *f* **1.** *de lettres etc* 'Umstellung *f*; Austausch *m*; Vertauschung *f*, *t/t* Permutati'on *f* (*a* MATH); **2.** ADM *de fonctionnaires* Stellentausch *m*
permuter [pɛʀmyte] **I** *v/t lettres, mots, chiffres* 'umstellen; aus-, vertauschen; *t/t* permu'tieren (*a* MATH); **II** *v/i fonctionnaire, officier* ~ *avec qn* mit j-m (die Stelle, das Amt, den Posten, *par ext* die Dienststunden) tauschen
pernicieux [pɛʀnisjø] *adj* ⟨-euse⟩ **1.** *doctrine, influence, conseil etc* schädlich; verderblich; gefährlich; **2.** MÉD bösartig; *sc* pernizi'ös; *anémie pernicieuse* perniziöse Anämie
pernod [pɛʀno] *m* (*nom déposé*) ein Aperitif mit Anis
péroné [peʀɔne] *m* ANAT Wadenbein *n*
péronnelle [peʀɔnɛl] F *f* dumme und schwatzhafte Per'son
péroraison [peʀɔʀɛzɔ̃] *f* RHÉT (Rede-)Schluß *m*
pérorer [peʀɔʀe] *v/i péj* schwadro'nieren; große Reden führen, F schwingen
Pérou [peʀu] *le* ~ Pe'ru *n*; F *fig: ce qu'il gagne, ce n'est pas le* ~ davon kann man nicht reich, Millio'när werden
Pérouse [peʀuz] Pe'rugia [-dʒa] *n*
peroxyde [peʀɔksid] *m* CHIM Peroxyd *ou* -oxid *n*; ~ *d'hydrogène* Wasserstoff'peroxyd *ou* -oxid *n*
perpendiculaire [pɛʀpɑ̃dikylɛʀ] **I** *adj rue etc* rechtwink(e)lig (*à* zu); (*vertical*) senkrecht (*à* ou auf +*dat*); lotrecht; **II** *f* MATH Senkrechte *f*; Lot *n*
perpendiculairement [pɛʀpɑ̃dikylɛʀmɑ̃] *adv* im rechten Winkel (*à* zu)
perpète [pɛʀpɛt] F *loc/adv* F (*jusqu'*)*à* ~ F e-e Ewigkeit; ewig (lange); bis in alle Ewigkeit; *plais* ewig und drei Tage; **II** *f arg* lebenslänglich(e Freiheitsstrafe)
perpétr|ation [pɛʀpetʀasjɔ̃] *f* JUR *d'un crime* Begehung *f*; Verübung *f*; ~**er** *v/t* ⟨-è-⟩ JUR *crime* begehen; verüben
perpétuel [pɛʀpetɥɛl] *adj* ⟨~le⟩ dauernd; (be)ständig; fortwährend; immerwährend; stet; F ewig; (*à vie*) auf Lebenszeit; lebenslang; *calendrier* ~ immerwährender Kalender; PHYS *mouvement* ~ Per'petuum mobile *n*; *de l'Académie française secrétaire* ~ ständiger Sekretär; *un va-et-vient* ~ ein ständiges, dauerndes, F ewiges Kommen und Gehen
perpétuellement [pɛʀpetɥɛlmɑ̃] *adv* (an)dauernd; ständig; fortwährend
perpétuer [pɛʀpetɥe] **I** *v/t tradition etc* fortbestehen lassen; F verewigen; *race* fortpflanzen; *souvenir de qn* für immer wachhalten; BIOL *espèce* erhalten; **II** *v/pr se* ~ *tradition, usage etc* sich hal-

ten; fortbestehen; fortleben; BIOL espèce sich erhalten; état anhalten; kein Ende nehmen; *personne se ~ dans son œuvre* in s-m Werk weiter-, fortleben
perpétuité [pɛrpetɥite] *f loc/adj et loc/adv à ~* lebenslänglich; auf Lebenszeit; *être condamné à ~* zu lebenslänglicher Freiheitsstrafe verurteilt werden
perplexe [pɛrplɛks] *adj* ratlos; hilflos; verlegen; unschlüssig; *laisser, rendre qn ~* j-n ratlos etc machen
perplexité [pɛrplɛksite] *f* Rat-, Hilflosigkeit *f*; Verlegenheit *f*; Unschlüssigkeit *f*
perquisition [pɛrkizisjɔ̃] *f* JUR Durch'suchung *f*; *d'un domicile* Haussuchung *f*; *mandat m de ~* Haussuchungsbefehl *m*
perquisitionner [pɛrkizisjɔne] *v/i* JUR e-e Haussuchung 'durchführen; e-e Durch'suchung vornehmen
perron [pɛrɔ̃] *m* Frei-, Außentreppe *f*
perroquet [pɛrɔkɛ] *m* 1. ZO Papa'gei *m*; *fig de qn c'est un ~* er ou sie plappert alles nach, ohne es zu verstehen; *répéter qc comme un ~* etw (gedankenlos) nachplappern; 2. MAR Bramsegel *n*; *~ de fougue* Kreuzmarssegel *n*; 3. F *fig boisson* Pernod *m* mit Pfefferminzsirup
perruche [pɛryʃ] *f* 1. ZO Wellensittich *m*; 2. *fig (femme bavarde)* F Schnattergans *f*, -ente *f*, -liese *f*
perruqu|e [pɛryk] *f* Pe'rücke *f*; euphé'misme Zweitfrisur *f*; *~ier m* Pe'rückenmacher *m*
pers [pɛr] *adj m st/s yeux m/pl* ~ blaugrüne Augen *n/pl*
persan [pɛrsɑ̃] I *adj* persisch; ZO *chat ~* Perserkatze *f*; *tapis ~* Perserteppich *m*; F Perser *m*; II *subst* 1. ♀*(e) m(f)* Perser(in) *m(f)*; 2. LING *le ~* das Persische; Persisch *n*
perse [pɛrs] I *adj* (alt)persisch; II *subst* HIST *les ♂s m/pl* die (alten) Perser *m/pl*
Perse [pɛrs] *la ~* HIST Persien *n*
persécuté(e) [pɛrsekyte] *m(f)* 1. Verfolgte(r) *f(m)*; 2. PSYCH an Verfolgungswahn Leidende(r) *f(m)*
persécuter [pɛrsekyte] *v/t* 1. *(opprimer)* verfolgen; 2. *fig (harceler) ~ qn* j-n verfolgen, belästigen, bedrängen
persécu|teur [pɛrsekytœr] *m*, *~trice f* Verfolger(in) *m(f)*
persécution [pɛrsekysjɔ̃] *f* 1. POL, REL Verfolgung *f*; *~s subies par les chrétiens* Christenverfolgungen *f/pl*; *être en butte à des ~* verfolgt, par ext it bedrängt, belästigt werden; 2. PSYCH *délire m, folie f, manie f de la ~* Verfolgungswahn *m*
Persée [pɛrse] *m* MYTH, ASTR Perseus *m*
persévér|ance [pɛrseverɑ̃s] *f* Ausdauer *f*, Beharrlichkeit *f* (*dans* bei, in +*dat*); Unverdrossenheit *f*; Hartnäckigkeit *f*; *~ant adj* ausdauernd; beharrlich
persévérer [pɛrsevere] *v/i* ⟨-è-⟩ beharren (*dans qc* auf, bei etw [*dat*]) *abs* Ausdauer, Beharrlichkeit zeigen; nicht aufgeben; *~ dans ses efforts* in s-n Anstrengungen nicht nachlassen; sich beharrlich mühen; *~ dans son erreur* hartnäckig an s-m Irrtum festhalten; *st/s* in s-m Irrtum verharren; *~ dans ses recherches* s-e Nachforschungen beharrlich weiterbetreiben
persienne [pɛrsjɛn] *f* Klapp-, Faltladen *m*; *~ à l'italienne* ausstellbarer Klapp-, Faltladen

persifl|age [pɛrsiflaʒ] *m* Spötte'lei *f*; Spott *m*; Persi'flage *f*; *~er v/t* verspotten; persi'flieren; spötteln, spotten über (+*acc*); *~eur adj* ⟨-euse⟩ *ton* spöttisch
persil [pɛrsi] *m* BOT Peter'silie *f*
persillade [pɛrsijad] *f* CUIS Sa'latsauce *f* mit gehackter Peter'silie, Kräutern und Knoblauch
persil|é [pɛrsije] *adj* 1. CUIS mit Peter'silie *bestreut*, zubereitet, angerichtet); *pommes de terre ~es* Peter'silienkartoffeln *f/pl*; 2. *fromage ~* grüngesprenkelter Edelpilzkäse; *viande ~e* durch'wachsenes Fleisch
persique [pɛrsik] *adj* GÉOGR *le golfe ♀* der Persische Golf
persistance [pɛrsistɑ̃s] *f* 1. *d'une personne* Be-, Verharren *n* (*dans* in, auf, bei +*dat*); hartnäckiges, beharrliches Festhalten (an +*dat*); *avec ~* beharrlich; hartnäckig; 2. *du mauvais temps, de la fièvre etc* Anhalten *n*; Andauern *n*; Fortdauer *f*; *de coutumes, préjugés etc* Fortbestehen *n*; zähes, hartnäckiges Sich'halten
persistant [pɛrsistɑ̃] *adj* 1. anhaltend; lange andauernd; (fort)dauernd; (be-)ständig; beharrlich; hartnäckig; 2. BOT *feuilles ~es* immergrüne Blätter *n/pl*
persister [pɛrsiste] *v/i* 1. *personne ~ dans qc* auf etw (*dat*), bei etw beharren; *st/s* in etw (*dat*), bei etw verharren; *~ dans son opinion* a bei s-r Meinung bleiben; zäh, unbeirrt an s-r Meinung festhalten; *~ dans son refus* a sich beharrlich weigern; *je persiste à croire que ...* ich bleibe dabei, bei der Ansicht, daß ...; 2. *douleurs, fièvre, mauvais temps etc* anhalten; an-, fortdauern; nicht nachlassen; *doutes, préjugés etc* fortbestehen; sich zäh, hartnäckig halten
persona (non) grata [pɛrsona(nɔn)grata] *f* DIPL Per'sona (non) grata; *déclarer qn persona non grata* j-n zur Persona non grata erklären; 2. *fig être ~* will'kommen, gern gesehen (un-)erwünscht) sein
personnage [pɛrsɔnaʒ] *m* 1. *(personne importante)* (bedeutende, angesehene) Per'sönlichkeit *f*; *~ connu* bekannte Per'sönlichkeit *f*; *grand ~* hohe, promi'nente Persönlichkeit *f*; *~ historique* bedeutende geschichtliche Persönlichkeit *f*; her'ausragende Gestalt der Geschichte; 2. *(individu)* Mensch *m*, Per'son *f*; *un curieux ~* ein merkwürdiger Mensch, Kauz, Kerl; *femme* e-e eigenartige Person; 3. *THÉ* Per'son *f*; Rolle *f*; *dans un roman* Per'son *f*; Gestalt *f*; Fi'gur *f*; *~ principal* Hauptperson *f*, -figur *f*, *THÉ a* -rolle *f*; *fig il joue un ~* er spielt (immer) e-e bestimmte Rolle; 4. BEAUX-ARTS (Menschen)Fi'gur *f*, (-)Gestalt *f*; *~ allégorique* allegorische Figur, Gestalt
personnaliser [pɛrsɔnalize] *v/t* 1. *crédit, primes etc* individu'ell gestalten; den Verhältnissen die einzelnen anpassen; *adj personnalisé* auf die per'sönlichen Verhältnisse, Bedürfnisse zugeschnitten; individu'ell; 2. *appartement, voiture etc* e-e per'sönliche Note, Anstrich geben, verleihen (+*dat*)
personnalité [pɛrsɔnalite] *f* 1. *(identité)*

Per'sönlichkeit *f*; *sc* Personali'tät *f* (*a* PSYCH); Eigenart *f*; POL *culte m de la ~* Per'sonenkult *m*; PSYCH *troubles m/pl de la ~* Störungen *f/pl* der psychischen Persönlichkeit; *personne sans ~* ohne Originali'tät, Pro'fil; farblos; nichtssagend; *avoir une forte ~* e-e starke, ausgeprägte Persönlichkeit sein; 2. JUR *civile, juridique, morale* Rechtsfähigkeit *f*; Rechtspersönlichkeit *f*; 3. *(personnage important)* bekannte, bedeutende, promi'nente Per'sönlichkeit; *~s pl a* Promi'nente(n) *m/pl*; *coll* Promi'nenz *f*
personne[1] [pɛrsɔn] *f* 1. *(être humain)* Per'son *f* (*a* PSYCH, PHILOS); Mensch *m*; *~s pl a* Leute *pl*; *une ~ âgée* ein alter Mensch; *les ~s concernées* die Betreffenden *pl*; *une grande ~* ein Erwachsener, Großer; *iron ma modeste ~ iron* meine Wenigkeit; ADM *~ à charge* 'Unterhaltsberechtigte(r) *f(m)*; *la ~ du chef de l'État* die Person des Staatsoberhauptes; *entrée interdite à toute ~ étrangère au service* Unbefugten Zutritt verboten; *une famille de douze ~s* e-e zwölfköpfige Familie; *loc/adv: en ~* a) *(soi-même)* venir etc per'sönlich; selbst; F höchstpersönlich; in (F höchst)eigener Person; b) *(personnifié)* in Person; selbst; personifi'ziert; leibhaftig; *c'est le calme en ~* er ou sie ist die Ruhe selbst, in Person; *par ~* pro Person, Kopf, F Mann; *il est bien (fait) de sa ~* er ist e-e gute Erscheinung, sieht gut aus, hat e-e gute Fi'gur, F ist gut gebaut; *être content, satisfait de sa ~* (*iron petite*) *~* selbstgefällig, von sich eingenommen; *cf a payer* 7.; 2. *(jeune fille, femme)* Per'son *f*; Mädchen *n*; Frau *f*; *une jeune ~* ein junges Mädchen; e-e junge Dame; 3. JUR *morale, civile* ~ juristische Per'son; ~ *physique* natürliche Person; 4. GR Per'son *f*; *première, deuxième, troisième ~* erste, zweite, dritte Person; *roman écrit à la première ~* Roman *m* in der Ichform; *parler à la troisième ~* in der dritten Person sprechen
personne[2] [pɛrsɔn] *pr/ind* 1. ⟨mit *ne* beim Verb⟩ niemand; kein Mensch; keiner; ♦ *qui a appelé? – ~* niemand; *~ au monde* niemand, kein Mensch auf der Welt; *~ d'autre que lui* niemand anders ou sudd anderer als er; keiner außer ihm; nur er; ♦ *il n'y a ~ dans la rue* es ist niemand, kein Mensch auf der Straße; *je ne connais ~ de plus heureux que lui* ich kenne niemand (-en), der glücklicher ist als er; *ne devoir rien à ~* keinem, niemandem etwas schulden; *ça n'est la faute de ~* das ist niemandes, keines Menschen Schuld; *je n'y suis pour ~* ich bin für niemand(en) zu sprechen; *~ ne le sait* keiner, niemand weiß es; *je ne vois ~ qui en soit capable* ich sehe niemand ou keinen, der dazu imstande ist *ou* wäre; 2. ⟨ohne *ne*⟩ (irgend) jemand; irgendwer; ♦ *sans avoir vu ~* ohne jemand(en) gesehen zu haben; *je suis parti sans que ~ s'en aperçoive* ich bin weggegangen, ohne daß jemand es bemerkte; ♦ *il le sait mieux que ~* er weiß es besser als irgend jemand, irgendwer
personnel[1] [pɛrsɔnɛl] *adj* ⟨~le⟩ 1. per-

'sönlich; pri'vat; Pri'vat...; eigen; Eigen...; *idées* eigen(ständig); origi'nell; *sur une lettre ~* persönlich!; *affaire ~le* persönliche Angelegenheit; Privatangelegenheit *f*, -sache *f*; *allusion ~le* persönliche Anspielung; *besoins ~s* persönliche Bedürfnisse *n/pl*; Eigenbedarf *m*; *fortune ~le* Privatvermögen *n*; *lettre ~le* Privatbrief *m*; persönliches Schreiben; *raisons ~les* persönliche, private Gründe *m/pl*; **2.** *GR* per'sönlich; Perso'nal...; *du verbe:* *formes ~les* Personalformen *f/pl*; fi'nite Formen *f/pl*; *modes ~s* Indikativ, Konditional, Konjunktiv u Imperativ; *pronom ~* persönliches Fürwort; Perso'nalpronomen *n*
personnel² [pɛRsɔnɛl] *m* Perso'nal *n*; *d'une entreprise a* Belegschaft *f*; Betriebsangehörige(n) *m/pl*; (*employés de maison*) Haus-, Dienstpersonal *n*; *~ auxiliaire* Aushilfspersonal *n*, -kräfte *f/pl*; *AVIAT ~ au sol* Bodenpersonal *n*; *~ de bureau* Bü'ropersonal *n*, -angestellte(n) *m/pl*, -kräfte *f/pl*; *bureau m, service m du ~* Personalbüro *n*, -abteilung *f*; *manque m, pénurie f de ~* Personalmangel *m*, -knappheit *f*
personnellement [pɛRsɔnɛlmɑ̃] *adv* per'sönlich
personnification [pɛRsɔnifikasjɔ̃] *f* Personifi'zierung *f*; Personifikati'on *f*; Verkörperung *f*
personnifier [pɛRsɔnifje] *v/t* personifi'zieren; verkörpern; *adjt c'est la paresse personnifiée er ou* sie ist die Faulheit selbst, in Per'son
perspectif [pɛRspɛktif] *adj* ⟨-ive⟩ perspek'tivisch
perspective [pɛRspɛktiv] *f* **1.** *MATH, PEINT* Perspek'tive *f*; *loc/adv en ~* perspek'tivisch; *cf a 4.*; **2.** (*vue*) (Aus)Blick *m*; Aussicht *f*; **3.** (*point de vue*) Gesichtspunkt *m*; Standpunkt *m*; Blickpunkt *m*, -winkel *m*; Perspek'tive *f*; Sicht *f*; **4.** (*éventualité*) Aussicht *f*; Perspek'tive *f*; *~s pl a* Ausblick *m*; *d'avenir* Zukunftsaussichten *f/pl*; *loc/adv en ~* in Aussicht; *il a un bel avenir en ~* er hat e-e schöne Zukunft vor sich; ihm winkt e-e schöne Zukunft; *c'est une ~ réjouissante!* das sind ja schöne Aussichten!; *ouvrir de nouvelles ~s à qn* j-m neue Perspektiven eröffnen
perspicac|e [pɛRspikas] *adj* scharfsinnig; scharfsichtig; *~ité f* Scharfsinn *m*; Scharfblick *m*; Scharfsichtigkeit *f*
persuader [pɛRsɥade] **I** *v/t* (*convaincre*) *~ qn* (*de qc*) j-n (von etw) über'zeugen; *~ qn que ...* j-n davon überzeugen, daß ...; *être persuadé de qc* von etw überzeugt sein; *j'en suis persuadé* ich bin überzeugt davon; **2.** (*décider à*) *~ qn de faire qc* j-n über'reden, j-n bereden, j-m zureden, etw zu tun; **II** *v/pr* **3.** *se ~ de qc* sich (*acc*) von etw über'zeugen; *se ~ que ...* sich davon über'zeugen, daß ...; *à tort se ~ que ...* sich (*dat*) einbilden, einreden, daß ...
persuasif [pɛRsɥazif] *adj* ⟨-ive⟩ über'zeugend
persuasion [pɛRsɥazjɔ̃] *f* **1.** *action* Über'zeugen *n*, -ung *f*; *d'un argument* force *f* de *~*, *d'un orateur* pouvoir *m* de *~* Über'zeugungskraft *f*; **2.** (*don m,*

pouvoir m de) *~* Über'redungsgabe *f*, -kunst *f*
perte [pɛRt] *f* **1.** Verlust *m* (*a d'une personne*); *d'influence, de prestige a* Einbuße *f* (*de* an +*dat*); *de revenus a* Ausfall *m*; *COMM de denrées périssables a* Abgang *m*; *~ d'argent* Geldverlust *m*, -einbuße *f*; *~ de chaleur* Wärmeverlust *m*; *~ de connaissance* Ohnmacht *f*; *~ de poids* Gewichtsverlust *m*; *COMM* Schwund *m*; *~ de salaire* Lohnausfall *m*, -einbuße *f*; *~ de sang, de temps* Blut-, Zeitverlust *m*; *AVIAT ~ de vitesse* Fahrt-, Geschwindigkeitsverlust *m*; Abnahme *f* der Fluggeschwindigkeit; *fig être en ~ de vitesse* an Einfluß, Bedeutung, Boden verlieren; auf dem absteigenden Ast sein; *MIL les ~s en hommes et en matériel* die Verluste an Menschen und Material; ♦ *loc/adv: vendre à ~* mit Verlust; *à ~ de vue* so weit das Auge reicht; unabsehbar; ins Un'endliche; endlos (*a fig*); *fig discuter à ~ de vue* endlos, *F* bis ins unendliche diskutieren; *en pure ~* ganz um'sonst; vergeblich; ♦ *avoir des ~s de mémoire* an Gedächtnisschwund leiden; *essuyer, subir des ~s* Verluste erleiden, hinnehmen müssen; *iron ce n'est pas une grande, grosse ~* das ist kein großer Verlust; **2.** *fig* (*ruine*) Verderben *m*; 'Untergang *m*; Ru'in *m*; *courir à sa ~* in sein Verderben rennen; s-m Ruin, Untergang entgegengehen; *jurer la ~ de qn* j-m den Untergang, Tod schwören; **3.** *MÉD ~s blanches* Weißfluß *m*
pertinemment [pɛRtinamɑ̃] *adv savoir ~ qc* etw (*ganz*) genau wissen
pertinence [pɛRtinɑ̃s] *f* **1.** *d'une remarque etc* Richtigkeit *f*; Sachdienlichkeit *f*; Stichhaltigkeit *f*; **2.** *JUR* Erheblichkeit *f*; **3.** *LING* Rele'vanz *f*
pertinent [pɛRtinɑ̃] *adj* **1.** *remarque, réflexion* (zu)treffend; richtig; passend; angebracht; sachdienlich; *argument* treffend; schlagend; stichhaltig; *motif* triftig; *analyse, rapport* gescheit; klug; scharfsinnig; gut durch'dacht; **2.** *JUR preuve, faits* erheblich; **3.** *LING* rele'vant
pertuis [pɛRtɥi] *m GÉOGR* **a**) (*détroit*) schmale 'Durchfahrt, Wasserstraße *f*; **b**) *régional* (*col*) Paß *m*
perturbateur [pɛRtyRbatœR] **I** *adj* ⟨-trice⟩ (ruhe)störend; Unruhe stiftend; **II** *subst ~, perturbatrice m,f* Ruhestörer(in) *m(f)*; Störenfried *m*; Unruhestifter(in) *m(f)*
perturbation [pɛRtyRbasjɔ̃] *f* **1.** Unruhe *f*; *du trafic etc* Störung *f*; Beeinträchtigung *f*; *~s politiques, sociales* politische, soziale Unruhen; *jeter la ~ dans qc* Unruhe in etw (*acc*) bringen; etw stören; **2.** *MÉTÉO, RAD* Störung *f*; *~s atmosphériques* atmosphärische Störungen
perturber [pɛRtyRbe] *v/t* stören; beeinträchtigen; durchein'anderbringen; sich störend auswirken auf (+*acc*)
péruvien [peRyvjɛ̃] **I** *adj* ⟨*~ne*⟩ peru'anisch; **II** *subst* **2̃**(*ne*) *m(f)* Peru'aner(in) *m(f)*
pervenche [pɛRvɑ̃ʃ] *f* **1.** *BOT* Immergrün *n*; **2.** *couleur adj* ⟨*inv*⟩ hellblau; vergißmeinnichtblau; *yeux m/pl ~* hell-

blaue Augen *n/pl*; **3.** *F fig* (*contractuelle*) Poli'tesse *f*
pervers [pɛRvɛR] **I** *adj* ⟨-verse [-vɛRs]⟩ **1.** *litt* (*méchant*) böse; niederträchtig; (*dépravé*) verderbt; verkommen; verdorben; **2.** *PSYCH, sexuellement* per'vers; *tendances etc a* abartig, 'widernatürlich; *personne a* abartig veranlagt; **3.** *par ext effet ~* unerwünschte, gegenteilige Folge; **II** *subst ~(e) m(f) PSYCH* per'vers Veranlagte(r) *f(m)*
perversion [pɛRvɛRsjɔ̃] *f* **1.** *litt des mœurs* Verderbnis *f*; Verderbtheit *f*; Verfall *m*; Verwilderung *f*; **2.** *PSYCH* Perversi'on *f*; *~ sexuelle* sexuelle Perversion, Abartigkeit
perversité [pɛRvɛRsite] *f* **1.** *des mœurs* Verderbtheit *f*; Verkommenheit *f*; Verdorbenheit *f*; **2.** *d'une personne* Bosheit *f*; Niedertracht *f*; Gemeinheit *f*
pervert|ir [pɛRvɛRtiR] *v/t* verderben; perver'tieren; *~issement litt m* Perver'tierung *f*; *de la jeunesse* Verführung *f* (zum Bösen); *des mœurs* Verfall *m*
pesage [pəzaʒ] *m* **1.** (Ab)Wiegen *n*; **2.** *SPORTS* Wiegen *n*; **3.** *endroit* Wiegeplatz *m*
pesamment [pəzamɑ̃] *adv tomber* schwer; *marcher, sauter* schwerfällig
pesant [pəzɑ̃] **I** *adj* **1.** *fardeau* schwer; **2.** *fig: charge* schwer; drückend; *présence de qn, silence* bedrückend; **3.** *fig: démarche* schwer(fällig); plump; *sommeil* bleiern; *édifice* plump; *style, esprit* schwerfällig; **II** *m fig avoir son ~ d'or* nicht mit Gold aufzuwiegen, zu bezahlen sein; Gold(es) wert sein
pesanteur [pəzɑ̃tœR] *f* **1.** *PHYS* **a**) *abs* Schwerkraft *f*; **b**) *d'un corps* Schwere *f*; **2.** *fig* Schwerfälligkeit *f*; Plumpheit *f*; *~ d'esprit* geistige Schwerfälligkeit
pèse [pɛz] *m arg cf fric*
pèse-bébé [pɛzbebe] *m* ⟨*pl* pèse-bébé(s)⟩ Baby-, Säuglingswaage *f*
pesée [pəze] *f* **1.** *opération* (Ab)Wiegen *n*; **2.** (*poussée*) Druck *m* (*sur* auf +*acc*); *de toute la ~ de son corps* mit s-m ganzen Körpergewicht
pèse-lettre [pɛzlɛtR(ə)] *m* ⟨*pl* pèse-lettre(s)⟩ Briefwaage *f*; *~-personne m* ⟨*pl* pèse-personne(s)⟩ Per'sonenwaage *f*
peser [pəze] ⟨-è-⟩ **I** *v/t* **1.** *objet* (ab)wiegen; *personne* wiegen; **2.** *fig* abwägen; *~ bien ses mots* s-e Worte genau abwägen, auf die Goldwaage legen; *~ le pour et le contre* das Für und Wider abwägen; *loc/adv tout bien pesé* nach reiflicher Überlegung; **II** *v/i* **3.** wiegen, schwer sein (*deux kilos* zwei Kilo; *cf a lourd II 1.*); **4.** *par ext: fardeau ~ sur les épaules* auf den Schultern lasten (*a fig responsabilité*); auf die Schultern drücken; *repas ~ sur l'estomac* (schwer) im Magen liegen; auf den Magen drücken; *personne ~ sur un levier, contre la porte* auf e-n Hebel, gegen die Tür drücken; **5.** *fig solitude etc ~ à qn* j-n bedrücken, belasten; schwer auf j-m lasten; **6.** *fig ~ sur qn soupçons, responsabilité* auf j-m lasten; schwer auf j-m liegen; auf j-m ruhen; schwer auf j-m liegen; *accusation* gegen j-n erhoben worden sein; *remords ~ sur la conscience* das Gewissen belasten; **7.** *fig ~ sur la décision de qn* j-s Entscheidung beeinflussen; auf j-s Entscheidung (*acc*) e-n Ein-

fluß ausüben; **III** *v/pr personne* **se ~** sich wiegen
peseta [pezeta] *f monnaie* Pe'seta *ou* Pe'sete *f*
peso [pezo] *m monnaie* Peso *m*
pessaire [peseʀ] *m MÉD* Pes'sar *n*; Mutterring *m*
pessim|isme [pesimism(ə)] *m* Pessi'mismus *m* (*a PHILOS*); Schwarzsehe'rei *f*; **~iste I** *adj* pessi'mistisch; schwarzseherisch; *être* **~ sur qc** pessimistisch hinsichtlich e-r Sache (*gén*) sein; für etw schwarzsehen; **II** *m,f* Pessi'mist(in) *m(f)*; Schwarzseher(in) *m(f)*
peste [pɛst] *f* **1.** *MÉD* Pest *f*; *HIST* **la ~ noire** der Schwarze Tod; *fig:* **fuir qn comme la ~** j-n meiden, fliehen wie die Pest; **se méfier de qn comme de la ~** sich vor j-m hüten wie vor e-r ansteckenden Krankheit; **2.** *VÉT* **~ aviaire, bovine, porcine** Hühner-, Rinder-, Schweinepest *f*; **3.** *fig et péj d'une femme* F Giftnudel *f*, -spritze *f*; *d'une fillette* **quelle petite ~!** F so ein kleines Biest!
pester [pɛste] *v/i* **~** (*contre qn, qc*) (auf j-n, etw) schimpfen; F (gegen j-n, etw) wettern
pesticide [pɛstisid] *m AGR* Pesti'zid *n*; Schädlingsbekämpfungsmittel *n*
pestiféré [pestifeʀe] *m* Pestkranke(r) *m*; *fig* **fuir qn comme un ~** j-n meiden, fliehen wie die Pest
pestilence [pɛstilɑ̃s] *f* ab'scheulicher, pestilenzi'alischer Gestank; *st/s* Pesthauch *m*
pestilentiel [pɛstilɑ̃sjɛl] *adj* (*~le*) *odeur, miasmes* ab'scheulich; scheußlich; pestilenzi'alisch
pet [pɛ] *m* F **1.** P Furz *m*; P Pup *m*; F *fig* **avoir toujours un ~ de travers** immer irgendein Weh'wehchen haben; **faire, lâcher un ~** P e-n Furz lassen; F einen fahren, streichen, sausen lassen; *fig* **ça ne vaut pas un ~** (*de lapin*) F das ist keinen Pfifferling wert; **2.** *loc* F **il va y avoir du ~** F es wird Krach, Stunk, Zoff geben
pétainiste [petenist] *m,f HIST* Anhänger(in) *m(f)* Pétains
pétale [petal] *m BOT* Blütenblatt *n*; **~s de rose** Rosenblätter *n/pl*
pétanque [petɑ̃k] *f* Boule-, Bocciaspiel [ˈbɔtʃa-] *n*
pétant [petɑ̃] *adj* F **à dix heures ~es** Punkt, Schlag zehn (Uhr)
pétarad|e [petaʀad] *f d'une moto etc* Geknatter *n*; *d'un feu d'artifice* Geknalle *n*; Knalle'rei *f*; **~er** *v/i moteur, moto etc* knattern
pétard [petaʀ] *m* **1.** Knallkörper *m*, -frosch *m*, -erbse *f*; **2.** F **a)** (*bruit*) Lärm *m*; F Krach *m*; Ra'dau *m*; Spek'takel *m*; **faire du ~** F Krach machen; **b)** *fig il va y avoir du ~* F es wird Krach, Stunk, Zoff geben; **c)** *fig être en ~* (*en colère*) F fuchsteufelswild sein; F e-e Wut im Bauch haben; **3.** F (*revolver*) F Ka'none *f*; Ballermann *m*; **4.** F (*derrière*) F Po (-dex) *m*; Hintern *m*; **5.** F (*großer*) Joint [dʒ-]
pétaudière [petodjɛʀ] *f c'est une véritable ~ d'une maison, entreprise* dort herrscht ein heilloses Durcheinander; *iron* das ist e-e tolle Wirtschaft; *d'une assemblée* das ist ein einziger lärmender Haufen; F das ist der reinste Jahrmarkt

pet-de-nonne [pɛdnɔn] *m* ⟨*pl* pets-de--nonne⟩ *CUIS* kleiner Krapfen
péter [pete] ⟨-è-⟩ F **I** *v/t* **1.** (*casser*) F ka'puttmachen, -schlagen; (*déchirer*) ka'puttreißen; **2.** *fig personne* **~ le feu, des flammes** vor Unter'nehmungslust sprühen; F in Fahrt, in Schwung sein; **ça va ~ le feu, des flammes** F es wird Krach, Stunk, ein Donnerwetter geben; **II** *v/i* **3.** P furzen; F pupen; einen fahren, streichen, sausen lassen; *fig* **~ plus 'haut que son cul** zu hoch hin'auswollen; *fig* **~ dans la soie** luxuri'ös gekleidet sein; *par ext* im Luxus leben; **4.** *coup de feu, pétard* knallen; krachen; *explosif* explo'dieren; losgehen; platzen; *fig l'affaire va lui* **~ *dans la main*** F die Sache wird schiefgehen, da'nebengehen, platzen; **5.** *bouton* abplatzen; *ficelle, câble, collants* reißen; *ballon* platzen
pète-sec [pɛtsɛk] *m* ⟨*inv*⟩ F Feldwebel *m*; autori'tärer Typ
pét|eux [petø] *m*, **~euse** *f* F Angsthase *m*; Hasenfuß *m*
pétillant [petijɑ̃] *adj* **1.** *eau minérale* sprudelnd; *champagne* prickelnd; spritzig; perlend; **2.** *fig:* *texte* **~ d'esprit** geistsprühend; spritzig; witzig; *regard* **~ de malice** schelmisch funkelnd, blitzend
pétillement [petijmɑ̃] *m* **1.** *d'une boisson* Sprudeln *n*; Prickeln *n*; **2.** *d'un feu de bois* Knistern *n*; Prasseln *n*; **3.** *du regard* **~ malicieux** schelmisches Funkeln, Blitzen
pétiller [petije] *v/i* **1.** *feu de bois* knistern; prasseln; **2.** *eau minérale* sprudeln; *champagne* prickeln; perlen; **3.** *fig: personne* **~ d'esprit** vor Geist, Witz sprühen; *yeux* **~ de joie** vor Freude funkeln, blitzen; *ses yeux pétillent de malice* der Schelm, Schalk blitzt aus s-n Augen
pétiole [pesjɔl] *m BOT* Blattstiel *m*
pet|iot [pətjo] *m*, **~ote** *f* F **mon petiot, ma petiote** mein Kleiner, meine Kleine, mein Kleines
petit [p(ə)ti] **I** *adj* klein; **a)** *taille:* **le ~ doigt** der kleine Finger; **un ~ homme** *ou* **un homme ~** ein kleiner Mann; ein Männchen *n*, Männlein *n*; **~e maison** kleines Haus; Häuschen *n*; **~e ville** kleine Stadt; Städtchen *n*; Kleinstadt *f*; ♦ *loc/adj* **de ~e taille** klein(gewachsen); von kleinem Wuchs; *loc/adv* **en ~** im kleinen; in verkleinertem Maßstab; ♦ **couper en ~s morceaux** in Stückchen, in kleine Stücke schneiden; klein schneiden; **se faire tout ~** sich ganz klein machen (*a fig*); **b)** *importance:* **~ bruit** leises, schwaches, leichtes Geräusch; **~e chance** kleine, geringe Chance; *ÉCOLE* **les ~es classes** die unteren Klassen *f/pl*; **encore un ~ effort!** noch e-e kleine, letzte Anstrengung!; **les ~es gens** die kleinen Leute *pl*; **une ~e heure** e-e knappe Stunde; ein Stündchen *n*, Stündlein *n*; **~es métiers** kleine Gewerbe *n/pl*; **~e noblesse** niederer Adel *m*; **~e promenade** kleiner, kurzer Spaziergang; **~e quantité, somme** kleine, geringe, geringfügige, unerhebliche Menge, Summe; ♦ *loc/adv:* **~ à ~** all'mählich; nach und nach; **au ~ jour** bei Tagesanbruch; im Morgengrauen;

♦ *je vous demande une ~e minute!* gedulden Sie sich bitte noch e-n kleinen, kurzen Augenblick, e-e kleine Weile!; *il fait son ~ Napoléon etc* er möchte gern ein kleiner Napoleon *etc* sein; er tut so, als wäre er ein kleiner Napoleon *etc*; *laissons ce ~ homme à ses ~es craintes!* über'lassen wir diesen kleinen Geist s-n kleinen, kleinlichen Sorgen!; **c)** (*jeune*) *un ~ bonhomme de six ans* F ein kleiner Mann von sechs Jahren; **les ~es Durand** die Durandtöchter *f/pl*, -mädchen *n/pl*; **~e fille** kleines Mädchen; **les ~s Français** die französischen Kinder *n/pl*; **son ~ frère** sein *ou* ihr kleiner Bruder; **~ garçon** kleiner Junge, *südd* Bub; **tout ce ~ monde** F all die (lieben) Kleinen *pl*; das ganze kleine Volk; **quand j'étais ~** als ich klein war; **tu es encore trop ~ pour** (+*inf*) du bist noch zu klein, um zu (+*inf*); **d)** *affectivement:* F **sa ~e amie** s-e Freundin; **ma ~e Danielle** meine kleine, süße Danielle; **ma ~e dame, vous vous trompez!** liebe, gute, beste Frau, Sie täuschen sich!; **du courage, mon ~ gars!** nur Mut, mein Junge *ou* Freund!; *(espèce de)* **~ polisson!** du kleiner Schlingel, F Racker!; **quelle ~e garce!** F so ein kleines Biest, Luder!; ♦ **un ~ coup de blanc, de rouge** ein Schluck *m*, ein Schlückchen Weiß-, Rotwein; **un bon ~ plat** ein leckeres Gericht; F etw Gutes, Leckeres zum Essen; F **comment va cette ~e santé?** wie steht's mit der Gesundheit?; was macht die Gesundheit?; **II** *subst* **1.** *d'enfants* **le ~, la ~e** der, die, das Kleine; *ÉCOLE* **les ~s** die Kleinen *pl*; *terme d'affection* **mon ~** mein Kind, Kleines, Liebes; **vos ~s** Ihre Kleinen, Kinder *n/pl*, F Sprößlinge *m/pl*; **'hep, ~!** he, Kleiner!; (*les*) **~s et** (*les*) **grands** groß und klein; **2.** *coll* **les ~s a)** *physiquement* die kleinen Menschen *m/pl*; kleine Menschen; die Kleinen; **b)** *socialement* die kleinen Leute *pl*; die Kleinen *m/pl*; *prov* **on a souvent besoin d'un plus ~ que soi** der Große braucht oft den (so verachteten) Kleinen; **3.** (*jeune animal*) **le ~** das Junge; **un ~** ein Junges; *chatte etc* **faire ses ~s** *ou* **des ~s** Junge werfen, bekommen, F kriegen; F *fig* **son argent a fait des ~s** F sein Geld hat geheckt, hat Junge gekriegt; **4.** F *d'une jeune fille* **une jolie ~e** F e-e hübsche Kleine; **5.** **le ~** das Kleine; *MATH* **un infiniment ~** e-e unendlich kleine Größe; **III** *int pour appeler des volailles* **~, ~, ~!** put, put, put!
petit-beurre [p(ə)tibœʀ] *m* ⟨*pl* petits--beurre⟩ Butterkeks *m*
petit-bourgeois [p(ə)tibuʀʒwa] **I** *adj* klein-, *péj* spießbürgerlich; spießig; **II** *subst* **~, petite bourgeoise** *m,f* Klein-, *péj* Spießbürger(in) *m(f)*; Spießer(in) *m(f)*
petit-déjeuner [p(ə)tideʒœne] *v/i* F frühstücken
petite-fille [p(ə)titfij] *f* ⟨*pl* petites-filles⟩ Enkelin *f*; Enkeltochter *f*
petitement [p(ə)titmɑ̃] *adv* **1.** *être logé* eng; beengt; **2.** *vivre* ärmlich, kärglich; kümmerlich; **3.** *se venger* ~ kleinliche Rache nehmen
petite-nièce [p(ə)titnjɛs] *f* ⟨*pl* petites--nièces⟩ Großnichte *f*

petitesse [p(ə)titɛs] *f* **1.** Kleinheit *f*; *la ~ de sa taille* sein kleiner Wuchs; **2.** *fig ~ d'esprit* Engstirnigkeit *f*; F Kleinkariertheit *f*
petit-fils [p(ə)tifis] *m* ⟨*pl* petits-fils⟩ Enkel *m*; Enkelsohn *m*
petit-gris [p(ə)tigʀi] *m* ⟨*pl* petits-gris⟩ **1.** *fourrure* Feh *n*; **2.** *escargot* Gesprenkelte Weinbergschnecke
pétition [petisjɔ̃] *f* **1.** Petiti'on *f*; Eingabe *f*; (Bitt)Gesuch *n*; **2.** *LOGIQUE ~ de principe* Pe'titio prin'cipii *f*
pétitionnaire [petisjɔnɛʀ] *m,f* Unter'zeichner(in) *m(f)* e-r Petiti'on; Bittsteller(in) *m(f)*
petit-lait [p(ə)tilɛ] *m* ⟨*pl* petits-laits⟩ Molke *f*; *fig il a bu du ~* das ging ihm ein wie Milch und Honig
petit-neveu [p(ə)tinvø] *m* ⟨*pl* petits-neveux⟩ Großneffe *m*
petits-enfants [p(ə)tizɑ̃fɑ̃] *m/pl* Enkel (-kinder) *m/pl(n/pl)*
petit-suisse [p(ə)tisɥis] *m* ⟨*pl* petits--suisses⟩ kleiner, runder Doppelrahmfrischkäse
pétochard [petɔʃaʀ] *adj et subst* F *cf froussard*
pétoche [petɔʃ] *f* F *cf frousse*
pétoire [petwaʀ] *f* F (*mauvais fusil*) F Knarre *f*; Schießeisen *n*, -prügel *m*
peton [pətɔ̃] F *m* Füßchen *n*
pétoncle [petɔ̃kl(ə)] *m* ZO Englisches Pa'stetchen (*Muschel*)
Pétrarque [petʀaʀk] *m poète* Pe'trarca *m*
pétrel [petʀɛl] *m* ZO Sturmvogel *m*
pétrification [petʀifikasjɔ̃] *f GÉOL* Versteinerung *f* (*processus et résultat*)
pétrifié [petʀifje] *adj* **1.** *GÉOL* versteinert; **2.** *fig ~ de terreur* starr, versteinert vor Entsetzen
pétrifier [petʀifje] I *v/t* **1.** *GÉOL* versteinern (lassen); **2.** *fig qn* erstarren lassen; II *v/pr se ~* versteinern
pétrin [petʀɛ̃] *m* **1.** *BOULANGERIE* Backtrog *m*; *~ mécanique* Knetmaschine *f*; **2.** F Patsche *f*, Klemme *f*; Schla'massel *m ou n*; *quel ~!* F so ein Schla'massel!; *être dans le ~* F in der Patsche, Klemme, Tinte, im Schlamassel sitzen, stecken; *se fourrer, se mettre dans le ~* F sich in die Tinte setzen; sich etwas (Schönes) einbrocken; in (des) Teufels Küche kommen, geraten; sich schön, sich selbst hin'einreiten; *mettre qn dans le ~* F j-n etwas (Schönes) einbrocken; j-n schön hin'einreiten; *tirer qn du ~* F j-m aus der Patsche, Klemme helfen
pétrir [petʀiʀ] *v/t* **1.** *pâte, argile* kneten; *masseur: muscles* ('durch)kneten; *par ext ~ la main de qn* j-s Hand kneten, zu'sammenpressen, -drücken; **2.** *fig être pétri d'orgueil* hochmütig, hochnäsig, eingebildet
pétrissage [petʀisaʒ] *m* **1.** *d'une pâte* Kneten *n*; **2.** *MÉD* Knetmassage *f*
pétrochim|ie [petʀɔʃimi] *f* Erdölchemie *f*; Petroche'mie *f*; **~ique** *adj* petro'chemisch
pétrodollars [petʀɔdɔlaʀ] *m/pl* Petrodollars *m/pl*
pétrographie [petʀɔgʀafi] *f* Gesteinskunde *f*; Petrogra'phie *f*
pétrole [petʀɔl] *m* **1.** (Erd)Öl *n*; *~ brut* Rohöl *n*; *raffinerie f de ~* (Erd)Ölraffinerie *f*; **2.** *COMM* Pe'troleum *n*; *schweiz* Pe'trol *n*; *lampe f à ~* Pe'troleumlampe *f*; **3.** *adjt bleu ~* ⟨*inv*⟩ pe'trol(farben)
pétrolette [petʀɔlɛt] *f* F (*vélomoteur*) F Mühle *f*; Straßenfloh *m*
pétrolier [petʀɔlje] I *adj* ⟨-ière⟩ (Erd-)Öl...; *industrie pétrolière* Ölindustrie *f*; *produits ~s* Erdölprodukte *n/pl*; *société pétrolière* Ölgesellschaft *f*; II *m* **1.** *MAR* (Öl)Tanker *m*; **2.** *financier* Ölmagnat *m*
pétrolifère [petʀɔlifɛʀ] *adj* (Erd)Öl...; *champ m ~* Ölfeld *n*; *gisement m ~* Erdölvorkommen *n*
pétul|ance [petylɑ̃s] *f* Ungestüm *n*; Heftigkeit *f*; hinreißender Schwung; 'Übermut *m*; Unbändigkeit *f*; **~ant** *adj* ungestüm; heftig; stürmisch; *joie* 'überschäumend; unbändig
pétunia [petynja] *m BOT* Pe'tunie *f*
peu [pø] *adv* wenig, **a)** *avec verbes: il gagne ~* er verdient wenig; *nous sortons ~* wir gehen selten, wenig aus; **b)** *avec adj*: *il n'était pas ~ fier* er war nicht wenig stolz; *~ nombreux* nicht gerade, sehr zahlreich; *~ recommandable* wenig, nicht sehr empfehlenswert; **c)** *avec adv*: *~ après* bald *ou* kurz darauf, danach; *~ souvent* selten; **d)** *loc/adv ~ à ~* nach und nach; all'mählich; *à ~ près* ungefähr; etwa; *avant ~, d'ici ~, sous ~* bald; in Kürze, Bälde; binnen kurzem; demnächst; *depuis ~* seit, vor kurzem; ♦ *~ de* um (ein) weniges; *véhicule éviter qn de ~* j-m gerade noch ausweichen können; *je l'ai manqué de ~* ich habe ihn um ein paar Minuten, Sekunden verfehlt; **e)** *loc/conj*: *si ~ que ... ⟨+subj⟩* so wenig ... auch; *pour ~ que ... ⟨+subj⟩* so'fern (nur); **f)** *~ de ⟨+subst⟩* wenig ⟨+subst⟩; *avec ~ d'argent* mit wenig Geld; *~ de chose* wenig, e-e Kleinigkeit; *avec ~ de chose* mit wenig(em); *c'est ~ de chose* das ist recht wenig; das ist nur e-e Kleinigkeit, nicht der Rede wert, e-e Baga'telle, Lap'palie; *à ~ de chose près* beinahe; fast; annähernd; etwa; nahezu; *~ de gens, de monde* wenig(e) Menschen, Leute; *de ~ d'importance* von geringer Bedeutung; *en ~ de mots* mit wenigen, mit ein paar Worten; *en ~ de temps* in kurzer Zeit; **g)** *employé seul*: ♦ *choses* wenig; *se contenter de ~* sich mit wenig(em) begnügen; *je ne vais pas me décourager pour si ~!* wegen so e-r Kleinigkeit, Bagatelle, Lappalie werde ich doch nicht gleich den Mut verlieren!; *c'est ~ das ist wenig*; F *très ~ pour moi!* ich werde mich hüten!; F ich denke nicht daran!; ohne mich!; ♦ *personnes* wenige; *comme il y en a ~* wie es nur wenige gibt; *il en est ~ qui ...* es gibt nur wenige, die ...; nur wenige ...; *bien ~ le suivaient* sehr wenige folgten ihm; **h)** *un ~, st/s quelque ~* ein wenig; ein bißchen; etwas; ♦ *avec verbes*: *je connais un ~* ich kenne ihn ein wenig; ♦ *avec adj, adv*: *iron un ~ beaucoup* ein bißchen viel; reichlich viel; *un ~ mieux* etwas, ein bißchen, ein wenig besser; *un ~ moins* etwas weniger; *un ~ partout* fast über'all; ♦ *un ~ de ⟨+subst⟩* ein wenig, ein bißchen, etwas; *un ~ de patience* ein wenig, ein bißchen, etwas Geduld; F *un (tout) petit ~ de sel* ein (ganz) klein wenig, ein klein(es) bißchen Salz; ♦ *loc/adv*: *pour un ~ ...* ⟨*+conditionnel*⟩, *un ~ plus (et) ...* ⟨*+imparfait*⟩ fast; beinahe; bald; um ein Haar; es hätte nicht viel gefehlt und ...; *(un) tant soit ~* ein (ganz) klein wenig; ♦ *pour insister*: *je vous demande un ~!* ich bitte Sie!; *écoute donc un ~ ce que l'on te dit!* nun hör doch mal zu, was man dir sagt!; *viens donc un ~, si tu (l')oses!* na, komm doch, wenn du es wagst!; *tu ferais ça?* – F *un ~!* und ob!; allerdings!; aber sicher, gewiß!; *un ~ que c'est vrai!* und ob das wahr ist!; **i)** *subst*: *le ~ que j'en sais* das wenige, das bißchen, was ich darüber weiß; *le ~ de cheveux qui me reste(nt)* die wenigen Haare, die mir geblieben sind; *son ~ de fortune* sein kleines, bescheidenes Vermögen
peuchère [pøʃɛʀ] *int régional* der, die Arme, Ärmste!; du, Sie Arme(r), Ärmste(r)!
Peugeot [pøʒo] **1.** *frz* Autohersteller; **2.** *voiture une ~* ein Peugeot *m*
peuh [pø] *int* pfui!; pah!
peuplade [pøplad, pœ-] *f* Volksstamm *m*
peuple [pœpl(ə)] *m* **1.** (*nation*) Volk *n*; **2.** (*opposé aux classes supérieures*) *le ~* das Volk; *le bas, petit ~* das einfache, niedere, gemeine Volk; *un homme du ~* ein Mann aus dem Volk; **3.** *loc F il y avait du ~* es waren viele Leute, F es war viel Volk da; **4.** *litt un ~ de ...* e-e Menge ...; ein Heer *n* von ...; **5.** *adjt ⟨inv⟩ péj* ordi'när; gewöhnlich; ple'bejisch; *faire ~* ordinär *etc* aussehen
peuplé [pøple, pœ-] *adj peu ~* dünn- *ou* schwachbevölkert, -besiedelt; *très ~* dichtbevölkert, -besiedelt
peuplement [pøpləmɑ̃, pœ-] *m* **1.** *d'un pays, d'une région* Besied(e)lung *f*; **2.** *d'un étang ~ (avec des alevins)* Besetzen *n* mit Fischbrut; **3.** *ÉCOL* Bestand *m*; *~ forestier, végétal* Baum-, Pflanzenbestand *m*
peupler [pøple, pœ-] I *v/t* **1.** *pays, région* bevölkern; besiedeln; **2.** (*habiter*) bevölkern; bewohnen; **3.** *fig et litt* bevölkern; mit Leben erfüllen; **4.** *étang* mit Fischbrut besetzen; II *v/pr se ~* sich bevölkern
peupleraie [pøplərɛ, pœ-] *f* Pappelpflanzung *f*
peuplier [pøplije, pœ-] *m* **1.** *BOT* Pappel *f*; *~ blanc* Silberpappel *f*; **2.** *bois* Pappelholz *n*
peur [pœʀ] *f* Angst *f*, Furcht *f* (*de qn, qc* vor j-m, etw); Schreck(en) *m*; *la ~ du ridicule* die Angst, Furcht, sich lächerlich zu machen; ♦ *loc/prép ~ de, par ~ de* ⟨+*subst*⟩ *ou* ⟨+*inf*⟩ aus Angst, Furcht vor ⟨+*dat*⟩ *ou* zu ⟨+*inf*⟩; *loc/conj ~ que* ... [*ne*] ⟨+*subj*⟩ aus Angst, Furcht, Sorge, daß ...; ♦ *avoir ~ (de qn, qc)* (vor j-m, etw) Angst, Furcht haben; sich (vor j-m, etw) fürchten, ängstigen; F bange sein; Bange haben; (*s'effrayer*) erschrecken; e-n Schreck bekommen, F kriegen; *avoir ~ que* ... [*ne*] ⟨+*subj*⟩ Angst haben, daß ...; *avoir ~ de faire qc* Angst haben, *sens affaibli* sich scheuen, etw zu tun; *j'ai très ~* mir ist angst und bange; *j'en ai bien ~* ich befürchte es (sehr); *j'ai eu ~* ich bin erschrocken; ich habe e-n Schreck bekommen, F gekriegt; *n'avoir pas ~ des mots, du mot* sich nicht

scheuen, es *ou* etwas offen auszusprechen; *n'avoir ~ de rien* vor nichts Angst haben; sich vor nichts fürchten; *il y a eu plus de ~ que de mal* er ist, wir sind *etc* mit dem (bloßen) Schrecken da'vongekommen; *avoir ~ pour qn* Angst um j-n haben; in Angst, Sorge um j-n sein; sich um j-n ängstigen; für j-n fürchten; *st/s* um j-n bangen; *faire ~ à qn* j-m angst machen; (*effrayer qn*) j-n erschrecken; j-m e-n Schrecken einjagen; *prendre ~* Angst bekommen, F kriegen; in Angst, Furcht geraten; es mit der Angst zu tun bekommen, F kriegen
peureux [pøRø, pœ-] **I** *adj* ⟨-euse⟩ ängstlich; furchtsam; **II** *subst ~*, **peureuse** *m,f* ängstlicher Mensch; F Angsthase *m*
peut [pø] *cf* **pouvoir**
peut-être [pøtɛtR(ə)] *adv* viel'leicht; wo'möglich; eventu'ell; *~ bien que oui, ~ bien que non* kann schon sein, kann (aber) auch nicht sein; schon möglich, vielleicht aber auch nicht; vielleicht auch nein; *~ (bien) qu'il fera beau demain* vielleicht wird es morgen (auch, sogar) schön; womöglich wird es morgen (noch) schön; *~ a-t-il oublié le rendez-vous* vielleicht hat er die Verabredung vergessen; *iron je ne sais pas conduire, ~?* kann ich vielleicht, etwa nicht fahren?
peuvent [pœv], **peux** [pø] *cf* **pouvoir**
p. ex. *abr* (*par exemple*) z. B. (zum Beispiel)
pèze [pɛz] *m arg cf* **fric**
pff(t) [pf(t)] *ou* **pfut** [pfyt] *int* bah!; pah!
p.g.c.d. [peʒesede] *m abr* (*plus grand commun diviseur*) MATH größter gemeinsamer Teiler
pH [peaʃ] *m* CHIM pH-Wert *m*
phacochère [fakɔʃɛR] *m* ZO Warzenschwein *n*
phagocyt|e [fagɔsit] *m* BIOL Freßzelle *f*; *sc* Phago'zyt *m*; **~er** *v/t* **1.** BIOL *sc* phagozy'tieren; **2.** *fig entreprise*: une autre F schlucken
phalange [falɑ̃ʒ] *f* **1.** ANAT Finger- *ou* Zehenglied *n*; **2.** *litt* (*armée*) (Heer-)Schar *f*; **3.** HIST ⚥ *en Espagne* Fa'lange *f*
phalangiste [falɑ̃ʒist] *m* HIST *en Espagne* Falan'gist *m*
phalène [falɛn] *f ou m* ZO Spanner *m*
phallique [falik] *adj* phallisch (*a* PSYCH); Phallus…; *symbole m ~* Phallussymbol *n*
phallo [falo] F *abr cf* **phallocrate**
phallocrate [falɔkRat] **I** *adj* chauvi'nistisch; *sc* phallo'kratisch; **II** *m* Chauvi-'nist *m*; F Chauvi *m*; *sc* Phallo'krat *m*
phalloïde [falɔid] *adj* BOT *amanite f ~* Grüner Knollenblätterpilz
phallus [falys] *m* **1.** Phallus *m*; **2.** BOT *~ impudique* Stinkmorchel *f*
phanérogame [faneRɔgam] BOT **I** *adj* phanero'gam; **II** *f/pl ~s* Blüten-, Samenpflanzen *f/pl*; *sc* Phanero'gamen *f/pl*
phantasme [fɑ̃stasm(ə)] *m cf* **fantasme**
pharamineux [faRaminø] *adj cf* **faramineux**
pharaon [faRaɔ̃] *m* HIST Pharao *m*; *tombeaux m/pl des ~s* Phara'onengräber *n/pl*
phare [faR] *m* **1.** MAR Leuchtturm *m*; **2.** AVIAT Leuchtfeuer *n*; **3.** AUTO **a)** *projecteur* Scheinwerfer *m*; *allumer,*

éteindre ses ~s die Scheinwerfer, das Licht einschalten, ausschalten; **b)** (*opposé à code*) *les ~s* das Fernlicht; *se mettre en ~s* aufblenden; das Fernlicht einschalten; *rouler pleins ~s* mit Fernlicht, mit aufgeblendeten Scheinwerfern, voll aufgeblendet fahren
pharisaïque [faRizaik] *adj* BIBL *et fig* phari'säisch; *fig et litt* a phari'säerhaft; selbstgerecht; *~isme m* BIBL *et fig* Phari'säertum *n*
pharis|ien [faRizjɛ̃], *~ienne* **1.** *m* BIBL Phari'säer *m*; **2.** *m,f fig et litt* Phari-'säer(in) *m(f)*; selbstgerechter Mensch
pharmaceutique [faRmasøtik] *adj* pharma'zeutisch; Arz'neimittel…; *industrie f ~ a* Pharmaindustrie *f*; *produit m ~* pharmazeutisches Erzeugnis; Pharma'zeutikum *n*; Pharmakon *n*; Arzneimittel *n*
pharmacie [faRmasi] *f* **1.** *science* Pharma'zie *f*; Pharma'zeutik *f*; **2.** *magasin* Apo'theke *f*; *médicament etc vendu en ~* apothekenpflichtig; **3.** (*armoire à médicaments*) Hausapotheke *f*; **4.** (*médicaments*) Arz'neien *f/pl*; Arz'neimittel *n/pl*; Medika'mente *n/pl*
pharmac|ien [faRmasjɛ̃] *m*, *~ienne f* **1.** Apo'theker(in) *m(f)*; **2.** *par ext* Pharma'zeut(in) *m(f)*
pharmacodépendance [faRmakodepɑ̃dɑ̃s] *f* MÉD Medika'menten-, Ta'blettensucht *f*
pharmacologie [faRmakɔlɔʒi] *f* Pharmakolo'gie *f*; Arz'neimittelkunde *f*
pharmacopée [faRmakɔpe] *f* amtliches Arz'neibuch; Pharmako'pöe *f*
pharyngal [faRɛ̃gal] *adj* ⟨-aux⟩ PHON *consonne ~e ou subst ~e f* Rachenlaut *m*
pharyngite [faRɛ̃ʒit] *f* MÉD Rachenentzündung *f*; *sc* Pharyn'gitis *f*
pharynx [faRɛ̃ks] *m* ANAT Rachen *m*; Schlund *m*; *sc* Pharynx *m*
phase [faz] *f* **1.** Phase *f*; Stadium *n*; (Entwicklungs)Stufe *f*; *~s d'une maladie* Krankheitsphasen *f/pl*, -stadien *n/pl*, -verlauf *m*; *~ de travail* Arbeitsphase *f*, -gang *m*; *personne être dans une ~ d'activité fébrile* in e-r Phase hektischer Aktivität sein; **2.** PHYS, ÉLECT Phase *f*; *loc/adj en ~* a) in Phase; phasengleich; b) *fig* im Gleichklang (*avec* mit); **3.** CHIM Phase *f*; **4.** ASTR Phase *f*; *~s de la Lune* Mondphasen *f/pl*
Phèdre [fɛdR(ə)] *f* MYTH Phädra *f*
phénicien [fenisjɛ̃] **I** *adj* ⟨-ne⟩ phö'nizisch; phö'nikisch; **II** *m/pl les ⚥s* die Phö'nizier *ou* Phö'niker *m/pl*
phénix [feniks] *m* **1.** MYTH Phönix *m*; **2.** *fig et plais ce n'est pas un ~* F er *ou* sie ist kein großes (Kirchen)Licht, keine große Leuchte; **3.** BOT *cf* **phœnix**
phénol [fenɔl] *m* CHIM **a)** *antiseptique* Kar'bol(säure) *n(f)*; Phe'nol *n*; **b)** *~s pl* Phe'nole *n/pl*
phénoménal [fenɔmenal] *adj* ⟨-aux⟩ phänome'nal; erstaunlich; un-, außergewöhnlich
phénomène [fenɔmɛn] *m* **1.** Erscheinung *f*, Phäno'men *n* (*a* PHILOS); **2.** *par ext un ~* ein (ungewöhnliches) Phäno'men; etwas Erstaunliches; **3.** F *fig de qn* (komischer) Kauz; F Type *f*; Origi-'nal *n*
phénoménologie [fenɔmenɔlɔʒi] *f* PHILOS Phänomenolo'gie *f*

phénoplaste [fenɔplast] *m* CHIM Pheno-'plast *m*; Phe'nolharz *n*
philanthrop|e [filɑ̃tRɔp] *m,f* Menschenfreund(in) *m(f)*; Philan'throp(in) *m(f)*; *~ie f* Menschenliebe *f*, -freundlichkeit *f*; Philanthro'pie *f*; *~ique adj* menschenfreundlich; philan'thropisch
philatél|ie [filateli] *f* Briefmarkenkunde *f*; Philate'lie *f*; *~ique adj* Briefmarken…; philate'listisch; *~iste m,f* Briefmarkensammler(in) *m(f)*; Philate-'list(in) *m(f)*
philharmonique [filaRmɔnik] *adj* philhar'monisch; *l'orchestre m ~ de Vienne* die Wiener Philharmoniker *m/pl*; *société f ~* philharmonische Gesellschaft
Philippe [filip] *m* Philipp *m*
philippin [filipɛ̃] **I** *adj* philip'pinisch; **II** *subst* ⚥(*e*) *m(f)* Philip'piner(in) *m(f)*; Fili'pino *m*, Fili'pina *f*
Philippines [filipin] *les ~ f/pl* die Philip-'pinen *pl*
philippique [filipik] *f litt* Phil'ippika *f*; Kampfrede *f*
philistin [filistɛ̃] *m litt* Phi'lister *m*; Spießbürger *m*
philo [filo] *f* F *abr* (*philosophie*) Philoso-'phie *f*; LYCÉE *classe f de ~* Ober'prima *f* (*des sprachlichen Zweiges*)
philodendron [filɔdɛ̃dRɔ̃] *m* BOT Philo-'dendron *m ou n*
philologie [filɔlɔʒi] *f* Philolo'gie *f*; *~ classique* klassische Philologie; Altphilologie *f*; *~ germanique, romane a* Germa'nistik *f*, Roma'nistik *f*
philo|logique [filɔlɔʒik] *adj* philo'logisch; *~logue m,f* Philo'loge, -'login *m,f*
philosophale [filɔzɔfal] *adj f la pierre ~* der Stein der Weisen
philosophe [filɔzɔf] *m* **1.** Philo'soph *m* (*a fig*); **2.** *adj t* (philo'sophisch) gelassen, gleichmütig
philosopher [filɔzɔfe] *v/i* philoso'phieren (*a par ext*)
philosophie [filɔzɔfi] *f* **1.** *science* Philoso'phie *f*; **2.** LYCÉE **a)** *matière* Philoso'phie(unterricht) *f(m)*; **b)** *classe* terminale Ober'prima *f* (*des sprachlichen Zweiges*); **3.** *individuelle* (Lebens)Philoso'phie *f*; Lebenseinstellung *f*; **4.** (*sagesse*) (philosophische) Gelassenheit *f*; (philosophischer) Gleichmut
philosophique [filɔzɔfik] *adj* philo'sophisch; *~ment adv* **1.** philo'sophisch; **2.** *accepter etc* gelassen; gleichmütig
philtre [filtR(ə)] *m* Zauber-, Liebestrank *m*
phlébite [flebit] *f* MÉD Venenentzündung *f*
phlegmon [flɛgmɔ̃] *m* MÉD Phleg'mone *f*
phlox [flɔks] *m* BOT Phlox *m ou f*
Phnom Penh [pnɔmpɛn] Phnom Penh *n*
phobie [fɔbi] *f* **1.** PSYCH krankhafte Angst; *sc* Pho'bie *f*; **2.** *par ext* Abneigung *f*; Aversi'on *f*; *p/fort* Abscheu *m*; *avoir la ~ de qc* e-e Abneigung, Aversion gegen etw, e-n Abscheu vor etw (*dat*) haben
phobique [fɔbik] *adj* PSYCH névrose phobisch; *personne* an krankhafter Angst, an Pho'bie leidend
phocéen [fɔseɛ̃] *adj* ⟨*~ne*⟩ **1.** HIST pho'käisch; **2.** auf Mar'seille bezüglich; *la cité ~ne* Marseille; **II** *m/pl* ⚥s HIST Pho'käer *m/pl*

phœnix [feniks] *m BOT* Phönixpalme *f*
phonateur [fɔnatœʀ] *adj* ⟨-trice⟩ *PHYSIOL, PHON* stimm- und lautbildend; *appareil* ~ Stimmbildungsorgane *n/pl*
phonation [fɔnasjõ] *f PHYSIOL, PHON* Stimm- und Lautbildung *f*; *sc* Phonati'on *f*
phone [fɔn] *m PHYS* Phon *n*
phonème [fɔnɛm] *m LING* Pho'nem *n*
phonétic|ien [fɔnetisjẽ] *m*, **~ienne** *f LING* Pho'netiker(in) *m(f)*
phonétique [fɔnetik] **I** *adj* pho'netisch; Laut(schrift)...; *alphabet* ~ *international* Internationale Lautschrift; *signe m* ~ phonetisches Zeichen; Lautschriftzeichen *n*; **II** *f* Pho'netik *f*; Lautlehre *f*
phonique [fɔnik] *adj* **1.** *PHON* phonisch; Laut...; **2.** *(relatif aux bruits)* Geräusch...; Lärm...; *isolation f* ~ Schalldämmung *f*
phono [fɔno] *m abr cf* **phonographe**
phonographe [fɔnɔgʀaf] *m autrefois* Grammo'phon *n* (*Wz*)
phonologie [fɔnɔlɔʒi] *f LING* Phonolo'gie *f*
phonothèque [fɔnɔtɛk] *f* Tonarchiv *n*; Phono'thek *f*
phoque [fɔk] *m* **1.** *ZO* Seehund *m*; Robbe *f*; *fig* **souffler comme un** ~ schnauben wie ein Walroß; **2.** *fourrure* Seehund(s)-, Robbenfell *n*; Seal [zi:l] *m ou n*
phosphatage [fɔsfataʒ] *m AGR* Phos'phatdüngung *f*
phosphate [fɔsfat] *m CHIM, AGR* Phos'phat *n*; *lessive sans* ~ phosphatfrei
phosphaté [fɔsfate] *adj* phos'phathaltig; *engrais* ~ Phos'phatdünger *m*
phosphater [fɔsfate] *v/t AGR* mit Phos'phat(dünger) düngen
phosphore [fɔsfɔʀ] *m CHIM* Phosphor *m*
phosphoré [fɔsfɔʀe] *adj* phosphorhaltig
phosphorer [fɔsfɔʀe] *v/i F* arbeiten, daß einem der Kopf raucht
phosphoresc|ence [fɔsfɔʀɛsɑ̃s] *f* Phos'phores'zenz *f*; Nachleuchten *n*; **~ent** *adj* phosphores'zierend
phosphorique [fɔsfɔʀik] *adj CHIM acide m* ~ Phosphorsäure *f*
photo [foto] *f* **1.** *image* Foto *ou* Photo *n*; Aufnahme *f*; (Licht)Bild *n*; ~ *d'identité* Paßbild *n*, -foto *n*; Lichtbild *n*; ~ *en couleurs* Farbfoto *n*, -aufnahme *f*, -bild *n*; *loc/adv* **en** ~ auf dem Foto, Bild; **faire, prendre une** ~ ein Foto, e-e Aufnahme machen; **prendre qn en** ~ ein Foto, ein Bild, e-e Aufnahme von j-m machen; j-n aufnehmen, F knipsen, ablichten; **2.** *dans un journal, une revue* Bild *n*; **3.** *technique, art* **la** ~ die Fotogra'fie *ou* Photogra'phie *f*; das Fotogra'fieren; *appareil m* **(de)** ~ Fotoapparat *m*; Kamera *f*; F Foto *m*; **aimer la** ~ gern fotogra'fieren; **faire de la** ~ fotogra'fieren
photo|chimie [fɔtɔʃimi] *f* Photoche'mie *f*; **~composeuse** *f TYPO* Lichtsetzmaschine *f*; **~composition** *f TYPO* Licht-, Foto-, Filmsatz *m*; **~copie** *f* Fotoko'pie *ou* Photoko'pie *f*; Ablichtung *f*; **~copier** *v/t* fotoko'pieren; **~copieur** *m ou* **~copieuse** *f* Fotoko'piergerät *n*; F Fotoko'pierer *m*
photo-électrique [fɔtoelɛktʀik] *adj* photoe'lektrisch; lichtelektrisch; *cellule f* ~ Photozelle *f*; lichtelektrische Zelle; *effet m* ~ Photoeffekt *m*
photo-finish [fɔtofiniʃ] *f* ⟨*pl* photos-finish⟩ *SPORTS* Zielfoto(grafie) *n(f)*
photogénique [fɔtɔʒenik] *adj* foto'gen
photographe [fɔtɔgʀaf] *m,f* Foto'graf (-in) *ou* Photo'graph(in) *m(f)* (*a commerçant*); ~ **amateur** Ama'teurfotograf *m*; Fotoamateur *m*; ~ **de mode** Modefotograf(in) *m(f)*; **atelier** *m*, **studio** *de* ~ Fotoatelier *n*, -studio *n*; *adjt* **reporter** *m* ~ Bildberichterstatter *m*; Pressefotograf *m*
photographie [fɔtɔgʀafi] *f* Fotogra'fie *ou* Photogra'phie *f*; ~ *en couleurs* Farbfotografie *f*; *CIN, TV directeur m de la* ~ Aufnahmeleiter *m*
photographier [fɔtɔgʀafje] *v/t* fotogra'fieren *ou* photogra'phieren; aufnehmen; F knipsen; ablichten
photographique [fɔtɔgʀafik] *adj* foto'grafisch *ou* photo'graphisch; Foto...; *appareil m* ~ Fotoapparat *m*; Kamera *f*; *laboratoire m* ~ Fotolabor *n*; *papier m* ~ Fotopapier *n*
photogravure [fɔtɔgʀavyʀ] *f TYPO* photome'chanische Druckformherstellung
photomaton [fɔtɔmatõ] *m* (*nom déposé*) *PHOT* Photoma'ton *n* (*Wz*)
photo|mécanique [fɔtɔmekanik] *adj TYPO* photome'chanisch; **~métrie** *f PHYS* Lichtmessung *f*; Photome'trie *f*; **~montage** *m* Fotomontage *f*
photon [fɔtõ] *m PHYS* Photon *n*; Licht-, Strahlungsquant *n*
photo|pile [fɔtɔpil] *f TECH* So'lar-, Sonnenbatterie *f*; **~sensible** *adj TECH* lichtempfindlich; **~synthèse** *f BIOL* Photosyn'these *f*
photothèque [fɔtɔtɛk] *f* Bildarchiv *n*; Foto'thek *f*
phrase [fʀɑz] *f* **1.** *GR* Satz *m*; **2.** *péj* **~s** *pl* Phrasen *f/pl*; leere Redensarten *f/pl*; **faire des ~s** F Phrasen dreschen; **3.** *MUS* Phrase *f*
phrasé [fʀɑze] *m MUS* Phra'sierung *f*
phraséologie [fʀɑzeɔlɔʒi] *f* **1.** *LING* Phraseolo'gie *f*; Ausdrucksweise *f*; **2.** *péj* Phrasen *f/pl*; Phrasendresche'rei *f*
phraser [fʀɑze] *v/t MUS* phra'sieren
phras|eur [fʀɑzœʀ] *m*, **~euse** *f péj* Phrasendrescher(in) *m(f)*
phréatique [fʀeatik] *adj GÉOL* **nappe** *f* ~ Grundwasser(spiegel) *n(m)*; **panneau** ~ Wasserschutzgebiet!
phrygien [fʀiʒjẽ] *adj* ⟨-ne⟩ *HIST* phrygisch; **bonnet** ~ Jako'binermütze *f*
phtisie [ftizi] *f MÉD autrefois* (Lungen-) Schwindsucht *f*
phtisiologue [ftizjɔlɔg] *m* Lungenarzt *m*
phtisique [ftizik] *MÉD autrefois* **I** *adj* schwindsüchtig; **II** *m,f* Schwindsüchtige(r) *f*
phylactère [filaktɛʀ] *m* **1.** *des juifs* Gebetsriemen *m*; **2.** *BEAUX-ARTS* Spruchband *n*
phylloxéra [filɔkseʀa] *m* **1.** *ZO* Reblaus *f*; **2.** *VIT* durch die Reblaus verursachte Krankheit der Weinrebe
physic|ien [fizisjẽ] *m*, **~ienne** *f* Physiker(in) *m(f)*
physico-chimique [fizikoʃimik] *adj* physiko'chemisch
physiolog|ie [fizjɔlɔʒi] *f* Physiolo'gie *f*; Lehre *f* von den Lebensvorgängen; **~ique** *adj* **1.** physio'logisch; **2.** (*opposé à psychique*) physisch; **~iste** *m,f* Physio'loge, -'login *m,f*
physionomie [fizjɔnɔmi] *f* **1.** *d'une personne* Physiogno'mie *f*; Gesichtsausdruck *m*, -züge *m/pl*; Gesicht *n*; **2.** *par ext d'une ville etc* Physiogno'mie *f*; Gepräge *n*; Gesicht *n*; Cha'rakter *m*; ~ *d'une profession* Berufsbild *n*
physionomiste [fizjɔnɔmist] *adj* **être** ~ ein gutes Per'sonengedächtnis haben
physiothérapie [fizjoteʀapi] *f MÉD* Physiothera'pie *f*; physi'kalische Thera'pie
physique¹ [fizik] *f* Phy'sik *f* (*a matière scolaire*); ~ *expérimentale* Experimen'talphysik *f*; ~ *nucléaire* Kernphysik *f*; ~ *du globe* Geophy'sik *f*
physique² [fizik] *m* **1.** (*aspect de qn*) Äußere(s) *n*; äußere Erscheinung; **avoir un** ~ **agréable** ein angenehmes Äußeres haben; e-e angenehme Erscheinung sein; **2.** (*constitution du corps humain*) Körperbeschaffenheit *f*; Physis *f*; körperliche Beschaffenheit, Verfassung; **le** ~ *a* das Körperliche; *loc/adv* **au** ~ (*et au moral*) körperlich (und seelisch)
physique³ [fizik] *adj* **1.** (*de la nature matérielle*) physi'kalisch; **géographie** *f* ~ physikalische Geographie; **propriétés** *f/pl* **~s** physikalische Eigenschaften *f/pl*; **les sciences** *f/pl* **~s** (die) Physik und (die) Chemie; **2.** (*du corps humain*) körperlich; physisch; Körper...; Leibes...; **amour** *m* ~ körperliche, sinnliche Liebe; **dégoût** *m* ~ physischer Ekel; **douleur** *f* ~ physischer, körperlicher Schmerz; **état** *m* ~ körperliche Verfassung; **force** *f* ~ Körperkraft *f*; **plaisir** *m* ~ Sinnenlust *f*, -genuß *m*, -freude *f*; **3.** *JUR* **personne** *f* ~ na'türliche Per'son
physiquement [fizikmɑ̃] *adv* **1.** körperlich; physisch; **il est très diminué** ~ er hat körperlich sehr abgebaut; **2.** was das Äußere anbelangt; **il est bien** ~ er ist e-e hübsche Erscheinung; er sieht gut aus
phyto|pathologie [fitopatɔlɔʒi] *f* Lehre *f* von den Pflanzenkrankheiten *sc* Phytopatholo'gie *f*; **~plancton** *m* pflanzliches Plankton; *sc* Phyto'plankton *n*; **~thérapie** *f MÉD* Pflanzenheilkunde *f*; *sc* Phytothera'pie *f*
pi [pi] *m lettre grecque*, *MATH* Pi *n*
piaf [pjaf] F *m* Spatz *m*; Sperling *m*
piaffement [pjafmɑ̃] *m* (ungeduldiges) Scharren, Stampfen
piaffer [pjafe] *v/i* **1.** *cheval* ungeduldig mit den Vorderhufen scharren, stampfen; **2.** *fig personne* ~ *d'impatience* ungeduldig von e-m Fuß auf den anderen treten; *enfant a* ungeduldig mit den Füßen scharren; *par ext* vor Ungeduld fast vergehen
piaillement [pjajmɑ̃] *m* **1.** *d'oiseaux* Gepiep(s) *n*; **2.** F *fig* Geschrei *n*; Gekreisch(e) *n*; F Geplärr(e) *n*
piailler [pjaje] *v/i* **1.** *oiseaux* piep(s)en; **2.** F *enfants* (andauernd) schreien, kreischen, F plärren
pianissimo [pjanisimo] *adv MUS* pia'nissimo
pianiste [pjanist] *m,f* Pia'nist(in) *m(f)*; Kla'vierspieler(in) *m(f)* (*a amateur*)

piano¹ [pjano] *m* ~ (*droit*) Kla'vier *n*; ~ *à queue* Flügel *m*; F ~ *à bretelles* (*accordéon*) Schifferklavier *n*; ~ *de concert* Kon'zertflügel *m*; *jouer,* F *faire du* ~ Klavier spielen
piano² [pjano] **I** *adv* **1.** *MUS* pi'ano; leise; **2.** F *fig allez-y* ~*!* langsam!; nicht so hastig!; F sachte, sachte!; **II** *m* ⟨*inv*⟩ *MUS* Pi'ano *n*
pianoter [pjanɔte] *v/t et v/i* **1.** *péj* (auf dem Kla'vier) klimpern; **2.** *fig* ~ *avec impatience sur la table* ungeduldig (mit den Fingern) auf den Tisch trommeln
piastre [pjastʀ(ə)] *f monnaie* Pi'aster *m*
piaule [pjol] *f* F (*chambre*) F Bude *f*
piaulement [pjolmɑ̃] *m* **1.** *de petits oiseaux* Gepiep(s)e *n*; **2.** F *de jeunes enfants* F Geplärr(e) *n*; Quäken *n*
piauler [pjole] *v/i* **1.** *petits oiseaux* piep(s)en; **2.** F *jeunes enfants* plärren; F quäken; *norrd* a quarren
P.I.B. [peibe] *m abr* (*produit intérieur brut*) *ÉCON* Bruttoinlandsprodukt *n*
pic¹ [pik] *m* **1.** *outil* Spitzhacke *f*; Pickel *m*; Picke *f*; **2.** *montagne* Bergspitze *f*; *avec n/pr* Pik *m*; **3.** *ZO* Specht *m*; ~ *épeiche* Buntspecht *m*; *cf* a *pivert*
pic² [pik] *loc/adv* **à** ~ **1.** senkrecht; steil; schroff; jäh; *bateau, noyé couler à* ~ so'fort, wie ein Stein 'untergehen, versinken; **2.** F *personne arriver, argent etc tomber à* ~ gerade recht, richtig, gerade zur rechten, richtigen Zeit, F wie gerufen kommen; *ça tombe à* ~ *a* das trifft sich glänzend, ausgezeichnet, großartig
picador [pikadɔʀ] *m dans une corrida* Pica'dor *ou* Pika'dor *m*
picaillons [pikajɔ̃] *m/pl* F *cf fric*
picard [pikaʀ] **I** *adj* pi'kardisch; **II** *subst* **1.** ♀(*e*) *m(f)* Pi'karde *m*, Pi'kardin *f*; **2.** *LING le* ~ das Pi'kardische; Pi'kardisch *m*
Picardie [pikaʀdi] *la* ~ die Pikar'die *ou* Picar'die
picaresque [pikaʀɛsk] *adj LITTÉRATURE* Schelmen...; pika'resk; *roman m* ~ Schelmenroman *m*
piccolo [pikolo] *m* **1.** *MUS* Pikkoloflöte *f*; **2.** F (*vin*) Wein *m*
pichenette [piʃnɛt] *f cf chiquenaude*
pichet [piʃe] *m* Krug *m*; Kanne *f*
pickles [pikœls] *m/pl CUIS* Mixpickles [-pikəls] *pl*; Mixed Pickles ['mikst-] *pl*
pickpocket [pikpɔkɛt] *m* Taschendieb *m*
pick-up [pikœp] *m* ⟨*inv*⟩ **1.** *TECH* (*lecteur*) Tonabnehmer(system) *m*(*n*); Pick-up ['ap] *m*; **2.** (*tourne-disque*) Plattenspieler *m*
picoler [pikɔle] F *v/i* trinken; (ein) Trinker sein; F (gern) picheln; F saufen; *se mettre à* ~ anfangen zu trinken
picolo *cf piccolo*
picorer [pikɔʀe] *v/i* **1.** *oiseaux, poules* picken; **2.** F *fig* ohne Appe'tit, F mit langen Zähnen essen
picot [piko] *m* **1.** *d'une dentelle* Zäckchen *n*; Zähnchen *n*; Pi'cot *m*; **2.** *outil spitzer* Hammer
picoté [pikɔte] *adj visage* ~ *de rougeurs* voller kleiner roter Flecke
picotement [pikɔtmɑ̃] *m* Prickeln *n*; Kribbeln *n*; *j'ai des* ~*s aux pieds* ich habe ein Kribbeln, es kribbelt mir in den Füßen

picoter [pikɔte] *v/t* **1.** prickeln; kribbeln; *p/fort* stechen; *p/fort* ~ *les yeux* in den, in die Augen beißen; **2.** *oiseaux, poules* (an-, auf)picken
picotin [pikɔtɛ̃] *m pour un cheval* Haferration *f*
picouse *cf piquouse*
picrate [pikʀat] *m* **1.** *CHIM* Pi'krat *n*; **2.** F *vin* schlechter Rotwein; F Krätzer *m*
pictogramme [piktɔgʀam] *m* Pikto'gramm *n*; Bildzeichen *n*
pictural [piktyʀal] *adj* ⟨-aux⟩ *PEINT Mal*...; malerisch; *art* ~ Malkunst *f*
pic-vert [pivɛʀ] *m* ⟨*pl* pics-verts⟩ *ZO* Grünspecht *m*
pidgin [pidʒin] *m* Pidgin-Englisch ['pidʒin-]
pie¹ [pi] **I** *f* **1.** *ZO* Elster *f*; **2.** F *fig d'une femme être bavarde, bavarder comme une* ~, *être une vraie* ~ F e-e alte Schwatzliese, -base sein; **II** *adj* ⟨*inv*⟩ *cheval, bovin* gescheckt; scheckig; *cheval m, jument f, vache f* ~ Schecke *m,f*; Scheck *m*
pie² [pi] *adj f œuvre* ~ frommes Werk; mildtätige Stiftung
Pie [pi] *m* Pius *m*
pièce [pjɛs] *f* **1.** (*unité*) Stück *n*; ~ *de gibier* Stück Wild; ~ *d'orfèvrerie* Goldschmiedearbeit *f*; ♦ *loc/adj*: *maillot de bain etc*: *une* ~ einteilig; *deux* ~*s* zweiteilig; *cf a deux-pièces 1., 2.*; *objet, meuble tout d'une* ~ aus einem Stück (gefertigt, gearbeitet); *fig personne être tout d'une* ~ gerade, aufrichtig, unbeugsam sein; ♦ *loc/adv*: *à la* ~ stückweise; einzeln; *aux* ~*s* im Ak'kord; im Stücklohn; Ak'kord...; Stück...; *ouvrier payé aux* ~*s* Akkordarbeiter *m*; *être aux* ~*s* im Akkord, Stücklohn arbeiten; F *fig on n'est pas aux* ~*s!* wir arbeiten hier doch nicht im Akkord!; ♦ *cela coûte cinq francs (la)* ... davon kostet das Stück fünf Franc; das kostet fünf Franc pro Stück; *texte, film etc être fait de* ~*s et de morceaux* zusammengestückelt, -geflickt, (-)geklittert sein; Flickwerk sein; *fig inventer, forger, fabriquer qc de toutes* ~*s* etw völlig frei erfinden, von A bis Z erfinden, völlig aus der Luft greifen; *incident etc fabriqué de toutes* ~*s* insze'niert; gemacht; gestellt; **2.** *d'un tout, a TECH* Teil *n*; Stück *n*; ~ *de machine* Ma'schinenteil *n*; ~ *de rechange* Ersatzteil *n*; *service m de douze* ~*s* zwölfteiliges Service; *mettre en* ~*s* zerreißen; zerfetzen; in Stücke, Fetzen reißen; **3.** *d'habitation* (Wohn)Raum *m*; Zimmer *n*; *un appartement de deux* ~*s ou un deux-*~*s* e-e Zwei'zimmerwohnung; **4.** (*document*) Akte *f*; Beleg *m*; 'Unterlage *f*; Schriftstück *n*; *dans une lettre* ~(s) *jointe(s)* (*abr P.J.*) Anlage(n) *f(pl)*; ~ *d'identité* Ausweis(-papier) *m(n)*; *juger sur* ~*s* auf Grund der Akten entscheiden; **5.** a) *THÉ* ~ (*de théâtre*) (The'ater)Stück *n*; ~ *radiophonique* Hörspiel *n*; *une* ~ *de Molière* ein Stück von Molière; b) *MUS* Stück *n*; ~ *instrumentale, vocale* Instrumen'tal-, Gesangsstück *n*; c) ~ *de vers* kleines, kurzes Gedicht; **6.** ~ (*de monnaie*) Geldstück *n*; Münze *f*; ~ *d'argent, d'or* Silber-, Goldstück *n*, -münze *f*; ~ *de cinq francs* Fünf'francstück *n*; *fig donner la* ~ *à qn* j-m ein Trink-

geld geben; **7.** *COUT* Flicken *m*; *mettre une* ~ *à un pantalon* e-n Flicken auf e-e Hose aufsetzen, in e-e Hose einsetzen; **8.** *MIL* ~ (*d'artillerie*) Geschütz *n*; **9.** ~ *d'eau* Bas'sin *n*; (künstlich angelegtes) Wasserbecken; **10.** *ÉCHECS* (Schach)Fi'gur *f*; **11.** *CUIS* ~ *montée* hohe, aus mehreren E'tagen bestehende Torte; **12.** *TEXT* ~ *d'étoffe* Stoffballen *m*; **13.** *mesure* Faß *n*; Gebinde *n* (*um 200 l*)
piécette [pjesɛt] *f* kleine Münze; kleines Geldstück
pied [pje] *m* **1.** *ANAT chez l'homme* Fuß *m*; ~ *plat* Plattfuß *m*; *coup m de* ~ (Fuß)Tritt *m*; *cf a coup 1.*; ♦ *loc/adj et loc/adv*: ~*s et poings liés* an Händen und Füßen gefesselt; *fig* wehrlos; ohnmächtig; *à* ~ zu Fuß; *aller à* ~ zu Fuß gehen; ~ *à* ~ Schritt für Schritt; *disputer le terrain* ~ *à* ~ fußbreit Boden verteidigen (*à qn* gegen j-n); P *fig je t'emmerde, à* ~, *à cheval et en voiture!* P du kannst mich kreuzweise (am Arsch lecken!); *fig au* ~ *levé* unvorbereitet; ohne Vorbereitung; aus dem Stegreif; auf der Stelle; ohne weiteres; *fig au petit* ~ im kleinen; in verkleinertem Maßstab; F *comme un* ~ sehr schlecht; mise'rabel; F unter aller Ka'none; *des* ~*s à la tête, de* ~ *en cap, de la tête aux* ~*s* von Kopf bis Fuß; von oben bis unten; vom Scheitel bis zur Sohle; *fig de* ~ *ferme* unerschrocken; furchtlos; *attendre qn, qc de* ~ *ferme* j-m, e-r Sache ruhig, gelassen entgegensehen; j-n Gewehr bei Fuß erwarten; *PEINT, SCULP en* ~ in ganzer Figur; ganzfigürlich; *sur le* ~ *de guerre armée* kampfbereit; für den Krieg(sfall) gerüstet; *fig* gerüstet; gut vorbereitet; *fig être, vivre sur le* ~ *de guerre avec qn* mit j-m auf Kriegsfuß stehen; *cf a égalité 1.*; ♦ *dans l'eau avoir* ~ Grund haben; stehen können; *personne âgée avoir bon* ~ *bon œil* noch sehr rüstig sein; noch gut auf dem Posten sein; noch gut be'hand(en)ersein; *fig avoir un* ~ *dans la tombe* mit e-m Fuß im Grabe stehen; *fig avoir les* ~*s sur terre* mit beiden Beinen (fest) auf der Erde stehen; *avoir froid aux* ~*s* kalte Füße haben; an den Füßen frieren; *j'ai mal aux* ~*s* mir tun die Füße weh; *le malade sera sur* ~ *dans quelques jours* der Kranke wird in einigen Tagen wieder auf den Beinen sein; *flirt faire du* ~ *à qn* j-n mit dem Fuß anstoßen; mit j-m Füßeln; F *fig cela lui fera les* ~*s* das wird ihm e-e Lehre sein; F *fig faire des* ~*s et des mains* Himmel und Hölle, alle Hebel in Bewegung setzen; alles aufbieten; nichts unversucht lassen; sich alle erdenkliche Mühe geben; F alle Minen springen lassen; *se jeter, tomber aux* ~*s de qn* sich j-m zu Füßen werfen; j-m zu Füßen fallen; *lâcher MIL* zu'rückweichen; das Feld räumen; *fig* es aufgeben; *fig ne pas lâcher* ~ standhalten; *je n'y ai jamais mis les* ~*s* ich bin niemals dorthin gegangen, dort gewesen; *je ne peux plus mettre un* ~ *devant l'autre* ich kann keinen Fuß mehr vor den andern setzen; F *fig mettre les* ~*s dans le plat* e-e Ungeschicklichkeit, e-n Fauxpas begehen; e-n Schnitzer machen; F ins Fettnäpfchen treten;

pied-à-terre – pige

cavalier **mettre ~ à terre** vom Pferd (ab)steigen; absitzen; *fig* **mettre à ~** entlassen; freisetzen; *fig* **mettre sur ~ entreprise** *etc* aufbauen; ins Leben rufen; schaffen; bilden; *armée* aufstellen; **perdre ~** *dans l'eau* keinen Grund mehr haben; nicht mehr stehen können; *fig* den Boden unter den Füßen, den Halt verlieren; *élève* (~ in s-n Leistungen) zurückfallen; nicht mehr mitkommen; *fig entreprise etc* **prendre ~** festen Fuß fassen; s-e Stellung sicher begründen; **je ne remettrai plus les ~s chez lui** ich werde den Fuß nie mehr über s-e Schwelle setzen; *fig* **remettre sur ~** wieder auf die Beine bringen; *fig* **ne pas savoir sur quel ~ danser** nicht aus noch ein wissen; nicht wissen, was man tun soll; nicht wissen, woran man ist; *fig* **elle ne sortira plus de sa chambre que les ~ devant** sie wird ihr Zimmer nur noch mit den Füßen voran, nur noch tot verlassen; *fig* **vivre sur un grand ~** auf großem Fuß leben; *cf a* **casser** *1.*, **marcher** *1.*; **2.** *chez l'animal* Fuß *m*; *BOUCHERIE* **~s de porc, de veau** Schweins-, Kalbsfüße *m/pl*; *bétail* **vendre sur ~** als Schlachtvieh verkaufen; **3.** *d'un meuble* Bein *n*; *d'une lampe, d'un verre etc* Fuß *m*; *PHOT* Sta'tiv *n*; **~ de lit** Bettfuß *m*; *cf a* **4.**; **~ de table** Tischbein *n*; **verre à ~** Stielglas *n*; **4.** *(partie basse)* Fuß *m*; *d'un lit* Fußende *n*; *loc/adv* **au ~ de** am Fuß (+gén); **au ~ des Alpes** am Fuß der Alpen; **au ~ du lit** am Fußende des Bettes; *fig* **mettre qn au ~ du mur** j-n in die Enge treiben; *CONSTR* **à ~ d'œuvre** an der *ou* an die Baustelle; *par ext* **être à ~ d'œuvre** an Ort und Stelle sein (*wo etw zu tun ist*); **5.** *BOT* **a)** *d'une plante, d'un arbre* Basis *f*; Teil *m* dicht über dem Boden; *d'un champignon* Stiel *m*; Schaft *m*; **b)** *(chaque plant)* Stock *m*; (einzelne) Pflanze; **~ de salade, de tabac** Sa'lat-, Tabakpflanze *f*; **~ de vigne** Wein-, Rebstock *m*; **vendre sur ~** récolte auf dem Halm, *fruits* am Baum, Strauch, *raisins* am Weinstock verkaufen; **6.** *POÉSIE* (Vers-)Fuß *m*; *abus (syllabe)* Silbe *f*; **vers de six ~s** sechsfüßig; **7.** *(ancienne) mesure* Fuß *m*; *fig:* **elle aurait voulu être (à) cent ~s sous terre** sie wäre am liebsten (vor Scham) in die Erde versunken; **faire un ~ de nez à qn** j-m e-e lange Nase machen; **faire une mine de dix ~s de long** ein langes Gesicht machen; **8.** *TECH* **~ à coulisse** Schieb-, Schublehre *f*; **9.** *MATH* Fußpunkt *m*; **10.** F: **c'est le ~** das ist einfach Klasse, ganz toll; **c'est pas le ~** F das ist nicht das Wahre; **prendre son ~** s-n Spaß daran haben; es genießen; *sexuellement* zum Höhepunkt kommen; F fertig werden; kommen
pied-à-terre [pjetatɛʀ] *m* ⟨*inv*⟩ Zweitwohnung *f*; Bleibe *f*
pied-d'alouette [pjedalwɛt] *m* ⟨*pl* pieds-d'alouette⟩ *BOT* Rittersporn *m*
pied-de-biche [pjedbiʃ] *m* ⟨*pl* pieds-de-biche⟩ **1.** *TECH* Geißfuß *m*; **2.** *d'une machine à coudre* Stoffdrücker *m*; (Näh)Fuß *m*
pied-de-poule [pjedpul] *m* ⟨*pl* pieds-de-poule⟩ *TEXT* (Stoff *m* mit) Hahnentritt(muster) *m(n)* Pe'pita *m ou n*

pied-droit [pjedʀwa] *m* ⟨*pl* pieds-droits⟩ *m CONSTR* Pfeiler *m*; 'Widerlager *n*
piédestal [pjedestal] *m* ⟨*pl* -aux⟩ *ARCH* Posta'ment *n*; Piede'stal *n*; Sockel *m*; *fig* **mettre qn sur un ~** j-n auf ein Po'dest stellen; j-n bewundern, F anhimmeln; *fig* **tomber de son ~** sein Ansehen einbüßen; von s-m Postament stürzen
pied-noir [pjenwaʀ] **I** *m,f* ⟨*pl* pieds-noirs⟩ Al'gerienfranzose *m*, -französin *f*; **II** *adj* ⟨*f inv*⟩ der, von Al'gerienfranzosen
piédroit *cf* **pied-droit**
piège [pjɛʒ] *m* **1.** *CH* Falle *f*; **~ à rats** Rattenfalle *f*; **dresser, tendre un ~** e-e Falle aufstellen; **prendre au ~** mit der Falle fangen; **être pris au ~** in die Falle gehen; **2.** *fig* Falle *f*; **tendre un ~ à qn**, **prendre qn au ~** j-m e-e Falle stellen; j-n in die Falle locken; **tomber, donner dans un ~**, **se laisser prendre au ~** in e-e *ou* in die Falle gehen; **il a été pris à son propre ~** er hat sich in der eigenen Schlinge gefangen; **3.** *adj* **question** *f* **~** Fangfrage *f*
piégé [pjeʒe] *adj* **colis ~** Sprengstoffpaket *n*; **lettre ~e** Briefbombe *f*; **voiture ~e** Autobombe *f*
piéger [pjeʒe] *v/t* ⟨-è-, -geons⟩ **1.** *animaux* mit Fallen, mit e-r Falle fangen; **2.** F *fig* **~ qn** j-m e-e Falle stellen; **se faire ~** in die Falle gehen; *par ext* F sich reinlegen lassen; **3.** *avec des explosifs* e-e versteckte Sprengladung anbringen (*qc* an, in *etw* [dat]); *cf a* **piégé**
pie-grièche [pigʀijɛʃ] *f* ⟨*pl* pies-grièches⟩ *ZO* Würger *m*
pie-mère [pimɛʀ] *f* ⟨*pl* pies-mères⟩ *ANAT* innere Hirnhaut
Piémont [pjemõ] **le ~** Pie'mont *n*
piémontais [pjemõtɛ] **I** *adj* piemon'tesisch; pie'montisch; **II** *subst* **2(e)** *m(f)* Piemon'tese, -'tesin *m,f*
piéride [pjeʀid] *f ZO* Kohlweißling *m*
pierraille [pjeʀaj] *f* grober Kies; Schotter *m*
pierre [pjɛʀ] *f* **1.** Stein *m*; **la première ~** der Grundstein (*a fig*); **poser la première ~ d'un édifice** den Grundstein zu e-m Gebäude legen; **~ à aiguiser** Wetz-, Schleifstein *m*; **~ à briquet** Feuerstein *m*; **~ à chaux** Kalkstein *m*; **~ à feu, à fusil** *(silex)* Feuerstein *m*; **~ de taille** Hau-, Werkstein *m*; Quader (-stein) *m*; **âge de la ~** *(polie, taillée)* (Jung-, Alt)Steinzeit *f*; *loc/adj* **de ou en ~** aus Stein; Stein...; steinern; *fig* **cœur** *m* **de ~** Herz *n* aus Stein; **maison** *f* **en ~** Steinhaus *n*; **dur comme la ~** hart wie Stein; *par ext* **aimer les vieilles ~** altes Gemäuer lieben; *fig:* **c'est une ~ dans mon jardin** das ist auf mich gemünzt; der Hieb *ou* das gilt mir, geht auf mich; **faire d'une ~ deux coups** zwei Fliegen mit einer Klappe schlagen; **jeter la ~ à qn** sich zum Richter über j-n aufwerfen; j-n verurteilen, verdammen; den Stab über j-n brechen; *pour* **marquer d'une ~ blanche** im Kalender rot anstreichen; *prov* **qui roule n'amasse pas mousse** Unstetigkeit führt nicht zu Reichtum; **2. ~ (précieuse)** (Edel)Stein *m*; Stein *m*; **~ fine** Halbedelstein *m*
Pierre [pjɛʀ] *m* **1.** *prénom* Peter *m*; **2.** *saint* Petrus *m*

pierreries [pjɛʀʀi] *f/pl* (geschliffene) Edelsteine *m/pl*; Ju'welen *n/pl*
Pierrette [pjɛʀɛt] *f* Petra *f*
pierreux [pjɛʀø] *adj* ⟨-euse⟩ **1.** *chemin etc* steinig; **2.** *substance* steinartig
pierrot [pjɛʀo] *m* **1.** *ZO* Sperling *m*; Spatz *m*; **2.** *personnage de pantomime* 2 Pier'rot *m*; **3.** *prénom* 2 Peterchen *n*; Peterle *n*
pietà [pjeta] *f* ⟨*inv*⟩ *PEINT, SCULP* Pie'ta *f*; Vesperbild *n*
piétaille [pjetaj] *f iron* Fußvolk *n*
piété [pjete] *f* **1.** *religieuse* Frömmigkeit *f*; Gottesfurcht *f*; **2.** *st/s* *(respect)* Pie'tät *f*; Ehrfurcht *f*; Achtung *f*; **~ filiale** *st/s* Kindesliebe *f*; **avec ~** pietätvoll
piètement [pjetmɑ̃] *m d'un siège* Beine *n/pl*; Füße *m/pl*
piétinement [pjetinmɑ̃] *m* **1.** Stampfen *n*, Trampeln *n*, Gestampf(e) *n*, Getrampel *n* (*a bruit*); *de chevaux* (Huf-)Getrappel *n*; **2.** *par ext* Auf-der-'Stelle-Treten *n* (*a fig*); *fig de négociations etc* Stag'nieren *n*; Stocken *n*
piétiner [pjetine] **I** *v/t* **~ herbe** *etc* zertrampeln; zertreten, zerstampfen; niedertrampeln (*a qn*); her'umtrampeln auf (+*dat*); **2.** *fig, qn* j-n, *etw* mit Füßen treten; **II** *v/i* **3.** *personne(s)* stampfen (*a troupeau*); trampeln; **~ de colère** zornig mit dem Fuß (auf)stampfen, auf den Boden stampfen; **4.** *(ne pas avancer, a fig)* nicht, kaum, nur langsam von der Stelle kommen, vom Fleck kommen, vorwärts-, vor'an-, weiterkommen; *fig a* auf der Stelle treten; *négociations, enquête à stocken; festgefahren sein
piét|isme [pjetism(ə)] *m REL* Pie'tismus *m*; **~iste** **I** *adj* pie'tistisch; **II** *m,f* Pie'tist(in) *m(f)*
piéton [pjetɔ̃] **I** *m* Fußgänger *m*; **II** *adj* ⟨-ne⟩ Fußgänger...; **rue(s) ~ne(s)** Fußgängerzone *f*
piétonnier [pjetɔnje] *adj* ⟨-ière⟩ Fußgänger...
piètre [pjɛtʀ(ə)] *st/s adj* mise'rabel; armselig; **une ~ consolation** ein schwacher Trost; *cf a* **figure** *l.*
pieu [pjø] *m* ⟨*pl* ~x⟩ **1.** Pfahl *m*; Pfosten *m*; Pflock *m*; **2.** F (*lit*) F Falle *f*; Klappe *f*
pieusement [pjøzmɑ̃] *adv* **1.** **mourir ~** als frommer Mensch, im Glauben sterben; **2.** *(avec respect)* pie'tät-, liebevoll
pieuter [pjøte] *v/pr* F **se ~** F sich in die Klappe legen; sich in die Falle hauen
pieuvre [pjœvʀ(ə)] *f ZO* Krake *f*
pieux [pjø] *adj* ⟨pieuse⟩ **1.** *en religion* fromm; gottesfürchtig; *fig* **~ mensonge** fromme Lüge; Notlüge *f*; **2.** *(respectueux)* pie'tät-, liebevoll
piézo-électrique [pjezoelɛktʀik] *adj PHYS* pi'ezoelektrisch
pif¹ [pif] *int* **~ paf!** gifles klitsch, klatsch!
pif² [pif] *m* F *(nez)* F Gesichtserker *m*; Zinken *m*; Riechkolben *m*; **au ~** *cf* **pifomètre**
pif(f)er [pife] *v/t* F **ne pas pouvoir ~ qn** F j-n nicht riechen können
pifomètre [pifɔmɛtʀ(ə)] *m* F *loc/adv* **au ~** nach Augenmaß; über den Daumen gepeilt
pige [piʒ] *f* **1. a)** *d'un typographe* (Arbeits)Soll *n*, (-)Norm *f*, (-)Pensum *n*; **b)** *journaliste etc* **être payé à la ~** nach Zeilen bezahlt werden; ein Zeilenhono-

rar bekommen; **2.** *arg (année d'âge)* Jahr *n*; *avoir bien cinquante* ~*s* fünfzig sein; F fünfzig Jahre auf dem Buckel haben; **3.** F *fig faire la* ~ *à qn* j-n über-'treffen, ausstechen, über'bieten, F in die Tasche stecken

pigeon [piʒɔ̃] *m* **1.** ZO Taube *f*; ~ *mâle* Täuber(ich) *ou* Tauber(ich) *m*; ~ *voyageur* Brieftaube *f*; **2.** *jeu d'enfant (jouer à)* ~ *vole* Alles, was Federn hat, fliegt hoch (spielen); **3.** BALL-TRAP ~ *d'argile* Ton-, Wurftaube *f*; **4.** *fig (dupe) il a été le* ~ *dans l'affaire* er war der Dumme, Geprellte, Genarrte bei der Sache; *cf a* **pigeonner**

pigeonnant [piʒɔnɑ̃] *adj soutien-gorge* ~ Büstenhebe *f*; Dirndlbüstenhalter *m*

pigeonn|e [piʒɔn] *f* ZO Täubin *f*; ~*eau m ⟨pl* ~*x⟩* ZO Täubchen *n*; junge Taube

pigeonner [piʒɔne] *v/t* F ~ *qn* F j-n rupfen, ausnehmen, auch Kreuz legen; j-m das Fell über die Ohren ziehen; j-m Geld abknöpfen

pigeonnier [piʒɔnje] *m* **1.** Taubenschlag *m*, -haus *n*; **2.** *plais logement* Dach-, Man'sardenwohnung *f*

piger [piʒe] F *v/t* ⟨-geons⟩ F ka'pieren; mitkriegen; P fressen; *abs*: *tu piges?* kapiert?; *il a pigé* F der Groschen ist (bei ihm) gefallen; es hat (bei ihm) gefunkt, gezündet, geklingelt

pigiste [piʒist] *m,f* **1.** TYPO Ak'kordsetzer(in) *m(f)*; **2.** Journa'list(in), Über-'setzer(in), der (die) nach Zeilen *ou* Seiten bezahlt wird

pigment [pigmɑ̃] *m* **1.** BIOL Pig'ment *n*; ~*s végétaux* Pflanzenfarbstoffe *m/pl*; **2.** TECH *colorant* Pig'ment(farbstoff) *n(m)*

pigmentation [pigmɑ̃tɑsjɔ̃] *f* BIOL Pigmen'tierung *f*; Pigmentati'on *f*

pigmenté [pigmɑ̃te] *adj peau* pigmen-'tiert

pignocher [piɲɔʃe] F *v/i* ohne Appe'tit, F mit langen Zähnen essen

pignon [piɲɔ̃] *m* **1.** ARCH Giebel *m*; *maison à* ~ *Giebelhaus n*; *fig avoir* ~ *sur rue* a) Hausbesitzer sein; b) *par ext* wohlhabend, gutsituiert und angesehen sein; **2.** TECH (Getriebe)Zahnrad *n*; *t/t* Ritzel *n*; **3.** BOT a) Pinienkern *m*, Pi-'gnol(i)e *ou* Pini'ole *f*; b) *pin m* ~ Pinie *f*

pignouf [piɲuf] F *m* Flegel *m*; Lümmel *m*

pilaf [pilaf] *m* CUIS ~ *ou adj riz m* ~ Pi'lau *ou* Pi'law *m*

pilage [pilaʒ] *m* Zerstampfen *n*; Zerstoßen *n*; Zerkleinern *n*

pilastre [pilastʀ(ə)] *m* ARCH Pi'laster *m*; Wandpfeiler *m*

pilchard [pilʃaʀ] *m* ZO Pilchard [-tʃərt] *m*

pile¹ [pil] *f* **1.** *(tas)* Stapel *m*; Stoß *m*; ~ *d'assiettes* Stapel Teller; ~ *de bois* Holzstoß *m*, -stapel *m*; *mettre en* ~ (auf)stapeln; zu e-m Stapel schichten; überein'anderlegen, -schichten; *bois, tuiles a* aufsetzen; **2.** *d'un pont* Brückenpfeiler *m*; **3.** ÉLECT ~ *(électrique)* Batte'rie *f*; ~ *sèche* Trockenelement *n*; ~ *solaire* So'lar-, Sonnenbatterie *f*; *appareil m à* ~*s* Batteriegerät *n*; **4.** NUCL ~ *atomique, nucléaire* Kern-, A'tomreaktor *m*; **5.** *d'une pièce de monnaie* *la* ~ *côté m* ~ *)* Rück-, Schriftseite *f*; *jouer à* ~ *ou face* durch Kopf oder Schrift ent-

scheiden; knobeln; **6.** F a) *(volée de coups)* (Tracht *f*) Prügel *pl*; F Dresche *f*; Senge *pl*.; *cf a* **flanquer²** 2., *recevoir* 2.; b) SPORTS F Schlappe *f*

pile² [pil] *adv* F **1.** *s'arrêter* ~ plötzlich, F mit einem Schlag stehenbleiben, anhalten; **2.** *ça tombe* ~ das kommt wie gerufen, gerade recht; **3.** *à deux heures* ~ Punkt, Schlag zwei Uhr; pünktlich um zwei Uhr

piler [pile] *v/t* **1.** *(broyer)* zerstampfen; zerstoßen; zerkleinern; **2.** F *fig* **a)** ~ *qn (rosser)* F j-n verbleuen, verdreschen, vertrimmen; **b)** SPORTS *se faire* ~ vernichtend geschlagen werden; F e-e schwere Schlappe einstecken müssen; **3.** F *(s'arrêter pile)* plötzlich, F mit einem Schlag anhalten

pileux [pilø] *adj* ⟨-euse⟩ ANAT Haar...; *système* ~ Behaarung *f*

pilier [pilje] *m* **1.** ARCH Pfeiler *m*; *métallique, en bois a* Stütze *f*; Säule *f*; **2.** *péj ou plais de qn c'est un* ~ *de bistrot, de brasserie* er hockt immer in der Kneipe; **3.** *fig personne, chose les* ~*s d'un régime etc* die Stützen *f/pl*, Säulen *f/pl*, Pfeiler *m/pl* e-s Regimes *etc*; **4.** RUGBY Stürmer *m* der ersten Reihe

pill|age [pijaʒ] *m* Plünderung *f*; ~*ard* **I** *adj* plündernd; **II** *m* Plünderer *m*

piller [pije] *v/t* **1.** *ville, magasin etc* (aus-) plündern; **2.** *fig ouvrage, auteur* plündern; abschreiben; plagi'ieren

pilleur [pijœʀ] *m* Plünderer *m*

pilon [pilɔ̃] *m* **1.** *instrument* Stößel *m*; Stößer *m*; CUIS Stampfer *m*; PHARM Pi-'still *n*; TYPO *mettre au* ~ einstampfen; **2.** F *fig (jambe de bois)* Holzbein *n*; **3.** CUIS *d'un poulet etc* 'Unterschenkel *m*

pilonnage [pilɔnaʒ] *m* MIL Trommelfeuer *n*; AVIAT pausenloses Bombarde-'ment

pilonner [pilɔne] *v/t* **1.** TECH zerstampfen; zerkleinern; zerstoßen; **2.** MIL unter Trommelfeuer, pausenloses Feuer nehmen; AVIAT pausenlos bombar-'dieren

pilori [pilɔʀi] *m* HIST Pranger *m*; Schandpfahl *m*; *mettre*, *fig a* *clouer au* ~ an den Pranger stellen; *fig a* anprangern

pilosité [pilozite] *f* Behaarung *f*

pilotage [pilɔtaʒ] *m* **1.** MAR Lotsen (-dienst) *n(m)*; **2.** AVIAT, AUTO Führung *f*; Steuerung *f*; ~ *sans visibilité (abr* P.S.V.) Blind-, Instru'mentenflug *m*; *poste m de* ~ Cockpit *n*

pilote [pilɔt] *m* **1.** AVIAT Pi'lot *m*; Flugzeugführer *m*; ~ *automatique* Autopi'lot *m*; ~ *de chasse* Jagdflieger *m*; ~ *d'essai* Testpilot *m*; ~ *de ligne* Pilot e-r Verkehrs-, Linienmaschine; **2.** MAR Lotse *m*; *adjt bateau m* ~ Lotsenboot *n*; *fig servir de* ~ *à qn* j-m als Führer, Lotse dienen; **3.** *d'une voiture de course* (Renn)Fahrer *m*; *t/t* Pi'lot *m*; **4.** ZO ~ *ou adjt poisson m* ~ Lotsenfisch *m*; Pi'lot *m*; **5.** *adjt* Mo'dell...; Muster...; Versuchs...; Pi'lot...; *classe f* ~ Mo-'dell-, Versuchsklasse *f*; *prix m* ~ Richtpreis *m*; *usine f* ~ Muster-, Versuchsbetrieb *m*; Pilotanlage *f*

piloter [pilɔte] *v/t* **1.** *avion* fliegen; führen; steuern; lenken; *voiture* fahren; lenken; **2.** MAR lotsen; **3.** *fig qn* führen; lotsen

pilotis [pilɔti] *m* CONSTR Grund-,

Rammpfahl *m*; *coll* Pfahlrost *m*, -werk *n*

pilou [pilu] *m* TEXT einseitig gerauhtes, weiches Baumwollgewebe

pilule [pilyl] *f* **1.** PHARM **a)** Pille *f*; *fig avaler la* ~ die bittere Pille schlucken; in den sauren Apfel beißen müssen; *affront* es schlucken, einstecken (müssen); **b)** ~ *(contraceptive)* (Antibaby-) Pille [-'be:bi-] *f*; *elle prend la* ~ sie nimmt die Pille; **2.** F *fig (défaite)* F Schlappe *f*; *prendre la* ~ e-e Schlappe einstecken müssen

pimbêche [pɛ̃bɛʃ] *f* hochnäsige, eingebildete Per'son; F eingebildete Pute

piment [pimɑ̃] *m* **1.** BOT, CUIS **a)** ~ *(rouge)* Chili ['tʃi:-] *m*; Ca'yennepfeffer *m*; spanischer Pfeffer; Pepe'roni *m*; **b)** ~ *doux* Paprika(schote) *m(f)*; **2.** *fig* Würze *f*; *mettre du* ~ *dans la conversation* der Unter'haltung *(dat)* Würze verleihen

pimenter [pimɑ̃te] *v/t* **1.** CUIS kräftig, scharf, stark würzen; *adjt* **pimenté** *sauce* sehr scharf; **2.** *fig propos* Würze verleihen (+*dat*)

pimpant [pɛ̃pɑ̃] *adj jeune fille* a'drett; fesch; *ville* schmuck

pimprenelle [pɛ̃pʀənɛl] *f* BOT Wiesenknopf *m*

pin [pɛ̃] *m* BOT Kiefer *f*; ~ *maritime* Strandkiefer *f*; ~ *parasol* Pinie *f*

pinacle [pinakl(ə)] *m* **1.** ARCH Fi'ale *f*; **2.** *fig porter qn au* ~ j-n 'überschwenglich, F über den grünen Klee loben

pinailler [pinaje] F *v/i* kleinlich, F pingelig sein; ~ *sur qc* F an etw *(dat)* her'umnörgeln

pinaill|eur [pinajœʀ], ~*euse* F **I** *m,f* Kleinigkeitskrämer(in) *m(f)*; **II** *adj* F pingelig

pinard [pinaʀ] F *m* Wein *m*

pinasse [pinas] *f régional* Fischerboot *n* mit flachem Boden

pince [pɛ̃s] *f* **1.** *outil* Zange *f*; ~ *universelle* Kombizange *f*; ~ *à épiler* Pin'zette *f*; ~ *à sucre* Zuckerzange *f*; **2.** *pour serrer* Klemme *f (a* ÉLECT*)*; Klammer *f*; ~ *à cheveux* Haarklemme *f*, -klammer *f*; ~ *à cravate* Kra'wattenhalter *m*; Klipp *ou* Clip *m*; ~ *à linge* Wäscheklammer *f*; ~ *à pantalon, de cycliste* Hosenklammer *f*; **3.** ZO *de certains crustacés* Schere *f*; **4.** COUT Abnäher *m*; **5.** F **a)** *(main)* F Flosse *f*; Pfote *f*; Patsche *f*; *serrer la* ~ *à qn* j-m die Flosse schütteln; **b)** *(pied) loc/adv à* ~*s* F per pedes; auf Schusters Rappen

pincé [pɛ̃se] *adj* **1.** *air* verkniffen; *lèvres* zu'sammengekniffen; *sourire* gezwungen; **2.** MUS *instrument m à cordes* ~*es* Zupfinstrument *n*

pinceau [pɛ̃so] *m* ⟨*pl* ~*x*⟩ **1.** Pinsel *m*; ~ *plat, rond* Flach-, Rundpinsel *m*; **2.** PEINT Pinselführung *f*; **3.** ~ *lumineux* Lichtbündel *n*; **4.** ~*x* F *(pieds)* Füße *m/pl*; F *péj* Mauken *f/pl*; Quanten *pl*

pincée [pɛ̃se] *f* CUIS *une* ~ *de poivre, de sel* e-e Prise Pfeffer, Salz

pince-fesse(s) [pɛ̃sfɛs] F *m* ⟨*inv*⟩ Party *f*, wo es locker zugeht, F wo viel gefummelt wird

pincement [pɛ̃smɑ̃] *m* **1.** MUS Zupfen *n*; **2.** ~ *au cœur* Herzstiche *m/pl*, -stechen *n*

pince|-monseigneur [pɛ̃smɔsɛɲœʀ] *f* ⟨*pl* pinces-monseigneur⟩ Brecheisen *n*,

pince-nez – piquer

-stange *f*; **~-nez** *m* ⟨*inv*⟩ Kneifer *m*; südd *a* Zwicker *m*
pincer [pɛ̃se] ⟨-ç-⟩ **I** *v/t* **1.** kneifen, südd *a* zwicken (**qn** j-n); *il lui pinça la joue* er kniff ihn *ou* ihm in die Wange; **2.** *lèvres* zu'sammenkneifen, -pressen; **3.** *doigt, pied* (ein)klemmen; **4.** MUS *cordes* zupfen; **5.** F *fig malfaiteur, voleur* ertappen; F erwischen; schnappen; *se faire* **~** erwischt, geschnappt werden; **6.** *fig froid* beißen; schneiden; *abs* F *ça pince dur* es ist bitter, grimmig, eisig kalt; **II** *v/i* F *fig en ~ pour qn* F in j-n verknallt sein; sich in j-n vergafft haben; **III** *v/pr se ~ le doigt dans la porte* sich den Finger in der Tür (ein)klemmen; *se ~ le nez* sich die Nase zuhalten
pince-sans-rire [pɛ̃ssɑ̃ʀiʀ] *m,f* ⟨*inv*⟩ *c'est un*(*e*) **~** er *ou* sie hat e-n trockenen Humor
pincette [pɛ̃sɛt] *f* **1.** *pour le feu* **~s** *pl* Feuerzange *f*; F *fig il n'est pas à prendre avec des* **~s** a) (*de mauvaise humeur*) mit ihm ist (heute) nicht gut Kirschen essen; F er ist (heute) mit Vorsicht zu genießen; b) (*très sale*) den möchte man nicht (ein)mal mit der Zange anfassen; **2.** TECH Pin'zette *f*
pinçon [pɛ̃sɔ̃] *m* roter Fleck, rotes Mal (*vom Kneifen*)
pineau [pino] *m* **~ des Charentes** Aperitif aus Traubenmost u Cognac
pinède [pinɛd] *f* Kiefern-, Pinienwald *m*, -pflanzung *f*
pingouin [pɛ̃gwɛ̃] *m* ZO **1.** *oiseau* Alk *m*; **2.** *abus* (*manchot*) Pinguin *m*
ping-pong [piŋpɔ̃g] *m* Tischtennis *n*; Pingpong *n*; *jouer au* **~** Tischtennis spielen
pingre [pɛ̃gʀ(ə)] *péj* **I** *adj* F knaus(e)rig; filzig; **II** *m,f* Geizhals *m*, F -kragen *m*; Filz *m*; Knauser(in) *m(f)*; Pfennigfuchser(in) *m(f)*
pingrerie [pɛ̃gʀəʀi] *f péj* Knause'rei *f*; Knaus(e)rigkeit *f*; Pfennigfuchse'rei *f*
pinot [pino] *m* VIT Pi'not *m*; Bur'gunderrebe *f*
pin-pon [pɛ̃pɔ̃] *int* **~! ~!** ta'tüta'ta!
pin's [pins] *m* (Anstech)Abzeichen *n*
pinson [pɛ̃sɔ̃] *m* ZO Buchfink *m*; *fig être gai comme un* **~** F quietschvergnügt, (kreuz)fi'del sein
pintad|e [pɛ̃tad] *f* ZO, CUIS Perlhuhn *n*; **~eau** *m* ⟨*pl* **~x**⟩ ZO junges Perlhuhn
pinte [pɛ̃t] *f* **1.** *ancienne mesure* Pinte *f*; Schoppen *m*; *mesure anglo-saxonne* Pint [paint] *n*; **2.** *fig se payer une* **~** *de bon sang* sich köstlich amü'sieren; sich totlachen
pinter [pɛ̃te] F **I** *v/i* tüchtig zechen, F picheln; P saufen; **II** *v/pr se* **~** F sich besaufen
pin-up [pinœp] *f* ⟨*inv*⟩ Pin-up-Girl [-'apgœːʀl] *n*
pioche [pjɔʃ] *f* **1.** *outil* Hacke *f*; südd *a* Haue *f*; *fig tête f de* **~** Dick-, Starrkopf *m*; F Dickschädel *m*; **3.** JEUX restliche, auf e-m Haufen liegende Dominosteine *m/pl ou* Karten *f/pl*
piocher [pjɔʃe] **I** *v/t* **1.** *terre* (auf-, 'um-) hacken; **2.** F *fig* (*étudier*) F pauken, büffeln (*a abs*); **II** *v/i* **3.** JEUX e-n Stein *ou* e-e Karte vom Haufen nehmen; **4.** *fig* **~** *dans le tas* (im Haufen her'umwühlen und) aufs Geratewohl eine(n, -s) her'ausgreifen

piolet [pjɔlɛ] *m* Eispickel *m*
pion [pjɔ̃] *m* **1.** F *terme d'écolier* **~**(*ne*) *m(f)* Aufsichtführende(r) *f(m)*; **2.** ÉCHECS Bauer *m*; *fig n'être qu'un* **~** *sur l'échiquier* nur ein Sta'tist sein; der Bauer im Schachspiel sein; **3.** DAMES Stein *m*; *fig damer le* **~** *à qn* j-m den Rang ablaufen; j-n ausstechen
pioncer [pjɔ̃se] F *v/i* ⟨-ç-⟩ fest schlafen, F pennen
pionne [pjɔn] *f cf* **pion 1.**
pionnier [pjɔnje] *m* **1.** HIST (*colon*) Kolo'nist *m*; **2.** *fig* Pio'nier *m*; Wegbereiter *m*; Bahnbrecher *m*; **3.** MIL Schanzsoldat *m*; Baupionier *m*; **4.** HIST *en URSS etc* (Junger) Pio'nier
pipe [pip] *f* **1.** (Tabaks)Pfeife *f*; *fumer la* **~** Pfeife rauchen; **2.** F *fig: par tête de* **~** F pro Nase; *nom d'une* **~**! F zum Donnerwetter noch mal!; *casser sa* **~** P abkratzen; abschrammen; ins Gras beißen; *cf a fendre 6.*
pipeau [pipo] *m* ⟨*pl* **~x**⟩ Hirtenflöte *f*
pipel|et [piplɛ] *m*, **~ette** *f* F *cf* **concierge**; F *fig c'est une vraie pipelette* F sie *ou* er ist ein altes Waschweib, e-e Klatschbase
pipeline *ou* **pipe-line** [pajplajn, piplin] *m* ⟨*pl* pipe-lines⟩ Pipeline ['paɪplaɪn] *f*
piper [pipe] *v/t* **1.** *ne pas* **~** (*mot*) kein Wort sagen; keinen Ton sagen, von sich geben; F nicht piep sagen; **2.** *cartes* zinken; *dés* fälschen; *fig les dés sont pipés* das ist ein abgekartetes Spiel; hier wird ein falsches Spiel getrieben
piperade [piperad] *f* CUIS Omelett mit Paprika u Tomaten (baskisches Gericht)
pipette [pipɛt] *f* CHIM Pi'pette *f*; Stechheber *m*
pipi [pipi] *m enf ou* F Pipi *n*; F *la dame* F die Klofrau; *fig et péj c'est du* **~** *de chat* a) *boisson* F das ist ein übles Gesöff; b) *film, livre* F das ist ein Quatsch *m*, ein Schmarren *m*; *faire* **~** *enf* Pipi, ein Bächlein, klein machen; *par ext* F pinkeln; *faire* **~** *au lit* F ins Bett machen; *faire* **~** *sur la moquette* F auf den Teppichboden pinkeln
pipi-room [pipiʀum] *plais m* F Klo *n*
piquage [pikaʒ] *m* COUT Ma'schinennähen *n*, (Ab)Steppen *n*
piquant [pikɑ̃] **I** *adj* **1.** *plante, barbe* stach(e)lig; **2.** *froid, air* schneidend; **3.** CUIS *sauce* **~** pikante Soße; **4.** *fig critique, remarque* bissig; boshaft; spitz; **5.** *fig et litt personne, rencontre etc* reizvoll; *anecdote* witzig; geistreich; **II** *m* **1.** *d'un hérisson, d'un chardon etc* Stachel *m*; **2.** *fig et litt le* **~** der Reiz; das Reizvolle, Pi'kante, Witzige (*de l'affaire* an der Sache); *ne pas manquer de* **~** e-r gewissen Pikante'rie nicht entbehren
pique[1] [pik] *f* **1.** (*hallebarde*) Pike *f*; Spieß *m*; *du picador* Lanze *f*; **2.** *fig envoyer, lancer des* **~s** *à qn* boshafte, bissige, spitze Bemerkungen j-m gegenüber machen; gegen j-n stichein
pique[2] [pik] *m* JEUX DE CARTES Pik *n*; *jeu allemand* Schippen *n*; *dame f, roi m de* **~** Pik'dame *f*, -'könig *m*; *cf a* **as** 1.
piqué [pike] **I** *adj* **1.** COUT mit der (Näh-) Ma'schine genäht; (ab)gesteppt (*a chaussures*); **2.** *miroir* fleckig; *vieux livre, tissu* stockfleckig; **~** *de rouille* mit Rostflecken; rostfleckig; *visage* **~** *de*

taches de rousseur sommersprossig; mit Sommersprossen über'sät; *meuble, fruit* **~** (*des vers*) wurmstichig; *fruit a* wurmig; F *fig ne pas être* **~** *des vers, des 'hannetons histoire, film* F Klasse, gelungen, toll, dufte sein; *froid, chaleur* F nicht von Pappe, nicht von schlechten Eltern sein; **3.** *vin être* **~** e-n Stich haben; 'umgeschlagen, sauer sein; **4.** F *fig personne être un peu* **~** F e-n kleinen Stich haben; ein bißchen spinnen; *subst une vieille* **~**e e-e wunderliche, F spinnige Alte; **5.** *fig* **~** *au vif cf* **vif** II 2.; **6.** MUS *note* **~**e Note, die nicht gestoßen werden muß; **II** *m* **1.** TEXT Pi'kee *m*; **2.** AVIAT Sturzflug *m*; *en* **~** im Sturzflug
piqué|-assiette [pikasjɛt] *m,f* ⟨*inv*⟩ Schma'rotzer *m*; F Nassauer *m*; **~-feu** *m* ⟨*inv*⟩ Schüreisen *n*, -haken *m*; **~-fleurs** *m* ⟨*inv*⟩ Blumenstecker *m*
pique-niqu|e [piknik] *m* ⟨*pl* pique-niques⟩ Picknick *n*; **~er** *v/i* picknicken; Picknick machen; **~eurs** *m/pl* Leute *pl*, die picknicken, Picknick machen
piquer [pike] **I** *v/t* **1.** *avec une aiguille etc* stechen; *nordd* F *a* pik(s)en; *olives, papillon etc* aufspießen; **~** *la viande avec une fourchette* mit e-r Gabel in das Fleisch stechen; das Fleisch mit e-r Gabel aufspießen; *épingles, fleurs etc* **~** *dans qc* in etw (*acc*) stecken; **2.** (*faire une piqûre à*) e-e Spritze geben (*qn* j-m; *le bras droit* in den rechten Arm); spritzen; F *on l'a piqué contre le tétanos* er ist gegen Wundstarrkrampf geimpft worden; *par ext faire* **~** *son chien* s-n Hund einschläfern lassen; **3.** *guêpe, épines etc*: *qn ou abs* stechen; *nordd* F *a* pik(s)en; *serpent, puce* beißen; *orties* brennen; *barbe* kratzen; *ça me pique* das sticht, pik(s)t, kratzt, brennt; *se faire* **~** *par un moustique* von e-r Mücke gestochen werden; **4.** *par ext*: *fumée* beißen (*les yeux* in die *ou* den Augen); *moutarde, sauce* beißen, brennen (*la langue* auf der Zunge); *froid brûlant* (*le visage* im Gesicht); F *abs boisson pétillante* prickeln; den Gaumen kitzeln; **5.** COUT mit der (Näh)Ma'schine nähen; (ab)steppen; **6.** CUIS spicken; *gigot piqué d'ail* mit Knoblauch gespickt; **7.** *fig curiosité de qn* reizen; wachrufen; wecken; **8.** F *en loc*: **~** *un cent mètres* F die Beine in die Hand, unter den Arm nehmen; losflitzen, -rasen; **~** *une crise* F e-n Tobsuchtsanfall kriegen; *cf a* **colère** 2., *fard* 2., *roupillon, tête* 1.; **9.** F (*voler*) F klauen; **10.** F *fig voleur etc* F schnappen; erwischen; **11.** *picador*: *taureau* durch Lanzenstiche reizen; *cavalier des* **~** *deux* s-m Pferd beide Sporen, die Sporen geben; **12.** MUS *une note* e-e Note stac'cato spielen; **II** *v/i* **13.** *avion* **~** (*du nez*) im Sturzflug niedergehen; *navire* **~** *du nez, de l'avant* kopflastig (getrimmt) sein; *fig personne* **~** *du nez* einnicken; **III** *v/pr se* **~ 14.** *personne* sich stechen; *se* **~** *le doigt* sich in den Finger stechen; **15.** *diabétique, drogué* sich spritzen; *drogué a* fixen; *se* **~** *à l'héroïne* sich Heroin spritzen; **16.** *livres, tissu* (stock)fleckig werden; **17.** *vin* e-n Stich bekommen; 'umschlagen, sauer werden; **18.** *fig se* **~** *au jeu* a) (*prendre goût à qc*) plötzlich

548

Gefallen, Geschmack an der Sache finden; b) (*s'obstiner*) nicht lockerlassen, nachgeben; **19.** F *fig* **se ~ le nez** F sich die Nase begießen; einen heben; **20.** *fig personne se ~ de qc* sich etwas auf etw (*acc*) einbilden; sich e-r Sache (*gén*) rühmen; *il se pique d'être connaisseur* er rühmt, schmeichelt sich, ein Kenner zu sein; er will als Kenner gelten
piquet [pikɛ] *m* **1.** (*petit pieu*) Pflock *m*; **~ de tente** Hering *m*; Zeltpflock *m*; *animal* **attacher au ~** anpflocken; *personne* **droit, raide comme un ~** stock-'steif; steif wie ein Stock; **2. ~ de grève** Streikposten *m/pl*; MIL **~ d'incendie** Brandwache *f*; **3.** *élève:* **il est au ~** er muß in der Ecke stehen; **mettre au ~** in die Ecke stellen; **4.** *ancien jeu de cartes* Pi'kett *n*
piqueter [pikte] *v/t* ⟨-tt-⟩ TECH (mit Pflöcken) abstecken
piquette [pikɛt] *f* **1.** F (*vin acide*) F Rachenputzer *m*; Krätzer *m*; **2.** F (*défaite*) F Schlappe *f*; *prendre une ~* e-e Schlappe einstecken müssen
piqueur [pikœʀ] *m* **1.** CH Pi'kör *m*; **2.** MINES Häuer *ou* Hauer *m*; **3.** TECH Arbeiter *m* am Preßlufthammer; *adjt marteau ~* Preßlufthammer *m*
piqueuse [pikøz] *f* COUT Stepperin *f*; Näherin *f*
piquouse [pikuz] *f* F (*piqûre*) Spritze *f*; *des drogués* F Schuß *m*
piqûre [pikyʀ] *f* **1.** *petite blessure* Stich *m*; Einstich *m*; **~ d'abeille, d'épingle, de moustique** Bienen-, Nadel-, Mückenstich *m*; **~ d'ortie** Brennen *n* durch Berührung mit Brennesseln; **~ de serpent** Schlangenbiß *m*; **2.** MÉD Spritze *f*; Injekti'on *f*; *faire une ~ à qn* j-m e-e Spritze geben; j-n spritzen; **3.** COUT **a)** (*point de ~*) Steppstich *m*; **b)** *rang Steppnaht f, -muster m*; **4.** (*tache d'humidité*) Stockfleck *m*
piranha [piʀana] *m* ZO Piranha [-'ʀanja] *ou* Pi'raya *m*
piratage [piʀataʒ] *m de logiciels, cassettes etc* Anfertigung *f* von Raubkopien
pirate [piʀat] *m* **1.** Seeräuber *m*; Pi'rat *m*; **~ de l'air** Luftpirat *m*; **2.** *de logiciels, cassettes etc* Raubkopierer *m*; INFORM Hacker *m*; **3.** *adjt* **édition** *f* **~** Raubdruck *m*; *émetteur m, radio f ~* Pi'ratensender *m*; **4.** (*escroc*) Halsabschneider *m*
pirater [piʀate] *v/t logiciel, cassette etc* raubkopieren; Raubkopien, e-e Raubkopie anfertigen von; *édition* raubdrucken; *adjt* **logiciel piraté** raubkopierte Software
piraterie [piʀatʀi] *f* **1.** Seeräube'rei *f*; Pirate'rie *f*; **~ aérienne** Luftpiraterie *f*; **2.** *fig* (*escroquerie*) Betrug *m*; F Schwindel *m*
pire [piʀ] **I** *adj* **1.** ⟨*comp von mauvais*⟩ schlimmer; ärger; übler; *il n'y a rien de ~ que ...* es gibt nichts Schlimmeres als ...; *je ne connais pas de ~ situation* ich kenne keine schlimmere, üblere Lage; *c'est bien ~* das ist viel schlimmer, ärger; **2.** ⟨*sup von mauvais*⟩ *le, la ~* der, die, das schlimmste, ärgste, übelste; *son ~ défaut* sein, ihr ärgster, größter Fehler; **II** *subst le ~* das Schlimmste, Ärgste; *la politique du ~* e-e verhängnisvolle Politik; *le ~ c'est*

que ... das schlimmste ist, daß ...; *je m'attends au ~* ich bin auf das Schlimmste gefaßt; *en mettant les choses au ~* schlimmstenfalls; im ungünstigsten, schlimmsten Fall; F wenn alle Stränge, Stricke reißen
Pirée (Le) [ləpiʀe] Pi'räus *n* (*a* der)
pirogue [piʀɔg] *f* Pi'roge *f*; Einbaum *m*
pirouette [piʀwɛt] *f* **1.** Drehung *f* um sich selbst; DANSE, SPORTS Pirou'ette *f*; *faire une ~* sich einmal um sich selbst drehen; sich im Kreis her'umdrehen; e-e Pirou'ette machen, drehen; F *fig* *répondre, s'en tirer par des ~s* e-r Frage mit ein paar Scherzen ausweichen; Ausflüchte machen; **2.** *fig* (*volte-face*) Meinungsumschwung *m*; Kehrtwendung *f*
pirouetter [piʀwete] *v/i* Pirou'etten, e-e Pirou'ette drehen, ausführen; pirouet'tieren
pis¹ [pi] *m* ZO Euter *n*
pis² [pi] *adv* ⟨*comp von mal*⟩ schlimmer; ärger; übler; *de mal en ~* zunehmend, immer schlechter; *tant ~ cf tant I 1.*; ♦ *adjt st/s* **c'est bien ~** das ist viel schlimmer; *en incise et qui ~ est* [-pizɛ] und was noch schlimmer ist; **2.** ⟨*sup von mal*⟩ *au ~ aller* schlimmstenfalls; im ungünstigsten, schlimmsten Fall
pis-aller [pizale] *m* ⟨*inv*⟩ Notlösung *f*; (Not)Behelf *m*
piscicult|eur [pisikyltœʀ] *m* Fischzüchter *m*; **~ure** *f* Fischzucht *f*
piscine [pisin] *f publique* Schwimmbad *n*; (*bassin de natation*) Schwimmbecken *n*; *privée* Swimmingpool [-pu:l] *m*; *~ couverte* Hallen(schwimm)bad *n*; *~ en plein air* Freibad *n*; *aller à la ~* ins Schwimmbad gehen
Pise [piz] Pisa *n*; *la Tour (penchée) de ~* der Schiefe Turm von Pisa
pisé [pize] *m* CONSTR Stampferde *f*; (*construction f en*) ~ Pisee-, Stampfbau *m*; *maison f, mur m en ~* Lehmhaus *n*, -mauer *f*
pissaladière [pisaladjɛʀ] *f* CUIS provenzalische Pizza
pisse [pis] *f* P Pisse *f*; Schiffe *f*; **~-froid** F *m* ⟨*inv*⟩ *cf* **pisse-vinaigre**
pissenlit [pisãli] *m* BOT Löwenzahn *m*; CUIS **salade** *f* **de ~** Löwenzahnsalat *m*; F *fig* **manger les ~s par la racine** F (sich) die Radieschen von unten besehen
pisser [pise] *v/t et v/i* **1.** P (*uriner*) P pissen; schiffen; F pinkeln ; *~ au lit* ins Bett pinkeln, pissen; *il y a de quoi en ~ dans sa culotte* F das ist zum Totlachen, zum Kringeln; *ça l'a pris comme une envie de ~* das ist einfach so über ihn gekommen; **2.** F *~ du sang* Blut harnen, F pinkeln; **3.** F *fig robinet etc ~ l'eau* (nach allen Seiten) spritzen; **4.** F *fig journaliste* **~ de la copie** F auf Teufel komm raus (Artikel) schreiben
pisseuse [pisøz] *f* F *péj* (*petite fille*) P Rotzgöre *f*; (*jeune fille*) P Pißnelke *f*
pisseux [pisø] *adj* ⟨-euse⟩ **1.** F (*sentant l'urine*) nach U'rin, F nach Pisse stinkend; *linge* P voller Pißflecken; verpißt; **2.** *aspect, couleur* vergilbt
pisse-vinaigre [pisvinɛgʀ(ə)] F *m* ⟨*inv*⟩ Griesgram *m*; F Sauertopf *m*
pissotière [pisɔtjɛʀ] *f* F Pis'soir *n*; F Pinkelbude *f*; *plais* Pinkula'torium *n*
pistache [pistaʃ] *f* **1.** Pi'stazie *f*

(*Frucht*); **glace** *f* **à la ~** Pistazieneis *n*; **2.** *adjt* (*vert*) ⟨*inv*⟩ pi'staziengrün
pistachier [pistaʃje] *m* BOT Pi'stazie *f* (*Baum*)
pistard [pistaʀ] *m* CYCLISME Bahn(renn)fahrer *m*
piste [pist] *f* **1.** (*trace*) Spur *f*, Fährte *f* (*a fig*); **jeu** *m* **de ~** Schnitzeljagd *f*; *fig* **être sur la bonne, fausse ~** auf der richtigen, falschen Spur, Fährte sein; *fig* **la police est sur sa ~** die Polizei ist ihm auf der Spur; *fig* **cela m'a mis sur la bonne ~** das hat mich auf die richtige Spur, Fährte gebracht, geführt; **2.** (*chemin*) **a)** *dans le désert* Piste *f*; *dans la jungle* (Trampel)Pfad *m*; *dans la brousse* Buschpfad *m*; **b) ~ cyclable** Rad(fahr)weg *m*; **3.** AVIAT Rollbahn *f*; Piste *f*; **~ d'atterrissage, ~ d'envol** *ou* **de décollage** Lande-, Startbahn *f*; **4.** SPORTS (Renn)Bahn *f*; SKI, CYCLISME a Piste *f*; **~ (de ski) de fond** (Langlauf)Loipe *f*; CYCLISME **course** *f* **sur ~** Bahnrennen *n*; **5. ~ de danse, de patinage** Tanz-, Eisfläche *f*; **6.** CIRQUE Ma'nege *f*; A'rena *f*; ÉQUITATION Reitbahn *f*; Ma'nege *f*; *fig* **entrer en ~** die (politische) Arena betreten; **7.** TECH Spur *f*; **~ sonore** Tonspur *f*
pister [piste] *v/t* **~ qn** j-m auf der Spur, Fährte sein; j-s Spur verfolgen
pistil [pistil] *m* BOT Stempel *m*; Fruchtknoten *m*
pistole [pistɔl] *f ancienne monnaie d'or* Pi'stole *f*
pistolet [pistɔlɛ] *m* **1.** *arme* Pi'stole *f*; *jouet* **~ à eau** Wasserpistole *f*; SPORTS **~ de starter** Startpistole *f*; **2.** TECH (**à peinture**) Spritzpistole *f*; **peindre au ~** spritzen; spritzlackieren; **3.** *d'une pompe à essence* Zapfpistole *f*; **~-mitrailleur** *m* ⟨*pl pistolets-mitrailleurs*⟩ (*abr* P.M.) Ma'schinenpistole *f* (*abr* MP, MPi)
piston [pistɔ̃] *m* **1.** TECH Kolben *m*; **2.** MUS Pumpen-, Kolbenventil *n*; Pi'ston *n*; **3.** *fig* Protekti'on *f*; (gute) Beziehungen *f/pl*; F Vitamin B *n*
pistonner [pistɔne] *v/t* **~ qn** j-n protegieren [-'ʒi:-], empfehlen, unter'stützen, *à une personne haut placée:* j-n (j-m) ein'brüngen; **se faire ~** s-e Beziehungen spielen lassen
pistou [pistu] *m* CUIS **soupe** *f* **au ~** Gemüsesuppe *f* mit Ba'silikum
pitance [pitɑ̃s] *f péj maigre ~* schmale Kost; *pour toute ~* als ganzes Essen
pitchoun [pitʃun] *m,f régional, terme d'affection* Kleine(r) *f(m)*
piteux [pitø] *adj* ⟨-euse⟩ *état, aspect* erbärmlich; jämmerlich; beklagens-, bejammernswert; *résultat* kümmerlich; kläglich
pithécanthrope [pitekɑ̃tʀɔp] *m fossile humain* Pithek'anthropus *m*
pithiviers [pitivje] *m* CUIS mit Mandelcreme gefüllter Blätterteigkuchen
pitié [pitje] *f* **1.** Mitleid *n*; Erbarmen *n*; **~ (pour qn)!** Erbarmen (mit j-m)!; *loc/adv:* **par ~** aus Mitleid, Erbarmen; **par ~, laissez-moi tranquille!** ich bitte Sie, lassen Sie mich in Ruhe!; lassen Sie mich um Gottes willen in Ruhe!; **sans ~** mitleids-, erbarmungs-, schonungslos; ohne Erbarmen, Mitleid; *il est* **sans ~** *a* er kennt kein Erbarmen; **avoir ~ de qn** Mitleid, Erbarmen mit j-m haben; *st/s* sich j-s erbarmen; REL

piton – placer

ayez ~ de nous! erbarme Dich unser!; *c'est ~ de voir ...* es ist ein Jammer, es jammert einen, wenn man sieht ...; *faire ~* Mitleid erregen, erwecken; *cf a 2.*; *il me fait ~ a* er tut mir leid (*a péj*); *st/s* er dauert, jammert, erbarmt mich; *prendre qn en ~* j-n bemitleiden; **2.** *péj*: *quelle ~!* wie erbärmlich, jämmerlich!; *un sourire de ~* ein mitleidiges Lächeln; *loc/adv* **à faire ~** erbärmlich; F zum (Gott)Erbarmen; *c'est à faire ~!* F das ist zum (Gott)Erbarmen!
piton [pitõ] *m* **1.** ALPINISME Felshaken *m*; TECH (*à vis*) Ringschraube *f*; Schraubhaken *m*; **2.** *rocheux* Bergspitze *f*
pitoyable [pitwajabl(ə)] *adj* **1.** *état, spectacle* mitleiderregend; erbarmungswürdig; bemitleidens-, erbarmens-, bejammerns-, beklagenswert; **2.** *péj résultat etc* erbärmlich; jämmerlich; kläglich
pitre [pitR(ə)] *m* Hanswurst *m*; *faire le ~* den Hanswurst spielen, machen
pitreries [pitRəRi] *f/pl* Hanswursti'aden *f/pl*; dumme Späße *m/pl*; Possen *m/pl*; *faire des ~* dumme Späße machen; Possen treiben
pittoresque [pitɔRɛsk] *adj* **1.** *site* malerisch; pitto'resk; *personnage* origi'nell; *subst le ~* das Malerische, Pittoreske; **2.** *langage* bilderreich; *style, expression* bildhaft; plastisch; anschaulich
pivert [pivɛR] *m* ZO Grünspecht *m*
pivoine [pivwan] *f* BOT Pfingstrose *f*; Pä'onie *f*; *personne* **rouge comme une ~** puterrot; rot wie e-e Tomate
pivot [pivo] *m* **1.** TECH Zapfen *m*; *d'une boussole* Pinne *f*; **2.** *fig* (Dreh- und) Angelpunkt *m*; *personne a* Mittelpunkt *m*; Seele *f*; **3.** BOT Pfahlwurzel *f*; **4.** *d'une dent artificielle* Stift *m*; **5.** MIL Schwenkungspunkt *m*
pivotant [pivɔtã] *adj* Dreh...; *chaise ~e, fauteuil ~* Drehstuhl *m*, -sessel *m*
pivoter [pivɔte] *v/i* **1.** sich (*um e-n Zapfen*) drehen; *fig personne ~ sur ses talons* sich auf dem Absatz 'umdrehen; **2.** MIL schwenken; e-e Schwenkung ausführen; **3.** BOT *plante* e-e Pfahlwurzel treiben
pixel [piksɛl] *m* PHOT, TV etc Bild-, Rasterpunkt *m*
pizza [pidza] *f* CUIS Pizza *f*
pizzeria [pidzeRja] *f* Pizze'ria *f*
pizzicato [pidzikato] *m* ⟨*pl ~s ou* pizzicati⟩ MUS Pizzi'kato *n*
P.J. 1. [peʒi] *f* F *abr* (*police judiciaire*) Kripo *f* (Krimi'nalpolizei); **2.** *abr* (*pièce[s] jointe[s]*) Anl. (Anlage[n])
Pl. *abr* (*place*) Platz
placage [plakaʒ] *m* **1.** TECH Verkleidung *f*; Verblendung *f*; *~ de marbre* Marmorverkleidung *f*; **2.** *en bois* **a)** *opération* Fur'nieren *n*; **b)** *résultat* Fur'nier *n*; *~ d'acajou* Maha'gonifurnier *n*; *bois m de ~* Furnierholz *n*; **3.** RUGBY *cf* **plaquage** *1.*
placard [plakaR] *m* **1.** *armoire* Wand-, Einbauschrank *m*; *~ à balais* Besenschrank *m*; **2.** *dans un journal* **~** *publicitaire* Großanzeige *f*; **3.** TYPO Fahnenabzug *m*; (Korrek'tur)Fahne *f*
placarder [plakaRde] *v/t affiche, avis* anschlagen; ankleben
place [plas] *f* **1.** (*espace occupé par qn, qc*) Platz *m*; Raum *m*; Stelle *f*; *~ aux jeunes!* Platz den Jungen, dem Nachwuchs!; *fig* **une ~ au soleil** ein Platz an der Sonne; *~* (*pour se garer*) Parkplatz *m*; *manque m de ~* Platz-, Raummangel *m*; ♦ *loc/adv*: *à la ~* als *ou* zum Ersatz (da'für); da'für; statt dessen; *à ta, sa, votre ~* an deiner, s-r, Ihrer Stelle; wenn ich du, er, Sie wäre; *je ne voudrais pas être à sa ~* ich möchte nicht an s-r Stelle sein; *de ~ en ~, par ~s* stellenweise; hier und da; *sur ~* an Ort und Stelle; *se rendre sur ~* sich an Ort und Stelle begeben; *rester sur ~* (*immobile*) sich nicht von der Stelle rühren; *subst* **faire du sur ~** *cf* **surplace**; ♦ *loc/prép* **à la ~ de** an'stelle *ou* an Stelle von (*ou +gén*); (an')statt (*+gén*, F *+dat*); ♦ *il y a juste la ~ de mettre une table* hier ist gerade noch Platz für e-n Tisch; *fig* **je ne donnerais pas ma ~ pour un empire**, F **pour un boulet de canon** nicht um alles in der Welt, um keinen Preis möchte ich tauschen; *sa ~ est au bureau* sein Platz ist im Büro; er gehört ins Büro; *être à sa ~, objet* an s-m Platz sein, stehen, liegen; *personne* am richtigen Platz sein, stehen; *il n'est pas à sa ~ a* er ist (hier) fehl am Platz; *service d'ordre etc* **être en ~** zur Stelle sein; bereitstehen; in Bereitschaft stehen; *cf a 3.*; *faire, gagner, laisser de la ~* Platz, Raum schaffen, gewinnen, lassen; *faire de la ~* (*se pousser*) Platz machen; zur Seite rücken; zu'sammenrücken; *faire ~ à qn* j-m Platz machen; *objet, système etc* **faire ~ à qc** e-r Sache (*dat*) Platz machen, weichen müssen; *mettre en ~ machine, service d'ordre, plan* aufstellen; *troupes a* bereitstellen; *comité* einsetzen; *dispositif* anbringen; instal'lieren; einbauen; *se mettre à la ~ de qn* sich in j-s Lage (*acc*), an j-s Stelle (*acc*) versetzen; sich in j-n hin'einversetzen; *remettre qc à sa ~* etw wieder an s-n Platz stellen, legen; *tenir, prendre beaucoup de ~* viel Platz, Raum einnehmen, beanspruchen; *fig sport, amitié etc* **tenir beaucoup de ~, une grande ~ dans la vie de qn** in j-s Leben e-n breiten Raum einnehmen, e-e große Rolle spielen; *prov* (**une ~ pour chaque chose et**) **chaque chose à sa ~!** Ordnung ist das halbe Leben (*prov*); **2.** (*siège*) (Sitz)Platz *m*; Sitz *m*; THÉ *a* Karte *f*; *~ assise, debout* Sitz-, Stehplatz *m*; CH DE FER *~ de première classe* Platz erster Klasse; *à table ~ d'honneur* Ehrenplatz *m*; ♦ *loc/adj*: *véhicule, canapé* **à deux, quatre ~s** zwei-, viersitzig; *une tente à deux ~s* ein Zweimannzelt *n*; *une voiture à deux ~s ou subst* **une deux ~s** ein Zweisitzer *m*; *un cinéma de cinq cents ~s* ein Kino mit fünfhundert (Sitz)Plätzen, Sitzen; ♦ *il y a encore deux ~s* (*de*) *libres, vides* es sind noch zwei Plätze frei; *laisser sa ~ à qn* j-m s-n Platz über'lassen; j-m Platz machen (*a fig*); *louer, réserver sa ~* THÉ, CIN e-e Karte vorbestellen; e-e Karte reservieren lassen; CH DE FER *e-e* Platzkarte kaufen; *prendre ~* Platz nehmen; *prendre la ~ de qn* sich auf j-s Platz setzen; j-s Platz einnehmen (*a fig*); *ne pas rester, tenir en ~* ständig in Bewegung sein; nicht stillsitzen können; F kein Sitzfleisch haben; ein unruhiger Geist sein; **3.** (*emploi*) Stelle *f*; Anstellung *f*; Posten *m*; *avoir une bonne ~* e-n guten Posten, e-e gute Stelle haben; *il y a une ~ à prendre* es wird e-e Stelle frei; *être en ~* fest in s-r Stellung, im Sattel sitzen; **4.** (*rang*) Platz *m*; Rang *m*; *fig* **remettre qn à sa ~** j-n in die *ou* s-e Schranken (ver)weisen, zu'rechtweisen; *savoir rester, se tenir à sa ~* sich s-r Stellung bewußt sein; wissen, wo sein Platz ist *ou* wo man hingehört; **5.** *lieu public* Platz *m*; *~ du marché, du village* Markt-, Dorfplatz *m*; *autrefois* **être exécuté en ~ publique** öffentlich hingerichtet werden; **6.** MIL **a)** *~* (*forte*) fester Platz; Festung *f*; **b)** *ville* Garni'son *f*; Standort *m*; **c)** *fig* **avoir des complices dans la ~** Komplizen, Bundesgenossen im anderen Lager haben; *fig* **être maître de la ~** (der) Herr im Hause sein; frei schalten und walten können; **7.** COMM Platz *m*; Ort *m*; *c'est le meilleur boulanger sur la ~ de X* er ist der beste Backer hier in X, hier am Platz, Ort; **8.** FIN Börsenplatz *m*
placé [plase] *adj* **1.** *objet* **être bien, mal ~** e-n guten, schlechten Standort haben; *fig* **il est bien ~ pour le savoir** er (sitzt an der Quelle und) muß es doch schließlich wissen; *vous êtes mal ~ pour le critiquer* es steht Ihnen nicht zu, ihn zu kritisieren; *personnage* **'haut ~** hochgestellte Persönlichkeit; *furoncle, bouton* **être mal ~** an e-r ungünstigen, schlechten Stelle sitzen; *fig* **c'est de la fierté mal ~e** Stolz ist hier nicht angebracht, fehl am Platz; **2.** TURF *cheval* pla'ziert *ou* pla'ciert; *subst* **toucher un ~** den Gewinn e-r Platzwette kassieren
placebo [plasebo] *m* PHARM Pla'cebo *n*
placement [plasmã] *m* **1.** FIN (Geld-, Kapi'tal)Anlage *f*; *t/t* Pla'cement *n*; *faire un bon ~* sein Geld, Kapital gut anlegen; **2.** *de demandeurs d'emploi* Arbeits-, Stellenvermittlung *f*; *agence f, bureau m de ~* Arbeitsvermittlungsstelle *f*; Stellenvermittlungsbüro *n*; Arbeitsnachweis *m*; **3.** COMM *de marchandises* Absatz *m*; Verkauf *m*
placenta [plasɛ̃ta] *m* **1.** PHYSIOL Pla'zenta *f*; Mutterkuchen *m*; **2.** BOT Pla'zenta *f*; Samenleiste *f*
placer¹ [plase] ⟨-ç-⟩ **I** *v/t* **1.** *objet* (hin-)stellen, (-)legen, (-)setzen; pla'zieren *ou* pla'cieren; abstellen; *sentinelle* aufstellen; *~ qn au cinéma* j-m s-n Platz anweisen; pla'zieren, pla'cieren (*à côté de qn* neben j-n); *fig*: *~ mal sa confiance* sein Vertrauen e-m Unwürdigen schenken; *auteur* *~ son roman au Xe siècle* s-n Roman im zehnten Jahrhundert spielen lassen, ins zehnte Jahrhundert verlegen; **2.** *remarque, anecdote dans une conversation* anbringen, einflechten; *ne pas (pouvoir) ~ un mot*, F *en ~ une* nicht zu Wort kommen (können); **3.** (*assigner un rang*) stellen (*au-dessus de tout* über alles; *au premier rang* an die erste Stelle); e-n Platz geben (*qn* j-m), einordnen (-n) (*parmi* zwischen *+dat*); rechnen, zählen (*parmi* zu); **4.** SPORTS *balle*, BOXE *coup* pla'zieren *ou* pla'cieren; **5.** (*procurer un emploi*) *~ qn* j-m e-e (Arbeits)Stelle, e-e Anstellung, e-n Arbeitsplatz vermitteln, besorgen, ver-

schaffen; j-n 'unterbringen (*a par ext élève, malade dans un établissement*); **6. ~ qn à la tête de l'entreprise** j-n an die Spitze des Unter'nehmens stellen, setzen; **~ qn sous les ordres de qn** j-n j-m unter'stellen; **être placé sous les ordres de qn** j-m unter'stellt sein; j-m unter'stehen; **7.** COMM *marchandises* absetzen; verkaufen; F an den Mann bringen; **8.** FIN *argent* anlegen; pla'zieren *ou* pla'cieren; **~ son argent en actions** sein Geld in Aktien anlegen; **9.** *chanteur ~ sa voix* in der natürlichen Stimmlage singen lernen; **II** *v/pr* **10. se ~** (*prendre une place*) sich setzen; sich (auf)stellen; Platz nehmen; F sich pla-'zieren; *fig*: **se ~ à un certain point de vue** sich auf e-n bestimmten Standpunkt stellen; **se ~ sous la protection de qn** sich unter j-s Schutz stellen, begeben; **11.** SPORTS **se ~ deuxième** sich als Zweiter pla'zieren *ou* pla'cieren; *candidat* **se ~ troisième à un concours** bei e-m Wettbewerb Dritter werden; **12. se ~ comme cuisinière, jardinier** e-e Stellung als Köchin, Gärtner annehmen; *chercher à se ~* e-e (An-)Stellung suchen
placer² [plasɛʀ] *m* GÉOL (Gold)Seife *f*
placide [plasid] *adj* sanft; ruhig; *personne a* sanftmütig
placidité [plasidite] *f* Sanftheit *f*; (innere) Ruhe; Sanftmut *f*; *avec ~* ruhig; mit großer Ruhe
placier [plasje] *m* COMM Platzvertreter *m*, -agent *m*
plafond [plafɔ̃] *m* **1.** *d'une pièce* (Zimmer)Decke *f*; *d'une voiture, d'une caverne* Decke *f*; MÉTÉO **~** (**nuageux**) Wolkendecke *f*; **2.** AVIAT Gipfelhöhe *f*; größte Steighöhe; AUTO Höchst-, Spitzengeschwindigkeit *f*; *d'un moteur* maximale Drehzahl *f*; **3.** *limite* Höchst-, Obergrenze *f*; Limit *n*; FIN, COMM Pla'fond *m*; Höchstsatz *m*, -betrag *m*; FIN *a* Kontin'gent *n*; *de la Sécurité sociale* Beitragsbemessungsgrenze *f*; *dépasser*, F *crever le ~* die Höchstgrenze über-'schreiten; ♦ *adj* Höchst...; *prix m ~* Höchstpreis *m*; *salaire m ~* Höchstlohn *m*; höchste Lohn-, Gehaltsstufe *f*; Endgehalt *n*; *vitesse f ~* Höchstgeschwindigkeit *f*; **4.** PEINT Deckenmalerei *f*, -gemälde *n*
plafonnement [plafɔnmɑ̃] *m* Erreichung *f ou* Festsetzung *f* e-r Höchstgrenze
plafonner [plafɔne] **I** *v/t* **1.** CONSTR e-e Decke einziehen (*une pièce* in ein Zimmer); **2.** *prix* e-e Höchstgrenze festsetzen für; *adj* **salaire plafonné** höchste sozialversicherungs-, beitragspflichtige Lohnsumme, -stufe; **II** *v/i* **3.** *avion* die Gipfelhöhe, die größte Steighöhe, *voiture* die Höchst-, Spitzengeschwindigkeit, *moteur* die maximale Dreh-, Tourenzahl erreichen; **4.** *production, salaires etc* die Höchstgrenze erreichen (*à* bei); nicht weiter ansteigen
plafonnier [plafɔnje] *m* Deckenlampe *f*, -leuchte *f* (*d'une voiture*)
plage [plaʒ] *f* **1.** (*rivage*) (Bade)Strand *m*; **~ de galets**, **de sable** Kies-, Sandstrand *m*; *aller à la ~* an den Strand

gehen; **2.** (*station balnéaire*) Seebad *n*; Badeort *m*; **les ~s bretonnes** die Seebäder der Bretagne; **~ à la mode** Modebad *n*; **3.** (*surface plate*) **a)** AUTO Ablagefläche *f*; **~ arrière** Ablagefläche hinter dem Rücksitz; **b)** MAR Deck *n*; **~ arrière**, **avant** Achter-, Vor(der)deck *n*; **c)** **~ lumineuse** Lichtfläche *f*; **d)** *d'un disque* (Gesamtheit *f* der) Tonrillen *f*/*pl* e-r Aufnahme; **4.** (*durée limitée*) Zeit(spanne) *f*; Block *m* (*a* RAD); *au travail ~* **fixe**, **mobile** Kern-, Gleitzeit *f*; **5.** *fig* Rahmen *m*; Spanne *f*; Bereich *m*
plagi|aire [plaʒjɛʀ] *m,f* Plagi'ator *m*; **~at** *m* Plagi'at *n*; **~er** *v/t* plagi'ieren
plagiste [plaʒist] *m,f* Strandpächter(in) *m(f)*
plaid [plɛd] *m* Plaid [-e-] *n*; Reisedecke *f*
plaidant [plɛdɑ̃] *adj* JUR *avocat* s-e Par-'tei vor Gericht vertretend; **parties ~es** Pro'zeßparteien *f/pl*
plaider [plɛde] **I** *v/t* **~ la cause de qn** a) *avocat* j-s Sache, j-n vor Gericht vertreten, verteidigen; b) *fig* sich für j-n einsetzen; für j-n eintreten; *fig* **~ sa propre cause** in eigener Sache, pro domo sprechen; *accusé* **~ coupable** sich schuldig bekennen; **II** *v/i* **1.** *avocat* **~ pour son client** s-n Klienten vor Gericht vertreten, verteidigen; *fig* **~ pour qn**, **en faveur de qn** *personne* für j-n eintreten (**auprès de qn** bei j-m); *a comportement, réactions etc* für j-n, zu j-s Gunsten sprechen; *fig* **~ pour qc** für etw plä'dieren, eintreten; **2.** (*faire un procès*) **~ contre qn** gegen j-n e-n Pro-'zeß anstrengen, führen; gegen j-n prozes'sieren
plaid|eur [plɛdœʀ] *m*, **~euse** *f* JUR Pro-'zeßführende(r) *f(m)*; Pro'zeßpartei *f*
plaidoirie [plɛdwaʀi] *f* JUR *d'un avocat* Plädoy'er *n*
plaidoyer [plɛdwaje] *m* JUR Plädoy'er *n*, Verteidigungsrede *f* (*a fig*)
plaie [plɛ] *f* **1.** Wunde *f* (*a fig*); **une ~ profonde à la tête** e-e tiefe Kopfwunde; *fig*: *remuer*, *retourner le couteau*, *le fer dans la ~* (mit dem Messer) in der Wunde her'umwühlen; **ne rêver que ~s et bosses** raufslustig, ein Raufbold sein; **rouvrir une ~** e-e alte Wunde, alte Wunden wieder aufreißen; *prov* **~ d'argent n'est pas mortelle** Geldverlust ist zu verschmerzen; **2.** F *fig de qn c'est une vraie ~* er *ou* sie ist unausstehlich, F ein altes Ekel; *de qc* **quelle ~!** so e-e Plage!; **3.** BIBL **les dix ~s d'Égypte** die zehn Plagen Ägyptens
plaignant [plɛɲɑ̃] JUR *adj* **partie ~e** klagende Partei; klagender Teil; **II** *subst* **~(e)** *m(f)* Kläger(in) *m(f)*
plain-chant [plɛ̃ʃɑ̃] *m* ⟨*pl* plains--chants⟩ MUS (Gregori'anischer) Cho-'ral; *sc* Cantus planus *m*
plaindre [plɛ̃dʀ(ə)] ⟨*cf* craindre⟩ **I** *v/t* bedauern; bemitleiden; beklagen; **je vous plains** Sie tun mir leid (*de travailler avec lui* weil Sie mit ihm arbeiten müssen); **je ne le plains pas** ich habe mit ihm nicht im geringsten Mitleid mit ihm; **être à ~** zu bedauern, bemitleiden, beklagen sein; *avec ce qu'il gagne*, **il n'est pas à ~** kann er recht zufrieden sein; kann er (sich) nicht (be)klagen; *loc* **ne pas ~ sa peine** keine Mühe scheuen; es sich nicht verdrießen las-

sen; **II** *v/pr* **1. se ~** klagen; sich beklagen; **sans se ~** ohne zu klagen; ohne ein Wort der Klage; **se ~ de qc** über etw (*acc*) klagen; sich über etw (*acc*) beklagen; **se ~ de** (+*inf*), **se ~ que** (+*subj ou ind*), **se ~ de ce que ...** (+*ind ou subj*) sich (darüber) beklagen, daß ...; **2.** (*protester*) **se ~ de qn**, **de qc** sich über j-n, über etw beschweren (**à qn** bei j-m)
plaine [plɛn] *f* Ebene *f*; (*opposé: montagne*) Flachland *n*; **la ~ du Pô** die Poebene
plain-pied [plɛ̃pje] *loc/adv* **de ~** auf gleicher Höhe, Ebene (*avec le jardin* mit dem Garten); *fig*: **entrer de ~ dans un sujet** ein Thema di'rekt angehen; **se sentir de ~ avec qn** sich j-m ebenbürtig fühlen
plainte [plɛ̃t] *f* **1.** (*gémissement*) Klage *f*; Klagelaut *m*, -ruf *m*; *poét du vent* Klagen *n*; Ächzen *n*; **~s** *pl a* Jammern *n*; *st/s* Wehklage(n) *f(n)*; **2.** (*grief*) Klage *f*; Beschwerde *f*; **sujet m de ~** Beschwerdegrund *m*; **3.** JUR Strafantrag *m*; (Straf)Anzeige *f*; **déposer une ~**, **porter ~** e-n Strafantrag stellen, (Straf-)Anzeige erstatten (**contre qn** gegen j-n)
plaintif [plɛ̃tif] *adj* ⟨-ive⟩ klagend; jammernd; kläglich; jämmerlich
plaire [plɛʀ] ⟨je plais, il plaît, nous plaisons; je plaisais; je plus; je plairai; que je plaise; plaisant; plu (*inv*)⟩ **I** *v/t/indir* **~ à qn** j-m gefallen, zusagen; *homme* **~ aux femmes** bei den Frauen Erfolg haben, F gut ankommen; **ce genre de musique ne me plaît pas** *a* diese Art von Musik mag ich nicht; *abs* **la pièce a plu** das Stück fand Anklang; **elle a tout pour ~** sie hat alles, um zu gefallen (*a iron*); **il ne fait que ce qui lui plaît** er tut nur, was ihm gefällt, was ihm paßt, was er mag; **II** *v/imp* **ça**, *st/s* **il me**, **lui** *etc* **plaît de** (+*inf*) es gefällt mir, ihm *etc*, es macht mir, ihm *etc* Freude, Vergnügen, zu (+*inf*); **ça**, *st/s* **il ne me plaît pas que ...** (+*subj*) es gefällt, behagt mir nicht, ich habe es nicht gern, es miß'fällt mir, daß ...; **il ne travaille que quand ça lui plaît** er arbeitet nur, wenn es ihm gefällt, wenn es ihm paßt, wenn er mag; **comme il vous plaira** wie Sie möchten, mögen; wie es Ihnen beliebt; nach Ihrem Belieben; **quand il vous plaira** wann Sie wollen; ♦ **s'il te plaît**, **s'il vous plaît** (*abr* S.V.P.) bitte; *très formel* wenn ich bitten darf; **voulez-vous signer**, **s'il vous plaît?** würden Sie bitte unter'schreiben?; F *pour insister* **elle a une voiture de luxe**, **s'il vous plaît!** bitte, sie hat sogar e-n Luxuswagen!; *régional* **plaît-il?** wie bitte?; *litt* **plaise à Dieu**, **au ciel que ...** (+*subj*) gebe Gott, daß ...; **III** *v/pr* **1. se ~ à soi--même se ~** sich (*dat*) (selbst) gefallen; **2. se ~ à qc** etw gern haben; Gefallen, Vergnügen an etw (*dat*) finden; **se ~ à faire qc** etw gern tun; Gefallen, Vergnügen daran finden, etw zu tun; **3. se ~ avec qn** gern mit j-m zu'sammensein; **4. je me plais à Paris** es gefällt mir (gut) in Paris; ich bin gern in Paris; **se ~ dans un lieu** *plante* an e-m Ort gut gedeihen; *animal* sich an e-m Ort besonders gern aufhalten; **5.** *réciproquement*

plais – planer

se ~ einander, sich (*dat*) gefallen; Gefallen aneinander (gefunden) haben
plais [plɛ] *cf* **plaire**
plaisamment [plɛzamã] *adv cf* **plaisant**
plaisance [plɛzãs] *f loc/adj de ~:* bateau *m* de *~* (Segel-, Motor)Jacht *f*; (*navigation f de*) *~* Jacht-, Segelsport *m*; port *m* de *~* Jacht-, Segelhafen *m*
plaisancier [plɛzãsje] *m* Sportsegler *m*
plaisant [plɛzã] **I** *adj* **1.** (*agréable*) gefällig; nett; angenehm; **2.** (*comique*) lustig; amü'sant; drollig; heiter; spaßig; **II** *m* **1.** *mauvais ~* Spaßvogel *m*; Witzbold *m*; **2.** *litt le ~ de la chose c'est que ...* das Lustige *etc* an der Sache ist, daß ...

plaisanter [plɛzãte] **I** *v/t ~ qn* j-n necken, foppen, F aufziehen, uzen (*sur qc* mit etw); **II** *v/i* scherzen; spaßen; Spaß, Späße, Scherze machen; *loc/adv pour ~* zum *ou* aus Spaß, Scherz; *je ne plaisante pas!* ich spaße, scherze nicht!; das ist kein Spaß, Scherz!; ich meine es ernst!; *vous plaisantez!* Sie scherzen wohl!; machen Sie keine Witze!; das kann doch nicht Ihr Ernst sein!; *on ne plaisante pas avec cela* damit ist nicht zu spaßen, scherzen; *il ne plaisante pas avec ou sur la discipline etc* in puncto Disziplin *etc* versteht er keinen Spaß, läßt er nicht mit sich spaßen
plaisanterie [plɛzãtʀi] *f* Scherz *m*; Spaß *m*; *propos a* Witz *m*; *acte a* Ulk *m*; *loc/adv par ~* aus *ou* im *ou* zum Scherz, Spaß; *ne pas comprendre la ~* keinen Spaß verstehen; *c'est une ~!, la bonne ~!* das ist wohl ein Witz!; *loc les ~ les plus courtes sont les meilleures* in der Kürze liegt die Würze; *faire des ~s sur qc* s-e Scherze, Späße, s-n Ulk mit etw treiben; *prendre bien la ~* (e-n) Spaß verstehen
plaisantin [plɛzãtɛ̃] *m* Witzbold *m*; Spaßvogel *m*
plaisir [plɛziʀ] *m* **1.** Vergnügen *n*; Freude *f*; Spaß *m*; Lust *f*; *~ physique, des sens* Sinnenlust *f*, -freude *f*; *~ d'amour* Liebeslust *f*; *le ~ de vivre* die Lust zu leben; die Lebenslust; *~ des yeux* Augenweide *f*; ♦ *loc/adv: à ~* grundlos; ohne Grund; aus purem Vergnügen; *au ~ (de vous revoir)!* auf baldiges Wiedersehen!; kommen Sie bald wieder!; *avec ~* mit Spaß machen; j-n (er)freuen; gern; mit Freuden; *avec grand ~* mit großem Vergnügen; sehr, herzlich gern; *par ~, pour le ~* (nur so) aus *ou* zum Vergnügen, Spaß; *pour son ~* zu s-m Vergnügen, Spaß; zu s-r Freude; ♦ *avoir le ~ de faire qc* das Vergnügen, die Freude haben, etw zu tun; *par ext c'est un ~ coûteux* das ist ein teurer Spaß, ein teures Vergnügen; *faire ~ à qn* j-m Vergnügen, Freude machen, bereiten; j-m Spaß machen; j-n (er)freuen; *cela me fait grand ~ a* das ist mir ein großes Vergnügen, e-e große Freude; *cela fait ~ à voir* so etwas sieht man gern; es ist eine Freude, Vergnügen, das zu sehen; *faites-moi le ~ de venir me voir!* erfreuen Sie mich mit Ihrem Besuch!; F *fais-moi le ~ de te taire!* um Spaß machen *ou* sei still!; *se faire un ~ de faire qc* sich ein Vergnügen daraus machen, etw zu tun; *je me ferai un ~ de*

vous raccompagner es soll mir ein Vergnügen, e-e Freude sein, Sie nach Hause zu bringen; *prendre ~ à qc* Vergnügen, Freude, Spaß an etw (*dat*) haben, finden; *prendre ~, avoir du ~ à faire qc* Vergnügen, Freude, Spaß daran haben, finden, etw zu tun; *chacun prend son ~ où il le trouve* jedem Tierchen sein Plä'sierchen (*prov*); *iron je vous ou te souhaite bien du ~!* na, dann viel Vergnügen *ou* Spaß!; **2.** *pl ~s* (*distractions*) Vergnügungen *f/pl*; Freuden *f/pl*; *pour ses menus ~s* für kleine Zerstreuungen, Vergnügungen; *les ~s de l'alpinisme, de la campagne* die Freuden des Bergsteigens, des Landlebens; *les ~s de la table* die Tafelfreuden *f/pl*; *mener une vie de ~* sich vergnügen, amü'sieren; **3.** *le bon ~ de qn* j-s Belieben *n*; HIST *dans les édits royaux car tel est notre bon ~* denn solches ist unser gnädigster Wille; **4.** *abs le ~ (~ sexuel)* die Sinnen-, Fleischeslust
plaît [plɛ] *cf* **plaire**
plan¹ [plã] **I** *adj surface* eben; plan; *figure ~e* ebene Figur; Figur *f* in der Ebene; *géométrie ~e* ebene Geometrie; **II** *m* **1.** (*surface plane*) (ebene) Fläche *f*; GÉOMÉTRIE Ebene *f*; *d'une cuisinière ~ de cuisson* Kochfeld *n*; *~ d'eau* Wasserfläche *f*; *~ de projection, de symétrie* Projekti'ons-, Symme'trieebene *f*; *~ de travail* Arbeitsfläche *f*; **2.** PEINT, PHOT, THÉ, *fig premier ~* Vordergrund *m*; *au premier ~* im Vordergrund; *fig: être au premier ~* im Vordergrund, an erster Stelle stehen; *mettre au premier ~* in den Vordergrund stellen, rücken; *passer au premier ~* in den Vordergrund treten, rücken; *loc/adj fig de premier ~* ersten Ranges; erstrangig; bedeutend; *de tout premier ~* allerersten Ranges; Spitzen...; PEINT *second ~* Mittelgrund *m*; *loc/adj fig de second ~* zweiten Ranges; zweitrangig; nebensächlich; weniger wichtig; *fig mettre, passer au second ~* in den 'Hintergrund drängen, treten *ou* rücken; **3.** *loc/prép sur le ou au ~ de* (+*subst*) hinsichtlich (+*gén*); in bezug auf (+*acc*); *loc/adv: sur ce ~* in dieser Hinsicht, Beziehung; *sur tous les ~s* in jeder Hinsicht, Beziehung; *sur le ~ politique ou* auf politischer *etc* Ebene; in politischer *etc* Hinsicht; politisch *etc* gesehen; *être sur le même ~* auf der gleichen Ebene, Linie *ou* in einer Linie, liegen; den gleichen Stand, das gleiche Niveau (erreicht) haben (*que* wie); *mettre sur le même ~* auf die gleiche Stufe stellen; **4.** CIN Einstellung *f*; Aufnahme *f*; *~ américain* Halbtotale *f*; *~ général* To'tale *f*; Gesamtaufnahme *f*; *gros ~* Großaufnahme *f*; *~ rapproché* Nahaufnahme *f*, -einstellung *f*
plan² [plã] *m* **1.** (*dispositions*) Plan *m* (*a* ÉCON); *d'une dissertation etc a* Gliederung *f*; ADM *le* 2 die staatliche Wirtschaftsplanung *f*; *~ comptable* Kontenplan *m*, -rahmen *m*; *~ social* Sozi'alplan *m*; *~ d'action* Akti'onsplan *m*; *~ d'amortissement* Tilgungsplan *m*; MIL, *fig ~ de bataille* Schlachtplan *m*; *avoir son ~* e-n festen Plan haben; *par ext* F *avoir un bon ~ pour la soirée* e-e

Idee, e-n Einfall haben, wie man den Abend verbringen könnte; **2.** *graphique* Plan *m*; CONSTR Bauplan *m*, -zeichnung *f*; TECH Konstrukti'onszeichnung *f*; *~ du métro* Netzplan *m* der U-Bahn; *~ d'occupation des sols* (*abr* P.O.S.) Flächennutzungsplan *m*; *~ de Paris* (Stadt)Plan *m* von Paris; **3.** F *laisser qn, qc en ~* j-n, etw im Stich lassen; j-n versetzen; *laisser tout en ~* alles stehen- und liegenlassen; *projet rester en ~* liegenbleiben
planche [plãʃ] *f* **1.** Brett *n*; Planke *f*; *~ à dessin* Zeichen-, Reißbrett *n*; *~ à repasser* Bügel-, *nordd a* Plättbrett *n*; *~ à pain* Brotbrett *n*, -teller *m*; F *d'une femme plate c'est une ~ à pain* F sie ist das reinste Plätt-, Bügelbrett; *~ à roulettes* Rollbrett *n*; Skateboard ['ske:t-] *n*; *~ à voile* Surfbrett *n* ['sœ:rf-] *n*; *faire de la ~ à voile* surfen ['sœ:rf-]; *fig ~ de salut* letzte Rettung; *cabane f en ~s* Bretterhütte *f*, -bude *f*; *fig être cloué entre quatre ~s* im Sarg liegen; *nageur faire la ~* den toten Mann machen; **2.** THÉ *les ~s* die Bretter, die die Welt bedeuten; die Bühne; das The'ater; *acteur brûler les ~s* hinreißend spielen; *monter sur les ~s* zur Bühne, zum Theater gehen; Schauspieler(in) werden; **3.** F *~s pl (skis)* F Bretter *n/pl*; *österr* Brettln *n/pl*; **4.** TYPO **a**) *plaque* (Stahl-, Kupfer-, Holz)Platte *f*; *~ d'imprimerie* Druckplatte *f*; **b**) *estampe* (Kupfer-, Stahl)Stich *m*; Holzschnitt *m*; **c**) *dans un livre* (Bild)Tafel *f*; **5.** JARD (längliches) (Gemüse)Beet
planchéier [plãʃeje] *v/t* TECH *sol* dielen; *parois* (mit Brettern) verschalen, verkleiden
plancher¹ [plãʃe] *m* **1.** *sol* (Holz)Fußboden *m*; *~ de sapin* Fußboden aus Tannenholz; F *fig le ~ des vaches* der feste Boden; das (Fest)Land; F *fig débarrasse-moi le ~!* F scher dich zum Teufel, zum Henker!; hau ab!; **2.** *entre deux étages* Geschoßdecke *f*; *~ en béton* Be'tondecke *f*; **3.** *d'un véhicule, d'un ascenseur* Boden *m*; F *fig: mettre le pied au ~* das Gaspedal ganz 'durchtreten; *tenir le pied au ~* mit 'durchgetretenem Gaspedal, F mit Bleifuß fahren; **4.** *limite* 'Unter-, Mindestgrenze *f*; ♦ *adjt* Mindest...; *prix m, salaire m ~* Mindestpreis *m*, -lohn *m*
plancher² [plãʃe] *v/i terme d'écolier* **a**) *au tableau* e-e Aufgabe vor der Klasse lösen; **b**) (*faire un exposé*) ein Refe'rat halten
planchette [plãʃɛt] *f* Brettchen *n*; kleines Brett
planchiste [plãʃist] *m,f* Surfer(in) ['sœ:r-] *m(f)*
plancton [plãktɔ̃] *m* Plankton *n*
plané [plane] *adj vol* Gleitflug *m*; F *fig faire un vol ~* in hohem Bogen durch die Luft fliegen
planer [plane] *v/i* **1.** *oiseau etc* (in der Luft) schweben; **2.** *fig personne* **a**) *~ au-dessus de qc* über etw (*dat*) stehen; über etw (*acc*) erhaben sein; **b**) (*rêver*) *abs* in den Wolken, F in höheren Regi'onen schweben; **3.** *fig danger ~ sur qn, sur une ville* j-m, e-r Stadt drohen; *soupçons, mystère laisser ~* im Raum stehen lassen; unwidersprochen lassen

planétaire [planetɛR] **I** *adj* **1.** ASTR plane'tar(isch); Pla'neten...; *système m* ~ Planetensystem *n*; **2.** (*mondial*) weltweit; glo'bal; **II** *m* TECH *d'un différentiel* Tellerrad *n*

planétarium [planetaRjɔm] *m* Plane'tarium *n*

planète [planɛt] *f* Pla'net *m*; Wandelstern *m*

planeur [planœR] *m* AVIAT Segelflugzeug *n*; Segler *m*; *t/t* Gleitflugzeug *n*; Gleiter *m*

planifica|teur [planifikatœR] **,~trice** ÉCON **I** *m,f* Planer(in) *m(f)*; Planungsfachmann *m*; **II** *adj* Planungs...; planerisch

planification [planifikasjɔ̃] *f* ÉCON Planung *f*; Planifikati'on *f*; ~ *du travail* Arbeitsplanung *f*

planifier [planifje] *v/t* planen; *adjt économie planifiée* Planwirtschaft *f*

planisphère [planisfɛR] *m* Erdkarte *f*; Plani'glob *n*; ~ *céleste* Himmelskarte *f*

planning [planiŋ] *m* **1.** *d'une entreprise* Arbeits-, Fertigungsplan(ung) *m(f)*; **2.** ~ *familial* Fa'milienplanung *f*

planque [plɑ̃k] F *f* **1.** *travail* F Druckposten *m*; **2.** (*cachette*) Versteck *n*

planqué [plɑ̃ke] *m* F Drückeberger *m*; MIL *a* F E'tappenhengst *m*, -schwein *n*

planquer [plɑ̃ke] F *v/t* (*et v/pr se*) ~ (sich) verstecken; (sich) in Sicherheit bringen

plant [plɑ̃] *m* Pflänzling *m*; Setzling *m*; Jungpflanze *f*; Pflänzchen *n*; ~ *de salade* Sa'latsetzling *m*

plantain [plɑ̃tɛ̃] *m* BOT Wegerich *m*

plantaire [plɑ̃tɛR] *adj* ANAT Fußsohlen...; *sc* plan'tar; *voûte f* ~ Fußwölbung *f*

plantation [plɑ̃tasjɔ̃] *f* **1.** *action* (An-, Ein)Pflanzen *n*; *d'un arbre a* Setzen *n*; *d'un terrain* Bepflanzung *f*; **2.** *terrain* (An)Pflanzung *f*; *exploitation* Plan'tage *f*; ~ *d'arbres fruitiers* Obstplantage *f*, -anlage *f*; ~ *de café, de tabac* Kaffee-, Tabakplantage *f*, -pflanzung *f*; **3.** AGR ~*s pl* Kul'turen *f/pl*; **4.** ~ *des cheveux* Haaransatz *m*

plante¹ [plɑ̃t] *f* BOT Pflanze *f*; ~*s grasses* Fettpflanzen *f/pl*; Sukku'lenten *f/pl*

plante² [plɑ̃t] *f* ANAT ~ *du pied* Fußsohle *f*; ~ *des pieds* Fußsohlen *f/pl*

planté [plɑ̃te] *adj* **1.** *bien* ~ a) *personne* gutgewachsen; F gutgebaut; b) *barbe* dicht und regelmäßig gewachsen; *dents bien* (*mal*) ~*es* (un)regelmäßig gewachsene, stehende Zähne *m/pl*; (un)regelmäßiges Gebiß; **2.** *personne rester* ~ *devant une vitrine* regungslos, wie angewurzelt vor e-m Schaufenster stehen; *ne reste pas* ~ *là à me regarder!* F steh nicht da wie ein Ölgötze!; sieh mich nicht so entgeistert an!

planter [plɑ̃te] **I** *v/t* **1.** *plant(e)* (an-, ein)pflanzen; *arbre, salade a* setzen; *bulbes, graines, pommes de terre a* stecken; legen; *terrain, champ* bepflanzen; ~ *une avenue de platanes* e-e Allee mit Platanen bepflanzen; **2.** *piquet, clou* einschlagen; *drapeau* aufpflanzen; *tente* aufschlagen; *décors, échelle* aufstellen; *poignard* stoßen (*dans* in +acc); ~ *un clou dans le mur* e-n Nagel in die Wand schlagen; *fig il lui planta un baiser sur la joue* er drückte ihr e-n herzhaften Kuß auf die Wange. **3.** ~ *là qn, qc* j-n, etw plötzlich stehenlassen, im Stich lassen; *tout* ~ *là* alles im Stich lassen, F hinschmeißen; **II** *v/pr* **4.** *sens passif: plante se* ~ (an-, ein)gepflanzt werden; **5.** *balle, flèche* (*venir*) *se* ~ *au milieu de la cible* in der Mitte der Scheibe auftreffen; **6.** *personne se* ~ *devant qn* F sich vor j-m aufpflanzen; sich vor j-n hinpflanzen; **7.** F *se* ~ a) *véhicule* steckenbleiben; (sich) festfahren; b) *fig* (*échouer*) F e-n Reinfall erleben

planteur [plɑ̃tœR] *m* Pflanzer *m*; Plan'tagenbesitzer *m*; ~ *de tabac* Tabakpflanzer *m*

planteuse [plɑ̃tøz] *f* AGR Kar'toffelsetzmaschine *f*

plantigrades [plɑ̃tigRad] *m/pl* ZO Sohlengänger *m/pl*

plantoir [plɑ̃twaR] *m* JARD Pflanzholz *n*

planton [plɑ̃tɔ̃] *m* **1.** MIL a) (*soldat de service*) Ordon'nanz *f*; b) *sentinelle* (Wacht)Posten *m* ohne Gewehr; **2.** F *fig faire le* ~, *rester de* ~ dastehen und warten; F sich die Beine in den Bauch stehen

plantureux [plɑ̃tyRø] *adj* ⟨-euse⟩ **1.** *repas* reichlich; üppig; lu'kullisch; **2.** *femme* 'vollbusig; üppig; füllig

plaquage [plaka3] *m* **1.** RUGBY Fassen *n* (des Gegners); **2.** F *de qn* Verlassen *n*; F Sitzenlassen *n*

plaque [plak] *f* **1.** Platte *f*; CUIS ~ *chauffante, de cuisson* Heiz-, Kochplatte *f*; CONSTR ~ *isolante, d'isolation* Iso'lier-, Dämmplatte *f*; PHOT ~ *sensible* photographische Platte; CH DE FER *et fig* ~ *tournante* Drehscheibe *f*; *fig a* 'Umschlagplatz *m*; *une* ~ *de beurre* ein halbes Pfund Butter; ~ *de cheminée* Ka'minplatte *f*; *une* ~ *de chocolat* e-e Tafel Schokolade; ~ *d'égout* Ka'naldeckel *m*; CUIS ~ *de four* Kuchen-, Backblech *n*; ~ *de marbre* Marmorplatte *f*; ~ *de propreté* Türbeschlag *m*; **2.** *avec une inscription* Tafel *f*; Schild *n*; *de certaines fonctions* (Dienst)Abzeichen *n*, (-)Marke *f*; Pla'kette *f*; ~ *commémorative* Gedenktafel *f*; AUTO ~ *minéralogique, d'immatriculation* Nummernschild *n*; ~ *d'identité* MIL Erkennungsmarke *f*; *d'un chien* Hundemarke *f*; ~ *de grand officier de la Légion d'honneur* Bruststern *m* des Großoffiziers der Ehrenlegion; **3.** *jeton* (rechteckige) Spielmarke; **4.** *sur la peau* Fleck *m*; MÉD *plaque* ~ *dentaire* Zahnbelag *m*; *t/t* Plaque *f*; ~*s d'eczéma* Ek'zemherde *m/pl*; *avoir des* ~*s rouges sur le visage* (große) rote Flecke im Gesicht haben; **5.** GÉOL (Kontinen'tal-) Scholle *f*

plaqué [plake] *m* Du'blee *ou* Dou'blé *n*; ~ *or* Golddublee *n*; Dubleegold *n*; Goldplattierung *f*; *loc/adj en* ~ aus *ou* in Dublee; Dublee...

plaquer [plake] *v/t* **1.** *métal* plat'tieren; ~ *d'or* mit Gold du'blieren *ou* dou'blieren, plattieren; *adjt plaqué or* aus *ou* in Golddublee, Du'bleegold; *feuille de métal* ~ *sur qc* auf etw (*acc*) aufbringen; **2.** MENUISERIE fur'nieren; *meuble en chêne plaqué* Eiche furniert; **3.** (*maintenir*) drücken, pressen (*contre, sur* gegen, an +*acc*); ~ *qn, se* ~ *contre le mur* j-n, sich an, gegen die Wand drücken, pressen; ~ *ses cheveux sur ses tempes* die Haare fest an die Schläfen andrücken; F die Haare an die Schläfen anklatschen; **4.** RUGBY *adversaire* fassen; **5.** MUS ~ *un accord* e-n Akkord anschlagen; **6.** COUT *adjt poche plaquée* aufgesetzte Tasche; **7.** F (*abandonner*) ~ *qn* j-n im Stich lassen, verlassen, F sitzenlassen; ~ *qc* etw im Stich lassen, aufgeben, F hinschmeißen

plaquette [plakɛt] *f* **1.** (*petite plaque*) kleine Platte; Plättchen *n*; *une* ~ *de beurre* ein Viertelpfund *n* Butter (*in* Tafelform); **2.** *avec une inscription* Pla'kette *f*; (kleines) Schild; **3.** ~ *sanguine* Blutplättchen *n*; **4.** *petit livre* (dünnes) Büchlein

plasma [plasma] *m* **1.** ~ (*sanguin*) (Blut)Plasma *n*; **2.** PHYS Plasma *n*

plastic [plastik] *m* Plastiksprengstoff *m*; *par ext* Plastikbombe *f*; ~*age m* Sprengstoffanschlag *m* (mit e-r Plastikbombe)

plasticien [plastisjɛ̃] *m* MÉD Spezia'list *m* der plastischen Chirur'gie

plasticité [plastisite] *f* **1.** TECH *d'une matière* (Ver)Formbarkeit *f*; Plastizi'tät *f*; **2.** PSYCH Plastizi'tät *f*; Formbarkeit *f*; Anpassungsfähigkeit *f*

plastifiant [plastifjɑ̃] *m* TECH Weichmacher *m*

plastifier [plastifje] *v/t* **1.** *substance* (mit e-m Weichmacher) weich und geschmeidig machen; *t/t* plastifi'zieren; **2.** *recouvrir* mit Kunststoff beschichten, über'ziehen, um'manteln; *empaqueter* einschweißen; *adjt fil plastifié* Kunststoffkabel *n*

plastiquage [plastika3] *m cf plasticage*

plastique [plastik] *adj* **1.** (*malléable*) plastisch; (ver)formbar; bildsam; **2.** *matière f* ~ Kunststoff *m*; Plastik *n*; **3.** BEAUX-ARTS plastisch; bildhauerisch; *arts m/pl* ~*s* bildende Kunst; **4.** *chirurgie f* ~ plastische Chirurgie; **II** *subst*. *m* Kunststoff *m*; Plastik *n*; *loc/adj en* ~ aus Kunststoff, Plastik; Kunststoff...; Plastik...; *seau m* ~ Plastikeimer *m*; **2.** *f art* Plastik *f*; Bildhauerkunst *f*

plastiqu|er [plastike] *v/t* mit e-r Plastikbombe, mit Plastiksprengstoff in die Luft sprengen; ~*eur m* (Plastik)Bombenleger *m*

plastron [plastRɔ̃] *m* **1.** *d'escrimeur* Pla'stron *m ou n*; **2.** ~ *de chemise* Hemdbrust *f*

plastronner [plastRɔne] *v/i* (*bomber le torse*) sich in die Brust, in Posi'tur werfen; *par ext* (*poser*) po'sieren; para'dieren

plat¹ [pla] **I** *adj* **1.** *surface, région, terrain* flach; eben; platt; *assiette, talon, poitrine* flach; *cheveux* glatt(gekämmt); GÉO-MÉTRIE *angle* ~ gestreckter Winkel; *bateau* (*à fond*) ~ plattbodiges, flachgehendes Schiff; MAR *calme* ~ Flaute *f* (*a fig*); völlige Windstille; *cf a calme* **II** *1.*; *chaussures* ~*es* flache Schuhe *m/pl*; Schuhe mit flachen Absätzen; *mer* ~*e* vollkommen glatte See; *pays* ~ Flachland *n*; *pied* ~ Plattfuß *m*; *avoir les pieds* ~*s* Plattfüße haben; COUT *pli* ~ einfache Falte; *poisson* ~ Plattfisch *m*; *toit* ~ Flachdach *n*; ♦ *loc/adj et loc/adv*: *à batterie* ~ *plate*, *pneu* platt; *pneu m à* ~ a F Plattfuß *m*; F *être à* ~ a) *en voiture* F e-n Platten haben; b) *fig personne* abgeschlagen, ganz *ou* wie

plat – plein

zerschlagen, F fertig, ka'putt sein; F völlig absein; am Boden zerstört sein; F *fig sa maladie l'a mis à ~* die Krankheit hat ihn an den Rand s-r Kräfte gebracht, F hat ihn völlig fertiggemacht; *mettre, poser qc à ~* etw flach hinlegen; F *fig proposition etc tomber à ~* keinen Anklang finden; F nicht ankommen; *cf a* ♦ *fig ma bourse est ~e* F in meiner Kasse ist Ebbe; **2.** *vin* fad(e); *eau ~e* stilles Wasser; (Mine'ral)Wasser *n* ohne Kohlensäure; **3.** *fig: imitation* platt; *style, texte* fad(e); farblos; nichtssagend; *plaisanteries* schal; geistlos; fad(e); *faire de ~es excuses* sich 'unterwürfig entschuldigen; *iron mes plus ~es excuses!* ich bitte 'untertänigst um Entschuldigung!; **4.** *rimes ~es* Paarreim *m*; **II** *m* **1.** *le ~ de la main* die flache Hand; *loc/adv du ~ de la main* mit der flachen Hand; **2.** *d'une route* flache, ebene Strecke; *faux ~* verdeckte Senke; *SPORTS course f en ~* Flachrennen *n*; **3.** (*plongeon manqué*) F Bauchklatscher *m*; *faire un ~* e-n Bauchklatscher machen; **4.** *BOUCHERIE ~ de côtes* Spann-, Querrippe *f*; **5.** F *fig faire du ~ à une femme* e-r Frau (*dat*) schmeicheln, schöntun; **6.** *d'un livre* (Buch-)Deckel *m*

plat² [pla] *m* **1.** *pièce de vaisselle* Platte *f*; *~* (*creux*) Schale *f*; flache Schüssel; *~* (*à gratin*) (Henkel)Pfanne *f*; *autrefois ~ à barbe* Ra'sierbecken *n*; *~ à poisson* Fischplatte *f*; *œufs m/pl sur le ~ ou au ~* Spiegeleier *n/pl*; *fig mettre les petits ~s dans les grands* j-n fürstlich bewirten; sich in Unkosten stürzen (, um j-n zu bewirten); **2.** (*mets*) Gericht *n*; Speise *f*; *d'un menu* Gang *m*; *~ régional* Speziali'tät *f* e-r Gegend; *~ du jour* Tagesgericht *n*; *~ de poisson, de viande* Fisch-, Fleischgericht *n* ou -gang *m*; *~ de résistance* Hauptgericht *n*; F *fig faire tout un ~ de qc* viel Lärm um etw machen; viel Aufhebens von etw machen

platane [platan] *m BOT* Pla'tane *f*; *faux ~* Bergahorn *m*; *en voiture* F *rentrer dans un ~* gegen e-n Baum fahren, prallen

plateau [plato] *m* ⟨*pl ~x*⟩ **1.** *pour servir* Ta'blett *n*; Ser'vierbrett *n*; *~ d'argent* silbernes Tablett; *fig apporter qc à qn sur un ~* j-m etw auf dem Präsen'tierteller über'reichen; **2.** *à table* Platte *f*; *~ à ou de fromages* Käseplatte *f*; *~ d'huîtres* Austernplatte *f*, -teller *m*; **3.** *d'une balance* Waagschale *f*; **4.** *d'un tourne-disque* Plattenteller *m*; **5.** *THÉ* Bühne *f*; *CIN, TV* Szenenaufbau *m*; *par ext* Ateli'er, Studioausstattung *f*; *frais m/pl de ~* Kosten *pl* für die Innenaufnahmen (im Atelier *ou* Studio); **6.** *GÉOGR* (Hoch)Pla'teau *n*; Hochfläche *f*, -ebene *f*; *~ continental* Festlandsockel *m*; Schelf *m ou n*; (*'hauts*) *~x* Hochland *n*; *~-repas m* ⟨*pl* plateaux-repas⟩ Me'nüplatte *f*; auf e-m Ta'blett ser'viertes Essen

plate-bande [platbɑ̃d] *f* ⟨*pl* plates-bandes⟩ Ra'batte *f*; Beet *n*; F *fig marcher sur les plates-bandes de qn* j-m ins Gehege kommen

platée [plate] *f une ~ de riz etc* e-e Schüssel, Platte voll Reis *etc*

plate-forme [platfɔRm] *f* ⟨*pl* plates-for-mes⟩ **1.** *d'un autobus, d'un plongeoir etc* Plattform *f*; **2.** *POL* Plattform *f*; *~ électorale* Wahlplattform *f*; **3.** *~ de forage* Bohrinsel *f*; **4.** *CH DE FER* Plattform-, Flachwagen *m*; **5.** *GÉOGR* Pla'teau *n*; Platte *f*

platine¹ [platin] *m* **1.** *métal* 'Platin *ou* Pla'tin *n*; *loc/adj en ~* Platin...; **2.** *adjt* (*blond*) *~* (*inv*) platinblond

platine² [platin] *f* **1.** *d'un tourne-disque* Plattenteller *m*; *par ext* (*tourne-disque*) Plattenspieler *m*; *~ laser* CD-Spieler *m*; CD-Player [-ple:-] *m*; **2.** *de microscope* Ob'jekttisch *m*; **3.** *TECH* Pla'tine *f*; Platte *f*

platiné [platine] *adj ~ cheveux ~s ou blond ~* platinblondes Haar; *une blonde ~e* e-e Platinblonde; **2.** *AUTO vis ~es* Unter'brecherkontakte *m/pl*

platiner [platine] *v/t TECH* plati'nieren

platitude [platityd] *f* **1.** *d'une conversation, d'un livre etc* Plattheit *f*; Flachheit *f*; Schalheit *f*; Geistlosigkeit *f*; Triviali'tät *f*; *d'un style* Fadheit *f*; Farblosigkeit *f*; **2.** *propos* Gemeinplatz *m*; Plattheit *f*; platte, abgedroschene Redensart; Plati'tüde *f*

Platon [platɔ̃] *m PHILOS* Plato(n) *m*

platon|icien [platɔnisjɛ̃] *PHILOS* **I** *adj* ⟨*~ne*⟩ pla'tonisch; **II** *m* Pla'toniker *m*; *~ique adj* **1.** *amour* pla'tonisch; **2.** *protestation etc* rein theo'retisch; *~isme m PHILOS* Plato'nismus *m*

plâtrage [plɑtraʒ] *m CONSTR* (Ver)Gipsen *n*

plâtras [plɑtra] *m/pl* Gipsbrocken *m/pl*, -schutt *m*

plâtre [plɑtR(ə)] *m* **1.** *matériau* Gips *m*; *loc/adj en ~* Gips...; gipsern; aus Gips; *buste m en ~* Gipsbüste *f*; *fig battre qn comme ~* F j-n windelweich schlagen; **2.** *CONSTR ~s pl* Gips-, Stuckarbeiten *f/pl*; *fig essuyer les ~s* sich mit den Anfangsschwierigkeiten her'umschlagen müssen; **3.** *MÉD* Gipsverband *m*; F Gips *m*; *avoir une jambe dans le ~* das Bein in Gips haben; F ein Gipsbein haben; *mettre dans le ~ jambe, bras* eingipsen; in Gips legen; F gipsen; *personne* e-n Gipsverband anlegen (*qn* j-m); *demain, on lui enlève son ~* morgen nimmt man ihm den Gips(verband) ab; F morgen kommt er aus dem Gips; **4.** *objet* Gipsfigur *f*, -abguß *m*; **5.** F *fig d'un fromage c'est du ~* der ist noch nicht reif, zu trocken

plâtrer [plɑtre] *v/t* **1.** *CONSTR* (ver)gipsen; **2.** *MÉD* eingipsen; in Gips legen; *adjt plâtré* in Gips; **3.** F *fig ~ son visage, v/pr se ~* das Gesicht, sich zu stark schminken

plâtrerie [plɑtRəRi] *f usine* Gipswerk *n*, -brenne'rei *f*

plâtreux [plɑtRø] *adj* ⟨*-euse*⟩ **1.** *sol* gipshaltig; **2.** *teint* kalkweiß; **3.** *fromage* zu trocken

plâtrier [plɑtRije] *m* Gipser *m*

plâtrière [plɑtRijɛR] *f* **1.** *carrière* Gipsbruch *m*, -grube *f*; **2.** *cf* **plâtrerie**

plausible [plozibl(ə)] *adj* plau'sibel; einleuchtend; über'zeugend; glaubwürdig; glaubhaft

play-back [plɛbak] *m* ⟨*inv*⟩ Playback (-verfahren) *n* ['ple:bɛk] *n*; *chanter en ~* (im) Playback singen

play-boy [plɛbɔj] *m* ⟨*pl* play-boys⟩ Playboy *n* ['ple:bɔj] *m*

plèbe [plɛb] *f* **1.** *HIST* Plebs *f*; **2.** *st/s et péj* Plebs *m*; Pöbel *m*

plébéien [plebejɛ̃] **I** *adj* ⟨*~ne*⟩ **1.** *HIST* ple'bejisch; Ple'bejer...; **2.** *st/s et péj* ple'bejisch; gewöhnlich; ordi'när; **II** *subst* ⟨*~ne*⟩ *m(f)* Ple'bejer(in) *m(f)* (*HIST et fig*)

plébiscitaire [plebisitɛR] *adj* plebiszi'tär; *par voie ~* durch ein Plebiszit, e-n Volksentscheid

plébiscit|e [plebisit] *m* Plebis'zit *n*; Volksabstimmung *f*, -befragung *f*, -entscheid *m*; *~er v/t* durch Plebis'zit, in e-r Volksabstimmung *etc*, *par ext* mit großer Mehrheit *qc* billigen, *qn* wählen

pléiade [plejad] *f* **1.** *LITTÉRATURE la ♌* die Pléi'ade (*frz Dichterschule*); **2.** *fig une ~ de jeunes compositeurs etc* e-e Gruppe talentierter junger Komponisten *etc*

plein [plɛ̃] **I** *adj* ⟨*pleine* [plɛn]⟩ **1.** (*rempli*) voll; *un verre ~* ein volles Glas; ♦ *~ de* (+ *subst*) voll(er); voll(er); *~ d'admiration* voll(er) Bewunderung; *~ de contradictions* voller 'Widersprüche; voll von Widersprüchen; *un pré ~ de fleurs* e-e Wiese voll(er), voll von Blumen; *~ de force* kraftvoll, -strotzend; *être ~ d'idées* voller Ideen stecken; *être ~ de monde* voll(er), voll von Menschen sein; ♦ *loc/adv: à ~es mains* mit vollen Händen (*a fig*); *verser de l'eau à ~s seaux* eimerweise; ganze Eimer voll; ♦ *avoir les mains ~es* beide Hände voll haben; *avoir le nez ~* sich die Nase putzen müssen; F *fig il est ~* (*ivre*) F er ist voll; er hat sich 'vollaufen lassen; *parler la bouche ~e* mit vollem Mund sprechen; **2.** (*complet*) voll; völlig; *confiance, satisfaction ~e et entière* vollste(s); *~ emploi* 'Vollbeschäftigung *f*; *cinq jours ~s* volle fünf Tage; *d'un instrument son ~* voller Klang; *un ~ succès* ein voller Erfolg; *cf a* **air¹** *2.*, **lune** *1.*, **mer** *1.*; ♦ *loc/adv: moteur tournier à ~ régime* auf vollen Touren laufen; *travailler à ~ temps* ganztägig, ganztags arbeiten; ♦ *en ~* (+ *subst*) (*au milieu de*) mitten, genau in, auf (+ *dat ou acc*); *en ~ champ* auf freiem, offenem Feld; *balle atteindre qn en ~ cœur* j-n mitten ins Herz treffen; *en ~e croissance* mitten im Wachstum; *en ~ désert* mitten in der Wüste; *en ~ été* im Hochsommer; *en ~ hiver* im tiefsten Winter; *en ~ jour* am hellichten Tag; mitten am Tag; *en ~e lumière* in vollem Licht; *viser en ~ milieu* genau auf die Mitte zielen; *en ~e nature* in der freien Natur; *chambre f en ~ nord* reines Nordzimmer; genau nach Norden liegendes Zimmer; *en ~ soleil* in der prallen Sonne; *JARD en ~e terre* im Freiland; *être en ~ travail* mitten in der Arbeit sein, stecken; *en ~ vol* mitten im Flug; *cf a les subst correspondants*; **3.** *visage, joues* voll; rund; **4.** *femelle animale* trächtig; **5.** *une journée ~e* ein ausgefüllter, inhaltsreicher Tag; **6.** *matière* mas'siv; *pneu ~* Vollgummireifen *m*; *porte ~e* Ganzholztür *f*; *roue ~e* Scheibenrad *n*; **II** *adv* **1.** *sonner ~* voll, nicht hohl klingen; **2.** F *tout ~* sehr; F mächtig; *c'est mignon tout ~, ça* das ist wirklich allerliebst; **3.** *loc/adv* F *~ de* (*beaucoup*)

viel(e); e-e Menge; F ein Haufen; jede Menge; e-e Masse; massenhaft; massig; *avoir ~ d'argent* viel, e-e Menge, F e-n Haufen *etc* Geld haben; *il y avait ~ de monde dans la rue* es waren viele, e-e Menge *etc* Leute auf der Straße; *abs j'en ai ~* ich habe viel(e) (davon); **4.** *loc/adv: argument etc porter à ~* den Kern der Sache, ins Schwarze treffen; ♦ F *en ~ dans, sur* genau in, auf (+*dat ou acc*); *viser en ~ dans le mille* genau ins Schwarze zielen; **III** *prép ⟨inv⟩* F *il a des boutons ~ la figure* er hat das Gesicht voll(er) Pickel; *avoir de l'argent ~ les poches* die Taschen voll(er) Geld haben; *en avoir ~ la bouche etc cf bouche I. etc*; **IV** *m* **1.** *faire le ~ (de qc)* (etw) 'vollmachen, 'volladen; AUTO *faire le ~ (d'essence)* 'volltanken; auftanken; *hôtel faire le ~ de clients, de réservations* ausgelastet, ausgebucht sein; **2.** *en écriture* Grund-, Abstrich *m;* **3.** *mar* (Tide-)Hochwasser *n; abus* Flut *f;* **4.** *battre son ~* in vollem Gang(e) sein; **5.** *la lune est dans son ~* es ist Vollmond
pleinement [plɛnmɑ̃] *adv* *~ responsable* voll verantwortlich; *~ satisfait* völlig, voll und ganz, restlos zufrieden; *je vous approuve ~* ich stimme Ihnen völlig, voll und ganz zu
plein-emploi [plɛnɑ̃plwa] *m* 'Vollbeschäftigung *f*
plénier [plenje] *adj* ⟨-ière⟩ POL 'Voll...; Ple'nar...; *assemblée plénière* Voll-, Plenarversammlung *f;* Plenum *m; réunion plénière* Plenarsitzung *f*
plénipotentiaire [plenipɔtɑ̃sjɛR] *m* DIPL Bevollmächtigte(r) *m; adjt ministre m ~* Gesandte(r) *m*
plénitude [plenityd] *f* **1.** *st/s* Fülle *f;* **2.** *il a conservé la ~ de ses facultés intellectuelles* er ist noch im 'Vollbesitz s-r geistigen Kräfte
plénum [plenɔm] *m* POL Plenum *n*
pléonasme [pleɔnasm(ə)] *m* RHÉT, GR Pleo'nasmus *m*
pléthore [pletɔR] *f* 'Überfluß *m* (*de* an +*dat*); 'Überfülle *f* (von); COMM 'Überangebot *n* (an +*dat*)
pléthorique [pletɔRik] *adj* zu 'umfangreich *(a personnel);* von erdrückender Fülle; *classe* über'füllt
pleurage [plœRaʒ] *m* TECH Tonhöhen- ou Gleichlaufschwankungen *f/pl*
pleural [plœRal, plø-] *adj* ⟨-aux⟩ ANAT Brustfell...; Rippenfell...
pleurer [plœRe] **I** *v/t* **1.** *~ qn, qc* um j-n, etw trauern; j-n, etw betrauern, beweinen, beklagen; *~ qc (regretter)* e-r Sache *(dat)* nachtrauern, nachweinen; F *ne pas ~ ses efforts, sa peine* keine Mühe scheuen; **2.** *~ des larmes de joie* Freudentränen vergießen; **II** *v/t/indir* **3.** *~ sur qc* etw beklagen, beweinen *(fig);* **4.** *~ après qc* F nach etw schreien; **III** *v/i* **5.** weinen; F heulen; flennen; *bébé* schreien; *~ d'attendrissement* vor Rührung weinen; *~ de rage* vor Wut heulen; *~ de rire ou rire à en ~* Tränen lachen; *par ext aller ~ auprès de qn pour obtenir qc* j-n flehentlich, kniefällig um etw bitten; F j-m etwas vorjammern, um etw zu erreichen; *c'est bête à ~* es ist zum Weinen, F Heulen; *histoire être triste à ~* sehr traurig, F zum Heulen sein; *loc c'est Jean qui pleure et Jean qui rit* (mal ist er) himmelhoch jauchzend, (mal) zu Tode betrübt; *se mettre à ~* zu weinen anfangen; in Tränen ausbrechen; **6.** *fumée etc faire ~* die Tränen in die Augen treiben; *les oignons font ~* beim Zwiebelschneiden tränen einem die Augen

pleurésie [plœRezi, plø-] *f* MÉD Rippenfellentzündung *f; sc* Pleu'ritis *f*
pleureur [plœRœR] *adj* ⟨-euse⟩ BOT *saule ~* Trauerweide *f*
pleureuse [plœRøz] *f* Klageweib *n*
pleurnichements [plœRniʃmɑ̃] *m/pl cf* **pleurnicheries**
pleurnich|er [plœRniʃe] *v/i enfant* F (immer gleich) heulen, flennen; *~eries f/pl* F Heule'rei *f;* Geheule *n;* Flenne'rei *f;* Geflenne *n*
pleurnicheur [plœRniʃœR] *adj* ⟨-euse⟩ *ton* weinerlich; *gamin ~* F Heulpeter *m; gamine pleurnicheuse* F Heulsuse *f*
pleurote [plœRɔt, plø-] *m* BOT Seitling *m;* COMM Austernpilz *m*
pleurs [plœR] *m/pl st/s* (*larmes*) Tränen *f/pl; poét* Zähren *f/pl;* BIBL *et fig il y aura des ~ et des grincements de dents* es wird Heulen und Zähneklappern ou Zähneknirschen sein, herrschen; *être tout en ~* in Tränen aufgelöst sein, zerfließen
pleut [plø] *cf* **pleuvoir**
pleutre [pløtR(ə)] *litt* **I** *m* Feigling *m;* **II** *adj* feig(e)
pleutrerie [pløtRəRi] *litt f* Feigheit *f*
pleuvasser [pløvase] *v/imp,* **pleuviner** [pløvine] *v/imp cf* **pleuvoter**
pleuvoir [pløvwaR] **I** *v/imp* ⟨il pleut; il pleuvait; il plut; il pleuvra; qu'il pleuve; pleuvant; plu⟩ *il, F ça pleut* es regnet; *il va ~* es wird gleich regnen, Regen geben; *il pleut de grosses gouttes* es fallen große, dicke Tropfen; F *fig comme s'il en pleuvait* in (F rauhen) Mengen; F in Massen; **II** *v/i* ⟨ils pleuvent; ils pleuvaient; ils plurent; ils pleuvront; qu'ils pleuvent⟩ *les coups, punitions pleuvaient* es hagelte Schläge, Strafen; die Schläge, Strafen hagelten nur so
pleuvoter [pløvɔte] *v/imp il pleuvote* es nieselt
plèvre [plɛvR(ə)] *f* ANAT Brust-, Rippenfell *n; sc* Pleura *f*
plexus [plɛksys] *m* ANAT *sc* Plexus *m; ~ solaire* So'larplexus *m;* Sonnengeflecht *n*
pli [pli] *m* **1.** COUT Falte *f (a d'un rideau etc);* (*faux*) *~* Falte (*die nicht sein darf*); Knitterfalte *f;* Knitter *m;* Kniff *m; faire des ~s* Falten werfen, machen; F *fig cela ne fait, fera pas un ~* das *ou* soviel steht fest, ist sicher, ist gewiß; **2.** *marque dans du tissu* Bruch *m;* Kniff *m; dans du papier* Knick *m;* Kniff *m;* TYPO Falz *m; ~ de pantalon* Bügelfalte *f;* **3.** COIFFURE *mise f en ~s* Wasserwelle *f; faites-moi une mise en ~s!* Waschen und Legen, bitte!; **4.** *fig prendre un mauvais ~* e-e schlechte Gewohnheit annehmen, F zur festen Gewohnheit werden, *péj* ist eingerissen; **5. a)** (*enveloppe*) (Brief)'Umschlag *m; sous ce ~ (lettre)* Brief *m;* **6.** *sur la peau* (Haut-)Falte *f;* Furche *f; par ext ~ de l'aine, du bras* Leisten-, Armbeuge *f; ~ du cou,*

du menton Hals-, Kinnfalte *f;* **7.** GÉOL Falte *f;* **8.** *aux cartes* Stich *m; faire un ~* e-n Stich machen
pliable [plijabl(ə)] *adj* faltbar; *tôle* biegbar; biegsam
pliage [plijaʒ] *m d'un tissu* Zu'sammenlegen *n,* -falten *n; de papier* (Zu'sammen)Falten *n;* TYPO Falzen *n;* TECH *de tôle* (Ab)Biegen *n;* Abkanten *n*
pliant [plijɑ̃] **I** *adj* zu'sammenklappbar, -legbar; Klapp...; Falt...; *boîte ~e* Faltschachtel *f,* -karton *m; chaise ~e, siège ~* Klappstuhl *m; lit ~* Campingliege *f;* Klappbett *n; mètre ~* Zollstock *m;* Gliedermaßstab *m; vélo ~* Klapprad *n;* **II** *m* Feldstuhl *m*
plie [pli] *f* ZO Scholle *f;* Goldbutt *m*
plier [plije] **I** *v/t* **1.** *tissu, linge* zu'sammenlegen, -falten; *linge a* legen; *feuille, journal* (zu'sammen)falten; *feuille a* knicken; TYPO falzen; *~ en quatre* zweimal falten; *nappe, drap* vierfach (zusammen)legen; **2.** (*faire une marque*) *papier* knicken; *tissu, a papier* kniffen; *ne pas ~!* nicht knicken!; **3.** *chaise longue, table pliante etc* zu'sammenklappen; *triptyque* 'umklappen; *éventail* zu'sammenlegen; schließen; **4.** *branche* biegen; *bras, genoux* beugen; anwinkeln; TECH *tôle* (ab)biegen; abkanten; **5.** *fig: ~ qn à une discipline sévère* j-n e-r strengen Disziplin (*dat*) unter'werfen; *de rire être plié en deux* sich biegen vor Lachen; *être plié en deux par l'âge* vom Alter gebeugt sein; **II** *v/i* **6.** *branche* sich biegen; **7.** *fig personne* sich beugen; *rien ne le fit ~* nichts brachte ihn zum Nachgeben; **III** *v/pr fig personne se ~ à* sich beugen, fügen (+*dat*); sich schicken in (+*acc*); sich anpassen (+*dat*)
plinthe [plɛ̃t] *f* **1.** CONSTR Scheuer-, Fußleiste *f;* **2.** ARCH *d'une colonne* Plinthe *f;* Fußplatte *f*
plissage [plisaʒ] *m* COUT Plis'sieren *n;* Fälteln *n*
plissé [plise] **I** *adj* **1.** COUT plis'siert; Plis'see...; gefältelt; *jupe ~e* a) *à plis fins* Plisseerock *m;* b) *jupe écossaise* Faltenrock *m;* **2.** GÉOL gefaltet; Falten...; *chaîne ~e* Faltengebirge *n;* **II** *m* COUT Plis'see *n;* Fältelung *f*
plissement [plismɑ̃] *m* **1.** GÉOL Faltung *f; par ext* Gebirgsbildung *f;* **2.** *~ du front* Stirnrunzeln *n;* Krauszeihen *n* der Stirn
plisser [plise] **I** *v/t* **1.** COUT plis'sieren; in Falten legen; fälteln; *feuille ~ en accordéon* wie e-e Harmonika falten; **2.** *~ le front* die Stirn in Falten ziehen, kraus ziehen, runzeln; *~ les yeux* die Augen zu'sammenkneifen; **II** *v/pr ses yeux se plissaient* er kniff die Augen zu'sammen
ploc [plɔk] *int* platsch!; plumps!
ploiement [plwamɑ̃] *litt m* Biegen *n; des genoux* Beugen *n*
plomb [plɔ̃] *m* **1.** CHIM Blei *n; loc/adj de ~* Blei...; bleiern (*a fig); fig ciel m de ~* bleierner Himmel; *soldat m de ~* Bleisoldat *m; fig: soleil m de ~* glühende, sengende Sonne; *sommeil m de ~* bleierner Schlaf; *essence sans ~* bleifrei; *fig: ne pas avoir de ~ dans la cervelle* leichtsinnig, leichtfertig, gedankenlos sein; *cela lui mettra du ~ dans la cervelle* das wird ihm e-e Lehre sein; das

plombage – plus

wird ihn von s-m Leichtsinn kurieren; *j'ai du ~ dans l'estomac* mir liegt es, das Essen wie Blei, wie ein Stein im Magen; *j'ai des jambes de ~* meine Beine sind schwer wie Blei; **2.** *ÉLECT* (Schmelz)Sicherung *f*; **3.** *pour sceller* Plombe *f*; **4.** *CH* Schrot *m ou n*; *~s pl* Schrotkörner *n/pl*; *cf a aile 1.*; **5.** *MAR ~ (de sonde)* Lot *n*; **6.** *CONSTR fil m à ~* Lot *n*; Senkblei *n*; *loc/adv t/t à ~* senkrecht; **7.** *pour lester une ligne etc* Blei(kugel) *n(f)*; **8.** *TYPO* Bleisatz *m*; **9.** *d'un vitrail* Bleirute *f*
plombage [plɔ̃baʒ] *m* **1.** *d'une dent* **a)** *action* Plom'bieren *n*; **b)** *amalgame* Plombe *f*; Füllung *f*; *mon ~ est parti* mir ist e-e Plombe herausgefallen; **2.** *(scellage)* Plom'bierung *f*; Verplombung *f*
plombe [plɔ̃b] *f arg (heure)* Stunde *f*; *à cinq ~s* um fünf Uhr
plombé [plɔ̃be] *adj* **1.** *dent* plom'biert; **2.** *camion, colis* plom'biert; verplombt; **3.** *teint, ciel* bleifarben, -grau
plomber [plɔ̃be] *v/t* **1.** *dent* plom'bieren; **2.** *(sceller)* plom'bieren; verplomben; **3.** *filet, ligne* mit Blei(kugeln) beschweren; **4.** *CONSTR* (mit dem Senkblei) (aus)loten
plomberie [plɔ̃bʀi] *f* **1.** *métier, atelier* Klempne'rei *f*; *südd* Spengle'rei *f*; **2.** *installations* Wasser- und Gasleitungen *f/pl*; Sani'täranlagen *f/pl*
plombier [plɔ̃bje] *m* Klempner *m*; (Gas- und Wasserleitungs)Installa'teur *m*; *südd* Spengler *m*
plombières [plɔ̃bjɛʀ] *f CUIS* Fürst-Pückler-Eis *n*
plonge [plɔ̃ʒ] *f* Tellerwaschen *n*, Geschirrspülen *n (im Restaurant)*; *faire la ~* die Teller waschen; das Geschirr spülen
plongeant [plɔ̃ʒɑ̃] *adj décolleté ~* tiefes Dekolleté; *vue ~e* Blick *m* von oben (herab)
plongée [plɔ̃ʒe] *f* **1.** *d'un plongeur, d'un sous-marin* MIL a Tauchmanöver *n*; *~ sous-marine* Tauchsport *m*; *sous-marin en ~* auf Unter'wasserfahrt; getaucht; unter Wasser; **2.** *CIN* Aufnahme *f* von oben, aus der Vogelperspektive; Draufsicht *f*
plongeoir [plɔ̃ʒwaʀ] *m* Sprungbrett *n*; *grand* Sprunganlage *f*; Sprungturm *m*
plongeon [plɔ̃ʒɔ̃] *m* **1.** *dans l'eau* Kopf-, Hechtsprung *m*; *acrobatique* Sprung *m*; *faire un ~* e-n Kopf-, Hechtsprung machen; *fig faire le ~* viel Geld verlieren, einbüßen; **2.** *du gardien de but* Hechten *n*; **3.** *ZO* Seetaucher *m*
plonger [plɔ̃ʒe] ⟨-geons⟩ **I** *v/t* **1.** *dans un liquide* (ein)tauchen, (-)tunken *(dans* in +*acc*); 'untertauchen *(dans* in +*dat*); *~ sa tête dans la cuvette* den Kopf in die Waschschüssel tauchen, stecken; **2.** *par ext: ~ la main dans la boîte* mit der Hand tief in die Büchse (hin'ein)greifen; *~ le poignard dans la poitrine de qn* j-m den Dolch tief in die Brust stoßen; *~ son regard dans les yeux de qn* j-m tief in die Augen blicken; *plante ~ ses racines dans le sol* ihre Wurzeln tief ins Erdreich senken; **3.** *fig: ~ qn dans la consternation* j-n in tiefe Bestürzung versetzen; j-n tief betroffen machen; bestürzen; *~ qn dans l'embarras* j-n in große Verlegenheit bringen; *~ qn, qc dans l'obscurité* j-n, etw in völlige Dunkelheit hüllen; ♦ *p/p plongé dans sa douleur* s-m Schmerz völlig hingegeben; *plongé dans sa lecture* in s-e Lektüre vertieft; *être plongé dans ses pensées* in Gedanken versunken sein; *être plongé dans le sommeil* in tiefen Schlaf versunken sein; **II** *v/i* **4.** *scaphandrier, sous-marin, oiseau etc* tauchen; **5.** *(faire un plongeon)* e-n Kopf-, Hechtsprung machen; springen *(dans* in +*acc*); **6.** *gardien de but* (nach dem Ball) hechten; **7.** *regard ~ dans la vallée* ins Tal hin'unterschweifen; *F d'ici, on plonge chez les voisins* von hier aus kann man unten zu den Nachbarn hin'einsehen; **III** *v/pr* **8.** *personne se ~ dans l'eau jusqu'au cou* bis zum Hals ins Wasser (ein)tauchen; *fig se ~ dans un livre, dans le travail* sich in ein Buch, in die Arbeit *etc* vertiefen, versenken
plong|eur [plɔ̃ʒœʀ] *m*, **~euse** *f* **1.** *faisant une plongée* Taucher(in) *m(f)*; **2.** *faisant un plongeon* Springer(in) *m(f)*; **3.** *dans un restaurant* Tellerwäscher(in) *m(f)*
plot [plo] *m ÉLECT* Kon'takt *m*
plouc [pluk] *F péj* **I** *m* **1.** *(paysan) péj* Bauernlümmel *m*; **2.** *(rustre) péj* Bauer *m*; Rüpel *m*; **II** *adj* ⟨*f inv*⟩ ungehobelt; ungeschliffen; 'hinterwäldlerisch
plouf [pluf] **I** *int* platsch!; plumps!; **II** *m* Plumps *m*
ploutocra|te [plutɔkʀat] *m* Pluto'krat *m*; **~tie** [-si] *f* Plutokra'tie *f*
ployer [plwaje] ⟨-oi-⟩ **I** *v/t litt branche etc* biegen; *genoux* beugen; **II** *v/i* **1.** *poutre, branche etc* sich biegen; *ses jambes ployèrent sous lui* die Beine versagten ihm den Dienst; **2.** *fig et litt ~ sous le joug du vainqueur* sich dem Joch des Siegers beugen
plu [ply] *p/p cf plaire et pleuvoir*
plucher [plyʃe] *cf peluchher*
pluches [plyʃ] *F f/pl* Kar'toffelschälen *n*; *corvée f de ~* Kartoffelschäldienst *m*
plucheux [plyʃø] *cf pelucheux*
pluie [plɥi] *f* **1.** Regen *m*; *~s pl* Regenfälle *m/pl*; *ÉCOL ~s acides* saurer Regen; *MÉTÉO des ~s passagères* vorübergehend Regen; *par ext ~ de cendres* Aschenregen *m*; *~ d'orage* Gewitterregen *m*; *sous la ~* stehen; *ennuyeux comme la ~* sterbenslangweilig; *nous aurons de la ~* wir werden Regen bekommen; es wird Regen geben; *le temps est à la ~* es sieht nach Regen aus; *fig faire la ~ et le beau temps* das Sagen haben; tonangebend, maßgebend sein; *parler de la ~ et du beau temps* von belanglosen, nebensächlichen Dingen reden; Small talk ['smɔ:ltɔ:k] machen; *recevoir la ~* naß werden; in den Regen kommen; F *fig il n'est pas tombé de la dernière ~* er ist doch nicht von gestern, auf den Kopf gefallen; *prov après la ~, le beau temps* auf Regen folgt Sonnenschein *(prov)*; **2.** *fig une ~ de coups etc* ein Hagel von Schlägen *etc*; *~ de projectiles* Geschoßhagel *m*
plumage [plymaʒ] *m* Gefieder *n*; *st/s* Federkleid *n*
plumard [plymaʀ] *m* F *(lit)* F Falle *f*; Klappe *f*; *au ~ a* in den *ou* die Federn
plume¹ [plym] *f* **1.** *d'un oiseau* (Vogel-)

Feder *f*; *~s pl a* Gefieder *n*; *~ d'autruche* Straußenfeder *f*; *~s de literie* Bettfedern *f/pl*; *~ d'oie* Gänsefeder *f*; *HIST pour écrire* Gänsekiel *m*; *adjt SPORTS poids ~ cf poids 3.*; *loc/adj léger comme une ~* federleicht; leicht wie e-e Feder; *loc/adv soulever qn, qc comme une ~* j-n, etw spielend, mit Leichtigkeit hoch-, anheben; F *fig y laisser des ~s* F Federn, Haare lassen (müssen); *fig se parer des ~s du paon* sich mit fremden Federn schmücken; F *fig voler dans les ~s de qn* sich auf j-n stürzen, werfen; über j-n herfallen; **2.** *pour écrire, dessiner* (Schreib-, Zeichen)Feder *f*; *litt un homme de ~* ein Mann *m* der Feder; ein Schriftsteller *m*; *prendre la ~* zur Feder greifen; *vivre de sa ~* von der Feder *ou* Schriftstellerei, von schriftstellerischen Arbeiten leben
plume² [plym] *m F cf plumard*
plumeau [plymo] *m* ⟨*pl ~x*⟩ Staubwedel *m*; Federwisch *m*; Federbcscn *m*
plumer [plyme] *v/t* **1.** *volaille* rupfen; **2.** F *fig ~ qn* F j-n ausnehmen, rupfen; *se faire ~* tüchtig gerupft, ausgenommen werden
plûmes [plym] *cf plaire*
plumet [plymɛ] *m* Federbusch *m*
plumetis [plymti] *m TEXT* Tupfenmull *m*
plumier [plymje] *m* Federkasten *m*
plumitif [plymitif] *m péj* Schreiberling *m*
plupart [plypaʀ] *loc/adv* **a)** *la ~ des* (+*subst*) die meisten (+*subst*); die Mehrzahl, die Mehrheit, der größte *ou* über'wiegende Teil (+*gén*); *la ~ d'entre nous* die meisten von uns; *dans la ~ des cas* in den meisten Fällen; **b)** *abs la ~* die meisten; *la ~ pensent, litt pense que ...* die meisten denken, daß ...; **c)** *pour la ~* zum größten Teil; größtenteils; zu'meist; meist(ens); **d)** *la ~ du temps* meist(ens); die meiste Zeit; zu'meist; meistenteils
plural|isme [plyʀalism(ə)] *m POL, PHILOS* Plura'lismus *m*; **~iste** *adj* plura'listisch; **~ité** *f* Vielzahl *f*; große Anzahl *f*; Vielheit *f*; *sc* Plurali'tät *f*
pluri|cellulaire [plyʀisɛlylɛʀ] *adj BIOL* mehr-, vielzellig; **~disciplinaire** *adj* mehrere Fach-, Wissenschaftsgebiete um'fassend; interdiszipli'när
pluriel [plyʀjɛl] *m* Plural *m*; Mehrzahl *f*; *~ de majesté, de modestie* Pluralis maje'statis, mo'destiae *m*; *formation f du ~* Pluralbildung *f*; *au ~* im Plural; in der Mehrzahl; *mettre au ~* in den Plural, in die Mehrzahl setzen
plurilatéral [plyʀilateʀal] *adj* ⟨-aux⟩ *JUR* mehrseitig; multilate'ral
pluri|lingue [plyʀilɛ̃g] *adj* mehrsprachig; **~linguisme** [-gɥism(ə)] *m* Mehrsprachigkeit *f*
pluripartisme [plyʀipaʀtism(ə)] *m POL* Mehrparteiensystem *n*
plus¹ [*alleinstehend* plys, *mit nachfolgendem adj u adv* ply, *vor Vokal* plyz] **I** *adv* **1.** ⟨*comp von beaucoup*⟩ **a)** mehr; *on ne peut pas faire ~ pour lui* mehr kann man nicht für ihn tun; ♦ *avec adj et adv: ~ court* kürzer; *~ grand* größer; *~ souvent ~* öfter; *~ tard* später; ♦ *~ que* [ply(s)kə], *avec un chiffre ~ de* [ply(s)də] mehr als; *cette étoffe me plaît ~ que l'autre* gefällt mir besser als der andere; *il a deux ans de ~ que moi* er

ist zwei Jahre älter als ich; *il est ~ aimable que de coutume* er ist freundlicher als sonst; F *j'en ai ~ qu'assez* ich habe es mehr als satt; *~ que jamais* mehr denn je; *la chambre est ~ longue que large* ist mehr lang als breit; *aimer qc ~ que tout* etw über alles lieben; *~ de dix* mehr als zehn; über zehn; *enfants m/pl de ~ de dix ans* Kinder n/pl über zehn Jahre; *subst les ~ de trente ans* die über Dreißigjährigen pl; *il a ~ de vingt ans* er ist über zwanzig, älter als zwanzig; *pour insister ~ d'un* so mancher; *il est ~ de midi* es ist zwölf durch, nach zwölf; *~ de la moitié* mehr als die Hälfte; *pour ~ d'une raison* aus mehreren Gründen; ♦ *loc/adv:* *beaucoup, bien ~* [-ply(s)] viel mehr; *beaucoup ~ vite* viel schneller; *en incise bien ~* mehr noch; ja noch mehr; *de ~* [dəply(s)] mehr; außerdem noch; dazu; zu'dem, obendrein noch; *il m'a menti une fois de ~* wieder (einmal); *quelques heures de ~ et ...* noch ein paar Stunden (mehr) und ...; *que voulez--vous de ~?* was wollen Sie mehr?; *de ~ en ~* [dəplyzãply(s)] immer mehr; *aller de ~ en ~ vite* immer schneller gehen; *en ~* noch da'zu; außerdem noch; *comm* zuzüglich; extra; *cent francs, avec le port en ~* hundert Franc zuzüglich Porto; *loc/prép en ~ de son travail* zusätzlich zu s-r Arbeit; neben s-r Arbeit; *la même armoire, mais en ~ grand, petit* nur größer, kleiner; *encore ~* noch mehr; *~ ou moins* [plyz-] a) (*pour ainsi dire*) mehr oder weniger; b) (*moyennement*) (so) leidlich, ungefähr, halbwegs; *c'est du vol, ni ~ ni moins* [-ply-] das ist glatter Diebstahl; *un peu ~* etwas, ein bißchen, ein wenig mehr; *on ne peut ~* überaus; äußerst; ungemein; *je suis on ne peut ~ heureux de vous rencontrer* ich bin überaus etc froh, Sie zu treffen; *qui ~ est* [-plyz-] und da'zu noch; was noch hin'zukommt; *rien de ~* [-ply(s)] weiter, sonst nichts; *elle est mignonne, sans ~* [-ply(s)] das ist aber auch alles; sonst nichts; *tant et ~* [-ply(s)] noch und noch; in Mengen; ♦ *loc/conj: ~ ... ~* [ply] je (mehr) ... desto *ou* um so (mehr); *~ ... moins* je mehr ... desto *ou* um so weniger; *~ je le connais, ~ je l'apprécie* je mehr *ou* besser ich ihn kenne, um so *ou* desto mehr schätze ich ihn; ♦ *~ de* [plysdə] (+*subst*) mehr (+*subst*); *~ d'enfants* mehr Kinder; *pour ~ de sécurité* [-ply(s)-] zu größerer Sicherheit; *un peu ~ de sucre* [-ply(s)-] etwas mehr Zucker; b) [plys] *MATH* plus; *~ cinq* plus fünf; *quatre ~ cinq égalent neuf* vier plus fünf ist neun; *le signe ~* das Pluszeichen; ♦ *par ext ~* [plys] *les frais* zuzüglich der Spesen; *j'avais invité mes amis, ~ le cousin de B.* und dazu den Vetter von B.; **2.** (*sup von beaucoup*) *le ~* am meisten; *ce qui m'étonne, me plaît le ~* was mich am meisten wundert, mir am besten gefällt; ♦ *avec adj: le ~ grand, la ~ grande* der, die, das größte; pl *les ~ grand(e)s* die größten; *être le ~ grand* am größten sein; *c'est tout ce qu'il y a de ~ comique!* das ist wirklich urkomisch, furchtbar komisch!; *les jours les ~ chauds*

de l'année die heißesten Tage des Jahres; *un roman des ~ connus* e-r der bekanntesten Romane; *la situation était des ~ compliquées* die Lage war äußerst, höchst, ungemein kompliziert; ♦ *avec adv: le ~ souvent* meist(ens); *au ~ tard* spätestens; *c'est lui qui court le ~ vite* er läuft am schnellsten; ♦ *loc/adv (tout) au ~* [-ply(s)] (aller-) höchstens; höchstenfalls; im Höchstfall; ♦ *avec subst les gens qui ont fait le ~ de mal* [-ply(s)-] die Menschen, die das meiste Unheil angerichtet haben; **II** *subst* **1.** *le ~* das meiste; *le ~ que je puisse faire* das Äußerste, was ich tun kann; **2.** *m MATH* Plus(zeichen) *n*; **3.** *m* (*avantage*) Plus(punkt) *n(m)*

plus² [ply] *adv de négation* *ne ... ~* nicht mehr; *ne ... ~ de* (+*subst*) kein(e) ... mehr; *il ne fume ~* er raucht nicht mehr; *je n'ai ~ d'argent* ich habe kein Geld mehr; ♦ *sans ne: ~ de guerres!* keine Kriege mehr!; *~ un jour à perdre!* es ist kein Tag mehr zu verlieren!; *une femme ~ très jeune* e-e Frau mittleren Alters; ♦ *ne ... ~ guère* kaum noch; *ne ... ~ jamais* nie wieder; nie mehr; *ne ... ~ personne* niemand mehr; *ne ... ~ que* nur noch; *ne ... ~ rien* nichts mehr; ♦ *non ~* auch nicht; *moi non ~* ich auch nicht; *comptez non ~ sur les autres, mais sur vous* verlassen Sie sich nicht mehr auf die anderen ...

plusieurs [plyzjœʀ] *adj/ind et pr/ind* mehrere; verschiedene; etliche; ♦ *~ années* mehrere, etliche Jahre; *~ fois* öfters; mehrmals; verschiedene, etliche Male; *il est ~ fois millionnaire* er ist mehrfacher Millionär; ♦ *à ~* zu mehreren; *~ d'entre eux* mehrere *etc* von ihnen; *~ deux ou ~ enfants etc* zwei oder mehr Kinder *etc*
plus-que-parfait [plyskəpaʀfɛ] *m GR* Plusquamperfekt *n*; Vorvergangenheit *f*; Vergangenheit *f*
plus-value [plyvaly] *f* (*pl* plus-values) *ÉCON* Wertzuwachs *m*, -steigerung *f*; Mehrwert *m* (*a terme marxiste*)
plut [ply] *cf pleuvoir et plaire*
Plutarque [plytaʀk] *m* Plut'arch *m*
Pluton [plytõ] **1.** *ASTR* (der) Pluto; **2.** *MYTH* Pluto *m*
plutonium [plytɔnjɔm] *m CHIM* Plu'tonium *n*
plutôt [plyto] *adv* **1.** a) lieber; eher; vielmehr; *pas méchant, ~ grincheux* nicht böse, eher bärbeißig; *~ mourir (que souffrir)!* lieber sterben (als leiden)!; *il est indifférent ~ que paresseux* es ist eher gleichgültig als faul; *ce n'est pas lui mais ~ elle qui ...* nicht er, sondern vielmehr sie ...; b) *loc/conj* *~ que de* (+*inf*) anstatt zu (+*inf*); **2.** (*assez*) ziemlich; recht; *il est ~ bavard* er ist ziemlich geschwätzig; *~ joli* ganz hübsch
pluvial [plyvjal] *adj* ⟨-aux⟩ Regen...
pluvier [plyvje] *m ZO* Regenpfeifer *m*
pluvieux [plyvjø] *adj* ⟨-euse⟩ *temps, jour* regnerisch; *par ext pays, climat* regenreich; *vent ~* Regenwind *m*
pluviner [plyvine] *v/imp cf pleuvoter*
pluviomètre [plyvjɔmɛtʀ(ə)] *m* Regen-, Niederschlagsmesser *m*; *sc* Pluvio'meter *n*

pluviosité [plyvjozite] *f* Regenreichtum *m*; Niederschlags-, Regenmenge *f*
p.m. *abr cf mémoire¹ 4.*
P.M. [peɛm] **1.** *m abr* (*pistolet-mitrailleur*) MP *ou* MPi *f* (Ma'schinenpistole); **2.** *f abr* (*préparation militaire*) vormilitärische Ausbildung
P.M.E. [peɛmə] *f/pl abr* (*petites et moyennes entreprises*) Klein- und Mittelbetriebe *m/pl*; *une ~* ein mittelständischer Betrieb
P.M.I. [peɛmi] *f/pl abr* (*petites et moyennes industries*) industri'elle Klein- und Mittelbetriebe *m/pl*
P.M.U. [peɛmy] *m abr* (*Pari mutuel urbain*) Pferdetoto *n*; *par ext* agence Wettannahme *f*, -büro *n*
P.N.B. [peɛnbe] *m abr* (*produit national brut*) Bruttosozialprodukt *n*
pneu [pnø] *m* **1.** Reifen *m*; *~ arrière, avant* 'Hinter-, Vorderreifen *m*; *~ neige* Winterreifen *m*; *~ plein* 'Vollgummireifen *m*; *~ à carcasse radiale* Gürtel-, Radi'alreifen *m*; *~ à clous ou cloutés* Spikes [spaɪks, ʃp-] *pl*; Spike(s)reifen *m/pl*; *~ à plat* F Plattfuß *m*; Platte(r) *m*; **2.** *lettre* Rohrpostbrief *m*
pneumatique [pnømatik] **I** *adj* pneu'matisch; Druck-, Preßluft...; *bateau m, canot m ~* Schlauchboot *n*; *TECH marteau m ~* Preßlufthammer *m*; *matelas m ~* Luftmatratze *f*; **II** *cf pneu 1., 2.*
pneumonie [pnømɔni] *f MÉD* Lungenentzündung *f*
Pô [po] *le ~* der Po
PO *abr* (*petites ondes*) MW (Mittelwelle[n])
p.o. *ou* **p/o** *abr* (*par ordre*) *COMM* i. A. *ou* I. A. (im Auftrag)
pochade [pɔʃad] *f* **1.** *PEINT* Farbskizze *f*; **2.** *LITTÉRATURE* (bur'leske) Skizze
poch|ard [pɔʃaʀ] *m*, *~arde* f F Saufbruder *m*; Säufer(in) *m(f)*
poche¹ [pɔʃ] *f* **1.** *COUT* Tasche *f*; *~ intérieure* Innentasche *f*; *~ de manteau, de pantalon, de poitrine* Mantel-, Hosen-, Brusttasche *f*; *loc/adj de ~* Taschen...; *argent m, livre m de ~* Taschengeld *n*, -buch *n*; *loc/adv les mains dans les ~s* mit den Händen in den Taschen; *avoir qc en ~* etw in der Tasche haben (*a* F *fig*); *connaître qc comme sa ~* etw wie s-e Westentasche, in- und auswendig kennen; F *fig en être de sa ~* Geld zusetzen; draufzahlen (müssen); F *fig c'est dans la ~* das ist (so gut wie) sicher; F das hätten wir; jetzt kann nichts mehr schiefgehen; *faire les ~s à qn* heimlich j-s Taschen durch'suchen; F *fig mettre qn dans sa ~* F j-n in die Tasche, in den Sack stecken; *payer qc de sa ~* etw aus der eigenen Tasche (be)zahlen; *se remplir les ~s* sich die Taschen füllen; in die eigene Tasche arbeiten, wirtschaften; **2.** *d'un sac, cartable etc* (Innen)Fach *n*; **3.** *déformation* ausgebeulte Stelle; *ce pantalon fait des ~s aux genoux* die Hose hat ausgebeulte Knie, ist an den Knien ausgebeult; **4.** *CUIS ~ à douille* Teigspritze *f*; **5.** *~s (sous les yeux)* Tränensäcke *m/pl* (unter den Augen); **6.** *ZO du kangourou* (*ventrale*) Beutel *m*; **7.** *MINES ~ d'eau, de gaz naturel* Wasser-, Erdgas-

poche – poindre

ansammlung *f;* **8.** *MÉD* ~ **des eaux** Fruchtblase *f;* ~ **de pus** Eitersack *m;* **9.** *MIL d'une ligne de défense* Einbruch (-stelle) *m(f);* ~ **de résistance** Kessel *m*
poche² [pɔʃ] *F m* Taschenbuch *n*
poché [pɔʃe] *adj* ~ **œil** ~ blaues Auge; **2.** *CUIS* **œufs** ~**s** verlorene, po'chierte [-ʃ-] Eier *n/pl*
pocher [pɔʃe] *v/t* **1.** ~ **un œil à qn** j-m ein Auge blau schlagen; **2.** *CUIS* **œufs** po'chieren [-ʃ-]; **3.** *PEINT* mit dem Pinsel, farbig skiz'zieren
pochette [pɔʃɛt] *f* **1.** *petit mouchoir* Ziertüchlein *n,* -taschentuch *n* (*für die Brusttasche*); **2.** *sachet* kleine (Pa'pier-) Tüte; ~ **surprise** Wundertüte *f;* ~ **de disque** Plattentasche *f,* -hülle *f;* ~ **de timbres** Briefmarkenumschlag *m;* **3.** *sac à main* (ele'gante) Unter'armtasche *f;* **4.** *pour serviette de table* Servi'ettentasche *f*
pochoir [pɔʃwaʀ] *m PEINT* Scha'blone *f*
podium [pɔdjɔm] *m SPORTS* Siegerpodest *n; par ext* (*estrade*) Podium *n*
podologie [pɔdɔlɔʒi] *f MÉD* Fußkunde *f*
poêle¹ [pwal] *m* (Zimmer)Ofen *m;* ~ **à charbon, à mazout** Kohle(n)-, Ölofen *m*
poêle² [pwal] *f CUIS* ~ (**à frire**) (Brat-) Pfanne *f*
poêle³ [pwal] *m recouvrant le cercueil* Sargtuch *n;* **tenir les cordons du** ~ neben dem Sarg schreiten
poêlée [pwale] *f CUIS* **une** ~ **de ...** e-e Pfanne voll ...
poêler [pwale] *v/t CUIS* in der Pfanne braten
poêlon [pwalɔ̃] *m CUIS* Stielkasserolle *f,* -topf *m;* Tiegel *m*
poème [pɔɛm] *m* **1.** Gedicht *n;* ~ **en prose** Prosagedicht *n;* **2.** *MUS* ~ **symphonique** sinfonische Dichtung; **3.** F *fig* **c'est tout un** ~ das ist etwas ganz Besonderes
poésie [pɔezi] *f* **1.** *art* Dichtung *f* (*a coll œuvres*); Dichtkunst *f;* Poe'sie *f;* **2.** (*poème*) Gedicht *n;* **3.** *fig d'un paysage etc* Poe'sie *f;* Zauber *m;* Ro'mantik *f;* Stimmungsgehalt *m*
poète [pɔɛt] *m* **1.** Dichter(in) *m(f);* *plais* Po'et *m; adj* **femme** *f* ~ Dichterin *f;* **2.** *fig* (*personne imaginative*) Po'et *m;* (*rêveur*) Phan'tast *m*
poétesse [pɔetɛs] *f a iron* Dichterin *f*
poétique [pɔetik] **I** *adj* **1.** *œuvre, style, talent etc* dichterisch; po'etisch; **langue** *f* ~ Dichtersprache *f;* **2.** *paysage, film etc* po'etisch; lyrisch; stimmungsvoll; ro'mantisch; **II** *f* Po'etik *f*
poétiser [pɔetize] *v/t* dichterisch ausgestalten, ausschmücken; poeti'sieren
pogne [pɔɲ] *f F* (*main*) F Flosse *f;* Pfote *f*
pognon [pɔɲɔ̃] *m F cf* **fric**
pogrom(e) [pɔgʀɔm] *m* Po'grom *m ou n*
poids [pwa] *m* **1.** Gewicht *n; d'une personne a* Körpergewicht *n; des impôts, des soucis etc* Last *f; de la responsabilité a* Schwere *f; PHYS* ~ **atomique** A'tomgewicht *n;* **deux kilos, bon** ~ reichlich, gut zwei Kilo; **faire bon** ~ gut, reichlich wiegen; ~ **mort** a) *TECH* Eigengewicht *n;* b) *fig* Hemmschuh *m;* Last *f;* ~ **total, à vide** Gesamt-, Leergewicht *n; fig* **avoir un** ~ **sur l'estomac** e-n Druck im Magen haben; **j'ai un** ~ **sur l'estomac** mir liegt es wie ein Stein im Magen; **être courbé sous**

le ~ **des ans** unter der Last der Jahre gebeugt sein; **faire le** ~ etw ausweigen; *cf a 3.; fig* **faire deux** ~, **deux mesures** mit zweierlei Maß messen; *fig* **cela m'ôte un** ~ **de la conscience** da fällt mir ein Stein vom Herzen; das nimmt mir e-e Last von der Seele; *personne* **perdre, prendre du** ~ abnehmen, zunehmen; **peser de tout son** ~ **sur qc** mit s-m ganzen Gewicht, mit s-r ganzen Schwere auf etw (*dat*) lasten, liegen; **se laisser tomber de tout son** ~ **sur qc** sich mit voller Wucht auf etw (*acc*) fallen lassen; *marchandise* **vendre au** ~ nach Gewicht verkaufen; **2.** *SPORTS* ~ **et haltères** Gewichtheben *n;* **3.** *BOXE, LUTTE etc* a) *catégorie* ~ **coq, légers, lourds** Bantam-, Leicht-, Schwergewicht(sklasse) *n(f);* ~ **mi-lourds** Halbschwer-, *en haltérophilie* Leichtschwergewicht(sklasse) *n(f);* ~ **mi-moyens** Weltergewicht(sklasse) *n(f);* ~ **mouche, moyens, plume** Fliegen-, Mittel-, Federgewicht(sklasse) *n(f);* b) *par ext sportif* ~ **coq, léger, lourd, moyen etc** Bantam-, Leicht-, Schwer-, Mittelgewichtler *m etc; fig* **c'est un** ~ **plume** er ou sie ist (nur) ein Fliegengewicht, ist federleicht; **faire le** ~ (für s-e Gewichtsklasse) das vorgeschriebene Gewicht haben; *fig* **il ne fait pas le** ~ ihm fehlen die nötigen Voraussetzungen; **4.** *au lancer du poids* Kugel *f;* **lancer le** ~ die Kugel stoßen; **5.** *d'une balance* Gewicht *n;* Gewichtsstein *m;* ~ **et mesures** a) Maße und Gewichte; b) *administration* Eichamt *n;* ~ **d'un kilo** Kilogewicht *n;* **6.** *d'une horloge* Gewicht *n;* **7.** ~ **lourd** Lkw *ou* LKW *m;* Last(kraft)wagen *m;* F (Fern)Laster *m;* **8.** *fig* (*importance*) Gewicht *n;* Wichtigkeit *f;* Bedeutung *f;* Erheblichkeit *f; loc/adj* **de** ~ *argument* von Gewicht; gewichtig; **homme** (ge)wichtig; einflußreich; dessen Meinung, Urteil Gewicht hat
poignant [pwaɲɑ̃] *adj douleur* stechend; bohrend; *souvenir* schmerzlich; *adieux* herzzerreißend
poignard [pwaɲaʀ] *m* Dolch *m;* **coup** *m* **de** ~ Dolchstich *m,* -stoß *m; fig* **coup** *m* **de** ~ **dans le dos** Dolchstoß *m*
poignarder [pwaɲaʀde] *v/t* a) *tuer* erdolchen; b) *blesser* e-n Dolchstoß, *par ext* e-n Messerstich *ou* Messerstiche versetzen (**qn** j-m)
poigne [pwaɲ] *f* **1.** Kraft *f* in den Fäusten; **avoir de la** ~ kräftige Fäuste haben; **2.** *fig* **homme, gouvernement à** ~ e'nergischer; der, die nicht viel Federlesens macht; der, die sich e'nergisch 'durchsetzt
poignée [pwaɲe] *f* **1.** *quantité* Handvoll *f* (*a fig*); **une** ~ **de gens, de riz** e-e Handvoll Leute, Reis; *loc/adv* **à, par** ~**s** mit vollen Händen; **arracher une** ~ **de cheveux** j-m ein ganzes Büschel Haare ausreißen; *abs* **nous n'étions qu'une** ~ wir waren nur e-e Handvoll Leute, nur ein kleines Häuflein; **2.** ~ **de main** Händedruck *m;* Handschlag *m;* **donner une** ~ **de main à qn** j-m die Hand drücken; **3.** *d'une fenêtre, casserole etc* Griff *m; d'une porte* Türgriff *m;* Klinke *f; d'une épée* Griff *m;* Heft *n;* Gefäß *n;* ~ **de valise** Koffergriff *m;* **4.** *pour plats chauds* Topflappen *m*
poignet [pwaɲɛ] *m* **1.** *ANAT* Handge-

lenk *n; fig loc/adv* **à la force du** ~ aus eigener Kraft; **2.** *COUT* Man'schette *f;* (Ärmel)Bündchen *n;* **3.** ~ **de force** Handgelenkriemen *m*
poil [pwal] *m* **1.** *d'un animal* Haar *n* (*a coll*); (*pelage*) Haarkleid *n;* Fell *n;* ~ **long, ras** langhaariges, kurzhaariges Fell; langes, kurzes Haar; *loc/adj* **à long** ~, **à** ~ **ras** lang-, kurzhaarig; Langhaar...; Kurzhaar...; **manteau en** ~ **de chameau** Kamelhaarmantel *m; chat etc* **caresser dans le sens du** ~ mit dem (Haar)Strich streicheln; **perdre ses** ~**s** *fourrure, animal* die Haare verlieren; haaren; *animal a* sich haaren; **2.** *chez l'être humain* (Körper)Haar *n* (*a coll*); ~**s des aisselles, de (la) barbe, du pubis** Achsel-, Bart-, Schamhaar(e) *n(pl); poitrine etc* **couvert de** ~**s** behaart; haarig; *plais* **avoir du** ~ **au menton** e-n Bart haben; F **ne plus avoir un** ~ **de sec** schweißgebadet sein; F **ne plus avoir un** ~ **sur le caillou** e-e Glatze, F e-e Platte haben; **3.** *loc* F: **gens de tout** ~, **de tous** ~**s** aller Art; aller Schat'tierungen; **un** ~ etwas; ein bißchen; ein klein wenig; F e-e I'dee; **à un** ~ **près, il s'en est fallu d'un** ~ um ein Haar; um Haaresbreite; **au** (**quart de**) ~ F haargenau; ♦ **à** ~ (F splitter)nackt; F nackig; im Adams- *ou* Evaskostüm; **se mettre à** ~ sich nackt ausziehen; ♦ (**être**) **au** ~ F prima, dufte, Klasse, in Ordnung (sein); ♦ **avoir un** ~ **dans la main** F stinkfaul sein; keinen Finger krumm machen; die Arbeit nicht erfunden haben; **être de bon** ~ guter Laune, gut gelaunt, aufgeräumt, F aufgekratzt sein; **être de mauvais** ~ schlechter Laune, schlecht gelaunt, F grantig, vergrätzt, ungenießbar sein; **reprendre du** ~ **de la bête** wieder hochkommen; F sich wieder hochrappeln; **tomber sur le** ~ **de qn** über j-n herfallen; **4.** *BOT* (Pflanzen)Haar *n;* **5.** *d'une brosse, d'un pinceau: épais* Borste *f; fin* Haar *n;* **6.** ~ **à gratter** Juckpulver *n;* **7.** *d'un velours, d'un tapis* Flor *m;* Pol *m*
poil|ant [pwalɑ̃] F *adj* lustig; spaßig; drollig; ulkig; ~**er** *v/pr* F **se** ~ schallend lachen; F sich tot-, schieflachen
poilu [pwaly] **I** *adj personne, poitrine etc* behaart; haarig; F **il est** ~ **comme un singe** er ist stark behaart; **II** *m HIST* Frontsoldat *m,* -kämpfer *m* (des Ersten Weltkriegs)
poinçon [pwɛ̃sɔ̃] *m* **1.** *TECH* 'Durchschläger *m;* 'Durchschlag *m;* Stempel *m;* **2.** *ORFÈVRERIE etc* a) *instrument* Punze *f;* Prägestempel *m;* b) *marque* Punze *f;* Stempel *m;* Beschauzeichen *n;* ~ **de titre** Feingehaltsstempel *m*
poinçonnage [pwɛ̃sɔnaʒ] *m* **1.** *d'un billet* Knipsen *n;* Lochen *n;* **2.** *de tôles* (Loch)Stanzen *n;* **3.** *de bijoux etc* Punzen *n;* Stempeln *n*
poinçonn|er [pwɛ̃sɔne] *v/t* **1.** *billet* knipsen; lochen; **2.** *tôles* (loch)stanzen; **3.** *bijoux etc* punzen; pun'zieren; stempeln; ~**eur** *m autrefois* (Fahrkarten-) Knipser *m;* ~**euse** *f* **1.** *autrefois* (Fahrkarten)Knipserin *f;* **2.** *pince* Knipszange *f;* **3.** *pour tôles* Lochstanze *f*
poindre [pwɛ̃dʀ(ə)] *v/i* ⟨*déf:* il point; il poignait; il poindra⟩ *litt herbe, fleurs* sprießen; **l'aube, le jour commence à** ~ der Morgen graut; der Tag bricht an

poing [pwɛ̃] *m* **1.** Faust *f*; *coup m de ~* Faustschlag *m*, -hieb *m*; *cf a 2.*; *se battre à coups de ~* mit Fäusten aufeinander einschlagen; ***donner un coup de ~ à qn*** j-m e-n Faustschlag, -hieb versetzen; ***faire le coup de ~*** a) mit Fäusten aufeinander einschlagen; b) *fig* hart 'durchgreifen; *loc/adv: les ~s sur les 'hanches* die Arme in die Hüften, Seiten gestemmt; *revolver au ~* mit dem Revolver in der Hand, Faust; *fig dormir à ~s fermés* fest, tief, wie ein Murmeltier, F wie ein Ratz schlafen; *montrer le ~ à qn* j-m die Faust zeigen, mit der Faust drohen, F e-e Faust machen; *fig se ronger les ~s* e-e ohnmächtige Wut haben; F sich schwarz ärgern; *taper du ~ sur la table* mit der Faust auf den Tisch schlagen, hauen; *cf a serrer 1.*; **2.** *arme coup m de ~ (américain)* Schlagring *m*.

point¹ [pwɛ̃] *m* **1.** *PONCTUATION* Punkt *m*; *(les) deux ~s* (der) Doppelpunkt; *~ d'exclamation* Ausrufe- *ou* Ausrufungszeichen *n*; *~ d'interrogation* Fragezeichen *n* (*a fig*); *~s de suspension* Auslassungspunkte *m/pl*; *~ sur le i* I-Punkt *m*, I-Tüpfelchen *n*; *c'est un ~, c'est tout!* und damit basta, Punktum!; **2.** (*endroit déterminé*) Punkt *m* (*a fig*, *MATH, ASTR, PHYS*); Stelle *f*; ♦ *les quatre ~s cardinaux* die vier Himmelsrichtungen *f/pl*; *~ lumineux* Lichtpunkt *m*; *~ sensible* empfindliche Stelle; *fig* a wunder Punkt; *cf a chaud 4.*, *faible I 1.*, *mort*² *I 1.*, *noir I 1.*; ♦ *AUTO ~ d'allumage* Zündzeitpunkt *m*; *MATH, fig ~ de contact* Berührungspunkt *m*; *~ de départ* Ausgangspunkt *m*; *fig a ~ d'ancrage*, *~ d'appui* Ansatzpunkt *m*; *~ d'eau* Wasserstelle *f*; *~ de repère* Anhalts-, Bezugs-, Orien'tierungspunkt *m*; *COMM ~ de vente* Verkaufsstelle *f*; *~ de vue cf 3.*; *cf a appui 1.*, *chute 2.*, *honneur 1.*, *mire 1. et les autres subst correspondants*; ♦ *loc/adj, loc/adv, loc/conj: à ~ CUIS* bifteck medium; halb, nicht gar(z 'durchgebraten; *fromage* gerade richtig; reif; *fruits* eßreif; *rôti être* (*cuit*) *à ~* fertig (gebraten), gar sein; *dans le temps à ~* (*nommé*) gerade zur rechten Zeit; gerade richtig, recht; wie gerufen; sehr gelegen; *prov tout vient à ~ à qui sait attendre* mit Geduld und Spucke fängt man e-e Mucke (*prov*); *au ~ où nous en sommes, où en sont les choses* so wie die Lage jetzt ist, wie die Dinge stehen; *en être toujours au même ~* immer noch am selben Punkt stehen; *situation* noch immer unverändert, die gleiche sein; *être au ~ machine* in Ordnung sein; gut *ou* richtig funktionieren; *procédé, système* entwickelt, ausgearbeitet, ausgereift sein; *spectacle* aufführungsreif sein; *mettre au ~* appareil *photo*, *jumelles* etc einstellen; *procédé, système* etc entwickeln; ausarbeiten; *mise f au ~ cf mise 5.*; *au ~ de* (+*inf*), *au ~ que*, *à tel ~ que* so (sehr), derart(ig), in e-m solchen Maße, Grade, daß; *il ne fait pas froid au ~ de mettre un manteau* es ist nicht so kalt, daß man e-n Mantel anziehen müßte; *j'avais du travail au ~, à tel ~ que ...* ich hatte so viel, derart viel Arbeit, daß ...; *à ce ~* (*que*) so sehr (daß); *à ce ~-là?* steht es so schlimm?; so weit ist es schon gekommen?; *à quel ~* wie sehr; in welchem Maße; *rechercher jusqu'à quel ~ il est responsable* (in)wie'weit er verantwortlich ist; *jusqu'à un certain ~* bis zu e-m gewissen Grad(e); bis zu e-m bestimmten Punkt; *pousser l'obstination au plus 'haut ~* die Halsstarrigkeit auf die Spitze, zum Äußersten treiben; *personne être mal en ~* schlecht, übel dran sein; gar nicht auf der Höhe sein; *être sur le ~ de faire qc* gerade im Begriff sein, gerade da'bei sein, sich gerade anschicken, etw zu tun; *être sur le ~ de partir* a auf dem Sprung sein; *être sur le ~ de pleurer* den Tränen, dem Weinen nahe sein; *bâtiment être sur le ~ de s'écrouler* dem Einsturz nahe sein; **3.** *~ de vue* a) *d'un observateur* Standort *m*; *du haut de qc* Aussichtspunkt *m*; *par ext* (*vue*) (Aus-, Rund)Blick *m*; b) *fig* (*opinion*) Standpunkt *m*; (*aspect*) Gesichtspunkt *m*; *votre ~ de vue sur cette question* Ihr Standpunkt, Ihre Auffassung in dieser Frage; ♦ *loc/adv: à son ~ de vue* s-r Meinung, Auffassung nach; *au ou du ~ de vue médical etc* vom medizinischen etc Standpunkt aus; in medizinischer etc Hinsicht; medizinisch etc gesehen; *au ou du ~ de vue des salariés etc* vom Standpunkt der Arbeitnehmer etc aus; von den Arbeitnehmern etc her gesehen; F *au ~ de vue confort* was den Komfort betrifft, an(be)langt, angeht; hinsichtlich des Komforts; in puncto Komfort; *de ce ~ de vue* unter diesem Gesichtspunkt; von diesem Standpunkt aus; *d'un certain ~ de vue* a) *aspect* unter e-m bestimmten Gesichtspunkt; b) *manière* in gewisser Hinsicht, Weise; **4.** (*sujet*) Punkt *m*; *~ litigieux* strittiger Punkt; *~ de détail* nebensächlicher, unwesentlicher Punkt; Nebensache *f*; *loc/adv: de ~ en ~* genau; ex'akt; strikt; *en tout ~, en tous ~s* in allen Punkten; voll und ganz; *par ~* Punkt für Punkt; *sur ce ~* in diesem Punkt; **5.** *ÉCOLE, SPORTS, JEUX* Punkt *m*; *bon ~* a) *ÉCOLE autrefois* Fleißpunkt *m*; Fleißkärtchen *n*; b) *fig* Plus(punkt) *n*(*m*); *mauvais ~* Minus(punkt) *n*(*m*); *SPORTS aux ~s* nach Punkten; *vainqueur m aux ~s* Sieger *m* nach Punkten; *victoire f aux ~s* a Punktsieg *m*; *battre aux ~s* nach Punkten schlagen; *cf a marquer 2.*, *6.*; **6.** a) *COUT* Stich *m*; *~ arrière* 'Hinterstich *m*, *~ de boutonnière, de croix, de devant, de tapisserie, de tige* Knopfloch-, Kreuz-, Vor-, Stick(e'rei)-, Stielstich *m*; *loc/adv à grands, petits ~s* mit großen, kleinen Stichen; *faire un ~ à qc* etw (*dat*) ein paar Stiche nähen, machen; b) *TRICOT, CROCHET* Muster *n*; *~ de crochet, de tricot* Häkel-, Strickmuster *n*; *cf a jersey 1.*; **7.** *TYPO* Punkt *m*; **8.** *MUS* Punkt *m*; *~ d'orgue* Fer'mate *f*; **9.** *MAR, AVIAT* Standort *m*; Positi'on *f*; *faire le ~* a) den Standort, die Position ermitteln, feststellen; *MAR a* das Besteck aufmachen, nehmen; b) *fig* e-e Zwischenbilanz ziehen; sehen, wo man steht; die Lage, den Stand der Dinge über'prüfen; Bericht abgeben; **10.** *d'un dé à jouer* Auge *n*; *aux cartes* Punkt *m*; **11.** *en France ~* (*de retraite*) Punkt *m* zur Berechnung des Rentenanspruchs; **12.** *MÉD ~ de côté* Seitenstechen *n*; **13.** *le ~ du jour* der Tagesanbruch; *au ~ du jour* bei Tagesanbruch; im Morgengrauen

point² [pwɛ̃] *adv litt, régional, plais ne ... ~* (durchaus) nicht; keineswegs; *~ de* (+*subst*) kein(e)

pointage [pwɛta3] *m* **1.** *de noms sur une liste* Abhaken *n*; **2.** *du personnel* (Arbeitszeit)Kon'trolle *f* (mit Stempeluhren); Stempeln *n*; *appareil m de ~* Stempel-, Stechuhr *f*; *carte f de ~* Stempelkarte *f*; **3.** *d'un canon* Richten *n*

pointe [pwɛ̃t] *f* **1.** (*bout pointu*) Spitze *f*; *~ d'aiguille* Nadelspitze *f*; *~ d'asperge* Spargelspitze *f*; *~ des cheveux* Haarspitzen *f/pl*; *~ d'un clocher, d'un crayon, d'une épée* Kirchturm-, Bleistift-, Degenspitze *f*; *~ des pieds* Fuß-, Zehenspitzen *f/pl*; *marcher sur la ~ des pieds* auf Zehenspitzen gehen, laufen; *loc/adj* und *loc/adv en ~* spitz (zulaufend); *Spitz...*; *se terminer en ~* spitz zulaufen; in e-r Spitze enden; *s'asseoir sur la ~ des fesses* sich nur auf die Stuhlkante setzen; **2.** *DANSE ~s pl* Spitzentanz *m*; *chaussons m/pl à ~s* Spitzenschuhe *m/pl*; *faire des ~s* Spitzentanz tanzen; **3.** (*objet pointu*) *d'une grille* Spitze *f*; *de barbelés* Stachel *m*; *d'une boucle de ceinture* Dorn *m*, Stachel *m*; (*clou*) Drahtstift *m*; Tape-'ziernagel *m*; *d'un tourne-disque ~ de lecture* Abtaststift *m*, -nadel *f*; *SPORTS* (*chaussures f/pl à*) *~s* Rennschuhe *m/pl*; Spikes [spaɪks, ʃp-] *pl*; **4.** *du graveur* Ra'diernadel *f*; *~ sèche* a) Kaltnadel *f*; kalte Nadel; b) *gravure* (Kaltnadel)Ra'dierung *f*; *compas m à ~s sèches* Stechzirkel *m*; *TECH ~ à tracer* Reißnadel *f*; **5.** *fichu* dreieckiges Kopf-, Halstuch; Dreieckstuch *n*; *couche de bébé* dreieckige Windel; **6.** *COUT* Keil *m*; *mettre une ~* e-n Keil einsetzen; **7.** *MIL* Angriffsspitze *f*; Stoßkeil *m*, *faire, pousser une ~* a) e-n Vorstoß machen, unter'nehmen; b) *fig* e-n Abstecher machen (*jusqu'à Reims* nach Reims); **8.** *une ~ de CUIS* e-e Spur; ein klein wenig; b) *fig* ein Anflug *m*, e-e Spur, ein Hauch *m*, e-e Andeutung von; *une ~ d'ironie* ein Anflug etc von Ironie; *il parlait avec une ~ d'accent espagnol* er sprach mit e-m leichten spanischen Akzent; **9.** *fig* (*allusion ironique*) Spitze *f*; boshafte Bemerkung, Anspielung; *~s pl* a Stiche'lei *f*; *lancer des ~s à qn* gegen j-n sticheln; boshafte Bemerkungen gegen j-n machen; **10.** *fig* (*maximum*) Spitze *f*; *~ de trafic* Verkehrsspitze *f*; *pousser une ~ de vitesse* auf Spitzengeschwindigkeit gehen; ♦ *loc/adj de ~* a) Spitzen...; *heures f/pl de ~ de la circulation* Stoßzeiten *f/pl*; Spitzen(verkehrs)zeiten *f/pl*; Hauptverkehrszeiten *f/pl*; *de la consommation de gaz etc* Spitzen(verbrauchs)zeiten *f/pl*; *vitesse f de ~* Spitzengeschwindigkeit *f*; F Spitze *f*; b) *fig* Spitzen...; an der Spitze des (technischen, sozialen) Fortschritts stehend; *technologie f de ~* Spitzentechnologie *f*; ♦ *reporter être à la ~ de l'actualité* immer das Aktuellste berichten; *être à la ~ du progrès* im (technischen *ou*

sozialen) Fortschritt die Spitze halten; **11.** *MÉD* ~s *de feu* punktu'elle Kauterisati'on
pointeau [pwɛto] *m* ⟨*pl* ~x⟩ **1.** *outil* Körner *m*; **2.** *d'un carburateur* Schwimmernadel(ventil) *f(n)*
pointer[1] [pwɛte] **I** *v/t* **1.** *noms sur une liste* abhaken; *mots dans un texte* anstreichen; **2.** *arme, canon* richten; *par ext* ~ *l'index vers qn* mit dem Zeigefinger auf j-n weisen; **3.** *animal* ~ *les oreilles* die Ohren spitzen; **4.** *MUS* punk'tieren; *adjt* *note pointée* punktierte Note; **5.** *ÉCOLE adj zéro pointé* das 'Durchfallen bedingende Sechs; **6.** *TECH au pointeau* körnen; mit dem Körner anreißen; **II** *v/i* **7.** *personnel d'une entreprise* stempeln; **8.** *aux boules* die Zielkugel anspielen; **9.** *tour etc* ~ *vers le ciel* steil in den Himmel emporragen; *st/s* s-e Spitze gen Himmel rekken; **10.** *bourgeons, pousses* sprießen; **III** *v/pr* F *fig personne* se ~ chez qn bei j-m auftauchen, F aufkreuzen
pointer[2] [pwɛtœʀ] *m* ZO Pointer *m*
pointeur [pwɛtœʀ] *m* **1.** *artilleur* Richtkanonier *m*; **2.** *aux boules* Spieler, der die Zielkugel anspielt
pointeuse [pwɛtøz] *f* ou *adj* **horloge** ~ Stech-, Kon'trolluhr *f*
pointillé [pwɛtije] *m* **1.** (*ligne de points*) punk'tierte Linie; Punk'tierung *f*; (*perforations*) Perfo'rierung *f*; Perforati'on *f*; **2.** *dessin, gravure au* ~ in Punk'tier-, Punzenmanier
pointilleux [pwɛtijø] *adj* ⟨-euse⟩ pe'dantisch; kleinlich; 'übergenau; pe'nibel; F pingelig; *être* ~ *sur qc* in etw *(dat)* pedantisch *etc* sein
pointill|isme [pwɛtijism(ə)] *m* PEINT Pointil'lismus *m*; ~**iste** PEINT **I** *adj* pointil'listisch; **II** *m,f* Pointil'list(in) *m(f)*
pointu [pwɛty] *adj* **1.** *clocher, toit, nez, menton, chapeau etc* spitz; *écriture* ekkig; **2.** *voix, ton* schrill; *pour les Méridionaux* **accent** ~ Pariser Akzent; **3.** *air* ~ verkniffene Miene; *fig: raisonnement* sub'til; *industrie, expérience, formation* hochspeziali'siert
pointure [pwɛtyʀ] *f* (Schuh-, Handschuh-, Hut)Nummer *f*, (-)Größe *f*; **quelle** ~ **faites-vous?**, **quelle est votre** ~? welche Größe, Nummer haben Sie?
point-virgule [pwɛ̃viʀgyl] *m* ⟨*pl* points--virgules⟩ Strichpunkt *m*; Semi'kolon *n*
poire [pwaʀ] *f* **1.** BOT Birne *f*; *fig: entre la* ~ *et le fromage* beim Nachtisch, Des'sert; wenn er *ou* sie *etc* gut gegessen hat und guter Laune ist; *couper la* ~ *en deux* sich einigen; sich auf halbem Wege entgegenkommen; *garder une* ~ *pour la soif* e-n Notgroschen, -pfennig zurücklegen; **2.** *en caoutchouc* Gummiball *m*, -bällchen *n*; ~ *électrique* Druckknopfschalter *m* (am Kabelende); *MÉD* ~ *à lavement* Kli'stierspritze *f*; **3.** F *fig (figure)* F Fas'sade *f*; Vi'sage *f*; *recevoir qc en pleine* ~ etw mitten in die Visage kriegen; **4.** F *fig personne* **une** (**bonne**) ~ F ein gutmütiger Trottel; **vous me prenez pour une** ~! Sie halten mich wohl für dumm, blöd!; *adjt* *être* ~ ein gutmütiger Trottel, dumm, blöd sein
poiré [pwaʀe] *m* Birnenmost *m*

poireau [pwaʀo] *m* ⟨*pl* ~x⟩ **1.** *BOT, CUIS* Porree *m*; Lauch *m*; *soupe f aux* ~x Porree-, Lauchsuppe *f*; **2.** F *fig* **faire le** ~ cf **poireauter**
poireauter [pwaʀote] F *v/i* lange, F ewig warten; F sich die Beine in den Bauch stehen
poirier [pwaʀje] *m* **1.** BOT Birnbaum *m*; Birne *f*; **2.** *bois* Birnbaum(holz) *m(n)*; **3.** *fig* **faire le** ~ (e-n) Kopfstand machen
poiroter cf **poireauter**
pois [pwa] *m* **1.** BOT, CUIS Erbse *f*; *petits* ~ grüne, junge Erbsen; **2.** BOT ~ *de senteur* Wohlriechende Wicke; **3.** *robe etc à* ~ getupfelt; gepunktet
poison [pwazɔ̃] *m* **1.** Gift *n*; Giftstoff *m*; ~ *végétal* Pflanzengift *n*; **2.** *m,f* F *d'une personne méchante* F Giftnudel *f*, -kröte *f*; *d'une personne insupportable* F Nervensäge *f*; *quel(le)* ~! so e-e Giftnudel *etc!*; *adjt* *être* ~ e-e Giftnudel *etc* sein; *d'un enfant* *être un petit* ~ unausstehlich, ein kleiner Teufel sein; **3.** F *d'une activité, tâche* Plage *f*
poissarde [pwasaʀd] *f péj* Marktweib *n*; *par ext* ordi'näres Weib
poisse [pwas] *f* F ~ **n**; **quelle** ~! so ein Pech!; *c'est la* ~! das ist Pech!
poisser [pwase] **I** *v/t* **1.** *salir* klebrig machen; beschmieren; **2.** *TECH* mit Pech behandeln, tränken; *t/t* verpichen; **II** *v/i* *ça poisse* das klebt, ist klebrig
poisseux [pwasø] *adj* ⟨-euse⟩ klebrig
poisson [pwasɔ̃] *m* **1.** ZO, CUIS Fisch *m*; *coll du* ~ Fische *m/pl*; *fig de gros* ~, F großer *ou* dicker Fisch; ~ *d'eau douce, de mer, de rivière* Süßwasser-, See-, Flußfisch *m*; *par ext* ~ *en chocolat* Schoko'ladenfisch *m*; *couvert m à* ~ Fischbesteck *n*; *soupe f de* ~ Fischsuppe *f*; *être heureux comme un* ~ *dans l'eau* sich wohl fühlen, munter sein wie ein Fisch im Wasser; *prov petit* ~ *deviendra grand (pourvu que Dieu lui prête vie)* aus Kindern werden Leute *(prov)*; *cf* **à la queue** **1.** **engueuler 1.**; **2.** ~ *d'avril* A'prilscherz *m*; *faire un* ~ *d'avril à qn* j-n in den April schicken **3.** *ASTR les* ~s die Fische *m/pl*; *être* ~s (ein) Fisch *m* sein; **4.** *insecte* ~ *d'argent* Silberfischchen *n*; ~**-chat** *m* ⟨*pl* poissons-chats⟩ *ZO* Wels *m*; ~**-épée** *m* ⟨*pl* poissons-épées⟩ *ZO* Schwertfisch *m*
poisson|nerie [pwasɔnʀi] *f* **1.** *magasin* Fischhandlung *f*, -geschäft *n*, -halle *f*; *stand* Fischstand *m*; **2.** *commerce* Fischhandel *m*; ~**eux** *adj* ⟨-euse⟩ fischreich; ~**ier**, ~**ière** *f* Fischhändler(in) *m(f)*
poisson-scie [pwasɔ̃si] *m* ⟨*pl* poissons--scies⟩ *ZO* Sägefisch *m*
poitevin [pwatvɛ̃] **I** *adj* von Poitiers; des Poitou; **II** *subst* ~(e) *m(f)* Bewohner(in) *m(f)* von Poitiers, des Poitou
Poitou [pwatu] *le* ~ historische Provinz in Westfrankreich
Poitou-Charentes [pwatuʃaʀɑ̃t] *le* ~ *frz Region*
poitrail [pwatʀaj] *m* ZO Brust *f*
poitrinaire [pwatʀinɛʀ] *autrefois* **I** *adj* schwindsüchtig; **II** *m,f* Schwindsüchtige(r) *f(m)*
poitrine [pwatʀin] *f* **1.** ANAT Brust *f*; **2.** *d'une femme* Brust *f*; Busen *m*; *avoir beaucoup de* ~ viel Busen haben; e-n vollen, üppigen Busen haben; vollbusig sein; *n'avoir pas de* ~ keinen Busen

haben; flachbrüstig sein; **3.** *BOUCHERIE* ~ *de bœuf, de veau* Rinder-, Kalbsbrust *f*; ~ *de porc* Schweinebauch *m*
poivre [pwavʀ(ə)] *m* **1.** *CUIS* Pfeffer *m*; ~ *blanc, noir ou gris, vert* weißer, schwarzer, grüner Pfeffer; ~ *de Cayenne* Ca'yennepfeffer *m*; ~ *en grains* ganzer Pfeffer; Pfefferkörner *n/pl*; **2.** *adjt* ⟨*inv*⟩ *cheveux, barbe* ~ *et sel* graumeliert
poivr|er [pwavʀe] *v/t* *CUIS* pfeffern; *adjt* *très poivré* stark gepfeffert; pfeff(e)rig; ~**ier** *m* **1.** *BOT* Pfeffer(strauch) *m*; **2.** *poivrière*, ~**ière** *f* *CUIS* Pfefferstreuer *m*
poivron [pwavʀɔ̃] *m* *BOT, CUIS* Paprika (-schote) *m(f)*; ~ *jaune, rouge, vert* gelber, roter, grüner Paprika
poivr|ot [pwavʀo] F *m*, ~**ote** F *f* Trinker(in) *m(f)*, *péj* Trunkenbold *m*; F Säufer(in) *m(f)*
poix [pwa] *f* Pech *n*
poker [pɔkɛʀ] *m* **1. a)** *jeu* Poker(spiel) *n*; *fig c'était un* ~ das war das reinste Pokerspiel; **b)** (*carré*) Viererpasch *m*, Four [fɔːʀ] *m* (*de rois etc* mit vier Königen *etc*); **2.** ~ *d'as* Würfelpoker *m*
polaire [pɔlɛʀ] **I** *adj* **1.** *GÉOGR* po'lar; Po'lar...; *cercle m, expédition f* ~ Polarkreis *m*, -expedition *f*; *fig un froid* ~ si'birische Kälte; *glaces f/pl* ~s, *nuit f* ~, *régions f/pl* ~s Polareis *n*, -nacht *f*, -gebiet *n*; **2.** *ASTR l'étoile f* ~ der Po'larstern; *m*; **3.** *MATH coordonnées f/pl* ~s Polarkoordinaten *f/pl* **II** *f* MATH Po'lare *f*
polar [pɔlaʀ] *m* F Krimi *m*
polarisation [pɔlaʀizasjɔ̃] *f* **1.** *OPT, ÉLECT* Polarisati'on *f*; *plan m de* ~ Polarisationsebene *f*; **2.** *fig* Konzen'trierung *f*, Ausrichtung *f* (*sur* auf +acc)
polariser [pɔlaʀize] *v/t* **1.** OPT, ÉLECT polari'sieren; *adjt* *lumière polarisée* polarisiertes Licht; **2.** *fig attention, activité* auf sich konzen'trieren, lenken; F *personne être polarisé sur une question* von e-r Frage geistig völlig beansprucht sein; *p/fort* *être complètement polarisé* völlig einseitig interes'siert, ausgerichtet sein
polariseur [pɔlaʀizœʀ] *m* OPT Polari'sator *m*
polarité [pɔlaʀite] *f sc* Polari'tät *f*
polaroïd [pɔlaʀɔid] (*nom déposé*) *m* Po'laroidkamera *f* (*Wz*)
polder [pɔldɛʀ] *m* Polder *m*; Ko(o)g *m*
pôle [pol] *m* **1.** GÉOGR, ASTR, PHYS, ÉLECT Pol *m*; ~ *céleste* Himmelspol *m*; ~ *Nord, Sud* Nord-, Südpol *m*; **2.** *fig* **a)** (*point opposé*) Pol *m*; ~s *pl* Gegensätze *m/pl*; einander entgegengesetzte Standpunkte *m/pl*; **b)** ~ *d'attraction* Anziehungspunkt *m*; **c)** (*centre d'activités*) Schwerpunkt *m*; Zentrum *n*
polémique [pɔlemik] **I** *adj* po'lemisch; aggres'siv; streitbar; scharf; **II** *f* Po'lemik *f*; Fehde *f*; Kontro'verse *f*; Ausein'andersetzung *f*
polém|iquer [pɔlemike] *v/i* polemi'sieren; ~**iste** *m,f* Po'lemiker(in) *m(f)*
polenta [pɔlɛnta] *f* *CUIS* Po'lenta *f*
poli[1] [pɔli] *adj personne, ton etc* höflich; zu'vorkommend; gesittet; ur'ban; *refus* ~ höfliche Absage; *il est trop* ~ *pour être honnête* er ist zu beredt und höf-

lich, um aufrichtig zu sein; *dites donc, soyez ~!* na, Sie sind ja nicht gerade sehr höflich!

poli² [pɔli] **I** *adj métal, caillou etc* (glatt und) glänzend; blank; po'liert; **II** *m* (Hoch)Glanz *m*; Poli'tur *f*

police¹ [pɔlis] *f* Poli'zei *f*; **~ judiciaire** (*abr P.J.*) Krimi'nalpolizei *f* (*abr* Kripo *f*); **~ militaire** Mili'tärpolizei *f*; *en Allemagne* Feldjäger *m/pl*; **~ privée** privater Sicherheitsdienst; **~ secours** 'Überfallkommando *n*; Funkstreife *f*; **~ secrète** Geheimpolizei *f*; **~ de l'air et des frontières** Flughafen- und Grenzpolizei *f*; **~ des mœurs** Sittenpolizei *f*; F Sitte *f*; **~ de la route** Verkehrspolizei *f*; *contrôle m de ~* Polizeikontrolle *f*; JUR *peine f de ~* Strafe *f* für e-e Ordnungswidrigkeit; *voiture f de ~* Polizeiauto *n*; *se faire arrêter par la ~* von der Polizei festgenommen werden; *être dans la ~* bei der Polizei sein; *fig faire la ~* für Ordnung sorgen

police² [pɔlis] *f* **(d'assurance)** (Versicherungs)Po'lice [-sə] *f*; Versicherungsschein *m*

policé [pɔlise] *litt adj* zivili'siert

Polichinelle [pɔliʃinɛl] *m* **1.** Gestalt des frz Marionettentheaters; *fig c'est le secret de ~* das ist ein offenes Geheimnis; das pfeifen die Spatzen von den Dächern; **2.** *fig ♀* Hampelmann *m*; Hanswurst *m*

policier [pɔlisje] **I** *adj* ⟨-ière⟩ **1.** *mesures, enquête etc* poli'zeilich; *chien ~* Polizeihund *m*; *par ext:* **méthodes policières** Poli'zeimethoden *f/pl*; Methoden *f/pl* wie bei der Polizei; *régime ou État ~* Poli'zeistaat *m*; **2.** *Krimi'nal...; film, roman ~* Kriminalfilm *m*, -roman *m*; **II** *m* **1.** Poli'zeibeamte(r) *m*; Poli'zist *m*; *femme f ~* Poli'zeibeamtin *f*; Poli'zistin *f*; **2.** F *roman, film* F Krimi *m*

policlinique [pɔliklinik] *f* städtische (Poli)Klinik

poliment [pɔlimɑ̃] *adv* höflich; *parler ~* in e-m höflichen Ton reden

polio [pɔljo] MÉD **1.** *f* Polio *f*; **2.** *m,f cf poliomyélitique* II

poliomyélite [pɔljɔmjelit] *f* MÉD (spi'nale) Kinderlähmung; *sc* Poliomye'litis *f*

poliomyélitique [pɔljɔmjelitik] **I** *adj personne* an Polio erkrankt; **II** *m,f* **a)** *personne atteinte* an Polio(mye'litis), (spi'naler) Kinderlähmung Erkrankte(r) *f(m)*; **b)** *personne handicapée* Poliogeschädigte(r) *f(m)*

polir [pɔliʀ] *v/t* **1.** TECH schleifen; po'lieren; glätten; schwabbeln; **2.** *ongles* po'lieren; blank reiben; **3.** *fig style, texte* ausfeilen; feilen an (+*dat*); glätten

polissage [pɔlisaʒ] *m* TECH Schleifen *n*; Po'lieren *n*; Glätten *n*; Schwabbeln *n*

polisson [pɔlisɔ̃] **I** *adj* ⟨*~ne*⟩ *chanson, allusion etc* zweideutig; schlüpfrig; *regards* begehrlich; lüstern; **II** *subst ~(ne) m(f)* (*enfant espiègle*) Schlingel *m*; Range *f*; F Racker *m*; *adjt elle est ~ne* sie ist ein Racker

polissonnerie [pɔlisɔnʀi] *f* **1.** *enfant faire des ~s* Schabernack machen, treiben; **2.** *dire des ~s* lose Reden führen; schlüpfrige Witze erzählen

politesse [pɔlitɛs] *f* **1.** Höflichkeit *f*; Zu-'vorkommenheit *f*; *visite f de ~* Höflichkeitsbesuch *m*; *loc/adv par ~* aus Höflichkeit; *fig brûler la ~ à qn* j-n einfach stehenlassen; **2.** *~s pl* Höflichkeiten *f/pl*; Höflichkeitsbezeigungen *f/pl*; *c'est la moindre des ~s* das erfordert der geringste Anstand; *se faire des ~s* sich gegenseitig Höflichkeiten erweisen; *rendre une ~ à qn* j-s Höflichkeit (*z. B. e-e Einladung*) erwidern; *la plus élémentaire des ~s veut que ...* die primitivste Anstandsregel erfordert, daß ...

politicard [pɔlitikaʀ] *m péj* skrupelloser, dubi'oser, anrüchiger Po'litiker

politic|ien [pɔlitisjɛ̃] *m*, *~ienne f* Po'litiker(in) *m(f)*; *péj cf politicard*

politico|-économique [pɔlitikoekɔnɔmik] *adj* wirtschaftspolitisch; *~-social adj* ⟨-aux⟩ sozi'alpolitisch

politique¹ [pɔlitik] **I** *adj* **1.** po'litisch; *crise f ~* Staatskrise *f*; *droits m/pl ~s* staatsbürgerliche Rechte *n/pl*; *économie f ~* Volkswirtschaft(slehre) *f*; Natio'nalökonomie *f*; *homme m ~* Po'litiker *m*; *milieux m/pl ~s* politische Kreise *m/pl*; *opinions f/pl ~s* politische Ansichten *f/pl*; *pouvoir m ~* politische Macht; *prisonnier m ~* politischer Gefangener; *sciences f/pl ~s* (*abr sciences po*) politische Wissenschaft *f/pl*; Politolo'gie *f*; **2.** *fig et st/s* (*habile*) diplo'matisch; **II** *m* **1.** *st/s personne* Po'litiker *m*; Staatsmann *m*; **2.** *secteur le ~* das Po'litische; *der po'litische Bereich*

politique² [pɔlitik] *f* **1.** Poli'tik *f*; *st/s* Staatskunst *f*; *~ agricole, commerciale, économique, européenne* A'grar-, Handels-, Wirtschafts-, Europapolitik *f*; *~ du logement, des prix, des salaires* Wohnungs-, Preis-, Lohnpolitik *f*; *faire de la ~* **a)** *homme politique* Politik machen; sich po'litisch betätigen; **b)** *homme de la rue* sich für Politik interessieren; sich mit Politik beschäftigen, abgeben; *mener une ~ de neutralité* e-e Neutralitätspolitik betreiben; *parler ~* über Politik reden; politi'sieren; **2.** *fig* Poli'tik *f*; Taktik *f*

politis|ation [pɔlitizasjɔ̃] *f* Politi'sierung *f*; *~er v/t* politi'sieren

polka [pɔlka] *f* Polka *f*; *~ piquée* Polka-Mazurka *f*

pollen [pɔlɛn] *m* BOT Pollen *m*; Blütenstaub *m*

pollinisation [pɔ(l)linizasjɔ̃] *f* BOT Bestäubung *f*

polluant [pɔlɥɑ̃] **I** *adj* 'umweltverschmutzend, -schädlich; *non ~* 'umweltfreundlich, -verträglich; schadstoffarm, -frei; **II** *m* Schadstoff *m*; *p/fort* 'Umweltgift *n*

polluer [pɔlɥe] *v/t environnement* verschmutzen; *air, eau a* verunreinigen; *air a* vergasen

pollueur [pɔlɥœʀ] *m* 'Umweltsünder *m*, -verschmutzer *m*

pollution [pɔlysjɔ̃] *f* **1.** *de l'environnement* 'Umweltverschmutzung *f*; 'Umweltbelastung *f*; *~ atmosphérique ou de l'air* Luftverschmutzung *f*, -verpestung *f*; *~ radioactive* radioaktive Verseuchung *f*; *par ext ~ sonore* Lärmbelästigung *f*; *~ des eaux* Gewässerverschmutzung *f*, -verunreinigung *f*; *~ des sols a* Bodenverseuchung *f*; **2.** PHYSIOL *~* (*nocturne*) unwillkürlicher (nächtlicher) Samenerguß *m*; *sc* Polluti'on *f*

polo [pɔlo] *m* **1.** SPORTS Polo(spiel) *n*; **2.** *chemise* Polohemd *n*

polochon [pɔlɔʃɔ̃] F *m* Schlummer-, Nackenrolle *f*

Pologne [pɔlɔɲ] *la ~* Polen *n*

polonais [pɔlɔnɛ] **I** *adj* polnisch; **II** *subst* **1.** *♀(e) m(f)* Pole *m*, Polin *f*; **2.** LING *le ~* das Polnische; Polnisch *n*; **3.** *~e f* Po'lo'naise *ou* -'näse *f* (*danse et air*)

polonium [pɔlɔnjɔm] *m* CHIM Po'lonium *n*

poltr|on [pɔltʀɔ̃] *m*, *~onne f* Feigling *m*; F Angsthase *m*; Hasenfuß *m*; *litt* Memme *f*; *adjt être ~* feige, ein Feigling sein

poltronnerie [pɔltʀɔnʀi] *f* Feigheit *f*

poly... [pɔli] *préfixe* poly...; Poly...; viel...; Viel...; mehr...; Mehr...; *cf les articles suivants*

poly|acrylique [pɔliakʀilik] *adj* CHIM *résines f/pl ~s* (Poly)A'crylharze *n/pl*; *~amide m* CHIM Polya'mid *n*

poly|andrie [pɔliɑ̃dʀi] *f* Vielmänne'rei *f*; *sc* Polyan'drie *f*; *~arthrite f* MÉD Polyar'thritis *f*

polychrom|e [pɔlikʀɔm] *adj* BEAUX-ARTS viel-, mehrfarbig; bunt; poly-'chrom; *~ie f* Viel-, Mehrfarbigkeit *f*; Buntheit *f*; Polychro'mie *f*

polyclinique [pɔliklinik] *f* Allge'meinkrankenhaus *n*

polycop|ie [pɔlikɔpi] *f* Vervielfältigung *f*; Hektogra'phie *f*; *~ier v/t* vervielfältigen; hektogra'phieren; abziehen; *adjt et subst m* (*cours*) *polycopié* (Vorlesungs)Skript *n*

polyculture [pɔlikyltyʀ] *f* AGR Mischkultur *f*

polyèdre [pɔljɛdʀ(ə)] *m* MATH Poly'eder *n*; Vielflach *n*, -flächner *m*

poly|ester [pɔliɛstɛʀ] *m* CHIM Poly'ester *m*; *~éthylène m* CHIM Poly'äthy'len *n*

polygam|e [pɔligam] **I** *adj* poly'gam; **II** *m,f* Polyga'mist(in) *m,f*; *~ie f* Polyga'mie *f*; Mehr-, Vielehe *f*; *au sens restreint* Vielweibe'rei *f*

polyglotte [pɔliglɔt] *adj* mehr-, vielsprachig; poly'glott; **II** *m,f* Poly'glotte(r) *f(m)*

polygonal [pɔliɡɔnal] *adj* ⟨-aux⟩ MATH vieleckig; polygo'nal

polygone [pɔliɡɔn, -ɡɔn] *m* **1.** MATH Vieleck *n*; Poly'gon *n*; **2.** MIL *~ de tir* Artille'rieschießplatz *m*

polymère [pɔlimɛʀ] CHIM **I** *adj* poly-'mer; **II** *m* Poly'mer(e) *n*

polymér|ie [pɔlimeʀi] *f* CHIM, BIOL Polyme'rie *f*; *~isation f* CHIM Polymerisati'on *f*; Polymeri'sierung *f*; *~iser v/t* CHIM polymeri'sieren

polymorph|e [pɔlimɔʀf] *adj sc* viel-, verschiedengestaltig; poly'morph; *~isme m sc* Mehr-, Vielgestaltigkeit *f*; Polymor'phie *f*, -mor'phismus *m*

Polynésie [pɔlinezi] *la ~* Poly'nesien *n*; *la ~ française* Fran'zösisch-Poly'nesien *n*

polynésien [pɔlinezjɛ̃] **I** *adj* ⟨*~ne*⟩ poly-'nesisch; **II** *subst ♀(ne) m(f)* Poly'nesier(in) *m(f)*

polynôme [pɔlinom] *m* MATH Poly'nom *n*

polype [pɔlip] *m* ZO, MÉD Po'lyp *m*

polyphasé [pɔlifaze] *adj* ÉLECT *courant ~* Mehrphasenstrom *m*

polyphon|ie [pɔlifɔni] *f* MUS Mehrstimmigkeit *f*; Polypho'nie *f*; *~ique adj* MUS mehrstimmig; poly'phon

polysém|ie [pɔlisemi] *f* LING Mehrdeu-

tigkeit *f* (von Wörtern); Polyse'mie *f*; **~ique** *adj LING* mehrdeutig; poly'sem
polystyrène [pɔlistiʀɛn] *m CHIM* Poly'styrol *n*; **~** (**expansé**) Styro'por *n* (*Wz*)
polysyllab|e [pɔlisi(l)lab] *adj et subst m* (**mot** *m*) **~** mehr-, vielsilbiges Wort; *sc* Poly'syllabum *n*; **~ique** *adj* mehr-, vielsilbig
polytechnic|ien [pɔlitɛknisjɛ̃] *m*, **~ienne** *f* (ehemalige[r]) Schüler(in) *m(f)*, Absol'vent(in) *m(f)* der École polytechnique
polytechnique [pɔlitɛknik] *adj École f* **~** *ou subst* ♀ *f* (*vom Armeeministerium verwaltete*) Hochschule zur Ausbildung von Ingenieuren in Paris
poly|théisme [pɔliteism(ə)] *m* Vielgötte'rei *f*; Polythe'ismus *m*; **~théiste** I *adj* polythe'istisch; II *m,f* Polythe'ist(in) *m(f)*
polyvalence [pɔlivalɑ̃s] *f* Vielseitigkeit *f*; vielseitige Verwendbarkeit
polyvalent [pɔlivalɑ̃] I *adj* **1.** *personne* vielseitig; auf mehreren Gebieten einsetzbar; *chose* vielseitig verwendbar; Mehrzweck...; *salle* **~e** Mehrzweckhalle *f*; **2.** *CHIM* mehrwertig; II *m FIN* Betriebs-, Steuerprüfer *m*
polyvinyle [pɔlivinil] *m CHIM* (**chlorure** *m* **de**) **~** PVC *n* (Polyvi'nylchlorid *n*)
pomélo [pɔmelo] *m fruit* Pomelo *f*
Poméranie [pɔmeʀani] *la* **~** Pommern *n*
pommade [pɔmad] *f MÉD* Salbe *f*; **~ à la pénicilline** Penizil'linsalbe *f*; *fig passer de la* **~** *à qn* j-m schmeicheln, schöntun; F j-m Honig ums Maul, um den Bart schmieren
pommadé [pɔmade] *adj cheveux* pomadi'siert
pomme [pɔm] *f* **1.** *fruit* Apfel *m*; **~ à cidre**, **au couteau**, **à cuire**, **au four** Most-, Tafel- *ou* Eß-, Koch-, Bratapfel *m*; **~ de reinette** Re'nette *f*; *adjt vert* **~** ⟨*inv*⟩ apfelgrün; **être 'haut comme trois** **~s** *petit garçon* F ein (kleiner) Knirps, ein Drei'käsehoch sein; *petite fille* F e-e kleine Krabbe sein; F *fig tomber dans les* **~s** in Ohnmacht fallen; F 'umklappen; **2.** *CUIS* **~ de terre** Kar'toffel *f*; **~s de terre frites** Pommes frites *pl*; **~s de terre à l'eau** Salzkartoffeln *f/pl*; **~s de terre en robe de chambre** *ou* **en robe des champs** Pellkartoffeln *f/pl*; Kartoffeln in der Schale; *elliptiquement* **~s vapeur** gedämpfte Kartoffeln; *cf à* **allumette 1.**, **mousseline 2.**; *ANAT* **~ d'Adam** Adamsapfel *m*; **4. ~ de pin** Kiefernzapfen *m*; Kienapfel *m*; *par ext de sapin* Tannenzapfen *m*; **5. ~ d'arrosoir** (Gießkannen)Brause *f*; **6.** F *a*) **ma ~** ich; F meine Wenigkeit; **pour ma ~** für mich; *b*) **c'est aux ~s!** F das ist prima, dufte, schick!; **7.** *de laitue*, *de chou* Kopf *m*; österr Häuptel *n*; **8.** **de rampe** **d'escalier** etc Knauf *m*
pommé [pɔme] *adj BOT* **chou ~** Kopfkohl *m*; **laitue ~e** Kopf-, österr Häuptelsalat *m*
pommeau [pɔmo] *m* ⟨*pl* **~x**⟩ *d'une épée*, *canne* Knauf *m*; *d'une selle* Sattelknopf *m*
pommelé [pɔmle] *adj* **cheval** (**gris**) **~** Apfelschimmel *m*; **ciel ~** mit Schäfchenwolken bedeckter Himmel

pommette [pɔmɛt] *f* Backenknochen *m*; **avoir des ~s saillantes** hervorstehende Backenknochen haben
pommier [pɔmje] *m BOT* Apfelbaum *m*; Apfel *m*; **~ de Chine**, **du Japon** Zierapfel *m* aus Ostasien
pompage [pɔ̃paʒ] *m* **1.** (Ab-, Hoch-) Pumpen *n*; **2.** *PHYS* **~ optique** optisches Pumpen
pompe[1] [pɔ̃p] *f* **1.** *TECH* Pumpe *f*; **~ à bicyclette** Fahrradpumpe *f*; **~ à chaleur** Wärmepumpe *f*; **~ à eau** Wasserpumpe *f*; **~ à essence** a) *d'une station-service* Tank-, Zapfsäule *f*; b) *AUTO* Ben'zinpumpe *f*; **~ à huile** Ölpumpe *f*; **~ à incendie** Feuerlöschpumpe *f*; Feuerspritze *f*; **2.** F *fig loc/adv* **à toute ~** *ou* mit Windeseile; mit höchster, F affenartiger Geschwindigkeit; F mit Ka'racho; **arriver à toute ~** F angerast kommen; **rouler à toute ~** a F e-n Affenzahn draufhaben; **3.** *fig* **avoir le** *ou* **un coup de ~** F ausgepumpt, völlig fertig, am Boden zerstört, k. o. sein; **4.** F **~s** *pl* (*chaussures*) F Latschen *m/pl ou f/pl*; Treter *m/pl*; F *fig* **être à côté de ses ~s** F nicht alle beiein'anderhaben; nicht ganz dicht sein; da'nebensein; **5.** F *MIL* (**soldat** *m* **de**) **deuxième ~** *m* einfacher Sol'dat; F Landser *m*; *péj* Musch'kote *m*; **6.** F *exercice* Liegestütz *m*; **faire des ~s** Liegestütze machen
pompe[2] [pɔ̃p] *f* **1.** *st/s* (*faste*) Prunk *m*; Pomp *m*; Pracht *f*; Gepränge *n*; Aufwand *m*; Prunk-, Prachtentfaltung *f*; **en grande ~** mit großem Prunk, Pomp *etc*; **2. ~s funèbres** Beerdigungs-, Bestattungsinstitut *n*, -dienst *m*; **3.** *REL cf* **renoncer**
Pompéi [pɔ̃pei] Pom'peji *n*
pomper [pɔ̃pe] *v/t* **1.** *TECH* (ab-, hoch-) pumpen; **~ de l'eau** Wasser pumpen; F *fig* **tu me pompes l'air** F du gehst, fällst mir auf den Wecker; **2.** *sol: eau etc* aufsaugen, -nehmen; *moustiques: sang* saugen; **3.** F (*copier*) abschreiben (**sur un livre** von aus e-m Buch); abgucken (**sur qn** von j-m); *abs* F spikken; **4.** Γ *fig adjt* **être pompé** *cf* **pompe**[1] **3.**
pompette [pɔ̃pɛt] *f* F *adj* angeheitert; F angesäuselt; beschwipst
pompeux [pɔ̃pø] *adj* ⟨*-euse*⟩ *péj* schwülstig; hochtrabend; pa'thetisch; bom'bastisch
pompier[1] [pɔ̃pje] *m* Feuerwehrmann *m*; **~s** *pl* Feuerwehr(leute) *f(pl)*; *THÉ* **~ de service** Feuerwehrmann vom Dienst; **casque** *m* **de ~** Feuerwehrhelm *m*; **échelle** *f* **de ~s** Feuerwehrleiter *f*
pompier[2] [pɔ̃pje] *adj* ⟨*-ière*⟩ *péj* **discours**, **style** gespreizt; gestelzt; **peintre** aka'demisch und manie'riert
pompiste [pɔ̃pist] *m* Tankwart *m*
pompon [pɔ̃pɔ̃] *m* **1.** Pompon *m*; Troddel *f*, Quaste *f*; **nordd** F a Bommel *f*; **2.** F *iron* **avoir**, **tenir le ~** alle anderen in den Schatten stellen, F in den Sack stecken; F den Vogel abschießen; F *fig* **c'est le ~!** F das ist die Höhe, der Gipfel!; **3.** *adjt BOT* **rose ~** *f* **~** *t/t* Pom'ponrose *f* (Strauchrose mit kugeligen Blüten)
pomponner [pɔ̃pɔne] *v/t* (*et v/pr*) (**se**) **~** (sich) her'ausputzen, -staffieren; (sich) hübsch machen
ponçage [pɔ̃saʒ] *m* (Ab)Schleifen *n*; *à*

la pierre ponce Pon'cieren *n*; *au papier émeri* (Ab)Schmirgeln *n*
ponce [pɔ̃s] *adj* **pierre ~** Bimsstein *m*
Ponce Pilate [pɔ̃spilat] *m HIST* Pontius Pi'latus *m*
poncer [pɔ̃se] *v/t* ⟨-ç-⟩ *parquet*, *meuble etc* (ab)schleifen; *au papier émeri* (ab)schmirgeln; *à la pierre ponce* pon'cieren
ponceuse [pɔ̃søz] *f TECH* Schleifmaschine *f*
poncho [pɔ̃ʃo] *m* Poncho [-'tʃ-] *m*
poncif [pɔ̃sif] *m st/s* (*lieu commun*) Gemeinplatz *m*; Plati'tüde *f*; Kli'schee *n*
ponction [pɔ̃ksjɔ̃] *f* **1.** *MÉD* Punkti'on *f*; **2.** *FIN* (Geld)Entnahme *f*; Liquidi'tätsentzug *m*
ponctionner [pɔ̃ksjɔne] *v/t MÉD* punk'tieren
ponctualité [pɔ̃ktɥalite] *f* Pünktlichkeit *f*; **avec ~** pünktlich
ponctuation [pɔ̃ktɥasjɔ̃] *f* Zeichensetzung *f*; Interpunkti'on *f*; **signes** *m/pl* **de ~** Satzzeichen *n/pl*; Interpunktionszeichen *n/pl*; **mettre la ~** die Satzzeichen setzen
ponctuel [pɔ̃ktɥɛl] *adj* ⟨*~le*⟩ **1.** *personne* pünktlich; **2.** *source lumineuse* punktu'ell; punktförmig; **3.** *fig* **intervention**, **action** punktu'ell; auf einen Punkt, auf einzelne Punkte beschränkt
ponctuellement [pɔ̃ktɥɛlmɑ̃] *adv* pünktlich
ponctuer [pɔ̃ktɥe] *v/t* **1.** *texte* mit Satzzeichen versehen; interpunk'tieren; **2.** *fig* **ses phrases** *etc* **~ d'un geste** *etc* durch e-e Geste *etc* 'unterstreichen, betonen
pondérateur [pɔ̃deʀatœʀ] *adj* ⟨-trice⟩ **influence** *etc* ausgleichend; mäßigend
pondération [pɔ̃deʀasjɔ̃] *f* **1.** *d'une personne* Besonnenheit *f*; Bedachtsamkeit *f*; **2. de forces** Ausgewogenheit *f*; **3.** *STATISTIQUE* Gewichtung *f*
pondéré [pɔ̃deʀe] *adj* **1.** *personne* besonnen; bedacht(sam); über'legt handelnd; maßvoll; **2.** *STATISTIQUE* **indice** **~** gewichteter Index
pondéreux [pɔ̃deʀø] *adj* ⟨-euse⟩ *COMM* schwer; **marchandises pondéreuses** Schwergut *n*
pondeuse [pɔ̃døz] *f* **1. ~** *ou adjt* **poule ~** Legehenne *f*; **une bonne ~** e-e gute Legehenne; **2.** F *péj d'une femme* **une ~** (**d'enfants**) *péj* e-e Gebärmaschine
pondre [pɔ̃dʀ] *v/t* ⟨*cf* **rendre**⟩ **1.** *ZO* **œufs** legen; *abs*: *animal* Eier legen; *poule* legen; **2.** F *péj femme*: **enfant** F kriegen; **3.** F *péj article*, **roman** *péj* fabri'zieren; zu'sammenschreiben, -schmieren
poney [pɔnɛ] *m ZO* Pony *n*
pongiste [pɔ̃ʒist] *m,f SPORTS* Tischtennis-, Pingpongspieler(in) *m(f)*
pont [pɔ̃] *m* **1.** Brücke *f*; *AVIAT* **~ aérien** Luftbrücke *f*; **~ basculant**, **à bascule** Klappbrücke *f*; *MANUTENTION* **~ roulant** Lauf-, Brückenkran *m*; **~ suspendu** Hängebrücke *f*; **~ tournant** a) Drehbrücke *f*; b) *CH DE FER* Drehscheibe *f*; **~ du chemin de fer** Eisenbahnbrücke *f*; *AUTO* **~ de graissage** Hebebühne *f*; **~ en béton armé**, **en bois** Stahlbeton-, Holzbrücke *f*; **les ~s sur la Seine** die Seinebrücken *f/pl*; *MIL* **tête** *f* **de ~** Brückenkopf *m*; *fig*: **couper**, **brûler les ~s** alle Brücken hinter sich

abbrechen; *couper les* ~*s avec qn* den Kontakt, die Beziehungen zu j-m abbrechen; *st/s c'est un* ~ *aux ânes* [-pōtozan] das ist kinderleicht; das kann, weiß jedes Kind; *faire le* ~ an e-m Werktag zwischen zwei Feiertagen *ou* arbeitsfreien Tagen nicht arbeiten; *cf a 7.*; *faire un* ~ *d'or à qn* j-m ein finanziell verlockendes Angebot machen; **2.** *ADM* ~*s et Chaussées* [pōze-] Tiefbauverwaltung *f*, -behörde *f*, -amt *n*; *ingénieur m des* ~*s et Chaussées* beamteter Tiefbauingenieur; **3.** *MAR* Deck *n*; ~ *arrière* Achterdeck *n*; *cf a 4.*; ~ *supérieur* Oberdeck *m*; *loc/adv sur le* ~ an Deck; *tout le monde sur le* ~*!* alle Mann an Deck!; **4.** *AUTO* ~ *arrière*, *avant* 'Hinter-, Vorderachse *f*; **5.** *ÉLECT* (Meß)Brücke *f*; Brückenschaltung *f*; **6.** *COUT pantalon m à* ~ Hose *f* mit Hosenklappe, -latz; **7.** *SPORTS* Brücke *f*; *faire le* ~ e-e, die Brücke machen; **8.** *TECH* ~ *thermique* Kältebrücke *f*
pontage [pōtaʒ] *m* **1.** *TECH* Bau *m* e-r Behelfsbrücke; **2.** *MÉD* Bypass(operation) ['baɪ-] *m(f)*
ponte¹ [pōt] *f* **1.** *ZO* **a)** action Eierlegen *n*; **b)** œufs Gelege *n*; **2.** *PHYSIOL* ~ *ovulaire cf ovulation*
ponte² [pōt] *m* **1.** *aux jeux de hasard* Gegenspieler *m* des Bankhalters; **2.** F *fig un* (*gros*) ~ F ein hohes Tier; *péj* ein Bonze *m*
ponté [pōte] *adj MAR* mit e-m Deck; *à plusieurs ponts* Mehrdeck...
ponter [pōte] **I** *v/t MAR bateau* mit e-m Deck versehen; **II** *v/i aux jeux de hasard* gegen den Bankhalter spielen
pontife [pōtif] *m* **1.** *ÉGL CATH* *souverain* ~ Pontifex maximus *m*; Papst *m*; **2.** F *fig* hohes Tier; *péj* Bonze *m*; *grand* ~ *de la littérature* Literaturpapst *m*
pontifical [pōtifikal] *adj* 〈-aux〉 *ÉGL CATH* **a)** *messe* ~*e* Pontifikalamt *n*; **b)** päpstlich; *HIST États pontificaux* Kirchenstaat *m*; *trône* ~ päpstlicher Thron
pontificat [pōtifika] *m ÉGL CATH* Pontifi'kat *n*
pontifier [pōtifje] *v/i* do'zieren; sich professo'ral geben
pont-l'évêque [pōlevɛk] *m* 〈inv〉 ein frz Weichkäse
pont-levis [pōl(ə)vi] *m* 〈pl ponts-levis〉 *FORTIF* Zugbrücke *f*
ponton [pōtō] *m* Anlegeponton *m*; *t/t* Schlengel *m*; ~**-grue** *m* 〈pl pontons--grues〉 Schwimmkran *m*
pontonnier [pōtɔnje] *m MIL* Brückenbaupionier *m*
pool [pul] *m* **1.** *ÉCON* Pool [pu:l] *m*; **2.** *dans une entreprise* ~ *de dactylos* Schreibsaal *m*, -zentrale *f*
pop [pɔp] *adj* 〈inv〉 Pop...; *art m* ~ Pop--art *f*; *musique f* ~ Popmusik *f*
pop'art [pɔpaʀ] *m* Pop-art *f*
pop-corn [pɔpkɔʀn] *m* Popcorn *n*; Puffmais *m*
pope [pɔp] *m ÉGL* Pope *m*
popeline [pɔplin] *f TEXT* Pope'lin(e) *m(f)*
popote [pɔpɔt] *f* **1.** F *faire la* ~ das Kochen besorgen; kochen; das Essen zubereiten; **2.** *MIL* (*mess*) Offi'zierskasino *n*; **3.** *adjt* 〈inv〉 F *être* ~ nur Inter'esse, Sinn für Küche und Haushalt haben;

femme a ein Heimchen am Herd sein; *péj* hausbacken sein
popotin [pɔpɔtɛ̃] F *m* F (dicker) Hintern, Po; *se magner le* ~ F sich ranhalten; sich tummeln; *magne-toi le* ~*! a* F mach schon!; (ein bißchen) Beeilung!; ein bißchen dalli!
populac|e [pɔpylas] *f péj* Pöbel *m*; Mob *m*; ~**ier** *adj* 〈-ière〉 *péj* des Pöbels; pöbelhaft
populaire [pɔpylɛʀ] *adj* **1.** (*du peuple*) Volks... (*a POL*); volkstümlich; *art m* ~Volkskunst *f*; *POL front m* ~ Volksfront *f*; *tradition f* ~ Volksbrauch *m*; **2.** (*plébéien*) (des) einfach(en Volkes); (*ouvrier*) Arbeiter...; *les classes f/pl* ~*s* die unteren Volksschichten *f/pl*; das einfache Volk; *clientèle f*, *quartier m* ~ Arbeiterkundschaft *f*, -viertel *n*; *dans les milieux* ~*s* in (den) einfachen Kreisen; *d'origine* ~ einfacher Herkunft; **3.** (*aimé*) *personnalité, chanson, mesure etc* popu'lär; volkstümlich; beliebt; *devenir*, *rendre* ~ populär werden, machen; **4.** *LING* **a)** *étymologie, dérivation* volkstümlich; *latin m* ~ Vul'gärlatein *n*; **b)** *expression, mot* derb; vom Volk gebraucht; *langue f* ~ Volkssprache *f*
populariser [pɔpylaʀize] *v/t* populari'sieren; verbreiten; der Allge'meinheit nahebringen
popularité [pɔpylaʀite] *f* Populari'tät *f*; Beliebtheit *f*; *jouir d'une grande* ~ *parmi les jeunes* sich bei den Jugendlichen großer Beliebtheit erfreuen
population [pɔpylasjō] *f* **1.** Bevölkerung *f*; ~ *civile*, *rurale*, *urbaine* Zi'vil-, Land-, Stadtbevölkerung *f*; *ADM la* ~ *scolaire* die Schüler *m/pl* und Stu'denten *m/pl*; ~ *du globe* Welt-, Erdbevölkerung *f*; *région:* à ~ *dense* dichtbevölkert, -besiedelt; mit großer Bevölkerungsdichte; à ~ *faible* schwachbevölkert; dünnbesiedelt; *cf a actif I 1.*; **2.** *STATISTIQUE* sta'tistische Masse; Kollek'tiv *n*; **3.** *BIOL* Populati'on *f*; *d'une ruche* (Bienen)Volk *n*
populeux [pɔpylø] *adj* 〈-euse〉 *rue* bevölkert; *quartier* dichtbewohnt, -bevölkert
popul|isme [pɔpylism(ə)] *m LITTÉRATURE* Popu'lismus *m*; ~**iste** **I** *adj roman etc* popu'listisch; **II** *m écrivain* Popu'list *m*
populo [pɔpylo] F *m* **1.** (*peuple*) *le* ~ das (einfache) Volk; **2.** (*foule*) *être plein de* ~ viele Leute sein
porc [pɔʀ] *m* **1.** *ZO* Schwein *n*; *manger comme un* ~ wie ein Schwein essen; **2.** *viande* Schwein(efleisch) *n*; *graisse f de* ~ Schweinefett *n ou* -schmalz *n*; *manger du* ~ Schweinefleisch essen; **3.** *cuir* (*peau f de*) ~ Schweinsleder *n*; *en* ~ schweinsledern; Schweinsleder...; **4.** *fig et péj d'un homme* Schwein(igel) *n(m)*
porcelaine [pɔʀsəlɛn] *f* **1.** Porzel'lan *n*; ~ (*à pâte*) *dure*, (*à pâte*) *tendre* Hart-, Weichporzellan *n*; ~ *de Limoges* Porzellan aus Limoges; ~ *de Saxe* Meiß(e)ner Porzellan; ~ *de Sèvres* Sèvresporzellan *n*; *loc/adv de ou en* ~ Porzellan...; porzellanen; *vaisselle f de ou en* ~ Porzellangeschirr *n*; **2.** *objet* Porzel'langegenstand *m*; *vaisselle* Porzel'langeschirr *n*; *magasin m de* ~ Por-

zellanwarengeschäft *n*; **3.** *ZO* Porzel'lanschnecke *f*
porcelainier [pɔʀsəlenje] **I** *adj* 〈-ière〉 Porzel'lan...; **II** *m* Porzel'lanfabrikant *m*, -hersteller *m*
porcelet [pɔʀsəlɛ] *m ZO* Ferkel *n*
porc-épic [pɔʀkepik] *m* 〈pl porcs-épics [-ke-]〉 **1.** *ZO* Stachelschwein *n*; **2.** F *fig de qn* F Kratzbürste *f*; Reibeisen *n*
porche [pɔʀʃ] *m ARCH* Por'talvorbau *m*, -vorhalle *f*
porch|er [pɔʀʃe] *m*, ~**ère** *f* Schweinehirt(in) *m(f)*
porcherie [pɔʀʃəʀi] *f* **1.** Schweinestall *m*; **2.** *fig* F Saustall *m*
porcin [pɔʀsɛ̃] **I** *adj* **1.** *ZO* Schweine...; *race* ~ Schweinerasse *f*; **2.** *fig yeux* ~*s* Schweinsäuglein *n/pl*; **II** *m/pl* ~*s AGR* Schweine *n/pl*
pore [pɔʀ] *m* Pore *f*; *fig suer la vanité par tous les* ~*s* vor *ou* von Eitelkeit 'überquellen, strotzen
poreux [pɔʀø] *adj* 〈-euse〉 po'rös
porion [pɔʀjō] *m MINES* Steiger *m*
porno [pɔʀno] *adj* F *abr* (*pornographique*) Porno...; *film m*, *revue f* ~ Pornofilm *m*, -zeitschrift *f*
pornograph|e [pɔʀnɔgʀaf] *m* Porno'graph *m*; ~**ie** *f* Pornogra'phie *f*; ~**ique** *adj* porno'graphisch
porosité [pɔʀozite] *f* Porosi'tät *f*
porphyre [pɔʀfiʀ] *m MINÉR* Porphyr *m*
port¹ [pɔʀ] *m* **1.** Hafen *m*; ~ *pétrolier* Ölhafen *m*; ~ *de commerce*, *de guerre*, *de pêche* Handels-, Kriegs-, Fische'reihafen *m*; *fig arriver à bon* ~ wohlbehalten ankommen, eintreffen (*a chose*); *bateau entrer au*, *dans le* ~ (in den Hafen) einlaufen; **2.** *ville* Hafenstadt *f*; **3.** *dans les Pyrénées* Paß *m*
port² [pɔʀ] *m* **1.** *d'un uniforme, de décorations, d'une barbe etc* Tragen *n*; *d'un nom a* Führen *n*; *d'une ceinture en voiture* Anlegen *n*; ~ *d'armes* **a)** fait Tragen von Waffen; **b)** *permis* Waffenschein *m*; **c)** *MIL* Präsen'tieren *n* des Gewehrs; *soldat se mettre au* ~ *d'armes* das Gewehr präsentieren; **2.** *POSTES* Porto *n*; *frais m/pl de* ~ Portoauslagen *f/pl*, -spesen *pl*; *loc/adv:* ~ *dû* unfrankiert, *en* ~ *payé* frei(gemacht); fran'kiert; **3.** (*maintien*) (Körper)Haltung *f*; ~ *de tête* Kopfhaltung *f*; **4.** *MAR d'un navire* ~ *en lourd* Gesamtzuladungsgewicht *n*; **5.** *BOT d'un arbre* Wuchs *m*; **6.** *MUS* ~ *de voix* Porta'ment(o) *m*
portable [pɔʀtabl(ə)] **I** *adj* tragbar; **II** *m INFORM* Laptop ['lɛp-] *m*
portage [pɔʀtaʒ] *m* Trans'port *m* durch Träger
portail [pɔʀtaj] *m ARCH* Por'tal *n*; *d'un parc* (großes) Tor; ~ *gothique* gotisches Portal
portance [pɔʀtɑ̃s] *f AVIAT* (dy'namischer) Auftrieb
portant [pɔʀtɑ̃] **I** *adj* **1.** *CONSTR* tragend; *mur* ~ tragende Wand; **2.** *loc/adv tirer à bout* ~ e-n aufgesetzten Schuß abgeben; aus allernächster Nähe schießen; **3.** *personne être bien* (*mal*) ~ (nicht) gesund, wohl'auf sein; *il est bien*, *mal* ~ *a* es geht ihm gesundheitlich gut, schlecht; **II** *m* **1.** *t/t* (*anse*) (Me'tall)Griff *m*; **2.** *THÉ pour décors etc* Stütze *f*; Ständer *m*
portatif [pɔʀtatif] *adj* 〈-ive〉 *appareil*

tragbar; *machine à écrire portative* Reise-, Kofferschreibmaschine *f*; *téléviseur ~* tragbares Fernsehgerät

Port-au-Prince [pɔʀopʀɛ̃s] Hauptstadt von Haiti

porte[1] [pɔʀt] *f* **1.** Tür *f*; *d'une ville, d'un château* Tor *n* (*a fig*); *fig du Paradis, de l'Enfer* Pforte *f*; ♦ *dans une entreprise etc journée f ~s ouvertes* Tag *m* der offenen Tür; *fig enfoncer une ~ ouverte, des ~s ouvertes* offene Türen einrennen; *fig c'est la ~ ouverte à tous les abus* damit ist jedem 'Mißbrauch Tür und Tor geöffnet; *fig laisser la ~ ouverte à des négociations* die Tür für *ou* zu Verhandlungen offenlassen; ♦ *~ à deux battants* Flügeltür *f*; *fig la ~ de ...* das Tor zu ...; *d'un appartement, d'une armoire* Wohnungs-, Schranktür *f*; *~ d'entrée* Eingangstür *f*; Haustür *f*; *~ d'un garage* Ga'ragentür *f*, -tor *n*; *~ du jardin* Gartentür *f*, -tor *n*, -pforte *f*; *~ d'une maison* Haustür *f*; *~ de secours* Notausgang *m*; *~ de sortie* Ausgangstür *f*; *fig se ménager, se réserver une ~ de sortie* sich e-e 'Hintertür offenhalten; ♦ *loc/adv: habiter ~ à ~* Tür an Tür, Haus an Haus wohnen; *cf a porte-à-porte*; *à la ~* an, vor der Tür; *à la ~!* hin'aus, raus (mit dir, ihm *etc*)!; *être à la ~* vor der Tür stehen (*a sanction*); *mettre*, F *flanquer*, P *foutre qn à la ~* j-n vor die Tür, F an die Luft setzen; F j-n rausschmeißen -werfen, -setzen; feuern; *par ext à ma, sa etc* ganz in meiner, s-r *etc* Nähe; vor meiner, s-r *etc* Tür; *aux ~s de la ville* vor (den Toren) der Stadt; *de ~ en ~* von Tür zu Tür; von Haus zu Haus; *entre deux ~s* zwischen Tür und Angel; ♦ *fig entrer par la grande ~* sofort in e-e gehobene Stellung kommen; *fig entrer par la petite ~* unten anfangen; sich hocharbeiten; *fig toutes les ~s lui sont ouvertes (fermées)* ihm stehen alle Türen offen (ihm sind alle Türen verschlossen); *(fermez) la ~!* (bitte) Tür zu, Tür schließen!; *fig fermer, refuser sa ~ à qn* j-m sein Haus verbieten; *fig ouvrir sa ~ à qn* j-m sein Haus öffnen; *fig ouvrir la ~ à qc* e-r Sache *(dat)* Tür und Tor öffnen; *prendre la ~* zornig hinausgehen, die Tür hinter sich zumachen; *prov il faut qu'une ~ soit ouverte ou fermée* man muß sich für etwas entscheiden; entweder – oder; *cf a forcer 1.*, *frapper 7.*; **2.** AVIAT *~ (d'embarquement)* Flugsteig *m*; **3.** SLALOM Tor *n*; **4.** GÉOGR *les ~s de Fer* das Eiserne Tor

porte[2] [pɔʀt] *adj* ANAT *veine f ~* Pfortader *f*

porté [pɔʀte] *adj* **1.** *être ~ à qc* zu etw neigen; *nous sommes ~s à croire que ...* wir neigen zu der Annahme, daß ...; *être ~ sur qc* e-e ausgesprochene Vorliebe, e-e Schwäche für etw haben; *être ~ sur la boisson* gern einen über den Durst trinken; **2.** PEINT *ombre ~e* Schlagschatten *m*

porte-à-faux [pɔʀtafo] *m* ⟨*inv*⟩ CONSTR Auskragung *f*; 'Überhang *m*; freitragender Teil; *cf a porter 16.*

porte-à-porte [pɔʀtapɔʀt] *m* COMM Hau'sieren *n*; Hau'sierhandel *m*; *a par ext faire du ~* von Tür zu Tür, von Haus zu Haus gehen; hau'sieren

porte-avions [pɔʀtavjɔ̃] *m* ⟨*inv*⟩ MIL Flugzeugträger *m*

porte|-bagages [pɔʀt(ə)bagaʒ] *m* ⟨*inv*⟩ *d'un vélo* Gepäckträger *m*; *dans un train etc* Gepäcknetz *n*; *~-bébé m* ⟨*pl* porte-bébé(s)⟩ Babytragetasche ['beːbi] *f*; *~-bonheur m* ⟨*inv*⟩ Glücksbringer *m*; *~-bouteilles m* ⟨*inv*⟩ **a)** *casier* Flaschenregal *n*, -gestell *n*; **b)** *égouttoir* Abtropfgestell *n* für Flaschen; *~-cartes m* ⟨*inv*⟩ *pour papiers d'identité etc* Ausweistasche *f*, -hülle *f*; *pour cartes routières* Kartentasche *f*; *~-cigarettes m* ⟨*inv*⟩ Ziga'rettenetui *n*; *~-clefs ou ~-clés m* ⟨*inv*⟩ **a)** *anneau* Schlüsselring *m* (mit Anhänger); **b)** *étui* Schlüsseletui *n*; **c)** *panneau* Schlüsselbrett *n*; *~-conteneurs m* ⟨*inv*⟩ MAR Containerschiff [-'teː-] *n*; *~-couteau m* ⟨*pl* porte-couteau(x)⟩ Messerbänkchen *n*; *~-documents m* ⟨*inv*⟩ (Kol'leg-) Mappe *f*; *~-drapeau m* ⟨*pl* porte-drapeau(x)⟩ **1.** Fahnenträger *m*; **2.** *fig* Anführer(in) *m(f)*

portée [pɔʀte] *f* **1.** ZO Wurf *m*; *une ~ de chiots* ein Wurf junger Hunde; **2.** *d'une arme* Reich-, Schuß-, Tragweite *f*; *d'un émetteur* Reichweite *f*; Sendebereich *m*; *canon à grande, longue ~* weittragendes Geschütz; *missile m à courte ~* Kurzstreckenrakete *f*; ♦ *loc/adv: à ~ de la main* in Reichweite; griffbereit; greifbar; *à ~ du regard, de la vue* in Sichtweite; *à ~ de (la) voix m* Hör-, Rufweite; *à la ~ de qn* **a)** in j-s Reichweite; für j-n erreichbar; griffbereit; **b)** *(accessible)* für j-n zugänglich; *cf a 3.*; *à ~ de toutes les bourses* für jeden erschwinglich; *ne pas laisser des médicaments à la ~ des enfants* Medikamente so aufbewahren, daß sie für Kinder nicht zugänglich, unerreichbar sind; '*hors de la ~ de qn* **a)** außer j-s Reichweite; für j-n unerreichbar; **b)** *(inaccessible)* für j-n nicht zugänglich, unzugänglich; *être 'hors de la ~ des balles* außer Schußweite sein; **3.** *fig (capacité intellectuelle)* Fassungsvermögen *n*, -kraft *f*; *à la ~ de qn* für j-n verständlich, (er)faßbar, begreiflich; *à la ~ de tous* allge'meinverständlich; für jedermann verständlich; *mettre qc à la ~ de qn* j-m etw verständlich, faßbar, begreiflich machen; *se mettre à la ~ de son auditoire* sich für s-e Zuhörer verständlich ausdrücken; sich dem geistigen Niveau s-r Zuhörer anpassen; **4.** *d'une décision, d'une invention etc* Tragweite *f*; Bedeutung *f*; *d'un argument* Über'zeugungs-, Schlagkraft *f*; *de paroles, de critiques etc* Wirkung *f*; *d'un ouvrage a* 'Widerhall *m*; **5.** CONSTR Spannweite *f*; **6.** MUS Liniensystem *n*; Notenlinien *f/pl*

portefaix [pɔʀtəfɛ] *m autrefois* (Last-)Träger *m*

porte-fenêtre [pɔʀt(ə)fənɛtʀ] *f* ⟨*pl* portes-fenêtres⟩ Fenstertür *f*; Ter'rassen-, Ve'randatür *f*

portefeuille [pɔʀtəfœj] *m* **1.** *pour papiers etc* Brieftasche *f*; **2.** *d'un ministre* Geschäftsbereich *m*; Res'sort *n*; Porte'feuille *n*; *~ des Affaires étrangères* Ressort für auswärtige Angelegenheiten; *ministre m sans ~* Minister *m* ohne Geschäftsbereich, Portefeuille; **3.** FIN Porte'feuille *n*; Wertpapierbestand *m*; **4.** *loc faire un lit en ~* (zum Scherz) das Bettuch wie ein Etui falten; **5.** *adj* COUT *jupe f ~* Wickelrock *m*

porte-hélicoptères [pɔʀtelikɔptɛʀ] *m* ⟨*inv*⟩ Hubschrauberträger *m*

porte|-jarretelles [pɔʀt(ə)ʒaʀtɛl] *m* ⟨*inv*⟩ Strumpfhaltergürtel *m*; *~-journaux m* ⟨*inv*⟩ Zeitungsständer *m*

portemanteau [pɔʀt(ə)mɑ̃to] *m* ⟨*pl ~x*⟩ Garde'robe(nständer) *f(m)*; Kleiderablage *f*, -ständer *m*; F *épaules f/pl en ~* breite, eckige Schultern

porte-mine ⟨*pl* porte-mine(s)⟩ *ou* **portemine** [pɔʀtəmin] *m* Druck-, Drehbleistift *m*

porte-monnaie [pɔʀt(ə)mɔnɛ] *m* ⟨*inv*⟩ Geldbeutel *m*; Portemon'naie *n*; *fig: avoir le ~ bien garni* F ein dickes Portemonnaie, e-e dicke Brieftasche haben; *faire appel au ~ de qn* an j-s Freigebigkeit appellieren

porte|-objet [pɔʀtɔbʒɛ] *m* ⟨*pl* porte-objet(s)⟩ OPT *lame* Ob'jektträger *m*; *platine* Ob'jekttisch *m*; *~-outil m* ⟨*pl* porte-outil(s)⟩ TECH Werkzeughalter *m*

porte|-parapluies [pɔʀt(ə)paʀaplɥi] *m* ⟨*inv*⟩ Schirmständer *m*; *~-parole m* ⟨*inv*⟩ *personne* Wortführer *m*; Sprecher *m*; *journal* Sprachrohr *n*; *~-plume m* ⟨*inv*⟩ Federhalter *m*

porter[1] [pɔʀte] **I** *v/t* **1.** *fardeau, personne, fig: responsabilité* tragen; *mes jambes ne me portent plus* die Beine versagen mir den Dienst; meine Beine wollen nicht mehr; *~ à la main* in der Hand tragen; *enfant ~ dans ses bras* auf dem *ou* im Arm, auf den Armen tragen; **2.** *vêtements, lunettes, décoration, bague* tragen; *vêtements, gants, chaussures a* anhaben; *chapeau* aufhaben; *~ la barbe* e-n Bart tragen; *~ les cheveux longs* das Haar lang tragen; **3.** *~ le corps en avant* leicht vorn'übergeneigt gehen; *~ la tête 'haute* den Kopf hoch halten; **4.** *nom, inscription, date, traces* tragen; *nom* a führen; *il porte sa méchanceté sur son visage* die Bosheit steht ihm im Gesicht geschrieben; *document ~ une mention* e-n Vermerk tragen; *personne ~ un titre* e-n Titel führen; **5. a)** *(prendre pour déposer)* (hin)bringen, (-)schaffen (*à* zu); *cuiller etc à la bouche* führen; MIL *portez – arme(s)!* das Gewehr – über!; *va lui ~ cette lettre!* bring, trag ihm diesen Brief hin *ou* diesen Brief zu ihm hin!; *argent ~ à la banque* auf die *ou* zur Bank bringen, tragen, schaffen; *~ la main à son front* sich mit der Hand an die Stirn fassen, greifen; *~ au pouvoir* an die Macht bringen; *litige ~ devant les tribunaux* vor Gericht bringen; *~ qc à nettoyer, un film à développer* etw zur Reinigung, e-n Film zum Entwickeln bringen *ou* geben; **b)** *(élever)* bringen *(à* auf *+acc)*; *température ~ à cent degrés* auf hundert Grad bringen; *somme, honoraires etc ~ à mille francs* auf tausend Franc her'aufsetzen, erhöhen, steigern; *~ le nombre des victimes à dix* die Zahl der Opfer auf zehn erhöhen; **c)** *jalousie, déboires etc ~ qn à qc* j-n zu etw bringen, treiben, verleiten, verführen; *tout porte à croire que ...* alles legt die Vermutung nahe, läßt darauf schließen, spricht dafür, daß ...; *cf a* **porté** *1.*; **6.** *en loc avec subst:* ~ *bonheur, malheur* Glück, Unglück bringen; ~ *un jugement sur qn, qc* ein Urteil über j-n, etw abgeben; *cf a* **atteinte** *2.*, **plainte** *3.*, **toast** *1.*; **7.** *(inscrire)* eintragen (*sur* in +*acc*); ~ *qn absent* j-n als abwesend, fehlend führen; *se faire* ~ *malade* sich krank melden; sich krank schreiben lassen; *somme* ~ *à l'actif, à l'avoir, au crédit* gutschreiben; ~ *sur une liste a* auf e-e Liste setzen; **8.** *arbre et fig* ~ *des fruits* Früchte tragen; **9.** *sentiments, intérêt* entgegenbringen (*à qn* j-m); ~ *une reconnaissance éternelle à qn* j-m ewig dankbar sein; *malgré le respect que je lui porte* ungeachtet meiner Wertschätzung für ihn; **10.** *(diriger) regard, attention* ~ *sur qn, qc* auf j-n, etw richten, lenken; ~ *un débat sur le plan politique* e-r Debatte e-e Wendung ins Politische geben; ~ *son effort sur qc* s-e Anstrengungen auf etw konzentrieren; **11.** *ZO femelles* tragen (*surtout abs*); **II** *v/i* **12.** *voix* gut, weit tragen; ~ *loin canon* weit tragen; *fusée* weit reichen; *canon, fusée a* e-e große Reichweite haben; *aussi loin que porte la vue* so weit das Auge reicht; **13.** *(avoir de l'effet)* wirken; s-e Wirkung nicht verfehlen; ~ *juste coup* treffen; sitzen; *remarque* sitzen; *ça a porté!* das saß!; der Hieb hat gesessen!; **14.** ~ *sur a) poids, édifice* ruhen auf (+*dat*); **b)** *accent* liegen auf (+*dat*); **c)** *litige* gehen um; *rapport etc* zum Inhalt, Gegenstand haben (+*acc*); behandeln (+*acc*); *critiques, remarque* sich beziehen auf, sich richten gegen, betreffen (+*acc*); *remarque a* abzielen auf (+*acc*); *il a fait* ~ *sa conférence sur ...* er hat in s-m Vortrag ... behandelt; **d)** ~ *sur les nerfs* auf die Nerven gehen, fallen (*à qn* j-m); **e)** *il est tombé, sa tête a porté sur une pierre* und schlug mit dem Kopf auf e-n Stein auf; **15.** *l'alcool lui porte à la tête* steigt ihm zu Kopfe; **16.** *CONSTR loc/adj* **en porte à faux** a) *(pas d'aplomb)* schief; nicht lotrecht; b) *(en surplomb)* auskragend; vorspringend; 'überhängend; freitragend; *fig* **être en porte à faux** in e-r heiklen, peinlichen, schwierigen Situation sein; **III** *v/pr* **17.** *personne il se porte bien, mal* es geht ihm (gesundheitlich) gut, schlecht; sein Befinden ist gut, schlecht; **18.** *se* ~ *acquéreur* als Käufer auftreten; *cf a* **candidat, garant** *3.*; **19.** *st/s se* ~ *à des excès* sich zu Exzessen hinreißen lassen; *st/s se* ~ *à la rencontre de qn* zu e-r Zusammenkunft mit j-m begeben; **20.** *sang se* ~ *à la tête* in den Kopf steigen; *se* ~ *sur qn regard* sich auf j-n richten; zu j-m hingehen; *soupçons* sich gegen j-n richten; *a choix* auf j-n fallen; *mauvaise grippe se* ~ *sur les bronches* sich auf die Bronchien legen; **21.** *sens passif; vêtements se* ~ getragen werden

porter² [pɔRtɛR] *m bière* Porter *m ou n*
porte|-**revues** [pɔRt(ə)Rəvy] *m* ⟨*inv*⟩ Zeitschriftenständer *m*; ~-**savon** *⟨pl* porte-savon(s)⟩ Seifenschale *f*, -ablage *f*; ~-**serviettes** *m* ⟨*inv*⟩ Handtuchhalter *m*; ~-**skis** *m* ⟨*inv*⟩ *AUTO* Skiträger *m*

porteur [pɔRtœR] **I** *m* **1.** *CH DE FER* Gepäckträger *m*; Dienstmann *m*; *dans une expédition* (Last)Träger *m*; *autrefois* ~ *d'eau* Wasserträger *m*; *MÉD* ~ *de germes* Ba'zillen-, Keimträger *m*; **2.** *(messager)* ~, **porteuse** *m,f* Bote *m*, Botin *f*; *de nouvelles a* Über'bringer(in) *m(f)*; ~, **porteuse** *m,f de journaux* Zeitungs(aus)träger(in) *m(f)*; F Zeitungsmann, -frau *m,f*; ~ *de télégrammes* Tele'grammbote *m*; **3.** *FIN d'un titre* Inhaber *m*; *d'un chèque a* Über'bringer *m*; *loc/adj* **au** ~ Inhaber...; *auf den* Inhaber lautend; *payable au* ~ an Überbringer; **II** *adj* ⟨-euse⟩ **1.** *TECH* Träger...; *onde porteuse* Trägerwelle *f*, -frequenz *f*; *t/t* Träger *m*; *fusée porteuse* Trägerrakete *f*; **2.** *avion gros* ~ Großraumflugzeug *n*; **3.** *mère porteuse* Leihmutter *f*; **4.** *ÉCON secteur, industries* gewinnträchtig; die Konjunktur tragend

porte-vélo [pɔRtəvelo] *m* ⟨*pl* porte-vélo(s)⟩ *AUTO* Fahrradträger *m*
porte-voix [pɔRtəvwa] *m* ⟨*inv*⟩ Mega'phon *n*; Sprachrohr *n*; Schalltrichter *m*; *mettre ses mains en* ~ die Hände trichterförmig, als Schalltrichter an den Mund legen

portier [pɔRtje] *m* **1.** (Ho'tel)Porti'er *m*; Pförtner *m* (*a d'un couvent*); *adjt* **sœur** *f* **portière** Schwester *f* Pförtnerin; **2.** ~ *électronique* elektronisches Türschloß (mit Sprechanlage)

portière [pɔRtjɛR] *f* **1.** *CH DE FER, AUTO* (Wagen)Tür *f*; *voiture f à deux, quatre* ~*s* zwei-, viertüriger Wagen; **2.** *tenture* Türvorhang *m*; Porti'ere *f*

portillon [pɔRtijɔ̃] *m d'un passage à niveau* Seitentürchen *n* (für Fußgänger); *dans le métro* ~ *automatique* automatisch schließende Bahnsteigsperre; F *fig ça se bouscule au* ~ er *ou* sie verhaspelt, verheddert sich

portion [pɔRsjɔ̃] *f* **1.** *CUIS* Porti'on *f*; *une bonne* ~ *de viande* e-e reichliche, große Fleischportion; **2.** *d'un tout* (Teil-) Stück *n*; Teil *m ou n*; *dans un partage* Anteil *m* (*de* an +*dat*); *d'une route etc* Abschnitt *m*; Teilstrecke *f*

portique [pɔRtik] *m* **1.** *ARCH* Portikus *m*; Säulenhalle *f*; **2.** *SPORTS* Turngerüst *n*; ~ *de balançoire* Schaukelgerüst *n*; **3.** *TECH* ~ (*roulant*) Por'tal-, Bock-, Torkran *m*

porto [pɔRto] *m* Portwein *m*; *verre m à* ~ Südwein-, Süßweinglas *n*

portoricain [pɔRtɔRikɛ̃] *I adj* puertori'canisch; **II** *subst* 2(*e*) *m(f)* Puertori'caner(in) *m(f)*

Porto Rico [pɔRtɔRiko] Pu'erto Rico *n*
portrait [pɔRtRɛ] *m* **1.** *PEINT, PHOT* Porträt [-'tRɛ:] *n* (*a fig*); *st/s* Bildnis *n*; ~ *de famille* Fa'milienbild *n*; ~ *en pied* ganzfiguriches Bildnis; Ganzfigur *f*; *fig enfant être tout le* ~ *de son père* das Ebenbild, das getreue Abbild des Vaters sein; ganz der Vater sein; *faire le* ~ *de qn* a) *PEINT* ein Porträt von j-m malen; j-n porträ'tieren; *PHOT* ein Porträt von j-m machen, aufnehmen; b) *fig (a tracer le* ~ *de qn)* ein Porträt, Cha'rakterbild von j-m zeichnen, geben; j-n porträ'tieren; F *fig il s'est fait abîmer, démolir le* ~ F man hat ihm die Fassade demoliert; *plais se faire tirer le* ~ sich fotografieren, F knipsen lassen; **2.** *genre: PEINT* Por'trätmalerei *f*; *PHOT* Por'trät(photographie) *n(f)*; **3.** *jeu m du* ~ Per'sonenraten *n*

portraitiste [pɔRtRɛtist] *m,f PEINT* Porträ'tist(in) *m(f)*; Por'trätmaler(in) *m(f)*
portrait-robot [pɔRtRɛRɔbo] *m* ⟨*pl* portraits-robots⟩ Phan'tombild *n*; Fahndungsskizze *f*
portraiturer [pɔRtRɛtyRe] *iron v/t* porträ'tieren
port-salut [pɔRsaly] *m* ⟨*inv*⟩ ein frz Schnittkäse
portuaire [pɔRtɥɛR] *adj* Hafen...; *installations f/pl* ~*s* Hafenanlagen *f/pl*
portugais [pɔRtygɛ] **I** *adj* portu'giesisch; **II** *subst* **1.** 2(*e*) *m(f)* Portu'giese, -'giesin *m,f*; **2.** *LING le* ~ das Portu'giesische; Portu'giesisch *n*; **3.** *ZO* ~*e f* Auster *f* (der Gattung Gry'phea); **4.** F *fig avoir les* ~*es ensablées* F auf den Ohren sitzen; Dreck in den Ohren haben; keine Ohren haben
Portugal [pɔRtygal] *le* ~ Portugal *n*
P.O.S. [peos] *m abr (plan d'occupation des sols)* Flächennutzungsplan *m*
pose [poz] *f* **1.** *d'un compteur etc* Anbringung *f*; Instal'lierung *f*; Installati'on *f*; *d'une serrure a* Einbau *m*; *de câbles, de rails, de carrelage, d'une moquette etc* Verlegung *f*; *de rideaux* Anbringung *f*; Anmachen *n*; Aufhängen *n*; (**cérémonie** *f de la*) ~ *de la première pierre* (feierliche) Grundsteinlegung (*d'un bâtiment* zu e-m Gebäude); **2.** *(attitude [d'un modèle])* (Körper)Haltung *f*; Stellung *f*; *affectée* Pose *f*; *garder la* ~ in dieser Stellung, Haltung bleiben; *prendre une* ~ F sich in Posi'tur setzen, stellen, werfen; **3.** *PHOT* Belichtung *f*; *temps m de* ~ Belichtungszeit *f*

posé [poze] *adj* **1.** *personne, caractère* gesetzt; ruhig; bedächtig; **2.** *MUS voix* **bien**, **mal** ~*e* mit gutem, schlechtem Re'gisterausgleich; ~**ment** *adv cf* **posé** *1.*
posemètre [pozmɛtR(ə)] *m PHOT* Belichtungsmesser *m*
poser [poze] **I** *v/t* **1.** *objet* **a)** *(placer)* (hin)stellen, (-)setzen, (-)legen; ~ *à ou par terre* auf die Erde, auf den Boden stellen, setzen; nieder-, absetzen; *échelle* ~ *contre le mur* an die Mauer lehnen; ~ *sur qc objet* auf etw (*acc*) stellen, setzen; *main, doigts* legen, *pied* setzen, legen; ~ *son regard sur qn, qc* s-n Blick auf j-n, etw richten; **b)** *(déposer)* ablegen; abstellen; absetzen; weg-, niederlegen; aus der Hand legen; **2.** *(installer) compteur etc* anbringen; instal'lieren; *serrure a* einbauen; *tuyaux, rails, câbles, carrelage, moquette etc* (ver)legen; *rideaux* anbringen; anmachen; aufhängen; *bombe, MIL mines* legen; **3.** *principe, équation* aufstellen; *question, condition* stellen; *qc:* un problème aufwerfen; darstellen; bilden; mit sich bringen; *ça me pose des problèmes* das stellt mich vor Probleme; ~ *une question à qn* j-m e-e Frage stellen (*sur* über +*acc*); *loc ceci posé* dies vor'ausgesetzt; unter dieser Annahme; *cf a* **candidature**; **4.** *(donner du prestige)* ~ *qn* j-m Ansehen ver'leihen; *une voiture comme ça,* **ça pose!** das sieht nach etwas aus, stellt etwas dar, macht Eindruck!; **5.** *MATH chiffre* (hin)schreiben;

trente-quatre, **je pose quatre et je retiens trois** ich schreibe vier hin und merke mir drei; **II** *v/i* **6. a)** *pour un portrait etc* Mo'dell stehen *ou* sitzen; **b)** po'sieren; schauspielern; **~ pour la galerie** auf Wirkung bedacht sein; nach (billigen) Effekten haschen; **III** *v/pr* **7.** *se ~ personne, oiseau* sich setzen (*sur* auf *+acc*); sich niederlassen (*auf +dat*); *avion* aufsetzen; (*atterrir*) niedergehen; landen; *regard* sich richten (*sur* auf *+acc*); *une main se posa sur son épaule* e-e Hand legte sich ihm auf die Schulter; **8.** *se ~ question* sich stellen; sich erheben; auftauchen; *problème* entstehen; auftreten; auftauchen; **9.** *personne se ~ en* sich aufwerfen zu; auftreten als; *se ~ en justicier* sich zum Rächer aufwerfen; **10.** F *pour insister comme imbécile, il se pose* (*un peu*) *là!* F er ist ein ausgemachter Dummkopf!; dümmer geht es nicht mehr!

pos|eur [pozœR] *m*, **~euse** *f* **1.** (*prétentieux, -euse*) Angeber(in) *m(f)*; Ef'fekthascher *m*; Po'seur *m*; *adjt* **être ~** ein(e) Angeber(in), ein Effekthascher sein; affek'tiert sein; (ganz gut) schauspielern; **2.** *m* **poseur de bombes** Bombenleger *m*; **poseur de parquet** Par'kettleger *m*

positif [pozitif] **I** *adj* ⟨-ive⟩ **1.** *réponse, réaction, proposition, critique,* MÉD, ÉLECT, MATH positiv; *proposition, critique a* konstruk'tiv; GR *phrase* bejahend; ÉLECT **charge positive** positive Ladung; MATH **nombre ~** positive Zahl; ÉLECT **pôle ~** Pluspol *m*; **2.** *personne* **esprit ~** Rea'list(in) *m(f)*; Tatsachenmensch *m*; rea'listisch, nüchtern denkender Mensch; **3.** (*assuré*) feststehend; unbestreitbar; bewiesen; (*réel*) tatsächlich; effek'tiv; (*concret*) greifbar; kon'kret; **4.** GR *adjectif ~* Adjektiv *n* im Positiv, in der Grundstufe; *degré ~* Positiv *m*; Grundstufe *f*; **II** *m* **1.** PHILOS **le ~** das Tatsächliche, Greifbare; **2.** PHOT Positiv *m*; **3.** GR Positiv *m*; Grundstufe *f*

position [pozisjõ] *f* **1.** *d'une personne* (*posture*) Stellung *f*; Haltung *f*; Positi'on *f*; *d'un levier, d'un verrou etc* Stellung *f*; *en ~ couchée* in liegender Stellung; *j'étais assis dans une fausse ~* ich habe irgendwie falsch, ungeschickt gesessen; *~ horizontale* Horizon'tallage *f*; F *prendre la ~ horizontale* sich hinlegen; sich schlafen legen; *~ inclinée* geneigte Haltung; Schrägstellung *f*, -lage *f*; *~ (in)stable* fester (unsicherer) Stand; *~ de départ* Ausgangsstellung *f* (*a* SPORTS); *des jambes, des mains* Bein-, Handhaltung *f*, -stellung *f*; **2.** *d'une personne* (*situation*) Lage *f*; Situati'on *f*; *être dans une ~ critique* in e-r kritischen Lage, Situation sein; **3.** AVIAT, MAR Standort *m*; Positi'on *f*; *signaler la ~* den Standort, die Position angeben; **4.** *dans une hiérarchie, une série* Positi'on *f*; Platz *m*; Stelle *f*; SPORTS: *arriver en première ~* als erster durch das Ziel gehen; *être en troisième ~* in dritter Position, an dritter Stelle, auf dem dritten Platz liegen; **5.** MIL Stellung *f*; *~ défensive* Abwehr-, Verteidigungsstellung *f*; *fig* **avoir une ~ défensive** sich defensiv verhalten; in

der Defensive sein; **prendre une ~** e-e Stellung (ein)nehmen; **prendre ~** Stellung beziehen; in Stellung gehen; *cf a* **6.**; **6.** *fig* (*point de vue*) Standpunkt *m*; Ansicht *f* (*sur* über *+acc*); Positi'on *f*; **prise** *f* **de ~** Stellungnahme *f* (*sur une question* zu e-r Frage); **prendre ~** Stellung nehmen (*pour, contre* für, gegen); **rester sur ses ~s** auf s-n Standpunkt beharren; bei s-n Ansichten bleiben; **7.** (*condition sociale*) (hohe) Positi'on, Stellung; *d'un fonctionnaire* dienstliche Stellung; ÉCON **~ sociale** soziale Stellung; ÉCON **~ de monopole** Mono'polstellung *f*; **8.** MUS Lage *f*; **9.** *d'un compte bancaire* Kontostand *m*

positionner [pozisjone] *v/t* **1.** *compte bancaire* den Kontostand ermitteln (*+gén*); **2.** ÉCON *produit* positio'nieren

positivement [pozitivmã] *adv* **1.** (*réellement*) wirklich; faktisch; effek'tiv; **2.** (*opposé: négativement*) *se développer etc* positiv; **3.** ÉLECT **chargé ~** positiv geladen

positiv|isme [pozitivism(ə)] *m* PHILOS Positi'vismus *m*; **~iste** PHILOS **I** *adj* positi'vistisch; **II** *m* Positi'vist *m*

posit(r)on [pozit(R)õ] *m* PHYS NUCL Positron *n*

posologie [pozɔlɔʒi] *f* PHARM Do'sierung *f*

possédant [pɔsedɑ̃] **I** *adj* **la classe ~e** die besitzende Klasse; **II** *m/pl* **les ~s** die Besitzenden *m/pl*

possédé [pɔsede] **I** *adj du démon* besessen (*de* von); **II** *subst* **~(e)** *m(f)* Besessene(r) *f(m)*; **se démener comme un ~** wie ein Wahnsinniger toben

posséder [pɔsede] **I** *v/t* **1.** (*détenir, avoir*) *biens, expérience, qualité etc* besitzen; **2.** *langue, sujet etc* beherrschen; *métier a* verstehen; *rôle* können; *auteur* gut, gründlich kennen; *~ une langue a* e-r Sprache (*gén*) mächtig sein; **3.** *femme* besitzen; **4.** *jalousie etc ~ qn* j-n beherrschen; **5.** F *fig* (*tromper*) *~ qn* F j-n her'ein-, reinlegen, hinters Licht führen; **II** *v/pr st/s* **ne plus se ~** die Beherrschung verlieren

possesseur [pɔsesœR] *m* JUR *d'un bien* Besitzer *m*; *d'un diplôme, d'un titre* Inhaber *m*

possessif [pɔsesif] *adj* ⟨-ive⟩ **1.** GR *adjectif* attribu'tives Posses'sivpronomen; *pronom ~ ou subst ~ m* (al'leinstehendes) Posses'sivpronomen, besitzanzeigendes Fürwort; **2.** *personne, caractère* besitzergreifend

possession [pɔsesjõ] *f* **1.** Besitz *m* (*a* JUR); **prise** *f* **de ~** Besitzergreifung *f*, -nahme *f*; **avoir qc en sa ~, être en ~ de qc** im Besitz e-r Sache (*gén*) sein; *etw* besitzen; **être en (pleine) ~ de toutes ses facultés** im 'Vollbesitz s-r geistigen Kräfte sein; voll zurechnungsfähig sein; **être en (pleine) ~ de ses moyens** im 'Vollbesitz s-r Kräfte sein; *sportif, candidat* gut in Form sein; *chose* **être en ~ de qn** in j-s Besitz sein; sich in j-s Besitz befinden; **prendre ~ de qc** von etw Besitz ergreifen; etw in Besitz nehmen; **prendre ~ des lieux** (sofort) von allem Besitz ergreifen; *d'une femme* Besitzen *n*; **3.** PSYCH (*délire m de*) *~* Besessenheit *f*; **4.** HIST **les ~s d'outre-mer** die 'überseeischen Besitzungen *f/pl*

possibilité [pɔsibilite] *f* **1.** Möglichkeit *f*; **~s d'utilisation** Verwendungsmöglichkeiten *f/pl*; **avoir la ~ de** (*+inf*) die Möglichkeit haben zu (*+inf*); **si j'en ai la ~** wenn ich die Möglichkeit dazu habe; **je ne vois pas la ~ de** (*+inf*) ich sehe keine Möglichkeit zu (*+inf*); **2.** **~s** *pl* **a)** (finanzi'elle) Möglichkeiten *f/pl*; **b)** *intellectuelles* Fähigkeiten *f/pl*; Können *n*; Möglichkeiten *f/pl*

possible [pɔsibl(ə)] **I** *adj* möglich; **le meilleur des mondes ~s** die beste aller möglichen Welten; **il y a trois solutions ~s à ce problème** es gibt drei Lösungsmöglichkeiten für dieses Problem; **faire toutes les bêtises ~s** alle möglichen Dummheiten machen; ♦ *loc/adv*: **aussi tôt que ~** so bald wie *ou* als möglich; möglichst bald; **autant que ~** so'weit wie *ou* als möglich; so'weit das möglich ist; **aussi bien que ~ ou le mieux ~** so gut wie *ou* als möglich; möglichst gut; **le moins ~** so'wenig wie *ou* als möglich; möglichst wenig; **le moins de fautes ~** so wenig Fehler wie *ou* als möglich; möglichst wenig Fehler; **le plus ~** so'viel wie *ou* als möglich; möglichst viel; **il se dépêche le plus ~** er beeilt sich so, sehr es irgend geht; **le plus grand nombre ~ de personnes** die größtmögliche Personenzahl; **le plus souvent, tôt, vite ~** möglichst oft, bald, schnell; so oft, bald, schnell wie *ou* als möglich; ♦ **c'est** (**très, bien**) **~** das ist (gut, leicht, schon, wohl) möglich; *elliptiquement* **~!** möglich!; **si** (**c'est**) **~** wenn (es) möglich (ist); nach Möglichkeit; möglichst; tunlichst; *étonnement* (**ce n'est**) **pas ~!**, *p/fort* F **c'est pas Dieu ~!** (das ist doch) nicht möglich!; ist das möglich!; ist das (denn) die Möglichkeit!; **il est ~ de** (*+inf*) *ou* **que ...** (*+subj*) es ist möglich, es kann sein, daß ...; möglicherweise ...; F **~ que ...** möglich, daß ...; **II** *subst* **le ~** das Mögliche; **faire** (**tout**) **son ~** sein möglichstes tun (**pour** *+inf* um zu *+inf*; **pour que ...** *+subj* damit ...); ♦ *loc/adv*: *aimable, gentil etc* **au ~** äußerst ...

post... [pɔst] *préfixe* nach...; Nach...; post...; Post...; *cf les articles suivants*

postage [pɔstaʒ] *m* ADM Aufgeben *n*

postal [pɔstal] *adj* ⟨-aux⟩ Post..., po'stalisch; **boîte ~e** (*abr* B.P.) Postfach *n*; **carte ~e** (Ansichts)Postkarte *f*; Ansichtskarte *f*; **code ~** Postleitzahl *f*

postbac [pɔstbak] *adj* ⟨*inv*⟩ **classes ~** *f/pl* Klassen *f/pl* im Anschluß an das „baccalauréat"

post|combustion [pɔstkõbystjõ] *f* AVIAT Nachverbrennung *f*; **~cure** *f* MÉD Nachkur *f*

postdater [pɔstdate] *v/t* vor-, vor'ausdatieren; *adjt* **chèque postdaté** vordatierter Scheck

poste[1] [pɔst] *f* **1.** *administration* Post *f*; **bureau** *m* **de ~** (*central*) (Haupt)Post(-amt) *f(n)*; **employé** *m* **des ~s** Postbeamte(r) *m*; **par la ~** per Post; mit der *ou* durch die Post; *cf a* P.T.T.; **2.** (*bureau de ~*) Post(amt) *f(n)*; **~ restante** postlagernd; **aller à la ~** auf die *ou* zur Post gehen; **lettre mettre à la ~** aufgeben; zur Post geben; einwerfen; **3.** HIST Poststation *f*, -halte'rei *f*; **maître** *m* **de ~** Postmeister *m*, -halter *m*

poste² [pɔst] *m* **1.** *MIL* Posten *m*; ~ **de commandement** (*abr* **P.C.**) Befehlsstelle *f* (*a par ext*); Gefechtsstand *m*; ~ **d'observation** Beobachtungsposten *m*; *par ext* ~ (**de police**) Poli'zeiwache *f*; **abandonner, quitter son** ~ s-n Posten verlassen; *fig* **être, rester à son** ~ auf s-m Posten sein *ou* stehen, bleiben; da bleiben, wo man ist; **2.** (*emplacement technique*) Stelle *f*; *TÉL* Nebenstelle *f*, -anschluß *m*; ~ **frontière** Grenzübergang *m*; *MAR* ~ **à quai** Liegeplatz *m* am Kai; *CH DE FER* ~ **d'aiguillage** Stellwerk *n*; ~ **d'appel d'urgence** Notrufsäule *f*; ~ **de contrôle** Kon'trollstelle *f*; ~ **d'essence** Tankstelle *f*; ~ **d'incendie** Feuerlöschanlage *f*; *AVIAT* ~ **de pilotage** Cockpit *n*; ~ **de secours** Unfallstation *f*; Rettungsstelle *f*; *TÉL* **passez-moi le** ~ **dix!** verbinden Sie mich mit Apparat zehn!; **3.** (*emploi*) Posten *m*; Stelle *f*; Stellung *f*; Positi'on *f*; (*charge*) Amt *n*; ~ **vacant** offene, freie Stelle; ~ **de confiance** Vertrauensstellung *f*; ~ **de directeur** Di'rektorposten *m*; ~ **d'instituteur, de professeur** Lehrerstelle *f*; F *fig* **être solide, fidèle au** ~ F die Stellung halten; *fonctionnaire* **être en** ~ **à ...** in ... tätig, eingesetzt sein; **4.** (*équipe*) (Arbeits)Schicht *f*; ~ **de nuit** Nachtschicht *f*; *RAD, TV* Gerät *n*; Appa'rat *m*; ~ **émetteur-récepteur** Funkgerät *n*; ~ **de radio, de télévision** Radio- *ou* Rundfunk-, Fernsehapparat *m*, -gerät *n*; *par ext* (*émetteur*) ~ (**de radio**) Rundfunkstation *f*, (-)Sender *m*; **6.** *d'un budget* Posten *m*

posté [pɔste] *adj* **travail** ~ Schichtarbeit *f*

poster¹ [pɔste] *v/t* **1.** (*a v/pr se*) ~ (sich) po'stieren, aufstellen; ~ **des sentinelles** *a* Wachen ausstellen; **2.** *lettre* aufgeben; einwerfen; *par* Post geben

poster² [pɔstɛʀ] *m* Poster *n ou m*

postérieur [pɔsteʀjœʀ] **I** *adj* **1.** *dans le temps* später *ou* (*à qc* als etw); **être** ~ **à qc** (zeitlich) nach e-r Sache (*dat*) liegen; **2.** *ANAT* hintere(r, -s); 'Hinter...; **3.** *PHON a* ~ dunkles, ve'lares *a*; **voyelle** ~**e** 'Hinterzungenvokal *m*; **II** *m* F Hintern *m*; 'Hinterteil *n*

postérieurement [pɔsteʀjœʀmɑ̃] *adv* ~ **à** später als

posteriori *cf a posteriori*

postériorité [pɔsteʀjɔʀite] *f* Spätersein *n*, -liegen *n*

postérité [pɔsteʀite] *f st/s* **1.** (*générations futures*) Nachwelt *f*; **laisser à la** ~ der Nachwelt hinter'lassen; **passer à la** ~ der Nachwelt über'liefert werden; in der Nachwelt fortleben; **2.** (*descendants*) Nachkommen(schaft) *m/pl(f)*; Nachfahren *m/pl*; *fig d'un auteur etc* geistige Erben *m/pl*

postglaciaire [pɔstglasjɛʀ] *adj GÉOL* nacheiszeitlich; postglazi'al

posthume [pɔstym] *adj* po'stum *ou* post'hum; *ouvrage a* nachgelassen; **œuvres** *f/pl* ~**s** *a* literarischer Nachlaß; **à titre** ~ post(h)um

postiche [pɔstiʃ] **I** *adj cheveux, barbe* falsch; unecht; **II** *m* Haarteil *n*; *pour hommes* Tou'pet *n*

post|ier [pɔstje] *m*, ~**ière** *f* Postbedienstete(r) *m(f)*, -beamte(r), -beamtin *m,f*, -angestellte(r) *f(m)*

postillon [pɔstijɔ̃] *m* **1.** *autrefois* Postillion *m*; **2.** (*gouttelette de salive*) Speicheltröpfchen *n*; **envoyer des** ~**s** *cf postillonner*

postillonner [pɔstijɔne] *v/i* e-e feuchte Aussprache haben; **il me postillonnait dans la figure** sein Speichel, s-e Spukke sprühte mir ins Gesicht

post|modernisme [pɔstmɔdɛʀnism(ə)] *m ARCH etc* Postmoderne *f*; ~**opératoire** *adj MÉD* nach der Operati'on (erfolgend); *sc* postopera'tiv; ~**poser** *v/t GR* nachstellen; ~**scolaire** *adj* auf die Schule folgend; weiterbildend

post-scriptum [pɔstskʀiptɔm] *m* ⟨*inv*⟩ (*abr* **P.-S.**) Post'skript(um) *n* (*abr* PS); Nachschrift *f*

postsynchronisation [pɔstsɛ̃kʀɔnizasjɔ̃] *f CIN* Nachsynchronisierung *f*

postul|ant [pɔstylɑ̃] *m*, ~**ante** *f* Bewerber(in) *m(f)*; Anwärter(in) *m(f)*; *REL* Postu'lant(in) *m(f)*; ~**at** *m PHILOS* Postu'lat *n*

postuler [pɔstyle] *v/t* **1.** *ADM* sich bewerben (**un emploi** um e-e Stelle); **2.** *PHILOS* postu'lieren

posture [pɔstyʀ] *f* (Körper)Haltung *f*; Stellung *f*; Posi'tur *f*; *fig* **être en bonne** (**mauvaise**) ~ in e-r guten, günstigen (üblen) Lage sein; gut (schlecht) dran sein

pot [po] *m* **1.** Topf *m*; *pour liquides a* Krug *m*; Kanne *f*; *südd a* Hafen *m*; *nordd a* Pott *m*; ~ **à eau** Wasserkrug *m*; ~ **à lait** Milchtopf *m*, -kanne *f*; ~ **à moutarde** Mostrich-, Senftopf *m*; ~ **à tabac** a) Tabakdose *f*; b) F *fig d'une femme* F dicke Nudel; ~ (**de chambre**) (Nacht)Topf *m*; Nachtgeschirr *n*; **mettre un enfant sur le** ~ ein Kind auf den Topf setzen; ~ **de colle** Leimtopf *m*; Klebstoffdose *f*; F *fig* **quel** ~ **de colle!** F er *ou* sie ist die reinste Klette!; ~ **de confiture** Marme'ladentopf *m*, -glas *n*; ~ **de crème** Cremedose *f*, -tiegel *m*; ~ **de fleurs** Blumentopf *m*; ~ **de peinture** F Topf *m* Farbe; F *fig d'une femme trop maquillée* **un vrai** ~ **de peinture** F der reinste Mal-, Tuschkasten; ~ **de yaourt** Becher *m* Joghurt; Joghurtbecher *m*; *fig* **découvrir le** ~ **aux roses** [pɔtɔʀoz] hinter das Geheimnis kommen; da'hinterkommen; der Sache auf die Spur kommen; **être sourd comme un** ~ stocktaub, völlig taub sein; *fig* **payer les** ~**s cassés** für den Schaden aufkommen, die Zeche bezahlen, für alles geradestehen müssen; F **prendre, boire un** ~ (mit j-m) etwas trinken gehen; F zusammen einen heben; **inviter qn à prendre un** ~ j-n zu e-m Drink, zu e-m Glas Wein, zu e-m Bier einladen; F *fig* **tourner autour du** ~ wie die Katze um den heißen Brei (herum)gehen; F her'umdrucksen; **2.** *AUTO* ~ **d'échappement** Auspufftopf *m*; ~ **catalytique** Kataly'sator *m*; F **rouler plein** ~ mit 'Vollgas fahren; F auf die Tube drücken; **3.** F (*chance*) Glück *n*; *par ext* ~ F Schwein haben; **c'est un coup de** ~**!** Da habe ich, hat er *etc* aber Schwein (gehabt)!; **manque** *m* **de** ~**!** *ou* **pas de** ~**!** F Pech (gehabt)!; **4.** F **se magner le** ~ *cf popotin* 5. *POKER* Pott *m*

potable [pɔtabl(ə)] *adj* **1. eau** *f* ~ Trinkwasser *n*; **eau non** ~**!** kein Trinkwasser!; **2.** F (*passable*) leidlich; pas'sabel;

einigermaßen (gut); halbwegs gut; ganz annehmbar

potache [pɔtaʃ] *m* F Pen'näler *m*

potage [pɔtaʒ] *m* Suppe *f*

potager [pɔtaʒe] *adj* ⟨-ère⟩ Gemüse...; **jardin** ~ *ou subst* ~ *m* Gemüsegarten *m*; **plantes potagères** Gemüsepflanzen *f/pl*

potasse [pɔtas] *f* **1.** *CHIM, AGR* Kali *n*; **mine** *f* **de** ~ Kaligrube *f*, -bergwerk *n*; **2.** *CHIM, TECH* ~ (**carbonatée**) Pottasche *f*

potasser [pɔtase] *v/t* F büffeln, ochsen, pauken (**son droit** Jura; **un examen** für ein Examen)

potassique [pɔtasik] *adj CHIM* Kali...; **engrais** *m* ~ Kalidünger *m*

potassium [pɔtasjɔm] *m CHIM* Kalium *n*

pot-au-feu [pɔtofø] *m* ⟨*inv*⟩ **1.** *CUIS* Eintopf aus Suppenfleisch und verschiedenen Gemüsen; **2.** *BOUCHERIE* (Stück *n*) Suppenfleisch *n* (zum „pot-au-feu"); **3.** *adj* F *cf popote* 3.

pot-de-vin [podvɛ̃] *m* ⟨*pl* pots-de-vin⟩ Bestechungs-, Schmiergeld *n*

pote [pɔt] F *m* Freund *m*; F Kumpel *m*; *devise antiraciste* **ne touche pas à mon** ~**!** laß meinen Kumpel in Frieden!

poteau [pɔto] *m* ⟨*pl* ~**x**⟩ Pfosten *m* (*a SPORTS*); ~ **indicateur** Wegweiser *m*; ~ **télégraphique** Tele'grafenmast *m*, -stange *f*; *COURSES* ~ **d'arrivée, de départ** Ziel-, Startpfosten *m*; *cheval* **rester au** ~ den Start verweigern; ~ **de béton, de bois, de métal** Be'ton-, Holz-, Me'tallpfosten *m*; ~ **d'exécution** Erschießungspfahl *m*; **au** ~**!** stellt ihn an die Wand!; **envoyer, mettre au** ~ erschießen; an die Wand stellen; *fig* **avoir** (**des jambes comme**) **des** ~**x** häßliche dicke Beine, F Ele'fantenbeine haben; *cf a* **coiffer** 5.

potée [pɔte] *f CUIS* Eintopf aus Schweinefleisch u verschiedenen Gemüsen

potelé [pɔtle] *adj* rundlich; füllig; F gut gepolstert; mollig; drall; F pummelig; *d'un bébé* **main** ~**e** F Patschhändchen *n*

potence [pɔtɑ̃s] *f* **1.** *HIST* Galgen *m*; **2.** *TECH* Galgen *m*; Arm *m*; Strebe *f*; Ausleger *m*

potentat [pɔtɑ̃ta] *m* Poten'tat *m*; *fig* ~ **de la finance** Fi'nanzmagnat *m*

potential|iser [pɔtɑ̃sjalize] *v/t PHARM* poten'zieren; ~**ité** *f gr* Möglichkeit *f*; *PHILOS a* Potentiali'tät *f*

potentiel [pɔtɑ̃sjɛl] **I** *adj* ⟨-le⟩ potenti'ell; *PHILOS, GR* potenti'al; *PHYS* **énergie** ~**le** potentielle Energie; **II** *m* **1.** Potenti'al *n*; Leistungsfähigkeit *f*; ~ **économique** Wirtschaftspotential *n*, -kraft *f*; ~ **industriel, militaire** Indu'strie-, Mili'tärpotential *n*; industrielles, militärisches Potential *n*; **2.** *PHYS* Potenti'al *n*; **3.** *GR* Potenti'alis *m*

poterie [pɔtʀi] *f* **1.** *fabrication, art* Töpfe'rei *f*; **2.** *objet* Töpfe'rei *f*; *pl* ~**s** *ou* **coll** ~ Töpfer-, Tonwaren *f/pl*; irdenes Geschirr *n*; Tongeschirr *n*; Steingut *n*, -zeug *n*

poterne [pɔtɛʀn] *f FORTIF* geheime Ausfallpforte; Po'terne *f*

potiche [pɔtiʃ] *f* **1.** chi'nesische *ou* ja'panische Porzel'lanvase; **2.** *fig* Repräsentati'onsfigur *f*; Staf'fage *f*; **être là comme une** ~ F wie ein Ölgötze dastehen

pot|ier [pɔtje] *m*, **~ière** *f* Töpfer(in) *m(f)*
potin [pɔtɛ̃] *m* F **1.** *surtout pl* **~s** Klatsch *m*; F Tratsch *m*; **2.** (*vacarme*) Krach *m*; Lärm *m*; F Ra'dau *m*; Spek'takel *m*; **faire du ~** Ra'dau *etc* machen; lärmen
potiner [pɔtine] F *v/i* klatschen; F tratschen
potion [pɔsjɔ̃] *f PHARM* Arz'nei(trank) *f(m)*; *par ext plais* **~ magique** Zaubertrank *m*
potiron [pɔtiʀɔ̃] *m BOT* Riesenkürbis *m*
pot-pourri [popuʀi] *m* ⟨*pl* pots-pourris⟩ **1.** *MUS* Potpourri ['pot-] *n*; **2.** *pour parfumer* Potpourrivase *f*
potron-minet [pɔtʀɔ̃minɛ] *plais loc/adv* **dès ~** seit dem frühen Morgen; seit Tagesanbruch
pou [pu] *m* ⟨*pl* **~x**⟩ *ZO* Laus *f*; *chez l'homme a* Kopflaus *f*; F **chercher des ~x dans la tête à qn** mit j-m Streit, Händel suchen; F **être fier, orgueilleux comme un ~** F e-e Stange angeben; sich aufblasen wie ein Frosch; *cf a* **laid** *1.*
pouah [pwa] F *int* puh!; pfui!
poubelle [pubɛl] *f* Müll-, Abfall-, Papierkorb *m*; *d'un immeuble* Mülltonne *f*; *adjt* **sac** *m* **~** Müllbeutel *m*; **plus grand** Müllsack *m*; **mettre, jeter à la ~** in den Mülleimer werfen; **c'est bon à mettre à la ~** das gehört in den Mülleimer; das kannst du *etc* wegwerfen
pouce [pus] *m* **1.** *ANAT* Daumen *m*; *fig*: **croiser les ~s** j-m für j-n den *ou* die Daumen halten, drücken; **donner un coup de ~** (*à qc*) (bei etw ein bißchen) nachhelfen; **donner un coup de ~ à qn** j-m Starthilfe geben; **manger sur le ~** debout im Stehen essen; **à la hâte** schnell e-e Kleinigkeit, e-n Bissen, F e-n Happen essen; **mettre les ~s** den 'Widerstand aufgeben; endlich nachgeben; F **se tourner les ~s** F Däumchen drehen; **2.** *par ext* (*gros orteil*) große Zehe; großer Zeh; **3.** *int* **aux jeux d'enfants** **~!** halt!; **~ cassé!** los!; es geht wieder weiter!; **demander ~** halt rufen; **4.** *ancienne mesure* Zoll *m*; **six** **~s** sechs Zoll; *fig*: **ne pas avancer d'un ~** nicht e-n Schritt weiter-, vorwärtskommen; **ne pas reculer d'un ~** keinen Zollbreit zurückweichen; **ne pas céder un ~ de terrain** keinen Fußbreit Boden preisgeben
Poucet [pusɛ] *m personnage d'un conte de fées* **le petit ~** der Däumling
pouding *m cf* **pudding**
poudrage [pudʀaʒ] *m AGR* Bestäuben *n*
poudre [pudʀ(ə)] *f* **1.** Pulver *n* (*a PHARM*); **~ à éternuer** Niespulver *n*; **~ à récurer** Scheuerpulver *n*, -sand *m*; **~ d'or** Goldstaub *m*; *loc/adj* **en ~** ...pulver *n*; Pulver...; in Pulverform; **café** *m* **en ~** Pulverkaffee *m*; **lessive** *f* **en ~** Wasch- *ou* Seifenpulver *m*; **sucre** *m* **en ~** Streuzucker *m*; **réduire en ~** pulveri'sieren; *fig* **jeter de la ~ aux yeux de qn** j-m Sand in die Augen streuen; j-m blauen Dunst vormachen; **2.** *MAQUILLAGE* (Gesichts)Puder *m*; **~ de riz** Reispuder *m*; **se mettre de la ~** sich pudern; Puder auflegen; **3.** *MIL* **a** (*à canon*) (Schieß)Pulver *n*; *fig*: **faire parler la ~** die Waffen sprechen lassen; **il n'a pas inventé la ~** er hat das Pulver (auch) nicht (gerade) erfunden

poudrer [pudʀe] *v/t* (*et v/pr*) (**se**) **~** (sich) pudern
poudrerie [pudʀəʀi] *f* Pulverfabrik *f*
poudreux [pudʀø] *adj* ⟨-euse⟩ pulv(e)rig; *a subst* **f** (**neige**) **poudreuse** Pulverschnee *m*
poudrier [pudʀije] *m* Puderdose *f*
poudrière [pudʀijɛʀ] *f* **1.** Pulvermagazin *n*; **2.** *fig* Pulverfaß *n*
poudroyer [pudʀwaje] *v/i* ⟨-oi-⟩ **1.** *chemin de terre* stauben; **2.** *litt* **le soleil poudroie** die Sonnenstäubchen tanzen, flimmern, glitzern
pouf [puf] **I** *int* plumps!; par'dauz!; *enf* **faire ~** plumps, e-n Plumps machen; **II** *m siège bas* Puff *m*
pouffer [pufe] *v/i* **~** (**de rire**) laut loslachen; in Gelächter ausbrechen; F losplatzen, -prusten
pouffiasse [pufjas] F *f* **1.** (*prostituée*) F Nutte *f*; **2.** *injure* (**grosse**) **~** *péj* ordi'näres Weibsstück
Pouilles [puj] *les* **~** *f/pl* A'pulien *n*
pouilleux [pujø] **I** *adj* ⟨-euse⟩ **1.** *mendiant* (dreckig und) verlaust; **2.** *quartier* armselig, schäbig (und schmutzig); **quartier ~** *a* Elendsviertel *n*; **3.** *GÉOGR* **la Champagne pouilleuse** die trockene Champagne; **II** *subst* **1. ~, pouilleuse,** *f* F armer Schlucker, Teufel; *péj* Habenichts *m*; Hungerleider *m*; **2.** *jeu de cartes* **le ~** der Schwarze Peter
poujadisme [puʒadism(ə)] *m POL* Pouja'dismus *m* (*Bewegung zur Verteidigung der Rechte der kleinen Kaufleute*)
poulailler [pulaje] *m* **1.** Hühnerstall *m*; **2.** F *THÉ* O'lymp *m*; Gale'rie *f*
poulain [pulɛ̃] *m* **1.** *ZO* Fohlen *n*; **2.** *fig sportif, écrivain etc* **être le ~ de X** der Schützling von X sein
poulaine [pulɛn] *f HIST* **souliers** *m/pl* **à la ~** Schnabelschuhe *m/pl*
poularde [pulaʀd] *f CUIS* Pou'larde *f*; junges Masthuhn
poulbot [pulbo] *m* **les petits ~s** die Straßenkinder *n/pl/ou* vom Montmartre
poule [pul] *f* **1.** *ZO* Henne *f*; Huhn *n*; *fig* **~ mouillée** F Angsthase *m*; Hasenfuß *m*; **~ au pot** *a*) *CUIS* Suppenhuhn *n*; *b*) *HIST* Sonntagshuhn *n* (für die Bauern); *par ext* Minimum *n* an Wohlstand; *CUIS* **~ au riz** Huhn mit Reis; **~ d'eau** Teichhuhn *n*; *fig*: **quand les ~s auront des dents** wenn Ostern und Pfingsten auf einen Tag fallen; **avoir l'air d'une ~ qui a trouvé un couteau** dastehen wie der Ochse vor dem Scheunentor, vor dem Berg; **se coucher, se lever comme les ~s** mit den Hühnern zu Bett *ou* schlafen gehen, aufstehen; *adjt* **c'est une mère ~** sie wacht wie e-e Glucke über ihre Kinder; **tuer la ~ aux œufs d'or** die Henne schlachten, die goldene Eier legt; den Ast absägen, auf dem man sitzt; sich selbst das Wasser abgraben; **2.** F *terme d'affection* **ma ~** *une femme* (mein) Schatz, Schätzchen; *à une petite fille* (mein) Herzchen, Mäuschen; **3.** F *fig* **a**) (*prostituée*) F Nutte *f*; **~ de luxe** F Edelnutte *f*; **b**) (*maîtresse*) Mä'tresse *f*; **4.** *SPORTS* Gruppe *f* (*in der jeder gegen den anderen antreten muß*); *épreuve f* Tur'nier *n*; **5.** *TURF* **a**) (*total des mises*) (Gesamt)Einsatz *m* mehrerer Wetter; **b**) **~ d'essai** Derbyrennen *n*; Leistungsprüfung *f* für Dreijährige
poulet [pulɛ] *m* **1.** *ZO, CUIS* Hühnchen *n*;

Hähnchen *n*; *ZO a* Junghuhn *n*, -henne *f*; *COMM a* Brathuhn *n*, -hähnchen *n*; **du ~** Hühnerfleisch *n*; Huhn *n*; **~ rôti** Brat- *ou* Backhuhn *n*, -hähnchen *n*, *südd* -hendl *n*; **plais ~ aux hormones** mit Hormonen gefüttertes Huhn, Hähnchen; **~ de grain** mit Korn gemästetes Huhn, Hähnchen; **aile** *f*, **cuisse** *f* **de ~** Hühnerflügel *m*, -keule *f*; **2.** F *terme d'affection* **mon** (**petit**) **~** F (mein) Herzchen, Kleines, Schätzchen, Häschen *n*; **3.** F (*policier*) F Po'lyp *m*; Bulle *m*; **4.** *autrefois* (*billet doux*) Liebesbriefchen *n*
poulette [pulɛt] F *f* **terme d'affection** **ma ~** F (mein) Mäuschen; *cf a* **poulet** *2.*
pouliche [puliʃ] *f ZO* junge Stute; Stut(en)fohlen *n*
poulie [puli] *f TECH* Rolle *f*; Seil-, Riemenscheibe *f*; *MAR* Block *m*
poulinière [pulinjɛʀ] *adj et subst f* (**jument** *f*) **~** Zuchtstute *f*
poulpe [pulp] *m ZO* Krake *m*
pouls [pu] *m PHYSIOL* Puls *m* (*a point du poignet*); Pulsschlag *m*; **prendre le ~** den Puls messen, zählen; **tâter le ~** (*de qn*) (j-m) den Puls fühlen (*a fig*)
poumon [pumɔ̃] *m ANAT* Lunge(nflügel) *f(m)*; **~s** *pl* Lunge *f*; *MÉD* **~ d'acier** eiserne Lunge; *loc/adv* **aspirer, respirer à pleins ~s** tief einatmen, Luft holen; **chanter, crier à pleins ~s** aus vollem Hals, aus voller Lunge, lauthals singen, schreien; **avoir de bons ~s** e-e gute, starke Lunge, e-e kräftige Stimme haben
poupard [pupaʀ] *m* pausbäckiges, rundliches Baby ['be:bi]; F Pausback *m*
poupe [pup] *f MAR* Heck *n*; *cf a* **vent** *1.*
poupée [pupe] *f* **1.** Puppe *f*; **~ de chiffon, de cire, de porcelaine** Stoff-, Wachs-, Porzel'lanpuppe *f*; *loc/adj* **de ~ Puppen...**; *fig* **jardin** *m* **de ~** Puppengärtchen *n*; F puppiges Gärtchen *n*; *fig* **visage** *m* **de ~** Puppengesicht *n*; *fig* **c'est une vraie ~** sie ist ein richtiges Püppchen; **jouer à la ~** mit Puppen spielen; **2.** F *fig* (*jeune femme, fille*) F (nette, hübsche) Puppe *f*; **3.** F *pansement* dick verbundener Finger
poupin [pupɛ̃] *adj visage* rundlich *ou* pausbäckig und rosig
poupon [pupɔ̃] *m* (pausbäckiges) Baby ['be:bi]; (pausbäckiger) Säugling
pouponner [pupɔne] *v/i* Babys, ein Ba'by ['be:bi] hätscheln
pouponnière [pupɔnjɛʀ] *f* (Kinder-) Krippe *f*
pour [puʀ] **I** *prép* **1.** *but, intention* **a**) für; ♦ (*destiné à*) **journaux** *m/pl* **~ enfants** Zeitschriften *f/pl* für Kinder; Kinderzeitschriften *f/pl*; **c'est ~ toi** das ist für dich; ♦ *médicament*: **~ la grippe, la toux** gegen Grippe, Husten; F für die Grippe, den Husten; ♦ (*concernant*) **c'est bien fait ~ elle!** das geschieht ihr recht!; **tant mieux ~ lui!** um so, desto besser für ihn!; ♦ (*à l'égard de*) **sa haine ~ elle** sein Haß auf sie; **sa passion ~ le théâtre** s-e Leidenschaft für das Theater; ♦ *équivalence*: **se faire passer ~ un Français** sich als Franzose, für e-n Franzosen ausgeben; **prendre qn ~ un fou** j-n für e-n Narren halten; ♦ *finalité*: **être ~ qc** zu etw dienen; F **~ quoi faire?** wozu?; wofür?; F **c'est fait, prévu ~!** dazu ist er (*ou*

pourboire – poursuivre

sie, es) doch da!; dafür ist er (*ou* sie, es) ja vorgesehen!; *c'est ~ ton bien* das geschieht zu deinem Besten; ♦ (*en faveur de*) *être ~ qn, qc* für j-n, etw sein; *abs être ~* da'für sein; *faites-le ~ moi!* tut es mir zu'liebe, um meinetwillen!; *voter ~ qn* für j-n stimmen; ♦ (*à la place de*) *payer ~ qn* für j-n bezahlen; COMM *dans une lettre ~ le directeur* (+*signature*) Der Direktor i. A. (= im Auftrag) (+*Unterschrift*); ♦ *prix: acheter, vendre ~ dix francs* für zehn Franc; ♦ *comparaison: il est grand ~ son âge* er ist groß für sein Alter; *~ un étranger, il parle bien français* für e-n Ausländer spricht er gut Französisch; *il fait froid ~ la saison* es ist kalt für die Jahreszeit; ♦ *moment, durée: ~ après* für später; *partir ~ six semaines* für sechs Wochen; *je l'ai invité ~ mardi prochain* für nächsten Dienstag; *c'est ~ quand? – ~ dans 'huit jours* für wann (möchten Sie es *ou* ihn, sie haben)? – (für) in acht Tagen; *ce sera fait ~ samedi* bis Sonnabend ist es *ou* er, sie fertig; *~ toujours* für, auf immer; **b)** *destination* nach; *le train ~ Lyon* der Zug nach Lyon; *partir ~ la France* nach Frankreich (ab)reisen, (-)fahren; **c)** *mise en relief: ~* (*ce qui est de*) ... was ... an(be)langt, betrifft; *~ moi, ~ ma part* was mich betrifft; ich für mein(en) Teil; *~ être naïf, il l'est* wenn jemand naiv ist, so (ist) er (es)!; F *vous avez raison, ~ ça vous avez raison!* Sie haben recht, ja nur zu recht!; *iron ~ me soigner, elle m'a soigné!* was ihre Pflege angeht, die war einmalig!; **2.** *cause* wegen (+*gén*, F +*dat*); *~ cela* deswegen; deshalb; *cf a ça 1.*; *~ cette raison* aus diesem Grund; **3.** (*comme*) als; zu; *~ tout bagage, elle avait un sac als einziges Gepäck* ...; *avoir ~ conséquence* zur Folge haben; *avoir ~ maître* als *ou* zum Lehrer haben; **4.** *rapport numérique* auf; *dix ~ cent, ~ mille* zehn Pro'zent, Pro'mille; zehn vom Hundert, vom Tausend; **5.** *suivi d'un inf* **a)** *finalité* um zu (+*inf*); *da'mit* ...; *ce n'est pas* (*fait*) (+*inf*) das ist nicht dazu angetan zu (+*inf*); *voilà une idée qui n'est pas ~ me déplaire* die mir (ganz gut) gefällt; *je prête ce livre ~ le lire dans le train* damit du es im Zug lesen kannst; *~ ne pas le rencontrer ...* um ihm nicht zu begegnen ...; ♦ *être ~ faire qc* (*sur le point de*) gerade dabei, im Begriff sein, etw zu tun; **b)** *cause* weil; *il a été puni ~ avoir volé* weil er gestohlen hat; **6.** *loc/conj ~ le cas où* falls; für den Fall, daß; *loc/adv: ~ de bon* ernstlich; wirklich; *~ ainsi dire* sozusagen; gewissermaßen; F *~ sûr* sicher(lich); bestimmt; F *~ répétition emphatique: coup ~ coup* Schlag um *ou* für Schlag; *il y a un an, jour ~ jour* es ist auf den Tag genau ein Jahr her; *partir ~ partir, que ce soit le plus tôt possible* wenn schon abgereist werden muß, dann so früh wie möglich; **II** *conj* **a)** *finalité: ~ que ...* (+*subj*) da'mit ...; *... ~ que tout le monde soit content* ... damit alle zufrieden sind; F *il s'est enfermé ~ ne pas qu'on le dérange* damit man ihn nicht stört; **b)** *conséquence: il est bien trop jeune ~ qu'il puisse comprendre* er ist zu jung, als daß er es verstehen könnte; **c)** *concession litt ~* (*si*) *puissants que soient les rois* so mächtig die Könige auch sein mögen; *~ peu que ...* (+*subj*) so'fern (nur); **III** *subst le ~ et le contre* das Für und Wider

pourboire [puʀbwaʀ] *m* Trinkgeld *n*

pourceau [puʀso] *litt m* ⟨*pl ~x*⟩ Schwein *n*

pourcentage [puʀsɑ̃taʒ] *m* **1.** *rapport* Pro'zentsatz *m*; Hundertsatz *m*; **2.** *part* prozentu'aler Anteil (*sur* an +*dat*); *~ sur les bénéfices* prozentualer Gewinnanteil

pourchasser [puʀʃase] *v/t police: malfaiteur etc* jagen; Jagd machen auf (+*acc*); verfolgen (*a créancier: qn*); hetzen

pour|fendeur [puʀfɑ̃dœʀ] *m litt ou plais* scharfer Kritiker; *~fendre v/t* (*cf rendre*) *litt ou plais injustices* (öffentlich) anprangern, geißeln, brandmarken; *adversaire* heftig attac'kieren

pourlécher [puʀleʃe] *v/pr* ⟨-è-⟩ *s'en ~* (*les babines*) sich (vor Appe'tit, Verlangen, Genuß) den Mund lecken

pourparlers [puʀpaʀle] *m/pl* POL Gespräche *n/pl*; Besprechung(en) *f(pl)*; Unter'handlung(en) *f(pl)*; Verhandlung(en) *f(pl)*; *entrer en ~* in Gespräche *etc* eintreten; Gespräche *etc* aufnehmen; *être en ~* in Verhandlung stehen, verhandeln, unter'handeln (*avec* mit)

pourpier [puʀpje] *m* BOT Portulak *m*

pourpoint [puʀpwɛ̃] *m* HIST Wams *n*

pourpre¹ [puʀpʀ(ə)] *f* **1.** *matière colorante* Purpur *m*; **2.** *étoffe* Purpur *m*; *manteau ~* Purpurmantel *m*; **3.** *litt couleur* Purpurröte *f*

pourpre² [puʀpʀ(ə)] **I** *m* **1.** *rouge foncé* Purpurfarbe *f*, -rot *n*) *m*; **2.** ANAT *~ rétinien* Sehpurpur *m*; **II** *adj* purpurrot, -farben

pourpré [puʀpʀe] *litt adj* purpurn

pourquoi [puʀkwa] **I** *adv* war'um; wes'halb; wie'so; *~ dis-tu cela?*, F *~ est-ce que tu dis ça?* warum, weshalb, wieso sagst du das?; *~ ce long discours?* warum, wo'zu diese lange Diskussion?; *~ pas?* warum nicht?; *demander, dire, expliquer ~* fragen, sagen, erklären warum; ♦ *loc/conj c'est ~, voici ~, voilà ~* darum; deshalb; deswegen; aus diesem Grund; **II** *m* ⟨*inv*⟩ **1.** *le ~* (*et le comment*) das War'um (und das Wie); **2.** *question* War'um-Frage *f*; *les ~ des enfants* die ständigen Fragen *f/pl* der Kinder „warum"

pourrai [puʀe] *cf pouvoir*

pourri [puʀi] **I** *adj* **1.** *bois, aliments etc* faul(ig); verfault; *feuilles a* verrottet; mod(e)rig; *par ext pierre etc* brüchig; *œufs ~* faule Eier *n/pl*; F *fig être ~ de fric* F stinkreich sein; nach Geld stinken; **2.** *fig société, régime* verdorben; verderbt; verkommen; kor'rupt; morsch; faul; *enfant* völlig verzogen, maßlos verwöhnt; **3.** *été* verregnet; *temps, climat* ungut; mise'rabel; F mies; **II** *m* **1.** *le ~* der Moder; *de fruits etc* das Faul(ig)e, Verfaulte; die faule Stelle; *odeur f de ~* Fäulnis-, Modergeruch *m*; fauliger, mod(e)riger Geruch; **2.** P *injure cf pourriture 3.*; *bande de ~s!* P Sau-, Schweinebande!

pourrir [puʀiʀ] **I** *v/t* **1.** *pluie etc ~ qc* etw (ver)faulen, vermodern, verrotten, in Fäulnis 'übergehen lassen; **2.** *fig enfant* völlig verziehen; maßlos verwöhnen; *argent etc ~ qn* j-n verderben; **II** *v/i* (*et v/pr*) (*se*) *~* **3.** *bois, fruits etc* (ver)faulen; faulig werden; *feuilles a* verrotten; (ver)modern (*a bois*); *cadavre* verwesen; **4.** *fig situation* sich verschlimmern, verschlechtern; immer schlechter werden; *personne ~ dans la misère* im Elend verkommen, verkümmern, verderben; *laisser ~ une grève* e-n Streik sich totlaufen lassen

pourrissement [puʀismɑ̃] *m* **1.** (Ver-)Faulen *n*; Verrottung *f*; **2.** *fig d'une situation* Verschlechterung *f*; Verschlimmerung *f*

pourriture [puʀityʀ] *f* **1.** Fäulnis *f*; Fäule *f* (*a* BOT *maladie*); Moder *m*; *odeur f de ~* Fäulnis-, Modergeruch *m*; **2.** *fig* Verkommenheit *f*; Verderbtheit *f*; Fäulnis *f*; Kor'ruptheit *f*; Morschheit *f*; **3.** P *injure: d'un homme* P Sauhund, Schweinehund *m*; Scheiß-, Mistkerl *m*; *d'une femme* P Miststück *n*, -vieh *n*

poursuite [puʀsɥit] *f* **1.** Verfolgung *f*; Nachstellungen *f/pl*; *être à la ~ de qn* j-n verfolgen; j-m nachsetzen, -jagen, -stellen; *se lancer, se mettre à la ~ de qn* j-s Verfolgung aufnehmen; **2.** CYCLISME *~ ou adj course f ~* Verfolgungsfahren *n*, -rennen *n*; **3.** *fig de l'argent, de la vérité* Streben *n*, Suche *f*, *s/s* Trachten *n* (*de* nach); **4.** *d'un travail, de négociations etc* Fortsetzung *f*; Fort-, Weiterführung *f*; **5.** JUR *~* (*judiciaire*) gerichtliche Verfolgung, Ahndung; *~* (*pénale*) Strafverfolgung *f*; *arrêter, cesser les ~s* die Strafverfolgung einstellen; *engager des ~s contre qn cf poursuivre 5.*

poursuiv|ant [puʀsɥivɑ̃] *m*, *~ante f* **1.** Verfolger(in) *m(f)*; **2.** JUR *m ou adj partie poursuivante* Kläger *m*; Antragsteller *m*

poursuivre [puʀsɥivʀ(ə)] ⟨*cf suivre*⟩ **I** *v/t* **1.** *malfaiteur, fugitif, animal* verfolgen (*a voiture*); nachstellen, -jagen, -setzen (*qn* j-m); *~ qn* a hinter j-m herjagen; **2.** *fig* **a)** *remords, images qn* j-n verfolgen, quälen, nicht mehr loslassen; **b)** *personne ~ qn de sa haine, de sa jalousie etc* j-n mit s-m Haß, mit s-r Eifersucht *etc* verfolgen; **3.** *fig* (*chercher à obtenir*) *~ qc* nach etw streben, *s/s* trachten; etw erstreben, anstreben; *~ un but* ein Ziel verfolgen; *un rêve impossible* e-m unerfüllbaren Traum nachhängen, -jagen; **4.** (*continuer*) *travail, négociations etc* fortsetzen (*a chemin, voyage*); fort-, weiterführen; *~ son récit* in s-m Bericht fortfahren; *abs poursuivez!* fahren Sie fort!; **5.** JUR *~ qn* (*en justice*) j-n gerichtlich belangen, verfolgen (*pour vol* wegen Diebstahls); gegen j-n gerichtlich vorgehen, gerichtliche Schritte unter'nehmen; *~ qn en justice pour des dommages-intérêts* j-n auf Schadenersatz verklagen; **II** *v/pr* **6.** *enfants jouer à se ~* Fangen spielen; **7.** *négociations etc se ~* fortgesetzt, -geführt, weitergeführt werden, weitergehen, s-n *ou* ihren Fortgang nehmen; *enquête, recherches se ~ depuis des années* seit Jahren laufen, im Gange sein

pourtant [puRtã] *adv* dennoch; trotzdem; *et* ~ und doch, dennoch, trotzdem

pourtour [puRtuR] *m d'une surface* Umfang *m* (*a MATH*); *ARCH* ~ *du chœur* Chorumgang *m*; *sur le* ~ *de la place* (rund) um den Platz her'um

pourvoi [puRvwa] *m JUR* Re'kurs *m*; Einlegung *f* e-s Rechtsmittels; ~ *en cassation* Revisi'on(santrag) *f(m)*; ~ *en révision* Wieder'aufnahmeantrag *m*; Antrag *m* auf Wiederaufnahme (e-s Verfahrens)

pourvoir [puRvwaR] ⟨*cf voir; aber:* je pourvus; je pourvoirai⟩ **I** *v/t* ~ *qn de qc* j-n mit etw versehen, ausstatten, versorgen; ♦ *souvent p/p:* **pourvu de toutes les commodités** mit allen Annehmlichkeiten ausgestattet; *personne pourvu d'une grande imagination* mit viel Phantasie begabt; **II** *v/t/indir* ~ *à qc* für etw aufkommen, sorgen; ~ *à l'entretien de la famille* für den 'Unterhalt der Familie aufkommen; ♦ *un emploi, siège à* ~ ein zu besetzender Arbeitsplatz, (Parla'ments)Sitz; **III** *v/pr* **1.** *se* ~ *de qc* sich mit etw versehen, ausstatten, versorgen; **2.** *JUR se* ~ *en cassation* Revision einlegen, beantragen; *se* ~ *en révision* die Wieder'aufnahme (des Verfahrens) beantragen; e-n Antrag auf Wiederaufnahme stellen

pourvoy|eur [puRvwajœR], **~euse 1.** *st/s m,f* Liefe'rant(in) *m(f)*; *pourvoyeur de drogue* Dealer ['di:-] *m*; **2.** *m MIL* Muniti'onsträger *m*, -kanonier *m*

pourvu [puRvy] **I** *p/p cf pourvoir*; **II** *loc/conj* ~ *que* (+*subj*) **a)** (*à condition que*) vor'ausgesetzt, daß; so'fern; ... ~ *qu'il fasse beau* ..., sofern, falls das Wetter schön ist; **b)** *souhait* wenn ... (doch) nur; ~ *qu'il ne lui arrive aucun accident!* wenn ihm (doch) nur nichts zustößt!; hoffentlich stößt ihm nichts zu!

poussa(h) [pusa] *m* **1.** *un* (*gros*) ~ ein kleiner Dicker, F Fettkloß *m*; **2.** *jouet* Stehaufmännchen *n*

pousse [pus] *f* **1.** *d'un végétal* Trieb *m*; Sproß *m*; Schößling *m*; *jeune* ~ junger Trieb; *CUIS* **~s de bambou** Bambusspitzen *f/pl*, -sprossen *f/pl*; **2.** (*action de pousser*) Wachsen *n*; Wachstum *n*; *des plantes a* Sprießen *n* (*a de la barbe*); Sprossen *n*; Treiben *n*

poussé [puse] *adj moteur* hochgezüchtet; *dessin* bis in die kleinsten Feinheiten gehend, ausgeführt; *très* ~ *études, discussion* eingehend; ausführlich; *discussion a* tiefschürfend; *études a* gründlich

pousse-café [puskafe] *m* ⟨*inv*⟩ Schnaps *m*, Schnäpschen *n*, Li'kör *m* nach dem Kaffee; Verdauungsschnaps *m*

poussée [puse] *f* **1.** Stoß *m*; F Puff *m*; Schubs *m*; *d'une foule* Schieben *n*; Stoßen *n*; Drängen *n ou* F Drängeln *n*; **2.** *PHYS, TECH, ARCH* Schub *m*; *TECH a* Schub-, Vortriebskraft *f*; *PHYS* ~ (*verticale*) Auftrieb *m*; *ARCH* ~ *des voûtes* Gewölbeschub *m*; **3.** *MÉD d'urticaire etc* plötzliches Auftreten; plötzlicher Ausbruch; ~ *de fièvre* plötzlicher Tempera'tur-, Fieberanstieg; **4.** *fig* ~ *démographique* Bevölkerungsexplosion *f*; ~ *révolutionnaire* revolutionäre Welle;

POL ~ *vers la gauche* Linksruck *m*, -rutsch *m*

pousse-pousse [puspus] *m* ⟨*inv*⟩ Rikscha *f*

pousser [puse] **I** *v/t* **1.** *personne* (an)stoßen; F schubsen; *véhicule, landau, meuble* schieben; *voiture pour démarrer* anschieben; *verrou* vorschieben; *porte* aufstoßen *ou* zustoßen, zuwerfen; *vent:* *nuages* treiben, jagen; *inscription sur une porte* **poussez!** *ou* **~!** drücken!; *abs* *ne poussez pas!* nicht drängen, F drängeln!; *meuble* ~ *contre le mur* an die Wand schieben, rücken; ~ *qn du coude, du genou, du pied* j-n mit dem Ellbogen, Knie, Fuß anstoßen; ~ *qc du pied* etw mit dem Fuß beiseite, zur Seite schieben, weg-, fortschieben; ~ *qn dehors* j-n hin'ausstoßen, -schieben, -drängen; ~ *devant soi* vor sich herschieben, *troupeau, personne* -treiben; ~ *vers animal* treiben, *personne* drängen zu (... hin); *vent, courant* ~ *la barque vers le large* das Boot auf das offene Meer hinaustreiben; F *fig à la va comme je te pousse* mit der linken Hand; schludrig; schlampig; ~ *qn à* (*faire*) *qc* j-n zu etw (an)treiben, drängen, ermuntern, *péj* verleiten; ~ *les gens à la consommation* die Leute zum Konsum anreizen, ermuntern; ~ *à la révolte* Aufruhr stiften (*le peuple* unter dem Volk); ~ *qn à travailler* j-n zur Arbeit antreiben, anspornen; **3.** *candidat* unter'stützen; *bon élève etc* fördern; vorwärts-, weiterbringen; weiter-, forthelfen (+*dat*); **4.** *études, recherches etc* vor'an-, vorwärts-, weitertreiben; *moteur* hochjagen; *insolence etc* ~ *au dernier degré* auf die Spitze treiben; ~ *à la perfection* zur höchsten Vollkommenheit führen; ~ *le dévouement, la gentillesse jusqu'à* (+*inf*) in s-r Ergebenheit, Höflichkeit so weit gehen zu (+*inf*); ~ *un sentiment jusqu'à la passion* ein Gefühl bis zur Leidenschaft steigern; ~ *trop loin la plaisanterie* den Spaß zu weit treiben; *abs* F *faut pas* ~ man darf auch nicht über'treiben; **5.** *cri, soupir etc* ausstoßen; F *en* ~ *une* ein Lied schmettern; ~ *des exclamations de joie* in Freudenrufe ausbrechen; **II** *v/i* **6.** *végétaux, cheveux, barbe, ongles* wachsen; *plantes a* sprießen (*a barbe*); treiben, sprossen; *dents* 'durchbrechen; (her'vor)kommen; *enfant* ~ *bien* gedeihen; *faire* ~ *des légumes* Gemüse ziehen, anbauen; *se laisser ou se faire* ~ *la barbe, les cheveux* sich e-n Bart, die Haare wachsen lassen; **7.** (*continuer son chemin*) *jusqu'à* ... weitergehen, -laufen, -fahren, -reisen bis (zu) ...; **8.** *pour aller à la selle* drücken; *pour accoucher* pressen; **III** *v/pr se* ~ **9.** (*faire de la place*) zur Seite rücken; Platz machen; (*laisser passer qn*) Platz machen; aus dem Weg gehen; zur Seite treten; **10.** *foule* sich stoßen, drängen, F drängeln, schubsen; *se* ~ *vers la sortie* zum Ausgang drängen

poussette [pusɛt] *f* **1. a)** *pour enfants* Sportwagen *m*; **b)** *pour les courses* Einkaufswagen *m*, -roller *m*; **2.** F *CYCLISME* Schieben *n*; **3.** *en voiture dans un bouchon* F (Fahren *n* im) Schneckentempo *n*

poussier [pusje] *m* Kohlenstaub *m*; *MINES coup m de* ~ Kohlenstaubexplosion *f*

poussière [pusjɛR] *f* **1.** Staub *m*; ~ *de charbon, des routes* Kohlen-, Straßenstaub *m*; *faire de la* ~ Staub machen, aufwirbeln; *st/s après la mort* *n'être plus que* ~ nur noch Staub sein; *fig* *mordre la* ~ **a)** (*tomber*) der Länge nach hinfallen; **b)** (*subir un échec*) e-e Niederlage, F e-e Schlappe erleiden; *faire mordre la* ~ *à qn* j-m e-e Niederlage beibringen, j-n zur Strecke bringen; *tomber en* ~ in, zu Staub zerfallen; **2.** (*grain de* ~) Staubkorn *n*, -teilchen *n*; Stäubchen *n*; *avoir une* ~ *dans l'œil* ein Staubkörnchen, etwas im Auge haben; **3.** *coll une* ~ *de* e-e Menge, Fülle, Vielzahl, Unzahl von (*ou* +*gén*); **4.** F *fig* *trois cents francs et des* ~*s* F dreihundert Franc und ein paar Zerquetschte

poussiéreux [pusjeRø] *adj* ⟨-euse⟩ staubig; verstaubt (*a fig*)

poussif [pusif] *adj* ⟨-ive⟩ **1.** *personne* kurzatmig; **2.** *moteur* F stotternd; asth'matisch; **3.** *VÉT cheval* dämpfig; **4.** *fig style* schal; geistlos

poussin [pusɛ̃] *m* **1.** *ZO* Küken *ou* österr Kücken *n*; **2.** *terme d'affection* F *mon* ~ (mein) Mäuschen *n*, Häschen *n*

poutre [putR(ə)] *f* **1.** *CONSTR* Balken *m*; *t/t* Träger *m*; *d'un toit a* Binder *m*; ~ *métallique* Stahlträger *m*; **2.** *SPORTS* Schwebebalken *m*

poutrelle [putRɛl] *f* *CONSTR* kleiner Balken, Eisen-, Stahlträger *m*

pouvoir[1] [puvwaR] ⟨je peux *ou* st/s je puis (*aber immer* puis-je?), tu peux, il peut, nous pouvons, ils peuvent; je pouvais; je pus; je pourrai; que je puisse; pouvant; pu (*inv*)⟩ **I** *v/t* können; ♦ *loc* *qui peut le plus peut le moins* kommt man über den Hund, kommt man auch über den Schwanz (*prov*); ♦ *avec pr: qu'y puis-je?* was kann ich dafür?; *on n'y peut rien* da kann man nichts machen; ♦ *avec adv: st/s* *il peut beaucoup sur leurs décisions* er hat viel Einfluß auf ihre Entscheidungen; *je n'en peux plus* ich kann nicht mehr; ich halte es nicht mehr aus; **II** *v/aux avec inf* **1.** (*être capable de*) können; *st/s* vermögen; *ne* ~ *dire, ne* ~ *parler etc* nicht sprechen *etc* können; *st/s* nicht zu sprechen *etc* vermögen; *on ne peut être mal servi* schlechter kann man nicht bedient werden; ♦ *elliptique* *j'ai fait ce que j'ai pu* ich habe getan, was ich konnte, vermochte; ♦ *loc/adv:* *on ne peut mieux* (aller)bestens; aufs beste; vortrefflich; vorzüglich; *il est* *on ne peut plus* *aimable* äußerst; außerordentlich; ungemein; überaus; **2.** (*avoir le droit de*) dürfen; können; *on ne peut pas l'abandonner dans cette situation* in dieser Lage darf man ihn einfach nicht verlassen; *est-ce que je peux, st/s puis-je vous aider?* darf, kann ich Ihnen helfen?; *on peut dire que ...* man kann, darf sagen, daß ...; *... si l'on peut dire ...* wenn man so sagen darf; **3.** *possibilité* mögen; können; *quel âge peut-elle bien avoir?* wie alt könnte, mag, wird sie wohl sein?; *je peux me faire des illusions* es ist möglich, daß ich mir Illusio-

nen mache; *il peut dire ce qu'il veut* er kann, mag sagen, was er will; *cela peut durer encore longtemps* das kann noch lange dauern; *cet espoir pourrait bien se réaliser* diese Hoffnung dürfte, könnte sich wohl erfüllen; *il peut bien venir me voir, je ne lui raconterai rien* selbst ou auch wenn er mich aufsucht ...; ♦ *st/s souhait **puissiez-vous réussir!*** möge Ihnen Erfolg beschieden sein!; **III** *v/imp et v/pr **il pouvait y avoir deux mille spectateurs*** es mochten zweitausend Zuschauer anwesend sein; *il peut arriver, se faire que ...* (+*subj*) es kann sein, geschehen, daß ...; ♦ *il se peut que ...* (+*subj*) es kann sein, es ist möglich, daß ...; *il se peut que je me sois trompé a* möglicherweise habe ich mich getäuscht; *se pourrait-il que vous n'ayez pas été averti?* wäre es möglich, daß man Sie nicht benachrichtigt hat?; sollte man Sie wirklich nicht benachrichtigt haben?; *litt il travaille autant que faire se peut* er arbeitet, so'viel er irgend kann; F *ça se peut* das ist möglich; das kann sein; F *ça se pourrait bien* das könnte gut, durchaus (möglich) sein; *cela ne se peut pas a* das geht nicht
pouvoir[2] [puvwaʀ] *m* **1.** Macht *f* (*sur qn* über j-n); Kraft *f*; Gewalt *f*; *~s surnaturels* 'übernatürliche Kräfte; ÉCON *~ d'achat* Kaufkraft *f*; *~ de l'imagination* Einbildungskraft *f*; *cela n'est pas en mon ~* das steht nicht in meiner Macht; *il n'est pas en mon ~ de* (+*inf*) es steht nicht in meiner Macht zu (+*inf*); *vous êtes en notre ~* Sie sind in unserer Gewalt, Hand; **2.** POL Macht *f*; *les hommes m/pl au ~* die Machthaber *m/pl*; *prise f de ~* Machtübernahme *f*, -ergreifung *f*; *être au ~* an der Macht sein; **3.** POL, JUR (Staats)Gewalt *f*; *~ central, disciplinaire* Zen'tral-, Diszipli'nargewalt *f*; *~ exécutif, judiciaire, législatif* cf *exécutif etc*; *~s publics* Behörden *f/pl*; Staatsorgane *n/pl*; **4.** öffentliche Hand; *~ de police* Poli'zeigewalt *f*; **5.** JUR a) *d'un tuteur, d'un avocat* Vertretungsmacht *f*; **b)** (*procuration*) 'Vollmacht *f* (*a document*); *pleins ~s* unbeschränkte Vollmacht; *donner ~ à qn de* (+*inf*) j-m die Vollmacht erteilen, j-n ermächtigen zu (+*inf*); **c)** *d'un supérieur hiérarchique* (Macht-, Amts-, Dienst)Befugnis *f*; *dépasser, excéder ses ~s* s-e Befugnisse über'schreiten; **5.** PHYS, TECH Vermögen *n*; Fähigkeit *f*; Kraft *f*; *~ blanchissant* Waschkraft *f*; *~ calorifique* Heizwert *m*; *~ isolant* Iso'lierfähigkeit *f*
p.p. *abr* cf *procuration*
p.p.c.m. [pepeseɛm] *m abr* (*plus petit commun multiple*) MATH kleinstes gemeinschaftliches Vielfaches
P.R. [peɛʀ] *m abr* (*Parti républicain*) Republi'kanische Par'tei (*liberal*)
pragmat|ique [pʀagmatik] *adj* prag'matisch; *~isme m* Pragma'tismus *m*; *~iste m,f* Prag'matiker(in) *m(f)*
Prague [pʀag] Prag *n*
praire [pʀɛʀ] *f* ZO (Warzige) Venusmuschel
prairie [pʀeʀi] *f* **1.** Wiese *f*; **2.** GÉOGR *la ~* die Prä'rie

praline [pʀalin] *f* **1.** *bonbon* gebrannte Mandel; **2.** *en Belgique* (*chocolat*) Pra'line *f*; **3.** F cf *cucul*
praliné [pʀaline] **I** *adj chocolat* mit Nougatfüllung; *bonbon* mit Blätterkrokantfüllung; *glace* mit Kro'kantsplittern; **II** *m* Nougat ou Nugat *m* ou *n*
praticable [pʀatikabl(ə)] **I** *adj* **1.** *chemin* begeh-, benutzbar; *route* befahrbar (*en voiture* mit dem Auto); benutzbar; *terrain de sports* bespielbar; **2.** *plan, opération* aus-, 'durchführbar; reali'sierbar; prakti'kabel; **II** *m* **1.** THÉ Prakti'kabel *n*; **2.** CIN, TV Kamera- ou Scheinwerferstand *m*
pratic|ien [pʀatisjɛ̃] *m, ~ienne f* MÉD (prakti'zierender) Arzt, (prakti'zierende) Ärztin
pratiquant [pʀatikɑ̃] *adj* REL **I** *adj* prakti'zierend; *elle est très ~e* sie ist e-e eifrige Kirchgängerin; **II** *subst ~(e) m,f* s-e religi'ösen Pflichten erfüllende(r) Gläubige(r) *f(m)*; ÉGL CATH prakti'zierender Katho'lik, prakti'zierende Katho'likin
pratique [pʀatik] **I** *adj* **1.** *objet, appareil, conseil, solution etc* praktisch; zweckmäßig, -entsprechend, -dienlich; nützlich, brauchbar; *passez par ici, c'est plus ~* das ist praktischer, bequemer; **2.** *personne* praktisch (veranlagt, denkend); *intelligence f ~* praktische Intelligenz; *cf a sens 2. a*); **3.** (*opposé: théorique*) *conséquences, connaissances etc* praktisch; *la vie ~* das praktische Leben; **II** *f* **1.** (*opposé: théorie*) Praxis *f*; *dans la ~ ou en ~* in der Praxis; *mettre en ~* in die Praxis, Tat 'umsetzen; praktisch anwenden, 'durchführen; prakti'zieren; **2.** (*savoir-faire*) Praxis *f*; (praktische, Berufs)Erfahrung *f*; *avoir une longue ~ de la pédagogie* e-e lange ou langjährige pädagogische Praxis haben, Erfahrung besitzen; *manquer de ~* (noch) keine Praxis, praktische Erfahrung haben; **3.** *d'un art, d'un métier, d'un sport* Ausübung *f*; Betreiben *n*; **4.** *d'une règle morale* Befolgung *f*; REL *les ~s* die Andachtsübungen *f/pl*; *~ religieuse* Befolgung religiöser Vorschriften; Erfüllung *f* religiöser Pflichten; Prakti'zieren *n* des Glaubens; **5.** (*usage*) Praxis *f*; Gepflogenheit *f*; Brauch *m*; *souvent pl ~s* Praktiken *f/pl*; *~ répandue* verbreitete Praktik, Praxis; *c'est une ~ courante a* das ist so üblich
pratiquement [pʀatikmɑ̃] *adv* **1.** (*dans la pratique*) praktisch; in der Praxis; **2.** (*à peu près*) praktisch; so gut wie
pratiquer [pʀatike] **I** *v/t* **1.** *profession, métier, art* betreiben; ausüben; *sport* (be)treiben; *~ le football* den Fußballsport betreiben; Fußball spielen; *~ la médecine* den Arztberuf ausüben; *~ la photographie* fotogra'fieren; **2.** *méthode, procédé* (praktisch) anwenden; prakti'zieren; *une politique* betreiben; verfolgen; *charité, justice* üben; *~ le chantage* sich der Erpressung bedienen; erpressen; **3.** REL abs s-e religiösen Pflichten erfüllen; in die Kirche gehen; **4.** *ouverture dans un mur* herstellen; machen; *abri* anbringen; *intervention chirurgicale* vornehmen; **5.** *litt auteur, ouvrage* regelmäßig, gern lesen; **II** *v/pr se ~* üblich sein; geschehen
pré [pʀe] *m* Wiese *f*

pré... [pʀe] *préfixe* prä...; Prä...; vor...; Vor...; früh...; Früh...; cf *les articles suivants*
préalable [pʀealabl(ə)] **I** *adj* **1.** vor'herig ou 'vorherig; vor'hergehend; vor'angehend (*à dat*); *sans avis ~ a* ohne Vorankündigung; **2.** *question f ~* PARLEMENT Antrag *m*, e-n Tagesordnungspunkt nicht zu behandeln; JUR Vorfrage *f*; **II** *m* **1.** Vorbedingung *f*; **2.** *loc/adv au ~* vorher; zu'vor
préalablement [pʀealabləmɑ̃] *adv* vorher; zu'vor; *~ à* vor (+*dat*)
Préalpes [pʀealp] *les ~ f/pl* die Voralpen *pl*
préalpin [pʀealpɛ̃] *adj* der Voralpen; Alpenrand...
préambule [pʀeɑ̃byl] *m* **1.** *d'une loi* Prä'ambel *f*; *d'un discours etc* Einleitung *f*; Vorrede *f*; *loc/adv sans ~* unvermittelt; ab'rupt; ohne 'Umschweife; **2.** *fig être le ~ de qc* das Vorspiel zu etw sein
préau [pʀeo] *m d'une école* über'dachter Teil des Schulhofs; *d'une prison etc* (Innen)Hof *m*
préavis [pʀeavi] *m* **1.** (Vor)Ankündigung *f*; TÉL Voranmeldung *f*; *~ de grève* Streikankündigung *f*; **2.** *de licenciement* Kündigung *f*; (*délai m de*) *~* Kündigungsfrist *f* (*de trois mois* von drei Monaten); *renvoyer qn sans ~* fristlos; *employé donner son ~* (fristgemäß, -gerecht) kündigen
prébende [pʀebɑ̃d] *f* ÉGL HIST Prä'bende *f*; Pfründe *f*
précaire [pʀekɛʀ] *adj* **1.** *santé, situation* pre'kär; la'bil; bedenklich; *situation a* heikel; brenzlig; schwierig; *emploi* unsicher; *bonheur* zerbrechlich; **2.** JUR *détention f, possession f* (*à titre*) *~* Fremdbesitz *m*; unmittelbarer Besitz
précambrien [pʀekɑ̃bʀijɛ̃] *m* GÉOL Prä'kambrium *n*
précarité [pʀekaʀite] *st/s f* Unsicherheit *f*; Labilität *f*
précaution [pʀekosjɔ̃] *f* (*prudence*) Vorsicht *f*; Behutsamkeit *f*; *disposition prise* Vorsichtsmaßnahme *f*, -maßregel *f*; *loc/adv: avec* (*de grandes*) *~(s)* (sehr) vorsichtig, behutsam, sorgsam; mit (großer) Behutsamkeit; *par ~* vorsichtshalber; vorsorglich; aus Vorsicht; *s'entourer de ~s* vorsichtig sein; Vorsicht walten lassen; vorsichtig zu Werke gehen; sich (nach allen Seiten) absichern; *prendre des ~s* Vorsichtsmaßnahmen, -maßregeln treffen, ergreifen; Vorsorge treffen; F *fig prendre ses ~s* (*aller aux toilettes*) F vorher noch einmal verschwinden gehen; *prov deux ~s valent mieux qu'une* doppelt genäht hält besser (*prov*)
précautionneux [pʀekosjɔnø] *adj* ⟨-euse⟩ vorsichtig; behutsam; sorgsam
précédemment [pʀesedamɑ̃] *adv* vorher; vordem; zu'vor
précédent [pʀesedɑ̃] **I** *adj* vor'her-, vor'angehend; vorig; Vor...; vor'angegangen; *loc/adj l'année ~e* im vorhergehenden, vorigen Jahr; im Vorjahr; **II** *m* Präze'denzfall *m* (*a* JUR); *loc/adj sans ~* beispiellos; noch nie dagewesen; *c'est un fait sans ~* das hat es noch nicht gegeben; das ist noch nicht dagewesen; *créer un ~* e-n Präzedenzfall schaffen
précéder [pʀesede] *v/t* ⟨-è-⟩ **1.** *dans le*

précepte – prédisposer

temps vor'an-, vor'her, vor'aus-, vor-'aufgehen (+*dat*); *loc/adv* **le jour qui précédait son départ** am Tag vor s-r Abreise; *st/s* **ceux qui nous ont précédés** *a* die vor uns gelebt haben; **il m'a précédé de dix minutes** er war zehn Minuten eher, früher da als ich; **sa mauvaise réputation l'avait précédé** sein schlechter Ruf war ihm schon vor-'ausgeeilt; **2.** *dans l'espace* ~ *qn* vor j-m hergehen *ou* -fahren; j-m vor'angehen *ou* -fahren; *chose* ~ *qc* vor etw (*dat*) stehen, kommen; *fig dans une carrière etc* ~ *qn* j-m vor'angehen; **faire** ~ **un livre d'une préface** e-m Buch ein Vorwort vor'anstellen; *p/p* **le ministre précédé des journalistes** der Minister, dem die Journalisten vorangingen

précepte [pʀɛsɛpt] *m* Gebot *n*; Vorschrift *f*; Lehre *f*; Prin'zip *n*; Regel *f*

précep|teur [pʀɛsɛptœʀ] *m*, **~trice** *f* Haus-, Pri'vatlehrer(in) *m(f)*; Erzieher(in) *m(f)*

précession [pʀesesjɔ̃] *f* PHYS, ASTR Prä-zessi'on *f*

prêche [pʀɛʃ] *m* **1.** REL Predigt *f*; ~ **du dimanche** Sonntagspredigt *f*; **2.** *fig* Mo'ralpredigt *f*

prêcher [pʀeʃe] **I** *v/t* predigen; ~ **l'Évangile** das Evangelium predigen, verkünd(ig)en; *par ext* ~ **le carême** (die) Fastenpredigten halten; *fig* ~ **la haine, la patience** Haß, Geduld predigen; **II** *v/i* **1.** *curé etc* predigen; die Predigt halten; *fig* ~ **d'exemple** mit gutem Beispiel vorangehen; **2.** *fig* Mo'ral predigen; morali'sieren

prêchi-prêcha [pʀeʃipʀeʃa] *m* ⟨*inv*⟩ F *péj* (ewige) Mo'ralpredigten *f/pl*; morali'sierendes Geschwätz

précieusement [pʀesjøzmɑ̃] *adv* gar-der sorgfältig; sorgsam

précieuses [pʀesjøz] *f/pl* HIST literarischer Kreis von Damen, die im Paris des 17. Jahrhunderts e-e verfeinerte Sprache pflegten

précieux [pʀesjø] *adj* ⟨-euse⟩ **1.** *bijoux etc* wertvoll, kostbar; erlesen; *bois*, **métaux** ~ Edelhölzer *n/pl*, -metalle *n/pl*; *objet* ~ Wertgegenstand *m*, -sache *f*; Kostbarkeit *f*; **pierre précieuse** Edelstein *m*; **2.** *aide, qualité, collaborateur etc* wertvoll; *temps* kostbar; **perdre de précieuses minutes** kostbare Minuten verlieren; **3. a)** (*affecté, recherché*) prezi'ös; geziert; gesucht; manie-'riert; affek'tiert; gekünstelt; gespreizt; **b)** HIST *en littérature etc* prezi'ös; der Preziosi'tät

préciosité [pʀesjozite] *f* **1.** *dans le langage, les manières* Geziert-, Gesucht-, Manie'riert-, Affek'tiert-, Gespreiztheit *f*; **2.** HIST *en littérature etc* Preziosi'tät *f*

précipice [pʀesipis] *m* Abgrund *m* (*a fig*)

précipitamment [pʀesipitamɑ̃] *adv* in großer Hast, Eile; hastig; schleunigst; über'stürzt; über'eilt; *partir* a Hals über Kopf

précipitation [pʀesipitasjɔ̃] *f* **1.** Hast *f*; große Eile, Über'stürzung *f*; Über'eilung *f*; Über'stürztheit *f*; *loc/adv avec* ~ *cf* **précipitamment**; **2.** MÉTÉO ~**s** *pl* (**atmosphériques**) Niederschlag *m*, -schläge *m/pl*; **3.** CHIM (Aus)Fällung *f*; *sc* Präzipitati'on *f*

précipité [pʀesipite] **I** *adj* **1.** *pas, rythme* schnell; eilig; hastig; **2.** *départ* hastig; über'stürzt; *démarche, décision* über'eilt; **II** *m* CHIM Niederschlag *m*; *sc* Präzipi'tat *n*

précipiter [pʀesipite] **I** *v/t* **1.** (*jeter d'en haut*) (in die Tiefe) hin'ab-, hin'unter-stürzen; *fig* ~ **un pays dans le chaos** ein Land ins Chaos stürzen; **2.** (*pousser violemment*) schleudern; ~ *qn* **à terre** j-n zu Boden schleudern; **être précipité contre un arbre** gegen e-n Baum geschleudert werden; **3.** (*accélérer*) *pas* beschleunigen; (*brusquer*) *départ, décision, les choses* über'stürzen; über'eilen; **il ne faut rien** ~ man soll nichts über'stürzen, übereilen; übers Knie brechen; **4.** CHIM (aus)fällen; *sc* präzipi'tieren; **II** *v/pr* **se** ~ **5.** (*se jeter d'en haut*) sich hin'ab-, hin'unterstürzen; **se** ~ **dans le vide** sich in die Tiefe stürzen; **6.** (*s'élancer*) stürzen; **se** ~ **à la porte** an die, zur Tür stürzen; **se** ~ **au secours de qn** j-m zu Hilfe eilen; **se** ~ **au-devant de qn** j-m entgegenstürzen; **se** ~ **sur qn** sich auf j-n stürzen; auf j-n losstürzen, zustürzen; **7.** (*se dépêcher*) sich beeilen; **8.** *événements* sich über-'stürzen

précis [pʀesi] **I** *adj* **1.** prä'zis(e); genau; ex'akt; *réponse a* klar; unzweideutig; *faits* eindeutig; *trait, contours* deutlich; *endroit, point* ganz bestimmt; *personne* prä'zis(e), ex'akt, mit Präzisi'on handelnd, vorgehend, arbeitend; *idées, notions* ~**es** genaue, klare, feste, bestimmte, präzise Vorstellungen *f/pl*; **indice** ~ fester Anhaltspunkt; ♦ *loc/adv*: **à dix heures** ~**es** genau um, pünktlich um, Punkt, Schlag zehn Uhr; **à l'instant, au moment** ~ **où ...** genau, gerade in dem Augenblick, als ...; *de façon* ~**e** prä'zis(e); genau; exakt; klar; *sans raison* ~**e** ohne besonderen, bestimmten Grund; **ne penser à rien de** ~ an nichts Bestimmtes denken; **2.** *résumé, style* prä'zis(e); klar und knapp; *orateur, auteur* sich prä'zis(e), treffend, klar und knapp ausdrücken; **II** *m* Abriß *m* (*a comme titre*); kurze, gedrängte 'Übersicht (*de* über +*acc*), Zu'sammenfassung *f*; Leitfaden *m*

précisément [pʀesizemɑ̃] *adv* **1.** (*de façon précise*) prä'zis(e); genau; **2.** (*justement*) **plus** ~ genauer gesagt; **2.** (*justement*) genau; gerade; ~ **à cause de cela** gerade, genau deswegen, darum; **n'être pas** ~ **gai** *etc* nicht gerade, unbedingt, eben lustig *etc* sein; **3.** *réponse* ~! genau!; allerdings!; so ist es!; ganz recht!

préciser [pʀesize] **I** *v/t* **1.** *idée, point etc* präzi'sieren; genauer angeben, formu-'lieren, darlegen; *endroit, date* genau, ex'akt angeben; *abs* **précisez!** drücken Sie sich klarer, deutlicher aus!; **2.** (*souligner*) klarstellen, deutlich machen (*que* daß); **II** *v/pr danger, situation etc* **se** ~ klarer, deutlicher werden; sich klarer abzeichnen

précision [pʀesizjɔ̃] *f* **1.** Präzisi'on *f* (*a* TECH); Ex'aktheit *f*; Genauigkeit *f*; *des contours* Deutlichkeit *f*; ~ **mathématique** mathematische Präzision, Genauigkeit, Exaktheit; **balance** *f* **de** ~ Prä-zisionswaage *f*; **mécanique** *f* **de** ~ Feinmechanik *f*; **avec** ~ prä'zis(e); genau; ex'akt; **2.** ~**s** *pl* genauere, nähere Angaben *f/pl*, Hinweise *m/pl*, Auskünfte *f/pl*; Einzelheiten *f/pl*; **demander des** ~**s sur qc** genauere Angaben über etw (*acc*) erbitten; **donner quelques** ~**s sur qc** einige Einzelheiten über etw (*acc*) mitteilen

précoce [pʀekɔs] *adj* **1.** *fruit, végétal* früh; *fruit a* frühreif(end); **fruits** *m/pl* ~**s** Frühobst *n*; **variété** *f* ~ frühe Sorte; **2.** *enfant* frühreif; **3.** *automne, sénilité etc* früh(zeitig); (vor)zeitig; **mariage** *m* ~ Frühehe *f*; **rides** *f/pl* ~**s** früh(zeitig), vorzeitig auftretende Falten *f/pl*; **cette année, l'hiver a été** ~ in diesem Jahr hatten wir e-n frühen, zeitigen Winter

précocité [pʀekɔsite] *f d'un fruit, d'un enfant* Frühreife *f*; frühe Reife; *de l'automne etc* früh(zeitig)er, (vor)zeitiger Beginn

précolombien [pʀekɔlɔ̃bjɛ̃] *adj* ⟨~ne⟩ präko'lumbisch

préconçu [pʀekɔ̃sy] *adj* **idée, opinion** ~**e** vorgefaßte Meinung; Vorurteil *n*

préconiser [pʀekɔnize] *v/t méthode, politique, plan etc* befürworten; *remède* (warm) empfehlen; raten zu

précontraint [pʀekɔ̃tʀɛ̃] *adj* TECH **béton** ~ *ou subst* ~ *m* Spannbeton *m*

précuit [pʀekɥi] *adj* CUIS vorgekocht

précurseur [pʀekyʀsœʀ] **I** *m* Vorläufer *m*; Wegbereiter *m*; **II** *adj m* **signe** ~ Vorzeichen *n*, -bote *m*; Anzeichen *n*

prédateur [pʀedatœʀ] BIOL **I** *adj* ⟨-trice⟩ räuberisch lebend; **II** *m* Räuber *m*

prédécesseur [pʀedesesœʀ] *m* **1.** *dans une fonction* Vorgänger *m*; **2.** *nos* ~**s** unsere Vorfahren *m/pl*, -eltern *pl*, -väter *m/pl*

prédélinquant [pʀedelɛ̃kɑ̃] *m* JUR potenti'eller jugendlicher Straftäter

prédestination [pʀedɛstinasjɔ̃] *f* REL Prädestinati'on *f*; Vor'herbestimmung *f*; Gnadenwahl *f*

prédestin|é [pʀedɛstine] *adj* **être** ~ **à qc** für *ou* zu etw prädesti'niert, vor-'(her)bestimmt, für etw wie geschaffen sein; *abs* (zu Großem) auserwählt, auserkoren sein; **~er** *v/t* REL *et fig* prädesti-'nieren, vor'herbestimmen (*à qc* für *ou* zu etw)

prédicat [pʀedika] *m* GR, LOGIQUE Prä-di'kat *n*

prédica|teur [pʀedikatœʀ] *m* REL Prediger *m*; Kanzelredner *m*; **~tion** *f* REL Predigen *n*

prédiction [pʀediksjɔ̃] *f* Vor'aussage *f*, -ung *f*; Vor'hersage *f*; *d'une voyante etc* Weissagen *n*, -ung *f*; Wahrsagen *n*, -ung *f*; **faire des** ~**s** Voraussagen machen; weissagen; wahrsagen

prédilection [pʀedilɛksjɔ̃] *f* Vorliebe *f*; *loc/adj* **de** ~ Lieblings...; **auteur** *m* **de** ~ Lieblingsdichter *m*; **avoir une** ~ **pour qn, qc** e-e Vorliebe, Schwäche für j-n, etw haben

prédire [pʀediʀ] *v/t* ⟨*cf* **dire**; *aber*: **vous prédisez**⟩ vor'aus-, vor'hersagen; prophe'zeien; *voyante etc* wahrsagen; weissagen; ~ **l'avenir** die Zukunft voraus-, vorhersagen; wahrsagen; weissagen; ~ **une crise économique** e-e Wirtschaftskrise voraus-, vorhersagen; **je vous l'avais prédit!** ich hab's (Ihnen) ja gesagt!

prédisposer [pʀedispoze] *v/t* ~ *qn* **à qc** j-n für etw prädispo'nieren (*a* MÉD); j-n im voraus auf etw (*acc*) festlegen; MÉD

prédisposition – préméditation

a j-n für etw besonders anfällig machen; **être prédisposé à qc** e-e Anlage, Veranlagung, Neigung zu etw haben, mitbringen
prédisposition [pRedispozisjɔ̃] *f* Veranlagung *f*, Anlage *f* (**à la paresse** zur Faulheit); *MÉD* Prädispositi'on *f*, besondere Anfälligkeit (**à une maladie** für e-e Krankheit)
prédominance [pRedɔminɑ̃s] *f* Vorherrschen *n*; Über'wiegen *n*; Domi'nieren *n*; 'Übergewicht *n*; Vorherrschaft *f*; Prädominati'on *f*
prédominant [pRedɔminɑ̃] *adj* vorherrschend; domi'nierend; **souci ~** Hauptsorge *f*; größte Sorge
prédominer [pRedɔmine] *v/i* vorherrschen; über'wiegen; (prä)domi'nieren; **son avis a prédominé** s-e Meinung gab den Ausschlag, war ausschlaggebend
préélectoral [pReelεktɔRal] *adj* ⟨-aux⟩ *POL* vor den Wahlen; Wahlkampf...
préemballé [pReɑ̃bale] *adj COMM* (verkaufsfertig) abgepackt
prééminence [pReeminɑ̃s] *f* Vorrang(stellung) *m(f)*; her'ausragende Stellung; **~ent** *adj* her'ausragend; her'vorstehend
préemption [pReɑ̃psjɔ̃] *f JUR* **droit** *m* **de ~** Vorkaufsrecht *n*
préétabli [pReetabli] *adj* vorher festgesetzt, festgelegt
préexist|ant [pReεgzistɑ̃] *adj* schon vorher dagewesen, exi'stierend; **~er** *v/i* **à qc** schon vor etw *(dat)* dasein, exi'stieren
préfabrication [pRefabRikasjɔ̃] *f CONSTR* Herstellung *f* von Fertigteilen; Vorfertigung *f* (**de** von *ou* +*gén*)
préfabriqué [pRefabRike] **I** *adj* **1.** *CONSTR* vorgefertigt; **élément ~** Fertig(bau)teil *n*; **maison ~e** Fertighaus *n*; **2.** *fig et péj* vorfabriziert; insze'niert; **II** *m CONSTR* **a)** élément Fertig(bau)teil *n*; **b)** *construction* Fertigbau(weise) *m(f)*
préfac|e [pRefas] *f* **1.** *d'un livre* Vorwort *n*; Geleitwort *n*; **2.** *fig* Auftakt *m* (**à** zu); **3.** *ÉGL CATH* Präfati'on *f*; **~er** *v/t* ⟨-ç-⟩ *livre* das Vor-, Geleitwort schreiben zu
préfectoral [pRefεktɔRal] *adj* ⟨-aux⟩ des Präfekten; der Präfek'tur; **arrêté ~** Erlaß *m*, Verordnung *f* des Präfekten
préfecture [pRefεktyR] *f* **1.** *bâtiment, services* Präfek'tur *f*; *correspond à* Re'gierungspräsidium *n*; Bezirksregierung *f*; **2.** *ville* Sitz *m* e-r Präfek'tur; **3. ~ de police** Poli'zeipräsidium *n* in Paris
préférable [pRefeRabl(ə)] *adj* **être ~ à qc** besser sein als etw; e-r Sache *(dat)* vorzuziehen sein; den Vorzug vor etw *(dat)* verdienen; **il est ~ de** (+*inf*) *ou* **que ...** (+*subj*) es ist besser, ratsamer zu (+*inf*) *ou* wenn ...
préféré [pRefeRe] **I** *adj* bevorzugt; Lieblings...; **disque ~** Lieblingsplatte *f*; **II** *subst* **~(e)** *m(f)* Liebling *m* (**de qn** j-s)
préférence [pRefeRɑ̃s] *f* Vorzug *m*; Bevorzugung *f*; *ÉCON* Präfe'renz *f*; **~ pour qn, qc** Vorliebe *f*, Schwäche *f* für j-n, etw; *loc/adv* **de ~** lieber; am besten; vorzugsweise; mit Vorliebe; vornehmlich; meist; *loc/prép* **de ~ à** lieber als; *loc/adv*: **citez-moi, par ordre de ~, vos livres favoris** in der Reihenfolge, wie Sie sie am liebsten haben; **accorder**

donner la ~ à qn, qc j-m, e-r Sache den Vorzug geben; j-n, etw bevorzugen, vorziehen; **avoir la ~ sur qn** den Vorzug vor j-m haben; j-m vorgezogen werden; **je n'ai pas de, je n'ai aucune ~** das ist mir e'gal; ich habe keinen besonderen Wunsch
préférentiel [pRefeRɑ̃sjεl] *adj* ⟨**~le**⟩ Vorzugs...; Präfe'renz...; **droits** (**de douane**) **~s** Vorzugs-, Präferenzzölle *m/pl*; **traitement ~** Vorzugsbehandlung *f*; **vote ~** Listenwahl, bei der durch Änderung der Reihenfolge e-m Kandidaten der Vorzug gegeben werden kann
préférer [pRefeRe] ⟨-è-⟩ **I** *v/t* vorziehen (**à** *dat*); lieber haben (als); bevorzugen; den Vorzug geben (+*dat*); *abs* **faites comme vous préférez!** machen Sie es, wie Sie es gern möchten!; *abs* **si tu préfères, nous irons au cinéma** wenn es dir lieber ist ...; **je préfère le train** (**à la voiture**) ich fahre lieber mit der Bahn (als mit dem Auto); ich nehme lieber den Zug, mir ist der Zug lieber (als das Auto); **~ le vin à la bière** lieber Wein als Bier trinken; **je te préfère sans barbe** du gefällst mir ohne Bart besser, ich mag dich ohne Bart lieber; ♦ **~ faire qc** lieber etw tun; (es) vorziehen, etw zu tun; **je préfère me reposer** ich will, möchte (mich) lieber ausruhen; **~ que ...** (+*subj*) es lieber sehen, wenn ...; lieber mögen, daß ...; **je préfère qu'il parte** es ist mir lieber, wenn er geht; er soll lieber gehen; **II** *v/pr* **elle se préfère avec les cheveux longs** sie findet sich mit langem Haar hübscher
préfet [pRefε] *m* **1.** *d'un département* Prä'fekt *m*; *correspond à* Re'gierungspräsident *m*; **~ de région** Präfekt (mehrerer zu) e-r Region (zusammengefaßter Departements); **2. ~ de police** Poli'zeipräsident *m* von Paris; **3.** *en Belgique* (Gymnasi'al)Di'rektor *m*
préfète [pRefεt] *f* **1. madame la ~** die Frau Prä'fekt; **2.** *en Belgique* (Gymnasi'al)Direk'torin *f*
préfigur|ation [pRefigyRasjɔ̃] *st/s f* Vorgeschmack *m*; *sc* Präfigurati'on *f*; **~er** *st/s v/t* e-n Vorgeschmack geben von; ahnen lassen
préfinancement [pRefinɑ̃smɑ̃] *m* Vorfinanzierung *f*
préfixe [pRefiks] *m LING* Prä'fix *n*; Vorsilbe *f*
préform|age [pRefɔRmaʒ] *m TECH* Vorformung *f*; **~er** *v/t TECH* vorformen
préhenseur [pReɑ̃sœR] *adj m BIOL* **organe ~** Greiforgan *n*
préhensile [pReɑ̃sil] *adj BIOL* Greif...; zum Greifen dienend
préhension [pReɑ̃sjɔ̃] *f BIOL* Greifen *n*; *loc/adj* **de ~** Greif...
pré|histoire [pReistwaR] *f* Vor-, Urgeschichte *f*; Prähistorie *f*; **~historique** *adj* **1.** vor-, urgeschichtlich; prähistorisch; **2.** *F fig* vorsintflutlich
préjudice [pReʒydis] *m* Schaden *m*; Nachteil *m*; Beeinträchtigung *f*; Benachteiligung *f*; *loc/prép* **au ~ de** zum Nachteil, Schaden von (*ou* +*gén*); zu'ungunsten (+*gén*); **sans ~ de** unbeschadet (+*gén*); **causer un ~ ou porter ~ à qn** j-m schaden, Schaden zufügen; nachteilig, von Nachteil für j-n sein;

j-m Nachteile bringen; j-n benachteiligen, beeinträchtigen; **subir un ~** Schaden erleiden
préjudiciable [pReʒydisjabl(ə)] *adj* **~ à** nachteilig, schädlich für; abträglich (+*dat*)
préjugé [pReʒyʒe] *m* Vorurteil *n*; vorgefaßte Meinung; **avoir un ~ contre qn, qc** ein Vorurteil gegen j-n, etw haben; gegen j-n, etw voreingenommen sein; **être sans ~s** vorurteilslos, -frei, unvoreingenommen sein
préjuger [pReʒyʒe] *v/tr/indir* ⟨-geons⟩ **de qc** e-r Sache *(dat)* vorgreifen; etw präjudi'zieren; *par ext* (*prévoir*) etw vor'hersehen; **sans ~ des résultats des élections** ohne den Wahlergebnissen vorzugreifen
prélasser [pRelase] *v/pr* **se ~** es sich bequem, behaglich machen; **se ~ au soleil** F sich in der Sonne aalen; **se ~ dans un fauteuil** F sich in e-m Sessel rekeln *ou* räkeln
prélat [pRela] *m ÉGL CATH* Prä'lat *m*
prélav|age [pRelavaʒ] *m* Vorwäsche *f*; Vorwaschen *n*; **~er** *v/t* vorwaschen
prêle *ou* **prèle** [pRεl] *f BOT* Schachtelhalm *m*
prélèvement [pRelεvmɑ̃] *m d'une somme, d'un organe etc* Entnahme *f* (**sur** aus); **sur un salaire** Abzug *m* (von); **sur un compte bancaire** Abbuchung *f* (von); (*ce qui est prélevé*) *COMM a* Probe *f*; Muster *n*; *MÉD a* Probe *f*; Abstrich *m*; *FIN a* 'Umlage *f*; *FIN* **~s** *pl a* Abgaben *f/pl*; **~ automatique** Einzugsverfahren *n*; Lastschriftverfahren *n*; **~ de sang** Blutabnahme *f*, -probe *f*; **faire un ~ de sang** Blut abnehmen; e-e Blutprobe entnehmen, machen; **~ sur le salaire** Lohnabzug *m*; Abzug, Einbehaltung vom Lohn; *FIN* **autorisation** *f* **de ~** Einzugsermächtigung *f*; **faire un ~ de tissu** Gewebe, e-e Gewebeprobe entnehmen; **faire, opérer un ~ sur un compte** e-n Betrag von e-m Konto abbuchen
prélever [pRelve] *v/t* ⟨-è-⟩ *somme, organe, échantillon* entnehmen (**sur** *dat ou* aus); nehmen (aus, von); *somme a* abziehen, einbehalten, erheben (von); *sur un compte bancaire* abbuchen (von); *sang a* abnehmen; **~ sur le salaire** vom Lohn abziehen, einbehalten
préliminaire [pReliminεR] **I** *adj* Vor...; vorbereitend; **entretiens** *m/pl* **~s** Vorbesprechungen *f/pl*; **II** *m/pl* **~s** Präliminarien *pl* (*a DIPL*); Vorspiel *n*; Einleitung *f*
prélude [pRelyd] *m* **1.** *MUS* **a)** *composition* Präludium *n*; Vorspiel *n*; **b)** *suite de notes* Tonfolge *f*, mit der man sich vor e-m Konzert einspielt, einsingt; **2.** *fig* Vorspiel *n*, Auftakt *m* (**à** zu)
préluder [pRelyde] *v/t/indir* **~ à qc** etw einleiten; den Auftakt zu etw bilden; das Vorspiel zu etw sein; **II** *v/i MUS* sich einspielen; *chanteur* sich einsingen
prématuré [pRematyRe] *adj* **1.** *démarche* verfrüht; voreilig; **il serait ~ de** (+*inf*) es wäre verfrüht, noch zu früh zu (+*inf*); **2. mort** vorzeitig, (zu) früh; **accouchement ~** Frühgeburt *f*; **enfant ~** *ou subst* **~** *m* Frühgeburt *f*; **~ment** *adv* vor der Zeit; zu früh; vorzeitig
préméditation [pRemeditasjɔ̃] *f JUR* Vorsatz *m*; *loc/adj et loc/adv* **avec ~**

préméditer – prendre

vorsätzlich; *meurtre m avec* ~ vorsätzliche Tötung
préméditer [pʀemedite] *v/t* planen; gründlich vorher über'legen, bedenken; in Gedanken vorbereiten; ~ *de faire qc* planen, beabsichtigen, darauf sinnen, etw zu tun; *adjt* **prémédité** *crime* geplant; *réponse, réaction* (wohl)über'legt
prémices [pʀemis] *litt f/pl* Anfänge *m/pl;* Beginn *m*
premier [pʀəmje] **I** *adj* ⟨-ière⟩ **1.** *dans l'ordre* erste(r, -s); *tout* ~*, toute première* allererste(r, -s); ~ *âge* Säuglingsalter *n;* ~ *amour* erste Liebe; *le* ~ *août* der erste *ou* am ersten August; *BOUCHERIE* **côte, côtelette première** Fi'letkotelett *n; TYPO* **première édition** Erstausgabe *f,* ~ *druck m;* **première enfance** frühe Kindheit; ~ *étage* erster Stock; erstes Stockwerk; erste Etage; **François I**ᵉʳ Franz I. (der Erste); **premières notions** Grundbegriffe *m/pl; d'un journal* **première page** *a* Titelseite *f;* ~ *plan* Vordergrund *m; cf a* **plan¹ II 2.;** ♦ *loc/adv:* **les ~s temps** in der ersten Zeit; zu'erst; anfänglich; *au ou du* ~ *coup* auf Anhieb; (gleich) beim erstenmal; *en* ~ *lieu cf* **lieu¹** *1.;* **2.** *dans une hiérarchie* erste(r, -s); oberste(r, -s); höchste(r, -s); Haupt…; *HIST* 2 **Consul** Erster Konsul; **première danseuse** Primaballe'rina *f;* **les ~s dignitaires de l'Église** die obersten, höchsten, ersten Würdenträger der Kirche; 2 **ministre** Premi'erminister *m;* Mi'nisterpräsident *m; objectif* ~ oberstes, höchstes Ziel; *THÉ* ~ *rôle* Hauptrolle *f,* -darsteller *m;* ♦ *loc/adj: de* ~ *ordre* erstrangig, -klassig; ersten Ranges; *de première qualité* erstklassig; *cf a* **nécessité** *1.;* **3.** (*meilleur*) beste(r, -s); *c'était le* ~ *coureur de son temps* er war der beste Läufer s-r Zeit; **4.** (*primitif*) ursprünglich; *PHILOS* **cause première** Ursache *f;* Ursache *f* s-r selbst; *état* ~ ursprünglicher, früherer Zustand; **matière première** Roh-, Grund-, Ausgangsstoff *m; MATH* **nombre** ~ Primzahl *f;* **II** *subst* **1.** *le* ~*, la première* der, die, das erste (*dans l'ordre ou* der, die, das Erste (*selon le mérite ou rang*); *dans un classement a* der, die, das Beste; **les trois** ~**s** die ersten drei; *le* ~ *de l'an* der Neujahrstag; *le* ~*, la première de la classe* der, die Beste, Erste der Klasse; der, die Klassenbeste, -erste; der Primus der Klasse; *le* ~ *du mois* der Monatserste; *loc/adv* **am Monatsersten;** *les* ~*s du mois* jeweils am Monatsersten; *être le* ~*, un des* ~*s à* (+*inf*) der erste sein, der …; e-r der ersten sein, die …; *être reçu à un examen* ~ die Prüfung als Bester bestehen; ♦ *loc/adv: le* ~*, la première* als erste(r, -s); zu'erst; *arriver le* ~ als erster ankommen; *passez donc le* ~*!* gehen Sie doch bitte voran!; *la tête la première* kopfüber; mit dem Kopf vor'an; vorn'über; *en* ~ *faire qc* zu'erst; als erstes; *servir qn* zu'erst; als erste(n); ♦ *A et B sont absents, le* ~ *est malade et le second est en voyage* ersterer, der erstere … letzterer, der letzter; **2.** *m* *étage* erster Stock; erstes Stockwerk; erste E'tage; *au* ~ im ersten Stock *etc;*

F e-e Treppe hoch; **3.** *THÉ* **jeune** ~ jugendlicher Held, Liebhaber; *avoir un physique de jeune* ~ der Typ des jugendlichen Helden, Liebhabers sein; **jeune première** jugendliche Heldin
première [pʀəmjɛʀ] *f* **1.** *THÉ, CIN* Premi'ere *f; Ur-,* Erstauffführung *f; grande* ~ Galapremiere *f; fig:* **une grande** ~ ein großes Ereignis; ~ *mondiale* Weltereignis *n;* **2.** *CH DE FER* erste Klasse; *par ext* **billet Fahrkarte** *f* erster Klasse; *voyager en* ~ erster Klasse reisen, fahren; **3.** *ÉCOLE* sechste Klasse im Gym'nasium; *correspond à* Unter'prima *f;* **4.** *AUTO* erster Gang; *rouler en* ~ im ersten (Gang) fahren; **5.** *ALPINISME* Erstbesteigung *f;* **6.** *TYPO* erster Korrek'tur-, Fahnenabzug *f;* **7.** *loc/adj et int* F *de* ~ erstklassig; vorzüglich; her'vorragend; *int a* bestens!
premièrement [pʀəmjɛʀmɑ̃] *adv* erstens; zu'erst
premier-né [pʀəmjene] *adj et subst m* ⟨*pl* premiers-nés⟩ , **première-née** [pʀəmjɛʀne] *adj et subst f* ⟨*pl* premières-nées⟩ erstgeboren; Erstgeborene(r, -s) *f(m,n)*
prémilitaire [pʀemilitɛʀ] *adj formation* vormilitärisch
prémisse [pʀemis] *f* Vor'aussetzung *f;* Prä'misse *f* (*a LOGIQUE*)
prémolaires [pʀemɔlɛʀ] *f/pl ANAT* vordere Backenzähne *m/pl*
prémonition [pʀemɔnisjɔ̃] *f* (schlimme) (Vor)Ahnung; (schlimmes) Vorgefühl
prémonitoire [pʀemɔnitwaʀ] *adj* warnend; *signe m* ~ (warnendes) Vorzeichen
prémontré [pʀemɔ̃tʀe] *m ÉGL CATH* Prämonstra'tenser *m*
prémunir [pʀemyniʀ] **I** *v/t st/s* ~ *qn contre qc* j-n vor etw (*dat*) schützen, bewahren; **II** *v/pr* *se* ~ *contre qc* sich vor etw (*dat*), gegen etw schützen, sichern
prenable [pʀənabl(ə)] *adj* **place forte difficilement** ~ schwer einnehmbar
prenant [pʀənɑ̃] *adj* **1.** *film, livre* packend; fesselnd; mitreißend; (*émouvant*) ergreifend; *voix* fesselnd; erregend; **2.** *activité* zeitraubend
prénatal [pʀenatal] *adj* vorgeburtlich; *sc* präna'tal; *allocations* ~*es* Schwangerschaftsbeihilfe *f*
prendre [pʀɑ̃dʀ(ə)] ⟨je prends, il prend, nous prenons, ils prennent; je prenais; je pris; je prendrai; que je prenne; que nous prenions; prenant; pris⟩
I *v/t* **1.** nehmen, (*saisir*) ergreifen, pakken; (*toucher à*) (an)fassen; (*enlever*) wegnehmen, (*sortir de*) her'ausnehmen (*dans, de* aus); entnehmen (*dans, de dat*); (*emporter*) mitnehmen, (*accueillir*) aufnehmen; *ordres, commandes* entgegennehmen; *exemple* (her'aus-) nehmen; her'ausgreifen; **place forte, ville etc** einnehmen; *pseudonyme* annehmen, sich zulegen; *titre* sich bei'zulegen; *crédit, hypothèque* aufnehmen; *assurance* abschließen; *tissu, cheveux etc:* couleur annehmen; *appartement* nehmen; *foulard* 'umnehmen; *bateau:* passagers, cargaison über'nehmen; an Bord nehmen; *passagers a* mit-

nehmen; *rhume etc* sich zuziehen; sich holen; bekommen; *billet* kaufen; *titre de transport a* lösen; *billet de loterie a* nehmen; *renseignements* einziehen, einholen; *programme télé, radio* ein-, anstellen; einschalten; *mesures, précautions* ergreifen; treffen; *risques* auf sich nehmen; eingehen; *engagement* über'nehmen; eingehen; *pouvoir* über'nehmen; ergreifen; ♦ *expressions avec subst:* ~ *de l'âge* alt werden; *où veux-tu que je prenne l'argent?* wo soll ich das Geld denn hernehmen?; *prenons le cas suivant* nehmen wir einmal folgenden Fall an; *taxi* ~ *un client* e-n Fahrgast auf-, mitnehmen, befördern; *chaussures etc* ~ *l'eau* undicht, nicht wasserdicht sein; das Wasser 'durchlassen; ~ *une femme* e-e Frau nehmen (*koitieren*); ~ *ses fonctions* sein Amt antreten, über'nehmen; ~ *des forces* kräftig(er) werden; an Kräften zunehmen; ~ *froid* sich erkälten; ~ *de l'importance* (an) Bedeutung gewinnen; *je prends mon pain toujours chez …* ich kaufe, hole mein Brot immer bei …; ~ *une photo* e-e Aufnahme, ein Foto machen; ~ *du poids* (an Gewicht) zunehmen; *ma résolution était prise* mein Entschluß war gefaßt, stand fest; *cf a les subst correspondants;* ♦ *avec adv: si vous le prenez ainsi* wenn Sie es so nehmen, auffassen; ~ *bien critique, plaisanterie* nicht übelnehmen; *mauvaise nouvelle* gefaßt aufnehmen; ~ *mal* übelnehmen; übel aufnehmen, vermerken; ♦ *prép et loc/adv: à tout* ~ im Grunde (genommen); alles in allem; schließlich; übrigens; ~ *qn chez soi* j-n bei sich aufnehmen; j-n zu sich, in sein Haus nehmen; *le* ~ *de haut* von oben herab tun; ~ *qn, qc en aversion* e-e Abneigung gegen j-n, etw bekommen, fassen; ~ *qn par son point faible* j-n an s-r schwachen Seite packen; ~ *qn pour associé* j-n als Teilhaber aufnehmen, hin'einnehmen, ins Geschäft nehmen; *réflexion* ~ *pour soi* auf sich (*acc*) beziehen; persönlich nehmen; *cf a* **14.;** ~ *qc sur soi, sur son compte* etw auf sich (*acc*), F auf s-e Kappe nehmen; *cf a les subst correspondants;* ♦ *avec un verbe: c'est à* ~ *ou à laisser* entweder – oder; eins von beiden; *il faut en* ~ *et en laisser* man darf nicht alles glauben, was er, sie *etc* erzählt, was so erzählt wird; *passer, venir* ~ *qn* j-n abholen (kommen); *il est venu la* ~ *en voiture* er hat sie mit dem Wagen abgeholt; er ist sie mit dem Wagen abholen gekommen; *passer* ~ *de l'argent à la banque* Geld von der Bank abholen, abheben; *chez le coiffeur etc* **pouvez-vous me** ~ *à cinq heures?* können Sie mich um fünf Uhr drannehmen?; *savoir* ~ *qn* mit j-m 'umzugehen wissen, verstehen; F j-n zu nehmen wissen, verstehen; **2.** *nourriture* zu sich nehmen; genießen; *boisson a* trinken; *repas* einnehmen; *médicament* (ein)nehmen; *poison* nehmen; *médicament* **faire** ~ *à qn* j-m eingeben; *son petit déjeuner à sept heures* er um sieben Uhr frühstücken; *vous prendrez bien quelque chose?* Sie trinken doch etwas, ein Gläschen (Wein, Bier *etc*)?; *au restaurant* **qu'est-ce que tu prends?** was

preneur – préparer

nimmst, ißt du?; **3.** *moyen de transport* nehmen; benützen (*a escalier*); fahren mit; **~ l'avion** (mit dem Flugzeug) fliegen; das Flugzeug nehmen; **4.** *direction, chemin* einschlagen; *chemin, route a* gehen *ou* fahren; **nous avons pris l'autoroute** wir sind (auf der) Autobahn gefahren; **~ la deuxième rue à gauche** in die zweite Straße links einbiegen; **5.** (*embaucher*) einstellen; **~ qn à son service** j-n in Dienst, in s-e Dienste nehmen; **~ qn comme secrétaire** j-n als Sekretär(in) einstellen; **6.** (*capturer*) *animal* (ein)fangen; *poisson* fangen; *personne en fuite* fassen; er-, aufgreifen; fangen; F schnappen; MIL gefangennehmen; *être pris au piège* in die Falle gehen; *être pris dans la foule* in der Menge eingekeilt sein; *cf a* *embouteillage 1.*, *laisser III*; **7.** (*surprendre*) **~ qn** j-n ertappen, F erwischen; *événement* **~ qn** j-n über'raschen; **~ qn sur le fait, en flagrant délit**, F la main dans le sac j-n auf frischer Tat, in flagranti ertappen; F **je vous y prends!** jetzt habe ich Sie!; **je vous y prends à dire du mal de moi!** jetzt habe ich Sie dabei erwischt, wie Sie schlecht über mich geredet haben!; **8.** (*adopter*) *air* aufsetzen; *ton* anschlagen; *attitude* einnehmen; *habitude* annehmen; **9.** (*recevoir*) (ab)bekommen; F (ab)kriegen; *ballon etc* **~ en pleine figure** mitten ins Gesicht kriegen; **il a pris toute la pluie** er hat den ganzen Regen abgekriegt; F **~ une raclée** F Prügel beziehen, kriegen; *fig* e-e Schlappe erleiden; *cf a* *recevoir 2.*; F **qu'est-ce qu'il a pris!** F der hat vielleicht was abgekriegt!; **10.** (*s'emparer de*) **~ qn** *fatigue, douleurs, sommeil etc* j-n über'fallen, über'mannen, über'wältigen, über'kommen; *panique* j-n packen (*a colère, désespoir*); j-n erfassen, ergreifen; *être pris de l'envie de* (+*inf*) plötzlich Lust bekommen zu (+*inf*); **la fièvre l'a pris ce matin** heute früh bekam er (ganz) plötzlich Fieber; *être pris de remords* von Gewissensbissen heimgesucht, geplagt werden; F **qu'est-ce qui te prend?**, *iron* **ça te prend souvent?** was fällt dir denn ein?; was ist denn mit dir los?; was ist in dich gefahren?; F bist du noch zu retten?; **11.** *travail, activités* **~ qn** j-n beschäftigen, in Anspruch nehmen; *cf a pris 1.*; **12.** (*voler*) **~ qc à qn** j-m etw (weg-, ab)nehmen, stehlen; *idées* **~ chez un auteur** (von) e-m Autor entlehnen; von e-m Autor über'nehmen; **il lui a pris sa copine** er hat ihm s-e Freundin weggenommen, abspenstig gemacht; **13.** (*se faire payer*) verlangen; nehmen; **combien prenez-vous de l'heure?** wieviel *ou* was verlangen, nehmen, kriegen Sie für die Stunde?; *abs* **il prend cher** er verlangt, nimmt hohe Preise; er ist teuer; **14. ~ pour** (*considérer comme*) halten für; **je l'ai pris pour son frère** ich habe ihn für s-n Bruder gehalten; ich habe ihn mit s-m Bruder verwechselt; **pour qui me prenez-vous?** für wen halten Sie mich eigentlich?; **II** *v/i* **15.** (*devenir consistant*) *mayonnaise, crème etc* steif, fest werden; dicken; *ciment etc* abbinden; *par ext* **~ au fond de la casserole** am Topfboden anbacken, ansetzen; **16.** *bouture* anwachsen; Wurzeln schlagen; anwurzeln; *feu* angehen; anbrennen; *incendie* ausbrechen (**au sous-sol** im 'Untergeschoß); *vaccin* e-e positive Re'akti'on hervorrufen; **17.** (*geler*) *fleuve etc* zufrieren; *cf a* **pris** *4.*; **18.** *spectacle, canular* (beim Publikum) ankommen, F ziehen; *mode* ankommen; Anklang finden; einschlagen; *menace, excuse* **ne pas ~** nicht wirken, verfangen, F ziehen; **avec moi, ça ne prend plus** bei mir verfängt, zieht das nicht mehr; **ses mensonges ne prennent plus** F s-e Lügen nimmt ihm keiner mehr ab; **19.** (*se diriger*) **~ à droite, sur la droite** sich nach rechts wenden; rechts einbiegen; **~ à travers champs** querfeld'ein gehen, laufen, fahren; **20.** *lors d'un chagrin etc* **~ sur soi** sich zu'sammennehmen; sich nichts anmerken lassen; **21. ~ sur son sommeil etc pour étudier** F sich die Zeit zum Studium vom Schlaf *etc* abknapsen, abzwacken; **22. l'envie lui prend** *a v/imp* **il lui prend** (**l'**)**envie de** (+*inf*) er bekam plötzlich Lust zu (+*inf*); **23.** *aux cartes* stechen; **III** *v/imp* **24. bien, mal lui en a pris de** (+*inf*) er hat gut, schlecht daran getan zu (+*inf*); es war sein Glück, Unglück, daß …; **mal lui en a pris** das ist ihm schlecht bekommen; **IV** *v/pr* **25. se ~ le doigt dans la porte** sich den Finger in der Tür einklemmen; *vêtement* **se ~ dans les ronces**, *insecte* **se ~ dans une toile d'araignée** sich in den Dornen, in e-m Spinnennetz verfangen; **26.** *fig* **se ~ au jeu** (plötzlich) Gefallen, Geschmack an der Sache finden; der Sache (*dat*) Geschmack abgewinnen; nicht lockerlassen, nachgeben; **se ~ d'amitié pour qn** sich mit j-m anfreunden, befreunden; **27. se ~ à** (+*inf*) (*commencer*) (plötzlich) anfangen, beginnen zu (+*inf*); **elle s'est prise à espérer** *a* sie schöpfte (neue) Hoffnung; **28. s'en ~ à qn, à qc** j-m, e-r Sache die Schuld geben, zuschreiben, zuschieben; die Schuld bei j-m, bei e-r Sache suchen; j-n, etw dafür verantwortlich machen; **29. s'y ~ a)** **il aurait fallu s'y ~ à l'avance, à temps** man hätte sich im voraus, rechtzeitig darum kümmern, dar'anmachen müssen; **b)** *avec adv* **s'y ~ bien**, **mal** sich geschickt, ungeschickt *ou* dumm dabei anstellen; es richtig *ou* geschickt, falsch *ou* verkehrt *ou* dumm anstellen, anfangen; geschickt *ou* richtig, ungeschickt *ou* falsch vorgehen; **comment vas-tu t'y ~?** wie wirst du es anstellen?; **je vais te montrer comment on s'y prend** ich werde dir zeigen, wie man es macht; **30. se ~ pour un génie** *etc* sich für ein Genie *etc* halten; **pour qui se prend-il?** für wen hält er sich eigentlich?; was bildet er sich eigentlich ein?; **31.** *réciproquement* **a)** (*se tenir*) **se ~ par la main** sich bei der Hand nehmen, fassen; **b)** (*s'enlever*) **chercher à se ~ le ballon** sich gegenseitig den Ball wegzunehmen suchen; **32.** *sens passif* **ce médicament se prend avant les repas** dieses Medikament wird vor den Mahlzeiten eingenommen.

preneur [pʀənœʀ] *m* **1.** COMM, JUR Abnehmer *m*; Käufer *m*; Interes'sent *m*; **trouver ~ pour qc** e-n Abnehmer, Käufer, Interessenten für etw finden; **2. ~ d'otage(s)** Geiselnehmer *m*; **3.** RAD, CIN **~ de son** Tontechniker *m*, -meister *m*

preneuse [pʀənøz] *adj f* TECH **benne ~** Greifer *m*

prénom [pʀenɔ̃] *m* Vorname *m*; **~ usuel** Rufname *m*

prénommé [pʀenɔme] *adj* ADM **le ~ Paul** besagter Paul

prénommer [pʀenɔme] **I** *v/t* **~ qn …** j-m den (Vor)Namen … geben; j-n mit Vornamen … nennen; **II** *v/pr* **se ~ …** mit Vornamen … heißen

prénuptial [pʀenypsjal] *adj* ⟨-aux⟩ vor der Eheschließung

préoccupant [pʀeɔkypɑ̃] *adj* besorgniserregend; beunruhigend; bedenklich

préoccupation [pʀeɔkypasjɔ̃] *f* Sorge *f*; Besorgnis *f*

préoccupé [pʀeɔkype] *adj* besorgt; beunruhigt; *air a* sorgenvoll; **être ~ de ou par qc** um etw besorgt sein

préoccuper [pʀeɔkype] **I** *v/t* **~ qn** a) *santé, avenir* j-m Sorge(n) machen; j-n mit Besorgnis erfüllen; j-n beunruhigen; b) *problème, idée, affaire* j-n stark beschäftigen; **II** *v/pr* **se ~ de qc** sich über etw (*acc*) Gedanken machen; sich gedanklich mit etw beschäftigen

prépa [pʀepa] *f* F *abr* (*classe préparatoire*) *cf* **préparatoire**

préparateur [pʀepaʀatœʀ] *m* La'borgehilfe *m*; **~ en pharmacie** Labo'rant *m* in e-r Apotheke

préparatifs [pʀepaʀatif] *m/pl* Vorbereitung(en) *f(pl)*; **~ de départ** Reisevorbereitungen *f/pl*; **faire ses ~** s-e Vorbereitungen treffen

préparation [pʀepaʀasjɔ̃] *f* **1.** *action* Vorbereitung *f*; *d'un repas* Zubereitung *f*; ÉCOLE française häusliche Vorbereitung e-r Textinterpretation; **~ militaire** (*abr* P.M.) vormilitärische Ausbildung; **~ à un examen** Vorbereitung auf ein Examen; Ex'amensvorbereitung *f*; *ouvrage* **en ~** in Vorbereitung; *sans* **~** unvorbereitet; **2.** CHIM, PHARM Präpa'rat *n*; **~ culinaire** kulinarisches Erzeugnis; **~ pour le microscope** mikroskopisches Präparat

préparatoire [pʀepaʀatwaʀ] *adj* vorbereitend; Vorbereitungs…; **classes** *f/pl* **~s** (*aux grandes écoles*) Vorbereitungsklassen *f/pl* für die „grandes écoles" (nach dem „baccalauréat"); **cours** *m* **~** (*abr* C.P.) erste Grundschulklasse; **travail** *m* **~** Vorarbeit *f*

préparer [pʀepaʀe] **I** *v/t* **1.** *voyage, fête, travail, cours etc* vorbereiten; *repas* zubereiten; *poisson, viande avant cuisson* zurichten; *chambre pour un hôte* herrichten; zu'rechtmachen; *repas* **~ à l'avance** vorher zubereiten, fertigmachen; vorkochen; **une grande école** sich auf die Aufnahmeprüfung für e-e „grande école" vorbereiten; **~ un examen** sich auf ein Examen vorbereiten; für ein Examen lernen; *fig* **~ un piège** e-e Falle stellen; **~ sa thèse** s-e *ou* s-r Dissertation, Doktorarbeit schreiben; *fig* **~ le terrain, la voie** den Boden, den Weg bereiten; ♦ *adjt* CUIS **plat tout préparé** Fertiggericht *n*; ♦ **~ qn à qc** j-n auf etw (*acc*) vorbereiten; **~ qn à un examen, à une mauvaise nouvelle** j-n auf ein Examen, auf e-e schlimme

prépondérance – présent

Nachricht vorbereiten; *ne pas être préparé à qc* auf etw (*acc*) nicht vorbereitet, gefaßt sein; **2.** *avenir, événement* **~ qc à qn** j-m etw bringen; für j-n etw bereithalten; **~ une surprise à qn** j-m e-e Über'raschung bereiten; **3.** *produit chimique, médicament* herstellen; CHIM *a* darstellen; **II** *v/pr* **4.** *se ~ à examen etc* sich vorbereiten auf (*+acc*); *à une situation a* sich einstellen, einrichten auf (*+acc*); *à une mauvaise nouvelle* sich gefaßt machen auf (*+acc*); *se ~ à la guerre a* (sich) zum Krieg rüsten; *se ~ pour qc* sich für etw fertig-, zu'rechtmachen, herrichten; *abs* **préparez-vous!** macht euch fertig, bereit!; fertigmachen!; *par ext* **je me préparais à vous le dire** ich wollte es Ihnen gerade sagen; **5.** *se ~ orage* her'aufziehen; sich zu'sammenbrauen; im Anzug sein; *événements* sich vorbereiten, abzeichnen, anbahnen; bevorstehen; *v/imp* **il se prépare qc** da ist etwas im Gang(e), im Anzug; da braut sich etwas zusammen; F da tut sich was; **6.** *sens passif* CUIS *se ~* zubereitet werden

prépondérance [pʀepɔ̃deʀɑ̃s] *f* Vorherrschaft *f*; Vormacht(stellung) *f*; Vorrangstellung *f*; beherrschende Posi'tion

prépondérant [pʀepɔ̃deʀɑ̃] *adj rôle, influence* ausschlaggebend; entscheidend; maßgeblich; *place ~e* Vorrang-, Vormachtstellung *f*; *la voix du président est ~e* die Stimme des Vorsitzenden gibt den Ausschlag

préposé(e) [pʀepoze] *m(f)* ADM **1.** (*facteur, -trice*) Briefträger(in) *m(f)*; ADM Briefzusteller(in) *m(f)*; **2.** *agent* (subal-'terne[r]) Bedienstete(r) *f(m)*

préposer [pʀepoze] *v/t* **~ qn à qc** j-n mit etw betrauen, beauftragen; j-n etw über'tragen; *être préposé au téléphone* mit dem Tele'fondienst beauftragt sein

prépositif [pʀepozitif] *adj* (*-ive*) GR *locution prépositive* Präpositio'nalgefüge *n*

préposition [pʀepozisjɔ̃] *f* GR Präpositi'on *f*; Verhältniswort *n*

prépuce [pʀepys] *m* ANAT Vorhaut *f*

prérasage [pʀeʀazaʒ] *m lotion f de ~* Preshave ['pʀiʃe:v] *n*

préretraite [pʀeʀətʀɛt] *f* **a)** Vorruhestand *m*; **b)** *allocation* vorgezogene Altersrente

prérogative [pʀeʀɔgativ] *f* Vorrecht *n*

près [pʀɛ] **I** *adv* **1.** nah(e); in der Nähe; nahe'bei; *tout ~* ganz nah, in der Nähe; dicht da'bei; F *Londres? ce n'est pas tout ~!* das ist ja nicht gerade nah!; *~ de* von nahem; aus der Nähe; *suivre* dicht; *raser* glatt; *fig examiner etc* genau; eingehend; *connaître qn de ~* j-n gut, genau kennen; *connaître qn de plus ~* j-n besser, genauer kennen; *il ne faut pas y regarder de trop ~* man darf nicht zu genau hinsehen; *toucher qn de (très) ~* j-n direkt angehen, betreffen; *cf a serrer* **3.**; **2.** *loc/prép à* (*+subst*) *~* abgesehen von (*+dat*); bis auf (*+acc*); *à cela ~* davon abgesehen; sonst; an'sonsten; *à cela ~ que ...* abgesehen davon, daß ...; *à un franc ~, le compte y est* bis auf e-n Franc stimmt die Summe; *je ne ou n'en suis pas à cinq minutes ~* auf fünf Minu-

ten (mehr oder weniger) kommt es mir nicht an; *il n'en est pas à ça ~* darauf kommt es ihm nicht an; das nimmt er nicht so genau; ♦ *st/s* **à beaucoup ~** bei weitem; weitaus; ♦ *à peu de chose(s) ~* (*environ*) ungefähr; etwa; zirka; in etwa; (*presque*) fast; beinahe; annähernd; *il y a à peu ~ 'huit jours que ...* es ist ungefähr *etc* acht Tage her, daß ...; *l'hôtel était à peu ~ vide* das Hotel war fast leer; **3.** *loc/prép ~ de dans l'espace* nah(e) bei (+*dat*); nah(e) an (+*dat ou acc*); in der Nähe von (*ou +gén*); bei (+*dat*); *st/s* nah(e) (+*dat*); *avec un nombre* fast; beinahe; nahezu; ungefähr; (*tout*) *~ d'ici* (ganz) in der Nähe; *~ de mille francs* fast, nahezu, an die tausend Franc; *s'asseoir ~ de qn* sich neben j-n setzen; *il est ~ de onze heures* es ist fast, gleich, kurz vor, gegen elf (Uhr); MAR *naviguer ~ du vent, au plus ~ (du vent)* hart am Wind segeln; ♦ *être ~ de faire qc* im Begriff, nahe dar'an sein, etw zu tun; *les négociations étaient ~ d'aboutir* die Verhandlungen standen kurz vor ihrem Abschluß; *la hausse des prix s'est accentuée et elle n'est pas ~ de s'arrêter* und es sieht nicht so aus, als werde sie bald zum Stillstand kommen; **II** *prép* ADM bei (+*dat*); *ambassadeur ~ le Saint-Siège* beim Heiligen Stuhl

présage [pʀezaʒ] *m* Vorzeichen *n*; Omen *n*; Vorbedeutung *f*; *d'une crise etc ~s pl* Anzeichen *n/pl*; *heureux, mauvais ~* gutes, schlimmes Vorzeichen; gutes, böses Omen

présager [pʀezaʒe] *v/t* (*-geait*) **1.** (für die Zukunft) bedeuten; *cela ne présage rien de bon* das bedeutet nichts Gutes; **2.** *laisser ~* vermuten, ahnen, vor'ahnen lassen

pré-salé [pʀesale] *m* (*pl prés-salés*) **a)** *Schaf, das auf e-r Wiese geweidet hat, die zeitweilig vom Meer überspült wird*; **b)** *Fleisch e-s solchen Schafes*

presbyte [pʀɛzbit] MÉD **I** *adj* weitsichtig; *avec l'âge* alters(weit)sichtig; **II** *m,f* Weitsichtige(r) *f(m)*; Alters(weit)sichtige(r) *f(m)*

presbytère [pʀɛzbitɛʀ] *m* Pfarrhaus *n*

presbytérien [pʀɛzbiteʀjɛ̃] REL **I** *adj* (*~ne*) presbyteri'anisch; **II** *subst ~(ne) m(f)* Presbyteri'aner(in) *m(f)*

presbytie [pʀɛzbisi] *f* MÉD Weitsichtigkeit *f*; *avec l'âge* Alters(weit)sichtigkeit *f*

prescience [pʀesjɑ̃s] *litt f* Wissen *n* um die Zukunft

préscolaire [pʀeskɔlɛʀ] *adj* vorschulisch; Vorschul...

prescriptible [pʀɛskʀiptibl(ə)] *adj* JUR verjährbar

prescription [pʀɛskʀipsjɔ̃] *f* **1.** *~ médicale, du médecin* ärztliche Verordnung; **2.** JUR Verjährung *f*; *délai m de ~* Verjährungsfrist *f*

prescrire [pʀɛskʀiʀ] ⟨*cf écrire*⟩ **I** *v/t* **1.** vorschreiben; anordnen; verfügen; festsetzen; *médecin: médicament etc* verordnen; verschreiben; *par ext les circonstances prescrivent la prudence* die 'Umstände gebieten, erfordern, verlangen Vorsicht; ♦ *adjt*: *délai prescrit* vorgeschriebene, festgesetzte Frist; MÉD *dose prescrite* verordnete Dosis;

selon les formes prescrites par la loi in der gesetzlich vorgeschriebenen Form; **2.** JUR *être prescrit* verjährt sein; **II** *v/pr* JUR *se ~* verjähren (*par cinq ans* in fünf Jahren)

préséance [pʀeseɑ̃s] *f* Vorrang *m*; Vortritt *m*; *ordre m de ~* Rangordnung *f*; *avoir la ~ sur qn* den Vortritt, Vorrang vor j-m haben

présélection [pʀeseleksjɔ̃] *f* **1.** *de candidats* Vorauswahl *f*; **2.** TECH Vorwahl *f*

présélectionner [pʀeseleksjɔne] *v/t* **1.** *candidats* e-e Vorauswahl treffen unter (*+dat*); in die engere Wahl ziehen, nehmen; **2.** TECH vorwählen

présence [pʀezɑ̃s] *f* **1.** *d'une personne* Anwesenheit *f*; Gegenwart *f* (*a* REL *du Christ*); Prä'senz *f* (*a* POL *d'un État à l'étranger*); *d'une catégorie sociale dans un organisme etc* Vertretensein *n*; *feuille f de ~* Anwesenheits-, Präsenzliste *f*; *jetons m/pl de ~* Sitzungs-, Tagegeld *n*; *cf a* **acte 1.**; ♦ *loc/prép* **en ~ de a)** *d'une personne* in Anwesenheit, in Gegenwart, im Beisein von (*ou +gén*); **b)** *de faits, de problèmes etc* angesichts, im Angesicht (*+gén*); *en votre ~* in Ihrer Anwesenheit, Gegenwart; in Ihrem Beisein; *se trouver tout à coup en ~ de qn* plötzlich j-m gegen'überstehen; ♦ *loc/adv*: *adversaires, armées etc être en ~* sich gegen'überstehen; *mettre deux personnes en ~* zwei Personen einander gegen'überstellen, miteinander konfron'tieren; **2.** *de qc* Vor'handensein *n*; *de pétrole etc* Vorkommen *n*; Auftreten *n*; **3.** *~ d'esprit* Geistesgegenwart *f*; *faire preuve de ~ d'esprit a* geistesgegenwärtig sein; **4.** *d'un acteur, d'une personnalité* Ausstrahlungskraft *f*; *avoir de la ~* e-e große Ausstrahlungskraft besitzen; **5.** *fig d'un auteur, d'un style etc* Gegenwärtigsein *n*; Le-'bendigsein *n*

présent[1] [pʀezɑ̃] **I** *adj* **1.** *personne* anwesend; *st/s* gegenwärtig; *réponse ~!* hier!; *personne ~e* Anwesende(r) *m*; *avoir qc ~ à l'esprit* etw prä'sent, im Kopf haben; *j'ai encore ~ à l'esprit notre entretien a* unser Gespräch ist mir noch ganz gegenwärtig, gut erinnerlich; *être ~ (à qc)* (bei etw) anwesend, zu'gegen, prä'sent sein; *fig influence, style etc* *être ~ dans une œuvre* in e-m Werk gegenwärtig, le-'bendig, spürbar sein; **2.** (*actuel*) *situation, époque etc* gegenwärtig; augenblicklich; derzeitig; jetzig; *le temps ~* die jetzige, heutige Zeit; *à la minute ~e* in (eben) dieser Minute; **3.** ADM, COMM vorliegend; *la ~ lettre* das vorliegende Schreiben; *subst par la ~* hierdurch; hiermit; *dans le cas ~* im vorliegenden Fall; **4.** GR (*des*) Präsens; der Gegenwart; *participe ~* Partizip *n* Präsens; Mittelwort *n* der Gegenwart; erstes Partizip; **II** *m* **1.** Gegenwart *f*; *vivre dans le ~* in den Tag hinein leben; **2.** *loc/adv* **à** *~* **a)** (*actuellement*) gegenwärtig; augenblicklich; derzeit; **b)** (*maintenant*) jetzt; *à ~ que ...* jetzt, da *ou* wo ...; *loc/adj d'à ~* augenblicklich; *jusqu'à ~* bis jetzt; bis'her; **3.** GR Präsens *n*; Gegenwart *f*; *~ historique* historisches Präsens; *mettre au ~* ins Präsens setzen; **4.** *les ~s m/pl* die Anwesenden *m/pl*; *il y avait quinze ~s à la réunion* fünfzehn Personen waren bei der Versammlung anwesend

présent² [pʀezɑ̃] *litt m* Geschenk *n*; *st/s* Prä'sent *n*; *faire ~ de qc à qn* j-m etw schenken

présentable [pʀezɑ̃tabl(ə)] *adj personne* vorzeigbar; präsen'tabel; *être ~* sich sehen lassen können; *ce plat n'est pas ~* dieses Essen kann man keinem vorsetzen

présenta|teur [pʀezɑ̃tatœʀ] *m*, **~trice** *f* **1.** *pour la vente de qc* Vorführer *m*, Vorführdame *f*; **2.** *RAD, TV* Mode'rator *m*, Modera'torin *f*; *dans un spectacle* Ansager(in) *m(f)*; Showmaster ['ʃoː-] *m*; Conférencier *m*; **3.** *COMM d'un effet de commerce* Präsen'tant *m*

présentation [pʀezɑ̃tasjɔ̃] *f* **1.** *d'un nouveau modèle, d'une collection etc* Vorführung *f*; *d'un livre* Vorstellung *f*; *st/s* Präsentati'on *f*; *RAD, TV d'une émission* Moderati'on *f*; *d'un spectacle* Ansage *f*; **2.** *(manière de présenter)* de marchandises, d'objets d'art (Art *f* der) Aufstellung *f*, Anordnung *f*, Präsentati'on *f*; *de tableaux a* Aufhängung *f*; *d'un texte* Gestaltung *f*; *(conditionnement) d'une marchandise* Aufmachung *f*; Ausstattung *f*; *d'un médicament* Darreichungsform *f*; **3.** *d'idées, d'une thèse* Darlegung *f*; Darstellung *f*; **4.** *d'une pièce d'identité, d'un billet etc* Vorzeigen *n*, -ung *f*; Vorweisen *n*, -ung *f*; *d'un reçu, d'un chèque etc* Vorlage *f*; *d'un effet de commerce a* Präsentati'on *f*; *d'une facture a* Über'reichung *f*; *d'une requête* Einreichung *f*; *~ du budget* Vorlage des Haushaltsplans; *sur ~ de* bei *ou* gegenVorlage von *(ou +gén)*; **5.** *d'une personne à une autre* Vorstellung *f*; *dans une réception etc* **faire les ~s** die Gäste ein'ander vorstellen, mitein'ander *ou* unterein'ander bekannt machen; **6.** *(apparence de qn)* äußere Erscheinung; *excellente ~* sehr gute Erscheinung; **7.** *MÉD du fœtus* Kinds-, Geburtslage *f*; *~ par la tête* Kopflage *f*; **8.** *REL, PEINT ♀ de Jésus au Temple* Darstellung *f* Jesu im Tempel

présente [pʀezɑ̃t] *cf* **présent¹** *I 3*.

présentement [pʀezɑ̃tmɑ̃] *litt adv* zur Zeit *(abr z. Zt.)*; derzeit

présenter [pʀezɑ̃te] **I** *v/t* **1.** *plat* reichen; anbieten; vorsetzen; *chaise* anbieten; *fleurs* über'reichen; *st/s* präsen'tieren; *pièce d'identité, titre de transport etc* vorzeigen; vorweisen; *reçu, chèque, facture, devis, plan, rapport etc* vorlegen; *(remettre)* über'reichen; *effet de commerce a* präsen'tieren; *requête* einreichen; *fig arguments* vorbringen; geltend machen; *~ ses condoléances, ses excuses, ses félicitations à qn cf* **condoléances** *etc*; *~ sa démission* s-n Abschied, s-e Entlassung einreichen; *~ ses remerciements à qn* j-m s-n Dank abstatten; **2.** *appareil, article pour la vente, collection etc* vorführen; zeigen; *(exposer)* ausstellen *(en vitrine* im Schaufenster); *musée: tableaux etc* ausstellen; zeigen; *livre, film etc* (dem Publikum) vorstellen; e-e Einführung geben, schreiben *(qc zu etw)*; *numéro de cirque etc* a) *(exécuter)* vorführen; darbieten; b) *(annoncer)* ansagen; die Ansage machen *(abs)*; *RAD, TV ~ une émission* durch e-e Sendung führen; e-e Sendung mode'rieren; **3.** *~ qn à qn* j-m j-n vorstellen; j-n mit j-m bekannt machen; *je vous présente monsieur X* darf ich Ihnen Herrn X vorstellen; darf ich Sie mit Herrn X bekannt machen; **4.** *idées, faits (exposer)* darlegen; darstellen; ausein'andersetzen; *~ les choses telles qu'elles sont* die Dinge so darstellen, wie sie sind; **5.** *~ un candidat à un examen* e-n Kandidaten für e-e Prüfung (an)melden; **6.** *(avoir) défauts, qualités, symptômes* aufweisen; *avantages, aspect* bieten; *difficultés* bereiten; machen; *dangers* mit sich bringen; *route ~ de nombreux détours* viele Windungen haben, aufweisen; *~ un intérêt particulier* von besonderem Interesse sein; **7.** *MIL ~ les armes* das Gewehr präsen'tieren; *présentez – arme(s)!* präsentiert das – Gewehr!; **II** *v/i* **8.** *personne ~ bien, mal* e-e gute, keine gute Erscheinung sein; **III** *v/pr* **9.** *pour un emploi se ~* sich vorstellen; *JUR se ~ à l'audience* zur Verhandlung erscheinen; *se ~ chez qn* bei j-m vorsprechen; **10.** *se ~ à qn* sich j-m vorstellen; *permettez-moi de me ~* gestatten Sie, daß ich mich vorstelle; **11.** *(être candidat) se ~ aux élections* bei den Wahlen kandi'dieren; *se ~ à un examen* a) *(se faire inscrire)* sich zu e-r Prüfung (an)melden; b) *(subir les épreuves)* sich e-r Prüfung *(dat)* unter'ziehen; *se ~ pour un poste* sich um e-e Stelle bewerben; **12.** *difficultés* auftreten; auftauchen *(a obstacle)*; *cas* vorkommen; *l'affaire se présente bien, mal* die Sache läßt sich gut, schlecht an; *si l'occasion se présente* wenn sich die Gelegenheit bietet, ergibt; bei passender, günstiger Gelegenheit

présentoir [pʀezɑ̃twaʀ] *m COMM* Verkaufsständer *m*; Display [-'pleː] *n*

présérie [pʀeseʀi] *f TECH* Nullserie *f*

préservatif [pʀezɛʀvatif] *m* Kon'dom *n*; Präserva'tiv *n*

préservation [pʀezɛʀvasjɔ̃] *f* Bewahrung *f*; Schutz *m*

préserver [pʀezɛʀve] **I** *v/t* *~ qn de qc* j-n vor etw *(dat)* bewahren, schützen; j-n gegen etw schützen; *~ qc* etw bewahren, schützen, *patrimoine, libertés a* erhalten; *Dieu, le ciel m'en préserve!* Gott, der Himmel bewahre, behüte mich davor!; **II** *v/pr se ~ de qc* sich vor etw *(dat)*, gegen etw schützen; sich vor etw *(dat)* bewahren

présidence [pʀezidɑ̃s] *f* **1. a)** *fonction* Amt *n* des Vorsitzenden; *JUR* Amt *n* des Gerichtspräsidenten; **b)** *d'une réunion* Vorsitz *m*; Prä'sidium *n*; *d'un congrès* Leitung *f*; *sous la ~ de* unter dem Vorsitz von *(ou +gén)*; **2.** *POL* **a)** *fonction, dignité* Präsi'dentschaft *f (a durée)*; Amt *n* des (Staats)Präsi'denten; Präsi'dentenamt *n*; *pendant la ~ de* während der Präsidentschaft von *(ou +gén)*; **b)** *résidence, bureaux* Amtssitz *m*, -räume *m/pl* des (Staats)Präsi'denten; Präsi'dentenpalais *n*

président [pʀezidɑ̃] *m* **1.** *d'une association, d'un comité etc* Vorsitzende(r) *m*; Vorsitzer *m*; Obmann *m (a d'un jury)*; *d'une cour de justice, d'une université, de la Croix-Rouge etc* Präsi'dent *m*; *d'une réunion* Leiter *m*; *~-directeur général (abr P.-D.G.) d'une entreprise* Gene'raldirektor *m*; *d'une S.A.* Vorstandsvorsitzende(r) *m*; *~ d'âge* Alterspräsident *m*; **2.** *POL* (Staats)Präsi'dent *m*; *~ de l'Assemblée nationale* Präsident der Nationalversammlung; *HIST en France ~ du Conseil* Mi'nisterpräsident *m*; *le ~ des États-Unis* der Präsident der Vereinigten Staaten; *le ♀ de la République* der französische Staatspräsident; *~ du Sénat* Se'natspräsident *m*

présidente [pʀezidɑ̃t] *f* **1.** Vorsitzende *f*; Präsi'dentin *f (a POL)*; **2.** *épouse* Frau *f* e-s Präsi'denten

présidentiable [pʀezidɑ̃sjabl(ə)] *POL adj (et subst)* als Präsi'dent in Frage kommend(e), zum Präsi'denten geeignet(e Per'sönlichkeit)

présidentiel [pʀezidɑ̃sjɛl] *adj* ⟨*~le*⟩ präsidi'al; Präsidi'al...; Präsi'dentschafts...; Präsi'denten...; *élections ~les ou subst ~les f/pl* Präsidentschaftswahlen *f/pl*; *régime, système ~* Präsidialsystem *n*

présider [pʀezide] **I** *v/t* **1.** *~ une réunion, un comité* bei e-r Versammlung, in e-m Komitee den Vorsitz führen, haben; e-r Versammlung, e-m Komitee vorsitzen, präsi'dieren; *réunion présidée par* unter dem Vorsitz von *(ou +gén)*; **2.** *~ un repas* bei e-m Essen, bei Tisch oben'an sitzen, den Ehrenplatz einnehmen; **II** *v/t/indir* **3.** *cordialité etc ~ aux entretiens* bei den Gesprächen herrschen; die Gespräche bestimmen; **4.** *personne ~ à qc* etw leiten, lenken, über'wachen

présignalisation [pʀesiɲalizasjɔ̃] *f AUTO triangle m de ~* Warndreieck *n*

présomptif [pʀezɔ̃ptif] *adj* ⟨-ive⟩ *JUR* mutmaßlich; *t/t* präsum'tiv

présomption [pʀezɔ̃psjɔ̃] *f* **1.** *(supposition)* Vermutung *f (a JUR)*; Mutmaßung *f*; Annahme *f*; *JUR t/t* Präsumti'on *f*; *je n'ai que des ~s* ich habe nur Vermutungen; **2.** *(suffisance)* Über'heblichkeit *f*; Anmaßung *f*; Dünkel *m*

présomptueux [pʀezɔ̃ptɥø] *adj* ⟨-euse⟩ *personne, air, ton* über'heblich; anmaßend; dünkelhaft; hochmütig; eingebildet; *tentative* vermessen

presque [pʀɛsk(ə)] *adv* fast; beinahe; nahezu; *~ jamais* fast nie; *il n'y avait ~ personne a* es war kaum jemand da; *~ sourd* fast *etc* taub; *c'est sûr ou ~* das ist sicher oder fast sicher; *la voiture ralentit et s'arrêta ~* und kam fast zum Stehen; *~ dix kilomètres a* annähernd, an die zehn Kilometer; *cf a* **totalité**

presqu'île [pʀɛskil] *f* Halbinsel *f*

pressage [pʀesaʒ] *m TECH* Pressen *n*, -ung *f*

pressant [pʀesɑ̃] *adj désir, demande, travail* dringend *(a besoin)*; dringlich; *travail a* eilig

presse [pʀɛs] *f* **1.** *TECH* Presse *f*; **2.** *TYPO* Druckpresse *f*, -maschine *f*; *~ à bras* Hand-, Abziehpresse *f*; *sous ~* im Druck; *être sous ~* im Druck sein; gedruckt werden; *mettre sous ~* drucken (lassen) *mit dem Druck (+gén) beginnen*; *mise f sous ~* Drucklegung *f*; **3.** *(journaux, revues)* Presse *f*; Zeitungswesen *n*; *~ écrite* Presse *f*; Pressemedien *n/pl*; Zeitungen *f/pl* und Zeitschriften *f/pl*; **~ féminine** Frauenzeitschriften *f/pl*; **la grande ~** die großen Tageszeitungen *f/pl*; **~ parlée, télévisée** Berichterstattung *f* durch den Hörfunk, durch das Fernsehen; **~ quotidienne** Tagespresse *f*; **~ régionale** Regio'nal-, Lo'kalpresse *f*; **~ spécialisée** Fachpresse *f*, -zeitschriften *f/pl*; **~ du cœur** Regenbogenpresse *f*; Klatschblätter *n/pl*; **avoir bonne, mauvaise ~** e-e gute, schlechte Presse haben (*a fig*); **4.** COMM **dans les moments de ~** in Zeiten des Hochbetriebs

pressé [pRese] **I** *adj* **1.** *travail, lettre* eilig; dringend; **n'avoir rien de plus ~ que de** (+*inf*) nichts Eiligeres zu tun haben, als zu (+*inf*); **être ~** *personne* es eilig haben; in Eile sein; Eile haben; *travail, lettre* eilen; eilig sein; *südd a* pres'sieren; **c'est ~** es eilt; *südd a* es pres'siert; **être ~ de partir** schnell wegmüssen; **2.** *fruits* ausgepreßt; **citron ~** (frisch ausgepreßter) Zi'tronensaft; **II** *m* **aller, parer au plus ~** das Dringendste zuerst erledigen, machen

presse-agrume [pResagRym] *m* ⟨*inv*⟩ Zitruspresse *f*

presse-bouton [pResbutõ] *adj* ⟨*inv*⟩ 'vollautomatisch; F per Knopfdruck; **cuisine** *f* **~** vollautomatische Küche; **la guerre ~** der nur noch per Knopfdruck geführte Krieg

presse|-citron [pResitRõ] *m* ⟨*inv*⟩ Zi'tronenpresse *f*; **~-fruits** *m* ⟨*inv*⟩ Fruchtpresse *f*

pressentiment [pResãtimã] *m* (Vor-)Gefühl *n*; (Vor)Ahnung *f*; **avoir le ~ de qc** etw (vor'aus)ahnen; **j'ai comme le ou un ~ que ...** ich habe das (dunkle) Gefühl, daß ...

pressentir [pResãtiR] *v/t* ⟨*cf sentir*⟩ **1.** (vor'aus)ahnen; **laisser ~** vermuten, ahnen, *intentions* a 'durchblicken lassen; **2. ~ qn** bei j-m vorfühlen (**pour un poste** wegen der 'Übernahme e-s Postens); *adjt* **les personnalités pressenties** die Per'sonen, mit denen (deswegen) Kon'takt aufgenommen wurde

presse|-papiers [pRespapje] *m* ⟨*inv*⟩ Briefbeschwerer *m*; **~-purée** *m* ⟨*inv*⟩ Kar'toffelpresse *f*; F Quetsche *f*

presser [pRese] **I** *v/t* **1.** *fruits* (aus)pressen; ausquetschen; *raisins* keltern; *olives* (aus)pressen; *éponge etc* ausdrükken; **2.** TECH pressen (*a disques*); **3.** (*serrer*) drücken; pressen; **~ qn contre son cœur** j-n an sein Herz, an s-e Brust, an sich drücken, pressen; *gens pressés les uns contre les autres* dicht anein'andergedrängt, -gepreßt; **4. ~ qn** j-n (be)drängen; j-m hart zusetzen; in j-n dringen; **~ qn de questions** j-n mit Fragen bedrängen, bestürmen; **~ qn de faire qc** j-n drängen, etw zu tun; **5.** (*hâter*) *départ etc* beschleunigen; *rien ne le pressait* nichts trieb ihn zur Eile (an); *cf a pas¹ I.*; **II** *v/i* **6.** *affaire* eilen; drängen; eilig, dringend, dringlich sein; Eile haben; *südd a* pres'sieren; **le temps presse** die Zeit drängt, eilt; *rien ne presse* es hat keine Eile; es eilt, *südd a* pressiert nicht; nichts drängt uns, mich *etc*; **III** *v/pr* **7.** *personne se ~* sich beeilen; F sich eilen, sputen; schnell, fix machen; *sans se ~* ohne Eile; F **allons, pressons!** F Beeilung!; ein bißchen dalli, Tempo!; dalli,

dalli!; **8.** *personne se ~ contre qn* sich an j-n drücken, pressen; **9.** *foule se ~* sich drängen (**autour de qn** um j-n)

presse-raquette [pRESRaket] *m* ⟨*inv*⟩ Spanner *m* für den Tennisschläger

pressing [pResiŋ] *m magasin* Reinigung *f*

pression [pResjõ] *f* **1.** Druck *m* (*a* PHYS, TECH); **~ artérielle** Blutdruck *m*; **~ atmosphérique** Luftdruck *m*; MÉTÉO **basses, 'hautes ~s** Tief(-), Hoch(-druckgebiet) *n*; Tief-, Hochdruck *m*; **sous ~** unter Druck; *cf a 2.*; **vérifier la ~ des pneus** den Reifendruck, F die Luft prüfen; ♦ *adj* **bière** *f* **~** Faßbier *n*; Bier *n* vom Faß; **2.** *fig* Druck *m*; **sous la ~ des événements** unter dem Druck, Zwang der Ereignisse; *personne* **être sous ~** angespannt, ner'vös sein; **exercer une, faire ~ sur qn** Druck auf j-n ausüben; **3.** (*bouton-~*) Druckknopf *m*

pressoir [pRESwaR] *m* (Frucht)Presse *f*; *pour le vin* Kelter *f* (*a bâtiment*); **~ à huile, à olives** Öl-, O'livenpresse *f*

pressur|age [pResyRaʒ] *m* TECH (Aus-)Pressen *n*; *de raisins* Keltern *n*; **~er** *v/t* **1.** *fruits, olives* (aus)pressen; *raisins* keltern; **2.** *fig personne* aussaugen; ausbeuten; ausnehmen

pressuris|ation [pResyRizasjõ] *f* TECH Aufrechterhaltung *f* von nor'malen Druckverhältnissen; **~er** *v/t* TECH nor'male Druckverhältnisse aufrechterhalten in (+*dat*); *adjt* **cabine pressurisée** Druckkabine *f*

prestance [pREstãs] *f aspect* gutes, stattliches Aussehen; *maintien* gewandtes, sicheres Auftreten; **avoir de la ~** gut, stattlich aussehen; e-e gute, stattliche Erscheinung sein; ein gewandtes, sicheres Auftreten haben

prestataire [pREstatER] *m* Leistungserbringer *m*; ÉCON **~ de services** Dienstleistungsbetrieb *m*, -unternehmen *n*

prestation [pREstasjõ] *f* **1.** *allocation, service* Leistung *f*; **~s de la Sécurité sociale** Leistungen der Sozialversicherung; ÉCON **~ de service** Dienstleistung *f*; **bénéficiaire** *m* **d'une ~** Leistungsempfänger *m*; **fournir une ~** e-e Leistung erbringen; **2. ~ de serment** Eidesleistung *f*; Eidablegung *f*; **3.** (*performance*) Leistung *f*

prest|e [pREst] *adj* behend(e); gewandt; flink; **~esse** *litt f* Behendigkeit *f*

prestidigita|teur [pREstidiʒitatœR] *m*, **~trice** *f* Zauberkünstler(in) *m(f)*; Taschenspieler(in) *m(f)*

prestidigitation [pREstidiʒitasjõ] *f* Zauberkunst *f*; **tour** *m* **de ~** Zauberkunststück *n*; Zaubertrick *m*; Taschenspielerkunststück *n*

prestige [pREstiʒ] *m* Pre'stige *n*; *Anse-*hen *n*; *loc/adj* **de ~** Prestige...; **politique** *f* **de ~** Prestigepolitik *f*; **jouir d'un grand ~** großes Prestige genießen; in hohem Ansehen stehen

prestigieux [pREstiʒjø] *adj* ⟨-*euse*⟩ glänzend; her'vorragend; bestechend; COMM *marque etc* anspruchsvoll; von Rang

presto [pREsto] *adv* **1.** MUS presto; **2.** F *cf* **subito presto**

présumé [pRezyme] *adj* vermutlich; mutmaßlich; wahrscheinlich

présumer [pRezyme] **I** *v/t* annehmen; vermuten; mutmaßen; unter'stellen; JUR *t/t* präsu'mieren; **être présumé innocent** als unschuldig gelten; **je présume que ...** *a* ich denke *ou* es ist anzunehmen, daß ...; **II** *v/t/indir* **~ (trop) de qn, de qc** j-n, etw über'schätzen; e-e zu hohe, gute Meinung von j-m, etw haben; **~ (trop) de ses forces** s-e Kräfte über'schätzen; sich zu'viel zutrauen

présupposer [pResypoze] *v/t* vor'aussetzen (**que** daß)

présure [pRezyR] *f* Lab(ferment) *n*

prêt¹ [pRE] *adj* ⟨**prête** [pREt]⟩ **être ~** *personne* bereit, fertig, *st/s* gerüstet sein; *repas* bereit, fertig, angerichtet sein; bereitstehen; *fête* vorbereitet sein; ♦ **~ à qc** bereit zu etw; **~ à tout** zu allem bereit; **~ à partir** zum Aufbruch bereit; startbereit (*a avion*, SPORTS); reisefertig; ausgehbereit; **être ~ à aider qn** bereit sein, j-m zu helfen; ♦ **être ~ pour un examen** auf ein Examen vorbereitet, für ein Examen gerüstet sein; **tout est ~ pour recevoir les invités** alles ist zum Empfang der Gäste bereit

prêt² [pRE] *m* **1.** *de livres etc* (*action*) Ver-, Ausleihen *n*; *d'une bibliothèque* **service** *m* **de ~** Ausleihe *f*; **2.** (*somme prêtée*) Darlehen *n*; **~ à la construction** Baudarlehen *n*; **~ d'honneur** zinsloses Darlehen *n*; **consentir un ~ à qn** j-m ein Darlehen gewähren, geben; **3.** MIL (Wehr-)Sold *m*

pretantaine [pRətãtEn] *cf* **prétentaine**

prêt-à-porter [pREtapoRte] *m* ⟨*pl prêts--à-porter*⟩ Konfekti'on(skleidung) *f*; Mo'dellkonfektion *f*

prêté [pRete] *m loc* **c'est un ~ pour un rendu** e-e Liebe ist der anderen wert; hilfst du mir, so helf' ich dir; *péj* wie du mir, so ich dir; Wurst wider Wurst

prétendant [pRetãdã] *m* **1.** *prince* Thron-, Kronprätendent *m*; **2.** *d'une femme* Freier *m*; Bewerber *m*

prétendre [pRetãdR(ə)] ⟨*cf rendre*⟩ **I** *v/t* **1.** (*soutenir*) behaupten; vorgeben; *il prétend m'avoir vu a* er will mich gesehen haben; **on prétend qu'il est mort** man behauptet, er sei tot; er soll tot sein; **à ce qu'il prétend, il est ...** er ist angeblich ...; er ist, wie er behauptet, ...; **2.** (*vouloir*) **~** (+*inf*) willens *ou* gewillt sein, gedenken, beabsichtigen, die Absicht haben, vorhaben zu (+*inf*); **que prétendez-vous faire?** was gedenken Sie zu tun?; **II** *v/t/indir* (*aspirer à*) *st/s* **~ à qc** auf etw (*acc*) Anspruch erheben; nach etw streben; **III** *v/pr* **se ~ trompé** behaupten, betrogen worden zu sein

prétendu [pRetãdy] *adj* angeblich; sogenannt; vorgeblich

prête-nom [pREtnõ] *m* ⟨*pl prête-noms*⟩ Strohmann *m*

prétentaine [pRetãtEn] *f loc* **courir la ~** auf Liebesabenteuer ausgehen

prétentieux [pRetãsjø] *adj* ⟨-*euse*⟩ *personne* eingebildet; eitel; dünkelhaft; selbstgefällig; prätenti'ös; *air, ton, manières* affek'tiert; gekünstelt; prätenti'ös; **II** *subst*, **prétentieuse** *m,f* eingebildeter *etc* Mensch; eingebildete *etc* Per'son; F Fatzke *m*

prétention [pRetãsjõ] *f* **1.** (*revendication*) Anspruch *m*; *pl* **~s** (*salaire exigé*)

Gehaltsansprüche *m/pl*, -vorstellungen *f/pl*; **avoir des ~s sur qc** Ansprüche, Anspruch auf etw (*acc*) erheben; **2.** (*ambition*) ehrgeizige Absicht; Ambition *f*; Ehrgeiz *m*; **sa ~ à l'élégance** sein Wunsch nach Eleganz; **avoir des ~s** beruflichen Ehrgeiz, (berufliche) Ambitionen haben; **avoir la ~ de** (+*inf*) sich einbilden, anmaßen, schmeicheln zu (+*inf*); **je n'ai pas la ~ de tout savoir** ich maße mir nicht an, ich bilde mir nicht ein, alles zu wissen; ♦ *loc/adj*: **maison, style etc sans ~** anspruchslos; **3.** (*vanité*) Selbstgefälligkeit *f*; Dünkel *m*; Eitelkeit *f*; Einbildung *f*; **être d'une ~ insupportable** von e-r unerträglichen Selbstgefälligkeit *etc* sein

prêter [pʀɛte] **I** *v/t* **1.** *argent, objet* (aus-, ver)leihen; borgen; *par ext*: **~ son appartement à qn** j-m s-e Wohnung über'lassen, zur Verfügung stellen; **~ son nom à qc** s-n Namen für etw hergeben; **~ à intérêt** auf Zinsen leihen; **2.** *loc*: **~ (son) aide, (son) assistance à qn** j-m Hilfe, Beistand leisten; **~ attention à qn, à qc** j-m, e-r Sache Aufmerksamkeit schenken; **si Dieu lui prête vie** wenn Gott ihm das Leben läßt; wenn er so lange am Leben bleibt; *chanteur* **~ sa voix** singen; mitwirken; *dans un doublage etc* **X a prêté sa voix à Y** (die Rolle des) Y wurde von X gesprochen; *cf a* **flanc**, **oreille** *1.*, **serment**; **3.** (*attribuer*) **~ qc à qn** j-m etw zuschreiben, *propos, intentions* unter-'stellen, -'schieben; **II** *v/t/indir* **4.** *attitude, remarque etc* **~ à qc** Anlaß, Stoff zu etw geben; **~ aux critiques** die Kritik her'ausfordern; **~ à équivoque** Anlaß zu 'Mißverständnissen geben; unklar, doppel-, zweideutig sein; **~ à rire** Stoff zum Lachen geben; lächerlich sein, wirken; **III** *v/i* **5.** *cuir, tissu* sich dehnen, weiten; nachgeben; **IV** *v/pr* **6.** *personne* **se ~ à qc** bei etw mitmachen; an etw (*dat*) teilnehmen; *péj* sich zu etw hergeben; **7.** *thème, terre etc* **se ~ à qc** sich zu, für etw eignen; für etw geeignet sein
prétérit [pʀeteʀit] *m* LING Prä'teritum *n*; Vergangenheit *f*
préteur [pʀetœʀ] *m* HIST Prätor *m*
prêt|eur [pʀɛtœʀ], **~euse I** *m,f* Verleiher(in) *m(f)*; *d'un prêt* Darlehensgeber(in) *m(f)*; **~ sur gages** Pfandleiher(-in) *m(f)*; **II** *adj* **être ~** gern leihen
prétexte [pʀetɛkst] *m* Vorwand *m*; *loc/adv*: **sous ~ de** (+*inf*) ou **que** ... unter dem Vorwand zu (+*inf*) ou daß ...; **sous aucun ~** auf keinen Fall; **sous un ~ quelconque** unter irgendeinem Vorwand; **donner (un) ~, fournir un ~ à qn** j-m e-n Vorwand liefern; **prendre ~ de qc, prendre qc pour ~** etw zum Vorwand nehmen, als Vorwand benutzen; **servir de ~ à qn** j-m als Vorwand dienen
prétexter [pʀetɛkste] *v/t* **~ qc** etw vorschützen, zum Vorwand nehmen, als Vorwand benutzen; **~ que** ... vorgeben, daß ...
pretium doloris [pʀesjɔmdɔlɔʀis] *m* JUR Schmerzensgeld *n*
prétoire [pʀetwaʀ] *m* Gerichtssaal *m*
prétorien [pʀetɔʀjɛ̃] *adj* ⟨~ne⟩ HIST **garde ~ne** Prätori'aner(garde) *m/pl(f)*;

prêtre [pʀɛtʀ(ə)] *m* REL Priester *m*; BIBL **grand ~** Hohe(r)priester *m*; **se faire ~** Priester werden; **~-ouvrier** *m* ⟨*pl* prêtres-ouvriers⟩ ÉGL CATH Arbeiterpriester *m*
prêtr|esse [pʀɛtʀɛs] *f* REL Priesterin *f*; **~ise** *f* ÉGL CATH Priesteramt *n*, -würde *f*
preuve [pʀœv] *f* **1.** Beweis *m* (*a* JUR, PHILOS, MATH); Nachweis *m*; JUR *a* Beweismittel *n*; **~s** *pl a* Beweismaterial *n*; **~ de la culpabilité** Schuldbeweis *m*; *loc/adv* F **la ~ ou à ~** ... (der (beste) Beweis dafür ist, sind ...; das beweist, beweisen ...; *loc/conj* F **à ~ que** ... das beweist, zeigt, daß ...; *loc/adv* **jusqu'à ~ du contraire** bis zum Beweis des Gegenteils; **avoir des ~s** Beweise haben; *document etc* **constituer une ~** e-n Beweis darstellen; Beweiskraft haben; **démontrer qc ~ en main** etw durch ein Beweisstück, e-n handgreiflichen Beweis beweisen; **être une ~ de qc** für etw ein Beweis sein; **vous êtes la ~ vivante que** ... Sie sind der lebende Beweis, das lebende Beispiel dafür, daß ...; **la ~ en est que** ... der Beweis dafür ist, daß ...; *personne, méthode etc* **faire ses ~s** sich bewähren; *personne* **faire ~ de courage** *etc* Mut *etc* beweisen, zeigen, an den Tag legen; sich mutig *etc* zeigen, verhalten; sich als mutig *etc* erweisen; mutig *etc* sein; **faire la ~ de qc** etw beweisen; den Beweis für, Nachweis für etw erbringen; **manquer de ~** keine Beweise haben; **2.** *fig* Beweis *m*; Zeichen *n*; **~ d'amitié** Freundschaftsbeweis *m*; Zeichen der Freundschaft; **comme ~ de** als, zum Beweis, Zeichen für (*ou* +*gén*); **3.** MATH **d'une opération** Probe *f*; **~ par neuf** Neunerprobe *f*
preux [pʀø] HIST **I** *adj m* **chevalier** tapfer; wacker; **II** *m* Recke *m*
prévaloir [pʀevalwaʀ] ⟨*cf* valoir; *aber*: **que je prévale**⟩ **I** *v/i st/s* **~ contre, sur** den Sieg da'vontragen, *st/s* obsiegen über (+*acc*); **ne pas ~ contre, sur a** nichts vermögen gegen, über (+*acc*); **opinion ~** (*sur les autres*) den Ausschlag geben; **faire ~ ses droits** sein(e) Recht(e) 'durchsetzen; **II** *v/pr personne* **se ~ de qc a)** (*faire valoir*) etw geltend machen; sich etw zu'nutze machen; **b)** (*tirer vanité de*) sich auf e-e Sache etwas zu'gute halten, einbilden
prévarica|teur [pʀevaʀikatœʀ] JUR **I** *adj* ⟨-trice⟩ pflichtvergessen, untreu; **II** *m* pflichtvergessene(r) Beamte(r); **~tion** *f* JUR Dienst-, Amtspflichtverletzung *f*; Untreue *f*, Pflichtvergessenheit *f* im Amt
prévenance [pʀevnɑ̃s] *f* Zu'vorkommenheit *f*; Aufmerksamkeit *f* (*a acte*); **se montrer plein de ~s pour qn** j-m gegenüber sehr aufmerksam, sehr zuvorkommend sein
prévenant [pʀevnɑ̃] *adj personne* zu-'vorkommend; aufmerksam; *caractère* einnehmend
prévenir [pʀevniʀ] *v/t* ⟨*cf* venir; *aber v/aux* avoir⟩ **1.** (*informer*) **~ qn (de qc)** j-n (von etw) (vorher) benachrichtigen, in Kenntnis setzen; **sans ~** ohne vorher etwas verlauten zu lassen; **2.** (*avertir*) **~ qn (de qc)** j-n (vor etw [*dat*]) warnen; **te voilà prévenu** du bist gewarnt; **3.** (*empêcher*) **~ qc** e-r Sache (*dat*) vor-

beugen, vorbauen; etw verhüten; **~ une objection** e-m Einwand zu'vorkommen; *prov* **mieux vaut ~ que guérir** vorbeugen ist besser als heilen (*prov*); F **plais** Vorsicht ist besser als Nachsicht; **4. ~ les désirs de qn** j-s Wünschen (*dat*) zu'vorkommen
préventif [pʀevɑ̃tif] *adj* ⟨-ive⟩ **1.** vorbeugend; Vorbeugungs...; präven'tiv; Präven'tiv...; **médecine préventive** Präventivmedizin *f*; prophy'laktische Medizin; **mesure préventive** vorbeugende, vorsorgliche Maßnahme; Vorbeugungs-, Verhütungs-, Präventivmaßnahme; Vorkehrung *f*; **2.** JUR **détention préventive** Unter'suchungshaft *f*
prévention [pʀevɑ̃sjɔ̃] *f* **1.** (*mesures préventives*) Verhütung *f*; Vorbeugung *f*; **~ routière** (Maßnahmen *f/pl* zur) Verhütung, Bekämpfung *f* von Verkehrsunfällen; Unfallverhütung *f*; **2.** JUR Unter'suchungshaft *f*; **3.** (*préjugé*) Voreingenommenheit *f*; Vorurteil *n*; **sans ~** vorurteilslos, -frei; unvoreingenommen; unbefangen; **avoir des ~s contre qn, qc** gegen j-n, etw voreingenommen sein, Vorurteile haben
préventorium [pʀevɑ̃tɔʀjɔm] *m* Heilstätte *f*, Sana'torium *n* für Tb(c)-Gefährdete
prévenu [pʀevny] *adj* **1.** *st/s* **être ~ en faveur de** *ou* **contre qn, qc** für *ou* gegen j-n, etw eingenommen sein; gegen j-n, etw voreingenommen sein; **2.** JUR **être ~ de qc** e-r Sache (*gén*) beschuldigt werden; **II** *subst* JUR **~(e)** *m(f)* Angeschuldigte(r) *f(m)*; Beschuldigte(r) *f(m)*; Tatverdächtige(r) *f(m)*
prévisible [pʀevizibl(ə)] *adj* vor'her-, vor'aussehbar
prévision [pʀevizjɔ̃] *f* Vor'her-, Vor-'aussage *f*; Pro'gnose *f*; **surtout pl ~s** Aussichten *f/pl*; Erwartungen *f/pl*; **~ budgétaire** Haushaltsvoranschlag *m*, -ansatz *m*; **~s météorologiques** Wetteraussichten *f/pl*, -vorhersage *f*, -prognose *f*; *loc/prép* **en ~ de** im Hinblick auf (+*acc*); in Erwartung (+*gén*); **faire des ~s** Vorher-, Voraussagen machen; Prognosen aufstellen
prévisionnel [pʀevizjɔnɛl] *adj* ⟨~le⟩ vor'ausschauend, -planend; **budget ~** Haushaltsvoranschlag *m*
prévoir [pʀevwaʀ] *v/t* ⟨*cf* voir; *aber*: **je prévoirai**⟩ **1.** (*imaginer à l'avance*) vor-'aus-, vor'hersehen; **~ le pire** mit dem Schlimmsten rechnen; **2.** (*organiser d'avance*) vorsehen; planen; in Aussicht nehmen; veranschlagen; **il avait tout prévu** er hatte für alle Vorsorge getroffen; er hatte alles bedacht, eingeplant; **être prévu pour dix personnes** für zehn Personen vorgesehen, geplant, gedacht sein; **prévu par la loi** im Gesetz vorgesehen; **comme prévu** wie vorgesehen, geplant
prévôt [pʀevo] *m* **1.** HIST hoher königlicher Beamter; **~ des marchands** Amtsbezeichnung der Bürgermeister von Paris u Lyon; **2.** MIL Befehlshaber *m* e-r Feldgendarmerieabteilung; **3.** ES-CRIME **d'armes** Fechtwart *m*
prévôté [pʀevote] *f* MIL Feldgendarmerie *f*
prévoy|ance [pʀevwajɑ̃s] *f* Vorsorge *f* (*a dans les assurances*); Vor'aussicht *f*;

Fürsorge f; **~ant** adj vor'ausschauend, -planend; vorsorgend; fürsorglich
prévu [pʀevy] p/p et adj cf **prévoir**
prie-Dieu [pʀidjø] m ⟨inv⟩ Betpult n, -stuhl m
prier [pʀije] v/t **1.** REL beten (a abs); **~ Dieu** zu Gott beten; **~ pour qn** für j-n beten; **2.** (demander) bitten; p/fort inständig bitten; **qn de faire qc** j-n bitten, ersuchen, etw zu tun; formule épistolaire **je vous prie de croire à l'expression de mes sentiments distingués** mit vorzüglicher Hochachtung; **vous êtes prié d'assister à ...** Sie werden gebeten, an (+dat) teilzunehmen; **se faire ~** sich bitten, nötigen lassen; **ne pas se faire ~** sich nicht lange bitten, nötigen lassen; ♦ formules de politesse: prière, injonction **je te** ou **vous prie** bitte; réponse à une demande **je vous en prie** bitte sehr!; bitte schön!; réponse à un remerciement **mais je vous en prie, c'est bien naturel** aber ich bitte Sie, das ist doch selbstverständlich; ton énergique: **tais-toi, je t'en prie!** schweig gefälligst!; **ah non, je t'en prie, ça suffit!** jetzt ist es aber genug, ich bitte dich!; **3.** litt **~ qn à dîner** j-n zum Abendessen bitten, einladen
prière [pʀijɛʀ] f **1.** REL Gebet n; **dire, faire sa** ou **une ~** sein Gebet verrichten; ein Gebet sprechen; beten; **être en ~** beten; F **faire une petite ~ pour qn** F j-m den ou die Daumen halten; F **ne m'oubliez pas dans vos ~s!** denken Sie an mich!; **2.** (demande instante) (inständige) Bitte; **à la ~ de** auf Bitten von (ou +gén) auf die Bitte (+gén) (hin); **à ma ~** auf meine Bitte (hin); ♦ **~ de s'essuyer les pieds** bitte Füße abtreten; **~ de répondre par retour du courrier** um postwendende Antwort wird gebeten
prieur(e) [pʀijœʀ] m(f) ÉGL CATH Prior m, Priorin ou Pri'orin f
prieuré [pʀijœʀe] m **a)** couvent Prio'rat n; **b)** église Kirche f des Prio'rats
prima donna [pʀimadɔna] f ⟨pl inv od prime donne [pʀimedɔne]⟩ Prima'donna f
primaire [pʀimɛʀ] adj **1. école** f **~** Grundschule f; **enseignement** m **~ ou subst** m Grundschulwesen n; **2.** ci'mär; Pri'mär...; ÉLECT **circuit** m **~** Primärkreis m; JUR **délinquant** m **~** erstmalig Straffällige(r) m; POL **élections** f/pl **~** Vorwahlen f/pl; GÉOL **ère** f **ou subst** m Palä'ozoikum n; Erdaltertum n; ÉCON **secteur** m **~ ou subst** m A'grar- ou Landwirtschaft f und Bergbau m; **3.** péj (simpliste) primi'tiv; beschränkt; engstirnig; subst **c'est un(e) ~ er (sie) ist ein primitiver etc Mensch
primal [pʀimal] adj ⟨-aux⟩ PSYCH **cri ~** Urschrei m
primat [pʀima] m ÉGL CATH Primas m
primates [pʀimat] m/pl ZO Pri'maten m/pl; Herrentiere n/pl
primauté [pʀimote] f Vorrang m (**sur** vor +dat); Pri'mat m ou n (über +acc); **avoir la ~** e-e Vorrangstellung einnehmen, besitzen; den Primat haben
prime[1] [pʀim] adj **1. de ~ abord** auf den ersten Blick; zu'nächst; **dès sa ~ jeunesse** von frühester Jugend an; **2.** MATH **a ~ (a')** a Strich (a')

prime[2] [pʀim] f **1.** (indemnité) Prämie f; Zulage f; Zuschuß m; Bonus m; **~ à l'exportation** Ex'port-, Ausfuhrprämie f; **~ d'ancienneté** Dienstalterszulage f; iron **~ d'encouragement à la paresse** Belohnung f für die Faulheit; **~ de fin d'année** Weihnachtsgeld n, -gratifikation f; **~ de transport** Fahrtkostenzuschuß m; **~ de vacances** Urlaubsgeld n; **2.** ASSURANCES (Versicherungs)Prämie f; **~ annuelle** Jahresprämie f; **3.** BOURSE **~ d'émission, de remboursement** Emissi'ons-, Rückzahlungsagio [-a:ʒio] n; **4.** COMM (cadeau) Werbegeschenk n; Zugabe f; **avoir qc en ~** etw als Werbegeschenk, Zugabe bekommen; **5.** fig **faire ~** gesucht, gefragt sein
primer[1] [pʀime] v/t (l'emporter) den Vorrang haben (**qc** vor etw [dat]); vorgehen (e-r Sache [dat])
primer[2] [pʀime] v/t (récompenser) prä'mieren ou prämi'ieren; adj **primé** a preisgekrönt
primerose [pʀimʀoz] f BOT Stockrose f, -malve f
primesautier [pʀimsotje] adj ⟨-ière⟩ impul'siv; spon'tan
primeur [pʀimœʀ] f **1. avoir la ~ de qc** als erste(r) in den Genuß von etw kommen; **2.** adj **vin** m **~** junger Rotwein; **3. ~s** p/ légumes Frühgemüse n; erstes junges Gemüse m; fruits Frühobst n; erste frische Früchte f/pl; **marchand** m **de ~s** Frühgemüse- und Frühobsthändler m
primevère [pʀimvɛʀ] f BOT Schlüsselblume f; Primel f
primitif [pʀimitif] **I** adj ⟨-ive⟩ **1.** (d'origine) primi'tiv; Ur...; **christianisme ~** Urchristentum n; **état ~** Urzustand m; ursprünglicher Zustand; MATH **fonction primitive** Stammfunktion f; **homme ~** Urmensch m; LING **langue primitive** Ursprache f; **monde ~** Urwelt f; LING: **mot ~** Stamm-, Grundwort n; Primi'tivum n; **d'un mot sens ~** ursprüngliche Bedeutung; Grundbedeutung f; **d'un verbe temps ~s** Stammformen f/pl; **texte ~** Urtext m; **2.** (non civilisé) primi'tiv; der Primi'tiven; **art ~** primitive Kunst; Kunst f der Naturvölker; **société primitive** primitive Gesellschaft; **3.** fig (fruste) primi'tiv; einfach; **outil** m **~** primi'tiv m **II 1.** ETHNOLOGIE **les ~s** pl die Primi'tiven m/pl; **2.** PEINT **les ~s italiens** etc die italienischen etc Maler des ausgehenden Mittelalters
primitivement [pʀimitivmɑ̃] adv ursprünglich; anfänglich
primo [pʀimo] adv erstens
primogéniture [pʀimoʒenityʀ] f JUR Erstgeburt(srecht) f(n)
primo-infection [pʀimoɛ̃fɛksjɔ̃] f ⟨pl primo-infections⟩ MÉD Erstinfektion f
primordial [pʀimɔʀdjal] adj ⟨-aux⟩ (äußerst wichtig; wesentlich; ausschlaggebend; entscheidend; fundamen'tal
prince [pʀɛ̃s] m **1.** régnant Fürst m; **~ de l'Église** Kirchenfürst m; **le ~ de Monaco** der Fürst von Monaco; fig **fait** m **du ~** willkürliche, selbstherrlich getroffene Entscheidung; Willkürmaßnahme f, -akt m; loc/adv **comme un ~** fürstlich; prächtig; prunkvoll; **être bon ~** großzügig, tole'rant sein; **2.** non régnant, titre Prinz m; **~ de Galles** Prinz von Wales [we:ls]; **~ du sang** Prinz von Geblüt; **3.** fig Fürst m; REL **~ des apôtres** A'postelfürst m
prince-de-galles [pʀɛ̃sdəgal] m ⟨inv⟩ TEXT Glencheck [-tʃ-] m; adj **tailleur m (en) ~** Glencheckkostüm n
princesse [pʀɛ̃sɛs] f **1.** régnante Fürstin f; **2.** (fille ou femme d'un prince) Prin'zessin f; **~ royale** Kronprinzessin f; fig F **aux frais de la ~** auf Staats- ou Geschäftskosten; auf Kosten des Staates ou der Firma; **se donner des airs de ~** vornehm tun; sich affek'tiert benehmen; **3.** adj: **'haricots** m/pl **~(s)** Prin'zeßbohnen f/pl; **robe** f **~** Prin'zeßkleid n
princier [pʀɛ̃sje] adj ⟨-ière⟩ **1.** fürstlich; Fürsten...; prinzlich; Prinzen...; **famille, maison princière** Fürstenfamilie f, -haus n; **2.** fig **réception etc** fürstlich; **luxe ~** üppiger Luxus
principal [pʀɛ̃sipal] ⟨m/pl -aux⟩ **I** adj Haupt...; hauptsächliche(r, -s); wichtigste(r, -s); **entrée ~e, locative ~** Haupteingang m, -mieter m; **personnage ~** Hauptperson f; wichtigste, maßgebliche Person; **professeur ~** Klassenlehrer m; GR **proposition ~e** Hauptsatz m; **raison ~e** Hauptgrund m; **II** subst **le ~** die Hauptsache; das Wichtigste; **2. ~(e)** m(f) d'un collège Di'rektor, Direk'torin f; **3. ~** m d'un notaire Bü'rovorsteher m; **4. ~e** f GR Hauptsatz m
principalement [pʀɛ̃sipalmɑ̃] adv hauptsächlich; in der Hauptsache; vor allem; ganz besonders; insbesondere; in erster Linie
principauté [pʀɛ̃sipote] f Fürstentum n; **la ~ de Monaco, du Liechtenstein** das Fürstentum Monaco, Liechtenstein
principe [pʀɛ̃sip] m **1.** PHILOS Ursprung m; Urgrund m; Prin'zip n (des Seins); Seinsgrund m; erste Ursache f; LOGIQUE Prin'zip n; Satz m; **2.** PHYS Prin'zip n; **~ d'Archimède** Archi'medisches Prinzip; **~ d'une machine** Prinzip, nach dem e-e Maschine funktioniert; **3.** CHIM Bestandteil m; Stoff m; **~ actif** Wirkstoff m; **4.** (règle de conduite) Prin'zip n; Grundsatz m; **~ d'égalité** Gleichheitsprinzip; **~s de morale** Mo'ralprinzipien n/pl; POL **~ des nationalités** Natio'nali'tätsprinzip n; loc/adj **~ de** prinzipi'ell; grundsätzlich; Prinzipien...; Grundsatz...; loc/adv **en ~** im Prinzip; prinzipi'ell; grundsätzlich; theo'retisch; **par ~** aus Prinzip; prinzipi'ell; grundsätzlich; **pour le ~** um des Prinzips willen; **avoir des ~s** Prinzipien, Grundsätze haben; **j'ai pour ~ de** (+inf) es ist mein Prinzip, Grundsatz, ich habe es mir zum Prinzip, Grundsatz gemacht zu (+inf); **ce n'est pas dans mes ~s** das entspricht nicht meinen Prinzipien, Grundsätzen; das tue ich prinzipi'ell, grundsätzlich nicht
printanier [pʀɛ̃tanje] adj ⟨-ière⟩ Frühlings...; Frühjahrs...; **tenue printanière** Frühjahrskleidung f
printemps [pʀɛ̃tɑ̃] m Frühling m; Frühjahr n; poét Lenz m; fig et litt **le ~ de la vie** der Frühling, Lenz des Lebens; **matinée** f **de ~** Frühlingsmorgen m; **au ~** im Frühling, Frühjahr; fig **elle avait quinze ~** sie zählte fünfzehn Lenze

priori cf *a priori*

prioritaire [pʀijɔʀitɛʀ] *adj* vorrangig; bevorzugt; mit Vorrang; *mesure f ~* mit Vorrang 'durchzuführende Maßnahme; *personnes f/pl ~s ou subst ~s m/pl* Personen *f/pl*, deren Belange Priori'tät, Vorrang haben; ADM Personen *f/pl*, die vorrangig, bevorzugt abgefertigt werden; *handicapés* Personen *f/pl* mit Sonderausweis; *route f ~* Vorfahrtsstraße *f*; *véhicule m ~* Fahrzeug *n* mit Sonderrechten; Sonderfahrzeug *n*; *être ~* Priori'tät, Vorrang, *véhicule* Vorfahrt haben

priorité [pʀijɔʀite] *f* **1.** Priori'tät *f*, Vorrang *m* (*sur* vor +*dat*); *~ d'emploi* Anspruch *m* auf bevorzugte Einstellung; Vorrang bei der Einstellung; *loc/adv en, par ~* vorrangig; mit Vorrang; zu'erst; als erste(r, -s); *avoir la ~* Priori'tät, Vorrang haben, genießen; *laisser la ~ à qn* j-m den Vortritt lassen; **2.** CIRCULATION Vorfahrt *f*; *~ à droite* Vorfahrt von rechts; F rechts hat Vorfahrt; *route f à ~* Vorfahrtsstraße *f*; *signal m de ~* Vorfahrtszeichen *n*; *avoir ~ sur* (die) Vorfahrt haben vor (+*dat*); *j'ai la ~* ich habe Vorfahrt

pris [pʀi] *p/p* cf *prendre et adj* ⟨prise [pʀiz]⟩ **1.** *place, personne, journée* besetzt; *journée, semaine a* ausgefüllt; *avoir les mains ~es* die Hände nicht frei haben; *elle est très ~e* sie ist sehr *ou* stark beschäftigt, beansprucht; *si vous n'êtes pas ~ ce soir* wenn Sie heute abend nichts vorhaben; **2.** *personne: st/s ~ de boisson* angetrunken; *p/fort* betrunken; *~ de panique, de peur* von Panik, von Furcht erfaßt, ergriffen; cf *a prendre 10.*; *avoir la gorge ~e* heiser sein; e-e rauhe Kehle haben; *avoir le nez ~* keine Luft durch die Nase bekommen; **3.** *crème etc* steif; fest; **4.** *rivière etc* (zu)gefroren; *bateau ~ dans les glaces* im Eis festsitzend; eingefroren

prise [pʀiz] *f* **1.** (*action de prendre*) Nehmen *n*; MIL Einnahme *f*; Eroberung *f*; HIST *la ~ de la Bastille* die Erstürmung der Bastille; ♦ *dans loc avec subst: ~ à bord* 'Übernahme *f* an Bord; An'bordnehmen *n*; MIL *~ d'armes* feierlicher Aufmarsch in Waffen; *~ de contact* Kon'taktaufnahme *f*; Fühlungnahme *f*; JUR *~ de corps* Festnahme *f*; Verhaftung *f*; *~ d'eau* Wasseranschluß *m*; Zapfstelle *f* für Wasser; *~ de fonction, de poste* Amts-, Dienst-, Arbeitsantritt *m*; ÉGL CATH *~ d'habit, de voile* Einkleidung *f* (der Novizen, Novizinnen); *~ d'otage(s)* Geiselnahme *f*; *~ de position* Stellungnahme *f* (*sur une question* zu e-r Frage); POL *~ de pouvoir* Machtübernahme *f*, -ergreifung *f*; PHOT, CIN, TV *~ de vue(s)* (*en extérieur, en intérieur*) (Außen-, Innen-) Aufnahme *f*; *~ en charge* a) TAXI d'un *client* Beförderung *f*; *par ext* taxe Grundgebühr *f*; b) *par la Sécurité sociale* Kostenübernahme *f*; c) *par un hôpital* Pflege *f* und Behandlung *f*; *~ en considération* Berücksichtigung *f*; cf *a les subst correspondants*; ♦ *avoir ~ sur qn, qc* Einfluß auf j-n, etw haben; *n'avoir aucune ~ sur qn* a sich bei j-m nicht 'durchsetzen können; in keiner Weise auf j-n einwirken können;

les remontrances n'ont pas de ~ sur lui haben keine Wirkung bei ihm, beeindrucken ihn nicht; *donner ~ à* Anlaß geben zu; *être aux ~s avec qn, qc* mit j-m, etw kämpfen, ringen; sich mit j-m, etw ausein'andersetzen; *lâcher ~* loslassen; fahrenlassen; *fig* aufgeben; **2. a)** LUTTE, JUDO Griff *m*; *faire une ~ à la nuque* im Nacken fassen; den Griff im Nacken ansetzen; **b)** ALPINISME Griff *m*; Halt *m*; *avoir ~* Halt haben; **3.** (*capture*) Fang *m*, CH Beute *f* (*a fig*); **4.** ÉLECT *~* (*de courant*) Steckdose *f*; *~ femelle* Buchse *f*; *~ mâle* Stecker *m*; *~ d'antenne* Antennenanschluß *m*, -buchse *f*; *~ de terre* Erdung *f*; Erdanschluß *m*, -kontakt *m*; **5.** AUTO *~ directe* direkter, großer Gang; *fig être en ~ directe avec ou sur qc* in direktem Kontakt, in enger Verbindung mit etw stehen; **6.** *~* (*de tabac*) Prise *f* (Schnupftabak); **7.** *du ciment etc* Abbinden *n*; *à ~ rapide* schnell abbindend

priser[1] [pʀize] *litt* schätzen; *fort ~, ~ beaucoup* sehr schätzen; *personne* hochschätzen

priser[2] [pʀize] *v/t* tabac schnupfen (*a abs*); *tabac m à ~* Schnupftabak *m*

prismatique [pʀismatik] *adj* pris'matisch; Prismen…; *jumelles f/pl ~s* Prismenglas *n*

prisme [pʀism(ə)] *m* MATH, OPT Prisma *n*

prison [pʀizɔ̃] *f* **1.** *établissement* Gefängnis *n* (*a fig*); Haft-, Voll'zugsanstalt *f*; *fig* Kerker *m*; *être en ~* im Gefängnis sein; F (im Gefängnis) sitzen; *mettre qn en ~* j-n ins Gefängnis stecken; *faire mettre qn en ~* j-n ins Gefängnis bringen; **2.** (*peine f de*) *~* Gefängnis (-strafe) *n(f)*; Freiheits-, Haftstrafe *f*; Freiheitsentzug *m*; *~ ferme* Gefängnis ohne Bewährung; *~ condamner à deux ans de ~, à la ~ à vie* zu zwei Jahren Gefängnis, zu e-r lebenslänglichen Freiheitsstrafe verurteilen; *avoir fait de la ~* (im Gefängnis) F gesessen haben

prisonn|ier [pʀizɔnje], *~ière* I *m,f* Gefangene(r) *f(m)*; Häftling *m*; *prisonnier de guerre* Kriegsgefangene(r) *m*; *se constituer prisonnier* sich (der Polizei) stellen; *faire qn prisonnier* j-n gefangennehmen; II *adj* **1.** gefangen; eingesperrt; *être ~* gefangen, eingesperrt sein; *fig être ~ de ses préjugés etc* Gefangener s-r Vorurteile *etc* sein; **2.** *ballon ~* Völkerball *m*

privatif [pʀivatif] *adj* ⟨-ive⟩ **1.** GR verneinend; priva'tiv; *préfixe ~ ou subst ~ m* Verneinungspräfix *n*; **2.** JUR *peine privative de liberté* Freiheitsstrafe *f*; **3.** *jardin ~* zur al'leinigen Benutzung über'lassener Garten

privation [pʀivasjɔ̃] *f* **1.** Verlust *m*; Entzug *m*; Entziehung *f*; *~ des droits civiques* Verlust, Aberkennung *f* der bürgerlichen Ehrenrechte; **2.** *~s pl* Entbehrungen *f/pl*; *une vie de ~s* ein entbehrungsreiches Leben; ein Leben voller Entbehrungen

privatis|ation [pʀivatizasjɔ̃] *f* ÉCON Privati'sierung *f*; *~er v/t* ÉCON privati'sieren

privautés [pʀivote] *f/pl loc prendre, se permettre des ~s avec une femme* sich e-r Frau gegen'über plumpe Ver-

traulichkeiten her'ausnehmen; e-r Frau gegen'über plump vertraulich, aufdringlich werden

privé [pʀive] I *adj* pri'vat; Pri'vat…; *chemin ~, voie ~e* Privatweg *m*; *droit ~* Privatrecht *n*; *école ~e* Privatschule *f*; *entretien ~* private Unter'redung; Privatgespräch *n*; *intérêts ~s* Privatinteressen *m/pl*; *propriété ~e* Privatbesitz *m*, JUR -eigentum *n*; *représentation ~, séance ~e* geschlossene Vorstellung; ÉCON *secteur ~* Privatwirtschaft *f*; *vie ~e* Privatleben *n*; ♦ *loc/adv: à titre ~* privat; als Privatperson; *de source ~e* von nichtamtlicher, inoffizieller, privater Seite; *en ~* privat; außerdienstlich; *cérémonie avoir lieu en ~* in privatem Kreis stattfinden; *est-ce que je peux vous parler en ~?* kann ich Sie privat sprechen?; II *m loc/adv* **a)** im Pri'vatleben; pri'vat; pri'vatim; außerdienstlich; **b)** ÉCON in der Pri'vatwirtschaft

priver [pʀive] I *v/t ~ qn de qc* j-m etw entziehen; j-n um etw bringen; *st/s* j-n e-r Sache (*gén*) berauben; *à un enfant tu seras privé de dessert* zur Strafe bekommst du keinen Nachtisch; *~ qn de ses droits* j-n entrechten; *~ qn de ses droits civiques* j-m die bürgerlichen Ehrenrechte aberkennen, absprechen; *être privé de sommeil* um s-n Schlaf gebracht werden; *~ un enfant de sortie* e-m Kind Stuben-, Hausarrest geben; II *v/pr se ~* sich Entbehrungen auferlegen; Entbehrungen auf sich nehmen; Opfer bringen; *se ~ de qc* auf etw (*acc*) verzichten; sich etw versagen; *iron il ne se prive pas* er läßt sich nichts abgehen; er leistet, gönnt sich vieles; *se ~ de tout* auf alles verzichten; allem entsagen

privilège [pʀivilɛʒ] *m* Privi'leg *n*; Vorrecht *n*; *par ext le ~ de l'âge* das Vorrecht des Alters; *fig il a le ~ de la voir chaque jour* er hat das Glück, ihm ist es vergönnt, sie jeden Tag zu sehen

privilégié [pʀivileʒje] I *adj personne, position* privile'giert; bevorrechtet; bevorrechtigt (*a* JUR *créance*); bevorzugt; *lieu, circonstances* besonders günstig, ide'al; *les classes ~es* die privilegierten Klassen *f/pl*; *être ~* privilegiert *etc* sein; *fig nous avons été ~s, nous avons eu une bonne place* wir waren vom Glück begünstigt …; II *subst les ~s m/pl* die Privile'gierten *m/pl*

privilégier [pʀivileʒje] *v/t* privile'gieren; *chose a* begünstigen

prix [pʀi] *m* **1.** COMM Preis *m* (*a fig*); *par ext* (*valeur*) Wert *m*; *~ agricoles* A'grarpreise *m/pl*; *~ à la consommation* Verbraucherpreis *m*; *~ au kilo* Kilopreis *m*; Preis pro Kilo; *~ à la production* Herstellungs-, Hersteller-, AGR Erzeugerpreis *m*; *~ d'achat* Kauf-, Einkaufs-, Bezugspreis *m*; *~ d'ami* Freundschaftspreis *m*; *disons trente francs, c'est un ~ d'ami!* F sagen wir, unter Freunden, dreißig Franc!; *~ d'appel* Lockvogelpreis *m*; *~ de détail* Einzelhandelspreis *m*; *fig le ~ de la gloire, de la liberté* der Preis für den Ruhm, für die Freiheit; *~ de gros* Großhandelspreis *m*; *~ d'intervention* Interventi'onspreis *m*; *à l'hôpital ~ de journée* Tages-, Pflegesatz *m*; *~ de*

lancement Einführungspreis *m*; ~ *de location* Leihgebühr *f*; Miete *f*; ~ *du marché* Marktpreis *m*, -wert *m*; ~ *du pain* Brotpreis *m*; ~ *des réparations* Repara'turkosten *pl*; ~ *du terrain* Grundstücks-, Bodenpreis(e) *m(pl)*; ~ *de vente* Verkaufs-, COMM a Ladenpreis *m*; ♦ *loc/adj: de* ~ wertvoll, kostbar; *'hors de* ~ unerschwinglich; F maßlos, irrsinnig, sündhaft teuer; *loc/adv: fig à aucun* ~ um keinen Preis; keinesfalls; auf keinen Fall; unter gar keinen 'Umständen; *à bas, vil* ~ spottbillig; zu e-m Spottpreis; für ein Spottgeld; zu Schleuderpreisen; *au* ~ *fort* zum vollen Preis; ziemlich teuer; *à moitié* ~ zum halben Preis; *fig à tout* ~ um jeden Preis; par'tout; auf jeden Fall; unter allen 'Umständen; *au* ~ *du jour* zum Tagespreis; *à* ~ *d'or* teuer; für teures Geld; für e-e Menge, F Stange Geld; *loc/prép au* ~ *de* um den Preis (+*gén*); ♦ *apprécier, estimer qc à son juste* ~ (den wahren Wert von) etw ermessen (können); *attacher un grand* ~ *à qc* großen Wert auf etw (*acc*) legen; e-r Sache (*dat*) großen Wert beimessen, beilegen; *fig n'avoir pas de* ~, *être sans* ~ e-n unschätzbaren Wert darstellen; unbezahlbar sein; *quel est votre* ~? welchen Preis *ou* was verlangen, nehmen Sie?; *c'est mon dernier* ~ das ist mein äußerstes, letztes Angebot; *faire un* ~ *à qn* j-m e-n günstigen Preis machen; *aux enchères mettre à* ~ *qc à 2000 francs* etw auf 2000 Franc (*acc*) taxieren; *mettre à* ~ *la tête de qn* auf j-s Kopf (*acc*) e-n Preis aussetzen; *y mettre le* ~ es sich etwas kosten lassen; *faire monter les* ~ die Preise in die Höhe treiben, hochtreiben; **2.** **a)** *distinction* Preis *m*; ~ *Goncourt* [gõkuR] jährlich verliehener Literaturpreis; ART, SPORTS *Grand* 2 Großer Preis, Grand Prix *m* (*a compétition*); ~ *littéraire* Litera'turpreis *m*; ~ *Nobel de physique* No'belpreis *m* für Physik; ÉCOLE ~ *de géographie etc* Preis in Erdkunde *etc*; *avoir, remporter le premier* ~ den ersten Preis bekommen, erhalten, gewinnen, erringen; **b)** *lauréat* Preisträger(in) *m(f)*; ~ *Nobel* No'belpreisträger *m*; **c)** *ouvrage* preisgekröntes Buch, preisgekrönter Film *etc*; *avez-vous lu le dernier* ~ *Goncourt?* haben Sie das zuletzt mit dem Prix Goncourt ausgezeichnete Buch gelesen?
pro [pRo] F *abr* (*professionnel*) SPORTS et par ext I *m*, *f* F Profi *m*; II *adj* ⟨f inv⟩ Profi...
pro... ou pro-... [pRo, pRɔ] *préfixe*, souvent POL pro...; Pro...; ...freundlich; *exemples*: *pro-arabe* araberfreundlich, proarabisch; *progouvernemental* re'gierungsfreundlich
probabilité [pRɔbabilite] *f* Wahr'scheinlichkeit *f*; ~ *faible*, *forte* geringe, große Wahrscheinlichkeit; (*calcul m des*) ~*s* Wahrscheinlichkeitsrechnung *f*; *loc/adv selon toute* ~ aller Wahrscheinlichkeit nach
probable [pRɔblabl(ə)] *adj* wahr'scheinlich; *il est donc parti?* – F ~ wahrscheinlich; vermutlich; *il est* ~ *que le temps va se gâter* das Wetter wird sich wahrscheinlich verschlechtern; *il est peu* ~

qu'il vienne es ist wenig wahrscheinlich, daß er kommt
probablement [pRɔbabləmã] *adv* wahr'scheinlich; vermutlich
probant [pRɔbã] *adj* über'zeugend; *argument a* zwingend
probation [pRɔbasjõ] *f* **1.** ÉGL CATH Probezeit *f*; Novizi'at *n*; **2.** JUR Bewährung(sfrist) *f*; *agent m de* ~ Bewährungshelfer *m*
probatoire [pRɔbatwaR] *adj examen m* ~ Einstufungsprüfung *f*; *stage m* ~ Probezeit *f*
prob|**e** [pRɔb] *st/s adj* rechtschaffen, redlich; ~**ité** *f* Rechtschaffenheit *f*; Redlichkeit *f*
problématique [pRɔblematik] I *adj* proble'matisch; fragwürdig, zweifelhaft; *aspect m, caractère m* ~ Proble'matik *f*; II *f* Proble'matik *f*; Pro'blem-, Fragestellungen *f/pl*
problème [pRɔblɛm] *m* **1.** Pro'blem *n*; Frage *f*; ~ *économique* Wirtschaftsproblem *n*; ~ *technique* technisches Problem *n*; ~ *du chômage, du logement* Arbeitslosen-, Wohnungsproblem *n*, -frage *f*; *loc/adj: à* ~*s* proble'matisch; schwierig; Pro'blem...; *famille f à* ~*s* Problemfamilie *f*; *sans* ~ pro'blemlos; glatt, reibungslos verlaufend; *personne ne devrait avoir des* ~*s* Probleme haben; F (*il n'y a*) *pas de* ~! (das ist) kein Problem!; *faire* ~, *poser un* ~ ein Problem sein, darstellen; proble'matisch sein; **2.** MATH Textaufgabe *f*; eingekleidete Aufgabe; ~ *d'algèbre* eingekleidete Algebraaufgabe; *faire un* ~ e-e Textaufgabe lösen
procédé [pRɔsede] *m* **1.** (*méthode*) Verfahren *n* (*a* TECH); Me'thode *f*; ~ *de fabrication* Herstellungs- *ou* Fertigungsverfahren *n*, -technik *f*; **2.** (*manière d'agir*) Vorgehens-, Verhaltensweise *f*; ~*s pl* Vorgehen *n*; Verhalten *n*; (*c'est un*) *échange de bons* ~*s* e-e Liebe ist der anderen wert; sie haben sich gegenseitig e-n guten Dienst erwiesen
procéder [pRɔsede] ⟨-é-⟩ I *v/t/indir* **1.** ~ *à qc* etw vornehmen, 'durchführen; zu etw schreiten; ~ *à une arrestation* e-e Verhaftung vornehmen; ~ *à une enquête* e-e Unter'suchung durchführen, vornehmen, anstellen, einleiten; *faire* ~ *à une étude* e-e Studie anfertigen lassen; ~ *au vote* zur Abstimmung schreiten; **2.** *litt* ~ *de* s-n Ursprung haben in (+*dat*), ausgehen von; hervorgehen aus; II *v/i* verfahren; vorgehen; zu Werke gehen
procédure [pRɔsedyR] *f* **1.** JUR **a)** (*procès*) (gerichtliches, Gerichts)Verfahren *n*; ~ *civile, pénale* Zi'vil-, Strafverfahren, -prozeß *m*; ~ *de divorce* Ehescheidungsverfahren *n*, -prozeß *m*; *engager, intenter une* ~ ein Verfahren einleiten; **b)** *branche du droit* Pro'zeßvorschriften *f/pl*, -recht *n*; Verfahrensrecht *n*; **2.** *par ext* (*marche à suivre*) Verfahren *n*; Vorgehen *n*; Pro'cedere *ou* Pro'zedere *n*; Proze'dur *f* (*a* INFORM)
procédurier [pRɔsedyRje] *adj* ⟨-ière⟩ *péj* prozeßsüchtig; mit jeder Kleinigkeit vor Gericht gehen, ziehen
procès [pRɔsɛ] *m* **1.** JUR Pro'zeß *m*; Rechtsstreit *m*; ~ *civil, criminel ou pénal* Zi'vil-, Strafprozeß *m*; *être en* ~

avec qn mit j-m, gegen j-n prozes'sieren; gegen j-n e-n Prozeß führen; mit j-m in e-m Rechtsstreit liegen; *faire un* ~ *à qn* j-m den Prozeß machen; *fig faire le* ~ *de qn, de qc* mit j-m, etw ins Gericht gehen; den Stab über j-n, etw brechen; *cf a intenter*; **2.** *fig* ~ *d'intention* Unter'stellung *f* (von Absichten); *faire un* ~ *d'intention à qn* j-m irgendwelche Absichten unter'stellen; **3.** *loc/adv sans autre forme de* ~ kurzerhand; kurz entschlossen; F ohne lange zu fackeln; mit nichts, dir nichts
processeur [pRɔsɛsœR] *m* INFORM Pro'zessor *m*
procession [pRɔsesjõ] *f* **1.** ÉGL CATH Prozessi'on *f*; ~ *de la Fête-Dieu* Fron'leichnamsprozession *f*; **2.** *fig* langer Zug; Prozessi'on *f*
processus [pRɔsesys] *m* Pro'zeß *m*; Vorgang *m*; Ab-, Verlauf *m*; MÉD (Krankheits)Pro'zeß *m*; ~ *économique*, *de croissance*, *de digestion* Wirtschafts-, Wachstums-, Verdauungsprozeß *m*, -vorgang *m*; ~ *de fabrication* Fertigungsablauf *m*
procès-verbal [pRɔsɛvɛRbal] *m* ⟨*pl* procès-verbaux⟩ **1.** JUR *de contravention* (F *abr* P.-V.) Strafmandat *n*; gebührenpflichtige Verwarnung; *dresser* (*un*) ~ *contre qn* j-n gebührenpflichtig verwarnen (*pour excès de vitesse* wegen über'höhter Geschwindigkeit); **2.** JUR et *par ext* (*compte rendu écrit*) Proto'koll *n*; Niederschrift *f*; ~ *d'interrogatoire* Vernehmungsprotokoll *n*, -niederschrift *f*; ~ *de séance* Sitzungsprotokoll *n*; *dresser, rédiger le* ~ (das) Protokoll führen; proto'kollieren
prochain [pRɔʃɛ̃] I *adj* nächste(r, -s); kommende(r, -s); *l'année* ~*e, l'an* ~ **a)** das nächste, kommende Jahr; **b)** *loc/adv* nächstes Jahr; im nächsten, kommenden Jahr; *la* ~*e fois* das nächste Mal; nächstes Mal; F *à la* ~*e*! bis zum nächsten Mal!; *dans les* ~*s jours* in den nächsten Tagen; *à la* ~*e occasion* bei der nächsten, bei nächster Gelegenheit; *descendre à la* ~*e station*, F *à la* ~ an der nächsten Station; II *subst* BIBL *le* ~ der Nächste
prochainement [pRɔʃɛnmã] *adv* dem'nächst; nächstens; bald; *très* ~ sehr bald; in Kürze
proche [pRɔʃ] I *adj* **1.** nah(e); ~ *parent m* nahe(r) Verwandte(r); *ses plus* ~*s parents* s-e nächsten Verwandten *m/pl*; ausgehen von *m/pl*; *l'heure est* ~ *où ...* die Stunde naht, ist nah(e), da *ou* wo ...; *la nuit est* ~ die Nacht wird bald her'einbrechen; es wird bald Nacht werden; *sa maison est* ~ *de la nôtre* sein Haus ist nicht weit von unserem entfernt; *le portugais est* ~ *de l'espagnol* das Portugiesische ist (mit) dem Spanischen verwandt; **2.** *loc/adv de* ~ *en* ~ nach und nach; all'mählich; II *m/pl ses* ~*s* s-e Angehörigen *m/pl*; s-e nahen Verwandten *m/pl*
Proche-Orient [pRɔʃɔRjã] *le* ~ der Nahe Osten; Nah'ost *n*
proche-oriental [pRɔʃɔRjãtal] *adj* ⟨-aux⟩ nah'östlich
proclamation [pRɔklamasjõ] *f* Ausrufung *f*; Prokla'mierung *f*; Proklamati'on *f* (*a le texte*); (feierliche) Verkündung; ~ *de résultats* Bekanntgabe *f*

proclamer [pʀɔklame] v/t **1.** *indépendance, république* ausrufen; proklaˈmieren; *droits de l'homme* verkünden; *état de siège* ausrufen; *résultats* bekanntgeben; ~ *qn empereur* j-n zum Kaiser ausrufen; **2.** *fig* erklären; verkünden; ~ *son innocence* s-e Unschuld beteuern

proconsul [pʀɔkɔsyl] *m HIST* Prokonsul *m*

procréateur [pʀɔkʀeatœʀ] *adj* ⟨-trice⟩ *litt* Zeugungs...; Fortpflanzungs...

procréation [pʀɔkʀeasjɔ̃] *f* **1.** *litt* Zeugung *f*; Fortpflanzung *f*; **2.** *MÉD* ~ *(médicalement) assistée* reproduktionsmedizinische Verfahren *n/pl*; künstliche Befruchtung

procréer [pʀɔkʀee] v/i *homme* zeugen; *femme* gebären

procurateur [pʀɔkyʀatœʀ] *m HIST* Prokuˈrator *m*

procuration [pʀɔkyʀasjɔ̃] *f* Vollmacht *f* (*a document*); *COMM* Handlungsvollmacht *f*; *loc/adv* **par** ~ a) (*abr* **p.p.**) als Bevollmächtigte(r); *COMM* per procura (*abr* ppa. *ou* pp.); b) *fig* durch andere; *vote m* **par** ~ Wahl *f* durch e-n beauftragten Stellvertreter, in Vertretung

procurer [pʀɔkyʀe] **I** v/t ~ *qc à qn* j-m etw verschaffen, beschaffen, besorgen; j-m zu etw verhelfen; **II** st/s v/pr **se** ~ *qc* sich etw verschaffen, besorgen

procureur [pʀɔkyʀœʀ] *m JUR* ~ (*de la République*) (Ober)Staatsanwalt *m* (*beim Tribunal de grande instance*); ~ *général* Generalˈstaatsanwalt *m* (*bei der Cour de cassation, d'appel, des comptes*)

prodigalité [pʀɔdigalite] *f* **1.** *de qn* Verschwendungssucht *f*; **2.** ~*s pl* verschwenderische Ausgaben *f/pl*; Verschwendung *f*; **3.** *fig et st/s* verschwenderische Fülle (*de* von *ou* an +*dat*)

prodige [pʀɔdiʒ] *m* **1.** Wunder *n*; **il** *y a un* ~ *de patience etc* ein Wunder an ... (+*dat*); *accomplir, faire des* ~*s* wahre Wunder vollˈbringen; *tenir du* ~ an ein Wunder, ans Wunderbare grenzen; **2.** *petit* ~ *ou adj* **enfant** *m* ~ Wunderkind *n*; *d'un adulte* **c'est un** ~ er *ou* sie ist ein Geˈnie

prodigieusement [pʀɔdiʒjøzmã] *adv* ˈüberaus; ungemein; außerordentlich; ~ *intelligent a* hochintelligent

prodigieux [pʀɔdiʒjø] *adj* ⟨-euse⟩ außer-, ungewöhnlich; erstaunlich; beachtlich; *force, succès, foule* ungeheuer; gewaltig

prodigue [pʀɔdig] **I** *adj* verschwenderisch; verschwendungssüchtig; *BIBL* *l'enfant m* ~ der verlorene Sohn; *par ext* **ne pas être** ~ **de qc** mit etw geizen, kargen, sparsam ˈumgehen; **II** *m,f* Verschwender(in) *m(f)*

prodiguer [pʀɔdige] v/t ~ *qc à qn* j-n mit etw überˈhäufen, überˈschütten; j-n etw in reichem Maße zuˈteil werden lassen; ~ *des soins à qn* j-m Pflege angedeihen lassen; j-n umˈsorgen

pro domo [pʀɔdɔmo] *loc/adj* plaidoyer in eigener Sache

producteur [pʀɔdyktœʀ] **I** *adj* ⟨-trice⟩ Erzeuger...; Hersteller...; Produktiˈons...; **pays** ~ **de pétrole** erdölproduzierendes Land; Erdölförderland *n*; Erdölproduzent *m*; **II** *subst* ~, **productrice** *m,f* Erzeuger(in) *m(f)*; Produˈzent(in) *m(f)*; (*fabricant*) Hersteller(in) *m(f)*; *CIN, TV* (Film-, Fernseh)Produˈzent(in) *m(f)*

productif [pʀɔdyktif] *adj* ⟨-ive⟩ *sol* ertragreich; *travail* produkˈtiv; *investissement, impôt* einträglich; einbringlich; *gisement* ergiebig; *capital* ~ *d'intérêts* zinsbringend

production [pʀɔdyksjɔ̃] *f* **1.** Produktiˈon *f* (*a résultat*); Herstellung *f*; Erzeugung *f*; *minière* Gewinnung *f*; Förderung *f*; Ausbeute *f*; *d'une entreprise, d'une machine* (Produktiˈons)Ausstoß *m*; Produktiˈonsleistung *f* (*a d'un ouvrier*); *d'énergie, de chaleur, d'un son* Erzeugung *f*; ~ *agricole* landwirtschaftliche Erzeugung, Produktion; Aˈgrarproduktion *f*; ~ *industrielle* Induˈstrieproduktion *f*; ~ *à la chaîne* Fließfertigung *f*; Fließbandproduktion *f*; ~ *d'acier* Stahlproduktion *f*, -erzeugung *f*; ~ *d'automobiles, automobile* Auto-, Kraftwagenproduktion *f*, -herstellung *f*; ~ *de blé* Weizenproduktion *f*, -erzeugung *f*; ~ *de pétrole* Erdölförderung *f*, -gewinnung *f*; **2.** *pl* ~*s* (*produits*) Erzeugnisse *n/pl*; Proˈdukte *n/pl*; *coll* Produktiˈon *f*; Erzeugung *f*; **3.** *CIN, RAD, TV* Produktiˈon *f*; *assistant m, directeur m de* ~ Produktionsassistent *m*, -leiter *m ou* -chef *m*; **4.** *littéraire, artistique* Werk *n*; *coll* Werke *n/pl*; Schaffen *n*; *la* ~ *dramatique du XVIIIᵉ siècle* die Bühnenwerke *n/pl* des 18. Jahrhunderts; **5.** *ADM d'un document* Vorlage *f*; Vorweisung *f*; Vorzeigung *f*; *JUR d'un témoin* Beibringung *f*; Benennung *f*

productivité [pʀɔdyktivite] *f ÉCON* Produktiviˈtät *f*; Ertragskraft *f*; Leistungsfähigkeit *f*

produire [pʀɔdɥiʀ] ⟨*cf* conduire⟩ **I** v/t **1.** *produits industriels* produˈzieren; herstellen; *produits agricoles, acier, énergie, chaleur, son* erzeugen; *ressources minières* gewinnen; fördern; *arbre: fruits* tragen; *abs: sol* Ertrag, Erträge bringen; *exploitation agricole* Ertrag abwerfen, bringen; *être produit a* anfallen; *avoir produit beaucoup de grands hommes* viele große Männer hervorgebracht haben; *capital* ~ *des intérêts* Zinsen bringen, tragen, abwerfen; sich verzinsen; **2.** *œuvre artistique* schaffen; **3.** (*causer*) *changement* herˈbeiführen; bewirken; *résultats, succès* zeitigen; führen zu; *désordre* anrichten; *impression, sensation* herˈvorrufen; erzeugen; verursachen; schaffen; *malaise* zur Folge haben; mit sich bringen; *médicament: effet secondaire etc* herˈvorrufen; ~ *un dépôt* in Niederschlag bilden; ~ *un effet sur qn, qc* auf j-n, etw wirken, e-e Wirkung haben, ausˈüben, erˈzielen; **4.** *film, émission* produˈzieren; **5.** *ADM document* vorlegen, -zeigen, -weisen; *JUR témoin* beibringen; benennen; namhaft machen; *preuve* erbringen; **II** v/pr **se** ~ **6.** *accident, événement* sich ereignen (*a explosion, séisme*); geschehen; pasˈsieren; *changement* eintreten; sich vollˈziehen; *cela peut se* ~ das kann vorkommen, passieren; **7.** *acteur* auftreten (**sur la scène du théâtre** ... im ...theater)

produit [pʀɔdɥi] *m* **1.** Proˈdukt *n*; Erzeugnis *n*; *industriel a* Fabriˈkat *n*; (*substance*) Mittel *n*; ~ *agricole* landwirtschaftliches Produkt, Erzeugnis; Aˈgrarprodukt *n*, -erzeugnis *n*; ~ *brut* Rohprodukt *n*; *cf a 2.*; ~ *laitier* Milchprodukt *n*; Molkeˈreiprodukt *n*, -erzeugnis *n*; ~*s de beauté* Kosˈmetika *n/pl*; Schönheitsmittel *n/pl*; ~*s d'entretien* Putz- und Pflegemittel *n/pl*; *PHYS NUCL* ~ *de fission* Spaltprodukt *n*; ~*s de luxe* Luxuswaren *f/pl*, -erzeugnisse *n/pl*, -güter *n/pl*; ~*s de première nécessité* lebenswichtige Güter *n/pl*; ~*s du pays* Landesprodukte *n/pl*; ~*s du sol, de la terre* Bodenprodukt *n*, -erzeugnis *n*; *pour toxicomanes* ~ *de substitution* Ersatzdroge *f*; ~ *pour la vaisselle* (Geschirr)Spülmittel *n*; **2.** (*rapport*) Ertrag *m* (*a d'une collecte*); Gewinn *m*; Einnahme *f*; *d'une vente* Erlös *m*; ~ *brut* Brutto- *ou* Rohertrag *m*; Bruttoerlös *m*, -einnahme *f*; ~ *net* Rein- *ou* Nettoertrag *m*, -gewinn *m*, -erlös *m*; Nettoeinnahme *f*; *ÉCON* ~ *intérieur brut* (*abr* **P.I.B.**) Bruttoinlandsprodukt *n*; ~ *national brut* (*abr* **P.N.B.**) Bruttosoziˈalprodukt *n*; ~ *de l'impôt* Steueraufkommen *n*, -ertrag *m*; **3.** *MATH* Proˈdukt *n*

proémin|ence [pʀɔeminɑ̃s] *f st/s* **a)** *état* Vorspringen *n*; **b)** (*protubérance*) Vorsprung *m*; Erhebung *f*; ~**ent** *adj nez*, *front* vorspringend

prof [pʀɔf] *m,f F abr* (*professeur*) Lehrer(in) *m(f)*; *F* Pauker *m*; *notre* ~ *de maths* unser(e) Matheˈlehrer(in)

profana|teur [pʀɔfanatœʀ] *m*, ~**trice** *f st/s* ~ *d'église, d'une sépulture* Kirchen-, Grabschänder(in) *m(f)*; *adj t* **une main profanatrice** e-e ruchlose Hand

profanation [pʀɔfanasjɔ̃] *f REL et fig* Entweihung *f*; Profaˈnierung *f*; Schändung *f*; *fig a* Entwürdigung *f*; ~ *de sépulture* Grabschändung *f*

profane [pʀɔfan] **I** *adj arg, musique etc* proˈfan; weltlich; **II** *subst* **1. le** ~ das Proˈfane, Weltliche; **2.** *m,f* **a)** (*non-spécialiste*) Laie *m* (*en peinture un adulte* auf dem Gebiet der Malerei; *aux yeux du* ~ in den Augen des Laien; *adjt* **être** ~ **en la matière** auf diesem Gebiet ein Laie sein; **b)** (*non-initié[e]*) Außenstehende(r) *f(m)*; Nichteingeweihte(r) *f(m)*

profaner [pʀɔfane] v/t *REL et fig* entweihen; entheiligen; profaˈnieren; schänden; *fig a* entwürdigen

proférer [pʀɔfeʀe] v/t ⟨-è-⟩ *menaces, injures* ausstoßen; laut werden lassen

professer [pʀɔfese] v/t *admiration, opinion* (laut) Ausdruck verleihen, geben (+*dat*); offen bekunden; kundtun; äußern

professeur [pʀɔfesœʀ] *m dans le secondaire* (Gymnasiˈal)Lehrer(in) *m(f)*; Studienrat, -rätin *m,f*; *à l'université* Proˈfessor *m*, Profesˈsorin *f*; *par ext* Hochschullehrer(in) *m(f)*; *ADM* Doˈzent(in) *m(f)*; ~ *d'anglais, de dessin, de mathématiques* Englisch-, Zeichen-, Matheˈmatiklehrer(in) *m(f)*; ~ *de danse* Tanz- *ou* Balˈlettlehrer(in) *m(f)*; ~ *de droit, de médecine* Jura-, Mediˈzinprofessor(in) *m(f)*; ~ *de lycée, de collège* Gymnasiˈal-, Gesamtschul- *ou* Reˈalschullehrer(in) *m(f)*

profession [pʀɔfesjɔ̃] *f* **1.** (*métier*) Beruf *m*; Fach *n*; **la** ~ **d'avocat, de médecin** der Anwalts-, Arztberuf; der Be-

ruf e-s Anwalts, Arztes; ADM d'une femme sans ~ Hausfrau f; quelle est votre ~? was sind Sie von Beruf?; exercer, pratiquer une ~ e-n Beruf ausüben; 2. coll Berufsstand m, -gruppe f; Fachschaft f; ~ bancaire Bankgewerbe n; 3. ~ de foi a) REL Glaubensbekenntnis n; b) fig politisches Glaubensbekenntnis; d'un candidat (schriftlich niedergelegtes) Wahlprogramm; faire ~ d'athéisme etc sich offen zum Atheismus etc bekennen
professionnalisme [pRɔfɛsjɔnalism(ə)] m 1. SPORTS Berufssportlertum n; Professiona'lismus m; 2. d'un travail Professionali'tät f
professionnel [pRɔfesjɔnɛl] I adj ⟨~le⟩ 1. beruflich; Berufs...; fachlich; Fach...; activité ~le Berufs-, Erwerbstätigkeit f; association ~le, groupement ~ Berufsverband m; Fachverband m, -gruppe f; berufsständische Vereinigung; bac ~ Fachabitur n; frais ~s Werbungskosten pl; locaux ~s gewerbliche Räume m/pl; maladie ~le Berufskrankheit f; presse ~le Fachpresse f; 2. (opposé à amateur) professio'nell; Berufs...; berufsmäßig; cyclisme ~ professioneller Radrennsport; photographe, sportif ~ Berufsfotograf m, -sportler m; II m Fachmann m; Professio'nelle(r) m; F Profi m (a SPORTS et iron d'un cambrioleur etc); SPORTS a Professional [pro'fɛʃənəl] m; un travail de ~ e-e professionelle, gekonnte Arbeit
professionnellement [pRɔfesjɔnɛlmã] adv berufs-, gewerbsmäßig
professoral [pRɔfesɔral] adj ⟨-aux⟩ 1. corps ~ Studienräte m/pl und Profes'soren m/pl; 2. péj professo'ral; schulmeisterlich
professorat [pRɔfesɔra] m dans le secondaire höheres Lehramt; Lehrberuf m; à l'université Hochschullehramt n; Profes'sur f
profil [pRɔfil] m 1. d'un visage Pro'fil n; Seitenansicht f; loc/adv de ~ im Profil; von der Seite; portrait m de ~ Portrait n im Profil; Profilbild(nis) n; 2. d'un édifice etc 'Umrisse m/pl; Kon'turen f/pl; Silhou'ette f; 3. GÉOL, CONSTR, TECH Pro'fil n; ~ en long, en travers Längs-, Querprofil n ou -schnitt m; 4. d'une voiture äußere Form; ~ aérodynamique Stromlinienform f; 5. fig d'un individu typisches, charakte'ristisches Erscheinungsbild; ~ psychologique psycho'logisches Pro'fil; par ext: candidat pour un poste avoir le bon ~ die richtigen Voraussetzungen mitbringen; F pol avoir le ~ bas wenig Profil, Format haben
profilé [pRɔfile] TECH I adj Pro'fil...; acier ~ Profil-, Formstahl m; II m Pro'fil n
profiler [pRɔfile] I v/t 1. TECH profi'lieren; 2. représenter im Pro'fil darstellen; II v/pr se ~ sur sich (scharf) abzeichnen auf (+dat) ou gegen; sich (scharf) abheben von ou gegen
profit [pRɔfi] m 1. ÉCON, COMM Pro'fit m; Gewinn m; être à ~ Gewinn, Profit abwerfen; gewinnbringend sein; être ~ (avantage) Nutzen m; Vorteil m; Gewinn m; loc/prép au ~ de zu'gunsten (+gén); loc/adv avec ~ mit Gewinn,

sans ~ völlig nutzlos; vergeblich; ohne e-n Gewinn davon zu haben; être d'un grand ~ à qn j-m sehr nützen, nützlich sein; für j-n ein großer Gewinn sein; faire (du) ~, tirer ~ de qc Nutzen, (s-n) Vorteil aus etw ziehen; sich etw zu'nutze machen; von etw profi'tieren; faire du ~ plat lange reichen, vorhalten; vêtement lange halten; mettre qc à ~ etw nützen ou nutzen, nutzbringend verwenden
profitable [pRɔfitabl(ə)] adj nützlich; vorteilhaft; gewinnbringend; être ~ à qn von Nutzen, von Vorteil, ein Gewinn für j-n sein
profiter [pRɔfite] I v/t/indir 1. personne ~ de qc von etw profi'tieren; etw (aus-)nützen ou (-)nutzen; sich etw zu'nutze machen; Nutzen, Vorteil aus etw ziehen; d'une occasion, d'une chance a etw wahrnehmen; ils ont profité de ce que je n'étais pas là pour (+inf) sie nützten meine Abwesenheit aus, um zu (+inf); F pour ce qu'on en profite! F was habe ich, haben wir etc schon davon!; 2. expérience etc à qn, à qc j-m, e-r Sache von Nutzen, Vorteil sein; ein Gewinn für j-n, etw sein; j-m, e-r Sache zu'gute kommen, zu'statten kommen, Vorteile bringen, nützlich sein; II v/i F enfant, plante bien ~ (gut) gedeihen; sich gut entwickeln; F sich her'ausmachen
profiterole [pRɔfitRɔl] f CUIS Windbeutel m mit Cremefüllung und Schoko'ladenüberzug
profiteur [pRɔfitœR] m péj Pro'fitjäger m, -macher m; Profi'teur m; ~ de guerre Kriegsgewinnler m
profond [pRɔfõ] I adj ⟨profonde [pRɔfõd]⟩ 1. fossé, puits, eaux, fauteuil, révérence etc, a forêt, tiroir etc, par ext soupir, voix tief; plaie tief(gehend); racine (bis) tief (in den Boden reichend); cave, couche de terrain tief(liegend); forage ~ Tiefbohrung f; ~ de dix mètres zehn Meter tief; 2. fig sommeil, respect, silence, solitude etc tief; joie a innig; regard a ausdrucksvoll; nuit a finster; (stock)dunkel; tiefschwarz; indifférence, influence stark; groß (a mécontentement, erreur); différence groß; gewaltig; kraß; changement tiefgehend, -greifend; un ~ besoin de un tiefes, inneres Bedürfnis, ein sehnliches Verlangen nach; bleu, vert etc ~ ⟨inv⟩ tiefblau, -grün etc; 3. (caché) sens, causes tiefere(r, -s); causes a tieferliegend; aspirations, intentions geheim; geheimste(r, -s); la France ~e das innerste, traditionsbewußte, konservative Frankreich; 4. esprit, pensées, réflexions tiefsinnig, -gründig, -schürfend; II adv creuser ~ tief graben, bohren; III m en loc/prép: au plus ~ de la forêt im tiefsten Wald; tief im Inner(e)n des Waldes; au plus ~ de la mer in der Meerestiefe; tief im Meer; du plus ~ de mon, son etc âme, être aus tiefster Seele; aus tiefstem Inner(e)n
profondément [pRɔfõdemã] adv tief; fig a zu'tiefst; aufs tiefste; aimer heiß, innig; être ~ attaché aux traditions zäh, eisern am Über'kommenen festhalten; ~ convaincu (felsen)fest über'zeugt; ~ déçu maßlos, zutiefst enttäuscht; ~ ému tief-

bewegt; ~ malheureux todunglücklich; ~ touché tiefgerührt
profondeur [pRɔfõdœR] f 1. d'un fossé, d'un puits, d'une plaie, d'un tiroir etc Tiefe f; en perspective (räumliche) Tiefe f; Tiefenwirkung f; fig les ~s insondables de l'âme die unergründlichen Tiefen der Seele; OPT ~ de champ Schärfentiefe f; Tiefenschärfe f; ~ de l'eau Wassertiefe f; ~s de la mer Meerestiefen f/pl; loc/adv: à mille mètres de ~ in tausend Meter Tiefe; en ~ a) in der Tiefe; b) fig von Grund auf; gründlich; 2. fig d'un sentiment Tiefe f; Stärke f; 3. d'une œuvre, d'un écrivain, d'une remarque Tiefgründigkeit f; Tiefsinn m; Gedankentiefe f
pro forma [pRɔfɔRma] loc/adj facture f ~ Pro-'forma-Rechnung f
profus [pRɔfy] adj ⟨-use [-yz]⟩ litt lumière ~e verschwenderisches Licht
profusion [pRɔfyzjõ] f une ~ de e-e verschwenderische Fülle von; loc/adv à ~ in Hülle und Fülle; distribuer in reichem Maße
progéniture [pRɔʒenityR] f plais Sprößlinge m/pl
progestérone [pRɔʒesteRɔn] f BIOCHIMIE Gelbkörperhormon n; sc Progeste'ron n
progiciel [pRɔʒisjɛl] m INFORM (Pro'gramm)Pa'ket n
programmable [pRɔgRamabl(ə)] adj INFORM program'mierbar
programma|teur [pRɔgRamatœR] m, ~trice 1. RAD, TV, CIN Pro'grammplaner(in) m(f), -gestalter(in) m(f); 2. m TECH Pro'grammregler m
programmation [pRɔgRamasjõ] f 1. RAD, TV, CIN Pro'grammplanung f, -gestaltung f; CIN a Aufstellung f des Spielplans; 2. INFORM Program'mierung f; langage m de ~ Programmiersprache f; 3. d'une soirée, d'un voyage etc Planung f
programme [pRɔgRam] m 1. RAD, TV, CIN, d'un festival, d'un concert etc Pro'gramm n; de certaines opérations a Plan m; POL (Par'tei)Pro'gramm n; ~ d'aide Hilfsprogramm n (à für); ~ de fabrication Fertigungsprogramm n; ~ de réformes Re'formprogramm n, -plan m; ~ des réjouissances Festprogramm n; en vacances etc (Tages)Programm n; iron annonce-nous le ~ des réjouissances! was müssen wir heute wieder alles tun?; ~ de télévision Fernsehprogramm n; c'est tout un ~ da haben Sie sich ou hat er sich etc aber etwas vorgenommen; jouer un morceau 'hors ~ ein Stück spielen, das nicht auf dem Programm steht; ♦ adj discours m ~ program'matische Rede; 2. imprimé Pro'gramm(heft) n, -zettel m; 3. à l'école Lehrplan m; à l'université Studienplan m; dans une matière Stoffplan m; Lehrstoff m; 4. INFORM Pro'gramm n; par ext d'un lave-linge (Wasch)Pro'gramm n
programmer [pRɔgRame] v/t 1. RAD, TV émission auf das Pro'gramm setzen; in das Pro'gramm aufnehmen; im Pro'gramm vorsehen; cinéma: film auf den Spielplan setzen; 2. INFORM program'mieren; adjt: enseignement programmé programmierter 'Unterricht; machine programmée pro'gramm-

gesteuerte Maschine; **3.** (*prévoir, organiser*) planen
programm|eur [prɔgramœr] *m*, **~euse** *f* INFORM Program'mierer(in) *m(f)*
progrès [prɔgrɛ] *m* **1.** ⟨souvent pl⟩ *d'un incendie, d'une épidémie etc* 'Umsichgreifen *n*; Ausbreitung *f*; *de la criminalité* Zunahme *f*; Ansteigen *n*; *d'une maladie, de l'inflation* Fortschreiten *n*; **2.** (*évolution positive*) Fortschritt *m*; **~** *social,* **technique** sozialer, technischer Fortschritt; *iron* **on n'arrête pas le ~** der Fortschritt ist nicht aufzuhalten; F (**il**) **y a du ~** es geht besser, berg'auf (*a d'un malade*); *élève, sportif* **être en ~** s-e Leistungen verbessern; bessere Leistungen zeigen, erbringen; **faire des ~** Fortschritte machen
progresser [prɔgrese] *v/i* **1.** *incendie, épidémie, idées* um sich greifen; sich ausbreiten; *épidémie, idées* a sich verbreiten; *criminalité* zunehmen; ansteigen; *maladie, inflation* fortschreiten; **2.** *élève, recherche* Fortschritte machen; **3.** MIL vorrücken; auf dem Vormarsch sein
progressif [prɔgresif] *adj* ⟨-ive⟩ fortschreitend, progres'siv (*a* MÉD); *amélioration, développement* all'mählich; schrittweise; **de difficulté progressive** mit zunehmendem, steigendem Schwierigkeitsgrad; **impôt ~** Progres'sivsteuer *f*; **tarif ~** progressiv gestaffelter Tarif
progression [prɔgresjɔ̃] *f* **1.** *d'une maladie* Fortschreiten *n*; *de la fièvre* (An-)Steigen *n*; *de l'économie* Wachstum *n*; *du commerce* Zunahme *f*; Ausweitung *f*; *des salaires* Anstieg *m*; **2.** (*mouvement en avant*) Vorwärts-, Fortbewegung *f*; *d'un glacier* Vorrücken *n*; MIL Vormarsch *m*; Vorrücken *n*; **3.** MATH Reihe *f*; **~ arithmétique, géométrique** arithmetische, geometrische Reihe
progress|isme [prɔgresism(ə)] *m* Fortschrittsdenken *n*; Progres'sismus *m*; **~iste I** *adj* fortschrittlich (gesinnt, denkend); progres'siv; **II** *m,f* Fortschrittler(in) *m(f)*; Progres'sist(in) *m(f)*
progressivement [prɔgresivmɑ̃] *adv* stufen-, schrittweise; all'mählich; nach und nach
progressivité [prɔgresivite] *f* stufenweises Fortschreiten; stufenweise Steigerung; Progressi'on *f*; *du tarif* Staffelung *f*; **~ de l'impôt** Steuerprogression *f*
prohib|é [prɔibe] *adj* (gesetzlich) verboten; *armes* unerlaubt; **~er** *v/t* (gesetzlich) verbieten, unter'sagen
prohibitif [prɔibitif] *adj* ⟨-ive⟩ **1.** JUR Verbots...; ÉCON **droits ~s** Prohibitivzölle *m/pl*; **2.** *fig prix* unerschwinglich
prohibition [prɔibisjɔ̃] *f* **1.** JUR (gesetzliches) Verbot; ÉCON **mesures** *f/pl* **de ~** (zollamtliche) Prohibi'tivmaßnahmen *f/pl*; **2.** HIST *aux États-Unis* Prohibiti'on *f*
proie [prwa] *f d'un animal, fig* Beute *f*; *fig personne* a Opfer *n*; *maison, forêt* **être la ~ des flammes** ein Raub der Flammen werden; den Flammen zum Opfer fallen; *fig personne* **être en ~ au désespoir** etc von Verzweiflung etc heimgesucht, gequält, gepeinigt, geplagt werden; der Verzweiflung etc (*dat*) ausgeliefert, preisgegeben sein; *fig* **lâcher la ~ pour l'ombre** e-e sichere Sache für e-e unsichere aufgeben, fahrenlassen
projecteur [prɔʒɛktœr] *m* **1.** *de scène* Scheinwerfer *m*; **2.** OPT Pro'jektor *m*; Projekti'onsapparat *m*; Bildwerfer *m*; *pour diapos* a Diaprojektor *m*; *pour films* a Film-, Kinoprojektor *m*
projectile [prɔʒɛktil] *m lancé à la main* Wurfgeschoß *n*; *lancé par une arme* Geschoß *n*
projection [prɔʒɛksjɔ̃] *f* **1.** OPT Projekti'on *f*; *d'un film, de diapos* Vorführung *f*; *d'une ombre* Werfen *n*; **~ d'un film** Filmvorführung *f*; **conférence** *f* **avec ~s** Lichtbildervortrag *m*; Vortrag *m* mit Filmvorführung *f*; **appareil** *m* **de ~ cf projecteur** 2.; **2.** MATH Projekti'on *f*; **3.** *de projectiles etc* Werfen *n*; Schleudern *n*; **4.** GÉOL **~s volcaniques** Auswürflinge *m/pl*; **5.** PSYCH Projekti'on *f*
projectionniste [prɔʒɛksjɔnist] *m,f* CIN Filmvorführer(in) *m(f)*, -operateur *m*
projet [prɔʒɛ] *m* **1.** Plan *m*; Vorhaben *n*; Pro'jekt *n*; **~ d'avenir** Zukunftspläne *m/pl*; **~ de film** Filmprojekt *n*; **~s de mariage** Heiratspläne *m/pl*, -absichten *f/pl*; **~s de vacances, de voyage** Ferien-, Reisepläne *m/pl*; **chef** *m* **de ~** Projektleiter *m*; **faire des ~s** Pläne machen, schmieden; **2.** (*ébauche*) Entwurf *m*; **~ de contrat, de loi** Vertrags-, Gesetz(es)entwurf *m*; **à l'état de ~** Entwurf *m*; im Stadium der Planung; **3.** CONSTR Bauplan *m*, -zeichnung *f*, -entwurf *m*
projeter [prɔʒte, -ʃte] ⟨-tt-⟩ **I** *v/t* **1.** *voyage, achat etc* planen; vorhaben, projek'tieren; **2.** OPT proji'zieren; *film, diapos* vorführen; *diapos a* an die Wand werfen; *ombre* werfen; **3.** MATH **~ (sur un plan)** (auf e-e Ebene) proji'zieren; **4.** PSYCH **~ sur qn, qc** in j-n, etw proji'zieren; auf j-n, etw über'tragen; **5.** (*lancer*) (in die Luft, hoch)schleudern; *volcan: pluie de pierres etc* auswerfen; F ausspucken; *explosion* **~ qn contre un mur** j-n gegen e-e Mauer schleudern; **II** *v/pr* **ombre se ~ sur qc** auf etw (*acc*) fallen; sich auf etw (*dat*) abzeichnen
prolétaire [prɔletɛr] **I** *m* Prole'tarier *m*; **II** *adj* Prole'tarier...; prole'tarisch
prolétar|iat [prɔletarja] *m* Proletari'at *n*; **~ien** *adj* (*ive*) prole'tarisch; **~isation** *f* (Ver)Proletari'sierung *f*; **~iser I** *v/t* proletari'sieren; **II** *v/pr* **se ~** verproletari'sieren
prolifération [prɔliferasjɔ̃] *f* BIOL et *fig* rasche, starke Vermehrung, Zunahme; BIOL, MÉD *a* Wucherung *f*; sc Proliferati'on *f*; *fig* **~ des armes nucléaires** Verbreitung *f*, Weitergabe *f* von Atomwaffen
proliférer [prɔlifere] *v/i* ⟨-è-⟩ BIOL et *fig* sich rasch, stark vermehren; BIOL, MÉD *a* wuchern; sc prolife'rieren; *fig a* rasch, stark zunehmen; *p/fort* über'handnehmen
prolifique [prɔlifik] *adj espèce animale, fig auteur* (sehr) fruchtbar; *animaux* **être ~** a sich rasch, stark vermehren
prolix|e [prɔliks] *adj st/s orateur, style* weitschweifig; *style* a ausladend; **~ité** *st/s f* Weitschweifigkeit *f*
prolo [prɔlo] *m* F *péj abr* (*prolétaire*) F *péj* Pro'let *m*; *adjt* **ça fait ~** das ist pro'letenhaft
prologue [prɔlɔg] *m* **1.** THÉ Pro'log *m*; *d'un roman a* Vorrede *f*; **2.** *fig* Vorspiel *n*; Auftakt *m*
prolongateur [prɔlɔ̃gatœr] *m* ÉLECT Verlängerungsschnur *f*
prolongation [prɔlɔ̃gasjɔ̃] *f* Verlängerung *f* (**d'un mois** um e-n Monat) (*a* SPORTS); *d'une soirée, d'une discussion* Ausdehnung *f*; **~ du délai** Fristverlängerung *f*; Nachfrist *f*; SPORTS **jouer les ~s** in die Verlängerung gehen
prolongé [prɔlɔ̃ʒe] *adj cri, rire, sécheresse, applaudissements* lang anhaltend; *soirée, discussion* (lang) ausgedehnt; *lutte, guerre* sich lange hinziehend; *plais* **une jeune fille ~e** *plais* ein altes Mädchen
prolongement [prɔlɔ̃ʒmɑ̃] *m* **1.** *dans l'espace* Verlängerung *f*; *d'une route etc a* weiterer Ausbau; Weiterführung *f*; **dans le ~ de** in der Verlängerung (+*gén*); **2.** *fig* Fortsetzung *f*; *pl* **~s** (*conséquences*) Auswirkungen *f/pl*; Folgen *f/pl*
prolonger [prɔlɔ̃ʒe] ⟨-geons-⟩ **I** *v/t* **1.** *dans le temps* verlängern (**d'une semaine** um e-e Woche); *soirée, discussion* ausdehnen; in die Länge ziehen; **2.** *dans l'espace* verlängern; *route, voie ferrée a* weiter ausbauen; weiterführen; (*être le prolongement de*) die Verlängerung, Fortsetzung (+*gén*) bilden; **II** *v/pr* **se ~ 3.** *dans le temps* sich ausdehnen; sich hinziehen; sich in die Länge ziehen; *effet d'un médicament* (länger) anhalten (als vorgesehen); **4.** *dans l'espace* weiterführen; sich hinziehen; sich fortsetzen
promenade [prɔmnad] *f* **1.** *à pied* Spa'ziergang *m* (**en forêt** im Wald); (*excursion*) kleiner Ausflug (**en montagne** in die Berge); *en voiture, en vélo etc* (Spa'zier)Fahrt *f*; Tour *f*; **~ à cheval** Spa'zierritt *m*; Ausritt *m*; **faire une ~ à cheval** ausreiten; **~ en bateau** Boots-, Dampfahrt *f*, -partie *f*; **~ en mer** kleine Rundfahrt auf dem Meer; **aller en ~, faire une ~** e-n Spaziergang machen; spa'zierengehen; **2.** *lieu* Prome'nade *f*; *adjt* MAR **pont** *m* **~** Promenadendeck *n*
promener [prɔmne] ⟨-è-⟩ **I** *v/t* **1.** *personne, chien* spa'zierenführen; *bébé* spa'zieren-, ausfahren; **son chien a** s-n Hund ausführen; F mit dem Hund Gassi gehen; **~ qc dans les rues** etw durch die Straßen tragen; *fig* **~ partout sa tristesse** s-e Traurigkeit überall mit sich her'umtragen; **ça te promènera** da machst du gleich e-n kleinen Spaziergang; da kommst du ein bißchen raus; **2. ~ ses doigts sur qc** mit der Hand über etw (*acc*) fahren, streichen; die Finger über etw (*acc*) gleiten lassen; **~ son regard sur qc** s-n Blick über etw (*acc*) schweifen lassen; **3.** F *fig* **envoyer ~ qn** j-n fort-, wegschicken; F j-n abblitzen, abfahren lassen; *p/fort* j-n fortjagen, F zum Teufel schicken, jagen; **envoyer ~ qc** F etw weg-, fortschmeißen, auf die Erde, in die Ecke schmeißen; **envoyer tout ~** F alles, den ganzen Kram hinschmeißen; **II** *v/pr* **4.** (*aller*) **se ~ à pied** spa'zierengehen; prome'nieren; *st/s* sich ergehen; *en voiture, en vélo etc* spa'zierenfahren; **se ~ en bateau** e-e

promeneur – proportion

Boots-, Dampferfahrt machen; *se ~ en voiture* a e-e Spa'zierfahrt machen; F (ins Grüne) rausfahren; **5.** *se ~ nu--pieds, en peignoir etc* barfuß, im Morgenrock *etc* her'umlaufen
promen|eur [pʀɔmnœʀ] *m*, **~euse** *f* Spa'ziergänger(in) *m(f)*; Wanderer *m*, Wand(r)erin *f*; **~oir** *m* Wandelgang *m*, -halle *f*; *THÉ* Gang *m* hinter der letzten Sitzreihe im Par'kett
promesse [pʀɔmɛs] *f* **1.** Versprechen *n*; Zusage *f*; *pl* **~s** *a* Versprechungen *f/pl*; *~ de Gascon, ~s d'ivrogne, en l'air* leere Versprechungen; *j'ai sa ~* er hat es mir fest versprochen; ich habe sein Wort; *faire une ~* ein Versprechen (ab-) gegeben; e-e Zusage geben, machen; *tenir sa ~* sein Versprechen halten; **2.** *st/s* Verheißung *f*; *loc/adj* **plein de ~s** verheißungsvoll; vielversprechend (*a personne*); **3.** *JUR* Versprechen *n*; *~ d'achat, de vente* Kauf-, Verkaufsversprechen *n*; Vorvertrag zum Kaufvertrag; *~ de mariage* Ehe-, Heiratsversprechen *n*
Prométhée [pʀɔmete] *m MYTH* Pro'metheus *m*
prometteur [pʀɔmetœʀ] *adj* (-euse) vielversprechend; verheißungsvoll
promettre [pʀɔmɛtʀ(ə)] ⟨*cf* mettre⟩ **I** *v/t* **1.** versprechen, zusagen (*qc à qn* j-m etw; *de* +*inf* zu +*inf*; *que* daß); *st/s ou iron* verheißen; *fig cela ne nous promet rien de bon* das verspricht, verheißt nichts Gutes (für die Zukunft); F *iron ça promet!* da kann man ja noch auf einiges gefaßt sein!; das sind ja schöne Aussichten!; **2.** (*assurer*) versichern; *je vous promets que vous ne le regretterez pas* ich versichere Ihnen, daß ...; **II** *v/pr* **3.** *réfléchi se ~ de faire qc* sich fest vornehmen, etw zu tun; **4.** *se ~ qc de qc* sich etw von etw versprechen, erhoffen; **5.** *réciproque se ~ qc* sich (gegenseitig) etw versprechen
promis [pʀɔmi] **I** *p/p cf* **promettre** *et adj* **1.** *la terre ~e BIBL* das Land der Verheißung; das Gelobte Land (*a fig*); *prov* *chose promise, chose due* was man versprochen hat, muß man auch halten (*prov*); **2.** *fig être ~ à qc* zu etw bestimmt, berufen, ausersehen sein; für etw prädesti'niert sein; etw vor sich (*dat*) haben; *~ au succès* erfolgversprechend; **II** *subst* **~(e)** *m(f) régional* (*fiancé[e]*) Verlobte(r) *f(m)*
promiscuité [pʀɔmiskyite] *f* enges Zu-'sammenleben; enge Berührung; Zu-'sammengepferchtsein *n*; F Aufein'anderhocken *n*, -sitzen *n*
promo [pʀɔmo] F *abr cf* **promotion** 1.
promontoire [pʀɔmɔ̃twaʀ] *m* Kap *n*; Landspitze *f*; Vorgebirge *n*
promo|teur [pʀɔmɔtœʀ] *m*, **~trice** *f* **1.** *promoteur (immobilier, de construction)* Bauträger *m*; F Baulöwe *m*; *adjt société promotrice* Bauträger-, *par ext* Immo'biliengesellschaft *f*; **2.** *st/s* Initi'ator *m*, Initia'torin *f*
promotion [pʀɔmosjɔ̃] *f* **1.** *d'une grande école* Jahrgang *m*; *camarade m de ~* Jahrgangs-, Studienkollege *m*; **2.** (*avancement*) Beförderung *f* (*au poste de directeur* zum Direktor); *~ sociale* sozialer Aufstieg; **3.** *COMM ~ des ventes* Absatz-, Verkaufsförderung *f*; *article en ~* im Sonderangebot; zum Aktionspreis; **4.** *~ immobilière* Bau-, *par ext* Immo'biliengeschäft *n* (Tätigkeit)
promotionnel [pʀɔmosjɔnɛl] *adj* ⟨~le⟩ *COMM* absatz-, verkaufsfördernd
promouvoir [pʀɔmuvwaʀ] *v/t* ⟨*cf* mouvoir; *aber* promu⟩ **1.** *qn à un poste* befördern; ernennen; *il a été promu directeur* er ist zum Direktor befördert, ernannt worden; **2.** (*encourager*) fördern
prompt [pʀɔ̃] *adj* ⟨prompte [pʀɔ̃t]⟩ *st/s personne, réaction, geste etc* rasch; flink; schnell; *~ rétablissement* baldige, rasche Genesung; *~ à l'injure* schnell bei der Hand mit Beleidigungen
promptitude [pʀɔ̃titYd] *st/s f* Raschheit *f*; Flinkheit *f*; Schnelligkeit *f*; *la ~ de sa guérison* s-e rasche, schnelle Genesung
promu [pʀɔmy] *p/p cf* **promouvoir**
promulgation [pʀɔmylgasjɔ̃] *f d'une loi* Verkündung *f*
promulguer [pʀɔmylge] *v/t loi* verkünden
prôner [pʀone] *v/t* (*louer*) preisen; rühmen; *~ la modération etc* Mäßigung *etc* predigen
pronom [pʀɔnɔ̃] *m GR* (al'leinstehendes, substantivisches) Pro'nomen, Fürwort
pronominal [pʀɔnɔminal] *adj* ⟨-aux⟩ *GR* pronomi'nal; *adjectif ~* attributives, adjektivisches Pro'nomen; *adverbe ~* Pronomi'naladverb *n*; *verbe ~* refle'xives Verb
pronominalement [pʀɔnɔminalmã] *adv employer ~ verbe* re'fle'xiv gebrauchen; *adverbe* als Pro'nomen gebrauchen
prononçable [pʀɔnɔ̃sabl(ə)] *adj* aussprechbar
prononcé [pʀɔnɔ̃se] **I** *adj* mar'kant; (stark) ausgeprägt; prä'gnant; *avoir un goût ~ pour qc* e-e ausgesprochene, entschiedene Vorliebe für etw haben; **II** *m JUR ~ (d'un jugement)* (Urteils-) Tenor *m*
prononcer [pʀɔnɔ̃se] ⟨-ç-⟩ **I** *v/t* **1.** *son, mot, phrase* aussprechen; sprechen; *abs il prononce bien* er hat e-e gute Aussprache; **2.** (*dire*) *mot* sprechen; *discours* halten; *REL vœux* ablegen; *elle n'a pas pu ~ un seul mot* sie brachte kein Wort her'aus, über die Lippen; **3.** *JUR jugement, arrêt* verkünden (*lire*) verlesen; *peine, sanction* aussprechen (*a divorce*), verhängen (*contre qn* gegen j-n); *clôture des débats* erklären; **II** *v/i* **4.** *JUR* entscheiden (*sur* über +*acc*; *en première instance* in erster Instanz); **III** *v/pr* **5.** *se ~* sich äußern (*sur qc* zu etw); *se ~ contre, pour ou en faveur de qn, qc* sich gegen, für j-n, etw aussprechen; **6.** *mot etc se ~* (aus-) gesprochen werden
prononciation [pʀɔnɔ̃sjasjɔ̃] *f* **1.** *PHON* Aussprache *f*; *avoir une bonne, mauvaise ~* e-e gute, schlechte Aussprache haben; **2.** *JUR du jugement* Verkündung *f*; Verlesung *f*
pronostic [pʀɔnɔstik] *m* Vor'aussage *f*, -sagung *f*; Vor'hersage *f*; Pro'gnose *f* (*a MÉD*); *faire des ~s* Voraussagen machen; Prognosen stellen
pronostiqu|er [pʀɔnɔstike] *v/t* vor'aus-, vor'hersagen; prognosti'zieren (*a MÉD*); **~eur** *m*, **~euse** *f*, der Vor'her-, Vor-'aussagen macht; *TURF* j, der Tips gibt
propagande [pʀɔpagɑ̃d] *f* Propa'ganda *f*; *~ électorale* Wahlpropaganda *f*; *c'est de la ~!* das ist doch alles (nur) Propaganda!; *faire de la ~* Propaganda machen
propaga|teur [pʀɔpagatœʀ] *m*, **~trice** *f* Verbreiter(in) *m(f)*
propagation [pʀɔpagasjɔ̃] *f* **1.** *d'une épidémie, d'un incendie* Ausbreitung *f*; 'Umsichgreifen *n*; *d'une nouvelle, de la foi etc* Verbreitung *f*; *PHYS* Ausbreitung *f*; Fortpflanzung *f*; **2.** *BIOL* Vermehrung *f*; Fortpflanzung *f*
propager [pʀɔpaʒe] ⟨-geons⟩ **I** *v/t* **1.** *doctrine, idées, mode* verbreiten; propa'gieren; *nouvelle, religion* verbreiten; **2.** *BIOL* vermehren; fortpflanzen; **II** *v/pr se ~* **3.** *incendie, épidémie* sich ausbreiten; um sich greifen; *nouvelle, idées* sich verbreiten; *PHYS lumière, son* sich ausbreiten; sich fortpflanzen; **4.** *espèce animale, végétale* sich vermehren; sich fortpflanzen
propane [pʀɔpan] *m CHIM* Pro'pan(gas) *n*
propédeutique [pʀɔpedøtik] *f jusqu'en 1966* erstes Studienjahr (*an der philosophischen u naturwissenschaftlichen Fakultät*)
propension [pʀɔpɑ̃sjɔ̃] *f* Hang *m*, Neigung *f* (*à qc* zu etw; *à faire qc* etw zu tun); *ÉCON ~ à consommer, à épargner* Kon'sum-, Sparneigung *f*
propergol [pʀɔpɛʀgɔl] *m CHIM* Proper-'gol *n*
prophète [pʀɔfɛt] *m REL* Pro'phet *m* (*a fig*); *le ☪* der Prophet (*Mohammed*); *fig je ne suis pas ~!* ich bin doch kein Prophet!; *pas besoin d'être ~ pour* (+*inf*) man braucht kein Prophet zu sein, um zu (+*inf*); *prov nul n'est ~ en son pays* der Prophet gilt nichts in s-m Vaterland (*prov*)
prophétesse [pʀɔfetɛs] *f* Pro'phetin *f*
prophétie [pʀɔfesi] *f* Prophe'zeiung *f*; *REL a* Weissagung *f*; *don m de ~* Pro-'pheten-, Sehergabe *f*
prophét|ique [pʀɔfetik] *adj* pro'phetisch; **~iser** *v/t* prophe'zeien; *REL a* weissagen
prophylactique [pʀɔfilaktik] *adj MÉD* prophy'laktisch; vorbeugend
prophylaxie [pʀɔfilaksi] *f MÉD* Prophy-'laxe *f*; Vorbeugung *f*
propice [pʀɔpis] *adj* **1.** *occasion, vent, moment etc* günstig (*à* für); **2.** *st/s sort, divinité* gnädig
proportion [pʀɔpɔʀsjɔ̃] *f* **1.** Proporti'on *f*; (*rapport*) Relati'on *f*; (*taux*) Pro'zentsatz *m*; (*équilibre*) richtiges Verhältnis; *~s pl* Proportionen *f/pl*; Größenverhältnisse *n/pl*; *~s harmonieuses a* Ebenmaß *n*; *~s du corps* Körperproportionen *f/pl*; *loc/adj* '*hors de (toute) ~* unverhältnismäßig hoch; in keinem Verhältnis dazu stehend; *loc/adv: toutes ~s gardées* im Verhältnis; *dans une ou la ~ de cent contre dix* im Verhältnis hundert zu zehn; *dans la ~ où ...* in dem (gleichen) Maße wie ...; *en ~* entsprechend (viel, groß *etc*); *loc/prép en ~ de* entsprechend (+*dat*); im Verhältnis, im Vergleich zu; *il n'y a aucune ~ entre ses*

dépenses et son revenu s-e Ausgaben und s-e Einnahmen stehen in keinem Verhältnis zueinander; **2. ~s** *pl* Ausmaß(e) *n(pl)*; *fig a* 'Umfang *m*; *fig*: *prendre des ~s considérables* beträchtliche Ausmaße, e-n beträchtlichen Umfang annehmen; *ramener une nouvelle à ses justes ~s* e-e Nachricht auf ihre wahre, wirkliche Bedeutung reduzieren; **3.** MATH Verhältnisgleichung *f*; Proporti'on *f*
proportionnalité [pRɔpɔRsjɔnalite] *f* Proportionali'tät *f*; Verhältnismäßigkeit *f* (*de la peine et du délit*) von Strafe und Vergehen)
proportionné [pRɔpɔRsjɔne] *adj être bien ~* gut proportio'niert sein; gute Proporti'onen haben
proportionnel [pRɔpɔRsjɔnɛl] *adj* ⟨~le⟩ proportio'nal (*à zu*) (*surtout* MATH); im (gleichen) Verhältnis stehend (*à*); entsprechend (*+dat*); anteilig; *impôt ~* Proportio'nalsteuer *f*; *représentation ~le ou subst ~le f,* *scrutin ~* Verhältniswahlrecht *n*, -wahlsystem *n*; *österr, schweiz* Pro'porz *m*
proportionnellement [pRɔpɔRsjɔnɛlmã] *adv* im Verhältnis (*à zu*)
proportionner [pRɔpɔRsjɔne] *v/t ~ qc à* etw in ein richtiges, vernünftiges Verhältnis bringen, setzen zu
propos [pRɔpo] *m* **1.** *pl* (*paroles*) Worte *n/pl*; Reden *f/pl*; Äußerungen *f/pl*; *tenir des ~ cyniques* zynische Äußerungen machen; zynische Reden führen; **2.** *st/s* (*intention*) Absicht *f*; Vorsatz *m*; *loc/adv* *de ~ délibéré* absichtlich; mit Absicht; bewußt; willentlich; *mon ~ n'était pas, il n'était pas de mon ~ de* (*+inf*) es war nicht meine Absicht, es stand nicht in meiner Absicht zu (*+inf*); **3.** (*occasion*) *loc/adv*: *arriver, tomber à ~, st/s fort à ~* (sehr) gelegen, gerade richtig *ou* recht, im richtigen *ou* rechten Augenblick, zur richtigen Zeit, wie gerufen kommen; *juger, trouver à ~ de* (*+inf*) es für angebracht, angezeigt, ratsam halten zu (*+inf*); *mal à ~* ungelegen; zur Unzeit; zur unrechten Zeit; zu ungelegener Stunde, Zeit; im unpassenden, falschen Augenblick; *à tout ~* bei jeder Gelegenheit; bei jedem Anlaß; (be)ständig; dauernd; *'hors de ~* a) (*à contretemps*) zur Unzeit; im falschen, unpassenden Augenblick; b) (*sans raison*) ohne (jeden) Grund; (völlig) grundlos; *il serait hors de ~ de* (*+inf*) es wäre unangebracht, nicht an der Zeit, der falsche Augenblick zu (*+inf*); **4.** (*sujet*) *loc/prép à ~ de* betreffs (*+gén*); was (*+acc*) anbelangt, betrifft; (*acc*) betreffend; wegen (*+gén ou* F *+dat*); über (*+acc*); *à ~ de quoi?, à quel ~?* wor'über?; aus welchem Grund, Anlaß?; wes'wegen?; *à ~ d'un rien, de tout* wegen e-r jeden *ou* über e-e, jede Kleinigkeit; *à ~ de tout et de rien* wegen *ou* über nichts und wieder nichts; *à ce ~* darüber; dazu; ♦ *en tête de phrase à ~* übrigens; was ich noch sagen, fragen wollte; apro'pos; da(bei) fällt mir gerade ein; *à ~ voiture ...* wo ich gerade über Autos sprechen ...; ♦ *retourner à son ~* auf sein Thema zurückkommen
proposer [pRɔpoze] **I** *v/t* **1.** *projet, thème, solution, candidat etc* vorschlagen;

in Vorschlag bringen; *projet a* vorlegen; unter'breiten; *~ qc à qn* j-m etw vorschlagen; *~ (à qn) de* (*+inf*) (j-m) vorschlagen zu (*+inf*); *~ qn pour un poste* j-n für e-n Posten vorschlagen; *~ une loi* e-e Gesetzesvorlage einbringen; **2.** *aide, argent, articles etc* anbieten; *articles a* feilbieten, -halten; *somme* bieten; *récompense* aussetzen; **II** *v/pr* **3.** *se ~ de faire qc* beabsichtigen, sich vornehmen, vorhaben, etw zu tun; sich etw vornehmen; *se ~ un but* sich ein Ziel setzen; **4.** *se ~* (*comme*) sich anbieten (als); *se ~ pour faire qc* sich bereit erklären, st/s sich erbieten, etw zu tun
proposition [pRɔpozisjɔ̃] *f* **1.** (*suggestion*) Vorschlag *m*; POL *~ de loi* Gesetzesvorlage *f*; *sur* (*la*) *~ du ministre* auf Vorschlag des Ministers; *faire une ~ à qn* j-m e-n Vorschlag machen, unter'breiten; **2.** (*offre*) Angebot *n*; *~s de paix* Friedensangebote *n/pl*; *faire des ~s à une femme* e-r Frau unzweideutige Angebote machen; **3.** GR Satz *m*; **4.** LOGIQUE Satz *m*; Propo'sitio *f*; Urteil *n*
propre [pRɔpR(ə)] **I** *adj* **1.** (*opposé à sale*) rein(lich); F proper; *chien, chat* stubenrein; *avoir les mains ~s* saubere Hände haben; *enfant être ~* sauber sein; *tout nous sommes ~s, nous voilà ~s!* F da sitzen wir schön in der Tinte, Patsche!; das kann ja heiter werden!; das ist e-e schöne Bescherung!; *fig* (*honnête*) *personne* anständig; (*convenable*) *travail* ordentlich; anständig; tadellos, sauber; *affaire pas très ~* nicht ganz sauber, F koscher; *à propos de qn* F *ce n'est rien de ~, pas grand-chose de ~* F das ist nichts Rechtes; **3.** *possession* eigen; *nom m ~* Eigenname *m*; *dans son ~ intérêt* in s-m *ou* im eigenen Interesse; *remettre en main(s) ~(s)* zu eigenen Händen; per'sönlich; *par sa ~ faute* durch eigene Schuld, eigenes Verschulden; *ce sont là ses ~s paroles* das sind s-e eigenen Worte; *je l'ai vu de mes ~s yeux* ich habe es mit eigenen Augen gesehen; **4.** *d'un mot sens m ~* eigentlicher Sinn; eigentliche Bedeutung; *employer au sens ~ ou subst au ~* im eigentlichen Sinn, in der eigentlichen Bedeutung gebrauchen; **5.** (*particulier*) *être ~ à qn, à qc* j-m, e-r Sache eigen (-tümlich) sein; für j-n, etw charakte'ristisch, typisch sein; *faculté ~ à l'homme* den Menschen eigene *ou* eigentümliche Fähigkeit; **6.** (*approprié*) *~ à qc ou à faire qc* für, zu etw geeignet *ou* geeignet, etw zu tun; *eau ~ à la consommation* zum Trinken geeignet; **7.** *l'expression f, le mot, le terme ~* der richtige, treffende, passende Ausdruck; das richtige *etc* Wort; **II** *m* **1.** *texte mettre au ~* ins reine schreiben; *vêtement, pièce etc* *sentir le ~* (so) sauber riechen; *iron c'est du ~!* das ist e-e saubere, feine Geschichte!; das ist ja allerhand!; da hört (sich) doch alles auf!; das ist ja die Höhe!; **2.** *posséder qc en ~* etw zu eigen haben, besitzen, JUR *a* etw als Eigentum besitzen; **3.** (*particularité*) Eigentümlichkeit *f*; Eigenart *f*; Besonderheit *f*; (das) Besondere; *c'est le ~ de l'homme de* (*+inf*) *a* es gehört zum Wesen des Menschen

zu (*+inf*); **4.** *fig de qn ~ à rien ou ~-à-rien* *m,f* ⟨*pl* propres-à-rien⟩ Taugenichts *m*; Nichtsnutz *m*
proprement [pRɔpRəmã] *adv* **1.** (*opposé à salement*) sauber; ordentlich; *travail ~ exécuté* ordentlich, anständig, sauber gemacht; *manger ~* sauber essen; *appartement tenu ~* saubergehalten; in Ordnung gehalten; *~ vêtu* sauber, ordentlich, a'drett gekleidet; **2.** (*précisément*) eigentlich; an (und für) sich; *loc/adj ~ dit* eigentlich; *loc/adv à ~ parler* streng-, genaugenommen; **3.** *iron* ordentlich; gehörig
propret [pRɔpRɛ] *adj* ⟨~te⟩ schmuck und sauber
propreté [pRɔpRəte] *f* Sauberkeit *f*; Reinlichkeit *f*
propriétaire [pRɔpRijetɛR] *m,f* Eigentümer(in) *m(f)*; Besitzer(in) *m(f)*; *d'une maison, d'un appartement* Haus- *ou* Wohnungseigentümer(in) *m(f)*, -besitzer(in) *m(f)*; Hauswirt(in) *m(f)*; *de terres* Grundbesitzer(in) *m(f)*, -eigentümer(in) *m(f)*; *grand ~* Großgrundbesitzer *m*; *cf a* *tour² f*
propriété [pRɔpRijete] *f* **1.** JUR Eigentum *n* (*droit et chose*); *~ commerciale* gewerblicher Mieterschutz; *~ (im)mobilière* (Im)Mobili'areigentum *n*; Eigentum an (un)beweglichen Sachen; *~ industrielle* gewerblicher Rechtsschutz; *~ littéraire et artistique* geistiges Eigentum; *~ privée* Pri'vateigentum *n*; *cf a* *²*; *~ de l'État* staatliches Eigentum; Staatseigentum *n*, -besitz *m*; **2.** (*terre, maison*) (Grund-, Haus)Besitz *m*; Besitztum *n*; (Land-) Gut *n*; *riche ~* herrschaftliche Besitzung; *grande ~* Großgrundbesitz *m* (*a coll*); großes Landgut; *petite ~* kleiner Grundbesitz; kleines Landgut; *~ privée* Pri'vatbesitz *m*; *avoir une ~ à la campagne* ein Landhaus, e-n Landsitz haben; **3.** PHYS, CHIM Eigenschaft *f*; **4.** *d'un terme* Angemessenheit *f*
proprio [pRɔpRijo] *m,f* F *abr* (*propriétaire*) Hauswirt(in) *m(f)*
propulser [pRɔpylse] **I** *v/t* TECH antreiben; **II** *v/pr* F *se ~* sich (fort)bewegen
propulseur [pRɔpylsœR] *m* TECH Antriebsorgan *n*, -aggregat *n*; Antrieb *m*; AVIAT Triebwerk *n*; ♦ *adjt gaz ~* Treibgas *n* (*pour aérosols*); *mécanisme ~* Antriebsmechanismus *m*
propulsion [pRɔpylsjɔ̃] *f* TECH Antrieb *m*; Vortrieb *m*; *~ nucléaire* A'tomantrieb *m*; *~ par fusée, par hélice* Ra'keten-, Pro'pellerantrieb *m*; *~ par réaction* Strahl-, Düsenantrieb *m*
propylées [pRɔpile] *m/pl* ARCH Propy'läen *pl*
prorata [pRɔRata] *loc/prép au ~ de* im Verhältnis zu; nach Maßgabe (*+gén*)
prorogation [pRɔRɔgasjɔ̃] *f* **1.** *d'un contrat etc* Verlängerung *f*; **2.** POL *d'une assemblée* Vertagung *f*
proroger [pRɔRɔʒe] ⟨-geons⟩ *v/t* **1.** *échéance, contrat etc* verlängern; **2.** POL *assemblée* vertagen
prosaïque [pRɔzaik] *adj* pro'saisch; poe'sielos; nüchtern; *occupations, goûts a* all'täglich; *~isme m* Poe'sielosigkeit *f*; Nüchternheit *f*
prosateur [pRɔzatœR] *m* Prosaschriftsteller *m*; Prosa'ist *m*
proscription [pRɔskRipsjɔ̃] *f* **1.** (*inter-*

proscrire – prou

diction) Verbot *n*; Unter'sagung *f*; *de plaisirs* Verpönung *f*; **2.** HIST Verbannung *f*; *à Rome* Achtung *f*; Proskripti'on *f*
proscrire [prɔskRiR] *v/t* ⟨*cf écrire*⟩ **1.** (*interdire*) verbieten; unter'sagen; *plaisirs, lectures etc* verpönen; verwerfen; **2.** HIST verbannen; des Landes verweisen; *à Rome* ächten; proskri'bieren
proscrit [prɔskRi] **I** *p/p cf* **proscrire**; **II** *m* HIST Verbannte(r) *m*; *à Rome* Geächtete(r) *m*
prose [pRoz] *f* **1.** Prosa *f*; ungebundene Rede; *en* ~ Prosa...; *in* Prosa(form); *poème m en* ~ Prosagedicht *n*; *faire de la* ~ in ungebundener Rede sprechen, schreiben; **2.** F *iron* **a)** (Schreib-)Stil *m*; ~ *administrative* Kanz'leistil *m*; Beamtendeutsch *n*; **b)** (*lettre*) F Schrieb *m*; (*texte écrit*) *plais* Opus *n*
prosélyte [pRɔzelit] *m,f* REL *et fig* Prose'lyt *m*; Neubekehrte(r) *f(m)*; *d'une doctrine, d'un parti a* neuer Anhänger, neue Anhängerin; *faire des* ~*s* Proselyten machen; neue Anhänger gewinnen
prosélytisme [pRɔzelitism(ə)] *m* Prosely'tenmache'rei *f*; Bekehrungseifer *m*
prosodie [pRɔzɔdi] *f* MÉTRIQUE, MUS, PHON Proso'die *f*
prospect [pRɔspɛ(kt)] *m* COMM potenti'eller Kunde
prospecter [pRɔspɛkte] *v/t* **1.** MINES terrain nach Lagerstätten durch'forschen; prospek'tieren; schürfen (*une région* in e-r Gegend); **2.** *fig* erkunden; durch'forschen; **3.** COMM Kundenwerbung treiben, Kunden akqui'rieren (*une région* in e-m Gebiet)
prospec|teur [pRɔspɛktœR] *m*, ~**trice** *f* **1.** *m* MINES Pro'spektor *m*; Schürfer *m*; **2.** COMM Kundenwerber(in) *m(f)*; Werbevertreter(in) *m(f)*; Akquisi'teur(in) *m(f)*
prospectif [pRɔspɛktif] *adj* ⟨-ive⟩ in die Zukunft blickend; zukunftsorientiert
prospection [pRɔspɛksjɔ̃] *f* **1.** MINES Prospekti'on *f*; Prospek'tierung *f*; Schürfung *f*; **2.** *fig* Erkundung *f*; Durch'forschung *f*; **3.** COMM Kundenwerbung *f*; Akquisiti'on *f*
prospective [pRɔspɛktiv] *f* Zukunftsforschung *f*; Futurolo'gie *f*
prospectus [pRɔspɛktys] *m* (Werbe-)Pro'spekt *m*
prospère [pRɔspɛR] *adj affaires, commerce, pays* blühend; flo'rierend; prospe'rierend; *affaires a* gutgehend; *avoir une santé* ~ e-e blühende Gesundheit haben
prospérer [pRɔspeRe] *v/i* ⟨-è-⟩ **1.** *affaires, entreprise, commerce, pays* (auf-)blühen; flo'rieren; prospe'rieren; *affaires a* gutgehen; **2.** *animal, plante* gedeihen
prospérité [pRɔspeRite] *f* Wohlstand *m*; Prosperi'tät *f*; *secteur, économie etc être en pleine* ~ e-n großen Aufschwung, e-e Hochkonjunktur erleben
prostaglandines [pRɔstaglɑ̃din] *f/pl* BIOCHIMIE Prostaglan'dine *n/pl*
prostate [pRɔstat] *f* ANAT Prostata *f*; Vorsteherdrüse *f*
prosternation [pRɔstɛRnasjɔ̃] *f* Fußfall *m*; Sich'niederwerfen *n*
prosterner [pRɔstɛRne] *v/pr se* ~ sich niederwerfen; *se* ~ *devant qn* e-n Fußfall vor j-m machen (*a fig*); sich j-m zu Füßen werfen; (*s'incliner*) sich tief vor j-m verneigen
prostitué [pRɔstitɥe] *m* Prostitu'ierte(r) *m*; F Stricher *m*; Strichjunge *m*
prostituée [pRɔstitɥe] *f* Prostitu'ierte *f*; Dirne *f*
prostituer [pRɔstitɥe] **I** *v/t* **1.** *personne* der Prostituti'on preisgeben; zur Prostituti'on verleiten; F auf den Strich schikken; **2.** *st/s son talent* prostitu'ieren; **II** *v/pr se* ~ **3.** *personne* sich prostitu'ieren; der Prostituti'on nachgehen; **4.** *st/s artiste* sich prostitu'ieren, her'abwürdigen, wegwerfen
prostitution [pRɔstitysjɔ̃] *f* **1.** Prostituti'on *f*; gewerbsmäßige Unzucht; *se livrer à la* ~ der Prostitution nachgehen; **2.** *fig et st/s* Entwürdigung *f*
prostration [pRɔstRasjɔ̃] *f* tiefe Niedergeschlagenheit
prostré [pRɔstRe] *adj* niedergeschlagen, -gedrückt, -geschmettert; tief depri'miert; *demeurer* ~ niedergeschlagen *etc* sein
protagoniste [pRɔtagɔnist] *m* Protago'nist *m*; zen'trale Gestalt
prote [pRɔt] *m* TYPO Faktor *m*
protec|teur [pRɔtɛktœR], ~**trice** **I** *m,f des faibles, des opprimés* Beschützer(in) *m(f)*; *des arts* Förderer *m*, Förderin *f*; *de* Schirmherr(in) *m(f)*; *patronnant qn* Gönner(in) *m(f)*; Pro'tektor *m*; *d'une femme* Gönner *m*; **II** *adj* **1.** Schutz...; schützend; POL *État protecteur* Schutzmacht *f*; Pro'tektor *m*; ÉCON *régime, système protecteur* Schutzzollsystem *n*; *cf a société* 2.; **2.** *péj air, ton* gönnerhaft; her'ablassend; gnädig; *air protecteur a* Gönnermiene *f*
protection [pRɔtɛksjɔ̃] *f* **1.** Schutz *m* (*a* TECH); Obhut *f*; ~ *civile* Luft-, Zi'vilschutz *m*; ~ *maternelle et infantile* (*abr* P.M.I.) (Ehe- und) Mütterberatung *f*; Mutterschutz *m*; ~ *contre le bruit, l'incendie, les radiations* Lärm-, Brand-, Strahlenschutz *m*; ~ *de l'enfance* Kinder-, Jugendschutz *m*; ~ *de l'environnement, de la nature, des sites* 'Umwelt-, Na'tur-, Landschaftsschutz *m*; *loc/adj de* ~ Schutz...; ÉCON *système m de* ~ Schutzzollsystem *m*; *prendre qn sous sa* ~ j-n in s-e Obhut, unter s-n Schutz nehmen; **2.** (*patronage*) Protekti'on *f*; Gönnerschaft *f*; *des arts* Förderung *f*; *par* ~ durch Protektion
protectionn|isme [pRɔtɛksjɔnism(ə)] *m* ÉCON Protektio'nismus *m*; ~**iste** ÉCON **I** *adj* protektio'nistisch; **II** *m,f* Protektio'nist(in) *m(f)*; Anhänger(in) *m(f)* des Protektio'nismus
protectorat [pRɔtɛktɔRa] *m* **a)** *régime* Protekto'rat *n*; Schutzherrschaft *f*; **b)** *pays* Protekto'rat *n*; Schutzgebiet *n*
protégé(e) [pRɔteʒe] *m(f)* Schützling *m*; Schutzbefohlene(r) *f(m)*; (*favorit*[*e*]) Günstling *m*; Prote'gé *m*
protège|-bas [pRɔtɛʒba] *m* ⟨*inv*⟩ Füßling *m*; ~-**cahier** *m* ⟨*pl* protège-cahiers⟩ Schutzumschlag *m* (für ein Schulheft); ~-**dents** *m* ⟨*inv*⟩ BOXE Mundschutz *m*
protéger [pRɔteʒe] ⟨-è-, -geons⟩ **I** *v/t* **1.** *personne* (be)schützen; *st/s* beschirmen; *objets, mains, libertés etc* schützen (*de* vor +*dat*; *contre* gegen); ~ *son visage du soleil ou contre le soleil* sein Gesicht vor der Sonne schützen; **2.** *favori* (-*te*) prote'gieren; begünstigen; *arts* fördern; **3.** ÉCON durch Schutzzölle schützen; **II** *v/pr se* ~ sich schützen (*de* vor +*dat*; *contre* gegen)
protège-tibia [pRɔtɛʒtibja] *m* ⟨*pl* protège-tibias⟩ SPORTS Schienbeinschützer *m*
protéines [pRɔtein] *f/pl* BIOCHIMIE Prote'ine *n/pl*
protéique [pRɔteik] *adj* BIOCHIMIE *substances f/pl* ~*s* Eiweißstoffe *m/pl*, -körper *m/pl*
protestant [pRɔtɛstɑ̃] REL **I** *adj* prote'stantisch; evan'gelisch; **II** *subst* ~(*e*) *m(f)* Prote'stant(in) *m(f)*
protestantisme [pRɔtɛstɑ̃tism(ə)] *m* REL Protestan'tismus *m*
protestataire [pRɔtɛstatɛR] **I** *adj* prote'stierend; **II** *m,f* Prote'stierende(r) *f(m)*; Pro'testler(in) *m(f)*
protestation [pRɔtɛstasjɔ̃] *f* **1.** Pro'test *m*; Einspruch *m*; Verwahrung *f*; *élever une énergique* ~ scharfen Protest erheben *ou* einlegen, energisch Einspruch erheben, sich energisch verwahren (*contre* gegen); **2.** COMM Prote'stieren *n*, -ung *f*; **3.** ~*s pl* Beteuerungen *f/pl*; ~*s d'amitié* Freundschaftsbeteuerungen *f/pl*
protester [pRɔtɛste] **I** *v/t* COMM *traite, chèque* zu Pro'test gehen lassen; prote'stieren; **II** *v/t/indir* ~ *de qc* etw beteuern; ~ *de son innocence* s-e Unschuld beteuern; **III** *v/i* prote'stieren, Pro'test *ou* Einspruch erheben, sich verwahren (*contre* gegen)
protêt [pRɔtɛ] *m* COMM, JUR (Wechsel-)Pro'test *m*
prothèse [pRɔtɛz] *f* (*appareil m de*) ~ Pro'these *f*; ~ *dentaire* Zahnersatz *m*, -prothese *f*
prothésiste [pRɔtezist] *m,f* Orthopä'diemechaniker(in) *m(f)*; ~ *dentaire* Zahntechniker(in) *m(f)*
protides [pRɔtid] *m/pl* BIOCHIMIE Eiweiß *n*; Prote'ine *n/pl*
protocolaire [pRɔtɔkɔlɛR] *adj* DIPL protokol'larisch
protocole [pRɔtɔkɔl] *m* **1.** DIPL (*étiquette*) Proto'koll *n*; *chef m du* ~ Protokollchef *m*; Chef des Protokolls *m*; **2.** *d'une conférence internationale* (Entschließungs-, Vereinbarungs)Proto'koll *n*
protohistoire [pRɔtɔistwaR] *f* Frühgeschichte *f*
proton [pRɔtɔ̃] *m* PHYS NUCL Proton *n*
protoplasme [pRɔtɔplasm(ə)] *m* BIOL Proto'plasma *n*
prototype [pRɔtɔtip] *m* **1.** TECH Prototyp *m*; ~ *d'avion* Flugzeugprototyp *m*; **2.** *fig* Prototyp *m*; Urbild *n*; (Ur)Muster *n*
protoxyde [pRɔtɔksid] *m* CHIM, MÉD ~ *d'azote* Lachgas *n*
protozoaires [pRɔtɔzɔɛR] *m/pl* ZO Urtierchen *n/pl*; *sc* Proto'zoen *n/pl*
protubérance [pRɔtybeRɑ̃s] *f* **1.** (*saillie*) Ausbeulung *f*; ANAT Vorsprung *m*; Höcker *m*; *sc* Protube'ranz *f*; **2.** ASTR ~*s* (*solaires*) Protube'ranzen *f/pl*
protubérant [pRɔtybeRɑ̃] *adj* (her')vorstehend; vorspringend; *front* gewölbt
prou [pRu] *loc/adv litt peu ou* ~ mehr oder weniger

proue [pʀu] f MAR Bug m; **figure** f **de ~** Gali'onsfigur f
prouesse [pʀues] f Heldentat f (a iron); Großtat f; **faire des ~s pour** (+inf) wahre Wunder voll'bringen, um zu (+inf)
Proust [pʀust] m frz Schriftsteller
prout [pʀut] m F (pet) Pup m; P Furz m; **faire un ~** F pupen; einen fahren, streichen, sausen lassen
prouvable [pʀuvabl(ə)] adj be-, nachweisbar
prouver [pʀuve] I v/t beweisen; nachweisen; erweisen; affirmation beweisen; belegen; sa bonne volonté beweisen; unter Beweis stellen; dokumen'tieren; st/s dartun; **cela ne prouve pas grand-chose** das beweist herzlich wenig; **~ sa reconnaissance à qn** j-m s-e Dankbarkeit beweisen, bezeigen, bezeugen; **qu'est-ce que ça prouve?** was beweist, besagt das schon?; **il est prouvé que ...** es ist be-, erwiesen, daß ...; **cela reste à ~** das muß erst noch bewiesen werden; II v/pr a) **se ~ à soi-même, l'un à l'autre que ...** sich selbst, sich gegenseitig beweisen, daß ...; b) sens passif **se ~** bewiesen werden
provenance [pʀɔv(ə)nɑ̃s] f Herkunft f; Proveni'enz f; **pays** m **de ~** Herkunftsland n; loc/adj **de ~ étrangère** ausländischer Herkunft, Provenienz; loc/prép **en ~ de Paris** etc aus ...; train, avion a aus Richtung ...; aus ... kommend (a marchandises); **ignorer la ~ d'une lettre** nicht wissen, woher ein Brief kommt
provençal [pʀɔvɑ̃sal] ⟨m/pl -aux⟩ I adj proven'zalisch; II subst ♀(e) m(f) Proven'zale, -'zalin m,f; 2. ling **le ~** das Proven'zalische; Proven'zalisch n; 3. CUIS **tomates** f/pl **(à la) ~e** gedünstete To'maten f/pl mit Knoblauch und Peter'silie
Provence [pʀɔvɑ̃s] **la ~** die Pro'vence
Provence-Alpes-Côte d'Azur [pʀɔvɑ̃salpəkotdazyʀ] **(la région) ~** frz Region
provenir [pʀɔv(ə)niʀ] v/i ⟨cf venir; p/p ungebräuchlich⟩ **~ de** (her)kommen, (-)stammen von ou aus; entstammen (+dat); fatigue, douleurs, tristesse etc herrühren von; s-n Ursprung haben in (+dat); sentiments, idées a entspringen (+dat); race, variété de fleurs etc her-'vorgehen, entstehen (**d'un croisement de** aus e-r Kreuzung von)
proverbe [pʀɔvɛʀb] m Sprichwort n; **comme dit le ~** wie es im Sprichwort heißt; wie das Sprichwort (so schön) sagt; **passer en ~** ein ou zum Sprichwort, sprichwörtlich werden
proverbial [pʀɔvɛʀbjal] adj ⟨-aux⟩ sprichwörtlich (a fig); **locution ~e** sprichwörtliche Redensart
providence [pʀɔvidɑ̃s] f (personnifiée **la** ♀ die) Vorsehung; **divine ~** göttliche Vorsehung; fig **vous êtes ma ~** Sie sind mein rettender Engel, Schutzengel; adjt **État ~** Wohlfahrtsstaat m
providentiel [pʀɔvidɑ̃sjɛl] adj ⟨-le⟩ unverhofft; unerwartet; durch e-e wunderbare Fügung
province [pʀɔvɛ̃s] f 1. ADM, HIST, ÉGL Pro'vinz f; 2. (opposé à grande ville) Pro'vinz f (a péj); **ville f de ~** Provinzstadt f; **en ~ aller** in die Provinz; vivre in der Provinz; **il arrive (du fond) de**

sa ~ er kommt aus der (hintersten) Provinz; ♦ adjt **ça fait ~** das riecht nach Provinz; das wirkt recht provinzi'ell, kleinstädtisch; **il fait ~** man merkt, daß er aus der Provinz, Kleinstadt kommt
provincial [pʀɔvɛ̃sjal] ⟨m/pl -aux⟩ I adj 1. Pro'vinz...; provinzi'ell; **vie ~e** Leben n in der Provinz; 2. péj provinzi'ell; F pro'vinzlerisch; a kleinstädtisch; II subst **~(e)** m(f) Pro'vinzbewohner(in) m(f); péj F Pro'vinzler(in) m(f); a Kleinstädter(in) m(f)
provincialisme [pʀɔvɛ̃sjalism(ə)] m 1. LING Provinzia'lismus m; landschaftlicher Ausdruck; 2. péj Provinzia'lismus m
proviseur [pʀɔvizœʀ] m d'un lycée Di-'rektor m
provision [pʀɔvizjɔ̃] f 1. a) Vorrat m (**de** an +dat); **~s de bouche** Provi'ant m; Mundvorrat m; **~ de vivres** Lebensmittelvorrat m; **faire ~ de qc** sich e-n ...vorrat anlegen; sich mit etw eindecken; b) abs **~s** pl (Lebensmittel)Vorräte m/pl; **faire des ~s pour l'hiver** Wintervorräte anlegen; 2. pl **~s** (courses) Einkauf m; Einkäufe m/pl; Besorgungen f/pl; **faire ses ~s** einkaufen gehen; Einkäufe, Besorgungen machen; 3. **d'un chèque** Deckung f; **sans ~** ungedeckt; 4. JUR (acompte) Vorschuß m
provisionnel [pʀɔvizjɔnɛl] adj ⟨-le⟩ JUR partage etc vorläufig; einstweilig; IMPÔTS **acompte ~** Steuervorauszahlung f; cf **tiers** II 2.
provisionner [pʀɔvizjɔne] v/t compte aufstocken; mit der nötigen Deckung versehen
provisoire [pʀɔvizwaʀ] I adj accord, domicile etc vorläufig; einstweilig; **installation, solution** etc provi'sorisch; behelfsmäßig, Behelfs...; **bonheur** m **~** vorübergehendes, zeitweiliges Glück; POL **gouvernement** m **~** provisorische Regierung; JUR **jugement** m **~** einstweilige Anordnung; JUR **mise f en liberté ~** vorläufige Freilassung, Haftentlassung; **solution ~** a Not-, Zwischen-, Interimslösung f; loc/adv **à titre ~** vorübergehend; vorläufig; provisorisch; II m Provi'sorium n
provisoirement [pʀɔvizwaʀmɑ̃] adv vorläufig; vor'übergehend; provi'sorisch
provocant [pʀɔvɔkɑ̃] adj her'ausfordernd; provo'zierend; provo'kant; provoka'tiv; aufreizend (a femme, tenue, regard)
provocateur [pʀɔvɔkatœʀ] I adj ⟨-trice⟩ provoka'torisch; provo'zierend; **agent ~** A'gent provoca'teur m; Lockspitzel m; II m Provoka'teur m
provocation [pʀɔvɔkasjɔ̃] f Provokati'on f, Provo'zierung f; Her'ausforderung f, Aufreizung f; JUR Anstiftung f (**à** zu); HIST **~ en duel** Forderung f
provoque [pʀɔvɔk] f F abr cf **provocation**
provoquer [pʀɔvɔke] I v/t 1. **~ qn** j-n provo'zieren; **~ à qc** j-n zu etw her'ausfordern, aufreizen, JUR anstiften; HIST **~ qn en duel** j-n fordern; femme **~ les hommes** die Männer aufreizen, erregen; 2. **~ qc** (causer) etw auslösen, her'vorrufen, verursachen, bewirken; der Grund, Anlaß für etw sein; colère, désir sexuel erregen; II v/pr **se ~** sich gegenseitig provo'zieren

proxénète [pʀɔksenɛt] m 1. JUR Zuhälter m; 2. litt Kuppler m
proxénétisme [pʀɔksenetism(ə)] m Zuhälte'rei f
proximité [pʀɔksimite] f Nähe f; **~ de la ville** Stadtnähe f; loc/adv **à ~** (ganz) in der Nähe; nahe'bei; loc/prép **à ~ de** in der Nähe (+gén); nahe bei
prude [pʀyd] I adj prüde; zimperlich; **femme a** spröde; II f prüde, zimperliche Per'son
prudemment [pʀydamɑ̃] adv conduire etc vorsichtig; 'umsichtig; s'abstenir etc klugerweise; wohlweislich
prudence [pʀydɑ̃s] f (précaution) Vorsicht f; (circonspection) 'Umsicht f; loc/adv **avec ~** mit Vor-, Umsicht, Bedacht; vor-, 'umsichtig; **par (mesure de) ~** vorsichtshalber; prov **~ est mère de sûreté** Vorsicht ist die Mutter der Weisheit, F der Porzellankiste (prov); trau, schau, wem! (prov)
prudent [pʀydɑ̃] adj (précautionneux) vorsichtig; (circonspect) 'umsichtig; (judicieux) klug; **il n'est pas ~ de** (+inf) es ist unvorsichtig, unklug zu (+inf); **c'est plus ~** das ist klüger, ratsamer; **juger ~ de** (+inf) es für geraten, ratsam, klüger halten zu (+inf)
pruderie [pʀydʀi] f Prüde'rie f; Zimperlichkeit f
prud'homal [pʀydɔmal] adj ⟨-aux⟩ JUR arbeitsgerichtlich
prud'homme [pʀydɔm] m JUR Arbeitsrichter m; **conseil** m **de(s) ~s** Arbeitsgericht n
prune [pʀyn] f 1. Pflaume f; Zwetsche f; südd Zwetschge f; österr Zwetschke f; **tarte f aux ~s** Pflaumen-, Zwetsch(g)enkuchen m; 2. adjt ⟨inv⟩ pflaumenblau; 3. F fig **des ~s!** F denkste!; von wegen!; kommt nicht in die Tüte!; loc/adv **pour des ~s** für nichts und wieder nichts; um'sonst; vergeblich
pruneau [pʀyno] m ⟨pl -x⟩ 1. Back-, Dörrpflaume f; 2. F (balle de fusil) blaue Bohne
prunelle [pʀynɛl] f 1. (pupille) Pu'pille f; poét Augenstern m; **tenir à qc comme à la ~ de ses yeux** etw wie s-n Augapfel hüten; fig **jouer de la ~** j-m aufreizende Blicke zuwerfen; 2. BOT Schlehe f; (**eau-de-vie f de**) **~** Schlehenwasser n
prunellier [pʀynelje] m BOT Schlehdorn m, -busch m; Schwarzdorn m; Schlehe f
prunier [pʀynje] m BOT Pflaumen-, Zwetsch(g)enbaum m; Pflaume f; Zwetsch(g)e f; F **secouer qn comme un ~** j-n kräftig schütteln; F j-n tüchtig beuteln
prurigineux [pʀyʀiʒinø] adj ⟨-euse⟩ MÉD juckend
prurit [pʀyʀit] m MÉD Hautjucken n; Juckreiz m
Prusse [pʀys] **la ~** Preußen n
prussien [pʀysjɛ̃] I adj ⟨~ne⟩ preu'ßisch; II subst ♀(**ne**) m(f) Preuße m, Preußin f
P.S. [pees] m abr (Parti socialiste) Sozia-'listische Par'tei
P.-S. [pees] abr (post-scriptum) PS (Postskriptum; Nachschrift)
psalmodier [psalmɔdje] v/t et v/i 1. ÉGL psalmo'dieren; 2. texte, vers her'(unter)leiern; leiern

psaume [psom] *m BIBL, MUS* Psalm *m*
psautier [psotje] *m REL* Psalter *m*
pschit(t) [pʃit] *ou* **pscht** [pʃt] *int d'un fluide qui s'échappe* zisch!; das zischt
pschut [pʃyt] *int* pst!; pscht!
pseudo-... [psødo] *préfixe* Pseudo...; pseudo...; Schein...; schein...; *exemples*: *pseudo-liberté* f Scheinfreiheit f; *pseudo-scientifique* pseudowissenschaftlich
pseudonyme [psødɔnim] *m* Pseudo'nym *n*; Deckname *m*
psi [psi] *m lettre grecque* Psi *n*
psitt [psit] *int* he!; pst!; st!
psittacose [psitakoz] *f MÉD* Papa'geienkrankheit *f*; *sc* Psitta'kose *f*
psoriasis [psɔʀjazis] *m MÉD* Schuppenflechte *f*
pst [pst] *int cf psitt*
psy [psi] *m,f F abr (psychiatre etc)* Thera'peut(in) *m(f)*; F Seelendoktor *m*
psychanalyse [psikanaliz] *f* Psychoana'lyse *f*
psychanalyser [psikanalize] *v/t* psychoanaly'sieren; *personne a* psychoana'lytisch behandeln; *par ext texte etc* auf s-e psychischen Kompo'nenten hin durch'leuchten; **se faire ~** sich psychoanalytisch, -therapeutisch behandeln lassen; e-e Thera'pie machen
psychanaly|ste [psikanalist] *m,f* Psychoana'lytiker(in) *m(f)*; **~tique** *adj* psychoana'lytisch
psyché [psiʃe] *f miroir* großer, beweglicher Standspiegel
psychédél|ique [psikedelik] *adj* psyche'delisch; **~isme** *m* psyche'delischer Zustand; (durch Drogen erreichte) Bewußtseinserweiterung
psychiatre [psikjatʀ(ə)] *m,f* Psychi'ater(in) *m(f)*; Facharzt, -ärztin *m,f* für Psychia'trie *f*
psychiatr|ie [psikjatʀi] *f* Psychia'trie *f*; **~ique** *adj* psychi'atrisch; *hôpital m ~* psychiatrische Klinik; F Nervenklinik *f*
psych|ique [psiʃik] *adj* psychisch; seelisch; Seelen...; **~isme** *m* Psyche *f*; Seelenleben *n*
psycho [psiko] *f F abr cf psychologie 1.*
psychodrame [psikodʀam] *m* Psycho'drama *n*
psycholinguistique [psikolɛ̃gyistik] *f* Psycholingu'istik *f*
psychologie [psikɔlɔʒi] *f* 1. Psycholo'gie *f*; *~ expérimentale, sociale* Experimen'tal-, Sozi'alpsychologie *f*; *~ du comportement, de l'enfant, des profondeurs* Verhaltens-, Kinder-, Tiefenpsychologie *f*; 2. *(perspicacité)* Menschenkenntnis *n*; 3. *(mentalité)* Psycholo'gie *f*; Mentali'tät *f*
psychologique [psikɔlɔʒik] *adj* 1. *méthode, analyse etc* psycho'logisch; *moment m ~* psychologisch günstiger Moment, Augenblick; 2. *problème etc* seelisch; psychisch
psychologue [psikɔlɔg] *m,f* 1. Psycho'loge, -'login *m,f*; *~ scolaire* Schulpsychologe *m*; 2. *par ext* Menschenkenner(in) *m(f)*; Psycho'loge, -'login *m,f*; *il n'est pas très ~* er ist ein schlechter Menschenkenner, Psychologe
psycho|moteur [psikomɔtœʀ] *adj* ⟨-trice⟩ *PHYSIOL* psychomo'torisch; **~pathologie** *f* Psychopatholo'gie *f*; **~pharmacologie** *f* Psychopharmakolo'gie *f*

psychose [psikoz] *f* Psy'chose *f*; *~ collective* Massenpsychose *f*; *~ de (la) guerre* Kriegspsychose *f*
psycho|somatique [psikosɔmatik] *adj* psychoso'matisch; *médecine f ~* Psychoso'matik *f*; **~technicien** *m*, **~technicienne** *f* Betriebspsychologe, -login *m,f*; **~technique** I *f* Arbeits- und Wirtschaftspsychologie *f*; II *adj* test *m ~* Eignungstest *m*
psycho|thérapeute [psikoteʀapøt] *m,f* Psychothera'peut(in) *m(f)*; **~thérapie** *f* Psychothera'pie *f*; *~ de groupe* Gruppentherapie *f*; **~thérapique** *adj* psychothera'peutisch
psychotique [psikɔtik] *MÉD* I *adj* psy'chotisch; geistes-, gemütskrank; an e-r Psy'chose leidend; II *m,f* Psy'chotiker(in) *m(f)*
psychotrope [psikɔtʀɔp] *m PHARM* Psycho'pharmakon *n*
ptérodactyle [pteʀodaktil] *m PALÉONTOLOGIE* Ptero'daktylus *m*
P.T.T. [petete] *f/pl abr (Postes, Télécommunications, Télédiffusion; autrefois: Postes, Télégraphe, Téléphone)* Post- und Fernmeldewesen *n*
pu [py] *p/p cf pouvoir*
puant [pɥɑ̃] *adj* 1. stinkend; übelriechend; 2. *fig personne* eingebildet; hochnäsig; F aufgeblasen; *p/fort* widerlich; abstoßend
puanteur [pɥɑ̃tœʀ] *f* Gestank *m (de* nach); übler Geruch
pub[1] [pyb] *f F abr cf publicité 1.*
pub[2] [pœb] *m bistro* Pub [pap] *n ou m*
pubère [pybɛʀ] *adj* geschlechtsreif; *garçon a* mannbar
puberté [pybɛʀte] *f* Puber'tät(szeit) *f*; (Eintritt *m* der) Geschlechtsreife *f*; *âge m de la ~* Pubertätsalter *n*
pubien [pybjɛ̃] *adj* ⟨*~ne*⟩ *ANAT* Scham...
pubis [pybis] *m ANAT* a) Schamberg *m*; *poils m/pl du ~* Schamhaar(e) *n(pl)*; b) *~ ou adjt os m ~* Schambein *n*
public [pyblik] I *adj* ⟨*publique*⟩ öffentlich; *(de l'État)* a staatlich; Staats...; *autorité publique* öffentliche Gewalt; Staatsgewalt *f*; *droit ~* öffentliches Recht; *école publique* öffentliche, staatliche Schule; *homme ~* Mann *m* des öffentlichen Lebens; *monuments ~s* in öffentlichem Besitz befindliche Baudenkmäler *n/pl*; *ordre ~* öffentliche Ordnung; *séance publique* öffentliche Sitzung; *d'un conducteur etc c'est un danger ~* er ist gemeingefährlich, e-e Gefahr für die Allgemeinheit; *rendre ~* (allgemein, öffentlich) bekanntgeben, -machen; pu'blik machen; II *m (les gens)* Öffentlichkeit *f*; Allgemeinheit *f*; *avis m au ~* öffentliche Bekanntmachung; *administration fermée au ~ l'après-midi* nachmittags kein Publikumsverkehr; *interdit au ~* kein Zutritt; (Unbefugten) Zutritt verboten; *ouvert au ~* der Öffentlichkeit, Allgemeinheit zugänglich; *loc/adv en ~* öffentlich, in der Öffentlichkeit; 2. *(spectateurs, auditeurs, lecteurs)* Publikum *n*; *d'un écrivain a* Leser(schaft) *m/pl(f)*; *d'un spectacle, d'un match etc* a Besucher *m/pl*; *le grand ~* das breite Publikum; *adjt*: *électronique f grand ~* Unter'haltungselektronik *f*; *presse f grand ~* Massenblätter *n/pl*; *par ext*

personne être bon ~ ein dankbarer Zuhörer, Zuschauer sein
publication [pyblikasjɔ̃] *f* 1. *action* Veröffentlichung *f*; Publikati'on *f*; *d'une revue, d'un livre a* Her'ausgabe *f*; *de résultats a* Bekanntgabe *f*, -machung *f*; *~ des bans (du mariage)* Aufgebot *n*; *cf a P.A.O.*; 2. *ouvrage* Veröffentlichung *f*; Publikati'on *f*; *d'un éditeur a* Verlagserscheinung *f*; *~ mensuelle* Monatsschrift *f*; *~ technique* Fachzeitschrift *f*
publiciste [pyblisist] *m abus (publicitaire)* Werbefachmann *m*
publicitaire [pyblisitɛʀ] I *adj* Werbe...; Re'klame...; *film m ~* Werbefilm *m*; *panneau m ~* Reklameschild *n*, -tafel *f*; II *m* Werbefachmann *m*
publicité [pyblisite] *f* 1. Werbung *f*; Re'klame *f*; *~ clandestine, indirecte* Schleichwerbung *f*; *~ directe* gezielte Werbung; Di'rektwerbung *f*; *~ mensongère* irreführende Werbung; *~ à la radio, à la télévision ou télévisée* (Hör)Funk-, Fernsehwerbung *f*; *deux pages de ~* zwei Seiten Werbung, Reklame; *faire de la ~ (pour qc)* (für etw) Werbung betreiben, Reklame machen, werben; 2. *d'une séance, des débats* Öffentlichkeit *f*; 3. *d'une affaire* Publizi'tät *f*; Publicity [pa'blısıtı] *f*; *donner trop de ~ à qc* e-r Sache zuviel Publizität geben
public relations [pœblikʀilɛʃɔns] a) *f/pl (relations publiques)* Public Relations ['pablik ri'le:ʃənz] *pl (abr PR)*; Öffentlichkeitsarbeit *f*; b) *f/pl service* PR-Abteilung *f*; c) *m,f personne* PR-Fachmann *m*, -frau *f*
publier [pyblije] *v/t* 1. *livre, article etc* veröffentlichen; publi'zieren; *revue, livre a* her'ausgeben, -bringen; *être publié a* her'auskommen, erscheinen; 2. *affaire a* pu'blik machen; an die Öffentlichkeit bringen; *cf a ban 1.*
publiphone [pyblifɔn] *m* öffentlicher Fernsprecher
publipostage [pybliposta̩ʒ] *m* Mailing ['me:-] *n*
publiquement [pyblikmɑ̃] *adv* öffentlich; in der Öffentlichkeit
publireportage [pybliʀ(ə)pɔʀtaʒ] *m dans la presse* PR-Veröffentlichung *f*
puce [pys] *f* 1. *ZO* Floh *m*; *jeu m de ~* Flohspiel *n*; *le marché aux ~s ou les ~s* der Flohmarkt; *mettre la ~ à l'oreille de qn* j-n hellhörig, 'mißtrauisch, argwöhnisch machen; F *secouer les ~s à qn* F j-n zu'sammenstauchen; j-m den Kopf waschen; j-m den Marsch blasen; 2. F *fig de qn* F Winzling *m*; *d'une femme, fille* F kleines Per'sönchen; *terme d'affection* ma *~ (mein)* Mäuschen *n*; 3. *INFORM* (Mikro-) Chip [-tʃ-] *m*
puceau [pyso] F *iron m* ⟨*pl ~x*⟩ unberührter junger Mann; *adjt être ~* noch unberührt, jungfräulich sein
pucelage [pyslaʒ] F *iron m* Unberührtheit *f*; Jungfräulichkeit *f*
pucelle [pysɛl] *f* 1. F *iron* Jungfrau *f*; *adjt être ~* noch Jungfrau sein; 2. *HIST la ♀ d'Orléans* die Jungfrau von Orleans
puceron [pysʀɔ̃] *m ZO* Blattlaus *f*
pudding [pudiŋ] *m CUIS* Plumpudding ['plam-] *m*
pudeur [pydœʀ] *f* Schamgefühl *n*; Scham(-haftigkeit) *f*; *par ext (décence)* Anstand

m; *par* ~ *aus Scham*; *schamhaft*; *sans* ~ *schamlos*; *ohne jede Scham*; *blesser, offenser la* ~ *das Schamgefühl verletzen*
pudibond [pydibɔ̃] *adj* ⟨pudibonde [pydibɔ̃d]⟩ *prüde*
pudibonderie [pydibɔ̃dʀi] *f* Prüde'rie *f*
pudique [pydik] *adj* **1.** *personne, attitude* schamhaft; sittsam; züchtig; **2.** *paroles* dis'kret; *faire une allusion* ~ *à qc a* e-e leise, zarte Anspielung auf etw (*acc*) machen
puer [pɥe] *v/t et v/i* ~ (*qc*) (nach etw) stinken; *ça pue* es stinkt
puéricult|rice [pɥeʀikyltʀis] *f* Säuglings- und Kinderschwester *f*; ~**ure** *f* Säuglings- und Kleinkinderpflege *f*
puéril [pɥeʀil] *adj* kindisch; ~**ité** *f* kindisches Wesen
puerpéral [pɥɛʀpeʀal] *adj* ⟨-aux⟩ MÉD *fièvre* ~*e* Kindbett-, Wochenbettfieber *n*
pugil|at [pyʒila] *m* Schläge'rei *f*; Handgemenge *n*; Raufe'rei *f*; ~**iste** *litt m* Boxkämpfer *m*; Boxer *m*
pugnac|e [pygnas, pyɲas] *adj st/s* streitbar; kampflustig; ~**ité** *f st/s* Streitbarkeit *f*; Kampfeslust *f*
puîné [pɥine] *litt adj* jünger; nachgeboren
puis¹ [pɥi] *adv* dann; da'nach; dar'auf; her'nach; *et* ~ und dann; (*d'ailleurs*) außerdem; zu'dem; F *et* ~ *après, et* ~ *quoi?* was ist denn da schon dabei?; na und?
puis² [pɥi] *cf* **pouvoir¹**
puisard [pɥizaʀ] *m* Sickerschacht *m*, -grube *f*
puisatier [pɥizatje] *m* Brunnenbauer *m*
puiser [pɥize] *v/t* **1.** *liquide* schöpfen (*à* ou *dans* aus); **2.** *objet* her'ausnehmen, -holen, -ziehen (*de ou dans* aus); *fig exemple etc* entnehmen (*dans un livre* e-m Buch); *abs* ~ *aux sources* die Quellen studieren, lesen, auswerten
puisque [pɥisk(ə)] *conj* ⟨vor Vokal *puisqu'*⟩ **1.** *cause* da (ja); da nun einmal; **2.** *exclamation* doch; ~ *je vous le dis!* ich sage es Ihnen doch!
puissamment [pɥisamɑ̃] *adv cf* **puissant**; F *iron c'est* ~ *raisonné!* das ist ja 'überaus, F mächtig scharfsinnig!
puissance [pɥisɑ̃s] *f* **1.** (*pouvoir*) Macht *f*; *avoir une grande* ~ e-e große, viel Macht besitzen; **2.** POL (*État*) *et par ext* Macht *f*; *les grandes* ~*s* die Großmächte *f/pl*; *les grandes* ~*s industrielles* die großen Industrienationen *f/pl*; ~ *mondiale* Weltmacht *f*; *litt les* ~*s des ténèbres* die Mächte der Finsternis; **3.** (*force*) Stärke *f*; Kraft *f*; Vermögen *n*; *st/s* Po'tenz *f*; ~ *d'imagination* Einbildungskraft *f*; Phanta'sie *f*; **4.** *d'une machine, d'un moteur etc* Leistung(sfähigkeit) *f*; Stärke *f*; PHYS, ÉLECT Leistung *f*; OPT Brechkraft *f*, -wert *m*; *d'un moteur* ~ *administrative, fiscale* für die Kraftfahrzeugsteuer zugrunde gelegte, in Steuer-PS ausgedrückte Leistung; ~ *calorifique* Heizleistung *f*; ~ *maximale* Höchst-, Maxi'malleistung *f*; ~ *au frein* Bremsleistung *f*; RAD, TV ~ (*du son*) Lautstärke *f*; **5.** JUR Gewalt *f*; ~ *parentale* elterliche Gewalt; **6.** MATH Po'tenz *f*; *deux* ~ *cinq* (*2⁵*) zwei hoch fünf (2⁵); *élever à*

la ~ *cinq* in die fünfte Potenz erheben; **7.** *sexuelle* Po'tenz *f*; **8.** *loc/adj en* ~ potenti'ell; *un criminel en* ~ ein potentieller Verbrecher
puissant [pɥisɑ̃] **I** *adj* **1.** *personnage, groupe, État etc* mächtig; **2.** *armée* stark; schlagkräftig; *moteur, machine, émetteur etc* stark; leistungsfähig; *attention, freins* ~*s!* Vorsicht, starke Bremsen!; *voiture* ~*e* Wagen *m* mit e-m starken Motor; **3.** *remède, antidote, drogue* stark; sehr wirksam; *par ext un* ~ *réconfort* ein starker, großer Trost; **4.** *personne, muscles, voix* kräftig; *personne a* kraftvoll; stark; *voix a* gewaltig; mächtig; *par ext sentiment* stark; **II** *subst les* ~*s m/pl* (*de ce monde*) die Mächtigen *m/pl* (dieser Welt)
puits [pɥi] *m* **1.** *pour tirer de l'eau* Brunnen *m*; *fig de qn* ~ *de science* ein hoch-, grundgelehrter Mann *ou* e-e hoch-, grundgelehrte Frau; F ein gelehrtes Haus; ein wandelndes Lexikon; **2.** MINES Schacht *m*; TECH ~ *perdu* Sickerschacht *m*; ~ *de pétrole* Erdölbohrloch *n*, -bohrung *f*; *par ext* (Erd-)Ölquelle *f*; **3.** CUIS ~ *d'amour* Blätterteiggebäck mit Cremefüllung
pull [pyl] *m* F Pulli *m*
pullmann [pulman] *m* CH DE FER Pullmanwagen *m*
pull-over [pylɔvɛʀ, -vœʀ] *m* ⟨*pl* pull-overs⟩ Pull'over *m*
pullulement [pylylmɑ̃] *m* Gewimmel *n*; Wimmeln *n*
pulluler [pylyle] *v/i* wimmeln; *les erreurs pullulent dans ce texte* der Text wimmelt, strotzt von Fehlern; in dem Text wimmelt es nur so von Fehlern
pulmonaire [pylmɔnɛʀ] *adj* Lungen...
pulpe [pylp] *f* **1.** *de fruits, de certains légumes* Fruchtfleisch *n*; CUIS *a* Mark *n*; **2.** ANAT ~ *dentaire, des dents* Pulpa *f*; Zahnmark *n*
pulpeux [pylpø] *adj* ⟨-euse⟩ *fruit* fleischig; *fig femme* von sinnlicher Üppigkeit
pulsar [pylsaʀ] *m* ASTR Pul'sar *m*
pulsation [pylsasjɔ̃] *f* **1.** PHYSIOL Herzschlag *m* ou Puls(schlag) *m*; *sc* Pulsati'on *f*; *il avait 120* ~*s à la minute* er hatte 120 Puls; **2.** PHYS Pulsati'on *f*
pulsé [pylse] *adj* TECH *chauffage m à air* ~ Warmluftheizung *f*, bei der die Luft durch Ventila'toren 'umgewälzt wird
pulsion [pylsjɔ̃] *f* PSYCH Trieb *m*
pulvérisa|teur [pylveʀizatœʀ] *m* Zerstäuber *m* (*a* MÉD); *pour liquide a* Sprühgerät *n*; AGR, JARD *a* Spritzgerät *n*; Spritze *f*; ~**tion** *f* **1.** (*projection*) Zerstäubung *f*; MÉD Sprayen [ˈspʀeːɔn] *n*; AGR, JARD Spritzen *n*; **2.** (*broyage*) Pulveri'sierung *f*
pulvériser [pylveʀize] *v/t* **1.** (*broyer*) pulveri'sieren; zu Pulver zerstoßen, zerreiben; **2.** (*projeter*) zerstäuben; *liquide a* versprühen; *arbres fruitiers etc* spritzen; **3.** *fig: armée ennemie etc* völlig aufreiben; vernichten; *record* weit über- *ou* unter'bieten; brechen; *objection* völlig entkräften; *argument* gänzlich wider'legen; *immeuble pulvérisé par une explosion* durch e-e Explosion völlig zerstört
puma [pyma] *m* ZO Puma *m*; Silberlöwe *m*; Kuguar *m*

pûmes [pym] *cf* **pouvoir¹**
punaise [pynɛz] *f* **1.** ZO Wanze *f*; **2.** F *péj* ~ *de sacristie* Betschwester *f*; **3.** *régional* ~*!* Donnerwetter!; **4.** *petit clou* Reißzwecke *f*, -nagel *m*
punaiser [pynɛze] *v/t* mit Reißzwecken anheften
punch¹ [pɔ̃ʃ] *m boisson* Punsch *m*
punch² [pœnʃ] *m* **1.** *d'un boxeur* harter, kraftvoller Schlag *m*; Punch [pantʃ] *m*; *avoir du* ~ e-n harten Punch haben; **2.** F *fig* Schwung *m*; E'lan *m*; Dy'namik *f*; F Schmiß *m*; *manquer de* ~ F *a* ohne Saft und Kraft sein
puncheur [pœnʃœʀ] *m* BOXE Puncher [ˈpantʃər] *m*
punching-ball [pœnʃiŋbol] *m* ⟨*pl* punching-balls⟩ BOXE Punchingball [ˈpantʃ-] *m*; F *fig servir de* ~ *à qn* j-s Prügelknabe sein
puni [pyni] *adj* bestraft; *subst les* ~*s m/pl* die Bestraften *m/pl*
punique [pynik] *adj* HIST punisch; *les guerres f/pl* ~*s* die Punischen Kriege *m/pl*
punir [pyniʀ] *v/t criminel, enfant etc* (be)strafen (*de* für); *délit etc* bestrafen; ahnden; *être puni de prison* mit Gefängnis bestraft werden; *par ext il a été puni de son insolence* er wurde für s-e Unverschämtheit be-, gestraft; *être puni par où l'on a péché* dafür büßen müssen; die Strafe folgt auf dem Fuß; *en être puni* es büßen müssen
punissable [pynisabl(ə)] *adj* strafwürdig; sträflich
punitif [pynitif] *adj* ⟨-ive⟩ *expédition* ~ *punitive* Strafexpedition *f*
punition [pynisjɔ̃] *f* **1.** *action* Bestrafung *f*; *d'un délit etc a* Ahndung *f*; **2.** (*châtiment*) Strafe (*de* für); ~*s scolaires* Schulstrafen *f/pl*; *en* ~ *de* zur Strafe für; *donner, infliger une* ~ *à qn* j-m e-e Strafe geben; über j-n e-e Strafe verhängen; j-n bestrafen; *par ext c'est la* ~ *de sa curiosité* das ist die Strafe für s-e Neugier
punk [pœnk] **I** *m,f* Punker(in) *m(f)*; Punk [paŋk] *m*; **II** *adj allures* Punker...; *musique* Punk... [paŋk]
pupille¹ [pypij] *m* Mündel *n*, JUR *m*; ~ *de l'État* vom Jugendamt betreutes (Waisen)Kind; ~ *de la Nation* Kriegswaise, für die der Staat die Fürsorge über'nommen hat
pupille² [pypij] *f* ANAT Pu'pille *f*; Sehloch *n*
pupitre [pypitʀ(ə)] *m* (Schreib-, Lese-)Pult *m*; *d'un orateur* Rednerpult *n*; *d'un chef d'orchestre* Diri'gentenpult *n*; *d'un ordinateur* Bedienungspult *n*; ~ (*à musique*) Notenpult *n*, -ständer *m*; TV ~ *image* Bildmischpult *n*
pupitr|eur [pypitʀœʀ] *m*, ~**euse** *f* INFORM Ope'rator *m*, Opera'torin *f*
pur [pyʀ] **I** *adj* **1.** *substance*, CHIM, *par ext race* rein; *boisson alcoolique a* pur; unverdünnt; *métal a* gediegen; *or a* pur; lauter; *loc/adj tissu* ~ *laine, soie* rein wollen, -seiden; 100 % Wolle, Seide; *cheval* ~ *sang* 'Vollblut...; 'vollblütig; *étalon m* ~ *sang* Vollbluthengst *m*; CHIM *à l'état* ~ chemisch rein; *boire du vin* ~ (den) Wein pur, unverdünnt, ohne Wasser trinken; **2.** *ton, teinte, style etc* rein; *profil, formes a* klar; *style a* unverfälscht; *ciel* wolkenlos; klar; *parler un*

français ~ ein reines Französisch sprechen; *instrument* **rendre un son** ~ klangrein sein; e-n reinen Klang haben; **3.** *eau, air* rein; sauber; **4.** *science, recherche, art, poésie* rein; *PHILOS* **la raison** ~**e** die reine Vernunft; **5.** *cœur, âme, amour* rein; lauter; *regard, intentions* lauter; ohne Falsch; *jeune fille* rein; unverdorben; *st/s* unbefleckt; **6.** *hasard, curiosité etc (a loc/adj* ~ **et simple** ⟨*nachgestellt*⟩) rein; pur; bloß; *mensonge, refus a* glatt; *accord* uneingeschränkt; **une** ~**e coïncidence** ein rein zufälliges Zusammentreffen; *loc/adj* **de** ~**e forme** rein formal; *loc/adv* **en** ~**e perte** ganz um'sonst; vergeblich; **c'est** ~**e folie** das ist glatter, heller, der reinste Wahnsinn; **c'est la** ~**e vérité** das ist die reine, lautere Wahrheit; **II** *subst* **les** ~**s** *m/pl* die Verfechter *m/pl* der reinen Lehre
purée [pyre] *f* **1.** *CUIS* Pü'ree *n*; Mus *n*; Brei *m*; ~ (**de pommes de terre**) Kar'toffelpüree *n*, -brei *m*; Quetschkartoffeln *f/pl*; *schweiz* Kar'toffelstock *m*; ~ **de pois cassés** Erbs(en)püree *n*, -brei *m*; *fig* ~ **de pois** dichter Nebel; F Waschküche *f*; **2.** F *fig* **il est dans la** ~ F es geht ihm dreckig; **3.** *int* F ~! F so was Blödes!
purement [pyʀmɑ̃] *adv* rein; nur; bloß; lediglich; ~ **et simplement** ganz einfach; *refuser* glatt; rundweg
purent [pyʀ] *cf* *pouvoir¹*
pureté [pyʀte] *f* **1.** *CHIM d'un diamant, d'une race etc* Reinheit *f*; *d'un métal a* Gediegenheit *f*; **2.** *d'un ton, du style etc* Reinheit *f*; *d'un profil, de formes a* Klarheit *f*; *du ciel* Wolkenlosigkeit *f*; **3.** *de l'eau, de l'air* Reinheit *f*; Sauberkeit *f*; **4.** *du cœur, de l'âme* Reinheit *f*; Lauterkeit *f* (*a des intentions*); (*chasteté*) Reinheit *f*; Unverdorbenheit *f*
purgatif [pyʀgatif] *PHARM* **I** *adj* ⟨-ive⟩ abführend; Abführ...; **II** *m* Abführmittel *n*; *sc* Purgans *n*; Purga'tiv *n*
purgatoire [pyʀgatwaʀ] *m* *REL CATH* Fegefeuer *n*; Purga'torium *n*
purge [pyʀʒ] *f* **1.** *MÉD* **a)** *action* Abführen *n*; **b)** *remède* Abführmittel *n*; **2.** *POL* Säuberung(saktion) *f*; **3.** *TECH d'un liquide* Entlüftung *f*; *d'un gaz* Abscheidung *f*; *des* Kon'denswassers; **robinet** *m* **de** ~ Ablaß- *ou* Entlüftungshahn *m*; **4.** *JUR d'une hypothèque* Löschung *f*
purger [pyʀʒe] ⟨-geons⟩ **I** *v/t* **1.** *MÉD* ~ *qn* j-m ein Abführmittel (ein)geben, verabreichen; **2.** *TECH* das Kon'denswasser ablassen (*qc* aus *etw*); *radiateur, freins* entlüften; **3.** *POL* säubern (**de** *von*); **4.** *JUR* **a)** *peine* ver-, abbüßen; F absitzen; abbrummen; **b)** *hypothèque* löschen; **II** *v/pr* **se** ~ ein Abführmittel (ein)nehmen
purgeur [pyʀʒœʀ] *m* *TECH:* **pour l'eau** Wasserabscheider *m*; **pour l'air** Entlüftungsvorrichtung *f*
purificateur [pyʀifikatœʀ] *adj* ⟨-trice⟩ *REL* reinigend; Reinigungs...
purification [pyʀifikasjɔ̃] *f* **1.** Reinigung *f* (*a REL*); **2.** *POL* ~ **ethnique** ethnische Säuberung
purificatoire [pyʀifikatwaʀ] *litt, REL adj* reinigend; Reinigungs...
purifier [pyʀifje] *v/t* *eau, air, langue, REL* reinigen; *litt cœur a* läutern
purin [pyʀɛ̃] *m* *AGR* Jauche *f*; *südd a* Gülle *f*; **fosse f à** ~ Jauchegrube *f*
pur|isme [pyʀism(ə)] *m* *BEAUX-ARTS, LING* Pu'rismus *m*; ~**iste I** *adj* pu'ristisch; **II** *m* Pu'rist *m*; *LING* *a* Sprachreiniger *m*
puritain [pyʀitɛ̃] *REL et fig* **I** *adj* puri'tanisch; *fig a* sittenstreng; **II** *subst* ~(*e*) *m(f)* Puri'taner(in) *m(f)*
puritanisme [pyʀitanism(ə)] *m* *REL et fig* Purita'nismus *m*; *fig a* große Sittenstrenge
pur-sang [pyʀsɑ̃] *m* ⟨*inv*⟩ 'Vollblut (-pferd) *n*
purulent [pyʀylɑ̃] *adj* *plaie etc* eitrig; vereitert; eiternd
pus¹ [py] *m* Eiter *m*
pus² [py] *cf* *pouvoir¹*
pusillanim|e [pyzilanim] *litt adj* kleinmütig; zaghaft; ~**ité** *litt f* Kleinmut *m*; Zaghaftigkeit *f*; *st/s* Zagheit *f*
pustule [pystyl] *f* Pustel *f*; Eiterbläschen *n*
put [py] *cf* *pouvoir¹*
putain [pytɛ̃] *f* P **1.** (*prostituée*) *péj* Hure *f*; F Nutte *f*; *injure* **enfant** *m*, **fils de** ~ P Hurensohn *m*; **faire la** ~ **a)** *prostituée* F anschaffen gehen; **b)** F *péj* (*chercher à plaire*) sich anbiedern; (j-m) andienen; sich prostitu'ieren; **2.** *par ext* (*femme facile*) Flittchen *n*; liederliches Frauenzimmer; *p/fort* Hure *f*; **3.** *int étonnement* ~! F Donnerwetter!; Junge, Junge!; P meine Fresse!; ich werd' zur Sau!; **4.** **ce, cette de** (+*subst*) P diese(r, -s) Scheiß...; **cette** ~ **de guerre** dieser Scheißkrieg; **quel** ~ **de temps!** so ein F Mist-, Sau-, P Scheißwetter!
putatif [pytatif] *adj* ⟨-ive⟩ *JUR* **enfant** ~ vermeintliches Kind; **père** ~ vermeintlicher Vater
pute [pyt] *f* P *cf* *putain 1., 2.*
pûtes [pyt] *cf* *pouvoir¹*
putois [pytwa] *m* **1.** *ZO* Iltis *m*; *fig* **crier comme un** ~ schreien wie am Spieß; **2.** *fourrure* Iltis(fell *n*, -pelz *m*) *m*
putréfaction [pytʀefaksjɔ̃] *f* Verwesung *f*; Fäulnis(prozeß *f*)(*m*); **en** ~ verwesend; (ver)faulend; **tomber en** ~ in Verwesung, Fäulnis 'übergehen
putréfier [pytʀefje] **I** *v/t* in Verwesung, Fäulnis 'übergehen lassen; *adj* **putréfié** in Verwesung, Fäulnis 'übergegangen; verwest; verfault; vermodert; **II** *v/pr* **se** ~ verwesen; (ver)faulen; vermodern
putrescible [pytʀesibl(ə)] *adj* verweslich
putride [pytʀid] *adj* faul(ig); *exhalation, gaz* übelriechend
putsch [putʃ] *m* *POL* Putsch *m*; ~ **militaire** Mili'tärputsch *m*
putschiste [putʃist] *m* *POL* Put'schist *m*
putt [pœt] *m* *GOLF* Putt *m*
putter¹ [pœte] *v/t* *GOLF* putten; einlochen
putter² [pœtœʀ] *m* *GOLF* Putter *m*
puy [pɥi] *m* vulkanischer Berg in der Auvergne
Puy-de-Dôme [pɥidədom] **le** ~ *frz* Departement
puzzle [pœzəl] *m* Puzzle(spiel) ['pazəl] *n* (*a fig*)
P.-V. [peve] *m* F *abr* (*procès-verbal*) F Strafzettel *m*; Knöllchen *n*
P.V.C. [pevese] *m* *matière plastique* PVC
pygmée [pigme] *m* Pyg'mäe *m*
pyjama [piʒama] *m* Schlafanzug *m*; Py'jama [-(d)ʒ-] *m*; **veste** *f* **de** ~ Schlafanzug-, Pyjamajacke *f*
pylône [pilon] *m* **1.** *électrique* Mast *m*; *d'un pont suspendu* Py'lon *m*; *d'un téléphérique* Stütze *f*; **2.** *ARCH* Py'lon *m*
pylore [pilɔʀ] *m* *ANAT* Pförtner *m*
pyramidal [piʀamidal] *adj* ⟨-aux⟩ pyra-'midenförmig; pyrami'dal
pyramide [piʀamid] *f* **1.** *ARCH, MATH* Pyra'mide *f*; **2.** *fig* **une** ~ **de livres, de melons** *etc* e-e Pyra'mide von *ou* aus Büchern, Me'lonen *etc*; **3.** *STATISTIQUE* ~ **des âges** Alterspyramide *f*
pyrénéen [piʀeneɛ̃] *adj* ⟨~ne⟩ pyre'näisch; Pyre'näen...; *par ext* pyre'näisch
Pyrénées [piʀene] **les** ~ *f/pl* die Pyre-'näen *pl*
Pyrénées-Atlantiques [piʀenezatlɑ̃-tik] **les** ~ *f/pl* *frz* Departement
Pyrénées-Orientales [piʀenezɔʀjɑ̃tal] **les** ~ *f/pl* *frz* Departement
pyrex [piʀɛks] *m* (*nom déposé*) Pyrex *n* (*Wz*); Jenaer Glas *n* (*Wz*)
pyrite [piʀit] *f* *MINÉR* Py'rit *m*; Schwefel-, Eisenkies *m*; F Katzengold *n*
pyrograv|er [piʀɔgʀave] *v/t* mit Brandmale'rei verzieren; ~**ure** *f* Brandmale-'rei *f* (*a œuvre*)
pyrolyse [piʀɔliz] *f* *CHIM* Pyro'lyse *f*
pyromane [piʀɔman] *m,f* Pyro'mane *m,f*
pyrotechn|icien [piʀɔtɛknisjɛ̃] *m* Feuerwerker *m*; Pyro'techniker *m*; ~**ie** *f* Feuerwerke'rei *f*; Pyro'technik *f*; ~**ique** *adj* pyro'technisch
Pyrrhus [piʀys] *m* *HIST* Pyrrhus *m*; *fig* **victoire** *f* **à la** ~ Pyrrhussieg *m*
Pythagore [pitagɔʀ] *m* *PHILOS, MATH* Py'thagoras *m*
Pythie [piti] *f* *HIST* (*et fig* ⚨) Pythia *f*
python [pitɔ̃] *m* *ZO* Python(schlange) *m(f)*

Q

Q, q [ky] *m* ⟨*inv*⟩ Q, q [ku:] *n*
q *abr* (*quintal ou quintaux*) dz (Doppelzentner)
Qatar [kataʀ] *le* ~ Katar *n*
Q.C.M. [kyseɛm] *m abr cf* **questionnaire**
Q.G. [kyʒe] *m abr* (*quartier général*) MIL Stabsquartier *n*
Q.I. [kyi] *m abr* (*quotient intellectuel*) IQ *m* (Intelligenzquotient)
qu' [k] *cf* **que**
quadragénaire [kwadʀaʒenɛʀ] **I** *m, f* Vierzigjährige(r) *f(m)*; Vierziger(in) *m(f)*; **II** *adj* vierzigjährig
quadrangulaire [kwadʀãgylɛʀ] *adj* MATH viereckig; *solide* vierseitig
quadrant [kadʀã] *m* MATH Qua'drant *m*; Viertelkreis *m*
quadrature [kwadʀatyʀ] *f* MATH Quadra'tur *f*; *la* ~ *du cercle* die Quadratur des Kreises (*a fig*)
quadrichromie [kwadʀikʀɔmi] *f* TYPO Vier'farbendruck *m*
quadrige [kadʀiʒ, kwa-] *m* HIST Qua'driga *f*; Viergespann *n*
quadrilatère [kwadʀilatɛʀ, ka-] *m* MATH Viereck *n*
quadrillage [kadʀijaʒ] *m* **1.** *du papier* Liniennetz *n*, -gitter *n*; **2.** MIL, POLICE Errichtung *f* e-s Kon'trollnetzes; *par ext* Kon'trolle *f*; Über'wachung *f*
quadrille [kadʀij] *m* DANSE Qua'drille *f*
quadriller [kadʀije] *v/t* **1.** ka'rieren; kästeln; *adjt papier* **quadrillé** ka'riert; gekästelt; **2.** MIL, POLICE mit e-m Kon'trollnetz über'ziehen (*un territoire* ein Gebiet); *par ext* kontrol'lieren; über'wachen
quadrimoteur [kwadʀimɔtœʀ, ka-] AVIAT **I** *adj* viermotorig; **II** *m* viermotorige Ma'schine
quadripartite [kwadʀipaʀtit] *adj* POL Vierer...; Vier'mächte...
quadriphonie [kwadʀifɔni] *f* MUS Quadropho'nie *f*
quadriréacteur [kwadʀiʀeaktœʀ, ka-] *m* AVIAT vierstrahlige Ma'schine
quadrumane [kwadʀyman, ka-] *m* ZO Vierhänder *m*
quadrupède [kwadʀyped, ka-] ZO **I** *adj* vierfüßig; **II** *m* Vierfüßer *m*
quadruple [kwadʀypl(ə), ka-] **I** *adj* vierfach; **II** *subst le* ~ das Vierfache; *le* ~ *du prix* der vierfache Preis
quadrupler [kwadʀyple, ka-] **I** *v/t* vervierfachen; **II** *v/i* sich vervierfachen
quadruplé(e)s [kwadʀyple, ka-] *m(f)pl* Vierlinge *m/pl*
quai [ke] *m* **1.** *d'un port* Kai *m*; ~ *de débarquement/d'embarquement* Lösch-, (Ver)Ladekai *m*; *pour passagers* Anlegestelle *f* (*zur Ein-, Ausschiffung*); *navire être à* ~ am Kai liegen; **2.** *le long d'un fleuve* Kaimauer *f*; *par ext* Uferstraße *f*, -promenade *f*; *à Paris:* **les** ~**s de la Seine** die Seineufer *n/pl*; *le* ♀ *des Orfèvres* Sitz der Kriminalpolizei; *le* ♀ *d'Orsay* Sitz des frz Außenministeriums; **3.** CH DE FER Bahnsteig *m*; ~ *n° 9* Bahnsteig 9; ~ *d'arrivée, de départ* Ankunfts-, Abfahrtsbahnsteig *m*; ~ *du métro* U-Bahnsteig *m*
quaker [kwɛkœʀ] *m*, ~**esse** [kwɛkʀɛs] *f* REL Quäker(in) *m(f)*
qualifiable [kalifjabl(ə)] *adj* **1.** *péj* **ne pas être** ~ jeder Beschreibung spotten; **2.** SPORTS teilnahmeberechtigt
qualificatif [kalifikatif] **I** *adj* ⟨-ive⟩ GR *adjectif* ~ Adjektiv *n*; Eigenschaftswort *n*; **II** *m* **1.** (*terme*) Bezeichnung *f*; **2.** GR Attri'but *n*; Beifügung *f*
qualification [kalifikasjõ] *f* **1.** (*appellation*) Bezeichnung *f*; Benennung *f*; **2.** SPORTS Qualifikati'on *f*; Qualifi'zierung *f*; Teilnahmeberechtigung *f*; **match** *m* **de** ~ Qualifikationsspiel *n*; **3.** ~ (*professionnelle*) (berufliche) Eignung, Qualifikati'on, Befähigung *f*
qualifié [kalifje] *adj* **1.** (*compétent*) geeignet; befähigt; qualifi'ziert; geschult; *ouvrier* ~ Facharbeiter *m*; *personnel* ~ geschultes Personal; Fachkräfte *f/pl*; **2.** *sportif* der sich qualifiziert hat; **3.** JUR *vol* ~ schwerer Diebstahl
qualifier [kalifje] *v/t* **1.** (*nommer*) benennen; kennzeichnen; qualifi'zieren; charakteri'sieren; *une conduite qu'on ne saurait* ~ ein Benehmen, das jeder Beschreibung spottet; *l'adjectif sert à* ~ *le nom* das Adjektiv dient der näheren Bestimmung des Substantivs; ~ *de* bezeichnen als; nennen (+*acc*); ~ *qn d'imbécile* j-n als Dummkopf bezeichnen; j-n (e-n) Dummkopf nennen, schelten; **2.** (*donner la compétence*) ~ *qn* j-n qualifi'zieren, befähigen (*pour* für, zu); **3.** SPORTS die Qualifikati'on verschaffen (*qn* j-m); **II** *v/pr se* ~ **4.** SPORTS *se* ~ sich qualifi'zieren (**pour la finale** fürs Finale); **5.** *se* ~ *d'expert etc* sich Experte *etc* nennen, *iron* schimpfen
qualitatif [kalitatif] *adj* ⟨-ive⟩ qualita'tiv
qualité [kalite] *f* **1.** *de choses* Beschaffenheit *f*; Eigenschaft *f*; COMM Quali'tät *f*; Güte *f*; ~ *de la vie* Lebensqualität *f*; ~ *des vins* Weingüte *f*; Qualität der Weine; AVIAT ~ *de vol* Flugeigenschaften *f/pl*; *garantie f de* ~ Qualitätsgarantie *f*; *loc/adj: de* ~ Qualitäts...; *produit m de* ~ Qualitätserzeugnis *n*, -produkt *n*; *un spectacle de* ~ ein gutes Theaterstück; *de bonne, mauvaise* ~ von guter, schlechter Qualität; *de première* ~ erstklassig; erster Güte; *produit m de* ~ *supérieure* Erzeugnis *n* der Spitzenklasse; Spitzenprodukt *n*; *label vin m de* ~ *supérieure* Wein *m* (von) mittlerer Qualität, Güte; **2.** *de personnes* (gute, positive) Eigenschaft; Fähigkeit *f*; Quali'tät *f*; Vorzug *m*; ~*s d'écrivain* schriftstellerische Fähigkeiten, Qualitäten; ~*s d'organisation* Organisati'onstalent *n*; **3.** ADM, JUR Eigenschaft *f*; ~ *d'auteur* Verfasserschaft *f*; ~ *de fonctionnaire* Eigenschaft als Beamter; *vos nom, prénom et* ~ Ihr Name, Vorname und Beruf; *avoir* ~ *pour faire qc* berechtigt, befugt sein, etw zu tun; *loc/prép en* ~ *de* als; in s-r Eigenschaft als; *en* ~ *d'observateur etc* (in s-r Eigenschaft) als Beobachter *etc*; JUR *ès* ~*s* in amtlicher Eigenschaft; **4.** PHILOS Quali'tät *f*; **5.** HIST *homme m de* ~ Mann *m* von (hohem) Stand; Standesperson *f*
quand [kã, *vor Vokal* kãt] **I** *conj* **1.** *temporel* **a)** (*lorsque*) als (+*passé*); wenn (+*présent ou futur*): ~ *la nuit fut venue* als, nachdem die Nacht hereingebrochen war; ~ *j'y pense* wenn ich daran denke; **b)** (*toutes les fois que*) (jedesmal) wenn; ~ *l'un disait oui, l'autre disait non* (jedesmal) wenn der eine ja sagte, sagte der andere nein; **2.** *opposition* (*alors que*) da doch; ~ *je vous disais qu'elle allait venir!* wenn ich Ihnen doch gesagt habe, daß sie kommen würde!; *pourquoi ne pas avoir la télévision* ~ *tout le monde l'a?* ... da es doch jeder hat?; *loc/conj* (*bien*) *même* und wenn auch; selbst wenn; **II** *adv* **1.** wann?; ~ *aurez-vous fini? ou* ~ *est-ce que vous aurez fini?* wann sind Sie fertig?; *alors, à* ~ *le mariage?* na, wann findet die Hochzeit statt?; *de* ~ *est ce pain?* von wann ist dieses Brot?; *depuis* ~ *êtes-vous ici?* seit wann sind Sie hier?; *jusqu'à* ~ *restez-vous?* bis wann bleiben Sie?; *c'est pour* ~*?* wann soll das sein, stattfinden?; *je ne sais pas* ~ *il viendra* ich weiß nicht, wann er kommt; **2.** *loc/adv* *même* **a)** (*malgré tout*) trotzdem; dennoch; **b)** (*à vrai dire*) immerhin; doch; **c)** *int*, *indigné* also wirklich!; ~ *même! je le ferai même* ich werde es trotzdem, dennoch tun; *on travaillerait ensemble, ce serait* ~ *même plus gai* das wäre doch angenehmer; F *c'est un peu fort* ~ *même!* F das ist dann doch ein bißchen stark!
quant *loc/prép* ~ *à* [kãta] was (+*acc*) angeht, betrifft, an(be)langt; hinsichtlich (+*gén*); ...mäßig; F in puncto (+*nom*); ~ *à moi* ich meinerseits; was mich betrifft; ~ *au travail, je suis content* arbeitsmäßig, in puncto Arbeit ...;

~ à m'excuser, je n'y pense pas ich denke gar nicht daran, mich zu entschuldigen
quanta [kwãta] *pl cf* **quantum**
quant-à-soi [kãtaswa] *m* Zu'rückhaltung *f*; Re'serve *f*; Reser'viertheit *f*; **rester sur son ~** Zurückhaltung üben; reserviert bleiben; sich reserviert verhalten
quantième [kãtjɛm] *m* ADM **le ~ du mois** das Monatsdatum; der Soundsovielte des Monats
quantifier [kãtifje] *v/t* quantifi'zieren
quantique [kwãtik, kã-] *adj* PHYS Quanten...; **mécanique** *f* **~** Quantenmechanik *f*
quantitatif [kãtitatif] *adj* ⟨-ive⟩ quantita'tiv; mengenmäßig; der Menge, Anzahl nach
quantité [kãtite] *f* **1.** Menge *f*; Quanti'tät *f*; F Unmenge *f*; **des ~s de chocolats** (Un)Mengen von Pralinen; **la ~ de nourriture quotidienne** die tägliche Nahrungsmenge; das tägliche Quantum Nahrung; **de grandes, d'énormes ~s de blé** große, ungeheure Mengen (von) Weizen; **~ de ...** e-e Menge (von) ...; viele ...; GR **adverbe de ~** Mengenadverb *n*; *loc/adv* **en ~** in Menge; haufenweise; **2.** MATH Größe *f*; PHYS, TECH Menge *f*; **~ de chaleur, d'électricité, d'énergie** Wärme-, Elektrizi'täts-, Ener'giemenge *f*; **3.** PHILOS Quanti'tät *f*
quantum [kwãtɔm] *m* ⟨*pl* quanta⟩ **1.** JUR d'une amende etc Höhe *f*; **2.** PHYS Quant *n*; **théorie** *f* **des quanta** Quantentheorie *f*
quarantaine [kaRãtɛn] *f* **1. une ~** etwa, an die, ungefähr, rund, zirka vierzig (**de personnes** Leute, Personen); **2.** âge Vierzig *f*; Vierziger(jahre) *n/pl*; *cf a* **cinquantaine** 2.; **3.** MÉD Quaran'täne [ka-] *f*; **mettre en ~** a) MÉD in Quarantäne legen, nehmen; b) *fig* iso'lieren; absondern; schneiden
quarante [kaRãt] **I** *num/c* vierzig; **~ et un** einundvierzig; **~ et unième** einundvierzigste(r, -s); **les années ~** die vierziger Jahre *n/pl*; **~ jours** vierzig Tage; **page ~** Seite vierzig; *cf a* **moquer** 2.; **II** *m* ⟨*inv*⟩ **1.** Vierzig *f*; *cf a* **deux** I; **2. les** ⚜ die vierzig Mitglieder der Académie française
quarante-cinq [kaRãtsɛ̃k] *num/c* fünfundvierzig; **disque un ~ tours** e-e Single
quarantième [kaRãtjɛm] **I** *num/o* vierzigste(r, -s); **II** *subst* **1. le, la ~** der, die, das vierzigste; **2.** *m* MATH Vierzigstel *n*
quark [kwaRk] *m* PHYS Quark *n*
quart [kaR] **I** *m* **1.** Viertel *n*; *par ext* **un ~ de beurre** ein Viertel(pfund) Butter; **un ~ de brie** e-e Ecke Brie(käse); SPORTS **~ de finale** Viertelfinale *n*; **~ de tour** Vierteldrehung *f*; F *fig* **au ~ de tour** auf der Stelle; **moteur démarrer au ~ de tour** sofort anspringen; *par ext* **un ~ de vin** ein Viertel(liter) Wein; **piano** *m* **~ à queue** kleiner Stutzflügel; *par ext* **je n'ai fait que le ~ de ce que je voulais faire** ich habe nur e-n Bruchteil dessen getan, was ich tun wollte; **2. les trois ~s** drei Viertel; *par ext* **les trois ~s du temps** die meiste Zeit (über); fast immer; *adjt* **manteau** *m* **trois ~s** drei'viertellanger Mantel; **portrait** *m* **de trois ~s** Porträt *n*

Halbprofil; **ville détruite aux trois ~s** zu drei Vierteln, fast völlig zerstörte Stadt; **3. ~ d'heure** Viertel'stunde *f*; *fig* **un ~ d'heure de grâce** e-e (kurze) Galgenfrist; **entretien** *m* **d'un ~ d'heure** viertelstündige Unter'redung; Unterredung von e-r Viertelstunde; *loc/adv*: **dans trois ~s d'heure** in drei viertel Stunden; in e-r Dreiviertelstunde *ou* dreiviertel Stunde; **tous les ~s d'heure** viertelstündlich; alle Viertelstunden; **voir son dernier ~ d'heure arriver** sein letztes Stündlein herannahen fühlen; *par ext* **passer un mauvais ~ d'heure** bange, böse, schlimme Minuten, Augenblicke 'durchmachen, durch'leben; ♦ **heure**: **trois heures un ~ ou et ~** Viertel nach drei; Viertel vier; **deux heures moins le ~** (ein) Viertel vor zwei; drei Viertel zwei; **il est le ~** es ist Viertel (nach); **pendule sonner les ~s** alle Viertelstunden schlagen; **4.** MAR (Schiffs)Wache *f*; **officier de ~** Wachoffizier *m*; **être de ~** Wache halten, haben; **prendre le ~** auf Wache gehen; **5.** MIL Feldbecher *m*; **II** *adj* ⟨quarte [kaRt]⟩ *litt* (quatrième) viert(r, -s); MÉD **fièvre ~e** Quar'tana *f*, Quar'tanfieber *m*; **le ~ monde** a) (*le sous-prolétariat*) die sozi'al Deklas'sierten, Ausgestoßenen *pl*; die Ärmsten der Armen; b) (*les pays les plus pauvres*) die vierte Welt; die ärmsten Entwicklungsländer *n/pl*
quarte [kaRt] *f* MUS Quart(e) *f*
quarté [kaRte] *m* TURF Viererwette *f*
quarteron [kaRtəRɔ̃] *m* *péj* **un ~ de conjurés** etc e-e kleine Zahl, e-e Handvoll Verschwörer etc
quartette [kwaRtɛt] *m* MUS Jazzquartett ['dʒɛs-] *n*; Vier'mannband [-bɛnt] *f*
quartier [kaRtje] *m* **1.** d'une ville (Stadt-)Viertel *n*; Stadtteil *m*; Gegend *f*; d'habitation Wohnviertel *n*; ADM Bezirk *m*; ⚲ **latin** Pariser Universitätsviertel; **~ d'affaires** Geschäftsviertel *n*; **commissariat** *m* **de ~** Poli'zeirevier *m*; **les gens du ~** die Leute aus dem Viertel, aus der Nachbarschaft; **2.** MIL **~s** *pl* Quar'tiere *n/pl*; **~s d'hiver** Winterquartiere *pl*; **~ général** Stabsquartier *n*; *fig* Sammel-, Treffpunkt *m*; **grand ~ général** Hauptquartier *n*; **avoir ~ libre** Ausgang haben; *fig* **je vous laisse ~ libre** et ich lasse Ihnen freie Hand; **3.** *portion* Viertel *n*; Stück *n*; Teil *m ou* n; **~ de bœuf** Rinderviertel *n*; **~ d'orange** nordd Apfel'sinenstück *n*; südd Orangenschnitz *m*; **~ de pomme** Apfelviertel *n*; **~ de viande** Schlachtteil *n*; **4. la Lune est dans son premier** (*dernier*) **~** der Mond steht im ersten (letzten) Viertel; es ist Halbmond; **5.** HÉRALDIQUE Schildviertel *n*; *fig* **avoir 'huit ~s de noblesse** acht adelige Vorfahren, Ahnen nachweisen können; **6.** d'une prison **~ de haute sécurité** Hochsicherheitstrakt *m*; **7.** *loc* **ne pas faire de ~** kein(en) Pardon geben
quartier-maître [kaRtjemɛtR(ə)] *m* ⟨*pl* quartiers-maîtres⟩ MAR Gefreite(r) *m*
Quart-Monde [kaRmɔ̃d] *cf* **quart** II
quartz [kwaRts] *m* MINÉR Quarz *m*; **montre** *f* **à ~** Quarzuhr *f*
quasar [kazaR] *m* ASTR Qua'sar *m*
quasi[1] [kazi] *m* CUIS **~** (**de veau**) Kalbskeulenstück *n* aus der 'Unterschale

quasi[2] [kazi] *adv* (*presque*) fast; beinahe; nahezu; (*pour ainsi dire*) sozusagen; gewissermaßen; quasi; **~ impossible** fast etc unmöglich; **~ jamais** fast nie
quasi-... [kazi] *devant subst* fast völlig; nahezu to'tal; *exemples*: **avec une quasi-certitude** mit fast hundertprozentiger Sicherheit; mit an Sicherheit grenzender Wahrscheinlichkeit; **quasi-impossibilité** fast völlige Unmöglichkeit; **la quasi-totalité des Français** fast alle Franzosen; so gut wie alle Franzosen; **à la quasi-unanimité** fast einstimmig
quasiment [kazimã] F *adv cf* **quasi**[2]
quaternaire [kwatɛRnɛR] *adj* GÉOL **ère** *f* **~** *ou subst* **~** *m* Quar'tär *n*
quatorze [katɔRz] **I** *num/c* vierzehn; **Louis XIV** Ludwig XIV. (der Vierzehnte); **le ~ mai** der vierzehnte *ou* am vierzehnten Mai; **la guerre de ~** der Erste Weltkrieg; der Krieg 14/18; **de ~ ans** vierzehnjährig; von vierzehn Jahren; **II** *m* ⟨*inv*⟩ Vierzehn *f*; **le ~** (**du mois**) der Vierzehnte *ou* am Vierzehnten (des Monats); *cf a* **deux** II
quatorzième [katɔRzjɛm] **I** *num/o* vierzehnte(r, -s); **II** *subst* **1. le, la ~** der, die, das vierzehnte; **2.** *m* MATH Vierzehntel *n*
quatrain [katRɛ̃] *m* Vierzeiler *m*
quatre [katR(ə)] **I** *num/c* vier; **le ~ août** der vierte August *ou* am vierten August; **Henri IV** Heinrich IV. (der Vierte); **~ heures** vier Stunden; **heure** vier Uhr; *par ext enf* **mon ~ heures** mein Vesper-, Nachmittagsbrot *n*; **page ~** Seite vier; *loc/adj et loc/adv*: **à ~** zu viert; zu vieren; *fig* **se tenir à ~** sich sehr zu'sammennehmen, F -reißen; MUS **à ~ mains** vierhändig; **enfant** *m* **de ~ ans** vierjähriges Kind; Kind *n* von vier Jahren; *fig* **un de ces ~ matins** demnächst; in Bälde; **entre ~ yeux** [-katzjø] unter vier Augen; **manger comme ~** für drei essen; **marcher à ~ pattes** auf allen vieren kriechen, gehen; F *fig* **se mettre en ~** sein möglichstes tun; F sich zerreißen, 'umbringen (*pour qn* für j-n); **monter, descendre les escaliers ~ à ~** die Treppe in großen Sprüngen hinauf-, hinunterteilen; mit ein paar Sätzen die Treppe hinauf-, hinunterspringen; immer zwei Stufen auf einmal nehmen; **II** *subst* ⟨*inv*⟩ **1.** *m* **nombre** Vier *f*; südd a Vierer *m*; **le ~** (**du mois**) der Vierte *ou* am Vierten (des Monats); *cf a* **deux** II; **2.** *m* AVIRON Vierer *m*; **3.** AUTO **une 4×4** [katkat(Rə)] ein Wagen *m* mit Vierrad-, Allradantrieb; *par ext* ein Geländewagen *m*
Quatre-Cantons [katRəkãtɔ̃] **le lac des ~** der Vierwaldstätter See
quatre-(cent-)vingt-et-un [kat(sã)-vɛ̃tɛ̃] *m* ⟨*inv*⟩ frz Würfelspiel
quatre-huit [katRəɥit] *m* ⟨*inv*⟩ MUS Vier'achteltakt *m*; ⅘-Takt *m*
quatre-mâts [kat(Rə)ma] *m* ⟨*inv*⟩ MAR Viermaster *m*
quatre-quarts [katkaR] *m* ⟨*inv*⟩ CUIS Sandkuchen *m*
quatre-saisons [kat(Rə)sɛzɔ̃] *f* ⟨*inv*⟩ BOT Monatserdbeere *f*; *cf a* **marchand** 1.
quatre-vingt(s) [katRəvɛ̃] **I** *num/c* ⟨*bei folgender Zahl sowie als Ordnungszahl ohne s*⟩ achtzig; **quatre-vingts hom-**

mes achtzig Mann; *quatre-vingt mille* achtzigtausend; *quatre-vingts millions* achtzig Millionen; *page quatre--vingt* Seite achtzig; *dans les années quatre-vingt* in den achtziger Jahren; *âgé de quatre-vingts ans* achtzig Jahre alt; *'huit fois dix font quatre-vingts* acht mal zehn ist achtzig; **II** *subst quatre-vingt* m ⟨*inv*⟩ Achtzig *f*; *cf a deux II*

quatre-vingt-dix [katʀəvɛ̃dis] **I** *num/c* neunzig; *les années ~* die neunziger Jahre *n/pl*; **II** *m* ⟨*inv*⟩ Neunzig *f*; *cf a deux II*

quatre-vingt-dixième [katʀəvɛ̃dizjɛm] **I** *num/o* neunzigste(r, -s); **II** *subst* **1.** *le, la ~* der, die, das neunzigste; **2.** *m MATH* Neunzigstel *n*

quatre-vingtième [katʀəvɛ̃tjɛm] **I** *num/o* achtzigste(r, -s); **II** *subst* **1.** *le, la ~* der, die, das achtzigste; **2.** *m MATH* Achtzigstel *n*

quatre-vingt-onze [katʀəvɛ̃ɔ̃z] *num/c* einundneunzig

quatre-vingt|-un [katʀəvɛ̃ɛ̃] *num/c* einundachtzig; *~-unième* [-ynjɛm] *num/o* einundachtzigste(r, -s)

quatrième [katʀijɛm] **I** *num/o* vierte(r, -s); **II** *subst* **1.** *le, la ~* der, die, das vierte; **2.** *m* vierter Stock; vierte E'tage; *habiter au ~* im vierten Stock, F vier Treppen hoch wohnen; **3.** *f ÉCOLE* dritte Klasse im Gym'nasium; Quarta *f*; **4.** *f AUTO* vierter Gang; *passer en ~* in den vierten (Gang) gehen, schalten

quatrièmement [katʀijɛmmɑ̃] *adv* viertens

quatuor [kwatɥɔʀ] *m* **1.** *MUS* Quar'tett *n*; *~ à cordes* Streichquartett *n*; **2.** F *fig* (Vierer)Grüppchen *n*

que [kə] ⟨*vor Vokal u stummem h qu'*⟩ **I** *pr/rel* **1.** *obj/dir* den, die, das, *pl* die; *st/s* welche(n, -s), *pl* welche; *un monsieur ~ je ne connais pas* ein Herr, den ich nicht kenne; *les livres qu'il a lus* die Bücher, die er gelesen hat; *le livre ~ voici* dies Buch hier; *celui ~ j'attends* auf i h n warte ich; **2.** *pr/rel neutre (obj/dir)* **a)** *ce ~* was; *ce ~ tu me dis ne me surprend guère* was du mir da sagst, über'rascht mich kaum; *tout ce ~ j'ai vu* alles, was ich gesehen habe; **b)** *seul: il n'est pas malade, ~ je sache* er ist (doch) nicht krank, soviel ich weiß; F *~ tu dis!* was du nicht sagst!; **3.** *attribut: imbécile ~ tu es!* du Dummkopf!; *tout rusé qu'il est ...* schlau, wie er ist ...; **4.** *sujet: advienne ~ pourra* komme, was da wolle!; *coûte ~ coûte* koste es, was es wolle!; **5.** *sens temporel: un jour ~* e-s Tages, als; *du temps ~* zu der Zeit, als; **II** *pr/int* was?; **1.** *obj/dir* ⟨*umschriebene Form qu'est-ce ~* [kɛskə]⟩: *~ cherchez-vous?* ou *qu'est-ce ~ vous cherchez?* was suchen Sie?; *~ en pensez-vous?* wie denken Sie darüber?; was halten Sie davon?; *~ faire?* was tun?; **2.** *attribut: qu'est-ce? ou qu'est-ce ~ c'est* ⟨*~ ça*⟩? was ist das?; *~ deviendrons-nous? ou qu'est-ce ~ nous deviendrons?* was soll aus uns werden?; **3.** *sujet devant un v/imp: ~ s'est-il passé?* was ist passiert?; *qu'y a-t-il?* was ist?; was gibt es?; **4.** *interrogation indirecte* **a)** *pr/int neutre (obj/dir) ce ~* was; *dites-moi ce ~ vous cherchez* sagen Sie mir, was Sie suchen; **b)** *après «ne savoir»*: *je ne sais ~ faire* ich weiß nicht, was ich tun soll; **III** *adv exclamatif* **1.** *avec adj, adv et verbes* ⟨F *ce ~ ou qu'est-ce ~* ⟩ wie; *qu'il est stupide!*, F *ce qu'il est bête!* wie dumm er ist!; F ⟨*qu'est-⟩ce qu'on a bien mangé!* F wir haben vielleicht gut gegessen!; **2.** *avec subst ~ de* wieviel *ou* wie viele; *~ de monde!* wie viele Leute!; *~ de fois!* wie viele Male!; wie oft!; **3.** *litt (pourquoi)* warum; *~ n'es-tu venu plus tôt!* warum bist du nicht früher gekommen!; **4.** *st/s pour renforcer ~ non! ou mais ~ non!*; gewiß nicht!; *~ si!* gewiß doch!; aber na'türlich!; **IV** *conj* **1. a)** *introduisant une subordonnée complétive* daß *ou pas traduit*; *je crois qu'il reviendra* ich glaube, er wird 'wiederkommen *ou* daß er 'wiederkommen wird; *dites-lui qu'il vienne* sagen Sie ihm, er soll kommen; *~ tu sois sage, j'en suis certain* ich bin sicher, daß du artig bist; *c'est pour vous ~ je le dis* das sage ich für euch; *voilà qu'il pleut depuis deux heures* jetzt regnet es schon seit zwei Stunden; *heureusement qu'il n'a rien vu* zum Glück hat er nichts gesehen; **b)** *finale* damit; daß; *approchez ~ l'on vous voie* kommt näher, damit man euch sieht; **c)** *consécutive* daß; *le feu prit si rapidement ~ ...* das Feuer griff so rasch um sich, daß ...; **d)** *temporelle* als; *il n'eut pas fait vingt pas qu'il tomba* als er niederfiel; *attendez qu'il soit revenu* warten Sie, bis er zurück ist; **e)** *concessive* daß; *qu'on nous prie ou qu'on nous menace ...* ob man uns bittet oder ob man uns droht ...; **f)** *loc/conj afin ~, ans ~ etc cf afin, dès etc*; **g)** *avec un verbe d'opinion: pas traduit*; *je crois ~ oui* ich glaube ja; *je pense ~ non* ich denke nein; **2.** *pour éviter la répétition d'une conj: puisque vous le dites et ~ nous le croyons ...* da Sie es sagen und (da) wir es glauben ...; *s'il vient et ~ je ne sois pas là ...* wenn er kommt und ich nicht da bin ...; **3.** *souhait, ordre: qu'il entre!* er soll her'einkommen!; *~ le diable l'emporte!* der Teufel soll ihn holen!; **4.** *comparaison à d'égalité* wie; *aussi grand ~* (eben)so groß wie; *elle travaille autant ~ sa sœur* sie arbeitet ebensoviel wie ihre Schwester; *tant ~ tu voudras* soviel *ou* solange du willst; *tel ~ je le connais* so, wie ich ihn kenne; **b)** *après comp als*; *abus* wie; *plus grand ~* größer als; *Pierre est moins âgé ~ son frère* Peter ist jünger als sein Bruder; *je dépense plus ~ toi* ich gebe mehr (Geld) aus als du; **c)** *autrement ~* anders als; *tout autre ~ lui* jeder andere (als er); jeder außer ihm; **5.** *(seulement) ne ... ~* nur; *temporel* erst; *je n'ai qu'une clé* ich habe nur e-n Schlüssel; *il n'est ~ huit heures* es ist erst acht (Uhr); *il ne pense plus qu'à son travail* er denkt nur noch an s-e Arbeit; **6.** *explétif: pas traduit*; *c'est une belle fleur ~ la rose* die Rose ist e-e schöne Blume

Québec [kebɛk] **1.** *ville* Quebec ['kvi-] *n*; **2.** *province le ~* Quebec *n*

québécois [kebekwa] *adj (et subst ♀* Bewohner*)* von Quebec; Quebecer ['kvibɛkər]

quel [kɛl] ⟨*~le*⟩ **I** *adj/int* **1. a)** *épithète* welche(r, -s); was für ein(e), *pl* was für; *~ âge a-t-il?* wie alt ist er?; *~ film avez-vous vu?* welchen Film *ou* was für e-n Film haben Sie gesehen? *~le heure est-il?* wieviel Uhr ist es?; wie spät ist es?; *~s pays connaissez--vous?* welche Länder *ou* was für Länder kennen Sie?; *dans ~ volume?* in welchem Band?; im wievielten Band?; **b)** *attribut* welches; *~le est la capitale de ce pays?* welches ist die Hauptstadt dieses Landes?; *~les sont vos chaussures?* welches sind Ihre Schuhe?; *~le est la hauteur de cette maison?* wie hoch ist dieses Haus?; *~ est le prix?* wie hoch ist der Preis?; **2.** *exclamatif* **a)** *épithète* was für ein(e), *pl* was für; *st/s* welch (+ ein[e] *ou* + *adj*); *~le chance!* was für ein Glück!; *~ beau temps!* was für ein schönes Wetter!; *st/s* welch schönes Wetter!; **b)** *attribut* wie groß; *~le ne fut pas ma surprise!* wie groß war meine Über'raschung!; wie über'rascht war ich!; **II** *adj/ind ~ que* (+ *subj von „être"*) welches *ou* wie groß auch (immer); (ganz) gleich *ou* F e'gal, welche(r, -s) *ou* wie groß ...; *~les que soient vos raisons ...* welches, was auch (immer) Ihre Gründe sein mögen ...; was für Gründe Sie auch (immer) haben mögen ...; *il affronte tous les dangers, ~s qu'ils soient* wie unterschiedlich sie auch sein mögen; *tel ~ cf tel I 1.*

quelconque [kɛlkɔ̃k] **I** *adj/ind* **a)** *(n'importe lequel)* irgendein(e), *pl* irgendwelche; beliebig(e, -s) (*a MATH*); F x-beliebige(r, -s); *d'une manière ~* irgendwie; *pour une raison ~* aus irgendeinem Grund; *un sujet ~* ein beliebiges Thema; irgendein Thema; *MATH un triangle ~* ein beliebiges Dreieck; **b)** *péj* irgend so ein(e); *l'un ~ de ces petits potentats* irgendeiner von diesen kleinen Potentaten; **II** *adj (médiocre)* mittelmäßig; *(insignifiant)* unbedeutend; ba'nal; nichtssagend; *(ordinaire)* gewöhnlich; *un homme ~* ein Dutzendmensch *m*; *un restaurant ~* ein mittelmäßiges Restaurant; *elle est très ~* sie ist völlig nichtssagend; *c'était ~* es war nichts Besonderes

quelque [kɛlkə; *vor Vokal* kɛlk] ⟨*keine Elision*⟩ *adj/ind* **1.** *sg* **a)** *(certain)* einige(r, -s); ein gewisser, e-e gewisse, ein gewisses; *à ~ distance* in einiger Entfernung; in e-r gewissen Entfernung; *(pendant) ~ temps* e-e Zeitlang; *il y a ~ temps* vor einiger Zeit; *loc/adv st/s ~ peu* etwas, ein wenig; ein bißchen; **b)** *(un)* irgendein(e); *~ chose* etwas; *cf a chose 2.*; *st/s ~ jour* e-s (schönen) Tages; *~ part* irgendwo(hin); **2.** *pl (un petit nombre)* **a)** *~s* einige, ein paar; manche; *~s jours* einige Tage; ein paar Tage; *avec ~s amis* mit ein paar Freunden; *~s personnes diront peut--être ...* manche (Leute) sagen vielleicht ...; **b)** *les ~s ou ces ~s* die paar; die wenigen; *les ~s articles qu'il a écrits* die paar, die wenigen Artikel, die er geschrieben hat; **c)** *après un chiffre ... et ~(s)* etwas über ...; etwas mehr als ...; und darüber; einige ...;

il a quarante et ~s années, F *il a quarante ans et ~s* er ist etwas über vierzig Jahre alt; **3.** *advt ⟨inv⟩ avant un chiffre (environ)* etwa; ungefähr; an die; *~ trente personnes* etwa, ungefähr, an die dreißig Personen; **4.** *~ que* (+*subj*) **a)** *avec subst* was für ein(e), *pl* was für ... auch (immer); welche(r, -s) ... auch (immer); *à ~ prix que ce soit* um welchen Preis auch immer; **b)** *advt ⟨inv⟩ avec adj* wie *ou* so ... auch (immer); *st/s ~ bonnes que soient vos raisons* wie triftig Ihre Gründe auch sein mögen; und wären Ihre Gründe (auch) noch so gut
quelque chose [kɛlkəʃoz] *cf* **chose** 2.
quelquefois [kɛlkəfwa] **I** *adv* manchmal; bis'weilen; zu'weilen; mit'unter; hin und wieder; dann und wann; **II** *conj* F *qu'il ne serait pas là* sollte er nicht dasein
quelqu'un [kɛlkɛ̃, -kœ̃] *pr/ind* **1.** ⟨*inv*⟩ **a)** (irgend) jemand; (irgend)einer; F wer; *y a-t-il ~?* ist da jemand, F wer?; *~ demande à vous parler* jemand möchte Sie sprechen; F *je connais ~ qui va être content* ich kenne jemand(en) *ou* einen, der sich freuen wird; *holà, ~!* hallo!; Bedienung!; **b)** *~ d'autre* jemand ander(e)s; *südd a* jemand anderer; *~ de sûr* jemand Zuverlässiges; *c'est ~ de bien* er ist ein anständiger, achtbarer Mensch; **c)** F *être ~* e-e wichtige Per'sönlichkeit, F jemand, wer sein; *elle se prend pour ~* F sie meint, sie sei jemand, wer; **d)** F *péj (inouï) c'est ~!* F das ist schon toll!; das ist ein starkes Stück!; **2.** *pl* **quelques-uns** [kɛlkəzɛ̃, -zœ̃] ⟨*f* quelques-unes⟩ einige; manche; welche; *quelques-uns des enfants* einige der Kinder; *ne mangez pas toutes les poires, laissez-m'en quelques-unes* laßt mir noch einige, welche übrig; *quelques-uns prétendent que ...* einige, manche behaupten, daß ...; *être réservé à quelques-uns* nur einigen wenigen vorbehalten sein
quémand|er [kemɑ̃de] *v/t* (aufdringlich) betteln, bitten (*qc* um etw); *~eur m, ~euse f* lästiger Bettler *ou* Bittsteller, lästige Bettlerin *ou* Bittstellerin
qu'en-dira-t-on [kɑ̃diʀatɔ̃] *m* ⟨*inv*⟩ Gerede *n* der Leute
quenelle [kənɛl] *f* CUIS Klößchen *n*
quenotte [kənɔt] *enf* Zähnchen *n*; *enf* Beißerchen *n*
quenouille [kənuj] *f* Spinnrocken *m ou* Kunkel *f*; *filer sa ~* (mit dem Spinnrocken) spinnen
quéquette [kekɛt] *f enf (pénis) enf* Zipfelchen *n*
Quercy [kɛʀsi] *le ~* Landschaft in Südwestfrankreich
querelle [kəʀɛl] *f* Streit *m*; Zwist *m*; Zank *m*; Ausein'andersetzung *f*; *~s pl* Streitigkeiten *f/pl*; Händel *m/pl*; Que'relen *f/pl*; *mauvaise ~* dummer, unnötiger Streit; *litt ~ d'Allemand* unmotivierter, unbegründeter Streit; Streit um des Kaisers Bart; *~ de famille* Fa'milienstreit *m*, -zwist *m*; *~ de ménage* Ehestreit *m*; eheliche Auseinandersetzung; *chercher ~ à qn* mit j-m Streit, Händel suchen
quereller [kəʀele] **I** *v/t litt ~ qn* j-n ausxanken, (aus)schelten; **II** *v/pr se ~* sich streiten, zanken (*réciproque et* **avec** *qn* mit j-m)
querelleur [kəʀɛlœʀ] **I** *adj* ⟨-euse⟩ zänkisch; zank-, streitsüchtig; **II** *subst ~ querelleuse m, f* Zänker(in) *m(f)*
quérir [keʀiʀ] *v/t* ⟨*nur inf*⟩ *litt* **aller** *~* holen
qu'est-ce que [kɛskə] *cf* **que** II 1., 2. et III 1.
qu'est-ce qui [kɛski] *cf* **qui** I 2.
questeur [kɛstœʀ, kwɛ-] *m* Fi'nanz- und Verwaltungsbeauftragte(r) *m (der frz Nationalversammlung, des Senats)*
question [kɛstjɔ̃] *f* **1.** *(interrogation)* Frage *f*; PARLEMENT *~ écrite, orale* schriftliche, mündliche Anfrage; *iron* *quelle ~!, cette ~!* was für e-e Frage!; dumme Frage!; POL *~ de confiance* Vertrauensfrage *f*; *~ d'examen* Ex'amens-, Prüfungsfrage *f*; *poser une ~ (à qn)* (j-m) e-e Frage stellen; *se poser des ~s* sich Fragen stellen; nachdenklich werden. **2.** *(problème)* Frage *f*; Pro'blem *n*; *(sujet)* Angelegenheit *f*; Sache *f*; *~ brûlante* heißes Eisen; *~s économiques* Wirtschaftsfragen *f/pl*; *~ d'argent* Geldfrage *f*; *~ de forme* Formfrage *f*; *~ de principe* Grundsatz-, Prin'zipienfrage *f*; POL *~ du Proche-Orient* Nah'ostfrage *f*; ♦ *loc/prép* F *~ salaire, travail* F in puncto Gehalt, Arbeit; was das Gehalt, die Arbeit angeht; gehalts-, arbeitsmäßig; F *~ argent, c'est réglé* die finanzielle Seite ist geregelt; F das mit dem Geld geht in Ordnung; ♦ *loc/adj en ~* fraglich; betreffend; zur De'batte stehend; bewußt; *le livre en ~* das fragliche, betreffende Buch; *la personne en ~ a* der *ou* die Betreffende; *remettre qc en ~* etw in Frage stellen; ♦ F *(il n')y a pas de ~* das steht außer Frage; *la ~ est de savoir si ...* die Frage ist, ob ...; *la ~ n'est pas là, ce n'est pas la ~* darum geht es (hier) nicht; *c'est (toute) la ~* das ist hier die Frage; *c'est une autre ~* das ist e-e andere Frage; *c'est une ~ de goût, de tact,* F *~ de goût, de tact* das ist Geschmackssache, das ist e-e Frage des Takts; *c'est une ~ de point de vue* das ist Auffassungs-, Ansichtssache; *c'est une ~ de temps* das ist e-e Frage der Zeit, e-e Zeitfrage; *c'est en dehors, à côté de la ~* das gehört nicht zur Sache; *c'est 'hors de ~* das kommt nicht in Frage; *il est ~ de qn, de qc* es handelt sich um j-n, um etw; es ist die Rede von j-m, von etw; *de quoi est-il ~?* worum *ou* um was geht es (hier), handelt es sich?; *il n'en est pas ~,* F *pas ~!* das kommt nicht in Frage; davon kann keine Rede sein; F damit ist es nichts; *il n'est pas ~ de* (+*inf*) *ou* **que** ... es kommt nicht in Frage, daß ...; es kann keine Rede davon sein, daß ...; *iron il est bien ~ de ça!* Multiple-choice-Fragebogen *m*; ♦ *qu'il n'en soit plus ~!* davon will ich nichts mehr hören!; **3.** HIST *(torture)* peinliche Befragung; Folter *f*
questionnaire [kɛstjɔnɛʀ] *m* Fragebogen *m*; EXAMEN *~ à choix multiple (abr* **Q.C.M.**) Multiple-choice-Fragebogen *m*; *remplir un ~* e-n Fragebogen ausfüllen
questionn|er [kɛstjɔne] *v/t ~ qn* j-n befragen, ausfragen (*sur* über +*acc*); *~eur m, ~euse f* Frager(in) *m(f)*; Fragesteller(in) *m(f)*
quête [kɛt] *f* **1.** *action* (Geld-, Almosen-)Sammlung *f*; *à l'église* Kol'lekte *f*; *(argent recueilli)* Ertrag *m*; Ergebnis *n* e-r Geldsammlung, Kollekte; *~ à domicile* Haussammlung *f*; *faire la ~* sammeln (*à l'église, dans la rue* in der Kirche, auf der Straße); **2.** *(recherche)* Suche *f*; LITTÉRATURE *~ du Graal* Gralssuche *f*; *en ~ de* auf der Suche nach; *être en ~ de travail* auf Arbeits-, Stellensuche sein; *se mettre en ~ de qn, qc* sich auf die Suche nach j-m, etw begeben, machen
quêter [kete] **I** *v/t (solliciter)* erbitten; bitten um; **II** *v/i (faire la quête)* sammeln *(pour* für)
quetsche [kwɛtʃ] *f* **1.** Zwetsche *f*; *südd* Zwetschge *f*; *tarte f aux ~s* Zwetsch(g)enkuchen *m*; **2.** *~ (eau-de-vie f de)* ~ Zwetsch(g)enwasser *n*
queue [kø] *f* **1.** *d'animaux* Schwanz *m*; Schweif *m*; CH Rute *f*; CH *du lièvre* Blume *f*; *~ de cheval* a) Pferdeschweif *m*, -schwanz *m*; b) *coiffure* Pferdeschwanz *m*; *~s d'écrevisse* Krebsschwänze *m/pl*; *(habit m à) ~ de morue, de pie* Schwalbenschwanz *m*; *chauffard faire une ~ de poisson à qn* j-n schneiden; *fig finir, se terminer en ~ de poisson* enttäuschend enden; ausgehen wie das Hornberger Schießen; im Sand verlaufen; *loc/adv: à la ~ leu leu* im Gänsemarsch; einer hinter dem andern; *la ~ en trompette* mit aufgerichtetem Schwanz; F *fig s'en aller la ~ basse* F mit hängendem *ou* eingezogenem Schwanz, wie ein begossener Pudel abziehen; *fig n'avoir ni ~ ni tête* weder Hand noch Fuß haben; **2.** *par ext d'un avion, cerf-volant* Schwanz *m*; *d'une comète* Schweif *m*; *d'un fruit, d'une fleur, d'une poêle* Stiel *m*; *d'un radis* Stengel *m*; *~ de cerise* Kirschenstiel *m*; MUS *~ de note* Notenhals *m*, -stiel *m*; MUS *piano m à ~* Flügel *m*; F *ne pas en avoir la ~ d'un* keinen Groschen (mehr) in der Tasche haben; keinen Pfennig Geld haben; *fig tenir la ~ de la poêle* das Heft in der Hand haben, halten; **3.** *(dernière partie)* Ende *n*; hinterer Teil; F Schwanz *m*; *la ~ du cortège* das Ende, der hintere Teil des (Fest)Zuges; CH DE FER *wagon m de ~* letzter, hinterer Wagen; Schlußwagen *m*; *à la ~, en ~* am Ende; hinten; *en ~ du train* am Ende des Zuges; hinten im *ou* am Zug; *être à la ~ de sa classe* unter den Letzten k-r Klasse sein; **4.** *(file)* Schlange *f*; *une ~ de cent mètres* e-e hundert Meter lange Schlange; *faire la ~!* hinten anstellen!; *il y a ~ devant la boulangerie* man steht vor der Bäckerei Schlange; *faire la ~* Schlange stehen; anstehen (*pour qc* nach etw); *faire deux heures de ~* zwei Stunden lang Schlange stehen; *se mettre à la ~* sich hinten anstellen; **5.** BILLARD Queue *n*; Billardstock *m*; **6.** P *(pénis)* P Schwanz *m*
queue-de-rat [kødʀa] *f ⟨pl queues-de-rat⟩* TECH Rundfeile *f*
queux [kø] *m maître ~* Küchenchef *m*, -meister *m*
qui [ki] **I** *pr/rel* **1. a)** *sujet ou attribut* wer?; *~ est là?* wer ist da?; *~ êtes-vous?* wer sind Sie?; *~ sait?* wer weiß?; MIL *~ va*

là? ou ~ vive? wer da?; *TÉL ... Pierre ~?* ... was für ein Pierre?; **b)** *obj/dir* *~ cherchez-vous?* wen suchen Sie?; **c)** *obj/indir*: *à ~ penses-tu?* an wen denkst du?; *de ~ parlez-vous?* von wem sprechen Sie?; *sur ~ compter?* auf wen kann man (noch) zählen?; **2.** *loc interrogatives* **a)** *désignant qn* ♦ *sujet ~ est-ce ~?* ou F *qu'est-ce ~?* ou F *~ c'est ~?* wer?; *~ est-ce ~ vous a dit cela?* wer hat Ihnen das gesagt?; ♦ *obj/dir ~ est-ce que?* ou F *~ c'est que?* wen?; *~ est-ce que vous attendez?* wen erwarten Sie?; **b)** *désignant une chose (sujet)* *qu'est-ce ~?* was?; *qu'est-ce ~ est arrivé?* was ist passiert?; *qu'est-ce ~ vous manque?* was brauchen Sie noch?; **3.** *interrogation indirecte* **a)** *désignant qn*: *je me demande ~ a téléphoné* ich frage mich, wer angerufen hat; *dites-moi ~ vous cherchez* sagen Sie mir, wen Sie suchen; *je ne sais pas de ~ il s'agit* ich weiß nicht, um wen es sich handelt; **b)** *pr/int neutre (sujet)* *ce ~* was; *dites--moi ~ vous plaît* sagen Sie mir, was Ihnen gefällt;
II *pr/rel* **1. a)** *sujet* der, die, das, *pl* die; *st/s* welche(r, -s), *pl* welche; *l'homme ~ vient d'entrer* der Mann, der gerade hereingekommen ist; *les pommes ~ sont sur la table* die Äpfel, die auf dem Tisch sind; *celui ~* cf *celui b)*; **b)** *obj/indir désignant qn*: *l'homme à ~ je parle* der Mann, mit dem ich spreche; *celui contre ~ je lutte* derjenige), gegen den ich kämpfe; *toi, par ~ j'ai été averti du danger* du, durch den *ou* die ich vor der Gefahr gewarnt worden bin; **c)** *pr/rel neutre (sujet)* *ce ~* was; *ce ~ me fait plaisir ...* was mir Spaß macht ...; *tout ce ~ s'était passé ...* alles, was geschehen war ...; **2.** *sans antécédent* **a)** *sujet* wer; *sauve ~ peut!* rette sich, wer kann!; *JUR ~ de droit* zuständige Person, Stelle; ♦ *c'est à ~ ...* es geht darum, wer ...; *c'était à ~ entrerait le premier* es ging darum, als erster hineinzukommen; *loc/adv à ~ mieux mieux* um die Wette; *courir à ~ mieux mieux, à ~ arriverait le premier* um die Wette laufen; ♦ *st/s ~ ..., ...* der eine ..., der andere ...; *pl* die einen ..., die ander(e)n ...; dieser ..., jener ...; *pl* diese ..., jene ...; *on buvait ~ du vin, ~ de la bière* b); *obj/dir* wen; den, der ..., *pl* die, die ...; *j'aime ~ m'aime* ich liebe den, der mich liebt; *~ vous savez* Sie wissen schon, wen ich meine; *loc ni ~ ni quoi* überhaupt nichts; **c)** *obj/indir*: *la tâche est facile pour ~ se donne un peu de peine* die Aufgabe ist für den(jenigen) leicht, der sich etwas Mühe gibt; **d)** *pr/rel neutre* was; *~ mieux est* was noch besser ist; was das Schönste ist; *~ plus est* was noch da'zukommt; und da'zu noch; *voilà ~ est fait* das wäre geschafft;
III *pr/ind ~ que (+subj)* **a)** *sujet* wer auch (immer); (ganz) gleich *ou* F e'gal, wer; *~ que ce soit ~ ait fait le coup* wer auch immer das getan haben mag; ganz gleich, wer das getan hat; *~ que vous soyez* wer Sie auch (immer) sein mögen; ganz gleich *ou* F egal, wer Sie sind; **b)** *obj/dir* wen (auch immer);

(ganz) gleich *ou* F e'gal, wen; *(quelqu'un)* irgend jemand(en); *~ que vous ayez vu* wen auch immer Sie gesehen haben mögen; (ganz) gleich *ou* F egal, wen Sie gesehen haben; *j'ai suivi la rue sans rencontrer ~ que ce soit* ohne irgend jemandem zu begegnen; ♦ *n'importe ~* cf *importer²*
quiche [kiʃ] *f CUIS ~ lorraine* Speckkuchen *m*
quiconque [kikɔ̃k] *pr/ind* **1.** *(toute personne qui)* jeder, der; wer auch (immer); *~ a lu ce livre ...* jeder, der dieses Buch gelesen hat ...; **2.** *(n'importe qui)* jeder (beliebige); irgend jemand; *je le sais mieux que ~* ich weiß es besser als (sonst) irgend jemand
quidam [kɥidɑm, ki-] *m péj ou plais un ~* ein gewisser Jemand
quiet [kjɛ] *litt adj* ⟨-ète [-ɛt]⟩ ruhig
quiétisme [kjetism(ə)] *m REL* Quie'tismus *m*
quiétude [kjetyd] *litt f* Seelenruhe *f*, -frieden *m*; *en toute ~* in aller (Seelen-) Ruhe; beruhigt
quignon [kiɲɔ̃] *m* ⟨*de pain*⟩ (Brot-) Kanten *m*; *nordd* Knust *m*; *südd* Ranken *m* (Brot)
quille¹ [kij] *f* **1.** Kegel *m*; *jeu m, partie f de ~s* Kegelspiel *n*, -partie *f*; *jouer aux ~s* kegeln; **2.** *pl ~s* F *(jambes)* F Hachsen *f/pl*; *südd* Haxen *f/pl*; **3.** *f (fille)* Mädchen *n*; **4.** *arg militaire* Ende *n* des Mili'tärdienstes
quille² [kij] *f MAR* Kiel *m*; *loc/adv la ~ en l'air* kiel'oben
Quimper [kɛ̃pɛʀ] Stadt in der Bretagne
quincaillerie [kɛ̃kajʀi] *f* **1.** *objets* Eisenwaren *f/pl*; Eisen- und Haushaltwaren *f/pl*; **2.** *magasin* Eisenwarenhandlung *f*; Haushaltwarengeschäft *n*; **3.** F *fig* Flitterkram *m*
quincaill|ier [kɛ̃kaje] *m*, **-ière** *f* Eisenwaren-, Haushaltwarenhändler(in) *m(f)*
quinconce [kɛ̃kɔ̃s] *m* Fünferanordnung *f (wie auf dem Spielwürfel)*; *arbres etc disposés en ~* gegeneinander versetzt; auf Lücke gesetzt
quinine [kinin] *f PHARM* Chi'nin *n*
quinquagénaire [kɛ̃kaʒenɛʀ] **I** *m,f* Fünfzigjährige(r) *f(m)*; Fünfziger(in) *m(f)*; **II** *adj* fünfzigjährig
quinquennal [kɛ̃kenal] *adj* ⟨-aux⟩ **a)** *(qui dure cinq ans)* fünfjährig; *plan ~* Fünf'jahres,plan *m*; **b)** *(tous les cinq ans)* fünfjährlich; alle fünf Jahre stattfindend
quinquets [kɛ̃kɛ] *m/pl* F *(yeux)* Augen *n/pl*; F Gucker *m/pl*
quinquina [kɛ̃kina] *m* **1.** *PHARM* Chinarinde *f*; **2.** Aperitif, der Chinarinde enthält
Quint [kɛ̃] *adj HIST Charles ~* Karl V. (der Fünfte)
quintal [kɛ̃tal] *m* ⟨*pl* -aux⟩ *(abr* q) Doppelzentner *m (abr* dz)
quinte [kɛ̃t] *f* **1.** *MÉD* ⟨*de toux*⟩ Hustenanfall *m*; **2.** *MUS* Quint(e) *f*; **3.** *CARTES* Sequ'enz *f* von fünf Karten
quintessence [kɛ̃tesɑ̃s] *f* Quintessenz *f*; Hauptinhalt *m*; Wesentliche(s) *n*
quintette [kɛ̃tɛt, kɥɛ̃-] *m MUS* Quin'tett *n*; *~ de jazz* Jazzquintett [ˈdʒɛs-] *n*; Fünf'mannband *f (arg)*
quintuple [kɛ̃typl(ə)] **I** *adj* fünffach; **II** *subst le ~* das Fünffache; *le ~ du prix* der fünffache Preis

quintupler [kɛ̃typle] **I** *v/t* verfünffachen; **II** *v/i* sich verfünffachen
quintuplé(e)s [kɛ̃typle] *m(f)pl* Fünflinge *m/pl*
quinzaine [kɛ̃zɛn] *f* **1.** *une ~* etwa, an die, ungefähr, rund, zirka fünfzehn *(d'ouvriers* Arbeiter); **2.** *(deux semaines)* vierzehn Tage *m/pl*; zwei Wochen *f/pl*; *~ commerciale* vierzehntägige, zweiwöchige Promotion [-ˈmoːʃən]; *la grande ~ des prix littéraires* die große Zeit der Literaturpreise (in der ersten Dezemberhälfte); *la première, seconde ~ de mai* die erste, zweite Maihälfte; *dans une ~* in vierzehn Tagen
quinze [kɛ̃z] **I** *num/c* **1.** fünfzehn; *le ~ avril* der fünfzehnte *ou* am fünfzehnten April; *Louis XV* Ludwig XV. (der Fünfzehnte); *~ minutes* fünfzehn Minuten; *~ page* ~ Seite fünfzehn; *de ~ ans* fünfzehnjährig; von fünfzehn Jahren; **2.** *~ jours* vierzehn Tage *m/pl*; *voyage m de ~ jours* vierzehntägige Reise; *loc/adv*: *dans ~ jours* in vierzehn Tagen; *dans les ~ jours* innerhalb der nächsten vierzehn Tage; *tous les ~ jours* alle vierzehn Tage; vierzehntäglich; *aujourd'hui en ~* heute in vierzehn Tagen; **II** *m* ⟨*inv*⟩ **1.** *nombre* Fünfzehn *f*; *le ~ (du mois)* der Fünfzehnte *ou* am Fünfzehnten (des Monats); *cf* à *deux II*; **2.** *SPORTS* Rugbymannschaft *f (von fünfzehn Spielern)*
Quinze-Vingts [kɛ̃zvɛ̃] *hospice m des ~* Blindenanstalt in Paris
quinzième [kɛ̃zjɛm] **I** *num/o* fünfzehnte(r, -s); **II** *subst* **1.** *le, la ~* der, die, das fünfzehnte; **2.** *MATH* Fünfzehntel *n*
quiproquo [kipʀɔko] *m* Verwechslung *f*; Quipro'quo *n*
quittance [kitɑ̃s] *f* Quittung *f*; Zahlungsbeleg *m*; *~ de loyer* Mietquittung *f*; Quittung über bezahlte Miete
quitte [kit] *adj* **1.** *d'une dette* nichts schuldig; quitt; frei; *JUR ~ de tous droits et taxes* abgaben- und gebührenfrei; *être ~ envers qn* j-m nichts mehr schulden; mit j-m quitt sein; *nous sommes ~s* wir sind quitt; **2.** *fig être ~ de qc* von etw frei, e-r Sache *(gén)* ledig sein; *en être ~ à bon compte* mit e-m blauen Auge da'vonkommen; *en être ~ pour la peur* mit dem (bloßen) Schrecken da'vongekommen sein; *tenir qn ~ de qc* j-m etw erlassen; **3.** *loc/prép à (+inf)* auf die Gefahr hin, daß ...; ♦ *à être puni* auch auf die Gefahr hin, bestraft zu werden; **4.** *jouer à ~ ou double* **a)** *jeu* weitermachen (und dabei den Einsatz verdoppeln oder verlieren); „Alles oder nichts" spielen; **b)** *fig* alles aufs Spiel setzen; alles auf eine Karte setzen

quitter [kite] **I** *v/t* **1.** *lieu* verlassen; *métier* aufgeben; *~ son appartement (déménager)* ausziehen; s-e Wohnung aufgeben; *~ ses fonctions* sein Amt niederlegen; den Dienst quit'tieren; *il lycée à treize ans* das Gymnasium mit dreizehn Jahren verlassen; mit dreizehn Jahren vom Gymnasium abgehen; *~ son pays* sein Land verlassen; *navire ~ le port* (aus dem Hafen) auslaufen; *voiture ~ la route* von der Fahrbahn abkommen; *abs*: TÉL **ne quittez pas!** bitte, bleiben Sie am Appa'rat!; **2.** *personne* verlassen; ~ **qn brusquement** j-n plötzlich verlassen; j-n einfach stehenlassen; **cette pensée ne le quitte jamais** dieser Gedanke läßt ihn nie los; **sa photo ne me quitte jamais** ich trage immer sein Foto bei mir; **sur ce, je vous quitte** jetzt muß ich gehen; **ne pas ~ qn, qc des yeux** j-n, etw nicht aus den Augen lassen; **3.** *vêtement* ablegen; ausziehen; **~ le deuil** die Trauer ablegen; *fig* **~ l'habit religieux** in den Laienstand zurückkehren; **II** *v/pr* **se ~** sich trennen; ausein'andergehen; **ils ne se quittent plus** sie sind unzertrennlich; **ils se sont quittés bons amis** sie sind als gute Freunde auseinandergegangen

quitus [kitys] *m* JUR, COMM Entlastung *f*; **donner ~ à qn** j-m Entlastung erteilen; j-n entlasten

qui-vive [kiviv] **I** *int* MIL wer da?; **II** *m* **être, se tenir sur le ~** auf der Hut sein; aufpassen; F auf dem Qui'vive sein

quoi [kwa] **I** *pr/int* **1.** *obj/dir ou seul* was?; *j'ai acheté qc*, **devine ~?** rate mal, was?; **~ faire?** was tun?; **en ~ faisant?** wie?; auf welche Weise?; **pour ~ faire?** wozu?; **je ne sais plus ~ dire** ich weiß nicht mehr, was ich sagen soll; ♦ F **~?** *je n'ai pas compris* was? …; **alors, il se décide ou ~?** entschließt er sich nun oder nicht, F oder was eigentlich?; **~ de neuf?** was gibt's Neues?; **~ de plus facile?** nichts leichter als das!; **~ de plus naturel?** was ist selbstverständlicher?; **2.** *obj/indir* wor'an, wor'auf, wo'mit, wo'zu *etc* (*selon la prép*); **à ~ pensez-vous?** woran denken Sie?; **de ~ est-ce qu'il se nourrit?** wovon ernährt er sich?; **il ne sait pas par ~ commencer** er weiß nicht, womit er anfangen soll; ♦ **à ~ bon?** wozu?; was nützt das (schon)?; F *menaçant de* **~?** he, was gibt's?; was fällt euch ein!; **3.** *exclamatif* **~!** *vous partez?* was! *ou* wie! …; F *en fin d'explication* **… une vie monotone, ~** … ein eintöniges Dasein also, eben, *südd* halt;
II *pr/rel* **1.** wor'an, wor'auf, wo'mit *etc* (*selon la prép*); **s'il savait ce à ~ je pense** wenn er wüßte, woran ich denke; **c'est en ~ vous vous trompez** hier(in) irren Sie (sich); **voici de ~ payer le loyer** hier ist das Geld, um die Miete zu bezahlen; ♦ *il exposa les faits, après ~ il se retira* worauf'hin er sich zurückzog; *prêtez-moi un peu d'argent*, **sans ~ ou faute de ~ je ne pourrai payer le taxi** sonst *ou* andernfalls kann ich das Taxi nicht bezahlen; ♦ F **comme ~** a) (der *ou* die, das besagt,) daß; *il lui a fait un certificat comme ~ il a bien travaillé* er hat ihm ein Zeugnis ausgestellt, daß *ou* wonach er gute Arbeit geleistet hat; b) also; *il n'a même pas demandé à le voir*, **comme ~ ce n'était pas très important** es war also nicht sehr wichtig; **2.** *sans antécédent*: **acheter de ~ écrire** Schreibmaterial kaufen; **avoir de ~ écrire** etwas zum Schreiben haben; **avoir de ~ vivre** sein Auskommen, genug zum Leben haben; F **avoir de ~** Geld haben; F (gut) betucht sein; **il n'y a pas de ~ rire** da gibt es nichts zu lachen; (dies ist) kein Grund zum Lachen; *je vous remercie –* (*il n'y a*) **pas de ~** (bitte,) keine Ursache; (bitte,) gern geschehen; nichts zu danken;
III *pr/ind* **~ que** (+*subj*) was auch (immer); (ganz) gleich *ou* F e'gal, was; **~ qu'il arrive** was auch (immer) geschehen mag; ganz gleich *ou* F egal, was geschieht; **~ qu'on dise** was man auch (immer) sagen mag; **~ que ce soit** was auch immer (das sein mag); (ganz) gleich *ou* F egal, was; (*quelque chose*) irgend etwas; **s'il arrive ~ que ce soit** wenn irgend etwas, F irgendwas passiert; **~ qu'il en soit** wie dem auch sei; ♦ **n'importe ~** *cf importer²*

quoique [kwak(ə)] ⟨*vor il, elle, un, une, on* **quoiqu'**⟩ *conj* (+*subj*) ob'gleich; ob'wohl; wenn auch; **quoiqu'il ait beaucoup d'amis …** obwohl *er* viele Freunde hat …; F **~ pour ça, on n'a pas de preuves** obwohl – man hat ja eigentlich keine Beweise dafür

quolibet [kɔlibɛ] *m* Anzüglichkeit *f*; spöttische Bemerkung

quorum [kɔrɔm, kwɔ-] *m* beschlußfähige Anzahl (von Sitzungsteilnehmern); Quorum *n*; **le ~ est atteint** die Versammlung ist beschlußfähig

quota [kɔta, kwɔ-] *m* ADM Quote *f*; **~ d'immigration** Einwanderungsquote *f*; **~ d'importation** Einfuhrquote *f*

quote-part [kɔtpaʀ] *f* ⟨*pl* quotes-parts⟩ Anteil *m*; anteiliger, anteilmäßiger Betrag; Quote *f*

quotidien [kɔtidjɛ̃] **I** *adj* ⟨~ne⟩ (all')täglich; **le pain ~** das tägliche Brot; **le travail ~** die tägliche Arbeit; **la vie ~ne** der Alltag; das alltägliche Leben; **II** *m* **1.** *journal* Tageszeitung *f*; **2.** (*vie quotidienne*) Alltag *m*

quotient [kɔsjɑ̃] *m* **1.** MATH Quoti'ent *m*; **2.** *par ext*: IMPÔTS **~ familial** Bewertungsziffer *f* entsprechend dem Familienstand; **~ intellectuel** (*abr* **Q.I.**) Intelli'genzquotient *m* (*abr* IQ)

quotité [kɔtite] *f* JUR Anteil *m*; Anteilsumme *f*; Quote *f*; **~ disponible** frei verfügbarer Erbanteil

R

R, r [ɛR] *m* ⟨*inv*⟩ R, r *n*
rab [Rab] *m* F **1.** *de nourriture* F Nachschlag *m*; *il y a des frites en* ~ es sind noch Pommes frites übrig; *qui veut du* ~? wer will nachfassen?; **2.** (*temps supplémentaire*) *faire du* ~ a) (unbezahlte) 'Überstunden machen; b) MIL nachdienen (müssen)
rabâchage [Rabaʃaʒ] *m* endloses Wieder'holen; F 'Wiederkäuen *n*
rabâcher [Rabaʃe, -bɑ-] *v/t* F **1.** *des histoires* endlos, bis zum 'Überdruß wieder'holen; F 'wiederkäuen; immer wieder anfangen (*qc* von etw); *abs* immer dasselbe reden, F faseln; *adjt rabâché sujet etc* abgedroschen; **2.** *ses leçons* ständig hersagen, F herbeten, runterleiern
rabâch|eur [Rabaʃœʀ] F *m*, **~euse** F *f* langweiliger Schwätzer, langweilige Schwätzerin
rabais [Rabɛ] *m* Preisnachlaß *m*, -abschlag *m*; Ra'batt *m*; *loc/adv au* ~ zu her'abgesetzten Preisen; *acheter* preisgünstig; F *travailler au* ~ gegen schlechte Bezahlung arbeiten; e-e billige Arbeitskraft sein; *faire un* ~ *sur qc* auf etw (*acc*) Rabatt geben
rabaisser [Rabese] I *v/t les mérites etc de qn* her'absetzen; schmälern; ~ *l'orgueil de qn* j-s Stolz (*dat*) e-n Schlag versetzen; II *v/pr se* ~ sich (selbst) schlechtmachen, her'absetzen
rabane [Raban] *f* (Raphia)Bast(gewebe) *m*(*n*)
rabat [Raba] *m* **1.** *plastron* Beffchen *n*; **2.** *d'un sac, d'une poche, d'une enveloppe* Klappe *f*; *cout a* Patte *f*; **~-joie** *m* ⟨*inv*⟩ Spielverderber *m*; F Miesmacher *m*
rabatt|age [Rabataʒ] *m* CH (Zu)Treiben *n*; **~eur** *m* **1.** CH Treiber *m* **2.** *fig et péj* (An)Werber *m*
rabattre [Rabatʀ(ə)] ⟨*cf battre*⟩ I *v/t.* *couvercle, siège* her'unterklappen; *col, drap* 'umschlagen; *vent: fumée* her'unterdrücken; TENNIS *balle* stoppen; ~ *les bords de son chapeau* die Hutkrempe in die Stirn drücken, ins Gesicht ziehen; **2.** *fig prétentions de qn* her'unterdrücken; *cf a caquet 1.*; **3.** COMM ~ *trois francs* (*du prix*) drei Franc (vom Preis) nachlassen; um drei Franc her'untergehen; **4.** CH *gibier* treiben; ~ *le gibier vers qn* j-m das Wild zutreiben; II *v/i* **5.** *en* ~ zu'rückstecken; Abstriche machen; s-e Ansprüche her'unterschrauben; III *v/pr* **6.** *se* ~ *voiture après avoir doublé* wieder einscheren, nach rechts hin'überziehen; *se* ~ *sur la gauche* plötzlich nach links ausscheren, fahren; *footballeur etc se* ~ *vers le centre* plötzlich zur Mitte laufen; **7.** *faute de mieux se* ~ *sur* vor'liebnehmen, sich begnügen mit; ausweichen, zu'rückgreifen auf (+*acc*); sich zuwenden (+*dat*)
rabattu [Rabaty] *adj* COUT *col* ~ 'Umlege-, 'Umschlagkragen *m*; *couture* ~**e** Kappnaht *f*
rabbin [Rabɛ̃] *m* REL Rab'biner *m*; *grand* ~ Oberrabbiner *m*
rabbin|at [Rabina] *m* Rabbi'nat *n*; Rab-'binerwürde *f*; **~ique** *adj* Rab'biner...; rab'binisch
Rabelais [Rablɛ] *frz Dichter*
rabelaisien [Rablɛzjɛ̃] *adj* ⟨**~ne**⟩ in der Art Rabelais'; Rabelais' würdig
rabibocher [Rabibɔʃe] F *v/t* (wieder) versöhnen; II *v/pr se* ~ sich (wieder) mitein'ander versöhnen
rabiot [Rabjo] *m* F *cf rab*
rabioter [Rabjɔte] F I *v/t* ~ *qc* sich den Nachschlag, den Rest von etw sichern, nehmen; II *v/i* sich kleine zusätzliche Einnahmen verschaffen
rabique [Rabik] *adj* MÉD Tollwut...
râble [Rɑbl(ə)] *m* **1.** (Ka'ninchen-, Hasen)Rücken *m* (*a* CUIS; **2.** F *fig tomber sur le* ~ *de qn* über j-n herfallen
râblé [Rɑble] *adj* **1.** *animal bien* ~ mit kräftigem Rücken; **2.** *personne* stämmig; unter'setzt; vierschrötig
rabot [Rabo] *m* Hobel *m*
raboter [Rabɔte] *v/t* **1.** (ab-, be-, glatt-) hobeln; *plancher* abschleifen; **2.** F *son genou, sa tête etc* aufschürfen
raboteux [Rabɔtø] *adj* ⟨**-euse**⟩ *chemin, fig: vers* holp(e)rig; *surface* uneben; rauh
rabougri [RabugRi] *adj* **1.** *plante* verkümmert; verkrüppelt; **2.** *personne* kümmerlich; schmächtig
rabougrir [RabugRiR] *v/pr se* ~ **1.** *plante* verkümmern; **2.** *personne* zu'sammenschrumpfen; verhutzeln
rabouter [Rabute] *v/t* zu'sammenfügen, -setzen
rabrouer [RabRue] *v/t* ~ *qn* j-n anfahren, anherrschen; (*repousser*) j-m e-e Abfuhr erteilen; *se faire* ~ e-e Abfuhr bekommen
racaille [Rakaj, -kɑj] *f* Pack *n*; Gesindel *n*
raccommod|able [Rakɔmɔdabl(ə)] *adj* ausbesserungsfähig; **~age** *m* Ausbesserung *f*; Flicken *n*; Flickarbeit *f*; **~ement** F *m* ('Wieder)Versöhnung *f*
raccommoder [Rakɔmɔde] I *v/t* **1.** *linge, vêtements* flicken (*a porcelaine, filets*); ausbessern; stopfen; repa'rieren; **2.** F (*réconcilier*) (wieder)versöhnen; II *v/pr se* ~ sich (wieder mitein'ander) versöhnen
raccompagner [Rakɔ̃paɲe] *v/t* ~ *qn* j-n (zu'rück)begleiten, zu'rückbringen; ~ *qn chez lui en voiture* j-n mit dem Auto nach Hause bringen, fahren
raccord [RakɔR] *m* **1.** *faire un* ~ a) *de peinture, de maçonnerie* (die Farbe, das Mauerwerk) ausbessern; b) F *fig* sein Make-up [me:k'ap] auffrischen; **2.** TECH Verbindungsstück *n*, -rohr *n*, -schlauch *m*; Anschlußstück *n*; Nippel *m*; Muffe *f*; **3.** CIN ~ (*de plans*) 'Übergang *m* (zwischen den einzelnen Bildeinstellungen)
raccordement [RakɔRdəmɑ̃] *m* Verbindung *f*; Anschluß *m*; 'Übergang *m*
raccorder [RakɔRde] I *v/t* (mitein'ander) verbinden; zu'sammenfügen, -schließen; TV, TÉL anschließen; ~ *une ville à l'autoroute* e-e Stadt an die Autobahn anschließen; II *v/pr se* ~ TECH angeschlossen sein (*à* an +*acc*); (*s'adapter*) zu'sammenpassen; *dessin de papier peint etc* anein'ander anschließen
raccourci [RakuRsi] I *adj* ge-, verkürzt; *loc/adv: fig à bras* ~**s** mit aller, voller Kraft, Gewalt; mit voller Wucht; *en* ~ in Kurzform; kurzgefaßt; im Abriß; II *m* **1.** *chemin* Abkürzung *f*; *prendre un* ~ e-e Abkürzung nehmen; **2.** LITTÉRATURE Raffung *f*
raccourcir [RakuRsiR] I *v/t séjour* ab-, verkürzen; *robe* kürzer machen; *texte* kürzen; raffen; *abs: passons par là, ça raccourcit* das ist kürzer; II *v/i jours, robe au lavage* kürzer werden; F *les jupes raccourcissent cette année* dieses Jahr trägt man die Röcke kürzer
raccourcissement [RakuRsismɑ̃] *m* (Ver)kürzung *f*; *des jours* Kürzerwerden *n*
raccroc [RakRo] *loc/adv par* ~ durch e-n glücklichen Zufall
raccrocher [RakRɔʃe] I *v/t* **1.** *tableau, rideau etc* wieder aufhängen; *wagon* wieder anhängen; ~ (*le récepteur*) (den Hörer) auflegen; einhängen; **2.** *passants* ansprechen; F anhauen; II *v/pr se* ~ sich festklammern (*à* an +*dat*); sich (an)klammern (an +*acc*); *fig se* ~ *à qn, qc* sich an j-n, etw klammern
race [Ras] *f* **1.** BIOL Rasse *f*; *la* ~ *blanche, jaune, noire* die weiße, gelbe, schwarze Rasse; ~ *de chien* Hunderasse *f*; *loc/adj: de* ~ Rasse...; *chien m de* ~ Rassehund *m*; *de* ~ *pure* reinrassig, rasserein; **2.** (*famille*) Geschlecht *n*; Sippe *f*; Fa'milie *f*; Stamm *m*; BIBL *la* ~ *de David* der Stamm Davids; *loc/adj fin de* ~ deka'dent, degene'riert; über'feinert; *être de* ~ *noble* von edlem Geschlecht, von edler Abstammung sein;

3. (*catégorie de personnes*) Rasse *f*; (Menschen)Schlag *m*; **4.** *péj* Sippschaft *f*; Brut *f*; F **quelle sale ~!** was für ein Gesindel!

racé [Rase] *adj* **1.** *animal* Rasse...; reinrassig; **2.** *personne* von na'türlicher Vornehmheit, Ele'ganz; a'part

rachat [Raʃa] *m* **1.** COMM, JUR Rückkauf *m*; 'Wiederkauf *m*; *d'une rente, servitude* Ablösung *f*; **2.** *de prisonniers* Loskauf *m*; Freikauf *m*

racheter [Raʃte] ⟨-è-⟩ **I** *v/t* **1.** *maison etc* zu'rück-, 'wiederkaufen; *rente, servitude* ablösen; **~ du pain** wieder Brot kaufen; **~ qc à qn** j-m etw (wieder) abkaufen; **2.** *prisonniers* los-, freikaufen; REL *les hommes* erlösen; **~ sa liberté** sich freikaufen; **3.** *fig faute, crime* sühnen; wieder'gutmachen; *inconvénient* wieder aufwiegen, ausgleichen; entschädigen für; **II** *v/pr se* **~** sein Ansehen wieder-'herstellen

rachidien [Raʃidjɛ̃] *adj* ⟨~ne⟩ ANAT Rückenmark(s)...; Wirbel(säulen)...

rachitique [Raʃitik] *adj* **1.** MÉD ra'chitisch; **2.** *par ext plante* zu'rückgeblieben; kümmerlich; kümmernd

rachitisme [Raʃitism(ə)] *m* MÉD Ra'chitis *f*; englische Krankheit

racial [Rasjal] *adj* ⟨-aux⟩ rassisch; Rassen...; *émeutes* **~es** Rassenunruhen *f/pl*; *question* **~e** Rassenfrage *f*

racine [Rasin] *f* **1.** BOT Wurzel *f*; **~s** *pl a* Wurzelwerk *n*; *fig et st/s* **~s** *pl* Wurzeln *f/pl*; Ursprung *m*; *fig avoir de profondes* **~s** *dans un pays* in e-m Land fest verwurzelt sein; *fig attaquer, couper le mal à sa, à la* **~** das Übel an der Wurzel packen; das Übel mit der Wurzel ausrotten; *fig personne, invité prendre* **~** Wurzeln schlagen; F hängenbleiben; **2.** ANAT Wurzel *f*; **~s** *des cheveux, des poils* Haarwurzeln *f/pl*; **~** *d'une dent, du nez* Zahn-, Nasenwurzel *f*; **3.** MATH Wurzel *f* (**de 9** aus 9); **4.** LING Wurzel *f*

racinien [Rasinjɛ̃] *adj* ⟨~ne⟩ von, bei Ra'cine; Ra'cinesche(r, -s)

rac|isme [Rasism(ə)] *m* Ras'sismus *m*; Rassenhaß *m*, -hetze *f*, -wahn *m*; über-'steigertes Rassenbewußtsein; **~iste I** *adj* ras'sistisch; **II** *m,f* Ras'sist(in) *m(f)*; Rassenfanatiker(in) *m(f)*

rack [Rak] *m pour chaîne hi-fi* Rack [Rɛk] *n*

racket [Raket] *m* **1.** *activité* (Schutzgeld)Erpressung *f*; **2.** *organisation* Erpresserbande *f*

rackett|er [Rakete] *v/t* **~ qn** von j-m (Schutz)Geld erpressen; **~eur** *m* (Schutzgeld)Erpresser *m*

raclage [Raklaʒ] *m* (Ab)Schaben *n*; (Ab)Kratzen *n*

raclée [Rakle] F *f* **1.** Tracht *f* Prügel *f*; F Keile *f*; Dresche *f*; Senge *pl*; *cf a flanquer² 2., recevoir 2.*, **2.** *fig* Schlappe *f*; *prendre une* **~** e-e Schlappe erleiden

raclement [Rakləmɑ̃] *m* Kratzen *n*; Schaben *n*; **~ de gorge** Räuspern *n*

racler [Rakle] **I** *v/t* **1.** (ab)schaben; (ab)kratzen; *nordd a* schrappen; *ses pieds* abstreifen; *semelle* abstreichen; **~ *une allée*** e-n Weg einebnen, harken; **~** (*le fond d'*)*une casserole* in e-m Topf auskratzen; **2.** *pneu* **~ *le bord du trottoir*** am Bordstein entlangscheuern; den Bordstein hart streifen; **3.** F *fig vin etc* **~**

le gosier im Hals kratzen; **4.** *péj* **~ *du violon*** auf e-r Geige (her'um)kratzen; **II** *v/pr se* **~ *la gorge*** sich räuspern

raclette [Raklɛt] *f* **1.** TECH Schaber *m*; Kratzer *m*; **2.** CUIS Ra'clette *f ou n* (*Art Käsefondue*)

racloir [Raklwar] *m* TECH Schabeisen *n*, -messer *n*; Schaber *m*; Kratzer *m*; Schrapper *m*

raclure [RaklyR] *f* **1.** *déchets* (Ab-)Schabsel *n*; **2.** *fig injure* Abschaum *m*

racolage [Rakɔlaʒ] *m* **1.** *péj* Kundenfang *m*; *d'adhérents* (An)Werben *m*; F Keilen *n*; *faire du* **~** auf Kundenfang gehen; **2.** HIST MIL Anwerbung *f*

racoler [Rakɔle] *v/t péj acheteurs, abonnés* (an)werben; fangen; *adhérents* werben; F keilen; *prostitué(e)s: clients* ansprechen; F anhauen; *abs* auf Kundenfang gehen

racol|eur [RakɔlœR] *m* **1.** *péj* (skrupelloser) Kundenwerber; *pour une boîte de nuit* Schlepper *m*; **2.** HIST MIL Werber *m*; **~euse** *f* (Straßen)Dirne *f*; Straßenmädchen *n*

racontars [Rakɔ̃tar] *m/pl* Klatsch *m*; Geschwätz *n*; F Tratsch *m*

raconter [Rakɔ̃te] **I** *v/t* **1.** erzählen; berichten; **~ qc** (von) etw erzählen, berichten; **~ *un film*** die Handlung e-s Films, F e-n Film erzählen; **~ *une histoire*** e-e Geschichte erzählen; **~ *un voyage*** von e-r Reise erzählen, berichten; *abs allez, raconte!* los, erzähl!; laß hören!; *ça vaut la peine d'être raconté* das ist erzählenswert; *on raconte que* ... es wird erzählt, berichtet, gesagt, daß ...; es heißt, daß ...; **2.** *péj* erzählen; *on raconte beaucoup de choses sur son compte* man erzählt viel über ihn; über ihn wird viel geredet; *c'est du moins ce qu'elle raconte* so erzählt, sagt sie wenigstens; *qu'est-ce que tu me racontes?* was erzählst du mir (denn) da?; *il nous en raconte!* der erzählt uns (vielleicht) Sachen!; **II** *v/pr* **3. a)** *réciproquement se* **~ *des blagues*** sich (gegenseitig) Witze erzählen; **b)** *sens passif: cette histoire ne peut se* **~ *devant les enfants*** kann man nicht vor Kindern erzählen; **4.** *dans un roman etc se* **~** von sich erzählen; sich selbst darstellen; *il aime se* **~** er spricht gern von sich selbst

racorni [RakɔRni] *adj* **1.** *viande, cuir* hart; *peau* ledern; **2.** *fig cœur* **~** verbittertes Herz; *avoir l'esprit* **~** verkalkt, verknöchert sein

racorn|ir [RakɔRniR] **I** *v/t cuir* hart werden lassen; **II** *v/pr se* **~** *viande, cuir* hart, *peau* ledern werden; *vieillard* schrump(e)lig werden; zu'sammenschrumpfen; *fig cœur* sich verhärten; **~issement** *m* Hartwerden *n*; Zu'sammenschrumpfen *n*; *fig* Verhärtung *f*

radar [Radar] *m* Ra'daranlage *f*, -gerät *n*; Funkmeßgerät *n*; *adjt* ⟨*inv*⟩ *antenne f*, *contrôle m*, *écran m*, *station f* **~** Radarantenne *f*, -kontrolle *f*, -schirm *m*, -station *f*; *guidé par* **~** ra'dargelenkt, -gesteuert

rade [Rad] *f* **1.** MAR Reede *f*; *être en* **~** auf der Reede liegen; **2.** F *fig laisser en* **~** *personne* verlassen; im Stich lassen; *travail* liegenlassen; *rester en* **~** *voiture*, *projet* liegenbleiben; *personne* zu'rückbleiben

radeau [Rado] *m* ⟨*pl* ~x⟩ Floß *n*; MAR **~ *de sauvetage*** Rettungsinsel *f*

radial [Radjal] *adj* ⟨-aux⟩ **1.** radi'al; Radi'al...; strahlenförmig; *voie* **~e** *ou subst* **~e** *f* von der Stadtmitte zum Stadtrand führende Straße; *österr* Radi'allinie *f*; **2.** ANAT Speichen...; Radi'al...

radian [Radjɑ̃] *m* (*abr rad*) MATH Radi'ant *m* (*abr rad*)

radiant [Radjɑ̃] *adj* PHYS (aus)strahlend

radiateur [RadjatœR] *m* **1.** *de chauffage central* Heizkörper *m*; *t/t* Radi'ator *m*; *électrique, à gaz* Heizofen *m*; **2.** AUTO Kühler *m*

radiation [Radjasjɔ̃] *f* **1.** *sur une liste, un compte* Streichung *f*; JUR *d'inscription* (*hypothécaire*) Löschung *f* e-r Hypothek; **2.** PHYS Strahlung *f*; *t/t* Radiati'on *f*; **~s** *pl* Strahlen *m/pl*

radical [Radikal] ⟨*m/pl* -aux⟩ **I** *adj* **1.** radi'kal; *moyen a* 'durchgreifend; *mesure, réforme a* einschneidend; *guérison* 'vollständig; **2.** POL *parti* **~** Radi'kalsozialistische Partei (*bürgerlich-laizistisch*); **II** *m* **1.** GR (Wort)Stamm *m*; **2.** CHIM Radi'kal *n*; **3.** MATH Wurzelzeichen *n*; **4.** POL Radi'kalsozialist *m*; *Mouvement des radicaux de gauche* (*abr M.R.G.*) Links-Radikalsozialistische Partei (*linke Mitte*)

radicalement [Radikalmɑ̃] *adv* radi'kal; von Grund aus; 'durchgreifend; **~ *différent*** grundverschieden; *guérir qn* **~** **a)** j-n völlig, vollständig heilen; **b)** *fig d'un vice* j-n gründlich ku'rieren

radicalis|ation [Radikalizasjɔ̃] *f* POL Radikali'sierung *f*; **~er I** *v/t* POL radikali'sieren; **II** *v/pr se* **~** radi'kal werden

radicalisme [Radikalism(ə)] *m* POL *en France* (Bewegung *f* des) Radi'kalsozialismus *m*

radical-socialiste [Radikalsɔsjalist] ⟨*m/pl* radicaux-socialistes⟩ POL **I** *adj* radi'kalsozialistisch; **II** *m* Radi'kalsozialist *m*

radicelle [Radisɛl] *f* BOT Wurzelfaser *f*

radier [Radje] *v/t* (*rayer*) streichen; JUR löschen

radiesthés|ie [Radjɛstezi] *f* Radiästhe-'sie *f*; **~iste** *m* (Wünschel)Rutengänger *m*

radieux [Radjø] *adj* ⟨-euse⟩ **1.** *soleil, journée* strahlend; **2.** *air, visage, personne* (glück-, freude)strahlend

radin [Radɛ̃] F **I** *adj* ⟨*f a inv*⟩ F knick(e)rig; knaus(e)rig; **II** *subst* **~(e)** *m(f)* Geizhals *m*, -kragen *m*; F Knauser(in) *m(f)*; Knicker(in) *m(f)*; Pfennigfuchser(in) *m(f)*

radiner [Radine] *v/i* (*et v/pr se*) **~** F (*arriver*) F antanzen; eintrudeln; *tu te radines!* komm, mach schon!

radinerie [Radinri] *f* F Knaus(e)rigkeit *f*; Knick(e)rigkeit *f*; Pfennigfuchse'rei *f*

radio¹ [Radjo] *f* **1.** (*radiodiffusion*) Radio *n*; Rundfunk *m*; Hörfunk *m*; *programme m de* **~** Hörfunk-, Rundfunk-, Radioprogramm *n*; *loc/adv à la* **~** im Radio; im Hörfunk; *avoir la* **~** *et la télé* Radio und Fernsehen haben; *passer à la* **~** im Radio kommen; *travailler à la* **~** beim Rundfunk arbeiten; **2.** *récepteur de* **~**; *poste m* (*de*) **~** Radio- *ou* Rundfunkapparat *m*, -gerät *n*; **3.** *station émettrice* Sender *m*; *suivi d'un n/pr* Radio *n*; **~ *libre*** Pri-

'vatsender *m*; ~ *pirate* Pi'ratensender *m*; **4.** (*radiotéléphonie*) Funk *m*; *adjt*: *liaison f* ~ Funkverbindung *f*; *message m* ~ Funkspruch *m*; *loc/adv par* ~ über Funk; **5.** (*radiographie*) Röntgenaufnahme *f*, *-bild n*; (*radioscopie*) (Röntgen)Durch'leuchtung *f*; *se faire faire une* ~ sich röntgen *ou* durch-'leuchten lassen; *passer à la* ~ geröntgt *ou* durch'leuchtet werden

radio² [Radjo] *m* Funker *m*; *MAR, AVIAT* ~ *de bord* Bordfunker *m*

radio|actif [Radjoaktif] *adj* ⟨-ive⟩ *PHYS NUCL* radioak'tiv; ~**activité** *f* Radioaktivi'tät *f*

radio|alignement [Radjoalinmã] *m MAR, AVIAT* Einweisung *f* durch Richtfunkfeuer; ~**amateur** *m* Funk-, Radioamateur *m*; ~**astronomie** *f* Radioastrono'mie *f*; ~**balise** *f MAR, AVIAT* Funkfeuer *n*; Funkbake *f*; ~**biologie** *f* Strahlenbiologie *f*; Radiobiolo'gie *f*

radiocarbone [Radjokarbɔn] *m* Radiokohlenstoff *m*; *méthode f du* ~ Radiokar'bonmethode *f*

radio|cassette [Radjokaset] *f* Radiorecorder *m*; ~**chimie** *f* Radiochemie *f*; ~**commandé** *adj* funkgesteuert; ~**diagnostic** *m* MÉD Röntgendiagnose *f*

radiodiffuser [Radjodifyze] *v/t* (im Rundfunk) über'tragen, senden; (über den Rundfunk) ausstrahlen; *être radiodiffusé* vom Rundfunk übertragen, gesendet, ausgestrahlt werden

radiodiffusion [Radjodifyzjɔ̃] *f* **1.** *transmission* Radio-, Rundfunkübertragung *f*; *station f de* ~ Rundfunkstation *f*, *-sender m*; **2.** *services* Rundfunk(wesen) *m(n)*; Hörfunk *m*

radio|électricité [RadjoelɛktRisite] *f TECH* Funk-, Radio-, Hochfrequenztechnik *f*; ~**électrique** *adj* Funk...; Radio...; *ondes f/pl* ~**s** Funkwellen *f/pl*

radio|élément [Radjoelemã] *m PHYS NUCL* Radioelement *n*; ~**goniomètre** *m MAR, AVIAT* Funkpeilgerät *n*

radiographie [Radjografi] *f* **1.** *procédé* Röntgenuntersuchung *f*; *t/t* Röntgenogra'phie *f*; *appareil m de* ~ Röntgenapparat *m*; **2.** *cliché* Röntgenaufnahme *f*, *-bild n*

radiographier [Radjografje] *v/t malade, organe, tableau* röntgen *f*; Röntgenaufnahmen machen (von); *se faire* ~ sich röntgen lassen

radiographique [Radjografik] *adj* Röntgen...; *examen m* ~ Röntgenuntersuchung *f*

radio|guidage [Radjogidaʒ] *m* **1.** *TECH* Funksteuerung *f*; Lenkung *f* über Funk; **2.** *AUTO* Verkehrsfunk *m*; Verkehrsdurchsagen *f/pl*; ~**guider** *v/t* über Funk steuern, lenken

radio|logie [Radjolɔʒi] *f MÉD, TECH* Röntgenolo'gie *f*; Strahlenkunde *f*; Radiolo'gie *f*; ~**logique** *adj* röntgeno'logisch; Röntgen...; *diagnostic m* ~ Röntgendiagnose *f*

radio|logiste [Radjolɔʒist] *ou* ~**logue** *m,f MÉD* Röntgenarzt *m*, *-ärztin f*; Facharzt *m*, *-ärztin f* für Röntgenolo-'gie; Röntgeno'loge, -'login *m,f*

radio|navigant [Radjonavigã] *m MAR, AVIAT* (Bord)Funker *m*; ~**navigation** *f* Funknavigation *f*; ~**phare** *m MAR, AVIAT* Funkfeuer *n*

radiophonique [Radjofɔnik] *adj* Radio...; (Rund)Funk...; *jeu m* ~ Quizsendung *f*, Ratespiel *n* (im Rundfunk); *pièce f* ~ Hörspiel *n*

radio|reportage [Radjor(ə)pɔrtaʒ] *m* Rundfunkreportage *f*; ~**reporter** *m* Rundfunkreporter *m*

radio-réveil [Radjorevɛj] *m* ⟨*pl* radios--réveils⟩ Radiowecker *m*

radio|scopie [Radjɔskɔpi] *f MÉD* (Röntgen)Durch'leuchtung *f*; *t/t* Röntgensko'pie *f*; ~**sonde** *f MÉTÉO* Radiosonde *f*; ~**source** *f ASTR* Radioquelle *f*

radio-taxi [Radjotaksi] *m* ⟨*pl* radio--taxis⟩ Funktaxi *n*

radio|téléphone [Radjotelefɔn] *m* Funktelefon *n*; *de voiture* Autotelefon *n*; ~**téléphonie** *f* Sprechfunk *m*; *mobile* Mo'bilfunk *m*; ~**télescope** *m ASTR* Radiotele'skop *n*; ~**télévisé** *adj* von (Hör)Funk und Fernsehen über'tragen; (Hör)Funk- und Fernseh...; ~**thérapie** *f MÉD* Strahlentherapie *f*, *-behandlung f*; *sc* Radiothera'pie *f*

radis [Radi] *m* **1.** ~ (*rose*) Ra'dieschen *n*; ~ *noir* (schwarzer) Rettich; **2.** F *fig n'avoir pas un* ~ keinen Pfennig, Groschen mehr haben; F völlig abgebrannt, blank sein

radium [Radjɔm] *m CHIM* Radium *n*

radius [Radjys] *m ANAT* Speiche *f*

radja(h) [Radʒa] *m en Inde* Radscha *m*

radôme [Radom] *m TECH* Ra'dom *n*; Ra'darkuppel *f*

radon [Radɔ̃] *m CHIM* Radon *n*

radotage [Radɔtaʒ] *m* **a)** *peu sensé* (unsinniges) Gefasel, Fase'lei *f*; Geschwafel *n*; F Gewäsch *n*; **b)** *rabâché* endlose Wieder'holungen *f/pl*; F Geschwätz *n*; Gequassel *n*

radot|er [Radɔte] *v/i* **a)** (*déraisonner*) faseln; schwafeln; unsinniges, kindisches Zeug zu'sammenreden, F quatschen; **b)** (*rabâcher*) sich endlos wieder'holen; F schwatzen; quasseln; ~**eur** *m*, ~**euse** *f* Schwätzer(in) *m(f)*; F Faselhans *m*, *-liese f*; Quatschkopf *m*; Quasselstrippe *f*

radoub [Radu(b)] *m MAR* Ausbesserung *f*; *navire m au* ~ Schiff *n* im Trockendock; eingedocktes Schiff; *bassin m de* ~ Trockendock *n*

radouber [Radube] *v/t MAR* ausbessern

radouc|ir [Radusir] I *v/t* **1.** mildern; *la pluie a radouci le temps* durch den Regen ist es milder geworden; **2.** *fig ton etc* mildern; *personne* milder stimmen; besänftigen; II *v/pr se* ~ **3.** *temps* milder werden; sich erwärmen; **4.** *personne* 'umgänglicher werden, sich beruhigen; ~**issement** *m* Milderung *f*

rafale [Rafal] *f* **1.** ~ (*de vent*) Bö(e) *f*; Windstoß *m*; ~ *de neige* Schneegestöber *n*; ~ *de pluie* Regenbö *f*; *le vent souffle par* ~**s** der Wind weht in Böen; es ist böig; **2.** *MIL* Feuerstoß *m* (*de pistolet-mitrailleur* aus e-r Maschinenpistole)

raffermir [Rafɛrmir] I *v/t* **1.** *muscles, poitrine* straffen; festigen; **2.** *fig gouvernement, courage, autorité* stärken; *santé* kräftigen; ~ *qn dans sa résolution* j-n in s-m Entschluß bestärken; II *v/pr se* ~ **3.** *poitrine etc* sich straffen; *sol fest*, hart werden; **4.** *fig santé* sich kräftigen; *cours à la Bourse* sich stabili'sieren; **5.** *litt personne* sich (wieder) fangen

raffermissement [Rafɛrmismã] *m* **1.** *de la poitrine etc* Straffung *f*; *du sol* Fest-, Hartwerden *n*; **2.** *fig de l'autorité etc* Stärkung *f*; Sicherung *f*; *des cours* Stabili'sierung *f*

raffinage [Rafinaʒ] *m du sucre, pétrole* Raffi'nieren *n*; Raffinati'on *f*

raffiné [Rafine] *adj* **1.** *TECH* raffi'niert; *sucre* ~ (Zucker)Raffi'nade *f*; **2.** *fig* verfeinert; *goût, élégance, manières* erlesen; ausgesucht (*a politesse*); *langue* gewählt; *style* gepflegt; *personne* feinsinnig; mit verwöhntem Geschmack; geistig anspruchsvoll; *péj*: *art* über'feinert; *supplices* raffi'niert; ausgeklügelt; *esprit* ~ feinsinniger Mensch; *table* ~*e* erlesene Gerichte *n/pl*

raffinement [Rafinmã] *m* **1.** *du goût etc* Verfeinerung *f*; Erlesenheit *f*; Ausgesuchtheit *f*; Raffine'ment *n*; *c'est le suprême* ~ das ist das Allerfeinste; **2.** (*recherche excessive*) Über'feinerung *f*; Raffi'nesse *f*; Raffine'ment *n*; ~ *de cruauté* ausgeklügelte Grausamkeit

raffiner [Rafine] I *v/t sucre, pétrole* raffi-'nieren; II *v/t/indir* ~ *sur qc* etw über-'treiben

raffinerie [Rafinri] *f* Raffine'rie *f*; ~ *de pétrole, de sucre* (Erd)Öl-, Zuckerraffinerie *f*

raffoler [Rafɔle] *v/t/indir* ~ *de qn, qc* für j-n, etw schwärmen; ~ *de qc* a in j-n vernarrt sein; ~ *de qc* auf etw (*acc*) versessen sein; ~ *de chocolat* leidenschaftlich gern Schokolade essen; *elle raffole de musique* es geht ihr nichts über Musik

raffut [Rafy] F *m* Krach *m*; Lärm *m*; F Ra'dau *m*; Spek'takel *m*

rafiot [Rafjo] *m péj vieux* ~ alter Kahn, F Kasten *m*; F Äppelkahn *m*; *MAR* Seelenverkäufer *m*

rafistol|age [Rafistɔlaʒ] F *m* Flickschuste'rei *f*; *résultat a* Flickwerk *n*; ~**er** F *v/t* notdürftig ausbessern, flicken; zu'rechtflicken, F -schustern

rafle [Rafl(ə)] *f* **1.** *par la police* Razzia *f*; *faire une* ~ e-e Razzia machen; **2.** *par des voleurs, des clients* Ausräumen *n*; (Aus)Plünderung *f*; *voleurs faire une* ~ *dans une bijouterie* e-n Juwelierladen ausplündern; **3.** *d'une grappe* Kamm *m*; Rapp(e) *m(f)*; *d'un épi de maïs* Spindel *f*

rafler [Rafle] *v/t* F ~ *qc voleurs* etw mitgehen lassen; *clients* etw aufkaufen, an sich raffen; *élève* ~ *tous les prix* alle Preise einheimsen

rafraîchir [RafReʃir] I *v/t* **1.** *boisson* kühlen; kalt stellen; *son front etc* kühlen; *boisson* ~ *qn* j-n erfrischen; *ondée* ~ *la température* die Temperatur abkühlen, sinken lassen; *abs boisson f qui rafraîchit* erfrischendes Getränk; **2.** *robe, chapeau* aufarbeiten; *tableau, meubles* auffrischen; *cheveux* nachschneiden; **3.** *fig* ~ *la mémoire à qn* j-s Gedächtnis (*dat*) nachhelfen; j-s Gedächtnis (*acc*) auffrischen; II *v/i* **4.** *boisson, mets* (sich) abkühlen; kalt werden; *mettre de la bière à* ~ Bier kalt stellen; III *v/pr se* ~ **5.** *température, temps* kühler werden; sich abkühlen; *vent* frischer werden; *le temps s'est rafraîchi* es hat sich abgekühlt; **6.** *personne*: *avec de l'eau, de l'air* sich abkühlen; sich erfrischen; *en buvant* sich er-

rafraîchissant – raisonnable

frischen; e-e Erfrischung zu sich nehmen
rafraîchissant [ʀafʀɛʃisɑ̃] *adj* **1.** *brise, pluie, boisson* erfrischend; kühlend; erquickend; *boisson ~e a* Erfrischungsgetränk *n*; **2.** *fig livre, rires* (herz)erfrischend
rafraîchissement [ʀafʀɛʃismɑ̃] *m* **1.** *de la température* Abkühlung *f*; **2.** *souvent pl ~s* Erfrischungen *f/pl*; *prendre un ~* e-e Erfrischung zu sich nehmen; *servir des ~s* Erfrischungen reichen
rafting [ʀaftiŋ] *m* Wildwassersport *m*
ragaillardir [ʀagajaʀdiʀ] *v/t* aufmuntern; neuen Schwung, Auftrieb geben (+*dat*); F aufmöbeln; *se sentir tout ragaillardi* sich wie neugeboren fühlen
rage [ʀaʒ] *f* **1.** MÉD Tollwut *f*; **2.** (*colère*) Wut *f*; Rase'rei *f*; Toben *n*; Wüten *n*; *~ de destruction* Zerstörungswut *f*; *fig*: *~ d'écrire* Schreibwut *f*; *~ de vivre* Lebensgier *f*; *de ~ loc/adj* wütend; Wut...; *loc/adv* vor Wut; *cri m de ~* wütender Schrei; Wutschrei *m*; *fou de ~* außer sich, rasend vor Wut; wutentbrannt; *entrer dans une ~ folle* von blinder Wut gepackt werden; *être en ~* wütend sein (*contre qn* auf j-n); *faire ~ tempête, feu* wüten; *tempête, bataille* toben; *mettre qn en ~* j-n wütend machen, in Wut bringen; **3.** *~ de dents* rasende Zahnschmerzen *m/pl*
rageant [ʀaʒɑ̃] *adj* F *c'est ~* das ist zu ärgerlich, zu dumm; ich könnte mich schwarz ärgern
rager [ʀaʒe] F *v/i* (-geons) sich ärgern; ärgerlich, böse werden; *faire ~ qn* F j-n auf die Palme bringen; *ça me fait ~ de* (+*inf*) *ou que ...* (+*subj*) es macht mich wütend, daß ...
rageur [ʀaʒœʀ] *adj* (-euse) *personne* cho'lerisch; jähzornig; *voix, coup de pied etc* wütend
raglan [ʀaglɑ̃] **I** *m* Raglan(mantel) *m*; **II** *adj* ⟨*inv*⟩ Raglan...; *imperméable m ~* Regenmantel *m* mit Raglanärmeln; *manches f/pl ~* Raglanärmel *m/pl*
ragondin [ʀagɔ̃dɛ̃] *m* **1.** ZO Nutria *f*; Biberratte *f*; **2.** *fourrure* Nutria(pelz) *m*
ragots [ʀago] *m/pl* F Tratsch *m*; Klatsch *m*
ragougnasse [ʀaguɲas] *f* F *péj* Fraß *m*
ragoût [ʀagu] *m* CUIS Ra'gout *n*; *~ de veau* Kalbsragout *n*
ragoûtant [ʀagutɑ̃] *adj* *peu ~* unappetitlich
ragrafer [ʀagʀafe] *v/t vêtement* wieder zuhaken
rai [ʀɛ] *litt m* (Licht-, Sonnen)Strahl *m*
raid [ʀɛd] *m* **1.** MIL 'Überfall *m*; Einfall *m*; (Erkundungs)Vorstoß *m*; Kom'mandounternehmen *n*; *~* (*aérien*) Luftangriff *m*; **2.** SPORTS *~* (*automobile, aérien*) Langstrecken-, Fernfahrt *f ou* Langstrecken-, Fernflug *m*
raide [ʀɛd] **I** *adj* **1.** *membres, personne, maintien, tissu* steif; *personne a* hölzern; *cheveux* glatt; *être, se tenir ~ comme la justice* stocksteif sein; steif wie ein Brett sein; *cf a corde 2.*; **2.** *pente, escalier, chemin* steil; **3.** F (*fort*) *alcool, histoire* stark; *passage d'un texte* gewagt; *c'est un peu ~!* F das ist (ja) ein starkes Stück!; **4.** P (*fauché*) *être ~* F pleite, abgebrannt, blank sein; **5.** P (*ivre*) F stockbesoffen, sternhagelvoll; veilchenblau; **II** *adv* **1.** *chemin* grimper

~ steil ansteigen; **2.** *~ mort* auf der Stelle tot; *tomber ~* (*mort*) auf der Stelle tot 'umfallen
raideur [ʀɛdœʀ] *f* **1.** *d'un membre, du linge* Steifheit *f*; Steife *f*; *du maintien, d'une personne* Steifheit *f*; *fig des principes* Starrheit *f*; *loc/adv avec ~* steif (*a fig*); **2.** *d'une pente, d'un escalier* Steilheit *f*
raidillon [ʀɛdijɔ̃] *m* steiler Weg, Pfad; Steig *m*
raidir [ʀɛdiʀ] **I** *v/t* **1.** *étoffe* steif machen; *bras* strecken; *muscles* anspannen; *adjt raidi par le froid* durch die Kälte steif geworden; **2.** *fig sa position* versteifen; verhärten; **II** *v/pr se ~* **3.** *muscles* sich (an)spannen; *membres* steif werden; sich versteifen; *personne* sich steif machen; **4.** *fig personne* trotzen, Trotz bieten (*contre dat*)
raidissement [ʀɛdismɑ̃] *m* **1.** *des membres* Steifwerden *n*; **2.** *fig d'une position*, POL Versteifung *f*
raie¹ [ʀɛ] *f* **1.** (*bande*) Streifen *m*; (*trait*) Strich *m*; (*éraflure*) Kratzer *m*; (*strie*) Rille *f*; *loc/adj à ~s* gestreift; **2.** *de la chevelure* Scheitel *m*; *faire la ~* den Scheitel ziehen; *porter la ~ à gauche, au milieu* den Scheitel links, e-n Mittelscheitel tragen; **3.** ANAT *~ des fesses* Gesäßspalte *f*; **4.** PHYS Linie *f*; *~s du spectre* Spek'trallinien *f/pl*
raie² [ʀɛ] *f* ZO Rochen *m*; *injure* P *gueule f de ~* P widerliche Fresse
raifort [ʀɛfɔʀ] *m* BOT Meerrettich *m*; österr Kren *m*
rail [ʀaj] *m* **1.** CH DE FER **a)** (Eisenbahn-)Schiene *f*; *~ conducteur* Stromschiene *f*; *sortir des, quitter les ~s* entgleisen; *fig entreprise* etw *remettre sur les ~s* wieder in Schwung bringen; wieder hochbringen, flottmachen; **b)** *par ext* (*transport ferroviaire*) Schiene *f*; (Eisen)Bahn *f*; *transport m par ~* Beförderung *f* auf dem Schienenweg, per Schiene; *compétition f entre le ~ et la route* Wettbewerb *m* zwischen Schiene und Straße; **2.** TECH Schiene *f*
railler [ʀaje] *v/t* spotten, sich lustig machen (*qn, qc* über j-n, etw); verspotten
raillerie(**s**) [ʀajʀi] *f*(*pl*) Spott *m*; Stiche'lei *f*; Gespött *n*
railleur [ʀajœʀ] **I** *adj* ⟨-euse⟩ spöttisch; **II** *subst* *~, railleuse m,f* Spötter(in) *m*(*f*)
rail-route [ʀajʀut] *adj* ⟨*inv*⟩ *transport m ~* Huckepackverkehr *m*
rainette [ʀɛnɛt] *f* ZO Laubfrosch *m*
rainurage [ʀɛnyʀaʒ] *m sur la chaussée* Spurrille *f*
rainure [ʀɛnyʀ] *f* Rille *f*; TECH Nut(e) *f*
raïs [ʀais] *m* (*chef d'État arabe*) Führer *m*; Staatschef *m*, Rais *m*
raisin [ʀɛzɛ̃] *m* **1.** (Wein)Traube(n) *f*(*pl*) *~s secs* Ro'sinen *f/pl*; *~s de Corinthe* Ko'rinthen *f/pl*; *~s de table* Tafeltrauben *f/pl*; *acheter du ~* (Wein-)Trauben kaufen; *cueillir le ~* Wein lesen; *manger du ~, st/s des ~s* (Wein)Trauben essen; **2.** TYPO (Pa-'pier)For'mat *n* 50 × 65 cm
raisiné [ʀɛzine] *m* **1.** CUIS Traubengelee *n* mit (Birnen-, Quitten- *etc*)Konfi'türe; **2.** *adj* (*sang*) F roter Saft
raison [ʀɛzɔ̃] *f* **1.** (*intelligence*) Vernunft *f*; Verstand *m*; PHILOS *la ~ pure* die reine Vernunft; POL *~ d'État* Staatsrä-

son *f*; *contraire à la ~* vernunftwidrig; gegen jede Vernunft; unvernünftig; *il n'a plus toute sa ~* er ist nicht mehr ganz bei Verstand; *faire entendre ~ à qn* j-n zur Vernunft, Einsicht, Rä'son bringen; *ne pas vouloir entendre ~* keine Vernunft annehmen wollen; (*re-*)*mettre qn à la ~* j-n zur Vernunft bringen; j-m den Kopf zu'rechtsetzen; *parler ~* vernünftig reden, sprechen; *perdre la ~* den Verstand verlieren; *se rendre à la ~* Vernunft annehmen; zur Vernunft kommen; **2.** (*contraire*: *tort*) *loc*: *à plus forte ~* um so eher ou mehr; mit um so größerem Recht; *avec ~* mit Recht; *avec juste ~* mit Fug und Recht; *comme de ~* wie üblich; selbstverständlich; *plus que de ~* mehr als recht ou zuträglich ist; 'übermäßig; *avoir ~* recht haben; *avoir bien ~ de* (+*inf*) ganz recht haben zu (+*inf*) ou daß ...; *manie f de vouloir toujours avoir ~* Rechthabe'rei *f*; *donner ~ à qn* j-m recht geben; *La Fontaine la ~ du plus fort est toujours la meilleure* der Stärkere hat immer recht (*prov*); **3.** (*motif, cause*) Grund *m*; Ursache *f*; *les ~s de sa conduite* die Gründe s-s Verhaltens, für sein Verhalten; *~ d'être* Exi'stenzberechtigung *f*; *~ de vivre* Lebensinhalt *m*; *~ de plus!* nun erst recht!; *~ de plus pour* (+*inf*) ein Grund mehr, um zu (+*inf*); um so mehr muß man (+*inf*); *loc/adv*: *pour des ~s politiques* aus politischen Gründen; *pour ~s de famille, de santé* aus familiären, gesundheitlichen Gründen; *pour ~s de sécurité* aus Sicherheitsgründen; sicherheitshalber; *pour cette ~* aus diesem Grund; darum; deshalb; deswegen; *pour quelle ~?* aus welchem Grund?; weshalb?; *pour une ~ ou pour une autre* aus irgendeinem Grund; *pour la seule ~ que ...* bloß, weil ...; *sans ~* ohne Grund; grundlos; *non sans ~* nicht ohne Grund; *loc/prép*: *en ~ de* auf Grund, aufgrund, in Anbetracht, wegen (+*gén*); *cf a 8.*; *en ~ des circonstances* in Anbetracht, wegen der Umstände; *avoir de bonnes ~s pour faire qc* gute Gründe haben, etw zu tun; *j'ai mes ~s* ich habe meine Gründe (dafür); *il n'y a aucune ~ pour ...* es gibt keinen Grund dafür, daß ...; *c'est pour une ~ bien simple* das hat e-n ganz einfachen Grund; *ce n'est pas une ~!* das ist kein Grund!; *se faire une ~* sich damit abfinden; sich ins Unvermeidliche fügen; **4.** (*argument*) *se rendre aux ~s de qn* j-s Argumente (*acc*) anerkennen; **5.** *loc*: *avoir ~ de qn* (*vaincre*) j-n überwältigen; *avoir ~ de qc* etw über'winden, bewältigen, meistern; **6.** *litt demander ~ d'une offense* Genugtuung für e-e Beleidigung fordern; **7.** JUR *~ sociale* Firmenname *m*, -bezeichnung *f*; Firma *f*; **8.** MATH Verhältnis *n*; Proporti'on *f*; *section f en moyenne et extrême ~* Goldener Schnitt; *loc/prép*: *à ~ de* **a)** zum Preis von; **b)** pro; *produire des pièces à ~ de cinquante à l'heure* fünfzig Stück pro Stunde produzieren; *en ~ de* im Verhältnis zu; proportio'nal zu
raisonnable [ʀɛzɔnabl(ə)] *adj* **1.** *opi-*

nion, conduite, conseil etc vernünftig; *personne* vernünftig; verständig; einsichtig; PHILOS vernunftbegabt; *il est ~ de penser que ...* vernünftigerweise kann man annehmen, daß ...; *être ~ dans ses désirs* vernünftige, genügsame Wünsche haben; *sois donc ~!* sei doch vernünftig!; nimm doch Vernunft an!; **2.** *prix, intérêts, salaire* angemessen; annehmbar
raisonnablement [Rɛzɔnabləmɑ̃] *adv* **1.** *agir, penser, parler* vernünftig; ~, *je ne peux pas le lui demander* vernünftigerweise ...; **2.** *boire, manger, dépenser* mit Maßen; mäßig; *rétribuer* angemessen
raisonné [Rɛzɔne] *adj* **1.** (*réfléchi*) durch'dacht; (wohl)über'legt; **2.** (*rationnel*) logisch begründet
raisonnement [Rɛzɔnmɑ̃] *m* **1.** (*argumentation*) Beweisführung *f*; Argumentati'on *f*; Über'legung *f*; Gedankengang *m*; F ~ *de femme soûle* unsinnige, ab'surde Überlegung, Argumentation; ~ *par analogie* Analo'gieschluß *m*; F *ce n'est pas un ~!* das ist kein Argument!; *tenir un ~* argumen'tieren; **2.** (*réflexion*) logisches Denken; Ratio *f*; (*force f de*) ~ Urteilskraft *f*, -vermögen *n*; **3.** *pl* ~*s péj* (*répliques*) 'Widerrede *f*; Einwände *m/pl*
raisonner [Rɛzɔne] **I** *v/t* ~ *qn* j-n zur Vernunft bringen; j-m gut zureden; **II** *v/i* **1.** (*juger*) (logisch) urteilen; (*argumenter*) argumen'tieren; (*conclure*) schließen; e-e Schlußfolgerung *ou* Schlußfolgerungen ziehen; F ~ *comme un tambour, un manche à balai* dumme Argumente (vor)bringen; völlig unlogisch urteilen; **2.** ~ *avec qn* mit j-m disku'tieren; **3.** (*répliquer*) wider'sprechen; Einwände machen, vorbringen; **III** *v/pr* **4.** *personne se* ~ Vernunft annehmen; **5.** *sentiments ne pas se* ~ nicht der Vernunft (*dat*) gehorchen
raisonneur [Rɛzɔnœr] **I** *adj* ⟨-euse⟩ *péj* zum 'Widerspruch neigend; **II** *subst* ~, *raisonneuse m,f péj* Nörgler(in) *m(f)*; 'Widerspruchsgeist *m*; *faire le* ~, *la raisonneuse* Widerspruchsgeist zeigen
raja(h) [Raʒa] *m cf* **radja(h)**
rajeunir [RaʒœniR] **I** *v/t* **1.** *personne* jung *ou* jünger machen; verjüngen; *par ext* ~ *qn* (*de dix ans*) (*le croire plus jeune*) j-n (zehn Jahre) jünger schätzen; ~ *le personnel* das Personal verjüngen; *cette robe la rajeunit* dieses Kleid macht sie jung *ou* jünger; F *voilà qui ne me rajeunit pas* das zeigt mir, daß ich nicht mehr jung bin; **2.** *fig sujet* neu beleben; *équipement etc* erneuern; auffrischen; **II** *v/i* **3.** ⟨*Vorgang* avoir, *Ergebnis* être⟩ jünger werden; sich verjüngen; jünger aussehen; *elle est toute rajeunie* sie sieht viel jünger aus; *adjt je le trouve rajeuni* ich finde, er ist jünger geworden *ou* er sieht jünger aus; **III** *v/pr se* ~ **4.** (*se donner l'air jeune*) sich ein jugendliches Aussehen geben; **5.** (*prétendre être plus jeune*) sich für jünger ausgeben (*als man ist*); sich jünger machen (*de dix ans*) um zehn Jahre)
rajeunissant [Raʒœnisɑ̃] *adj* Verjüngungs...
rajeunissement [Raʒœnismɑ̃] *m* **1.** *de qn* Verjüngung *f*; *cure f de* ~ Verjün-

gungskur *f*; **2.** *fig d'un équipement etc* Erneuerung *f*; *d'un sujet littéraire etc* Neubelebung *f*; Neugestaltung *f*
rajouter [Raʒute] *v/t* hin'zufügen; da'zutun; *morceau* anstücke(l)n; *sel etc* zugeben; F *fig vous en rajoutez!* F Sie erfinden was dazu!; *cf a* **ajouter**
rajustement [Raʒystəmɑ̃] *m des prix etc* Anpassung *f*; Angleichung *f*; ~ *des salaires* Lohnangleichung *f*, -anpassung *f*
rajuster [Raʒyste] **I** *v/t* **1.** *lunettes, cravate etc* zu'rechtrücken; *coiffure* (wieder) in Ordnung bringen; **2.** *salaires, prix* anpassen; angleichen; **II** *v/pr se* ~ sich wieder zu'rechtmachen; s-e Kleidung wieder in Ordnung bringen
râlant [Rɑlɑ̃] *adj* F *c'est* ~ das ist ärgerlich, F blöd; F so was Dummes!
râle¹ [Rɑl] *m* ZO Ralle *f*; ~ *des genêts* Wachtelkönig *m*
râle² [Rɑl] *m* **a)** *d'un mourant* Röcheln *n*; **b)** MÉD Rasseln *n*; Rasselgeräusch *n*
râlement [Rɑlmɑ̃] *m* F Gemecker *n*; Geschimpfe *n*
ralenti [Rɑlɑ̃ti] *adj* verlang'samt; langsam; **II** *m* **1.** *d'un moteur* Leerlauf *m*; Standgas *n*; *tourner au* ~ im Leerlauf, leer laufen; **2.** CIN Zeitlupe *f*; **3.** *loc/adv fig au* ~ in verlangsamtem Tempo; mit verminderter Kraft; *la construction marche au* ~ im Baugewerbe geht es mäßig voran
ralentir [Rɑlɑ̃tiR] **I** *v/t* verlangsamen; langsamer machen; (ab)bremsen; *vitesse a* her'absetzen; ÉCON *expansion a* abschwächen; THÉ *action* dehnen; ~ *sa marche, le pas* langsamer gehen; den Schritt verlangsamen; **II** *v/i véhicule, conducteur* langsamer fahren; (ab)bremsen; *véhicule a* langsamer werden; *panneau* ~! langsam fahren!; **III** *v/pr se* ~ langsamer werden; sich verlangsamen; *circulation a* stocken; ÉCON *production* zu'rückgehen; *expansion, fig zèle* nachlassen; sich abschwächen; abflauen
ralentissement [Rɑlɑ̃tismɑ̃] *m* Verlangsamung *f*; Langsamerwerden *n*; ÉCON *a* Rückgang *m*; Abschwächung *f*; CIRCULATION ~*s pl* zähflüssiger Verkehr; ~ *de la production* Produktionsrückgang *m*
ralentisseur [Rɑlɑ̃tisœr] *m* **1.** *d'un poids lourd* Zusatzbremse *f*; ~ *électrique* Wirbelstrombremse *f*; **2.** NUCL Bremssubstanz *f*; Mode'rator *m*; **3.** *sur la chaussée* Boden-, Fahrbahnschwelle *f*; Aufpflasterung *f*
râler [Rɑle] *v/i* **1.** *mourant* röcheln; **2.** F (*protester*) nörgeln; schimpfen; F mekkern; brummen; *faire* ~ *qn* j-n wütend machen
râleur [Rɑlœr] **I** *adj* ⟨-euse⟩ mürrisch; F brummig; **II** *subst* ~, *râleuse m,f* F Nörgler(in) *m(f)*; F Meckerziege *f*; Miesmacher(in) *m(f)*
ralingue [Ralɛ̃g] *f* MAR Liek *n*
ralliement [Ralimɑ̃] *m* **1.** *des troupes etc* Sammeln *n*; *point m de* ~ Sammelpunkt *m*; *signe m de* ~ Erkennungszeichen *n*; **2.** *à un parti, à une opinion* Anschluß *m* (*à* an +*acc*)
rallier [Ralje] **I** *v/t* **1.** *troupes dispersées etc* sammeln; **2.** (*unir*) vereinen; um sich sammeln, scharen; (*gagner*) auf s-e Seite bringen; gewinnen (*qn à qc* j-n für etw); ~ *tous les suffrages* alle

Stimmen auf sich vereinigen; **3.** (*rejoindre*) sich anschließen (+*dat*); zu-'rückkehren zu; ~ *la majorité* sich der Mehrheit anschließen; *bateau* ~ *son port d'attache* zu s-m Heimathafen zurückkehren; **II** *v/pr se* ~ **4.** *troupes etc* sich wieder sammeln; *Henri IV ralliez--vous à mon panache blanc!* sammelt euch um meinen weißen Helmbusch!; F *fig* folgt mir!; **5.** (*adhérer*) sich anschließen (*à qn, à qc* j-m, e-r Sache *ou* an j-n, etw); *se* ~ *à l'avis de qn a* j-m beipflichten
rallonge [Ralɔ̃ʒ] *f* **1.** Verlängerung(sstück) *f(n)*; *d'une table* Ausziehplatte *f*; ÉLECT Verlängerungsschnur *f*; F *fig nom m à* ~(*s*) Name *m* mit vielen „von" und „zu"; *table f à* ~*s* Ausziehtisch *m*; **2.** F *fig* (*supplément*) Zugabe *f*; *d'argent* Aufgeld *n*; Zuzahlung *f*; ~ *de crédits* zusätzliche Haushaltsmittel *n/pl*; *obtenir une* ~ *de deux jours* zwei zusätzliche Urlaubstage
rallongement [Ralɔ̃ʒmɑ̃] *m* Verlängerung *f*; *des jours* Längerwerden *n*
rallonger [Ralɔ̃ʒe] ⟨-geons⟩ **I** *v/t vêtement* länger machen; *table* ausziehen; *piste, service militaire etc* verlängern; F *je passerai vous prendre, cela ne me rallongera guère* das ist kaum ein 'Umweg für mich; **II** *v/i jours* länger werden
rallumer [Ralyme] **I** *v/t* **1.** *feu, cigarette etc* wieder anzünden; *lumière, lampe, radio, télé etc* wieder einschalten; F wieder anmachen; *abs* das Licht wieder anmachen; **2.** *fig passion, conflit* wieder entfachen; **II** *v/pr se* ~ *incendie, fig passion etc* sich aufs neue entzünden; erneut aufflackern (*a guerre*)
rallye [Rali] *m* Rallye *f*; Sternfahrt *f*
ramadan [Ramadɑ̃] *m* ISLAM Rama'dan *m*
ramage [Ramaʒ] *m* **1.** *sur papier peint, tissu* ~*s pl* Rankenmuster *n*; Laub-, Blätter-, Blattwerk *n*; **2.** *litt des oiseaux* Gezwitscher *n*
ramassage [Ramasaʒ] *m de fruits tombés* Auflesen *n*; *de champignons* Sammeln *n*; *des ordures ménagères* Abholung *f*; Abfuhr *f*; ~ *scolaire* Abholen *n* der Schüler mit Schulbussen; ~ *des encombrants* Sperrmüllabfuhr *f*
ramassé [Ramase] *adj* **1.** *personne, animal* zu'sammengekauert, -gerollt; geduckt; **2.** *forme* gedrungen, geballt; wuchtig; **3.** *expression, style* knapp; bündig; gedrängt
ramasse/-miettes [Ramasmjɛt] *m* ⟨*inv*⟩ Krümel-, Tischbesen *m* und Schaufel *f*; ~-*poussière m* ⟨*inv*⟩ Kehrichtschaufel *f*
ramasser [Ramase] **I** *v/t* **1.** (*réunir*) *feuilles mortes* zu'sammenharken, -rechen; *cartes au jeu* aufnehmen; *cahiers, copies* einsammeln; *chiffons, vieux papiers* sammeln; *ordures, lait* abholen; *fig ses forces* sammeln; *ses jupes* raffen; *argent* **a)** (*accumuler*) anhäufen; F scheffeln; machen; **b)** (*encaisser*) einnehmen; F kas'sieren; F *la police les a tous ramassés* die Polizei hat sie alle abgeführt, F kassiert; **2.** (*prendre par terre*) *caillou etc* aufheben; *épis etc* auflesen; *champignons, coquillages, châtaignes* sammeln; *blessés, ivrogne, animal perdu* auflesen; **3.** F (*attraper*) ma-

ramasseur — rang

ladie, volée etc F erwischen; (ab)kriegen; *cf a bûche 2., pelle 1.*; **II** *v/pr se ~* **4.** (*se pelotonner*) sich zu'sammenkauern, -rollen; **5.** F **a)** (*se relever*) wieder aufstehen; F sich wieder aufrappeln; **b)** (*tomber*) hinfallen; F hinknallen
ramass|eur [ʀamɑsœʀ] *m*, *~euse f* Sammler(in) *m(f)*; TENNIS *ramasseur de balles* Balljunge *m*
ramassis [ʀamasi] *m péj* Wust *m*; Sammel'surium *n*; Haufen *m* (*a de personnes*)
rambarde [ʀɑ̃baʀd] *f* Geländer *n*; MAR Reling *f*
ramdam [ʀamdam] F *m* Krach *m*; Lärm *m*; F Spek'takel *m*; Ra'dau *m*
rame [ʀam] *f* **1.** (*aviron*) Ruder *n*; *t/t* Riemen *m*; **2.** (*pieu*) Stange *f*; *'haricots m/pl a ~s* Stangenbohnen *f/pl*; F *fig il n'en fiche pas une ~* F er tut keinen Handschlag; er macht keinen Finger krumm; **3.** CH DE FER (Triebwagen)Zug *m*; *~ de métro* U-Bahn(-Zug) *f(m)*; **4.** TYPO 500 Blatt
rameau [ʀamo] *m* ⟨*pl ~x*⟩ BOT Zweig *m*; BIBL *et fig ~ d'olivier* Ölzweig *m*; **2.** REL *les ~x ou le dimanche des ~x* der Palmsonntag
ramée [ʀame] *f poét* Laubwerk *n*, -dach *n*
ramener [ʀamne] ⟨-è-⟩ **I** *v/t* **1.** (*amener de nouveau*) wieder her-, mitbringen; (*faire revenir*) zu'rückbringen, -holen; 'wiederbringen; **2.** *~ à* (wieder) bringen auf (+*acc*); *inflation, tension vasculaire etc* (wieder) senken, verringern auf (+*acc*); *incident à ses justes proportions* auf die ihm gemäße Bedeutung redu'zieren; *~ qn à la raison* j-n zur Vernunft bringen; *~ qn à de meilleurs sentiments* j-n versöhnlich stimmen; *~ qn à soi* j-n wieder zu sich bringen; j-n aus s-r Bewußtlosigkeit aufwecken; *~ tout à soi* alles nur von seiner Warte aus sehen; *~ qn à la vie* j-n ins Leben zu'rückrufen; ♦ *~ sur* wieder bringen, lenken auf (+*acc*); *~ la question sur qc* die Frage wieder auf etw (*acc*) bringen; *~ son regard sur la route* s-n Blick wieder auf die Straße lenken; **3.** *ordre, paix etc* wieder'herstellen; **4.** (*amener*) *personne, objet* mitbringen; *~ un ami à dîner* e-n Freund zum Abendessen mitbringen; **5.** *dans une certaine position* ziehen; nehmen; legen; *~ les bras en arrière* die Arme nach hinten nehmen; *~ ses cheveux sur son front* die Haare über die Stirn ziehen; *~ les jambes sous soi* die Beine anziehen; **6.** P *~ sa fraise, sa gueule ou la ~* **a)** (*s'immiscer*) F s-n Senf da'zugeben; immer da'zwischenquatschen; **b)** (*protester*) F (her'um-) meckern; **II** *v/pr* **7.** *se ~ à qc* (*se réduire à*) auf etw (*acc*) hin'auslaufen; *ça se ramène à une question de gros sous* es geht dabei letztlich ums Geld; **8.** F *se ~* (*revenir*) F wieder aufkreuzen
ramequin [ʀamkɛ̃] *m* CUIS kleine Auflaufform
ramer [ʀame] **I** *v/t haricots* (mit Stangen) stützen; F *fig s'y entendre comme à ~ des choux* keine Bohne davon verstehen; **II** *v/i* **1.** rudern; **2.** F *fig* sich abstrampeln; sich ins Zeug legen
ram|eur [ʀamœʀ] *m*, *~euse f* SPORTS Ruderer *m*, Ruderin *f*

rameuter [ʀamøte] *v/t partisans etc* wieder zu'sammenbringen, -holen
rami [ʀami] *m jeu de cartes* Rommé *n*
ramie [ʀami] *f* BOT, TEXT Ra'mie *f*; Chinagras *n*
ramier [ʀamje] *m* ZO *~ ou adj pigeon m ~* Ringeltaube *f*
ramification [ʀamifikɑsjɔ̃] *f* **1.** BIOL Verzweigung *f*; Verästelung *f*; *~s nerveuses* Nervenverzweigungen *f/pl*; **2.** *d'une voie ferrée etc* Abzweigung *f*; Gabelung *f*; **3.** *d'une science* 'Unterabteilung *f*; *société secrète* *avoir des ~s* weit verzweigt sein; (weite) Verbindungen haben
ramifi|é [ʀamifje] *adj* verzweigt; verästelt; *~ier v/pr se ~* **1.** *branches, nerfs* sich verästeln; sich verzweigen; *voie ferrée* sich gabeln; **2.** *société secrète* weit verzweigt sein; (weite) Verbindungen haben
ramolli [ʀamɔli] *adj* **1.** *bitume, pain etc* aufgeweicht; weich geworden; **2.** F *fig personne* schlaff; F schlapp; lahm; **3.** F *fig il a le cerveau complètement ~* er ist völlig verkalkt
ramollir [ʀamɔliʀ] **I** *v/t cire, cuir* weich machen; *bitume* aufweichen; **II** *v/i* (*et v/pr se*) *~* weich werden; aufweichen
ramollissement [ʀamɔlismɑ̃] *m* Auf-, Erweichung *f*; Weichwerden *n*; MÉD *~ cérébral ou du cerveau* Gehirnerweichung *f*
ramollo [ʀamɔlo] *adj* ⟨*f inv*⟩ F schlapp; lahm
ramonage [ʀamɔnaʒ] *m* Schornsteinfegen *n*
ramon|er [ʀamɔne] *v/t* **1.** *cheminée* fegen; **2.** *abs alpiniste* im Ka'min klettern; *~eur m* Schornsteinfeger *m*; Ka'minkehrer *m*, -feger *m*
rampant [ʀɑ̃pɑ̃] **I** *adj* **1.** kriechend, Kriech... (*a* BOT, ZO); *plante ~e* Kriechpflanze *f*; **2.** *personne, caractère* kriecherisch; unter'würfig; **II** *m/pl* F AVIAT *les ~s* das Bodenpersonal
rampe [ʀɑ̃p] *f* **1.** *pour véhicules* Auf- *ou* Abfahrt *f*; Rampe *f*; (*montée*) Steigung *f*; *~ d'accès* Auffahrt *f*; *pour fusées ~ de lancement* Start-, Abschußrampe *f*; **2.** *d'un escalier* (Treppen)Geländer *n*; *~ de bois, de fer* Holz-, Eisengeländer *n*; F *fig: lâcher la ~* F ins Gras beißen; abschnappen; *tenir bon la ~* F sich nicht 'unterkriegen lassen; die Ohren steifhalten; **3.** THÉ Rampe *f*; *fig passer la ~* (beim Publikum) ankommen; **4.** *lumières* Lichterkette *f*; AVIAT *~ de balisage* Befeuerung *f* der Rollbahn
ramper [ʀɑ̃pe] *v/i* **1.** *serpent, ver, plante etc* kriechen (*a personne*); sich schlängeln; *fauve* schleichen; sich anschleichen (*vers an* +*acc*); MIL robben; **2.** *fig brouillard* langsam (her'auf)ziehen; **3.** *fig devant ses supérieurs etc* kriechen (*devant qn* vor j-m)
rampon(n)eau [ʀɑ̃pɔno] P *m* ⟨*pl ~x*⟩ Stoß *m*; F Schubs *m*; Puff *m*
ramure [ʀamyʀ] *f* **1.** *d'un arbre* Geäst *n*; Astwerk *n*; **2.** CH *d'un cerf* Geweih *n*
rancard [ʀɑ̃kaʀ] F *m* **1.** (*rendez-vous*) Verabredung *f*; *amoureux* Rendez'vous *n*; *avoir un ~ avec qn* mit j-m verabredet sein; **2.** *arg* (*renseignement*) F Tip *m*
rancarder [ʀɑ̃kaʀde] *arg v/t* F e-n Tip geben (*qn* j-m)

rancart [ʀɑ̃kaʀ] *m* F *mettre au ~* **a)** *objet* ausrangieren [-ʒ-]; zum alten Eisen werfen; in die Ablage tun; **b)** *personne, projet* auf das tote Gleis, bei'seite schieben; *personne a* F abservieren
rance [ʀɑ̃s] **I** *adj* ranzig; **II** *m sentir le ~* ranzig riechen; *avoir un goût de ~* ranzig schmecken
ranch [ʀɑ̃tʃ] *m* ⟨*pl ~*(e)s⟩ Ranch [ʀɛntʃ] *f*
ranc|i [ʀɑ̃si] *adj beurre etc* ranzig (geworden); *~ir v/i* ranzig werden
rancœur [ʀɑ̃kœʀ] *f* Groll *m*; Verbitterung *f*; *avoir de la ~ contre qn* Groll gegen j-n hegen
rançon [ʀɑ̃sɔ̃] *f* **1.** Lösegeld *n*; **2.** *fig* Preis *m* (*de la célébrité* für das Berühmtsein)
rançonn|er [ʀɑ̃sɔne] *v/t* Lösegeld fordern (*qn* von j-m); erpressen; *~eur m*, *~euse f* Erpresser(in) *m(f)*
rancune [ʀɑ̃kyn] *f* Groll *m*; Rachsucht *f*; *sans ~!* nichts für ungut!; *avoir de la ~ contre qn* j-m grollen; *garder (de la) ~ à qn de qc* j-m etw nachtragen; j-m wegen etw grollen
rancunier [ʀɑ̃kynje] **I** *adj* ⟨*-ière*⟩ *personne, caractère* nachtragend; **II** *subst ~, rancunière m,f* nachtragender Mensch
rand [ʀɑ̃d] *m monnaie* Rand *m*
randonnée [ʀɑ̃dɔne] *f* Ausflug *m*; Tour *f*; Wanderung *f*; *~ à, en bicyclette* (Fahr)Radtour *f*
randonn|eur [ʀɑ̃dɔnœʀ] *m*, *~euse f* Wanderer *m*, Wand(r)erin *f*
rang [ʀɑ̃] *m* **1.** (*rangée*) Reihe *f*; THÉ, CIN *à* Sitzreihe *f*; TRICOT *un ~ à l'endroit, un ~ à l'envers* e-e Reihe rechts, e-e Reihe links; *par ext ~ de perles collier* einreihige Perlenkette; *plusieurs ~s de spectateurs* mehrere Zuschauerreihen *f/pl*; *fig en ~ d'oignons* in einer Reihe; *être au premier ~* in der ersten Reihe stehen *ou* sitzen (*a fig*); *fig grossir les ~s des mécontents* den Kreis der Unzufriedenen vergrößern; *se mettre au dixième ~* sich in die zehnte Reihe setzen; *se mettre en ~(s) par deux* sich in Zweierreihen aufstellen; *fig se mettre sur les ~s* als Bewerber auftreten; sich bewerben; *fig mettre, placer au ~ de ...*; *écoliers sortir en ~(s)* in Reih und Glied hinausgehen; **2.** MIL Glied *n*; Reihe *f*; *homme du ~* einfacher Soldat; *officiers m/pl et hommes m/pl du ~* Offiziere *m/pl* und Mannschaften *f/pl*; *en ligne sur quatre ~s* in Linie zu vier Gliedern; *à vos ~s, fixe!* Achtung!; *fig politiciens etc rentrer dans le ~* wieder von der Bühne abtreten; wieder in den 'Hintergrund treten; *servir dans le ~* als gemeiner Soldat dienen; *servir dans les ~s d'un régiment* in e-m Regiment dienen; *officier sorti du ~* aus dem Mannschaftsstand hervorgegangen; **3.** (*place*) Platz *m*; Stelle *f*; *dans un bon ~* als einer der Besten; *par ~ d'âge, de taille* dem Alter, der Größe nach; *être (placé) au premier ~*, *second ~* an erster, zweiter Stelle stehen; **4.** (*échelon*) Rang(stufe) *m(f)*; (*condition*) Stellung *f*; Stand *m*; *~ élevé* hohe Stellung, hoher Rang; *~ le plus bas, le plus 'haut* niedrigste, höchste Rangstufe *ou* Stellung; *avoir ~ avant, après qn* in der Rangordnung höher,

tiefer stehen als j; vor, hinter j-m rangieren [-'ʒi:-]; *avoir ~ de ...* den Rang e-s ... einnehmen; *mettre sur le ou au même ~* auf die gleiche Stufe stellen; *savoir garder, tenir son ~* sich s-s Standes ou s-r Stellung würdig erweisen

rangé [Rɑ̃ʒe] *adj* **1.** *bataille ~e cf bataille 1.;* **2.** *personne, vie* so'lide; anständig; *vie a* geregelt; geordnet; F *être ~ des voitures* solide geworden sein

rangée [Rɑ̃ʒe] *f* Reihe *f*; *~ d'arbres* Baumreihe *f*; *~ de maisons* Häuserreihe *f*, -zeile *f*

rangement [Rɑ̃ʒmɑ̃] *m* **1.** *d'objets, d'une chambre* Aufräumen *n*; *d'objets a* 'Unterbringen *n*; *meubles m/pl de ~* Kastenmöbel *n/pl*; *faire des ~, du ~ dans une armoire* in e-m Schrank aufräumen *ou* Ordnung machen; **2.** *automobiliste faire un ~* einparken

ranger [Rɑ̃ʒe] ⟨-geons-⟩ **I** *v/t* **1.** *objets, chambre* aufräumen; in Ordnung bringen; *papiers, livres a* ordnen; *jouets a* wegräumen; *objets a* 'unterbringen; abstellen; *range tes affaires!* räum (deine Sachen) auf!; mach Ordnung!; *adjt chambre bien rangée* gut aufgeräumtes Zimmer; *~ par ordre alphabétique* alphabetisch ordnen; **2.** (*classer*) einordnen (*parmi* unter +*acc*); *~ sous une même étiquette* der gleichen Richtung zuordnen; *être à ~ parmi ...* gehören zu ...; **3.** *voiture* (ein)parken; **II** *v/pr se ~* **4.** (*se disposer en rangs*) sich einreihen; sich aufstellen; *se ~ autour d'une table* sich um e-n Tisch stellen *ou* setzen; *se ~ par trois* sich in Dreierreihen aufstellen; **5.** *sens passif où ça se range-t-il?* wo gehört das hin?; **6.** (*s'écarter*) bei'seite, zur Seite gehen, *voiture* fahren; Platz machen; *voiture se ~ contre le trottoir* an den Bordstein heranfahren; MAR *se ~ à quai* an den Kai heranfahren; **7.** *fig: se ~ à l'avis de qn* sich j-s Meinung (*dat*) anschließen; j-m beipflichten; *se ~ du côté de qn* sich auf j-s Seite (*acc*) stellen; **8.** (*s'assagir*) solide werden; ein ordentliches Leben zu führen beginnen

ranimer [Ranime] **I** *v/t* **1.** *qn d'inanimé* 'wiederbeleben; *il n'a pas pu être ranimé* die Wiederbelebungsversuche waren vergeblich; **2.** *flamme* wieder an-, entfachen; *fig: rancune, ardeur* von neuem entfachen; *espoir* wieder'aufleben lassen; *conversation* neu beleben, wieder in Gang bringen; **II** *v/pr se ~* **3.** *qn d'inanimé* wieder zu sich kommen; **4.** *incendie* wieder auflodern, -flackern

rantanplan [Rɑ̃tɑ̃plɑ̃] *int cf* **rataplan**

Raoul [Raul] *m* Vorname

rap [Rap] *m* MUS Rap [Rɛp] *m*; *adjt musique f ~* Rapmusik *f*

rapace [Rapas] **I** *adj personne* hab-, raffgierig; hab-, gewinnsüchtig; **II** *m* ZO Raubvogel *m*; *~s diurnes, nocturnes* Tag-, Nachtraubvögel *m/pl*

rapacité [Rapasite] *f* **1.** *d'un fauve* Raubgier *f*; **2.** *d'une personne* Habsucht *f*, -gier *f*; Raffgier *f*

rapatrié [RapatRije] **I** *adj* repatri'iert; (in sein Land, in die Heimat) zu'rückgeführt; *prisonnier de guerre a* (in die Heimat) entlassen; **II** *subst ~(e) m(f)* Rückwanderer, -wand(r)erin *m,f*; Aus-, 'Um-, Rücksiedler(in) *m(f)*; *prisonnier de guerre, déporté* Heimkehrer(in) *m(f)*

rapatriement [Rapatrimɑ̃] *m* Repatri'ierung *f*; Rückführung *f*

rapatrier [Rapatrije] *v/t* **1.** *personnes* repatri'ieren; (in die Heimat, ins eigene Land) zu'rückführen, -bringen; **2.** *capitaux* (ins eigene Land) zu'rückbringen

râpe [Rɑp] *f* CUIS, TECH Raspel *f*; CUIS *a* Reibe *f*; *~ à fromage* Käsereibe *f*

râpé [Rɑpe] **I** *adj* **1.** *vêtement* abgewetzt; abgeschabt; abgetragen; **2.** F *fig c'est ~* F das hat nicht geklappt, ist schiefgegangen; **II** *m* CUIS geriebener Käse

râper [Rɑpe] *v/t* **1.** *fromage, carottes* reiben; raspeln (*a* TECH); **2.** *fig alcool* kratzen (*le gosier* im Hals)

rapetasser [Raptase] F *v/t* (notdürftig) flicken; ausbessern

rapetissement [Raptismɑ̃] *m* Verkleinerung *f*

rapetisser [Raptise] **I** *v/t* **1.** (*diminuer*) kleiner machen; verkleinern; **2.** (*faire paraître plus petit*) kleiner erscheinen lassen; **3.** *fig (rabaisser)* herabsetzen; **II** *v/i étoffe* eingehen; *jours* abnehmen; kürzer werden; *personne* kleiner werden

râpeux [Rɑpø] *adj* ⟨-euse⟩ **1.** *langue de chat* rauh; **2.** *fig vin* herb

Raphaël [Rafael] *m* **1.** *prénom,* BIBL Raphael *ou* Rafael *m*; **2.** PEINT Raffael *m*

raphaélique [Rafaelik] *adj* PEINT raffa'elisch; im Stil Raffaels

raphia [Rafja] *m fibre* (Raphia)Bast *m*

rapiat [Rapja] *adj* ⟨f *inv od* ~e⟩ F knick(e)rig; knaus(e)rig; *subst vieux ~* alter Geizkragen

rapide [Rapid] **I** *adj* schnell (*a véhicule*); rasch; *personne a* flink; *courant* stark; reißend; *descente* steil; *allure f ~* schnelles, rasches, zügiges Tempo; *décision f ~* schneller, rascher, prompter Entschluß; *lecture f ~ d'un texte* Über'fliegen *n* e-s Textes; *mouvement m ~* schnelle, lebhafte Bewegung; *pouls m ~* schneller, *p/fort* fliegender, jagender Puls; *voie f ~* Schnellstraße *f*; *mots tracés d'une main ~* schnell, flüchtig hingekritzelte Worte *n/pl*; *il est ~ ou subst c'est un ~* er ist schnell, flink; **II** *m* **1.** *d'un cours d'eau* Stromschnelle *f*; **2.** CH DE FER (Fern)Schnellzug *m*; D-Zug *m*

rapidement [Rapidmɑ̃] *adv* schnell; zügig; geschwind; rasch; flink; *aller, marcher ~* schnell *etc* gehen; eilen; *lire ~ un texte* e-n Text flüchtig lesen, über'fliegen; *mener ~ une affaire* e-e Angelegenheit zügig 'durchführen

rapidité [Rapidite] *f* Schnelligkeit *f* (*a* SPORTS *d'une piste*); Raschheit *f*; *d'une personne a* Flinkheit *f*; *d'une action a* Zügigkeit *f*; *des gestes a* Lebhaftigkeit *f*; *~ d'esprit* geistige Beweglichkeit; rasche, schnelle Auffassungsgabe; *loc/adv avec ~* schnell; rasch; geschwind; flink

rapiécer [Rapjese] *v/t* ⟨-è-, -ç-⟩ flicken; e-n Flicken aufsetzen (*qc* auf etw [*acc*]); *adjt pantalon rapiécé* geflickte Hose

rapière [RapjɛR] *f* HIST Ra'pier *n*

rapin [Rapɛ̃] *m péj (peintre) péj* Farbenkleckser *m*

rapine [Rapin] *litt f* Raub *m*; Diebstahl *m*

raplapla [Raplapla] *adj* ⟨*inv*⟩ F *être ~* *tout ~* a) *objet* flach, platt sein; b) *personne* müde, F schlapp, abgekämpft sein

rappel [Rapɛl] *m* **1.** *pour faire revenir* Zu'rückrufen *n*; DIPL *d'ambassadeur* Abberufung *f*; MIL *de réservistes* Wieder'einberufung *f*; *d'exilés* Erlaubnis *f* zur Rückkehr; *acteur avoir de nombreux ~s* viele Vorhänge bekommen; *fig battre le ~* Freunde, Anhänger um sich sammeln, um sich scharen, zusammentrommeln; **2.** (*avertissement*) (Er-)Mahnung *f* (*à* zu); *~ à l'ordre* a) ÉCOLE Ermahnung *f* zur Ordnung; b) POL Ordnungsruf *m*; *le brusque ~ à la réalité* das plötzliche Zu'rückgerufenwerden in die Wirklichkeit; **3.** (*évocation*) Erinnerung *f* (*de qn* +*acc*); *~ de souvenirs* Wachrufen *n* von Erinnerungen; **4.** (*répétition*) Wieder'aufnahme *f*; Wieder'holung *f*; *panneau routier ~!* Wiederholungsschild zur Geschwindigkeitsbeschränkung; RAD *~ des titres* Wiederholung der Schlagzeilen; MÉD (*vaccination f de ~*) Nachimpfung *f*, Wiederholungsimpfung *f*; **5.** *paiement* Nachzahlung *f*; **6.** TECH *ressort m de ~* Rückstell-, Rückholfeder *f*; **7.** ALPINISME (*descente f en ~*) Abseilen *n*; *descendre en ~* sich abseilen; **8.** MAR *sur un dériveur* Hängen *n* im Tra'pez; **9.** COMM Mahnung *f*; Erinnerung *f*

rappelé [Raple] *m* MIL Wieder'einberufene(r) *m*

rappeler [Raple] ⟨-ll-⟩ **I** *v/t* **1.** (*faire revenir*) zu'rückrufen; *médecin* wieder rufen, holen; DIPL *ambassadeur* abberufen; MIL *réservistes* wieder einberufen; THÉ *acteur* her'ausrufen; *exilés* die Rückkehr erlauben (*à* +*dat*); *ses affaires le rappellent à Paris* rufen ihn nach Paris zurück; *fig Dieu l'a rappelé à lui* Gott hat ihn zu sich genommen; *~ qn à lui ou à la vie* j-n wieder zu sich bringen; j-n 'wiederbeleben; *~ qn à l'ordre* j-n zur Ordnung rufen; *se faire ~ à l'ordre* ermahnt, zurechtgewiesen werden; **2.** TÉL a) *de nouveau* wieder, noch einmal anrufen; b) *réciproquement* zu'rückrufen; **3.** (*remettre en mémoire*) *~ qc à qn* j-n an etw (*acc*) erinnern; j-m etw ins Gedächtnis zu'rückrufen; j-m etw in Erinnerung rufen; *~ qn à qn* j-n an j-n erinnern; *~ à qn de faire qc* j-n daran erinnern, etw zu tun *ou* das ...; *il est rappelé que ...* es sei daran erinnert, daß ...; es muß darauf hingewiesen werden, daß ...; *cela me rappelle qc* das erinnert mich an etwas; *cela ne te rappelle rien?* erinnert dich das nicht an etwas?; *rappelez-moi votre nom* nennen Sie mir Ihren Namen noch einmal; *~ le passé* an die Vergangenheit erinnern; *~ des souvenirs à qn a* bei j-m Erinnerungen wachrufen; *~ qc à tout propos* etw bei jeder Gelegenheit erwähnen; **II** *v/pr* **4.** *se ~ qc, qn, fait et abus de qc, qn* sich an etw, j-n erinnern; *se ~ avoir fait qc* sich (daran) erinnern, daß man etw getan hat; *abus je m'en rappelle* ich erinnere mich (daran); *abus: un spectacle dont on se rappellera longtemps* das man lange nicht vergißt; *rappelez-vous que ...* denken Sie daran, daß ...; **5.** *se ~ à qn* sich j-m wieder in Erinnerung bringen

rappeur [RapœR] *m* MUS Rapper ['Rɛ-] *m*

rappliquer – ras

rappliquer [ʀaplike] *v/i* (*et v/pr*) F (*se*) ~ F aufkreuzen; antanzen; angetanzt, angeschoben kommen

rapport [ʀapɔʀ] *m* **1.** (*exposé*) Bericht *m*; (*expertise*) Gutachten *n*; *à un supérieur* Rap'port *m*; *par ext* MIL Ap'pell *m*; ~ *de police* Poli'zeibericht *m*; *faire un ~* Bericht erstatten; *par écrit a* e-n Bericht verfassen, abfassen; *oralement a* e-n Bericht (ab)geben; **2.** *entre choses* Zu'sammenhang *m*; Beziehung *f*; Verhältnis *n*; *sc* Relati'on *f*; ÉCON ~ *qualité-prix* Preis-Leistungs-Verhältnis *n*; ~ *des forces* Kräfteverhältnis *n*; MATH ~ *de deux grandeurs* Verhältnis zweier Größen; ♦ *loc/prép et loc/adv*: *dans le ~ de trois à un* im Verhältnis drei zu eins; *en ~ avec* entsprechend (+*dat*); *avoir une situation en ~ avec ses capacités* e-e Stellung entsprechend s-n Fähigkeiten haben; e-e s-n Fähigkeiten entsprechende Stellung haben; *être en ~ avec* im Zusammenhang stehen mit; zusammenhängen mit; *par ~ à* im Verhältnis zu; im Vergleich zu; verglichen mit; *sous le ~ de* was (+*acc*) betrifft, an(be)langt; in bezug auf (+*acc*); *sous tel ou tel ~* unter diesem oder jenem Gesichtspunkt; in mancher Hinsicht, Beziehung; *sous tous les ~s* in jeder Hinsicht, Beziehung; ♦ F ~ *à* wegen (F +*dat*); ♦ *n'avoir aucun ~ ou être sans ~ avec* in keinem Zusammenhang stehen mit; in keiner Beziehung stehen zu; *cela n'a aucun ~!* das gehört nicht hierher!; das hat damit nichts zu tun!; *il n'y a aucun ~* da besteht kein Zusammenhang; *établir, faire le ~ entre deux choses* den Zusammenhang zwischen zwei Dingen herstellen; **3.** *entre personnes, pays, surtout pl ~s* Beziehungen *f/pl*; Verhältnis *n*; ~*s humains* zwischenmenschliche Beziehungen *f/pl*; ~ (*sexuels*) (Geschlechts)Verkehr *m*; ~ *de parenté* verwandtschaftliche Beziehungen; ~*s entre États* Beziehungen zwischen Staaten; ~*s entre parents et enfants* Verhältnis zwischen Eltern und Kindern; *avoir des ~s avec qn* (Geschlechts)Verkehr, intime Beziehungen mit j-m haben; *avoir, entretenir de bons ~s avec qn* ein gutes Verhältnis zu j-m haben; gute Beziehungen mit, zu j-m unter'halten; *être en ~ avec qn* in Verbindung mit j-m stehen; *mettre qn en ~ avec qn* Kontakte, Beziehungen zwischen j-m und j-m herstellen; *se mettre, entrer en ~ avec qn* sich mit j-m in Verbindung setzen; mit j-m in Verbindung treten; die Verbindung zu j-m aufnehmen; **4.** (*rendement*) Ertrag *m*; Einkünfte *f/pl*; TURF ~*s du tiercé* Gewinnquoten *f/pl* bei der Dreierwette; *maison f de ~* Miets-, Ren'ditehaus *n*; AGR *en plein ~* ertragreich, -bringend; 'vollgenutzt; *être d'un bon ~* einträglich, gewinnbringend, ergiebig sein

rapportage [ʀapɔʀtaʒ] *m* ÉCOLE *péj* Petzen *n*

rapporter [ʀapɔʀte] I *v/t* **1.** *à l'endroit initial* 'wieder-, zu'rückbringen; **2.** (*apporter*) mitbringen; *chien: gibier etc* appor'tieren; *fig impression* erhalten; gewinnen; *chien dressé à ~* Appor'tierhund *m*; *~ une réponse* e-e Antwort mitbringen; **3.** (*faire le récit de*) berichten; *les paroles de qn a* zi'tieren; *péj* hinter'bringen; zutragen; weitererzählen; ÉCOLE petzen (*abs*); *bruits* weiterverbreiten; *on lui rapporte ces mots: ...* er soll gesagt haben: ...; **4.** *bénéfice* einbringen; abwerfen; *film: somme* einspielen; *abs* einträglich sein; etwas einbringen; *~ gros* viel einbringen; *métier m qui rapporte a* einträglicher Beruf; **5.** (*ajouter*) ansetzen; anfügen; *terre* aufschütten; anfahren; COUT *poche* aufsetzen; **6.** MATH *angle* über'tragen; **7.** JUR (*annuler*) rückgängig machen; zu'rücknehmen; aufheben; **8.** (*rattacher*) *~ qc à qc* etw in Beziehung mit etw bringen; etw in Beziehung zu etw setzen; etw im Zu'sammenhang sehen mit; II *v/pr* **9.** *se ~ à* sich beziehen auf (+*acc*); in Zu'sammenhang stehen mit; **10.** *s'en ~ à qn, qc* sich auf j-n, etw verlassen; *s'en ~ aux faits* sich an (die) Tatsachen halten; *je m'en rapporte à vous* ich verlasse mich auf Sie; ich über'lasse es Ihrer Entscheidung

rapport|eur [ʀapɔʀtœʀ] *m*, *~euse f* **1.** *péj* Zuträger(in) *m(f)*; ÉCOLE Petze *f*; *adjt elle est rapporteuse* sie ist e-e Petze; **2.** *m* JUR, ADM Refe'rent(in) *m(f)*; Berichterstatter(in) *m(f)*; **3.** *m* MATH Winkelmesser *m*

rapprendre [ʀapʀɑ̃dʀ(ə)] *cf* **réapprendre**

rapproché [ʀapʀɔʃe] *adj* **1.** *dans l'espace* nah(e), eng, dicht beiein'ander(-), aneinander(liegend); Nah...; *protection ~e* Per'sonen- und Ob'jektschutz *m*; **2.** *dans le temps* nah(e), dicht beiein'anderliegend; schnell, dicht aufein'anderfolgend

rapprochement [ʀapʀɔʃmɑ̃] *m* **1.** *d'objets* Her'anrücken *n* (*de* an +*acc*); Zu'sammenrücken *n*; **2.** *de personnes, de peuples etc* Annäherung *f*; Verständigung *f*; **3.** *fig* (*confrontation*) Gegen'über-, Nebenein'anderstellung *f*; (*comparaison*) Vergleich *m*; *faire le ~ entre qc et qc* etw mit etw in Verbindung bringen; etw und etw im Zu'sammenhang sehen

rapprocher [ʀapʀɔʃe] I *v/t* **1.** *un objet* her'anrücken, -bringen (*de* an +*acc*); *deux objets* zu'sammenrücken, -schieben; *rapprochez votre siège* rücken Sie Ihren Stuhl heran; *les jumelles rapprochent les objets* das Fernglas holt die Gegenstände her'an; *mon nouveau travail me rapproche de chez moi* durch m-e neue Arbeit verkürzt, verringert meinen Nachhauseweg; **2.** *dans le temps* näherbringen (*de dat*); *échéance, paiement* vorverlegen; *chaque jour nous rapproche des vacances* jeder Tag bringt uns den Ferien näher; die Ferien rücken jeden Tag näher; **3.** *fig malheur etc: personnes* ein'ander näherbringen; **4.** (*comparer*) nebenein'ander-, gegen'überstellen; vergleichen; *être à ~ de* vergleichbar sein mit; II *v/pr se ~* **5.** a) (*venir plus près*) sich nähern (*de dat*); näher kommen; her'ankommen; *le bruit se rapproche* der Lärm kommt näher; b) (*se serrer*) sich (ein'ander) nähern, zu'sammenrücken; **6.** *fig adversaires, partis etc* sich annähern; sich näherkommen; *se ~ de qn* j-m näherkommen; *se ~ des socialis-* *tes* sich den Sozialisten annähern; **7.** *fig* (*devenir comparable*) näherkommen (*de dat*); *se ~ de son idéal, de la vérité* s-m Ideal, der Wahrheit näherkommen

rapprovisionner [ʀapʀɔvizjɔne] *cf* **réapprovisionner**

rapt [ʀapt] *m* Entführung *f*; *~ d'enfant a* Kindesraub *m*

raquer [ʀake] *v/t et v/i* P (*payer*) F blechen

raquette [ʀakɛt] *f* **1.** SPORTS a) Schläger *m*; *~ de ping-pong, de tennis, de volant* Tischtennis-, Tennis-, Federballschläger *m*; b) *par ext joueur* Tennisspieler *m*; **2.** *pour la neige* Schneeteller *m*, -reifen *m*; **3.** BOT Feigenkaktus *m*

rare [ʀaʀ, ʀɑʀ] *adj* selten; *denrées, main-d'œuvre* knapp; rar; *au pl a* wenige; CHIM *gaz m/pl ~s* Edelgase *n/pl*; *mot ~* seltenes Wort; *occasion f ~* seltene Gelegenheit; *plante f ~* seltene Pflanze; *à de ~s exceptions près* bis auf wenige Ausnahmen; *subst un des ~s ... qui* (+*subj*) einer der wenigen ..., die ...; *il est ~ que ...* (+*subj*) *ou de* (+*inf*) es ist selten *ou* es kommt selten vor, daß ...; nur selten ...; *~s sont ceux qui ...* es gibt nur wenige, die ...; nur wenige ...; *cela arrive, mais c'est ~* das kommt (zwar) vor, aber nur selten; *se faire ~* selten werden; *personne se faire ~* (*comme les beaux jours*); *devenir ~* sich selten sehen lassen; F sich rar machen; **2.** (*exceptionnel*) selten; un-, außergewöhnlich; erstaunlich; außerordentlich; *des qualités f/pl ~ ou de ~s qualités* ungewöhnliche Vorzüge *m/pl*; F *ça n'aurait rien de ~*; **3.** (*clairsemé*) spärlich; dünn; *cheveux a* schütter; *une barbe ~* (ein) spärlicher Bartwuchs; *il n'y pousse qu'une herbe ~* das Gras wächst dort nur auf freiem Feld

raréfaction [ʀaʀefaksjɔ̃] *f* **1.** *de l'air* Verdünnung *f*; **2.** *de denrées* Knappwerden *n*; Verknappung *f*

raréfier [ʀaʀefje] I *v/t* PHYS *air, gaz* verdünnen; *adjt* *atmosphère raréfiée* dünne Atmosphäre, Luft; II *v/pr se ~* **1.** *air* dünner werden; **2.** (*devenir rare*) selten(er) werden; *denrées* knapp werden

rarement [ʀaʀmɑ̃, ʀɑ-] *adv* selten

rareté [ʀaʀte, ʀɑʀte] *f* **1.** *d'objets, d'événements* Seltenheit *f*; *de denrées* Knappheit *f*; **2.** (*chose rare*) Rari'tät *f*; Seltenheit *f*; (*chose précieuse*) Kostbarkeit *f*

rarissime [ʀaʀisim, ʀɑ-] *adj* sehr, höchst, äußerst selten

ras [ʀɑ] *adj* (*rase* [ʀɑz]) **1.** *cheveux* kurz(geschnitten, -geschoren); *herbe* niedrig; *à poil ~ animal* kurzhaarig; *Kurzhaar...*; *tissu* mit kurzem Flor; *advt*: *coupé (à) ~ cheveux, ongles, gazon* kurzgeschnitten; *cheveux, gazon a* kurzgeschoren; *tondu à ~* kahlgeschoren; **2.** *mesure, cuiller* gestrichen voll; *robe etc ~ du cou* halsengl; *pull ~ du cou* Rundhalspulli *m*; *loc/adv*: *à ~ bord* bis zum, an den Rand; *plein, rempli à ~ bord* randvoll; bis zum, an den Rand gefüllt; *en ~e campagne* auf dem flachen Land; auf freiem Feld; *loc/prép à ~ de, au ~ de* dicht, unmittelbar über *ou* an (+*dat ou acc*); *balle envoyée au ~ du filet* knapp übers

Netz schlagen, werfen; *voler à ~ de terre, au ~ du sol* dicht über dem Erdboden fliegen; F *fig en avoir ~ le bol* F die Schnauze voll haben; die Nase (gestrichen) voll haben; es satt haben, sein; es dick haben; *j'en ai ~ le bol a* F mir reicht's, langt's; mir steht's bis hier oben; *fig faire table ~e* tabula rasa machen, reinen Tisch machen (*de qc* mit etw)

rasade [ʀazad] *f boire une grande ~* e-n kräftigen Schluck, e-n guten Zug tun; *se verser une ~ de vin* sich das Glas bis zum Rand mit Wein füllen

rasage [ʀazaʒ] *m* Ra'sur *f*; Ra'sieren *n*; *d'un rasoir électrique tête f de ~* Scherkopf *m*

rasant [ʀazɑ̃] *adj* **1.** *lumière* flach einfallend; MIL *feu, tir ~* Flachfeuer *n*; *t/t* ra'santes Feuer; **2.** F (*ennuyeux*) langweilig; geisttötend; F lahm; doof

rascasse [ʀaskas] *f* ZO Drachenkopf *m*

rasé [ʀaze] *adj* **a)** *cheveux, barbe* (kurz-)geschoren; (ab)ra'siert; *crâne* kahlgeschoren; **b)** *personne* ra'siert; *mal ~* schlecht rasiert; stopp(e)lig; *pas ~* unrasiert; *~ de près* glattrasiert

rase-mottes [ʀazmɔt] *m ⟨inv⟩* AVIAT (*vol m en*) *~* Tiefflug *m*; *faire du ~* im Tiefflug fliegen

raser [ʀaze] **I** *v/t* **1. a)** *personne, menton, jambes* ra'sieren; *nuque* ausrasieren; *barbe* abrasieren; **b)** *crâne* kahlscheren; **2.** F (*ennuyer*) *~ qn* j-n langweilen, F anöden; F j-m auf die Nerven, auf den Geist gehen; *ça me rase de* (+*inf*) *a* F es stinkt mir zu (+*inf*); **3.** *bâtiment, quartier* abreißen; *fortifications* schleifen; *à la guerre être rasé* ausradiert, dem Erdboden gleichgemacht werden; **4.** (*passer près de*) *~ qc* dicht *ou* ganz nah(e) an etw (*dat*) vor-'beifahren *ou* -fliegen *ou* -laufen; *balle ~ le filet* dicht über das Netz fliegen; *personne ~ les murs* dicht an den Mauern, Hauswänden entlangschleichen; *voiture ~ un piéton* dicht an e-m Fußgänger vorbeifahren; **II** *v/pr se ~* **5.** (*se faire la barbe*) sich ra'sieren; **6.** F (*s'ennuyer*) sich langweilen; F sich mopsen

raseur [ʀazœʀ], *~euse* F *m,f* Langweiler(in) *m(f)*; F Nervensäge *f*

rasibus [ʀazibys] F *adv* ganz dicht (vor-'bei); *ongles couper ~* ganz kurz (ab-)schneiden; *balle passer ~* haarscharf, ganz dicht vorbeifliegen

ras-le-bol [ʀalbɔl] F *m* Verdruß *m*; Verdrossenheit *f*; *cf a ras 2*.

rasoir [ʀazwaʀ] *m* **1.** Ra'siermesser *n ou* -apparat *m*; *~ électrique* elektrischer Rasierapparat; Trockenrasierer *m*; *~ mécanique* Rasierapparat *m*; Naßrasierer *m*; *~ à main* Rasiermesser *n*; *coupe f* (*de cheveux*) *au ~* Messer-(haar)schnitt *m*; *feu m du ~* Brennen *n* nach der Ra'sur; **2.** F *fig personne* Langweiler(in) *m(f)*; F Nervensäge *f*; *adj ⟨inv⟩* geisttötend; zum Einschlafen langweilig

rassasiant [ʀasazjɑ̃] *adj nourriture* sättigend

rassasié [ʀasazje] *adj* **1.** satt; gesättigt; **2.** *fig* über'sättigt; *être ~ de qc* e-r Sache (*gén*) überdrüssig sein; etw satt haben, sein

rassasier [ʀasazje] **I** *v/t* **1.** sättigen (*a abs*: *plat*); satt machen; **2.** *fig curiosité etc* befriedigen; *ne pouvoir ~ sa vue de qc* sich an etw (*dat*) nicht satt sehen können; **II** *v/pr se ~* **3.** sich satt essen (*de an* +*dat*); satt werden; **4.** *fig je ne m'en rassasie pas* ich kann davon nicht genug bekommen

rassemblement [ʀasɑ̃bləmɑ̃] *m* **1.** *de personnes* Ansammlung *f*; (Menschen-)Auflauf *m*; **2.** *de documents* Sammeln *n*; Zu'sammentragen *n*, -stellen *n*; **3.** MIL *de troupes* Sammeln *n*; Antreten *n*; *~!* angetreten!; sammeln!; **4.** POL Sammlungsbewegung *f* (*derrière qn, qc* um j-n, etw)

rassembler [ʀasɑ̃ble] **I** *v/t* **1.** *élèves, troupes etc* (wieder) (ver)sammeln; *~ tous les mécontents* alle Unzufriedenen sammeln; **2.** *documents, informations* sammeln; zu'sammentragen, -stellen; **3.** *fig ~ son courage* s-n Mut zu-'sammennehmen; *~ ses esprits* wieder zu sich kommen; *~ ses forces* s-e Kräfte sammeln; *~ ses idées* sich sammeln; s-e Gedanken (wieder) ordnen; **II** *v/pr se ~* sich (wieder) (ver)sammeln

rassembleur [ʀasɑ̃blœʀ] *m* POL Einiger *m*

rasseoir [ʀaswaʀ] *⟨cf asseoir⟩* **I** *v/t malade, enfant* wieder hinsetzen; **II** *v/pr se ~* sich wieder hinsetzen; *faire* (*se*) *~ qn* j-n auffordern *ou* dazu bringen, sich wieder hinzusetzen

rasséréner [ʀaseʀene] *⟨-è-⟩* **I** *v/t* beruhigen; **II** *v/pr se ~ visage* sich aufhellen; *personne* sich beruhigen

rassir [ʀasiʀ] *v/i pain* trocken, altbacken werden

rassis [ʀasi] *adj* **1.** *⟨f* F *rassie⟩* altbakken; *du pain ~ ou subst du ~* alt(bakken)es, trockenes Brot; **2.** *fig* gesetzt; ruhig; besonnen; *homme m à l'esprit ~* besonnener Mensch

rassurant [ʀasyʀɑ̃] *adj nouvelles* beruhigend; *individu peu ~* zweifelhaftes Individuum; *situation pas ~* beunruhigend

rassuré [ʀasyʀe] *adj* beruhigt; *il n'est pas ~* er fühlt sich nicht sicher; ihm ist bange

rassurer [ʀasyʀe] **I** *v/t personne* beruhigen; **II** *v/pr se ~* sich beruhigen; *rassurez-vous! a* seien Sie unbesorgt!

rastaquouère [ʀastakwɛʀ] *m* zwielichtige Gestalt; Hochstapler *m*

rat¹ [ʀa] *m* **1.** ZO Ratte *f*; *~ noir* Hausratte *f*; *~ d'Amérique, musqué* Bisamratte *f*; *~ d'égout, gris* Wanderratte *f*; La Fontaine *le ~ des villes et le ~ des champs* die Stadtmaus und die Landmaus; *fig être fait comme un ~* in der Falle sitzen; *prov les ~s quittent le navire* die Ratten verlassen das sinkende Schiff (*prov*); **2.** *fig d'une personne: ~ de bibliothèque* Bücherwurm *m*; *~ d'hôtel* Ho'teldieb *m*; *petit ~ de l'Opéra* Bal'lettratte *f*; *terme affectif mon* (*petit*) *~* meine kleine Maus; mein Mäuschen; *injure face f de ~* häßliche Fratze; **3.** *bougie ~ de cave* Wachslicht *n*

rat² [ʀa] *adj ⟨f inv⟩* F *péj cf radin*

rata [ʀata] *m* F *péj* (mieser) Fraß

ratafia [ʀatafja] *m liqueur* Rata'fia *m*

ratage [ʀataʒ] *m* Scheitern *n*; Miß'lingen *n*; 'Mißerfolg *m*; F Flop *m*

rataplan [ʀataplɑ̃] *int* rumtata (Trommelwirbel)

ratatiné [ʀatatine] *adj* **1.** *pomme*, F *visage, personne* zu'sammengeschrumpft; runz(e)lig; verschrumpelt; verhutzelt; *visage a* faltig; zerknittert; **2.** F *fig véhicule* völlig zu'sammengedrückt, F zermatscht

ratatiner [ʀatatine] **I** *v/t* F (*écraser*) zerquetschen; F zermatschen; *fig se faire ~* (*être vaincu*) vernichtend geschlagen, F niedergewalzt werden; **II** *v/pr se ~ pomme*, F *personne* zu'sammenschrumpfen, runz(e)lig werden; verschrumpeln

ratatouille [ʀatatuj] *f* CUIS **1.** *~* (*niçoise*) proven'zalischer Gemüseeintopf; **2.** F *péj* (zu'sammengeman[t]schter) Fraß

rate [ʀat] *f* **1.** ANAT Milz *f*; F *fig: se dilater la ~* sich vor Lachen den Bauch, die Seiten halten; *ne pas se fouler la ~* F sich kein Bein ausreißen; **2.** ZO weibliche Ratte

raté [ʀate] **1.** *m d'un moteur* Fehlzündung *f*; **2.** *m d'un coup de feu* Versager *m*; **3.** *m fig d'une politique etc* Rückschlag *m*; **4.** *~(e)* (*m(f)*) *péj personne* Versager(in) *m(f)*; gescheiterte, F verkrachte Exi'stenz

râteau [ʀato] *m ⟨pl ~x⟩* JARD Rechen *m* (*a du croupier*); nordd Harke *f*; **2.** F *plais* (*peigne*) grober Kamm; F Rechen *m*

râtelier [ʀatəlje] *m* **1.** *pour le bétail* (Futter)Raufe *f*; F *fig manger à plusieurs ~s, à tous les ~s* überall s-n Pro'fit suchen; sein Mäntelchen nach dem Wind hängen; **2.** *à pipes, d'armes* Ständer *m*; Gestell *n*; **3.** F (*fausses dents*) (künstliches) Gebiß, *plais* dritte Zähne *m/pl*

rater [ʀate] **I** *v/t* **1.** (*manquer*) but verfehlen; *train, occasion* versäumen; verpassen; *~ qn* (*ne pas rencontrer*) j-n verfehlen, verpassen; *raté!* da'neben!; vor'bei!; *il a raté une bonne place* F ihm ist e-e gute Stellung durch die Lappen gegangen; *~ un virage* F e-e Kurve nicht kriegen; F *je ne le raterai pas* F ich werde ihn schon kriegen; F *il ne l'a pas raté* er hat es ihm heimgezahlt; F der hat's ihm aber gegeben; *iron il n'en rate pas une* dem geht auch alles daneben; der macht aber auch alles falsch; **2.** (*ne pas réussir*) verderben; F verpatzen; verkorksen; *élève ~ une composition* F e-e Klassenarbeit verhauen; *il a raté son coup* das ist ihm miß'lungen, da'nebengegangen; *~ un examen* in e-r Prüfung 'durchfallen; *adjt cette photo est ratée* a dieses Foto ist nichts geworden; *j'ai raté la sauce* die Soße ist mir miß'lungen, nicht geraten; *~ sa vie* F sein Leben verpfuschen; **II** *v/i* **3.** *coup de feu* nicht losgehen; *arme à feu* versagen; **4.** (*échouer*) miß'lingen; miß'glücken; F schiefgehen; da'nebengehen; nicht klappen; *faire tout ~* zum Scheitern bringen; F *ça n'a pas raté!* das mußte ja (so) kommen!; **III** *v/pr* **5.** (*ne pas se rencontrer*) sich verfehlen; sich verpassen; **6.** *il s'est raté* sein Selbstmordversuch ist miß'lungen

ratiboiser [ʀatibwaze] *v/t* F **1.** *argent* F klauen (*à qn* j-m); **2.** *personne adjt être* (*complètement*) *ratiboisé* finan'ziell, geschäftlich, gesundheitlich (völlig) ru-'iniert, zu'grunde gerichtet, F erledigt sein

ratier [Ratje] *m ou adj* **chien** ~ Rattenfänger *m*
ratière [RatjɛR] *f* Rattenfalle *f*
rati|fication [Ratifikasjɔ̃] *f* JUR Bestätigung *f*; DIPL, POL Ratifikati'on *f*; Ratifi'zierung *f*; **~fier** *v/t* JUR bestätigen; genehmigen; billigen; DIPL, POL ratifi'zieren; *litt paroles* bestätigen
ratine [Ratin] *f* TEXT Ratiné *m*
ratio [Rasjo] *m* FIN Verhältnis(zahl) *n(f)*
ratiociner [Rasjɔsine] *v/i* grübeln; sin'nieren
ration [Rasjɔ̃, Rasjo] *f* **1.** Rati'on *f (a* MIL*)*; Zuteilung *f*; tägliche Verpflegungsmenge; *pour un animal* täglicher Futterbedarf; PHYSIOL ~ **alimentaire** tägliche Nahrungsbedarf; *maigre* ~ geringe, knappe Ration, Verpflegungsmenge; ~ **de pain**, **de tabac** Brot-, Tabakration *f*; **2.** *fig et iron* **sa ~ de ...** s-n Anteil an (+*dat*); *j'ai eu ma ~ de soucis* ich hab' meinen Anteil an Sorgen (bekommen *ou* gehabt)
rationalis|ation [Rasjonalizasjɔ̃] *f* Rationali'sierung *f*; **~er** *v/t* rationali'sieren
rational|isme [Rasjonalism(ə)] *m* PHILOS Rationa'lismus *m*; Vernunftglaube *m*; **~iste** PHILOS **I** *adj* rationa'listisch; **II** *m,f* Rationa'list(in) *m(f)*; *par ext* Verstandesmensch *m*; **~ité** *f* PHILOS Vernunftgemäßheit *f*; Vernünftigkeit *f*; Rationali'tät *f*
rationnel [Rasjɔnɛl] *adj* ⟨~le⟩ **1.** (*raisonnable*) ratio'nal; vernunftgemäß; vernünftig; *esprit* ~ Verstandesmensch *m*; *pensée* ~ **le** rationales Denken; **2.** (*pratique*) ratio'nell; zweckmäßig; *méthode* ~ **le** zweckmäßige Methode; *organisation* ~ **le** rationelle Organisation; **3.** MATH **nombre ~** ratio'nale Zahl
rationnement [Rasjɔnmɑ̃] *m* Ratio'nierung *f*; **~ de l'essence** Ben'zinrationierung *f*; **carte f de ~** Lebensmittelkarte *f*
rationner [Rasjɔne] **I** *v/t* **1.** *vivres etc* ratio'nieren; **2.** *personnes* auf Rati'onen setzen; *fig* knapphalten; **II** *v/pr* **se ~** sich (im Essen) zu'rückhalten; (*se restreindre*) sich einschränken
Ratisbonne [Ratisbɔn] Regensburg *n*
ratissage [Ratisaʒ] *m* **1.** JARD nordd Harken *n*; südd Rechen *n*; **2.** MIL, POLICE Durch'kämmung(saktion) *f*
ratisser [Ratise] *v/t* **1.** *terre, gravier, allée etc* nordd harken; südd rechen; *feuilles mortes* zu'sammenharken, -rechen; **2.** *troupes: terrain, police: quartier* 'durchkämmen *ou* durch'kämmen; **3.** F *argent* F einstreichen; einsacken; ~ *large* F tüchtig absahnen; **4.** RUGBY *ballon* hakeln
raton [Ratɔ̃] *m* **1.** ZO junge Ratte; ~ *laveur* Waschbär *m*; **2.** CUIS Käsetörtchen *m*; **3.** *injure* (P Scheiß)Nordafrikaner *m*, (-)Araber *m*
ratonnade [Ratɔnad] *f* Jagd *f* auf, Po'grom *n* gegen Nordafrikaner; *par ext* fremdenfeindliche, ras'sistische Ausschreitungen *f/pl*
R.A.T.P. [ɛRatepe] *f abr* (Régie autonome des transports parisiens) Pa'riser Verkehrsbetriebe *m/pl*
ratrac [RatRak] *m* (marque déposée) Schnee-, Pistenraupe *f*
rattachement [Rataʃmɑ̃] *m* POL d'un *territoire* Angliederung *f*; Anschluß *m*
rattacher [Rataʃe] **I** *v/t* **1.** (*attacher de nouveau*) wieder fest-, anbinden, an-, verknüpfen; **2.** *à un circuit électrique etc* anschließen (*à an* +*acc*); *territoire à un État etc* angliedern, anschließen (an +*acc*); **3.** *fig personne* ~ **à son pays** an s-e Heimat binden; mit s-r Heimat verbinden; ~ **qn à la vie** j-n ans Leben fesseln; **4.** *fig question, idée* in Verbindung, in Zu'sammenhang bringen (*à* mit); **II** *v/pr* **se** ~ zu'sammenhängen (*à* mit); sich anschließen (an +*acc*); gehören (zu)
rattrapage [RatRapaʒ] *m* ÉCOLE **cours m de ~** Nachholunterricht *m*
rattraper [RatRape] **I** *v/t* **1.** (*reprendre*) *animal* wieder einfangen; *fugitif* wieder ergreifen; F (*wieder*) erwischen; *maille tricotée* wieder aufnehmen; F *si je le rattrape!* F wenn ich den erwische!; wenn mir der zwischen die Finger kommt!; **2.** *objet, enfant qui tombe* auffangen; **3.** (*rejoindre*) *personne, voiture* (wieder) einholen; *fig* ~ *les autres élèves* die anderen Schüler wieder einholen; **4.** (*regagner*) *retard* (wieder) aufholen; *perte* wieder wettmachen; *heures de travail* (her')einarbeiten, nacharbeiten; nachholen; F CUIS ~ **sa mayonnaise** F die Mayon'naise wieder hinkriegen; ~ **une parole malheureuse** ein unglücklich gewähltes Wort wiedergutmachen; **II** *v/pr* **se** ~ **5.** *en tombant* sich festhalten (*à* an +*dat*); **6.** *lors d'un retard* (wieder) aufholen; *après une erreur, une perte* die Sache *ou* den Verlust *etc* wettmachen, wieder'gutmachen; ÉCOLE **se ~ avec les maths** mit Mathe ausgleichen; **se ~ sur qc** durch etw ausgleichen; sich an etw (*dat*) schadlos halten
rature [RatyR] *f* Streichung *f*; ('durch)gestrichene Stelle
raturer [RatyRe] *v/t* *mot* (aus-, 'durch)streichen (*a abs*); *adj* TYPO **épreuves raturées** Fahnen *f/pl* mit Streichungen
raugmenter [Rɔgmɑ̃te] F *v/i* wieder teurer werden
rauque [Rok] *adj* *voix* rauh; heiser; *cri, toux* heiser
ravage [Ravaʒ] *m* ⟨meis *pl* ~s⟩ **1.** Verheerung *f*; Verwüstung *f*; *les ~s de la drogue* die verheerenden Auswirkungen der Drogen; *faire, causer des ~s séisme, termites etc* Verheerungen, Verwüstungen, großen Schaden anrichten; *épidémie, drogue* verheerende Folgen haben; **2.** *fig les ~s du temps* die unübersehbaren Spuren *f/pl* des Alters; F *faire des ~s* (*dans les cœurs*) große Verwirrung (in den Herzen) stiften
ravagé [Ravaʒe] *adj* **1.** *pays, jardin etc* verwüstet; verheert; ~ *par la grêle* verhagelt; **2.** *fig* zu'grunde gerichtet; *visage: par les épreuves* gezeichnet; *par la débauche* verlebt; **3.** F *fig il est complètement* ~! er ist völlig 'übergeschnappt!; *cf a* **cinglé**
ravager [Ravaʒe] *v/t* ⟨-geons⟩ **1.** *pays, champs etc* verheeren; verwüsten; *catastrophe: pays a heimsuchen*; *terres* vernichten; **2.** *fig* zu'grunde richten; *maladie, épreuve* ~ *la vie de qn* j-s Leben zugrunde richten, zerstören
ravageur [RavaʒœR] *adj* ⟨-euse⟩ **1.** AGR **insecte ~** Schädling *m*; **2.** *fig* zerstörerisch
ravalement [Ravalmɑ̃] *m* CONSTR (net'toyage) (Fas'saden)Reinigung *f*, (-)Säuberung *f*; (*crépissage*) (Neu)Ver-, Abputzen *n*
ravaler [Ravale] **I** *v/t* **1.** *bâtiment, mur* (neu) ver-, abputzen; *façade en pierre de taille* reinigen, säubern; **2. a)** *salive* wieder hin'unterschlucken; **b)** *fig colère, dépit, larmes* hin'unter-, F runterschlucken; verbeißen; F **je lui ferai ~ ses paroles!** F den werd' ich mir verknöpfen!; **3.** *fig* (*dignité de*) *qn* her'absetzen, -würdigen; **II** *v/pr* **se ~** sich erniedrigen; **se ~ au rang de** her'absinken zu (+*dat*)
ravaleur [RavalœR] *m* CONSTR Fas'sadenreiniger *m*
ravauder [Ravode] *v/t* ausbessern; flicken
rave [Rav] *f* BOT Rübe *f*; *adj* **céleri m ~** Knollensellerie *m ou f*
Ravenne [Ravɛn] Ra'venna *f*
ravi [Ravi] *adj* (hoch)erfreut; entzückt; begeistert; hingerissen; **avoir un air ~** ein hocherfreutes Gesicht machen; *j'en suis ~* es freut mich sehr, ich bin davon entzückt (*a iron*); *être* ~ *de* (+*inf*) *ou que ...* (+*subj*) erfreut (darüber) sein zu (+*inf*) *ou* daß ...
ravier [Ravje] *m* (kleine, o'vale) Schale, Platte; Horsd'œuvre-Schale *f*
ravigotant [Ravigɔtɑ̃] F *adj* stärkend; erquickend
ravigote [Ravigɔt] CUIS *adj* (*à la*) ~ mit scharfer Kräutersoße und feingehackten Eiern
ravigoter [Ravigɔte] F *v/t* *personne* stärken; wieder auf die Beine bringen; aufmuntern; F aufmöbeln
ravin [Ravɛ̃] *m* (Fels)Schlucht *f*; **tomber au fond d'un ~** *ou* **dans un ~** in e-e Schlucht stürzen
ravinement [Ravinmɑ̃] *m du sol* Auswaschung *f*; *abs* Bodenabschwemmung *f*
raviner [Ravine] *v/t* **1.** *eaux: sol* auswaschen; **2.** *fig adj visage raviné* durch'furchtes Gesicht
ravioli [Ravjoli] *m/pl* CUIS Ravi'oli *pl*
ravir [RaviR] *v/t* **1.** (*charmer*) hin-, mitreißen; bezaubern; entzücken; begeistern; *loc/adv* **à** ~ bezaubernd; entzückend; hinreißend; wundervoll; *cela vous va à ~* das steht Ihnen ausgezeichnet; **2.** *litt* (*enlever*) rauben; *personne* entführen; *par ext* **la mort nous l'a ravi** der Tod hat ihn uns genommen
raviser [Ravize] *v/pr* **se ~** s-e Meinung ändern; sich anders besinnen
ravissant [Ravisɑ̃] *adj* bezaubernd; entzückend; hinreißend; reizend
ravissement [Ravismɑ̃] *m* Entzücken *n*; Verzückung *f* (*a* REL); *loc/adv* **avec ~** hingerissen; ent-, verzückt; *être* (**plongé**) **dans le ~** in Entzücken *ou* Verzückung geraten
raviss|eur [RavisœR] *m*, **~euse** *f* Entführer(in) *m(f)*
ravitaillement [Ravitajmɑ̃] *m* **1.** (*approvisionnement*) **a)** *d'une ville, de la population* (Lebensmittel)Versorgung *f*, Verprovian'tierung *f*; **b)** MIL Versorgung *f*; Nachschub *m* (**des troupes**) für die Truppen); **~ en munitions, en vivres** Munit'ions-, Lebensmittelnachschub *m*; **2.** F (*provisions*) Lebensmittel *n/pl*; **aller au ~** Lebensmittel einkaufen (gehen) *ou* besorgen
ravitailler [Ravitaje] **I** *v/t* *armée* mit

Nachschub versorgen; *ville etc* mit Lebensmitteln versorgen; verprovian'tieren; *avion, voiture* ~ (**en essence**) mit Benzin versorgen; ~ **un avion en vol** ein Flugzeug in der Luft auftanken; **II** *v/pr se* ~ *en vivres* sich mit Lebensmitteln versorgen; sich verprovian'tieren; MIL sich mit Nachschub versorgen; *se* ~ **en carburant** sich mit Treibstoff versorgen

ravitailleur [Ravitajœʀ] *m* MIL navire Versorgungsschiff *n*, *véhicule* -fahrzeug *n*, *avion* -flugzeug *n*; *adjt* **navire** *m* ~ Versorgungs-, Mutterschiff *n*

raviver [Ravive] **I** *v/t* **1.** *feu* anfachen; **2.** *fig souvenirs, espoir* neu, wieder beleben; wieder le'bendig werden lassen; *douleur, querelle* wieder aufflackern lassen; **3.** *couleur* auffrischen; **4.** TECH *métal* beizen; **5.** MÉD *plaie* anfrischen; **II** *v/pr se* ~ *peine, espoir* wieder'aufleben

ravoir [RavwaR] *v/t* ⟨nur inf⟩ **1.** (*récupérer*) 'wiederhaben, -bekommen; **2.** F (*nettoyer*) **ne pas pouvoir** ~ *qc* F etw nicht mehr sauber kriegen

rayé [Reje] *adj* **1.** *étoffe, pantalon* gestreift; *papier* li'niert *ou* lini'iert; ~ **verticalement, de noir** längs-, schwarzgestreift; **2.** *meuble, carrosserie etc* zerkratzt (*a disque*); verschrammt; **3.** *canon d'une arme* gezogen

rayer [Reje] *v/t* ⟨-ay- *od* -ai-⟩ **1.** *meuble, voiture etc* zerkratzen (*a disque*); verschrammen; **2.** *mot, nom* ('durch-, aus-) streichen; ~ **de la liste** von der Liste streichen; **3.** *fig*: ~ **des cadres de l'armée** aus der Armee ausschließen; ~ **qc de sa mémoire** etw aus s-m Gedächtnis streichen, auslöschen

Raymond [Remõ] *m* Raimund *m*
Raymonde [Remõd] *f* Vorname

rayon [Rejõ] *m* **1.** *de lumière* (Licht-) Strahl *m* (*a* OPT); *fig* ~ **d'espérance, d'espoir** Hoffnungsschimmer *m*, -strahl *m*; ~ **de, du soleil** Sonnenstrahl *m*; *fig être un* ~ **de soleil a)** *enfant* ein Sonnenschein sein; **b)** *chose* ein Lichtblick sein; **2.** PHYS ~**s** *pl* Strahlen *m/pl*; Strahlung *f*; ~**s X** Röntgenstrahlen *m/pl*; MÉD **séance** *f* **de** ~**s** Bestrahlung *f*; **3.** *d'une roue* Speiche *f*; **4. a)** MATH Radius *m*; Halbmesser *m*; **b)** *fig*: ~ **d'action a)** AVIAT, MAR Akti'onsradius *m*; **b)** *par ext* Tätigkeits-, Wirkungs-, Arbeitsbereich *m*; Akti'onsradius *m*; Verbreitungsgebiet *n*; AUTO ~ **de braquage** Wendekreis *m*; **dans un** ~ **de cinq kilomètres** in e-m 'Umkreis von fünf Kilometern; fünf Kilometer im Umkreis; **5.** *d'une étagère* Fachbrett *n*; *par ext* Fach *n*; ~**s de livres** Bücherreihen *f/pl*; **sur, dans le premier** ~ im ersten Fach; **6.** *d'un grand magasin* Ab-'teilung *f*; ~ **des jouets** Spielzeug-, Spielwarenabteilung *f*; F *fig*: **en connaître un** ~ gut Bescheid wissen; Meister in s-m Fach sein; **c'est (de) votre** ~ das ist Ihr Fach, Gebiet; **7.** *d'une ruche* Wabe *f*; ~ **de miel** Honigwabe *f*

rayonnage [Rejɔnaʒ] *m* Re'gal *n*

rayonnant [Rejɔnã] *adj* **1.** *personne, sourire, beauté, soleil* strahlend; *visage* ~ **de joie** freudestrahlend; *personne*: ~ **de santé** vor Gesundheit strotzend; **avoir un air** ~ übers ganze Gesicht strahlen; *être* (**tout**) ~ strahlen, strahlender Laune sein; **2.** *motif etc* strahlenförmig; strahlig; ARCH **gothique** ~ Hochgotik *f*

rayonne [Rejɔn] *f* Kunstseide *f*

rayonnement [Rejɔnmã] *m* **1.** PHYS Strahlung *f*; ~ **thermique** Wärmestrahlung *f*; **2.** *fig d'une personne, d'une œuvre, d'une civilisation* Ausstrahlung *f*; Wirkung *f*

rayonner [Rejɔne] *v/i* **1.** *chaleur* ausstrahlen; *astre* strahlen; *par ext douleur* ausstrahlen; **2.** *fig* **a)** *visage* strahlen; ~ **de joie, de bonheur** vor Freude, vor Glück strahlen; **b)** *civilisation* ausstrahlen; verbreitet sein; wirken; **3. a)** *avenues, réseau* strahlenförmig ausgehen (*de*), verlaufen; **b)** *personne* Fahrten, Ausflüge in die Um'gebung machen; ~ **dans la région** in der Umgebung um'herfahren

rayure [RejyR] *f* **1.** (*bande*) Streifen *m* (*de gén ou in +dat*); Farbstreifen *m*; *étoffe à* ~**s** gestreift; **à larges** ~**s** breitgestreift; mit breiten Streifen; **2.** (*éraflure*) Kratzer *m*; Schramme *f*; **3.** *au canon d'une arme* Zug *m*

Raz [Ra] **la pointe du** ~ Kap an der Westspitze der Bretagne

raz-de-marée *ou* **raz de marée** [Radmare] *m* ⟨*inv*⟩ **1.** Flutwelle *f*; **2.** *fig aux élections etc* Erdrutsch *m*

razzia [Ra(d)zja] *f* Raub-, Beutezug *m*; F *fig*: **faire une** ~ **sur qc** etw völlig ausplündern; über etw (*acc*) herfallen

razzier [Ra(d)zje] *v/t* plündern; (aus-) rauben

R.D.A. [ɛRdea] *f abr* (**République démocratique allemande**) HIST DDR *f* (Deutsche Demokratische Republik)

re... [R(ə)] *préfixe* (*vor Vokal* **ré...**, *vor s meist* **res...**) wieder; noch einmal; nochmals; von neuem; erneut; aufs neue; F noch mal; *cf* **a les entrées suivantes et les verbes simples**

ré [Re] *m* ⟨*inv*⟩ MUS d *ou* D *n*

réa [Rea] *f* F *abr cf* **réanimation**

réabonnement [Reabɔnmã] *m* Abonne'mentserneuerung *f*, -verlängerung *f*

réabonner [Reabɔne] *v/pr se* ~ wieder abon'nieren (*à qc* etw); *abs* sein Abonne'ment erneuern *ou* verlängern

réac [Reak] *adj et subst* F *abr cf* **réactionnaire**

réaccoutumer [Reakutyme] *v/t (et v/pr se)* ~ (sich) wieder gewöhnen (*à* an +*acc*)

réacheminer [Reaʃmine] *v/t* **1.** *ailleurs* weiterbefördern, -leiten; **2.** *au point de départ* zu'rücksenden

réacteur [Reaktœʀ] *m* **1.** AVIAT Düsen-, Strahltriebwerk *n*; **2.** NUCL Re'aktor *m*; ~ **nucléaire** Kernreaktor *m*

réactif [Reaktif] CHIM **I** *adj* ⟨-ive⟩ *papier* ~ Rea'genzpapier *n*; **II** *m* Re'agens *ou* Rea'genz *n*

réaction [Reaksjõ] *f* **1.** Reakti'on *f* (*a* PHYSIOL, PSYCH) (*à qc* auf etw [*acc*]); ~ **de défense** Abwehrreaktion *f* (*a* MÉD); ~ **de peur** ängstliche Reaktion; ~ **du public** Publikumsreaktion *f*; **en ou par** ~ **contre** als Reaktion auf (+*acc*); *voiture* **avoir de bonnes** ~**s** gute Reaktionen zeigen; *alcool* **diminuer les** ~**s** die Reaktionsfähigkeit herabsetzen; **être une** ~, **contre qc** e-e Reaktion auf etw sein; **quelle fut sa** ~? wie hat er darauf rea'giert?; *il a répondu?* - **non, aucune** ~ nein, er hat überhaupt nicht rea'giert; **2.** AVIAT **avion m à** ~ Düsen-, Strahlflugzeug *n*; **3.** CHIM ~ (**chimique**) (chemische) Re'akti'on, 'Umsetzung; (chemischer) Pro'zeß, Vorgang; **4.** PHYS NUCL ~ **nucléaire** Kernreaktion *f*; ~ **en chaîne** Kettenreaktion *f* (*a fig*); **5.** POL **la** ~ die Reakti'on

réactionnaire [ReaksjɔnɛR] *péj* **I** *adj* reaktio'när; rückschrittlich; fortschrittsfeindlich; F stockkonservativ; **II** *m,f* Reaktio'när(in) *m(f)*

réactiver [Reaktive] *v/t* 'wiederbeleben; *connaissances* wieder auffrischen; CHIM, MÉD reakti'vieren

réadaptation [Readaptasjõ] *f* Wieder'anpassung *f*; MÉD ~ **fonctionnelle** Rehabilitati'on *f*; Rehabili'tierung *f*

réadapter [Readapte] **I** *v/t* **1.** wieder anpassen (*à* an +*acc*); **2.** MÉD rehabili'tieren; wieder (beruflich, ins Berufsleben) eingliedern; **II** *v/pr se* ~ sich wieder anpassen, einleben

réadmission [Readmisjõ] *f* Wieder'zulassung *f*, -'aufnahme *f*

réaffirmer [Reafirme] *v/t* wieder, erneut bestätigen, bekräftigen

réagir [ReaʒiR] *v/t/indir* **1.** ~ **à** rea'gieren auf (+*acc*) (*a* CHIM, PHYS, MÉD); **comment a-t-il réagi?** wie hat er (darauf) reagiert?; **2.** PHYSIOL *et fig* ~ **contre** sich wehren gegen; *fig* ~ **violemment contre qc** heftig auf etw (*acc*) reagieren; *abs* **il faut** ~! Kopf hoch!; man muß etwas dagegen unter'nehmen!; **3.** ~ **sur a)** (*se répercuter*) einwirken auf (+*acc*); sich auswirken auf (+*acc*); **b)** *en retour* zu'rückwirken auf (+*acc*)

réajust|ement [Reaʒystəmã] *m cf* **rajustement**; ~**er** *cf* **rajuster**

réalisable [Realizabl(ə)] *adj* **1.** *projet, rêve* reali'sierbar; *projet a* ausführbar; **être** ~ zu verwirklichen sein; sich verwirklichen lassen; **2.** FIN reali'sierbar; in Geld 'umsetzbar

réalisa|teur [RealizatœR] *m*, ~**trice** *f* CIN (Film)Regis'seur(in) *m(f)*; RAD, TV Sendeleiter(in) *m(f)*

réalisation [Realizasjõ] *f* **1.** *d'un projet* Reali'sierung *f*; Verwirklichung *f*; 'Durchführung *f*; *d'un but* Erreichung *f*; *d'un produit industriel* Herstellung *f*; *d'un rêve* Erfüllung *f*; **2.** JUR *d'un contrat* Erfüllung *f*; *d'œuvre* Leistung *f*; Errungenschaft *f*; ~**s de l'art** Leistungen *f/pl* der Kunst; ~**s sociales** soziale Errungenschaften *f/pl*; **4.** FIN Realisati'on *f*; Reali'sierung *f*; Flüssigmachen *n*; **5.** *d'un film, d'une émission* Re'gie *f*; (Zu'sammenstellung *f* und) Leitung *f*; Gestaltung *f*; *d'un scénario* Verfilmung *f*

réaliser [Realize] **I** *v/t* **1.** *projet, programme* reali'sieren; verwirklichen; 'durchführen; in die Tat 'umsetzen; *but* erreichen; *produit industriel* herstellen; *bénéfice* erzielen; *rêve* erfüllen; *exploit* voll'bringen; *menace* wahr machen; *économies* machen; SPORTS ~ **le meilleur temps** Bestzeit erzielen; SPORTS ~ **13 minutes au 5000 m** (die) 5000 m in 13 Minuten laufen; ~ (**en soi**) **un modèle** ein Vorbild verkörpern; **2.** JUR *achat, vente* tätigen; *contrat* erfüllen; **3.** CIN *film* herstellen; aufnehmen; insze'nieren; Re'gie führen (**un film** bei

réalisme – récapitulatif

e-m Film); *scénario* verfilmen; *RAD, TV émission* (zu'sammenstellen und) leiten; *l'émission était réalisée par ...* die Leitung der Sendung hatte ...; **4.** *FIN biens, actions etc* reali'sieren; flüssigmachen; verwerten; in Geld 'umsetzen; zu Geld machen; **5.** (*comprendre*) begreifen, erfassen, reali'sieren (*qc* etw; *que ...* daß ...); F *abs j'ai réalisé à temps* F ich habe rechtzeitig geschaltet; *réalisez-vous ce que vous dites?* sind Sie sich klar, im klaren darüber, was Sie da sagen?; **II** *v/pr se ~* **6.** *projet, rêve, prévision* sich reali'sieren; sich verwirklichen; Wirklichkeit werden; *rêve, prévision a* in Erfüllung gehen; sich erfüllen; *prévision a* eintreffen; **7.** *personne* sich selbst verwirklichen

réalisme [Realism(ǝ)] *m* Rea'lismus *m* (*a BEAUX-ARTS etc*); Wirklichkeitsnähe *f*; *de qn a* Wirklichkeitssinn *m*; *d'une description a* Rea'listik *f*

réaliste [Realist] **I** *adj* rea'listisch; *description, portrait, film etc a* wirklichkeitsnah; lebensnah, -echt; *elle est ~ a* sie ist Rea'listin; **II** *m,f* Rea'list(in) *m(f)*

réalité [Realite] *f* Wirklichkeit *f*; Reali'tät *f*; *d'un fait a* Tatsächlichkeit *f*; *les ~s de tous les jours* die alltäglichen Realitäten; *loc/adv en ~* in Wirklichkeit; tatsächlich; *cf a désir I.*

réanima|teur [Reanimatœʀ] *m*, *~trice f MÉD* Facharzt *m*, Fachärztin *f* für In ten'sivmedizin

réanimation [Reanimasjõ] *f MÉD* 'Wiederbelebung *f*; Reanimati'on *f*; *science* Inten'sivmedizin *f*; *service m de ~* In ten'sivstation *f*; *tentative f de ~* Wiederbelebungsversuch *m*; *être en ~* auf der Intensivstation liegen

réanimer [Reanime] *v/t MÉD* 'wiederbeleben; *sc* reani'mieren

réapparaître [ReapaRεtR(ǝ)] *v/i* (*cf connaître; avoir od être*) wieder erscheinen; *soleil, lune* wieder her'vorkommen, zum Vorschein kommen; *maladie* wieder auftreten; F *politicien, vedette ~ à l'horizon* F wieder'auftauchen; wieder auf der Bildfläche erscheinen

réapparition [Reapaʀisjõ] *f* 'Wiedererscheinen *n*; *de qn a* F Wieder'auftauchen *n*; *d'une maladie* Wieder'auftreten *n*

réapprendre [ReapRãdR(ǝ)] *v/t* (*cf prendre*) von neuem, noch einmal lernen

réapprovisionnement [ReapRɔvizjɔnmã] *m* 'Wiederbelieferung *f*, -versorgung *f* (*en* mit)

réapprovisionner [ReapRɔvizjɔne] **I** *v/t* wieder beliefern, versorgen (*en* mit); **II** *v/pr se ~* (*en qc*) sich (mit etw) wieder versorgen, eindecken

réargenter [ReaRʒɑ̃te] *v/t* neu versilbern

réarmement [ReaRməmã] *m* 'Wiederbewaffnung *f*; Wieder'aufrüstung *f*

réarmer [ReaRme] **I** *v/t* **1.** *pays* 'wiederbewaffnen; wieder'aufrüsten; **2.** *arme à feu* wieder 'durchladen; wieder spannen (*a appareil photo*); **II** *v/i pays* wieder'aufrüsten

réassortiment [ReasɔRtimã] *m COMM* Ergänzung *f*, Auffüllung *f* (des Warenbestandes); Nachlieferung *f*

réassortir [ReasɔRtiR] **I** *v/t* **1.** *service de table* wieder ergänzen; *la même laine etc* nachkaufen; **2.** *commerçant* mit neuen Waren beliefern; *stock* wieder auffüllen; **II** *v/pr se ~ commerçant* s-n Warenbestand auffüllen, ergänzen

réassur|ance [ReasyRɑ̃s] *f JUR* Rückversicherung *f*; *~er v/t* (*et v/pr se*) *~* (sich) rückversichern

rebaptiser [R(ǝ)batize] *v/t* **1.** *rue etc* 'umbenennen; **2.** *REL* noch einmal, wieder taufen

rébarbatif [RebaRbatif] *adj* (-ive) **1.** *mine, personne* mürrisch; *a bâtiment etc* unfreundlich; abweisend; **2.** *sujet, texte* trocken; spröde

rebâtir [R(ǝ)batiR] *v/t* wieder aufbauen; neu errichten (*a fig*)

rebattre [R(ǝ)batR(ǝ)] *v/t* (*cf battre*) *loc ~ les oreilles à qn de qc* j-m (von) etw bis zum 'Überdruß erzählen

rebattu [R(ǝ)baty] *adj sujet* abgedroschen; abgegriffen; F abgeleiert; *avoir les oreilles ~es de qc* etw nicht mehr hören können

rebelle [Rǝbɛl] **I** *adj personne, enfant* aufsässig (*à qn* j-m gegen'über); re'bellisch; 'widerspenstig, -borstig; *troupes* aufrührerisch; aufständisch; *rebellierend*; *province* abtrünnig; *fièvre, tache* hartnäckig; *mèche de cheveux* 'widerspenstig, F *iron steak* zäh; *être ~ à* sich wider'setzen (+*dat*); **II** *m,f* Re'bell(in) *m(f)*; Aufständische(r) *f(m)*; Aufführer(in) *m(f)*

rebeller [R(ǝ)bɛle] *v/pr se ~* sich auflehnen (*contre* gegen); sich empören (gegen); sich wider'setzen (+*dat*); rebel'lieren (gegen)

rébellion [Rebɛljõ] *f* **1.** Rebelli'on *f*; Aufstand *m*; Auflehnung *f*; Aufruhr *m*; *JUR* 'Widerstand *m* gegen die Staatsgewalt; *par ext avoir l'esprit de ~* aufsässig, re'bellisch sein; **2.** *coll la ~* die Re 'bellen *m/pl*; die Aufständischen *m/pl*

rebelote [R(ǝ)bǝlɔt] *loc/adv* F *et ~* und alles noch mal von vorn; das gleiche noch mal

rebiffer [R(ǝ)bife] *v/pr F se ~* aufbegehren, F aufmucken (*contre* gegen); re 'bellisch werden

rebiquer [R(ǝ)bike] F *v/i cheveux, col* abstehen

reblochon [RɔblɔJõ] *m ein Weichkäse aus Savoyen*

rebois|ement [R(ǝ)bwazmã] *m* (Wieder)Aufforstung *f*; *~er v/t* (wieder-)aufforsten

rebond [R(ǝ)bõ] *m d'une balle* Hochspringen *n*; Ab-, Rückprall *m*

rebondi [R(ǝ)bõdi] *adj* prall; rund; voll; *ventre* dick; *joues ~es* Pausbacken *f/pl*; *aux joues ~es* pausbackig

rebondir [R(ǝ)bõdiR] *v/i* **1.** *balle* hochspringen (*sur le sol* vom Boden); zu 'rück-, *en biais* abprallen (*sur* von); *personne ~ comme une balle* wie ein Ball hochspringen; **2.** *fig affaire, conversation* wieder in Gang kommen; *crise politique, question* wieder aktu'ell werden; *faire ~* wieder in Gang bringen; wieder'aufleben lassen

rebondissement [R(ǝ)bõdismã] *m d'une crise, d'un procès* Wieder'aufleben *n*; *d'une affaire ~s* F plötzlich neu auftretende Entwicklungen *f/pl*; *d'une enquête ~s imprévus* unerwartet auftauchende Fakten *n/pl*

rebonjour [R(ǝ)bõʒuR] F *~!* nochmals guten Tag!

rebord [R(ǝ)bɔR] *m* ('überstehende) Kante; ('überstehender) Rand; *d'un chapeau* hochgestellter Rand der Krempe; *~ d'une fenêtre* Fenstersims *m ou n*, -brett *n*, -bank *f*

reborder [R(ǝ)bɔRde] *v/t lit* wieder in Ordnung bringen; *enfant* wieder zudecken

reboucher [R(ǝ)buʃe] **I** *v/t bouteille* wieder zu-, verkorken; wieder zustöpseln; *trou* wieder ver-, zustopfen; **II** *v/pr se ~ évier, tuyau* sich wieder verstopfen

rebours [R(ǝ)buR] **I** *loc/adv à ~* gegen den Strich; von hinten; rückwärts; *compte m à ~* Countdown [kaʊnt 'daʊn] *m ou n*; *brosser, caresser à ~* gegen den Strich bürsten, streicheln; *fig faire tout à ~* alles verkehrt, falsch machen; **II** *loc/prép à ou au ~ de* im Gegensatz zu; gegen; *agir à ~ de* sich in Gegensatz stellen zu

rebouteux [R(ǝ)butø] *m* Heilkundige(r), der Glieder einrenkt

reboutonner [R(ǝ)butɔne] **I** *v/t* wieder zuknöpfen; **II** *v/pr se ~* sich die Jacke *etc* wieder zuknöpfen

rebrousse-poil [R(ǝ)bRuspwal] *loc/adv à ~* gegen den Strich; *caresser à ~* gegen den Strich streicheln; F *fig prendre qn à ~* j-n vor den Kopf stoßen

rebrousser [R(ǝ)bRuse] *v/t* **1.** gegen den Strich streichen; *vent: cheveux* hochblasen; aufstellen; **2.** *fig ~ chemin* 'umkehren; kehrtmachen

rebuffade [R(ǝ)byfad] *f* Abfuhr *f*; Zu 'rückweisung *f*; *essuyer une ~* e-e Abfuhr erleiden

rébus [Rebys] *m* **1.** Bilderrätsel *n*; Rebus *m ou n*; **2.** *fig* Rätsel *n*; unverständliche Sache

rebut [Rǝby] *m* **1.** Abfall *m*; Ausschuß *m*; *loc/adj de ~* Ausschuß...; von schlechter Quali'tät; *marchandise f de ~* Ausschußware *f*; *jeter, mettre qc, fig qn au ~* zum alten Eisen werfen; etw ausrangieren; **2.** *fig* Auswurf *m*; Abschaum *m*; *~ du genre humain* Abschaum der Menschheit; **3.** *P.T.T.* unzustellbare Sendung

rebutant [R(ǝ)bytã] *adj* abstoßend; widerlich; unangenehm; unsympathisch; (*décourageant*) entmutigend; abschreckend

rebuter [R(ǝ)byte] *v/t* (*déplaire*) abstoßen; zu'wider sein (*qn* j-m); (*décourager*) entmutigen; abschrecken

recalage [R(ǝ)kalaʒ] F *m EXAMEN* 'Durchfallen *n*; F 'Durchfall *m*

recalcification [R(ǝ)kalsifikasjõ] *f MÉD* Behebung *f* von Kalkmangel

récalcitrant [RekalsitRã] **I** *adj cheval, personne, caractère, fig moteur etc* störrisch; 'widerspenstig; bockig; **II** *m/pl les ~s* die 'Widerspenstigen *m/pl*

recalculer [R(ǝ)kalkyle] *v/t* noch einmal (be)rechnen; nachrechnen

recaler [R(ǝ)kale] *v/t* F *candidat* 'durchfallen, F 'durchrasseln lassen; *se faire ~, être recalé au bac* im Abitur durchfallen, F -rasseln, -segeln; *adjt il est recalé* er ist 'durchgefallen; *subst les recalés du bac* im Abitur 'Durchgefallenen *m/pl*

récapitula|tif [Rekapitylatif] *adj* (-ive)

zu'sammenfassend; **~tion** f Zu'sammenfassung f; zu'sammenfassende Wieder'holung; Rekapitulati'on f; (kurzer) 'Überblick

récapituler [ʀekapityle] v/t zu'sammenfassen; kurz wieder'holen; rekapitu'lieren; *bon, récapitulons!* fassen wir also (noch einmal) kurz zusammen!

recarder [ʀ(ə)kaʀde] v/t ~ *des matelas* Matratzenwolle wieder krempeln

recaser [ʀ(ə)kaze] F I v/t *personne* wieder 'unterbringen; II v/pr *se* ~ wieder 'unterkommen

recauser [ʀ(ə)koze] v/i wieder reden, sprechen (*à qn* mit j-m; *de* über +acc)

recel [ʀəsɛl] m JUR Hehle'rei f; ~ *de malfaiteurs* Begünstigung f

recéler [ʀ(ə)sele] *ou* **receler** [ʀəsle, ʀsəle] ⟨-è-⟩ v/t 1. *secret, trésor* enthalten; bergen; 2. JUR *objets volés* verbergen; hehlen (*abs*); *malfaiteur* verbergen; 'Unterschlupf gewähren (*qn* j-m)

recel|eur [ʀəslœʀ, ʀsəlœʀ] m, **~euse** f JUR Hehler(in) m(f)

récemment [ʀesamã] adv kürzlich; vor kurzem; neulich; unlängst; *tout* ~ *encore* noch kürzlich, vor kurzem

recensement [ʀ(ə)sãsmã] m Zählung f; Erfassung f (*a* MIL); Bestandsaufnahme f; *de la population* Volkszählung f; MIL ~ *du contingent* Erfassung der Wehrpflichtigen e-s Jahrgangs

recenser [ʀ(ə)sãse] v/t *population* zählen; (zahlenmäßig) erfassen

recenseur [ʀ(ə)sãsœʀ] m ~ *ou adjt agent* m ~ Zähler m (*Person*)

recension [ʀ(ə)sãsjõ] t/t f Rezensi'on f

récent [ʀesã] adj *nouvelle, découverte, immeuble, film* neu; neuere(r, -s); *blessure* frisch; *événements* vor kurzem, kürzlich erfolgt; jüngste(n); neueste(n); *le passé* ~ die jüngste, unmittelbare Vergangenheit; *la perte ~e de son père* m der Verlust s-s Vaters, der ihn vor kurzem betroffen hat; *jusqu'à une date, époque ~e* bis vor kurzem; bis vor kurzer Zeit

recentrage [ʀ(ə)sãtʀaʒ] m POL Poli'tik f der Mitte; Orien'tierung f zur Mitte hin

récépissé [ʀesepise] m Empfangsbescheinigung f, -bestätigung f; P.T.T. Einlieferungsschein m; *d'un paiement* Zahlungsbeleg m; Quittung f

réceptacle [ʀesɛptakl(ə)] m 1. *bassin* Auffangbecken n; Sammelbecken n (*a fig*); 2. BOT Blütenboden m

récepteur [ʀesɛptœʀ] I m 1. RAD Empfänger m; Empfangsgerät n; ~ *de radio, de télévision* Rundfunk-, Fernsehempfänger m; 2. TÉL ~ (*de téléphone*) (Tele'fon)Hörer m; II adj ⟨-trice⟩ RAD Empfangs...; *poste* ~ Empfangsgerät n; Empfänger m

réceptif [ʀesɛptif] adj ⟨-ive⟩ rezep'tiv; aufnehmend; empfangend; ~ *à* a) empfänglich für; b) MÉD anfällig für

réception [ʀesɛpsjõ] f 1. *d'une lettre, d'un hôte etc* Empfang m (*a réunion*); ADM, COMM *d'un envoi postal a* Erhalt m; ~ *officielle* offizieller Empfang; *salle* f, *salon* m *de* ~ Raum m für Empfänge; COMM *accuser* ~ *d'une lettre* den Empfang e-s Briefes bestätigen; *donner une* ~ e-n Empfang geben; 2. *d'un hôtel, d'une entreprise* Empfang(sbüro) m(n); *d'un hôtel a* Rezepti'on f; *chef* m *de* (*la*) ~ Empfangschef m; 3. *dans un club etc* Aufnahme f; *cérémonie* Aufnahmefeier f; ~ *à l'Académie française* Feier(stunde) f bei der Aufnahme in die Académie française; *discours* m *de* ~ Antrittsrede f; 4. TÉLÉCOMM, RAD, TV Empfang m; 5. COMM *dans une entreprise* Annahme(stelle) f; ~ *de marchandises* Warenannahme f; 6. CONSTR ~ *de travaux* Abnahme f (von Bauarbeiten); 7. SPORTS a) *après un saut* Aufsprung m; b) *d'un ballon* (Ball)Annahme f

réceptionn|er [ʀesɛpsjɔne] v/t *marchandises* annehmen (und prüfen); **~iste** m,f *d'un hôtel, d'une entreprise* Angestellte(r) f(m) der Rezepti'on; Empfangsdame f; Empfangschef m

réceptivité [ʀesɛptivite] f 1. Empfänglichkeit f; Aufnahmefähigkeit f; Rezeptivi'tät f; 2. MÉD Anfälligkeit f (*à* für)

récessif [ʀesesif] adj ⟨-ive⟩ BIOL rezes'siv

récession [ʀesesjõ] f ÉCON Rezessi'on f; Rückgang m (*der Konjunktur*)

recette [ʀ(ə)sɛt] f 1. (*somme perçue*) Einnahme f; Erlös m; Ertrag m; ~ *journalière* Tageseinnahme f; *garçon* m *de* ~ Kassenbote m; *faire* ~ a) *pièce de théâtre, film* volle Kassen machen; ein Kassenerfolg sein; *théâtre* gute Einnahmen erzielen; b) *fig* ein Erfolg sein; ankommen; 2. ADM, FIN *bureau* Steueramt n; ~ *buraliste* Verkaufsstelle f für Tabakwaren, Gebühren- und Briefmarken (*Einnahmestelle für indirekte Steuern*); 3. a) CUIS ~ (*de cuisine*) (Koch)Re'zept n; *livre* m *de* ~s Kochbuch n; b) PHARM *d'un médicament* Zu'sammensetzung f; c) *fig* Mittel n (*de* zu); Re'zept n (für); Weg m (zu); ~ (*infaillible*) *du succès* Erfolgsrezept n; *unfehlbares Mittel zum Erfolg; vous me donnez la ~!* wie schaffen Sie das bloß!

recevable [ʀəsvabl(ə), ʀsəvabl(ə)] adj 1. JUR *plainte* zulässig; *être déclaré non* ~ für unzulässig erklärt werden; 2. *excuse etc* annehmbar

receveur [ʀəsvœʀ, ʀsəvœʀ] m 1. ~ (*de bus*) (Bus)Schaffner m; 2. a) FIN ~ *municipal* Gemeindefinanzbeamte(r) m; ~ *des contributions* Fi'nanzbeamte(r) m; b) ~ *des postes* Leiter m, Vorsteher m e-s Postamts; 3. MÉD Empfänger m; ~ *universel* Univer'salempfänger m

receveuse [ʀəsvøz, ʀsəvøz] f ~ (*de bus*) (Bus)Schaffnerin f

recevoir [ʀəsvwaʀ, ʀsəvwaʀ] ⟨*je reçois, il reçoit, nous recevons, ils reçoivent; je recevais; je reçus; je recevrai; que je reçoive; que nous recevions; recevant; reçu*⟩ I v/t 1. *lettre, argent, cadeau, ordre, vœux etc* erhalten; bekommen; F kriegen; RAD, TV *émission, chaîne* empfangen; F her'einbekommen, -kriegen; *je vous reçois 5 sur 5* a) RAD ich kann Sie sehr gut hören; b) *fig* ich verstehe Sie ganz genau; *je n'ai pas de leçon à* ~ *de vous* ich brauche Ihre Belehrungen nicht; Ihre weisen Ratschläge können Sie sich sparen; *pièce* ~ *le soleil du matin* Morgensonne haben, bekommen; *reçu* (*inv*) *mille francs* tausend Franc erhalten; *formules en fin de lettre: recevez, Monsieur, l'assurance de mon dévouement* mit vorzüglicher Hochachtung (verbleibe ich Ihr) ...; *recevez ou reçois mes amitiés* herzliche Grüße Euer *ou* Dein ...; 2. (*subir*) *injures* hinnehmen *ou* einstecken müssen; *pluie, averse* abbekommen; F abkriegen; *coups, gifle* erhalten; bekommen; F kriegen; *projet: modifications* erfahren; *matériau: forme* annehmen; *mot: sens* erhalten; *texte* ~ *diverses interprétations* verschiedene Auslegungen erfahren; ~ *une volée*, F *une raclée etc* (e-e Tracht) Prügel beziehen, kriegen; F Keile, Senge, Dresche kriegen; verprügelt, F verhauen, verdroschen, versohlt, vertrimmt, verbimst werden; F *qu'est-ce qu'il a reçu!* F der hat vielleicht was abgekriegt!; *cf a gifle 1.*; 3. *personne(s)* empfangen; (*accueillir*) aufnehmen; (*inviter*) einladen; *ne* ~ *personne* für niemanden zu sprechen sein; *être bien reçu* a) *dans une famille* gut aufgenommen werden; b) *iron* fein empfangen werden; ~ *froidement, mal* a) *personne* e-n kühlen Empfang bereiten (*qn* j-m); b) *proposition* kühl aufnehmen; *être reçu partout* überall Zugang haben; *qn au déjeuner, à sa table* j-n zum Mittagessen, zum Essen einladen, *officiellement* empfangen; *qn chez soi* j-n zu sich nach Hause einladen; ♦ *abs: directeur etc* zu sprechen sein; *médecin, avocat etc* Sprechstunde haben; (*donner une réception*) e-n Empfang geben; *savoir* ~ ein guter Gastgeber *ou* e-e gute Gastgeberin sein; *le jeudi, elle reçoit* donnerstags ist ihr Empfangstag; *l'ambassadeur recevait* der Botschafter gab e-n Empfang; *ils reçoivent beaucoup* sie geben oft Gesellschaften; 4. *école: élève, club: membre* aufnehmen; *être reçu à l'Académie* in die Akademie aufgenommen werden; 5. *être reçu* (*à un examen*) (e-e Prüfung) bestehen; 'durchkommen; *il a été reçu* er hat bestanden; *être reçu au baccalauréat* das Abitur bestehen; *adjt candidat reçu* (Prüfungs)Kandidat, der bestanden hat; 6. *récipient: liquide etc* (in sich) aufnehmen; fassen; 7. *idées, excuses etc* anerkennen; als richtig ansehen; 8. JUR *plainte* stattgeben (+dat); zulassen; II v/pr *se* ~ 9. *personnes* sich (gegenseitig) einladen; 10. SPORTS aufspringen; aufkommen

rechange [ʀ(ə)ʃãʒ] loc/adj *de* ~ a) Ersatz...; Re'serve...; b) *fig* Ersatz...; *pièce* f *de* ~ Ersatzteil m *ou* n; *roue* f *de* ~ Reserverad n; *fig solution* f *de* ~ Ersatzlösung f; *vêtements* m/pl *de* ~ Kleider n/pl zum Wechseln

rechanger [ʀ(ə)ʃãʒe] v/t ⟨-geons⟩ wieder (aus)wechseln

rechanter [ʀ(ə)ʃãte] v/t noch einmal singen

rechap|age [ʀ(ə)ʃapaʒ] m *de pneus* Runderneuerung f; **~er** v/t *pneu* runderneuern

réchapper [ʀeʃape] v/t/*indir* ⟨*avoir od être*⟩ *en* ~ über'leben

recharge [ʀ(ə)ʃaʀʒ] f *d'un stylo etc* Nachfüllung f

rechargeable [ʀ(ə)ʃaʀʒabl(ə)] adj *stylo* mit auswechselbarer Mine; *briquet* mit auswechselbarer Pa'trone; *batterie être* ~ (wieder) aufgeladen werden können

recharger [ʀ(ə)ʃaʀʒe] v/t ⟨-geons⟩ *camion etc* wieder beladen; *accus* wieder (auf)laden; *fusil* wieder laden; **~ un appareil photo** e-n neuen Film in e-n Fotoapparat einlegen

réchaud [ʀeʃo] *m* Kocher *m*; Kochplatte *f*; **~ électrique** elektrischer Kocher; **~ à alcool** Spirituskocher *m*; Rechaud *m ou n*; **~ à gaz** Gaskocher *m*

réchauffé [ʀeʃofe] *m péj* soupe *avoir un goût de ~* aufgewärmt schmecken; *fig histoire* **c'est du ~** F das ist ja kalter Kaffee; das sind olle Ka'mellen

réchauffement [ʀeʃofmã] *m* **de la température** Erwärmung *f*

réchauffer [ʀeʃofe] **I** v/t **1.** *aliment* aufwärmen; *mains* wärmen; *abs* **il marche, ça réchauffe** das macht warm; **2.** *fig cœur* erwärmen; **II** v/pr *se ~ personne* sich aufwärmen; *temps* wärmer werden; **se ~ les mains avec son haleine** sich zum Wärmen in die Hände hauchen; **courir pour se ~** sich warm laufen

rechausser [ʀ(ə)ʃose] **I** v/t die Schuhe wieder anziehen (*un enfant* e-m Kind); **II** v/pr *se ~* (sich) die Schuhe wieder anziehen

rêche [ʀɛʃ] *adj laine, étoffe* rauh; hart; *peau, mains* rauh (*a langue*); spröde

recherche [ʀ(ə)ʃɛʀʃ] *f* **1.** Suche *f* (**de** nach); Nachforschen *n*; *~s pl* Nachforschungen *f/pl*; Ermittlungen *f/pl*; *de la police* Fahndung *f*; **~ d'un emploi** Stellen-, Arbeitssuche *f*; **~ de la vérité** Suche *f* nach der Wahrheit; *loc/prép* **à la ~ de** auf der Suche nach; *aller, se mettre à la ~ de qn* sich auf die Suche nach j-m machen, begeben; **être à la ~ d'un appartement** auf Wohnungssuche sein; **abandonner les ~s** die Suche, Nachforschungen einstellen; **faire des ~s** Nachforschungen, Ermittlungen anstellen; **2.** *scientifique* Forschung *f*; *domaine m de la ~* Forschungsbereich *m*; **faire de la ~** (wissenschaftliche) Forschung betreiben; **3.** *de la perfection, des plaisirs etc* Trachten *n* (**de** nach); Streben *n* (nach); **la ~ du bonheur** die Jagd nach dem Glück; **~ du profit** Gewinn-, Pro'fitstreben *n*; **4.** (*raffinement*) feiner Geschmack; *péj* Gesuchtheit *f*; Geziertheit *f*; Affek'tiertheit *f*; *loc/adv* **avec ~** *être vêtu* sehr ele'gant; *s'exprimer* gewählt; *péj style* gesucht, gekünstelt; *attitude* affek'tiert

recherché [ʀ(ə)ʃɛʀʃe] *adj* **1.** (*demandé*) begehrt; gefragt; gesucht; beliebt; **2.** (*raffiné*) fein; ele'gant; ausgesucht; gewählt; *péj style* gesucht; gekünstelt

rechercher [ʀ(ə)ʃɛʀʃe] v/t **1.** (*chercher*) suchen; *malfaiteur* fahnden (**qn** nach j-m); **être recherché par la police** von der Polizei, polizeilich gesucht werden; *message on recherche ...* gesucht wird ...; *petite annonce* **recherche ou recherchons ...** suche(n) ...; ... gesucht; **2.** *cause, conditions* erforschen; forschen nach; zu erforschen suchen; **3.** *perfection, honneurs etc* streben, trachten nach; **~ le bonheur** dem Glück nachjagen; **4.** *st/s* **~ (la compagnie de) qn** j-s Gesellschaft (*acc*) suchen; **5.** *aller, venir ~ qn, qc* j-n wieder abholen; wieder etw holen

rechigner [ʀ(ə)ʃiɲe] v/i *et* v/t/*indir* murren; mürrisch sein; **~ à la besogne** sich 'widerwillig, murrend an die Arbeit machen; **il obéit, mais en rechignant** aber murrend, 'widerwillig; *loc/adv* **sans ~** ohne Murren, 'Widerworte

rechute [ʀ(ə)ʃyt] *f MÉD* Rückfall *m* (*a fig*); **faire, avoir une ~** e-n Rückfall haben, bekommen, erleiden

rechuter [ʀ(ə)ʃyte] v/i *MÉD* e-n Rückfall haben, bekommen, erleiden

récidive [ʀesidiv] *f* **1.** *JUR* Rückfall *m* (*a fig*); Wieder'holung *f*; **vol m avec ~** Diebstahl *m* im Rückfall; **en cas de ~** im Wiederholungsfall (*a fig*); **2.** *MÉD* Rezi'div *n*

récidiv|er [ʀesidive] v/i **1.** *JUR* rückfällig werden (*a fig*); **2.** *MÉD tumeur etc* wieder auftreten; *sc* rezidi'vieren; **~iste** *m,f JUR* Rückfällige(r) *f(m)*; Gewohnheitsverbrecher *m*

récif [ʀesif] *m* Riff *n*; **~ de corail** Ko'rallenriff *n*

récipiendaire [ʀesipjɑ̃dɛʀ] *m à une académie* neu aufzunehmendes, desi'gniertes Mitglied; *d'un diplôme etc* Kandi'dat *m*; Auszuzeichnende(r) *f(m)*

récipient [ʀesipjɑ̃] *m* Behälter *m*; Gefäß *n*; *st/s* Behältnis *n*

réciprocité [ʀesipʀɔsite] *f* Gegenseitigkeit *f*; Wechselseitigkeit *f*; Wechselbeziehung *f*; *sc* Reziprozi'tät *f*; *loc/adv* **à charge ou à titre de ~** auf Gegenseitigkeit

réciproque [ʀesipʀɔk] **I** *adj* **1.** (*mutuel*) gegen-, wechsel-, beiderseitig; **être ~** auf Gegenseitigkeit beruhen; **faire des concessions ~s** sich gegenseitig Zugeständnisse machen; **2.** *GR* **pronom m ~** rezi'prokes Pronomen; **verbe** (**pronominal**) **~** rezi'prokes Verb; **II** *subst* **la ~ n'est pas vraie** das Umgekehrte gilt nicht; **rendre la ~ à qn** (es) j-m mit gleicher Münze heimzahlen

réciproquement [ʀesipʀɔkmɑ̃] *adv* gegen-, wechselseitig; **et ~** und 'umgekehrt

récit [ʀesi] *m* Erzählung *f*; Bericht *m*; Geschichte *f*; **~ d'aventures** Abenteuergeschichte *f*; **faire le ~ de qc** (von) etw erzählen; über etw (*acc*) berichten

récital [ʀesital] *m ⟨pl -als⟩ MUS* Kon'zert *n*; *par ext* **~ de chant, de danse** Lieder-, Bal'lettabend *m*; **~ de piano** Kla'vierkonzert *n*; *artiste* **donner des ~s** auftreten; Konzerte *ou* Vorstellungen geben

récitant [ʀesitɑ̃] **I** *adj MUS* Solo...; **II** *subst* **~(e)** *m(f) THÉ, CIN* Ansager(in) *m(f)*; Sprecher(in) *m(f)*

récitatif [ʀesitatif] *m MUS* Rezita'tiv *n*; Sprechgesang *m*

récitation [ʀesitasjɔ̃] *f* **1.** *d'une leçon* Her-, Aufsagen *n*; *d'une poésie* Vortragen *n*; Rezitati'on *f*; **2.** *ÉCOLE* auswendig gelernter *ou* zu lernender Text; **apprendre une ~** ein Gedicht, e-e Fabel *etc* auswendig lernen

réciter [ʀesite] v/t *vers* vortragen; rezi'tieren; *a leçon* auf-, hersagen; *prière* sprechen; beten; *péj* herleiern; her'unterleiern; *fig* **bien ~ sa leçon** sein Sprüchlein gut hersagen, aufsagen; **faire ~ ses leçons à qn** j-n abhören, abfragen; **récite-moi ton poème** sag dein Gedicht auf

réclamation [ʀeklamasjɔ̃] *f* Rekla'mati'on *f*; Beanstandung *f*; Beschwerde *f*; Einspruch *m* (*a SPORTS*); *COMM a* Mängelrüge *f*; (**bureau m des**) **~s** Beschwerdestelle *f*; *JUR* **délai m de ~** Einspruchsfrist *f*; **lettre f de ~** Beschwerdebrief *m*; **faire une ~** e-e Beschwerde *etc* vorbringen; *JUR* Einspruch erheben

réclame [ʀeklam] *f* Re'klame *f*; Werbung *f*; *adjt* **prix m ~** Reklame-, Werbepreis *m*; *COMM* **article être en ~** im Sonderangebot sein; **faire de la ~** Reklame machen, werben (**pour** für); *fig* **cela ne lui fait pas de ~** das ist keine gute Reklame für ihn; das spricht nicht für ihn

réclamer [ʀeklame] **I** v/t **1.** (*demander avec insistance*) dringend bitten (**qc de qn** j-n um etw); erbitten, verlangen (etw von j-m); **~ qn** nach j-m verlangen; **~ l'assistance de qn** j-n dringend um Beistand bitten; **2.** (*revendiquer*) fordern, verlangen (**qc à qn** etw von j-m); rekla'mieren (**qc** etw); **~ des dommages-intérêts** Schadenersatz verlangen, beanspruchen; **~ son dû, sa part** fordern, was ihm zusteht; s-n rechtmäßigen Anteil verlangen; **3.** (*nécessiter*) erfordern; verlangen; *plante, malade* **~ beaucoup de soins** viel Pflege verlangen; **les circonstances réclament que ...** (+*subj*) die 'Umstände erfordern, daß ...; **II** v/i (*protester*) Einspruch erheben, rekla'mieren (*a SPORTS*); **III** v/pr **se ~ de qn, qc** sich auf j-n, etw berufen

reclassement [ʀ(ə)klasmɑ̃] *m* **1.** *de chômeurs etc* Wieder'eingliederung *f*; anderweitige Verwendung, 'Unterbringung *f*; **2.** *de fonctionnaires* Neueinstufung *f*; Besoldungsneuregelung *f*

reclasser [ʀ(ə)klase] v/t **1.** *chômeurs etc* wieder'eingliedern; anderweitig 'unterbringen; e-n neuen Arbeitsplatz beschaffen *f*; **2.** *fonctionnaires* (gehaltlich) neu einstufen; (*augmenter*) (gehaltlich) höherstufen

reclus [ʀ(ə)kly] *adj* ⟨-use [-yz]⟩ zu'rückgezogen; abgeschieden; *subst* **vivre en ~(e)** völlig zurückgezogen leben

réclusion [ʀeklyzjɔ̃] *f JUR* **~ (criminelle)** Zuchthaus(strafe) *n(f)*; Freiheitsstrafe *f* (*seit 1969*); **~ à perpétuité** zu lebenslänglichem Zuchthaus; zu e-r lebenslangen Freiheitsstrafe

recoiffer [ʀ(ə)kwafe] **I** v/t wieder kämmen *ou* fri'sieren; **II** v/pr **se ~** sich noch einmal fri'sieren; (sich) die Haare wieder in Ordnung bringen; F sich über'kämmen

recoin [ʀɔkwɛ̃] *m* **1.** *d'un grenier etc* (verborgener) Winkel; Schlupfwinkel *m*; **explorer les coins et ~s** alle Winkel und Ecken durch'suchen; **2.** *fig* **~ du cœur** geheimster Winkel

reçois, reçoive *etc* [ʀ(ə)swa, ʀ(ə)swav] *cf* **recevoir**

recoller [ʀ(ə)kɔle] **I** v/t *papier peint* wieder ankleben; *timbre* wieder aufkleben; *enveloppe* wieder zukleben; *assiette* wieder zu'sammenkleben, kitten; **II** v/pr P **ils se sont recollés** sie leben wieder (in wilder Ehe) zu'sammen

récoltant [ʀekɔltɑ̃] *m* (landwirtschaftlicher) Erzeuger

récolte [ʀekɔlt] *f* **1.** Ernte *f* (*action et produit*); **bonne ~** gute Ernte; **mauvaise ~** 'Mißernte *f*; **~ des pommes de**

terre Kar'toffelernte *f*; **faire la ~ de qc** etw ernten; **faire sa ~** ernten; die Ernte einbringen; **2.** *fig* Ernte *f*, Ausbeute *f* (*de* an +*dat*)
récolter [Rekɔlte] *v/t* **1.** *fruits, légumes etc* ernten; *loc* **ce qu'on a semé** ernten, was man gesät hat; wie die Saat, so die Ernte (*prov*); **2.** *fig haine, ingratitude* ernten; *désagréments* bekommen; F *coups, mauvaises notes etc* abbekommen; F abkriegen; **3.** F *argent, signatures* sammeln
recommandable [R(ə)kɔmɑ̃dabl(ə)] *adj* empfehlenswert; **individu** *m* **peu ~** verdächtiges Individuum
recommandation [R(ə)kɔmɑ̃dasjɔ̃] *f* **1.** (*appui*) Empfehlung *f*; **lettre** *f* **de ~** Empfehlungsbrief *m*; **sur (la) ~ de** auf Empfehlung von (*ou* +*gén*); **2.** (*conseil*) Ermahnung *f*; **~s paternelles** väterliche Ermahnungen; **faire ses ~s à qn** j-n ermahnen
recommandé [R(ə)kɔmɑ̃de] *adj* **1. lettre ~e** eingeschriebener Brief; Einschreib(e)brief *m*; Einschreiben *n*; *subst* **envoi** *m* **en ~** eingeschriebene Sendung; *inscription* **~** Einschreiben; **2.** F **ce n'est pas très ~** das ist nicht sehr ratsam
recommander [R(ə)kɔmɑ̃de] **I** *v/t* **1.** *restaurant, produit, personne etc* empfehlen (**qc, qn à** *ou* **auprès de qn** j-m etw, j-n); **2.** *avec insistance* (dringend) empfehlen, raten, nahelegen, ans Herz legen (**qc à qn** j-m etw, j-n); **à qn de faire qc** j-m, etw zu tun); **~ la modération** dringend zur Mäßigung raten; **à qn le repos** j-m Ruhe empfehlen; **3.** *mérites, expérience* **~ qn** j-n empfehlenswert erscheinen lassen; **4.** *REL* **~ son âme à Dieu** *st/s* s-e Seele Gott befehlen; **~ qn aux prières des fidèles** *st/s* j-n der Fürbitte der Gläubigen empfehlen; **5.** *envoi postal* einschreiben lassen; **II** *v/pr* **6.** (*se réclamer*) **se ~ de qn, qc** sich auf j-n, etw berufen; j-n als Empfehlung, Refe'renz angeben; **7. se ~ à Dieu** sein Schicksal in Gottes Hände legen
recommencement [R(ə)kɔmɑ̃smɑ̃] *m* 'Wiederbeginn *m*; Neubeginn *m*, -anfang *m*
recommencer [R(ə)kɔmɑ̃se] ⟨-ç-⟩ **I** *v/t* wieder anfangen, wieder beginnen, (noch einmal) von vorn(e) anfangen (**qc** [mit] etw; **à, de** +*inf* zu +*inf*); (*refaire*) noch einmal machen; *abs* noch einmal von vorn(e) anfangen; es wieder, noch einmal tun; **tout est à ~** alles muß noch einmal gemacht werden; **si c'était à ~!** wenn man noch einmal von vorn(e) anfangen könnte!; **II** *v/i* wieder beginnen, anfangen; **III** *v/imp* **il recommence à pleuvoir** es fängt wieder an zu regnen
récompense [Rekɔ̃pɑ̃s] *f* Belohnung *f*; Lohn *m* (*a iron*); (*prix*) Auszeichnung *f*; Preis *m*; **en ~, pour sa ~** als Belohnung; **en ~ de** als, zur Belohnung für; zum Lohn für (*a iron*)
récompenser [Rekɔ̃pɑ̃se] *v/t* belohnen (**qn de** *ou* **pour qc** j-n für etw); **le travail** *etc* **de qn** j-s Arbeit *etc* belohnen
recompter [R(ə)kɔ̃te] *v/t argent* nachzählen, *addition* nachrechnen (*a abs*)
réconciliation [Rekɔ̃siljasjɔ̃] *f* Ver-, Aussöhnung *f*
réconcilier [Rekɔ̃silje] **I** *v/t* **1.** (wieder) versöhnen (**qn avec qn** j-n mit j-m); **2.** *fig* (wieder) in Einklang bringen; versöhnen (**qn avec qc** j-n mit etw); **II** *v/pr* **se ~** sich (wieder) ver-, aussöhnen (**avec qn** mit j-m); *fig* **se ~ avec soi--même** wieder mit sich selbst ins reine kommen
reconductible [R(ə)kɔ̃dyktibl(ə)] *adj* JUR verlängerbar
reconduction [R(ə)kɔ̃dyksjɔ̃] *f* **1.** JUR *d'un contrat* Verlängerung *f*; Erneuerung *f*; **2.** *par ext d'une politique, grève* Weiterführung *f*; Fortsetzung *f*
reconduire [R(ə)kɔ̃dɥiR] *v/t* ⟨*cf* conduire⟩ **1.** (*raccompagner*) (zu'rück)begleiten, (-)bringen; **~ qn à la frontière** j-n über die Grenze abschieben; **~ qn jusqu'à la porte** j-n zur Tür begleiten; **2.** JUR *contrat, bail* verlängern; erneuern; **3.** *par ext politique, grève* fortsetzen; weiterführen; **~ qn dans ses fonctions** j-n in s-m Amt bestätigen
réconfort [Rekɔ̃fɔR] *m* Trost *m*; Stärkung *f*; Zuspruch *m*; **maigre ~** schwacher Trost
réconfortant [Rekɔ̃fɔRtɑ̃] *adj* **1.** *idée, nouvelle* tröstlich; ermutigend; *paroles* aufmunternd; **2.** *aliment* kräftigend; stärkend
réconforter [Rekɔ̃fɔRte] **I** *v/t* **1.** (*consoler*) trösten; aufrichten; **2.** *aliment* stärken; neue Kraft geben (+*dat*); kräftigen; **II** *v/pr* **se ~** sich stärken
reconnaissable [R(ə)kɔnɛsabl(ə)] *adj* 'wiederzuerkennen(d), zu erkennen(d), kenntlich (**à** an +*dat*); **être à peine ~** kaum wiederzuerkennen sein
reconnaissance [R(ə)kɔnɛsɑ̃s] *f* **1.** *d'un État, gouvernement, droit, fait etc* Anerkennung *f*; **2.** JUR Anerkenntnis *n*; **~ de dette** Schuldanerkenntnis *n*; **~ d'enfant** Anerkennung *f* e-s (unehelichen) Kindes; **~ du mont-de-piété** Pfand-, Leihschein *m*; **3.** (*gratitude*) Dankbarkeit *f*; Erkenntlichkeit *f*; F **la ~ du ventre** Dankbarkeit gegenüber s-m Ernährer; **avec ~** dankbar; **en ~ de ses mérites** *etc* in Anerkennung s-r Verdienste *etc*; **avoir, éprouver de la ~** (**pour, envers qn**) (j-m gegenüber) Dankbarkeit empfinden; **manifester ~, témoigner de la ~** sich dankbar erweisen; **4.** *d'un lieu, territoire* Erkundung *f*; Auskundschaftung *f*; MIL Aufklärung *f*. Erkundung *f*; **avion** *m* **de ~** Aufklärungsflugzeug *n*; Aufklärer *m*; **vol** *m* **de ~** Aufklärungs-, Erkundungsflug *m*; **envoyer un détachement en ~** e-n Aufklärungstrupp ausschicken; F **partir en ~** auf Erkundung ausgehen; e-n Erkundungsgang machen; die Gegend auskundschaften; **5.** (*action de reconnaître*) ('Wieder)Erkennen *n*, -ung *f*; **signe** *m* **de ~** Erkennungszeichen *n*
reconnaissant [R(ə)kɔnɛsɑ̃] *adj* dankbar; erkenntlich; **être ~ à qn de qc** j-m für etw dankbar sein; **se montrer ~ envers qn** sich j-m gegenüber dankbar erweisen, erkenntlich zeigen; *dans une lettre* **je vous serais ~ de bien vouloir me répondre au plus tôt** für e-e 'umgehende Antwort wäre ich Ihnen sehr dankbar
reconnaître [R(ə)kɔnɛtR] ⟨*cf* connaître⟩ **I** *v/t* **1.** (*identifier*) ('wieder)erkennen (**à** an +*dat*); **~ qn à sa démarche**, **sous un déguisement** j-n an s-m Gang, trotz e-r Verkleidung (wieder-) erkennen; **on ne le reconnaît plus** er ist nicht mehr wiederzuerkennen; *st/s* **je le reconnais bien là** das sieht ihm ähnlich; daran erkenne ich ihn; **se faire ~** sich zu erkennen geben; **2.** *torts, faute* erkennen, einsehen (müssen); (ein)gestehen; zugeben; *qualité, droit* zugestehen (**à qn** j-m); *droit a* anerkennen (j-m); *innocence* feststellen; **je lui reconnais du courage** ich gebe zu, daß er Mut hat; **~ les faits** die Tatsachen zugeben; **~ la supériorité de qn** j-s Über'legenheit zugeben (müssen), anerkennen; **il reconnaît s'être trompé** er gibt zu, sich geirrt zu haben; *connaissant que* ... in der Erkenntnis (dessen), daß ...; **3.** *gouvernement, signature, dette, enfant* anerkennen; **~ qn pour chef** j-n als Chef anerkennen; **je reconnais avoir reçu ...** ich bescheinige hiermit, ... erhalten zu haben; **4.** *lieux, territoire* erkunden (*a* MIL); auskundschaften; erforschen; **II** *v/pr* **se ~ 5.** *sens réciproque* sich 'wiedererkennen; **ils se sont reconnus** sie haben sich wiedererkannt; **6.** *sens réfléchi* **se ~ dans, en qn** sich in j-m wiedererkennen; **7.** (*se retrouver*) sich auskennen; sich zu'rechtfinden; **ne plus s'y ~** sich nicht mehr (darin) auskennen, zurechtfinden; **8.** *sens passif* zu erkennen sein, sich erkennen lassen (**à** an +*dat*); **9. se ~ coupable** sich schuldig bekennen
reconnu [R(ə)kɔny] *p/p cf* **reconnaître** *et adj* anerkannt; **c'est un fait ~** das ist e-e (allgemein) anerkannte Tatsache
reconquérir [R(ə)kɔ̃keRiR] *v/t* ⟨*cf* acquérir⟩ **1.** *pays, ville etc* zu'rück-, 'wiedererobern; **2.** *fig liberté, estime etc* 'wiedergewinnen, -erlangen; *femme* zu'rückerobern; 'wiedergewinnen
reconquête [R(ə)kɔ̃kɛt] *f* **1.** MIL Zu'rück-, 'Wiedereroberung *f*; **2.** *fig* 'Wiedererlangung *f*, -gewinnung *f*
reconsidérer [R(ə)kɔ̃sideRe] *v/t* ⟨-è-⟩ nochmals erwägen, über'denken; **~ une question** *a* auf e-e Frage zu'rückkommen
reconstituant [R(ə)kɔ̃stityɑ̃] **I** *adj* régime, *aliment* kräftigend; stärkend; **II** *m* Kräftigungs-, Stärkungsmittel *n*
reconstituer [R(ə)kɔ̃stitɥe] **I** *v/t* **1.** *fortune* wieder'herstellen; *dossier* wieder zu'sammenstellen; *association* neu bilden, gründen, konstitu'ieren; **2.** JUR *crime, accident etc* rekonstru'ieren; **3.** *vieux quartier etc* in s-n ursprünglichen Zustand wieder'herstellen, origi'nalgetreu wieder'aufbauen; *d'après une description* nachbilden; rekonstru'ieren; *fig la vie de qn* nachzeichnen; **II** *v/pr parti etc* **se ~** sich neu bilden (*a tissu organique*); sich neu konstitu'ieren
reconstitution [R(ə)kɔ̃stitysjɔ̃] *f* Wieder'herstellung *f*; *d'un parti etc* Neubildung *f*; Neukonstitu'ierung *f*; JUR *d'un crime* Rekonstrukti'on *f*; Rekonstru'ierung *f*; *d'un lieu, édifice historique* Wieder'herstellung *f* im ursprünglichen Zustand; origi'nalgetreuer Wieder'aufbau; *a d'une espèce disparue* Rekonstrukti'on *f*; CIN, THÉ **~ historique** historisch getreue Nachbildung
reconstruction [R(ə)kɔ̃stryksjɔ̃] *f* Wieder'aufbau *m*; Neubau *m* (*a fig*)

reconstruire [R(ə)kõstRɥiR] v/t ⟨cf conduire⟩ **1.** *ville, maison détruite* wieder-'aufbauen; neu bauen; **2.** *fig sa fortune, la société* neu aufbauen

reconversion [R(ə)kõvɛRsjõ] f ÉCON 'Umstellung f; *de personnel* 'Umsetzung f; *(recyclage)* 'Umschulung f

reconvertir [R(ə)kõvɛRtiR] **I** v/t *usine, production* 'umstellen (**en** auf +*acc*); *personnel* 'umsetzen; *(recycler)* 'umschulen; *bâtiment* für andere Zwecke verwenden; **~ une école en mairie** aus e-r Schule ein Bürgermeisteramt machen; **II** v/pr **se ~** *personne* den Beruf, die Branche, s-e Tätigkeit wechseln; sich 'umschulen lassen; **se ~ dans l'informatique** F auf Informatik 'umsatteln

recopier [R(ə)kɔpje] v/t **1.** (noch einmal) abschreiben; **2.** *au propre* ins reine schreiben

record [R(ə)kɔR] m **1.** SPORTS Re'kord m; Höchst-, Bestleistung f (**de** in +*dat*); **~ féminin, masculin** Rekord m der Frauen, der Männer; **~ de natation, de vitesse** Schwimm-, Geschwindigkeitsrekord m; **~ de France, d'Europe, du monde** französischer Rekord, Eu'ropa-, Weltrekord m; **battre, détenir un ~** e-n Rekord brechen, halten; *cf a* 2.; **2.** *fig* Re'kord m; **~ d'affluence** Besucherrekord m; *iron*: **battre tous les ~s** den Vogel abschießen; **pour la flatterie, il bat tous les ~s** im Schmeicheln ist er unübertroffen; **détenir le ~ de la bêtise** an Dummheit alle über'treffen; ♦ *adj* Re'kord...; Höchst...; Spitzen...; **chiffre** m, **production** f, **vitesse** f **~** Rekordzahl f, -produktion f, -geschwindigkeit f; **en un temps ~** in Rekordzeit

recordman [R(ə)kɔRdman] m ⟨*pl* recordmen [-mɛn]⟩ Re'kordhalter m; F Rekordler m; **~ du monde** Weltrekordler

recoucher [R(ə)kuʃe] **I** v/t *enfant* wieder ins Bett bringen; **II** v/pr **se ~** wieder ins Bett gehen; wieder schlafen gehen; sich wieder hinlegen

recoudre [R(ə)kudR(ə)] v/t ⟨*cf* coudre⟩ *couture* wieder zu-, zu'sammennähen; *bouton* wieder annähen; MÉD *plaie, blessé* nähen

recoupement [R(ə)kupmã] m *d'informations* Vergleich m; *de témoignages a* (teilweise) Über'einstimmung f; **faire un ~** e-n Vergleich anstellen

recouper [R(ə)kupe] **I** v/t **1.** noch einmal (ab-, zer-, 'durch)schneiden; *robe* noch einmal, anders zuschneiden; **2.** *témoignage: un autre* (teilweise) über'einstimmen mit; sich (teilweise) decken mit; **3.** *abs aux cartes* noch einmal abheben; **II** v/pr **se ~ 4.** *témoignages etc* (teilweise) über'einstimmen; sich (teilweise) decken; **5.** MATH *cercles* sich über'schneiden

recourbé [R(ə)kuRbe] *adj* gekrümmt; gebogen; krumm

recourber [R(ə)kuRbe] **I** v/t ('um)biegen; **II** v/pr **se ~** sich krümmen

recourir [R(ə)kuRiR] ⟨*cf* courir⟩ **I** v/t *un cent mètres etc* noch einmal laufen; **II** v/t/indir **1. ~ à qn** sich (hilfesuchend) an j-n wenden; **2. ~ à qc** zu etw greifen; sich e-r Sache (*gén*) bedienen; etw in Anspruch nehmen; **~ à la violence** Gewalt anwenden; **III** v/i **3.** (*courir de nouveau*) noch einmal, wieder laufen; **4.** *au point de départ* zu'rücklaufen, -rennen

recours [R(ə)kuR] m **1.** Ausweg m; (Hilfs)Mittel n; Zuflucht f; *action* Anwendung f; In'anspruchnahme f; **~ à la violence** Anwendung f von Gewalt, Gewaltanwendung f; **en dernier ~** als letztes Mittel; **avoir ~ à qc** zu etw greifen; etw in Anspruch nehmen; etw anwenden; sich e-r Sache (*gén*) bedienen; **avoir ~ à la force** Gewalt, Zwang anwenden; **avoir ~ à qn** sich (hilfesuchend) an j-n wenden; j-n hin'zuziehen; **avoir ~ à la justice** gerichtliche Schritte unter'nehmen; **il n'y a aucun ~ contre cela** dagegen kann man nichts machen; **être le seul ~ de qn** j-s einzige Zuflucht, Hilfe sein; **c'est notre dernier ~** das ist unser letzter Ausweg, unsere letzte Rettung; **c'est sans ~** das ist ausweglos; **2.** JUR Einspruch m; Beschwerde f; Berufung f; Re'kurs m; **~ en cassation** Revisi'on(santrag) f(m); **~ en grâce** Gnadengesuch n; **voies** f/pl **de ~** Rechtsmittel n/pl; **sans ~ possible** ohne Berufungsmöglichkeit; **3.** JUR COMM **~** (**en garantie**) Re'greß m, Rückgriff m (**contre qn** gegen j-n)

recouvrable [R(ə)kuvRabl(ə)] *adj* sommeinbringbar

recouvrement [R(ə)kuvRəmã] m **1.** *de sommes dues* Einziehung f; In'kasso n; JUR Ein-, Beitreibung f; **2.** *st/s des forces, de la santé* 'Wiedererlangung f

recouvrer [R(ə)kuvRe] v/t **1.** *sommes dues, impôts, créances* einziehen, -kassieren; JUR *ein-,* beitreiben; **2.** *liberté etc* 'wiedererlangen, -gewinnen; **~ ses forces** wieder zu Kräften kommen; **la raison** wieder Vernunft annehmen; **la santé** wieder gesund werden

recouvrir [R(ə)kuvRiR] ⟨*cf* couvrir⟩ **I** v/t **1.** *de nouveau* wieder bedecken; *siège, parapluie* neu be-, über'ziehen; *toit* neu decken; *casserole, enfant, malade* wieder zudecken; **2.** *entièrement* bedecken, über'decken, über'ziehen (**de** mit); *livre* einschlagen; *sol* **~ d'une moquette** mit (e-m) Teppichboden auslegen; ♦ *p/p* **recouvert de ...** bedeckt mit ...; ...bedeckt; **toit recouvert de tuiles** Ziegeldach n; **recouvert par les eaux** von Wasser über'flutet; **3.** *fig (cacher)* verdecken; verschleiern; verbergen; **4.** *fig (englober)* um'fassen; enthalten; **II** v/pr **le ciel s'est recouvert** der Himmel ist wieder bewölkt; es hat sich wieder bezogen

recracher [R(ə)kRaʃe] v/t (wieder) ausspucken

récré [RekRe] f F *abr cf* **récréation** *1*.

récréatif [RekReatif] *adj* ⟨-ive⟩ erheiternd; unter'haltend; *st/s* ergötzlich; **soirée récréative** Unterhaltungsabend m

récréation [RekReasjõ] f **1.** ÉCOLE (große) Pause; **à la, en ~** in der Pause; **aller, être en ~** Pause haben; **la ~ a sonné** es hat zur Pause geläutet; **2.** (*détente*) Entspannung f; Zerstreuung f; Zeitvertreib m

recréer [R(ə)kRee] v/t wieder, neu (er)schaffen

récréer [RekRee] v/pr *st/s* **se ~** sich zerstreuen, entspannen

récrier [RekRije] v/pr **se ~** laut aufschreien; lauthals prote'stieren; **se ~ d'admiration** in Ausrufe der Bewunderung ausbrechen

récriminations [RekRiminasjõ] f/pl Klagen f/pl; Pro'test m

récriminer [RekRimine] v/i sich beklagen, sich beschweren (**contre qn, qc** über j-n, etw)

récrire [RekRiR] ⟨*cf* écrire⟩ **I** v/t **1.** *nom, lettre etc* noch einmal, neu schreiben; **2.** *livre etc en modifiant* 'umschreiben; 'umarbeiten; **II** v/i **3.** *de nouveau* noch einmal schreiben (**à qn** j-m); **4.** (*répondre*) zu'rückschreiben, (brieflich) antworten (**à qn** j-m)

recroqueviller [R(ə)kRɔkvije] v/pr **1.** *feuilles etc* **se ~** zu'sammenschrumpfen, F schrump(e)lig werden; **2.** *personne* **se ~** (**sur soi-même**) sich (zu'sammen-) krümmen; sich zu'sammenrollen; *adj* **recroquevillé** zu'sammengekrümmt

recru [R(ə)kRy] *adj* *st/s* **~ de fatigue** (völlig) erschöpft; zum 'Umfallen müde

recrudesc|ence [R(ə)kRydesɑ̃s] f *d'un incendie, d'une épidémie, des combats* Wieder'ausbruch m; *de la fièvre* Wieder'ansteigen n; *de la criminalité* erneutes Ansteigen, Anwachsen; *a du froid etc* Zunahme f; **~ent** *adj* criminalité zunehmend

recrue [R(ə)kRy] f MIL Re'krut m; *fig* **faire une nouvelle ~** ein neues Mitglied gewinnen

recrutement [R(ə)kRytmã] m **1.** MIL Rekru'tierung f; **service de ~** Wehrersatzbehörde f; **2.** *de personnel* Rekru'tierung f; Einstellung f

recruter [R(ə)kRyte] **I** v/t **1.** MIL rekru'tieren; **2.** *personnel* rekru'tieren; *adhérents a* werben; *personnel a* einstellen; *équipe* aufstellen; **II** v/pr **se ~** sich rekru'tieren (**dans, parmi** aus)

recruteur [R(ə)kRytœR] m **1.** HIST MIL Werber m; **2.** *fig* **~ ou** *adj* **agent** m **~** (Mitglieder)Werber m; Propagan'dist m

recta [Rɛkta] F *adv* **payer** pünktlich; so'fort; **à chaque fois qu'on veut piqueni-quer, c'est ~, il pleut** ... regnet es prompt

rectal [Rɛktal] *adj* ⟨-aux⟩ MÉD rek'tal; Mastdarm...; **température ~e** Rek'taltemperatur f

rectangle [Rɛktɑ̃gl(ə)] MATH **I** *adj* rechtwinklig; **triangle ~** rechtwinkliges Dreieck; **II** m Rechteck n

rectangulaire [Rɛktɑ̃gylɛR] *adj* rechteckig

recteur [RɛktœR] m **1.** *d'académie* Rektor m; **2.** ÉGL CATH **a)** Rektor m; **b)** *en Bretagne* Pfarrer m

rectifiable [Rɛktifjabl(ə)] *adj* zu berichtigen(d); korri'gierbar

rectificatif [Rɛktifikatif] **I** *adj* ⟨-ive⟩ berichtigend; Berichtigungs...; **II** m Berichtigung f; Richtigstellung f

rectification [Rɛktifikasjõ] f **1.** *d'une erreur, d'un calcul* Berichtigung f; Richtigstellung, Korrek'tur f; **2.** MATH, CHIM Rektifikati'on f

rectifier [Rɛktifje] v/t **1.** *erreur, calcul* berichtigen; richtigstellen; korri'gieren; MIL **~ la position** Haltung annehmen; *fig* **~ le tir** s-e Taktik ändern; **2.** *tracé de route, ligne de front* begradigen;

3. *MATH, CHIM* rektifi'zieren; **4.** *TECH pièce* (ab-, nach)schleifen
rectiligne [Rɛktiliɲ] *adj* geradlinig
rection [Rɛksjɔ̃] *f LING* Rekti'on *f*
rectitude [Rɛktityd] *f d'un jugement* Richtigkeit *f*
recto [Rɛkto] *m d'une feuille* Vorderseite *f*; *au ~ être* auf der Vorderseite; *écrire* auf die Vorderseite
rectorat [Rɛktɔʀa] *m* Rekto'rat *n*
rectoscopie [Rɛktɔskɔpi] *f MÉD* Rektosko'pie *f*
rectum [Rɛktɔm] *m ANAT* Mastdarm *m*; *sc* Rektum *n*
reçu [R(ə)sy] **I** *p/p cf recevoir et adj idées, usages* über'kommen; üblich; anerkannt; gültig; herkömmlich; hergebracht; **II** *m* Quittung *f*; Empfangsbestätigung *f*, -bescheinigung *f*
recueil [R(ə)kœj] *m* Sammlung *f*; *~ de chansons, de poèmes* Lieder-, Gedichtsammlung *f*
recueillement [R(ə)kœjmɑ̃] *m* innere Sammlung; Andacht *f*; *avec ~* andächtig; mit, voller Andacht
recueilli [R(ə)kœji] *adj* andächtig; innerlich gesammelt
recueillir [R(ə)kœjiʀ] ⟨*cf* cueillir⟩ **I** *v/t* **1.** *dons, signatures, preuves, abeille: pollen* sammeln; *renseignements* einziehen; einholen; *notes pour un livre a* zu-'sammentragen; *témoignages* protokol-'lieren; *fig le fruit de ses travaux* die Früchte s-r Arbeit ernten; **2.** *approbation* erhalten; finden; *à une élection: voix* auf sich vereinigen; erhalten; **3.** *liquide dans un récipient* auffangen; **4.** *héritage* antreten; **5.** *réfugiés, orphelins* (bei sich) aufnehmen; *animal* auflesen; **II** *v/pr se ~* sich innerlich sammeln; *se ~ sur la tombe de qn* vor j-s Grab (*dat*) andächtig, in Andacht, in stillem Gedenken verharren
recuire [R(ə)kɥiʀ] ⟨*cf* conduire⟩ *v/t* (*faire*) *~* noch einmal kochen *ou* bakken *ou* braten
recul [R(ə)kyl] *m* **1.** *d'une arme à feu* Rückstoß *m*; **2.** *d'une foule, d'une armée* Zu'rückweichen *n*; *fig d'une maladie, du chômage, de la production* Rückgang *m*; **3.** *d'une personne* Zu-'rücktreten *n*, -gehen *n*; *avoir un mouvement de ~* zu'rückschrecken; *prendre du ~ pour mieux voir* zurücktreten ...; **4.** *fig* Abstand *m*; *avoir, prendre du ~ pour mieux juger qc* Abstand haben, gewinnen, um etw besser beurteilen zu können; **5.** *TENNIS* Auslauf *m*; Platz *m* zum Zu'rücklaufen
reculade [R(ə)kylad] *f péj* Zu'rückweichen *n*; Rückzug *m*
reculé [R(ə)kyle] *adj* **1.** *village, vallée* abgelegen; (weit) entfernt; **2.** *dans le temps* alt; früh; lang zu'rückliegend; *dans les temps les plus ~s* in grauer Vorzeit
reculer [R(ə)kyle] **I** *v/t* **1.** *chaise etc* zu-'rückschieben, -rücken, -ziehen, -setzen, -stellen; *voiture* zu'rückfahren, -setzen; *par ext: montre* zu'rückstellen; *mur* nach hinten versetzen; zu'rückversetzen; *frontières* erweitern; **2.** (*reporter à plus tard*) auf-, hin'ausschieben; (*retarder*) verzögern; **II** *v/i* **3.** *personne* zu'rückweichen (*a foule*), -treten, -rollen; *~ d'un pas* e-n Schritt zurück-

gehen, -treten; *~ devant l'ennemi* vor dem Feind zurückweichen; *faire ~ qn* j-n zurückdrängen, -treiben; *fig c'est ~ pour mieux sauter* durch ein Aufschieben wird es nur schlimmer; **4.** *maladie, incendie, chômage* zu'rückgehen; im Rückgang begriffen sein; **5.** *fig* (*hésiter*) zu'rückschrecken, -scheuen (*devant qc* vor etw [*dat*]); scheuen (etw); *ne ~ devant rien* vor nichts zurückschrecken; *il s'est trop avancé pour ~* um noch zurückzukönnen; *~ au dernier moment* F im letzten Moment kneifen; **III** *v/pr se ~* zu'rücktreten; (einige Schritte) zu'rückgehen
reculons [R(ə)kylɔ̃] *loc/adv à ~* rückwärts; *aller, marcher à ~* rückwärts gehen; *iron faire des progrès à ~* Rückschritte machen
récupérable [Rekypeʀabl(ə)] *adj ferraille, déchets* ('wieder)verwertbar; noch brauchbar; 'wiederverwendbar; *heures de travail* nachzuholen(d); *drogué, accidenté* (wieder')eingliederungsfähig; *resozialisierbar*; *il n'est pas ~* er ist ein hoffnungsloser Fall
récupérateur [Rekypeʀatœʀ] *m personne, entreprise* 'Wiederverwerter *m*
récupération [Rekypeʀasjɔ̃] *f* **1.** 'Wiedererlangung *f*; *d'heures de travail* Nachholen *n*; Einarbeitung *f*; *d'argent* Ein-, Beitreibung *f*; *d'un engin spatial* Bergung *f*; **2.** *TECH* Rückgewinnung *f*; ('Wieder)verwertung *f*; 'Wiederverwendung *f*; Nutzung *f*; **3.** *POL* Vereinnahmung *f*; Einspannung *f* für s-e Zwecke; **4.** *de l'organisme* Erholung *f*
récupérer [Rekypeʀe] ⟨-è-⟩ **I** *v/t* **1.** 'wiedererlangen, -bekommen; sich (*dat*) wieder holen; zu'rückholen; *argent ein-, beitreiben*; *mise* wieder her-'ausbekommen; *heures de travail, jours de congé* nachholen, -arbeiten; einarbeiten; *engin spatial* bergen; *~ ses forces* wieder zu Kräften kommen; **2.** *ferraille, vieux papiers etc* ('wieder-) verwerten; 'wiederverwenden; (*ramasser*) sammeln; *TECH chaleur, énergie* zu'rückgewinnen; *par ext F où es-tu allé ~ cette antiquité?* F wo hast du diese Antiquität aufgetrieben, aufgegabelt?; **3.** F (*aller chercher*) *~ qn* j-n (ab)holen; **4.** *délinquants, drogués* wie-der'eingliedern (*a accidentés*); resoziali-'sieren; **5.** *POL ~ qn* j-n (po'litisch, ideo'logisch) vereinnahmen; j-n für s-e Zwecke einspannen; **II** *v/i sportif, malade, organisme* sich erholen; wieder zu Kräften kommen
récurer [RekyRe] *v/t casserole etc* scheuern
récurrent [RekyRɑ̃] *adj phénomène* wieder'holt auftretend; *sc* rekur'siv; rekur-'rent; *MÉD fièvre ~e* Rückfall-, Re'kurrensfieber *n*
récus|able [Rekyzabl(ə)] *adj* **a)** *juge etc* ablehnbar; **b)** *témoignage* bestreitbar; anfechtbar; unglaubwürdig; *~ation f JUR* Ablehnung *f* (wegen Befangenheit)
récuser [Rekyze] **I** *v/t* **1.** *JUR juré, témoin etc* (wegen Befangenheit) ablehnen; **2.** *par ext* zu'rückweisen; ablehnen; verwerfen; **II** *v/pr se ~* sich für nicht zuständig, sich für befangen erklären
recyclable [R(ə)siklabl(ə)] *adj* recycel-

bar [ri'saɪkəl-]; 'wiederverwertbar, -verwendbar
recyclage [R(ə)siklaʒ] *m* **1. a)** *d'élèves* Weiter-, Fortbildung *f*; **b)** *de main--d'œuvre* 'Umschulung *f*; **2.** *TECH* Recycling [ri'saɪklɪŋ] *n*; 'Wiederverwertung *f*, -verwendung *f*
recycler [R(ə)sikle] **I** *v/t* **1. a)** *élèves* weiter-, fortbilden; **b)** *main-d'œuvre* 'umschulen; **2.** *TECH* recyceln [ri'saɪkəln]; 'wiederverwerten, -verwenden; *adj papier recyclé* Recyclingpapier *n*; **II** *v/pr se ~* **a)** *élèves* sich weiterbilden; **b)** *main-d'œuvre* sich umschulen lassen
réda|cteur [RedaktœR] *m*, *~trice f* Redak'teur(in) *m(f)*; *schweiz* Re'daktor *m*; *rédacteur en chef* Chefredakteur *m*
rédaction [Redaksjɔ̃] *f* **1.** *d'un texte* Verfassen *n*; Aufsetzen *n*; Abfassung *f*; **2.** *coll* Redakti'on *f*; Schriftleitung *f*; *salle f*, *bureau m de ~* Redaktionsbüro *n*, -raum *m*; **3.** *ÉCOLE* Aufsatz *m*
rédactionnel [Redaksjɔnɛl] *adj* ⟨*~le*⟩ redaktio'nell; Redakti'ons...
reddition [Redisjɔ̃] *f MIL* 'Übergabe *f*
redécoupage [R(ə)dekupaʒ] *m ~ électoral* Neueinteilung *f* der Wahlkreise
redécouvrir [R(ə)dekuvRiR] *v/t* ⟨*cf* couvrir⟩ wieder entdecken
redéfaire [R(ə)defɛR] *v/t* ⟨*cf* faire⟩ *du tricot, une couture* wieder auftrennen; *nœud, paquet* wieder aufmachen
redéfinir [R(ə)definiR] *v/t* neu bestimmen, festlegen, defi'nieren
redemander [Rədmɑ̃de, Rədəmɑ̃de] *v/t et v/i* **1.** *de nouveau* noch einmal verlangen (*qc à qn* etw von j-m), bitten (j-n um etw), fragen (j-n nach etw); *davantage* noch mehr verlangen; mehr haben wollen (*de qc* von etw); **2.** *chose prêtée, donnée* zu'rückverlangen, -fordern (*qc à qn* etw von j-m)
redémarr|age [R(ə)demaʀaʒ] *m ÉCON* 'Wiederbelebung *f*; neuer Aufschwung; *~er v/i* **1.** *véhicule* wieder anfahren; **2.** *ÉCON* wieder in Gang kommen; e-n neuen Aufschwung nehmen
rédemp|teur [Redɑ̃ptœR] **I** *adj* ⟨*-trice*⟩ erlösend; Erlösungs...; **II** *m REL le ⟨R⟩* der Erlöser; *~tion f REL* Erlösung *f*
redéploiement [R(ə)deplwamɑ̃] *m* **1.** *ÉCON* 'Umstrukturierung *f*; 'Um-, Neugestaltung *f*; Reorganisati'on *f*; **2.** *MIL* 'Umgruppierung *f*
redescendre [R(ə)desɑ̃dR(ə)] ⟨*cf* rendre⟩ **I** *v/t* **1.** *escalier etc* wieder, noch einmal hin'unter-, hin'ab- *ou* her'unter-, her'abgehen, -steigen, -kommen; F wieder, noch mal runtergehen, -steigen, -kommen; *fleuve*, (*dans un*) *véhicule: rue, skieur: pente* wieder hin'unter- *ou* her'unterfahren; **2.** *meubles du grenier etc* wieder her'unter- *ou* hin'unterschaffen, -bringen; her'unterholen; **II** *v/i* ⟨-être⟩ **3.** *personne* wieder, noch einmal hin'unter-, hin'ab- *ou* her'unter-, her'abgehen, -kommen, -steigen (*de* von); F wieder, noch mal runtergehen, -kommen, -steigen (von); *skieur* abfahren; (*dans un*) *véhicule* wieder hin'unter- *ou* her'unter-, F runterfahren; *avion* her'untergehen (*à 5000 mètres* auf 5000 Meter); *fig personne ~ dans l'échelle sociale* auf der sozialen Stufenleiter absteigen; **4.** *mer* (wieder) zu'rückgehen; *baromè-*

redevable – réduit

tre, température wieder fallen; *chemin, route* wieder berg'ab, abwärts gehen, führen
redevable [Rədvabl(ə), Rdəvabl(ə)] *adj* **être ~ de qc à qn** a) *FIN* j-m etw schuldig sein *ou* schulden; b) *fig (être obligé)* j-m für etw zu Dank verpflichtet sein; *(devoir)* j-m etw verdanken; *il lui est ~ de l'avoir averti* er ist ihm zu Dank verpflichtet, weil er ihn verständigt hat
redevance [Rədvãs, Rdəvãs] *f RAD, TV* Gebühr *f*
redevenir [Rədvənir, Rdəvnir] *v/i ⟨cf venir⟩* wieder werden
redevoir [Rədvwar, Rdəvwar] *v/t ⟨cf devoir⟩* noch schulden, schuldig sein *ou* bleiben *(qc à qn* j-m etw)
rédhibitoire [Redibitwar] *adj* **1.** *JUR* vice *m* ~ (die Wandelung begründender) Sachmangel; **2.** *fig* **ce n'est pas ~** das ist nicht unbedingt ein Hindernis
rediffus|er [Rədifyze] *v/t RAD, TV* wieder'holen; wieder ausstrahlen; noch einmal senden; **~ion** *f RAD, TV* Wieder'holung *f*, 'Wiederausstrahlung *f*
rédiger [Rediʒe] *v/t ⟨-geons⟩* verfassen; abfassen; *contrat* aufsetzen; *procès-verbal* anfertigen; *article de journal* a redi'gieren
redingote [R(ə)dɛ̃gɔt] *f autrefois* Gehrock *m*
redire [R(ə)dir] *⟨cf dire⟩* **I** *v/t* **1.** *(répéter)* noch einmal sagen; wieder'holen; **~ toujours la même chose** immer das gleiche sagen; sich immer wiederholen; **~ après qn** j-m nachsprechen; **ne pas se le faire ~** es sich nicht zweimal sagen lassen; **2.** *(rapporter)* weitersagen *(qc à qn* j-m etw); ausplaudern; **II** *v/t/indir* **trouver à ~ à qc** etwas an etw *(dat)* auszusetzen haben; **trouver à ~ à tout** an allem etwas auszusetzen, zu beanstanden, zu kriti'sieren haben; **il n'y a rien à ~ à cela** dagegen ist nichts einzuwenden
redistribuer [R(ə)distribɥe] *v/t* **1.** *cahiers, cartes* noch einmal austeilen; **2.** *terres, tâches* neu auf-, verteilen; *revenus, richesses* 'umverteilen
redistribution [R(ə)distribysjɔ̃] *f* Neuverteilung *f*; *FIN* 'Umverteilung *f*
redite [R(ə)dit] *f* unnötige Wieder'holung
redondance [R(ə)dɔ̃dɑ̃s] *f* **1.** *du style* Weitschweifigkeit *f*; Über'ladenheit *f*; Schwulst *m*; **le texte comporte des ~s** der Text ist weitschweifig, schwülstig geschrieben; **2.** *INFORM, LING* Redun'danz *f*
redondant [R(ə)dɔ̃dɑ̃] *adj* **1.** *style* wortreich; über'laden; weitschweifig; schwülstig; **2.** *INFORM, LING* redun'dant
redonner [R(ə)dɔne] **I** *v/t* **1.** *(donner de nouveau)* wieder, noch einmal geben; *cf a* **donner**; **2.** *(rendre)* (wieder) zu'rückgeben; **~ confiance** wieder Vertrauen einflößen; **~ du courage** wieder Mut machen; **II** *v/i* **~ dans** zu'rückfallen in *(+acc)*; wieder verfallen in *(+acc)*; wieder anfangen mit
redorer [R(ə)dɔre] *v/t* wieder vergolden; *cf a* **blason**
redoubl|ant [R(ə)dublɑ̃] *m*, **~ante** *f ÉCOLE* F Sitzenbleiber(in) *m(f)*
redoublé [R(ə)duble] *adj* verdoppelt; Doppel...; *par ext* vermehrt; verstärkt; **rime ~e** Doppelreim *m*; **frapper à la porte à coups ~s** heftig gegen die Tür schlagen; **marcher d'un pas ~** im Eilschritt gehen
redoublement [R(ə)dubləmɑ̃] *m* **1.** Verdopp(e)lung *f*; *LING* Reduplikati'on *f*; **2.** *d'attention, de prudence etc* Verstärkung *f*; Steigerung *f*; Zunahme *f*
redoubler [R(ə)duble] **I** *v/t* **1.** *(rendre double)* verdoppeln; **2.** *ÉCOLE* **~ (une classe)** e-e Klasse wieder'holen; F sitzen-, hängenbleiben; **3.** *véhicule* wieder über'holen; **4.** *joie, terreur etc* verstärken; vermehren; steigern; **~ ses efforts** s-e Anstrengungen verdoppeln; **II** *v/t/indir* **~ de patience, vigilance** *etc* s-e Geduld, Wachsamkeit etc verdoppeln; verstärken; **~ d'amabilité à l'égard de qn** j-m gegenüber noch zuvorkommender sein; **~ d'efforts** s-e Anstrengungen verdoppeln; **III** *v/i peur, tempête etc* sich verstärken; noch stärker werden; sich steigern; zunehmen; *larmes* noch stärker fließen; *surprise, joie a* noch größer werden *ou* sein
redoutable [R(ə)dutabl(ə)] *adj* furchterregend; fürchterlich; furchtbar; *adversaire, concurrent, mal* (sehr) gefährlich
redoute [R(ə)dut] *f HIST* Re'doute *f*
redouter [R(ə)dute] *v/t* fürchten; sich fürchten vor *(+dat)*; **~ que ... (ne)** *(+subj)* (be)fürchten, daß ...; **~ de** *(+inf)* (be)fürchten zu *(+inf)*
redoux [R(ə)du] *m* Frostmilderung *f*; Wärmeeinbruch *m*
redresse [R(ə)dRES] *loc/adj* P **un mec à la ~** F ein Kerl *m*, mit dem nicht zu spaßen ist
redressement [R(ə)dRɛsmɑ̃] *m* **1.** *d'un pays* 'Wiedererstarken *n*, -ung *f*; *de l'économie* Wieder'ankurbelung *f*; (Wieder')Aufschwung *m*; *des finances* Sa'nierung *f*; **2.** *autrefois* maison *f* de ~ Erziehungsanstalt *f*; **3.** *ÉLECT* Gleichrichtung *f*; **4.** **~ fiscal** Steuerberichtigung *f*
redresser [R(ə)dRese] **I** *v/t* **1.** *chose penchée* geraderichten; *chose tordue* geradebiegen; F gerademachen; *chose tombée* wieder aufstellen, aufrichten; *roues avant* geradestellen; *malade* (wieder) aufsetzen; **~ la tête** a) den Kopf heben; b) *fig (se croire)* den Kopf hoch tragen; **2.** *fig économie* wieder beleben, ankurbeln; *finances* sa'nieren; *situation* wieder in Ordnung bringen; **3.** *ÉLECT courant* gleichrichten; **II** *v/pr* **se ~ 4.** sich (wieder) aufrichten; **redresse-toi!** halt dich gerade!; setz dich gerade hin! *ou* geh gerade!; **5.** *fig (se croire)* den Kopf hoch tragen; hochnäsig werden; **6.** *fig pays* wieder hochkommen, wieder erstarken
redresseur [R(ə)dRɛsœr] **I** *adj* *⟨-euse⟩ ÉLECT* Gleichrichter...; **II** *m* **1.** iron **~ de torts** Weltverbesserer *m*; **2.** *ÉLECT* Gleichrichter *m*
réducteur [Redyktœr] **I** *adj* *⟨-trice⟩ CHIM* redu'zierend; Redukti'ons...; **II** *m* **1.** *CHIM* Redukti'onsmittel *n*; **2.** *TECH* **~ (de vitesse)** Unter'setzungsgetriebe *n*
réductible [Redyktibl(ə)] *adj* **1.** *quantité* redu'zierbar *(à auf +acc)*; her'absetzbar; **2.** *CHIM* redu'zierbar; **3.** *MATH* **fraction** *f* **~** Bruch, der sich kürzen läßt
réduction [Redyksjɔ̃] *f* **1.** Redu'zierung *f (à* auf *+acc)*; *des dépenses, de la production a* Einschränkung *f*; *de taxes a* Senkung *f*; Her'absetzung *f*; *de personnel a* Abbau *m*; *d'un format* Verkleinerung *f*; *de salaire* Kürzung *f*; *d'un délai* Verkürzung *f*; **~ des heures de travail** Arbeitszeitverkürzung *f*; **~ d'impôt** Steuersenkung *f*, -ermäßigung *f*; *JUR* **~ de peine** Herabsetzung *f* des Strafmaßes; *loc/adv* **sur un prix** Preisnachlaß *m*; (Preis)Ermäßigung *f*; **carte** *f* **de ~** Ausweis, der zu Preisermäßigung berechtigt; **faire une ~ à qn** j-m e-n Preisnachlaß gewähren; **il m'a fait une ~ de cinq pour cent** er hat mir fünf Prozent nachgelassen; **3.** *CHIM, BIOL* Redukti'on *f*; **4.** *MATH* **~ de fractions** Kürzung *f*; **~ au même dénominateur** Gleichnamigmachen *n*; **5.** *MÉD* Repositi'on *f*; Wieder'einrichtung *f*
réduire [Redɥir] *⟨cf conduire⟩* **I** *v/t* **1.** *(diminuer)* redu'zieren; *dépenses, production, consommation a* einschränken; drosseln; *impôts, température a* senken; her'absetzen; *(a peine); personnel a* abbauen; *nombre a* verringern; *format* verkleinern; *temps de travail* verkürzen; *salaires* kürzen; *vitesse* drosseln; her'absetzen, F her'untergehen mit; *par ext*: *résistance* brechen; *soulèvement* niederschlagen; *catastrophe* **~ la population de moitié** die Bevölkerung um die Hälfte zu'sammenschrumpfen lassen; **2.** *(contraindre)* **~ qn à, en qc** j-n zu etw bringen, zwingen; **~ qn au désespoir** j-n in Verzweiflung stürzen; **peuple ~ en esclavage** versklaven; **maladie ~ qn à l'inaction** j-n zur Untätigkeit verdammen; **~ qn au silence** j-n zum Schweigen bringen; **en être réduit à qc** zu etw gezwungen, genötigt sein; auf etw *(acc)* angewiesen sein; **3.** *(ramener)* **~ qc à qc** etw auf etw *(acc)* einschränken, beschränken, einengen, bringen; *projet, illusions* **~ à rien, à néant** zu'nichte machen; zerstören; *MATH* fractions kürzen; **~ au même dénominateur** auf den gleichen Nenner bringen; gleichnamig machen; *cf a* **expression** 3.; **4.** *(transformer)* **~ en qc** zu etw werden lassen, machen; **~ en cendres** *ville etc* in Schutt und Asche legen; *a édifice* einäschern; niederbrennen; *vase etc* **~ en morceaux** in Stücke schlagen; **être réduit en morceaux** (in Stücke) zersprungen sein; **5.** *CHIM* redu'zieren; **6.** *MÉD* fracture, luxation, hernie wieder einrichten; repo'nieren; **7.** *⟨a v/i⟩ CUIS sauce, jus* eindicken; *v/i a* einkochen; **II** *v/pr* **8. se ~ à qc** sich auf etw *(acc)* beschränken (lassen); **problème se ~ à la question suivante** sich auf die folgende Frage beschränken lassen; *économies, incident* **se ~ à peu de chose** sehr begrenzt, gering sein; **9. se ~ en qc** sich in etw *(acc)* verwandeln; zu etw werden; **se ~ en cendres** zu Asche werden; niederbrennen
réduit [Redɥi] *f adj* **1.** *prix, tarif* ermäßigt; her'abgesetzt; **billet** *m* **à prix ~** ermäßigte Fahrkarte; **2.** *(restreint)* débouchés *etc* begrenzt; beschränkt; gering; **à vitesse ~e** mit herabgesetzter Geschwindigkeit; **3.** *format, taille, modèle* verkleinert; *ETHNOLOGIE* **têtes ~es** Schrumpfköpfe *m/pl*; **II** *m* kleiner

Raum; kleine Kammer; F **Ka'buff** n; péj finsteres Loch
rééchelonnement [ʀeeʃlɔnmɑ̃] m FIN Verlängerung f, Streckung f der Rückzahlung; 'Umschuldung f
réécrire [ʀeekʀiʀ] cf **récrire**
rééedifier [ʀeedifje] v/t wieder'aufbauen
rééedi|ter [ʀeedite] v/t **1.** livre wieder, neu auflegen; auteur neu her'ausgeben; **2.** F fig e-e Neuauflage sein von (ou +gén); **~tion** f **1.** Neuauflage f, -ausgabe f (action et ouvrage); **2.** F fig Neuauflage f
rééducation [ʀeedykasjɔ̃] f **1.** MÉD des handicapés Rehabilitati'on f; d'un membre Wieder'herstellung f der Bewegungsfähigkeit; exercices Heilgymnastik f; **centre** m **de ~** Rehabilitationszentrum n; **2.** JUR de délinquants sozi'ale Wieder'eingliederung; **3.** POL 'Umerziehung f
rééduquer [ʀeedyke] v/t **1.** un blessé, paralysé rehabili'tieren; heilgymnastisch, mit Heilgymnastik behandeln; membre die Bewegungsfähigkeit (+gén) wieder'herstellen; **2.** délinquant sozi'al wieder'eingliedern; **3.** POL 'umerziehen
réel [ʀeɛl] I adj ⟨**~le**⟩ **1.** wirklich; re'al; tatsächlich; **faits ~s** Tatsachen f/pl; **dans un roman personnage ~** der Wirklichkeit entnommene Gestalt; par ext **un ~ plaisir** ein wirkliches, wahres, echtes Vergnügen; **dans la vie ~le** im wirklichen, realen Leben; être **~** wirklich, real existieren; **2.** COMM **salaire ~** Re'allohn m; **taux** m **d'intérêt ~** Effek'tivzins m; **valeur ~le** Re'al-, Sachwert m; **3.** JUR dinglich; **4.** MATH **nombre ~** re'elle Zahl; II subst **le ~** das Wirkliche, Re'ale; die Wirklichkeit
réélection [ʀeelɛksjɔ̃] f 'Wiederwahl f
rééligible [ʀeeliʒibl(ə)] adj 'wiederwählbar
réélire [ʀeeliʀ] v/t ⟨cf lire⟩ 'wiederwählen; adjt **le président réélu** der wiedergewählte Präsident
réellement [ʀeɛlmɑ̃] adv wirklich; tatsächlich; in der Tat
réembaucher [ʀeɑ̃boʃe] v/t main--d'œuvre wieder einstellen
réemploi [ʀeɑ̃plwa] m **1.** de choses 'Wiederverwendung f; **2.** de personnel 'Wiederbeschäftigung f; **3.** de fonds 'Wieder-, Neuanlage f
réemployer [ʀeɑ̃plwaje] v/t ⟨-oi-⟩ **1.** choses wieder verwenden; méthode wieder anwenden; **2.** personnel wieder beschäftigen, anstellen; autre part anderweitig beschäftigen; **3.** fonds wieder anlegen
réentendre [ʀeɑ̃tɑ̃dʀ(ə)] v/t ⟨cf rendre⟩ wieder, noch einmal (an)hören
rééquilibrer [ʀeekilibʀe] v/t wieder ins Gleichgewicht bringen; wieder ausgleichen
réessay|age [ʀeesɛjaʒ] m d'une robe Wieder'anprobe f; **~er** v/t ⟨-ay- od -ai-⟩ robe wieder anprobieren; recette etc noch einmal ausprobieren; abs es noch einmal versuchen, pro'bieren
réévalu|ation [ʀeevalyasjɔ̃] f d'une monnaie Aufwertung f; de bilans etc Wertberichtigung f; Neubewertung f; **~er** v/t monnaie aufwerten; bilan etc neu bewerten

réexaminer [ʀeɛgzamine] v/t problème noch einmal über'prüfen
réexpédier [ʀeɛkspedje] v/t **1.** (retourner) zu'rücksenden, -befördern; **2.** (faire suivre) weiterbefördern; courrier nachsenden
réexpédition [ʀeɛkspedisjɔ̃] f **1.** à l'expéditeur (Zu')Rücksendung f, -beförderung f; **2.** au destinataire Weiterbeförderung f; Nachsendung f; **ordre** m **de ~ du courrier** Nachsendungsantrag m
réexport|ation [ʀeɛkspɔʀtasjɔ̃] f Wieder'ausfuhr f; Reex'port m; **~er** v/t wieder ausführen; reexpor'tieren
réf. abr cf **référence** 4.
refaire [ʀ(ə)fɛʀ] ⟨cf faire⟩ I v/t **1.** (faire de nouveau) noch einmal, neu machen; trajet noch einmal zu'rücklegen; cf a faire; **~ du ski** wieder Ski laufen, fahren; cf a faire; **2.** (recommencer) noch einmal, wieder von vorn(e) anfangen, beginnen ([mit] etw); neu, noch einmal machen; fig **~ sa vie** wieder heiraten; **tout est à ~** alles muß noch einmal gemacht werden; **si c'était à ~!** wenn man noch einmal von vorn(e) anfangen könnte!; **3.** (remettre en état) ausbessern; (wieder) in'stand setzen; repa'rieren; wieder in Ordnung bringen; **~ son maquillage** sich wieder schminken; par ext **~ ses forces** wieder zu Kräften kommen; **4.** F (rouler) **~ qn** F j-n übers Ohr hauen; j-n her'einlegen; **je suis refait** F ich bin ganz schön hereingelegt worden; ich sitz' ganz schön in der Klemme; II v/pr **5. on ne se refait pas** man kann sich nicht ändern; **6. se ~** (une santé) sich erholen; wieder zu Kräften kommen; **7.** au jeu **se ~** wieder gewinnen
réfection [ʀefɛksjɔ̃] f (Wieder)In'standsetzung f; Ausbesserung f; Repara'tur f; **travaux** m/pl **de ~** (Wieder)Instandsetzungs-, Ausbesserungs-, Reno'vierungsarbeiten f/pl
réfectoire [ʀefɛktwaʀ] m Speisesaal m; d'un couvent Refek'torium n
refend [ʀ(ə)fɑ̃] loc/adj CONSTR **mur** m **de ~** tragende Innenmauer, Zwischenwand
référé [ʀefeʀe] m JUR (**ordonnance** f **de**) einstweilige Verfügung; **plaider en ~** e-e einstweilige Verfügung beantragen
référence [ʀefeʀɑ̃s] f **1. ~s** pl (recommandations) Refe'renzen f/pl; Empfehlungen f/pl; **fournir des ~s** Referenzen beibringen; fig **ce n'est pas une ~** das ist nicht gerade e-e Empfehlung; **2.** (rapport) Bezugnahme f; MATH, PHYS **système** m **de ~** Bezugssystem n; loc/prép **par ~ à** entsprechend, gemäß (+dat); **faire ~ à** sich beziehen auf (+acc); **3.** d'une citation etc (Angabe f e-r, Verweis m auf e-e) Belegstelle; Beleg m; **ouvrage** m **de ~** Nachschlagewerk n; **4.** COMM, ADM en tête d'une lettre Zeichen n; dans un catalogue Bestell-, Ar'tikelnummer f; d'un dossier Aktenzeichen n; **~ ...** Chiffre f ...; **notre** ou **votre ~** (abr **N/Réf.** ou **V/Réf.**) unser ou Ihr Zeichen; **votre lettre citée en ~** Ihr oben angeführtes (abr o.a.) Schreiben
référendaire [ʀefeʀɑ̃dɛʀ] I m ~ ou adjt **conseiller** m **~** Rat m beim Rech-

nungshof; II adj auf ein, das Refe'rendum bezüglich
référendum ou **referendum** [ʀefeʀɛ̃dɔm] m Volksabstimmung f; Volksentscheid m; Refe'rendum n
référentiel [ʀefeʀɑ̃sjɛl] m PHYS Bezugssystem n
référer [ʀefeʀe] ⟨-è-⟩ I v/t/indir **en ~ à qn** j-m den Fall, die Sache unter'breiten, vorlegen; j-m Bericht erstatten; II v/pr **se ~ à qc** sich auf etw (acc) beziehen, berufen; **se ~ à qn** sich auf j-n berufen; formule épistolaire (**en**) **nous référant à ...** unter Bezugnahme auf (+acc)
refermer [ʀ(ə)fɛʀme] I v/t wieder schließen, F zumachen; II v/pr **se ~** sich wieder schließen
refiler [ʀ(ə)file] v/t F **~ qc à qn** F j-m etw andrehen, 'unterjubeln; fig **~ son rhume à qn** j-m s-n Schnupfen anhängen
réfléchi [ʀefleʃi] adj **1.** décision, action (gut) 'durchdacht; (wohl)über'legt; personne besonnen; bedächtig; 'umsichtig; esprit **~** kühler Kopf; **c'est tout ~** das ist schon entschieden; **tout bien ~,** je ... wenn ich es mir richtig ou recht überlege ...; **2.** GR **pronom ~** rückbezügliches Fürwort; Reflexivpronomen n; **verbe** (**pronominal**) **~** reflexives Verb; **3.** PHYS reflek'tiert; zu'rückgeworfen
réfléchir [ʀefleʃiʀ] I v/t lumière, rayons, ondes reflek'tieren; zu'rückwerfen; eau: image 'widerspiegeln; **2.** personne **~ que ...** überlegen, daß ...; II v/t/indir **~ à, sur qc** etw über'legen, erwägen; über etw (acc) nachdenken; sich etw durch den Kopf gehen lassen; **réfléchis à ce que tu dis** überlege, was du sagst; **j'ai réfléchi à l'affaire** ich habe es mir überlegt; III v/i über'legen; nachdenken; **~ avant de parler** erst denken, dann sprechen; **faire ~,** donner à **~** einen nachdenklich, bedenklich stimmen, machen; **demander à ~** um Bedenkzeit bitten; **sans ~** unüberlegt; unbedacht; **après avoir mûrement réfléchi** nach reiflicher Über'legung; IV v/pr **se ~** sich ('wider)spiegeln (**dans** in +dat)
réfléchissant [ʀefleʃisɑ̃] adj surface reflek'tierend
réflecteur [ʀeflɛktœʀ] m TECH Re'flektor m
réflectorisé [ʀeflɛktɔʀize] adj panneau etc reflek'tierend
reflet [ʀ(ə)flɛ] m **1.** de lumière Re'flex m; **~s** pl Glanz m; Schimmer m; **~s métalliques** Me'tallglanz m; **cheveux à ~s roux** rötlich schimmernd; **étoffe avoir des ~s changeants** schillern; **2.** (image réfléchie) Spiegelbild n; Spiegelung f; d'une bougie 'Widerschein m; **3.** fig Abbild n; Abglanz m
refléter [ʀ(ə)flete] ⟨-è-⟩ I v/t **1.** miroir; objet etc ('wider)spiegeln; lumière zu'rückstrahlen, -werfen; **2.** fig 'widerspiegeln; **son visage reflète la bonté** sein Gesicht drückt, strahlt Güte aus; II v/pr **se ~ 3.** sich ('wider)spiegeln (**dans** in +dat); **4.** fig sich 'widerspiegeln (**dans, sur** in +dat)
refleurir [ʀ(ə)flœʀiʀ] I v/t wieder mit Blumen schmücken; II v/i **1.** wieder, zum zweitenmal blühen; **2.** fig wieder'aufblühen

reflex – regagner

reflex [Rɛflɛks] *adj ⟨inv⟩ PHOT* **appareil** *m* ~ *ou subst* ~ *m* Spiegelreflexkamera *f*

réflexe [Rɛflɛks] **I** *m* **1.** *PHYSIOL* Re'flex *m*; **2.** *(réaction)* (rasche, schnelle) Reakti'on; (gutes) Reakti'onsvermögen; *avoir de bons* ~*s* schnell, rasch, sofort rea'gieren; ein gutes Reaktionsvermögen haben; *il a eu le* ~ *de se jeter de côté* er reagierte sofort und sprang zur Seite; *manquer de* ~ zu langsam reagieren; **II** *adj* **mouvement** *m* ~ Re'flexbewegung *f*; re'flexartige Bewegung

réflexion [Rɛflɛksjɔ̃] *f* **1.** *(pensée)* Über-'legung *f*; Nachdenken *n* (*sur* über +*acc*); Reflexi'on *f*; ~ *faite* wenn ich's recht bedenke; *mais à la* ~, *je* ... aber wenn ich genau über'lege, so ... ; *s'absorber dans ses* ~*s* ganz in Gedanken versinken *ou* vertieft sein; *donner matière à* ~ Stoff zum Nachdenken geben; *ceci mérite* ~ das wäre zu über'legen; **2.** *(remarque)* Bemerkung *f*; Äußerung *f*; *faire des* ~*s* spitze Bemerkungen machen; **3.** *PHYS* Reflexi'on *f*

refluer [R(ə)flye] *v/i* **1.** *eau, sang* zu-'rückfließen, -strömen; *eau a* zu'rückfluten; **2.** *foule* zu'rückweichen

reflux [R(ə)fly] *m* **1.** *(marée descendante)* Ebbe *f*; **2.** *de la foule* Zu'rückweichen *n*

refondre [R(ə)fɔ̃dR(ə)] ⟨*cf rendre*⟩ **I** *v/t* **1.** *métal* (wieder) einschmelzen; **2.** *fig texte, ouvrage* über'arbeiten; *p/fort* 'umarbeiten; 'umgestalten; **II** *v/i glace* wieder schmelzen

refonte [R(ə)fɔ̃t] *f* **1.** *de métal* Einschmelzen *n*; **2.** *d'un texte, ouvrage* Über'arbeitung *f*; *p/fort* 'Umarbeitung *f*; 'Umgestaltung *f*

réformable [Refɔrmabl(ə)] *adj* refor-'mierbar; verbesserungsfähig

réforma|teur [Refɔrmatœr], ~**trice I** *m, f* **1.** Re'former(in) *m(f)*; Erneuerer *m*, Erneuerin *f*; **2.** *REL* Refor'mator *m*; **II** *adj* re'formerisch; reforma'torisch

réforme [Refɔrm] *f* **1.** Re'form *f*; Neu-, 'Umgestaltung *f*; 'Umwandlung *f*; Erneuerung *f*; Verbesserung *f*; ~ *agraire, monétaire* Boden-, Währungsreform *f*; ~ *de l'orthographe* Rechtschreibreform *f*; **2.** *HIST REL la* ♀ *die* Reformati'on; **3.** *MIL* Ausmusterung *f*; Entlassung *f* wegen Dienstunfähigkeit; *commission f de* ~ Ausschuß, der die Dienstunfähigkeit feststellt

réformé [Refɔrme] **I** *adj* **1.** *REL* refor-'miert; *Église* ~*e* reformierte Kirche; **2.** *MIL* dienstunfähig; wegen Dienstunfähigkeit entlassen; **II** *subst* ~*(e) m(f) REL* Refor'mierte(r) *f(m)*; **2.** *m MIL* wegen Dienstunfähigkeit entlassener Sol'dat

reformer [R(ə)fɔrme] *v/t (et v/pr se)* (sich) neu bilden; *groupe a* (sich) neu for'mieren

réformer [Refɔrme] *v/t* **1.** refor'mieren, erneuern; 'umgestalten; verbessern; **2.** *MIL soldat* als dienstunfähig entlassen; ausmustern

réformette [Refɔrmɛt] *n plais* Re'förmchen *n*

refoulé [R(ə)fule] *PSYCH* **I** *adj désirs, pulsions* verdrängt; *personne* verklemmt; **II** *subst* ~*(e) m(f)* verklemmter Mensch

refoulement [R(ə)fulmɑ̃] *m* **1.** *d'envahisseurs* Zu'rückdrängung *f*; *d'étrangers* Abschiebung *f*; **2.** *PSYCH* Verdrängung *f*

refouler [R(ə)fule] *v/t* **1.** *envahisseurs* zu'rückdrängen; *étrangers* an der Grenze ab-, zu'rückweisen; die Einreise verwehren (+*dat*); abschieben; **2.** *colère, dépit, désirs* unter'drücken; *larmes* zu-'rückhalten; **3.** *PSYCH* verdrängen; **4.** *TECH pompe: liquide* fördern; drücken

réfractaire [RefRaktɛR] *adj* **1.** *à la loi, à l'autorité* 'widerspenstig; aufsässig (*à* gegen'über); *à une influence, à un conseil* unzugänglich (für); *par ext F moi, je suis* ~ *à la grippe* die Grippe kann mir nichts anhaben; *être* ~ *aux maths* F keinen Sinn für Mathe haben; **2.** *TECH brique, terre* feuerfest; *métal* hitzebeständig

réfracter [Refrakte] *v/t PHYS rayon* brechen

réfraction [Refraksjɔ̃] *f PHYS* Brechung *f*; Refrakti'on *f*; ~ *de la lumière* Lichtbrechung *f*

refrain [R(ə)frɛ̃] *m* **1.** *MUS* Re'frain *m*; Kehrreim *m*; **2.** F *fig* ständige Redensart; *change de* ~! F leg e-e andere Platte auf!; *c'est toujours le même* ~ F es ist immer die alte Leier, das alte Lied

réfréner *ou* **refréner** [Refrene] *v/t* ⟨-è-⟩ *passion, impatience, désir* zügeln; dämpfen; mäßigen; Einhalt gebieten (+*dat*)

réfrigér|ant [Refriʒerɑ̃] *adj* **1.** *PHYS, TECH* Kühl...; Kälte...; **2.** F *fig accueil* kühl; frostig; *personne* kalt; eisig; abweisend; ~**ateur** *m* Kühlschrank *m*; ~**ation** *f d'aliments* Kühlen *n*, -ung *f*

réfrigérer [Refriʒere] *v/t* ⟨-è-⟩ **1.** *TECH* kühlen; **2.** F *personne être réfrigéré* ganz 'durchgefroren *ou* durch'froren sein; **3.** F *fig* ~ *qn* j-n abschrecken, entmutigen, ernüchtern

réfring|ence [Refrɛ̃ʒɑ̃s] *f PHYS* Brechungsvermögen *n*; ~**ent** *adj PHYS* (licht-, strahlen)brechend

refroidir [R(ə)fRwadiR] **I** *v/t* **1.** *mets etc* kühlen; kühl werden lassen; abkühlen lassen; **2.** *fig* ~ *qn* j-n abschrecken, entmutigen, ernüchtern; **3.** *fig zèle, enthousiasme etc* abkühlen; dämpfen; **P** *(assassiner)* F kaltmachen; **II** *v/i* ⟨Zustand être⟩ **5.** *mets, moteur* kühler, kälter werden; *laisser* ~ abkühlen lassen; **III** *v/pr se* ~ **6.** *temps, air* kälter, kühler werden; sich abkühlen; *le temps s'est refroidi* es ist kälter geworden; es hat sich abgekühlt; **7.** *fig zèle, enthousiasme etc* sich abkühlen; erkalten; nachlassen; **8.** *personne* sich erkälten

refroidissement [R(ə)fRwadismɑ̃] *m* **1.** *de l'air, du temps* Erkaltung *f*; *d'un moteur* Kühlung *f*; *TECH* ~ *par air, par eau* Luft-, Wasserkühlung *f*; *à* ~ *par air* luftgekühlt; *eau f de* ~ Kühlwasser *n*; **2.** *MÉD* Erkältung *f*; *prendre un* ~ sich erkälten; sich e-e Erkältung zuziehen; **3.** *fig d'un sentiment* Abkühlung *f*; *il y a du* ~ *entre eux* ihre Beziehungen haben sich abgekühlt

refuge [R(ə)fyʒ] *m* **1.** Zuflucht *f*; Fluchtsort *m, st/s* -stätte *f*; 'Unterschlupf *m*; *chercher* ~ Zuflucht suchen (*auprès de qn* bei j-m); *fig chercher un* ~ *dans le travail* sich in die Arbeit flüchten; *demander* ~ *à qn* j-n um e-n Unterschlupf bitten; **2.** *en montagne* (Schutz)Hütte *f*; **3.** *pour piétons* Verkehrsinsel *f*; **4.** *adj FIN* **valeur** *f* ~ Fluchtwert *m*

réfugié [Refyʒje] **I** *adj* geflüchtet; **II** *subst* ~*(e) m(f)* Flüchtling *m*; Vertriebene(r) *f(m)*; ~ *économique* Wirtschaftsflüchtling *m*; ~ *politique* politischer Flüchtling

réfugier [Refyʒje] *v/pr se* ~ sich flüchten (*chez qn, auprès de qn* zu j-m; *fig dans qc* in etw [*acc*]); Schutz, Zuflucht suchen (bei j-m); *se* ~ *à l'étranger* ins Ausland flüchten; *se* ~ *sous un arbre* unter e-m Baum Schutz suchen

refus [R(ə)fy] *m* Ablehnung *f*; Weigerung *f* (*abs*); *d'une autorisation etc a* Verweigerung *f*; *d'une offre etc a* Zu-'rückweisung *f*; Ausschlagung *f*; *d'une prière a* Abschlagung *f*; Versagung *f*; *(réponse négative)* Absage *f*; abschlägige Antwort; abschlägiger Bescheid; *MIL* ~ *d'obéissance* Befehls-, Gehorsamsverweigerung *f*; *AUTO* ~ *de priorité* Nichtbeachtung *f* der Vorfahrt; ~ *de travailler* Arbeitsverweigerung *f*; *essuyer un* ~, *se heurter à un* ~ e-e abschlägige Antwort, e-e Absage bekommen; *de la part d'une femme* e-n Korb bekommen; sich e-n Korb holen; F *ce n'est pas de* ~! da kann ich nicht nein sagen!; mit Vergnügen!; *opposer un* ~ *à qn* j-m e-e Absage erteilen

refuser [R(ə)fyze] **I** *v/t* **1.** ablehnen (*a abs*); *prière* abschlagen; *réponse, renseignement, autorisation, cadeau* verweigern; *autorisation a* versagen; *offre, cadeau, pourboire, invitation* ablehnen; zu'rückweisen; ausschlagen; *SPORTS but* nicht anerkennen; *point* nicht geben; ~ *l'accès à qn* j-m den Zugang verwehren; *MIL* ~ *le combat* dem Kampf ausweichen; ~ *à qn toute compétence* j-m jegliche Kompetenz absprechen; ~ *la main de sa fille* j-m die Hand s-r Tochter verweigern; ~ *une marchandise* die Annahme e-r Ware verweigern; *cheval* ~ *(l'obstacle)* (das Hindernis) verweigern; ~ *sa porte à qn* j-m sein Haus verbieten; ~ *le risque* dem Risiko ausweichen; *vous ne pouvez pas me* ~ *cela* Sie dürfen mir das nicht abschlagen; ~ *de faire qc* sich weigern *ou* es ablehnen, etw zu tun; **2.** ~ *qn* j-n ab-, zu'rückweisen; *candidat à un examen* 'durchfallen lassen; *au théâtre, restaurant* ~ *du monde* viele (Leute) abweisen, nicht einlassen; **II** *v/pr* **3.** *se* ~ *qc* sich etw versagen; sich etw nicht gönnen; *il ne se refuse rien* er gönnt sich alles; *il se refuse tout plaisir* er gönnt sich nicht das geringste Vergnügen; **4.** *se* ~ *à qc* etw verweigern; etw ablehnen; *se* ~ *à faire qc* sich weigern *ou* es ablehnen, etw zu tun; *je m'y refuse* das lehne ich (strikt) ab; *femme se* ~ *à un homme* sich e-m Mann verweigern; **5.** *sens passif un petit verre ne se refuse pas* ein Gläschen kann man nicht ausschlagen

réfut|able [Refytabl(ə)] *adj* wider'legbar; ~**ation** *f* Wider'legung *f*; ~**er** *v/t* wider'legen

regagner [R(ə)gaɲe] *v/t* **1.** *l'amitié de qn, argent, terrain* wieder zu'rück-, 'wiedergewinnen; *temps perdu* wieder einholen; **2.** *un endroit* zu'rückkehren an, in (+*acc*); wieder erreichen; ~ *son domi-*

cile, sa place nach Hause, an s-n Platz zurückkehren

regain [ʀ(ə)gɛ̃] *m* **1.** AGR Grum(me)t *n*; *südd* Öhmd *n*; **2.** *fig ~ de jeunesse* zweite Jugend; *avoir un ~ de vie* wieder'aufleben; COMM *connaître un ~ d'activité* e-e Neubelebung erfahren

régal [ʀegal] *m* Leckerbissen *m*; *quel ~!* was für ein Genuß!; *c'est un ~* das schmeckt ausgezeichnet; *fig être un ~ pour les yeux* e-e Augenweide sein

régalade [ʀegalad] *loc boire à la ~* aus der Flasche trinken, ohne sie anzusetzen; am Strahl trinken

régaler [ʀegale] **I** *v/t* gut, reichlich bewirten (*qn de, avec qc* j-n mit etw); F *abs* die anderen freihalten; F *c'est moi qui régale* ich zahle (die Zeche); **II** *v/pr se ~* mit Genuß essen (*de, avec qc* etw); es sich schmecken lassen; *se ~ de, avec qc a* sich etw schmecken lassen; sich an etw (*dat*) gütlich tun; *je me suis régalé* es hat mir sehr gut geschmeckt; ich habe es sehr genossen (*a fig*)

régalien [ʀegaljɛ̃] *adj* ⟨~ne⟩ HIST *droits ~s* Re'galien *n/pl*

regard [ʀ(ə)gaʀ] *m* **1.** Blick *m*; *~ en arrière* a) Blick zurück, nach hinten; b) *fig* Rückblick *m*; *~ en coin* Seitenblick *m*; *fig avoir un ~ en dessous* keinen offenen Blick haben; *fouiller l'obscurité du ~* die Dunkelheit mit Blicken zu durch'dringen versuchen; *jeter un ~ sur qc* e-n Blick auf etw (*acc*) werfen; *jeter, lancer un ~ furieux à qn* j-m e-n wütenden Blick zuwerfen; *promener son ~ autour de soi* s-n Blick in die Runde schweifen lassen; *certains élèves, suivez mon ~, ont triché ...* ihr wißt schon, wen ich meine, ...; *son ~ tomba, se posa sur ...* sein Blick fiel auf (+*acc*); **2.** *loc avoir droit de ~ sur ...* das Aufsichts-, Kon'trollrecht haben über (+*acc*); **3.** *loc/prép au ~ de* im Hinblick auf (+*acc*); *au ~ de la loi* im Sinne des Gesetzes; *loc/adv avec ~*, gegen'überstehend; *texte avec la traduction en ~* mit gegen'überstehender Übersetzung; *loc/prép en ~ de* im Vergleich zu; *mettre en ~* gegen'überstellen; **4.** TECH *~ d'un égout* Einsteigöffnung *f*, -schacht *m*; Einstieg *m*

regardant [ʀ(ə)gaʀdɑ̃] *adj* (*près de ses sous*) zu genau; *zu* sparsam; kleinlich

regarder [ʀ(ə)gaʀde] **I** *v/t* **1.** *~ qn, qc* j-n, etw ansehen, anschauen, betrachten, anblicken, F angucken; F *regarde-moi ce gâchis!* F sieh dir mal diese Verschwendung an!; *ne ~ que son intérêt* nur s-e eigenen Interessen verfolgen; *~ sa montre* auf die Uhr sehen; *~ un mot dans le dictionnaire* ein Wort im Wörterbuch nachsehen, nachschauen, nachschlagen; *~ la télévision* fernsehen; F *vous ne m'avez pas regardé!* F das glauben Sie ja wohl selbst nicht!; so sehen Sie aus!; ♦ *avec loc/adv: ~ qn bouche bée* j-n mit offenem Mund anstarren; *~ qn dans les yeux* j-m in die Augen sehen; *~ qn de haut en bas* j-n von oben bis unten mustern; *fig ~ qn d'un bon, d'un mauvais œil* j-n wohlwollend, feindlich gesinnt sein; *fig ~ le danger en face* der Gefahr ins Auge sehen; ♦ *avec inf: regardez-moi faire!* sehen Sie mir zu!; *~ passer les gens ou les gens passer* zusehen, schauen, wie die Leute vorbeigehen; F *regardez voir!* F sehen Sie mal!; **2.** (*considérer*) *~ comme ...* ansehen, betrachten als ...; halten für ...; *~ qc comme une bonne affaire* etw für ein gutes Geschäft halten; **3.** (*concerner*) *~ qn* j-n (etwas) angehen; *cela ne me regarde pas* das geht mich nichts an; damit habe ich nichts zu tun; *cela ne regarde que moi* das geht nur mich etwas an; das ist meine Angelegenheit; **4.** *maison, fenêtre ~ le midi* nach Süden liegen *ou* gehen; **II** *v/t/indir* **5.** (*faire attention*) *~ à qc* genau achten auf etw (*acc*); sich etw genau über'legen; *~ à la dépense* sich (Geld)Ausgaben genau überlegen; sparsam sein; *ne pas ~ à la dépense* nicht auf den Preis sehen; es sich etwas kosten lassen; keine Kosten scheuen; Geld spielt keine Rolle (*loc*); *y ~ à deux fois avant de ...* es sich zweimal, genau, sehr gut überlegen, bevor man ...; *y ~ de près* aus der Nähe betrachten; wenn man näher hinsieht; *il ne faut pas y ~ de trop près* da soll man lieber nicht so genau hinsehen; **III** *v/i* **6.** sehen; schauen; F gucken; *comme spectateur* zusehen, zuschauen, F zugucken; *dans une direction* hin- *ou* hersehen, -schauen, -blicken; (*contrôler*) nachsehen, -schauen, F -gucken; *regarde!* sieh, schau, F guck mal!; *~ en arrière* zu'rückschauen, -blicken (*a fig*), nach hinten blicken; *~ par la fenêtre* aus dem Fenster sehen; zum Fenster hin'aussehen, -schauen, -blicken; *regarde par ici!* sieh mal her!; *~ partout* überall nachsehen; *attends, je vais ~* warte, ich sehe nach; *se contenter de ~* sich auf das Zuschauen beschränken; *traverser sans ~* über die Straße gehen, ohne sich 'umzusehen, F ohne zu gucken; **7.** *maison, fenêtre ~ vers le midi* nach Süden liegen *ou* gehen; **IV** *v/pr* **8.** **a)** *sens réfléchi: dans un miroir se ~* sich ansehen, anschauen, betrachten, F angucken; *fig il ne s'est pas regardé* er sollte lieber bei sich selbst anfangen; **b)** *réciproquement se ~* (*l'un l'autre*) ein'ander *ou* sich (gegenseitig) ansehen, anschauen, anblicken, F angucken; *se ~ dans les yeux* sich (gegenseitig) in die Augen sehen; **c)** *sens passif: tableau dans quel sens ça se regarde?* von welcher Seite muß man das ansehen?; **9.** *maisons se ~* ein'ander gegen'überliegen, -stehen

regarnir [ʀ(ə)gaʀniʀ] *v/t* wieder, von neuem versehen (*de* mit); *rayons d'un magasin* mit neuen Waren auffüllen

régate [ʀegat] *f* SPORTS *souvent pl ~s* Re'gatta *f*

regel [ʀ(ə)ʒɛl] *m* wieder, erneut einsetzender Frost

regeler [ʀəʒle, ʀʒəle] *v/imp* ⟨-è-⟩ *il regèle* es friert wieder

régence [ʀeʒɑ̃s] *f* **1.** POL Re'gentschaft *f*; **2.** HIST *la 2* die Regentschaft Philipps von Orléans; *adj lit m 2* Bett *n* im Régencestil

régénérateur [ʀeʒeneʀatœʀ] *adj* ⟨-trice⟩ erneuernd; 'wiederbelebend; regene'rierend

régénération [ʀeʒeneʀasjɔ̃] *f* **1.** BIOL Regenerati'on *f*; Neubildung *f*; **2.** *fig* Erneuerung *f*; 'Wiedergeburt *f* (*a* REL); Regenerati'on *f*

régénérer [ʀeʒeneʀe] *v/t* ⟨-è-⟩ **1.** BIOL regene'rieren; **2.** *fig* 'wiederbeleben (*a* REL); *mœurs etc* erneuern

rég|ent [ʀeʒɑ̃] *m*, *~ente f* **1.** Re'gent(in) *m(f)*; *adj prince régent* Prinzregent *m*; **2.** HIST *le Régent* der Regent Philipp von Orléans

régenter [ʀeʒɑ̃te] *v/t* schulmeistern; bevormunden; *vouloir tout ~* alles bestimmen wollen

reggae [ʀege] *m* MUS Reggae *m*

régicide [ʀeʒisid] *m* **1.** *meurtrier* Königsmörder *m*; *adj révolution f ~* Revolution, bei der der König ermordet wird; **2.** *meurtre* Königsmord *m*

régie [ʀeʒi] *f* **1.** JUR, ADM Re'giebetrieb *m*; staatliches Unter'nehmen; Re'gie *f*; *2 française des tabacs* französische Tabakregie; *la ~ Renault* die staatlichen Renaultwerke *n/pl*; **2. a)** THÉ, CIN, TV Re'gieassistenz *f*; **b)** RAD, TV *local* Re'gieraum *m*

regimber [ʀ(ə)ʒɛ̃be] *v/i personne* sich sträuben; sich wider'setzen; aufmucken; re'bellisch werden

régime[1] [ʀeʒim] *m* **1.** POL Re'gierungsform *f*, -system *n*; Staatsform *f*, -ordnung *f*; *péj* Re'gime *n*; HIST *l'Ancien 2* das Ancien Régime; die absolu'tistische Monarchie in Frankreich vor 1789; **2.** JUR **a)** Rechtsvorschriften *f/pl*; gesetzliche Regelung; Ordnung *f*; Sy'stem *n*; *~ fiscal* Steuersystem *n*; *~ général de la Sécurité sociale* Grundversicherung *f* aller Arbeitnehmer im Rahmen der Sozialversicherung; *~ pénitentiaire, des prisons* Strafvollzug(sordnung) *m(f)*; **b)** *~ matrimonial* Güterstand *m*; *~ de la communauté* Gütergemeinschaft *f*; **3.** *~* (*alimentaire*) Ernährung(sweise) *f*; Kost *f*; *d'un malade* Di'ät *f*; Kranken-, Schonkost *f*; *par ext à ce ~-là* il ne tiendra pas longtemps bei dieser Lebensweise; F wenn er so weitermacht; *être au ~ sec* er darf keinen Alkohol trinken; *mettre au ~* auf Di'ät setzen; *se mettre au ~* sich auf Di'ät 'umstellen; e-e Diät beginnen; *suivre un ~* (*sévère, strict*) (strenge) Di'ät halten; **4.** TECH *d'un moteur* Drehzahl *f*; *~ au ralenti, de croisière* Leerlauf-, Betriebsdrehzahl *f*; *marcher à plein ~* auf vollen Touren laufen (*a fig*); **5.** GÉOGR *d'un cours d'eau* Wasserführung *f*; MÉTÉO *~ des pluies* jährliche Niederschlagsverteilung *f*; **6.** LING Rekti'on *f*; *adj cas m ~* Casus ob'liquus *m*; abhängiger Fall; **7.** CH DE FER *~ accéléré* (*abr R.A.*) Eilgut *n*; *~ ordinaire* (*abr R.O.*) Frachtgut *n*

régime[2] [ʀeʒim] *m de bananes, de dattes* Büschel *n*; Traube *f*; Fruchtstand *m*

régiment [ʀeʒimɑ̃] *m* MIL Regi'ment *n*; *~ d'infanterie* Infante'rieregiment *n*; **2.** F (*service militaire*) Mili'tär(dienst) *n(m)*; F Kom'miß *m*; *être au ~* beim Militär, F beim Bund sein; *faire son ~* s-n Militärdienst machen; **3.** *fig* (*grand nombre*) Schar *f*, Heer *n* (*de* von); *il y en a pour tout un ~* das reicht für e-e ganze Armee

Régine [ʀeʒin] *f* Re'gina *ou* Re'gine *f*

région [ʀeʒjɔ̃] *f* **1.** GÉOGR Gegend *f*; Gebiet *n*; Raum *m*; Regi'on *f*; *~ déser-*

régional – regret

tique Wüstengebiet *n*; *la ~ parisienne* der Großraum Paris; *par ext* **dans nos ~s** in unseren Breiten; *dans la ~ de Nice* in der Gegend von Nizza; **2.** ADM (mehrere Departe'ments um'fassende) Regi'on; Wirtschaftsregion *f*; **~ (militaire)** Wehrbereich *m*; **3.** *fig* Regi'on *f*; *les 'hautes ~s de la philosophie* die höheren Regionen der Philosophie; **4.** ANAT (Körper)Gegend *f*; *dans la ~ du cœur* in der Herzgegend
régional [ʀeʒjɔnal] *adj* ⟨-aux⟩ regio'nal, Regio'nal... (*a* POL, ADM); landschaftlich; ADM *conseil ~* Regionalrat *m*; *costume ~* (Volks)Tracht *f*; *la cuisine ~e* die Küche der verschiedenen Gegenden (e-s Landes); *mot ~* regional gebrauchtes Wort
régionalisation [ʀeʒjɔnalizasjɔ̃] *f* ADM Förderung *f* der regio'nalen Eigenständigkeit; Regionali'sierung *f*; Dezentrali'sierung *f*
régionalisme [ʀeʒjɔnalism(ə)] *m* **1.** POL Regiona'lismus *m*; **2.** LING landschaftlich gebundene Ausdrucksweise; Regiona'lismus *m*; **3.** lite'rarischer Regiona'lismus; Regio'nalliteratur *f*; Heimatdichtung *f*
régionaliste [ʀeʒjɔnalist] **I** *adj* **1.** regiona'listisch; **2.** *écrivain m ~* Heimatdichter *m*; **II** *m,f* Regiona'list(in) *m(f)*
régir [ʀeʒiʀ] *v/t* **1.** (*déterminer*) regeln; bestimmen; **2.** LING re'gieren; stehen mit
Régis [ʀeʒis] *m* Vorname
régisseur [ʀeʒisœʀ] *m* **1.** THÉ, CIN, TV ~ (*de plateau*) Re'gieassistent *m*; Aufnahmeleiter *m*; **2.** *d'une propriété* Verwalter *m*
registre [ʀɔʒistʀ(ə)] *m* **1.** Re'gister *n*; Verzeichnis *n*; *~ du commerce* Handelsregister *n*; *~ d'état civil* Standesregister *n*; Per'sonenstandsbuch *n*; **2.** MUS *d'un instrument, de la voix* Re'gister *n*; **3.** *fig d'un discours etc* Ton *m*; Tenor *m*; **4.** INFORM Re'gister *n*
réglable [ʀeglabl(ə)] *adj* **1.** TECH regu'lierbar; einstellbar; AUTO *siège m ~* verstellbarer Sitz; **2.** *facture* zahlbar (**en dix mensualités** in zehn Monatsraten)
réglage [ʀeglaʒ] *m* TECH Einstellung *f*; Regu'lierung *f*; Ju'stierung *f*; *mauvais ~ du carburateur* falsche Vergasereinstellung
règle [ʀɛgl(ə)] *f* **1.** *instrument* Line'al *n*; *~ à calcul* Rechenschieber *m*; **2.** (*principe*) Regel *f*; Vorschrift *f*; *~ de grammaire* Grammatikregel *f*; *~s du jeu* Spielregeln *f*/*pl* (*a fig*); *~s de la politesse*, *bienséance* Anstandsregeln *f*/*pl*; *exception f à la ~* Ausnahme *f* von der Regel; *♦ loc/adv et loc/adj*: *dans les ~s* (*de l'art*), *selon les ~s* a) vorschriftsmäßig; ordnungsgemäß; b) *iron* nach allen Regeln der Kunst; *de ~* üblich; gebührend; wie es sich gehört; *être de ~* üblich, Sitte sein; sich gehören; *il est de ~ que ...* (+*subj*) es ist üblich *etc*, daß ...; *en ~* a) vorschriftsmäßig; ordnungsgemäß; in Ordnung; b) (*véritable*) regelrecht; *en ~ générale* in der Regel; im allgemeinen; gewöhnlich; meist(ens); *bataille f en ~* regelrechte Schlägerei; *papiers m*/*pl en ~* vorschriftsmäßige, ordnungsgemäße Papiere *n*/*pl*; *avoir ses papiers en ~* s-e Papiere in Ordnung haben;

être en ~ a) (*avoir payé*) ordnungsgemäß bezahlt haben; b) (*avoir ses papiers*) vorschriftsmäßige Papiere haben; c) *papiers* in Ordnung sein; *étrangers* **ne pas être en ~** sich illegal aufhalten; *se mettre en ~* s-e Pflicht tun, s-e Verhältnisse in Ordnung bringen; *se mettre en ~ avec les autorités* die Angelegenheit bei den Behörden in Ordnung bringen; *♦ adopter comme ~ de conduite ou se faire une ~ de* (+*inf*) es sich zur Regel machen zu (+*inf*); *avoir pour ~ de* (+*inf*) als Lebensregel haben zu (+*inf*); *c'est la ~* das ist die Regel, üblich; *se plier à une ~* sich e-r Regel unter'werfen; *prescrire une ~* e-e Verhaltensweise vorschreiben; e-e Vorschrift machen; *suivre les ~s* die Regeln befolgen; *violer les ~s de la morale* Sitte und Anstand verletzen; *prov* *il n'y a pas de ~ sans exception* keine Regel ohne Ausnahme (*prov*); **3.** PHYSIOL *~s pl* Peri'ode *f*; Regel *f*; *avoir ses ~s* ihre Periode, Regel, F Tage haben; **4.** MATH *~ de trois* Dreisatzrechnung *f*; **5.** REL (Ordens-)Regel *f*; *~ d'un couvent* Klosterregel *f*
réglé [ʀegle] *adj* **1.** (*organisé*) geregelt; ordentlich; *mener une vie ~e* ein geregeltes Leben führen; *c'est ~ comme du papier à musique* das geht alles wie nach der Uhr; **2.** (*terminé*) erledigt; abgeschlossen; *facture non ~* unbezahlt; unbeglichen; offenstehend; **3.** TECH eingestellt; *carburateur mal ~* falsch eingestellter Vergaser; *papier ~* li'niert *ou* lini'iert; **5.** PHYSIOL *jeune fille être ~e* ihre Periode haben
règlement [ʀɛgləmɑ̃] *m* **1.** (*règles*) Vorschrift(en) *f*(*pl*); Regle'ment *n*; *pour fonctionnaires* Dienstvorschrift(en) *f*(*pl*); *dans un établissement* Hausordnung *f*; *~ intérieur d'un organisme* Geschäftsordnung *f*; *d'une entreprise* Betriebsordnung *f*; *~ du concours* Wettbewerbsbedingungen *f*/*pl*; *c'est le ~!* das ist Vorschrift!; *~ d'une affaire*, *question* Regelung *f*; Erledigung *f*; *d'un conflit* Beilegung *f*; Bereinigung *f*; *~ (à l')amiable* gütliche Beilegung *f*; JUR *~ judiciaire* Vergleichsverfahren *n*; **3.** COMM *d'une facture*, *d'une dette* Begleichung *f*; Zahlung *f*; *fig ~ de compte(s)* Abrechnung *f*; **4.** JUR, ADM (Rechts-)Verordnung *f*; Bestimmung *f*; Verfügung *f*; *~ de police* Poli'zeiverordnung *f*, -vorschrift *f*
réglementaire [ʀɛgləmɑ̃tɛʀ, ʀɛ-] *adj* vorschriftsmäßig; ordnungsgemäß
réglementation [ʀɛgləmɑ̃tasjɔ̃, ʀɛ-] *f* **1.** *action* Regelung *f* (durch Vorschriften, auf dem Verordnungsweg); gesetzliche Regelung, Festsetzung; *péj* Reglemen'tierung *f*; **2.** (*règlements*) Bestimmungen *f*/*pl*; Vorschriften *f*/*pl*; Ordnung *f*
réglementer [ʀɛgləmɑ̃te, ʀɛ-] *v/t* (durch Vorschriften, durch Verordnungen, gesetzlich) regeln; *péj* reglemen'tieren
régler [ʀegle] ⟨-è-⟩ **I** *v/t* **1.** *~ sur* richten nach; *~ sa conduite sur les circonstances* sein Verhalten nach den 'Umständen richten; **2.** *endroit*, *heure*, *conditions etc* festlegen, -setzen; bestimmen; *~ le sort de qn* über j-s Schicksal (*acc*) entscheiden, bestimmen; **3.** *affai-*

re, *question* regeln; erledigen; *conflit*, *différend* beilegen; bereinigen; schlichten; *~ la circulation* den Verkehr regeln; **4.** *facture*, *dettes* begleichen; bezahlen; *abs* zahlen; *~ le boulanger etc* den Bäcker, die Rechnung beim Bäcker *etc* bezahlen; *cf a compte 1.*; **5.** TECH *appareil*, *allumage etc* einstellen; regu'lieren; ju'stieren; *~ une montre* e-e Uhr einstellen, regulieren; MIL *~ le tir* sich einschießen; **II** *v/pr* **6.** *se ~ sur qn* sich nach j-m richten; **7.** *leur différend s'est réglé à l'amiable* ihre Meinungsverschiedenheiten haben sich gütlich beilegen lassen; **8.** TECH *se ~* sich einstellen, regu'lieren lassen
réglisse [ʀeglis] **1.** *f* BOT *~ (officinale)* Süßholzstrauch *m*; **2.** *m ou f* a) *pâte* La'kritze *f*; *südd a* Bärendreck *m*; b) *racine* Süßholz *n*
réglo [ʀeglo] *adj* ⟨*inv*⟩ F *personne* kor'rekt
régnant [ʀeɲɑ̃] *adj* re'gierend; herrschend; *prince ~* regierender Fürst
règne [ʀɛɲ] *m* **1.** *d'un souverain* Re'gierung(szeit) *f*; Herrschaft *f*; Re'gentschaft *f*; *le ~ de Louis XIV* die Herrschaft Ludwigs XIV.; *sous le ~ de* unter der Herrschaft (+*gén*); während der Regierungszeit (+*gén*); REL *que ton ~ arrive* Dein Reich komme; **2.** *fig d'une classe sociale*, *d'une personne* Vormachtstellung *f*; Vorherrschaft *f*; *d'une mode*, *de l'argent etc* Herrschaft *f*; **3.** *~ animal*, *végétal* Tier-, Pflanzenreich *n*
régner [ʀeɲe] *v/i* ⟨-è-⟩ **1.** *souverain* herrschen; re'gieren; *~ (pendant) dix ans* zehn Jahre lang herrschen, re'gieren; **2.** *par ext personne* herrschen (*sur* über +*acc*); das Regi'ment führen; **3.** *désordre*, *paix*, *confiance*, *silence etc* herrschen; *le calme régnait dans la maison* es herrschte Stille im Haus; *faire ~ l'ordre* Ordnung schaffen; *faire ~ la terreur* Entsetzen, Schrecken verbreiten; Terror ausüben
regonfler [ʀ(ə)gɔ̃fle] *v/t* **1.** *ballon* wieder aufblasen; *pneu* wieder aufpumpen; **2.** F *fig ~ (le moral de) qn* j-m (wieder) Mut machen; j-m neuen Auftrieb geben
regorger [ʀ(ə)gɔʀʒe] *v/i*/*indir* ⟨-geons⟩ *~ de qc* etw in Hülle und Fülle, im 'Überfluß haben, besitzen, bieten; voll von etw sein
régress|er [ʀegʀese] *v/i maladie*, *délinquance*, *production etc* zu'rückgehen; *enfant*, *malade* Rückschritte machen; *~if* *adj* ⟨-ive⟩ rückläufig; *sc regres'siv* (*a* PSYCH)
régression [ʀegʀesjɔ̃] *f* **1.** *de la natalité*, *production etc* Rückgang *m*; Zu'rückgehen *n*; rückläufige Entwicklung; ÉCON Abschwung *m*; *être en (voie de) ~* allmählich zurückgehen; im Rückgang begriffen sein; **2.** *fig* Rückschritt *m*; **3.** PSYCH Regressi'on *f*
regret [ʀ(ə)gʀɛ] *m* **1.** (*chagrin*) Trauer *f*, Leid *n*, Schmerz *m* (*de qc* um etw); (*nostalgie*) Sehnsucht *f*, Sehnen *n* (nach etw); *épitaphe ~s éternels* in tiefer Trauer **2.** (*remords*) Reue *f*, (*déplaisir*) Bedauern *n* (*de* über +*acc*); *~s tardifs* späte Reue; *~ d'avoir offensé qn* Reue, Bedauern darüber, daß man j-n beleidigt hat; F *c'est votre dernier mot*, *sans ~?* und Sie bleiben wirklich da-

bei?; *je n'ai qu'un ~, c'est de* (+*inf*) ich bereue, bedauere nur (eines), daß ...; es tut mir nur leid, daß ...; **3.** *formules de politesse*: *à notre grand ~ ...* zu unserem größten Bedauern ...; *j'ai le ~ ou je suis au ~ de vous informer ...* zu meinem Bedauern muß ich Ihnen mitteilen ...; *exprimer ses ~s* sein Bedauern ausdrücken; **4.** *loc/adv à ~* ungern; wider Willen; schweren Herzens

regrettable [R(ə)gRɛtabl(ə)] *adj incident, erreur etc* bedauerlich; beklagenswert; *il est ~ que ...* (+*subj*) es ist bedauerlich, daß ...

regretter [R(ə)gRete] *v/t* **1.** *(être triste au souvenir de)* nachtrauern (*qn, qc* j-m, e-r Sache); *~ un absent* e-n Abwesenden (schmerzlich) vermissen; sich nach e-m Abwesenden sehnen; *je regrette l'argent que j'ai mis dans ...* es ist schade um das Geld, das ...; *~ un mort* um e-n Toten trauern; *~ le temps où ...* sich nach der Zeit zu'rücksehnen, da ...; *adjt notre regretté collègue* unser viel zu früh verstorbener Kollege; unser von allen betrauerter Kollege; **2.** *(déplorer) retard, incident, décision etc* bedauern; *~ de* (+*inf*), *~ que ...* (+*subj*) bedauern, daß ...; *je regrette de vous avoir fait attendre* ich bedauere ou es tut mir leid, daß ich Sie habe warten lassen; *il regrette que vous ne soyez pas venu* er bedauert, daß Sie nicht gekommen sind; *st/s il est à ~ que ...* (+*subj*) es ist sehr bedauerlich ou zu bedauern, daß ...; *excuse je regrette* bedaure; (es) tut mir leid; **3.** *p/fort (se repentir) faute, erreur* bereuen; *vous le regretterez!* das werden Sie noch bereuen!; *vous ne le regretterez pas!* Sie werden es nicht bereuen!; *je regrette d'être venu* ich bereue, daß ich gekommen bin; ich bereue mein Kommen

regrossir [R(ə)gRosiR] *v/i* wieder zunehmen, dicker werden

regroupement [R(ə)gRupmɑ̃] *m* Zu-'sammenfassung *f*, -legung *f*, -schluß *m*

regrouper [R(ə)gRupe] **I** *v/t* **1.** *(grouper de nouveau)* neu gliedern; 'umgruppieren; 'umstellen; **2.** *(réunir)* zu'sammenfassen, -legen, -schließen; **II** *v/pr se ~* sich zu'sammenschließen (*autour de qn, derrière qn* um j-n)

régularisation [RegylaRizasjɔ̃] *f d'une situation* Regelung *f*

régulariser [RegylaRize] *v/t* **1.** *sa situation financière etc* in Ordnung bringen (*a ses papiers*); regeln; *par ext ~ sa situation* e-e wilde Ehe durch e-e Eheschließung legali'sieren; **2.** *TECH, fleuve* regu'lieren

régularité [RegylaRite] *f* **1.** *des formes, des habitudes etc* Regelmäßigkeit *f*; *d'un mouvement, du pouls a* Gleichmäßigkeit *f*; *des traits du visage a* Ebenmäßigkeit *f*; *(ponctualité)* Pünktlichkeit *f*; **2.** *de l'élection, de la procédure* Ordnungsmäßigkeit *f*; Vorschriftsmäßigkeit *f*; Kor'rektheit *f*

régulateur [RegylatœR] **I** *adj* 〈-trice〉 regu'lierend; regelnd; steuernd; Regel...; Steuerungs...; **II** *m TECH* Regler *m*

régulation [Regylasjɔ̃] *f* **1.** *TECH, ÉCON* Regelung *f*; Regu'lierung *f*; Steuerung *f*; *~ des naissances* Geburtenregelung *f*; **2.** *PHYSIOL ~ thermique* Wärmeregulation *f*

régulier [Regylje] *adj* 〈-ière〉 **1.** *(égal, constant)* regelmäßig; *mouvement, vitesse, respiration, pouls a* gleichmäßig; *traits du visage a* ebenmäßig; *train, bus* fahrplanmäßig; *avion* planmäßig; *de cars etc* **service** *~* Linienverkehr *m*; regelmäßige Verkehrsverbindung; *GR verbe ~* regelmäßiges Verb; *visites régulières* regelmäßige Besuche *m/pl*; *vol ~* Linienflug *m*; *à intervalles ~s* in regelmäßigen Abständen; **2.** *(légal)* ordnungsgemäß; vorschriftsmäßig; regu'lär; *BOXE coup ~* erlaubter, vorschriftsmäßiger Schlag; *troupes régulières* reguläre Truppen *m/pl*; **3.** *personne (exact)* pünktlich; ordentlich; *d'un élève il est ~ dans son travail* s-e Leistungen sind gleichmäßig; **4.** *F personne (honnête)* kor'rekt; *F être ~ en affaires* sich in geschäftlichen Angelegenheiten korrekt verhalten; **5.** *ÉGL CATH* Ordens...; *clergé ~* Ordensgeistlichkeit *f*

régulière [RegyljɛR] *f P (épouse, maîtresse)* P Olle *f*

régulièrement [Regyljɛrmɑ̃] *adv* **1.** *(avec régularité)* regelmäßig; gleichmäßig; *payer ~ son loyer* pünktlich s-e Miete bezahlen; *se rencontrer ~* sich regelmäßig treffen; *moteur tourner ~* gleichmäßig laufen; **2.** *en tête de phrase* in der Regel; nor'malerweise; **3.** *(légalement)* ordnungsgemäß

régurgiter [RegyRʒite] *v/t nourriture* in den Mund 'zurückbefördern

réhabilitation [Reabilitasjɔ̃] *f* **1.** *JUR et fig* Rehabili'tierung *f*; Rehabilitati'on *f*; *fig a* Wieder'anerkanntwerden *n*; Ehrenrettung *f*; **2.** *d'un quartier, immeuble* Sa'nierung *f*

réhabiliter [Reabilite] **I** *v/t* **1.** *JUR et fig* rehabili'tieren; **2.** *(rénover)* sa'nieren; **II** *v/pr se ~* sich rehabili'tieren; s-n guten Ruf wieder'herstellen

réhabituer [Reabitɥe] *v/t (et v/pr se ~)* (sich) wieder gewöhnen (*à an* +*acc*)

rehausser [Raose] *v/t* **1.** *mur etc* höher machen; erhöhen; **2.** *fig* steigern; her'vorheben; unter'streichen; zur Geltung bringen; *p/p* **rehaussé de, par qc** in der Wirkung durch etw verstärkt

réimplantation [Reɛ̃plɑ̃tasjɔ̃] *f MÉD* Reimplantati'on [re:im-] *f*

réimport|ation [Reɛ̃pɔRtasjɔ̃] *f* Wieder-'einfuhr *f*; Reim'port [re:im-] *m*; *~er v/t* wieder einführen, impor'tieren

réimpression [Reɛ̃pResjɔ̃] *f TYPO* Nachdruck *m*; unveränderte Neuauflage; Neudruck *m*

réimprimer [Reɛ̃pRime] *v/t* nachdrucken

Reims [Rɛ̃s] Reims *n* (*souvent* raıms *n*)

rein [Rɛ̃] *m* **1.** *~s pl* Kreuz *n*; Nieren-, Hüftgegend *f*; *st/s* Lenden *f/pl*; *douleurs f/pl dans les ~s* Schmerzen *m/pl* im Kreuz *n*; Kreuzschmerzen *m/pl*; *avoir mal aux ~s* Kreuzschmerzen haben; F es im Kreuz haben; *avoir un tour de ~s* sich das Kreuz verrenkt haben; *se donner un tour de ~s* sich das Kreuz verrenken; *fig*: *avoir les ~s solides* gut bemittelt, zahlungskräftig sein; *casser les ~s à qn* j-n beruflich ruinieren; j-s Karriere verderben; **2.** *ANAT* Niere *f*; *~ artificiel* künstliche Niere

réincarnation [Reɛ̃kaRnasjɔ̃] *f REL et fig* Reinkarnati'on [re:ɪn-] *f*; 'Wiederverkörperung *f*

reine [Rɛn] *f* **1.** Königin *f*; *~ mère* Königinmutter *f*; *fig la petite ~* das Fahrrad; *la ~ d'Angleterre* die Königin von England; *par ext ~ du bal, de beauté* Ball-, Schönheitskönigin *f*; *avoir un port de ~* e-e majestätische, königliche Haltung haben; **2.** *ZO* Königin *f*; *~ des abeilles* Bienenkönigin *f*; **3.** *ÉCHECS* Dame *f*

Reine [Rɛn] *f Vorname*

reine|-claude [Rɛnklod] *f* 〈*pl* reines-claudes〉 Rene'klode *f*; Reine'claude *f*; *österr* Rin'glotte *f*; *~-des-prés f* 〈*pl* reines-des-prés〉 *BOT* Mädesüß *n*; *~-marguerite f* 〈*pl* reines-marguerites〉 *BOT* Garten-, Sommeraster *f*

reinette [Rɛnɛt] *f pomme* Re'nette *f*

réinfecter [Reɛ̃fɛkte] *v/pr MÉD se ~* sich wieder infi'zieren; *sc* sich reinfi'zieren [re:ɪn-]

réinscrire [Reɛ̃skRiR] 〈*cf* écrire〉 *v/t (et v/pr se)* ~ (sich) wieder einschreiben, anmelden

réinsérer [ReɛsɛRe] 〈-è-〉 *v/t handicapé* wieder'eingliedern; *délinquant, drogué* resoziali'sieren

réinsertion [ReɛsɛRsjɔ̃] *f des handicapés* Wieder'eingliederung *f*; *des délinquants* Resoziali'sierung *f*

réinstaller [Reɛ̃stale] *v/pr se ~* sich wieder niederlassen, einrichten

réintégrer [Reɛ̃tegRe] *v/t* 〈-é-〉 **1.** *~ qn dans ses droits, dans ses fonctions* j-n wieder in s-e Rechte, in sein Amt einsetzen; **2.** *lieu* zu'rückkehren (+*acc*); *~ le domicile conjugal* in die eheliche Wohnung zurückkehren

réintroduire [Reɛ̃tRɔdɥiR] *v/t* 〈*cf* conduire〉 wieder, von neuem einführen

réinventer [Reɛ̃vɑ̃te] *v/t* noch einmal, von neuem erfinden

réinvestir [Reɛ̃vɛstiR] *v/t ÉCON* reinve-'stieren [re:ɪn-]

réinviter [Reɛ̃vite] *v/t* wieder, noch einmal einladen

réitération [ReiteRasjɔ̃] *litt f* Wieder'holung *f*

réitér|é [Reitere] *adj* wieder'holt; *~er* 〈-é-〉 *v/t* wieder'holen

reître [RɛtR(ə)] *litt m* Haudegen *m*

rejaill|ir [R(ə)ʒajiR] *v/i* **1.** *liquide* (auf-, hoch)spritzen; **2.** *fig gloire, honte ~ sur qn* auf j-n (zu'rück)fallen; *~issement m fig* Zu'rückfallen *n*, Auswirkung *f* (*sur* auf +*acc*)

Réjane [Reʒan] *f Vorname*

rejet [R(ə)ʒɛ] *m* **1.** *MÉD d'organe greffé* Abstoßung *f*; **2.** *ÉCOL* Schadstoffausstoß *m*, -abgabe *f*; *dans l'eau* (Schadstoff)Einleitung *f*; *dans l'air* e Immissi'on *f*; **3.** *d'une proposition, requête etc* Verwerfung *f*; Ablehnung *f*; Zu'rückweisung *f*; **4.** *VERSIFICATION* auf die folgende Zeile verwiesene(s) Wörter (Wort); **5.** *BOT* Schößling *m*; Trieb *m*; *de la souche* Wurzelschößling *m*, -sproß *m*

rejeter [Rəʒte, Rʒəte] 〈-tt-〉 **I** *v/t* **1.** *(relancer)* zu'rückwerfen; *par ext (jeter)* werfen; *mer*: *épaves* an Land spülen; *intestin*: *matières fécales* ausscheiden; *estomac, malade*: *nourriture* wieder von sich geben; *organe greffé* abstoßen; *volcan*: *lave* ausstoßen; *usine*: *polluants* abgeben; *~ l'envahisseur* den Aggressor zurückwerfen; *mot* ~ *à la fin de la phrase* ans Satzende stellen; ~ *la tête en arrière* den Kopf zurückwerfen; **2.** *faute, responsabilité* ~ *sur qn* j-m zuschieben; auf j-n abwälzen; ~ *la responsabilité de qc sur qn a* j-n für etw verantwortlich machen; **3.** *proposition, candidature etc* verwerfen; ablehnen; zu'rückweisen; ~ *l'idée que ...* nicht gelten lassen, nicht anerkennen, daß ...; **4.** *personne* ver-, ausstoßen; *p/p rejeté par la société* aus der Gesellschaft ausgestoßen; **II** *v/pr se* ~ *sur qc* sich mit etw begnügen; mit etw vor'liebnehmen

rejeton [Rəʃtɔ̃, Rʒətɔ̃] *m* **1.** BOT cf *rejet 5.*; **2.** F (*enfant*) F Sprößling *m*

rejoindre [R(ə)ʒwɛ̃dR(ə)] ⟨*cf* joindre⟩ **I** *v/t* **1.** *personne* ~ *un endroit* wieder an e-n Ort gelangen, kommen, gehen, sich begeben; ~ *qn* a) (*aller retrouver*) zu j-m zu'rückkehren; (wieder) zu j-m gehen, kommen; j-n (wieder) treffen; b) SPORTS (*rattraper*) zu j-m aufschließen; j-n einholen; ~ *qn a un endroit* j-n an e-m Ort treffen; *fig* ~ *qn dans ses opinions* mit j-s Ansichten über'einstimmen; *je te rejoindrai* ich komme nach; **2.** *rue* ~ *le boulevard* in den Boulevard *etc* stoßen, treffen; **II** *v/pr se* ~ **3.** *personnes* sich (wieder) treffen; **4.** *rues* (wieder) zu'sammenkommen; sich (wieder) treffen

rejouer [R(ə)ʒwe] *v/t et v/i* wieder, noch einmal spielen

réjoui [Reʒwi] *adj* vergnügt; heiter; erfreut; fröhlich

réjouir [ReʒwiR] **I** *v/t* erfreuen (*a cœur*); erheitern; fröhlich, heiter stimmen; **II** *v/pr se* ~ sich freuen; fröhlicher, heiterer Stimmung sein; *se* ~ *à la pensée que ...* sich freuen, wenn man daran denkt *ou* bei dem Gedanken, daß ...; *se* ~ *de qc* sich über, *à l'avance* auf etw (*acc*) freuen; *se* ~ *du malheur des autres* Schadenfreude empfinden; *se* ~ *de faire qc* sich darüber, *à l'avance* darauf freuen, etw zu tun; *se* ~ *que ...* (+*subj*) sich (darüber) freuen, daß ...

réjouissance [Reʒwisɑ̃s] *f* **1.** Fröhlichkeit *f*; Freude *f*; frohe, fröhliche, heitere Stimmung; *en signe de* ~ zum Zeichen der Freude; **2.** *pl* ~*s* (Freuden-) Fest *n*; Festlichkeiten *f/pl*; ~*s publiques* Volksfest *n*

réjouissant [Reʒwisɑ̃] *adj* erfreulich (*a iron*); *histoire* erheiternd; *nouvelle n'avoir rien de* ~ alles andere als erfreulich sein; *iron c'est* ~*!* das ist ja heiter!

relâche[1] [R(ə)lɑʃ] *m ou f* **1.** THÉ *aujourd'hui* ~ heute keine Vorstellung; *jour m de* ~ vorstellungsfreier Tag; *faire* ~ keine Vorstellung haben, geben; **2.** *loc/adv sans* ~ ununterbrochen; unablässig; pausenlos

relâche[2] [R(ə)lɑʃ] *f* MAR *port m de* ~ (Not)Hafen *m*; *faire* ~ *dans un port* e-n Hafen anlaufen

relâché [R(ə)lɑʃe] *adj mœurs, discipline* locker; lax; *style* nachlässig; *muscles* erschlafft

relâchement [R(ə)lɑʃmɑ̃] *m de la discipline, des mœurs* Lockerung *f*; *du zèle, de l'attention* Nachlassen *n*; Erlahmen *n*; ~ *des mœurs a* Sittenverfall *m*

relâcher [R(ə)lɑʃe] **I** *v/t* **1.** *corde, rênes,* *muscles etc* lockern; *muscles a* entspannen; ~ *l'intestin* den Stuhlgang erleichtern; **2.** *fig attention, zèle* erlahmen lassen; *discipline* lockern; **3.** *détenu* freilassen; **II** *v/i* **4.** *bateau* ~ *dans un port* in Hafen anlaufen; **III** *v/pr se* ~ **5.** *liens, étreinte* sich lockern; *muscles* erschlaffen; **6.** *fig discipline, mœurs* sich lockern; *zèle, attention* nachlassen; erlahmen; *personne se* ~ (*dans son travail*) (in der Arbeit) nachlässig werden

relais [R(ə)lɛ] *m* **1.** SPORTS Staffel(lauf) *f(m)*; *le* ~ *4×100 mètres* (... *quatre fois cent* ...) die 4×100-m-Staffel (... vier mal hundert Meter ...); *course f de* ~ Staffellauf *m*; *fig*: *prendre le* ~ die Nachfolge antreten; *prendre le* ~ *de qn, de qc* j-n, etw ersetzen; j-s Aufgabe (*acc*) über'nehmen; *je prends le* ~ *a* ich löse dich *ou* Sie *etc* ab; **2.** ÉLECT Re'lais *n*; RAD Re'laisstation *f*; **3.** (*routier*) Raststätte *f*; HIST ~ *de poste* Re'lais(station) *n(f)*; 'Umspannstelle *f* für Postkutschpferde

relance [R(ə)lɑ̃s] *f de l'économie* Wieder'ankurbelung *f*; 'Wiederbelebung *f*; Aufschwung *m*

relancer [R(ə)lɑ̃se] *v/t* ⟨-ç-⟩ **1.** *balle* (*renvoyer*) zu'rückwerfen; (*lancer de nouveau*) noch einmal werfen; **2.** *économie* wieder'ankurbeln; 'wiederbeleben; wieder in Schwung bringen; *projet, idée* wieder'aufnehmen; *moteur* wieder anlassen, anwerfen; **4.** ~ *qn* j-m zusetzen; j-n bedrängen; F j-m auf der Pelle liegen; **5.** *abs au jeu* höher setzen

relaps [R(ə)laps] *adj hérétique* rückfällig

relater [R(ə)late] *v/t* (genau, ausführlich) berichten, erzählen

relatif [R(ə)latif] *adj* ⟨-ive⟩ **1.** rela'tiv; verhältnismäßig; *connaissance a* bedingt; *pol majorité relative* relative Mehrheit; *valeur relative* relativer, bedingter, abhängiger Wert; *tout est* ~ alles ist relativ; *vivre dans une aisance relative* relativ wohlhabend sein; **2.** ~ *à qc* auf etw (*acc*) bezüglich; sich auf etw (*acc*) beziehend; etw betreffend; *les entretiens* ~*s à cette question a* die Gespräche über diese Frage; **3.** GR Rela'tiv...; bezüglich; *adjectif* ~ attributives Relativpronomen; *pronom* ~ *ou subst* ~ *m* Relativpronomen *n*; bezügliches Fürwort; Relativ *n*; *proposition relative ou subst relative f* Relativsatz *m*

relation [R(ə)lasjɔ̃] *f* **1.** *entre choses* Beziehung *f*; Verhältnis *n*; sc Relati'on *f*; ~ *de cause à effet* Kau'salzusammenhang *m*, -nexus *m*; ursächlicher Zu-'sammenhang; *être en étroite* ~ in enger Beziehung (zueinander) stehen; *être sans* ~ *avec ...* keine Beziehung haben zu ...; **2.** *entre personnes, pays, surtout pl* ~*s* Beziehungen *f/pl*; Verhältnis *n*; Verbindung(en) *f(pl)*; ~*s cordiales* herzliche Beziehungen; herzliches Verhältnis; ~*s culturelles, diplomatiques, internationales* kulturelle, diplomatische, internationale Beziehungen; ~*s humaines, mondaines* (zwischen)menschliche, gesellschaftliche Beziehungen; ~*s publiques* Public Relations ['pʌblik ri'leiʃənz] *f/pl* (*abr* PR); Öffentlichkeitsarbeit *f*; *avoir des* ~*s avec une femme* (intime) Beziehungen mit e-r Frau haben; *cesser,* *interrompre ses* ~*s* s-e Beziehungen abbrechen, lösen; *entretenir des amicales avec qn* freundschaftliche Beziehungen zu j-m unter'halten; mit j-m auf freundschaftlichem Fuß stehen; *être en* ~(*s*) *avec qn* mit j-m in Verbindung stehen; zu j-m Beziehungen haben; *se mettre, entrer en* ~(*s*) *avec qn* zu j-m Beziehungen aufnehmen; mit j-m in Verbindung treten; *mettre qn en* ~(*s*) *avec qn* Beziehungen, Kontakte, die Verbindung zwischen j-m und j-m herstellen; **3.** *personne* Bekannte(r) *f/pl*; ~*s pl a* Bekanntschaften *f/pl*; ~*s d'affaires* Geschäftsfreunde *m/pl*; *obtenir un emploi par* ~*s* durch Beziehungen; *avoir des* ~*s* Beziehungen haben; *se faire des* ~*s pendant les vacances* Ferienbekanntschaften schließen; **4.** (*récit*) Bericht *m*

relationnel [R(ə)lasjɔnɛl] *adj* ⟨~*le*⟩ PSYCH *troubles etc* Beziehungs...; zwischenmenschlich

relativement [R(ə)lativmɑ̃] *adv* **1.** verhältnismäßig; relativ; vergleichsweise; **2.** ~ *à* im Verhältnis zu; im Vergleich mit

relativiser [R(ə)lativize] *v/t* relati'vieren

relativisme [R(ə)lativism(ə)] *m* PHILOS Relati'vismus *m*

relativité [R(ə)lativite] *f* **1.** Relativi'tät *f*; *de la connaissance a* Bedingtheit *f*; **2.** PHYS (*théorie f de la*) ~ Relativi'tätstheorie *f*

relaver [R(ə)lave] *v/t* noch einmal waschen

relax [R(ə)laks] *adj* F cf **relaxe** I

relaxant [R(ə)laksɑ̃] *adj* entspannend

relaxation [R(ə)laksasjɔ̃] *f* Entspannung *f*; Entkrampfung *f*; PSYCH Entspannungstherapie *f*

relaxe [R(ə)laks] F **I** *adj personne, ambiance* ungezwungen; locker; gelöst; *ambiance a* zwanglos; *tenue* sa'lopp; bequem; *fauteuil m, siège m* ~ Ruhesitz *m*; Gesundheitsliege *f*; Re'laxsessel *m*; **II** *f* Entspannung *f*; *faire une cure de* ~ (einmal) richtig ausspannen

relaxer [R(ə)lakse] **I** *v/t prévenu* freilassen; **II** *v/pr se* ~ sich entspannen

relayer [R(ə)leje] ⟨-ay- *od* -ai-⟩ **I** *v/t* **1.** ~ *qn* j-n ablösen; **2.** TÉLÉCOMM über'tragen; **II** *v/pr se* ~ sich ablösen, abwechseln; *se* ~ *au volant* sich am Steuer ablösen, abwechseln; abwechselnd fahren

relay|eur [R(ə)lɛjœR] *m,* **~euse** *f* SPORTS Staffelläufer(in) *m(f)*

relégation [R(ə)legasjɔ̃] *f* **1.** HIST Verbannung *f*; **2.** SPORTS Abstieg *m* (in e-e niederere Spielklasse)

reléguer [R(ə)lege] *v/t* ⟨-è-⟩ *personne* abschieben, verbannen (*à la campagne* aufs Land); *chose* abstellen (*au grenier* auf dem Speicher); *fig* ~ *qn au second plan* j-m e-e unbedeutende Rolle zuweisen; j-n in den 'Hintergrund drängen

relent [R(ə)lɑ̃] *m* schlechter, übler Geruch (*de friture* nach verbranntem Fett); ~*s de cuisine* Küchengeruch *m*; *fig avoir des* ~*s de ...* e-n üblen Beigeschmack von ... haben

relevable [Rəlvabl(ə), R(ə)ləvabl(ə)] *adj* auf-, hochklappbar; *siège m* ~ Klappsitz *m*

relève [R(ə)lɛv] *f* Ablösung *f* (*action et*

personnes); **~ d'une équipe** Schichtwechsel *m*; **~ de la garde** Wachablösung *f*; **prendre la ~** a) j-n ablösen; b) *fig* jeunesse die Nachfolge antreten
relevé [Rəlve, Rləve] **I** *adj* **1.** *bord* hochgebogen; *col* hochgeschlagen, -gestellt; *manches* hochgezogen, -gestreift; *virage* über'höht; **2.** *expression* gehoben; gewählt; **3.** *CUIS* pi'kant; **II** *m* a) *action* Aufstellung *f*; *d'un compteur* Ablesung *f*; *d'un terrain* Aufnahme *f*; b) (*liste*) Aufstellung *f*; Verzeichnis *n*; **~ de compte** Kontoauszug *m*; **~ d'identité bancaire** (*abr* **R.I.B.**) (Nachweis *m*, Angabe *f* der) Bankverbindung
relèvement [R(ə)lεvmã] *m* **1.** *de l'économie, du pays* Wieder'aufschwung *m*; 'Wiedererstarkung *f*; Erholung *f*; **2.** *des impôts, loyers etc* Anhebung *f*; Erhöhung *f*; *du niveau de vie* Hebung *f*; Verbesserung *f*; Erhöhung *f*; **~ des salaires** Lohnerhöhung *f*; Gehaltsanhebung *f*, -aufbesserung *f*; gehaltliche Besserstellung; **3.** *AVIAT, MAR* Peilung *f*
relever [Rəlve, Rləve] <-è-> **I** *v/t* **a)** *enfant* (wieder) aufheben; *adulte* (wieder) aufhelfen (*qn* j-m); *poteau, colonne* wieder aufrichten; *chaise, véhicule* wieder aufstellen; *par ext* **~ les cahiers, les copies** die Hefte, die Arbeiten einsammeln; *cf a* **gant** *1.*; **b)** *fig économie, entreprise* wieder hochbringen; **~ le moral de qn** j-m wieder Mut machen; **2.** a) *siège* hochklappen; *vitre de voiture* hochkurbeln; *ses jupes* raffen; schürzen; *col* hochschlagen, -stellen; *voile* hochschlagen; *cheveux* auf-, hochstecken; *manches* hochstreifen, -ziehen; hoch-, aufkrempeln; *plafond* höher legen; anheben; erhöhen; *niveau d'eau* erhöhen; *virage* über'höhen; **~ la tête** den Kopf heben; *fig* (*être fier*) den Kopf hoch tragen; **b)** *fig salaires, impôts etc* anheben; erhöhen; her'aufsetzen; *niveau de vie* heben; verbessern; erhöhen; *CUIS mets, goût* pi'kanter machen; **cela le relève à mes yeux** das hebt ihn in meinen Augen; **3.** (*constater*) *erreur, traces etc* feststellen; aufdecken; *traces a* sichern; *faute a* anstreichen; *allusion, accusation* aufgreifen; eingehen auf (+*acc*); *JUR charges* zu-'sammentragen; *par écrit:* adresse, *noms etc* (schriftlich) festhalten; no'tieren; aufschreiben; *plan* anfertigen; aufnehmen; *compteur* ablesen; F **~ l'électricité, le gaz** den Strom, das Gas ablesen; *police* **~ son identité** s-e Personalien aufschreiben; **4.** (*remplacer*) *sentinelle, équipe* ablösen; **~ qn de ses vœux** j-n von s-m Gelübde entbinden; **~ qn de ses fonctions** j-n s-s Amtes entheben; **II** *v/t/indir* **5.** **~ d'une grippe** gerade e-e Grippe gehabt, über'standen, hinter sich haben; **~ de maladie** gerade krank gewesen sein; **6.** (*dépendre*) **~ de** unter'stehen (+*dat*); abhängig sein von; in die Zuständigkeit (+*gén*) fallen; der Zuständigkeit (+*gén*) unter'liegen; **~ de la linguistique** etc in den Bereich, in das Gebiet der Linguistik *etc* fallen; *affaire* **~ du tribunal de commerce** der Zuständigkeit des Handelsgerichts unter'liegen; **III** *v/i* **7.** *manteau, jupe* nicht gleichmäßig, richtig fallen; hochgezogen, hochgerutscht sein; **IV** *v/pr* **se ~ 8.** a) (*se remettre debout*) wieder aufstehen (*a malade*); sich wieder erheben; **faire** (**se**) **~ qn** j-m aufhelfen; **b)** *fig* (*se remettre*) sich erholen (**de** von); *pays a* 'wiedererstehen, -erstarken; **se ~ de ses ruines** aus den Ruinen wiedererstehen; **il ne s'en est pas relevé** davon hat er sich nicht wieder erholt; **9.** *coin, bord* sich hochbiegen; **10.** *sens passif:* col *etc* hochgestellt werden (können)

releveur [Rəlvœr, Rləvœr] **I** *adj* <-euse> *ANAT* **muscle ~** Hebemuskel *m*; *sc* Le-'vator *m*; **II** *m* **~ des compteurs** (Strom-, Gas-, Wasser)Ableser *m*; F *a* Gasmann *m*

relief [Rəljεf] *m* **1.** *d'une paroi etc* Erhabenheiten *f/pl*; *loc/adj* **en ~** erhaben; her'vortretend; her'vorstehend; plastisch; **carte f en ~** Reli'efkarte *f*; **motifs** *m/pl* **en ~** plastisch her'ausgearbeitete Motive *n/pl*; **être, paraître en ~** plastisch hervortreten; **2.** *BEAUX-ARTS* Reli'ef *n*; **3.** (*profondeur*) Tiefenwirkung *f*; *par ext* **~ acoustique** räumliches Hören; *film* **en ~** dreidimensional, plastisch; **4.** *GÉOGR* Reli'ef *n*; Oberflächengestalt *f*; **5.** *fig du style* Anschaulichkeit *f*, plastische Wirkung; **donner du ~ à qc** etw anschaulich, plastisch gestalten; **mettre en ~** her'vorheben; klar her'ausstellen; **6.** *litt* **~s** *pl* Reste *m/pl*

relier [Rəlje] *v/t* **1.** *livre* (ein)binden; *adjt:* **relié en cuir** in Leder gebunden; **relié pleine peau, pleine toile** in Ganzleder, Ganzleinen gebunden; **2.** *lieux, idées etc* (mitein'ander) verbinden; **~ qc à qc** etw mit etw verbinden, verknüpfen

reli|eur [Rəljœr] *m*, **~euse** *f* Buchbinder(in) *m(f)*

religieusement [R(ə)liʒjøzmã] *adv* **1.** (*à l'église*) kirchlich; **être enterré ~** kirchlich bestattet werden; **2.** (*scrupuleusement*) gewissenhaft; **3.** (*avec recueillement*) andächtig; voller Andacht

religieux [R(ə)liʒjø] **I** *adj* <-euse> *-*religi'ös; kirchlich; *Glaubens...*; **édifice ~** Kultgebäude *n*; **esprit ~** religiöser, frommer, gläubiger Mensch; **fête religieuse** kirchlicher Feiertag; **mariage ~** kirchliche Trauung; **opinions religieuses** religiöse Über'zeugungen *f/pl*; **2.** (*monastique*) Ordens...; Kloster...; **habit ~** Ordenstracht *f*, -kleid *n*; **ordre ~** geistlicher Orden; **3.** *fig* (*scrupuleux*) gewissenhaft; **respect ~ de qc** gewissenhafte Beachtung e-r Sache (*gén*); **4.** *fig* (*recueilli*) **silence ~** a feierliche Stille; **II** *subst* **1. ~, religieuse** *m,f* Ordensmitglied *n*; *pl* Ordensleute *pl*; (*moine*) Ordensgeistliche(r) *m*; Mönch *m*; (*sœur*) Ordensschwester *f*; Nonne *f*; **2. pâtisserie religieuse** *f* (mit Mokkaoder Schoko'ladencreme gefüllter) Windbeutel

religion [R(ə)liʒjõ] *f* Religi'on *f*; Glaube(n) *m*; **~ catholique** katholischer Glaube; **~ chrétienne, musulmane** christliche, moslemische Religion; **~ d'État** Staatsreligion *f*; *ADM* **sans ~** ohne Bekenntnis; **entrer en ~** ins Kloster gehen

religiosité [R(ə)liʒjozite] *f* Religiosi'tät *f*; Gläubigkeit *f*; Frömmigkeit *f*

reliquaire [R(ə)likεr] *m* Re'liquienschrein *m*, -kästchen *n*, -behälter *m*; Reliqui'ar *m*

reliquat [R(ə)lika] *m* Rest(summe) *m(f)*; Restbetrag *m*

relique [R(ə)lik] *f* *REL et fig* Re'liquie *f*; **garder qc comme une ~** etw sehr sorgfältig aufbewahren

relire [R(ə)liR] <*cf* lire> **I** *v/t* noch einmal, wieder lesen; *pour corriger* noch einmal 'durchlesen; **lire et ~** immer wieder lesen; **II** *v/pr* **se ~** noch einmal 'durchlesen, was man geschrieben hat

reliure [Rəljyr] *f* **1.** *action* Binden *n*; *métier* Buchbinde'rei *f*; (**atelier m de**) **~** Buchbinde'rei *f*; **2.** *couverture* (Buch)Einband *m*; Einbanddecke *f*

reloger [R(ə)lɔʒe] <-geons> wieder, anderweitig 'unterbringen

reluire [R(ə)lɥiR] *v/i* <*cf* conduire; aber *p/p* relui> glänzen; schimmern; **faire ~** blank reiben, putzen; po'lieren

reluisant [R(ə)lɥizã] *adj* **1.** glänzend; schimmernd; (blitz)blank; **être ~ de propreté** vor Sauberkeit blitzen; **2.** *fig* **peu ~** *métier, situation* wenig erfreulich; nicht gerade glänzend; *gens* alles andere als ho'norig

reluquer [R(ə)lyke] F *v/t* begehrliche Blicke werfen auf (+*acc*); schielen nach (*a fig*)

rem [Rεm] *m* *PHYS NUCL* Rem *n*

Rem. *abr* (*remarque*) Anm. (Anmerkung); Bem. (Bemerkung)

remâcher [R(ə)maʃe] *v/t son dépit etc* nicht loskommen von

remake [Rimεk] *m* *CIN* Neuverfilmung *f*; Remake [ri'me:k] *n*

rémanent [Remanã] *adj sc* rema'nent

remanger [R(ə)mãʒe] *v/t* <-geons> noch einmal, wieder essen (*a abs*)

remaniement [R(ə)manimã] *m d'une équipe* 'Umbildung *f*; 'Umbesetzung *f*; *POL a* Revire'ment *n*; **~ ministériel** Re-'gierungs-, Kabi'nettsumbildung *f*

remanier [R(ə)manje] *v/t* **1.** *texte, ouvrage* neu bearbeiten; 'umarbeiten; über'arbeiten; **2.** *POL ministère, SPORTS équipe* 'umbilden; 'umbesetzen

remaquiller [R(ə)makije] *v/t* (*et v/pr* **se**) **~** (sich) neu, wieder schminken

remari|age [R(ə)marjaʒ] *m* 'Wiederverheiratung *f*; **~er** *v/pr* **se ~** sich wieder verheiraten; wieder heiraten

remarquable [R(ə)maRkabl(ə)] *adj* **1.** (*important*) bemerkenswert; *réussite, exploit* beachtlich; *personne* **~ par sa taille** auffällig durch s-e Größe; **il est ~ que ...** (+*subj*) es ist bemerkenswert, daß ...; **2.** (*excellent*) her'vorragend; vorzüglich; ausgezeichnet

remarquablement [R(ə)maRkabləmã] *adv* außerordentlich; bemerkenswert

remarque [R(ə)maRk] *f* **1.** (*réflexion*) Bemerkung *f*; **~ judicieuse** kluge Bemerkung; **2.** (*critique*) vorwurfsvolle Bemerkung; *fig* **faire la ~ à qn que ...** j-m vorhalten, vorwerfen, daß ...; **je lui en ai fait la ~** a ich habe ihn darauf hingewiesen; **3.** (*notation*) Anmerkung *f*; Bemerkung *f*; Vermerk *m*; **en bas d'une page** Fußnote *f*

remarqué [R(ə)maRke] *adj* auffällig; beachtet; **très ~** vielbeachtet

remarquer [R(ə)maRke] **I** *v/t* **1.** bemerken; wahrnehmen, feststellen; aufmerksam werden auf (+*acc*); beachten; **je l'ai remarqué dans la foule** ich ha-

remballer – remettre

be ihn in der Menge bemerkt; er ist mir in der Menge aufgefallen; **~ que ...** bemerken, daß ...; **on remarquera que ... a** es sei darauf hingewiesen, daß ...; **remarquez (bien) que ...** wohlgemerkt ...; beachten Sie, daß ...; vergessen Sie nicht, daß ...; **je ne l'avais,** F **j'avais pas remarqué** ich habe es nicht bemerkt; es ist mir nicht aufgefallen; **sans être remarqué** unbemerkt; ♦ **faire ~ qc (à qn)** (j-n) auf etw (acc) hinweisen, aufmerksam machen; **faire ~ que ...** darauf aufmerksam machen, darauf hinweisen, daß ...; **se faire ~** auffallen, auf sich aufmerksam machen (**par** durch); **sans se faire ~** unauffällig; **2. en incise remarqua-t-elle** bemerkte sie; **II** v/pr **se ~ choses** bemerkt, wahrgenommen werden; auffallen
remballer [Rãbale] v/t wieder einpakken; neu verpacken; F fig: **remballe tes boniments!** spar dir deine Worte!; **~ sa marchandise** F auf s-r Ware sitzenbleiben; nichts loskriegen
rembarqu|ement [Rãbarkəmã] m Wieder'einschiffung f; **~er I** v/t wieder einschiffen, verschiffen; **II** v/i (et v/pr **se**) **~** sich wieder einschiffen; wieder an Bord gehen
rembarrer [Rãbare] F v/t **~ qn** j-n (grob) abweisen; j-m e-e Abfuhr erteilen; **se faire ~** sich e-e Abfuhr holen
remblai [Rãble] m **1.** Aufschüttung f; (Erd-, Straßen-, Bahn)Damm m; Erdwall m; **2.** action Aufschütten n, -ung f; Auffüllen n, -ung f
remblayer [Rãbleje] v/t ⟨-ay- od -ai-⟩ (hausser) aufschütten; (combler) auffüllen
rembobiner [Rãbɔbine] v/t fil aufspulen; film zu'rückspulen
remboîter [Rãbwate] v/t articulation wieder einrenken; pièces déboîtées wieder einfügen, einpassen
rembourrage [RãbuRaʒ] m Polstern n; Polsterung f (a matière)
rembourrer [RãbuRe] v/t fauteuil polstern; coussin, matelas füllen; adj: **siège rembourré** Polstersitz m; F fig **elle est bien rembourrée** sie ist gut gepolstert
remboursable [RãbuRsabl(ə)] adj (zu')rückzahlbar
remboursement [RãbuRsəmã] m **1.** d'un emprunt Rückzahlung f; de frais (Rück)Erstattung f; Rückvergütung f; de bons du Trésor etc Einlösung f; d'une dette a Tilgung f; **2. à la poste** Nachnahme f; **contre ~** gegen, per Nachnahme; **envoi** m **contre ~** Nachnahmesendung f
rembourser [RãbuRse] v/t emprunt, avance zu'rückzahlen; frais, dépenses (zu'rück)erstatten); (rück)vergüten; ersetzen; bons du Trésor etc einlösen; dettes a tilgen; abtragen; **~ ses frais à qn ou ~ qn de ses frais** j-m die Kosten, Spesen erstatten, vergüten, ersetzen; **~ qn** j-m das Geld zurückzahlen, -geben; **je vous rembourserai demain** Sie bekommen das Geld morgen wieder, zurück; **se faire ~** sich das Geld zurückzahlen lassen; sich die Auslagen erstatten lassen; THÉ **remboursez!** wir wollen unser Geld zurück!
Rembrandt [Rãbrã] m PEINT Rembrandt m

rembrunir [RãbRyniR] v/pr **se ~ visage** sich verfinstern; sich verdüstern; **personne** ein finsteres Gesicht machen
remède [R(ə)mɛd] m **1.** (médicament) (Heil)Mittel n; Arz'nei f; **~ universel** All'heilmittel n; **~ de bonne femme** Hausmittel n; prov **le ~ est pire que le mal** die Arznei ist oft schlimmer als die Krankheit; das hieße den Teufel mit Beelzebub austreiben (prov); **2.** fig (Gegen)Mittel n; Abhilfe f; **~ contre l'inflation** Mittel gegen die Inflation; loc/adj **sans ~** unabänderlich; **c'est sans ~** da(gegen) kann man gar nichts tun, machen; da hilft nichts; **apporter un ~, porter ~ à un mal** e-m Übel abhelfen; **y porter ~** Abhilfe schaffen
remédier [R(ə)medje] v/t/indir **~ à un mal** etc abhelfen, begegnen, steuern (+dat); **~ à des abus** a 'Mißstände abstellen, beheben; **pour y ~** als Abhilfe
remembrement [R(ə)mãbRəmã] m Flurbereinigung f
remémorer [R(ə)memɔRe] v/pr **se ~ qc** sich etw ins Gedächtnis zu'rückrufen; sich an (acc) erinnern; sich etw vergegen'wärtigen
remerciement [R(ə)mɛRsimã] m Dank m; **lettre** f **de ~** Dankschreiben n; Dank(es)brief m; loc/adv: **avec tous mes ~s** mit bestem, verbindlichstem Dank (zurück); **en ~** zum Dank
remercier [R(ə)mɛRsje] v/t **1.** danken (**qn de, pour qc** j-m für etw); sich bedanken (bei j-m für etw); **~ par lettre** sich brieflich bedanken; **~ qn d'être venu** j-m für sein Kommen danken; refus poli **je vous remercie** danke (, nein); **je ne sais comment vous ~** ich weiß nicht, wie ich Ihnen danken soll; péj **c'est comme ça qu'il me remercie!** das ist also der Dank (dafür)!. **2.** (congédier) **~ qn** j-m kündigen; j-n entlassen; **il a été remercié** ihm ist gekündigt worden, F er ist gekündigt worden
remettre [R(ə)mɛtR(ə)] ⟨cf mettre⟩ **I** v/t **1.** vêtements, chaussures, gants wieder anziehen; chapeau wieder aufsetzen; articulation wieder einrenken; un objet en place wieder hinstellen, -setzen, -legen, -hängen; le courant wieder einschalten; de l'eau etc nachfüllen (**dans** in +acc); **~ qc debout, droit** etw wieder aufstellen, aufrichten, gerade ou senkrecht hinstellen; F fig **en ~** (en rajouter) etwas d'azudichten, d'azuerfinden; ♦ **avec prép et loc/adv: pendule ~ à l'heure** stellen; **~ qc à la mode** etw wieder in Mode bringen; **~ qc dans sa poche** etw wieder in die Tasche stecken; **enfant ~ dans son lit** wieder ins Bett bringen, F stecken; fig **~ qc dans l'esprit, en esprit, en mémoire** etw wieder ins Gedächtnis rufen; wieder an etw (acc) erinnern; **~ du sel dans un plat** ein Gericht nachsalzen; fig **~ qn dans, sur la bonne voie** j-n wieder auf den rechten Weg bringen; **~ de l'ordre dans qc** (wieder) in etw (dat) Ordnung schaffen; **argent ~ en circulation** wieder in Umlauf bringen; **~ en confiance** j-s Vertrauen 'wiedergewinnen; **~ qc en état** etw (wieder) in'stand setzen; **~ qc en honneur** etw wieder zu

Ehren bringen; détenu **~ en liberté** wieder freilassen, auf freien Fuß setzen; **~ en marche** moteur wieder anlassen, anwerfen; machine wieder in Gang setzen; **~ en prison** wieder ins Gefängnis stecken; **~ qc en question** etw in Frage stellen; **question ~ sur le tapis** wieder zur Sprache, aufs Tapet bringen; **2.** (donner) **~ qc à qn** j-m etw aushändigen, über'geben, über'reichen; etw bei j-m abgeben, abliefern; lettre etc a j-m über'bringen, zustellen; décoration, prix j-m über'reichen; écoliers **~ les cahiers** die Hefte abgeben; **coupable ~ à la justice** der Justiz, dem Gericht übergeben, st/s über'antworten; **pouvoirs ~ à son successeur** s-m Nachfolger über'tragen; **~ son sort entre les mains de qn** sein Schicksal in j-s Hände (acc) legen; **3.** (faire grâce de) **dette** erlassen (**à qn** j-m); **péchés** vergeben (**à qn** j-m); **4.** (repousser) décision, projet etc auf-, verschieben; procès, jugement vertagen; **~ qc à plus tard** etw auf später verschieben; fig **ce n'est que partie remise** aufgeschoben ist nicht aufgehoben (prov); prov **il ne faut jamais ~ à demain ou au lendemain ce que l'on peut faire le jour même** verschiebe nicht auf morgen, was du heute kannst besorgen (prov); **5.** (rétablir la santé) j-n wieder-'herstellen; j-n wieder zu Kräften kommen lassen; adj **il est bien remis** es geht ihm wieder gut; **6.** F (reconnaître) **~ qn** j-n 'wiedererkennen; **7.** F (recommencer) **~ ça** wieder anfangen; **au café on remet ça?** das gleiche noch mal?; **II** v/pr **8. le temps se remet (au beau)** es wird wieder besser, schöner; **9. se ~ debout** wieder aufstehen; **se ~ au lit** sich wieder ins Bett legen; **se ~ à table** sich wieder zu Tisch setzen; **se ~ en route** sich wieder auf den Weg machen; wieder aufbrechen; fig **se ~ entre les mains de Dieu** sein Schicksal in Gottes Hand legen; **10.** (recommencer) **se ~ à qc** sich wieder mit etw beschäftigen; wieder mit etw anfangen, beginnen, F sich wieder an etw (acc) machen; **il s'est remis au Tennis** er spielt wieder Tennis; **se ~ au travail** sich wieder an die Arbeit begeben, machen; wieder mit der Arbeit beginnen; die Arbeit wieder'aufnehmen; **se ~ à faire qc** wieder etw tun; wieder anfangen, etw zu tun; **se ~ à fumer** wieder mit dem Rauchen anfangen; impersonnel **il se remet à pleuvoir** es fängt wieder an zu regnen; **11. se ~** (se réconcilier) sich wieder versöhnen; **se ~ avec qn** (reprendre la vie commune) wieder mit j-m zu'sammenleben; **se ~ ensemble** wieder zu'sammenleben; **12.** (aller mieux) **se ~ de qc** sich (wieder) von etw erholen; **se ~ de ses émotions** sich von s-r Aufregung erholen; **d'un coup du sort je ne m'en suis pas encore remis** davon habe ich mich noch nicht wieder erholt; abs: malade **il se remet** es geht ihm (wieder) besser; **allons, remettez--vous!** beruhigen Sie sich doch!; fassen Sie sich doch!; **13.** (se fier) **s'en ~ à qn** s'en **~ au jugement de qn** sich auf j-s Urteil verlassen; **remettez-vous-en à moi** lassen Sie das meine Sorge sein

Remi [Remi, Rəmi] *m* **1.** *Vorname*; **2.** *saint* Re'migius *m*
rémige [Remiʒ] *f* ZO Schwungfeder *f*
remilitariser [R(ə)militaRize] *v/t* remilitari'sieren; wieder bewaffnen, aufrüsten
réminiscence [Reminisɑ̃s] *f* Reminis-'zenz *f*; (vage) Erinnerung; *dans une œuvre* Anklang *m* (*de* an +*acc*)
remis [R(ə)mi] *cf* **remettre**
remise [R(ə)miz] *f* **1.** *local* (Wagen-, Geräte)Schuppen *m*; **2.** COMM (*réduction*) Ra'batt *m*; Nachlaß *m*; Ermäßigung *f*; Abschlag *m*; *t/t* Skonto *n*; *faire une ~ de 10 pour cent sur qc* 10 Prozent Rabatt auf etw (*acc*) geben; **3.** (*grâce*) Erlaß *m*; REL *des péchés* Vergebung *f*; *~ de dette* Schuldenerlaß *m*; *~ de peine* Straferlaß *m*; **4.** JUR *~ (de cause)* Vertagung *f*, Verlegung *f* (der Verhandlung); *~ à 'huitaine* Verlegung um acht Tage; **5.** (*action de donner*) Aushändigung *f*; 'Übergabe *f*; *d'une lettre à* Über'bringung *f*; *d'une décoration*, *d'un prix* Über'reichung *f*; *~ des clefs* Schlüsselübergabe *f*; **6.** *~ à neuf* Wieder'herrichtung *f*; Reno'vierung *f*; *~ à niveau* Auffrischungskurs *m*; *~ en état* (Wieder)In'standsetzung *f*; *~ en forme* Fitneßtraining [-tre:-] *n*; SPORTS *~ en jeu* Einwurf *m*; *~ en marche* Wiederin'gangsetzung *f*; *~ en ordre* Wiederin'ordnungbringen *n*; *~ en question* In'fragestellung *f*; *~ en service* Wiederin'dienststellung *f*; Wiederinbe'triebnahme *f*
remiser [R(ə)mize] *v/t véhicule* ein-, 'unterstellen; *objet* abstellen
rémission [Remisjɔ̃] *f* **1.** REL *des péchés* Vergebung *f*, Nachlaß *m*; **2.** *loc/adv sans ~ poursuivre* unerbittlich; unnachsichtig; *par ext: travailler* unablässig; pausenlos; *c'est sans ~!* das ist endgültig, unabänderlich!; **3.** MÉD vor-'übergehendes Nachlassen, Zu'rückgehen; *sc* Remissi'on *f*
remmailler [Rɑ̃maje] *v/t* Laufmaschen aufnehmen (*un bas* an e-m Strumpf); TEXT ketteln
remmener [Rɑ̃mne] *v/t* ⟨-è-⟩ zu'rückbringen; *personne* a zu'rückbegleiten
remodeler [R(ə)mɔdle] *v/t* ⟨-è-⟩ **1.** *visage* liften; **2.** ADM 'umgestalten; 'umstrukturieren; neu gestalten, gliedern
remontage [R(ə)mɔ̃taʒ] *m* **1.** TECH erneute, nochmalige Mon'tage; Wiederzu'sammensetzen *n*, -bauen *n*; Wieder'einbau(en) *m*(*n*) (*dans* in +*acc*); **2.** *d'une pendule etc* Aufziehen *n*
remontant [R(ə)mɔ̃tɑ̃] *m* Stärkungsmittel *n*; *boisson* Stärkungstrunk *m*
remontée [R(ə)mɔ̃te] *f* **1.** Wieder'aufstieg *m*; MINES Ausfahrt *f*; *la ~ du fleuve*, *du Rhin* die Fahrt fluß'aufwärts, rhein'aufwärts; **2.** *de l'eau*, *du baromètre*, *des prix etc* Wieder'anstieg *m*; erneutes Ansteigen; **3.** SPORTS Aufholen *n*; **4.** *~s mécaniques* Seilbahnen *f/pl* und (Ski)Lifte *m/pl*
remonte-pente [R(ə)mɔ̃tpɑ̃t] *m* ⟨*re-monte-pentes*⟩ Schlepplift *m*
remonter [R(ə)mɔ̃te] **I** *v/t* **1.** (*monter*) *rue etc* hin'auf- *ou* her'auf- *ou* hoch- *ou* F raufgehen, -kommen, (*dans un*) *véhicule* -fahren; *cours d'eau* hin'auf- *ou* her'auffahren, *à la nage* -schwimmen; *par ext: colonne de voitures etc* über'ho-

len; *~ un fleuve a* fluß-, strom'aufwärts fahren *ou* schwimmen; *coureur ~ le peloton* das Hauptfeld über'holen; **2.** (*monter de nouveau*) *escalier*, *pente etc* wieder, noch einmal hin'auf- *ou* her-'auf- *ou* hoch- *ou* F raufgehen, -steigen; *cf a* **pente** 2.; **3.** *objet* wieder hin'auf- *ou* her'auf- *ou* hoch- *ou* F rauftragen, -bringen, -schaffen; *tableau* höher hängen; *col* hochschlagen; *pantalon*, *chaussettes* hochziehen; *vitre d'une voiture* hochkurbeln; ÉCOLE *note* her'aufsetzen; **4.** *fig ~ qn* j-n stärken; j-m wieder Kraft geben; *ce cognac te remontera* dieser Kognak wird dich wieder auf die Beine bringen; F *fig il est remonté* F er ist in Fahrt, auf Touren; **5.** *pendule*, *réveil*, *jouet* aufziehen; **6.** TECH *moteur etc* wieder mon'tieren; wieder zu'sammensetzen, -bauen; wieder einbauen (*dans* in +*acc*); **7.** (*regarnir*) *~ qc* etw mit der nötigen Ausstattung, Einrichtung versehen; *~ sa cave* s-n Weinkeller auffüllen; *~ sa garde-robe* sich mit neuen Kleidern versehen; **8.** *pièce de théâtre* neu insze'nieren; **II** *v/i* ⟨*meist être*, *wenn e-e Person Subjekt ist*⟩ **9.** wieder hin'auf- *ou* her'auf- *ou* hoch- *ou* F raufgehen, -kommen, -steigen, (*dans un*) *véhicule* -fahren, *oiseau* -fliegen; *bateau* fluß'aufwärts fahren; *mineurs* ausfahren; *~ à bord* wieder an Bord gehen; *~ à cheval* wieder aufsitzen, aufs Pferd steigen; *~ au sixième étage* wieder in den sechsten Stock hinaufgehen, -steigen, *avec l'ascenseur* -fahren; *souvenirs ~ à la mémoire* aufsteigen, 'wiederkehren; *élève ~ à la seconde place* wieder auf den zweiten Platz (hin-auf)rücken; MAR *~ au vent* hart am Wind kreuzen; *~ dans la voiture* wieder in das Auto (ein)steigen; *~ vers le nord*, *en direction du nord* nach Norden gehen, fahren, ziehen; **10.** *prix*, *cours*, *baromètre*, *fièvre*, *mer etc* wieder, erneut (an)steigen; *route* wieder ansteigen; *fig ses actions remontent* s-e Aktien steigen wieder; *robe ~ par-devant* vorn hochrutschen; sich vorn hochziehen; **11.** *dans le passé* zu'rückgehen (*à* auf +*acc*; bis); *~ loin famille* weit zu'rückreichen; *événement* weit zurückliegen; *dans ses explications* weit zurückgreifen; *~ plus 'haut (dans le temps)* weiter ausholen; *~ à la plus 'haute antiquité* auf uralte Zeiten zurückgehen; bis in uralte Zeiten zurückreichen; *construction* aus uralter Zeit stammen; *~ dans le temps (par l'esprit)* auf e-e frühere Zeit zurückblicken; sich in e-e frühere Zeit (zurück)versetzen; *de l'effet à la cause* von den Auswirkungen bis zur Ursache zurückgehen; *aussi loin que remontent mes souvenirs ...* soweit (wie) meine Erinnerung reicht ...; **III** *v/pr* **12.** *physiquement se ~* wieder zu Kräften kommen; **13.** *se ~ en qc* sich wieder mit etw eindecken
remontoir [R(ə)mɔ̃twaR] *m* TECH Aufziehvorrichtung *f*
remontrance [R(ə)mɔ̃trɑ̃s] *f* Verweis *m*; Zu'rechtweisung *f*; *~s pl* Vorhaltungen *f/pl*
remontrer [R(ə)mɔ̃tre] **I** *v/t* wieder, noch einmal zeigen; **II** *v/i en ~ à qn* j-m s-e Über'legenheit beweisen; *il en re-*

montrerait à son professeur er könnte s-m Lehrer etwas vormachen
remords [R(ə)mɔR] *m* Schuldgefühl *n*, -bewußtsein *n*; *pl* Gewissensbisse *m/pl*; *avoir des ~ (d'avoir fait qc)* Gewissensbisse haben, sich Gewissensbisse machen (, weil man etw getan hat)
remorquage [R(ə)mɔRkaʒ] *m* **1.** MAR Schleppen *n*; **2.** AUTO Abschleppen *n*; *barre f de ~* Abschleppstange *f*
remorque [R(ə)mɔRk] *f* **1.** *d'un véhicule* Anhänger *m*; **2.** MAR *(câble m de) ~* Schlepptau *n*; *fig être*, *se mettre à la ~ de qn* j-m blindlings folgen; sich von j-m ins Schlepptau nehmen lassen; *fig il est toujours à la ~* er hängt immer nach; er ist immer der letzte; *prendre en ~ bateau* ins Schlepptau nehmen; in Schlepp nehmen (*a voiture*); *voiture* abschleppen
remorquer [R(ə)mɔRke] *v/t* **1.** MAR schleppen; ins Schlepptau nehmen; bug'sieren; **2.** *véhicule* abschleppen; **3.** F *fig qn* mit-, her'umschleppen
remorqueur [R(ə)mɔRkœR] *m* MAR Schlepper *m*
rémoulade [Remulad] *f* CUIS Remou'la-de(nsoße) *f*; *aïoli céleri m ~* Sellerie *m ou f* mit Remouladensoße
rémouleur [Remulœr] *m* Scherenschleifer *m*
remous [R(ə)mu] *m* **1.** *dans un cours d'eau* Strudel *m*; Wirbel *m* (*a dans l'atmosphère*); Sog *m*; MAR *d'un bateau* Kielwasser *n*; **2.** *fig pl* Wirbel *m*; Unruhe *f*; Aufruhr *m*; *causer des ~* für Wirbel, Unruhe sorgen; *affaire* viel Staub aufwirbeln
rempaillage [Rɑ̃pajaʒ] *m* Neubespannung *f* (mit Stroh); *~er v/t chaise* neu mit Stroh, mit e-m neuen Strohgeflecht bespannen; *~eur m*, *~euse f* Stuhlflechter(in) *m*(*f*)
rempaqueter [Rɑ̃pakte] *v/t* ⟨-tt-⟩ wieder einpacken
rempart [Rɑ̃paR] *m* FORTIF (Festungs-, Schutz)Wall *m*; Befestigungsmauer *f*, -anlage *f*; Bollwerk *n* (*a fig*); *d'une ville a* Stadtmauer *f*; *fig se faire un ~ du corps de qn* hinter j-s Körper (*dat*) Schutz suchen, in Deckung gehen
rempiler [Rɑ̃pile] *arg militaire v/i* sich weiterverpflichten; länger dienen
remplaçable [Rɑ̃plasabl(ə)] *adj* ersetzbar; auswechselbar
remplaç|ant [Rɑ̃plasɑ̃] *m*, *~ante f* (Stell)Vertreter(in) *m*(*f*); *instituteur*, *-trice* Hilfslehrer(in) *m*(*f*); SPORTS Ersatzmann *m*, -spieler(in) *m*(*f*); Auswechselspieler(in) *m*(*f*)
remplacement [Rɑ̃plasmɑ̃] *m* **1.** *de choses* Ersetzung *f*; Ersatz *m*; *loc/adj de ~* Ersatz...; *produit m de ~* Ersatzmittel *n*; *en ~ de qc* als Ersatz für etw; **2.** *d'un absent* Vertretung *f*; *en ~ de* in Vertretung, an Stelle von (*ou* +*gén*); als Vertretung für; *faire des ~s* Vertretungen machen, über'nehmen
remplacer [Rɑ̃plase] ⟨-ç-⟩ *v/t* **1.** *chose* ersetzen (*par* durch); auswechseln, austauschen (gegen); *~ une vitre cassée* e-e zerbrochene Scheibe ersetzen, auswechseln, austauschen; *le robot remplace l'homme* der Roboter ersetzt den Menschen; **2.** *~ qn a*) *provisoirement* j-n vertreten; b) (*succéder à*) j-n ersetzen; *~ qn par qn* a j-n an j-s Stelle

(acc) setzen; *je vous remplacerai* ich werde Sie vertreten; ich werde für Sie einspringen; *se faire ~* sich vertreten lassen

rempli[1] [ʀɑ̃pli] *adj théâtre* voll, gut besetzt; *journée, vie bien ~* ausgefüllt; *~ de* voll(er); *récipient a* gefüllt mit; *texte ~ d'erreurs* voller Fehler; *fig être (tout) ~ de son importance, de soi-même* von sich (völlig) über'zeugt, eingenommen sein

rempli[2] [ʀɑ̃pli] *m COUT* Einschlag *m*

remplir [ʀɑ̃pliʀ] I *v/t* 1. *récipient etc* füllen (*de* mit); 'vollmachen; *verre a* 'vollgießen, -schenken; *baignoire a* 'vollaufen lassen; *événement a; journaux, gens: salle* füllen; *espace, vide* ausfüllen; *~ une page d'écriture* e-e Seite 'vollschreiben; *activité ~ une vie* ein Leben ausfüllen; *fig ~ qn d'admiration, de joie, de chagrin etc* j-n mit Bewunderung, Freude, Trauer etc erfüllen; 3. *fiche, questionnaire* ausfüllen; 4. *conditions, devoir, mission* erfüllen; *~ ses engagements* a s-n Verpflichtungen nachkommen; 5. *fonction, emploi* ausüben; *charge a* bekleiden; *~ son rôle* s-e Rolle gut spielen; II *v/pr se ~* sich füllen (*de* mit); *de liquide a* 'vollaufen; *salle* **commencer à se ~** sich zu füllen, voll zu werden beginnen

remplissage [ʀɑ̃plisaʒ] *m* 1. *action* (Auf)Füllen *n*; 2. *péj d'un texte* Füllsel *n*; Füllwerk *n*; *faire du ~* Unwesentliches schreiben

remplumer [ʀɑ̃plyme] *v/pr* F *se ~* 1. *financièrement* wieder zu Geld kommen; 2. *physiquement* wieder rundlicher werden; wieder zunehmen

rempocher [ʀɑ̃pɔʃe] *v/t* wieder einstecken; wieder in die Tasche stecken

remporter [ʀɑ̃pɔʀte] *v/t* 1. *objet* wieder mitnehmen; wieder wegbringen, -tragen; *mets* wieder abtragen; 2. *victoire, succès, titre, prix* erringen; *victoire a* da'vontragen; *combat* gewinnen

rempoter [ʀɑ̃pɔte] *v/t* wieder 'umtopfen

remuant [ʀəmɥɑ̃] *adj* 1. *enfant* lebhaft; zapp(e)lig; unruhig; 2. *adulte* rührig

remue-ménage [ʀ(ə)mymenaʒ] *m* 〈*inv*〉 geräuschvolles, lärmendes Durchein'ander; Krach *m*; F Ra'dau *m*; (*agitation*) Trubel *m*; *faire du ~* Krach, Radau machen; *il y a du ~* es herrscht großer Trubel

remuer [ʀəmɥe] I *v/t* 1. *lèvres, doigts etc* bewegen; *meuble* (weg)rücken; *terre* 'umgraben; *café, sauce, salade* 'umrühren; *salade a* mischen; *fig ~ beaucoup d'argent, des millions* große (Geld-)Geschäfte machen; viel Geld 'umsetzen; P *fig ~ de la merde* im Schmutz wühlen; (den) Schmutz aufwühlen; *chien ~ la queue* mit dem Schwanz wedeln; schwänzeln; *~ de vieux souvenirs* Erinnerungen her'aufbeschwören, zu'rückrufen; 2. *fig (émouvoir)* aufrütteln; bewegen; rühren; ergreifen; II *v/i* 3. (*bouger*) sich bewegen; sich regen; *dent* wackeln; *animal blessé ~ encore* sich noch bewegen; *herbes etc ~ dans le vent* sich im Wind bewegen; im Wind schwanken; *femme enceinte sentir son enfant ~* spüren, wie sich ihr Kind bewegt; *enfant ne pas pouvoir rester sans ~* nicht still sitzen können; 4. *fig (se révolter)* in Unruhe geraten;

unruhig werden; aufbegehren; III *v/pr se ~* 5. (*bouger*) sich bewegen; 6. *fig (se démener)* sich einsetzen (*pour qc* bei, für etw); sich Mühe geben; *allez, remue-toi!* a) (*agis!*) los, unter'nimm *ou* tu was!; b) (*dépêche-toi!*) los, beeil dich!

rémunéra|teur [ʀemyneʀatœʀ] *adj* 〈*-trice*〉 einträglich; lohnend; gewinnbringend; **~tion** *f* Entlohnung *f*; Vergütung *f*; Hono'rierung *f*; Lohn *m*; (Arbeits)Entgelt *n*; *du capital* Verzinsung *f*

rémunérer [ʀemyneʀe] *v/t* 〈-è-〉 *personne* entlohnen; bezahlen; *travail* vergüten; bezahlen; hono'rieren; *capital* verzinsen; *adjt poste bien rémunéré* gutbezahlte, gutdotierte Stelle

renâcler [ʀ(ə)nakle] *v/i* 1. *cheval etc* schnauben; 2. *personne* sich sträuben; *~ à la besogne* sich gegen die Arbeit sträuben; *sans ~* ohne 'Widerrede

renaissance [ʀ(ə)nesɑ̃s] *f* 1. 'Wiedergeburt *f*; Wieder'aufleben *n*; 'Wiedererstehen *n*; des arts a Wieder'aufblühen *n*; Renais'sance *f*; 2. *HIST la ℛ* die Renais'sance; 3. *adjt* 〈*inv*〉 *ℛ* Renais'sance...; *château m ℛ* Renaissanceschloß *n*

renaissant [ʀənesɑ̃] *adj* wieder'auflebend, -'aufkommend; 'wiedererstehend; *art a* wieder'aufblühend

renaître [ʀ(ə)nɛtʀ] *v/i* 〈*cf naître*〉 'wiedergeboren werden (*a REL*); *fig: conflit, difficultés* wieder'aufleben; *arts* wieder'aufblühen; *industrie etc* 'wiedererstehen; neu entstehen; *espoir, désir, sentiment* 'wiedererwachen; *poét: jour* wieder anbrechen; *plantes au printemps* zu neuem Leben erwachen; *~ à l'espérance* wieder zu hoffen beginnen; neue Hoffnung schöpfen; *~ à la vie* wiederaufleben; das Leben wieder genießen können; *faire ~ le passé* die Vergangenheit wieder lebendig werden lassen; *se sentir ~* sich wie neu geboren fühlen

rénal [ʀenal] *adj* 〈*-aux*〉 *ANAT* Nieren...

renard [ʀ(ə)naʀ] *m* 1. *ZO* Fuchs *m*; *~ argenté, commun* Silber-, Rotfuchs *m*; *~ du désert* Wüstenfuchs *m*; 2. *fourrure* Fuchs(pelz) *m*; *manteau à col de ~* mit e-m Fuchs(pelz)kragen; 3. *fig un fin ~* ein schlauer Fuchs; *c'est un vieux ~* das ist ein alter Fuchs; der ist mit allen Wassern gewaschen; 4. *LITTÉRATURE maître ℛ* Reineke Fuchs *m*

renard|e [ʀ(ə)naʀd] *f ZO* Füchsin *f*; *CH a* Fähe *f*; **~eau** *m* 〈*pl -x*〉 *ZO* junger Fuchs; (Fuchs)Welpe *m*; **~ière** *f* Fuchsbau *m*

Renault [ʀəno] 1. *frz* Autohersteller; 2. *voiture une ~* ein Renault *m*

rencard [ʀɑ̃kaʀ] *cf rancard*

renchérir [ʀɑ̃ʃeʀiʀ] I *v/t/indir ~ sur qc* etw (noch) über'treffen; II *v/i* 1. (*augmenter*) teurer werden; sich verteuern; im Preis steigen; 2. *en paroles renchérit-il* fügte er bekräftigend hinzu

renchérissement [ʀɑ̃ʃeʀismɑ̃] *m* Verteuerung *f*; Preissteigerung *f*; Kosten-, Preisanstieg *m*

rencontre [ʀɑ̃kɔ̃tʀ(ə)] *f* 1. Begegnung *f*; (Zu'sammen)Treffen *n*; Zu'sammenkunft *f*; *~ internationale d'étudiants* internationale (Stu'denten-)Treffen; *POL ~ au sommet* Gipfeltreffen *n*; *loc/adj de ~* zufällig; *ami(e) m(f) de ~* Zufallsbekanntschaft *f*; *aller, venir à la ~ de qn* j-m entgegengehen, -kommen; *je suis allé à sa ~* ich bin ihm *ou* ihr entgegengegangen; *ma ~ lui fut désagréable* die Begegnung mit mir war ihm peinlich; *faire la ~ de qn* j-s Bekanntschaft machen; *faire une mauvaise ~* e-e verhängnisvolle Begegnung haben; *faire de mauvaises ~s* in schlechte Gesellschaft geraten; *partir à la ~ du Sahara* auf Entdeckungsreise in die Sahara fahren; 2. *SPORTS* Begegnung *f*; Wettkampf *m*; Spiel *n*; *~ de boxe* Boxkampf *m*; 3. *de rivières, lignes, voyelles* Zu'sammentreffen *n*; *de véhicules (collision)* Zu'sammenstoß *m*

rencontrer [ʀɑ̃kɔ̃tʀe] I *v/t* 1. begegnen (+*dat*); treffen; *~ qn* a) *par hasard* j-m begegnen, j-n (an)treffen; b) *exprès* mit j-m zu'sammentreffen, -kommen; j-n treffen; c) *SPORT* auf j-n treffen; d) (*faire la connaissance de*) j-n kennenlernen; j-s Bekanntschaft machen; *dans un texte ~ plusieurs fois la même expression* mehrere Male dem gleichen Ausdruck begegnen; *gens comme on n'en rencontre plus* wie man sie nicht mehr findet; *~ les yeux de qn* j-s Blick begegnen; 2. (*se heurter à*) *~ qc* auf etw (*acc*) stoßen (*a fig*); *fig ~ de grandes difficultés* auf große Schwierigkeiten stoßen; *~ le mur, un obstacle* an *ou* gegen die Mauer, auf ein Hindernis stoßen; II *v/pr se ~* 3. *réciproquement*: *personnes, regards* sich (*dat*) begegnen; sich treffen; (*avoir une entrevue*) zu'sammenkommen, -treffen; *deux rivières etc* zu'sammentreffen; *véhicules* zu'sammenstoßen; *faire se ~ plusieurs personnes* mehrere Personen miteinander bekannt machen; 4. *sens passif*: *choses, coutumes* anzutreffen sein; *une de ces longues phrases comme il s'en rencontre chez Proust* wie man sie bei Proust findet; *cela se rencontre quelquefois* so etwas kommt vor; *comme cela se rencontre!* das trifft sich gut!

rendement [ʀɑ̃dmɑ̃] *m* 1. *ÉCON, FIN* Ren'dite *f*; Ertrag *m*; 2. *du travail* (Arbeits)Leistung *f*; *de la production pétrolière etc* Ausbeute *f*; Ergiebigkeit *f*; *AGR* Ertrag *m*; *PHYS d'une machine* Wirkungsgrad *m*; Nutzeffekt *m*; *à l'hectare* Hektarertrag *m*; *loc/adj d'un mauvais ~* unwirtschaftlich; *travailler à plein ~* mit voller Leistung arbeiten

rendez-vous [ʀɑ̃devu] *m* 1. Verabredung *f*; (*amoureux*) Rendez'vous *n*; Stelldichein *n*; *~ social* Treffen *n* der Tarifpartner; Ta'rifverhandlungen *f/pl*; *~ d'affaires* geschäftliche Verabredung; *péj maison f de ~* exklusives Freudenhaus; Luxusbordell *n*; *avoir (un) ~ avec qn* e-e Verabredung mit j-m haben; mit j-m verabredet sein; sich mit j-m treffen; *fig avoir ~ avec la chance* dem Glück begegnen; *avoir un ~ chez le médecin* e-n Termin beim Arzt haben; beim Arzt bestellt, angemeldet sein; *donner ~ à qn* sich mit j-m verabreden, j-n bestellen; *il m'a donné ~ à cinq heures* er hat mich auf *ou* für fünf Uhr bestellt; *se donner ~* sich verabreden; *fig (ne pas) être au ~* (nicht) eingetroffen, eingetreten sein; *client prendre ~* sich anmelden (*avec* *le médecin* beim Arzt; *avez-vous pris ~?* sind Sie angemeldet?; *médecin etc recevoir sur ~* Sprechstunde nach Vereinbarung halten; **2.** *lieu* Treffpunkt *m*; *par ext ~ de chasse* Jagdhütte *f*; *café être le ~ des artistes* (der) Treffpunkt der Künstler sein; **3.** *~ spatial* Rendez'vous(manöver) *n* im Weltraum

rendormir [Rɑ̃dɔRmiR] ⟨*cf partir*⟩ *v/pr se ~* wieder einschlafen

rendre [Rɑ̃dR(ə)] ⟨je rends, il rend, nous rendons; je rendrai; que je rende; rendant; rendu⟩ **I** *v/t* **1.** (*restituer*) (wieder) zu'rückgeben; (*redonner*) 'wiedergeben; *monnaie* her'ausgeben; *élève: copie* abgeben; *~ un article défectueux* e-e schadhafte Ware zurückgeben; *~ un bâtiment à sa destination primitive* ein Gebäude s-r ursprünglichen Bestimmung zurückgeben; *~ un cadeau* ein Geschenk zurückgeben; *~ à qn confiance en soi* j-m wieder Selbstvertrauen geben; *~ un coup* zu'rückschlagen; *nouvelle ~ l'espoir à qn* j-m wieder, neue Hoffnung geben, machen; j-m die Hoffnung wiedergeben; *médicament ~ des forces à qn* j-m neue Kräfte geben, verleihen; j-n wieder zu Kräften kommen lassen; *~ une invitation* e-e Gegeneinladung aussprechen; e-e Einladung erwidern; *~ la liberté à qn* j-m die Freiheit wiedergeben; *~ la vue à un aveugle* e-m Blinden die Sehkraft, das Augenlicht zurück-, wiedergeben; ♦ *abs: pouvez--vous me ~ sur dix francs?* können Sie mir auf zehn Franc herausgeben? *emprunter et ne pas ~* ausleihen und nicht zurückgeben; *BIBL rendez à César ce qui est à César* gebet dem Kaiser, was des Kaisers ist; **2.** (*faire payer*) vergelten, *péj* heimzahlen (*qc à qn* j-m etw); *~ le bien pour le mal* Böses mit Gutem vergelten; *~ injure pour injure* Beschimpfungen mit Beschimpfungen beantworten; *je le lui rendrai* ich werde es ihm (ordentlich) heimzahlen; *elle le déteste,* **mais il le lui rend bien** aber er kann sie ebensowenig leiden; **3.** (*laisser échapper*) a) (*vomir*) von sich geben; erbrechen; *abs* sich über'geben; **b)** *instrument ~ des sons aigus* hohe Töne von sich geben; **c)** *fig ~ l'âme, l'esprit* Geist aufgeben (*a fig*); die Seele aushauchen; **4.** *par le langage, par l'art* 'wiedergeben; *copie ~ bien l'original* originalgetreu sein; *~ la pensée de l'auteur* die Gedanken des Autors gut wiedergeben, klar zum Ausdruck bringen; **5.** *MIL ville, place* über'geben; *~ les armes* die Waffen strecken (*a fig*), niederlegen; **6.** *SPORTS* vorgeben; *~ de la distance, du poids à ses concurrents* s-n Konkurrenten Distanz, Gewicht vorgeben; **7.** *avec adj machen; ~ qn célèbre, fou, malade, orgueilleux etc* j-n berühmt, verrückt, krank, hochmütig *etc* machen; *~ une rivière navigable* e-n Fluß schiffbar machen; *~ qn triste* j-n traurig machen, stimmen; **8.** *loc avec subst: ~ un arrêt, un jugement* ein Urteil fällen; *cf a compte 3., justice 1., 2., service 1., visite 1.*; **II** *v/i* **9.** *terres, arbres fruitiers ~ peu, bien* wenig, viel abwerfen, einbringen; *produit ~ bien* ergiebig sein; ausgeben; **10.** *par ext: photo etc F ça n'a pas rendu* das ist nichts geworden; *personne bien ~ à l'écran* sich auf dem Bildschirm gut machen; **III** *v/pr se ~* **11. a)** *MIL* sich ergeben; *criminel se ~ à la justice* sich der Justiz stellen; **b)** *par ext (céder): se ~ à l'appel de qn* j-s Aufruf (*dat*) folgen, Folge leisten; *se ~ à l'avis de qn* sich j-s Ansicht (*dat*) anschließen; *se ~ aux ordres de qn* j-s Befehlen (*dat*) gehorchen; *se ~ aux prières de qn* j-s Bitte (*dat*) nachkommen; *cf a raison 1., 4.*; **12.** (*aller*) sich begeben (*chez qn* zu j-m); *se ~ à l'étranger, à Paris* sich ins Ausland, nach Paris begeben; *se ~ à une invitation* e-r Einladung (*dat*) Folge leisten; *se ~ au théâtre* ins Theater gehen; *se ~ à son travail, à son poste* an die Arbeit gehen; sich an die Arbeit, auf s-n Posten begeben; **13. a)** *avec adj ... machen; se ~ insupportable* unerträglich werden *ou* sein; *se ~ malade, utile etc* sich krank, nützlich *etc* machen; **b)** *avec subst se ~ acquéreur de qc* etw erwerben; *se ~ maître de qc* e-r Sache (*gén*) *ou* über etw (*acc*) Herr werden; **14.** *se ~ compte de qc cf compte 1.*; **15.** *sens passif: expression ne pouvoir se ~ en français* sich im Französischen nicht 'wiedergeben lassen

rendu [Rɑ̃dy] **I** *p/p cf rendre et adj* **1.** *portrait bien ~* gut getroffen; **2.** (*arrivé*) angekommen; *nous voilà rendus* wir sind da; **3.** (*exténué*) erschöpft; ermattet; **II** *m* **1.** *ART* 'Wiedergabe *f*; **2.** *COMM* zu'rückgehende, zu'rückgegebene Ware; *~s pl a* Re'touren *f/pl*

rêne [REn] *f* Zügel *m*; *fig: laisser les ~s* die Zügel locker lassen, *p/fort* schießen lassen; *prendre, tenir les ~s* die Zügel fest in die Hand nehmen, in der Hand haben

René [Rəne] *m Vorname*

Renée [Rəne] *f* Re'nate *f*

renégat [Rənega] *m,* **~ate** *f REL et fig* Rene'gat *m*; Abtrünnige(r) *f(m)*

reneiger [R(ə)neʒe] *v/imp* ⟨-geait⟩ *il reneige* es schneit wieder

renfermé [Rɑ̃fɛRme] **I** *adj air, personne* verschlossen; *personne a* in sich gekehrt; **II** *m odeur f de ~* dumpfer, muffiger Geruch; *sentir le ~* dumpf(ig), muffig riechen

renfermer [Rɑ̃fɛRme] **I** *v/t* enthalten; um'fassen; in sich schließen; *~ un sens profond* e-n tieferen Sinn haben; **II** *v/pr se ~ en soi-même* sich in sich selbst zu'rückziehen

renflé [Rɑ̃fle] *adj forme, vase etc* bauchig; (aus)gebaucht

renflement [Rɑ̃fləmɑ̃] *m* Ausbauchung *f*; Verdickung *f*; (An)Schwellung *f*; Wulst *m*

renfler [Rɑ̃fle] **I** *v/t* ausbauchen; anschwellen lassen; wölben; **II** *v/pr se ~* sich ausbauchen; anschwellen; sich wölben

renflou|age [Rɑ̃fluaʒ] *m ou* **~ement** *m MAR et fig* Wieder'flottmachen *n*

renflouer [Rɑ̃flue] *v/t bateau, fig économie, entreprise* wieder flottmachen; *fig ~ qn* unter die Arme greifen

renfoncement [Rɑ̃fɔ̃smɑ̃] *m d'une porte etc* Vertiefung *f*

renfoncer [Rɑ̃fɔ̃se] ⟨-ç-⟩ *v/t ~ son chapeau sur sa tête* sich den Hut tiefer ins Gesicht ziehen, drücken

renforçateur [Rɑ̃fɔRsatœR] *m ou adjt bain m ~ PHOT* Verstärker *m*

renforcement [Rɑ̃fɔRsəmɑ̃] *m TECH, MIL, GR, d'une équipe etc* Verstärkung *f*; *d'un régime politique* Stärkung *f*

renforcer [Rɑ̃fɔRse] *v/t* ⟨-ç-⟩ **1.** *mur, troupe, équipe, expression etc* verstärken; *par ext régime politique* stärken; *adjt: bas à talon renforcé* mit verstärkter Ferse; *renforcé nylon* nylonverstärkt; **2.** *~ qn dans son opinion* j-n in s-r Meinung bestärken; *~ la méfiance, les soupçons de qn* j-n in s-m 'Mißtrauen, in s-m Verdacht bestärken

renfort [Rɑ̃fɔR] *m* **1.** *MIL et par ext* Verstärkung *f*; *de personnel a* Zugang *m*; *demander du ~ ou des ~s* Verstärkung erbitten; **2.** *loc/prép à grand ~ de* mit (Hilfe) von) viel; unter reichlicher Zu'hilfenahme von

renfrogn|é [Rɑ̃fRɔɲe] *adj* verdrießlich; mürrisch; griesgrämig; verärgert; sauer; **~er** *v/pr se ~* ein saures, mürrisches Gesicht machen; sein Gesicht verziehen

rengager [Rɑ̃gaʒe] ⟨-geons⟩ **I** *v/t* **1.** *personnel* wieder'einstellen; *combat, discussion* wieder'aufnehmen; **II** *v/i et v/pr MIL* (*se*) *~* freiwillig länger dienen; sich weiterverpflichten; *adjt* **soldat rengagé** *ou subst* **rengagé** *m* längerdienende(r) Freiwillige(r)

rengaine [Rɑ̃gɛn] *f* **1.** *chanson* Schlager *m*; Gassenhauer *m*; **2.** *fig c'est toujours la même ~* es ist immer die alte Leier, dieselbe Platte

rengainer [Rɑ̃gene] *v/t* **1.** *épée* wieder in die Scheide stecken; **2.** *F fig compliment* für sich behalten; unter'drücken; *F* runterschlucken

rengorger [Rɑ̃gɔRʒe] *v/pr* ⟨-geons⟩ *se ~* **1.** *pigeon, paon* sich auf plustern; **2.** *F fig personne* sich in die Brust werfen; sich aufplustern

reniement [R(ə)nimɑ̃] *m* **1.** *de qn, de ses opinions* Verleugnung *f*; *BIBL le ~ de saint Pierre* die Verleugnung des Petrus; **2.** *REL* Lossagung *f* (*de* von)

renier [R(ə)nje] **I** *v/t* **1.** *ami, opinions, origines etc* verleugnen; *promesse, signature* leugnen; **2.** *~ Dieu, sa foi* sich von Gott, von s-m Glauben lossagen; Gott, s-m Glauben abtrünnig werden; **II** *v/pr se ~* s-e Ansichten verleugnen

reniflement [R(ə)nifləmɑ̃] *m* Schnüffeln *n*

renifler [R(ə)nifle] **I** *v/t* **1.** schnüffeln (*a odeur*), schnuppern (*qc* an etw [*dat*]); **2.** *F fig mauvais coup etc* wittern; **II** *v/i qn d'enrhumé* (die Nase) hochziehen

renne [REn] *m ZO* Ren(tier) *n*

renom [R(ə)nɔ̃] *m* (guter) Ruf; Name *m*; Ansehen *n*; *artiste m de ~ international* Künstler *m* von internationalem Ruf; *école etc de grand ~, en ~* mit e-m (sehr) guten Ruf

renommé [R(ə)nɔme] *adj* (wohl)bekannt; angesehen; renom'miert; berühmt; *personnage a* namhaft; *être ~ pour ...* bekannt sein für ...

renommée [R(ə)nɔme] *f* guter Ruf; Ansehen *n*; Renom'mee *n*; *~ mondiale* Weltruf *m*; *jouir d'une grande ~* gro-

ßes Ansehen, e-n sehr guten Ruf genießen
renoncement [R(ə)nõsmã] *m* Verzicht *m* (*à auf* +*acc*); Entsagung *f*; **~ à soi-même** Selbstverleugnung *f*
renoncer [R(ə)nõse] *v/t/indir* ⟨-ç-⟩ **~ à** verzichten auf (+*acc*); absehen, Abstand nehmen von; aufgeben (+*acc*); entsagen (+*dat*); *st/s* sich ergeben (+*gén*); **~ à un droit** auf ein Recht verzichten; **~ à une espérance, à une habitude** e-e Hoffnung, e-e Gewohnheit aufgeben; **~ au mariage** von e-r Heirat absehen; *REL* **~ au monde** der Welt entsagen; **~ à un projet** auf ein Projekt verzichten; ein Projekt aufgeben; *REL* **~ à Satan, à ses pompes et à ses œuvres** dem bösen Feinde und aller s-r Hoffart und allen s-n Werken wider'sagen; **~ à une succession** e-e Erbschaft ausschlagen; auf e-e Erbschaft verzichten; ♦ **~ à faire qc** darauf verzichten, etw zu tun; **~ à boire, à fumer** das Rauchen, das Trinken aufgeben, F seinlassen; **~ à fréquenter qn** vom 'Umgang mit j-m Abstand nehmen; den 'Umgang, Verkehr mit j-m einstellen; **~ à poursuivre ses études** sein Studium aufgeben; ♦ **j'y renonce** ich geb's auf; *abs* **je renonce** ich verzichte
renonciation [R(ə)nõsjasjõ] *f* Verzicht *m* (*à auf* +*acc*); *JUR a* Verzichtleistung *f*; **~ à une succession** Erbverzicht *m*; Ausschlagung *f* e-r Erbschaft
renoncule [R(ə)nõkyl] *f BOT* Hahnenfuß *m*
renouer [R(ə)nwe] **I** *v/t* **1.** *lacets* wieder (zu)binden, (zu)schnüren; *ruban* wieder verknoten; *cravate* wieder binden; **2.** *fig pourparlers, conversation* wieder-'aufnehmen, -'anknüpfen; *amitié* erneuern; **II** *v/t/indir* **3.** **~ avec qc** an etw (*acc*) (wieder)'anknüpfen; **avec une mode, avec un usage** an e-e Mode, an e-n Brauch (wieder)anknüpfen; **4.** **~ avec un ami** die Beziehungen zu e-m Freund wieder'aufnehmen; die alte Freundschaft erneuern
renouveau [R(ə)nuvo] *m* ⟨*pl* ~x⟩ **1.** *poét* Lenz *m*; **2.** *fig en art* neuer Frühling; neue Blüte; **connaître un ~ de succès** e-n neuen Erfolg zu verzeichnen haben
renouvelable [R(ə)nuvlabl(ə)] *adj* **1.** erneuerbar; *contrat, passeport* verlängerbar; *expérience* wieder'holbar; *assemblée* **être ~ tous les trois ans** alle drei Jahre neu gewählt werden; **2.** *ÉCOL énergie* erneuerbar; regenera'tiv; *matière première* nachwachsend
renouveler [R(ə)nuvle] ⟨-ll-⟩ **I** *v/t* erneuern; *contrat, passeport, abonnement a* verlängern; *offre, promesse, exploit a* wieder'holen; *offre a* erneut machen; *promesse a* erneut geben; *exploit a* erneut voll'bringen; *stocks a* auffüllen, ergänzen; **~ une assemblée** ein Gremium neu wählen; *députés* **~ leur confiance au gouvernement** der Regierung erneut ihr Vertrauen aussprechen; **~ ses efforts** sich von neuem anstrengen; neue Anstrengungen unter'nehmen; **~ une erreur** e-n Irrtum wieder'holen, erneut begehen; **~ sa garde-robe** s-e Garderobe erneuern; sich neue Kleider anschaffen; **~ le person-** *nel* das Personal erneuern, auswechseln, ablösen; **~ sa question** s-e Frage wiederholen, erneut stellen; *REL CATH* **~ les vœux du baptême** die Taufgelübde erneuern; **faire ~ son passeport** s-n Paß erneuern *ou* verlängern lassen; **II** *v/i REL CATH* die Erstkommunion nach e-m Jahr wieder'holen, erneuern; **III** *v/pr* **se ~ 1.** *sang, techniques etc* sich erneuern; *peintre, écrivain etc* sich wandeln; anderes, Neues gestalten; **2.** *scène, incident etc* sich wieder'holen; wieder vorkommen; **et que ça ne se renouvelle pas!** das darf nicht wieder vorkommen!; daß mir das nicht wieder vorkommt!
renouvellement [R(ə)nuvɛlmã] *m* Erneuerung *f*; *d'un contrat, passeport a* Verlängerung *f*; **~ d'un mandat** 'Wiederwahl *f* in ein Amt; **demande *f* de ~ de passeport** Antrag *m* auf Paßverlängerung
rénova|teur [RenovatœR], **~trice I** *m,f* Erneuerer *m*, Erneuerin *f*; **II** *adj* erneuernd
rénovation [Renovasjõ] *f CONSTR* Reno-'vierung *f*; In'standsetzung *f*; **travaux** *m/pl* **de ~** Renovierungsarbeiten *f/pl*
rénover [Renove] *v/t* **1.** *bâtiment* reno-'vieren; in'stand setzen; **2.** *fig enseignement etc* erneuern
renseignement [Rãsɛɲmã] *m* **1.** Auskunft *f*; Informati'on *f*; F **~s** *pl* Auskunft(sstelle *f*, -dienst *m*) *f*; Informati'on *f*; **bureau *m* de(s) ~(s)** Auskunftsbüro *n*; **guichet *m* ~(s)** Auskunftsschalter *m*; **pour tout ~, pour plus amples ~s s'adresser à ...** Auskunft, nähere Auskünfte bei ...; **aller aux ~s** a) sich erkundigen; b) zur Auskunft, Information gehen; **donner, fournir des ~s à qn sur qc** j-m über etw (*acc*) Auskunft geben, erteilen; **prendre des ~s sur qn, qc** Erkundigungen über j-n, etw einziehen, einholen; **2.** *de candidats à un poste* Empfehlung *f*; Refe'renz *f*; **3.** *MIL, POL* (geheime) Nachricht; **~s généraux** (*abr* **R.G.**) poli'zeilicher Über'wachungsdienst; *correspond à* Verfassungsschutz *m*; **agent *m* de ~s** (Geheim)Agent *m*; **service *m* de ~s** Nachrichtendienst *m*
renseigner [Rãseɲe] **I** *v/t* Auskunft geben, erteilen (*qn sur qc, qn* j-m über (j-n)); infor'mieren, unterrichten (j-n über etw, j-n); *adj* **être bien, mal renseigné** gut, schlecht unterrichtet sein, informiert sein, Bescheid wissen; **II** *v/pr* **se ~** sich erkundigen, infor'mieren (**auprès de qn** bei j-m; **sur qn, qc** über j-n, etw); **se ~ sur qn** *a* über j-n Erkundigungen einholen, einziehen; **je vais me ~** *a* ich werde (an)fragen
rentabil|iser [Rãtabilize] *v/t ÉCON* ren-'tabel machen, gestalten; einträglich machen; **~ité** *f* Rentabili'tät *f*; Einträglichkeit *f*; Wirtschaftlichkeit *f*
rentable [Rãtabl(ə)] *adj* ren'tabel; lohnend; gewinnbringend; einträglich; **être ~** *a* sich rentieren, sich ren'tieren
rente [Rãt] *f* **1.** *d'un capital, bien* Rente *f*; **~ viagère** Leibrente *f*; *fig* **~ de situation** Vorteil, der bei e-r Stellung her'ausspringt; **avoir des ~s** Einkünfte aus Kapitalvermögen und Besitz haben; **vivre de ses ~s** von s-m Vermögen leben; privati'sieren; **2.** F *iron* (*dé-* *pense régulière*) Faß *n* ohne Boden; F kostspielige Angelegenheit; **3.** *FIN* (*emprunt d'État*) Staatsanleihe *f*
ren|tier [Rãtje] *m*, **~ière** *f* Renti'er *m*; Privati'er *m*; *fig* **mener une vie de rentier** F e-e ruhige Kugel schieben
rentrant [Rãtrã] *adj MATH angle* 'überstumpf; einspringend
rentré [Rãtre] **I** *adj* **1.** *colère* unter-'drückt; **2.** *joues* eingefallen, hohl; **II** *m COUT* 'Umschlag *m*
rentrée [Rãtre] *f* **1.** (*retour*) Rückkehr *f*; Rückkunft *f*; Heimkehr *f*; **2.** *après les vacances* 'Wiederbeginn *m* (der Arbeit, der Schule, der Universität *etc*); **la ~ parlementaire** das Wiederzu'sammentreten des Parlaments; **la ~** (*scolaire*) der Schulbeginn, -anfang (nach den Ferien); **à la ~** bei(m) Schulbeginn; **c'est la ~ des classes** die Schule fängt wieder an; **3.** (*réapparition*) 'Wiederkehr *f*; **~ de qn a** Rückkehr *f*; **~ politique** Rückkehr in die Politik; politisches Comeback [kam'bɛk]; **faire sa ~** *artiste* (s)ein Comeback feiern; *acteur* a wieder auf e-r Bühne auftreten; **4.** *COMM d'argent* Eingang *m*; **~s** *pl* Eingänge *m/pl*; eingehende Gelder *n/pl*; **~s fiscales** Steuereingänge *m/pl*, -einnahmen *f/pl*, -aufkommen *n*; **avoir de bonnes ~s** gute Einnahmen haben; **5.** *ESPACE* **~ dans l'atmosphère** Wieder'eintritt *m* in die Atmosphäre; **6.** *AGR de la récolte* Einbringen *n*; Einfahren *n*; **7.** *SPORTS* **~ en touche** Einwurf *m*
rentrer [Rãtre] *v/t objet* (wieder) hin-'ein- *ou* her'ein-, F reinbringen, -schaffen, -nehmen, -tragen, -schieben, -stecken; *avion*: *train d'atterrissage* einziehen, -fahren; *récolte* einbringen, -fahren; *bétail* in den Stall treiben; *TYPO ligne* einrücken; *fig colère* unter'beißen; hin'unter-schlucken; **~ qc à la cave, dans la maison** etw (wieder) in den Keller, ins Haus bringen, schaffen; **~ sa chemise dans son pantalon** sein Hemd (wieder) in die Hose stecken; *par ext* **~ les coudes dans les côtes de ses voisins** s-e Nachbarn mit den Ellenbogen in die Rippen stoßen; **~ sa voiture (au garage)** s-n Wagen einstellen, in die Garage fahren *ou* bringen; **II** *v/i* ⟨être⟩ **1.** (*revenir*) zu'rückkehren, -kommen, -gehen; **~** (**chez soi**) heimkehren, -kommen, nach Hause kommen, gehen; *avion* **~ à sa base** zu s-m Stützpunkt zurückkehren, -fliegen; **~ à Paris** nach Paris zurückkehren; **~ dans sa chambre** in sein Zimmer zurückgehen; *fleuve* **~ dans son lit** in sein Bett zu'rücktreten; **~ du travail** von der Arbeit zurückkommen, nach Hause kommen; **~ de vacances, d'un voyage** vom Urlaub, von e-r Reise zurückkehren, -kommen; **~ en voiture** mit dem Auto zurückfahren, -kommen; *fig et st/s* **~ en soi-même** in sich gehen; **~ (pour) dîner** zum Abendessen nach Hause gehen, kommen; **~ prendre son parapluie** zurückkehren, um s-n Regenschirm zu holen; **faire ~ les enfants** die Kinder nach Hause holen *ou* schicken; **ne pas trouver le chemin pour ~** nicht mehr nach Hause finden; **il fait froid, rentrons!** es ist kalt, gehen wir nach Hause!; **en rentrant** bei meiner

ou s-r *etc* Rückkehr; als ich *ou* er *etc* zurückkam, -kehrte; **2.** (*retrouver*) **~ dans qc** etw 'wiedererlangen; **~ dans le calme** wieder zur Ruhe kommen; **~ dans le droit chemin** wieder auf den rechten Weg kommen; **~ dans ses dépenses, dans ses frais** s-e Ausgaben, s-e Auslagen wieder her'einbekommen; auf s-e Kosten kommen; ohne Verlust, mit plus minus Null abschließen; **~ dans ses droits** wieder zu s-m Recht gelangen; **~ dans ses fonctions** sein Amt wieder antreten; **~ dans les bonnes grâces de qn** j-s Gunst, Wohlwollen 'wiedergewinnen; **3.** *après les vacances* (*reprendre le travail*) die Arbeit wieder'aufnehmen; *écoles* wieder anfangen, beginnen; **4.** (*entrer*) hin'eingehen; her'einkommen; eintreten; **~ à l'hôpital** ins Krankenhaus kommen; **~ dans l'Administration, dans la police** in den Verwaltungsdienst, zur Polizei gehen; bei der Verwaltung, bei der Polizei eintreten; **~ dans une boutique** in e-n Laden (hinein)gehen; e-n Laden betreten; **faire ~ qn** j-n eintreten lassen; *fig*: (**vouloir**) **~ sous terre** vor Scham am liebsten im Boden versinken; **faire ~ qn sous terre** F j-n am Boden zerstören; j-n fertigmachen; **5.** F (*heurter*) *automobiliste* **~ dans un arbre** gegen e-n Baum fahren; *cf a* **dedans** *1.*; **6.** *objet dans qc* hin'eingehen, -passen (**dans** in +*acc*); *éléments télescopiques* **~ les uns dans les autres** sich inein'anderschieben lassen; F *fig* **les jambes lui rentraient dans le corps** er konnte sich kaum noch auf den Beinen halten; F er ging auf dem Zahnfleisch; *tête* **~ dans les épaules** tief auf den Schultern sitzen; *clé* **bien ~ dans la serrure** gut ins Schloß passen; *fig* **faire ~ qc dans la tête de qn** j-m etw beibringen, *p*/*fort* eintrichtern, einbleuen; **7.** (*faire partie de*) **~ dans** enthalten sein in (+*dat*); fallen unter (+*acc*); gehören zu; **~ dans une catégorie** unter e-e Kategorie fallen; **cela rentre dans les frais de ...** das ist in den Kosten (+*gén*) (ein)begriffen, enthalten; **8.** COMM *de l'argent* eingehen; **faire ~ des fonds** Gelder bei-, eintreiben

renversant [ʀɑ̃vɛʀsɑ̃] *adj nouvelle* unglaublich; *nouvelle*, unfaßbar; verblüffend; F 'umwerfend; **c'est ~ a** F das haut einen um

renverse [ʀɑ̃vɛʀs] *loc* **tomber à la ~** auf den Rücken, hinten'überfallen; *fig* **il y a de quoi tomber à la ~** das kann einen 'umwerfen

renversé [ʀɑ̃vɛʀse] *adj* **1.** (*à l'envers*) 'umgekehrt; auf dem Kopf stehend; CUIS **crème ~e** gestürzter Pudding mit Kara'melüberzug; *fig* **c'est le monde ~** das ist e-e verkehrte Welt; **2.** *chaise, vase etc* 'umgekippt; 'umgestoßen; 'umgefallen; *liquide* verschüttet; *tête* nach hinten geneigt; zu'rückgeworfen; **3.** *fig* (*stupéfait*) völlig verblüfft; fassungslos; verstört

renversement [ʀɑ̃vɛʀsəmɑ̃] *m* **1.** *d'un gouvernement, régime* Sturz *m*; **2.** (*inversion*) 'Umkehrung *f*; verblüfft; *fig* **des alliances, des opinions** Verkehrung *f* ins Gegenteil

renverser [ʀɑ̃vɛʀse] **I** *v/t* **1. a)** *chaise, récipient etc* 'umwerfen; 'umstoßen; F 'umkippen; *tempête*: *arbres* 'umdrükken; 'umreißen; *auto(mobiliste)*: *piéton* 'umfahren; **~ qn en courant** j-n 'umrennen; **se faire ~ par une voiture** von e-m Auto umgefahren werden; **b)** *par ext vin, café etc* verschütten; vergießen; **~ du café sur sa robe** sich Kaffee auf das Kleid gießen; **c)** F *fig* (*stupéfier*) **cela me renverse** F das haut mich um; da bleibt mir die Spucke weg; **il m'a renversé** er hat mich völlig verblüfft, aus der Fassung gebracht; **2.** *gouvernement, ministre, régime* stürzen; *ordre établi* 'umstoßen; zerstören; **3.** (*inverser*) 'umkehren (*a* MATH); *image a* verkehrt 'wiedergeben; auf den Kopf stellen; *termes d'un rapport, d'une proposition* 'umstellen; ÉLECT *courant* 'umpolen; *fig* **~ les rôles** die Rollen vertauschen; *cf a* **vapeur**[1] *1.*; **4. ~ la tête** (**en arrière**) den Kopf nach hinten neigen, beugen, legen, werfen; den Kopf zu'rückbeugen, -legen, -werfen; **II** *v/pr* **se ~ 5.** 'umfallen; *barque, voiture* 'umkippen; *arbre, camion* 'umstürzen; *barque a* kentern; **6.** *personne* (*s'adosser*) sich zu'rücklehnen; sich nach hinten lehnen; **7.** *situation* **se ~** (*complètement*) sich völlig ändern; sich ins Gegenteil verkehren

renvoi [ʀɑ̃vwa] *m* **1.** *de personnel* Entlassung *f*; *d'un élève* Verweisung *f* (**du lycée** vom Gymnasium); *d'un étudiant a* Relegation *f*; **2.** *d'une lettre etc* Zu'rückschicken *n*; Rücksendung *f*; *d'une demande* Abweisung *f*; Zu'rückweisung *f*; **3.** *dans un texte* Verweis *m* (**à** auf +*acc*); **4.** *à une autorité compétente* Verweisung *f* (**devant un tribunal** an ein Gericht; **à une commission** an e-n Ausschuß); **5.** (*ajournement*) Vertagung *f*, Verschiebung *f*, Verlegung *f* (**à 'huitaine** um acht Tage); **6.** PHYSIOL Aufstoßen *n*; F Rülpser *m*; **avoir de ~s** aufstoßen; F rülpsen

renvoyer [ʀɑ̃vwaje] **I** *v/t* ⟨*cf* envoyer⟩ **1.** *personnel* entlassen; *élève* verweisen (**de l'école** von der Schule); *étudiant de l'université a* rele'gieren; *visiteur gênant* wegschicken; abweisen; F abwimmeln; **~ qn avec des promesses** j-n mit Versprechungen vertrösten, abspeisen; **~ qn de la pièce** j-n aus dem Zimmer schicken; **2.** (*faire retourner*) zu'rückschicken (*a lettre, marchandise*); *cadeau a* zu'rückweisen; **~ un enfant à ses parents** ein Kind zu s-n Eltern zurückschicken; nach Hause schicken; **3.** *balle* zu'rückwerfen, -schlagen; *image, son, lumière* zu'rückwerfen; *lumière a* reflek'tieren; *aux cartes* **~ trèfle** noch einmal Kreuz spielen; *cf a* **balle** *1.*; **4.** *à une autorité compétente* **~ qn à qn** j-n an j-n verweisen; *dans un texte* **~ à qc** auf etw (*acc*) verweisen; **~ qn devant la cour d'assises** e-n Fall an das Schwurgericht verweisen; **5.** (*reporter*) verschieben; verlegen; vertagen; **~ à plus tard** auf später verschieben; *projet a* zu'rückstellen; **II** *v/pr* **se ~ qc** sich gegenseitig etw zuschieben; **se ~ la faute** sich gegenseitig die Schuld zuschieben

réoccuper [ʀeɔkype] *v/t* wieder besetzen

réorchestrer [ʀeɔʀkɛstʀe] *v/t* MUS neu orche'strieren

réorganis|**ation** [ʀeɔʀganizasjɔ̃] *f* Reorganisati'on *f*; Neu-, 'Umgestaltung *f*; Neuordnung *f*; 'Umstellung *f*; **~er** *v/t* reorgani'sieren; neu gestalten, ordnen; 'umgestalten; 'umstellen

réorient|**ation** [ʀeɔʀjɑ̃tasjɔ̃] *f* Neuorien'tierung *f*; **~er** *v/t politique etc* neu orien'tieren; anders ausrichten; in e-e neue, andere Richtung lenken; *élève a* 'umschulen

réouverture [ʀeuvɛʀtyʀ] *f* 'Wiedereröffnung *f*

repaire [ʀ(ə)pɛʀ] *m* **1.** *d'animaux* Höhle *f*; **2.** *fig* Schlupfwinkel *m*; **~ de brigands** *a* Räuberhöhle *f*

repaître [ʀəpɛtʀ(ə)] ⟨*cf* connaître⟩ **I** *v/t st/s* **~ ses yeux de qc** s-e Augen an etw (*dat*) weiden; **II** *v/pr* **se ~ 1.** *animal* sich 'vollfressen; **2.** *fig* sich weiden, sich berauschen (**de** *a* +*dat*)

répandre [ʀepɑ̃dʀ(ə)] ⟨*cf* rendre⟩ **I** *v/t* **1.** *liquide par accident* verschütten (**sur** auf +*dat*); *sable etc* streuen (**auf** +*acc*); *larmes* vergießen; **~ le sang** Blut vergießen; **~ du vin sur la nappe** Wein auf dem Tischtuch verschütten; **2.** *odeur, lumière, nouvelle, effroi, allégresse* verbreiten; *bienfaits* austeilen; **II** *v/pr* **se ~ 3.** *liquide* sich ergießen (**sur** über *ou* auf +*acc*); auslaufen; sich verteilen; *fig foule* **se ~ dans les rues** die Straßen über'fluten; **4.** *odeur, chaleur, fumée, nouvelle, mode, épidémie* sich verbreiten; sich ausbreiten; *épidémie a* um sich greifen; **5. se ~ en injures, en lamentations** *etc* sich in Beleidigungen, Klagen *etc* ergehen

répandu [ʀepɑ̃dy] *adj* **1.** *liquide* verschüttet; *ordures, papiers* **~ sur le sol, par terre** auf dem Boden verstreut; **2.** *opinion, préjugé* verbreitet; gängig; üblich; **très ~ a** weitverbreitet

réparable [ʀepaʀabl(ə)] *adj* **1.** *objet* zu repa'rieren; *dommage* repa'rabel; zu beheben(d); **2.** *faute* wieder'gutzumachen(d); *perte* ersetzbar

reparaître [ʀ(ə)paʀɛtʀ(ə)] *v/i* ⟨*cf* connaître⟩ wieder erscheinen; sich wieder zeigen; **ne reparais pas devant mes yeux!** laß dich nicht wieder bei mir blikken!; *cf a* **réapparaître**

réparateur [ʀepaʀatœʀ] **I** *adj* ⟨-trice⟩ **1.** *sommeil* stärkend; erquickend; wohltuend; **2.** *chirurgie réparatrice* plastische Chirurgie; **II** *m* Handwerker, Arbeiter, der Repara'turen ausführt; Repara'teur *m*

réparation [ʀepaʀasjɔ̃] *f* **1.** TECH Repara'tur *f*; *de bâtiments a* In'standsetzung *f*; **être en ~** repariert werden; **faire de grosses ~** große Reparaturen 'durchführen; **2.** (*indemnité*) Entschädigung *f*; Schadenersatz *m*; Ersatzleistung *f*; *après une guerre* **~s** *pl* Reparati'onen *f*/*pl*; Wieder'gutmachung *f*; **3.** FOOTBALL **coup *m* de pied de ~** Strafstoß *m*; Elf'meter *m*; **surface *f* de ~** Strafraum *m*; **4.** (*satisfaction*) Genugtuung *f* (**de** für); **en ~ du mal qu'il a fait** als Sühne für das Böse, das er getan hat

réparer [ʀepaʀe] *v/t* **1.** *appareil, véhicule, toit, chaussures, fuite etc* repa'rieren; *bâtiment a* in'stand setzen; *panne* beheben; *par ext* **~ ses forces, sa santé** wieder zu Kräften kommen; **2.** *faute, oubli, maladresse etc* wieder'gutma-

chen; *dommages causés, perte* a ersetzen
reparler [ʀ(ə)paʀle] **I** *v/t/indir et v/i* wieder, noch einmal sprechen (**à qn** mit j-m; **de** über +*acc*; von); zu'rückkommen (**de qc** auf etw [*acc*]); **nous en reparlerons** wir werden sehen; **II** *v/pr* **se ~** wieder, noch einmal mitein'ander sprechen
repartie [ʀəpaʀti] *f* (schnelle, lebhafte) Erwiderung, Entgegnung; **avoir la ~ facile** *ou* **avoir de la ~** nie um e-e Antwort verlegen sein; schlagfertig sein
repartir[1] [ʀəpaʀtiʀ] *litt v/t ⟨cf partir; aber avoir⟩* entgegnen, erwidern; versetzen
repartir[2] [ʀ(ə)paʀtiʀ] *v/i ⟨cf partir⟩* **1.** *de nouveau* wieder weggehen, abreisen, abfahren; weiterfahren, -gehen; (wieder) aufbrechen; *moteur* wieder anspringen; *fig:* **~ à zéro** wieder ganz von vorne, bei Null anfangen; F **c'est reparti!** nun geht's wieder los!; *cf* **a partir**[1]; **2.** *d'où l'on vient* wieder zu'rückgehen, -fahren
répartir [ʀepaʀtiʀ] **I** *v/t* **1.** (*partager*) verteilen, aufteilen (**entre** unter +*dat*); *bénéfices* ausschütten; *frais, impôts* 'umlegen; **~ les sinistrés dans divers villages** die (Katastrophen)Geschädigten auf verschiedene Dörfer verteilen; *adj* **chargement mal réparti** schlecht verteilte Ladung; **2.** (*classer*) einteilen, (auf)gliedern (**en** in +*acc*); **II** *v/pr* **3.** *réciproquement* **se ~ un travail** e-e Arbeit aufteilen; sich in e-e Arbeit teilen; **4.** *sens passif: frais* **se ~** sich verteilen
répartition [ʀepaʀtisjɔ̃] *f* **1.** (*partage*) Verteilung *f*; Aufteilung *f*; *des bénéfices* Ausschüttung *f*; *de frais, d'impôts* 'Umlegung *f*; PARLEMENT **~ des sièges** Sitzverteilung *f*; **2.** BIOL *d'une espèce* Verbreitung *f*; **3.** (*classement*) Einteilung *f*; (Auf)Gliederung *f*
repas [ʀ(ə)pa] *m* Mahlzeit *f*; Essen *n*; *st/s* le ~, *des fauves ou des zoo* le ~ **des fauves** die Fütterung der Raubtiere; **~ de midi, du soir** Mittag-, Abendessen *n*; Mittags-, Abendmahlzeit *f*; Abendbrot *n*; **~ de noces** Hochzeitsessen *n*, *st/s* -mahl *n*, *plais* -schmaus *m*; **après le ~** nach Tisch; **à l'heure des ~s** zu den Essenszeiten; **aimer les bons ~** gern gut essen; **n'avoir pour tout ~ que ...** nur ... als Mahlzeit haben; **boire aux ~, en dehors des ~, entre les ~** zum Essen, außerhalb der Mahlzeiten, zwischen den Mahlzeiten trinken; **faire trois ~ par jour** dreimal täglich essen; täglich drei Mahlzeiten zu sich nehmen; **inviter qn à un ~** j-n zum Essen einladen; **prendre ses ~ chez soi** s-e Mahlzeiten zu Hause einnehmen; **préparer le ~** das Essen zubereiten
repassage [ʀ(ə)pasaʒ] *m du linge* Bügeln *n*; *nordd a* Plätten *n*
repasser [ʀ(ə)pase] **I** *v/t* **1.** *fleuve* wieder über'queren; *frontière* wieder über'schreiten; *film* noch einmal zeigen; *pain, plat à table* noch einmal (her-'über)reichen; *examen* noch einmal machen, ablegen; *fig* **~ les événements dans son esprit** die Ereignisse im Geist wieder an sich vor'überziehen lassen; *cf a* **passer** I; **2.** F (*donner*) *travail etc* **~ à qn** j-m über'lassen, über'geben;
an j-n weitergeben; **~ son amie à qn** F j-m s-e Freundin überlassen, vererben; **~ sa grippe à qn** j-n mit Grippe anstecken; F j-m s-e Grippe anhängen; **3.** *du linge* (auf)bügeln; *nordd a* plätten; *abs* (Wäsche) bügeln; **fer m à ~** Bügel-, Plätteisen *n*; **4.** (*relire*) *leçons, rôle* noch einmal 'durchgehen; wieder-'holen; **5.** (*aiguiser*) *couteaux, ciseaux* schleifen; abziehen; **II** *v/i* ⟨être⟩ noch einmal, wieder vor'beikommen, -gehen, -fahren; **repassez demain** kommen Sie morgen wieder vorbei; F *fig* **il peut toujours ~** darauf kann er lange warten; *fig* **~ derrière qn** j-m (scharf) auf die Finger sehen; **passer et ~ devant une maison** vor e-m Haus auf und ab gehen; **~ par le même chemin a)** *au point de départ* auf dem gleichen Weg zurückgehen, -fahren, -kommen; **b)** *une seconde fois* noch einmal den gleichen Weg gehen, fahren; *cf a* **passer** II; **III** *v/pr linge* **se ~** gebügelt werden (können); *abs* sich bügeln lassen
repasseuse [ʀ(ə)pasøz] *f* Büglerin *f*; *nordd a* Plätterin *f*
repayer [ʀ(ə)peje] *v/t et v/i* ⟨-ay- *od* -ai-⟩ noch einmal bezahlen
repêchage [ʀ(ə)pɛʃaʒ] *m* **1.** Her'ausfischen *n*, -ziehen *n* (aus dem Wasser); Bergung *f*; **2.** *fig* **a)** *d'un candidat* F 'Durchziehen *n*; **b)** *examen* Wieder'holungsprüfung *f*
repêcher [ʀ(ə)peʃe] *v/t* **1.** *objet, personne* aus dem Wasser ziehen; F her'ausfischen; **~ qn dans la Seine** j-n aus der Seine ziehen, bergen; **2.** F *fig* **a)** *à un examen* **~ un candidat** e-n Kandidaten gerade noch 'durchkommen lassen; F e-n Kandidaten 'durchziehen; bei e-m Kandidaten ein Auge zudrücken; **b)** SPORTS e-e zusätzliche Qualifikati'onschance geben (*qn* j-m)
repeindre [ʀ(ə)pɛ̃dʀ(ə)] *v/t ⟨cf peindre⟩* neu, wieder (an)streichen
repeint [ʀ(ə)pɛ̃] *m* PEINT Über'malung *f*
repenser [ʀ(ə)pɑ̃se] **I** *v/t/indir problème* (noch einmal) über'denken; **II** *v/t/indir* **~ à** wieder denken an (+*acc*); *p/fort* noch einmal nachdenken über (+*acc*); **j'y repenserai** ich werde es mir noch über'legen
repentant [ʀ(ə)pɑ̃tɑ̃] *adj* reumütig; reuig; reuevoll
repenti [ʀ(ə)pɑ̃ti] **I** *adj* pécheur reuig; *prostituée* die sich von ihrem bisherigen Leben abgekehrt hat; **II** *m* JUR Kronzeuge *m*
repentir [ʀ(ə)pɑ̃tiʀ] **I** *v/pr ⟨cf partir⟩* **se ~ de qc** etw bereuen; **il s'en repentira** er wird es noch bereuen; **II** *m* Reue *f* (**de qc** über etw [*acc*]); **témoigner du ~** Reue zeigen
repérage [ʀ(ə)peʀaʒ] *m* **1.** AVIAT, MIL Ortung *f*; Standortbestimmung *f*; **2.** CIN Erkundung *f* geeigneter Drehorte
répercussion [ʀepɛʀkysjɔ̃] *f* **1.** **~ du son** 'Widerhall *m*; **2.** *fig* Auswirkung *f*; Nachwirkung *f*; **avoir des ~s sur qc** Auswirkungen auf etw (*acc*) haben; sich auf etw (*acc*) auswirken
répercuter [ʀepɛʀkyte] **I** *v/t* **1.** *onde, son* zu'rückwerfen; **2.** *augmentation des salaires etc* abwälzen, über'wälzen (**sur** auf +*acc*); **3.** *directives* weitergeben (**sur** an +*acc*); **II** *v/pr* **4.** **se ~ bruit** 'widerhallen; *sons, cris* zu'rückschallen;
5. *fig* **se ~ sur qc** sich auf etw (*acc*) auswirken; sich in etw (*dat*) niederschlagen
repère [ʀ(ə)pɛʀ] *m* Mar'kierung *f*; Zeichen *n*; Marke *f*; **point *m* de ~** Anhaltspunkt *m*; Bezugs-, Orien'tierungspunkt *m*
repérer [ʀ(ə)peʀe] ⟨-è-⟩ **I** *v/t* **1.** (*découvrir*) ausfindig machen; auffinden; ausmachen; F **se faire ~** die Aufmerksamkeit auf sich lenken; sich verraten; **2.** AVIAT, MIL orten; ausmachen; **II** *v/pr* **se ~** F sich zu'rechtfinden
répertoire [ʀepɛʀtwaʀ] *m* **1.** (Sach)Re-'gister *n*; Verzeichnis *n*; Nachschlagewerk *n*; **~ d'adresses** A'dreßbuch *n*, -heft *n*; **~ de droit** juristisches Nachschlagewerk *n*; **2.** THÉ Reper'toire *n* (*a d'un artiste*); Spielplan *m*; **faire partie du ~** zum Repertoire gehören; **3.** *fig* **tout un ~ d'injures** ein ganzes Repertoire von Schimpfwörtern
répertorier [ʀepɛʀtɔʀje] *v/t* in ein Register, Verzeichnis aufnehmen; erfassen
repeser [ʀ(ə)pəze] *v/t* ⟨-è-⟩ nachwiegen
répéter [ʀepete] ⟨-è-⟩ **I** *v/t* **1.** (*redire*) wieder'holen, noch einmal sagen; *secret, nouvelle* weitersagen, -erzählen; *pourquoi pas?* **répéta-t-il** wiederholte er; **répète après moi** sprich mir nach; **ne pas se le faire ~** es sich nicht zweimal sagen lassen; **2.** (*refaire*) wieder'holen; noch einmal machen; *adj* **des tentatives répétées** wiederholte Versuche *m/pl*; **3.** *rôle, pièce etc* proben; einstudieren; *leçon* wieder'holen; *abs* **les acteurs sont en train de ~** die Schauspieler sind beim Proben; **II** *v/pr* **se ~ 4.** *sens réfléchi* sich (*acc*) wieder'holen; **il avait beau se ~ que ...** er konnte sich (*dat*) noch so oft sagen, daß ...; **5.** *sens passif* wieder'holt werden; sich wieder-'holen; wieder(holt) vorkommen; **que cela ne se répète pas!** daß das nicht wieder vorkommt!
répéti|teur [ʀepetitœʀ] *m*, **~trice** *f* Repe'titor *m*, Repeti'torin *f*; F Einpauker(in) *m(f)*
répétitif [ʀepetitif] *adj* ⟨-ive⟩ sich wieder'holend; *par ext* mono'ton
répétition [ʀepetisjɔ̃] *f* **1.** Wiederho-lung *f*; MIL **fusil *m* à ~** Repe'tiergewehr *n*; Mehrlader *m*; **2.** THÉ Probe *f*, Einstudierung *f*; **~ générale** Gene'ralprobe *f* (*a fig*); Hauptprobe *f*
repeupler [ʀ(ə)pœple] ! *v/t* **1.** *région* wieder bevölkern; **2.** *étang* wieder mit Fischen, *chasse* wieder mit Wild besetzen; *forêt* wieder aufforsten; **II** *v/pr* **se ~** sich wieder bevölkern
repiquage [ʀ(ə)pikaʒ] *m* **1.** JARD Pi'kieren *n*; Verpflanzen *n*; **2.** *d'une cassette etc* Über'spielung *f*
repiquer [ʀ(ə)pike] *v/t* **1.** JARD pi'kieren; auspflanzen; (ver)pflanzen (*a riz*); **2.** *disque, cassette* über'spielen; **3.** F (*surprendre*) **se faire ~** F wieder geschnappt werden; **II** *v/i* **~ au truc** F es noch mal machen
répit [ʀepi] *m* Ruhe *f*; Atempause *f*; *loc/adv* **sans ~** pausenlos; unablässig; unauf'hörlich; **s'accorder un peu de ~** sich ein wenig Ruhe, e-e kleine Atempause gönnen; **cela ne lui laisse pas un moment de ~** das läßt ihn keinen Moment in Ruhe

replacer [ʀ(ə)plase] ⟨-ç-⟩ v/t **1.** wieder hinstellen, -setzen, -legen; ~ **qc à un endroit** etw wieder an e-n Ort stellen; *par ext* ~ **une phrase dans son contexte** e-n Satz wieder in s-n Zusammenhang stellen; **2.** ~ **qn** j-m e-e andere, neue Stelle verschaffen, vermitteln
replanter [ʀ(ə)plɑ̃te] v/t **a)** *plantes* wieder einpflanzen; 'umpflanzen; verpflanzen; versetzen; **b)** *terrrain* neu bepflanzen (**en** mit); *forêt* a wieder aufforsten
replat [ʀəpla] *m GÉOL* Ter'rasse f
replâtrage [ʀ(ə)platʀaʒ] *m F péj* Flickschuste'rei f
replet [ʀəplɛ] adj ⟨-ète [-ɛt]⟩ dick; rundlich; füllig; beleibt
repleuvoir [ʀ(ə)pløvwaʀ] v/imp ⟨cf pleuvoir⟩ *il repleut* es regnet wieder
repli [ʀ(ə)pli] *m* **1.** *de la peau, d'un drapé* Falte f; **2.** *d'une rivière, de l'intestin* Windung f; **3.** *COUT* 'Umschlag *m*; **4.** *MIL* (geordneter) Rückzug; Zu'rücknahme f; Absetzbewegung f; **5.** *fig du cœur, de l'âme* verborgener, geheimer Winkel
repliement [ʀ(ə)plimɑ̃] *m* ~ (**sur soi-même**) Zu'rückgezogenheit f; Abkapselung f
replier [ʀ(ə)plije] **I** v/t **1.** *journal, carte, vêtement* wieder *ou* noch einmal zu'sammenfalten, -legen; *papier* noch einmal falten, kniffen, 'umknicken; *bord* 'umschlagen; *ailes* anlegen; *jambes* anziehen; *jambes a, bras* anwinkeln; *table, chaise, couteau* a 'zusammenklappen; **2.** *MIL* **faire** ~ **les troupes** die Truppen zu'rücknehmen; **II** v/pr **se** ~ **3.** *MIL* sich (geordnet) zu'rückziehen (**sur** +acc); sich absetzen; **4.** **se** ~ **sur soi-même** sich von der Außenwelt abschließen; sich abkapseln; sich zu'rückziehen
réplique [ʀeplik] f **1.** *(riposte)* Erwiderung f; Entgegnung f; Antwort f; *argument m* **sans** ~ unwiderlegbares Argument; **2.** *(objection)* 'Widerrede f; **pas de** ~! keine Widerrede!; **sans** ~ *loc/adj ton* der jede Widerrede ausschließt; *loc/adv* ohne Widerrede, 'Widerspruch; 'widerspruchslos; **3.** *THÉ* Antwort f; Gegenrede f; **donner la** ~ **à un acteur** e-m Schauspieler das Stichwort geben; **4.** *ART* Re'plik f; Nachbildung f; **5.** *fig (double)* *de qc* Pen'dant (*n*); *de qn* (*vivante*) ~ Doppelgänger *m*
répliquer [ʀeplike] v/t **1.** *(répondre)* entgegnen, erwidern (*qc à qn* j-m etw); *... répliqua-t-il ...* erwiderte, entgegnete er; **2.** *abs (protester)* wieder'sprechen; *et ne réplique pas!* und widersprich nicht!
replonger [ʀ(ə)plɔ̃ʒe] ⟨-geons⟩ **I** v/t **1.** *rame etc* wieder (ein)tauchen (**dans** in +acc); **2.** *fig* ~ *qn dans l'inquiétude etc* j-n wieder in Unruhe etw versetzen; **II** v/i et v/pr **3.** *(se)* ~ *dans l'eau* wieder ins Wasser springen; **4.** *fig* **se** ~ *dans sa lecture* sich wieder in s-e Lektüre vertiefen
répond|ant [ʀepɔ̃dɑ̃] *m*, ~**ante** f Bürge *m*; Gewährsmann *m*; **servir de** ~ **à qn** für j-n Bürge sein; *F fig* **avoir du répondant** F Geld im Rücken haben
répondeur [ʀepɔ̃dœʀ] *m TÉL* ~ (**automatique**) (automatischer) Anrufbeantworter
répondre [ʀepɔ̃dʀ(ə)] ⟨cf rendre⟩ **I** v/t antworten, erwidern, entgegnen (*qc à qn* j-m etw); *il m'a répondu une impertinence* er hat mir mit e-r Frechheit geantwortet; *ÉGL* ~ **la messe** bei der Messe antworten; ~ **présent à l'appel** beim Namensaufruf mit hier antworten; *il m'a répondu de* (+*inf*) er antwortete (mir), ich solle (+*inf*) *ou* daß ich (+*inf*) solle; ~ **que** ... antworten, daß ...; *st/s* **il me fut répondu que** ... ich erhielt den Bescheid, daß ...; ~ (**que**) *oui, non* mit Ja, Nein antworten; *... répondit-il* ... antwortete er; **II** v/t/indir et v/i **1.** antworten, Antwort geben, entgegnen, erwidern (**à qn** j-m; **à qc** auf etw [*acc*]); *écho* 'widerhallen; ♦ ~ **à l'amour de qn** j-s Liebe erwidern; ~ **à l'appel** dem Aufruf Folge leisten; ~ **aux avances de qn** auf j-s Annäherungsversuche (*acc*) eingehen; *GR* ~ **au datif** mit dem Dativ stehen; ~ **à une invitation** e-r Einladung Folge leisten; ~ **à une lettre** e-n Brief beantworten; auf e-n Brief antworten; ~ **au nom de** ... auf den Namen ... hören; ~ **à une question** auf e-e Frage antworten; e-e Frage beantworten; ~ **à un salut, à un sourire** e-n Gruß, ein Lächeln erwidern; ~ **au téléphone** ans Telefon gehen; *TÉL* **ça ne répond pas** es meldet sich niemand; ♦ *avec adv et loc/adv:* F **bien répondu!** das war e-e gute Antwort; ~ **par oui ou par non** mit Ja oder (mit) Nein antworten; ~ **par un refus** abschlägig antworten; ~ **par retour du courrier** postwendend antworten; ~ **par un sourire** mit e-m Lächeln antworten; **2.** *(correspondre)* ~ **à qc** e-r Sache (*dat*) entsprechen; ~ **à l'attente de qn** j-s Erwartungen entsprechen; ~ **à un besoin** e-m Bedürfnis entsprechen, entgegen-, nachkommen; ~ **à une description** e-r Beschreibung entsprechen; ~ **aux exigences** den Anforderungen genügen, *personne a* gewachsen sein; **tout répond à nos vœux** alles entspricht unseren Wünschen; **3.** *(répliquer) surtout enfant* wider'sprechen (**à qn** j-m); *abs* **il répond** er gibt freche Antworten; **4.** *mécanisme, organisme* ansprechen, rea'gieren (**à** auf +*acc*); **les freins répondent bien** die Bremsen reagieren gut; **5.** ~ **de qc, de qn** für etw, für j-n bürgen, sich verbürgen, haften, einstehen, geradestehen, die Verantwortung über'nehmen *ou* tragen; ~ **de ses crimes** für s-e Verbrechen zur Verantwortung gezogen werden; ~ **des dettes de qn** für j-s Schulden haften, aufkommen; ~ **de l'honnêteté de qn** für j-s Ehrlichkeit bürgen; *médecin* ~ (**de la vie**) **d'un malade** versichern, daß der Kranke außer (Lebens)Gefahr ist; **je t'en réponds** du kannst dich auf mich verlassen; F darauf kannst du Gift nehmen; **je ne réponds de rien** ich garan'tiere für nichts; **III** v/pr **se** ~ **6.** *instruments, oiseaux* sich gegenseitig antworten; *instruments a* abwechselnd spielen; **7.** *bâtiments etc* sich entsprechen
répons [ʀepɔ̃] *m REL* Respon'sorium *n*
réponse [ʀepɔ̃s] f **1.** Antwort f, Erwiderung f, Entgegnung f (**à** auf +*acc*); *lettre a* Antwortbrief *m*, -schreiben *n*; *P.T.T.* ~ **payée** Telegramm *n* mit bezahlter Rückantwort; *fig* ~ **à un problème** Antwort auf ein Problem; *JUR* **droit** *m* **de** ~ Anspruch *m* auf Gegendarstellung; *COMM, ADM* **en** ~ **à votre lettre** in Beantwortung Ihres Schreibens; *j'ai essayé plusieurs fois* – **pas de** ~ keine Antwort; *TÉL* es meldet(e) sich niemand; **pour toute** ~, **il se mit à rire** als Antwort *ou* statt e-r Antwort lachte er nur; ein Lachen war die (ganze) Antwort; **avoir** ~ **à tout** auf alles e-e Antwort haben, wissen; nie um e-e Antwort verlegen sein; *par ext* jeder Lage gewachsen sein; **donner, obtenir une** ~ e-e Antwort geben, erhalten; *lettre, question* **laisser, rester sans** ~ unbeantwortet lassen, bleiben; **2.** *PHYSIOL* Reizbeantwortung f; Reakti'on f
report [ʀ(ə)pɔʀ] *m* **1.** *(ajournement)* Verschiebung f; Vertagung f; **2.** *COMPTABILITÉ* 'Übertrag *m*; *t/t* Vortrag *m*; **3.** *d'un dessin* Über'tragung f; **4.** *POL* ~ **des voix** Stimmenübertragung f (auf e-n anderen Kandidaten)
reportage [ʀ(ə)pɔʀtaʒ] *m* Repor'tage f; Berichterstattung f; (Presse)Bericht *m*; *RAD, TV* a Über'tragung f; ~ **filmé**, **télévisé** Film-, Fernsehreportage f; *par ext* **débuter dans le** ~ als Reporter anfangen; **faire un** ~ **sur** ... e-e Reportage über (+*acc*) machen
reporter[1] [ʀ(ə)pɔʀte] **I** v/t **1.** *au point de départ* zu'rücktragen, -bringen; 'wiederbringen; **2.** *fig dans le passé* zu'rückversetzen (**à** +*acc*); **3.** *(transcrire)* über'tragen (*a dessin*), *COMM* **somme a** vortragen; *somme* ~ **en 'haut de la page suivante** oben auf die folgende Seite übertragen; **4.** *(ajourner)* ver-, aufschieben; vertagen; **5.** ~ **qc sur qn** etw auf j-n über'tragen; ~ **son affection sur qn** s-e Zuneigung auf j-n übertragen; ~ **tout son espoir sur qn** s-e ganze Hoffnung auf j-n setzen; **II** v/pr **6.** (*se référer*) **se** ~ **à qc** sich auf etw (*acc*) beziehen; (*consulter*) in etw (*dat*) nachsehen, nachlesen; **se** ~ **page 16** siehe Seite 16; **7. se** ~ **à son enfance** *etc* sich in s-e Kindheit *etc* zu'rückversetzen; **8.** *colère etc* **se** ~ **sur qn** sich auf j-n über'tragen
reporter[2] [ʀ(ə)pɔʀtɛʀ] *m* Re'porter *m*; Berichterstatter *m*; ~ **photographe** Pressephotograph *m*; Bildberichterstatter *m*; *adjt* **femme** ~ Re'porterin f; Berichterstatterin f
repos [ʀ(ə)po] *m* **1.** Ruhe f; Ruhepause f, -zeit f; Erholung f; Schonung f; *au travail* (Arbeits)Pause f; *REL* **le** ~ **éternel** die ewige Ruhe; *animal m* **au** ~ Tier *n* in Ruhestellung; *un moment* **de** ~ ein Moment Ruhe; *loc/adj* **de tout** ~ *placement, situation* (ganz, absolut) sicher; risikolos; *travail* ruhig; **avoir la conscience en** ~ ein ruhiges Gewissen haben; **ôter tout** ~ **à qn** j-m alle Ruhe rauben; **prendre du** ~ ausspannen; **2.** *MIL* ~! rührt euch!
reposant [ʀ(ə)pozɑ̃] adj erholsam
reposé [ʀ(ə)poze] adj erholt; ausgeruht; *loc/adv* **à tête** ~**e** in (aller) Ruhe; in e-m ruhigen Augenblick
repose-pied(s) [ʀ(ə)pozpje] *m* ⟨*inv*⟩ *d'une moto* Fußraste f; *d'un fauteuil* Fußstütze f
reposer [ʀ(ə)poze] **I** v/t **1.** *objet* wieder hinstellen, -setzen, -legen; *question*

wieder, noch einmal stellen; MIL **repo-sez – arme(s)!** Gewehr – ab!; *cf a poser*; **2.** *corps, esprit* ausruhen; **le vert repose la vue** Grün ist für das Auge erholsam; **cela te reposera** das wird dich erfrischen; du wirst dich dabei entspannen; **II** *v/i* **3.** *st/s (dormir)* st/s ruhen; **4.** *(être enterré)* ruhen; begraben liegen; **ici repose ...** hier ruht ...; **qu'il repose en paix** er ruhe in Frieden; **5. laisser ~** *vin* ablagern lassen; *liquide* sich absetzen lassen; *pâte* ruhen lassen; *champ* brachliegen lassen; **6. ~ sur a)** *maison, colonne etc* stehen, ruhen auf (+*dat*); **b)** *fig théorie etc* (be)ruhen auf (+*dat*); sich gründen, gegründet sein auf (+*acc*); **toute la responsabilité repose sur lui** die ganze Verantwortung ruht auf ihm; **III** *v/pr* **7. se ~** sich erholen; (sich) ausruhen; *st/s* ruhen; **reposez-vous bien!** angenehme Ruhe!; **aller se ~** sich hinlegen (, um auszuruhen); **8. se ~ sur qn** sich auf j-n verlassen

repose-tête [ʀ(ə)poztɛt] *m* ⟨*inv*⟩ Kopfstütze *f*

reposoir [ʀ(ə)pozwaʀ] *m* ÉGL CATH Sta-ti'onsaltar *m* zur Aufstellung des Aller-'heiligsten

repoussant [ʀ(ə)pusã] *adj* abstoßend; ab'scheulich; widerlich; **être d'une saleté ~e** vor Schmutz starren

repousse [ʀ(ə)pus] *f des cheveux etc* (Nach)Wachsen *n*; **pour la ~ des cheveux** für den Haarwuchs

repoussé [ʀ(ə)puse] *adj métal* getrieben; gepunzt *(a cuir)*

repousser [ʀ(ə)puse] **I** *v/t* **1.** *(faire reculer)* weg-, zu'rückstoßen; *fig* zu'rück-, wegdrängen; *ennemi* zu'rückwerfen; *par ext attaque* zu'rück-, abschlagen, abwehren; **2.** *(éconduire)* abweisen; von sich weisen; feindlich begegnen *(qn* j-m); **3.** *(dégoûter)* abstoßen; **tout me repousse en lui** mich stößt alles an ihm ab; **4.** *(rejeter)* offre, conseil, demande, hypothèse *etc* ablehnen; zu'rückweisen; *offre a* ausschlagen; *demande* abschlagen; *pensées* verdrängen; *tentation* widerstehen (+*dat*); **~ un projet de loi** e-n Gesetzentwurf ablehnen; **5.** *objets gênants, meuble* weg-, zu'rückschieben; (ver)rücken; **~ la table contre le mur** den Tisch an die Wand rücken; **6.** PHYS *électron etc* abstoßen; **7.** TECH *métal* treiben; punzen *(a cuir)*; **8.** *(différer)* hin'ausschieben; verschieben; **II** *v/i cheveux, gazon etc* wieder wachsen; nachwachsen; **laisser ~ sa barbe** s-n Bart wieder wachsen lassen

repoussoir [ʀ(ə)puswaʀ] *m* Kon'trast (-figur) *m(f)*; **servir de ~ à qn** dazu dienen, (durch Kontrastwirkung) j-s Vorzüge zur Geltung zu bringen; **femme laide c'est un ~** sie ist e-e Vogelscheuche

répréhensible [ʀepʀeãsibl(ə)] *adj* tadelnswert; verwerflich; sträflich

reprendre [ʀ(ə)pʀɑ̃dʀ(ə)] ⟨*cf prendre*⟩ **I** *v/t* **1.** *objet* wieder, noch einmal nehmen; wieder weg-, fortnehmen; zu'rücknehmen; *personne, voiture etc (aller chercher)* wieder abholen; *personnel* wieder einstellen, F nehmen; *fugitif* wieder fassen, ergreifen; MIL *ville etc* wieder einnehmen; zu'rückerobern; **sa place** wieder einnehmen; *habitude* wieder annehmen; *chemin* wieder einschlagen; **~ les armes** wieder zu den Waffen greifen; **~ confiance** wieder Vertrauen fassen; **~ contact avec qn** wieder Kontakt, Verbindung mit j-m aufnehmen; **~ son cours** wieder s-n Lauf nehmen; wieder s-n Gang gehen; **~ espoir** wieder Hoffnung schöpfen; **~ des forces** wieder zu Kräften kommen; neue Kraft schöpfen; (wieder) neue Kräfte sammeln; **~ de l'influence** wieder Einfluß gewinnen; **à table ~ du pain, de la viande** noch einmal (vom) Brot, (vom) Fleisch nehmen; **~ sa route** sich wieder auf den Weg machen; **~ son souffle, sa respiration** wieder Atem schöpfen, Luft holen; *cf a* **prendre** *et les subst correspondants*; **2.** *fatigue, sommeil* **~ qn** j-n wieder über-'fallen, über'fallen; **ses douleurs l'ont repris** er hat wieder s-e Schmerzen (bekommen); **voilà que ça le reprend!** jetzt fängt er wieder davon an!; jetzt überkommt es ihn wieder!; **3.** COMM *article* zu'rücknehmen; *vieille voiture, télé etc* in Zahlung nehmen; **4. a)** *(continuer) travail, conversation, lutte etc* wieder'aufnehmen; fortsetzen; fort-, weiterführen; **b)** *(répéter) argument, refrain* wieder'holen; wieder'aufnehmen; **c)** *entreprise, commerce, programme* über'nehmen; **5.** *(améliorer) texte* über-'arbeiten; *vêtement* enger machen; ändern; **6.** *(réprimander) élève, enfant* tadeln; zu'rechtweisen; **7. on ne m'y reprendra plus** das wird mir nicht noch einmal pas'sieren; darauf falle ich nicht mehr her'ein; **que je ne t'y reprenne plus!** laß dich nicht noch einmal dabei erwischen!; **II** *v/i* **8.** *(dire)* wieder, von neuem (zu reden) beginnen; *en incise* **reprit-il** sagte er (nach e-r Pause); **9. a)** *plante* wieder Wurzeln schlagen; wieder anwachsen; **b)** *par ext: mode* wieder aufkommen; **les affaires reprennent** das Geschäft belebt sich wieder, kommt wieder in Gang; **10.** *(recommencer)* wieder beginnen, anfangen; *travail, lutte, pourparlers, cours a* wieder'aufgenommen werden; fortgesetzt, fort-, weitergeführt werden; *froid, douleurs a* wiedereinsetzen; *hostilités a* wiederaufleben; **III** *v/pr* **11. se ~ a)** *(se ressaisir)* sich fangen; sich wieder in die Gewalt bekommen; **b)** *(rectifier)* sich verbessern; *ce gros mot à peine prononcé*, **il se reprit aussitôt** hat er sich sofort verbessert; **12.** *(recommencer)* **s'y ~ à deux fois** zweimal beginnen, anfangen *(pour faire qc* etw zu tun; [mit] etw); **tout le monde se reprend à espérer** alle beginnen wieder zu hoffen

repreneur [ʀ(ə)pʀənœʀ] *m* ÉCON Firmenaufkäufer *m*

représailles [ʀ(ə)pʀezaj] *f/pl* POL *et par ext* Repres'salien *f/pl*; Vergeltungsmaßnahmen *f/pl*; **exercer des ~, user de ~** Repressalien ergreifen; *par ext* Vergeltung üben

représentable [ʀ(ə)pʀezɑ̃tabl(ə)] *adj* darstellbar

représent|ant [ʀ(ə)pʀezɑ̃tɑ̃] *m*, **~ante** *f* **1.** POL, DIPL Vertreter(in) *m(f)*; Repräsen'tant(in) *m(f)*; *(remplaçant[e])* Stellvertreter(in) *m(f)*; **représentant** *m* **des forces de l'ordre** Poli'zeibeamte(r) *m*; *iron* Ordnungshüter *m*; **les représentants du peuple** die Volksvertreter *m/pl*; U.S.A. **Chambre** *f* **des représentants** Repräsentantenhaus *n*; **2.** COMM Vertreter(in) *m(f)*; **~ de commerce** Handelsvertreter(in) *m(f)*; **3.** *d'une catégorie* (typischer) Vertreter; (typische) Vertreterin

représentatif [ʀ(ə)pʀezɑ̃tatif] *adj* ⟨*-ive*⟩ **1.** POL repräsenta'tiv; stellvertretend; **régime ~** Repräsentativsystem *n*; **2.** *(typique)* typisch, charakte'ristisch, repräsenta'tiv *(de* für)

représentation [ʀ(ə)pʀezɑ̃tasjɔ̃] *f* **1.** Darstellung *(a résultat)*; Veranschaulichung *f*; ART, MATH *a* Abbildung *f*; **2.** THÉ Aufführung *f*; Vorstellung *f*; **3.** POL, DIPL, JUR Vertretung *f*; POL *a* Repräsentati'on *f*; **~ nationale** Volksvertretung *f*; **~** COMM Vertretung *f*; **~ exclusive** Al'leinvertretung *f*; **faire de la ~** Vertreter sein; **5.** *(train de vie)* Repräsentati'on *f*; (gesellschaftlicher) Aufwand; **frais** *m/pl* **de ~ a)** Repräsentationskosten *pl*, -gelder *n/pl*; b) *indemnités* Aufwandsentschädigung *f*; **6.** PSYCH Vorstellung *f*; *sc* Repräsentati'on *f*

représentativité [ʀ(ə)pʀezɑ̃tativite] *f* repräsenta'tiver Cha'rakter

représenter [ʀ(ə)pʀezɑ̃te] **I** *v/t* **1.** darstellen; veranschaulichen; **~ qc** *image, photo a* etw abbilden, 'wiedergeben; *en littérature a* etw schildern; **~ qn comme un tricheur** j-n als Schwindler hinstellen; THÉ *scène* **~ un jardin** e-n Garten darstellen; **2.** THÉ *pièce* aufführen; **3.** POL, DIPL, JUR vertreten; *par ext* **~ une tendance** e-e Richtung vertreten, repräsen'tieren; **se faire ~** sich vertreten lassen; **4.** COMM *firme, marque* vertreten; **5.** *litt (faire observer)* vor Augen führen; vorhalten; **6.** *(constituer)* darstellen; bedeuten; **cela représente beaucoup pour moi** das bedeutet viel für mich; **l'électricité représente une véritable conquête** die Elektrizität stellt eine wirkliche Errungenschaft dar; **II** *v/i* **7.** *personne* repräsen'tieren; **III** *v/pr* **8.** *(s'imaginer)* **se ~ qc** sich etw vorstellen; denken; vergegen'wärtigen; **représentez-vous ma joie lorsque ...** stellen Sie sich meine Freude vor, als ...; **9. se ~ à des élections** sich wieder, erneut e-r Wahl *(dat)* stellen; bei Wahlen erneut kandi'dieren; **se ~ à un examen** sich wieder, noch einmal zu e-r Prüfung melden; **10.** *occasion etc* **se ~** sich noch einmal bieten

répressif [ʀepʀesif] *adj* ⟨*-ive*⟩ repres-'siv; be-, einschränkend; unter'drückend

répression [ʀepʀesjɔ̃] *f* **1.** *d'un crime* Strafverfolgung *f*; Ahndung *f*; Bestrafung *f*; **2.** *d'une révolte* Niederschlagung *f*, -werfung *f*; Unter'drückung *f*; *t/t* Repressi'on *f*; **mesures** *f/pl* **de ~** repres'sive Maßnahmen *f/pl*

réprimande [ʀepʀimɑ̃d] *f* Verweis *m*; Tadel *m*; Rüge *f*; Zurechtweisung *f*

réprimander [ʀepʀimɑ̃de] *v/t* e-n Verweis, e-e Rüge erteilen *(qn* j-m); tadeln; zu'rechtweisen; rügen

réprimer [ʀepʀime] *v/t* **1.** *colère etc* unter'drücken *(a larmes)*; in Schranken, im Zaum halten; zügeln; **~ une envie de rire** sich das Lachen verbeißen;

2. *révolte* niederschlagen, -werfen; unter'drücken; *des abus* abstellen
repris [R(ə)pRi] *m* **~ de justice** Vorbestrafte(r) *m*
reprisage [R(ə)pRizaʒ] *m COUT* Stopfen *n*
reprise [R(ə)pRiz] *f* **1.** *du travail, de la lutte etc* Wieder'aufnahme *f*; Fortsetzung *f*; Fort-, Weiterführung *f*; *d'un fonds de commerce* 'Übernahme *f*; *THÉ d'une pièce* Re'prise *f*; Wieder'aufnahme *f* in den Spielplan; *du froid* 'Wiederbeginn *m*; Wieder'einsetzen *n*; *des hostilités a* Wieder'aufleben *n*; *des affaires* Wiederin'gangkommen *n*; *de la conjoncture* Aufschwung *m*; *à la Bourse* Erholung *f*; **~ économique** 'Wiederbelebung *f*, Wieder'aufschwung *m* der Wirtschaft; *SPORTS* **à la ~** nach der Pause; **2.** *MIL d'une ville etc* Wieder'einnahme *f*; Zu'rückeroberung *f*; **3.** *COMM d'un article* Zu'rücknahme *f*; *d'une vieille voiture, télé* In'zahlungnahme *f*; **4.** *TECH moteur* **avoir de bonnes ~s** ein gutes Anzugsvermögen haben; gut beschleunigen; spritzig sein; **5.** *BOXE* Runde *f*; **6.** *lors d'un emménagement* Ablösung *f (für übernommene Einrichtungsgegenstände)*; **7.** *COUT* gestopfte Stelle; **faire une ~ à qc** etw stopfen; **8.** *MUS* Re'prise *f*; **signe** *m* **de ~** Wieder'holungszeichen *n*; **9.** *loc/adv* **à deux, trois ~s** zwei-, dreimal hintereinˈander; **à plusieurs, différentes ~s** mehrmals; mehrfach; wieder'holt; zu wieder'holten Malen
repriser [R(ə)pRize] *v/t* stopfen; **coton** *m* **à ~** Stopfgarn *n*
réproba|teur [RepRɔbatœR] *adj* ⟨-trice⟩ vorwurfsvoll; miß'billigend; tadelnd; **~tion** *f* 'Mißbilligung *f*; Ablehnung *f*; 'Mißfallen *n*
reproche [R(ə)pRɔʃ] *m* Vorwurf *m*; Tadel *m*; Vorhaltung *f*; **grave ~** schwerer Vorwurf *m*; **ton** *m*, **regard** *m* **de ~** vorwurfsvoller Ton, Blick; *loc/adv* **soit dit sans ~** ohne (Ihnen) e-n Vorwurf machen zu wollen; *fig* **être un vivant ~ pour qn** ein wandelnder Vorwurf für j-n sein; **faire des ~s à qn** j-m Vorwürfe machen
reprocher [R(ə)pRɔʃe] I *v/t* vorwerfen, vorhalten, zur Last legen (**qc à qn** j-m etw); tadeln (j-n wegen e-r Sache); **on n'a rien à lui ~** man kann ihm nichts vorwerfen; **je ne vous reproche rien** das soll kein Vorwurf sein; II *v/pr* **se ~ qc** sich etw vorwerfen; sich wegen e-r Sache Vorwürfe machen; **n'avoir rien à se ~** sich nichts vorzuwerfen haben
reproducteur [R(ə)pRɔdyktœR] *adj* ⟨-trice⟩ *BIOL* Fortpflanzungs...
reproduction [R(ə)pRɔdyksjɔ̃] *f* **1.** *BIOL* Fortpflanzung *f*; *sc* Reproduktiˈon *f*; **organes** *m/pl* **de ~** Fortpflanzungsorgane *n/pl*; **2.** (*copie*) Nachbildung *f*; 'Wiedergabe *f*; *TECH, TYPO* Reproduktiˈon *f*; Vervielfältigung *f*; *d'un texte à* Ab-, Nach-, Neudruck *m*; Re'print [ri-] *m*; **~ interdite** Nachdruck verboten; **une excellente ~ d'un tableau** e-e hervorragende Reproduktion e-s Gemäldes
reproduire [R(ə)pRɔdyiR] ⟨*cf conduire*⟩ I *v/t* **1.** *réalité, nature* nachbilden; 'wiedergeben (*a des sons*); **2.** *texte* ab-, nachdrucken; *a tableau, dessin* repro-

du'zieren; vervielfältigen; II *v/pr* **se ~ 3.** (*recommencer*) sich wieder'holen; wieder vorkommen; **cela ne se reproduira plus** das wird nicht wieder vorkommen; **4.** *BIOL* sich fortpflanzen
reprographie [R(ə)pRɔgRafi] *f TYPO* Reprogra'phie *f*
réprouvé(e) [RepRuve] *m(f)* **1.** *par la société* Ausgestoßene(r) *f(m)*; Geächtete(r) *f(m)*; **2.** *REL* Verdammte(r) *f(m)*; Verworfene(r) *f(m)*
réprouver [RepRuve] *v/t* **1.** (*blâmer*) miß'billigen; verurteilen; **2.** *REL* verwerfen; verdammen
reps [Rɛps] *m TEXT* Rips *m*
reptation [Rɛptasjɔ̃] *f* Kriechen *n*
reptile [Rɛptil] *m ZO* Rep'til *n*; Kriechtier *n*
repu [Rəpy] *adj* satt; gesättigt
républicain [Repyblikɛ̃] I *adj* republi'kanisch; **calendrier ~** Kalender *m* der Französischen Revolution; II *subst* **~(e)** *m(f)* Republi'kaner(in) *m(f)*
république [Repyblik] *f* Repu'blik *f*; Freistaat *m*; **la ♀ fédérale d'Allemagne** (*abr R.F.A.*) die Bundesrepublik Deutschland; **la ♀ française** die Französische Republik; **la ♀ populaire de Chine** die Volksrepublik China; F **on est en ~!** wir leben doch in e-r Demokratie!
répudiation [Repydjasjɔ̃] *f d'une épouse* Verstoßung *f*
répudier [Repydje] *v/t* **1.** *épouse* verstoßen; **2.** *litt engagements, sentiment etc* von sich weisen; *idée, principe a* aufgeben
répugnance [Repyɲɑ̃s] *f* 'Widerwille *m*, (starke) Abneigung (**pour** gegen); Abscheu *m*, Ekel *m* (vor +*dat*); **faire qc avec ~** etw 'widerwillig, wider'strebend tun
répugnant [Repyɲɑ̃] *adj* widerlich; 'widerwärtig; abstoßend; ekelhaft
répugner [Repyɲe] I *v/t/indir* **1.** *personne* **~ à qc** 'Widerwillen, Abneigung, Abscheu gegen etw empfinden; sich vor etw (*dat*) ekeln; etw verabscheuen; **~ à faire qc** 'widerwillig, wider'strebend etw tun; **2.** *chose* **~ à qn** j-n anwidern, anekeln; j-m wider'streben; *p/p* **répugné par qc** von etw angewidert, angeekelt; II *v/imp* *s/t/s* **il me répugne de** (+*inf*) es ist mir zu'wider, es widerˈstrebt mir zu (+*inf*)
répulsion [Repylsjɔ̃] *f* 'Widerwille *m*, (heftige) Abneigung (**pour** gegen); Abscheu *m*, Ekel *m* (vor +*dat*)
réputation [Repytasjɔ̃] *f* (guter) Ruf; Leumund *m*; Ansehen *n*; Name *m*; Reputatiˈon *f*; *loc/adj* **de ~ mondiale** von Weltruf; **avoir (une) mauvaise ~** in e-m schlechten Ruf stehen; verrufen sein; **avoir la ~ d'être avare** in dem Ruf stehen, geizig zu sein; **connaître qc, qn de ~** etw, j-n vom Hörensagen kennen; **faire une mauvaise ~ à qn** j-n in üblen Ruf, in Verruf bringen; **sa ~ n'est plus à faire** er ist als solcher allgemein anerkannt
réputé [Repyte] *adj* **1.** (*célèbre*) berühmt (**pour** wegen, für); geschätzt (wegen); **2. être ~** (+*adj*) gelten als (+*adj*); angesehen, gehalten werden für (+*adj*); **cette plante est ~e guérir certaines maladies** ist dafür bekannt, daß sie bestimmte Krankheiten heilt

requér|ant [RəkeRɑ̃] *m*, **~ante** *f JUR* Antragsteller(in) *m(f)*
requérir [RəkeRiR] *v/t* ⟨*cf* acquérir⟩ **1.** *troupes* anfordern; verlangen; **2.** *JUR peine* beantragen; fordern; **3.** *st/s attention, soins* erfordern
requête [Rəkɛt] *f* Gesuch *n*; (schriftlicher) Antrag *m*; Eingabe *f*; *JUR* **~ civile** Restituti'onsklage *f*; **à, sur la ~ de** auf Antrag, Betreiben, Ersuchen von (*ou* +*gén*); **faire, présenter une ~** ein Gesuch einreichen; e-e Eingabe machen
requiem [Rekɥijɛm] *m* ⟨*inv*⟩ Requiem *n*
requiert [RəkjɛR] *cf* **requérir**
requin [Rəkɛ̃] *m* **1.** *ZO* Hai(fisch) *m*; **~ bleu** Blau-, Menschenhai *m*; **2.** *fig* (**de la finance**) Fi'nanzhai *m*; Halsabschneider *m*
requinquer [Rəkɛ̃ke] F I *v/t* wieder auf die Beine bringen; F aufmöbeln; II *v/pr* **se ~** wieder munter werden
requis [Rəki] I *adj* erforderlich; **l'âge ~** das erforderliche Alter; **satisfaire aux conditions ~es** die Voraussetzungen erfüllen; II *m HIST* **~ du travail obligatoire** Zwangsarbeiter *m*
réquisition [Rekizisjɔ̃] *f ADM, MIL* **1.** *de choses* Beschlagnahme *f*; Beschlagnahmung *f*; Requisiti'on *f*; **2.** *de personnes* Dienstverpflichtung *f*
réquisitionner [Rekizisjɔne] *v/t* **1.** *véhicules, locaux etc* beschlagnahmen; requi'rieren; **2.** *personnes* dienstverpflichten; **3.** F *plais* **~ qn pour faire qc** j-n zu etw her'anziehen; F j-n für etw einspannen
réquisitoire [RekizitwaR] *m* **1.** *JUR* Plädoyer *n* (des Staatsanwaltes); **2.** *fig* Anklage(rede) *f*
R.E.R. [ɛRəɛR] *m abr* (*réseau express régional*) *correspond à* S-Bahn *f*
resaler [R(ə)sale] *v/t* nachsalzen
resalir [R(ə)saliR] *v/t* (*et v/pr* **se ~**) (sich) wieder schmutzig machen; (sich) wieder beschmutzen
rescapé(e) [Rɛskape] *m(f)* Über'lebende(r) *f(m)*
rescousse [Rɛskus] *loc/adv* **à la ~** zu Hilfe; **venir à la ~ (de qn)** j-m zu Hilfe kommen
réseau [Rezo] *m* ⟨*pl* **~x**⟩ Netz *n*; *ANAT a* Geflecht *n*; *AVIAT* **~ aérien** Flugnetz *n*; *MINÉR* **~ cristallin** Kri'stallgitter *n*; **~ ferroviaire** Schienen-, (Eisen)Bahnnetz *n*; **~ routier** Straßennetz *n*; **~ téléphonique** Fernsprech-, Tele'fonnetz *n*; **~ de distribution** Verteilernetz *n*; **~ d'espionnage** Spio'nagenetz *n*, -ring *m*, -organisation *f*; **~ de (fils de fer) barbelés** Stacheldrahtverhau *m*; *INFORM* **~ d'ordinateurs** vernetzte Computer *m/pl*; *POL* **~ de résistance** 'Widerstandsgruppe *f*, -organisation *f*; **~ de succursales** Fili'alnetz *n*; **~ de télévision** Fernsehnetz *n*; **~ de vente** Vertriebsnetz *n*
résection [Rezɛksjɔ̃] *f MÉD* opera'tive Entfernung *f*; *sc* Resekti'on *f*
réséda [Rezeda] *m BOT* Re'seda *f*
réservation [RezɛRvasjɔ̃] *f* Reser'vierung *f*, Vorbestellung *f*; *d'un voyage, d'un billet d'avion* Buchung *f*; **~ des places** Platzreservierung *f*; **bureau** *m* **de ~** Büro *n* (*e-r Fluggesellschaft etc*); **faire une ~** e-n Platz, ein Zimmer *etc* reservieren (lassen), vorbestellen

réserve [REZƐRV] *f* **1.** (*provision*) Re'serve *f*; Vorrat *m*; *d'argent a* Rücklage *f*; ~ *mondiale* Weltvorrat *m* (*de pétrole* an Erdöl); *FIN* ~*s monétaires* Währungsreserven *f/pl*; *fig* ~ *d'énergie* Kraftreserve *f*; *PHYSIOL* ~*s de graisse* Fettreserven *f/pl*; ~*s d'or* Goldreserven *f/pl*; ~*s de vivres* Lebensmittelvorräte *m/pl*; *loc/adj de* ~ Reserve...; *loc/adv en* ~ in Reserve; vorrätig; *avoir, tenir qc en* ~ etw vorrätig haben; etw aufbewahren; *mettre qc en* ~ etw zu'rücklegen; etw bei'seite, auf die Seite, auf die hohe Kante legen; *avoir des* ~*s* Reserven haben; **2.** *local: d'un commerce* (Waren)Lager *n*; *d'un musée* De'pot *n*; Maga'zin *n*; **3.** *JUR d'un héritier* — (*légale*) Pflichtteil *m ou n*; **4.** *MIL* Reserve *f*; *officier m de* ~ Reserveoffizier *m*; **5. a)** *territoire* ~ (*naturelle*) Na'turschutzgebiet *n*; Reser'vat *n*; *de chasse, de pêche* Gebiet *n*, in dem nicht gejagt, gefischt werden darf; **b)** *d'Indiens* Reser'vat *n*; Reservati'on *f*; **6.** *qualité de qn* Reser'viertheit *f*; Re'serve *f*; Zu'rückhaltung *f*; *être, demeurer, se tenir sur la* ~ zurückhaltend, reserviert sein, bleiben; **7.** (*restriction*) Vorbehalt *m*; *loc/adv: sans* ~ ohne Vorbehalt; *a loc/adj* vorbehalts-, bedingungs-, rückhaltlos; *sous toutes* ~*s* mit, unter Vorbehalt; ohne jede Gewähr; *loc/prép sous* ~ *de* ... vorbehaltlich (*+gén*); *sous* ~ *d'erreur* Irrtum vorbehalten; *loc/conj sous* ~ *que* ... (*+subj*) unter dem Vorbehalt, daß ...; *faire des* ~*s* Vorbehalte machen; Bedenken anmelden, äußern (*sur* gegen)
réservé [REZƐRVE] *adj* **1.** *personne, caractère, attitude* zu'rückhaltend; reser'viert; **2.** *place, table etc* reser'viert (*à qn* für j-n); *chasse* ~*e* privates Jagdrevier; *salle* ~ *aux réunions* Saal, der nur für Versammlungen bestimmt ist; ~ *au service* nur für den Dienstgebrauch; **3.** *JUR tous droits* ~*s* alle Rechte vorbehalten
réserver [REZƐRVE] **I** *v/t* **1.** (*garder*) zu'rücklegen; zu'rück(be)halten; aufheben; aufbewahren, aufsparen; ~ *le meilleur pour la fin* sich das Beste bis zuletzt aufsparen; ~ *son opinion* mit s-r Meinung zurückhalten; **2.** *chambre, place de théâtre ou de train, table etc* reser'vieren; vorbestellen; *voyage, billet d'avion, a chambre d'hôtel* buchen; *place* (*marquer*) belegen; *pouvez-vous me* ~ *trois places?* können Sie für mich drei Plätze reservieren?; *je voudrais* ~ *une chambre* ich möchte ein Zimmer reservieren (lassen), vorbestellen; **3.** (*destiner*) ~ *qc à qn* j-m etw vorbehalten; etw für j-n bestimmen; *accueil, surprise, déception* j-m bereiten; *nous ne savons pas ce que l'avenir nous réserve* wir wissen nicht, was die Zukunft uns noch bringt; *le sort qui nous est réservé* das Schicksal, das uns bestimmt ist; *quel sort réservez--vous à ...?* was soll nach Ihrer Meinung mit ... geschehen?; was haben Sie mit ... vor?; *impersonnel il lui était réservé de* (*+inf*) es war ihm Vorbehalten zu (*+inf*); **II** *v/pr* **4.** *se* ~ *qc* sich etw *ou* etw für sich reser'vieren, zu'rückbehalten, -legen; etw aufsparen; *se* ~ *de* (*+inf*) sich vorbehalten zu (*+inf*); **5.** *se* ~ (*pour qc*) sich, s-e Kräfte (für etw) schonen; *se* ~ *pour le dessert* sich wegen des Desserts zurückhalten; *se* ~ *pour une meilleure occasion* e-e günstigere Gelegenheit abwarten, abpassen
réserviste [REZƐRVIST] *m MIL* Reser'vist *m*
réservoir [REZƐRVWAR] *m* Reser'voir *n* (*a fig*); (*récipient*) Behälter *m*; (*bassin*) Becken *n*; *d'essence, d'huile* Tank *m*; ~ *d'eau* Wasserreservoir *n*, -behälter *m*, -speicher *m*; ~ *d'essence* Ben'zintank *m*
résidant [Rezidɑ̃] *adj* ~ *à* wohnhaft, ansässig in (*+dat*)
résidence [Rezidɑ̃s] *f* **1.** (*domicile*) Wohnsitz *m*; Wohnort *m*; *JUR* Aufenthaltsort *m*; ~ *principale* Hauptwohnsitz *m*; ~ *secondaire* **a)** *ADM* zweiter Wohnsitz; **b)** Zweitwohnung *f*; *pour les vacances* Ferienwohnung *f ou* -haus *n*; *certificat m de* ~ Anmeldebestätigung *f*; *avoir sa* ~ *à* ... s-n Wohnsitz in ... haben; **2.** *immeuble*(*s*) Wohnanlage *f*; ~ *universitaire* Stu'dentenwohnheim *n*; **3.** *JUR* ~ *forcée* Zwangsaufenthalt *m*, -wohnsitz *m*; *cf a surveillé*; **4.** *d'un chef d'État etc* Resi'denz *f*; ~ *officielle* Amtssitz *m*
résident [Rezidɑ̃] *m* **1.** (*ressortissant*) *les* ~*s français en Allemagne* die in Deutschland ansässigen Franzosen *m/pl*; **2.** (*habitant d'une résidence*) Bewohner *m*
résidentiel [Rezidɑ̃sjɛl] *adj* ⟨~*le*⟩ *quartier* ~ vornehmes Wohnviertel, -gebiet; Villengegend *f*
résider [Rezide] *v/i* **1.** *ADM* s-n (ständigen) Wohnsitz haben, wohnhaft sein, ansässig sein, *chef d'État etc* resi'dieren (*à, en, dans* in *+dat*); **2.** *fig* ~ *dans qc* in etw (*dat*) liegen, bestehen; auf etw (*dat*) beruhen; *la difficulté réside en ceci* die Schwierigkeit liegt darin
résidu [Rezidy] *m* Rest *m*; 'Überbleibsel *n*; *péj* Abfall *m*; *CHIM, TECH* Rückstand *m*
résiduel [Rezidɥɛl] *adj* ⟨~*le*⟩ Rest...; zu'rückbleibend; *t/t* resi'dual
résignation [Rezipasjɔ̃] *f* Resignati'on *f*; (Schicksals)Ergebenheit *f*; *st/s* Ergebung *f*; *avec* ~ ergeben; resi'gniert
résigné [Rezipe] *adj* resi'gniert; (in sein Schicksal) ergeben; *être* ~ *d'avance* von vornherein resigniert haben
résigner [Rezipe] *v/pr se* ~ resi'gnieren (*abs*); sich schicken, sich fügen (*à* in *+acc*); sich abfinden (mit); *se* ~ *à son sort* sich in sein Schicksal ergeben; *s'y* ~ sich damit abfinden; *abs il faut se* ~ *a* man muß sich bescheiden
résiliable [Rezilijabl(ə)] *adj JUR* kündbar; auflösbar; aufhebbar; ~*ation f d'un contrat* Kündigung *f*; Auflösung *f*; Aufhebung *f*
résilier [Rezilje] *v/t contrat* kündigen; auflösen; aufheben
résille [Rezij] *f* **1.** Haarnetz *n*; **2.** *adjt bas m/pl* ~ Netzstrümpfe *m/pl*
résine [Rezin] *f* Harz *n*; ~ *synthétique* Kunstharz *n*
résiné [Rezine] *adj vin* geharzt
résineux [Rezinø] **I** *adj* ⟨-euse⟩ harzig; Harz...; **II** *m/pl BOT* Nadelhölzer *n/pl*
résistance [Rezistɑ̃s] *f* **1.** (*opposition*) 'Widerstand *m* (*à* gegen); Gegen-, Abwehr *f*; ~ *armée, passive* bewaffneter, passiver Widerstand; *loc/adv sans* ~ 'widerstands-, kampflos; *cela ne se fera pas sans* ~ das wird nicht ohne Widerstand, nicht kampflos abgehen; *faire de la* ~ Widerstand leisten; *n'opposer aucune* ~ keinerlei Widerstand leisten; 'widerstandslos, kampflos hinnehmen (*à qc* etw); *rencontrer, trouver de la* ~ auf Widerstand stoßen; **2.** *HIST la ℛ* die Rési'stance (*frz* Widerstandsbewegung 1940–1944); **3.** *PHYS, TECH* 'Widerstand *m*; *de matériaux* Tragfähigkeit *f*; Haltbarkeit *f*; Beständigkeit *f*; 'Widerstandsfähigkeit *f*; ~ *électrique* elektrischer Widerstand; ~ *aux acides, à la rupture* Säure-, Bruch- *ou* Zerreißfestigkeit *f*; ~ *de l'air, de frottement* Luft-, Reibungswiderstand *m*; **4.** (*endurance*) **a)** *d'une personne* 'Widerstandskraft *f* -fähigkeit *f*; Ausdauer *f*; **b)** *BIOL* 'Widerstandsfähigkeit *f* (*aux maladies* gegen Krankheiten); *sc* Resi'stenz *f*; **5.** *CUIS plat m de* ~ Hauptgericht *n*
résistant [Rezistɑ̃] **I** *adj* **1.** *être vivant* 'widerstandsfähig; 'widerstandsfähig; *BIOL* resi'stent; **2.** *matière* haltbar; fest; 'widerstandsfähig; *vêtement* strapa'zierfähig; *couleur* farbecht; ~ *à la chaleur* hitzebeständig; ~ *à la corrosion* korrosi'onsfest; **II** *subst* ~(*e*) *POL m*(*f*) 'Widerstandskämpfer(in) *m*(*f*)
résister [Reziste] *v/t/indir et v/ii* **1.** (*s'opposer*) 'Widerstand leisten (*à dat*); sich wider'setzen (*+dat*); *abs a* sich wehren; **2.** (*supporter*) aushalten (*à qc* etw); standhalten (*+dat*); *ne pas* ~ (*à qc*) *a* es (etw) nicht über'stehen; ~ *à une analyse sérieuse* e-r ernsthaften Analyse standhalten; **3.** (*ne pas céder*) widerstehen (*à qn, à qc* j-m, e-r Sache); ~ *à la tentation* der Versuchung widerstehen
résistivité [Rezistivite] *f ÉLECT* spe'zifischer 'Widerstand
résolu [Rezɔly] *p/p cf résoudre et adj* **1.** *personne, attitude* (fest) entschlossen; bestimmt; reso'lut; **2.** *être* ~ *à faire qc* entschlossen sein, etw zu tun
résolument [Rezɔlymɑ̃] *adv s'opposer* entschlossen; *être pour, contre* entschieden
résolution [Rezɔlysjɔ̃] *f* **1.** (*décision*) Entschluß *m*; Vorsatz *m*; *prendre une* ~ e-n Entschluß fassen; sich entschließen; *prendre de bonnes* ~*s* gute Vorsätze fassen; **2.** *POL d'une assemblée* Entschließung *f*; Resoluti'on *f*; *adopter, approuver une* ~ e-e Entschließung annehmen; **3.** *st/s* (*détermination*) Entschlossenheit *f*; Entschiedenheit *f*; **4.** *MATH* (Auf)Lösung *f*
résolutoire [Rezɔlytwar] *adj JUR* aufhebend; auflösend
résolvais [Rezɔlvɛ] *cf résoudre*
résonance [Rezɔnɑ̃s] *f PHYS, MUS* Reso'nanz *f*; Mitschwingen *n*, -tönen *n*; *MÉD* ~ *magnétique nucléaire* (*abr* R.M.N.) Kernspintomographie *f*; *adjt appareil m* R.M.N. Kernspintomograph *m*; *caisse f de* ~ Resonanzkörper *m*; *st/s et fig éveiller des* ~*s profondes en qn* in j-m tiefe Saiten erklingen lassen
résonner [Rezɔne] *v/i pas, voix etc* ('wider)hallen; *maison, rue* ~ *de cris, de*

rires von Geschrei, von Lachen erfüllt sein
résorber [RezɔRbe] **I** *v/t* **1.** PHYSIOL resor'bieren; aufsaugen; aufnehmen; **2.** *fig* chômage, déficit *etc* beseitigen; beheben; *excédent* abschöpfen; **II** *v/pr se ~* PHYSIOL resor'biert werden
résorption [RezɔRpsjɔ̃] *f* **1.** PHYSIOL Resorpti'on *f*; **2.** *fig du chômage etc* Beseitigung *f*; Behebung *f*
résoudre [RezudR(ə)] (je résous, il résout, nous résolvons; je résolvais; je résolus; je résoudrai; que je résolve; résolvant; résolu) **I** *v/t* **1.** *problème, énigme* lösen; *équation* (auf)lösen; *question* entscheiden; *difficultés* meistern; **2.** *~ de* (+*inf*) beschließen, sich entschließen zu (+*inf*); **II** *v/pr se ~ à* (+*inf*) sich entschließen zu (+*inf*)
respect [Rɛspɛ] *m* **1.** Re'spekt *m*; (Hoch)Achtung *f*; *st/s* Ehrerbietung *f*; (*vénération*) Ehrfurcht *f*; *~ humain* Furcht *f* vor der Meinung der anderen; *~ de soi* Selbstachtung *f*; *~ pour les morts* Ehrfurcht vor den Toten; *manque m de ~* Respektlosigkeit *f*; *marque f de ~* Zeichen *n* der Ehrerbietung; *avec ~* respektvoll; *p/fort* ehrfurchtsvoll; *par ~ pour* aus Achtung vor (+*dat*); *plein de ~* voller Hochachtung; MIL *mes ~s, mon capitaine!* guten Tag, Herr Hauptmann!; *en incise sauf votre ~, sauf le ~ que je vous dois* mit Verlaub zu sagen; *avoir du ~ pour qn* Respekt, Achtung vor j-m haben; *inspirer du ~* Respekt, Achtung einflößen; *manquer de ~ à, envers qn* es j-m gegenüber am notwendigen Respekt fehlen lassen; sich j-m gegenüber respektlos benehmen; *manquer de ~ à une femme* sich e-r Frau gegenüber ungebührlich benehmen; *présenter ses ~s à qn* sich j-m empfehlen; *témoigner du ~ à, envers qn* j-m Respekt, Achtung erweisen, entgegenbringen, zollen; *tenir qn en ~* j-n in Schach halten; **2.** *de la loi, de la vérité* Achtung *f* (*de* vor +*dat*); *des formes, de l'étiquette* Wahrung *f*, Einhaltung *f*; Beachtung *f* (+*gén*); *le ~ de la vie* die Achtung vor dem Leben; *sans ~ de a* ohne Rücksicht auf (+*acc*)
respectabilité [Rɛspɛktabilite] *f* Ehrwürdigkeit *f*; Achtbarkeit *f*; Ehrenhaftigkeit *f*
respectable [Rɛspɛktabl(ə)] *adj* **1.** *personne, institution* ehrwürdig; achtbar; achtenswert; respek'tabel; *conduite, scrupules* ehrenwert, ehrenhaft; *iron une ~ matrone* e-e würdige Matrone; **2.** (*important*) *somme etc* beachtlich; ansehnlich
respecter [Rɛspɛkte] **I** *v/t* **1.** *personne* respek'tieren; achten; ehren; anerkennen; **2.** *loi, propriété, droits de qn* achten; respek'tieren; *priorité, limitation de vitesse etc* beachten; *règlement, date, engagements* einhalten; *traditions, formes* wahren; *souvenir* in Ehren halten; *sommeil de qn* Rücksicht nehmen auf (+*acc*); *faire ~ la loi* dem Gesetz Achtung verschaffen; **II** *v/pr* **3.** *se ~* Selbstachtung haben; *... qui se respecte ...* der *ou* die etwas auf sich hält; **4.** *se faire ~* sich Achtung, Respekt verschaffen; sich 'durchsetzen
respectif [Rɛspɛktif] *adj* ⟨-ive⟩ jeweilig

respectivement [Rɛspɛktivmã] *adv* **1.** (*dans l'ordre*) beziehungsweise (*abr* bzw.); *deux enfants âgés ~ de cinq et huit ans* zwei Kinder im Alter von fünf beziehungsweise acht Jahren; **2.** (*chacun en particulier*) jeweils; jede(r, -s); *ils ont présenté ~ leur demande* sie haben jeweils ihr Gesuch, jeder sein Gesuch eingereicht
respectueux [Rɛspɛktɥø] **I** *adj* ⟨-euse⟩ **1.** re'spektvoll; *st/s* ehrerbietig; *à une distance respectueuse* in respektvoller Entfernung; *se montrer ~ envers qn* sich j-m gegenüber respektvoll zeigen; *présenter ses sentiments ~ à qn* sich j-m empfehlen; **2.** *~ des formes* die Formen wahrend; *~ de la loi* das Gesetz achtend; **II** *f* *F une respectueuse* e-e Dirne; F e-e Nutte
respirable [Rɛspirabl(ə)] *adj air m pas ~* nicht atembare Luft; *fig l'atmosphère n'est pas ~ ici* die Stimmung hier ist nicht zu ertragen
respirateur [RɛspiRatœR] *m* MÉD Beatmungs-, Atemgerät *n*; Respi'rator *m*
respiration [Rɛspirasjɔ̃] *f* Atmung *f*; (*inhalation*) Einatmen *n*; (*inspiration*) Atemholen *n*; *sc* Respirati'on *f*; MÉD *~ artificielle* künstliche (Be)Atmung; *exercice m de ~* Atemübung *f*; *avoir la ~ bruyante, difficile* laut *ou* geräuschvoll, schwer atmen; *couper la ~ à qn* j-m den Atem nehmen, verschlagen; *perdre la ~* außer Atem kommen
respiratoire [Rɛspiratwar] *adj* Atem...; *sc* respira'torisch; ANAT *voies f/pl ~s* Atemwege *m/pl*; *faire des mouvements ~s* Atembewegungen machen
respirer [Rɛspire] **I** *v/t* **1.** (ein)atmen; *~ le grand air* frische Luft schöpfen; **2.** *fig le calme, l'intelligence etc* ausstrahlen; verströmen; *st/s* atmen; *~ la santé* vor Gesundheit strotzen; **II** *v/i* **3.** atmen; (*inspirer*) Luft, Atem holen, schöpfen; *~ encore* noch atmen; *~ profondément* tief Atem, Luft holen; *~ par la bouche, par le nez* durch den Mund, durch die Nase atmen; *par ext laissez-moi ~* lassen Sie mich verschnaufen; **4.** *fig* (*être soulagé*) aufatmen
resplendir [Rɛsplãdir] *v/i* glänzen; schimmern; funkeln; *fig visage ~ de joie* vor Freude strahlen
resplendissant [Rɛsplãdisã] *adj* glänzend; schimmernd; funkelnd; *fig beauté* strahlend; *visage ~ de bonheur, de joie* glück-, freudestrahlend; *il a une mine ~e* er sieht glänzend aus
responsabiliser [Rɛspɔ̃sabilize] *v/t ~ qn* j-s Verantwortungsgefühl wecken
responsabilité [Rɛspɔ̃sabilite] *f* Verantwortung *f* (*de* für); Verantwortlichkeit *f*; JUR *a* Haftung *f*; Haftbarkeit *f*; JUR *~ civile* Haftpflicht *f*; zivilrechtliche Haftung; *~s familiales* Fa'milienpflichten *f/pl*; *une lourde ~, de lourdes ~s* e-e schwere Verantwortung; *~ morale* moralische Verantwortung; *~ pénale* strafrechtliche Haftung, Verantwortlichkeit; *~ pleine et entière* volle Haftung, Verantwortung; *poste m de ~* verantwortungsvolle Position; *accepter, assumer la ~* die Verantwortung über'nehmen; *avoir la ~ de qn* die Verantwortung für j-n haben; *engager sa ~ dans une affaire* die Verantwor-

tung, Haftung für e-e Angelegenheit über'nehmen; *porter la ~ de qc* die Verantwortung für etw tragen; *prendre* (*sur soi*) *la ~* die Verantwortung über'nehmen, auf sich nehmen; *prendre ses ~s* verantwortungsbewußt sein; Verantwortungsgefühl besitzen, zeigen; *par ext avoir promu à une 'haute ~* e-e sehr verantwortungsvolle Stellung über'tragen bekommen
responsable [Rɛspɔ̃sabl(ə)] **I** *adj* **1.** verantwortlich, *JUR a* haftbar, -pflichtig (*de* für; *devant qn* j-m gegen'über); *être ~ de qn, qc* JUR *a* für j-n, etw haften; *rendre qn ~ de qc* j-n für etw verantwortlich, *JUR a* haftbar machen; j-n für etw zur Verantwortung ziehen; **2.** (*réfléchi*) verantwortungsbewußt; **II** *m* Verantwortliche(r) *m*; *~ syndical* Gewerkschaftsfunktionär *m*; F *qui est le ~ de cette plaisanterie?* wer hat diesen Spaß ausgeheckt?
resquillage [Rɛskijaʒ] *m ou* **resquille** [Rɛskij] *f dans une queue* Vordrängen *n*; *au cinéma, stade etc* Sichher'einschmuggeln *n* (*ohne Eintrittskarte*); *dans les transports publics* Schwarzfahren *n*
resquill|er [Rɛskije] *v/i dans une queue* sich vordrängen; *au cinéma etc* sich her'einschmuggeln; *dans le métro etc* schwarzfahren; *~eur m* j, der sich vordrängt, her'einschmuggelt; *du métro etc* Schwarzfahrer *m*
ressac [Rəsak] *m* Brandung *f*
ressaisir [R(ə)sezir] *v/pr se ~* sich (wieder) fassen, fangen; sich wieder in die Gewalt bekommen
ressasser [R(ə)sase] *v/t* **1.** *souvenirs, pensées* immer wieder an sich vor'überziehen lassen; immer wieder 'durchgehen; **2.** *histoires, phrases* bis zum 'Überdruß wieder'holen; F wieder'käuen
ressaut [R(ə)so] *m* Vorsprung *m*
ressayer [Rəseje] *v/t cf* **réessayer**
ressemblance [R(ə)sãblãs] *f* Ähnlichkeit *f*; *toute ~ avec des personnages réels ne peut être que fortuite* jede Ähnlichkeit mit lebenden Personen ist rein zufällig; *je lui trouve une ~ avec son frère* ich finde, daß er s-m Bruder ähnelt, gleicht
ressemblant [R(ə)sãblã] *adj* ähnlich
ressembler [R(ə)sãble] **I** *v/t/indir ~ à* ähneln, gleichen (+*dat*); Ähnlichkeit haben mit; sehen (+*dat*); *enfant ~ à son père* s-m Vater ähnlich sehen, *fig*: *cela lui ressemble tout à fait* das sieht ihm ähnlich; *cela ne lui ressemble pas* das sieht ihm nicht ähnlich; das sieht nicht nach ihm aus; das paßt nicht zu ihm; *à quoi ça ressemble!* was soll das eigentlich!; F *à quoi ressemble-t-il?* wie sieht er aus?; *regarde à quoi tu ressembles!* sieh doch nur, wie du aussiehst!; *péj mode, idée etc ne ~ à rien* ohne Sinn und Verstand sein; nichts taugen; nichts wert sein; **II** *v/pr se ~* **a)** *réciproquement* sich ähneln; sich ähnlich sehen, sein; sich gleichen; ein'ander gleichen, ähneln; *prov qui se ressemble s'assemble* gleich und gleich gesellt sich gern (*prov*), **b)** *sens réfléchi* sich gleichbleiben; der gleiche bleiben, sein
ressemel|age [R(ə)səmlaʒ] *m* Neubesohlung *f*; *~er v/t* ⟨-ll-⟩ (neu) besohlen
ressemer [Rəsme, Rsəme] ⟨-è-⟩ **I** *v/t*

ressenti – rester

graines wieder aussäen; **II** *v/pr* **se ~ plante** sich aussamen
ressenti [R(ə)sãti] *adj description* **bien ~** gut nachempfunden
ressentiment [R(ə)sãtimã] *m* Ressenti'ment *n*; Gefühl *n* der Verbitterung, des Grolls; *éprouver*, *garder du ~ pour qn* j-m gegenüber Ressentiments haben, hegen
ressentir [R(ə)sãtiR] ⟨*cf sentir*⟩ **I** *v/t privations*, *effets de qc* spüren; merken; *douleur* verspüren; *colère*, *pitié etc* empfinden; *amitié*, *sympathie a* hegen; *ne pas montrer ce qu'on ressent* nicht zeigen, was man fühlt, empfindet; **II** *v/pr* **se ~ de** die Folgen, Nachwirkungen von etw *ou* e-r Sache (*gén*) spüren; **2.** F (*ne pas*) *s'en ~ pour qc ou pour* (+*inf*) (keine) Lust haben zu etw *ou* zu (+*inf*)
resserre [R(ə)sɛR] *f* Abstellraum *m*; Verschlag *m*
resserré [R(ə)seRe] *adj* eingezwängt (*entre* zwischen +*dat*)
resserrement [R(ə)sɛRmã] *m* **1.** *des liens d'amitié* Festigung *f*; **2.** FIN **~ de crédit** Kre'ditrestriktion *f*
resserrer [R(ə)seRe] **I** *v/t* **1.** *nœud* fester ziehen, binden; *vis* fester anziehen; *ceinture* enger machen; *étreinte* verstärken; *verres*, *livres* (enger) zu'sammenrücken; *froid*: *pores* zu'sammenziehen; **2.** *fig liens* enger gestalten; enger knüpfen; *pores*, *plaie* fester sich zu'sammenziehen; **4.** *fig liens* enger werden
resservir [R(ə)sɛRviR] ⟨*cf partir*⟩ **I** *v/t* **1.** *mets* noch einmal ser'vieren; **2.** *fig les mêmes histoires*, *reproches* wieder auftischen; **II** *v/i vêtement*, *ustensile* noch einmal, wieder gebraucht werden; *cf a servir*
ressort¹ [R(ə)sɔR] *m* **1.** TECH Feder *f*; **~ à boudin**, **à lames** Schrauben-, Blattfeder *f*; **~ de sommier** Sprungfeder *f*; *fig* **le ~ est cassé** er *ou* sie ist innerlich zerbrochen; **faire ~** zu'rückschnellen; federn; **comme mû par un ~** wie von e-r Feder geschnellt; **2.** *fig* (*mobile*) Triebkraft *f*, Feder *f*; **3.** *fig d'une personne* Tat-, Spannkraft *f*; Schwung *m*; **manquer de ~** keine Tatkraft haben; schlaff sein
ressort² [R(ə)sɔR] *m* **1.** ADM, JUR Zuständigkeits-, Amtsbereich *m*; Aufgabenkreis *m*; Res'sort *n*; **être du ~ d'un tribunal** in die Zuständigkeit e-s Gerichts fallen; der Zuständigkeit (*dat*) e-s Gerichts unter'liegen; *par ext* **cela n'est pas de mon ~** dafür bin ich nicht zuständig; **2.** JUR In'stanz *f*; *loc/adv* **en dernier ~** a) *juger* in letzter Instanz; b) *fig* (*finalement*) schließlich; letztlich; letzten Endes
ressortir¹ [R(ə)sɔRtiR] ⟨*cf partir*⟩ **I** *v/t vieux vêtements*, *disques etc* wieder her'vor-, her'ausholen; F *fig les mêmes histoires* F wieder auftischen, verzapfen; **II** *v/i* ⟨être⟩ **1.** *personne* wieder hin'aus-, F rausgehen; wieder her'aus-, F rauskommen; (*dans un*) *véhicule* wieder hin'aus- *ou* her'aus-, F rausfahren; **balle ~ par le dos** im Rücken wieder austreten; *cf a* **sortir**; **2.** *relief* her'vortreten; her'ausragen; *couleur*, *qualité* sich abheben; her'vorstechen; **faire ~** her'ausstellen; her'vorheben; zur Geltung bringen; *~*

sur le fond sich vom 'Hintergrund abheben; **III** *v/imp* ⟨être⟩ her'vorgehen (*de* aus); *il ressort de là que ...* daraus geht hervor, ergibt sich, wird deutlich, wird ersichtlich, daß ...
ressortir² [R(ə)sɔRtiR] *v/t/indir* JUR in die Zuständigkeit fallen, der Zuständigkeit (*dat*) unter'liegen (**à un tribunal** e-s Gerichtes); *par ext* gehören (**à qc** zu etw)
ressortissant [R(ə)sɔRtisã] *m*, **~ante** *f* Staatsangehörige(r) *f(m)*
ressouder [R(ə)sude] **I** *v/t* TECH wieder zu'sammenschweißen *ou* -löten; **II** *v/pr* **se ~** BIOL wieder zu'sammenwachsen
ressource [R(ə)suRs] *f* **1.** (*recours*) (Hilfs)Mittel *n*; **un homme de ~(s)** ein Mensch, der sich zu helfen weiß; ein findiger Kopf; **en dernière ~** als letztes Mittel; **n'avoir d'autre ~ que ...** keine andere Möglichkeit haben als ...; nichts anderes können als ...; darauf angewiesen sein zu ...; **2. ~s** *pl* a) (*réserves*) Mittel *n/pl*; Res'sourcen *f/pl*; Hilfs-, Lebens-, Versorgungsquellen *f/pl*; Re'serven *f/pl*; **~s minières** Bodenschätze *pl*; ÉCOL **~s naturelles** natürliche Ressourcen, Lebensgrundlagen *f/pl*; **~s en énergie** Ener'giequellen *f/pl*; **~s en matériel** materielle Mittel; b) (*argent*) (Geld)Mittel *n/pl*; Einnahmequellen *f/pl*; Gelder *n/pl*; **être sans ~s** mittellos sein, dastehen; c) *d'une entreprise* **~s humaines** Perso'nal *n*; *directeur m* **des ~s humaines** Personalchef *m*, -leiter *m*; **3.** *fig* (*possibilités*) *d'un artiste*, *de la technique etc* **~s** *pl* Mittel *n/pl*; Möglichkeiten *f/pl*; **déployer toutes les ~s de son talent** sein Talent voll entfalten
ressouvenir [R(ə)suvniR] *v/pr* ⟨*cf venir*⟩ **se ~ de qc** sich wieder e-r Sache (*gén*) *ou* an etw (*acc*) erinnern
ressusciter [Resysite] **I** *v/t* **1.** *mort* auferwecken; *par ext*: *un café à ~ un mort* der e-n Toten wieder lebendig machen könnte; **2.** *fig mode*, *coutume* wieder'aufleben lassen; zu neuem Leben erwecken; **II** *v/i* ⟨être⟩ **3.** REL (wieder) auferstehen; *adjt* **le Christ ressuscité** der auferstandene Christus; der Auferstandene; **4.** *fig d'une maladie* wieder aufkommen, genesen; *plais* wieder auferstehen; **5.** *fig nature* zu neuem Leben erwachen; *pays* wieder'aufleben; *par des souvenirs* wieder le'bendig werden
restant [Rɛstã] **I** *adj* **1.** übriggeblieben; noch vorhanden; restlich; **les dix francs ~s** die restlichen zehn Franc; **2.** *poste ~e* postlagernd; **II** *m* Rest *m*
restau [Rɛsto] *m* F *abr cf* **restaurant**; **~ U** *abr* (*restaurant universitaire*) Mensa *f*
restaurant [RɛstoRã] *m* Restau'rant *n*; Gaststätte *f*; Gastwirtschaft *f*; (Speise-)Lo'kal *n*; **~ chinois** chinesisches Restaurant; **~ universitaire** Mensa *f*; **~ du cœur** Speiselokal für Bedürftige; **manger au ~** im Restaurant essen
restaura|teur [RɛstoRatœR] *m*, **~trice** *f* **1.** *d'un restaurant* (Gast)Wirt(in) *m(f)*; Gastro'nom *m*; **2.** *d'art* Restau'rator *m*, Restaura'torin *f*
restauration [RɛstoRasjɔ̃] *f* **1.** *d'art* Restau'rierung *f*; Restaurati'on *f*; **2.** POL Restaurati'on *f*; HIST **la ~** die Restaurati'on (*der Bourbonen 1814–1830*); die Restaurati'onszeit *f*; **3.** *métier*, *secteur*

Gaststättengewerbe *n*; Gastrono'mie *f*; **~ rapide** Fast food *n*; Fast-food-Gastronomie *f*
restaurer [RɛstoRe] **I** *v/t* **1.** *objet d'art*, *monument* restau'rieren; **2.** *ordre etc* wieder'herstellen; **II** *v/pr* **se ~** sich (wieder) stärken
reste [Rɛst] *m* Rest *m*; 'Überrest *m*; 'Überbleibsel *n*; Übriggebliebene(s) *n*; COMM Restbetrag *m*; MATH *d'une soustraction* Ergebnis *n*; Resul'tat *n*; *d'une division* Rest *m*; *d'un mort* **les ~s** die sterblichen (Über)Reste; **un ~ d'espoir** e-e Spur von Hoffnung; **le ~ des hommes** die übrigen Menschen; **~s d'un repas** Reste e-r Mahlzeit; Speisereste *m/pl*; ♦ *loc/adj* **de ~** übrig; mehr als nötig; **avoir de l'argent**, **du temps de ~** Geld, Zeit übrig haben; *loc/adv*: **le ~ du temps** während der übrigen Zeit; **et (tout) le ~** und so weiter; und so fort; **du ~**, **st/s au ~** übrigens; außerdem; zu'dem; darüber hin'aus; über'dies; **pour le ~** sonst; an'sonsten; **pour ce qui est du ~**, **quant au ~** was alles übrige betrifft, angeht; ♦ *plais*: *femme* **avoir de beaux ~s** noch ganz gut erhalten sein; *fig* **ne pas demander son ~ et partir** sich sang- und klanglos aus dem Staub machen; **deviner le ~** den Rest, das übrige, das Weitere erraten; **être**, **demeurer en ~ (avec qn)** (j-m) etw schuldig sein, bleiben; **pour ne pas être en ~** um nicht nachzustehen; **s'occuper du ~** sich um alles Weitere, um alles übrige kümmern; **sans parler du ~** von allem übrigen ganz zu schweigen; *iron* **il sait faire ça comme le ~** davon versteht er so wenig wie von allem übrigen; **vivre isolé du ~ du monde** von der übrigen Welt isoliert, von der Außenwelt abgeschnitten leben
rester [Rɛste] ⟨être⟩ **I** *v/i* **1.** bleiben; ♦ *avec adj*: **~ jeune** jung bleiben; **~ malade pendant plusieurs mois** mehrere Monate lang krank sein; **~ toujours le même** immer der gleiche bleiben; *magasin* **~ ouvert jusqu'à 20 heures** bis 20 Uhr geöffnet, offen bleiben, sein; **~ tranquille** ruhig bleiben; Ruhe bewahren; ♦ *avec prép et loc/adv*: **~ des heures entières à bavarder** stundenlang schwatzen; **il est resté une heure à faire cette lettre** er hat e-e Stunde gebraucht, um ...; **je suis resté seul à attendre** ich blieb allein zurück und wartete; **~ (à) déjeuner** zum Mittagessen bleiben; **au lit** im Bett bleiben; **~ à table** bei Tisch, beim Essen sitzen (bleiben); **~ chez soi** zu Hause, da'heim bleiben; **~ dans l'ignorance** unwissend bleiben; **~ dans la mémoire**, **dans le souvenir des hommes** den Menschen im Gedächtnis, in Erinnerung bleiben; **~ en arrière** zurückbleiben; **~ en bonne santé** gesund bleiben; **cela doit ~ entre nous** das muß unter uns bleiben; **~ (pour) faire qc** dableiben, um etw zu tun; **~ tout un mois sans écrire** einen ganzen Monat (lang) nicht schreiben; **~ sur une impression** noch unter e-m Eindruck stehen; **tu ne vas pas ~ des heures sur ce travail** du wirst nicht stundenlang über dieser Arbeit sitzen; *cf a les subst correspondants*; **2.** *fig* **y ~** dabei 'umkommen; **il a failli y ~** er wäre beinahe

umgekommen; **3. en ~ à qc** bei etw stehenbleiben; es bei etw bewenden lassen; es mit etw genug sein lassen; *où en sommes-nous restés?* wo sind wir stehengeblieben?; *où en est-il resté de ses projets?* was ist aus s-n Plänen geworden?; wie weit sind s-e Pläne gediehen?; *restons-en là pour aujourd'hui* lassen wir es für heute dabei bewenden, damit genug sein; *il n'en restera pas là* er wird es damit nicht genug sein lassen; **4.** F (*habiter*) wohnen; *il reste en banlieue* er wohnt in e-m Vorort; **5.** (*durer*) œuvre, artiste sich halten; die Zeit über'dauern; bleiben; **6.** (*subsister*) (übrig)bleiben; *les ruines qui restent de qc* die Ruinen, die von etw übriggeblieben sind; *le temps qui me reste* die Zeit, die mir (übrig) bleibt; *le restliche Zeit*; *c'est tout ce qui reste* das ist alles, was (noch) übrig ist; **7.** (*continuer d'être sien*) **~ à qn** j-m bleiben; *le nom lui est resté* der Name ist ihm geblieben; *le souvenir qui m'en est resté* die Erinnerung, die mir davon geblieben ist; **II** *v/imp il ne reste plus de pain* es ist kein Brot mehr da; F das Brot ist alle; *il ne lui en reste rien* a) *en mémoire* er hat nichts davon behalten; es ist ihm nichts im Gedächtnis geblieben; b) *d'un accident* er spürt nichts mehr davon; *il reste vrai, entendu que ...* es ist klar, selbstverständlich, daß ...; (*il*) *reste que ...* immerhin ...; jedenfalls ...; *il n'en reste pas moins que ...* nichtsdesto'weniger ...; ♦ *il reste beaucoup à faire* es bleibt noch viel zu tun; *je sais ce qu'il* (*ou ce qui*) *me reste à faire* ich weiß, was ich noch tun muß; *il ne me reste plus qu'à partir, payer* es bleibt mir nichts anderes übrig als zu gehen, zahlen; *il reste 100 francs à payer* es müssen noch 100 Franc gezahlt werden; *reste à prouver ...* bleibt noch zu beweisen ...; *il ne me reste plus qu'à vous remercier* mir bleibt nur noch, Ihnen zu danken; *il ne vous reste qu'à signer* Sie brauchen nur noch zu unter'schreiben
restituer [Rɛstitɥe] *v/t* **1.** (*rendre*) zu'rück-, her'ausgeben; (zu'rück)erstatten; **2.** (*rétablir*) texte etc rekonstru'ieren; wieder'herstellen; **3.** *énergie emmagasinée* abgeben; freisetzen; *son enregistré* 'wiedergeben
restitution [Rɛstitysjɔ̃] *f* **1.** (*action de rendre*) Rückgabe *f*, -erstattung *f*; Her'ausgabe *f*, Restituti'on *f*; **2.** (*rétablissement*) Rekonstrukti'on *f*; Wieder'herstellung *f*
resto [Rɛsto] *m* cf **restau**
restoroute [Rɛstoʀut] *m* (*nom déposé*) Raststätte *f*, -haus *n*
restreindre [Rɛstʀɛ̃dʀ(ə)] ⟨cf peindre⟩ **I** *v/t* be-, ein'schränken; *nombre* beschränken; *champ d'activité* eingen'gen; **II** *v/pr se ~* sich einschränken; *il va falloir nous ~* wir werden uns einschränken müssen
restreint [Rɛstʀɛ̃] *adj* ⟨-einte [-ɛ̃t]⟩ *vocabulaire, moyens etc* beschränkt; *auditoire ~* beschränkte Anzahl von Zuhörern; *d'un mot sens ~* engere Bedeutung; *~ à* beschränkt auf (+*acc*)
restrictif [Rɛstʀiktif] *adj* ⟨-ive⟩ einschränkend; einengend; restrik'tiv
restriction [Rɛstʀiksjɔ̃] *f* **1.** Ein-, Beschränkung *f*; Restrikti'on *f*; (*réserve*) Einschränkung *f*; Vorbehalt *m*; *~ mentale* geheimer Vorbehalt; JUR Men'talreservation *f*; *loc/adv sans ~* uneingeschränkt; vorbehaltlos; bedingungslos; ohne Einschränkung; *faire des ~s* Vorbehalte, Einschränkungen machen; *être soumis à des ~s* Beschränkungen (*dat*) unter'liegen; **2.** *pl ~s* (*rationnement*) Ratio'nierungsmaßnahmen *f/pl*; (*privations*) Entbehrungen *f/pl*; *époque schlechte Zeit*
restructur|ation [Rəstʀyktyʀasjɔ̃] *f* 'Umstrukturierung *f*; 'Umgestaltung *f*; *~er* *v/t* 'umstrukturieren; 'umgestalten
resucée [Rəsyse] *f* **1.** F (*petit verre*) F noch ein Gläschen *n*; **2.** *péj* (*reprise*) (zweiter, schlechter) Aufguß
résultante [Rezyltɑ̃t] *f* **1.** Folge *f*; Ergebnis *n*; **2.** PHYS Resul'tierende *f*; Resul'tante *f*
résultat [Rezylta] *m* **1.** Ergebnis *n*, Resul'tat *n* (*a* MATH); Fazit *n*; Erfolg *m*; *sans ~* ergebnislos; ohne Erfolg; erfolglos; *avoir pour ~ que ...* zur Folge haben, daß ...; *iron voilà le ~!* F da haben wir die Bescherung!; *elle a resté trop longtemps au soleil, ~: elle a un coup de soleil* (der) Erfolg: sie hat e-n Sonnenbrand; **2.** *~s pl* SPORTS Ergebnisse *n/pl*; *d'un examen* Prüfungsergebnisse *n/pl*; *d'une élection* Wahlergebnisse *n/pl*; *~s scolaires* schulische Leistungen *f/pl*; LOTERIE *~s du tirage* Ziehungsliste *f*
résulter [Rezylte] ⟨avoir *od* être⟩ **I** *v/i ~ de qc* sich aus etw ergeben; aus etw her'vorgehen, resul'tieren, folgen; bei etw her'auskommen; **II** *v/imp il résulte de ceci que, il en résulte que ...* daraus geht her'vor, folgt, ergibt sich, *st/s* erhellt, daß ...
résumé [Rezyme] *m* Zu'sammenfassung *f*; Resü'mee *n*; (zu'sammenfassender) 'Überblick; *loc/adv en ~* zusammenfassend läßt sich sagen; (*en bref*) kurz (gesagt); (*en somme*) alles in allem; *faire un ~* e-e Zusammenfassung geben, *par écrit* a machen
résumer [Rezyme] **I** *v/t* zu'sammenfassen; resü'mieren; kurz 'wiedergeben; *~ en peu de mots* in wenigen Worten zusammenfassen; **II** *v/pr se ~* **1.** *ce qu'on a dit* 'zusammenfassen (*abs*); **2.** *sens passif* zu'sammengefaßt werden (können); sich zu'sammenfassen lassen; *en lui se résume tout un siècle* in ihm findet sich ein ganzes Jahrhundert vereinigt
résurgence [RezyRʒɑ̃s] *f* **1.** GÉOL Wiederzu'tagetreten *n*; **2.** *fig* Wieder'auftreten *n*; 'Wiedererscheinen *n*
résurrection [RezyRɛksjɔ̃] *f* **1.** REL a) Auferstehung *f*; *la ~ de la chair, du Christ, des morts* die Auferstehung des Fleisches, Christi, der Toten; b) *la ~ de Lazare* die Auferweckung des Lazarus; **2.** *fig d'un malade* unverhoffte Genesung; *st/s du passé etc* Wieder'aufleben *n*
retable [Rətabl(ə)] *m* Al'taraufsatz *m*; *t/t* Re'tabel *n*; *tableau* Al'tarbild *n*
rétabli [Retabli] *adj* **1.** *personne* wieder genesen; wieder'hergestellt; **2.** *contact etc* wieder'hergestellt
rétablir [Retablir] **I** *v/t* **1.** *ordre, communications, équilibre etc* wieder'herstel-len; *relations diplomatiques* wieder'aufnehmen; *faits* rekonstru'ieren; *courant* wieder einschalten; *~ la paix* Frieden stiften; *~ le téléphone* die Telefonverbindung wiederherstellen; **2.** *~ qn dans ses droits, dans ses fonctions* j-n wieder in s-e Rechte, in sein Amt einsetzen; **3.** *malade* wieder auf die Beine bringen; (wieder) gesund machen; *~ ses forces* wieder zu Kräften kommen; **II** *v/pr se ~* **4.** *malade* (wieder) gesund werden; wieder auf die Beine kommen; **5.** *calme etc* wieder eintreten, einkehren; sich wieder einstellen; *temps* sich wieder beruhigen
rétablissement [Retablismɑ̃] *m* **1.** *de l'ordre, des communications etc* Wieder'herstellung *f*; *des relations diplomatiques* Wieder'aufnahme *f*; **2.** *d'un malade* Genesung *f*; Gesundung *f*; *je vous souhaite un prompt ~* ich wünsche Ihnen gute Besserung, e-e baldige Genesung; **3.** SPORTS Aufschwung *m*
rétamé [Retame] *adj* **1.** F (*épuisé*) F fertig; ka'putt; **2.** F (*ivre*) F besoffen; blau
rétamer [Retame] **I** *v/t* **1.** *casserole* neu verzinnen; **2.** F *personne* F fertig-, ka'puttmachen; *chose* ka'puttmachen; *à un examen se faire ~* F 'durchfliegen, -rasseln, -sausen; *se faire ~ au jeu* sein ganzes Geld beim Spiel verlieren; **II** *v/pr se ~* F (*tomber*) F hinschlagen; hinknallen
rétameur [RetamœR] *m* Kesselflicker *m*
retape [Rətap] *f faire la ~* a) *prostituée* F auf den Strich gehen; b) *camelot* die Werbetrommel rühren
retaper [Rətape] **I** *v/t* **1.** F a) *lit* notdürftig machen; *couverture* glattstreichen; *oreiller* aufschütteln; b) *vieille maison* wieder herrichten; F aufpolieren; c) *médicament ~ qn* j-n wieder auf die Beine bringen, hochbringen; **2.** *à la machine* noch einmal (ab)tippen; **II** *v/pr* F *se ~* F sich aufrappeln
retard [R(ə)taR] *m* **1.** Verspätung *f*; Zu'spätkommen *n* (*au travail* zur Arbeit); *un ~ d'une heure, une heure de ~* eine Stunde Verspätung; e-e einstündige Verspätung; Verspätung von einer Stunde; *loc/adv avec ~* verspätet; mit Verspätung; *en ~* verspätet; zu spät; mit Verspätung; *arriver en ~* zu spät kommen; *être en ~* sich verspäten; zu spät kommen; F zu spät dran sein; *train etc* Verspätung haben; *cf a* 2.; *se mettre en ~* sich verspäten; *il m'a mis en ~* seinetwegen bin ich verspätet; *sans ~* unverzüglich; 'umgehend; so'fort; auf der Stelle; so'gleich; *avoir du ~* Verspätung haben; F *fig il a toujours un métro de ~* F er ist ein Spätzünder; *montre prendre du ~* (immer) nachgehen; **2.** *dans le travail, un paiement, un développement* Rückstand *m*; Zu'rückbleiben *n*; Verzögerung *f*; Verzug *m*; *loyer m en ~* rückständige Miete; Mietrückstand *m*; *travail m en ~* liegengebliebene Arbeit; *avoir du courrier en ~* Briefschulden haben; *avoir du ~, être en ~* zurückgeblieben, im Rückstand, im Verzug sein (*sur qn, qc* gegenüber j-m, etw); *enfant être en ~ pour son âge* für sein Alter zurückgeblieben sein; *être en ~ pour payer son loyer* mit s-r Miete im Rückstand sein; **3.** TECH Verzögerung *f*; *~ à l'allu-*

retardataire – rétorsion

mage Spätzündung *f*; **4.** *adjt PHARM* De'pot...; *insuline f* ~ Depotinsulin *n*
retardataire [R(ə)taRdatɛR] **I** *adj* **1.** (*en retard*) verspätet; zu spät kommend; zu spät gekommen; **2.** (*archaïque*) rückständig; **II** *m,f* Zu'spätkommende(r) *f(m)*; Nachzügler(in) *m(f)*
retardé [R(ə)taRde] **I** *adj enfant*: mentalement zu'rückgeblieben; *sc* retar'diert; *à l'école être* ~ im Rückstand, F zu'rück sein; **II** *subst* ~(e) *m(f)* geistig zurückgebliebenes Kind
retardement [R(ə)taRdəmã] *loc/adv à* ~ mit Verzögerung; nachträglich; *loc/adj bombe f à* ~ Bombe *f* mit Zeitzünder; Zeitbombe *f*; *comprendre à* ~ erst hinterher begreifen
retarder [R(ə)taRde] **I** *v/t* **1.** *personne, train etc* aufhalten; ~ *qn dans son travail* j-n bei s-r Arbeit aufhalten; **2.** *montre* zu'rückstellen; **3.** *départ etc* hin-'aus-, auf-, verschieben; **4.** *pluie: récolte etc* verzögern; **II** *v/i* **5.** *montre* nachgehen; *ma montre*, F *a* **je retarde de cinq minutes** meine Uhr geht fünf Minuten nach; **6.** *fig* ~ *sur son temps, sur son siècle* hinter s-r Zeit zu'rück sein; **7.** F *(n'être pas au courant)* F hinter dem Mond leben
retéléphoner [R(ə)telefɔne] *v/i* wieder, noch einmal telefo'nieren (*à qn* mit j-m), anrufen (j-n)
retenir [RətniR, Rtənir] ⟨*cf venir*⟩ **I** *v/t* **1.** *personne* zu'rück-, fest-, auf-, abhalten; dabehalten; *chose* (zu'rück-, ein-) behalten; *argent* abziehen (*de, sur* von); *barrage: eau* stauen; *ruban: cheveux* zu'sammenhalten; ~ *l'attention de qn* j-s Aufmerksamkeit auf sich lenken, ziehen; j-s Interesse wecken, erregen; *votre candidature a retenu mon attention* ich habe Ihre Bewerbung aufmerksam geprüft; ~ *sa colère, un sourire* s-e Wut, ein Lächeln unter-'drücken; ~ *ses larmes* die Tränen zurückhalten, *a* nicht weinen'dürfen; ~ *son souffle, sa respiration* den Atem, die Luft anhalten; ~ *qn prisonnier* j-n gefangenhalten; *maladie* ~ *qn à la chambre* j-n zwingen, im Zimmer zu bleiben; ~ *qn à dîner* j-n zum Abendessen dabehalten; *maladie* ~ *qn au lit* j-n ans Bett fesseln; *je ne sais pas ce qui me retient* ich weiß nicht, was mich davon abhält *ou* was mich daran hindert; ~ *qn par le bras* j-n am Arm festhalten; *je ne veux pas vous* ~ *plus longtemps* ich möchte Sie nicht länger aufhalten; **2.** *dans sa mémoire* sich merken; (im Gedächtnis) behalten; *retenez bien ce que je vais vous dire* merken Sie sich gut, was ich Ihnen sagen werde; F *je le retiens, celui-là!* den merke ich mir!; der hört noch von mir!; *MATH* **je pose sept et retiens deux** ich schreibe sieben und merke mir, behalte zwei; **3.** (*considérer*) proposition, projet, candidature in Betracht ziehen; berücksichtigen; *JUR chef d'accusation* aufrechterhalten (**contre qn** gegen j-n); *adjt* **la solution retenue** die gewählte Lösung; **4.** (*réserver*) *chambre, table, place de théâtre ou de train* vorbestellen; reser'vieren; *place* (*marquer*) belegen; *guide* im voraus enga-'gieren; **II** *v/pr se* ~ **5.** (*se rattraper*) sich festhalten (*à* an +*dat*); **6.** (*s'empê-*

cher) sich zu'rückhalten; sich beherr-'schen; sich zu'sammennehmen; *ne pouvoir se* ~ *de* (+*inf*) nicht um'hinkönnen zu (+*inf*); *se* ~ *de manger* sich beim Essen zurückhalten; *se* ~ *de pleurer* sich zusammennehmen, um nicht zu weinen; *besoin naturel* **retiens- -toi!** halt es zurück!; verhalt es!
rétention [Retãsjɔ̃] *f MÉD* Verhaltung *f*; *sc* Retenti'on *f*; ~ *d'urine* Harnverhaltung *f*
retentir [R(ə)tãtiR] *v/i* **1.** *cri, sonnerie etc* (er)tönen; (er)schallen; ('wider)hallen; *chants* (er)klingen; *coup de feu* krachen; *endroit* ~ *de* erfüllt sein von; **2.** *fig* ~ *sur* sich auswirken auf (+*acc*)
retentissant [R(ə)tãtisã] *adj* **1.** *choc* geräuschvoll; *gifle* schallend; *voix* 'durchdringend; dröhnend; **2.** *fig réussite, échec* aufsehenerregend
retentissement [R(ə)tãtismã] *m* 'Widerhall *m* (*fig*); Reso'nanz *f* (*fig*); (Aus-, Nach)Wirkung *f* (*sur* auf +*acc*); *avoir un grand* ~ großes Aufsehen erregen
retenu [Rətny, Rtəny] *adj* **1.** (*réservé*) vorbestellt; reser'viert; *place a* belegt; **2.** *personne* verhindert; **3.** *voix* gedämpft; verhalten
retenue [Rətny, Rtəny] *f* **1.** *ÉCOLE* Nachsitzen *n*; Ar'rest *m*; *être en* ~ nachsitzen; *mettre un élève en* ~ e-n Schüler nachsitzen lassen; **2.** *prélèvement* Abzug *m* (*sur* von); Einbehaltung *f*; *somme* Abzug *m*; einbehaltener Betrag; ~ *à la source* Steuerabzug *m* an der Quelle; ~ *sur le salaire* Lohn-, Gehaltsabzug *m*; **3.** (*réserve*) Zu'rückhaltung *f*; Mäßigung *f*; *sans* ~ unbeherrscht; *manger* unmäßig; *pleurer* hemmungslos; *embrasser qn* stürmisch; *manquer de* ~ es an Zurückhaltung fehlen lassen; **4.** *MATH* behaltene Zahl; **5.** *d'eau* Stauen *n*; *bassin m de* ~ Stau-, Speicherbecken *n*
réticence [Retisãs] *f* **1.** (*hésitation*) Re-'serve *f*; Zögern *n*; *sans aucune* ~ ohne das geringste Zögern; **2.** (*omission*) Verschweigen *n*; (absichtliches) Über-'gehen; Auslassung *f*; *parler sans* ~ offen, frei sprechen
réticent [Retisã] *adj* **1.** (*hésitant*) reser-'viert; zögernd; **2.** (*peu loquace*) verschlossen
réticule [Retikyl] *m* **1.** *OPT* Fadenkreuz *n*; **2.** *sac* Handtäschchen *n*
réticulé [Retikyle] *adj* netzartig, -förmig; *ANAT* retiku'lär; retiku'lar
rétif [Retif] *adj* ⟨-ive⟩ störrisch; 'widerspenstig
rétin[Retin] *f ANAT* Netzhaut *f*; Re-'tina *f*; **~ien** *adj* ⟨~ne⟩ Netzhaut...
retiré [R(ə)tiRe] *adj* **1.** (*solitaire*) zu-'rückgezogen; ~ *du monde* weltabgewandt; *vivre* ~, *mener une vie* ~ zurückgezogen leben; ein zurückgezogenes Leben führen; **2.** (*à la retraite*) im Ruhestand; **3.** *village etc* abgelegen; abgeschieden
retirer [R(ə)tiRe] **I** *v/t* **1.** (*faire sortir*) her'ausnehmen, -ziehen, -holen (*de* aus); *argent de la banque* abheben; *mise* zu'rückziehen; *courrier, bagages de la consigne, billets réservés* abholen; *huile de certaines graines* gewinnen; *minerai* fördern; *pièce de théâtre* ~ *de l'affiche* vom Spielplan absetzen; *noyé etc* ~ *de*

l'eau aus dem Wasser ziehen, bergen, F fischen; *enfant* ~ *de l'école* aus, von der Schule nehmen; *casserole* ~ *du feu* vom Herd, Feuer nehmen; ~ *de sa poche* aus der Tasche ziehen; *clef* ~ *de la serrure* abziehen; **2.** *main* weg-, zu-'rückziehen; *tête* einziehen; *fig: candidature, plainte, offre* zu'rückziehen; *offre a, paroles* zu'rücknehmen; ~ *ce qu'on a dit* zurücknehmen, was man gesagt hat; **3.** *chapeau, lunettes, selle, housse* abnehmen; *vêtement, bottes, gants* ausziehen; ~ *ses vêtements à un enfant* e-m Kind die Kleider ausziehen; **4.** *confiance, amitié, garde des enfants, permission, permis de conduire* ~ *à qn* j-m entziehen; *je vous retire la parole* ich entziehe Ihnen das Wort; **5.** *bénéfice, avantages* her'ausholen, -schlagen; *fig* ~ *un grand profit d'une lecture* großen Nutzen aus e-r Lektüre ziehen; **II** *v/pr se* ~ **6.** (*partir*) sich zu'rückziehen; *se* ~ *dans sa chambre* sich in sein Zimmer zurückziehen; *se* ~ *des affaires, du monde* sich von den Geschäften, von der Welt zurückziehen; *se retire-toi de là!* geh weg!; F weg da!; **7.** (*prendre sa retraite*) sich zur Ruhe setzen; in den Ruhestand treten; **8.** *mer, eaux* zu'rückgehen
retombées [R(ə)tɔ̃be] *f/pl* **1.** *NUCL* ~ *radioactives* radioaktiver Niederschlag; Fallout [fɔ:'laut] *m*; **2.** *fig* (*conséquences*) Auswirkungen *f/pl*; Niederschlag *m*
retomber [R(ə)tɔ̃be] *v/i* (être) **1.** *balle, fusée etc* wieder (her'unter- *ou* hin'unter-, hin'ab- *ou* her'ab-, F runter)fallen; *personne après s'être relevée* wieder hinfallen; *se laisser* ~ *sur ses coussins* sich in die Kissen zu'rücksinken lassen; *pluie* ~ *ça retombe de plus belle* F es schüttet wieder stärker; **2.** *après un saut* (wieder) aufkommen; *chat* ~ *sur ses pattes* wieder auf den *ou* die Pfoten aufkommen; *fig* ~ *sur ses pieds*, F *pattes* wieder auf die Füße fallen; **3.** *fig* ~ *dans qc* wieder in etw (*acc*) verfallen, geraten; ~ *dans les mêmes fautes* wieder in die gleichen Fehler verfallen; ~ *dans l'oubli* wieder in Vergessenheit geraten; **4.** ~ *malade* wieder krank werden; wieder erkranken; **5.** *rideau, cheveux* fallen; (her'unter-, her'ab)hängen; *cheveux* ~ *sur les épaules, sur le front* bis auf die Schultern, in die Stirn fallen; **6.** *responsabilité* ~ *sur qn* auf sich zu'rückfallen; auf j-m lasten; *faire* ~ *la faute de qc sur qn* die Schuld an etw (*dat*) auf j-n schieben, abwälzen; F *ça lui est retombé sur le nez* da hat er sich (in bester Absicht eingemischt) und nur Ärger eingehandelt; **7.** F ~ *sur qn* j-n zufällig wieder treffen; *cf a* **tomber**
retordre [R(ə)tɔRdR(ə)] *v/t* ⟨*cf rendre*⟩ *fils* zwirnen; *fig donner du fil à* ~ *à qn* j-m viel zu schaffen machen; j-m Kummer, Sorgen bereiten, machen
rétorquer [RetɔRke] *v/t* ~ *que ...* erwidern, entgegnen, daß ...
retors [RətɔR] *adj* ⟨-orse [-ɔRs]⟩ *personne* ausgekocht; durch'trieben; gerissen; mit allen Wassern gewaschen
rétorsion [RetɔRsjɔ̃] *f JUR* Vergeltung *f*; Retorsi'on *f*; *mesure f de* ~ Gegen-, Vergeltungsmaßnahme *f*

retouche [R(ə)tuʃ] f **1.** PHOT Re'tusche f; **2.** d'une œuvre Über'arbeitung f; Verbesserung f; Nachbesserung f; Änderung f; **faire quelques ~s** einige Verbesserungen, Änderungen vornehmen, anbringen (à an +dat); **3.** COUT Änderung f

retoucher [R(ə)tuʃe] v/t **1.** PHOT retu'schieren; **2.** œuvre über'arbeiten; verbessern; nachbessern; **3.** COUT ändern

retouch|eur [R(ə)tuʃœR] m, **~euse** f **1.** ~ (photographe) Retu'scheur m; **2.** ~ **en confection** Änderungsschneider(in) m(f)

retour [R(ə)tuR] m **1.** au point de départ Rückkehr f; chez soi Heimkehr f; **bon ~!** kommen Sie ou komm gut nach Hause!; **le ~ au calme** das Wieder'eintreten der Ruhe; **~ à la nature** Rückkehr zur Natur; zurück zur Natur!; **~ au pouvoir** Rückkehr zur Macht; **~ en arrière** a) (régression) Rückschritt m; b) dans une narration Rückblick m; c) CIN, TV Rückblende f; loc/adv **sur le chemin du ~** auf dem Heim-, Rückweg; **sans espoir de ~** ohne Hoffnung auf (e-e) Rückkehr; cf a 6.; **sans espoir de ~** ohne die Absicht zurückzukehren; **à mon ~** bei meiner Rückkehr; (au) **~ de** bei der Rückkehr von; **de ~ chez moi** nach Hause zurückgekehrt; bei meiner Rückkehr nach Hause; **être de ~** zurück sein; fig **faire un ~ sur soi-même** sich auf sich selbst besinnen; **2.** (voyage de retour) Rückfahrt f, -reise f; en avion Rückflug m; par ext **les ~s de vacances** der Ferienrückreiseverkehr m; **3.** (réexpédition) Rücksendung f; d'une marchandise Rückgabe f; **~ à l'expéditeur** zurück an Absender; **par ~ du courrier** postwendend; 'umgehend; **4.** du printemps, du froid etc 'Wiederkehr f; de l'hiver de la fièvre Wieder'auftreten n; loc/adv **sans ~** auf, für immer; unwieder'bringlich; **5.** (changement soudain) 'Umschlag m; 'Umschlagen n; Wechsel m; PHYSIOL **~ d'âge** Wechseljahre n/pl; F fig **~ de bâton** Rückwirkung f auf den Urheber; Bumerang m; **par un juste ~ des choses** als gerechte Strafe; als gerechter Ausgleich; als ausgleichende Gerechtigkeit; **être sur le ~ (d'âge)** a) femme in den Wechseljahren sein; b) (commencer à vieillir) allmählich alt werden; **6.** (échange) loc/adv **en ~** als Gegenleistung; dafür; **aimer qn sans espoir de ~** j-n ohne Hoffnung auf Erwiderung lieben; **payer son amour de ~** s-e Liebe erwidern; **7.** TECH Rücklauf m; **~ de flamme** a) Flammenrückschlag m; b) fig contre son auteur (negative, fa'tale) Rückwirkung; Bumerang m; (regain d'activité) Wieder'aufleben n; **~ de manivelle** a) Rückschlag an der Kurbel; b) fig plötzlicher 'Umschwung; 'Umschlag(en) m(n); **8.** adjt SPORTS **match m ~** Rückspiel n

retournement [R(ə)tuRnəmã] m d'une situation grundlegende Wandlung; 'Umkehrung f; 'Umschwung m; de qn, d'opinion Meinungsumschwung m; Kehrtwendung f

retourner [R(ə)tuRne] I v/t **1.** matelas, tableau etc 'umdrehen; vêtement, foin etc wenden; terre 'umgraben; salade 'umrühren; mischen; phrase, poche 'umkehren; tête drehen; wenden; carte à jouer aufdecken; fig situation grundlegend ändern; F fig **~ qn** j-n 'umstimmen, F her'umkriegen; cf a 2.; **~ une arme contre qn** auf j-n richten; viande **~ sur le gril** auf dem Grill drehen; **2.** F (mettre en désordre) maison etc F auf den Kopf stellen; F fig (bouleverser) nouvelle etc **~ qn** j-n aufwühlen, F durcheinanderbringen; **3.** tourner et **~** a) objet hin und her drehen; b) fig idée etc hin und her über'legen; von allen Seiten beleuchten; **4.** (renvoyer) a) lettre, paquet, marchandise zu'rückschicken, -senden; zu'rückgehen lassen; **prière de ~ à l'expéditeur** bitte zurück an Absender; b) F fig gifle zu'rückgeben; **~ à qn son compliment** j-m das Kompliment zurückgeben (a iron); II v/i ⟨être⟩ **5.** (aller de nouveau) wieder gehen, fahren, reisen; **~ à la mer** wieder ans Meer fahren; **~ chez le médecin** wieder zum Arzt gehen; **6.** au point de départ zu'rückkehren, -gehen, -reisen, -fahren, en avion -fliegen; **~ chez soi** nach Hause gehen; heimgehen, -kehren; **~ dans son pays natal** in s-e Heimat zurückgehen; par ext **à ses affaires, à son travail** die Geschäfte, die Arbeit wieder'aufnehmen; **7.** maison, terrain etc **~ à qn** j-m wieder'anheimfallen, zufallen; III v/imp **8. savoir de quoi il retourne** wissen, was los ist, wor'um es sich dreht ou handelt, wo'ran man ist; IV v/pr **9. se ~** personne sich 'umdrehen, 'umwenden; voiture sich über'schlagen; **se ~ vers qn** sich nach j-m umdrehen; **se tourner et se ~ dans son lit** sich im Bett hin und her wälzen; fig: **laisser à qn le temps de se ~** j-m Zeit lassen; **savoir se ~** wendig sein; sich zu helfen wissen; **10. s'en ~** wieder 'umkehren, fortgehen; **s'en ~ comme on est venu** unverrichteter Dinge wieder abziehen; **11. se ~ contre qn** a) personne sich gegen j-n wenden; b) mesures etc ungünstige Rückwirkungen auf j-n haben

retracer [R(ə)tRase] v/t ⟨-ç-⟩ (raconter) (bildhaft) schildern, erzählen, vergegen'wärtigen; vor Augen führen

rétractation [RetRaktasjɔ̃] f 'Widerruf m; Wider'rufung f; Zu'rücknahme f

rétracter [RetRakte] I v/t **1.** escargot: cornes etc zu'rück-, einziehen; **2.** aveux etc widerˈrufen; zu'rücknehmen; II v/pr **se ~ 3.** pupille, muscle sich zu'sammenziehen; **4.** (se dédire) wider'rufen; das Gesagte zu'rücknehmen

rétrac|tile [RetRaktil] adj griffes einziehbar; muscle zu'sammenziehbar; **~tion** f BIOL Zu'sammenziehung f; Verkürzung f; sc Retrakti'on f

retraduction [R(ə)tRadyksjɔ̃] f **1.** (nouvelle traduction) Neuübersetzung f; **2.** dans la langue de départ Rückübersetzung f

retrait [R(ə)tRɛ] m **1.** du permis de conduire Entzug m; d'un projet de loi, d'une plainte, d'une candidature Zu'rückziehung f; d'argent d'un compte Abhebung f; de bagages de la consigne etc Abholung f; **2.** de troupes Abzug m; de la compétition Rücktritt m; **3.** loc/adj **en ~** bâtiment zu'rückgesetzt, -springend; fig **personne être, rester en ~** im 'Hintergrund stehen, bleiben; **se tenir en ~** sich abseits halten

retraite [R(ə)tRɛt] f **1.** MIL Rückzug m; **battre en ~** a) den Rückzug antreten; b) fig e-n Rückzieher machen; **2. ~ aux flambeaux** Fackelzug m; **3.** d'un travailleur Ruhestand m; **~ à la carte** flexible Altersgrenze; **mise à la ~** Versetzung f in den Ruhestand; de fonctionnaires Pensio'nierung f; **âge m de la ~** Altersgrenze f; Renten-, Pensi'onsalter n; **maison f de ~** Alten-, Altersheim n; **à la ~, en ~** im Ruhestand (abr i. R.); fonctionnaire pensio'niert; außer Dienst (abr a. D.); **mettre qn à la ~** j-n in den Ruhestand versetzen; j-n pensio'nieren; **prendre sa ~** in den Ruhestand treten, gehen; sich pensio'nieren lassen; **4.** pension (Alters)Rente f; Ruhegeld n; d'un fonctionnaire Pensi'on f; Ruhegehalt n; **régime m des ~s complémentaires** zusätzliche Altersversorgung; **avoir droit à une ~** renten- pensi'onsberechtigt sein; **toucher une petite ~** e-e kleine Rente beziehen, bekommen, haben; **5.** REL CATH Exer'zitien pl; **faire, suivre une ~** an Exerzitien teilnehmen; **6.** litt (refuge) Zufluchtsort m; Schlupfwinkel m

retraité [R(ə)tRete] I adj im Ruhestand (abr i. R.); fonctionnaire pensio'niert; außer Dienst (abr a. D.); II subst **~(e)** m(f) Rentner(in) m(f); Ruheständler(in) m(f); fonctionnaire Pensio'när (-in) m(f); österr Pensio'nist(in) m(f); **les petits ~s** die Kleinrentner m/pl

retrait|ement [R(ə)tRɛtmã] m NUCL Wieder'aufbereitung f; **~er** v/t NUCL wieder'aufbereiten

retranchement [R(ə)tRãʃmã] m MIL Verschanzung f; fig **forcer, pousser qn dans ses derniers ~s** j-n in die Enge treiben

retrancher [R(ə)tRãʃe] I v/t **1.** passage, mot (weg)streichen; weglassen; wegfallen lassen; **sans rien ajouter ni ~** ohne etwas hinzuzufügen oder wegzustreichen; **2.** (déduire) abziehen (**de, sur**); **3.** MIL adj **camp retranché** befestigtes Lager; II v/pr **4.** MIL **se ~** sich verschanzen; **5.** fig **se ~ derrière qc, derrière l'autorité de qn** sich hinter etw j-m verstecken; **se ~ dans le silence** sich in Schweigen hüllen

retrans|mettre [R(ə)tRãsmɛtR(ə)] v/t ⟨cf mettre⟩ RAD, TV, émission über'tragen; **~mission** f RAD, TV Über'tragung f

retravailler [R(ə)tRavaje] I v/t discours etc wieder bearbeiten; (modifier) 'umarbeiten; II v/i wieder arbeiten; die Arbeit wieder'aufnehmen

rétréci [RetResi] adj **1.** chaussée etc verengt; **2.** fig idées, esprit engstirnig

rétrécir [RetResiR] I v/t **1.** vêtement enger machen, verengern; **2.** fig horizon etc einengen; II v/i **3.** étoffe au lavage einlaufen; eingehen; III v/pr **se ~ 4.** chaussée, passage sich verengen; enger werden; **5.** fig cercle d'amis etc sich verkleinern; schrumpfen

rétrécissement [RetResismã] m **1.** d'une chaussée etc Verengung f; **2.** MÉD Verengerung f; **3.** d'une étoffe Einlaufen n, -gehen n

retremper [R(ə)tRãpe] v/pr **se ~ dans**

rétribuer – revalorisation

un milieu wieder in e-e Um'gebung eintauchen
rétribuer [ʀetʀibɥe] *v/t personne* bezahlen; entlohnen; *travail* bezahlen; vergüten
rétribution [ʀetʀibysjɔ̃] *f* Bezahlung *f*; Vergütung *f*; Entgelt *n*; Entlohnung *f*
rétro [ʀetʀo] **I** *adj* ⟨inv⟩ Nostal'gie...; nost'algisch; *mode f* ~ Nostalgiewelle *f*; **II** *m* F *abr cf rétroviseur*
rétro|actif [ʀetʀoaktif] *adj* ⟨-ive⟩ JUR rückwirkend; *avoir un effet* ~ rückwirkende Kraft haben; **~activité** *f* JUR Rückwirkung *f*; rückwirkende Kraft
rétrocéder [ʀetʀosede] *v/t* ⟨-è-⟩ JUR wieder abtreten; zu'rückübertragen
rétrofusée [ʀetʀofyze] *f* Bremsrakete *f*
rétrogradation [ʀetʀoɡʀadasjɔ̃] *f* MIL Degra'dierung *f*; *de fonctionnaire* Zu'rückstufung *f*
rétrograde [ʀetʀoɡʀad] *adj* **1.** *mouvement* rückläufig; *sc* retro'grad; **2.** *fig politique, idées* fortschrittsfeindlich; rückschrittlich; rückständig
rétrograder [ʀetʀoɡʀade] **I** *v/t* MIL degra'dieren; *fonctionnaire* zu'rückstufen; **II** *v/i* **1.** (*reculer*) zu'rückgehen, -weichen; **2.** *fig* (*régresser*) zu'rückgehen, -fallen; Rückschritte machen; **3.** *automobiliste* zu'rück-, her'unterschalten (*de troisième en deuxième*) aus dem dritten in den zweiten Gang)
rétropédalage [ʀetʀopedalaʒ] *m* VÉLO *frein m à* ~ Rücktrittbremse *f*
rétroprojecteur [ʀetʀopʀɔʒɛktœʀ] *m* Overheadprojektor *m* ['o:vərhɛt-] *m*; Tageslichtprojektor *m*
rétrospectif [ʀetʀɔspɛktif] *adj* ⟨-ive⟩ **1.** rückblickend; rückschauend; retrospek'tiv; *jeter un coup d'œil* ~ *sur* zurückblicken auf (+*acc*); **2.** *peur, jalousie* nachträglich
rétrospective [ʀetʀɔspɛktiv] *f* Rückblick *m*; Rückschau *f*; Rückblende *f*; *exposition* Retrospek'tive *f*; **~ment** *adv* **1.** rückschauend; im Rückblick; **2.** (*après coup*) nachträglich
retroussé [ʀ(ə)tʀuse] *adj* manches hoch-, aufgekrempelt; *jupe* geschürzt; (hoch)gerafft; *nez* ~ Stupsnase *f*
retrousser [ʀ(ə)tʀuse] **I** *v/t* manches hoch-, aufkrempeln (*a fig*); hochstreifen; *jupe* (hoch)raffen; schürzen; *babines, moustaches* zwirbeln; **II** *v/pr se* ~ das Kleid, den Rock (hoch-)raffen, schürzen
retrouvailles [ʀ(ə)tʀuvaj] F *f/pl* (großes) 'Wiedersehen
retrouver [ʀ(ə)tʀuve] **I** *v/t* **1.** (*recouvrer*) 'wiederfinden; ~ *qn vivant* j-n lebend wiederfinden; ~ *son chemin* den Weg wiederfinden; auf den Weg zu'rückfinden; ~ *ses forces* wieder zu Kräften kommen; ~ *un nom* wieder auf e-n Namen kommen; ~ *la parole* die Sprache wiederfinden; ~ *son portefeuille* s-e Brieftasche wiederfinden; ~ *la santé* wieder gesund werden; ~ *les traces de qn* j-s Spuren wiederfinden; *prov* **une chienne n'y retrouverait pas ses petits** da kann kein Mensch mehr was finden; **2.** (*rencontrer de nouveau*) *travail, occasion* wieder finden; *personne* wieder vorfinden, antreffen; ~ *le sommeil* wieder Schlaf finden; *elle le retrouva grandi* als sie ihn 'wiedersah, war er größer (geworden); *gare à*

toi si je te retrouve ici! wehe dir, wenn ich dich hier wieder antreffe!; **3.** (*rejoindre*) wieder treffen; ~ *sa famille* wieder zu s-r Familie zu'rückkehren *ou* bei s-r Familie sein; *aller* ~ *qn* j-m folgen, nachreisen; *menace* **je saurai vous** ~**!** Sie entgehen mir nicht!; ich erwische Sie noch!; *je viens te* ~ *dans une heure* in e-r Stunde bin ich wieder da *ou* treffe ich dich wieder; **II** *v/pr se* ~ **4.** *sens passif: occasion, avantage* sich wieder finden (*a faute, expression*); sich wieder ergeben; *si ça se retrouve* wenn sich die Gelegenheit ergibt; **5.** *réciproquement* sich wieder treffen; *tiens! comme on se retrouve!* wo man sich hier überall wieder trifft!; *menace* **on se retrouvera!** wir sprechen uns noch!; **6.** *sens réfléchi* sich (wieder) befinden; *se* ~ *seul et sans ressources* (wieder) allein und mittellos dastehen; *se* ~ *au chômage* (wieder) arbeitslos sein *ou* werden; *se* ~ *dans son élément* wieder in s-m Element sein; *se* ~ *devant les mêmes difficultés* wieder vor den gleichen Schwierigkeiten stehen; *il s'est retrouvé en prison* F er ist (wieder) im Gefängnis gelandet; **7.** *s'y* ~ (*s'y reconnaître*) sich zu'rechtfinden; *se* ~ *dans ses calculs, dans un quartier* sich in s-n Berechnungen, in e-m Stadtviertel zurechtfinden; *on ne s'y retrouve plus a* man kennt sich hier nicht mehr aus; **8.** F *s'y* ~ (*faire un bénéfice*) auf s-e Kosten kommen; **9.** *st/s se* ~ (*soi-même*) wieder zu sich selbst kommen; *cf a trouver*
rétroversion [ʀetʀovɛʀsjɔ̃] *f* MÉD *de l'utérus* Rückwärtsneigung *f*; *sc* Retroversi'on *f*
rétroviseur [ʀetʀoviz œʀ] *m* AUTO Rückspiegel *m*; ~ *extérieur, intérieur* Außen-, Innenspiegel *m*
rets [ʀɛ] *litt m* Netz *n*; *fig* **prendre qn dans ses** ~ j-n in s-n Netzen fangen
réuni [ʀeyni] *adj* vereinigt (*a* COMM); versammelt; *les Français et les Allemands* ~*s* die Franzosen und die Deutschen zusammen
réuni|fication [ʀeynifikasjɔ̃] *f* 'Wiedervereinigung *f*; **~fier** *v/t* 'wiedervereinigen
réunion [ʀeynjɔ̃] *f* **1.** *de personnes* Versammlung *f*; Zu'sammenkunft *f*; (*rencontre*) Treffen *n*; (*séance*) Sitzung *f*; ~ *électorale* Wahlversammlung *f*; ~ *de famille* Fa'milientreffen *n*; ~ *de parents d'élèves* Elternabend *m*; **2.** POL *d'une province* Angliederung *f*, Anschluß *m* (*à un* +*acc*); **3.** *d'entreprises, de partis* Zu'sammenschluß *m*; Zu'sammenlegung *f*; Vereinigung *f*; **4.** *de preuves, faits, pièces de dossier* Zu'sammenstellung *f*
Réunion [ʀeynjɔ̃] (*l'île f de*) *la* ~ Reuni'on *n*
réunionnais [ʀeynjɔnɛ] *adj* (*et subst* ⚥) Bewohner *m* von Reuni'on
réunir [ʀeyniʀ] **I** *v/t* **1.** *choses séparées* (mitein'ander) verbinden; zu'sammenfügen, -fassen, -nehmen; *papiers, documents* zu'sammenstellen; *renseignements, preuves, faits* zu'sammentragen (*a collection*); sammeln; *intérêts divers etc* vereinigen; ~ *toutes les conditions* alle Bedingungen erfüllen; ~ *des*

fonds Geld, Mittel auf-, zusammenbringen; ~ *le peu d'espagnol qu'on sait* F das wenige Spanisch, das man kann, zusammenkratzen; *il réunit en lui toutes les qualités* er vereint sämtliche Vorzüge in sich *ou* in s-r Person; *candidat* ~ *toutes les voix* alle Stimmen auf sich vereinigen; **2.** ~ *qc à qc* etw mit etw vereinigen, verbinden; ~ *une province à un État* e-e Provinz e-m Staat angliedern; **3.** *personnes* vereinigen; zu'sammenführen; *en un même lieu* versammeln; *assemblée* einberufen; ~ *des amis chez soi* Freunde bei sich versammeln; *le travail les a réunis* die Arbeit hat sie zusammengeführt; **II** *v/pr se* ~ **4.** *sich* versammeln; sich treffen; zu'sammenkommen, -treten; *se* ~ *avec des, entre amis* sich mit Freunden treffen; unter Freunden zusammenkommen; **5.** *États se* ~ *en une fédération* sich zu e-m Bund zusammenschließen
réussi [ʀeysi] *adj* gelungen (*a iron*); geglückt
réussir [ʀeysiʀ] **I** *v/t travail, affaire* erfolgreich 'durchführen; zu'stande, zu'wege bringen; *examen* bestehen; *sauce etc* gut machen, F hinkriegen; SPORTS *but* erzielen, schießen; *qn réussit qc a* etw gelingt j-m (gut); *il a réussi son coup* die Sache ist ihm gelungen, geglückt; *elle a réussi son gâteau* der Kuchen ist ihr gut gelungen; **II** *v/i et v/t/indir* **1.** *personne* Erfolg haben; erfolgreich sein; in schaffen; reüs'sieren; ~ (*à un examen*) e-e Prüfung) bestehen; F 'durchkommen; *ses enfants ont tous réussi* s-e Kinder haben es alle zu etwas gebracht; ♦ *je réussis à faire qc* es gelingt mir *ou* ich schaffe es *ou* ich bringe es fertig, etw zu tun; *il a réussi à nous convaincre* es ist ihm gelungen, uns zu über'zeugen; ~ *à s'échapper a* entwischen können; ~ *à se remettre debout a* wieder auf die Füße zu stehen kommen; F *iron*: *il a réussi à se ruiner* er hat es fertiggebracht *ou* geschafft, sich zu ruinieren; *voilà à quoi vous avez réussi!* sehen Sie, was Sie angerichtet haben!; **2.** *projet, expérience* gelingen; glücken; erfolgreich verlaufen; Erfolg haben; *affaire, film* Erfolg haben; erfolgreich sein; *plante* gedeihen; ~ *à qn* j-m gelingen, glücken; *faire* ~ zum Erfolg führen; zum Erfolg verhelfen (+*dat*); **3.** (*faire du bien*) ~ *à qn* j-m guttun, gut bekommen; *l'air de la mer lui a réussi* die Meeresluft hat ihm gutgetan, ist ihm gut bekommen
réussite [ʀeysit] *f* **1.** (*succès*) Erfolg *m*; *de qc a* Gelingen *n*; ~ *sociale* sozialer Aufstieg; *film, roman être une* ~ ein Erfolg sein; **2.** *jeu de cartes* Pati'ence *f*; *faire une* ~ e-e Patience legen
réutilis|able [ʀeytilizabl(ə)] *adj* 'wiederverwendbar; **~er** *v/t* 'wiederverwenden
revaloir [ʀ(ə)valwaʀ] *v/t* ⟨*cf valoir*⟩ ~ *qc à qn* **a**) *en bien* sich bei j-m für etw revanchieren [-'ʃi:-], erkenntlich zeigen; **b**) *en mal* j-m etw heimzahlen; *je lui revaudrai ça* das soll er mir büßen!
revaloris|ation [ʀ(ə)valɔʀizasjɔ̃] *f d'une monnaie* Revalori'sierung *f*; *des salai-*

res, retraites Aufbesserung *f*; Erhöhung *f*; Anpassung *f*; *du travail manuel etc* Aufwertung *f*; **~er** *v/t monnaie* revalori'sieren; *salaires, retraites* aufbessern; erhöhen; anpassen; *travail manuel etc* aufwerten

revanchard [ʀ(ə)vɑ̃ʃaʀ] **I** *adj* revan'chistisch; **II** *m* Revan'chist *m*

revanche [ʀ(ə)vɑ̃ʃ] *f* Vergeltung *f*; Re'vanche *f* (*a* SPORTS, JEU); **prendre sa ~** (*se venger*) Vergeltung üben, Rache nehmen (*sur qn* an j-m); (*reprendre l'avantage*) die Niederlage, Schlappe wettmachen; SPORTS sich revanchieren [-'ʃi:-]; *loc/adv*: **à charge de ~** bei entsprechender Gegenleistung (meinerseits); unter der Bedingung, daß ich mich revanchieren darf; dafür; **en ~** dafür; dagegen

rêvasser [ʀɛvase] *v/i* (vor sich hin) dösen; s-e Gedanken schweifen lassen

rêvasserie [ʀɛvasʀi] *f* **1.** Dösen *n*; **2.** *péj* **~s** *pl* Hirngespinste *n/pl*

rêve [ʀɛv] *m* Traum *m*; *fig a* Wunschtraum *m*; **~s de jeunesse** Jugendträume *m/pl*; **le ~ et la réalité** Traum und Wirklichkeit *f*; **la femme de ses ~s** die Frau s-r Träume **une voiture de ~** ein Traumwagen *m*; *loc/adv*: **comme dans un ~** wie in e-m Traum; **en ~** im Traum; **F c'est le ~** das ist wirklich ideal; **s'évanouir, disparaître comme un ~** wie ein Traum(bild) zerrinnen, verschwinden; **faire un** (*mauvais*) **~** e-n (bösen, schlechten) Traum haben; (schlecht) träumen; **faites de beaux ~s!** träumen Sie was Schönes!

rêvé [ʀɛve] *adj* erträumt; Traum...; wirklich ide'al

revêche [ʀəvɛʃ] *adj* barsch; unwirsch; kratzbürstig; spröd(e); finster

réveil [ʀevɛj] *m* **1.** Auf-, Erwachen *n*; MIL Wecken *n*; **au ~** beim Auf-, Erwachen; **2.** *fig de la nature, d'un volcan, de l'opposition* ('Wieder)Erwachen *n*; **après les illusions le ~ fut pénible** es gab ein böses Erwachen; **3.** (*réveille-matin*) Wecker *m*; **~ de voyage** Reisewecker *m*; **mettre le ~ à six heures** den Wecker auf sechs Uhr stellen

réveille-matin [ʀevɛjmatɛ̃] *m* ⟨*inv*⟩ Wecker *m*; Weckuhr *f*

réveiller [ʀeveje] **I** *v/t* **1.** (auf)wecken; *adj*: **être réveillé** wach sein; **être mal réveillé** noch verschlafen sein; F **un bruit à ~ les morts** ein Lärm, der Tote erwecken könnte; **2.** *fig curiosité etc* (wieder) (er)wecken, her'vorrufen; *souvenirs* (wieder) wachrufen; *appétit* (wieder) anregen; *querelle* wieder'aufleben lassen; **II** *v/pr* **se ~ 3.** *auf-, erwachen*; wach werden; **se ~ fatigué** beim Aufwachen noch müde sein; **4.** *fig sentiment* wieder wach werden, aufleben

réveillon [ʀevɛjɔ̃] *m* Festessen *n* am Heilig'abend *ou* zu Sil'vester

réveillonner [ʀevɛjɔne] *v/i* Heilig'abend *ou* Sil'vester (mit e-m Festessen) feiern

révélateur [ʀevelatœʀ] **I** *adj* ⟨-trice⟩ aufschlußreich (*de* für); **c'est tout à fait ~ a** das läßt tief blicken; **II** *m* PHOT Entwickler *m*

révélation [ʀevelasjɔ̃] *f* **1.** *d'un crime, d'un secret etc* Aufdeckung *f*; **~s** *pl* Enthüllungen *f/pl*; **faire des ~s sur qc** über etw (*acc*) Enthüllungen machen; etw aufdecken; **2.** REL Offen'barung *f*; **3.** *fig* (*découverte*) plötzliche Erkenntnis; Offen'barung *f*; **avoir une ~** e-e plötzliche Erkenntnis haben; **ce fut pour moi une ~** das war e-e Offenbarung für mich; da ging mir ein Licht auf; **4.** *personne* Entdeckung *f*; **il a été la ~ de l'année** er war die Entdeckung des Jahres

révéler [ʀevele] ⟨-é-⟩ **I** *v/t* **1.** *secret, projets etc* aufdecken; enthüllen; an den Tag, ans Licht bringen; *secret a* preisgeben; verraten; **~ qn à lui-même** j-m zeigen, wie er wirklich ist; **2.** REL offen'baren; *adjt religion révélée* Offen'barungsreligion *f*; **3.** *qualité, don, attitude etc* erkennen lassen; (an)zeigen; verraten; **II** *v/pr* **se ~** sich erweisen, sich entpuppen, sich her'ausstellen (*qc* als etw); zu'tage treten; **se ~ facile** sich als leicht erweisen; *impersonnel* **il se révéla que ...** es stellte sich heraus, es erwies sich, daß ...

revenant [ʀəvnɑ̃, ʀvənɑ̃] *m* Gespenst *n*; Geist *m*; **il y a des ~s** es spukt; F *fig* **tiens, voilà un ~!** ich sehe wohl e-n Geist vor mir!

revend|eur [ʀ(ə)vɑ̃dœʀ] *m*, **~euse** *f* COMM 'Wiederverkäufer(in) *m(f)*; Zwischenhändler(in) *m(f)*

revendicateur [ʀ(ə)vɑ̃dikatœʀ] *adj* ⟨-trice⟩ fordernd

revendicatif [ʀ(ə)vɑ̃dikatif] *adj* ⟨-ive⟩ der Geltendmachung von (sozi'alen) Forderungen dienend; *journée revendicative* Akti'onstag *m* (an dem Forderungen geltend gemacht werden)

revendication [ʀ(ə)vɑ̃dikasjɔ̃] *f* Forderung *f*; Anspruch *m* (*de* auf +*acc*); *action* Geltendmachung *f* von Forderungen, Ansprüchen; **~s salariales** Lohn-, Gehaltsforderungen *f/pl*

revendiquer [ʀ(ə)vɑ̃dike] *v/t* **1.** (*exiger*) fordern; beanspruchen; verlangen; Anspruch erheben auf (+*acc*); (den Anspruch auf +*acc*) geltend machen; **2.** *responsabilité* öffentlich über'nehmen; **~ un attentat** sich zu e-m Anschlag bekennen; die Verantwortung für ein Attentat übernehmen

revendre [ʀ(ə)vɑ̃dʀ(ə)] ⟨*cf rendre*⟩ *v/t* weiterverkaufen; wieder verkaufen; *fig*: **avoir de qc à ~** etw im 'Überfluß haben; (von) etw reichlich, mehr als genug haben; **avoir de l'esprit à ~** vor Geist sprühen

revenez-y [ʀəvnezi, ʀvənezi] *loc* F **avoir un goût de ~** nach mehr schmecken

revenir [ʀəvniʀ, ʀvəniʀ] ⟨*cf venir*; *être*⟩ **I** *v/i* **1.** *de nouveau*: *personne* wieder, noch einmal kommen; *mode, saison, calme, thème etc* 'wiederkehren; *fête* **à date fixe** zu e-m festen Datum wiederkehren; **il n'est pas revenu nous voir** er hat uns nicht mehr besucht; **2.** *au point de départ* (wieder) zu'rückkommen, -kehren; 'wiederkommen; **je reviens tout de suite** ich bin gleich wieder da, zurück; **~ à la maison, chez soi** nach Hause zurückkommen, -kehren; **~ de l'école** aus der Schule zurückkommen; **~ de la guerre** aus dem Krieg zurück-, heimkehren; **~ d'une promenade, du travail** von e-m Spaziergang, von der Arbeit zurückkommen; **~ en arrière** a) 'umkehren; b) *dans le temps* zu'rückgehen, -greifen; **on ne peut pas ~ en arrière** man kann jetzt nicht mehr zurück; **~ en France** nach Frankreich zurückkommen; *par ext* **son mari lui est revenu** ihr Mann ist wieder zurückgekehrt; **3.** *fig* (*reprendre*) **~ à, sur qc** auf etw (*acc*) (wieder) zu'rückkommen; zu etw (wieder) zu'rückkehren; **à quoi bon ~ là-dessus?** wozu wieder darauf zurückkommen?; **n'y reviens pas!** laß das künftig bleiben!; **en paroles** du brauchst nicht wieder davon anzufangen; (**en**) **~ aux anciennes méthodes** zu den alten Methoden zurückkehren; **~ à de meilleurs sentiments** (à l'égard de qn) (j-m gegenüber) versöhnlicher gestimmt werden; **~ à soi** wieder zu sich kommen; **~ à la vie** wieder aufleben; **~ à, sur un sujet** auf ein Thema zurückkommen; **ne revenons pas sur cette affaire** wir wollen nicht mehr auf diese Angelegenheit zu sprechen kommen; **il n'y a pas à y ~** die Sache ist erledigt; **4.** (*annuler*) **~ sur qc** etw zu'rücknehmen, rückgängig machen; **~ sur sa décision** s-e Entscheidung rückgängig machen; **~ sur sa parole** sein Wort zurücknehmen, wider'rufen; **5.** **dix francs me reviennent** *ou impersonnel* **il me revient dix francs** ich bekomme zehn Franc her'aus, zu'rück; **6.** *mot, nom etc* **~ à qn** (**à la mémoire**, **à l'esprit**) j-m wieder einfallen; **ça me revient** das fällt mir wieder ein; ich komme wieder darauf; **7.** *appétit, courage, faculté etc*: **qc revient à qn** j erlangt etw wieder; **la mémoire lui est revenue** jetzt weiß er es wieder; jetzt erinnert er sich wieder daran; **les forces lui sont revenues** er ist wieder zu Kräften gekommen; **8.** (*échoir*) *droit, honneur, titre etc* **~ à qn** j-m zustehen, zukommen; **~ de droit à qn** j-m rechtmäßig zustehen; **c'est à lui que revient le mérite** es ist sein Verdienst; *impersonnel* **c'est à lui qu'il revient de faire qc** ihm kommt es zu, etw zu tun; **9.** (*plaire*) **~ à qn** j-m gefallen, zusagen; **sa tête ne me revient pas** sein Gesicht gefällt mir nicht; **10.** (*équivaloir*) **~ à** hin'auslaufen auf (+*acc*); **cela revient à dire que ...** das heißt soviel wie ...; das heißt mit anderen Worten, daß ...; *cf a* **même II.**; **11.** (*se remettre*) **~ à** von etw erholen; **~ d'un évanouissement** aus e-r Ohnmacht erwachen; **~ de sa surprise** sich von s-r Über'raschung erholen; **il revient de loin** er ist noch einmal davongekommen; **on se demande s'il en reviendra** ob er es über'leben wird; F **je n'en reviens pas** ich kann es gar nicht fassen; **12.** (*se débarrasser*) **~ de qc** von etw los-, abkommen; sich von etw befreien; **~ d'une erreur** e-n Fehler, Irrtum einsehen; **~ d'une illusion, de ses prétentions** e-e Illusion, s-e Ansprüche aufgeben; **il est revenu de tout** er ist vollkommen ernüchtert, abgestumpft, gleichgültig; **j'en suis bien revenu** davon bin ich längst abgekommen; **13.** (*coûter*) kosten; **~ cher** teuer sein; *a fig* teuer zu stehen kommen (*à qn* j-n); **le déjeuner m'est revenu à 100 francs** hat mich 100 Franc gekostet; **14.** CUIS **faire ~** *viande* anbraten; bräunen; *oignons* in Fett dünsten; **15.** *radis etc* **~ à qn** j-m aufstoßen; **16.** F (*se* *réconcilier*) sich wieder versöhnen; F wieder gut sein; **17.** *étoffe* F **bien ~ au lavage** nach dem Waschen wieder tadellos aussehen; **II** *v/pr litt* **s'en ~** zu-'rückkommen, -kehren

revente [R(ə)vɑ̃t] *f COMM* 'Wieder-, Weiterverkauf *m*

revenu [Rəvny, Rvəny] *m* Einkommen *n*; **~s** *pl* Einkünfte *pl*; Bezüge *pl*; **~ brut, net** Brutto-, Nettoeinkommen *n*; **~ minimum d'insertion** (*abr* **R.M.I.**) (ein Mindesteinkommen gewährleistende) staatliche Beihilfe zur beruflichen Eingliederung; **~ national** Volkseinkommen *n*; **~s publics, de l'État** Staatseinkünfte *pl*; *valeurs à* **~ fixe** festverzinslich; *avoir de gros* **~s** große Einkünfte haben

rêver [REve] **I** *v/t* **1. en dormant** träumen; *j'ai rêvé que* ... ich, *st/s* mir träumte, (daß) ...; **2.** *fig* (*imaginer*) träumen (von); sich erträumen; **~ fortune, mariage** von Reichtum, vom Heiraten träumen; *ce n'est pas la situation qu'il avait rêvée* das ist nicht die Stellung, die er sich erträumt hatte; **II** *v/t/indir* **3. ~ de qn, de qc** von j-m, von etw träumen; *il en rêve la nuit* er träumt (schon) nachts davon; **4.** *fig* (*souhaiter*) **~ de qc** von etw träumen; sich erträumen; **~ de** (+*inf*) davon träumen zu (+*inf*); **5.** (*songer*) **~ à qc** über etw (*acc*) nachdenken, -sinnen; **III** *v/i* **6. en dormant** träumen; **on croit ~** man glaubt zu träumen; **7.** *fig* (*rêvasser*) vor sich hin träumen; s-e Gedanken schweifen lassen; (*divaguer*) träumen; phanta'sieren

réverbération [REVERbeRɑsjɔ̃] *f de lumière, chaleur* Rückstrahlung *f*; *de lumière a* 'Widerschein *m*; Spiegelung *f*

réverbère [REVERbER] *m* Straßenlaterne *f*

réverbérer [REVERbeRe] ⟨-è-⟩ *v/t lumière, chaleur* zu'rückstrahlen

reverdir [R(ə)vERdiR] *v/i arbres* wieder grün werden

révérence [REVERɑ̃s] *f* **1.** (Hof)Knicks *m*; *faire une* **~** e-n Knicks machen; F *fig tirer sa* **~** *à qn* sich empfehlen; **2.** *st/s* (*respect*) Ehrfurcht *f*; *loc/adv* **F ~ parler** mit Verlaub (gesagt, zu sagen)

révérencieux [REVERɑ̃sjø] *adj* ⟨-euse⟩ *peu* **~** wenig, nicht gerade ehrerbietig, ehrfurchtsvoll

révérend [REVERɑ̃] *ÉGL* **I** *adj* ⟨-ende [-ɑ̃d]⟩ *♀e Mère* ehrwürdige Mutter; *♂ Père* ehrwürdiger Vater; **II** *m* **1.** Hoch-, Ehrwürden *m*; **2.** (*pasteur anglican*) Reverend *m*

révérendissime [REVERɑ̃disim] *adj ÉGL CATH* hochwürdigste(r)

révérer [REVERe] *v/t* ⟨-é-⟩ (ver)ehren

rêverie [REVRi] *f* **1.** Träume'rei *f*; *s'abandonner, se laisser aller à la* **~** sich Träumereien hingeben; **2.** *péj* Hirngespinst *n*; Phantaste'rei *f*

revers [R(ə)vER] *m* **1.** *d'une feuille, médaille, monnaie* Rückseite *f*; *fig* **le ~ de la médaille** die Kehrseite der Medaille; die Schattenseite; *loc/adv* **d'un ~ de main** mit dem Handrücken; *balayer d'un ~ de main papiers* (vom Tisch) herunterfegen; *fig objections* vom Tisch wischen; *prov* **toute médaille a son ~** jedes Ding hat zwei Seiten; **2.** *d'un veston* Re'vers *n*, *österr m*; *d'un pantalon,*

d'une manche Auf-, 'Umschlag *m*; **bottes f/pl à ~** Stulpenstiefel *m/pl*; **3.** *fig* (*échec*) Rückschlag *m*; Fehlschlag *m*; 'Mißerfolg *m*; harter Rückschlag; *MIL* Niederlage *f*; **~** (**de fortune**) Schicksalsschlag *m*; **4.** *TENNIS* Rückhand(schlag) *f(m)*; **5.** *MIL* **prendre à, de ~** im Rükken *ou* von der Flanke fassen

reverser [R(ə)vERse] *v/t* **1. à boire** wieder einschenken; nachgießen; **2. dans le récipient d'origine** zu'rückgießen; **3.** *argent* über'tragen

réversible [REVERsibl(ə)] *adj* **1.** 'umkehrbar; rückgängig zu machen(d); *PHYS, CHIM a* rever'sibel; **2.** *JUR retraite* über'tragbar; **3.** *étoffe* beidseitig tragbar; *manteau a* Wendemantel *m*

réversion [REVERsjɔ̃] *f* **pension *f* de ~** Hinter'bliebenenrente *f*

revêtement [R(ə)vɛtmɑ̃] *m* **1.** *TECH* Aus-, Verkleidung *f*; Verblendung *f*; Mantel *m*; 'Überzug *m*; Beschichtung *f*; **~ mural** Wandverkleidung *f*; **2.** *d'une route* Straßendecke *f*, -belag *m*; **~ de sol** Fußbodenbelag *m*

revêtir [R(ə)vetiR] ⟨*cf* vêtir⟩ *v/t* **1.** *habits* anlegen; anziehen; *fig* **~ l'uniforme** zum Militär gehen; **~ de qc** j-m etw anlegen; **2.** *par ext* **~ qn d'une dignité, d'un pouvoir** j-m e-e Würde, e-e 'Vollmacht verleihen; *p/p* **être revêtu d'une charge** im Amt bekleiden; **3.** *fig aspect, caractère, forme* annehmen; *par ext* (*avoir*) aufweisen; haben; **4.** (*pourvoir*) **~ qc de qc** etw mit etw versehen; **~ un passeport d'un visa** e-n Paß mit e-m Visum versehen; **5.** *TECH mur* verkleiden, *pièce* auskleiden, *sol* belegen (**de** *di*)

rêveur [REvœR] **I** *adj* ⟨-euse⟩ **1.** träumerisch; verträumt; **2.** (*pensif*) nachdenklich; *cela me laisse* **~** das stimmt mich nachdenklich; **II** *subst* **~, rêveuse** *m,f* Träumer(in) *m(f)*

revient [R(ə)vjɛ̃] *COMM* **prix *m* de ~** Selbstkostenpreis *m*; Gestehungskosten *pl*

revigorer [R(ə)vigɔRe] *v/t* wieder kräftigen, beleben, stärken

revirement [R(ə)viRmɑ̃] *m* 'Umschwung *m*; 'Umschlag *m(en)*; Schwenkung *f*; **~ d'opinion** Meinungsumschwung *m*

réviser [Revize] *v/t* **1.** *texte, comptes* revi'dieren; über'prüfen; ändern; *procès* wieder'aufnehmen; **~ son jugement** sein Urteil revidieren; **2.** *TECH moteur etc* über'holen; **faire ~ sa voiture** s-n Wagen zur Inspektion bringen; **3.** *leçon, matière à examen* wieder'holen (*a abs*)

réviseur [RevizœR] *m* Über'prüfer *m*; *TYPO* Re'visor *m*

révision [Revizjɔ̃] *f* **1.** *d'un texte, règlement etc* Über'prüfung *f*; Revisi'on *f*; Änderung *f*; Neufestsetzung *f*; Anpassung *f*; **~ de la constitution** Verfassungsänderung *f*; **2.** *JUR* Wieder'aufnahme(verfahren) *f(n)*; **3.** *TECH* Über-'holung *f*; Inspekti'on *f*; **4.** *d'une matière, d'un programme* Wieder'holung *f*

révisionnisme [Revizjɔnism(ə)] *m POL* Revisio'nismus *m*; **~iste** *POL* **I** *adj* revi-sio'nistisch; **II** *m,f* Revisio'nist(in) *m(f)*

revitalisant [R(ə)vitalizɑ̃] *adj* kräftigend; wachstumsfördernd

revivifier [R(ə)vivifje] *st/s v/t* 'wiederbeleben; neu beleben

revivre [R(ə)vivR(ə)] ⟨*cf* vivre⟩ **I** *v/t* noch einmal, wieder erleben, 'durchmachen; *son passé* an sich vor-'bei-, vor'überziehen lassen; **II** *v/i* **1.** weiter-, fortleben (**dans qn** in j-m); **~ dans la mémoire de qn** in j-s Erinnerung (*dat*) weiterleben; **2.** *fig* (*reprendre courage*) wieder'aufleben; **faire ~ qn** j-n wiederaufleben lassen; **3.** *fig* **faire ~ époque, personnage historique** zu neuem Leben erwecken; wieder le-'bendig werden lassen; *souvenirs* wieder'aufleben lassen; wieder le'bendig machen; *mode, coutume* wieder zu Ehren bringen

révocable [Revɔkabl(ə)] *adj contrat* wi-der'ruflich; *fonctionnaire* absetzbar

révocation [Revɔkɑsjɔ̃] *f* **1.** *HIST* **la ~ de l'édit de Nantes** die Aufhebung des Edikts von Nantes; **2.** *d'un fonctionnaire* Absetzung *f*; Amtsenthebung *f*

revoici [R(ə)vwasi] *prép* F **me ~** hier bin ich wieder

revoilà [R(ə)vwala] *prép* F **nous ~** da sind, F wären wir wieder

revoir¹ [R(ə)vwaR] ⟨*cf* voir⟩ **I** *v/t* **1.** 'wiedersehen; *personne a* wieder treffen; wieder begegnen (**qn** in j-m); **aller ~ qn** j-n wieder aufsuchen; **on ne l'a jamais revu** er wurde nie mehr gesehen; **file et que je ne te revoie plus!** verschwinde und laß dich nicht wieder blicken!; **2.** *film, pièce de théâtre* sich wieder, noch einmal ansehen; wieder, noch einmal sehen; **3.** *texte* noch einmal 'durchsehen, über'prüfen; *à* zur nochmaligen Über'prüfung, 'Durchsicht; *adjt* **édition revue et corrigée** durchgesehene und verbesserte Auflage; **4.** *matière, programme* wieder'holen; **faire ~ sa leçon à un enfant** ein Kind s-e Lektion wiederholen lassen; **5. en esprit** (im Geist noch) vor sich sehen; **je vous revois encore, le jour ...** ich sehe Sie noch vor mir an dem Tag ...; **II** *v/pr se ~* **6.** *sens réfléchi* sich (im Geist noch) sehen; **7.** *réciproquement* sich 'wiedersehen

revoir² [R(ə)vwaR] *loc* **au ~** auf Wiedersehen; **(se) dire au ~** (sich) auf Wiedersehen sagen; sich verabschieden; *subst* **ce n'est qu'un au ~** wir sehen uns bestimmt wieder

révoltant [Revɔltɑ̃] *adj* empörend; *injustice a* himmelschreiend

révolte [Revɔlt] *f* **1.** (*rébellion*) Aufstand *m*; Re'volte *f*; Aufruhr *m*; Empörung *f*; **être en ~** in Aufruhr sein; **2.** (*indignation*) Auflehnung *f*; Empörung *f*; *péj* Aufsässigkeit *f*; **cri *m* de ~** Schrei *m* der Empörung

révolté [Revɔlte] **I** *adj* **1.** (*rebelle*) aufständisch; aufrührerisch; **2.** (*indigné*) empört; aufgebracht; **II** *m* Aufständische(r) *m*; Aufrührer *m*; Empörer *m*

révolter [Revɔlte] **I** *v/t* in Empörung, Aufruhr versetzen; empören; aufbringen; **II** *v/pr se ~* **1.** (*se rebeller*) sich auflehnen, sich erheben, revol'tieren (**contre qn, qc** gegen j-n, etw); *fig* **se ~ contre le destin** sich gegen das Schicksal auflehnen; **2.** (*s'indigner*) sich empören (**contre** über +*acc*)

révolu [Revɔly] *adj époque, jours* vergangen; abgelaufen; *st/s* verstrichen; **à dix-huit ans ~s** mit (der) *ou* nach Voll-'endung des achtzehnten Lebensjahres; **avoir trente ans ~s** volle dreißig Jahre

révolution [ʀevɔlysjɔ̃] f **1.** POL Revoluti'on f; 'Umsturz m; **la ~ (française)** die Französische Revolution; **la ~ culturelle** die Kul'turrevolution; F fig **toute la famille est en ~** die ganze Familie ist in heller Aufregung, in Aufruhr; **2.** artistique, technique etc 'Umwälzung f; 'umwälzende Veränderung(en) f(pl); Revoluti'on f; **la ~ industrielle** die industrielle Revolution; **3.** ASTR, ESPACE 'Umlauf m; **4.** MATH (Um')Drehung f; Rotati'on f
révolutionnaire [ʀevɔlysjɔnɛʀ] **I** adj **1.** Revoluti'ons...; revolutionär; 'umstürzlerisch; au sens restreint der Fran'zösischen Revoluti'on; **2.** méthode, théorie etc revolutio'när; 'umwälzend; **II** m,f Revolutio'när(in) m(f)
révolutionner [ʀevɔlysjɔne] v/t **1.** quartier, esprits in helle Aufregung, in Aufruhr versetzen; **2.** industrie, science etc revolutio'nieren
revolver [ʀ(ə)vɔlvɛʀ] m **1.** Re'volver m; **coup** m **de ~** Revolverschuß m; **2.** adjt a) COUT **poche** f **~** Gesäßtasche f; b) TECH **tour** m **~** Re'volverdrehbank f
révoquer [ʀevɔke] v/t **1.** fonctionnaire absetzen; s-s Amtes entheben; **2.** JUR testament etc wider'rufen
revoyure [ʀ(ə)vwajyʀ] F loc **à la ~** auf 'Wiedersehen
revue [ʀ(ə)vy] f **1.** (magazine) Zeitschrift f; Re'vue f; **~ hebdomadaire, mensuelle** Wochen-, Monatsschrift f; **~ littéraire, scientifique** literarische, wissenschaftliche Zeitschrift; **2.** THÉ **a)** Re'vue f; **~ à grand spectacle** Ausstattungsrevue f; **b) ~ de chansonniers** Kaba'rettprogramm n; **3.** (examen) 'Durchsicht f; **~ de (la) presse** Presse(rund)schau f; Pressespiegel m; Blick m in die Presse; **faire la ~ de qc** etw 'durchsehen, -gehen; **4.** MIL **a)** (défilé) (Truppen)Pa'rade f; Truppenschau f; **passer en ~ a)** troupes défilant die Parade abnehmen (**les troupes** der Truppen); **b)** troupes formant la haie die Front abschreiten (**les troupes** der Truppen); **c)** fig problèmes, garde-robe etc 'durchgehen; über'prüfen; an sich vorüberziehen lassen; Revue passieren lassen; **b) ~ de détail** Sachenappell m; **5.** F fig **être de la ~** (être frustré) das Nachsehen haben; F der Dumme sein; dumm gucken; **6.** F **être de ~** (se revoir) sich 'wiedersehen; **on sera de ~** wir sehen uns ja wieder
révulsé [ʀevylse] adj yeux verdreht; visage verzerrt; **avoir les yeux ~s** die Augen verdrehen
révulser [ʀevylse] v/pr visage, traits sich verzerren; **ses yeux se révulsèrent** er verdrehte die Augen
révuls|if [ʀevylsif] m PHARM ableitendes Mittel; **~ion** f MÉD Ableitung f
rewriting [ʀəʀajtiŋ] m 'Umschreiben n; 'Umredigieren n
rez-de-chaussée [ʀedʃose] m ⟨inv⟩ Erdgeschoß n; Par'terre n; **appartement** m **au ~** Erdgeschoß-, Parterrewohnung f; **habiter au ~** im Erdgeschoß, parterre wohnen
R.F. abr (République française) Fran'zösische Repu'blik

R.F.A. [ɛʀɛfa] f abr (République fédérale d'Allemagne) BRD f (Bundesrepublik Deutschland)
R.G. [ɛʀʒe] m/pl abr cf renseignement 3.
rhabiller [ʀabije] v/t (et v/pr **se**) ~ (sich) wieder anziehen, ankleiden; F fig **va te ~!** geh nach Hause!
rhapsodie [ʀapsɔdi] f MUS Rhapso'die f
rhénan [ʀenɑ̃] **I** adj rhein(länd)isch; Rhein...; **II** subst ⟨**e**⟩ m(f) Rheinländer(in) m(f)
Rhénanie [ʀenani] **la ~** das Rheinland; **~(-du Nord)-Westphalie la ~** Nordrhein-West'falen n; **~-Palatinat la ~** Rheinland-Pfalz n
rhéostat [ʀeɔsta] m ÉLECT regelbarer 'Widerstand; Rheo'stat m
rhésus [ʀezys] m **1.** ZO Rhesusaffe m; **2.** adjt MÉD **facteur** m **~** Rhesusfaktor m; sc Rh-Faktor m; **~ négatif, positif** ⟨inv⟩ rhesus-'negativ, rhesus-'positiv
rhéteur [ʀetœʀ] m HIST Rhetor m
rhétique [ʀetik] adj GÉOGR r(h)ätisch
rhéticien [ʀetʀisjɛ̃] m Rhe'toriker m
rhétorique [ʀetɔʀik] **I** f **1.** Rhe'torik f; Redekunst f; **figure** f **de ~** rhetorische Figur; Redefigur f; **2.** péj Phrasendresche'rei f; Wortgeklingel n; **II** adj rhe'torisch
rhéto-roman [ʀetoʀɔmɑ̃] LING **le ~** das Rätoromanische; Rätoromanisch n
Rhin [ʀɛ̃] **le ~** der Rhein
rhinite [ʀinit] f MÉD Nasenschleimhautentzündung f; sc Rhi'nitis f
rhino|céros [ʀinɔseʀɔs] m ZO Nashorn n; Rhi'nozeros n; **~pharyngite** f MÉD Entzündung f der Nasen- und Rachenschleimhaut; sc Rhinopharyn'gitis f
rhizome [ʀizɔm] m BOT Wurzelstock m; sc Rhi'zom n
rhodanien [ʀɔdanjɛ̃] adj ⟨~ne⟩ GÉOGR Rhone...; **sillon ~** Rhonefurche f
Rhodes [ʀɔd] Rhodos n
Rhodésie [ʀɔdezi] **la ~** HIST Rho'desien n
rhodium [ʀɔdjɔm] m CHIM Rhodium n
rhododendron [ʀɔdɔdɛ̃dʀɔ̃] m BOT Rhodo'dendron n ou m; Alpenrose f
rhombique [ʀɔ̃bik] adj rhombisch; rautenförmig
Rhône [ʀon] **le ~ 1.** fleuve die Rhone; **2.** frz Departement
Rhône-Alpes [ʀonalp] (**la région**) ~ frz Region
rhubarbe [ʀybaʀb] f BOT Rha'barber m
rhum [ʀɔm] m Rum m
rhumatisant [ʀymatizɑ̃] MÉD **I** adj an Rheuma leidend; **II** subst ⟨**e**⟩ m(f) Rheu'matiker(in) m(f)
rhumatismal [ʀymatismal] adj ⟨-aux⟩ rheu'matisch
rhumatisme [ʀymatism(ə)] m Rheuma n; Rheuma'tismus m; **~ articulaire** Gelenkrheumatismus m; **~ déformant** chronische Polyar'thritis f; **être sujet aux ~s** zu Rheuma(tismus) neigen
rhumato|logie [ʀymatɔlɔʒi] f Rheumatolo'gie f; **~logue** m,f Rheumato'loge m, -'login f
rhume [ʀym] m Schnupfen m; Ka'tarrh m; (refroidissement) Erkältung f; **~ de cerveau** Schnupfen m; Nasenkatarrh m; **~ des foins** Heuschnupfen m
ri [ʀi] p/p cf **rire**
riant [ʀijɑ̃, ʀjɑ̃] adj air heiter; paysage lieblich; anmutig
RIB ou **R.I.B.** [ʀib] m abr cf **relevé** II b

ribambelle [ʀibɑ̃bɛl] F f ganze Reihe, F (ganzer) Haufen (**de** von ou +gén); **~ d'enfants** Schar f, F Haufen Kinder; Kinderschar f; F Stall m voll Kinder
ribonucléique [ʀibonykleik] adj BIOL **acide** m **~** (abr **A.R.N.**) Ribonukle'insäure f (abr RNS)
ribote [ʀibɔt] f F Saufe'rei f; Besäufnis n ou f; **être en ~** F besoffen sein; **faire ~** F sich besaufen
ribouis [ʀibwi] m P (soulier) P Latsche f
ribouldingue [ʀibuldɛ̃g] F f wüstes Gelage; **faire la ~** ein wüstes Gelage veranstalten
Ricain [ʀikɛ̃] m F (Américain) F Ami m; péj Yankee ['jɛŋki] m
ricanement [ʀikanmɑ̃] m **1.** méprisant Hohngelächter n; höhnisches, hämisches Grinsen; F Feixen n; **2.** bête Gekicher n; albernes Grinsen
ricaner [ʀikane] v/i **1.** de façon méprisante höhnisch, hämisch lachen, grinsen; F feixen **2.** bêtement kichern; albern grinsen
ricaneur [ʀikanœʀ] **I** adj ⟨-euse⟩ höhnisch ou albern grinsend; **II** subst **~, ricaneuse** m,f hämischer ou alberner Kerl, hämisches ou albernes Frauenzimmer
Richard [ʀiʃaʀ] m Richard m; HIST **~ Cœur de Lion** Richard Löwenherz
rich|ard [ʀiʃaʀ] m, **~arde** f F péj F schwerreicher, péj stinkreicher Mann, schwerreiche, péj stinkreiche Frau
riche [ʀiʃ] **I** adj **1.** personne reich; vermögend; wohlhabend; **être ~ à millions** steinreich, F milli'onenschwer sein; par ext **être ~ en pull-overs** etc viele Pullover etc haben; **faire un ~ mariage** reich heiraten; F **ça fait ~** das sieht nach viel Geld aus; **2.** sol, terre ergiebig; fruchtbar; région, année **~ en fruits** obstreich; **pays ~ en minerais** reich an Erzen; **3.** nourriture reichhaltig; gehaltvoll; nahrhaft; TECH **mélange** m **~** fettes Gemisch; **fruit ~ en vitamines** vita'minreich; **4.** ameublement, tapis, bijoux etc kostbar; prächtig; wertvoll; **5.** fig sujet, coloris etc vielfältig; **langue** f **~** wortreiche Sprache; **rime** f **~** reicher Reim; **livre ~ d'enseignements** reich an Lehren; F **ça c'est une ~ idée** das ist e-e großartige, F tolle Idee; **II** m Reiche(r) m; **nouveau ~** Neureiche(r) m; **~s et pauvres** arm und reich; péj **gosse m de ~(s)** Kind n reicher Eltern; prov **on ne prête qu'aux ~s** man muß schon selber reich sein, damit einem jemand Geld leiht
Richelieu [ʀiʃəljø] HIST frz Staatsmann
richement [ʀiʃmɑ̃] adv reich; sehr gut; **~ orné** reich geschmückt; **~ vêtu** sehr gut gekleidet
richesse [ʀiʃɛs] f **1.** d'une personne, d'un pays Reichtum m; Wohlstand m; **~s** pl Reichtümer pl; d'une collection Schätze m/pl; ÉCON Güter n/pl; **~s du (sous-)sol** Bodenschätze m/pl; **~ en pétrole** Reichtum an Erdöl; Ölreichtum m; **faire la ~ d'un pays** den Reichtum e-s Landes ausmachen; **ce n'est pas la ~** das ist ou bringt nicht gerade ein Vermögen; **2.** du sol, d'une région Fruchtbarkeit f; **3.** d'un aliment, minerai, fig d'un texte, musée Reichhaltigkeit f; fig de l'imagination, du vocabulaire Reichtum m; **4.** de l'ameublement,

d'une parure etc Kostbarkeit *f*; Pracht *f*

richissime [riʃisim] *adj* sehr reich; steinreich; F schwerreich

ricin [risɛ̃] *m* BOT Rizinus *m*; **huile** *f* **de ~** Rizinusöl

ricocher [rikɔʃe] *v/i projectile* abprallen (**sur** von)

ricochet [rikɔʃɛ] *m* **1.** Abprall *m*; *par ext* MIL Prellschuß *m*; *projectile* **faire un ~** abprallen; *caillou* **faire des ~s sur l'eau** auf dem Wasser springen, hüpfen; **2.** *fig loc/adv* **par ~** indirekt; auf 'Umwegen

ric-rac [rikrak] F *loc/adv* ganz genau; (*tout juste*) knapp

rictus [riktys] *m* verzerrter Mund; verzerrtes, verkniffenes Gesicht

ride [rid] *f* **1.** *de la peau* Falte *f*; Runzel *f*; Furche *f*; *du front* Stirnfalten *f/pl*; **2.** *pl* **~s** *de l'eau* Kräuselung *f*; *sur le sable, la neige* Rippelmarken *f/pl*; Rippeln *pl*

ridé [ride] *adj peau, visage* faltig, runzelig ou runzlig; welk; zerfurcht; *pomme* schrumpelig; *surface de l'eau* gekräuselt

rideau [rido] *m* ⟨*pl* ~**x**⟩ **1.** Vorhang *m* (*a* THÉ); *de fenêtre a* Gar'dine *f*; **THÉ ~!** aufhören!; **doubles ~s** 'Übergardinen *f/pl*; **~ de fer** a) THÉ eiserner Vorhang; b) HIST Eiserner Vorhang; c) *d'un magasin* Eisengitter *n*; Rolladen *m* aus Stahlblech; **~ de lit** Bettvorhang *m*; **fermer, ouvrir les ~x** die Vorhänge zu-, aufziehen; THÉ **lever le ~** den Vorhang auf-, hochziehen; **tirer les ~x** die Vorhänge auf- ou zuziehen; *fig* **tirer le ~ sur qc** etw auf sich beruhen lassen; von etw nicht (mehr) reden; THÉ **le ~ tomba** der Vorhang fiel; **2.** *fig* Schleier *m*; Wand *f*; **~ d'arbres** Wand von Bäumen; dichte Baumreihe; **~ de feu** Feuerwand *f*; **~ de fumée** dicke Rauchschwaden *f/pl*

ridelle [ridɛl] *f d'une charrette* Rüstleiter *f*

rider [ride] **I** *v/t âge*: *visage* zerfurchen; *vent*: *eau* kräuseln; **II** *v/pr* **se ~** *visage, peau* faltig, runz(e)lig werden; Runzeln bekommen

ridicule [ridikyl] **I** *adj* **1.** lächerlich; *chose a* F lachhaft; **vous êtes ~** (*de* +*inf*) Sie machen sich lächerlich (wenn Sie ...); (*se*) **rendre ~** (sich) lächerlich machen; (sich) bla'mieren; **2.** *somme, quantité* lächerlich (klein, gering); **II** *m* Lächerlichkeit *f*; Lächerliche(s) *n*; **la peur du ~** die Angst, sich lächerlich zu machen; **se couvrir de ~, se donner en ~, tomber dans le ~** sich lächerlich machen; sich bla'mieren; **cela est d'un ~ achevé, parfait** das ist wirklich lächerlich; **tourner qn, qc en ~** j-n, etw lächerlich machen; etw ins Lächerliche ziehen; F j-n durch den Kakao ziehen; *loc* **le ~ (ne) tue (pas)** Lächerlichkeit tötet (nicht)

ridiculiser [ridikylize] *v/t* (*et v/pr se*) (sich) lächerlich machen; (sich) bla'mieren

rien [rjɛ̃] **I** *pr/ind* **1.** ⟨*mit* **ne** *beim Verb*⟩ nichts; ♦ *renforcé*: **~ du tout** gar nichts; **~ à ~, ~ de ~, ~ moins que ~** rein gar nichts; überhaupt nichts; absolut nichts; ♦ *avec de* +*adj ou adv*: **~ d'autre** nichts anderes; weiter nichts; *d'étonnant si ...* es ist nicht erstaunlich, verwunderlich, wenn ...; **cela n'a ~ d'impossible** das ist durchaus möglich; **~ de plus juste** nichts ist zutreffender; **~ n'y a ~ de mieux** es gibt nichts Besseres; **~ de nouveau, de neuf** nichts Neues; **elle ne disait que le nécessaire, ~ de plus, ~ de moins** kein Wort mehr, kein Wort weniger; **il n'est ~ de moins qu'un escroc** er ist wirklich, tatsächlich ein Betrüger; ♦ *avec verbes*: *au jeu* **~ ne va plus** rien ne va plus; nichts geht mehr; **n'avoir plus ~ à dire** nichts mehr zu sagen, einzuwenden haben; **n'avoir ~ contre qn** nichts gegen j-n haben; **il n'a ~ d'un menteur** er hat nichts von e-m Lügner; **ce n'est ~** es ist nicht schlimm; halb so schlimm!; macht nichts; es hat nichts zu sagen, zu bedeuten; *réponse à une excuse* bitte!; **ce n'est pas ~** das will schon was heißen!; das ist keine Kleinigkeit; **il n'en est ~** das ist nicht der Fall; es ist nichts daran; das stimmt nicht; weit gefehlt!; **il n'est ~ dans la boîte** er ist ein Nichts in der Firma; **n'être ~ à** ou **pour qn** j-m nichts bedeuten; **~ n'est trop beau pour lui** nichts ist ihm gut genug; **à quoi penses-tu? – à ~** an nichts; **il ne reste plus ~** es ist nichts mehr da; **je ne sais ~** ich weiß nichts; *cf a* **faire** *1. d*); ♦ *loc/adv* **de ~** einfach; unbedeutend; **un petit bobo de ~** ein kleines, unbedeutendes Wehwehchen; **une fille de ~** ein unsolides Mädchen; **une petite robe de ~ du tout** ein schlichtes, einfaches Kleidchen; ♦ *loc/adv*: **c'est deux fois, trois fois ~** das ist doch gar nichts, überhaupt nichts; das ist nicht der Rede wert; **c'est tout ou ~** alles oder nichts!; **c'est cela ou ~** entweder das oder nichts; **ce que nous pouvons faire ou ~, c'est la même chose** was wir tun können, ist so gut wie gar nichts; F **comme ~** F wie nichts; **je vous remercie – de ~** keine Ursache; **comme si de ~ n'était** als ob nichts gewesen wäre; **en ~** in keiner Weise; in nichts; **sans me gêner en ~** ohne mich im geringsten zu stören; **cela ne nous touche en ~** wir sind davon überhaupt nicht, in keiner Weise betroffen; **en moins de ~** im Nu; im Handumdrehen; **pour ~** umsonst; für nichts (und wieder nichts); **je l'ai eu pour ~** ich habe es (fast) umsonst bekommen; **on n'a ~ pour ~** man bekommt nichts umsonst, geschenkt!; **se déranger pour ~** sich umsonst, für nichts und wieder nichts bemühen; **c'est pour ~** das ist geschenkt; **n'être pour ~ dans qc** mit etw nichts zu tun, zu schaffen haben; **pour ~ au monde** um nichts in der Welt; **~ que ... nur** ...; *iron* **on exige le double – ~ que ça?** so wenig?; *nicht mehr?*; **jurez de dire toute la vérité, ~ que la vérité** und nichts als die Wahrheit; **~ que des artistes** lauter Künstler; **c'est à moi, ~ qu'à moi** das gehört mir, mir allein; **~ que d'y penser** allein ou schon der Gedanke daran; der bloße Gedanke daran; **2.** *sens positif* ⟨*ohne* **ne**⟩ etwas; **sans ~ dire, faire** ohne etwas zu sagen, tun; **sans avoir l'air de ~, il ...** ohne daß man ihm etwas ansieht ...; **impossible de ~ apprendre** unmöglich, et-was zu erfahren; **a-t-on jamais ~ vu de pareil?** hat man schon jemals so etwas gesehen?; **II** F *adv* ziemlich; **il fait ~ froid** es ist ziemlich kalt; **III** *subst* **1.** *m* Kleinigkeit *f*; Nichtigkeit *f*; Baga'telle *f*; Lap'palie *f*; **un ~ de sel** ein (ganz) klein wenig Salz; F **comme un ~** F wie nichts; **en un ~ de temps** im Nu; im Handumdrehen; **pour un ~, des ~s** wegen e-r Kleinigkeit, Lappalie; wegen Kleinigkeiten, Lappalien; **il s'en est fallu d'un ~** um ein Haar; **perdre son temps à des ~s** s-e Zeit mit Nichtigkeiten vergeuden, verschwenden; ♦ *advt* **robe un ~ trop grand** ein wenig zu groß; um ein weniges zu groß; **2. un(e) ~ du tout** ou **un(e) rien-du-tout** ein Hergelaufener, e-e Hergelaufene; ein Taugenichts *m*; ein Nichtsnutz *m*

riesling [rislɛ̃] *m vin* Riesling *m*

rieur [rijœr, rijœr] **I** *adj* ⟨*-euse*⟩ **1.** *personne* lustig; fröhlich; *yeux, air* lachend; **2.** ZO **mouette rieuse** Lachmöwe *f*; **II** *m* Lacher *m*; **avoir, mettre les ~s de son côté, avec soi** die Lacher auf s-r Seite haben, auf s-e Seite bringen

rififi [rififi] *arg m* Schläge'rei *f*

riflard [riflar] *m* F (*parapluie*) F Musspritze *f*

rifle [rifl(ə)] *adj* **carabine** *f* **22 long ~** 5,58-mm-Kara'biner *m* (*Sport- und Jagdgewehr*)

rigaudon [rigodõ] *m* MUS, *danse* Rigau'don *m*

rigide [riʒid] *adj* **1.** steif; starr; *carton* hart; **2.** *fig principes, personne* starr; streng

rigidité [riʒidite] *f* **1.** Steifheit *f*; Starrheit *f*; Steife *f*; Steifigkeit *f*; Starre *f*; **~ cadavérique** Leichen-, Totenstarre *f*; **2.** *fig* Starrheit *f*; (unbeugsame) Strenge

rigolade [rigɔlad] F *f* Spaß *m*; Ulk *m*; Scherz *m*; F Jux *m*; **c'est de la ~, une vaste ~** das ist ein (großer) Spaß, Ulk, Jux; **examen, procès** das ist ein Witz, e-e Farce; *pas difficile* das ist e-e Kleinigkeit; **prendre qc à la ~** etwa als (e-n) Spaß *etc* auffassen

rigolard [rigɔlar] F *adj* (*gai*) lustig, fröhlich; (*moqueur*) spöttisch

rigole [rigɔl] *f* **1.** *d'écoulement* (Abfluß-)Rinne *f*; **~ d'irrigation** Bewässerungsgraben *m*; **2.** (*filet d'eau*) Rinnsal *n*

rigoler [rigɔle] F *v/i* Spaß, Späße, Jux, Ulk machen; (*rire*) lachen; **on a bien rigolé** es war sehr lustig; F was haben wir gelacht!; **tu rigoles!** du machst (wohl) Witze!; das ist doch nicht dein Ernst!; **il n'y a pas de quoi ~** da gibt es nichts zu lachen; **j'ai dit ça pour ~** ich habe das aus Spaß gesagt; **il ne faut pas ~ avec ça** damit ist nicht zu spaßen

rigolo [rigɔlo] **I** F *adj* ⟨*-ote*⟩ **1.** (*amusant*) lustig, drollig; spaßig; ulkig; **2.** (*étrange*) komisch; eigenartig; **II** *subst* F **~(te)** *m(f)* Spaßvogel *m*; lustiger Kerl, Kum'pan; *péj* Witzbold *m*

rigor|isme [rigɔrism(ə)] *m* Rigo'rismus *m*; über'triebene Strenge, Härte; Unerbittlichkeit *f*; **~iste I** *adj* (über'trieben) streng; unerbittlich; rigo'ristisch; **II** *m,f* Rigo'rist(in) *m(f)*

rigoureusement [riguRøzmɑ̃] *adv* streng; **~ interdit** streng verboten; **c'est ~ exact** das ist absolut richtig

rigoureux [RiguRø] *adj* ⟨-euse⟩ *personne, morale etc* streng; rigo'ros; unerbittlich; unnachsichtig; *peine* hart; *hiver* streng; *climat* rauh; *froid* grimmig; bitter; streng; *logique, raisonnement* streng; unwiderlegbar; unerbittlich; *observation de règles* streng; peinlich genau; gewissenhaft; *esprit ~* scharfer Denker

rigueur [RigœR] *f d'une personne, mesure etc* Strenge *f*; Unerbittlichkeit *f*; Unnachsichtigkeit *f*; Rigorosi'tät *f*; *d'une punition* Härte *f*; *de l'hiver* Strenge *f*; *du climat* Rauheit *f*; *d'une analyse, du style* Genauigkeit *f*; *~ d'un raisonnement* Schärfe *f*, strenge Logik e-r Beweisführung; ♦ *loc/adv à la ~* notfalls; zur Not; im Notfall; allenfalls; schlimmstenfalls; im äußersten Fall; (*être*) *de ~* erforderlich, unerläßlich, unbedingt notwendig sein; *habit de ~* Frackzwang!; *mesures f/pl, politique f de ~* Sparmaßnahmen *f/pl*, -politik *f*; *optimisme m, pessimisme m de ~* Zweckoptimismus *m*, -pessimismus *m*; *tenue de soirée de ~* Abendtoilette erforderlich, vorgeschrieben; *tenir à qn de qc* j-m etw übelnehmen; j-m etw nachtragen

rillettes [Rijɛt] *f/pl CUIS* feingehacktes, gekochtes und im eigenen Fett konserviertes Schweinefleisch

rillons [Rijõ] *m/pl CUIS* Grieben *f/pl*

rimailleur [RimajœR] *m péj* Reimschmied *m*; Versemacher *m*, -schmied *m*; Dichterling *m*

rime [Rim] *f* Reim *m*; *~ en -age* Reim auf -age; *fig: sans ~ ni raison* ohne Sinn und Verstand; vollkommen unbegründet; *n'avoir ni ~ ni raison* weder Hand noch Fuß haben; ohne Sinn und Verstand sein; glatter, barer Unsinn sein

rimer [Rime] **I** *v/t* in Verse bringen; reimen; **II** *v/i* 1. *personne* Verse machen; reimen; dichten; 2. *mots ~* (*ensemble*) sich reimen; *mot qui rime avec un autre* Wort, das sich auf ein anderes reimt; 3. *fig ~ avec qc* mit etw gleichbedeutend sein; *ne ~ à rien* völlig zwecklos, sinnlos sein; keinen Sinn haben; *à quoi ça rime?* was soll das heißen?; was hat das für e-n Sinn?

rimeur [RimœR] *m cf rimailleur*

rimmel [Rimɛl] *m* (*nom déposé*) Wimperntusche *f*

rinçage [Rɛ̃saʒ] *m* 1. (Nach)Spülen *n*; 2. *coiffeur faire un ~* (das Haar) tönen

rinceau [Rɛ̃so] *m* ⟨*pl ~x*⟩ *ARCH* Laubwerk *n*; Rankenornament *n*

rince-doigts [Rɛ̃sdwa] *m* ⟨*inv*⟩ Wasserschale *f* zum Fingerreinigen

rincée [Rɛ̃se] *F f* Schauer *m*; Regenguß *m*; *F* Nassauer *m*

rincer [Rɛ̃se] ⟨-ç-⟩ **I** *v/t linge* spülen; *vaisselle, cheveux* nachspülen; *verres, bouteille* ausspülen; *l'extérieur* abspülen; *F fig se faire ~* (vom Regen) durch'weicht, durch'näßt werden; **II** *v/pr se ~ la bouche* sich den Mund ausspülen; *cf a dalle 2., œil 1.*

rincette [Rɛ̃sɛt] *F f* Schluck Schnaps nach dem Kaffee (*den man in die Tasse eingießt*)

rinçure [Rɛ̃syR] *f* Spülwasser *n*

ring [Riŋ] *m SPORTS* (Box)Ring *m*; *monter sur le ~* in den Ring steigen

ringard [Rɛ̃gaR] *F adj* altmodisch; über-'holt; über'lebt

ripaille [Ripaj] *F f* Schlemme'rei *f*; *faire ~* schlemmen

ripailler [Ripaje] *v/i* schlemmen

ripaton [Ripatõ] *F m* Fuß *m*; *pl ~s F péj* Mauken *f/pl*; Quanten *pl*

riper [Ripe] *v/i* 1. (*déraper*) rutschen; 2. *arg* (*se sauver*) *F* abhauen; verduften; sich verkrümeln

ripolin [Ripɔlɛ̃] *m* (*nom déposé*) Lackfarbe *f*; E'maillack *m*

ripoliner [Ripɔline] *v/t* mit Lackfarbe streichen

riposte [Ripɔst] *f* 1. schnelle, schlagfertige Antwort; *être prompt à la ~* schlagfertig sein; nicht auf den Mund gefallen sein; sofort e-e Antwort pa'rat haben; 2. *MIL et fig* Gegenstoß *m*, -schlag *m*, -angriff *m*; 3. *ESCRIME* Ri'poste *f*

riposter [Ripɔste] *v/i* 1. schnell, schlagfertig antworten (*à qc* auf etw [*acc*]; *à qn* j-m); 2. *MIL et fig* e-n Gegenstoß, -schlag, -angriff führen; *MIL a* das Feuer erwidern

ripou [Ripu] *m* ⟨*pl ~x*⟩ *F* Ga'nove *m*; *~x pl a* Mafi'osi *m/pl*

riquiqui [Rikiki] *F adj* winzig; *F* klitzeklein; *péj* armselig; dürftig; kümmerlich

rire [RiR] ⟨je ris, il rit, nous rions; je riais; je ris; je rirai; que je rie; riant; ri⟩ **I** *v/i* 1. lachen (*de qn, qc* über j-n, etw); *et tout le monde de ~* allgemeines Gelächter; *il n'y a pas de quoi ~* da gibt es nichts zu lachen; *être malade de ~* sich kranklachen; *faire ~ qn* j-n zum Lachen bringen; *vous me faites ~, laissez-moi ~* daß ich nicht lache!; *mourir de ~* sich totlachen; *par ext il ne pense qu'à ~* er will nur s-n Spaß; *il vaut mieux en ~ qu'en pleurer* man muß es auf die leichte Schulter nehmen; *st/s ses yeux riaient, sa bouche riait* in s-n Augen, um s-n Mund lag ein Lächeln; *prov rira bien qui rira le dernier* (*prov*) wer zuletzt lacht, lacht am besten (*prov*); 2. (*plaisanter*) spaßen; es nicht im Ernst meinen; *pour ~, F histoire de ~* aus, zum, im Spaß, Scherz; *c'est pour ~* das war nur Spaß; *sans ~* Spaß, Scherz beiseite; *c'est fini de ~* jetzt wird's ernst; *vous voulez ~* das ist doch nicht Ihr Ernst; 3. (*se moquer*) *~ de qn, qc* j-n auslachen; j-n, etw verspotten; sich über j-n, etw lustig machen; *faire ~ de soi* Anlaß zu Gespött geben; **II** *v/pr st/s se ~ des difficultés* die Schwierigkeiten spielend meistern; *st/s* der Schwierigkeiten spotten; **III** *m* Lachen *n*; Gelächter *n*; (*crise f de*) *fou ~* Lachkrampf *m*; *avoir le fou ~*, *être pris d'un fou ~* unbändig, furchtbar lachen müssen; nicht mehr können vor Lachen; *déclencher les ~s* Gelächter auslösen

ris[1] [Ri] *m CUIS* Bries(chen) *n*; Bröschen *n*; Briesel *n*; *~ de veau* Kalbsbries *n*; Kalbmilch *f*

ris[2] [Ri] *m MAR* Reff *n*

risée [Rize] *F f* Spott *m*; Gespött *n*; *il est la ~ de tout le monde* alles macht sich über ihn lustig; er macht sich zum Gespött der Leute

risette [Rizɛt] *f enfant faire (une) ~, des ~s à qn* j-n anlächeln, anlachen; *à un enfant fais ~* lach doch (mal); *F fig*

faire des ~s à qn j-m um den Bart gehen

risible [Rizibl(ə)] *adj* lächerlich; zum Lachen reizend

risotto [Rizɔto] *m CUIS* Ri'sotto *m*

risque [Risk] *m* Risiko *n* (*a COMM, ASSURANCES*); Gefahr *f*; Wagnis *n*; *~ d'accident* Unfallgefahr *f*, -risiko *n*; *~ d'aggravation* Gefahr der Verschlimmerung; *les ~s du métier* das Berufsrisiko; *adjt AUTO aussurance f tous ~s* 'Vollkaskoversicherung *f*; *loc/adv: à mes, tes etc ~s et périls* auf eigene Gefahr; *sans aucun ~* ohne irgendein Risiko; risikolos; *loc/adj: à ~ (s)* Risiko...; *grossesse f, population f à ~(s)* Risikoschwangerschaft *f*, -gruppe *f*; *à haut ~, plein de ~s* voller Risiken; risikoreich; *loc/prép au ~ de* (+*inf*) auf die Gefahr hin zu (+*inf*); *au ~ d'être mal compris* auf die Gefahr hin, 'mißverstanden zu werden; *s'assurer contre le ~ d'incendie* e-e Feuerversicherung abschließen; *comporter des ~s* mit Risiken verbunden sein; *courir un ~, s'exposer à un ~* sich e-r Gefahr aussetzen; ein Risiko eingehen; *courir le ~ de* (+*inf*) Gefahr laufen, riskieren zu (+*inf*); *c'est un ~ à courir* das Risiko muß man auf sich nehmen; *prendre un ~, des ~s, ses ~s* ein Risiko, Risiken eingehen, auf sich nehmen

risqué [Riske] *adj* gewagt; ris'kant

risquer [Riske] **I** *v/t* 1. *vie, argent, renommée etc* ris'kieren; aufs Spiel setzen; *~ une einsetzen; wagen; comparaison, regard, plaisanterie* ris'kieren; wagen; *~ le coup* es riskieren, *F ~ un œil*, *sa tête à la fenêtre* es wagen, aus dem Fenster zu sehen, ans Fenster zu treten; *~ gros* viel riskieren, aufs Spiel setzen; *marchandises bien emballées qui ne risquent rien* bei denen kein Risiko, keine Gefahr besteht; *qu'est-ce qu'on risque?* was riskiert man schon?; *prov qui ne risque rien n'a rien* frisch gewagt ist halb gewonnen (*prov*); wer wagt, gewinnt (*prov*); 2. (*s'exposer à*) *amende, renvoi etc* ris'kieren; *~ des ennuis* Gefahr laufen, Ärger zu bekommen; sich Schwereien aussetzen; *~ la mort* sich in Lebensgefahr begeben; *~ la prison* e-e Gefängnisstrafe riskieren; *il risque la prison* a ihm droht e-e Gefängnisstrafe; *~ que ...* (+*subj*) Gefahr laufen, riskieren, daß ...; *~ de* (+*inf*) *personne* Gefahr laufen zu (+*inf*); *drohen zu* (+*inf*) *il risquait de s'étouffer* er drohte zu ersticken; 3. *chose ~ de* (+*inf*) drohen zu (+*inf*); *la maison risque de s'écrouler* droht einzustürzen; *impersonnel il risque de pleuvoir* es droht Regen; *par ext le temps risque de changer* das Wetter könnte sich ändern; 4. (*avoir une chance de*) *ce cheval risque de gagner* dieses Pferd könnte gewinnen, gewinnt vielleicht; **II** *v/pr se ~ dans une affaire* sich auf ein Geschäft einlassen; ein Geschäft ris'kieren; *ne pas se ~ dans la rue* sich nicht auf die Straße wagen, trauen; *se ~ à faire des observations* es wagen, sich trauen, etwas daran auszusetzen; *ne t'y risque pas!* laß die Finger davon!; laß dich nicht darauf ein!

risque-tout [Riskətu] *m* ⟨*inv*⟩ Drauf-

rissole – rognure

gänger *m*; *adjt être* ~ draufgängerisch, waghalsig sein
rissole [ʀisɔl] *f CUIS* Fleischpastete *f*
rissoler [ʀisɔle] *v/t* (*faire*) ~ goldbraun braten, backen; bräunen
ristourne [ʀistuʀn] *f COMM* Rückvergütung *f*; *en achetant* Preisnachlaß *m*; *faire une* ~ *à qn* j-m e-e Rückvergütung, e-n Preisnachlaß gewähren
ristourner [ʀistuʀne] *v/t COMM* rückvergüten
Rital [ʀital] P *péj m* ⟨*pl* -als⟩ Italiener *m*; P *péj* Itaker *m*; Spa'ghettifresser *m*
rite [ʀit] *m* **1.** *REL* Ritus *m*; Kulthandlung *f*; **2.** *fig* Brauch *m*; Gepflogenheit *f*
ritournelle [ʀituʀnɛl] *f* **1.** *MUS* Ritor'nell *n*; **2.** *fig c'est toujours la même* ~ es ist immer die alte Leier
rituel [ʀitɥɛl] **I** *adj* ⟨~le⟩ **1.** *REL* ritu'ell; *danse a* kultisch; *meurtre* ~ Ritu'almord *m*; **2.** *fig* promenade *etc* gewohnheitsmäßig; **II** *m REL et fig* Ritu'al *n*
rivage [ʀivaʒ] *m* Küstenstrich *m*, -streifen *m*; Küste *f*; (Meeres)Ufer *n*; *poét* Gestade *n*; *JUR* (Meeres)Strand *m*
riv|al [ʀival] ⟨*pl* -aux⟩, **~ale I** *m,f* Ri'vale *m*, Ri'valin *f*; *en amour a* Nebenbuhler(in) *m*(*f*); *loc/adj sans* ~ unübertroffen; konkur'renzlos; **II** *adj* rivali'sierend
rival|iser [ʀivalize] *v/i* rivali'sieren, wetteifern (*avec qn de qc* mit j-m in etw [*dat*]); **~ité** *f* Rivali'tät *f*; Wettstreit *m*; Wetteifer *m*
rive [ʀiv] *f* Ufer *n*; *à Paris*: ~ *droite, gauche* rechtes, linkes Seineufer; *par ext adjt* ~ *gauche* stu'dentisch-intellektu'ell
river [ʀive] *v/t* **1.** *clou* 'um-, breitschlagen; *tôles* (ver)nieten; *cf a clou 1.*; **2.** *fig* ~ (*l'un à l'autre*) unlösbar (mitein-'ander) verbinden; (anein'ander) fesseln; *p/p*: *il est rivé à son travail* er ist an s-e Arbeit gefesselt; *regard être rivé sur qc* auf etw (*acc*) gehetet sein; *rester rivé sur place* wie angewurzelt dastehen
river|ain [ʀivʀɛ̃] *m*, **~aine** *f* Anlieger(-in) *m*(*f*); Anrainer(in) *m*(*f*); Anwohner(in) *m*(*f*); *réservé aux riverains* nur für Anlieger; *adjt* *État riverain* Anlieger-, Anrainerstaat *m*
rivet [ʀivɛ] *m TECH* Niete *f*; *t/t a* Niet *m ou n*
riveter [ʀivte] *v/t* ⟨-tt-⟩ *TECH* (ver-)nieten
Riviera [ʀivjeʀa] *la* ~ die (itali'enische) Rivi'era
rivière [ʀivjeʀ] *f* **1.** Fluß *m*; **2.** *STEEPLE* Wassergraben *m*; **3.** ~ *de diamants* Dia'mantenhalsband *n*, -halskette *f*
rixe [ʀiks] *f* Schläge'rei *f*; Prüge'lei *f*
riz [ʀi] *m* Reis *m* (*plante et grain*); *CUIS*: ~ *au lait* Milchreis *m*; Reisbrei *m*; *poule f au* ~ Huhn *n* mit Reis
riziculture [ʀizikyltyʀ] *f* Reis(an)bau *m*
rizière [ʀizjɛʀ] *f* Reisfeld *n*
R.M.I. [ɛʀɛmi] *m cf revenu*
R.M.N. [ɛʀɛmɛn] *f cf résonance*
R.N. *abr* (*route nationale*) *correspond à* B (Bundesstraße)
robe [ʀɔb] *f* **1.** Kleid *n*; ~ *manteau*, *tablier* Mantel-, Kittel- *ou* Schürzenkleid *n*; ~ *d'après-midi*, *de bal*, *de baptême* Nachmittags-, Ball-, Taufkleid *n*; ~ *de chambre* Schlaf-, Morgenrock *m*; *être en* ~ *de chambre* e-n Schlafrock anhaben; *cf a pomme 2.*; ~ *d'été, de fillette, de mariée, du soir* Sommer-, Kinder-, Braut-, Abendkleid *n*; **2.** *des juges, avocats, universitaires* Robe *f*; Ta'lar *m* (*a des ecclésiastiques*); *HIST la* ~ der Richterstand; *gens pl de* ~ Richter *m/pl* und Anwälte *m/pl*; **3.** *d'un animal* Fell *n*; **4.** *d'un cigare* Deckblatt *n*
Robert [ʀɔbɛʀ] *m* Robert *m*
roberts [ʀɔbɛʀ] *m/pl* P (*seins*) P Titten *f/pl*; Bal'kon *m*
Robespierre [ʀɔbɛspjɛʀ] *HIST frz* Revolutionär
Robin des Bois [ʀɔbɛ̃dəbwa] *m HIST* Robin Hood [-'hud] *m*
robinet [ʀɔbinɛ] *m* Hahn *m*; *t/t a* Ven'til *n*; ~ *mélangeur* Mischbatterie *f*; ~ *à*, *du gaz* Gashahn *m*; ~ *d'arrêt* Abstell-, Absperrhahn *m*; ~ *d'eau froide*, *d'eau chaude* Kalt-, Warm'wasserhahn *m*; *ÉCOLE problèmes m/pl de* ~**s** Rechenaufgaben, die Volumen und Durchfluß e-r Flüssigkeit behandeln
robinetterie [ʀɔbinɛtʀi] *f* Arma'turen *f/pl*
robinier [ʀɔbinje] *m BOT* Ro'binie *f*; falsche A'kazie
Robinson Crusoé [ʀɔbɛ̃sɔ̃kʀyzɔe] *m* Robinson Crusoe [-'kru:zo] *m*
roboratif [ʀɔbɔʀatif] *litt adj* ⟨-ive⟩ stärkend; kräftigend
robot [ʀɔbo] *m* **1.** *TECH* Roboter *m*; 'Vollautomat *m*; **2.** *par ext CUIS* Küchenmaschine *f*; **3.** *fig d'une personne* Roboter *m*; Auto'mat *m*; **4.** *adjt portrait m* ~ Phan'tombild *n*; Fahndungsskizze *f*
robotique [ʀɔbɔtik] *f* Robotertechnik *f*; Robotik *f*
robotis|ation [ʀɔbɔtizasjɔ̃] *f* **1.** *TECH* 'Vollautomatisierung *f*; Robotereinsatz *m*; **2.** *fig et péj* Verwandlung *f* in e-n Roboter, in e-n seelenlosen Auto'maten; **~er** *v/t* **1.** *TECH* 'vollautomatisieren; **2.** *fig et péj* zum Roboter machen
robuste [ʀɔbyst] *adj homme*, *plante* ro-'bust; 'widerstandsfähig; stark; kräftig; *santé* ro'bust; eisern; *moteur, voiture* ro'bust; sta'bil gebaut; *foi f* ~ unerschütterlicher Glaube (*a iron*)
robustesse [ʀɔbystɛs] *f* Ro'bustheit *f*; 'Widerstandsfähigkeit *f*
roc [ʀɔk] *m* Fels *m* (*a fig*); *personne solide comme un* ~ ro'bust; *fig bâtir sur le* ~ auf Felsen bauen; *tailler dans le* ~ in den Felsen hauen
rocade [ʀɔkad] *f* Um'gehungsstraße *f*
rocaille [ʀɔkaj] *f* **1.** *terrain* steiniger Boden, Grund *m*; **2.** *ARCH* Muschelwerk *n*; Ro'caille *n ou f*; *fontaine f en* ~ Springbrunnen *m* mit eingelegten Muscheln, Kieselsteinen; **3.** *adjt style m* ~ Roko-ko(stil) *n*(*m*)
rocailleux [ʀɔkajø] *adj* ⟨-euse⟩ **1.** *chemin*, *sol* steinig; **2.** *fig style* holp(e)rig; *voix* rauh
rocambolesque [ʀɔkɑ̃bɔlɛsk] *adj* phan-'tastisch; abenteuerlich; un'glaublich
Roch [ʀɔk] *m saint* Rochus *m*
roche [ʀɔʃ] *f* **1.** Fels(en) *m*; *eau f de* ~ klares Quellwasser; *fig clair comme de l'eau de* ~ sonnenklar; **2.** *GÉOL* Gestein *n*; ~**s** *calcaires*, *volcaniques* Kalk-, Vul'kangesteine *n/pl*; ~ *dure*, *tendre* hartes, weiches Gestein; ~ *mère* Muttergestein *n*
rocher [ʀɔʃe] *m* **1.** Fels(en) *m*; Felsblock *m*; (*écueil*) Klippe *f*; *ALPINISME faire du* ~ (fels)klettern; **2.** *ANAT* Felsenbein *n*; **3.** *CUIS* **a**) confiserie nugatgefüllte Pra'line; **b**) *pâtisserie* Kokoshäufchen *n*
rochet [ʀɔʃɛ] *m* **1.** *ÉGL* Ro'chett *n*; Chorhemd *n*; **2.** *TEXT* Spule *f*; **3.** *TECH roue f à* ~ Sperrad *n*
rocheux [ʀɔʃø] *adj* ⟨-euse⟩ Fels(en)...; felsig; *côte rocheuse* Felsenküste *f*
rock [ʀɔk] *MUS* **I** *m* Rock *m*; Rockmusik *f*; *chanteur m de* ~ Rocksänger *m*; *disque m de* ~ Rock(musik)platte *f*; **II** *adj* ⟨*inv*⟩ Rock...; *opéra m* ~ Rockoper *f*
rock (**and roll**) [ʀɔk(ɛnʀɔl)] *m danse* Rock and Roll *m*; Rock 'n' Roll *m*
rock|er [ʀɔkœʀ] *m*, **~euse** *f* **1.** Rocksänger(in) *m*(*f*); **2.** Rockfan [-fɛn] *m*
rocking-chair [ʀɔkiŋ(t)ʃɛʀ] *m* ⟨*pl* rocking-chairs⟩ Schaukelstuhl *m*
rococo [ʀɔkoko, ʀɔkɔko] **I** *adj* ⟨*inv*⟩ **1.** Rokoko...; *style m* ~ Rokokostil *m*; **2.** (*démodé*) altmodisch, verschnörkelt; ab'sonderlich, un'gewöhnlich
rodage [ʀɔdaʒ] *m* **1.** *TECH* **a**) *d'une voiture* Einfahren *n*; *pancarte en* ~ wird eingefahren; **b**) ~ *de soupape* Ven'tileinschleifung *f*; *de qn en service etc* Anlaufzeit *f*; *de qn* Einarbeitung *f*
rodéo [ʀɔdeo] *m* **1.** Ro'deo *m ou n*; **2.** F *fig* wilde Verfolgungsjagd *f*
roder [ʀɔde] *v/t* **1.** *TECH voiture* einfahren; *soupape* einschleifen; **2.** *fig spectacle etc* (entwickeln und) vervollkommnen; anpassen; ausbauen; *adjt personne rodé* eingearbeitet (*à* in +*acc*); geschult, erfahren (in +*dat*); F eingefuchst
rôder [ʀode] *v/i* her'um-, um'herstreifen, -streichen, sich her'umtreiben, her-'umstreunen (*dans* in +*dat*); ~ *autour de qn*, *qc* j-n, etw um'schleichen; um j-n, etw her'umschleichen
rôd|eur [ʀodœʀ] *m*, **~euse** *f* Her'umtreiber(in) *m*(*f*)
rodomontade [ʀɔdɔmɔ̃tad] *f* Prahle'rei *f*; Aufschneide'rei *f*; Großspreche'rei *f*
rogations [ʀɔgasjɔ̃] *f/pl ÉGL CATH* Bittprozessionen *f/pl* (an den Bittagen)
rogatoire [ʀɔgatwaʀ] *adj JUR* **commission** *f* ~ Rechtshilfeersuchen *n*; *entendre qn en commission* ~ j-n kommis'sarisch vernehmen
rogatons [ʀɔgatɔ̃] F *m/pl* (Speise-, Essens)Reste *m/pl*
Roger [ʀɔʒe] *m Vorname*
rogne [ʀɔɲ] F *f* Gereiztheit *f*; F Stinklaune *f*; *être en* ~ murren; gereizt sein; F e-e Stinklaune haben; *mettre qn en* ~ j-n reizen; F j-n in Stinklaune versetzen
rogner [ʀɔɲe] **I** *v/t* **1.** *papier* beschneiden; *griffes* schneiden; *fig* ~ *les ailes à qn* j-m die Flügel beschneiden, stutzen; **2.** *fig économies etc* angreifen; beschneiden; F etwas abzwacken von; **II** *v/t/indir* ~ *sur qc* an etw (*dat*) sparen; **III** *v/i* F *cf* (*être en*) **rogne**
rognon [ʀɔɲɔ̃] *m CUIS* Niere *f*; ~ *de porc* Schweineniere *f*
rognonnade [ʀɔɲɔnad] *f CUIS* Kalbsnierenbraten *m*
rognure [ʀɔɲyʀ] *f de papier etc* Schnipsel *m ou n*; *TECH* Schnippel *m ou n*; *de viande* ~**s** *pl* (abgeschnittene) Fleischreste *m/pl*; ~**s** *d'ongles* abgeschnittene Fingernägel *m/pl*

rogomme [ʀɔgɔm] F *voix f de ~* Säuferstimme *f*
rogue [ʀɔg] *adj* über'heblich; hochmütig; eingebildet
roi [ʀwa] *m* König *m* (*a ÉCHECS, CARTES, fig*); *poét* **le ~ des animaux** der König der Tiere; **carte ~ de carreau** Karokönig *m*; *fig* **les ~s du pétrole** die Ölmagnaten *m/pl*; F **le ~ des imbéciles** der größte aller Schwachköpfe; **fête *f* des ~s** Drei'königstag *m*; Heilige Drei Könige; **être heureux comme un ~** 'überglücklich sein; **tirer les ~s** den Drei'königskuchen essen (*wer dabei auf das Christkindfigürchen stößt, wird König*); *fig* **travailler pour le ~ de Prusse** für nichts und wieder nichts arbeiten; *loc*: **le ~ n'est pas son cousin** er ist ziemlich eingebildet; F was der sich bloß einbildet!; F **là où le ~ va à pied, va seul** da, wo der Kaiser zu Fuß hingeht; *cf a* **morceau** *1*.; ♦ *adj* **bleu ~** ⟨*inv*⟩ königsblau
roide [ʀwad] *adj litt cf* **raide**
Roi-Soleil [ʀwasɔlɛj] *m HIST* **le ~** der Sonnenkönig
roitelet [ʀwatlɛ] *m* **1.** *ZO* **a)** Goldhähnchen *n*; **b)** *abus* (*troglodyte*) Zaunkönig *m*; **2.** *plais* Duo'dezfürst *m*
Roland [ʀɔlɑ̃] *m* Roland *m*
rôle [ʀol] *m* **1.** *THÉ* Rolle *f* (*a fig*); **petit ~** Nebenrolle *f*; kleine Rolle; **premier ~** Hauptrolle *f*; *par ext* acteur Hauptdarsteller(in) *m(f)*; *fig* **le ~ de la presse** die Rolle, die Funktion der Presse; *PSYCH, PÉD* **jeu *m* de ~s** Rollenspiel *n*; **apprendre, savoir son ~** s-e Rolle lernen, können; *fig* **avoir le beau ~** gut dastehen; F fein heraussein; *fig* **ce n'est pas mon ~ de le lui dire** es ist nicht meine Aufgabe *ou* Sache, es ihm zu sagen; **jouer un ~** e-e Rolle spielen (*a fig*); (*savoir*) **bien jouer son ~** s-e Rolle gut spielen (*a fig*); *fig* **jouer un grand ~ dans qc** e-e große Rolle bei etw spielen; **2.** *ADM* Liste *f*; Verzeichnis *n*; Re'gister *n*; Rolle *f*; *loc/adv* **à tour de ~** abwechselnd; der Reihe nach; turnusmäßig
rollmops [ʀɔlmɔps] *m CUIS* Rollmops *m*
romain [ʀɔmɛ̃] *I adj* **1.** römisch; **histoire ~e** römische Geschichte; **2.** *REL* römisch(-katholisch); **3.** *TYPO* **caractères ~s** An'tiqua *f*; la'teinische Schrift; **II** *subst* **1.** **~(e)** *m(f)* Römer(in) *m(f)*; F *fig* **un travail de ~** e-e Riesen-, Mordsarbeit; **2. ~e** *f BOT* römischer Salat; Ro'mana *f*; *fig* **être bon comme la ~e** F zu gutmütig sein; sich alles gefallen lassen (müssen)
Romain [ʀɔmɛ̃] *m prénom* 'Roman *m*
roman [ʀɔmɑ̃] **I** *adj* **1.** *ART* ro'manisch; **2.** *LING* **langues ~es** ro'manische Sprachen *f/pl*; **II** *m* **1.** Ro'man *m*; **~ courtois** höfisches Epos; **le nouveau ~** der Nouveau roman; **~ policier** Krimi'nalroman *m*; F Krimi *m*; **~ d'amour** Liebesroman *m*; *fig* **ils ont vécu un beau ~ d'amour** sie haben e-e wunderbare Liebesromanze erlebt; *récit* **avoir l'air d'un ~** unwahrscheinlich, unglaublich klingen; **cela n'arrive que dans les ~s** das gibt es nur in Romanen; **c'est tout un ~** das ist ein ganzer Roman; **sa vie est un vrai ~** sein Leben ist wie ein Roman; **2.** *ARCH* Ro'manik *f*; **3.** *LING* ro'manische Volkssprache; Vul'gärlatein *n*; Galloromanisch *n*
romance [ʀɔmɑ̃s] *f* **1.** Liebeslied *n*; **2.** *LITTÉRATURE, MUS* Ro'manze *f*
romancer [ʀɔmɑ̃se] *v/t* ⟨-ç-⟩ in Ro'manform, als (e-n) Ro'man schreiben, gestalten; *adjt* **biographie romancée** Biographie *f* in Romanform; ro'manhafte Biographie
romanche [ʀɔmɑ̃ʃ] *m en Suisse* Ro'mantsch *n*
romanc|ier [ʀɔmɑ̃sje] *m*, **~ière** *f* Ro'manci'er *m*; Ro'manschriftsteller(in) *m(f)*; Ro'manautor(in) *m(f)*
romand [ʀɔmɑ̃] *adj* **la Suisse ~e** die fran'zösische Schweiz
romanesque [ʀɔmanɛsk] *adj* **1.** *aventure etc* ro'manhaft, -artig; wie in e-m Ro'man; *personne* ro'mantisch; schwärmerisch; **2.** Ro'man...; *œuvre f* **~** Romanwerk *n*
roman|-feuilleton [ʀɔmɑ̃fœjtɔ̃] *m* ⟨*pl* romans-feuilletons⟩ Fortsetzungs-, Zeitungsroman *m*; **~-fleuve** *m* ⟨*pl* romans-fleuves⟩ langer Ro'man; F Wälzer *m*
romanichel(le) [ʀɔmaniʃɛl] *m(f) péj* Zi'geuner(in) *m(f)*
romanisation [ʀɔmanizasjɔ̃] *f HIST, LING* Romani'sierung *f*
romaniste [ʀɔmanist] *m,f LING* Roma'nist(in) *m(f)*
romano [ʀɔmano] *m,f cf* **romanichel**
roman-photo [ʀɔmɑ̃fɔto] *m* ⟨*pl* romans-photos⟩ Fotoroman *m*
romantique [ʀɔmɑ̃tik] **I** *adj poésie*, *art*, *paysage*, *personne* ro'mantisch; **II** *m* Ro'mantiker *m*
romantisme [ʀɔmɑ̃tism(ə)] *m* Ro'mantik *f* (*mouvement et caractère*)
romarin [ʀɔmaʀɛ̃] *m BOT* Rosmarin *m*
rombière [ʀɔ̃bjɛʀ] *f* F (*vieille*) **~** F alte Schachtel
Rome [ʀɔm] Rom *n*
rompre [ʀɔ̃pʀ(ə)] (*je romps, il rompt, nous rompons; je rompais; je rompis; je rompis; que je rompe; rompant; rompu*) **I** *v/t traité, contrat* brechen; *relations, entretien, jeûne* abbrechen; *monotonie* unter'brechen; *équilibre* stören; *fleuve: digues* durch'brechen; *fiançailles, charme* lösen; *cf a* **charme¹** *1*.; *fig* **~ ses chaînes** s-e Ketten zerbrechen; die Fesseln sprengen; **~ les os à qn** j-m die Knochen brechen (*a par exagération*); **~ le pain** das Brot brechen; *MIL* **~ les rangs** wegtreten; *MIL* **rompez!** weggetreten!; **~ le silence** a) die Stille unter'brechen; b) (*parler*) sein Schweigen brechen; **applaudir à tout ~** tosenden Beifall spenden; **II** *v/i* **~ avec qn** mit j-m brechen, F Schluß machen; **~ avec une tradition** mit e-r Tradition brechen; **ils ont rompu** sie haben miteinander gebrochen; F sie haben Schluß gemacht; **III** *v/pr st/s* **se ~ amarres etc** (zer)reißen; *glace* brechen; *branche* (ab)brechen; **se ~ les os** sich die Knochen brechen
rompu [ʀɔ̃py] *adj* **1.** être **~** (*de fatigue*) wie gerädert, wie zerschlagen, mitgenommen sein; **2.** (*habile*) être **~ à qc** in etw (*dat*) bewandert, erfahren sein; mit etw vertraut sein; être **~ aux affaires** geschäftstüchtig sein; **3.** *cf* **bâton** *1*.
romsteck [ʀɔmstɛk] *m CUIS* Rumpsteak [-steːk] *n*
ronce [ʀɔ̃s] *f* **1.** *BOT* Brombeerstrauch *m*; **~s** *pl a* Brombeerranken *f/pl*, -gestrüpp *n*; **2.** *de noyer etc* Maserung *f*
ronceraie [ʀɔ̃sʀɛ] *f* mit Brombeergestrüpp bewachsenes Gelände
ronchon [ʀɔ̃ʃɔ̃] F **I** *adj* ⟨*~ne od inv*⟩ brummig; knurrig; **II** *m* (*vieux*) **~** F (alter) Brummbär
ronchonnement [ʀɔ̃ʃɔnmɑ̃] F *m* Nörge'lei *f*; Gemecker *n*; Gebrumme *n*
ronchonn|er [ʀɔ̃ʃɔne] F *v/i* nörgeln; brummen; brummig sein; schimpfen; F meckern; **~eur**, **~euse** I F *m,f* Nörgler(in) *m(f)*; F Meckerer *m*, Meckerziege *f*; II F *adj* brummig; knurrig
rond [ʀɔ̃] **I** *adj* ⟨*ronde* [ʀɔ̃d]⟩ **1.** *objet* rund (*a chiffre, somme*); *personne, partie du corps* rund(lich); dick; **ballon ~** Fußball *m* (*a sport*); F **une petite femme toute ~e** e-e kleine mollige Frau; **faire des yeux ~s** große Augen machen; *par ext* **gagner une somme assez ~e** e-e anständige Summe Geld verdienen; **2.** *personne* **en affaires** schnell von Entschluß; **3.** F (*ivre*) besoffen; voll; blau; **il est complètement ~** F er ist völlig besoffen, sternhagelvoll, blau wie ein Veilchen; **II** *adv* **avaler qc tout ~** etw als Ganzes, unzerkaut schlucken; **dire les choses tout ~** die Dinge beim rechten Namen nennen; **tourner ~** a) *moteur* gut laufen; b) *fig* gutgehen; F klappen; F *fig*: **ça ne tourne pas ~ chez toi** F bei dir ist wohl e-e Schraube, ein Rädchen locker; **qu'est-ce qui ne tourne pas ~?** was ist denn los?; was hast du denn?; **III** *m* **1.** Kreis *m*; Ring *m*; **~ de fourneau** Herdring *m*; **~ de serviette** Servi'ettenring *m*; *loc/adv* **en ~** im Kreis; **s'asseoir, danser en ~** sich im Kreis setzen, im Kreis tanzen; **tourner en ~** sich im Kreis drehen (*a fig*); F *fig* **en baver des ~s de chapeau** a) d'admiration vor Bewunderung vergehen; b) *de peine* F viel 'durchmachen (müssen); F *fig* **en rester comme deux ~s de flan** F vor Staunen den Mund nicht mehr zukriegen; ganz platt, baff sein; **faire, tracer des ~s** Kreise ziehen; **faire des ~s de fumée** beim Rauchen Ringe blasen; **2.** F (*sou*) **avoir des ~s** Geld (wie Heu) haben; **il n'a pas le ~** er hat keinen Pfennig; **3.** **de bras, de jambe** kreisende Bewegung; *fig* **faire des ~s de jambe** her'umschwänzeln; katzbuckeln
rond-de-cuir [ʀɔ̃dkɥiʀ] *m* ⟨*pl* ronds-de-cuir⟩ *péj* Büro'krat *m*; Bü'romensch *m*
ronde [ʀɔ̃d] *f* **1.** *d'un gardien*, *MIL* Runde *f*; Rund-, Kon'trollgang *m*; **de police** Streife *f*; **faire sa ~** s-e, e-e Runde machen; ♦ *loc/adv* **à la ~** a) (*alentour*) im 'Umkreis; in der Runde; b) (*tour à tour*) im Kreis (her'um); reih'um; von Hand zu Hand; **à dix lieues à la ~** im Umkreis von zehn Meilen; **faire passer qc à la ~** etw reihum gehen lassen; **2.** *danse* Rundtanz *m*; Reigen *m*; **~ enfantine** Ringelreihen *m*; **enfants faire la ~** Ringelreihen spielen, tanzen; **3.** *écriture* Rundschrift *f*; *t/t* Ronde *f*; **4.** *MUS* ganze Note
rondeau [ʀɔ̃do] *m* ⟨*pl* **~x**⟩ *poème* Ron'deau *n*
ronde-bosse [ʀɔ̃dbɔs] *f* ⟨*pl* rondes--bosses⟩ *SCULP* Hochrelief *n*

rondelet [rɔ̃dlɛ] *adj* ⟨~te⟩ **1.** *personne* rundlich; dicklich; füllig; *femme a mollig; jeune fille a* pummelig; **2.** *bourse* prall gefüllt; *une somme ~te* ein nettes, hübsches, stattliches Sümmchen
rondelle [rɔ̃dɛl] *f* **1.** Scheibe *f*; ~ *de citron, de saucisson* Zi'tronen-, Wurstscheibe *f*; *couper en ~s* in Scheiben schneiden; **2.** *TECH d'un écrou* 'Unterlegscheibe *f*; ~ *de ou en caoutchouc* Gummiring *m*, -scheibe *f*
rondement [rɔ̃dmɑ̃] *adv* **1.** (*rapidement*) zügig; prompt; schnell; mit Schwung, Nachdruck; *mener une affaire ~* e-e Angelegenheit zügig *etc* betreiben, abwickeln; **2.** (*franchement*) ohne 'Umschweife; geradeher'aus; *y aller ~* unbeirrt, gerade auf sein Ziel lossteuern, losgehen
rondeur [rɔ̃dœʀ] *f* **1.** *du corps* Rundung *f*; F ~*s pl* (weibliche) Rundungen; **2.** (*franchise*) Geradheit *f*; Ungezwungenheit *f*; Freimut *m*; *avec ~* freimütig; ungezwungen
rondin [rɔ̃dɛ̃] *m* **1.** *CONSTR* Rundstamm *m*, -holz *n*; *cabane f en ~s* Blockhütte *f*, -haus *n*; **2.** *pour brûler* Knüppelholz *n*
rondo [rɔ̃do] *m MUS* Rondo *m*
rondouillard [rɔ̃dujaʀ] F *adj* wohlbeleibt; füllig; feist
rond-point [rɔ̃pwɛ̃] *m* ⟨*pl* ronds-points⟩ **1.** *carrefour* (Verkehrs)Kreisel *m*; Kreisverkehr *m*; **2.** *place* runder Platz; Stern *m*
ronéo [ʀɔneo] *f* (*nom déposé*) Vervielfältigungsapparat *m*
ronéotyper [ʀɔneɔtipe] *v/t* (mittels Ma-'trize) vervielfältigen
ronflant [ʀɔ̃flɑ̃] *adj titre, phrases etc* hochtrabend, -tönend; großspurig; F großkotzig
ronflement [ʀɔ̃fləmɑ̃] *m* **1.** *d'une personne* Schnarchen *n*; **2.** *d'un moteur* Brummen *n*; *d'un poêle* Bullern *n*
ronfler [ʀɔ̃fle] *v/i* **1.** *personne* schnarchen; **2.** *moteur* brummen; *poêle, feu* bullern
ronflette [ʀɔ̃flɛt] *f* F *faire une ~* ein Schläfchen machen
ronf|leur [ʀɔ̃flœʀ] *m*, *~euse f* Schnarcher(in) *m(f)*
ronger [ʀɔ̃ʒe] *v/t* ⟨-geons⟩ **I** *v/t* **1.** nagen (*qc* an etw [*dat*]); an-, be-, zernagen; *vers: bois* zerfressen; *fig personne ~ son frein* s-n Ärger verbeißen, hin'unterschlucken; s-e Ungeduld nicht merken lassen; *chien ~ un os* an e-m Knochen nagen; e-n Knochen abnagen; *p/p bois rongé par les vers* wurmstichig, **2.** *par ext rouille: fer etc* zerfressen; angreifen; *acide: métal a* ätzen; *la mer ronge les falaises* das Meer nagt an der Steilküste; *p/p: fer rongé par la rouille* rostzerfressen; verrostet; 'durchgerostet; *statue etc rongé par le temps* verwittert; **3.** *fig chagrin etc ~ qn* an j-m nagen, fressen; j-n quälen, peinigen; j-m keine Ruhe lassen; **II** *v/pr* **4.** *se les ongles* an den Nägeln kauen; **5.** *fig se ~ d'inquiétude* vor Unruhe vergehen
rongeur [ʀɔ̃ʒœʀ] **I** *adj* ⟨-euse⟩ nagend (*a fig*); **II** *m ZO* Nager *m*; Nagetier *n*
ronron [ʀɔ̃ʀɔ̃] *m* **1.** *du chat* Schnurren *n*; *faire ~* schnurren; **2.** *d'un moteur etc* Surren *n*; Brummen *n*; Summen *n*; Schnurren *n*

ronronnement [ʀɔ̃ʀɔnmɑ̃] *m cf* ronron
ronronner [ʀɔ̃ʀɔne] *v/i* **1.** *chat* schnurren; **2.** *moteur etc* surren; brummen; summen; schnurren
roque [ʀɔk] *m ÉCHECS* Ro'chade *f*
roquefort [ʀɔkfɔʀ] *m* Roque'fort(käse) *m*
roquer [ʀɔke] *v/i ÉCHECS* ro'chieren
roquet [ʀɔkɛ] *m* Kläffer *m* (*a fig*)
roquette [ʀɔkɛt] *f MIL* Ra'kete(ngeschoß) *f(n)*
rorqual [ʀɔʀkal] *m ZO* Finnwal *m*
rosace [ʀozas] *f ornement* Ro'sette *f*; *vitrail a* Fensterrose *f*
rosacées [ʀozase] *f/pl BOT* Rosengewächse *n/pl*; Rosa'zeen *f/pl*
rosaire [ʀozɛʀ] *m REL* Rosenkranz *m* (*mit 150 Ave-Maria-Perlen*)
rosat [ʀoza] *adj* ⟨*inv*⟩ Rosen...; *pommade f ~* Lippenpomade, der ein Rosenextrakt zugesetzt wurde
rosâtre [ʀozɑtʀ(ə)] *adj* schmutzigrosa
rosbif [ʀɔzbif] *m CUIS* Roastbeef ['rɔːstbiːf] *n*
rose¹ [ʀoz] *f* **1.** *BOT* Rose *f*; ~ *de Jéricho* Jerichorose *f*; ~ *de Noël* Christ-, Schneerose *f*; *bois m de ~* Rosenholz *n*; *confiture f de ~* Rosenkonfitüre *f* (*aus Rosenblättern*); *eau f de ~* Rosenwasser *n*; *fig roman à l'eau de ~* kitschig; sentimental; F *envoyer qn sur les ~s* j-n weg-, fortschicken; j-n (schroff) abweisen; j-m e-n Korb geben; *être frais comme une ~* frisch wie der junge Morgen aussehen; taufrisch sein; *ne pas sentir la ~* nicht gerade gut riechen; *prov pas de ~s sans épines* keine Rose ohne Dornen (*prov*); **2.** *ARCH* Fensterrose *f*; Ro'sette *f*; **3.** *MÉTÉO ~ des vents* Wind-, Kompaßrose *f*; **4.** *MINÉR ~ des sables* Sandrose *f*
rose² [ʀoz] **I** *adj* **1.** rosa; rosa-, blaß-, zartrot; rosafarben, -farbig; rosig; ~ *clair, pâle* ⟨*inv*⟩ hell-, blaßrosa; **2.** *fig* (*réjouissant*) rosig; *ce n'est pas* (*tout*) ~ das ist nicht gerade rosig; **3.** *fig Sex...*; *minitel m ~* Sex-Btx *n*; **II** *m* Rosa *n*; ~ *bonbon* Bon'bonrosa *n*; ~ *tendre, vif* zartes, lebhaftes Rosa; *vieux ~* Altrosa *n*; *fig voir la vie en ~, voir tout en ~* das Leben, alles durch e-e rosarote Brille, in rosigem Licht, in rosigen Farben sehen
Rose [ʀoz] *f prénom* Rosa *f*; Rose *f*
rosé [ʀoze] *adj* zartrosa; ro'sé; *beige ~* ins Zartrosa gehendes Beige; *vin ~ ou subst ~ m* Rosé(wein) *m*
roseau [ʀozo] *m* ⟨*pl ~x*⟩ *BOT* Schilf (-rohr) *n*
rosée [ʀoze] *f* Tau *m*; ~ *du matin* Morgentau *m*; *légumes tendre comme la ~* sehr zart
roséole [ʀozeɔl] *f MÉD* Rose'ole *f*
roseraie [ʀozʀɛ] *f* Rosengarten *m*; Ro-'sarium *n*
rosette [ʀozɛt] *f* **1.** *nœud* Schleife *f*; **2.** *insigne* Ordensbandschleife *f*; Ro'sette *f*; *avoir la ~* Offizier *m* der Ehrenlegion sein; **3.** ~ *de Lyon* Sa'lami *f* aus Lyon
rosier [ʀozje] *m BOT* Rosenstrauch *m*, -stock *m*; Rose *f*; ~ *grimpant* Kletterrose *f*; ~ *sur tige* Hochstammrose *f*
rosière [ʀozjɛʀ] *f HIST* Mädchen, dem wegen s-r Tugendhaftigkeit ein Kranz

aus Rosen aufgesetzt wurde; F *plais la ~ du pays* die Tugend in Person
rosir [ʀoziʀ] **I** *v/t froid: joues* röten; *soleil: nuages* in ein rosa Licht tauchen; **II** *v/i visage* (zart, leicht) erröten
ross|ard [ʀɔsaʀ], *~arde* F *m,f et adj cf rosse I 2. et II*
rosse [ʀɔs] **I** *f* **1.** *litt* (*mauvais cheval*) Schindmähre *f*; Klepper *m*; **2.** (*personne méchante*) gemeine Per'son; Schuft *m*; Leuteschinder *m*; **II** *adj* gemein; hart; streng; scharf; F hundsgemein; *être ~ avec qn* zu j-m gemein sein
rossée [ʀɔse] F *f* (Tracht *f*) Prügel *pl*; F Keile *f*; Haue *f*; Dresche *f*; Senge *pl*; *cf a flanquer² 2., recevoir 2.*
rosser [ʀɔse] *v/t* verprügeln; F verhauen; verdreschen; 'durchbleuen; F *lors d'un match il se sont fait joliment ~* sie haben ordentlich Keile, Prügel gekriegt
rosserie [ʀɔsʀi] *f* Gemeinheit *f*; übler Streich; *dire des ~s à qn* j-m Gemeinheiten sagen; *faire une ~ à qn* j-m e-n üblen Streich spielen
rossignol [ʀɔsiɲɔl] *m* **1.** *ZO* Nachtigall *f*; *chanter comme un ~* wie e-e Nachtigall singen; **2.** (*passe-partout*) Dietrich *m*; **3.** F *COMM* Ladenhüter *m*
rossinante [ʀɔsinɑ̃t] *litt f* Schindmähre *f*; Klepper *m*
rostre [ʀɔstʀ(ə)] *m* **1.** *HIST* Schiffsschnabel *m*; **2.** *ZO* Rostrum *n*
rot [ʀo] *m* F Rülpser *m*; *bébé faire son ~* (ein) Bäuerchen machen
rôt [ʀo] *litt m* Braten *m*
rotarien [ʀɔtaʀjɛ̃] *m* Ro'tarier *m*; Mitglied *n* des Rotary Clubs
rotatif [ʀɔtatif] *adj* ⟨-ive⟩ Dreh...; Rotati'ons...; drehend; ro'tierend; *mouvement ~* Drehbewegung *f*; *TECH moteur m à piston ~* Drehkolben-, Kreiskolben-, Rotationskolbenmotor *m*; Wankelmotor *m*
rotation [ʀɔtasjɔ̃] *f* **1.** (Um')Drehung *f*; Rotati'on *f*; Drehbewegung *f*; ~ *de la Terre* Erdumdrehung *f*; *axe m de ~* Drehachse *f*; *exécuter une ~* e-e Drehung (um die eigene Achse) ausführen; **2.** *fig* (*roulement*) turnusmäßiger Wechsel; Rotati'on *f*; *ÉCON* 'Umschlag *m*; 'Umsatz *m*; *d'un moyen de transport* Freq'uenz *f*; Zug- *ou* Busfolge *f*; *AGR* Fruchtfolge *f*; Rotati'on *f*; ~ *des capitaux* Kapi'talumsatz *m*; ~ *du personnel* Fluktuati'on *f* der Belegschaft; Perso'nalwechsel *m*; ~ *des stocks* Lagerumschlag *m*
rotative [ʀɔtativ] *f TYPO* Rotati'onsmaschine *f*, -presse *f*
rotatoire [ʀɔtatwaʀ] *adj* Dreh...; Rotati'ons...; Kreis...
roter [ʀɔte] *v/i* **1.** rülpsen; **2.** P *fig il lui en a fait ~* er hat ihm *ou* ihr das Leben schwergemacht
rôti [ʀoti, ʀo-] **I** *m* Braten *m*; ~ *de bœuf, de porc, de veau* Rinder-, Schweine-, Kalbsbraten *m*; **II** *adj* gebraten; Brat...; F *fig tomber à qn tout ~ dans le bec* j-m in den Schoß fallen
rôtie [ʀoti, ʀo-] *f* geröstete Brotschnitte; Röstbrot *n*
rotin [ʀɔtɛ̃] *m* Rattan *n*; Peddigrohr *n*; *fauteuil m en ~* Korbsessel *m*
rôtir [ʀotiʀ, ʀo-] **I** *v/t viande* (*faire*) *~* braten; *~ à la broche* am Spieß braten; **II** *v/i* braten (*a F fig personne*); *mettre*

***un poulet à* ~** ein Hühnchen zum Braten aufsetzen; **III** *v/pr* **se ~ (*au soleil*)** sich (in der Sonne) braten lassen
rôtiss|erie [ʀotisʀi, ʀɔ-] *f* Rotisse'rie *f*; Grillrestaurant *n*; **~eur** *m* Grillkoch *m*; Rotis'seur *m*; **~oire** *f* Grill(gerät) *m*(*n*)
roto [ʀoto] *f* F *abr cf* rotative
rotonde [ʀotɔ̃d] *f* ARCH Rundbau *m*; Ro'tunde *f*
rotondité [ʀotɔ̃dite] *f* **1.** *de la Terre etc* Rundheit *f*; runde Form, Gestalt; **2.** *fig de qn* Rundlichkeit *f*; Korpu'lenz *f*
rotor [ʀɔtɔʀ] *m* **1.** AVIAT Rotor *m*; **2.** ÉLECT Läufer *m*; Rotor *m*
rotule [ʀotyl] *f* **1.** ANAT Kniescheibe *f*; F *fig être sur les* **~s** ganz erschöpft, F fertig, ka'putt, geschafft, wie gerädert sein; **2.** TECH Kugelgelenk *n*
rotulien [ʀotyljɛ̃] *adj* (**~ne**) *réflexe* **~** Kniesehnenreflex *m*
roture [ʀotyʀ] *f* HIST Nichtadelige(n) *m*/*pl*; Bürgerstand *m*
roturier [ʀotyʀje] HIST **I** *adj* (-ière) nichtadelig; bürgerlich; **II** *subst* **~**, **roturière** *m,f* Nichtadelige(r) *f*(*m*); Bürgerliche(r) *f*(*m*)
rouage [ʀwaʒ] *m* TECH Rädchen *n*; **~s** *pl* Räderwerk *n* (*a fig*); *fig* **n'être qu'un** *simple* **~** nur ein Rädchen im Getriebe sein
roublard [ʀublaʀ] F **I** *adj* durch'trieben; gerissen; **II** *subst* **~(e)** *m*(*f*) gerissener, durch'triebener Bursche, Kerl; *femme f* schlaues Luder
roublardise [ʀublaʀdiz] F *f* Gerissenheit *f*; Durch'triebenheit *f*
rouble [ʀubl(ə)] *m monnaie* Rubel *m*
roucoul|ade [ʀukulad] *f ou* **~ement** *m* Gurren *n*, Girren *n* (*a fig d'amoureux*)
roucouler [ʀukule] *v/i* **1.** *pigeon* gurren, girren (*a fig amoureux*); rucksen; *fig a* turteln; **2.** *fig* ⟨*a v/t*⟩ *chanteur* schmalzig singen
roue [ʀu] *f* Rad *n*; **~** *arrière, avant* 'Hinter-, Vorderrad *n*; FÊTE FORAINE *grande* **~** Riesenrad *n*; VÉLO **~** *libre* Freilauf *m*; **~** *à eau* Wasserrad *n*; **~** *de gouvernail* Steuerrad *n*; **~** *de loterie* Lostrommel *f*; Glücksrad *n*; AUTO **~** *de secours, de rechange* Re'serve-, Ersatzrad *n*; *véhicule m* **à** *quatre* **~s** zwei-, vierräd(e)riges Fahrzeug; HIST *supplice m de la* **~** Hinrichtung *f* durch das Rad; *fig être la cinquième* **~** *du carrosse* das fünfte Rad am Wagen sein; *faire la* **~** a) SPORTS radschlagen; b) *paon* ein Rad schlagen; *fig pousser à la* **~** nachhelfen; die Hand im Spiel haben; *fig la* **~** *tourne* die Zeit steht nicht still
roué [ʀwe] **I** *adj* gerissen; verschlagen; **II** *subst* **~(e)** *m*(*f*) gerissener Bursche, Kerl; gerissene Per'son
rouelle [ʀwɛl] *f* **~** (*de veau*) Fleischscheibe *f* aus der Kalbskeule
Rouen [ʀwɑ̃] Stadt im Dep. Seine-Maritime
rouer [ʀwe] *v/t* **1.** HIST rädern; aufs Rad flechten; **2.** *fig* **~** *qn de coups* j-n 'durchprügeln, F 'durchbleuen, windelweich schlagen
rouerie [ʀuʀi] *f* Gerissenheit *f*; Verschlagenheit *f*
rouet [ʀwɛ] *m* Spinnrad *n*
rouf [ʀuf] *m* MAR Deckshaus *n*
rouflaquettes [ʀuflakɛt] F *f*/*pl* Kote'letten *pl*

rouge [ʀuʒ] **I** *adj* rot (*a* POL); *yeux* gerötet; *fer* (rot)glühend; **~** *brique* ⟨*inv*⟩ ziegelrot; *l'Armée f* **~** die Rote Armee; *chou m* **~** Rotkohl *m*; Blau-, Rotkraut *n*; *la mer* **~** das Rote Meer; *poisson m* **~** Goldfisch *m*; *vin m* **~** Rotwein *m*; *être, devenir* **~** *de colère* vor Wut rot sein, werden *ou* anlaufen; **II** *adv* **se fâcher tout** **~** F sich schwarz, grün ärgern; vor Wut, Ärger platzen; fuchsteufelswild werden; *voir* **~** rotsehen; **III** *m* **1.** Rot *n* (*couleur et colorant*); *peindre, teindre en* **~** rot an|streichen, färben; **2.** *de la peau, du visage* Röte *f*; *le* **~** *de la honte lui monte au visage* die Schamröte steigt ihm ins Gesicht; **3.** *signalisation* Rot *n*; *feux être au* **~** rot sein; auf Rot sein; Rot, rotes Licht zeigen; *passer au* **~** *feux* auf Rot schalten; *voiture* bei Rot 'durchfahren; **4.** *fard* rote Schminke; **~** *à joues* Rouge *n*; (*se*) *mettre du* **~** *à joues* Rouge auflegen, auftragen; (*bâton m*, *tube m de*) **~** *à lèvres* Lippenstift *m*; (*se*) *mettre du* **~** *à lèvres* sich die Lippen schminken, F anmalen; **5.** MÉTALL Rotglut *f*; *chauffer au* **~** bis zur Rotglut erhitzen; *porter au* **~** glühend machen; zur Rotglut bringen; **6.** *vin* Rotwein *m*; F Rote(r) *m*; *par ext un petit coup de* **~** ein Gläschen *n* Rotwein
rougeâtre [ʀuʒɑtʀ(ə)] *adj* rötlich
rougeaud [ʀuʒo] *adj* mit rotem Gesicht
rouge-gorge [ʀuʒgɔʀʒ] *m* ⟨*pl* rouges-gorges⟩ ZO Rotkehlchen *n*
rougeoiement [ʀuʒwamɑ̃] *m* roter, rötlicher Schimmer, 'Widerschein; Röte *f*
rougeole [ʀuʒɔl] *f* MÉD Masern *pl*
rougeoy|ant [ʀuʒwajɑ̃] *adj* ins Rötliche gehend, spielend; rot, rötlich schimmernd; **~er** *v/i* ⟨-oi-⟩ rot, rötlich schimmern; rot (er-, auf)glühen
rouget [ʀuʒɛ] *m* ZO **~** (*barbet*) Meerbarbe *f*; **~** (*grondin*) Knurrhahn *m*
rougeur [ʀuʒœʀ] *f* **1.** *sur la peau* Rötung *f*; **~s** *pl* rote Stellen *f*/*pl*, Flecken *m*/*pl*; **2.** *st/s im Gesicht* Erröten *n*
rougi [ʀuʒi] *adj yeux* gerötet; *eau* **~e** Wasser *n* mit e-m Schuß Rotwein
rougir [ʀuʒiʀ] **I** *v/t st/s* röten; *fer* glühend machen; **~** *son eau* dem Wasser e-n Schuß Rotwein zusetzen; **II** *v/i* **1.** rot werden; *peau, feuilles a* sich röten; *crustacés* **~** *à la cuisson* beim Kochen rot werden; *métal* **~** *au feu* im Feuer glühend werden; **2.** *personne* rot werden, erröten; **~** *de colère, de honte* vor Zorn, vor Scham rot werden, erröten; schamrot werden; **~** *jusqu'aux oreilles, jusqu'à la racine des cheveux* bis über die *ou* beide Ohren rot werden; *fig je n'ai pas à* **~** *de cela* dessen brauche ich mich nicht zu schämen; *faire* **~** *qn* j-n zum Erröten bringen
rougissant [ʀuʒisɑ̃] *adj personne* (leicht) errötend
rouille [ʀuj] *f* **1.** *du fer* Rost *m*; *tache f de* **~** Rostfleck *m*; **2.** AGR Rost(krankheit) *m*(*f*); **3.** CUIS scharfe, mit Pepe'roni gewürzte Knoblauchsoße; **4.** *adj* ⟨*inv*⟩ rostbraun, -farben
rouillé [ʀuje] *adj* **1.** *fer, clé etc* verrostet; rostig; **2.** F *fig personne, mémoire, membres* eingerostet; *il est un peu* **~** *en anglais* sein Englisch ist etwas eingerostet

rouiller [ʀuje] **I** *v/t* **1.** rosten lassen; rostig machen; **2.** *fig* einrosten, verkümmern lassen; **II** *v/i* **3.** (ver)rosten; **III** *v/pr* **se ~ 4.** (ver)rosten; rostig werden; **5.** *fig personne* einrosten; ungelenkig, unbeweglich werden
rouir [ʀwiʀ] *v/t lin, chanvre* rösten
roulade [ʀulad] *f* **1.** MUS Rou'lade *f*; **2.** CUIS (Fleisch)Rou'lade *f*; **3.** (*galipette*) Purzelbaum *m*
roulage [ʀulaʒ] *m* *entreprise f de* **~** Trans'portunternehmen *n*; *manutention f par* **~** Trans'port *m* mit Roll-'on--roll-'off-Schiffen
roulant [ʀulɑ̃] **I** *adj* **1.** rollend; Roll...; fahrbar; fahrend; Fahr...; *escalier* **~** Rolltreppe *f*; *fauteuil* **~** Rollstuhl *m*; MIL *feu* **~** Trommelfeuer *n*; *fig un feu* **~** *de questions* ein Kreuzfeuer von Fragen; CH DE FER *matériel* **~** rollendes Material; *personnel* **~** fahrendes Personal; Fahrpersonal *n*; *table* **~e** Ser-'vier-, Teewagen *m*; **2.** F (*très drôle*) urkomisch; F zum Kugeln, Piepen, Schreien, Schießen; **II** *subst* **1.** CH DE FER F *les* **~s** *m*/*pl* das fahrende Perso'nal; **2.** MIL F **~e** *f* Feldküche *f*; F Gulaschkanone *f*
roulé [ʀule] *adj* **1.** gerollt; Roll...; *col* **~** Rollkragen *m*; CUIS *épaule* **~e** Rollbraten *m*; *gâteau* **~** Bisku'itrolle *f*; PHON *r* **~** gerolltes r; **2.** F *femme être bien* **~** F gut gebaut sein; tolle Kurven haben
rouleau [ʀulo] *m* ⟨*pl* **~x**⟩ **1.** Rolle *f*; (*bigoudi*) Lockenwickler *m*; **~** *de papier hygiénique*, *de papier peint* Klopa'pier-, Ta'petenrolle *f*; **~** *de pièces, de réglisse* Geld-, La'kritzenrolle *f*; *fig il est au bout de son* **~** er ist am Ende s-r Kraft; F er pfeift aus *ou* auf dem letzten Loch; **2.** TECH Walze *f* (*a de la machine à écrire*); AGR Ackerwalze *f*; **~** *compresseur* Straßen-, F Dampfwalze *f*; CUIS **~** *à pâtisserie* Nudelholz *n*; **~** *de peintre* Farbroller *m*, -walze *f*; *passer au* **~** walzen; **3.** (*grosse vague*) Brandungswelle *f*; **4.** SPORTS Roller *m*; Rollsprung *m*; **5.** *coiffure* Innenrolle *f*
roulé-boulé [ʀulebule] *m* ⟨*pl* roulés-boulés⟩ SPORTS Rolle *f*; *faire un* **~** abrollen
roulement [ʀulmɑ̃] *m* **1.** *mouvement* Rollen *n*; *de véhicules a* Fahren *n*; *des hanches* Wiegen *n*; *d'yeux* Augenrollen *n*; *marcher avec des* **~s** *de hanches* sich beim Gehen in den Hüften wiegen; **2.** *bruit: de voiture* Dröhnen *n*; *du tonnerre* Rollen *n*; Grollen *n*; **~** *de tambour* Trommelwirbel *m*; **3.** TECH Wälzlager *n*; **~** *à billes* Kugellager *n*; **4.** (*alternance*) Turnus *m*; regelmäßiger Wechsel; *par* **~** im Turnus; turnusmäßig; *travail m par* **~** Schichtarbeit *f*; *travailler par* **~** schichtweise, in Schichten arbeiten; **5.** ÉCON *fonds m*/*pl de* **~** Betriebskapital *n*; Umlaufvermögen *n*
rouler [ʀule] **I** *v/t* **1.** *tonneau, meuble à roulettes etc* rollen; *objet lourd, mer*: *galets* wälzen; *invalide* fahren, rollen; *les yeux* rollen; (*enrouler*) *tapis, crêpe etc* zu'sammenrollen; **~** *une cigarette* (sich) e-e Zigarette drehen; **~** *les r* das r rollen; CUIS **~** *dans la farine* in Mehl wälzen; *st/s* **~** *dans sa tête de sombres pensées* düstere Gedanken he-

gen; **2.** F (*tromper*) ~ *qn* F j-n reinlegen, anschmieren, übers Ohr hauen; *se faire* ~ F sich reinlegen lassen; reingelegt werden; reinfallen (*par qn* auf j-n); *se faire* ~ *par qn* a F j-m aufsitzen; **II** *v/i* **3.** balle etc, fig argent rollen; *bateau* schlingern; *rotative* etc ro'tieren; laufen; ~ *des épaules en marchant* e-n wiegenden Gang haben; mit wiegenden Schritten gehen; ~ *des 'hanches* sich in den Hüften wiegen; ~ *de haut en bas de l'escalier* die Treppe hin'unter-, her'unterfallen, F -purzeln; *des larmes roulaient sur ses joues* Tränen rollten über ihre Wangen; **4.** *véhicule* rollen; fahren (*a personne*); *nous avons roulé toute la journée* wir sind den ganzen Tag gefahren; *roulez à droite!* rechts fahren!; ~ *à cent à l'heure* (mit) hundert (Stundenkilometern) fahren; ~ *en Fiat* etc e-n Fiat etc fahren; ♦ F fig: ~ *pour qn* für j-n arbeiten; sich für j-n einsetzen; (*allez!*) *roulez!* na, dann mal los!; nur zu!; tun Sie das!; *ça roule* F es klappt; alles in Butter!; **5.** *péj* (*se déplacer*) her'umziehen, -kommen; sich her'umtreiben; **6.** *tonnerre* rollen; grollen; **7.** *conversation* ~ *sur qc* sich um etw drehen; **III** *v/pr se* ~ **8.** sich (hin und her) wälzen; *se* ~ *par terre* sich auf dem Boden wälzen; *fig une scène drôle à se* ~ *par terre* e-e zum Kugeln komische Szene; **9.** sich zu'sammenrollen; *se* ~ *en boule sur soi-même* sich zu e-r Kugel zusammenrollen; **10.** *fig se* ~ *les pouces*, F *se les* ~ F Däumchen drehen; **11.** *tapis* etc sich zu'sammenrollen lassen

roulette [RulƐt] *f* **1.** *de meubles* etc Rolle *f*; *fauteuil m à* ~ Sessel *m* mit Rollen; *sifflet m à* ~ Trillerpfeife *f*; F *fig aller, marcher comme sur des* ~*s* F wie geschmiert, wie am Schnürchen gehen; glatt über die Bühne gehen; **2.** *outil* Rad *n*; Rädchen *n*; *de dentiste* Bohrer *m*; ~ *de couturière* Ko'pierrad *n*; ~ *de pâtissier* Teigrädchen *n*; *dentiste passer la* ~ bohren; **3.** *jeu* Rou'lett(e) *n*; ~ *russe* russisches Roulett(e)

rouleur [RulœR] *m SPORTS* guter Radrennfahrer *m* (mit großer Ausdauer)

roulis [Ruli] *m MAR* Schlingern *n*; *il y a du* ~ das Schiff schlingert; F *dans le train* es schwankt

roulotte [Rulɔt] *f* Wohnwagen *m*; *cf a vol² 1.*

roulotté [Rulɔte] *adj COUT* mit Rollsaum

roulottier [Rulɔtje] *m* F Autoknacker *m*, -marder *m*

roulure [RulyR] *f* P (*prostituée*) *péj* Nutte *f*; Hure *f*

roumain [Rumɛ̃] **I** *adj* ru'mänisch; **II** *subst* **1.** ~(*e*) *m(f)* Ru'mäne *m*, Ru'mänin *f*; **2.** *LING le* ~ das Ru'mänische; Ru'mänisch *n*

Roumanie [Rumani] *la* ~ Ru'mänien *n*

roumi [Rumi] *m pour les musulmans* Christ *m*; Euro'päer *m*

round [Rawnd, Rund] *m BOXE* Runde *f*; *match* ~ *en dix* ~*s* Kampf *m* über zehn Runden

roupie¹ [Rupi] *f* F *ce n'est pas de la* ~ *de sansonnet* das ist etwas ganz Besonderes, F kein Tinnef

roupie² [Rupi] *f monnaie* Rupie *f*

roupiller [Rupije] *v/i* F pennen

roupillon [Rupijɔ̃] *m* F Nickerchen *n*;

faire, piquer un ~ ein Nickerchen machen, F fig einnicken

rouquin [Rukɛ̃] F **I** *adj* rothaarig; **II** *subst* ~(*e*) *m(f)* Rothaarige(r) *f(m)*

rouscailler [Ruskaje] *v/i* F meckern

rouspétance [Ruspetɑ̃s] *f* F Geschimpfe *n*; Gemecker *n*

rouspét|er [Ruspete] F *v/i* ⟨-è-⟩ schimpfen; F meckern; ~*eur m*, ~*euse f* F Meckerfritze *m*, Meckerziege *f*; *adj* *il est rouspéteur* er schimpft, meckert dauernd, gerne

roussâtre [RusɑtR(ə)] *adj* rötlich

rousse [Rus] *f arg* (*police*) F Po'lente *f*

rousserolle [RusRɔl] *f ZO* Rohrsänger *m*

roussette [RusƐt] *f* **1.** *poisson* Katzenhai *m*; **2.** *chauve-souris* Flughund *m*

rousseur [RusœR] *f* gelbrote Farbe; *taches f/pl de* ~ Sommersprossen *f/pl*

roussi [Rusi] *m* Brandgeruch *m*; *sentir le* ~ a) versengt, angesengt riechen; b) *fig situation* brenzlig werden

Roussillon [Rusijɔ̃] *le* ~ *historische Provinz* in Südfrankreich

roussir [RusiR] **I** *v/t* linge en repassant an-, versengen; **II** *v/i* CUIS oignons *faire* ~ *dans du beurre* leicht in Butter bräunen

routage [Rutaʒ] *m d'imprimés, journaux* Sor'tierung *f* und Versand *m* (nach Leitgebieten)

routard [RutaR] *m* Rucksacktourist *m*

route [Rut] *f* **1.** (Auto-, Land)Straße *f*; Chaus'see *f*; ~ *côtière* Küstenstraße *f*; ~ *glissante!* Schleudergefahr!; *grande* ~ Landstraße *f*; ~ *à grande circulation* Hauptverkehrsstraße *f*; ~ *de montagne* Gebirgs-, Bergstraße *f*; ~ *de Paris* Straße nach *ou* von Paris; *HIST* ~ *de la soie* Seidenstraße *f*; *sur la* ~ auf der Straße; *arriver par la* ~ auf der Straße, mit dem Auto ankommen; *voiture tenir bien la* ~ a) *voiture une bonne tenue de* ~ gut auf der Straße liegen; e-e gute Straßenlage haben; *fig tenir la* ~ *produit, article* sich gut halten, behaupten, verkaufen; *argument* stichhaltig sein; **2.** *itinéraire* Weg *m*; Route *f*; Strecke *f*; *MAR, AVIAT a* Kurs *m*; ~ *aérienne* Flugroute *f*; Luftverkehrsweg *m*; ~ *maritime* Schiffahrtsweg *m*, -straße *f*; Seeweg *m*; *loc/adv en* (*cours de*) ~ unter'wegs; auf dem Weg(e); *s'arrêter en* ~ unterwegs anhalten, haltmachen; F *bébé être en* ~ F unterwegs sein; *se mettre en* ~ sich auf den Weg machen; aufbrechen; (*allons!*) *en* ~*!* (los!) auf geht's!; marsch!; vorwärts!; *demander la* ~ nach dem Weg fragen; *être sur la bonne* ~ auf dem rechten Weg sein (*a fig*); *la* ~ *est longue* der Weg ist weit; *fig la* ~ *est toute tracée* der Weg ist genau vorgezeichnet; *fig faire fausse* ~ sich irren; auf dem falschen Weg, Holzweg sein; den falschen Weg einschlagen; *faire* ~ *vers* sich auf den Weg machen nach; *MAR a* Kurs nehmen auf (+*acc*); *fig mettre qn sur la bonne* ~ j-n auf den rechten Weg bringen; **3.** (*voyage*) Reise *f*; Fahrt *f*; *bonne* ~*!* gute Reise, Fahrt!; *il y a dix heures de* ~ man fährt zehn Stunden; es sind zehn Stunden Fahrzeit; *faire de la* ~ viel (her'um)fahren, (-)reisen; oft unter'wegs sein; *faire* ~ *avec qn* mit j-m reisen, fahren, *à pied* wandern; **4.** *mise f en* ~ *d'un moteur, d'une voiture* In'gangsetzung *f*; *fig*

d'une affaire In'angriffnahme *f*; Einleitung *f*; *mettre en* ~ in Gang setzen (*a fig*); *fig* in Angriff nehmen

routier [Rutje] **I** *adj* ⟨-ière⟩ Straßen...; *carte routière* Straßen-, Autokarte *f*; **II** *subst* **1.** *m* a) (*camionneur*) Fernfahrer *m*; b) (*restaurant m de*) ~(*s*) (gutes und billiges) Restau'rant für Fernfahrer; **2.** *m CYCLISME* Straßenfahrer *m*; **3.** *vieux* (*alter*) Routini'er; **4.** *routière f* Tourenwagen *m*

routine [Rutin] *f* Rou'tine *f*; (eingefahrene) Gewohnheit; *loc/adj de* ~ rou'tinemäßig; Routine...; üblich; *être esclave de la* ~ Sklave s-r Gewohnheiten sein; *faire qc par* ~ etw aus Routine, gewohnheitsmäßig tun

routinier [Rutinje] *adj* ⟨-ière⟩ rou'tine-, gewohnheitsmäßig; *esprit* ~ Gewohnheitsmensch *m*

rouvre [RuvR(ə)] *m et adj BOT* (*chêne* ~) ~ Trauben-, Stein-, Wintereiche *f*

rouvrir [RuvRiR] (*cf couvrir*) **I** *v/t* wieder öffnen, aufmachen; *magasin a, débat* wieder eröffnen; *cf a ouvrir*; **II** *v/i magasin* etc wieder geöffnet haben, offen sein; **III** *v/pr se* ~ sich wieder öffnen; wieder aufgehen

roux [Ru] **I** *adj* ⟨rousse [Rus]⟩ gelb-, fuchsrot; *cheveux* rot; fuchsig; *personne* rothaarig; fuchsig; **II** *subst* **1.** *m couleur* Gelbrot *n*; *des cheveux* Rot *n*; **2.** *personne* ~, *rousse m,f* Rothaarige(r) *f(m)*; **3.** *m CUIS* Mehlschwitze *f*; Einbrenne *f*

royal [Rwajal] *adj* ⟨-aux⟩ **1.** königlich, Königs...; *la famille* ~*e* die Königsfamilie; die königliche Familie; *palais* ~ Königspalast *m*; *prince* ~ Kronprinz *m*; **2.** *fig cadeau, salaire* fürstlich; großzügig; **3.** F *fig indifférence, mépris* völlig; **4.** *ZO tigre* ~ Königstiger *m*

royalement [Rwajalmɑ̃] *adv* **1.** fürstlich; großzügig; *traiter qn* ~ j-n fürstlich bewirten; **2.** F *s'en moquer* ~ sich völlig darüber hinwegsetzen

royalisme [Rwajalism(ə)] *m* Königstreue *f*; Roya'lismus *m*

royaliste [Rwajalist] **I** *adj* roya'listisch; königstreu; *fig être plus* ~ *que le roi* päpstlicher sein als der Papst; **II** *m,f* Roya'list(in) *m(f)*

royalties [Rwajalti] *f/pl COMM* Tanti'emen *f/pl*; Li'zenzgebühren *f/pl*

royaume [Rwajom] *m* **1.** Königreich *n*; *fig pas pour un* ~ um nichts in der Welt; **2.** *REL et fig* Reich *n*; *le* ~ *des cieux* das Himmelreich; *le* ~ *de Dieu* das Reich Gottes; *le* ~ *des morts* das Totenreich; *prov au* ~ *des aveugles, les borgnes sont rois* unter Blinden ist der Einäugige König (*prov*)

Royaume-Uni [Rwajomyni] *le* ~ das Vereinigte Königreich

royauté [Rwajote] *f* Königtum *n*; Krone *f*

R.P.R. [ƐRpeƐR] *m abr* (*Rassemblement pour la République*) (Par'tei *f* der) Neogaullisten *m/pl*

R.S.V.P. *abr* (*répondez, s'il vous plaît*) u. A. w. g. (um Antwort wird gebeten)

R.T.L. [ƐRteƐl] *abr* (*Radio-Télé-Luxembourg*) RTL *n*

ru [Ry] *m mot régional* Bach *m*

ruade [Ryad] *f d'un cheval* etc Ausschlagen *n*; *lancer une* ~ ausschlagen

Ruanda [ʀwɑ̃da] *le* ~ Ru'anda *n*
ruandais [ʀwɑ̃dɛ] **I** *adj* ru'andisch; **II** *subst* ⚥(**e**) *m(f)* Ru'ander(in) *m(f)*
ruban [ʀybɑ̃] *m* **1.** Band *n*; Streifen *m*; ~ *adhésif* Klebeband *n*, -streifen *m*; *d'une machine à écrire* ~ (*encreur*) Farbband *n*; ~ *d'acier* Stahlband *n*; ~ *de chapeau* Hutband *n*; *poét le* ~ *de la route* das Band der Straße; ~ *de soie, de velours* Seiden-, Samtband *n*; **2.** *décoration* (Ordens)Band *n*; MAR *le* ~ *bleu* das Blaue Band; *le* ~ *rouge ou le* ~ *de la Légion d'honneur* das Ordensband der Ehrenlegion
Rubens [ʀybɛ̃s] *m* PEINT Rubens *m*
rubéole [ʀybeɔl] *f* MÉD Röteln *pl*
Rubicon [ʀybikɔ̃] *fig franchir le* ~ den Rubikon über'schreiten
rubicond [ʀybikɔ̃] *adj* ⟨-onde [-ɔ̃d]⟩ *visage* hochrot
rubis [ʀybi] *m* **1.** *pierre précieuse* Ru'bin *m*; **2.** *d'une montre* Stein *m*; **3.** *loc payer* ~ *sur l'ongle* das Geld sofort bar auf den Tisch legen; sofort auf Heller und Pfennig bezahlen
rubrique [ʀybʀik] *f d'un journal* Ru'brik *f* (*a fig*); Sparte *f*; Teil *m*; ~ *littéraire, sportive* Litera'tur-, Sportteil *m*; *sous la* ~ *des faits divers* unter der Rubrik Vermischtes; *fig classer à, sous la même* ~ der gleichen Kategorie, Rubrik zuordnen; *tenir la* ~ *sportive* für den Sportteil verantwortlich sein
ruche [ʀyʃ] *f* **1.** Bienenstock *m*, -korb *m*; **2.** *fig* Ameisenhaufen *m*; **3.** COUT Rüsche *f*
ruché [ʀyʃe] *m* COUT Rüsche *f*
rucher [ʀyʃe] *m* Bienenhaus *n*, -stand *m*
rude [ʀyd] *adj* **1.** *personne, manières* roh; derb; grob; rüde; *travail, métier, épreuve, vie, combat* hart; schwer; *adversaire* gefährlich; *climat, voix, étoffe* rauh; *hiver* streng; F *un* ~ *gaillard* ein harter Bursche; *subst en voir de* ~s Schlimmes erleben; **2.** F (*fort*) kräftig; tüchtig; F *Mords...*; *Riesen...*; *un* ~ *culot* F e-e Riesen-, Mordsfrechheit
rudement [ʀydmɑ̃] *adv* **1.** (*sans ménagement*) roh; grob; rüde; rücksichtslos; **2.** (*durement*) *tomber* ~ schwer stürzen; **3.** F (*beaucoup, très*) F unheimlich; ungeheuer; F'norm; *c'est* ~ *bon* F das schmeckt phan'tastisch
rudesse [ʀydɛs] *f de qn, des manières* Roheit *f*; Derbheit *f*; Grobheit *f*; *du climat* Rauheit *f*; *traiter qn avec* ~ j-n grob behandeln
rudiment [ʀydimɑ̃] *m* **1.** *pl* ~s *d'une science, d'une langue* Anfangsgründe *m/pl*; Grundbegriffe *m/pl*; Grundzüge *m/pl*; **2.** BIOL Rudi'ment *n*
rudimentaire [ʀydimɑ̃tɛʀ] *adj* **1.** (*sommaire*) unzureichend; (not)dürftig; behelfsmäßig; oberflächlich; *avoir des connaissances* ~s *en anglais* nur einige Grundkenntnisse im Englischen haben; **2.** (*peu développé*) noch in den Anfängen steckend; **3.** BIOL *organe* rudimen'tär; verkümmert
rudoiement [ʀydwamɑ̃] *m* grobe Behandlung
rudoyer [ʀydwaje] *v/t* ⟨-oi-⟩ (grob) anfahren; grob behandeln
rue [ʀy] *f* **1.** *südd a* Gasse *f* (*a* THÉ); *grande* ~ Hauptstraße *f*; *par ext toute la* ~ *en parle* die ganze Straße …; ~ *à sens unique* Einbahnstraße *f*;

~ *sans issue* Sackgasse *f*, -straße *f*; *loc/adv*: *dans la* ~ auf der Straße; *en pleine* ~ auf offener Straße; *fig courir les* ~s überall verbreitet sein; all'täglich sein; F *ça ne court pas les* ~s das ist selten; F das trifft man nicht alle Tage; *fig descendre dans la* ~ auf die Straße gehen (*demonstrieren*); *fig être à la* ~ auf der Straße sitzen; *fig jeter qn à la* ~ j-n auf die Straße setzen; *marcher, se promener dans, st/s par les* ~s durch die Straßen gehen, in den Straßen spazierengehen; *fig soulever la* ~ die Masse, den Pöbel, die Straße aufwiegeln
ruée [ʀɥe] *f* Ansturm *m* (*vers* auf +*acc*); Andrang *m* (*an* +*dat*; *zu*); ~ *vers l'or* Goldrausch *m*, -fieber *n*; Run [ran] *m* nach dem Gold
ruelle [ʀɥɛl] *f* **1.** (*rue étroite*) (enge) Gasse; Gäßchen *n*; **2.** *dans une chambre* Gang *m* zwischen Bett und Wand
ruer [ʀɥe] **I** *v/i cheval etc* ausschlagen; **II** *v/pr se* ~ sich stürzen (*sur qn, qc* auf j-n, et); herfallen (*über* j-n, et); ~ *vers la sortie* zum Ausgang stürzen, auf den Ausgang zustürzen
ruf(f)ian [ʀyfjɑ̃] *litt m* Strolch *m*; Gauner *m*
rugby [ʀygbi] *m* SPORTS Rugby ['rakbi] *n*; *à quinze, à treize* Rugby mit fünfzehn, mit dreizehn Spielern; *match m de* ~ Rugbyspiel *n*
rugbyman [ʀygbiman] *m* ⟨*pl* rugbymen [-mɛn]⟩ Rugbyspieler *m*
rugir [ʀyʒiʀ] **I** *v/t injures* ausstoßen; **II** *v/i* **1.** *fauve* brüllen; **2.** *vent* toben; heulen; *personne* ~ *de fureur* vor Wut brüllen, toben
rugissement [ʀyʒismɑ̃] *m* **1.** *du lion* Brüllen *n*; Gebrüll *n*; **2.** *du vent* Heulen *n*; Toben *n*; *d'un moteur* Aufheulen *n*; *personne pousser des* ~s *de colère* ein Wutgebrüll ausstoßen
rugosité [ʀygozite] *f* Rauheit *f*; Unebenheit *f*
rugueux [ʀygø] *adj* ⟨-euse⟩ rauh; uneben; *peau a* runz(e)lig
Ruhr [ʀuʀ] *la* ~ das Ruhrgebiet
ruine [ʀɥin] *f* **1.** ~s *pl* Ru'inen *f/pl*; Trümmer *pl*; ~s *romaines* römische Ruinen; *être enseveli sous les* ~s unter den Trümmern begraben werden *ou* sein; **2.** *fig personne* Ru'ine *f*; Wrack *n*; **3.** *d'un bâtiment* Verfall *m*; *château m en* ~ verfallene Burg; Burgruine *f*; *être en* ~ verfallen sein; *menacer* ~ baufällig sein; einzustürzen drohen; *tomber en* ~ ~ *verfallen; 4.* (*destruction*) 'Untergang *m*; Zu'sammenbruch *m*; *des espoirs* Vernichtung *f*; *de la santé* Zerrüttung *f*; ÉCON Ru'in *m*; *aller, courir à sa* ~ sich zu'grunde richten; s-m Untergang, s-m Ruin entgegengehen; *causer la* ~ *de qn, qc* j-n, et zu'grunde richten; *être au bord de la* ~ am Rande des Ruins stehen; **5.** (*cause de ruine*) *être une* ~ sehr kostspielig, F ein Faß ohne Boden sein; viel Geld kosten
ruiné [ʀɥine] *adj* rui'niert
ruiner [ʀɥine] **I** *v/t* **1.** *financièrement* rui'nieren; zu'grunde richten; *plais ce n'est pas ça qui nous ruinera* das wird uns nicht an den Bettelstab bringen; **2.** *fig réputation, espoirs, carrière* zu'nichte, zu'schanden machen; *vernichten, zerstören; santé* rui'nieren;

zerrütten; **II** *v/pr se* ~ sich rui'nieren; sich zu'grunde richten; *se* ~ *la santé* s-e Gesundheit ruinieren; mit s-r Gesundheit Raubbau treiben; *se* ~ *en fourrures etc* sein ganzes Geld für Pelze *etc* ausgeben
ruineux [ʀɥinø] *adj* ⟨-euse⟩ **1.** *dépenses* zum Ru'in führend; rui'nös; **2.** (*coûteux*) (sehr) kostspielig; (äußerst) verschwenderisch
ruisseau [ʀɥiso] *m* ⟨*pl* ~x⟩ **1.** *cours d'eau* Bach *m*; *prov les petits* ~x *font les grandes rivières* viele Wenig geben ein Viel (*prov*); **2.** (*caniveau*) Gosse *f* (*a fig*); Rinnstein *m*; *fig*: *ramasser qn dans le* ~ j-n aus der Gosse auflesen; *tirer qn du* ~ j-n aus der Gosse ziehen; **3.** *fig* ~x *de larmes* Tränenbäche *m/pl*; ~x *de sang* Ströme von Blut
ruisselant [ʀɥislɑ̃] *adj* ~ *d'eau* triefend; ~ *de sueur* schweißtriefend
ruisseler [ʀɥisle] *v/i* ⟨-ll-⟩ **1.** *eau, pluie, larmes* rinnen, rieseln, laufen (*sur* über +*acc*); **2.** ~ *de* triefen von; *visage* ~ *de sueur* vom Schweiß triefen; *fig salle* ~ *de lumière* im Lichterglanz strahlen
ruisselet [ʀɥislɛ] *m* Bächlein *n*; Rinnsal *n*
ruissellement [ʀɥisɛlmɑ̃] *m* **1.** *de l'eau* Rinnen *n*; Rieseln *n*; GÉOL *eaux f/pl de* ~ (an der Erdoberfläche) abfließendes Wasser; **2.** *fig de pierreries* Funkeln *n*; *de lumière* Glänzen *n*; Fluten *n*
rumba [Rumba] *f danse* Rumba *f ou m*
rumeur [ʀymœʀ] *f* **1.** (*bruit sourd*) (dumpfer) Lärm; dumpfes Geräusch; *de personnes, voix* allgemeine Unruhe; Murren *n*; Gemurmel *n*; ~ *de mécontentement* Murren der Unzufriedenheit; **2.** (*on-dit*) Gerücht *n*; *la* ~ *publique* die Fama; *selon certaines* ~s … gerüchteweise verlautet, daß …; man munkelt, daß …
ruminant [ʀyminɑ̃] *m* ZO 'Wiederkäuer *m*
ruminer [ʀymine] *v/t* **1.** *vache etc* 'wiederkäuen (*a abs*); **2.** *fig passé, projet etc* nachgrübeln, -sinnen über (+*acc*); brüten über (+*acc*); ~ *sa vengeance* auf Rache sinnen
rumsteck [ʀɔmstɛk] *cf* **romsteck**
rune [ʀyn] *f* Rune *f*
runique [ʀynik] *adj* Runen…; runisch; *alphabet m* ~ Runenalphabet *n*
rupestre [ʀypɛstʀ(ə)] *adj* **1.** BOT auf Felsen wachsend; **2.** *peintures f/pl* ~s Felszeichnungen *f/pl*, -malereien *f/pl*
rupin [ʀypɛ̃] F **I** *adj personne* F betucht; stinkreich; *logement, quartier* F stinkvornehm; **II** *m* Krösus *m*; ~s *pl* F stinkreiche Leute *pl*
rupteur [ʀyptœʀ] *m* ÉLECT Unter'brecher *m*
rupture [ʀyptyʀ] *f* **1.** TECH Bruch *m*; (Zer)Reißen *n*; ~ *d'un câble, d'une digue, d'essieu* Kabel-, Damm-, Achsenbruch *m*; **2.** MÉD Zerreißung *f*; Riß *m*; *sc* Rup'tur *f*; **3.** *entre personnes* Bruch *m*; *scène f de* ~ Szene, bei der es zum Bruch kommt; *par ext être en* ~ *avec la société* im Gegensatz zur Gesellschaft stehen; *cf a* **ban** 3.; **4.** *des relations diplomatiques, des négociations* Abbruch *m*; *d'un contrat* Bruch *m*; Aufhebung *f*; ~ *des fiançailles* Entlobung *f*; **5.** *fig* (*discontinuité*) ~ *de charge* 'Umladung *f*; ~ *d'équilibre*

rural – rythmique

Verlust *m* des Gleichgewichts (*a fig*); ~ **du rythme** Diskontinuität *f* im Rhythmus; ~ **du style** Stilbruch *m*; ~ **entre le passé et le présent** Bruch zwischen Vergangenheit und Gegenwart; **nous sommes en ~ de stock** die Vorräte sind ausgegangen
rural [ʀyʀal] **I** *adj* ⟨-aux⟩ ländlich; Land...; (*agricole*) landwirtschaftlich; **commune ~e** ländliche Gemeinde; Landgemeinde *f*; **exploitation ~e** landwirtschaftlicher Betrieb; **vie ~e** Landleben *n*; **II** *m/pl* **ruraux** Landbewohner *m/pl*, -bevölkerung *f*
ruse [ʀyz] *f* **1.** (*artifice*) List *f*; Trick *m*; Kunstgriff *m*; ~ **de guerre** Kriegslist *f* (*a fig*); **2.** (*rouerie*) List(igkeit) *f*; Schlauheit *f*; Schläue *f*; Durch'triebenheit *f*; Pfiffigkeit *f*
rusé [ʀyze] **I** *adj* listig; schlau; durch'trieben; pfiffig; **il est ~ comme un renard** er ist ein schlauer Fuchs; **II** *subst* **~(e)** *m(f)* schlauer Fuchs; gerissener Bursche; schlaue, gerissene Per'son; *plais* Pfiffikus *m*
ruser [ʀyze] *v/i* (e-e) List anwenden; Tricks gebrauchen
rush [ʀœʃ] *m cf* **ruée**
russe [ʀys] **I** *adj* russisch; *CUIS* **salade** *f* ~ russischer Salat; **II** *subst* **1.** ⚥ *m,f* Russe *m*, Russin *f*; **2.** *LING* **le ~** das Russische; Russisch *n*
Russie [ʀysi] **la ~** Rußland *n*
russification [ʀysifikasjɔ̃] *f* Russifi'zierung *f*
russo-... [ʀyso] *adj* russisch-...; *exemple*: **russo-japonais** russisch-japanisch
russule [ʀysyl] *f BOT* Täubling *m*
rustaud [ʀysto] **I** *adj* plump; bäu(e)risch; **II** *m* (Bauern)Trampel *m ou n*; Tölpel *m*
rusticité [ʀystisite] *f* **1.** *st/s des mœurs* bäuerliche Einfachheit; **2.** *d'une plante*, *d'un animal* 'Widerstandsfähigkeit *f*
rustine [ʀystin] *f* (*nom déposé*) (Gummi)Fleck *m*, (-)Flicken *m*; **mettre une ~** e-n (Fahrrad)Schlauch flicken
rustique [ʀystik] *adj* **1.** *style* Bauern...; rusti'kal; **armoire** *f* ~ Bauernschrank *m*; *subst* **se meubler en ~** sich im Bauernstil, rustikal einrichten; **2.** *st/s mœurs*, *vie* bäuerlich einfach; rusti'kal; **3.** *plante*, *animal* 'widerstandsfähig
rustre [ʀystʀ(ə)] *m péj* Bauer *m*; Bauernlümmel *m*; Rüpel *m*; Klotz *m*
rut [ʀyt] *m ZO* Brunst *f*; *des cervidés* Brunft *f*; **être en ~** brünstig *ou* brunftig sein

rutabaga [ʀytabaga] *m BOT* Kohl-, Steckrübe *f*
ruthénium [ʀytenjɔm] *m CHIM* Ru'thenium *n*
rutilant [ʀytilɑ̃] *adj* glänzend; blitzend; glitzernd; funkelnd
Rwanda *cf* **Ruanda**
rythme [ʀitm(ə)] *m* Rhythmus *m*; (*a MUS, MÉTRIQUE*); *par ext* (*cadence*) Takt *m*; (*vitesse*) Tempo *n*; *PHYSIOL* ~ **cardiaque** Herzrhythmus *m*; *THÉ, FILM* ~ **de l'action** Tempo der Handlung; ~ **des saisons** Rhythmus der Jahreszeiten; **au ~ de** im Rhythmus von (*ou* +*gén*); **marquer le ~** den Takt schlagen; **se mettre au ~ de qn** sich j-s Rhythmus, Tempo (*dat*) anpassen
rythmé [ʀitme] *adj prose*, *musique etc* rhythmisch
rythmer [ʀitme] *v/t* **1.** ~ **sa marche au son du tambour** s-n Schritt nach dem Rhythmus der Trommel richten; **2.** (*scander*) ~ **un air** den Takt zu e-r Melo'die schlagen
rythmique [ʀitmik] **I** *adj* rhythmisch; **gymnastique** *f* ~ rhythmische Gymnastik; **versification** *f* ~ aktzentu'ierende Metrik; **II** *f* **1.** *science* Rhythmik *f*; **2.** rhythmischer Tanz

S

S, s [ɛs] *m* ⟨*inv*⟩ S, s *n*; *virage m en S* S-Kurve *f*

s *abr* (*seconde[s]*) s *ou* Sek. (Se'kunde[n])

S. *abr* (*sud*) S (Süd[en])

s' [s] **1.** *cf* **se**; **2.** ⟨*vor il(s)*⟩ *cf* **si²**

sa [sa] *cf* **son¹**

S.A. [ɛsa] *f abr* (*société anonyme*) AG *f* (Aktiengesellschaft)

sabayon [sabajõ] *m CUIS* Zabai'one *f*

sabbat [saba] *m* **1.** *REL* Sabbat *m*; **2.** *de sorcières* Hexensabbat *m*

sabbatique [sabatik] *adj* Sabbat...; *année f ~ d'un professeur d'université* vorlesungsfreies Jahr; *d'un cadre* einjähriger Bildungsurlaub

sabir [sabir] *m* **1.** *HIST* Lingua franca *f*; **2.** *par ext* Mischsprache *f*; Kauderwelsch *n*

sablage [sablaʒ] *m* (Sand)Streuen *n*

sable [sabl(ə), sa-] *m* **1.** Sand *m*; *~s mouvants* Treibsand *m*; *grain m de ~* Sandkorn *n*; *fig bâtir sur le ~* auf Sand bauen; F *être sur le ~* mittellos auf der Straße sitzen; **2.** *adj* ⟨*inv*⟩ sandfarben

sablé [sable] *CUIS* **I** *adj pâte ~e* Mürb(e)-, Knet-, Butterteig *m*; **II** *m* Sandplätzchen *n*; *~s pl a* Sandgebäck *n*

sabler [sable] *v/t* **1.** mit Sand bestreuen; Sand streuen (*une route* auf e-e Straße); **2.** *~ le champagne* Cham'pagner trinken; mit Champagner feiern

sableuse [sabløz] *f TECH* Sandstrahlgebläse *n*

sablier [sablije] *m* **1.** Sanduhr *f*; **2.** *CUIS* Eieruhr *f*

sablière [sablijɛR] *f* Sandgrube *f*

sablonneux [sablonø] *adj* ⟨*-euse*⟩ sandig; Sand...

sabord [sabɔʀ] *m MAR* Pforte *f*

sabordage [sabɔʀdaʒ] *m MAR* Selbstversenkung *f*

saborder [sabɔʀde] **I** *v/t* **1.** *navire* versenken; **2.** *par ext entreprise etc* freiwillig einstellen, aufgeben; **II** *v/pr se ~* **3.** *MAR* sich selbst versenken; **4.** *fig* s-n Betrieb freiwillig einstellen, aufgeben; *journal* ihr Erscheinen freiwillig einstellen; *parti* sich selbst auflösen

sabot [sabo] *m* **1.** Holzschuh *m*; *fig: n'avoir pas les deux pieds dans le même ~* sich zu helfen wissen; *je te vois venir avec tes gros ~s* F Nachtigall, ick hör' dir trapsen; **2.** *ZO* Huf *m*; **3.** *TECH ~ de Denver* [dãvɛR] Parkkralle *f*; *~ de frein* Bremsklotz *m*; **4.** *adj baignoire f ~* Sitzbadewanne *f*; **5.** F *péj faire qc comme un ~* bei etw pfuschen, schludern, stümpern

sabotage [sabɔtaʒ] *m* Sabo'tage *f*

saboter [sabɔte] *v/t* **1.** *politique, négociations etc* sabo'tieren; *installation, avion etc* Sabo'tage, e-n Sabotageakt verüben (*qc* an etw [*dat*]); **2.** *travail* hinschludern, -pfuschen

sabot|eur [sabɔtœʀ] *m*, *~euse f* Sabo'teur(in) *m(f)*

sabotier [sabɔtje] *m* Holzschuhmacher *m*

sabre [sabʀ(ə)] *m* Säbel *m*; *par ext le ~ et le goupillon* die Ar'mee und die Kirche

sabrer [sabʀe] *v/t* **1.** niedersäbeln; **2.** F *fig article de journal etc* zu'sammenstreichen; stark kürzen; *~ qn cf* **sacquer 1.**

sac¹ [sak] *m* **1.** *de grande taille, en jute etc* Sack *m*; *ANAT ~ lacrymal* Tränensack *m*; *~ postal* Postsack *m*; *~ à dos* Rucksack *m*; *MIL* Tor'nister *m*; *fig ~ à vin* Säufer *m*; Trunkenbold *m*; *~ de ciment* Sack Zement; *~ de couchage*, F *~ à viande* Schlafsack *m* (*a BOXE*); *~ de sable* Sandsack *m* (*a BOXE*); *toile f à ~* Sackleinwand *f*; *gens pl de ~ et de corde* Galgenvögel *m/pl*; Ha'lunken *m/pl*; ♦ *adj robe f ~* Sackkleid *n*; ♦ *fig: avoir plus d'un tour dans son ~* die verschiedensten Kniffe kennen; mit allen Wassern gewaschen sein; *être fagoté, ficelé comme un ~* sehr schlecht angezogen sein; *l'affaire est dans le ~* die Sache ist unter Dach und Fach; die Sache klappt; *mettre dans le même ~* in einen Topf werfen; *prendre qn la main dans le ~* j-n auf frischer Tat ertappen; F *vider son ~* sich offen aussprechen; F auspacken; **2.** *travaillé et qu'on porte à la main* Tasche *f*; *~* (*à main*) Handtasche *f*; *~ à provisions* Einkaufstasche *f*; *~ de plage* Badetasche *f*; *~ de sport* Sporttasche *f*; *~ de, en toile* Leinentasche *f*; *~ de voyage* Reisetasche *f*; *~ en croco* Krokotasche *f*; **3.** *de petite taille, en papier ou en plastique* Tüte *f*; Beutel *m*; *~ de, en papier* Pa'piertüte *f*; *~ en plastique* Plastiktüte *f*, -beutel *m*; *cf a* **malice 3.**; **4.** F (*argent*) F Kies *m*; Moos *n*; (*1000 anciens francs*) tausend (alte) Franc; *avoir le ~* Kies haben; *il a épousé le ~* er ist durch Heirat zu Geld gekommen

sac² [sak] *m loc mettre à ~* plündern; *mise f à ~* Plünderung *f*

saccade [sakad] *f* Ruck *m*; Stoß *m*; *loc/adv par ~s* stoß-, ruckweise

saccadé [sakade] *adj gestes, démarche* ruckartig; *voix, style* abgehackt

saccage [sakaʒ] *m* Plünderung *f*; Verwüstung *f*

saccager [sakaʒe] *v/t* ⟨*-geons*⟩ **1.** *ville etc* plündern; **2.** *champs etc* verwüsten; **3.** *maison, logement* auf den Kopf stellen; in große Unordnung bringen

saccharification [sakaʀifikasjõ] *f CHIM* Zuckerbildung *f*; Verzuckerung *f*

saccharine [sakaʀin] *f CHIM* Sa(c)cha'rin *n*; Süßstoff *m*

saccharose [sakaʀoz] *m CHIM* Rohr- *ou* Rübenzucker *m*; Sa(c)cha'rose *f*

SACEM *ou* **S.A.C.E.M.** [sasɛm] *f abr* (*Société des auteurs, compositeurs et éditeurs de musique*) *correspond à* GEMA *f*

sacerdoce [sasɛʀdɔs] *m* **1.** Priestertum *n*; **2.** *fig d'un artiste etc* heiliges Amt

sacerdotal [sasɛʀdɔtal] *adj* ⟨*-aux*⟩ priesterlich; Priester...; *vêtements sacerdotaux* Priestergewänder *n/pl*

sachant [saʃɑ̃] *p/pr cf* **savoir¹**

sache [saʃ] *cf* **savoir¹**

sachem [saʃɛm] *m* weiser Indi'anerhäuptling

sachet [saʃɛ] *m* Beutel(chen) *m(n)*; Tütchen *n*; Säckchen *n*; *~ de lavande* La'vendelkissen *n*; *~ de sucre vanillé* Päckchen *n* Vanillezucker; *~ de thé* Tee(aufguß)beutel *m*; *en ~* im Beutel; *riz n en ~* Reis *m* im Kochbeutel

sacoche [sakɔʃ] *f* (Leder)Tasche *f* (mit Schulterriemen); 'Umhängetasche *f*; *d'un facteur* Posttasche *f*; Briefträgertasche *f*; *à outils* Werkzeugtasche *f*; *de vélo, de moto* Packtasche *f*

sacquer [sake] *v/t* **1.** *EXAMEN* F *~ qn* a) (*noter sévèrement*) j-n zu schlecht benoten; j-s Note her'unterdrücken; b) (*recaler*) j-n 'durchfallen, F -rasseln lassen; **2.** F (*renvoyer*) *~ qn* j-n entlassen, F feuern

sacraliser [sakʀalize] *v/t* e-n sa'kralen Cha'rakter verleihen (+*dat*); als heilig verehren

sacramentel [sakʀamɑ̃tɛl] *adj* ⟨*~le*⟩ *REL* sakramen'tal

sacre [sakʀ(ə)] *m* **1.** *d'un souverain* Salbung *f*; (*couronnement*) Krönung *f*; **2.** *ÉGL CATH* Bischofsweihe *f*; **3.** *fig* Weihe *f*

sacré¹ [sakʀe] **I** *adj* **1.** *REL* heilig; sa'kral; geheiligt; geweiht; geistlich; *art ~* sakrale Kunst; *livres ~s* heilige Bücher *n/pl*; *musique ~e* geistliche Musik; Kirchenmusik *f*; *vases ~s* li'turgische Gefäße *n/pl*; Kultgeräte *n/pl*; **2.** *par ext droit etc* heilig; unantastbar; unverletzlich; F *son sommeil etc, c'est ~* sein Schlaf etc ist ihm heilig; **3.** F verflucht; verdammt; verflixt; *südd a* sakrisch; *~ menteur* verdammter Lügner, P *~ nom d'un chien!* F (Himmel)Kreuzdonnerwetter!; P Himmel, Arsch und Zwirn!; *avoir une ~e chance* (ein

sacré – **Saint-Exupéry**

verdammtes Glück haben; **II** *subst* **le ~** das Sa'krale, Heilige
sacré² [sakʀe] *adj* ANAT **vertèbres ~es** Kreuzbeinwirbel *m/pl*
sacrebleu [sakʀəblø] *int* F zum Donnerwetter!; verdammt noch mal!
Sacré-Cœur [sakʀekœʀ] *m* ÉGL CATH (Heiligstes) Herz Jesu
sacrement [sakʀəmɑ̃] *m* REL Sakra'ment *n*; **les derniers ~s** die Sterbesakramente *n/pl*; **le saint ~** das Aller'heiligste; das Al'tarsakrament; **mourir muni des ~s de l'Église** mit den Sakramenten der Kirche versehen sterben
sacrément [sakʀemɑ̃] *adv* F verdammt; verflucht; verflixt; *südd* a sakrisch; **c'est ~ bon** das ist verdammt, verteufelt gut
sacrer [sakʀe] *v/t* **1.** REL **~ qn roi, évêque** j-n zum König salben, zum Bischof weihen; **2.** *fig* **être sacré le plus grand peintre de son époque** zum größten Maler s-r Zeit erhoben werden
sacrificateur [sakʀifikatœʀ] *m* REL Opferpriester *m*; **chez les Juifs le grand ~** der Hohe'priester
sacrifice [sakʀifis] *m* **1.** REL Opfer *n*; *action a* Opferung *f*; **~s humains** Menschenopfer *n/pl*; **le ~ du Christ** der Opfertod Christi; **faire un ~** ein Opfer darbringen; **2.** *fig* Opfer *n*; ~ (*d'argent*) finanzielles Opfer; MIL **~ d'hommes, de vies humaines** Menschenopfer *n*; **faire de grands ~s pour qc** für etw große Opfer bringen; **faire le ~ de qc à qn** j-m etw opfern; **ne reculer devant aucun ~** kein Opfer scheuen
sacrifié [sakʀifje] **I** *adj* **1.** geopfert; **2.** *par ext soldats etc* dem Tode geweiht; **3.** COMM *articles* zu Spott-, Schleuderpreisen; spottbillig; **prix ~** Schleuderpreis *m*; **II** *subst* **~(e)** *m(f)* (*victime*) Opfer *n*
sacrifier [sakʀifje] **I** *v/t* REL opfern; *abs* **~ à une divinité** e-r Gottheit (*dat*) opfern, Opfer darbringen; **2.** *fig* opfern; auf-, hingeben; F **~ une bonne bouteille** e-n guten Tropfen opfern; **~ sa famille à son travail** s-e Familie s-r Arbeit (*dat*) opfern; **~ tout pour sa famille** für s-e Familie alles opfern; **3.** *marchandises* verschleudern; verramschen; **II** *v/t/indir* **4. ~ à la mode etc** (*dat*) unter'werfen; der Mode *etc* (*dat*) huldigen; **III** *v/pr* **se ~ 5.** (*mourir*) sich opfern, sein Leben (hin)geben (*pour sauver un enfant* um ein Kind zu retten); **6.** (*se dévouer*) sich aufopfern (*à une noble cause* für e-e gute Sache; *pour qn* für j-n)
sacrilège [sakʀilɛʒ] **I** *m* REL *et fig* Frevel (-tat) *m(f)*; Sakri'leg *n*; Ruchlosigkeit *f*; **c'est un ~ de** (+*inf*) *a* es ist jammerschade, daß *ou* wenn ...; **II** *adj* frevelhaft; gott-, ruchlos
sacripant [sakʀipɑ̃] *m* Taugenichts *m*; Nichtsnutz *m*
sacristain [sakʀistɛ̃] *m* Kirchendiener *m*; Küster *m*; Mesner *m*; Sakri'stan *m*
sacristie [sakʀisti] *f* Sakri'stei *f*
sacro-saint [sakʀosɛ̃] *adj* (-sainte [-sɛ̃t]) *iron* sakro'sankt; hochheilig; geheiligt; unantastbar
sacrum [sakʀɔm] *m* ANAT Kreuzbein *n*
sadique [sadik] **I** *adj* sa'distisch; **II** *m,f* **1.** Sa'dist(in) *m(f)* (*a* PSYCH); **2.** JUR Triebtäter *m*; **crime *m* de ~** Triebverbrechen *n*
sadisme [sadism(ə)] *m* Sa'dismus *m*
sadomasoch|isme [sadomazɔʃism(ə)] *m* PSYCH Sadomaso'chismus *m*; **~iste I** *adj* sadomaso'chistisch; **II** *m* Sadomaso'chist *m*
safari [safaʀi] *m* Sa'fari *f*; **~-photo** *m* ⟨*pl* safaris-photos⟩ Fotosafari *f*
safran [safʀɑ̃] *m* **1.** CUIS, *colorant* Safran *m*; **2.** (*jaune m*) **~** Safrangelb *n*; *adj t* ⟨*inv*⟩ safrangelb
saga [saga] *f* Saga *f*
sagac|e [sagas] *adj* scharfsinnig, -blickend, -sichtig; **~ité** *f* Scharfsinn *m*, -blick *m*, -sichtigkeit *f*
sagaie [sagɛ] *f javelot* Assa'gai *m*
sage [saʒ] **I** *adj* **1.** *personne, conseil etc* weise; klug; vernünftig; besonnen; einsichtig; **il serait plus ~ d'y renoncer** es wäre vernünftiger *ou* klüger, darauf zu verzichten; **2.** *enfant* artig; brav (*a robe etc*); folgsam; lieb; *jeune fille* sittsam; *enfant* **~ comme une image** sehr artig, brav; F kreuzbrav; **II** *m* Weise(r) *m*
sage-femme [saʒfam] *f* ⟨*pl* sages-femmes⟩ Hebamme *f*
sagesse [saʒɛs] *f* **1.** Weisheit *f*; (*intelligence*) Klugheit *f*; (*bon sens*) Vernunft *f*; (*circonspection*) Besonnenheit *f*; **la ~ des nations** die Volksweisheit; **la voix de la ~** die Stimme der Vernunft; **avoir la ~ de** (+*inf*) so klug sein und (+*inf*); **2.** *d'un enfant* Artigkeit *f*; Bravheit *f*; Folgsamkeit *f*; *d'une jeune fille* Sittsamkeit *f*; **d'une ~ exemplaire** von mustergültiger Artigkeit
Sagittaire [saʒitɛʀ] *m* ASTR Schütze *m*
sagouin [sagwɛ̃] *m* F Dreck-, Schmutzfink *m*
Sahara [saaʀa] **le ~** die Sa'hara *ou* 'Sahara
saharien [saaʀjɛ̃] **I** *adj* ⟨**~ne**⟩ (in, aus) der Sahara; **II** *f* **~ne** *veste* Sa'farijacke *f*
Sahel [saɛl] **le ~** der Sahel; die Sahelzone
saignant [sɛɲɑ̃] *adj viande* nicht 'durchgebraten; *steak* englisch
saignée [seɲe] *f* **1.** MÉD *et fig* Aderlaß *m*; **2.** ANAT (*du bras*) Arm-, Ellenbeuge *f*; **3.** TECH Rille *f*; Einschnitt *m*
saignement [sɛɲmɑ̃] *m* Bluten *n*; **~ de nez** Nasenbluten *n*
saigner [seɲe] **I** *v/t* **1.** HIST MÉD **~ qn** j-n zur Ader lassen; **2.** *fig* **~ qn** (*à blanc*) j-n (gehörig) schröpfen, ausnehmen; *adjt* **saigné à blanc** *a* (völlig) ausgeblutet; **3.** *animal* abstechen; **II** *v/i* bluten (*a fig cœur*); **~ comme un bœuf** wie ein Schwein bluten; **~ du nez** Nasenbluten haben; **~ de la Nase** bluten; **votre main saigne** Sie bluten an der Hand; **III** *v/pr fig* **se ~ aux quatre veines** große finanzi'elle Opfer bringen; F (für j-n) bluten
Saigon [saigɔ̃] 'Saigon *ou* Sai'gon *n*
saillant [sajɑ̃] *adj* **1.** vorspringend; vortretend; her'vorstehend; ARCH *a* vor-, auskragend; **2.** *fig fait, trait* her'vorstechend
saillie [saji] *f* **1.** ARCH Vorsprung *m*; Auskragung *f*; Erker *m*; *loc/adj* **en ~** vorspringend; *faire, former* ~ vorspringen; e-n Vorsprung bilden; aus-, vorkragen; **2.** *litt* (*trait d'esprit*) witziger Einfall; Geistesblitz *m*; **3.** *d'un animal*

femelle Decken *n*; Belegen *n*; Bespringen *n*; *d'un jument* Beschälen *n*
saillir [sajiʀ] **I** *v/t* ⟨*regelmäßig*⟩ *animal femelle* decken; belegen; bespringen; *jument* beschälen; **II** *v/i* ⟨*cf* assaillir; *aber* il saillera⟩ *muscles, veines* her'vortreten
sain [sɛ̃] *adj* ⟨saine [sɛn]⟩ **1.** *dents etc*, *climat, nourriture* gesund; *constitution* kräftig; **~ de corps et d'esprit** körperlich und geistig gesund; gesund an Leib und Seele; **~ et sauf** wohlbehalten; unversehrt; heil; **2.** *occupation, idée, lecture* vernünftig; *jugement a* gesund; **3.** *affaire* unverdächtig; sauber
saindoux [sɛ̃du] *m* Schweineschmalz *n*
sainfoin [sɛ̃fwɛ̃] *m* BOT Espar'sette *f*
saint [sɛ̃] **I** *adj* ⟨sainte [sɛ̃t]⟩ **1.** REL heilig; **la 2e Famille** die Heilige Familie; **la guerre ~e** der Heilige Krieg; **l'histoire ~e** die Biblische Geschichte; **image ~e** Heiligenbild *n*; **jeudi ~** Grün'donnerstag *m*; **la semaine ~e** die Karwoche; **la Terre ~e** das Heilige Land; **vendredi ~** Kar'freitag *m*; ♦ *dans les noms de saints* (*abr* **St** *ou* **Ste**): **~e Geneviève** die heilige Genoveva; Sankt (*abr* St.) Genoveva; **~ Martin** der heilige Martin; Sankt (*abr* St.) Martin; *dans les fêtes religieuses cf* **Saint-Jean**, **Saint-Martin** *etc*; **2.** *par ext personne, vie* heilig(mäßig); fromm; vorbildlich; untadelig; **toute la ~e journée** den lieben, langen Tag; **II** *subst* **1. ~(e)** *m(f)* Heilige(r) *f(m)*; **les ~s de glace** die Eisheiligen *m/pl*; *fig*: **ce n'est pas un (petit) ~** er ist (doch) kein Heiliger, kein Unschuldslamm; **prêcher pour son ~** in eigener Sache reden, sprechen; **ne (plus) savoir à quel ~ se vouer** nicht mehr ein aus wissen; *prov*: **il vaut mieux s'adresser à Dieu qu'à ses ~s** man muß gleich an die oberste Stelle gehen; **comme on connaît ses ~s on les adore** F man kennt doch s-e Pappenheimer; **2.** *m* SCULP Heiligenfigur *f*, -darstellung *f*; **3.** **le ~ des ~s** das Aller'heiligste
Saint-Ange [sɛ̃tɑ̃ʒ] **à Rome le château ~** die Engelsburg
Saint-Barthélemy [sɛ̃baʀtelemi] HIST **la ~** die Bartholo'mäusnacht
saint-bernard [sɛ̃bɛʀnaʀ] *m* ⟨*inv*⟩ ZO Bernhar'diner *m*; *fig* **c'est un vrai ~** das ist ein aufopferungsvoller Mensch
Saint-Brieuc [sɛ̃bʀijø] Stadt im Dep. Côtes-du-Nord
saint-cyrien [sɛ̃siʀjɛ̃] *m* ⟨*pl* saint-cyriens⟩ Schüler *m* der Mili'tärschule von Saint-Cyr
Sainte-Hélène [sɛ̃telɛn] Sankt Helena *n*
saint-émilion [sɛ̃temiljɔ̃] *m* Wein aus Saint-Émilion (*Gironde*)
Saint-Esprit [sɛ̃tɛspʀi] REL **le ~** der Heilige Geist
sainteté [sɛ̃te] *f* **1.** Heiligkeit *f*; *fig* **n'être pas en odeur de ~ auprès de qn** bei j-m nicht gut angeschrieben sein, nicht gern gesehen sein, in schlechtem Ruf stehen; **mourir en odeur de ~** im Geruch der Heiligkeit sterben; **2.** *titre du Pape* **Sa. Votre 2** Seine, Eure Heiligkeit
Sainte-Trinité [sɛ̃tʀinite] REL **la ~** die Heilige Drei'faltigkeit
Saint-Exupéry [sɛ̃tɛgzypeʀi] *frz* Schriftsteller

saint-frusquin [sɛ̃fRyskɛ̃] *m* F Siebensachen *f/pl*; Krempel *m*; Kram *m*; *et tout le ~* und was sonst noch so da'zugehört; F und der ganze Kram, Krempel, Schwindel

saint-glinglin [sɛ̃glɛ̃glɛ̃] *loc/adv* F *à la ~* am Sankt-'Nimmerleins-Tag

saint-honoré [sɛ̃tɔnɔRe] *m ⟨inv⟩* CUIS Brandteigkuchen *m* mit Schlagsahne

Saint-Jacques-de-Compostelle [sɛ̃ʒakdəkõpɔstɛl] Santi'ago de Compo'stela *n*

Saint-Jean [sɛ̃ʒɑ̃] *la ~* der Jo'hannistag; Jo'hanni *n*; *feu m de la ~* Johannisfeuer *n*

Saint-Laurent [sɛlɔRɑ̃] *le ~* der Sankt-'Lorenz-Strom

Saint-Marin [sɛ̃maRɛ̃] San Ma'rino *n*

Saint-Martin [sɛ̃maRtɛ̃] *la ~* der Martinstag; Mar'tini *n*; *été m de la ~* Nach-, Spät-, Alt'weibersommer *m*

Saint-Médard [sɛ̃medaR] *prov quand il pleut à la ~, il pleut quarante jours plus tard* correspond à regnet es an Siebenschläfer, regnet es noch sieben Wochen

saint-nectaire [sɛ̃nɛktɛR] *m ⟨inv⟩* Schnittkäse aus der Auvergne

Saint-Nicolas [sɛ̃nikɔla] *la ~* der Nikolaustag

Saint-Office [sɛ̃tɔfis] ÉGL CATH HIST *le ~* das Heilige Of'fizium

Saintonge [sɛ̃tõʒ] *la ~* Landschaft in Westfrankreich

Saint-Ouen [sɛ̃twɛ̃] nördlicher Vorort von Paris

saint-paulin [sɛ̃polɛ̃] *m ⟨inv⟩* ein frz Schnittkäse

Saint-Père [sɛ̃pɛR] ÉGL CATH *le ~* der Heilige Vater

Saint-Pierre [sɛ̃pjɛR] *~ (de Rome)* die Peterskirche (in Rom); *la place ~* der Petersplatz

saint-pierre [sɛ̃pjɛR] *m ⟨inv⟩* ZO Heringskönig *m*; Petersfisch *m*

Saint-Pierre-et-Miquelon [sɛ̃pjɛRemiklõ] frz Inselgruppe südlich von Neufundland

Saint-Sacrement [sɛ̃sakRəmɑ̃] ÉGL CATH *le ~* das Aller'heiligste

Saint-Saëns [sɛ̃sɑ̃s] frz Komponist

Saint-Sépulcre [sɛ̃sepylkR(ə)] REL *le ~* das Heilige Grab

Saint-Siège [sɛ̃sjɛʒ] ÉGL CATH *le ~* der Heilige Stuhl

Saint-Sylvestre [sɛ̃silvɛstR(ə)] *la ~* Sil'vester *m ou n*

Saint-Tropez [sɛ̃tRɔpe] Badeort im Dep. Var

sais [sɛ] *cf* savoir¹

saisi [sezi] I *adj* 1. betroffen; über'rascht; *cf a* saisir; 2. JUR gepfändet; II *m* JUR gepfändeter Schuldner; Pfandschuldner *m*

saisie [sezi] *f* 1. INFORM Erfassung *f*; *~ des données* Datenerfassung *f*; 2. JUR Pfändung *f*; *~ mobilière* Zwangsvollstreckung *f* in das bewegliche Vermögen; 3. *d'un journal, de drogue* Beschlagnahme *f*

saisie-arrêt [seziaRɛ] *f ⟨pl* saisies-arrêts⟩ JUR Pfändung *f* beim Drittschuldner; *~ sur le salaire* Lohnpfändung *f*

saisir [seziR] I *v/t* 1. *objet, personne* ergreifen; fassen; packen; *ballon* (auf-) fangen; 2. *fig occasion* ergreifen; *moment, chance* wahrnehmen; *~ un pré-*texte zu e-m Vorwand greifen; 3. *sens, explication, intention* begreifen; erfassen; verstehen; F mitbekommen, -kriegen; *~ la situation d'un coup d'œil* die Situation mit e-m Blick erfassen; *vous saisissez?* kommen Sie mit?; begreifen Sie?; 4. *malaise, sensation, émotion ~ qn* j-n befallen, über'kommen; *la crainte me saisit* Furcht ergriff mich; *le froid la saisit* die Kälte ließ sie erschauern; *être saisi de qc* von etw erfaßt, ergriffen, betroffen werden *ou* sein; *être saisi d'horreur* von Grauen gepackt werden *ou* sein; 5. CUIS viande anbraten; 6. JUR *biens de qn* pfänden; *par ext journal, drogue* beschlagnahmen; *armes* sicherstellen; *~ qn* j-n pfänden; 7. *~ un tribunal d'une affaire* ein Gericht mit e-r Sache befassen, wegen e-r Sache anrufen; e-e Sache vor Gericht bringen, bei Gericht anhängig machen; *le Conseil de Sécurité fut saisi de la question* die Frage wurde vor den Sicherheitsrat gebracht; 8. INFORM *données, texte* erfassen; II *v/pr se ~ de qc* sich e-r Sache (*gén*) bemächtigen; *se ~ du voleur* den Dieb fassen, ergreifen

saisissable [sezisabl(ə)] *adj* 1. JUR pfändbar; 2. (*perceptible*) erfaßbar; wahrnehmbar

saisissant [sezisɑ̃] I *adj* 1. *froid* 'durchdringend; schneidend; 2. *spectacle, reportage* erschütternd; ergreifend; *ressemblance* erstaunlich; *contraste* auffallend; II *m* JUR Pfandgläubiger *m*

saisissement [sezismɑ̃] *m* 1. *frisson* Kälteschauer *m*; Erschauern *n*; 2. *émotion* (plötzliche) Ergriffenheit; heftige Gemütsbewegung

saison [sezõ] *f* 1. Jahreszeit *f*; *la belle, la mauvaise ~* die warme, die kalte Jahreszeit; *les quatre ~s* die vier Jahreszeiten; *marchand m de(s) quatre ~s* Obst- und Gemüsehändler *m* (auf der Straße); *~ des pluies* Regenzeit *f*; *fruits m/pl de ~* Früchte *f/pl* der Saison; *temps m de ~* der Jahreszeit entsprechendes Wetter; *en cette, en toute ~* zu dieser, zu jeder Jahreszeit; 2. (*époque*) Zeit *f*; ZO *la ~ des amours* die Paarungszeit *f*; *la ~ des fraises* die Erdbeerzeit; *la ~ des vendanges* die Zeit der Weinlese; 3. TOURISME, COMM etc Sai'son *f*; *pleine ~* Hauptbetriebs-, Hauptgeschäftszeit *f*; *~ théâtrale* Spielzeit *f*; The'atersaison *f*; MODE *les nouveautés de la ~* die neuen Modelle der Saison; *en pleine ~*, während der Hochsaison; '*hors ~* außerhalb der (Hoch)Saison; *la ~ bat son plein* es ist Hochsaison; *faire la ~* in der Saison arbeiten; *cf a* morte-saison; 4. *fig réponse, conseil etc être de ~* angebracht, passend sein

saisonnier [sezɔnje] I *adj* ⟨-ière⟩ der Jahreszeit entsprechend; jahreszeitlich; COMM sai'sonbedingt; saiso'nal; Sai'son...; *ouvrier ~* Saisonarbeiter *m*; *service ~* saisonbedingter Bus- *ou* Zug- *ou* Flugverkehr; *travail ~* Saisonarbeit *f*; II *m* Sai'sonarbeiter *m*

sait [sɛ] *cf* savoir

saké [sake] *m* Sake *m*; Reiswein *m*

salac|e [salas] *st/s adj* geil; *~ité* *st/s f* Geilheit *f*

salade [salad] *f* 1. CUIS Sa'lat *m*; *~ brai-*sée, cuite gedünsteter Salat; *~ niçoise* gemischter Salat aus Tomaten, Oliven, Anchovis etc; *~ de concombres, de tomates* Gurken-, To'matensalat *m*; *~ de fruits* Obstsalat *m*; *en ~* als Salat (zubereitet); *concombres m/pl, tomates f/pl en ~* Gurken-, To'matensalat *m*; 2. *plante* Sa'lat *m*; *deux ~s* zwei Salatköpfe *m/pl*; zwei Köpfe *m/pl* Salat; *feuille f de ~* Salatblatt *n*; 3. F *fig (confusion)* Durchein'ander *n*; F Kuddelmuddel *m ou n*; Sa'lat *m*; 4. F *fig débiter, raconter des ~s* Ammenmärchen erzählen; *bonimenteur vendre sa ~* F s-n Kram verkaufen

saladier [saladje] *m* 1. Sa'latschüssel *f*; *par ext* Schüssel *f*; *en verre* Glasschüssel *f*; 2. *contenu* Schüssel(voll) *f*

salage [salaʒ] *m* 1. Salzen *n*; 2. *d'une route* Streuen *n* von Salz; Salzstreuen *n*

salaire [salɛR] *m* 1. *d'un ouvrier* (Arbeits)Lohn *m*; *d'un employé* Gehalt *n*; schweiz Sa'lär *n*; *par ext* Arbeitsentgelt *n*, -verdienst *m*, -einkommen *n*; *~ élevé* hoher Lohn; hohes Gehalt; *~ mensuel* Monatslohn *m*, -gehalt *n*; *~ de base* Grundlohn *m*, -gehalt *n*; *~ de famine, de misère* Hungerlohn *m*; *(allocation f de) ~ unique* Beihilfe *f*, Zulage *f* für die nichtberufstätige Ehefrau; *toucher son ~* s-n Lohn *ou* sein Gehalt erhalten; entlohnt werden; 2. *fig* Lohn *m*; *le ~ de son crime* der Lohn für sein Verbrechen

salaison [salɛzõ] *f* 1. *pour conserver* Einsalzen *n*; (Ein)Pökeln *n*; 2. *~s pl* Eingesalzene(s) *n*; Eingepökelte(s) *n*

salamalecs [salamalɛk] F *m/pl* über'triebene, schmierige Höflichkeit; *faire des ~* übertrieben verbindlich, höflich sein; dienern; katzbuckeln

salamandre [salamɑ̃dR(ə)] *f* 1. ZO Sala'mander *m*; 2. *poêle* Dauerbrandofen *m*

salami [salami] *m* Sa'lami(wurst) *f*

salant [salɑ̃] *adj marais ~s* Salzgärten *m/pl*

salarial [salaRjal] *adj* ⟨-aux⟩ Lohn...; gehaltlich

salariat [salaRja] *m* 1. (*salariés*) (Gesamtheit *f* der) Arbeitnehmer *m/pl*; Arbeitnehmerschaft *f*; 2. (*condition de salarié*) Arbeitnehmereigenschaft *f*; Tätigkeit *f* als Arbeitnehmer

salarié [salaRje] I *adj travail, travailleur* unselbständig; lohnabhängig; *travail a* Lohnarbeit *f*; II *m* Arbeitnehmer *m*; Lohn- *ou* Gehaltsempfänger *m*; unselbständig Beschäftigte(r) *m*; abhängige(r) Erwerbstätige(r)

salaud [salo] P *m* gemeiner Kerl; Lump *m*; P Scheiß-, Drecks-, Mist-, Saukerl *m*; Drecksack *m*; Schweinehund *m*; gemeiner *ou* krummer Hund; F Fiesling *m*; F *mon ~!* F alter Freund!; *tas m de ~s!* P Saubande!; (ihr) Drecksker!e!

sale [sal] I *adj* 1. (*malpropre*) schmutzig; dreckig; ver-, beschmutzt; verdreckt; unreinlich; unsauber; F schmuddelig; *blanc, gris ~* schmutzigweiß, -grau; *avoir les mains ~s* schmutzige Hände haben; 2. (*ordurier*) schmutzig, unanständig; F schweinisch; 3. (*vilain*) übel; unerfreulich; unerquicklich; F mies; *une ~ affaire, histoire* e-e üble etc Angelegenheit, Geschichte; *un ~ tour* ein übler, gemeiner Streich; *un ~ travail a* e-e undankbare Arbeit; *il fait un ~*

salé [sale] *temps* F das ist ein Sauwetter; **4.** *terme d'injure* widerlich; 'widerwärtig; gemein; gräßlich; F fies; ~ *gosse* F elender Lausebengel; Rotzbengel *m*; ~ *type* widerlicher *etc* Kerl; übler Kunde; P *avoir une ~ gueule* F e-e widerliche Visage, P Fresse haben; F *faire une ~ gueule* ein saures, verdrießliches Gesicht machen; **II** *m,f* F Schmutz-, Dreckfink *m*; Ferkel *n*; *petit ~* F Dreckspatz *m*

salé [sale] **I** *adj* **1.** *mets* gesalzen; *eau de mer, goût* salzig; *eau* ~*e* Salzwasser *n*; Sole *f*; *lac* ~ Salzsee *m*; *morue* ~*e* Salzfisch *m*; **2.** *fig (grivois)* gewagt; derb; schlüpfrig; F gesalzen; gepfeffert; **3.** F *fig addition* F gesalzen, gepfeffert; **II** *m CUIS* gepökeltes Schweinefleisch; *petit ~* frisch eingesalzenes Schweinefleisch

salement [salmã] *adv* **1.** *manger* unsauber, unappetitlich essen, **2.** F *(rudement)* F verdammt; wahnsinnig

saler [sale] *v/t* **1.** *mets* salzen; ~ *trop* versalzen; *abs* zu stark salzen; **2.** *pour conserver* einsalzen; (ein)pökeln; **3.** ~ *une route* auf e-r Straße Salz streuen; **4.** F *fig* ~ *la note, l'addition* F e-e gesalzene, gepfefferte Rechnung machen

saleté [salte] *f* **1.** Schmutz *m*; Dreck *m (a excrément)*; *(ordure)* Unrat *m*; *faire des ~s sur le tapis* den Teppich verunreinigen; *vivre dans la ~* im Schmutz, Dreck leben; **2.** *(malpropreté)* Schmutzigkeit *f*; Unsauberkeit *f*; Unreinlichkeit *f*; *être d'une ~ repoussante* vor Schmutz starren; **3.** *fig (grossièreté)* Unanständigkeit *f*; F Schweine'rei *f*; Schweinige'lei *f*; **4.** F *(bassesse)* Gemeinheit *f*; *faire une ~, des ~ à qn* j-m gegenüber gemein, niederträchtig sein; **5.** F *(chose sans valeur)* Schund *m*; F Dreck *m*; Gelump(e) *n*; *iron pas mauvais, cette petite ~!* nicht schlecht, dieser kleine Happen!; **6.** F *homme* gemeiner Kerl; P Mistkerl *m*; *surtout femme* P Miststück *n*

salicylique [salisilik] *adj CHIM acide* ~ Sali'zylsäure *f*

salière [saljɛʀ] *f* **1.** Salzfaß *n*, -fäßchen *n*, -streuer *m*; **2.** F *fig d'une personne maigre* F Salzfäßchen *n*

saligaud [saligo] *m* F **1.** cf *sale II*; **2.** cf *salaud*

salin [salɛ̃] *adj* salzig; salzhaltig; Salz...

saline [salin] *f* Sa'line *f*; Salzwerk *n*

salinité [salinite] *f* Salzgehalt *m*

salique [salik] *adj HIST la loi* ~ das Salische Gesetz

salir [saliʀ] **I** *v/t* **1.** schmutzig, dreckig machen, be-, verschmutzen; verunreinigen; *cet enfant salit tout* dieses Kind macht alles schmutzig; **2.** *fig (la réputation de) qn* in den Schmutz ziehen; beschmutzen; besudeln; **II** *v/pr* **3.** *se ~* sich schmutzig machen; sich beschmutzen; *il s'est sali les mains* er hat sich die Hände schmutzig gemacht; **4.** *robe, couleur se ~ facilement* leicht schmutzen; leicht schmutzig werden

saliss|ant [salisã] *adj* **1.** *tissu* leicht schmutzend; **2.** *travail, métier* schmutzig; ~*ure* *f* Schmutz(stelle) *m(f)*

salivaire [salivɛʀ] *adj PHYSIOL* Speichel...; *glandes f/pl* ~*s* Speicheldrüsen *f/pl*

salivation [salivasjɔ̃] *f PHYSIOL* Speichelfluß *m*

salive [saliv] *f* Speichel *m*; *fig:* **(r)avaler sa ~** unter'drücken, was man sagen wollte; *dépenser sa ~ pour rien ou perdre sa ~* sich den Mund (vergeblich) fusselig reden

saliver [salive] *v/i* Speichel absondern; *odeur, spectacle faire ~ qn* j-m den Mund wässerig machen

salle [sal] *f* **1.** Saal *m*; Halle *f*; *(pièce)* Raum *m*; *d'un appartement, d'une maison* Zimmer *n*; *THÉ, CIN* Zuschauerraum *m*; ~ *commune* Gemeinschaftsraum *m*; ~ *à manger* Eß-, Speisezimmer *n*; *dans un hôtel etc* Speisesaal *m*; ~ *d'armes* Fechtsaal *m*, -boden *m*; ~ *d'attente* *CH DE FER* Wartesaal *m*; *d'un médecin* Wartezimmer *n*; ~ *d'audience* Gerichtssaal *m*; ~ *de bains* Bad(ezimmer) *n*; ~ *des coffres(-forts)* Tre'sorraum *m*; ~ *de classe* Klasse(nzimmer *n*, -nraum *m*); ~ *de concert* Kon'zertsaal *m*; ~ *de conférences* a) *pour un public* Vortragssaal *m*; b) *pour une réunion* Konfe'renzraum *m*; Sitzungssaal *m*; *TECH* ~ *de contrôle* Schalt-, Kon'trollraum *m*; ~ *de dessin* Zeichensaal *m*; ~ *d'eau* Bad(ezimmer) *n*; ~ *d'une aérogare* ~ *d'embarquement* Warteraum *m*; ~ *des fêtes* Festsaal *m*, -halle *f*; ~ *de gymnastique* Turnhalle *f*, -saal *m*; ~ *de lecture* Lesesaal *m*; ~ *d'opération* Operati'onssaal *m (abr OP)*; ~ *des pas perdus* Bahnhofsvorhalle *f*; *a* Schalterhalle *f*; ~ *des professeurs* Lehrerzimmer *n*; ~ *de projection* (Film)Vorführraum *m*; Filmsaal *m*; ~ *de réunion* Versammlungsraum *m*; ~ *de séjour* Wohnzimmer *n*; ~ *de spectacle* The'ater(saal) *m(n)*; ~ *du trône* Thronsaal *m*; ~ *des ventes* Aukti'onslokal *n*; *loc/adj SPORTS en ~* Hallen...; *championnat m, football m, record m en ~* Hallenmeisterschaft *f*, -fußball *m*, -rekord *m*; *THÉ jouer devant une ~ vide* vor e-m leeren, vor leerem Haus spielen; *cf a comble²*, **2.** ~ *(de cinéma)* Kino *n*; Filmtheater *n*; *les ~s obscures* die Kinos; ~ *d'exclusivité* großes Erstaufführungskino; ~ *de quartier* kleines (Vorstadt)Kino; **3.** *par ext* Publikum *n* (im Saal); *la ~ est enthousiaste* das Publikum ist begeistert

salmigondis [salmigɔ̃di] *litt m* Sammel'surium *n*

salmis [salmi] *m CUIS* Ra'gout *n* aus gebratenem Wildgeflügel

salmonelles [salmɔnɛl] *f/pl MÉD* Salmo'nellen *f/pl*

saloir [salwaʀ] *m* Salz-, Pökelfaß *n*

salon [salɔ̃] *m* **1.** *(pièce de réception)* Empfangs-, Besuchszimmer *n*; Sa'lon *m*; **2.** *meubles* Sitzgruppe *f*; Couch-, Polstergarnitur ['kautʃ-] *f*; ~ *de jardin* Gartenmöbel *pl*; **3.** *HIST* ~ *(littéraire)* (lite'rarischer) Sa'lon; **4.** *COMM* ~ *de coiffure* Fri'siersalon *m*; ~ *de thé* Ca'fé *n*; **5.** *(exposition)* a) *industriel* Ausstellung *f*; Messe *f*; Schau *f*; 🏷 *de l'automobile* Automo'bilausstellung *f*, -salon *m*; 🏷 *des arts ménagers* Hausratsmesse *f*; b) *d'art* 🏷 Kunstausstellung *f* (lebender Künstler)

saloon [salun] *m* (Western)Saloon [-luːn] *m*

salopard [salɔpaʀ] *m* P cf *salaud*

salope [salɔp] P *f* **1.** *injure* P Miststück *n*, -vieh *n*; gemeines Stück; **2.** *(femme méprisable)* F Schlampe *f*

saloper [salɔpe] F *v/t* hinschludern; schludern, pfuschen, F murksen, schlampen *(qc bei etw)*

saloperie [salɔpʀi] F P **1.** *(saleté)* Dreck *m*; Schmutz *m*; **2.** *(chose sans valeur)* Schund *m*; F Gelump(e) *n*; Dreck *m*, Mist *m* (*a par ext maladie, nourriture*); *ne vendre que de la ~* nur Schund *etc* verkaufen; **3.** *(bassesse)* Gemeinheit *f*; *faire des ~s à qn* j-m gegenüber gemein, niederträchtig sein; j-m übel mitspielen; **4.** *(grossièreté)* Zote *f*; F Schweine'rei *f*; Schweinige'lei *f*; P Saue-'rei *f*; *dire des ~s* Zoten reißen; F schweinigeln, P Sauereien verzapfen

salopette [salɔpɛt] *f à bretelles et bavette* Latzhose *f*; *(combinaison)* Overall [-ɔːl] *m*

salpêtre [salpɛtʀ(ə)] *m CHIM* Sal'peter *m*

salpicon [salpikɔ̃] *m CUIS* Ra'goût fin *n*

salpingite [salpɛ̃ʒit] *f MÉD* Eileiterentzündung *f*; *sc* Salpin'gitis *f*

salsifis [salsifi] *m BOT, CUIS* Schwarzwurzel *f*

saltimbanque [saltɛ̃bɑ̃k] *m,f* Gaukler (-in) *m(f)*

salubre [salybʀ(ə)] *adj* gesund; der Gesundheit zuträglich; gesundheitsfördernd; heilsam

salubrité [salybʀite] *f* **1.** *du climat* gesundheitsfördernde, heilsame Wirkung; *d'un logement* gesundheitliche Zuträglichkeit; **2.** *ADM mesures f/pl de ~* Maßnahmen *f/pl* der Gesundheitspflege

saluer [salɥe] **I** *v/t* **1.** grüßen; *(accueillir)* begrüßen; *MIL* à salu'tieren; *acteur ~ le public* sich vor dem Publikum verneigen; ~ *qn d'un geste de la main* j-m zuwinken; ~ *qn en ôtant son chapeau* vor j-m den Hut ziehen; *saluez-le de ma part!* grüßen Sie ihn von mir!; *REL CATH Je vous salue, Marie* Gegrüßet seist du, Maria; *iron j'ai bien l'honneur de vous ~* ich empfehle mich; *son arrivée fut saluée par des applaudissements* er wurde bei s-r Ankunft mit Applaus begrüßt; **2.** *fig événement, mesure etc* (freudig) begrüßen; **3.** ~ *en qn ... ou ~ qn comme ...* j-n anerkennen, ehren als ...; **II** *v/pr se ~* sich (be)grüßen

salut [saly] *m* **1.** *geste* Gruß *m*; Begrüßung *f*; ~ *militaire* militärischer Gruß; militärische Ehrenbezeigung; *rendre son ~ à qn ou répondre au ~ de qn* j-s Gruß erwidern; **2.** F *int* a) *pour dire bonjour* F Tag!; grüß dich!; *österr* Servus!; b) *pour dire au revoir* adi'eu!; F a'de!; tschüs!; *österr* Servus!; *schweiz* tschau!; ~, *les gars* Tag zusammen *ou* allerseits!; *südd* grüß Gott, *österr* Servus miteinander!; **3.** *d'un peuple, d'un pays* Wohl *n*; Wohlfahrt *f*; *le ~ public* das Allge'meinwohl; **4.** *(vie sauve)* Heil *n*; Rettung *f*; *REL* (Seelen)Heil *n*; ewige Seligkeit; *Armée f du* 🏷 Heilsarmee *f*; *fig planche f de ~* letzte Rettung; *chercher son ~ dans la fuite* sein Heil in der Flucht suchen

salutaire [salytɛʀ] *adj* **1.** *air, remède* heilsam; heilkräftig; wohltuend; **2.** *par ext conseil, lecture* nützlich; heilsam

salutation [salytasjɔ̃] *f* **1.** *à la fin d'une lettre veuillez agréer, Monsieur, mes*

~s distinguées ou **dévouées** ou **respectueuses** ou **mes sincères ~s** mit vorzüglicher Hochachtung; mit (den) besten Grüßen; **recevez, Monsieur, mes cordiales ~s** mit freundlichen Grüßen; **2.** *gestes exagérés* (über'triebene, feierliche) Begrüßung; **3.** REL **la ~ angélique** der Englische Gruß
salutiste [salytist] *m,f* Mitglied *n*, Angehörige(r) *f(m)* der Heilsarmee
Salvador [salvadɔʀ] **le ~** El Salva'dor *n*
salvadorien [salvadɔʀjɛ̃] **I** *adj* ⟨~ne⟩ salvadori'anisch; **II** *subst* ⩗(**ne**) *m(f)* Salvadori'aner(in) *m(f)*
salvateur [salvatœʀ] *litt adj* ⟨-trice⟩ heilbringend
salve [salv] *f* **1.** MIL Salve *f*; **2.** *fig* **~ d'applaudissements** Beifallssturm *m*
Samaritain [samaʀitɛ̃] *m* BIBL **le bon ~** der barmherzige Sama'riter; *fig et iron* **faire, jouer le bon ~** den barmherzigen Samariter spielen
samba [sãba] *f danse* Samba *f* ou *m*
samedi [samdi] *m* nordd Sonnabend *m*; südd Samstag *m*; **~ saint** Kar'samstag *m*; Oster'sonnabend ou -'samstag *m*; *loc/adv* **le ~** samstags; *cf a* **jeudi**
samouraï [samuʀaj] *m* Samu'rai *m*
samovar [samɔvaʀ] *m* Samo'war *m*
sampan [sɑ̃pã] *m* Sampan *m*; (chi'nesisches) Hausboot
SAMU ou **S.A.M.U.** [samy] *m abr* (*service d'aide médicale d'urgence*) Notarzt *m*; Rettungsdienst *m*
sana [sana] *m* F *cf* **sanatorium**
sanatorium [sanatɔʀjɔm] *m* (Lungen-)Heilstätte *f*; Sana'torium *n* für Lungenkranke
sanctifiant [sãktifjã] *adj* REL **grâce ~e** heiligmachende Gnade
sanctification [sãktifikasjɔ̃] *f* REL Heiligung *f*
sanctifier [sãktifje] *v/t* REL heiligen; *dans le Notre Père* **que ton nom soit sanctifié** geheiligt werde dein Name
sanction [sãksjɔ̃] *f* **1.** JUR **~ (pénale)** Strafmaßnahme *f*; Strafe *f*; Bestrafung *f*; *par ext* **~ scolaire** schulische Strafmaßnahme; **2.** POL Sankti'on *f*; Zwangsmaßnahme *f*; **~s économiques** wirtschaftliche Sanktionen; Wirtschaftssanktionen *f/pl*; **prendre des ~s contre un État** Sanktionen gegen e-n Staat verhängen; **3.** (*approbation*) Sankti'on *f*; Sanktio'nierung *f*; Billigung *f*
sanctionner [sãksjɔne] *v/t* **1.** JUR Gesetzeskraft verleihen (+*dat*); sanktio'nieren; **2.** (*confirmer*) sanktio'nieren; billigen; gutheißen; bestätigen; *adjt* **études sanctionnées par un diplôme** abgeschlossenes Studium; **3.** (*punir*) bestrafen; ahnden
sanctuaire [sãktɥɛʀ] *m* **1.** (*lieu saint*) Heiligtum *n*; heilige Stätte; **2.** *d'une église* Sanktu'ar(ium) *n*; Al'tarraum *m*; *d'un temple* Aller'heiligste(s) *n*; **3.** *fig et POL* unantastbares Gebiet; Ta'buzone *f*
sanctus [sãktys] *m* ÉGL CATH, MUS Sanctus *n*
sandale [sãdal] *f* San'dale *f*; **~ette** *f* Sanda'lette *f*; leichte San'dale
sandiniste [sãdinist] POL **I** *adj* sandi'nistisch; **II** *m,f* Sandi'nist(in) *m(f)*
sandow [sãdo] *m* (*marque déposée*) (e'lastischer) Gepäckriemen; Spanngurt *m*

sandre [sãdʀ(ə)] *m ou f* ZO Zander *m*
sandwich [sãdwi(t)ʃ] *m* ⟨*pl* sandwich(e)s⟩ Sandwich ['zɛntvɪtʃ] *n*; belegtes Brötchen; belegte Semmel; **~ au jambon** Schinkenbrötchen *n*, -semmel *f*; F *fig* **être (pris) en ~** eingequetscht, eingezwängt sein
sang [sã] *m* Blut *n* (*a fig*); *int* F **bon ~ (de bon ~** ou **de bonsoir)!** F verflixt (noch mal)!; verflixt und zugenäht!; *fig* **apport** *m* **de ~ frais** Zufuhr *f* frischen Blutes; **coup** *m* **de ~** Schlaganfall *m*; F *fig* **piquer un coup de ~** e-n Wutanfall bekommen; F rotsehen; *fig* **prince** *m* **du ~, de ~ royal** Prinz *m* von Geblüt; von königlichem Geblüt; **prise** *f* **de ~** Blutentnahme *f*, -abnahme *f*; *lors de l'alcootest* Blutprobe *f*; **faire une prise de ~** (*à qn*) (j-m) Blut abnehmen, entnehmen; (bei j-m) e-e Blutprobe machen; ♦ *loc/adj* ZO **à ~ chaud, froid** warm-, kaltblütig; **animal** *m* **à ~ chaud, froid** Warm-, Kaltblüter *m*; *loc/adv*: **frapper, se gratter jusqu'au ~** blutig; **pincer qn jusqu'au ~** so kneifen, daß er rote Flecke bekommt; ♦ *fig* **avoir du ~ bleu** blaues Blut haben; *fig* **avoir le ~ chaud** heißes, feuriges Blut haben; heißblütig sein; leicht aufbrausen; *fig* **n'avoir pas de ~ dans les veines** keinen Unter'nehmungsgeist haben; F keinen Mumm in den Knochen haben; *fig* **il a ça dans le ~** das liegt ihm im Blut; F *fig* **avoir du ~ de navet** F keinen Mumm in den Knochen haben; ein Schlappschwanz, Waschlappen sein; *fig* **il a du ~ sur les mains** an s-n Händen klebt Blut; **le ~ a coulé** es ist Blut geflossen; **faire couler le ~** Blut vergießen; *st/s* **donner, verser son ~ pour la patrie** sein Leben für das Vaterland hingeben; für sein Vaterland sterben; **être (tout) en ~** blutüberströmt sein; *fig* **se faire du mauvais ~** sich Sorgen machen; F **tout mon ~ n'a fait qu'un tour** das Blut stockte mir in den Adern, erstarrte in meinen Adern; **fouetter le ~** die Blutzirkulation anregen; **le ~ lui est monté à la tête** das Blut schoß, stieg ihm in den Kopf; **noyer une révolte dans le ~** Aufstand in Blut ersticken, blutig niederschlagen; **perdre du ~** Blut verlieren; *fig* **se ronger les ~s** vor Sorgen 'umkommen; sich vor Angst, Unruhe, Sorge verzehren; *fig* **suer ~ et eau** sich mächtig anstrengen, ins Zeug legen; F *fig* **un spectacle à vous tourner les ~s** ein grauenerregender, grauenvoller, entsetzlicher Anblick; *prov* **bon ~ ne peut mentir** der Apfel fällt nicht weit vom Stamm (*prov*)
sang-froid [sãfʀwa] *m* **1.** (*calme*) Gelassenheit *f*; Ruhe *f*; Gleichmut *m*; (*maîtrise de soi*) Beherrschung *f*; Beherrschtheit *f*; **garder son ~** e-n kühlen Kopf, kaltes Blut, Ruhe bewahren; gelassen bleiben; **perdre son ~** s-e Beherrschung verlieren; aufgeregt, nervös werden; **2.** (*impassibilité*) Kaltblütigkeit *f*; **faire qc avec ou de ~** etw kaltblütig tun
sanglant [sãglã] *adj* **1.** *mains, visage, arme* blutbefleckt, -beschmiert; blutig; **2.** *guerre, défaite* blutig; **3.** *st/s* (*rouge*) blutrot; **4.** *fig reproches* zu'tiefst verletzend, beleidigend

sangle [sãgl(ə)] *f* Gurt *m*; (Trag)Riemen *m*; *lit m* **de ~** Gurtbett *n*
sangler [sãgle] *v/t* **1. ~ un cheval** e-m Pferd e-n Gurt anlegen; **2.** (*serrer*) einschnüren; *p/p* **être sanglé dans un uniforme** in e-e Uniform eingeschnürt, gezwängt sein
sanglier [sãglije] *m* ZO Wildschwein *n*; **~ (mâle)** Keiler *m*; **chasse** *f* **au ~** Wildschwein-, Saujagd *f*; Sauhatz *f*
sanglot [sãglo] *m* Schluchzer *m*; **~s** *pl* Schluchzen *n*; **avec des ~s dans la voix** mit schluchzender Stimme; **éclater en ~s** in Schluchzen ausbrechen; aufschluchzen
sangloter [sãglɔte] *v/i* schluchzen
sang-mêlé [sãmele] *m,f* ⟨*inv*⟩ Mischling *m*; Mischblut *n*
sangsue [sãsy] *f* **1.** ZO Blutegel *m*; **appliquer des ~s** Blutegel ansetzen; **2.** F *fig de qn* F Klette *f*
sanguin [sãgɛ̃] **I** *adj* **1.** Blut-...; **groupe ~** Blutgruppe *f*; **2.** *tempérament* sangui'nisch; **3.** **orange ~e** *cf* **sanguine** 3.; **II** *m* Sangu'iniker *m*
sanguinaire [sãginɛʀ] *adj* blutdürstig, -gierig, -rünstig; mordgierig
sanguine [sãgin] *f* **1.** MINÉR Rötel *m*; rote Kreide; **2.** PEINT **a)** *crayon* Rötel(-stift) *m*; **b)** *dessin* Rötelzeichnung *f*; **3.** BOT Blutorange *f*, -apfelsine *f*
sanguinolent [sãginɔlã] *adj* MÉD mit Blut vermischt; blutig
sanisette [sanizɛt] *f* (vollhygienisches) Toi'lettenhäuschen
sanitaire [sanitɛʀ] **I** *adj* **1.** MÉD Gesundheits-...; gesundheitspolizeilich; sani'tär; **mesure** *f* **~** gesundheitspolizeiliche Maßnahme; *cf a* **cordon** 4.; **2.** TECH sani'tär; *appareils m/pl, installations f/pl* **~s** *et subst* **~s** *m/pl* sanitäre Einrichtungen *f/pl*, Anlagen *f/pl*, **II** *subst* **le ~** der Sani'tärbereich
sans [sã] **I** *prép* ohne (+*acc*); *dans des loc/adj et loc/adv souvent* ...los; **~ aucun confort** ohne jeden Komfort; **~ exception** ohne Ausnahme; ausnahmslos; **~ manches** ärmellos; **essence ~ plomb** bleifrei; **~ réponse** ohne Antwort; *lettre* unbeantwortet; **~ ressources** mittellos; **~ valeur** ohne Wert; wertlos; ♦ *loc/adv* **cela, F ~ ça, ~ quoi** sonst; andernfalls; ♦ *loc/prép* **non ~** nicht ohne; **il y parvint non ~ peine** er erreichte es nicht ohne Mühe; **2.** *avec inf* ohne zu; **~ plus attendre** ohne länger zu warten; **~ comprendre** ohne zu verstehen; verständnislos; **~ mot dire, ~ rien dire** ohne ein Wort zu sagen; wortlos; ohne etwas zu sagen; **cela va ~ dire** das ist selbstverständlich; (das) versteht sich (von selbst); **3.** (*si qn, qc n'était pas intervenu*) wenn nicht ... (gewesen) wäre; **~ cet accident, il aurait pu venir** wenn dieser Unfall nicht gewesen wäre, hätte er kommen können; **~ toi, j'étais mort** wenn du nicht gewesen wärst, wäre ich tot; **II** *conj* **~ que ... (ne)** (+*subj*) ohne daß ...; **~ que personne le sache** ohne daß es jemand weiß ou wußte; **non ~ que ...** (+*subj*) nicht ohne daß ...; **III** F *adv* ohne; **as-tu pris ton manteau? – non, je suis venu ~** nein, ich bin ohne (Mantel) gekommen
sans-abri [sãzabʀi] *m,f* ⟨*inv*⟩ Obdachlose(r) *f(m)*

sans-cœur – satisfaction

sans-cœur [sɑ̃kœʀ] **I** *adj* ⟨*inv*⟩ herzlos; gefühllos; **II** *m,f* ⟨*inv*⟩ herzloser, gefühlloser Mensch; *femme a* herzlose Per'son
sanscrit *cf* **sanskrit**
sans-culotte [sɑ̃kylɔt] *m* ⟨*pl* sans-culottes⟩ *frz* Revolutionär von 1789 (*der „pantalon" statt „culotte" trug*)
sans-emploi [sɑ̃zɑ̃plwa] *m,f* ⟨*inv*⟩ Arbeitslose(r) *f(m)*
sans-façon [sɑ̃fasɔ̃] *m* ⟨*inv*⟩ Ungezwungenheit *f*; Zwanglosigkeit *f*
sans-faute [sɑ̃fot] *m* ⟨*inv*⟩ ÉQUITATION Null'fehlerritt *m*; *fig* **faire un ~** e-e fehlerfreie Leistung bieten; keinen Fehler machen
sans-filiste [sɑ̃filist] *m* ⟨*pl* sans-filistes⟩ *m* Ama'teurfunker *m*
sans-gêne [sɑ̃ʒɛn] **1.** *m* ⟨*inv*⟩ Ungeniertheit *f*; (*culot*) Frechheit *f*; Dreistigkeit *f*; Unverfrorenheit *f*; **quel ~!** so e-e Frechheit *etc*!; *adjt cf* **gêne** 4.; **2.** *m,f* ⟨*inv*⟩ frecher, dreister Kerl; Frechling *m*; freche, dreiste Per'son
sanskrit [sɑ̃skʀi] LING **I** *m* Sanskrit *n*; **II** *adj* Sanskrit...
sans-le-sou [sɑ̃lsu] F *m,f* ⟨*inv*⟩ Habenichts *m*; F armer Schlucker
sans-logis [sɑ̃lɔʒi] *m,f* ⟨*inv*⟩ Obdachlose(r) *f(m)*
sansonnet [sɑ̃sɔnɛ] *m* ZO Star *m*
sans-plomb [sɑ̃plɔ̃] *m* ⟨*inv*⟩ bleifreies Ben'zin
sans-soin [sɑ̃swɛ̃] F *m,f* ⟨*inv*⟩ nachlässiger, unordentlicher Mensch; F Schlamper *m*
sans-souci [sɑ̃susi] *adj* ⟨*inv*⟩ sorglos; unbekümmert
sans-travail [sɑ̃tʀavaj] *m,f* ⟨*inv*⟩ Arbeitslose(r) *f(m)*
santal [sɑ̃tal] *m* BOT Sandel(holz)baum *m*; *bois m de* **~** Sandelholz *n*
santé [sɑ̃te] *f* Gesundheit *f*; *la ~ publique* das Gesundheitswesen; **~ de l'esprit, de l'âme** geistige, seelische Gesundheit; *état m de* **~** Gesundheitszustand *m*; Befinden *n*; *maison f de* **~** a) (pri'vates) Erholungsheim, Sana'torium; b) *pour maladies mentales* Nervenheilanstalt *f*; *service m de* **~** Sani'tätsdienst *m*, -wesen *n*; **à votre ~!** auf Ihr Wohl!; zum Wohl!; auf Ihre Gesundheit!; prosit!; F prost!; *bonne année, bonne* **~!** ein glückliches und gesundes neues Jahr!; *meilleure* **~!** gute Besserung!; *comment va la* **~?** wie geht es gesundheitlich?; *avoir la* **~** gesund sein; *n'avoir pas de* **~**, F *avoir une petite* **~** von zarter, schwacher Gesundheit sein; anfällig sein; *boire à la* **~** *de qn* auf j-s Wohl, Gesundheit (*acc*) trinken; *être en bonne* **~** gesund sein, *être en mauvaise* **~** nicht gesund, bei schlechter Gesundheit sein; *être en parfaite* **~** bei bester Gesundheit sein; *être plein de* **~**, *respirer la* **~** vor Gesundheit strotzen; *sa* **~** *inspire de l'inquiétude au médecin* sein Gesundheitszustand gibt dem Arzt Anlaß zur Besorgnis
santiag [sɑ̃tjag] *f* Cowboystiefel ['kaʊ-] *m*
santon [sɑ̃tɔ̃] *m* (proven'zalische) Krippenfigur
Saône [son] *la* **~** Fluß in Frankreich
Saône-et-Loire [sonelwaʀ] *la* **~** *frz* Departement *n*

saoudien [saudjɛ̃] **I** *adj* ⟨~ne⟩ saudia'rabisch; **II** *subst* 2(*ne*) *m(f)* Saudi'araber(in) *m(f)*
Saoudite [saudit] *adj* *l'Arabie f* **~** Saudi-A'rabien *n*
saoul [su] *adj cf* **soûl**
sapajou [sapaʒu] *m* ZO Kapu'zineraffe *m*
sape [sap] *f* **1.** HIST MIL Laufgraben *m*; Sappe *f*; **2.** *fig* Unter'grabung *f*; Untermi'nierung *f*; **3.** **~s** *pl* F Kla'motten *f/pl*
saper [sape] **I** *v/t* CONSTR unter'höhlen; *par ext eau*: rive *etc* unter'spülen; **2.** *fig* autorité, moral, régime unter'graben, -'höhlen, -mi'nieren; **II** *v/pr se* **~** sich anziehen; *adjt être bien sapé* gut angezogen sein; F in Schale sein
saperlipopette [sapɛʀlipɔpɛt] *int* F zum Donnerwetter!
sapeur [sapœʀ] *m* MIL Pio'nier *m*; *fig fumer comme un* **~** wie ein Schlot rauchen
sapeur-pompier [sapœʀpɔ̃pje] *m* ADM Feuerwehrmann *m*; *sapeurs-pompiers pl de* Feuerwehr *f*
saphique [safik] *adj* sapphisch
saphir [safiʀ] *m* Saphir *m* (*a d'un électrophone*); *st/s de* **~** saphirfarben
saphisme [safism(ə)] *m* Sap'phismus *m*
sapidité [sapidite] *litt* *f* Schmackhaftigkeit *f*
sapience [sapjɑ̃s] *litt f* Weisheit *f*
sapin [sapɛ̃] *m* **1.** BOT Tanne *f* (*a abus pour épicea*); **~** *de Noël* Weihnachts-, Christbaum *m*; *forêt f de* **~s** Tannenwald *m*; **2.** *bois* Tannenholz *n*; F *fig ça sent le* **~** F der macht's nicht mehr lang
sapinière [sapinjɛʀ] *f* Tannenwald *m*
saponacé [sapɔnase] *adj* seifenartig
saponaire [sapɔnɛʀ] *f* BOT Seifenkraut *n*
saponification [sapɔnifikasjɔ̃] *f* CHIM Verseifung *f*
sapristi [sapʀisti] *int* F (zum) Donnerwetter!; verdammt, verflixt noch mal!
saquer *cf* **sacquer**
sarabande [saʀabɑ̃d] *f* MUS, *danse* Sara'bande *f*; *fig danser, faire la* **~** Krach, Lärm, Ra'dau machen
sarbacane [saʀbakan] *f* Jäthacke *f*
sarcasme [saʀkasm(ə)] *m* **a)** raillerie Sar'kasmus *m*; beißender Spott; bitterer Hohn; **b)** *remarque* Sar'kasmus *m*; sar'kastische Bemerkung, Äußerung
sarcastique [saʀkastik] *adj rire, ton, air* sar'kastisch (*a personne*); höhnisch; spöttisch
sarcelle [saʀsɛl] *f* ZO **~** *d'été, d'hiver* Knäk-, Krickente *f*
sarclage [saʀklaʒ] *m* JARD Jäten *n*
sarcler [saʀkle] *v/t* JARD (aus)jäten
sarcloir [saʀklwaʀ] *m* Jäthacke *f*
sarcome [saʀkom] *m* MÉD Sar'kom *n*
sarcophage [saʀkɔfaʒ] *m* Sarko'phag *m*; (prunkvoller) Steinsarg
Sardaigne [saʀdɛɲ] *la* **~** Sar'dinien *f*
sardane [saʀdan] *f danse* Sar'dana *f*
sarde [saʀd] **I** *adj* sar'dinisch; sardisch; **II** *subst* **1.** 2 *m,f* Sar'dinier(in) *m(f)*; Sarde *m*, Sardin *f*; **2.** LING *le* **~** das Sardische; Sardisch *n*
sardine [saʀdin] *f* **1.** ZO Sar'dine *f*; **~s à l'huile** Ölsardinen *f/pl*; **être serrés comme des ~s** F (dicht gedrängt) wie die Heringe stehen *ou* sitzen; **2.** F *d'un sous-officier* Tresse *f*; F Pommes *pl*

sardinerie [saʀdinʀi] *f* Sar'dinenkonservenfabrik *f*
sardinier [saʀdinje] **I** *adj* ⟨-ière⟩ Sar'dinen...; **II** *m* Fischerboot *n* für den Sar'dinenfang
sardonique [saʀdɔnik] *adj rire* hämisch, höhnisch; sar'donisch
Sargasses [saʀgas] *la mer des* **~** die Sar'gassosee
sari [saʀi] *m en Inde* Sari *m*
sarigue [saʀig] *f* ZO Beutelratte *f*
S.A.R.L. [ɛsaɛʀɛl] *f abr* (*société à responsabilité limitée*) GmbH *f* (Gesellschaft mit beschränkter Haftung)
sarment [saʀmɑ̃] *m* (Wein)Rebe *f*; Weinranke *f*
sarrasin[1] [saʀazɛ̃] HIST **I** *adj* sara'zenisch; **II** *subst* 2(*e*) *m(f)* Sara'zene *m*, Sara'zenin *f*
sarrasin[2] [saʀazɛ̃] *m* BOT Buchweizen *m*
sarrau [saʀo] *m* Bauernkittel *m*
Sarre [saʀ] *la* **~** das Saarland; HIST das Saargebiet
Sarrebruck [saʀbʀyk] Saar'brücken *n*
sarriette [saʀjɛt] *f* BOT Bohnenkraut *n*
sarrois [saʀwa] **I** *adj* saarländisch; **II** *subst* 2(*e*) *m(f)* Saarländer(in) *m(f)*
Sarthe [saʀt] *la* **~** Fluß *u* Departement in Frankreich
sas [sɑ(s)] *m* **1.** (*compartiment étanche*) Luftschleuse *f*; **2.** *d'une écluse* Schleusenkammer *f*; **3.** (*tamis*) Haarsieb *n*
sasser [sase] *v/t* **1.** *farine* ('durch)sieben; **2.** *bateau* 'durchschleusen
Satan [satɑ̃] *m* REL (der) Satan
satan|é [satane] *adj* F verteufelt; verdammt; verflixt; **~ique** *adj* sa'tanisch; teuflisch
satelliser [satelize] *v/t* **1.** *engin spatial* in e-e 'Umlaufbahn bringen; satelliti'sieren; *adjt satellisé* in e-r 'Umlaufbahn befindlich; **2.** POL zu e-m Satel'liten(-staat) machen
satellite [satelit] *m* **1.** ASTR Satel'lit *m*; Tra'bant *m*; Mond *m*; **~s de Jupiter** Jupitermonde *m/pl*; *la Lune est le* **~** *de la Terre* der Mond ist der Trabant der Erde; **2.** **~** (*artificiel*) (künstlicher) Satel'lit; **~** *météorologique* Wettersatellit *m*; **~** *de télécommunications* Fernmelde-, Nachrichtensatellit *m*; **3.** POL Satel'lit *m*; *adj* **pays ~** Satelliten-, Va'sallenstaat *m*; **4.** *adjt* **ville ~** *f* Tra'bantenstadt *f*; **5.** AUTO *d'un différentiel* **~** *ou adj* **pignon** **~** *m* Ausgleichskegelrad *n*
satiété [sasjete] *f* (völlige) Sättigung; *par ext* Über'sättigung *f*; 'Überdruß *m*; *loc/adv à* **~** *manger, boire* bis man genug hat; *répéter qc* bis zum 'Überdruß *m*; *manger à* **~** sich satt essen
satin [satɛ̃] *m* TEXT Sa'tin *m*; Atlas *m* (*surtout de soie*); **~** *de coton* Baumwollsatin *m*; *fig avoir une peau de* **~** e-e seidenweiche Haut haben
satiné [satine] **I** *adj* **1.** *étoffe* atlasartig glänzend; *papier* sati'niert; **2.** *peau* seidenweich; **II** *m* atlasartiger Glanz
satiner [satine] *v/t* TECH sati'nieren
satire [satiʀ] *f* Sa'tire *f*; *poème a* Spottgedicht *n*; *une* **~** *violente, virulente contre qn* e-e beißende Satire auf j-n
satirique [satiʀik] *adj poème, chanson, dessin* sa'tirisch; *écrivain* **~** *m* Sa'tiriker *m*; *avoir l'esprit* **~** ein Sa'tiriker, Spötter sein
satisfaction [satisfaksjɔ̃] *f* **1.** (*contente-*

satisfaire [satisfɛR] ⟨cf faire⟩ **I** v/t **1.** *personne, chose* ~ *qn* j-n zu'friedenstellen; *travail, réponse, solution* ~ *qn* a j-n befriedigen; COMM ~ **ses créanciers** s-e Gläubiger befriedigen; **on ne peut** ~ **tout le monde** man kann es nicht jedem recht machen; **2.** *besoin, curiosité, ambition, vanité* befriedigen; *attente, désir* erfüllen; *faim, soif* stillen; ~ **un besoin naturel** s-e Notdurft verrichten; **II** v/t/indir **3.** ~ **à qc** e-r Sache (*dat*) genügen, Genüge tun, gerecht werden; ~ **à une condition, à une norme** e-r Bedingung, e-r Norm genügen; e-e Bedingung, e-e Norm erfüllen; COMM ~ **à la demande** die Nachfrage befriedigen; ~ **à un engagement** e-r Verpflichtung nachkommen; e-e Verpflichtung einhalten, erfüllen; **III** v/pr **4.** **se** ~ *sexuellement* sich befriedigen; **5.** **se** ~ **de peu** sich mit wenig(em) zu'friedengeben

satisfaisant [satisfəzɑ̃] adj befriedigend; zu'friedenstellend; p/fort erfreulich

satisfait [satisfɛ] adj ⟨-faite [fɛt]⟩ **1.** *personne, air* zu'frieden; befriedigt; *être* ~ **de qn, de qc** mit j-m, etw zufrieden sein; **2.** *besoin, désir, curiosité* befriedigt

satisfecit [satisfesit] m ⟨inv⟩ Anerkennung f; Lob m

satrape [satRap] m HIST Sa'trap m

saturateur [satyRatœR] m *à un radiateur* Luftbefeuchter m

saturation [satyRasjɔ̃] f **1.** PHYS, CHIM Sättigung f; **2.** *par ext du marché* Sättigung f; TÉL Über'lastung f; **3.** *fig* Über'sättigung f

saturé [satyRe] adj **1.** CHIM, PHYS gesättigt; *air* ~ **de vapeur d'eau** mit Wasserdampf gesättigte Luft; **2.** *par ext terre* ~ **d'eau** völlig durch'tränkte Erde; ÉCON *marché* ~ **(de produits)** (mit Waren) gesättigter Markt; TÉL *réseau* ~ über'lastetes Netz; **3.** *fig personne être* ~ **de qc** e-r Sache (*gén*) über'drüssig sein; von etw über'sättigt sein

saturer [satyRe] v/t **1.** PHYS, CHIM sättigen (*de* mit); **2.** *fig personne* über'sättigen (*de* mit)

Saturne [satyRn] ASTR (der) Sa'turn

saturnisme [satyRnism(ə)] m MÉD Bleivergiftung f

satyre [satiR] m **1.** MYTH Satyr m; **2.** *fig* Lüstling m; p/fort Sittenstrolch m; Unhold m

sauce [sos] f **1.** CUIS Soße f, Tunke f; à la Sauce f; ~ **blanche** weiße, helle Soße; ~ **tomate** To'matensoße f; *adjt* **langue** f ~ **madère** Zunge f in Ma'de(i)rasoße; *allonger la* ~ a) die Soße verlängern, strecken, verdünnen; b) *fig* e-e Erzählung etc in die Länge ziehen; *fig* **à quelle** ~ **sera-t-il mangé?** auf welche Art und Weise wird er wohl dran glauben müssen?; *fig* **mettre à toutes les** ~**s** *personne* zu allen möglichen Arbeiten heranziehen; *mot* bei jeder Gelegenheit verwenden; *fig* **la** ~ **fait passer le poisson** wie man e-e unangenehme Sache schmackhaft macht *ou* wie man die bittere Pille versüßt, darauf kommt es an; *fig* **varier la** ~ die Sache variieren; **2.** F *saucée*

saucée [sose] F f (Regen)Guß m; F Dusche f

saucer [sose] v/t ⟨-ç-⟩ **1.** *son assiette avec du pain* austunken; auswischen; **2.** F *fig se faire* ~ F patschnaß werden

saucière [sosjɛR] f Sauci'ere f; Soßenschüssel f

sauciflard [sosiflaR] m F *cf* **saucisson** 1.

saucisse [sosis] f **1.** CUIS Wurst f, Würstchen n (*zum Braten od Heißmachen*); ~ **plate** Netzkotelett n (*von Netz umhüllte Frikadelle aus Schweinefleisch*); ~ **sèche** Sa'lami f (*aus der Auvergne*); ~ **de Francfort** Frankfurter Würstchen; **2.** AVIAT Fesselballon m

saucisson [sosisɔ̃] m **1.** Wurst f; ~ **sec** Dauer-, Hartwurst f; Sa'lami f; ~ **à l'ail** Knoblauchwurst f; **sandwich m au** ~ Wurstbrötchen n, -semmel f; *fig personne être ficelé comme un* ~ a) *ligoté* am ganzen Körper gefesselt sein; b) *serré* in viel zu engen Kleidern stecken; in zu enge Kleider (ein)gezwängt sein; **2.** *pain* langes rundes Weißbrot

saucissonn|é [sosisɔne] F adj (eng) eingeschnürt; **~er** F v/i kalt essen; F Brotzeit machen; *a* picknicken

sauf [sof] **I** adj ⟨**sauve** [sov]⟩ **sain et** ~ wohlbehalten; unversehrt; unverletzt; heil; *avoir la vie sauve* mit dem Leben da'vonkommen; *laisser la vie sauve à qn* j-s Leben (ver)schonen; *fig l'honneur est* ~ die Ehre ist unangetastet; **II** *prép* **1.** außer (+*dat*); ausgenommen (+*cas régi par le verbe précédent*); abgesehen von (+*dat*); bis auf (+*acc*); *je les connais tous*, ~ *lui* außer ihm *ou* ausgenommen ihn *ou* bis auf ihn; ♦ *loc/conj:* ~ **que** ... außer daß ...; abgesehen davon, daß ...; ~ **si** ... außer (wenn) ...; es sei denn, daß ...; wenn nicht ...; **2.** vorbehaltlich (+*gén*); *cf a* **avis 2., erreur**; **3.** *en incise* ~ **votre respect** *ou* **le respect que je vous dois** mit Verlaub zu sagen

sauf-conduit [sofkɔ̃dɥi] m ⟨pl sauf--conduits⟩ Pas'sierschein m; HIST Geleitbrief m

sauge [soʒ] f BOT Salbei m *ou* f

saugrenu [sogRəny] adj ausgefallen; skur'ril; ungereimt; albern; unsinnig

Saül [sayl] m BIBL Saul m

saule [sol] m BOT Weide f; ~ **pleureur** Trauerweide f

saumâtre [somɑtR(ə)] adj **1.** brackig; *eau* f ~ Brackwasser n; **2.** F *fig* **la trouver** ~ es bitter, unangenehm, unerfreulich finden

saumon [somɔ̃] m **1.** ZO Lachs m; Salm m; ~ **fumé** Räucherlachs m; **2.** *adjt* (*rose*) ~ ⟨inv⟩ lachsfarben, -rosa

saumoné [somɔne] adj lachsfarben; *truite* ~**e** Lachsforelle f

saumure [somyR] f (Salz)Lake f

sauna [sona] f Sauna f

saupoudrage [sopudRaʒ] m **1.** Bestreuen n (*de* mit); **2.** *fig* (Verteilung f nach dem) Gießkannenprinzip n

saupoudrer [sopudRe] v/t bestreuen (*de sucre etc* mit Zucker *etc*)

saupoudreuse [sopudRøz] f Streudose f, -büchse f; Streuer m

saur [sɔR] adj *'hareng* m ~ Bückling m; F *être maigre comme un hareng* ~ ein Hering, klapper-, spindeldürr sein

saurai, saura(s) [sɔRe, sɔRa] *cf* **savoir**[1]

sauriens [sɔRjɛ̃] m/pl ZO Echsen f/pl

saut [so] m **1.** Sprung m (*a* SPORTS); Satz m; Hüpfer m; F Hopser m; ~ *périlleux* Salto m; *triple* ~ Dreisprung m; ~ *à la corde* Seilhüpfen n, -springen n; ~ *à l'élastique* Bungeespringen ['bandʒi:-] n; ~ *à la perche* Stabhochsprung m; ~ *à skis* Skispringen n; ~ *de l'ange* plongeon Kopfsprung m (vorwärts gestreckt); ~ *de carpe* Hechtsprung m; ~ *de la mort* Todessprung m; Salto mor'tale m; ~ *en ciseaux, en rouleau* Scheren-, Rollsprung m; ~ *en 'hauteur, en longueur* Hoch-, Weitsprung m; ~ *en parachute* Fallschirmabsprung m; *fig il n'y a qu'un* ~ F es ist nur ein (Katzen)Sprung bis dahin; *fig faire le* ~ den Sprung (ins Ungewisse) wagen; *fig faire le grand* ~ sterben; aus dem Leben scheiden; *fig faire un* ~ *chez qn* auf e-n Sprung bei j-m vorbeikommen, -schauen; *fig faire un* ~ *d'un siècle* e-n Sprung von e-m Jahrhundert machen; *se lever d'un* ~ aufspringen; **2.** (*chute*) Sturz m; Fall m; *voiture faire un* ~ *dans le ravin* in e-e Schlucht stürzen; **3.** *au* ~ *du lit* beim Aufstehen; *iron* noch vor dem Aufstehen; **4.** (*chute d'eau*) Wasserfall m; **5.** INFORM Sprung m

saut-de-lit [sodli] m ⟨pl **sauts-de-lit**⟩ leichter Morgenrock

saut-de-mouton [sodmutɔ̃] m ⟨pl **sauts-de-mouton**⟩ (Gleis-, Straßen-)Über'führung f

saute [sot] f ~ *de vent* 'Umspringen n, 'Umschlagen n des Windes; ~ *de température* plötzlicher Wechsel der Temperatur; Tempera'tursturz m; *fig* ~ *d'humeur* plötzlicher Stimmungswechsel; Stimmungsumschwung m; TV ~**s** *d'image* Bildschwankungen f/pl; zuckende Bilder n/pl

sauté [sote] CUIS **I** adj gebraten; *pommes de terre* ~**es** Bratkartoffeln f/pl; **II** m ~ *de veau* Kalbsragout n

saute-mouton [sotmutɔ̃] m Bockspringen n; *jouer à* ~ Bock springen

sauter [sote] **I** v/t **1.** *fossé, obstacle etc* über'springen; springen, setzen über (+*acc*); *obstacle a* nehmen; *fig* ~ *le pas* a) (*se décider*) zu e-m Entschluß kommen; b) (*mourir*) sterben; **2.** *mot, ligne etc* auslassen; über'springen; *qc d'écrit a* über'lesen; *écolier* ~ *une classe* e-e Klasse überspringen; ~ *un repas* e-e Mahlzeit auslassen; **3.** F *la* ~ (*avoir faim*) F Kohldampf schieben; **4.** P ~ *une fille* P ein Mädchen 'umlegen; **II** v/i **5.** springen; hüpfen; e-n Sprung, e-n Satz machen; F hopsen; ~ *à bas du lit* aus dem Bett springen; ~ *à la corde* seilspringen, -hüpfen; SPORTS ~ *à la perche* Stabhochspringen m; *fig* ~ *au plafond* F an die Decke gehen; hochgehen; *fig* ~ *aux yeux* ins Auge, in die Augen fallen, springen; ~ *dans* *l'eau* ins Wasser springen; **~ de joie** Freudensprünge machen; **~ de son siège** von s-m Sitz aufspringen; *fig* **d'un sujet à l'autre** von e-m Thema zum anderen springen; **~ en l'air** in die Luft springen; e-n Luftsprung *ou* Luftsprünge machen; *SPORTS* **~ en 'hauteur, en longueur** hoch-, weitspringen; **~ en parachute** mit dem Fallschirm abspringen; **~ en selle** sich in den Sattel schwingen; **~ par la fenêtre** aus dem Fenster springen; zum Fenster hinausspringen; **6.** (*se précipiter*) sich stürzen (**sur qn, qc** auf j-n, etw); **~ au cou de qn** j-m um den Hals fallen; **~ à la gorge de qn** j-m an die Gurgel springen, fahren; *fig* **~ sur l'occasion** die Gelegenheit beim Schopf packen; **~ sur sa proie** sich auf s-e Beute stürzen; **7.** *bouton* abspringen; *chaîne de vélo* her'ausspringen; *vitre* zerspringen; *bouchon* knallen; **les plombs ont sauté** die Sicherung ist 'durchgebrannt; **attention, tu vas faire ~ les plombs!** F paß auf, sonst fliegt die Sicherung raus!; **8.** (*exploser*) *bâtiment* in die Luft fliegen; *explosif* hochgehen; explo'dieren; **~ sur une mine** *char* auf e-e Mine fahren; *navire* auf e-e Mine laufen; *faire* **~** sprengen; F in die Luft jagen; hochgehen lassen; *au jeu* **faire ~ la banque** die Bank sprengen; **faire ~ une serrure** ein Schloß aufbrechen; **9.** F *fig avantage* wegfallen; *ÉCOLE cours* ausfallen; **faire ~ amende** aufheben; rückgängig machen; **10.** F **et ça saute!** hopp, hopp!; F aber ein bißchen dalli, Trab, plötzlich!; **11.** *CUIS* **faire ~** a) (*faire revenir*) (in heißem Fett, in der Pfanne) braten; b) *crêpe* (beim Wenden) in die Luft werfen; **12.** *fig* **faire ~ qn** j-n aus s-r Stellung drängen; F j-n absägen; **13.** *par ext paupière, TV image* zucken

sauterelle [sotʀɛl] *f* **1.** *ZO* Heuschrecke *f*; **2.** *fig* **de qn grande ~** F Bohnen-, Hopfenstange *f*

sauterie [sotʀi] *f* Tanzparty *f*; F Tanze-'rei *f*

sauternes [sotɛʀn] *m* fruchtiger weißer Bordeauxwein

saut|eur [sotœʀ], **~euse** I *subst* **1.** *m,f SPORTS* Springer(in) *m(f)*; **sauteur à la perche, à skis** Stabhoch-, Skispringer *m*; **~ en 'hauteur, en longueur** Hoch-, Weitspringer(in) *m(f)*; **2.** *m cheval* Springpferd *m*; **3.** *f CUIS* Bratpfanne *f*; II *adj* **1.** *ZO* Spring...; **2.** *TECH* **scie sauteuse** Stichsäge *f*

sautillant [sotijɑ̃] *adj* **1.** *démarche* hüpfend; **2.** *musique* rhythmisch schnell und deutlich skan'diert

sautillement [sotijmɑ̃] *m* Hüpfen *n*

sautiller [sotije] *v/i* (um'her)hüpfen; F hopsen

sautoir [sotwaʀ] *m* **1.** *collier* lange Halskette; **porter en ~** um den Hals gehängt, an e-r Halskette tragen; **2.** *SPORTS* Sprunganlage *f*

sauvage [sovaʒ] *adj* **1.** wild; *animal a* wildlebend; ungezähmt; *plante, fruit a* wildwachsend; *région a* unberührt; **canard** *m* **~** Wildente *f*; **plante pousser à l'état ~** wild wachsen; *animal, plante* **retourner à l'état ~** verwildern; **2.** *peuplade* primi'tiv; unzivilisiert; urtümlich; na'türlich; **3.** *air, cri etc* wild; bar-'barisch; besti'alisch; **4.** (*farouche*) *personne* menschenscheu; ungesellig; *enfant* scheu (*a animal*); schüchtern; **5.** (*illégal*) wild; unerlaubt; **camping** *m* **~** wildes Zelten; **grève** *f* **~** wilder Streik; II *m,f* **1.** (*misanthrope*) Einzelgänger(in) *m(f)*; Eigenbrötler(in) *m(f)*; **2.** (*non-civilisé*) Wilde(r) *f(m)*; **les ~s** die Wilden; **3.** (*brute*) Rohling *m*; Bar-'bar(in) *m(f)*; **mœurs** *f/pl* **de ~** rauhe, barbarische, grausame Sitten *f/pl*; **ce sont de(s) vrais ~s** das sind richtige Bar'baren

sauvagement [sovaʒmɑ̃] *adv* auf rohe, grausame, besti'alische Weise

sauvage|on [sovaʒɔ̃] *m* **1.** *JARD* Wildling *m*; **2.** *enfant* (*f* **~onne**) Na'turkind *n*

sauvagerie [sovaʒʀi] *f* **1.** *d'un misanthrope* Menschenscheu *f*; Ungeselligkeit *f*; **2.** (*cruauté*) Roheit *f*; Grausamkeit *f*; Bestiali'tät *f*

sauvagine [sovaʒin] *f coll CH* Wasser- und Sumpfvögel *m/pl*

sauvegarde [sovgaʀd] *f* **1.** Schutz *m*; *de droits, d'intérêts a* Wahrung *f*; **se mettre sous la ~ de la justice** sich unter den Schutz der Justiz stellen; **2.** *INFORM* Sichern *n*, -ung *f*

sauvegarder [sovgaʀde] *v/t* **1.** *droits, libertés etc* schützen; wahren; **2.** *INFORM* sichern

sauve-qui-peut [sovkipø] *m* ⟨*inv*⟩ **1.** *cri* Rette-sich-wer-kann *n*; **2.** (*débandade*) allgemeine Verwirrung; allgemeines Durchein'ander; Panik *f*; wilde Flucht

sauver [sove] I *v/t* **1.** retten (**de la détresse** aus Not; **de la noyade** vor dem Ertrinken); *personne a* erretten; *accidentés* bergen; *au jeu* **la mise** wenigstens den Einsatz retten, wieder her-'ausbekommen; **~ la vie à qn** j-m das Leben retten; **c'est la couleur** was diesen Film rettet, ist die Farbe; **2.** *par ext* **~ les apparences, la face** den Schein, das Gesicht wahren; **3.** *REL* erlösen; II *v/pr* **se ~ 4.** (*s'enfuir*) da'von-, weg-, fortlaufen, -rennen; sich da'vonmachen; **5.** F (*s'en aller*) (weg)gehen; F sich verziehen; machen, daß man wegkommt; **6.** *lait* überlaufen, -kochen; **7.** *elliptiquement* **sauve qui peut!** rette sich, wer kann!

sauvetage [sovtaʒ] *m* Rettung *f* (*a fig*); Errettung *f*; Bergung *f*; **brevet** *m* **de ~** Rettungsschwimmer(ausweis) *m*; **canot** *m* **de ~** Rettungsboot *n*; **gilet** *m* **de ~** Schwimmweste *f*

sauveteur [sovtœʀ] *m* Retter *m*; Angehörige(r) *m* e-r Rettungsmannschaft; **~s** *pl* Rettungsmannschaft *f*

sauvette [sovɛt] *loc/adv* **à la ~ 1.** (*en secret*) heimlich; *COMM* **marchand** *m* **à la ~** Schwarzhändler *m*; **vendre à la ~** schwarz verkaufen; **2.** (*à la hâte*) voreilig; mit verdächtiger Eile

sauveur [sovœʀ] I *m* **1.** (Er)Retter *m*; *ce médecin a été mon* **~** war mein Retter; **2.** *REL* **le ⁀** der Erlöser, Heiland; II *adj* (*litt* salvatrice) rettend

savamment [savamɑ̃] *adv* **1.** gelehrt; mit Sachkenntnis; *il est* **j'en parle ~** ich spreche aus Erfahrung; **2.** (*habilement*) geschickt

savane [savan] *f GÉOGR* Sa'vanne *f*

savant [savɑ̃] I *adj* **1.** (*érudit*) gelehrt; (*versé*) sachkundig; sehr bewandert, firm (**en histoire** in Geschichte); *LING* **mot** **~** gelehrtes Wort; Fremdwort *n*; **c'est trop ~ pour moi** das ist mir zu gelehrt; **2.** (*scientifique*) wissenschaftlich; **société ~e** wissenschaftliche, gelehrte Gesellschaft; **3.** (*fait avec art*) geschickt; kunstvoll (*a coiffure*); gekonnt; **4.** *animal* dres'siert; II *m* Gelehrte(r) *m*; Wissenschaftler *m*

savarin [savaʀɛ̃] *m CUIS* mit Rum getränkter Napfkuchen

savate [savat] *f* **1.** alter, abgetragener Schuh *ou* Pan'toffel; **~s** *pl* F Latschen *m/pl*; Schlappen *m/pl*; **être en ~s** Latschen, Schlappen anhaben; **traîner ses ~s** F (her'um)latschen, (-)schlurfen; F *fig* **traîner la ~** am Hungertuch nagen; **2.** F *fig* (*maladroit*) Tolpatsch *m*; F Niete *f*; Flasche *f*; **s'y prendre comme une ~** sich ungeschickt anstellen; **3.** *SPORT HIST* Boxen *n*, bei dem Fußtritte zulässig sind

savetier [savtje] *m litt* Flickschuster *m*

saveur [savœʀ] *f* **1.** Geschmack *m*; Schmackhaftigkeit *f*; **sans ~** fad(e); ohne Geschmack; **2.** *fig* Reiz *m*; Würze *f*

Savoie [savwa] *la* **~ 1.** Sa'voyen *n*; **2.** *frz Departement*

savoir¹ [savwaʀ] ⟨*je sais, il sait, nous savons; je savais; je sus; je saurai; que je sache, que nous sachions; sachant; su*⟩

I *v/t* **1.** (*connaître*) wissen; (*apprendre*) erfahren; *expressions:* **a)** *abs:* **vous savez ... ou tu sais ...** wissen Sie, weißt du ...; **si je savais, je partirais** wenn ich wüßte, (so) würde ich abreisen; **b)** *avec subst:* **tout le monde sut la catastrophe en peu de temps** erfuhr von der Katastrophe; F **il en sait des choses!** was der alles weiß!; **nous vous saurions gré de** (+*inf*) wir wären Ihnen zu Dank verpflichtet, wenn Sie ...; **je ne sais pas votre nom** ich weiß Ihren Namen nicht; **est-ce que vous savez de la nouvelle?** wissen Sie schon das Neueste?; **c)** *avec pr:* **il le sait** er weiß es; **qui sait?** wer weiß?; **ne dites rien à qui vous savez** sagen Sie ihm nichts, Sie wissen schon, wen ich meine; **j'en sais quelque chose** ich kann ein Lied davon singen; **un je ne sais quoi** ein gewisses Etwas; **je n'en sais rien** ich weiß nichts darüber; **il sait tout** er weiß alles; **d)** *avec adj:* **je ne le savais pas si méchant** ich wußte nicht, daß er so böse ist; **je les sais en bonne santé** ich weiß, daß sie gesund sind; **e)** *avec adv:* **à ce que je sais** soviel ich weiß; **comme vous savez** wie Sie wissen; **sait-on jamais?** *ou* **on ne sait jamais** man kann nie wissen; **je ne sais comment** (*ou* **où, pourquoi, qui**) ich weiß nicht wie (*ou* wo, warum, wer); **notre départ est remis à je ne sais quand** auf unbestimmte Zeit; **je ne sais pas** [F ʃepa *ou* ʃpa] ich weiß (es) nicht; F weiß ich nicht; **f)** *avec proposition complétive:* **je sais à quoi m'en tenir** ich weiß, woran ich mich zu halten habe; **ne pas ~ ce qu'on dit, fait, veut** nicht wissen, was man sagt, tut, will; **ne pas ~ où se mettre** sich am liebsten in ein Mauseloch verkriechen (mögen); **~ que ...** wissen, daß ...; *quand il a su que ...* als er erfuhr, daß ...; *Dieu sait qu'il n'est pas pauvre* er ist weiß Gott kein armer Mann; *je sais bien que ...* ich weiß genau *ou* sehr wohl, daß ...; *on sait que ... a* bekanntlich ...; es ist bekannt, daß ...; *ne pas ~ que ou quoi faire* nicht wissen, was man tun soll; keinen Rat wissen; **g)** *avec verbes:* F *allez ~! ou va a!* wer kann das schon wissen; *nous croyons ~ que ...* wir glauben zu wissen, daß ...; *vous n'êtes pas sans ~ que ...* Sie wissen sehr wohl, daß ...; *c'est bon à ~* gut, daß ich es weiß; das ist gut zu wissen; *faire ~* mitteilen (*qc à qn* j-m etw); *peut-on ~ ...?* darf man fragen ...?; *reste à ~ si ...* es fragt sich noch *ou* es ist noch die Frage *ou* es ist noch fraglich *ou* es bleibt dahingestellt, ob ...; *il ne veut rien ~* er will nichts wissen; *je voudrais en ~ davantage* ich möchte gern mehr darüber wissen; **h)** *formes au subj:* (*autant*) *que je sache* soviel ich weiß; meines Wissens; *pas que je sache* nicht, daß ich wüßte; *sachez que ...* Sie müssen wissen, daß ...; nehmen Sie zur Kenntnis, daß ...; **i)** *loc/conj* (*à*) *~ que ...* weil nämlich ...; *dans une énumération à ~ ...* und zwar ...; nämlich ..., *il s'agit de ~ si* (*ou comment, qui etc*) ... es handelt sich darum, ob (*ou* wie, wer *etc*) ...; *la question est de ~ s'il va réussir* die Frage ist, ob es ihm gelingt; F *~ si ...* (*+futur*) wer weiß, ob ...; F *~ quel temps il fera demain* man müßte wissen, wie das Wetter morgen wird; **2.** (*être capable, avoir appris*) können; *avec inf a* es verstehen zu; wissen zu; **a)** *avec subst: ~ l'anglais* Englisch können; *il sait trois langues* er kann drei Sprachen; *~ sa leçon, son rôle* s-e Lektion, s-e Rolle können; *il ne sait pas l'orthographe* er kann keine Rechtschreibung; er kennt die Rechtschreibung nicht; *~ qc par cœur* etw auswendig können; **b)** *avec inf: ~ écouter, écrire, lire, nager, faire du ski, jouer au tennis* zuhören, schreiben, lesen, schwimmen, Ski fahren, Tennis spielen können; *il faut ~ attendre* man muß (ab)warten können; *il sait se débrouiller* er weiß sich zu helfen; *il saura se défendre* er wird sich zu verteidigen wissen; F *~ y faire* sich darauf verstehen; *il sait plaire* er weiß zu gefallen; er versteht es zu gefallen; *il ne sait pas s'y prendre* er weiß nicht, wie er es anstellen muß; *il ne sait pas refuser* er kann nicht nein sagen; *elle a su rester jeune* sie verstand es, jung zu bleiben; *~ se taire* schweigen können; ♦ *conditionnel: je ne saurais vous le dire* ich kann es Ihnen (leider) nicht sagen; *il ne saurait être question de ...* es kann keine Rede davon sein zu ...; **c)** F *loc/adv* (*il pleurait*) *tout ce qu'il savait* (er weinte) so sehr er konnte *ou* was er konnte; **II** *v/pr se ~* **3.** *sens passif* bekannt sein; an den Tag kommen; F her'auskommen; *ça se saurait* das wäre bekannt, *tout se sait, tout finit par se ~* es kommt alles an den Tag; es bleibt nichts verborgen; **4.** *sens réfléchi il se sait incurable* er weiß, daß er unheilbar krank ist

savoir² [savwaʀ] *m* Wissen *n*; Kenntnisse *f/pl*; Gelehrsamkeit *f*; *~-faire m* ⟨*inv*⟩ Können *n*; Know-how [noːˈhaʊ] *n*; *~-vivre m* ⟨*inv*⟩ Anstand *m*; Lebensart *f*; Ma'nieren *pl*

savon [savõ] *m* **1.** Seife *f* (*a* CHIM); *deux ~s* zwei Stück Seife; *~ liquide* flüssige Seife; *~ noir* Schmierseife *f*; *~ à barbe* Ra'sierseife *f*; *~ de Marseille* Kernseife *f*; *~ de toilette* Toi'lettenseife *f*; *~ en paillettes* Seifenflocken *f/pl*; *un morceau de ~* ein Stück *n* Seife; **2.** F *fig* Rüffel *m*; Anschnauzer *m*; Anranzer *m*; Anpfiff *m*; *passer un ~ à qn* F j-n anschnauzen, anranzen, rüffeln; j-m e-e Zi'garre verpassen; j-m den Kopf waschen; j-m e-e Standpauke halten

savonnage [savɔnaʒ] *m* Waschen *n*, Wäsche *f* (mit Seife); Einseifen *n*

savonner [savɔne] **I** *v/t linge* mit Seife waschen, einseifen; **II** *v/pr se ~* sich einseifen

savonnerie [savɔnʀi] *f* Seifenfabrik *f*

savonnette [savɔnɛt] *f* Toi'lettenseife *f*

savonneux [savɔnø] *adj* ⟨-euse⟩ Seifen...; seifig; *eau savonneuse* Seifenwasser *n*

savourer [savuʀe] *v/t* **1.** *mets, boisson* (in Ruhe) genießen; **2.** *fig* auskosten; genießen

savoureux [savuʀø] *adj* ⟨-euse⟩ **1.** *mets, boisson* wohlschmeckend; schmackhaft; köstlich; lecker; deli'kat; **2.** *fig anecdote etc* köstlich; amü'sant; pi'kant

savoyard [savwajaʀ] **I** *adj* sa'voyisch; **II** *subst* ♀(*e*) *m*(*f*) Sa'voyer(in) *m*(*f*); Savoy'arde *m*, Savoy'ardin *f*

Saxe [saks] *la ~* Sachsen *n*

saxe [saks] *m* Meiß(e)ner Porzel'lan *n*; *collection ~ de vieux ~s* Sammlung *f* von altem Meißener Porzellan

saxhorn [saksɔʀn] *m* MUS Saxhorn *n*

saxifrage [saksifʀaʒ] *f* BOT Steinbrech *m*

saxo [sakso] *m* F *abr cf saxophone, saxophoniste*

saxon [saksõ] **I** *adj* ⟨*~ne*⟩ sächsisch; **II** *subst* ♀(*ne*) *m*(*f*) Sachse *m*, Sächsin *f*

saxophon|e [saksɔfɔn] *m* MUS Saxo'phon *n*; *~iste m,f* Saxopho'nist(in) *m*(*f*)

sbire [zbiʀ] *m péj* Handlanger *m*; Scherge *m*; Büttel *m*

scabieuse [skabjøz] *f* BOT Skabi'ose *f*

scabreux [skabʀø] *adj* ⟨-euse⟩ **1.** *entreprise, question* heikel; bedenklich; ris'kant; **2.** *histoire etc* anstößig; schlüpfrig

scalaire [skalɛʀ] *adj* MATH ska'lar

scalène [skalɛn] *adj* MATH *triangle ~* ungleichseitiges Dreieck

scalp [skalp] *m* **1.** (*chevelure*) Skalp *m*; **2.** *action* Skal'pieren *n*

scalpel [skalpɛl] *m* Skal'pell *n*; Se'ziermesser *n*

scalper [skalpe] *v/t* skal'pieren

scampi [skãpi] *m/pl* CUIS Scampi *pl*

scandale [skãdal] *m* **1.** Skan'dal *m*; Ärgernis *n* (*a* BIBL); *~ financier* Fi'nanzskandal *m*; *~ public* öffentlicher Skandal; *presse f à ~* Skandalpresse *f*; *causer un ~* e-n Skandal verursachen; *c'est un ~* es ist ein Skandal, e-e Schande; **2.** (*indignation*) Entrüstung *f*; *au grand ~ de sa famille* zur großen Entrüstung s-r Familie; **3.** (*bruit*) Krach *m*; F Ra'dau *m*; *faire un ~ sur la voie publique* auf der Straße Krach machen, randa'lieren; *fig: si on me renvoie, je ferai du ~* (dann) schlage ich Krach

scandaleux [skãdalø] *adj* ⟨-euse⟩ skanda'lös; unerhört; empörend; schändlich

scandaliser [skãdalize] **I** *v/t* Anstoß, Ärgernis erregen (*qn* bei j-m); Entrüstung her'vorrufen (bei j-m); **II** *v/pr se ~* Anstoß nehmen (*de an* +*dat*); sich entrüsten (über +*acc*)

scander [skãde] *v/t* skan'dieren

scandinave [skãdinav] **I** *adj* skandi'navisch; **II** *subst* ♀ *m,f* Skandi'navier(in) *m*(*f*)

Scandinavie [skãdinavi] *la ~* Skandi'navien *n*

scanner [skanɛʀ] *m* **1.** TECH Scanner [ˈskɛ-]; **2.** MÉD Computertomograph [-ˈpjuː-] *m*

scanographie [skanɔgʀafi] *f* MÉD Computertomographie [-ˈpjuː-] *f*

scaphandre [skafɑ̃dʀ(ə)] *m* **a)** *des plongeurs* Taucheranzug *m*; **b)** *des astronautes* Raumanzug *m*

scaphandrier [skafɑ̃dʀije] *m* Taucher *m*

scapulaire [skapylɛʀ] *m* ÉGL CATH Skapu'lier *n*

scarabée [skaʀabe] *m* ZO Skara'bäus *m* (*a* HIST *en Égypte*); Pillendreher *m*

scari|fication [skaʀifikasjõ] *f* MÉD Skarifikati'on *f*; Hautritzung *f*; *~fier v/t* MÉD (ein)ritzen; skarifi'zieren

scarlatine [skaʀlatin] *f* MÉD Scharlach *m*

scarole [skaʀɔl] *f* BOT Eskari'ol *m*; Winterendivie *f*

scatologique [skatɔlɔʒik] *adj* skato'logisch; auf die Exkre'mente bezüglich, anspielend

sceau [so] *m* ⟨*pl ~x*⟩ **1.** Siegel *n*; *garde m des ♀x* Ju'stizminister *m*; HIST Siegelbewahrer *m*; *apposer, mettre son ~* sein Siegel aufdrücken; **2.** *fig* Zeichen *n*; Stempel *m*; *sous le ~ du secret* unter dem Siegel der Verschwiegenheit; *ouvrage porter le ~ du génie* den Stempel des Genies tragen

scélérat [seleʀa] *litt* **I** *adj* ruchlos; niederträchtig; schändlich; **II** *m* Schurke *m*; Bösewicht *m*

scélératesse [seleʀatɛs] *litt f* Ruchlosigkeit *f*; Niedertracht *f*; Schändlichkeit *f*

scellé [sele] *m* JUR Amtssiegel *n*; gerichtliches Siegel; *apposer les ~s* die Siegel anbringen; gerichtlich, amtlich versiegeln (*sur qc* etw)

scellement [sɛlmɑ̃] *m* TECH Eingipsen *n*; Einzementieren *n*

sceller [sele] *v/t* **1.** *acte* siegeln; **2.** (*apposer les scellés*) versiegeln; **3.** *fig amitié, pacte* besiegeln; **4.** (*fixer avec du plâtre*) eingipsen; *avec du ciment* einzementieren; **5.** *caveau etc* zumauern; (ver)schließen

scénar|io [senaʀjo] *m* **1.** CIN Drehbuch *n*; **2.** *par ext* Sze'nario *n*; Handlungsablauf *m*, *-schema n*; *~iste m* CIN Drehbuchautor *m*

scène [sɛn] *f* **1.** THÉ Bühne *f* (*a fig*); *fig la ~ politique* die politische Bühne; *~ tournante* Drehbühne *f*; *entrée f en ~* Auftritt *m*; *metteur m en ~* THÉ, CIN Regis'seur *m*; THÉ a Spielleiter *m*; *mise f en ~* THÉ Spielleitung *f*; CIN Re'gie *f*; *faire, régler la mise en ~* THÉ die Inszenierung machen; Regie führen (*a* CIN); *à la, sur ~*

auf der Bühne; *adapter pour la* ~ für die Bühne bearbeiten; *entrer, paraître en* ~, *paraître sur (la)* auftreten; *être sur* ~ auf der Bühne stehen; *mettre en* ~ *THÉ* insze'nieren; Re'gie führen (*qc* bei etw) (*a CIN*); *fig occuper le devant de la* ~ im Rampenlicht stehen; *porter à, sur la* ~ auf die Bühne bringen; *sortir de* ~ (von der Bühne) abgehen, abtreten; **2.** *par ext* **a)** (*décor*) Bühnenbild *n*, -dekoration *f*; Szene'rie *f*; *la* ~ *représente un palais* die Szene, das Bühnenbild stellt e-n Palast dar; **b)** *lieu* Schauplatz *m*, Ort der Handlung; *la* ~ *est à Londres* der Schauplatz, der Ort der Handlung ist London; das Stück spielt in London; **c)** *action* Handlung *f*; *la* ~ *se passe au Moyen-Âge* die Handlung, das Stück spielt im Mittelalter; **d)** (*théâtre*) Bühnenkunst *f*; Bühne *f*; *vedette f de la* ~ *et de l'écran* Star *m* von Bühne und Film; **3.** *THÉ* (*partie d'un acte*) Auftritt *m*; Szene *f*; *d'un film* Szene *f*; ~ *première* erste Szene; *acte III,* ~ *II* 3. Akt, 2. Szene; ~ *d'amour* Liebesszene *f*; **4.** *par ext* (*tableau*) Szene *f* (*a PEINT*); (*événement*) Ereignis *n*; Begebenheit *f*; *PEINT* ~ *de genre* Genrebild *n*; *être témoin d'une* ~ *bouleversante* Zeuge e-r erschütternden Szene sein; **5.** (*dispute*) Krach *m*; Szene *f*; ~ *de ménage* Ehekrach *m*; *avoir une* ~ *avec qn* mit j-m e-n heftigen Wortwechsel haben; *faire une* ~ *à qn* j-m e-e Szene machen
scénique [senik] *adj* szenisch; Bühnen...; The'ater...
scepticisme [sɛptisism(ə)] *m* **1.** Skepsis *f*; skeptische Einstellung; *accueillir une information avec* ~ e-e Information mit Skepsis aufnehmen; **2.** *PHILOS* Skepti'zismus *m*
sceptique [sɛptik] **I** *adj* skeptisch; 'mißtrauisch; ungläubig; *être* ~ *sur l'issue de qc* in bezug auf den Ausgang e-r Sache skeptisch sein; *nouvelle etc laisser qn* ~ j-n skeptisch machen; **II** *m* Skeptiker *m*
sceptre [sɛptʀ(ə)] *m* Zepter *n*
schéma [ʃema] *m* sche'matische Darstellung; Schema *n*; Plan *m*
schémat|ique [ʃematik] *adj* **1.** *dessin* sche'matisch; **2.** *péj* (zu, rein) sche'matisch; ~isation *f* Schemati'sierung *f*
schémat|iser [ʃematize] *v/t* **1.** sche'matisch darstellen; in ein Schema bringen; schemati'sieren; **2.** *péj* schemati'sieren; (zu) sche'matisch behandeln; (zu sehr) vereinfachen; ~isme *m souvent péj* Schema'tismus *m*
scherzo [skɛʀdzo, -tso] *m MUS* Scherzo ['sk-] *n*
schilling [ʃiliŋ] *m monnaie* Schilling *m*
schismatique [ʃismatik] *adj REL* schis-'matisch
schisme [ʃism(ə)] *m* **1.** *REL* Schisma *n*; Kirchenspaltung *f*; *le* ~ *d'Orient* das morgenländische Schisma; **2.** *par ext d'un parti etc* Spaltung *f*
schiste [ʃist] *m MINÉR* Schiefer *m*
schisteux [ʃistø] *adj* ⟨-euse⟩ *MINÉR* Schiefer...; schief(e)rig
schizophrène [skizɔfʀɛn] *MÉD* **I** *adj* schizo'phren; **II** *m,f* Schizo'phrene(r) *f(m)*
schizophrénie [skizɔfʀeni] *f MÉD* Schizophre'nie *f*

schlague [ʃlag] *f HIST MIL* Stockschläge *m/pl*; *fig mener qn à la* ~ j-n streng an die Kan'dare nehmen
schlass [ʃlas] **I** P *adj* ⟨*inv*⟩ F besoffen; to'tal blau; **II** *m* P (*couteau*) Messer *n*
schlinguer [ʃlɛ̃ge] P *v/i* stinken (wie die Pest); F miefen
schlittage [ʃlitaʒ] *m* Holztransport *m* ins Tal mit Schlitten
schlitte [ʃlit] *f* Holzschlitten *m*
schnaps [ʃnaps] *m* Schnaps *m*
schnock *ou* **schnoque** [ʃnɔk] *m* F *vieux* ~ F alter Knacker
schtroumpf [ʃtʀumpf] *m* Schlumpf *m*
Schubert [ʃubɛʀ] *m MUS* Schubert *m*
schuss [ʃus] *m SKI* Schußfahrt *f*; *descendre* (*tout*) ~ *ou en* ~ Schuß fahren
sciage [sjaʒ] *m* Sägen *n*
scialytique [sjalitik] *m* (*nom déposé*) *MÉD* Operati'onslampe *f*
sciatique [sjatik] **I** *adj ANAT grand nerf* ~ Hüft-, Ischiasnerv *m*; **II** *f MÉD* Ischias *m ou n ou sc f*
scie [si] *f* **1.** *TECH* Säge *f*; ~ *circulaire* Kreissäge *f*; ~ *à bois, à métaux, à ruban* Holz-, Me'tall-, Bandsäge *f*; **2.** *MUS* ~ *musicale* Singende Säge *f*; **3.** *ZO* ~ *ou aiguille poisson m* ~ Sägefisch *m*; **4.** *fig chanson* abgedroschener Schlager; Gassenhauer *m*; **5.** F *fig de qn* F Nervensäge *f*
sciemment [sjamã] *adv* wissentlich
science [sjãs] *f* **1.** Wissenschaft *f*; Lehre *f* (von …); …kunde *f*; *la* ~ die Wissenschaft (*coll*); *les* ~*s le plus souvent* die Na'turwissenschaften *f/pl* (einschließlich Mathematik); ~*s appliquées* angewandte Wissenschaften; ~*s exactes* exakte Wissenschaften; ~*s expérimentales* a) experimentelle Wissenschaften; b) *LYCÉE* (*abr* ~*s ex*) naturwissenschaftlicher Zweig; ~*s humaines* Hu'manwissenschaften *f/pl*; ~*s naturelles* Na'turwissenschaften *f/pl* (im engeren Sinne: Zoologie, Botanik, Geologie); *matière enseignée* Biolo'gie *f*; *ÉCOLE PRIMAIRE* Na'turkunde *f*; ~*s politiques* (*abr* ~*s po*) politische Wissenschaften; Politolo'gie *f*; ~*s et techniques* Naturwissenschaften und Technik; **2.** (*savoir*) Wissen *n*; (Er)Kenntnis *f*; *BIBL l'arbre de la* ~ *du bien et du mal* der Baum der Erkenntnis; *avec une* ~ *consommée* mit voll'endetem Können; *cf a* **infuse**
science-fiction [sjãsfiksjɔ̃] *f* Science--fiction ['saɪənsfɪkʃən] *f*; *film m de* ~ Science-fiction-Film *m*
scientifique [sjãtifik] **I** *adj* wissenschaftlich; Wissenschafts...; *recherche f* ~ wissenschaftliche Forschung; **II** *m,f* **1.** Wissenschaftler(in) *m(f)*; *au sens restreint* Na'turwissenschaftler(in) *m(f)*; **2.** *par ext* na'turwissenschaftlich interes'sierter Mensch
scientisme [sjãtism(ə)] *m PHILOS* Wissenschaftsgläubigkeit *f*
scier [sje] *v/t* **1.** *bois, pierre, métal* (zer-) sägen; *branche etc* absägen; *la* ~ *courroie etc* ~ *les épaules* in die Schultern einschneiden; **3.** F *fig* (*stupéfier*) F (glatt) 'umhauen, 'umwerfen; **4.** F *fig* (*ennuyer*) F anöden
scierie [siʀi] *f* Sägewerk *n*, -mühle *f*
scinder [sɛ̃de] **I** *v/t parti etc* (auf)spalten; *question complexe* zerlegen; **II** *v/pr*

se ~ sich (auf)spalten (*en deux groupes* in zwei Gruppen [*acc*])
scintillant [sɛ̃tijã] *adj* glitzernd; flimmernd; funkelnd; schimmernd
scintillement [sɛ̃tijmã] *m* **1.** *d'étoiles etc* Funkeln *n*; Glitzern *n*; Flimmern *n*; Schimmern *n*; **2.** *TV* Flimmern *n*
scintiller [sɛ̃tije] *v/i étoiles, diamants etc* funkeln; glitzern; schimmern; *étoiles a* flimmern
scion [sjɔ̃] *m* **1.** *BOT* Schößling *m*; Schoß *m*; **2.** *d'une canne à pêche* Spitze *f*
scission [sisjɔ̃] *f d'un parti etc* Spaltung *f*; *faire* ~ sich abspalten; **2.** *PHYS, CHIM* Spaltung *f*; *BIOL* Teilung *f*
scissiparité [sisipaʀite] *f BIOL* Fortpflanzung *f* durch Teilung
sciure [sjyʀ] *f* ~ (*de bois*) Sägemehl *n*
sclérose [skleʀoz] *f* **1.** *MÉD* Skle'rose *f*; ~ *artérielle* Arterioskle'rose *f*; ~ *en plaques* mul'tiple Skle'rose; **2.** *fig d'une institution etc* Verknöcherung *f*; Verkalkung *f*; Erstarrung *f*
sclérosé [skleʀoze] *adj* **1.** *MÉD* skle'rotisch; verhärtet; **2.** *fig* verknöchert; verkalkt; erstarrt
scléroser [skleʀoze] *v/pr se* ~ **1.** *tissu, organe* skle'rotisch werden; verhärten; **2.** *fig* verknöchern; verkalken; erstarren
sclérotique [skleʀɔtik] *f ANAT* Lederhaut *f (des Auges); sc* Sklera *f*
scolaire [skɔlɛʀ] *adj* **1.** Schul...; schulisch; *âge m* ~ schulpflichtiges Alter; *année f* ~ Schuljahr *n*; *carnet m, livret m* ~ Zeugnis(heft) *n*; *groupe m* ~ Schulzentrum *n*; *programme m* ~ Lehrplan *m*; **2.** *péj* zu schulmäßig; schülerhaft; unoriginell
scolarisable [skɔlaʀizabl(ə)] *adj* schulreif
scolarisation [skɔlaʀizasjɔ̃] *f* Einschulung *f*; *taux m de* ~ Schulbesuchsquote *f*
scolariser [skɔlaʀize] *v/t enfants* einschulen
scolarité [skɔlaʀite] *f* **1.** Schulbesuch *m*; *certificat m de* ~ Bescheinigung *f* über den regelmäßigen Schulbesuch; *taux m de* ~ Schulbesuchsquote *f*; **2.** *durée* Schulzeit *f*; ~ *obligatoire* Pflichtschulzeit *f*; *prolongation f de la* ~ Verlängerung *f* der Pflichtschulzeit
scolastique [skɔlastik] **I** *adj* **1.** *PHILOS* scho'lastisch; **2.** *péj* schulmäßig; schulmeisterlich; spitzfindig; **II** *subst* **1.** *f PHILOS* Scho'lastik *f*; **2.** *m* Scho'lastiker *m*
scoliose [skɔljoz] *f MÉD* Skoli'ose *f*; (seitliche) Rückgratverkrümmung
scolopendre [skɔlɔpɑ̃dʀ(ə)] *f* **1.** *BOT* Hirschzunge *f*; **2.** *ZO* Skolo'pender *m*
sconse [skɔ̃s] *m fourrure* Skunk *m*
scoop [skup] *m* (sensatio'neller) Exklu'sivbericht; F Knüller *m*; *t/t* Scoop [sku:p] *m*
scooter [skutɛʀ, -tɛʀ] *m* (Motor)Roller *m*
scootériste [skuteʀist] *m,f* (Motor-) Rollerfahrer(in) *m(f)*
scorbut [skɔʀbyt] *m MÉD* Skor'but *m*
scorbutique [skɔʀbytik] **I** *adj* Skor-'but...; skor'butisch; **II** *m,f* Skor'butkranke(r) *f(m)*
score [skɔʀ] *m* **1.** *SPORTS* (Spiel)Stand *m*; ~ *final* Endstand *m*, -ergebnis *n*; **2.** *POL d'un parti, d'un candidat* Zahl *f* der erhaltenen Stimmen; Wahlergebnis *n*

scories [skɔri] f/pl TECH, GÉOL Schlakke f
scorpion [skɔRpjõ] m **1.** ZO Skorpi'on m; **2.** ASTR ♏ Skorpi'on m
scorsonère [skɔRsɔnɛR] f BOT Schwarzwurzel f
scotch [skɔtʃ] m **1.** ⟨pl ~es⟩ whisky Scotch m; **2.** ruban adhésif (nom déposé) Tesafilm m (Wz); **~er** v/t mit Tesafilm kleben
scout [skut] **I** m Pfadfinder m; **II** adj ⟨scoute [skut]⟩ Pfadfinder...
scoutisme [skutism(ə)] m Pfadfinderbewegung f
scrabble [skRabœl] m Scrabble [skrɛbl] n
scribe [skRib] m **1.** HIST Schreiber m; **2.** BIBL Schriftgelehrte(r) m
scribouillard [skRibujaR] m péj Schreiberling m; Federfuchser m
script [skRipt] m **1.** Blockschrift f; écrire en ~ in Blockschrift schreiben; **2.** (scénario) Dreh-, Re'giebuch n
scripte [skRipt] f CIN Skriptgirl ['-gœrl] n
scripteur [skRiptœR] m LING Schreiber m
scriptural [skRiptyRal] adj ⟨-aux⟩ ÉCON monnaie ~e Buchgeld n
scrofuleux [skRɔfylø] adj ⟨-euse⟩ MÉD skrofu'lös
scrogneugneu [skRɔɲøɲø] int zum Donnerwetter!; verdammt noch mal!
scrotum [skRɔtɔm] m ANAT Hodensack m; sc Skrotum n
scrupule [skRypyl] m Skrupel m; ~s pl a Bedenken n/pl; Gewissensbisse m/pl; (conscience professionnelle) Gewissenhaftigkeit f; peinliche Sorgfalt; par ~ d'honnêteté weil j peinlich auf Ehrlichkeit bedacht ist; sans ~(s) skrupel-, bedenken-, gewissenlos; avoir des ~s Skrupel, Bedenken haben; être dénué de (tous) ~s keine Skrupel haben, kennen; sich über alle Bedenken hin'wegsetzen; ce ne sont pas les ~s qui l'étouffent er wird nicht gerade von Gewissensbissen geplagt; se faire ~ de qc wegen etw Bedenken tragen
scrupuleux [skRypylø] adj ⟨-euse⟩ gewissenhaft; peinlich genau; peu ~ ziemlich skrupellos; soin m ~ peinliche Sorgfalt
scrutateur [skRytatœR] **I** adj ⟨-trice⟩ regard forschend; **II** m Wahlhelfer m; Stimmenauszähler m
scruter [skRyte] v/t **1.** (sonder) genau, eingehend unter'suchen, erforschen, prüfen; F unter die Lupe nehmen; **2.** l'horizon (mit den Augen) absuchen
scrutin [skRytɛ̃] m Abstimmung f, Wahl f (durch Stimmzettel); ~ majoritaire, proportionnel Mehrheits-, Verhältniswahl f; ~ de liste Listenwahl f; dépouillement m du ~ Stimmenauszählung f; tour m de ~ Wahlgang m; par voie de ~ durch Abgabe von Stimmzetteln
sculpté [skylte] adj **1.** (décoré de sculptures) mit Skulp'turen, Reli'efen verziert; meuble etc mit Schnitze'reien verziert; **2.** statue in Stein gehauen; sur bois, ivoire geschnitzt
sculpter [skylte] v/t **a)** statue etc in Stein ou Marmor hauen; aushauen; (aus-)meißeln; sur bois, ivoire schnitzen; **b)** bloc de pierre behauen; meuble etc mit Schnitze'reien verzieren; **c)** abs sich als Bildhauer betätigen; F bildhauern
sculpteur [skyltœR] m Bildhauer m; femme f ~ Bildhauerin f; ~ sur bois (Holz)Schnitzer m; Holzbildhauer m
sculptural [skyltyRal] adj ⟨-aux⟩ **1.** bildhauerisch; Bildhauer...; **2.** fig von klassischer Schönheit; beauté makellos; voll'endet
sculpture [skyltyR] f **1.** art Bildhaue'rei f; Bildhauerkunst f; Skulp'tur f; ~ sur bois Holzschnitzerei f; chef-d'œuvre m de la ~ Meisterwerk n der Bildhauerkunst; **2.** œuvre Skulp'tur f; Plastik f; Bildhauerarbeit f; st/s Bildwerk n; ~ (sur bois) Schnitzarbeit f, -werk n; Schnitze'rei f; tailler une ~ e-e Skulptur in Stein hauen; **3.** d'un pneu ~s pl Pro'fil n
scythe [sit] HIST **I** adj skythisch; **II** m/pl ~s Skythen m/pl
S.D.F. [ɛsdeɛf] m,f abr (sans domicile fixe) Obdachlose(r) f(m)
S.D.N. [ɛsdeɛn] f abr (Société des Nations) HIST Völkerbund m
se [s(ə)] pr/pers ⟨vor Vokal und stummem h s'⟩ **1.** réfléchi sich (acc et dat); ~ blesser au doigt sich am Finger verletzen; il ~ lave les mains er wäscht sich die Hände; **2.** réciproque sich (gegenseitig); ein'ander; s'entraider sich gegenseitig helfen; einander helfen; ~ regarder sich ansehen; **3.** passif: cela ne ~ fait pas das tut man nicht; ce plat ~ mange froid dieses Gericht wird kalt gegessen, non traduit: s'en aller weggehen; s'évanouir in Ohnmacht fallen
séance [seɑ̃s] f **1.** d'un corps constitué Sitzung f; ~ extraordinaire Sondersitzung f; ~ du Parlement Parla'mentssitzung f; ~ de travail Arbeitssitzung f; loc/adv fig ~ tenante auf der Stelle; so'fort; être en ~, tenir ~ e-e Sitzung abhalten; tagen; ~ est ouverte ou je déclare la ~ ouverte die Sitzung ist eröffnet; ich eröffne (hiermit) die Sitzung; ich erkläre die Sitzung für eröffnet; **2.** chez un peintre Sitzung f; faire un portrait en trois ~s ein Porträt in drei Sitzungen malen; **3.** par ext: ~ d'entraînement ou de gymnastique Übungs-, Gym'nastikstunde f; MÉD ~ de rayons Bestrahlung f; **4.** au cinéma etc Vorstellung f; F fig il nous a fait une de ces ~s er hat mal wieder e-e Szene, F ein Theater gemacht
séant [seɑ̃] **I** m loc se dresser ou se mettre sur son ~ sich aufsetzen, aufrichten; sich aufrecht setzen; **II** adj litt cf **bienséant**
seau [so] m ⟨pl ~x⟩ Eimer m; Kübel m; ~ à champagne Sektkübel m; ~ à ordures Abfalleimer m; un ~ d'eau ein Eimer (voll) Wasser; ~ d'enfant Spiel-, Sandeimer(chen) m(n); ~ en plastique Plastikeimer m; fig il pleut à ~x es regnet, gießt in Strömen, F wie mit ou aus Kübeln, Eimern
sébacé [sebase] adj PHYSIOL Talg...; glande ~e Talgdrüse f; MÉD kyste ~ Grützbeutel m; Balggeschwulst f
sébaste [sebast] m ZO Rot-, Goldbarsch m
Sébastien [sebastjɛ̃] m Se'bastian m
sébile [sebil] f Holzschale f; mendiant tendre sa ~ s-e Almosenschale hinhalten

séborrhée [sebɔRe] f MÉD Sebor'rhö(e) f
sébum [sebɔm] m PHYSIOL (Haut)Talg m
sec [sɛk] **I** adj ⟨sèche [sɛʃ]⟩ **1.** trocken; peau, cheveux a spröde; branche, feuille dürr; aliments getrocknet; fruits a gedörrt; froid ~ trockene Kälte; fruits ~s a Back-, Dörr-, Trockenobst n; gâteaux ~s Teegebäck n; légumes ~s Hülsenfrüchte f/pl; panne sèche cf **panne**[1] **1.**; raisins ~s Ro'sinen f/pl; toux sèche trockener Husten; ♦ loc/adj à ~ Trocken...; torrent, puits ausgetrocknet; nettoyage m à ~ chemische Reinigung; Trockenreinigung f; F fig être, se trouver à ~ F auf dem trock(e)nen sitzen; blank sein; marécage mettre à ~ trockenlegen; nettoyer à ~ chemisch, trocken reinigen; loc/adv à pied ~ trocken(en) Fußes; ♦ fig j'ai la gorge sèche mir klebt die Zunge am Gaumen; avoir le gosier ~ e-e trockene, ausgetrocknete Kehle haben; avoir les mains sèches trockene Hände haben; fig être au régime ~ keinen Alkohol trinken dürfen; il fait ~ es ist trocken; mettre qn au pain ~ j-n auf trocken Brot setzen; **2.** fig style trocken; ledern; vin trocken; herb; bruit, coup kurz (und heftig); JEU partie sèche Partie f ohne Revanche; perte sèche reiner, glatter Verlust; F en cinq ~ im Handumdrehen; im Nu; F l'avoir ~ enttäuscht, niedergeschlagen, betroffen sein; JEUX DE CARTES avoir l'as ~ das As blank haben; **3.** fig personne dürr; hager; mager; **4.** fig réponse etc schroff; barsch; un cœur ~ ein hartes Herz; ein Herz von Stein; parler à qn sur un ton ~ zu j-m in e-m schroffen, barschen, scharfen Ton sprechen; regarder qc d'un œil ~ etw ohne Rührung mit ansehen; **II** adv kräftig; heftig; freiner, conduire scharf; boire ~ viel (Alkohol) vertragen (können); F e-e ausgepichte Kehle haben; démarrer ~ mit e-m Ruck an-, losfahren; frapper ~ kräftig zuschlagen; F aussi ~ gleich (anschließend); so'fort; auf der Stelle; **III** m au ~ im Trock(e)nen; tenir qc au ~ etw trocken ou im Trock(e)nen aufbewahren
SECAM [sekam] m abr (séquentiel à mémoire) TV SECAM-System n
sécant [sekɑ̃] MATH **I** adj schneidend; **II** subst ~e f Se'kante f
sécateur [sekatœR] m Gartenschere f
seccotine [sekɔtin] f (marque déposée) Alleskleber m
sécession [sesesjɔ̃] f POL Spaltung f; (Ab)Trennung f; Loslösung f; Abfall m; Sezessi'on f; HIST la guerre f de ♂ der Sezessionskrieg; faire ~ sich abtrennen, abspalten; abfallen
sécessionniste [sesesjɔnist] POL **I** adj sezessio'nistisch; **II** m Sezessio'nist m
séchage [seʃaʒ] m Trocknen n; TECH a Trocknung f
sèche [sɛʃ] f F Glimmstengel m
sèche-cheveux [sɛʃʃəvø] m ⟨inv⟩ Fön m (Wz); Haartrockner m; ~-linge ⟨inv⟩ Wäschetrockner m; ~-mains m ⟨inv⟩ (Hände)Trockner m
sèchement [sɛʃmɑ̃] adv répondre etc schroff; barsch; kalt; unfreundlich
sécher [seʃe] ⟨-è-⟩ **I** v/t **1.** cheveux, vêtements etc trocknen; froid: peau aus-

trocknen; *larmes* abwischen; **2.** *fruits, viande* dörren; trocknen; *adjt:* **fleurs séchées** gepreßte *ou* getrocknete Blumen *f/pl;* **poisson séché** getrockneter Fisch; Trockenfisch *m;* **3.** F *élève* ~ **un cours** e-e Stunde schwänzen; **II** *v/i* **4.** *linge, peinture etc* trocknen; trocken werden; *sol, bâtiment* austrocknen; *route mouillée* abtrocknen; *encre, tache* eintrocknen; **faire** ~, **mettre** ~ **du linge** Wäsche trocknen lassen, zum Trocknen aufhängen; **5.** *récolte* ~ **sur pied** verdorren; vertrocknen; **6.** F *élève* ~ die Antwort nicht wissen; nichts wissen; **III** *v/pr* **se** ~ sich (ab)trocknen
sécheresse [seʃʀɛs] *f* **1.** Trockenheit *f* (*a fig du style etc*); Dürre *f;* **période** *f* **de** ~ Dürreperiode *f;* **2.** *fig (dureté)* Schroffheit *f;* Barschheit *f;* Unfreundlichkeit *f; (froideur)* (Gefühls)Kälte *f;* Gefühllosigkeit *f*
séchoir [seʃwaʀ] *m* **1.** *à fils* Wäschetrockner *m;* Trockengestell *n;* **2.** *pièce* Trockenraum *m;* **3.** ~ **à cheveux** Trockenhaube *f*
second [s(ə)gɔ̃] **I** *num/o* ⟨**seconde** [s(ə)gɔ̃d]⟩ zweite(r, -s); *état* ~ *cf état 1.*; **la 2e Guerre mondiale** der Zweite Weltkrieg; **la** ~**e moitié** die Zweite Hälfte; *MUS* ~ **violon** zweite Geige; *loc/adj:* **article de** ~ **choix** zweiter Wahl, Güte; zweitklassig; **billet de** ~ **classe** zweiter Klasse; **de** ~**e main** aus zweiter Hand (*a loc/adv*); **de** ~ **ordre** zweitrangig; *loc/adv* **en** ~ **lieu** an zweiter Stelle; in zweiter Linie; sekun'där; **II** *subst* **1. le** ~, **la** ~**e** der, die, das zweite (*dans l'ordre*) *ou* der, die, das Zweite (*selon le mérite ou le rang*); (*dernier*) der, die, das letzte(re(r, -s); **en** ~ als zweiter; **être le** ~ **de sa classe** der Zweit(best)e s-r Klasse sein; **2.** *m étage* zweiter Stock; zweites Stockwerk; zweite E'tage; **habiter au** ~ im zweiten Stock, F zwei Treppen hoch wohnen; **3.** *m (adjoint)* Stellvertreter *m (des Chefs);* Assi'stent *m; MAR* **le** ~ der Erste Offizier; **4.** *f* ~**e** *ÉCOLE* fünfte Klasse im Gym'nasium; *correspond à* (Unter- *ou* Ober)Se'kunda *f;* **5.** *f* ~**e** *CH DE FER* zweite Klasse; **billet de** ~**e** Fahrkarte *f* zweiter Klasse; **voyager en** ~**e** zweiter Klasse reisen, fahren; **6.** *f* ~**e** *AUTO* zweiter Gang; **passer en** ~**e** in den zweiten (Gang) schalten; *cf a* **seconde**
secondaire [s(ə)gɔ̃dɛʀ] *adj* **1.** Neben...; nebensächlich; sekun'där, Sekun'där... (*a sc, TECH*); zweitrangig; 'untergeordnet; **effets** *m/pl* ~**s** Nebenwirkungen *f/pl;* **rôle** *m* ~ Nebenrolle *f;* **c'est** ~ das ist Nebensache *ou* nebensächlich; **2. écoles** *f/pl* ~**s** höhere Schulen *f/pl;* Gym'nasien *n/pl;* **enseignement** *m* ~ *ou subst* ~ *m* höheres Schulwesen; **professeur** *m* **du** ~ Studienrat *m;* **3.** *ÉCON* **secteur** *m* ~ *ou subst* ~ *m* industri'eller Sektor; **4.** *GÉOL* **ère** *f* ~ *ou subst* ~ *m* Meso'zoikum *n;* Erdmittelalter *m*
seconde [s(ə)gɔ̃d] *f* **1.** *unité de temps* Se'kunde *f;* **aiguille** *f* **des** ~**s** Sekundenzeiger *m;* **vitesse** *f* **par** ~ Geschwindigkeit *f* pro Sekunde; **à la** ~ in der, pro Sekunde; **2.** *par ext* Augenblick *m;* Mo'ment *m;* Se'kunde *f;* **une** ~! e-e Sekunde, e-n Augenblick, Mo-

ment (noch)!; *dans*, **en une** ~ gleich; in e-r Sekunde; **3.** *GÉOMÉTRIE* Se'kunde *f;* **4.** *MUS* Se'kunde *f; cf a* **second II 4.–6.**
secondement [s(ə)gɔ̃dmɑ̃] *adv* zweitens
seconder [s(ə)gɔ̃de] *v/t* **1.** ~ **qn** j-n unter'stützen; j-m helfen, zur Hand gehen; *MÉD* j-m assi'stieren; **2.** *fig projet etc* unter'stützen; begünstigen; fördern
secouer [s(ə)kwe] **I** *v/t* **.** *tête, arbre* schütteln; *tapis, chiffon* ausschütteln; *poussière, neige* abschütteln; *personne* schütteln, rütteln; *explosion: ville* erschüttern; ~ **la porte** an der Tür rütteln; ~ **la salade** den Salat (zum Abtropfen) schütteln; ~ **qn pour le réveiller** j-n wachrütteln; **être secoué dans une voiture** in e-m Auto hin und her geschüttelt, 'durchgerüttelt, 'durchgeschüttelt werden; **2.** *fig joug* abschütteln; abwerfen; *indolence* abstreifen; **3.** F ~ **qn** j-n antreiben, F auf Trab bringen; **4.** *État, société* erschüttern; *maladie etc* ~ **qn** j-n angreifen, mitnehmen; *mauvaise nouvelle a* j-n erschüttern; **II** *v/pr* **se** ~ **5.** *chien etc* sich schütteln; **6.** F *personne* sich rühren; **secoue-toi!** rühr dich!; tu was!
secourable [s(ə)kuʀabl(ə)] *adj* hilfreich; hilfsbereit; **tendre à qn une main** ~ j-m e-e hilfreiche Hand bieten, reichen
secourir [s(ə)kuʀiʀ] *v/t* ⟨*cf courir*⟩ zu Hilfe kommen, helfen, Hilfe leisten (**qn** j-m); *miséreux a* unter'stützen
secour|isme [s(ə)kuʀism(ə)] *m* Erste Hilfe; ~**iste** *m,f* Helfer(in) *m(f);* Mitglied *n* e-r Hilfsorganisation; in Erster Hilfe Ausgebildete(r) *f(m)*
secours [s(ə)kuʀ] *m* **1.** Hilfe *f;* Hilfeleistung *f; pl a* Hilfsdienst *m,* -mannschaft (-en) *f(pl);* **premiers** ~ Erste Hilfe (**aux blessés** für Verletzte); ~ **en montagne** Bergwacht *f;* **boîte** *f,* **trousse** *f* **de** ~ Verband(s)kasten *m;* **éclairage** *m* **de** ~ Notbeleuchtung *f;* **équipe** *f* **de** ~ Hilfs-, Rettungsmannschaft *f; issue f,* **porte** *f,* **sortie** *f* **de** ~ Notausgang *m;* **poste** *m* **de** ~ Unfallstation *f;* Rettungsstelle *f; AUTO* **roue** *f* **de** ~ Re'serve-, Ersatzrad *n;* **au** ~! Hilfe!; **aller**, (**ac**)**courir**, **se porter**, **venir au** ~ **de qn** j-m zu Hilfe eilen, kommen; **appeler au** ~ um Hilfe rufen; **appeler qn à son** ~ j-n zu Hilfe rufen; **être d'un grand** ~ (**pour qn**) (j-m) e-e große Hilfe sein; **chose a se** hilfreich sein; **porter**, **prêter** ~ **à qn** j-m Hilfe bringen, leisten; **2.** *matériel, financier* Unter'stützung *f;* Hilfe *f; pl* Hilfsgüter *n/pl; MIL* Entsatz *m; par ext* Entsatz-, Hilfstruppe *f;* **4.** *REL* Beistand *m;* **5.** 2 **populaire** *frz* Hilfsorganisation für Bedürftige
secousse [s(ə)kus] *f* **1.** Stoß *m;* Ruck *m;* ~ **tellurique** Erdstoß *m;* **par** ~**s** ruckweise, -artig; **2.** *fig* Schlag *m;* Schock *m;* **ça a été pour lui une terrible** ~ das war ein harter Schlag, ein furchtbarer Schock für ihn; **3.** F *fig* **il n'en fiche pas une** ~ F er tut keinen Handschlag; er macht keinen Finger krumm
secret[1] [s(ə)kʀɛ] *adj* ⟨**secrète** [s(ə)kʀɛt]⟩ **1.** (*caché*) geheim; Geheim...; verborgen; **agent** ~ Geheimagent *m;* **une secrète**

envie ein geheimes Verlangen; **service** ~ Geheimdienst *m;* **garder**, **tenir une chose secrète** e-e Sache geheimhalten; **2.** *personne* (*renfermé*) verschlossen
secret[2] [s(ə)kʀɛ] *m* **1.** Geheimnis *n;* (*discrétion*) Geheimhaltung *f;* ~ **professionnel** Berufsgeheimnis *n;* Schweigepflicht *f;* ~ **de la confession**, **d'État**, **de fabrication** Beicht-, Staats-, Fabrikati'onsgeheimnis *n; par ext* **le** ~ **de son succès** das Geheimnis s-s Erfolgs; *loc/adv:* **dans le plus grand** ~ unter strengster Geheimhaltung; in größter Heimlichkeit; **en** ~ a) (*en cachette*) heimlich; b) (*intérieurement*) insge-'heim; **avoir le** ~ **de qc** sich sicher beherrschen; sich ausgezeichnet auf etw (*acc*) verstehen; **ne pas avoir de** ~**s pour qn** vor j-m keine Geheimnisse haben; **confier un** ~ **à qn** j-m ein Geheimnis anvertrauen; **connaître le** ~ **d'un coffre-fort** die Zahlenkombination e-s Tresors kennen; **ce n'est un** ~ **pour personne** das ist ein offenes Geheimnis; das pfeifen die Spatzen von den Dächern; **c'est là** (**qu'est**) **tout le** ~ darin liegt das ganze Geheimnis; **être dans le** ~ (in das Geheimnis) eingeweiht sein; **ne pas être dans le** ~ **des dieux** nicht zu den Eingeweihten gehören; **exiger le** ~ Geheimhaltung fordern; **faire un** ~ **de qc** aus etw ein Geheimnis machen; **garder un** ~ ein Geheimnis (be)wahren, hüten, für sich behalten; **garder le** ~ **sur qc** etw geheimhalten; **jurer de garder un** ~, **jurer le** ~ Verschwiegenheit geloben; **mettre qn dans le** ~ j-n (in das Geheimnis) einweihen; **2.** *JUR* **mise** *f* **au** ~ strenge Iso'lierung
secrétaire [s(ə)kʀetɛʀ] **1.** *m,f* Sekre'tär (-in) *m(f);* ~ **médicale** Arzthelferin *f;* Sprechstundenhilfe *f;* ~ **particulier** Pri-'vatsekretär *m;* ~ **de direction** Chef-, Direkti'onssekretärin *f;* **2.** *m POL* Sekre'tär *m;* ~ **général** Gene'ralsekretär *m;* ~ **d'État** a) Staatssekretär *m;* b) *aux U.S.A.* Außenminister *m;* **premier** ~ **du parti** erster Par'teisekretär; **3.** *m d'une assemblée* Schrift-, Proto'kollführer *m;* **4.** *m DIPL* ~ **d'ambassade** *correspond à* Legati'onsrat *m; ADM* ~ **de mairie** *correspond à* Stadtdirektor *m;* **5.** *m de rédaction* Assi'stent *m* des Chefredakteurs; **6.** *m meuble* Sekre'tär *m;* Schreibschrank *m*
secrétariat [s(ə)kʀetaʀja] *m* **1.** *service* Sekretari'at *n;* Kanz'lei *f;* Geschäftsstelle *f; inscription* **s'adresser au** ~ nähere Auskünfte erteilt das Sekretariat; **2. a)** *fonction* Amt *n, temps* Amtszeit *f* e-s Sekre'tärs; **b)** *métier* Beruf *m* e-r Sekre-'tärin; Tätigkeit *f* als Sekre'tärin; **école** *f* **de** ~ Sekre'tärinnenschule *f*
secrète [s(ə)kʀɛt] *f* F (*police* ~) Geheimpolizei *f*
secrètement [s(ə)kʀɛtmɑ̃] *adv* **a)** (*en cachette*) heimlich; **b)** (*intérieurement*) insge'heim; im stillen
sécréter [sekʀete] *v/t* ⟨-è-⟩ **1.** *PHYSIOL* absondern; **2.** *fig ennui* verbreiten
sécrétion [sekʀesjɔ̃] *f PHYSIOL* **1.** phé-'nomène Sekreti'on *f;* Absonderung *f;* **2.** *substance* Se'kret *n*
sectaire [sɛktɛʀ] **I** *m* **1.** *REL* Sek'tierer *m;* **2.** *fig* engstirniger Fa'natiker; **II** *adj*

sectarisme – sel

sectaire [sɛktɛʀ] *adj* **1.** *REL* sek'tiererisch; **2.** *fig* fa'natisch; intolerant; engstirnig
sectarisme [sɛktaʀism(ə)] *m REL et fig* Sek'tierertum *n*
secte [sɛkt] *f* **1.** *REL* Sekte *f*; **2.** *fig et péj* Clique *f*; Klüngel *m*
secteur [sɛktœʀ] *m* **1.** *MATH* Sektor *m*; Ausschnitt *m*; ~ *de cercle* Kreisausschnitt *m*; **2.** *ADM* Bezirk *m*; *HIST à Berlin* Sektor *m*; *par ext* Gegend *f* (*a* F); Gebiet *n*; *d'un terrain* Abschnitt *m*; *qu'est-ce que tu viens faire dans ce ~?* was machst du in dieser Gegend?; **3.** *MIL* Frontabschnitt *m*; ~ *postal* Feldpostnummer *f*; **4.** *ÉCON* (Wirtschafts)Sektor *m*, (-)Bereich *m*; ~ *primaire* A'grar- *ou* Landwirtschaft *f* und Bergbau *m*; ~ *privé*, *public* Pri'vat-, Staatswirtschaft *f*; privater, öffentlicher Sektor; ~ *secondaire* industrieller Sektor; ~ *tertiaire* Dienstleistungssektor *m*; tertiärer Sektor; **5.** *ÉLECT* (Strom)Netz *n*; *panne f de* ~ Netzstörung *f*, -ausfall *m*; *brancher sur le* ~ ans Netz anschließen
section [sɛksjɔ̃] *f* **1.** *MATH* Schnitt *m*; ~ *conique* Kegelschnitt *m*; **2.** *TECH* Querschnitt *m*; **3.** *CH DE FER, d'une route* Streckenabschnitt *m*; *d'une ligne de bus* Teilstrecke *f*; **4.** *ADM d'une institution, d'une organisation* Abteilung *f*; Sekti'on *f*; *ÉCOLE* Fachrichtung *f*; Zug *m*; ~ *électorale* Wahlbezirk *m*; *d'un parti, d'une association* ~ *locale* Ortsgruppe *f*; **5.** *MIL* Zug *m*; *chef m de* ~ Zugführer *m*; **6.** *MUS* ~ *mélodique, rythmique* Melo'die-, Rhythmusgruppe *f*
sectionnement [sɛksjɔnmɑ̃] *m* **1.** 'Durchschneiden *n*, -trennen *n*; **2.** *fig* Aufteilung *f*; Unter'teilung *f*
sectionner [sɛksjɔne] I *v/t* **1.** 'durchschneiden, -trennen; *il a eu deux doigts sectionnés* ihm wurden zwei Finger abgetrennt; **2.** *fig* aufteilen, unter'teilen (*en* in +*acc*); II *v/pr câble etc se* ~ 'durch-, ab-, zerreißen
sectoriel [sɛktɔʀjɛl] *adj* 〈-le〉 *ÉCON* sekto'ral; der einzelnen Wirtschaftssektoren
sectorisation [sɛktɔʀizasjɔ̃] *f ADM* Aufteilung *f* in Bezirke
sécu [seky] *f* F *abr cf* Sécurité sociale
séculaire [sekylɛʀ] *adj* jahr'hundertealt; *trois fois* ~ drei Jahrhunderte alt
sécularisation [sekylaʀizasjɔ̃] *f REL* Säkularisati'on *f*; Säkulari'sierung *f*
séculariser [sekylaʀize] *v/t REL* säkulari'sieren
séculier [sekylje] *adj* 〈-ière〉 *REL* weltlich; Welt...; *prêtre* ~ *ou subst* ~ *m* Weltgeistliche(r) *m*, -priester *m*
secundo [s(ə)gɔ̃do] *adv* zweitens
sécurisant [sekyʀizɑ̃] *adj* ein Gefühl der Sicherheit, Geborgenheit verleihend
sécuriser [sekyʀize] *v/t* ~ *qn* j-m ein Gefühl der Sicherheit, Geborgenheit geben, verleihen
sécurité [sekyʀite] *f* **1.** Sicherheit *f*; ~ *routière* Verkehrssicherheit *f*; ~ *du travail* Arbeitsschutz *m*; jahrhundertealt *f*, *impression f*, *sentiment m de* ~ Gefühl *n* der Sicherheit; *mesures f/pl de* ~ Sicherheitsmaßnahmen *f/pl*; *loc/adv en toute* ~ in aller Ruhe; *en toute* ~ in Sicherheit sein; **2.** ♀ *sociale* a) (französische) Sozi'alversicherung; b) (*caisse maladie*) Krankenkasse *f* (der sozialen Krankenversicherung)
sédatif [sedatif] *m PHARM* Beruhigungsmittel *n*; *sc* Seda'tiv(um) *n*
sédentaire [sedɑ̃tɛʀ] *adj* **1.** *population* seßhaft; *activité* immer am selben Ort ausgeübt; ohne Ortsveränderung; *vie f* ~ seßhafte Lebensweise; **2.** (*casanier*) häuslich; gern zu Hause bleibend
sédentariser [sedɑ̃taʀize] *v/t* seßhaft machen
sédiment [sedimɑ̃] *m* **1.** *GÉOL* Sedi'ment *n*; Ablagerung *f*; **2.** *MÉD* Sedi'ment *n*; Bodensatz *m*; Niederschlag *m*
sédimentaire [sedimɑ̃tɛʀ] *adj GÉOL* Sedi'ment...; sedimen'tär
sédimentation [sedimɑ̃tasjɔ̃] *f* **1.** *MÉD* ~ *sanguine* Blutsenkung *f*; *vitesse f de* ~ Blutsenkungsgeschwindigkeit *f*; **2.** *GÉOL* Sedimentati'on *f*; Ablagerung *f*
séditieux [sedisjø] I *adj* 〈-euse〉 aufrührerisch; *attroupement* ~ Zusammenrottung *f* in aufrührerischer Absicht; II *subst* ~, *séditieuse* *m,f* Aufrührer(in) *m(f)*
sédition [sedisjɔ̃] *f* Aufruhr *m*; Aufstand *m*
séduc|teur [sedyktœʀ] ~**trice** I *m,f* Verführer(in) *m(f)*; II *adj* verführerisch; Verführungs...
séduction [sedyksjɔ̃] *f* **1.** *d'une femme* Verführung *f* (*a JUR*); **2.** *fig* (*attirer*) verlocken; verleiten; verführen; reizen; (*charmer*) bezaubern; hinreißen
séduire [sedɥiʀ] *v/t* 〈*cf* conduire〉 **1.** *femme* verführen; **2.** *fig* (*attirer*) verlocken; verleiten; verführen; reizen; (*charmer*) bezaubern; hinreißen
séduisant [sedɥizɑ̃] *adj* verführerisch; *beauté a* bezaubernd; hinreißend; betörend; *idée a* verlockend; bestechend
segment [sɛgmɑ̃] *m* **1.** *MATH, BIOL* Seg'ment *n*; Abschnitt *m*; ~ *de cercle* Kreisabschnitt *m*; ~ *de droite* Strecke *f*; **2.** *TECH* ~ *de frein* Bremsbacke *f*; ~ *de piston* Kolbenring *m*
segmentation [sɛgmɑ̃tasjɔ̃] *f BIOL* Segmen'tierung *f*; *de l'ovule* Furchung *f*
segmenter [sɛgmɑ̃te] I *v/t* in Seg'mente, Abschnitte gliedern; II *v/pr se* ~ *BIOL* sich teilen
ségrégation [segʀegasjɔ̃] *f* Absonderung *f*; (scharfe) Trennung; Segregati'on *f*; ~ *raciale* Rassentrennung *f*
ségrégationniste [segʀegasjɔnist] I *adj* Rassentrennungs...; *personne* die Rassentrennung befürwortend; II *m,f* Anhänger(in) *m(f)*, Verfechter(in) *m(f)* der Rassentrennung
séguedille [segədij] *f danse* Seguidilla [-gi'dilja] *f*
seiche [sɛʃ] *f ZO* Tintenfisch *m*
séide [seid] *m* fa'natischer Anhänger; Gefolgsmann *m*
seigle [sɛgl(ə)] *m AGR* Roggen *m*; *pain m de* ~ Roggenbrot *n*
seigneur [sɛɲœʀ] *m* **1.** (ad[e]liger, vornehmer) Herr; *plais mon* ~ *et maître* mein Herr und Gebieter; *faire le grand* ~ groß auftreten; *vivre en grand* ~ wie ein großer Herr leben; *prov à tout* ~ *tout honneur* Ehre, wem Ehre gebührt (*prov*); **2.** *HIST* Lehns-, Grundherr *m*; **3.** *REL le* ♀ der Herr; *Notre* ♀ (*Jésus-Christ*) unser Herr (Jesus Christus); *le jour du* ♀ der Tag des Herrn; *int* ♀! mein Gott!
seigneurial [sɛɲœʀjal] *adj* 〈-aux〉 **1.** *demeure etc* herrschaftlich; Herren...; **2.** *HIST droit* ~ Recht *n* des Lehns-, Grundherrn
seigneurie [sɛɲœʀi] *f HIST* **1.** Lehns-, Grundherrschaft *f*; **2.** *Sa, Votre* ♀ Seine, Eure Herrlichkeit
sein [sɛ̃] *m* **1.** *d'une femme* Brust *f*; ~*s pl* Busen *m*; *le* ~ *droit* die rechte Brust; *faux* ~*s* falscher Busen; *bout m, pointe f du* ~ Brustwarze *f*; *enfant m au* ~ Säugling *m*; *aux* ~*s nus* F oben ohne; *donner le* ~ *à un enfant* e-m Kind die Brust geben; *nourrir au* ~ stillen; nähren; *st/s serrer, presser qn sur son* ~ j-n an s-e Brust drücken; **2.** *fig* Schoß *m*; Innerste(s) *n*; *st/s le* ~ *de l'Église, de la terre* der Schoß der Kirche, der Erde; *loc/prép au* ~ *de* innerhalb (+*gén*); *au* ~ *de la Communauté européenne* innerhalb, im Rahmen der Europäischen Gemeinschaft; *vivre au* ~ *de sa famille* im Kreise s-r Familie leben; *st/s porter un enfant dans son* ~ *st/s* ein Kind unter dem Herzen tragen
seine [sɛn] *f PÊCHE* Schleppnetz *n*
Seine [sɛn] *la* ~ die Seine
Seine-et-Marne [sɛnemaʀn] *la* ~ *frz Departement*
Seine-Maritime [sɛnmaʀitim] *la* ~ *frz Departement*
Seine-Saint-Denis [sɛnsɛ̃dni] *la* ~ *frz Departement*
seing [sɛ̃] *m JUR* ~ *privé* nicht notari'ell beurkundete 'Unterschrift; *acte m sous* ~ *privé* Pri'vaturkunde *f*
séisme [seism(ə)] *m* Erdbeben *n*; ~ *sous-marin* Seebeben *n*
seize [sɛz] I *num/c* sechzehn; *Louis* ~ (*XVI*) Ludwig der Sechzehnte (XVI.); *le* ~ *mai* der sechzehnte Mai *ou* am sechzehnten Mai; *page* ~ Seite sechzehn; *à* ~ *heures* um sechzehn Uhr; *fille f de* ~ *ans* sechzehnjähriges Mädchen; *Mädchen n von sechzehn Jahren*; II *m* Sechzehn *f*; *le* ~ (*du mois*) der Sechzehnte *ou* am Sechzehnten (des Monats); *cf a deux* II
seizième [sɛzjɛm] I *num/o* sechzehnte(r, -s); II *subst* **1.** *le, la* ~ der, die, das sechzehnte; **2.** *m MATH* Sechzehntel *n*; **3.** *dans Paris le* ~ das sechzehnte Ar'rondisse'ment; **4.** *siècle le* ~ das sechzehnte Jahr'hundert
séjour [seʒuʀ] *m* **1.** Aufenthalt *m*; *à l'hôpital a* Verweildauer *f*; ~ *à la campagne* Aufenthalt auf dem Land; Landaufenthalt *m*; ~ *en prison* Gefängnisaufenthalt *m*; Haftzeit *f*; *en France carte f de* ~ Ausländerausweis *m*; *à l'hôpital frais m/pl de* ~ Pflegekosten *pl*; *taxe f de* ~ Kurtaxe *f*; *faire un long, bref* ~ *dans une ville* sich in e-r Stadt lang *ou* kurz aufhalten; **2.** (*salle f de*) ~ Wohnzimmer *n*
séjourner [seʒuʀne] *v/i* **1.** *personne* sich aufhalten; bleiben; verweilen; **2.** *eau* stehenbleiben; *cadavre* ~ *trois mois dans la neige* drei Monate im Schnee (begraben) liegen
sel [sɛl] *m* **1.** Salz *n* (*a CHIM*); (*chlorure de sodium*) Kochsalz *n*; *pl* ~*s* (*sel volatil*) Riechsalz *n*; *CUIS* ~ *fin, gros* ~ feines, grobes Salz; Fein-, Grobsalz *n*; ~

sélect – séminal

marin Meersalz *n*; *~ de bain* Badesalz *n*; *~ de cuisine* Speisesalz *n*; *~ de table* Tafelsalz *n*; *régime m sans ~* salzlose Kost; *mettre du ~* salzen (*dans qc* etw [*acc*]); **2.** *fig* (feiner) Witz; Würze *f*; *Salz m*; *cela ne manque pas de ~* das ist wirklich witzig

sélect [sɛlɛkt] *adj* exklu'siv; vornehm; F piekfein

sélecteur [selɛktœR] *m de l'embrayage automatique* Wählhebel *m*; *d'une motocyclette* Fußschalthebel *m*; ÉLECT Wählschalter *m*; *d'un lave-linge* Wähltaste *f*; TÉL Wähler *m*

sélectif [selɛktif] *adj* ⟨-ive⟩ **1.** selek'tiv; auswählend; Auswahl...; **2.** RAD trennscharf; selek'tiv

sélection [selɛksjɔ̃] *f* **1.** *action* Auswahl *f*; Auslese *f*; SPORTS épreuve *f*, *match m de ~* Ausscheidungskampf *m*, -spiel *n*; *faire une ~* e-e Auswahl treffen (*parmi les candidats* unter den Bewerbern); **2.** BIOL, ÉLEVAGE Auslese *f*; Zuchtwahl *f*; Selekti'on *f*; *~ naturelle* natürliche Auslese; **3.** SPORTS équipe Auswahl(mannschaft) *f*; **4.** *de produits, de poèmes etc* Auswahl *f*; Auslese *f*

sélectionner [selɛksjɔne] *v/t* auswählen; *adjt*: SPORTS *équipe sélectionnée* Auswahlmannschaft *f*; COMM *fruits sélectionnés* Quali'tätsobst *n*

sélectionneur [selɛksjɔnœR] *m* SPORTS Funktio'när, Trainer, der die Sportler *ou* Mannschaften auswählt

sélectivité [selɛktivite] *f* RAD Trennschärfe *f*; Selektivi'tät *f*

sélénium [selenjɔm] *m* CHIM Se'len *n*

self¹ [sɛlf] *m* F *abr* (*self-service*) Selbstbedienungsrestaurant *n*

self² [sɛlf] *f* ÉLECT *abr cf* **self-induction**; (*bobine f de*) *~* Drossel(spule) *f*

self-induction [sɛlfɛ̃dyksjɔ̃] *f* ÉLECT Selbstinduktion *f*

self-made-man [sɛlfmɛdman] *m* ⟨*pl self-made-men* [-mɛn]⟩ Selfmademan [-meːdmɛn] *m*

self-service [sɛlfsɛRvis] *m* ⟨*pl self-services*⟩ **a)** *restaurant* Selbstbedienungsrestaurant *n*; **b)** *magasin* Selbstbedienungsladen *m*

selle [sɛl] *f* **1.** Sattel *m* (*a d'un vélo etc*); *~ de femme* Damensattel *m*; *cheval m de ~* Reitpferd *n*; *être bien en ~* fest im Sattel sitzen (*a fig*); *se mettre en ~* aufsitzen; *remettre qn en ~* j-m wieder in den Sattel helfen, j-n wieder in den Sattel heben (*a fig*); **2.** CUIS Rücken *m*; *~ d'agneau, de chevreuil* Lamm-, Rehrücken *m*; **3.** PHYSIOL *~s pl* Stuhlgang *m*; *aller à la ~* Stuhlgang haben

seller [sele] *v/t cheval* satteln

sellerie [sɛlRi] *f* **1.** *métier* Sattle'rei *f*; **2.** (*selles et harnais*) Sattelzeug *n*

sellette [sɛlɛt] *f* **1.** *loc être sur la ~* im Blickpunkt stehen; im Gespräch sein; *mettre qn sur la ~* j-n ausfragen, F ausquetschen; j-n ins Gebet nehmen; **2.** *petit meuble* (Pflanzen)Ständer *m*

sellier [sɛlje] *m* Sattler *m*

selon [s(ə)lɔ̃] *prép* gemäß, entsprechend, nach, zu'folge (+*dat*); *~ toute apparence* allem Anschein nach; anscheinend; *~ le(s) cas* je nach Fall; *décider a von Fall zu Fall*; *~ vos désirs* wunschgemäß; *~ les journaux* den Zeitungen zufolge; *~ moi* meines Erachtens (*abr* m. E.); meiner Auffassung,

Meinung, Ansicht nach; *Évangile m ~ saint Jean* Jo'hannesevangelium *n*; Evangelium *n* nach Johannes; F *c'est ~* das kommt (ganz) darauf an; je nach'dem; *loc/conj ~ que* je nach'dem

Seltz [sɛls] *eau f de ~* Soda-, Selterswasser *n*

semailles [s(ə)maj] *f/pl* **1.** *action* (Aus-) Saat *f*; Säen *n*; **2.** *époque* Saatzeit *f*

semaine [s(ə)mɛn] *f* **1.** Woche *f*; REL *la ~ sainte* die Karwoche; COMM *~ de, du blanc* Weiße Woche; *~ de trente--cinq heures* Fünfunddreißigstundenwoche *f*; *la ~ de Pâques* die Osterwoche; die Woche nach Ostern; *un congé de trois ~s* ein dreiwöchiger Urlaub; *fin f de ~* Wochenende *n*; ♦ *loc/adv: la ~ passée ou dernière, prochaine* vergangene *ou* vorige *ou* letzte, nächste *ou* kommende Woche; in der vergangenen *etc* Woche; *des ~s* (*entières*) wochenlang; *à la ~* wöchentlich, wochenweise; *à la petite ~* politique *etc* kurzsichtig; ohne klares Konzept; *prêter à la petite ~* auf kurze Zeit zu hohen Zinsen verleihen; *vivre à la petite ~* von der Hand in den Mund leben; *en ~* unter der Woche; wochentags; *une fois par ~ ou la ~* einmal wöchentlich, pro Woche, in der Woche; ♦ *avoir quatre ~s de congé* vier Wochen Urlaub haben; F fig *c'est ma ~ de bonté* F ich habe (heute) meinen sozialen Tag; *faire la ~ anglaise* samstags nicht arbeiten; **2.** *loc/adj de ~* (in dieser Woche) diensthabend; *être de ~* Dienst haben; **3.** TV, PRESSE *~ politique* po'litische Wochenchronik; **4.** *paie* Wochenlohn *m*

semainier [s(ə)menje] *m* Ter'minkalender *m* (*mit wochenweiser Einteilung*)

sémantique [semɑ̃tik] LING I *adj* se'mantisch; *champ m ~* Wortfeld *n*; II *f* Se'mantik *f*; Wortbedeutungslehre *f*

sémaphore [semafɔR] *m* **1.** MAR Sema'phor *n ou m*; **2.** CH DE FER Flügelsignal *n*

semblable [sɑ̃blabl(ə)] I *adj* **1.** (*analogue*) ähnlich (*à dat*); *une maison ~ à celle d'en face* ein Haus ähnlich dem gegenüberliegenden; MATH *triangles m/pl ~s* ähnliche Dreiecke *n/pl*; *qc de ~* etwas Ähnliches; **2.** (*tel*) derartige(r, -s); solche(r, -s); so ein(e, -r); *que faire dans un cas ~?* was soll man in e-m solchen *ou* in so e-m Fall tun?; II *subst* **1.** *mon ~* meinesgleichen; *vous et vos ~s* Sie und Ihresgleichen *ou* ihr und euresgleichen; **2.** (*prochain*) Mitmensch *m*; *aider ses ~s* s-n Mitmenschen helfen

semblant [sɑ̃blɑ̃] *m* (An)Schein *m*; *litt faux ~* falscher Schein; Verstellung *f*; *un ~ de ...* ein Anschein von ..., so etwas wie (ein[e]) ...; *faire ~ de* (+*inf*) so tun, als ob ...; *faire ~ de dormir* so tun, als ob man schlafe *ou* schliefe *ou* schlaft; *son ~ de bonheur* il fait *~* er tut nur so; *ne faire ~ de rien* so tun, als ob man nichts wüßte *ou* sehen würde *ou* hören würde; sich nichts anmerken lassen

sembler [sɑ̃ble] I *v/i* scheinen; *vous me semblez fatigué* Sie scheinen müde zu sein; mir scheint, Sie sind müde; *le temps m'a semblé long* die Zeit kam mir lang vor; II *v/imp* ♦ *avec adj*: *il me semble inutile de* (+*inf*) es scheint mir

unnötig zu (+*inf*); *comme, quand, si bon lui semble* wie, wann, falls er es für gut *ou* richtig hält, erachtet; nach (s-m) Gutdünken; ♦ *avec inf il me semble voir son père quand je le vois* mir scheint, ich sehe s-n Vater ...; ♦ *il (me) semble que* (+*ind ou* +*subj*) es scheint *ou* mir scheint, (daß) ...; *st/s mir ou mich dünkt,* (daß) ...; *il me semble qu'il fait plus chaud aujourd'hui qu'hier* mir scheint, heute ist es wärmer als gestern; *il ne me semble pas qu'on puisse agir autrement* mir scheint, daß man nicht anders handeln kann; ♦ *à ce qu'il me semble, en incise a ce me semble, me semble-t-il* wie mir scheint; so scheint es mir; anscheinend; *litt que vous en semble?* was halten Sie davon?

semelle [s(ə)mɛl] *f* **1.** Sohle *f* (*a d'un bas*); Schuhsohle *f*; *pour mettre à l'intérieur* Einlegesohle *f*; *~ de caoutchouc, de crêpe, de cuir* Gummi-, Krepp-, Ledersohle *f*; fig *ne pas avancer d'une ~* keinen Schritt vorwärts-, vorankommen; *battre la ~* die Füße gegeneinanderschlagen *ou* mit den Füßen auf den Boden stampfen (*um sich aufzuwärmen*); *plais*: viande coriace *c'est de la ~* das ist zäh wie e-e Schuhsohle; *ne pas quitter, lâcher qn d'une ~* j-m nicht von den Fersen weichen; j-m auf Schritt und Tritt folgen; keinen Schritt von j-m weichen; *ne pas reculer d'une ~* keinen Fußbreit zurückweichen; **2.** TECH Auflage-, Grund-, Fußplatte *f*

semence [s(ə)mɑ̃s] *f* **1.** BOT, AGR Samen *m*; AGR *a* Saat *f*; Saatgut *n*; *~s pl a* Säme'reien *f/pl*; **2.** TECH kleiner Flachkopfnagel; Blauzwecke *f*

semer [s(ə)me] *v/t* ⟨-è-⟩ **1.** AGR (aus-, an)säen; **2.** (*répandre*) (aus)streuen; **3.** *fig peur, faux bruits, mort* verbreiten; *consternation* her'vorrufen; *discorde* säen; **4.** F *~ qn* j-n hinter sich (*dat*) lassen; F j-n abhängen

semestre [s(ə)mɛstR(ə)] *m* Halbjahr *n*; UNIVERSITÉ Se'mester *n*; *par ~* halbjährlich

semestriel [səmɛstRijɛl] *adj* ⟨-le⟩ halbjährlich

sem|eur [s(ə)mœR] *m*, *~euse f* **1.** Sämann *m*, Säerin *f*; **2.** *fig ~ de discorde* j, der Zwietracht sät

semi-automatique [səmiɔtɔmatik] *adj* TECH halbautomatisch; *arme f ~* halbautomatische Waffe; Selbstladewaffe *f*; F Selbstlader *m*

semi-circulaire [səmisiRkylɛR] *adj* halbrund; halbkreisförmig; *de l'oreille canaux m/pl ~s* Bogengänge *m/pl*

semi-conducteur [səmikɔ̃dyktœR] *m* TECH Halbleiter *m*

semi-consonne [səmikɔ̃sɔn] *f* PHON Halbkonsonant *m*

semi-fini [səmifini] *adj produit ~* Halbfabrikat *n*, -erzeugnis *n*, -fertigware *f*

sémillant [semijɑ̃] *st/s adj* lebhaft; tempera'mentvoll; *plais*: lebensprühend

séminaire [seminɛR] *m* **1.** ÉGL CATH (*grand*) *~* (Priester)Semi'nar *n*; *petit ~* von Geistlichen geleitete Inter'natsschule; **2.** UNIVERSITÉ Semi'nar *n*; Studien-, Arbeitsgruppe *f*; **3.** (*colloque*) Semi'nar *n*; Arbeitstagung *f*

séminal [seminal] *adj* ⟨-aux⟩ ANAT Sa-

men...; *vésicules* ~*es* Samenblasen f/pl
séminariste [seminarist] m Semina'rist m
sémio|logie [semjɔlɔʒi] f LING, MÉD Semiolo'gie f; ~*tique* f Semi'otik f
semi-perméable [səmipɛrmeabl(ə)] adj PHYS halbdurchlässig; semiperme'abel
semi-remorque [səmir(ə)mɔrk] m ou f Sattelschlepper m; Sattelzug m
semis [s(ə)mi] m **1.** *action* (Aus)Säen n; Aussaat f; **2.** *plantes* Sämlinge m/pl; **3.** *terrain* eingesätes Beet; **4.** *décor* Streumuster n
sémite [semit] **I** adj se'mitisch; **II** subst ♀ m,f Se'mit(in) m(f); *abus* Jude m, Jüdin f; *les* ♀s die Semiten
sémitique [semitik] adj LING se'mitisch
semi-voyelle [səmivwajɛl] f PHON Halbvokal m
semoir [səmwar] m AGR Sämaschine f; ~ *à engrais* Düngerstreumaschine f
semonce [səmõs] f **1.** (*réprimande*) Rüge f; Tadel m; Schelte f; **2.** MAR et fig *coup m de* ~ Warnschuß m
semoule [s(ə)mul] f Grieß m; ~ *de maïs* Maisgrieß m; adjt *sucre* m ~ Streuzucker m
sempiternel [sɑ̃pitɛrnɛl, sɛ̃-] adj ⟨~le⟩ immerwährend; fortwährend; F ewig; dauernd
Sénat [sena] m POL, HIST Se'nat m
sénateur [senatœr] m POL, HIST Se'nator m; fig *un train de* ~ ein gravitätischer, gemessener Gang
sénatorial [senatɔrjal] adj ⟨-aux⟩ **a)** Se'nats...; *élections* ~*es* Senatswahlen f/pl; **b)** Sena'toren...
sénatus-consulte [senatyskõsylt] m HIST Se'natsbeschluß m
séné [sene] m **1.** BOT Sennesstrauch m; **2.** PHARM Sennesblätter n/pl
sénéchal [sene∫al] m ⟨-aux⟩ HIST Seneschall m
séneçon [senəsõ] m BOT Kreuzkraut n
Sénégal [senegal] *le* ~ État Senegal n ou der Senegal
sénégalais [senegalɛ] **I** adj senega'lesisch; sene'galisch; **II** subst ♀(e) m(f) Senega'lese m, Senega'lesin f; Sene'galer(in) m(f)
Sénèque [senɛk] m PHILOS Seneca m
sénescence [senesɑ̃s] f Altern n; Altwerden n; Alterserscheinungen f/pl
sénevé [sɛnve] m BOT **1.** *plante* Senf m; **2.** *graine* Senfsamen m
Senghor [sɑ̃gɔr] m senegalesischer Staatsmann u Dichter
sénil|e [senil] adj se'nil; altersschwach; greisenhaft; ~**ité** f Senili'tät f; Altersschwäche f; Greisenhaftigkeit f
senior [senjɔr] m SPORTS Senior m; adjt *catégorie* f ~ Seni'orenklasse f
Senlis [sɑ̃lis] Stadt im Dep. Oise
sens [sɑ̃s] m **1. a)** PHYSIOL Sinn m; *les cinq* ~ die fünf Sinne; fig *le sixième* ~ der sechste Sinn; *st/s reprendre ses* ~ wieder zur Besinnung kommen; *cela tombe sous le* ~ das liegt auf der Hand; (*sensualité*) *les* ~ pl die Sinne m/pl; *plaisirs* m/pl *des* ~ Sinnengenuß m; Sinnenfreuden f/pl; **2. a)** (*instinct*) ~ *artistique* Kunstverständnis m, -verstand m; ~ *esthétique* ästhetisches Empfinden; Schönheitssinn m; Sinn m für Ästhetik, Schönheit; ~ *pratique*

praktische Veranlagung; *avoir le* ~ *pratique* praktisch veranlagt sein; praktisch denken; ~ *du devoir* Pflichtbewußtsein n, -gefühl n; ~ *de l'orientation* Orien'tierungssinn m, -vermögen n; Ortssinn m; *avoir le* ~ *des affaires* Geschäftssinn besitzen; geschäftstüchtig sein; *avoir le* ~ *de l'humour* Sinn für Humor haben; *avoir le* ~ *des réalités* Sinn für Realitäten haben; *ne pas avoir le* ~ *du ridicule* nicht merken, wann etwas lächerlich wirkt; **b)** *le bon* ~, *le* ~ *commun* der gesunde Menschenverstand; *remarque pleine de bon* ~ sehr vernünftige Bemerkung; *cela n'a pas le* ~ *commun, cela n'a pas de bon* ~ das ist gegen den gesunden Menschenverstand; *posséder un solide bon* ~ viel gesunden Menschenverstand besitzen; **c)** *à mon* ~ meines Erachtens (abr m. E.); meiner Meinung, Ansicht nach; nach meinem Da-'fürhalten; **3.** (*signification*) Sinn m; Bedeutung f; ~ *figuré, propre* über'tragene, eigentliche Bedeutung; *au strict, large du terme* im engeren, weiteren Sinn (des Wortes); *à double* ~ doppel-, zweideutig; doppelsinnig; *dénué, dépourvu de* ~ sinnlos; *dans quel* ~? in welchem Sinne?; *en un* ~, *dans un certain* ~ in gewissem Sinne; in gewisser Weise, Hinsicht; *en ce* ~ *que* inso'fern, als; *ne pas avoir de* ~ keinen Sinn haben; sinnlos sein; *donner un* ~ *à qc* e-r Sache e-n Sinn geben; **4.** (*direction*) Richtung f; *le mauvais* ~ die falsche Richtung; *panneau routier* ~ *interdit* Verbot n der Einfahrt; (*rue f à*) ~ *unique* Einbahnstraße f; *dans tous les* ~ kreuz und quer; durchein'ander; nach allen Seiten; *dans le* ~ *des aiguilles d'une montre* im Uhrzeigersinn; *dans le, en* ~ *inverse des aiguilles d'une montre* gegen den Uhrzeigersinn; *dans le* ~ *de la longueur* der Länge nach; in (der) Längsrichtung; *dans le* ~ *de la marche* in Fahrtrichtung; *dans le, en* ~ *inverse* in entgegengesetzter Richtung; in der Gegenrichtung; *venir en* ~ *inverse* aus der entgegengesetzten Richtung kommen; entgegenkommen; *en tous* ~ in alle(n) Richtungen; ~ *dessus dessous* [sɑ̃dsydsu] völlig durchein'ander (*a intérieurement*); *tout est* ~ *dessus dessous* a es geht alles drunter und drüber; *mettre tout* ~ *dessus dessous* alles auf den Kopf stellen; das Unterste zuoberst kehren; *mettre une pièce* ~ *dessus dessous* in e-m Zimmer alles durcheinanderbringen, -werfen; ~ *devant derrière* [sɑ̃dvɑ̃dɛrjɛr] verkehrt (herum)
Sens [sɑ̃s] Stadt im Dep. Yonne
sensass [sɑ̃sas] adj ⟨inv⟩ F abr cf *sensationnel 2.*
sensation [sɑ̃sasjõ] f **1.** (*perception*) Empfindung f; (*émotion*) Gefühl n; ~ *auditive, visuelle* Gehörs-, Gesichtsempfindung f; ~ *de bien-être* Gefühl des Wohlbehagens; Wohlgefühl n; wohliges Gefühl; *aimer les* ~*s fortes* den Nervenkitzel mögen; *j'avais la* ~ *d'étouffer* ich glaubte zu ersticken; *éprouver une* ~ *de fatigue* Müdigkeit verspüren, empfinden; **2.** (*grosse impression*) Sensati'on f; *faire* ~ Aufsehen

erregen; e-e Sensati'on sein; loc/adj *à* ~ Sensati'ons...; *presse* f *à* ~ Sensations-, Boule'vard-, Re'volverpresse f
sensationnel [sɑ̃sasjɔnɛl] adj ⟨~le⟩ **1.** aufsehenerregend; sensatio'nell; subst *être à l'affût du* ~ auf Sensationen aussein; **2.** F toll; Klasse ⟨inv⟩; phan'tastisch; prima ⟨inv⟩; *n'avoir rien de* ~ F nicht besonders sein
sensé [sɑ̃se] adj vernünftig; *remarque etc a* sinnvoll
sensibilisation [sɑ̃sibilizasjõ] f **1.** PHOT, BIOL Sensibili'sierung f; **2.** fig ~ *de l'opinion* Sensibili'sierung f der Öffentlichkeit (*à qc* für etw)
sensibiliser [sɑ̃sibilize] v/t **1.** PHOT sensibili'sieren; lichtempfindlich machen; **2.** BIOL sensibili'sieren; **3.** fig ~ *l'opinion (publique)* die öffentliche Meinung, die Öffentlichkeit empfänglich, aufnahmebereit, aufgeschlossen machen, sensibili'sieren (*à un problème* für ein Problem); die Öffentlichkeit ansprechen, interes'sieren
sensibilité [sɑ̃sibilite] f **1.** PHYSIOL Empfindungsvermögen n; Sensibili'tät f; **2.** *d'une personne* **a)** Feinfühligkeit f; Sensibili'tät f; Empfindsamkeit f; **b)** (*cœur*) weiches Gemüt; Mitgefühl n; Weichherzigkeit f; *dépourvu de* ~ gefühllos; **3.** *d'une balance etc* Empfindlichkeit f; PHOT Lichtempfindlichkeit f; Sensibili'tät f
sensible [sɑ̃sibl(ə)] adj **1.** PHYSIOL empfindlich; *nerfs* m/pl ~*s* empfindliche Nerven m/pl; *point* ~ wunder Punkt; fig *a* wunder Punkt; ~ *au bruit, à la douleur, au froid* lärm-, schmerz-, kälteempfindlich; empfindlich gegen Lärm, Schmerz, Kälte; *être* ~ *de la gorge* leicht Halsweh bekommen; **2.** *personne* (*impressionnable*) feinfühlend; sen'sibel; empfindsam; (*réceptif*) empfänglich; empfindlich; ~ *à la beauté, à la flatterie* empfänglich für das Schöne, für Schmeicheleien; ~ *à la critique, à la raillerie* empfindlich gegen Kritik, Spott; *avoir le cœur* ~ ein weiches, mitfühlendes Herz, ein weiches Gemüt haben; weichherzig sein; **3.** *balance etc* empfindlich; PHOT lichtempfindlich; **4.** MUS *note* f ~ ou subst ~ f Sep'time f; **5. a)** (*perceptible*) wahrnehmbar; empfindbar; *monde* m ~ Sinnenwelt f; **b)** *progrès, baisse etc* fühlbar; spürbar; merklich; deutlich
sensiblement [sɑ̃sibləmɑ̃] adv **1.** (*notablement*) fühlbar; spürbar; merklich; deutlich; **2.** (*à peu près*) etwa; ungefähr; *ils sont* ~ *de la même taille* sie sind etwa gleich groß
sensiblerie [sɑ̃siblə'ri] f 'Überempfindsamkeit f; Rührseligkeit f; F Gefühlsduse'lei f
sensitif [sɑ̃sitif] adj ⟨-ive⟩ ANAT Empfindungs...; *nerfs* m/pl ~*s* Empfindungsnerven m/pl; sensible, sen'sorische Nerven m/pl
sensitive [sɑ̃sitiv] f BOT Mi'mose f; Sinnpflanze f
sensoriel [sɑ̃sɔrjɛl] adj ⟨~le⟩ PHYSIOL, PSYCH Sinnes...; sen'sorisch
sensualisme [sɑ̃sɥalism(ə)] m PHILOS Sensua'lismus m
sensualité [sɑ̃sɥalite] f Sinnlichkeit f
sensuel [sɑ̃sɥɛl] adj ⟨~le⟩ sinnlich; *bouche* ~*le* sinnlicher Mund

sentence [sātās] *f* **1.** *JUR* Urteil *n*; Urteilsspruch *m* (*a fig*); **2.** (*maxime*) Sinn-, Denkspruch *m*; Sen'tenz *f*
sentencieux [sātāsjø] *adj* ⟨-euse⟩ schulmeisterlich; belehrend; lehrhaft; do'zierend
senteur [sātœR] *litt f* Duft *m*; Wohlgeruch *m*
senti [sāti] *adj remarque bien* ~ treffend; treffsicher; wohlgezielt
sentier [sātje] *m* Fußweg *m*; Pfad *m*; ~ *de montagne* Gebirgspfad *m*; Steig *m*; ~ *de grande randonnée* (*abr* **G.R.**) Fernwanderweg *m*; *les Indiens en fig être sur le* ~ *de (la) guerre* auf dem Kriegspfad sein
sentiment [sātimā] *m* **1.** Gefühl *n*; Empfindung *f*; *le* ~ *du devoir accompli* das Bewußtsein, s-e Pflicht getan zu haben; ~ *d'infériorité* Minderwertigkeitsgefühl *n*; ~ *de pitié* Gefühl des Mitleids; ~ *de tendresse* zärtliches Gefühl; *avoir le* ~ *de sa force* sich s-r Stärke bewußt sein; *j'ai le* ~ *que je me trompe* ich habe das Gefühl, daß ich mich täusche; F *ça n'empêche pas les* ~*s* das tut der Liebe keinen Abbruch; F *la faire ou faire ça au* ~ F es auf die weiche Tour versuchen; F (*ne faites*) *pas de* ~*!* bloß nicht sentimen'tal werden!; bitte jetzt keine Sentimentali'täten!; *prendre qn par les* ~*s* j-n von der Gefühlsseite her nehmen, packen; *à la fin d'une lettre* **veuillez agréer l'expression de mes ~s distingués, respectueux** hochachtungsvoll; mit vorzüglicher Hochachtung; *2. st/s* (*opinion*) Meinung *f*; Ansicht *f*
sentimental [sātimātal] *adj* ⟨-aux⟩ **1.** (*affectif*) Gefühls...; *personne* gefühlsbetont; gefühlvoll; *attachement* ~ gefühlsmäßige Bindung; *personne* ~*e a* Gefühlsmensch *m*; **2.** *péj film, chanson, personne* sentimen'tal; über'trieben gefühlvoll; gefühlsselig; *film etc a* rührselig; *personne a* F gefühlsdus(e)lig; **3.** (*amoureux*) Liebes...; *aventure* ~*e* Liebesabenteuer *n*
sentimental|isme [sātimātalism(ə)] *m* Hang *m* zur Sentimentali'tät; ~*ité f* Sentimentali'tät *f*; Gefühlsseligkeit *f*
sentine [sātin] *f* **1.** *MAR* Bilge *f*; Pumpensumpf *m*; **2.** *litt* Klo'ake *f*
sentinelle [sātinɛl] *f* **1.** *MIL* (Wach-, Wacht)Posten *m*; *être en* ~ Posten, Wache stehen; **2.** P (*excréments*) Kothaufen *m*; F Kaktus *m*
sentir [sātiR] ⟨je sens, il sent, nous sentons; je sentais; je sentis; je sentirai; que je sente; sentant; senti⟩
I *v/t* **1.** fühlen; (ver)spüren; empfinden; (be)merken; ~ *la beauté de qc* die Schönheit von etw empfinden; F *ne plus* ~ *ses bras, ses jambes* (*vor Müdigkeit*) seine Arme, Beine nicht mehr spüren; ~ *la chaleur* die Wärme spüren; ~ *son cœur battre* Herzklopfen verspüren; *il sentit la colère le gagner* er fühlte, wie ihn der Zorn über'kam; ~ *la mort venir* den Tod (heran)nahen fühlen; *vous sentez bien qu'il ment* Sie merken doch, daß er lügt; *faire* ~ *qc à qn* j-n etw spüren lassen; *douleur, manque etc se faire* ~ sich bemerkbar machen; spürbar, fühlbar werden; **2.** (*flairer*) riechen; ~ *un fromage* an e-m Käse riechen; ~ *le parfum des lilas* den Fliederduft riechen; F *ne pas pouvoir* ~ *qn* F j-n nicht riechen können; **3.** *a*) (*répandre une odeur*) ~ *qc* nach etw riechen, duften; *abs cette viande sent* dieses Fleisch riecht; ~ *bon* gut riechen; duften; ~ *mauvais, fort* schlecht *ou* übel, stark riechen; stinken; ~ *le café* nach Kaffee riechen, duften; ~ *de la bouche* aus dem Mund riechen; *b*) *vin* ~ *le bouchon* nach dem Korken schmecken; *c*) *fig une plaisanterie qui sent la caserne* ein Witz, wie er unter Soldaten üblich ist; *ça sent la neige* es sieht nach Schnee aus; *il sent son paresseux* man merkt ihm s-e Faulheit an; **II** *v/pr a*) *sens réfléchi se* ~ *bien* sich wohl fühlen; *je me sens mal a* mir ist schlecht; *je ne me sens pas bien* ich fühle mich nicht wohl; ich fühle mich unwohl; *se* ~ *jeune, libre* sich jung, frei fühlen; *je ne m'en sens pas le courage* ich kann mich nicht dazu aufraffen; ich bringe es nicht übers Herz; *se* ~ *la force de faire qc* sich stark genug fühlen, etw zu tun; *je me sens revivre* ich fühle *ou* spüre, wie ich wieder auflebe; F *fig tu ne te sens plus?* F du bist wohl nicht recht bei Trost?; *ne pas ou plus se* ~ *de joie* sich vor Freude nicht zu lassen wissen; vor Freude außer sich sein; *b*) *sens réciproque* F *ils ne peuvent pas se* ~ F sie können sich nicht riechen; *c*) *sens passif cela se sent* das merkt, spürt, fühlt man
seoir [swaR] ⟨*déf*: il sied; il seyait; il siérait; seyant⟩ **I** *v/i litt cette robe lui sied* dieses Kleid steht ihr (gut); **II** *v/imp litt il sied à qn de faire qc litt* es geziemt sich für j-n *ou* es steht j-m wohl an, etw zu tun; *iron il vous sied bien de me donner des conseils!* gerade Sie sind berufen, mir Ratschläge zu erteilen!
Séoudite [seudit] *cf* **Saoudite**
sépale [sepal] *m* *BOT* Kelchblatt *n*
séparable [scparabl(ə)] *adj* (ab-) trennbar
séparateur [separatœR] **I** *adj* ⟨-trice⟩ trennend; *OPT pouvoir* ~ Auflösungsvermögen *n*; **II** *m TECH* ~ *d'huile* Ölabscheider *m*
séparation [separasjō] *f* **1.** Trennung *f*; Abtrennung *f*; *st/s* Scheidung *f*; *de personnes a* Getrenntsein *n* (*état*); *JUR* ~ *de biens* Gütertrennung *f*; *JUR* ~ *de corps* Trennung von Tisch und Bett; *de l'Église et de l'État* Trennung von Kirche und Staat; *JUR* ~ *de fait* Getrenntleben *n*; *PHYS NUCL* ~ *des isotopes* Iso'topentrennung *f*; *POL* ~ *des pouvoirs* Gewaltenteilung *f*; **2.** (*cloison*) Trennwand *f*; *ligne* ~ Trennungslinie *f*
séparat|isme [separatism(ə)] *m POL* Separa'tismus *m*; ~*iste* **I** *adj* separa'tistisch; **II** *m* Separa'tist *m*
séparé [separe] *adj* getrennt; sepa'rat; *époux* getrennt lebend; ~*ment adv* getrennt; gesondert
séparer [separe] **I** *v/t* trennen, *chose a* abtrennen, *st/s* (ab)sondern, scheiden (*de* von); *deux personnes a* ausein'anderbringen; *la mort les a séparés* der Tod hat sie getrennt; ~ *ses cheveux par une raie* s-e Haare durch e-n Scheitel teilen; ~ *les combattants* die Kämpfenden trennen; ~ *la mère de ses enfants* die Mutter von ihren Kindern trennen; ~ *la théorie et la pratique* Theorie und Praxis unter'scheiden, ausein'anderhalten, trennen; **II** *v/pr se* ~ sich trennen; ausein'andergehen; *se* ~ *de qn, de qc* sich von j-m, von etw trennen
sépia [sepja] *f* **1.** *ZO, matière colorante* Sepia *f*; **2.** *PEINT* Sepiazeichnung *f*
sept [sɛt] **I** *num/c* sieben; *le* ~ *août* der sieb(en)te August *ou* am sieb(en)ten August; *Charles VII* Karl VII. (der Sieb[en]te); *page* ~ Seite sieben; *à* ~ zu siebt, sieben(t); *de* ~ *ans* sieben jährig; von sieben Jahren; *il est* ~ *heures* es ist sieben Uhr); **II** *m* ⟨*inv*⟩ Sieben *f*; *südd a* Siebener *m*; *le* ~ *de carreau* die Karosieben; *le* ~ (*du mois*) der Sieb(en)te *ou* am Sieb(en)ten (des Monats); *cf a deux* II
septante [sɛptāt] *num/c* **1.** *en Belgique et en Suisse* siebzig; **2.** *BIBL* **la version des** ⚖ die Septua'ginta
septembre [sɛptābR(ə)] *m* Sep'tember *m*
septennat [sɛptena] *m* siebenjährige Amtszeit (*des französischen Präsidenten*)
septentrional [sɛptātRijonal] *adj* ⟨-aux⟩ nördlich; Nord...; *l'Europe* ~*e* Nordeuropa *n*
septicémie [sɛptisemi] *f MÉD* Blutvergiftung *f*; *sc* Sepsis *f*
septième [sɛtjɛm] **I** *num/o* siebente(r, -s) *ou* siebte(r, -s); *le* ~ *art* die Filmkunst; *être au* ~ *ciel* im siebenten Himmel sein; **II** *subst* **1.** *le, la* ~ der, die, das sieb(en)te; **2.** *m MATH* Sieb(en)tel *n*; **3.** *m étage* sieb(en)ter Stock; sieb(en)tes Stockwerk; sieb(en)te E'tage; **4.** *f ÉCOLE* fünfte Grundschulklasse (*in Frankreich Klasse vor dem Übergang in die höhere Schule*); **5.** *f MUS* Sep'time *f*
septièmement [sɛtjɛmmā] *adv* sieb(en)tens
septique [sɛptik] *adj* **1.** *MÉD* septisch; **2.** *fosse f* ~ Klärgrube *f*
septuagénaire [sɛptuaʒɛnɛR] **I** *m,f* Siebzigjährige(r) *f(m)*; Siebziger(in) *m(f)*; **II** *adj* siebzigjährig
septuor [sɛptuɔR] *m MUS* Sep'tett *n*
septuple [sɛptypl(ə)] **I** *adj* siebenfach; **II** *m* ~ das Siebenfache
sépulcral [sepylkRal] *adj* ⟨-aux⟩ *voix* ~*e* Grabesstimme *f*
sépulcre [sepylkR(ə)] *m cf* **Saint-Sépulcre**
sépulture [sepyltyR] *f litt* **1.** (*inhumation*) Bestattung *f*; **2.** (*tombe*) Grab(stätte) *n(f)*
séquelles [sekɛl] *f/pl* Folgen *f/pl*; Folgeerscheinungen *f/pl*; Nachwirkungen *f/pl*; Nachwehen *pl*; Spätfolgen *f/pl*
séquence [sekās] *f* Folge *f*; Sequ'enz *f* (*a cartes à jouer*, *REL, CIN, INFORM*); *d'un film a* Bildfolge *f*; Filmausschnitt *m*
séquentiel [sekāsjɛl] *adj* ⟨~*le*⟩ *INFORM* sequenti'ell; fortlaufend; nachein'ander zu verarbeiten(d)
séquestration [sekɛstRasjō] *f JUR* Freiheitsberaubung *f*
séquestre [sekɛstR(ə)] *m JUR* Zwangsverwaltung *f*; Sequestrati'on *f*; Beschlagnahme *f*; *mettre, placer sous* ~ unter Zwangsverwaltung stellen

séquestrer [sekɛstʀe] *v/t* ~ *qn* j-n ('widerrechtlich) einsperren; j-n der Freiheit berauben
sequin [səkɛ̃] *m* HIST *monnaie* Ze'chine *f*
séquoia [sekɔja] *m* BOT Mammutbaum *m*; *sc* Sequ'oia *f*
séracs [seʀak] *m/pl d'un glacier* Eiszacken *f/pl*, -türme *m/pl*; *t/t* Séracs *m/pl*
serai [s(ə)ʀe], **sera(s)** [s(ə)ʀa] *etc cf* **être**[1]
sérail [seʀaj] *m* Se'rail *n*; *fig être du* ~ zum engsten Kreis (um j-n) gehören
séraphin [seʀafɛ̃] *m* BIBL Seraph *m*; *les* ~*s* die Seraphim
séraphique [seʀafik] *adj* REL *et fig* se'raphisch
serbe [sɛʀb] I *adj* serbisch; II *subst* 1. ♀ *m,f* Serbe *m*, Serbin *f*; 2. LING *le* ~ das Serbische; Serbisch *n*
Serbie [sɛʀbi] *la* ~ Serbien *n*
serbo-croate [sɛʀbokʀɔat] I *adj* serbokro'atisch; II *subst* LING *le* ~ das Serbokro'atische; Serbokro'atisch *n*
serein [sɔʀɛ̃] *adj* ⟨-eine [-ɛn]⟩ 1. (*calme*) ruhig; beschaulich; ausgeglichen; gelassen; heiter; *jugement* leidenschaftslos; 2. *st/s temps, ciel* heiter
sérénade [seʀenad] *f* 1. (nächtliches) Ständchen; *donner une* ~ *à qn* j-m ein Ständchen bringen; 2. MUS Sere'nade *f*; 3. F *fig* Krach *m*; Spek'takel *m*
sérénissime [seʀenisim] *adj* **Altesse** *f* ~ 'Durchlaucht *f*
sérénité [seʀenite] *f* Ruhe *f*; Ausgeglichenheit *f*; innere Heiterkeit
séreux [seʀø] *adj* ⟨-euse⟩ PHYSIOL se'rös
serf [sɛʀ(f)] *m*, **serve** [sɛʀv] *f* HIST Leibeigene(r) *f(m)*; Hörige(r) *f(m)*
serfouette [sɛʀfwɛt] *f* Kreuz-, Gartenhacke *f*
Serge [sɛʀʒ] *m* Vorname
serge [sɛʀʒ] *f* TEXT (Kammgarn)Serge *f*, *österr a m*
sergé [sɛʀʒe] *m* TEXT Köper *m*
sergent [sɛʀʒɑ̃] *m* 1. MIL (Stabs)'Unteroffizier *m*; 2. ~ *de ville* Schutzmann *m*; Poli'zist *m*
sergent|-chef [sɛʀʒɑ̃ʃɛf] *m* ⟨*pl* sergents-chefs⟩ MIL (Ober)Feldwebel *m*; ~**-major** *m* ⟨*pl* sergents-majors⟩ MIL Ober- *ou* Hauptfeldwebel *m*; *chargé de la comptabilité* Rechnungsführer *m*
sériciculture [seʀisikyltyʀ] *f* Seidenraupenzucht *f*
série [seʀi] *f* 1. Reihe *f*; Serie *f*; Folge *f*; *de choses semblables a* Satz *m*; ~ *noire* a) Reihe, Serie von Katastrophen, Unfällen, Verbrechen; *de malchance* Pechsträhne *f*; b) *de romans policiers* F Krimireihe *f*; *une atmosphère de* ~ *noire* e-e Atmosphäre wie in e-m Krimi; *une* ~ *d'accidents* e-e Reihe von Unfällen; e-e Unfallserie; *une* ~ *de casseroles, de timbres* ein Satz Kochtöpfe, Briefmarken; *article m, voiture f de* ~ Serienartikel *m*, -wagen *m*; *fins f/pl de* ~ auslaufende Serie; Restposten *m/pl*; *loc/adj et loc/adv en* ~ serienmäßig, -weise; in Serie(n); Serien...; *accidents m/pl en* ~ Unfallserie *f*; *carambolages m/pl en* ~ Massenkarambolage *f*; *fabrication f en* ~ Serienfertigung *f*; *fabrication f en grande* ~ Massenproduktion *f*; *fabriquer en* ~ serienmäßig, in Serie herstellen; *article fabriqué en grande* ~ Massenartikel

m; '*hors* ~ a) in Sonderanfertigung hergestellt; b) *fig* außergewöhnlich; *modèle m* '*hors* ~ Sonderanfertigung *f*; 2. MATH, CHIM, MUS Reihe *f*; 3. ÉLECT *montage m en* ~ Hinterein'ander-, Reihen-, Serienschaltung *f*; 4. SPORTS Leistungsgruppe *f*, -klasse *f*
sériel [seʀjɛl] *adj* ⟨~le⟩ *musique* ~*le* seri'elle Musik
sérier [seʀje] *v/t* syste'matisch aufgliedern
sérieusement [seʀjøzmɑ̃] *adv* 1. (*sans plaisanter*) im Ernst; 2. (*gravement*) *malade* ernstlich krank; 3. (*consciencieusement*) *s'occuper* ~ *de qc* sich ernstlich, ernsthaft mit etw befassen; *travailler* ~ fleißig, gewissenhaft arbeiten; 4. (*vraiment*) *avoir* ~ *besoin de qc* etw wirklich nötig haben
sérieux [seʀjø] I *adj* ⟨-euse⟩ 1. (*grave*) *personne, visage, lecture, situation* ernst; *menace, promesse* ernst; ernsthaft; *doute, obstacle* ernst; ernstlich; *offre sérieuse* ernsthaftes, ernstgemeintes Angebot; *petites annonces pas* ~ *s'abstenir* nur ernstgemeinte Zuschriften; *je suis* ~ es ist mein Ernst; *ce n'est pas* ~? das ist doch nicht Ihr Ernst?; *c'est tout ce qu'il y a de plus* ~ es ist wirklich ernst; es ist mein völliger, blutiger, bitterer Ernst; 2. (*important*) bedeutend; groß; *de* ~ *bénéfices* bedeutende Gewinne *m/pl*; *de sérieuses raisons* gewichtige Gründe *m/pl*; 3. *personne* a) (*réfléchi*) gesetzt; besonnen; *dans sa conduite* so'lid(e); b) (*consciencieux*) zuverlässig; gewissenhaft; *élève* ~ fleißiger Schüler; *maison sérieuse* seri'öse Firma; *travail* ~ sorgfältige, ernsthafte Arbeit; II *m* Ernst *m*; Ernsthaftigkeit *f*; F *c'est du* ~ die Sache ist ernst (zu nehmen); damit ist nicht zu spaßen; *garder son* ~ ernst bleiben; *il manque de* ~ er ist nicht gewissenhaft, zuverlässig, seri'ös genug; es fehlt ihm am nötigen Ernst; *perdre son* ~ nicht mehr ernst bleiben können; *prendre qn, qc au* ~ j-n, etw ernst nehmen; *se prendre au* ~ sich wichtig nehmen
sérigraphie [seʀigʀafi] *f* TECH Siebdruck *m*; Serigra'phie *f*
serin [s(ə)ʀɛ̃] *m* 1. ZO Ka'narienvogel *m*; *adj jaune* ~ ⟨*inv*⟩ ka'nariengelb; 2. *fig* (*niguad*) Einfaltspinsel *m*; Gimpel *m*
seriner [s(ə)ʀine] *v/t péj* eintrichtern, einpauken, einhämmern (*qc à qn* j-m etw)
seringa [s(ə)ʀɛ̃ga] *m* BOT Falscher Jas'min; Pfeifenstrauch *m*
seringue [s(ə)ʀɛ̃g] *f* MÉD Spritze *f*
serment [sɛʀmɑ̃] *m* Eid *m* (*a* JUR); Schwur *m*; *faux* ~ *par négligence* Falscheid *m*; *délibéré* Meineid *m*; *faire un faux* ~ e-n Falscheid, Meineid schwören, leisten; ~ *d'amour* Liebesschwur *m*; MÉD *le* ~ *d'Hippocrate* der Eid des Hippokrates; *fig* ~ *d'ivrogne* leere Versprechungen *f/pl*; *loc/adj et loc/adv sous* (*la foi du*) ~ unter Eid; eidlich; *déposition f sous* ~ eidliche Aussage; *déclarer, déposer, témoigner sous* ~ unter Eid erklären, bezeugen, beeid(ig)en; *faire* (*le*) ~ *de* (+*inf*) schwören zu (+*inf*); *je vous en fais le* ~ ich schwöre es Ihnen; *prê-*

ter ~ e-n, den Eid leisten, ablegen; *faire prêter* ~ *à qn* j-n vereidigen; j-m den Eid abnehmen; *violer le* ~ den Eid brechen; eidbrüchig werden
sermon [sɛʀmɔ̃] *m* 1. ÉGL Predigt *f*; 2. *péj* Straf-, Moralpredigt *f*; Ser'mon *m*; *faire un* ~ *à qn* j-m e-e Strafpredigt, F Standpauke halten; j-n abkanzeln
sermonn|er [sɛʀmɔne] *v/t* abkanzeln; ~*eur m* Mo'ralprediger *m*
sérologie [seʀɔlɔʒi] *f* MÉD Serolo'gie *f*
séropositif [seʀopozitif] *adj* ⟨-ive⟩ MÉD HIV-positiv; aidsinfiziert ['e:ds-]
sérosité [seʀozite] *f* PHYSIOL se'röse Flüssigkeit
serpe [sɛʀp] *f* JARD Hippe *f*; *fig visage taillé à coups de* ~ grob(schlächtig); klobig
serpent [sɛʀpɑ̃] *m* 1. ZO Schlange *f*; ~ *à lunettes* Brillenschlange *f*; ~ *à sonnettes* Klapperschlange *f*; MYTH ~ *de mer* Seeschlange *f*; *fig réchauffer un* ~ *dans son sein* e-e Schlange am Busen nähren; 2. ÉCON ~ *monétaire* Währungsschlange *f*
serpenter [sɛʀpɑ̃te] *v/i fleuve, route* sich schlängeln; sich winden; in Windungen, in e-r Schlangenlinie verlaufen
serpentin [sɛʀpɑ̃tɛ̃] *m* 1. Pa'pierschlange *f*; 2. TECH (Rohr)Schlange *f*
serpette [sɛʀpɛt] *f* JARD Gartenhippe *f*, -messer *n*; VIT Rebmesser *n*
serpillière [sɛʀpijɛʀ] *f* Scheuertuch *n*, -lappen *m*
serpolet [sɛʀpɔlɛ] *m* BOT Feldthymian *m*
serrage [seʀaʒ] *m* TECH (Fest)Klemmen *n*; (Fest)Spannen *n*; *d'une vis, d'un frein* Anziehen *n*
serre [sɛʀ] *f* 1. Gewächs-, Treibhaus *n*; ÉCOL *effet m de* ~ Treibhauseffekt *m*; 2. ZO *des rapaces* ~*s pl* Fänge *m/pl*; Klauen *f/pl*
serré [seʀe] *adj* 1. *vêtement* eng(anliegend); knapp; *écriture* eng; *étoffe, mailles* dicht; fest; *nœud* fest; *pluie* dicht; *en rangs* ~*s* in geschlossenen, dichten Reihen; *gens être* ~ dicht gedrängt, zusammengedrängt, -gepreßt sein *ou* stehen *ou* sitzen; *fig: avoir le cœur* ~ bedrückt, beklommen sein; *il avait la gorge* ~*e* er brachte kein Wort heraus; s-e Kehle war wie zugeschnürt; 2. *concurrence* scharf; *argumentation* streng; *discussion, négociations* hart; *partie* ~*e* harte, schwierige Partie; Kopf-an-Kopf-Rennen *n*; SPORTS *score* ~ knappes Ergebnis; *advt jouer* ~ vorsichtig spielen; sich keine Blöße geben (*a fig*); *il joue* ~ *a* ihm ist nicht beizukommen
serre|-fils [sɛʀfil] *m* ⟨*inv*⟩ ÉLECT Leitungs-, Verbindungsklemme *f*; ~**-joint(s)** *m* ⟨*inv*⟩ TECH Schraubzwinge *f*; ~**-livres** *m* ⟨*inv*⟩ Bücherstütze *f*
serrement [sɛʀmɑ̃] *m* ~ *de main* Händedruck *m*; ~ *de cœur* Bedrücktheit *f*; Beklemmung *f*
serrer [seʀe] I *v/t* 1. (zu'sammen)drükken, (-)pressen, (-)drängen; *vêtement* ~ *qn* j-n zu eng sein; spannen; *cette chaussure me serre* mein Schuh drückt; dieser Schuh drückt (mich); *spectacle* ~ *le cœur* das Herz zusammenschnüren, bedrücken; ~ *les dents* die Zähne zusammenbeißen; ~ *les lèvres* die Lippen zusammenkneifen, -pressen; ~ *la main à qn* j-m die Hand

serre-tête – servir

geben, drücken; ~ *les poings* die Fäuste ballen; *fig* alle Energie aufbieten; ~ *la queue* den Schwanz einziehen; ~ *les rangs* auf-, zusammenrücken; aufschließen; *fig* (fest) zusammenhalten; *serrez!* aufrücken!; anschließen!; ~ *son stylo en écrivant* s-n Füller beim Schreiben krampfhaft festhalten; *vêtement* ~ *la taille* in *ou* an der Taille eng anliegen; ♦ ~ *qn à la gorge* j-m die Kehle zudrücken, *peur* zuschnüren; ~ *qn, qc contre soi* j-n, etw an sich drücken; ~ *un cycliste contre le trottoir* e-n Radfahrer gegen den Gehweg drängen; ~ *qn dans ses bras* j-n in die Arme schließen; ~ *qc dans un étau* etw in e-n Schraubstock spannen; ~ *sa pipe entre ses dents* s-e Pfeife mit den Zähnen festhalten; ~ *qc sous son bras* etw unter den Arm geklemmt halten; **2.** *nœud* fest-, zuziehen; fester binden; *ceinture* enger machen, schnallen (*d'un cran* um ein Loch); *vis, frein* anziehen; **3.** ~ *l'ennemi de près* den Feind bedrängen; dem Feind hart zusetzen; F ~ *une femme de près* sich an e-e Frau her'anmachen; (e-r Frau gegenüber) zudringlich werden; ~ *un problème de près* ein Problem scharf, genau erfassen; *la voiture suivante le serra de trop près* fuhr zu dicht auf; **4.** *MAR* ~ *le vent* hart, dicht, scharf am Wind segeln; **II** *v/i* ~ *à droite* sich rechts einordnen; sich (nach) rechts halten; **III** *v/pr* **a)** *sens réfléchi se* ~ sich in ein enges Kleid zwängen; sich einschnüren; *cœur se* ~ sich zu'sammenschnüren; *se* ~ *la taille* sich die Taille, in der Taille schnüren; *se* ~ *contre qn* sich an j-n anschmiegen; *se* ~ *contre un mur* sich an e-e Mauer pressen; **b)** *réciproquement se* ~ (*les uns contre les autres*) sich (zu'sammen)drängen; zu'sammenrücken
serre-tête [sɛRtɛt] *m* ⟨*inv*⟩ **a)** *bandeau* Stirnband *n*; **b)** *en métal* Haarreif *m*
serrure [seRyR] *f* Schloß *n*; ~ *de sûreté* Sicherheitsschloß *n*; *trou m de* (*la*) ~ Schlüsselloch *n*; *laisser la clef dans la* ~ den Schlüssel steckenlassen
serrurerie [seRyRRi] *f* Schlosse'rei *f*; ~ *d'art* Kunstschlosserei *f*
serrurier [seRyRje] *m* Schlosser *m*; ~ *en bâtiment* Bauschlosser *m*
sers, sert [sɛR, sɛR] *cf* servir
sertir [sɛRtiR] *v/t* **1.** *pierre précieuse* fassen; **2.** *TECH* falzen
sertissage [sɛRtisaʒ] *m* **1.** *de pierres précieuses* Fassen *n*; **2.** *TECH* Falzen *n*
sérum [seRɔm] *m* *PHYSIOL, MÉD* (Blut-, Heil)Serum *n*; ~ *antitétanique* Tetanusserum *n*; ~ *artificiel, physiologique* physiologische Kochsalzlösung; ~ *de vérité* Wahrheitsdroge *f*
servage [sɛRvaʒ] *m* *HIST* Leibeigenschaft *f*
serval [sɛRval] *m* *ZO* Serval *m*
servant [sɛRvɑ̃] **I** *m* **1.** *ÉGL CATH* Meßdiener *m*; Mini'strant *m*; **2.** *MIL* Kano'nier *m*; **3.** *TENNIS* Aufschläger *m*; **II** *adj cf chevalier* 1.
servante [sɛRvɑ̃t] *f* Dienstmädchen *n*; Magd *f*; Dienerin *f* (*a fig et st/s*)
serveur [sɛRvœR] *m* **1.** (*garçon*) Kellner *m*; Bedienung *f*; **2.** *TENNIS* Aufschläger *m*; **3.** *INFORM* Anbieter *m* (von Datenbanken); *adjt centre* ~ EDV-Dienstleistungszentrum *n*
serveuse [sɛRvøz] *f* Kellnerin *f*; Bedienung *f*; Ser'viererin *f*; *schweiz* Ser'vier-, Saaltochter *f*
servi|abilité [sɛRvjabilite] *f* Hilfsbereitschaft *f*; Gefälligkeit *f*; **~able** *adj* hilfsbereit; gefällig
service [sɛRvis] *m* **1.** Dienst *m*; *ÉCON* ~*s pl* Dienstleistungen *f/pl*; *secteur* Dienstleistungsgewerbe *n*; ~ *après-vente* Kundendienst *m*; ~ *secret* Geheimdienst *m*; ~ *d'entretien* Wartungsdienst *m*; ~ *de nuit* Nachtdienst *m*; ~ *d'ordre* Ordnungsdienst *m*; *années f/pl de* ~ Dienstjahre *n/pl*; *avoir vingt ans de* ~ zwanzig Jahre im Dienst sein; *femme f de* ~ *dans les écoles* weibliche Hilfskraft; *dans un hôpital* Stati'onshilfe *f*; *loc/adj de* ~ diensthabend, -tuend; *être de* ~ Dienst haben; im Dienst sein; *ne pas être de* ~ a freihaben; *j'ai un* ~ *à vous demander* ich möchte Sie um e-e Gefälligkeit, um e-n Gefallen bitten; F *qu'y a-t-il pour votre* ~? womit kann ich Ihnen dienen?; *entrer au* ~ *de qn* in j-s Dienst(e) treten; *je suis à votre* ~ zu Ihren Diensten; *à votre* ~! bitte sehr!; *être au* ~ *de qn* in j-s Dienst(en) stehen; *être au* ~ *d'une cause* im Dienst e-r Sache stehen; *être en* ~ *commandé* unter dienstlichem Befehl stehen; in Ausführung e-s Befehls handeln; *être en* ~ *chez qn* bei j-m im Dienst stehen; *se mettre au* ~ *de qn* in j-s Dienst(e) treten; *se mettre au* ~ *d'une cause* sich in den Dienst e-r Sache stellen; *se passer, se priver des* ~*s de qn* auf j-s Dienste verzichten (*j-n entlassen*); *prendre son* ~ s-n Dienst antreten; *reprendre du* ~ s-n Dienst wiederaufnehmen; *prendre qn à son* ~ j-n in Dienst, in s-e Dienste nehmen; *rendre* (*un*) ~ *à qn* j-m e-n Dienst, e-e Gefälligkeit erweisen; j-m e-n Gefallen tun; *chose rendre des* ~, *de bons, grands* ~ *à qn* j-m gute Dienste leisten, tun; j-m (viel) nützen; *rendre un mauvais* ~ *à qn* j-m e-n schlechten Dienst, e-n Bärendienst erweisen; F *cela peut toujours rendre* ~ das kann immer noch zu etw gut sein, zu etw nützen; *aimer* (*à*) *rendre* ~ gern gefällig sein; **2.** ~ (*militaire*) *ou* ~ *national* Wehr-, Mili'tärdienst *m*; *faire son* ~ (*militaire*) s-n Militär-, Wehrdienst ableisten; **3.** ~ (*religieux*) Gottesdienst *m*; ~ *funèbre* Trauergottesdienst *m*; **4.** (*fonctionnement d'un transport*) (Verkehrs)Verbindung *f*; ~ *régulier* Linienverkehr *m*; ~ *régulier entre* ... regelmäßige Verkehrsverbindung zwischen ...; ~ *d'autocar* Busverbindung *f*; ~ *d'été* Sommerfahrplan *m*; *être en* ~ verkehren; **5.** *dans un café etc* Bedienung *f*; Service ['sœrvis] *m*; (*pourboire*) Bedienungsgeld *n*; ~ *compris* einschließlich Bedienung; *premier, second* ~ *dans un wagon-restaurant* erster, zweiter 'Durchgang; *dans une cantine* erste, zweite Schicht; ~ *de la table* Tischdecken *n* und Auftragen *n* der Speisen; **6.** (*état de marche*) ~ in Betrieb; *mettre en* ~ in Betrieb nehmen; *véhicule, machine a* in Dienst stellen; *mise f en* ~ In'dienststellung *f*; Inbe'triebnahme *f*; 'hors ~ außer Betrieb; ausgedient; *mettre 'hors, retirer du* ~ außer Betrieb setzen; **7.** *vaisselle* Ser'vice *n*; *verres* Garni'tur *f*; ~ *à café* Kaffeeservice *n*; ~ *de table* a) Tafel-, Speiseservice *n*; b) *linge* Tischtuch *n* mit Servietten; Tafeldeck *n*; **8.** *d'une entreprise* Ab'teilung *f*; *ADM* Dienststelle *f*; Behörde *f*; Amt *n*; *d'un hôpital* Stati'on *f*; ~ *administratif* Verwaltungsabteilung *f ou* -behörde *f*; ~ *compétent* zuständige Stelle; ~ *public* öffentlicher Betrieb; öffentliche Einrichtung; ~ *de presse* Pressedienst *m*, -stelle *f*; *cf a* 10.; ~ *de publicité* Werbeabteilung *f*; *MIL* ~ *de santé* Sani'tätswesen *n*, -dienst *m*; ~ *des ventes* Verkaufs-, Vertriebsabteilung *f*; *chef m de* ~ Abteilungsleiter *m*; **9.** *TENNIS* Aufschlag *m*; Service ['sœrvis] *m ou n*; *VOLLEY-BALL* Aufgabe *f*; **10.** (*spécimens*) ~ *de presse* Besprechungs-, Rezensi'onsexemplare *n/pl*
serviette [sɛRvjɛt] *f* **1.** ~ (*de toilette*) Handtuch *n*; ~ *de bain* Badetuch *n*; **2.** ~ (*de table*) Servi'ette *f*; ~ *en papier* Pa'pierserviette *f*; **3.** ~ *hygiénique, périodique* (Damen-, Monats)Binde *f*; **4.** *sac en cuir* (Akten)Mappe *f*; Aktentasche *f*
servil|e [sɛRvil] *adj* sklavisch; unterwürfig; ser'vil; *st/s* knechtisch; **~ité** *f* Unterwürfigkeit *f*; sklavisches Wesen; Servili'tät *f*
servir [sɛRviR] ⟨je sers, il sert, nous servons; je servais; je servis; je servirai; que je serve; servant; servi⟩ **I** *v/t* **1.** dienen (+*dat*); ~ *la cause de la paix* der Sache des Friedens dienen; ~ *les intérêts de qn* j-s Interessen dienen; *abs* ~ *dans la marine* bei der Marine dienen; **2.** ~ *qn* j-n bedienen, *st/s* j-m aufwarten; ~ *à table* bei Tisch aufwarten; ~ *un client* e-n Kunden bedienen; *on vous sert, Madame?* werden Sie schon bedient?; *abs il sert dans un café* er arbeitet als Kellner, F er kellnert in e-m Lokal; ~ *une pièce d'artillerie* ein Geschütz bedienen; *se faire* ~ sich bedienen lassen; *fig être bien servi par les circonstances* von den 'Umständen begünstigt werden; *iron en fait d'embêtements nous sommes servis* in puncto Scherereien sind wir bedient; *prov on n'est jamais si bien servi que par soi-même* selbst ist der Mann (*prov*); **3.** *repas, plat* ser'vieren; reichen; auf den Tisch bringen; *st/s* auftragen; aufwarten mit; *dans l'assiette* aufgeben; F auftun; ~ *qc à qn* j-m etw servieren, vorsetzen, *st/s* vorlegen; ~ *des rafraîchissements* Erfrischungen reichen; F *fig* ~ *toujours les mêmes histoires* immer dieselben Geschichten auftischen; ~ *à boire* Getränke servieren; *qu'est-ce que je vous sers?* was darf ich Ihnen servieren, *boisson* einschenken?; *c'est servi!* das Essen steht auf dem Tisch!; *Madame est servie!* es ist angerichtet, aufgetragen!; **4.** *JEU* ~ *des cartes* Karten geben; **5.** ~ (*la balle*) *TENNIS* (den Ball) aufschlagen; **6.** *rente* auszahlen; **II** *v/t/ind* **1.** ~ *à qn* in nützen; *ses diplômes lui ont servi* s-e Diplome haben ihm genützt; ~ (*à qc*) (etwas) nützen; nützlich, brauchbar sein; *abs cela peut encore* ~ das kann man noch (ge-)

brauchen; *ses conseils ne m'ont pas servi à grand-chose* s-e Ratschläge haben mir nicht viel genützt; *ne ~ à rien* nichts nützen; zu nichts gut sein; *cela ne sert à rien (de +inf)* es nützt nichts, es hat keinen Wert *ou* Zweck, es ist zwecklos (zu *+inf*); *à quoi cela sert(-il) de (+inf)?* was nützt es, welchen Zweck hat es zu (*+inf*)?; **8.** *~ à (faire) qc* zu etw dienen; *à quoi sert cette machine?* wozu dient diese Maschine?; *ces livres m'ont servi à préparer mon examen* diese Bücher haben mir zur Examensvorbereitung gedient; **9.** *~ de* dienen als; *~ de bouc émissaire* als Sündenbock herhalten müssen; den Sündenbock abgeben müssen; *~ d'interprète* dolmetschen; F den Dolmetscher machen; *~ de père à qn* bei j-m Vaterstelle vertreten; *~ de prétexte* als Vorwand dienen; **III** *v/pr* **10.** *se ~* sich bedienen; *servez-vous!* (bitte) bedienen Sie sich!; (bitte) langen *ou* greifen Sie zu!; *se ~ de rôti* von dem Braten nehmen; *par ext se ~ chez un marchand* (gewöhnlich) bei e-m Händler kaufen; **11.** *se ~ de qc* etw benutzen *ou* benützen, gebrauchen, verwenden; etw (dazu) nehmen; *s/s* sich e-r Sache (*gén*) bedienen; *se ~ de l'ascenseur* den Lift benutzen; *se ~ d'une expression* e-n Ausdruck gebrauchen; *se ~ de qn* sich j-s bedienen; *il se sert de lui comme conseiller* er bedient sich seiner als Ratgeber; **12.** *sens passif ce vin doit se ~ frais* dieser Wein muß kühl serviert werden

serviteur [sɛRvitœR] *m* Diener *m*; *iron votre ~* meine Wenigkeit

servitude [sɛRvityd] *f* **1.** (*asservissement*) Knechtschaft *f*; (*contrainte*) Zwang *m*; *les ~s d'une profession* der mit e-m Beruf verbundene Zwang; **2.** *JUR* (Grund)Dienstbarkeit *f*

servo|commande [sɛRvokɔmɑ̃d] *f* TECH Servosteuerung *f*; **~direction** *f* AUTO Servolenkung *f*, Lenkhilfe *f*; **~frein** *m* AUTO Bremskraftverstärker *m*; Servobremse *f*

ses [se] *cf* **son**¹

sésame [sezam] *m* **1.** BOT Sesam *m*; **2.** *loc ~, ouvre-toi!* Sesam, öffne dich!

session [sesjɔ̃] *f* **1.** *d'une assemblée* Sitzungsperiode *f*; Sessi'on *f*; **2.** *d'un examen* Prüfungszeitraum *m*; *~ de juin* Prüfungen *f/pl* im Juni; Junitermin *m*

sesterce [sɛstɛRs] *m* HIST Se'sterz *m*

set [sɛt] *m* **1.** TENNIS Satz *m*; **2.** *~ (de table)* Set *n*

setter [sɛtɛR] *m chien* Setter *m*

seuil [sœj] *m* **1.** (Tür)Schwelle *f*; *fig au ~ d'une ère nouvelle* an der Schwelle e-r neuen Zeit; *fig au ~ de l'hiver* zu Beginn des Winters; *franchir, passer le ~* über die Schwelle treten; die Schwelle überschreiten; den Fuß über die Schwelle setzen; **2.** *par ext* Schwelle *f*; PHYSIOL *~ d'audibilité* Hörschwelle *f*; *~ d'excitation* Reizschwelle *f*; ÉCON *~ de rentabilité* Gewinn-, Nutzschwelle *f*; *fig ~ de tolérance* Toleranzschwelle *f*

seul [sœl] **I** *adj* **1.** (*solitaire*) al'lein (*seulement allein*); al'leinstehend; al'lein; *une vieille dame ~e* e-e alleinstehende alte Dame; *employé ~, ce mot signifie ...* allein gebraucht, bedeutet dieses Wort ...; *être ~* allein sein (*avec qn* mit j-m); *dans la vie* allein dastehen; *être tout ~ a* mutterseelenallein sein; *laisser qn ~* j-n allein lassen; *parler tout ~* mit sich selbst sprechen; Selbstgespräche führen; *rire tout ~* vor sich hin lachen; *se sentir ~* sich einsam, allein fühlen; *ils se sont trouvés bien ~s* sie standen ganz allein da; *vivre ~* allein leben; *~ contre tous* allein gegen alle; *j'aimerais vous voir ~ à ~* ich möchte Sie allein, unter vier Augen sprechen; **2.** (*unique*) allein; bloß; *s/s* al'leinig; *une ~e et même chose* ein und dieselbe Sache; *une ~e fois* ein einziges Mal; *un ~ mot et je m'en vais* noch ein Wort und ich gehe; *à la ~e pensée ou idée de partir* bei dem bloßen Gedanken, (allein) schon beim Gedanken an die Abreise; *dans la ~e intention de (+inf)* in der einzigen Absicht zu (*+inf*); *d'un ~ coup* mit einem Schlag; *vider un verre* auf einen Zug; *du ~ fait que* allein auf Grund der Tatsache, daß; *d'un ~e pièce* aus einem Stück; *par sa ~e présence* durch s-e bloße Anwesenheit; *c'est le ~ homme qui puisse vous aider* er ist der einzige Mensch, der Ihnen helfen kann; *être ~ de son espèce, ~ dans son genre* einzig in s-r Art sein; nur einmal vorkommen; **II** *adv* al'lein; nur; *~ le hasard* nur, allein der Zufall; *~ compte ...* es zählt nur, allein ...; *elle ~e* sie allein; nur sie; *que peut-il faire à lui ~?* was kann er allein schon ausrichten?; *faire qc tout ~* etw ganz allein machen; *il s'est fait ~* er hat sich aus eigener Kraft hochgearbeitet; *cela va tout ~* das geht (ganz) von selbst, von allein(e); **III** *subst un ~, une ~e* ein einziger, e-e einzige, ein einziges; *pas un ~* kein einziger; nicht ein einziger; *une ~e de ses œuvres* ein einziges s-r Werke; eines s-r Werke; *le ~, la ~e* der, die, das einzige; *il est ~ à travailler* er ist der einzige, der arbeitet; *c'est un des ~s qui ...* er ist einer der wenigen, die ...

seulement [sœlmɑ̃] **1.** nur; bloß; lediglich; *nous étions trois ~ ou ~ trois* wir waren nur, bloß drei; *non ~ ... mais aussi, encore ...* nicht nur ..., sondern auch ...; *si ... il travaillait* wenn er nur, bloß, wenigstens arbeiten würde; **2.** *temporel* erst; *~ ce soir* erst heute abend; *il vient ~ d'arriver* er ist gerade erst angekommen; **3.** *(ne ...) pas ~* nicht einmal; *il n'a pas ~ de quoi payer* er kann nicht einmal bezahlen; *il est parti sans ~ dire au revoir* ohne auch nur; **4.** *en tête de phrase* aber; *s/s* al'lein; *allez le voir, ~ ne restez pas trop longtemps* gehen Sie zu ihm, aber bleiben Sie nicht zu lange

seulet [sœlɛ] *adj (~te) plais* (mutterseelen)al'lein

sève [sɛv] *f* **1.** BOT Saft *m*; **2.** *fig* Kraft *f*; Schwung *m*; Tempera'ment *n*

sévère [sevɛR] *adj* **1.** (*dur*) *personne, air, mesures, mœurs* streng; *critique* hart; schonungslos; *lutte, verdict* hart; *peine a* schwer; *avertissement a* scharf; MÉD *régime ~* strenge Diät; *être, se montrer ~ pour, envers qn* streng gegen j-n sein; **2.** (*grave*) schwer; *subir des pertes ~s* schwere Verluste erleiden; **3.** (*austère*) streng; schlicht; nüchtern

sévèrement [sevɛRmɑ̃] *adv* **1.** streng; hart; *critiquer ~* hart kritisieren; *punir ~* streng bestrafen; **2.** (*gravement*) schwer; ernstlich

sévérité [sevɛRite] *f* Strenge *f*; *d'un verdict, d'une critique* Härte *f*; *d'un avertissement a* Schärfe *f*; (*austérité*) *a* Schlichtheit *f*; Nüchternheit *f*

sévices [sevis] *m/pl* Miß'handlungen *f/pl*; *exercer des ~ sur qn* j-n miß'handeln

sévir [seviR] *v/i* **a)** *~ contre* streng, mit aller Strenge vorgehen gegen; **b)** *abs* 'durchgreifen; **2.** *épidémie* gras'sieren; *tempête, voyous* wüten; *crise* herrschen

sevrage [səvRaʒ] *m d'un enfant* Entwöhnung *f*; Abstillen *n*; *d'un drogué* Entziehung *f* (von Rauschgiften)

sevrer [səvRe] *v/t* ⟨-è-⟩ **1.** *enfant* entwöhnen; abstillen; *animal* absetzen; *drogué* das Rauschgift entziehen (*qn* j-m); **2.** *fig et s/s ~ qn de qc* j-n e-r Sache (*gén*) berauben

Sèvres [sɛvR(ə)] *m* Sèvresporzellan *n*

sexagénaire [sɛgzaʒenɛR, sɛksa-] **I** *m,f* Sechzigjährige(r) *f(m)*; Sechziger(in) *m(f)*; **II** *adj* sechzigjährig

sex-appeal [sɛksapil] *m* Sex-Appeal [-'piːl] *m*

sexe [sɛks] *m* **1.** Geschlecht *n*; *le beau ~* das schöne Geschlecht; *le ~ fort* das starke Geschlecht; *des deux ~s* beiderlei Geschlechts; *personne, enfant du ~ masculin, féminin* männlichen, weiblichen Geschlechts; *fig discuter sur le ~ des anges* fruchtlose Diskussionen führen; sich um des Kaisers Bart streiten; **2.** (*parties sexuelles*) Geschlechtsteile *pl*; **3.** (*sexualité*) Sex *m*

sex|isme [sɛksism(ə)] *m* Se'xismus *m*; **~iste** *adj* se'xistisch; **II** *m(f)* Se'xist(-in) *m(f)*

sexo|logie [sɛksɔlɔʒi] *f* Sexolo'gie *f*; Sexu'alforschung *f*, -wissenschaft *f*; **~logue** *m,f* Sexo'loge, -'login *m,f*; Sexu'alforscher(in) *m(f)*

sex-shop [sɛksʃɔp] *f ou m* ⟨*pl* sex-shops⟩ Sexshop *m*

sextant [sɛkstɑ̃] *m* MAR, ASTR Sex'tant *m*

sextuor [sɛkstyɔR] *m* MUS Sex'tett *n*

sextuple [sɛkstypl(ə)] **I** *adj* sechsfach; **II** *subst le ~* das Sechsfache

sextupler [sɛkstyple] **I** *v/t* versechsfachen; **II** *v/i* sich versechsfachen

sexualité [sɛksɥalite] *f* Sexuali'tät *f*; Geschlechtlichkeit *f*

sexué [sɛksɥe] *adj* BIOL geschlechtlich differen'ziert; *reproduction ~e* geschlechtliche Fortpflanzung

sexuel [sɛksɥɛl] *adj* ⟨*~le*⟩ geschlechtlich; Geschlechts...; sexu'ell; Sexu'al...; *acte ~* Geschlechtsakt *m*; *caractères ~s* Geschlechtsmerkmale *n/pl*; *comportement ~* sexuelles Verhalten; Sexualverhalten *n*; *parties ~les* Geschlechtsteile *pl*; *plaisir ~* Geschlechtslust *f*; *rapports ~s, relations ~les* Geschlechtsverkehr *m*; *avoir des rapports ~s avec qn* mit j-m geschlechtlich verkehren

sexy [sɛksi] *adj* ⟨*inv*⟩ sexy

seyant [sejɑ̃] *adj vêtement, coiffure* passend; gutsitzend; kleidsam

Seychelles – sien

Seychelles [sɛʃɛl] *les ~ f/pl* die Seychellen [-'ʃɛl-] *pl*
S.G.D.G. [ɛsʒedəʒe] *abr* (*sans garantie du gouvernement*) *brevet délivré ~* Patent, das ohne Garantie des Staates erteilt wurde
shah *cf* **chah**
shaker [ʃɛkœʀ] *m* Shaker ['ʃe:-] *m*; Mixbecher *m*
shako [ʃako] *m* MIL Tschako *m*
shampo(o)ing [ʃɑ̃pwɛ̃] *m* **1.** *produit* Sham'poo(n) *n*; Schampon *n*; *~ colorant* Waschtönung *f*; Tönungsshampoo *n*; **2.** *lavage* Haarwäsche *f*; Waschen *n*; *se faire faire un ~* sich die Haare waschen lassen
shampouin|er [ʃɑ̃pwine] *v/t* die Haare waschen (*qn* j-m); schampo'nieren; *~euse f* Fri'seuse, die die Haare wäscht
Shanghai [ʃɑ̃gaj] Schang'hai *n*
shant(o)ung [ʃɑ̃tuŋ] *m* TEXT Schantungseide *f*; *t/t* Shantung *m*
shérif [ʃerif] *m* Sheriff *m*
sherry [ʃeri] *m vin* Sherry *m*
shetland [ʃɛtlɑ̃d] *m* TEXT Shetland *m*; (*pull m en*) *~* Shetlandpullover *m*
shilling [ʃiliŋ] *m monnaie* Shilling *m*
shintoïsme [ʃintoism(ə), ʃɛ̃-] *m* REL Schinto'ismus *m*
shoot [ʃut] *m* **1.** FOOTBALL Schuß *m*; **2.** *d'une drogue* Schuß *m*
shooter [ʃute] **I** *v/i* FOOTBALL schießen; **II** *v/pr drogué se ~* sich e-n Schuß setzen, drücken, machen
shopping [ʃɔpiŋ] *m* Einkaufen *n*; Einkaufsbummel *m*; Shopping *n*; *faire du ~* e-n Einkaufsbummel machen
short [ʃɔʀt] *m* Shorts [ʃ-] *pl*; kurze Hose
show [ʃo] *m* Show [ʃɔ:] *f*
showbiz [ʃobiz] F *m ou* **show-business** [ʃobiznɛs] *m* Schaugeschäft *n*; Showbusineß ['ʃo:bɪznɪs] *n*
si¹ [si] *adv* **1.** *affirmation* doch; *vous ne viendrez pas? – ~!* doch!; *mais ~* aber doch; *que ~* aber doch; doch, ganz bestimmt; gewiß doch; **2.** (*tellement*, *aussi*) so; *ne parlez pas ~ fort!* sprechen Sie nicht so laut!; *il n'est pas ~ intelligent qu'il le paraît* er ist nicht so klug, wie er scheint; *st/s ~ intelligent qu'il soit ou ~ intelligent soit-il st/s* so klug er auch sein mag; *loc/conj ~ bien que* so daß
si² [si] **I** *conj* ⟨*vor il, ils s'*⟩ **1.** *hypothétique* wenn; falls; so'fern; *~ vous continuez ainsi vous êtes ou serez perdu* wenn, falls Sie so weitermachen, ist es aus (mit Ihnen); *et ~ elle se fâche?* und wenn sie böse wird?; *s'il travaille c'est qu'il a besoin d'argent* wenn er arbeitet, so *ou* dann deshalb, weil er Geld braucht; *~ jamais vous allez en France ...* sollten Sie je nach Frankreich kommen, (so) ...; *~ possible* wenn, falls möglich; nach Möglichkeit; möglichst; tunlichst; *~ j'ose dire* wenn ich so sagen darf; *~ on peut dire* wenn man so sagen kann; *s'il vous plaît* bitte; *~ on veut* wenn man so will; *tant mieux ~ ...* um so besser, wenn ...; ♦ *avec imparfait: ~ je savais, je vous le dirais* wenn ich es wüßte, würde ich es Ihnen sagen; wüßte ich es, würde ich es Ihnen sagen; *~ (seulement) j'osais!* wenn ich mich (bloß) trauen würde!; *~ seulement il était venu plus tôt!* wäre er doch früher gekommen!; wenn er doch früher gekommen wäre!; *nous allions nous promener?* wie wär's mit e-m Spaziergang?; *même ~* selbst wenn; wenn auch; ♦ *loc/prép ~ ce n'est* a) (*excepté*) außer (+*dat*); b) (*sinon*) wenn nicht; *il ne reste rien ~ ce n'est quelques ruines* es bleibt nichts übrig außer einigen Ruinen; *un des meilleurs*, *~ ce n'est le meilleur* e-r der Besten, wenn nicht der Beste; *st/s ~ ce n'était la peur de se rendre ridicule*, *il ...* müßte er nicht fürchten, sich zu blamieren, so ...; *loc/conj ~ ce n'est que* außer daß; **2.** (*que*, *parce que*) daß; *c'est un miracle ~ nous sommes sauvés* es ist ein Wunder, daß wir davongekommen sind; *c'est à peine ~ ...* kaum daß ...; **3.** (*chaque fois que*) (jedesmal) wenn; *s'il se trompait on corrigeait ses erreurs* (jedesmal) wenn er sich irrte, verbesserte man s-e Fehler; **4.** *interrogation indirecte* ob; *je me demande s'il ne pourrait pas le faire* ich frage mich, ob er nicht das könnte; *je ne sais pas s'il viendra* ich weiß nicht, ob er kommt; ♦ *comme ~* als ob; F als wenn; *il parle comme s'il était le maître* er spricht, als ob er der Herr wäre *ou* als wäre er der Herr; ♦ *vous pensez s'il a été content!* Sie können sich denken, wie er sich gefreut hat!; und ob er sich gefreut hat!; *~ je m'en souviens!* und ob ich mich (daran) erinnere!; **II** *m* ⟨*inv*⟩ Wenn *n*; *avec lui*, *il y a toujours des ~ et des mais* bei ihm gibt es immer ein Wenn und ein Aber; *prov avec des ~ on mettrait Paris dans une bouteille* wenn das Wörtchen „wenn" nicht wär', wär' mein Vater Millionär (*prov*)
si³ [si] *m* ⟨*inv*⟩ MUS h *ou* H *n*
siamois [sjamwa] *adj* sia'mesisch; ZO *chat ~* Siamkatze *f*; *frères m/pl ~ ou sœurs ~es* siamesische Zwillinge *m/pl*
Sibérie [siberi] *la ~* Si'birien *n*
sibérien [siberjɛ̃] *adj* ⟨*~ne*⟩ si'birisch
sibylle [sibil] *f* Si'bylle *f*
sibyllin [sibi(l)lɛ̃] *adj paroles* sibyl'linisch; geheimnisvoll; rätselhaft
sic [sik] *adv* (*textuellement*) sic
sicav [sikav] *f* ⟨*inv*⟩ *abr* (*société d'investissement à capital variable*) **1.** *société* In'vestmentgesellschaft *f*; **2.** *action* In'vestmentzertifikat *n*, *-papier f*
siccatif [sikatif] *m* PEINT Sikka'tiv *n*; Trockenmittel *n*
Sicile [sisil] *la ~* Si'zilien *n*
sicilien [sisiljɛ̃] **I** *adj* ⟨*~ne*⟩ sizili'anisch; **II** *subst* ⟨*2(ne)*⟩ *m(f)* Sizili'aner(in) *m(f)*
sida [sida] *m abr* (*syndrome immuno-déficitaire acquis*) MÉD Aids [e:ds] *n*
side-car [sidkaʀ] *m* ⟨*pl side-cars*⟩ **a)** Motorrad *n* mit Seitenwagen; **b)** *habitacle* Seiten-, Beiwagen *m*
sidéen [sideɛ̃] **I** *adj* aidskrank ['e:ds-]; **II** *m,f* Aidskranke(r) *f(m)*
sidéral [sideʀal] *adj* ⟨*-aux*⟩ ASTR *année ~e* siderisches Jahr; Sternjahr *n*; *révolution ~e* siderische 'Umlaufzeit
sidérant [sideʀɑ̃] F *adj* verblüffend
sidérer [sideʀe] F *v/t* ⟨*-è-*⟩ verblüffen; verdutzen; *adj être*, *rester sidéré ~* verblüfft, verdutzt, sprachlos, wie vom Donner gerührt sein, dastehen; F baff, platt sein
sidérurgie [sideʀyʀʒi] *f* Eisenhüttenwesen *n*
sidérurgique [sideʀyʀʒik] *adj* *industrie f ~* eisenschaffende Industrie; Eisen- und Stahlindustrie *f*; *produit m ~* Erzeugnis *n* der Eisen- und Stahlindustrie; *usine f ~* Eisenhütte *f*
sidérurgiste [sideʀyʀʒist] *m* Eisenhütten-, Stahlwerker *m*
siècle [sjɛkl(ə)] *m* **1.** Jahr'hundert *n*; (*époque*) Zeitalter *n*; *le grand ~* das 17. Jahrhundert (*in Frankreich*); *le ~ de Louis XIV* das Zeitalter Ludwigs XIV.; *le ~ des lumières* das Zeitalter, Jahrhundert der Aufklärung; *au ~ dernier* im letzten Jahrhundert; *au vingtième ~* (*XXᵉ*) im zwanzigsten (20.) Jahrhundert; *depuis des ~s* seit Jahrhunderten; *jusqu'à la fin des ~s* bis zum *ou* an das Ende der Zeiten; F *il y a des ~s que je ne t'ai pas vu* F ich habe dich ewig nicht mehr gesehen; *être de son ~* mit der Zeit gehen; **2.** REL *le ~* die Welt
sied [sje] *cf* **seoir**
siège [sjɛʒ] *m* **1.** Sitz *m*; Sitzgelegenheit *f*; (*chaise*) Stuhl *m*; (*fauteuil*) Sessel *m*; AUTO *~ avant*, *arrière* Vorder-, Rücksitz *m*; *~ (d'un cabinet d'aisances)* Klo'settsitz *m*; *donner*, *offrir un ~* e-n Stuhl anbieten; *prendre un ~* sich setzen; Platz nehmen; **2.** *d'une assemblée* Sitz *m*; *~ de député* Abgeordnetensitz *m*; **3.** *d'une administration*, *d'une entreprise* Sitz *m*; *d'un parti* Zen'trale *f*; *~ social* Firmensitz *m*; *~ du gouvernement* Re'gierungssitz *m*; *par ext d'une douleur* Sitz e-s Schmerzes; **4.** ÉGL Stuhl *m*; *~ épiscopal* Bischofsstuhl *m*, *-würde f*; **5.** MIL Belagerung *f*; *état m de ~* Belagerungszustand *m*; *lever le ~* a) die Belagerung aufheben; b) *fig* aufbrechen; F abziehen; *mettre le ~ devant une ville* e-e Stadt belagern; **6.** JUR *magistrature f du ~* Richter *m/pl*; Richterstand *m*; **7.** MÉD *bain m de ~* Sitzbad *n*; *naissance présentation f par le ~* Steißlage *f*
siéger [sjeʒe] *v/i* ⟨*-è-*, *-geons*⟩ **1.** *assemblée*, *tribunal* tagen; e-e Sitzung abhalten; **2.** *député* e-n Sitz haben, sitzen (*à l'Assemblée*) in der Nationalversammlung); **3.** *gouvernement*, *administration* s-n Sitz haben (*à* in +*dat*)
sien [sjɛ̃] **I** *pr/poss* ⟨*sienne*⟩ *le ~*, *la ~ne* der, die, das sein(ig)e; seine(r, -s); *se rapportant à un possesseur féminin* der, die, das ihr(ig)e; ihre(r, -s); *pl les ~s*, *les ~nes* die seinigen *ou* ihr(ig)en; seine *ou* ihre; *mon fils et le ~* mein und sein *ou* ihr Sohn; mein Sohn und seiner *ou* ihrer; *j'avais perdu ma clef*, *elle m'a prêté la ~ne* sie hat mir ihren geliehen; **II** *adj/poss litt un ~ cousin* ein Vetter von ihm *ou* ihr; e-r seiner *ou* ihrer Vettern; *emphatique* F *la ~ne de maison est plus grande* sein *ou* ihr Haus ist größer; *considérer*, *regarder comme ~* als das Seine *ou* Ihre, als sein *ou* ihr Eigentum betrachten, ansehen; *faire ~nes les idées*, *les revendications de qn* sich j-s Ideen zu eigen machen; j-s Forderungen zu den ihr(ig)en *ou* sein(ig)en machen; **III** *subst* **1.** *y mettre du ~* das Sein(ig)e *ou* Ihr(ig)e tun, dazu beitragen; sein(en) *ou* ihr(en) Teil dazu bei-

tragen; **2. *les* ~s** die Sein(ig)en *ou* Ihr(ig)en; seine *ou* ihre Familie *f*, Angehörigen *m/pl*, *par ext* Freunde *m/pl*, Anhänger *m/pl*; **3. faire des ~nes** Dummheiten, dumme Streiche machen; *il a encore fait des ~nes a* F er hat sich wieder was geleistet

Sierra Leone [sjɛʀaleɔn] *la* ~ Si'erra Le'one *n*

sieste [sjɛst] *f* Mittagsschlaf *m*, -schläfchen *n*, -ruhe *f*; Si'esta *f*; **faire la ~** ein Mittagsschläfchen halten, machen; Siesta halten

sieur [sjœʀ] *m* JUR *ou péj le ~ X* Herr X

Sieyès [sjɛjɛs] *l'abbé ~ frz* Revolutionär

sifflant [siflɑ̃] *adj* pfeifend; zischend; *respiration ~e* pfeifender Atem; PHON *consonne ~e* Zischlaut *m*; Sibi'lant *m*

sifflement [sifləmɑ̃] *m* **a)** *action* Pfeifen *n* (*a du vent*); RAD *a* Pfeifgeräusch *n*; *de la vapeur* Zischen *n*; **~ d'oreilles** Ohrenklingen *n*; **b)** *résultat* Pfiff *m*; *un ~ d'admiration* ein bewundernder Pfiff

siffler [sifle] **I** *v/t* **1.** *air, chanson* pfeifen; *~ son chien* s-m Hund pfeifen; *arbitre*: *~ le coup d'envoi* das Spiel anpfeifen; *~ une faute* ein Foul [faul] pfeifen; *~ la mi-temps* zur Halbzeit pfeifen; **2.** *orateur, acteur, pièce* auspfeifen, auszischen; *se faire ~* ausgepfiffen werden; **3.** F (*boire*) F runterkippen; *un verre a* F einen zischen; **II** *v/i* pfeifen (*a oiseau, vent, balle, train*); *vent, balle a* sausen; *balle, flèche a* schwirren; *merle* flöten; *serpent, oie, vapeur, air* zischen; *~ en respirant* e-n pfeifenden Atem haben

sifflet [siflɛ] *m* **1.** *instrument* Pfeife *f*; *coup m de ~* Pfiff *m*; **2.** *pl ~s (huées)* ('Mißfallens)Pfiffe *m/pl*; Pfeifkonzert *n*; Zischen *n*; **3.** F *ça lui a coupé le ~* das verschlug ihm die Sprache; F da blieb ihm die Spucke weg

siffleur [siflœʀ] **I** *adj* ⟨-euse⟩ (gern, viel) pfeifend; *merle* flötend; **II** *m j*, der pfeift; Pfeifer *m*

siffloť|ement [siflɔtmɑ̃] *m* halblautes, leises Pfeifen; **~er** *v/t et v/i* (leise) vor sich hin pfeifen

sigle [sigl(ə)] *m* (aus den Initi'alen bestehende) Abkürzung; Sigel *n*

signal [siɲal] *m* ⟨*pl* -aux⟩ Si'gnal *n* (*a* CH DE FER, PSYCH); Zeichen *n*; *fig a* Fa'nal *n*; CH DE FER *~ automatique* Signalanlage *f*; Blinklicht *n*; *~ lumineux* Lichtsignal *n*; *~ optique* optisches Signal; *signaux routiers* Verkehrszeichen *n/pl*; *~ sonore* akustisches Signal; *~ d'alarme* **a)** CH DE FER Notbremse *f*; **b)** *contre le vol* A'larmanlage *f*; *déclencher le ~ d'alarme* die Alarmanlage auslösen; *tirer le ~ d'alarme* die Notbremse ziehen; *~ de détresse* Notsignal *n*; *donner le ~ du départ* das Zeichen zum Aufbruch, CH DE FER zur Abfahrt geben; *être le ~ d'une révolte* das Fanal für e-n Aufstand sein

signalé [siɲale] *litt adj* bemerkenswert; bedeutend

signalement [siɲalmɑ̃] *m* Per'sonenbeschreibung *f*; Signale'ment *n*; *d'un fugitif* Steckbrief *m*

signaler [siɲale] **I** *v/t* **1.** *changement de direction etc* anzeigen; signali'sieren; angeben; *piste, danger* bezeichnen, kennzeichnen; **2.** *~ qc à qn* j-n auf etw

(*acc*) aufmerksam machen, hinweisen; j-m etw mitteilen; *~ qn à la police* j-n der Polizei melden; *les journaux signalent sa présence à Paris* die Zeitungen melden, erwähnen, verzeichnen s-e Awesenheit in Paris; *rien à ~* keine besonderen Vorkommnisse; **II** *v/pr se ~* sich her'vortun, sich auszeichnen (*par son courage* durch s-n Mut); *se ~ à l'attention de qn* j-s Aufmerksamkeit erregen; j-n auf sich aufmerksam machen; j-m auffallen

signalétique [siɲaletik] *adj* ADM *fiche f ~* Erkennungsbogen *m*

signalisation [siɲalizasjɔ̃] *f* **1.** *routière* Be-, Ausschilderung *f*; *feux m/pl de ~* Verkehrsampel *f*; *panneau m de ~* Verkehrsschild *n*, -zeichen *n*; **2.** (*signaux*) Si'gnalsystem *n*, -wesen *n*; Si'gnale *n/pl*; **3.** *action* Si'gnalgebung *f*; Signali'sieren *n*

signaliser [siɲalize] *v/t route* be-, ausschildern

signataire [siɲatɛʀ] *m* Unter'zeichner *m*; *État* Unter'zeichner-, Signa'tarstaat *m*

signature [siɲatyʀ] *f* **1.** 'Unterschrift *f*; Namenszug *m*; *d'un artiste* Signa'tur *f*; *fig* Handschrift *f*; Stempel *m*; *apposer sa ~* s-e Unterschrift dar'untersetzen; *apposer sa ~ au bas d'un document* s-e Unterschrift unter ein Dokument setzen; **2.** *action* Unter'zeichnung *f*

signe [siɲ] *m* **1.** Zeichen *n*; MATH *a* Vorzeichen *n*; MÉD *a* Sym'ptom *n*; ASTROLOGIE *a* Sternzeichen *n*, -bild *n*; *~ caractéristique, distinctif* Kennzeichen *n*; Merkmal *n*; *~s particuliers* besondere Kennzeichen *n/pl*; *~ d'amélioration* (An)Zeichen der Besserung; *~ de ponctuation* Satzzeichen *n*; Interpunkti'onszeichen *n*; *~ des temps* Zeichen der Zeit; *~ du zodiaque* Tierkreiszeichen *n*; *~ impôt ~ sur les ~s extérieurs de richesse* Aufwandsteuer *f*; *loc/prép*: *en ~ de* zum Zeichen (+gén) als Zeichen, Ausdruck (+gén); *en ~ d'amitié* zum, als Zeichen der Freundschaft; *sous le ~ de* im Zeichen (+gén); *être né sous le ~ de la Balance* im Zeichen der Waage geboren sein; *fig être ⟨placé⟩ sous le ~ de la réconciliation* im Zeichen der Versöhnung stehen; *ne plus donner ~ de vie* kein Lebenszeichen mehr von sich geben; *fig il ne m'a pas donné ~ de vie depuis longtemps* ich habe schon lange kein Lebenszeichen von ihm erhalten; ich habe seit langem nichts von sich hören lassen; *donner des ~s de fatigue* Zeichen der Ermüdung erkennen lassen; *c'est bon, mauvais ~* das ist ein gutes, schlechtes Zeichen; *c'est ~ de pluie* das ist ein Zeichen für Regen; das bedeutet Regen; *c'est ~ que ...* das ist ein Zeichen dafür, daß ...; *faire le ~ de* (*la*) *croix* ein Kreuz schlagen; sich bekreuzen; ein Kreuzzeichen machen; *se parler par ~s* sich durch Zeichen verständigen; **2.** (*geste*) Wink *m*; *~ de tête* (*affirmatif, négatif*) Kopfnicken *ou* -schütteln *n*; *faire un ~ de* (*la*) *tête* (mit dem Kopf) nicken *ou* den Kopf schütteln; *faire un ~ de la main* ein Handzeichen geben; winken; *faire ~ à qn* j-m winken; *pour dire bonjour* j-m zuwinken; *faire ~ à qn de venir* j-m

her'anwinken; j-n zu sich winken; *faire ~ à qn de s'asseoir* j-n durch e-e Handbewegung zum Sitzen auffordern; *faire ~ à qn de se taire* a den Finger auf den Mund legen; *faire ~ que non* den Kopf schütteln; *avec la main* abwinken; *par ext*: *dès mon retour je vous ferai ~* sobald ich zurück bin, werde ich mich (bei Ihnen) melden; *si vous avez besoin de moi*, *faites-moi ~* lassen Sie es mich wissen

signer [siɲe] **I** *v/t* unter'schreiben, unter'zeichnen (*a abs*); *artiste, auteur*: *son œuvre* si'gnieren; *par ext ~ la paix* den Frieden(svertrag) unterzeichnen; *~ d'un faux nom* mit e-m falschen Namen unterschreiben; *fig c'est signé* das trägt s-n Stempel, s-e Handschrift; **II** *v/pr* REL *se ~* sich bekreuzigen; ein Kreuz schlagen

signet [siɲɛ] *m* Buch-, Lesezeichen *n*

signifiant [siɲifjɑ̃] *m* LING Signifi'kant *m*; Schrift- ou Lautbild *n*

significatif [siɲifikatif] *adj* ⟨-ive⟩ **1.** (*expressif*) bedeutsam; bedeutungsvoll; *sourire* vielsagend; **2.** (*révélateur*) bezeichnend (*de qc* für etw); *il est ~ que ...* (+*subj*) es ist bezeichnend, daß ...

signification [siɲifikasjɔ̃] *f* **1.** (*sens*) Bedeutung *f*; Sinn *m*; **2.** JUR Zustellung *f*

signifié [siɲifje] *m* LING Signifi'kat *n*; Begriff *m*

signifier [siɲifje] *v/t* **1.** (*vouloir dire*) bedeuten; heißen; besagen; *ça ne signifie pas grand-chose* das hat nicht viel zu bedeuten; *que signifie ce regard?* was soll dieser Blick heißen?; *ce mot signifie en français ...* dieses Wort bedeutet im Französischen ...; **2.** (*indiquer*) *~ ses intentions à qn* j-m s-e Absichten mitteilen, bekanntgeben, *st/s* kundtun; *~ à qn de sortir* j-m bedeuten hinauszugehen; **3.** JUR zustellen

silence [silɑ̃s] *m* **1.** *de qn* Schweigen *n* (*a poét de choses*); Stillschweigen *n*; *d'un endroit* Stille *f*; Ruhe *f*; *~ éloquent* beredtes Schweigen; *~ profond* tiefe Stille; *~ de mort* Toten-, Grabesstille *f*; *le ~ de la nuit* die Stille der Nacht; *le ~ de la presse* das Schweigen der Presse; *la loi du ~ dans le Milieu* das Gesetz des Schweigens; *en ~* schweigend; *souffrir en ~* leiden, ohne zu klagen; *~! Ruhe!; ruhig!; still (da)!;* CIN *~, on tourne!* Achtung, Aufnahme!; *il n'écrit plus*, *je ne m'explique pas son ~* ich kann mir sein Schweigen nicht erklären; *le ~ se fit dans la salle* es wurde still im Saal; im Saal trat Stille ein; *garder le ~* Stillschweigen bewahren, sich ausschweigen (*sur qc* über etw [*acc*]); *imposer* (*le*) *~ à qn* j-n zum Schweigen bringen (*a fig détracteur etc*); *passer sous ~* verschweigen; mit Stillschweigen über'gehen; *réduire au ~* zum Schweigen bringen (*a opposition*); **2.** MUS Pause *f*

silencieux [silɑ̃sjø] **I** *adj* ⟨-euse⟩ *personne momentanément* still; stumm; ruhig; *de nature* schweigsam; *forêt, rue* still; *pas, geste* laut-, geräuschlos; *majorité silencieuse* schweigende Mehrheit; *marche silencieuse* Schweigemarsch *m*; *moteur être ~* ruhig laufen; geräuscharm sein; *rester, demeurer ~*

Silésie – sinistré

stillschweigen; in Schweigen verharren; **II** *m* TECH Schalldämpfer *m*
Silésie [silezi] *la* ~ Schlesien *n*
silex [sileks] *m* MINÉR Feuerstein *m*
silhouette [silwɛt] *f* **1.** (*ombre, contours*) Silhou'ette *f*; Schattenbild *n*; 'Umrisse *m/pl*; **2.** (*aspect d'une personne*) Gestalt *f*; Fi'gur *f*
silicate [silikat] *m* CHIM Sili'kat *ou* Sili'cat *n*
silice [silis] *f* CHIM Kieselerde *f*; Si'liciumdioxid *n*; *verre m de* ~ Quarzglas *n*
siliceux [silisø] *adj* ⟨-euse⟩ MINÉR kieselartig, -haltig; Kiesel...
silicium [silisjɔm] *m* CHIM Si'licium *ou* Si'lizium *n*
silicone [silikon] *f* CHIM Sili'kon *n*
silicose [silikoz] *f* MÉD Sili'kose *f*; Staublunge *f*
sillage [sijaʒ] *m* **1.** MAR Kielwasser *n*; *fig* **marcher dans le**, **suivre le** ~ **de qn** in j-s Fuß(s)tapfen (*acc*) treten; *péj* in j-s Kielwasser (*dat*) segeln, treiben; **2.** PHYS, AVIAT Luftstrom *m*, -wirbel *m/pl*; **3.** *fig* Spur *f*; ~ *d'un parfum* Duftwolke *f*
sillon [sijɔ̃] *m* **1.** *d'un champ* Furche *f*; *tracer*, *creuser un* ~ e-e Furche ziehen; **2.** *d'un disque* Rille *f*; **3.** ANAT ~**s** *du cerveau* Gehirnfurchen *f/pl*
sillonner [sijɔne] *v/t* **1.** *bateau: mer* durch'furchen; *éclair: ciel* durch'zukken; *routes; pays* durch'ziehen; *avion* ~ *le ciel* (am Himmel) da'hinfliegen; um'herfliegen; *p/p visage sillonné de rides* von Runzeln durchfurcht; **2.** ~ *une région en voiture* in e-r Gegend um'her-, her'umfahren
silo [silo] *m* **1.** Silo *m ou n*; ~ *à céréales* Getreidesilo *m*; **2.** MIL Ra'ketensilo *m ou n*
silure [silyʀ] *m* ZO Wels *m*
simagrées [simagʀe] *f/pl* Ziere'rei *f*; Gehabe *n*; Getue *n*; F Mätzchen *n/pl*; *faire des* ~ sich zieren; F sich haben; sich anstellen; Mätzchen machen
simiens [simjɛ̃] *m/pl* ZO sc Affen *m/pl*
simiesque [simjɛsk] *adj* affenähnlich
similaire [similɛʀ] *adj* gleichartig; ähnlich; entsprechend
simili [simili] **1.** *m* Imitati'on *f*; Nachahmung *f*; *t/t* Simili *n ou m*; *en* ~ unecht; nachgemacht; **2.** *f abr cf* **similigravure**
simili|**cuir** [similikɥiʀ] *m* Kunstleder *n*; ~**gravure** *f* TYPO Autoty'pie *f*
similitude [similityd] *f* Ähnlichkeit *f* (a MATH)
simoun [simun] *m vent* Samum *m*
simple [sɛ̃pl(ə)] **I** *adj* **1.** einfach; *moyen*, *méthode a* simpel; *style, robe etc a* schmucklos; schlicht; CHIM *corps m* ~ (chemisches) Ele'ment; Grundstoff *m*; *gens m/pl* ~**s** einfache Leute *pl*; GR *passé m* ~ hi'storisches Perfekt; Passé simple *n*; GR *temps m* ~ einfache Zeit; *rien de plus* ~ *!* nichts einfacher als das!; *avoir des goûts* ~**s** e-e einfache Lebensweise bevorzugen; *c'est* (*bien*) ~, *tu restes ici* das ist ganz einfach, *subst: prix varier du* ~ *au double* bis doppelt so hoch sein; **2.** (*pur, seul*) einfach; bloß; rein; ~ *employé m* einfache(r) Angestellte(r); *une* ~ *mesure de précaution* e-e einfache, bloße Vorsichtsmaßnahme; *un* ~ *geste suffit* e-e einfache, bloße Geste genügt; *le* ~

bon sens ... schon der gesunde Menschenverstand ...; *cf a pur 6.*; **3.** (*simplet*) einfältig; *être* ~ *d'esprit* geistig beschränkt sein; ein einfaches Gemüt haben, sein; *subst un* ~ *d'esprit* ein geistig Beschränkter; *il faudrait être bien* ~ *pour* (+*inf*) man müßte schon sehr einfältig sein, um zu (+*inf*); **II** *m* **1.** TENNIS Einzel *n*; ~ *dames*, *messieurs* Damen-, Herreneinzel *n*; **2.** PHARM ~**s** *pl* Heilkräuter *n/pl*, -pflanzen *f/pl*
simplement [sɛ̃plɔmɑ̃] *adv* einfach; *tout* ~ ganz einfach; *être habillé* ~ einfach, schlicht gekleidet sein; *il a* ~ *voulu vous faire peur* er wollte Sie einfach, bloß, nur erschrecken
simplet [sɛ̃plɛ] *adj* ⟨~te⟩ etwas einfältig; simpel; na'iv
simplicité [sɛ̃plisite] *f* **1.** Einfachheit *f*; *du mode de vie, du style a* Schlichtheit *f*; *du style, d'un vêtement a* Schmucklosigkeit *f*; *d'une personne a* (*naturel*) Na'türlichkeit *f*; Unkompliziertheit *f*; (*modestie*) Anspruchslosigkeit *f*; *en toute* ~ einfach; schlicht; ohne 'Umstände (zu machen); **2.** (*naïveté*) Einfalt *f*; Einfältigkeit *f*
simplific|**ateur** [sɛ̃plifikatœʀ] *adj* ⟨-trice⟩ vereinfachend; ~**ation** *f* Vereinfachung *f*; MATH *d'une fraction a* Kürzung *f*
simplifier [sɛ̃plifje] **I** *v/t* vereinfachen; MATH *fraction a* kürzen; **II** *v/pr se* ~ einfacher werden
simplisme [sɛ̃plism(ə)] *m* 'übermäßige Vereinfachung *f*; Einseitigkeit *f*
simpliste [sɛ̃plist] *adj raisonnement* zu einfach; *morale, jugement* einseitig; *esprit m* ~, *il a* *des choses zu einseitig sieht, zu sehr vereinfacht
simulacre [simylakʀ(ə)] *m* Scheinhandlung *f*; ~ *de* ... Schein...; fin'giert; ~ *de combat* Scheingefecht *n*
simula|**teur** [simylatœʀ] *m*, ~**trice** *f* **1.** Simu'lant(in) *m(f)*; **2.** *m* TECH Simu'lator *m*; ~ *de vol* Flugsimulator *m*
simulation [simylasjɔ̃] *f* **1.** Verstellung *f* (*abs*); Vortäuschung *f*; Simu'lieren *n*; Simulati'on *f*; **2.** JUR Scheingeschäft *n*; **3.** TECH Simu'lierung *n*; Simulati'on *f*
simulé [simyle] *adj* vorgetäuscht; fin'giert; Schein...; *attaque* ~**e** Scheinangriff *m*; *maladie* ~**e** vorgetäuschte, simulierte Krankheit
simuler [simyle] *v/t* vortäuschen; heucheln; fin'gieren; *maladie a* simu'lieren; **2.** TECH simu'lieren
simultané [simyltane] *adj* gleichzeitig; simul'tan; ÉCHECS *partie* ~**e** *ou subst* ~**e** *f* Simultanspiel *n*, -schach *n*; *traduction* ~**e** Simultanübersetzung *f*
simultanéité [simyltaneite] *f* Gleichzeitigkeit *f*
simultanément [simyltanemɑ̃] *adv* gleichzeitig; zur gleichen Zeit
Sinaï [sinai] *le* ~ der Sinai
sinapisé [sinapize] *adj* MÉD *cataplasme* ~ Senfpackung *f*
sinapisme [sinapism(ə)] *m* MÉD Senfpflaster *n*, -packung *f*
sincère [sɛ̃sɛʀ] *adj* aufrichtig; ehrlich; offen; *admiration f* ~ ehrliche, aufrichtige, echte Bewunderung; ~**s** *condoléances f/pl* herzliches Beileid; aufrichtige Teilnahme; *opinion f* ~ ehrliche Meinung; *veuillez agréer mes* ~**s** *salutations* mit vorzüglicher Hochachtung; mit (den) besten Grüßen; *être* ~ *avec soi-même* sich selbst gegenüber ehrlich sein
sincèrement [sɛ̃sɛʀmɑ̃] *adv cf* **sincère**; ~, *je ne le crois pas* ehrlich gesagt *ou* offen gestanden, ich glaube ihm nicht; ~, *vous ne voulez pas venir?* Sie wollen also wirklich, wahrhaftig nicht kommen?
sincérité [sɛ̃seʀite] *f* Aufrichtigkeit *f*; Ehrlichkeit *f*; Offenheit *f*; *en toute* ~ in aller Offenheit
sinécure [sinekyʀ] *f* geruhsames Pöstchen; F Druckposten *m*; F *ce n'est pas une* ~ das ist keine leichte Aufgabe
sine die [sinedje] *loc/adv renvoyer un débat* ~ e-e Debatte auf unbestimmte Zeit vertagen
sine qua non [sinekwanɔn] *loc/adj condition f* ~ unerläßliche Bedingung, Vor'aussetzung; Con'ditio sine qua non *f*
Singapour [sɛ̃gapuʀ] Singapur *n*
singe [sɛ̃ʒ] *m* **1.** ZO Affe *m*; *les grands* ~**s** die Menschenaffen *m/pl*; *être malin comme un* ~ ein schlauer Fuchs, F ein gewiefter Bursche sein; *faire le* ~ den Hanswurst machen, spielen; F Faxen machen; *prov* **on n'apprend pas à un vieux** ~ **à faire la grimace** e-m alten Hasen macht man nichts vor; **2.** *arg* (*corned-beef*) Corned beef *n*; Büchsenfleisch *n*; **3.** *arg* (*patron*) *le* ~ F der Alte
singer [sɛ̃ʒe] *v/t* ⟨-geons⟩ nachäffen; nachmachen
singeries [sɛ̃ʒʀi] *f/pl* Gri'massen *f/pl*; F Faxen *f/pl*; *faire des* ~ Faxen machen; Grimassen schneiden
singulariser [sɛ̃gylaʀize] **I** *v/t vêtements etc* ~ *qn* j-n auffällig erscheinen lassen; j-n aus der Masse her'ausheben; **II** *v/pr se* ~ auffallen; von den andern abstechen; F aus der Reihe tanzen
singularité [sɛ̃gylaʀite] *f* **1.** (*étrangeté*) Eigentümlichkeit *f*; Eigenartigkeit *f*; Sonderbarkeit *f*; **2.** (*particularité*) Eigenart *f*; Eigenheit *f*
singulier [sɛ̃gylje] **I** *adj* ⟨-ière⟩ **1.** eigenartig; eigentümlich; sonderbar; seltsam; merkwürdig; *idée a* ausgefallen; abseitig; *singulière aventure* eigenartiges *etc* Erlebnis; *une singulière façon de raconter les choses* e-e merkwürdige Art, die Dinge zu erzählen; *un* ~ *personnage* e-e eigenartige *etc* Gestalt; **2.** *litt combat* ~ Zweikampf *m*; **II** *m* GR Singular *m*; Einzahl *f*
singulièrement [sɛ̃gyljɛʀmɑ̃] *adv* **1.** (*très*) sehr; ungemein; ganz besonders; *avant un adj* überaus; ausnehmend; **2.** (*bizarrement*) eigenartig; eigentümlich; **3.** *litt* (*surtout*) im besonderen, insbesondere
sinistre [sinistʀ(ə)] **I** *adj* **1.** *bruit, endroit, personne* unheimlich; *atmosphère, regard a* düster; *présage* unheilverkündend; **2.** *une* ~ *crapule* ein erbärmlicher, elender, ausgemachter Lump; *un* ~ *imbécile* ein 'Vollidiot *m*; **II** *m* **1.** (Brand-, Flut-, Erdbeben)Kata'strophe *f*; *pompiers maîtriser le* ~ den Brand eindämmen; **2.** ASSURANCES Schaden(sfall) *m*
sinistré [sinistʀe] **I** *adj* von e-r Kata'strophe betroffen, heimgesucht; geschädigt; (*bombardé*) zerbombt; ausge-

bombt; *région ~e* Katastrophengebiet *n*; **II** *m* Opfer *n* (e-r Kata'strophe); (Kata'strophen)Geschädigte(r) *m*
sinistrose [sinistʀoz] *f* Kata'strophenstimmung *f*
sino-... [sino-] *adj* chi'nesisch-...; *exemple*: *sino-japonais* chinesisch-japanisch
sino|logie [sinɔlɔʒi] *f* Sinolo'gie *f*; Chinakunde *f*; *~logue m,f* Sino'loge, -'login *m,f*
sinon [sinõ] *conj* **1.** (*autrement*) sonst; ander(e)nfalls, *~ tu ne réussiras pas* arbeite, sonst schaffst du es nicht; **2.** (*sauf*) außer; *que faire ~ attendre?* was kann man schon tun außer abzuwarten?; was kann man schon anderes tun als ab(zu)warten?; *loc/conj que* außer daß, *je ne sais rien ~ qu'il est très occupé* ich weiß nichts, als *ou* außer daß er sehr beschäftigt ist; **3.** (*si ce n'est*) wenn nicht (gar); *une force indifférente, ~ ennemie* e-e gleichgültige, wenn nicht gar feindliche Macht; *faites-le, ~ aujourd'hui, du moins demain* tun Sie es, wenn nicht heute, so doch morgen
sinoque [sinɔk] *adj* F plem'plem; *cf a cinglé*
sinueux [sinɥø] *adj* ⟨-euse⟩ **1.** *ligne, rivière* gewunden; *route* kurvenreich; **2.** *fig pensées* verschlungen, gewunden
sinuosités [sinɥozite] *f/pl* Windungen *f/pl*; Krümmungen *f/pl*; Biegungen *f/pl*
sinus [sinys] *m* **1.** ANAT **a**) Nasennebenhöhle *f*; *~ frontal* Stirnhöhle *f*; *~ maxillaire* Kieferhöhle *f*; **b**) *de vaisseaux sanguins* Erweiterung *f*; *sc* Sinus *m*; **2.** MATH Sinus *m*
sinusite [sinyzit] *f* MÉD Stirnhöhlenkatarrh *m*
sinusoïdal [sinyzɔidal] *adj* ⟨-aux⟩ MATH Sinus...; *fonction ~e* Sinusfunktion *f*; PHYS *mouvement ~* Sinusschwingung *f*
sinusoïde [sinyzɔid] *f* MATH Sinuskurve *f*
sion|isme [sjɔnism(ǝ)] *m* Zio'nismus *m*; *~iste* **I** *adj* zio'nistisch; **II** *m,f* Zio'nist(in) *m(f)*
Sioux [sju] *m/pl* Sioux ['ziːʊks] *m/pl*; F *fig ruses f/pl de ~* geschickte Tricks *m/pl*
siphon [sifõ] *m* **1.** *d'un évier etc* Geruchverschluß *m*; Siphon *m*; **2.** *~ (d'eau de Seltz)* Sodawasserflasche *f*; Siphon *m*; **3.** PHYS Saugheber *m*
siphonné [sifɔne] *adj* F behämmert, me'schugge; *cf a cinglé*
sire [siʀ] *m* **1.** *titre d'un souverain* ♀ Maje'stät; **2.** *un triste ~* ein elendes, verkommenes Sub'jekt
sirène [siʀɛn] *f* **1.** MYTH Si'rene *f*; **2.** Si'rene *f*; *~ d'alerte, d'alarme* A'larmsirene *f*; *~ d'usine* Fa'briksirene *f*
sirocco [siʀɔko] *m vent* Schi'rokko *m*
sirop [siʀo] *m* Sirup *m*; PHARM *~ contre la toux* Hustensaft *m*; *~ de framboises* Himbeersirup *m*; *~ fruits m/pl au ~* eingemachte Früchte *f/pl*
siroter [siʀɔte] F *v/t* (langsam und) mit Genuß schlürfen
sirupeux [siʀypø] *adj* ⟨-euse⟩ **1.** sirupartig; **2.** *fig* et *péj musique* schmalzig
sis [si] *adj* ⟨*sise* [siz]⟩ JUR gelegen; befindlich; sich befindend
sisal [sizal] *m fibre* Sisal *m*

sismique [sismik] *adj* Erdbeben...; seismisch; *onde f ~* Erdbebenwelle *f*; *secousse f ~* Erdstoß *m*
sismographe [sismɔgʀaf] *m* Seismo'graph *m*, -'meter *n*
Sisyphe [sizif] *m* MYTH Sisyphus *m*
site [sit] *m* (*paysage*) Landschaft *f*; Gegend *f*; (*endroit*) Stätte *f*; *d'une ville* Lage *f*; *d'une usine* Standort *m*; *~s pl a* landschaftliche Schönheiten *f/pl*; *~ historique* historische Stätte; *~ protégé, classé cf classer 4*.
sit-in [sitin] *m* ⟨*inv*⟩ Sit-in *n*
sitôt [sito] **I** *adv ~ après le petit déjeuner ...* so'gleich, so'fort nach dem Frühstück ...; *pas de ~* nicht so bald; nicht so schnell; *~ arrivé, il s'endormit* so'bald *ou* gleich nach'dem er angekommen war, schlief er ein; *loc ~ dit, ~ fait* gesagt, getan; **II** *loc/conj ~ que* so'bald
situation [sitɥasjõ] *f* **1.** *d'une ville, d'une maison* Lage *f*; **2.** (*circonstances*) Lage *f*; Situati'on *f* (*a* THÉ); Verhältnisse *m/pl*; Zustände *m/pl*; 'Umstände *m/pl*; *~ délicate, désespérée* heikle, verzweifelte Lage, Situation; *~ économique* Wirtschaftslage *f*; wirtschaftliche Lage; *~ politique* politische Lage; politische Verhältnisse, Zustände; ADM *~ de famille* Fa'milien-, Per'sonenstand *m*; *~ sans issue* ausweglose Lage, Situation; THÉ *comique m de ~* Situationskomik *f*; *être en ~ de* (+*inf*) in der Lage sein zu (+*inf*); *exposer la ~* e-n Lagebericht geben; *mettre qn en ~* j-m kurz die Situation erklären; **3.** (*emploi*) (berufliche) Stellung *f*; Positi'on *f*; *~ stable* gesicherte Position, Stellung; Dauerstellung *f*; *être sans ~*, *se faire une ~* stellungslos sein; *se faire une ~* sich e-e Position schaffen
situé [sitɥe] *adj* gelegen; *être bien ~ maison* schön, *boutique* günstig gelegen sein, liegen; *être ~ au nord de Paris* nördlich, im Norden von Paris liegen
situer [sitɥe] **I** *v/t* einordnen; *où situez-vous Nice?* wo liegt für Sie Nizza?; *un événement à une époque donnée* ein Ereignis in e-e bestimmte Epoche einordnen, e-r bestimmten Epoche zuordnen; *l'auteur a situé cette scène à Lyon* der Verfasser läßt diese Szene in Lyon spielen; *~ un texte* e-n Text einordnen; **II** *v/pr se ~* choses liegen; s-n Platz haben; *action d'un roman* spielen (*à* in +*dat*); *personne* sich einordnen; e-e Positi'on einnehmen; *se ~ politiquement à gauche* politisch links stehen, angesiedelt sein; *se ~ aux alentours de dix pour cent* bei zehn Prozent liegen; *cette expérience se situe dans le cadre d'un programme de recherches* dieses Experiment findet im Rahmen e-s Forschungsprogramms statt
six [sis, *vor Konsonant* si, *vor Vokal* siz] **I** *num/c* sechs; *le ~ août* der sechste August *ou* am sechsten August; *chapitre m ~* Kapitel sechs; *Charles VI* Karl VI. (der Sechste); CYCLISME *~ jours m/pl* Sechs'tagerennen *n*; *à ~* zu sechst, sechs(en); *de ~ ans* sechsjährig; *von sechs Jahren*; *il est ~ heures* es ist sechs (Uhr); **II** *m* Sechs *f*; *süd a* Sechser *m*; *le ~ (du mois)* der Sechste *ou* am Sechsten (des Monats); *cf a deux II*

six-huit [sisɥit] *m* MUS (*mesure f à*) *~* Sechs'achteltakt *m*
sixième [sizjɛm] **I** *num/o* sechste(r, -s); **II** *subst* **1.** *le, la ~* der, die, das sechste; **2.** *m* MATH Sechstel *n*; **3.** *m étage* sechster Stock; sechstes Stockwerk; sechste E'tage; **4.** *f* ÉCOLE erste Klasse im Gym'nasium; Sexta *f*; *élève m,f de ~* Sex'taner(in) *m(f)*
sixièmement [sizjɛmmã] *adv* sechstens
six-quatre-deux [siskatdø] *loc/adv* F *travail fait à la ~* flüchtig, F schluderig gemacht
sixte [sikst] *f* MUS Sexte *f*
Sixtine [sikstin] *adj à Rome chapelle f ~* Six'tinische Ka'pelle
skaï [skaj] *m* (*nom déposé*) Skai *n* (*Wz*)
skate(-board) [skɛt(bɔʀd)] *m* Skateboard ['skeːt-] *n*; Rollbrett *n*
sketch [skɛtʃ] *m* ⟨*pl sketches*⟩ Sket(s)ch *m*
ski [ski] *m* **1.** Ski *ou* Schi *m*; *~ court* Kurzski *m*; *à, en ~s* auf Skiern; *mettre, attacher ses ~s* s-e Skier anschnallen; **2.** *sport* Skilauf(en) *m(n)*; Skifahren *n*; Skisport *m*; *faire du ~* Ski laufen, fahren; *~ nautique* Wasserski *n*; *faire du ~ nautique* Wasserski fahren; *~ de fond* (Ski)Langlauf *m*; *faire du ~ de fond* Langlauf machen, betreiben; *~ de randonnée* Skiwandern *n*; *bâton m de ~* Skistock *m*; *championnat m de ~* Skimeisterschaft *f*
skiable [skjabl(ǝ)] *adj piste* (mit Skiern) befahrbar; *neige* zum Skifahren geeignet; gefühig
ski-bob [skibɔb] *m* ⟨*pl skis-bobs*⟩ Skibob *m*
skier [skje] *v/i* Ski laufen, fahren
ski|eur [skjœʀ] *m*, *~euse f* Skiläufer (-in) *m(f)*; Skifahrer(in) *m(f)*; *~ de fond* (Ski)Langläufer(in) *m(f)*
skiff(f) [skif] *m* SPORTS Skiff *n*
skipper [skipœʀ] *m* MAR Skipper *m*; Kapi'tän *m* (e-r Segeljacht)
slalom [slalɔm] *m* SPORTS Slalom *m*; Torlauf *m*; *~ géant, spécial* Riesen-, Spezi'alslalom *m*; *fig faire du ~* Slalom fahren; im Zickzack fahren *ou* gehen; sich 'durchwinden (*entre les tables* zwischen den Tischen)
slalomer [slalɔme] *v/i cf* (*faire du*) *slalom*
slalom|eur [slalɔmœʀ] *m*, *~euse f* Slalomläufer(in) *m(f)*
slave [slav] **I** *adj* slawisch; **II** *subst* ♀ *m,f* Slawe *m*, Slawin *f*
slip [slip] *m* **1.** Slip *m*; *pour femme a* (Damen)Höschen *n*; *~ de bain* Badehose *f*; **2.** MAR Schlipp *ou* Slip *m*; Aufschleppe *f*
slogan [slɔgɑ̃] *m* Pa'role *f*; Schlagwort *n*; Slogan *m*; *~ électoral* Wahlparole *f*; *~ publicitaire* Werbeslogan *m*, -spruch *m*
slovaque [slɔvak] **I** *adj* slo'wakisch; **II** *subst* **1.** ♀ *m,f* Slo'wake *m*, Slo'wakin *f*; **2.** LING *le ~* das Slo'wakische; Slo'wakisch *n*
Slovaquie [slɔvaki] *la ~* die Slowa'kei
slovène [slɔvɛn] **I** *adj* slo'wenisch; **II** *subst* **1.** ♀ *m,f* Slo'wene *m*, Slo'wenin *f*; **2.** LING *le ~* das Slo'wenische; Slo'wenisch *n*
Slovénie [slɔveni] *la ~* Slo'wenien *n*
slow [slo] *m danse* Slowfox *m*
smala(h) [smala] *f* F *plais* (ganze) Fa'mi-

lie; *péj* Sippschaft *f*; **avec toute sa ~** mit Kind und Kegel
smash [smaʃ] *m* TENNIS etc Schmetterball *m*, -schlag *m*; **~er** *v/i* schmettern
S.M.E. [ɛsəmə] *m abr* (*Système monétaire européen*) EWS *n* (Europäisches Währungssystem)
SMIC *ou* **S.M.I.C.** [smik] *m abr* (*salaire minimum interprofessionnel de croissance*) (dy'namischer) Mindestlohn (für alle Berufssparten)
smic|ard [smikar] *m*, **~arde** *f* Mindestlohnempfänger(in) *m(f)*
smocks [smɔk] *m/pl* COUT Smokarbeit *f*
smog [smɔg] *m* Smog *m*
smoking [smɔkiŋ] *m* Smoking *m*
smurf [smœrf] *m* Breakdance ['breːk-] *m*
snack(-bar) [snak(bar)] *m* Schnellgaststätte *f*; Snackbar ['snɛk-] *f*; Imbißstube *f*
S.N.C.F. [ɛsɛnseef] *f abr* (*Société nationale des chemins de fer français*) Fran'zösische Staatsbahn
SNES *ou* **S.N.E.S.** [snɛs] *m abr* (*Syndicat national de l'enseignement secondaire*) (linksorientierte) Gewerkschaft der Gymnasiallehrer
sniffer [snife] *v/t drogue* schnüffeln; sniffen
snob [snɔb] I *adj* ⟨f *inv*⟩ sno'bistisch; II *m,f* Snob *m*
snober [snɔbe] *v/t* F **~ qn** j-n von oben her'ab behandeln; j-n hochmütig über'sehen
snobin|ard [snɔbinar] *m*, **~arde** *f* F *péj* kleiner Snob
snobisme [snɔbism(ə)] *m* Sno'bismus *m*
sobre [sɔbr(ə)] *adj* **1.** *personne* mäßig, maßvoll, enthaltsam, zu'rückhaltend im Trinken; F **~ comme un chameau** äußerst mäßig im Trinken; **2.** *fig* **~ en paroles** wortkarg; **être ~ de compliments** mit Komplimenten zu'rückhaltend, sparsam sein; **3.** *style, tenue* nüchtern; schmucklos
sobriété [sɔbrijete] *f* **1.** *d'une personne* Mäßigkeit *f*, Enthaltsamkeit *f*, Zu'rückhaltung *f* im Trinken; **2.** *du style etc* Nüchternheit *f*; Schmucklosigkeit *f*
sobriquet [sɔbrikɛ] *m* Spitzname *m*
soc [sɔk] *m* AGR Pflugschar *f*
sociabilité [sɔsjabilite] *f* 'Umgänglichkeit *f*; Geselligkeit *f*
sociable [sɔsjabl(ə)] *adj* 'umgänglich; gesellig; **caractère** *m* **~** umgänglicher Charakter
social [sɔsjal] I *adj* ⟨-aux⟩ **1.** (*relatif à la justice sociale*) sozi'al; Sozi'al...; **affaires ~es** soziale Angelegenheiten *f/pl*; Soziale(s) *n*; **assurances ~es** Sozialversicherung *f*; **charges ~es** Soziallasten *f/pl*; **climat ~** soziales Klima; **mesures ~es** soziale Maßnahmen *f/pl*; **politique ~e** Sozialpolitik *f*; **problèmes sociaux** soziale Probleme *n/pl*; **2.** (*de la société*) Gesellschafts...; gesellschaftlich; sozi'al; Sozi'al...; ZO **animaux sociaux** soziale, staatenbildende Tiere *n/pl*; **classe ~e** Gesellschaftsklasse *f*; soziale Klasse; **sciences ~es** Gesellschafts-, Sozialwissenschaften *f/pl*; **3.** COMM Firmen...; Gesellschafts...; **capital ~** Gesellschaftskapital *n* *d'une S.A.R.L.* Stammkapital *n*; *d'une S.A.* Grundkapital *n*; **raison ~e** Firmenname *m*, -bezeichnung *f*; Firma *f*; **siège ~** Firmensitz *m*; II *m* Sozi'albereich *m*

social-démocrate [sɔsjaldemɔkrat] POL I *adj* ⟨sociale-démocrate; sociaux--démocrates⟩ sozi'aldemokratisch; II *m* Sozi'aldemokrat *m*; *péj* Sozi *m*
socialis|ation [sɔsjalizasjɔ̃] *f* Soziali'sierung *f*; **~er** *v/t* soziali'sieren
socialisme [sɔsjalism(ə)] *m* Sozia'lismus *m*
socialiste [sɔsjalist] I *adj* sozia'listisch; II *m,f* Sozia'list(in) *m(f)*
sociétaire [sɔsjetɛr] *m* Mitglied *n*; **~ de la Comédie-Française** ständiges Mitglied der Comédie Française
société [sɔsjete] *f* **1.** (*communauté*) Gesellschaft *f*; **~ animale** Tiergesellschaft *f*, -staat *m*; **~ industrielle** Indu'striegesellschaft *f*; **~ de consommation** Kon'sumgesellschaft *f*; **jeux** *m/pl* **de ~** Gesellschaftsspiele *n/pl*; **dans la ~ de** in Gesellschaft von (*ou* + *gén*); **en ~** in Gesellschaft; **vie** *f* **en ~** Leben *n* in der Gesellschaft; **rechercher la ~ de qn** j-s Gesellschaft suchen; **2.** (*association*) Gesellschaft *f*; Verein *m*; Bund *m*; **~ protectrice des animaux** (*abr* **S.P.A.**) Tierschutzverein *m*; **~ savante** gelehrte, wissenschaftliche Gesellschaft; **~ secrète** Geheimbund *m*; **~ d'auteurs** Au'torenverband *m*; HIST **la ♀ des Nations** (*abr* **S.D.N.**) der Völkerbund; **3.** ÉCON Gesellschaft *f*; Firma *f*; **~ anonyme** (*abr* **S.A.**), **~ par actions** Aktiengesellschaft *f* (*abr* AG); **~** (**commerciale**) Handelsgesellschaft *f*; **~ immobilière** Grundstücks-, Immo'biliengesellschaft *f*; **~ à responsabilité limitée** (*abr* **S.A.R.L.**) Gesellschaft mit beschränkter Haftung (*abr* GmbH); **~ en nom collectif** offene Handelsgesellschaft (*abr* OHG); **contrat** *m* **de ~** Gesellschaftsvertrag *m*
socio|culturel [sɔsjokyltyrɛl] *adj* ⟨-le⟩ soziokultu'rell; kul'tursoziologisch; **~-économique** *adj* soziööko'nomisch; **~-éducatif** *adj* ⟨-ive⟩ sozi'alpädagogisch; **~linguistique** *f* Soziolingu'istik *f*
socio|logie [sɔsjɔlɔʒi] *f* Soziolo'gie *f*; **~logique** *adj* sozio'logisch; **~logue** *m,f* Sozio'loge, -'login *m,f*
socioprofessionnel [sɔsjɔprɔfɛsjɔnɛl] *adj* ⟨-le⟩ berufssoziologisch; **catégorie ~le** Berufsgruppe *f*, -klasse *f*
socle [sɔkl(ə)] *m* **1.** *d'une statue etc* Sokkel *m*; **2.** GÉOGR **~ continental** Festlandsockel *m*; Schelf *m ou n*
socquette [sɔkɛt] *f pour femme et enfant* Söckchen *n*; *pour homme* Socke *f*
Socrate [sɔkrat] *m* PHILOS Sokrates *m*
socratique [sɔkratik] *adj* so'kratisch
soda [sɔda] *m* Sodawasser *n* (mit Fruchtsirup)
sodium [sɔdjɔm] *m* CHIM Natrium *n*
sodom|ie [sɔdɔmi] *f* A'nalverkehr *m*; **~iser** *v/t* sodomi'sieren
sœur [sœr] *f* **1.** Schwester *f*; **petite ~** kleine Schwester; Schwesterchen *n*; F **fig et ta ~?** was geht dich das an!; F **so siehst du aus!**; **2.** REL (F **bonne**) **~** Schwester *f*; **appellatif ma ~** Schwester (+ *prénom*); **elle a été élevée chez les ~s** sie ist in e-r Klosterschule erzogen worden; **3.** *fig et st/s* Schwester *f*; *adjt* verschwistert; *adjt* **âme** *f* **~** verwandte, gleichgestimmte Seele

sœurette [sœrɛt] *f* Schwesterchen *n*
sofa [sɔfa] *m* Sofa *n*
SOFRES *ou* **S.O.F.R.E.S.** [sɔfrɛs] *f abr* (*Société française d'enquête par sondage*) größtes frz Meinungsforschungsinstitut
software [sɔftwɛr] *m* INFORM Software ['sɔftvɛːr] *f*
soi [swa] I *pr/pers* ⟨*meist in bezug auf ein unbestimmtes Subjekt*⟩ **1.** **comme obj/dir** sich (selbst); **n'aimer que ~** nur sich (selbst) lieben; *prov* **on a souvent besoin d'un plus petit que ~** der Große braucht oft den Kleinen; **2.** *avec prép* sich (*acc et dat*); **ne penser qu'à ~** nur an sich (*acc*) denken; **chez ~** zu Hause; da'heim; **sûr de ~** selbstsicher, -bewußt; **cela va de ~** das ist selbstverständlich; das versteht sich von selbst; **en ~** an sich (*a* PHILOS); **chacun pour ~** jeder für sich; II *m* PSYCH Es *n*
soi-disant [swadizɑ̃] I *adj* ⟨*inv*⟩ angeblich; sogenannt; II *adv* angeblich; **un travail ~ difficile** e-e angeblich schwierige Arbeit; **~ pour affaires** angeblich geschäftlich; F *loc/conj*: **on l'a arrêté, ~ qu'il a volé** angeblich soll er gestohlen haben
soie [swa] *f* **1.** Seide *f*; **~ naturelle** echte Seide; Na'turseide *f*; **~ sauvage** wilde Seide; Wildseide *f*; **industrie** *f* **de la ♀** Seidenindustrie *f*; **par ext papier** *m* **de ~** Seidenpapier *n*; *adjt* **pure ~** reinseiden; *loc/adj* **en ~**, **de ~** seiden; aus Seide; Seiden...; **2.** (*poil*) Borste *f*; **~ de porc** Schweinsborste *f*
soient [swa] *cf* **être**[1]
soierie [swari] *f* **1.** *tissu* Seidenstoff *m*; **2. a)** *industrie* Seidenindustrie *f*; **b)** *commerce* Seidenhandel *m*
soif [swaf] *f* **1.** Durst *m*; **avoir ~** Durst haben (*a fig plante*); durstig sein; **avoir très ~** großen, starken Durst haben; sehr durstig sein; **cela donne ~** das macht Durst, durstig; davon *ou* dabei bekommt, F kriegt man Durst; F **il fait ~** es ist sehr heiß (, man kriegt Durst); **mourir**, F **crever de ~ a)** verdursten; **b)** F *fig* am Verdursten sein; vor Durst 'umkommen, vergehen; F **jusqu'à plus ~ a)** *boire* (mehr als) genug; **b)** *fig* bis zum 'Überdruß; F bis zum Gehtnichtmehr; **2.** *fig et st/s* Durst *m*, Hunger *m* (**de** nach); **~ de connaître** Wissensdurst *m*; **~ de vengeance** Rachedurst *m*; **avoir ~ de** *st/s* dürsten nach
soiffard(e) [swafar(d)] *m(f)* F *cf* **soûlard(e)**
soignant [swaɲɑ̃] *adj* **aide ~e** Schwesternhelferin *f*; Hilfskrankenschwester *f*; **personnel ~** Pflegepersonal *n*
soigné [swaɲe] *adj* **1.** gepflegt; **travail ~** sorgfältig; **cuisine ~e** gepflegte Küche; **mains ~es** gepflegte Hände *f/pl*; **être ~ de sa personne** ein gepflegtes Aussehen haben; gepflegt sein; **2.** F *iron* ordentlich; anständig; gehörig
soigner [swaɲe] I *v/t* **1.** (*s'occuper de*) *malade, enfant, animal* pflegen; versorgen; *jardin, fleurs, ongles, style* pflegen; *outil, vêtement* sorgfältig, pfleglich behandeln; sorgfältig 'umgehen mit; **~ sa mise, sa tenue** in s-r Kleidung sorgfältig sein; F *iron* **ils nous ont soignés** F die haben uns ganz schön geschröpft, ausgenommen, geneppt; **2.** (*traiter*) *maladie, malade* behandeln; **se faire ~** sich

soigneur – solennité

(ärztlich) behandeln lassen; F *fig il faut te faire ~* F aber sonst bist du gesund?; *se faire ~ les dents* sich die Zähne richten lassen, in Ordnung bringen lassen; **II** *v/pr se ~* **3. a)** *qn de bien portant* auf s-e Gesundheit acht(geb)en; sich pflegen; **b)** *malade* etwas da'gegen tun; *il ne veut pas se ~* er will nichts dagegen, nichts gegen s-e Krankheit tun; **4.** *maladie* behandelt werden (können); *se ~ difficilement* schwer zu behandeln sein

soigneur [swaɲœʀ] *m SPORTS* Mas'seur *m*; Betreuer *m*; Helfer *m*

soigneux [swaɲø] *adj* ⟨-euse⟩ sorgfältig; *être ~ de ses affaires* mit s-n Sachen sorgfältig 'umgehen; s-e Sachen sorgfältig, pfleglich behandeln

soi-même [swamɛm] *pr/pers* **1.** *emphatique* selbst; *vous êtes Monsieur Untel? – ~!* in eigener Person!; *de ~* von selbst; **2.** *réfléchi* sich selbst; *se louer ~* sich selbst loben; **3.** *subst un autre ~* ein anderes Selbst

soin [swɛ̃] *m* **1.** (*sérieux, minutie*) Sorgfalt *f*; *travail fait avec ~* sorgfältige Arbeit; *sans ~* ohne Sorgfalt; *être sans ~* keine Sorgfalt kennen; unordentlich, F schlampig sein; *apporter, mettre du ~ à (faire) qc* Sorgfalt auf etw (*acc*) verwenden; Sorgfalt darauf verwenden, etw zu tun; **2.** (*préoccupation*) Sorge *f*; *avoir, prendre ~ de qn, qc* sich um j-n, etw kümmern; *avoir, prendre ~ de ses affaires, de sa santé* auf s-e Sachen, auf s-e Gesundheit achten; *avoir, prendre ~ de* (+*inf*) dafür Sorge tragen, darauf achten, daß ...; *confier à qn le ~ de qc* j-n bitten, sich um etw zu kümmern, nach etw zu sehen; *laisser à qn le ~ de faire qc* es j-m über'lassen, etw zu tun; **3.** *~s pl* Pflege *f*; *~s corporels, ~s de toilette* Körperpflege *f*; *~s à domicile* Hauspflege *f*; *~s de beauté* Schönheitspflege *f*; Kos'metik *f*; *~s du visage* Gesichtspflege *f*; *une lettre aux bons ~s de* bei; per Adresse (*abr* p. A.); *donner des ~s à qn* j-n pflegen; *entourer qn de (ses) ~s* j-n um'sorgen, *st/s* um'hegen; *être aux petits ~s pour, avec qn* j-m jede Aufmerksamkeit erweisen; j-m jeden Wunsch von den Augen ablesen; **4.** *MÉD ~s pl* Behandlung *f*; *~s dentaires, médicaux* zahnärztliche, ärztliche Behandlung, Bemühungen *f/pl*; *premiers ~s* Erste Hilfe

soir [swaʀ] *m* **1.** Abend *m*; *presse f du ~* Abendpresse *f*; *loc/adv: le ~* abends; am Abend; *un ~* e-s Abends; *ce ~* heute abend; *à ce ~!* bis heute abend!; *chaque ~, tous les ~s* jeden Abend; all'abendlich; *le 6 mai au ~* am Abend des 6. Mai; *cinq heures du ~* fünf Uhr nachmittags, abends; *vers, sur le ~* gegen Abend; *le ~ descend, tombe* es wird Abend; *personne être du ~* ein Abendmensch sein; erst am Abend richtig munter werden; **2.** *adv* abends; *demain ~* morgen abend; *hier ~* gestern abend; *le lendemain ~* am nächsten, am Abend darauf, danach; *lundi ~* (am) Montag abend; *le lundi ~* Montag, montags abends; *tous les lundis ~(s)* jeden Montagabend

soirée [swaʀe] *f* **1.** Abend *m*; Abendstunden *f/pl*; *loc/adv: dans la ~* im Laufe des Abends; in den Abendstunden; *en début, en fin de ~* am frühen, späten Abend; *passer ses ~s à lire, devant la télévision* s-e Abende mit Lesen, vor dem Fernseher zubringen; **2.** *réunion* Abendgesellschaft *f*; *~ dansante* Tanzabend *m*; **3.** *THÉ, CIN en ~* in der Abendvorstellung; abends

sois [swa] *cf être¹*

soit [swa] **I** *conj* **1.** *~ ..., ~ ...* entweder ... oder ...; *st/s* sei es ..., sei es ...; *~ les uns, ~ les autres* entweder die einen oder die andern; *~ ... ou ...* (entweder) ... oder ...; sei es ... oder ...; *~ aujourd'hui ou demain* (entweder *ou* sei es) heute oder morgen; *~ que ...* (+*subj*), *~ que ...* (+*subj*) sei es daß ... oder daß ...; ob ... oder ...; *~ qu'il ne comprenne pas, ~ qu'il ne veuille pas comprendre* sei es, daß er nicht versteht oder daß er nicht versteht will; **2.** *MATH ~ un triangle ABC* gegeben ein Dreieck ABC; **3.** (*à savoir*) das heißt; nämlich; also; *trois articles à dix francs, ~ trente francs* drei Artikel zu je zehn Franc, das heißt dreißig Franc; **II** *adv ~!* [swat] meinetwegen!; von mir aus!; (also) gut!

soixantaine [swasɑ̃tɛn] *f* **1.** *une ~* etwa, ungefähr, rund, zirka, an die sechzig (*de personnes* Leute, Personen); *âge* Sechzig *f*; Sechziger(jahre) *n/pl*; *cf a cinquantaine 2.*

soixante [swasɑ̃t] **I** *num/c* sechzig; *~ et un* einundsechzig; *~ et unième* einundsechzigste(r, -s); *~ et onze* einundsiebzig; *~ et onzième* einundsiebzigste(r, -s); *~ ans* sechzig Jahre *n/pl*; *de ~ ans* sechzigjährig; von sechzig Jahren; *les années f/pl ~* die sechziger Jahre *n/pl*; *page ~* Seite sechzig; **II** *m* ⟨*inv*⟩ Sechzig *f*; *cf a deux II*

soixante-deux [swasɑ̃tdø] *num/c* zweiundsechzig

soixante-dix [swasɑ̃tdis] **I** *num/c* siebzig; *les années f/pl ~* die siebziger Jahre *n/pl*; **II** *m* ⟨*inv*⟩ Siebzig *f*; *cf a deux II*

soixante-dixième [swasɑ̃tdizjɛm] **I** *num/o* siebzigste(r, -s); **II** *subst* **1.** *le, la ~* der, die, das siebzigste; **2.** *m MATH* Siebzigstel *n*

soixante-douze [swasɑ̃tduz] *num/c* zweiundsiebzig

soixante-huitard [swasɑ̃tɥitaʀ] F **I** *adj* die Stu'dentenunruhen vom Mai 1968 betreffend; F Achtund'sechziger ...; **II** *subst ~(e) m(f)* F Achtund'sechziger (-in) *m(f)*

soixantième [swasɑ̃tjɛm] **I** *num/o* sechzigste(r, -s); **II** *subst* **1.** *le, la ~* der, die, das sechzigste; **2.** *m MATH* Sechzigstel *n*

soja [sɔʒa] *m BOT* Soja(bohne) *f*; *germes m/pl de ~* Sojakeime *m/pl*, -sprossen *m/pl*

sol¹ [sɔl] *m* Boden *m* (*a GÉOL*); Erdboden *m*; Erde *f*; *~ calcaire* Kalkboden *m*; *~ carrelé* Fliesenboden *m*; *~ français* französischer Boden; *~ natal* Heimatboden *m*, -erde *f*; heimatliche Erde; *exploitation f du ~* Bodenbewirtschaftung *f*, -nutzung *f*; *loc/adv: au ~* am Boden; *à même le ~* auf dem bloßen, blanken Erde; *à ou au ras du ~* dicht über dem Boden; *sur le ~* auf dem Boden; ♦ *adjt MIL missile m ~-air* Boden-Luft-Rakete *f*; *missile m ~-~* Boden-Boden-Rakete *f*

sol² [sɔl] *m* ⟨*inv*⟩ *MUS* g *ou* G *n*

sol-air [sɔlɛʀ] *cf sol¹*

solaire [sɔlɛʀ] **I** *adj* Sonnen...; So'lar...; *chauffage m ~* Solarheizung *f*; *crème f ~* Sonnen(schutz)creme *f*; *énergie f ~* Sonnenenergie *f*; *ASTR système m ~* Sonnensystem *n*; **II** *m* So'lartechnik *f*

solan(ac)ées [sɔlan(as)e] *f/pl BOT* Nachtschattengewächse *n/pl*

Solange [sɔlɑ̃ʒ] *f Vorname*

solarium [sɔlaʀjɔm] *m* So'larium *n*

soldat [sɔlda] *m* Sol'dat *m*; *simple ~* einfacher Soldat; *~ de métier* Berufssoldat *m*; *~ de plomb* Bleisoldat *m*; *femme f ~* Sol'datin *f*

soldatesque [sɔldatɛsk] **I** *adj* Sol'daten...; rauh; grob; **II** *f péj* Solda'teska *f*

solde¹ [sɔld] *f MIL* (Wehr)Sold *m*; Löhnung *f*; *fig et péj* Sold *m*; *être à la ~ de qn* in j-s Sold stehen; von j-m gedungen sein; *avoir qn à sa ~* j-n in s-m Sold, in s-n Diensten haben

solde² [sɔld] *m COMM* **1. a)** *à la clôture d'un compte* Saldo *m*; **b)** (*reste à payer*) Restbetrag *m*, -summe *f*; *pour ~ de (tout) compte* zum Ausgleich des Kontos; **2.** *~s pl* (*abus f/pl*) **a)** *marchandises* Restposten *m/pl*; Ausverkaufsware *f*; **b)** *ventes* (Sommer- *ou* Winter)Schlußverkauf *m*; (Sai'son-) Ausverkauf *m*; *article m en ~* Schlußverkaufs-, Ausverkaufsware *f*; *acheter en ~* im Schlußverkauf, Ausverkauf kaufen

solder [sɔlde] **I** *v/t COMM* **1.** *compte* sal'dieren; **2.** *marchandises* im Preis her'absetzen; (als Restposten, im Schlußverkauf) billiger verkaufen; F *je vous le solde à cinq francs* ich gebe es Ihnen für nur fünf Franc; **II** *v/pr se ~ par* (ab)schließen mit; *se ~ par un déficit* mit e-m Defizit (ab)schließen; *fig se ~ par un échec, succès* mit e-m Mißerfolg, Erfolg enden

sole [sɔl] *f ZO* Seezunge *f*

solécisme [sɔlesism(ə)] *m* syn'taktischer, *par ext* sprachlicher Fehler

soleil [sɔlɛj] *m* **1.** Sonne *f*; (*lumière du ~*) Sonnenlicht *n*; (*temps ensoleillé*) Sonnenschein *m*; *ASTR le ☉* die Sonne; *~ de minuit* Mitternachtssonne *f*; *coup m de ~* Sonnenbrand *m*; *les pays m/pl du ~* die südlichen Länder *n/pl*; *loc/adv: au ~* in der *ou* in die Sonne; *être allongé au ~* in der Sonne liegen; *fig avoir du bien au ~* Grundbesitz haben; *fig se faire une place au ~* sich e-n Platz an der Sonne erkämpfen; *se mettre au ~* sich in die Sonne legen *ou* setzen; *en plein ~* in der prallen Sonne; *rien de nouveau sous le ~* es gibt nichts Neues unter der Sonne; *il y a du ~ ou il fait (du) ~* die Sonne scheint; *le ~ se lève, se couche* die Sonne geht auf, unter; *prov le ~ brille pour tout le monde* die Sonne geht auf über Gute und Böse, über Gerechte und Ungerechte; **2.** *BOT* Sonnenblume *f*; **3.** *FEU D'ARTIFICE* Feuerrad *n*; **4.** *SPORTS* Riesenschwung *m*, -welle *f*; **5.** *adjt COUT plissé m ~* Sonnenplissee *n*

solennel [sɔlanɛl] *adj* ⟨-le⟩ feierlich; würdevoll; *communion ~le* Erstkommunion *f*

solennité [sɔlanite] *f* **1.** Feierlichkeit *f*;

solénoïde – sommeil

parler avec ~ in feierlichem Ton sprechen; **2. ~s** pl Feierlichkeiten f/pl
solénoïde [sɔlenɔid] m ÉLECT Soleno'id n; Zy'linderspule f
Soleure [sɔlœʀ] Solothurn n
solfatare [sɔlfataʀ] f GÉOL Solfa'tare f
solfège [sɔlfɛʒ] m Mu'siklehre f; *étudier le ~* die Grundbegriffe der Musik lernen
solfier [sɔlfje] v/t die Noten (+gén) singen; solfeggieren [-'dʒi:-]
solidaire [sɔlidɛʀ] adj **1.** personnes soli'darisch; einig; innerlich verbunden; *se déclarer ~* sich solidarisch erklären (*de* mit); *être ~s a* füreinander einstehen; zu'sammenhalten; *se sentir ~ de qn* sich mit j-m solidarisch, sich j-m verbunden fühlen; **2.** JUR gesamtschuldnerisch; soli'darisch; *débiteurs m/pl ~s* Gesamtschuldner m/pl; **3.** choses *être ~s* miteinander zu'sammenhängen; sich gegenseitig bedingen; **4.** TECH (kraftschlüssig) verbunden (*de* mit)
solidariser [sɔlidaʀize] v/pr *se ~* sich soli'darisch erklären, sich solidari'sieren (*avec* mit)
solidarité [sɔlidaʀite] f **1.** Solidari'tät f, Verbundenheit f (*avec qn* mit j-m); Gemeinschaftsgeist m; Zu'sammenhalt m; *grève f de ~* Sympa'thiestreik m; *sentiment m de ~* Solidaritäts-, Zu'sammengehörigkeitsgefühl n; **2.** JUR Soli'darhaftung f
solide [sɔlid] **I** adj **1.** fest; *vêtement, matériau a* so'lid(e); haltbar; dauerhaft; *vêtement a strapa'zierfähig; maison* fest, so'lid gebaut; *couleur* echt; *nœud m ~* fester Knoten; *subst* F *c'est du ~* F das ist was Solides; **2.** *amitié* fest; unverbrüchlich; *raisonnement* stichhaltig, *connaissances* so'lid(e); gründlich, fun'diert; gediegen; *éducation f ~* gediegene, sorgfältige, gründliche Erziehung; **3.** *personne* ro'bust; kräftig; *~ gaillard m* kräftiger, handfester Kerl, Bursche; *avoir le cœur ~* ein gesundes, kräftiges Herz haben; *ne plus être très ~ sur ses jambes* keine Kraft mehr in den Beinen haben; **4.** *nourriture* fest; PHYS: *corps m ~* fester Körper; *état m ~* fester (Aggre'gat)Zustand; **II** m **1.** MATH (geo'metrischer) Körper; **2.** PHYS fester Körper
solidification [sɔlidifikasjɔ̃] f PHYS, CHIM Verfestigung f, Erstarrung f
solidifier [sɔlidifje] **I** v/t verfestigen; *adjt lave solidifiée* erstarrte Lava; **II** v/pr *se ~* sich verfestigen; erstarren
solidité [sɔlidite] f **1.** Festigkeit f, so'lide Beschaffenheit; *d'un matériau a* Haltbarkeit f; Dauerhaftigkeit f; *d'un vêtement a* Strapa'zierfähigkeit f; **2.** *d'un raisonnement* Stichhaltigkeit f; *de connaissances* Gründlichkeit f; Fun'diertheit f; Gediegenheit f; Solidi'tät f
soliloque [sɔlilɔk] m Selbstgespräch n; *~er* v/i Selbstgespräche führen
soliste [sɔlist] **I** m,f So'list(in) m(f); **II** adj Solo...
solitaire [sɔlitɛʀ] **I** adj **1.** *personne, vie* einsam; zu'rückgezogen (lebend); ungesellig; einsiedlerisch; *vie f ~ a* Einsiedlerleben n; **2.** *endroit* einsam; abgelegen; abgeschieden; **3.** MAR *navigateur m ~* Einhandsegler m; **4.** ZO, MÉD *ver m ~* Bandwurm m; **5.** BOT al'leinstehend; Einzel...; **II** subst **1.** m,f ungeselliger Mensch; Einzelgänger(in) m(f); (*ermite*) Einsiedler m; *vivre en ~* allein leben; **2.** SPORTS *en ~* im Al'leingang; *transat f en ~* Transatlantik-Einhandsegelregatta f; **3.** m diamant Soli'tär m; **4.** m CH alter Keiler
solitude [sɔlityd] f **1.** *de qn* Einsamkeit f; Zu'rückgezogenheit f; Abgeschiedenheit f; Vereinsamung f; Al'leinsein n; *à deux* Zweisamkeit f; *troubler la ~ de qn* in j-s Einsamkeit (*acc*) eindringen; *vivre dans la ~* einsam, zurückgezogen leben; **2.** *d'un endroit* Abgeschiedenheit f; Einsamkeit f; Abgelegenheit f
solive [sɔliv] f CONSTR (Decken)Balken m
sollicitation [sɔ(l)lisitasjɔ̃] f **1.** (*demande*) Ersuchen n; (dringende) Bitte; *lettre* Gesuch n; ADM Ansuchen n; *céder aux ~s de qn* j-s Bitten nachgeben; **2.** TECH Im'puls m; *d'un pilote* Steuer-, Lenkbewegung f
solliciter [sɔ(l)lisite] v/t **1.** (*demander*) a) *~ qc* um etw nach-, er-, ansuchen, bitten; *~ l'aide de qn* j-n um Unter'stützung angehen, ersuchen, bitten; *~ une audience* um e-e Audienz nachsuchen (*auprès de qn* bei j-m); *~ un emploi* sich um e-e Stelle bewerben; b) *~ qn* j-n ersuchen, bitten (*de* +*inf* zu +*inf*); *par ext ~ un sportif, un élève* e-n Sportler, e-n Schüler fordern; *être sollicité* gefragt, um'worben sein; **2.** (*stimuler*) *attention, curiosité* erregen; auf sich ziehen; *personne être sollicité par qc* sich von etw angesprochen fühlen; von etw angelockt werden
sollicit|eur [sɔ(l)lisitœʀ] m, *~euse* f Bittsteller(in) m(f)
sollicitude [sɔ(l)lisityd] f (liebevolle) Fürsorge; *avec ~* fürsorglich; (*avec bienveillance*) wohlwollend
solo [sɔlo] m MUS Solo n; *~ de violon* Vio'linsolo n; *loc/adv en ~* solo
sol-sol [sɔlsɔl] cf *sol¹*
solstice [sɔlstis] m ASTR Sonnenwende f; *~ d'été, d'hiver* Sommer-, Wintersonnenwende f
solubiliser [sɔlybilize] v/t löslich machen
solubilité [sɔlybilite] f Löslichkeit f; *~ dans l'eau* Wasserlöslichkeit f
soluble [sɔlybl(ə)] adj **1.** *dans un liquide* löslich; *peu ~* schwerlöslich; *~ dans l'eau* wasserlöslich; in Wasser löslich; **2.** *problème m aisément ~* leicht lösbare Aufgabe
soluté [sɔlyte] m PHARM Lösung f
solution [sɔlysjɔ̃] f **1.** *d'un problème*, MATH Lösung f; *d'une énigme* (Auf)Lösung f; *dans un manuel scolaire a* Schlüssel m; *~ de facilité* bequem(st)e Lösung; Weg m des geringsten 'Widerstandes; **2.** CHIM a) *mélange* Lösung f; b) *processus* Auflösung f; **3.** *st/s ~ de continuité* Unter'brechung f; *sans ~ de continuité* ohne Unterbrechung; lückenlos
solutionner [sɔlysjɔne] v/t (*résoudre*) lösen
solv|abilité [sɔlvabilite] f COMM Zahlungsfähigkeit f; Sol'venz f; Kre'ditwürdigkeit f; Boni'tät f; *~able* adj zahlungsfähig; sol'vent; kre'ditwürdig
solvant [sɔlvɑ̃] m CHIM Lösungsmittel n
somali [sɔmali] **I** adj so'malisch; **II** subst ⌀(e) m(f) So'malier(in) m(f)
Somalie [sɔmali] *la ~* So'malia n
somalien [sɔmaljɛ̃] (*~ne*) cf *somali*
soma|tique [sɔmatik] adj MÉD, PSYCH so'matisch; *~iser* v/t in körperliche Sym'ptome 'umsetzen
sombre [sɔ̃bʀ(ə)] adj **1.** *pièce, ciel* finster; dunkel; düster; *teinte* dunkel; *il fait ~* es ist dunkel, finster; **2.** *fig personne, air, avenir* finster; düster; *heures f/pl ~s* düstere Stunden f/pl; F *une ~ histoire* e-e finstere Geschichte; *pensées f/pl ~s* düstere, trübe Gedanken m/pl; **3.** F *~ brute f* völlig verrohter Mensch; *~ idiot m* F 'Vollidiot m; *cf à coupe 6.*
sombrer [sɔ̃bʀe] v/i **1.** *bateau* (ver-)sinken; 'untergehen; wegsacken; **2.** *fig ~ dans la boisson, dans la folie* dem Trunk, dem Wahnsinn *ou* in Wahnsinn (*acc*) verfallen; *~ dans le désespoir, dans le sommeil* in Verzweiflung, in Schlaf versinken; *sa raison a sombré* er hat den Verstand verloren
sombrero [sɔ̃bʀeʀo] m Som'brero m
sommaire [sɔ(m)mɛʀ] **I** adj **1.** *explication, exposé* kurzgefaßt; kurz zu'sammengefaßt; sum'marisch (*a péj*); *examen m ~* kurze, summarische Unter'suchung; **2.** *connaissances, tenue, repas, installation* dürftig; einfach; **3.** JUR *exécution f ~* Hinrichtung f ohne Gerichtsverfahren; *procédure f ~* Schnellverfahren n; beschleunigtes, abgekürztes, summarisches Verfahren; **II** m Inhaltsübersicht f; kurze Inhaltsangabe; kurze Zu'sammenfassung
sommation [sɔ(m)masjɔ̃] f JUR Aufforderung f (*a* MIL); *de payer* Mahnbescheid m; Zahlungsbefehl m
somme¹ [sɔm] f **1.** MATH Summe f; *faire la ~ de* zu'sammenzählen, -rechnen; **2.** *~ (d'argent)* (Geld)Summe f, (-)Betrag m; *une ~ de 200 francs* e-e Summe, ein Betrag von 200 Franc; *dépenser des ~s folles* ungeheure, horrende Summen ausgeben; *c'est une ~!* das ist e-e ganz hübsche Summe!; **3.** *par ext* Menge f; Höhe f; *une ~ énorme de travail* e-e ungeheure Menge Arbeit; *loc/adv en ~*, *~ toute* alles in allem; alles zu'sammengenommen; im ganzen genommen; aufs Ganze gesehen; summa sum'marum; (*en résumé*) kurz gesagt; (*au fond*) im Grunde; eigentlich; (*finalement*) schließlich
somme² [sɔm] f *bête f de ~* Lasttier n; *fig travailler comme une bête de ~* wie ein Pferd arbeiten
somme³ [sɔm] m Schläfchen n; F Nikkerchen n; *ne faire qu'un ~* die ganze Nacht 'durchschlafen
Somme [sɔm] *la ~* Fluß u Departement in Frankreich
sommeil [sɔmɛj] m **1.** Schlaf m; *poét ~ éternel* poét ewiger Schlaf; *cure f de ~* Schlafkur f; MÉD *maladie f du ~* Schlafkrankheit f; *nuit f sans ~* schlaflose Nacht; *en plein ~* mitten im Schlaf; *avoir le ~ léger* e-n leichten Schlaf haben; *avoir besoin de dix heures de ~* zehn Stunden Schlaf brauchen; *dormir du ~ du juste* den Schlaf des Gerechten schlafen; *il sentit le ~ le gagner* er fühlte, wie ihn der Schlaf über'mannte; *tirer qn de son ~* j-n aus dem Schlaf reißen; *je n'arrive pas à trouver le ~* ich kann keinen Schlaf

678

finden; **2.** (*envie de dormir*) Müdigkeit *f*; Schläfrigkeit *f*; *avoir ~* müde, schläfrig sein; *südd a* Schlaf haben; *il avait les yeux lourds de ~* ihm fielen (vor Müdigkeit) die Augen zu; *tomber de ~* vor Müdigkeit fast 'umfallen; zum 'Umfallen müde sein; **3.** *fig projet, affaire être en ~* ruhen; F auf Eis liegen
sommeiller [sɔmeje] *v/i* schlummern (*a fig*)
sommelier [sɔməlje] *m* **a)** *dans un restaurant* Weinkellner *m*; **b)** (*caviste*) Kellermeister *m*
sommer [sɔme] *v/t ~ qn de faire qc* j-n auffordern, etw zu tun; *~ les rebelles de se rendre* die Rebellen zur 'Übergabe auffordern
sommes [sɔm] *cf être*[1]
sommet [sɔmɛ] *m* **1.** *d'une montagne* Gipfel *m*; *d'un arbre* Wipfel *m*; *d'une tour, d'un rocher* Spitze *f*; *d'un toit* First *m*; *~ arrondi* Kuppe *f*; *le ~ d'une côte* der höchste Punkt e-r Steigung; *l'air pur des ~s* die reine Luft der Berge; *au ~* auf dem Gipfel; **2.** *fig* Gipfel *m*; Höhepunkt *m*; *avoir atteint le ~ de la gloire* den Gipfel des Ruhms erreicht haben; **3.** *POL* (*conférence f au*) *~* Gipfel(konferenz) *m(f)*; **4.** *ANAT ~ de la tête* Scheitel *m*; **5.** *MATH* Scheitel *m*; *d'un solide a* Spitze *f*
sommier [sɔmje] *m* **1.** *~* (*à ressorts*) Sprungfederrahmen *m*; *~ à lattes* Lattenrost *m*; **2.** *~s* (*judiciaires*) *pl* Erkennungsdienstkartei *f*
sommité [sɔ(m)mite] *f* Kapazi'tät *f*; Größe *f*; her'vorragender Könner
somnambule [sɔmnɑ̃byl] **I** *m,f* Nachtwandler(in) *m(f)*; Mondsüchtige(r) *f(m)*; *fig gestes m/pl de ~* unbewußte, mechanische, nachtwandlerische Gesten *f/pl*; **II** *adj* nacht-, schlafwandelnd; mondsüchtig
somnambulisme [sɔmnɑ̃bylism(ə)] *m* Nacht-, Schlafwandeln *n*; Mondsüchtigkeit *f*; *sc* Somnambu'lismus *m*
somnifère [sɔmnifɛr] *m* Schlafmittel *n*; *prendre des ~s* Schlafmittel nehmen
somnol|ence [sɔmnɔlɑ̃s] *f* Schläfrigkeit *f*; Halbschlaf *m*; Dämmerzustand *m*; F Dösen *n*; **~ent** *adj* schläfrig; F dösig
somnoler [sɔmnɔle] *v/i* halb schlafen; vor sich hin dämmern; F (vor sich hin) dösen
somptuaire [sɔ̃ptɥɛr] *adj dépenses f/pl ~s* über'triebener Aufwand
somptueux [sɔ̃ptɥø] *adj* 〈*-euse*〉 prächtig; prunkvoll; prachtvoll; Prunk...; Pracht...,
somptuosité [sɔ̃ptɥozite] *f* Pracht *f*; Prunk *m*
son[1] [sɔ̃] *adj/poss* 〈*f sa* [sa], *vor Vokal u stummem h* **son**; *pl* **ses** [se]〉 sein(e); *se rapporter à un possesseur féminin* ihr(e); F *avoir ~ dimanche* s-n *ou* ihren freien Sonntag haben; *sa rencontre nous fut désagréable* die Begegnung mit ihm *ou* mit ihr war uns unangenehm; F *il gagne ses cent francs de l'heure* er verdient s-e hundert Franc pro Stunde; *mettre ses mains dans ses poches* die Hände in die Taschen stecken; *je suis venu à ~ aide* ich bin ihm zu Hilfe gekommen; F *~ imbécile de chef* F sein *ou* ihr blöder Chef
son[2] [sɔ̃] *m* **1.** Ton *m*; *d'un instrument*,

de la voix Klang *m*; *~ audible* hörbarer Ton; *~s discordants* Mißklang *m*; *~ de cloche(s)* Glockenklang *m*, -geläut *n*; *fig des ~s de cloche très différents* sehr verschiedene Versionen *f/pl*; *RAD, TV, CIN* **ingénieur** *m du ~* Toningenieur *m*, -meister *m*; *prise f de ~* Tonaufnahme *f*; *au ~ des cloches* unter Glockengeläut; *danser au ~ de l'accordéon* zu den Klängen des Akkordeons tanzen; *produire un ~* e-n Ton hervorbringen, erzeugen; **2.** *PHON* Laut *m*; *~* (*in*)*articulé* (un)artikulierter Laut; *~ nasal* Na'sallaut *m*; **3.** *PHYS* Schall *m*; *AVIAT* **mur** *m*, *vitesse f du ~* Schallmauer *f*, -geschwindigkeit *f*; **4.** (*spectacle m*) *~ et lumière* Licht- und Tonschau *f*
son[3] [sɔ̃] *m* **1.** *du blé* Kleie *f*; **2.** *fig taches f/pl de ~* Sommersprossen *f/pl*; **3.** *poupée f de ~* mit Sägemehl gefüllte Puppe
sonar [sɔnar] *m MAR* So'nar(gerät) *n*
sonate [sɔnat] *f MUS* So'nate *f*; *~ en fa majeur* F-Dur-Sonate *f*; *~ pour piano* Kla'viersonate *f*
sonatine [sɔnatin] *f MUS* Sona'tine *f*
sondage [sɔ̃daʒ] *m* **1.** *MAR* (Aus)Loten *n*; **2.** *TECH* Son'dierung *f*; Unter'suchung *f*, Erforschung *f*; **3.** *MÉD* Son'dierung *f*, Katheteri'sierung *f*; **4.** *fig ~ d'opinion a* (*enquête*) Meinungsumfrage *f*; demo'skopische 'Umfrage, Befragung *f*; b) *science* Meinungsforschung *f*; Demosko'pie *f*; *faire, effectuer un ~* (*d'opinion*) e-e Meinungsumfrage 'durchführen
sonde [sɔ̃d] *f* **1.** *MAR* Senkblei *n*; Lot *n*; **2.** *MÉD* Sonde *f*; *~* (*urinaire*) Ka'theter *m*; **3.** *TECH* Sonde *f*; *~ spatiale* Raumsonde *f*
sonder [sɔ̃de] *v/t* **1.** *MAR* (aus)loten; **2.** *TECH* son'dieren; unter'suchen; erforschen; *sol* durch Probebohrungen unter'suchen; **3.** *MÉD plaie, cavité naturelle* son'dieren; *malade* katheteri'sieren; **4.** *fig* son'dieren; zu ergründen suchen; *~ qn* j-n aushorchen, -forschen; F bei j-m auf den Busch klopfen; *~ l'opinion* (*publique*) die öffentliche Meinung erforschen
sondeur [sɔ̃dœr] *m* **1.** *d'opinion* Meinungsbefrager *m*; Interviewer [-'vjuː-] *m*; **2.** *MAR ~ à ultra-sons* Ultraschallecholot *n*
songe [sɔ̃ʒ] *litt m* Traum *m*; *clef f des ~s* Traumdeutung *f*; *en ~* im Traum; *faire un ~* e-n Traum haben
songer [sɔ̃ʒe] 〈*-geons*〉 *v/t/indir* **a)** *~ à* denken an (+*acc*); *~ au mariage* an e-e Heirat denken; *j'y songerai* ich werde mir über'legen; ich werde dar'über nachdenken; *vous n'y songez pas!* wo denken Sie hin!; das ist doch nicht Ihr Ernst!; **b)** *~ à faire qc* daran denken, etw zu tun; *~ à prendre sa retraite* daran denken, sich zur Ruhe zu setzen; **c)** *~ que ...* daran denken, daß ...; **d)** *en incise songeait-il* dachte er
songerie [sɔ̃ʒri] *litt f* Träume'rei *f*
songeur [sɔ̃ʒœr] *adj* 〈*-euse*〉 **a)** (*pensif*) nachdenklich; versonnen; träumerisch; gedankenvoll; **b)** (*préoccupé*) nachdenklich; besorgt; *nouvelle laisser qn ~* j-n nachdenklich, besorgt stimmen
sonnaille [sɔnaj] *f* Kuhglocke *f*

sonnant [sɔnɑ̃] *adj espèces ~es et trébuchantes* klingende Münze; *à cinq heures ~es* Schlag, auf den Glockenschlag fünf Uhr; *horloge ~e* Schlaguhr *f*
sonné [sɔne] *adj* **1.** *il est midi ~* es hat gerade zwölf (Uhr) geschlagen; F *fig avoir soixante ans bien ~s* gut sechzig Jahre alt sein; F gut sechzig Jahre auf dem Buckel haben; **2.** F *fig* (*fou*) F bekloppt; behämmert; *cf a* cinglé; **3.** F *boxeur* angeschlagen; groggy
sonner [sɔne] **I** *v/t* **1.** *cloches* läuten; *cf a cloche 1.*; *~ les matines, la messe* zur Mette, zur Messe läuten; **2.** *l'heure* schlagen; *l'horloge sonne onze heures* die Uhr schlägt elf; **3.** *MIL ~ l'alarme* A'larm blasen; *~ le réveil* zum Wecken blasen; **4.** *~ qn* j-m läuten, klingeln; F *on ne vous a pas sonné* man hat Sie nicht um Ihre Meinung gefragt; **5.** F *se faire ~* **a)** (*être assommé*) e-n heftigen Schlag versetzt bekommen; **b)** *fig* abgekanzelt, F zu'sammengestaucht werden; F eins auf den Deckel kriegen; **II** *v/t/indir* **6.** *~ de la trompette etc* Trompete *etc* blasen; *~ du cor a* ins Horn stoßen; **III** *v/i* **7.** *cloche* läuten; *sonnette, téléphone, réveil* klingeln; läuten; schellen; *réveil a* rasseln; *horloge* schlagen; *clairon, trompette* ertönen; erschallen; *trois heures sonnent* es schlägt drei (Uhr); *fig sa dernière heure a sonné* sein letztes Stündlein, s-e letzte Stunde hat geschlagen; *instrument de musique, nom ~ bien, mal* gut *ou* schön, schlecht klingen; *~ creux* hohl klingen (*a fig*); *~ faux* falsch, *fig a* unecht klingen; **8.** *personne ~ chez qn, à la porte de qn* bei j-m, an j-s Tür klingeln, läuten, schellen; *on a sonné, ça a sonné* es hat geklingelt, geläutet, geschellt
sonnerie [sɔnri] *f* **1.** (*son*) *du téléphone, de la sonnette* Klingeln *n*; Läuten *n*; *d'un réveil a* Rasseln *n*; *de cloches* Läuten *n*; Geläut(e) *n*; *MIL, CH* (Horn-, Trom'peten)Si'gnal *n*; **2.** *mécanisme* Klingel(anlage) *f*; *TÉL* Wecker *m*; *d'une horloge* Schlagwerk *n*; *d'un réveil* Läut(e)werk *n*
sonnet [sɔnɛ] *m poème* So'nett *n*
sonnette [sɔnɛt] *f* **1.** Klingel *f* (*a d'un vélo*); Glocke *f*; *~ d'alarme* A'larmglocke *f*, *fig tirer la ~ d'alarme* Alarm schlagen; *d'une pharmacie ~ de nuit* Nachtglocke *f*; *~ du président* Glocke des Präsidenten; *coup m de ~* Klingeln *n*; Klingelzeichen *n*; *fig tirer toutes les ~s* hau'sieren (gehen); F Klingeln putzen; **2.** *ZO serpent m à ~s* Klapperschlange *f*
sonneur [sɔnœr] *m* Glöckner *m*; *fig dormir comme un ~* schlafen wie ein Murmeltier, F Ratz
sono [sɔno] *f* F *abr cf* **sonorisation** *1.b*)
sonore [sɔnɔr] *adj* **1.** tönend; *voix* 'volltönend; klangvoll; so'nor; *rire* schallend; *bâillement* laut; *une salle ~* ein Saal, in dem es hallt; **2.** *PHYS* Schall...; *onde f ~* Schallwelle *f*; **3.** *CIN* Ton...; *bande f, film m ~* Tonstreifen *m*, -film *m*; *THÉ, CIN, RAD, TV* **fond** *m ~* Geräuschkulisse *f*; musi'kalische, a'kustische Unter'malung *f*; akustischer 'Hintergrund *m*; *signal m ~* akustisches Si-

gnal; **4.** PHON **consonne** *f* ~ *ou subst* ~ *f* stimmhafter Konsonant

sonorisation [sɔnɔrizasjɔ̃] *f* **1.** *d'une salle* **a)** *action* Beschallung *f*; **b)** *appareils* Verstärker-, Lautsprecheranlage *f*; **2.** *d'un film* Vertonung *f*; **3.** PHON Stimmhaftwerden *n*

sonoriser [sɔnɔrize] **I** *v/t* **1.** *salle* beschallen; **2.** *film* vertonen; **II** *v/pr se* ~ PHON stimmhaft werden

sonorité [sɔnɔrite] *f* **1.** *d'un violon, d'une radio, d'une voix* Klang *m*; Klangfülle *f*; *d'un instrument* a Klangwirkung *f*; **2.** *d'une salle* A'kustik *f*; **3.** PHON Stimmhaftigkeit *f*

sonothèque [sɔnɔtɛk] *f* Geräuscharchiv *n*

sont [sɔ̃] *cf être¹*

Sophie [sɔfi] *f* So'phie *ou* So'fie *f*

soph|isme [sɔfism(ə)] *m* So'phismus *m*; Scheinbeweis *m*; Trugschluß *m*; **~iste** *m* PHILOS *et fig* So'phist *m*

sophistication [sɔfistikasjɔ̃] *f* **1.** (*affectation*) Künste'lei *f*; Unnatürlichkeit *f*; **2.** (*complexité*) hoher Entwicklungsstand; Kompli'ziertheit *f*; Subtili'tät *f*

sophistiqué [sɔfistike] *adj* **1.** (*affecté*) gekünstelt; unnatürlich; (*recherché*) exqui'sit; *péj* hochgestochen; versnobt; **2.** (*complexe, perfectionné*) hochentwickelt; kompli'ziert; ausgeklügelt; sub'til; raffi'niert

sophistiquer [sɔfistike] *v/pr se* ~ sich verfeinern; immer raffi'nierter, kompli'zierter werden

soporifique [sɔpɔrifik] **I** *adj* einschläfernd; Schlaf...; **II** *m* Schlafmittel *n*

soprano [sɔprano] MUS **1.** *m voix* So'pran *m*; **2.** *m,f* Sopra'nist(in) *m(f)*

sorbe [sɔrb] *f* BOT Vogelbeere *f*

sorbet [sɔrbɛ] *m* Fruchteis *n*; Sor'bet(t) *m ou n*

sorbetière [sɔrbətjɛr] *f* Eismaschine *f*

sorbier [sɔrbje] *m* BOT Eberesche *f*

sorbitol [sɔrbitɔl] *m* CHIM Sor'bit *m*

sorbonnard [sɔrbɔnar] F *m* Stu'dent *m ou* Pro'fessor *m* an der Sor'bonne

sorcellerie [sɔrsɛlri] *f* Hexe'rei *f*; Zaube'rei *f*; Hexenkunst *f*; *fig* **cela tient de la ~** das grenzt an Hexerei

sorcier [sɔrsje] *m* Zauberer *m*; Hexenmeister *m*; **apprenti ~** Zauberlehrling *m*; *il ne faut pas être* **~** *pour* (+*inf*) es ist kein Kunststück, es gehört nicht viel dazu zu (+*inf*); *adj* **ce n'est pas bien ~** das ist kein Kunststück, keine Hexerei; dazu gehört nicht viel

sorcière [sɔrsjɛr] *f* Hexe *f*; *fig et péj* **vieille ~** alte Hexe; POL **chasse** *f* **aux ~s** Hexenjagd *f*

sordide [sɔrdid] *adj* **1.** *maison, quartier* schmutzig *ou* F dreckig und ärmlich; **2.** *fig avarice, affaire* schmutzig; *crime* gemein; **égoïsme** *m* **~** krasser Egoismus

sorgho [sɔrgo] *m* BOT Sorgho *m*; Sorghum *n*; Mohrenhirse *f*

sornettes [sɔrnɛt] *f/pl* leeres, albernes Gerede; **débiter des ~s** Albernheiten, ungereimtes Zeug von sich geben

sort [sɔr] *m* **1.** (*destin*) Schicksal *n*; *st/s* Geschick *n*; **coup** *m* **du ~** Schicksalsschlag *m*; **par une ironie du ~** durch e-e Ironie des Schicksals; **conjurer le mauvais ~** Unglück abwenden; **2.** (*destinée*) Los *n*; Schicksal *n*; (*situation*) Lage *f*; **abandonner qn à son (triste) ~** j-n s-m (traurigen) Schicksal über'lassen; **améliorer le ~ des travailleurs** die Lage der Arbeiter verbessern; **ce projet a connu le ~ de beaucoup d'autres** diesem Vorhaben wider'fuhr das Schicksal vieler anderer; **c'est le ~ de la vieillesse** das ist das Los des Alters; **être satisfait de son ~** mit s-m Los, Schicksal zufrieden sein; F *fig* **faire un ~ à mets** aufessen; F verspachteln; verdrücken; *bouteille* austrinken; leeren; **faire un ~ à une bouteille** a e-r Flasche den Hals brechen; *cf a* **réserver** *3.*; **3.** (*hasard*) **tirage** *m* **au ~** Auslosung *f*; **tirer au ~** aus-, verlosen; durch das Los bestimmen, ermitteln; *abs* losen; *fig* **le ~ en est jeté** die Würfel sind gefallen; **4.** (*maléfice*) **jeter un ~ à qn** j-n be-, verhexen

sortable [sɔrtabl(ə)] *adj* **il n'est pas ~** mit ihm kann man sich nicht sehen lassen; er ist nicht vorzeigbar

sortant [sɔrtɑ̃] *adj* **1.** (aus)scheidend; bisherig; **le député ~** der bisherige Abgeordnete; **2.** LOTERIE **numéros ~s** Gewinnzahlen *f/pl*

sorte [sɔrt] *f* **1.** (*espèce*) Art *f*; Sorte *f* (*a* COMM); **cette ~ de gens** diese Art *ou* Sorte Leute, diese Leute; **deux ~s de ..., ... de deux ~s** zweierlei ...; zwei Arten von ...; **la même ~ de papier** dieselbe Art (von) Papier; **de même ~** von derselben Art, Sorte; **quelle ~ de ...?** was für ein(e), *pl* was für ...?; **toutes ~s de ..., ... de toute(s) ~(s)** allerlei ...; alle möglichen ...; allerhand ...; **... aller Art**(en); **des gens** *pl* **de toutes ~s** Leute *pl* aller Art; allerlei, alle möglichen Leute *pl*; **une ~ de** e-e Art (von); **une ~ de manteau** (s) e-e Art Mantel; **2.** (*façon*) Art *f*; Weise *f*; Art und Weise; *loc/adv*: **de la ~** so; auf diese (Art und) Weise; in dieser Weise; **en quelque ~** gewissermaßen; *loc/conj* **de (telle) ~ que** (*conséquence* +*ind*, *finalité* +*subj*) so daß; so ..., daß; derart ..., daß; **parlez de telle ~ qu'on puisse vous comprendre** sprechen Sie so, daß man Sie verstehen kann; **faites en ~ que tout soit prêt** richten Sie es so ein, daß *ou* veranlassen Sie das Nötige, damit alles bereit ist

sortie [sɔrti] *f* **1.** *endroit* Ausgang *m*; *pour voitures* Ausfahrt *f*; *d'un bus* Ausstieg *m*; *pancarte* **~ de garage, de voiture** Ausfahrt freihalten; **~ de métro** U-Bahn-Ausgang *m*; **~ de secours** Notausgang *m ou* -ausstieg *m*; **à la ~ du village** am Dorfausgang; **par ici la ~!** hier hinaus, bitte!; **les ~s de Paris sont embouteillées** die Ausfallstraßen von Paris sind verstopft; **2.** *action* Hin'ausgehen *n*; Verlassen *n*; *d'un pays* Ausreise *f*; *d'un gardien de but* Her'auslaufen *n*; **la ~ des élèves, de l'école** der Schul-, 'Unterrichtsschluß *m*; **sa ~ de l'hôpital** s-e Entlassung aus dem Krankenhaus; **à la ~ des bureaux, des usines** bei Bü'ro-, Fa'brikschluß; nach Feierabend; **à la ~ de l'école, du théâtre** nach der Schule, nach dem Theater; **attendre qn à la ~** nach der Schule *ou* nach dem Theater *etc* auf j-n warten; **faire une ~ discrète** unauffällig hinausgehen; **3.** (*promenade*) Spa'ziergang *m*; Ausflug *m*; **la première ~ d'un convalescent** der erste Ausgang e-s Genesenden; **~ (à cheval)** Ausritt *m*; **~ dans l'espace** Spaziergang im All; **~ du personnel** Betriebsausflug *m*; **~ (en voiture)** Spazierfahrt *f*; Ausfahrt *f*; **jour** *m* **de ~** Tag, an dem man Ausgang hat; **(ne pas) aimer les ~s** (nicht) gerne ausgehen; F **nous sommes de ~** wir gehen aus; **4. a)** MIL Ausbruch *m*; HIST Ausfall *m*; **tenter une ~** e-n Ausbruchsversuch machen; **b)** AVIAT, *de la police, des pompiers* Einsatz *m*; **5.** *d'un acteur, d'un gymnaste* Abgang *m*; **6.** *fig* (*attaque verbale*) Ausfall *m* (**contre** gegen); **faire une ~ contre qn** j-n hart anfahren; (*insulter*) gegen j-n ausfallend, ausfällig werden; **7.** *d'un nouveau produit* Her'ausbringen *n*; *d'un livre* Erscheinen *n*; *d'un film* Uraufführung *f*; **8.** COMM **a)** *d'un pays* Ausfuhr *f*; *d'une usine* Ausgang *m*; *d'un entrepôt* Abgang *m*; *d'argent* Abfluß *m*; Abzug *m*; **~ de devises** De'visenabfluß *m*; **b)** *pl* **~s (d'argent)** Ausgaben *f/pl*; Ausgänge *m/pl*; **9.** INFORM Ausgabe *f*; Output *m* ['aʊt-] *m ou n*; **10.** *de fluides* Austritt *m*; Ausströmen *n*; **11. ~ de bain** Bademantel *m*

sortilège [sɔrtilɛʒ] *m* Zauber *m*; *fig* Bann *m*

sortir [sɔrtir] ⟨*cf* partir⟩ **I** *v/t* **1.** *visiteur, femme* ausführen; *malade, enfant* spa'zierenführen; *en voiture* ausfahren; **~ son chien** s-n Hund aus-, spazierenführen; **2.** F (*expulser*) **~ qn** F j-n rauswerfen, -schmeißen; F **~ qn de la salle** j-n aus dem Saal werfen; **3.** *qc de qc* her'aus-, F rausholen, -nehmen, -ziehen; *qc de lourd* her'aus- *ou* hin'aus- *ou* F rausschaffen; *plante, chaise de jardin* hin'aus-, F rausstellen, -tragen; *véhicule* her'aus-, F rausfahren; *avion: train d'atterrissage* ausfahren; **~ son mouchoir** sein Taschentuch herausziehen, her'vorholen; **~ son portefeuille** F s-e Brieftasche zücken; **~ un blessé des décombres** e-n Verletzten aus den Trümmern bergen; **~ le lait du réfrigérateur** die Milch aus dem Kühlschrank nehmen; **~ sa voiture du garage** s-n Wagen aus der Garage holen, fahren; *par ext* **il faut le ~ de là** wir müssen ihm her'aushelfen; **4.** *nouveau produit* her'ausbringen; auf den Markt bringen; **5.** F *sottises* von sich geben; F verzapfen; **II** *v/i* ⟨être⟩ **6.** *personne* (*quitter un endroit*) hin'aus-, F rauskommen; her'aus-, F rauskommen; THÉ *acteur* abgehen, -treten; (*qn en*) *voiture* hin'aus- *ou* her'aus- *ou* F rausfahren; *oiseau* hin'aus- *ou* herausfliegen; *ver* her'auskriechen; *produit d'une machine, fumée, liquide etc* her'auskommen; *fumée, odeur a* her'ausdringen; *liquide, gaz* a austreten; *liquide a* her'aus-, her'vorquellen; *gaz a* ausströmen; *pousses* (her'vor-) sprießen; *dents* kommen; *bras, jambes, objet* (*dépasser*) her'vor-; ♦ *abs*: **sortez!** hin'aus!; F raus!; **que personne ne sorte!** keiner verläßt den Saal!; ♦ *impersonnel*: **il en sort une épaisse fumée** es dringt dicker Rauch heraus, hervor; *fig* **que va-t-il en ~?** was wird wohl dabei herauskommen?; ♦ **en sortant d'un restaurant** beim Verlassen e-s Lokals; **~ vainqueur d'un combat** als Sieger aus e-m Kampf her'vorgehen; ♦ *avec prép et loc/adv*: **à cinq heures** *ouvrier* um fünf (Uhr)

Feierabend haben; *élève* um fünf (Uhr) aushaben; *je sors de chez lui* ich war gerade bei ihm; ich komme gerade von ihm; ~ *de chez soi* aus dem Haus gehen, kommen; ~ *de derrière qc* hinter etw (*dat*) her'vorkommen; *fumée* ~ *de la cheminée* aus dem Kamin aufsteigen; ~ *de l'école, du bureau* aus der Schule, aus dem Büro kommen; ~ *d'un entretien* von *ou* aus e-r Besprechung kommen; *ça ne sort pas de la famille* das bleibt in der Familie; *train* ~ *de la gare* ausfahren; aus dem Bahnhof fahren; ~ *de l'hôpital* aus dem Krankenhaus entlassen werden; *rivière* ~ *de son lit* über die Ufer treten; ~ *du lycée* vom Gymnasium abgehen; das Gymnasium verlassen; *poussin* ~ *de l'œuf* ausschlüpfen, -kriechen; aus dem Ei schlüpfen; ~ *d'un pays* ein Land verlassen; aus e-m Land ausreisen; *difficilement* aus e-m Land herauskommen; *bateau* ~ *du port* auslaufen; ~ *de prison* aus dem Gefängnis herauskommen, entlassen werden; ~ *de table* vom Tisch, vom Essen aufstehen; SPORTS *balle* ~ *du terrain* ins Aus gehen; *plantes* ~ *de terre* aus der Erde sprießen; *les yeux lui sortent de la tête* ihm treten die Augen aus dem Kopf; ~ *sur le balcon* auf den Balkon (hinaus-) treten; ♦ *avec verbes*: *faire* ~ *qn* auffordern hinauszugehen; *arbitre*: *joueur* hinausstellen; *animal* hinausjagen, -scheuchen; *épine* herausdrücken; *jus d'un citron* herausdrücken, -pressen; *poussière* herausklopfen, -schütteln; *air* herauslassen; *arriver à faire* ~ herausbringen, -bekommen, F rauskriegen; *se faire* ~ hinaus-, F rausgeworfen, -geschmissen werden; *laisser* ~ hinaus- *ou* heraus- *ou* F rauslassen; *oser* ~ sich hinauswagen; *ne pas pouvoir* ~ nicht hinaus- *ou* heraus- *ou* F rauskönnen; *vouloir* ~ hinaus- *ou* heraus- *ou* F rauswollen; 7. *en soirée ou pour se promener* ausgehen; (*en voiture*) aus-, spa-'zierenfahren; *par ext d'amoureux* ~ *avec qn* mit j-m gehen; 8. *nouveau produit* her'auskommen (*a livre*); auf den Markt kommen; *film* anlaufen; COMM *venir de* ~ neu auf dem Markt sein; 9. LOTERIE *numéro* gezogen werden; *sujet d'examen* drankommen; 10. *fig*: *être sorti de l'enfance* den Kinderschuhen entwachsen sein; ~ *de sa léthargie* aus s-r Lethargie erwachen; ~ *de maladie* e-e Krankheit über'standen, hinter sich haben; ~ *de la misère* aus dem Elend herauskommen; ~ *de sa réserve* aus s-r Reserve herausgehen; 11. ~ *de* (*s'écarter de*) abweichen von; ~ *du sujet* vom Thema abweichen, abschweifen, abkommen; 12. ~ *de* (*venir de*) kommen, stammen von; her'vorgehen aus; *robe* ~ *de chez Dior* von Dior kommen, stammen; ~ *du peuple* aus dem Volk kommen, stammen; *il sort de Polytechnique* er kommt von der École polytechnique; er ist aus der ... hervorgegangen; *d'où est-ce qu'il sort, celui-là?* wo kommt der bloß her?; 13. *ne pas en* ~ es nicht schaffen; nicht damit fertig werden; zu keinem Ende kommen; 14. F ~ *de faire qc* gerade, (so')eben etw getan haben; ~ *de manger, de travailler* gerade

vom Essen, von der Arbeit kommen; *fig je sors d'en prendre* mir reicht's, langt's; III *v/pr se* ~ *d'une situation difficile* sich aus e-r schwierigen Lage befreien; *s'en* ~ damit fertig werden, zu Rande kommen; IV *m poét au* ~ *de l'hiver* gegen Ende des Winters
S.O.S. [ɛsoɛs] *m* 1. SOS *n*; SOS-Ruf *m* (*a fig*); *lancer un* ~ SOS-Rufe aussenden; SOS senden; 2. *par ext* ~ *médecins* Notarzt *m*
sosie [sɔzi] *m* Doppelgänger *m*
sot [so] I *adj* ⟨sotte [sɔt]⟩ töricht; dumm; II *subst* ~(*te*) *m(f)* Tor *m*, Törin *f*; Narr *m*, Närrin *f*; F *petite* ~*te*! F du Dummerchen, Gänschen!
sottise [sɔtiz] *f* Dummheit *f*; Torheit *f*; *avoir la* ~ *de faire qc* so dumm sein, etw zu tun; *dire, faire des* ~*s* Dummheiten, Torheiten sagen, machen *ou* begehen
sottisier [sɔtizje] *m* Stilblütensammlung *f*
sou [su] *m* 1. HIST *monnaie* Sou *m*; 2. F *fig* ~*s pl* (*argent*) Geld *n*; F Mo'neten *pl*; *cf a fric*; *machine f à* ~*s* Spielautomat *m*; ♦ ~ *à* ~, ~ *par* ~ Pfennig für Pfennig; *propre comme un* ~ *neuf* blitzsauber; *bijou etc de quatre* ~*s* billig; wertlos; Brecht **L'Opéra** *m* de *quat'* ~*s* Die Drei'groschenoper; *dépenser jusqu'au dernier* ~ bis auf den letzten Pfennig; F *pas compliqué pour un* ~ über'haupt, gar nicht kompliziert; *personne* völlig unkompliziert; ♦ F *il n'a pas pour deux* ~*s de jugeote* F er hat nicht für zwei Pfennig Grips; er hat keine Grütze im Kopf; F *s'embêter à cent* ~*s de l'heure* sich furchtbar langweilen, F mopsen; *être sans le* ~, *n'avoir pas le* ~ keinen Pfennig (Geld) haben; F keinen (roten) Heller haben; *être près de ses* ~*s*, *compter ses* ~*s* auf den Pfennig sehen; F jeden Pfennig dreimal 'umdrehen; ein Pfennigfuchser sein; F *c'est une affaire de gros* ~ hier spielt das Geld, der Profit die Hauptrolle; F *ça en fait des* ~*s* F das ist ein schöner Batzen Geld; F *ne parler que gros* ~ *nie* vom Geld reden
souabe [swab] I *adj* schwäbisch; II *subst* 1. ♀ *m,f* Schwabe *m*, Schwäbin *f*; 2. *région la* ♀ Schwaben *n*
soubassement [subasmã] *m* CONSTR Sockel *m*
soubresaut [subrəso] *m* (heftiges) Zu-'sammenzucken, -fahren *n*; Auffahren *n*; *avoir un* ~ zusammenzucken, -fahren; auffahren
soubrette [subrɛt] *f* THÉ Kammerzofe *f*, -mädchen *n*
souche [suʃ] *f* 1. *d'un arbre* Baumstumpf *m*; *nordd a* Stubben *m*; *südd a* Stumpen *m*; *dormir comme une* ~ schlafen wie ein Ratz, Murmeltier; *rester* (*planté*) *là comme une* ~ dastehen wie ein Klotz; 2. *fig être de vieille* ~ aus e-r alten Familie stammen; *faire* ~ ein Geschlecht begründen; 3. LING *mot m de* ~ *latine* Wort *n* lateinischen Ursprungs; *adjt mot m* ~ Stammwort *n*; 4. BIOL ~ *bactérienne* Bak'terienstamm *m*; 5. *d'un chéquier etc* Stamm-, Kon-'trollabschnitt *m*
souchet [suʃɛ] *m* ZO Löffelente *f*
souci[1] [susi] *m* 1. (*inquiétude*) Sorge *f*; Besorgnis *f*; ~*s financiers* Geldsorgen

f/pl; *sans* ~ a) (*insouciant*) sorglos, unbekümmert; b) (*sans problèmes*) sorgenfrei; *vivre sans* ~ ein sorgloses Leben führen; *vieillesse f sans* ~ sorgenfreies Alter; *il est accablé de* ~*s* schwere Sorgen drücken ihn, lasten auf ihm; *donner bien du* ~ *à qn* j-m große Sorgen machen, bereiten; *cela vous épargnerait bien des* ~*s* das würde Ihnen e-e Menge Kummer ersparen; *c'est le dernier, le moindre de mes* ~*s* das ist meine geringste Sorge; *par ext cet enfant est un* ~ *perpétuel pour ses parents* dieses Kind ist für s-e Eltern ein Gegenstand ständiger Sorge; *se faire du* ~ sich Sorgen machen, sich sorgen (*pour qn* um j-n); 2. (*intérêt*) Bedachtsein *n* (*de* auf +*acc*); Bemühen *n* (um); *par* ~ *d'équité* im Bestreben, gerecht zu sein; *avoir le* ~ *de l'exactitude* auf Genauigkeit bedacht sein; um Genauigkeit bemüht sein; *avoir le* ~ *de plaire* darauf bedacht sein zu gefallen
souci[2] [susi] *m* BOT Ringelblume *f*; ~ *d'eau* Sumpfdotterblume *f*
soucier [susje] *v/pr ne pas se* ~ *ou se* ~ *peu de qc, qn* sich nicht *ou* wenig um etw, j-n kümmern, scheren; *personne ne s'en soucie a* danach kräht kein Hahn
soucieux [susjø] *adj* ⟨-euse⟩ 1. (*inquiet*) besorgt, sorgenvoll; *air* ~ besorgte, sorgenvolle Miene; 2. ~ *de* bedacht auf (+*acc*); bemüht um; *être* ~ *de* (+*inf*) darauf bedacht sein zu (+*inf*); bestrebt sein zu (+*inf*)
soucoupe [sukup] *f* 1. 'Untertasse *f*; F *ouvrir des yeux* (*grands*) *comme des* ~*s* große Augen, F Kulleraugen machen; die Augen aufreißen, aufsperren; F gucken wie ein Auto; 2. *fig* ~ *volante* fliegende 'Untertasse
soudain [sudɛ̃] I *adj* plötzlich; jäh; schlagartig; II *adv* plötzlich; schlagartig; unvermittelt; unversehens
soudainement [sudɛnmã] *adv cf soudain II*
soudaineté [sudɛnte] *f* Plötzlichkeit *f*; Schlagartigkeit *f*
Soudan [sudã] *le* ~ der Su'dan
soudanais [sudanɛ] I *adj* su'danisch; suda'nesisch; II *subst* ♀(*e*) *m(f)* Su'daner(in) *m(f)*; Suda'nese *m*, Suda'nesin *f*
soudard [sudaʀ] *péj m* alter Haudegen
soude [sud] *f* CHIM a) Soda *f ou n*; *cristaux m/pl de* ~ Kri'stallsoda *n*; b) ~ (*caustique*) Ätznatron *n*; kaustische Soda; *lessive f de* ~ Natronlauge *f*; c) *bicarbonate m de* ~ Natron *n*; Natriumbikarbonat *n*; doppeltkohlensaures Natrium
soudé [sude] *adj* 1. BIOL zu'sammengewachsen; verwachsen; 2. *fig* fest verbunden; (wie) zu'sammengeschweißt
souder [sude] I *v/t* TECH a) *par fusion* (zu'sammen-, ver)schweißen; b) *par métal d'apport* (zu'sammen-, ver)löten; *fer m, lampe f à* ~ Lötkolben *m*, -lampe *f*; II *v/pr se* ~ BIOL zu'sammen-, verwachsen
soud|eur [sudœʀ] *m*, ~*euse f* Schweißer(in) *m(f)*; Löter(in) *m(f)*
soudoyer [sudwaje] *v/t* ⟨-oi-⟩ ~ *qn* j-n dingen, bestechen
soudure [sudyʀ] *f* 1. TECH a) *opération* Schweißen *n*; *par métal d'apport* Löten

n; **b)** *(partie soudée)* Schweißnaht *f*, -stelle *f*; Lötstelle *f*, -naht *f*, -fuge *f*; *sans ~* nahtlos; **c)** *(alliage pour souder)* Lot *n*; Lötmetall *n*; **2.** BIOL Zu-'sammen-, Verwachsen *n*; **3.** ÉCON *faire la ~* die Zeit *(bis zur nächsten Ernte, Lieferung)* über'brücken

souffert [sufɛʀ] *p/p cf* **souffrir**

soufflage [sufla*ʒ*] *m du verre* Blasen *n*

soufflant [suflɑ̃] *adj* F *c'est ~* F da bleibt einem die Spucke weg

souffle [sufl(ə)] *m* **1.** *(expiration)* Hauch *m*; *bougie éteindre d'un ⟨seul⟩ ~* (auf einmal) ausblasen; *renverser d'un ~* 'umpusten; **2.** *(respiration)* Atem *m*; Luft *f*; F Puste *f*; *avoir du ~* genügend Luft haben; *fig* Ausdauer haben; *avoir le ~ court* kurzatmig sein; *la course m'a coupé le ~* ich bin durch das Laufen ganz außer Atem (geraten, gekommen); *on a le ~ coupé* es verschlägt, benimmt einem den Atem; F *fig il en a eu le ~ coupé* F da blieb ihm die Luft, die Spucke weg; *être à bout de ~* a) außer Atem sein; b) *fig* nicht mehr können; *manquer de ~* nicht genügend Luft bekommen; F keine Puste (mehr) haben; *il manque de ~* a auch geht die Luft, F die Puste aus; *rendre son dernier ~* den letzten Atemzug, F Schnaufer tun; *retenir son ~* den Atem, die Luft anhalten; **3.** *fig second ~* neuer Anlauf, Aufschwung; *(re)trouver un second ~* e-n neuen Anlauf nehmen; e-n neuen Aufschwung erleben; *artiste etc* wieder kreativ werden; **4.** *fig et poét ~ créateur* schöpferischer Hauch, Funke; **5.** *d'air* Lufthauch *m*; *il n'y a pas un ~* es weht kein Lüftchen; **6.** *d'un réacteur etc* Luftstrom *m*; *d'un incendie* Sog *m*; *d'une explosion* Luftdruck *m*; Druckwelle *f*; **7.** MÉD Geräusch *m*; *avoir un ~ au cœur* e-n Herz(klappen)fehler haben

soufflé [sufle] **I** *adj* **1.** *visage* (auf)gedunsen; aufgeschwemmt; **2.** F *(stupéfait)* être ~ sprachlos, F baff, platt sein; **3.** CUIS *omelette ~e* Eierauflauf *m*; **II** *m* CUIS Auflauf *m*; Souf'flé *n*; *~ au fromage* Käseauflauf *m*

souffler [sufle] **I** *v/t* **1.** blasen; F pusten; *~ de la fumée au visage de qn* j-m Rauch ins Gesicht blasen; **2.** *bougie* ausblasen; F auspusten; **3.** *bâtiment par une explosion être soufflé* vom Luftdruck zerstört, F weggefegt werden; **4. a)** *au jeu: un pion* wegnehmen; *~ n'est pas jouer!* beim Stein wegnehmen gilt nicht als Zug! *(nachdem der Gegner vergessen hat, e-n Stein wegzunehmen)*; **b)** F *~ qc à qn* F j-m etw (vor der Nase) wegschnappen; *~ la petite amie à qn* j-m s-e Freundin wegschnappen, ausspannen; **5.** *(dire) ~ qc à qn* j-m etw ein-, vorsagen, ÉCOLE a einblasen, THÉ souf'flieren *(a abs)*; *~ qc à (l'oreille de) qn* j-m etw ins Ohr flüstern; j-m etw zuflüstern; *cf a mot 1.*; *en incise souffla-t-il* flüsterte er; **6.** TECH *~ le verre* Glas blasen; **II** *v/i* **1.** *vent* wehen; *p/fort* blasen; F pusten; *le vent souffle du nord* der Wind weht von Norden; **8.** *personne* blasen ou hauchen; F pusten; *dans, sur ses doigts* in die Hände hauchen; *~ dans une trompette* in e-e Trompete blasen; *~ sur le feu* das Feuer anblasen; *~ sur le potage* auf die Suppe blasen; *~ sur la vitre* an, auf die Scheibe hauchen; **9.** *(respirer difficilement)* schwer atmen; schnaufen; keuchen; **10.** *(reprendre haleine)* Atem, Luft holen; F verschnaufen; e-e Verschnaufpause machen

soufflerie [sufləʀi] *f* **1.** *d'une forge, d'un orgue* Gebläse *n*; **2.** *~ (aérodynamique)* Windkanal *m*

soufflet [suflɛ] *m* **1.** TECH Blasebalg *m*; **2.** *entre deux wagons* Faltenbalg *m*; F Ziehharmonika *f*; *d'un appareil photo* Balg *m*; **3.** *litt (gifle)* Ohrfeige *f*; *st/s* Backenstreich *m*

souffleter [suflɔte] *v/t* ⟨-tt-⟩ *litt ~ qn* j-m e-n Backenstreich geben

souffleur [suflœʀ] *m* **1.** *de verre* Glasbläser *m*; **2.** THÉ Souf'fleur *m*; *trou m du ~* Souffleurkasten *m*

souffleuse [sufløz] *f* THÉ Souf'fleuse *f*

souffrance [sufʀɑ̃s] *f* **1.** Leiden *n*; Schmerz *m*; Leid *n*; *endurer de grandes ~s* große Leiden, viel Leid ertragen; **2.** *loc/adj en ~ dossier, affaire* unerledigt; *marchandises, colis* nicht abgeholt; unzustellbar; *rester en ~* unerledigt bleiben; nicht abgeholt werden

souffrant [sufʀɑ̃] *adj* (leicht, vor'übergehend) erkrankt

souffre-douleur [sufʀəduloeʀ] *m* ⟨*inv*⟩ Opfer *n* (von Quäle'reien, der Grausamkeit); Prügelknabe *m*; *être le ~ de ses camarades* von s-n Kameraden gequält, gepeinigt, geplagt werden

souffreteux [sufʀətø] *adj* ⟨-euse⟩ leidend; kränklich

souffrir [sufʀiʀ] ⟨*cf* couvrir⟩ **I** *v/t* **1.** *(supporter) martyre* erleiden; erdulden; *ne pas pouvoir ~ qn, qc* j-n, etw nicht leiden, ausstehen können; *litt ~ que ...* (+*subj*) dulden, leiden, daß ...; *il ne souffre pas qu'on le contredise* er duldet keinen 'Widerspruch; **2.** *litt (permettre) souffrez que ...* (+*subj*) gestatten ou erlauben Sie, daß ...; *st/s cette affaire ne peut ~ aucun retard* die Sache leidet, duldet keinen Aufschub; **II** *v/i* leiden *(de* an +*dat*, unter +*dat*, durch); *sa réputation en a souffert* sein Ruf hat darunter, dadurch gelitten; *où souffrez-vous?* wo haben Sie Schmerzen?; *~ d'allergie, de rhumatismes* an e-r Allergie, an Rheuma(tismus) leiden; *la ville a souffert des bombardements* die Stadt hat durch die Bombenangriffe gelitten; *pays ~ d'une crise économique* unter e-r Wirtschaftskrise leiden; *~ de l'estomac, de la tête* magenleidend sein; *~ Kopfschmerzen leiden; *~ de la faim* Hunger leiden; *~ du froid, de la solitude* unter der Kälte, unter der Einsamkeit leiden, zu leiden haben; *plantes ~ de la sécheresse* durch die Trokkenheit leiden; *~ pour qc* für etw leiden; *faire ~* j-m Leiden, Leid zufügen; j-m ein Leid antun; j-n quälen, peinigen *(a maladie)*; **III** *v/pr ne pas pouvoir se ~* sich nicht leiden, ausstehen können

soufre [sufʀ(ə)] *m* **1.** CHIM Schwefel *m*; **2.** *adjt jaune ~* ⟨*inv*⟩ schwefelgelb

soufrer [sufʀe] *v/t* TECH schwefeln

souhait [swɛ] *m* **1.** Wunsch *m*; *~s de bonne année* Neujahrswünsche *m/pl*; *~s de bonheur* Glückwünsche *m/pl*; *quand qn éternue à vos ~s!* Gesund-heit!; *exprimer, formuler, former un ~* e-n Wunsch zum Ausdruck bringen, aussprechen; **2.** *loc/adv à ~* **a)** *(parfaitement)* nach Wunsch; **b)** *(très)* sehr; äußerst; *affaire marcher à ~* nach Wunsch gehen; *joli à ~* bildhübsch

souhaitable [swɛtabl(ə)] *adj* wünschenswert; *avoir toutes les qualités ~s* alle guten Eigenschaften haben, die man sich nur wünschen kann; *il serait ~ que ...* (+*subj*) es wäre wünschenswert, wenn ...

souhaiter [swete] **I** *v/t* wünschen; *~ la bonne année à qn* j-m ein gutes neues Jahr wünschen; F *je vous la souhaite bonne et heureuse!* F guten Rutsch ins neue Jahr!; *~ la bienvenue à qn* j-n willkommen heißen; *~ la santé, le succès à qn* j-m Gesundheit, Erfolg wünschen; *~ bon voyage à qn* (e-e) gute Reise wünschen; *je souhaiterais faire mieux* ich wünschte, ich könnte es besser machen; *je souhaite le revoir* ich habe den Wunsch ou ich wünsche, ihn 'wiederzusehen; *je lui souhaite de réussir* ich wünsche ihm Erfolg; *je souhaite qu'il vienne* ich wünsche, daß er kommt; *il est à ~ que ...* (+*subj*) es ist zu wünschen, daß ...; **II** *v/pr se ~ la bonne année* sich gegenseitig ein gutes neues Jahr wünschen

souiller [suje] *st/s v/t* besudeln, beflecken, beschmutzen *(a fig réputation)*; *p/p souillé de sang* blutbefleckt

souillon [sujɔ̃] *f* F Schmutzliese *f*, -fink *m*

souillure [sujyʀ] *f st/s* Befleckung *f*; Makel *m*

souk [suk] *m* Ba'sar *m*; Suk *ou* Souk *m*

soûl [su] **I** *f adj* ⟨soûle [sul]⟩ betrunken; F besoffen; *~ comme une bourrique, une grive, un Polonais* F sternhagelvoll; voll wie e-e Strandhaubitze; blau wie ein Veilchen; **II** *loc/adv tout mon (ou ton, son etc) ~* nach Herzenslust; *boire tout son ~* trinken, bis man genug hat; nach Herzenslust trinken; *dormir tout son ~* richtig, gründlich ausschlafen

soulagement [sulaʒmɑ̃] *m* Erleichterung *f*; *pour un malade a* Linderung *f*; *éprouver du ~* Erleichterung verspüren

soulager [sulaʒe] ⟨-geons⟩ **I** *v/t* **1.** *moralement* erleichtern; *adjt: être, se sentir soulagé* erleichtert sein, sich erleichtert fühlen; *il a été soulagé d'apprendre que ...* er war erleichtert, als er erfuhr, daß ...; *loc/adv le cœur soulagé* erleichterten Herzens; **2.** *douleur, misère* lindern; *~ un malade* e-m Kranken Erleichterung bringen; **3.** *~ qn d'un fardeau* j-m e-n Teil s-r Last abnehmen; *au travail* ent'lasten; **4.** F *iron ~ qn de son portefeuille, de son argent* F j-n um s-e Brieftasche, um sein Geld erleichtern; **5.** CONSTR entlasten; **II** *v/pr F fig se ~* s-e Notdurft verrichten; F sich erleichtern; austreten

soûlant [sulɑ̃] F *adj personne* ermüdend

soûl|ard [sulaʀ] F *m* Trunkenbold *m*; F Säufer *m*; Saufbold *m*; Schnapsbruder *m*; versoffener Kerl; *~arde* F *f* Säuferin *f*; Schnapsdrossel *f*; *~aud* *m* F *cf soûlard*

soûler [sule] F **I** *v/t* **1.** *~ qn* j-n betrun-

soûlerie – sourd

ken, F besoffen machen; **2.** *fig (fatiguer)* ~ *qn* j-n ermüden; j-n ganz benommen machen; *de paroles* F j-n dumm und dußlig reden; *je suis soûlé a* mir brummt der Kopf; **II** *v/pr se* ~ sich betrinken; F sich besaufen
soûlerie [sulʀi] *f* F Saufe'rei *f*; Saufgelage *n*; Besäufnis *n*
soulèvement [sulɛvmɑ̃] *m* **1.** (*révolte*) Aufstand *m*; Erhebung *f*; Empörung *f*; **2.** GÉOL Hebung *f*
soulever [sulve] ⟨-è-⟩ **I** *v/t* **1.** *objet* hochheben; *un peu* anheben; *poids, charge* heben; *chapeau, voile* lüften; *st/s* emporheben; F hochnehmen; *poussière* aufwirbeln; *tempête* ~ *les flots* das Meer aufwühlen; ~ *les paupières* die Augen halb aufschlagen; ~ *la tête d'un malade* e-m Kranken den Kopf hochheben; *cf a cœur 3.*; **2.** *enthousiasme etc* her'vorrufen; erregen; *difficultés* verursachen; *problème* aufwerfen; zur Sprache bringen; *discussion, débat* her'vorrufen; auslösen; ~ *les critiques* Kritik hervorrufen, her'ausfordern; ~ *l'indignation* Entrüstung hervorrufen; ~ *l'opinion publique contre soi* die öffentliche Meinung, die Öffentlichkeit gegen sich einnehmen, *p/fort* aufbringen; **3.** *élan de générosité etc* ~ *qn* j-n hinreißen, über'wältigen; **4.** F *fig (voler) objet* sti'bitzen; klauen; *personne* ausspannen; **II** *v/pr se* ~ **5.** *personne* sich aufrichten; **6.** *peuple* sich erheben, sich empören, sich auflehnen, aufstehen (*contre* gegen); **7.** *vagues* hochgehen, -schlagen; aufbranden
soulier [sulje] *m* Schuh *m*; F *fig être dans ses petits* ~*s* verlegen, befangen, betreten sein
soulign|age [suliɲaʒ] *m ou* ~**ement** *m* Unter'streichen *n*, -ung *f*
souligner [suliɲe] *v/t* **1.** unter'streichen; ~ *en rouge* rot unterstreichen; **2.** *fig* unter'streichen; her'vorheben; betonen
soûlograph|e [sulɔgʀaf] *m* F *cf soûlard*; ~**ie** *f* F Suff *m*; Saufen *n*
soulte [sult] *f* JUR Ausgleichsbetrag *m*
soumettre [sumɛtʀ(ə)] ⟨*cf* mettre⟩ **I** *v/t* **1.** *pays, rebelles* unter'werfen; **2.** ADM unter'werfen (*à des formalités* Formalitäten [*dat*]); *être soumis à* unter'liegen (+*dat*); *soumis à une autorisation, à l'impôt* genehmigungs-, steuerpflichtig; **3.** (*faire subir*) unter'ziehen, unter'werfen (*à une analyse, à un examen* e-r Analyse, e-r Prüfung [*dat*]); TECH ~ *à des efforts* beanspruchen (*de traction* auf Zug); ~ *qn à un interrogatoire* j-n e-m Verhör unterziehen, unterwerfen; j-n verhören, vernehmen; *être soumis à un entraînement* sich e-m Training unterziehen müssen; **4.** *projet, question, cas* unter'breiten, vorlegen (*à qn* j-m); ~ *qc à l'approbation de qn* j-m etw zur Genehmigung vorlegen; j-s Zustimmung zu etw einholen; **II** *v/pr se* ~ **5.** (*obéir*) sich unter'werfen, sich fügen (*à une décision* e-r Entscheidung [*dat*]); *prov se* ~ *ou se démettre* entweder nachgeben oder aufgeben; **6.** (*subir*) sich unter'ziehen (*à un entraînement* e-m Training)
soumis [sumi] *p/p cf* **soumettre** *et adj* gefügig; fügsam; folgsam; gehorsam; ergeben

soumission [sumisjɔ̃] *f* **1.** (*capitulation*) Unter'werfung *f* (*à* unter +*acc*); *faire sa* ~ sich unter'werfen; **2.** (*obéissance*) Gefügig-, Fügsam-, Folgsamkeit *f*; Gehorsam *m*; Ergebenheit *f*; **3.** JUR (An-) Gebot *n* (bei e-r Ausschreibung)
soumissionner [sumisjɔne] *v/t* sich (bei e-r Ausschreibung) bewerben um; *abs* submit'tieren; ein Angebot machen
soupape [supap] *f* TECH Ven'til *n*; ~ *de sûreté* Sicherheitsventil *n* (*a fig*)
soupçon [supsɔ̃] *m* **1.** Verdacht *m*; Argwohn *m*; Verdächtigung *f*; *exempt de* (*tout*) ~ (völlig) unverdächtig; *dissiper les* ~*s* den Verdacht zerstreuen; *être au-dessus de tout* ~ über jeden Verdacht erhaben sein; *éveiller les* ~ *de qn* j-s Verdacht erregen; **2.** (*un peu*) Quentchen *n*; Spur *f*; Anflug *m*; Hauch *m*; *un* ~ *de cannelle* e-e Messerspitze Zimt; *un* ~ *de moustache* ein Anflug von Schnurrbart; *un* ~ *de rouge* ein Hauch Rouge; *un* ~ *de vérité* ein Körnchen, Quentchen Wahrheit; *un peu de lait? – juste un* ~ nur ein Tröpfchen
soupçonner [supsɔne] *v/t* **1.** ~ *qn* j-n verdächtigen (*de vol* des Diebstahls); j-n im Verdacht haben (*de wegen*); j-n beargwöhnen; gegen j-n Argwohn hegen; ~ *qn d'avoir fait qc* j-n im Verdacht haben, etw getan zu haben; *être soupçonné de vol* im Verdacht des Diebstahls stehen; des Diebstahls verdächtig sein; **2.** (*pressentir*) vermuten; argwöhnen; ahnen; ~ *un piège* e-e Falle vermuten
soupçonneux [supsɔnø] *adj* ⟨-euse⟩ argwöhnisch; 'mißtrauisch
soupe [sup] *f* Suppe *f*; F MIL *a* Essen *n*; ~ *populaire* Volksküche *f*; ~ *à l'oignon* Zwiebelsuppe *f*; F *fig un gros plein de* ~ F ein Fettkloß *m*, -sack *m*; ein Dick-, Fettwanst *m*; F *à la* ~! zum Essen kommen!; auf geht's zum Essen!; F *fig par ici la bonne* ~! F immer her damit!; F *fig être* ~ *au lait* ein Hitzkopf, Brausekopf sein; leicht aufbrausen, F hochgehen; F *fig être trempé comme une* ~ F pudel-, klatsch-, pitsch-, patschnaß sein
soupente [supɑ̃t] *f* ARCH a) *dans la hauteur d'une pièce* Hängeboden *m*; b) *sous un escalier* Verschlag *m*
souper [supe] **I** *v/i* a) *après le spectacle* essen; *st/s* sou'pieren; b) *régional* zu Abend essen; F *fig j'en ai soupé* F davon hab ich die Nase voll; das hängt mir zum Hals heraus; **II** *m* a) Essen *n*, Mahlzeit *f* (nach e-r Abendveranstaltung); *st/s* Sou'per *n*; b) *régional* Abendessen *n*
soupeser [supəze] *v/t* ⟨-è-⟩ **1.** mit der Hand abwiegen; **2.** *fig* abwägen; ~ *des arguments* Argumente gegeneinander abwägen
soupière [supjɛʀ] *f* Suppenschüssel *f*; (Suppen)Ter'rine *f*
soupir [supiʀ] *m* **1.** Seufzer *m*; ~ *de soulagement* Seufzer der Erleichterung; *pousser un* ~ e-n Seufzer ausstoßen; aufseufzen; *rendre le dernier* ~ den letzten Atemzug tun; **2.** MUS Viertelpause *f*; *quart* ~ *de* ~ Sechzehntelpause *f*
soupirail [supiʀaj] *m* ⟨*pl* -aux⟩ Kellerfenster *n*, -loch *n*

soupirant [supiʀɑ̃] *m plais* Verehrer *m*
soupirer [supiʀe] *v/i et v/i* **1.** seufzen; *... soupira-t-elle ...* seufzte sie; **2.** *litt* ~ *après, pour qn* nach j-m schmachten
souple [supl(ə)] *adj* **1.** *corps, démarche* geschmeidig; *sportif, corps a,* membres gelenkig; *corps, membres a,* branche, lame biegsam; *cheveux, col, cuir, lentilles de contact* weich; *matière* schmiegsam; fle'xibel; *horaires m/pl* ~*s* flexible Arbeitszeiten *f/pl*; **2.** *fig personne, caractère* geschmeidig; schmiegsam; wendig; fle'xibel; anpassungsfähig; **3.** F (*accommodant*) entgegenkommend; ku'lant
souplesse [suplɛs] *f* **1.** *du corps etc* Geschmeidigkeit *f*; Gelenkigkeit *f*; Biegsamkeit *f*; *du cuir* Weichheit *f*; *d'une matière* Flexibili'tät *f*; *démarrer en* ~ sanft starten; SPORTS *se recevoir en* ~ weich aufspringen; **2.** *fig qn, du caractère* Geschmeidigkeit *f*; Schmiegsamkeit *f*; Wendigkeit *f*; Flexibili'tät *f*; Anpassungsfähigkeit *f*; *avec* ~ geschmeidig; fle'xibel
souquer [suke] *v/i* MAR ~ *ferme* sich in die Riemen legen
sourate [suʀat] *f du Coran* Sure *f*
source [suʀs] *f* **1.** Quelle *f*; ~ *thermale* Ther'malquelle *f*; Therme *f*; *fig cela coule de* ~ das ergibt sich zwangsläufig, von selbst; das ist die logische, notwendige Folge; *fleuve prendre sa* ~ entspringen; **2.** *fig*, PHYS, HIST, LITTÉRATURE Quelle *f*; *fig a* Ursprung *m*; *st/s* Quell *m*; *poét* Born *m*; ~ *lumineuse* Lichtquelle *f*; ~ *de chaleur, d'énergie* Wärme-, Ener'giequelle *f*; ~ *de danger, d'erreurs, d'informations* Gefahren-, Fehler-, Informati'onsquelle *f*; *une* ~ *de joie* ein Quell, Born der Freude; *la* ~ *de tous les maux* die Quelle, Wurzel allen Übels; ~ *de revenus* Einnahmequelle *f*; *de* ~ *officielle* von amtlicher Seite; *remonter à la* ~ (bis) zu den Ursprüngen zurückgehen; *tenir, savoir qc de* ~ *autorisée de bonne, de* ~ *sûre* etw aus maßgeblicher, guter, sicherer Quelle haben, wissen; ♦ *adjt* LING *langue f* ~ Ausgangssprache *f*
sourcier [suʀsje] *m* (Wünschel)Rutengänger *m*
sourcil [suʀsi] *m* Augenbraue *f*; *froncer les* ~*s* die Stirn runzeln; *lever les* ~*s* die Augenbrauen hochziehen
sourcilier [suʀsilje] *adj* ⟨-ière⟩ ANAT Augenbrauen-...; *cf a* arcade *2*.
sourciller [suʀsije] *v/i ne pas* ~ nicht mit der Wimper zucken; keine Miene verziehen; *sans* ~ ohne mit der Wimper zu zucken
sourcilleux [suʀsijø] *adj* ⟨-euse⟩ *litt* a) (*sévère*) *litt* gestreng; b) (*pointilleux*) kleinlich; pe'dantisch
sourd [suʀ] **I** *adj* ⟨*sourde* [suʀd]⟩ **1.** *personne* schwerhörig; *p/fort* taub; gehörlos; ~ *d'une oreille* auf e-m Ohr schwerhörig, taub; *devenir* ~ schwerhörig, taub werden; ertauben; *fig être,* *rester* ~ *aux appels, aux prières de qn* gegen j-s Appelle, Bitten taub bleiben; *cf a* oreille *1.*; **2.** *bruit, voix, douleur, colère* dumpf; *couleur* stumpf; **3.** *rivalité, lutte* versteckt; geheim; heimlich; **4.** PHON stimmlos; *consonne* ~*e ou subst* ~*e f* stimmloser Konsonant;

sourdine – sous-tendre 684

5. *lanterne* ~*e* Blendlaterne *f*; **II** *subst* ~(*e*) *m*(*f*) Schwerhörige(r) *f*(*m*); *p*/*fort* Taube(r) *f*(*m*); Gehörlose(r) *f*(*m*); *crier comme un* ~ schreien, als ob die anderen taub wären; *frapper comme un* ~ wild, blind drauflosschlagen; *c'est un dialogue de* ~*s* sie reden aneinander vorbei; *prov il n'est pire* ~ *que celui qui ne veut pas entendre* wenn einer nicht hören will, ist alles Reden umsonst; ich habe *ou* er hat *etc* tauben Ohren gepredigt

sourdine [suRdin] *f MUS* Dämpfer *m*; *jouer en* ~ leise spielen; *fig mettre une* ~ *à enthousiasme, revendication* dämpfen, mäßigen (+*acc*); e-n Dämpfer aufsetzen (+*dat*)

sourdingue [suRdɛ̃g] *adj* F *cf sourd* I 1.

sourd-muet [suRmɥɛ], **sourde-muette** [suRdəmɥɛt] **I** *m,f* Taubstumme(r) *f*(*m*); **II** *adj* taubstumm

sourdre [suRdR(ə)] *v*/*i* ⟨*déf: inf u 3. Person Präsens il sourd, ils sourdent*⟩ *litt* her'vorquellen

souriant [suRjɑ̃] *adj* freundlich; fröhlich; vergnügt; heiter

souric|eau [suRiso] *m* ⟨*pl* ~*x*⟩ junge Maus; Mäuschen *n*; ~**ière** *f* **1.** Mausefalle *f*; **2.** *fig de la police* Falle *f*

sourire [suRiR] ⟨*cf rire*⟩ **I** *v*/*i* **1.** lächeln; ~ *à qn* j-m zulächeln; j-n anlächeln; *en souriant* lächelnd; *faire* ~ ein Lächeln hervorrufen (*qn* bei j-m); *aujourd'hui cela vous fait* ~ heute lächelt man darüber; **2.** *fig* **a)** *la chance lui sourit* ihm lacht das Glück; das Glück ist ihm hold; *la vie lui sourit* er hat Glück im Leben; das Leben meint es gut mit ihm; **b)** *ce projet ne me sourit pas* dieses Vorhaben sagt mir nicht zu, paßt mir nicht; **II** *m* Lächeln *n*; *léger* ~ leichtes *ou* leises Lächeln; *avoir le* ~ ein freundliches, fröhliches, vergnügtes Gesicht machen; *faire, adresser un* ~ *à qn* j-n anlächeln; j-m zulächeln; *garder le* ~ fröhlich, heiter, guter Dinge bleiben

souris [suRi] *f* **1.** *ZO* Maus *f*; ~ *blanche* weiße Maus; **2.** F *fig* (*jeune fille, femme*) F Kleine *f*; Hübsche *f*; Süße *f*; **3.** *INFORM* Maus *f*; **4.** *du gigot* Maus *f*; **5.** *adjt gris* ~ ⟨*inv*⟩ mausgrau

sournois [suRnwa] **I** *adj* 'hinterhältig; 'hinterlistig; heimtückisch; lauernd; duckmäuserisch; **II** *subst* ~(*e*) *m*(*f*) Duckmäuser(in) *m*(*f*); Schleicher *m*; Leisetreter *m*; *une petite* ~ ein 'hinterlistiges Ding

sournoiserie [suRnwazRi] *f* 'Hinterhältigkeit *f*; 'Hinterlist *f*; Heimtücke *f*; lauerndes Wesen; Duckmäuse'rei *f*

sous [su] *prép* **1.** *lieu* unter (+*dat question où?*; +*acc question wohin?*); 'unterhalb (+*gén*); ~ *nos fenêtres* unter *ou* vor unseren Fenstern; ~ *la main* bei der, zur Hand; griffbereit; ~ *la pluie* im Regen; ~ (*la*) *terre* unter der Erde; ~ *mes yeux* vor meinen Augen; *s'abriter* ~ *un arbre* sich unter e-n Baum stellen; unter e-m Baum Schutz suchen; *inscrire* ~ *le numéro* ... unter der Nummer ... eintragen; *mettre qc* ~ *son bras* etw unter den Arm nehmen, klemmen; *nager* ~ *l'eau* unter Wasser schwimmen; **2.** *temps* unter (+*dat*); ~ *Napoléon* unter Napoleon; ~ *la IV*ᵉ *République* unter der Vierten Republik; ~ *la Révolution* während, zur

Zeit der (Französischen) Revolution; ~ *peu* in Kürze, Bälde; bald; demnächst; **3.** *dépendance* unter (+*dat ou acc*); ~ *la pression de l'opinion publique* unter dem Druck der öffentlichen Meinung; *malade être* ~ *antibiotiques* unter Antibiotika stehen; *se mettre* ~ *sa protection* sich in s-n Schutz begeben; *placer* ~ *sa direction* s-r Leitung (*dat*) unter'stellen; **4.** *manière:* ~ *cet angle, aspect* unter diesem Gesichts- *ou* Blickwinkel, -punkt, Aspekt; ~ *le nom, titre de* ... unter dem Namen, Titel ...; ~ *peine d'amende* bei (Geld)Strafe; ~ *tous les rapports* in jeder Hinsicht, Beziehung; *cf a subst correspondants*

sous-... [su] *préfixe* 'unter...; 'Unter...; *cf les articles suivants*

sous-aliment|ation [suzalimɑ̃tasjɔ̃] *f* 'Unterernährung *f*; ~**é** *adj* 'unterernährt

sous|-bois [subwa] *m* 'Unterholz *n*; ~**-chef** [subwa] *m,f* stellvertretender Chef, stellvertretende Chefin; ~**-commission** *f* 'Unterausschuß *m*; ~**-continent** *m GÉOGR* Subkontinent *m*

souscripteur [suskRiptœR] *m* **a)** *d'une publication* Subskri'bent *m*; **b)** *d'un emprunt* Zeichner *m*; **c)** *d'un effet de commerce* Aussteller *m*

souscription [suskRipsjɔ̃] *f* **1.** *action* **a)** Subskripti'on *f* (*à une publication* e-s Werkes *ou* auf ein Werk); **b)** *FIN* Zeichnung *f* (*à un emprunt* e-r Anleihe); **c)** (*quête*) Spendenaktion *f*; **2.** *somme versée* Subskripti'ons-, Zeichnungsbetrag *m*; *par ext* (*don*) (Geld)Spende *f*

souscrire [suskRiR] ⟨*cf écrire*⟩ **I** *v*/*t* (*signer*) unter'schreiben, -'zeichnen; *abonnement* abschließen; ~ *un engagement* e-e Verpflichtung eingehen; **II** *v*/*t*/*indir* **1. a)** subskri'bieren (*à une publication* [auf] ein Werk); **b)** *FIN* zeichnen (*à un emprunt* e-e Anleihe); **c)** (*donner de l'argent*) Geld spenden, e-n finanzi'ellen Beitrag leisten (*à qc* für etw); **2.** *fig* ~ *à un arrangement etc* e-r Vereinbarung *etc* zustimmen, beipflichten

souscrit [suskRi] *p*/*p cf souscrire et adj FIN* gezeichnet

sous-cutané [sukytane] *adj ANAT, MÉD* subku'tan; unter der *ou* die Haut; *injection* ~ subkutane Injektion

sous-développ|é [sudevlɔpe] *adj* (wirtschaftlich) 'unterentwickelt; ~**ement** *m* (wirtschaftliche) 'Unterentwicklung

sous-diacre [sudjakR(ə)] *m ÉGL CATH* Subdiakon *m*

sous-direc|teur [sudiRɛktœR] *m*, ~**trice** *f* stellvertretender Di'rektor, stellvertretende Direk'torin

sous-emploi [suzɑ̃plwa] *m ÉCON* 'Unterbeschäftigung *f*

sous-ensemble [suzɑ̃sɑ̃bl(ə)] *m MATH* 'Untermenge *f*

sous-entendre [suzɑ̃tɑ̃dR(ə)] *v*/*t* ⟨*cf rendre*⟩ mit dar'unter verstehen; stillschweigend annehmen; als selbstverständlich vor'aussetzen

sous-entendu [suzɑ̃tɑ̃dy] **I** *adj* unausgesprochen; ungesagt; nicht ausdrücklich gesagt, vermerkt; *il est* ~ *que* ... es wird (stillschweigend, als selbstverständlich) vor'ausgesetzt, daß ...; **II** *m* Andeutung *f*; Anspielung *f*; *par* ~*s* andeutungsweise; in verhüllenden Worten

sous-équipement [suzekipmɑ̃] *m* unzureichende (industri'elle) Ausstattung

sous-estimer [suzɛstime] *v*/*t* unter'schätzen

sous-évaluer [suzevalɥe] *v*/*t* 'unterbewerten; zu niedrig bewerten

sous-exposé [suzɛkspoze] *adj PHOT* 'unterbelichtet

sous-fifre [sufifR(ə)] F *m* kleine(r) Angestellte(r); F kleines Würstchen

sous-homme [suzɔm] *m péj* 'Untermensch *m*

sous-jacent [suʒasɑ̃] *adj* **1.** *couche* dar'unterliegend; **2.** *problème* la'tent, unsichtbar vor'handen; tiefer liegend

sous-lieutenant [suljøtnɑ̃] *m MIL* Leutnant *m*

sous-loca|taire [sulɔkatɛR] *m,f* 'Untermieter(in) *m*(*f*); ~**tion** *f* 'Untermiete *f*; 'Untervermietung *f*

sous-louer [sulwe] *v*/*t* **1.** *locataire principal* 'untervermieten; abvermieten; **2.** *sous-locataire* als 'Untermieter nehmen, mieten

sous-main [sumɛ̃] **1.** *m* ⟨*inv*⟩ Schreibunterlage *f*; **2.** *loc*/*adv en* ~ unterder'hand; heimlich

sous-marin [sumaRɛ̃] **I** *adj* Unter'wasser...; 'unterseeisch; 'untermeerisch; *t*/*t* subma'rin; *câble* ~ Unterwasser-, Seekabel *n*; *pêche* ~*e* Unterwasserjagd *f*; **II** *m* U-Boot *n*; 'Unterseeboot *n*; ~ *atomique* A'tom-U-Boot *n*; ~ *de poche* Kleinst-U-Boot *n*

sous-multiple [sumyltipl(ə)] *adj et subst m* (*nombre* *m*) ~ *d'un autre* in e-r anderen enthaltene Zahl; *4 est un* ~ *de 20* 4 geht in 20 auf

sous-œuvre [suzœvR(ə)] *loc*/*adv CONSTR reprendre en* ~ unter'fangen

sous-off [suzɔf] *m* F *abr cf sous-officier*

sous-officier [suzɔfisje] *m MIL* 'Unteroffizier *m*

sous-ordre [suzɔRdR(ə)] *m* kleine(r) Angestellte(r)

sous-pied [supje] *m d'un pantalon fuseau* Steg *m*

sous|-préfecture [supRefɛktyR] *f* **a)** *ville* Sitz *m* e-r 'Unterpräfektur; *correspond à* Kreisstadt *f*; **b)** *bâtiment* 'Unterpräfektur *f*; *correspond à* Landratsamt *n*; ~**-préfet** *m* 'Unterpräfekt *m*; *correspond à* Landrat *m*

sous|-production [supRɔdyksjɔ̃] *f ÉCON* 'Unterproduktion *f*; ~**-produit** *m* Nebenprodukt *n*, -erzeugnis *n*; ~**-programme** *m INFORM* 'Unterprogramm *n*; ~**-prolétariat** *m* Lumpen-, Subproletariat *n*; ~**-pull** *m* F ('Unterzieh)Rolli *m*

sous-secrétaire [susəkRetɛR] *m* ~ *d'État* Unter'staatssekretär *m*; *correspond à* Staatssekretär *m*

soussigné [susiɲe] *JUR* **I** *adj* unter'zeichnet; *je* ~ *X déclare* (Endes)Unterzeichneter erklärt; ich erkläre; **II** *subst* ~(*e*) *m*(*f*) (Endes)Unter'zeichnete(r) *f*(*m*)

sous-sol [susɔl] *m* **1.** *d'une maison* 'Unter-, Kellergeschoß *n*; Souter'rain *n*; **2.** *GÉOL* 'Untergrund *m*

sous-tendre [sutɑ̃dR(ə)] *v*/*t* ⟨*cf rendre*⟩ **1.** *MATH* ~ *un arc* die Sehne e-s Kreisbogens bilden; **2.** *fig* ~ *qc* e-r Sache

(*dat*) zu'grunde liegen; die Grundlage für etw bilden
sous-titre [sutitʀ(ə)] *m* 'Untertitel *m*
sous-titrer [sutitʀe] *v/t film* mit 'Untertiteln versehen; unter'titeln; *adjt* **version originale sous-titrée** Originalfassung *f* mit (französischen *etc*) Untertiteln
soustraction [sustʀaksjõ] *f* **1.** MATH Abziehen *n*; Subtra'hieren *n*; Subtrakti'on *f*; **2.** JUR Unter'schlagung *f*
soustraire [sustʀɛʀ] ⟨*cf* traire⟩ **I** *v/t* **1.** MATH abziehen, subtra'hieren (*de* von); **2.** (*voler*) entwenden (*qc à qn* j-m etw); unter'schlagen (*qc* etw); **3.** **~ qn à un danger** j-n vor e-r Gefahr bewahren, schützen; **~ aux regards de qn** j-s Blicken (*dat*) entziehen; **II** *v/pr* **se ~ à qc** sich e-r Sache (*dat*) entziehen; e-r Sache (*dat*) entgehen; **se ~ à une obligation** sich e-r Verpflichtung entziehen
sous-traitance [sutʀɛtɑ̃s] *f* ÉCON Zulieferindustrie *f*; **entreprise** *f* **de ~** Zulieferbetrieb *m*
sous-traitant [sutʀɛtɑ̃] *m* ÉCON Zulieferer *m*; Zulieferfirma *f*
sous-ventrière [suvɑ̃tʀijɛʀ] *f d'un harnais* Bauchgurt *m*; P *fig* **manger à s'en faire péter la ~** F sich den Bauch 'vollschlagen
sous-verre [suvɛʀ] *m* ⟨*inv*⟩ Passepar-'tout *n*
sous-vêtement [suvɛtmɑ̃] *m* 'Unterbekleidungs-, Wäschestück *n*; *pl* 'Unter(be)kleidung *f*; 'Unter-, Leibwäsche *f*
sous-virer [suviʀe] *v/i* AUTO unter-'steuern
soutache [sutaʃ] *f* COUT Sou'tache *f*; feine Besatzlitze
soutane [sutan] *f* ÉGL CATH Sou'tane *f*; Ta'lar *m*; *fig* **prendre la ~** Priester werden
soute [sut] *f d'un bateau* Bunker *m*; Laderaum *m* (*a d'un avion*); AVIAT **~ à bagages** Gepäckraum *m*; MAR **~ à charbon** Kohlenbunker *m*
soutenable [sutnabl(ə)] *adj* **1.** *opinion* vertretbar; *thèse* haltbar; **2.** (*supportable*) erträglich; auszuhalten(d)
soutenance [sutnɑ̃s] *f* UNIVERSITÉ **~ d'une thèse** Verteidigung *f* e-r, Disputati'on *f* über e-e (Doktor)Dissertati'on *ou* Habilitati'onsschrift; *correspond à* Rigo'rosum *n*
soutènement [sutɛnmɑ̃] *m* CONSTR **mur** *m* **de ~** Stützmauer *f*
souteneur [sutnœʀ] *m* Zuhälter *m*
soutenir [sutniʀ] ⟨*cf* venir⟩ **I** *v/t* **1.** stützen; TECH *a* abstützen; abfangen; absteifen; *colonnes: voûte a* tragen; **~ un malade** e-n Kranken stützen; **soutenu par des colonnes** *a* auf Säulen ruhend; **2.** *nourriture, médicament, par ext amitié* **~ qn** j-n stärken; j-m Kraft geben; **une piqûre pour ~ le cœur** e-e herzstärkende Spritze; **3.** *gouvernement, candidat, politique* unter'stützen; *monnaie, prix* stützen; **~ qn** *a* j-m beistehen; *dans une dispute* zu j-m halten, stehen; **4.** *choc, attaque* standhalten (+*dat*) aushalten; **~ la comparaison avec qn, qc** den, jeden Vergleich mit j-m, etw aushalten; **~ le regard de qn** j-s Blick (*dat*) standhalten; j-s Blick (*acc*) aushalten; **5.** *attention* nicht erlahmen lassen; *p/fort* fesseln; *conversation*

in Gang halten; aufrechterhalten; **~ son effort** in s-n Anstrengungen nicht nachlassen; **6.** (*prétendre*) behaupten; **il soutient que ce n'est pas possible** er behauptet, das sei *ou* wäre nicht möglich; **7.** *point de vue, thèse* aufrechterhalten; bleiben bei; verfechten; vertreten; *polémique* betreiben; austragen; UNIVERSITÉ **~ une thèse** e-e Dissertation *ou* Habilitationsschrift vorlegen, verteidigen; **II** *v/pr* **8. se ~** (**les uns les autres**) sich (gegenseitig), ein'ander unter'stützen, beistehen; **9.** *sens passif: point de vue se ~* sich vertreten lassen; **10.** *attention se ~* nicht erlahmen; nicht nachlassen
soutenu [sutny] *adj* **1.** *effort, attention* nicht *ou* nie erlahmend, nachlassend; anhaltend; gleichbleibend; beständig; *attention a* gespannt; **2.** *couleur* kräftig, inten'siv; tief; **3.** *style* gehobener Stil
souterrain [sutɛʀɛ̃] **I** *adj* 'unterirdisch; *galerie* **~e** unterirdischer Gang; Stollen *m*; *passage* **~** Unter'führung *f*; **II** *m* **a)** *naturel ou primitif* 'unterirdischer Gang; **b)** *pour piétons, voitures* Unter-'führung *f*; *pour piétons a* Fußgängertunnel *m*
soutien [sutjɛ̃] *m* **1.** (*aide*) Unter'stützung *f*; Hilfe *f*; Beistand *m*; **apporter son ~ à qn** j-n unter'stützen; j-m s-e Unterstützung gewähren; **2.** *personne, chose* Stütze *f*; Halt *m*; Rückhalt *m*; **~ moral** moralischer Rückhalt; **~ de famille** Ernährer *m* der Familie
soutien-gorge [sutjɛ̃gɔʀʒ] *m* ⟨*pl* soutiens-gorge⟩ Büstenhalter *m* (*abr* BH)
soutier [sutje] *m* MAR HIST Kohlentrimmer *m*
soutirage [sutiʀaʒ] *m du vin* Abstich *m*
soutirer [sutiʀe] *v/t* **1.** *vin* abstechen; abziehen; **2. ~ à qn** *argent* j-m aus der Tasche ziehen; von j-m erschwindeln; F j-m abknöpfen; *information* j-m entlocken
souvenance [suvnɑ̃s] *f litt* **avoir, garder ~ de qc** etw in der Erinnerung haben, behalten
souvenir¹ [suvniʀ] ⟨*cf* venir⟩ **I** *v/imp litt:* **il me souvient de qc** ich entsinne mich e-r Sache (*gén*); **autant qu'il m'en souvienne** soweit ich mich (dessen) entsinne(n kann); **II** *v/pr* **1. se ~ de qn, qc** sich an j-n, etw erinnern; sich j-n, e-r Sache entsinnen; sich auf j-n, etw besinnen; *st/s* sich j-s, e-r Sache erinnern; **je m'en souviens** ich erinnere, entsinne mich (daran); **se ~ d'avoir fait qc** sich (daran) erinnern *ou* sich entsinnen, etw getan zu haben; **je me souviens qu'il est venu** (**je ne me souviens pas qu'il soit venu**) ich erinnere mich (nicht), daß er gekommen ist; **faire ~ qn de qc** j-n an etw (*acc*) erinnern; **2.** (*penser*) **se ~ de** denken an (+*acc*); **souvenez-vous de votre promesse!** denken Sie an Ihr Versprechen!; **je m'en souviendrai** **a)** menaçant er wird noch an mich denken; **b)** *reconnaissant* ich werde es nie vergessen
souvenir² [suvniʀ] *m* **1.** Erinnerung *f* (**de** an +*acc*); **~** vague *vage*, dunkle Erinnerung; **~s d'enfance** Kindheitserinnerungen *f/pl*; *adjt* **photo** *f* **~** Erinnerungsfoto *n*; **en ~** zur Erinnerung, zum Andenken (**de** an +*acc*); **le ~ que**

j'ai de cette époque meine Erinnerung an diese Zeit; **si mes ~s sont bons, exacts ...** wenn ich mich recht entsinne, erinnere ...; **ce n'est plus qu'un mauvais ~** es kommt mir heute wie ein böser Traum vor; **éveiller des ~s** Erinnerungen wachwerden lassen, wachrufen; **j'en garde un mauvais ~** ich habe es in unangenehmer, schlechter, schlimmer Erinnerung; **laisser de bons ~s à qn** j-m in guter, angenehmer Erinnerung bleiben; **2.** *formules de politesse:* **meilleurs ~s** viele, herzliche Grüße (**de Paris** aus Paris); **mon bon ~ à votre mère** grüßen Sie bitte Ihre Mutter von mir; **veuillez me rappeler au bon ~ de Madame votre mère** bitte empfehlen Sie mich Ihrer Frau Mutter; **3.** *objet* Andenken *n* (*a iron*); Erinnerung(sstück) *f*(*n*); *de voyage a* Mitbringsel *n*; *pour touristes* Souve'nir *n*; Reiseandenken *n*; **boutique** *f* **de ~s** Souvenirladen *m*; **rapporter un ~ à qn** j-m ein Andenken, Souvenir mitbringen
souvent [suvɑ̃] *adv* oft; häufig; oftmals; **moins ~** nicht mehr so oft; seltener; **pas ~** nicht oft; **plus ~** öfter; häufiger; **plus ~ qu'à mon tour** öfter als normal wäre; öfter, als ich eigentlich sollte; **le plus ~** meistens; **très**, **bien ~** sehr oft, häufig
souverain [suvʀɛ̃] **I** *adj* **1.** POL souve-'rän; **État ~** souveräner Staat; **2.** höchste(r, -s); PHILOS **le ~ bien** das höchste Gut; **~e indifférence** völlige Gleichgültigkeit; **~ mépris** tiefste Verachtung; **remède ~** unfehlbares Mittel (*a fig*); **II** *subst* ⟨**~e**⟩ *m*(*f*) Herrscher(in) *m*(*f*); Souve'rän *m*; **~s pl** *a* Herrscherpaar *n*
souverainement [suvʀɛnmɑ̃] *adv* **~ intelligent** von über'legener Intelli'genz; hochintelligent; **décider ~** souve'rän entscheiden; **déplaire ~** im höchsten Grad miß'fallen
souveraineté [suvʀɛnte] *f* **1.** *d'un État* Souveräni'tät *f*; Hoheit(sgewalt) *f*; Hoheitsrechte *n/pl*; **2.** *d'un souverain* Herrschafts-, Herrschergewalt *f*; höchste Gewalt *f*; **~ du peuple** Volkssouveränität *f*
soviet [sɔvjɛt] *m* HIST en U.R.S.S. Sowjet *m*; **le 2 suprême** der Oberste Sowjet; **les 2s** die Sowjets *m/pl*
soviétique [sɔvjetik] HIST **I** *adj* so'wjetisch; Sowjet...; **l'Union** *f* **~** die Sowjetunion; **II 2** *m, f* Sowjetbürger(in) *m*(*f*); Sowjetmensch *m*
soviétiser [sɔvjetize] *v/t* sowjeti'sieren
soyeux [swajø] **I** *adj* ⟨-euse⟩ seidig; seidenartig, -weich; **cheveux ~** seidiges, seidenweiches Haar; **II** *m à Lyon* Seidenfabrikant *m ou* -händler *m*
soyez, **soyons** [swaje, swajõ] *cf* être¹
S.P.A. [ɛspea] *f* (*Société protectrice des animaux*) Tierschutzverein *m*
spacieux [spasjø] *adj* ⟨-euse⟩ geräumig
spadassin [spadasɛ̃] *m litt* gedungener Mörder
spaghetti(s) [spageti] *m/pl* CUIS Spa-'ghetti *pl*
spahi [spai] *m* HIST MIL Spahi *m*
sparadrap [spaʀadʀa] *m* Heftpflaster *n*; Leuko'plast (*Wz*)
sparterie [spaʀt(ə)ʀi] *f* (Herstellung *f* von) Sparte'rie(waren) *f*(*f/pl*)

spartiate [spaʀsjat] **I** *adj* spar'tanisch (*a fig*); **II** *subst* ~**s** *f/pl sandales* Römersandalen *f/pl*, -sandaletten *f/pl*
spasme [spasm(ə)] *m* Krampf *m*; *sc* Spasmus *m*
spasmodique [spasmɔdik] *adj* krampfartig; *sc* spas'modisch
spath [spat] *m* MINÉR Spat *m*
spatial [spasjal] *adj* ⟨-aux⟩ **1.** (Welt-)Raum...; *vaisseau* ~ Raumschiff *n*; *vol* ~ Raumflug *m*; **2.** PHILOS, PSYCH räumlich
spationaute [spasjonot] *m,f* Raumfahrer(in) *m(f)*
spatule [spatyl] *f* **1.** *outil* Spachtel *m* ou *f*; Spatel *m* (*a* MÉD); CUIS flacher Rührlöffel; Teigschaber *m*; **2.** *d'un ski* Spitze *f*
speaker [spikœʀ] *m*, **speakerine** [spikʀin] *f* **a)** Ansager(in) *m(f)*; *speakerine de la télévision* Fernsehansagerin *f*; **b)** *des informations* (Nachrichten)Sprecher(in) *m(f)*
spécial [spesjal] *adj* ⟨-aux⟩ besondere(r, -s); spezi'ell; Sonder...; Spezi'al...; Extra...; *autorisation* ~e Sondergenehmigung *f*; *cas* ~ Sonderfall *m*; besonderer, spezieller Fall; *connaissances* ~es Spezial-, Fachkenntnisse *f/pl*; *train* ~ Sonderzug *m*; *rien de* ~ nichts Besonderes, Spezielles; ~ *à qn* für j-n kennzeichnend, typisch, charakte'ristisch; j-m eigen; *euphémisme avoir des mœurs* ~es F andersherum sein; F *c'est un peu* ~ das ist etwas eigenartig, sonderbar, F komisch
spécialement [spesjalmã] *adv* besonders; spezi'ell; eigens; F *pas* ~ nicht besonders
spécialisation [spesjalizasjõ] *f* Speziali'sierung *f*
spécialisé [spesjalize] *adj* speziali'siert; Fach...; *ouvrier* ~ (*abr* O.S.) angelernter Arbeiter; *être* ~ *dans qc* auf etw (*acc*) spezialisiert sein
spécialiser [spesjalize] *v/pr se* ~ sich speziali'sieren (*dans* auf +*acc*)
spécialiste [spesjalist] *m,f* **1.** Spezia'list(in) *m(f)*, Fachmann *m* (*de* für); **2.** *médecin* Facharzt, -ärztin *m,f*; *consulter un* ~ e-n Facharzt aufsuchen; **3.** *fig et iron pour ça il est* ~ darin ist er Meister, F ganz groß
spécialité [spesjalite] *f* **1.** (*domaine*) (Spezi'al)Fach *n*; Fachgebiet *n*; Spezi'algebiet *n*; *il en a fait sa* ~ er hat sich darauf speziali'siert; **2.** F *de qn* Speziali'tät *f* (*a iron*); Besonderheit *f*; Eigenart *f*; *c'est sa* ~ das ist e-e Spezialität, Eigenart von ihm; **3.** CUIS *d'une région etc* Speziali'tät *f*
spécieux [spesjø] *adj* ⟨-euse⟩ Schein...; *argument* ~ Scheinargument *n*
spécification [spesifikasjõ] *f* Spezifi'zierung *f*; Spezifikati'on *f*
spécificité [spesifisite] *f* Spezifi'tät *f*; Eigentümlichkeit *f*; Eigenart *f*
spécifier [spesifje] *v/t* genau, detail'liert angeben, bezeichnen; einzeln an-, aufführen; spezifi'zieren; *il a bien spécifié que* ... er hat ausdrücklich gesagt, daß ...
spécifique [spesifik] *adj* **1.** spe'zifisch; kennzeichnend; arteigen; eigen(tümlich) (+*dat*); **2.** BIOL *caractère m* ~ Artmerkmal *n*; PHYS: *chaleur f* ~ spezifische Wärme; *poids m* ~ spezifisches Gewicht; MÉD *remède m* ~ Spe'zifikum *n*

spécimen [spesimɛn] *m* **1.** (*représentant*) Exem'plar *n*; Stück *n*; *un* ~ *rare* ein seltenes Exemplar; **2.** *d'un livre* Probe-, Werbe-, Freiexemplar *n*; Freistück *n*; Muster *n*; *d'une revue ou adjt numéro m* ~ Probenummer *f*, -heft *n*
spectacle [spɛktakl(ə)] *m* **1.** Anblick *m*; Bild *n*; *lié à une action ce* Schauspiel *n*; *un* ~ *horrible, magnifique* ein entsetzlicher, herrlicher Anblick; ~ *de la nature* Na'turschauspiel *n*; *à ce* ~ bei diesem Anblick; *péj se donner en* ~ den Leuten ein Schauspiel bieten; sich zur Schau stellen; *offrir un* ~ *de désolation* ein Bild der Verzweiflung bieten; **2.** (*représentation*) (The'ater-, Kino-, Zirkus- *etc*)Vorstellung *f*; THÉ *a* Schauspiel *n*; ~ *de ballet* Bal'lettaufführung *f*, -vorstellung *f*, -abend *m*; ~ *de music-hall* Varie'tévorstellung *f*; *revue f à grand* ~ Ausstattungsrevue *f*; *industrie f du* ~ Unter'haltungsindustrie *f*; Showgeschäft *n*; *salle f de* ~ The'ater(saal) *n(m)*; *aller au* ~ ins Theater gehen
spectaculaire [spɛktakylɛʀ] *adj* aufsehenerregend; spektaku'lär
specta|teur [spɛktatœʀ] *m*, ~**trice** *f* Zuschauer(in) *m(f)*
spectral [spɛktʀal] *adj* ⟨-aux⟩ **1.** gespenstisch; **2.** PHYS Spek'tral...
spectre [spɛktʀ(ə)] *m* **1.** (*fantôme*) Gespenst *n*; *fig a* Schreckgespenst *n*; Schreckbild *n*; *le* ~ *de la guerre* das (Schreck)Gespenst des Krieges; *agiter le* ~ *de l'inflation* das Gespenst der Inflation heraufbeschwören, an die Wand malen; **2.** PHYS Spektrum *n*; ~ *solaire* Sonnenspektrum *n*
spectroscope [spɛktʀɔskɔp] *m* PHYS Spektro'skop *n*
spéculaire [spekylɛʀ] *adj* Spiegel...
spécula|teur [spekylatœʀ] *m*, ~**trice** *f* FIN Speku'lant(in) *m(f)*; *spéculateur en Bourse* Börsenspekulant *m*
spéculatif [spekylatif] *adj* ⟨-ive⟩ FIN Spekulati'ons...; spekula'tiv (*a par ext*); *manœuvres spéculatives* spekulative Machenschaften *f/pl*; *valeurs spéculatives* Spekulationspapiere *n/pl*
spéculation [spekylasjõ] *f* **1.** FIN Spekulati'on *f*; ~ *sur les terrains à bâtir* Bodenspekulation *f*; Spekulation mit Baugrundstücken; *perdre sa fortune dans des* ~**s** sein Vermögen verspeku'lieren; **2.** *fig et* PHILOS Spekulati'on *f* (*sur* über +*acc*); *vaines* ~**s** nutzlose Spekulationen *f/pl*; *se livrer à des* ~**s** sich in Spekulationen ergehen
spéculer [spekyle] *v/i* **1.** FIN speku'lieren; ~ *en Bourse* an der Börse spekulieren; ~ *à la hausse, baisse* auf Hausse, Baisse, auf das Steigen, Fallen der Kurse spekulieren; **2.** *fig* ~ *sur etw* auf etw (*acc*) speku'lieren; ~ *sur la bêtise humaine* auf die Dummheit der Leute spekulieren; mit der Dummheit der Leute rechnen; **3.** PHILOS speku'lieren; theoreti'sieren
spéculum [spekylɔm] *m* MÉD Spekulum *n*; Spiegel *m*
speech [spitʃ] *m* ⟨*pl* ~es⟩ (kurze) Rede; Ansprache *f*; F Speech [spi:tʃ] *m*
spéléo [speleo] *m,f* F *abr cf spéléologue*

spéléo|logie [speleɔlɔʒi] *f* Höhlenkunde *f*, -forschung *f*; *sc* Speläolo'gie *f*; ~**logique** *adj* höhlenkundlich; *sc* speläo'logisch; ~**logue** *m,f* Höhlenforscher(in) *m(f)*; *sc* Speläo'loge, -'login *m,f*
spermatique [spɛʀmatik] *adj* ANAT *cordon m* ~ Samenstrang *m*
spermatozoïde [spɛʀmatozoid] *m* BIOL Samenfaden *m*, -zelle *f*; Spermium *n*; Spermato'zoon *n*
sperme [spɛʀm] *m* BIOL (männlicher) Samen; Sperma *m*
spermicide [spɛʀmisid] *m* MÉD Spermi'zid *n*; samenabtötendes Mittel
sphénoïde [sfenɔid] *m* ANAT Keilbein *n*
sphère [sfɛʀ] *f* **1.** GÉOMÉTRIE Kugel *f*; ~ *céleste, terrestre* Himmels-, Erdkugel *f*; **2.** *fig* Sphäre *f*; Bereich *m*; Kreis *m*; *les 'hautes* ~**s** *de la politique, de la finance* die führenden politischen Kreise, Fi'nanzkreise *m/pl*; PHYS ~ *d'action* Wirkungsbereich *m*; *d'une personne* ~ *d'activité* Wirkungskreis *m*, -bereich *m*; Betätigungs-, Tätigkeitsfeld *n*; ~ *d'influence* Einflußbereich *m*, -sphäre *f*; Inter'essensphäre *f*
sphéricité [sfeʀisite] *f* Kugelgestalt *f*
sphérique [sfeʀik] *adj* **1.** (*rond*) kugelförmig; kug(e)lig; kugelrund; **2.** GÉOMÉTRIE Kugel...; sphärisch; *calotte f* ~ Kugelkappe *f*; Ka'lotte *f*
sphincter [sfɛkter] *m* ANAT Schließmuskel *m*; *sc* Sphinkter *m*; ~ *de l'anus* Afterschließmuskel *m*
sphinx [sfɛ̃ks] *m* **1.** ART ÉGYPTIEN, MYTH Sphinx *f*; **2.** *fig* rätselhafter, undurchschaubarer Mensch; **3.** ZO (*tête-de-mort*) Totenkopfschwärmer *m*
spi [spi] *m abr cf spinnaker*
spinal [spinal] *adj* ⟨-aux⟩ ANAT spi'nal
spinnaker [spinakɛʀ] *m* MAR Spinnaker *m*
spirale [spiʀal] *f* Spi'rale *f* (*a fig*); Spi'rallinie *f*; *fig* ~ *des prix et des salaires* Lohn-Preis-Spirale *f*; *cahier m à* ~ Spiralheft *n*; *ressort m en* ~ Spiralfeder *f*; *monter en* ~ *fumée* spiralförmig aufsteigen; *avion* sich empor-, hochschrauben
spirante [spiʀãt] *f* PHON ou *adjt consonne f* ~ Spirans *f*; Spi'rant *m*; Reibelaut *m*
spire [spiʀ] *f* TECH Windung *f*
Spire [spiʀ] Speyer *n*
spirit|e [spiʀit] **I** *adj* spiri'tistisch; **II** *m,f* Spiri'tist(in) *m(f)*; ~**isme** *m* Spiri'tismus *m*
spiritual|iser [spiʀityalize] *v/t* vergeistigen; ~**isme** *m* PHILOS Spiritua'lismus *m*; ~**iste** PHILOS **I** *adj* spiritua'listisch; **II** *m* Spiritua'list *m*
spiritualité [spiʀityalite] *f* **1.** *de l'âme etc* Geistigkeit *f*; geistige Na'tur; Spirituali'tät *f*; **2.** REL (religi'öse) Innerlichkeit, Verinnerlichung, Spirituali'tät
spirituel [spiʀityɛl] *adj* ⟨-le⟩ **1.** (*moral*) geistig; *père* ~ geistiger Vater; *valeurs* ~*les* geistige Werte *m/pl*; **2.** REL geistlich; *exercices* ~ geistliche Übungen *f/pl*; Exer'zitien *pl*; *pouvoir* ~ geistliche Gewalt; **3.** (*plein d'esprit*) geistreich, -voll; witzig; *repartie* ~*le* geistreiche, witzige Antwort
spiritueux [spiʀityø] *m/pl* Spiritu'osen *pl*; geistige, (stark) alko'holische Getränke *n/pl*

spleen [splin] *litt m* Schwermut *f*; Lebensüberdruß *m*
splendeur [splɑ̃dœR] *f* **1.** Glanz *m*; Pracht *f*; Herrlichkeit *f*; *au temps de sa ~* in s-r Glanzzeit; *iron dans toute sa ~* in s-r ganzen Pracht; **2.** *une ~* etwas Herrliches, Prächtiges; *une véritable ~* e-e wahre Pracht; *les ~s de l'art grec* die Herrlichkeiten *f/pl* der griechischen Kunst
splendide [splɑ̃did] *adj temps, paysage, fille etc* prächtig; prachtvoll; herrlich; wunderschön; *fête, époque* glanzvoll; glänzend
spoli|ateur [spɔljatœR] *litt* **I** *adj* ⟨-trice⟩ räuberisch; **II** *m* Räuber *m*; **~ation** *litt f* Beraubung *f*; Raub *m*
spolier [spɔlje] *v/t st/s ~ qn de qc* j-n e-r Sache (*gén*) berauben; j-n um etw bringen
spongieux [spɔ̃ʒjø] *adj* ⟨-euse⟩ schwammig; schwammartig; *MÉD* spongi'ös
sponsor [spɔ̃sɔR] *m* Sponsor *m*; **~iser** *v/t* sponsern
spontané [spɔ̃tane] *adj* **1.** *action, geste, réponse, réaction* spon'tan; von selbst erfolgend; *aveu ~* spontanes, freiwilliges Geständnis; *BIOL génération ~e* Urzeugung *f*; *dans un élan ~* aus e-r plötzlichen Eingebung heraus; **2.** *personne, caractère* na'türlich; unbefangen; offen; s-r ersten Eingebung folgend; *caractère a* ursprünglich
spontanéité [spɔ̃taneite] *f* Spontanei'tät *ou* Spontani'tät *f*; *de qn, d'un caractère a* Na'türlichkeit *f*; Unbefangenheit *f*; Offenheit *f*; Ursprünglichkeit *f*
spontanément [spɔ̃tanemɑ̃] *adv* spon'tan; aus eigenem Antrieb; aus freien Stücken; von sich aus; von selbst
sporadicité [spɔRadisite] *f* vereinzeltes Auftreten
sporadique [spɔRadik] *adj* vereinzelt (auftretend); spo'radisch
sporange [spɔRɑ̃ʒ] *m BOT* Sporenkapsel *f*, -behälter *m*; *sc* Spor'angium *n*
spore [spɔR] *f BIOL* Spore *f*
sport [spɔR] **I** *m* **1. a)** Sport *m*; *~ amateur, professionnel* Ama'teur-, Berufssport *m*; *~ de compétition* Leistungssport *m*; *pratique f du ~* Sportausübung *f*; sportliche Betätigung; *voiture f (de) ~* Sportwagen *m*; *faire du ~* Sport treiben; F sporteln; **b)** (*forme de sport*) Sportart *f*; *~s de combat, d'équipe* Kampf-, Mannschaftssport (-arten) *m(f/pl)*; *~s d'hiver* Wintersport *m*; *pratiquer un ~* e-n Sport *ou* e-e Sportart betreiben; **2.** F *fig*: *il va y avoir du ~* da wird's was geben, absetzen; *c'est du ~* das ist schon e-e Leistung; F da gehört schon was dazu; **II** *adj* ⟨*inv*⟩ **1.** *vêtement* Sport...; sportlich; *chaussures f/pl ~* Sportschuhe *m/pl*; *ce costume fait ~* dieser Anzug wirkt sportlich; **2.** *personne être ~* fair [fɛːR] sein
sportif [spɔRtif] **I** *adj* ⟨-ive⟩ **1.** Sport...; sportlich; *association sportive* Sportverein *m*; *épreuves sportives* Sportwettkämpfe *m/pl*; *pêche sportive* Sportfischerei *f*; *résultats ~s* Sportergebnisse *n/pl*; **2.** *personne, allure* sportlich; *personne a* sporttreibend *ou* sportliebend, -begeistert; *AUTO* **conduite sportive** sportliche Fahrweise. **3.** (*beau*

joueur) sportlich; fair [fɛːr]; *esprit ~* Sportsgeist *m*; sportlicher Geist; *un public ~* ein sportliches Publikum; **II** *subst ~, sportive m, f* Sportler(in) *m(f)*
sportivement [spɔRtivmɑ̃] *adv* sportlich; fair [fɛːr]; *accepter ~ sa défaite* mit Anstand verlieren können
sportivité [spɔRtivite] *f* Sportlichkeit *f*; Fairneß ['fɛːr-] *f*; sportliche Haltung
spot [spɔt] *m* **1.** (*point lumineux*) Lichtpunkt *m*; Lichtmarke *f*; **2.** *lampe* Spot *m*; Spotlight [-lat] *n*; **3.** *RAD, TV ~* (*publicitaire*) (Werbe)Spot *m*
sprat [spRat] *m ZO* Sprotte *f*
spray [spRɛ] *m* Spray [ʃpreː, spreː] *m ou n*
sprint [spRint] *m SPORTS* **1.** Spurt *m*; *en fin de course* Endspurt *m*; *en milieu de course* Zwischenspurt *m*; *battre qn au ~* j-n im Endspurt besiegen; **2.** (*course de vitesse*) Sprint *m*
sprinter[1] [spRintœR] *m SPORTS* Sprinter *m*
sprinter[2] [spRinte] *v/i SPORTS* spurten; zum Endspurt ansetzen
squale [skwal] *m ZO* Hai(fisch) *m*
squame [skwam] *f MÉD* (Haut)Schuppe *f*
square [skwaR] *m* kleine Grünanlage
squash [skwaʃ] *m SPORTS* Squash [skvɔʃ] *n*
squat [skwat] F *m* besetztes Haus
squatter [skwate] *ou* **squattériser** [skwateRize] *v/t immeuble inoccupé* besetzen
squatteur [skwatœR] *m* Hausbesetzer *m*
squelette [skəlɛt] *m* **1.** *ANAT* Ske'lett *n*; Knochengerüst *n*; Gerippe *n*; F *fig il est devenu un vrai ~* Skelett abgemagert; **2.** *TECH* Gerippe *n*; Ske'lett *n*
squelettique [skəletik] *adj* **1.** ske'lett-, gerippeartig; *d'une maigreur ~* spindel-, klapperdürr; **2.** *fig* dürftig; mager
Sri Lanka [sRilɑka] (*le*) *~* Sri Lanka *n*
S.S. [ɛsɛs] *HIST un ~* ein SS-Mann *m*; *les ~* die SS *sg*
st *abr* (*stère*) rm (Raummeter)
S[t] *abr* (*saint*) hl. (heiliger) *ou* St. (Sankt)
stabilisant [stabilizɑ̃] *m CHIM* Stabili'sator *m*
stabilisateur [stabilizatœR] **I** *adj* ⟨-trice⟩ stabili'sierend; Stabili'sierungs...; **II** *m* **1.** *AUTO, MAR* Stabili'sator *m*; *AVIAT* Stabili'sierungsfläche *f*; **2.** *CHIM* Stabili'sator *m*
stabilisation [stabilizasjɔ̃] *f* **1.** *de la situation, d'un régime* Festigung *f*; *de la monnaie, des prix* Stabili'sierung *f*; *ÉCON plan m de ~* Stabilisierungsplan *m*; **2.** *TECH, CHIM* Stabili'sierung *f*; *du sol* Befestigung *f*
stabiliser [stabilize] **I** *v/t* **1.** *situation, institution* festigen; *monnaie, prix* stabili'sieren; **2.** *TECH véhicule, avion* stabili'sieren; **3.** *sol* befestigen; *panneau accotements non stabilisés* Randstreifen nicht befestigt; **4.** *CHIM* stabili'sieren; **II** *v/pr se ~ situation* sich festigen; *prix* sich stabili'sieren; sich einpendeln
stabilité [stabilite] *f* **1.** *de la situation, d'un régime* Beständigkeit *f*; Festigkeit *f*; Stabili'tät *f* (*a de la monnaie*); *~ des prix* Preisstabilität *f*; **2.** *d'une construction* Standfestigkeit *f*, -sicherheit *f*; **3.** *PHYS, CHIM, MAR, AVIAT* Stabili'tät *f*; *CHIM a* Beständigkeit *f*

stable [stabl(ə)] *adj* **1.** *situation, institution* beständig; fest; sta'bil; *monnaie, prix* stabil; *situation f ~* gesicherte Position, Stellung; Dauerstellung *f*; *or etc être une valeur ~* wertbeständig sein; **2.** *construction, échelle* standfest, -sicher; **3.** *PHYS* sta'bil; *équilibre m ~* stabiles Gleichgewicht; **4.** *CHIM* beständig; sta'bil
stabulation [stabylasjɔ̃] *f AGR* Stallhaltung *f*
staccato [stakato] *m MUS* Stak'kato *n*
stade [stad] *m* **1.** *SPORTS* Stadion *n*; Sportanlage *f*; *~ olympique* O'lympiastadion *n*; **2.** (*phase*) Stadium *n*; Phase *f*; (*Entwicklungs*)Stufe *f*, (-)Abschnitt *m*; Stand *m*; *PSYCH ~ oral* orale Phase; (*en*) *être au ~ expérimental* im Versuchsstadium sein
Staël [stal] *Madame de ~ frz* Schriftstellerin
staff [staf] *m* **1.** *matériau* Baustoff *m* aus Gips und Fasern; **2.** (*équipe de direction*) (Führungs)Stab *m*
stage [staʒ] *m* **1.** (*période de formation*) Praktikum *n*; *pour avocat, professeur débutant* Referen'darzeit *f*; Vorbereitungsdienst *m*; *dans une entreprise a* Volon'tärzeit *f*; *~ de formation professionnelle* Berufspraktikum *n*; *faire un ~* ein Praktikum absolvieren (*dans une usine* in e-r Fabrik); *dans une école a* hospi'tieren; *dans une entreprise a* volon'tieren; **2.** (*cours de perfectionnement*) (Fortbildungs)Lehrgang *m*, (-)Kurs *m*
stagflation [stagflasjɔ̃] *f ÉCON* Stagflati'on *f*
stagiaire [staʒjɛR] **I** *m,f* Prakti'kant(in) *m(f)*; *dans une entreprise a* Volon'tär (-in) *m(f)*; (*professeur ou avocat débutant*) Referen'dar(in) *m(f)*; **II** *adj* als Prakti'kant(in), Volon'tär(in) tätig; *avocat m, professeur m ~* Gerichts-, Studienreferendar *m*
stagnant [stagnɑ̃] *adj* **1.** *eaux ~es* stehende Gewässer *n/pl*; **2.** *fig commerce* sta'gnierend; stockend; flau
stagnation [stagnasjɔ̃] *f* **1.** *de l'eau* Stehen *n*; **2.** *ÉCON* Sta'gnieren *n*; Stagnati'on *f*; Stockung *f*; Flaute *f*; Stillstand *m*
stagner [stagne] *v/i* **1.** *liquide* stehen; **2.** *fig affaires* sta'gnieren; stocken; flau sein
stalactite [stalaktit] *f GÉOL* (her'abhängender) Tropfstein; Stalak'tit *m*
stalag [stalag] *m HIST* Kriegsgefangenenlager *n*
stalagmite [stalagmit] *f GÉOL* (vom Boden aufsteigender) Tropfstein; Stalag'mit *m*
Staline [stalin] *m HIST* Stalin *m*
stalin|ien [stalinjɛ̃] **I** *adj* ⟨*~ne*⟩ stali'nistisch; **II** *subst ~(ne) m(f)* Stali'nist(in) *m(f)*; **~isme** *m* Stali'nismus *m*
stalle [stal] *f* **1.** *ÉGL ~s pl* Chorgestühl *n*; **2.** *dans une écurie* Stand *m*; Box *f*; Bucht *f*
stances [stɑ̃s] *f/pl poème* Stanzen *f/pl*
stand [stɑ̃d] *m* **1.** *d'exposition* (Ausstellungs-, Messe)Stand *m*; **2.** *~ de ravitaillement pour voitures de course* Boxen *f/pl*; *pour coureurs* Verpflegungsstelle *f*; **3.** *~ (de tir)* Schießstand *m*, -bahn *f*, -anlage *f*
standard [stɑ̃daR] *m* **1.** *INDUSTRIE* Stan-

dard m; ♦ adjt ⟨inv⟩ Standard...; AUTO **échange** m ~ Baugruppenaustausch m; **modèle** m ~ Standardmodell n, -ausführung f; **prix** m ~ Standardpreis m; fester Verrechnungspreis; fig **sourire** m ~ stereo'types Lächeln; **2.** ~ **de vie** Lebensstandard m; **3.** TÉL (Télé'fon)Zen'trale f; (Fernsprech)Vermittlung(sstelle) f

standardisation [stɑ̃daRdizɑsjɔ̃] f INDUSTRIE Standardi'sierung f; **~iser** v/t standardi'sieren; vereinheitlichen, normen (a fig); typi'sieren; **~iste** m,f Telefo'nist(in) m(f)

standing [stɑ̃diŋ] m (sozi'ale und wirtschaftliche) Stellung; (sozi'aler, wirtschaftlicher, materi'eller) Status; par ext (grand confort) gehobene Lebenshaltung; **appartement** m **de grand** ~ Kom'fort-, p/fort Luxuswohnung f; **immeuble** m **de grand** ~ Wohngebäude n für höchste Ansprüche; **voiture** f **de grand** ~ Wagen m der Luxusklasse

staphylocoque [stafilɔkɔk] m BIOL, MÉD Staphylo'kokkus m; **~s** pl Staphylokokken

star [staR] f Filmstar m

starlette [staRlɛt] f Starlet(t) n; Filmsternchen n

starter [staRtɛR] m **1.** SPORTS Starter m; **2.** AUTO Starterklappe f; Choke [tʃo:k] m; ~ **automatique** Startautomatik f

starting-block [staRtiŋblɔk] m ⟨pl starting-blocks⟩ SPORTS Startblock m; **~-gate** [-gɛt] m ⟨pl starting-gates⟩ TURF Startmaschine f

station [stɑsjɔ̃] f **1.** CH DE FER etc Stati'on f; bus a Haltestelle f; **de métro** U-Bahn-Station f; U-Bahnhof m; ~ **de taxis** Taxistand m; ADM a Droschkenplatz m; **descendre à la prochaine** ~ an der nächsten Station aussteigen; **2.** (ville) Kur-, Ferien-, Urlaubsort m; ~ **thermale** Ther'mal-, Heilbad n; Bade-, Kurort m; ~ **d'altitude**, **de montagne** Höhen(luft)kurort m; ~ **de sports d'hiver** Wintersportplatz m, -ort m; **3.** TECH Stati'on f; ~ **émettrice** Sendestation f; ~ **météorologique** Wetterwarte f, -station f; ~ **orbitale**, **spatiale** Raum-, Orbi'talstation f; **d'épuration** Kläranlage f; ~ **de pompage** Pumpstation f; ~ **de radio** Radio-, Rundfunkstation f; ÉLECT ~ **de transformation** 'Umspannwerk n; **4.** REL CATH ~ (**du chemin de la croix**) (Kreuzweg)Stati'on f; **5.** (halte) (Aufent)Halt m; **faire de nombreuses** ~ oft Station machen, haltmachen; zahlreiche Aufenthalte einlegen; **6.** ~ **debout** (Aufrecht)Stehen n; Stand m; **ne pas supporter la** ~ **debout** das Stehen nicht vertragen; ~ **verticale** aufrechte Haltung

stationnaire [stɑsjɔnɛR] adj **1.** état d'un malade etc gleichbleibend; unverändert; statio'när; négociations etc **rester** ~ nicht vor'ankommen; auf der Stelle treten; **2.** PHYS **ondes** f/pl **~s** stehende Wellen f/pl

stationné [stɑsjɔne] adj **1.** véhicule geparkt; parkend; **être** ~ **dans la rue X** in der X-Straße geparkt sein; personne haben; **2.** MIL troupes statio'niert

stationnement [stɑsjɔnmɑ̃] m **1.** Parken n; ADM ~ **gênant** Parken mit Verkehrsbehinderung; ~ **interdit** Parken verboten; panneau eingeschränktes Halt(e)verbot; **voiture en** ~ parkend; **2.** MIL de troupes Statio'nierung f

stationner [stɑsjɔne] v/i véhicule, conducteur parken; **interdiction** f **de** ~ Parkverbot n

station-service [stɑsjɔ̃sɛRvis] f ⟨pl stations-service⟩ Tankstelle f

statique [statik] **I** adj **1.** PHYS statisch; **électricité** f ~ statische Elektrizität; **2.** fig art, société etc statisch; ruhend; unbewegt; **II** f PHYS Statik f

statisticien [statistisjɛ̃] m, **~ienne** f Sta'tistiker(in) m(f)

statistique [statistik] **I** adj sta'tistisch; **II** f Sta'tistik f (science et données); **~s démographiques** Bevölkerungsstatistik(en) f(pl)

statuaire [statɥɛR] f Bildhauerkunst f

statue [staty] f Statue f; Standbild n; Skulp'tur f; Bildwerk n; Fi'gur f; ~ **de** ou **en bronze** Bronzestatue f; **la** ~ **de la Liberté** die Freiheitsstatue

statuer [statɥe] v/t/indir ~ **sur qc** über etw (acc) entscheiden, befinden

statuette [statɥɛt] f kleine Statue; Sta'tuette f; Fi'gur f; ~ **de** ou **en plâtre** Gipsfigur f

statufier [statyfje] v/t plais ~ **qn** F j-n durch e-e Statue verewigen

statu quo [statykwo] m Status quo m; gegenwärtiger Zustand; **maintenir le** ~ den Status quo aufrechterhalten

stature [statyR] f **1.** (taille) Sta'tur f; Gestalt f; Wuchs m; **2.** fig de qn For'mat n

statut [staty] m **1.** (règlement) Sta'tut n; **~s** pl Satzung f; Statuten n/pl; ~ **des fonctionnaires** beamtenrechtliche Bestimmungen f/pl; Beamtenrecht n; **2.** (position) (rechtliche, Rechts)Stellung; (rechtlicher) Status; ~ **social** soziale Stellung; sozialer Status; **le** ~ **de la femme mariée** die (Rechts)Stellung der verheirateten Frau

statutaire [statytɛR] adj satzungs-, sta'tutengemäß

S^te abr (sainte) hl. (heilige) ou St. (Sankt)

Sté abr (Société) Gesellschaft f; Fa. (Firma)

steak [stɛk] m Steak [ste:k] n; ~ **au poivre** Pfeffersteak m

stéarine [steaRin] f Stea'rin n; **bougie** f **en** ~ Stearinkerze f

stéarique [steaRik] adj CHIM **acide** m ~ Stea'rinsäure f

stéatite [steatit] f MINÉR Speckstein m; Stea'tit m

steeple(-chase) [stipəl(t)ʃɛz] m ⟨pl steeple-chases⟩ **1.** ATHLÉTISME (**3000 m**) **steeple** 3000-m-Hindernislauf m; **2.** TURF Steeplechase ['sti:pəltʃe:s] f; Jagdrennen n

stèle [stɛl] f Stele f; ~ **funéraire** Grabstele f

stellaire [stɛ(l)lɛR] adj Stern...

stencil [stɛnsil] m POLYCOPIE Ma'trize f

Stendhal [stɛ̃dal] frz Schriftsteller

sténo [steno] f **1.** abr (sténographie) Stenogra'phie f; Kurzschrift f; abr Steno f; **prendre qc en** ~ etw (mit)stenographieren; ein Steno'gramm von etw aufnehmen; **2.** abr cf **sténodactylo**

sténodactylo [stenodaktilo] f Stenoty'pistin f; schweiz Steno'daktylo f

sténographie [stenɔgRafi] f Stenogra'phie f; Kurzschrift f

sténographier [stenɔgRafje] v/t (mit-) stenogra'phieren; abs a ein Steno'gramm aufnehmen; adjt **discours sténographié** Stenogramm n e-r Rede

sténographique [stenɔgRafik] adj steno'graphisch; Kurzschrift...

sténotype [stenɔtip] f Stenogra'phiermaschine f; **~iste** m,f Ma'schinenstenograph(in) m(f)

stentor [stɑ̃tɔR] m **voix** f **de** ~ Stentor-, Donnerstimme f

stéphanois [stefanwa] adj (et subst 2 Einwohner) von Saint-Étienne

steppe [stɛp] f Steppe f

stère [stɛR] m (abr **st**) Raummeter m ou n (abr rm); Ster m

stéréo [steReo] **I** f Stereo n; **en** ~ loc/adv in Stereo; stereo; loc/adj Stereo...; **émission** f **en** ~ Stereosendung f; **II** adj Stereo...; **chaîne** f ~ Stereoanlage f; **disque** m ~ Stereoplatte f

stéréophonie [steReɔfɔni] f Stereopho'nie f; par ext Raumklang m, -ton m; cf a **stéréo** I

stéréophonique [steReɔfɔnik] adj stereo'phon; cf a **stéréo** II

stéréoscope [steReɔskɔp] m OPT Stereo'skop n; **~ie** f Stereosko'pie f; par ext Raumbild n

stéréotype [steReɔtip] m PSYCH Stereo'typ n

stéréotypé [steReɔtipe] adj réponse etc stereo'typ; ständig 'wiederkehrend; **sourire** ~ stereotypes Lächeln

stérile [steRil] adj **1.** sol, être vivant unfruchtbar; ste'ril; homme a zeugungsunfähig; **2.** pansement etc ste'ril; keimfrei; **3.** fig unschöpferisch; unproduktiv; ste'ril; discussion unergiebig; fruchtlos; efforts nutzlos; vergeblich

stérilet [steRilɛ] m contraceptif Spi'rale f

stérilisateur [steRilizatœR] m Sterili'sator m; Sterilisati'onsapparat m

stérilisation [steRilizasjɔ̃] f **1.** d'instruments de chirurgie etc Sterilisati'on f; Sterili'sierung f (a du lait); Entkeimung f; Keimfreimachung f; **2.** MÉD d'une personne Sterili'sierung f; Sterilisati'on f; Unfruchtbarmachung f

stériliser [steRilize] v/t **1.** instruments chirurgicaux etc sterili'sieren; keimfrei machen; entkeimen; adjt **lait stérilisé** sterilisierte, keimfrei gemachte Milch; **2.** MÉD personne sterili'sieren; unfruchtbar machen

stérilité [steRilite] f **1.** du sol, d'un être vivant Unfruchtbarkeit f; Sterili'tät f; d'un homme a Zeugungsunfähigkeit f; **2.** d'instruments chirurgicaux etc Sterili'tät f; keimfreier, ste'riler Zustand; **3.** fig d'une discussion Unergiebigkeit f; Unproduktivität f

sterling [stɛRliŋ] adj ⟨inv⟩ monnaie **livre** f ~ Pfund n Sterling

sternum [stɛRnɔm] m ANAT Brustbein n

sternutatoire [stɛRnytatwaR] sc adj Nies...

stéthoscope [stetɔskɔp] m MÉD Stetho'skop n; Hörrohr n

steward [stiwaRd, stju-] m MAR, AVIAT Steward ['stju:əRt] m; AVIAT a Flugbegleiter m

stick [stik] m produit de beauté Stift m; Stick m; ~ **labial** Lippenpflegestift m; La'bello m (Wz)

stigmate [stigmat] *m* **1.** REL ~*s pl* Stigmen *n/pl*; Wundmale *n/pl* Christi; **2.** MÉD Narbe *f*; **3.** *fig et péj* Stigma *n*; Schandmal *n*; Brandmal *n*; Kainszeichen *n*; **4.** BOT Narbe *f*; **5.** *des insectes* Atemöffnung *f*; *sc* Stigma *n*
stigmatisation [stigmatizasjɔ̃] *f* **1.** REL Stigmatisati'on *f*; **2.** *fig et st/s* Brandmarkung *f*; Stigmati'sierung *f*
stigmatisé(e) [stigmatize] *m(f)* REL Stigmati'sierte(r) *f(m)*
stigmatiser [stigmatize] *v/t vices, comportement* brandmarken; anprangern; *st/s* stigmati'sieren
stimulant [stimylɑ̃] **I** *adj* stimu'lierend; anregend; belebend; **être** ~ stimulierend *etc* wirken; **II** *m* **1.** Anreiz *m*; Ansporn *m*; Antrieb *m*; Stimulans *n*; **2.** PHARM Anregungs-, Reizmittel *n*; Stimulans *n*
stimulateur [stimylatœʀ] *m* MÉD ~ *cardiaque* Herzschrittmacher *m*
stimulation [stimylasjɔ̃] *f* **1.** Anstachelung *f*; Belebung *f*; *concrète* Ansporn *m*; Anreiz *m*; Antrieb *m*; **avoir besoin de** ~ e-s Ansporns *etc* bedürfen; **2.** *de l'appétit etc* Anregung *f*; Stimulati'on *f*; Stimu'lierung *f*; **3.** PHYSIOL, PSYCH Reizung *f*
stimuler [stimyle] *v/t* **1.** *personne, zèle etc* anspornen; anstacheln; *personne a* (an)treiben; *affaires* beleben; *réussite etc* ~ *qn* j-n anspornen, anstacheln; **2.** *digestion etc* anregen; anregend wirken auf (+*acc*); stimu'lieren; ~ *l'appétit* den Appetit anregen
stimulus [stimylys] *m* ⟨*pl meist* stimuli⟩ PHYSIOL, PSYCH Reiz *m*; Stimulus *m*
stipendier [stipɑ̃dje] *v/t litt et péj* dingen; *adj* **stipendié** gedungen
stipulation [stipylasjɔ̃] *f* JUR (vertragliche) Bestimmung, Vereinbarung, Bedingung; Klausel *f*
stipuler [stipyle] *v/t* **1.** JUR (vertraglich) festlegen, festsetzen, bestimmen, vereinbaren; sich ausbedingen; **le contrat stipule qu** ⟩ ... der Vertrag bestimmt, sieht vor, daß ...; im Vertrag ist festgelegt, daß ...; **2.** (*spécifier*) ausdrücklich sagen, mitteilen, darlegen; **il est stipulé que** ... es wird ausdrücklich gesagt, daß ...
S.T.O. [ɛsteo] *m abr* ⟨*Service du travail obligatoire*⟩ HIST Zwangsverpflichtung *f* zum Arbeitseinsatz (in Deutschland)
stock [stɔk] *m* **1.** COMM (Lager-, Waren-)Bestand *m*, (-)Vorrat *m*; ~*s pl a* Warenlager *n*; *loc/adv* **en** ~ vorrätig; auf Lager; *jusqu'à épuisement du* ~, *des* ~*s* solange der Vorrat reicht; **constituer un** ~ e-n (Waren)Vorrat anlegen; **renouveler les** ~*s* die Bestände erneuern; **2.** F (*réserve*) Vorrat *m*; Menge *f*; **un petit** ~ **de cigarettes** ein kleiner Ziga'rettenvorrat, Vorrat an Zigaretten; **j'en ai tout un** ~ ich habe e-e ganze Menge davon
stockage [stɔkaʒ] *m* **a)** *de marchandises, de déchets radioactifs* (Ein)Lagerung *f*; *de gaz* Speicherung *f*; **b)** *pour spéculer* Hortung *f*
stock-car [stɔkkaʀ] *m* ⟨*pl* stock-cars⟩ Stock-Car *m*; **course** *f* **de** ~*s* Stock-Car-Rennen *n*
stocker [stɔke] *v/t* **a)** COMM (ein)lagern; *gaz* speichern; **b)** *pour spéculer* horten

stoïcien [stɔisjɛ̃] PHILOS **I** *adj* ⟨~ne⟩ stoisch; **II** *m* Stoiker *m*
stoïcisme [stɔisism(ə)] *m* **1.** PHILOS Stoi'zismus *m*; **2.** *fig* Standhaftigkeit *f*; Unerschütterlichkeit *f*; stoischer Gleichmut
stoïque [stɔik] *adj* standhaft; unerschütterlich; (von) stoisch(em Gleichmut)
stolon [stɔlɔ̃] *m* BOT Ausläufer *m*
stomacal [stɔmakal] *adj* ⟨-aux⟩ ANAT, MÉD Magen...; *sc* stoma'chal
stomachique [stɔmaʃik] *adj* MÉD magenstärkend; verdauungsfördernd
stomatologie [stɔmatɔlɔʒi] *f* MÉD Stomatolo'gie *f*
stop [stɔp] **I** *int* **1.** stop(p)!; halt!; **2.** *dans les télégrammes* stop; **II** *m* **1.** *panneau routier* Stoppschild *n*; **marquer le** ~ am Stoppschild anhalten; **2.** AUTO Bremslicht *n*; **les** ~*s* **s'allument** die Bremslichter leuchten auf; **3.** F (*auto--stop*) Per-Anhalter-Fahren *n*; Trampen [-ɛ-] *n*; Autostopp *m*; *loc/adv* **en** ~ per Anhalter; **aller en** ~ **à Paris** per Anhalter, nach Paris trampen [-ɛ-]; **faire du** ~ per Anhalter fahren, reisen; trampen
stoppage [stɔpaʒ] *m* COUT Kunststopfen *n*
stopper[1] [stɔpe] **I** *v/t* **1.** *véhicule* (ab-)stoppen; anhalten; zum Stehen bringen; *machine* abstellen; **2.** *fig* stoppen; *st/s* Einhalt gebieten (+*dat*); **II** *v/i véhicule, conducteur* (ab)stoppen; anhalten
stopper[2] [stɔpe] *v/t* COUT kunststopfen
stopp|eur [stɔpœʀ] ~**euse 1.** *m,f* (*auto-*~) Anhalter(in) *m(f)*; Tramper(in) [-ɛ-] *m(f)*; **2.** *m* FOOTBALL Stopper *m*
store [stɔʀ] *m* **1.** *léger, horizontal* Rollo *n*; Rou'leau *n*; **2.** *à lamelles* ~ (*vénitien*) Jalou'sie *f*; **3.** *en biais* Mar'kise *f*; Sonnendach *n*; **4.** (*voilage*) Store [ʃtoːʀ] *m*
strabisme [stʀabism(ə)] *m* MÉD Schielen *n*; *sc* Stra'bismus *m*; ~ **convergent, divergent** Einwärts-, Auswärtsschielen *n*
stradivarius [stʀadivaʀjys] *m violon* Stradi'vari *f*
strangulation [stʀɑ̃gylasjɔ̃] *f* Erwürgen *n*; Erdrosseln *n*; Strangulati'on *f*
strapontin [stʀapɔ̃tɛ̃] *m* **1.** Klappsitz *m*; Notsitz *m*; **2.** *fig* zweitrangiger Platz; F Platz *m* am Katzentisch
Strasbourg [stʀazbuʀ] Straßburg *n*
strass [stʀas] *m* Straß *m*
stratagème [stʀataʒɛm] *m* (Kriegs)List *f*
strate [stʀat] *f* GÉOL Schicht *f*
stratège [stʀatɛʒ] *m* MIL *et fig* Stra'tege *m*
stratégie [stʀateʒi] *f* MIL Strate'gie *f* (*a fig*); Feldherrnkunst *f*; *fig* ~ **électorale** Wahlstrategie *f*
stratégique [stʀateʒik] *adj* stra'tegisch; stra'tegisch wichtig; *par ext* kriegswichtig; **objectif** *m* ~ strategisches Ziel; **point** *m* ~ strategisch wichtiger Punkt
stratification [stʀatifikasjɔ̃] *f* GÉOL Schichtung *f*; *sc* Stratifikati'on *f*
stratifié [stʀatifje] *adj* **1.** GÉOL geschichtet; Schicht...; **roches** ~**es** Schichtgesteine *n/pl*; **2.** TECH **matière** ~**e** *ou subst* ~ *m* Schichtpreßstoff *m*
strato|-cumulus [stʀatokymylys] *m* MÉTÉO Haufenschichtwolke *f*; Strato-'kumulus *m*; ~**sphère** Strato'sphäre *f*; ~**sphérique** *adj* Strato'sphären...; strato'sphärisch

stratus [stʀatys] *m* MÉTÉO Schichtwolke *f*; Stratus *m*
strepto|coque [stʀeptɔkɔk] *m* BIOL, MÉD Strepto'kokkus *m*; ~*s pl* Streptokokken *pl*; ~**mycine** [-misin] *f* PHARM Streptomy'cin *ou* -'zin *n*
stress [stʀɛs] *m* Streß *m*
stressant [stʀɛsɑ̃] *adj* Streß...; Streß bewirkend; F stressig; **situation** ~**e** Streßsituation *f*
stresser [stʀɛse] **I** *v/t* stressen; **être stressé** gestreßt sein; im Streß sein; unter Streß stehen; **II** F *v/i* sich gestreßt, über'fordert fühlen
strict [stʀikt] *adj* **1.** streng; strikt; (peinlich) genau; ~ **observation du règlement** strikte Einhaltung der Vorschriften; **principes** ~*s* strenge Grundsätze *m/pl*; **tenue** ~**e** kor'rekte Kleidung; **c'est la** ~ **vérité** das ist die ex'akte Wahrheit; **être** ~ **sur la discipline** *etc* es mit der Disziplin *etc* sehr genau nehmen; **2.** *par ext*: **le** ~ **nécessaire**, **minimum** das (Aller')Nötigste, im (Aller')Notwendigste; das Lebensnotwendige; **mot au sens** ~ im engeren Sinn; **c'est son droit le plus** ~ das ist sein gutes Recht; *cf a* **intimité** 3.
strictement [stʀiktəmɑ̃] *adv* ~ **confidentiel** streng vertraulich; **affaire** ~ **personnelle** rein persönliche Angelegenheit; ~ **réservé au personnel** ausschließlich dem Personal vorbehalten; **je ne vois** ~ **rien** rein gar nichts; ~ **semblable** genau gleich
stricto sensu [stʀiktosɛ̃sy] *loc/adv* im engeren Sinn
strident [stʀidɑ̃] *adj* schrill; **cri** *a* gellend
stridulation [stʀidylasjɔ̃] *f litt* Zirpen *n*
strie [stʀi] *f surtout pl* ~*s* Rillen *f/pl*; Riffeln *f/pl*; Riefen *f/pl*; (*rayures*) Streifen *m/pl*
strié [stʀije] *adj* **1.** gerillt; geriffelt; **2.** ANAT **muscles** ~*s* quergestreifte Muskeln *m/pl*
strip-teas|e [stʀiptiz] *m* Striptease [-tiːz] *m*; ~**euse** *f* Stripteasetänzerin *f*; F Stripperin *f*
striure [stʀijyʀ] *f* Riffelung *f*; Riefelung *f*
stroboscope [stʀɔbɔskɔp] *m* TECH Strobo'skop *n*
strontium [stʀɔ̃sjɔm] *m* CHIM Strontium *n*
strophe [stʀɔf] *f* Strophe *f*
structural [stʀyktyʀal] *adj* ⟨-aux⟩ Struk'tur...; struktu'rell; struktu'ral (*a* LING); ~**isme** *m* LING, PHILOS Struktura'lismus *m*
structuration [stʀyktyʀasjɔ̃] *f* Struktu'rierung *f*
structure [stʀyktyʀ] *f* Struk'tur *f* (*a* CHIM, PHYS, ÉCON, LING *etc*); Bau *m*; Aufbau *m*; Gefüge *n*; Gliederung *f*; ~*s* **administratives** Verwaltungsaufbau *m*; ~ **gonflable** Traglufthalle *f*; LING **profonde, superficielle** *ou* **de surface** Tiefen-, Oberflächenstruktur *f*; ~*s* **sociales** Gesellschaftsstruktur *f*; soziale Schichtung; soziales Gefüge; ~(*s*) **d'accueil** Aufnahmestelle(n) *f(pl)*; (touristische *etc*) Infrastruktur *f*; ~ **de l'atome** Bau des Atoms, e-s Atoms; ~ **de théâtre** (Auf)Bau, Gliederung e-s Theaterstücks; **réforme** *f* **de** ~ Strukturreform *f*
structurel [stʀyktyʀɛl] *adj* ⟨~le⟩ *cf*

structural; ÉCON *chômage* ~ struktu-'relle Arbeitslosigkeit
structurer [stʀyktyʀe] *v/t* struktu'rieren; gliedern; *adjt* **structuré** strukturiert; gegliedert
strychnine [stʀiknin] *f* PHARM Strych-'nin *n*
stuc [styk] *m* **a)** *de plâtre* (Gips)Stuck *m*; *décoration* f *en* ~ Stuckverzierung *f*; **b)** *de marbre* Stuckmarmor *m*; **c)** *décoration* Stuckarbeit *f*; Stukka'tur *f*
stucateur [stykatœʀ] *m* Stukka'teur *m*; Stuckarbeiter *m*
studieux [stydjø] *adj* ⟨-euse⟩ *élève* fleißig; eifrig; strebsam; *der geistigen Arbeit zugetan*; *vacances* der geistigen Arbeit gewidmet; mit geistiger Arbeit ausgefüllt
studio [stydjo] *m* **1.** *logement* Appartement *n*; **2.** RAD, TV Studio *n*; Senderaum *m*; ~ *de télévision* Fernsehstudio *n*; **3.** CIN, PHOT, *d'un artiste* Ateli'er *n*; Studio *n*; *tourner en* ~ im Atelier drehen; **4.** ~ *(d'art et d'essai)* Filmkunsttheater *n*; Studio *n*
stupéfaction [stypefaksjɔ̃] *f* Verblüffung *f*; sprachloses Erstaunen *n*; (völlige) Verdutztheit; *cf a stupeur l.*
stupéfait [stypefɛ] *adj* ⟨-faite [-fɛt]⟩ verblüfft; sprachlos; (völlig) verdutzt; *il a été* ~ *d'apprendre que* ... er war verblüfft, als er erfuhr, daß ...
stupéfiant [stypefjɑ̃] **I** *adj* verblüffend; **II** *m* Rauschgift *n*, -mittel *n*; Suchtmittel *n*; PHARM Betäubungsmittel *n*; *trafic m de* ~*s* Rauschgifthandel *m*
stupéfier [stypefje] *v/t (étonner)* verblüffen; in sprachloses Erstaunen versetzen; verdutzen; *(consterner)* betroffen machen; bestürzen
stupeur [stypœʀ] *f* **1.** *(étonnement)* Verblüffung *f*; Verdutztheit *f*; *(consternation)* Betroffenheit *f*; Bestürzung *f*; *à sa grande* ~ zu s-r großen Verblüffung; *être frappé de* ~ wie vor den Kopf geschlagen sein; betroffen, bestürzt sein; **2.** MÉD Stupor *m*
stupide [stypid] *adj* **a)** *(bête) personne, réponse* dumm; stu'pid(e); *un travail* ~ e-e stupide, stumpfsinnige Arbeit; *il n'est pas assez* ~ *pour* (+*inf*) er ist nicht so dumm zu (+*inf*); **b)** *(absurde)* sinnlos; *accident m* ~ sinnloser Unfall
stupidité [stypidite] *f* **1.** Dummheit *f*, Stupidi'tät *f*; Stumpfsinn(igkeit) *m*(*f*); **2.** ~*s pl* Dummheiten *f/pl*; dummes, stu'pides Zeug
stupre [stypʀ(ə)] *litt f* Schamlosigkeit *f*; Ausschweifung *f*
style [stil] *m* **1.** *langue* (Sprach-, Schreib)Stil *m*; Ausdrucksweise *f*; Schreibart *f*; F Schreibe *f*; ~ *familier* familiäre Ausdrucksweise; ~ *soutenu* gehobener Stil; *le* ~ *de Voltaire* der Stil Voltaires; *en* ~ *télégraphique* im Tele'grammstil; **2.** GR *(in)direct* (in)direkte Rede; ~ *indirect libre* erlebte Rede; **3.** ART (Kunst)Stil *m*; ~ *Empire* Em'pire *n*; Empirestil *m*; ~ *gothique*, *roman* gothische, romanische (Bau-)Stil; ~ *1900* Jugendstil *m*; *meubles m/pl de* ~ Stilmöbel *n/pl*; *dans le* ~ *de* im Stil (+*gén*); **4.** *par ext* Stil *m*; Art *f*; SPORTS *d'un coureur* Stil e-s Läufers; ~ *de vie* Lebensstil *m*; *loc/adj de grand* ~ großen Stils, Zuschnitts; MIL et *fig opération f de grand* ~ Operation *f* großen Stils; *sportif avoir du* ~ e-n guten, gefälligen, eleganten Stil haben; *c'est bien là son* ~ das ist ganz s-e Art; **5.** BOT Griffel *m*
stylé [stile] *adj personnel* per'fekt
stylet [stilɛ] *m* **1.** *poignard* Sti'lett *n*; **2.** ZO (Stech-, Saug)Rüssel *m*
styliser [stilize] *v/t* stili'sieren; *adjt stylisé* stilisiert
styliste [stilist] *m* **1.** COUT *etc* Stylist [staɪ'lɪst] *m*; INDUSTRIE Designer [di-'zaɪnɘʀ] *m*; Formgestalter *m*; **2.** *écrivain* guter Sti'list
stylistique [stilistik] **I** *adj* sti'listisch; Stil...; **II** *f* Sti'listik *f*; Stilkunde *f*, -lehre *f*
stylo [stilo] *m* **a)** ~ *(à encre, à plume)* Füller *m*; Füll(feder)halter *m*; ~ *à recharge, à cartouche* Pa'tronenfüll(halt)er *m*; **b)** ~ *(à) bille* Kugelschreiber *m*; **c)** ~ *feutre* Filzschreiber *m*, -stift *m*; Faserschreiber *m*
stylomine [stilɔmin] *m (marque déposée)* Druckbleistift *m*
Styrie [stiʀi] *la* ~ die Steiermark
su [sy] **I** *p/p cf savoir*[1] *et adj une leçon bien* ~ e-e Lekti'on, die man gut kann *ou* die die Schüler gut können; **II** *m au vu et au* ~ *de tout le monde* vor aller Augen
suaire [sɥɛʀ] *litt m* Grab-, Leichentuch *n*; *le saint* ~ das Grabtuch Christi
suant [sɥɑ̃] *adj* **1.** schwitzend; **2.** F *fig* lästig; unausstehlich; auf die Nerven, F auf den Wecker fallend
suave [sɥav] *adj musique, voix, odeur* lieblich; einschmeichelnd; sanft
suavité [sɥavite] *litt f* Lieblichkeit *f*
subalterne [sybaltɛʀn] **I** *adj employé, emploi* 'untergeordnet; unselbständig; subal'tern; *par ext rôle m* ~ untergeordnete Rolle; **II** *m* Unter'gebene(r) *m*; Subal'terne(r) *m*
subconscient [sypkɔ̃sjɑ̃] PSYCH **I** *adj* 'unterbewußt; **II** *m* 'Unterbewußtsein *n*; 'Unterbewußte(s) *n*
subdiviser [sybdivize] **I** *v/t* unter'teilen; unter'gliedern; **II** *v/pr se* ~ sich unter'teilen lassen, sich gliedern, zerfallen *(en* in *+acc)*
subdivision [sybdivizjɔ̃] *f* **1.** *action* Unter'teilung *f*, -'gliederung *f* *(en* in *+acc)*; **2.** *partie* 'Unterabteilung *f*; Unter'teilung *f*
subir [sybiʀ] *v/t* **1.** *passivement*: *défaite, pertes* erleiden; hinnehmen müssen; *sciemment* ertragen; hinnehmen; *reproches* sich *(acc)* ergehen lassen; ~ *les conséquences de qc* die Folgen von etw zu spüren bekommen; ~ *des dégâts* Schaden erleiden, nehmen; ~ *un examen* sich e-r Prüfung *(dat)* unter'ziehen; e-e Prüfung ablegen, machen; ~ *l'influence de* unter dem Einfluß *(+gén)* stehen; beeinflußt werden von; ~ *un interrogatoire* verhört, vernommen werden; *faire* ~ *un interrogatoire à qn* j-n e-m Verhör unter'ziehen; j-n ins Verhör nehmen; j-n verhören, vernehmen; ~ *une opération* sich e-r Operation *(dat)* unter'ziehen; operiert werden; ~ *un triste sort* ein trauriges Schicksal erleiden, erleben; ~ *des violences* tätlich angegriffen werden; **2.** ~ *qn* j-n ertragen; **3.** *chose*: *modification etc* erfahren; *prix* ~ *une majoration* e-e Erhöhung erfahren

subit [sybi] *adj* plötzlich; jäh; unvermittelt; schlagartig; *inspiration* ~*e* plötzliche Eingebung; *mort* ~*e* plötzlicher, jäher Tod
subitement [sybitmɑ̃] *adv cf subit*; *s'arrêter* ~ plötzlich, unversehens stehenbleiben; *mourir* ~ plötzlich, über'raschend, unerwartet sterben
subito presto [sybitopʀɛsto] F *loc/adv* auf der Stelle; schnell; rasch; flink; F husch (, husch); zack, zack; *il est parti* ~ F und husch, weg war er
subjectif [sybʒɛktif] *adj* ⟨-ive⟩ subjektiv (*a* GR *et* PHILOS); per'sönlich; ichbezogen; *péj (partial)* unsachlich
subjectivisme [sybʒɛktivism(ə)] *m* Subjekti'vismus *m* (*a* PHILOS); Ichbezogenheit *f*; *péj a* Unsachlichkeit *f*; ~*iste adj* subjekti'vistisch; ~*ité f* Subjektivi'tät *f* (*a* PHILOS)
subjonctif [sybʒɔ̃ktif] *m* GR Konjunktiv *m*; Möglichkeitsform *f*; ~ *présent* Konjunktiv Präsens; *imparfait m du* ~ Konjunktiv Imperfekt; *être au* ~ im Konjunktiv stehen; *mettre au* ~ in den Konjunktiv setzen
subjuguer [sybʒyge] *v/t orateur*: *auditoire etc* fesseln; packen; in s-n Bann schlagen
sublimation [syblimasjɔ̃] *f* CHIM, PSYCH Subli'mierung *f*; Sublimati'on *f*
sublime [syblim] **I** *adj* **1.** *beauté, spectacle etc* erhaben; erhebend; **2.** *personne* über'ragend; bewunderungswürdig; **II** *subst le* ~ das Erhabene; *prov du* ~ *au ridicule il n'y a qu'un pas* vom Erhabenen zum Lächerlichen ist nur ein Schritt *(prov)*
sublimé [syblime] *m* CHIM Subli'mat *n*
sublimer [syblime] *v/t* CHIM, PSYCH subli'mieren
sublimité [syblimite] *litt f* Erhabenheit *f*
submerger [sybmɛʀʒe] *v/t* ⟨-geons⟩ **1.** *fleuve*: *pays etc* unter Wasser setzen; über'schwemmen, -'fluten; *adjt récif submergé* unter Wasser liegendes Riff; **2.** *fig sentiment* ~ *qn* j-n über'wältigen; *être submergé de travail* mit Arbeit über'häuft, über'lastet sein; *police être submergé par les manifestants* von den Demonstranten über'rannt werden
submersible [sybmɛʀsibl(ə)] **I** *adj* über'flutbar; unter'seeisch...; **II** *m* MAR 'Untersee-, Tauchboot *n*
submersion [sybmɛʀsjɔ̃] *f* **1.** Über'flutung *f*; **2.** *mort f par* ~ Tod *m* durch Ertrinken
subodorer [sybɔdɔʀe] *v/t plais* wittern; (vor'aus)ahnen
subordination [sybɔʀdinasjɔ̃] *f* **1.** 'Unterordnung *f*, *d'une personne a* Unter'stellung *f* (*à qn, qc* unter j-n, etw); **2.** GR 'Unterordnung *f*; Hypo'taxe *f*; *conjonction f de* ~ 'unterordnende Konjunktion
subordonné [sybɔʀdɔne] *m* Unter'gebene(r) *m*
subordonnée [sybɔʀdɔne] *f* GR (*a adjt proposition* ~) Nebensatz *m*; ~ *circonstancielle* 'Umstands-, Adverbi'alsatz *m*
subordonner [sybɔʀdɔne] *v/t* 'unterordnen, *qn a* unter'stellen (*à qn, dat*); *décision, action* abhängig machen (von); *personne être subordonné à qn* j-m unter'stehen; j-m unter'stellt, 'untergeordnet

sein; *chose être subordonné à qc* von etw abhängen; *an etw (acc) geknüpft sein*
subornation [sybɔRnasjõ] *f* JUR ~ *de témoins* Zeugenbeeinflussung *f*, -bestechung *f*
suborn|er [sybɔRne] *v/t* **1.** JUR *témoins* beeinflussen; bestechen; **2.** *litt jeune fille* verführen; **~eur** *m plais* Verführer *m*
subreptice [sybREptis] *adj* heimlich; versteckt; *manœuvres f/pl* **~s** geheime Machenschaften *f/pl*
subrogé [sybRɔʒe] *adj* JUR ~ *tuteur* ⟨f *subrogée tutrice*⟩ Gegenvormund *m*
subséquemment [sypsekamã] *plais adv* daraufhin; infolge'dessen
subséquent [sypsekã] *adj* (nach)folgend
subsides [sybzid, -psid] *m/pl* finanzi'elle Unter'stützung *f*, Zuschüsse *m/pl*; Hilfsgelder *n/pl*; *en Belgique* Subventi'onen *f/pl*
subsidiaire [sybzidjER, -psi-] *adj* zusätzlich; Zusatz...; Hilfs...; *question f* ~ Stichfrage *f*
subsistance [sybzistãs] *f* **1.** (Lebens-) 'Unterhalt *m*; *moyens m/pl de* ~ Mittel *n/pl* zur Bestreitung des Lebensunterhalts; *contribuer à la* ~ *de la famille* zum Unterhalt der Familie beitragen; *pourvoir à la* ~ *de qn* für j-s (Lebens-) Unterhalt aufkommen, sorgen; **2.** MIL *service m des* **~s** Verpflegungs-, Provi'antwesen *n*, -amt *n*
subsister [sybziste] *v/i* **1.** *chose* weiter-, fortbestehen; (noch) bestehen, exi'stieren, vor'handen sein; *erreur f qui subsiste* Irrtum, der weiterbesteht; *impersonnel il ne subsiste plus que quelques ruines* es bestehen *etc* nur noch einige Ruinen; **2.** *personne* s-n Lebensunterhalt bestreiten; sein Auskommen finden; exi'stieren
subsonique [sypsɔnik] *adj* TECH, AVIAT 'Unterschall...
substance [sypstãs] *f* **1.** (*matière*) Sub'stanz *f*; Stoff *m*; ANAT **~** *grise* graue Substanz; **~** *organique* organische Substanz; **2.** *d'un livre, discours* wesentlicher Inhalt; Wesentliche(s) *n*; Sub'stanz *f*; Kern *m*; Gehalt *m*; *loc/adv en* **~** im wesentlichen; in der Hauptsache; *voici, en* **~**, *ce qu'il a dit* er hat im wesentlichen folgendes gesagt; *notion vider de sa* **~** aushöhlen; **3.** PHILOS Sub'stanz *f*
substantiel [sypstãsjɛl] *adj* ⟨**~**le⟩ **1.** (*nourrissant*) nahrhaft; kräftig; substanti'ell; **2.** (*important*) wesentlich; bedeutend; **3.** PHILOS substanti'ell; wesenhaft
substantif [sypstãtif] *m* GR Substantiv *n*; Haupt-, Dingwort *n*; **~** *verbal* Ver'balsubstantiv *n*
substantifique [sypstãtifik] *adj plais la* **~** *moelle* der geistige Gehalt, *plais* Nährwert
substantivement [sypstãtivmã] *adv adjectif etc pris* **~** substantivisch, hauptwörtlich gebraucht; in substantivischer, hauptwörtlicher Verwendung
substantiver [sypstãtive] *v/t* LING substanti'vieren; *adjt* *adjectif substantivé* substantiviertes Adjektiv
substituer [sypstitɥe] **I** *v/t* an die Stelle setzen (*à* von); ersetzen; ~ *A à B* A an die Stelle von B setzen; B durch A ersetzen; B gegen A austauschen; **II** *v/pr*

se **~** *à* an die Stelle (+*gén*) treten; ersetzen (+*acc*); *frauduleusement* sich an die Stelle (+*gén*) setzen
substitut [sypstity] *m* **1.** JUR (Stell)Vertreter *m* des Staatsanwaltes; **2.** (*succédané*) Ersatz(stoff) *m*
substitution [sypstitysjõ] *f* **1.** Ersetzung *f*, Ersatz *m* (*de A à B* von B durch A); Vertauschung *f*; Austausch *m*; JUR **~** *d'enfant* Kinderunterschiebung *f*; **2.** CHIM, MATH Substituti'on *f*
substrat [sypstRa] *m* **1.** Sub'strat *n* (*a* PHILOS *et* LING); Grundlage *f*; **2.** GÉOL dar'unterliegende Schicht
subterfuge [syptERfyʒ] *m* List *f*; Trick *m*
subtil [syptil] *adj* **1.** *personne, remarque, raisonnement* scharf-, feinsinnig; *a péj* sub'til; ausgeklügelt; *péj* spitzfindig; *esprit* **~** subtiler Geist; *intelligence* **~** *e* scharfer, 'durchdringender Verstand; *interprétation* **~** *e* feinsinnige Deutung; *question* **~** *e* subtile Frage; *c'est trop* **~** *pour moi* das ist mir zu spitzfindig; **2.** *différence, nuance* fein; sub'til; *odeur* fein; zart; einschmeichelnd
subtiliser [syptilize] **I** *v/t* (geschickt) entwenden, F sti'bitzen (*qc à qn* j-m etw); verschwinden lassen (*qc* etw); **II** *v/i st/s et péj* sich in Spitzfindigkeiten ergehen; Haarspalte'rei betreiben
subtilité [syptilite] *f* **1.** *d'une personne* Scharfsinn *m*; *d'un raisonnement* Subtili'tät *f*; *péj* Spitzfindigkeit *f*; *d'une nuance* Feinheit *f*; Subtili'tät *f*; *avec* ~ mit Scharfsinn; scharfsinnig; sub'til; *péj* spitzfindig; **2.** **~s** *pl* Feinheiten *f/pl*; Subtili'täten *f/pl*; *péj* Spitzfindigkeiten *f/pl*; **~s** *de langage* sprachliche Feinheiten
subtropical [sybtRɔpikal, syp-] *adj* ⟨-aux⟩ subtropisch; *zone* **~** *e* Subtropen *pl*
suburbain [sybyRbɛ̃] *adj* vorstädtisch; Vorstadt...; Vorort...; *commune* **~** *e* Vorortgemeinde *f*
subvenir [sybvəniR] *v/t/indir* (*cf venir*; *aber: avoir*) **~** *aux besoins de qn* für j-s 'Unterhalt aufkommen, sorgen; **~** *aux dépenses, aux frais* für die Ausgaben, Unkosten aufkommen; die Ausgaben, Unkosten bestreiten
subvention [sybvãsjõ] *f* Subventi'on *f*; Zuschuß *m* (aus öffentlichen Mitteln); **~s** *à l'exportation* Ausfuhrsubventionen *f/pl*
subventionner [sybvãsjɔne] *v/t* subventio'nieren; (aus öffentlichen Mitteln) unter'stützen; bezuschussen; *adjt* *théâtre subventionné* subventioniertes Theater
subversif [sybvERsif] *adj* ⟨-ive⟩ 'umstürzlerisch; subver'siv; staatsgefährdend; zersetzend; *guerre subversive* subversive Aktivitäten *f/pl*; *menées subversives* subversive 'Umtriebe *m/pl*; Wühlarbeit *f*
subversion [sybvERsjõ] *f* 'Umsturz *m*; Subversi'on *f*; Zersetzung *f*; *tentative f de* **~** Umsturzversuch *m*
suc [syk] *m* **1.** PHYSIOL, BOT Saft *m*; **~s** *digestifs* Verdauungssäfte *m/pl*; **~** *gastrique* Magensaft *m*; **2.** *litt* Sub'stanz *f*; Gehalt *m*
succédané [syksedane] *m* Surro'gat *n*, Ersatz *m* (*a fig*) (*de* für); Ersatzmittel *n*; **~** *de café* Kaffee-Ersatz *m*

succéder [syksede] ⟨-è-⟩ **I** *v/t/indir* **1.** (*venir après*) **~** *à qc*, *qn* auf etw, j-n folgen; *des prairies succèdent aux champs* auf Felder folgen Wiesen; *la déception a succédé à l'espoir* auf Hoffnung folgte Enttäuschung; *Louis XIII succéda à Henri IV* Ludwig XIII. folgte auf Heinrich IV.; **2.** (*remplacer*) **~** *à qn* j-s Nachfolge antreten; j-m im Amt nachfolgen; j-s Stelle einnehmen; **~** *à son père à la direction de l'entreprise* s-m Vater in der Leitung des Betriebes folgen; **3.** JUR *abs* erben; **~** *à qn* j-n beerben; **II** *v/pr gouvernements, événements etc se* (*obj/indir*) **~** aufein'anderfolgen; *dans ce commerce ils se succèdent de père en fils depuis toujours* dieses Geschäft ist schon immer im Familienbesitz; *les crises se succèdent sans interruption* a e-e Krise löst die andere ab
succès [sykse] *m* Erfolg *m*; Gelingen *n*; *brillant* **~** glänzender Erfolg; **~** *électoral* Wahlerfolg *m*; F **~** *fou, monstre* F toller Erfolg; Riesen-, Bombenerfolg *m*; **~** *d'estime* Achtungserfolg *m*; **~** *en affaires* geschäftlicher Erfolg; **~** *en amour* Erfolg in der Liebe; *loc/adj: à* **~** Erfolgs...; *film à* **~** Erfolgsfilm *m*; *couronné de* **~** von Erfolg gekrönt; *loc/adv: avec* **~** erfolgreich; mit Erfolg; *sans* **~** erfolglos; ohne Erfolg; *assurer le* **~** *d'une entreprise* für das Gelingen e-r Unter'nehmung sorgen; *avoir du* **~** *auteur, film, livre* Erfolg haben; erfolgreich sein; *proposition* Anklang, Beifall finden; *avoir beaucoup de* **~** großen Erfolg haben; sehr erfolgreich sein; *avoir du* **~** *auprès des femmes* bei den Frauen Erfolg haben; *pièce de théâtre etc être un* **~** ein Erfolg sein; *être sur le chemin du* **~** auf dem Weg zum Erfolg sein; *obtenir, remporter des* **~** Erfolge erzielen, erringen
successeur [sykseseR] *m* **1.** Nachfolger *m*; **2.** (*héritier*) Erbe *m*
successif [syksesif] *adj* ⟨-ive⟩ aufein'anderfolgend; fortwährend; laufend; wieder'holt
succession [syksesjõ] *f* **1.** (*suite*) (Auf-ein'ander)Folge *f*; **~** *ininterrompue* ununterbrochene Folge; *la* **~** *rapide des détonations* die rasche Aufeinanderfolge der Detonationen; *une* **~** *d'incidents* e-e Folge von Zwischenfällen; **2.** *dans une fonction* Nachfolge *f*; *prendre la* **~** *de qn* j-s Nachfolge antreten; **3.** JUR (*transmission de biens*) Erbfolge *f*; *ouverture f de la* **~** Eintritt *m* des Erbfalls; *par voie de* **~** auf dem Erbwege; JUR (*biens transmis*) Nachlaß *m*; Erbschaft *f*; Hinter'lassenschaft *f*; *droits m/pl de* **~** Erbschaftssteuer *f*; *part f de (la)* **~** Erbteil *n ou m*; Erbanteil *m*; *recueillir, répudier une* **~** e-e Erbschaft antreten, ausschlagen
successivement [syksesivmã] *adv* nacheinander; *passer* **~** *de la joie à la tristesse* erst fröhlich, dann traurig sein
successoral [syksesɔRal] *adj* ⟨-aux⟩ JUR Erb(folge)...; *biens successoraux* Nachlaßvermögen *n*; *droits successoraux* Erbschaftssteuer *f*
succinct [syksɛ̃] *adj* ⟨-cincte [-sɛ̃t]⟩ knapp; kurz; *exposé*, *résumé a* gedrängt
succinctement [syksɛ̃tmã] *adv* kurz

und bündig; knapp; in, mit wenigen Worten
succion [sysjõ, syksjõ] *f* Saugen *n*; *d'une plaie* Aussaugen *n*
succomber [sykõbe] *v/i* **1.** (*mourir*) sterben; *animal* verenden; **~** (*à ses blessures*) s-n Verletzungen erliegen; **~ à la suite d'une fracture du crâne** e-m Schädelbruch erliegen; **2.** (*céder*) *à* erliegen (+*dat*); **~ à la fatigue** von Müdigkeit über'mannt, über'wältigt werden; **~ à la tentation** der Versuchung erliegen; *fig* **sous le poids de** unter der Last (+*gén*) zu'sammenbrechen; **3.** *st/s dans une lutte* unter'liegen
succul|ence [sykylãs] *litt f* köstlicher Geschmack; Schmackhaftigkeit *f*; **~ent** *adj mets, repas* köstlich (*a histoire*); schmackhaft; lecker
succursale [sykyrsal] *f COMM* Fili'ale *f*; Zweigniederlassung *f*, -geschäft *n*, -betrieb *m*; *d'une banque* Zweigstelle *f*; *magasin m à* **~s multiples** Ladenkette *f*
sucer [syse] ⟨-ç-⟩ *I v/t* **1.** (*aspirer*) saugen; *orange, plaie* aussaugen; *insecte*: *nectar* einsaugen; **~ la moelle d'un os** das Mark aus e-m Knochen saugen; *moustique* **~ le sang** Blut saugen; **2.** *bonbon* lutschen; *comprimé a* im Mund zergehen lassen; **~ son pouce** am Daumen lutschen; **3.** *F fig économies* aufbrauchen; **II** *v/pr P fig* **se ~ la pomme** *F* sich abknutschen
sucette [sysɛt] *f* **1.** *en sucre* (Dauer)Lutscher *m*; **2.** *en caoutchouc* Schnuller *m*; Sauger *m*
suceur [sysœʀ] *m* **~ ou adjt insecte ~** ZO Sauger *m*
suçoir [syswaʀ] *m* ZO Saugrüssel *m*
suçon [sysõ] *m* F Knutschfleck *m*
suçoter [sysɔte] *v/t bonbon* lutschen
sucrage [sykʀaʒ] *m du vin* Zuckern *n*
sucrant [sykʀã] *adj* Süß...; *pouvoir* Süßkraft *f*
sucre [sykʀ(ə)] *m* Zucker *m*; **un ~** ein Stück *n* Zucker; *CHIM* **~s** *pl* Zuckerarten *f/pl*; **~ glace** Staub-, Puderzucker *m*; **~ de betterave, de canne** Rüben-, Rohrzucker *m*; (*bâton m de*) **~ d'orge** Lutschstange *f*; **~ en morceaux, en poudre** Würfel-, Streuzucker *m*; *F fig* **mon petit lapin en ~!** mein süßes Häschen, Mäuschen!; *adjt* **confiture** *f* **~** mit reinem Zucker hergestellte Marmelade; *fig*: **casser du ~ sur le dos de qn** über j-n herziehen; *F* **tu n'es pas en ~!** sei nicht so zimperlich!; *cf a* **miel** *1*.
sucré [sykʀe] *adj* **1.** süß; **un fruit bien ~** e-e sehr süße Frucht; *subst* **préférer le ~ au salé** lieber Süßes als Gesalzenes essen; **2.** (*additionné de sucre*) gezuckert; (mit Zucker) gesüßt; *non* **~** ungezuckert; *eau* **~e** Zuckerwasser *n*; **3.** *fig et péj air etc* zucker-, honigsüß; süßlich
sucrer [sykʀe] *I v/t* **1.** zuckern; (mit Zucker) süßen; **~ au miel** mit Honig süßen; **2.** *abs saccharine etc* süßen; **3.** *F* (*supprimer*) streichen; **II** *v/pr F* **se ~ 4.** Zucker nehmen; *sucrez-vous!* nehmen Sie (doch) Zucker!; **5.** *fig* (*se servir*) *F* sich gesundmachen, -stoßen; sich die Taschen füllen
sucrerie [sykʀəʀi] *f* **1. ~s** *pl* Süßigkeiten *f/pl*; **2.** Zuckerfabrik *f*
sucrette [sykʀɛt] *f* Süßstoff *m*
sucrier [sykʀije] *I adj* ⟨-ière⟩ Zucker...;

betterave sucrière Zuckerrübe *f*; **industrie sucrière** Zuckerindustrie *f*; **II** *m* Zuckerdose *f*
sud [syd] **I** *m* **1.** *point cardinal* (*abr S.*) Süd(en) *m* (*abr* S); **vent m du ~** Südwind *m*; *loc/adv* **au ~** im Süden, südlich (*de* von *ou* +*gén*); **au ~ de la Loire** südlich der Loire; **plus au ~** weiter im Süden, südlich; **en direction du ~, vers le ~** in südlicher Richtung; südwärts; nach, gegen, *poét* gen Süden; **2.** *d'un pays, d'une ville etc* **le ♋** der Süden; **l'Afrique** *f*, **l'Amérique du ♋** Südafrika *n*, -amerika *n*; **les mers** *f/pl* **du ♋** die Südsee; **dans le ♋ de l'Europe** im Süden Europas; in Südeuropa; **dans le ~ de Paris** im Süden von Paris; in Paris Süd; **II** *adj* ⟨*inv*⟩ südlich; Süd...; **la banlieue ~** die südlichen Vororte *m/pl*; **côte** *f* **~** Südküste *f*
sud-africain [sydafʀikɛ̃] **I** *adj* südafrikanisch; **II** *subst* **Sud-Africain(e)** *m(f)* Südafrikaner(in) *m(f)*
sud-américain [sydameʀikɛ̃] **I** *adj* südamerikanisch; **II** *subst* **Sud-Américain(e)** *m(f)* Südamerikaner(in) *m(f)*
sudation [sydasjõ] *f* (starkes) Schwitzen
sud-est [sydɛst] **I** *m* **1.** *direction* Süd-'ost(en) *m*; **vent** *m* **du ~** Südost(wind) *m*; **2.** *d'un pays* **le Sud-Est** der Süd'osten; *GÉOGR* **le Sud-Est asiatique** Südost'asien *n*; **II** *adj* ⟨*inv*⟩ süd'östlich; Süd'ost...
sudiste [sydist] *HIST U.S.A.* **I** *m,f* Südstaatler(in) *m(f)*; **II** *adj* der Südstaaten
sudorifique [sydɔʀifik] *adj PHARM* schweißtreibend
sudoripare [sydɔʀipaʀ] *adj* **glandes** *f/pl* **~s** Schweißdrüsen *f/pl*
sud-ouest [sydwɛst] **I** *m* **1.** *direction* Süd'west(en) *m*; **vent** *m* **du ~** Südwest (-wind) *m*; **2.** *d'un pays* **le Sud-Ouest** der Süd'westen; *en France* Südwestfrankreich *n*; der Südwesten Frankreichs; **II** *adj* ⟨*inv*⟩ süd'westlich; Süd'west...
sud-sud|-est [sydsydɛst] *m* Südsüd-'ost(en) *m*; **~-ouest** *m* Südsüd'west (-en) *m*
Suède [sɥɛd] **la ~** Schweden *f*
suéd|é [sɥede] *adj* chairlederartig; **~ine** *f TEXT* Wildlederimitation *f*
suédois [sɥedwa] **I** *adj* schwedisch; **II** *subst* **1. ♋(e)** *m(f)* Schwede *m*, Schwedin *f*; **2.** *LING* **le ~** das Schwedische; Schwedisch *n*
suée [sɥe] *F f* Schweißausbruch *m*; **ça m'a donné une ~** mir brach der Angstschweiß aus; **piquer une ~** *F* ganz schön ins Schwitzen kommen
suer [sɥe] **I** *v/t* **1.** *mur: humidité* ausschwitzen; **~ du sang** Blut schwitzen; *fig* **~ sang et eau** sich mächtig anstrengen, ins Zeug legen; **2.** *abs* (*respirer*) *l'ennui* Langeweile verbreiten; **~ l'orgueil** von Hochmut erfüllt sein; **II** *v/i* **3.** (*transpirer*) schwitzen; *cf a* **goutte** *1.* **4.** *F fig* **faire ~ qn** j-m auf die Nerven, auf den Geist gehen, auf den Wecker fallen; **ça me fait ~** *F a* das stinkt mir; **se faire ~** *F* sich entsetzlich langweilen; sich mopsen; **5.** *plâtres etc* schwitzen
sueur [sɥœʀ] *f* Schweiß *m*; **~s abondantes** Schweißausbrüche *m/pl*; **~ froide** Angstschweiß *m*; kalter Schweiß; **cela vous donne des ~s froides** dabei

bricht einem der Angstschweiß aus; *loc/adj* **en ~, trempé, baigné, ruisselant, couvert de ~** in Schweiß gebadet; schweißgebadet, -triefend, -bedeckt; *fig* **s'engraisser de la ~ du peuple** sich auf Kosten des Volkes bereichern; das Volk aussaugen
suffire [syfiʀ] ⟨je suffis, il suffit, nous suffisons; je suffisais; je suffis; je suffirai; que je suffise; suffisant; suffi⟩ **I** *v/i et v/t/indir* **1.** genügen, (aus-, hin-, zu-) reichen, *F* langen (*à qn* j-m; *pour qc* für etw; *à, pour* +*inf* um zu +*inf*); **cela suffit** das genügt, reicht; *F* **ça suffit comme ça** *F* so reicht's; so ist's genug; **merci, cela me suffit** danke, es reicht, es genügt; **sa famille lui suffit** er geht in s-r Familie auf; s-e Familie füllt ihn aus; **son salaire ne lui suffit pas** sein Gehalt reicht nicht aus; er kommt mit s-m Gehalt nicht aus; **cela suffit à mon bonheur** ich bin damit zufrieden; mehr brauche ich nicht (*F* zu meinem Glück); **un seul peut ~** einer reicht, genügt wohl, ist wohl genug; **2.** **personne ~ à ses besoins** für s-e Bedürfnisse aufkommen; s-n 'Unterhalt bestreiten; **II** *v/imp* **il suffit de** (+*inf*) **ou que ...** (+*subj*) es genügt, reicht zu (+*inf*) *ou* daß ... *ou* wenn ...; **il vous suffira de le lui dire** Sie brauchen es ihm nur zu sagen; **il suffit d'une fois** einmal genügt; **il suffit d'un rien** es genügt e-e Kleinigkeit; **III** *v/pr* **se ~ à soi-même** sich selbst genügen; niemand(en) brauchen; auf eigenen Füßen stehen
suffisamment [syfizamɑ̃] *adv* aus-, hinreichend; genügend; genug; hinlänglich; *p/fort* zur Genüge; sattsam; **~ d'argent** genügend, ausreichend Geld; **avoir ~ à manger** ausreichend, genügend, genug zu essen haben
suffisance [syfizɑ̃s] *f* Selbstgefälligkeit *f*; Dünkel *m*; Süffi'sanz *f*
suffisant [syfizɑ̃] *adj* **1.** aus-, hinreichend, genügend (*pour qc* für etw; *pour* +*inf* um zu +*inf*; *pour que* ... +*subj* damit ...); **en quantité ~e** in ausreichender Menge; **c'est amplement, largement ~** das ist völlig ausreichend; das reicht vollauf; **c'est plus que ~** das ist mehr als genug; **2.** *personne, air, ton* selbstgefällig; dünkelhaft; eingebildet; süffi'sant
suffixe [syfiks] *m GR* Suf'fix *n*; Nachsilbe *f*
suffoc|ant [syfɔkɑ̃] *adj* **1.** *atmosphère, chaleur* zum Ersticken; stickig; erstickend; **2.** *fig* (*étonnant*) verblüffend; höchst erstaunlich; **~ation** *f* Atemnot *f*; Ersticken *n*
suffoquer [syfɔke] **I** *v/t* **~ qn** j-m den Atem nehmen, *fig* verschlagen; **II** *v/i* **1.** keine Luft mehr bekommen; fast ersticken; **2.** *fig* **~ de colère, d'indignation** vor Zorn, vor Empörung fast ersticken
suffrage [syfʀaʒ] *m* **1.** (*scrutin*) Wahl *f*; Stimmabgabe *f*; **~ restreint, universel** beschränktes, allgemeines Wahlrecht; **élire au ~ direct** in direkter Wahl wählen; **2.** (*voix*) (Wahl)Stimme *f*; **~s exprimés** abgegebene Stimmen *f/pl*; **à la majorité des ~s** mit Stimmenmehrheit; **obtenir, recueillir la majorité des ~s** die Mehrheit der Stimmen erhalten, auf sich vereinigen; **3.** *fig* **~s** *pl*

Beifall *m;* **remporter tous les ~s** allgemein Beifall finden
suffragette [syfraʒɛt] *f HIST* Suffra'gette *f;* Frauenrechtlerin *f*
suggérer [sygʒeʀe] *v/t* ⟨-è-⟩ **1.** *(proposer)* **~ qc à qn** j-m etw nahelegen, vorschlagen; **~ qc a** etw anregen; **~ une idée à qn** j-m e-n Gedanken eingeben; j-n auf e-n Gedanken bringen; **2.** *sentiment, idée* her'vorrufen; denken lassen an *(+acc);* **3. en influençant ~ qc à qn** j-m etw (ein)sugge'rieren, einflüstern, einreden
suggestible [sygʒɛstibl(ə)] *adj PSYCH* sugge'stibel; beeinflußbar
suggestif [sygʒɛstif] *adj* ⟨-ive⟩ **1.** *paroles, musique* sugge'stiv; von sugge'stiver Wirkung; **2.** *déshabillé, pose* (sinnlich) aufreizend
suggestion [sygʒɛstjõ] *f* **1.** *(proposition)* Anregung *f;* Vorschlag *m;* Empfehlung *f;* **2.** *PSYCH* Suggesti'on *f*
suggestionner [sygʒɛstjɔne] *v/t* **~ qn** e-e sugge'stive Wirkung auf j-n ausüben
suicidaire [sɥiside:ʀ] *adj comportement* selbstmörderisch *(a fig entreprise); personne* sui'zidgefährdet
suicide [sɥisid] *m* **1.** Selbstmord *m;* Freitod *m; ADM* Selbsttötung *f; sc* Sui'zid *m ou n; fig* **~ moral** Selbstaufgabe *f;* **rouler à cette vitesse, c'est un vrai** ~ das ist glatter Selbstmord; **2.** *adjt fig* Selbstmord...; selbstmörderisch; **commando *m ou* mission *f* ~** Selbstmord-, F Himmelfahrtskommando *n*
suicidé(e) [sɥiside] *m(f)* Selbstmörder(in) *m(f)*
suicider [sɥiside] *v/pr se* ~ Selbstmord begehen, verüben; sich das Leben nehmen; *st/s* sich entleiben
suie [sɥi] *f* Ruß *m*
suif [sɥif] *m* Talg *m*
sui generis [sɥiʒeneʀis] *loc/adj* von eigener, besonderer Art; sui generis
suint [sɥɛ̃] *m* Wollfett *n;* Wollschweiß *m*
suintement [sɥɛ̃tmã] *m* **1. a)** *d'un liquide* (Aus)Sickern *n;* **b)** *liquide* aus-, 'durchgesickerte Flüssigkeit; **2.** *d'un mur* Schwitzen *n; d'une plaie* Nässen *n*
suinter [sɥɛ̃te] *v/i* **1.** *liquide* (aus-, 'durch)sickern; **2.** *mur* schwitzen; *plaie* nässen
suis[1] [sɥi] *cf être*[1]
suis[2] [sɥi] *cf suivre*
Suisse [sɥis] *la* **~** die Schweiz
suisse [sɥis] **I** *adj* schweizerisch; Schweizer; *franc m* ~ Schweizer Franken *m; au Vatican* **garde *f* ~** Schweizergarde *f;* **II** *subst* **1.** ⚥ *m,f* Schweizer(in) *m(f);* **2.** *m ÉGL CATH* Kirchendiener *m;* Küster *m;* Schweizer *m;* **3.** F **manger, boire en ~** für sich al'lein essen, trinken; **4. petit ~** kleiner, runder Doppelrahmfrischkäse
Suissesse [sɥisɛs] *iron f* Schweizerin *f*
suite [sɥit] *f* **1.** Folge *f;* **avoir des ~s fâcheuses** unangenehme, fatale Folgen haben; **ce projet n'a pas eu de ~** dieses Vorhaben ist nicht verwirklicht, realisiert worden; **avoir de la ~ dans les idées** konsequent, beharrlich, hartnäckig sein Ziel verfolgen; *ADM* **donner ~ à une demande** e-m Antrag stattgeben; **faire ~ à qc** auf etw *(acc)* folgen; e-r Sache *(dat)* folgen; **faisant ~ à** im Anschluß an *(+acc);* **mourir des ~s d'un accident** an den Folgen e-s Unfalls sterben; **prendre la ~ de qn** j-s Nachfolge antreten; **tenir des propos sans ~** unzusammenhängende, zu'sammenhang(s)lose Reden führen; zusammenhang(s)los (daher)reden; ◆ *loc/adv:* **à la ~, de ~** nach-, hinterein-'ander; **trois fois de ~** dreimal hinter-, nacheinander; **tout de ~,** F **de ~** so-'fort; gleich; *st/s* so'gleich; als'bald; **par la ~** in der Folge; nachher; später; im weiteren Verlauf; ◆ *loc/prép:* **à la ~ de a)** *(relatif à)* betreffend nach; im Anschluß an *(+acc);* **b)** *(derrière)* hinter *(+dat);* **c)** *(à cause de)* in'folge *(+gén);* auf Grund von *(+gén);* auf *(+acc)* hin; *COMM* **~ à votre lettre** in Beantwortung Ihres Schreibens; auf Ihr Schreiben hin; **~ à votre commande** in Erledigung Ihres Auftrags; **par ~ de** in'folge *(+gén);* auf Grund von *(ou +gén);* durch; wegen *(+gén,* F *+dat);* **2.** *d'un roman, d'une affaire etc* Fortsetzung *f;* **au prochain numéro** folgende Gang; **la ~ au prochain numéro** Fortsetzung folgt *(a fig);* Fortsetzung im nächsten Heft; *COMM* **article *m* sans ~** Artikel, der nicht nachgeliefert wird; *loc/adv* **et ainsi de ~** und so weiter *(abr* usw.*);* und so fort *(abr* usf.*);* und dergleichen mehr *(abr* u. dgl. m.*);* **attendons la ~** warten wir ab, wie es weitergeht; warten wir das Weitere ab; **3.** *(série)* (Aufein'ander)Folge *f;* Reihe *f;* **une ~ d'incidents** e-e Folge, Reihe von Zwischenfällen; **4.** *(escorte)* Gefolge *n;* Suite *f;* **5.** *MUS* Suite *f;* **6.** *MATH* Folge *f;* **7.** *dans un hôtel* Suite *f;* Zimmerflucht *f*
suivant [sɥivã] **I** *adj* folgende(r, -s); nach-, nächstfolgende(r, -s); nächste(r, -s); *dans un texte a* nachstehende(r, -s); **le dimanche ~** am (dar'auf)folgende Sonntag; **b)** *loc/adv* am dar'auffolgenden Sonntag; am Sonntag darauf; *loc/adv* **la fois ~e** beim folgenden, nächsten Mal; *subst:* **chez le médecin etc au ~!** der nächste, bitte!; **je descends à la ~e** ich steige an der nächsten (Station) aus; **dans ces pages et dans les ~es** auf diesen und den folgenden Seiten; **II** *prép* **1.** *(conformément à)* nach, gemäß, entsprechend *(+dat);* **~ son habitude** nach s-r Gewohnheit; s-r Gewohnheit nach, gemäß, entsprechend; **~ un plan, programme établi** planmäßig, pro'grammgemäß; **2.** *(selon)* je nach *(+dat);* **~ le cas** je nach Fall; **décider de** von Fall zu Fall; **~ les circonstances, le temps** je nach den 'Umständen, dem Wetter; **III** *loc/conj* **~ que ... je sais** je nach'dem ...
suivante [sɥivãt] *f autrefois* Dienerin *f;* Zofe *f;* Begleiterin *f; THÉ a* Vertraute *f*
suiveur [sɥivœ:ʀ] *m TOUR DE FRANCE* Begleiter *m*
suivi [sɥivi] **I** *adj* **1.** *effort, travail* fortgesetzt; fortlaufend; beständig; anhaltend; *conversation* inten'siv; *correspondance, relations* regelmäßig; **très ~** *procès, émission* vielbeachtet; *exemple, mode* vielbefolgt; *COMM:* **article ~** Artikel, der dauernd hergestellt *ou* verkauft wird; **qualité ~e** gleichbleibend gute Qualität; **2.** *raisonnement* zu'sammenhängend; folgerichtig; **II** *m* Weiterverfolgung *f; d'un malade* (weitere) Betreuung *f; TECH* Folgeüberwachung *f;* **~ de la clientèle** Kundenbetreuung *f;* **assurer le ~ d'une affaire** weiterverfolgen; *d'un produit* weiterhin herstellen *ou* verkaufen
suivisme [sɥivism(ə)] *m* unkritische Nachahmung; Mitläufertum *n*
suivre [sɥivʀ(ə)] ⟨je suis, il suit, nous suivons; je suivais; je suivis; je suivrai; que je suive; suivant; suivi⟩ **I** *v/t* **1.** *(aller derrière)* **~ qn** j-m folgen; **à pied a** hinter j-m hergehen, -laufen; j-m nachgehen; **en voiture a** hinter j-m herfahren; j-m nachfahren; **suivez le guide!** folgen Sie dem Führer!; **je vous suis** ich komme (gleich) nach; **vos bagages vous suivront** Ihr Gepäck kommt nach; **~ qn de près, de loin** j-m dicht, von weitem folgen; dicht, von weitem hinter j-m hergehen *ou* -fahren; **~ qn, qc (du regard, des yeux)** j-n, etw mit den Blicken verfolgen; j-m, e-r Sache nachblicken, -schauen; *marche moins vite,* **je n'arrive pas à te ~** ich komme nicht mit; *courrier* **faire ~** nachsenden, -schicken; *p/p* **suivi de ses amis** gefolgt von s-n Freunden; *loc* **qui m'aime me suive!** wer mich liebhat, folge mir!; **2.** *(accompagner)* **~ qn** j-n begleiten; (mit j-m) mitkommen; **~ un cortège** in e-m Zug mitgehen; **~ qn jusqu'au bout du monde** mit j-m bis ans Ende der Welt gehen; **~ qn par la pensée** im Geiste, in Gedanken bei j-m sein; **si vous voulez bien me ~** wenn Sie bitte mitkommen wollen!; **3.** *(filer)* **~ qn** j-n beschatten; **faire ~ qn par un détective** j-n von e-m Detektiv beschatten lassen; **4.** *relatif au temps, dans un ordre donné* **a)** *abs* folgen; **suivait une longue explication** es folgte e-e lange Erklärung; **comme suit** wie folgt; **dans les jours qui suivirent** an den folgenden Tagen; **b)** **~ qc** auf etw *(acc)* folgen; e-r Sache *(dat)* folgen; sich e-r Sache *(dat)* anschließen; **les pages qui suivent l'introduction** die auf die Einleitung *ou* die der Einleitung folgenden Seiten; **le concert fut suivi d'un bal** auf das Konzert folgte ein Ball; **5.** *(prendre)* **un chemin, une route** folgen *(+dat);* gehen *ou* fahren; **la route suit le canal** die Straße folgt dem Kanal, führt am Kanal entlang; **en suivant cette direction** ... wenn Sie dieser Richtung folgen, in dieser Richtung (weiter)gehen ...; *par ext* **~ son idée** s-n Gedanken verfolgen; an s-m Gedanken festhalten; *police* **~ une piste** e-e Spur verfolgen; e-r Spur *(dat)* nachgehen; *fig* **~ une politique** e-e Politik verfolgen; **6.** *(obéir à)* folgen *(+dat);* Folge leisten *(+dat);* befolgen; sich richten nach; sich halten an *(+acc);* **~ qn** sich j-m anschließen; mitmachen *(abs);* *verbe* **~ la première conjugaison** nach der ersten Konjugation gehen; **~ un conseil** e-m Rat folgen; e-n Rat befolgen, beherzigen; **l'exemple de qn** j-s Beispiel folgen; **exemple *m* à ~** nachahmenswertes Beispiel; **~ l'impulsion du moment** e-m Impuls folgen; **~ la mode** mit der Mode gehen; **~ ses penchants** s-n Neigungen folgen; **~ un régime** Diät halten; **~ un traitement** sich behandeln lassen; sich e-r Behandlung unter'ziehen; **~ la voix de la raison** der Stimme

der Vernunft folgen; **7.** (*être attentif à*) *une émission, une conversation* (aufmerksam, genau) verfolgen; *en lisant mitlesen*; *~ l'actualité das Zeitgeschehen* verfolgen; *maître ~ un élève* e-n Schüler im Auge behalten; sich e-m Schüler widmen; *médecin ~ un malade* e-n Patienten über'wachen, nachbehandeln, (nach)betreuen; *suivez-moi bien!* passen Sie gut auf!; *c'est une affaire à ~* das ist e-e Sache, die man im Auge behalten sollte; *à ~* Fortsetzung folgt; **8.** (*comprendre*) mitkommen; folgen können; *je ne suis pas votre raisonnement* ich kann Ihrer Überlegung nicht folgen; ich komme bei Ihrer Überlegung nicht mit; *vous me suivez?* kommen Sie mit?; können Sie mir folgen?; *ainsi cet élève suit bien* dieser Schüler kommt gut mit; **9.** (*assister à*) *~ un, des cours* an e-m Kurs teilnehmen; e-n Kurs besuchen; 'Unterricht, Stunden nehmen; UNIVERSITÉ Vorlesungen hören, besuchen; **10.** COMM *article* dauernd herstellen, verkaufen, führen; **II** *v/imp* **11.** *il s'en suit que ... cf ensuivre;* **III** *v/pr se ~* **12.** ein'ander folgen; hinterein'ander (her)gehen *ou* (-)fahren *ou* (-)fliegen; *voitures se ~ de trop près* zu dicht auffahren; **13.** *relatif au temps, dans un ordre donné* aufein'anderfolgen; *lettres se ~ de près* kurz hintereinander kommen; unmittelbar aufeinanderfolgen

sujet [syʒɛ] **I** *adj* ⟨~te⟩ **1.** *~ à qc* für *ou* gegen etw anfällig; zu etw neigend; *un homme ~ à de violentes colères* ein zu heftigen Zornausbrüchen neigender Mensch; *il est ~ au mal de mer* er wird leicht seekrank; *elle est ~te aux migraines* sie ist anfällig für Migräne; **2.** *information ~ à caution* nicht verbürgt; unzuverlässig; *vérité ~ à discussion* um'stritten; nicht bewiesen; **II** *m* **1.** Thema *n*; Gegenstand *m*; *d'une œuvre littéraire a* Stoff *m*; Vorwurf *m*; *d'une œuvre artistique a* Su'jet *m*; *un bon ~, un ~ en or* ein dankbares Thema; *~ de conversation* Gesprächsgegenstand *m*, -thema *n*; *~ de dissertation* Aufsatzthema *n*; *~ de méditation* Thema *n* loc/prép: *aus ~ de* hinsichtlich (+*gén*); über (+*acc*); wegen (+*gén*, F *dat*); *une discussion au ~ de l'art moderne* e-e Diskussion über moderne Kunst; *des reproches au ~ de sa conduite* Vorwürfe wegen, hinsichtlich s-s Verhaltens; loc/adv: *à ce ~* diesbezüglich, darüber; hierüber; deswegen; *c'est à quel ~?* worum geht es?; *sur ce ~* über dieses Thema; *aborder un ~* ein Thema anschneiden, zur Sprache bringen; *changer de ~* das Thema wechseln; *passer d'un ~ à l'autre* von e-m Thema zum andern springen; *traiter un ~* ein Thema behandeln; **2.** MUS Thema *n*; **3.** GR Sub-'jekt *n*; Satz'gegenstand *m*; *inversion du ~* Inversi'on *f*; *adj pronom ~* als Subjekt stehendes Pronomen; **4.** PHILOS Sub'jekt *n*; **5.** (*motif*) Anlaß *m*; Grund *m*; Ursache *f*; *~ de mécontentement* Anlaß, Grund zur Unzufriedenheit; **6.** (*individu*) Per'son *f*; péj Sub'jekt *n*; *brillant ~* hervorragender, glänzender Schüler; *enfant mauvais ~*

Taugenichts *m*; Schlingel *m*; LING *~ parlant* Sprechende(r) *m*; BIOL, MÉD *~* (*d'expérience*) Versuchsperson *f ou* -tier *n*; **7.** *d'un souverain* 'Untertan *m*; *un ~ britannique* ein britischer Staatsangehöriger

sujétion [syʒesjɔ̃] *f* **1.** *st/s d'un pays, d'un peuple* Unter'werfung *f*; Abhängigkeit *f*; **2.** *fig* (*contrainte*) Last *f*; lästiger Zwang

sulfamide [sylfamid] *m* PHARM Sulfona'mid *n*

sulfate [sylfat] *m* CHIM Sul'fat *n*; *~ de cuivre* Kupfersulfat *n*, -vitriol *n*

sulfat|er [sylfate] *v/t* VIT mit Kupferkalkbrühe spritzen; *~euse f* **1.** VIT (Vitri'ol)Spritze *f*; **2.** arg militaire (mitraillette) F Kugelspritze *f*

sulfure [sylfyr] *m* CHIM Sul'fid *n*; Schwefelverbindung *f*; *~ de carbone* Schwefel'kohlenstoff *m*

sulfuré [sylfyre] *adj* CHIM Schwefel...; *hydrogène ~* Schwefel'wasserstoff *m*

sulfurer [sylfyre] *v/t* VIT mit Schwefel-'kohlenstoff behandeln

sulfureux [sylfyrø] *adj* ⟨-euse⟩ **1.** CHIM *anhydride, gaz ~* Schwefel'dioxid *ou* -'dioxyd *n*; **2.** *fig* dä'monisch; unheimlich

sulfurique [sylfyrik] *adj* CHIM *acide m ~* Schwefelsäure *f*

sulfurisé [sylfyrize] *adj papier ~* Perga-'ment-, Butterbrotpapier *n*

sulky [sylki] *m* TURF Sulky ['salki] *n*

sultan [syltɑ̃] *m* Sultan *m*

sultanat [syltana] *m* Sulta'nat *n*

summum [sɔ(m)mɔm] *m* Höhepunkt *m*; Gipfel *m*; höchster Grad; *le ~ de la perfection* die höchste Voll'endung; *être au ~ de la gloire* auf dem Gipfel, Höhepunkt des Ruhms angelangt sein

sunlight [sœnlajt] *m* CIN Jupiterlampe *f*

sunnite [synit] REL *adj* sun'nitisch; **II** *m/pl ~s* Sun'niten *m/pl*

super [sypɛr] **I** *m abr* (*supercarburant*) Super *m*; *prendre vingt litres de ~* zwanzig Liter Super tanken; **II** *adj* ⟨*inv*⟩ F super (*inv*); Spitze

super... [sypɛr] *préfixe* super..., Super... (*a* F); über...; Über...; *cf les articles suivants*

superbe [sypɛrb] **I** *adj* prächtig; prachtvoll; herrlich; strahlend schön; *iron ~ d'indifférence* von einmaliger Gleichgültigkeit; *avoir une mine ~* blendend aussehen; *il fait un temps ~* es ist herrliches, strahlendes Wetter; **II** *litt f* Hochmut *m*; *litt* Hoffart *f*

super|carburant [sypɛrkarbyrɑ̃] *m* Superbenzin *n*; *~champion m* SPORTS vielfacher Meister

supercherie [sypɛrʃəri] *f* Betrug *m*; Täuschung *f*; Vortäuschung *f*, Vorspiegelung *f* falscher Tatsachen

supérette [sypɛrɛt] *f* (kleinerer) Supermarkt *m*

superfétatoire [sypɛrfetatwar] *litt adj* 'überflüssig; unnütz

superficie [sypɛrfisi] *f* Fläche *f*; (*aire*) Flächeninhalt *m*; *d'un solide* Oberfläche *f* (*a fig*)

superficiel [sypɛrfisjɛl] *adj* ⟨~le⟩ **1.** *brûlure, blessure* oberflächlich; **2.** *personne, travail, connaissances* oberflächlich; *personne a* seicht; *de qn esprit ~* Oberflächlichkeit *f*

superflu [sypɛrfly] **I** *adj* 'überflüssig;

unnötig; *dépense ~e* unnötige Ausgabe; *par ext poils ~s* unerwünschte Haare *npl*; **II** *subst le ~* das 'Überflüssige

supergrand [sypɛrgrɑ̃] *m* POL Supermacht *f*

super-huit [sypɛrɥit] *m* ⟨*inv*⟩ PHOT Super-acht-Film *ou* Super-8-Film *m*

supérieur [sypɛrjœr] **I** *adj* **1.** *localement* obere(r, -s); Ober...; *d'un fleuve cours ~* Oberlauf *m*; *les étages ~s* die oberen Stockwerke *n/pl*; *lèvre, mâchoire ~e* Oberlippe *f*, -kiefer *m*; **2.** *dans un ordre donné* **a)** höhere(r, -s); *animaux ~s* höhere Tiere *n/pl*; *autorité ~e* vorgesetzte Behörde; *cadres ~s* leitende Angestellte *m/pl*; *classes ~es de la société* höhere, obere Gesellschaftsklassen *f/pl*; *l'échelon ~* die nächsthöhere Stufe; *enseignement ~ ou subst ~ m* Hochschulwesen *n*; Hochschulen *f/pl*; *intérêt ~* höheres Interesse; *considérations f/pl d'ordre ~* 'übergeordnete Erwägungen *f/pl*; **b)** *~ à qc* höher als etw; *note ~e à la moyenne* über dem 'Durchschnitt liegende, 'überdurchschnittliche Note; *température ~e à la normale* höher als die Normaltemperatur; *être ~ à dans une hiérarchie* stehen über (+*dat*); höher stehen als; *température etc* liegen über (+*dat*); **3.** (*dominant*) **a)** über'legen; *air, ton ~* überlegene Miene, überlegener Ton; *intelligence ~e* überlegene, 'überragende Intelligenz; *qualité ~e* Spitzenqualität *f*; *être ~ en nombre* zahlenmäßig überlegen sein; in der 'Überzahl, *adversaire a* in der 'Übermacht sein; *être ~ en tout* in allem überlegen sein; **b)** *~ à qn, à qc* j-m, e-r Sache über'legen (*par son intelligence* an Intelligenz); *être ~ à qn, à qc* j-n, etw über'treffen, über'ragen; *se croire ~ aux autres* sich den anderen überlegen dünken; **4.** MATH *~ à* größer als; **II** *subst* **1.** *~(e) m(f)* Vorgesetzte(r) *f(m)*; **2.** REL *m* Su'perior *m*; *~e ou adj mère ~e* Superi'orin *f*; Oberin *f*

supérieurement [sypɛrjœrmɑ̃] *adv ~ intelligent, doué* hochintelligent, -begabt

supériorité [sypɛrjɔrite] *f* Über'legenheit *f*, 'Übergewicht *n*, Superiori'tät *f* (*sur* über +*acc*); MIL *~ aérienne* Luftüberlegenheit *f*; *~ intellectuelle* geistige Überlegenheit; *~ numérique* zahlenmäßige Überlegenheit; 'Überzahl *f*; *d'un adversaire a* 'Übermacht *f*; *air m de ~* über'legene Miene; GR *comparatif m de ~* Komparativ *m* des höheren Grades; mit „plus" gebildeter Komparativ; *sentiment de ~* Überlegenheitsgefühl *n*; *avoir le sentiment de sa ~* sich über'legen fühlen

superlatif [sypɛrlatif] GR **I** *m* Superlativ *m*; zweite Steigerungsstufe; Höchst-, Meiststufe *f*; *~ absolu* absoluter Superlativ; Elativ *m*; *~ relatif* (relativer) Superlativ; *adjectif m au ~* im Superlativ stehendes Adjektiv; **II** *adj* ⟨-ive⟩ superlativisch

superman [sypɛrman] *m* ⟨*pl* -men [-mɛn]⟩ **1.** *de bandes dessinées* Superman ['sju-] *m*; **2.** *fig* Supermann *m*; 'Übermensch *m*

super|marché [sypɛrmarʃe] *m* Supermarkt *m*; *~nova f* ASTR Super'nova *f*;

~pétrolier *m* Supertanker *m*; **~phosphate** *m* CHIM, AGR Superphosphat *n*
superposable [sypɛRpozabl(ə)] *adj* MATH deckungsgleich; kongru'ent
superposé [sypɛRpoze] *adj* überein'ander-, aufein'anderliegend; *lits ~s* E'tagenbett *n*; *être ~* übereinander-, aufeinanderliegen
superposer [sypɛRpoze] I *v/t* überein-'ander-, aufein'anderlegen, -setzen, -stellen; (auf)stapeln; II *v/pr* a) *réciproquement se ~* sich über'lagern (*a fig influences etc*); b) (*venir*) *se ~ à qc* etw über'lagern
superposition [sypɛRpozisjɔ̃] *f* 1. *action* Überein'ander-, Aufein'anderlegen *n*, -stellen *n*, -setzen *n*; 2. *état* Über'lagerung *f* (*a fig*); Überein'anderliegen *n*, -lagern *n*
super|production [sypɛRpRɔdyksjɔ̃] *f* CIN Monumen'talfilm *m*; **~puissance** *f* POL Supermacht *f*
supersonique [sypɛRsɔnik] *adj* 'Überschall...; *avion ~ ou subst ~ m* Überschallflugzeug *n*; *vitesse ~* Überschallgeschwindigkeit *f*
superstar [sypɛRstaR] *f* Superstar *m*
supersti|tieux [sypɛRstisjø] *adj* ⟨-euse⟩ abergläubisch; **~tion** *f* Aberglaube *m*
superstructure [sypɛRstRyktyR] *f* 1. a) CONSTR Ober-, 'Überbau *m*; b) MAR Aufbauten *m/pl*; 2. MARXISME 'Überbau *m*
supervis|er [sypɛRvize] *v/t* über'wachen; **~eur** *m* INFORM Über'wachungsprogramm *n*; Supervisor ['sju:pəvaɪzə] *m*
supplanter [syplɑ̃te] *v/t* verdrängen; *personne a* ausstechen
suppléance [sypleɑ̃s] *f* (Stell)Vertretung *f*
suppléant [sypleɑ̃] I *adj* stellvertretend; Ersatz...; II *subst ~(e) m(f)* (Stell)Vertreter(in) *m(f)*; Ersatzmann *m*
suppléer [syplee] I *litt v/t* ergänzen; II *v/t/indir ~ à qc* etw ersetzen, aufwiegen; für etw Ersatz bieten; e-r Sache (*dat*) abhelfen; *~ au manque de main--d'œuvre* dem Mangel an Arbeitskräften abhelfen
supplément [syplemɑ̃] *m* 1. Zusatz *m*; Ergänzung *f*; *financier* Zulage *f*; *un ~ d'information* zusätzliche, weitere, ergänzende Informationen *f/pl*; *exiger un ~ de travail* Mehrarbeit erfordern; 2. *d'un livre* Nachtrag *m*; Supple'ment *n*; Supple'ment-, Ergänzungsband *m*; *d'un journal, magazine* Beilage *f*; 3. CH DE FER Zuschlag *m*; *par ext* Zuschlagkarte *f*; COMM *de prix* (Preis)Aufschlag *m*; Aufpreis *m*; Mehrpreis *m*; *au restaurant vin en ~* Wein wird extra, gesondert berechnet; *c'est en ~* das geht extra; *payer un ~ a* nach-, zuzahlen; 4. GÉOMÉTRIE Supple'ment *n*
supplémentaire [syplemɑ̃tɛR] *adj* zusätzlich; Zusatz...; ergänzend; Ergänzungs...; Extra...; MATH *angles m/pl ~s* Supple'ment-, Ergänzungswinkel *m/pl* (zu 180°); *dépenses f/pl ~s* zusätzliche Ausgaben *f/pl*; Mehrausgaben *f/pl*; *heure f ~* 'Überstunde *f*; *faire des heures ~s* Überstunden machen; MUS *lignes f/pl ~s* Hilfslinien *f/pl*; *train m ~* Entlastungszug *m*; Vor- *ou* Nachzug *m*
supplétif [sypletif] MIL I *adj* ⟨-ive⟩ Hilfs...; II *m/pl ~s* Hilfstruppen *f/pl*

suppliant [syplijɑ̃] *adj voix, regard, geste* flehend
supplication [syplikasjɔ̃] *f* inständige, flehentliche, demütige Bitte; *~s pl a* Flehen *n*
supplice [syplis] *m* 1. (*peine corporelle*) Marter *f*; Folter *f*; (*peine capitale*) Hinrichtung(sart) *f*; *~ chinois* ausgeklügelte Marter, Folter; 2. (*souffrance*) Qual (-en) *f(pl)*; Pein *f*; *st/s* Marter(n) *f(pl)*; *~ de Tantale* Tantalusqualen *f/pl*; *être un ~ pour qn* für j-n e-e Qual sein; *être au ~* wie auf glühenden Kohlen sitzen; *mettre au ~* quälen; peinigen
supplicier [syplisje] *v/t* (zu Tode) martern, foltern; *subst un supplicié* ein (zu Tode) Gemarterter *m*
supplier [syplije] *v/t ~ qn de* (+*inf*) j-n inständig, flehentlich bitten, j-n anflehen zu (+*inf*); *je vous en supplie* ich bitte Sie inständig darum; F ich flehe Sie an
supplique [syplik] *litt f* Bittgesuch *n*
support [sypɔR] *m* 1. TECH Stütze *f*; Ständer *m*; (*tréteau*) Gestell *n*; Bock *m*; *au mur etc* Halter *m*; Halterung *f*; 2. *fig ~ publicitaire* Werbeträger *m*; *un signe est le ~ d'une idée* der Träger e-r Idee; INFORM *~ d'information* Datenträger *m*
supportable [sypɔRtabl(ə)] *adj* erträglich; auszuhalten(d)
supporter[1] [sypɔRte] I *v/t* 1. TECH, ARCH tragen; stützen; 2. *conséquences, frais* tragen; 3. *douleurs, épreuve, maladie* ertragen; erdulden; *douleurs a* aushalten; leiden; *impertinence, critique, conduite de qn* sich gefallen lassen; hinnehmen; dulden; *des douleurs difficiles à ~* schwer zu ertragende Schmerzen *m/pl*; *il ne supporte pas la contradiction, qu'on le contredise* er (v)erträgt keinen 'Widerspruch; 4. *chaleur, froid, alcool* vertragen; *bien ~ la chaleur* Hitze gut vertragen (*a animal, plante*); *il ne fait pas chaud*, *on supporte facilement un manteau* man kann durchaus e-n Mantel vertragen; *avoir bien supporté l'opération, le voyage* die Operation, die Reise gut überstanden haben; 5. *~ qn* j-n ertragen; mit j-m auszukommen (ver)suchen; *ne pas pouvoir ~ qn* j-n nicht ausstehen können; II *v/pr se ~* sich gegenseitig ertragen; miteinander auszukommen (ver-)suchen
supporter[2] [sypɔRtɛR, -tœR] *m* SPORTS Anhänger *m* (*a* POL); *d'une équipe jouant en déplacement* Schlachtenbummler *m*
supposé [sypoze] *adj* mutmaßlich; vermutlich
supposer [sypoze] *v/t* 1. (*présumer*) annehmen; vermuten; mutmaßen; *je suppose qu'il est là* ich nehme an, ich vermute, daß er da ist; *supposons qu'il vienne* nehmen wir an, er käme *ou* er kommt; *la température étant supposée constante* wobei e-e konstante Temperatur angenommen wird; *il est à ~ que ...* es ist, es steht zu vermuten, daß ...; es ist anzunehmen, daß ...; vermutlich ...; *chose laisser ~ que ...* zu der Vermutung Anlaß geben, daß ...; *il est permis de ~ que ...* man darf annehmen, daß ...; *je ne peux que le ~* ich kann es nur vermuten; ♦

loc/conj à ~ ou en supposant que ... (+*subj*) angenommen, ...; gesetzt den Fall, (daß) ...; *à ~ qu'il fasse beau* gesetzt den Fall *ou* angenommen, es wäre schönes Wetter; 2. (*impliquer*) vor'aussetzen; zur Vor'aussetzung haben; bedingen; *des droits supposent des devoirs* Rechte bedingen Pflichten; *cela suppose du courage* das setzt Mut voraus; *cela suppose que ...* das setzt voraus, daß ...
supposition [sypozisjɔ̃] *f* 1. Vermutung *f*; Annahme *f*; Mutmaßung *f*; *c'est une pure, simple ~* das ist e-e reine, bloße Vermutung; *faire des ~s* Vermutungen, Mutmaßungen anstellen; 2. JUR *~ d'enfant* Kindesunterschiebung *f*
suppositoire [sypozitwaR] *m* PHARM Zäpfchen *n*; *sc* Supposi'torium *n*
suppôt [sypo] *m litt ~ de Satan* Ausgeburt *f* der Hölle
suppression [sypRɛsjɔ̃] *f* Beseitigung *f* (*a d'une personne*); *de difficultés a* Behebung *f*; *d'institutions, de lois* Aufhebung *f*; Abschaffung *f*; Wegfall *m*; *de subventions* Streichung *f*; Wegfall *m*; *d'un passage dans un texte* Streichung *f*; Weglassung *f*; *d'emplois* Abbau *m*
supprimer [sypRime] I *v/t* beseitigen; *obstacle a* aus dem Weg räumen; *difficulté a* beheben; *institution, loi, peine de mort, censure, libertés* aufheben; abschaffen; *arrêt de bus* aufheben; *subventions, trains, permission* streichen; *scène d'un film, passsage d'un texte, graisses dans l'alimentation* streichen; weglassen; wegfallen lassen; *emplois* abbauen; *être supprimé* souvent wegfallen; *~ qc à qn* j-m etw entziehen, streichen; *~ qn* j-n 'umbringen, beseitigen, aus dem Weg räumen; II *v/pr se ~* sich 'umbringen
suppuration [sypyRasjɔ̃] *f* MÉD Eiterung *f*
suppurer [sypyRe] *v/i* eitern
supputation [sypytasjɔ̃] *st/s f* Berechnung *f*; Schätzung *f*
supputer [sypyte] *v/t st/s* a) (*calculer*) berechnen; ermitteln; b) (*évaluer*) (ab-)schätzen; über'schlagen; *~ ses chances de succès* s-e Erfolgsaussichten abschätzen
supra [sypRa] *adv voir ~* siehe oben (*abr s. o.*)
supra|conducteur [sypRakɔ̃dyktœR] *m* ÉLECT Supraleiter *m*; **~national** *adj* ⟨-aux⟩ supranatio'nal; 'übernational; 'überstaatlich; **~terrestre** *adj* 'überirdisch
suprématie [sypRemasi] *f* 1. POL, JUR Oberhoheit *f*; Oberherrschaft *f*; Supre-'mat *m ou n*; Suprema'tie *f*; 2. (*hégémonie*) Vorherrschaft *f*; Vormachtstellung *f*; *~ économique* wirtschaftliche Vormachtstellung
suprême [sypRɛm] I *adj* 1. (*supérieur*) oberste(r, -s); höchste(r, -s); *autorité f, pouvoir m ~* oberste Gewalt; *l'Être m ~* das höchste Wesen; 2. *st/s* (*immense*) höchste(r, -s); *bonheur m ~* höchstes Glück; *au ~ degré* im höchsten Maße, Grade; 3. *st/s* (*dernier*) äußerste(r, -s); letzte(r, -s); *heure f ~* Todesstunde *f*; *dans un ~ effort* mit äußerster, letzter Kraft; 4. CUIS *sauce f ~* Geflügelrahmsoße *f*; II *m* CUIS *~ de volaille* Geflügelbrust *f* mit Soße

sur¹ [syʀ] *prép* **1.** *lieu:* **a)** auf (+*dat* question *wo?*; +*acc* question *wohin?*); F ~ *le journal* in der Zeitung; ~ *quelle longueur d'onde?* auf welcher Wellenlänge?; ~ *la Lune,* ~ *la Terre* auf dem Mond, auf der Erde; *s'asseoir* ~ *une chaise* sich auf e-n Stuhl setzen; *être assis* ~ *une chaise* auf e-m Stuhl sitzen; *boire du vin* ~ *de la bière* Wein auf Bier trinken; *porter qc* ~ *son dos* etw auf dem Rücken tragen; *retirer qc de* ~ *la table* etw vom Tisch (weg-, herunter)nehmen; *vivre les uns* ~ *les autres* dicht, eng aufeinander, beieinander leben, wohnen; **b)** (*au-dessus de*) über (+*acc*); *les ponts m/pl* ~ *le Rhin* die Rheinbrücken *f/pl*; *passer* ~ *le pont* über die Brücke gehen *ou* fahren; *il pleut* ~ *Paris* es regnet über Paris; **c)** (*vers*) auf (+*acc*); nach (+*dat*); *deux fenêtres* ~ *la rue* zwei Fenster nach der Straße zu, zur Straße hin; *diriger son regard* ~ *qn, qc* s-n Blick auf j-n, etw richten; *fermer la porte* ~ *soi* die Tür hinter sich zumachen; *tirer* ~ *qn* auf j-n schießen; j-n beschießen; **d)** *endroit être situé* ~ *un fleuve* an e-m Fluß liegen; *Châlons-*~*-Marne* Châlons an der Marne; **e)** *personne avoir qc* ~ *soi* etw bei sich haben; *je n'ai pas d'argent* ~ *moi* ich habe kein Geld bei mir; **2.** *temps:* **a)** auf (+*acc*); gegen (+*acc*); ~ *ce* und damit; und nun; darauf(hin); ~ *ce il est parti* und damit, darauf(hin) ging er; ~ *le coup* auf der Stelle; so'fort; ~ *l'heure* so'fort; so'gleich; auf der Stelle; unverzüglich; ~ *les dix heures* etwa um, gegen zehn (Uhr); ~ *ses vieux jours* auf s-e alten Tage; ~ *le soir* gegen Abend; F *aller* ~ *la cinquantaine* auf die Fünfzig zugehen; sich den Fünfzigern nähern; *être* ~ *le point de* (+*inf*) gerade da'bei *ou* im Begriff sein zu (+*inf*); sich gerade anschicken zu (+*inf*); *être* ~ *un travail* bei, an e-r Arbeit sein; **b)** *suite rapide:* *coup* ~ *coup* Schlag auf Schlag; *faire bêtise* ~ *bêtise* e-e Dummheit nach der andern machen; Dummheit auf Dummheit begehen; **3.** *fig* **a)** auf (+*acc ou dat*); auf Grund *ou* aufgrund von (*ou* +*gén*); ~ *mesure* nach Maß; ~ *présentation de* gegen Vorlage (+*gén*); ~ *(la) recommandation de* auf Empfehlung (+*gén*); ~ *un signe du chef d'orchestre* auf ein Zeichen des Dirigenten (hin); *impôt m* ~ *le revenu* Einkommensteuer *f*; *croire qn* ~ *parole* j-m aufs Wort glauben; *prendre exemple* ~ *qn* sich ein Beispiel an j-m nehmen; *rester* ~ *la défensive* in der Defensive bleiben; *retenir* ~ *le salaire* vom Gehalt abziehen, einbehalten; **b)** *direction* auf (+*acc*); *avoir de l'ascendant* ~ *qn* auf j-n Einfluß haben; *avoir des droits* ~ *qn* Rechte über j-n haben; *être* ~ *un appartement* e-e Wohnung in Aussicht haben; **4.** (*au sujet de*) über (+*acc*); *un cours* ~ *Racine* e-e Vorlesung über Racine; *apprendre qc* ~ *qn* etw über j-n erfahren; *gémir* ~ *ses malheurs* über sein Unglück jammern; *se tromper* ~ *un point* sich in e-m Punkt täuschen; **5.** *rapport numérique* auf (+*acc*); von (+*dat*); *un cas* ~ *cent* e-r von hundert Fällen; *un Français* ~ *deux* jeder zweite Franzose; *un jour* ~ *trois* jeden dritten *ou* jeder dritte Tag; *ça arrive une fois* ~ *mille* das kommt unter tausend Fällen einmal vor; *pièce avoir trois mètres* ~ *cinq* (*mètres*) drei mal fünf *ou* drei auf fünf Meter (3×5 m) haben, groß sein; *élève avoir douze* ~ *vingt* zwölf von zwanzig möglichen Punkten haben; *correspond à la Note Drei haben*; ~ *cent candidats soixante ont été reçus* von hundert Prüflingen haben sechzig bestanden

sur² [syʀ] *adj pomme, laitage* sauer

sûr [syʀ] *adj* **1.** (*incontestable*) sicher; gewiß; bestimmt; feststehend; *une chose est* ~*e ...* eines ist sicher, ist gewiß, steht fest ...; *ce qui est* ~ *c'est que ...* sicher ist, daß ...; fest steht, daß ...; F *c'est* ~*!* soviel ist sicher!; *c'est* ~ *et certain* das ist ganz sicher, F bombensicher; *ce n'est pas si* ~ (*que ça*) das ist gar nicht so sicher; *il n'est pas* ~ *que ...* (+*subj*) es ist nicht sicher, ob ...; *rien n'est plus* (*moins*) ~ nichts ist so (un)sicher (wie das); ♦ *loc/adv: bien* ~*!* sicher(lich)!; gewiß!; bestimmt!; freilich!; natürlich!; selbstverständlich!; *bien* ~ *que oui!* ja natürlich!; natürlich, gewiß!; *bien* ~ *que non!* natürlich, selbstverständlich nicht!; F *pour* ~ (*que ...*) sicher(lich), bestimmt (...); *à coup* ~ mit Sicherheit; ganz gewiß, bestimmt; **2.** *personne être* ~ *de qc* e-r Sache (*gén*) sicher, gewiß sein; sich auf etw (*acc*) verlassen können; *être* ~ *de qn* sich auf j-n verlassen können; *être* ~ *de son fait* s-r Sache sicher sein; *être* ~ *de ses réflexes* reakti'onssicher sein; *être* ~ *de soi* selbstsicher, selbstbewußt sein; *il est trop* ~ *de lui* er ist zu selbstsicher, -bewußt; *je suis* ~ *de le rencontrer* ich bin sicher, ihn zu treffen; *j'en suis* ~ *et certain* ich bin (mir) ganz, völlig, F hundertprozentig sicher; ich weiß es ganz bestimmt, gewiß; *ça y est, j'en étais* ~ ich hab's ja gewußt; *être* ~ *que ...* sicher sein, daß ...; *ne pas être* ~ *que ...* (+*subj*) nicht sicher sein, ob ...; *vous pouvez être* ~ *que ...* Sie können sicher sein, Sie können sich darauf verlassen, daß ...; **3.** (*fiable*) *renseignement, diagnostic etc* sicher; zuverlässig; *personne* zuverlässig; *un ami* ~ ein zuverlässiger Freund; *un placement* ~ e-e sichere Geldanlage; *d'une main* ~*e* mit sicherer Hand; *avoir un goût très* ~ e-n sehr sicheren Geschmack haben; **4.** *endroit, quartier* sicher; *c'est ou ce sera plus* ~ das ist sicherer; *mettre en lieu* ~ an e-n sicheren Ort, in Sicherheit bringen; *subst le plus* ~ *est de* (+*inf*) das sicherste ist zu (+*inf*)

sur... [syʀ] *préfixe* über...; Über...; *cf les articles suivants*

surabond|ance [syʀabɔ̃dɑ̃s] *f* Überfülle *f*, großer 'Überfluß (*de* an +*dat*); ~**ant** *adj* 'überreichlich; 'übermäßig; ~**er** *v/i* 'überreichlich, im 'Überfluß vor'handen sein

suractiv|é [syʀaktive] *adj CHIM* hochak'tiv; ~**ité** *f PHYSIOL* 'übermäßige Akti'vi'tät

sur|aigu [syʀegy] *adj* ⟨-uë⟩ *cri, son* schrill; *voix* a kreischend; ~**ajouter** *v/t* zusätzlich, nachträglich hin'zufügen

suraliment|ation [syʀalimɑ̃tasjɔ̃] *f* **1.** 'Überernährung *f*; **2.** *d'un moteur* Aufladung *f*; ~**er** *v/t* **1.** 'überernähren; **2.** *moteur* aufladen

sur|anné [syʀane] *adj* über'lebt; über'holt; veraltet; altmodisch; anti'quiert; ~**armement** *m* 'Überrüstung *f*

surbaissé [syʀbese] *adj* **1.** *ARCH arc* ~, *voûte* ~*e* Flachbogen *m*, -tonne *f*; **2.** *voiture, carrosserie* tiefliegend

surbooking [syʀbukiŋ] *m* Über'buchung *f*

surboum [syʀbum] F *f* Party *f*

surcharge [syʀʃaʀʒ] *f* **1.** *d'un véhicule* Über'lastung *f*; Über'ladung *f*; *prendre des voyageurs en* ~ mehr als die zulässige Zahl von Fahrgästen befördern; **2.** *dans un texte* dar'übergeschriebenes Wort; *sur un timbre-poste* Auf-, 'Überdruck *m*

surcharger [syʀʃaʀʒe] *v/t* ⟨-geons⟩ **1.** *véhicule, ascenseur* über'lasten; 'überbelasten; *véhicule a* über'laden; *adjt* *surchargé voiture* über'laden; *par ext camping etc* über'lastet; über'füllt; **2.** *fig personne, mémoire, programme* über'lasten; *être surchargé de travail* (mit Arbeit) über'lastet, über'bürdet sein; **3.** *TYPO* über'drucken

surchauffe [syʀʃof] *f* **1.** *TECH* Über'hitzung *f*; **2.** *ÉCON* (Konjunk'tur)Über'hitzung *f*

surchauffé [syʀʃofe] *adj* **1.** *pièce* über'heizt; *TECH* über'hitzt; *vapeur* ~*e a* Heißdampf *m*; **2.** *fig* über'hitzt

surchauffer [syʀʃofe] *v/t* **1.** *pièce* über'heizen; **2.** *TECH* über'hitzen

surchoix [syʀʃwa] *adj* ⟨*inv*⟩ *produit m* ~ Erzeugnis *n* erster Wahl, erster Güte

surclasser [syʀklase] *v/t SPORTS et fig* deklas'sieren; *fig a* weit über'legen sein (*qn* j-m); weit über'treffen; weit hinter sich lassen

surcomposé [syʀkɔ̃poze] *adj GR passé, temps* ~ Perfekt *n*, Tempus *n* mit doppeltem Hilfsverb (*exemple: quand il a eu terminé*)

sur|consommation [syʀkɔ̃sɔmasjɔ̃] *f* 'überhoher Verbrauch, Kon'sum; ~**couper** *v/t aux cartes* über'stechen; über'trumpfen

surcroît [syʀkʀwa] *m* ~ *de ...* zusätzliche(r, -s) ...; Mehr...; ~ *de travail* Mehrarbeit *f*; *loc/adv par, de* ~ über'dies; obendrein

surdi-mutité [syʀdimytite] *f MÉD* Taubstummheit *f*

surdité [syʀdite] *f* Taubheit *f*; Gehörlosigkeit *f*; *incomplète* Schwerhörigkeit *f*

surdoué [syʀdwe] *I adj* hochbegabt; *II subst* ~*e m(f)* Hochbegabte(r) *f(m)*

sureau [syʀo] *m* ⟨*pl* ~x⟩ *BOT* Ho'lunder *m*

surélévation [syʀelevasjɔ̃] *f CONSTR* Erhöhung *f*; *d'une maison* Aufstockung *f*

surélever [syʀelve] *v/t* ⟨-è-⟩ *CONSTR* er'höhen; höher machen; *maison* ~ *d'un étage* aufstocken; *adjt rez-de-chaussée surélevé* Hochparterre *n*

sûrement [syʀmɑ̃] *adv* sicher(lich); bestimmt; gewiß; *prov qui va lentement va* ~ langsam, aber sicher

suremploi [syʀɑ̃plwa] *m ÉCON* 'Überbeschäftigung *f*

surenchère [syʀɑ̃ʃɛʀ] *f* **1.** höheres Angebot; Mehrgebot *n*; **2.** *par ext* (gegenseitige) Über'bietung (*électorale* in Wahlversprechungen); ~ *de violences*

Zunahme *f*, Steigerung *f* der Gewalt; *faire de la ~* die andern, s-e Rivalen zu über'bieten, über'treffen, über'trumpfen (ver)suchen; noch e-n Schritt weitergehen
surenchér|ir [syʀɑ̃ʃeʀiʀ] *v/i* **1.** JUR mehr, höher bieten; **2.** *fig* noch e-n Schritt weitergehen; *~ sur qn* j-n über'bieten; *~issement m des prix* weiterer Preisanstieg
surendett|é [syʀɑ̃dete] *adj* über'schuldet; *~ement m* Über'schuldung *f*
surent [syʀ] *cf* savoir¹
surentraîn|é [syʀɑ̃tʀɛne] *adj sportif* 'übertrainiert; *~ement m* SPORTS 'Übertraining *n*
suréquipement [syʀekipmɑ̃] *m* 'übermäßige Ausstattung; TECH 'Übermechanisierung *f*
surestim|ation [syʀɛstimasjɔ̃] *f* Über'schätzung *f*; 'Überbewertung *f*; *~er v/t ses forces, un adversaire etc* über'schätzen; 'überbewerten (*a œuvre d'art etc*)
suret [syʀɛ] *adj* ⟨*~te*⟩ säuerlich
sûreté [syʀte] *f* **1.** Sicherheit *f* (*a d'un geste, du jugement etc*); JUR *délit m contre la ~ de l'État* Staatsschutzdelikt *n*; *loc/adj ~ de* Sicherheits...; *épingle f*, *soupape f de ~* Sicherheitsnadel *f*, -ventil *n*; *loc/adv: en ~* in Sicherheit; sicher; *mettre en ~* in Sicherheit bringen; *pour plus de ~* sicherheitshalber, um sicherzugehen; **2.** *en France* ℒ (*nationale*) Sicherheitspolizei *f*; **3.** *d'une arme*, *d'un bijou* Sicherung *f*; *arme mettre à la ~* sichern; *enlever la ~ de* entsichern
suré valuer [syʀevalɥe] *v/t* 'überbewerten; zu hoch bewerten, ta'xieren
surexcit|able [syʀɛksitabl(ə)] *adj* 'übererregbar; *~ation f* 'Übererregtheit *f*; 'übergroße Erregung; Über'reiztheit *f*
surexciter [syʀɛksite] *v/t* über'reizen; sehr stark erregen; *adjt* **surexcité** 'übererregt; über'reizt
surexploiter [syʀɛksplwate] *v/t ouvriers* gnadenlos ausbeuten
surexpos|er [syʀɛkspoze] *v/t* PHOT 'überbelichten; *adjt photo surexposée* überbelichtetes Foto, Bild; *~ition f* PHOT 'Überbelichtung *f*
surf [sœʀf] *m* SPORTS Wellen-, Brandungsreiten *n*; Surfing ['sœr-]
surface [syʀfas] *f* **1.** (*partie apparente*) Oberfläche *f*; *~ de l'eau, de la mer, de la Terre* Wasser-, Meeres-, Erdoberfläche *f*; *sous-marin faire ~* auftauchen; *fig refaire ~* wieder'auftauchen; *nager en ~* an der Oberfläche schwimmen; *remonter à la ~* wieder an die Oberfläche kommen; wieder auftauchen, hochkommen; *fig souvenirs* wieder'aufsteigen; **2.** (*superficie*) Fläche *f* (*a MATH*); ADM *~ corrigée* durch Bewertungsziffern korrigierte Wohnfläche (*zur Mietberechnung*); *une ~ de dix mètres carrés* e-e Fläche von zehn Quadratmetern; SPORTS *~ de but*, *de réparation* Tor-, Strafraum *m*; **3.** COMM *grande ~* Verbrauchermarkt *m*; Großraumladen *m*
surfait [syʀfɛ] *adj* ⟨*-faite* [-fɛt]⟩ zu hoch eingeschätzt; schlechter als sein Ruf; *réputation ~e* über'triebener guter Ruf
surf|er [sœʀfe] *v/i* SPORTS surfen ['sœr-]; *~eur m*, *~euse f* Surfer(in) ['sœr-] *m(f)*

surfiler [syʀfile] *v/t* COUT um'stechen
surfin [syʀfɛ̃] *adj* COMM extrafein
surgelé [syʀʒəle] **I** *adj aliments* tiefgekühlt; tiefgefroren; **II** *m/pl ~s* Tiefkühlkost *f*; Gefriergut *n*
surgénérateur [syʀʒeneʀatœʀ] *m* NUCL Brutreaktor *m*; schneller Brüter
surgir [syʀʒiʀ] *v/i* **1.** *personne*, *obstacle etc* plötzlich auftauchen; *~ de qc* plötzlich aus etw her'vorkommen; **2.** *problème*, *difficultés* sich erheben; aufkommen; auftauchen; entstehen
sur|homme [syʀɔm] *m* 'Übermensch *m*; *~humain adj* übermenschlich
surimpression [syʀɛ̃pʀesjɔ̃] *f* PHOT Doppelbelichtung *f*; *en ~* dar'überkopiert; eingeblendet
surin [syʀɛ̃] *m arg* (*couteau*) Messer *n*
Surinam [syʀinam] *le ~* Suri'nam *n*
sur|industrialisé [syʀɛ̃dystʀijalize] *adj* 'überindustrialisiert; *~infection f* MÉD zusätzliche Infekti'on
surintendant [syʀɛ̃tɑ̃dɑ̃] *m* HIST en France *~* (*des finances*) Fi'nanzminister *m*
surir [syʀiʀ] *v/i* sauer werden
surjet [syʀʒɛ] *m* COUT über'wendliche Naht; (*point m de*) *~* über'wendlicher Stich
sur-le-champ [syʀləʃɑ̃] *adv* auf der Stelle; so'fort; so'gleich
surlendemain [syʀlɑ̃dmɛ̃] *m* 'übernächster Tag; *loc/adv le ~* am übernächsten Tag
surlign|er [syʀliɲe] *v/t* mit Leuchtstift mar'kieren, unter'legen; *~eur m* Leuchtstift *m*; Textmarker *m*
surmenage [syʀmənaʒ] *m* Über'arbeitung *f*; 'Überanspruchung *f*; Über'anstrengung *f*; *~ scolaire* Schulstreß *m*
surmener [syʀməne] ⟨-è-⟩ **I** *v/t* 'überbeanspruchen; über'anstrengen; strapa'zieren; *adjt* **surmené** 'überbeansprucht; **II** *v/pr se ~* sich über'arbeiten; sich über'anstrengen; F sich über'nehmen
sur-moi [syʀmwa] *m* PSYCH 'Über-Ich *n*
surmontable [syʀmɔ̃tabl(ə)] *adj* über'windbar
surmonter [syʀmɔ̃te] **I** *v/t* **1.** sich erheben über (+*dat*); über'ragen; *p/p surmonté d'une coupole* von e-r Kuppel über'ragt, über'wölbt; **2.** *difficulté*, *obstacle etc* über'winden; bezwingen; meistern; *crise a* über'stehen; *~ sa peur*, *sa timidité* s-e Angst, s-e Schüchternheit überwinden, bezwingen; **II** *v/pr se ~ personne* sich über'winden
sur|mulet [syʀmylɛ] *m* ZO Streifenbarbe *f*; *~mulot m* ZO Wanderratte *f*
surmultiplié [syʀmyltiplije] *adj* AUTO *vitesse ~e* Schnell-, Schongang *m*; Overdrive ['o:vədʀaɪv] *m*
surnager [syʀnaʒe] *v/i* ⟨-geons⟩ **1.** (*flotter*) oben(auf) schwimmen; an der Oberfläche schwimmen, bleiben; **2.** *fig souvenirs* bleiben; fortbestehen
surnaturel [syʀnatyʀɛl] **I** *adj* ⟨*~le*⟩ 'übernatürlich; **II** *subst le ~* das 'Übernatürliche
surnom [syʀnɔ̃] *m* Beiname *m* (*a d'un souverain*); (*sobriquet*) Spitzname *m*
surnombre [syʀnɔ̃bʀ(ə)] *loc/adj en ~* 'überzählig; zu viele; zu'viel
surnommer [syʀnɔme] *v/t ~ qn* j-m e-n Beinamen geben; *être surnommé ...* den Beinamen ... erhalten *ou* haben;

adjt **surnommé** ... mit dem Beinamen ...
surnuméraire [syʀnymeʀɛʀ] *adj* 'überzählig
suroît [syʀwa] *m* **1.** *chapeau* Süd'wester *m*; **2.** MAR Süd'west(wind) *m*
surpasser [syʀpase] **I** *v/t ~ qn* j-n über'treffen; über'ragen (*en courage* an Mut); **II** *v/pr se ~* sich selbst über'treffen; über sich selbst hin'auswachsen
sur|peuplé [syʀpœple] *adj pays*, *région* über'völkert; 'überbevölkert; *~peuplement m* Über'völkerung *f*
surplace [syʀplas] *m en voiture faire du ~* nicht vor'ankommen; fast stehenbleiben; F im Schneckentempo fahren (müssen)
surplis [syʀpli] *m* ÉGL CATH Chorhemd *n*
surplomb [syʀplɔ̃] *m* **1.** *loc/adj en ~ balcon etc* auskragend; vorspringend; *mur*, *rocher* überhängend; **2.** ARCH Auskragung *f*; 'Überhang *m* (*a ALPINISME*)
surplomber [syʀplɔ̃be] **I** *v/t ~ qc* in etw (*acc*) hin'einragen; etw über'ragen; **II** *v/i mur* 'überhängen
surplus [syʀply] *m* **1.** (*excédent*) 'Überschuß *m*; (*invendus*) 'Überhang *m*; *~ américains* 'überzähliges Heeresgut der amerikanischen Streitkräfte (*das verkauft wird*); **2.** *loc/adv au ~* im übrigen
surpopulation [syʀpɔpylasjɔ̃] *f* **a)** *d'un pays* 'Überbevölkerung *f*; **b)** *des prisons* 'Überbelegung *f*; Über'füllung *f*
surprenant [syʀpʀənɑ̃] *adj* über'raschend; erstaunlich; verwunderlich; *il est ~ que ...* (+*subj*) es ist überraschend, daß ...
surprendre [syʀpʀɑ̃dʀ(ə)] (*cf prendre*) **I** *v/t* **1.** (*étonner*) über'raschen; erstaunen; *voilà qui surprendra bien des gens* da wird sich mancher wundern; ♦ *être surpris* über'rascht sein, sich wundern (*que ... +subj* daß ...; *de +inf* zu +*inf*); *être agréablement surpris* angenehm überrascht sein; *j'ai été surpris de ou par ce résultat* dieses Ergebnis hat mich überrascht; **2.** *voleur etc* über'raschen; (*auf frischer Tat*) er'tappen; erwischen; *l'irritation etc de qn* bemerken; wahrnehmen; *~ un secret* (*zufällig*) hinter ein Geheimnis kommen; *~ un élève en train de copier* e-n Schüler beim Abschreiben ertappen, erwischen; **3.** *ennemi* über'rumpeln; über'fallen; *~ qn* (*chez lui*) j-n (mit s-m Besuch) über'raschen; j-n überraschend, unangemeldet besuchen; F j-n über'fallen; j-m ins Haus fallen; bei j-m hereinplatzen; *être surpris par la pluie* vom Regen über'rascht werden; **II** *v/pr se ~ à faire qc* sich dabei ertappen, daß man etw tut
surpris [syʀpʀi] *p/p cf* **surprendre**
surprise [syʀpʀiz] *f* **1.** (*étonnement*) Über'raschung *f*; Verwunderung *f*; Befremden *n*; *exclamation f de ~* Ausruf *m* der Überraschung; *loc/adv: à ma grande ~* zu meiner großen Überraschung; *à la ~ de tous* zur allgemeinen Überraschung; *avec ~* über'rascht; mit Verwunderung, Befremden; *avoir la ~ de* (+*inf*) über'rascht sein zu (+*inf*); *rester muet de ~* vor Überraschung stumm bleiben; **2.** (*chose inattendue*) Über'raschung *f* (*a cadeau*); *~* (*dés-*)

surprise-partie – suspension

agréable (un)angenehme Überraschung; *bonne, mauvaise ~* freudige, böse Überraschung; *loc/adv par ~* über'raschend; *attaquer qn par ~* j-n über'fallen, über'rumpeln; *voyage, discours sans ~* ohne Überraschungen; *aller de ~ en ~* aus dem Staunen nicht herauskommen; *je t'ai apporté une petite ~* ich habe e-e kleine Überraschung für dich; *c'est une ~* das soll e-e Überraschung sein; *faire une ~ à qn* j-n (mit e-m Geschenk *etc*) überraschen; **3.** *adj* ⟨*pl* ~*s od inv*⟩ *visite, voyage* überraschend; unerwartet; *attaque f ~* Überraschungsangriff *m*; *grève f ~* nicht angekündigter Streik
surprise-partie [syRpRizpaRti] *f* ⟨*pl* surprises-parties⟩ Party *f*
sur|production [syRpRɔdyksjɔ̃] *f ÉCON* 'Überproduktion *f*; **~puissant** *adj* motor superstark
surréal|isme [sy(R)Realism(ǝ)] *m* Surrea'lismus *m*; **~iste I** *adj* surrea'listisch; **II** *m* Surrea'list *m*
surrégénérateur [sy(R)Reʒeneratœr] *m* cf **surgénérateur**
surrénal [sy(R)Renal] *adj* ⟨-aux⟩ *ANAT glandes ou capsules ~es* Nebennieren *f/pl*
sursaturé [syRsatyRe] *adj PHYS, CHIM* über'sättigt (*fig de* mit)
sursaut [syRso] *m* **1.** *d'une personne* Zu'sammenzucken *n*; Aufschrecken *n*; *avoir, faire un ~ cf* **sursauter**; *fig avoir un ~ d'énergie* sich noch einmal zusammenreißen, e-n Ruck geben; *se réveiller en ~* aus dem Schlaf auf-, hoch-, emporfahren; **2.** *de colère* Ausbruch *m*; *a de feurill* Auflodern *n*
sursauter [syRsote] *v/i* zu'sammenfahren, -schrecken, -zucken; auf-, hochfahren, -schrecken; *faire ~ qn* j-n zu'sammenfahren *etc* lassen
surseoir [syRswaR] *v/t/indir* ⟨je sursois, il sursoit, nous sursoyons; je sursoyais; je sursis; je sursoirai; que je sursoie; sursoyant; sursis⟩ *JUR* **~ à** aufschieben; aussetzen; *~ à l'exécution* die Voll'streckung aufschieben, aussetzen
sursis [syRsi] *m* **1.** *JUR* ⟨*a l'exécution des peines*⟩ Strafaussetzung *f* zur Bewährung; *six mois de prison avec ~* sechs Monate Gefängnis mit Bewährung; **2.** *MIL* ⟨*d'incorporation*⟩ Zu'rückstellung *f* (vom Wehrdienst); **3.** (*répit*) Aufschub *m*; Gnaden-, Galgenfrist *f*; *un mort en ~* ein Todeskandidat *m*
sursitaire [syRsiteR] *m MIL* (vom Wehrdienst) Zu'rückgestellte(r) *m*
surtaxe [syRtaks] *f ADM* (Steuer- *ou* Gebühren)Zuschlag *m*; *d'une lettre* Nachgebühr *f*; *F* Strafporto *m*
surtout [syRtu] **I** *adv* vor allem; vor allen Dingen; besonders; *~ ne fais pas ça!* tu das bloß, ja nicht!; *loc/conj F ~ que* besonders da; zu'mal; **II** *m* Tafelaufsatz *m*
surveillance [syRvejɑ̃s] *f* **1.** Aufsicht *f*; Über'wachung *f*; Beaufsichtigung *f*; *électronique* elektronische Über'wachung; *la ~ d'un groupe* die Aufsicht über e-e Gruppe; die Beaufsichtigung e-r Gruppe; *loc/adv; sans ~* unbeaufsichtigt; ohne Aufsicht; *sous ~ médicale* unter ärztlicher Aufsicht, Überwachung, Kon'trolle; *être placé sous la ~ de la police* unter Poli'zeiaufsicht stehen; *exercer une ~ discrète sur qn* j-n diskret über'wachen; **2.** *en France Direction f de la ~ du territoire* (*abr D.S.T.*) Spio'nageabwehrdienst *m*; Geheimdienst *m*
surveill|ant [syRvejɑ̃], **~ante 1.** *m,f* Aufseher(in) *m(f)*; Aufsichtsperson *f*, *fonctionnaire* -beamte(r) *f(m)*; Aufsicht *f*; *péj* Aufpasser(in) *m(f)*; **2.** *m,f d'un collège* Beauftragte(r) *f(m)*, Verantwortliche(r) *f(m)* für Ordnung und Dis'ziplin; *jusqu'en 1970* **~ général** *m* Vorgesetzte(r) *f(m)* der „Surveillants" mit zusätzlichen Verwaltungsaufgaben; **3.** *f MÉD* Stati'ons-, Oberschwester *f*
surveillé [syRveje] *adj JUR: éducation ~e* Fürsorgeerziehung *f*; *liberté ~e* Freilassung *f* mit Bewährungsauflage; *être, mettre ou placer en résidence ~e* unter Hausarrest stehen, stellen
surveiller [syRveje] **I** *v/t* über'wachen; beaufsichtigen; die Aufsicht führen über (*+acc*); *SPORTS adversaire* bewachen; *~ un enfant* ein Kind beaufsichtigen; *~ son langage, sa ligne, sa santé* auf s-e Sprache, Linie, Gesundheit achten; *~ des travaux* Arbeiten überwachen, beaufsichtigen; *~ de près* streng, scharf überwachen; **II** *v/pr se ~* **a)** *son langage, ses manières* sich in acht nehmen; **b)** *son poids* auf s-e Linie achten
survenir [syRvǝniR] *v/i* ⟨*cf* venir⟩ *personne* (unerwartet, unvermutet) kommen, erscheinen, F auftauchen; *incident* sich (unerwartet, plötzlich) ereignen; *changement* (unerwartet, plötzlich) eintreten; *quand survint la mort de son père* als sein Vater starb
survêtement [syRvɛtmɑ̃] *m* Trainingsanzug ['trɛ:-] *m*
survie [syRvi] *f* **1.** Über'leben *n*; **2.** *REL* Fort-, Weiterleben *n* nach dem Tode
survirer [syRviRe] *v/i AUTO* über'steuern
survivance [syRvivɑ̃s] *f* Re'likt *n*; 'Überbleibsel *n*
survivant [syRvivɑ̃] **I** *adj* über'lebend; *JUR l'époux ~* der überlebende Ehegatte; der Hinterbliebene; **II** *subst* ~(*e*) *m(f)* Über'lebende(r) *f(m)*
survivre [syRvivR(ǝ)] ⟨*cf* vivre⟩ **I** *v/t/indir et v/i* über'leben; *~ à qn, à qc* j-n, etw überleben; *~ à un accident* e-n Unfall überleben, lebend über'stehen; *coutume ~ jusqu'à nos jours* bis heute überdauern; **II** *v/pr se ~* **1.** weiterleben (*dans ses enfants* in s-n Kindern); **2.** *péj* sich (selbst) über'leben
survol [syRvɔl] *m* Über'fliegen *n*
survoler [syRvɔle] *v/t* über'fliegen; fliegen über (*+acc*); **2.** *fig texte* über'fliegen; *question* flüchtig streifen
survoltage [syRvɔltaʒ] *m ÉLECT* 'Überspannung *f*
survolté [syRvɔlte] *adj fig* 'übererregt; fieberhaft erregt; *ville, atmosphère* hektisch
sus¹ [sy] *cf* **savoir¹**
sus² [sy(s)] *adv st/s courir ~ à l'ennemi* auf den Feind losgehen; *loc/adv litt en ~* obendrein; *loc/prép ADM en ~ de* zusätzlich zu (*+dat*)
susceptibilité [syseptibilite] *f* Empfindlichkeit *f*; *être d'une grande ~* sehr empfindlich sein
susceptible [syseptibl(ǝ)] *adj* **1.** *personne* empfindlich; leicht verletzbar, gekränkt; **2.** *être ~ de* (*+inf*) fähig, im'stande, *chose a* geeignet sein zu (*+inf*); *~ d'être amélioré* verbesserungsfähig; *une proposition ~ de vous intéresser* ein Vorschlag, der Sie interessieren könnte; *il est ~ de vous aider* er kann Ihnen eventuell, wahrscheinlich helfen
susciter [sysite] *v/t admiration, intérêt, scandale, ennuis* her'vorrufen; erregen; auslösen; *litt ennemis* schaffen
suscription [syskRipsjɔ̃] *f ADM* Aufschrift *f*
susdit [sy(s)di] *adj JUR* obengenannt
susnommé [sy(s)nɔme] *ADM* **I** *adj* obengenannt; **II** *subst* ~(*e*) *m(f)* Obengenannte(r) *f(m)*
suspect [syspɛ(kt)] **I** *adj* ⟨suspecte [-pɛkt]⟩ verdächtig (*de qc* e-r Sache [*gén*]); su'spekt; *être ~ à qn* j-m verdächtig vorkommen, erscheinen; *se rendre ~* sich verdächtig machen; **II** *subst* ~(*e*) *m(f)* Verdächtige(r) *f(m)*
suspecter [syspɛkte] *v/t personne* verdächtigen; im Verdacht haben; *l'honnêteté de qn* anzweifeln, in Zweifel ziehen; *~ qn à tort* j-n zu Unrecht verdächtigen; *être suspecté de* (*+inf*) verdächtigt werden, im Verdacht stehen zu (*+inf*)
suspendre [syspɑ̃dR(ǝ)] *v/t* ⟨*cf* rendre⟩ **1.** (*accrocher*) aufhängen; *~ une lampe au plafond* e-e Lampe an die Decke hängen, an der Decke aufhängen; *être suspendu à une branche* an e-m Ast hängen; *fig être suspendu aux lèvres de qn* an j-s Lippen, Mund (*dat*) hängen; **2.** (*interrompre*) *séance, travaux* unter'brechen; *négociations a* aussetzen; *hostilités, paiements* (vor'übergehend) einstellen; **3. a)** *fonctionnaire* (vom Dienst) suspen'dieren; (einstweilen, vorläufig) s-s Amtes entheben; beurlauben; **b)** *journal* (vorläufig) verbieten; *droits* (vorläufig) außer Kraft setzen, aufheben; *permis de conduire* (vorläufig) einziehen
suspendu [syspɑ̃dy] *adj* **1.** hängend, aufgehängt (*à, par an +dat*); *les jardins ~s de Babylone* die Hängenden Gärten der Se'miramis, zu Babylon; *lampe ~e au plafond* an, von der Decke hängende Lampe; *pont ~* Hängebrücke *f*; **2.** *TECH voiture bien, mal ~e* gut, schlecht gefederter Wagen
suspens [syspɑ̃] *loc/adj en ~ affaire, question* in der Schwebe; unentschieden; offen; *travail* nicht abgeschlossen; unerledigt; *être, rester en ~* in der Schwebe sein, bleiben; offen sein, offenbleiben; *laisser en ~* in der Schwebe lassen; offenlassen; *question a* im Raum stehenlassen; *projet* zu'rückstellen
suspense [syspɛns] *m dans un film etc* Spannung *f*; *film m à ~* Thriller *m*
suspension [syspɑ̃sjɔ̃] *f* **1.** *TECH* Aufhängung *f*; *d'un véhicule a* Federung *f*; *~ à roues indépendantes* Einzelradaufhängung *f*; **2.** *CHIM* Suspensi'on *f*; Aufschwemmung *f*; *en ~ CHIM* suspen'diert; *par ext poussière* schwebend; **3.** (*lustre*) Hängelampe *f*; **4.** *d'une séance, d'un travail* Unter'brechung *f*; Aussetzung *f*; *des paiements* Einstellung *f*; *MIL*

~ d'armes Waffenruhe *f*; JUR **~ d'audience** Unterbrechung, Aussetzung der Verhandlung; **5. a)** *d'un fonctionnaire, maire* Suspen'dierung *f*; vorläufige Dienstenthebung; **b)** **~ du permis de conduire** Führerscheinentzug *m*; **6.** GR **points** *m/pl* **de ~** Auslassungspunkte *m/pl*
suspentes [syspãt] *f/pl d'un ballon* Auslaufleinen *f/pl*; *d'un parachute* Fangleinen *f/pl*
suspicieux [syspisjø] *litt adj* ⟨-euse⟩ argwöhnisch
suspicion [syspisjɔ̃] *st/s f* Argwohn *m*
sustentation [systãtasjɔ̃] *f* AVIAT Auftrieb *m*; **plan** *m* **de ~** Tragfläche *f*; **train** *m* **à ~ magnétique** Ma'gnet(schwebe)bahn *f*; Transra'pid *m*
sustenter [systãte] *v/pr plais se ~* sich stärken; sich nähren
susurrer [sysyʀe] *v/t et v/i* flüstern; wispern
sut, sût [sy] *cf savoir¹*
suture [sytyʀ] *f* MÉD Naht *f*; **point** *m* **de ~** Stich *m*; Einzelnaht *f*
suturer [sytyʀe] *v/t* MÉD *plaie* (ver)nähen; *bords d'une plaie* zu'sammennähen
Suzanne [syzan] *f* Su'sanne *ou* Su'sanna *f*
suzerain [suzʀɛ̃] *m* HIST Lehnsherr *m*
suzeraineté [syzʀɛnte] *f* **1.** HIST Lehnsherrlichkeit *f*; **2.** POL Suzeräni'tät *f*
svastika [svastika] *m* Swastika *f*; (*croix gammée*) Hakenkreuz *n*
svelte [svɛlt] *adj* schlank; **~esse** *f* Schlankheit *f*
S.V.P. *abr* (*s'il vous plaît*) bitte
Swaziland [swazilɑ̃d] **le ~** Swasiland *n*
sweater [switœʀ] *m* Strickjacke *f*
sweat-shirt [switʃœʀt] *m* ⟨*pl* sweat-shirts⟩ Sweatshirt ['svɛtʃœːʀt] *n*
sweepstake [swipstek] *m* mit e-m Pferderennen kombinierte Lotte'rie
swing [swiŋ] *m* **1.** MUS Swing *m*; **2.** BOXE Schwinger *m*; GOLF Schwung *m*
swinguer [swiŋge] *v/i* **1.** MUS swingen; **2.** F *fig* ça swingue F es herrscht e-e Bombenstimmung
sybarite [sibaʀit] *litt m* Genießer *m*; *litt* Syba'rit *m*
sycomore [sikɔmɔʀ] *m* BOT **a)** figuier Syko'more *f*; **b)** *érable* Bergahorn *m*
syllabe [si(l)lab] *f* Silbe *f*; **mot** *m* **de deux ~s** zweisilbiges Wort; **par ~s** silbenweise
syllabique [si(l)labik] *adj* Silben...; silbisch; syl'labisch; **écriture** *f* **~** Silbenschrift *f*; **vers** *m* **~** durch die Zahl der Silben bestimmter Vers
syllogisme [si(l)lɔʒism(ə)] *m* PHILOS Syllo'gismus *m*
sylphe [silf] *m* MYTH Sylphe *m*; Luftgeist *m*; **~ide** *f* litt Syl'phide *f*; Sylphe *f*
Sylvain [silvɛ̃] *m* Vorname
sylvestre [silvɛstʀ(ə)] *adj* Wald...
sylviculture [silvikyltyʀ] *f* Forstwirtschaft *f*
Sylvie [silvi] *f* Silvia *ou* Sylvia *f*
symbiose [sɛ̃bjoz] *f* BIOL, *fig* Symbi'ose *f*; **vivre en ~** in Symbiose leben
symbole [sɛ̃bɔl] *m* **1.** Sym'bol *n* (*a personne*); Sinnbild *n*; **la colombe est le ~ de la paix** die Taube ist das Symbol des Friedens; **2.** MATH, CHIM Symbol *n*; Zeichen *n*; **3.** REL Glaubensbekenntnis *n*; **le ♀ des apôtres** das Apo'stolische Glaubensbekenntnis
symbolique [sɛ̃bɔlik] **I** *adj* **1.** sym'bolisch; sinnbildlich; **signification** *f* **~** symbolische Bedeutung; **2.** (*sans valeur réelle*) sym'bolisch; **un geste purement ~** e-e rein symbolische Geste; **II** *f* Sym'bolik *f*
symboliser [sɛ̃bɔlize] *v/t* **1.** (*représenter par un symbole*) sinnbildlich, sym'bolisch darstellen (**par** durch); **2.** (*être le symbole de*) versinnbildlichen; symboli'sieren
symbolisme [sɛ̃bɔlism(ə)] *m* **1.** Sym'bolik *f*; sym'bolische Bedeutung; **2.** LITTÉRATURE Symbo'lismus *m*; **~iste** LITTÉRATURE **I** *adj* symbo'listisch; **II** *m* Symbo'list *m*
symétrie [simetʀi] *f* Symme'trie *f* (*a* MATH); Gleichmaß *n*; sym'metrische Anordnung; *de deux situations* Gleichheit *f*
symétrique [simetʀik] *adj* sym'metrisch (*de* zu)
sympa [sɛ̃pa] *adj* ⟨*inv*⟩ F *abr cf* **sympathique** *1.*
sympathie [sɛ̃pati] *f* Sympa'thie *f*; Zuneigung *f*; **témoignage** *m* **de ~ dans le malheur** (Beweis *m* der) Anteilnahme *f*; **dans la joie** Glückwunsch *m*; **projet accueilli avec ~** günstig aufnehmen; **avoir la ~ de qn** j-s Sympathie(n) haben; **avoir, ressentir de la ~ pour qn** für j-n Sympathie, Zuneigung empfinden; **condoléances croyez à toute ma ~** seien Sie meiner herzlichen Anteilnahme versichert; **inspirer la ~** sympathisch sein
sympathique [sɛ̃patik] **I** *adj* **1.** *personne, visage* sym'pathisch; *geste, accueil* freundlich; *lieu, soirée, ambiance* gemütlich; nett; *avoir l'air* **~** sympathisch aussehen; *être* **~ à qn** j-m sympathisch sein; **2.** **encre** *f* **~** sym'pathetische, unsichtbare Tinte; **3.** ANAT sym'pathisch; **II** *m* ANAT (**grand**) **~** Sym'pathikus *m*
sympathisant [sɛ̃patizɑ̃] POL **I** *adj* sym'pathi'sierend; **II** *subst* **~(e)** *m(f)* Sympathi'sant(in) *m(f)*; **~ communiste** Sympathisant der Kommunisten
sympathiser [sɛ̃patize] *v/i* sympathi'sieren (*avec qn* mit j-m); **ils ont tout de suite sympathisé** sie waren sich gleich sym'pathisch
symphonie [sɛ̃fɔni] *f* **1.** MUS Sympho'nie *f*; Sinfo'nie *f*; **2.** *fig et litt* **~ de couleurs** Farbensinfonie *f*
symphonique [sɛ̃fɔnik] *adj* sin'fonisch; Sinfo'nie...; Sympho'nie...; **concert** *m* **~** Sinfoniekonzert *n*; **orchestre** *m* **~** Sinfonieorchester *n*; **poème** *m* **~** sinfonische Dichtung
symphoniste [sɛ̃fɔnist] *m,f* Sin'foniker (-in) *m(f)*
symposium [sɛ̃pozjɔm] *m* Sym'posion *n*; Sym'posium *n*
symptomatique [sɛ̃ptɔmatik] *adj* MÉD, *fig* sympto'matisch (*de* für)
symptôme [sɛ̃ptom] *m* **1.** MÉD Sym'ptom *n*; **2.** *fig* Anzeichen *n*; Sym'ptom *n*
synagogue [sinagɔg] *f* Syna'goge *f*
synchrone [sɛ̃kʀɔn] *adj* syn'chron; gleichlaufend; ÉLECT **moteur** *m* **~** Synchronmotor *m*
synchronique [sɛ̃kʀɔnik] *adj* **1.** syn'chro'nistisch; **tableau** *m* **~** synchronoptische Tabelle; **2.** LING syn'chronisch
synchronisation [sɛ̃kʀɔnizasjɔ̃] *f* Synchroni'sierung *f*, Synchronisati'on *f* (*a* TECH)
synchronisé [sɛ̃kʀɔnize] *adj* synchroni'siert; AUTO (**boîte** *f* **de**) **vitesses ~es** Syn'chrongetriebe *n*; **feux de signalisation ~s** grüne Welle
synchroniser [sɛ̃kʀɔnize] *v/t* synchroni'sieren (*a* TECH, *son et images d'un film*); zeitlich aufein'ander abstimmen
synchronisme [sɛ̃kʀɔnism(ə)] *m* Synchro'nismus *m*; zeitliches Zu'sammentreffen; TECH *a* Gleichlauf *m*
synclinal [sɛ̃klinal] *m* ⟨*pl* -aux⟩ GÉOL Syn'kline *ou* Synkli'nale *f*; Mulde *f*
syncope [sɛ̃kɔp] *f* **1.** MÉD 'Synkope *f* (*sc*); **avoir une ~** ohnmächtig, bewußtlos werden; **tomber en ~** in Ohnmacht fallen; **2.** MUS Syn'kope *f*
syncopé [sɛ̃kɔpe] *adj* MUS synko'piert
syncrétisme [sɛ̃kʀetism(ə)] *m* REL, PHILOS Synkre'tismus *m*
syndic [sɛ̃dik] *m* **1.** *de copropriété* Verwalter *m*; **2.** JUR *de faillite* Kon'kursverwalter *m*
syndical [sɛ̃dikal] *adj* ⟨-aux⟩ **1.** gewerkschaftlich, Gewerkschafts...; **action ~e** gewerkschaftliche Aktion; **délégué ~** Gewerkschaftsvertreter *m* (*in Betrieben*); **leader ~** Gewerkschaftsführer *m*; **revendications ~es** gewerkschaftliche Forderungen *f/pl*; **tarif ~** Verbandstarif *m*; **2. chambre ~e** Arbeit'geberverband *m*
syndicalisation [sɛ̃dikalizasjɔ̃] *f* gewerkschaftliche Organi'sierung; **taux** *m* **de ~** Quote *f*, Zahl *f* der gewerkschaftlich Organi'sierten
syndicalisme [sɛ̃dikalism(ə)] *m* **1.** *mouvement* Gewerkschaftsbewegung *f*; Syndika'lismus *m*; **2.** *activité* gewerkschaftliche Betätigung; **faire du ~** aktives Mitglied e-r Gewerkschaft sein
syndicaliste [sɛ̃dikalist] **I** *adj* gewerkschaftlich; **mouvement** *m* **~** Gewerkschaftsbewegung *f*; **II** *m,f* Gewerkschaft(l)er(in) *m(f)*
syndicat [sɛ̃dika] *m* **1.** *de salariés* Gewerkschaft *f*; *par ext* (*association*) Verband *m*; Syndi'kat *n*; **~ agricole** Bauernverband *m*; **~ ouvrier** Arbeiterge-werkschaft *f*; **~ patronal** Arbeit'geberverband *m*; **~ du crime** Verbrechersyndikat *n*; **2.** COMM **~ financier** Fi'nanzkonsortium *n*; ADM **~ intercommunal** Zweckverband *m* von Gemeinden; **3. ~ d'initiative** Fremdenverkehrsamt *n*; Verkehrsverein *m*
syndiqué [sɛ̃dike] **I** *adj* gewerkschaftlich organi'siert; **II** *subst* **~(e)** *m(f)* Gewerkschaftsmitglied *n*; Gewerkschaft(l)er (-in) *m(f)*
syndiquer [sɛ̃dike] **I** *v/t* gewerkschaftlich organi'sieren; **II** *v/pr* **se ~ 1.** *salariés* sich gewerkschaftlich organi'sieren, zu'sammenschließen; **2.** *adhérer* e-r Gewerkschaft (*dat*) beitreten
syndrome [sɛ̃dʀom] *m* MÉD Syn'drom *n*
synergie [sinɛʀʒi] *f* Syner'gie *f*; Zu'sammenwirken *n*
synode [sinɔd] *m* ÉGL Syn'ode *f*
synonyme [sinɔnim] **I** *adj* syno'nym; sinnverwandt; **être ~ de** a) ein Synonym sein von; sinnverwandt sein mit; b) *fig* gleichbedeutend sein mit; als ein Synonym gelten für; **II** *m* Syno'nym *n*
synonym|ie [sinɔnimi] *f* Synony'mie *f*; Sinnverwandtschaft *f*; **~ique** *adj* syno'nymisch; Syno'nym...
synopsis [sinɔpsis] *m ou f* CIN Expo'sé *n*

synoptique [sinɔptik] *adj* syn'optisch; 'übersichtlich zu'sammengestellt; *tableau m ~* 'Übersichtstafel *f*; Ta'belle *f*

synovie [sinɔvi] *f* ANAT Gelenkschmiere *f*; MÉD *épanchement m de ~* (seröser) Gelenkerguß

syntagme [sɛ̃tagm(ə)] *m* LING Syn'tagma *n*

syntaxe [sɛ̃taks] *f* GR Syntax *f*; Satzlehre *f*

syntaxique [sɛ̃taksik] *adj* GR syn'taktisch

synthèse [sɛ̃tɛz] *f* **1.** Syn'these *f* (*a* PHILOS); Zu'sammenfassung *f*; Gesamtschau *f*; *avoir l'esprit de ~* in Zusammenhängen denken; **2.** CHIM Syn'these *f*; *produit m de ~* Syntheseprodukt *n*; *faire la ~ de* synthetisch her-, darstellen

synthétique [sɛ̃tetik] *adj* **1.** syn'thetisch; *méthode f ~* synthetische Methode; **2.** CHIM syn'thetisch; Syn'these...; Kunst...; künstlich hergestellt; *fibres f/pl ~s* Kunst-, Che'miefasern *f/pl*; synthetische Fasern *f/pl*; *résine f ~* Kunstharz *n*

synthétiser [sɛ̃tetize] *v/t* zu e-r Syn'these zu'sammenfassen

synthétiseur [sɛ̃tetizœR] *m* MUS Synthesizer [-saɪz-] *m*; *~ de parole* Sprachsynthesizer *m*

syphilis [sifilis] *f* MÉD Syphilis *f*

syphilitique [sifilitik] **I** *adj* syphi'litisch; *personne* syphiliskrank; **II** *m,f* Syphi'litiker(in) *m(f)*

Syrie [siri] *la ~* Syrien *n*

syrien [siRjɛ̃] **I** *adj* ⟨*~ne*⟩ syrisch; **II** *subst* 2(*ne*) *m(f)* Syrer(in) *m(f)*

systématique [sistematik] *adj* **1.** (*méthodique*) syste'matisch; *avoir l'esprit ~* systematisch denken; **2.** *péj* (*constant*) syste'matisch; beharrlich; hartnäckig; *refus m ~* hartnäckige Weigerung; *apporter un soutien ~ à qn, qc* j-n, etw bedingungslos unter'stützen; *faire de l'opposition ~* systematisch Opposition treiben, opponieren

systématiquement [sistematikmɑ̃] *adv* syste'matisch; *procéder ~* systematisch vorgehen; *refuser ~* hartnäckig ablehnen

systématis|ation [sistematizasjɔ̃] *f* Systemati'sierung *f*; *~er* **I** *v/t* systemati'sieren; in ein Sy'stem bringen; **II** *v/i péj* alles nach Sy'stemen (ein)ordnen wollen

système [sistɛm] *m* **1.** (*doctrine*) Sy'stem *n*; Lehrgebäude *n*; *~ philosophique* philosophisches System; *péj esprit m de ~* Systemdenken *n*; Dogma'tismus *m*; **2.** MATH, PHYS, ASTR Sy'stem *n*; *~ métrique* metrisches System; *~ planétaire, solaire* Pla'neten-, Sonnensystem *n*; *~ de coordonnées* Koordi'natensystem *n*; **3.** (*organisation*) Sy'stem *n*; Form *f*; POL *a* Re'gime *n*; *~ économique* Wirtschaftssystem *n*, -form *f*; *~ électoral* Wahlsystem *n*; *~ politique* politisches System; Re'gime *n*; *~ social* Gesellschaftssystem *n*; *~ d'enseignement, de gouvernement* 'Unterrichts-, Re'gierungssystem *n*; *à bas le ~!* nieder mit der Regierung!; **4.** (*méthode*) F *le ~ D* cf *D*; *d'un avocat ~ de défense* Verteidigungskonzept *n*; *un bon ~ pour faire fortune* ein gutes System, um reich zu werden; F *je connais le ~* ich weiß Bescheid; F ich hab' den Dreh raus; **5.** ANAT Sy'stem *n*; *~ nerveux* Nervensystem *n*; F *taper sur le ~ à qn* j-m auf die Nerven, F auf den Geist gehen; F j-m auf den Wecker fallen; **6.** TECH Sy'stem *n*; Anlage *f*; Vorrichtung *f*; *~ d'alarme, d'alerte* A'larmanlage *f*; Warnsystem *n*; *~ d'éclairage* Beleuchtungsanlage *f*; *~ de fermeture* Schließvorrichtung *f*

systole [sistɔl] *f* PHYSIOL Sy'stole *ou* 'Systole *f*

T

T, t [te] *m* ⟨*inv*⟩ T, t *n*; *TECH* **fer** *m* **en T** T-Eisen *n*

t *abr* (*tonne*[*s*]) t (Tonne[n])

t' [t] *cf* **te**

ta *cf* **ton**[1]

tabac [taba] *m* **1.** 'Tabak *ou* Ta'bak *m* (*a plante*); **~ blond, brun** heller, dunkler *ou* schwarzer Tabak; **~ à chiquer, à priser** Kau-, Schnupftabak *m*; (*bureau m*, *débit m de*) **~** Tabakladen *m*; *österr* (Ta'bak)Tra'fik *f*; **bar** *m*, **café** *m* **~** Stehkneipe *f*, Café *m* mit Tabakladen; **paquet** *m* **de ~** Päckchen *n* Tabak; *son médecin lui a permis le ~* hat ihm das Rauchen erlaubt; **2.** F *passage m à ~* Prügel *pl*; *passer qn à ~* j-n verprügeln; F *auf j-n eindreschen*; **3.** F *faire un ~* F e-n Riesen-, Bombenerfolg haben; **4.** *MAR* **coup** *m* **de ~** Sturm *m*; **5.** *adj* ⟨*inv*⟩ tabakfarben

tabagie [tabaʒi] *f* verräucherte Bude; **~isme** *m* Niko'tinsucht *f*; *sc* Nikoti'nismus *m*

tabasser [tabase] F **I** *v/t* verprügeln; F verdreschen; **II** *v/pr* **se ~** sich prügeln

tabatière [tabatjɛʀ] *f* **1.** Tabaksdose *f*; **2.** *CONSTR* **châssis** *m* **à ~** liegendes Dachfenster

tabellion [tabeljõ] *iron m* No'tar *m*

tabernacle [tabɛʀnakl(ə)] *m* **1.** *ÉGL CATH* Taber'nakel *m ou n*; **2.** *REL JUIVE* Fête *f* des *2*s Laubhüttenfest *n*

tablature [tablatyʀ] *f MUS* Tabula'tur *f*

table [tabl(ə)] *f* **1.** *meuble* Tisch *m*; **~ basse** Couchtisch ['kautʃ-] *m*; **~ pliante** Klapptisch *m*; **à dessin, à ouvrage, à rallonges, à repasser** Zeichen-, Näh-, Auszieh-, Bügeltisch *m*; **~ de billard, de camping** Billard-, Campingtisch ['kɛm-] *m*; **~ de cuisine, de jardin, de jeu** Küchen-, Garten-, Spieltisch *m*; **~ de nuit, de chevet** Nachttisch *m*, -schränkchen *n*; **~ d'opération** Operati'onstisch *m*; **~ de ping-pong** Tischtennisplatte *f*; **~ de travail** Arbeitstisch *m*; *fig* **faire ~ rase** tabula rasa, reinen Tisch machen; **2.** *destinée aux repas* (Eß)Tisch *m*; Tafel *f*; **linge de ~** Tischwäsche *f*; **à ~!** bitte zu Tisch!; **être à ~** bei Tisch sitzen; **dresser la ~**, den Tisch festlich decken; **se lever de ~**, **quitter la ~**, **sortir de ~** vom Tisch, vom Essen aufstehen; **mettre la ~** den Tisch decken; **se mettre à ~** a) sich zu Tisch setzen; b) F *fig* (*avouer*) F auspacken; singen; **passer à ~** zu Tisch gehen; **3.** (*chère*) Essen *n*; **plaisirs** *m/pl* **de la ~** Tafelfreuden *f/pl*; **4.** (*tablée*) Tischgesellschaft *f*; Tafelrunde *f*, *fig* **~ ronde** Runder Tisch; Gespräch *n*, Konferenz *f* am runden Tisch; Diskussi'ons-, Gesprächsrunde *f*; **Chevaliers** *m/pl* **de la ~ ronde** Tafelrunde des Königs Artus; **5.** (*surface plane*) Tafel *f*; Platte *f*; *CUIS* **~ de cuisson** Kochmulde *f*, -feld *n*; *MUS* **~ d'harmonie** Decke *f* (*e-s Saiteninstruments*); *BIBL* *2*s **de la Loi** Gesetzestafeln *f/pl*; **~ d'orientation** Pano'ramatafel *f*; **6.** (*tableau*) Tafel *f*; Ta'belle *f*; **~ de conversion** 'Umrechnungstabelle *f*; *MATH* **~ de logarithmes** Loga'rithmentafel *f*; **~ des matières** Inhaltsverzeichnis *n*; *MATH* **~ de multiplication** Einmal'eins *n*; F *il sait sa ~ par cœur* er kann das Einmaleins auswendig; **7.** *ÉGL CATH* **s'approcher de la sainte ~** zum Tisch des Herrn, zur Kommunion gehen; **8.** *SPIRITISME* *~*s **tournantes** Tischrücken *n*

tableau [tablo] *m* ⟨*pl* ~x⟩ **1.** (*peinture*) Gemälde *n*; Bild *n*; **~ de maître** Meistergemälde *n*; **marchand** *m* **de ~x** Bilderhändler *m*; Gale'rist *m*; **2.** *THÉ* **~x vivants** lebende Bilder *n/pl*; **3.** F *fig et péj* **vieux ~** F stark geschminkte alte Schachtel; **4.** (*spectacle*) Bild *n* (*a THÉ*); Anblick *m*; **~ idyllique** idyllisches Bild; F *vous voyez d'ici le ~* stellt euch das Maß vollzumachen; **5.** (*description*) Bild *n*; Schilderung *f*; Überblick *m*; **brosser un ~** (*rapide*) **de la situation** e-n kurzen Überblick über die Lage geben; **6.** (*panneau*) Tafel *f*; Brett *n*; **~ d'affichage** Anschlagtafel *f*; Schwarzes Brett; *dans une gare, un stade etc* Anzeigetafel *f*; *AVIAT, AUTO* **~ de bord** Arma'turen-, Instru'mentenbrett *n*; *dans un hôtel* **~ des clés** Schlüsselbrett *n*; *ÉLECT* **~ de commande** Schalttafel *f*, -brett *n*; *CH DE FER* **~ des départs** *ou* **des arrivées** Anschlagtafel *f* mit den Abfahrts- *ou* Ankunftszeiten; **7.** *ÉCOLE* **~ (noir)** (Wand)Tafel *f*; **aller, passer au ~** an die Tafel gerufen werden; abgefragt werden; **passez au ~!** gehen Sie an die Tafel!; **écrire qc au ~** etw an die Tafel schreiben; **8.** (*table*) Ta'belle *f*; Tafel *f*; 'Übersicht *f*; **~ récapitulatif** zusammenfassende Übersicht; **~ des conjugaisons** Konjugati'onstabelle *f*; **~ de service** Dienstplan *m*; **sous forme de ~** tabel'larisch; **9.** (*liste*) Liste *f*; **~ d'avancement** Beförderungsliste *f*; *ÉCOLE* **~ d'honneur** Lob *n* für gute Leistungen (*am Trimesterende*); **~ (de l'ordre) des avocats** Mitgliederliste *f* der Anwaltskammer; **être rayé du ~** aus der Kammer ausgeschlossen werden; **10.** **~ de chasse** a) *CH* Strecke *f*; b) F *fig* Erfolge *m/pl* (bei Frauen); F Eroberungen *f/pl*; **11.** *fig* **gagner sur tous les ~x** überall Erfolge verbuchen können; **jouer, miser sur les deux ~x** es mit beiden Seiten halten; es mit keinem verderben wollen

tablée [table] *f* Tischgesellschaft *f*

tabler [table] *v/t/indir* **~ sur qc** auf etw (*acc*) setzen; mit etw rechnen

tablette [tablɛt] *f* **1.** (Schreib)Tafel *f*; **~ de cire** Wachstäfelchen *n*; *fig*: *écrire, noter qc sur ses ~s* sich etw merken; F *rayez cela de vos ~s!* rechnen Sie nicht damit!; F das können Sie abschreiben!; **2.** *au-dessus d'un lavabo etc* (Ablage)Platte *f*; **~ de cheminée** Ka'minsims *n ou m*; **3.** **~ de chewing-gum** Kaugummistreifen *m*; **~ de chocolat** Tafel *f* Schoko'lade; Schoko'ladentafel *f*; **4.** *PHARM* Pa'stille *f*, Ta'blette *f* zum Lutschen

tablier [tablije] *m* **1.** Schürze *f*; (*blouse*) Kittelschürze *f*; **~ à bavette** Latzschürze *f*; **~ d'écolier** Schulkittel *m*; F *ça lui va comme un ~ à une vache* das steht ihm überhaupt nicht; *fig* **rendre son ~** (s-e Stelle) aufgeben; **2.** *d'un pont* Fahrbahn *f*; **3.** *d'une cheminée* Verschlußblech *n*; *d'une boutique* **~ de fer** Rolladen *m* aus Stahlblech

tabou [tabu] **I** *adj* ta'bu; **un sujet ~** ein Gegenstand, der tabu ist; **II** *m* Ta'bu *n*

tabouret [tabuʀɛ] *m* Hocker *m*; Schemel *m*; **~ de bar, de cuisine, de piano** Bar-, Küchen-, Kla'vierhocker *m*

tabulateur [tabylatœʀ] *m TECH* Tabu'lator *m*

tac [tak] **I** *int* tack!; **II** *m loc* **répondre du ~ au ~** schlagfertig antworten *ou* sein

tache [taʃ] *f* **1.** Fleck *m*; Flecken *m*; **~ d'encre, de graisse, d'humidité, de rouille, de sang** Tinten-, Fett-, Stock-, Rost-, Blutfleck *m*; **enlever une ~** e-n Fleck(en) entfernen; **faire une ~ à son manteau** sich e-n Fleck(en) in den Mantel machen; *fig*: **faire ~** nicht passen (**dans** in +*acc*); depla'ciert wirken; die Harmo'nie stören; **faire ~ d'huile** sich verbreiten; sich 'durchsetzen; **2.** (*tare*) Makel *m*; Schandfleck *m*; *REL* **~ originelle** Erbsünde *f*; **réputation** *f* **sans ~** makelloser Ruf; **3.** *PEINT* Farbfleck *m*; **4.** *sur le plumage, le poil, la peau* Fleck *m*; **~s de rousseur, de son** Sommersprossen *f/pl*; *MÉD* **~ de vin** Feuermal *n*; **5.** *ANAT* **~ jaune** gelber Fleck; **6.** *ASTR* **~s solaires** Sonnenflecken *m/pl*

tâche [taʃ] *f* **1.** (*devoir*) Aufgabe *f*; *st/s* Obliegenheit *f*; (*travail*) Arbeit *f*, Tätigkeit *f*; Beschäftigung *f*; **accomplir sa ~, s'acquitter d'une ~, remplir une ~** s-e *ou* e-e Aufgabe erfüllen; *il n'a pas la ~ facile* er hat keine leichte Aufgabe; **2.** *loc/adj et loc/adv* **ouvrier, travail (payé) à la ~** Ak'kordarbeiter *m*, -arbeit *f*; F *je ne suis pas à la ~* ich lass' mich nicht hetzen; F immer mit der Ruhe!; *travailler à la ~* im Ak'kord, im Stücklohn arbeiten

taché [taʃe] *adj* fleckig; befleckt

tacher [taʃe] **I** *v/t* fleckig machen; beflecken; Flecken machen in (*+acc*) ou auf (*+acc*); *abs le vin rouge tache* Rotwein macht Flecken; **II** *v/pr* **se ~ 1.** *personne* sich fleckig machen; sich die Kleidung beflecken; **2.** *chose* fleckig werden; Flecken bekommen

tâcher [taʃe] *v/t* **~ de** (*+inf*) sich bemühen zu (*+inf*); versuchen zu (*+inf*); *tâchez de faire mieux* versuchen Sie, mehr *ou* Besseres zu leisten; sehen Sie zu, daß Sie es besser machen; **~ que ...** (*+subj*) zusehen, daß ...

tâcheron [taʃRõ] *m* **1.** *péj* Kuli *m*; Handlanger *m*; **2.** (*sous-entrepreneur*) kleiner Zwischenunternehmer

tacheté [taʃte] *adj* gefleckt; gesprenkelt; **~ de brun** braungefleckt, -gesprenkelt

tachisme [taʃism(ə)] *m* PEINT Ta'chismus [-ʃ-] *m*

tachy|cardie [takikaRdi] *f* MÉD Herzjagen *n*; *sc* Tachykar'die *f*; **~graphe** *m* TECH Fahrt(en)schreiber *m*; Tacho'graph *m*; **~mètre** *m* TECH Drehzahlmesser *m*; Tacho'meter *m ou n*

tacite [tasit] *adj* stillschweigend

taciturne [tasityRn] *adj* schweigsam; verschlossen; wortkarg; zugeknöpft

tacot [tako] *m* F (*vieux*) **~** (*vieille voiture*) F Klapperkasten *m*; alte Kiste, Karre

tact [takt] *m* **1.** PHYSIOL Tastsinn *m*; Gefühl *n*; **2.** *fig* Takt *m*; Feingefühl *n*; *manque m de ~* Taktlosigkeit *f*; *sans ~* taktlos; *agir avec ~* taktvoll handeln; *avoir du ~* taktvoll sein; Takt, Feingefühl besitzen; *faire preuve de ~* sich taktvoll verhalten; *manquer de ~* den Takt verletzen; taktlos sein

tactic|ien [taktisjɛ̃] *m*, **~ienne** *f* Taktiker(in) *m(f)*

tactile [taktil] *adj* PHYSIOL Tast...

tactique [taktik] **I** *adj* ta'dschikisch; **II** *m/pl* MIL taktisch; **II** *f* MIL et par ext Taktik *f*; POL **~ électorale** Wahlkampftaktik *f*; *changer de ~* s-e Taktik ändern

tadjik [tadʒik] **I** *adj* ta'dschikisch; **II** *m/pl* **~s** Ta'dschiken *m/pl*

Tadjikistan [tadʒikistã] *le ~* Ta'dschikistan *n*

tadorne [tadɔRn] *m* ZO Brandente *f*

tænia *cf* **ténia**

taffetas [tafta] *m* **1.** TEXT Taft *m*; *robe f en ~* Taftkleid *n*; **2.** PHARM **~ gommé** Mullpflaster *n*

tag [tag] *m* (aufgesprühte) Graf'fiti *pl*

tagada [tagada] *int cf* **tsoin-tsoin**

tagueur [tagœR] *m* Sprayer ['spreː-] *m*

Tahiti [taiti] Ta'hiti *n*

tahitien [taisjɛ̃] **I** *adj* (**~ne**) von, aus, auf Ta'hiti; **II** *subst* **2**(**ne**) *m(f)* Bewohner(in) *m(f)* von Ta'hiti

taie [tɛ] *f* **1. ~** (**d'oreiller**) Kopfkissenbezug *m*; **2.** *à l'œil* weißer Hornhautfleck

taïga [taiga] *f* GÉOGR Taiga *f*

taillable [tajabl(ə)] *adj* HIST zinspflichtig; *fig être ~ et corvéable à merci* alle Unannehme machen müssen; sich alles aufhalsen lassen müssen

taillader [tajade] *v/t* Schnitte machen in (*+acc*); *adjt avoir le visage tout tailladé* Schnitte im Gesicht, ein zerschnittenes Gesicht haben

taillandier [tajãdje] *m* Werkzeugschmied *m*

taille¹ [taj, tɑj] *f* **1.** *d'une personne* (Körper)Größe *f*; Gestalt *f*; Wuchs *m*; Fi'gur *f*; Sta'tur *f*; *loc/adj*: *de haute ~* groß; hochgewachsen; von hohem Wuchs; *de ~ moyenne* mittelgroß; *homme m de petite, grande ~* kleiner, großer Mann; *avoir la ~ bien prise* e-e gute Figur haben; *avoir la ~ requise pour être qc* die erforderliche (Mindest-)Größe für etw haben; *être de la même ~* gleich groß sein; *se redresser de toute sa ~* sich zu s-r vollen Größe aufrichten; **2.** *d'une chose* Größe *f*; *a fig* Bedeutung *f*; *loc/adj*: F *de ~* F gewaltig, Riesen...; F *il est de ~, son chapeau* ihr Hut ist ja riesengroß; *de grande, belle ~* groß; *de la ~ de* so groß wie; *de la ~ d'une carte postale* in Postkartengröße; *une erreur de cette ~* ein so großer Fehler *ou* Irrtum; **3.** *fig* Größe *f*; For'mat *n*; Fähigkeit *f*; *un stratège de la ~ de Napoléon* ein Stratege vom Format Napoleons; *un rôle à sa ~* e-e ihm entsprechende Rolle; *à la ~ de son talent* s-m Talent, s-n Fähigkeiten entsprechend; *il n'est pas de ~* er ist der Sache nicht gewachsen; dazu ist er nicht fähig; *être de ~ à* (*+inf*) im'stande, fähig sein zu (*+inf*); Manns genug sein, um zu (*+inf*); **4.** ANAT Taille ['talǰə] *f*; **~ courte, longue** kurzer, langer Oberkörper; *tour m de ~* Taillenweite *f*; *loc/adj*: *vêtement* **à ~ ajustée** auf Taille gearbeitet; tail'liert; in der Taille anliegend; **à ~ basse** mit tiefer Taille; *avoir la ~ fine* e-e schlanke Taille haben; *prendre qn par la ~, prendre la ~ de qn* j-n um die Taille, um die Hüfte fassen; *j-s Taille um'fassen; se tenir par la ~* sich (gegenseitig) um die Hüfte fassen; **5.** (Konfekti'ons-)Größe *f*; *grande ~* große Größe; große Weite; *~ 40 correspond en Allemagne à* Größe 38; *la ~ au-dessus* e-e Nummer größer; die nächste Größe; *la ~ en dessous* e-e Nummer kleiner; *être à la ~ de qn* j-m passen; die richtige Größe

taille² [taj, tɑj] *f* **1.** *de la pierre* Behauen *n*; *sculpture* Hauen *n*; *de diamants* Schleifen *n*; Schliff *m*; *du graveur* Stich *m*; Schnitt *m*; **2.** *d'arbres etc* Beschneiden *n*; Schnitt *m*; **3.** *d'une épée* Schneide *f*; **4.** HIST Steuer *f* (der Leibeigenen ou der Nichtadligen)

taillé [taje] *adj* **1.** *personne* **~ en athlète** athletisch gebaut; *fig être ~ pour faire un centenaire* so aussehen, als ob man hundert Jahre alt werden könnte; **2.** *choses* geschnitten; *pierre* behauen; *diamant* geschliffen; *fig rôle etc* *être ~ à la mesure de qn* auf j-n zugeschnitten sein

taille-crayon(s) [tajkRɛjõ] *m* ⟨*pl* taille-crayons⟩ Bleistiftspitzer *m*

taille-douce [tajdus] *f* ⟨*pl* tailles-douces⟩ Kupferstich *m*

tailler [taje] **I** *v/t* **1.** *étoffe, vêtement* (zu-)schneiden; *pierre* (be)hauen; *diamants* schleifen; *crayon* spitzen; *~ des marches dans la glace* Stufen in das Eis

schlagen; **~ au ciseau** ausmeißeln, -stemmen; **~ en pointe** (an-, zu)spitzen; **2.** *haie etc* beschneiden; stutzen (*a barbe*); **3.** *fig* **~ une armée en pièces** e-e Armee zerschlagen; **II** *v/i* **4.** schneiden; **5.** *vêtement* **~ grand, petit** groß, klein ausfallen; **III** *v/pr* **6.** *fig* **se ~ la part du lion** sich den Löwenanteil nehmen; **se ~ un succès** e-n Erfolg verbuchen; **7.** F **se ~** F abhauen; verduften

tailleur [tajœR] *m* **1.** (Herren)Schneider *m*; **~ pour dames** Damenschneider *m*; *être assis en ~* im Schneidersitz sitzen; **2.** *costume* (Schneider)Ko'stüm *n*; Jackenkleid *n*; *schweiz* Tail'leur *n*; **~ sport** Sportkostüm *n*; **3.** **~ de pierre(s)** Steinhauer *m*; Steinmetz *m*

taillis [taji] *m* Dickicht *n*; 'Unterholz *n*; Niederwald *m*

tain [tɛ̃] *m* Spiegelbelag *m*; *glace f sans ~* Einwegspiegel *m*

taire [tɛR] ⟨*cf* plaire; *aber* il se tait⟩ **I** *st/s v/t* verschweigen; **II** *v/pr* **se ~** a) (*être silencieux*) schweigen; still sein; b) (*cesser*) verstummen (*a choses*); *se ~ sur qc* über etw (*acc*) schweigen; etw für sich behalten; *tais-toi!* halt den Mund!; sei still!; *allez-vous vous taire!* wollt ihr wohl still sein!; *savoir se ~* schweigen können; ♦ *faire ~ qn* j-n zum Schweigen bringen; j-n auffordern, ruhig zu sein; j-m Ruhe gebieten; *faites-les ~* sorgen Sie dafür, daß sie still sind; *fig*: *faire ~ l'opposition* die Opposition unter'drücken, mundtot machen; *faire ~ les bruits* die Gerüchte zum Verstummen bringen

Taiwan [taiwan] Taiwan *n*

talc [talk] *m* **1.** PHARM (Körper)Puder *m*; **2.** MINÉR Talkum *n*

talé [tale] *adj fruit* angeschlagen; mit Druckstellen

talent [talã] *m* **1.** Ta'lent *n*; (*don*) Gabe *f*; Begabung *f*; **~ d'organisateur** Organisati'onstalent *n*; *un écrivain de (grand) ~* ein (sehr) begabter Schriftsteller; *avoir du ~* ta'lentvoll, talen'tiert, begabt sein; *iron il a **le ~ de*** (*+inf*) er hat ein Talent zu (*+inf*); F *plais montrez-nous vos ~s* zeigen Sie, was Sie können; **2.** (*personne douée*) Ta'lent *n*; ta'lentvoller Mensch

talentueux [talãtyø] *adj* ⟨-euse⟩ ta'lentiert; begabt; fähig

taler [tale] *v/t fruit* anschlagen; *faites attention de ne pas ~ les fruits* daß das Obst keine Druckstellen bekommt

talion [taljõ] *m* HIST JUR Tali'on *f*; *fig la loi du ~* das Gesetz der 'Wiedervergeltung

talisman [talismã] *m* Talisman *m*

talkie-walkie [tokiwoki] *m* ⟨*pl* talkies-walkies⟩ tragbares Funksprechgerät; Walkie-Talkie ['wɔːki'tɔːki] *n*

Talmud [talmyd] *m* REL Talmud *m*; **2ique** *adj* tal'mudisch

taloche [talɔʃ] *f* **1.** F (*gifle*) Ohrfeige *f*; *cf a* **gifle** 1.; **2.** CONSTR Reibebrett *n*

talon [talõ] *m* **1.** ANAT, *d'un bas* Ferse *f*; *nordd* Hacke *f*; *fig* **~ d'Achille** A'chillesferse *f*; *être sur les ~s de qn* j-m auf den Fersen sein; *marcher sur les ~s de qn* a) (*piétiner*) j-m auf die Fersen treten; b) (*suivre*) j-m auf die Fersen folgen; *montrer, tourner les ~s* Fersengeld geben; *dès que je tourne les ~s* sobald ich den Rücken wende; **2.** *de*

talonnade – tapage

la chaussure Absatz *m*; *nordd* Hacke *f*; *à ~s 'hauts, plats* mit hohen, flachen Absätzen; *elliptiquement 'hauts ~s* Schuhe *m/pl* mit hohen Absätzen; Stökkelschuhe *m/pl*; **3.** (*contraire: entame*) Endstück *n*; **4.** *d'un chèque etc* Stammabschnitt *m*; Cou'pon *m*; **5.** CARTES Ta'lon *m*; Kartenstock *m*
talonn|ade [talɔnad] *f* FOOTBALL Absatzkick *m*; **~age** *m* RUGBY Hakeln *n*
talonner [talɔne] *v/t* **1. ~ qn a**) (*poursuivre*) j-m auf den Fersen sein; **b)** *fig* (*harceler*) j-n (be)drängen; j-m zusetzen; **2.** RUGBY ~ (*le ballon*) hakeln
talonnette [talɔnɛt] *f* **1.** *pour chaussure* Ferseneinlage *f*; **2.** *du pantalon* Stoßband *n*
talquer [talke] *v/t* mit Talkum einpudern
talus [taly] *m* Böschung *f*
tamanoir [tamanwaʀ] *m* ZO Großer Ameisenbär
tamarinier [tamaʀinje] *m* BOT Tama'rinde *f*
tamaris [tamaʀis] *m* BOT Tama'riske *f*
tambouille [tãbuj] F *f* Essen *n*; *péj* Fraß *m*; *faire la ~* kochen
tambour [tãbuʀ] *m* **1.** MUS Trommel *f*; *battre le, du ~* trommeln; die Trommel schlagen; *fig mener l'affaire ~ battant* die Sache im Eiltempo erledigen, flink *ou* prompt abwickeln; *fig partir sans ~ ni trompette* sang- und klanglos verschwinden; heimlich, still und leise verschwinden; F *fig raisonner comme un ~* ungereimtes Zeug reden; **2.** *personne* Trommler *m*; **3.** CONSTR Windfang *m*; (*porte f à*) ~ Drehtür *f*; **4.** TECH *d'un lave-linge etc* Trommel *f*; INFORM ~ *magnétique* Ma'gnettrommel *f*; *freins m/pl à ~* Trommelbremsen *f/pl*; **5.** *pour broder* Stickrahmen *m*
tambourin [tãbuʀɛ̃] *m* MUS Tambu'rin *n*; ~ *provençal* lange, schmale Trommel
tambouriner [tãbuʀine] *v/t et v/i* trommeln (*a fig pluie etc*); ~ *à la porte* an die Tür trommeln
tambour-major [tãbuʀmaʒɔʀ] *m* ⟨*pl* tambours-majors⟩ Tambourmajor *m*
tamil [tamil] *cf tamoul*
tamis [tami] *m* Sieb *n*
Tamise [tamiz] *la* ~ die Themse
tamiser [tamize] *v/t* **1.** (aus-, 'durch)sieben; **2.** *fig lumière* dämpfen; *adjt lumière tamisée* gedämpftes Licht
tamoul [tamul] **I** *adj* ta'milisch; **II** *m/pl* ♀s Ta'milen *m/pl*
tampon [tãpɔ̃] *m* **1.** Bausch *m*; MÉD Tam'pon *m*; Tupfer *m*; ~ *hygiénique, périodique* Tam'pon *m*; CUIS ~ (*à récurer*) Putzkissen *n*; ~ *d'ouate* Wattebausch *m*, -tupfer *m*; **2.** CH DE FER *et fig* Puffer *m*; *fig: adjt* **État** *m* ~ Pufferstaat *m*; *personne* **servir de** ~ als Puffer da'zwischenstehen; **3.** (*cachet*) Stempel *m*; ~ *de la poste* Poststempel *m*; *coup m de* ~ Stempeln *n*; **4.** ~ *buvard* Löscher *m*; Löschwiege *f*; ~ *encreur* Stempelkissen *n*; **5.** (*bouchon*) Stopfen *m*; Pfropfen *m*; Stöpsel *m*; Spund *m*
tamponnement [tãpɔnmã] *m* **1.** CH DE FER Aufein'anderprallen *n* der Puffer; *par ext, a de voitures* Zu'sammenstoß *m*; **2.** MÉD Tampo'nade *f*; Tampo'nieren *n*
tamponner [tãpɔne] **I** *v/t* **1.** (*essuyer*) be-, abtupfen; abwischen; **2.** CH DE FER, AUTO auffahren auf (+*acc*); (auf-) prallen auf (+*acc*); rammen; **3.** (*apposer un cachet*) (ab)stempeln; **4.** MÉD tampo'nieren; **II** *v/pr* **5.** *se ~* CH DE FER, AUTO zu'sammenstoßen; aufein-'anderprallen; **6.** F *s'en ~* (*le coquillard*) sich keinen Deut darum scheren; F darauf pfeifen
tamponneuse [tãpɔnøz] *adj* ⟨*f*⟩ *auto ~* (Auto)Skooter [-sku:-] *m*
tam-tam [tamtam] *m* ⟨*pl* tam-tams⟩ **1.** MUS afri'kanische Trommel; **2.** *fig faire du ~* ein Theater machen; Krach schlagen; ein Tamtam machen (*autour de qc* um etw)
tan [tã] *m* Gerberlohe *f*
tancer [tãse] ⟨-ç-⟩ *litt v/t* rügen; tadeln; schelten
tanche [tãʃ] *f* ZO Schleie *f*; Schlei *m*
tandem [tãdɛm] *m* **1.** *vélo* Tandem *n*; **2.** F *fig personnes* Gespann *n*; Tandem *n*
tandis que [tãdi(s)k(ə)] *loc/conj* **1.** simultanément während; so'lange (wie); **2.** *par opposition* während; wo(hin)gegen
tangage [tãgaʒ] *m* MAR Stampfen *n* (*a d'un avion*); *il y a du ~* das Schiff stampft
tangence [tãʒãs] *f* MATH Berührung *f*
tangent [tãʒã] *adj* **1.** MATH berührend; *droite ~e à un cercle* Gerade, die e-n Kreis berührt; **2.** (*de justesse*) knapp
tangente [tãʒãt] *f* **1.** GÉOMÉTRIE Tan'gente *f*; **2.** TRIGONOMÉTRIE Tangens *m*; **3.** F *fig prendre la ~* F sich aus dem Staub machen
tangentiel [tãʒãsjɛl] *adj* ⟨~le⟩ MATH tangenti'al...; Tangenti'al...
tangerine [tãʒ(ə)ʀin] *f fruit* Tange'rine *f*
tangible [tãʒibl(ə)] *adj* **1.** fühlbar; berührbar; **2.** *fig preuve, fait* greifbar; handgreiflich; offenkundig
tango [tãgo] **I** *m* MUS Tango *m*; **II** *adj* ⟨*inv*⟩ o'range(rot, -farben)
tanguer [tãge] *v/i* MAR stampfen; *ça tangue* das Schiff stampft; **2.** *par ext* schwanken
tanière [tanjɛʀ] *f* **1.** *d'un animal* Höhle *f*; **2.** *fig* Schlupfloch *n*, -winkel *m*
tanin [tanɛ̃] *m* CHIM Tan'nin *n*; Gerbstoff *m* (*a du vin*)
tank [tãk] *m* **1.** (*réservoir*) Tank *m*; **2.** MIL Tank *m*; Panzer *m*; **3.** F (*grosse voiture*) Straßenkreuzer *m*
tanker [tãkɛʀ] *m* MAR Tanker *m*
tannage [tanaʒ] *m* Gerben *n*, -ung *f*
tannant [tanã] *adj* F (*assommant*) unerträglich; ermüdend; *il est ~ avec ses questions* F er fällt e-m auf den Wecker mit s-n Fragen
tanné [tane] *adj* gegerbt (*a fig visage*)
tanner [tane] *v/t* **1.** *peaux* gerben; **2.** *par ext soleil: visage* gerben; F ~ (*le cuir à*) *qn* F j-m das Fell gerben; **3.** F *fig tu me tannes* du gehst mir auf die Nerven; F du fällst mir auf den Wecker
tann|erie [tanʀi] *f* **1.** *atelier* (Loh)Gerbe'rei *f*; **2.** *technique* (Loh)Gerben *n*; **~eur** *m* (Loh)Gerber *m*
tannin *cf tanin*
tan-sad [tãsad] *m* ⟨*pl* tan-sads⟩ Soziussitz *m*
tant [tã] **I** *adv* **1.** so; so viel(e); so sehr; dermaßen; ~ *de fois* so oft; F (*pas*) ~ *que ça* (nicht) so viel; (nicht) so sehr; *celui-là et ~ d'autres* der und so viele andere; *ce livre ~ vanté* dieses so vielgepriesene Buch; *une maison comme il y en a ~* ein Haus, wie es deren viele gibt; *il vous aime ~* er liebt Sie so sehr; *il a ~ de livres* so viele Bücher, daß ...; *ce n'est pas ~ l'intelligence que le courage qui lui manque* ihm fehlt weniger, nicht so sehr (die) Intelligenz als (der) Mut; *il a ~ travaillé qu'il est tombé malade* er hat so viel gearbeitet, daß ...; ♦ *loc: ~ il est vrai que ...* da sieht man wieder, daß ...; das bestätigt (wieder), daß ...; *tous ~ que nous sommes, vous êtes* wir, ihr alle (ohne Ausnahme); *~ et plus* reichlich; *il a de l'argent ~ et plus* er hat Geld noch und noch, in Mengen; *~ bien que mal* recht und schlecht; so gut es (eben) geht; so leidlich; so einigermaßen; mit Ach und Krach; *~ mieux* um so *ou* desto besser; *~ pis* da kann man nichts machen; schade; *vous ne voulez pas? ~ pis pour vous* na, dann eben nicht; dann sind Sie selbst daran schuld; *cf a dire 1. d*); **2.** *quantité indéfinie* soundso viel; *subst le ~* am Soundso'vielten (*des Monats*); (*à*) ~ *pour cent* (zu) soundso viel Prozent; ~ *de kilos* soundso viel Kilo; **II** *loc/conj* **1.** ~ *que ...* so'lange ...; ~ *qu'il vivra* solange er lebt; ~ *que vous y êtes* wenn Sie es schon tun, machen; wenn Sie schon dabei sind; *iron pourquoi pas la lune, ~ que tu y es* warum nicht gleich den Mond; ~ *qu'à faire!* wennschon, dennschon!; ~ *qu'à faire, faites-le bien* wenn Sie es schon machen, (dann) machen Sie es auch ordentlich; **2.** ~ *et si bien que ...* so sehr ..., daß ...; so lange, bis ...; so daß schließlich ...; *il fit ~ et si bien qu'on le renvoya* er trieb es so weit, daß er entlassen wurde; **3.** *si ~ est que* (+*subj*) falls; so'fern; wenn überhaupt; *si ~ est qu'il dise la vérité* wenn er überhaupt die Wahrheit sagt; **4.** *en ~ que*; *en ~ que Français* als Franzose; *engager qn en ~ qu'ingénieur* j-n als Ingenieur einstellen; **5.** ~ ... *que* sowohl ... als auch; *le personnel, ~ ouvriers qu'employés* das Personal, sowohl Arbeiter als auch Angestellte
tante [tãt] *f* **1.** Tante *f*; **2.** F (*homosexuel*) F Schwule(r) *m*; Homo *m*; *péj* warmer Bruder; Tante *f*; **3.** F *plais* (*mont-de-piété*) *ma* ~ das Leihhaus
tantième [tãtjɛm] *m* Anteil *m*; COMM Tanti'eme *f*; Gewinnanteil *m*
tantine [tãtin] *f* F (*liebe*) Tante
tantinet [tãtinɛ] *loc/adv un ~* ein wenig, ein bißchen
tantôt [tãto] *adv* **1.** heute nachmittag; *à ~!* bis heut(e) nachmittag!; **2.** ~ ..., ~ ... bald ..., bald ...; (ein)mal ..., (ein)mal ...; ~ *bien,* ~ *mal* bald gut, bald schlecht; *il est* ~ *gai,* ~ *triste* mal ist er fröhlich, mal traurig
tantouse [tãtuz] F *f cf tante 2.*
Tanzanie [tãzani] *la* ~ Tansa'nia *n*
tanzanien [tãzanjɛ̃] **I** *adj* ⟨~ne⟩ tan'sanisch; **II** *subst* ♀(*ne*) *m(f)* Tan'sanier (-in) *m(f)*
taoïsme [taɔism(ə)] *m* REL Tao'ismus *m*
taon [tã] *m* ZO Bremse *f*
tapage [tapaʒ] *m* **1.** (*bruit*) Lärm *m*; Krach *m*; F Ra'dau *m*; Spek'takel *m*; ~ *infernal* Höllenlärm *m*; JUR ~ *nocturne* nächtliche Ruhestörung; **2.** *fig* Wir-

tapageur – tarif

bel *m*; Aufsehen *n*; *on a fait beaucoup de ~ autour de cette affaire* man hat viel Wirbel um diese Sache gemacht
tapageur [tapaʒœʀ] *adj* ⟨-euse⟩ auffällig; auffallend; *publicité tapageuse* marktschreierische Reklame
tapant [tapɑ̃] *adj* **à midi** ~ Schlag zwölf (Uhr); *il est sept heures ~es ou p/pr ~* es ist Schlag sieben (Uhr)
tape [tap] *f* Klaps *m*; **~ amicale** freundschaftlicher Klaps
tapé [tape] *adj* F *cf* **cinglé**
tape-à-l'œil [tapalœj] *adj* ⟨inv⟩ protzig; über'trieben prunkvoll; kitschig; *subst c'est du ~* das ist Schaumschläge'rei, Kitsch
tapecul *ou* **tape-cul** [tapky] F *m* ⟨*pl* tape-culs⟩ **1.** *voiture* F schlecht gefederte Karre; **2.** *balançoire* Wippe *f*
tapée [tape] F *f* Menge *f*; Schwarm *m*; F Haufen *m*; **une ~ d'enfants** ein Haufen Kinder
taper [tape] I *v/t* **1.** e-n Klaps geben (*qn* j-m); (*frapper*) schlagen; klopfen; **~ trois coups à la porte** dreimal an die Tür klopfen; **2.** *à la machine à écrire* F tippen; **~ une lettre** e-n Brief tippen; **3.** F (*emprunter*) **~ qn** F j-n anpumpen; *je l'ai tapé de cent francs* ich habe (mir) hundert Franc von ihm gepumpt; II *v/i* **4.** (*frapper*) schlagen; **~ à la porte** an die Tür schlagen; **~ dans un ballon** e-n Ball her'umkicken; **~ dans les mains** *ou* **des mains** in die Hände klatschen; **~ dans le tas** blindlings drauf'losschlagen; *cf a 7.*; **~ des pieds** mit den Füßen trampeln; **~ sur qn** a) j-n schlagen; auf j-n einschlagen; b) F *fig* (*médire*) von j-m schlecht reden; über j-n herziehen; **~ sur l'épaule de qn** j-m auf die Schulter klopfen, *p/fort* schlagen; **5.** F *fig*: **~ dans l'œil de qn** j-m ins Auge, in die Augen stechen; **~ sur les nerfs, sur le système à qn** j-m auf die Nerven gehen; F j-m auf den Wecker fallen; **~ sur le ventre à qn** j-m gegenüber allzu vertraulich sein; sich bei j-m anbiedern; **6.** *~ (à la machine)* F tippen; **7.** F (*se servir*) **~ dans** sich hermachen über (+*acc*); **~ dans le tas** wahllos aus der Menge her'ausnehmen; kräftig zulangen; **8.** *soleil* **~ (dur)** (heiß) brennen; III *v/pr* **se ~ 9.** (*se frapper*) sich (gegenseitig) schlagen; **10.** F *fig*: *il y a de quoi se ~ le derrière par terre* F das ist ja zum Piepen, zum Schießen; *c'est à se ~ la tête contre les murs* F das ist, um am den Wänden hochzugehen; das ist zum Auswachsen; **11.** F *à manger, à boire* sich gönnen; F sich einverleiben; sich genehmigen; sich reinziehen; P *se ~ une fille* P ein Mädchen 'umlegen, aufs Kreuz legen; **12.** F: *il s'est tapé tout le trajet à pied* F er mußte den ganzen Weg tippeln; *se ~ tout le travail* F die ganze Arbeit auf dem Buckel haben; **13.** F *il peut toujours se ~* F da kann er lange warten; F *moi, je m'en tape* F ich pfeif' drauf
tapette [tapɛt] *f* **1.** a) *pour tapis* Teppichklopfer *m*; b) *pour mouches* Fliegenklappe *f*, -klatsche *f*; **2.** F (*gutes*) Mundwerk *n*; *elle a une de ces ~s* ihr Mundwerk steht nicht still; **3.** *arg cf* **tante** 2.
tapeur [tapœʀ] *m* F Pumpgenie *n*

tapi [tapi] *adj* (*blotti*) zu'sammengekauert; (*caché*) versteckt
tapin [tapɛ̃] *m* P *faire le ~* F auf den Strich gehen
tapinois [tapinwa] *loc/adv* *en ~* heimlich; verstohlen
tapioca [tapjɔka] *m* Tapi'oka *f*; (*potage m au*) *~* Tapioka-, Sagosuppe *f*
tapir¹ [tapiʀ] *v/pr* *se ~* sich verkriechen
tapir² [tapiʀ] *m* ZO Tapir *m*
tapis [tapi] *m* **1.** Teppich *m*; *d'escalier* Läufer *m*; **~ persan** Perserteppich *m*; F Perser *m*; DIPL **~ rouge** roter Teppich; *du conte* **~ volant** fliegender Teppich; *fig* **~ de mousse** Moosteppich *m*; **~ d'Orient** Orientteppich *m*; **~ de prière** Gebetsteppich *m*; **2.** *par ext* Decke *f*; SPORTS Matte *f*; *d'un billard, d'une table de jeu* Tuch *n*; **~ de bain** Badematte *f*; *d'une tente* **~ de sol** Bodendecke *f*; **~ de table** Tischdecke *f*; BOXE: *aller au ~* zu Boden gehen; *envoyer son adversaire au ~* s-n Gegner auf die Bretter schicken; *fig*: *mettre une question sur le ~* e-e Frage aufs Ta'pet, zur Sprache bringen; *se réunir autour du ~ vert* sich zu e-r Sitzung versammeln; **3.** TECH **~ roulant** Förderband *n*; *pour piétons* Roll-, Fahrsteig *m*
tapis-brosse [tapibʀɔs] *m* ⟨*pl* tapis-brosses⟩ Fußmatte *f*; Abtreter *m*
tapisser [tapise] *v/t* **1.** *pièce, murs* tape'zieren; **2.** *par ext* bedecken, schmücken (*de* mit); *mur* **~ *de photos*** mit Fotos tapezieren
tapisserie [tapisʀi] *f* **1.** *ouvrage d'art* Wandbehang *m*; Wandteppich *m*; Gobe'lin *m*; **~ de Gobelins** echter Gobelin; *fig* *faire* ~ ein Mauerblümchen sein; sitzenbleiben (*beim Tanz*); **2.** *d'un appartement* Ta'pete *f*; **3.** (*canevas*) Kanevasstickerei *f*
tapissier [tapisje] *m* **1.** (*décorateur*) Tape'zierer *m*; **2.** *~ (d'ameublement)* (Möbel)Polsterer *m*
tapotement [tapɔtmɑ̃] *m* leichtes Klopfen; *de la joue* Tätscheln *n*; *du masseur* Klopfen *n*
tapoter [tapɔte] *v/t* leicht klopfen; klopfen auf (+*acc*); tätscheln; **~ une cigarette pour faire tomber la cendre** die Asche e-r Zigarette abklopfen; **~ la joue d'un enfant** e-m Kind die Wange tätscheln
taquet [takɛ] *m* TECH Knagge *f*; Keil *m*; Pflock *m*
taquin [takɛ̃] *adj* schalkhaft; schelmisch; *être ~* gern andere necken, hänseln
taquiner [takine] I *v/t* **1.** necken; hänseln; **2.** *fig*: *~ le goujon* angeln; **~ la muse** Verse schmieden; *j'ai une dent qui me taquine* e-r meiner Zähne, F mein einer Zahn rührt sich, macht sich bemerkbar; *cette histoire me taquine* diese Geschichte läßt mir keine Ruhe; II *v/pr* *se ~* sich (gegenseitig) necken, hänseln
taquinerie [takinʀi] *f* Necke'rei *f*; Hänse'lei *f*
tarabiscoté [taʀabiskɔte] *adj* *décor, meuble* über'laden; 'übermäßig verziert; *style* schwülstig, geschraubt; geschwollen
tarabuster [taʀabyste] *v/t* **~ qn** j-m zusetzen; j-m keine Ruhe lassen
taratata [taʀatata] *int* na, na!

tarauder [taʀode] *v/t* (TECH ein Gewinde) bohren in (+*acc*)
tard [taʀ] I *adv* spät; *plus ~* später; *je l'ai vu pas plus ~ qu'hier* gestern erst ...; *au plus ~* spätestens; *trop ~* zu spät; *attendre trop ~* zu lange warten; *~ le soir* spätabends; *~ dans la nuit* spät in der Nacht; *travailler jusque ~ dans la nuit* bis spät in die Nacht (hin-'ein) arbeiten; *~ dans la soirée* am späten Abend; spät am Abend; *il est, se fait ~* es ist, wird spät; *se lever ~* spät aufstehen; *il s'est mis très ~ à l'anglais* er hat sehr spät mit Englisch angefangen; *rentrer ~* spät nach Hause kommen, gehen; *prov* *mieux vaut ~ que jamais* besser spät als nie (*prov*); II *m* *sur le ~* in vorgerückten Jahren; in vorgerücktem Alter; spät(er)
tarder [taʀde] I *v/i* personne: *à agir* zögern; zaudern; *à venir* spät kommen; auf sich warten lassen; *chose* dauern; auf sich warten lassen; *ça ne va pas ~* das, es wird bald kommen; das, es wird nicht mehr lange dauern; *loc/adv*: *sans ~* unverzüglich; *sans plus ~* ohne weiter zu warten, zögern; ♦ *~ à (+inf)* zögern zu (+*inf*); *ne pas ~ à faire qc* bald etw tun; *il ne va pas ~ à pleuvoir* es wird bald regnen; *il tarde bien à venir* er läßt lange auf sich warten; er bleibt sehr lange; *ne tardez pas à donner votre réponse* geben Sie bald Antwort; II *v/imp* *il me tarde de (+inf)* ich kann es kaum erwarten zu (+*inf*); *il me tarde de le revoir* ich sehne mich danach, ihn 'wiederzusehen
tardif [taʀdif] *adj* ⟨-ive⟩ spät; *événement* spät eintretend; *fruits ~s* Spätobst *n*; *gelées tardives* Spätfröste *m/pl*; *à une heure tardive* zu später Stunde; *remords ~s* späte Reue
tare [taʀ] *f* **1.** (*défaut*) (schwerer) Mangel; Fehler *m*; Makel *m*; **~ héréditaire** erbliche Belastung; *avoir une ~ héréditaire* erblich belastet sein; **2.** COMM Tara *f*; Verpackungsgewicht *n*
taré [taʀe] *adj* **1.** (*dégénéré*) mit e-m Fehler behaftet; erblich belastet; **2.** F (*débile*) schwachsinnig
tarentelle [taʀɑ̃tɛl] *f* MUS Taran'tella *f*
tarentule [taʀɑ̃tyl] *f* ZO Ta'rantel *f*
tarer [taʀe] *v/t* COMM ta'rieren
targette [taʀʒɛt] *f* Schubriegel *m*
targuer [taʀge] *v/pr st/s* *se ~ de qc* sich brüsten mit etw; *st/s* sich rühmen (+*gén*); *se ~ de (+inf)* sich damit brüsten, daß ...
Targui [taʀgi] *m* ⟨*sg von* Touareg⟩ Targi *m*
tari [taʀi] *adj* *source etc* versiegt
tarière [taʀjɛʀ] *f* **1.** CONSTR Stangenbohrer *m*; **2.** ZO Legestachel *m*
tarif [taʀif] *m* **1.** Ta'rif *m*; Preisliste *f*; *des médecins, avocats* Gebührenordnung *f*; **~s postaux** Postgebühren *f/pl*; **~ réduit** ermäßigter Tarif; CH DE FER Fahrpreisermäßigung *f*; *billet m à ~ réduit* verbilligte Fahrkarte; **~ syndical** Verbandstarif *m*; TÉL **~ de base** Grundgebühr *f*; *au café* **~ des consommations** Preise *m/pl* der Speisen und Getränke; **~ de nuit** ÉLECT Nachttarif *m*; TÉL Nachtgebühr *f*; *payer plein ~* den vollen Tarif, Fahrpreis zahlen; **2.** (*prix usuel*) (üblicher) Preis; Ta-

'rif *m*; F *fig: on lui a retiré son permis, c'est le ~* das ist das übliche
tarifaire [taRifɛR] *adj* Ta'rif...; ta'riflich; ta'rifmäßig
tarifer [taRife] *v/t* den Preis *ou* ADM den Ta'rif festsetzen für; tari'fieren
tarification [taRifikasjɔ̃] *f* Ta'rifgestaltung *f*; Festsetzung *f* der Preise *ou* ADM der Ta'rife; Tari'fierung *f*
tarin [taRɛ̃] *m* **1.** ZO Zeisig *m*; **2.** *arg (nez)* F Gesichtserker *m*; Zinken *m*
tarir [taRiR] **I** *v/t* **1.** *chaleur: source* versiegen lassen; **2.** *fig imagination* erschöpfen; **II** *v/i* **3.** *source, par ext larmes* versiegen; **4.** *fig conversation* stocken; *personne ne pas ~ sur qc* nicht loskommen von etw; immer wieder zu sprechen kommen auf etw (*acc*); *cf a éloge 1.*; **III** *v/pr se ~ source, fig inspiration etc* versiegen; erschöpft sein; sich erschöpfen
tarissement [taRismɑ̃] *m* Versiegen *n* (*a fig*)
Tarn [taRn] *le ~* Fluß *u* Departement in Frankreich
Tarn-et-Garonne [taRnegaRɔn] *le ~ frz Departement*
tarot [taRo] *m* Ta'rock *n ou m*; *~s pl* Tarockkarten *f/pl*
tarse [taRs] *m* ANAT Fußwurzel *f*
tartan [taRtɑ̃] *m* **1.** TEXT Tartan *m*; **2.** *matériau (marque déposée)* Tartan *m* (*Wz*); SPORTS *piste f en ~* Tartanbahn *f*
tartare [taRtaR] **I** *adj* CUIS *sauce f ~* Mayon'naise *f* mit Senf und gehackten Kräutern; *steak m ~ ou subst ~ m* rohes Rinderhackfleisch mit „Sauce tartare"; **II** *adj et subst cf tatar*
tarte [taRt] **I** *f* **1.** Obstkuchen *m*, -torte *f*; *~ à la crème* a) Sahnetorte *f*; b) CIN Tortenschlacht *f*; c) *fig* abgedroschenes Thema; *~ aux pommes* Apfelkuchen *m*; F *fig c'est pas de la ~* F das hat es in sich; **2.** F (*gifle*) Ohrfeige *f*; *cf a gifle 1.*; **II** *adj* F (*moche*) reizlos; häßlich; (*sot*) F dämlich; (*ridicule*) lächerlich
tartelette [taRtəlɛt] *f* Törtchen *n*
Tartempion [taRtɑ̃pjɔ̃] *m* F irgendein (Herr) Müller oder Meier
tartignolle [taRtiɲɔl] *f adj cf tarte II*
tartine [taRtin] *f* **1.** (bestrichene Brot-) Schnitte *f*; *nordd* Stulle *f*; *~ de beurre, de pain beurré* Butterbrot *n*; *faire des ~s* (Butter-, Marme'laden)Brote streichen; **2.** F (*laïus*) Ti'rade *f*; Ser'mon *m*; *il a écrit là-dessus toute une ~* er hat darüber e-n endlosen Sermon verzapft
tartiner [taRtine] *v/t du beurre etc* auf e-e Brotschnitte streichen; *tranche de pain* (be)streichen; *fromage m à ~* Streichkäse *m*
tartre [taRtR(ə)] *m* **1.** *d'une bouilloire etc* Kesselstein *m*; **2.** *des dents* Zahnstein *m*
tartrique [taRtRik] *adj* CHIM *acide m ~* Weinsäure *f*
tartuf(f)e [taRtyf] *m* Heuchler *m*; Scheinheilige(r) *m*; *~erie* Heuche'lei *f*; Scheinheiligkeit *f*
tas [tɑ, ta] *m* **1.** (*amas*) Haufen *m*; *~ de gravats, de pierres, de sable* Schutt-, Stein-, Sandhaufen *m*; *mettre en ~* aufhäufen; Junge etc auf e-n Haufen legen; *terre etc* aufschütten; auf e-n Haufen schütten; **2.** (*grande quantité*) Menge *f*; F Haufen *m*; Masse *f*; *un ~ de détails* e-e Menge Einzelheiten; F *un ~*

de trucs F ein Haufen Zeugs; F *il y en a des ~ et des ~* F davon gibt's jede Menge; *s'intéresser à des ~ de choses* sich für e-e Menge Dinge interessieren; **3.** *péj ou* F *de personnes* Menge *f*; F Haufen *m*; *un ~ de gens* e-e Menge, F ein Haufen Leute; *~ d'imbéciles!* ihr Dummköpfe!; P *~ de salauds!* P Saubande!; ihr Dreckskerle!; *loc/adv dans le ~, il y en aura bien un qui vous aidera* in der großen Menge...; sich ins Kampfgewühl stürzen; *tirer dans le ~* in, auf die Menge schießen; *cf a taper 4., 7.*; **4.** *loc/adv sur le ~* bei der Arbeit; am Arbeitsplatz; *grève f sur le ~* Sitzstreik *m*
t'as [ta] F = *tu as*
tasse [tɑs, tas] *f* Tasse *f*; *~ à café* Kaffeetasse *f*; *fig* *boire la ou une ~* Wasser schlucken (*beim Baden*); F *fig ce n'est pas ma ~ de thé* das ist nicht nach meinem Geschmack; das gefällt mir nicht; F das ist nicht mein Fall; *prendre une ~ de café* e-e Tasse Kaffee trinken
tassé [tɑse] *adj* **1.** F *bien ~ verre* randvoll; *café* sehr stark; *pastis bien ~* Pastis *m* mit wenig Wasser; *40 ans bien ~s* gut 40 Jahre; **2.** *personne* vom Alter gebeugt
tasseau [taso] *m* ⟨*pl ~x*⟩ TECH Knagge *f*; (Trag)Leiste *f*
tassement [tasmɑ̃] *m* **1.** CONSTR Sich'setzen *n*; Sich'senken *n*; **2.** MÉD *~ de vertèbres* Zu'sammensinken *n* der Wirbelkörper
tasser [tase] **I** *v/t* **1.** *sol* feststampfen; *qc de volumineux* zu'sammenpressen, -drücken; **2.** *personnes* zu'sammenpferchen; *être tassés* zusammengepfercht sein; **II** *v/pr se ~* **3.** *sol*, CONSTR sich senken; sich setzen; **4.** *personne* (mit zunehmendem Alter) gebeugt *ou* kleiner werden; **5.** F *affaire* wieder in Ordnung kommen; F sich wieder einrenken; *ça se tassera a* das gibt sich (wieder); das legt sich
taste-vin [tastəvɛ̃] *m* ⟨*inv*⟩ (silberner) Pro'bierbecher (der Weinprüfer); (*pipette*) Stechheber *m*
tata [tata] *enf f* Tante *f*; Tantchen *n*
tatane [tatan] F F Schuh *m*; *~s pl* F Treter *m/pl*; Latschen *m/pl*
tatar [tatar] **I** *adj* ta'tarisch; **II** *subst* ♀(*e*) *m*(*f*) Ta'tar(in) *m*(*f*)
tâter [tate] **I** *v/t* be-, anfühlen; be-, abtasten; *~ le pouls* den Puls fühlen (*de qn* j-m; *a fig*) *cf a terrain 1.*; **II** *v/t/indir ~ de qc* etw versuchen, pro'bieren; etw ausprobieren; es mit etw versuchen; F *en* (*acc*) hin'einriechen; *~ de tous les métiers* es mit allen Berufen versuchen; *il a déjà tâté de la prison* F er hat schon mal gesessen; **III** *v/pr se ~* mit sich zu Rate gehen; *je me tâte* ich muß es mir noch über'legen
tatillon [tatijɔ̃] *adj* ⟨*~ne od f inv*⟩ pe'dantisch; über'trieben gewissenhaft, genau; *être ~* a ein Pe'dant, Kleinigkeitskrämer sein
tâtonnement [tɑtɔnmɑ̃] *m* **1.** (Her'um-)Tasten *n*, (-)Tappen *n*; **2.** *fig surtout pl ~s* ungewisse Versuche *m/pl*
tâtonner [tɑtɔne] *v/i* (her'um)tasten, (-)tappen; *avancer en tâtonnant* sich vorwärts tasten; **2.** *fig* tastende Versuche machen

tâtons [tɑtɔ̃] *loc/adv à ~* tastend; tappend; *chercher à ~ l'interrupteur* nach dem Schalter tasten; *chercher la sortie à ~* sich zum Ausgang tasten; *avancer, marcher à ~* um'hertappen
tatou [tatu] *m* ZO Gürteltier *n*
tatouage [tatwaʒ] *m* **a)** *action* Täto'wieren *n*; **b)** *dessin* Täto'wierung *f*
tatouer [tatwe] *v/t personne, partie du corps* täto'wieren; *dessin* (ein)täto'wieren; *se faire ~* sich tätowieren lassen
tatoueur [tatwœR] *m* Täto'wierer *m*
taudis [todi] *m* Elendsquartier *n*; F Höhle *f*; Loch *n*; *par ext c'est un vrai ~!* F das ist ja ein Saustall!
taulard [tolar] *arg* Knastbruder *m*
taule [tol] *f* **1.** *arg* (*prison*) F Kittchen *n*; Knast *m*; *aller en ~* F ins Kittchen kommen; *faire de la ~* F Knast schieben; *mettre en ~* F einbuchten; **2.** (*chambre, maison*) F Bude *f*; F (*entreprise*) F Laden *m*
taul|ier [tolje] F *m*, *~ière* F *f* Wirt(in) *m*(*f*)
taupe [top] *f* **1.** ZO Maulwurf *m*; *fourrure* Maulwurfsfell *n*; *fig myope comme une ~* sehr kurzsichtig; **2.** *fig et péj vieille ~* alte Hexe, Schachtel; **3.** *arg des écoles* mathe'matische Vorbereitungsklasse *nach dem Baccalauréat* für die „Grandes écoles"; **4.** F (*espion*) Maulwurf *m*; **5.** TECH Maulwurf *m*
taupin [topɛ̃] F *m* Schüler *m* e-r mathe'matischen Vorbereitungsklasse für die „Grandes écoles"
taupinière [topinjɛR] *f* Maulwurfshügel *m*, -haufen *m*
taureau [tɔRo] *m* ⟨*pl ~x*⟩ **1.** ZO Stier *m*; Bulle *m*; *~ de combat* Kampfstier *m*; *course f de ~x* Stierkampf *m*; *avoir une force de ~* stark wie ein Bär sein; Bärenkräfte haben; *fig prendre le ~ par les cornes* den Stier bei den Hörnern packen; **2.** ASTR *le ♉* der Stier
taur|illon [tɔRijɔ̃] *m* ZO Jungstier *m*; *~in adj* (Kampf)Stier...
tauromach|ie [tɔRɔmaʃi] *f* Stierkampf *m*; *~ique adj* Stierkampf...; des Stierkampfs
tautologie [totoloʒi] *f* RHÉT, LOGIQUE Tautolo'gie *f*
taux [to] *m* **1.** *~* (*d'intérêt ou de l'intérêt*) Zinssatz *m*, -fuß *m*; *~ directeurs* Leitzinsen *m/pl*; *au ~ de 4%* zu 4% Zinsen; zu e-m Zinssatz von 4%; **2.** (*montant fixé*) Satz *m*; *~ du ou de change* Wechselkurs *m*; *~ d'escompte* Dis'kontsatz *m*; *~ d'imposition* Steuersatz *m*; **3.** (*pourcentage*) (Pro'zent)Satz *m*; Rate *f*; Quote *f*; Ziffer *f*; *~ de chômage* Arbeitslosenquote *f*; ÉCON *~ de croissance* Wachstumsrate *f*; *~ de glucose dans le sang* Blutzuckerspiegel *m*; *~ d'inflation* Inflati'onsrate *f*; *~ d'invalidité de 60%* 60% Minderung *f* der Erwerbsfähigkeit; *~ de mortalité* Sterbeziffer *f*; *~ de remboursement* Erstattungssatz *m*; *~ de scolarisation* Schulbesuchsquote *f*
tavel|é [tavle] *adj visage, fruit* fleckig; *~ures f/pl* Flecken *m/pl*
taverne [tavɛRn] *f autrefois* Ta'verne *f*; *aujourd'hui* Restau'rant *n* in rusti'kalem Stil; *au Canada* Schenke *f*; Ausschank *m*
taxable [taksabl(ə)] *adj* besteuerbar
taxation [taksasjɔ̃] *f* **1.** ADM Festsetzung

f von Preisen, Gebühren; (behördliche) Preisbindung *f*, -regelung *f*; **2.** (*imposition*) Besteuerung *f*
taxe [taks] *f* **1.** (*prix fixé*) (amtlich) festgesetzter Preis; **2.** (*redevance*) Gebühr(en) *f(pl)*; **~ téléphonique** Fernsprechgebühr(en) *f(pl)*; **~ d'enlèvement des ordures ménagères** Müllabfuhrgebühr *f*; *TÉL* **~ de raccordement** Anschlußgebühr *f*; **~ de stationnement** Parkgebühr *f*; **~ sur les postes récepteurs de radiodiffusion, de télévision** Rundfunk-, Fernsehgebühr *f*; **3.** (*impôt*) Steuer *f*; Abgabe *f*; **~ compensatoire (à l'importation)** (Einfuhr)Ausgleichsabgabe *f*; **~ locale** örtliche Steuer; **~s municipales** Gemeindesteuern *f/pl*; Kommu'nalabgaben *f/pl*; **~ professionnelle** Gewerbesteuer *f*; **~s de consommation** Verbrauchssteuern *f/pl*; **~ d'habitation** Wohnsteuer *f*; *correspond à* Grundstücksgebühren *f/pl*; **~ de séjour** Kurtaxe *f*; **~ sur le chiffre d'affaires** 'Umsatzsteuer *f*; **~ sur la valeur ajoutée** (*abr* **T.V.A.**) Mehrwertsteuer *f*; *loc/adj* **'hors ~** ohne Steuern und Abgaben; *marchandise importée* zollfrei; **toutes ~s comprises** (*abr* **T.T.C.**) einschließlich aller Steuern und Abgaben
taxer [takse] *v/t* **1.** *ADM*: *prix, coût* (behördlich, amtlich) festsetzen (*à* auf +*acc*); *marchandises* den Preis, die Kosten festsetzen für; **2.** (*imposer*) **~ qn, qc** j-n, etw mit e-r Steuer belegen, besteuern; **3.** *fig* **~ qn, qc de** j-n, etw bezeichnen als, erklären für
taxi [taksi] *m* Taxi *n*; Taxe *f*; *ADM* **~** Kraftdroschke *f*; **chauffeur *m* de ~** Taxifahrer *m*, -chauffeur *m*; **hep! ~!** hallo, Taxi!; F **il fait le ~ ou il est ~** er ist Taxichauffeur; **héler, appeler un ~** ein Taxi herbeirufen; **prendre un ~** ein Taxi nehmen
taxi-girl [taskigœrl] *f* ⟨*pl* taxi-girls⟩ Taxigirl [-gœ:rl] *n*
taximètre [taksimɛtʀ(ə)] *m* Taxa'meter *m ou n*; Fahrpreisanzeiger *m*
taxiphone [taksifɔn] *m* Münzfernsprecher *m*
Tbilissi [tbilisi] Tiflis *n*
Tchad [tʃad] **le ~** der Tschad; Tschad *n*; **le lac ~** der Tschadsee
tchadien [tʃadjɛ̃] I *adj* ⟨-ne⟩ tschadisch; II *subst* ♀⟨**ne**⟩ *m(f)* Tschader(in) *m(f)*
tchatche [tʃatʃ] *f* F **avoir la ~** F ein flinkes, gutes Mundwerk haben
tchécoslovaque [tʃekɔslɔvak] *adj* HIST tschechoslo'wakisch
Tchécoslovaquie [tʃekɔslɔvaki] HIST **la ~** die Tschechoslowa'kei
tchèque [tʃɛk] I *adj* tschechisch; **la République ~** die Tschechische Republik; F die Tsche'chei II *subst* ♀ *m* ♀Tscheche *m*, Tschechin *f*; **2.** *LING* **le ~** das Tschechische; Tschechisch *n*
tchin-tchin [tʃintʃin] *int* prosit!; prost!
T.D. [tede] *m/pl abr* (*travaux dirigés*) *cf* **travail** 2.
te [t(ə)] *pr/pers* ⟨*vor Vokal u stummem h* **t'**⟩ *a*) *obj/dir* **dans une lettre** Dich; **elle ~ trompe** sie betrügt dich; **je ~ remercie** ich danke dir; *sens réfléchi*: **tu t'es lavé(e)?** hast du dich gewaschen?; **ne ~ gêne pas!** genier dich nicht!; **va-t'en!** geh schon!; *b*) *obj/indir*

dir; *dans une lettre* Dir; **je ~ le dirai** ich werde es dir sagen; **cela peut t'être utile** das kann dir, für dich nützlich sein; *sens réfléchi* **tu t'es lavé les pieds?** hast du dir die Füße gewaschen?; *c*) **F et je ~ frotte, et je ~ nettoie** ... und die reibt und reibt und putzt und putzt ...; F *si c'était mon fils,* **je ~ le dresserais** den würde ich aber erziehen; *d*) **~ voilà, enfin!** da bist du ja endlich!
té¹ [te] *m* **règle** Reißschiene *f*
té² [te] *int provençale* (= *tiens*) *cf* **tenir** 8.
technic|ien [tɛknisjɛ̃] *m*, **~ienne** *f* **1.** (*spécialiste*) Techniker *m*, Fachfrau *f*; Fachkraft *f*; **les techniciens** die Fachleute; **technicien de la publicité** Werbefachmann *m*; **2.** (*spécialiste des sciences appliquées*) Techniker(in) *m(f)*; **techniciens** *pl* **a** technisches Perso'nal; **technicien supérieur** gradu'ierter Inge'ni'eur; **technicien de la radio** Rundfunktechniker *m*
technicité [tɛknisite] *f* fachlicher Cha'rakter; Fachlichkeit *f*; **d'une 'haute ~** sehr fachspezifisch
technico-commercial [tɛknikokɔmɛʀsjal] *adj* ⟨-aux⟩ kaufmännisch-technisch; **ingénieur ~** Vertriebs-, Verkaufsingenieur *m*
technique [tɛknik] I *adj* **1.** (*spécialisé*) fachlich; Fach...; **baccalauréat *m* ~** *correspond à* Fachabitur *n*; **enseignement *m* ou subst ~ *m*** Fachschulwesen *n*, -unterricht *m*; **lycée *m* ~** *correspond à* Fachoberschule *f*; **revue *f* ~** Fachzeitschrift *f*; **terme *m* ~** Fachausdruck *m*, -wort *n*; Terminus technicus *m*; **2.** (*mécanique*) technisch; *MAR*, *AVIAT* **escale *f* ~** technische Zwischenlandung *f*; **incident *m* ~** technische Störung; **progrès *m* ~** technischer Fortschritt; **un pays très évolué au point de vue ~** ein technisch hochentwickeltes Land; II *f* **1.** (*procédés*) Technik *f*; **~ de la fresque** Freskotechnik *f*; Technik der Freskomalerei; F **avoir la (bonne) ~** F den Dreh her'aushaben; **2.** (*applications pratiques, réalisations*) Technik *f*; **sciences** *f/pl* **et ~s** Naturwissenschaft *f* und Technik
techno|crate [tɛknɔkʀat] *m* Techno'krat *m*; **~cratie** [-kʀasi] *f* Technokra'tie *f*; **~logie** *f* Technolo'gie *f*; Technik *f*; **~logique** *adj* techno'logisch; technisch
teck [tɛk] *m* Teakholz ['ti:k-] *n*
teckel [tekel] *m* ZO Dackel *m*; Dachshund *m*; Teckel *m*
tectonique [tɛktɔnik] GÉOL I *adj* tek'tonisch; II *f* (Geo)Tek'tonik *f*
tectrice [tɛktʀis] *adj et subst f* ZO ⟨*plume f*⟩ Deckfeder *f*
Te Deum [tedeɔm] *m* ⟨*inv*⟩ REL, MUS Te'deum *n*
tee [ti] *m* GOLF Abschlagstelle *f*
teenager [tinɛdʒœʀ] *m, f* Teenager ['ti:ne:dʒəɾ] *m*
tee-shirt [tiʃœʀt] *m* ⟨*pl* tee-shirts⟩ T-Shirt ['ti:ʃœɾt] *n*
téflon [teflɔ̃] *m* (*nom déposé*) Teflon *n* (*Wz*)
tégument [tegymɑ̃] *m* ANAT, BOT Integu'ment *n*
teigne [tɛɲ] *f* **1.** ZO Motte *f*; **2.** MÉD (Erb)Grind *m*; *fig* **il est mauvais, mé-**

chant comme une ~, **c'est une vraie ~** F er ist e-e Giftnudel, ein Giftzwerg
teigneux [tɛɲø] *adj* ⟨-euse⟩ MÉD grindig
Teilhard de Chardin [tɛjaʀdəʃaʀdɛ̃] *frz Philosoph*
teindre [tɛ̃dʀ(ə)] ⟨*cf* peindre⟩ I *v/t* étoffe, cheveux färben; **~ en rouge** rot färben; II *v/pr* **se ~** (**les cheveux**) sich die Haare färben
teint [tɛ̃] I *m* **1.** Teint *m*; Gesichtsfarbe *f*; **fond *m* de ~** Make-up [me:k'ap] *n*; **avoir le ~ frais** ein frischen Teint, e-e frische Gesichtsfarbe haben; **elle a un ~ de blonde** sie hat den (typischen) Teint der Blonden; **avoir un ~ de lis et de rose** wie Milch und Blut aussehen; **2.** *adj t* ⟨*inv*⟩ **tissu *m* bon, grand ~** farbechter Stoff; *fig et plais* **catholique *m* bon ~** über'zeugter, F in der Wolle gefärbter Katholik; II *adj* ⟨*teinte* [tɛ̃t]⟩ *étoffe, cheveux* gefärbt; F **elle est ~e** sie hat gefärbtes Haar
teinte [tɛ̃t] *f* **1.** Färbung *f*; Farbton *m*; (Farb)Schat'tierung *f*; **robe *f* aux ~s vives** Kleid *n* mit leuchtenden Farben; **les feuilles ont pris une ~ roussâtre** nahmen e-e rostbraune Färbung an; **2.** *fig* Färbung *f*; **remarque empreinte d'une légère ~ d'ironie** leicht ironisch gefärbte Bemerkung
teinté [tɛ̃te] *adj* **1.** getönt; **lunettes** *f/pl* **à verres ~s** getönte Brille; **2.** *fig* **remarque ~e d'ironie** ironisch gefärbte Bemerkung
teinter [tɛ̃te] I *v/t* tönen; *bois* beizen; *par ext* **~ son eau d'un peu de vin** etwas Wein in sein Wasser gießen; II *v/pr* **1.** **se ~ de rouge** *etc* sich rot *etc* färben; **2.** **se ~ d'ironie** *etc* e-e ironische *etc* Färbung, e-n ironischen *etc* Beiklang annehmen
teinture [tɛ̃tyʀ] *f* **1.** *action* Färben *n*; **2.** (*colorant*) Färbemittel *n*; Farblösung *f*; **3.** *fig* (*connaissance superficielle*) **avoir une ~ de français** oberflächliche Französischkenntnisse haben; ein bißchen Französisch können; **4.** *PHARM* Tink'tur *f*; **~ d'iode** Jodtinktur *f*
teinturerie [tɛ̃tyʀʀi] *f* *boutique* chemische Reinigung (und Färbe'rei); **donner un pantalon à la ~** e-e Hose in die (chemische) Reinigung geben
teintur|ier [tɛ̃tyʀje] *m*, **~ière** *f* Färber(-in) *m(f)* und Chemischreiniger(in) *m(f)*; **porter une robe chez le teinturier** ein Kleid in die (chemische) Reinigung bringen
tek *cf* **teck**
tel [tɛl] I *adj* ⟨-le⟩ **1.** (*semblable*) solche(r, -s); so(lch) ein(e); derartige(r, -s); **une ~le conduite** ein solches, ein derartiges Verhalten; **on n'a jamais rien vu de ~** so etwas hat man noch nie gesehen; **~le est mon opinion** das ist meine Meinung; **il n'est pas riche, mais passe pour ~** wird aber dafür gehalten; ♦ **comme ~ ou en tant que ~** als solcher; **la société en tant que ~le** die Gesellschaft als solche; **~ dans une comparaison**: *st/s* **un éclair** *st/s* gleich e-m Blitz; **~ que (so) wie**; **un ami ~ que lui** ein Freund wie er; **dans une affaire ~le que celle-ci** in e-r Angelegenheit wie dieser; in e-r solchen Angelegenheit; **il faut l'accepter ~ qu'il est** man muß ihn nehmen, wie er ist; ♦ **devant un exemple, une énumération**

~(le)s que wie zum Beispiel; st/s als da sind; **des fleuves ~s que le Rhône, la Loire, etc.** Flüsse wie zum Beispiel die Rhone, die Loire usw.; ♦ **~ quel** unverändert; **laisser les choses ~es quelles** ou F **~les que** die Dinge unverändert, in demselben Zustand lassen; die Dinge lassen, wie sie sind; **2.** (*si grand*) solche(r, -s); so groß; derartig; **je n'ai jamais eu une ~le peur** ich habe niemals solche, so große Angst gehabt; **~le est la force des préjugés que ...** so groß ist die Macht der Vorurteile, daß ...; **rien de ~ que ...** es gibt nichts Besseres als (+*acc*); es geht nichts über (+*acc*); ♦ *loc/conj* **de ~le sorte, façon, manière que ...** so ou dergestalt, daß ...; **la situation est très grave, à ~ point que ...** die Lage ist so ernst, daß ...; *cf a* **point**^{1} **2.**; **3.** *indéfini* irgendein; der oder der; dieser oder jener; **~ ou ~ numéro** die oder die Nummer; diese oder jene Nummer; **~ jour, à ~le heure** an dem und dem Tag, um soundso viel Uhr; **l'homme en général et non ~ homme** der Mensch im allgemeinen und nicht (irgend)ein bestimmter Mensch; **~le quantité de ...** soundso viel von ...; **II** *pr/ind* **1. Monsieur Un ~le** Herr Sowieso, Soundso; **Madame Une ~le** Frau Sowieso, Soundso; **2.** *prov* **est pris qui croyait prendre** wer andern eine Grube gräbt, fällt selbst hinein (*prov*)

tél. *abr* (*téléphone*) Tel. (Telefon)

télé [tele] f F **1.** Fernsehen n; **qu'est-ce qu'il y a à la ~?** was kommt im Fernsehen?; **regarder la ~** fernsehen; **2.** (*téléviseur*) Fernseher m; F **la ~ est foutue** F der Fernseher ist kaputt

télé... [tele] *préfixe* **1.** (*à distance*) Fern...; fern...; Tele...; tele...; **2.** (*de télévision*) Fernseh...

télé|benne [telebɛn] f ou **~cabine** f Ka'binenseilbahn f

télécarte [telekart] f TÉL Tele'fonkarte f

télécommande [telekɔmɑ̃d] f TECH Fernsteuerung f, -bedienung f

télécommander [telekɔmɑ̃de] v/t fernsteuern (*a fig*), fernbedienen; **~ la mise à feu d'une fusée** e-e Rakete fernzünden; *adjt* **télécommandé** ferngesteuert

télécommunication [telekɔmynikasjɔ̃] f Fernmeldetechnik f; **~s** *pl* Fernmeldewesen n

télécopie [telekɔpi] f TÉLÉCOMM (Tele)Fax n

télécopieur [telekɔpjœr] m Faxgerät n

télédiffusion [teledifyzjɔ̃] f Fernsehübertragung f

téléenseignement [teleɑ̃sɛɲmɑ̃] m Fernunterricht m

téléférique *cf* **téléphérique**

téléfilm [telefilm] m TV Fernsehfilm m

télégénique [teleʒenik] *adj* tele'gen

télégramme [telegram] m Tele'gramm n; **~ de condoléances, de félicitations** Beileids-, Glückwunschtelegramm n; **envoyer, expédier un ~** ein Telegramm schicken, aufgeben

télégraph|e [telegraf] m Tele'graf m; **~ie** f Telegra'fie f; **~ier** v/t telegra'fieren (*a abs*)

télégraphique [telegrafik] *adj* **1.** TECH Tele'grafen...; **2.** (*par télégramme*) tele-'grafisch; Tele'gramm...; **mandat** m **~** telegrafische Postanweisung; **3.** *par ext* **style** m **~** Tele'grammstil m

télégraphiste [telegrafist] m Tele-'grammbote m

télégu|**age** [telegidaʒ] m TECH Fernlenkung f; **~er** v/t fernlenken; *adjt* **téléguidé** ferngelenkt (*a fig*)

téléinformatique [teleɛ̃fɔrmatik] f Datenfernverarbeitung f

télémanipulateur [telemanipylatœr] m TECH Manipu'lator m

télématique [telematik] f INFORM Tele-'matik f; Verbindung f von Informatik und Fernmeldetechnik

télémètre [telemɛtr(ə)] m TECH Entfernungsmesser m; Tele'meter n

téléobjectif [teleɔbʒɛktif] m PHOT Teleobjektiv n; **pris au ~** mit (dem) Teleobjektiv aufgenommen

télépathie [telepati] f Telepa'thie f

téléphérique [teleferik] m Drahtseilbahn f; Seil(schwebe)bahn f

téléphone [telefɔn] m **1.** Tele'fon ou Tele'phon n; ADM Fernsprecher m; **avec l'adresse a** (Fern)Ruf m; **~ mobile** Mo'biltelefon n; **~ public** öffentlicher Fernsprecher; POL **le ~ rouge** der heiße Draht; **~ à cartes (magnétiques)** Kartentelefon n; **~ de voiture** Autotelefon n; **~ sans fil** schnurloses Telefon; **coup de ~** (Telefon)Anruf m; **recevoir un coup de ~** (**de qn**) von j-m angerufen werden; **numéro** m **de ~** Telefon-, Fernsprechnummer f; Ruf(nummer) m(f); **par ~** telefonisch; fernmündlich; **avoir le ~** Telefon (im Hause) haben; **avoir qn au ~** a) *à l'instant* mit j-m (gerade) telefonieren; F j-n an der Strippe haben; b) (*joindre*) j-n telefonisch erreichen; **2.** F *fig* **~ arabe** F Dschungeltelegraph m

téléphoner [telefɔne] **I** v/t ('durch)telefo'nieren, fernsprechen, telefonisch, 'durchgeben (**qc à qn** j-m etw); **téléphone--lui de venir** telefonier ihm, er soll kommen; ruf ihn an und sag ihm, er solle kommen; **II** v/i telefo'nieren, anrufen; **~ à qn** j-n anrufen; mit j-m telefonieren; **~ chez qn** bei j-m anrufen; **téléphone-moi demain** ruf mich morgen an; **III** v/pr *se* **~** mitein'ander telefo-'nieren

téléphonique [telefɔnik] *adj* tele'fonisch; Tele'fon...; Fernsprech...; **appel** m **~** (telefonischer) Anruf m; **cabine** f **~** Telefon-, Fernsprechzelle f; **conversation** f **~** Telefongespräch n; Telefo'nat n; **ligne** f **~** Telefon-, Fernsprechleitung f

téléphoniste [telefɔnist] m,f Telefo-'nist(in) m,f

téléprompteur [teleprɔ̃ptœr] m TV Teleprompter m

téléreportage [teler(ə)pɔrtaʒ] m Fernsehreportage f

télescopage [telɛskɔpaʒ] m AUTO Zu-'sammenstoß m; Auffahren n; Auffahrunfall m

télescope [telɛskɔp] m ASTR, OPT Fernrohr n; Tele'skop n

télescoper [telɛskɔpe] AUTO **I** v/t zu-'sammenstoßen mit; auffahren auf (+*acc*); **II** v/pr *se* **~** zu'sammenstoßen; aufein'anderprallen

télescopique [telɛskɔpik] *adj* TECH ausziehbar; Tele'skop...; **antenne** f **~** Teleskopantenne f

téléscripteur [teleskriptœr] m Fernschreiber m

télésiège [telesjɛʒ] m Sessellift m

téléski [teleski] m Schilift m; Schlepplift m

téléspecta|teur [telespɛktatœr] m, **~trice** f Fernsehzuschauer(in) m(f)

télésurveillance [telesyrvɛjɑ̃s] f Bildschirmüberwachung f

télétraitement [teletrɛtmɑ̃] m INFORM Datenfernverarbeitung f

télévisé [televize] *adj* im Fernsehen über'tragen; Fernseh...; **jeu ~** Ratespiel n, Quizsendung f (im Fernsehen); **journal ~** (Fernseh)Nachrichten f/pl

téléviser [televize] v/t im Fernsehen über'tragen

téléviseur [televizœr] m Fernsehapparat m, -empfänger m, -gerät n; Fernseher m; **~ couleur** Farbfernseher m

télévision [televizjɔ̃] f **1.** Fernsehen n; **~ scolaire** Schulfernsehen n; **~ en couleurs** Farbfernsehen n; **~ par câble, par satellite** Kabel-, Satel'litenfernsehen n; **programme** m **de ~** Fernsehprogramm n; **2.** *cf* **téléviseur**

télex [telɛks] m **1.** réseau Telex n; Fernschreibnetz n; **2.** *message* Fernschreiben n; Telex n; **par ~** fernschriftlich

tellement [tɛlmɑ̃] *adv* dermaßen; derartig; so; so sehr; so viel; **vous aimez le champagne? – pas ~!** nicht besonders!; nicht sehr!; **il a ~ changé!** er hat sich so sehr, so stark verändert!; **il exaspère tout le monde, ~ il est bavard** so schwatzhaft ist er; **ce serait ~ mieux!** das wäre viel, viel besser!; **ce serait ~ plus agréable si ...** es wäre (so) viel angenehmer, wenn ...; ♦ **j'ai ~ de soucis** ich habe so viele Sorgen; **il dépense ~ d'argent** er gibt so viel Geld aus (**que ...** daß ...); ♦ **cette maison est ~ grande que ...** dieses Haus ist so groß, daß ...; **il a ~ peur que ...** er hat (e-e) solche Angst, daß ...; **elle va ~ vite que ...** sie geht so schnell, daß ...

tellurique [telyrik] *adj sc* Erd...; tel'lurisch; **secousse** f **~** Erdstoß m

téméraire [temerɛr] *adj personne* verwegen; kühn; waghalsig; *entreprise, jugement* kühn; gewagt; vermessen; HIST **Charles le ♀** Karl der Kühne

témérité [temerite] f Kühnheit f; Verwegenheit f; Waghalsigkeit f; Vermessenheit f; *folle* **~** Tollkühnheit f; **avec ~** waghalsig; kühn; verwegen

témoignage [temwaɲaʒ] m **1.** (*déclaration*) Aussage f (*a* JUR); Augenzeugenbericht m; st/s Zeugnis n; JUR a Zeugenaussage f; **faux ~** Falschaussage f; *par ext* Meineid m; **d'après, selon le ~ de** nach, laut Aussage von (ou +*gén*); **condamner qn sur le ~ de** j-n aufgrund der Aussage (+*gén*) verurteilen; **2.** (*signe*) Beweis m, Zeichen n (**de qc** für etw); Bekundung f; **en ~ de** als Beweis, Zeichen (+*gén*); **acceptez ce ~ de ma reconnaissance** nehmen Sie bitte diesen Beweis meiner Dankbarkeit an; **donner à qn des ~s d'affection** j-m (s-e) Zuneigung bekunden; j-m Beweise s-r Zuneigung geben; **remercier qn, pour les ~s de sympathie** für die erwiesene Anteilnahme danken

témoigner [temwaɲe] **I** v/t **qc** *personne* etw zeigen, bekunden, zu erkennen geben; *chose* etw erkennen lassen, ausdrücken, verraten; **~ de la froideur à qn** sich j-m gegenüber kühl verhalten; **son attitude témoignait une vive surprise** sein Verhalten verriet lebhafte Über'raschung; **II** *v/t/indir* **~ de qc** *personne* etw bezeugen; *chose* etw beweisen; von etw zeugen; **~ de l'innocence de qn** j-s Unschuld bezeugen; **cela témoigne d'une vive Imagination** das zeugt von e-r lebhaften Phantasie; **je peux en ~** ich kann es bezeugen; **III** *v/i* *JUR* (als Zeuge) aussagen; **~ en justice** vor Gericht aussagen; **~ en faveur de qn, contre qn** zu j-s Gunsten, gegen j-n aussagen

témoin [temwɛ̃] *m* **1.** *JUR* Zeuge *m*, Zeugin *f*; *d'un mariage* Trauzeuge *m*; **~ à charge, à décharge** Belastungs-, Entlastungszeuge *m*; **servir de ~** Zeuge sein; **2.** *par ext* Zeuge *m*; Zuhörer *m*; Zuschauer *m*; **j'ai été ~ de l'accident** ich war Zeuge des Unfalls; ich war bei dem Unfall zugegen, dabei; **elle en a été ~** sie hat es mit angesehen *ou* selbst gehört; **tu es ~ qu'il a refusé** du bist mein Zeuge, daß ...; du kannst bezeugen, daß ...; **Dieu m'est ~ que ...** Gott ist mein Zeuge, daß ...; **parler devant ~s, sans ~s** vor Zeugen, ohne Zeugen sprechen; **prendre qn pour ~** j-n als Zeugen nehmen; **je vous prends à ~** ⟨*inv*⟩ Sie sind mein(e) Zeuge(n) (*que ...* daß ...); ich berufe mich auf Sie; **3.** *dans un duel* Sekun'dant *m*; **4.** *fig* Zeuge *m*; (*preuve*) Beweis *m*; **il est très habile, ~ ses réussites** das beweisen s-e Erfolge; **5.** *REL* **~s de Jéhova** Zeugen *m/pl* Je'hovas; **6.** *SPORTS* Staffelstab *m*; **passage m du ~** Stabübergabe *f*; **7.** *adjt* Kon'troll...; Test...; *BIOL* **animal** *m*, **individu** *m* **~** Kontrolltier *n*, -person *f*; **appartement** *m* **~** Musterwohnung *f*; **lampe** *f* **~** *ou subst* **~ m** Kontrollampe *f*

tempe [tɑ̃p] *f ANAT* Schläfe *f*

tempérament [tɑ̃peʀamɑ̃] *m* **1.** (*constitution*) Konstituti'on *f*; **2.** (*caractère*) Tempera'ment *n*; Anlage *f*; Veranlagung *f*; Gemütsart *f*; **~ nerveux** nervöse Veranlagung; **~ sanguin** sanguinisches Temperament; **3.** **avoir du ~** sinnlich, heißblütig sein; **4.** *COMM* **vente f à ~** Raten-, Teilzahlungskauf *m*; **acheter à ~** auf Raten, Teil-, Abzahlung, F Stottern kaufen; **5.** *MUS* Tempera'tur *f*

tempér|ance [tɑ̃peʀɑ̃s] *f* Enthaltsamkeit *f*; Mäßigkeit *f* (*im Essen, Trinken*); **~ant** *adj personne* enthaltsam; mäßig

température [tɑ̃peʀatyʀ] *f* **1.** *MÉTÉO* Tempera'tur *f*; **~ ambiante** (herrschende) Raumtemperatur *f*; **~ extérieure** Außentemperatur *f*; **~ au sol** Bodentemperatur *f*; **~ de l'eau** Wassertemperatur *f*; **~ en baisse, en 'hausse** fallende, steigende Temperatur; **2.** **corporelle** (Körper)Tempera'tur *f*; **animaux** *m/pl* **à ~ constante, variable** gleichwarme, wechselwarme Tiere *n/pl*; **courbe f de ~** Fieberkurve *f*; **avoir, faire de la ~** Fieber *ou* (erhöhte) Temperatur haben; **prendre sa ~** Temperatur messen; *fig* **prendre la ~ d'une assemblée** die Stimmung e-r Versammlung erforschen; **3.** *PHYS* Tempera'tur *f*; **~ absolue** absolute Temperatur; **~ d'ébullition, de fusion** Siede-, Schmelztemperatur *f*

tempéré [tɑ̃peʀe] *adj* **1.** *GÉOGR climat, zone* gemäßigt; *pays* mit gemäßigtem Klima; **2.** *MUS* tempe'riert

tempérer [tɑ̃peʀe] *v/t* ⟨-é-⟩ mäßigen; mildern; *l'agressivité de qn* dämpfen

tempête [tɑ̃pɛt] *f* **1.** *MÉTÉO* Sturm *m*; Unwetter *n*; **~ de neige, de sable** Schnee-, Sandsturm *m*; **la ~ fait rage** der Sturm tobt, wütet; **2.** *fig*: **~ dans un verre d'eau** Sturm *m* im Wasserglas; **~ d'applaudissements** Beifallssturm *m*; **~ d'injures** Hagel *m*, Flut *f* von Schimpfworten; **déchaîner une ~ de protestations** e-n Proteststurm entfesseln

tempêter [tɑ̃pete] *v/i personne* toben; wettern

temple [tɑ̃pl(ə)] *m* **1.** Tempel *m*; **~ grec** griechischer Tempel; **~ de Vénus** Venustempel *m*; **2.** *REL PROT* (prote-'stantische) Kirche; **3.** *fig et plais* **un ~ de la gastronomie** ein Feinschmeckerlokal *n*; **4.** *HIST* in Paris **le ⚑ Hauptniederlassung des Templerordens**; Staatsgefängnis während der Frz Revolution

templier [tɑ̃plie] *m REL HIST* Templer *m*; Tempelritter *m*, -herr *m*; **ordre m des ⚑s** Templerorden *m*

tempo [tɛmpo, tɛ̃po] *m MUS* Tempo *n*; Zeitmaß *n*

temporaire [tɑ̃pɔʀɛʀ] *adj* vor'übergehend; zeitlich begrenzt; vorläufig; zeitweilig; **travail m ~** Zeitarbeit *f*

temporal [tɑ̃pɔʀal] *adj* ⟨-aux⟩ *ANAT* Schläfen...; **~ité** *f PHILOS* Zeitlichkeit *f*

temporel [tɑ̃pɔʀɛl] *adj* ⟨~le⟩ **1.** *REL* zeitlich; vergänglich; irdisch; **pouvoir ~ (du pape)** weltliche Macht (des Papstes); **2.** *GR* tempo'ral; zeitlich; **subordonnée ~le** Tempo'ralsatz *m*

temporis|ateur [tɑ̃pɔʀizatœʀ] *adj* ⟨-trice⟩ abwartend; hinhaltend; **~er** *v/i* (e-n günstigeren Zeitpunkt) abwarten; Zeit gewinnen (wollen)

temps[1] [tɑ̃] *m* **1.** Zeit *f*; (*époque*) Zeitalter *n*; (*moment*) Zeitpunkt *m*; (*période*) Zeitabschnitt *m*; **le bon vieux ~** die gute alte Zeit; **~ mort cf mort**[2] *I*; **les ~ modernes** die Neuzeit; *CUIS* **~ de cuisson** Koch-, Gar-, Back-, Bratzeit *f*; *RAD, TV, POL* **~ de parole, d'antenne** Sendezeit *f*; *PHOT* **~ de pose** Belichtungszeit *f*; **~ de réflexion** Bedenkzeit *f*; **~ de repos** Ruhepause *f*, -zeit *f*; **~ des vacances** Ferienzeit *f*; **~ des vendanges** Zeit der Weinlese; **un bon bout de ~** geraume Zeit; eine ganze Weile; ♦ *loc/adv*: **un certain ~** e-e Zeitlang; einige Zeit; **ces derniers ~, ces ~-ci** in letzter Zeit; **je suis un peu fatiguée ces ~-ci** zur Zeit ...; **peu de ~ après** kurze Zeit später; kurz darauf; **peu de ~ après que ...** kurz nachdem ...; **peu de ~ avant** kurz vorher; **peu de ~ avant que ...** (+*subj*) kurz bevor ...; **quelque ~** einige Zeit; e-e Zeitlang; **tout le ~** ständig; immer; andauernd; die ganze Zeit (über); **à ~** rechtzeitig; bei'zeiten; **au bout d'un certain ~** nach einiger, e-r gewissen Zeit; **au ~ de cf du ~ de**; F **au ~ pour moi!** F *plais* ich nehme alles zurück und behaupte das Gegenteil; **avec le ~** mit der Zeit; im Laufe der Zeit; **dans le ~** seinerzeit; ehemals; früher; **limité dans le ~** zeitlich begrenzt; befristet; **dans les derniers ~ du règne de Louis XIV** gegen Ende der Herrschaft Ludwigs XIV.; **dans mon jeune ~** in meiner Jugend(zeit); **dans peu de ~** bald; in kurzer Zeit; **dans les premiers ~** in der ersten Zeit; am Anfang; **dans un premier ~ ..., dans un second ~ ...** zuerst ..., dann ...; **de mon ~** zu meiner Zeit; *loc/adj* **les hommes de notre ~** die Menschen unserer Zeit; **de tout ~** seit jeher; schon immer; zu allen Zeiten; **du ou au ~ des diligences** im Zeitalter der Postkutsche; **du ~ de Napoléon** zur Zeit Napoleons; **de ~ en ~, de ~ à autre** von Zeit zu Zeit; dann und wann; ab und zu; hin und wieder; zu'weilen; **depuis ce ~-là** seit damals; **depuis quelque ~** seit einiger Zeit; **en ~ normal, ordinaire** in normalen Zeiten; unter normalen 'Umständen; **en tout ~** zu jeder Zeit; immer; **en ~ et lieu** zu gegebener Zeit; bei passender Gelegenheit; **chaque chose en son ~** alles zu s-r Zeit; **en ce ~-là** in, zu jener Zeit; damals; **en même ~** a) zur gleichen Zeit; gleichzeitig; b) (*à la fois*) zu'gleich; **pas tous en même ~** nicht alle zugleich; immer schön, hübsch der Reihe nach; **en peu de ~** innerhalb kurzer Zeit; **en un rien de ~ ou en deux, trois mouvements ou en moins de ~ qu'il n'en faut pour le dire** im Handumdrehen; im Nu; F in Null Komma nix; blitzschnell; **en un ~ record** in Re'kordzeit; **en ~ de paix** in Friedenszeiten; im Frieden; **entre ~ cf entre-temps**; **par les ~ qui courent** heutzutage; in heutiger Zeit; **pendant quelque ~** e-e Zeitlang; **pendant tout ce ~** diese ganze Zeit über; während dieser ganzen Zeit; **pour un (certain) ~** für, auf einige Zeit; vor'übergehend; ♦ *loc/conj*: **au ou du ~ où ..., du ~ que ...** (zu der Zeit) als ...; **depuis le ~ que ...** seit (-dem) ...; seit der Zeit, da ...; **le ~ de me retourner, il était déjà parti** ich drehte mich nur (e-n Augenblick) um, da war er fort; *SPORTS* **améliorer son ~** s-e Zeit verbessern (**de deux dixièmes de seconde** um zwei Zehntelsekunden); **avoir le ~** Zeit haben (**de** +*inf ou* **à** +*inf*); **n'avoir pas le ~** keine Zeit haben; **avoir du ~ (de) libre** freie Zeit haben; **avoir encore du ~ (de reste)** noch Zeit (übrig) haben; **j'ai eu juste le ~ de me mettre à l'abri** ich hatte gerade noch Zeit, mich 'unterzustellen; **vous avez tout le ou votre ~** Sie haben noch reichlich Zeit, Zeit genug; **il y a beau ~ que ...** es ist (schon) lange her, daß ...; seit langem ...; **il y a peu de ~ (que ...)** seit kurzem (...); **cela n'aura qu'un ~** das geht vor'bei; das wird nicht lange dauern; **la jeunesse n'a qu'un ~** man ist nur einmal jung; **il y a un ~ pour tout** alles zu s-r Zeit; **se donner, se payer, prendre du bon ~** sich schöne Tage machen; sich's gutgehen, sich's wohl sein lassen; **il est ~** es ist Zeit (**de partir** aufzubrechen); es ist Zeit, daß ...; **il était ~!** es war (aber auch) Zeit!; **il est grand ~** es ist höchste Zeit; F höchste Eisenbahn!; **il n'est plus ~ de** (+*inf*) jetzt ist es zu spät zu (+*inf*); *c'était le bon ~!* das waren noch Zeiten!; *il fut un ~ où ... es* gab einmal e-e Zeit, da *ou* als ...; *ce n'est ni le ~ ni le lieu de ou pour faire qc* das ist weder der richtige Zeitpunkt noch der passende Ort, etw zu tun; *les ~ sont durs* die Zeiten sind schwer; *être de son ~* mit der Zeit gehen; *avoir fait son ~ robe, voiture etc* ausgedient haben; *prisonnier* s-e Strafe abgesessen haben; *fig la libre concurrence a fait son ~* die Zeit des freien Wettbewerbs ist vorbei; *soldat il a fait, fini son ~ (de service)* er hat s-n Wehrdienst abgeleistet; *il faut du ~ pour cela* das braucht, erfordert Zeit; *gagner du ~* Zeit gewinnen; *un métier qui laisse beaucoup de ~ libre* ein Beruf, der einem viel Freizeit läßt; *mettre un certain ~ à* (+*inf*) einige Zeit, e-e gewisse Zeit brauchen, um zu (+*inf*); *passer son ~ à (faire) qc* s-e Zeit mit etw verbringen; *pour passer le ~* zum Zeitvertreib; *payer de son ~* s-e Zeit opfern; *perdre son ~* die, s-e Zeit vertun, verschwenden, vertrödeln; *perdre du ~* Zeit verlieren; *sans perdre de ~* unverzüglich; ohne Zeit zu verlieren; *il n'y a pas de ~ à perdre* es ist keine Zeit zu verlieren; *faire perdre son ~ à qn personne* j-m die Zeit stehlen; *chose* j-m viel Zeit rauben; *prendre le ~ de* (+*inf*) sich die Zeit nehmen zu (+*inf*); *prendre (tout) son ~* sich Zeit lassen, nehmen; *cela prendrait trop de ~* das würde zu viel Zeit kosten, beanspruchen, in Anspruch nehmen; das wäre zu zeitraubend; *travailler à plein ~ ou à ~ complet* ganztags, ganztägig arbeiten; *trouver le ~ de* (+*inf*) die Zeit finden zu (+*inf*); dazu kommen zu (+*inf*); *je trouve le ~ long* die Zeit wird mir lang; *tuer le ~* die Zeit totschlagen; *le ~ est venu de* (+*inf*) jetzt es Zeit zu (+*inf*); die Zeit ist gekommen zu (+*inf*); ♦ *prov*: *autres ~, autres mœurs* andere Zeiten, andere Sitten (*prov*); *le ~, c'est l'argent* Zeit ist Geld (*prov*); **2.** *ASTR ~ universel* Weltzeit *f*; **3.** *GR* Zeit(form) *f*; Tempus *n*; ~ *composé, simple* zusammengesetzte, einfache Zeit; *adverbe m de ~* Zeitadverb *n*; **4.** *MUS* Zählzeit *f* (*des Taktes*); Taktzeit *f*; *mesure f à trois ~* Dreivierteltakt *m*; **5.** *TECH* Takt *m*; *moteur m à deux, à quatre ~* Zwei-, Viertaktmotor *m*; **6.** *INFORM ~ partagé* Time-sharing ['taɪmˌʃɛrɪŋ] *n*; ~ *réel* Echt-, Re'alzeit *f*; **7.** *PÉD tiers ~ pédagogique* ausgewogene Aufteilung der Wochenstundenzahl an Volksschulen auf die drei Bereiche Grundfächer (Französisch, Rechnen), übrige Fächer und Sport

temps[2] [tã] *m MÉTÉO* Wetter *n*; Witterung *f*; *MAR gros ~* stürmisches Wetter; *Sturm m*; *~ lourd* schwüles Wetter; *~ pluvieux* Regenwetter *n*; *~ de saison* der Jahreszeit entsprechendes Wetter; *loc/adv*: *par beau ~* bei schönem Wetter; *par tous les ~* bei jedem Wetter; bei Wind und Wetter; *selon le ~ qu'il fera* je nach Wetter; *le ~ est orageux* es steht gewitt(e)rig aus; *quel ~ fait-il?* wie ist das Wetter?; *il fait un ~ splendide* es ist herrliches, prächtiges, schönstes Wetter; *le ~ se met au beau, au froid* das Wetter *ou* es wird schön, kalt; *le beau ~ revient* das Wetter *ou* es wird wieder schön

tenable [t(ə)nabl(ə)] *adj ce n'est plus ~ ici* das ist hier nicht mehr auszuhalten; das wird hier unerträglich

tenace [tənas] *adj* **1.** *odeur* lang anhaltend; *tache* schwer zu entfernen(d); **2.** *fig préjugé, rhume etc* hartnäckig; *résistance a* zäh; *volonté* zäh; beharrlich; *personne* ausdauernd; beharrlich; hartnäckig

ténacité [tenasite] *f de préjugés etc* Hartnäckigkeit *f*; *de personnes* Beharrlichkeit *f*; Ausdauer *f*; Hartnäckigkeit *f*

tenailler [tənaje] *v/t faim etc ~ qn* j-n quälen, peinigen; *être tenaillé par le(s) remords* von Gewissensbissen gequält, gepeinigt werden

tenailles [t(ə)naj] *f/pl* Zange *f*

tenanc|ier [tənãsje] *m*, **~ière** *f ADM ou péj* Inhaber(in) *m(f)*; Wirt(in) *m(f)*

tenant [tənã] **I** *adj séance ~e* auf der Stelle; so'fort; **II** *subst* **1.** *SPORTS ~(e) m(f) du titre* Titelhalter(in) *m(f)*; **2.** *m/pl les ~s et aboutissants* die näheren 'Umstände *m/pl*; F das Drum und Dran; *loc/adj d'un seul ~* zu'sammenhängend; in einem Stück

tendance [tãdãs] *f* **1.** Ten'denz *f*; (*inclination*) Neigung *f*; (*penchant*) Hang *m*; *avoir ~ à* (+*inf*) dazu neigen zu (+*inf*); die Tendenz haben zu (+*inf*); dazu ten'dieren zu (+*inf*); *avoir ~ à croire, à penser que ...* zu der Anschauung neigen, daß ...; *avoir ~ à exagérer, à grossir* zu Über'treibungen, zum Dickwerden neigen; **2.** *POL, ART* Ten'denz *f*; Trend *m*; Richtung *f*; Orien'tierung *f*; *faire un procès de ~ à qn* j-m ein Tendenzverfahren unter'stellen; **3.** *FIN* Ten'denz *f*; Trend *m*; *BOURSE a* Stimmung *f*; *~ à la baisse, à la hausse* fallende *ou* rückläufige, steigende Tendenz; *~ à la hausse (des prix)* Preisauftrieb *m*; *les prix ont ~ à monter* die Preise weisen steigende Tendenz auf, ziehen an

tendancieux [tãdãsjø] *adj* ⟨-euse⟩ *péj* tendenzi'ös

tender [tãdɛʀ] *m CH DE FER* Tender *m*

tendeur [tãdœʀ] *m* **1.** *TECH* Spanner *m*; Spannvorrichtung *f*; *de chaîne de vélo* Kettenspanner *m* **2.** (*câble pour fixer*) (e'lastischer) Gepäckriemen; Spanngurt *m*

tendin|eux [tãdinø] *adj* ⟨-euse⟩ *ANAT* Sehnen...; *viande* sehnig; *~ite f MÉD* Sehnenentzündung *f*

tendon [tãdõ] *m ANAT* Sehne *f*; *~ d'Achille* A'chillessehne *f*

tendre[1] [tãdʀ(ə)] ⟨*cf* rendre⟩ **I** *v/t* **1.** *corde* (an)spannen; fest-, anziehen; *muscle* (an)spannen; *chaîne, ressort, arc, filet* spannen; *~ un piège* e-e Falle aufstellen; *fig ~ un piège à qn* j-m e-e Falle stellen; **2.** *mur* bespannen (*de* mit); *coffret* **tendu de soie** mit Seide ausgeschlagen; **3.** (*avancer*) ausstrecken; *~ qc à qn* j-m etw hinhalten, reichen; *~ le bras* den Arm ausstrecken; *cf a bras 1.*; *~ le cou* den Hals recken; *~ la joue* die Wange hinhalten; *~ la main* die Hand ausstrecken (*a pour mendier ou se réconcilier*); *~ la main à qn* j-m die Hand entgegenstrecken, bieten, reichen; *fig* (*aider*) j-m helfen; *~ l'oreille* die Ohren spitzen; **II** *v/t/indir*

4. *personne ~ à, vers qc* etw anstreben; nach etw streben; *~ à, vers la perfection* nach Vollkommenheit streben; *~ vers un idéal* ein Ideal anstreben; **5.** *activité, décision, paroles ~ à qc* auf etw (*acc*) abzielen, gerichtet sein; *~ à* (+*inf*) darauf abzielen *ou* dahin gehen zu (+*inf*); *situation, évolution* dazu ten'dieren zu (+*inf*); *mesures tendant à apaiser les esprits* Maßnahmen zur Beruhigung der Gemüter; *ce qui tendrait à prouver que ...* was zum Beweis (dafür) dienen könnte, daß ...; **6.** *MATH ~ vers zéro, vers l'infini* gegen Null, gegen Unendlich streben; **III** *v/pr se ~ fig rapports* gespannt werden

tendre[2] [tãdʀ(ə)] *adj* **1.** *peau, viande, légumes* zart; *viande a* mürbe; *pain, herbe* weich; *bois m ~* Weichholz *n*; weiches Holz; **2.** *fig âge* ~ Kindheit *f* (und frühe Jugend); *depuis, dès ma plus ~ enfance* seit meiner frühesten Kindheit; von frühester Kindheit an; von Kindesbeinen an; **3.** (*affectueux*) zärtlich; liebevoll; innig; *cœur* weich; *une ~ amitié* e-e innige Freundschaft; *mot m ~* Kosewort *n*; *regard m ~* zärtlicher, liebevoller Blick; *subst* *il a le cœur ~* er hat ein weiches Herz, Gemüt; *les critiques n'ont pas été ~s pour l'auteur* gingen mit dem Autor nicht gerade sanft um; *devenir, se faire ~ avec qn* zu j-m zärtlich werden; **4.** *couleur* zart; *vert* ⟨*inv*⟩ zartgrün; **5.** *chanson* lieblich; einschmeichelnd

tendrement [tãdʀəmã] *adv* liebevoll; zärtlich

tendresse [tãdʀɛs] *f* zärtliche, innige Liebe; Zärtlichkeit *f*; *pour finir une lettre mille ~s* in inniger Liebe; *élan m de ~* Aufwallung *f* von Zärtlichkeit; *avoir, éprouver de la ~ pour qn* innige, zärtliche Liebe für j-n empfinden; *par ext n'avoir aucune ~ pour ...* nichts übrig haben für ...

tendreté [tãdʀəte] *f de la viande etc* Zartheit *f*

tendron [tãdʀõ] *m* **1.** *CUIS ~ de veau* Kalbsbrust *f*; **2.** F (*très jeune fille*) F junges Ding

tendu [tãdy] *adj* **1.** *corde, muscle etc* gespannt; (*fortement, bien*) stramm; straff; **2.** *fig atmosphère, rapports* gespannt; *visage* angespannt; *avoir l'esprit ~* angestrengt nachdenken; sich scharf konzen'trieren; **4.** *fig politique f de la main ~e* Versöhnungspolitik *f*

ténèbres [tenɛbʀ(ə)] *f/pl* **1.** Finsternis *f*; Dunkelheit *f*; Dunkel *n*; *marcher à tâtons dans les ~* im Finstern, in der Dunkelheit umhertappen; *fig et litt les ~ de l'inconscient* das Dunkel des Unbewußten; *REL l'empire m, le prince des ~* das Reich, der Fürst der Finsternis

ténébreux [tenebʀø] **I** *adj* ⟨-euse⟩ *fig* (*obscur*) dunkel; finster; düster; (*mystérieux*) mysteri'ös; undurchsichtig; rätselhaft; **II** *subst plais un beau ~* ein finsterblickender schöner Mann

Ténériffe [teneʀif] Tene'riffa *n*

teneur [tənœʀ] *f* **1.** *d'un écrit* Wortlaut *m*; Inhalt *m*; Tenor *m*; **2.** *CHIM* Gehalt *m*; *~ en alcool* Alkoholgehalt *m*; Gehalt an Alkohol

ténia [tenja] *m ZO* Bandwurm *m*

tenir [t(ə)niʀ] ⟨*cf venir*⟩ **I** *v/t* **1.** halten; festhalten; **a)** *locutions avec subst*: ~ *compte de qc* etw berücksichtigen; e-r Sache (*dat*) Rechnung tragen; etw bedenken; ~ *le coup* aus-, 'durch-, standhalten; *chose* (sich) halten; MUS ~ *une note* e-e Note, e-n Ton aushalten; MIL ~ *une position* e-e Stellung halten; ~ *tête à qn* j-m 'Widerstand leisten; sich j-m wider'setzen; j-m standhalten; j-m die Stirn bieten; es mit j-m aufnehmen; *cf a subst correspondants*; **b)** *avec adj*: ~ *les yeux baissés*, *fermés* die Augen gesenkt, geschlossen halten; *le café me tient éveillé* Kaffee hält mich wach; ~ *une porte ouverte* e-e Tür offenhalten; ~ *sa maison propre* sein Haus sauberhalten; *elle tenait l'enfant serré contre elle* sie hielt das Kind an sich gedrückt; **c)** *avec prép*: ~ *qc à la main* etw in der Hand halten; ~ *qn dans ses bras* j-n in den Armen halten; ~ *qn en échec, en éveil, en haleine cf échec etc*; ~ *qc entre ses mains* etw in den Händen halten; ~ *qn par le bras* j-n am Arm (fest)halten; ~ *un cheval par la bride* ein Pferd am Zügel halten, führen; ~ *un enfant par la main* ein Kind an der Hand halten, führen; *il m'a tenu pendant deux heures* er hat mich zwei Stunden aufgehalten; ♦ *prov mieux vaut* ~ *que courir ou un tiens vaut mieux que deux tu l'auras* besser ein Spatz in der Hand als e-e Taube auf dem Dach (*prov*); **2.** (*avoir*) haben; (*posséder*) besitzen; *voleur etc* (gefaßt) haben; ~ *la preuve* den Beweis (in Händen) haben; F *je tiens un de ces rhumes* F ich hab' vielleicht e-n Schnupfen; *si je le tenais!* wenn ich den hier hätte! (*der könnte was erleben*); ~ *qn par le chantage* j-n (durch Erpressung) in der Hand haben; *quand la colère le tient ...* wenn ihn der Zorn gepackt hat ...; ♦ ~ *qc de qn* etw von j-m haben; ~ *une nouvelle de qn* e-e Nachricht von j-m haben; *fig il tient cela de son père* das (*diese Eigenschaft*) hat er von s-m Vater; ♦ F *en* ~ *pour qn* in j-n verliebt, F verknallt sein; F *il en tient une* F er ist besoffen; er hat einen sitzen; **3.** *journal, registre, caisse, compte,* COMM *article* führen; *restaurant, hôtel etc* bewirtschaften; ~ *boutique* e-n (kleinen) Laden haben, besitzen, führen; ~ *la comptabilité, les livres* die Buchhaltung, die Bücher führen; **4.** *promesse, pari* halten; *promesse* a einlösen; ~ *ses engagements* s-n Verpflichtungen nachkommen; s-e Verpflichtungen einhalten; ~ (*sa*) *parole* Wort halten; **5.** *réunion, conférence etc* abhalten; *discours* halten; MUS ~ *sa partie* s-e Stimme spielen *ou* singen; ~ *des propos insensés* Unsinn reden; ~ *bien son rôle* s-e Rolle gut spielen; **6.** ~ *pour* ansehen als; halten für; ~ *qc pour acquis, pour certain, pour probable* etw für erwiesen, für sicher, für wahrscheinlich halten; **7.** *de la place* einnehmen; brauchen; beanspruchen; ~ *beaucoup, moins de place* viel, weniger Platz einnehmen; ~ *toute la largeur d'une pièce* die ganze Breite e-s Zimmers einnehmen; *fig* ~ *une place éminente dans la société* e-n hohen Rang in der Gesellschaft innehaben; **8.** *abs, int tiens!* **a)** (*prends*) da!; (*nimm!*); **b)** *étonné* ach!; so (et)was!; sieh mal (einer) an!; da schau her!; *tenez!* a) da!; nehmen Sie!; b) *pour attirer l'attention* hören Sie!; sehen Sie!; *tiens, voilà ton argent* da! hier ist dein Geld; *tiens, le voilà* sieh an, da ist er (ja)!; *tiens, tiens! comme c'est étrange* schau, schau! das ist aber seltsam; *tenez, je vous propose une affaire* (hören Sie,) ich schlage Ihnen ein Geschäft vor; **II** *v/t/indir* **9.** ~ *à qn, qc* (*être attaché à*) an j-m, etw hängen; auf j-n, etw Wert legen; ~ *à un ami* an e-m Freund hängen; ~ *à un collaborateur* auf e-n Mitarbeiter Wert legen; *je tiens à ma liberté, ma réputation* ich lege Wert auf meine Freiheit, meinen Ruf; ~ *à la vie* am Leben hängen; *j'y tiens beaucoup* mir liegt viel daran; ich lege großen Wert darauf; das ist mir sehr wichtig; *il a tenu à vous inviter* ihm lag daran *ou* er legte Wert darauf, Sie einzuladen; *il tient à ce que tout le monde le sache* er legt Wert darauf, daß alle es wissen; *si vous y tenez* wenn Sie unbedingt wollen, darauf bestehen; wenn Ihnen sehr daran liegt; *je n'y tiens pas* ich lege keinen Wert darauf; mir liegt nichts daran; ♦ *cela me* (*obj/indir*) *tient à cœur* das liegt mir sehr am Herzen; das ist mir sehr wichtig; **10.** ~ *à* (*résulter, dépendre de*) liegen an (+*dat*); kommen von; s-n Grund haben in (+*dat*); herrühren von; abhängen von; *cela tient à ce ou au fait qu'il a été malade* das liegt daran, daß ...; der Grund dafür ist, daß ...; *cela tient à la situation actuelle* das liegt an, hat s-n Grund in der augenblicklichen Lage; *cela ne tient qu'à toi* das hängt nur von dir ab; es kommt nur auf dich an; ♦ *impersonnel il ne tient qu'à toi d'y prendre part* es hängt nur von dir ab, ob du daran teilnimmst; *il ne tient qu'à vous que* ... (+*subj*) es hängt nur von Ihnen ab, ob ...; *s'il ne tenait qu'à moi* wenn es nur von mir abhinge, (nur) nach mir ginge; *qu'à cela ne tienne!* das soll kein Hindernis sein; daran soll es nicht liegen; darauf soll es nicht ankommen; davon soll es nicht abhängen; **11.** *concrètement* ~ *à qc* an etw (*dat*) halten *ou* hängen; mit etw verbunden sein; **12.** ~ *de qn* j-m gleichen, ähneln, nachschlagen; *il tient de son père* er gleicht, ähnelt s-m Vater; er schlägt s-m Vater nach; *il a de qui* ~ er ist nicht aus der Art geschlagen; *cela tient du miracle* das grenzt an ein Wunder, ans Wunderbare; **III** *v/i* **13.** *clou, pansement etc* halten; Halt haben; festsitzen, fest sein; *coiffure, pli, couleur, tableau au mur, nœud, amarre* halten; *neige* liegenbleiben; *union, projet, accord* bestehenbleiben; *ne pas* ~ *a* locker, lose sein; *chapeau, lunettes, foulard* rutschen; *vase ne* ~ *debout* stehen bleiben; F *cette pièce n'a pas tenu longtemps* dieses Stück hat sich nicht lange gehalten; F *rendez-vous ça tient toujours pour jeudi?* bleibt es also bei Donnerstag?; F *il n'y a pas de mais qui tienne* da gibt es kein Aber; keine 'Widerrede!; **14.** *personne* (*résister*) aus-, standhalten; ~ *bon, ferme* wider'stehen; nicht nachgeben; standhalten; standhaft, hart bleiben; *armée, grévistes* ~ *dix jours* zehn Tage standhalten, aushalten, sich halten, 'durchhalten; *tu ne tiendras pas* du wirst nicht 'durchhalten (können); *ne plus pouvoir* (*y*) ~ es nicht mehr aushalten; sich nicht mehr beherrschen, zu'rückhalten können; *il fait trop chaud, on ne peut pas* ~ *ici* das ist hier nicht auszuhalten; **15.** (*être contenu*) Platz haben, finden; *tous mes livres tiennent dans cette armoire* haben Platz in diesem Schrank; gehen in diesen Schrank hinein; *nous ne tiendrons pas tous dans cette voiture* wir haben nicht alle Platz in diesem Wagen; *cela tient en peu de mots* das ist in wenigen Worten gesagt; das läßt sich mit wenigen Worten sagen; **IV** *v/pr se* ~ **16.** *sens réfléchi* sich halten, sich festhalten (*à* an +*dat*); *fig: tenez-vous bien* halten Sie sich fest; machen Sie sich auf etw gefaßt; *ils n'ont qu'à bien se* ~ sie müssen sich auf einiges gefaßt machen; **17.** *réciproquement* ein'ander halten; *se* ~ *par le bras* eingehakt gehen; *se* ~ *par la main* einander, sich an der Hand halten; **18.** *dans une certaine position* sich halten; (da)stehen; sein; *se* ~ *assis, debout près de la fenêtre* am, beim Fenster sitzen, stehen; *se* ~ *les bras croisés* mit verschränkten Armen dastehen; *se* ~ *caché* sich versteckt halten; *tiens-toi droit!* halt dich gerade!; *se* ~ *immobile* sich nicht rühren; *se* ~ *tranquille* sich ruhig verhalten; sich nicht bewegen; still sein; *se* ~ *à genoux* knien; *il se tenait au milieu de la pièce* er stand mitten im Zimmer; *se* ~ *près de qn* bei j-m stehen, sein; **19.** *se* ~ *pour* sich betrachten als; sich halten für; *se* ~ *pour battu* sich geschlagen geben; **20.** *tenez-vous-le pour dit* lassen Sie sich das gesagt sein; schreiben Sie sich das hinter die Ohren; **21.** (*se comporter*) sich benehmen; sich verhalten; *se* ~ *bien, mal* sich gut, schlecht benehmen; *tiens-toi bien!* benimm dich!; *se* ~ *bien à table* gute Tischmanieren haben; *savoir se* ~ *en société* sich in Gesellschaft zu benehmen wissen; **22.** *s'en* ~ *à qc* sich an etw (*acc*) halten; *je m'en tiens à ce que vous m'avez dit* ich halte mich an das, was Sie mir gesagt haben; *tenons--nous-en aux faits* halten wir uns an die Tatsachen; bleiben wir auf dem Boden der Tatsachen; *tenons-nous--en là* wir wollen es dabei bewenden lassen; *savoir à quoi s'en* ~ wissen, woran man ist; **23.** *congrès, réunion etc* stattfinden; *jour où se* ~ *le marché* an dem der Markt stattfindet, abgehalten wird; **24.** *arguments* logisch aufein-'anderfolgen; *une histoire qui se tient* e-e Geschichte mit logischem Zu'sammenhang; *tout se tient dans ce roman* alles in diesem Roman paßt zu'sammen

tennis [tenis] *m* **1.** *sport* Tennis *n*; ~ *de table* Tischtennis *n*; *chaussures f/pl de* ~ *ou elliptiquement* ~ *m/pl* Tennisschuhe *m/pl*; *par ext* Turnschuhe *m/pl*; *joueur m, joueuse f de* ~ Tennisspieler(in) *m(f)*; **2.** *terrain* Tennisplatz *m*

tenon [tənɔ̃] *m* TECH Zapfen *m*

ténor [tenɔʀ] *m* **1.** *MUS* Te'nor *m*; *voix f de ~* Tenorstimme *f*; **2.** *fig* **les grands ~s du barreau** die Staranwälte *m/pl*; **les grands ~s de la politique** die führenden Köpfe *m/pl* (in) der Politik

tensio|-actif [tɑ̃sjoaktif] *adj* ⟨-ive⟩ (*et subst m*) *CHIM* ober-, grenzflächenaktiv(er Stoff); **~mètre** *m MÉD* Blutdruckmeßgerät *n*

tension [tɑ̃sjɔ̃] *f* **1.** *d'un câble etc* Spannung *f*; *PHYS ~ superficielle* Oberflächenspannung *f*; **2.** *MÉD ~ artérielle* Blutdruck *m*; **avoir, faire de la ~** hohen Blutdruck haben; **prendre la ~ de qn** j-s Blutdruck messen; **3.** *ÉLECT* Spannung *f*; **basse**, **'haute ~** Nieder-, Hochspannung *f*; *fil, ligne sous ~* unter Spannung stehend; stromführend; **4. ~ d'esprit** geistige Anspannung; **5.** *des relations, d'une situation* Spannung *f*; **6.** *PSYCH* Spannung *f*; **~ nerveuse** nervöse Spannung, Erregung

tentaculaire [tɑ̃takylɛʀ] *adj* **1.** *ZO* Ten'takel...; **2.** *fig* **ville** *f ~* Stadt, die sich nach allen Richtungen ausbreitet

tentacule [tɑ̃takyl] *m ZO* Ten'takel *m ou n*; Fangarm *m*

tentant [tɑ̃tɑ̃] *adj* verführerisch; verlockend; reizvoll; *proposition ~e* verlockendes Angebot

tentateur [tɑ̃tatœʀ] **I** *adj* ⟨-trice⟩ *litt* verführerisch; *REL* **esprit ~** *ou subst ♂ m* Versucher *m*; **II** *subst ~, tentatrice m,f* Verführer(in) *m(f)*

tentation [tɑ̃tasjɔ̃] *f* Versuchung *f*; (Ver)Lockung *f*; *st/s* Anfechtung *f*; **la ~ de saint Antoine** die Versuchung des heiligen Antonius; **céder à la ~** der Versuchung nachgeben

tentative [tɑ̃tativ] *f* Versuch *m*; **~ d'assassinat** Mordversuch *m*; **~ d'escroquerie** versuchter Betrug; **~ d'évasion** Fluchtversuch *m*; **~ de suicide** Selbstmordversuch *m*

tente [tɑ̃t] *f* Zelt *n*; *MÉD ~ à oxygène* Sauerstoffzelt *n*; **coucher, vivre sous la ~** im Zelt schlafen, leben; **monter, dresser, planter une ~** ein Zelt aufschlagen

tente-abri [tɑ̃tabʀi] *f* ⟨*pl* tentes-abris [tɑ̃tabʀi]⟩ kleines Zelt; Ein'mannzelt *n*

tenter [tɑ̃te] *v/t* **1. ~ qn** *personne* j-n in Versuchung führen; j-n versuchen; *chose* j-n in Versuchung bringen; **il ne faut pas ~ le diable** man sollte diese Schwäche nicht auch noch unter'stützen; man sollte nicht noch dazu ermuntern; **2.** *par ext* (*séduire*) reizen; (ver)locken; *être tenté de* (+*inf*) in Versuchung kommen, geraten zu (+*inf*); **je suis tenté de croire que ...** ich bin ou fühle mich versucht zu glauben, daß ...; **ça ne me tente pas tellement** das lockt, reizt mich nicht besonders; dazu habe ich keine große Lust; *à table* **laissez-vous ~** lassen Sie sich verführen; **3.** (*essayer*) versuchen; *essai* machen; *wagen*; *expérience* machen; versuchen; **~ sa chance** sein Glück versuchen; **~ le coup** e-n Versuch unter'nehmen, wagen; **~ l'impossible** alles, was nur möglich ist, versuchen; **~ de se suicider** versuchen, sich das Leben zu nehmen

tenture [tɑ̃tyʀ] *f* Behang *m*; *des murs* (Wand)Behänge *m/pl*; Wandbespannung *f*; **~s funèbres** Trauerbehänge *m/pl*

tenu [t(ə)ny] *p/p cf tenir et adj* **1. être ~ à qc** zu etw verpflichtet sein; **être ~ au secret professionnel** an die Schweigepflicht, das Berufsgeheimnis gebunden sein; **être ~ de faire qc** verpflichtet sein, etw zu tun; **2. bien ~** *maison, jardin* gepflegt; ordentlich aussehend; *enfant* sauber, ordentlich gekleidet; *mal ~* ungepflegt; verwahrlost (*a enfant*); *fille très ~e* sehr behütet

ténu [teny] *adj fil etc* fein; dünn (*a son*); *nuance etc* winzig

tenue [t(ə)ny] *f* **1.** *du ménage, des livres de compte* Führung *f*; **veiller à la bonne ~ du pensionnat** dafür sorgen, daß das Pensionat gut, ordentlich geführt wird; **2.** (*conduite*) Betragen *n*; Benehmen *n*; (*savoir-vivre*) Anstand *m*; Ma'nieren *f/pl*; **manquer de ~** keinen Anstand, kein Benehmen haben; **un peu de ~** (, **je vous prie**)! benehmen Sie sich gefälligst!; **3.** *d'un journal etc* Ni'veau *n*; **manquer de ~** ein sehr niedriges Niveau haben; **4.** *du corps* (Körper-) Haltung *f*; **mauvaise ~** schlechte Haltung; **5.** (*vêtements*) Kleidung *f*; Anzug *m*; *MIL* Uni'form *f*; *MIL ~ de combat* Kampfanzug *m*; **~ de soirée** Abendtoilette *f*; Gesellschafts-, Abendkleidung *f*; *pour hommes* Gesellschafts-, Abendanzug *m*; **~ de sport** Sportkleidung *f*; **~ de travail** Arbeitskleidung *f*, -anzug *m*; **~ de ville** Straßenkleid *n ou* -anzug *m*; *sur une invitation* dunkler Anzug; *MIL* **en ~** in Uniform; unifor'miert; *MIL* **en grande ~** in Pa'radeuniform; **avoir une ~ impeccable, soignée** tadellos, sorgfältig gekleidet sein; *F* **être en ~ légère, en petite ~** sehr wenig anhaben; in der 'Unterwäsche sein; **se mettre en ~** sich (der Gelegenheit, der Arbeit) entsprechend anziehen; **6.** *AUTO ~ de route* Straßenlage *f*; **7.** *ÉCON* Festigkeit *f* (*der Kurse*)

ténuité [tenqite] *litt f* Feinheit *f*

ter [tɛʀ] *adv* **1.** *accolé à un numéro* b; **habiter au 18 ~** Nummer 28 b wohnen; **2.** *MUS* zweimal zu wieder'holen

tératogène [teʀatɔʒɛn] *adj MÉD* terato'gen; 'Mißbildungen fördernd

tercet [tɛʀsɛ] *m* Ter'zine *f*; dreizeilige Strophe

térébenthine [teʀebɑ̃tin] *f CHIM* Terpen'tin *n*; **essence** *f* **de ~** Terpentinöl *n*

térébinthe [teʀebɛ̃t] *m BOT* Tere'binthe *f*; Terpen'tinpistazie *f*

térébrant [teʀebʀɑ̃] *adj MÉD* **douleur ~e** bohrender Schmerz

tergal [tɛʀgal] *m* (*nom déposé*) *TEXT* Tre'vira *n* (*Wz*); Dio'len *n* (*Wz*); Ter'gal *n* (*Wz*)

tergiversations [tɛʀʒiveʀsasjɔ̃] *f/pl* (*hésitation*) Unentschlossenheit *f*; (*faux-fuyants*) Ausflüge *f/pl*; (*détours*) Winkelzüge *m/pl*

tergiverser [tɛʀʒiveʀse] *v/i* Ausflüchte machen; Winkelzüge machen; (der Entscheidung) ausweichen; **sans ~** ohne zu zögern, schwanken; **cessez de ~!** entschließen Sie sich endlich!

terme [tɛʀm] *m* **1.** (*fin*) Ende *n*; (*conclusion*) Abschluß *m*; (*date*) Ter'min *m*; (*délai*) Frist *f*; (*moment*) Zeit(punkt) *f(m)*; *loc/adj et loc/adv*: **à ~** Ter'min...; **marché** *m* **à ~** Terminmarkt *m*, -geschäft *n*; **à court, à moyen, à long ~** kurz-, mittel-, langfristig; **emprunt** *m* **à court ~** kurzfristige Anleihe; **prévision** *f* **à long ~** a Langzeitprognose *f*; **à échu, au ~ de l'échéance** nach Ablauf der Frist; nach dem Fälligkeitstermin; nachträglich; *délai* **arriver à ~** ablaufen; **arriver, toucher à son ~** zu Ende gehen; sich dem, s-m Ende nähern; **nous sommes arrivés au ~ de notre voyage** wir sind am Ende unserer Reise angelangt; **mener qc à ~** etw abschließen, voll'enden, zum Abschluß bringen, zu Ende führen; **mettre un ~ à qc** e-r Sache (*dat*) ein Ende setzen, machen; **2.** *pour les loyers* (*date de paiement*) Zahlungstermin *m*; (*somme due*) fällige Zahlung; *par ext* fällige (Viertel'jahres)Miete; *être en ~ de retard* mit e-r Vierteljahresmiete im Rückstand sein; **payer son ~** s-e Miete zahlen; **3.** *MÉD* **accouchement** *m* **avant ~** Frühgeburt *f*; **accoucher à ~** zum errechneten Zeitpunkt, Termin entbinden; **accoucher avant ~** vorzeitig, zu früh entbinden; **naître avant ~** vorzeitig, zu früh geboren werden; *enfant né à ~* ausgetragen; **4.** **être en bons ~s avec qn** mit j-m gut, auf gutem Fuß stehen; sich mit j-m vertragen; mit j-m gut auskommen; **ils sont en mauvais ~s avec leurs voisins** sie stehen mit ihren Nachbarn auf gespanntem Fuß; sie vertragen sich nicht mit ihren Nachbarn; sie kommen mit ihren Nachbarn nicht aus; **rester en bons ~s avec qn** weiter gut, auf gutem Fuß mit j-m stehen; **5.** (*mot*) Wort *n*; (*expression*) Ausdruck *m*; **~ juridique** Ausdruck der Rechtssprache; **~ scientifique** wissenschaftlicher Ausdruck; **~ technique** Fachausdruck *m*, -wort *n*; Terminus technicus *m*; **~ de chasse** Ausdruck der Jägersprache; **aux ~s du contrat** laut, gemäß Vertrag; nach dem Wortlaut des Vertrages; **en d'autres ~s** mit anderen Worten; anders ausgedrückt; **en ~s de médecine** in der medizinischen Fachsprache; in der Fachsprache der Medizin; **il s'est exprimé en ces ~s: ...** er sagte folgendes; er drückte sich folgendermaßen aus: ...; **s'exprimer en ~s choisis** sich gewählt ausdrücken; **6.** *LOGIQUE* **moyen ~** Mittelbegriff *m*; *fig* Mittelweg *m*; **7.** *GR, MATH* Glied *n*

terminaison [tɛʀminɛzɔ̃] *f* **1.** *GR* Endung *f*; **2.** *ANAT ~ nerveuse* Nervenendigung *f*

terminal [tɛʀminal] ⟨*m/pl* -aux⟩ **I** *adj* letzte(r, -s); End...; Schluß...; *LYCÉE* **classe ~e** *ou subst ~e f* letzte Klasse; Abi'turklasse *f*; **être en ~e** in der Abiturklasse sein; **phase ~e** Endphase *f*, -stadium *n*; **II** *m* **1.** *INFORM* Terminal ['tœ:ʀminəl] *n*; Datenendgerät *n*; Datenendstation *f*; **2.** *AVIAT* **a)** Endstation *f* der Flughafenlinie in der Stadt; **b)** (*aérogare*) Terminal *m ou n*; **3.** **~ pétrolier** Ölterminal *m ou n*

terminer [tɛʀmine] **I** *v/t* **1.** beenden; be'endigen; zum Abschluß bringen; *travail a* fertigstellen; voll'enden; *lettre* schließen; **nous avons terminé la journée au cinéma** zum Abschluß des Tages gingen wir ins Kino; **~ ses jours à la campagne** den Rest s-s

Lebens auf dem Land verbringen; ~ *un repas par une glace* e-e Mahlzeit mit e-m Eis beenden; zum Abschluß e-r Mahlzeit (ein) Eis essen; ♦ *abs: j'ai terminé* ich bin fertig (damit); *en avoir terminé avec qc* etw abgeschlossen, beendet haben; mit etw fertig sein; *pour* ~ zum Schluß; abschließend; ♦ *adjt: chose être terminé* fertig, beendet, erledigt sein; zu Ende sein; *maintenant c'est terminé a* damit ist es jetzt vor'bei; *amitié, amour es* ist aus (zwischen uns); **2.** *chose* ~ *qc* **a)** *dans le temps* etw beenden, abschließen, beschließen; den Abschluß von etw bilden; *un débat animé termina la soirée* a der Abend endete mit e-r lebhaften Debatte; **b)** *dans l'espace* etw abschließen, begrenzen; den Abschluß von etw bilden; *être terminé par qc* mit etw endigen, abschließen; in etw *(acc)* auslaufen; **II** *v/pr se* ~ enden; aufhören; zu Ende gehen ou sein; *film, roman se* ~ *bien, mal* gut, schlecht ausgehen; *tout s'est bien terminé* alles ist gut gegangen; alles hat ein gutes Ende genommen; *le repas se termine* die Mahlzeit geht zu Ende, nähert sich ihrem Ende; *la séance s'est terminée à cinq heures* die Sitzung endete um fünf Uhr, war um fünf Uhr zu Ende; *se* ~ *en* enden mit; *mot* enden, ausgehen auf *(+acc)*; *se* ~ *en (a par un) drame* mit e-m Drama enden; *verbes qui se terminent en -er* auf -er endende, ausgehende Verben; Verben mit der Endung -er; *se* ~ *par qc* mit etw enden; *le match s'est terminé par la victoire de X* das Spiel endete mit dem Sieg von X; *la soirée s'est terminée par un bal* der Abend schloß mit e-m Ball; den Abschluß des Abends bildete ein Ball
terminologie [tɛʀminɔlɔʒi] *f* Terminolo'gie *f*; Fachsprache *f*
terminus [tɛʀminys] *m* Endstation *f*, -bahnhof *m*, -haltestelle *f*; *aller jusqu'au* ~ bis zur Endstation fahren; ~*! tout le monde descend* Endstation! alles aussteigen!
termit|e [tɛʀmit] *m* ZO Ter'mite *f*; ~**ière** *f* Ter'mitenhügel *m*
ternaire [tɛʀnɛʀ] *adj* aus drei Einheiten bestehend; CHIM ter'när
terne [tɛʀn] *adj* **1.** *couleur* glanzlos; matt; *teint* farblos; *œil, regard* trüb, glanzlos; **2.** *style* mono'ton; farblos; blaß; *conversation, journée* uninteressant; eintönig; einförmig; *Bourse* lustlos; flau; *personne* farblos; unscheinbar; unbedeutend
ternir [tɛʀniʀ] **I** *v/t* **1.** *miroir, métal* trüben; trüb, matt machen; *adjt* terni *vitre* trüb; angelaufen; *meuble* glanzlos; matt; *miroir, métal* angelaufen; ~ *l'éclat de qc* den Glanz e-r Sache *(gén)* trüben; e-r Sache *(dat)* den Glanz nehmen; **2.** *fig la réputation de qn* trüben; schmälern; **II** *v/pr se* ~ s-n Glanz verlieren; *miroir* trüb werden; *meuble, couleur* matt werden; *miroir, métal* anlaufen
terrain [tɛʀɛ̃] *m* **1.** Gelände *n*; Ter'rain *n*; *(terres)* Grund *m* (und Boden *m*); *(parcelle)* Grundstück *n*; Platz *m*; *fig (domaine)* Gebiet *n*; Bereich *m*; ~ *accidenté* unebenes, hügeliges Gelände; ~ *militaire* militärisches Gelände; Mili'tärgelände *n*; ~ *vague* unbebautes Gelände, Grundstück; ~ *à bâtir* Bauland *n*; *(parcelle)* Bauplatz *m*; AVIAT ~ *d'atterrissage* Landeplatz *m*; ~ *d'aviation* Flugplatz *m*; ~ *de camping* Camping[-ɛ-], Zeltplatz *m*; ~ *de golf* Golfplatz *m*; ~ *de jeu(x)* Spielplatz *m*; ~ *de sport(s)* Sportplatz *m*; SPORTS *état m du* ~ *(Rasen)zustand*; *loc/adj véhicule m tout* ~ Geländefahrzeug *n*; geländegängiges Fahrzeug; *loc/adv fig sur le* ~ an Ort und Stelle; *acheter, vendre un* ~ ein Grundstück kaufen, verkaufen; *aménager un* ~ ein Gelände herrichten *ou* erschließen; *céder du* ~ **a)** MIL Gelände auf-, preisgeben; **b)** *fig* Zugeständnisse machen; *fig* ~ *'rückgehen*; *fig chercher un* ~ *d'entente* e-e Verständigungsgrundlage suchen; *fig se conduire comme en* ~ *conquis* sich aufführen *ou* sich benehmen, als ob man der Herr sei; *se faire battre sur son* ~ SPORTS auf dem eigenen Platz, *fig* auf s-m eigenen (Fach-) Gebiet geschlagen werden; *perdre du* ~ SPORTS zu'rückfallen; *analphabétisme, épidémie* zu'rückgehen; abnehmen; *idée* an Boden verlieren; MIL Geländeverluste erleiden; *fig* ins 'Hintertreffen geraten, kommen; *fig préparer le* ~ den Boden bereiten; MIL *reconnaître le* ~ das Gelände erkunden; *fig tâter, sonder le* ~ das Terrain son'dieren; vorfühlen; auf den Busch klopfen; *idées etc trouver un* ~ *favorable* e-n günstigen Nährboden vorfinden; *cf a gagner* 4.; **2.** *(sol)* Boden *m*; Bodenart *f*; ~ *volcanique* vulkanischer Boden
terrasse [tɛʀas] *f* Ter'rasse *f (a* GÉOGR); *loc/adj et loc/adv en* ~s ter'rassenförmig; Ter'rassen...; *cultures f/pl en* ~s Terrassenbau *m*; *toit m en* ~ Flachdach *n*; *au café s'asseoir à la* ~ sich draußen hinsetzen
terrassement [tɛʀasmɑ̃] *m (travaux m/pl de)* Erdarbeiten *f/pl*, -bewegungen *f/pl*
terrasser [tɛʀase] **I** *v/t* **1.** *adversaire* zu Boden werfen, schlagen, strecken; niederstrecken, -schlagen; **2.** *maladie ou* j-n niederwerfen, -strecken; *terrassé par la fatigue* von Müdigkeit über'mannt, über'wältigt; *l'annonce de cette mort l'a terrassé* diese Todesnachricht erschütterte ihn tief, schmetterte ihn nieder; **II** *v/i* TECH Erdarbeiten machen
terrassier [tɛʀasje] *m* Erdarbeiter *m*
terre [tɛʀ] *f* **1.** *(sol)* Boden *m*; Erdboden *m*; Erde *f*; ♦ *loc/adj fig à* ~ *personne* pro'saisch; ungeistig; nüchtern; *pensées, préoccupations* wenig erhaben; pro'saisch; alltäglich; ♦ *loc/adv: à* ~, *par* ~ auf dem *ou* den Boden; auf *ou* die Erde; *être assis par* ~ auf dem Boden sitzen; *se coucher par* ~ sich auf den Boden legen; F *fig cela fiche tous nos projets par* ~ F das wirft, schmeißt alle unsere Pläne über den Haufen; *jeter à*-, *par* ~, *chose à lancer à*-, *par* ~ niederwerfen; zu Boden werfen; 'umstoßen; *personne a* niederstrecken; *mettre, poser qc par* ~ etw auf den Boden stellen, legen, setzen; etw niederstellen, absetzen; *liquide se répandre par* ~ sich auf, über den Boden ergießen; sich auf dem Boden ausbreiten; *sauter à* ~ auf den Boden springen; *de vélo, de cheval* abspringen; *tomber par* ~ hin'unter- *ou* her'abfallen; *personne debout* hinfallen; *sous (la)* ~ unter der Erde; *cf a rentrer* 4.; *fig revenir sur* ~ wieder zur Realität zurückkehren; aus s-n Träumereien erwachen; **2.** *matière* Erde *f*; Erdreich *n*; Boden *m*; Land *n*; *une bonne* ~ ein guter Boden; ~s *cultivées* bebautes, bestelltes Land; ~ *à blé* für den Weizenanbau geeigneter Boden; ~ *en friche* brachliegendes Land; MIL *politique f de la* ~ *brûlée* Politik *f* der verbrannten Erde; *sol m de* ~ *battue* gestampfter Boden; *loc/adv en pleine* ~ im Freiland; *mettre, porter qn en* ~ j-n begraben, zu Grabe tragen; *fig mettre qn plus bas que* ~ kein gutes Haar an j-m lassen; *travailler la* ~ die Erde, den Boden bearbeiten; **3.** *(terrain)* Grund *m*; Stück *n* Land; *(domaine)* Grundbesitz *m*; Gut *n*; ~s *pl* a Lände'reien *f/pl*; *partage m des* ~s Verteilung *f*, Aufteilung *f* des Bodens; *se retirer sur, dans ses* ~s sich auf s-e Güter zurückziehen; **4.** *planète* ♀ Erde *f*; *(monde)* Welt *f*; *noyau m de la* ♀ Erdkern *m*; *loc/adv sur (la)* ~ auf der *ou* die Erde; *nous ne sommes pas sur* ~ *pour ...* wir sind nicht auf der Welt, um zu ...; *parcourir la* ~ *entière* die ganze Welt bereisen; **5.** *(territoire)* Gebiet *n*; *(pays)* Land *n*; ~s *arctiques, boréales* Nordpolargebiet *n*, -länder *n/pl*; *la* ♀ *sainte* das Heilige Land; ~ *d'accueil* Aufnahmeland *n*; ~ *d'élection* bevorzugtes Gebiet; ~ *ennemie* in Feindesland; *en* ~ *étrangère* in der Fremde; *revoir sa* ~ *natale* s-e Heimat 'wiedersehen; **6.** *(opposé à mer et air)* Land *n*; MAR ~*!* Land (in Sicht)!; ~ *ferme* Festland *n*; *armée f de* ~ Landstreitkräfte *f/pl*; Heer *n*; *dans les* ~s land'einwärts gelegen; *par voie de* ~ auf dem Landwege; ~ *et sur mer zu* Wasser und zu Lande; *aller, descendre à* ~ an Land gehen; *bateau toucher* ~ landen; anlegen; **7.** ÉLECT Erde *f*; *prise f de* ~ Erdung *f*; Erdanschluß *m*, -kontakt *m*; *mettre à la* ~ erden; **8.** TECH Erde *f*; ~ *cuite* Terra'kotta *f (a objet)*; CHIM ~s *rares* seltene Erden *f/pl*; ~ *réfractaire* Scha'motte *f*; feuerfester Ton; ~ *vernissée* glasierter Ton; PEINT ~ *de Sienne* Si'ena *n*; Si'enaerde *f*; *de* ~, *en* ~ ...; aus Ton; irden; tönern; *objets m/pl de*, *en* ~ *(cuite)* Tonwaren *f/pl*
terreau [tɛʀo] *m* ⟨*pl* -x⟩ Garten-, Blumen-, Humuserde *f*
Terre de Feu [tɛʀdəfø] *la* ~ Feuerland *n*
terre-neuvas [tɛʀnœva] *m* ⟨*inv*⟩ Neu'fundlandfischer *m*
Terre-Neuve [tɛʀnœv] *f* Neu'fundland *n*
terre-neuve [tɛʀnœv] *m* ⟨*inv*⟩ ZO Neu'fundländer *m*
terre-neuvien [tɛʀnœvjɛ̃] **I** *adj* ⟨~ne⟩ neu'fundländisch; **II** *subst* **Terre-Neuvien(ne)** *m(f)* Neu'fundländer(in) *m(f)*
terre-plein [tɛʀplɛ̃] *m* ⟨*pl* terre-pleins⟩ **1.** (durch e-e Mauer gestützte) Erdaufschüttung; **2.** *d'une autoroute* ~ *central* Mittel-, Grünstreifen *m*
terrer [tɛʀe] *v/pr se* ~ *animal* sich in s-m Bau verkriechen; *animal, homme* sich

verkriechen; sich verbergen; *fig se ~ chez soi* nicht mehr unter Menschen kommen; nicht mehr ausgehen; *adjt rester terré dans une cave* sich in e-m Keller verborgen halten
terrestre [tɛʀɛstʀ(ə)] *adj* **1.** *surtout* REL irdisch; weltlich; *vie f ~* Erdenleben *n*; irdisches Leben; **2.** *de la planète* Erd...; *sc* ter'restrisch; *atmosphère f ~* Erdatmosphäre *f*; *pour satellites* station *f ~* Bodenstation *f*; **3.** *opposé à mer ou air* Land...; Erd...; *sc* ter'restrisch; *animaux m/pl ~s* Landtiere *n/pl*; *auf dem Land lebende Tiere n/pl*; MIL *forces f/pl ~s* Landstreitkräfte *f/pl*; *par voie ~* auf dem Landwege
terreur [tɛʀœʀ] *f* **1.** *(épouvante)* Entsetzen *n*; *(Angst f und)* Schrecken *m*; Grauen *n*; Grausen *n*; *~ panique* panisches Entsetzen; panischer Schrecken; panische Angst; *être glacé de ~* vor Entsetzen starr sein; *inspirer de la ~ à qn* j-m Entsetzen, Grauen einflößen; *semer la ~* Schrecken, Entsetzen verbreiten; *vivre dans la ~ d'être assassiné* in panischer Angst leben, ermordet zu werden; **2.** POL Terror *m*; Schreckensherrschaft *f*; HIST *la 2 de* Schreckensherrschaft *f (1793/94)*; *régime m de ~* Terrorregime *n*; *gouverner, régner par la ~* ein Terrorregime, e-e Schreckensherrschaft ausüben; **3.** *fig personne la ~ du quartier* der Schrecken der Nachbarschaft; *Jojo la ~* Möchtegern-Ganove *m*; *jouer les ~s* sich als Ga'nove aufspielen; **4.** *chose c'est sa (grande) ~* davor hat er *ou* sie am meisten Angst
terreux [tɛʀø] *adj* ⟨-euse⟩ **1.** *(boueux)* erdig; mit Erde beschmutzt; **2.** *teint* fahl; **3.** *goût* erdig
terri [tɛʀi] *cf* terril
terrible [tɛʀibl(ə)] *adj* **1.** *(effrayant)* furchtbar; schrecklich; *air* furchterregend; *un ~ accident ou un accident ~* ein schrecklicher Unfall; *enfant m ~* a) unausstehliches, F schreckliches Kind; b) *fig* Außenseiter *m*; c) POL Enfant terrible *n*; HIST *Ivan le 2* Iwan der Schreckliche; *subst le plus ~, c'est que ...* das schlimmste (daran) ist, daß ...; *c'est ~ d'en arriver là* es ist furchtbar, wenn es mit j-m so weit kommt; *tu es ~, à la fin, avec ta manie de m'interrompre* du bist wirklich gräßlich, unerträglich ...; *il fait un froid ~* es ist furchtbar, entsetzlich kalt; **2.** F *(énorme)* gewaltig; außerordentlich; *un appétit ~* ein gewaltiger Appetit; *c'est ~ ce qu'il peut travailler* F er kann e'norm viel arbeiten; **3.** F *(sensationnel)* großartig; F phan'tastisch; toll; *une fille ~* F ein tolles Mädchen; *film etc ça n'a rien de ~* das ist nichts Besonderes; F das ist nicht gerade e-e Offenbarung
terriblement [tɛʀibləmɑ̃] *adv* furchtbar; entsetzlich; außerordentlich; *il fait ~ chaud* es ist furchtbar, entsetzlich heiß; *il me fait ~ penser à ...* er erinnert mich außerordentlich an (+*acc*)
terrien [tɛʀjɛ̃] **I** *adj* ⟨-ne⟩ grundbesitzend; Land...; *propriétaire ~* Guts-, Grundbesitzer *m*; *il a une vieille ascendance ~ne* alle s-e Vorfahren waren Bauern; **II** *subst 2(ne) m(f)* Erdbewohner(in) *m(f)*
terrier [tɛʀje] *m* **1.** *d'un animal* Bau *m*;

~ de lapin Ka'ninchenbau *m*; **2.** *chien* Terrier ['tɛʀjɔʀ] *m*
terrifiant [tɛʀifjɑ̃] *adj* erschreckend; entsetzen-, grauenerregend; grauenhaft
terrifier [tɛʀifje] *v/t ~ qn* j-m Entsetzen einjagen; *je suis terrifié à l'idée de* (+*inf*) die Vorstellung zu (+*inf*) entsetzt mich, macht mir große Angst; bei der Vorstellung zu (+*inf*) packt mich das Entsetzen
terril [tɛʀi(l)] *m* MINES (Abraum)Halde *f*
terrine [tɛʀin] *f* CUIS **1.** *récipient* tiefe gla'sierte Tonschüssel mit Deckel; Römertopf *m*; **2.** *~ du chef* nach hauseigenem Rezept zubereitete Fleischpastete; *~ de foie gras* Gänse- *ou* Entenleberpastete *f*
territoire [tɛʀitwaʀ] *m* **1.** (Hoheits)Gebiet *n*; Terri'torium *n*; *~ français* französisches (Hoheits-, Staats)Gebiet; *~ national* Staats-, Hoheitsgebiet *n*; *a* Inland *n*; *le 2 de Belfort* frz Departement; *~s d'outre-mer* "überseeische Gebiete *n/pl*; ADM *aménagement m du ~* Raumordnung *f*; MIL *défense f du ~* territoriale Verteidigung; Territori'alverteidigung *f*; **2.** *d'un animal* abgegrenzter Lebensraum; Re'vier *n*
territorial [tɛʀitɔʀjal] *adj* ⟨-aux⟩ territori'al; *eaux ~es* Hoheitsgewässer *n/pl*; *intégrité ~e* Territoriale Integrität; Unverletzlichkeit *f* des Staatsgebietes
territorialité [tɛʀitɔʀjalite] *f* JUR Territoriali'tät *f*; *~ des lois* Territorialitätsprinzip *n*
terroir [tɛʀwaʀ] *m* **1.** (besonders für den Weinbau geeigneter) Boden *m*; *d'un vin il a un goût de ~* ou il sent le, son *~* an s-m Geschmack läßt sich s-e Herkunft erkennen; **2.** Regi'on *f*; Gegend *f* (in der Dialekt und Bräuche noch erhalten sind); *accent m du ~* mundartlich gefärbte Aussprache; regio'naler Akzent; *poète m du ~* Heimatdichter *m*
terroriser [tɛʀɔʀize] *v/t* terrori'sieren; in Furcht und Schrecken versetzen *ou* halten; *adjt population terrorisée* terrorisierte, verängstigte Bevölkerung
terrorisme [tɛʀɔʀism(ə)] *m* Terro'rismus *m* (Ausübung *f* von) Terror *m*; *se livrer à des actes de ~* Terrorakte begehen
terroriste [tɛʀɔʀist] **I** *adj* terro'ristisch; Terror...; Terro'risten...; *attentat m ~* Terroranschlag *m*; *groupe m, organisation f ~* Terrorengruppe *f*, -organisation *f*; **II** *m,f* Terro'rist(in) *m(f)*
tertiaire [tɛʀsjɛʀ] *adj* **1.** GÉOL *ère f ~ ou subst ~* *m* Terti'är *m*; **2.** ÉCON *secteur m ~ ou subst ~* *m* Dienstleistungssektor *m*; terti'ärer Bereich, Sektor
tertio [tɛʀsjo] *adv* drittens
tertre [tɛʀtʀ(ə)] *m* kleiner al'leinstehender Hügel; kleine Anhöhe
tes [te] *cf* ton[1]
t'es [tɛ] F *= tu es*
tessiture [tesityʀ] *f* MUS Stimmlage *f*
tesson [tesɔ̃] *m* Scherbe *f*; *~s de bouteille* Flaschenscherben *f/pl*
test [tɛst] *m* **1.** PSYCH Test *m* (*a fig*); *~ d'intelligence* Intelli'genztest *m*; *~ d'orientation professionnelle* Test in der Berufsberatung; *passer des ~s* getestet werden; Tests machen; *faire passer des ~s à qn* j-n testen (lassen);

j-n Tests (*dat*) unter'ziehen; **2.** MÉD Test *m*; *~ de dépistage du sida* Aidstest ['ɛːds-] *m*; *~ de grossesse* Schwangerschaftstest *m*; **3.** *adjt* Test...; *élection f ~* Testwahl *f*
testament [tɛstamɑ̃] *m* **1.** BIBL *l'Ancien, le Nouveau 2* das Alte, das Neue Testa'ment; **2.** JUR Testa'ment *n*; letztwillige Verfügung; *coucher, mettre qn sur son ~* j-n in s-m Testament bedenken; *faire un ~* ein Testament errichten; *faire son ~* sein Testament machen; F *il peut faire son ~* F er kann sein Testament machen; *léguer qc par ~* etw testamen'tarisch, letztwillig hinter'lassen, vermachen; **3.** *par ext ~ politique* po'litisches Testa'ment; **4.** *d'un artiste* letztes und voll'endetstes Werk
testamentaire [tɛstamɑ̃tɛʀ] *adj* JUR testamen'tarisch; Testa'ments...; letztwillig; *dispositions f/pl ~s* testamentarische Bestimmungen *f/pl*
testa|teur [tɛstatœʀ] *m*, *~trice* *f* JUR Te'stator *m*
tester[1] [tɛste] *v/i* JUR ein Testa'ment errichten; te'stieren
tester[2] [tɛste] *v/t* testen; prüfen
testicule [tɛstikyl] *m* ANAT Hoden *m*; *sc* Te'stikel *m*
testimonial [tɛstimɔnjal] *adj* ⟨-aux⟩ JUR *preuve ~e* Zeugenbeweis *m*
testostérone [tɛstɔstɛʀɔn] *f* BIOL Testoste'ron *n*
têt [tɛ] *m* CHIM *~ à gaz* durch'löcherter Bügel; *~ à rôtir* Ku'pelle *ou* Ka'pelle *f*
tétan|ie [tetani] *f* MÉD Teta'nie *f*; *~ique* *adj* MÉD tetanisch; Tetanus...; Wundstarrkrampf...; *~iser* *v/t* PHYSIOL Muskeltetanus her'vorrufen (*un membre* an e-m Glied)
tétanos [tetanos] *m* MÉD Wundstarrkrampf *m*; Tetanus *m*
têtard [tɛtaʀ] *m* ZO Kaulquappe *f*
tête [tɛt] *f* **1.** Kopf *m*; *stls* Haupt *n*; ♦ *~ blonde* Blondschopf *m*; *fig ~ brûlée* Hitz-, Feuerkopf *m*; *fig ~ couronnée* gekröntes Haupt; *fig forte ~* Re'bell *m*; aufsässiger Mensch; *~ frisée* Lockenkopf *m*; *fig ~ grosse ~* gelehrtes Haus; *fig mauvaise ~* Dickkopf *m*, F -schädel *m*; Querkopf *m*; *fig petite ~!* du Dummchen!; *~ de cheval* Pferdekopf *m*; F *fig ~ de cochon* *fig* Dickkopf *m*, F -schädel *m*; *fig une ~ de linotte*, *sans cervelle* ein Schussel *m*, ein Mensch *m* mit kurzem Gedächtnis (*avoir, être* sein); *~ de mort* Totenkopf *m*, -schädel *m*; CUIS *~ de veau* Kalbskopf *m*; *fig coup m de ~* unüberlegte Handlung, Tat; Kurzschlußhandlung *f*; *partir sur un coup de ~* aus e-r plötzlichen Anwandlung heraus weggehen; *fig femme f de ~* zielbewußte, -strebige Frau; *~ de signe 2*.; ♦ *loc/adj*: *à plusieurs ~s* mehrköpfig; mit mehreren Köpfen; *sans ~* ohne Kopf; kopflos; *loc/adv*: *foncer ~ baissée sur qc* mit gesenktem Kopf gegen etw rennen; *fig*: *donner, foncer ~ baissée dans le panneau* blindlings in die Falle tappen, rennen; *y aller ~ baissée* kopflos, über'stürzt handeln; sich Hals über Kopf hineinstürzen; *la ~ basse* a) mit gesenktem Kopf; b) *fig* mit hängendem Kopf; kleinlaut; betre-

ten; *il est passé la ~ 'haute* er ging stolz erhobenen Hauptes vorbei; *vous pouvez aller, marcher la ~ haute* Sie haben sich nichts vorzuwerfen; *la ~ la première* mit dem Kopf vor'an; kopf'über; vorn'über; *de ~* im Kopf; *calculer de ~* im Kopf (aus)rechnen; *de la ~ aux pieds* von Kopf bis Fuß; von oben bis unten; vom Scheitel bis zur Sohle; *fig en ~ à ~* unter vier Augen; zu zweit; al'lein; im Tête-à-tête; *amoureux m/pl en ~ à ~* Liebespaar *n* im Tête-à-tête; *laisser deux personnes* (en) *~ à ~* zwei Personen allein lassen; *cf a tête-à-tête*; *la ~ en bas* mit dem Kopf nach unten; *tableau accroché la ~ en bas* verkehrt (herum) aufgehängtes Bild; ♦ F *fig ça ne va pas, la ou la ~?* F du bist wohl nicht (recht) bei Trost!; bei dir ist wohl e-e Schraube locker!; *acquiescer de la ~* (zustimmend) nicken; *fig il n'a pas de ~* er vergißt alles; *fig avoir la ~ dure* a) (*ne pas comprendre*) F schwer von Begriff sein; b) (*être têtu*) eigensinnig sein; ein Dickkopf, F -schädel sein; F *fig avoir la ou une ~ grosse* a) (*être surmené*) F e-n Brummschädel haben; b) (*avoir des prétentions*) F hoch hin-'auswollen; *avoir la ~ propre, sale* sauberes, schmutziges Haar haben; *avoir la ~ ailleurs* mit s-n Gedanken anderswo sein, nicht da'beisein; *avoir la ~ à son travail* mit den Gedanken bei der Arbeit sein; *fig avoir la ~ à l'envers* völlig durcheinander, verwirrt sein; *avoir encore toute sa ~* geistig noch rüstig, frisch sein; *n'avoir plus sa ~* verkalkt sein; *il n'a que cela en ~* er hat nichts anderes im Kopf; er hat nur e-n Gedanken (im Kopf); *je n'ai pas les chiffres en ~* ich habe die Zahlen nicht im Kopf; *je me demande ce qu'il a dans la ~* ob er überhaupt etwas im Kopf hat; *avoir une idée dans la ~* sich etwas in den Kopf gesetzt haben; *il a une idée derrière la ~* (d)er hat etwas vor, plant etwas; F *j'en ai par--dessus la ~* ich habe genug davon; ich habe, bin es satt; F ich habe die Nase voll (davon); *avoir un chapeau sur la ~* e-n Hut aufhaben, auf dem Kopf haben; *baisser la ~* den Kopf senken; F *fig casser la ~ à qn* F j-m auf die Nerven gehen, fallen; *fig se casser la ~* sich den Kopf zerbrechen (*à trouver une solution* um e-e Lösung zu finden); *chercher dans sa ~* hin und her über'legen; *couper, trancher la ~ à qn* j-n köpfen; j-n enthaupten; j-m den Kopf abschlagen; *fig je donnerais ma ~ à couper* ich wette meinen Kopf (*que* daß); FOOTBALL *faire une ~* köpfen; *fig n'en faire qu'à sa ~* nur nach seinem Kopf handeln; nur tun, was man will; *faire non de la ~* (verneinend) den Kopf schütteln; *faire oui de la ~* (mit dem Kopf) nicken; *laver la ~ à qn* j-m den Kopf, die Haare waschen; *mettre, passer la ~ à la fenêtre* den Kopf zum Fenster hinaus- *ou* heraus-st(r)ecken; *fig: se mettre qc dans la ~ ou en ~* sich etw in den Kopf setzen; sich in (*acc*) verrennen; *mets-toi bien cela dans la ~!* merk dir das!; laß dir das gesagt sein!; *il s'était mis en ~ que vous viendriez* er war felsenfest davon über'zeugt, daß Sie kämen; *qui est-ce qui t'a mis cela dans la ~?* wer hat dich denn darauf gebracht?; *monter la ~ à qn* j-n aufhetzen; *vin, réussite monter à la ~ à qn* j-m zu Kopf steigen; *se monter la ~* sich etwas vormachen; sich Illusionen machen; *idées passer par la ~ de qn* j-m durch den Kopf gehen, in den Sinn kommen; *fig se payer la ~ de qn* j-n zum besten haben; F j-n auf den Arm nehmen; *fig perdre la ~* a) (*s'affoler*) den Kopf verlieren; b) (*devenir fou*) den Verstand verlieren; *piquer une ~* (*dans la rivière*) a) e-n Kopfsprung (in den Fluß) machen; kopf'über (in den Fluß) springen; b) *involontairement* kopf'über (in den Fluß) fallen; *prendre, tenir sa ~ entre, dans ses mains* den Kopf aufstützen; *fig: réclamer, demander la ~ de qn* j-s Kopf verlangen, fordern; *faire (r)entrer qc dans la ~ à qn* j-m etw beibringen, *p/fort* eintrichtern, einbleuen; *cela ne veut pas lui (r)entrer dans la ~* das will ihm nicht in den Kopf; *il risque sa ~* ihm droht die Todesstrafe; *sauver sa ~* a) meurtrier der Todesstrafe entgehen; b) avocat ihn vor der Todesstrafe retten, bewahren; *ne plus savoir où donner de la ~* nicht mehr wissen, wo einem der Kopf steht; *tomber sur la ~* auf den Kopf fallen; *fig tu es tombé sur la ~, non?* du hast wohl den Verstand verloren?; F bei dir ist wohl e-e Schraube locker?; *cf a jeter 1., 5., taper 10., tenir 1.a, tourner 1., 6.*; **2.** *comme mesure* Kopf *m*; *avoir une ~ de plus que qn, dépasser qn d'une ~* e-n Kopf größer sein als j; j-n um Haupteslänge über'ragen; *cheval gagner d'une (courte) ~* mit e-r (knappen) Nasenlänge gewinnen; **3.** (*individu*) Per'son *f*; Kopf *m*; (*animal*) Stück *n*; *troupeau de cent ~s* Herde *f* von hundert Stück (Vieh); *par ~, par ~ de pipe* pro Kopf; pro Person; F pro (Mann und) Nase; **4.** (*visage*) Gesicht *n*; *avoir la ~, sale ~* gemeines Gesicht; *fig il a une sale ~ en ce moment* er sieht sehr schlecht (= *krank*) aus; sein Aussehen gefällt mir nicht; *faire une sale ~* ein saures Gesicht machen; *~ sympathique* sympathisches Gesicht; *avoir une bonne ~ à claques* F ein Ohrfeigen-, Backpfeifengesicht haben; *prix c'est à la ~ du client* das hängt davon ab, wie der Kunde eingeschätzt wird; *faire la ~* schmollen (*à qn* mit j-m); *faire une drôle de ~* das Gesicht verziehen; ein komisches Gesicht machen; *il va en faire une ~* der wird ein Gesicht machen; *faire une ~ d'enterrement* e-e Leichenbittermiene aufsetzen; *il fait sa mauvaise ~* er ist schlecht aufgelegt, übel gelaunt; **5.** *d'un train* vorderes Ende; Spitze *f*; *d'un chapitre, d'une liste* Anfang *m*; *d'un lit* Kopfende *n*; *d'un clou, d'une fusée, d'un chou, fig d'une conjuration* Kopf *m*; *d'un cortège, MIL d'une troupe, fig* Spitze *f*; TECH *~ chercheuse* Suchkopf *m*; *~ nucléaire* Nukle'arsprengkopf *m*; *fig ~ d'affiche* THÉ Hauptdarsteller(in) *m(f)*; CIRQUE Hauptattraktion *f* (Person); *~ d'épingle* Stecknadelkopf *m*; ANAT *~ du fémur* Oberschenkelknochenkopf *m*; TECH *~ de lecture* 'Wiedergabe-, Abtastkopf *m*; CH DE FER, MÉTRO, BUS *~ de ligne* Endstation *f* (wo das Verkehrsmittel eingesetzt wird); POL *~ de liste* Spitzenkandidat *m*; Listenführer *m*; *~ de pipe* Pfeifenkopf *m*; *~ de pont* Brückenkopf *m*; *~ de rasoir* Scherkopf *m*; CH DE FER *wagon m de ~* vorderer Waggon; Wagen *m* an der Spitze des Zuges; ♦ *loc/adv: ~ en ~* an die *ou* an den Anfang; vorn(e); F *fig bille en ~* F wie ein geölter Blitz; wie e-e Rakete; *musique en ~* mit klingendem Spiel; *eux en ~* sie als erste; *en ~ de liste* obenan auf der Liste; SPORTS *être en ~* in Führung liegen; CYCLISME *être en ~ du peloton* das Feld anführen; CH DE FER *monter en ~* vorn(e) einsteigen; SPORTS *passer en ~* in Führung gehen; *mot placé en ~ de phrase* Wort *n* am Anfang des Satzes; *venir en ~ chose* das wichtigste sein; in erster Linie kommen; *a personne* an erster Stelle stehen; ♦ *écolier être à la ~ de sa classe* Klassenbester sein; *être à la ~ d'une entreprise* ein Unter'nehmen leiten; *se trouver à la ~ d'une immense fortune* über ein unermeßliches Vermögen verfügen; ♦ *prendre la ~ du cortège* sich an die Spitze des Zuges setzen; *prendre la ~ d'un mouvement* die Führung e-r Bewegung über'nehmen

tête-à-queue [tɛtakø] *m* ⟨*inv*⟩ AUTO *faire un ~* sich um s-e eigene Achse drehen

tête-à-tête [tɛtatɛt] *m* ⟨*inv*⟩ Gespräch *n* unter vier Augen; vertrauliche Unter-'redung; *~ (amoureux)* Tête-à-tête *n*; *avoir un ~ (avec qn)* (mit j-m) e-e Unterredung unter vier Augen haben; (mit j-m) ein Gespräch unter vier Augen führen; mit j-m unter vier Augen, al'lein sprechen; *loc/adv: ~ cf tête I.*

tête-bêche [tɛtbɛʃ] *adv être couchés ~* entgegengesetzt liegen (*der Kopf des einen bei den Füßen des anderen*); *bouteilles etc disposer, ranger ~* entgegengesetzt legen

tête-de-loup [tɛtdəlu] *f* ⟨*pl* têtes-de--loup⟩ langer Besen mit runder Bürste; *nordd* Eule *f*

tête-de-nègre [tɛtdənɛgʀ(ə)] **I** *adj* ⟨*inv*⟩ dunkelbraun; **II** *m* ⟨*pl* têtes-de--nègre⟩ *gâteau* Mohrenkopf *m*

tétée [tete] *f d'un nourrisson* Mahlzeit *f*; *donner la ~ à un enfant* ein Kind stillen; e-m Kind die Brust geben; *donner six ~s par jour à un enfant* ein Kind sechsmal täglich stillen

téter [tete] ⟨-è-⟩ **I** *v/t ~ le lait* Milch saugen; *~ sa mère animal* gesäugt werden; *nourrisson* gestillt werden; an der Mutterbrust trinken; **II** *v/i enfant, animal* saugen; *donner à ~ à un enfant* ein Kind stillen; e-m Kind die Brust geben

tétine [tetin] *f* **1. a)** *du biberon* Sauger *m*; **b)** *jouet* Schnuller *m*; Sauger *m*; **2.** *de la vache* Euter *m*; *de la truie* Zitze *f*

téton [tetɔ̃] F *m* Brust *f*; F Titte *f*

tétrachlorure [tetraklɔʀyʀ] *m* CHIM Tetrachlo'rid *n*; *~ de carbone* Tetra-chlor'kohlenstoff *m*

tétracorde [tetrakɔʀd] *m* MUS Tetra-'chord *m ou n*

tétraèdre [tetraɛdR(ə)] *m* MATH Tetra'eder *n*; Vierflächner *m*
tétralogie [tetralɔʒi] *f* Tetralo'gie *f*; *Wagner la ~ der Ring des Nibelungen*
tétras [tetRɑ] *m* ZO *grand ~* Auerhahn *m*; *~-lyre m (pl tétras-lyres)* Birkhahn *m*
têtu [tety] *adj* eigensinnig; dick-, starrköpfig; halsstarrig; störrisch
teuf-teuf [tœftœf] **I** *int* töff, töff!; **II** F *m (inv)* altes Auto; F Töfftöff *n*
teuton [tøtɔ̃] *péj ou plais* **I** *adj* ⟨*~ne*⟩ teu'tonisch; **II** *subst* ♀(*ne*) *m(f)* Teu'tone *m*, Teu'tonin *f*; typische(r) Deutsche(r) *f(m)*
teutonique [tøtɔnik] *adj* HIST *l'Ordre des chevaliers ~s* der Deutsche (Ritter)Orden
texan [tɛksɑ̃] **I** *adj* te'xanisch; **II** *subst* ♀(*e*) *m(f)* Te'xaner(in) *m(f)*
Texas [tɛksɑs] *le ~* Texas *n*
texte [tɛkst] *m* **1.** Text *m* (*a* TYPO); Wortlaut *m*; *~ d'une chanson, d'une loi* Lied-, Gesetzestext *m*; THÉ *apprendre son ~* s-e Rolle, s-n Text (auswendig) lernen; *lire Goethe dans le ~* Goethe im Original, im Urtext lesen; **2.** *fragment* Text(stelle) *m(f)*; *recueil m de ~s choisis* ausgewählte Texte *m/pl*; *explication f de ~* Textinterpretation *f*; **3.** *d'un devoir etc* Thema *n*; ÉCOLE *cahier m de ~s* Aufgabenheft *n*
textile [tɛkstil] **I** *adj* Tex'til...; tex'til; *industrie f ~* Textilindustrie *f*; *matière f ~* Spinn-, Faserstoff *m*; *plante f ~* Faserpflanze *f*; **II** *m* **1. a)** *matière* Spinn-, Faserstoff *m*; *~s artificiels* Kunstfaser-, Che'miefaserstoffe *m/pl*; **b)** *produit* Tex'tilerzeugnis *n*, -ware *f*; *~s pl a* Tex'tilien *pl*; **2.** Tex'tilindustrie *f*; *travailler dans le ~* in der Textilindustrie arbeiten
textuel [tɛkstɥɛl] *adj* ⟨*~le*⟩ wörtlich
textuellement [tɛkstɥɛlmɑ̃] *adv* (wort-)wörtlich; Wort für Wort; *il m'a dit ~ ceci* er hat mir wörtlich folgendes gesagt
texture [tɛkstyR] *f de la peau etc* Struk'tur *f*; *d'une roche, d'un roman* Tex'tur *f*
T.F. 1 [teɛfɛ̃, -œ̃] *abr* (*Télévision française première chaîne*) Erstes Pro'gramm des fran'zösischen Fernsehens
T.G.V. [teʒeve] *m abr* (*train à grande vitesse*) Hochgeschwindigkeitszug *m*, -bahn *f*; *correspond à* ICE *m*
thaï [taj] **I** *adj* Thai...; **II** *m/pl* ♀*s* Thai(s) *m/pl*
thaïlandais [tajlɑ̃dɛ] **I** *adj* thailändisch; **II** *subst* ♀(*e*) *m(f)* Thailänder(in) *m(f)*
Thaïlande [tajlɑ̃d] *la ~* Thailand *n*
thalamus [talamys] *m* ANAT Sehhügel *m*; *sc* Thalamus *m*
thalassothérapie [talasɔteRapi] *f* MÉD Thalassothera'pie *f*
thalidomide [talidɔmid] *f* PHARM Conter'gan *n* (*Wz*)
thallophytes [talɔfit] *f/pl* BOT Lagerpflanzen *f/pl*; *sc* Thallo'phyten *m/pl*
thaumaturge [tomatyRʒ] *litt m* Wundertäter *m*
thé [te] *m* **1.** *feuilles* Tee *m*; *~ noir, vert* schwarzer, grüner Tee; *~ de Ceylan* Ceylontee *m*; *culture f du ~* Teeanbau *m*; **2.** *boisson* (schwarzer) Tee *m*; *~ nature* Tee nature; *~ au citron, au lait* Tee mit Zitrone, mit Milch; *salon m de ~* Ca'fé *n*; *faire, préparer le ~* Tee machen, zubereiten, kochen; *prendre le, du ~* Tee trinken; *venez prendre le ~ kommen Sie zum Tee* (*zu uns ou* zu mir); **3.** *par ext ~ dansant* Tanztee *m*; **4.** *adjt* BOT *rose f ~* Teerose *f*

théâtral [teɑtRal] *adj* ⟨*-aux*⟩ **1.** The'ater...; Bühnen...; *œuvre ~e* Bühnenwerk *n*; *représentation ~e* Theatervorstellung *f*, -aufführung *f*; **2.** *fig attitude, air* thea'tralisch; pa'thetisch
théâtre [teɑtR(ə)] *m* **1.** The'ater *n* (*a bâtiment*); *comme nom propre a* Schauspielhaus *n*; *~ d'amateurs* Laien-, Liebhabertheater *n*; *~ de marionnettes* Puppen-, Mario'nettentheater *n*; *~ d'ombres* Schattenspiele *n/pl*; *~ de verdure* Gartentheater *n*; *~ en plein air* Freilichttheater *n*, -bühne *f*; *aller au ~* ins Theater gehen; **2.** *art* The'ater *n*; Bühne *f*; Schauspielkunst *f*; *acteur m de ~* Theaterschauspieler *m*; *fig coup m de ~* Theatercoup *m*; Knalleffekt *m*; *homme m de ~* Theatermann *m*; *pièce f de ~* Theaterstück *n*; *troupe f de ~* Theatertruppe *f*; En'semble *n*; *écrire pour le ~* Theaterstücke schreiben; *faire du ~* Theaterschauspieler(in) sein; *quitter le ~* sich von der Bühne zurückziehen; **3.** *ensemble des œuvres* The'ater *n*; *d'un auteur, d'une époque* dra'matische Werke *n/pl*; *le ~ grec* das griechische Drama; *~ de boulevard* Boule'vardtheater *n*; *le ~ de Corneille* Corneilles Dramen *n/pl*; **4.** *fig* Schauplatz *m*; MIL *~ des opérations* Kriegsschauplatz *m*; *notre ville a été le ~ d'événements bizarres* war Schauplatz seltsamer Ereignisse
Thèbes [tɛb] Theben *n*
thé|ier [teje] *m* BOT Teestrauch *m*; *~ière f* Teekanne *f*; *~ine f* CHIM The'in *n*
théisme [teism(ə)] *m* PHILOS, REL The'ismus *m*
thématique [tematik] *adj* the'matisch (*a* MUS, LING); LING *voyelle f ~* Themavokal *m*
thème [tɛm] *m* **1.** (*sujet*) Thema *n*; Gegenstand *m*; *artistique a* Su'jet *n*; Mo'tiv *n*; *~ de réflexion* Stoff *m* zum Nachdenken; **2.** MUS Thema *n*; **3.** ÉCOLE Übersetzung *f* in die Fremdsprache; 'Hinübersetzung *f*; *~ anglais* Übersetzung ins Englische; *iron ou péj un fort en ~* ein Musterschüler *m*; **4.** ASTROLOGIE *~ astral* Geburtshoroskop *n*
théocratie [teɔkRasi] *f* POL Theokra'tie *f*
théodolite [teɔdɔlit] *m* Theodo'lit *m*
théologal [teɔlɔgal] *adj* REL CATH *vertus ~es* göttliche, theo'logische Tugenden *f/pl*
théologie [teɔlɔʒi] *f* Theolo'gie *f*; *études f/pl de ~* Theolo'giestudium *n*
théolog|ien [teɔlɔʒjɛ̃] *m*, *~ienne f* Theo'loge, -'login *m,f*; *~ique adj* theo'logisch
théorème [teɔRɛm] *m* MATH, PHILOS Theo'rem *n*; Lehrsatz *m*; *le ~ de Pythagore* der pythago'reische Lehrsatz
théoricien [teɔRisjɛ̃] *m*, *~ienne f* Theo'retiker(in) *m(f)*
théorie [teɔRi] *f* **1.** Theo'rie *f*; Lehre *f*; Lehrmeinung *f*; Lehrgebäude *n*; *~ musicale* Mu'siktheorie *f*; MATH *~ des ensembles* Mengenlehre *f*; PHYS *~ de la relativité* Relativi'tätstheorie *f*; **2.** (*opposé à pratique*) Theo'rie *f*; *la ~ et la pratique* Theorie und Praxis; *en ~* theo'retisch; in der Theorie; *péj c'est de la ~, tout cela* das alles ist reine Theorie

théorique [teɔRik] *adj* theo'retisch
théoriquement [teɔRikmɑ̃] *adv* theo'retisch; in der Theo'rie; *~, ça devrait marcher* theoretisch müßte es klappen
théoriser [teɔRize] **I** *v/t* theo'retisch unter'mauern; e-e Theo'rie aufstellen für; **II** *v/i* Theo'rien *ou* e-e Theo'rie aufstellen; theoreti'sieren
thérapeute [teRapøt] *m,f* Thera'peut (-in) *m(f)*
thérapeutique [teRapøtik] MÉD **I** *adj* thera'peutisch; Heil...; *action ~* therapeutische Wirkung; **II** *f* **1.** (*traitement*) The'rapie *f*; Heil-, Krankenbehandlung *f*; **2.** *science* Thera'peutik *f*
thérapie [teRapi] *f* MÉD, PSYCH Thera'pie *f*; *~ de groupe* Gruppentherapie *f*
Thérèse [teRɛz] *f* The'rese *f*; The'resia *f* (*a sainte*)
thermal [tɛRmal] *adj* ⟨*-aux*⟩ ther'mal; Ther'mal...; *cure ~e* Bade- *ou* Trinkkur *f*; *eaux ~es* warme Quellen *f/pl*; Thermalquellen *f/pl*; Thermen *f/pl*
thermalisme [tɛRmalism(ə)] *m* Bäderwesen *n*
thermes [tɛRm] *m/pl* **1.** HIST Thermen *f/pl*; **2.** Kuranstalt *f*, -haus *n*
thermidor [tɛRmidɔR] *m* Thermi'dor *m* (*11. Monat des frz Revolutionskalenders*)
thermie [tɛRmi] *f* PHYS Megakalorie *f*
thermique [tɛRmik] *adj* PHYS thermisch; Wärme...
thermo|couple [tɛRmokupl(ə)] *m* PHYS Thermoele'ment *n*; *~dynamique f* Thermody'namik *f*
thermoélectrique [tɛRmoelɛktRik] *adj* thermoe'lektrisch; *couple m ~ cf thermocouple*; *effet m ~* Thermoeffekt *m*
thermomètre [tɛRmɔmɛtR(ə)] *m* **1.** Thermo'meter *n*; *médical* Fieberthermometer *n*; *~ à alcool, à mercure* Alkohol-, Quecksilberthermometer *n*; *le ~ descend, monte* das Thermometer fällt, steigt; **2.** *fig* Gradmesser *m*; Baro'meter *n*
thermométr|ie [tɛRmɔmetRi] *f* Thermometrie *f*; Tempera'turmessung *f*; *~ique adj* thermo'metrisch; Thermo'meter...; *échelle f ~* Thermometerskala *f*
thermo|nucléaire [tɛRmonykleɛR] *adj* PHYS thermonukle'ar; *~plongeur m* Tauchsieder *m*; *~propulsion f* TECH Staustrahlantrieb *m*; *~régulation f* BIOL Wärmeregulation *f*, -regulierung *f*
thermos [tɛRmɔs] *m ou f* (*nom déposé*) *~ ou adjt bouteille f ~* Thermosflasche *f* (*Wz*)
thermosiphon [tɛRmosifɔ̃] *m* TECH Schwerkraftheizungssystem *n*
thermostat [tɛRmɔsta] *m* TECH Ther'mo'stat *m*
thésauris|ation [tezɔRizɑsjɔ̃] *f* ÉCON Horten *n*, -ung *f* (*von Geld*); *sc* Thesau'rierung *f*; *~er v/t et v/i* horten; *sc* thesauri'sieren
thèse [tɛz] *f* **1.** These *f*; Behauptung *f*; *avancer une ~* e-e These, Behauptung vorbringen; **2.** *pièce f, roman m à ~* Ten'denzstück *n*, -roman *m*; **3.** UNIVERSITÉ Doktorarbeit *f*, Dissertati'on *f ou* Habilitati'onsschrift *f*; **4.** PHILOS These *f*

thibaude [tibod] *f* Teppichunterlage *f*
Thierry [tjɛRi] *m* Dietrich *m*; Dieter *m*
Thionville [tjõvil] Diedenhofen *n*
Thomas [tɔma] *m* Thomas *m*
thon [tõ] *m* ZO Thunfisch *m*; ~ **à l'huile** Thunfisch in Öl
thonier [tɔnje] *m* Kutter *m*, Schiff *n* für den Thunfischfang
thora [tɔRa] *f* REL Thora *f*
thoracique [tɔRasik] *adj* ANAT Brust(korb)...; *sc* Thorax...; **cage** *f* ~ Brustkorb *m*
thorax [tɔRaks] *m* **1.** ANAT Brust(korb) *f(m)*; F Brustkasten *m*; *sc* Thorax *m*; **2.** *des insectes* Bruststück *n*; Thorax *m*
thorium [tɔRjɔm] *m* CHIM Thorium *n*
thrombose [tRõboz] *f* MÉD Throm'bose *f*
thune [tyn] F *f* kleine Münze; altes Fünf-'francstück
Thurgovie [tyRgɔvi] **le canton de** ~ der Kanton Thurgau
thuriféraire [tyRifeRER] *litt m* Beweihräucherer *m*; Schmeichler *m*
Thuringe [tyRɛ̃ʒ] **la** ~ Thüringen *n*
thuya [tyja] *m* BOT Thuja *f*; Lebensbaum *m*; *österr* Thuje *f*
thym [tɛ̃] *m* BOT, CUIS Thymian *m*
thymique [timik] *adj* ANAT Thymus(drüsen)...
thymus [timys] *m* ANAT Thymus(drüse) *m(f)*
thyroïde [tiRɔid] *adj* ANAT **glande** *f* ~ *ou subst* ~ *f* Schilddrüse *f*
thyroïdien [tiRɔidjɛ̃] *adj* ⟨~ne⟩ ANAT Schilddrüsen...; **insuffisance** ~ne Schilddrüsenunterfunktion *f*
ti [ti] *particule interrogative* F **j'y va-ti, j'y va-ti pas?** geh' ich hin, oder geh' ich nicht hin? *ou* soll ich es wagen, oder soll ich es nicht wagen?
tiare [tjaR] *f du pape* Ti'ara *f*
Tibériade [tibeRjad] **le lac de** ~ der See Ge'nezareth
Tibet [tibɛ] **le** ~ Tibet *n*
tibétain [tibetɛ̃] **I** *adj* ti'betisch; tibe'tanisch; **II** *subst* ⟨♀(e) *m(f)*⟩ Ti'beter(in) *m(f)*; Tibe'taner(in) *m(f)*
tibia [tibja] *m* ANAT Schienbein *n*; **coup** *m* **de pied dans les** ~**s** Tritt *m* ans Schienbein; **fracture** *f* **du** ~ Schienbeinbruch *m*
Tibre [tibR(ə)] **le** ~ der Tiber
tic [tik] *m* **1.** MÉD Zucken *n*; Tic *m*; Tick *m*; ~ **nerveux** nervöser Tic; **il a un visage plein de** ~**s** er zuckt dauernd mit dem Gesicht; **être bourré de** ~**s** ständig (mit dem Gesicht *ou* mit dem Kopf, mit den Schultern, mit den Händen) zucken; **2.** *fig* Tick *m*, Schrulle *f*; Ma'nie *f*; **c'est un** ~ **chez lui** das ist ein Tick bei, von ihm
ticket [tikɛ] *m* **1.** *de transport* Fahrschein *m*, -karte *f*; *d'entrée* Eintrittskarte *f*; Einlaßkarte *f*; ~ **(de cantine)** *ou* **repas, restaurant** Essensmarke *f*; ~ **d'autobus** Busfahrschein *m*; ~ **de caisse** Kassenzettel *m*, -bon *m*; ~ **de métro** U-Bahn-Fahrschein *m*; ~ **de quai** Bahnsteigkarte *f*; **2.** SÉCURITÉ SOCIALE ~ **modérateur** Selbstbeteiligung *f*; **3.** *arg* zehn Franc; **4.** F **avoir le** *ou* **un** ~ e-e Eroberung gemacht haben
tickson [tiksõ] F *m cf* **ticket** *1.*
tic-tac *ou* **tic tac** [tiktak] **I** *int* ticktack!; **faire** ~ ticken; **II** *m* ⟨*inv*⟩ Ticken *n*; Ticktack
tiédasse [tjedas] *adj péj* lauwarm

tiède [tjɛd] *adj* **1.** *eau, café, bain* lauwarm; *air* lau; mild; *vent* lau; *advt* **boire** ~ lauwarm trinken; **il fait** ~ es herrscht mildes Wetter; **2.** *fig* lau; schwankend; unentschlossen; **chrétien** *m* ~ lauer Christ; **conviction** *f* ~ schwache Über'zeugung; *amour, amitié* **devenu** ~ **avec le temps** mit der Zeit abgekühlt
tiédeur [tjedœR] *f* **1.** *de l'eau etc* Lauheit *f*; *lauwarme* Tempera'tur; *du climat* Milde *f*; *du lit* mollige Wärme; *poét* **les premières** ~**s du printemps** *poét* die ersten linden Lüfte des Frühlings; **2.** *fig de l'amour, d'une conviction* Lauheit *f*
tiédir [tjediR] **I** *v/t surtout p/p* **de l'eau tiédie par le soleil** von der Sonne angewärmtes Wasser; **II** *v/i liquide* lauwarm werden; **laisser** ~ abkühlen lassen
tien [tjɛ̃] **I** *pr/poss* ⟨**tienne** [tjɛn]⟩ **le** ~, **la** ~**ne** der, die, das dein(ig)e; deine (-s); *pl* **les** ~**s**, **les** ~**nes** die dein(ig)en; deine; *dans une lettre* der Dein(ig)e *etc*; **mon fils et le** ~ mein Sohn und dein Sohn, mein Sohn und deiner *ou* und der dein(ig)e; F **à la** ~**ne!, plais à la** ~**ne, Étienne!** prost!; auf dein Wohl!; auf deine Gesundheit!; *iron* **à la** ~**ne!** viel Vergnügen!; **ce livre n'est pas le** ~ dieses Buch gehört dir nicht; das ist nicht dein Buch; **II** *subst* **1. le** ~ das Dein(ig)e; deine Eigentum; **il faut y mettre du** ~ du mußt auch etwas dazu tun, dein(en) Teil dazu beitragen; **2. les** ~**s** die Dein(ig)en; deine Familie; deine Angehörigen; **3. tu as encore fait des** ~**nes** du hast wieder Dummheiten gemacht; F du hast dir wieder was geleistet
tiens [tjɛ̃] *cf* **tenir** (*surtout 8.*)
tierce [tjɛRs] **I** *adj f cf* **tiers**; **II** *f* **1.** MUS Terz *f*; **2.** *cartes* Sequ'enz *f* von drei Karten; **3.** TYPO Revisi'on *f*
tiercé [tjɛRse] **I** *adj* **rime** ~**e** Ter'zine *f*; **II** *m* Dreierwette *f*; ~ **dans l'ordre, dans le désordre** *ou* **dans un ordre différent** Dreierwette in der richtigen, in beliebiger Reihenfolge; **gagner au** ~ bei der Dreierwette gewinnen; *par ext* **toucher un beau** ~ bei der Dreierwette hoch gewinnen; **jouer au** ~ Dreierwetten *ou* e-e Dreierwette abschließen
tiers [tjɛR] **I** *adj* ⟨**tierce** [tjɛRs]⟩ dritte(r, -s); JUR ~ **arbitre** Oberschiedsrichter *m*; HIST **le** ~ **état** der dritte Stand; POL **le** ~ **monde** die dritte Welt; POL **pays** *m/pl* ~ Drittländer *n/pl*; **une tierce personne** JUR ein Dritter; *par ext* ein Außenstehender; **II** *m* **1. un** ~ ein Dritter (*a* JUR); *par ext* (*un étranger*) ein Außenstehender; JUR ~ **payant** Zahlung *f* der Arzt-, Arznei- und Krankenhauskosten direkt durch den Versicherungsträger; **apprendre qc par un** ~ etw von e-m Dritten erfahren; F *fig* **je me moque, me fiche du** ~ **comme du quart** F mir ist alles schnurz-, piepegal; **2.** MATH **un** ~ ein Drittel *n*; der dritte Teil; **les deux** ~ zwei Drittel; **le premier** ~ **du siècle** das erste Drittel des Jahrhunderts; IMPÔTS **le** ~ **provisionnel** die im Februar und Mai zu leistende Steuervorauszahlung (*ein Drittel der im Vorjahr gezahlten Einkommensteuer*); *d'un livre, d'un travail* **j'en suis au** ~ ich habe ein Drittel
Tiers-Monde [tjɛRmõd] *m* dritte Welt

tiers-mondiste [tjɛRmõdist] *adj* POL sich mit der dritten Welt solidari'sierend
tif *ou* **tiffe** [tif] F *m surtout pl* ~**s** Haar(e) *n(pl)*
tige [tiʒ] *f* **1.** BOT Stengel *m*; Stiel *m*; *des céréales* Halm *m*; (*arbre m à ou de*) **basse, haute** ~ Nieder-, Hochstamm *m*; **2.** *d'une botte, d'une colonne* Schaft *m*; **3.** TECH Stange *f*; Stift *m*; Bolzen *m*; ~**s** *pl a* Gestänge *n*; ~ **de fer** (dünne) Eisenstange; Eisenstift *m*
tignasse [tiɲas] *f d'une personne* (wirrer) Haarschopf; dichte Mähne
tigre [tigR(ə)] *m* ZO Tiger *m*; ~ **royal** *ou* **du Bengale** Königstiger *m*; Bengalischer Tiger
Tigre [tigR(ə)] **le** ~ der Tigris
tigré [tigRe] *adj* getigert; (*tacheté*) gefleckt; (*rayé*) mit unregelmäßigen Streifen; geflammt; **chat** ~ getigerte Katze
tigresse [tigRɛs] *f* **1.** ZO Tigerin *f*; **2.** *fig femme* Furie *f*
tilbury [tilbyRi] *m* Tilbury [-bəri] *m*
tilde [tild] *m* LING Tilde *f*
tillac [tijak] *m* MAR Oberdeck *n*
tilleul [tijœl] *m* **1.** BOT Linde(nbaum) *f(m)*; **2.** *tisane* Lindenblütentee *m*; **3.** *bois* Linde(nholz) *f(n)*; **4.** *adjt* (*vert*) ~ ⟨*inv*⟩ lindgrün
tilt [tilt] *loc* F **ça a fait** ~ F es hat bei ihm (*ou* bei mir *etc*) geklingelt; da kam die Erleuchtung
timbale [tɛ̃bal] *f* **1.** MUS (Kessel)Pauke *f*; **2.** (*gobelet*) (Trink)Becher *m* (*aus Metall*); F *fig* **décrocher la** ~ sein Ziel erreichen; es schaffen; **3.** CUIS **a)** (Teig-)Pa'stete *f*; **b)** *moule* Pa'stetenform *f*
timbrage [tɛ̃bRaʒ] *m* (Ab)Stempeln *n*; Abstempelung *f*; **dispensé de** ~ gebührenfrei
timbre [tɛ̃bR(ə)] *m* **1.** (*timbre-poste*) Briefmarke *f*; ADM Postwertzeichen *n*; **un** ~ **à** *ou* **de 2 francs** e-e Zweifranc(brief)marke; ~ **de bienfaisance, collection** Wohlfahrts-, Sondermarke *f*; **collection** *f* **de** ~**s** Briefmarkensammlung *f*; **2.** COMM (*tampon*) Stempel *m* (*instrument et marque*); *de la Poste* Poststempel *m*; **3.** ADM, JUR ~ **fiscal** Gebühren-, Stempel-, Steuermarke *f*; ~ **de quittance** *cf* **timbre--quittance**; **droit** *m* **de** ~ Stempelgebühr *f*, -abgabe *f*; **4.** *d'une sonnette* Glocke *f*; **5.** MUS *de son* Klangfarbe *f*; *de la voix* Klangfarbe *f*; *de la voix a* Timbre *n*; **voix** *f* **au** ~ **argentin** silberhelle Stimme; **voix sans** ~ tonlose Stimme
timbré [tɛ̃bRe] *adj* **1.** F **il est** ~ F er ist 'übergeschnappt, bekloppt; *cf a* **cinglé**; **2.** *voix* **bien** ~**e** klangvoll; **3.** *enveloppe etc* fran'kiert; freigemacht; **enveloppe** ~**e** a Freiumschlag *m*; **lettre** ~**e de Paris** Brief *m* mit dem Poststempel von Paris; **4.** *papier* ~ Papier *n* mit Stempelmarke
timbre-poste [tɛ̃bRəpost] *m* ⟨*pl* timbres-poste⟩ *cf* **timbre** *1.*
timbre-quittance [tɛ̃bRəkitãs] *m* ⟨*pl* timbres-quittance⟩ Quittungsmarke *f*
timbrer [tɛ̃bRe] *v/t* **1.** *lettre* (*affranchir*) fran'kieren; freimachen; **2.** ADM (*tamponner*) (ab)stempeln; **3.** ADM **avec un timbre fiscal** mit e-r Gebührenmarke versehen
timide [timid] *adj personne* schüchtern; zaghaft; befangen; gehemmt; *voix, air,*

réponse, critique zaghaft; schüchtern; *subst* **c'est un ~** er ist ein schüchterner, gehemmter Mensch
timidité [timidite] *f d'une personne* Schüchternheit *f*; Zaghaftigkeit *f*; Befangenheit *f*; Gehemmtheit *f*, -sein *n*; **la ~ du projet de réforme** der zaghafte Reformversuch
timon [timɔ̃] *m* (Wagen)Deichsel *f*
timon|erie [timɔnʀi] *f* **1.** MAR Ruderhaus *n*; **2.** AUTO Lenk- und Bremsgestänge *n*; **~ier** *m* MAR Rudergänger *m*; Steuermann *m*
timoré [timɔʀe] *adj* ängstlich; zaghaft; verschüchtert; kleinmütig; 'übervorsichtig
tinctorial [tɛ̃ktɔʀjal] *adj* ⟨-aux⟩ *adj* Färbe(r)...
tinettes [tinɛt] F *f/pl* Ab'ort *m*
tint [tɛ̃] *cf* tenir
tintamarre [tɛ̃tamaʀ] *m* Getöse *n*; F Spek'takel *m*; Ra'dau *m*; **le ~ des klaxons** das Gellen der Hupen
tintement [tɛ̃tmɑ̃] *m* **1.** *d'une sonnette* Läuten *n*; *des cloches a* F Bimmeln *n*; Gebimmel *n*; **2.** *de verres etc* Klingen *n*; Klirren *n*; **3. ~ d'oreilles** Ohrensausen *n*
tinter [tɛ̃te] *v/i* **1.** *cloches* läuten; F bimmeln; **2.** *verres* klingen (*a objet métallique*); klirren; **3.** *fig* **les oreilles ont dû vous ~ on n'a rien eu** F aber wir, Neese *ou* denkste, nichts haben wir gekriegt
tintin [tɛ̃tɛ̃] *loc* F **j'ai fait ~** F ich hab' in die Röhre, in den Mond geguckt; **mais nous, ~ on n'a rien eu** F aber wir, Neese *ou* denkste, nichts haben wir gekriegt
tintinnabuler [tɛ̃tinabyle] *litt v/i* leise klirren; *clochettes* klingeln
tintouin [tɛ̃twɛ̃] *m* F (*travail*) Placke'rei *f*; F (*embêtements*) F Schere'reien *f/pl*; **se donner du ~** sich plagen, abmühen
tique [tik] *f* ZO Zecke *f*
tiquer [tike] *v/i* zu'rückzucken; **ma proposition l'a fait ~** man sah ihm an, daß ihm mein Vorschlag nicht paßte; **sans ~** ohne mit der Wimper zu zucken
tiqueté [tikte] *adj* gesprenkelt
tir [tiʀ] *m* **1.** MIL Schuß *m*; MIL **~ à Feuer** *n*; Beschuß *m*; **~ direct** direkter Beschuß *m*; **~ précis** Treffer *m*; **~ à l'arc** Bogenschießen *n*; **~ à blanc** Schießen mit Übungsmunition, mit Platzpatronen; **~ au fusil, au pistolet** Gewehr-, Pi'stolenschießen *n ou* -schuß *m*; **~ au(x) pigeon(s)** Tauben- *ou* Ton-, Wurftaubenschießen *n*; **~ d'artillerie** Geschütz-, Artille'riefeuer *n*; **~ de mitrailleuse** Ma'schinengewehrfeuer *n*; **~ de réglage** Einschießen *n*; **armes** *f/pl* **à ~ automatique** automatische Schußwaffen *f/pl*; **canon à ~ rapide** Schnellfeuergeschütz *n*; **en position de ~** in schußbereiter Stellung; **canon en Feuerstellung**; **diriger son ~ sur** das Feuer richten auf (+*acc*); **faire du ~** schießen; Schießübungen machen; **2. a)** BOULES Anspielen *n* nach der Kugel des Mitspielers(, um sie wegzustoßen); **b)** FOOTBALL *etc* Schuß *m*; **~ au but** Torschuß *m*; Schuß aufs Tor; FOOTBALL *pour départager* **~s au but** Elf'meterschießen *n*; **3. ~** (*forain*) Schießbude *f*
tirade [tiʀad] *f* **1.** THÉ Ti'rade *f*; langer, ununterbrochener Mono'log; **2.** *péj* Wort-, Redeschwall *m*; Ti'rade *f*; Su'a-

da *f*; **il m'a fait toute une ~** er hielt mir e-n ganzen Vortrag (*sur* über +*acc*)
tirage [tiʀaʒ] *m* **1.** TYPO **a)** (*impression*) Druck *m*; Abdruck *m*; Drucken *n*; **être en cours de ~** in Druck sein; **b)** (*édition*) Auflage *f*; Ausgabe *f*; **~ limité** begrenzte Auflage; **premier ~** Erstauflage *f ou* -ausgabe *f*; **journal** *m* **à grand ~** auflagenstarke Zeitung; Zeitung *f* mit hoher Auflage; **2.** PHOT Abziehen *n*; Ko'pieren *n*; **3.** LOTERIE Ziehung *f*; **~ au sort** Auslosen *n*, -ung *f*; Losen *n*; **4.** *d'un chèque* Ausstellung *f*; *d'une lettre de change* Ziehung *f*; Begebung *f*; Ausstellung *f*; FIN **droits de ~ spéciaux** (*abr D.T.S.*) Sonderziehungsrechte *n/pl*; **5. action** Ziehen *n* (*a* TECH); **6.** *d'une cheminée* Zug *m*; **il n'y a pas de ~** der Ofen, der Kamin hat keinen Zug, zieht schlecht; **7.** *du vin* Abziehen *n*; **8.** F *fig* (*difficultés*) Reibe'reien *f/pl*; Schwierigkeiten *f/pl*; **il y a du ~** es gibt Reibereien
tiraillement [tiʀɑjmɑ̃] *m* **1.** Hinundherziehen *n*, -zerren *n*; **2. ~s** *pl* (*douleurs*) ziehende Schmerzen *m/pl*; Ziehen *n*; **j'ai tellement faim, j'en ai des ~s d'estomac ...** daß sich mein Magen zu'sammenzieht; **3.** *fig* **~s** *pl* (*difficultés*) Reibe'reien *f/pl*; Reibungen *f/pl*
tirailler [tiʀɑje] **I** *v/t* **1.** hin und her ziehen, zerren; **~ qn par le bras** j-n am Arm zerren; **2.** *fig p/p* **être tiraillé par des sentiments contradictoires** *etc* von 'widersprüchlichen Gefühlen *etc* hin und her gerissen werden; **II** *v/i* F (in der Gegend) her'umknallen, -ballern
tirailleur [tiʀɑjœʀ] *m* **1.** MIL Einzelschütze *m*; **se déployer en ~s** ausschwärmen; **2.** HIST MIL (einheimischer) Infante'rist
tirant [tiʀɑ̃] *m* MAR **~ d'eau** Tiefgang *m*
tire [tiʀ] *f* **1. vol** *m* **à la ~** Taschendiebstahl *m*; **voleur** *m* **à la ~** Taschendieb *m*; **2.** *arg* (*auto*) F fahrbarer 'Untersatz; Ve'hikel *n*; Schlitten *m*; Karre *f*; **3.** *au Canada* (Bonbon *m ou n* aus) Ahornsirup *m*
tiré [tiʀe] **I** *adj* **cheveux bien ~s** straff zu'rückgekämmtes Haar; **avoir le ~ traits ~s** abgespannt, angegriffen, schlecht aussehen; *cf a* épingle; **II** *m* **1.** COMM Bezogene(r) *m*; Tras'sat *m*; **2.** TYPO **~ à part** Sonderdruck *m*
tire-au-flanc [tiʀoflɑ̃] F *m* ⟨*inv*⟩ Drükkeberger *m*; Faulenzer *m*
tire-bouchon [tiʀbuʃɔ̃] *m* ⟨*pl* tire-bouchons⟩ **1.** Korkenzieher *m*; **2.** *loc/adj* **en ~** Ringel...; geringelt; **queue** *f* **en ~** Ringelschwänzchen *n*
tire-bouchonn|é *ou* **tirebouchonn|é** [tiʀbuʃɔne] *adj* pantalons *m/pl* Korkenzieherhose *f*; **~er** *v/pr* F fig **se ~** F sich (vor Lachen) kringeln
tire-d'aile [tiʀdɛl] *loc/adv* **à ~** pfeilschnell, -geschwind
tirée [tiʀe] *f* F (*longue distance*) **ça fait une ~** F das ist ein ganz schönes Stück
tire-fesses [tiʀfɛs] *m* ⟨*inv*⟩ F *cf* téléski
tire-jus [tiʀʒy] *m* ⟨*inv*⟩ P (*mouchoir*) P Rotzfahne *f*, -lappen *m*
tire-lait [tiʀlɛ] *m* ⟨*inv*⟩ MÉD Milchpumpe *f*
tire-larigot [tiʀlaʀigo] *loc/adv* **à ~** reichlich; sehr viel
tire-ligne [tiʀliɲ] *m* ⟨*pl* tire-lignes⟩ Reißfeder *f*

tirelire [tiʀliʀ] *f* **1.** Sparbüchse *f*; **casser sa ~** s-e Sparbüchse, sein Sparschwein zerbrechen; **2.** F *fig* (*tête*) F Dez *m*; Birne *f*
tirer [tiʀe] **I** *v/t* **1.** ziehen; *avec force a* zerren (*qc an etw* [*dat*]); *rideau* zu- *ou* aufziehen; *verrou* vorschieben; *tiroir* her'ausziehen; *vin* abziehen; auf Flaschen ziehen; **a)** *loc avec subst: plais* **~ l'aiguille** nähen; **~ les cartes** die Karten legen; **se faire ~ les cartes** sich die Karten legen lassen; **~ une charrette** e-n Karren ziehen; **~ les cheveux à qn** j-n an den Haaren ziehen; **~ les fils des marionnettes** die Fäden der Marionetten (an)ziehen; **~ un numéro** e-e Nummer ziehen; *cf a* numéro 1.; *fig couleur, spectacle* **~ l'œil** ins Auge fallen; *pansement* **~ la peau** die Haut spannen; **~ le signal d'alarme** die Notbremse ziehen; **b)** *avec prép*: **~ qc à soi** etw zu sich her'anziehen; **~ qc au sort** etw aus- *ou* verlosen, durch das Los ermitteln, bestimmen; **~ qn d'affaire, d'embarras** j-m aus e-r Verlegenheit, aus e-r schwierigen Lage helfen; *adjt* **être tiré d'affaire** aus den Schwierigkeiten her'aussein; *blessé* **~ des décombres** aus den Trümmern bergen; **~ qn du lit** j-n aus dem Bett holen, zerren; **~ un mouchoir de sa poche** ein Taschentuch aus der *ou* s-r Tasche ziehen; **~ qn de prison** j-n aus dem Gefängnis (her'aus)holen; **~ qn du sommeil** j-n aus dem Schlaf reißen; **~ qn par le bras, par la manche** j-n am Arm, am Ärmel ziehen, zupfen; **~ une porte sur soi** e-e Tür hinter sich zuziehen; **~ qc vers soi** etw zu sich her'anziehen; **~ sa jupe vers le bas** s-n Rock nach unten ziehen, hin'unterziehen; **2.** *fig* ziehen; her-, ableiten; *argent, bénéfice* her'ausholen; her'auswirtschaften; CHIM *produit* gewinnen (*de* aus); **~ de l'argent d'une affaire** bei e-r Sache Geld verdienen, her'auswirtschaften; **~ des conclusions de qc** Folgerungen, Schlüsse aus etw ziehen; **~ sa force de qc** s-e Macht, Stärke von etw herleiten; **c'est de là que l'événement tire son importance** dadurch erhält das Ereignis s-e Bedeutung; **~ des larmes à qn** j-m Tränen entlocken; **~ la leçon de qc** aus etw e-e Lehre ziehen; *adjt* **mot tiré du latin** dem Lateinischen entlehntes Wort; **~ son nom de qc** s-n Namen von etw herleiten; **l'opium est tiré du pavot** Opium wird aus Mohn gewonnen; **~ son origine de qc** sich von etw herleiten; s-e Herkunft von etw ableiten; **~ des renseignements de qn** aus j-m Informationen her'ausbekommen, F -kriegen, -holen; **~ un revenu de qc** ein Einkommen aus etw beziehen; **on ne peut rien en ~ a)** (*il reste muet*) aus ihm ist nichts her'auszubringen, -kriegen; **b)** (*c'est un incapable*) bei ihm ist Hopfen und Malz verloren; aus ihm wird nie etwas werden; **~ des sons d'un instrument** e-m Instrument Töne entlocken; **3.** *balle, flèche* (ab)schießen; *coup de feu* abgeben; *avec une arme à feu* abfeuern; **~ cinq balles de revolver sur qn** fünf Revolverkugeln auf j-n abfeuern; **~ un coup de revolver** e-n Revolverschuß abgeben; s-n Revolver abfeuern; **~ un coup de feu**

tiret – titre

sur qn e-n Schuß auf j-n abgeben; P fig ~ un coup P e-e Nummer machen; bumsen; ~ un feu d'artifice ein Feuerwerk abbrennen; ~ un lièvre e-n Hasen schießen; par ext FOOTBALL ~ un penalty e-n Elfmeter schießen; **4.** ligne, trait ziehen; ~ une allée au cordeau e-n Gartenweg mit der Schnur abstecken; par ext ~ l'horoscope de qn j-m das Horoskop stellen; **5.** chèque ausstellen; ~ une lettre de change e-n Wechsel ziehen, tras'sieren (sur qn auf j-n); **6.** TYPO abziehen; e-n Abzug machen, herstellen von; ~ un livre à dix mille exemplaires von e-m Buch zehntausend Exemplare drucken; ~ une photo ein Negativ abziehen, kopieren; e-n Abzug herstellen; **7.** F fig laps de temps 'durch-, aushalten; avoir encore un an à ~ MIL, PRISON F noch ein Jahr abzureißen haben; PRISON a noch ein Jahr abzusitzen haben; ÉCOLE es noch ein Jahr (in der Schule) aushalten müssen; F noch ein Jahr die Schulbank drücken müssen; encore une semaine de tirée wieder e-e Woche über'standen, geschafft; **II** v/t/indir **8.** faute etc ne pas ~ à conséquence weiter keine Konsequenzen, keine Folgen haben; (weiter) nichts auf sich haben; nichts zu bedeuten haben; ganz harmlos sein; ~ à sa fin zu Ende gehen; cf a fin^1 I.; **9.** couleur ~ sur le bleu ins Blaue (hin-'über)spielen; bläulich sein; **III** v/i **10.** ziehen (a poêle, cheminée) inscription sur une porte tirez! ou ~! ziehen!; ça tire das zieht, spannt; la peau me tire meine Haut spannt; ~ au sort losen; ~ sur sa cigarette an s-r Zigarette ziehen; ~ sur une corde an e-m Strick ziehen; e-n Strick anziehen, spannen; **11.** avec une arme schießen; feuern; ~ à l'arc mit Pfeil und Bogen schießen; ~ à balles scharf schießen; ~ à blanc mit Platzpatronen, Übungsmunition schießen; par ext SPORTS ~ au but aufs Tor schießen; ~ sur qn, qc auf j-n, etw schießen, feuern; j-n, etw beschießen; il lui a tiré dessus er hat auf ihn ou nach ihm geschossen; er hat ihn beschossen; **12.** PÉTANQUE die Kugel des Mitspielers anspielen, um sie wegzustoßen; **13.** TYPO bon à ~ impri'matur; subst bons m/pl à ~ druckreife Korrek'turbogen m/pl; journal qui tire à trente mille Zeitung mit e-r Auflage von dreißigtausend; **14.** MAR bateau ~ six mètres (d'eau) e-n Tiefgang von sechs Metern haben; sechs Meter Tiefgang haben; **IV** v/pr **15.** se ~ d'affaire, F du pétrin sich aus der Affäre, F aus der Klemme ziehen; ♦ F se ~ a) d'un accident es lebend über'stehen; b) sich aus der Affäre ziehen (par une ruse durch e-e List); c) (se débrouiller) sich (so) 'durchschlagen; j'ai tout juste de quoi m'en ~ es reicht gerade noch zum Leben; il s'en est bien tiré a) d'un travail, d'un problème das hat er wirklich gut gemacht; er hat s-e Sache recht ordentlich gemacht; b) d'une condamnation etc er ist noch ganz gut dabei weggekommen; il s'en est tiré avec trois mois de prison, avec quelques égratignures er ist mit drei Monaten Gefängnis, mit ein paar Kratzern davongekommen; **16.** F (se terminer) ça se tire! es geht allmählich dem Ende zu; **17.** F (s'en aller) se ~ F abhauen; verduften; sich verdrücken, verziehen, verdünni-'sieren; tire-toi! F hau ab!; verdufte!; tire-toi de là! weg da!; mach Platz!; **18.** se ~ dessus aufein'ander schießen; sich gegenseitig beschießen

tiret [tiʀɛ] m a) Gedankenstrich m; b) en fin de ligne Trennungsstrich m

tirette [tiʀɛt] f **1.** d'un meuble Auszieh platte f; **2.** en Belgique Reißverschluß m

tireur [tiʀœʀ] m **1.** Schütze m; ~ d'élite Scharfschütze m; **2.** COMM d'un chèque Aussteller m; d'une lettre de change Aussteller m; Tras'sant m; **3.** PÉTANQUE Spieler, der mit s-r Kugel diejenige des Mitspielers treffen soll

tireuse [tiʀøz] f **1.** ~ de cartes Kartenlegerin f; **2.** TECH Flaschenabfüllmaschine f; **3.** PHOT Ko'pierapparat m

tiroir [tiʀwaʀ] m **1.** Schublade f, -kasten m, -fach n; ~ (à) secret Geheimfach n; fig racler les fonds de ~ s-e letzten Pfennige, sein letztes Geld zusammenkratzen; **2.** TECH Schieber m; **3.** pièce f à ~s (Theater)Stück n mit eingeschobenen, von der Haupthandlung unabhängigen Szenen; roman m à ~s Roman m mit zahlreichen Einschüben

tiroir-caisse [tiʀwaʀkɛs] m ⟨pl tiroirs-caisses⟩ Regi'strierkasse f

tisane [tizan] f (Kräuter)Tee m; Aufguß m

tison [tizõ] m glimmendes Holzstück

tisonn|er [tizɔne] v/t feu schüren; abs im Feuer her'umstochern; das Feuer schüren; **~ier** m Schürhaken m, -eisen n

tissage [tisaʒ] m **1.** Weben n; Webe'rei f; à la main Handweberei f; **2.** atelier Webe'rei f

tisser [tise] v/t **1.** weben; coton etc verweben; adjt tissé de fils d'or mit Goldfäden durch'wirkt; métier m à ~ Webstuhl m; **2.** fig ⟨meist p/p tissé od litt tissu⟩ intrigues etc spinnen; anzetteln; récit tissé de mensonges Lügengewebe n

tisserand [tisʀɑ̃] m (Hand)Weber m; Leineweber m

tisserin [tisʀɛ̃] m ZO Webervogel m

tiss|eur [tisœʀ] m, ~euse f Weber(in) m(f)

tissu [tisy] I m **1.** TEXT Stoff m; Gewebe n; ~ de coton, de laine, de soie Baumwoll-, Woll-, Seidenstoff m; Gewebe n; ~ pour robes Kleiderstoff m; loc/adj en ~ Stoff...; **2.** BIOL Gewebe n; **3.** fig Gewebe n; Gefüge n; Netz n; ~ un d'absurdités e-e Folge von Ungereimtheiten; ~ de mensonges Lügengewebe n, -gespinst n, -netz n; **II** p/p litt cf **tisser**

tissu-éponge [tisyepõʒ] m ⟨pl tissus--éponges⟩ TEXT Frot'tee n ou m; serviette f en ~ Frottee-, Frot'tier(hand)tuch n

tissulaire [tisylɛʀ] adj BIOL Gewebe...; Gewebs...

titan [titɑ̃] m MYTH Ti'tan m; fig a Riese m; fig œuvre f de ~ gigantisches Werk

titane [titan] m CHIM Ti'tan n

titanesque [titanɛsk] litt adj gewaltig; gi'gantisch; ti'tanisch

Tite-Live [titliv] m HIST Livius m

titi [titi] m ~ parisien Pariser Straßenjunge m

Titien [tisjɛ̃] m PEINT Tizian m

titiller [titije, titi(l)le] v/t (sanft) kitzeln

titrage [titʀaʒ] m CHIM Maßanalyse f; Titrati'on f

titre [titʀ(ə)] m **1.** Titel m; de fonction (Amts)Bezeichnung f; (nom honorifique) (Ehren)Name m; ~ nobiliaire Adelstitel m; ~ universitaire akademischer Titel; ~ de comte, de docteur Grafen-, Doktortitel m; loc/adj en ~ festangestellt; fonctionnaire verbe'amtet; fonctionnaire m en ~ a Inhaber m e-r Planstelle; fournisseur m en ~ d'une maison ständiger (und ausschließlicher) Lieferant e-s Hauses; maîtresse f en ~ anerkannte Mätresse; donner à qn le ~ de ... j-n (mit) ... titu'lieren; j-n ... nennen; j-n mit ... ansprechen; porter un ~ e-n Titel führen; prendre un ~ sich e-n Titel beilegen; **2.** SPORTS Titel m; ~ de champion du monde Weltmeistertitel m; **3.** d'un livre, d'un film etc Titel m; d'un chapitre 'Überschrift f; dans un journal Titel m; 'Überschrift f; gros ~s Schlagzeilen f/pl; en gros ~s als Schlagzeile; mit fetter Überschrift; par ext RAD, TV les grands ~s de l'actualité Meldungen f/pl in Schlagzeilen. **4.** a) (droit) Anspruch m; (An)Recht n; Rechtsanspruch m; Rechtstitel m; b) (document) Urkunde f; Titel m; Ausweis m; JUR ~ de propriété Eigentumsurkunde f; ~ de transport Fahr(t)ausweis m; être admis sur ~s aufgrund von Befähigungsnachweisen, Zeugnissen; ♦ loc/adj et loc/adv: à ~ amical aus Freundschaft; à aucun ~ auf keinen Fall; unter keinen 'Umständen; in keiner Weise; à ~ bénévole a) (non payé) unentgeltlich; ehrenamtlich; b) (sans obligation) freiwillig; à ce ~ de choses aus diesem Grund; daher; als solche(r, -s); de personnes als solche(r); in dieser Eigenschaft; à ~ définitif endgültig; definitiv; à ~ exceptionnel ausnahmsweise; à juste ~ mit vollem Recht; zu Recht; mit Fug und Recht; au même ~ gleichermaßen; gleicherweise; ebenso; genauso; loc/conj au même ~ que ... ebenso, genauso wie ...; à ~ officiel offiziell; in amtlicher Eigenschaft; à ~ personnel persönlich; à plus d'un ~, à plusieurs ~s in mehr als e-r, in mehrfacher Hinsicht; à ~ professionnel hauptamtlich; hauptberuflich; gewerblich; à quel ~? mit welchem Recht?; mit welcher Begründung?; aus welchem Grund?; in welcher Eigenschaft?; à quelque ~ que ce soit mit welcher Begründung auch immer; aus welchem Grunde auch immer; ♦ loc/prép: à ~ de personne (in der Eigenschaft) als; chose als; zu; à ~ d'ami als Freund; weil ich dein Freund bin; à ~ de compensation zum Ausgleich; à ~ de curiosité der Kuriosität halber; à ~ d'essai probe-, versuchsweise; auf, zur Probe; à ~ d'exemple als Beispiel; à ~ d'indemnité als Entschädigung; à ~ d'information als Hinweis; zur Information, Kenntnisnahme, Unter'richtung; je vous signale, à ~ d'information zu Ihrer Information; ~ de réciprocité auf (der Grundlage der) Gegenseitigkeit; **5.** FIN (Wert)Pa-'pier n; Stück n; ~s pl Wertpapiere

n/pl; Ef'fekten *pl*; ~ *au porteur* Inhaberpapier *n*; ~ *de rente* Rentenpapier *n*, -wert *m*; **6.** JUR (*subdivision d'un recueil*) Abschnitt *m*; Titel *m*; **7.** CHIM *d'une solution* Titer *m*; *d'un métal précieux* Feingehalt *m*
titrer [titʀe] *v/t* **1.** ~ *qn* j-m e-n Adelstitel verleihen; j-n adeln; *adjt* **titré** ad(e)lig; **2. a)** *journal* ~ *sur cinq colonnes* ... die fünfspaltige 'Überschrift, Schlagzeile bringen ...; **b)** *livre etc* betiteln; **3.** CHIM *solution* ti'trieren; *liqueur titrée* Rea'genzlösung *f*; *solution f qui titre 15 degrés* Lösung *f* mit 15 Volumprozent
titub|ant [titybɑ̃] *adj* schwankend; taumelnd; **~er** *v/i* schwanken; taumeln
titulaire [titylɛʀ] **I** *adj* **1.** festangestellt; *fonctionnaire* ins Beamtenverhältnis über'nommen; verbe'amtet; *professeur m* ~ a) UNIVERSITÉ ordentlicher Professor; b) ÉCOLE ins Beamtenverhältnis übernommener Lehrer; **2.** JUR *personne f* ~ Inhaber *m*; **II** *m,f d'une fonction, d'un titre, d'un droit, d'un diplôme* Inhaber(in) *m(f)*; ~ *d'une chaire* Lehrstuhlinhaber *m*; ~ *d'un compte* Kontoinhaber *m*; ~ *d'une fonction a* Amtsträger *m*; ~ *du permis de conduire* Führerscheininhaber *m*; Inhaber e-s Führerscheins
titularis|ation [titylaʀizasjɔ̃] *f* feste Anstellung; *d'un fonctionnaire* 'Übernahme *f* ins Beamtenverhältnis; Verbe'amtung *f*; **~er** *v/t* fest anstellen; *fonctionnaire* ins Beamtenverhältnis über'nehmen; verbe'amten
T.N.T. [teɛnte] *m* CHIM *abr* (*trinitrotoluène*) TNT *n* (Trinitrotoluol)
toast [tost] *m* **1.** Toast [toːst] *m*; Trinkspruch *m*; *porter un* ~ e-n Toast ausbringen (*à qn* auf j-n); *porter un* ~ *de bienvenue à qn* j-n mit e-m Trinkspruch begrüßen, willkommen heißen; **2.** (*pain grillé*) Toast [toːst] *m*; Röstbrot *n*, -schnitte *f*
toasteur [tostœʀ] *m* Toaster [-stəʀ] *m*
toboggan [tɔbɔgɑ̃] *m* **1.** *d'un parc d'attractions* Rutschbahn *f*; AVIAT Notrutsche *f*; TECH Rutsche *f*; Schurre *f*; **2.** *au Canada* (*traîneau*) To'boggan *m*; Indi'anerschlitten *m*; **3.** *sur une route* (*provi-'sorische*) Stahlbrücke, Über'führung
toc [tɔk] **I** *int* ~, ~, ~! – *qui est là?* ein Klopfen – wer ist da?; *riposte ad* ~ *qui est gegeben!*; das hat gesessen!; **II** *adj* (*inv*) F *il est* ~ ~ F er ist plem'plem, bekloppt; *cf a* **cinglé**; **III** *m* Talmi *n*; *bijou m en* ~ Imitati'on *f*; Talmi *n*; *c'est du* ~ *ou ça fait* ~ das ist Talmi, Imitation; *par ext* das ist Kitsch
tocade *cf* **toquade**
tocante [tɔkɑ̃t] *F f* Uhr *f*; F Zwiebel *f*
tocard [tɔkaʀ] **I** *adj* (*laid*) häßlich; scheußlich (aussehend); (*sans goût*) kitschig; **II** *m cheval de course* schlechtes Pferd
toccata [tɔkata] *f* MUS Tok'kata *f*
tocsin [tɔksɛ̃] *m* Sturmläuten *n*; *sonner le* ~ Sturm läuten
toge [tɔʒ] *f* **1.** HIST Toga *f*; **2.** *des avocats etc* Robe *f*; Ta'lar *m*
Togo [tɔgo] *le* ~ Togo *n*
togolais [tɔgɔlɛ] **I** *adj* togo'lesisch; togoisch; **II** *subst* ♀(e) *m(f)* Togo'lese, -'lesin *m,f*; Togoer(in) *m(f)*
tohu-bohu [tɔybɔy] *m* Tu'mult *m*; Tru-

bel *m*; lärmendes Durchein'ander; Getümmel *n*; Tohuwa'bohu *n*
toi [twa] **I** *pr/pers* **a)** *sujet* du; *dans une lettre* Du; *et* ~, *viens avec moi* und du komm mit mir; *et* ~, *tu ne veux pas?* und du willst nicht?; ~ *et moi* (, *nous*) *irons* du und ich (, wir) gehen; *si j'étais* ~ wenn ich du wäre; *il est plus petit que* ~ er ist kleiner als du; ~ *qui n'as jamais travaillé* du, der du nie gearbeitet hast; du, der nie gearbeitet hat; *c'est* ~? bist du es?; *c'est* ~ *qui l'as voulu* du hast es (ja) gewollt; **b)** *obj/dir* dich; *dans une lettre* Dich; *je vous inviterai, tes parents et* ~ deine Eltern und dich; *c'est* ~ *que j'ai aimé* d i c h habe ich geliebt; **c)** *avec prép* (*dat*) dich (*acc*); *dans une lettre* Dir *ou* Dich; *malheur à* ~! wehe dir!; *je ne le dis qu'à* ~ ich sage es nur dir; *c'est ton idée à* ~ das ist d e i n e Idee; *d'après* ~, *selon* ~ deiner Ansicht, Meinung nach; *on parle de* ~ man spricht von dir, über dich; **d)** *après un impératif: obj/dir* dich; *obj/indir* dir; *sers-* ~ bedien dich; *figure-* ~... stell dir vor ...; **II** *m le* ~ das Du
toile [twal] *f* **1.** TEXT Leinen *n*; Leinwand *f*; *par ext* rober Stoff *m*; Tuch *n*; ~ *cirée* Wachstuch *n*; *grosse* ~ grobe Leinwand; grobes Leinen; ~ *métallique* Drahtgewebe *n*; Me'talltuch *n*; ~ *à matelas* Ma'tratzendrell *m*; ~ *à sac* Sackleinwand *f*; ~ *à voile* Segeltuch *n*; ~ *de coton* Baumwolleinen *n*; Kat'tun *m*; ~ *de tente* Zeltbahn *f*; *loc/adj de ou en* ~ aus Leinen; Leinen...; leinen; *robe f de* ~ Leinenkleid *n*; *village m de* ~ Zeltstadt *f*; **2.** *tableau* (Öl)Gemälde *n*; ~ *de maître* Meistergemälde *n*; **3.** *de fond* a) THÉ Pro'spekt *m*; b) *fig* 'Hintergrund *m*; **4.** MAR Segel *n/pl*; Segelwerk *n*; **5.** ~ *d'araignée* Spinnwebe *f*; Spinnennetz *n*; *l'araignée file, tisse sa* ~ die Spinne spinnt, webt ihr Netz
toilettage [twalɛtaʒ] *m pour chiens* Trimmen *n*; *boutique f de* ~ Hundesalon *m*
toilette [twalɛt] *f* **1.** Waschen *n*; *armoire f de* ~ Badezimmer-, Toi'lettenschrank *m*; *gant m de* ~ Waschlappen *m*; *produits m/pl, articles m/pl de* ~ Toi'lettenartikel *m/pl*; *serviette f de* ~ Handtuch *n*; *table f de* ~ Waschtisch *m*; *faire sa* ~ sich waschen; *chat sich putzen*; *faire une* ~ *de chat* Katzenwäsche machen; *faire une grande* ~ sich gründlich waschen; *faire la* ~ *d'un mort* e-n Toten waschen (und ankleiden); **2.** (*habits*) Kleidung *f*; Toi'lette *f*; Aufmachung *f*; ~ *de bal* Balltoilette *f*; ~ *de mariée* Brautstaat *m*; *en* ~ *d'été* sommerlich gekleidet; in Sommerkleidung; *avoir toujours de nouvelles* ~*s* immer etw Neues zum Anziehen haben; *avoir le goût de la* ~ gern gut gekleidet sein; Wert auf gute Kleidung legen; *être en grande* ~ in großer Toilette sein; *elle porte bien la* ~ sie versteht es, elegante Kleidung zu tragen; **3.** ~*s pl* Toi'lette *f*; WC *n*; Klo'sett *n*; *aller aux* ~*s* auf die Toilette gehen
toi-même [twamɛm] *pr/pers* **1.** *emphatique* (du) selbst; *c'est* ~ *qui l'as dit* du selbst hast es gesagt; du hast es selbst gesagt; **2.** *réfléchi* dich selbst; *connais- -toi* ~ erkenne dich selbst

toise [twaz] *f* **1.** Meßstab *m*; *passer à la* ~ gemessen werden; *passer qn à la* ~ j-s Größe messen; **2.** *ancienne mesure correspond à* Klafter *m*
toiser [twaze] **I** *v/t* ~ *qn* j-n mustern, mit dem Blick messen; **II** *v/pr se* ~ sich gegenseitig mit Blicken messen
toison [twazɔ̃] *f* **1.** *du mouton* Wolle *f*; Vlies *n*; *par ext* Schafpelz *m*, -fell *n*; MYTH *la* ♀ *d'or* das Goldene Vlies; **2.** *fig* (*chevelure*) dichtes Haar; (*poils*) dichte Behaarung (*auf Brust od Rücken*)
toit [twa] *m* **1.** Dach *n*; AUTO ~ *ouvrant* Schiebedach *n*; ~ *plat* Flachdach *n*; ~ *d'ardoises, de chaume, de tuiles* Schiefer-, Stroh-, Ziegeldach *n*; *fig crier qc sur les* ~*s* etw ausposaunen; etw an die große Glocke hängen; *habiter sous les* ~*s* unter dem Dach wohnen; **2.** *par ext* (*logement*) Wohnung *f*; Dach *n*; *avoir un* ~ ein Dach über dem Kopf haben; *habiter, vivre sous le même* ~ unter einem Dach wohnen; *recevoir qn sous son* ~ j-n bei sich, in s-m Haus empfangen; *vivre sous le* ~ *paternel* im Elternhaus, bei s-n Eltern wohnen
toiture [twatyʀ] *f* Bedachung *f*; Dach *n*
Tokyo [tɔkjo] Tokio *n*
tôle [tol] *f* **1.** Blech *n*; AUTO ~ *froissée* Blechschaden *m*; ~ *ondulée* Wellblech *n*; ~ *à pâtisserie* Back-, Kuchenblech *n*; **2.** *cf* **taule**
tôlé [tole] *adj neige* ~*e* Harsch *m*; verharschter Schnee
Tolède [tɔlɛd] To'ledo *n*
tolérable [tɔleʀabl(ə)] *adj* **1.** (*admissible*) zu dulden(d); *une négligence qui n'est pas* ~ die nicht geduldet werden kann; **2.** (*supportable*) erträglich; zu ertragen(d)
tolérance [tɔleʀɑ̃s] *f* **1.** Tole'ranz *f*; Nachsicht *f*; Duldsamkeit *f*; Duldung *f* (*a* JUR); *autrefois maison f de* ~ Freudenhaus *n*; Bor'dell *n*; *faire preuve de* ~ tolerant ou,sein; *à l'égard de, envers qn* j-m gegenüber; **2.** TECH Tole'ranz *f*; zulässige Abweichung; Spielraum *m*; Spanne *f*; **3.** GR ~ *grammaticale ou orthographique* zulässige grammatikalische *ou* orthographische Abweichung; **4.** MÉD Tole'ranz *f*
tolérant [tɔleʀɑ̃] *adj* tole'rant; duldsam; nachsichtig, weitherzig, libe'ral
tolérer [tɔleʀe] *v/t* ⟨-è-⟩ **1.** *chose* dulden; gestatten; zulassen; geschehen lassen; tole'rieren; *personne* ertragen; dulden; ~ *que* ... (+*subj*) dulden, zulassen, gestatten, daß ...; **2.** *médicament, traitement* vertragen
tôlerie [tolʀi] *f* **1.** *atelier* Blechfabrik *f*, -walzwerk *n*; **2.** *coll* Blechteile *m/pl*
tolet [tɔlɛ] *m* MAR (Ruder)Dolle *f*
tôlier [tolje] *m* **1. a)** *ouvrier* Blecharbeiter *m*, -schlosser *m*; ~ *en voitures* Karosse'rieklempner *m*; *südd* Autospengler *m*; **b)** *commerçant* Blechwarenhändler *m*; **2.** *cf* **taulier**
tollé [tɔ(l)le] *m* Zeter-, Pro'testgeschrei *n*; Aufbegehren *n*; *provoquer, soulever un* ~ *général* allgemeines Protestgeschrei hervorrufen
toluène [tɔlɥɛn] *m* CHIM Tolu'ol *n*
tomahawk [tɔmaok, tɔmawak] *m* Tomahawk [-haːk] *m*

tomate [tɔmat] *f* BOT, CUIS To'mate *f*; österr Para'deiser *m*; *jus m*, *salade f de ~s* Tomatensaft *m*, -salat *m*; *adjt sauce f ~* Tomatensoße *f*; *devenir rouge comme une ~* rot wie e-e To'mate, puterrot, knallrot werden; *recevoir des ~s* mit Tomaten beworfen werden

tombal [tɔ̃bal] *adj* ⟨-als⟩ Grab...; *inscription ~e* Grabinschrift *f*; *pierre ~e* a) *dalle* Grabplatte *f*; b) *stèle* Grabstein *m*

tombant [tɔ̃bɑ̃] *adj* fallend; *moustaches*, *paupières* her'abhängend; *cheveux ~s* langes, offenes Haar; *épaules ~es* abfallende Schultern *f/pl*; Hängeschultern *f/pl*; *poitrine ~e* Hängebrust *f*, -busen *m*; *fig à la nuit ~e* bei Einbruch der Dunkelheit, Nacht

tombe [tɔ̃b] *f* Grab *n*; Grabstätte *f*; *la ~ du Soldat inconnu* das Grab(mal) des Unbekannten Soldaten; *aller sur la ~ de qn* j-s Grab besuchen; *descendre un cercueil dans une ~* e-n Sarg in ein Grab senken; *fig être muet comme une ~* stumm, verschwiegen wie ein Grab sein; *fig il se retournerait dans sa ~* er würde sich im Grabe 'umdrehen; *fig suivre qn dans la ~* j-m ins Grab folgen

tombeau [tɔ̃bo] *m* ⟨*pl* -x⟩ Grabmal *n*; Grabstätte *f*; *poét* Gruft *f*; *fig* Grab *n*; Ende *n*; 'Untergang *m*; REL, ART *mise f au ~* Grablegung *f* Christi; *fig rouler à ~ ouvert* mit halsbrecherischer Geschwindigkeit fahren, rasen

tombée [tɔ̃be] *f à la ~ du jour*, *de la nuit* bei *ou* mit Einbruch, Anbruch der Dunkelheit, Nacht; bei ein-, anbrechender Nacht, Dunkelheit; bei Eintritt der Dämmerung

tomber [tɔ̃be] I *v/t* **1.** *lutteur: l'adversaire* auf die Schulter legen; **2.** F *fig ~ une femme* e-e Frau verführen; **3.** F *~ la veste* die Jacke ausziehen; II *v/i* (*être*) **4.** fallen, stürzen; (*se renverser*) 'umfallen; *personne a* hinfallen; *etc/s* zu Fall kommen; *du haut de qc* hin'ab- *ou* her'ab-, hin'unter- *ou* her'unterfallen; *alpiniste*, *avion* abstürzen; *feuilles*, *fruits* abfallen; *pluie*, *brouillard*, *neige*, *grêle* fallen; *brouillard a* sich senken; sinken; *foudre* einschlagen; ♦ *loc avec prép: ~ à l'eau ou dans l'eau* ins Wasser fallen (*a fig projet*); *~ à genoux* auf die Knie fallen; *~ à la mer* ins Meer fallen, stürzen; *~ dans l'escalier*, *dans un gouffre* auf der Treppe, in e-n Abgrund stürzen, fallen; *feuilles*, *fruits ~ des arbres* von den Bäumen fallen; *~ de cheval* vom Pferd fallen, stürzen; *~ du troisième étage* aus dem dritten Stock fallen, stürzen; *le stylo m'est tombé des mains* ist mir aus der Hand gefallen; *~ en chute libre* in freiem Fall stürzen, fallen; *~ par la fenêtre* aus dem Fenster fallen, stürzen; *~ par terre* hin'unter- *ou* her'abfallen; *personne debout* hinfallen; *~ sur* fallen auf (+*acc*); *cf a* **8.**, **9.**, **10.**, **13.**; *la foudre est tombée sur une maison* hat in ein Haus eingeschlagen; ♦ *avec verbe: il s'est cassé le bras en tombant* er hat sich bei e-m Sturz den Arm gebrochen; er ist gefallen und hat sich den Arm gebrochen; *faire ~ qc* (*renverser*) etw 'umwerfen, 'umstürzen; *du haut de qc* etw her'un-

terwerfen, *d'un arbre a* her'unterschütteln; *faire ~ qn* j-n nieder-, 'umwerfen; *cf a* **7.**, **12.**; *laisser ~ qc* etw fallen lassen; *cf a* **7.**; *se laisser ~ dans un fauteuil* sich in e-n Sessel fallen lassen; **5.** *fig paroles etc fallen*; *la nuit tombe* die Nacht, Dunkelheit bricht herein; es wird Nacht, dunkel; die Nacht bricht an, *st/s* sinkt herab, zieht herauf; *le soir tombe* es wird Abend; *paroles ~ des lèvres de qn* von j-s Lippen kommen; **6.** *cheveux*, *dents* ausfallen; *ses cheveux tombent* die Haare gehen, fallen ihm aus; **7.** *soldat*, *ville* fallen; *obstacle*, *difficulté* wegfallen; *gouvernement etc* stürzen; *faire ~ gouvernement etc* stürzen; *zu* Fall bringen; *laisser ~ projet* fallenlassen; aufgeben (*a hobby*); *laisser ~ qn* j-n fallenlassen; j-n im Stich lassen; j-n verlassen; F *abs laisse ~!* laß doch sein!; gib's auf!; F steck's auf!; **8.** *~ sur qn* sich auf j-n stürzen; über j-n herfallen; j-n über'fallen, anfallen; *ils nous sont tombés dessus* sie sind über uns hergefallen; sie haben uns überfallen, über'rascht; **9.** (*devenir*) werden; *dans un endroit*, *une situation* geraten; kommen; *~ amoureux* sich verlieben (*de qn* in j-n); F *~ enceinte* schwanger werden; *~ malade* krank werden; erkranken; *~ aux ou dans les mains de qn* j-m in die, in j-s Hände fallen, geraten; *~ dans la misère* in Not, ins Elend geraten; *~ dans un piège* in e-e Falle geraten; *il est tombé dans le piège* er ist in die Falle gegangen; *~ en panne* e-e Panne haben; *~ en ruine* verfallen; *refroidissement ~ sur la poitrine* sich auf die Brust legen; **10.** (*arriver*) (unerwartet *ou* zufällig) kommen; erscheinen; *~ bien* (*venir à propos*) gerade recht, zur richtigen Zeit, gelegen, F wie gerufen kommen; *ça tombe bien* das trifft sich gut, günstig; *il est bien tombé* (*il a eu de la chance*) er hat es gut getroffen; *~ juste* a) *calcul* stimmen; b) (*deviner*) es erraten; das Richtige treffen; *~ mal* (*venir mal à propos*) ungelegen, zu ungelegener Zeit, im unpassenden Augenblick kommen; *rendez-vous etc* schlecht passen; *ça tombe mal* das trifft sich schlecht, ungünstig; *il est mal tombé* (*il a eu de la malchance*) er hat es schlecht getroffen; *je suis tombé en pleine réunion* F ich platzte mitten in die Versammlung hinein; *cet article m'est tombé sous les yeux* ist mir zufällig unter die Augen gekommen; *~ sur qc* auf etw (*acc*) stoßen, treffen; etw zufällig finden; *prenez cette rue*, *et vous tomberez sur la cathédrale* und Sie kommen zur Kathedrale; *~ sur qn* auf j-n stoßen; j-n zufällig treffen; j-m zufällig begegnen; *la conversation est tombée sur ce film* man kam auf diesen Film zu sprechen; *le sort est tombé sur lui* das Los hat ihn getroffen; es ist ihm zugefallen; **11.** *à un moment*; *son anniversaire tombe un dimanche* fällt auf e-n Sonntag; *~ le même jour* auf den gleichen Tag fallen; *fêtes etc a* am gleichen Tag stattfinden; **12.** (*baisser*) *prix*, *cours*, *température* fallen; sinken; *zu*'rückgehen; nachlassen; *fièvre a* nachlassen; *vent*, *enthousiasme* nachlassen, sich legen; *jour* sich neigen;

zur Neige, zu Ende gehen; *sa colère est tombée* sein Zorn hat sich gelegt, ist abgekühlt, verraucht; *~ à zéro* auf Null (ab)sinken, fallen; *température ~ de cinq degrés* um fünf Grad zurückgehen, sinken; *cours*, *prix* drücken; **13.** (*descendre*, *pendre*) (her'ab-)hängen; fallen; *vêtement ~ bien* gut fallen; *épaules f/pl qui tombent* abfallende Schultern *f/pl*; Hängeschultern *f/pl*; *tenture f qui tombe en larges plis* in breiten Falten fallender, herabhängender Behang; *cape f qui tombe jusqu'aux pieds* bis zu den Füßen, an die Knöchel reichender 'Umhang; *une mèche de cheveux lui tombe sur les yeux* hängt, fällt ihr über die Augen; **14.** *le journal tombe à cinq heures* kommt um fünf Uhr heraus; *un télex vient de ~* ist eben eingegangen; III *v/imp il tombe de la grêle*, *de la neige*, *de la pluie* es fällt Hagel, Schnee, Regen; es hagelt, schneit, regnet; F *qu'est-ce qu'il va ~!* F das wird ganz schön gießen!

tombereau [tɔ̃bro] *m* ⟨*pl* ~x⟩ a) (zweirädriger) Kippkarren; b) *contenu* Karrenladung *f*

tombeur [tɔ̃bœr] *m* **1.** F (*séducteur*) Frauenheld *m*; **2.** F *~ d'un ministre etc* j, der e-n Minister etc zu Fall bringt

tombola [tɔ̃bɔla] *f* Tombola *f*

Tombouctou [tɔ̃buktu] Tim'buktu *n*

tome [tɔm] *m* a) (*partie d'un ouvrage*) Band *m*; Buch *n*; Teil *m*; b) (*volume*) Band *m*

tomette [tɔmɛt] *f* Terra'kottafliese *f*

tomme [tɔm] *f* Hartkäse aus Savoyen

tomographie [tɔmɔgrafi] *f* MÉD a) Tomogra'phie *f*; Röntgenschichtverfahren *n*; b) *cliché* Schichtaufnahme *f*

ton[1] [tɔ̃] *adj/poss* ⟨*f* **ta** [ta], *vor Vokal u stummem h* **ton**; *pl* **tes** [te]⟩ dein(e); *dans une lettre* Dein(e); *~ ami(e)* dein(e) Freund(in) *m(f)*; *à ~ égard* zu dir; dir gegenüber; *en ~ honneur* dir zu Ehren; *c'est ça*, *ta petite plage tranquille?* was, das ist dein kleiner, stiller Strand?; *ferme ta porte!* mach (gefälligst) die Tür hinter dir zu!; F *tu gagnes tes cent francs par ~* du verdienst deine hundert Franc pro Tag

ton[2] [tɔ̃] *m* **1.** *~ de la voix* Ton *m*; Tonhöhe *f*; *~ aigu* hoher, schriller Ton; **2.** *fig* Ton *m* (*a d'une lettre*): 'Umgangston *m*; Redeweise *f*; *~ brusque* barscher *ou* schroffer Ton; *loc/adv: d'un ~ ferme* in festem Ton; *sur le ~ de la conversation* im Plauderton; (wie) beiläufig; *dire qc d'un*, *sur un ~ convaincu* etw in über'zeugtem Ton sagen; *je ne vous permets pas de me parler sur ce ~* ich verbitte mir diesen Ton, diese Redeweise; *si vous le prenez sur ce ~ ...* wenn Sie diesen Ton anschlagen ...; wenn Sie in diesem Ton mit mir reden ...; *répéter*, *chanter sur tous les ~s* in allen Tonarten wieder'holen; *faire baisser le ~ à qn* j-n in die Schranken weisen; *changer de ~* e-n anderen Ton anschlagen; *'hausser le ~* a) die Stimme heben; b) (*être exigeant*) arro'gant werden; fordernd auftreten; c) (*se fâcher*) sich 'ärgern, wütend werden; **3.** *loc/adj de bon ~* zum guten Ton gehörend; *comportement* gut; *élégance* geschmackvoll; *il est de bon ~ de* (+*inf*)

tonal – tordre

es gehört zum guten Ton, es gehört sich zu (+*inf*); **4.** *MUS* **a)** (*note*) Ton *m*; **b)** (*intervalle*) Tonschritt *m*, -stufe *f*; *par ext* Ganzton *m*; **c)** (*tonalité*) Tonart *f*; ~ *de si bémol majeur* B-Dur-Tonart *f*; *fig donner le ~* den Ton angeben; ton-angebend sein; **5.** *LING* Ton *m*; *lan-gues f/pl à ~* Tonsprachen *f/pl*; **6.** (*cou-leur*) (Farb)Ton *m*; *~ chaud, criard* warmer, greller Farbton; *~ dans les roses* rosafarbener Ton; *~ sur ~* Ton in Ton; *être dans le ~* den gleichen Farbton haben; *ça n'est pas* (*dans*) *le même ~ a* die(se) Farben beißen sich
tonal [tɔnal] *adj* 〈-als〉 *MUS* **a)** *'hauteur ~e* Tonhöhe *f*; **b)** *musique ~e* to'nale Musik
tonalité [tɔnalite] *f* **1.** *MUS* Tonali'tät *f*; Tonart *f*; **2.** *d'une voix, d'une radio etc* Klang *m*; Klangfarbe *f*; *réglage m de* (*la*) *~* Höhen- und Tiefenregelung *f*; **3.** *TÉL* Wählton *m*; Amtszeichen *n*; *attendre la ~* den Wählton abwarten; **4.** (*couleur*) Farbton *m*
tondeur [tɔ̃dœʀ] *m ~ de chiens, de moutons* Hunde-, Schafscherer *m*
tondeuse [tɔ̃døz] *f* **1.** *du coiffeur* Haar-schneidemaschine *f*; **2.** *~* (*à gazon*) Rasenmäher *m*
tondre [tɔ̃dʀ(ə)] *v/t* 〈*cf rendre*〉 **1.** *mou-ton, caniche* scheren; *cheveux* (ab)sche-ren; (zu) kurz schneiden; **2.** *gazon* mä-hen; **3.** *fig ~ qn* j-n ausnehmen, F rupfen
tondu [tɔ̃dy] *adj* geschoren
tongs [tɔ̃g] *f/pl* Zehensandalen *f/pl*
tonicité [tɔnisite] *f* **1.** *PHYSIOL* Tonus *m*; **2.** *d'un climat etc* stärkende, kräftigen-de Wirkung
tonifiant [tɔnifjɑ̃] **I** *adj* stärkend; kräfti-gend; *fig lecture ~e* belebende Lek-türe; **II** *m* Tonikum *n*; Stärkungsmittel *n*
tonifier [tɔnifje] *v/t organisme, personne* stärken; kräftigen; *peau et fig* beleben; *~ qn à* j-m Spannkraft verleihen
tonique [tɔnik] **I** *adj* **1.** kräftigend; to-nisch; tonisch; *remède m ~ ou subst ~ m* Tonikum *n*; Stärkungsmittel *n*; stär-kendes, kräftigendes Mittel; **2.** *lotion f ou subst ~* Gesichtswasser *n*; **3.** *fig froid, douche, lecture* belebend; **4.** *PHON, GR* betont; **II** *f MUS* Tonika *f*; Grundton *m*
tonitruant [tɔnitʀyɑ̃] *adj voix ~e* dröh-nende Stimme; Donnerstimme *f*
tonitruer [tɔnitʀye] *v/i* mit dröhnender Stimme sprechen *ou* schreien
Tonkin [tɔ̃kɛ̃] *le ~* Tongking *n*
tonnage [tɔnaʒ] *m MAR* **1.** Ton'nage *f*; *bâtiment m de gros ~* großes Schiff; **2.** *d'un pays, port* Gesamttonnage *f*
tonnant [tɔnɑ̃] *adj* donnernd; *voix ~e* dröhnende Stimme; Donnerstimme *f*
tonne [tɔn] *f* **1.** *~* (*métrique*) (*abr* t) Tonne *f* (*abr* t); *fig des ~s de ...* Rie-senmengen *f/pl* von ...; *un camion de sept ~s ou un sept ~s* ein Siebenton-ner *m*; **2.** *MAR* Tonne *f* (*Wasserverdrän-gung*); **3.** *AGR* Tonne *f*; großes Faß
tonneau [tɔno] *m* 〈*pl ~x*〉 **1.** Faß *n*; *~ de vin* Weinfaß *n*; Faß Wein; *fond m de ~* **a)** Bodensatz *m* (*im Faß*); **b)** *fig* (*mauvais vin*) Rachenputzer *m*; Krätzer *m*; schlechter Wein; *F fig c'est du mê-me ~* das taugt genauso wenig; *mettre du vin en ~* Wein in Fässer (ab)füllen;

2. *MAR ~* (*de jauge*) Re'gistertonne *f* (*abr* RT); *navire de mille quatre cents ~x* von tausendvierhundert Register-tonnen; **3.** *AVIAT* Rolle *f*; *AUTO faire un ~* sich überschlagen; *faire plu-sieurs ~x* sich mehrmals überschlagen
tonnelet [tɔnlɛ] *m* Fäßchen *n*; Tönn-chen *n*
tonnelier [tɔnəlje] *m* Böttcher *m*; *österr* Faßbinder *m*; *schweiz* Küfer *m*; *en Ba-vière* Schäffler *m*
tonnelle [tɔnɛl] *f* (Garten)Laube *f*; *s'asseoir sous la ~* sich in die Laube setzen
tonner [tɔne] **I** *v/imp il tonne* es don-nert; **II** *v/i* **1.** *canons etc* donnern; **2.** *personne ~ contre* wettern gegen
tonnerre [tɔnɛʀ] *m* **1.** Donner *m*; *fig ~ d'applaudissements* tosender, brau-sender Beifall; donnernder Applaus; *coup m de ~* **a)** Donnerschlag *m*; **b)** *fig* schwerer Schlag; *la déclaration de guer-re fut un coup de ~ dans un ciel bleu* kam wie ein Blitz aus heiterem Him-mel; *avec ou en faisant un bruit de ~* mit Donnergepolter, -getöse; **2.** F *fig loc/adj du ~* großartig; F toll; phan'ta-stisch; *une fille du ~* F ein tolles Mäd-chen; *un soleil du ~* herrlicher, pracht-voller Sonnenschein; **3.** *juron ~* (*de Dieu*)*!, ~ de Brest!, mille ~s!* zum Donnerwetter!; Himmeldonnerwetter!
tonsure [tɔ̃syʀ] *f* **1.** *ÉGL CATH* Ton'sur *f*; **2.** F *plais* Glatze *f*
tonte [tɔ̃t] *f* **1.** Scheren *n*; Schur *f*; *~ des moutons* Schafschur *f*; **2.** (*laine*) Schurwolle *f*; **3.** *du gazon* Mähen *n*
tonton [tɔ̃tɔ̃] *m* **1.** *enf* Onkel(chen) *m*(*n*); **2.** *à Haïti ~s Macoutes pl* Scher-gentruppe des Diktators Duvalier
tonus [tɔnys] *m* **1.** *PHYSIOL ~ muscu-laire* (Muskel)Tonus *m*; **2.** *d'une per-sonne* Ener'gie *f*; Dy'namik *f*; Spann-kraft *f*; *manquer de ~* keine Energie haben
top [tɔp] *m* Zeitzeichen *n*; *~ de départ* Startzeichen *n*; *RAD au quatrième ~ il sera exactement six heures* beim vierten Ton des Zeitzeichens, beim Gong-schlag ist es ...
topaze [tɔpaz] **1.** *MINÉR* To'pas *m*; **2.** *adjt* 〈*inv*〉 (*couleur*) *~* to'pasfarben
tope [tɔp] *int* topp!; einverstanden!; es gilt!
toper [tɔpe] *v/i* einschlagen; mit Hand-schlag bekräftigen, besiegeln; *tope là!, topez là!* schlag ein!, schlagen Sie ein!; deine, Ihre Hand drauf!; einverstan-den?
topette [tɔpɛt] F *f* Fläschchen *n*
topinambour [tɔpinɑ̃buʀ] *m BOT* Topi-nam'bur *f ou m*
topique [tɔpik] *m* **1.** *MÉD* topisches, ört-lich wirkendes Medikament, Heilmit-tel; **2.** *RHÉT* Topos *m*
topo [tɔpo] *m* F (kurze) Darstellung; *fai-re un petit ~ sur une question* e-e Frage kurz darstellen, skizzieren; *c'est toujours le même ~* F es ist immer die alte Leier
topographe [tɔpɔgʀaf] *m,f* Topo-'graph(in) *m*(*f*); Vermessungstechni-ker(in) *m*(*f*)
topographie [tɔpɔgʀafi] *f* Topogra'phie *f*; topo'graphische Darstellung; *décrire la ~ des lieux* die Örtlichkeiten be-schreiben

topographique [tɔpɔgʀafik] *adj* topo-'graphisch
topoguide [tɔpɔgid] *m* Wanderkarte *f*
topologie [tɔpɔlɔʒi] *f MATH* Topolo'gie *f*
toponymie [tɔpɔnimi] *f LING* Ortsna-menkunde *f*
toquade [tɔkad] F *f* (vor'übergehende) Ma'rotte; F Fimmel *m*; *avoir une ~ pour qn, qc* in j-n, etw vernarrt sein; F in j-n verknallt, verschossen sein
toquante *cf tocante*
toquard *cf tocard*
toque [tɔk] *f* Mütze *f*; Toque *f*; *~* (*de cuisinier*) Kochmütze *f*; *~ de fourrure* Pelzmütze *f*; *~* (*de magistrat*) Ba'rett *n*
toqué [tɔke] F **I** *adj* **1.** ein bißchen ver-rückt; F verdreht; bekloppt; *cf a cin-glé*; **2.** *être ~ de qn* F in j-n verknallt, verschossen sein; an j-m e-n Narren ge-fressen haben; **II** *subst ~*(*e*) *m*(*f*) Ver-rückte(r) *f*(*m*); F Spinner(in) *m*(*f*)
toquer [tɔke] **I** *v/i* leise pochen (*à la porte* an der Tür); **II** *v/pr F se ~ de qn* F sich in j-n verknallen, vergaffen
torah *cf thora*
torche [tɔʀʃ] *f* **1.** Fackel *f*; *personne transformée en ~ vivante* als lebende Fackel; **2.** *~ électrique* Stablampe *f*; **3.** *parachute se mettre en ~* e-e Fahne, Fackel haben
torché [tɔʀʃe] *adj* F **1.** *bien ~* schwung-voll; spritzig; geistreich; F gekonnt; **2.** *péj travail* F hingehauen; hingepfuscht; gehudelt
torchée [tɔʀʃe] F *f* Keile *f*; Senge *f*
torcher [tɔʀʃe] F **I** *v/t* **1.** *~* (*le derrière d'*)*un enfant* F e-m Kind den Po'po, den Hintern (ab)wischen, putzen; **2.** *travail* F hinhauen; hinpfuschen; hin-schmieren; **II** *v/pr se ~* (*le derrière*) F sich den Hintern (ab)wischen, putzen
torchère [tɔʀʃɛʀ] *f* **1.** *d'une raffinerie* Fackel *f*; **2.** großer Kande'laber; *ap-plique* mehrarmiger Wandleuchter
torchis [tɔʀʃi] *m CONSTR* Strohlehm *m*; *mur en ~* Lehmbauwand *f*
torchon [tɔʀʃɔ̃] *m* **1.** *pour la vaisselle* Geschirrtuch *n*; F *fig POL coup m de ~* Säuberung *f*; F Groß'reinemachen *n*; *donner un coup de ~* den Tisch abwi-schen; *fig le ~ brûle* die ha-ben Krach miteinander; *en famille* der Haussegen hängt schief; F *fig il ne faut pas mélanger les ~s et les serviettes* man muß 'Unterschiede machen; alles *ou* jeder, wohin *ou* er gehört; man darf nicht alle(s) in e-n Topf werfen; **2.** F *fig* Geschmiere *n*; Wisch *m*
torchonner [tɔʀʃɔne] *v/t F cf torcher 2*.
torcol [tɔʀkɔl] *m ZO* Wendehals *m*
tordant [tɔʀdɑ̃] *adj* F zum Totlachen; zum Piepen; zum Schießen; *une histoi-re ~e* e-e urkomische Geschichte; *c'est ~* F das ist ja zum Piepen *etc*
tord-boyaux [tɔʀbwajo] *m* 〈*inv*〉 F Fu-sel *m*; Rachenputzer *m*
tordre [tɔʀdʀ(ə)] 〈*cf rendre*〉 **I** *v/t* **1.** *par torsion* drehen; verdrehen; 'umdrehen; *linge* auswringen; auswinden; *TECH* ver-winden; verdrehen; *~ le bras à qn* j-m den Arm verdrehen; *~ le cou à un animal*, F *à qn* e-m Tier, j-m den Hals umdrehen; *fig ça lui tord l'estomac* vor Angst krampft sich ihm der Magen zusammen; **2.** (*plier*) (ver)biegen; (ver-) krümmen; *~ une barre de fer* e-e Ei-

tordu – tôt

senstange verbiegen; *vent ~ les branches* die Äste biegen; **3.** *bouche, visage* verzerren; *la colère, la peur lui tord le visage* sein Gesicht ist wut-, angstverzerrt; Zorn, Angst verzerrt sein Gesicht; **II** *v/pr* **4.** *se ~ la cheville* sich den Knöchel verstauchen, verrenken; *se ~ les mains de désespoir* vor Verzweiflung die Hände ringen; *se ~ le pied* mit dem Fuß 'umknicken; **5.** *se ~ (se plier)* sich winden, sich krümmen *(de douleur)* vor Schmerzen); *se ~ (de rire)* sich krümmen, sich biegen, F sich kugeln, sich kringeln, sich wälzen vor Lachen; F sich schieflachen; *il y a de quoi, c'est à se ~ (de rire)* das ist zum Totlachen, F zum Piepen, zum Tieschießen; **6.** *se ~ racines, branches* sich winden; sich krümmen; *barre de fer etc* sich (ver)biegen
tordu [tɔRdy] *adj* **1.** *fil de fer, barre* verbogen; *jambes, nez* krumm; *bouche, visage* verzerrt; *personne par l'âge* verkrümmt; *tronc d'arbre* krumm (gewachsen); gekrümmt; *subst injure* P *va donc, eh, ~(e)!* P du 'Mißgeburt!; **2.** *fig avoir l'esprit ~* auf sonderbare, ausgefallene, merkwürdige Gedanken kommen; **3.** F *il est complètement ~* F er ist total 'übergeschnappt; *cf a* **cinglé**
tore [tɔR] *m* **1.** ARCH Torus *m*; Wulst *m*; **2.** MATH Torus *m*; Kreiswulst *m*; **3.** INFORM *~ magnétique* Ma'gnetkern *m*
toréador [tɔReadɔR] *m cf* **torero**
toréer [tɔRee] *v/i* als Stierkämpfer auftreten; mit Stieren kämpfen
torero [tɔReRO] *m* To'rero *m*; Stierkämpfer *m*; Mata'dor *m*
torgnole [tɔRɲɔl] F *f* (saftige) Ohrfeige; *cf a* **gifle** *I*.
toril [tɔRil] *m* Stierzwinger *m*
tornade [tɔRnad] *f* Tor'nado *m*; Wirbelsturm *m*; *fig* *entrer, faire irruption comme une ~* her'einstürmen, -stürzen
toron [tɔRõ] *m* TECH Litze *f*; Drahtseil *n*
torpeur [tɔRpœR] *f* Benommenheit *f*; Betäubung *f*; Erstarrung *f*; Lethar'gie *f*; *être plongé dans la ~* benommen, betäubt sein; *faire sortir, tirer qn de sa ~* j-n aus s-r Benommenheit *etc* reißen
torpillage [tɔRpijaʒ] *m* MIL Torpe'dieren *n*; Torpe'dierung *f* *(a fig)*
torpille [tɔRpij] *f* **1.** MAR MIL Tor'pedo *m*; **2.** ZO *adjt poisson m ~* Zitterrochen *m*
torpill|er [tɔRpije] *v/t* **1.** MAR MIL torpe'dieren; **2.** *fig projet, négociations* zu Fall bringen; *~eur m* MAR MIL Tor'pedoboot *n*
torréfac|teur [tɔRefaktœR] *m* (Kaffee-)Röster *m* *(personne et appareil)*; *~tion f* (Kaffee)Rösten *n*
torréfier [tɔRefje] *v/t café* rösten
torrent [tɔRɑ̃] *m* **1.** Sturz-, Wild-, Gießbach *m*; Wildwasser *n*; Gebirgsbach *m*; *des ~s d'eau* e-e Wasserflut; *~ de lave* Lavastrom *m*; *il pleut à ~s* es regnet in Strömen; es gießt; **2.** *fig* Strom *m*; Flut *f*; *d'injures* Flut, Schwall von Schimpfworten; *des ~s de larmes* ein Strom von Tränen, Tränenstrom *m*
torrentiel [tɔRɑ̃sjɛl] *adj* ⟨*~le*⟩ *pluie ~le* Wolkenbruch *m*; strömender Regen
torride [tɔRid] *adj* **1.** *climat, journée* heiß; *chaleur* glühend; **2.** *fig (sensuel)* heiß; erregend; aufreizend

tors [tɔR] *adj* ⟨*torse* [tɔRs]⟩ gedreht; gewunden; *spi'ral-*, schraubenförmig; *jambes* krumm; gekrümmt; ARCH *colonne ~e* Schlangensäule *f*
torsade [tɔRsad] *f* **1.** *~ de cheveux* gedrehter Zopf; **2.** *de fils* gedrehte Franse; Kordel *f*; **3.** ARCH Spi'rale *f*
torsader [tɔRsade] *v/t cheveux* (zu'sammen)drehen
torse [tɔRs] *m* **1.** Oberkörper *m*; *loc/adv (le) ~ nu* mit nacktem Oberkörper; *se mettre ~ nu* den Oberkörper entblößen, *chez le médecin* frei machen; **2.** SCULP Torso *m*
torsion [tɔRsjõ] *f* TECH Torsi'on *f*; Verwindung *f*; Verdrehung *f*; (Ver)Drillung *f*; *résistance f à la ~* Torsions-, Drehfestigkeit *f*
tort [tɔR] *m* **1.** Unrecht *n*; *(faute)* Verschulden *n*; Fehler *m*; ♦ *loc/adv*: *à ~* zu Unrecht; *condamner, soupçonner qn à ~* j-n zu Unrecht verurteilen, verdächtigen; *c'est à ~ que l'on prétend cela* das wird zu Unrecht behauptet; *divorce prononcé aux ~s réciproques* Scheidung *f* aus beiderseitigem Verschulden; *à ~ ou à raison* zu Recht oder zu Unrecht; *à ~ et à travers* drauf'los; unüberlegt; ins Blaue hinein; *dépenser à ~ et à travers* mit Geld um sich werfen, *en ~* im Unrecht; *c'est le conducteur qui est dans son, en ~* der Fahrer ist schuld, im Unrecht; die Schuld liegt beim Fahrer; *se mettre dans son ~* sich ins Unrecht setzen; *ils se sentent dans leur ~* sie fühlen sich schuldig; ♦ *avoir ~* unrecht haben; im Unrecht sein; sich irren; *il a ~ de (+inf)* es ist falsch, nicht richtig von ihm zu (+inf); *il a le ~ de trop parler* sein Fehler ist, daß er zuviel redet; *on aurait ~ de croire que ...* es wäre falsch, irrig, verfehlt, ein Irrtum anzunehmen, daß ...; *j'aurais ~ de ne pas en profiter* es wäre falsch (von mir) *ou* ein Fehler, dies nicht auszunützen; *vous avez ~ de vous fâcher* Sie haben keinen Grund, keinen Anlaß, sich zu ärgern; *il a ~ de tant fumer* es ist nicht gut, daß er soviel raucht; er sollte lieber nicht soviel rauchen; *il n'a aucun ~* ihn trifft keine Schuld, keinerlei Verschulden; *avoir des ~s envers qn* j-m gegenüber, an j-m unrecht handeln; *chercher des ~s à qn* versuchen, j-m Fehler nachzuweisen; *personne n'a donné ~ à qn* j-m unrecht, nicht recht geben; *les faits vous donnent ~* die Tatsachen wider'legen Sie *ou* beweisen, daß Sie unrecht haben; *c'est un ~* das ist ein Fehler; das ist falsch, verkehrt, nicht richtig; *c'est un ~ de (+inf)* es ist falsch, verkehrt zu (+inf); *reconnaître ses ~s* sein Unrecht einsehen; **2.** *(préjudice)* Schaden *m*; Nachteil *m*; *demander réparation d'un ~* Wieder'gutmachung verlangen; *faire du ~ à qn* j-m schaden; j-m Schaden zufügen; j-n schädigen; *ça ne fait de ~ à personne* damit schadet man niemandem; das schadet niemandem; das tut niemandem weh; *il s'est fait du ~* er hat sich selbst geschadet
torticolis [tɔRtikɔli] *m* MÉD steifer Hals, Nacken; *avoir, attraper le, un ~* e-n steifen Hals haben, bekommen

tortillard [tɔRtijaR] *m* Bummelzug *m*; Bimmelbahn *f*
tortillement [tɔRtijmɑ̃] *m ~ des 'hanches* Wiegen *n* der Hüften
tortiller [tɔRtije] **I** *v/t* zu'sammendrehen; winden; *mouchoir* (zu e-r Wurst) zu'sammendrehen; *moustache* zwirbeln; *~ ses cheveux* mit s-n Haaren spielen; **II** *v/i* F *fig il n'y a pas à ~* da hilft (alles) nichts; da hilft keine Ausrede; das muß nun mal sein; **III** *v/pr se ~ de douleur* sich krümmen; sich winden; *d'impatience* zappeln; *en marchant* sich in den Hüften wiegen
tortillon [tɔRtijõ] *m ~ de papier* zu'sammengedrehtes Papier
tortionnaire [tɔRsjɔnɛR] *m* Folterknecht *m*; Folterer *m*
tortu [tɔRty] *adj litt cf* **tordu**
tortue [tɔRty] *f* **1.** ZO Schildkröte *f*; **2.** *fig d'une personne quelle ~!* F eine e-e Transuse, Trantüte, lahme Ente!; *avancer, marcher comme une ~* im Schneckentempo vorankommen; sich im Schneckentempo bewegen
tortueux [tɔRtɥø] *adj* ⟨-euse⟩ **1.** *chemin* gewunden; *ruelle* krumm; **2.** *fig manœuvres tortueuses* verborgene 'Umtriebe *m/pl*, Machenschaften *f/pl*
torturant [tɔRtyRɑ̃] *adj pensée, remords* quälend; qualvoll; peinigend
torture [tɔRtyR] *f* Folter *f*; *action a* Folterung *f*; *fig* (Folter)Qual *f*; Pein *f*; Tor'tur *f*; *st/s* Marter *f*; *~s de la faim, de la soif* Folterqualen des Hungers, des Durstes; *~s de la jalousie* Qualen der Eifersucht; HIST *chambre f de ~* Folterkammer *f*; *infliger des ~s à qn* j-n foltern, *st/s* martern; *fig mettre qn à la ~* j-n auf die Folter spannen; *parler sous la ~* unter der Folter gestehen; *être soumis à la ~, subir des ~s* gefoltert werden; *fig* Qualen ausstehen
torturer [tɔRtyRe] *v/t* **1.** foltern; **2.** quälen; peinigen; *st/s* martern; *faim, soif, jalousie, doute ~ qn* j-n quälen, peinigen; *se ~ l'esprit* sich den Kopf, das Hirn zermartern; *être torturé par la jalousie* von Eifersucht gequält, geplagt werden; *un visage torturé par la douleur* ein schmerzgepeinigtes, -gequältes Gesicht
torve [tɔRv] *adj regarder qn d'un œil ~* j-n finster (von der Seite) ansehen; j-m e-n drohenden Seitenblick zuwerfen
tory [tɔRi] *m* ⟨*pl* tories⟩ POL *en Angleterre* Tory *m*; *adjt* Tory...; *parti m ~* Tories *m/pl*
Toscane [tɔskan] *la ~* die Tos'kana
tôt [to] *adv* früh; (früh)zeitig; bald; *~ ou tard* früher oder später; über kurz oder lang; *assez ~* ziemlich früh; früh genug; *un peu ~* ein wenig (zu) früh *(pour +inf* um zu +inf*)*; *plus ~* früher *(que* als*)*; eher; *beaucoup plus ~* viel früher; *un peu, plus ~ ou un peu plus tard, de toute façon il faudra le faire* früher oder später muß es ja doch gemacht werden; *il est venu plus ~ que je ne pensais* er kam früher, als ich dachte; *le plus ~ possible* so bald wie möglich; möglichst bald; *le plus ~ que vous pourrez* sobald Sie können; *le ~ sera le mieux* je eher, je besser; *au plus ~* a) *(pas avant)* frühestens; ehestens; b) so bald wie möglich; möglichst bald; *j'aurai terminé dans*

quinze jours au plus ~ frühestens in vierzehn Tagen; *loc/conj* **ne ... pas plus ~ ... que ...** kaum ..., (als) ...; *il n'eut pas plus ~ dit cela que la porte s'ouvrit* kaum hatte er das gesagt, (da) ging die Tür auf *ou* als die Tür aufging; *pas si* ~ nicht so früh; *pas de si* ~ nicht so bald; *très* ~ sehr früh; *trop* ~ zu früh; *il est trop* ~ *pour manger* es ist noch zu früh zum Essen; *ce n'est pas trop* ~! es war *ou* wird (aber auch) Zeit!; endlich!; *se coucher* ~ früh schlafen, zu Bett gehen; *il a eu* ~ *fait de disparaître* er ist schnell verschwunden

total [tɔtal] ⟨*m/pl* -aux⟩ **I** *adj* **1.** (*complet*) völlig; 'vollkommen; 'vollständig; to'tal; To'tal...; *confiance* ~*e* volles Vertrauen; *destruction* ~*e* vollständige Zerstörung; *guerre* ~*e* totaler Krieg; *liberté* ~*e ou* ~ *liberté* völlige, vollkommene Freiheit; **2.** (*global*) gesamt; Gesamt...; '*hauteur, longueur* ~*e* Gesamthöhe *f*, -länge *f*; *somme* ~*e* Gesamtbetrag *m*; (Gesamt)Summe *f*; **II** F *adv* kurz (und gut); das Ende vom Lied; F der Erfolg; ~, *c'est moi qui ai tout fait* das Ende vom Lied war, daß ich alles gemacht habe; **III** *subst* **1.** *m* Gesamtzahl *f*; *d'une addition* Summe *f*; *d'une somme d'argent* Gesamtbetrag *m*; (Gesamt)Summe *f*; ~ *du bilan* Bi'lanzsumme *f*, -volumen *n*; ~ *des ventes* Gesamtabsatz *m*; *loc/adv au* ~ a) (*en tout*) insgesamt; b) (*tout compte fait*) alles in allem (genommen); im großen (und) ganzen; summa sum'marum; *faire le* ~ zu'sammenzählen, -rechnen, ad'dieren (*de qc* etw); **2.** ~*e* f F To'taloperation *f* (*Hysterektomie*)

totalement [tɔtalmɑ̃] *adv* 'vollkommen; 'vollständig; völlig; ganz; restlos; to'tal; gänzlich

totalis|ateur [tɔtalizatœR] *m* P.M.U. To'tali'sator *m*; ~**ation** *f* Zu'sammenzählen *n*, -rechnen *n*; Ad'dieren *n*; Summenbildung *f*

totaliser [tɔtalize] *v/t* **1.** (*avoir au total*) (insgesamt) erreichen, erzielen; *candidat* ~ *cent voix* hundert Stimmen erhalten, auf sich vereinigen; *sportif* ~ *le plus grand nombre de points* die meisten Punkte erzielen; *la population de la ville totalise dix mille personnes* die Stadt zählt, hat (insgesamt) zehntausend Einwohner; **2.** (*faire le total*) zu'sammenzählen, -rechnen, ad'dieren

totalitaire [tɔtalitɛR] *adj* POL totali'tär
totalitarisme [tɔtalitarism(ə)] *m* POL Totalita'rismus *m*
totalité [tɔtalite] *f* Gesamtheit *f*; Totali'tät *f*; *la presque* ~ *des hommes* fast alle Menschen; *la presque* ~ *de son salaire* fast sein gesamtes, ganzes Gehalt; *la population dans sa* ~ die Bevölkerung in ihrer Gesamtheit; *loc/adv en* ~ 'vollständig; 'vollkommen; ganz; gänzlich; *léguer la* ~ *de ses biens à qn* j-m sein gesamtes, ganzes Vermögen vermachen

totem [tɔtɛm] *m* **a)** *poteau* Totempfahl *m*; **b)** ETHNOLOGIE Totem *n*
totém|ique [tɔtemik] *adj* tote'mistisch; Totem...; ~**isme** *m* Tote'mismus *m*

toto [tɔto] *m arg* (*pou*) Laus *f*
toton [tɔtɔ̃] *m* kleiner Kreisel

touareg [twaRɛg] **I** *adj* ⟨*inv*⟩ Tuareg...; **II** *m/pl* ⚥(**s**) Tuareg *m/pl*
toubib [tubib] *m* F (*médecin*) Arzt *m*; F Doktor *m*; *plais* Medikus *m*; Onkel *m* Doktor
toucan [tukɑ̃] *m* ZO Tukan *m*; Pfefferfresser *m*
touchant [tuʃɑ̃] **I** *adj* **1.** (*émouvant*) rührend; (herz)ergreifend; zu Herzen gehend; *paroles* ~*es* rührende, ergreifende Worte *n/pl*; **2.** *iron* rührend; *il est* ~ *de maladresse* er ist von e-r rührenden Ungeschicklichkeit, rührend in s-r Ungeschicklichkeit; **II** *prép litt* (*concernant*) in bezug auf (+*acc*); bezüglich (+*gén*)
touche [tuʃ] *f* **1.** *d'un piano, d'un appareil* Taste *f*; *d'un instrument à cordes* Griffbrett *n*; INFORM ~ *de fonction* Funkti'onstaste *f*; **2.** *pierre f de* ~ a) *de l'orfèvre* Pro'bierstein *m* (*de qc* für etw); **3.** PÊCHE Anbeißen *n*; *je n'ai pas eu, fait une* ~ kein, ich habe nicht einziger Fisch hat angebissen; F *fig avoir une, la* ~ e-e Eroberung gemacht haben; F *fig faire une* ~ e-e Eroberung machen; **4.** PEINT Pinselstrich *m*; *fig* Note *f*; PEINT ~ *de lumière* aufgesetztes Licht; *fig mettre une* ~ *de gaieté dans, parmi qc* e-r Sache (*dat*) e-e heitere Note verleihen; **5.** F *fig d'une personne* Aufmachung *f*; lächerlicher, auffallender Aufzug *m*; *quelle* ~! was für ein Aufzug!; *avoir une drôle de* ~ wunderlich, lächerlich, komisch aussehen; **6.** FOOTBALL, RUGBY a) (*rentrée f en*) ~ Einwurf *m*; b) (*ligne f de*) ~ Seitenlinie *f*; *juge m de* ~ Linienrichter *m*; *il y a* ~ der Ball ist im Seitenaus; *jouer la* ~ auf Zeit spielen; *remplaçant rester sur la* ~ nicht eingesetzt werden; F *fig rester, être mis sur la* ~ F ausgebootet, kaltgestellt, abgehalftert werden; *ballon sortir en* ~ ins Seitenaus gehen; **7.** F *la sainte* ~ der Lohn-, Zahltag

touche-à-tout [tuʃatu] *m/f* ⟨*inv*⟩ **1.** Kind, das alles anfaßt; *quel* ~! dies Kind muß aber auch alles anfassen!; **2.** *fig c'est un* ~ er tut tausend Dinge (*péj* und nur halb)

toucher[1] [tuʃe] **I** *v/t* **1.** berühren; *de la main a* anfassen; anrühren; *d'une maison, d'une propriété* (an)grenzen, stoßen an (+*acc*); ~ *du bout des doigts* mit den Fingerspitzen berühren, befühlen, anrühren; ~ *l'épaule de qn* j-n an der Schulter, j-s Schulter anfassen; ~ *le plafond* die Decke berühren (können); bis zur Decke reichen; *bateau* ~ *le port, Marseille* den Hafen, Marseille anlaufen; *avion* ~ *le sol* aufsetzen; *lutteur* ~ *le sol des deux épaules* mit beiden Schultern den Boden berühren; *bateau* ~ *terre* anlegen; *ils allaient si vite qu'ils semblaient ne pas* ~ *terre* daß sie den Boden nicht zu berühren schienen; *il n'a jamais touché une arme* er hat noch nie e-e Waffe angerührt, in der Hand gehabt; **2.** (*atteindre*) treffen; *boxeur* ~ *son adversaire au menton* s-n Gegner am Kinn treffen; ~ *la cible* das Ziel treffen; ~ *qn à l'épaule, à la jambe, dans le dos* j-n an der *ou* in die Schulter, ins *ou* am Bein, in den *ou* am Rücken treffen; *être touché par une balle* von e-r Kugel getroffen werden; *tout le quartier a été touché par l'explosion* das ganze Viertel wurde durch die Explosion in Mitleidenschaft gezogen; **3.** (*joindre*) erreichen; *à quelle adresse, à quel numéro de téléphone peut-on vous* ~? unter welcher Adresse, Telefonnummer sind Sie zu, kann man Sie erreichen?; **4.** *fig* ~ *qn* (*émouvoir*) j-n bewegen, ergreifen, rühren; j-m zu Herzen gehen; j-m nahegehen; (*blesser*) j-n treffen; *nous avons été très touchés de votre sympathie* Ihre Anteilnahme hat uns sehr, tief bewegt, sehr wohlgetan; *être touché par qc* von etw ergriffen, gerührt werden; *il était touché par le sort du condamné* das Schicksal des Verurteilten ging ihm zu Herzen; *il était touché par ses paroles* ihre Worte rührten, ergriffen ihn; *il s'est laissé* ~ *par ses larmes* er ließ sich durch ihre, von ihren Tränen rühren; *elle s'est laissée* ~ *par ses prières* sie ließ sich durch s-e Bitten erweichen; **5.** *argent* bekommen, erhalten; in Empfang nehmen; F kas'sieren; *salaire, pension* beziehen; *chèque* einlösen; *soldat*: *ration* bekommen, erhalten; **6.** (*concerner*) betreffen; angehen; ~ *qn de* (*très*) *près* j-n direkt angehen, betreffen; **7.** *question, problème* anschneiden; berühren; zu sprechen kommen auf (+*acc*); **8.** ~ *un mot, deux mots de qc à qn* j-m etw (kurz) mitteilen; *je vais lui en* ~ *un mot* ich werde es ihm sagen; ich werde ihm davon erzählen, ihm davon Mitteilung machen; **II** *v/t/indir* **9.** ~ *à qc* etw anfassen, berühren, anrühren; *ne touchez à rien!* rühren Sie nichts an!; ~ *à tout* a) alles anfassen; b) *fig* sich mit tausend Dingen befassen; sich verzetteln; *ne touche pas à mon frère* rühr meinen Bruder nicht an; *il n'a jamais touché à un livre* er hat nie ein Buch angerührt; *qui a touché à la télé?* F wer hat am Fernseher rumgemacht?; *n'y touche pas!* rühr *ou* faß das nicht an!; F *pas touche!* F Finger *ou* Hände weg!; weg da!; *prière de ne pas* ~! bitte nicht berühren!; *fig sans avoir l'air d'y* ~ *ou avec son, un air de ne pas y* ~ mit e-r Miene, als ob er kein Wässerchen trüben könnte; **10.** ~ *à provisions* angreifen; *économies* anrühren; antasten; angreifen; *institution, coutume* antasten; rühren an (+*acc*); ~ *à l'ordre établi a* an der bestehenden Ordnung rütteln; ~ *aux biens d'autrui* sich an fremdem Eigentum vergreifen; *il n'a pas touché à son déjeuner* er hat sein Mittagessen nicht angerührt, unberührt gelassen; **11.** ~ *à question, sujet* anschneiden; zur Sprache bringen; ~ *à un problème délicat* an ein heikles Problem rühren; **12.** ~ *au but* kurz vor dem Ziel sein; dem Ziel nahe sein; sich dem Ziel nähern; ~ *à sa fin* zu Ende gehen; *cf a fin*[1] *1.*; **13.** ~ *à qc* (*être voisin*) an etw (*acc*) stoßen, (an)grenzen; *fig* an etw (*acc*) grenzen; e-r Sache (*dat*) nahekommen; ~ *à l'héroïsme* an Heroismus grenzen; schon fast Heroismus sein; *sa maison touche à la mienne* stößt an meines; grenzt an meines (an); **14.** *litt elle touchait agréablement du piano* sie spielte recht hübsch, *litt* artig Klavier; **III** *v/pr* **se ~** sich berühren; *terrains, bâtiments* an-ein'anderstoßen, -grenzen

toucher² [tuʃe] *m* **1.** *sens* Tastsinn *m*; Gefühl(ssinn) *n(m)*; **2. au ~** beim An-, Befühlen; **être doux, rude au ~** sich weich, rauh anfühlen; **3.** *MUS* Anschlag *m*; **4.** *MÉD* Austasten *n*, -ung *f*; Tou'chieren *n*

touer [twe] *v/t MAR* verholen; tauen

touffe [tuf] *f* Büschel *n*; **~ de cheveux, de poils** Büschel Haare; Haarbüschel *n*; **d'herbe** Grasbüschel *n*; **par ~s** in Büscheln; büschelweise

touffu [tufy] *adj* **1.** *haie, bois* dicht; **2.** *fig* unübersichtlich

touiller [tuje] *v/t F* (*remuer*) 'umrühren

toujours [tuʒuʀ] *adv* **1.** (*constamment*) immer; stets; jederzeit; **~ moins** immer weniger; **~ et partout** immer und überall; **~ quand** immer (dann,) wenn; **comme ~** wie immer, stets; *loc/adj* **de ~ mode** zeitlos; **c'est un ami de ~** er war schon immer mein Freund; **le public de ~** das gleiche Publikum (wie immer); das Stammpublikum; **depuis ~** seit jeher; schon immer; **pour ~** für, auf immer; **presque ~** fast immer; **il l'a ~ détesté** er hat ihn (schon) immer verabscheut; **il est ~ à l'heure** er ist immer, stets, jederzeit pünktlich; **2.** (*encore*) immer noch; immer noch; **il l'aime ~** er liebt sie noch immer, immer noch; **il est ~ le même** er ist immer noch der gleiche; **3.** (*en tout cas*) jedenfalls; immerhin; wenigstens; **~ pas rouge, ~** jedenfalls *ou* nur nicht rot; auf keinen Fall rot; F **cause ~!** red du nur!; F **c'est ~ ça** (*de pris, de gagné*) das ist immerhin, wenigstens, auch schon etwas; **ce n'est pas moi, ~** ich war es jedenfalls nicht; **on peut ~ essayer** man kann es jedenfalls, immerhin, wenigstens versuchen; ♦ *loc/conj* **~ est-il que ...** jedenfalls ...; immerhin ...; sicher ist *ou* fest steht, daß ...

toundra [tundʀa] *f GÉOGR* Tundra *f*

toupet [tupɛ] *m* **1.** F (*effronterie*) Frechheit *f*; Unverschämtheit *f*; Unverfrorenheit *f*; Dreistigkeit *f*; **avoir du ~** frech, unverschämt, unverfroren sein; **vous avez un certain ~** F Sie sind ganz schön frech, unverschämt; **il a eu le ~ de** (+*inf*) er hat die Frechheit *etc* besessen zu (+*inf*); er war so frech, unverfroren, unverschämt zu (+*inf*); **il ne manque pas de ~** F der ist ganz schön frech; **2. a)** (*cheveux bouffants*) Tolle *f*; **b) faux ~** Tou'pet *n*

toupie [tupi] *f* **1.** Kreisel *m*; **lancer, faire tourner une ~** e-n Kreisel drehen, tanzen lassen; **tourner sur soi-même comme une ~** sich wie ein Kreisel drehen; **2.** F *fig* **quelle vieille ~!** F diese alte Schachtel, Ziege!

tour¹ [tuʀ] *f* Turm *m* (*a ÉCHECS*); *im-meuble* turmartiges Hochhaus; Wohnturm *m*; **la ~ Eiffel** der Eiffelturm; **la ~ de Babel** der Babylonische Turm; *fig* **c'est une véritable ~ de Babel** da herrscht ein babylonisches Sprachengewirr; *AVIAT* **~ de contrôle** Kon'trollturm *m*; **d'une fusée ~ de lancement** Mon'tageturm *m*; **la ~ de Londres** der Tower ['tauɚ]; *TECH* **~ de refroidissement** Kühlturm *m*; *fig* **s'enfermer, se retirer dans sa ~ d'ivoire** sich in s-n Elfenbeinturm zurückziehen; F *fig* **d'une personne c'est une vraie ~** F *ou* sie ist ein richtiges Faß

tour² [tuʀ] *m* **1.** (*circonférence*) 'Umfang *m*; *COUT a* Weite *f*; **~ de poitrine** Brustumfang *m*, -weite *f*; Oberweite *f*; *par ext* **~ des yeux** Augenränder *m/pl*; **avoir soixante centimètres de ~ de taille** e-n Taillenumfang, e-e Taillenweite von sechzig Zentimeter(n) haben; **prendre son ~ de hanches** s-e Hüftweite messen; **2.** (*promenade*) Rundgang *m*, -fahrt *f*; Runde *f*; Spa-'ziergang *m*; (*excursion*) Tour *f*; Ausflug *m*; (*voyage*) Fahrt *f*; Reise *f*; *CY-CLISME* **le ~ de France** *ou* F **le ~** die Tour de France; *HIST* **des compagnons faire son ~ de France** auf die Walz(e) gehen, Wanderschaft gehen; *SPORTS* **~ d'honneur** Ehrenrunde *f*; **~ de piste** d'un *coureur* Runde *f*; *AVIAT* Platzrunde *f*; **~ en vélo, en voiture** Rad-, Autotour *f*; ♦ **faire le grand ~** den längeren, weiteren Weg nehmen; **faire un petit ~** e-n kleinen Spaziergang machen; **corde qui fait plusieurs ~s autour de qc**, **plusieurs fois le ~ de qc** mehrmals um etw gewickelt, geschlungen ist, F her-'umgeht; (*aller*) **faire un ~ à la campagne** e-n Ausflug aufs Land machen; **faire le ~ de qc** um etw her'umgehen, -fahren; *fig* **faire le ~ du cadran** zwölf Stunden hinterein'ander schlafen, 'durchschlafen; **faire le ~ des invités** bei s-n Gästen die Runde machen; von e-m Gast zum anderen gehen; **faire le ~ du jardin** e-n (Rund)Gang durch den Garten machen; **faire le ~ du lac** *personne* um den See her'umgehen, -fahren, -wandern; *en bateau* e-e Rundfahrt auf dem See machen; *route* um den See her'umführen; **faire le ~ des magasins** in alle Geschäfte gehen; F alle Geschäfte abklappern; **faire un ~ dans les magasins** e-n Bummel durch die Geschäfte machen; **faire le ~ du monde** *personne* e-e Reise um die Welt, e-e Weltreise machen; **en voilier** die Welt um'segeln; *chose* in der ganzen Welt bekanntwerden; *chanson* um die Welt gehen; **Verne Le ~ du monde en quatre-vingt jours** In achtzig Tagen um die Welt; **faire le ~ du propriétaire** e-n Rundgang durch s-n Besitz, sein Haus machen; **faire faire le ~ du propriétaire à qn** j-n auf s-m Besitz, in s-m Haus her'umführen; *fig* **faire le ~ de la situation** die Lage 'durchgehen, -sprechen; **aller faire un ~ en Suisse** e-e Fahrt, e-n Ausflug in die Schweiz machen; **faire le ~ de la ville** *personne* e-n Rundgang, e-e Rundfahrt durch die Stadt machen; *fig* in der ganzen Stadt her'umlaufen; *nouvelle* in der ganzen Stadt die Runde machen; sich in der ganzen Stadt her'umsprechen; **il est allé faire un ~ en ville** er ist in die Stadt gegangen, gefahren; *par ext* **procéder à un ~ de table** reihum Stellung nehmen; **3.** (*rotation*) Drehung *f*; *d'une roue, d'un moteur* Um'drehung *f*; *d'un moteur a* Tour *f*; *par ext disque* **un quarante--cinq ~s** e-e Single; **un trente-trois ~s** e-e Langspielplatte; *fig* **a ~ de main** (Kunst)Fertigkeit *f*; Geschicklichkeit *f*; **acquérir un, le ~ de main** Kunstfertigkeit, Geschicklichkeit erwerben; **avoir le ~ de main** kunstfertig, geschickt sein; *loc/adv* **en un ~ de main** im Handumdrehen; im Nu; **~ de manivelle** Kurbeldrehung *f*; *cf a* **manivelle 2.**; *TECH* **nombre *m* de ~s** Dreh-, Tourenzahl *f*; *loc/adv* **à ~ de bras** mit aller, ganzer Kraft; **donner un ~ de clef** den Schlüssel (einmal) her'umdrehen; abschließen; **donner un ~ de vis** die Schraube drehen, (*serrer*) anziehen; **s'enfermer à double ~** von innen zweimal abschließen, den Schlüssel zweimal her'umdrehen; **faire un ~ sur soi-même** sich (einmal) um sich selbst drehen; *moteur* **faire cinq cents ~s à la minute** fünfhundert Umdrehungen, Touren in der Minute machen; **fermer** (**la porte**) **à double ~** den Schlüssel zweimal her'umdrehen; (die Tür) zweimal abschließen; **4. ~ d'adresse** Kunststück *n*; **~ de cartes** Kartenkunststück *n*; **~ de force** Kunststück *n*; Glanzleistung *f*; **avoir plus d'un ~ dans son sac** die verschiedensten Kniffe kennen; mit allen Wassern gewaschen sein; **et voilà, le ~ est joué** (und damit ist die Sache) schon in Ordnung, erledigt, F geritzt; **5.** (*farce*) Streich *m*; **faire, jouer un** (*mauvais*) **~ à qn** j-m e-n (bösen, üblen) Streich spielen; **méfiez-vous, cela vous jouera des ~s** das kann *ou* wird schlecht, schlimm enden, ausgehen; F das könnte ins Auge gehen; **jouer un bon ~ à qn** j-m e-n Schabernack, Possen spielen; **il lui a joué un ~ à sa façon** er hat ihm e-n s-r Streiche gespielt; **je m'en vais lui jouer un ~ à ma façon!** das werde ich ihm heimzahlen!; **6.** (*tournure*) Wendung *f*; **~ d'esprit** *cf* **tournure 4.**; **~ de phrase** Ausdrucks-, Darstellungsweise *f*; Dikti'on *f*; *cf a* **tournure 1.**; **donner un ~ solennel à un entretien** e-r Unter'haltung e-e feierliche Note geben; *conversation* **prendre un ~ déplaisant** e-e unangenehme Wendung nehmen; *scandale* **prendre un ~ politique** e-e politische Note bekommen; e-e Wendung ins Politische nehmen; *discussion* **prendre un ~ assez vif** ziemlich heftig, hitzig werden; **cela dépend du ~ que prendront les événements** das hängt davon ab, wie sich die Dinge entwickeln; **7.** *dans un certain ordre* Reihe *f*; *MUS* **~ de chant** Reper'toire *n*; **~ de scrutin** Wahlgang *m*; **au premier ~ de scrutin** im ersten Wahlgang; **chacun son ~!** a) immer (schön) der Reihe nach!; b) *fig* jeder kommt einmal dran; jeden trifft es einmal; heute mir, morgen dir; **à qui le ~?** wer ist dran, an der Reihe?; ♦ *loc/adv*: **à mon, ton *etc* ~**; **il se mit à l'accuser à son ~** er begann seinerseits, ihn anzuklagen; **chacun parlera à son ~** alle sprechen der Reihe nach, nacheinander; jeder spricht, wenn die Reihe an ihm ist, an ihn kommt; **à ~ ou à ~ de rôle** (immer) abwechselnd; der Reihe nach; nacheinander; **à ~ de rôle** a turnusmäßig; im Turnus; **rire et pleurer à ~** abwechselnd lachen und weinen; bald lachen, bald weinen; ♦ **attendre son ~** warten, bis man an der Reihe ist *ou* bis man drankommt; **c'est mon, ton *etc* ~** ich bin, du bist *etc* dran, an der Reihe; **c'est (à) ton ~ de t'en occuper** jetzt

mußt du dich darum kümmern; *c'est au ~ de X de* (+*inf*) X ist dran mit (+*dat*); X ist an der Reihe zu (+*inf*); *faire un ~ de faveur à qn* j-n bevorzugt, außer der Reihe abfertigen; *aux cartes passer son ~* passen; *prendre son ~ de semaine* s-n (Wochen-) Dienst antreten; *soyez patient, votre ~ viendra* Sie kommen schon, auch dran, an die Reihe
tour[3] [tur] *m* **1.** TECH Drehbank *f*; **2.** *du potier* Töpferscheibe *f*
Touraine [tuREn] *la ~* Landschaft im westlichen Mittelfrankreich
tourangeau [tuRɑ̃ʒo] **I** *adj* ⟨tourangelle [tuRɑ̃ʒɛl]; *m/pl ~x*⟩ aus der Tou'raine *ou* aus Tours *♀*, **Tourangelle** *m,f* Einwohner(in) *m(f)* der Touraine *ou* von Tours
tourbe[1] [tuRb] *litt f* Rotte *f*; Meute *f*; Pöbel *m*
tourbe[2] [tuRb] *f* Torf *m*; *extraire la ~* Torf stechen
tourbière [tuRbjɛR] *f* **a)** *marais* Torfmoor *n*; **b)** *gisement* Torfvorkommen *n*
tourbillon [tuRbijɔ̃] *m* **1.** Luftwirbel *m*; *~ de neige* Schneegestöber *n*; *~ de poussière* Staubwirbel *m*; (wirbelnde) Staubwolke; *~ de vent* Wirbelwind *m*; *emporté dans un ~ rapide* um'herwirbelnd; *un ~ de sable se souleva* Sand wurde hochgewirbelt; **2.** *dans l'eau* Strudel *m*; **3.** *fig* Wirbel *m*; Strudel; Trubel *m*; *~ de plaisirs* Strudel, Wirbel von Vergnügungen; *le ~ de la vie moderne* die Hektik, Hetze des heutigen Lebens
tourbillonn|ant [tuRbijɔnɑ̃] *adj* (um-)'herwirbelnd; *~ement m* Wirbeln *n*; Strudeln *n*
tourbillonner [tuRbijɔne] *v/i* **1.** *feuilles, poussière, neige* (auf-, empor-, um'her-) wirbeln; *vent* wirbeln; *eau* strudeln; *danseurs* sich her'umwirbeln; **2.** *fig tout tourbillonnait dans sa tête* der Kopf wirbelte, schwirrte ihm; er war ganz wirr im Kopf
Tourcoing [tuRkwɛ̃] *Stadt im Dep. Nord*
tourelle [tuRɛl] *f* **1.** ARCH Türmchen *n*; Erkertürmchen *n*; **2.** MIL *d'un char* Drehturm *m*; *d'un cuirassé* Geschützturm *m*; **3.** TECH Re'volverkopf *m*
tourière [tuRjɛR] *f ~ ou adj sœur ~* Klosterpförtnerin *f*
tourillon [tuRijɔ̃] *m* TECH Drehzapfen *m*
tourisme [tuRism(ə)] *m* Fremdenverkehr *m*; Tou'rismus *m*; Fremdenverkehrswesen *n*; Tou'ristik *f*; *~ de masse* Massentourismus *m*; *agence f de ~* Reiseagentur *f*, -büro *n*; *avion m de ~* Pri'vatflugzeug *n*; *car m de ~* Reisebus *m*; *industrie f du ~* Fremdenverkehrsgewerbe *n*; *voiture f de ~* Per'sonenwagen *m*; *abr* Pkw *m*; *faire du ~* als Tourist, zum Vergnügen reisen
touriste [tuRist] *m,f* Tou'rist(in) *m(f)*; Urlaubsreisende(r) *f(m)*; *~ étranger* Auslandstourist *m*; ausländischer Tourist; *groupe m de ~s* Touristengruppe *f*; Reisegesellschaft *f*; *adj bateau, avion classe ~* Touristenklasse *f*; *loc/adv en ~* als Tourist
touristique [tuRistik] *adj* Fremdenverkehrs...; Tou'risten...; Reise...; CH DE FER *billet m ~* ermäßigte Fernrückfahrkarte; *guide m ~* Reiseführer *m*; *menu m ~* preiswertes Me-

nü für Touristen; *région f ~* Fremdenverkehrsgebiet *n*; *route f ~* durch e-e reizvolle Landschaft führende Straße; *ville f ~* Fremdenverkehrsstadt *f*; *voyage m ~* Vergnügungs-, Urlaubs-, Ferienreise *f*
tourment [tuRmɑ̃] *litt m* Qual *f*; Pein *f*; große Sorge; quälende Frage (*de qc* nach etw); *donner bien du ~ à qn* j-m viel Sorge bereiten
tourmente [tuRmɑ̃t] *f* **1.** *litt* (*tempête*) Sturm *m*; Unwetter *n*; **2.** *fig* Sturm *m*; Wirren *pl*; Unruhen *f/pl*; *la ~ révolutionnaire* die Wirren der Revolution
tourmenté [tuRmɑ̃te] *adj* **1.** *visage* gramzerfurcht; *expression* gequält; **2.** *âme, époque* unruhig; *vie* bewegt; *paysage* wild; zerklüftet; *ciel ~* Himmel *m* mit sturmzerrissenen Wolken; *mer ~e* aufgewühlte See; *aux formes ~es* seltsam, bi'zarr geformt
tourmenter [tuRmɑ̃te] **I** *v/t ~ qn* j-n quälen, peinigen; j-m Kummer, Sorgen machen; *soucis, repentir, jalousie, faim* j-n quälen, peinigen; *scrupules* in j-m nagen; *il est tourmenté par l'idée de* (+*inf*) der Gedanke zu (+*inf*) läßt ihm keine Ruhe, läßt ihn nicht los; **II** *v/pr se ~* sich Sorgen machen; sich ängstigen
tournage [tuRnaʒ] *m* CIN Dreharbeiten *f/pl*
tournailler [tuRnaje] *F v/i* her'umstreichen, -schleichen
tournant [tuRnɑ̃] **I** *adj* Dreh...; drehbar; schwenkbar; *d'un phare feu ~* Drehfeuer *n*; *grève ~e* wechselnder Schwerpunktstreik; MIL *mouvement ~* Um-'gehungsbewegung *f*; CH DE FER *et fig plaque ~e* Drehscheibe *f*; *fig a* 'Umschlagplatz *m*; THÉ *scène ~e* Drehbühne *f*; **II** *m* **1.** *d'une route* **a)** (*virage*) Kurve *f*; Kehre *f*; **b)** (*coude*) Bogen *m*; *a d'une rivière* Krümmung *f*; Biegung *f*; *route pleine de ~s* kurvenreiche Straße; F *fig je l'attends, l'aurai, le rattraperai au ~* F den kriege, erwische ich noch; der kann was erleben; *prendre bien, mal son ~* die Kurve gut *ou* richtig, falsch nehmen; *cf a 2.*; **2.** *fig* Wende *f*; Wendepunkt *m*; *il est à un ~ de sa vie* er steht an e-m Wendepunkt s-s Lebens; er ist an e-m Wendepunkt s-s Lebens angelangt; *événement marquer un ~* e-n Wendepunkt, e-e Wende bedeuten; *chose prendre un ~* (*décisif*) e-e (entscheidende) Wende nehmen; *personne prendre le ~* e-e Wende erreichen; e-n 'Durchbruch erzielen
tourné [tuRne] *adj* **1.** *lait* geronnen; **2.** *bien ~ lettre* gut formu'liert (*a compliments*); *vers* gelungen; *avoir l'esprit mal ~* immer gleich Schlechtes denken, auf schlechte Gedanken kommen; **3.** *politique ~e vers ...* auf (+*acc*) gerichtete Politik
tournebouler [tuRnəbule] *v/t F ~ qn* j-n durchein'anderbringen; *elle était toute tourneboulée* sie war ganz durcheinander
tournebroche [tuRnəbRɔʃ] *m* CUIS Drehspieß *m*
tourne-disque [tuRnədisk] *m* ⟨*pl* tourne-disques⟩ Plattenspieler *m*
tournedos [tuRnədo] *m* CUIS (Rinder-) Fi'letschnitte *m*; Tourne'dos *n*
tournée [tuRne] *f* **1.** *d'un gardien* Rundgang *m*; *d'un fonctionnaire* Dienstreise

f; *d'un représentant* (Geschäfts)Reise *f*; *~ électorale* Wahlreise *f*; THÉ *~ théâtrale* Tour'nee *f*; Gastspielreise *f*; *~ d'inspection* Inspekti'onsreise *f*; *dans une entreprise* Inspekti'onsrundgang *m*; Kon'trollgang *m*; THÉ *~, partir en ~* auf Tournee, auf e-r Gastspielreise sein; auf Tournee, auf e-e Gastspielreise gehen; *facteur, livreur faire sa ~* s-n (täglichen) Gang, s-e Runde machen; *faire une ~ de conférences en province* e-e Vortragsreise durch die Provinz machen; *faire la ~ des cafés* e-n Zechbummel machen; von e-m Café ins andere ziehen; F *faire la ~ des grands-ducs* F die vornehmen Lokale abklappern; ganz groß ausgehen; *faire la ~ des grands magasins* durch die Kaufhäuser bummeln; F die Kaufhäuser abklappern; **2.** F *au café* Runde *f*; Lage *f*; *c'est ma ~* F diese Runde geht auf meine Rechnung; F jetzt geb' ich einen aus; *c'est la ~ du patron* F diese Runde spendiert der Wirt; *offrir, payer une ~* F e-e Runde zahlen, spendieren, ausgeben; einen ausgeben; **3.** F (*raclée*) F Keile *f*; Dresche *f*; Senge *pl*
tournemain [tuRnəmɛ̃] *loc/adv en un ~* im Handumdrehen; im Nu
tourner [tuRne] **I** *v/t* **1.** drehen; wenden; *page* 'umblättern; 'umwenden; 'umschlagen; *clef* (her')umdrehen; *robinet* drehen; (*ouvrir*) aufdrehen; (*fermer*) zudrehen; *salade, sauce* 'umrühren; *salade a* mischen; *abs tournez, s'il vous plaît* (*abr* t.s.v.p.) bitte wenden (*abr* b. w.); *~ et retourner cf retourner 3.*; *fig ~ le cœur, l'estomac à qn* j-m den Magen umdrehen; *~ la manivelle* die, an der Kurbel drehen; kurbeln; *~ la tête* den Kopf wenden, drehen; sich 'umsehen; *dès qu'il m'a vu, il a tourné la tête* wandte er den Kopf ab; *fig ~ la tête à qn vin, réussite* j-m zu Kopf steigen; *personne* j-m den Kopf verdrehen; *~ la tête à gauche, à droite* den Kopf nach links, nach rechts wenden, drehen; *~ qc de l'autre côté* etw nach der, zur anderen Seite drehen; *fig ~ qc en dérision, qc, qn en ridicule* etw ins Lächerliche ziehen; etw, j-n lächerlich machen; *fig ~ en plaisanterie une chose* e-e Wendung ins Scherzhafte geben (+*dat*); *une attaque als Scherz behandeln*, nehmen; *~ son effort vers qc* s-e Bemühungen auf etw (*acc*) richten; *plante ~ ses feuilles vers la lumière* die Blätter dem Licht zuwenden; *~ les yeux, son regard vers qn* s-e Augen, s-n Blick auf j-n richten, j-m zuwenden; *fig ~ ses pensées vers qc* s-e Gedanken auf etw (*acc*) richten; *cf a dos 1.*, *sang*; **2.** (*contourner*) *~ qc* um etw gehen *ou* fahren; etw um'gehen (*surtout fig*); *~ le coin de la rue* um die Ecke biegen, um die Ecke *ou* fahren; *fig ~ la difficulté* die Schwierigkeit umgehen; der Schwierigkeit (*dat*) ausweichen, aus dem Wege gehen; *fig ~ la loi, le règlement* das Gesetz, die Vorschriften umgehen; **3.** TECH **a)** *métal* (ab)drehen; **b)** *bois* drechseln; **4.** CIN *film, scène* (ab-) drehen; *~ les extérieurs* die Außenaufnahmen drehen; **5.** *phrase, compliment* formu'lieren; *vers* verfassen; **II** *v/i* **6.** sich drehen; kreisen; TECH ro'tieren; 'umlaufen; *moteur* laufen; *fig entrepri-*

se, usine in Betrieb sein; *l'heure tourne* die Zeit vergeht; *la tête me tourne* mir dreht sich alles im Kopf; TECH *à plein régime* auf vollen Touren laufen; F *fig ~ de l'œil* in Ohnmacht fallen; F 'umfallen; 'umkippen; *~ en rond* sich im Kreise drehen (*a fig*); *cf a rond II*; *porte ~ sur ses gonds* sich in den Angeln drehen; *~ sur soi-même* sich um sich selbst drehen; *représentant ~ sur une région* e-e Gegend bereisen; *avoir un œil qui tourne* auswärts schielen; *faire ~* drehen; *fig entreprise, usine* in Betrieb, Gang halten; SPIRITISME *faire ~ les tables* Tische rücken; *faire ~ la tête* schwind(e)lig machen; *ça me fait ~ la tête* davon wird mir, werde ich schwind(e)lig; **7.** *~ autour de qc* sich um etw drehen; um etw kreisen; etw um'kreisen; um etw her'umgehen *ou* -laufen *ou* -fahren; *~ autour de qn, enfant* um j-n, etw her'umlaufen, -hüpfen; *insectes* um j-n, etw her'umschwirren; j-n, etw um'schwirren; *~ autour d'un axe* sich um e-e Achse drehen; *fig ~ autour d'une femme* e-r Frau den Hof machen; *fig et péj il tourne sans cesse autour du ministre* F *péj* er schar'wenzelt um den Minister herum; *la Terre tourne autour du Soleil* die Erde dreht sich um die Sonne; *fig j'ai vu tout ~, tout s'est mis à ~ autour de moi* mir drehte sich alles vor den Augen; alles drehte sich um mich; **8.** *fig ~ autour de qc conversation* sich um etw drehen, um etw kreisen (*a pensées*); *toute l'affaire tourne autour de cette question* bei der ganzen Angelegenheit dreht es sich, geht es um diese Frage; *l'enquête tourne autour de deux suspects* konzentriert sich auf zwei Verdächtige; *sa vie tourne autour de cet enfant* sein Leben ist ganz diesem Kind gewidmet; dieses Kind ist sein Lebensinhalt; **9.** (*changer de direction*) abbiegen; *vent* sich drehen; 'umspringen; *fig la chance a tourné* das Blatt hat sich gewendet; *le vent a tourné* der Wind hat sich gedreht; *fig* jetzt weht ein anderer Wind; *~ à droite, à gauche* (nach) rechts, links abbiegen; *~ dans une rue* in e-e Straße einbiegen; **10.** (*se terminer*) ablaufen; ausgehen; (*évoluer*) sich entwickeln; werden; *~ court* fehlschlagen; scheitern; *~ bien* gut ablaufen; sich gut entwickeln; *~ e-e schlechte, schlimme Wendung nehmen*; F schiefgehen; *personne* auf die schiefe Bahn geraten; *la plaisanterie a mal tourné* der Scherz hat ein böses Ende genommen; *si les choses avaient tourné autrement* wenn die Dinge anders gelaufen wären; *la discussion tourne à son avantage* nimmt e-e Wende zu s-n Gunsten; *le temps tourne au beau* das Wetter *ou* es heitert sich auf; *~ au drame* sich zu e-m Drama entwickeln, auswachsen; *temps ~ à la pluie* regnerisch werden; *sa grippe a tourné à la pneumonie* aus s-r Grippe ist e-e Lungenentzündung geworden; *~ au tragique* e-e tragische Wendung nehmen; **11.** *lait* gerinnen; zu'sammenlaufen; *soupe* sauer werden; **12.** CIN, *a acteur* filmen; *silence, on tourne!* Achtung, Aufnahme!; *il a tourné dans de nombreux films* er hat in vielen

Filmen gespielt; **III** *v/pr* **13.** *se ~* sich 'umwenden; sich 'umdrehen; *se ~ et se retourner dans son lit* sich im Bett hin und her wälzen; *se ~ du côté de qn, qc ou vers qn, qc* sich j-m, e-r Sache zuwenden; sich zu j-m, etw (um)wenden; *se ~ de l'autre côté* a) sich nach der anderen Seite drehen, wenden; *allongé* sich auf die andere Seite drehen; b) (*se détourner*) sich abwenden; *se ~ tout d'une pièce* sich (ganz) her'umdrehen; **14.** *fig se ~ vers qn pour lui demander son aide* sich an j-n um Hilfe wenden; *se ~ vers l'avenir* sich der Zukunft zuwenden; den Blick auf die Zukunft richten; *se ~ vers la politique* sich der Politik zuwenden; in die Politik gehen; *se ~ vers une profession* sich e-m Beruf zuwenden

tournesol [tuʀnəsɔl] *m* **1.** BOT Sonnenblume *f*, *huile f de ~* Sonnenblumenöl *n*; **2.** CHIM Lackmus *m*; *papier m de ~* Lackmuspapier *n*

tourneur [tuʀnœʀ] **I** *m* (*sur métaux*) Dreher *m*; *~ sur bois* (Holz)Drechsler *m*; **II** *adj* REL *derviche m ~* tanzender Derwisch

tournevis [tuʀnəvis] *m* Schraubenzieher *m*; *t/t* Schraubendreher *m*

tournicoter [tuʀnikɔte] *ou* **tourniquer** [tuʀnike] *v/i* F *cf* **tournailler**

tourniquet [tuʀnikɛ] *m* **1.** *pour passer un à un* Drehkreuz *n*; **2.** *pour arroser* Rasensprenger *m*; Kreisregner *m*; **3.** *pour cartes postales etc* Drehständer *m*

tournis [tuʀni] *m* **1.** VÉT Drehkrankheit *f*; **2.** F *fig: arrête de bouger comme ça, tu me donnes le ~* F ich krieg' ja den Drehwurm

tournoi [tuʀnwa] *m* Tur'nier *n* (*a* HIST); *~ d'échecs, de tennis* Schach-, Tennisturnier *n*

tournoiement [tuʀnwamɑ̃] *m* (Sich-)Drehen *n*; Kreisen *n*

tournoyer [tuʀnwaje] *v/i* ⟨-oi-⟩ kreisen; sich im Kreise drehen; *faire ~ canne, lasso* schwingen; *fumée s'élever en tournoyant* in e-r Spi'rale hochsteigen

tournure [tuʀnyʀ] *f* **1.** *~ (de phrase)* (Rede)Wendung *f*, Formu'lierung *f*; **2.** (*apparence*) Aussehen *n*; Gestalt *f*; *cela a tout de suite une autre ~* das sieht gleich anders aus; das bekommt gleich ein anderes Gesicht, Aussehen; *commencer à prendre ~* beginnen, (feste) Gestalt *ou* feste Formen anzunehmen; sich allmählich abzeichnen; **3.** (*évolution*) Wendung *f*; *affaire prendre une bonne, mauvaise ~* e-e gute *ou* glückliche, schlimme *ou* schlechte Wendung nehmen; *cela dépend de la ~ que prendront les événements* das hängt davon ab, wie sich die Dinge entwickeln; **4.** *~ d'esprit* Geisteshaltung *f*; Denkart *f*, -weise *f*; Denkungsart *f*

tour-opérateur [tuʀɔpeʀatœʀ] *m* ⟨*pl* tour-opérateurs⟩ Reiseveranstalter *m*

tourte [tuʀt] **I** *f* **1.** CUIS flache, mit Fleisch, Obst *ou* Gemüse gefüllte Pa'stete; **2.** F *péj une grosse ~* F *péj* ein Trampel *m ou n*; **II** *adj* F blöd; doof; dämlich

tourteau [tuʀto] *m* ⟨*pl ~x*⟩ **1.** AGR Ölkuchen *m*; **2.** ZO Taschenkrebs *m*

tourter|eaux [tuʀtəʀo] *m/pl fig* Turteltäubchen *n/pl*; Liebespärchen *n*; *~elle f* ZO Turteltaube *f*

tourtière [tuʀtjɛʀ] *f* CUIS Kuchenform *f*, -blech *n*

tous *cf* **tout**

toussailler [tusaje] *v/i* hüsteln

Toussaint [tusɛ̃] *f* REL *la ~* Aller'heiligen *n*; *à la ~* (an, zu) Allerheiligen; *fig un temps de ~* (ein) naßkaltes (und nebliges) Wetter

tousser [tuse] *v/i* **1.** husten; **2.** *pour s'éclaircir la voix ou avertir* sich räuspern; hüsteln; **3.** F *fig moteur* F spukken; stottern

toussot|ement [tusɔtmɑ̃] *m* Hüsteln *n*; *~er v/i* hüsteln

tout [tu, *vor Vokal u stummem h* tut] ⟨*f* **toute** [tut], *m/pl* **tous** [tu, *alleinstehend u als pr/ind* tus], *f/pl* **toutes** [tut]⟩ **I** *adj* **1.** *sg ~(e)* jede(r, -s); alle(r, -s); *avec article* ganze(r, -s); gesamte(r, -s); *~ Français* jeder Franzose; *~e la France* ganz Frankreich; *~ le monde cf* **monde** 3.; *~ Paris* ganz Paris; *cf a* **Tout-Paris**; *un peuple ein ganzes Volk*; *~ le reste* der ganze, gesamte Rest; alles übrige; *~ le village* das ganze Dorf; ♦ *loc/adv:* (*pendant*) *~ l'année* das ganze Jahr (hin'durch, über); ganzjährig; *~ un hiver* e-n ganzen Winter (lang, hindurch); *~e la nuit* die ganze Nacht (über, hindurch); *ne pas dormir de ~e la nuit* die ganze Nacht nicht schlafen; *avec prép:* *à ~ âge* in jedem (Lebens)Alter; *à ~e force* unbedingt; mit aller Gewalt; *à ~ point de vue* in jeder Hinsicht; *de ~e beauté* wunderschön; zauberhaft (schön); *de ~e espèce* verschiedenster Art; allerlei ...; *en ~e franchise* in aller Offenheit; *il n'a pour ~ bagage que ...* sein ganzes Gepäck besteht aus ...; ♦ *~ autre que lui* jeder andere (als er); jeder außer ihm; *~ ceci, cela, ~ ça* dies, das alles; *~ ce qui ou que* alles, was; *~ ce que la ville a de notables était réuni* alle Honoratioren der Stadt waren versammelt; F *des gens ~ ce qu'il y a de plus respectable(s)* höchst achtbare Leute; *c'est sérieux? – ~ ce qu'il y a de plus sérieux* das ist mein vollster Ernst; ♦ *avoir ~e liberté pour agir* volle Handlungsfreiheit haben; *vous avez ~ intérêt à* (+*inf*) es liegt in Ihrem ureigenen Interesse zu (+*inf*); *c'est là ~ le problème* das ist, darin liegt das ganze Problem; *~e la question est de savoir si ...* die entscheidende Frage ist, ob ...; *c'est ~ un roman* das ist ein ganzer Roman; *j'ai lu ~ Balzac* ich habe den ganzen Balzac gelesen; *faire ~ son possible* sein möglichstes tun; **2.** *pl* **tous**, *~es* alle; *tous nos amis* alle unsere Freunde; *tous les autres* alle anderen; *tous les deux, trois* alle beide, drei; *st/s: le courage, la lucidité ..., ~es qualités nécessaires pour une telle entreprise* alles für ein solches Unter'nehmen notwendige Eigenschaften; *cesser ~es relations* alle Beziehungen; ♦ *loc/adv:* *tous les ans* alle Jahre; jedes Jahr; alljährlich; *tous les deux ans* alle zwei Jahre; jedes zweite Jahr; *tous les matins* jeden Morgen; *tous les dix mètres* alle zehn Meter; *tous les premiers samedis du mois* jeden ersten

Samstag im Monat; *avec prép*: **à tous les coins de rue** an jeder Straßenecke; **dans tous les cas** in allen Fällen; auf jeden Fall; **tous les élèves ne sont pas doués** nicht alle Schüler sind begabt; **toutes les questions ne sont pas réglées** nicht alle Fragen sind geregelt; **II** *prl/ind* **1.** *sg* ~ alles; F **et** ~ und so weiter; **belle, riche et** ~ *(et* ~*)* schön, reich usw. (usw.); ♦ *loc/adj* **à** ~ **va** ungehemmt; ungezügelt; unkontrolliert; *loc/adv*: **après** ~, **à** ~ **prendre**, ~ **bien considéré** im Grunde (genommen); alles in allem; schließlich; übrigens; **avant** ~ vor allem; vor allen Dingen; F **comme** ~ äußerst; höchst; überaus; F unglaublich; unwahrscheinlich; **facile comme** ~ *a* kinderleicht; **en** ~ insgesamt; **il n'y en a que trois en** ~ **et pour** ~ es sind alles in allem, insgesamt nicht mehr als drei; **par-dessus** ~ **ou au- dessus de** ~ über alles; vor allen Dingen; vor allem; ♦ ~ **va bien** a) es geht gut; b) *personnellement* es geht mir *ou* ihm, ihr *ou* allen gut; **il a** ~ **d'un artiste** er ist ein richtiger Künstler; ~ **ce qu'il dit n'est pas parole d'évangile** nicht alles, was er sagt, ist ein Evangelium; ~ **est là** darin liegt das ganze Problem; **c'est** ~? ist das alles?; weiter nichts?; **et c'est** ~! und damit Punktum!, basta!; **c'est** ~! (und damit) Punktum!, basta!; **ce n'est pas** ~ das ist (noch) nicht alles; **ce n'est pas** ~ **de** *(+inf)* es genügt nicht zu *(+inf)*; F **c'est pas** ~ **de s'amuser** *ou* **c'est pas** ~ **ça** ich vertrödle meine Zeit; ich muß jetzt aufhören; ich habe auch noch etwas anderes zu tun; **c'est** ~ **ou rien** alles oder nichts; *en achetant, à l'école* **ce sera** ~ **pour aujourd'hui** das wär's (für heute); **son fils est** ~ **pour elle** ist ihr ein und alles; **on se fait**, **s'habitue à** ~ man gewöhnt sich an alles; **il ignore** ~ **de cette affaire** er weiß überhaupt nichts von dieser Sache; **prendre un peu de** ~ von allem ein wenig, etwas nehmen; *prov* ~ **est bien qui finit bien** Ende gut, alles gut *(prov)*. **2.** *pl* **tous**, ~**es** alle; **nous tous** wir alle; **le premier de tous** der erste von allen; der allererste; **écoutez tous attentivement!** hören Sie *ou* hört alle gut zu!; **je parle en leur nom à tous** ich spreche in ihrer aller Namen; **III** *adv* ⟨vor mit Konsonant *od* h aspiré beginnendem *adj* f ~**e** bzw. ~**es**⟩ ganz; gänzlich; ganz und gar; völlig; 'vollständig; 'vollkommen; ♦ *avec adj*: **c'est une** ~ **autre affaire** e-e ganz andere Sache; **elle est** ~**e contente** völlig, vollständig zufrieden; **les** ~ **derniers chapitres** die allerletzten Kapitel; ~ **gosse déjà**, **il a** ... schon als Kind hat er ...; **la ville** ~ **entière** die ganze Stadt; **il est** ~ **fou** außer Rand und Band; **se coucher** ~ **habillé** sich vollständig angekleidet, angezogen niederlegen; **une** ~**e jeune fille** ein blutjunges, ganz junges Mädchen; **une** ~**e petite maison** ein winziges Häuschen; **les** ~ **petits** *cf* **tout-petit**; **la** ~**e première fois** das allererste, zum, bei dem allerersten Mal; **plat** ~ **préparé** Fertiggericht *n*; ♦ *loc/conj* ~ ... **que** wenn auch ...; sosehr auch ...; obgleich ...; ob'wohl ...; ~ **enfant que**

j'étais obwohl ich noch ein Kind war; ~ **malin qu'il est** *ou* **st/s soit** ... so schlau er auch ist ...; bei all s-r Schläue ...; ♦ *avec adv*: ~ **aussi peu** ebensowenig, genausowenig; ~ **autant** ebensoviel, genausoviel; ebensosehr; ~ **autrement** ganz anders; *parler* ~ **bas** ganz leise; ~ **comme** genau, gerade, ebenso wie; ~ **droit** gerade'aus; *parler* ~ **'haut** laut; mit normaler Lautstärke; *avec prép*: ~ **au bout** ganz am Ende; ~ **à côté** gleich nebenan; ~ **à coup** plötzlich; auf einmal; ~ **à fait** ganz (und gar); völlig, 'vollständig; 'vollkommen; ~ **au loin** ganz in der Ferne; ~ **au moins** zu'mindest; allermindestens; ~ **au plus** allerhöchstens; im Höchstfall; **elle est** ~ **à son travail** ganz bei ihrer Arbeit, in ihre Arbeit versunken, vertieft; ~ **dans le fond du sac** ganz unten in der Tasche; ~ **d'abord** zu(aller)erst; ~ **d'un coup** mit e-m Schlag; auf einmal; plötzlich; ~ **de même** dennoch; doch; trotzdem; ~ **existence (faite)** ~**e de travail** ganz, nur, einzig der Arbeit gewidmetes Leben; ~ **de travers** ganz schief; ~ **en fleurs** in voller Blüte; ~ **en 'haut** ganz oben; ♦ *avec verbe*: **il s'est** ~ **brûlé la main** F er hat sich die Hand ganz verbrannt; *avec subst*: **étoffe** f ~ **laine** reinwollener Stoff; **être** ~ **yeux**, ~ **oreilles** ganz Auge und Ohr sein; **c'est** ~ **son père** er ist ganz der Vater; ♦ *avec gérondif* **a)** ~ **en marchant**, **il me racontait** ... im Gehen ...; während wir weitergingen ...; **b)** *st/s* **en étant très riche**, **il vit simplement** obwohl er sehr reich ist ...; **IV** *subst* **1.** *m* Ganze(s) *n*; Gesamtheit *f*; **un** ~ **homogène** ein einheitliches Ganzes; ♦ *loc/adv*: **pas du** ~ keineswegs; überhaupt, durchaus nicht; **il ne fait pas froid du** ~ es ist überhaupt nicht kalt; **plus du** ~ überhaupt nicht mehr; **je n'en ai plus du** ~ ich habe gar nichts, überhaupt nichts mehr (davon); **rien du** ~ überhaupt nichts; **du** ~ **au** ~ 'vollständig; völlig; 'vollkommen; **en** ~ **ou en partie** ganz oder teilweise; ♦ **le** ~ **est de** *(+inf)* die Hauptsache, das Wichtigste, Entscheidende ist *(+inf)*; **ce n'est pas** ~ **ou** F **c'est pas le** ~ **de rigoler** es gibt auch noch anderes zu tun; ich vertrödle meine Zeit; *former* **un** ~ ein ganzes, e-e Einheit bilden; **risquer le** ~ **pour le** ~ alles aufs Spiel, auf e-e Karte setzen; **2.** *f* MAR **en avant** ~**e!** volle Kraft voraus!

tout-à-l'égout [tutalegu] *m* ⟨*inv*⟩ (Abwasser)Kanalisati'on *f*; *d'une maison* Ka'nalanschluß *m*

toutefois [tutfwa] *adv* je'doch; in'dessen; gleich'wohl; nichtsdesto'weniger; **à condition** ~ **que** ... jedoch unter der Bedingung, daß ...; *avec ironie*, **mais sans méchanceté** ~ jedoch, indessen ohne Bosheit; **si** ~ **vous le permettez** wenn Sie (es) gestatten; **il viendra plus tard si** ~ **il vient** wenn er überhaupt kommt

toute-puissance [tutpɥisɑ̃s] *f* Allmacht *f*

toutim(e) [tutim] *arg* **le** ~ alles übrige; das Ganze

toutou [tutu] *m enf* Wau'wau *m*; **suivre qn comme un** ~ j-m wie ein Hündchen (überallhin) folgen

Tout-Paris [tupaʀi] **le** ~ die Promi'nenz von Paris; alles, was in Paris Rang und Namen hat

tout-petit [tup(ə)ti] *m* ⟨*pl* tout-petits⟩ Kleinkind *n*

tout-puissant [tupɥisɑ̃] **I** *adj* ⟨f toute- puissante; m/pl tout-puissants⟩ all- 'mächtig; **II** *m* REL **le Tout-Puissant** der All'mächtige

tout-terrain [tutɛʀɛ̃] *m* **faire du** ~ e-e Geländefahrt machen; durch das Gelände, querfeld'ein fahren; **véhicule** *a* geländegängig sein; *cf* **a terrain** l.

tout-venant [tuvnɑ̃] *m* **1.** COMM unsortierte Ware; **2.** *de personnes* **le** ~ die große Masse

toux [tu] *f* Husten *m*; **petite** ~ Hüsteln *n*

toxicité [tɔksisite] *f* MÉD Giftigkeit *f*; *sc* Toxizi'tät *f*

toxico [tɔksiko] F *abr cf* **toxicomane**

toxicolog|**ie** [tɔksikɔlɔʒi] *f* MÉD Toxikolo'gie *f*; ~**ique** *adj* MÉD toxiko'logisch

toxiciman|**e** [tɔksikɔman] **I** *adj* (rauschgift)süchtig; drogenabhängig; **II** *m,f* (Rauschgift)Süchtige(r) *f(m)*; Drogenabhängige(r) *f(m)*; ~**ie** *f* Rauschgiftsucht *f*

toxine [tɔksin] *f* MÉD To'xin *n*

toxique [tɔksik] *adj* giftig; Gift...; *sc* to'xisch; **gaz** *m* ~ Giftgas *n*

T.P. [tepe] *m/pl abr* (travaux pratiques) *cf* **travail** 2.

trac [tʀak] *m* **1.** Lampenfieber *n*; F Bammel *m*; **avoir le** ~ Lampenfieber haben; **donner le** ~ **à qn** j-m bange, angst machen; **2.** *loc/adv* **tout à** ~ völlig unerwartet; **dire qc tout à** ~ mit etw her- 'ausplatzen

traçant [tʀasɑ̃] *adj* **1.** MIL **balle** ~**e** Leuchtpurgeschoß *n*; **2.** BOT **racine** ~ flach streichend

tracas [tʀaka] *m souvent pl* ⟨soucis⟩ Sorgen *f/pl*; Kummer *m*; ⟨ennuis⟩ Ärger *m*; Widrigkeiten *f/pl*; **les petits** ~ **de la vie quotidienne** die kleinen 'Mißhelligkeiten *f/pl* des Alltags; **cela m'a donné bien du** ~ das hat mir viel Kummer, Ärger gemacht

tracasser [tʀakase] **I** *v/t* bekümmern; beunruhigen; plagen; **II** *v/pr* **se** ~ beunruhigt sein; **ne vous tracassez pas** machen Sie sich keine Sorgen

tracasseries [tʀakasʀi] *f/pl* Schi'kanen *f/pl*; ~ **administratives** Schikanen der Behörden

tracassier [tʀakasje] *adj* ⟨-ière⟩ schika'nös

trace [tʀas] *f* Spur *f* (*a fig*); CH *a* Fährte *f*; *fig a* Hinweis *m* (**de** *auf* +*acc*); (An-) Zeichen *n* (von); ~**s de civilisations anciennes** Spuren alter Kulturen; ~**s de fatigue** Spuren, Zeichen *n/pl* von Müdigkeit (**sur son visage** in s-m Gesicht); ~**s de freinage** Bremsspur(en) *f(pl)*; ~**s de pas**, **de sang** Fuß-, Blutspuren *f/pl*; *fig* **aucune** ~ **de remords** keine Spur von, kein Anzeichen von, keinerlei Reue; **déceler des** ~**s de poison** Spuren von Gift, Giftspuren feststellen; **être sur la** ~ **des criminels** den Verbrechern auf der Spur sein; **il a disparu sans laisser de** ~**s** er ist spurlos verschwunden; **perdre la** ~ **de qn** j-s Spur verlieren; **il n'en reste plus** ~ davon ist nichts mehr übriggeblieben, zu sehen, zu finden; *fig* **suivre les** ~**s**, **marcher sur les** ~**s de qn** in j-s Fuß-

tracé – train

(s)tapfen (*acc*) treten; **suivre qn à la ~** j-s Spur verfolgen; *CH* **suivre un animal à la ~** der Fährte e-s Tieres folgen
tracé [tʀase] *m* **1.** *d'une autoroute, d'une côte etc* Verlauf *m*; **2.** *d'un dessin* 'Umrisse *m/pl*
tracer [tʀase] ⟨-ç-⟩ **I** *v/t* **1.** *ligne, cercle, AGR sillons* ziehen; *plan* (auf)zeichnen; skiz'zieren; *TECH* anreißen; *fig* **~ un tableau sommaire** e-n kurzen 'Überblick geben; **2.** *route etc* tras'sieren; *fig* **~ le chemin, la voie à qn** j-m s-n Weg vorzeichnen; j-m Richtlinien geben; **II** *v/i* F (*courir*) F rasen; sausen; flitzen
traceur [tʀasœʀ] **I** *m* **1.** *CHIM*, *MÉD* **~ radioactif** Radioindikator *m*; **2.** *INFORM* **~ de courbes** Kurvenschreiber *m*; Plotter *m*; **II** *adj* ⟨-euse⟩ *MIL* **balle traceuse ~** Leuchtspurgeschoß *n*
trachée [tʀaʃe] *f ou* **~-artère** *f* ⟨*pl* trachées-artères⟩ *ANAT* Luftröhre *f*
trachéite [tʀakeit] *f MÉD* Luftröhrenentzündung *f*
trachéotomie [tʀakeɔtɔmi] *f MÉD* Luftröhrenschnitt *m*
tract [tʀakt] *m feuille* Flugblatt *n*; *brochure* Flugschrift *f*; **distribuer, lancer des ~s** Flugblätter verteilen, verbreiten
tractations [tʀaktɑsjɔ̃] *f/pl péj* Machenschaften *f/pl*; geheime Verhandlungen *f/pl*
tracter [tʀakte] *v/t* (mit Motorkraft) ziehen, schleppen
tracteur [tʀaktœʀ] *m* Traktor *m*; Schlepper *m*; Zugmaschine *f*
traction [tʀaksjɔ̃] *f* **1.** *TECH* Zug *m*; Ziehen *n*; *par ext* Antrieb *m*; *AUTO*: **~ arrière** 'Hinterrad-, Heckantrieb *m*; **~ avant** Vorderrad-, Frontantrieb *m*; *par ext* **~** (**avant**) Wagen *m* mit Frontantrieb; **~ électrique** elektrischer Antrieb; *CH DE FER* elektrischer (Fahr)Betrieb; **résistance *f* à la ~** Zugfestigkeit *f*; **2.** *SPORTS* **a)** *suspendu* Klimmzug *m*; **b)** (*pompe*) Liegestütz *m*
tradition [tʀadisjɔ̃] *f* Traditi'on *f*; Über-'lieferung *f*; (*coutume*) Brauch *m*; Sitte *f*; **~ populaire** Volksbrauch *m*, -sitte *f*; **c'est devenu une ~** das ist (zur) Tradition geworden; es ist so eingebürgert; **être dans la ~ française** zur französischen Tradition gehören; **il est de ~ de ~ dans certaines familles de** (+*inf*) in einigen Familien ist es Brauch, Sitte, Tradition zu (+*inf*)
tradition|alisme [tʀadisjɔnalism(ə)] *m* Traditi'onsbewußtsein *n*; Traditiona'lismus *m* (*a REL*); **~iste I** *adj* traditi'onsbewußt; traditiona'listisch; **II** *m*,*f* traditi'onsgebundener Mensch; Traditiona-'list(in) *m*(*f*)
traditionnel [tʀadisjɔnɛl] *adj* ⟨~le⟩ tradi'tio'nell; über'liefert; alt'hergebracht; herkömmlich
traditionnellement [tʀadisjɔnɛlmɑ̃] *adv* nach altem Brauch; nach alter Traditi'on, Sitte
traduc|teur [tʀadyktœʀ] *m*, **~trice** *f* Über'setzer(in) *m*(*f*); **~teur-interprète** *m* ⟨*pl* traducteurs-interprètes⟩ Über'setzer und Dolmetscher *m*
traduction [tʀadyksjɔ̃] *f* Über'setzung *f*; Über'tragung *f*; *action a* Über'setzen *n*; Über'tragen *n*; 'Wiedergabe *f*; **la ~ anglaise de ...** die englische Übersetzung von ...; **~ assistée par ordinateur**

computergestützte [-'pju:-] Überset-zung; **~ libre**, **littérale** freie, wörtliche Übersetzung, Wiedergabe; **~ de l'allemand, en allemand** Übersetzung aus dem Deutschen, ins Deutsche; **~ de Faust** Faust-Übersetzung *f*; **l'art *m* de la ~** die Kunst des Übersetzens
traduire [tʀadɥiʀ] ⟨*cf* conduire⟩ **I** *v/t* **1.** über'setzen; über'tragen; 'wiedergeben; *conversation a* dolmetschen; **~ un auteur** e-n Autor übersetzen; **~ un texte en français** ins Französische übersetzen; **~ de l'allemand en français** aus dem Deutschen ins Französische übersetzen; **2.** *fig pensées etc* Ausdruck verleihen, geben (+*dat*); in Worte kleiden; ausdrücken; *sentiments* zum Ausdruck bringen; verraten; **la statistique traduit ...** die Statistik weist ... auf, gibt ... wieder; aus der Statistik geht ... hervor; **3.** *JUR* **~ qn en justice** j-n vor Gericht stellen; **II** *v/pr* **se ~** zum Ausdruck kommen, sich äußern, sich kundtun (*par* in +*dat*)
traduisible [tʀadɥizibl(ə)] *adj* über-'setzbar
trafic [tʀafik] *m* **1.** *péj* Schleich-, Schwarzhandel *m*; **~ d'armes** Waffenschmuggel *m*; illegaler Waffenhandel; **~ de devises** De'visenschmuggel *m*; **~ de (la) drogue, de stupéfiants** Rauschgifthandel *m*; *JUR* **d'influence** passive Bestechung; **faire le ~ des stupéfiants** mit Rauschgift handeln; **2.** (*circulation*) Verkehr *m*; **~ aérien** Luft-, Flugverkehr *m*; **~ ferroviaire** Eisenbahn-, Schienen-, Zugverkehr *m*; **~ routier** Straßenverkehr *m*; **~ (des) marchandises** Waren-, Güterverkehr *m*; **~ (des) voyageurs** Per'sonen-, Reiseverkehr *m*
traficoter [tʀafikɔte] *v/i* F *péj* unsaubere Geschäfte machen
trafiquant [tʀafikɑ̃] *m péj* Schwarz-, Schleichhändler *m*; Schieber *m*; **~ de drogue(s)** Rauschgifthändler *m*; Dealer ['di:-] *m*
trafiquer [tʀafike] **I** *v/t* **1.** *COMM péj* Schleich-, Schwarzhandel treiben mit; **2.** *denrées* verfälschen; *vin*, *lait* F pan(t)schen; *passeport*, *chèque* fälschen; *moteur* F fri'sieren; *compteur* manipu'lieren; **3.** F (*faire*) tun; machen; F treiben; **qu'est-ce que tu trafiques là?** F was treibst du denn da?; **II** *v/i COMM péj* schieben; Schleich-, Schwarzhandel treiben
tragédie [tʀaʒedi] *f* **1.** *THÉ* Tra'gödie *f*; Trauerspiel *n*; **les ~s de Corneille** die Tragödien Corneilles *ou* von Corneille; **2.** *fig* tra'gödie *f*; **finir par une ~** mit e-r Tragödie, tragisch enden; e-n tragischen Ausgang nehmen
tragéd|ien [tʀaʒedjɛ̃] *m*, **~ienne** *f* Tra'göde *m*, Tra'gödin *f*
tragi-com|édie [tʀaʒikɔmedi] *f* ⟨*pl* tragi-comédies⟩ *THÉ et fig* Tragiko'mödie *f*; **~ique** *adj THÉ et fig* tragi'komisch
tragique [tʀaʒik] **I** *adj* **1.** *THÉ* tragisch; *auteur*, *poète* **~** Tragiker *m*; Tra'gödiendichter *m*; **personnage ~** tragische Figur, Rolle; **pièce *f* ~** tragisches Stück; Tragödie *f*; Trauerspiel *n*; **2.** *fig* tragisch; **accident ~** tragischer Unfall; F **ce n'est pas ~** F das ist nicht tragisch; **il a eu une fin, une mort ~** er

fand ein tragisches Ende; er kam auf tragische Weise ums Leben; **II** *m* **1.** *THÉ* **le ~** das Tragische; die Tragik; **2.** *fig* Tragik *f*; Tragische(s) *n*; **prendre qc au ~** etw tragisch nehmen; **tourner au ~** e-e tragische Wendung nehmen
tragiquement [tʀaʒikmɑ̃] *adv* tragisch; **mourir ~** auf tragische Weise ums Leben kommen; **se terminer ~** tragisch enden
trahir [tʀaiʀ] **I** *v/t* **1.** *secret*, *patrie* verraten; Verrat begehen, üben (*abs ou* an +*dat*); *confiance* miß'brauchen; enttäuschen; **~ qn** j-n verraten; j-m die Treue brechen; **les événements ont trahi ses espérances** haben s-e Erwartungen enttäuscht; **les intérêts de qn** j-m schaden; gegen j-s Interessen handeln; **2.** (*montrer*) verraten; erkennen lassen; **son regard trahissait sa peur** sein Blick verriet s-e Furcht, ließ s-e Furcht erkennen; **3.** (*lâcher*) verlassen; **ses forces, ses nerfs l'ont trahi** s-e Kräfte, s-e Nerven ließen ihn im Stich, verließen ihn; **4.** *fig* **la pensée de qn** j-s Gedanken falsch, nicht richtig 'wiedergeben; **II** *v/pr* **se ~** **5.** *personne* sich verraten (*par un regard* durch e-n Blick); **6.** *chose* sich verraten; sich zeigen; zu erkennen sein
trahison [tʀaizɔ̃] *f* **1.** Verrat *m*; *POL* Landesverrat *m*; *POL* **haute ~** Hochverrat *m*; **commettre une ~** Verrat begehen, üben; **2.** *par ext* Treubruch *m*; Treulosigkeit *f*; Verrat *m*; *st/s en amour* Untreue *f*
train [tʀɛ̃] *m* **1.** *CH DE FER* Zug *m*; Eisenbahn *f* (*a jouet*); **~ direct** correspond à Eilzug *m*; *jouet* **~ électrique** elektrische Eisenbahn; **~ express** Schnellzug *m*; D-Zug *m*; **~ omnibus** Per'sonenzug *m*; **~ rapide** (Fern)Schnellzug *m*; **~ spécial** Sonderzug *m*; **~ supplémentaire** Entlastungszug *m*; Vor- *ou* Nachzug *m*; **le ~ de X a)** (*qui vient de X*) der Zug von X; **b)** (*qui va à X*) der Zug nach X; **~ de banlieue** Nahverkehrs-, Vorortzug *m*; **~ de grande ligne** Fernzug *m*; **~ de marchandises** Güterzug *m*; *MIL* **~ de permissionnaires** Urlauberzug *m*; **~ de voyageurs** Reise-, Per'sonenzug *m*; **chef *m* de ~** Zugführer *m*; **avoir le, son ~** den Zug noch bekommen, F kriegen, erwischen; **manquer, rater, louper le, son ~** den Zug verpassen, versäumen; **prendre le ~ de 8 h 15** den Zug um 8 Uhr 15 nehmen; **prendre le ~, voyager par le *ou* en ~** mit dem Zug, der (Eisen)Bahn fahren; *fig* **prendre le, monter dans le ~ en marche** sich im letzten Moment anschließen; teilnehmen; **2.** (*allure*) Gang *m*; (*vitesse*) Tempo *n*; *SPORTS* **~ rapide**, **soutenu** scharfes, gleichbleibend hohes Tempo; *loc/adv* **à fond de ~** im Eiltempo; blitzschnell; **aller *ou* rouler à fond de ~, à un ~ d'enfer** (da'hin)rasen; mit e-m Höllentempo fahren; ♦ **être en ~ personne** in Form *ou* in Fahrt sein; *travail* im Gange sein; **il n'est pas en ~** er ist nicht in Form; er fühlt sich schlapp; **mettre en ~ personne** in Schwung, Stimmung bringen; *travail* in Angriff nehmen; beginnen; *SPORTS* **faire de la mise en ~** sich aufwärmen; Auflockerungsübungen machen; ♦ **être en ~ de faire qc** gerade etw tun;

(gerade) da'beisein, etw zu tun; *être en ~ de lire, travailler etc* gerade lesen, arbeiten *etc*; *maison f en ~ de brûler* brennendes Haus; ♦ *aller son petit ~ personne* gemächlich arbeiten; *chose* im alten Trott weitergehen; s-n alten Gang gehen; *aller, marcher bon ~ personne* flott gehen; tüchtig ausschreiten; *travail* gut vor'ankommen; *la conversation va bon ~* ist lebhaft; *les conversations vont bon ~ a* der Klatsch verstummt nicht; *au, du ~ où vont les choses* wenn es, die Entwicklung so weitergeht; so wie die Dinge laufen, vorwärtsgehen; bei dem jetzigen Tempo; **3.** *AUTO ~ arrière, avant* 'Hinter-, Vorderachse *f*; *AVIAT ~ d'atterrissage* Fahrgestell *n*, -werk *n*; *MAR ~ de péniches* Schleppzug *m*; *AUTO ~ de pneus* Bereifung *f*; Satz *m* Reifen; **4.** *fig* Reihe *f*; (Aufein'ander)Folge *f*; Kette *f*; *un ~ de mesures* e-e Reihe von Maßnahmen; **5.** *~ de vie* Lebensstil *m*, -standard *m*; *avoir un grand ~ de maison* ein großes Haus führen; *mener grand ~* auf großem Fuß leben; **6.** *d'un cheval, d'un chien ~ de derrière, de devant* 'Hinter-, Vorderteil *n*; F *botter le ~ à qn* F j-m e-n Tritt in den Hintern geben; j-n in den Hintern treten; **7.** *MIL* Nachschubtruppe *f*
traînailler [tʀεnaje] F *v/i* **1.** (*lambiner*) (her'um)trödeln; bummeln; **2.** (*rôder*) her'umlungern; sich her'umtreiben
traînant [tʀεnɑ̃] *adj parler d'une voix ~e* gedehnt, in schleppendem Ton(fall) sprechen
traînard [tʀεnaʀ] *m* **1.** (*retardataire*) Nachzügler *m*; **2.** (*lambin*) F Trödel-, Bummelfritze *m*
traînasser [tʀεnase] *v/i cf* **traînailler**
traîne [tʀεn] *f* **1.** Schleppe *f*; *robe f à ~* Kleid *n* mit Schleppe; **2.** *loc/adv être, rester à la ~* zu'rückbleiben; hinter'herhinken; *tout est à la ~ chez elle ou elle laisse tout à la ~* sie läßt alles her'umliegen
traîneau [tʀεno] *m* ⟨*pl* ~x⟩ Schlitten *m*; *~ tiré par des chevaux* Pferdeschlitten *m*; *aller en ~* mit dem Schlitten fahren
traînée [tʀεne] *f* **1.** Spur *f*; Streifen *m*; *~ de brume* Nebelstreifen *m*; *AVIAT ~ de condensation* Kon'densstreifen *m*; *~ de sang* Blutspur *f*, *fig nouvelle se répandre, se propager comme une ~ de poudre* sich wie ein Lauffeuer verbreiten; **2.** P (*prostituée*) P Nutte *f*; Hure *f*
traîne-misère [tʀεnmizεʀ] *m* ⟨*inv*⟩ Hungerleider *m*; armer Teufel
traîner [tʀεne] I *v/t* **1.** (hinter sich her-)ziehen; nachziehen; nachschleppen; schleifen; *~ les pieds* (mit den Füßen) schlurfen; *fig ~ qn, qc dans la boue* j-n, etw in den Schmutz ziehen, zerren; **2.** (*amener avec soi*) (mit sich) (her'um-)schleppen; *~ ses enfants partout* s-e Kinder überallhin mitnehmen, mit sich schleppen; **3.** *fig maladie, soucis* mit sich her'umschleppen; F *qu'est-ce qu'il ou elle traîne!* F so was von Dummheit!; ist der *ou* die aber dumm!; II *v/i* **4.** (*balayer le sol*) *~ par terre* auf dem Boden schleifen; **5.** (*n'être pas rangé*) her'umliegen; *laisser ~ ses affaires* s-e Sachen herumliegen lassen;

fig: cette histoire-là? elle traîne partout, dans tous les livres sie ist in aller Munde; sie ist in jedem Buch zu finden; **6.** *procès, discussion ~* (*en longueur*) sich in die Länge ziehen; *a maladie* sich hinziehen; F *ça n'a pas traîné* F das hat nicht lange auf sich warten lassen; *faire ~ les choses* die Dinge in die Länge ziehen; *faire ~ qc en longueur* etw verschleppen; **7.** (*lambiner*) trödeln; bummeln; (*rester en arrière*) zu'rückbleiben; F nachzotteln; *péj ~ dans les rues* (F *a* ‖ *~ les rues*) sich auf den Straßen her'umlungern; sich auf den Straßen her'umtreiben; **8.** *~ sur les mots* gedehnt, in schleppendem Tonfall sprechen; **III** *v/pr se ~* **9.** sich fort-, vorwärts-, da'hinschleppen; *se ~ par terre* auf dem (Erd)Boden her'umkriechen; *il s'est traîné à cette réunion* a) *malade* er hat sich zu dieser Versammlung (hin)geschleppt; b) *à contrecœur* er ist sehr 'widerwillig zu dieser Versammlung gegangen; **10.** *conversation, action d'un film* sich hinschleppen; *jours* sich endlos hinziehen
traîn|eur [tʀεnœʀ] *m*, *~euse f* **1.** *péj ~* (*de rues*) Her'umtreiber(in) *m(f)*; **2.** *traîneur de sabre* alter Haudegen (*iron*)
trainglot [tʀɛ̃glo] *arg militaire m* Sol'dat *m* der Nachschubtruppe
training [tʀεniŋ] *m* **1.** *PSYCH, SPORTS* Training ['tre:-] *n*; **2.** (*survêtement*) Trainingsanzug ['tre:-] *m*
train-train *ou* **traintrain** [tʀɛ̃tʀɛ̃] *m* F Trott *m*; *le ~ de la vie quotidienne* das tägliche Einerlei; der graue Alltag; der Alltagstrott; *suivre son petit ~ vie* im alten Trott weitergehen, *personne* weitermachen
traire [tʀεʀ] ⟨je trais, il trait, nous trayons, ils traient; je trayais; *kein Passé simple*; je trairai; que je traie; trayant; trait⟩ *v/t* melken
trait[1] [tʀε] *m* **1.** Strich *m*; *~ d'union* Bindestrich *m*; *fig servir de ~ d'union entre ~* das Bindeglied, e-e Brücke sein zwischen (+*dat*); *barrer un mot d'un ~* ein Wort 'durchstreichen; *fig décrire, peindre qc à grands ~s* etw in großen Zügen, 'Umrissen schildern, beschreiben; *faire, tirer, tracer un ~* e-n Strich ziehen; *fig tirer un ~ sur qc* e-n Schlußstrich unter (+*acc*) ziehen, machen; *supprimer qc d'un ~ de plume* etw mit e-m Federstrich abschaffen; **2.** (*caractéristique*) Merkmal *n*; (her'vorstechende) Eigenschaft; Zug *m*; *~ distinctif* Unter'scheidungsmerkmal *n*; *~ essentiel* wesentliches Merkmal; *~ de caractère* Cha'rakter-, Wesenszug *m*; *avoir de nombreux ~s de ressemblance avec qn* j-m in vielem ähnlich sein; *ressembler à qn ~ pour ~* j-m vollkommen gleichen; j-s Ebenbild sein; **3.** *pl* (*du visage*) Gesichtszüge *m/pl*; *~s délicats, fins* feine Gesichtszüge; *~s grossiers, gros ~s* grobe (Gesichts)Züge *m/pl*; *sous les ~s de* in Gestalt von (*ou* +*gén*); als; **4.** (*remarque*) Bemerkung *f*; *~ d'esprit* geistreiche Bemerkung, Aper'çu *n*; **5.** (*idée*) Einfall *m*; (*action*) Handlung *f*; Tat *f*; *~ de générosité* edelmütiges Handeln; *~ de génie* Geistesblitz *m*; geni'aler Einfall; glänzender Gedanke;

6. *avoir ~ à* sich beziehen auf (+*acc*); Bezug haben auf (+*acc*); im Zu'sammenhang stehen mit; **7.** *en buvant* Zug *m*; *boire à longs ~s* in langen Zügen trinken; *boire d'un* (*seul*) *~* in einem Zug(e) (aus)trinken; *vider son verre d'un ~* sein Glas in einem Zug(e) leeren; **8.** *bête f, cheval m de ~* Zugtier *n*, -pferd *n*; **9.** *litt* (*flèche*) Pfeil *m*; *fig et st/s décocher un ~ à qn* j-n tief verletzen; e-n Pfeil auf j-n abschießen; *fig filer, partir comme un ~* wie ein Pfeil davonschießen; **10.** *ÉCHECS* erster Zug; Anzug *m*
trait[2] [tʀε] *p/p cf* **traire** *et adj* ⟨traite [tʀεt]⟩ gemolken
traitant [tʀεtɑ̃] *adj médecin ~* behandelnder Arzt
traite [tʀεt] *f* **1.** *COMM* **a**) Tratte *f*; gezogener Wechsel; *accepter, honorer une ~* e-n Wechsel akzeptieren, honorieren *ou* einlösen; *tirer une ~ sur qn* e-n Wechsel auf j-n ziehen, ausstellen, trassieren; **b**) *dans une vente à tempérament* Rate *f*; *payer le reste par ~s* den Rest in Raten bezahlen; F den Rest abstottern; **2.** *loc/adv d'une seule ~* in einem Zug(e); hintereinander; *faire un trajet d'une seule ~* e-e Strecke ohne Aufenthalt fahren; 'durchfahren; *lire un livre d'une seule ~* ein Buch in einem Zug(e) lesen; **3.** *~ des blanches, des noirs* Mädchen-, Sklavenhandel *m*; **4.** *des vaches* Melken *n*
traité [tʀete] *m* **1.** *POL* Vertrag *m*; *~ de paix* Friedensvertrag *m*; *conclure, signer un ~* e-n Vertrag schließen, unter'zeichnen; **2.** *ouvrage* Abhandlung *f*; (*manuel*) Lehrbuch *n*
traitement [tʀεtmɑ̃] *m* **1.** Behandlung *f*; *mauvais ~s* Miß'handlung(en) *f(pl)*; *infliger des mauvais ~s à qn* j-n miß'handeln; *cf a faveur I.*; **2.** *MÉD* Behandlung *f*; *être en ~* (*chez tel médecin*) (bei dem und dem Arzt) in Behandlung sein; *suivre un ~* sich behandeln lassen; sich e-r Behandlung unter'ziehen; **3.** *d'un fonctionnaire etc* Gehalt *n*; **4.** *TECH* Behandlung *f*; *de matières premières* Verarbeitung *f*; *du minerai* Aufbereitung *f*; *de l'acier* Vergütung *f*; *~ des eaux* Trinkwasseraufbereitung *f*; *~ des eaux usées* Abwasserbehandlung *f*, -reinigung *f*; **5.** *INFORM ~ de l'information, des données* Datenverarbeitung *f*; *~ de texte* Textverarbeitung *f*
traiter [tʀete] **I** *v/t* **1.** *~ qn* j-n behandeln (*a MÉD*); mit j-m 'umgehen; *~ qn ami, comme un chien* j-n als Freund, wie e-n Hund behandeln; **2.** *~ qn de menteur etc* j-n e-n Lügner *etc* nennen, schimpfen, heißen; *~ qn de tous les noms* j-n mit allen möglichen Schimpfnamen belegen; j-n alles heißen; **3.** *question, problème* behandeln; *ÉCOLE il n'a pas traité le sujet* er hat das Thema verfehlt; **4.** *affaire* verhandeln über (+*acc*); **5.** *TECH* behandeln; *matières premières* aufbereiten; *acier* vergüten; *fruits* spritzen; **6.** *INFORM données* verarbeiten; **7.** *adjt BOURSE valeurs traitées* gehandelte Werte *m/pl*; **8.** *litt ~ qn* (*offrir un repas*) j-n bewirten; **II** *v/t/indir ~ de qc ouvrage, exposé* von etw handeln; *auteur* etw be-, abhandeln; *orateur* über etw (*acc*)

sprechen; **III** *v/i* **~ avec qn sur qc** mit j-m über etw (*acc*) verhandeln
traiteur [tʀɛtœʀ] *m* Liefe'rant *m* von Fertigmenüs; Partyservice *m*
traître [tʀɛtʀ(ə)], **traîtresse** [tʀɛtʀɛs] **I** *m,f* Verräter(in) *m(f)*; *par ext, à plais* Schurke *m*; Schuft *m*; **prendre qn en traître** j-m in den Rücken fallen; **II** *adj personne* verräterisch; *a chose* heimtückisch; gefährlich; **il n'a pas dit un traître mot** er hat kein einziges Wort, kein Sterbenswörtchen gesagt; **être traître à sa patrie** ein Vaterlandsverräter sein
traîtreusement [tʀɛtʀøzmɑ̃] *adv* verräterisch; heimtückisch
traîtrise [tʀɛtʀiz] *f* Verrat *m*; Verräte'rei *f*; (Heim)Tücke *f* (*a de qc*)
trajectoire [tʀaʒɛktwaʀ] *f d'un projectile, d'une fusée* Flugbahn *f*
trajet [tʀaʒɛ] *m* **1.** Strecke *f*; Weg *m*; Fahrt *f*; *il est mort durant le* **~** **à l'hôpital** auf dem Weg ins Krankenhaus; **j'ai une demi-heure de ~ pour aller à mon travail** ich brauche e-e halbe Stunde; **effectuer, faire le ~ en trois heures** die Strecke, den Weg in drei Stunden zurücklegen; **2.** ANAT *d'un nerf etc* Verlauf *m*
tralala [tʀalala] **I** *int* **1. en chantant** trallala!; **2.** *enf* ätsch!; **II** F *m* Pomp *m*; Aufwand *m*; F Tam'tam *n*; Klim'bim *m*
tram [tʀam] *m cf* **tramway**
trame [tʀam] *f* **1.** TEXT Schuß *m*; *fil m de ~* Schußfaden *m*; *tapis usé jusqu'à la ~* ganz abgewetzt, abgetreten, fadenscheinig; **2.** TYPO, TV Raster *m*; **3.** *fig* 'Hintergrund *m*; Grundlage *f*
tramer [tʀame] **I** *v/t complot* anzetteln; anstiften; schmieden; **II** *v/pr il se trame qc* da braut sich etw zusammen; da wird etw ausgeheckt
tramontane [tʀamɔ̃tan] *f* Nordwind *m*; *fig perdre la ~* den Kopf verlieren
trampoline [tʀɑ̃pɔlin] *m* SPORTS Trampolin *n*
tramway [tʀamwɛ] *m* Straßenbahn *f*; *südd* Trambahn *f*; F Tram *f*
tranchant [tʀɑ̃ʃɑ̃] **I** *adj* **1.** schneidend; scharf; Schneid...; *instrument ~* Schneidwerkzeug *n*; **2.** *fig d'un ton ~* in nachdrücklichem, entschiedenem Ton; **II** *m* **1.** *d'un couteau etc* Schneide *f*; *fig mesure f à double ~* Maßnahme, mit der man sich ins eigene Fleisch schneiden kann; *fig c'est (une arme) à double ~* das ist ein zweischneidiges Schwert; **2.** *fig* Schärfe *f*
tranche [tʀɑ̃ʃ] *f* **1.** *d'un lièvre f*; Schnitte *f*; *~ napolitaine* correspond à Fürst-Pückler-Eis *n*; **~ de jambon, de pain** Scheibe *f*, -schnitte *f*; **~ de viande** Scheibe Fleisch; *couper en ~* in Scheiben schneiden; F *fig s'en payer une ~* sich biegen vor Lachen; sich köstlich amü'sieren; **2.** *par ext* Abschnitt *m*; Stufe *f*; Stück *n*; Teil *m ou n*; *~ d'âge* Altersstufe *f*; *~ des revenus imposables* Progressi'onsstufe *f*; *~ de salaires* Gehaltsstufe *f*; *première ~ des travaux* erster Bauabschnitt; **3.** *d'un livre* Schnitt *m*; *doré sur ~(s)* mit Goldschnitt; **4.** *BOUCHERIE* 'Unterschale *f*; **5.** MATH (Zahlen-, Ziffern)Gruppe *f*; **6.** LOTERIE **~ spéciale** Sonderspielung *f*; **7.** *d'un emprunt* Tranche *f*
tranché [tʀɑ̃ʃe] *adj* **1.** *couleurs bien ~es* scharf gegeneinander abgegrenzte, sich voneinander abhebende Farben *f/pl*; **2.** *fig* klar (abgegrenzt); *opinion* fest; bestimmt
tranchée [tʀɑ̃ʃe] *f* Graben *m*; MIL Schützengraben *m*; **guerre f de(s) ~s** Grabenkrieg *m*; *creuser une ~* e-n Graben ausheben
tranchefile [tʀɑ̃ʃfil] *f* RELIURE Kapitalband *n*
trancher [tʀɑ̃ʃe] **I** *v/t* **1.** 'durchschneiden; zerschneiden; *adjt: on l'a retrouvé, la gorge tranchée* mit durchschnittener Kehle; *~ la tête à qn* j-m den Kopf abschlagen; j-n enthaupten, köpfen; **2.** *question, querelle* entscheiden; *difficulté* endgültig lösen; ausräumen; **II** *v/i* **3.** schneiden; **~ dans le vif** a) MÉD tief ins gesunde Gewebe, Fleisch schneiden; b) *fig* strenge, energische Maßnahmen ergreifen; zum letzten, äußersten Mittel greifen; **4.** (*décider*) sich entscheiden; *il faut ~* wir müssen uns jetzt entscheiden; **5.** *couleur, fig ~ sur* sich abheben von; abstechen gegen, von
tranquille [tʀɑ̃kil] **I** *adj mer, eau, endroit* ruhig; still; *sommeil, personne* ruhig; *personne a (paisible)* friedlich; (*rassuré*) unbesorgt; *un coin bien ~* ein stiller Winkel; *courage m ~* schlichte, stille Tapferkeit; *avoir la conscience ~* ein ruhiges Gewissen haben; *soyez ~!* seien Sie unbesorgt!; keine Sorge!; nur keine Angst!; *vous pouvez être ~* Sie können beruhigt, unbesorgt sein; *laisse-moi ~!* laß mich in Ruhe (*avec mit*)!; F *laisse ça ~!* laß das stehen!; rühr das nicht an!; *marcher d'un pas ~* mit ruhigen, bedächtigen Schritten gehen; *mener une (petite) vie ~*, *vivre bien ~* ein stilles, friedliches, ruhiges Leben führen; friedlich leben; *vous pouvez partir ~* Sie können getrost, ruhig, unbesorgt fahren; **II** *adv* F (*facilement*) leicht; pro'blemlos
tranquillement [tʀɑ̃kilmɑ̃] *adv* ruhig; friedlich; ungestört; (*sans inquiétude*) unbesorgt; getrost; (*sans émotion*) in (aller) Ruhe; (*facilement*) leicht; pro-'blemlos; *on peut y aller ~ en dix minutes* man kommt da leicht in zehn Minuten hin; *nous étions ~ installés* wir saßen ruhig, friedlich da; *répondre ~* ruhig, ohne Erregung antworten
tranquillisant [tʀɑ̃kilizɑ̃] **I** *adj* beruhigend; **II** *m* PHARM Beruhigungsmittel *n*; Tranquilizer ['tʀɛŋkvilaɪzɐ] *m*
tranquilliser [tʀɑ̃kilize] **I** *v/t personne* beruhigen; *~ la conscience de qn* j-s Gewissen beruhigen, beschwichtigen; **II** *v/pr se ~* sich beruhigen; ruhig(er) werden; *tranquillisez-vous* beruhigen Sie sich; seien Sie unbesorgt
tranquillité [tʀɑ̃kilite] *f* Ruhe *f*; Stille *f*; *d'une personne* (innere) Ruhe; Frieden *m*; *~ d'esprit* Seelenfrieden *m*, -ruhe *f*; JUR *atteinte f à la ~ publique* (öffentliche) Ruhestörung; *loc/adv en toute ~* völlig ungestört; in (aller) Ruhe; *retrouver sa ~* s-e Ruhe, s-n Frieden 'wiederfinden
transaction [tʀɑ̃zaksjɔ̃] *f* **1.** COMM, FIN Geschäft *n*; Abschluß *m*; Transakti'on *f*; **2.** JUR Vergleich *m*; *par ext* Kompro-'miß *m*
transalpin [tʀɑ̃zalpɛ̃] *adj* HIST *la Gaule ~e* Gallia transal'pina *f*

transat [tʀɑ̃zat] **1.** *m* Liegestuhl *m*; **2.** *f abr* (*course transatlantique*) Transatlantikregatta *f*
transatlantique [tʀɑ̃zatlɑ̃tik] **I** *adj* transat'lantisch; *vol m ~* Transat'lantikflug *m*; Flug *m* über den Atlantik; **II** *subst* **1.** *m paquebot* 'Übersee-, Ozeandampfer *m*; **2.** *m,f cf* **transat** 1., 2.
transbahuter [tʀɑ̃sbayte] F **I** *v/t* (anderswohin) schleppen, schaffen; **II** *v/pr se ~ personne* sich schleppen
transbord|ement [tʀɑ̃sbɔʀdəmɑ̃] *m* 'Umladen *n*; COMM 'Umschlag *m*; *~er v/t marchandises* 'umladen; MAR 'umschiffen; COMM 'umschlagen; MAR *passagers* 'umschiffen
transbordeur [tʀɑ̃sbɔʀdœʀ] *adjt et subst m* (*pont*) *~* Schwebefähre *f*
transcendance [tʀɑ̃sɑ̃dɑ̃s] *f* PHILOS Transzen'denz *f*
transcendant [tʀɑ̃sɑ̃dɑ̃] *adj* **1.** PHILOS transzen'dent; 'übersinnlich; **2.** (*remarquable*) über'legen; her'vorragend; F *d'un film, d'une idée ça n'a rien de ~* F das ist nicht gerade e-e Offen'barung
transcender [tʀɑ̃sɑ̃de] *v/t* PHILOS transzen'dieren
transcod|age [tʀɑ̃skɔdaʒ] *m* INFORM 'Umkodierung *f*; *~er v/t* INFORM 'umkodieren; *~eur m* INFORM Compiler ['-paɪ-] *m*
transcontinental [tʀɑ̃skɔ̃tinɑ̃tal] *adj* ⟨-aux⟩ transkontinen'tal
transcription [tʀɑ̃skʀipsjɔ̃] *f* **1.** *d'un texte*, JUR Über'tragung *f*; (*copie*) Abschrift *f*; (*enregistrement*) Eintragung *f*; **2.** LING Transkripti'on *f*; *~ phonétique* phonetische 'Umschrift, Transkription; Lautschrift *f*; **3.** MUS Transkripti'on *f*; Bearbeitung *f*
transcrire [tʀɑ̃skʀiʀ] *v/t* (*cf écrire*) **1.** *texte*, JUR über'tragen; (*copier*) abschreiben; (*enregistrer*) eintragen; *~ en clair* in Klartext übertragen; **2.** LING transkri'bieren; in e-e andere Schrift über'tragen; *~ en écriture phonétique* phonetisch um'schreiben; **3.** MUS transkri'bieren; bearbeiten
transe [tʀɑ̃s] *f* **1.** SPIRITISME Trance [tʀɑ̃:s] *f*; *entrer, être en ~* in Trance kommen, sein; *par ext de colère, d'énervement* außer sich geraten, sein; *d'enthousiasme* in Ek'stase geraten, sein; **2.** *être dans les ~s, dans des ~s mortelles* in Todesängsten schweben; Todesängste ausstehen
transept [tʀɑ̃sɛpt] *m* ARCH Querschiff *n*; Tran'sept *m ou n*
transfèrement [tʀɑ̃sfɛʀmɑ̃] *m d'un prisonnier* Über'stellung *f*
transférer [tʀɑ̃sfeʀe] *v/t* ⟨-é-⟩ **1.** *propriété, droits etc, fig sentiments* über'tragen (*à* auf +*acc*); *argent* über'weisen; *capitaux, fonds* transfe'rieren; *à un autre compte* 'umbuchen; **2.** *dépouille mortelle* über'führen; *prisonnier* über-'stellen; *siège d'une firme etc* verlegen
transfert [tʀɑ̃sfɛʀ] *m* **1.** *de propriété, droits etc* Über'tragung *f*; *de fonds, capitaux* Trans'fer *m*; Transfe'rierung *f*; *d'argent à* Über'weisung *f*; *à un autre compte* 'Umbuchung *f*; *~ de technologie* Technolo'gietransfer *m*; **2.** *d'une dépouille mortelle* Über'führung *f*; *d'un prisonnier* Über'stellung *f*; *du siège d'une firme etc* Verlegung *f*; *~ de populations* 'Umsiedlung *f*; **3.** PSYCH

Über'tragung f; Trans'fer m; **4.** *d'un sportif* Trans'fer m
transfigur|ation [trãsfigyrasjɔ̃] f REL Verklärung f (*a fig*); Transfigurati'on f; **~er** v/t REL et fig verklären; *joie ~ qn* j-s Gesicht verklären
transfo [trãsfo] m *abr (transformateur)* ÉLECT Trafo m
transformable [trãsfɔrmabl(ə)] adj verwandelbar; 'umwandelbar; *fauteuil m, siège ~* in e-e Liege umwandelbarer Sessel
transformateur [trãsfɔrmatœr] **I** m ÉLECT Transfor'mator m; 'Umspanner m; **II** adj ⟨-trice⟩ Verwandlungs...; 'Umwandlungs...; TECH verarbeitend; Verarbeitungs...
transformation [trãsfɔrmasjɔ̃] f **1.** (*action de transformer*) (Ver)Änderung f; 'Umformung f; 'Umgestaltung f; *de matières premières* (Weiter)Verarbeitung; Veredelung f; CONSTR **~s** pl 'Umbau m; Reno'vierung f; *industrie f de ~* (weiter)verarbeitende Industrie; Veredelungsindustrie f; *dans une maison faire des ~s* 'umbauen; reno'vieren; Veränderungen 'durchführen; **2.** (*fait de se transformer*) 'Umwandlung f; Verwandlung f; Veränderung f; Wandel m; BIOL *a* Entwicklung f; PHYS *~ de mouvement en chaleur* Umwandlung von Bewegung in Wärme; **3.** ÉLECT Transfor'mierung f; 'Umspannung f; 'Umformung f; *station f de ~* 'Umspannwerk n
transformationnel [trãsfɔrmasjɔnɛl] adj ⟨~le⟩ LING *grammaire ~le* Transformati'onsgrammatik f
transformer [trãsfɔrme] **I** v/t **1.** verändern; verwandeln, 'umwandeln (*en* in +*acc*); *choses a* 'umformen; 'umgestalten; *maison* 'umbauen; reno'vieren; *vêtement* 'umarbeiten, ('um)ändern; *matières premières* (weiter)verarbeiten, veredeln; RUGBY *~ un essai* e-n Versuch in e-n Treffer verwandeln; *~ un château en hôtel* ein Schloß zu e-m Hotel umbauen; aus e-m Schloß ein Hotel machen; **2.** ÉLECT transfor'mieren; 'umspannen; 'umformen; **II** v/pr **se ~** sich (ver)ändern; sich verwandeln (*en* in +*acc*); *leur amitié s'est transformée en amour* aus ihrer Freundschaft wurde Liebe; ihre Freundschaft verwandelte sich in Liebe
transformisme [trãsfɔrmism(ə)] m BIOL Abstammungslehre f; Transfor'mismus m
transfuge [trãsfyʒ] m 'Überläufer m
transfusé(e) [trãsfyze] m(f) MÉD Per'son f, der Blut über'tragen wurde
transfuser [trãsfyze] v/t MÉD sang über'tragen
transfusion [trãsfyzjɔ̃] f MÉD **~** (*sanguine ou de sang*) Blutübertragung f; (Blut)Transfusi'on f
transgresser [trãzgrese] v/t *loi, règlement* über'treten; verstoßen gegen; *ordre* zu'widerhandeln (+*dat*)
transgression [trãzgresjɔ̃] f *d'une loi, d'un règlement* Über'tretung f; Verstoß m (*de qc* gegen etw); *abs a* Zu'widerhandlung f
transhum|ance [trãzymãs] f AGR Transhu'manz f; *en été* Almauftrieb m; *en automne* Almabtrieb m; **~er** v/i auf die Alm(en) ziehen

transi [trãzi] adj **1.** *être ~ de froid* starr, steif, erstarrt vor Kälte sein; **2.** *un amoureux ~* ein zaghafter, aber beharrlicher Verehrer
transiger [trãziʒe] v/i ⟨-geons⟩ e-n Kompro'miß schließen (*avec* mit); *fig*: *~ avec sa conscience* ein weites Gewissen haben; *ne pas ~ sur l'honneur* es mit der Ehre sehr genau nehmen
transir [trãzir] *litt* v/t erstarren lassen
transistor [trãzistɔr] m **1.** ÉLECTRON Tran'sistor m; **2.** RAD Tran'sistorgerät n, -radio n; Kofferradio n
transistorisé [trãzistɔrize] adj ÉLECTRON transistori'siert; mit Transi'storen
transit [trãzit] m Tran'sit m; *de marchandises a* 'Durchfuhr f; AVIAT *salle f de ~* Transitraum m; *en ~ loc/adv* im Transit(verkehr); *loc/adj* Transit...; *passagers m/pl en ~* Transitreisende(n) m/pl
transitaire [trãziter] **I** adj Tran'sit...; 'Durchfuhr...; **II** m Tran'sitspediteur m
transiter [trãzite] **I** v/t *marchandises* im Tran'sitverkehr befördern; **II** v/i *marchandises* im Tran'sit(verkehr) 'durchgehen, befördert werden (*par* durch); *voyageurs ~ par ...* über ... kommen, reisen, *en avion* fliegen
transitif [trãzitif] adj ⟨-ive⟩ GR transitiv; zielend; *verbe ~* (*direct*) transitives Verb; *verbe ~ indirect* Verb n mit Präpositio'nalobjekt
transition [trãzisjɔ̃] f 'Übergang m; LITTÉRATURE, MUS *a* 'Überleitung f; PEINT *a* Abstufung f; Schat'tierung f; *loc/adj de ~* 'Übergangs...; vor'übergehend; vorläufig; provi'sorisch; *loc/adv sans ~* ohne Übergang; übergangslos
transitivement [trãzitivmã] adv *verbe employé ~* transitiv gebrauchtes Verb
transitoire [trãzitwar] adj 'Übergangs...; vorläufig; vor'übergehend; provi'sorisch; *période f ~* Übergangszeit f
translation [trãslasjɔ̃] f **1.** JUR Über'tragung f; **2.** *litt d'une dépouille mortelle* Über'führung f; **3.** MATH, PHYS (*mouvement m de*) *~* Translati'on f; Paral'lelverschiebung f
translucide [trãslysid] adj 'durchscheinend; lichtdurchlässig; **~ité** f Lichtdurchlässigkeit f
transmetteur [trãsmɛtœr] m MAR *~ d'ordres* Ma'schinentelegraf m
transmettre [trãsmɛtr(ə)] ⟨*cf* mettre⟩ **I** v/t **1.** weitergeben, -leiten; *message, information* über'mitteln; zuleiten; *tradition, nom,* BIOL *caractères* weitergeben; vererben; *~ qc à qn* j-m etw übermitteln, zuleiten; etw an j-n weiterleiten, -geben; j-m etw vererben; *~ qc à la postérité* etw der Nachwelt über'liefern; *transmettez mes amitiés à M. X* übermitteln Sie Herrn X meine Grüße; grüßen Sie Herrn X von mir; *~ ses pouvoirs à qn* s-e 'Vollmacht, Befugnisse j-m, auf j-n über'tragen; RAD, TV *~ en direct* direkt über'tragen; live [laif] senden; *~ par téléphone* telefonisch 'durchgeben; **2.** PHYS *mouvement* über'tragen; *son, lumière* weiterleiten; *électricité* weiterführen; leiten; PHYSIOL (weiter)leiten; **3.** MÉD *insecte: maladie* über'tragen; *personne: ~ une maladie à qn* a) j-n mit e-r Krankheit anstecken; e-e Krankheit auf j-n übertragen; b) *génétiquement* j-m e-e Krankheit vererben; **II** v/pr **se ~** PHYS *mouvement* über'tragen werden; *son* sich fortpflanzen; *électricité* weitergeleitet werden; *maladie se ~ héréditairement* sich vererben; vererbt werden; erblich sein
transmissible [trãsmisibl(ə)] adj über'tragbar (*a maladie*); BIOL vererblich
transmission [trãsmisjɔ̃] f **1.** *de pouvoirs* Über'tragung f; 'Übergabe f; *de maladies* Über'tragung f; *de privilèges etc,* BIOL *de caractères* Vererbung f; **2.** *d'un message* Über'mittlung f; Weiter-, Zuleitung f; *d'idées, de connaissances* Vermittlung f; Über'mittlung f; Weitergabe f; *~ de pensée* Gedankenüber'tragung f; **3.** INFORM *~ de(s) données* Datenübertragung f; **4.** PHYS Über'tragung f; *de son, lumière* Weiterleitung f; Fortpflanzung f; **5.** TECH Transmissi'on f; Antrieb m; *courroie f de ~* Treibriemen m; **6.** MIL *~s* pl Nachrichtenapparat m, -wesen n; (*service m des*) *~s* Fernmeldetruppe f
transmuer [trãsmɥe] *litt* **I** v/t 'um-, verwandeln; 'umgestalten; **II** v/pr **se ~** sich verwandeln (*en* in +*acc*)
transmut|ation [trãsmytasjɔ̃] f 'Um-, Verwandlung f; **~er** v/t *cf* transmuer
transocéanique [trãsɔseanik] adj Trans'ozean...; transoze'anisch
transparaître [trãsparɛtr(ə)] st/s v/i ⟨*cf* connaître⟩ **1.** 'durchscheinen; *~ à travers qc* durch etw scheinen; **2.** *fig* sichtbar werden; 'durchschimmern; zum Vorschein kommen; *laisser ~* verraten; erkennen lassen
transparence [trãsparãs] f **1.** 'Durchsichtigkeit f; Transpa'renz f; *de l'eau, de l'air* a Klarheit f; (*translucidité*) Lichtdurchlässigkeit f; *lire qc par ~* etw lesen, indem man es gegen das Licht hält; *on voit les formes par ~* die Formen scheinen durch; **2.** *du teint* Zartheit f; Reinheit f; **3.** ÉCON *du marché* Transpa'renz f
transparent [trãsparã] **I** adj **1.** *eau, verre, tissu, papier* 'durchsichtig; transpa'rent; (*translucide*) 'durchscheinend (*a porcelaine*); lichtdurchlässig; *air, eau glas-, kri'stallklar; teint* zart; rein; **2.** *fig intentions etc* 'durchsichtig; leicht durch'schaubar; *allusion ~e* klare, eindeutige Anspielung; **II** m PÉD Folie f (für Tageslichtprojektor)
transpercer [trãsperse] v/t ⟨-ç-⟩ **1.** *qc, qn* etw, j-n durch'bohren, -'stechen; *balle ~ qn* j-n durchbohren; *~ qc a etw durch'schlagen; **2.** *froid ~ qn* j-n durch'dringen; *pluie ~ les vêtements* durch die Kleidung dringen; die Kleidung durch'nässen; **3.** *fig douleur ~ le cœur* das Herz zerreißen
transpiration [trãspirasjɔ̃] f a) Schwitzen n; Transpi'rieren n; b) (*sueur*) Schweiß m
transpirer [trãspire] v/i **1.** schwitzen, transpi'rieren; *~ des mains* an den Händen schwitzen; *~ des pieds* Schweißfüße haben; F *fig ~ sur un travail* über e-r Arbeit schwitzen; **2.** *fig secret, nouvelle* 'durchsickern; ruchbar werden
transplant [trãsplã] m MÉD Transplan'tat n
transplantation [trãsplãtasjɔ̃] f **1.** MÉD Transplantati'on f; *~ cardiaque, d'un*

transplanter – travail

rein Herz-, Nierentransplantation *f*, -verpflanzung *f*; **2.** *de personnes* 'Umsiedlung *f*; Über'siedlung *f*; Verpflanzung *f*
transplanter [tʀɑ̃splɑ̃te] **I** *v/t* **1.** *plantes* 'um-, verpflanzen; versetzen; **2.** *MÉD organe* transplan'tieren; verpflanzen; **3.** *personnes* 'umsiedeln; verpflanzen; **II** *v/pr* **se** ~ 'umsiedeln, über'siedeln (*en France* nach Frankreich)
transport [tʀɑ̃spɔʀ] *m* **1.** Trans'port *m*; Beförderung *f*; ~ *d'un blessé* Transport e-s Verletzten; ~ *de marchandises* Güterbeförderung *f*, -transport *m*; ~ *de personnes, de voyageurs* Per'sonenbeförderung *f*, -transport *m*, -verkehr *m*; ~ *par chemin de fer* Transport mit der Bahn; ~ *par conteneurs* Beförderung durch Container; Con'tainerverkehr *m*; ~ *par (voie de) terre, par voie d'eau* Beförderung auf dem Land-, Wasserweg; *frais m/pl de* ~ Beförderungs-, Transportkosten *pl*; *marchandises a* Frachtkosten *pl*; *personnes a* Fahrtkosten *pl*; *moyen m de* ~ Transport-, Beförderungs-, Verkehrsmittel *n*; *mourir durant son* ~ *à l'hôpital* auf dem Transport ins Krankenhaus sterben; **2.** ~*s pl* Verkehrsmittel *n/pl*; *par ext* Verkehr *m*; Verkehrswesen *n*, -gewerbe *n*; ~*s aériens, maritimes* Luft- *ou* Flug-, Seeverkehr *m*; ~*s publics* öffentliche Verkehrsmittel; ~*s routiers* Lkw-Verkehr *m*; ~*s en commun* öffentliche Verkehrsmittel; Massenverkehrsmittel *n/pl*; *entreprise f de* ~*s* Trans'port-, Verkehrsunternehmen *n*; *pour marchandises a* Spediti'onsfirma *f*; *industrie f des* ~*s* Verkehrsgewerbe *n*; *mal m des* ~*s* Reisekrankheit *f*; **3.** *MAR MIL* Trans'portschiff *n*; ~ *de troupes* Truppentransporter *m*; **4.** *st/s* ~ *pl* Anfall *m*; Aufwallung *f*; Ausbruch *m*; *litt ou plais* ~ *amoureux* Leidenschaft *f*; ~*s de colère, d'enthousiasme* Zornes-, Begeisterungsausbruch *m*; ~ *d'allégresse* Freudentaumel *m*; **5.** *MÉD HIST* ~ *au cerveau* Schlaganfall *m*; Gehirnschlag *m*
transportable [tʀɑ̃spɔʀtabl(ə)] *adj* transpor'tabel; transpor'tierbar; *malade* trans'portfähig
transporté [tʀɑ̃spɔʀte] *adj* verzückt; ~ *d'admiration* hingerissen; *être, se sentir* ~ *de joie* sich vor Freude nicht zu lassen *ou* fassen wissen; vor Freude außer sich sein
transporter [tʀɑ̃spɔʀte] **I** *v/t* **1.** befördern; transpor'tieren (*a malade*); ~ *en camion, en avion* mit Lkw, mit dem Flugzeug befördern; ~ *qc dans un autre lieu* etw an e-n anderen Ort bringen, schaffen *ou* fahren *ou* fliegen; **2.** *TECH énergie* transpor'tieren; *électricité a* (fort)leiten; über'tragen; *un dispositif* (be)fördern; **3.** *fig* ~ *à une autre époque, en un autre lieu* in e-e andere Zeit, an e-n Ort verlegen, versetzen; **4.** ~ *qn de joie, d'enthousiasme* j-n in e-n Freudentaumel versetzen, j-n hinreißen; *cf a transporté*; **II** *v/pr* **se** ~ **5.** sich begeben; ~ *sur les lieux* sich an Ort und Stelle begeben; *JUR* e-e Augenscheinseinnahme vornehmen; e-n Lokaltermin abhalten; **6.** *fig* **se** ~ *par la pensée, par l'imagination en un au-*

tre lieu, à une autre époque sich in Gedanken, in der Vorstellung an e-n anderen Ort, in e-e andere Zeit versetzen
transporteur [tʀɑ̃spɔʀtœʀ] *m* **1. a)** ~ *routier* Spedi'teur *m*; **b)** *entrepreneur* Trans'portunternehmer *m*; Frachtführer *m*; **2.** *TECH* Förderer *m*; Fördermittel *n*, -anlage *f*
transposer [tʀɑ̃spoze] *v/t* *MUS* transpo'nieren; 'umsetzen; **2.** (*présenter sous une autre forme*) 'umsetzen (**en** *in* +*acc*); ~ *la réalité au théâtre* die Wirklichkeit dra'matisch gestalten, 'umformen
transposition [tʀɑ̃spozisjɔ̃] *f* **1.** (*permutation*) 'Umstellung *f*; **2.** *MUS* Transpo'nieren *n*; Transpositi'on *f* (*a résultat*); **3.** *fig de la réalité dans la littérature etc* 'Umsetzung *f*
transsexuel [tʀɑ̃sseksɥel] *adj* ⟨~le⟩ transsexu'ell
transsibérien [tʀɑ̃ssibeʀjɛ̃] *adj* ⟨~ne⟩ transsi'birisch; *chemin m de fer* ~ *ou subst* ~ *m* Transsibirische Eisenbahn
transvas|ement [tʀɑ̃svazmɑ̃, tʀɑ̃z-] *m* 'Umfüllen, -gießen *n*; **~er** *v/t* 'umfüllen, -gießen
transversal [tʀɑ̃svɛʀsal] **I** *adj* ⟨-aux⟩ Quer...; querliegend; quer verlaufend; transver'sal; *coupe* ~*e* Querschnitt *m*; *rue* ~*e* Quer-, Seitenstraße *f*; **II** *f* ~*e* *SPORTS* **a)** *du but* Querlatte *f*; **b)** *passe* Querpaß *m*; **~ement** *adv* quer
transverse [tʀɑ̃svɛʀs] *adj* *ANAT* Quer...
transvider [tʀɑ̃svide] *v/t* 'umfüllen
Transylvanie [tʀɑ̃silvani] *la* ~ Sieben'bürgen *n*
trapèze [tʀapɛz] *m* **1.** *MATH* Tra'pez *n*; **2.** *SPORTS* Tra'pez *n*; ~ *volant* fliegendes Trapez; *faire du* ~ Übungen am Trapez machen; **3.** *ANAT* ~ *ou adj muscle* ~ Tra'pezmuskel *m*
trapéziste [tʀapezist] *m,f* Tra'pezkünstler(in) *m(f)*
trapézoïdal [tʀapezɔidal] *adj* ⟨-aux⟩ tra'pezförmig; *TECH courroie* ~*e* Keilriemen *m*
trappe [tʀap] *f* **1.** *dans un plafond ou plancher* Falltür *f*; Klappe *f*; **2.** *CH* Fallgrube *f*; **3.** *THÉ* Versenkung *f*
Trappe [tʀap] *f* *REL* **1. la** ~ der Trap'pistenorden; **2.** ♀ *monastère* Trap'pistenkloster *n*
trappeur [tʀapœʀ] *m* Trapper *m*
trappiste [tʀapist] *m* *REL* Trap'pist *m*
trapu [tʀapy] *adj* **1.** *personne* unter'setzt; gedrungen; stämmig; **2.** *bâtiment etc* massig; wuchtig; **3.** *problème* schwierig; verzwickt
traque [tʀak] *f* *CH* Treibjagd *f*; Treiben *n*
traquenard [tʀaknaʀ] *m* *CH et fig* Falle *f*
traquer [tʀake] *v/t* **1.** *CH animal* treiben; um'stellen; *fig avec un air de bête traquée* verängstigt; wie ein umstelltes, gehetztes Wild; **2.** ~ *qn* j-n hetzen, verfolgen, jagen
traquet [tʀakɛ] *m* *ZO* Schmätzer *m*
trauma [tʀoma] *m* *MÉD, PSYCH* Trauma *n*
traumatique [tʀomatik] *adj* *MÉD* trau'matisch (*a PSYCH*); Wund...
traumatisant [tʀomatizɑ̃] *adj* e-n Schock, e-e seelische Erschütterung, ein Trauma her'vorrufend
traumatiser [tʀomatize] *v/t* schocken;

cette chute l'a traumatisé bei diesem Sturz erlitt er e-n Schock; *être traumatisé par* e-n Schock, ein Trauma erleiden bei, durch; *adjt* **traumatisé** geschockt
traumatisme [tʀomatism(ə)] *m* **1.** *MÉD* Trauma *n*; Verletzung *f*; ~ *crânien* Schädelverletzung *f*; **2.** *PSYCH* (seelischer) Schock; seelische Erschütterung; (psychisches) Trauma
traumatologie [tʀomatolɔʒi] *f* Unfallchirurgie *f*; *service m de* ~ Unfallstation *f*
travail [tʀavaj] *m* ⟨*pl* -aux⟩ **1.** *sg* Arbeit *f*; Arbeiten *n*; *résultat* Arbeit *f*; Werk *n*; (*emploi*) Arbeitsplatz *m*; Arbeitsverhältnis *n*; ~ *scolaire* a) (Schul)'Unterricht *m* und Hausaufgaben *f/pl*; b) *d'un élève* Leistungen *f/pl* (in der Schule); ~ *à la chaîne* Fließbandarbeit *f*; ~ *à domicile* Heimarbeit *f*; ~ *à mi-temps, à plein temps* Halbtags-, Ganztagsarbeit *f*, -beschäftigung *f*, -stellung *f*; ~ *au noir* Schwarzarbeit *f*; ~ *aux pièces, à la tâche* Stück-, Ak'kordarbeit *f*; ~ *de bureau, de nuit, de précision* Bü'ro-, Nacht-, Präzisi'onsarbeit *f*; ~ *des enfants* Kinderarbeit *f*; ~ *en équipe ou d'équipe* Teamarbeit ['ti:m-] *f*; ~ *en ou par équipes* Schichtarbeit *f*; ~ *sur écran* Bildschirmarbeit *f*; *droit m au* ~ Recht *n* auf Arbeit; *droit m du* ~ Arbeitsrecht *m*; *loc à* ~ *égal, salaire égal* gleiche Arbeit, gleicher Lohn; *pendant le* ~, *les heures de* ~ während der Arbeitszeit; *aimer le* ~ gern arbeiten; *aimer son* ~ s-e Arbeit lieben; *aller au* ~ zur Arbeit gehen; *avoir du* ~ zu tun haben; *demander, exiger beaucoup de* ~ viel Arbeit, Mühe, Anstrengung erfordern, kosten; *être au* ~ bei der Arbeit sein; *être sans* ~ arbeitslos sein; *iron c'est du beau* ~! *ou regardez-moi ce* ~! das ist ja e-e schöne Bescherung!; da haben Sie was Schönes angerichtet!; *se mettre au* ~ sich an die Arbeit machen, begeben; an die Arbeit gehen; **2.** *pl* **travaux** Arbeiten *f/pl* (*a sc*; *CONSTR cf 3.*); *travaux domestiques, ménagers* Hausarbeit *f*; *les douze travaux d'Hercule* die zwölf Arbeiten des Herkules; *gros travaux* grobe Arbeiten; *travaux pratiques* (*abr T.P.*) *a*) *ÉCOLE* praktische Übungen *f/pl*; b) *UNIVERSITÉ* (*a travaux dirigés* [*abr T.D.*]) *correspond à* (Semi'nar)Übungen *f/pl*; *travaux d'aiguille* Hand-, Nadelarbeiten *f/pl*; *travaux des champs* Feldarbeit(en) *f(pl)*; **3.** *CONSTR travaux pl* Bauarbeiten *f/pl*; *panneau* (*ralentir,*) *travaux!* (Achtung!) Bauarbeiten! *ou* Baustelle!; *travaux publics* Tiefbau *m*; Bauarbeiten der öffentlichen Hand; *fig* **travaux d'approche** Annäherungsversuche *m/pl*; *travaux d'assainissement, d'entretien* Sa'nierungs-, Unter'haltungsarbeiten *f/pl*; *pendant la durée des travaux* während der Bauarbeiten; **4.** *JUR jusqu'en 1960* **travaux forcés** Zuchthaus(strafe) *n(f)*; Zwangsarbeit *f*; **5.** (*déformation*) *du bois etc* Arbeiten *n*; **6.** *d'une machine, d'un moteur* Arbeit *f*; Leistung *f*; *PHYSIOL* ~ **musculaire** Muskelarbeit *f*; ~ **utile** Nutzleistung *f*; **7.** *PHYS* Arbeit *f*; **8.** *de l'or, du verre etc* Bearbeiten *n*, -ung *f*; *de la pâte* Kneten

n; **~ du bois** Holzbearbeitung *f;* **9.** *MÉD* **salle** *f* **de ~** Kreißsaal *m;* **femme** *f* **en ~** Gebärende *f;* Kreißende *f;* **être en ~** in den Wehen liegen
travailler [tʀavaje] **I** *v/t* **1.** *matériau* be-, verarbeiten; *pâte* ('durch)kneten; *AGR* **~ la terre** den Boden bearbeiten; *adjt bijou etc* **très travaillé** kunstvoll gearbeitet; **2.** *exposé etc* 'durch-, ausarbeiten; *style* 'durch-, ausfeilen; *adjt style* **trop travaillé** gekünstelt; **3.** *MUS morceau* (ein)üben; *élève* **~ ses mathématiques** Mathematik lernen, F pauken, büffeln; **~ son piano** (auf dem) Klavier üben; **4. ~ qn** *personne* j-n bearbeiten; j-n zu beeinflussen, zu gewinnen (ver-)suchen; *personne, maladie, idée, peur, jalousie* j-n plagen, quälen; j-m keine Ruhe lassen; *pensée* a j-n 'umtreiben, verfolgen; **~ l'opinion (publique)** die öffentliche Meinung zu beeinflussen (ver)suchen; **5.** *SPORTS* **a)** trai'nieren; **~ son revers** s-e Rückhand trainieren; **b)** *BOXE* **~ son adversaire au corps** s-n Gegner mit Körperschlägen bearbeiten; **c)** *TENNIS balle* anschneiden *ou* lobben; **II** *v/t/indir* **6. ~ à qc** an etw (*dat*) arbeiten; **~ à un exposé, roman** an e-m Exposé, Roman arbeiten; **~ sur un auteur** e-e Arbeit über e-n Autor verfassen; **7. ~ à qc** auf etw (*acc*) hinarbeiten; sich um etw bemühen; **~ à la perte de qn** auf j-s Ruin hinarbeiten; **~ au succès d'une entreprise** sich um den Erfolg e-s Unternehmens bemühen; **III** *v/i* **8.** arbeiten; tätig sein; (*exercer un métier*) berufstätig sein; beschäftigt sein (*chez* bei); *il travaille bien* er arbeitet gut; *élève* er lernt gut; **~ dur** hart arbeiten; **~ aux champs** auf dem Feld arbeiten; Feldarbeit verrichten; **~ à domicile** Heimarbeit machen; **~ comme un nègre, un bœuf** wie ein Pferd arbeiten; F schuften; sich abrakkern; **~ dans un bureau** in e-m Büro arbeiten, beschäftigt sein; **~ en usine** in der Fabrik arbeiten; **~ pour qn** für j-n arbeiten; *le temps travaille pour nous* die Zeit arbeitet für uns; **faire ~ qn** j-n (für sich) arbeiten lassen; **9.** *argent* arbeiten; Zinsen tragen; **faire ~ l'argent** das Geld arbeiten lassen; **10.** *bois* arbeiten; sich verziehen; sich werfen; *vin* arbeiten; gären; *fig imagination, esprit* arbeiten
travailleur [tʀavajœʀ] **I** *m* Arbeiter *m;* Erwerbs-, Berufs-, Werktätige(r) *m;* Erwerbsperson *f;* **~s** *pl* a Arbeitskräfte *f/pl;* **~ étranger** *ou* **immigré** Gastarbeiter *m;* ausländischer Arbeitnehmer; *un grand* **~** ein unermüdlicher Arbeiter; **~ indépendant** selbständige(r) Erwerbstätige(r), Gewerbetreibende(r); Selbständige(r) *m;* **~ intellectuel, manuel** Kopf- *ou* Geistes-, Handarbeiter *m;* **~ salarié** Arbeitnehmer *m;* **~ social** Sozi'alarbeiter *m;* **~ à domicile, de force** Heim-, Schwerarbeiter *m;* **II** *adj* ⟨-euse⟩ fleißig; arbeitsam
travailleuse [tʀavajøz] *f* **1.** Arbeiterin *f;* **2.** *COUT* Nähtisch *m*
travailliste [tʀavajist] *POL* **I** *adj* Labour... ['leːbəɹ-]; *gouvernement m* **~** Labourregierung *f;* **parti** *m* **~** Labour Party *f;* **II** *m,f* Mitglied *n* der Labour Party

travailloter [tʀavajɔte] *v/i* lässig arbeiten
travée [tʀave] *f* **1.** *CONSTR* Feld *n;* *ARCH* Gewölbefeld *n;* Joch *n;* Tra'vée *f;* **2.** (*rangée*) Reihe *f*
traveller's chèque [tʀavlœʀ(s)ʃɛk] *m* Reisescheck *m;* Travellerscheck ['tʀɛ-] *m*
travelling [tʀavliŋ] *m* *CIN* Fahraufnahme *f;* Kamerafahrt *f*
travelo [tʀavlo] F *m* Transve'stit *m*
travers [tʀavɛʀ] **I** *loc/prép et loc/adv* **1. à ~ qc** *ou* **au ~ de qc** durch etw (hin-'durch); **à ~ les âges** durch alle Zeiten hindurch; im Wandel der Zeiten; **à ~ bois** quer durch den Wald; **à ~ champs** querfeld'ein; **juger qn, qc à ~ ses préjugés** j-n, etw nach e-r vorgefaßten Meinung beurteilen; *encre, colle* **passer à ~** 'durchschlagen; *lumière* **passer à ~ les, au ~ des rideaux** durch die Vorhänge dringen; *fig il est passé au ~* es ist ihm erspart geblieben; er ist entkommen, davongekommen; **regarder à ~ la vitre** durch die Scheibe (hindurch)sehen; **2. de ~** schräg; schief; verkehrt (*a fig*); **tout va de ~** alles geht schief; **avaler de ~** sich verschlucken; **avoir le nez de ~** e-e schiefe Nase haben; **comprendre de ~** falsch, verkehrt verstehen; **faire qc de ~** etw falsch, verkehrt machen; **marcher de ~** schwanken; (hin und her) torkeln; im Zickzack gehen; **mettre son chapeau de ~** den Hut schief, schräg *ou* verkehrt aufsetzen; *fig* **prendre qc de ~** etw krummnehmen, in die falsche Kehle bekommen; **regarder qn de ~** j-n schief, scheel, von der Seite, *p/fort* finster, böse ansehen; **répondre de ~** falsch, verkehrt antworten; **3. en ~** quer; **en ~ de qc** quer über etw (*dat ou acc*); **arbre tombé en ~ du chemin** quer über den Weg gefallener Baum; **être allongé en ~ du lit** quer auf, über dem Bett liegen; **se mettre en ~** sich quer stellen; *fig* **se mettre en ~ des projets de qn** j-s Pläne durch'kreuzen; sich j-s Plänen in den Weg stellen; **4.** *MAR* **par le ~** dwars; *vent m* **de ~** Dwarswind *m;* **II** *subst* **1.** *m d'une personne* kleiner Fehler, Mangel; Schwäche *f;* **2.** *m/pl* *BOUCHERIE* **~ de porc** Spareribs ['spɛə-] *pl;* Schälrippchen *n/pl*
traversable [tʀavɛʀsabl(ə)] *adj* über-, durch'querbar
traverse [tʀavɛʀs] *f* **1.** *CH DE FER* Schwelle *f;* **2.** *CONSTR* Querbalken *m;* Querholz *n;* Riegel *m;* **3. chemin** *m* **de ~** di'rekter Weg; Abkürzung *f*
traversée [tʀavɛʀse] *f* Über'queren *n,* -ung *f;* 'Durchqueren *n,* -ung *f;* *en véhicule a* ('Durch)Fahrt *f* (*de* durch); *en bateau a* ('Über)Fahrt *f* (*de* über +*acc*); *en avion a* Flug *m* (*de* über +*acc*); Über'fliegen *n;* **~ à la nage** Durch-'schwimmen *n* (*d'une rivière* e-s Flusses); **~ du désert** a) Durchquerung der Wüste; b) *fig d'un politicien* vorübergehendes Verschwinden von der Bildfläche, in der Versenkung; *par ext* Durststrecke *f*
traverser [tʀavɛʀse] *v/t* **1.** über'queren; durch'queren; *à pied a* gehen über (+*acc*) *ou* durch; über-, durch'schreiten; *véhicule ou personne dans un véhicule a* fahren über (+*acc*) *ou* durch;

durch'fahren; *avion ou personne dans un avion a* fliegen über (+*acc*); über-'fliegen; *personne a* reisen durch; **~ l'Atlantique** den Atlantik überqueren; über den Atlantik fahren *ou* fliegen; **~ un carrefour** e-e Kreuzung überqueren; über e-e Kreuzung gehen *ou* fahren; **~ la foule** sich durch die Menge drängen; **~ une montagne** e-n Berg überqueren; über e-n Berg fahren, *route* führen; *tunnel* durch e-n Berg führen, gehen; **~ une plaine** e-e Ebene durchqueren; *fleuve a* durch e-e Ebene fließen; e-e Ebene durch'fließen; **~ un pont** e-e Brücke überqueren; über e-e Brücke fahren *ou* gehen, *route* führen; **~ une rivière** e-n Fluß überqueren; über e-n Fluß fahren *ou* gehen; *en bac a* 'übersetzen (*abs*); **~ une rivière à la nage** e-n Fluß durch'schwimmen; über, durch e-n Fluß schwimmen; **~ la rue** *ou abs* **~** die Straße überqueren; über die Straße gehen, laufen; hin'übergehen (*abs*); **~ une ville** e-e Stadt durchqueren; durch e-e Stadt fahren, *fleuve* fließen; *route* **~ la voie ferrée** das Bahngleis überqueren, kreuzen; **2.** (*transpercer*) durch'dringen; dringen durch; *une balle lui a traversé le bras* drang ihm durch den Arm; durch'schlug, durch-'bohrte ihm den Arm; *clou* **~ une planche** durch ein Brett hin'durchgehen, dringen; *pluie* **~ les vêtements** durch die Kleidung ('durch)dringen; **3.** *fig: une douleur lui traversa l'épaule* fuhr ihm durch die Schulter; *une idée lui traversa l'esprit* ging, fuhr, schoß ihm durch den Kopf; *un cri traversa la nuit* gellte durch die Nacht; **4.** *crise etc* 'durchmachen
traversier [tʀavɛʀsje] **I** *adj* ⟨-ière⟩ *flûte* **traversière** Querflöte *f;* **II** *m au Canada* Fähre *f*
traversin [tʀavɛʀsɛ̃] *m* große Schlummer-, Nackenrolle
travesti [tʀavɛsti] **I** *adj* verkleidet; *THÉ* *acteur* **~** Schauspieler *m* in e-r Frauenrolle; *bal* **~** Ko'stüm-, Maskenball *m;* **II** *m* Transve'stit *m*
travestir [tʀavɛstiʀ] *v/t* **1.** *la pensée de qn* entstellt, verzerrt 'wiedergeben; *vérité* entstellen; verzerren; verdrehen; **II** *v/pr se* **~ 1.** sich verkleiden, kostü'mieren (*en als*); **2.** *PSYCH* transve'stieren
travest|isme [tʀavɛstism(ə)] *m* *PSYCH* Transve'stismus *m;* Transve'stitentum *n;* **~issement** *m* **1.** Verkleidung *f;* Kostü'mierung *f;* Vermummung *f;* **2.** *de la vérité* Entstellung *f;* Verzerrung *f;* Verdrehung *f*
traviole [tʀavjɔl] *loc/adv* F **de ~** schief
trayeuse [tʀɛjøz] *f* Melkmaschine *f*
trayons [tʀɛjɔ̃] *cf* traire
trébuchant [tʀebyʃɑ̃] *adj* **1.** stolpernd; *démarche* **~e** taumelnder, torkelnder, schwankender Gang; **2. espèces sonnantes et ~es** klingende Münze
trébucher [tʀebyʃe] *v/i* **1.** stolpern; straucheln; **~ contre une marche, sur** *ou* **contre une pierre** über e-e Stufe, über e-n Stein stolpern; **2.** *fig* **~ sur un mot** über ein Wort stolpern
trébuchet [tʀebyʃɛ] *m* **1.** Präzisi'ons-, Feinwaage *f;* **2.** *piège* Vogelfalle *f*
tréfil|age [tʀefilaʒ] *m* *TECH* Drahtziehen *n;* **~er** *v/t* *TECH* (zu Draht) ziehen; **~erie** *f* Drahtziehe'rei *f*

trèfle [tʀɛfl(ə)] *m* **1.** *BOT* Klee *m*; ~ **à quatre feuilles** vierblätt(e)riges Kleeblatt; **2.** *ARCH* Dreipaß *m*; **3.** *JEUX DE CARTES* Treff *n*; Kreuz *n*; *jeu allemand* Eichel *f*; **roi** *m*, **valet** *m* **de** ~ Treffkönig *m*, -bube *m*; **4.** (*échangeur*) (**croisement** *m* **en**) ~ Kleeblatt(kreuzung) *n(f)*
tréfonds [tʀefõ] *m poét* **le** ~ **de l'âme, du cœur** das Innerste der Seele
treillage [tʀɛjaʒ] *m* Gitter-, Lattenwerk *n*; ~ **métallique** Drahtgitter *n*
treille [tʀɛj] *f* Weinspalier *n*; Weinlaube *f*; F **le jus de la** ~ der Rebensaft
treillis [tʀeji] *m* **1.** *TEXT* Drillich *m*; Drell *m*; *vêtement* Drillichanzug *m*, -zeug *n*; **2.** Gitter(werk) *n*; ~ (**métallique**) Drahtgewebe *n*, -gitter *n*; Maschendraht *m*; Drahtnetz *n*
treize [tʀɛz] **I** *num/c* dreizehn; **le** ~ **avril** der dreizehnte *ou* am dreizehnten April; **Louis XIII** Ludwig XIII. (der Dreizehnte); **numéro, page** ~ Nummer, Seite dreizehn; **vendredi** ~ Freitag der Dreizehnte *ou* am Freitag dem Dreizehnten; *COMM* **huîtres** ~ **à la douzaine** dreizehn Stück für den Preis von zwölf; **à** ~ **heures** um dreizehn Uhr; **garçon** *m* **de** ~ **ans** dreizehnjähriger Junge; Junge *m* von dreizehn Jahren; **être** ~ **à table** dreizehn bei Tisch sein; **II** *m* ⟨*inv*⟩ *nombre* Dreizehn *f*; **le** ~ (**du mois**) der Dreizehnte *ou* am Dreizehnten (des Monats); *cf a* **deux II**
treizième [tʀɛzjɛm] **I** *num/o* dreizehnte(r, -s); **II** *subst* **1. le, la** ~ der, die, das dreizehnte; **2.** *m* *MATH* Dreizehntel *n*
tréma [tʀema] *m* Trema *n*; **i** ~ i mit Trema (ï)
tremblant [tʀɑ̃blɑ̃] *adj* zitternd; *st/s* bebend; *lumière* flackernd; **voix** ~**e** zitternde, bebende Stimme; *loc/adv* **les jambes, mains** ~**es** mit zitternden Beinen, Händen; **être tout** ~ **de froid, de peur** vor Kälte, vor Angst schlottern, zittern
tremble [tʀɑ̃bl(ə)] *m BOT* Espe *f*; Zitterpappel *f*
tremblé [tʀɑ̃ble] *adj écriture, voix* zitt(e)rig; *TYPO* **filet** ~ *ou subst* ~ *m* Wellenlinie *f*
tremblement [tʀɑ̃bləmɑ̃] *m* **1.** *de voix, de mains* Zittern *n*; *st/s* Beben *n*; *de jambes* Zittern *n*; Schlottern *n*; *des feuilles, des vitres* Zittern *n*; *des vitres a klirren*; *d'une flamme* Flackern *n*; ~ **convulsif** krampfhafte Zuckungen *f/pl*; ~ **de terre** Erdbeben *n*; *parler avec des* ~**s dans la voix** mit zitternder, bebender Stimme; **être agité, pris, saisi d'un** ~ **nerveux** von nervösem Zittern befallen sein; **2.** F ... **et tout le** ~ ... und alles übrige; ... und so weiter
trembler [tʀɑ̃ble] *v/i* **1.** *personne, voix, lèvres, mains* zittern; *st/s* beben; *jambes* zittern; schlottern (*a personne*); *feuilles* zittern; *terre, vitres* beben; (er)zittern; *vitres a* klirren; *lumière, flamme* flackern; ~ **de tout son corps** am ganzen Leib zittern; ~ **de fatigue** vor Müdigkeit zittern; ~ **de froid, de peur** vor Kälte, vor Angst zittern, schlottern; **la terre a tremblé cette nuit** heute nacht war ein Erdbeben; *explosion, camion* **faire** ~ **les vitres, le sol** die Scheiben, den Boden erzittern lassen; **2.** *fig* zittern; bangen; ~ **à la pensée de** (+*inf*) *ou* **que ...** bei dem Gedanken zu (+*inf*) *ou* daß ... (er)zittern; **il tremble de la perdre** er zittert davor, sie zu verlieren; ~ **devant qn** vor j-m zittern; ~ **pour qn** um j-n bangen, zittern

tremblotant [tʀɑ̃blɔtɑ̃] *adj voix* etwas zitternd; *lumière* flackernd
tremblote [tʀɑ̃blɔt] *f* F **avoir la** ~ zittern; F den Tatterich haben
tremblot|ement [tʀɑ̃blɔtmɑ̃] *m* Zittern *n*; ~**er** *v/i* zittern
trémie [tʀemi] *f TECH* Trichter *m*
trémière [tʀemjɛʀ] *adj BOT* **rose** *f* ~ Stockrose *f*, -malve *f*; Roter Eibisch
trémolo [tʀemɔlo] *m MUS* Tremolo *m*; *iron* **avoir des, parler avec des** ~ **dans la voix** mit tremolierender Stimme sprechen
trémoussement [tʀemusmɑ̃] *m* zuckende *ou* schaukelnde Bewegung; Wiegen *n* der Hüften
trémousser [tʀemuse] *v/pr* **se** ~ *danseurs* sich in den Hüften wiegen; **marcher en se trémoussant** (beim Gehen) sich in den Hüften wiegen, F mit den Hüften wackeln
trempage [tʀɑ̃paʒ] *m du linge* Einweichen *n*; *de légumes secs* Wässern *n*; Einweichen *n*
trempe [tʀɑ̃p] *f* **1.** *de l'acier* **a)** action Härten *m*, -ung *f*; **b)** (*dureté*) Härte *f*; **de bonne** ~ gut gehärtet; **2.** *fig* Art *f*; Schlag *m*; Ka'liber *n*; **de sa** ~ s-s Schlags, Kalibers; **être de la même** ~ von gleichem Kaliber, Schlag sein; **3.** F (*volée de coups*) F Keile *f*; Dresche *f*; Senge *pl*
trempé [tʀɑ̃pe] *adj* **1.** *vêtement, personne* durch'näßt; *herbe* naß; *sol* aufgeweicht; **complètement, tout** ~ durch und durch, triefend naß; vollkommen durchnäßt; F patsch-, pudelnaß; ~ **de sueur** *vêtement* verschwitzt; 'durchgeschwitzt; *personne* schweißtriefend, -gebadet; **2.** *TECH acier* gehärtet; **verre** ~ vorgespanntes (Sicherheits)Glas; **3.** *fig et st/s* **caractère bien** ~ sehr fester Charakter
tremper [tʀɑ̃pe] **I** *v/t* **1.** *pluie, sueur*: *vêtements* durch'nässen; *éponge, chiffon* tränken; eintauchen (**dans** in +*acc*) *CUIS* einlegen; ziehen lassen; ~ **dans l'eau** ins Wasser tauchen, tunken; mit Wasser tränken; *éponge* sich (mit Wasser) 'vollsaugen lassen; ~ **ses lèvres dans le vin** am Wein nippen; ~ **son pain dans la sauce** das Brot in der Soße tunken; ~ **sa plume dans l'encre** die Feder in die Tinte tauchen; ~ **la soupe** die Suppe über das Brot gießen; ~ **son vin** den Wein vermischen, mit Wasser vermischen; **2.** *TECH acier* härten; *verre* vorspannen; abschrecken; **II** *v/i* **3.** *linge* weichen; *légumes secs* weichen; quellen; **faire** ~ *légumes secs* wässern; quellen lassen; *a pain* einweichen; **faire** ~ **le linge, mettre le linge à** ~ die Wäsche einweichen; **4.** *fig personne* ~ **dans une affaire de drogue, dans un crime** in e-e Rauschgiftaffäre, in ein Verbrechen verwickelt sein; **il a trempé dans cette affaire** er hat bei dieser Sache die Hand im Spiel; **III** *v/pr* **se** ~ ein kurzes Bad nehmen; **se** ~ **la tête dans l'eau** den Kopf ins Wasser tauchen, stecken; **se faire** ~ naß werden

trempette [tʀɑ̃pɛt] *f* **1.** **faire** ~, **une petite** ~ ein kurzes Bad nehmen; kurz ins Wasser gehen; **2. faire** ~ Brot eintunken
tremplin [tʀɑ̃plɛ̃] *m* **1.** *SPORTS* Sprungbrett *n*; *SKI* Sprungschanze *f*; **2.** *fig* Sprungbrett *n*; **servir de** ~ **à qn** j-m als Sprungbrett dienen
trémulation [tʀemylasjõ] *f* Zittern *n*; *MÉD* Tremor *m*
trentaine [tʀɑ̃tɛn] *f* **1. une** ~ etwa, an die, ungefähr, rund, zirka dreißig (**de personnes** Leute, Personen); **2.** *âge* Dreißig *f*; *cf a* **cinquantaine** 2.
trente [tʀɑ̃t] **I** *num/c* dreißig; ~ **et un** einunddreißig; ~ **et unième** einunddreißigste(r, -s); **le** ~ **mai** der dreißigste *ou* am dreißigsten Mai; **page** ~ Seite dreißig; **de** ~ **ans** dreißigjährig; von dreißig Jahren; **de** ~ **jours** Monat *m* mit, von dreißig Tagen; **dans les années** ~ in den dreißiger Jahren; **II** *m* ⟨*inv*⟩ *nombre* Dreißig *f*; **le** ~ (**du mois**) am Dreißigsten (des Monats); F *fig* **être sur son** ~ **et un** F in Schale sein; wie aus dem Ei gepellt aussehen; **se mettre sur son** ~ **et un** F sich in Schale werfen; *cf a* **deux II**
Trente [tʀɑ̃t] Tri'ent *n*
trente-deux [tʀɑ̃tdø] *num/c* zweiunddreißig
trentenaire [tʀɑ̃tənɛʀ] *adj JUR* dreißigjährig; dreißig Jahre während
trente-six [tʀɑ̃t(ə)sis] (**I**) *num/c* **1.** sechsunddreißig; **2.** F (*grande quantité*) hundert(erlei) Dutzende (von); F zig; x; **il n'y a pas** ~ **façons de** (+*inf*) schließlich gibt es ja nicht Dutzende von Möglichkeiten zu (+*inf*); **II** *m fig* **tous les** ~ **du mois** alle Jubeljahre
trente-trois [tʀɑ̃tʀwa] *num/c* dreiunddreißig; *subst* **un** ~ **tours** e-e Langspielplatte; e-e LP
trentième [tʀɑ̃tjɛm] **I** *num/o* dreißigste(r, -s); **II** *subst* **1. le, la** ~ der, die, das dreißigste; **2.** *m MATH* Dreißigstel *n*
Trentin-Haut-Adige [tʀɑ̃tɛ̃otadiʒ] **le** ~ das Tren'tino-Südtirol
trépan [tʀepɑ̃] *m* **1.** *MÉD* Tre'pan *m* (*Schädelbohrer*); **2.** *TECH* Bohrkopf *m*, -meißel *m*
trépan|ation [tʀepanasjõ] *f MÉD* Trepanati'on *f*; ~**er** *v/t MÉD* trepa'nieren
trépas [tʀepɑ] *m litt* Hinscheiden *n*; Verscheiden *n*
trépasser [tʀepase] *v/i litt* verscheiden; entschlafen; *subst* **les trépassés** *m/pl* die Verstorbenen *pl*; **la fête des** ~ Aller'seelen *n*
trépidant [tʀepidɑ̃] *adj* **1.** (*rapide*) lebhaft; schnell; wirbelnd; **rythme** ~ stark synko'pierter Rhythmus; **2.** *fig* fieberhaft; hektisch; **la vie** ~**e des grandes villes** das hektische Leben, die Hektik der Großstädte
trépid|ation [tʀepidasjõ] *f souvent pl* ~**s 1.** *d'un véhicule, d'un moteur* Vi'brieren *n*; Zittern *n*; Erschütterungen *f/pl*; **2.** *fig* Hektik *f*; ~**er** *v/i* vi'brieren; zittern; beben
trépied [tʀepje] *m* Dreifuß *m*, -bein *n*; *PHOT* Sta'tiv *n*
trépign|ement [tʀepiɲmɑ̃] *m* Trampeln *n*; Stampfen *n*; ~**er** *v/i* trampeln; mit den Füßen stampfen
très [tʀɛ] *adv* sehr; höchst; stark; weit; hoch...; 'überaus; *moins fort* recht; ♦

abs: vous êtes satisfait? - (*pas*) ~! (nicht) sehr!; ♦ *avec adj*: *il est ~, ~ content* er ist sehr, hoch, höchst, überaus zufrieden; *~ ému* sehr, stark erschüttert; *il n'est pas ~ intelligent* er ist nicht sehr intelligent; *~ intéressant* sehr interessant; hochinteressant; *~ répandu* weitverbreitet; sehr verbreitet; *d'une qualité ~ supérieure* von weit besserer Qualität (*à* als); ♦ *avec adv et loc/adv*: *~ bien*, *mal* sehr gut, schlecht; F *à ~ bientôt* auf bald(iges Wiedersehen); F *c'est pour ~ bientôt* das wird sehr bald sein; *il est ~ au courant* er ist bestens informiert, im Bilde; *une intelligence ~ au-dessus de la moyenne* e-e weit über den 'Durchschnitt stehende, sehr 'überdurchschnittliche Intelligenz; *des gens ~ comme il faut* hochanständige Leute; *être ~ en avance sur son temps* s-r Zeit weit voraus sein; ♦ *avec subst*: *faire ~ attention* gut, sehr aufpassen; *avoir ~ faim*, *soif*, *peur* starken, großen Hunger, Durst, große Angst haben; sehr hungrig, durstig, ängstlich sein; *il fait ~ gentleman anglais* er wirkt ganz wie ein englischer Gentleman

Très-Haut [tʀɛo] *m REL le ~* der Aller-'höchste

trésor [tʀezɔʀ] *m* **1.** Schatz *m* (*a JUR et fig*), *d'une église* Kirchenschatz *m*; *d'un musée* Schatzkammer *f*; *~s artistiques* Kunstschätze *m/pl*; **2.** *fig ~ de tendresse* unerschöpfliche Liebe; *il faut des ~s de patience* e-e gehörige Porti'on Geduld ist nötig; **3.** *terme d'affection mon ~* (mein) Schatz; **4.** *FIN* 🎯 (*public*) Staatskasse *f*; Schatzamt *n*; Fiskus *m*; Fi'nanzverwaltung *f*; öffentliche Hand; *bons m/pl du* 🎯 Schatzanweisungen *f/pl*; **5.** *LING* The'saurus *m*

trésorerie [tʀezɔʀʀi] *f* **1.** *ADM* Fi'nanzverwaltung *f*, -behörde *f*; **2.** *d'une société* Barmittel *n/pl*; flüssiges Kapi'tal *n*, flüssige, verfügbare Gelder *n/pl*; (*état des fonds*) Kassenlage *f*; *avoir des difficultés de ~* nicht über genügend flüssiges Kapital verfügen

trésor|ier [tʀezɔʀje] *m*, *~ière f* Kas'sierer(in) *m(f)*; Kassen-, Rechnungsführer (-in) *m(f)*; *d'un club* Kassenwart *m*; *d'un parti* Schatzmeister *m*

trésorier-payeur [tʀezɔʀjepejœʀ] *m ~ général* Leiter *m* der Fi'nanzverwaltung in e-m Departe'ment

tressage [tʀesaʒ] *m* Flechten *n*

tressaillement [tʀesajmɑ̃] *m* Zu'sammenzucken *n*; Erzittern *n*; Erbeben *n*; Schauder *m*; *~ de joie* Freudenschauer *m*

tressaillir [tʀesajiʀ] *v/i* (*cf assaillir*) zu-'sammenzucken, -fahren; (er)zittern; (er)beben, erschauern (*de joie* vor Freude); *muscle* zucken

tressauter [tʀesote] *v/i* **1.** (*sursauter*) zu'sammenzucken, -fahren; auffahren; *bruit faire ~ qn* j-n zusammenzucken lassen; **2.** (*être secoué*) hin und her geschüttelt werden

tresse [tʀɛs] *f* **1.** (*natte*) Zopf *m*; Flechte *f*; **2.** *galon* Tresse *f*; Litze *f*; **3.** *ARCH* Flechtband *n*

tresser [tʀese] *v/t cheveux*, *guirlande*, *corbeille etc* flechten; *couronne a* winden; *fig ~ des couronnes à qn* j-n rühmen, preisen

tréteau [tʀeto] *m ⟨pl ~x⟩* **1.** *TECH* Bock *m*; **2.** *THÉ HIST ~x pl* Gerüstbühne *f*

treuil [tʀœj] *m TECH* (Seil)Winde *f*

trêve [tʀɛv] *f* **1.** *MIL* Waffenruhe *f*; *POL* Burgfriede(n) *m*; *fig* Waffenstillstand *m*; *POL ~ des confiseurs* Ruhen *n* der po'litischen und diplo'matischen Tätigkeit zu Weihnachten und Neujahr; *HIST ~ de Dieu* Gottesfriede *m*; **2.** *fig* Rast *f*; Ruhe(pause) *f*; Erholung *f*; *loc/prép de ...* Schluß mit ...; genug (+*gén*); *~ de discussions* genug der vielen Worte; genug geredet; *~ de plaisanteries* Scherz beiseite; *loc/adv sans ~* (*ni repos*) rastlos; ununterbrochen; ständig; pausenlos; ohne Rast und Ruh; *s'accorder une ~* sich Erholung, Entspannung, e-e Ruhepause gönnen; *ne pas laisser de ~ à qn soucis* j-n nicht zur Ruhe kommen lassen; *maladie* j-n ununterbrochen, ständig plagen, quälen

Trèves [tʀɛv] Trier *n*

trévise [tʀeviz] *f salade* Ra'dicchio [-kjo] *m*

tri [tʀi] *m* (Aus)Sor'tieren *n*; Sichten *n*; *~ des lettres* Sortieren der Briefe; *centre m de ~ postal* Briefverteilanlage *f*; *faire un ~* e-e Auswahl treffen, auswählen (*parmi* unter +*dat*); sieben (+*acc*); *faire le ~ de qc* etw (aus)sortieren

triage [tʀijaʒ] *m* **1.** Sor'tieren *n*; Sichten *n*; Verlesen *n*; Auslesen *n*; Aussortieren *n*; Aussondern *n*; **2.** *CH DE FER* Ran'gieren *n*; *gare f de ~* Ran'gier-, Verschiebebahnhof *m*

triangle [tʀijɑ̃gl(ə)] *m* **1.** *MATH et par ext* Dreieck *n*; *GÉOGR le ~ des Bermudes* das Ber'mudadreieck; *AUTO ~ de présignalisation* Warndreieck *n*; *loc/adv et loc/adj en ~* dreieckig; Dreieck(s)...; **2.** *MUS* Triangel *m*

triangulaire [tʀijɑ̃gylɛʀ] *adj* **1.** dreieckig; Dreieck(s)...; *pyramide*, *prisme* dreiseitig; *base f ~* dreieckige Grundfläche; *MAR voile f ~* Dreiecksegel *n*; **2.** *fig élection f ~* Wahl *f* mit drei Kandidaten

triangulation [tʀijɑ̃gylasjɔ̃] *f GÉODÉSIE* Triangulati'on *f*

trias [tʀijas] *m GÉOL* Trias(formation) *f*

triathlon [tʀiatlɔ̃] *m SPORTS* Triathlon *n*; *ATHLÉTISME* Dreikampf *m*

triatomique [tʀiatɔmik] *adj CHIM* dreiatomig

tribal [tʀibal] *adj ⟨-aux⟩* Stammes...

tribo-électricité [tʀiboelɛktʀisite] *f PHYS* Reibungselektrizität *f*

tribord [tʀibɔʀ] *m MAR* Steuerbord *n*; *à ~ steuerbord(s)*

tribu [tʀiby] *f* **1.** (Volks)Stamm *m*; *~ nomade* No'madenstamm *m*; *les douze ~s d'Israël* die zwölf Stämme Israels; *chef m de ~* (Stammes)Häuptling *m*; *membre m d'une ~* Stammesangehörige(r) *m*; **2.** *fig et iron ou péj* Sippe *f*; Sippschaft *f*; Anhang *m*

tribulations [tʀibylasjɔ̃] *f/pl souvent iron* Widerwärtigkeiten *f/pl*; 'Mißgeschicke *n/pl*; *st/s* Drangsal *f*

tribun [tʀibɛ̃, -bœ̃] *m HIST et fig* (Volks)Tri'bun *m*

tribunal [tʀibynal] *m ⟨pl -aux⟩ JUR* Ge'richt *n*; *~ administratif* Verwaltungsgericht *n*; *~ correctionnel correspond à* Landgericht *n* Ab'teilung Strafsachen; *~ judiciaire* ordentliches Gericht

(*im Gegensatz zum Verwaltungsgericht*); Zi'vil- *ou* Strafgericht *n*; *~ maritime*, *militaire* See-, Mili'tärgericht *n*; *à Paris en 1793 ~ révolutionnaire* Revoluti'onstribunal *n*; *~ de commerce* Handelsgericht *n*; *~ d'exception* Sondergericht *n*; *~ d'instance correspond à* Amtsgericht *n* Ab'teilung Zi'vilsachen; *~ de grande instance correspond à* Landgericht *n*; *~ de police correspond à* Amtsgericht *n* Ab'teilung Strafsachen; *~ pour enfants* Jugendgericht *n*; *fig comparaître devant le ~ suprême* vor Gottes Richterstuhl treten

tribune [tʀibyn] *f* **1.** *HIST* Tri'büne *f*; Rednertribüne *f*; *à l'Assemblée nationale etc* Zuhörertribüne *f*; *dans un stade etc* Zuschauertribüne *f*; *par ext* Tri'bünenplatz *m*; *F les ~s pl* die Zuschauer *m/pl*; das Publikum; die Tribüne; *~ de (la) presse* Pressetribüne *f*; *orateur monter à la ~* die Tribüne besteigen; **2.** *d'une église* Em'pore *f*; *~ d'orgue* Orgelempore *f*; **3.** *fig* Forum *n*; Podiumsgespräch *n*, -diskussion *f*; *MÉDIAS ~ libre correspond à* Kommen'tare *m/pl*

tribut [tʀiby] *m* **1.** *HIST* Tri'but *m*; Zins *m*; *litt* (*impôt*) Abgabe *f*; Steuer *f*; *payer ~ à qn* j-m Tribut zahlen, entrichten; **2.** *fig et st/s* Tri'but *m*; Zoll *m*; *c'est un lourd ~ à la liberté* das ist ein hoher Tribut für die Freiheit; *litt payer* (*le*) *~ à la nature* sterben

tributaire [tʀibytɛʀ] *adj* **1.** *HIST* tri'but-, zinspflichtig; **2.** *~ de* angewiesen auf (+*acc*); abhängig von; *pays ~ d'un autre pour certaines matières premières* bezüglich gewisser Rohstoffe von e-m anderen abhängiges, auf ein anderes angewiesenes Land; **3.** *cours d'eau ~ d'un autre fleuve* in e-n anderen Fluß fließend, mündend, sich ergießend

tricentenaire [tʀisɑ̃tnɛʀ] *m* dreihundertster Jahrestag; *de qn* dreihundertster Todes- *ou* Geburtstag

tricéphale [tʀisefal] *adj* dreiköpfig; mit drei Köpfen

triche [tʀiʃ] F *f* Falschspielen *n*; F Moge-'lei *f*; Mogeln *n*; Schiebung *f*; *c'est de la ~* F das ist Schiebung; da ist gemogelt worden

tricher [tʀiʃe] I *v/i au jeu et par ext* betrügen; F mogeln; schummeln; *au jeu a* falschspielen; II *v/t/indir ~ sur son âge* ein falsches Alter angeben; *~ sur le poids* ein höheres als das tatsächliche Gewicht angeben; F beim Wiegen mogeln, schummeln; *~ sur le prix* e-n zu hohen Preis nennen *ou* verlangen; *~ sur la qualité* über die Qualität falsche Angaben machen

trich|erie [tʀiʃʀi] *f au jeu et par ext* Betrug *m*; F Mogeln *n*; Moge'lei *f*; Schumme'lei *f*; *au jeu a* Falschspielen *n*; *~eur*, *~euse f* Betrüger(in) *m(f)*; F Mogler(in) *m(f)*; Schummler(in) *m(f)*; *au jeu a* Falschspieler(in) *m(f)*

trichine [tʀiʃin, -k-] *f ZO* Tri'chine *f*

trichloréthylène [tʀikloʀetilɛn] *m CHIM* Trichloräth(yl)en *n*

trichromie [tʀikʀɔmi] *f PHOT* Drei-'farbenverfahren *n*, -system *n*; *TYPO* Drei'farbendruck *m*

tricolore [tʀikɔlɔʀ] *adj* **1.** *couleurs nationales françaises* blauweißrot; *cocar-*

de f ~ blauweißrote Kokarde; Kokarde *f* in den Farben der Trikolore; ***drapeau** m* ~ Triko'lore *f*; SPORTS ***l'équipe** f* ~ *ou subst les* ~*s m/pl* die fran'zösische Natio'nalmannschaft; **2.** (*de trois couleurs*) dreifarbig; ***feux** m/pl* ~*s* (Verkehrs)Ampel *f*

tricorne [tʀikɔʀn] *m* Dreispitz *m*

tricostéril [tʀikɔsteʀil] *m* (*marque déposée*) Hansaplast *n* (*Wz*)

tricot [tʀiko] *m* **1. a)** *tissu* Gestrick *n*; *confectionné avec une machine* Tri'kot *m*; *loc/adj **de**, **en*** ~ Strick...; ***veste** f **de**, **en*** ~ Strickjacke *f*; ***point** m **de*** ~ Strickmuster *n*; **b)** *vêtement* Strickjacke *f*; Pull'over *m*; ~ ***de peau**, **de corps*** (Herren)'Unterhemd *n*; **2.** *action* Stricken *n*; ***faire du*** ~ stricken; **3.** *ouvrage* Strickzeug *n*, -arbeit *f*

tricotage [tʀikɔtaʒ] *m* Stricken *n*; *avec des aiguilles spéciales* Wirken *n*

tricoté [tʀikɔte] *adj* Strick...; gestrickt; ***robe*** ~*e* Strickkleid *n*; ~ ***à la main*** handgestrickt

tricoter [tʀikɔte] **I** *v/t pull etc* stricken; *avec des aiguilles spéciales* wirken; ***maille*** (ab)stricken; **II** *v/i* stricken; wirken; ***aiguilles** f/pl*, ***machine** f **à*** ~ Stricknadeln *f/pl*, -maschine *f*

tricot|eur [tʀikɔtœʀ] *m* Stricker *m*; Wirker *m*; ~**euse** *f* **1.** *personne* Strickerin *f*; Wirkerin *f*; **2.** TECH Strickmaschine *f*

trictrac [tʀiktʀak] *m* Tricktrack *n*; Puffspiel *n*

tricycle [tʀisikl(ə)] *m* Dreirad *n*

trident [tʀidɑ̃] *m* **1.** Dreizack *m*; **2.** PÊCHE Fischspeer *m* mit drei Spitzen

tridimensionnel [tʀidimɑ̃sjɔnɛl] *adj* 〈~le〉 dreidimensional

trièdre [tʀi(j)ɛdʀ(ə)] *adj* MATH dreiflächig

triennal [tʀijenal] *adj* 〈-aux〉 **1.** (*tous les trois ans*) dreijährlich; alle drei Jahre, jedes dritte Jahr stattfindend, erfolgend; AGR ***assolement*** ~ Drei'felderwirtschaft *f*; **2.** (*pour trois ans*) dreijährig; *personne* für drei Jahre ernannt, gewählt; ***plan*** ~ Drei'jahresplan *m*

trier [tʀije] *v/t* sor'tieren; sichten; (*extraire*) auslesen; aussortieren; aussondern; *lentilles etc* aus-, verlesen; *courrier* sor'tieren; *fig candidats* sieben; aussuchen; ~ ***ses papiers*** s-e Papiere sortieren, sichten; **2.** CH DE FER ran'gieren

trière [tʀi(j)ɛʀ] *f* HIST Tri'ere *f*; Dreiruderer *m*

tri|eur [tʀijœʀ] *m*, ~**euse** *f* **1.** *personne* Sor'tierer(in) *m(f)*; **2.** *appareil* Sor'tierer *m*; Sor'tiermaschine *f*

trifouiller [tʀifuje] F *v/i* kramen; wühlen; stöbern; ~ ***dans les affaires de qn*** in j-s Sachen (*dat*) stöbern, wühlen, F her'umkramen, -fummeln; j-s Sachen durch'stöbern, -'wühlen

trigo [tʀigo] *f* *abr cf **trigonométrie***

trigonométr|ie [tʀigɔnɔmetʀi] *f* Trigonome'trie *f*; ~**ique** *adj* trigono'metrisch; ***fonction** f* ~ trigonometrische Funktion *f*; Winkelfunktion *f*

trijumeau [tʀiʒymo] *m* ANAT ~ *ou adjt **nerf** m* ~ Tri'geminus *m*; MÉD ***névralgie** f **du*** ~ Trigeminusneuralgie *f*

trilingue [tʀilɛ̃g] *adj* dreisprachig

trille [tʀij] *m* MUS Triller *m*

trillion [tʀiljɔ̃] *m* Trilli'on *f*

trilobé [tʀilɔbe] *adj* **1.** BOT dreilappig; **2.** ARCH ***arc*** ~ Kleeblattbogen *m*

trilogie [tʀilɔʒi] *f* Trilo'gie *f*

trimaran [tʀimaʀɑ̃] *m* MAR Trima'ran *m*

trimbal(l)age [tʀɛ̃balaʒ] F *m ou* ~**ement** F *m* Schleppen *n*; F Schleppe'rei *f*

trimbal(l)er [tʀɛ̃bale] F **I** *v/t* schleppen; F mitschleppen; mit sich her'umschleppen; *fig* ***qu'est-ce qu'il trimballe!*** F der ist vielleicht blöd, dämlich!; **II** *v/pr **se*** ~ gehen; F trippeln; tigern; ***se*** ~ ***en bagnole*** F her'umkutschieren

trimer [tʀime] *v/i* F schuften; sich schinden, abrackern, placken

trimestre [tʀimɛstʀ(ə)] *m* **1.** Viertel'jahr *n*; Quar'tal *n*; ÉCOLE Tri'mester *n*; ***par*** ~ vierteljährlich; pro Quartal; **2.** *pour le loyer etc* vierteljährliche Zahlung

trimestriel [tʀimɛstʀijɛl] *adj* 〈~le〉 **1.** (*tous les trois mois*) Viertel'jahres...; vierteljährlich, alle drei Monate, dreimonatlich stattfindend, *publication* erscheinend; ÉCOLE ***bulletin*** ~ Tri'mester-, Vierteljahreszeugnis *n*; ***revue*** ~*e* Vierteljahresschrift *f*; **2.** (*de trois mois*) dreimonatig

trimoteur [tʀimɔtœʀ] *m* AVIAT dreimotorige Ma'schine

tringle [tʀɛ̃gl(ə)] *f* (Me'tall)Stange *f* (*a* TECH); *dans une armoire* Kleiderstange *f*; ~ ***à rideaux*** Gar'dinenstange *f*

tringlot [tʀɛ̃glo] *m* *cf **trainglot***

trinité [tʀinite] *f* **1.** REL (***Sainte***) ⁕ Drei'faltigkeit *f*; Drei'einigkeit *f*; Trini'tät *f*; **2.** (***le dimanche de***) ***la*** ⁕ Dreifaltigkeitssonntag *m*; Trini'tatis *n*; das Trini'tatis-, Drei'faltigkeitsfest *n*; **3.** (*groupe de trois*) Dreizahl *f*; Dreiheit *f*; Tri'ade *f*

Trinité et Tobago [tʀinite e tɔbago] Trinidad und To'bago *n*

trinôme [tʀinom] *m* MATH Tri'nom *n*

trinquer [tʀɛ̃ke] *v/i* **1.** (mit den Gläsern) anstoßen (*à* auf +*acc*); ***trinquons gaiement!*** stoßen wir an!; **2.** F *fig* (*écoper*) F es ausbaden müssen; die Zeche bezahlen müssen

trio [tʀijo] *m* **1.** MUS Trio *n* (*instruments*); Ter'zett *n* (*chant*); **2.** *personnes* Trio *n*; ***un joyeux*** ~ ein fideles Trio; ***iron ou fig ils forment un joli*** ~ sie sind, bilden ein sauberes Kleeblatt

triolet [tʀijɔlɛ] *m* **1.** MUS Trio'le *f*; **2.** *poème* Trio'lett *n*

triomphal [tʀijɔ̃fal] *adj* 〈-aux〉 trium'phal; ***accueil*** ~ triumphaler, jubelnder, begeisterter Empfang; ***élection*** ~*e* großer Wahlerfolg; ***marche*** ~*e* Siegesmarsch *m*; ***succès*** ~ trium'phaler Erfolg; ***faire une entrée*** ~*e* im Triumph einziehen

triomphalement [tʀijɔ̃falmɑ̃] *adv* im Tri'umph; trium'phierend; jubelnd; ***annoncer qc*** ~ etw triumphierend verkünden; ***être accueilli*** ~ jubelnd, mit großem, stürmischem Jubel empfangen werden

triomphalisme [tʀijɔ̃falism(ə)] *m* über'triebene Siegessicherheit

triomphant [tʀijɔ̃fɑ̃] *adj* trium'phierend; siegreich; froh'lockend; ***air*** ~ Siegermiene *f*; triumphierende Miene *f*; ***rire*** ~ triumphierendes Lachen

triomphateur [tʀijɔ̃fatœʀ] *m* HIST *et fig* Trium'phator *m*

triomphe [tʀijɔ̃f] *m* Tri'umph *m*; glänzender Sieg; ***arc** m **de*** ~ Triumphbogen *m*; ***cri** m **de*** ~ Jubelschrei *m*; *pl* Triumphgeschrei *n*; ***d'un air de*** ~ mit triumphierender Miene; mit Siegermiene; ***ne pas avoir le*** ~ ***modeste*** s-n Triumph auskosten; *élection*, *spectacle* ***c'est un véritable*** ~ das ist ein einzigartiger Erfolg; ***faire un*** ~ ***à qn***, ***qc*** j-m e-n trium'phalen, jubelnden, begeisterten Empfang bereiten; etw (*spectacle etc*) mit Begeisterung aufnehmen; ***porter qn en*** ~ j-n (im Triumph) auf den Schultern tragen; ***remporter***, ***avoir un*** (***vrai***) ~ e-n (wahren) Triumph erringen, erleben; 'durchschlagenden Erfolg haben; ***remporter un*** ~ ***sur son adversaire*** über s-n Gegner e-n glänzenden Sieg erringen

triompher [tʀijɔ̃fe] **I** *v/t/indir* ~ ***de*** besiegen; bezwingen, über'winden (+*acc*); trium'phieren, siegen über (+*acc*); **II** *v/i* **1.** siegen; die Oberhand gewinnen; sich 'durchsetzen; ***faire*** ~ ***qc***, ***qn*** e-r Sache, j-m zum Siege verhelfen; **2.** *acteur*, *chanteur* Tri'umphe feiern; **3.** (*jubiler*) trium'phieren; froh'locken; jubeln; jubi'lieren

trip [tʀip] *m arg des drogués* Trip *m*

tripaille [tʀipaj] F *f* Eingeweide *n/pl*

tripartisme [tʀipaʀtism(ə)] *m* POL Dreipar'teiensystem *n*

tripartite [tʀipaʀtit] *adj* POL Dreier...; Drei'mächte...; Dreipar'teien...; ***accord** m*, ***conférence** f* ~ Dreier-, Dreimächteabkommen *n*, -konferenz *f*; ***gouvernement** m* ~ Dreiparteienregierung *f*

tripatouillages [tʀipatujaʒ] F *m/pl* Manipulati'onen *f/pl*; Machenschaften *f/pl*; F krumme Touren *f/pl*; ~ ***électoraux*** Wahlmanipulationen *f/pl*

tripatouill|er [tʀipatuje] F *v/t* **1.** (*tripoter*) ~ ***qc*** an etw (*dat*) her'umspielen, F -fummeln; **2.** *texte* eigenmächtig 'umändern, verfälschen; F her'umpfuschen an (+*dat*); *comptabilité* F fri'sieren; ~**eur** F *m cf **tripoteur** 2*.

tripe [tʀip] *f* **1.** *pl* ~*s a*) ZO Eingeweide *n/pl*; Gedärm(e) *n(pl)*; Gekröse *n*; **b)** CUIS Kal'daunen *f/pl*; südd Kutteln *f/pl*; ~*s à la mode de Caen* Kaldaunen mit Zwiebeln, Karotten etc gekocht; **2.** F *fig*: ***avoir la*** ~ ***républicaine*** F Republikaner bis in die Knochen sein; ***prendre***, ***saisir qn aux*** ~*s* j-n im Innersten ergreifen, erschüttern; ***rendre*** ~*s* ***et boyaux*** sich heftig erbrechen; P kotzen wie ein Reiher; F reihern

triperie [tʀipʀi] *f* Geschäft *n*, in dem Kal'daunen, Inne'reien verkauft werden

tripette [tʀipɛt] *loc* F ***ça ne vaut pas*** ~ das ist keinen Pfifferling, keinen Heller wert

triphasé [tʀifaze] *adj* ÉLECT Drei'phasen...; ***courant*** ~ Drehstrom *m*; Dreiphasenstrom *m*

trip|ier [tʀipje] *m*, ~**ière** *f* Kal'daunen-, Inne'reienhändler(in) *m(f)*, -geschäft *n*

triplace [tʀiplas] *adj* *avion m* ~ Dreisitzer *m*

triple [tʀipl(ə)] **I** *adj* dreifach; Drei...; F ~ ***idiot** m*, ***sot** m* F Erzdummkopf *m*; Erztrottel *m*; ~ ***menton** m* dreifaches Kinn; ***naissance** f* ~ Drillingsgeburt *f*; ***un*** ~ ***rang de perles*** e-e dreifache Perlenreihe; SPORTS ~ ***saut** m* Dreisprung *m*; *loc/adv* ***au*** ~ ***galop*** F im Schweinsgalopp; wie ein geölter Blitz; **II** *subst **le*** ~ das Dreifache; dreimal soviel *ou* so groß; *le ~ du prix* der dreifache Preis; das Dreifache des Preises; *sa maison est le ~ de celle-ci* ist dreimal so groß wie dieses; *faire, fournir le ~ de travail* das Dreifache an Arbeit, dreimal soviel Arbeit erledigen; dreimal soviel arbeiten

triplé [tRiple] *m* **1.** SPORTS dreifacher Sieg; Hat-Trick *ou* Hattrick ['het-] *m*; *réussir un beau ~* dreimal hintereinander gewinnen; den Hat-Trick schaffen; **2.** TURF Dreierwette *f*

triplement [tRipləmã] **I** *adv* dreifach; **II** *m* Verdreifachung *f*

tripler [tRiple] **I** *v/t* verdreifachen; *ÉCOLE il a triplé sa, une classe* e-r ist zweimal in e-r Klasse sitzen-, F hängen-, klebengeblieben; *~ la dose* die Dosis verdreifachen, auf das Dreifache erhöhen; die dreifache Dosis nehmen *ou* geben; **II** *v/i* sich verdreifachen; auf das Dreifache steigen

triplé(e)s [tRiple] *m(f)pl* Drillinge *m/pl*

triplette [tRiplɛt] *f* BOULES Gruppe *f* von drei Spielern

Tripoli [tRipɔli] **1.** *en Libye* Tripolis *n*; **2.** *au Liban* Tripoli *n*

triporteur [tRipɔRtœR] *m* (Liefer)Dreirad *n*

tripot [tRipo] *m péj* Spielhölle *f*

tripotage [tRipɔtaʒ] F *m souvent pl ~s* Schwindel *m*; Machenschaften *f/pl*; F krumme Touren *f/pl*, Sachen *f/pl*; faule Geschäfte *n/pl*; *~s électoraux* Wahlmanöver *n/pl*, -manipulationen *f/pl*

tripotée [tRipɔte] F *f* **1.** große Menge; Haufen *m*; *une ~ d'enfants* F ein Haufen Kinder; ein Stall voll Kinder; **2.** F (raclée) F Dresche *f*; Keile *f*; Senge *pl*

tripoter [tRipɔte] F **I** *v/t ~ qc* mit etw her'umspielen; F etw befummeln; an etw (*dat*) her'umfummeln; *~ une femme* F e-e Frau begrapschen, befummeln, betatschen; *~ des fruits* Obst betasten; **II** *v/i* **1.** (*farfouiller*) her'umkramen, -stöbern, -wühlen (*dans* in +*dat*); *~ dans l'eau* (im Wasser) pan(t)schen; **2.** (*magouiller*) unsaubere Geschäfte, F krumme Sachen machen

tripoteur [tRipɔtœR] F *m* **1.** (*peloteur*) F Grapscher *m*; **2.** (*magouilleur*) Schieber *m*; dunkle, fragwürdige Exi'stenz

tripous *ou* **tripoux** [tRipu] *m/pl* CUIS Auvergne Kutteln *f/pl* mit Lammfüßen

triptyque [tRiptik] *m* **1.** PEINT, SCULP Triptychon *n*; LITTÉRATURE Werk *n* in drei Teilen; **2.** ADM Triptyk *m*; Triptik *n*

trique [tRik] *f* Knüppel *m*; Knüttel *m*; *coup de ~* Knüppelhieb *m*; *fig: sec comme un coup de ~* spindel-, klapperdürr; F ein Klappergestell *n*; *faire marcher, mener qn à coups de ~* mit j-m bru'tal, des'potisch verfahren, 'umspringen

triréacteur [tRiReaktœR] *m* AVIAT dreistrahlige Ma'schine

trisaïeul(e) [tRizajœl] *m(f)* Ururgroßvater *m*, -mutter *f*; **trisaïeux** *ou* **trisaïeuls** *m/pl* Ururgroßeltern *pl*

trisannuel [tRizanɥɛl] *adj* (~le) alle drei Jahre stattfindend; dreijährlich; BOT dreijährig

trisser [tRise] *v/pr se ~* F abhauen; verduften

triste [tRist] *adj* **1.** *personne, visage* traurig; trübselig; tiefbetrübt; niedergeschlagen; *regard, sourire, pensée* traurig; trüb(e); trübselig; *mélodie* traurig; schwermütig; *~ à mourir* todunglücklich; *avoir l'air ~* traurig aussehen; *être tout ~* tieftraurig, sehr traurig sein; *faire ~ mine, figure* ein trauriges Gesicht machen; *rendre ~* traurig machen, stimmen; **2.** *temps, couleur* trist; trübselig; *maison* düster; *paysage, rue* trostlos; trist; *nouvelle, film* traurig; *jour, époque* traurig; schwer; *une ~ affaire* e-e traurige, tragische Sache; *c'est bien ~* das ist sehr traurig; *avoir ~ mine, être dans un ~ état personne* in e-m bedauernswürdigen Zustand sein; *objet* sich in e-m traurigen, beklagenswerten Zustand befinden; **3.** (*lamentable*) erbärmlich; armselig; traurig; *consolation f* schwacher Trost; *~ personnage m* erbärmliche Kreatur; *~ réputation f* schlechter, trauriger Ruf; *avoir une ~ fin* ein armseliges, klägliches Ende nehmen; *c'est la ~ vérité* das ist die traurige Wahrheit

tristement [tRistəmã] *adv* **1.** traurig; trübselig; trüb(e); **2.** *il s'est rendu ~ célèbre* er hat e-e traurige Berühmtheit erlangt

tristesse [tRistɛs] *f* **1.** Traurigkeit *f*; Trauer *f*; Betrübnis *f*; Trübsinn *m*; *profonde ~* tiefe Traurigkeit; *être enclin à la ~* zu Schwermut neigen; *sourire avec ~* traurig, trübe lächeln; **2.** *de qc* Düsterkeit *f*; Trostlosigkeit *f*

tristounet [tRistunɛ] *f adj* (~te) (etwas) traurig, trübselig; *chose* a freudlos; trist

tritium [tRitjɔm] *m* CHIM Tritium *n*

triton [tRitõ] *m* **1.** ZO Molch *m*; **2.** MYTH ♀ Triton *m*

trituration [tRityRasjõ] *f* Zerstoßen *n*, Zerreiben *n*; Zermalmen *n*; *des aliments par les dents* Zerkleinern *n*

triturer [tRityRe] *v/t* zerstoßen; zerreiben; zermalmen; *dents: aliments* zerkleinern; *masseur: muscles* ('durch)kneten; *mouchoir* kneten; zu'sammenknüllen; zerknüllen; F *fig se ~ la cervelle, les méninges* F sich das Hirn zermartern

triumvir [tRijɔmviR] *m* HIST Tri'umvir *m*; *~at m* HIST *et fig* Triumvi'rat *n*

trivalent [tRivalã] *adj* CHIM dreiwertig

trivial [tRivjal] *adj* (-aux) **1.** vul'gär; ordi'när; zotig; unanständig; anstößig; unschicklich; *plaisanterie ~e* unanständiger, nicht sa'lonfähiger Witz; Zote *f*; *avoir un langage ~* sich ordinär, vulgär ausdrücken; **2.** *litt* (*commun*) trivi'al; platt; ba'nal

trivialité [tRivjalite] *f* **1. a)** *d'une plaisanterie etc* Vulgari'tät *f*; Unanständigkeit *f*; Unschicklichkeit *f*; **b)** *parole(s)* Zote *f*; unanständiges Wort; Kraftausdruck *m*; **2.** *litt* (*banalité*) Triviali'tät *f*; Plattheit *f*; Banali'tät *f*

tr/mn *abr* (*tours par minute*) U/min (Umdrehungen pro Minute)

troc [tRɔk] *m* Tausch *m*; Tauschgeschäft *n*; (*économie f de*) *~* Tauschhandel *m*; Natu'raltausch *m*; *faire du ~* Tauschhandel treiben

troène [tRɔɛn] *m* BOT Li'guster *m*

troglodyte [tRɔglɔdit] *m* **1.** Höhlenbewohner *m*; Bewohner *m* e-r Felsenwohnung; **2.** ZO Zaunkönig *m*

trogne [tRɔɲ] F *f* Gesicht *n*; *avoir une bonne ~* ein sym'pathisches Gesicht haben

trognon [tRɔɲõ] **1.** *m* Kerngehäuse *n*; *régional* Griebs *m*; Butzen *m*; *de chou, de salade* Strunk *m*; *~ de pomme* Apfelgriebs *m*, -butzen *m*; F *fig ils nous ont eus jusqu'au ~* F sie haben uns gewaltig hereingelegt; **2.** *adj* F *ce qu'il est ~!* F ist der aber süß!

Troie [tRwa] HIST Troja *n*; *cheval m de ~* Tro'janisches Pferd; *la guerre de ~* der Tro'janische Krieg

troïka [tRɔika] *f* Troika *f*, Dreigespann *n* (*a fig*)

trois [tRwa] **I** *num/c* drei; *Henri III* Heinrich III. (der Dritte); *le ~ mai* der dritte *ou* am dritten Mai; *~ mois* drei Monate; *souvent en* Viertejahr *n*; *page ~* Seite drei; *~ quarts cf quart 2.*; *loc/adj et loc/adv: à ~* zu dritt; zu dreien; MATH *règle f de ~* Dreisatzrechnung *f*; *enfant m de ~ ans* dreijähriges Kind; Kind *n* von drei Jahren; *séjour m de ~ mois* dreimonatiger Aufenthalt; **II** *m* Drei *f*; *südd a* Dreier *m*; *le ~ (du mois)* der Dritte *ou* am Dritten (des Monats); *cf a deux II*

trois-deux [tRwadø] *m* ⟨*inv*⟩ MUS 3/2-Takt *m* (Drei-'Halbe-Takt)

trois-huit [tRwaɥit] *m* ⟨*inv*⟩ MUS Drei'achteltakt *m*; 3/8-Takt *m*; **2.** *m/pl en usine* Arbeit *f* in drei Schichten (zu je acht Stunden)

troisième [tRwazjɛm] **I** *num/o* dritte(r, -s); *la ~ fois* das dritte *ou* zum dritten Mal; **II** *subst* **1.** *le, la ~* der, die, das dritte (*dans l'ordre*) *ou* der, die, das Dritte (*selon le mérite ou le rang*); **2.** *m* dritter Stock; dritte E'tage; **3.** *f* ÉCOLE vierte Klasse im Gymnasium (*führt in Frankreich zur mittleren Reife*); Tertia *f*; **4.** *f* AUTO dritter Gang; *passer en ~* in den dritten (Gang) gehen, schalten

troisièmement [tRwazjɛmmã] *adv* drittens

trois-mâts [tRwamɑ] *m* ⟨*inv*⟩ MAR Dreimaster *m*

trois-quarts [tRwakaR] *m* ⟨*inv*⟩ **1.** *ou adj manteau ~* drei'viertellanger Mantel; **2.** MUS Drei'viertelgeige *f*; **3.** RUGBY Drei'viertelspieler *m*; *~ centre* Innendreiviertel *m*

trois-quatre [tRwakatR(ə)] *m* ⟨*inv*⟩ MUS Drei'vierteltakt *m*; 3/4-Takt *m*

trolley [tRɔlɛ] *m* **1.** TECH Stangen-, Rollenstromabnehmer *m*; **2.** F Obus *m*

trolleybus [tRɔlɛbys] *m* Oberleitungsomnibus *m*; Trolleybus *m*; F Obus *m*

trombe [tRɔ̃b] *f* MÉTÉO Windhose *f*; Trombe *f*; *~ d'eau* Wolkenbruch *m*; *loc/adv fig en ~* wie ein Wirbelwind; wie der Blitz; *arriver en ~* angesaust kommen; *entrer en ~* her'einstürmen; *passer en ~* wor'beirasen

trombine [tRɔ̃bin] F *f* Gesicht *n*; *faire une drôle de ~* ein saures Gesicht ziehen

tromblon [tRɔ̃blõ] *m* HIST Büchse *f*, Flinte *f* mit trichterförmigem Lauf

trombone [tRɔ̃bɔn] *m* **1.** MUS **a)** Po'saune *f*; *~ à coulisse, à pistons* Zug-, Ven'tilposaune *f*; **b)** *joueur* Posau'nist *m*; Po'saunenbläser *m*; **2.** *agrafe* Bü'roklammer *f*

trompe [tRɔ̃p] *f* **1.** MUS Horn *n*; MAR *~ de brume* Nebelhorn *n*; *~ de chasse* Jagdhorn *n*; **2.** ZO Rüssel *m*; *des insectes* Saugrüssel *m*; **3.** ANAT *~ d'Eustache* Ohrtrompete *f*; Eu'stachische Röh-

trompe-la-mort – trotte-bébé

re; **~ de Fallope**, **~ utérine** Eileiter *m*; Tube *f*; **4.** ARCH Trompe *f*; Trichternische *f*

trompe-la-mort [tʀɔ̃plamɔʀ] *m* ⟨inv⟩ dem Tod Entronnene(r) *m*

trompe-l'œil [tʀɔ̃plœj] *m* ⟨inv⟩ **1.** PEINT Trompe-l'œil *n ou m*; *décor m en ~* perspektivisch gemalte Kulisse; **2.** *fig* trügerischer Schein

tromper [tʀɔ̃pe] **I** *v/t* **1.** täuschen; betrügen (*a son conjoint*); hinter'gehen; anführen; hinters Licht führen; irreführen; *vigilance de qn* über'listen; *adj mari trompé* betrogener Ehemann; *abs ça trompe* das täuscht, ist e-e Täuschung; *ça ne trompe pas* das ist ein untrügliches, sicheres Zeichen; *ça ne trompe personne* davon läßt sich niemand täuschen; das glaubt keiner; *c'est ce qui vous trompe* da(rin) täuschen, irren Sie sich, sind Sie im Irrtum; *~ l'attente, la confiance, les espoirs de qn* j-s Erwartungen, Vertrauen, Hoffnungen enttäuschen; **2.** *par ext:* *~ l'attente en lisant* sich die Wartezeit mit Lesen verkürzen; *~ la ou sa faim* das Hungergefühl betäuben; den ärgsten Hunger stillen; *~ la soif* den Durst vorübergehend etwas mildern; **II** *v/pr se ~* sich täuschen; (sich) irren; *si je ne me trompe* wenn ich (mich) nicht irre, mich nicht täusche; *à moins que je ne me trompe* wenn ich (mich) nicht sehr irre; wenn mich nicht alles täuscht; *tout le monde peut se ~* jeder kann sich mal irren; Irren ist menschlich (*prov*); ♦ *se ~ dans ses calculs* sich verrechnen; sich verkalku-'lieren; *se ~ d'adresse* a) sich in der Adresse irren; b) *fig* an die falsche Adresse geraten; *se ~ de chemin, de route* den Weg verfehlen; sich verlaufen; *en voiture* sich verfahren; *se ~ de date* sich im Datum irren; *se ~ de vingt francs* sich um zwanzig Franc verrechnen *ou* verzählen; *se ~ de ligne, de page* sich in der Zeile, Seite irren; *se ~ de numéro* sich in der Nummer irren; TÉL sich verwählen; *c'est en quoi il se trompe* da(rin) täuscht er sich, irrt er (sich); *se ~ sur qn* sich in j-m täuschen, irren; *se ~ sur les intentions de qn* sich über j-s Absichten (*acc*) täuschen; *ne vous y trompez pas* täuschen Sie sich (ja) nicht; geben Sie sich keiner Täuschung hin; *elle lui ressemble à s'y ~* sie sieht ihr täuschend ähnlich

tromperie [tʀɔ̃pʀi] *f* Betrug *m*; Täuschung *f*

trompeter [tʀɔ̃pete] *v/t* ⟨-tt-⟩ nouvelle hin'ausposaunen

trompette [tʀɔ̃pɛt] **I** *f* **1.** MUS Trom'pete *f*; BIBL *les ~s de Jéricho, du Jugement dernier* die Po'saunen *f/pl* von Jericho, des Jüngsten Gerichts; *fig nez m en ~* Stülpnase *f*; Himmelfahrtsnase *f*; *jouer, sonner de la ~* (auf der) Trompete blasen; trom'peten; **2.** *coquillage* trom'petenförmige Muschel; **3.** BOT *~ de la mort, des morts* Herbst-, Totentrompete *f*; **II** *m* MUS Trom'peter *m*

trompettiste [tʀɔ̃petist] *m* Trom'peter *m*

trompeur [tʀɔ̃pœʀ] *adj* ⟨-euse⟩ trügerisch; täuschend; *calme ~* trügerische Ruhe, Stille; *les apparences sont trompeuses* der Schein trügt

tronc [tʀɔ̃] *m* **1.** BOT *~ (d'arbre)* (Baum-)Stamm *m*; **2.** ANAT **a)** *partie du corps* Rumpf *m*; **b)** *des vaisseaux, nerfs* Stamm *m*; **3.** MATH *~ de cône* Kegelstumpf *m*; **4.** ÉGL Opferstock *m*; **5.** ARCH *~ de colonne* unterer Teil des Säulenschaftes; **6.** *~ commun* a) CH DE FER etc gemeinsame Streckenführung; Stammstrecke *f*; b) ÉCOLE gemeinsamer Grundlehrplan, Bildungsweg für die unteren Klassen

tronche [tʀɔ̃ʃ] *f* F (*figure*) F Vi'sage *f*; P Fresse *f*

tronçon [tʀɔ̃sɔ̃] *m* **1.** CH DE FER, *de route* (Strecken)Abschnitt *m*; Teilstrecke *f*, -stück *n*; *~ d'autoroute* Autobahnabschnitt *m*, -teilstück *n*; *par ~s* streckenweise, abschnitt(s)weise; **2.** *de qc cylindrique* (abgeschnittenes *ou* abgebrochenes) Stück; (abgeschnittener *ou* abgebrochener) Teil

tronconique [tʀɔ̃kɔnik] *adj* MATH kegelstumpfförmig

tronçonn|age [tʀɔ̃sɔnaʒ] *m* Zersägen *n*; *~er* *v/t* in (längliche) Stücke schneiden; *tronc d'arbre* (in Stücke) zersägen; *~euse* *f* Kettensäge *f*

trône [tʀon] *m* **1.** Thron *m*; Thronsessel *m*; *discours m du ~* Thronrede *f*; *monter sur le ~* den Thron besteigen; **2.** F *plais* (*siège des W.-C.*) F Thron *m*

trôner [tʀone] *v/i* thronen (*a iron*); *objet a* prangen

tronqué [tʀɔ̃ke] *adj* **1.** ARCH *colonne ~e* Säulenstumpf *m*; MATH *cône ~e* Kegelstumpf *m*; **2.** *fig* verstümmelt

tronquer [tʀɔ̃ke] *v/t texte, citation* verstümmeln

trop [tʀo] *adv* **1.** (*excessivement*) zu'viel; *avec adj et adv* zu; *avec verbe* zu sehr; zu'viel; allzusehr; allzuviel; *~ de* (+*subst*) zuviel (+*sg*); zu viele (+*pl*); ♦ *~ bon* zu gut; zu gutmütig; *bien, beaucoup ~ difficile* viel zu schwierig; *~ peu* wenig, *sans ~ de peine* ohne allzuviel Mühe; *il aime ~ son confort* er liebt s-e Bequemlichkeit zu sehr; *ça ne va pas ~ bien* es geht, steht nicht zum besten, allzu gut; *j'ai ~ chaud* es ist mir zu heiß; *nous n'avons pas ~ de place* wir haben nicht (gerade) allzuviel Platz; *je n'ai eu que ~ de patience* ich habe schon, nur allzuviel Geduld gehabt; *boire ~* zuviel trinken; *cela n'a que ~ duré* das hat nur, schon allzulange gedauert; *c'est ~ fois, c'est ~! ou c'en est ~! ou c'est alors, c'est ~ fort!* das ist doch die Höhe!; das schlägt dem Faß den Boden aus!; was nicht ist, ist zuviel!; das geht zu weit!; *un peu, c'est bien, mais ~, c'est ~* aber allzuviel ist ungesund; *mettre ~ de sel, de sucre dans qc* etw versalzen; zuviel Zucker in etw (*acc*) geben, tun; *il est ~ énervé pour pouvoir dormir* er ist zu erregt, um schlafen zu können; *il a ~ menti pour qu'on puisse le croire maintenant* er hat zuviel gelogen, als daß man ihm jetzt glauben könnte; ♦ *de, en ~* zu'viel; *il n'y a rien de ~* es kommt gerade so hin; es ist (auch) kein bißchen zuviel; *avoir des bagages en ~* zuviel Gepäck haben; *avoir des kilos en ~* 'überflüssige Pfunde haben; *avoir du tissu en ~* noch Stoff übrig haben; *boire un coup de ~, un verre de ~* eins, ein Glas über den Durst trinken; *restez, vous ne serez pas de ~* Sie sind durchaus erwünscht, keineswegs überflüssig; *ça ne sera pas de ~* das wird gerade reichen, F so hinkommen; *deux personnes sont en ~* es sind zwei Personen zuviel; *F manger de ~* zuviel essen; *on m'a rendu cinq francs de, en ~* man hat mir fünf Franc zuviel zurückgegeben; ♦ *litt par ~ avec verbe* allzusehr; allzuviel; *avec adj et adv* gar zu; *il est par ~ vaniteux* er ist gar zu eitel; **2.** (*très*) sehr; (*bien*) recht; *il répète ce qu'on lui dit sans ~ comprendre* er ist recht zu verstehen; *ça ne me dit ~ rien, pas ~* das reizt, lockt mich nicht besonders, sonderlich, (allzu)sehr; *vous êtes ~ aimable* das ist sehr, äußerst liebenswürdig, sehr freundlich von Ihnen; *il n'est pas ~ content* er ist nicht sehr, nicht besonders zufrieden; *je ne sais pas ~* ich weiß nicht recht

trope [tʀɔp] *m* RHÉT Trope *f*; Tropus *m*

trophée [tʀɔfe] *m* Tro'phäe *f*; *~ de chasse* Jagdtrophäe *f*

tropical [tʀɔpikal] *adj* ⟨-aux⟩ tropisch; Tropen...; *climat ~* Tropenklima *n*; tropisches Klima; *forêt ~e* tropischer Regenwald; *pays tropicaux* Tropenländer *n/pl*; *plante ~e* Tropenpflanze *f*; tropische Pflanze

tropique [tʀɔpik] **I** *m* GÉOGR **1.** *~ pl* Tropen *pl*; *vivre sous les ~s* in den Tropen leben; **2.** Wendekreis *m*; *~ du Cancer, du Capricorne* Wendekreis des Krebses, des Steinbocks; **II** *adj* ASTR *année f ~* tropisches Jahr

troposphère [tʀɔpɔsfɛʀ] *f* MÉTÉO Tropo'sphäre *f*

trop-perçu [tʀɔpɛʀsy] *m* ⟨pl trop-perçus⟩ zu'viel erhobener Betrag

trop-plein [tʀɔplɛ̃] *m* ⟨pl trop-pleins⟩ **1.** *le ~ d'un récipient* die Flüssigkeit, die ein Gefäß nicht (mehr) fassen kann; *le ~ des eaux* das 'überschüssige Wasser; **2.** TECH 'Überlauf *m*; **3.** *fig ~ d'énergie, de vie* 'überschäumende Kraft; 'überschäumendes Temperament; ungestümer Tatendrang; *épancher le ~ de son cœur* sein 'übervolles Herz ausschütten

troquer [tʀɔke] *v/t* **1.** COMM *~ qc contre qc* etw für etw in Tausch geben; etw gegen etw tauschen; *~ du maïs contre du blé* Mais gegen Weizen tauschen; Weizen für Mais eintauschen; **2.** (*remplacer*) *~ qc contre qc* etw durch etw ersetzen; etw mit etw vertauschen

troquet [tʀɔkɛ] *m* F Kneipe *f*

trot [tʀo] *m* Trab *m*; Traben *n*; *petit ~* leichter Trab; *course f de ou au ~ attelé* Trabrennen *n*; *course au ~ monté* unter dem Reiter gelaufenes Trabrennen; *aller au ~ cheval* traben; *cavalier* (im) Trab reiten; F *fig allez, au ~, plus vite que ça!* F nun aber fix! *ou* dalli, dalli!; *partir au ~, prendre le ~* sich in Trab setzen

trotskisme [tʀɔtskism(ə)] *m* POL Trotz'kismus *m*

trotte [tʀɔt] *f* F *ça fait une* (*bonne*) *~ jusque ...* F bis ... ist es ein gutes, ganz schönes Ende (zu laufen)

trotte|-bébé [tʀɔtbebe] *m* ⟨inv⟩ Lauflerngerät n; **~-menu** adj ⟨inv⟩ cf *gent*

trotter [tʀɔte] **I** v/i **1.** cheval traben; **2.** par ext souris huschen; personne traben; her'umlaufen; *j'ai trotté toute la matinée* den ganzen Vormittag bin ich herumgelaufen, -gerannt, -getrabt, F war ich auf Trab; **3.** fig: *une idée, une mélodie lui trotte dans la tête* geht ihm im Kopf herum; geht ihm nicht aus dem Kopf; *faire ~ l'imagination* die Phantasie anregen; **II** v/pr F *se ~* F verduften; sich verziehen

trott|eur [tʀɔtœʀ] m **1.** cheval Traber m; **2.** chaussure Trot'teur(schuh) m; **~euse** f de montre Se'kundenzeiger m

trottin|ement [tʀɔtinmɑ̃] m Trippeln n; Trappeln n; Getrippel n; Getrappel n; **~er** v/i trippeln; trappeln (a âne etc); **~ette** f (Kinder)Roller m; schweiz Trotti'nett n

trottoir [tʀɔtwaʀ] m Geh-, Bürgersteig m; Trot'toir n; *~ roulant* Roll-, Fahrsteig m; *prostituée faire le ~* F auf den Strich gehen

trou [tʀu] m **1.** Loch n; d'une aiguille (Nadel)Öhr n; F (tombe) Grab n; ASTR *~ noir* schwarzes Loch; AVIAT *~ d'air* Luftloch n; P *~ de balle* (anus) P Arschloch n; P *~ du cul* a) (anus) P Arschloch n; b) injure F Blödmann m; Dämlack m; TECH *~ d'homme* Mannloch n; F *~s de nez* Nasenlöcher n/pl; *~ d'obus* Gra'nattrichter m; *THÉ ~ du souffleur* Souf'fleurkasten m; *~ de souris* Maus(e)loch n; *criblé de ~s* durch'löchert, löcherig; *avoir un ~ à son manteau* ein Loch im Mantel haben; *boire comme un ~* sehr viel trinken; F saufen wie ein Loch; F fig *être au ~* F im Kittchen sein; (im Loch) sitzen; F fig *faire son ~* es zu etwas bringen; sich e-e gesicherte Position schaffen; SPORTS *faire le ~* sich vom Feld lösen; *se faire un ~ dans, à la tête* sich ein Loch in den Kopf stoßen ou fallen; *percer un ~ dans le mur* ein Loch in die Wand bohren ou schlagen; *regarder par le ~ de la serrure* durchs Schlüsselloch gucken; cf a *normand I 1.*; **2.** fig Lücke f; Loch n; *dans la caisse, comptabilité* Fehlbetrag m; *~ de mémoire* Gedächtnislücke f; *j'ai un ~ dans mon emploi du temps* ich habe zwischendurch ou zwischen meinen Terminen, 'Unterrichtsstunden etwas freie Zeit; *dans un alibi il y a un ~ dans son emploi du temps* für e-n bestimmten Zeitabschnitt hat er kein Alibi; *boucher un ~* e-e Lücke ausfüllen; ein Loch zustopfen; **3.** F *~* (perdu) F gottverlassenes Nest; Kaff n; *il n'est jamais sorti de son ~* er ist nie fortgekommen

troubadour [tʀubaduʀ] m Troubadour m
troublant [tʀublɑ̃] adj **1.** beunruhigend; verwirrend; *ressemblance* verblüffend; *détail* störend; **2.** (sensuel) verführerisch; betörend; aufgeregt

trouble¹ [tʀubl(ə)] adj **1.** liquide trüb(e); *regard m ~* glasiger Blick; *j'ai la vue ~, je vois ~* mir verschwimmt alles vor den Augen; *fig pêcher en eau ~* im trüben fischen; **2.** fig dunkel; zweifelhaft; *désirs* uneingestanden

trouble² [tʀubl(ə)] m **1.** (affolement) Aufregung f; Erregung f; (inquiétude) Unruhe f; (désarroi) Verwirrung f; Bestürzung f; *se remettre de son ~* sich fassen; sich von s-r Aufregung erholen; **2.** (confusion) Verwirrung f; Aufregung f; (désordre) Durchein'ander n; *semer le ~* Verwirrung stiften; **3.** POL *~s pl* Unruhen f/pl; *~s sociaux* soziale Unruhen; **4.** MÉD Störung f; *~s pl a* Beschwerden f/pl; *~s digestifs* Verdauungsstörungen f/pl, -beschwerden f/pl; *~s mentaux* (Anfälle m/pl von) Geistesgestörtheit f; *~s respiratoires* Atembeschwerden f/pl; *~s de la circulation, de la parole, de la vue* Kreislauf-, Sprach-, Sehstörungen f/pl

troublé [tʀuble] adj **1.** personne, esprit verwirrt; durchein'ander; (affolé) erregt; aufgeregt; **2.** époque, période *~e* unruhige, wirre Zeit

trouble-fête [tʀublə fɛt] m ⟨inv⟩ Störenfried m; Spielverderber m; *jouer les ~* ein Spielverderber sein

troubler [tʀuble] **I** v/t **1.** eau trüben; trüb(e) machen; *larmes:* regard verschleiern; trüben; **2.** calme, sommeil, entretien, ordre public stören; conscience beunruhigen; raison trüben; personne in Verwirrung bringen; verwirren; durchein'anderbringen; verunsichern; (inquiéter) beunruhigen; (émouvoir) bewegen; erregen; *un seul détail me trouble* stört mich; *l'esprit de qn* j-n (völlig) verwirren, aus dem Gleichgewicht bringen; **3.** *sensuellement* verwirren; betören; **II** v/pr *se ~* **4.** liquide trüb(e) werden; sich trüben; *ma vue se trouble* ich sehe (plötzlich) alles verschwommen, verschleiert; **5.** personne unsicher, verlegen werden; in Verwirrung geraten

troué [tʀue] adj vêtement *être ~* ein Loch ou Löcher haben; durch'löchert, löcherig sein

trouée [tʀue] f **1.** (ouverture) Lücke f; **2.** GÉOGR *la ~ de Belfort* die Bur'gundische Pforte

trouer [tʀue] **I** v/t vêtement durch'löchern; ein Loch ou Löcher machen in (+acc); *avec une cigarette a* ein Loch brennen in (+acc); fig soleil: nuages etc durch'dringen; F *se faire ~ la peau* von Kugeln durchlöchert, durch'siebt werden; **II** v/pr *se ~* Löcher bekommen

troufignon [tʀufiɲɔ̃] m arg (anus) P Loch n

troufion [tʀufjɔ̃] F m einfacher Sol'dat

trouillard [tʀujaʀ] F **I** adj ängstlich; **II** subst *~(e)* m(f) F Hasenfuß m; Angsthase m; Jammerlappen m

trouille [tʀuj] F f *avoir la ~* Angst, F Bammel, P Schiß haben; *il n'a pas la ~!* F der hat Schneid!; der hat Nerven!; *flanquer la ~ à qn* j-m Angst einjagen, machen

trouillomètre [tʀujɔmɛtʀ(ə)] m F *avoir le ~ à zéro* F e-e Heidenangst, P Mordsschiß haben; P die Hosen gestrichen voll haben

troupe [tʀup] f **1.** Gruppe f; Schar f; Schwarm m; Trupp m; *en ~* im Trupp; im Schwarm; **2.** THÉ *~* (de théâtre), *~ de comédiens* The'atertruppe f; Ensemble n; *~ de danseurs* Tanztruppe f; **3.** MIL Truppe f; *~s pl* Truppen pl; (hommes m/pl de) *~* Mannschaften f/pl; Soldaten m/pl; *enfant m de ~* Kind, das in e-m „Prytanée militaire" erzogen wird; F fig *en route, mauvaise ~!* los!; vorwärts!; *plais rejoindre le gros de la ~* sich der Gruppe, F der Herde wieder anschließen

troupeau [tʀupo] m ⟨pl ~x⟩ **1.** Herde f; *~ de moutons* Schafherde f; **2.** fig et péj de personnes (Hammel)Herde f; Haufen m

trousse [tʀus] f **1.** *~* (d'écolier) Federmäppchen n; Schüleretui n; *~ à couture* Nähetui n; *~ de médecin* Bestecktasche f; *~ de toilette, de voyage* Kul'turbeutel m; Reisenecessaire n; **2.** *être aux ~s de qn* j-m auf den Fersen sein; hinter j-m hersein

trousseau [tʀuso] m ⟨pl ~x⟩ **1.** *~ de clefs* Schlüsselbund m ou n; **2. a)** *d'une mariée* Aussteuer f; **b)** *pour un internat etc* Wäscheausstattung f

trousser [tʀuse] v/t **1.** CUIS volaille um-'binden; **2.** *~ les femmes, le jupon* ein Schürzenjäger sein; **3.** *discours* schnell und leicht verfassen; *compliment* drechseln; *travail* schnell erledigen

trousseur [tʀusœʀ] m *~ de jupons* Schürzenjäger m

trou-trou [tʀutʀu] m ⟨pl trou-trous⟩ COUT Hohlsaum m mit 'durchgezogenem Bändchen

trouvaille [tʀuvaj, -vɑj] f **1.** glücklicher Fund; **2.** (idée originale) treffende, geni'ale Formu'lierung; F 'Volltreffer m; iron *c'est sa dernière ~* das ist s-e neueste Schöpfung, Erfindung

trouvé [tʀuve] adj **1.** *enfant ~* Findelkind n; *objet ~* Fundsache f, -gegenstand m; (bureau m des) *objets ~s* Fundbüro n; **2.** *formule bien ~e* treffende Formulierung; *la solution est toute ~e* die Lösung bietet sich von selbst an

trouver [tʀuve] **I** v/t **1.** finden; auffinden; entdecken; ausfindig machen; abs *j'ai trouvé!* ich hab's (gefunden)!; *~ la force de* (+inf) die Kraft finden zu (+inf); *~ l'occasion de* (+inf) (e-e) Gelegenheit finden zu (+inf); *~ refuge chez qn* bei j-m Zuflucht finden; *je n'ai pas encore trouvé le temps de* (+inf) ich habe noch keine Zeit gefunden, ich bin noch nicht dazu gekommen zu (+inf); *~ du travail* Arbeit finden; *~ un visage connu dans la foule* in der Menge ein bekanntes Gesicht entdecken; F *où est-ce que tu as trouvé ça?* F wo hast du das denn her?, ♦ *aller ~ qn* j-n auf-, besuchen; zu j-m gehen; *venir ~ qn* j-n auf-, besuchen; zu j-m kommen; bei j-m vorsprechen; ♦ *~ à* (+inf): *il n'a pas encore trouvé à se loger* er hat noch keine Bleibe gefunden; **2.** (rencontrer) finden; (an)treffen; vorfinden; begegnen (+dat); *~ la mort* den Tod finden, 'umkommen; ums Leben kommen (*dans un accident* bei e-m Unfall); *~ l'appartement en désordre* die Wohnung in Unordnung vorfinden; *~ un compatriote à l'étranger* im Ausland e-n Landsmann begegnen, e-n Landsmann treffen; *~ la maison vide* das Haus leer (vor)finden; *~ la porte fermée* vor verschlossener Tür stehen; *je l'ai trouvé endormi* ich fand ihn schlafend; als ich kam, schlief er; *je l'ai trouvé fouillant, qui fouillait dans mes affaires* ich über-

'raschte, ertappte ihn, wie er meine Sachen durch'wühlte; F **~ à qui parler** (gerade) an den Richtigen, an die richtige Adresse kommen, geraten; s-n Meister finden; **3.** (*parvenir à avoir*) finden; bekommen; sich verschaffen; auftreiben; **~ du plaisir à** (+*inf*) Freude daran finden, haben zu (+*inf*); *c'est un modèle qu'on ne trouve plus* dieses Modell gibt es nicht mehr, ist nicht mehr zu haben, zu bekommen; *il faut absolument que je trouve de l'argent* ich muß unbedingt Geld auftreiben; *où peut-on ~ ...?* wo bekommt man, gibt es ...?; **4.** (*juger, estimer*) **~** (+*adj*) finden (+*adj*); halten für (+*adj*); **~ que ...** finden, daß ...; der Ansicht, Meinung sein, daß ...; meinen, glauben, daß ...; *comment trouvez-vous cela?* wie finden Sie das?; wie gefällt ou schmeckt Ihnen das?; *je ne trouve pas cela très bien de sa part* ich finde das nicht sehr schön von ihm; *st/s* *je trouve bon que ...* (+*subj*) ich finde, es ist für gut, richtig, daß *ou* wenn ...; *je la trouve un peu fatiguée* ich finde, sie sieht etwas müde aus; sie sieht mir ein wenig müde aus; *je trouve cela injuste, que c'est injuste* ich finde das ungerecht; ich halte das für, empfinde das als ungerecht; **~** *un film intéressant* e-n Film interessant finden; *vous trouvez que c'est, st/s trouvez-vous que ce soit la peine de* (+*inf*)? finden Sie, daß es sich lohnt zu (+*inf*); ♦ *je lui trouve une certaine froideur* ich halte ihn für, finde ihn etwas kalt; ich finde, er ist etwas kalt; *je ne lui trouve pas bonne mine* ich finde, er sieht nicht gesund aus; **II** *v/pr* *se* **~ 5.** (*être*) sich befinden; sein; *dans les circonstances où je me trouve* in meiner jetzigen, augenblicklichen Lage; *se ~ pris dans un embouteillage* in e-n Stau geraten; *je me trouve dans l'impossibilité de* (+*inf*) ich kann unmöglich (+*inf*), es ist mir unmöglich zu (+*inf*); *elle se trouve dans une situation difficile* sie befindet sich in e-r schwierigen Lage; *se ~ devant un problème insurmontable* vor e-m unlösbaren Problem stehen; *le café se trouve en face de l'église* das Wirtshaus befindet sich, liegt der Kirche gegenüber; **6.** (*exister*) zu finden sein; sich finden; vorkommen; vor'handen sein; *c'est là que se trouve la difficulté* darin liegt die Schwierigkeit; *ce tronçon de route ne se trouve pas encore sur la carte* ist noch nicht auf der Karte zu finden; *votre nom ne se trouve pas sur cette liste* steht nicht auf dieser Liste; *impersonnel il se trouve toujours des gens qui ...* es finden sich, es gibt immer Leute, die ...; **7.** (*se sentir*) sich fühlen; *se ~ bien* sich wohl fühlen; *... et je m'en trouve très bien* ... und ich fühle mich sehr wohl dabei; ... und ich habe gut daran getan, F bin gut dabei gefahren; *se ~ dépaysé* sich fremd vorkommen; sich nicht zu Hause fühlen; *se ~ embarrassé* in Verlegenheit kommen, geraten; *se ~ mal* ohnmächtig werden; **8.** (*arriver*) sich ergeben; sich fügen; (*s'avérer*) sich her'ausstellen, erweisen (*être* als); *ça se trouve bien* das trifft sich gut; *si ça se trouve* möglich, daß; F kann sein, daß; *la nouvelle se trouva être fausse* die Nachricht stellte sich als falsch heraus, erwies sich als falsch; *impersonnel il se trouve que c'est lui qui ...* a) es fügt sich, es trifft sich, der Zufall will es, daß er ...; b) es zeigt sich, stellt sich heraus, daß er ...; **9.** (*se croire*) *se* **~** (+*adj*) sich halten für (+*adj*); sich (+*adj*) finden; *se ~ laid* sich für häßlich halten; sich häßlich finden

trouvère [tʀuvɛʀ] *m* nordfranzösischer Minnesänger

truand [tʀyɑ̃] *m* Ga'nove *m*; Gangster ['gɛn-] *m*

truander [tʀyɑ̃de] *v/t* F begaunern; übers Ohr hauen

trublion [tʀyblijɔ̃] *m* Unruhestifter *m*

truc [tʀyk] *m* **1.** F (*procédé habile*) Kniff *m*; Trick *m* (*a d'un prestidigitateur*); F Dreh *m*; Pfiff *m*; **connaître tous les ~s du métier** sein Handwerk verstehen; F alle Kniffe kennen; ein alter Hase sein; **maintenant, je connais le ~** F jetzt hab ich den Kniff, Dreh heraus; *trouver un, le ~ pour* (+*inf*) F e-n, den Kniff, Trick, Dreh finden, um zu (+*inf*); **2.** CIN Trick *m*; **3.** F (*chose*) Sache *f*; Ding *n*; F Dings *n*; Dingsda *n*; Dingsbums *n*; Zeug(s) *n*; *personne* F Dingsda *m*, -bums *m*; *un drôle de ~* e-e seltsame, komische, verrückte Sache; *qu'est-ce que c'est que ce ~-là?* was soll das denn sein?; F was is'n das für'n Ding?; *il a raconté tout un tas de ~s idiots* F er hat e-e Menge Quatsch, blödes Zeug erzählt; *j'ai rencontré ~* F ich hab' den Dingsda, -bums getroffen

trucage *cf* **truquage**

truchement [tʀyʃmɑ̃] *m par le ~ de qn* über, durch j-n; durch j-s Vermittlung

trucider [tʀyside] *iron v/t* 'umbringen; F um die Ecke bringen

trucmuche [tʀykmyʃ] *m* F Dingsda *n*, -bums *n*

truculen|ce [tʀykylɑ̃s] *f* Urwüchsigkeit *f*; **~ent** *adj personne, langue* urwüchsig; *langue a* saftig

truelle [tʀyɛl] *f* **1.** *outil de maçon* (Maurer)Kelle *f*; **2.** CUIS Vorlegemesser *n* für Fisch

truffe [tʀyf] *f* **1.** BOT, CUIS Trüffel *f*; **2. ~** (*en chocolat*) (Schoko'lade)Trüffel *f*; **3.** *du chien* Nase *f*

truffé [tʀyfe] *adj* **1.** CUIS getrüffelt; *foie gras ~* Trüffelleber *f*, -pastete *f*; **2.** *fig* gespickt (*de* mit)

truffer [tʀyfe] *v/t* **1.** CUIS trüffeln; **2.** *fig texte de citations, de fautes* spicken (*de* mit)

truie [tʀɥi] *f* ZO (Zucht)Sau *f*; Mutterschwein *n*

truisme [tʀyism(ə)] *m* (*lapalissade*) Binsenwahrheit *f*; (*banalité*) Gemeinplatz *m*; Triviali'tät *f*

truite [tʀɥit] *f* ZO Fo'relle *f*; **~ aux amandes** gebackene Forelle mit Mandeln

trumeau [tʀymo] *m* ⟨*pl ~x*⟩ **1.** ARCH Mittelpfosten *m*; **2.** *d'une cheminée* Ka'minspiegel *m*; **3.** F *fig vieux ~* F alte Schachtel

truquage [tʀykaʒ] *m* **1.** CIN Trickaufnahme *f*; **2. ~ des élections** Wahlschwindel *m*, -fälschung *f*

truqué [tʀyke] *adj* **1.** CIN, PHOT Trick...; *photo, scène ~e* Trickaufnahme *f*, -szene *f*; **2.** (*falsifié*) gefälscht; *cartes gezinkt*; *élections ~es* verfälschte, manipu'lierte Wahlen *f/pl*; Scheinwahlen *f/pl*; *match ~* Wettkampf *m ou* Spiel *n*, bei dem geschoben wurde

truquer [tʀyke] *v/t résultats, élections* fälschen; SPORTS **~ un combat** das Ergebnis e-s Wettkampfs absprechen

truqu|eur [tʀykœʀ] *m ou* **~iste** *m* CIN Tricktechniker *m*, -spezialist *m*

trust [tʀœst] *m* ÉCON Trust [-a-] *m*; **~er** *v/t* ÉCON vertrusten [-a-]; monopoli'sieren

tsar [dzaʀ, tsaʀ] *m* Zar *m*

tsar|évitch [dzaʀevitʃ, tsa-] *m* Za'rewitsch *m*; **~ine** *f* Zarin *f*; **~isme** *m* Za'rismus *m*; **~iste** *adj* za'ristisch

tsé-tsé [tsetse] *adj inv* ZO *mouche f ~* Tsetsefliege *f*

T.S.F. [teɛsɛf] *f abr* (*télégraphie sans fil*) *autrefois* **1.** drahtlose Telegra'phie *f*; **2.** (*radiodiffusion*) Rundfunk *m*

T-shirt [tiʃœʀt] *m cf* **tee-shirt**

tsigane [tsigan] **I** *adj* Zi'geuner...; *musique f ~* Zigeunermusik *f*; **II** *subst* ⟨₂⟩ *m,f* Zi'geuner(in) *m(f)*

tsoin-tsoin [tswɛ̃tswɛ̃] F *à la fin d'une chanson, à tagada ~!* schrumm, schrumm!; schrummfidebumm!

T.S.V.P. *abr* (*tournez, s'il vous plaît*) b. w. (bitte wenden)

T.T.C. *abr* (*toutes taxes comprises*) einschließlich aller Gebühren und Steuern

tu¹ [ty] *pr/pers* ⟨*vor Vokal u stummem h* F *t'*⟩ du; *dans une lettre* Du; F **qu'est-ce que t'as dit?** was hast du, F haste gesagt?; **dire ~ à qn** du zu j-m sagen; j-n mit du anreden; **être à ~ et à toi avec qn** mit j-m auf du und du stehen; j-s Duzfreund sein

tu² [ty] *p/p cf* **taire**

tuant [tɥɑ̃] F *adj chose* ermüdend; anstrengend; F strapazi'ös; *personne* F anstrengend; *c'est ~* F das bringt einen fast um; *il est ~* F er ist äußerst anstrengend; er tötet einen den Nerv

tub [tœb] *m* F Duschwanne *f*

tuba [tyba] *m* **1.** MUS Tuba *f*; **2.** SPORTS Schnorchel *m*

tubage [tybaʒ] *m* MÉD **~ gastrique** Einführung *f* e-r Magensonde, e-s Magenschlauchs; **~ du larynx** Intubati'on *f*

tubaire [tybɛʀ] *adj* MÉD *grossesse f ~* Eileiter-, Tubenschwangerschaft *f*

tubard [tybaʀ] F **I** *adj il est ~* F er hat die Motten; **II** *subst ~(e) m(f)* Tuberku'losekranke(r) *f(m)*

tube [tyb] *m* **1.** Rohr *n*; Röhre *f*; CHIM **à essai** Rea'genz-, Pro'bierglas *n*; *loc/adv* **en forme de ~** röhrenförmig; F **à pleins ~s** mit voller Kraft; F *foncer à pleins ~s* F mit Ka'racho fahren; rasen; *en voiture* a 'Vollgas geben; F auf die Tube drücken; **2.** ÉLECT Röhre *f*; **~ cathodique** Braunsche Röhre; Ka'thodenstrahlröhre *f*; **~ électronique** Elek'tronenröhre *f*; **~ fluorescent** Leuchtstofflampe *f*, -röhre *f*; **~ à décharge électrique, au néon** Gasentladungs-, Neonröhre *f*; **3.** Tube *f*; **~ de colle** Tube Klebstoff; **~ de dentifrice** Tube Zahnpasta; Zahnpastatube *f*; **~ de peinture** Farbtube *f*; *loc/adj* **en ~ ben...**; in der Tube; **4.** *pour médicaments etc* Röhrchen *n*; **~ d'aspirine** Röhrchen Aspirin; **~ de vanille** Röhrchen (mit) Vanille; **5.** MÉD, OPT Tubus *m*; **6.** *ANAT* Ka'nal *m*; ~ **digestif** a) Verdauungskanal *m*, -trakt *m*; b) F (*œsophage*) Speiseröhre *f*; **7.** F *MUS* Hit *m*; Schlager *m*

tubercule [tybɛRkyl] *m* **1.** *BOT* Knolle *f*; **2.** *ANAT* Höcker *m*; **3.** *MÉD* a) Knoten *m*; Knötchen *n*; b) *dans la tuberculose* Tu'berkel *m*

tuberculeux [tybɛRkylø] **I** adj ⟨-euse⟩ tuberku'lös; Tuberku'lose…; *bacilles m/pl* ~ Tu'berkelbakterien *f/pl*, -bazillen *m/pl*; *être* ~ Tuberkulose haben; **II** *subst* ~, **tuberculeuse** *m,f* Tuberku'losekranke(r) *f(m)*; Tbc-Kranke(r) *f(m)*

tuberculin|e [tybɛRkylin] *f MÉD* Tuberku'lin *n*; **~ique** *adj MÉD* Tuberku'lin…; *réaction f* ~ Tuberkulinreaktion *f*

tuberculose [tybɛRkyloz] *f MÉD* Tuberku'lose *f*; *abr* Tb(c) *f*; ~ *osseuse, pulmonaire* Knochen-, Lungentuberkulose *f*; ~ *des bovins* Rindertuberkulose *f*

tubéreuse [tybeRøz] *f BOT* Tube'rose *f*; Nachthyazinthe *f*

tubéreux [tybeRø] *adj* ⟨-euse⟩ *BOT* Knollen…; *racine tubéreuse* knollige Speicherwurzel

tubérosité [tybeRozite] *f ANAT* Höcker *m*

tubulaire [tybylɛR] *adj* **1.** röhrenförmig; Röhren…; **2.** (*en tubes métalliques*) Stahlrohr…; *échafaudage m* ~ Stahlrohrgerüst *n*

tubulure [tybylyR] *f TECH* **1.** *orifice* Stutzen *m*; Rohransatz *m*; **2.** *coll* Röhren *f/pl*; Rohre *n/pl*; *AUTO* ~ *d'admission* Ansaugrohr *n*

TUC *ou* **T.U.C.** [tyk] *m/pl abr* (*travaux d'utilité collective*) Beschäftigungs- und Eingliederungsprogramm *n* für arbeitslose Jugendliche

tuciste [tysist] *m,f* arbeitslose(r) Jugendliche(r), die (der) an den TUC teilnimmt

tudesque [tydɛsk] *adj litt, a péj* deutsch; ger'manisch

tué [tɥe] **I** *adj* getötet; *MIL* gefallen; *trois personnes ~es dans une explosion* drei Tote bei e-r Explosion; *cf a tuer 4.*; **II** *m* Getötete(r) *m*; Tote(r) *m*; *dans un accident* tödlich Verunglückte(r) *m*; *MIL* Gefallene(r) *m*

tue-mouche [tymuʃ] **I** *adj* *papier m* ~(*s*) Fliegenfänger *m*; **II** *m* ⟨*inv*⟩ *BOT* Fliegenpilz *m*

tuer [tɥe] **I** *v/t* **1.** *être vivant* töten (*a abs*); *personne a* 'umbringen; (*assommer*) totschlagen; erschlagen; *BOUCHERIE animal* schlachten; *CH* erlegen; schießen; *bactéries* abtöten; *mauvaise herbe, vermine* vertilgen; ~ *qn d'un coup de fusil* j-n erschießen; ~ *qn de plusieurs coups de couteau* j-n (mit dem Messer) erstechen; j-n durch mehrere Messerstiche töten, umbringen; *BIBL* **tu ne tueras point** du sollst nicht töten; ♦ *la voiture, en quittant la chaussée, a tué un passant* ein Fußgänger wurde von dem Wagen … tödlich verletzt; *le cancer tue des milliers de personnes par an* jährlich sterben Tausende an Krebs, fallen Tausende dem Krebs zum Opfer; ♦ *être tué* getötet werden; 'umkommen; ums Leben kommen; *à la guerre a fallen*; *être tué dans un accident* (*de voiture*) bei e-m (Verkehrs)Unfall 'umkommen, ums Leben kommen, getötet werden; tödlich verunglücken; *il s'est fait* ~ er ist 'umgekommen, ums Leben gekommen, *MIL* gefallen; **2.** *fig sentiments* (ab)töten; völlig abstumpfen; zerstören; *initiative a* abwürgen; *l'habitude tue l'amour* die Gewohnheit ist der Tod der Liebe; ~ *le temps* die Zeit totschlagen; **3.** *fig petit commerce etc* rui'nieren; zu'grunde richten; der Ru'in sein für; den Garaus machen (*+dat*); **4.** F *fig* (*épuiser*) F fertigmachen; krank machen; 'umbringen; *ça me tue, ce bruit* F dieser Lärm bringt mich noch um, macht mich ganz krank, wahnsinnig; *je suis tué!* F ich bin fix und fertig; ich bin total erledigt, ka'putt, hin, fertig; ich bin völlig erschlagen; **II** *v/pr se* ~ **5.** (*se suicider*) sich töten, 'umbringen; Selbstmord begehen; sich das Leben nehmen; **6.** (*mourir*) 'umkommen; ums Leben kommen; *se* ~ *en voiture, au volant de sa voiture* mit dem, s-m Wagen tödlich verunglücken; *au risque de se* ~ auf die Gefahr hin, dabei umzukommen, ums Leben zu kommen; unter Lebensgefahr; **7.** *fig se* ~ *au travail* sich totarbeiten; sich zu Tode arbeiten, F schinden; F *je me tue à lui répéter que …* ich sage es ihm tausendmal, daß …

tuerie [tyRi] *f* Blutbad *n*; Metze'lei *f*; Gemetzel *n*; Mas'saker *n*

tue-tête [tytɛt] *loc/adv à* ~ *crier* aus Leibeskräften; *chanter* aus vollem Hals; lauthals; mit schallender Stimme

tueur [tɥœR] **I** *m* **1.** (Massen)Mörder *m*; ~ (*à gages*) Killer *m*; gedungener Mörder; **2.** *dans un abattoir* Schlächter *m*; **II** *adj* ⟨-euse⟩ *abeilles tueuses* Killerbienen *f/pl*; *satellite m* ~ Killersatellit *m*

tuf [tyf] *m MINÉR* Tuff(stein) *m*; ~ *calcaire* Kalktuff *m*, -sinter *m*

tuile [tɥil] *f* **1.** (Dach)Ziegel *m*; ~ *mécanique* Falzziegel *m*; ~ *plate* Flachziegel *m*; ~ *romaine, ronde* Hohlziegel *m*; **2.** F *fig* *quelle* ~*!, il m'est arrivé une* ~*!* F so ein Pech!; das ist, war vielleicht ein Schlag ins Kontor!; **3.** *CUIS* Mandelplätzchen *n*

tuilerie [tɥilRi] *f* **1.** Ziege'lei *f*; Ziegelbrenne'rei *f*; **2.** *à Paris les* **~s** die Tuile'rien *pl*

tulipe [tylip] *f* **1.** *BOT* Tulpe *f*; *champ m de* **~s** Tulpenfeld *n*; **2.** *objet en verre* Tulpe *f*; Glocke *f*

tulipier [tylipje] *m BOT* Tulpenbaum *m*

tulle [tyl] *m* **1.** *TEXT* Tüll *m*; **2.** *PHARM* ~ *gras* mit Salbe getränkter Mullverband

tuméfaction [tymefaksjɔ̃] *f MÉD* a) (*gonflement*) Anschwellen *n*; b) (*enflure*) Schwellung *f*

tuméfi|é [tymefje] *adj* (an)geschwollen; verschwollen; *œil a* zugeschwollen; **~er** **I** *v/t* anschwellen lassen; **II** *v/pr se* ~ anschwellen

tumesc|ence [tymesɑ̃s] *f PHYSIOL*, *MÉD* Anschwellen *n*; **~ent** *adj* anschwellend

tumeur [tymœR] *f MÉD* Geschwulst *f*; Tumor *m*; ~ *bénigne* gutartige Geschwulst; ~ *maligne* bösartiger Tumor; ~ *au cerveau* (Ge)Hirntumor *m*

tumulte [tymylt] *m* **1.** Tu'mult *m*; Getöse *n*; lärmendes Getümmel *n*; ~ *de la rue* Straßenlärm *m*; *un* ~ *d'acclamations s'éleva* donnernder Applaus erhob sich; *la réunion s'est terminée dans le* ~ endete im allgemeinen Tumult; **2.** *fig* ~ *des affaires* Hektik *f*, Trubel *m* des Geschäftslebens, der Geschäfte; ~ *des passions* Aufruhr *m*, Sturm *m* der Leidenschaften

tumultueusement [tymyltɥøzmɑ̃] *adv* mit Getöse

tumultueux [tymyltɥø] *adj* ⟨-euse⟩ **1.** stürmisch; turbu'lent; tumultu'ös; *réunion a* lärmend; **2.** *litt flots* tosend; tobend; brausend; **3.** *fig* wie bewegt; *jeunesse* stürmisch; *passion* stürmisch; wild; heftig

tumulus [tymylys] *m* Tumulus *m*; Hügelgrab *n*

tune *cf* **thune**

tuner [tjunœR, tynɛR] *m RAD, STÉRÉO* Tuner [ˈtjuː-] *m*

tungstène [tœ̃kstɛn, tɑ̃-] *m CHIM* Wolfram *n*

tunique [tynik] *f* **1.** *ANTIQUITÉ* Tunika *f*; **2.** *corsage long* Kasack(bluse) *m(f)*; **3.** *MIL* Waffenrock *m*; **4.** *ANAT* Tunica *f*; Haut *f*

Tunis [tynis] Tunis *n*

Tunisie [tynizi] *la* ~ Tu'nesien *n*

tunisien [tynizjɛ̃] **I** *adj* ⟨-ne⟩ tu'nesisch; **II** *subst* ⚥(*ne*) *m(f)* Tu'nesier(in) *m(f)*

tunnel [tynɛl] *m* **1.** Tunnel *m*; ~ *ferroviaire, routier* Eisenbahn-, Straßentunnel *m*; ~ *du métro* U-Bahn-Tunnel *m*; ~ *sous la Manche* Ka'naltunnel *m*; ~ *sous le mont Blanc* Mont-Blanc-Tunnel *m*; *fig et plais* *un combat de nègres dans un* ~ ein dunkles, undeutliches Bild; *fig arriver, être au bout du* ~ die schwierigste Zeit, das Schlimmste hinter sich haben; *faire passer un* ~ *sous la Manche etc* unter'tunneln (*+acc*); *percer, creuser un* ~ e-n Tunnel bohren, bauen; **2.** *adjt PHYS effet m* ~ Tunneleffekt *m*

turban [tyRbɑ̃] *m* **1.** Turban *m*; *foulard etc enroulé en* ~ als Turban; in Turbanform; **2.** *adjt BOT lis m* ~ Türkenbund(lilie) *m(f)*

turbin [tyRbɛ̃] *arg m* Arbeit *f*

turbine [tyRbin] *f* **1.** Tur'bine *f*; ~ *hydraulique, à gaz, à vapeur* Wasser-, Gas-, Dampfturbine *f*; **2.** Turbomotor *m*; Tur'bine *f*

turbiner [tyRbine] *v/i arg* (*travailler*) F schuften; sich abrackern

turbo [tyRbo] **1.** *m abr* (*turbocompresseur*) Turbo *m*; *adjt* *moteur m* ~ Turbomotor *m*; **2.** *f voiture* Turbo *m*

turbo|compresseur [tyRbokɔ̃prɛsœR] *m TECH* Turbokompressor *m*; Kreiselverdichter *m*; *AUTO* Turbolader *m*; **~moteur** *m TECH* Turbomotor *m*; **~propulseur** *m AVIAT* Turbo-'Prop-Triebwerk *n*; **~réacteur** *m AVIAT* Turboluftstrahltriebwerk *n*

turbot [tyRbo] *m ZO* Steinbutt *m*

turbotière [tyRbɔtjɛR] *f CUIS* rautenförmige Fischpfanne

turbotrain [tyRbotRɛ̃] *m CH DE FER* Tur'binenzug *m*

turbulence [tyRbylɑ̃s] *f* **1.** *d'un enfant* Wildheit *f*; Lebhaftigkeit *f*; **2.** *PHYS, MÉTÉO* Turbu'lenz *f*

turbulent [tyRbylɑ̃] *adj* **1.** *enfant* wild; sehr lebhaft; ausgelassen; *enfant* ~ *a* Wildfang *m*; *être* ~ *a* her'umtoben; **2.** *PHYS* turbu'lent

turc [tyʀk] **I** adj ⟨turque⟩ türkisch; *bain ~* Dampfbad n; türkisches Bad; *café ~* türkischer Kaffee; *cabinets m/pl à la turque* Hockabort m; Stehklosett n; *assis à la turque* im Schneidersitz; **II** subst **1.** ♂, **Turque** m,f Türke m, Türkin f; POL *jeunes ♂s* Jungtürken m/pl; fig *être la tête de ♂ de qn* a) ridiculisé die Zielscheibe von j-s Spott sein; b) victime j-s Prügelknabe sein; *être fort comme un ♂* bären-, bullenstark sein; Bärenkräfte haben; **2.** LING *le ~* das Türkische; Türkisch n

turf [tyʀf, tœʀf] m Pferderennsport m; Turf m; **~iste** m,f a) amateur Liebhaber(in) m(f) von Pferderennen; **b)** parieur Wetter(in) m(f) bei Pferderennen

turgescence [tyʀʒesɑ̃s] f PHYSIOL Schwellung(szustand) f(m)

turista [tuʀista] f F ⟨diarrhée⟩ F plais Monte'zumas Rache f

turkmène [tyʀkmɛn] **I** adj turk'menisch; **II** m/pl ♂s Turk'menen m/pl

Turkménistan [tyʀkmenistɑ̃] *le ~* Turk'menien n

turlupiner [tyʀlypine] v/t F *ça me turlupine* das läßt mir keine Ruhe, verfolgt mich, quält mich

turlututu [tyʀlytyty] int *~ (chapeau pointu)!* papperla'papp!

turne [tyʀn] f F Bude f

turpitude [tyʀpityd] f st/s **a)** caractère Schändlichkeit f; Verworfenheit f; **b)** action Schandtat f; Schändlichkeit f

turque [tyʀk] cf turc

Turquie [tyʀki] *la ~* die Tür'kei

turquoise [tyʀkwaz] **I** subst **1.** f MINÉR Tür'kis m; **2.** m couleur Tür'kis n; **II** adj ⟨inv⟩ tür'kis(farben)

tussah [tysa] m TEXT Tussahseide f

tussilage [tysilaʒ] m BOT Huflattich m

tussor [tysɔʀ] m TEXT cf tussah

tutélaire [tyteleʀ] litt adj Schutz...; schützend

tutelle [tytɛl] f **1.** JUR **a)** DROIT CIVIL Vormundschaft f; *être en ~* unter Vormundschaft stehen; **b)** O.N.U. *régime m de ~* Treuhandschaft f; *territoire m sous ~* Treuhandgebiet n; **c)** *~ administrative* Staatsaufsicht f; **d)** *~ pénale* correspond à Sicherungsverwahrung f; **2.** ⟨dépendance⟩ Bevormundung f; (*main*)*tenir qn en, sous ~* j-n bevormunden, gängeln, am Gängelband führen; **3.** st/s *être sous la ~ des lois* unter dem Schutz der Gesetze stehen

tuteur [tytœʀ] m **1.** JUR Vormund m; *désigner, nommer un ~* e-n Vormund bestellen, benennen, berufen; **2.** JARD Stütze f

tuteurer [tytœʀe] v/t JARD (ab)stützen

tutoiement [tytwamɑ̃] m Duzen n

tutoyer [tytwaje] ⟨-oi-⟩ **I** v/t duzen; **II** v/pr *se ~* sich duzen; du zueinander sagen; F miteinander auf dem Duzfuß stehen, per du sein

tutrice [tytʀis] f (weiblicher) Vormund

tutti [tu(t)ti] m ⟨inv⟩ MUS Tutti n

tutti frutti [tutifʀuti] m ⟨inv⟩ glace Tutti'frutti n

tutti quanti [tutikwɑ̃ti] loc/adv *... et ~* ... und so weiter; ... und dergleichen mehr

tutu [tyty] m **1.** Bal'lettröckchen n; Tu'tu n; **2.** enf ⟨derrière⟩ Po'po m

tuyau [tɥijo] m ⟨pl ~x⟩ **1.** rigide Rohr n; Röhre f; souple, flexible Schlauch m; *~ d'arrosage* Gartenschlauch m; *~ de caoutchouc* Gummischlauch m; *~ de cheminée* Rauchabzugsrohr n; par ext Schornstein m; AUTO *~ d'échappement* Auspuffrohr n; *~ de pipe* Pfeifenrohr n, -stiel m; *~ de plomb* Bleirohr n; *~ de poêle* Ofenrohr n; F fig *il m'a glissé ça dans le ~ de l'oreille* er hat mir das im Vertrauen gesagt; **2.** F ⟨renseignement⟩ Tip m; *~ crevé* falscher Tip; **3.** *~ d'orgue* Orgelpfeife f; **4.** d'une plume d'oiseau (Feder-)Kiel m; **5.** BOT *~ (de tige)* (Getreide-)Halm m

tuyauter [tɥijote] v/t **1.** F ⟨renseigner⟩ *~ qn* j-m Tips geben; j-n mit Tips versorgen; **2.** du linge amidonné mit Tollfalten versehen

tuyauterie [tɥijotʀi] f **1.** Röhren f/pl; Rohre n/pl; Rohrleitung(en) f(pl); **2.** d'un orgue Pfeifen f/pl

tuyère [tɥijɛʀ] f TECH (Schub)Düse f

T.V.A. [tevea] f abr ⟨taxe sur, à la valeur ajoutée⟩ Mehrwertsteuer f (abr MwSt.)

tweed [twid] m TEXT Tweed [-i:-] m

twin-set [twinsɛt] m ⟨pl twin-sets⟩ MODE Twinset n ou m

twist [twist] m danse Twist m

tympan [tɛ̃pɑ̃] m **1.** ANAT Trommelfell n; *un bruit à crever, déchirer le ~* (ein) ohrenbetäubender Lärm; **2.** ARCH Tympanon m; Giebel-, Bogenfeld n

tympanon [tɛ̃panɔ̃] m MUS Hackbrett n

type [tip] m **1.** Typ(us) m (a PHILOS, BIOL, LITTÉRATURE); Urbild n; Ur-, Grundform f; BOT, ZO a typischer Vertreter; *du ~ américain* etc amerikanischer etc Prägung; nach amerikanischem etc Muster, Modell; *c'est le ~ du provincial* er ist der Typ des Provinzlers, der typische Provinzler; **2.** se rapportant à l'extérieur d'une personne Typ m; *un certain ~ de beauté* ein bestimmter Schönheitstyp; *elle a le ~ nordique* sie ist ein nordischer Typ; *ce n'est pas mon ~* er ou sie ist nicht mein Typ, ist nicht der Typ, der mir gefällt; **3.** F ⟨gars⟩ F Kerl m; Typ m; Macker m; Mannsbild n; *un chic ~* ein feiner, prima Kerl; ein Prachtkerl; ein dufter Typ; *un pauvre ~* ein armer, bedauernswerter Kerl; *un sale ~* ein widerlicher, gräßlicher Kerl; ein übler Kunde; *un drôle de ~* ein seltsamer Kauz; *c'est un ~ marrant* der ist vielleicht 'ne Type, Marke!; *elle est venue avec son ~* sie ist mit ihrem Typen, Kerl gekommen; **4.** TECH Mo'dell n;

Typ m; Bauart f; Ausführung f; **5.** adj **a)** typisch; charakte'ristisch; *erreur f ~* typischer, charakteristischer Fehler, Irrtum; *l'intellectuel m ~* der Typ des Intellektuellen; der typische Intellektuelle; **b)** ADM Muster...; Standard...; *contrat m ~* Muster-, Standardvertrag m; **6.** TYPO Letter f; (Druck)Type f

typé [tipe] adj *bien, très, fortement ~* ganz typisch; mit typischen Zügen; *THÉ personnage très ~* ausgeprägter Typ; typi'sierte Fi'gur; *il est très ~* er ist ein sehr ausgeprägter Typ

typer [tipe] v/t création artistique typi'sieren

typesse [tipɛs] f F péj Frauenzimmer n; Weibsbild n

typhique [tifik] MÉD **I** adj **1.** ⟨du typhus⟩ Fleckfieber...; **2.** ⟨de la typhoïde⟩ Typhus...; **II** m,f **1.** an Fleckfieber Erkrankte(r) f(m); **2.** Typhuskranke(r) f(m)

typhoïde [tifɔid] MÉD f ou adj *fièvre ~* Typhus m

typhon [tifɔ̃] m Tai'fun m

typhus [tifys] m MÉD *~ (exanthématique)* Fleckfieber m, -typhus m

typique [tipik] adj typisch, charakte'ristisch (*de* für); *cas m ~* typischer Fall; *~ment* adv typisch

typo [tipo] **1.** m,f abr cf *typographe*; **2.** f abr cf *typographie*

typograph|e [tipɔgʀaf] m,f Schriftsetzer(in) m(f); ⟨compositeur à la main⟩ (Hand)Setzer(in) m(f); *~ie* f Typogra'phie f ⟨a manière⟩; Buchdruckerkunst f; Druck m; *~ique* adj typo'graphisch; Buchdruck...

typologie [tipɔlɔʒi] f Typolo'gie f

tyran [tiʀɑ̃] m HIST et fig Ty'rann m; *~ domestique* Haustyrann m; *c'est un véritable, vrai ~* er ist ein richtiger Tyrann

tyrannie [tiʀani] f POL et fig Tyran'nei f; Gewalt-, Willkürherrschaft f; HIST Ty'rannis f; fig: *~ de la mode* Dikta'tur f der Mode; *d'un père* Tyrannei e-s Vaters; *exercer sa ~ sur qn* j-n tyranni'sieren

tyrannique [tiʀanik] adj ty'rannisch; fig mode etc dikta'torisch; des'potisch; *femme f ~* tyrannische Frau; Ty'rannin f; *régime m ~* Gewaltherrschaft f; Tyran'nei f

tyranniser [tiʀanize] v/t *~ qn* j-n tyranni'sieren; *se laisser ~* sich tyrannisieren lassen; de choses, de sentiments völlig beherrscht werden (*par* von)

Tyrol [tiʀɔl] *le ~* Ti'rol n

tyrolien [tiʀɔljɛ̃] **I** adj ⟨~ne⟩ Ti'roler(...); ti'rolerisch; *chapeau ~* Tirolerhut m; Trachtenhut m; **II** subst **1.** ♂(ne) m(f) Ti'roler(in) m(f); **2.** *~ne* f MUS Jodellied n; Jodler m

Tyrrhénienne [tiʀenjɛn] adj *la mer ~* das Tyr'rhenische Meer

tzar cf tsar

tzigane cf tsigane

U

U, u [y] *m* ⟨*inv*⟩ U, u [u:] *n*; **en U** U-förmig; **tube** *m* **en U** U-Rohr *n*

ubac [ybak] *m GÉOGR* Nordhang *m*, -seite *f*

ubiquité [ybikµite] *f* All'gegenwart *f*; *fig* **je n'ai pas le don d'~** ich kann nicht überall zugleich sein

ubuesque [ybyɛsk] *adj* gro'tesk; ab'surd

U.D.F. [ydeɛf] *f abr* (*Union pour la démocratie française*) *POL* Partei der bürgerlich-liberalen Mitte

UEFA [yefa] *ou* **U.E.F.A.** [yɔefa] *f abr* (*Union européenne de football association*) UEFA *f* (Europäischer Fußballverband); **coupe** *f* **de l'~** UEFA-Cup *m*; UEFA-Pokal *m*

U.E.O. [yɔo] *f abr* (*Union de l'Europe occidentale*) WEU *f* (Westeuropäische Union)

U.F.R. [yɛfɛʀ] *f abr* (*unité de formation et de recherche*) *UNIVERSITÉ* Fachbereich *m*

U.H.T. [yaʃte] *abr* (*ultra-haute température*) **lait** *m* **~** H-Milch *f*

U.I.T. [yite] *f abr* (*Union internationale des télécommunications*) IFU *f* (Internationale Fernmeldeunion)

ukase [ykaz] *m HIST et fig* Ukas *m*

Ukraine [ykʀɛn] *l'~ f* die Ukra'ine *ou* U'kraine

ukrainien [ykʀɛnjɛ̃] **I** *adj* ⟨-ne⟩ u'krainisch; **II** *subst* **1.** ⟨ne⟩ *m(f)* U'krainer(-in) *m(f)*; **2.** *LING* **l'~** *m* das U'krainische; U'krainisch *n*

ulcération [ylseʀasjɔ̃] *f MÉD* Geschwürbildung *f*

ulcère [ylsɛʀ] *m MÉD* Geschwür *n*; **~ à ou de l'estomac** Magengeschwür *n*

ulcéré [ylseʀe] *adj* tief gekränkt; verbittert

ulcér|er [ylseʀe] ⟨-è-⟩ **I** *v/t* **~ qn** j-n tief kränken; j-n verbittern; **II** *v/pr* **s'~** *MÉD* geschwürig werden; **~eux** *adj* ⟨-euse⟩ *MÉD* geschwürig; mit Geschwüren bedeckt

U.L.M. [yɛlɛm] *m abr* (*ultra-léger motorisé*) Ultraleichtflugzeug *n*

ultérieur [ylteʀjœʀ] *adj* spätere(r, -s); (zu)künftige(r, -s); weitere(r, -s); nachträgliche(r, -s); **~ement** *adv* später; in der Folge; her'nach; nachträglich

ultimatum [yltimatɔm] *m* Ulti'matum *n*; ultima'tive Forderung; **adresser, envoyer un ~** ein Ultimatum stellen (**à** *dat*)

ultime [yltim] *adj* allerletzte(r, -s); äußerste(r, -s)

ultra [yltʀa] *m POL* Ultra *m*; Rechtsradikale(r) *m*, -extremist *m*; Scharfmacher *m*

ultra... [yltʀa] *préfixe* sehr; 'überaus; ex'trem; hoch...; F super...; *POL, sc* ultra...; Ultra...; *cf les articles suivants*

ultra|-chic [yltʀaʃik] *adj* hochelegant; F todschick; **~-confidentiel** *adj* ⟨~le⟩ streng vertraulich; **~-conservateur** *adj* ⟨-trice⟩ erzkonservativ; **~-court** *adj* **ondes ~es** Ultra'kurzwellen *f/pl* (*abr* UKW)

ultramicroscope [yltʀamikʀɔskɔp] *m* Ultramikroskop *n*

ultramoderne [yltʀamɔdɛʀn] *adj* hochmodern; F supermodern

ultramontain [yltʀamɔ̃tɛ̃] *ÉGL CATH* **I** *adj* ultramon'tan; **II** *m* Ultramon'tane(r) *m*

ultra|perfectionné [yltʀapɛʀfɛksjɔne] *adj* hochentwickelt; äußerst perfektio'niert; **~-rapide** *adj* ex'trem schnell; F superschnell; **~-sensible** *adj* hochempfindlich

ultrason *ou* **ultra-son** [yltʀasɔ̃] *m* Ultraschall *m*

ultraviolet *ou* **ultra-violet** [yltʀavjɔlɛ] **I** *adj* ⟨~te⟩ ultraviolett; **rayons ~s** ultraviolette Strahlen *m/pl*; **II** *m* Ultraviolett *n*

ululer *cf* **hululer**

Ulysse [ylis] *m MYTH* O'dysseus *m*

un [ɛ̃, œ̃] *m*, **une** [yn] *f*

I *num/c* **a)** *emploi isolé*: **un** ⟨*inv*⟩ eins; **un et un** [ɛ̃eɛ̃] **font deux** eins und eins ist zwei; (**à la**) **page un** (auf) Seite eins; ♦ *subst* **le un** die Eins; *südd a* der Einser; **habiter au un** (Haus)Nummer eins wohnen; *autres locutions cf* **deux** *II*; **b)** *devant un subst*: **un** ein *m*, **une** *f*, *n* ein (*elliptiquement* einer, eine, ein[e]s); **un an** [ɛ̃nɑ̃] ein Jahr; **une fois par semaine** einmal wöchentlich; **pas un mot** kein Wort; **trente et une pages** einunddreißig Seiten; **en un mot** mit einem Wort; **il est une heure** es ist ein Uhr *ou* eins; ♦ *elliptiquement*: **combien d'enfants? un** ein(e)s; **trois heures une** (**a un**) drei Uhr eins; **trois voix contre une** drei Stimmen gegen eine; *loc*: **une!... deux!... zwei!**; F **ne faire ni une ni deux** nicht lange fackeln; *journal* **à la une** auf der ersten Seite; *TV* F **sur la Une** im Ersten (*Programm*); **à la une, à la deux, à la trois!** und eins, und zwei, und drei!; **et d'un** *ou* **et d'une** das wäre eine(r, -s); eine(n, -s) hätten wir; **il était moins une** es hätte nicht mehr viel gefehlt; **c)** *adj*: eins; einzig; **la vérité est une** es gibt nur eine Wahrheit; **c'est tout un** es ist ganz einerlei; das kommt alles gleiche heraus; **ne faire qu'un** eins, unzertrennlich sein; ein Herz und eine Seele sein; **d)** *emploi pronominal*: **pas un(e)** nicht einer, eine, ein(e)s; keiner, keine, kein(e)s; **comme pas un** wie kein anderer; **un seul** einer allein; ein einzelner; **pas un seul** kein einziger; **un à un** [ɛ̃naɛ̃] *ou* **un par un** einer nach dem anderen; einzeln; **un sur trois** einer von dreien;

II *article indéfini*: *m* ein, *f* eine, *n* ein (*elliptiquement* einer, eine, ein[e]s); **un arbre** ein Baum; **une vieille maison** ein altes Haus; **un autre** ein anderer; **d'une voix plaintive** mit klagender Stimme; **il y avait un monde!** es war(en) eine (Un)Menge Leute da!; da war(en) vielleicht eine Menge Leute!; **c'était d'un ridicule!** war das lächerlich!; so was von Lächerlichkeit!; **c'est une Dupont** sie ist eine Dupont; **ce n'est pas un Français** das ist kein Franzose; **venez un jeudi** kommen Sie an einem Donnerstag; ♦ *elliptiquement*: **as-tu un crayon? j'en ai un** ich habe einen; F **en raconter une bien bonne** e-n tollen Witz erzählen;

III *pr/ind*: *m* einer, *f* eine, *n* ein(e)s; **un des peintres les plus connus** einer der bekanntesten Maler; **un de mes amis** ein Freund von mir; **l'un d'eux** einer von ihnen; **de deux choses l'une** eins von beiden; **un de ces jours** an einem dieser Tage; **en voilà un qui ...** hier ist einer, der ...; **j'en connais une qui ...** ich kenne eine, die ...; ♦ **l'un(e) ..., l'autre ...** der (die) eine ..., der (die) andere ...; **les un(e)s ..., les autres ...** die einen ..., die anderen ...; **l'un dans l'autre** im großen und ganzen; **l'un et l'autre** beide; **ni l'un ni l'autre** keiner *ou* kein(e)s von beiden; **ils sont plus bêtes les uns que les autres** die einen sind noch dümmer als die anderen; **être toujours chez l'un ou chez l'autre** immer bei irgend jemand(em) zu Besuch sein; **c'est l'un ou l'autre** entweder – oder; eins von beiden; **chez lui, c'est tout l'un ou tout l'autre** er fällt immer von einem Extrem ins andere; ♦ *réciproquement*: **l'un(e) l'autre** *ou* **les un(e)s les autres** sich gegenseitig; ein'ander; **l'un après, avec, contre, pour l'autre** nach-, mit-, gegen-, füreinander; **l'un en face de l'autre** einander *ou* sich gegen'über; **ils ont besoin les uns des autres** sie brauchen einander; gegenseitig; **loin l'un de l'autre** weit voneinander entfernt; **jalouses l'une de l'autre** aufein'ander neidisch

unanime [ynanim] *adj* einmütig; einstimmig; einhellig; **d'une voix ~** einstimmig, einmütig; **ils sont ~s à approuver le projet** sie billigen das Projekt einstimmig

unanimité [ynanimite] f Einmütigkeit f; Einstimmigkeit f; Einhelligkeit f; POL ~ **des suffrages, voix** Einstimmigkeit f; loc/adv **à l'~** einstimmig; **être élu à l'~ moins trois voix** (fast einstimmig) bei nur drei Gegenstimmen gewählt werden

underground [œndəʀgʀawnd] m Underground ['andəgraund] m; Subkultur f; adjt Underground...

une [yn] cf **un**

UNEDIC ou **U.N.E.D.I.C.** [ynedik] f abr (Union nationale pour l'emploi dans l'industrie et le commerce) correspond à Arbeitslosenversicherung f

UNEF ou **U.N.E.F.** [ynɛf] f abr (Union nationale des étudiants de France) Nationaler französischer Studentenverband

uni [yni] adj **1.** vereint; vereinigt; **les Nations Unies** die Vereinten Nationen f/pl; **2. couple ~** Ehepaar, das sich gut versteht; **famille ~e** einträchtig zusammenlebende Familie; **3.** tissu, papier peint u'ni; einfarbig und ungemustert; papier glatt; unlin(i)iert; subst **de l'~** einfarbiger und ungemusterter Stoff; **4.** litt (monotone) gleich-, einförmig; **5.** surface glatt; eben

uniate [ynjat] adj ÉGL u'niert

unicellulaire [yniselylɛʀ] BIOL I adj zellig; II m/pl **~s** Einzeller m/pl

unicité [ynisite] f Einmaligkeit f; Einzigartigkeit f

unidirectionnel [ynidiʀɛksjɔnɛl] adj ⟨~le⟩ RAD einseitig gerichtet; cf a **directionnel**

unième [ynjɛm] num/o **vingt et ~** einundzwanzigste(r, -s); **cent ~** hundert'erste(r, -s)

unific|ateur [ynifikatœʀ] adj ⟨-trice⟩ einigend; **~ation** f **1.** de tarifs etc Vereinheitlichung f; **2.** d'un pays etc Einigung f

unifier [ynifje] v/t **1.** tarifs, poids et mesures, programmes scolaires etc vereinheitlichen; **2.** pays, parti politique etc einigen

uniforme [ynifɔʀm] I adj **1.** (semblable, régulier) gleichförmig, -artig, -mäßig; einheitlich; **2.** (monotone) ein-, gleichförmig; eintönig; II m Uni'form ou 'Uniform f; pour certains métiers Dienst-, Berufskleidung f; écoliers **en ~** einheitlich gekleidet; **en grand ~** in Galauniform; fig: **endosser l'~** Sol'dat werden; **quitter l'~** aus dem Mili'tärdienst ausscheiden

uniformément [ynifɔʀmemɑ̃] adv gleichartig, -förmig, -mäßig; einheitlich

uniformis|ation [ynifɔʀmizasjɔ̃] f Vereinheitlichung f; **~er** v/t vereinheitlichen; einheitlich gestalten

uniformité [ynifɔʀmite] f **1.** Gleichförmigkeit f, -artigkeit f, -mäßigkeit f; Einheitlichkeit f; **2.** (monotonie) Einförmig-, Gleichförmigkeit f; Eintönigkeit f

unijambiste [yniʒɑ̃bist] m,f Beinamputierte(r) f(m)

unilatéral [ynilateʀal] adj ⟨-aux⟩ einseitig; **stationnement ~** einseitiges Parken

unilingue [ynilɛ̃g] adj einsprachig

uninominal [yninɔminal] adj ⟨-aux⟩ **scrutin ~** Per'sönlichkeits-, Einzelwahl f

union [ynjɔ̃] f **1.** Uni'on f; Bund m; Zu'sammenschluß m; Verband m; ~ **douanière** Zollunion f; **⚥ européenne** Europäische Union (abr EU); **~ de consommateurs** Verbraucherverband m; **2. ~** (conjugale) Ehe(bund) f(m); **~ libre** Ehe f ohne Trauschein; eheähnliche Gemeinschaft; **3.** (entente) Einigkeit f; **faire l'~ sacrée** wie ein Mann zu'sammenstehen; prov **l'~ fait la force** Einigkeit macht stark (prov); **4.** (relation) Verbindung f; Vereinigung f (a BIOL); **~ charnelle** Geschlechtsakt m; REL **~ mystique** mystische Vereinigung; **trait m d'~** Bindestrich m; fig Bindeglied n

uniprix [ynipʀi] m (nom déposé) Einheitspreisgeschäft n; (billiges) Warenhaus

unique [ynik] adj **1.** (seul) einzig; al'leinig; paiement etc einmalig; **enfant** m,f **~** Einzelkind n; **fils m ~** einziger Sohn; REL **le Fils ~** der eingeborene Sohn; POL **liste** f, **parti m ~** Einheitsliste f, -partei f; **prix m ~** Einheitspreis m; (**rue** f **à**) **sens m ~** Einbahnstraße f; CH DE FER **voie** f **~** eingleisige Strecke; **c'est son ~ souci** das ist s-e einzige Sorge; **2.** (particulier) einzigartig; einmalig; **une occasion ~** e-e einmalige Gelegenheit; **~ au monde** wirklich einmalig; **~ en son genre** einzig in s-r Art; **il est vraiment ~!** er ist wirklich einmalig!

uniquement [ynikmɑ̃] adv einzig und al'lein; nur; bloß; **pas ~** nicht nur; abs nicht nur das

unir [yniʀ] I v/t verein(ig)en, verbinden (à mit); einigen; couple trauen; **~ deux continents** zwei Kontinente verbinden; l'amitié **qui nous unit** die uns verbindet; p/p **unis dans la lutte contre ...** vereint im Kampf gegen ...; II v/pr **s'~** sich verein(ig)en; **s'~ contre qn** sich gegen j-n verbünden, zu'sammenschließen

uni|sexe [ynisɛks] adj vêtement Unisex...; gleich für Mann und Frau; **~sexué** adj BIOL eingeschlechtig

unisson [ynisɔ̃] m **1.** MUS Uni'sono n; Einklang m; **chanter à l'~** unisono singen; **2.** fig **à l'~** im Gleichklang

unitaire [ynitɛʀ] adj einheitlich; Einheits...

unité [ynite] f **1.** (cohésion) Einheit f; Einheitlichkeit f; Geschlossenheit f; **~ nationale** nationale Einheit; THÉ **~ d'action, de lieu, de temps** Einheit der Handlung, des Ortes, der Zeit; POL **~ d'action** einheitliches Vorgehen; Akti'onseinheit f, -gemeinschaft f; **2.** (mesure) (Maß)Einheit f; **~ monétaire** Währungseinheit f; FIN **~ de compte** Rechnungseinheit f; **~ de longueur, de masse, de mesure, de poids, de temps** Längen-, Massen-, Maß-, Gewichts-, Zeiteinheit f; **3.** (ensemble) Einheit f; **~ administrative** Verwaltungseinheit f; **4.** MIL Einheit f; Truppenteil m; Verband m; MAR MIL Kriegsschiff n; **rejoindre son ~** zu s-r Einheit zurückkehren; **5.** MATH Einer m; **chiffre m des ~s** Einerstelle f; **6.** COMM Stück n; **prix m à l'~** Einzel-, Stückpreis m; Preis m pro Stück; **7.** UNIVERSITÉ: **~ de formation et de recherche** (abr **U.F.R.**) Fachbereich m; **~ de valeur** (abr **U.V.**) correspond à Schein m; **8.** INFORM Gerät n; **~ centrale** Zen'traleinheit f; **~ périphérique** peripheres Gerät; **~ d'entrée** Eingabegerät n

univers [ynivɛʀ] m **1.** (cosmos) ⚥ Weltall n; Uni'versum n; All n; **2.** fig Welt f; **l'~ de l'enfance** die Welt des Kindes; **3.** st/s (monde entier) Erdkreis m

universalis|ation [ynivɛʀsalizasjɔ̃] f allgemeine Verbreitung f; **~er** v/t allgemein verbreiten; verallge'meinern

universalité [ynivɛʀsalite] f **1.** d'une personne, des connaissances, de la culture Universali'tät f; All-, Vielseitigkeit f; d'une langue, d'une croyance allgemeine Verbreitung; Allgemeinheit f; d'une vérité, d'une loi Allgemeingültigkeit f; **2.** JUR Gesamtheit f; **l'~ de la succession** der gesamte Nachlaß

universel [ynivɛʀsɛl] adj ⟨~le⟩ **1.** (général) univer'sal; Univer'sal...; univer'sell; allgemein(gültig, verbreitet); alles um'fassend; allumfassend; Gesamt...; personne, connaissances, culture univer'sal; all-, vielseitig; TECH **clé ~le** Universal(schrauben)schlüssel m; **légataire ~** Al'lein-, Universalerbe m; **pince ~le** Kombizange f; **suffrage ~** allgemeines Wahlrecht; **2.** (mondial) Welt...; weltweit; **exposition ~le** Weltausstellung f

universellement [ynivɛʀsɛlmɑ̃] adv allgemein

universitaire [ynivɛʀsitɛʀ] I adj Universi'täts...; Hochschul...; aka'demisch; **cité** f **~** Stu'dentenstadt f ou -wohnheim n; **diplôme m ~** Universitäts-, Hochschuldiplom n; **études** f/pl **~s** Universitäts-, Hochschulstudium n; **restaurant m ~** Mensa f; II m,f Hochschullehrer(in) m(f)

université [ynivɛʀsite] f **1.** Universi'tät f; Hochschule f; **~ populaire** Volkshochschule f; **~ d'été** Ferienkurse m/pl; **l'⚥ de Strasbourg** die Universität Straßburg; **conseil m de l'~** correspond à Se'nat m; **à l'~** an der Universität; **2. l'⚥** der Lehrkörper aller französischen Schulen und Hochschulen

Untel [ɛ̃tɛl, œ̃-] monsieur, madame **~** Herr, Frau Sowieso, Soundso

upérisé [ypeʀize] adj lait **~** uperi'sierte Milch; H-Milch f

uppercut [ypɛʀkyt] m BOXE Aufwärtshaken m; Uppercut ['apəʀkat] m

U.P.U. [ypey] f abr (Union postale universelle) Weltpostverein m

uranifère [yʀanifɛʀ] adj u'ranhaltig

uranium [yʀanjɔm] m CHIM U'ran n

Uranus [yʀanys] ASTR (der) Uranus

urbain [yʀbɛ̃] adj städtisch; Stadt...; **agglomération ~e** städtische Siedlung; Stadt f; **grand centre ~** Großstadt f; **chauffage ~** Fernheizung f; **population ~e** Stadtbevölkerung f; TÉL **réseau ~** Ortsnetz m

urban|isation [yʀbanizasjɔ̃] f Verstädterung f; **~iser** v/pr **s'~** verstädtern; adjt **zones urbanisées** verstädterte Gebiete n/pl; Gebiete mit städtischem Cha'rakter; **~isme** m (Stadtplanung f und) Städtebau m

urbanist|e [yʀbanist] m ou adjt architecte **~** Städtebauer m, -planer m; **~ique** adj städtebaulich

urbanité [yʀbanite] litt f Höflichkeit f; Zu'vorkommenheit f; litt Urbani'tät f

urée [yʀe] f PHYSIOL Harnstoff m; F

avoir de l'~ zuviel Harnstoff im Blut haben
urémie [yʀemi] *f MÉD* Harnvergiftung *f*; Urä'mie *f*; *crise f d'~* akute Harnvergiftung
uretère [yʀtɛʀ] *m ANAT* Harnleiter *m*
urètre [yʀɛtʀ(ə)] *m ANAT* Harnröhre *f*
urgence [yʀʒɑ̃s] *f* **1.** Dringlichkeit *f*; Eiligkeit *f*; *POL état m d'~* Notstand *m*; Ausnahmezustand *m*; *mesures f/pl d'~* So'fortmaßnahmen *f/pl*; *POL* Notstandsmaßnahmen *f/pl*; *programme m n*; *loc/adv: d'~* dringend; so'fort; *opérer, prévenir qn d'~* j-n sofort operieren, benachrichtigen; *de toute ~* schnellstens; *en cas d'~* in eiligen, dringenden Fällen; wenn es eilig, dringend ist; *il y a ~* es eilt; es ist dringend, eilig; die Sache drängt; **2.** *MÉD une ~* ein dringender, eiliger Fall; *service m des ~s* Notaufnahme *f*
urgent [yʀʒɑ̃] *adj* dringend; eilig; (vor-)dringlich; *besoin ~ en* dringender Bedarf an (*+dat*); *cas ~* eiliger, dringender Fall; (*très*) *~!* eilt (sehr)!; *c'est ~* es ist eilig, dringend; es eilt; *des secours ~s sont nécessaires* schnelle, so'fortige Hilfe ist nötig
urger [yʀʒe] F *v/i* ⟨-geait⟩ *ça urge* es eilt; es ist dringend
urinaire [yʀinɛʀ] *adj* Harn...; *ANAT voies f/pl ~s* Harnwege *m/pl*
urinal [yʀinal] *m* ⟨*pl* -aux⟩ U'rinflasche *f*; Uri'nal *n*
urine [yʀin] *f* U'rin *m*; Harn *m*; *~s pl* (entleerter) Harn, Urin; *analyse f d'~s* U'rin-, Harnuntersuchung *f*
urin|er [yʀine] *v/i* uri'nieren; Wasser lassen; *~oir m* Pis'soir *n*; Bedürfnisanstalt *f*
urique [yʀik] *adj CHIM acide m ~* Harnsäure *f*
urne [yʀn] *f* **1.** Urne *f*; *~ cinéraire, funéraire* Aschen-, Graburne *f*; **2.** *~ (électorale)* Wahlurne *f*; *aller, se rendre aux ~s* wählen (gehen); zur Wahl gehen
uro|génital [yʀɔʒenital] *adj* ⟨-aux⟩ *ANAT appareil ~* Harn- und Geschlechtsorgane *n/pl*; Urogeni'talsystem *n*; *~logie f MÉD* Urolo'gie *f*; *~logue m,f* Uro'loge *m*, Uro'login *f*
URSS [yʀs] *ou* **U.R.S.S.** [yɛʀɛsɛs] *abr* (*Union des républiques socialistes soviétiques*) *HIST l'~ f* die UdSSR (Union der Sozialistischen Sowjetrepubliken)
ursuline [yʀsylin] *f ÉGL CATH* Ursu'line *ou* Ursu'linerin *f*
urticaire [yʀtikɛʀ] *f MÉD* Nesselsucht *f*, -ausschlag *m*, -fieber *n*
Uruguay [yʀygwɛ] *l'~ m* Urugu'ay *n*
uruguayen [yʀygwɛjɛ̃] **I** *adj* ⟨*~ne*⟩ urugu'ayisch; **II** *subst* ♀(*ne*) *m*(*f*) Urugu'ayer(in) *m*(*f*)
us [ys] *m/pl ~ et coutumes* Sitten und Gebräuche *pl*
usage [yzaʒ] *m* **1.** (*utilisation*) Gebrauch *m*; Benutzung *f*; Anwendung *f*; Verwendung *f*; *de drogues etc* Genuß *m*; ♦ *loc/adv et loc/adj*: *à l'~* beim Gebrauch; bei (der) Anwendung; *à l'~ de qn* für j-n (zum Gebrauch); *à l'~ des écoles* für den Schulgebrauch; für Schulen; *médicament à ~ externe, interne* äußerlich, innerlich anzuwenden; für äußerliche, innerliche Anwendung; *à ~s*

multiples Mehrzweck...; *être encore en ~* noch verwendet, gebraucht werden; *'hors d'~* außer Gebrauch; *vêtements etc* abgelegt; abgetragen; *pour son ~ personnel* für den, s-n persönlichen Gebrauch; ♦ F *faire de l'~* dauerhaft, strapa'zierfähig sein; lange halten; *faire ~ de qc* etw verwenden, gebrauchen, anwenden; *faire un ~ immodéré d'alcool* unmäßig, 'übermäßig (Alkohol) trinken; *faire (un) bon ~ de son argent* sein Geld vernünftig verwenden; *faire ~ de la force* Gewalt anwenden; *perdre l'~ de la parole* die Sprache verlieren; *retrouver l'~ de ses sens* wieder zu sich kommen; *servir à divers, plusieurs ~s* verschiedenen, mehreren Zwecken dienen; **2.** *de la langue* Sprachgebrauch *m*; *~ courant* allgemeiner Sprachgebrauch; *orthographe f d'~* festgelegte Orthographie; *mot, expression en ~* üblich; gebräuchlich; *expression consacrée par l'~* Ausdruck, der sich eingebürgert hat; *indiquer l'~ d'un mot* angeben, wie ein Wort gebraucht wird; **3.** (*coutume*) Brauch *m*; Sitte *f*; F Usus *m*; *~ ancien* alter Brauch; alte Sitte; *litt avoir l'~ du monde* weltgewandt sein; Lebensart haben; *loc/adj d'~* üblich; gebräuchlich; *il est d'~ de* (*+inf*) es ist üblich, Brauch, Usus (*+inf*); *comme il est d'~* wie es, das üblich ist; *se conformer aux ~s d'un pays* sich den Bräuchen, Sitten, Gewohnheiten e-s Landes anpassen; *c'est l'~* das ist so üblich; **4.** *JUR ~ de faux* Gebrauch von falschen Beurkundungen
usagé [yzaʒe] *adj vêtements* gebraucht; getragen; *huile ~e, verre ~* Altöl *n*, -glas *n*
usager [yzaʒe] *m* **1.** Benutzer *m*; Teilnehmer *m*; *~ de la poste* Postkunde *m*; *~ de la route* Straßenbenutzer *m*; Verkehrsteilnehmer *m*; *~ du téléphone* Fernsprechteilnehmer *m*; **2.** *JUR* Benutzungsberechtigte(r) *m*
usant [yzɑ̃] *adj* F *personne* anstrengend; *il est ~ à* F er schafft einen; er macht einen fertig
usé [yze] *adj* **1.** abgenutzt; *vêtements* abgetragen; ver-, zerschlissen; *semelle* 'durchgelaufen; *talon, tapis* abgetreten; *pneus* abgefahren; *filetage de vis* ausgeleiert; *eaux ~es* Abwässer *n/pl*; *veste etc ~ au coude* am Ellbogen abgewetzt, 'durchgescheuert; *la pointe est ~e* die Spitze ist stumpf (geworden); *cf a corde* 8.; **2.** *personne* verbraucht; verlebt; *il est ~ par l'âge* er ist alt und verbraucht; *mains ~es par le travail* abgearbeitete, verarbeitete Hände *f/pl*; **3.** *expression* abgegriffen
user [yze] **I** *v/t* **1.** (*détériorer*) abnutzen; *vêtements a* abtragen; verschleißen; *~ (par frottement)* abreiben; abscheuern; abwetzen; **2.** (*consommer*) *eau, gaz, essence* verbrauchen; **3.** (*affaiblir*) *~ qn* j-s Gesundheit unter'graben, ru-i'nieren; j-n zermürben, aufreiben; *ses forces* s-e Kräfte aufreiben; *~ la patience de qn* j-s Geduld strapa'zieren; *~ sa santé* s-e Gesundheit ruinieren; *~ la vue, les yeux* die Augen verderben; *~ sa vue, ses yeux ou s'~ la vue, les yeux* sich die Augen verderben; **II** *v/t/indir ~ de qc* etw anwenden,

gebrauchen; von etw Gebrauch machen; etw in Anspruch nehmen; *abs usez, n'abusez pas* alles mit Maß und Ziel; *~ de clémence* Gnade walten lassen; *~ d'un droit* von e-m Recht Gebrauch machen; *~ de précautions* vorsichtig zu Werke gehen; *~ de violence* Gewalt anwenden; **III** *v/pr s'~* sich abnutzen; verschleißen; *personne s'~ au travail* sich bei der Arbeit verbrauchen, F ka'puttmachen
usinage [yzinaʒ] *m* maschi'nelle Fertigung; Be-, Verarbeitung *f*
usine [yzin] *f* Fa'brik *f*; Werk *n*; Betrieb *m*; Fa'brikanlage *f*; *~ aéronautique* Flugzeugfabrik *f*; *~ métallurgique* Hütte *f*; Hüttenwerk *n*; *~ sidérurgique* Eisenhütte *f*; Stahlwerk *n*; *~ textile* Tex'tilfabrik *f*; *~ d'automobiles* Auto(mo'bil)fabrik *f*; *~ de produits alimentaires* Lebensmittelfabrik *f*; *~ de retraitement* Wieder'aufbereitungsanlage *f*; *cheminée f d'~* Fabrikschornstein *m*; *entrée f, sortie f d'~* Werkseinfahrt *f*, -ausfahrt *f*; *ouvrier m d'~* Fabrikarbeiter *m*; F *fig d'un hôpital etc c'est une véritable ~* das ist die reinste Fabrik; *travailler à l'~* in der Fabrik arbeiten; Fabrikarbeiter(in) sein
usiner [yzine] *v/t* **1.** (*traiter*) maschi'nell fertigen; be-, verarbeiten; **2.** (*fabriquer*) fa'brikmäßig herstellen; **3.** F *souvent v/imp ça usine sec, ici* F hier wird feste gearbeitet; das flu(t)scht nur so
usinier [yzinje] *adj* ⟨-ière⟩ Fa'brik...
usité [yzite] *adj mot* gebräuchlich; geläufig; *peu ~* selten gebraucht; kaum gebräuchlich
ustensile [ystɑ̃sil] *m* Gerät *n*; *~s pl* Gerätschaften *f/pl*; Uten'silien *n/pl*; *~ de cuisine, de ménage* Küchen-, Haushaltsgerät *n*
usuel [yzɥɛl] **I** *adj* ⟨*~le*⟩ üblich; gebräuchlich; gewöhnlich; **II** *m dans une bibliothèque* Werk *n* aus dem Handapparat; *~s pl* Handapparat *m*
usufruit [yzyfrɥi] *m JUR* Nießbrauch *m*; Nutzung(srecht) *f*(*n*)
usufruitier [yzyfrɥitje] *m JUR* Nießbraucher *m*; Nutzungsberechtigte(r) *m*
usuraire [yzyʀɛʀ] *adj* wucherisch; Wucher...; *intérêts m/pl ~s, taux m ~* Wucherzinsen *m*; *prêt m ~* Darlehen *n* zu Wucherzinsen
usure [yzyʀ] *f* **1.** *FIN* (Kre'dit)Wucher *m*; Wucherzins *m*; *pratiquer l'~* (ein) Wucher sein; Wucher treiben; **2.** (*détérioration*) Abnutzung *f*; Verschleiß *m*; *par ext ~ du pouvoir* Abnutzung der Macht; *guerre f d'~* Abnützungs-, Zermürbungskrieg *m*; *dans un tel état d'~* so abgenutzt; *vêtements* dermaßen ver-, zerschlissen, abgetragen; F *fig je l'aurai à l'~* F mit der Zeit krieg' ich ihn schon mürbe, her'um; *résister à l'~* 'widerstandsfähig, verschleißfest sein; *vêtements* strapa'zierfähig sein
usurier [yzyʀje] *m* Wucherer *m*
usurpateur [yzyʀpatœʀ] *m* Usur'pator *m*; Thronräuber *m*
usurpation [yzyʀpasjɔ̃] *f* **1.** *POL* Usurpati'on *f*; **2.** *JUR d'un droit* Anmaßung *f*; *~ de fonctions* Amtsanmaßung *f*; *~ de titres* unbefugtes Führen von Titeln
usurper [yzyʀpe] *v/t* **1.** *POL* usur'pieren; **2.** *~ qc* sich etw anmaßen; sich 'wider-

rechtlich etw aneignen; *titre* unbefugt führen; *par ext* **avoir une réputation usurpée** zu Unrecht in gutem Ruf stehen

ut [yt] *m* ⟨*inv*⟩ *MUS* c *ou* C *n*; **clef** *f* **d'~** C-Schlüssel *m*

utérin [yteʀɛ̃] *adj* **1.** *ANAT* Gebärmutter...; Uterus...; **2.** *JUR* **frères ~s** Halbbrüder *m/pl* mütterlicherseits

utérus [yteʀys] *m ANAT* Gebärmutter *f*; Uterus *m*

utile [ytil] **I** *adj* **1.** nützlich; (zweck)dienlich; brauchbar; geeignet; *cadeau m ~* nützliches Geschenk; *dépenses f/pl ~s* zweckmäßige, notwendige Ausgaben *f/pl*; *renseignements m/pl ~s* zweckdienliche Hinweise *m/pl*; ♦ *~ à qn* nützlich, von Nutzen für j-n; *cela peut vous être ~* das kann für Sie nützlich sein; das können Sie (ge)brauchen; *si je peux vous être ~ en qc* wenn ich Ihnen irgendwie behilflich sein, helfen kann; *cette brochure sera ~ à tous les automobilistes* wird jedem, für jeden Autofahrer von Nutzen sein; ♦ *c'est une chose ~ à savoir* es ist gut, nützlich, das zu wissen; *des notes ~s à la compréhension de l'œuvre* Anmerkungen (, die) zum besseren Verständnis des Werkes (dienen); ♦ *loc/adv* **en temps ~** zu gegebener Zeit; ♦ *il serait*

~ de vous renseigner ou que vous vous renseigniez es wäre gut, richtig, zweckmäßig, sich zu informieren *ou* wenn Sie sich informierten; *juger ~ de faire qc* es für richtig, nötig, gut halten, etw zu tun; *se rendre ~* sich nützlich machen; **2.** *TECH* Nutz...; **charge** *f ~* Nutzlast *f*; *travail m ~* Nutzleistung *f*; **II** *m* **joindre l'~ à l'agréable** das Angenehme mit dem Nützlichen verbinden

utilisa|ble [ytilizabl(ə)] *adj* verwendbar; brauchbar; benutzbar; verwertbar; **~teur** *m*, **~trice** *f* Benutzer(in) *m(f)*

utilisation [ytilizasjɔ̃] *f* An-, Verwendung *f*; Gebrauch *m*; Be-, Ausnutzung *f*, -nützung *f*; Nutzung *f*; Einsatz *m*; Verwertung *f*; *~ pacifique de l'énergie nucléaire* friedliche Nutzung der Kernenergie

utiliser [ytilize] *v/t* an-, verwenden; gebrauchen; *espace* ausnutzen *ou* ausnützen; *restes* verwerten; verwenden; *méthode* anwenden; *appareil, produit* verwenden; benutzen *ou* benützen; *ressources* nutzen; *subterfuge* gebrauchen; *~ qn* j-n verwenden, einsetzen; *mal ~ ses dons* s-e Fähigkeiten schlecht nutzen, falsch einsetzen

utilitaire [ytilitɛʀ] *adj* **1.** Nutz...; Gebrauchs...; *véhicule m ~* Nutzfahrzeug *n*; **2.** *PHILOS* utilita'ristisch

utilitarisme [ytilitaʀism(ə)] *m* **1.** *PHILOS* Utilita'rismus *m*; **2.** *par ext* Nützlichkeitsprinzip *n*; Zweckdenken *n*

utilité [ytilite] *f* **1.** Nützlichkeit *f*; Zweckmäßigkeit *f*; Brauchbarkeit *f*; Verwendbarkeit *f*; Nutzen *m*; *avoir son ~* nützlich, von Nutzen sein; *être d'une grande ~* sehr nützlich, von großem Nutzen sein; *être sans ~, n'être d'aucune ~* vollkommen nutzlos, ohne jeden Nutzen, völlig unbrauchbar sein; **2.** *JUR* **~ publique** Gemeinnützigkeit *f*; *association reconnue d'~ publique* gemeinnütziger, als gemeinnützig anerkannter Verein; *expropriation pour cause d'~ publique* im öffentlichen Interesse; **3.** *THÉ* **jouer les ~s** Nebenrollen spielen

utopie [ytɔpi] *f* Uto'pie *f*; Schwärme'rei *f*

utop|ique [ytɔpik] *adj* u'topisch; **~iste** *m,f* Uto'pist(in) *m(f)*; Schwarmgeist *m*; Weltverbesserer *m*

U.V. [yve] *f abr* (*unité de valeur*) *UNIVERSITÉ* Schein *m*

uval [yval] *adj* ⟨-aux⟩ Trauben...

uvulaire [yvylɛʀ] *adj ANAT, PHON* (Gaumen-, Hals)Zäpfchen...; uvu'lar; *r m ~* Zäpfchen-R *n*

Uzès [yzɛs] *Stadt im Dep. Gard*

V

V, v [ve] *m* ⟨inv⟩ V, v [fau] *n*; **double v** w [ve:] *n*; *le V de la victoire* das Fingerzeichen für „Victory"; *loc/adv* F **à la vitesse grand V** mit Höchstgeschwindigkeit; in rasender Geschwindigkeit; *loc/adj* **décolleté** *m* **en V** V-Ausschnitt *m*

V *abr* (*volt*[*s*]) V (Volt)

va [va] *cf* **aller**; F ~ *pour 200 francs* also gut *ou* schön, 200 Franc; F ~ *pour cette fois!* a) *indulgent* diesmal mag es noch hingehen, lasse ich es noch 'durchgehen!; b) *menaçant* also schön *ou* gut, dieses eine Mal!; F *fig* **faire qc à la ~ comme je te pousse** etw mit der linken Hand, schludrig, schlampig machen

vacance [vakɑ̃s] *f* **1.** ~s *pl* Ferien *pl*; Urlaub *m*; *bonnes ~s!* schöne Ferien!; schönen Urlaub!; *grandes ~s* große Ferien; *~s scolaires* Schulferien *pl*; *~s de neige* Winter-, Skiurlaub *m*; *~ de Noël, de Pâques* Weihnachts-, Osterferien *pl*; *jour m de ~s* Urlaubs-, Ferientag *m*; freier *ou* schulfreier Tag; *lieu m de ~s* Urlaubs-, Ferienort *m*; *avoir des ~s* Ferien, Urlaub haben; *j'ai besoin de ~* F ich bin urlaubsreif; *être en ~s* in *ou* im Urlaub, in Ferien sein; Urlaub, Ferien haben; *partir en ~s* in Urlaub fahren *ou* gehen; *prendre des ~s* Urlaub nehmen, machen; **2.** *JUR* Va'kanz *f*; *par ext* freie, unbesetzte Stelle; freier Sitz; *chaire freier Lehrstuhl*; **3.** *POL* **~ du pouvoir** Machtvakuum *n*

vancanc|ier [vakɑ̃sje] *m*, *~ière f* Urlauber(in) *m(f)*; Feriengast *m*

vacant [vakɑ̃] *adj* **1.** *poste* offen; unbesetzt; frei; va'kant; *appartement* frei; leerstehend; **2.** *JUR* *bien ~* herrenloses Gut; *succession ~e* Erbschaft *f* mit unbekanntem Erben

vacarme [vakaʀm] *m* Heidenlärm *m*; Krach *m*; *~ des klaxons* Gehupe *n*

vacataire [vakatɛʀ] *m*, *f* Aushilfskraft *f*; Aushilfe *f*

vacation [vakasjɔ̃] *f* **1.** *des notaires, experts* Zeitaufwand *m* für Mühewaltungen; **2.** (*remplacement*) Aushilfstätigkeit *f*; (Stell)Vertretung *f*; *faire des ~* Vertretungen machen, über'nehmen; **3.** *JUR ~s pl* Gerichtsferien *pl*

vaccin [vaksɛ̃] *m MÉD* Impfstoff *m*; *~ antivariolique* Pockenimpfstoff *m*; *faire un ~ à qn* j-n impfen

vaccinable [vaksinabl(ə)] *adj MÉD* **être ~** geimpft werden können

vaccination [vaksinasjɔ̃] *f MÉD* Impfung *f*; *~ antivariolique* Pocken(schutz)impfung *f*; *certificat m de ~* Impfschein *m*

vaccine [vaksin] *f VÉT* Kuhpocken *pl*

vacciner [vaksine] *v/t* **1.** *MÉD ~ qn* j-n impfen (*contre* gegen); **2.** F *fig adj* *être vacciné* geheilt sein (*contre* von)

vachard [vaʃaʀ] *adj* F *cf* **vache II 1.**

vache [vaʃ] **I** *f* **1.** *ZO* Kuh *f*; *~ laitière* Milchkuh *f*; *REL et fig ~ sacrée* heilige Kuh; F *fig ~ à lait* Melkkuh *f*; gute Einnahmequelle; *troupeau m de ~s* Kuhherde *f*; *F fig ~* rötlichblond; F *fig c'est un coup en ~* F das ist (ein) hundsgemein(er Streich), e-e Hundsgemeinheit; *fig être en période de ~s maigres* e-e Zeit der Entbehrungen 'durchmachen; *fig manger de la ~ enragée* sich kümmerlich 'durchschlagen müssen; F *parler français comme une ~ espagnole* F ein mise'rables, schauerliches Französisch sprechen; F *il pleut comme ~ qui pisse* es gießt wie aus Kübeln; F es platscht; P es schifft; **2.** *cuir* Rinds-, Kuhleder *n*; *CAMPING ~ (à eau)* Wassersack *m* aus Segeltuch; **3.** F *fig vieille ~ ou peau f de ~* Schuft *m*; (F hunds)gemeiner Kerl; gemeine Per'son; F *les ~s!* die Schufte!; **4.** F *mort aux ~s!* F nieder mit der Po'lente!; P Scheißbullen!; **5.** F *int la ~!* F Donnerwetter!; Mensch!; **II** *adj* F **1.** (*méchant*) gemein; schuftig; *être ~ avec, envers qn* j-n gemein, schuftig behandeln; *ne sois pas ~!* sei nicht so gemein!; **2.** *admiratif* toll; *une ~ de grande maison* ein riesengroßes, riesiges Haus; *une ~ de pépée* F e-e dufte Puppe; *faire un ~ de bénéfice* e-n dikken Gewinn einstreichen, her'ausholen

vachement [vaʃmɑ̃] *adv* F mächtig; unheimlich; ungeheuer; gewaltig; toll; saumäßig; *~ cher* F sauteuer; *il est ~ bien* er sieht toll aus

vach|er [vaʃe] *m*, *~ère f* Kuh-, Rinderhirt(in) *m(f)*; Melker(in) *m(f)*; Schweizer *m*; *en montagne* Senn(e) *m*, Sennerin *f*

vacherie [vaʃʀi] *f* **1.** F (*méchanceté*) Gemeinheit *f*; *dire des ~s à qn* j-m Gehässigkeiten sagen; *faire une ~, des ~s à qn* an j-m gemein handeln; **2.** F (*cochonnerie*) F Mist *m*; Dreck *m*; Gelump(e) *n*

vacherin [vaʃʀɛ̃] *m* **1.** *gâteau* Bai'sertorte *f* mit Eis und Sahne; **2.** *fromage* Weichkäse *m* aus der Franche-Comté und Savoyen

vachette [vaʃɛt] *f* **1.** *cuir* Leder *n* von Färsen; **2.** *course f de ~s* Volksbelustigung in Südfrankreich, bei der losgelassenen jungen Kühen e-e Kokarde von der Stirn gerissen werden muß

vacill|ant [vasijɑ̃] *adj* **1.** *démarche* taumelnd; schwankend; wankend; *j'ai les jambes ~es* die Knie wanken mir; **2.** *flamme* flackernd; **3.** *fig foi, résolutions* schwankend; *raison* etwas verwirrt, wirr; *mémoire* unzuverlässig; *~ation f ou ~ement m* Schwanken *n*; Wanken *n*; Wackeln *n*; Taumeln *n*; *d'une flamme* Flackern *n*

vaciller [vasije] *v/i* **1.** *personne* schwanken; wanken; taumeln; **2.** *flamme* flakkern; **3.** *fig et st/s* *raison* wirr, verwirrt sein; *mémoire* unzuverlässig sein; j-n im Stich lassen

va-comme-je-te-pousse [vakɔmʒ(ə)təpus] *loc/adv* **à la ~** *cf* **va**

vacuité [vakɥite] *st/s f* Leere *f*

vadrouille [vadʀuj] *f* F *loc* **être en ~** *cf* **vadrouiller**

vadrouiller [vadʀuje] *v/i* F her'umbummeln, -strolchen, -zigeunern

vadrouilleur [vadʀujœʀ] *m c'est un ~* F er strolcht, zi'geunert gerne her'um

va-et-vient [vaevjɛ̃] *m* ⟨inv⟩ **1.** *de personnes* *un ~ incessant* ein ständiges Kommen und Gehen; **2.** *d'une mécanique* (*mouvement m de*) *~* Hin- und Herbewegung *f*; Hin und Her *n*; *d'un piston* Auf- und Abbewegung *f*; **3.** *porte* Pendel-, Schwingflügeltür *f*; **4.** *ÉLECT* Wechselschalter *m*

vagabond [vagabɔ̃] **I** *adj* ⟨-bonde [-bɔ̃d]⟩ **1.** *litt* wandernd; Wander...; *existence ~e* Wanderleben *n*; **2.** *fig imagination* schweifend; **II** *m* **1.** Vaga'bund *m*; Stromer *m*; Landstreicher *m*; Streuner *m*; *fig mener une vie de ~* ein Wanderleben führen

vagabondage [vagabɔ̃daʒ] *m* **1.** Um'herziehen *n*, -streifen *n*; Vagabun'dieren *n*; *JUR* Landstreiche'rei *f*; *des jeunes* Streunen *n*; **2.** *fig ~(s) de l'imagination* Schweifen *n* der Phantasie

vagabonder [vagabɔ̃de] *v/i* **1.** *personne* sich her'umtreiben; vagabun'dieren; um'herstreifen, -wandern; streunen; her'umstrolchen, -zigeunern; stromern; **2.** *fig pensées, imagination* um'herschweifen, -wandern

vagin [vaʒɛ̃] *m ANAT* Scheide *f*; *sc* Va'gina *f*

vaginal [vaʒinal] *adj* ⟨-aux⟩ *ANAT* Scheiden...; Vagi'nal...; vagi'nal

vag|ir [vaʒiʀ] *v/i bébé* quäken; schreien; *~issement m* Quäken *n*; Geschrei *n*

vague[1] [vag] **I** *adj* **1.** (*imprécis*) vage; (*indécis*) verschwommen; unklar; *regard* zerstreut; leer; *sentiment* vage; unbestimmbar; *contours* verschwommen; undeutlich; *idée, notion a* nebelhaft; *loc/adv en termes ~s* vage; *il est resté ~* er drückte sich vage aus; **2.** (*quelconque*) irgendein; *un ~ cousin* ein weitläufiger Vetter; **3.** *robe, manteau* weit;

4. *terrain m* ~ unbebautes Gelände, Grundstück; **II** *m* **1.** *(imprécision)* Verschwommenheit *f*; Undeutlichkeit *f*; Verschwommene(s) *n*; **2.** *par ext: avoir du* ~ *à l'âme* an Weltschmerz leiden; *laisser qc, rester dans le* ~ sich (über etw [*acc*]) nur vage äußern; *regarder dans le* ~ ins Leere blicken
vague² [vag] *f* **1.** Welle *f*; Woge *f*; ~ *de fond* Flutwelle *f*; **2.** MÉTÉO Welle *f*; ~ *de chaleur, de froid* Hitze-, Kältewelle *f*; **3.** *fig* Woge *f*; Welle *f*; *la première* ~ *de départs* (*en vacances*) die erste Reise-, Urlauberwelle; ~ *d'enthousiasme* Welle, Woge der Begeisterung; ~ *de protestations* Pro'testwelle *f*; *faire des* ~*s* Wellen schlagen; **4.** CIN *vers 1960 nouvelle* ~ neue Welle; **5.** *d'une chevelure* Welle *f*
vaguement [vagmã] *adv* vage; undeutlich; verschwommen; ~ *ému* leicht gerührt; *j'ai* ~ *compris* ich habe so ungefähr verstanden
vaguemestre [vagmɛstʀ(ə)] *m* MIL mit der Verteilung der Post beauftragter 'Unteroffizier
vaguer [vage] *v/i litt laisser* ~ *regards* um'herschweifen lassen; *imagination* schweifen lassen
vahiné [vaine] *f* Frau *f* von Ta'hiti
vaill|amment [vajamã] *adv cf vaillant 1.*; ~**ance** *st/s f* Tapferkeit *f*; Unverzagtheit *f*
vaillant [vajã] *adj* **1.** *st/s (courageux)* tapfer, beherzt; unverzagt; *plais* wacker; **2.** *(valide) il n'est pas encore bien* ~ er ist noch etwas schwach, F noch nicht ganz auf dem Damm; **3.** *(travailleur)* tüchtig; fleißig; **4.** *n'avoir pas un sou* ~ keinen Pfennig (Geld), F keinen (roten) Heller haben
vaille [vaj] **1.** *cf valoir*; **2.** *loc/adv* ~ *que* ~ so oder so; schlecht und recht; komme, was da wolle
vain [vɛ̃] *adj* ⟨*vaine* [vɛn]⟩ **1.** unnütz; vergeblich; *peur* unbegründet; *paroles, promesses* leer; *discussion* fruchtlos; *efforts, espoir* vergeblich; *loc/adv en* ~ um'sonst; vergeblich; vergebens; *il est* ~ *de* (+*inf*) es ist sinn-, zwecklos zu (+*inf*); es hat keinen Sinn, Zweck zu (+*inf*); **2.** *litt (frivole)* oberflächlich
vaincre [vɛ̃kʀ(ə)] *v/t* ⟨*je vaincs, il vainc, nous vainquons; je vainquais; je vaincrai; que je vainque; vainquant; vaincu*⟩ **1.** *abs* siegen; ~ *qn* j-n besiegen; j-n siegen; j-n bezwingen; MIL, SPORTS a j-n schlagen; **2.** *peur, difficultés, obstacle, misère* über'winden; *maladie, douleur* besiegen; ~ *une difficulté* a e-e Schwierigkeit meistern; e-r Schwierigkeit (*gén*) Herr werden; *être vaincu par le sommeil* vom Schlaf über'mannt werden
vaincu [vɛ̃ky] **I** *p/p cf vaincre et adj* besiegt; über'wunden; *s'avouer* ~ sich geschlagen geben; *être* ~ *d'avance* keinerlei Chancen haben; **II** *m* Besiegte(r) *m*; Verlierer *m*
vainement [vɛnmã] *adv* um'sonst; vergebens; vergeblich
vainqueur [vɛ̃kœʀ] *m* **1.** Sieger *m* (*a MIL et SPORTS*) (*d'une épreuve sportive* in e-m Sportwettbewerb); **2.** *fig* Bezwinger *m*; Über'winder *m*; **3.** *adj* siegreich; *prendre un air* ~ e-e Siegermiene aufsetzen

vair [vɛʀ] *m dans «Cendrillon» pantoufles f/pl de* ~ Glaspantoffeln *m/pl*
vairon [vɛʀõ] **I** *adj m yeux* ~*s* verschiedenfarbige Augen *n/pl*; **II** *m* ZO El'ritze *f*; Pfrille *f*
vais [vɛ] *cf aller*
vaisseau [vɛso] *m* ⟨*pl* ~x⟩ **1.** ANAT, BOT Gefäß *n*; ~ (*sanguin*) Blutgefäß *n*; **2.** *litt (bateau)* Schiff *n*; MAR MIL ~ *amiral* Flaggschiff *n*; *Wagner Le* ♫ *fantôme* Der Fliegende Holländer; *fig brûler ses* ~*x* alle Brücken hinter sich abbrechen; **3.** ~ *spatial* Raumschiff *n*; **4.** ARCH (Kirchen)Schiff *n*
vaisselier [vɛsəlje] *m* Tellerbord *n*, -büfett *n*
vaisselle [vɛsɛl] *f* **1.** (Eß-, Tisch-, Tafel-) Geschirr *n*; ~ *de porcelaine* Porzel'langeschirr *n*; **2.** *lavage* Abwaschen *m* (*plats etc à laver*) Abwasch *m*; *produit m pour la* ~, *adj liquide m* ~ (Geschirr)Spülmittel *n*; *faire la* ~ (das) Geschirr spülen; abwaschen
val [val] *m* ⟨*pl vaux* [vo], *seltener vals*⟩ *litt ou dans des noms* Tal *n*
valable [valabl(ə)] *adj* **1.** *passeport, contrat* gültig; JUR a rechtsverbindlich; *c'est* ~ *pour tous* das gilt für alle; **2.** *excuse, argument, travail* annehmbar; *solution, proposition, méthode* brauchbar; *argument* a stichhaltig; *objection* berechtigt; *données* verläßlich; *travail* a recht beachtlich; *collaborateur* tüchtig; wertvoll; *interlocuteur* ~ annehmbarer, akzep'tabler Gesprächspartner; *sans motif* ~ ohne triftigen Grund
Valais [valɛ] *le* ~ das Wallis
Val-de-Marne [valdəmaʀn] *le* ~ *frz Departement*
valdingue [valdɛ̃g] *m* F *faire un* ~ *cf valdinguer*
valdinguer [valdɛ̃ge] F *v/i* hin'unterpurzeln, -kollern; *envoyer* ~ weg-, hin'unterschleudern
Val-d'Oise [valdwaz] *le* ~ *frz Departement*
valence [valɑ̃s] *f* CHIM Wertigkeit *f*; Va'lenz *f*
Valence [valɑ̃s] **1.** *en Espagne* Va'lencia *f*; **2.** *Stadt im Dep. Drôme*
valenciennes [valɑ̃sjɛn] *f* Valenci'ennespitze *f*
valériane [valeʀjan] *f* BOT, PHARM Baldrian *m*
valet [valɛ] *m* **1.** Diener *m*; Bediente(r) *m*; *péj* Dome'stik(e) *m*; ~ *de chambre* Kammerdiener *m*; ~ *de ferme* (Bauern)Knecht *m*; ~ *de pied* (li'vrierter) La'kai *m*; **2.** *carte à jouer* Bube *m*; *jeu allemand a* Unter *m*; Wenzel *m*; ~ *de cœur* Herzbube *m*; **3.** *cintre* stummer Diener; Kleiderständer *m*
valetaille [valtaj] *litt et péj f* Dienerschaft *f*
valétudinaire [valetydinɛʀ] *litt adj* kränkelnd; kränklich
valeur [valœʀ] *f* **1.** Wert *m*; *d'un argument* Stichhaltigkeit *f*; *d'une méthode etc a* Brauchbarkeit *f*; Zweckmäßigkeit *f*; ~ *marchande* Handels-, Verkehrswert *m*; ~ *or* Goldwert *m*; ~ *sentimentale* Erinnerungswert *m*; *d'une action* ~ *en Bourse* Kurswert *m*; ♦ *loc/adj: d'une* ~ *de* im Wert von; *de* (*grande*) ~ (sehr) wertvoll; *objet m de* ~ Wertgegenstand *m*, -sache *f*; Kost-

barkeit *f*; *de même* ~ gleichwertig; *de peu de* ~ von geringem Wert; *sans* ~ wertlos; *argument* nicht stichhaltig; *cf a déclaré* 2.; ♦ *loc/adv: la* ~ *de* etwa; ungefähr; *ajouter la* ~ *d'une cuillerée de ...* ungefähr, etwa e-n Löffel voll hinzufügen; *à sa juste* ~ s-m Wert entsprechend; *au-dessous ou au-dessus de sa* ~ unter *ou* über s-m Wert; zu niedrig *ou* zu hoch; ♦ *j'y attache beaucoup de* ~ darauf lege ich großen Wert; *augmenter de* ~, *prendre de la* ~ im Wert steigen; *monnaie n'avoir plus de* ~ ungültig, nicht mehr gültig, wertlos sein; *diminuer de* ~ im Wert sinken; *donner de la* ~ *à qc* e-r Sache (*dat*) Wert verleihen; *doubler de* ~ sich im Wert verdoppeln; *avoir doublé de* ~ doppelt soviel wert sein; *mettre en* ~ *argent* arbeiten lassen; *région en* ~ erschließen; *sol* bestellen; *domaine* bewirtschaften; *fig* her'vorheben; her'ausstellen; zur Geltung bringen; *perdre de la* ~ an Wert verlieren; *perdre toute* ~ völlig wertlos werden; jeglichen Wert verlieren; *argument, objection* hinfällig werden; **2.** *d'une personne* Wert *m*; Bedeutung *f*; *écrivain m de* ~ bedeutender, ausgezeichneter, großer Schriftsteller; **3.** COMM, BOURSE ~*s pl* Werte *m/pl*; ~*s* (*mobilières*) (Wert-) Pa'piere *n/pl*; Ef'fekten *pl*; **4.** PHILOS, SOCIOLOGIE ~*s pl* Werte *m/pl*; ~*s morales* ethische Werte; *jugement m de* ~ Werturteil *n*; **5.** MATH, PHYS, BIOL Wert *m*; ~ *approchée* Näherungswert *m*; ~ *nutritive* Nährwert *m*; **6.** MUS ~ *d'une note* Notenwert *m*; **7.** *d'un mot* ~ *expressive* Ausdruckskraft *f*
valeureux [valœʀø, -øz] *st/s adj* ⟨*-euse*⟩ tapfer
valeur-refuge [valœʀʀəfyʒ] *f* ⟨*pl valeurs-refuges*⟩ FIN Fluchtwert *m*
validation [validasjõ] *f* Gültigkeitserklärung *f*; *d'une élection* a Erklärung *f* der Rechtmäßigkeit; *de diplômes étrangers etc* Anerkennung *f*; *d'années d'assurance, d'études etc* Anrechnung *f*; *d'un titre de transport* Entwertung *f*
valide [valid] *adj* **1.** *personne* gesund; kräftig; **2.** JUR, ADM rechtswirksam, -gültig; *passeport, titre de transport etc* gültig
valider [valide] *v/t* für rechtsgültig, -wirksam erklären; gültig machen; *diplômes etc* anerkennen; *années d'assurance, d'études etc* anrechnen; *titre de transport* entwerten
validité [validite] *f* Gültigkeit *f*; Rechtsgültigkeit *f*, -wirksamkeit *f*; *d'une élection* Rechtmäßigkeit *f*; *durée f de* ~ Gültigkeitsdauer *f*; Geltungsdauer *f*
valise [valiz] *f* **1.** (Reise-, Hand)Koffer *m*; *faire sa* ~ den Koffer packen; *faire ses* ~*s* s-e Koffer packen (*a fig*); **2.** DIPL ~ *diplomatique* Diplo'matenpost *f*
vallée [vale] *f* Tal *n*; *fig* ~ *de misère*, ~ *de larmes* (irdisches) Jammertal *n*; ~ *du Rhône* Rhonetal *n*; *au fond de la* ~ tief unten im Tal
vallon [valõ] *m* kleines Tal; Talmulde *f*
vallonn|é [valɔne] *adj* hügelig; ~**ement** *m* Hügellandschaft *f*
valoche [valɔʃ] F *f* Koffer *m*
valoir [valwaʀ] ⟨*je vaux, il vaut, nous valons; je valais; je valus; je vaudrai;*

que je vaille; que nous valions; valant; valu⟩ **I** *v/t* **1.** ~ *qc à qn* j-m etw eintragen, -bringen; j-m zu etw verhelfen; *qu'est-ce qui me vaut cet honneur?* was verschafft mir die(se) Ehre?; *cela lui a valu d'être congédié* das hat ihm s-e Entlassung eingetragen; **2.** *somme à* ~ *sur* anzurechnen auf (+*acc*); **II** *v/i* **3.** wert sein; ♦ *avec adv*: *ne pas* ~ *cher* nichts taugen; ~ *mieux* besser sein, mehr wert sein (*que* als); F *ça vaut mieux* das ist (auch) besser; *impersonnel*: *il vaut mieux ou mieux vaut* (+*inf*) es ist besser zu (+*inf*) (*que* [*de*] +*inf* als zu +*inf*); *il vaut mieux que tu n'y ailles pas* du solltest besser, lieber nicht hingehen; *prov*: *il vaut mieux donner que recevoir* Geben ist seliger denn Nehmen (*prov*); *mieux vaut tard que jamais* besser spät als nie (*prov*); ♦ *avec subst*: F *ça vaut le coup*, c-das lohnt sich, ist der Mühe wert; *ça vaut un détour* ein Umweg lohnt sich; *cf a peine 2.*; ♦ *avec pr*: *l'un vaut l'autre* eins *ou* der eine ist so gut wie das *ou* der andere; F *fig ça vaut dix* F das ist (ja) zum Schießen, Totlachen; *ne rien* ~ nichts wert sein; nichts taugen; *rien ne vaut ...* es geht nichts über (+*acc*); ♦ *avec verbe*: *ça ne me dit rien qui vaille* das läßt mich Schlimmes befürchten, nichts Gutes ahnen; *c'est tout ce que ça vaut* mehr ist das nicht wert; *faire* ~ *droits* geltend machen; *argument* vorbringen; *capitaux* arbeiten lassen; *domaine* bewirtschaften; *personne* her'ausstellen; *silhouette, visage etc* vorteilhaft betonen; zur Geltung bringen; *faire* ~ *à qn que ...* j-m gegenüber betonen, geltend machen, daß ...; *avoir des références à faire* ~ vorzuweisen haben; vorweisen können; *chercher à se faire* ~ versuchen, sich in den Vordergrund zu schieben; versuchen zu glänzen; *il faut prendre cela pour ce que cela vaut* man darf das nicht zu ernst, wörtlich nehmen; **4.** (*coûter*) kosten; *ça vaut combien?* wieviel kostet das?; ~ *cher* teuer sein; **5.** *climat, inaction etc ne rien* ~ *à qn* j-m nicht bekommen, guttun; **6.** ~ *pour* gelten für; betreffen (+*acc*); *cela vaut pour tous* das gilt für alle; **7.** (*équivaloir à*) so viel wert haben von; zählen; ~ *dix points* zehn Punkte zählen; **III** *v/pr se* ~ ein'ander gleich, wert sein; gleich (gut *ou* schlecht) sein; F *ça se vaut* das kommt (etwa) aufs gleiche heraus
valorisant [valɔRizɑ̃] *adj* Arbeit etc das Selbstwertgefühl steigernd
valorisation [valɔRizasjɔ̃] *f* Aufwertung *f*; Wertsteigerung *f*, Erhöhung *f* des Wertes; ÉCON Valorisati'on *f*
valoriser [valɔRize] *v/t* aufwerten; den Wert steigern, erhöhen (+*gén*); ÉCON valori'sieren
valse [vals] *f* **1.** MUS Walzer *m*; ~ *lente, viennoise* langsamer, Wiener Walzer; **2.** F *fig la* ~ *des ministres, des étiquettes* das Karus'sell der Minister, der Preise; ~*hésitation f* (zögerndes, unentschlossenes) Hin und Her
valser [valse] *v/t* **1.** Walzer tanzen; *plais* walzen; **2.** F *fig*: *il est allé à trois mètres de là* F er flog, purzelte drei Meter weit; *envoyer* ~ *qc* etw wegschleudern; *envoyer* ~ *qn* (*congédier*)

F j-n rausschmeißen; (*rabrouer*) F j-n zum Teufel jagen; *faire* ~ *l'argent* mit (dem) Geld um sich werfen, F schmeißen
vals|eur [valsœR] *m*, ~**euse** *f* Walzertänzer(in) *m(f)*; *c'est un bon valseur* er tanzt gut Walzer
valu [valy] *p/p cf* **valoir**
valve [valv] *f* **1.** TECH Ven'til *n*; **2.** ZO *des moules* (Schalen)Klappe *f*
valvule [valvyl] *f* ANAT ~ (*du cœur*) Herzklappe *f*
vamp [vɑ̃p] *f* Vamp [vɛmp] *m*
vamper [vɑ̃pe] F *v/t* ~ *qn* j-n um'garnen, F becircen
vampire [vɑ̃piR] *m* **1.** MYTH, ZO Vampir *m*; **2.** *fig* **a**) (*assassin*) sa'distischer Massenmörder; **b**) (*exploiteur*) Blutsauger *m*
van [vɑ̃] *m* **1.** Trans'portwagen *m* für Rennpferde; **2.** AGR (Korn)Schwinge *f*
vanadium [vanadjɔm] *m* CHIM Va'nadium *n*; Vana'din *n*
vandal|e [vɑ̃dal] *m* **1.** HIST ♀s *pl* Wan'dalen *ou* Van'dalen *m/pl*; **2.** *fig* Wan'dale *ou* Van'dale *m*; ~**isme** *m* Wanda'lismus *ou* Vanda'lismus *m*; Zerstörungswut *f*
vanesse [vanɛs] *f* ZO Tagpfauenauge *n*
vanille [vanij] *f* CUIS Va'nille *f*; *crème* ~, *glace à la* ~ Vanillecreme *f*, -eis *n*
vanillé [vanije] *adj* Va'nille...; *sucre* ~ Vanillezucker *m*
vanillier [vanije] *m* BOT Va'nille *f*
vanilline [vanilin] *f* CHIM Vanil'lin *n*
vanité [vanite] *f* **1.** Einbildung *f*; Selbstgefälligkeit *f*; Eitelkeit *f*; *par* ~ aus Eitelkeit; *soit dit sans* ~ ohne mich (damit) rühmen zu wollen; *blesser qn dans sa* ~ j-n in s-r Eitelkeit verletzen; *tirer* ~ *de qc* sich etwas einbilden auf etw (*acc*); **2.** *litt* (*futilité*) Eitelkeit *f*; Nichtigkeit *f*
vaniteux [vanitø] **I** *adj* ⟨-euse⟩ eingebildet; selbstgefällig; eitel; **II** *subst* ~, *vaniteuse m, f* selbstgefälliger, eingebildeter Mensch
vanne [van] *f* **1.** TECH Schieber *m*; *t/t* Schütz *n*; **2.** F (*remarque désobligeante*) Stiche'lei *f*; *envoyer, lancer des* ~*s à qn* gegen j-n sticheln
vanné [vane] *adj* F hunde- *ou* hundsmüde; to'tal ka'putt
vanneau [vano] *m* ⟨*pl* ~x⟩ ZO Kiebitz *m*
vanner [vane] *v/t blé* schwingen; worfeln
vannerie [vanRi] *f* **1.** *métier* Korbflechte'rei *f*; **2.** *objets* Korbwaren *f/pl*
vannier [vanje] *m* Korbmacher *m*, -flechter *m*
vantail [vɑ̃taj] *m* ⟨*pl* vantaux [vɑ̃to]⟩ (Tür-, Fenster)Flügel *m*; *porte f à double* ~ Flügeltür *f*
vantard [vɑ̃taR] **I** *adj* großsprecherisch; **II** *m* Prahler *m*; Prahlhans *m*; Großtuer *m*; Angeber *m*; Aufschneider *m*
vantardise [vɑ̃taRdiz] *f* Prahle'rei *f*; Aufschneide'rei *f*; Angebe'rei *f*; F Angabe *f*
vanter [vɑ̃te] **I** *v/t* ('überschwenglich) loben; rühmen; preisen; *marchandise* anpreisen; **II** *v/pr se* ~ prahlen, aufschneiden, angeben, großtun (*de qc* mit etw); *se* ~ *de* (+*inf*) damit prahlen, sich (damit) brüsten, sich rühmen zu (+*inf*); (*soit dit*) *sans me* ~ ohne mich loben zu wollen; F *et je m'en vante!* und ich bin stolz darauf!; F *il ne s'en*

est pas vanté das hat er mit keinem Wort erwähnt; das hat er schamhaft verschwiegen; F *il n'y a pas de quoi se* ~ das ist kein Ruhmesblatt; kein Grund, stolz darauf zu sein
va-nu-pieds [vanypje] *m,f* ⟨*inv*⟩ Bettler(in) *m(f)*
vapes [vap] *f/pl* *être dans les* ~ benommen, F im Tran sein; F *tomber dans les* ~ ohnmächtig werden; F 'umkippen
vapeur[1] [vapœR] *f* **1.** Dampf *m*; ~ *d'eau* Wasserdampf *m*; ~*s d'essence* Ben'zindämpfe *m/pl*; *fer m*, *machine f à* ~ Dampfbügeleisen *n*, -maschine *f*; *loc/adv*: *à la* ~ mit Dampf; CUIS *pommes f/pl de terre cuites à la* ~ *ou adj pommes* ~ gedämpfte Kartoffeln *f/pl*; *à toute* ~ mit 'Volldampf; *fig* in, mit Windeseile; mit höchster Geschwindigkeit; *fig renverser la* ~ das Steuer her'umreißen, -werfen; auf Gegenkurs gehen; **2.** *litt* (*brouillard*) Nebel *m*; Dunst *m*; **3.** *plais avoir ses* ~ *s* plais se in Zuständen haben; **4.** *st/s les* ~ *s du vin lui montent à la tête* der Wein benebelt ihn
vapeur[2] [vapœR] *m* Dampfer *m*
vaporeux [vapɔRø] *adj* ⟨-euse⟩ *étoffe, robe, cheveux* duftig; *ciel* dunstig
vaporisa|teur [vapɔRizatœR] *m* Zerstäuber *m*; Spray [spRe] *m ou n*; Spraydose *f*; ~**ation** *f* **1.** PHYS Verdampfen *n*; **2.** (*pulvérisation*) Zerstäuben *n*
vaporiser [vapɔRize] **I** *v/t* **1.** PHYS verdampfen; **2.** *parfum etc* zerstäuben; sprayen ['spRe:ən]; **II** *v/pr se* ~ verdampfen
vaquer [vake] **I** *v/t/indir* ~ *à ses occupations* s-r Beschäftigung nachgehen; ~ *aux soins du ménage* s-n häuslichen Pflichten nachgehen, *st/s* ob'liegen; **II** *v/i* ADM Ferien haben
Var [vaR] *le* ~ Fluß *u* Departement in Frankreich
varan [vaRɑ̃] *m* ZO Wa'ran *m*
varappe [vaRap] *f* (Felsen)Klettern *n*; Klette'rei *f*; *faire de la* ~ klettern
varech [vaRɛk] *m* BOT (See)Tang *m*
vareuse [vaRøz] *f* Jacke *f*, Joppe *f*
variabilité [vaRjabilite] *f* Veränderlichkeit *f*
variable [vaRjabl(ə)] **I** *adj* veränderlich; wechselnd; *temps* a wechselhaft; MATH *a* vari'abel; MÉTÉO *ciel* ~ wechselnd bewölkt; *vent m* ~ Wind *m* aus wechselnden, 'unterschiedlichen Richtungen; **II** *subst* **1.** *f* MATH Veränderliche *f*, Vari'able *f*; **2.** *m baromètre* être au ~ auf Veränderlich stehen
variante [vaRjɑ̃t] *f* Vari'ante *f*; Abwandlung *f*
variation [vaRjasjɔ̃] *f* Schwankung *f*; (Ver)Änderung *f*; Wechsel *m*; Variati'on *f* (*a* MUS, MATH, BIOL); ~*s de température* Tempera'turschwankungen *f/pl*; ADM *corrigé des* ~*s saisonnières* sai'sonbereinigt; *subir des* ~*s* sich verändern; sich wandeln
varice [vaRis] *f* MÉD Krampfader *f*; *bas m à* ~*s* Gummistrumpf *m*
varicelle [vaRisɛl] *f* MÉD Windpocken *pl*
varié [vaRje] *adj* verschiedenartig; vielfältig; mannigfaltig; abwechslungsreich; *programme* reichhaltig; bunt; abwechslungsreich; *mélodie* mit Variati'onen; *choix* ~ reiche Auswahl; *'hors-*

-d'œuvre ~s verschiedene Vorspeisen f/pl; **menus peu** ~s ziemlich eintöniger Speise-, Küchenzettel
varier [vaʀje] **I** v/t abwechslungsreich, verschiedenartig gestalten; Abwechslung bringen in (+acc); vari'ieren (a MUS); ~ **les menus** den Speisezettel abwechslungsreich gestalten; plais ou iron **pour ~ les plaisirs** weil's so schön war ou ist; **II** v/i **1.** sich ändern; wechseln; verschieden sein; vari'ieren; GR adjectif verändelich sein; prix schwanken (**entre** zwischen; **de ... à ...** zwischen ... und ...); temps ~ **souvent** sehr wechselhaft sein; **les opinions varient sur ce point** die Meinungen darüber gehen ausein'ander, weichen vonein-'ander ab; **2.** personne il n'a jamais **varié à ce sujet** s-e Meinung darüber hat sich nie geändert
variété [vaʀjete] f **1.** Verschiedenheit f, -artigkeit f; Mannigfaltigkeit f; Abwechslung f; **une grande ~ de modèles** e-e Vielfalt von, e-e reiche Auswahl an Modellen; die verschiedensten Modelle; **2.** BIOL Ab-, Spielart f; Varie'tät f; de fruits etc Sorte f; **3.** LITTÉRATURE ~s pl vermischte Schriften f/pl; **4.** (**spectacle** m **de**) ~s pl Varie'té n; RAD, TV **émission** f **de** ~s Unter'haltungssendung f; **scène** f, **théâtre** m **de** ~s Varieté(theater) n
variole [vaʀjɔl] f MÉD Pocken pl
variolé [vaʀjɔle] adj pockennarbig
variol|eux [vaʀjɔlø] **I** adj ⟨-euse⟩ Pokken...; an Pocken erkrankt; **II** m Pockenkranke(r) m; ~**ique** adj MÉD Pocken...
variqueux [vaʀikø] adj ⟨-euse⟩ MÉD **ulcère** ~ Krampfadergeschwür n
varlope [vaʀlɔp] f TECH Langhobel m; Rauhbank f
Varsovie [vaʀsɔvi] Warschau n
vasculaire [vaskyleʀ] adj ANAT, BOT Gefäß...
vase[1] [vaz] m Vase f; (récipient) Gefäß n; PHYS ~**s communicants** kommunizierende Röhren f/pl; ÉGL CATH ~**s sacrés** liturgische Gefäße n/pl; Kultgefäße n/pl; ~ **de** ou **de cristal** Kri'stallvase f; ~ **de nuit** Nachtgeschirr n, -topf m; fig **vivre en ~ clos** sich abkapseln; gegen andere abgeschirmt, ohne Kontakt mit anderen leben
vase[2] [vaz] f Schlamm m; dans la mer Schlick m
vaseline [vazlin] f CHIM, PHARM Vase'line f
vaseux [vazø] adj ⟨-euse⟩ **1.** (boueux) schlammig; schlick(e)rig; **2.** F fig **se sentir ~** sich unwohl fühlen; F nicht ganz auf dem Damm sein; **3.** F idées etc schwammig; verschwommen; nebelhaft
vasistas [vazistas] m Guckfenster n; Oberlicht n
vaso-constricteur [vazokɔ̃stʀiktœʀ] adj m PHYSIOL gefäßverengend
vaso-dilatateur [vazodilatatœʀ] adj m PHYSIOL gefäßerweiternd
vaso-moteur [vazomɔtœʀ] adj ⟨vaso--motrice⟩ PHYSIOL vasomo'torisch; **nerfs** ~**s** Vasomo'toren m/pl
vasouillard [vazujaʀ] F adj cf **vaseux** 3.
vasouiller [vazuje] F v/i personne unsicher sein; F schwimmen
vasque [vask] f (bassin) Brunnenschale f; (coupe) flache Schale

vassal [vasal] ⟨pl -aux⟩ **I** m HIST Va'sall m (a fig); Lehnsmann m; **II** adj Va'sallen...; ~**ité** f Va'sallentum n
vaste [vast] adj **1.** surface, plaine, forêt etc weit; ausgedehnt; bâtiment weitläufig; pièce geräumig; **2.** connaissances, sujet, organisation etc um'fassend; 'umfangreich; vielseitig; projet 'umfangreich; gewaltig; notion weit; ambitions weitreichend; F **c'est une ~ blague** F das ist ein ausgemachter, aufgelegter Schwindel
Vatican [vatikɑ̃] **le ~** der Vati'kan; **la cité du ~** die Vatikanstadt
vaticin|ation [vatisinɑsjɔ̃] litt f Weissagung f; ~**er** litt v/i weissagen
va-tout [vatu] m jouer son ~ alles auf e-e Karte setzen (**dans** bei); va banque spielen
Vaucluse [voklyz] **le ~** frz Departement
Vaud [vo] **le canton de ~** die Waadt; der Kanton Waadt; **le pays de ~** das Waadtland
vaudevill|e [vodvil] m Vaude'ville n; Posse f (a fig); ~**esque** adj possenhaft
vaudois [vodwa] **I** adj **1.** GÉOGR waadtländisch; **2.** REL wal'densisch; **II** subst **1.** ⟨(e)⟩ m(f) Waadtländer(in) m(f); **2.** m/pl REL Wal'denser m/pl
vaudou [vodu] m REL Wodu ou Wudu m; adjt **culte** ~ Wodukult m
vaudrai [vodʀe] cf **valoir**
vau-l'eau [volo] loc fig **s'en aller à ~** projets zu Wasser werden; zu'nichte werden
vaur|ien [voʀjɛ̃] m **1.** (garnement) (petit) ~ Bengel m; Range f; **2.** MAR Segelboot n mit Sluptakelung; ~**ienne** f Göre f; Range f
vaut [vo] cf **valoir**
vautour [votuʀ] m ZO Geier m (a fig)
vautrer [votʀe] v/pr **se ~ 1.** sich wälzen; personne a sich rekeln ou räkeln; F péj sich fläzen; sich hinlümmeln; **se ~ dans la boue** sich im Dreck wälzen; sich suhlen; **2.** fig **se ~ dans qc** sich in etw (dat) gefallen, wohl fühlen, F aalen
vauvert [voveʀ] loc/adv **au diable ~** ganz weit draußen; F jwd [jɔtveːdeː]
vaux [vo] cf **valoir** et **val**
va-vite [vavit] loc/adv **à la ~** hastig; über'stürzt; flüchtig; F hopp hopp; **faire qc à la ~** etw hinhauen, zu'sammenpfuschen
V.D.Q.S. abr (vins délimités de qualité supérieure) QbA (Qualitätswein aus bestimmten Anbaugebieten)
veau [vo] m ⟨pl -x⟩ **1.** ZO Kalb n; ~ **marin** Seehund m; fig **adorer le ~ d'or** das Goldene Kalb anbeten; F **pleurer comme un ~** F heulen wie ein Schloßhund; fig **tuer le ~ gras** e-n Festschmaus veranstalten; **2.** CUIS Kalbfleisch n; **pieds** m/pl **de ~** Kalbsfüße m/pl; **3.** cuir Kalb(s)leder n; **4.** F fig **a)** personne Trampel m ou n; F Tranfunzel f; **b)** cheval schlechtes Rennpferd; **c)** voiture F lahme Karre, Kiste
vecteur [vɛktœʀ] m **1.** MATH, PHYS Vektor m; **2.** MÉD Vektor m; (Krankheits)Über'träger m; Zwischenwirt m; **3.** MIL Kernwaffenträger m; **4.** fig Träger m; Vermittler m
vectoriel [vɛktɔʀjɛl] adj ⟨-le⟩ MATH, PHYS vekto'riell; Vektor...; **calcul** ~ Vektorrechnung f

vécu [veky] **I** p/p cf **vivre** et adj erlebt; histoire wahr; **expérience** ~**e** (eigenes) Erlebnis; selbst gemachte Erfahrung; PHILOS **temps ~** subjektive Zeit; **II** m Erlebte(s) n
vedettariat [vədɛtaʀja] m **1.** Welt f der Stars; Startum n; **2.** péj attitude Starallüren f/pl
vedette [vədɛt] f **1.** CIN, THÉ, SPORTS etc Star m; THÉ, CIN a Hauptdarsteller(in) m(f); par ext promi'nente Per'sönlichkeit; d'un procès Hauptperson f; ~ **du jour** Held m des Tages; ~ **de** ou **du cinéma** Filmstar m; **en ~ américaine** als Stargast; **jouer les** ~**s** sich als Star aufführen; **2.** (position de tête) loc: **avoir, tenir la ~** THÉ, CIN die Hauptrolle spielen; CIRQUE etc der Star des Abends, die Zugnummer sein; par ext im Blickpunkt der Öffentlichkeit, im Mittelpunkt des Interesses, im Vordergrund stehen; **mettre qc, qn en ~** etw, j-n her'ausstellen, -streichen; journal etw in großer Aufmachung, als Schlagzeile bringen; **se mettre en ~** sich in den Vordergrund schieben, drängen; **voler la ~ à qn** j-m die Schau stehlen; ◆ adjt Spitzen...; Star...; Haupt...; **émission** f ~ zugkräftige Sendung; **mannequin** m ~ Starmannequin n; **match** m ~ Spitzen-, Schlagerspiel m; **3.** d'un dictionnaire **mot** m ~ Stichwort n; **4.** MAR **a)** MIL Schnellboot n; **b)** DOUANE etc Küstenwachboot n
végétal [veʒetal] ⟨m/pl -aux⟩ **I** adj Pflanzen...; pflanzlich; **fibre, huile** ~**e** Pflanzenfaser f, -öl n; **terre** ~**e** Muttererde f; **II** m Pflanze f; Gewächs n
végétalisme [veʒetalism(ə)] m strenger Vegeta'rismus
végétar|ien [veʒetaʀjɛ̃] **I** adj ⟨~ne⟩ vege'tarisch; **II** subst ⟨~**ne**⟩ m(f) Vegetarier(in) m(f); ~**isme** m Vegeta'rismus m
végétatif [veʒetatif] adj ⟨-ive⟩ BOT, PHYSIOL vegeta'tiv
végétation [veʒetɑsjɔ̃] f **1.** Vegetati'on f; Pflanzenwuchs m; Pflanzenwelt f; **2.** MÉD **opérer un enfant des** ~**s** e-m Kind die Mandeln her'ausnehmen
végéter [veʒete] v/i ⟨-è-⟩ personne (da'hin)vege'tieren; kümmerlich (da'hin-)leben; plante kümmern; affaire sta-'gnieren
véhémence [veemɑ̃s] f Heftigkeit f; Ungestüm n; Vehe'menz f; **avec ~** heftig; ungestüm
véhément [veemɑ̃] adj personne ungestüm; hitzig; feurig; reproches etc heftig; discours flammend
véhiculaire [veikyleʀ] adj **langue** f ~ Verkehrssprache f
véhicule [veikyl] m **1.** Fahrzeug n; ~ **utilitaire** Nutzfahrzeug n; ~ **de tourisme** Per'sonen(kraft)wagen m; **2.** fig de l'information etc Träger m; Medium n
véhiculer [veikyle] v/t **1.** befördern; transpor'tieren; **2.** fig langage: idées etc das Medium, der Träger sein (+gén)
veille [vɛj] f **1.** (jour précédent) Vortag m; **la ~** am Tag zu'vor; am vorhergehenden Tag; tags zu'vor; **la ~ au soir** am Vorabend; am Abend vorher; **la ~ du départ** am Tag vor der Abreise; **la ~ de Noël** der Heilige Abend ou am Heiligen Abend; Heilig'abend m; **la ~**

veillée – venin

du Nouvel An (an) Sil'vester *m*; *fig* **à la ~ de** kurz vor (*+dat*); **2.** (*contraire: sommeil*) Wachen *n*; Wachsein *n*; **entre la ~ et le sommeil** im Halbschlaf; **être en état de ~** wach, in wachem Zustand sein; **être fatigué par de longues ~s** von vielen durch'wachten Nächten müde sein; **3.** (*garde*) (Nacht)Wache *f*
veillée [veje] *f* **1.** *d'un malade* Nachtwache *f*; **~ funèbre** Totenwache *f*; *fig* **~ d'armes** Vorabend *m* e-s wichtigen Ereignisses; **2.** (*soirée*) Abendstunden *f*/*pl*; abendliches Bei'sammensein
veiller [veje] **I** *v/t* **~ un malade** bei e-m Kranken wachen; **II** *v/t*/*indir* **1. ~ à qc** über etw (*acc*) wachen; für etw sorgen; auf etw (*acc*) achten, bedacht sein; **~ à ce que ...** (*+subj*) dafür sorgen, Sorge tragen, darauf achten, bedacht sein, daß ...; **~ à** (*+inf*) darauf achten zu (*+inf*); **~ aux intérêts de qn** j-s Interessen wahrnehmen; **2. ~ sur qn** j-n unter s-e Obhut nehmen, hüten; **~ sur la santé de qn** auf j-s Gesundheit achten; **III** *v/i* **3.** (*être de garde*) wachen; **4.** (*ne pas se coucher*) wach bleiben; aufbleiben; **~ tard** lang(e) aufbleiben
veilleur [vɛjœR] *m* Wächter *m*; **~ de nuit** Nachtwächter *m*
veilleuse [vɛjøz] *f* Nachtlicht *n*, -lampe *f*, -beleuchtung *f*; AUTO Standlicht *n*; *d'un appareil électrique* Kontrollampe *f*; *d'un appareil à gaz* Dauerzündflamme *f*; **mettre en ~** lampe dunkler einstellen; *flamme* kleinstellen; *fig affaire* ruhenlassen; F auf Eis legen; F *fig* **mets-la en ~!** halt den Mund!
veinard [vɛnaR] F **I** *adj* **ce qu'il est ~** F das ist ein (wahrer) Glückspilz; **II** *subst* **~(e)** *m(f)* F Glückspilz *m*
veine [vɛn] *f* **1.** ANAT Vene *f*; (Blut-)Ader *f*; **~s coronaires** (Herz)Kranzgefäße *f*/*pl*; **s'ouvrir les ~s** sich die (Puls-)Adern aufschneiden, öffnen; **2.** (*chance*) Glück *n*; F Dusel *m*; Schwein *n*; **~ de cocu** F Mordsglück *n*; **coup m de ~** Glücksfall *m*; Glücksumstand *m*; **~ alors!** Schwein gehabt!; **pas de ~! ou c'est bien ma ~!** Pech (gehabt)!; **3.** *fig* **~ poétique** poetische Ader *f*; **être en ~ de générosité** in Geberlaune sein; F s-n großzügigen Tag haben; **4.** MINES Ader *f*; Gang *m*; **5. ~s** *pl du bois* Maserung *f*; *du marbre* Adern *f*/*pl*; **6.** BOT *d'une feuille* Ader *f*; Nerv *m*
veiné [vene] *adj peau* geädert; ad(e)rig; *bois* gemasert; *marbre* geädert
veineux [vɛnø] *adj* ⟨-euse⟩ ANAT, PHYSIOL ve'nös; Venen...; Ader...
veinule [vɛnyl] *f* Äderchen *n*
vêlage [vɛlaʒ] *m* ZO, GÉOGR Kalben *n*
vélaire [velɛR] PHON **I** *adj* ve'lar; **II** *f* Ve'lar(laut) *m*; 'Hintergaumenlaut *m*
velcro [vɛlkRo] (*marque déposée*) *m ou adjt* **bande ~** Klettverschluß *m*
vêler [vele] *v/i vache* kalben
vélin [velɛ̃] *m* **1.** *peau* Ve'lin *n*; **2. ~ ou adjt papier** *m* **~** Ve'lin(papier) *n*
véliplanchiste [veliplɑ̃ʃist] *m,f* (Wind-)Surfer(in) [-sœrf-] *m(f)*
velléitaire [veleitɛR] *adj* entschlußlos; unentschlossen
velléité [veleite] *f* Anwandlung *f*; **il a des ~s de travail, de travailler** es bleibt bei s-n Vorsätzen zu arbeiten
vélo [velo] *m* (Fahr)Rad *n*; *schweiz* Velo *n*; **action** Radfahren *n*; **~ tout terrain** (*abr* **V.T.T.**) Mountainbike ['maʊntənbaɪk] *n*; **~ d'appartement** Hometrainer ['hoːmtreːnər] *ou* Heimtrainer *m*; **~ de course** Rennrad *n*; **aimer le ~** gern radfahren; **aller en ou à ~, être à ou en ~ ou sur son ~, faire du ~, monter à ou en ~** mit dem Rad fahren; radfahren; F radeln
véloce [velɔs] *litt adj* schnell
véloc|ipède [velɔsipɛd] *m autrefois* Velozi'ped *n*; **~ité** *litt f* Schnelligkeit *f*; Gewandtheit *f*
vélo|cross [velokRɔs] *m* BMX-Rad *n*; **~drome** [-dRom] *m* Radrennbahn *f*; Velo'drom *n*; **~moteur** *m* Moped *n*; **~ski** *m* Skibob *m*
velours [v(ə)luR] *m* **1.** Samt *m*; Ve'lours *m*; **~ côtelé** Kordsamt *m*; **pantalon** *m* **de ~, en ~** Samt- *ou* Kordsamthose *f*; *loc/adj* **de ~** samten; *peau* samtig; wie Samt; *fig* sehr sanft; *fig* **faire des yeux de ~** sanft blicken; Samtaugen machen; *fig* **il joue sur le ~** dabei riskiert er nichts; das ist e-e ganz sichere Sache; *fig* **marcher à pas de ~** auf leisen Sohlen schleichen; **2. des yeux** Samtglanz *m*; *de la pêche, peau* samtiges Aussehen; samtige Weiche
velouté [v(ə)lute] **I** *adj* **1.** *peau, teint* samtig (*a pêche*); samtweich; **2.** CUIS **potage** le'giert; sämig; **II** *m* **1.** Samtglanz *m*; samtiges Aussehen; **2.** CUIS **~ d'asperges** Spargelcremesuppe *f*
velu [vəly] *adj* stark behaart; haarig
velum *ou* **vélum** [velɔm] *m* Sonnensegel *n*; Zeltdach *n*
venaison [v(ə)nɛzɔ̃] *f* Wildbret *n* (von Schalenwild)
vénal [venal] *adj* ⟨-aux⟩ *péj personne* käuflich; bestechlich; HIST **charge** käuflich; **amour** **~** käufliche Liebe; **~ité** *f* Käuflichkeit *f*; Bestechlichkeit *f*
venant [v(ə)nɑ̃] *loc* **à tout ~** dem ersten besten; jedem; allen
vendable [vɑ̃dabl(ə)] *adj* verkäuflich
vendange [vɑ̃dɑ̃ʒ] *f* **1. action** Weinlese *f*; Traubenernte *f*; **les ~s ou le temps des ~s** die Zeit der Weinlese; **faire la ~, les ~s** Weinlese halten; **2.** (*raisin récolté*) geerntete, gelesene (Wein-)Trauben *f*/*pl*
vendanger [vɑ̃dɑ̃ʒe] ⟨-geons⟩ **I** *v/t raisin* ernten; *vigne* abernten; **II** *v/i* Weinlese halten
vendang|eur [vɑ̃dɑ̃ʒœR] *m*, **~euse** *f* Weinleser(in) *m(f)*
Vendée [vɑ̃de] **la ~** *frz Departement*
vendéen [vɑ̃deɛ̃] **I** *adj* ⟨-ne⟩ (aus) der Vendée; **II** *subst* ⟨ne⟩ *m(f)* Bewohner(in) *m(f)* der Vendée
venderesse [vɑ̃dəRɛs] *f* JUR Verkäuferin *f*
vendetta [vɑ̃de(t)ta] *f* Blutrache *f*; Ven'detta *f*
vend|eur [vɑ̃dœR] *m*, **~euse** *f* Verkäufer(in) *m(f)*; *adjt:* **pays vendeur** Verkäuferland *n*; **il voulait acheter ma maison, mais je ne suis pas vendeur** ich verkaufe (es) nicht
vendre [vɑ̃dR(ə)] (*cf rendre*) **I** *v/t* **1.** verkaufen (*a abs*); veräußern; handeln mit; *marchandises a* führen; **~ qc à qn** j-m *ou* an j-n etw verkaufen; **~ mille francs** etw für tausend Franc verkaufen; **à ~** zu verkaufen; **la publicité fait ~** Werbung fördert den Verkauf, den Absatz; **2.** *fig:* **fille ~ ses charmes** sich, ihren Körper verkaufen; **~ son silence** sich sein Stillschweigen bezahlen lassen; **~ cher sa vie**, F **sa peau** sein Leben, s-e Haut teuer verkaufen; sich tapfer s-r Haut wehren; **3.** *fig* (*dénoncer*) **~ qn** j-n verraten, complices *a* F verpfeifen; **il vendrait ses père et mère** er geht über Leichen; **4.** *péj* Geschäfte machen mit; kommerzi'ell ausbeuten, ausschlachten; **II** *v/pr* **se ~ 5. sens passif** verkauft werden; sich verkaufen (lassen); Absatz finden; **ne pas se ~ à** nicht gehen; **6. sens réfléchi** *fig* sich kaufen, bestechen lassen; sich verkaufen (*prov*)
vendredi [vɑ̃dRədi] *m* Freitag *m*; ⚠ **saint** Kar'freitag *m*; *loc/adv* **cf jeudi**; *prov* **tel qui rit ~, dimanche pleurera** man soll den Tag nicht vor dem Abend loben (*prov*)
vendu [vɑ̃dy] **I** *adj* **1.** verkauft; **2.** *fig personne* bestochen; **II** *m* Bestochene(r) *m*; *injure* Lump *m*
venelle [vənɛl] *litt f* Gäßchen *n*
vénéneux [venenø] *adj* ⟨-euse⟩ **plantes** giftig; Gift...; **champignon ~** Giftpilz *m*
vénérable [veneRabl(ə)] *adj personne* ehrwürdig (*a âge*); verehrungswürdig; **institution** altehrwürdig
vénération [veneRasjɔ̃] *f* Verehrung *f* (*a* REL); Ehrfurcht *f*; **avoir de la ~ pour qn** j-n verehren
vénérer [venere] *v/t* ⟨-è-⟩ verehren; **~ qc** a etw in Ehren halten; **~ un mort** das Andenken e-s Toten ehren
vénerie [vɛnRi] *f* Hetzjagd *f*; Par'force-jagd *f*
vénérien [veneRjɛ̃] *adj* ⟨-ne⟩ MÉD **maladie ~ne** Geschlechtskrankheit *f*
veneur [vənœR] *m* HIST **grand ~** Oberjägermeister *m*
Venezuela [venezɥela] **le ~** Venezu'ela *n*
vénézuélien [venezɥeljɛ̃] **I** *adj* ⟨~ne⟩ venezo'lanisch; **II** *subst* ⟨**ne**⟩ *m(f)* Venezo'laner(in) *m(f)*
vengeance [vɑ̃ʒɑ̃s] *f* Rache *f*; Vergeltung *f*; **désir** *m*, **soif** *f* **de ~** Rachsucht *f*; Rachedurst *m*; **par ~, dans un ou par esprit de ~** aus Rache, Rachsucht; **crier, demander ~** nach Rache schreien; **tirer ~ de qc** für etw Rache nehmen; sich für etw rächen; *prov* **la ~ est un plat qui se mange froid** Rache muß man kalt genießen
venger [vɑ̃ʒe] ⟨-geons⟩ **I** *v/t personne*, **insulte etc** rächen; **~ qn d'un affront** j-n für e-e Beleidigung rächen; **II** *v/pr* **se ~** sich rächen (**de qn** an j-m; **de qc** für etw; **par mit**); **se ~ de qc sur qn** sich an j-m für etw rächen
vengeur [vɑ̃ʒœR] *m*, **vengeresse** [vɑ̃ʒRɛs] **I** *m,f* Rächer(in) *m(f)*; **II** *adj* rächend; Rache...
véniel [venjɛl] *adj* ⟨~le⟩ REL CATH **péché ~** läßlich; *litt* **faute** verzeihlich
venimeux [v(ə)nimø] *adj* ⟨-euse⟩ **1. animaux** giftig; Gift...; **piqûre, morsure** giftig; **araignée venimeuse** giftige Spinne; **serpent ~** Giftschlange *f*; **2.** *fig personne, remarques etc* giftig; boshaft; bösartig
venin [v(ə)nɛ̃] *m* **1. d'animaux** Gift *n*; **~ de serpent** Schlangengift *n*; **2.** *fig* Gift *n*; Bosheit *f*; **cracher son ~** sein Gift verspritzen; Gift und Galle speien, spucken

venir [v(ə)niʁ] ⟨je viens, il vient, nous venons, ils viennent; je venais; je vins, nous vînmes; je viendrai; que je vienne, que nous venions; venant; être venu⟩
I v/i **1.** kommen; herkommen; *expressions*: **a)** *seul*: F *alors ça vient, ce café?* kommt der Kaffee endlich?; *quand la guerre est venue* als der Krieg kam, begann; *ton tour viendra* du kommst schon noch dran, an die Reihe; **b)** *avec adv*: *viens ici!* komm her!; *ne pas ~* nicht kommen; *réussite etc* ausbleiben; *les idées ne viennent pas* mir *ou* ihm *etc* fällt nichts ein; F *ça ne vient pas vite* das dauert aber lang; *la nuit vient vite en cette saison* es wird früh dunkel; *y ~* darauf zu sprechen kommen; *menace* F *viens-y pour voir!* komm nur (her)! ich werd's dir schon zeigen; *il faudra bien y ~* einmal muß man sich dazu 'durchringen; **c)** *avec prép*: *~ à qn* zu j-m kommen; *idée* j-m kommen; *~ à l'esprit, à l'idée à qn* j-m einfallen; *mot ~ aux lèvres à qn* j-m über die Lippen kommen; *fig ~ à maturité* (her'an)reifen; *~ au monde* auf die Welt, zur Welt kommen; *~ aux nouvelles* kommen, um Neues, Neuigkeiten zu erfahren; *larmes ~ aux yeux* in die Augen treten; *~ après qn, qc* auf j-n, etw folgen; *nach* j-m, etw kommen; *sur une liste* nach etw stehen; *~ au-devant de qn* j-m entgegenkommen; *venez avec moi* kommen, gehen Sie mit mir (mit); *~ chez qn* zu j-m kommen; *~ de* kommen von; aus; *~ d'Allemagne* aus, von Deutschland kommen; *vent ~ du nord* von Norden kommen, wehen; *venant de sa part, cela ne m'étonne pas* bei ihm wundert mich das nicht; *d'où vient-il?* woher, von wo kommt er?; wo kommt er her?; *~ de par ext* (her)kommen von; herrühren von; stammen von, aus; *de là vient que ...* daher kommt es, daß ...; daher ...; *d'où vient que personne ne s'en soit aperçu?* wie kommt es, woran liegt es, daß ...?; *d'où me vient cet honneur?* wie komme ich zu der Ehre?; *il vient d'une famille très riche* er kommt, stammt aus ...; *mot ~ du grec* aus dem Griechischen kommen; *sa fortune lui vient de son oncle* er hat von s-m Onkel (geerbt); *nouvelle ~ d'une source autorisée* aus maßgeblicher Quelle stammen; *~ de ce que ...* daran liegen *ou* daher kommen, daß ...; *cette impression vient de ce que, du fait que ...* entsteht dadurch, daß ...; *~ en courant* angelaufen kommen; *tout vient en son temps* alles (kommt) zu s-r Zeit; *~ en voiture* mit dem Wagen kommen; *les voitures ne peuvent ~ jusqu'ici* können, dürfen nicht bis hierher fahren; *rumeur ~ jusqu'à qn* bis zu j-m dringen; *~ par le train* mit dem Zug kommen; *viens près de moi* komm zu mir; setz *ou* stell dich neben mich; **d)** *en ~ à qc* zu etw kommen; *avant d'en ~ à cette extrémité* bevor ich (wir) zu diesem äußersten Mittel greife(n); (*en*) *~ au fait* zur Sache kommen; *en ~ aux injures* sich zu Beleidigungen hinreißen lassen; *en ~ aux mains, aux coups* handgemein werden; (*en*) *~ à une question* auf e-e Frage zu sprechen kommen; ♦ *en ~ là*:

c'est là que je voulais en ~ genau, gerade darauf wollte ich hin'aus; *comment en est-on venu là?* wie konnte es so weit kommen?; *il faudra en ~ là* es wird sich nicht (mehr) vermeiden lassen; *il vaudrait mieux ne pas en ~ là* es wäre besser, wenn es nicht so weit käme; so weit sollte man es nicht kommen lassen; **e)** *avec des verbes*: *il va ~* er wird (gleich) kommen; *je ne t'ai pas demandé de ~* ich habe dich nicht gerufen; *faire ~ qn* j-n kommen lassen; j-n rufen; *faire ~ qc* sich (*dat*) etw kommen lassen; etw bestellen; etw beziehen; F *la lumière fait ~ les moustiques* zieht die Mücken an; *laisser ~* (*les événements*) *cf* (*voir*) *~*; *voir ~* (zu'nächst einmal) abwarten, die Dinge auf sich zukommen lassen; *fig*: *je l'ai vu ~* ich habe es kommen sehen; *je la vois ~* ich merke schon, worauf sie hin'auswill; **f)** *adjt*: *à ~, qui vient ou viennent* (zu)künftige(r, -s); kommende(r, -s); *les générations à ~* die kommenden, künftigen Generationen.
2. (*atteindre*) gehen, reichen (*à, jusqu'à* bis); *il me vient à l'épaule* er reicht mir bis zur Schulter. **3.** (*se développer*) *~ bien, mal plante* gut, schlecht gedeihen, wachsen; *photo* gut, schlecht kommen; **4.** (*apparaître*) *des rougeurs lui sont venues sur tout le corps* er bekam am ganzen Körper rote Flecken; *impersonnel* **Il lui vient des boutons sur le visage** er bekommt Pickel im Gesicht.
II v/aux avec inf **a)** *~ aider qn* j-m helfen (kommen); *il est venu s'asseoir près de nous* er setzte sich neben uns; *~ chercher qn, qc* j-n, etw abholen; etw holen; *il est venu me demander conseil* er ist zu mir um Rat gekommen; *il est venu nous dire ...* er kam, um uns zu sagen ...; er kam und sagte uns ...; *~ trouver qn* j-n aufsuchen; bei j-m vorsprechen; zu j-m kommen; *~ voir qn* j-n besuchen; *pour montrer qc viens voir!* komm mal her!; da, schau!; *voir si ...* nachsehen, ob ...; **b)** *~ à* (+*inf*): *s'il venait à disparaître* sollte er sterben; *si cela venait à se faire* sollte es dazu kommen; falls es dazu kommen sollte; *l'argent vint à nous manquer* ging uns aus; ♦ *en ~ à* (+*inf*) all'mählich beginnen zu (+*inf*); so weit kommen, daß ...; *j'en suis venu à croire que ...* ich bin zu der Überzeugung gekommen, daß ...; **c)** *~ de faire qc* etw gerade, (so')eben getan haben; *je viens de manger* a ich komme gerade vom Essen; *livre vient de paraître* soeben erschienen.
III v/imp: *il vient beaucoup de touristes ici* es kommen viele Touristen hierher; *il me vint l'envie de* (+*inf*) ich hätte am liebsten (+*p/p*); ich bekam große Lust zu (+*inf*)
Venise [vəniz] Ve'nedig *n*
vénitien [venisjɛ̃] **I** *adj* ⟨-ne⟩ venezi'anisch; **II** *subst* ♀(*ne*) *m(f)* Venezi'aner(in) *m(f)*
vent [vɑ̃] *m* **1.** Wind *m*; *CH* Witterung *f*; *iron bon ~!* geh mit Gott, aber geh!; *~ contraire* Gegenwind *m*; *~ du large* Seewind *m*; *~ du nord* Nordwind *m*; *~ de sable* Sandsturm *m*; *MAR côté m du ~* Luv(seite) *f*; Windseite *f*; *coup m de* *~* Windstoß *m*; *MAR* Sturm *m*; *fig*: *elle est coiffée en coup de ~* ihr Haar ist zerzaust, wirr; *entrer en coup de ~* wie ein Wirbelwind her'eingefegt kommen, her'einstürzen; *il est passé en coup de ~* er war nur auf e-n Sprung da; *direction f, force f du ~* Windrichtung *f*, -stärke *f*; *loc/adj et loc/adv*: *au ~* im Wind(e); *MAR* in Luv; (*les*) *cheveux au ~* mit wehenden, flatternden Haaren; *flotter au ~* im Wind(e) flattern, wehen; *MAR flotter au ~* im Wind(e) treiben; *à l'abri du ~* windgeschützt; im Windschatten; *aller comme le ~* wie der Wind laufen; *fig contre ~s et marées* allen 'Widerständen, Hindernissen zum Trotz; *marcher contre le ~* sich gegen den Wind stemmen; *maison, arbre en plein ~* völlig freistehend; ungeschützt stehend; *par un jour de grand ~* an e-m stürmischen Tag; *MAR sous le ~* in Lee; im Windschatten; ♦ *fig quel bon ~ vous amène?* welchem glücklichen 'Umstand verdanke ich Ihren Besuch?; *il y a, il fait du ~* es ist windig; es geht Wind; *il n'y a pas de ~* es ist windstill; *il n'y a pas un souffle*, F *un brin de ~* es weht kein Lüftchen; F *fig ivrogne avoir du ~ dans les voiles* schwanken; F Schlagseite haben; *fig avoir ~ de* von etw Wind bekommen; *MAR avoir le ~ arrière, en poupe* vor dem Wind segeln; *fig il a le ~ en poupe ou dans le dos* er hat Glück, e-e Glückssträhne; *fig ils* (*se*) *sont dispersés aux quatre ~s* sie sind in alle Winde zerstreut; *Mitchell Autant en emporte le ~* Vom Winde verweht; *cette maison est ouverte à tous* (*les*), *aux quatre ~s* in diesem Haus zieht es von allen Seiten; *le ~ se lève* es kommt Wind auf; *fig observer d'où vient le ~* die Lage son'dieren; *prov qui sème le ~ récolte la tempête* wer Wind sät, wird Sturm ernten (*prov*); **2.** *fig* (*tendance*) Ten'denz *f*; Neigung *f*; *un ~ de panique souffla sur l'assemblée* in der Versammlung brach e-e Panik aus; **3.** PHYSIOL (Darm)Wind *m*; *lâcher un ~* e-n Wind abgehen lassen; **4.** *loc/adj être dans le ~* **a)** *chose* in sein; zeitgemäß, aktu'ell sein; (die) neueste Mode, der letzte Schrei sein; **b)** *personne* in sein; mo'dern sein; mit der Zeit gehen; **5.** *fig c'est du ~* das sind leere Versprechungen; das ist leeres Gerede; **6.** MUS *instrument m à ~* Blasinstrument *n*; **7.** ASTR *~ solaire* Sonnenwind *m*
vente [vɑ̃t] *f* Verkauf *m*; Vertrieb *m*; Absatz *m*; *par ext* (*affaire*) Geschäft *n*; *JUR a* Kauf *m*; *exclusive* Al'leinverkauf *m*, -vertrieb *m*; *en ~ exclusive dans les pharmacies* nur in Apotheken erhältlich; *~ publique* (*aux enchères*) öffentliche Versteigerung; *~ au comptant* Barverkauf *m*; *BOURSE* Kassageschäft *n*; *~ au détail* Einzel-, Kleinverkauf *m*; *~ à domicile* Hau'sierhandel *m*; *~ aux enchères* Versteigerung *f*; Aukti'on *f*; *~ à tempérament* Raten-, Teilzahlungskauf *m*; *~ de charité* Wohltätigkeitsbasar *m*, -verkauf *m*; *~ en gros* Großvertrieb *m*; *~ par correspondance* Versandhandel *m*, -geschäft *n*; *maison f de ~ par correspondance* Versandfirma *f*, -ge-

schäft *n*; *chef m de*(*s*) ~(*s*) Verkaufsleiter *m*; JUR *contrat m de* ~ Kaufvertrag *m*; *hôtel m ou salle f des* ~*s* Versteigerungs-, Aukti'onsgebäude *n*; *point m de* ~ Verkaufsstelle *f*; *possibilités f/pl de* ~ Absatzmöglichkeiten *f/pl*; *prix m de* ~ Verkaufspreis *m*; COMM *a* Ladenpreis *m*; *service m des* ~*s* Verkaufsabteilung *f*; *loc/adj en* ~ erhältlich (*chez, dans* bei, in +*dat*); *en* ~ *libre* frei verkäuflich; *médicament* re'zeptfrei; *être en* ~ verkauft werden; erhältlich, zu haben sein; *mettre en* ~ zum Verkauf bringen, anbieten; *avoir un pourcentage sur les* ~*s* Prozente für getätigte Verkäufe erhalten; *courir les* ~*s* häufig bei Versteigerungen sein; *la* ~ *du tabac se fait uniquement dans ...* Tabak(waren) wird (werden) nur in ... verkauft; *la* ~ *marche bien, mal* das Geschäft geht gut, schlecht; der Absatz ist gut, flau
venter [vãte] *v/imp il vente* es ist windig; es windet; *qu'il pleuve ou qu'il vente* bei Wind und Wetter
venteux [vãtø] *adj* ⟨-euse⟩ windig
ventilateur [vãtilatœR] *m* Venti'lator *m*; TECH *d'un moteur* Gebläse *n*
ventilation [vãtilasjõ] *f* 1. *d'une salle etc* Belüftung *f*; Ventilati'on *f*; 2. *fig*, JUR, FIN *et par ext* Verteilung *f*; Aufschlüsselung *f*
ventiler [vãtile] *v/t* 1. (*aérer*) belüften; 2. (*répartir*) verteilen; aufschlüsseln
ventouse [vãtuz] *f* 1. Saugnapf *m* (*a* ZO); Sauger *m*; *faire* ~ sich festsaugen; 2. *adjt* F *voiture f* ~ Dauerparker *m*; 3. MÉD Schröpfkopf *m*
ventral [vãtral] *adj* ⟨-aux⟩ Bauch...; *parachute* ~ Brust-, Ersatzfallschirm *m*
ventre [vãtʀ(ə)] *m* 1. ANAT Bauch *m*; Leib *m*; *bas* ~ 'Unterleib *m*; *gros* ~ dicker Bauch; F Schmer-, Bierbauch *m*; *mal m au* ~ Bauchweh *n*; *fig ça me ferait mal au* ~ das ginge mir sehr gegen den Strich; *loc/adv*: *à plat* ~ bäuchlings; auf dem *ou* den Bauch; *se coucher, se mettre à plat* ~ sich (flach) auf den Bauch legen; *fig se mettre, être à plat* ~ *devant qn* vor j-m kriechen; ~ *à terre* in gestrecktem Galopp; *personne courir* ~ *à terre* dahinjagen, -rasen, -sausen; *avoir du* ~ e-n Bauch haben; *j'ai le* ~ *creux* ich habe e-n leeren Magen; mir knurrt der Magen; *avoir le* ~ *plein* satt sein; *fig il n'a rien dans le* ~ F er ist ein Schlappschwanz; *chercher à savoir ce que qn a dans le* ~ a) was an j-m dran ist; b) welche Absichten j hat; *donner, (re)mettre du cœur au* ~ *à qn* j-m Mut, Auftrieb geben; *dormir sur le* ~ auf dem Bauch schlafen; *fig marcher, passer sur le* ~ *de qn* j-n an die Wand drücken; *prendre du* ~ e-n Bauch ansetzen, bekommen; *se remplir le* ~ sich satt essen; *rentrer le* ~ den Bauch einziehen; *prov* ~ *affamé n'a point d'oreilles* e-m hungrigen Magen ist schlecht predigen (*prov*); 2. *d'une cruche, d'un bateau* Bauch *m*; AVIAT *atterrissage m sur le* ~ Bauchlandung *f*
ventrebleu [vãtʀəblø] *ou* **ventre-saint-gris** [vãtʀəsɛ̃gʀi] *int litt* potz Blitz!; potztausend!
ventricule [vãtʀikyl] *m* ANAT ~ (*du cœur*) Herzkammer *f*

ventrière [vãtʀijɛʀ] *f d'un cheval* Bauchgurt *m*
ventriloque [vãtʀilɔk] *m* Bauchredner *m*; *adjt il est* ~ er kann bauchreden
ventripotent [vãtʀipɔtã] *adj* dickbäuchig
ventru [vãtʀy] *adj personne* dickbäuchig; mit dickem Bauch; *choses* bauchig
venu [v(ə)ny] I *p/p cf* venir *et adj* 1. *il est mal* ~ *de* (+*inf*) er hat keinerlei Ursache zu (+*inf*); er ist keineswegs berechtigt zu (+*inf*); *impersonnel il serait mal* ~ *de* (+*inf*) es wäre (jetzt) völlig verkehrt zu (+*inf*); 2. *bien* ~ gut gelungen; II *subst nouveau* ~ neu Angekommene(r) *m*; (neu) Hin'zugekommene(r) *m*; Neuankömmling *m*; *le premier* ~, *la première* ~*e* der, die erste beste; der, die erstbeste
venue [v(ə)ny] *f* 1. Kommen *n*; Ankunft *f*; 2. BOT *d'une belle* ~ von schönem Wuchs
Vénus [venys] *f* 1. ASTR ~ (die) Venus; 2. MYTH Venus *f*; 3. *fig* 2 (*belle femme*) Schönheit *f*; 4. ZO 2 Venusmuschel *f*
vêpres [vɛpʀ(ə)] *f/pl* ÉGL CATH Vesper *f*; Vespergottesdienst *m*
ver [vɛʀ] *m* ZO Wurm *m*; Made *f*; ~ *blanc* Engerling *m*; ~ *luisant* Glühwürmchen *m*; Leuchtkäfer *m*; ~ *solitaire* Bandwurm *m*; ~ *à soie* Seidenraupe *f*; ~ *du fromage* Käsemade *f*; ~ *de terre* Regenwurm *m*; *bois*, *fruit mangé aux* ~*s* wurmstichig; *avoir des* ~*s* Würmer haben; *être nu comme un* ~ splitter(faser)nackt sein; *fig tirer les* ~*s du nez à qn* j-m die Würmer aus der Nase ziehen; *fig se tortiller, se tordre comme un* ~ sich winden und krümmen; *fig tuer le* ~ e-n Schnaps vor dem *ou* zum Frühstück trinken
véracité [veʀasite] *f* Wahrheit *f*; Wahrheitsgehalt *m*; Richtigkeit *f*
véranda [veʀãda] *f* (Glas)Ve'randa *f*
verbal [vɛʀbal] *adj* ⟨-aux⟩ 1. (*de vive voix*) mündlich; *DIPL note* ~*e* Verbalnote *f*; *violence* ~*e* Heftigkeit *f* der Worte, des Ausdrucks; 2. *péj promesses purement, toutes* ~*es* leere, rein ver'bale Versprechungen *f/pl*; 3. LING Verb...; Ver'bal...; ver'bal; *adjectif* ~ Verbaladjektiv *n*; *locution* ~*e* verbale Wendung
verbalement [vɛʀbalmã] *adv* mündlich
verbalis|ation [vɛʀbalizasjõ] *f* 1. *par la police* gebührenpflichtige Verwarnung; JUR Proto'kollaufnahme *f*; 2. PSYCH In-'Worte-Fassen *n*; ~*er* I *v/t psych* in Worte fassen; sprachlich, mit Worten ausdrücken; II *v/i agent de police* gebührenpflichtig verwarnen (*contre qn* j-n); JUR ein Proto'koll aufnehmen
verbalisme [vɛʀbalism(ə)] *m péj* Neigung *f* zum Wortemachen
verbe [vɛʀb] *m* 1. LING Verb(um) *n*; Zeit-, Tätigkeitswort *n*; ~ (*ir*)*régulier* (un)regelmäßiges Verb; 2. REL *le* 2 das Wort; 3. *avoir le* ~ '*haut* das große Wort führen; 4. *litt* (*langage*) Wort *n*; Sprache *f*
verbeux [vɛʀbø] *adj* ⟨-euse⟩ *péj discours etc* wortreich; langatmig; weitschweifig (*a orateur*); *personne* a redselig
verbiage [vɛʀbjaʒ] *m* leeres Gerede, Geschwätz
verbosité [vɛʀbozite] *f* Weitschweifig-

keit *f*; Langatmigkeit *f*; *d'une personne a* Redseligkeit *f*
Vercingétorix [vɛʀsɛ̃ʒetɔʀiks] *m* HIST Vercin'getorix *m*
verdâtre [vɛʀdɑtʀ(ə)] *adj* grünlich; *teint a* fahl; aschgrau
verdeur [vɛʀdœʀ] *f* 1. ~ (*de langage*) Deftigkeit *f*; 2. *d'une personne* Rüstigkeit *f*; (volle) Schaffenskraft *f*; 3. *d'un vin* Herbheit *f*; Säure *f*
verdict [vɛʀdikt] *m* 1. JUR (Urteils-)Spruch *m* der Geschworenen; ~ *négatif ou d'acquittement* Freispruch *m*; ~ *positif ou de culpabilité* Schuldspruch *m*; *rendre le* ~ den (Urteils)Spruch fällen; 2. *par ext* (hartes) Urteil; Ver'dikt *n*; Entscheidung *f*
verdier [vɛʀdje] *m* ZO Grünfink *m*
verdir [vɛʀdiʀ] I *v/t* grün färben; II *v/i* grün werden; *de peur* blaß, bleich werden; *arbres a* (er)grünen
verdoré [vɛʀdɔʀe] *litt adj* goldgrün
verdoy|ant [vɛʀdwajã] *adj* (satt)grün; ~*er v/i* ⟨-oi-⟩ grünen
verdunisation [vɛʀdynizasjõ] *f cf* javellisation
verdure [vɛʀdyʀ] *f* 1. Grün *n*; *tapis m de* ~ (grüner) Rasenteppich; *dans la* ~ im Grünen; 2. CUIS F Grünzeug *n*
véreux [veʀø] *adj* ⟨-euse⟩ 1. *fruit* wurmig; wurmstichig; 2. *fig affaire* anrüchig; zweifelhaft; faul; *homme d'affaires etc* unreell; unredlich; anrüchig
verge [vɛʀʒ] *f* 1. ANAT männliches Glied; 2. (*baguette*) Rute *f*; Gerte *f*
vergé [vɛʀʒe] *adj papier* ~ Pa'pier *n* mit Wasserzeichen aus paral'lelen Linien
verger [vɛʀʒe] *m* Obstgarten *m*
vergetures [vɛʀʒətyʀ] *f/pl* PHYSIOL weiße Streifen *m/pl*; Schwangerschaftsstreifen *m/pl*
verglaçant [vɛʀglasã] *adj pluie* ~*e* gefrierender Regen; Eisregen *m*
verglacé [vɛʀglase] *adj route* mit Glatteis bedeckt; vereist
verglas [vɛʀgla, -glɑ] *m* Glatteis *n*
vergogne [vɛʀgɔɲ] *f loc/adj et loc/adv sans* ~ unverschämt; schamlos
vergue [vɛʀg] *f* MAR Rah *f*
véridique [veʀidik] *adj* 1. *récit, témoignage* wahrheitsgemäß, -getreu; 2. *st/s témoin* glaubwürdig
vérifiable [veʀifjabl(ə)] *adj* nachprüfbar; beweisbar
vérifica|teur [veʀifikatœʀ] *m*, ~*trice f* Prüfer(in) *m(f)*; Kontrol'leur(in) *m(f)*
vérificatif [veʀifikatif] *adj* ⟨-ive⟩ Prüf...
vérification [veʀifikasjõ] *f* 1. (*contrôle*) Prüfung *f*; Über'prüfung *f*; Kon'trolle *f*; Nachprüfen *n*, -ung *f*; ~ *de(s) comptes* Buch- ou Rechnungsprüfung *f*; JUR ~ *d'écritures* Schriftvergleich(ung) *m(f)*; ~ *d'identité* Überprüfung der Per'sonalien; *loc/adv* ~ *faite*, *on peut affirmer que* nach erfolgter Nachprüfung ...; *soumettre qc à une* ~, *des* ~*s* etw über'prüfen, nachprüfen, kontrol'lieren; 2. (*confirmation*) Bestätigung *f* der, (*preuve*) Beweis *m* für die Richtigkeit
vérifier [veʀifje] I *v/t* 1. (*contrôler*) (nach)kontrol'lieren; nachsehen (*a abs*); *témoignage, nouvelle etc* über'prüfen; nachprüfen; verifi'zieren; *comptes* prüfen; 'durchsehen; *monnaie* nachzählen; *freins etc* prüfen; nachsehen; ~ *une adresse sur son agenda* e-e Adresse

in s-m Notizbuch nachsehen; ~ un cal-cul nachrechnen; ~ l'identité de qn j-s Perso'nalien überprüfen; ~ le poids de qc etw nachwiegen; **2.** (confirmer) bestätigen; (prouver) beweisen; **II** v/pr se ~ sich bestätigen

vérin [veʀɛ̃] m TECH Winde f; Hebebock m

véritable [veʀitabl(ə)] adj richtig; wirklich; wahr; tatsächlich; regelrecht; or, perles etc echt; amour, bonheur wahr; echt; un ~ ami ein wirklicher, echter, wahrer Freund; une ~ canaille ein richtiger, regelrechter Schuft; sous son nom ~ unter s-m richtigen Namen; c'est une ~ folie das ist heller, reiner Wahnsinn

vérité [veʀite] f **1.** Wahrheit f (a REL et PHILOS); Richtigkeit f; ~ première, ~ de La Palice ou Palisse Binsenweisheit f, -wahrheit f; accent m de ~ glaubhafter Ton; amour m de la ~ Wahrheitsliebe f; (quart m d')heure f, minute f de ~ Stunde f der Wahrheit; loc/adj conforme à la ~ wahrheitsgemäß; der Wahrheit entsprechend; loc/adv: à la ~ allerdings; en ~ in der Tat; tatsächlich; wahr'haftig; wahrlich (a BIBL); je vous dois la ~ ich muß Ihnen die Wahrheit sagen; dire (toute) la ~ sur qc die (ganze) Wahrheit über etw (acc) sagen; dire à qn ses (quatre) ~s j-m gründlich die, s-e Meinung sagen; c'est la ~ das ist wahr, die Wahrheit; c'est au-dessous de la ~ das bleibt hinter der Wirklichkeit zurück; étude faite avec un grand souci de ~ Studie, die sehr um e-e wahrheitsgemäße Darstellung bemüht ist; prov: il n'y a que la ~ qui blesse die Wahrheit ist am schwersten zu ertragen; toute ~ n'est pas bonne à dire es ist nicht immer gut, die Wahrheit zu sagen; la ~ sort de la bouche des enfants Kinder und Narren sagen die Wahrheit (prov). **2.** d'un personnage de roman etc Glaubwürdigkeit f; Lebensechtheit f; **3.** d'un portrait Ähnlichkeit f; loc/adj d'une grande ~ sehr na'turgetreu, gut getroffen

verjus [veʀʒy] m Saft m von unreifen ou sauren Trauben

verlan [veʀlɑ̃] m Argot, der auf Silbenvertauschung beruht („verlan" statt „l'envers", „laisse béton" statt „laisse tomber" etc)

vermeil [vɛʀmɛj] **I** adj ⟨-le⟩ teint rot; bouche ~le Kirschenmund m; lèvres ~les Purpurlippen f/pl; **II** m (feuer)vergoldetes Silber; Ver'meil n

vermicelle [vɛʀmisɛl] m Suppennudeln f/pl; potage m au ~ Nudelsuppe f

vermiculaire [vɛʀmikylɛʀ] adj ANAT appendice m ~ Wurmfortsatz m

vermifuge [vɛʀmifyʒ] adj et subst m PHARM (remède m) ~ Wurmmittel n

vermillon [vɛʀmijɔ̃] **I** m **1.** CHIM Zin'nober m; **2.** couleur Zin'noberrot n; **II** adj ⟨inv⟩ zin'noberrot

vermine [vɛʀmin] f **1.** Ungeziefer n; couvert de ~ voller Ungeziefer; **2.** fig a) coll Gesindel n, Geschmeiß n; b) individu Lump m

vermisseau [vɛʀmiso] m ⟨pl ~x⟩ ZO Würmchen n

vermoul|u [vɛʀmuly] adj bois wurmstichig; ~ure f Wurmstich m, -fraß m

vermout(h) [vɛʀmut] m Wermut(wein) m

vernaculaire [vɛʀnakylɛʀ] adj langue f ~ einheimische Sprache; Regio'nalsprache f

vernal [vɛʀnal] adj ⟨-aux⟩ **1.** ASTR point ~ Frühlings-, Widderpunkt m; **2.** litt Frühlings...

verni [vɛʀni] adj **1.** lac'kiert; Lack...; bois ~ lackiertes Holz; chaussures ~es Lackschuhe m/pl; **2.** poterie gla'siert; **3.** F fig ce qu'il est ~! ou subst c'est un petit ~ F er ist ein Glückspilz; hat der Schwein!

vernier [vɛʀnje] m TECH Nonius m

vernir [vɛʀniʀ] v/t bois etc lac'kieren; tableau firnissen

vernis [vɛʀni] m **1.** Lack m; pour tableaux Firnis m; pour meubles a Poli'tur f; pour poteries Gla'sur f; ~ à ongles Nagellack m; enduire de ~ lac'kieren; firnissen; se mettre du ~ (à ongles) sich die Nägel lackieren; **2.** (brillant) Lackglanz m; **3.** fig il n'a qu'un ~ de culture s-e Bildung ist nur Firnis, oberflächlich

vernissage [vɛʀnisaʒ] m **1.** Lac'kieren n; Gla'sieren n; Firnissen n; **2.** (réception) Vernis'sage f; Eröffnung f e-r Ausstellung in pri'vatem Kreis

verniss|é [vɛʀnise] adj **1.** poterie gla'siert; **2.** BOT, ZO glänzend; ~er v/t poterie gla'sieren

vérole [veʀɔl] f MÉD a) petite ~ Blattern pl; Pocken pl; b) F (syphilis) Syphilis f

vérolé [veʀɔle] adj a) pockenkrank; b) F (syphilitique) syphi'litisch

véronal [veʀɔnal] m PHARM (nom déposé) Vero'nal n (Wz)

Véronique [veʀɔnik] f prénom Ve'ronika f

véronique [veʀɔnik] f BOT Ehrenpreis m; Ve'ronika f

verrai [veʀe] cf voir

verrat [veʀa] m ZO (Zucht)Eber m

verre [vɛʀ] m **1.** matière Glas n; ~ armé, blanc, organique, plat Draht-, Weiß-, A'cryl-, Flachglas n; ~ à vitre(s), de sécurité Fenster-, Sicherheitsglas n; industrie f du ~ Glasindustrie f; loc/adj de ou en ~ gläsern; Glas...; aus Glas; se briser, se casser comme du ~ zerbrechlich wie Glas sein; **2.** objet Glas n; ~s pl (lunettes) (Augen)Gläser n/pl; ~ grossissant Vergrößerungsglas n; ~s de contact Kon'taktlinsen f/pl; Haftschalen f/pl; ~ de lampe Lampenzylinder m, -glas n; fig souple comme un ~ de lampe ungelenkig, steif wie ein Brett; ~s de lunettes Brillengläser n/pl; ~ de montre Uhrglas n; porter des ~s fumés, teintés e-e dunkle, getönte Brille tragen; **3.** récipient (Trink)Glas n; ~ à eau, à bière Wasser-, Bierglas n; ~ à boire Trinkglas n; ~ à dents Zahnputzglas n, -becher m; ~ à liqueur, à moutarde, à pied, à vin Li'kör-, Senf-, Stiel-, Weinglas n; prov qui casse les ~s les paie wer den Schaden anrichtet, muß dafür aufkommen; **4.** contenu Glas n (Wein, Bier); petit ~ Gläschen n (Schnaps); ~ d'eau Glas Wasser; fig se noyer dans un ~ d'eau bei der geringsten Schwierigkeit versagen, sich nicht zu helfen wissen; fig avoir un ~ dans le nez zu tief ins Glas geguckt haben; offrir, payer un ~ à qn j-n zu e-m Gläschen (Schnaps), zu e-m Glas Bier, Wein einladen; vous prendrez bien un petit ~? darf ich Ihnen ein Gläschen anbieten?

verrerie [vɛʀʀi] f a) usine Glasfabrik f, -hütte f; b) fabrication Glasherstellung f; c) commerce Glaswarenhandel m; d) objets Glasware(n) f(pl)

verrier [vɛʀje] m ou adj** a) (ouvrier m) ~ Glasmacher m; b) peintre m ~ Glasmaler m

verrière [vɛʀjɛʀ] f a) (vitrage) Glaswand f ou -dach n; b) (vitrail) großes Kirchenfenster

verroterie [vɛʀɔtʀi] f Glasperlen f/pl; Glasschmuck m

verrou [vɛʀu] m **1.** Riegel m; ~ de sûreté Riegelschloß n; fig être sous les ~s hinter Schloß und Riegel sitzen; mettre le ~ den Riegel vorschieben; zuriegeln; fig mettre qn sous les ~s j-n hinter Schloß und Riegel setzen; pousser, tirer le ~ den Riegel vor-, zu'rückschieben; **2.** GÉOL Riegel(berg) m

verrouillage [vɛʀujaʒ] m **1.** Verriegelung f; Blockierung f; AUTO ~ central Zentralverriegelung f; **2.** MIL Abriegelung f

verrouiller [vɛʀuje] **I** v/t **1.** porte verzuriegeln; **2.** MIL abriegeln; **II** v/pr se ~ sich einschließen

verrue [vɛʀy] f **1.** MÉD Warze f; **2.** fig Schandfleck m

verruqueux [vɛʀykø] adj ⟨-euse⟩ warzig; warzenartig

vers¹ [vɛʀ] prép **1.** direction gegen; nach; in Richtung auf (+acc); auf (+acc) zu; zu; ...wärts; ~ 700 m d'altitude in etwa 700 m Höhe; ~ la droite (nach) rechts; ~ l'intérieur du pays land'einwärts; ~ le nord nach, gegen, poét gen Norden; nordwärts; ~ Paris le paysage change gegen Paris zu; aller, s'avancer, se diriger, marcher ~ qn, qc auf j-n, etw zugehen; descendre ~ la Seine zur Seine hin'untergehen, véhicule -fahren; tourner la tête ~ qn den Kopf nach j-m 'umwenden; **2.** relatif au temps gegen; (etwa) um; ~ 1900 gegen das Jahr 1900; um (das Jahr) 1900; ~ la fin gegen Ende; ~ (les) deux heures gegen, etwa um zwei Uhr; **3.** fig le premier pas ~ la détente der erste Schritt zur Entspannung; nous allons ~ une solution wir gehen e-r Lösung (dat) entgegen

vers² [vɛʀ] m Vers m; Verszeile f; ~ blanc reimloser Vers; ~ libre taktfreier (und reimloser) Vers; ~ syllabique durch die Zahl der Silben bestimmter Vers; recueil m de ~ Gedichtsammlung f; loc/adj en ~ Vers...; in Versen; in Versform; pièce f en ~ Versdrama n; mettre en ~ in Verse bringen; écrire, faire des ~ Verse schreiben, machen; dichten

versaillais [vɛʀsajɛ] **I** adj von Ver'sailles; Ver'sailler; **II** subst 2(e) m(f) Einwohner(in) m(f) von Ver'sailles

versant [vɛʀsɑ̃] m (Ab)Hang m; ~ nord Nordhang m

versatil|e [vɛʀsatil] adj wankelmütig; unbeständig; wetterwendisch; schwankend; ~ité f Wankelmut m, -mütigkeit f; Unbeständigkeit f

verse [vɛʀs] *loc/adv* **il pleut à ~** es gießt in Strömen
versé [vɛʀse] *adj* **~ dans** bewandert, ver'siert, erfahren in (+*dat*)
Verseau [vɛʀso] *m* ASTR Wassermann *m*
versement [vɛʀsəmɑ̃] *m* Zahlung *f*; Einzahlung *f* (**à**, **sur un compte** auf ein Konto); *de pensions*, *d'intérêts* Auszahlung *f*; *de cotisations* Entrichtung *f*; *loc/adv* **en plusieurs ~s** in (mehreren) Raten; **effectuer**, **faire un ~** e-e Einzahlung vornehmen; einzahlen
verser [vɛʀse] **I** *v/t* **1.** *liquide dans un récipient* (hin'ein)gießen; (hin'ein)füllen; *dans une bouteille* (ein)füllen; *café etc* ein-, ausschenken; eingießen; *larmes* vergießen; *sucre*, *riz etc* schütten (*dans* in +*acc*); *abs* eingießen, -füllen, -schenken; **~** (**à boire**) ein-, ausschenken; *fig* **éviter de ~ le sang** Blutvergießen vermeiden; *fig* **~ son sang** sein Leben hingeben (**pour** für); **se ~ du vin** sich Wein einschenken; **~ sur la table** auf dem Tisch verschütten; auf den Tisch schütten; **2.** *argent*, *somme* einzahlen (**à un compte** auf ein Konto); *pension*, *intérêts etc* (aus)zahlen; JUR *caution* stellen; *acompte* leisten; *cotisations* entrichten; **3.** *document* **~ au dossier** zu den Akten nehmen; **4.** MIL **~ un dans l'infanterie** *etc* j-n der Infanterie (*dat*) *etc* zuteilen; **II** *v/i* **5.** *voiture* 'umstürzen; **~ dans le fossé** in den Graben stürzen; **6.** *fig* **~ dans qc** in etw (*acc*) verfallen
verset [vɛʀse] *m* BIBL Vers *m*
verseur [vɛʀsœʀ] *adj* ⟨*nur m*⟩ **bec ~** *d'une casserole*, *d'un pot* Schnauze *f*; *d'une cafetière* Schnabel *m*; Tülle *f*; **bouchon ~** Ausgießer *m* (*Korken*)
verseuse [vɛʀsøz] *f* Kaffee- *ou* Teekanne *f*
versific|ateur [vɛʀsifikatœʀ] *m* **1.** Dichter *m*; **2.** *péj* Verseschmied *m*; **~ation** *f* Versbildung *f*, -bau *m*
versifier [vɛʀsifje] **I** *v/t* in Verse bringen; **II** *v/i* Verse machen; dichten
version [vɛʀsjɔ̃] *f* **1.** ÉCOLE 'Herübersetzung *f*; **~ latine** Übersetzung *f* aus dem Lateinischen; **2. ~ de la Bible** Bibelübersetzung *f*; **3.** LITTÉRATURE Versi'on *f*; Fassung *f*; *film* **en ~ originale** (*abr* V.O.) in Origi'nalfassung; *film* **italien en ~ française** (französisch) synchroni'sierter italienischer Film; **4.** (*interprétation*) Darstellung *f*; Versi'on *f*; 'Wiedergabe *f*; **5.** *d'un modèle* Ausführung *f*
verso [vɛʀso] *m d'une feuille* Rückseite *f*; *au* **~** auf der *ou* die Rückseite; 'umseitig; **voir au ~** siehe Rückseite
vert [vɛʀ] **I** *adj* **1.** grün; *légumes* frisch; *fruits a* unreif; *vin* noch nicht ausgereift; zu jung; noch herb; **~ bouteille**, **clair**, **émeraude**, **foncé**, **jade** ⟨*alle inv*⟩ flaschen-, hell-, sma'ragd-, dunkel-, jadegrün; **~ olive**, **pâle**, **pomme**, **tendre** ⟨*alle inv*⟩ o'liv-, blaß-, apfel-, zartgrün; **café ~** ungerösteter Kaffee *m*, Rohkaffee *m*; **chêne ~** Steineiche *f*; **chou ~** Grünkohl *m*; **espace ~** Grünanlage *f*, -fläche *f*; **haricots ~s** grüne Bohnen *f/pl*; **olive ~e** grüne Olive *f*; **plante ~e** Blatt-, Grünpflanze *f*; **salade ~e** Blattsalat *m*; CIRCULATION **c'est ~** die Ampel steht auf, zeigt Grün; **être ~ de peur** vor Angst blaß sein; F **en** **être ~** grün vor Neid *ou* vor Ärger sein; *fig* **en faire voir des ~es et des pas mûres à qn** j-m viel zu schaffen machen; j-m das Leben schwermachen; **2.** *vieillard* **encore ~** noch rüstig; **3.** *langage* **~** derbe, deftige Sprache; **langue ~e** Gaunersprache *f*; Rotwelsch *n*; **en dire**, **en raconter des ~es** Zoten erzählen; **4. ~e semonce** scharfer Verweis; scharfe Rüge; **5.** **classe ~e** Landschulheim *n*; Schullandheim *n*; **l'Europe ~e** der gemeinsame europäische Agrarmarkt; **II** *m* **1.** *couleur* Grün *n*; **~ clair**, **foncé** Hell-, Dunkelgrün *n*; *loc/adv* **en ~** colonne **~** Wirbelsäule *f* **lui va** Grün steht ihr gut; **le feu passe au ~** die Ampel schaltet auf Grün; **2.** CUIS **~ de poireaux** grüne Blätter *n/pl* des Lauchs; **3.** *fig* **se mettre au ~** *retraités etc* ins Grüne, aufs Land ziehen; *bandits* sich absetzen; **4.** POL **les Verts** *pl* die Grünen *pl*
vert-de|-gris [vɛʀdəgʀi] **I** *m* Grünspan *m*; **II** *adj* ⟨*inv*⟩ graugrün; **~-grisé** *adj* mit Grünspan bedeckt
vertébral [vɛʀtebʀal] *adj* ⟨-aux⟩ ANAT Wirbel...; **colonne ~** Wirbelsäule *f*
vertèbre [vɛʀtebʀ(ə)] *f* ANAT Wirbel *m*
vertébrés [vɛʀtebʀe] *m/pl* ZO Wirbeltiere *n/pl*
vertement [vɛʀtəmɑ̃] *adv* **réprimander qn ~** j-n heftig tadeln, rügen
vertical [vɛʀtikal] **I** *adj* ⟨-aux⟩ senk-, lotrecht; verti'kal; ÉCON **concentration ~e** vertikale Konzentration; *chez l'homme* **station ~e** aufrechte Haltung; **II** *f* **~e** Senkrechte *f*; Verti'kale *f*; Lot *n*; **à la ~e** senkrecht; in der Vertikalen
vertical|ement [vɛʀtikalmɑ̃] *adv* senkrecht; verti'kal; **~ité** *f* senkrechte Richtung, Stellung
vertige [vɛʀtiʒ] *m* **1.** Schwindel(gefühl *n*, -anfall *m*) *m*; **j'ai un ~**, **des ~s**, **à une certaine hauteur j'ai le ~** mir ist, ich bin schwind(e)lig; **ça me donne le ~** da (-von) werde ich, wird mir schwind(e)lig; **être pris de ~** von e-m plötzlichen Schwindel erfaßt, gepackt werden; **2.** *fig* Taumel *m*, Rausch *m*; **donner le ~ à qn** j-n in e-n Taumel, Rausch versetzen
vertigineusement [vɛʀtiʒinøzmɑ̃] *adv* **~ 'haut** von schwindelnder Höhe; *prix* **monter ~** schwindelerregend ansteigen
vertigineux [vɛʀtiʒinø] *adj* ⟨-euse⟩ *hauteur* schwindelnd; schwindelerregend (*a vitesse*); **chute vertigineuse** Sturz *m* aus schwindelnder Höhe, in schwindelnde Tiefe; **la hausse vertigineuse des prix** das schwindelerregende Ansteigen der Preise
vertu [vɛʀty] *f* **1.** (*qualité*) Tugend *f* (*a* REL); **2.** *d'une femme* Tugend *f*; Sittsamkeit *f*; Züchtigkeit *f*; **femme *f* de petite ~** leichtes Mädchen; Flittchen *n*; *iron* **c'est un prix de ~** sie ist ein Ausbund an Tugend; **3.** (*pouvoir*) Kraft *f*; Macht *f*; Wirksamkeit *f*; **~ magique** magische Kraft; Zauberkraft *f*; **~ thérapeutique**, **curative** Heilkraft *f*; *loc/prép* **en ~ de** auf Grund von (*ou* +*gén*); **en ~ (**+*gén*) JUR **en ~ de la loi** kraft (des) Gesetzes
vertueux [vɛʀtɥø] *adj* ⟨-euse⟩ tugendhaft; *iron* **vertueuse indignation** sittliche Entrüstung
verve [vɛʀv] *f* Schwung *m*; Feuer *n*; Witz *m*; *discours*, *orateur* **plein de ~** mitreißend; glänzend; geistsprühend; **exercer sa ~ contre qn** s-n Witz gegen j-n richten
verveine [vɛʀvɛn] *f* **1.** BOT **(~ officinale)** Eisenkraut *n*; **2.** *tisane* Eisenkrauttee *m*
vesce [vɛs] *f* BOT Wicke *f*
vésical [vezikal] *adj* ⟨-aux⟩ ANAT (Harn-)Blasen...
vésicant [vezikɑ̃] *adj* MÉD blasenziehend
vésicatoire [vezikatwaʀ] *m* MÉD Zugpflaster *n*
vésiculaire [vezikylɛʀ] *adj* BIOL Bläschen...; bläschenartig, -förmig
vésicule [vezikyl] *f* **1.** ANAT **~ (biliaire)** Gallenblase *f*; **2.** (*cloque*) Bläschen *n*
vespasienne [vɛspazjɛn] *f* Pis'soir *n*
vespéral [vɛspeʀal] *poét adj* ⟨-aux⟩ Abend...; abendlich
vesse-de-loup [vɛsdəlu] *f* ⟨*pl* vesses-de-loup⟩ BOT Bo'fist *m*
vessie [vesi] *f* **1.** ANAT (Harn)Blase *f*; **2.** *fig* **faire prendre des ~s pour des lanternes à qn** j-m ein X für ein U vormachen; j-m blauen Dunst vormachen; j-m e-n Bären aufbinden; **3.** MÉD **~ de glace** Eisbeutel *m*
vestale [vɛstal] *f* HIST Ve'stalin *f*
veste [vɛst] *f* Jacke *f*; Jac'kett *n*; Sakko *m*; **~ croisée**, **droite** zwei-, einreihige Jacke; **~ d'intérieur** Hausjacke *f*; **~ en laine** lange Strickjacke, -weste; F *fig* **ramasser**, **prendre une ~** e-e Schlappe erleiden; F 'durchfallen; F *fig* **retourner sa ~** F 'umfallen; 'umschwenken
vestiaire [vɛstjɛʀ] *m* **1.** *d'un théâtre etc* Garde'robe *f* (*a* les objets déposés); *d'une piscine*, *d'un stade* 'Umkleideraum *m*; F *fig* (**au**) **~!** geh nach Hause!; abtreten! (*Zuruf an e-n schlechten Schauspieler*, *Redner*, *Sportler*); **la dame du ~** die Garde'robenfrau; **2.** *meuble* Garde'robenschrank *m*; Spind *m ou n*
vestibule [vɛstibyl] *m* Vorraum *m*; Diele *f*; Flur *m*; Vesti'bül *n*
vestiges [vɛstiʒ] *m/pl* Spuren *f/pl*; ('Über)Reste *m/pl*; Re'likte *n/pl*
vestimentaire [vɛstimɑ̃tɛʀ] *adj* Kleider...; **dépenses** *f/pl* **~s** Ausgaben *f/pl* für Kleidung
veston [vɛstɔ̃] *m* Jacke *f*; Jac'kett *n*
Vésuve [vezyv] **le ~** der Ve'suv
vêt [vɛ] *cf* **vêtir**
vêtement [vɛtmɑ̃] *m* **1.** Kleidungsstück *n*; **~s** *pl* (Be)Kleidung *f*; Oberbekleidung *f*; **~s chauds**, **habillés** warme, festliche Kleidung; **~s de deuil**, **du dimanche**, **d'été** Trauer-, Sonntags-, Sommerkleidung *f*; **~s de ou pour femmes** Damen(be)kleidung *f*; **comme déguisement ~s de femme** Frauenkleidung *f*; **~s de tous les jours**, **de sport**, **de travail** Alltags-, Sport-, Arbeitskleidung *f*; **2.** (**industrie** *f* **du** **~**) Bekleidungsindustrie *f*
vétéran [veteʀɑ̃] *m* **1.** MIL Vete'ran *m*; **2.** SPORTS Alter Herr; **3.** *fig* Vete'ran *m*; **~ de l'enseignement** im Dienst ergrauter Schulmann
vétérinaire [veteʀinɛʀ] **I** *adj* tierärztlich; Veteri'när...; **médecine** *f* **~** Tierheilkunde *f*; Tier-, Veterinärmedizin *f*; **II** *m*, *f* Tierarzt, -ärztin *m*, *f*; Veteri'när *m*

vététiste [vetetist] *m,f* Mountainbiker(in) ['maʊntənbaɪ-] *m,f*
vétille [vetij] *f* Lap'palie *f*; Baga'telle *f*; lächerliche Kleinigkeit
vêtir [vetiʀ] ⟨je vêts, il vêt, nous vêtons; je vêtais; je vêtis; je vêtirai; que je vête; vêtant; vêtu⟩ **I** *v/t litt* ~ *qn* j-n anziehen, ankleiden; j-n bekleiden (*de qc* mit etw); **II** *v/pr se* ~ sich anziehen, ankleiden
veto [veto] *m* POL Veto *n*; *par ext a* Einspruch *m*; *droit m de* ~ Vetorecht *n*; *mettre, opposer son* ~ *à qc* sein Veto einlegen gegen etw
vêtu [vety] *adj* angezogen; bekleidet; angekleidet; ~ *d'un long manteau* mit e-m langen Mantel bekleidet; in e-n langen Mantel gekleidet; *il est* ~ *de neuf* er hat neue Kleider an
vétuste [vetyst] *adj bâtiment* alt; baufällig; *installation* über'altert; *institution* über'holt
vétusté [vetyste] *f* hohes Alter; Baufälligkeit *f*; Über'alterung *f*
veuf [vœf] **I** *adj* ⟨veuve [vœv]⟩ verwitwet; *être* ~ Witwer, verwitwet sein; F *ce soir, je suis* ~ F ... bin ich Strohwitwer; *quand elle a été veuve de Jean* als ihr Mann Hans starb; **II** *subst* ~, *veuve m,f* Witwer *m*, Witwe *f*; *veuve de guerre* Kriegerwitwe *f*; *faire-part madame veuve Dupont* Frau Dupont, Witwe
veuille [vœj] *cf vouloir*[1]
veule [vøl] *adj* ener'gie-, willenlos; weichlich
veulent [vœl] *cf vouloir*[1]
veulerie [vøl ʀi] *f* Ener'gie-, Willenlosigkeit *f*; Weichlichkeit *f*
veut [vø] *cf vouloir*[1]
veuvage [vœvaʒ] *m* Witwer- *ou* Witwenschaft *f*, -tum *m*; *depuis son* ~ seitdem er Witwer *ou* sie Witwe ist; seit er *ou* sie verwitwet ist
veuve [vœv] *cf veuf*
veux [vø] *cf vouloir*[1]
vexant [vɛksɑ̃] *adj* **1.** (*humiliant*) kränkend; beleidigend; **2.** (*contrariant*) ärgerlich; *c'est* ~ *a* das ist zu dumm
vexation [vɛksasjɔ̃] *f* (*brimade*) Schi'kane *f*; (*humiliation*) Demütigung *f*; (*offense*) Beleidigung *f*
vexatoire [vɛksatwaʀ] *adj* schika'nös; *mesure f* ~ Schi'kane *f*
vexer [vɛkse] **I** *v/t* kränken; beleidigen; *adj* *il est vexé* a) (*froissé*) er ist beleidigt, gekränkt, F eingeschnappt; b) (*irrité*) es ärgert, F wurmt ihn (*de* +*inf ou que* +*subj* daß ...); **II** *v/pr se* ~ gekränkt, beleidigt sein
via [vja] *prép* über (+*acc*); via
viabilisé [vjabilize] *adj terrain* erschlossen; baureif; ~*er v/t terrain* erschließen
viabilité [vjabilite] *f* **1.** URBANISME Erschließung *f*; **2.** BIOL Lebensfähigkeit *f*; **3.** *fig d'une entreprise* Lebensfähigkeit *f*; *d'un projet* Aus-, 'Durchführbarkeit *f*; **4.** *d'une route* Befahrbarkeit *f*
viable [vjabl] *adj* BIOL lebensfähig (*a fig entreprise*)
viaduc [vjadyk] *m* Via'dukt *m ou n*; Talbrücke *f*
viager [vjaʒe] **I** *adj* ⟨-ère⟩ *rente viagère* Leibrente *f*; **II** *m* Leibrente *f*; *mettre en* ~ *biens* in e-e Leibrente 'umwandeln; *maison* ~ auf Rentenbasis verkaufen

viande [vjɑ̃d] *f* **1.** *aliment* Fleisch *n*; ~ *fraîche* frisches Fleisch; Frischfleisch *n*; ~ *froide* kalter Braten; ~ *rouge* Rind-, Pferde-, Lammfleisch *n*; ~ *de bœuf, de boucherie, de conserve* Rind-, Schlacht-, Büchsenfleisch *n*; **2.** F (*corps*) Körper *m*; Fleisch *n*; *sac m à* ~ Schlafsack *m*; P *amène ta* ~ komm her
viander [vjɑ̃de] *v/i* CH äsen
viatique [vjatik] *m* **1.** ÉGL CATH Wegzehrung *f*; Vi'atikum *n*; **2.** *fig et litt il n'a que ses études pour tout* ~ s-e Ausbildung ist sein ganzes Kapi'tal
vibrage [vibʀaʒ] *m* TECH Rütteln *n*
vibrant [vibʀɑ̃] *adj* **1.** vi'brierend; schwingend; *d'une voix* ~*e* (*de colère*) mit (vor Zorn) vibrierender, bebender Stimme; **2.** *fig discours* aufrüttelnd; mitreißend
vibraphon|e [vibʀafɔn] *m* MUS Vibra'phon *n*; ~*iste m* Vibrapho'nist; Vibra'phonspieler *m*
vibrateur [vibʀatœʀ] *m* TECH Vi'brator *m*; CONSTR Be'tonrüttler *m*
vibratile [vibʀatil] *adj* BIOL *cils m/pl* ~*s* Flimmerhärchen *n/pl*
vibration [vibʀasjɔ̃] *f* **1.** Vi'brieren *n*; Vibrati'on *f*; Erschütterung *f*; *du sol, des vitres a* Erzittern *n*; Beben *n*; **2.** PHYS Schwingung *f*; ~*s électromagnétiques* elektromagnetische Schwingungen; **3.** *de la voix* Vi'brieren *n*; *de l'air* Flimmern *n*
vibrato [vibʀato] *m* MUS Vi'brato *n*
vibratoire [vibʀatwaʀ] *adj* Vibrati'ons...; Schwingungs...; *mouvement m* ~ Vibrati'on *f*; Schwingung *f*
vibré [vibʀe] *adj* CONSTR *béton* ~ Rüttelbeton *m*
vibrer [vibʀe] *v/i* **1.** *corde etc* vi'brieren; schwingen; *sol, vitres a* erzittern; (er-)beben; **2.** *voix* vi'brieren; *sentiment* ~ *dans la voix* in der Stimme mitschwingen; **3.** *fig* (*se sentir*) ~ gepackt, ergriffen sein; *faire* ~ *qn* j-n mitreißen, packen, ergreifen; *faire* ~ *la fibre patriotique* an die patriotischen Gefühle appellieren
vibreur [vibʀœʀ] *m* ÉLECT Unter'brecher *m*; Summer *m*
vibromasseur [vibʀɔmasœʀ] *m* Vibrati'ons-, Mas'sagegerät *n*; Mas'sagestab *m*
vicaire [vikɛʀ] *m* ÉGL Vi'kar *m*; Ka'plan *m*; *le* ~ *de Jésus-Christ* (*le pape*) der Stellvertreter Christi
vicariat [vikaʀja] *m* ÉGL Vikari'at *n*
vice [vis] *m* **1.** *de qn* Untugend *f*; *p/fort* Laster *n*; (*immoralité*) Lasterhaftigkeit *f*; Sittenlosigkeit *f*; *c'est devenu un véritable* ~ das ist zu e-r regelrechten Sucht geworden; F *c'est du* ~ (*anormal*) das ist e-e Geschmacksverirrung; **2.** *de qc* Fehler *m*; Mangel *m*; ~ *caché* verborgener Mangel; ~ *de fabrication* Fabrikati'onsfehler *m*; JUR ~ *de forme* Formmangel *m*, -fehler *m*
vice-|amiral [visamiʀal] *m* ⟨*pl* vice--amiraux⟩ MAR MIL Konteradmiral *m*; ~*consul m* Vizekonsul *m*
vicelard [vislaʀ] *adj* F *cf vicieux 1.*
vice-présidence [vispʀezidɑ̃s] *f* stellvertretender Vorsitz *m*; Vizepräsidentschaft *f* (*a* POL); ~*président m* stellvertretende(r) Vorsitzende(r) *m*; Vizepräsident *m* (*a* POL); ~*roi m* Vizekönig *m*

vice versa [vis(e)vɛʀsa] *loc/adv et* ~ und 'umgekehrt
vichy [viʃi] *m* **1.** TEXT Vi'chy *m*; **2.** (*eau*) Mine'ralwasser *n* aus Vichy
vicié [visje] *adj air dans une pièce* schlecht; verbraucht; (*pollué*) verschmutzt
vicier [visje] *v/t* **1.** *air* verschmutzen; **2.** JUR ungültig machen
vicieux [visjø] **I** *adj* ⟨-euse⟩ **1.** (*pervers*) lasterhaft; verderbt; sittenlos; *regard* geil; lüstern; *gestes* unsittlich; **2.** F (*bizarre*) *il faut être* ~ *pour* (+*inf*) man muß schon an Geschmacksverirrung leiden, e-n seltsamen Geschmack haben, um zu (+*inf*); **3.** *enfant* ungeraten; *cheval* störrisch und schreckhaft; **4.** *st/s prononciation* fehlerhaft; *expression* falsch; *cercle* ~ Teufelskreis *m*; Circulus viti'osus *m*; **5.** SPORTS *balle vicieuse, coup* ~ angetäuschter Schlag; **II** *m* Lüstling *m*; *p/fort* Wüstling *m*; *vieux* ~ Lustgreis *m*
vicinal [visinal] *adj* ⟨-aux⟩ *chemin* ~ Gemeindeweg *m*
vicissitudes [visisityd] *f/pl* Auf und Ab *n*, Wechselfälle *m/pl* des Lebens
vicomte [vikɔ̃t] *m* Vi'comte *m*
vicomtesse [vikɔ̃tɛs] *f* Vicom'tesse *f*
victime [viktim] *f* **1.** *physique* Opfer *n*; (*mort*) *a* Todesopfer *n*; ~*s d'accidents de la circulation* Verkehrsopfer *n/pl*, -tote(n) *m/pl*; *être* ~ *d'un accident* e-n Unfall erleiden; verunglücken; *faire de nombreuses* ~*s* zahlreiche Menschenleben fordern; *mourir* ~ *d'un accident* tödlich verunglücken; e-m Unfall zum Opfer fallen; **2.** *morale* Opfer *n*; ~ *née* zum Märtyrer geboren; ~ *des moqueries de qn* Opfer, Zielscheibe *f* von j-s Spott; *être* ~ *d'un escroc* das Opfer e-s Betrügers werden; e-m Betrüger aufsitzen; *être* ~ *d'un malaise* e-n Schwächeanfall erleiden; **3.** REL Opfer *n*; Opfertier *n*
victoire [viktwaʀ] *f* **1.** Sieg *m* (*a* MIL); ~ *électorale, finale* Wahl-, Endsieg *m*; SPORTS ~ *aux points* Punktsieg *m*; Sieg nach Punkten; ~ *sur soi-même* Überwindung *f* s-r selbst; Sieg über sich (*acc*) selbst; *remporter la* ~ den Sieg erringen, davontragen; *chanter, crier* ~ hur'ra schreien; jubeln; **2.** ART Siegesgöttin *f*; *la* ℒ *de Samothrace* die Nike von Samo'thrake
victorien [viktɔʀjɛ̃] *adj* ⟨-ne⟩ viktori'anisch
victorieux [viktɔʀjø] *adj* ⟨-euse⟩ siegreich; Sieger...; SPORTS *équipe victorieuse* Siegermannschaft *f*; siegreiche Mannschaft *f*; *arborer un air* ~ e-e Siegermiene aufsetzen
victuailles [viktɥaj] *f/pl* Lebensmittel *n/pl*; Eßwaren *f/pl*; Provi'ant *m*
vidage [vidaʒ] *m* **1.** Leeren *n*; Entleerung *f*; **2.** F *de qn* F Rausschmiß *m*
vidange [vidɑ̃ʒ] *f* **1.** *d'un réservoir* Entleeren *n*, -ung *f*; **2.** AUTO Ölwechsel *m*; *faire la* ~ das Öl wechseln; **3.** *d'une fosse septique* Grubenleerung *f*; Fä'kalienabfuhr *f*; **4.** ~*s pl* Fä'kalien *pl*; **5.** *d'un lavabo* Abfluß(rohr) *m*(*n*)
vidanger [vidɑ̃ʒe] *v/t* ⟨-geons⟩ **1.** *réservoir etc* entleeren; **2.** AUTO *huile* wechseln; ~*eur m* Grubenentleerer *m*
vide [vid] **I** *adj* **1.** leer; *logement* (*sans occupant*) leerstehend; *place, endroit a*

frei; *rue a* menschenleer; **~ d'habitants** menschenleer; *la rue est ~ de voitures* auf der Straße sind, sieht man keine Autos; *arriver* **les mains ~s** mit leeren Händen; **avoir l'estomac, le ventre ~** e-n leeren Magen haben; **être ~** leer sein; *logement* leer stehen; **2.** *fig regard, paroles* leer; *existence* a unausgefüllt; inhaltslos; sinnlos; *paroles ~s de sens* leer; nichtssagend; **II** *m* **1.** PHYS, TECH Vakuum *n*; luftleerer Raum; **emballage *m* sous ~** Vakuumverpackung *f*; **faire le ~ dans** *tube* luftleer pumpen; *salle* räumen, evaku-'ieren; **2.** (*espace vide*) Leere *f*; leerer *ou* freier Raum; Zwischenraum *m*; Hohlraum *m*; Lücke *f* (*a fig*); CONSTR **~ sanitaire** freier Raum für Rohrleitungen zwischen Fußboden und Erde; *loc/adj et loc/adv* **à ~** leer; Leer...; *d'un moteur* **marche *f* à ~** Leerlauf *m*; *cf a passage 4.*; **repartir à ~** *bus etc* leer abfahren; *moteur* **tourner à ~** leer laufen; **avoir le ~ dans son emploi du temps** zwischendurch etwas freie Zeit haben; **boucher, remplir un ~** e-e Lücke (aus)füllen; **faire le ~ (dans son esprit)** sich geistig vollkommen entspannen; F vollkommen abschalten; *son départ, sa mort* **a fait, laissé un grand ~** hat e-e große Lücke hinter'lassen, gerissen; *fig* **parler dans le ~** ins Blaue hinein reden; **regarder dans le ~** ins Leere starren; F ein Loch in die Luft gucken; **3.** (*abîme*) Tiefe *f*; Abgrund *m*; **sauter dans le ~** in die Tiefe springen; **4.** *fig* Leere *f*; Sinnlosigkeit *f*; **~ de l'existence** Sinnlosigkeit des Lebens; **sentiment *m* de ~** Gefühl *n* der Leere

vidé [vide] *adj* **1.** *poisson, volaille* ausgenommen; **2.** F *fig* **être ~** F to'tal erledigt, hin, ka'putt, vollkommen ausgepumpt sein

vidéo [video] **I** *f* Video *n*; **II** *adj* ⟨*inv*⟩ Video...; **bande *f*, cassette *f* ~** Videoband *n*, -kassette *f*; **disque *m* ~** Bildplatte *f*; **jeu *m* ~** Video-, Telespiel *n*; **technique *f* ~** Videotechnik *f*; **~cassette** *f* Videokassette *f*; **~clip** *m* Videoclip *m*; **~disque** *m* Bildplatte *f*; **~phone** *m* TÉLÉCOMM Bildtelefon *n*

vide-ordures [vidɔRdyR] *m* ⟨*inv*⟩ Müllschlucker *m*

vidéothèque [videɔtɛk] *f* Video'thek *f*

vide|-poches [vidpɔʃ] *m* ⟨*inv*⟩ AUTO Handschuhfach *n*; **~-pomme** *m* ⟨*inv*⟩ Apfelausstecher *m*

vider [vide] **I** *v/t* **1.** *récipient* (aus-, ent-) leeren; leer machen; *bouteille, verre* a) (*verser*) (aus)leeren; auskippen; b) (*boire*) austrinken; leeren; *contenu* aus-, entleeren; auskippen, -schütten; *pipe* ausklopfen; **aller ~ les ordures** den Müll wegbringen; **~ un bassin de son eau, de ses poissons** das Wasser aus e-m Becken ablassen; die Fische aus e-m Becken her'ausnehmen; **~ une pièce de ses meubles** ein Zimmer ausräumen; **2.** CUIS *volaille, poisson* ausnehmen; *poisson a* kehlen; **3.** *pièce, logement* räumen; frei machen; **4.** *cheval: cavalier* abwerfen; F *fig* **se faire ~** F rausgeworfen, -geschmissen werden; **5.** F **ça m'a vidé, ce travail** F diese Arbeit hat mich fertiggemacht; ich bin to'tal ka'putt, vollkommen ausgepumpt

nach dieser Arbeit; **6. ~ une querelle,** JUR **un différend** e-n Streit beilegen; **II** *v/pr* **se ~ 7.** *récipient, contenu* sich entleeren; auslaufen; **8.** *rue, ville, cafés etc* sich leeren; leer werden; **Paris se vide de ses touristes** die Touristen verlassen Paris; **9. se ~ de son sang** verbluten

videur [vidœR] *m* F Rausschmeißer *m*

vie [vi] *f* **1.** *de l'homme et des animaux* Leben *n*; Lebenszeit *f*; **droit *m* de ~ et de mort** Recht *n* über Leben und Tod; ♦ *loc/adj et loc/adv*: **à ~** auf Lebenszeit; lebenslänglich; **nommé à ~** auf Lebenszeit ernannt; **à la ~ et à la mort** fürs, für das (ganze) Leben; auf Leben und Tod; auf Gedeih und Verderb; **au cours de sa ~** im Laufe s-s Lebens; **de (toute) ma ~, je n'ai jamais vu cela** in meinem ganzen Leben; mein(er) Lebtag; **sa ~ durant** sein Leben lang; zeitlebens; zeit s-s Lebens; **pour la ~** fürs, für das (ganze) Leben; auf Lebenszeit; **sans ~** a) (*mort*) leblos; b) (*évanoui*) bewußtlos; *cf a 3.*; **toute la (*ou* ma *etc*) ~** das ganze Leben (hindurch); ein (*ou* mein *etc*) Leben; **toute(*etc*) ~** meines (*etc*) Lebens; ♦ **avoir la ~ dure** *animal, personne* zählebig sein; ein zähes Leben haben; *rumeur* sich hartnäckig halten; **devoir la ~ à qn** j-m das Leben verdanken; **donner la ~ à qn** j-m das Leben schenken; **être en ~** am Leben sein; leben; **être entre la ~ et la mort** zwischen Leben und Tod schweben; **c'est une question de ~ ou de mort** es geht auf Leben und Tod; **maintenir en ~** am Leben erhalten; *litt ou plais* **passer de ~ à trépas** hin-, verscheiden; hin'übergehen; entschlafen; **perdre la ~** das Leben verlieren; ums Leben kommen; 'umkommen; *fig* **rendre la ~ à qn** j-n (wieder) aufatmen lassen; *prov* **tant qu'il y a de la ~, il y a de l'espoir** es hofft der Mensch, solang er lebt (*prov*); **2.** (*façon de vivre*) Leben *n*; Lebensweise *f*; ♦ **~ civile** Zi'villeben *n*; **~ conjugale** Eheleben *n*; eheliches Leben; **~ culturelle** kulturelles Leben; Kul'turleben *n*; **~ économique** Wirtschaftsleben *n*; **~ intérieure** Innenleben *n*; **~ ouvrière** Arbeiterleben *n*, -dasein *n*; Leben der Arbeiter; **~ privée, professionnelle** Pri'vat-, Berufsleben *n*; **~ publique** öffentliches Leben; **quelle ~!** was für ein Leben!; **~ bien remplie** ausgefülltes Leben; **~ scolaire** Leben in der Schule; Schulleben *n*; **~ sentimentale** Liebesleben *n*; **~ de chien** Hundeleben *n*; **~ de famille** Fa'milienleben *n*; **~ de misère(s), de souffrance(s)** Leben voller Leiden; **~ de travail** arbeitsreiches Leben; **~ en société** Leben in (der) Gesellschaft; *genre m, mode m de ~* Lebensweise *f*; **niveau *m* de ~** Lebensstandard *m*; **qualité *f* de la ~** Lebensqualität *f*; **dans la ~ courante** im (wirklichen) Leben; ♦ **aimer la ~** am Leben hängen; das Leben lieben; **entrer dans la ~ active** ins Berufsleben eintreten; **c'est la ~** so ist das Leben; *métier etc* **c'est sa ~** das ist sein Lebensinhalt; **ce n'est pas une ~** das ist doch kein Leben; **c'est la belle ~** so läßt sich's leben; **faire sa ~** sein Leben aufbauen; sich selbst verwirklichen; **faire la ~** Sze-

nen machen (*à qn* j-m); **mener une petite ~ tranquille** ein gemütliches Leben führen; **mener une ~ sportive** viel Sport treiben; **mener la ~ dure à qn** j-m das Leben schwermachen; **rendre la ~ impossible, intenable à qn** j-m das Leben zur Hölle machen; **vivre sa ~** sein eigenes Leben führen; **3.** (*vitalité*) Leben *n*; Le'bendigkeit *f*; Lebhaftigkeit *f*; *loc/adj*: **plein de ~** *personne* sehr lebhaft; quicklebendig; *œuvre* le'bendig; **sans ~** *endroit* unbelebt; *œuvre* farblos; ohne Leben; **mettre de la ~ dans** Leben bringen in (+*acc*); **4.** BIOL Leben *n*; **~ animale, végétale** tierisches, pflanzliches Leben; **5.** (*besoins pour vivre*) Leben(sunterhalt) *n(m)*; **coût *m* de la ~** Lebenshaltungskosten *pl*; **la ~ est chère** das Leben ist teuer; **gagner sa ~** s-n Lebensunterhalt verdienen; **gagner bien, largement sa ~** sein gutes, reichliches Auskommen haben; **6.** (*biographie*) Leben(sgeschichte) *n(f)*; **raconter sa ~** sein Leben, s-e Lebensgeschichte erzählen; **7.** REL **~ éternelle** ewiges Leben; **8.** *d'un pays, d'une langue, d'un volcan etc* Leben *n*

vieil [vjɛj] *cf* vieux

vieillard [vjɛjaR] *m* Greis *m*; alter Mann; **les ~s** die alten Leute *pl*; die Alten *m/pl*

vieille [vjɛj] *adj et subst f cf* vieux

vieillerie [vjɛjRi] *f* **1.** *souvent pl* **~s** alter Plunder, Kram; Trödelkram *m*; *vêtements* alte Kla'motten *f/pl*; *fig* idées *etc* F olle Ka'mellen *f/pl*; **2.** F **c'est la ~** man wird alt; F man ist auch nicht mehr der *ou* die Jüngste

vieillesse [vjɛjɛs] *f* **1.** *de personnes* (hohes) Alter; Greisenalter *n*; Bejahrtheit *f*; *adj* **assurance *f* ~** Alters-, Rentenversicherung *f*; **mourir de ~** an Altersschwäche sterben; **2.** *de choses* hohes Alter; **3.** *coll* Alter *n*; alte Leute *pl*

vieilli [vjɛji] *adj* **1.** *personne, visage* gealtert; alt geworden; **2.** *mot* veraltend; **3.** *vin* gealtert

vieillir [vjɛjiR] **I** *v/t* **~ qn** *coiffure etc* j-n alt *ou* älter machen, erscheinen lassen; *fatigue etc* j-n altern (lassen); **vous me vieillissez** Sie machen mich älter, als ich bin; **II** *v/i* **1.** *personne* alt *ou* älter werden; altern; **~ rapidement** rasch altern; **savoir ~** mit Anstand alt werden; **en vieillissant** mit zunehmendem Alter; **2.** *mot etc* veralten; **ne pas ~** zeitlos sein; immer aktu'ell bleiben; **3.** *vin* altern; **laisser, faire ~** altern lassen; lagern; TRI *v/pr* **se ~** a) sich alt *ou* älter machen; sich ein älteres Aussehen geben; b) *se faire passer* sich für älter ausgeben (als man ist)

vieillissement [vjɛjismɑ̃] *m* **1.** PHYSIOL Altern *n*; Altwerden *n*; **~ de la population** Über'alterung *f* der Bevölkerung; **2.** *d'un mot etc* Veralten *n*; **3.** *du vin* Altern *n*; Alterung *f*

vieillot [vjɛjo] *adj* ⟨-te⟩ altmodisch

viell|e [vjɛl] *f* MUS Dreh-, Radleier *f*; **~eux** *m* Leierspieler *m*

vienne [vjɛn] *cf* venir

Vienne [vjɛn] **1.** *en Autriche* Wien *n*; **2.** *Stadt im Dep. Isère*; **3. la ~** Fluß *u* Departement in Frankreich

viennois [vjɛnwa] **I** *adj* Wiener; wiene-

viennoiserie – vilain

risch; *CUIS* **escalope** ~**e** Wiener Schnitzel *n*; **pain** ~ Milchweißbrot *n*; **II** *subst* ♀**(e)** *m(f)* Wiener(in) *m(f)*
viennoiserie [vjɛnwazʀi] *f* Feingebäck *n*
viens, vient [vjɛ̃] *cf* venir
vierge [vjɛʀʒ] **I** *adj* **1.** *jeune fille* jungfräulich; rein; unberührt (*a garçon*); **rester** ~ Jungfrau bleiben; **2.** *par ext papier* unbeschrieben; leer; *pellicule* unbelichtet; *neige, sommet* unberührt; *st/s* ~ **de** frei von; **cassette** *f* ~ Leerkassette *f*; **forêt** *f* ~ Urwald *m*; **terre** *f*, **sol** *m* ~ jungfräulicher Boden; **avoir un casier judiciaire** ~ nicht vorbestraft sein; **3. huile** *f* ~ na'turreines Öl; **II** *f* **1.** Jungfrau *f*; **2.** *REL* **la** ♀**, la Sainte** ♀**, la** ♀ **Marie** Ma'ria; die Heilige Jungfrau; die Jungfrau Maria; *ÉGL CATH* **culte** *m* **de la** ♀ Ma'rienkult *m*; ♀ **à** ♀ **Ma'donna** *f*; Ma'rienbild *n*; **la** ♀ **à l'Enfant** Maria *ou* die Jungfrau mit dem Kind; **4. fil** *m* **de la** ♀ Alt'weibersommer *m*; **5.** *ASTR* ♀ Jungfrau *f*
Viêt-nam [vjɛtnam] **le** ~ Vi'etnam *n*
vietnamien [vjɛtnamjɛ̃] **I** *adj* ⟨~**ne**⟩ vietna'mesisch; **II** *subst* **1.** ♀**(ne)** *m(f)* Vietna'mese *m*, Vietna'mesin *f*; **2.** *LING* **le** ~ das Vietna'mesische; Vietna'mesisch *n*
vieux [vjø] **I** *adj* ⟨*m vor Vokal u stummem h* **vieil** [vjɛj]; *f* **vieille** [vjɛj]⟩ **1.** (*âgé*) alt; *personne a* bejahrt; betagt; ~ **beau** alter Stutzer, Geck; **vieille femme** alte Frau; Greisin *f*; **les vieilles gens** die alten Leute *pl*; **vieil homme** alter Mann; F **vieil imbécile** F alter Trottel; **passer ses** ~ **jours à la campagne** s-n Lebensabend auf dem Land verbringen; **pour** *ou* **sur ses** ~ **jours** für *ou* auf s-e alten Tage; **vieille maison** altes Haus; ~ **papiers**, **vêtements** Altpapier *n*, -kleider *n/pl*; **vin** ~ alter Wein; F ~ **comme Mathusalem**, **Hérode** stein-, uralt; F alt wie Me'thusalem; **plus** ~ **que** ... älter als ...; **très** ~ sehr alt; uralt; hochbetagt; **trop** ~ zu alt (**pour** für *ou* um zu +*inf*); **devenir** ~ alt werden; altern; **être** ~ alt sein; **être** ~ **avant l'âge** vorzeitig gealtert sein; **se faire** ~ alt werden; altern; **elle s'habille** ~ sie trägt Kleider, die sie, viel älter machen; **se sentir** ~ sich (*acc*) alt fühlen; sich (*dat*) alt vorkommen; **vivre** ~ alt werden; lange leben; **2.** (*ancien*) alt; langjährig; *chose a* schon lange bestehend; **vieil ami** alter, langjähriger Freund; **vieille civilisation** alte Kultur; **le** ~ **continent** der alte Kontinent; **vieille fille** alte Jungfer; ~ **garçon** alter Junggeselle; ~ **mariés**, **époux** schon lange verheiratete, alte Eheleute *pl*; **le** ~ **Nuremberg** das alte Nürnberg; **vieille ville** alte Stadt; (*cité*) Altstadt *f*; *loc/adj* **de vieille date** alt; langjährig; **c'est toujours la vieille question** es ist immer das alte Problem; **3.** (*dépassé*) alt; weit zu'rückliegend; früher; vor'herig, vorig; veraltet (*a mot*); **le** ~ **français** das Altfranzösische; Altfranzösisch *n*; **une vieille histoire** e-e alte, lange Geschichte; ~ **souvenirs** alte Erinnerungen *f/pl*; **le bon** ~ **temps** die gute alte Zeit; **ma vieille voiture** mein alter, voriger Wagen; *loc/adj* **de la vieille école** der alten Schule; *péj* rückständig; (**très**) **vieille France** altväterisch; altväterlich; anti'quiert; vorgestrig; ~ **jeu**

altmodisch; unmodern; altfränkisch; alter Zopf; **4.** *expression de sympathie* **cette bonne vieille ville de Reims** das liebe, alte Reims; **ce bon** ~ **X** der gute *ou* liebe, alte X; **5. vieil** *ou* Altgold *n*; *adjt* **in** Altgold; ~ **rose** Altrosa *n*; *adjt* altrosa; **II** *subst* **1.** ~, **vieille** *m,f* alter Mann; Alte(r) *m*; alte Frau; Alte *f*; **les** ~ die Alten *pl*; F **mes** ~ F meine Alten *pl* (*parents*); F **mon** ~ a) *appellatif* F mein Lieber; alter Freund, Junge; b) (*père*) F mein Alter, alter Herr; F **sa vieille** (*femme*) F s-e Alte, Olle; F **un petit** ~ ein altes Männchen; F **une petite vieille** ein altes Mütterchen; F **c'est un** ~ **de la vieille** er ist ein alter Hase; **2. le** ~ das Alte; **faire du neuf avec du** ~ aus alt mach neu (*loc*); F **prendre un** (*sacré, sérieux*) **coup de** ~ mit e-m Schlag alt, älter werden
vif [vif] **I** *adj* ⟨**vive** [viv]⟩ **1.** *personne, regard etc* lebhaft; le'bendig; wach; *intelligence, imagination a* rege; *curiosité, désir, plaisir, souvenir, applaudissements etc* lebhaft; *émotion, impatience* heftig; *impression, penchant* stark; **vive sensation de douleur** heftiger Schmerz; **à mon** ~ **regret** zu meinem größten, großen Bedauern; **être doué d'une sensibilité très vive** sehr sensibel, feinfühlig sein; **2.** (*emporté*) *personne* heftig; aufbrausend; ungestüm; *propos, reproches, critique, querelle, discussion etc* heftig; *propos, critique a* scharf; *discussion a* lebhaft; hitzig; **au tempérament très** ~ sehr heftig; ungestüm; **de vive force** mit Brachi'algewalt; **faire une remarque vive à qn** j-n anfahren; **3.** *lumière* hell; strahlend; *couleur* lebhaft; kräftig; leuchtend; *air* gesund; frisch; *air* frisch und kalt; *froid* empfindlich; *chaleur* stark; *arête* scharf; *couleur, lumière* **trop** ~ grell; **4.** (*rapide*) *allure* flink; flott; *personne, geste* flink; *rythme* flott; **geste trop** ~ zu hastige Bewegung; **marcher d'un pas** ~ flott, in flottem Schritt gehen; **5.** (*vivant*) le'bendig; le'bhaft; **être brûlé(e) vif** (**vive**) bei lebendigem Leib verbrannt werden; **6.** *par ext*: **chaux vive** gebrannter, ungelöschter Kalk; **eau vive** lebhaft fließendes, sprudelndes Wasser; Wildwasser *n*; 'haie **vive** (lebende) Hecke; **poids** ~ Lebendgewicht *n*; *loc/adv*: **cuis à** ~ bei starker Hitze; auf starker Flamme; **de vive voix** mündlich; *fig* **pays être atteint dans ses forces vives** an s-m Lebensnerv getroffen sein, werden; **II** *m* **1.** *JUR* **donation** *f* **entre** ~**s** Schenkung *f* unter Lebenden; **2.** *loc*: **plaie** *f* **à** ~ offene Wunde; *fig* **il a les nerfs à** ~ s-e Nerven sind zum Zerreißen gespannt; **être piqué, atteint, touché au** ~ zu'tiefst getroffen, verletzt, gekränkt sein; ins Mark getroffen sein; **pêcher au** ~ mit lebendem Köder angeln; **entrer dans le** ~ **du sujet** zum Kern der Sache kommen; in medias res gehen; **trancher, tailler, couper dans le** ~ *cf* trancher *3.*; **prendre sur le** ~ *PHOT* e-n Schnappschuß machen von; *expression, scène* aus dem Leben greifen; dem wirklichen Leben entnehmen; **réaction** *f* **sur le** ~ Augenblicksreaktion *f*

vif-argent [vifaʀʒɑ̃] *m* Quecksilber *n*; *fig* **c'est du** ~ er ist quecksilbrig, ein Quecksilber, äußerst lebhaft
vigie [viʒi] *f MAR* Ausguck *m*
vigilance [viʒilɑ̃s] *f* Wachsamkeit *f*; **tromper la** ~ **de qn** j-n, der aufpaßt, über'listen
vigilant [viʒilɑ̃] *adj* wachsam; 'umsichtig; **attention** ~**e** besondere Aufmerksamkeit; **sous l'œil** ~ **de qn** unter j-s wachsamen Blicken; **malade être l'objet de soins** ~**s** umsichtig, sorgsam gepflegt werden
vigile [viʒil] **1.** *m* (*gardien*) Wachmann *m*; (*veilleur de nuit*) Nachtwächter *m*; **2.** *f ÉGL CATH* Vi'gil *f*
vigne [viɲ] *f* **1.** Weinrebe *f*; (**cep** *m*, **pied** *m* **de**) ~ Wein-, Rebstock *m*; *BOT* ~ **vierge** wilder Wein; **pays** *m* **de** ~ Wein(bau)gebiet *n*; **2.** Weinberg *m*, -garten *m*; ~**s** *pl a* Rebflächen *f/pl*; *fig* **être dans les** ~**s du Seigneur** betrunken, berauscht sein
vigner|on [viɲ(ə)ʀɔ̃] *m*, ~**onne** *f* Winzer(in) *m(f)*; Weinbauer *m*, -gärtner *m*; *österr* Weinhauer *m*
vignette [viɲɛt] *f* **1.** *ADM* **a)** *sur les médicaments* Kon'trollabschnitt *m*, Preisschild *n*, (Preis)Aufkleber *m* für die Kostenerstattung durch die Sozi'alversicherung; **b)** ~ (*automobile*) Steuerplakette *f* (*über entrichtete Kraftfahrzeugsteuer*); **correspond à** Kraftfahrzeugsteuer *f*; **2.** *TYPO* Vi'gnette *f*; Zierbildchen *n*, -leiste *f*
vignoble [viɲɔbl(ə)] *m* **1.** *plantation* Weinberg *m*, -garten *m*; **2.** *d'une région* Wein(bau)gebiet *n*
vigogne [vigɔɲ] *f ZO* Vi'kunja *f*
vigoureux [viguʀø] *adj* ⟨-euse⟩ **1.** *être vivant* kräftig; ro'bust (*a santé*); 'widerstandsfähig; *bras, cheveux* kräftig; **2.** *style* kraftvoll; *résistance, protestation* heftig; *couleur* kräftig; **au tracé** ~ mit, in kraftvollen Strichen (gezeichnet)
vigueur [vigœʀ] *f* **1.** (Lebens)Kraft *f*; Ro'bustheit *f*; Stärke *f*; *loc/adj* **plein de** ~ kraftvoll; kraftstrotzend; voller Lebenskraft; **sans** ~ kraftlos; *loc/adv* **avec** ~ heftig; kräftig; **2.** *de la résistance, d'une protestation* Heftigkeit *f*; *d'un argument, d'expression* Kraft *f*; *de pensée* Schärfe *f*; **exprimer qc avec** ~ etw kraftvoll ausdrücken; **manquer de** ~ kraftlos, matt sein; **mesure perdre de sa** ~ an Wirksamkeit verlieren; **3.** *JUR loc/adj* **en** ~ in Kraft; gültig; geltend; **entrée** *f* **en** ~ In'krafttreten *n*; **loi** *f* **en** ~ geltendes Gesetz, Recht; **mise** *f* **en** ~ In'kraftsetzung *f*; **entrer en** ~ in Kraft treten; **être en** ~ in Kraft sein; gelten
Viking [vikiŋ] *m HIST* Wikinger *m*
vil [vil] *adj* **1.** *st/s personne, action* ruchlos; schändlich; nichtswürdig; **2.** *loc/adv* **à** ~ **prix** zu e-m Spottpreis; zu Schleuderpreisen
vilain [vilɛ̃] **I** *adj* **1.** *enfant, bête* unartig; böse; ungezogen; **2.** *mot, manières* häßlich; schlimm; unanständig; *mauvais tour* übel; *avertissement* **un** ~ **monsieur** ein böser Mann; **3.** (*laid*) häßlich; *cheveux* stumpf und farblos; *blessure* schlimm; böse; *temps* scheußlich; **elle n'est pas** ~**e** sie sieht gar nicht übel aus; **II** *subst* **1.** ~**(e)** *m(f)* böser, unartiger Junge; böses, unartiges Mädchen; **2.** *m* F **il va y avoir, ça va faire du** ~

F das gibt 'ne Keile'rei; **3.** *m HIST* (Frei-)Bauer *m*
vilebrequin [vilbʀəkɛ̃] *m* **1.** *TECH* Bohrkurbel *f*, -winde *f*; **2.** *AUTO* Kurbelwelle *f*
vilenie [vil(e)ni] *litt f* Ruchlosigkeit *f*; Schändlichkeit *f*; Nichtswürdigkeit *f*
vilipender [vilipãde] *st/s v/t* schmähen; verunglimpfen
villa [vi(l)la] *f* Villa *f*
village [vilaʒ] *m* Dorf *n*; ~ **de toile** Zeltstadt *f*; ~ **de vacances** Feriendorf *n*
villageois [vilaʒwa] **I** *adj* dörflich; Dorf...; **II** *subst* ~(**e**) *m(f)* Dorfbewohner(in) *m(f)*
ville [vil] *f* **1.** Stadt *f*; *SPORTS* ~ **étape** E'tappenziel *n*; **grande** ~ große Stadt; Großstadt *f*; ~ **industrielle** Indu'striestadt *f*; ~ **nouvelle** neue, neu gegründete Stadt; **petite** ~ kleine Stadt; Kleinstadt *f*; Städtchen *n*; ~ **d'eau(x)** (Heil-)Bad *n*; Kurstadt *f*, -ort *m*; **la ~ de Lyon** die Stadt Lyon; ~ **de province** Pro-'vinzstadt *f*; **hôtel** *m* **de** ~ Rathaus *n*; *loc/adv*: **dans la** ~ in der Stadt; **aller en** ~ in die Stadt gehen, fahren; **dîner en** ~ in der Stadt, auswärts, außer Haus essen; **2.** (*contraire de «campagne»*) Stadt *f*; Stadtleben *n*; **gens** *m/pl* **de la** ~ Leute *pl* aus der Stadt; Stadtmenschen *m/pl*; Städter *m/pl*; **à la** ~ in der *ou* in die Stadt; **aimer la** ~ gern in der Stadt wohnen, leben; das Stadtleben lieben; **3.** (*quartier*) Stadtteil *m*, -viertel *n*; ~ **européenne** europäisches Viertel; Euro'päerviertel *n*; ~ **'haute** Oberstadt *f*; **vieille** ~ Altstadt *f*; **4.** (*habitants de la ville*) Stadt *f*; **toute la ~ en parle** die ganze Stadt spricht davon; das ist Stadtgespräch; **5.** (*municipalité*) Stadt(verwaltung) *f*; **travaux financés par la ~** von der Stadt
ville|-champignon [vilʃãpiɲɔ̃] *f* ⟨*pl* villes-champignons⟩ aus dem Boden gestampfte *ou* geschossene Stadt; **~-dortoir** *f* ⟨*pl* villes-dortoirs⟩ Schlafstadt *f*
villégiature [vileʒjatyʀ] *f* Sommerfrische *f*
ville-satellite [vilsatelit] *f* ⟨*pl* villes-satellites⟩ Tra'bantenstadt *f*
Villon [vijɔ̃] *François* ~ frz Dichter
villosités [vi(l)lozite] *f/pl ANAT* ~ **intestinales** Darmzotten *f/pl*
vîmes [vim] *cf* **voir**
vin [vɛ̃] *m* Wein *m*; ~ **blanc** Weißwein *m*; ~ **cuit** Aperi'tif *m* auf Weinbasis; Aperi'tifwein *m*; ~ **fin** feiner, erlesener Wein; **grands ~s** berühmte Weine; **petit ~** Landwein *m*; ~ **rouge** Rotwein *m*; ~ **sec** herber, trockener Wein; ~ **d'honneur** Ehrentrunk *m*; ~ **de messe** Meßwein *m*; ~ **de paille** weißer Süßwein; ~ **de palme**, **de** *ou* **du pays**, **du Rhin**, **de table** Palm-, Land-, Rhein-, Tischwein *m*; ~ **en bouteille** Flaschenwein *m*; ~ **en fût** *ou* **tonneau** Faßwein *m*; Wein vom Faß; offener Wein; *CUIS* **coq** *m* **au** ~ Hahn *m*, Huhn *n* in Rotweinsoße; **bouteille** *f* **de** ~ Flasche *f* Wein; Weinflasche *f*; *fig*: **il a le ~ gai, triste** er wird lustig, traurig, wenn er Wein trinkt; der Wein macht, stimmt ihn lustig, traurig; **cuver son ~** s-n Rausch ausschlafen; **être entre deux ~s** nicht ganz nüchtern sein; F im Tran sein; *prov* **quand le ~ est tiré, il faut**

le boire wer A sagt, muß auch B sagen (*prov*)
vinaigre [vinɛɡʀ(ə)] *m* **1.** Essig *m*; ~ **à l'estragon, d'alcool, de vin** Estragon-, Sprit-, Weinessig *m*; *fig* **rapports tourner au ~** schlechter werden; **ça a tourné au ~** die sind anein'andergeraten, sich in die Haare geraten; **2.** F **faire ~** schnell machen
vinaigrer [vinɛɡʀe] *v/t* Essig geben an (+*acc*); mit Essig anmachen; *adj t* **la salade est trop vinaigrée** am, im Salat ist zuviel Essig
vinaigrerie [vinɛɡʀəʀi] *f* Essigfabrik *f*
vinaigrette [vinɛɡʀɛt] *f* Sa'latsoße *f*; Essig *m* und Öl *n*; Vinai'grette *f*; *loc/adj* **à la, en ~** in Salatsoße
vinaigrier [vinɛɡʀije] *m* **flacon** Essigfläschchen *m*, -kännchen *n*
vinasse [vinas] F *f* schlechter Wein
vindicatif [vɛ̃dikatif] *adj* ⟨-ive⟩ rachsüchtig
vindicte [vɛ̃dikt] *f litt* **désigner qn à la ~ publique** j-n anprangern
vineux [vinø] *adj* ⟨-euse⟩ **1. avoir l'haleine vineuse** nach Wein riechen, *péj* stinken; F e-e Fahne haben; **2. rouge ~** schmutziges Weinrot
vingt [vɛ̃, *vor Vokalen u stummem h u in den Zahlen 22 bis 29* vɛ̃t] **I** *num/c* zwanzig; F ~ **dieux!** sapperlot!; sackerlot!; **le ~ mai** der zwanzigste *ou* am zwanzigsten Mai; ~ **mille** zwanzigtausend; **page** ~ Seite zwanzig; ~ **et un** [vɛ̃teɛ̃, vɛ̃tɛ̃] einundzwanzig; **sept heures moins ~** zwanzig vor sieben; **à ~ heures** um zwanzig Uhr; **dans les années ~** in den zwanziger Jahren; **de ~ ans** zwanzigjährig; von zwanzig Jahren; **je n'ai plus mes jambes de ~ ans** ich habe nicht mehr so junge Beine; F **je lui ai répété ~ fois ...** F ich hab' ihm hundertmal gesagt ...; **II** *m* **1.** Zwanzig *f*; *südd a* Zwanziger *m*; **le ~ (du mois)** der Zwanzigste *ou* am Zwanzigsten (des Monats); *cf a* **deux II**; **2.** (*meilleure note*) **correspond à Eins** *m*; Einser *m*; **il a eu quinze sur ~** er hat e-e Zwei bekommen
vingtaine [vɛ̃tɛn] *f* **une ~** etwa, ungefähr, an die, F (so) Stücker zwanzig (**de livres** etc Bücher etc)
vingt|-deux [vɛ̃tdø] *num/c* zweiundzwanzig; F ~! Achtung!; Vorsicht!; aufgepaßt!; **~-deuxième** *num/o* zweiundzwanzigste(r, -s)
vingtième [vɛ̃tjɛm] **I** *num/o* zwanzigste(r, -s); **le ~ siècle** das zwanzigste Jahrhundert; **II** *subst* **1. le, la ~** der, die, das zwanzigste; **2.** *m MATH* Zwanzigstel *n*
vingt-quatre [vɛ̃tkatʀ(ə)] *num/c* vierundzwanzig; **les ~ heures du Mans** das 24-Stunden-Rennen von Le Mans; **~ heures sur ~** rund um die Uhr
vinicole [vinikɔl] *adj* Wein(bau)...; **région** *f* **~** Wein(bau)gebiet *n*
vini|fication [vinifikasjɔ̃] *f* Weinbereitung *f*; Verarbeitung *f* des Weins; **~fier** *v/t* **les moûts** zu Wein verarbeiten
vins, vint [vɛ̃] *cf* **venir**
vinyle [vinil] *m CHIM* Vi'nyl *n*; **chlorure** *m* **de ~** Vi'nylchlorid *n*; *souvent pour* Polyvi'nylchlorid *n* (*abr* PVC)
vioc [vjɔk] *cf* **vioque**
viol [vjɔl] *m* **1.** Vergewaltigung *f*; *JUR* Notzucht *f*; **2.** *cf* **violation**

violacé [vjɔlase] **I** *adj* **nez** etc blau-, bläulichrot; **rouge** *m* ~ Rotviolett *n*; **II** *f/pl* **~es** *BOT* Veilchengewächse *n/pl*
violateur [vjɔlatœʀ] *m* ~ **des lois** Gesetzes-, Rechtsbrecher *m*; ~ **de tombeau** Grabschänder *m*
violation [vjɔlasjɔ̃] *f* **de la loi, d'un traité, d'un secret** Verletzung *f*; **d'une promesse, d'un traité** Bruch *m*; **d'une sépulture, d'un sanctuaire** Schändung *f*; ~ **de domicile** Hausfriedensbruch *m*
viole [vjɔl] *f MUS* Vi'ola *f*; ~ **de gambe** Gambe *f*; Kniegeige *f*; Viola da gamba *f*
violemment [vjɔlamã] *adv* heftig
violence [vjɔlãs] *f* **1.** (*contrainte*) Zwang *m*; **acte(s)** Gewalttat *f*, -tätigkeit *f*; Gewaltanwendung *f*; Gewaltsamkeit *f*; *disposition* Brutali'tät *f*; Roheit *f*; **~s morales, physiques** psychische, physische Foltern *f/pl*, Miß'handlungen *f/pl*; ~ **verbale** heftige, bru'tale Worte *n/pl*; *JUR* ~ (**et voies de fait**) **à agent public** corresp*ond à* 'Widerstand *m* gegen die Staatsgewalt; **acte** *m* **de** ~ Gewalttat *f*; Akt *m* der Gewalt; *pl a* Ausschreitungen *f/pl*; **scène** *f* **de** ~ bru'tale Szene; *loc/adv* **par la** ~ gewaltsam; mit Gewalt; **commettre des ~s contre qn** gegen j-n Gewalttätigkeiten begehen, Gewalt anwenden; **user de** ~ Gewalt anwenden; **faire ~ à qn** auf j-n Zwang ausüben; *litt* **faire ~ à une femme** e-r Frau Gewalt antun; **se faire ~** sich, s-n Gefühlen Zwang antun; sich zwingen (**pour faire qc** etw zu tun); **répondre à la ~ par la ~** Gewalt gegen Gewalt setzen; auf Gewalt mit Gewalt antworten; **2. de la tempête, d'une passion** etc Heftigkeit *f*; **de la tempête a** Wüten *n*, Toben *n*; **souffler avec ~** wüten; toben
violent [vjɔlã] *adj* **1.** *personne, caractère* gewalttätig; bru'tal (*a sport, scène*); **mourir de mort ~e** e-s gewaltsamen Todes sterben; **2. vent, paroles, résistance, désir, douleur** heftig; **vent a** stürmisch; **effort, choc a** gewaltig; **contraste** sehr stark; **poison** (sehr schnell und) stark (wirkend); **odeur** scharf; beißend; **3.** F **c'est un peu ~** F das ist wirklich aller'hand; das ist ein starkes Stück
violenter [vjɔlãte] *v/t cf* **violer 3.**
violer [vjɔle] *v/t* **1. loi, secret, traité** verletzen; **promesse, traité** brechen; **2. sépulture, sanctuaire** schänden; ~ **les consciences** die Gewissensfreiheit unter'drücken; ~ **le domicile de qn** unbefugt und gewaltsam in j-s Wohnung eindringen; **3. femme** vergewaltigen; *JUR* notzüchtigen; **se faire ~** vergewaltigt werden
violet [vjɔlɛ] **I** *adj* ⟨-**te**⟩ vio'lett; veilchenblau; **de froid** bläulich (angelaufen); **II** *m* Vio'lett *n*
violette [vjɔlɛt] *f BOT* Veilchen *n*
violeur [vjɔlœʀ] *m* Vergewaltiger *m*
violon [vjɔlɔ̃] *m* **1.** Geige *f*; Vio'line *f*; F *ou péj* Fiedel *f*; *fig* ~ **d'Ingres** Steckenpferd *n*; Hobby *n*; **concerto** *m* **pour** ~ Vio'linkonzert *n*; F *fig* **accordez vos ~s!** werdet euch (bitte) einig!; **jouer du ~** Geige, Violine spielen; geigen, P *fig* **c'est comme si on pissait dans un ~!** *ou* **autant pisser dans un ~!** F das ist für die Katz!; **2. joueur** Geiger(in) *m(f)*; **premier ~** erster Geiger; *fig*: **je ne peux pas aller plus vite que les ~s**

violoncelle – visière

ich kann auch nicht hexen; *vouloir aller plus vite que les ~s* die Dinge über'stürzen wollen; **3.** F (*prison de police*) Ar'restlokal *n*; Poli'zeigewahrsam *m*

violoncell|e [vjɔlɔsɛl] *m* MUS (Violon-)Cello [-'(t)ʃ-] *n*; **~iste** *m,f* Cel'list(in) *m(f)*; Cellospieler(in) *m(f)*

violon|eux [vjɔlɔnø] *m* Fiedler *m* (*a péj*); **~iste** *m,f* Geiger(in) *m(f)*; Vio'lin-, Geigenspieler(in) *m(f)*; Violi'nist(in) *m(f)*

vioque [vjɔk] *arg* **I** *adj* alt; **II** *m,f* Alte(r) *f(m)*; *mes ~s* F meine Alten *pl* (*parents*)

vipère [vipɛʀ] *f* **1.** ZO Viper *f*; Otter *f*; **2.** *fig personne* Schlange *f*; F Giftnudel *f*, -kröte *f*

vipérin [vipeʀɛ̃] *adj* ZO *couleuvre ~e* Vipernatter *f*

virage [viʀaʒ] *m* **1.** *d'une route* Kurve *f*; Straßenbiegung *f*, -krümmung *f*; Kehre *f*; *dangereux* gefährliche Kurve; **~ à droite, à gauche** Rechts-, Linkskurve *f*; *panneau ~s sur 3 km* kurvenreiche Strecke auf 3 km; *manquer un ~* aus e-r Kurve getragen werden; F e-e Kurve nicht kriegen; *prendre un ~* e-e Kurve nehmen; **2.** *action* Wendung *f*; Drehung *f*; MAR Wenden *n*; AUTO, AVIAT Kurve *f*; SKI, PATINAGE Bogen *m*; **3.** *fig* Wende *f*; Wechsel *m*; 'Umschwung *m*; Schwenkung *f*; POL *amorcer un ~ à droite* e-e Schwenkung nach rechts voll'ziehen; **4.** PHOT Tonung *f*; **5.** CHIM 'Umschlagen *n* (*du bleu au rouge* von Blau in Rot); **6.** MÉD *~ de la cuti-réaction* positive Tuberku'linprobe

virago [viʀago] *f* Mannweib *n*

viral [viʀal] *adj* <-aux> MÉD Virus...; *infection ~e* Virusinfektion *f*

virée [viʀe] *f* F Spritztour *f*, -fahrt *f*

virement [viʀmɑ̃] *m* FIN Über'weisung *f*; Giro *n*; *~s pl* Giroverkehr *m*; *~ bancaire* Banküberweisung *f*; *~ postal* Postscheckübürweisung *f*; *ordre m de ~* Überweisungsauftrag *m*; *payer par ~* bargeldlos, durch Überweisung zahlen

virent [viʀ] *cf voir*

virer [viʀe] **I** *v/t* **1.** *somme* über'weisen (*à un compte* auf ein Konto); **2.** F *~ qn* j-n hin'auswerfen, F feuern; *se faire ~* gefeuert, hin'ausgeworfen werden; **3.** F *il a viré sa cuti* a) s-e Tuberku'linprobe ist positiv; b) *fig* er ist 'umgeschwenkt; er hat die Front gewechselt; **4.** PHOT tonen; **II** *v/t/indir* **5.** *à* 'umschlagen in (+*acc*); werden zu; *vin ~ à l'aigre* umschlagen; sauer werden; CHIM *tournesol ~ au rouge* in Rot umschlagen; rot werden; *~ à la violence etc* in Gewalt etc umschlagen; **III** *v/i* **6.** sich drehen; *véhicule* e-e Kurve fahren; *avion* e-e Kurve fliegen; *patineur* e-n Bogen fahren; *véhicule ~ à droite, à gauche* nach rechts, links ein-, abbiegen; *~ de bord* MAR wenden; *fig et POL* 'umschwenken; e-e Schwenkung voll'ziehen; **7.** MÉD *cuti-réaction* positiv sein, werden

vireux [viʀø] *adj* <-euse> *sc BOT* giftig

virevolt|e [viʀvɔlt] *f souvent pl ~s* a) Drehungen *f/pl*; Um'herwirbeln *n*; b) *fig* Kehrtwendungen *f/pl*; Schwungen *f/pl*; **~er** *v/i* sich drehen; um'herwirbeln

virginal [viʀʒinal] *adj* <-aux> jungfräulich; rein; unberührt

virginité [viʀʒinite] *f* Jungfräulichkeit *f*; Jungfernschaft *f*; Unberührtheit *f*; Reinheit *f*; *fig refaire une ~ à qn* e-e weiße Weste verpassen; j-n reinwaschen

virgule [viʀgyl] *f* Komma *n*; Beistrich *m*; *mettre une ~* ein Komma setzen

viril [viʀil] *adj* **1.** männlich; Mannes...; vi'ril; *sexuellement* po'tent; *âge ~, force ~* Mannesalter *n*, -kraft *f*; **2.** *personne, attitude* männlich; mannhaft; unerschrocken; *traits* mar'kant; männlich

virilité [viʀilite] *f* **1.** PHYSIOL Männlichkeit *f*; Virili'tät *f*; Manneskraft *f*; (*puissance sexuelle*) Po'tenz *f*; **2.** *fig* Männlichkeit *f*; Mannhaftigkeit *f*; Mannesmut *m*; Unerschrockenheit *f*

virole [viʀɔl] *f d'un outil* Zwinge *f*

virologie [viʀɔlɔʒi] *f* Virolo'gie *f*

virtualité [viʀtɥalite] *f* Wirkungsvermögen *n*; Virtuali'tät *f*

virtuel [viʀtɥɛl] *adj* <~le> virtu'ell (*a* OPT); theo'retisch möglich

virtuellement [viʀtɥɛlmɑ̃] *adv* praktisch; so gut wie

virtuose [viʀtɥoz] *m,f* Virtu'ose *m*, Virtu'osin *f*

virtuosité [viʀtɥozite] *f* Virtuosi'tät *f*; Virtu'osentum *n*; voll'endete Kunstfertigkeit, Technik; *avec ~* virtu'os; meisterhaft; technisch voll'endet

virulence [viʀylɑ̃s] *f* **1.** *d'une critique, d'une personne* Heftigkeit *f*; Schärfe *f*; Bissigkeit *f*; **2.** *de microbes* Viru'lenz *f*; *d'un poison* starke und schnelle Wirkung

virulent [viʀylɑ̃] *adj* **1.** *critique etc* heftig; scharf; bissig; **2.** *microbes* viru'lent

virus [viʀys] *m* **1.** BIOL Virus *m ou n*; *maladie f à ~* Viruskrankheit *f*; **2.** *fig* Ba'zillus *m*; Virus *m*; *être atteint du ~ de la musique etc* ein Musiknarr, musikbesessen etc sein; **3.** INFORM *~ informatique* Computervirus *m* [-'pju:-] *m*

vis¹ [vi] *cf voir et vivre*

vis² [vis] *f* Schraube *f*; *~ à tête plate, ronde* Senkkopf-, Halbrundkopfschraube *f*; TECH *~ sans fin* Schnecke *f*; *fig serrer la ~ à qn* bei j-m die Zügel anziehen; j-n kurzhalten

visa [viza] *m* **1.** Visum *n*; Sichtvermerk *m*; *~ d'entrée, de sortie* Einreise-, Ausreisevisum *n*; *demander, délivrer un ~* ein Visum beantragen, erteilen; **2.** *pour un film ~ de censure* Freigabevermerk *m*, -bescheid *m*

visage [vizaʒ] *m* **1.** Gesicht *n*; *st/s* Antlitz *n*; *énergique, rond* energisches, rundes Gesicht; *'haut m du ~* obere Gesichtshälfte; *il changea de ~* sein Gesichtsausdruck veränderte sich; *faire bon ~* e-e zufriedene Miene aufsetzen; zur Schau tragen; *faire bon ~ à qn* katzenfreundlich zu j-m sein; **2.** (*personne*) Gesicht *n*; *~ ami* vertrautes Gesicht; *~s pâles* Bleichgesichter *n/pl*; **3.** *fig* Gesicht *n*; *loc/adj*: *à ~ humain société etc* hu'man; menschlich; mit menschlichem Antlitz; *sans ~* ano'nym

visagiste [vizaʒist] *m,f* Visa'gist(in) *m(f)*; Kos'metiker(in) *m(f)*

vis-à-vis [vizavi] **I** *loc/prép* **1.** (*en face de*) *~ de* gegen'über (+*dat*); **2.** (*envers*) *~ de qn* j-m gegen'über; zu j-m; gegen j-n; **3.** (*par rapport à*) *~ de qc* e-r Sache (*dat*) gegen'über; in bezug auf e-e Sache; **4.** (*en comparaison de*) *~ de qc* im Vergleich zu etw; **II** *loc/adv* ein'ander gegen'über; vis-à-vis; *deux maisons situées ~* zwei einander gegenüberliegende Häuser *n/pl*; **III** *m* **1.** *en ~* ein'ander gegen'überliegend, -stehend; **2.** *personne, maison etc* Gegen'über *n*; Visa'vis *n*; *nous n'avons pas de ~* wir haben kein Gegenüber; *nous avons un parc pour ~* unserem Haus gegenüber ist ein Park

viscéral [viseʀal] *adj* <-aux> **1.** ANAT Eingeweide...; **2.** *peur, répulsion etc* irrational; dumpf; *haine a* abgründig

viscères [visɛʀ] *m/pl* ANAT Eingeweide *n/pl*

viscose [viskoz] *f* CHIM Vis'kose *f*

viscosité [viskozite] *f* Zähflüssigkeit *f*; CHIM Viskosi'tät *f*

visé [vize] *m* Zielen *n*; *tirer au ~* gezielt schießen

visée [vize] *f* **1.** *avec une arme* Zielen *n*; OPT Vi'sieren *n*; **2.** *fig ~s pl* Absichten *f/pl*; *avoir de hautes ~s* hochfliegende Pläne haben; hoch hin'auswollen; *avoir des ~s sur qc, qn* Absichten auf etw, j-n haben; ein Auge auf etw, j-n geworfen haben; auf etw (*acc*) reflek'tieren

viser [vize] **I** *v/t* **1.** *cible* zielen auf (+*acc*); anvisieren; **2.** *fig but, poste important* zu erreichen suchen; anstreben; anvisieren; **3.** (*concerner*) *~ qn* j-n angehen, betreffen; auf j-n abzielen; *c'est lui qui est visé* das ist auf ihn gemünzt, an seine Adresse gerichtet; *se sentir visé* sich getroffen fühlen; **4.** P (*regarder*) *vise* (*un peu*) *cette bagnole!* F schau, sieh, guck dir mal diese Karre an!; **5.** ADM mit e-m Visum *ou* Vermerk versehen; **II** *v/t/indir* **6.** *~ à* zielen auf (+*acc*), nach; **7.** *fig ~ à qc* nach etw trachten; auf etw (*acc*) hin-, abzielen; etw anstreben; *~ à* (+*inf*) darauf hinzielen, darauf gerichtet sein zu (+*inf*); *mesure visant à augmenter le niveau de vie* Maßnahme zur Hebung des Lebensstandards; **III** *v/i* **8.** zielen; *bien ~, juste* gut, richtig zielen; **9.** *fig ~* (*trop*) *'haut* (zu) hoch hin'auswollen; (allzu) hochfliegende Pläne haben

viseur [vizœʀ] *m* **1.** *arme à feu* Vi'sier *n*; AVIAT MIL Zielgerät *n*; **2.** PHOT Sucher *m*

visibilité [vizibilite] *f* Sicht *f*; Sichtweite *f*; Sichtverhältnisse *n/pl*; *~ nulle* starke Sichtbehinderung; Sicht gleich Null; *virage m sans ~* unübersichtliche Kurve

visible [vizibl(ə)] *adj* **1.** sichtbar; erkennbar; *être ~ à* zu sehen sein; **2.** (*évident*) klar zu erkennen(d), erkennbar; sichtbar; sichtlich; merklich; *avec un embarras ~* mit sichtlicher, merklicher Verlegenheit; **3.** *personne n'être pas ~* nicht zu sprechen sein

visiblement [vizibləmɑ̃] *adv* sichtlich; merklich; *~, il ne fait rien* ganz offensichtlich ...; *il grandit ~* er wächst zusehends

visière [vizjɛʀ] *f* a) *d'un casque* (Helm-)Vi'sier *n*; b) *d'une casquette* (Mützen-)Schirm *m*; c) *pour les yeux* Augenschirm *m*, -blende *f*; *mettre sa main en ~* s-e Augen mit der Hand beschatten

Visigoths [vizigo] *m/pl* HIST Westgoten *m/pl*
vision [vizjɔ̃] *f* **1.** (*vue*) Sehen *n*; Sehvermögen *n*; **2.** (*idée*) Vorstellung(en) *f(pl)*; Bild *n*; **~ du monde** Weltbild *n*, -anschauung *f*; **3.** (*hallucination*) Visi'on *f*; Gesicht *n*; Erscheinung *f*; F *ma parole, j'ai des ~s* F ich hab' wohl geträumt, Halluzinati'onen
visionnaire [vizjɔnɛR] **I** *adj* visio'när; seherisch; **II** *m,f* Visio'när(in) *m(f)*; Seher(in) *m(f)*
visionn|er [vizjɔne] *v/t* CIN *film* (prüfend) ansehen; **~euse** *f* PHOT Diabetrachter *m*; F Gucki *m*; *pour films* Bildbetrachter *m*
visiophone [vizjɔfɔn] *m* TÉLÉCOMM Bildtelefon *n*
Visitation [vizitasjɔ̃] *f* ÉGL CATH, ART Heimsuchung *f* Ma'riä
visite [vizit] *f* **1.** Besuch *m*; Vi'site *f*; *d'une ville, d'un pays* Besuch *m*; *d'une ville, d'une usine etc* Besichtigung *f*; *du médecin à l'hôpital* Vi'site *f*; **~ guidée** Führung *f*; *faire une ~ guidée* e-e Führung mitmachen; *médecin ~ à domicile* Hausbesuch *m*; **~ d'adieu, de condoléances, de politesse** Abschieds-, Beileids-, Höflichkeitsbesuch *m*; **~ d'un représentant** Vertreterbesuch *m*; **~ de la ville en autocar** Stadtrundfahrt *f*; *carte f de ~* Vi'sitenkarte *f*; JUR *droit m de ~* (*aux enfants*) Recht *n*, die Kinder zu sehen; *heures f/pl de ~*, *heure f des ~s* Besuchszeit *f*; **~ de qn** j-n zu Besuch haben; *être en ~ chez qn* bei j-m zu, auf Besuch sein; *faire une ~, rendre (une) ~ à qn* j-n besuchen; *recevoir la ~ de qn* j-s, von j-m e-n Besuch machen, abstatten; *recevoir la ~ de qn* j-s, von j-m Besuch erhalten; *rendre sa ~ à qn* j-s Besuch erwidern; (j-m) e-n Gegenbesuch machen; **2.** (*visiteur*) Besucher *m*; Besuch *m*; *avoir de la ~* Besuch haben; **3.** (*inspection*) Visitati'on *f*; MAR *a* Durch'suchung *f*; JUR: **~ domiciliaire** Haussuchung *f*; **~ des lieux** Lo-'kaltermin *m*; **4.** ÉCOLE, USINE **~ médicale** ärztliche Unter'suchung; *passer (à) la ~ (médicale)* (ärztlich) unter-'sucht werden
visiter [vizite] *v/t* **1.** *malade, prisonnier, client, pays, ville, musée* besuchen; *ville, musée, église, maison à visiter* besichtigen; *pays a* bereisen; *médecin ~ qn a* e-n (Kranken-, Haus)Besuch bei j-m machen; **2.** *cambrioleur: logement etc* durch'suchen; *douane: bagages etc* kontrol'lieren; visi'tieren; **3.** REL heimsuchen
visit|eur [vizitœR] *m*, **~euse** *f* **1.** Besucher(in) *m(f)*; *a* Gast *m*; **2.** (*inspecteur*) Kontrol'leur(in) *m(f)*; **3.** *visiteur médical* Pharmareferent *m*; Ärztevertreter *m*
vison [vizɔ̃] *m* ZO *et fourrure* Nerz *m*; *manteau m de ~ ou* F **~** Nerzmantel *m*; F Nerz *m*
visqueux [viskø] *adj* ⟨-euse⟩ **1.** *liquide* zähflüssig; CHIM vis'kos; **2.** *poisson etc* schleimig; schmierig; klebrig
vissage [visaʒ] *m* An-, Fest-, Zu-, Verschrauben *n*
vissé [vise] *adj fig être ~ sur sa chaise* sich nicht von s-m Stuhl rühren
visser [vise] *v/t* **1.** *fixer* an-, festschrauben; *serrer* zu-, verschrauben; schrau-
ben (*à, sur* an, auf +*acc*); **2.** F *fig ~ qn* j-n kurzhalten; bei j-m die Zügel anziehen
Vistule [vistyl] *la ~* die Weichsel
visu [vizy] *loc/adv cf de visu*
visualis|ation [vizɥalizasjɔ̃] *f* Sichtbarmachen *n*, -ung *f* (INFORM auf e-m Bildschirm); **~er** *v/t* **1.** sichtbar machen (INFORM auf e-m Bildschirm); **2.** CIN *sujet* in Bilder 'umsetzen
visuel [vizɥɛl] **I** *adj* ⟨~le⟩ Seh...; Gesichts...; Blick...; visu'ell; *champ ~* Blickfeld *n*; Gesichtsfeld *n*; *mémoire ~le* visuelles Gedächtnis; PÉD *méthode ~le* visuelle Methode; **II** *subst* **1.** ~(*le*) *m(f)* visu'eller Typ; Augenmensch *m*; **2.** *m* INFORM Display [-'ple:] *n*; Datensichtgerät *n*
vit [vi] *cf voir et vivre*
vital [vital] *adj* ⟨-aux⟩ **1.** BIOL, PHILOS Lebens...; **2.** (*indispensable*) lebenswichtig; Lebens...; vi'tal; *espace ~* Lebensraum *m*; *minimum ~* Exi'stenzminimum *n*; *c'est ~ ou c'est d'une importance ~e* das ist lebenswichtig
vitalité [vitalite] *f* Vitali'tät *f*; Lebenskraft *f* (*a d'un pays etc*); *être plein de ~* sehr vi'tal, voller Lebenskraft, Vitalität sein
vitamine [vitamin] *f* Vita'min *n*; **~ A, B, C** Vitamin A, B, C
vitaminé [vitamine] *adj* vitami'niert; vitamini'siert; mit Vita'minen angereichert
vite [vit] *adv* schnell; rasch; geschwind; *aussi ~ qu'il pouvait* so schnell er konnte; *bien ~* sehr schnell; sehr recht bald; *pas si ~!* nicht so schnell!; *plus ~* schneller; rascher; *le plus ~* am schnellsten, raschesten; *au plus ~* schleunigst; schnellstens; möglichst schnell; *le plus ~ possible* so schnell wie möglich; auf dem schnellsten Wege; *habille-toi, et plus ~ que ça!* F und zwar ein bißchen plötzlich!; *à la va ~ cf va-vite*; *aller trop ~* über'stürzt vorgehen; über'eilt, vorschnell handeln; *il y va un peu ~* er macht es sich zu leicht; *allez ou allons ~, dépêche-toi!* los, beeil dich!; *un accident est ~ arrivé* ein Unfall ist leicht, schnell passiert; *fais ~!* mach schnell!; *j'ai eu ~ fait de le découvrir* das habe ich (sehr) schnell, im Handumdrehen entdeckt; *on a ~ fait de dire que ...* man hat leicht sagen, daß ...; F *c'est du ~ fait* F das ist geschludert, gepfuscht
vitellus [vitelys] *m* BIOL (Ei)Dotter *m ou n*
vîtes [vit] *cf voir*
vitesse [vitɛs] *f* **1.** Geschwindigkeit *f* (*a* PHYS); Tempo *n*; Schnelligkeit *f*; Raschheit *f*; **~ maximale, minimale, moyenne** Höchst-, Mindest-, 'Durchschnittsgeschwindigkeit *f*; AVIAT **~ de décollage** Abhebegeschwindigkeit *f*; PHYS **~ de chute** Fallgeschwindigkeit *f*; **~ de croisière** Reisegeschwindigkeit *f*; *fig* fester Rhythmus; ESPACE **~ de libération** Fluchtgeschwindigkeit *f*; **~ de la lumière** Lichtgeschwindigkeit *f*; **~ de pointe** Spitzengeschwindigkeit *f*; *-tempo n*; F Spitze *f*; PHYS **~ de rotation** Um'drehungsgeschwindigkeit *f*; **~ du vent** Windgeschwindigkeit *f*; SPORTS *course f de ~* Kurzstreckenlauf *m*; *cf a perte 1.*; ♦ *loc/adv*: *à (une) faible,*
grande ~ mit geringer, großer Geschwindigkeit; mit geringem, hohem Tempo; *à toute ~* in aller Eile; schleunigst; F im Eiltempo; *à la ~ du son* mit Schallgeschwindigkeit; COMM *en grande, petite ~* als Eil-, Frachtgut; F *en ~* schnellstens; schleunigst; F hopp hopp!; nun aber Tempo!; ♦ *aimer la ~* gern schnell fahren; die Schnelligkeit lieben; *faire de la ~* schnell fahren; F rasen; Tempo vorlegen; *gagner, prendre qn de ~* j-m zu'vorkommen; schneller sein als j; *avion, train prendre de la ~* immer schneller werden; beschleunigen; **2.** AUTO Gang *m*; *quatrième ~* vierter Gang; F *fig en quatrième ~* in größter Eile, Hast; F mit 'Volldampf, Ka'racho; *manger en quatrième ~* hastig essen; (sein Essen hin'unter)schlingen; *changement de ~* Gangschaltung *f*; *action Schalten n*; *changer de ~* schalten; e-n anderen Gang einlegen; in e-n anderen Gang gehen; *mettre la, passer en troisième ~* in den dritten Gang gehen, schalten; den dritten Gang einlegen
viticole [vitikɔl] *adj* Wein(bau)...
viticult|eur [vitikyltœR] *m* Winzer *m*; Weinbauer *m*; *österr* Weinhauer *m*; **~ure** *f* Weinbau *m*
vitrage [vitRaʒ] *m* **1.** (*vitres*) Verglasung *f*; **2.** (*verrière*) Glasscheibe *f*; *paroi* Glaswand *f*; (*rideau m de*) **~** Scheibengardine *f*; **3.** *action* Verglasen *n*
vitrail [vitRaj] *m* ⟨*pl* vitraux⟩ Kirchenfenster *n*
vitre [vitR(ə)] *f* (Glas-, Fenster)Scheibe *f*; *par eux* (*fenêtre*) Fenster *n* (*a* CH DE FER); AUTO Seitenfenster *n*; AUTO **~ arrière, avant** Heck-, Frontscheibe *f*; *verre m à ~s* Fensterglas *n*
vitré [vitRe] *adj* **1.** Glas...; verglast; *porte ~e* Glastür *f*; **2.** ANAT *corps ~* Glaskörper *m*; *humeur ~e* Glaskörperflüssigkeit *f*
vitrer [vitRe] *v/t* verglasen; Glasscheiben einsetzen in (+*acc*)
vitrerie [vitRəRi] *f* **1.** *industrie* Glaserhandwerk *n*; **2.** *produits* Glaserwaren *f/pl*
vitreux [vitRø] *adj* ⟨-euse⟩ *œil, regard* glasig; MINÉR *roches vitreuses* Gesteinsglas *n*
vitrier [vitRije] *m* Glaser *m*
vitri|fication [vitRifikasjɔ̃] *f* **1.** 'Umwandlung *f* in Glas; **2.** *du parquet* Versiegelung *f*; **~fier I** *v/t parquet* versiegeln; **II** *v/pr se ~* glasig, zu Glas werden
vitrine [vitRin] *f* **1.** (*étalage*) Schaufenster *n* (*a fig*); Auslage *f*; *article m en ~* (im Schaufenster) ausgestellter Artikel; *regarder, lécher les ~s* Auslagen, Schaufenster ansehen; e-n Schaufensterbummel machen; **2.** *meuble* Vi'trine *f*; Glasschrank *m*; Schaukasten *m*
vitriol [vitRijɔl] *m* CHIM Vitri'ol *n*; *fig critique etc au ~* scharf; bissig
vitrioler [vitRijɔle] *v/t ~ qn* j-m Säure ins Gesicht schütten
vitrocéramique [vitRɔseRamik] *f* Glaskeramik *f*
vitupération [vitypeRasjɔ̃] *f st/s surtout pl ~s* heftige Vorwürfe *m/pl*
vitupérer [vitypeRe] ⟨-è-⟩ *v/t/indir st/s ~ contre qn, qc* wettern gegen j-n, etw
vivable [vivabl(ə)] *adj* **1.** *personne il*

n'est pas ~ man kann mit ihm (einfach) nicht auskommen; er ist unerträglich; **2.** *endroit etc* **ce n'est pas** ~ das Leben ist hier unerträglich, nicht auszuhalten

vivace¹ [vivas] *adj* **1.** *BIOL* lebenskräftig; zäh; 'widerstandsfähig; *plante f* ~ Dauerpflanze *f*; ausdauernde, mehrjährige, peren'nierende Pflanze; **2.** *haine etc* hartnäckig; beharrlich; *foi, souvenir* unzerstörbar; unwandelbar; *préjugé* unausrottbar; eingewurzelt

vivace² [vivatʃe] *adj MUS* vi'vace [-tʃə]

vivacité [vivasite] *f* **1.** *d'une personne, du regard etc* Lebhaftigkeit *f*; Le'bendigkeit *f*; Wachheit *f*; ~ *d'esprit* geistige Regsamkeit; rasche Auffassungsgabe; *plein de* ~ sehr wach, rege; sehr lebhaft, le'bendig; **2.** *d'une personne (emportement), de propos etc* Heftigkeit *f*; *d'une discussion a* Hitzigkeit *f*; **3.** *d'une passion etc* Heftigkeit *f*; Stärke *f*; Kraft *f*; Feuer *n*; **4.** *d'une couleur* Leuchtkraft *f*; Glanz *m*

vivandière [vivãdjɛʀ] *f HIST* Marke'tenderin *f*

vivant [vivã] **I** *adj* **1.** lebend; le'bendig; am Leben; *REL* **le Dieu** ~ der lebendige Gott; *être m* ~ Lebewesen *n*; *par ext* *langue* ~**e** lebende Sprache; *moi* ~, ... solange ich lebe, am Leben bin ...; *être enterré* ~ lebendig begraben werden; *par ext* *vous en êtes la preuve* ~**e** Sie sind der lebende Beweis dafür; **2.** *fig description, enseignement, coutume* le'bendig; *THÉ personnage* lebenswahr; *rue* belebt; *élève* ~ Schüler, der sich lebhaft am 'Unterricht beteiligt; *enfant très* ~ sehr lebhaft, lebendig; F quicklebendig; *garder un souvenir très* ~ *de qn* sich lebhaft an j-n erinnern; j-n in sehr lebendiger Erinnerung haben; **II** *m* **1.** *loc/prép* **de son** ~ zu, bei s-n Lebzeiten; als er noch lebte; **du** ~ **de mon père** als, solange mein Vater noch lebte; zu Lebzeiten meines Vaters; **2.** *les* ~**s** die Lebenden *pl*; **3.** *bon* ~ Genießer *m*; Schlemmer *m*

vivat [viva] *m* Vivat *n*; *surtout pl* ~**s** Hochrufe *m/pl*

vive¹ [viv] *f ZO* Petermännchen *n*

vive² [viv] *int cf* **vivre II 1.**

vivement [vivmã] *adv* **1.** (*vite*) schnell; rasch; flink; **se lever** ~ aufspringen, hochschnellen; *affaire* **mener** ~ zügig vor'antreiben, -bringen; **2.** *s'intéresser* lebhaft; *souhaiter* lebhaft; innig; *regretter* zu'tiefst; tief; *conseiller, recommander* warm; wärmstens; *remercier* bestens; **3.** *répliquer, protester* heftig; scharf; hitzig; **4.** F ~ **que cela finisse!** wäre es doch schon vorbei!; ~ **les vacances!** wären doch schon die Ferien da!

viveur [vivœʀ] *m* Lebemann *m*; Bonvi'vant *m*

vivier [vivje] *m* **a)** (*étang*) Fischteich *m*; **b)** (*aquarium*) Fischbehälter *m*, -kasten *m*

vivifiant [vivifjã] *adj* **1.** *climat, air* stärkend; kräftigend; belebend; **2.** *fig lecture etc* belebend; erfrischend

vivifier [vivifje] *v/t* **1.** *climat etc* ~ *qn* j-n stärken, kräftigen; j-m neue Kraft geben; **2.** *fig* beleben; erfrischen

vivipare [vivipaʀ] *adj BIOL* lebendgebärend

vivisection [viviseksjɔ̃] *f* Vivisekti'on *f*

vivoir [vivwaʀ] *m au Canada* Wohnzimmer *n*

vivoter [vivɔte] *v/i personne* kümmerlich leben; sein Leben mühsam fristen; vege'tieren; *entreprise etc* da'hinvegetieren; sich mühsam über Wasser halten

vivre¹ [vivʀ] 〈je vis, il vit, nous vivons; je vivais; je vécus; je vivrai; que je vive; vivant; vécu〉 **I** *v/t* *époque troublée, passion* erleben; mit-, 'durchmachen; *durch'leben; aventure* erleben; ~ **des jours heureux** glückliche Tage er-, verleben; ~ **sa vie** sein eigenes Leben leben, führen; ~ **mal un problème** *etc* mit e-m Problem *etc* schwer fertig werden; **II** *v/i* **1.** (*exister*) leben; am Leben sein; ♦ *avec adj et adv:* ~ **centenaire** hundert Jahre alt werden; ~ **longtemps** lange leben; **ne plus** ~ nicht mehr leben; *fig* **il ne vit plus** der Kummer frißt ihn auf, bringt ihn noch um; ~ **vieux** alt werden; ♦ **le tabagisme a vécu** das Rauchen hat sich über'lebt; **cesser de** ~ verscheiden; hin'übergehen; aus dem Leben scheiden; **ne pas trouver âme qui vive** keine lebende Seele, Menschenseele treffen; *prov* **qui vivra verra** man wird ja sehen; ♦ *MIL* **qui vive?** wer da?; ♦ **vive ...!** es lebe ...!; **vive la mariée!** es lebe die Braut!; die Braut soll leben!; ein Hoch auf die Braut!; **vive les vacances!** (die) Ferien sind etwas Wunderbares!; *a* hurra Ferien!; **2.** (*mener une certaine vie*) leben; ein (bestimmtes) Leben führen; ♦ *avec adj et adv:* **il a (beaucoup) vécu** er hat (in s-m Leben) viel erlebt; **bien** ~ sorgenfrei leben; **il fait bon** ~ **ici** hier lebt es sich gut; ~ **indépendant** ein unabhängiges Leben führen; **tant bien que mal** schlecht und recht leben; sich so 'durchschlagen; ♦ *avec prép:* ~ **à sa guise** sich sein Leben nach s-m Geschmack einrichten; ~ **avec son temps** mit der Zeit (mit)gehen, Schritt halten; ~ **dans l'angoisse, l'anxiété** in Angst leben; ~ **en paix** in Frieden leben; ~ **pour son art** ganz s-r Kunst leben; ~ **pour soi** (*seul*) auf sich selbst gestellt sein; auf eigenen Füßen stehen; **b)** (*égoïstement*) nur an sich denken; ~ **sur sa réputation** von es-m Ruhm zehren; ~ **se laisser** ~ in den Tag hinein leben; *p/fort* sich treiben lassen; **savoir** ~ **a)** (*agréablement*) zu leben verstehen; ein Lebenskünstler sein; **b)** (*selon l'usage*) Lebensart haben; *prov* **pour** ~ **heureux, vivons cachés** wer glücklich leben will, darf nicht auffallen; *cf a* **apprendre 2.**, **difficile 1.**, **facile 3.** (*habiter*) leben; wohnen; ~ **seul, à la campagne** allein, auf dem Land leben, wohnen; ~ **avec qn** mit j-m zu'sammenleben; ~ **chez qn** bei j-m leben, wohnen; **4.** (*subsister*) leben; sich ernähren; ~ **d'espoir** von der Hoffnung leben; ~ **de fruits** von Obst leben; ~ **de son travail** von s-r Hände Arbeit leben; **avoir de quoi** ~ sein Auskommen, genug zum Leben haben; **faire** ~ *sa personne* für j-s Lebensunterhalt aufkommen; j-n ernähren (*a salaire*); **son salaire les fait** ~ **tous** alle leben von s-m Gehalt; **il faut bien** ~**!** man muß schließlich leben!

vivre² [vivʀ(ə)] *m* **1.** ~**s** *pl* Lebensmittel *n/pl*; Provi'ant *m*; Verpflegung *f*; *fig* **couper les** ~**s à qn** j-m den Geldhahn zudrehen; **2. le** ~ **et le couvert** 'Unterkunft *f* und Verpflegung *f*; Kost *f* und Lo'gis *n*

vivrier [vivʀije] *adj* 〈-ière〉 **cultures vivrières** der Ernährung dienende Kulturen *f/pl*

vizir [vizir] *m HIST* We'sir *m*; **grand** ~ Großwesir *m*

v'là [vla] F *cf* **voilà**

vlan [vlã] *int* (**et**) ~**!** peng!; bums!; wumm!

V.O. *abr* (*version originale*) Origi'nalfassung *f*

vocable [vɔkabl(ə)] *m* **1.** Vo'kabel *f*; Wort *n*; **2.** *ÉGL* **sous le** ~ **de saint Joseph** dem heiligen Joseph geweiht

vocabulaire [vɔkabylɛʀ] *m* **1.** Wortschatz *m*; Vokabu'lar *n*; ~ **étendu** *ou* **riche, pauvre** reicher, kleiner *ou* bescheidener Wortschatz; *péj* **quel** ~**!** was für e-e Ausdrucksweise, Sprache!; **2.** *d'un groupe, d'une science* Wortschatz *m*; Vokabu'lar *n*; Terminolo'gie *f*; **3.** (*lexique*) Wörterverzeichnis *n*; Vokabu'lar *n*; Glos'sar *n*

vocal [vɔkal] *adj* 〈-aux〉 Stimm...; Vo'kal...; **cordes** ~**es** Stimmbänder *n/pl*; **musique** ~**e** Vokalmusik *f*

vocalisation [vɔkalizasjɔ̃] *f PHON* Vokali'sierung *f*

vocalise [vɔkaliz] *f MUS* Stimmübung *f*; Voka'lise *f*

vocaliser [vɔkalize] **I** *v/t PHON* vokali'sieren; **II** *v/i MUS* Stimmübungen machen

vocatif [vɔkatif] *m GR* Vokativ *m*; Anredefall *m*

vocation [vɔkasjɔ̃] *f* **1.** Berufung *f* (*a REL, BIBL*); (*inclination*) Neigungen *f/pl*; ~ **artistique** künstlerische Berufung; **avoir la** ~ (dazu) berufen sein; sich dafür eignen; **manquer sa** ~ s-n Beruf verfehlen; **se sentir une** ~ **de médecin** sich zum Arzt berufen fühlen; **2.** *d'une institution, d'un pays etc* Bestimmung *f*; Aufgabe *f*; Eignung *f*; **région** *f* **à** ~ **touristique** für den Fremdenverkehr geeignete Gegend; Fremdenverkehrsgegend *f*; **avoir** ~ **pour** (+*inf*) die Aufgabe haben, befähigt sein zu (+*inf*)

vociférations [vɔsifeʀasjɔ̃] *f/pl* Gebrüll *n*; Gezeter *n*; Toben *n*

vociférer [vɔsifeʀe] 〈-è-〉 **I** *v/t injures etc* brüllen; **II** *v/i* toben, wüten; zetern; ~ **contre qn a)** j-n anbrüllen; **b)** *indirectement* gegen j-n zetern

vodka [vɔdka] *f* Wodka *m*

vœu [vø] *m* 〈*pl* ~**x**〉 **1.** *REL* Gelübde *n*; *par ext* Gelöbnis *n*; feierliches Versprechen; ~**x du baptême** Taufgelübde *n*; **faire** ~ **de pauvreté** das Gelübde der Armut ablegen; *par ext* **j'ai fait le** ~ **de** (+*inf*) ich habe mir gelobt, fest vorgenommen zu (+*inf*); *ÉGL CATH* **prononcer ses** ~**x** die Gelübde ablegen; **2.** (*souhait*) Wunsch *m*; **meilleurs** ~**x pour 1995** meine *ou* unsere besten Wünsche für 1995; **tous mes** ~**x!** meine besten Wünsche!; alles Gute!; ~ **de bonne année** Glückwünsche *m/pl* zum neuen Jahr, zum Jahreswechsel; **les** ~**x télévisés du Président** die Neujahrsansprache des Präsidenten im Fernsehen; *carte f de ~x* Neujahrskarte f; *une maison selon vos ~x* nach Ihren Wünschen; wie Sie es (sich) wünschen; *adresser des ~x de bonheur à qn* j-m Glück, alles Gute wünschen; *émettre, exprimer, formuler un ~* e-n Wunsch äußern; *faire un ~* sich etwas wünschen; *je fais le ~ que ...* ich wünsche (mir), daß ...; *faire, former des ~x pour le bonheur, la santé de qn, pour qn* j-m Glück, Gesundheit, alles Gute wünschen; *offrir, présenter des ~x à qn* j-m s-e guten Wünsche, s-e Glückwünsche aussprechen

vogue [vɔg] f Publikumsgunst f; Beliebtheit f; *loc/adj en ~* in Mode; mo'dern; sehr beliebt; *en vogue*

voguer [vɔge] v/i *litt* bateau fahren; segeln

voici [vwasi] *particule de présentation* (cf a *voilà*) da ist *ou* sind; hier ist *ou* sind; *tu n'as plus d'argent, en ~* da ist, hast du welches; *~ les faits* das, folgendes sind die Tatsachen; *~ ma fille* da *ou lors de présentations* das ist meine Tochter; *la, les* da *ou* das ist, sind sie; *me ~* da bin ich; *nous ~ début mai* wir haben jetzt Anfang Mai; *~ ce qui ...* folgendes ...; *le livre que ~* dieses Buch da, hier; *nous ~ arrivés* wir sind da, angekommen; *~ comment il faut faire* so muß man das machen; ♦ *poét venir le printemps* der Frühling, *poét* der Lenz naht, steht vor der Tür

voie [vwa] f 1. (*chemin* ...) (Verkehrs)Weg m; Straße f; *~ express* Schnellstraße f; *~ ferrée* cf *ferré 1.*; *~ navigable* Wasserweg m, -straße f; Binnenschiffahrtsweg m; *~ publique* öffentliche Straße; *~ romaine* Römerstraße f; *ADM à sens unique* Einbahnstraße f; *~ d'accès* Zu-, Auffahrt f; *AUTOROUTE a* Zubringer m; (*grandes*) *~s de communication* (Haupt)Verkehrswege m/pl, (-)Verbindungen f/pl; *par ~ de terre* auf dem Landweg; 2. *CH DE FER* Gleis n; *~ de garage* Abstellgleis n; *fig mettre qn, qc sur une ~ de garage* j-n aufs Abstellgleis schieben; etw aufs tote Gleis schieben; *ligne à double ~, à plusieurs ~s, à ~ unique* zwei-, mehr-, eingleisig; *chemin m de fer à ~ étroite* Schmalspurbahn f; *il est interdit de traverser les ~s* Überschreiten der Gleise verboten; 3. *d'une route* Fahrspur f; *~ du milieu* mittlere Fahrspur; *~ réservée aux véhicules lents* Kriechspur f; *à trois ~s* dreispurig; 4. *ASTR ♀ lactée* Milchstraße f; 5. *ANAT* Weg m; *~s respiratoires, urinaires* Atem-, Harnwege m/pl; *par ~ buccale ou orale* oral; 6. *fig* Weg m; *~ royale* Königsweg m; *les ~s de Dieu, du Seigneur* die Wege Gottes; Gottes Wege; *être dans la bonne ~* auf dem richtigen Weg sein; *être en bonne ~* vorankommen; auf gutem Wege sein; *mettre qn sur la ~* j-n auf die (richtige) Spur bringen; j-m auf die Sprünge helfen; *ouvrir la ~* den Weg bahnen, frei machen (*à qc* für etw); den Weg ebnen (*à qn* j-m); *poursuivre dans la ~ tracée* den, auf dem vorgezeichneten Weg weitergehen; *il a trouvé sa ~* er hat s-n Weg, das (für ihn) Richtige gefunden; ♦ *loc/adj être en ~ d'achèvement* s-r Voll'endung entgegensehen; *pays*

m/pl en ~ de développement Entwicklungsländer n/pl; *en ~ de guérison* auf dem Wege der Genesung; ♦ *loc/adv par (la) ~ ...* auf ... Weg (*dat*); über (+*acc*); durch; *par une ~ détournée* auf e-m, über e-n 'Umweg; *par la ~ diplomatique* auf diplomatischem Wege; *par la ~ 'hiérarchique* auf dem Dienstweg(e); *par ~ d'affiche* durch Anschlag; *par ~ de conséquence* infolge'dessen; 7. *JUR ~s pl de fait* Tätlichkeiten f/pl; *se livrer à des ~s de fait* Tätlichkeiten begehen; 8. *MAR ~ d'eau* Leck n

voilà [vwala] *particule de présentation* da ist; da sind; *~! das wär's!; ah, ~! a'ha!; genau!; et ~! na also!; da haben wir's!; ~, ~, j'arrive!* ja doch, ich komme!; ich komm' ja schon!; *~ pour toi* das ist für dich; ♦ *avec subst ou pr ~ un an (que ...)* vor *ou* seit e-m Jahr (...); es ist ein Jahr her (, daß ...); *tu veux des bonbons, en ~ assez!* da sind welche; *en ~ assez!* jetzt reicht's, langt's (mir aber)!; jetzt ist's aber genug!; F *en ~ un idiot!* F so ein, ist das ein Trottel!; ist der vielleicht blöd!; *en veux-tu en ~* im 'Überfluß; F in rauhen Mengen; *~ bien les femmes* (das ist) typisch Frau; so sind die Frauen; *~ l'hiver* der Winter ist da; *~ l'homme* er ist's; *le ~* da *ou* das ist er; *me ~* da bin ich; *nous y ~* a) *lieu* da sind wir; b) *question* nun sind wir beim eigentlichen Thema; *tu ~ a bist du ja (endlich)!*; (*et*) *~ tout* a) das ist alles; weiter nichts; mehr nicht; ganz einfach; b) (*assez*) basta; Punktum; *avec pr/rel ~ ce que c'est (que) de* (+*inf*) das kommt davon *ou* so geht es, wenn man (+*ind*); *~ ce qui fait que ...* das ist der Grund dafür, daß ...; deshalb ...; darum ...; *la maison que ~* das, dieses Haus da; *~ le directeur qui arrive* da kommt der Direktor; *~ qui est drôle* das ist aber seltsam; *avec p/p ou adj: nous ~ bien ou frais!* F da sitzen wir schön im Schla'massel, in der Tinte!; *le ~ content* jetzt ist er zufrieden; *me ~ bien embarrassé* da, nun bin ich ziemlich in Verlegenheit; *les ~ partis* jetzt sind sie (endlich) weg; ♦ *avec conj ou adv: ~ comment ... so ...; et ~ comment: ...* und zwar so ...; nämlich so: ...; *~ où je veux en venir* darauf will ich hinaus; *~ pourquoi ...* deshalb ...; darum ...; aus diesem Grund ...; *mais ~ que, tout à coup, ...* aber (siehe da,) plötzlich ...; F *voilà-t-il pas, voilà-ti-pas, v'là-ti-pas qu'il se met en tête ...* setzt er sich doch tatsächlich plötzlich in den Kopf ...; *seulement ~, il fallait y penser* nur mußte man darauf kommen

voilage [vwalaʒ] m Store m

voile¹ [vwal] m 1. *coiffure* Schleier m; *d'une religieuse* Nonnenschleier m; *~ de mariée* Brautschleier m; *porter le ~* verschleiert gehen; den Schleier tragen; *ÉGL CATH prendre le ~* den Schleier nehmen; Nonne werden; 2. *TEXT* Voile m; 3. *fig* Schleier m; *jeter un ~ sur qc* e-n Schleier über etw (*acc*) breiten; *affaire* etw einschlafen lassen; nicht mehr an etw (*acc*) rühren; *lever le ~* den Schleier lüften; 4. (*rideau*) Vorhang m; *d'un monument* Hülle f; 5.

ANAT ~ du palais Gaumensegel n; weicher Gaumen; 6. *MÉD avoir un ~ au poumon* e-n Schatten auf der Lunge haben

voile² [vwal] f 1. *MAR* Segel n; *navigation f à ~* Segelschiffahrt f; *faire ~ sur* segeln nach; *mettre toutes ~s dehors* alle Segel setzen; F *fig mettre les ~s* F abhauen; verduften; 2. *SPORTS* Segeln n; Segelsport m; *stage m de ~* Segelkurs m; *faire de la ~* segeln; Segelsport treiben; 3. *AVIAT vol m à ~* Segelflug m; Segelfliegen n, -fliegerei f; *faire du vol à ~* segelfliegen (*uniquement inf*); Segelfliegen betreiben

voilé [vwale] *adj* 1. *statue etc* verhüllt; *femme* verschleiert; 2. *voix* heiser; belegt; *ciel, regard* verschleiert; *reproche, allusion* versteckt; *regard ~ de larmes* tränenverschleiert; *en termes ~s* in verschwommenen, verhüllten Worten; 3. *PHOT* eingeschleiert; mit e-m Schleier; 4. *roue* verbogen; *sudd* mit e-m Achter; *nordd* mit e-r Acht

voilement [vwalmã] m *d'une roue*: *sudd* Achter m; *nordd* Acht f

voiler¹ [vwale] 1. *v/t* 1. verschleiern; verhüllen; 2. *larmes*: *yeux* verschleiern; trüben; *nuage*: *soleil etc* verbergen; verhüllen; II *v/pr se ~* 3. *femme* verschleiert sein *ou* gehen; 4. *regard* sich verschleiern (*a ciel*); sich trüben; *lune, soleil* sich hinter e-m Wolkenschleier verbergen

voiler² [vwale] I *v/t* 1. *MAR* besegeln; 2. *roue* verbiegen; II *v/pr se ~ roue* sich verbiegen; *nordd* e-e Acht bekommen; *sudd* e-n Achter bekommen

voilette [vwalɛt] f (Hut)Schleier m

voilier [vwalje] m Segelschiff n; Segler m; *SPORTS* Segelboot n, -jacht f; *grand ~* großes Segelschiff; Windjammer m; *course f de ~s* Segelregatta f

voilure [vwalyR] f 1. *MAR* a) (*voiles*) Besegelung f; b) *surface* Segelfläche f; 2. *AVIAT* Tragflächen f/pl; 3. *du parachute* Schirm m; Kappe f

voir [vwaR] (je vois, il voit, nous voyons, ils voient; je voyais; je vis; je verrai; que je voie; voyant; vu)

I *v/t* 1. (*apercevoir*) sehen; erblicken; zu Gesicht bekommen; ansichtig werden (+*gén*); *~ un accident* e-n Unfall (mit an)sehen; *voyez-vous cela?* sehen Sie sich das mal an!; *plais que vois-je?* was sehe ich (denn da)?; ♦ *agréable à ~* nett anzusehen; nett aussehend; *on ne dirait pas, à le ~* man sieht es ihm wirklich nicht an; das würde man hinter ihm nicht vermuten; *être à ~* zu sehen sein; *cf a 5.*; *sans être vu* ungesehen, ohne gesehen zu werden; ♦ *avec loc/adv: je l'ai vu de mes (propres) yeux* ich habe ihn *ou* es mit eigenen Augen gesehen; *~ qc de près* etw aus der Nähe sehen; *cf a 5.*; *j'ai vu la mort de près* ich habe dem Tod ins Auge gesehen; ♦ *avec inf, p/p ou complément: je le vois entrer* ich kann ihn kommen sehen; *je les ai vus mourir* ich habe sie sterben sehen; *vous m'en voyez navré, ravi* das tut mir sehr leid *ou* das bedauere ich sehr; ich bin entzückt darüber; *je vois tout tourner* alles dreht sich um mich; mir dreht sich alles vor den Augen; *je la vois qui vient* ich sehe sie kommen; ♦ *avec verbes: faire*

~ *qc à qn* j-m etw zeigen; *fais* ~ zeig mal; *se faire* ~ sich sehen lassen; F *va te faire* ~ *(ailleurs)!* F scher dich doch zum Teufel!; *je ne peux pas le* ~ (F *en peinture)* ich kann ihn nicht ausstehen, F riechen; **2.** *(remarquer)* sehen; bemerken; erkennen; feststellen; *ne pas* ~ *qn, qc a* j-n eth über'sehen; *voyez* *(-vous) cette insolence* nun seh' sich einer diese Frechheit an; *quand je l'ai vue si malade* als ich sah, merkte, erkannte, wie krank sie war; *j'ai vu à son attitude que* ... ich merkte ihm an *ou* sah ihm an, daß ...; ich merkte, sah an s-r Haltung, daß ...; *on voit bien que* ... man sieht, merkt genau, recht gut, daß ...; *ne pas laisser* ~ *son chagrin* sich s-n Kummer nicht anmerken lassen; **3.** *(visiter)* (an)sehen; besuchen; *(rencontrer)* sehen; besuchen; zu'sammenkommen, -treffen *ou* -sein mit; *avocat* konsul'tieren; sprechen mit; ~ *un film* sich e-n Film ansehen; e-n Film sehen; ~ *du pays* weit in der Welt her-'umkommen; viel von der Welt sehen; *être à* ~ sehenswert sein; F *file, je t'ai assez vu* F hau ab, ich hab' genug von dir; ♦ *aller* ~ *qc, qn* sich etw ansehen; etw besichtigen; j-n auf-, besuchen; bei j-m vorsprechen; *(aller)* ~ *le médecin* zum Arzt gehen; *médecin aller* ~ *un malade* e-n Kranken besuchen; *se faire bien, mal* ~ sich beliebt, unbeliebt machen; *pourrais-je* ~ *le directeur?* kann ich ihn mit dem Direktor sprechen?; *venir* ~ *qn* j-n be-, aufsuchen; *venez me* ~ *dimanche* kommen Sie am Sonntag zu mir; *il ne veut* ~ *personne* er will niemanden sehen; er ist für niemanden zu sprechen; **4.** *(se représenter)* sehen; sich vorstellen; wissen; verstehen; ~ *l'avenir* die Zukunft vor'aussehen; ~ *un 'héros en qn* in j-m e-n Helden sehen; j-n als Helden ansehen; *j'ai vu le moment où il allait tout casser* e-n Moment glaubte ich, er ...; ich war darauf gefaßt, daß er ...; *je ne vois pas de solution* ich sehe keine Lösung; F *tu vois ça d'ici* das kannst du dir wohl vorstellen; *je vois cela différemment* ich sehe das anders; *je ne le vois pas en médecin* ich kann ihn mir nicht als Arzt vorstellen; *tu vois ce que je veux dire* du verstehst, was ich sagen will; *je ne vois pas de qui tu parles* ich weiß (wirklich) nicht, von wem du sprichst; *on voit mal ce que* ... man kann es sich nicht recht vorstellen, was ...; es ist nicht recht einzusehen, was ...; *je ne me vois pas habiter là* ich würde dort nie wohnen (wollen); *dans une lettre je ne vois plus rien à dire* mir fällt nichts mehr zum Schreiben ein; ich weiß nichts mehr, was ich schreiben könnte; **5.** *(examiner)* sehen; prüfen; nach-, 'durchsehen; feststellen; *malade* unter'suchen; *courrier* 'durchsehen; *voyons un peu cette blessure* sehen wir uns mal die Wunde an; *il faut* ~ *cela de plus près* das muß noch näher geprüft, untersucht werden; *voyez ce que dit le dictionnaire* sehen Sie im Wörterbuch nach; sehen Sie nach, was im Wörterbuch steht; *voyons ce que vous savez faire* wir wollen mal sehen, was Sie können; *va* ~ *ce qui se passe* sieh nach, was los ist;

voyez s'il accepte stellen Sie fest, ob er annimmt; *c'est à* ~ das wäre in Erwägung zu ziehen, zu über'legen; **6.** *(vivre qc)* sehen; erleben; mit-, 'durchmachen; erfahren; ~ *la guerre* den Krieg erleben, mitmachen; *cette année verra la reprise économique* dieses Jahr wird der Wirtschaftsaufschwung kommen; *le journal voit augmenter son tirage* die Zeitung erfährt e-e Steigerung ihrer Auflage; ♦ *elle en a vu dans sa vie* sie hat in ihrem Leben viel durchgemacht; *en faire* ~ *à qn (de toutes les couleurs)* j-m schwer zu schaffen machen; j-m das Leben sauer machen; *j'en ai vu bien d'autres* ich habe Schlimmeres erlebt, gesehen; ♦ F *vous allez* ~ *ce que vous allez* ~ Sie werden sich (noch) wundern, F Sie werden (noch) Ihr blaues Wunder erleben; *vous n'avez encore rien vu* das ist noch gar nichts; *on n'a jamais vu ça* so etwas hat man noch nie gesehen; so etwas ist noch nie dagewesen; *on aura tout vu* das ist doch unglaublich, die Höhe, F das letzte; *je l'ai vu naître* ich habe ihn schon als Kind (in der Wiege) gekannt; *le pays qui m'a vu naître* in dem ich geboren bin; F *qu'est-ce qu'il ne faut pas* ~ was man so alles erleben muß; F es bleibt einem doch nichts erspart; *il ferait beau* ~ *que* ... das wäre ja noch schöner, wenn ...; *je voudrais* ~ *cela* das möchte ich einmal sehen; *je voudrais t'y* ~ ich möchte dich dabei sehen; **7.** *meubles, coutumes etc comme on en voit encore dans* ... wie man sie noch in ... sieht; wie es sie noch in ... gibt; wie sie noch in ... zu finden sind; **8.** *cela n'a rien à* ~ das gehört nicht hierher; das hat damit (gar) nichts zu tun; *je n'ai rien à* ~ *là-dedans, dans cette histoire* ich habe damit, mit dieser Geschichte nichts zu tun;

II *v/t/indir* **9.** F *il faudrait* ~ *à ne pas confondre!* Vorsicht vor Verwechslungen!; F daß mir ja keine Verwechslungen vorkommen!;

III *v/i* **10.** sehen (können); ~ *bien* gut sehen; gute Augen haben; ~ *mal* schlecht sehen; schlechte Augen haben; ~ *à peine* kaum etwas sehen können; *on ne voit pas à vingt mètres* man sieht keine zwanzig Meter weit; *ne* ~ *que d'un œil* nur auf einem Auge sehen; *lunettes f/pl pour* ~ *de loin, de près* Brille f für die Ferne, die Nähe; *regarder sans* ~ ein Loch in die Luft starren; *il ne sait pas* ~ er hat keine Beobachtungsgabe; **11.** *(vérifier)* sehen; nachsehen; feststellen; *renvoi* pour *un livre etc* ~ siehe; ~ *ou voyez ci--dessous* siehe (weiter) unten; *c'est à vous de* ~ das festzustellen ist Ihre Sache; *j'y suis allé seulement pour* ~ ich bin nur hingegangen, um zuzusehen *ou* zuzuhören; *essaie (un peu) pour* ~ versuch's doch mal; *je le mets là pour* ~ ich stell' es mal hin *(um festzustellen, wie es da aussieht)*; **12.** *(attendre)* sehen; abwarten; *on verra* man wird, wir werden (ja) sehen; *on verra bien* man wird dann ja weitersehen; *il faut* ~ man muß (es) abwarten; das muß man (F erst mal) abwarten, sehen; **13.** *(comprendre)* verstehen; erkennen; wissen; *(ah!) je vois!* jetzt verstehe ich!;

jetzt bin ich im Bilde!; jetzt ist's mir klar!; a'ha!; *voyez-vous* sehen Sie; *vois-tu* siehst du; *vous voyez* Sie sehen; *façon* f, *manière* f *de* ~ Standpunkt m; Meinung f; Ansicht f; Auffassung f; *elle ne voit que par son fils* sie sieht alles mit den Augen ihres Sohnes; *je demande à* ~ ich möchte es genau wissen; ich möchte erst Beweise haben; **14.** *pour désapprouver voyons!* also!; aber, aber!; hören Sie *ou* hör mal; *du calme, voyons!* Ruhe bitte!; *voyons, qu'est-ce qui ne va pas?* aber, aber, ...?; **15.** *pour renforcer mal; dis, raconte* ~ sag, erzähl mal; *viens* ~ komm mal her; da, schau mal; *voyons* ~ sehen wir mal;

IV *v/pr se* **16.** *réfléchi* sich sehen; *se* ~ *dans une glace* sich in e-m Spiegel sehen; **17.** *par ext* sich sehen; werden; *quand elle s'est vue dans cet état* als sie sah, merkte, wie es um sie stand; als sie sich über ihren Zustand klar wurde; *se* ~ *dans la misère* (plötzlich) im Elend sein, leben; *se* ~ *déjà millionnaire* sich schon als Millionär sehen; *se* ~ *admiré* bewundert werden; *il se voyait déjà mort* er sah sich schon tot; *se* ~ *obligé de* *(+inf)* sich gezwungen sehen zu *(+inf)*; *elle ne s'est pas vue mourir* sie hat ihren Tod nicht gespürt; **18.** *semi-auxiliaire au sens passif: il s'est vu décerner le prix* er bekam den Preis verliehen; *elle s'est vu refuser l'entrée* der Eintritt wurde ihr verwehrt; *je me suis vu répondre que* ... ich erhielt zur Antwort, daß ...; *les camions se sont vu interdire le passage* den Lastwagen wurde die 'Durchfahrt verboten; **19.** *réciproque* sich, ein'ander sehen; ein'ander sich treffen; zu'sammenkommen; *nous ne nous voyons plus* a) wir sehen uns nicht mehr; b) *(être fâché)* wir verkehren nicht mehr mitein'ander; *fig ils ne peuvent pas se* ~ sie können sich, einander nicht ausstehen, F riechen; **20.** *sens passif: cela se voit* das sieht, merkt man; *ça ne s'est jamais vu* das ist noch nie dagewesen; das hat's noch nie gegeben; *ça se voit tous les jours* das kommt alle Tage vor; das ist etwas Alltägliches

voire [vwaʀ] *adv* (ja) so'gar

voirie [vwaʀi] f **1.** öffentliche Straßen f/pl und Wege m/pl; Straßen- und Wegenetz n; **2.** ADM Straßenverwaltung f; Straßenbauamt n; *service m de* ~ a) *nettoyage* Straßenreinigung f; b) *(éboueurs)* städtische Müllabfuhr

voisin [vwazɛ̃] **I** *adj* **1.** *lieu* benachbart; Nachbar...; Neben...; *États* ~*s* Nachbarstaaten m/pl; benachbarte Staaten m/pl; *maison* ~*e* Nachbar-, Nebenhaus n; *pièce* ~*e* Nebenzimmer n; *village* ~ Nachbardorf n; *loc/adj: maison* ~ *de l'église* nahe der Kirche *(dat)* gelegenes Haus; an die Kirche angrenzendes Haus; *régions* ~*es de la mer* Gebiete n/pl in der Nähe des Meeres; **2.** *temps années* ~*es de 1900* Jahre n/pl um 1900; **3.** *idées, style,* ZO, BOT *espèces* verwandt; ähnlich; *état* ~ *du sommeil* schlafähnlicher Zustand; *respect* ~ *de la crainte* an Furcht grenzender Respekt; **II** *subst* **1.** ~*(e)* m(f) Nachbar(in) m(f); ÉCOLE Banknachbar(in) m(f); *en*

rang Nebenmann *m*; ~ *de table* Tischnachbar *m*; *être* ~*s* Nachbarn sein; **2.** *m peuple* Nachbar(volk) *m(n)*; *pays* Nachbarland *n*
voisinage [vwazinaʒ] *m* **1.** (*voisins*) Nachbarschaft *f*; Nachbarn *m/pl*; **2.** (*proximité*) Nähe *f*; Nachbarschaft *f*; (unmittelbare) Um'gebung; *dans le ~ immédiat* in unmittelbarer Nähe (*de gén ou* von); **3.** *rapports m/pl, relations f/pl de bon ~* gutnachbarliche Beziehungen *f/pl*; *être, vivre en bon ~ avec qn* mit j-m gute Nachbarschaft halten; in guter Nachbarschaft mit j-m leben
voisiner [vwazine] *v/i ~ avec* stehen, liegen, sein bei, neben (+*dat*); *faire ~* nebenein'ander-, zu'sammenlegen, -stellen
voiture [vwatyʀ] *f* **1.** *~* (*automobile*) (Kraft)Wagen *m*; Auto *n*; *~ ancienne* Oldtimer [-tar-] *m*; *petite ~* Kleinwagen *m*; *cf a* **3.**; *~ de course, de fonction, de livraison, de location, d'occasion* Renn-, Dienst-, Liefer-, Miet-, Gebrauchtwagen *m*; ADM *~ de place* Mietdroschke *f*; *~ de pompiers* Feuerwehrauto *n*; *~* (*de*) *sport* Sportwagen *m*; *~ de tourisme* Per'sonenwagen *m*; *abr* Pkw *m*; *accident m de ~* Autounfall *m*; *loc/adv en ~* mit den Auto, Wagen; *monter en ~* ins Auto (ein-)steigen; *faire de la ~* Auto fahren; **2.** CH DE FER *pour voyageurs* Wagen *m*; Wag'gon *m*; *les voyageurs pour Paris, en ~!* zum Zug nach Paris bitte einsteigen!; **3.** *poussée ou tirée* Wagen *m*; Karren *m*; *~ attelée* Fuhrwerk *n*; Gespann *n*; *~ à bras* Handwagen *m*, -karren *m*; *~ à cheval, de poupée, d'enfant* Pferde-, Puppen-, Kinderwagen *m*; *~ d'infirme ou* F *petite ~* Krankenkarren *m*, Behindertenfahrstuhl *m*; **4.** HIST (*fiacre*) Droschke *f*; Kutsche *f*
voiture|-bar [vwatyʀbaʀ] *f* ⟨*pl* voitures-bars⟩ CH DE FER Wagen *m* mit Bar; **~-couchettes** *f* ⟨*pl* voitures-couchettes⟩ CH DE FER Liegewagen *m*; **~-lit** *f* ⟨*pl* voitures-lits⟩ CH DE FER Schlafwagen *m*
voiturer [vwatyʀe] *v/t* (im Wagen) befördern, transpor'tieren
voiture-restaurant [vwatyʀʀɛstɔʀɑ̃] *f* ⟨*pl* voitures-restaurants⟩ CH DE FER Speisewagen *m*
voiturette [vwatyʀɛt] *f* kleiner Wagen
voix [vwa, vwɑ] *f* **1.** Stimme *f*; *~ chaude, forte* warme, kräftige Stimme; *grosse ~* dröhnende, laute, tiefe Stimme; *faire la grosse ~* e-n drohenden Ton anschlagen; *~ de basse* Baß(stimme) *m(f)*; *~ d'enfant, de femme, d'homme* Kinder-, Frauen-, Männerstimme *f*; kindliche, weibliche *ou péj d'un homme* weibische, männliche Stimme; *~ de poitrine, de tête* Brust-, Kopfstimme *f*; *loc/adv:* *à ~ basse*, '*haute* leise, laut; mit leiser, lauter Stimme; *à 'haute et intelligible ~* laut und verständlich; *chanter à pleine ~* mit schallender Stimme; *encourager de la ~ et du geste* durch Zurufe und Gesten; *de vive ~* mündlich; *avoir de la ~* Stimme haben; singen können; *elle avait une ~ gaie, sa ~ était gaie* ihre Stimme klang fröhlich, vergnügt; *baisser la ~* die Stimme senken; leiser

sprechen; *entendre des ~* Stimmen hören; *être en ~* (gut) bei Stimme sein; *chien obéir à la ~ de son maître* der Stimme s-s Herrn gehorchen; *par ext les opprimés vous parlent par ma ~* ich spreche, stehe hier für die Unter'drückten; *elle est restée sans ~* sie brachte keinen Ton, kein Wort her'vor; **2.** MUS (Vo'kal- *ou* Instrumen'tal)Stimme *f*; *à deux, plusieurs ~* zwei-, mehrstimmig; **3.** *fig ~ intérieure* innere Stimme; *~ de la raison* Stimme der Vernunft; **4.** POL Stimme *f*; *par dix ~ contre trois* mit zehn gegen drei Stimmen; *fig avoir ~ au chapitre* etwas zu sagen, ein Wort mitzureden haben; *gagner, perdre des ~* Stimmen (hin'zu)gewinnen, verlieren; *proposition mettre aux ~* zur Abstimmung stellen; **5.** GR *~ active* Tätigkeitsform *f*; Aktiv *n*; *~ passive* Leideform *f*; Passiv *n*; **6.** CH *donner de la ~* Laut geben
vol[1] [vɔl] *m* **1.** *des oiseaux, insectes* Flug *m*; *loc/adj* F *escroc de haut ~* ausgekocht; gerissen; *loc/adv: au ~* im Fluge; *attraper au ~ balle* im Fluge fangen; *bus* im letzten Moment erwischen, eingen; *saisir au ~ occasion* beim Schopf fassen, packen; *remarque* aufschnappen; auffangen; *à ~ d'oiseau a)* photo aus der Vogelschau, -perspektive; *b)* *distance* (in der) Luftlinie; *prendre son ~* auf-, wegfliegen; **2.** AVIAT Flug *m*; Fliegen *n*; SPORTS *~ libre* Drachen- und Gleitschirmfliegen *n*; *~ spatial* Raumflug *m*; SPORTS *~ à ski* Skiflug *m*; *~ à voile cf* voile[2] **3.**; *~ d'entraînement, de reconnaissance* Übungs-, Aufklärungsflug *m*; *~ sans escale* Non'stopflug *m*; *conditions f/pl de ~* Flugbedingungen *f/pl*; *d'un pilote* heures *f/pl de ~* Flugstunden *f/pl*; *d'un passager* huit heures de *~* acht Stunden Flug; Flug von acht Stunden; *loc/adv: en* (*plein*) *~* während des Fluges; mitten im Flug; **3.** (*nuée*) Schwarm *m*
vol[2] [vɔl] *m* **1.** Diebstahl *m*; Entwendung *f*; JUR *~ qualifié, simple* schwerer, einfacher Diebstahl *m*; *~ à l'étalage* Ladendiebstahl *m*; *~* (*main armée*) bewaffneter Diebstahl *m*; (schwerer) Raub; *~ à la roulotte* Einbruchdiebstahl *m* in ein Kraftfahrzeug; *~ de voiture* Autodiebstahl *m*; **2.** *fig c'est du ~* (*organisé*) das ist ja Wucher; das ist reinste Geldmache'rei, Beutelschneide'rei; *dans un restaurant* das ist der reinste Nepp
vol. *abr* (*volume*) Bd. (Band)
volage [vɔlaʒ] *adj* flatterhaft; unstet; *être ~* gerne flirten, kokett'tieren
volaille [vɔlaj] *f* **1.** *coll* Geflügel *n*; Federvieh *n*; **2.** *une ~* ein Stück *n* Geflügel; *pâté m de ~* Geflügelpastete *f*
volailler [vɔlaje] *m* Geflügelhändler *m*
volant[1] [vɔlɑ̃] *adj* **1.** fliegend; Flug-; HIST *machine ~e* Flugmaschine *f*; *le personnel ~ ou subst les ~s m/pl* das fliegende Personal; *ZO poisson ~* fliegender Fisch; **2.** (*mobile*) beweglich; transpor'tabel; *feuille* lose; CONSTR *échafaudage ~* Hängegerüst *n*; *personnel ~* Personal, das jeweils dort eingesetzt wird, wo Bedarf besteht; F Springer *m/pl*
volant[2] [vɔlɑ̃] *m* **1.** AUTO Lenkrad *n*; Steuer(rad) *n*; *~ escamotable, ré-*

tractable Sicherheitslenksäule *f*; *donner un brusque coup de ~* das Lenkrad, Steuer her'umreißen; *être au, tenir le ~* am Lenkrad, Steuer sitzen; *se mettre au, prendre le ~* sich ans Steuer, ans *ou* hinter das Lenkrad setzen; **2.** SPORTS **a)** *balle* Federball *m*; **b)** *jeu* Federball(spiel) *m*; **3.** COUT Vo'lant *m*; Falbel *f*; **4.** TECH Schwungrad *n*; **5.** ÉCON *~ de sécurité* Sicherheitsspanne *f*, -reserve *f*, -rücklage *f*; **6.** *d'un chéquier* Abreißblatt *n*
volatil [vɔlatil] *adj* CHIM flüchtig; *sel ~* Riechsalz *n*
volatile [vɔlatil] *m* (Stück *n*) Geflügel *n*
volatiliser [vɔlatilize] *v/pr se ~* **1.** CHIM sich verflüchtigen; verdunsten; **2.** *fig* sich in Luft auflösen; F sich verflüchtigen
vol-au-vent [vɔlovɑ̃] *m* ⟨*inv*⟩ CUIS große Blätterteigpastete *f*
volcan [vɔlkɑ̃] *m* Vul'kan *m*; *~ en activité* tätiger Vulkan; *fig être assis sur un ~* auf e-m Pulverfaß sitzen
volcanique [vɔlkanik] *adj* **1.** vul'kanisch; Vul'kan...; *éruption f ~* Vulkanausbruch *m*; **2.** *fig tempérament* explo'siv
volcanisme [vɔlkanism(ə)] *m* Vulka'nismus *m*
volcano|logie [vɔlkanɔlɔʒi] *f* Vulkanolo'gie *f*; **~logue** *m* Vulkano'loge *m*; Vul'kanforscher *m*
volé [vɔle] *adj* **1.** *chose* gestohlen; **2.** *personne* bestohlen; *subst le ~* der Bestohlene
volée [vɔle] *f* **1.** *d'un oiseau* Fliegen *n*; *prendre sa ~* auf-, wegfliegen; **2.** (*bande d'oiseaux, d'enfants*) Schwarm *m*; **3.** *de projectiles etc* Hagel *m*; *~* (*de coups*) Tracht *f* Prügel; *cf a* flanquer[2] **2.**, *recevoir* **2.**; **4.** TENNIS Flugschlag *m*; Volley *m*; *balle f de ~* Flugball *m*; Volley *m*; *reprendre la balle de ~* FOOTBALL den Ball direkt annehmen; VOLLEY-BALL den Ball volley nehmen; **5.** *loc/adv lancer qc à toute ~* etw in vollem Schwung schleudern, werfen; *cloches sonner à toute ~* ein feierliches Geläute anstimmen; **6.** *d'un escalier* Lauf *m*
voler[1] [vɔle] *v/i* **1.** *oiseau, avion, pilote* fliegen; **2.** *flèche etc* fliegen; *objet* durch die Luft fliegen; *feuilles ~ au vent* im Wind wirbeln, fliegen; *~ en éclats* in Stücke fliegen; zersplittern; zerspringen; *faire ~ la poussière* in den Staub aufwirbeln; **3.** *fig personne* eilen; *~ au secours de qn* j-m zu Hilfe eilen; **4.** *chanson etc ~ de bouche en bouche* von Mund zu Mund gehen; **5.** *les coups, les injures volaient* es hagelte Schläge, Beschimpfungen
voler[2] [vɔle] *v/t* **1.** stehlen (*a abs*); *~ qc à qn* j-m etw stehlen, entwenden; *il s'est fait ~ sa valise* man hat ihm den, s-n Koffer gestohlen; **2.** *~ qn* j-n bestehlen; j-n be-, ausrauben, ausplündern; *se faire ~* bestohlen werden; **3.** *clients* betrügen; *au restaurant* ausnehmen; F neppen; *abs ~ sur le poids de qc* beim Wiegen e-r Sache mogeln; F *on n'est pas volé* F man hat was für sein Geld; **4.** *fig titre* sich unrechtmäßig aneignen; *baiser* rauben; ⟨*idée* stehlen⟩; *il ne l'a pas volé* **a)** *punition* das geschieht ihm ganz recht; **b)** *récompense*

das hat er (sich) ehrlich, redlich verdient
volet [vɔlɛ] *m* **1.** *d'une fenêtre* Fensterladen *m*; ~ **roulant** Rolladen *m*; **2.** *candidats etc* **trier sur le** ~ sieben; sorgfältig auswählen; **3.** *d'un autel* Flügel *m*; *d'un dépliant etc* ('umklappbarer) Teil, Abschnitt; Blatt *n*; *par ext d'un programme etc* Teil *m*; **4.** AUTO ~ **de carburateur** Drosselklappe *f*; AVIAT ~ **de freinage** Bremsklappe *f*
voleter [vɔlte] *v/i* ⟨-tt-⟩ (her'um)flattern
voleur [vɔlœR] **I** *adj* ⟨-euse⟩ diebisch; *commerçant* **être** ~ der reinste Dieb, ein Geldschneider, Halsabschneider sein; **II** *subst* **1.** ~, **voleuse** *m,f* Dieb (-in) *m(f)*; ~ **à l'étalage** Ladendieb *m*; ~ **de grand chemin** Wegelagerer *m*; **voleuse d'enfants** Kindesräuberin *f*; ~ **de voitures** Autodieb *m*; **bande** *f* **de** ~**s** Diebesbande *f*; **au** ~**!** Hilfe, Diebe!; haltet den Dieb!; **2.** *(nur m) d'un commerçant* **c'est un** ~, das ist ein Halsabschneider, Geldschneider; er ist der reinste Dieb
Volga [vɔlga] **la** ~ die Wolga
volière [vɔljɛR] *f* Vogelhaus *n*; Voli'ere *f*
volige [vɔliʒ] *f* CONSTR Dachlatte *f*
volition [vɔlisjõ] *f* PSYCH **a)** Wollen *n*; **b)** Willensakt *m*
volley-ball [vɔlebol] *m* Volleyball *m*
volley|eur [vɔlejœR] *m*, ~**euse** *f* **1.** Volleyballspieler(in) *m(f)*; **2.** TENNIS Flugschlagspezialist(in) *m(f)*
volontaire [vɔlõtɛR] **I** *adj* **1.** *(de plein gré)* freiwillig; MIL **engagé** *m* ~ Freiwillige(r) *m*; **2.** *(voulu)* absichtlich; gewollt; vorsätzlich; bewußt; **incendie** *m* ~ Brandstiftung *f*; **3.** *menton, visage* e'nergisch; *personne* willensstark; *péj* eigenwillig, -sinnig; **II** *m,f* Freiwillige(r) *f(m)*
volontairement [vɔlõtɛRmã] *adv* **1.** *(sans être contraint)* freiwillig; unaufgefordert; aus eigenem Antrieb; aus freien Stücken; von selbst; **2.** *(exprès)* absichtlich; willentlich
volontariat [vɔlõtarja] *m* freiwilliger Dienst
volontarisme [vɔlõtarism(ə)] *m* PHILOS, PSYCH Volunta'rismus *m*
volonté [vɔlõte] *f* **1.** *(désir)* Wille *m*; Wunsch *m*; **les dernières** ~**s de qn** j-s Letzter Wille; ~ **de changement** Wille, e-e Veränderung her'beizuführen; *loc/adv* **à** ~ nach Belieben; nach Wunsch; beliebig (viel); **par la** ~ **de qn** weil j es (so) will; weil es j-s Wille ist; **agir, aller contre la** ~ **de qn** j-s Willen *(dat)* zu'widerhandeln; **avoir la** ~ **de guérir** den festen Willen haben, gesund zu werden; **Notre Père que ta** ~ **soit faite** Dein Wille geschehe; F **elle fait ses quatre** ~**s** sie gibt allen s-n Launen nach; **respecter la** ~ **de qn** j-s Willen, Wunsch respektieren; sich nach j-s Wünschen richten; **2.** *(disposition)* Wille *m*; **bonne** ~ guter Wille; Bereitwilligkeit *f*; **les bonnes** ~**s**, **les hommes de bonne** ~ die Menschen guten Willens; **être plein de bonne** ~ voll guten Willens sein; sehr gutwillig sein; **c'est de la mauvaise** ~ er ou sie will bloß nicht; **ce n'est pas de la mauvaise** ~ es ist nicht böser, schlechter Wille; **mettre de la mauvaise** ~ **à le faire** es absichtlich langsam *ou* schlecht *ou* schlampig machen; *(même)* **avec la meilleure** ~ **du monde** beim besten Willen; **3.** *(caractère)* Wille *m*, Wollen *n (a* PHILOS); Willenskraft *f*, -stärke *f*; ~ **de fer** eiserner Wille; **manque** *m* **de** ~ Willenlosigkeit *f*; Willensschwäche *f*; **sans** ~ willenlos; willensschwach; ohne eigenen Willen; **il a de la** ~ er hat e-n starken Willen; er ist willensstark
volontiers [vɔlõtje] *adv* **1.** *(avec plaisir)* gern(e); bereitwillig; **en réponse** ~ gern(e); sehr gern(e); **très** ~ sehr gern(e); **comp plus** ~ lieber; **2.** *(facilement)* häufig; oft; leicht; gern *(abus)*
volt [vɔlt] *m (abr* V*)* ÉLECT Volt *n (abr* V*)*; ~**age** *m* ÉLECT Spannung *f*; Voltzahl *f*
voltaïque [vɔltaik] *adj* ÉLECT **pile** *f* ~ Voltaelement *m*
voltairien [vɔltɛRjɛ̃] **I** *adj* ⟨~ne⟩ spöttisch-freidenkerisch; **II** *m* Voltairi'aner *m*
volte [vɔlt] *f* ÉQUITATION Volte *f*
volte-face [vɔltəfas] *f* ⟨*inv*⟩ **1.** Kehrtwendung *f*; **faire** ~ e-e Kehrtwendung machen; sich 'umdrehen; **2.** *fig* Meinungsumschwung *m*; **faire une** ~ e-e Schwenkung voll'ziehen; e-e Kehrtwendung machen
voltige [vɔltiʒ] *f* **1.** CIRQUE **a)** '**haute** ~ Hochseilakro'batik *f*; *fig* **c'est de la haute** ~ das ist ein gewagtes, ris'kantes Unter'fangen; **b)** **à cheval** Kunstreiten *n*; **2.** AVIAT ~ *(aérienne)* Kunstfliegen *n*, -flug *m*
voltiger [vɔltiʒe] *v/i* ⟨-geons⟩ *oiseaux, insectes* hin und her fliegen; *papillons* gaukeln; *flocons de neige* tanzen
voltigeur [vɔltiʒœR] *m* **1.** CIRQUE Seilakrobat *m*; **2.** MIL ~**s** *pl* schnelle Einsatztruppe
voltmètre [vɔltmɛtR(ə)] *m* ÉLECT Voltmeter *n*
volubile [vɔlybil] *adj personne* zungenfertig; *explications* wortreich
volubilis [vɔlybilis] *m* BOT Winde *f*
volubilité [vɔlybilite] *f* Zungenfertigkeit *f*
volume [vɔlym] *m* **1.** *(livre)* Band *m*; **en trois** ~**s** dreibändig; **2.** MATH Vo'lumen *n*; Rauminhalt *m*; **unité** *f* **de** ~ Raumeinheit *f*; **augmenter, diminuer de** ~ an Volumen, *par ext* 'Umfang zu-, abnehmen; **3.** *fig* 'Umfang *m*; Vo'lumen *n*; **Menge** *f*; ~ **des importations** Einfuhrvolumen *n*; ~ **des ventes** Verkaufsvolumen *n*; Absatzmenge *f*; **4.** *d'un liquide* Teil *m*; **un** ~ **d'antigel pour trois** ~**s d'eau** ein Teil Frostschutzmittel auf drei Teile Wasser; **5.** *de la voix* Vo'lumen *n*; *d'un haut-parleur etc* Lautstärke *f*
volumétrique [vɔlymetRik] *adj* CHIM maßanalytisch; volu'metrisch
volumineux [vɔlyminø] *adj* ⟨-euse⟩ volumi'nös; **umfangreich** *(a dossier)*
volupté [vɔlypte] *f* **1.** (Sinnen)Lust *f*; Sinnenfreude *f*; *surtout sexuel* Wollust *f*; **2.** *(délice)* Lust *f*, Wonne *f*; (Hoch-)Genuß *m*; **avec** ~ *s'étirer etc* wohlig; genießerisch; *écouter* mit Genuß
voluptueux [vɔlyptɥø] *adj* ⟨-euse⟩ *personne* sinnenfreudig; wollüstig *(a sensation, attitude)*
volute [vɔlyt] *f* ARCH Vo'lute *f*; *d'un violon etc* Schnecke *f*; *fig* ~**s de fumée** Rauchspirale *f*; **en** ~ spi'ral-, schneckenförmig

vomi [vɔmi] *m* Erbrochene(s) *n*
vomique [vɔmik] *adj* **noix** *f* ~ Brechnuß *f*
vomir [vɔmiR] *v/t* **1.** er-, ausbrechen; (wieder) von sich geben; *abs* sich über'geben; sich erbrechen; F brechen; spucken; *st/s* speien; **envie** *f* **de** ~ Übelkeit *f*; Brechreiz *m*; **cela donne envie de** ~, **c'est à** *(vous faire)* ~ das ist ekelerregend, widerlich, ekelhaft; dabei wird einem übel; **2.** *fig* **fumée, lave etc** (aus)speien; **injures** her'vorstoßen; **3.** *fig* ~ **qn** j-n verabscheuen
vomissement [vɔmismã] *m* **1.** **action** (Er)Brechen *n*; Speien *n*; **il est sujet aux** ~**s** er neigt zu häufigem Erbrechen; **2.** *(vomi)* Erbrochene(s) *n*
vomissure [vɔmisyR] *f* Erbrochene(s) *n*
vomitif [vɔmitif] *m* PHARM Brechmittel *n*
vont [võ] *cf* **aller**
vorace [vɔRas] *adj personne, animal* gefräßig; gierig *(a fig)*; **appétit** *m* ~ Heißhunger *m*
voracité [vɔRasite] *f* Gefräßigkeit *f*; Gier *f (a fig)*; **manger avec** ~ gierig schlingen
vos [vo] *cf* **votre**
Vosges [voʒ] **les** ~ *f/pl* **1.** die Vo'gesen *pl*; **2.** *frz Departement*
vosgien [voʒjɛ̃] *adj* ⟨~ne⟩ *(et subst* ⚦*)* Bewohner *m* der Vo'gesen
votant [vɔtã] *m surtout pl* ~**s a)** *(qui participent à un vote)* Abstimmende(n) *m/pl*; Wähler *m/pl*; **b)** *(qui ont le droit de voter)* Wahl-, Stimmberechtigte(n) *m/pl*
votation [vɔtasjõ] *f Suisse* ~ **populaire** Volksabstimmung *f*
vote [vɔt] *m* **1.** Wahl *f*; Abstimmung *f*; ~ *(in)direct* (in)direkte Wahl; ~ *(au scrutin) secret* geheime Abstimmung, Wahl; ~ **à main levée** Abstimmung durch Handzeichen, durch Handheben; ~ **de confiance** Vertrauensvotum *n*; ~ **par correspondance** Briefwahl *f*; **droit** *m* **de** ~ Wahl-, Stimmrecht *n*; **avoir le droit de** ~ wahl-, stimmberechtigt sein; **2.** *(voix)* (Wahl)Stimme *f*; ~**s socialistes** Stimmen *f/pl* der Sozialisten; **3.** *d'une loi, du budget* Verabschiedung *f*; *d'une loi* Annahme *f*; *du budget* a Bewilligung *f (a de crédits)*
voter [vɔte] **I** *v/t loi, budget* verabschieden; *loi* a annehmen; *budget* a bewilligen *(a crédits)*; ~ **la confiance à qn** j-m das Vertrauen aussprechen; **faire** ~ **une loi** ein Gesetz 'durchbringen; **II** *v/i* wählen; abstimmen; s-e Stimme abgeben; ~ **socialiste** sozialistisch, die Sozialisten wählen; für die Sozialisten stimmen; ~ **à droite** rechts wählen; ~ **contre, pour qc, qn** gegen, für etw, j-n stimmen; ~ **oui, non** mit Ja, Nein stimmen
votif [vɔtif] *adj* ⟨-ive⟩ Vo'tiv...; Weih...
votre [vɔtR(ə)] *adj/poss* ⟨*pl* **vos** [vo]⟩ **1.** *de la 2ᵉ personne pl* euer, eure, *pl* eure; *dans une lettre* Euer, Eure, *pl* eure; ~ **mère** eure Mutter; ~ **père** euer Vater; **vos parents** eure Eltern; ⚦ **Majesté** Eure Majestät; **2.** *de la forme de politesse* Ihr(e), *pl* Ihre; **madame** ~ **mère** Ihre Frau Mutter; *assez péj* ~ **Monsieur Untel** Ihr (ewiger) Herr Soundso
vôtre [votR(ə)] **I** *pr/poss* **a)** *de la 2ᵉ personne pl* **le** ~, **la** ~ der, die, das eure, eurige;

eure(r, -s); *pl* les **~s** die euren, eurigen; *eure; dans une lettre* der Eure *etc*; **b)** *de la forme de politesse* le **~**, la **~** der, die, das Ihre, Ihrige; Ihre(r, -s); *pl* les **~s** die Ihren, Ihrigen; Ihre; *ce n'est pas le mien,* **c'est le ~** das ist Ihrer, der Ihr(ig)e; F *à la* **~!** zum Wohl!; prost!; **II** *adj/poss litt* **ces livres sont ~s** diese Bücher gehören euch *ou* Ihnen, sind euer *ou* Ihr Eigentum; **III** *subst* **1.** le **~** **a)** das Eure, Eurige; *il faut que vous y mettiez du* **~** ihr müßt das Eurige dazu beitragen; **b)** das Ihre, Ihrige; **2.** les **~s** *m/pl (famille, amis etc)* **a)** die Euren, Eurigen; **b)** die Ihren, Ihrigen; *je suis des* **~s** ich mache, komme mit; ich schließe mich Ihnen an; *cf a* **mien** *et* **nôtre**

voudrai(s) [vudRɛ] *cf* **vouloir**[1]

vouer [vwe] **I** *v/t* **1.** *sa vie, son temps etc* **~** *à qc* e-r Sache *(dat)* widmen, weihen; **2.** *haine, amour etc* geloben; schwören; **3.** **~** *à qc* zu etw bestimmen; *quartier etc* **~** *à la démolition* zum Abbruch bestimmen; *adjt* **être voué à l'échec** zum Scheitern verurteilt sein; aussichtslos sein; **II** *v/pr* **4.** **se ~ à qc** sich e-r Sache *(dat)* verschreiben; sein Leben e-r Sache weihen, widmen; **5.** *fig* **ne (plus) savoir à quel saint se ~** nicht ein noch aus wissen

vouloir[1] [vulwaR] ⟨je veux, il veut, nous voulons, ils veulent; je voulais; je voulus; je voudrai; que je veuille, que nous voulions; voulant; voulu; *Imperativ der höflichen Aufforderung* veuillez⟩ **I** *v/t* **1.** wollen; *(envisager)* beabsichtigen; *(désirer)* mögen; wünschen; **a)** *abs:* **voulez-vous?** willst du?; ja?; **voulez-vous!** a bitte!; *il s'en est montré incapable,* **si tu veux** *ou* **vous voulez** *ou* **on veut** wenn ich so sagen darf; F *(ah, mais)* **je veux!** allerdings!; das will ich meinen!; *il faut* **~** man muß (nur) wollen; *prov* **~ c'est pouvoir** wo ein Wille ist, ist auch ein Weg *(prov)*; **b)** *avec subst:* **~ qc** etw (haben) wollen; **~ qc de qn** von j-m etw (haben) wollen, wünschen; F *à un client* **Monsieur veut-il ...?** F wünschen der Herr ...?; der Herr wünschen ...?; **voulez-vous un apéritif?** möchten, wünschen, wollen Sie e-n Aperitif?; *il veut son argent* er will sein Geld (haben); **~ de qn une discrétion absolue** von j-m absolute Diskretion erwarten, verlangen; *en achetant* **je voudrais un kilo de pommes** ich möchte ein Kilo Äpfel; *im pr:* **fais ce que tu veux** mach *ou* tu, was du willst; **faire de qn ce qu'on veut** mit j-m machen, was man will; j-n völlig beherrschen; *veux-tu du pain?* – *oui,* **j'en veux** ja, bitte; **je n'en veux pas** danke, ich möchte kein(e)s; F *fig* **il en veut** er will zeigen, was er kann; F er hat den nötigen Biß; **tu l'as voulu** du hast es so gewollt; **que tu le veuilles ou non** ob du (es) willst oder nicht; *loc/adv* **sans le ~** ohne es zu wollen; ungewollt; unabsichtlich; unbeabsichtigt; unwillkürlich; **que voulez-vous?** was wünschen, möchten, wollen Sie?; *résigné* **que voulez-vous, veux-tu** *ou* **qu'est-ce que tu veux, vous voulez?** das ist nun mal so, nicht anders; was soll, kann man da machen?; **que veux-tu pour Noël?** was wünschst du dir zu Weihnachten?; **d)** *avec adv:* **je veux bien** oh ja!; gerne!; das ist mir recht; ich bin damit einverstanden; ich habe nichts da'gegen; F *iron* **moi, je veux bien** von mir aus; na schön; schon gut *(aber ich bin anderer Meinung)*; *cf a e)* et *9.;* **comme tu voudras** wie du willst; **quand tu voudras** wann du willst, es wünschst; **e)** *avec que* ... *(+subj)*: **je ne veux pas que tu y ailles** ich will *ou* wünsche nicht, daß du hingehst; **que voulez-vous que je vous dise?** was soll ich da sagen?; **je veux bien qu'il se soit trompé** ich gebe gerne zu, daß er sich getäuscht hat; **2.** *fig:* **le hasard a voulu que ...** *(+subj)* der Zufall fügte, wollte es, daß ...; **l'usage veut que ...** *(+subj)* es ist Brauch, daß ...; **3.** *(demander un prix)* verlangen, (haben) wollen *(de qc* für etw*)*; **combien en voulez-vous?** wieviel wollen, verlangen Sie dafür?; **4.** *(avoir besoin)* brauchen; wollen; **cette plante veut beaucoup d'eau** braucht, will viel Wasser; **5.** *(prétendre)* **~ que ...** *(+subj)* behaupten, daß ...; **6.** *une femme* besitzen, haben wollen;

II *v/t/indir* **7. ne pas ~ de qc, qn** etw, j-n nicht (haben) wollen; von etw, j-m nichts wissen wollen; **personne ne veut d'elle comme collègue** niemand will sie als Kollegin haben; **je ne veux pas de vos excuses** ich will Ihre Entschuldigungen nicht (haben, hören); **8. en ~ à qn** *(garder de la rancune)* j-m böse sein; es j-m übelnehmen, nachtragen; **en ~ à mort à qn** j-n tödlich hassen; **ne m'en veux pas!** sei mir nicht böse!; **b)** *(reluquer)* es auf j-n abgesehen haben; F j-n auf dem Kieker haben; **en ~ à qc** es auf etw *(acc)* abgesehen haben; **en ~ à la vie de qn** j-m nach dem Leben trachten;

III *v/aux avec inf* **9.** wollen, *(aimer)* mögen; *la lettre* **que vous avez bien voulu m'adresser** ... den Sie mir freundlicherweise schrieben; **~ dire** *cf* **dire** *5.;* **voudriez-vous bien me dire ...** würden Sie mir bitte sagen ...; **je veux bien essayer** ich kann's ja mal probieren; **il veut être pilote** er will Pilot werden; **il voudrait être riche** er möchte reich sein; **je voudrais vous parler** ich möchte Sie, mit Ihnen sprechen; **je veux savoir** ich will es wissen; **je voudrais savoir si ...** ich möchte wissen, ob ...; **j'aurais voulu savoir si ...** ich hätte gern gewußt, ob ...; **voulez-vous me suivre** würden, wollen Sie mir bitte folgen; **veux-tu (bien) te taire** willst du wohl still sein; **je me demande où il veut en venir** wor'auf er hin'auswill; was er vorhat; **10.** *forme de politesse* **veuillez** *(+inf)* wollen, würden Sie bitte *(+inf)*; *à la fin d'une lettre* **veuillez agréer ...** *cf* **agréer** *1.;* **veuillez répéter** wieder'holen Sie bitte; wollen Sie bitte wiederholen; **11.** F *chose* wollen; **le moteur ne veut pas démarrer** der Motor will nicht anspringen; **12.** *régional* werden, wollen; **on dirait qu'il veut pleuvoir** es will, wird wohl bald regnen;

IV *v/pr* **13.** *(se repentir)* **s'en ~ de** *(+inf)* sich Vorwürfe machen, sich über sich selbst ärgern, auf sich selbst böse sein, daß ...; F **je m'en voudrais!** das wäre das letzte, was ich tun würde; das würde ich mir nie verzeihen; **14.** *(vouloir passer pour)* **se ~ ...** sich ... geben; ... sein wollen; **une politique qui se veut sociale** eine Politik, die sich sozial gibt *ou* die sozial sein will

vouloir[2] [vulwaR] *m* **1. bon ~** guter Wille; Bereitwilligkeit *f;* **mauvais ~** schlechter, böser Wille; **dépendre du bon ~ de qn** von j-s Belieben abhängen; **2.** *litt (volonté)* Wollen *n;* Wille *m*

voulu [vuly] **1.** *(exigé)* quantité etc gewünscht; *âge* erforderlich, vorgeschrieben *(pour* für*)*; **au moment ~** im richtigen Moment; **en temps ~** zur festgesetzten Zeit; zum vereinbarten Zeitpunkt; **2.** *(intentionnel)* absichtlich; gewollt; beabsichtigt; **c'est ~** das ist beabsichtigt, so gewollt

vous [vu] **I** *pr/pers* **1.** *de la* 2e *personne pl* **a)** *sujet* ihr; *dans une lettre* Ihr; **êtes-~ content(e)s?** seid ihr zufrieden?; *renforcé* **~ autres** ihr ...; **~ autres Français** ihr Franzosen; **b)** *obj/dir et obj/indir* euch *(acc et dat);* **je ~ l'ai dit** ich habe es euch gesagt; *pronominal* **~ ~ êtes trompés** ihr habt euch getäuscht; **chez ~** bei euch (zu Hause); **pour ~** für euch; **2.** *forme de politesse* ⟨*sg u pl*⟩ **a)** *sujet* Sie; **êtes-~ content([e]s)** sind Sie zufrieden?; **si j'étais (de) ~ ...** wenn ich Sie wäre ...; an Ihrer Stelle ...; **b)** *obj/dir et obj/indir* Sie *(acc);* Ihnen *(dat);* **cela ~ regarde** das betrifft Sie; **je ~ l'ai écrit** ich habe es Ihnen geschrieben; **s'il ~ plaît** bitte; **de ~ à moi** unter uns gesagt; **chez ~** bei Ihnen (zu Hause); **pour ~** für Sie; **dire ~ à qn** j-n siezen; zu j-m Sie sagen; **II** *pr/ind* ⟨*obj/dir u obj/indir* von „on"⟩ einen *ou* einem; **les gens qui ~ disent que ...** die Leute, die einem sagen, daß ...; **il ~ ferait devenir fou** er würde einen verrückt machen; *explétif il ~* **fait cela en un rien de temps** der macht (dir, Ihnen) das im Nu

vous-même(s) [vumɛm] *pr/pers* **1.** *accentué* (ihr *ou forme de politesse* Sie) selbst; **cherchez ~** sucht selbst *ou* suchen Sie selbst; **2.** *réfléchi* euch *ou forme de politesse* Sie selbst; **vous vous faites du tort à ~** ihr schadet euch selbst *ou* Sie schaden sich selbst

voussoir [vuswaR] *m ARCH* Gewölbestein *m*

voussure [vusyR] *f ARCH* Wölbung *f;* Krümmung *f*

voûte [vut] *f* **1.** *ARCH* Gewölbe *n;* **~ en ogive** Spitztonne *f;* **~ d'une cave** Kellergewölbe *n;* **~ en plein cintre** Rundtonne *f;* **2.** *fig* Gewölbe *n;* Wölbung *f;* **~ céleste** Himmelsgewölbe *n;* **~ de feuillage** Blätterdach *n;* **3.** *ANAT* **~ crânienne** Schädeldach *n;* **~ du palais** harter *ou* knöcherner Gaumen

voûté [vute] *adj dos* krumm (gebogen); gebeugt; *personne* **être tout ~** e-n krummen, gebeugten Rücken haben; gebeugt gehen; **se tenir ~** e-e krumme Haltung haben

voûter [vute] *v/pr* **se ~ dos** sich vom Alter krümmen; sich wölben; *personne* vom Alter gebeugt werden; krumm werden

vouvoiement [vuvwamã] *m* Siezen *n;* Sie-Sagen *n*

vouvoyer [vuvwaje] ⟨-oi-⟩ **I** *v/t* **~ qn** j-n

siezen; zu j-m Sie sagen; **II** *v/pr* **se ~** sich, ein'ander siezen; zuein'ander Sie sagen

vox populi [vɔkspɔpyli] *litt f* die Stimme des Volkes

voyage [vwajaʒ] *m* **1.** Reise *f*; Fahrt *f*; *bon ~!* gute *ou* glückliche Reise!; gute Fahrt!; *AVIAT* guten Flug!; *~ éclair* Blitzbesuch *m*; *~ à l'étranger* Auslandsreise *f*; Reise, Fahrt ins Ausland; *~ à Rome* Romreise *f*; Reise, Fahrt nach Rom; *~ autour du monde* Weltreise *f*; Reise um die Welt; *~ de noces* Hochzeitsreise *f*; *~ en avion, en bateau* Flug-, Schiffsreise *f*; *~ en France* Frankreichreise *f*; Reise, Fahrt nach Frankreich; *~ en groupe* Gesellschaftsreise *f*; Gruppenfahrt *f*, -reise *f*; *~ en train* (Eisen)Bahnfahrt *f*; Bahnreise *f*; *~ en voiture* Autoreise *f*, -fahrt *f*; *frais m/pl de ~* Reisekosten *pl*, -spesen *pl*; *gens m/pl du ~* Zirkusleute *pl*; fahrendes Volk; *récit m de ~* Reisebericht *m*; *aller en ~* auf Reisen gehen; *être en ~* verreist, auf Reisen sein; *être en ~ d'affaires* auf e-r Geschäftsreise sein; geschäftlich verreist, unter'wegs sein; *faire le ~ en train* mit der Bahn reisen; *faire un ~ à Berlin* e-e Reise, Fahrt nach Berlin machen; nach Berlin reisen; *faire un ~ organisé* mit e-r Reisegesellschaft fahren; *partir en ~* e-e Reise antreten; verreisen; auf Reisen gehen; *prov les ~s forment la jeunesse* Reisen bildet (*prov*). **2.** (*trajet*) Fahrt *f*; *trois jours de ~* drei Tage Fahrt; *train faire le ~ Strasbourg–Paris en quatre heures* die Strecke Straßburg–Paris in vier Stunden zu'rücklegen; *faire plusieurs ~s pour transporter qc* mehrmals fahren *ou* gehen; **3.** *fig* Reise *f*; *~ dans le temps* Reise in die Vergangenheit *ou* Zukunft; *partir pour le grand ~* s-e letzte Reise antreten; **4.** *de drogués* Trip *m*

voyager [vwajaʒe] *v/i* ⟨-geons⟩ **1.** reisen; *~ à pied* wandern; *~ à travers un pays* durch ein Land reisen, fahren; *~ en France* in Frankreich sein, herum'reisen; Frankreich bereisen; *~ en voiture* mit dem Auto reisen; im Auto fahren; *il a beaucoup voyagé* er ist viel gereist, her'umgekommen; er ist ein weitgereister Mann; **2.** *représentant* reisen; *~ pour affaires* viel als Geschäftsmann unter'wegs sein; **3.** *marchandises* transpor'tiert werden; *s'abîmer en voyageant* auf dem Transport; **4.** *microbes dans l'organisme* (um'her)wandern; **5.** *drogués* auf en Trip gehen

voyag|eur [vwajaʒœʀ], **~euse** **I** *subst* **1.** *m*,*f* Reisende(r) *f(m)*; Fahrgast *m*; Passa'gier *m*; (*explorateur*) (Forschungs)Reisende(r) *m*; *train m de voyageurs* Reisezug *m*; *t/t a* Per'sonenzug *m*; *c'est un grand voyageur* er kommt viel in der Welt herum; **2.** *voyageur (de commerce)* (Handlungs)Reisende(r) *m*; Handelsvertreter *m*; **II** *adj* **pigeon voyageur** Brieftaube *f*

voyagiste [vwajaʒist] *m* Reiseveranstalter *m*

voyais [vwajɛ] *cf* **voir**

voyance [vwajɑ̃s] *f* Zweites Gesicht; Hellsehen *n*

voyant [vwajɑ̃] **I** *adj vêtement, couleur* auffallend; auffällig; *couleur a* grell; **II** *subst* **1.** (*spirite*) *~(e)* *m(f)* Hellseher (-in) *m(f)*; *~e f a* Wahrsagerin *f*; **2.** (*non aveugle*) *~(e)* *m(f)* Sehende(r) *f(m)*; **3.** (*lampe témoin*) *m* Kon'trollicht *n*; Kon'trollampe *f*

voyelle [vwajɛl] *f* Vo'kal *m*; Selbstlaut *m*

voyeur [vwajœʀ] *m* Voy'eur *m*; *F* Spanner *m*

voyeurisme [vwajœʀism(ə)] *m* Voyeu'rismus *m*

voyons [vwajɔ̃] *cf* **voir** (*int* 14.)

voyou [vwaju] *m* **1.** (*loubar*) jugendlicher Rowdy ['ʀaudi]; *petit ~* Schlingel *m*; Lausbub *m*; **2.** (*délinquant*) Ga'nove *m*; Gauner *m*; *adjt* ga'novenhaft; Ga'noven ...

vrac [vʀak] *loc/adv* **en ~ 1.** *marchandises* lose; offen; *marchandises (expédiées) en ~ a* Schüttgut *n*; **2.** *vêtements, livres* jeter, poser *en ~* auf e-n Haufen werfen, legen; **3.** *fig* durchein'ander

vrai [vʀɛ] **I** *adj* **1.** (*exact*) wahr; richtig; wahrheitsgemäß, -getreu; tatsächlich; *histoire ~e* wahre Geschichte; *pas ~?* nicht wahr?; *provocant* stimmt das etwa nicht?; *être ~ pour qn* für j-n zutreffen, gelten; *c'est ~?* *ou* est-ce *~?* *ou* F *~?* ist das wahr?; stimmt das wirklich?; *en incise il est bête, c'est ~, mais ...* er ist zwar dumm, aber ...; *ce n'est pas ~* das ist nicht wahr, stimmt nicht; *F c'est pas ~!* nein, wirklich?; das kann, F darf doch nicht wahr sein!; *c'est si ~ que ...* das stimmt so'gar so sehr, daß ...; *F c'est la vérité ~e* das ist die rein(st)e Wahrheit; das ist wirklich wahr; *il est (bien) ~ que ...* es ist wahr, es stimmt, es trifft zu, daß ...; *restrictif il est ~ que ...* es stimmt zwar, daß ...; es ist schon wahr, daß ...; allerdings ...; *il n'en est pas moins ~ que ...* trotzdem, nichtsdesto'weniger, und doch ist es wahr, daß ...; **2.** (*authentique*) echt; richtig; wirklich; *ses ~s cheveux* sein eigenes Haar; *un ~ policier* ein echter, richtiger, wirklicher Polizist; *un ~ Renoir* ein echter Renoir; *c'est une ~e blonde* sie hat naturblondes Haar; *de son ~ nom il s'appelle ...* sein wirklicher, richtiger Name ist, lautet ...; **3.** (*véritable*) wahr; richtig; echt; wirklich; *nature* unverfälscht; *~ de ~* unverfälscht; typisch; *F* hundertprozentig; *une ~e canaille* e-e wahre, richtige Kanaille; *~ connaisseur* echter, wirklicher Kenner; *le (seul) ~ moyen de* (+*inf*) das (einzig) richtige Mittel (um) zu (+*inf*); *F il n'y a que ça de ~* F das ist das einzig Wahre; **4.** *d'un roman etc personnage ~* lebensechte, -wahre Figur; **II** *adv* F *~!* wirklich!; stimmt!; ist ja wahr!; F *ben ~, ça alors!* F ja wirklich!; ist ja unglaublich, doll!; *à ~ dire, ~ dire* offen gesagt, gestanden; um die Wahrheit zu sagen; eigentlich; *dire ~* die Wahrheit sagen; recht haben; den Nagel auf den Kopf treffen; *faire ~* echt wirken, aussehen; **III** *m* *le ~* das Wahre; die Wahrheit; *enf pour de ~* im Ernst; wirklich; *distinguer le ~ du faux* Wahres und Falsches unter'scheiden; *être dans le ~* recht haben

vraiment [vʀɛmɑ̃] *adv* wirklich; wahr'haftig; *st/s* wahrlich; *~?* wirklich?; *iron, incrédule ah, ~!* ach (nein), wirklich?; was du nicht sagst *ou* was Sie nicht sagen!; *~ rouge* richtig rot; *ce n'est ~ pas malin* das war wirklich, wahrhaftig nicht sehr schlau; *~, il exagère* er geht wirklich zu weit

vraisemblable [vʀɛsɑ̃blabl(ə)] *adj* wahr'scheinlich; *il est très ~ que ...* sehr wahrscheinlich ...; *c'est très ~* das ist sehr gut möglich, durchaus denkbar, einleuchtend

vraisemblance [vʀɛsɑ̃blɑ̃s] *f* Wahr'scheinlichkeit *f*; *selon toute ~* aller Wahrscheinlichkeit nach

vrille [vʀij] *f* **1.** *BOT* Ranke *f*; *~ de la vigne* Weinranke *f*; **2.** *TECH* Nagelbohrer *m*; **3.** *AVIAT* Trudeln *n*; *descendre en ~* abtrudeln

vriller [vʀije] *v/t* **1.** 'durchbohren *ou* durch'bohren; **2.** *fig la douleur lui vrille les tempes* er hat rasende, bohrende Kopfschmerzen

vromb|ir [vʀɔ̃biʀ] *v/i moteur etc* dröhnen; *insecte* summen; surren; **~issement** *m d'un moteur* Dröhnen *n*

vroum [vʀum] *int bruit de moteur ~! ~!* brumm, brumm!

V.R.P. [veɛʀpe] *m abr* (*voyageur de commerce, représentant et placier*) (Geschäftsreisender,) Handelsvertreter (und Platzvertreter) *m*

V.S.O.P. *abr* (*very superior old pale*) Qualitätsbezeichnung für in Eichenfässern abgelagerten Cognac

V.T.T. [vetete] *m abr* (*vélo tout terrain*) Mountainbike ['mauntənbaik] *n*

vu [vy] **I** *p/p cf* **voir** *et adj* gesehen (*a ADM*); *ni ~ ni connu* ohne daß jemand etwas bemerkt; *c'est (bien) ~?* *ou F ~!* verstanden?; *être bien, mal ~ personne* beliebt, unbeliebt sein, gern, nicht gern gesehen sein, gut, schlecht angeschrieben sein (*de qn* bei j-m); *chose* gern, nicht gern gesehen werden; verpönt sein; F *c'est tout ~!* das ist ein für allemal erledigt!; Schluß jetzt!; **II** *prép* angesichts (+*gén*); in Anbetracht (+*gén*); unter Berücksichtigung (+*gén*); *~ les circonstances* in Anbetracht, angesichts der 'Umstände; *~ le temps* bei dem Wetter; **III** *loc/conj ~ que* da; weil; in Anbetracht dessen, daß; **IV** *m* **1.** *au ~ et au su de tout le monde* vor aller Augen; *c'est du déjà ~* das ist nichts Neues; **2.** *JUR sur le ~ des pièces* nach Einsicht in die, nach Prüfung der Aktenstücke

vue [vy] *f* **1.** *sens* Sehen *n*; Sehkraft *f*, -vermögen *n*; Gesichtssinn *m*; Augen (-licht) *n/pl(n)*; *troubles m/pl de la ~* Sehstörungen *f/pl*; *avoir la ~ basse* kurzsichtig sein; *avoir une bonne ~* gute Augen haben; gut sehen; *sa ~ baisse* s-e Augen lassen nach; s-e Sehkraft läßt nach; *fatiguer la ~* die Augen anstrengen; *perdre la ~* erblinden; das Augenlicht verlieren, einbüßen; **2.** (*regard*) Blick *m*; Sicht *f*; *loc/adj et loc/adv*: *~ AVIAT, MAR* mit Sicht; *COMM* bei Sicht; Sicht...; *à première ~* auf den ersten Blick; *à ~ de nez* nach Augenmaß; schätzungsweise; F über den Daumen gepeilt; *à ~ d'œil* zusehends; merklich; *à la ~ de tous* vor aller Augen; *garde f à ~* Poli'zeigewahrsam *m*; *COMM* **payable à ~** zahlbar bei Sicht; *en ~* in Sicht; sichtbar; *ils* *arrivaient en* ~ *de l'île* die Insel kam in Sicht; *être en* ~ *côte, réussite* in Sicht sein; *personne* an her'vorragender Stelle stehen; sehr bekannt sein; *objet être exposé bien en* ~ an gut sichtbarer, an auffälliger Stelle stehen, liegen; *'hors de* ~ außer Sicht; nicht mehr zu sehen; *connaître qn de* ~ j-n vom Sehen kennen; F *en mettre plein la* ~ *à qn* j-m impo'nieren; auf j-n Eindruck machen; F bei j-m Eindruck schinden; *s'offrir à la* ~ *de qn* sich j-s Blicken darbieten; *perdre qn, qc de* ~ j-n, etw aus den Augen verlieren; *il ne faut pas perdre de* ~ *que* ... man darf nicht über'sehen, außer acht lassen, daß ...; **3.** (*spectacle*) Anblick *m*; *à la* ~ *du sang* beim Anblick von Blut; *à sa* ~ bei s-m *ou* ihrem Anblick; als ich *ou* er *etc* ihn *ou* sie sah; **4.** (*panorama*) Aussicht *f*; (Aus-)Blick *m*; *avec* ~ *sur la mer* mit Aussicht, Blick aufs Meer; mit Meer(es)-blick; *pièce avoir* ~ *sur le jardin* zum Garten hin'ausgehen; **5.** PHOT, PEINT Ansicht *f*; ~ *aérienne* Luftbild *n*; ~ *de face* Vorderansicht *f*; ~ *d'ensemble* Gesamtansicht *f*; 'Überblick *m*, -sicht *f* (*a fig*); ~ *de Lyon* Ansicht von Lyon; **6.** (*idée*) Einstellung *f*; Vorstellung *f*; ~*s pl* Ansichten *f/pl*; Meinung *f*; *échange m de* ~*s* Meinungsaustausch *m*; *personne, politique à courte* ~ kurzsichtig;

c'est une ~ *de l'esprit* das ist e-e (rein) theo'retische Vorstellung; **7.** (*intention*) Absicht *f*; (*perspective*) Aussicht *f*; *loc/prép en* ~ *de* (+*subst*) im Hinblick auf (+*acc*); angesichts (+*gén*); *en* ~ *de* (+*inf*) um zu (+*inf*); *travailler en* ~ *de réussir* auf den Erfolg hinarbeiten; *avoir qn en* ~ j-n in Aussicht genommen haben, an j-n denken (*pour un poste* für e-n Posten); *avoir qc en* ~ a) (*envisager*) etw im Auge haben; b) (*espérer*) etw in Aussicht haben; *avoir des* ~*s sur qc, qn* ein Auge auf etw, j-n geworfen haben; Absichten auf j-n haben; **8.** *double, seconde* ~ Zweites Gesicht; Hellsehen *n*

vulcanis|ation [vylkanizasjɔ̃] *f* TECH Vulkani'sierung *f*; Vulkanisati'on *f*; ~**er** *v/t* TECH vulkani'sieren; *adjt* **vulcanisé** vulkani'siert

vulcanologie [vylkanɔlɔʒi] *cf* **volcanologie**

vulgaire [vylɡɛʀ] **I** *adj* **1.** (*quelconque*) einfach; gewöhnlich; *p/fort* ordi'när; *en* ~ *coton* aus einfacher, gewöhnlicher, *p/fort* ordinärer Baumwolle; *un* ~ *escroc* ein ganz gewöhnlicher Betrüger; **2.** (*grossier*) *personne, goût* gewöhnlich; *p/fort, a genre, expressions* ordi-'när; vul'gär; **3.** *litt* (*quotidien*) alltäglich; niedrig; wenig erhaben; **4.** (*populaire*) *nom de plante etc* volkstümlich; allgemein üblich; *langue f* ~ Volkssprache *f*; *latin m* ~ Vul'gärlatein *n*; **II** *m le* ~ **1.** *litt* (*populace*) das (gemeine) Volk; der Pöbel; **2.** das Ordi'näre, Vul-'gäre; *tomber dans le* ~ ordinär, vulgär werden

vulgairement [vylɡɛʀmɑ̃] *adv* **1.** *péj s'exprimer etc* ordi'när; vul'gär; **2.** *appelé* ~ allgemein, in der Sprache des Volkes, im Volksmund (genannt); *en incise* ~ *parlant* wie es im Volksmund heißt; volkstümlich

vulgarisation [vylɡaʀizasjɔ̃] *f ouvrage m de* ~ popu'lärwissenschaftliches Werk

vulgariser [vylɡaʀize] *v/t* allgemeinverständlich darstellen (und verbreiten); allgemeinverständlich machen; populari'sieren

vulgarité [vylɡaʀite] *f péj* Gewöhnlichkeit *f*; *p/fort* Vulgari'tät *f*

vulnérabilité [vylneʀabilite] *f* Verwundbarkeit *f*

vulnérable [vylneʀabl(ə)] *adj* **1.** verwundbar; **2.** *fig* verwundbar; verletzbar; empfindlich; *point m* ~ verwundbare Stelle; Schwachstelle *f*

vulve [vylv] *f* ANAT Scham *f*; *sc* Vulva *f*

Vve *ou* **Vve** *abr* (*veuve*) Wwe. (Witwe)

V.V.F. [veveɛf] *m abr* (*village vacances familles*) Fa'milienferiendorf *n*

W

W, w [dublǝve] *m* ⟨*inv*⟩ W, w [ve:] *n*
W *abr* (*watt*[*s*]) W (Watt)
wagnérien [vagnɛrjɛ̃] *MUS* **I** *adj* ⟨~ne⟩ Wagner...; *opéra* ~ Wagneroper *f*; **II** *m* Wagneri'aner *m*
wagon [vagɔ̃] *m* CH DE FER **1.** Wag'gon *m*; Wagen *m*; *t/t* Güterwagen *m*; ~ *frigorifique* Kühlwagen *m*; ~ *de première classe* Wagen erster Klasse; ~ *de marchandises* Güterwagen *m*; **2.** *contenu* Wagenladung *f*; Wag'gon(ladung) *m(f)*
wagon|-bar [vagɔ̃baʀ] *m* ⟨*pl* wagons--bars⟩ Bü'fettwagen *m*; **~-citerne** *m* ⟨*pl* wagons-citernes⟩ Kesselwagen *m*; **~-couchettes** *m* ⟨*pl* wagons-couchettes⟩ Liegewagen *m*; **~-lit** *m* ⟨*pl* wagons-lits⟩ Schlafwagen *m*
wagonnet [vagɔnɛ] *m* ⟨Kipp⟩Lore *f*
wagon|-poste [vagɔ̃pɔst] *m* ⟨*pl* wagons-poste⟩ CH DE FER Postwagen *m*; **~-restaurant** *m* ⟨*pl* wagons-restaurants⟩ Speisewagen *m*
walkman [wɔkman] *m* (*nom déposé*) Walkman *m* (*Wz*)
walkyrie [valkiʀi] *f* MYTH *ou plais* Wal'küre *f*

Wallis-et-Futuna [walisefytyna] *les îles f/pl* ~ die Wal'lisinseln *f/pl*; Wal'lis und Fu'tuna *n*
wallon [walɔ̃] **I** *adj* ⟨~ne⟩ wal'lonisch; **II** *subst* **1.** ⟨~(*ne*)⟩ *m(f)* Wal'lone *m*, Wal'lonin *f*; **2.** LING *le* ~ das Wal'lonische; Wal'lonisch *n*
Wallonie [walɔni] *la* ~ Wal'lonien *n*
wapiti [wapiti] *m* ZO Wa'piti *m*
warrant [vaʀɑ̃, wa-] *m* COMM War'rant *m*; Lagerschein *m*
wassingue [vasɛ̃g, wa-] *f mot flamand* Scheuertuch *m*
water-ballast [watɛʀbalast] *m* ⟨*pl* water-ballasts⟩ MAR **a)** *d'un bateau* Bal'lasttanks *m/pl*; **b)** *d'un sous-marin* Tauchtank *m*
water-closet(s) [watɛʀklozɛt] *m/pl cf* **waters**
Waterloo [watɛʀlo] HIST Waterloo *n* (*a fig défaite*)
water-polo [watɛʀpɔlo] *m* Wasserball *m*
waterproof [watɛʀpʀuf] *adj* ⟨*inv*⟩ wasserdicht
waters [watɛʀ] *m/pl* Klo'sett *n*; Ab'ort *m*; F Klo *n*; *aller aux* ~ aufs Klo gehen
watt [wat] *m* (*abr* **W**) ÉLECT Watt *n* (*abr* W); **~-heure** *m* ⟨*pl* watts-heures⟩ (*abr* **Wh**) Wattstunde *f* (*abr* Wh); **~mètre** *m* Wattmeter *n*
W.-C. [(dublǝ)vese] *m/pl* WC *n*; F Null-Null *n* (*inscription* 00)
week-end [wikɛnd] *m* ⟨*pl* week-ends⟩ Wochenende *n*; *bon* ~! schönes Wochenende!; *partir en* ~ übers Wochenende wegfahren
welter [vɛltɛʀ] *m* BOXE Weltergewicht *n*
western [wɛstɛʀn] *m* CIN Western *m*; Wild'westfilm *m*; **~-spaghetti** *m* ⟨*pl* westerns-spaghettis⟩ 'Italowestern *m*
Westphalie [vɛsfali] *la* ~ West'falen *n*
whisky [wiski] *m* ⟨*pl* whiskies⟩ Whisky *m*; ~ *nature* Whisky pur; ~ *soda* Whisky Soda
whist [wist] *m* Whist *n*
wilaya [vilaja] *f* Verwaltungsbezirk in Algerien
william(s) [wiljam(s)] *f* (*poire f*) ~ Williams Christbirne *f*
Wisigoths [vizigo] *m/pl* Westgoten *m/pl*
wolfram [vɔlfʀam] *m* MINÉR Wolfra'mit *n*
Wurtemberg [vyʀtɛ̃bɛʀg] *le* ~ Württemberg *n*

X

X, x [iks] *m* ⟨*inv*⟩ **1.** *lettre* X, x *n*; *par ext*: *chromosome m* X X-Chromosom *n*; *jambes f/pl en* X X-Beine *n/pl*; **2.** MATH x *n*; *axe m des x* x-Achse *f*; *par ext*: *x années* soundso viele, x, F zig Jahre; *X ou Monsieur X* Herr X(Y); JUR *plainte f contre X* Anzeige *f* gegen Unbekannt; **3.** *rayons m/pl* X Röntgenstrahlen *m/pl*; **4.** *film classé X* indizierter, nicht jugendfreier Film; **5.** *X* arg estudiantin pour *École polytechnique et polytechnicien*
Xavier [gzavje] *m* Xaver *m*
xénon [ksenɔ̃] *m* CHIM Xenon *n*
xénophile [gzenɔfil] *adj* fremdenfreundlich; xeno'phil
xénophob|e [gzenɔfɔb] **I** *adj* fremdenfeindlich; xeno'phob; **II** *m,f* Fremdenfeind(in) *m(f)*; **~ie** *f* Fremdenhaß *m*; Xenopho'bie *f*
xérès [kseʀɛs, gze-] *m* Sherry *m*; Jerez(wein) [' çeːʀɛs] *m*
xylène [gzilɛn, ksi-] *m* CHIM Xy'lol *n*
xylograph|e [gzilɔgʀaf, ksi-] *m* Xylo'graph *m*; Holzschneider *m*
xylophone [gzilɔfɔn, ksi-] *m* MUS Xylo'phon *n*

Y

Y, y¹ [iɡʀɛk] *m* ⟨*inv*⟩ **1.** *lettre* Y, y ['ypsilɔn] *n*; Ypsilon *n*; **2.** *MATH* y *m*; **axe *m* des y** y-Achse *f*; **3. chromosome *m* Y** Y-Chromosom *n*

y² [i] **I** *adv* **1.** dort; da; hier; dort-, dahin; dorthin'auf *ou* -hin'unter; **tu ~ vas?** gehst du (da-, dort)hin?; **je n'~ suis jamais allé** ich war nie dort; **on ~ entre par ...** man geht (da, dort) durch ... hinein; **j'~ étais aussi** ich war auch dort, da'bei; **je n'~ suis pour personne** ich bin für niemanden zu sprechen, zu Hause; **j'~ suis, j'~ reste** hier bin ich und hier beibe ich; **on n'~ voit rien, dans ce brouillard** man sieht nichts bei diesem Nebel; **2.** *loc*: **~ compris** einschließlich (*+gén*); **il s'~ connaît** er versteht sich darauf; er versteht etwas davon; **~ aller, il ~ a, ~ compter, s'~ entendre, ~ être, s'~ prendre** *etc cf les verbes correspondants*; **II** *pr* **1.** *à la place d'un obj/indir précédé de* **à** da'zu; dar'an; dar'auf; *se rapportant rarement à une personne* **je ne m'~ fierais pas** ich würde ihm nicht trauen; **vous m'~ obligez** Sie zwingen mich dazu; **j'~ penserai** ich werde daran denken; **j'~ renonce** ich verzichte darauf; **2.** F *pour lui: j'~ ai dit* ich hab' ihm gesagt; **3.** F *pour* **il** (*impersonnel*): **c'est-~ pas malheureux!** das ist doch ein Jammer!

yacht [jɔt] *m* Jacht *f*; Yacht *f*
yachting [jɔtiŋ] *m* Jachtsport *m*; *par ext* Segelsport *m*
ya(c)k [jak] *m ZO* Yak *m*; Jak *m*; Grunzochse *m*
Yankee [jãki] **I** *m,f* Yankee ['jɛŋki] *m*; US-Amerikaner(in) *m(f)*; **II** *adj* ⚤ Yankee...; US-amerikanisch
Yann [jan] *m Vorname*
Yannic [janik] *m Vorname*
yaourt [jaur(t)] *m* Joghurt *m ou n*; **~ nature, aux fruits** Na'tur-, Fruchtjoghurt *m*
yaourtière [jaurtjɛʀ] *f* Joghurtbereiter *m*
yard [jaʀd] *m* Yard *n*
yearling [jœʀliŋ] *m* einjähriges Rennpferd; Jährling *m*
Yémen [jemen] *le ~* Jemen *n ou der* Jemen
yéménite [jemenit] **I** *adj* jeme'nitisch; **II** *subst* ⚤ *m,f* Jeme'nite, -'nitin *m,f*
yen [jɛn] *m monnaie* Yen *m*
yéti [jeti] *m* Yeti *m*
Yeu [jø] *l'île f d'~ Insel vor der frz Atlantikküste*
yeuse [jøz] *f* ⟨*Elision u Bindung*⟩ *BOT* Steineiche *f*
yeux [jø] *m/pl* ⟨*Elision u Bindung*⟩ *cf* **œil**
yé-yé [jeje] *m,f dans les années 60* jugendlicher Popmusikfan

yiddish [jidiʃ] *LING* **I** *adj* jiddisch; **II** *m le ~* das Jiddische; Jiddisch *n*
yod [jɔd] *m PHON* Jot *n*
yoga [jɔɡa] *m* Joga *n*; Yoga *n*; **faire du ~** Joga treiben
yog(h)ourt [jɔɡuʀt] *cf* **yaourt**
Yonne [jɔn] *l'~ f Fluß u Departement in Frankreich*
yougoslave [juɡɔslav] **I** *adj* jugo'slawisch; **II** *subst* ⚤ *m,f* Jugo'slawe, -'slawin *m,f*
Yougoslavie [juɡɔslavi] *la ~* Jugo'slawien *f*
youp [jup] *int* (hopp,) hopp!; **allez! ~! sortez!** los! hopp, hopp! hinaus!
youpi [jupi] *int* juch'he!; hur'ra!
youpin [jupɛ̃] *m injure raciste* Jude *m*
youyou [juju] *m MAR* Dingi ['dɪŋɡi] *n*
you-you [juju] *m* ⟨*inv*⟩ schrille Schreie der afrikanischen Frauen
yo-yo [jojo] *m* ⟨*inv*⟩ Jo-'Jo *n*; Yo-'Yo *n*
ypérite [ipeʀit] *f MIL* Senfgas *n*; Ype'rit *n*
yuan [jwan] *m monnaie* Yuan *m*
yucca [juka] *m BOT* Yucca *f*; Palmlilie *f*
yuppie [jupi] *m* Yuppie *m*
Yvelines [ivlin] *les ~* [lez-] *f/pl frz Departement*
Yves [iv] *m Vorname*
Yvonne [ivɔn] *f Vorname*

Z

Z, z [zɛd] *m* ⟨*inv*⟩ Z, z [tsɛt] *n*
ZAC *ou* **Z.A.C.** [zak] *f abr* (*zone d'aménagement concerté*) übereinstimmend zur Bebauung freigegebenes Gebiet
ZAD *ou* **Z.A.D.** [zad] *f abr* (*zone d'aménagement différé*) Bauerwartungsland *n*
Zaïre [zaiʀ] *le ~* Za'ire *n*
zaïrois [zaiʀwa] **I** *adj* za'irisch; **II** *subst* ⚤(*e*) *m(f)* Za'irer(in) *m(f)*
Zambie [zãbi] *la ~* Sambia *n*
zambien [zãbjɛ̃] **I** *adj* ⟨*~ne*⟩ sambisch; **II** *subst* ⚤(*ne*) *m(f)* Sambier(in) *m(f)*
zapper [zape] *v/i TV* von e-m Pro'gramm zum ander(e)n springen; hin und her schalten; zappen
zapping [zapiŋ] *m TV* Hinund'herschalten *n* (zwischen den Pro'grammen); Zappen *n*
zazou [zazu] *m pendant la 2ᵉ Guerre mondiale* junger, ex'zentrischer Jazzfan
zébi [zebi] *m peau f de ~* billiger Stoff
zèbre [zɛbʀ(ə)] *m* **1.** *ZO* Zebra *n*; **courir comme un ~** sehr schnell laufen; **2.** F *fig* Kerl *m*; **un drôle de ~** ein komischer, seltsamer Kauz, Kerl
zébr|er [zebʀe] *v/t* ⟨*-è-*⟩ mit (zebraartigen) Streifen versehen; *souvent adj* **zébré** (zebraartig) gestreift; **~ure** *f* **1.** *du pelage d'un animal* Streifen *m*; **2.** *sur la peau* Strieme(n) *f(m)*
zébu [zeby] *m ZO* Zebu *n ou m*; Buckelrind *n*

zélateur [zelatœʀ] *litt m* Eiferer *m*; Ze-'lot *m*
zèle [zɛl] *m* Eifer *m*; Fleiß *m*; Beflissenheit *f*; Diensteifer *m*; **grève *f* du ~** Dienst *m* nach Vorschrift; Bummelstreik *m*; (*surtout*) **pas de ~!** nur kein 'Übereifer!; **avec ~** eifrig; mit Eifer; **faire du ~** 'übereifrig, allzu eifrig sein
zélé [zele] *adj* eifrig; voll Eifer
zélote [zelɔt] *m HIST* Ze'lot *m*
zen [zɛn] *m REL* Zen *n*; *adj* **bouddhisme *m* ~** Zen-Buddhismus *m*
zénith [zenit] *m* **1.** *ASTR* Ze'nit *m*; Scheitelpunkt *m*; **être au ~** im Zenit stehen; **2.** *fig* Gipfel *m*; Höhepunkt *m*; Ze'nit *m*

zéphyr – zymase

zéphyr [zefiʀ] *m poét*, TEXT Zephir *ou* Zephyr *m*
zeppelin [zɛplɛ̃] *m* AVIAT Zeppelin *m*
zéro [zeʀo] **I** *m* **1.** MATH Null *f*; *barrer un ~* e-e Null streichen; *aiguille être à ~* auf Null stehen; **2.** *fig* Nichts *n*; Null *f*; *~! ou ~ pour la question* von dieser Sache hat er keine Ahnung; F *avoir la boule à ~* e-n kahlgeschorenen Kopf haben; F *les avoir à ~* F e-e Heidenangst haben; P Mordsschiß haben; *avoir le moral à ~* seelisch auf dem Nullpunkt (angelangt) sein; F *c'est ~* das taugt nichts; *partir de ~* mit nichts, bei Null anfangen; *recommencer, repartir à ~* wieder ganz von vorne, bei Null anfangen; **3.** *fig personne* Null *f*; *c'est un ~* er ist e-e Null; **4.** *température* Nullpunkt *m*; Gefrierpunkt *m*; *~ absolu* absoluter Nullpunkt; *il fait dix degrés au-dessus, au-dessous de ~* es sind, wir haben zehn Grad über, unter Null, zehn Grad Wärme, Kälte; **5.** ÉCOLE Sechs *f*; *attraper un ~* e-e Sechs kriegen; *avoir ~ en maths* e-e Sechs in Mathe haben; **II** *num/c* null; *~ degré* null Grad; *~ franc cinquante* null Komma fünfzig Franc; *~ heure* null Uhr; MIL *option f ~* Nullösung *f*; *faire ~ faute* null, keinen Fehler machen; SPORTS *~ à ~ ou partout* null zu null; *gagner par 3 buts à ~* mit drei zu null (Toren) gewinnen
zeste [zɛst] *m* **1.** *~ de citron* (Stück *n*) Zitronenschale *f*; **2.** *fig ~ d'alcool* Schuß *m* Alkohol; *ne pas valoir un ~* keinen Pfifferling wert sein
zézaiement [zezɛmɑ̃] *m* Aussprache *f* des j [ʒ] wie z [z]; Lispeln *n*
zézayer [zezeje] *v/i ⟨-ay- od -ai-⟩* j [ʒ] wie z [z] aussprechen; lispeln; mit der Zunge anstoßen
Z.I. *abr* (*zone industrielle*) Indu'strie-, Gewerbegebiet *n*
zibeline [ziblin] *f* ZO *et fourrure* Zobel *m*
zieuter [zjøte] F *v/t* angucken; F *et p/fort* anglotzen; an-, begaffen; *zieute-la!* guck, F kiek dir die mal an!
ZIF *ou* **Z.I.F.** [zif] *f abr* (*zone d'intervention foncière*) Zone *f* mit bodenpolitischer Interventionsmöglichkeit (der Gemeinde)
zig [zig] *cf zigue*
zigomar [zigɔmaʀ] *m cf zigoto*
zigoto [zigɔto] *m* F *un drôle de ~* F ein seltsamer, komischer Knabe, Kauz; F *faire le ~* den Hanswurst spielen
zigouiller [ziguje] *v/t* F abmurksen
zigue [zig] *m* F Kerl *m*; Type *f*; *un drôle de ~* ein komischer Kerl; e-e seltsame Type
zigzag [zigzag] *m* Zickzack *m*; *loc/adj et loc/adv en ~* Zickzack…; im Zickzack (gehend, verlaufend); *chemin m en ~* im Zickzack verlaufender Weg; *marcher en ~* im Zickzack gehen; hin und her torkeln, taumeln; *faire des ~s cf zigzaguer*
zigzaguer [zigzage] *v/i ivrogne* im Zickzack, in Schlangenlinien gehen; hin und her taumeln, torkeln; *véhicule* in Schlangenlinien fahren; *route* im Zickzack verlaufen; sich schlängeln
Zimbabwe [zimbabwe] *le ~* Sim'babwe *n*
zimbabwéen [zimbabweɛ̃] **I** *adj ⟨~ne⟩* sim'babwisch; **II** *subst 2(ne) m(f)* Sim-'babwer(in) *m(f)*
zinc [zɛ̃g] *m* **1.** Zink *n*; *en ou de ~* Zink…; aus Zink; **2.** F (*comptoir*) Theke *f*; Schanktisch *m*; *prendre un verre sur le ~* an der Theke; **3.** F (*avion*) Flugzeug *n*; F Kiste *f*
zingage [zɛ̃gaʒ] *m* Verzinken *n*, -ung *f*
zinguer [zɛ̃ge] *v/t* **1.** verzinken; **2.** *toit* mit Zinkblech decken
zingueur [zɛ̃gœʀ] *m* **1.** Zinkarbeiter *m*; **2.** *adjt plombier m ~* Klempner *m*; *südd* Spengler *m*
zinnia [zinja] *m* BOT Zinnie *f*
zinzin [zɛ̃zɛ̃] F **I** *adj ⟨inv⟩ il est un peu ~* F er spinnt ein bißchen; *cf a cinglé*; **II** *m* F Dings(da) *n*
zip [zip] *m* (breiter) (Zier)Reißverschluß
zippé [zipe] *adj* mit (breitem) (Zier-)Reißverschluß
zircon [ziʀkɔ̃] *m* MINÉR Zir'kon *m*
zist [zist] *loc/adv entre le ~ et le zest* F so la'la
zizanie [zizani] *f semer la ~* Zwietracht säen, stiften
zizi [zizi] *m enf* (*pénis*) enf Zipfelchen *n*
zizique [zizik] *enf ou plais f* Mu'sik *f*
zloty [zlɔti] *m monnaie* Zloty ['zlɔti] *m*
zodiacal [zɔdjakal] *adj ⟨-aux⟩* ASTR Tierkreis…
zodiaque [zɔdjak] *m* ASTR Tierkreis *m*; *sc* Zo'diakus *m*; *signes m/pl du ~* Tierkreiszeichen *n/pl*
zombi *ou* **zombie** [zɔ̃bi] *m* Zombie *m* (*a fig*)
zona [zona] *m* MÉD Gürtelrose *f*
zonage [zonaʒ] *m* URBANISME Aufteilung *f* in Nutzungsflächen
zonard [zonaʀ] *m* **1.** Bewohner *m* der armen Außenviertel; **2.** *péj* (*jeune marginal*) Rocker *m*
zone [zon] *f* **1.** Zone *f*; Gebiet *n*; Bereich *m*; *~ côtière* Küstengebiet *n*; *~ dangereuse* Gefahrenzone *f*; POL *~ démilitarisée* entmilitarisierte Zone; *~ dénucléarisée* atomwaffenfreie Zone; *~ douanière* Zollgebiet *n*; FIN *~ franc* Franc-Zone *f*; Währungsgebiet *n* des Franc; *~ interdite* Sperrgebiet *n*, -bezirk *m*; *~ sinistrée* Kata'strophengebiet *n*; *~ d'action* Wirkungsbereich *m*; MIL Gefechtszone *f*; AVIAT *~ d'atterrissage* Landezone *f*; *~ de bruit* Lärmzone *f*; *~ d'influence* Einflußgebiet *n*, -bereich *m*; Inter'essensphäre *f*; ÉCON *~ de libre-échange* Freihandelszone *f*; MIL *~ d'occupation* Besatzungszone *f*; *~ de pêche* Fische'reizone *f*; RAD *~ de réception* Empfangsbereich *m*; ADM *~ de salaire* Lohngebiet *n*; *correspond à* Orts(lohn)klasse *f*; RAD *~ de silence* tote Zone; *cf a 3.*; *sur une ~ de 5 km* in e-m 'Umkreis, Gebiet von 5 km; **2.** GÉOGR Zone *f*; *~s climatiques* Klimazonen *f/pl*; *~ tempérée* gemäßigte Zone; **3.** *dans les villes*: *~ bleue* Kurzparkzone *f*; *~ industrielle* Indu'strie-, Gewerbegebiet *n*; *~ de silence* (Zone *f* mit) Hupverbot *n*; **4.** (*faubourgs misérables*) arme Außenviertel *n/pl*; MÉTÉO Gebiet *n*; *~ de haute pression* Hochdruckgebiet *n*; *~ de dépression ou de basse pression* Tiefdruckgebiet *n*; *~ de mauvais temps* Schlecht'wettergebiet *n*; **6.** MATH, ASTR Zone *f*; **7.** ANAT Zone *f*; **8.** *fig* Gebiet *n*; Bereich *m*; *loc/adj de seconde ~* zweitrangig; zweitklassig
zoner [zone] *v/t arg* (*habiter*) F hausen
zoo [zo] *m* Zoo *m*; Tierpark *m*
zoologie [zɔɔlɔʒi] *f* Zoolo'gie *f*; Tierkunde *f*
zoologique [zɔɔlɔʒik] *adj* zoo'logisch; tierkundlich; Tier(kunde)…; *jardin m, parc m ~* zoologischer Garten; Tierpark *m*
zoologiste [zɔɔlɔʒist] *ou* **~logue** *m,f* Zoo'loge, -'login *m,f*
zoom [zum] *m* PHOT Zoom [zu:m] *n*; Zoomobjektiv *n*
zoomorphe [zɔɔmɔʀf] *adj* in Tiergestalt
zootechnie [zɔɔtɛkni] *f* Tierzuchtlehre *f*; Züchtungskunde *f*
Zoroastre [zɔʀɔastʀ(ə)] *m* REL Zara-'thustra *m*
zostère [zɔstɛʀ] *f* BOT Seegras *n*
zou [zu] *int et ~! ou allez ~!* hopp, hopp!
zouave [zwav] *m* **1.** HIST MIL Zu'ave *m*; **2.** F *fig faire le ~* a) (*faire le pitre*) den Hanswurst spielen; b) (*attendre*) F sich die Beine in den Bauch stehen
Zoulou(s) [zulu] *m/pl* Zulu *m/pl*
zozo [zozo] *m* F Dummchen *n*
zozoter [zozote] F *cf zézayer*
ZUP *ou* **Z.U.P.** [zyp] *f abr* (*zone à urbaniser en priorité*) **1.** ADM vorrangig zu bebauende Zone; **2.** *par ext* trostlose, eintönige Außenviertel *n/pl* (großer Städte)
Zurich [zyʀik] Zürich *n*
zut [zyt] *int* F *~ (alors)!* F verflixt *ou* verdammt (und zugenäht)!
zyeuter [zjøte] *cf zieuter*
zygomatique [zigɔmatik] *m* ANAT *grand, petit ~* großer, kleiner Jochbeinmuskel
zymase [zimɑz] *f* CHIM Zy'mase *f*

Konjugation der französischen Verben
Conjugaison des verbes français

1. REGELMÄSSIGES VERB AUF -ER   trouver

Temps simples			
INDICATIF			
Présent	*Imparfait*	*Passé simple*[1]	*Futur simple*
je trouve *ich finde* tu trouves il trouve nous trouvons vous trouvez ils trouvent	je trouvais *ich fand* tu trouvais il trouvait nous trouvions vous trouviez ils trouvaient	je trouvai *ich fand* tu trouvas il trouva nous trouvâmes vous trouvâtes ils trouvèrent	je trouverai *ich werde finden* tu trouveras il trouvera nous trouverons vous trouverez ils trouveront
SUBJONCTIF		CONDITIONNEL	IMPÉRATIF
Présent	*Imparfait*[2]	*Présent*	
que je trouve *daß ich finde* tu trouves il trouve nous trouvions vous trouviez ils trouvent	que je trouvasse *daß ich fände* tu trouvasses il trouvât nous trouvassions vous trouvassiez ils trouvassent	je trouverais *ich würde finden* tu trouverais il trouverait nous trouverions vous trouveriez ils trouveraient	trouve *finde!* trouvons *finden wir!* trouvez *finden Sie!;* *findet!*
INFINITIF	PARTICIPE		GÉRONDIF
Présent	*Présent*	*Passé*	
trouver *finden*	trouvant *findend*	trouvé *gefunden*	en trouvant *findend*
Temps composés			
INDICATIF			
Passé composé	*Plus-que-parfait*	*Passé antérieur*	*Futur antérieur*
j'ai trouvé *ich habe gefunden* tu as trouvé *etc.*	j'avais trouvé *ich hatte gefunden* tu avais trouvé *etc.*	j'eus trouvé *ich hatte gefunden* tu eus trouvé *etc.*	j'aurai trouvé *ich werde gefunden haben* tu auras trouvé *etc.*
SUBJONCTIF		CONDITIONNEL	INFINITIF
Passé	*Plus-que-parfait*	*Passé*	*Passé*
que j'aie trouvé *daß ich gefunden habe* que tu aies trouvé *etc.*	que j'eusse trouvé *daß ich gefunden hätte* que tu eusses trouvé *etc.*	j'aurais trouvé *ich hätte gefunden* tu aurais trouvé *etc.*	avoir trouvé *gefunden haben*

[1] Das *Passé simple* wird heute in der gesprochenen Sprache durch das *Passé composé* ersetzt.
[2] Der *Subjonctif Imparfait* wird heute auch in der Schriftsprache höchstens noch in der 3. Person Singular gebraucht. Gewöhnlich wird er durch den *Subjonctif Présent* ersetzt.

Konjugation – Conjugaison

2. REGELMÄSSIGES VERB AUF -IR   punir

Temps simples			
INDICATIF			
Présent	*Imparfait*	*Passé simple*	*Futur simple*

je pun**is**
  ich bestrafe
tu pun**is**
il pun**it**
nous pun**issons**
vous pun**issez**
ils pun**issent**
	je pun**issais**
	  ich bestrafte
	tu pun**issais**
	il pun**issait**
	nous pun**issions**
	vous pun**issiez**
	ils pun**issaient**
		je pun**is**
		  ich bestrafte
		tu pun**is**
		il pun**it**
		nous pun**îmes**
		vous pun**îtes**
		ils pun**irent**
			je puni**rai**
			  ich werde bestrafen
			tu puni**ras**
			il puni**ra**
			nous puni**rons**
			vous puni**rez**
			ils puni**ront**

SUBJONCTIF		**CONDITIONNEL**	**IMPÉRATIF**
Présent	*Imparfait*	*Présent*	

que
je pun**isse**
  daß ich bestrafe
tu pun**isses**
il pun**isse**
nous pun**issions**
vous pun**issiez**
ils pun**issent**
	que
	je pun**isse**
	  daß ich bestrafte
	tu pun**isses**
	il pun**ît**
	nous pun**issions**
	vous pun**issiez**
	ils pun**issent**
		je puni**rais**
		  ich würde bestrafen
		tu puni**rais**
		il puni**rait**
		nous puni**rions**
		vous puni**riez**
		ils puni**raient**
			pun**is**
			  bestrafe!
			pun**issons**
			  bestrafen wir!
			pun**issez**
			  bestrafen Sie!;
			  bestraft!

INFINITIF	**PARTICIPE**		**GÉRONDIF**
Présent	*Présent*	*Passé*	
pun**ir** *bestrafen*	pun**issant** *bestrafend*	pun**i** *bestraft*	en pun**issant** *bestrafend*
Temps composés			
INDICATIF			
Passé composé	*Plus-que-parfait*	*Passé antérieur*	*Futur antérieur*

j'ai puni
  ich habe bestraft
tu as puni
etc.
	j'avais puni
	  ich hatte bestraft
	tu avais puni
	etc.
		j'eus puni
		  ich hatte bestraft
		tu eus puni
		etc.
			j'aurai puni
			  ich werde bestraft haben
			tu auras puni
			etc.

SUBJONCTIF		**CONDITIONNEL**	**INFINITIF**
Passé	*Plus-que-parfait*	*Passé*	*Passé*

que j'aie puni
  daß ich bestraft habe
que tu aies puni
etc.
	que j'eusse puni
	  daß ich bestraft hätte
	que tu eusses puni
	etc.
		j'aurais puni
		  ich hätte bestraft
		tu aurais puni
		etc.
			avoir puni
			  bestraft haben

3. UNREGELMÄSSIGE FORMEN DER VERBEN AUF -ER

⟨-ç-⟩	*Beispiel* avancer:	nous avançons	j'avançais tu avançais il avançait ils avançaient	j'avançai tu avanças il avança nous avançâmes vous avançâtes	(en) avançant
⟨-geons⟩ *bzw.* ⟨-geait⟩	*Beispiel* diriger:	nous dirigeons	je dirigeais tu dirigeais il dirigeait ils dirigeaient	je dirigeai tu dirigeas il dirigea nous dirigeâmes vous dirigeâtes	(en) dirigeant

Konjugation – Conjugaison

⟨-è-⟩	*Beispiel* peser:	je pèse tu pèses il pèse ils pèsent	je pèserai tu pèseras *etc.*	je pèserais tu pèserais *etc.*	pèse!
	Beispiel céder:	je cède tu cèdes il cède ils cèdent	(*aber* je céderai *etc.*)		cède!
⟨-tt-⟩	*Beispiel* projeter:	je projette tu projettes il projette ils projettent	je projetterai tu projetteras *etc.*	je projetterais tu projetterais *etc.*	projette!
⟨-ll-⟩	*Beispiel* épeler:	j'épelle tu épelles il épelle ils épellent	j'épellerai tu épelleras *etc.*	j'épellerais tu épellerais *etc.*	épelle!
⟨-oi-⟩	*Beispiel* employer:	j'emploie tu emploies il emploie ils emploient	j'emploierai tu emploieras *etc.*	j'emploierais tu emploierais *etc.*	emploie!
⟨-ui-⟩	*Beispiel* appuyer:	j'appuie tu appuies il appuie ils appuient	j'appuierai tu appuieras *etc.*	j'appuierais tu appuierais *etc.*	appuie!
⟨-ay- *od* -ai-⟩	*Beispiel* essayer:	j'essaye [ʒesɛj] tu essayes il essaye ils essayent essaye	*oder* j'essaie [ʒesɛ] *oder* tu essaies *oder* il essaie *oder* ils essaient *oder* essaie!	j'essayerai [ʒesɛjʀe] tu essayeras *etc.* j'essayerais tu essayerais *etc.*	*oder* j'essaierai [ʒesɛʀe] *oder* tu essaieras *oder* j'essaierais *oder* tu essaierais

4. UNREGELMÄSSIGE VERBEN

Aus den in spitzen Klammern bei den betreffenden Verben des Hauptteils angegebenen Formen läßt sich der gesamte Formenbestand eines unregelmäßigen Verbs nach folgendem Schema ableiten:

rendre

⟨je rends, il rend, nous rendons;   je rendais;   je rendis;   je rendrai;   que je rende;   rendant;   rendu⟩

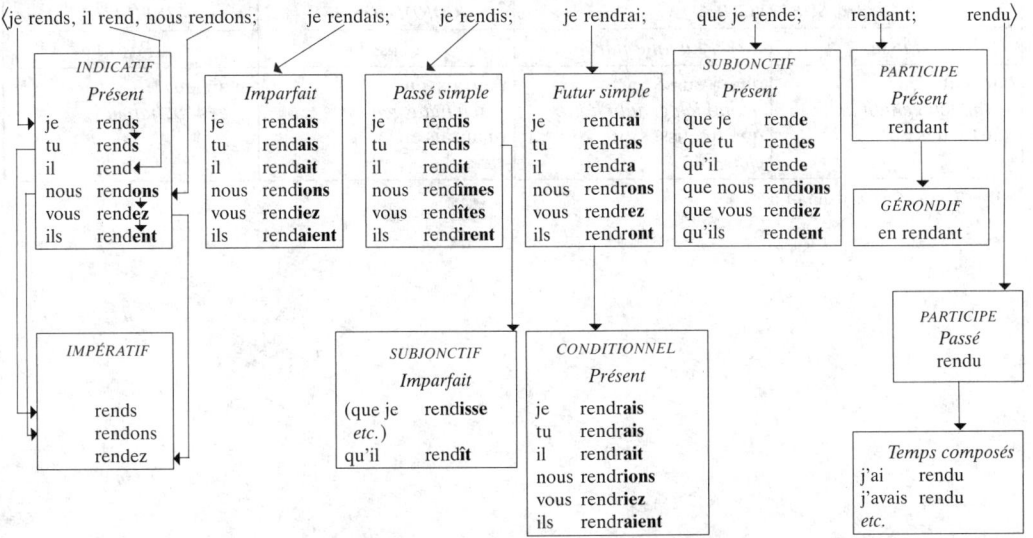

Konjugation – Conjugaison

5. HILFSVERB avoir

dient zur Bildung der zusammengesetzten Zeiten aller transitiven und der meisten intransitiven Verben

Temps simples			
INDICATIF			
Présent	*Imparfait*	*Passé simple*	*Futur simple*
j' ai *ich habe* tu as il a[1] nous avons vous avez ils ont	j' avais *ich hatte* tu avais il avait nous avions vous aviez ils avaient	j' eus *ich hatte* tu eus il eut nous eûmes vous eûtes ils eurent	j' aurai *ich werde haben* tu auras il aura[1] nous aurons vous aurez ils auront
SUBJONCTIF		**CONDITIONNEL**	**IMPÉRATIF**
Présent	*Imparfait*	*Présent*	

que
j'   aie
daß ich habe
tu   aies
il   ait
nous ayons
vous ayez
ils   aient
	que
	j' eusse
	daß ich hätte
	tu eusses
	il eût
	nous eussions
	vous eussiez
	ils eussent
		j' aurais
		ich würde haben
		tu aurais
		il aurait
		nous aurions
		vous auriez
		ils auraient
			aie
			  habe!
			ayons
			  haben wir!
			ayez
			  haben Sie!; habt!

INFINITIF	**PARTICIPE**		**GÉRONDIF**
Présent	*Présent*	*Passé*	
avoir *haben*	ayant *habend*	eu *gehabt*	en ayant *habend*
Temps composés			
INDICATIF			
Passé composé	*Plus-que-parfait*	*Passé antérieur*	*Futur antérieur*

j'ai eu
  ich habe gehabt
tu as eu
etc.
	j'avais eu
	  ich hatte gehabt
	tu avais eu
	etc.
		j'eus eu
		  ich hatte gehabt
		tu eus eu
		etc.
			j'aurai eu
			  ich werde gehabt haben
			tu auras eu
			etc.

SUBJONCTIF		**CONDITIONNEL**	**INFINITIF**
Passé	*Plus-que-parfait*	*Passé*	*Passé*

que j'aie eu
  daß ich gehabt habe
que tu aies eu
etc.
	que j'eusse eu
	  daß ich gehabt hätte
	que tu eusses eu
	etc.
		j'aurais eu
		  ich hätte gehabt
		tu aurais eu
		etc.
			avoir eu
			  gehabt haben

[1] *Frageform* a-t-il? *bzw.* aura-t-il?

6. HILFSVERB être

dient zur Bildung des Passivs und der zusammengesetzten Zeiten der reflexiven und einiger intransitiver Verben

Temps simples

INDICATIF

Présent	Imparfait	Passé simple	Futur simple
je suis *ich bin* tu es il est nous sommes vous êtes ils sont	j' étais *ich war* tu étais il était nous étions vous étiez ils étaient	je fus *ich war* tu fus il fut nous fûmes vous fûtes ils furent	je serai *ich werde sein* tu seras il sera[1] nous serons vous serez ils seront

SUBJONCTIF		CONDITIONNEL	IMPÉRATIF
Présent	Imparfait	Présent	
que je sois *daß ich sei* tu sois il soit nous soyons vous soyez ils soient	que je fusse *daß ich wäre* tu fusses il fût nous fussions vous fussiez ils fussent	je serais *ich würde sein* tu serais il serait nous serions vous seriez ils seraient	sois *sei!* soyons *seien wir!* soyez *seien Sie!; seid!*

INFINITIF	PARTICIPE		GÉRONDIF
Présent	Présent	Passé	
être *sein*	étant *seiend*	été *gewesen*	en étant *seiend*

Temps composés

INDICATIF

Passé composé	Plus-que-parfait	Passé antérieur	Futur antérieur
j'ai été *ich bin gewesen* tu as été etc.	j'avais été *ich war gewesen* tu avais été etc.	j'eus été *ich war gewesen* tu eus été etc.	j'aurai été *ich werde gewesen sein* tu auras été etc.

SUBJONCTIF		CONDITIONNEL	INFINITIF
Passé	Plus-que-parfait	Passé	Passé
que j'aie été *daß ich gewesen sei* que tu aies été etc.	que j'eusse été *daß ich gewesen wäre* que tu eusses été etc.	j'aurais été *ich wäre gewesen* tu aurais été etc.	avoir été *gewesen sein*

[1] *Frageform* sera-t-il?

Zeichensetzung im Französischen
Ponctuation française

1. Punkt, Strichpunkt, Doppelpunkt, Fragezeichen, Ausrufezeichen, Gedankenstrich, Klammern, Auslassungspunkte und Anführungszeichen (im Französischen « ») werden im wesentlichen wie im Deutschen gebraucht.

   An geringen Abweichungen sind zu erwähnen:

   Der Punkt wird im allgemeinen auch in Abkürzungen wie **H.L.M.**, **S.N.C.F.**, **U.S.A.** usw. gesetzt.

   Kein Punkt steht nach Ordnungszahlen: **1er** bzw. **1re**, **2^e**, **3^e** usw.

   Das Datum wird meist so geschrieben: **12/10/94**

   Das Ausrufezeichen steht nie nach der Anrede am Briefanfang:

   > **Monsieur,**
   >
   > J'ai l'honneur de vous faire savoir …

2. Einige bedeutende Abweichungen vom Deutschen sind dagegen beim Gebrauch des Kommas zu verzeichnen:

   a) Adverbiale Bestimmungen zu Beginn eines Satzes werden durch Komma abgetrennt:

   A trois heures, il n'était toujours pas arrivé. Avec lui, il faut se méfier.

   b) Nicht durch Komma abgetrennt werden dagegen:

   Objektsätze (**Je sais qu'il a tort.**)

   indirekte Fragesätze (**Je me demande s'il n'est pas malade.**)

   nachgestellte Adverbialsätze (**J'irai le voir avant qu'il parte.**)

   zum Verständnis des Hauptsatzes notwendige Relativsätze (**Le livre que tu m'as prêté ne me plaît pas.**)

   Infinitivgruppen (**Il m'a prié de l'aider.**)

   c) Vor „etc." steht im Französischen ein Komma:

   Paris, Londres, Berlin, etc.

Silbentrennung im Französischen
Règles de césure des mots du français

Die Trennung eines Wortes am Zeilenende erfolgt im Französischen nach Sprechsilben. Dabei gelten folgende Regeln:

1. Ein einzelner Konsonant zwischen zwei Vokalen tritt zur folgenden Silbe,

    z. B. **di-ri-ger, pay-san, pro-me-na-de, thé-ra-peu-ti-que**

    Ausnahme: Bei x zwischen zwei Vokalen wird im allgemeinen nicht getrennt,

    z. B. **Saxon, rixe**

2. Von zwei oder mehr Konsonanten zwischen zwei Vokalen tritt nur der letzte Konsonant zur folgenden Silbe,

    z. B. **par-tir, ex-cur-sion, res-ter, doc-ker, chas-seur, nom-mer, ail-leurs** (mouilliertes l ist trennbar),

    comp-ter, isth-mi-que, cons-cien-ce, subs-tan-tif
    (auch etymologische Trennung **con-science, sub-stantif** ist möglich, aber nicht üblich)

    Dabei gelten folgende Ausnahmen:
    a) Konsonant + l oder + r werden nicht getrennt,

    z. B. **ci-ble, es-clan-dre, an-glais, af-freux, ins-truit**

    b) Die einen einzigen Laut darstellenden Konsonantenpaare ch, gn, ph, th werden nicht getrennt,

    z. B. **ro-cher, ga-gner, or-tho-gra-phe**

3. Mehrere aufeinanderfolgende Vokale werden nicht getrennt,

    z. B. **théâ-tre, poè-me, priè-re, sec-tion, voya-ge, muet, croyons, louaient**

    Ausnahme: Ein Präfix kann vom Stamm getrennt werden,

    z. B. **pré-avis**

4. Ein einzelner Vokal am Anfang eines Wortes kann nicht abgetrennt werden,

    z. B. **état, oser**

    Ausnahme: Nach Elision ist Trennung möglich,

    z. B. **qu'a-vec**

5. Nach dem Apostroph darf nicht getrennt werden,

    z. B. **au-jour-d'hui, puis-qu'il**

LANGENSCHEIDTS
HANDWÖRTERBÜCHER

Langenscheidts Handwörterbuch Französisch

Teil II
Deutsch-Französisch

Herausgegeben von der
Langenscheidt-Redaktion

LANGENSCHEIDT
BERLIN · MÜNCHEN · WIEN · ZÜRICH · NEW YORK

Redaktionsteam des deutsch-französischen Handwörterbuchs:
Équipe rédactionnelle du dictionnaire allemand-français:

Barbara Epple
Herbert Horn
Dr. Birgit Klausmann-Molter

Unter Mitarbeit von:
Avec la collaboration de:

Adelheid Buschner	Geneviève Lohr
Micheline Funke	Bernadette Martial
Dora Heltmann	Margarete Polduwe
Véronique Hoffmann	Gisela Verdier
Nikolaus Kainz	Jean-François Verdier

„Langenscheidts Handwörterbuch Deutsch-Französisch" ist inhaltsgleich mit dem Titel „Langenscheidts Großes Schulwörterbuch Deutsch-Französisch".

Die Nennung von Waren erfolgt in diesem Werk,
wie in Nachschlagewerken üblich, ohne Erwähnung etwa
bestehender Patente, Gebrauchsmuster oder Warenzeichen.
Das Fehlen eines solchen Hinweises begründet
also nicht die Annahme, eine Ware
oder ein Warenname sei frei.

Les mots qui, à notre connaissance, sont considérés
comme des marques ou des noms déposés
sont signalés dans cet ouvrage par la mention correspondante.
La présence ou l'absence de cette mention
ne peut pas être considérée comme ayant valeur juridique.

Ergänzende Hinweise, für die wir jederzeit dankbar sind,
bitten wir zu richten an:
Langenscheidt-Verlag, Postfach 40 11 20, 80711 München

Auflage:	6.	5.	4.	Letzte Zahlen
Jahr:	2000	1999	98	maßgeblich

© 1995 Langenscheidt KG, Berlin und München
Druck: C. H. Beck'sche Buchdruckerei, Nördlingen
Printed in Germany · ISBN 3-468-04158-6

Vorwort

Umfassende Neubearbeitung

Für die vorliegende Neuausgabe wurde „Langenscheidts Handwörterbuch Deutsch-Französisch" umfassend und von Grund auf neu bearbeitet. Im Vordergrund standen dabei Aktualität, Vollständigkeit und die benutzerfreundliche Anlage des Wörterbuchs.

Aktualität und Vollständigkeit

In dem Bestreben, ein Wörterbuch zu erstellen, das für jedweden Bereich des heutigen deutschen Sprachgebrauchs – Jugendjargon und Alltagssprache, öffentlicher Sprachgebrauch und Medien, Verwaltungssprache, Sachtexte, Literatur – die französische Entsprechung zuverlässig zur Verfügung stellt, hat ein erfahrenes Team deutscher und französischer Lexikographen sämtliche Einträge Wort für Wort überprüft und eine Vielzahl von Publikationen ausgewertet. Veraltetes wurde zurückgedrängt oder ganz ausgeschieden, vor allem aber wurden zahlreiche Neuprägungen und neue Bedeutungen der letzten Jahre aufgenommen, so daß die Neuausgabe des Wörterbuchs auch an Umfang erheblich zunahm.

Neologismen aus allen Bereichen

Einige Neuaufnahmen aus dem allgemeinsprachlichen Bereich sind z.B. *Dienstleistungsabend*, *Handy*, *Mobilfunk*, *nachwachsend*, *Ökohaus*, *Pflegeversicherung*, *sanfte Energie* und *zappen*, dazu Abkürzungen wie *AU*, *DTP*, *EU*, *GUS* und *ICE*.

Fachsprache

Von einem Wörterbuch dieser Größe darf der Benutzer auch erwarten, daß es ihn bei Begriffen aus Wirtschaft, Politik, Medizin und anderen Sachgebieten nicht im Stich läßt. Diesen – und darüber hinaus dem Sport, der Informatik, der Ökologie und der Technik – galt daher bei der Neubearbeitung besondere Aufmerksamkeit; zu nennen wären hier etwa *Ampelkoalition*, *Entsorgungstechnik*, *Infopost*, *Insidergeschäft*, *Lauschangriff*, *Lernsoftware*, *scannen*, *Überschuldung*, *Zugriffszeit*.

Umgangssprache

Umgangssprachliche Begriffe und Wendungen kommen heute längst nicht mehr nur im Gespräch vor, sondern haben Eingang in die Unterhaltungsmedien, in Presse und Literatur gefunden – ihre Übersetzung wird im Wörterbuch gesucht. So finden sich hier z.B. *schnallen*, *raffen*, *reinhauen*, *jemanden anmachen*, *Schlaffi*, *null Bock*, *voll gut* und *Zoff*.

Vorwort

Idiomatik — Außerdem wurde die Zahl der idiomatischen Wendungen und Anwendungsbeispiele vermehrt: sie erst geben Auskunft über die Verwendung einzelner Begriffe in der geschriebenen und gesprochenen Sprache und machen den alltäglichen Sprachgebrauch transparent.

Schweizerische und österreichische Besonderheiten — Gleiches wie für die Umgangssprache gilt für Besonderheiten des Sprachgebrauchs in einzelnen Regionen, in Österreich und in der Schweiz: auch *Gelse*, *lupfen*, *Matura*, *Paradeiser*, *perlustrieren*, *Schmankerl*, *Schnürlregen*, *Serviertochter*, *Wecken*, *zensurieren*, *Zibebe*, *Znüni* u.v.a.m. wurden aufgenommen.

Übersichtliche Struktur — Mit dem Ziel, den Gebrauchswert des Wörterbuchs zu erhöhen, wurden die einzelnen Artikel überall dort, wo es der Benutzbarkeit diente, übersichtlicher gegliedert; stark reduziert wurde die Verwendung der Tilde. Der Benutzer gelangt dadurch schnell zum gesuchten Begriff und zur passenden Übersetzung.

Neue Typographie — Dem gleichen Zweck dient die Verwendung einer neuen Typographie: fünf Schriftarten differenzieren Stichwörter (**fett**), Wendungen (***halbfett kursiv***), Übersetzungen (in normaler Schrift) und *kursive* Erklärsprache; Sachgebietsangaben sind zur besseren Unterscheidung in kursive KAPITÄLCHEN gesetzt.

Alles auf einen Blick — Zum Gebrauchswert eines Wörterbuchs gehört schließlich, daß sich mühevolles Hin- und Herblättern erübrigt. Der Benutzer findet daher direkt beim Stichwort alles, was dazu gehört: nicht nur die phonetische Umschrift, Informationen zur Grammatik, zur Stil-, Sachgebiets- und Bedeutungsdifferenzierung, sondern auch die wichtigsten Angaben zur Rektion und die unregelmäßigen Formen der Verben, die früher im Anhang nachgeschlagen werden mußten. Auch Eigennamen und Abkürzungen sind jetzt in den alphabetischen Hauptteil integriert, so daß in diesem Wörterbuch sich alles auf einen Blick findet.

LANGENSCHEIDT

Préface

Édition remaniée et augmentée

La présente édition du dictionnaire « Langenscheidts Handwörterbuch Deutsch-Französisch » a été entièrement revue et mise à jour. L'éditeur s'est fixé un seul but: offrir aux enseignants, étudiants et traducteurs un outil pratique et un ouvrage de référence actuel, fiable et le plus complet possible.

Actualisation

Pour élaborer ce dictionnaire qui présente un vaste panorama de la langue allemande contemporaine, une équipe de lexicographes confirmés, germanophones et francophones, a révisé la nomenclature, supprimé des mots ou sens devenus archaïques, inséré les mots ou sens nouveaux et repris systématiquement toutes les traductions pour en contrôler la justesse et la pertinence. Cette équipe attentive aux évolutions de la langue s'est servie constamment des nombreuses sources de renseignement dont elle disposait.

Néologismes

Nous avons considérablement enrichi le dictionnaire de mots, expressions et sens nouveaux comme: *Dienstleistungsabend*, *Handy*, *Mobilfunk*, *nachwachsend*, *Ökohaus*, *Pflegeversicherung*, *sanfte Energie* et *zappen* et avons également inséré les sigles et abréviations: *AU*, *DTP*, *EU*, *GUS*, *ICE*, etc.

Vocabulaire spécialisé

Cette nouvelle édition accorde une large place au vocabulaire des domaines spécialisés tels que l'économie, la politique, la médecine, le sport, l'informatique, l'écologie, les médias, la communication. Citons: *Ampelkoalition*, *Entsorgungstechnik*, *Infopost*, *Insidergeschäft*, *Lauschangriff*, *Lernsoftware*, *scannen*, *Überschuldung*, *Zugriffszeit*.

Langue familière

Pour répondre aux besoins des utilisateurs, ce dictionnaire recense et traite de nombreux mots et expressions de la langue familière que l'utilisateur rencontre dans la vie quotidienne et dans la lecture de la presse et des œuvres littéraires. Des mots et expressions tels que: *schnallen*, *raffen*, *reinhauen*, *jemanden anmachen*, *Schlaffi*, *null Bock*, *voll gut* et *Zoff* font aussi la richesse de ce dictionnaire. Cette augmentation de la macrostructure, tout comme de la phraséologie (locutions, expressions idiomatiques, collocations et constructions syntaxiques) permettra à l'utilisateur de cerner l'emploi des mots à l'écrit comme à l'oral.

Expressions idiomatiques

Vorwort

Allemand de Suisse et d'Autriche

La langue décrite ne se limite pas à l'allemand d'Allemagne. Nous avons accordé une place non négligeable à l'allemand régional et aux mots les plus répandus de Suisse et d'Autriche comme *Gelse, lupfen, Matura, Paradeiser, perlustrieren, Schmankerl, Schnürlregen, Serviertochter, Wecken, zensurieren, Zibebe* et *Znüni*.

Présentation des informations

Pour faciliter aux utilisateurs l'accès à l'information, nous avons repris chaque article et, pour en rendre la présentation plus claire, les avons restructurés.

Nouvelle typographie

Nous avons adopté une nouvelle typographie pour mieux mettre en évidence la structure des articles. Cinq caractères typographiques permettent de différencier: l'entrée (**gras**), les locutions (***italique demi-gras***), les traductions (romain), la métalangue (*italique*) et les domaines de spécialité (PETITES CAPITALES).

Agencement des indications

Un dictionnaire, si riche soit-il, perd une partie de sa valeur lorsque l'utilisateur ne trouve pas rapidement ce qu'il cherche. Toutes les informations relatives à un mot sont fournies dans son article: la phonétique, les catégories grammaticales, le niveau de langue, les domaines, les indicateurs sémantiques, mais aussi les formes irrégulières des verbes qui, dans la précédente édition, se trouvaient en annexe. De plus, les noms propres et les abréviations trouvent leur place dans la nomenclature. Ainsi les utilisateurs trouveront efficacement tous les éléments linguistiques qu'ils recherchent dans un même ordre alphabétique.

LANGENSCHEIDT

Inhaltsverzeichnis
Table des matières

Vorwort	785	Préface	787
Hinweise für die Benutzung des Wörterbuchs	790	Renseignements pour le lecteur de ce dictionnaire	790
Im Wörterbuch verwendete Abkürzungen	794	Abréviations employées dans ce dictionnaire	794
Zur Aussprache des Deutschen	796	Prononciation de l'allemand	796
Deutsch-französisches Wörterverzeichnis	799–1597	**Dictionnaire allemand-français**	799–1597
Zahlwörter	1599	Adjectifs numéraux	1599

Hinweise für die Benutzung des Wörterbuchs
Renseignements pour le lecteur de ce dictionnaire

1. Fünf verschiedene **Schriftarten:**

Fettdruck	für die deutschen Stichwörter
halbfette Kursivschrift	für die Anwendungsbeispiele und Redewendungen
Normalschrift	für die französischen Übersetzungen
kursiv	für alle erklärenden Zusätze
KAPITÄLCHEN	für Sachgebiete

1. Cinq **caractères d'imprimerie** différents:

le caractère gras	pour les entrées
le demi-gras en italique	pour les exemples et les locutions
le caractère romain normal	pour les traductions françaises
l'italique	pour toutes les explications
PETITES CAPITALES	pour les étiquettes de spécialité

2. Lexikographische Zeichen

~ Die **Tilde** vertritt das Stichwort innerhalb des Artikels:

Kunde ... *m* ⟨~n; ~n⟩ ...; *Dienst m am* **~n**

Sie steht in den Wendungen nicht für die eingeklammerte Endung des Stichworts:

Favorit(in) ... *m* ⟨~en; ~en⟩ *(f)* ⟨~; ~nen⟩ ... favori, -ite *m,f*; *hoher* ~ favori (incontesté)

Sie dient außerdem der Anhängung weiterer Stichwörter:

Radar ...; *~anlage* (= **Radaranlage**)

| Der **senkrechte Strich** weist darauf hin, daß die Tilde in den angehängten Stichwörtern nur den vor diesem Strich stehenden Wortteil vertritt:

Auto|radio ...; *~reifen* (= **Autoreifen**)

♀ Der **Kreis über der Tilde** kennzeichnet den Wechsel von Klein- zu Großschreibung oder umgekehrt:

Fächer ...; *♀artig* (= **fächerartig**)
saugfähig ...; *♀keit* (= **Saugfähigkeit**)

~̈ **Die zwei Punkte über der Tilde** zeigen den Umlaut an:

Bad ... ⟨~(e)s; ~̈er⟩ (= Bäder [ˈbɛːdər])

- Der **Bindestrich** steht für Teile von deutschen und französischen Wörtern:

Kuß ... ⟨-sses; Küsse⟩ (= Kusses)

Der Bindestrich wird am Zeilenanfang wiederholt, wenn mit Bindestrich geschriebene Wörter getrennt werden:

ʼ **Zeichen für h aspiré**, vgl. 6. b)

ˈ **Betonungsakzent**, vgl. 6. b)

[ ] Die **eckigen Klammern** enthalten die Wiedergabe der Aussprache.

2. Signes lexicographiques

~ Le **tilde** remplace l'entrée dans le corps de l'article:

Kunde ... *m* ⟨~n; ~n⟩ ...; *Dienst m am* **~n**

Dans les tournures, le tilde ne remplace pas la terminaison de l'entrée mise entre parenthèses:

Favorit(in) ... *m* ⟨~en; ~en⟩ *(f)* ⟨~; ~nen⟩ ... favori, -ite *m,f*; *hoher* ~ favori (incontesté)

Il sert en plus à rattacher d'autres entrées:

Radar ...; *~anlage* (= **Radaranlage**)

| Le **trait vertical** indique que le tilde ne remplace, dans les entrées rattachées, que la partie précédant le trait vertical:

Auto|radio ...; *~reifen* (= **Autoreifen**)

♀ Le **rond sur le tilde** indique que ce mot, contrairement à l'entrée, prend soit une majuscule soit une minuscule:

Fächer ...; *♀artig* (= **fächerartig**)
saugfähig ...; *♀keit* (= **Saugfähigkeit**)

~̈ Le **tréma sur le tilde** indique l'inflexion:

Bad ... ⟨~(e)s; ~̈er⟩ (= Bäder [ˈbɛːdər])

- Le **tiret** remplace une partie d'un mot allemand ou français:

productif, -ive (= productive)

Le **trait d'union** des mots composés coupés en fin de ligne est repris à la ligne suivante:

... auto-
-école ...

ʼ marque le **h aspiré**, voir 6. b)

ˈ marque l'**accent tonique**, voir 6. b)

[ ] Les **crochets** encadrent la transcription phonétique.

Hinweise – Renseignements

⟨⟩ Die **spitzen Klammern** enthalten grammatische Angaben.

() Die **runden Klammern** enthalten
a) Varianten:
    fad(e)   **Rat** ...; *auf j-s ~ (hin)*
b) zusammengefaßte Wortformen (und deren Genusbezeichnungen):
    Spanier(**in**) *m* ... (*f*) Espagnol(e) *m*(*f*)
c) erklärende Synonyme:

d) ergänzende Angaben:
    UNO ... *abr* (*United Nations Organization, Organisation der Vereinten Nationen*)
    die ~ l'ONU *f* (Organisation des Nations Unies)

; Der **Strichpunkt** kennzeichnet das Ende einer Übersetzung.

, Das **Komma** bedeutet dagegen, daß die Übersetzung noch nicht abgeschlossen, sondern mit anderen Übersetzungen zusammengefaßt ist:
    rasen ... aller à toute vitesse, à une vitesse folle, à fond de train

: Der **Doppelpunkt** steht zur Verdeutlichung der Beziehungen zwischen erklärenden Hinweisen:
    Kaiserschmarren *m österr, südd*: plat sucré composé d'une crêpe épaisse coupée en morceaux mélangés à des raisins secs

⟨⟩ Les **parenthèses angulaires** renferment des renseignements grammaticaux.

() Les **parenthèses** renferment
a) des variantes:
    optim(al)iser   terminal (au) point de vente
b) des formes dérivées (et les genres correspondants):
    Alleinstehende(**r**) *f*(*m*) (= **eine Alleinstehende, ein Alleinstehender**)
c) des synonymes explicatifs:
    Backe ... *f* **1.** (*Wange*) ...
d) des indications complémentaires:

; Le **point-virgule** marque la fin d'une traduction.

, La **virgule** sépare les traductions à compléter par un élément commun:

: Les **deux points** servent à préciser le rapport entre deux indications explicatives:

3. Alphabetische Reihenfolge

Die **Stichwörter** sind streng alphabetisch geordnet (mit Ausnahme der eingeklammerten Endungen, z.B. *Grüne*(*r*), dann erst *grünen*). Dabei wird *ä* wie *a*, *ö* wie *o*, *ü* wie *u* und *ß* wie *ss* behandelt. An alphabetischer Stelle stehen auch orthographische Varianten, unregelmäßige Formen (*ist, besser* usw.), Eigennamen und Abkürzungen sowie heute lebendige Wortbildungselemente (*wieder...*, *Umwelt...* usw.).

3. Ordre alphabétique

Les **entrées** suivent rigoureusement l'ordre alphabétique (à l'exception de leurs terminaisons mises entre parenthèses, par ex. *Grüne*(*r*), ensuite *grünen*). Les lettres *ä, ö, ü* et *ß* sont traitées comme *a, o, u* et *ss*. On trouvera également dans l'ordre alphabétique: les variantes orthographiques, les formes irrégulières (*ist, besser*, etc.), les noms propres et les sigles, ainsi que les préfixes usuels (*wieder...*, *Umwelt...*, etc.).

4. Aufnahme der Wendungen

Wendungen werden in der Regel unter ihrem ersten bedeutungstragenden Element aufgenommen. Wendungen, die Substantive enthalten, sind meist unter dem ersten Substantiv verzeichnet.

4. Traitement des locutions

Les locutions figurent, en principe, dans l'article du premier mot de valeur sémantique. En règle générale, on trouvera les locutions renfermant plusieurs noms dans l'article du premier nom.

5. Unterteilung der Stichwortartikel

Mit **Exponenten** sind Stichwörter gleicher Schreibung versehen, die als verschiedene Wörter empfunden werden, z.B. **Gehalt**[1], **Gehalt**[2].

Die **römischen Ziffern** kennzeichnen die verschiedenen Wortarten, denen ein Stichwort angehört.

Die **arabischen Ziffern** bezeichnen die verschiedenen Bedeutungen eines Stichworts.

5. Division des articles

Les **exposants** servent à distinguer les entrées homographes, par exemple **Gehalt**[1], **Gehalt**[2].

Les **chiffres romains** marquent les catégories grammaticales de l'entrée.

Les **chiffres arabes** servent à classer les diverses acceptions de l'entrée.

6. Die Bestandteile eines Stichwortartikels

a) **Stichwort** vgl. 3.

b) **Aussprache**
Die Wiedergabe der Aussprache erfolgt nach den Grundsätzen der IPA (International Phonetic Association): vgl. die Tabelle der Lautschriftzeichen S. 796.

6. Les éléments constituants d'un article

a) **Entrée**, voir 3.

b) **Prononciation**
La transcription phonétique suit la notation de l'I.P.A. (International Phonetic Association): voir le tableau des signes phonétiques page 796.

Hinweise – Renseignements

Eine vollständige phonetische Umschrift erhält jedes deutsche Stichwort, dessen Aussprache sich nicht aus seinen einzelnen Wortbestandteilen (Grundwort, Bestimmungswort, Fugenelement, Vorsilbe, Endung, vgl. die Übersicht S. 798) erschließen läßt. Alle anderen Stichwörter ohne Tilde erhalten den Betonungsakzent:

Sont transcrites en entier toutes les entrées sauf celles dont la prononciation ne découle pas de leurs constituants (mot de base, complément déterminant, jointure, préfixe, suffixe, voir aussi le tableau page 798). L'accent tonique est indiqué pour toutes les autres entrées qui ne sont pas formées à l'aide du tilde:

Arbeit ['arbaɪt] ...
'**arbeiten** ...
'**Arbeits|amt** ...
Be'arbeitung ...

Bei allen mit h beginnenden französischen Wörtern (auch in Wendungen) wird angegeben, ob es sich um ein **h aspiré** handelt, ob also Elision und Bindung unterbleiben (Ausnahme: das „h aspiré" ist aus dem vorhergehenden Wort ersichtlich):

Tous les mots français commençant par **h aspiré** sont pourvus du signe '. Ce signe n'est pas répété dans les locutions où le contexte rend le h aspiré évident:

'haricot   'huit   de huit jours
'hasard   dû au hasard

c) Genus und Wortart

In der Regel ist zu jedem deutschen Stichwort das Genus (*m, f, n*) bzw. die Wortart (*adj, v/t, prép* usw.) angegeben. Innerhalb eines Artikels erhält das französische Substantiv eine Genusangabe, falls das Genus nicht aus dem Kontext hervorgeht (z.B. *coup monté, bœuf braisé*).

In den französischen Grundübersetzungen folgt jedem einfachen und zusammengesetzten Substantiv eine Genusbezeichnung, falls das Genus nicht aus dem Kontext ersichtlich ist.

c) Genre et catégorie grammaticale

Chaque entrée est, en principe, suivie de l'indication du genre (*m, f, n*) ou de la catégorie grammaticale (*adj, v/t, prép*, etc.). À l'intérieur d'un article, le genre des noms français est indiqué, sauf si le contexte rend le genre évident (par ex. *coup monté, bœuf braisé*).

Chaque nom français des traductions de base, simple ou composé, est suivi de l'indication du genre (*m, f*), sauf si le contexte le rend évident.

d) Grammatik

Bei jedem einfachen **Substantiv** ist der Genitiv Singular und – falls gebräuchlich – der Nominativ Plural angegeben. Zusammengesetzte Substantive ohne grammatische Angaben werden wie das Grundwort dekliniert:

d) Grammaire

Sont indiqués pour chaque **nom** simple le génitif singulier et le nominatif pluriel, si ce dernier est utilisé. Les noms composés qui ne portent pas d'indications grammaticales se déclinent comme le nom simple.

Kind ... *n* ⟨~(e)s; ~er⟩   **Wunderkind** *n* enfant *m* prodige

Die Deklination der substantivierten Adjektive wird durch das Zeichen → A, die der Eigennamen durch das Zeichen → n/pr angezeigt:

La déclinaison des adjectifs substantivés est indiquée par le signe → A, celle des noms propres par le signe → n/pr:

Beamte(r) ... *m* ⟨→ A⟩   **Arbeitslose(r)** *f(m)* ⟨→ A⟩
Franz ... *m* ⟨→ n/pr⟩   **Tschechien** ... ⟨→ n/pr⟩

Bei den **Adjektiven** wird die Tilgung von -e-, der Wechsel von -ß- zu -ss-, Unregelmäßigkeiten der Steigerung und Unveränderlichkeit verzeichnet:

Pour les **adjectifs**, la suppression de -e-, le changement de -ß- en -ss-, les irrégularités dans les degrés de comparaison et l'invariabilité sont mentionnés:

heikel ... *adj* ⟨-kl-⟩
naß ... *adj* ⟨-ss-; nässer *ou* nasser, nässeste *ou* nasseste⟩
Frankfurter ... *adj* ⟨*épithète*; *inv*⟩

Bei jedem **Verb** wird angegeben, ob die zusammengesetzten Zeiten mit „haben" oder „sein" gebildet werden:

Pour chaque **verbe** on a donné l'auxiliaire «haben» ou «sein» qui sert à former les temps composés:

buchen ... *v/t* ⟨h⟩   **hüpfen** ... *v/i* ⟨sein⟩
fliegen ... **I** *v/t* **1.** ⟨h⟩ piloter ... **2.** ⟨h *ou* sein⟩   *e-e Kurve* ~ ... **II** *v/i* ⟨sein⟩

Außerdem sind folgende Abweichungen vom Konjugationsschema des einfachen Verbs verzeichnet:

Si la conjugaison diffère de celle du verbe simple, on trouvera les indications suivantes:

– Tilgung von -e- bzw. -es-, Erweiterung mit -e- und Wechsel von -ss- zu -ß-:

– la suppression de -e- ou -es-, l'intercalation de -e- et le changement de -ss- en -ß-:

pinseln *v/t* ⟨-(e)le, h⟩   **ändern** ... ⟨-(e)re, h⟩ **I** *v/t*   **speisen** ⟨-(es)t, h⟩ **I** *v/t*
regnen *v/imp* ⟨-ete, h⟩   **passen** ... ⟨-ßt, h⟩ **I** *v/t*

- Die Stammformen der einfachen unregelmäßigen Verben:

– les formes de base des verbes irréguliers simples:

tragen ... ⟨trägt, trug, getragen, h⟩ **I** *v/t*

Bei Zusammensetzungen steht die Angabe *irr* als Hinweis auf die unregelmäßige Konjugation nach dem Schema des einfachen Verbs:

Pour les verbes composés, l'abréviation *irr* désigne les verbes irréguliers qui se conjuguent sur le modèle des verbes simples:

ertragen *v/t* ⟨*irr, pas de ge-*, h⟩ (= erträgt, ertrug, ertragen)

- Bildung des Partizips Perfekt ohne die Partikel ge-:

– la formation du participe passé sans particule ge-:

spazieren ... *v/i* ⟨*pas de ge-*, sein⟩

- Trennbarkeit und, wo nötig, Untrennbarkeit zusammengesetzter Verben, verbunden mit Angaben zur Bildung des Partizips Perfekt:

– Pour chaque verbe composé on a indiqué s'il est séparable et si le -ge- est intercalé. Pour les verbes composés à particule mixte, on a aussi indiqué s'ils sont inséparables:

'umfahren *v/t* ⟨*irr, sép, -ge-*, h⟩   um'**fahren** *v/t* ⟨*irr, insép, pas de ge-*, h⟩

Die grammatische **Konstruktion** im Deutschen und Französischen – abweichende **Rektion**, Verwendung der **Präpositionen** usw. – ist bei den Übersetzungen angegeben oder durch **Anwendungsbeispiele** verdeutlicht. Wo nötig, wird bei der deutschen Präposition der **Kasus** verzeichnet:

Des **indications syntaxiques**, surtout quand le français et l'allemand diffèrent, sont rajoutées à la traduction ou clarifiées par des **exemples**. On a marqué le **cas** chaque fois qu'une préposition allemande régit soit le datif soit l'accusatif:

dienen ... *v/i* ⟨h⟩ servir (*j-m* qn; *als* de) ... ~ *zu* (+*substantivierter inf*) servir à (+*inf*) ...
Angst *f* ... peur *f* (*vor* [+*dat*] de ... *um j-n* ~ *haben* s'inquiéter, avoir peur pour qn ...
neugierig ... curieux, -ieuse (*auf* [+*acc*] de); *ich bin* ~, *ob er kommen wird* je suis curieux, -ieuse de voir s'il viendra

e) Sprachebene
Im deutschen und französischen Text wird der von der Normalsprache abweichende Sprachgebrauch gekennzeichnet: F, P, *vulgär, st/s, litt, poét*, im weiteren Sinn auch *péj, fig, iron, enf, südd* usw. Die französische Übersetzung wurde so weit wie möglich auf die deutsche Sprachebene abgestimmt.

e) Niveau de langue
Des marques d'usage balisent le vocabulaire allemand et français chaque fois qu'il diffère d'un niveau de langue neutre: F, P, *arg, st/s, litt, poét*, par extension *péj, fig, iron, enf, südd*, etc. Dans la mesure du possible, la traduction française correspond au niveau de langue allemand.

f) Übersetzung
In der Regel sind die französischen Übersetzungen in der Reihenfolge ihrer Gebrauchshäufigkeit angeführt. Gibt es im Französischen keine Entsprechung für ein deutsches Wort, so wird eine meist kursiv gedruckte Erklärung gegeben.

f) Traduction
En règle générale, les traductions françaises sont classées d'après la fréquence de leur usage. Dans les cas où le français ne possède pas d'équivalent du mot allemand, on a donné une glose explicative généralement en italique.

g) Wendungen vgl. 4.

g) Locutions, voir 4.

h) Bedeutungsdifferenzierung
Der Benutzer wird durch zahlreiche erklärende Zusätze zur richtigen Übersetzung geführt. Diesem Zweck dienen

h) Différenciation sémantique
De nombreux renseignements supplémentaires guident le lecteur vers la bonne traduction:

- **Sachgebietsangaben** (als Abkürzungen oder ausgeschriebene Wörter durch Kapitälchenschrift hervorgehoben),
- **Synonyme** (durch runde Klammern gekennzeichnet),
- **Kollokatoren** (Wörter, die üblicherweise mit dem Stichwort kombiniert werden, z.B. typische Subjekte und Objekte mit Verben,
- **Oberbegriffe**,
- sonstige nützliche Hinweise:

– **étiquettes de spécialité** (mises en relief par de petites capitales en abrégé ou en toutes lettres),

– **synonymes** (entre parenthèses),

– **collocateurs** (mots qui s'associent habituellement à l'entrée, par ex. les sujets et compléments de verbes),
– **définitions partielles**,
– d'autres renseignements utiles

schneiden ... **1.** couper; (*ab*~) trancher; (*aus*~) découper; *Bäume, Hecken etc a* tailler ...; **2.** *Film* découper ...; **4.** TENNIS *etc Ball* couper ...; **5.** AUTO *Kurve* couper ...; **6.** MÉD *Geschwür* ouvrir; inciser; **7.** F *fig j-n* ~ ignorer qn; éviter qn; ne plus connaître qn ...

Im Wörterbuch verwendete Abkürzungen

Abréviations employées dans ce dictionnaire

a	*aussi*, auch	*ÉLECT*	*électrotechnique*, Elektrotechnik
→ A	*se décline comme l'adjectif qualificatif épithète*, wird wie das Adjektiv dekliniert	*ÉLECTRON*	*électronique*, Elektronik
		e-m, *e-m*	einem, *à un(e)*
		e-n, *e-n*	einen, *un(e)*
abr	*abréviation*, Abkürzung	*enf*	*langage des enfants*, Kindersprache
abs	*(employé d'une façon) absolu(e)*, absolut (gebraucht), ohne Objekt	**e-r**, *e-r*	einer, *d'un(e), à un(e)*
		e-s, *e-s*	eines, *d'un(e)*
abus	*abusivement*, fälschlich	*etc*	*et cetera*, und so weiter
acc	*accusatif*, Akkusativ	**etw**, *etw*	etwas, *quelque chose*
adj	*adjectif (qualificatif)*, Adjektiv, Eigenschaftswort	*f*	*(nom) féminin*, Femininum, weiblich
		F	*familier*, Umgangssprache, familiär
adjt	*adjectivement*, adjektivisch gebraucht	*fig*	*(au sens) figuré*, figürlich, bildlich
ADM	*administration*, *langage administratif*, Verwaltung(ssprache)	*FIN*	*finances*, Geldwesen
		FORTIF	*fortifications*, Befestigungswesen
adv	*adverbe*, Adverb, Umstandswort	*f/pl*	*féminin pluriel*, Femininum Plural
advt	*adverbialement*, adverbial gebraucht	*frz*	französisch, *français*
AGR	*agriculture*, Landwirtschaft	*gén*	*génitif*, Genitiv
ANAT	*anatomie*, Anatomie	*GÉOGR*	*géographie*, Geographie, Erdkunde
ARCH	*architecture*, Architektur, Baukunst	*GÉOL*	*géologie*, Geologie
arg	*argot*, Gaunersprache, Jargon	*GR*	*grammaire*, Grammatik
ASTR	*astronomie*, Astronomie	*h*	*verbe auxiliaire*: haben
AUTO	*automobile*, Kraftfahrzeug(wesen)	*HIST*	*histoire, historique*, Geschichte, historisch
AVIAT	*aviation*, Flugwesen, Luftfahrt		
bes	besonders, *particulièrement*	*ind*	*indicatif*, Indikativ
BIBL	*Bible, langage biblique*, Bibel(sprache)	*inf*	*infinitif*, Infinitiv
BIOL	*biologie*, Biologie	*INFORM*	*informatique*, Informatik, EDV
BOT	*botanique*, Botanik, Pflanzenkunde	*insép*	*inséparable*, untrennbar
bzw	beziehungsweise, *ou selon le cas*	*int*	*interjection*, Interjektion, Ausruf
CATH	*(Église) catholique*, katholisch(e Kirche)	*inv*	*invariable*, unveränderlich
cf	*confer, voir*, siehe unter, vergleiche	*in Zssgn*	in Zusammensetzungen, *dans des composés*
CHIM	*chimie*, Chemie		
coll	*terme collectif*, Kollektivum, Sammelname	*iron*	*ironique*, ironisch
		irr	*irrégulier*, unregelmäßig
COMM	*commerce*, Handel	**j**, *j*	jemand, *quelqu'un*
comp	*comparatif*, Komparativ	*JARD*	*jardinage*, Gartenbau
conj	*conjonction*, Konjunktion, Bindewort	**j-m**, *j-m*	jemandem, *à quelqu'un*
CONSTR	*construction*, Bauwesen	**j-n**, *j-n*	jemanden, *quelqu'un*
COUT	*couture, modes*, Schneiderei, Mode	**j-s**, *j-s*	jemandes, *de quelqu'un*
CUIS	*cuisine*, Küche	*JUR*	*droit, langage juridique*, Rechtswesen, Rechtssprache
dat	*datif*, Dativ		
DIPL	*diplomatie*, Diplomatie	*LING*	*linguistique*, Linguistik, Sprachwissenschaft
ÉCOL	*écologie*, Umwelt(schutz), Ökologie		
		litt	*littéraire*, literarisch
ÉCON	*économie*, Wirtschaft	*m*	*(nom) masculin*, Maskulinum, männlich
e-e, *e-e*	eine, *un(e)*	*MAR*	*marine, navigation, langage des marins*, Marine, Schiffahrt, Seemannssprache
ÉGL	*Église*, Kirche		

Abkürzungen – Abréviations

MATH	*mathématiques*, Mathematik	*prov*	*proverbe*, Sprichwort
MÉD	*médecine*, Medizin	*pr/pers*	*pronom personnel*, Personalpronomen, persönliches Fürwort
MÉTALL	*métallurgie*, Metallurgie, Hüttenwesen		
MÉTÉO	*météorologie*, Meteorologie	*pr/poss*	*pronom possessif*, Possessivpronomen, besitzanzeigendes Fürwort
MIL	*terme militaire*, Militär(wesen)		
MINÉR	*minéralogie*, Mineralogie	*pr/rel*	*pronom relatif*, Relativpronomen, bezügliches Fürwort
m/pl	*masculin pluriel*, Maskulinum Plural		
MUS	*musique*, Musik	PSYCH	*psychologie*, Psychologie
MYTH	*mythologie*, Mythologie	qc, *qc*	*quelque chose*, etwas
n	(*nom*) *neutre*, Neutrum, sächlich	qn, *qn*	*quelqu'un*, jemand
nordd	*norddeutsch, allemand du Nord*	RAD	*radio*, Rundfunk, Hörfunk
n/pl	*neutre pluriel*, Neutrum Plural	REL	*religion*, Religion
→ n/pr	(*se décline comme un*) *nom propre*, (wird wie ein) Eigenname (dekliniert)	RHÉT	*rhétorique*, Rhetorik, Redekunst
		sc	*scientifique*, wissenschaftlich
NUCL	(*physique*) *nucléaire*, Kernphysik, Kerntechnik	schweiz	schweizerisch, *suisse*
		SCULP	*sculpture*, Bildhauerkunst
num/c	*numéral cardinal*, Grundzahl	**s-e**, *s-e*	seine, *sa, son, ses*
num/o	*numéral ordinal*, Ordnungszahl	sép	*séparable*, trennbar
od	oder, *ou*	sg	*singulier*, Singular, Einzahl
OPT	*optique*, Optik	**s-m**, *s-m*	seinem, *à son, à sa*
österr	österreichisch, *autrichien*	**s-n**, *s-n*	seinen, *son, sa, à ses*
P	*populaire, grossier*, Volkssprache, derb	**s-r**, *s-r*	seiner, *de sa, de son, de ses, à sa, à son*
par ext	*par extension*, im weiteren Sinne		
pas de ge-	*pas de ge- au participe passé*, Partizip Perfekt ohne ge-	**s-s**, *s-s*	seines, *de son, de sa*
		st/s	*style soutenu*, gehobener Stil
PÉD	*pédagogie*, Pädagogik	subj	*subjonctif*, Konjunktiv
PEINT	*peinture*, Malerei	subst	*substantif, nom, substantivement,* Substantiv, Hauptwort, substantivisch gebraucht
péj	*péjoratif*, pejorativ, verächtlich		
p/fort	*plus fort*, im verstärkten Sinne		
PHARM	*pharmacie*, Pharmazie, Arzneimittelkunde	südd	süddeutsch, *allemand du Sud*
		sup	*superlatif*, Superlativ
PHILOS	*philosophie*, Philosophie	TECH	*technique, technologie*, Technik
PHON	*phonétique*, Phonetik, Lautlehre	TÉL	*téléphone*, Telefon
PHOT	*photographie*, Photographie	TÉLÉCOMM	*télécommunications*, Fernmeldewesen, Nachrichtentechnik
PHYS	*physique*, Physik		
PHYSIOL	*physiologie*, Physiologie, Wissenschaft von den Lebensvorgängen	TEXT	*textiles*, Textilien, Textilindustrie
		THÉ	*théâtre*, Theater
pl	*pluriel*, Plural, Mehrzahl	t/t	*terme technique*, Fachausdruck
plais	*par plaisanterie*, scherzhaft	TV	*télévision*, Fernsehen
poét	*poétique*, poetisch, dichterisch	TYPO	*typographie, imprimerie*, Druckwesen, Typographie
POL	*politique*, Politik		
p/p	*participe passé*, Partizip Perfekt	**u**, *u*	und, *et*
p/pr	*participe présent*, Partizip Präsens	v/aux	*verbe auxiliaire*, Hilfsverb
pr	*pronom*, Pronomen, Fürwort	VÉT	*médecine vétérinaire*, Tiermedizin
pr/dém	*pronom démonstratif*, Demonstrativpronomen, hinweisendes Fürwort	v/i	*verbe intransitif*, intransitives Verb
		v/imp	*verbe impersonnel*, unpersönliches Verb
prép	*préposition*, Präposition, Verhältniswort		
pr/ind	*pronom indéfini*, Indefinitpronomen, unbestimmtes Fürwort	VIT	*viticulture*, Weinbau
		v/réfl	*verbe réfléchi*, reflexives Verb
pr/int	*pronom interrogatif*, Interrogativpronomen, Fragefürwort	v/t	*verbe transitif*, transitives Verb
		Wz	Warenzeichen, *marque déposée*
PROT	(*Église*) *protestant(e)*, evangelisch(e Kirche)	ZO	*zoologie*, Zoologie
		Zssgn	Zusammensetzungen, *composés*

Zur Aussprache des Deutschen
Prononciation de l'allemand

SIGNES PHONÉTIQUES

VOYELLES		
[iː]	D<u>ie</u>b, <u>ih</u>nen, m<u>i</u>r	i long et fermé
[i][1]	D<u>i</u>plom, Ant<u>i</u>quität	i bref et fermé
[ɪ]	K<u>i</u>nn, L<u>i</u>st, b<u>i</u>nden	i bref et ouvert
[eː]	L<u>eh</u>m, S<u>ee</u>, r<u>e</u>gnen	é long et fermé
[e][1]	<u>e</u>legant, R<u>e</u>flex	é bref et fermé
[ə]	Still<u>e</u>, B<u>e</u>zirk, rost<u>e</u>n	e muet, mais moins arrondi
[ɛː]	M<u>äh</u>ne, B<u>ä</u>r, qu<u>ä</u>len	è long et ouvert
[ɛ]	m<u>e</u>ssen, K<u>e</u>rn, f<u>ä</u>llen	è bref et ouvert
[aː]	Z<u>ah</u>l, P<u>aa</u>r, h<u>a</u>ben	a long
[a]	z<u>a</u>ppeln, <u>A</u>st, D<u>a</u>ch	a bref
[oː]	h<u>oh</u>l, M<u>oo</u>r, t<u>o</u>ben	o long et fermé
[o][1]	m<u>o</u>noton, <u>O</u>ase	o bref et fermé
[ɔ]	v<u>o</u>ll, St<u>o</u>ck, P<u>o</u>st	o bref et ouvert
[øː]	h<u>ö</u>ren, <u>Ö</u>fen, G<u>oe</u>the	eu comme dans «Meuse»
[ø][1]	m<u>ö</u>blieren, <u>ö</u>konomisch	eu comme dans «yeux»
[œ]	k<u>ö</u>nnen, G<u>ö</u>tter, l<u>ö</u>schen	eu comme dans «neuf»
[uː]	H<u>uh</u>n, g<u>u</u>t, d<u>u</u>	ou long et fermé
[u][1]	M<u>u</u>sik, R<u>u</u>ine	ou bref et fermé
[ʊ]	M<u>u</u>tter, B<u>u</u>sch, H<u>u</u>nd	ou bref et ouvert
[yː]	r<u>üh</u>men, m<u>ü</u>de, W<u>ü</u>ste	u long et fermé
[y][1]	am<u>ü</u>sieren, B<u>ü</u>ro	u bref et fermé
[ʏ]	f<u>ü</u>llen, H<u>ü</u>tte, B<u>ü</u>chse	u bref et ouvert

CONSONNES		
[p][2]	<u>P</u>anne, Sum<u>p</u>f, Lo<u>b</u>[3]	
[t][2]	<u>T</u>inte, Pla<u>tz</u>, Gel<u>d</u>[3]	
[k][2]	<u>K</u>ino, Quar<u>k</u>, O<u>ch</u>se, We<u>g</u>[3]	
[b]	<u>B</u>ach, <u>b</u>lau, <u>b</u>eben	(«<u>b</u>arbe»)
[d]	<u>D</u>ame, Han<u>d</u>lung, Fel<u>d</u>er	(«<u>d</u>edans»)
[g]	<u>G</u>ans, Sor<u>g</u>e, <u>g</u>leich	(«<u>g</u>ant»)
[f]	<u>F</u>ach, Har<u>f</u>e, <u>V</u>ogel	(«<u>f</u>aire»)
[v]	<u>w</u>as, Lö<u>w</u>e, <u>V</u>ase	(«<u>v</u>ite»)
[s]	au<u>s</u>, la<u>ss</u>en, Ma<u>ß</u>	(«<u>s</u>ot»)
[z]	<u>S</u>aal, <u>s</u>ausen, Fel<u>s</u>en	(«<u>r</u>ose»)
[ʃ]	Bu<u>sch</u>, <u>St</u>adt, <u>sp</u>ielen	(«<u>v</u>ache»)
[ʒ][4]	<u>G</u>enie, Gara<u>g</u>e, <u>G</u>iro	
[l]	<u>L</u>and, We<u>l</u>t, fü<u>ll</u>en	(«<u>l</u>ait»)
[r][5]	<u>R</u>abe, <u>r</u>ühren, Sch<u>r</u>ank	(«<u>r</u>are»)
[m]	<u>m</u>ischen, La<u>m</u>pe, ko<u>mm</u>en	(«<u>m</u>anger»)
[n]	<u>N</u>aht, Bi<u>n</u>se, Ta<u>nn</u>e	(«<u>n</u>ager»)
[ŋ]	bri<u>ng</u>en, Zeitu<u>ng</u>, A<u>n</u>ker	(«campi<u>ng</u>»)
[h][6]	<u>H</u>als, U<u>h</u>u, a<u>h</u>a	
[ç]	i<u>ch</u>, man<u>ch</u>er, weni<u>g</u>[7]	
[x]	Na<u>ch</u>t, ho<u>ch</u>, Rau<u>ch</u>	

DIPHTONGUES		
[aɪ]	M<u>ai</u>, <u>Ei</u>sen	ressemble à ail dans «bétail»
[aʊ]	<u>Au</u>fbau, B<u>au</u>m	ressemble à aou dans «Raoul»
[ɔʏ]	<u>eu</u>ch, l<u>äu</u>ten	ressemble à eui dans «seuil»

AUTRES SIGNES		
[ʔ][8]	indique le coup de glotte	
[ˈ]	indique l'accent tonique	
[ː]	allonge la voyelle précédente	
[~][9]	indique la nasalisation	

SEMI-VOYELLE		
[j]	<u>J</u>unge, <u>j</u>agen, Bo<u>j</u>e	comme dans «ma<u>y</u>onnaise»

Aussprache – Prononciation

1) Les voyelles brèves et fermées s'emploient surtout dans les mots venant du latin, du grec ou d'autres langues étrangères.

2) p – t – k
En allemand, ces occlusives sourdes sont aspirées dans les positions mentionnées ci-après, c'est-à-dire qu'elles sont suivies d'un souffle qui se fait nettement entendre. Les aspirées s'emploient:
   a) à l'initiale d'un mot si elles sont suivies d'une voyelle ou de l, r, n et v (dans qu):
      Pech [pʰɛç], Plage [ˈpʰlaːgə], Kreis [kʰraɪs], Pneu [pʰnøː], Quelle [ˈkʰvɛlə],
   b) à l'intérieur d'un mot dans la syllabe accentuée:
      ertragen [ɛrˈtʰraːgən], vital [viˈtʰaːl],
   c) à la fin d'un mot:
      Tat [tʰaːtʰ], Rock [rɔkʰ], Kork [kʰɔrkʰ].
      Dans tous les autres cas, ces occlusives ne sont pas du tout aspirées ou le sont faiblement:
      mopsen [ˈmɔpsən], entdecken [ɛntˈdɛkən], Echse [ˈɛksə].
      Dans la transcription, nous ne faisons pas, selon l'usage général, de distinction entre les consonnes aspirées et non aspirées.

3) b – d – g
Ces occlusives sonores se transforment en sourdes à la fin d'un mot et à la fin d'une syllabe quand il s'agit de mots composés; elles se prononcent donc comme p, t, k («Auslautverhärtung»). Cela s'applique également aux groupes de consonnes -gd-, -gt-, -bt-:
ab [ap], und [ʊnt], Tag [taːk], ablaufen [ˈaplaʊfən], endgültig [ˈɛntgʏltɪç], Jagd [jaːkt], gesagt [gəˈzaːkt], gibt [giːpt].

4) S'emploie surtout dans des mots venant du français. La prononciation populaire est [ʃ].

5) En allemand, on prononce en général trois r différents qui sont:
   a) un r uvulaire au début d'une syllabe et immédiatement après une consonne. Il est produit par les vibrations de la luette:
      rollen [ˈrɔlən], Ware [ˈvaːrə], schreiben [ˈʃraɪbən],
   b) un r uvulaire presque sans vibrations à la fin d'un mot et devant une consonne:
      für [fyːr], stark [ʃtark],
   c) un r fortement vocalisé dans le suffixe inaccentué -er:
      Lehrer [ˈleːrər].

6) L'h se prononce en allemand:
   a) à l'initiale d'un mot:
      hinein [hɪˈnaɪn], Halt [halt],
   b) devant les voyelles accentuées; devant les voyelles faisant partie d'un radical:
      Gehalt [gəˈhalt], anhalten [ˈanhaltən],
   c) entre les voyelles dans les mots savants et étrangers, ainsi que dans quelques mots isolés (surtout interjections):
      Alkohol [ˈalkohoːl], Sahara [zaˈhaːra], oho [oˈhoː]
      Dans tous les autres cas, l'h est muet:
      gehen [ˈgeːən], Ehe [ˈeːə], Weihe [ˈvaɪə], Mahl [maːl], sieh [ziː].

7) On continue à prononcer [ç] devant une consonne: wenigste [ˈveːnɪçstə];
mais on prononce [g] devant une voyelle: weniger [ˈveːnɪgər]

8) En allemand, chaque voyelle accentuée à l'initiale d'un mot est précédée d'un son occlusif de la glotte qu'on appelle en français «coup de glotte», en allemand «Kehlkopfverschlußlaut» ou «Knacklaut». L'orthographe allemande ne tient pas compte de ce son. S'il est employé à l'intérieur d'un mot, par exemple après les préfixes, nous le marquons dans la transcription par son signe phonétique:
Beamter [bəˈʔamtər], eineiig [ˈaɪnʔaɪɪç], WEU [veːʔeːˈʔuː]

9) Les nasales s'emploient dans les mots venant du français:
Chance [ˈʃãːsə], Bassin [baˈsɛ̃ː], Bonbon [bõˈbõː]. On entend souvent la prononciation [ˈʃaŋsə], [baˈsɛŋ], [bɔŋˈbɔŋ].

Aussprache – Prononciation

PRONONCIATION DES PRÉFIXES ET SUFFIXES ALLEMANDS

PRÉFIXES

be- [bə-]	be'kennen	**ge-** [gə-]	ge'macht	**ver-** [fɛr-]	ver'laufen
de- [de-]	demon'tieren	**miß-** [mɪs-]	miß'lingen	**zer-** [tsɛr-]	zer'reißen
ent- [ɛnt-]	ent'gehen	**re-** [re-]	resor'bieren		
er- [ɛr-]	er'wähnen	**un-** [ʊn-]	'unnötig		

SUFFIXES

-al [-aːl]	le'gal	**-ie** [-iː]	Idio'tie	**-loge** [-loːgə]	Radio'loge
-and [-ant]	Konfir'mand	**-ieren** [-iːrən]	buchsta'bieren	**-logie** [-logiː]	Astrolo'gie
-ant [-ant]	Liefe'rant	**-ig** [-ɪç]	'findig	**-los** [-loːs]	er'folglos
-anz [-ants]	Prä'gnanz	**-ik** [-ɪk]	'Tragik	**-metrie** [-metriː]	Photome'trie
-ar [-aːr]	elemen'tar	**-in**[1] [-ɪn]	'Königin	**-nis** [-nɪs]	Er'fordernis
-at [-aːt]	Konkubi'nat	**-in**[2] [-iːn]	Niko'tin	**-oid** [-oiːt]	mongolo'id
-ation [-atsioːn]	Observati'on	**-ion** [-ioːn]	Nati'on	**-or** [-ɔr]	'Lektor
-bar [-baːr]	'dankbar	**-isch** [-ɪʃ]	'kindisch	**-oren** [-oːrən]	Lek'toren
-chen [-çən]	'Freundchen	**-isieren** [-iˈziːrən]	reali'sieren	**-orin** [-oːrɪn]	Au'torin
-e [-ə]	'Dichte	**-ismus** [-ɪsmʊs]	Ku'bismus	**-sal** [-zaːl]	'Schicksal
-ei [-aɪ]	Fische'rei	**-ist** [-ɪst]	Opti'mist	**-sam** [-zaːm]	'mühsam
-ell [-ɛl]	re'ell	**-ität** [-iˈtɛːt]	Legali'tät	**-schaft** [-ʃaft]	'Hundertschaft
-en [-ən]	'lesen	**-iv** [-iːf]	na'iv	**-ste** [-stə]	'hundertste
-end [-ənt]	'folgend	**-ivität** [-ivitɛːt]	Naivi'tät	**-stel** [-stəl]	'Hundertstel
-ent [-ɛnt]	Refe'rent	**-keit** [-kaɪt]	Ge'nauigkeit	**-tion** [-tsioːn]	Kontrakti'on
-enz [-ɛnts]	Po'tenz	**-lei** [-laɪ]	'aller'lei	**-tum** [-tuːm]	'Herzogtum
-er [-ər]	'Planer	**-lein** [-laɪn]	'Kindlein	**-um** [-ʊm]	'Praktikum
-eur [-øːr]	Dekora'teur	**-ler** [-lər]	'Pendler	**-ung** [-ʊŋ]	'Hoffnung
-gen [-geːn]	kanzero'gen	**-lich** [-lɪç]	'feierlich	**-ur** [-uːr]	Inven'tur
-haft [-haft]	'bildhaft	**-ling** [-lɪŋ]	'Bückling	**-us** [-ʊs]	'Bonus
-heit [-haɪt]	Ge'radheit	**-lings** [-lɪŋs]	'blindlings	**-wärts** [-vɛrts]	'einwärts

A

A, a [aː] *n* ⟨~; ~⟩ **1.** *Buchstabe* A, a *m*; (*das ist*) *das A und* (*das*) *O* (voilà) l'essentiel; (c'est) l'enfance de l'art; F *fig von A bis Z* du commencement à la fin; de A à Z; F *von A bis Z erfunden* inventé de toutes pièces; *prov* *wer A sagt, muß auch B sagen* *prov* (quand) le vin est tiré, il faut le boire; **2.** MUS la *m*; **3.** *bei Hausnummern* bis
a *abr* (*Ar*) a (are)
A *abr* **1.** (*Autobahn*) A (autoroute); **2.** (*Ampere*) A (ampère)
à [a] *prép* ⟨*Nominativ*⟩ COMM à; *zehn Briefmarken ~ e-e Mark* dix timbres à un mark
Aa [aˈʔa] *enf n* ⟨~⟩ *enf* caca *m*; ~ *machen* faire caca
AA *abr* **1.** (*Auswärtiges Amt*) ministère *m* des Affaires étrangères; **2.** (*Anonyme Alkoholiker*) Alcooliques *m/pl* anonymes
Aachen [ˈaːxən] *n* ⟨→ *n/pr*⟩ Aix-la-Chapelle
Aal [aːl] *m* ⟨~(e)s, ~e⟩ ZO anguille *f*; CUIS ~ *blau* anguille au bleu, cuite à l'étuvée; *fig sich* (*drehen und*) *winden wie ein ~* se démener comme un possédé
'aalen F *v/réfl* ⟨h⟩ *sich ~* se prélasser; *in der Sonne a* F faire le lézard
aal'glatt *adj* souple; *fig péj ~ sein* être insaisissable, fuyant
'Aalsuppe *f* soupe f d'anguille
a.a.O. *abr* (*am angegebenen Ort*) loc. cit. (loco citato, à l'endroit déjà cité)
Aar [aːr] *poét m* ⟨~(e)s, ~e⟩ aigle *m*
Aargau [ˈaːrgaʊ] *m* ⟨→ *n/pr*⟩ l'Argovie *f*
Aas [aːs] *n* ⟨~es⟩ **1.** ⟨*pl* ~e⟩ charogne *f*; **2.** F *fig péj* ⟨*pl* Äser⟩ F saleté *f*; *Frau a* F garce *f*; *Mädchen a* F peste *f*; *so ein* (*freches*) *~!* F quelle saleté, quelle garce, quelle (petite) peste!; *es war kein ~ da* il n'y avait pas un chat
'aasen F *regional v/i* ⟨~(es)t, h⟩ *mit etw ~* gaspiller qc; *mit s-n Kräften ~* abuser de sa santé; se ruiner la santé
'Aas|fliege *f* mouche *f* de la viande; mouche bleue; **~fresser** ⟨~s; ~⟩ carnassier *m* qui se nourrit de charogne; **~geier** *m* **1.** ZO vautour *m*; **2.** F *péj* vautour *m*; charognard *m*
ab [ap] **I** *prép* ⟨*dat*⟩ **1.** *räumlich* à partir de; ~ *Köln war der Zug voll* à partir de Cologne le train était plein; ~ *Düsseldorf fliegen* partir en avion de Düsseldorf; prendre l'avion à Düsseldorf; **2.** COMM ~ *Bahnhof* pris à la gare; ~ *Werk od Fabrik, Lager* départ usine, entrepôt; pris à l'usine, l'entrepôt; **3.** *zeitlich* à partir de; dès; ~ *neun Uhr* à partir de neuf heures; dès neuf heures; F *von jetzt ~* à partir de, dès maintenant; ~ *wann?* à partir de quand?; *für Kinder ~ drei Jahren* pour enfants à partir de trois ans; **4.** *Folge* à partir de; ~ *zehn Mark* à partir de dix marks; *Gruppen f/pl ~ zwölf Personen* groupes *m/pl* à partir de douze personnes; **II** *adv* **1.** *räumlich weit ~ von* (très) loin de; *einige Schritte vom Weg ~* à quelques pas du chemin; *von hier ~* à partir d'ici; *Fahrplan Berlin ~ 20.15* Berlin départ 20.15; THÉ ~ il, elle sort *bzw* ils, elles sortent; **2.** *Aufforderung* ~*!* va *bzw* allez!; *ours bzw sortez!*; pars *bzw* partez!; en route!; ~ *ins Bett!* allez, au lit!; *Film, Ton ~!* on tourne!; **3.** *fig Hut ~!* chapeau bas (*vor j-m, etw* devant qn, qc)!; MIL *Gewehr ~!* reposez arme!; **4.** ~ *und zu*, ~ *und an* parfois; de temps en temps; **5.** *cf absein*
Abakus [ˈaːbakʊs] *m* ⟨~; ~⟩ CONSTR, HIST abaque *m*
'abänder|bar, ~lich *adj* modifiable; variable
'abändern *v/t* ⟨-(e)re, *sép*, -ge-, h⟩ **1.** *Text, Gesetz etc* modifier; changer; *durch Zusätze* amender; *gänzlich* remanier; retoucher; **2.** COUT retoucher; (*umarbeiten*) modifier
'Abänderung *f* modification *f* (*a* COUT); changement *m*; *ergänzende* amendement *m*; *gänzliche* remaniement *m*; (*Überarbeitung*) retouche *f*; *an etw* (*dat*) *~en vornehmen* apporter des modifications à qc
'Abänderungs|antrag *m* POL (proposition *f* d')amendement *m*; **~klage** *f* JUR action *f* en réformation
'abarbeiten ⟨-ete, *sép*, -ge-, h⟩ **I** *v/t* **1.** *s-e Schulden ~* travailler pour s'acquitter de ses dettes; *e-n Vorschuß ~* travailler pour rembourser une avance; **2.** (*abnutzen*) *abgearbeitete Hände f/pl* mains abîmées par le travail; **II** *v/réfl sich ~* s'épuiser, se tuer au travail; *abgearbeitet sein* être épuisé, exténué par le travail
'Abart *f* BOT, ZO variété *f*
'abartig *adj* anormal; (*pervers*) pervers; **⍰keit** *f* ⟨~; ~en⟩ anormalité *f*; (*Perversität*) perversité *f*
Abb. *abr* (*Abbildung*) ill. (illustration)
'Abbau *m* ⟨~(e)s⟩ **1.** BERGBAU extraction *f*; *von Kohle a* abattage *m*; **2.** (*Senkung, Verminderung*) diminution *f*; réduction *f*; *von Vorurteilen, Angst, Mißtrauen etc a* suppression *f*; *von Arbeitsplätzen* suppression *f*; réduction *f*; **3.** *e-r Fabrik, Maschine, e-s Zelts etc* démontage *m*; **4.** CHIM décomposition *f*; *von Alkohol im Blut* élimination *f*; PHYSIOL désassimilation *f*

'abbaubar *adj biologisch ~* biodégradable
'abbauen ⟨*sép*, -ge-, h⟩ **I** *v/t* **1.** BERGBAU extraire; *Kohle a* abattre; **2.** (*senken, vermindern*) *Steuern, Personal* diminuer; réduire; *Angst, Mißtrauen* dissiper; *Vorurteile* supprimer; *Arbeitsplätze* supprimer; réduire; **3.** *Maschine, Fabrik, Zelt etc* démonter; **4.** CHIM décomposer; *Alkohol im Blut* éliminer; PHYSIOL désassimiler; **II** *v/i körperlich, geistig* baisser
'Abbauprodukt *n* CHIM produit *m* de décomposition; PHYSIOL produit *m* de désassimilation
'abbeißen ⟨*irr, sép*, -ge-, h⟩ **I** *v/t* arracher (en mordant); mordre; **II** *v/i j-n von etw ~ lassen* laisser qn goûter de qc; *beiß mal ab!* goûte!; mords!
'abbeiz|en *v/t* ⟨-(es)t, *sép*, -ge-, h⟩ *Farbe etc* enlever (avec un décapant); *Holz etc* décaper; **⍰mittel** *n* décapant *m*
'abbekommen *v/t* ⟨*irr, sép, pas de ge-*, h⟩ **1.** (*bekommen*) *il n'a rien eu*; ~ *nichts* (*davon*) ~ il n'a rien eu; F *sie hat keinen Mann ~* F elle ne s'est pas trouvé de mari; **2.** *Schläge, Spritzer, Kratzer etc* attraper; *etw ~ haben* (*verletzt sein*) être blessé; (*beschädigt sein*) être abîmé; **3.** (*wegbekommen*) réussir à enlever
'abberufen *v/t* ⟨*irr, sép, pas de ge-*, h⟩ *Diplomaten etc zur Versetzung* rappeler, *zur Amtsenthebung* révoquer (*aus, von* de); *j-n von s-m Posten ~* relever qn de son poste, de ses fonctions; *st/s Gott hat ihn aus diesem Leben ~* Dieu l'a rappelé à lui
'Abberufung *f e-s Diplomaten etc zur Versetzung* rappel *m*; *zur Amtsenthebung* révocation *f*
'abbestell|en *v/t* ⟨*sép, pas de ge-*, h⟩ *Dinge, Personen* décommander; *Ware a* annuler la commande de; *Hotelzimmer, Tisch im Restaurant* annuler la réservation de; *Zeitung* résilier l'abonnement à; se désabonner à; **⍰ung** *f e-r Zeitung* désabonnement *m*
'abbetteln F *v/t* ⟨-(e)le, *sép*, -ge-, h⟩ *j-m etw ~* quémander, mendier qc à qn
'abbezahlen *v/t* ⟨*sép, pas de ge-*, h⟩ *Schulden, Waren* finir de payer; *ich habe mein Auto noch nicht abbezahlt* je n'ai pas encore fini de payer ma voiture
'abbiegen ⟨*irr, sép*, -ge-⟩ **I** *v/t* ⟨h⟩ **1.** (*wegbiegen*) F *fig Streit* éviter; *sie konnte die Sache noch einmal ~* elle l'a évité de justesse; **II** *v/i* ⟨*sein*⟩ *nach rechts,*

links ~ tourner, prendre à droite, à gauche; *in e-e Seitenstraße* ~ prendre une rue latérale

'**Abbie|ger** *m* ⟨~s; ~⟩ véhicule *m bzw* personne *f* qui tourne à gauche *bzw* à droite; ~**gespur** *f* file *f* de droite *bzw* de gauche; ~**gung** *f* tournant *m*

'**Abbild** *n* image *f*; portrait *m*; (*Widerspiegelung*) reflet *m*; *sie ist das* ~ *ihres Vaters* elle est le portrait de son père; *ein schwaches* ~ *früheren Glanzes* un pâle reflet des splendeurs passées

'**abbilden** *v/t* ⟨-ete, *sép*, -ge-, h⟩ reproduire; faire une reproduction de; *abgebildet sein* être reproduit; *Person* être représenté; *er ist in der Zeitung abgebildet* il y a sa photo dans le journal

'**Abbildung** *f* ⟨~; ~en⟩ **1.** reproduction *f*; image *f*; *in Texten* illustration *f*; *in wissenschaftlichen Texten* figure *f*; (*Tafel*) planche *f*; **2.** MATH application *f*

'**abbinden** ⟨*irr*, *sép*, -ge-, h⟩ **I** *v/t* **1.** (*losbinden*) détacher; *Schürze*, *Krawatte etc* dénouer; **2.** MÉD *Arm*, *Bein* poser un garrot à; *Arterie* ligaturer; **3.** CUIS *Soße* lier; **II** *v/i Zement etc* prendre

'**Abbitte** *st/s f j-m* ~ *leisten* présenter ses excuses à qn; (*öffentlich*) ~ *leisten od tun* faire (publiquement) amende honorable

'**abbitten** *st/s v/t* ⟨*irr*, *sép*, -ge-, h⟩ *j-m etw* ~ s'excuser de qc auprès de qn

'**abblasen** *v/t* ⟨*irr*, *sép*, -ge-, h⟩ **1.** faire disparaître en soufflant; *Staub von etw* ~ souffler sur la poussière de qc; **2.** *Dampf* lâcher; **3.** *Jagd* sonner la fin de; **4.** F *fig Veranstaltung etc* annuler; *Termin*, *Treffen* F laisser tomber

'**abblättern** *v/i* ⟨-(e)re, *sép*, -ge-, sein⟩ **1.** *Pflanzen* s'effeuiller; **2.** *Lack*, *Putz etc* s'écailler

'**abbleiben** F, *bes nordd v/i* ⟨*irr*, *sép*, -ge-, sein⟩ *abgeblieben sein* F être fourré

'**abblendbar** *adj Autospiegel* anti-reflet (*inv*)

'**abblenden** ⟨-ete, *sép*, -ge-, h⟩ **I** *v/t Licht* masquer; voiler; *Fenster etc* masquer; **II** *v/i* **1.** *im Auto* se mettre en code; **2.** PHOT diaphragmer; **3.** FILM, TV terminer en fondu

'**Abblendlicht** *n* AUTO codes *m/pl*; feux *m/pl* de croisement; *das* ~ *einschalten* se mettre en code; *mit* ~ *fahren* rouler en code

'**abblitzen** F *v/i* ⟨-(es)t, *sép*, -ge-, sein⟩ *j-n* ~ *lassen* F envoyer promener qn; *er ist bei ihr abgeblitzt* F elle l'a envoyé promener

'**abblocken** *v/t* ⟨*sép*, -ge-, h⟩ **1.** SPORT bloquer; **2.** *fig Kritik*, *Antrag etc* refuser; *er hat meine Frage abgeblockt* il m'a empêché de poser ma question

'**abbrausen** ⟨-(es)t, *sép*, -ge-⟩ **I** *v/t* ⟨h⟩ (*abduschen*) doucher; **II** F *v/i* ⟨sein⟩ *mit dem Auto etc* F démarrer en trombe, F sur les chapeaux de roues

'**abbrechen** ⟨*irr*, *sép*, -ge-⟩ *v/t* ⟨h⟩ **1.** détacher; *Spitze e-s Gegenstandes*, *Zweiges etc* casser; *ein Stück von etw* ~ détacher un bout, un morceau de qc; **2.** *Haus etc* démolir; raser; *Gerüst*, *Zelt*, *Lager etc* démonter; **3.** *Beziehung*, *Verhandlungen* rompre; *Sitzung*, *Probe*, *Reise*, *Spiel etc* arrêter; *Studium* abandonner; *Arbeit*, *Streik* cesser; *Rede*, *Unterhaltung* interrompre; **II** *v/i* **4.** ⟨sein⟩ se détacher; *Bleistiftspitze*, *Zahn etc* se casser; se briser; **5.** (*aufhören*) *Person*, *Erzählung etc* cesser; s'arrêter; *mitten im Satz* ~ s'arrêter au milieu de sa *od* d'une phrase; *brechen wir hier für heute ab!* restons-en là, arrêtons--nous ici pour aujourd'hui; **6.** ⟨sein⟩ *die Verbindung zwischen ihnen brach ab* ils ont perdu contact; **III** *v/réfl* **7.** *sich* (*dat*) *e-n Fingernagel* ~ se casser un ongle; **8.** F *sich* (*dat*) *e-n* ~, *um* (+*inf*) F se décarcasser, se démener pour (+*inf*); *sich* (*dat*) *keinen* ~ F ne pas en faire lourd; F ne pas en fiche une rame

'**abbremsen** *v/t u v/i* ⟨-(es)t, *sép*, -ge-, h⟩ *a fig* freiner; AUTO *a* ralentir

'**abbrennen** ⟨*irr*, *sép*, -ge-⟩ **I** *v/t* ⟨h⟩ (*verbrennen*) brûler; *Feuerwerk* tirer; faire partir; **II** *v/i* ⟨sein⟩ *Haus etc* brûler (de fond en comble); *abgebrannt Haus etc* détruit par le feu; réduit en cendres; *Kerze*, *Streichholz* brûlé

'**abbringen** *v/t* ⟨*irr*, *sép*, -ge-, h⟩ *j-n von etw* ~ détourner, dissuader qn de qc; *j-n von e-m Vorhaben* ~ faire abandonner un projet à qn; *er läßt sich nicht davon* ~ on ne peut lui enlever cette idée de la tête; *das bringt uns von unserem Thema ab* cela nous éloigne de notre sujet; nous nous écartons ainsi du sujet

'**abbröckeln** *v/i* ⟨-(e)le, *sép*, -ge-, sein⟩ *Putz etc*, *fig Preise* s'effriter; *fig Parteimitglieder etc* se détacher, s'écarter progressivement

'**Abbruch** *m* **1.** ⟨*pas de pl*⟩ *e-s Hauses etc* démolition *f*; **2.** *von Verhandlungen*, *Beziehungen* rupture *f*; *e-s Gesprächs*, *Wettkampfs*, *des Studiums etc* arrêt *m*; *e-r Schwangerschaft* interruption *f*; BOXEN *Sieger m durch* ~ vainqueur *m* par arrêt (de l'arbitre); **3.** ⟨*pas de pl*⟩ (*Schaden*, *Beeinträchtigung*) *e-r Sache* (*dat*) ~ *tun* nuire à qc; porter atteinte, préjudice à qc; *das tut der Sache*, *plais der Liebe keinen* ~ cela ne fait rien; cela nc tirc pas à conséquence; **4.** ⟨*pas de pl*⟩ *e-s Zelts*, *Lagers etc* démontage *m*; **5.** *abgebrochene Stelle* cassure *f*

'**Abbruch|arbeiten** *f/pl* travaux *m/pl* de démolition; ~**firma** *f cf Abbruchunternehmen*; ~**haus** *n* maison *f* à démolir; **²reif** *adj fig*, bon, bonne pour la démolition; ~**sieg** *m* BOXEN victoire *f* par arrêt (de l'arbitre); ~**unternehmen** *n* entreprise *f* de démolition

'**abbrühen** *v/t* ⟨*sép*, -ge-, h⟩ CUIS ébouillanter; *Geflügel* échauder; *Gemüse* blanchir

'**abbrummen** F *v/t* ⟨*sép*, -ge-, h⟩ *Strafe* purger; *e-e Strafe von sechs Monaten* ~ F tirer six mois de prison

'**abbuchen** *v/t* ⟨*sép*, -ge-, h⟩ *e-n Betrag* (*vom Konto*) ~ prélever une somme (sur le compte)

'**Abbuchung** *f* prélèvement *m* (*von* sur)

'**abbürsten** ⟨-ete, *sép*, -ge-, h⟩ **I** *v/t* **1.** *Kleider etc* brosser; donner un coup de brosse à; **2.** *Staub*, *Haare etc* enlever à la brosse; **II** *v/réfl sich* ~ se brosser

'**abbüßen** *v/t* ⟨-(es)t, *sép*, -ge-, h⟩ *Schuld* expier; *Strafe* purger; exécuter

Abc [a:be:'tse:] *n* ⟨~⟩ **1.** alphabet *m*; *das große*, *kleine* ~ l'alphabet en lettres majuscules, minuscules; *etw nach dem* ~ *ordnen* classer qc par ordre alphabétique; **2.** *fig abc m*; b a b a *m*

'**abchecken** *v/t* ⟨*sép*, -ge-, h⟩ **1.** (*prüfen*) contrôler; **2.** (*abhaken*) cocher

Ab'c-Schütze *m* écolier, -ière *m,f* (qui a fait sa première rentrée)

AB'C|-Staaten *m/pl* l'Argentine, le Brésil et le Chili; ~**Waffen** *f/pl* armes *f/pl* atomiques, biologiques et chimiques

'**abdach|en** *v/réfl* ⟨*sép*, -ge-, h⟩ *sich* ~ s'incliner; descendre en pente; **²ung** *f* ⟨~; ~en⟩ pente *f*; déclivité *f*

'**abdämm|en** *v/t* ⟨*sép*, -ge-, h⟩ **1.** *Gebiet*, *Grube* protéger par des digues; *a fig* endiguer; *Wasserlauf* barrer; **2.** (*isolieren*) isoler; **²ung** *f* ⟨~; ~en⟩ **1.** endiguement *m*; barrage *m*; **2.** (*Isolierung*) isolation *f*

'**Abdampf** *m* TECH vapeur *f* d'échappement

'**abdampfen** ⟨*sép*, -ge-⟩ **I** *v/t* ⟨h⟩ TECH, CHIM (faire) évaporer; **II** F *fig v/i* ⟨sein⟩ F filer

'**abdämpfen** *v/t* ⟨*sép*, -ge-, h⟩ *Geräusch*, *Klang* assourdir; affaiblir; *grelle Farben*, *Licht* atténuer

'**Abdampf|heizung** *f* chauffage *m* à vapeur d'échappement; ~**turbine** *f* turbine *f* à vapeur d'échappement

'**abdank|en** *v/i* ⟨*sép*, -ge-, h⟩ *Minister* démissionner; donner sa démission; *Monarch* abdiquer; **²ung** *f* ⟨~; ~en⟩ **1.** (*Rücktritt*) *e-s Ministers* démission *f*; *e-s Monarchen* abdication *f*; **2.** *regional*, *bes schweiz* (*Trauerfeier*) obsèques *f/pl*

'**abdecken** *v/t* ⟨*sép*, -ge-, h⟩ **1.** *Bett etc* enlever, retirer la couverture de; *das Haus*, *das Dach* ~ enlever, *Sturm* arracher, emporter la toiture; *den Tisch* ~ desservir la table; **2.** (*zudecken*) recouvrir (*mit* de); **3.** COMM *Schulden* rembourser, s'acquitter de; payer; *Defizit* combler; *Debetsaldo* couvrir; **4.** *Bedürfnisse*, *Ansprüche* satisfaire; **5.** *Themenkreis*, *Problem*, *Risiko* prendre en considération; tenir compte de

'**Abdeck|er** *m* ⟨~s; ~⟩ équarrisseur *m*; ~**e'rei** *f* ⟨~; ~en⟩ équarrissoir *m*

'**Abdeck|haube** *f* TECH chape *f*; *am Kamin* 'hotte *f* (*Hülle*) 'housse *f*; ~**platte** *f* plaque *f* de recouvrement; ~**stift** *m* KOSMETIK stick couvrant; *für die Augenpartie* stick *m* anticernes

'**Abdeckung** *f* **1.** couverture *f*; (*Deckel*) couvercle *m*; **2.** *von Schulden* remboursement *m*; acquittement *m*; **3.** *von Bedürfnissen*, *Ansprüchen* satisfaction *f*; **4.** *e-s Themas*, *Problems*, *Risikos* prise *f* en considération, compte

'**abdicht|en** *v/t* ⟨-ete, *sép*, -ge-, h⟩ *Ritzen etc* boucher; colmater; *gegen Zugluft*, *Kälte* calfeutrer; *gegen Feuchtigkeit* rendre étanche; colmater; MAR *Schiffswand* calfater; *Leck* boucher; **²ung** *f* **1.** ⟨*pas de pl*⟩ (*das Abdichten*) bouchage *m*; colmatage *m*; calfeutrage *od* calfeutrement *m*; étanchement *m*; MAR calfatage *m*; *e-s Lecks* bouchage *m*; **2.** TECH joint *m* (d'étanchéité)

'**abdienen** *v/t* ⟨*sép*, -ge-, h⟩ *s-e Militärzeit* ~ faire son service militaire

'**abdingbar** *adj* JUR modifiable par consentement mutuel

Abdomen [ap'do:mən] *n* ⟨~s; ~ *ou* -mina⟩ ANAT abdomen *m*

abdominal [apdɔmi'na:l] *adj* ANAT abdominal

'**abdrängen** *v/t* ⟨sép, -ge-, h⟩ repousser; SPORT a écarter; *Menschenmenge a* refouler

'**abdrehen** ⟨sép, -ge-⟩ **I** *v/t* ⟨h⟩ **1.** (*entfernen*) détacher, enlever à force de tourner; **2.** *Wasser-, Gashahn* fermer; *Licht, Radio* éteindre; **3.** *Film* finir le tournage de; **II** *v/i* ⟨h *ou* sein⟩ changer de direction; *Schiff, Flugzeug* changer de cap; *nach Westen ~* changer de cap vers l'ouest

'**Abdrift** *f* MAR dérive *f*

'**abdriften** *v/i* ⟨-ete, sép, -ge-, sein⟩ **1.** MAR dériver; **2.** *fig* (*in etw* [+*acc*]) *~* être entraîné (dans qc)

'**abdrosseln** *v/t* ⟨-ssele *ou* -ßle, sép, -ge-, h⟩ TECH, *fig* réduire; *Motor* mettre au ralenti; ralentir

'**Abdruck**[1] *m* ⟨*~*(e)s; *~*e⟩ TYPO reproduction *f*; impression *f*

'**Abdruck**[2] *m* ⟨*~*(e)s; -drücke⟩ empreinte *f*; *plastischer a* moulage *m*

'**abdrucken** *v/t* ⟨sép, -ge-, h⟩ imprimer; reproduire

'**abdrücken** ⟨sép, -ge-, h⟩ **I** *v/t* **1.** *Feuerwaffe* décharger; **2.** *etw in Gips, Wachs ~* prendre l'empreinte de qc, mouler qc en plâtre, en cire; **3.** F (*umarmen*) embrasser; serrer dans ses bras; **4.** *j-m die Luft ~* étrangler qn; **II** *v/i* ⟨*schießen*⟩ tirer; **III** *v/réfl sich ~* **5.** (*Spuren hinterlassen*) laisser des empreintes, traces; **6.** F (*sich umarmen*) s'embrasser; **7.** (*abstoßen*) *sich* (*mit der Hand*) *~* se pousser (de la main)

'**Abdruckrecht** *n* droit *m* de reproduction

'**ab**|**ducken** *v/t* ⟨*u v/i*⟩ ⟨sép, -ge-, h⟩ BOXEN esquiver (un coup) en se baissant; *~***dunkeln** *v/t* ⟨-(e)le, sép, -ge-, h⟩ *Raum* obscurcir; *Licht, Farbe* foncer; *~***duschen** ⟨sép, -ge-, h⟩ **I** *v/t* **1.** (*duschen*) doucher; **2.** (*wegwaschen*) nettoyer (au moyen d'une douche); **II** *v/réfl sich ~* se doucher; *~***ebben** *v/i* ⟨sép, -ge-, sein⟩ *Lärm, Wind* diminuer; *fig Zorn, Begeisterung etc* se calmer (peu à peu); s'apaiser

abend ['a:bənt] *adv* **heute, morgen, gestern, Samstag ~** ce, demain, hier, samedi soir; *bis heute ~!* à ce soir!

'**Abend** *m* ⟨*~*s; *~*e⟩ **1.** soir *m*; *Zeitdauer* soirée *f*; *guten ~!* bonsoir!; *es wird ~* le soir tombe; *am ~, st/s des ~s* le soir; *e-s* (*schönen*) *~s* un (beau) soir; *am frühen, späten ~* tôt, tard le soir; *am ~ vorher, am ~ vor s-r Abreise* la veille de son départ; *am anderen, nächsten ~* le lendemain soir; *zu ~ essen* dîner; F *fig du kannst mich mal am ~ besuchen!* tu m'embêtes!; F tu m'enquiquines!; *plais je später der ~, desto schöner die Gäste* bienvenue aux retardataires; *der Heilige ~* la veille de Noël; *bunter ~* soirée *f* de variétés; *st/s fig der ~ des Lebens* le soir de la vie; **3.** *poét* (*pas de pl*) (*Westen*) poét couchant *m*

'**Abend**|**andacht** *f* prières *f/pl*; office *m* du soir; *~***ausgabe** *f* édition *f* du soir; *~***blatt** *n* journal *m* du soir

'**Abendbrot** *n* dîner *m*; *~ essen* dîner

'**Abend**|**dämmerung** *f* crépuscule *m*; *~***essen** *n* dîner *m*; repas *m* du soir; *regional* souper *m*; ℒ**füllend** *adj* Programm qui remplit toute la soirée; *~***gebet** *n* prière *f* du soir

'**Abend**|**gottesdienst** *m* office *m* du soir; *~***gymnasium** *n* cours *m/pl* du soir préparant au baccalauréat; *~***himmel** *m* (ciel *m* à l'heure du) couchant *m*

'**Abendkasse** *f* caisse *f*; *die Karten an der ~ kaufen* prendre les places le soir même, directement avant la représentation

'**Abend**|**kleid** *n* robe *f* du soir; robe longue; *~***kurs**(**us**) *m* cours *m* du soir; *~***land** *n* ⟨*~*(e)s⟩ Occident *m*; ℒ**ländisch** *adj* occidental; de l'Occident

'**abendlich** *adj* ⟨*épithète*⟩ du soir; *st/s* vespéral

'**Abendluft** *f* air *m* du soir

'**Abendmahl** *n* REL Cène *f*; PROT *das ~ empfangen od nehmen* recevoir la communion; communier

'**Abend**|**mahlzeit** *f* repas *m* du soir; dîner *m*; *~***messe** *f* messe *f* du soir; *~***nachrichten** *f/pl* nouvelles *f/pl* du soir

'**Abendprogramm** *n* im Fernsehen, Radio programme *m* de la soirée; *was gibt es heute im ~?* qu'est-ce qu'il y a ce soir à la télé *bzw* à la radio?

'**Abendrot** *n* flamboiement *m* du soleil couchant

'**abends** *adv* le soir; *um sieben Uhr ~* à sept heures du soir; *spät ~* tard le soir

'**Abend**|**schule** *f* cours *m/pl* du soir; *~***schüler**(**in**) *m*(*f*) étudiant(e) *m*(*f*) de cours du soir; *~***sonne** *f* soleil couchant; *~***stern** *m* étoile *f* du berger; *~***stille** *f* paix *f* du soir; *~***stimmung** *f* *st/s* ambiance vespérale

'**Abendstunde** *f* *in den* (*späten*) *~n* (tard) dans la soirée; (tard) le soir

'**Abend**|**veranstaltung** *f* soirée *f*; *~***vorstellung** *f* soirée *f*; représentation *f* du soir; *~***wind** *m* brise *f*, vent *m* du soir

'**Abendzeit** *f* ⟨*~*⟩ soirée *f*; soir *m*; *zur ~* le soir

'**Abend**|**zeitung** *f* journal *m* du soir; *~***zug** *m* train *m* du soir

Abenteuer ['a:bəntɔyər] *n* ⟨*~*s; *~*⟩ *a fig* aventure *f*; *auf ~ ausgehen* courir l'aventure; partir pour l'aventure

'**Abenteuerfilm** *m* film *m* d'aventures

'**Abenteuerin** *f cf* Abenteurerin

'**abenteuerlich I** *adj* **1.** aventureux, -euse; *Geschichte, Reise* etc pleine d'aventures; **2.** *fig Gedanke etc* extravagant; fantastique; **II** *adv fig* bizarrement; ℒ**keit** *f* ⟨*~*⟩ **1.** caractère aventureux, 'hasardeux; **2.** *fig* extravagance *f*

'**Abenteuer**|**lust** *f* ⟨*~*⟩ esprit *m* d'aventure; goût *m* de l'aventure; ℒ**lustig** *adj* aventureux, -euse; *~***roman** *m* roman *m* d'aventures; *~***spielplatz** *m* terrain *m*, parc *m* d'aventures; *~***urlaub** *m* vacances-aventures *f/pl*

'**Abenteurer**|(**in**) *m* ⟨*~*s; *~*⟩ (*f*) ⟨*~; ~*nen⟩ aventurier, -ière *m*,*f*; *~***leben** *n* vie *f* d'aventurier

aber ['a:bər] **I** *conj* mais; cependant; *nun ~* or; *oder ~* ou bien; *~* donnant néanmoins; pourtant; *sie ~ ... eux*, par contre; *das ist ~ nicht richtig* ce n'est pas exact; **II** *Partikel* mais; *~ ja!, ~ sicher!* mais oui!; *~ nein!* mais non!; *~ gerne!* mais avec plaisir!; *das ist ~ schön!* c'est bien, joli!; *du kommst ~ früh heute* tu arrives bien tôt aujourd'hui; *das ist ~* auch zu komisch c'est vraiment trop drôle; *nun ist es ~ genug!* en voilà assez!; maintenant ça suffit!; *nun ~ schnell!* (mais) vite, maintenant!; F *das dauert ~!* F ça en met du temps!; *~, ~!* allons, allons!; *~ Kinder!* voyons, mes enfants!; **III** *adv ~ und abermals* à plusieurs, *st/s* à maintes reprises

'**Aber** *n* ⟨*~*s; *~*⟩ mais *m*; *die Sache hat ein od ihr ~* il y a un mais; *kein ~ mehr!* il n'y a pas de mais qui tienne!

'**Aber**|**glaube**(**n**) *m* superstition *f*; ℒ**gläubisch** *adj* superstitieux, -ieuse

'**aberhundert** *st/s adv* **hundert und ~** des centaines et des centaines

'**aberkennen** *v/t* ⟨*irr*, sép *ou* rarement insép, pas de ge-, h⟩ *j-m etw ~* refuser qc à qn; *j-m ein Recht ~* priver qn d'un droit; déclarer qn déchu d'un droit

'**Aberkennung** *f* ⟨*~; ~*en⟩ privation *f*; JUR déchéance *f*

abermalig ['a:bərma:lıç] *adj* ⟨*épithète*⟩ nouveau, nouvel, -elle; autre; (*wiederholt*) répété

abermals ['a:bərma:ls] *adv* de nouveau, encore une fois

'**abernten** *v/t* ⟨-ete, sép, -ge-, h⟩ *ein Feld ~* moissonner un champ; faire la récolte de ... sur un champ; *e-n Obstbaum ~* cueillir tous les fruits d'un arbre

Aberration [apʔeratsi'o:n] *f* ⟨*~; ~*en⟩ ASTR, OPT aberration *f*

'**abertausend** *st/s adv* **tausend und ~** des mille et des mille

'**Aberwitz** *st/s m* ⟨*~*es⟩ folie *f*; absurdité *f*

'**aberwitzig** *st/s adj* absurde; *es ist ~* (, *etw zu tun*) c'est de la folie (de faire qc)

'**abessen** F *v/t* ⟨*irr*, sép, -ge-, h⟩ **1.** (*leer essen*) *Teller* etc finir; *den Knochen ~* manger la viande autour de l'os; **2.** (*wegessen*) manger; *das Obst von der Torte ~* manger les fruits de la tarte

Abessinien [abɛ'si:niən] *n* ⟨*→ n/pr*⟩ HIST l'Abyssinie *f*

Abf. *abr* (*Abfahrt*) départ

ABF [a:be:'ʔɛf] *f* ⟨*~; ~*⟩ *cf* Arbeiter-und Bauern-Fakultät

'**abfackeln** *v/t* ⟨-(e)le, sép, -ge-, h⟩ TECH brûler

'**abfahrbereit** *adj* prêt à partir; *Zug, Schiff* en partance (*nach* pour)

'**abfahren** ⟨*irr*, sép, -ge-⟩ **I** *v/t* ⟨h⟩ **1.** *Schutt* etc enlever; transporter; **2.** ⟨h *ou* sein⟩ *prüfend* reconnaître (en voiture); **3.** *j-m ein Bein* etc *~* écraser la jambe, etc de qn; **4.** (*abnutzen*) *Reifen* etc user; **5.** F (*verbrauchen*) *Fahrscheinheft* etc utiliser entièrement; **II** *v/i* ⟨sein⟩ **6.** (*wegfahren*) partir (*nach* pour); **7.** (*nach unten fahren*), *a* SKISPORT descendre; **8.** F *fig auf etw* (*voll*) *~* s'emballer pour qc, qn; (*schwärmen für, mögen*) F être fana de qc, qn; **9.** F *fig j-n ~ lassen* F envoyer promener qn

'**Abfahrt** *f* **1.** *e-s Zuges, Autos* etc départ *m*; **2.** SKISPORT descente *f*; **3.** (*Autobahn* ℒ) sortie *f*

'**Abfahrts**|**lauf** *m* SKISPORT descente *f*; *~***läufer**(**in**) *m*(*f*) descendeur, -euse *m*,*f*; *~***rennen** *n* descente *f*; *~***strecke** *f* piste *f* de descente; *~***zeit** *f* heure *f* de *bzw* du départ

'**Abfall** *m* **1.** déchets *m/pl*; (*Müll*) ordures *f/pl*; **2.** ⟨*pas de pl*⟩ *von Verbündeten* défection *f*; *~ vom Glauben* apostasie

Abfallbeseitigung – Abgang

f; **3.** ⟨pas de pl⟩ e-s Geländes déclivité f; pente f; inclinaison f; **4.** ⟨pas de pl⟩ der Leistung, Spannung diminution f
'**Abfall**|**beseitigung** f élimination f des déchets; **~eimer** m poubelle f
'**abfallen** v/i ⟨irr, sép, -ge-, sein⟩ **1.** (sich ablösen, herunterfallen) tomber; **2.** (sich neigen) Gelände descendre; avoir une déclivité; **leicht** od **sanft ~** descendre od s'incliner en pente douce; **3.** fig (übrigbleiben) rester; être de reste; **es wird für dich nicht viel dabei ~** tu n'en (re)tireras pas grand-chose; **4.** (abtrünnig werden) Verbündete renier (**von j-m** qn); **vom Glauben ~** être apostat; renier sa foi; **5.** SPORT (zurückfallen) perdre du terrain; être distancé; **6.** in der Leistung etc être plus faible (**gegenüber** que); **stark ~** (**gegenüber**) contraster défavorablement (avec); différer défavorablement (de); **der zweite Band fällt gegen den ersten ab** le second volume est inférieur au premier; **7.** fig (verschwinden) disparaître; **alle Müdigkeit, Aufregung fiel von ihr ab** toute sa fatigue, tout son énervement disparut
'**abfallend** adj Gelände en pente; incliné; **sanft ~** en pente douce; **steil ~** escarpé; Straße a raide; Berg a à pic
'**Abfallhaufen** m tas m d'ordures, bes ADM d'immondices
'**abfällig** **I** adj désobligeant; défavorable; **II** adv défavorablement; d'une façon désobligeante; **von j-m ~ sprechen** dénigrer qn; médire de qn
'**Abfall**|**produkt** n **1.** bei der Herstellung abfallend résidu m; sous-produit m; **2.** aus Abfällen hergestellt produit m résiduaire; **~verwertung** f récupération f, recyclage m des déchets
'**abfälschen** v/t ⟨sép, -ge-, h⟩ SPORT Ball détourner
'**abfangen** v/t ⟨irr, sép, -ge-, h⟩ **1.** Brief, Meldung etc intercepter; Person s'emparer de; **2.** (wieder unter Kontrolle bringen) Auto, Flugzeug etc redresser; **3.** Stoß etc amortir; **4.** SPORT Ball intercepter; FECHTEN, BOXEN parer; **5.** CONSTR étayer; soutenir
'**Abfangjäger** m AVIAT MIL intercepteur m
'**abfärben** v/i ⟨sép, -ge-, h⟩ **1.** Stoff déteindre; Farbe faire des taches; **2.** fig **auf j-n, etw ~** déteindre sur qn, qc
'**abfassen** v/t ⟨-ßt, sép, -ge-, h⟩ Schriftstück, Bericht rédiger; ADM libeller; **ein Protokoll ~** dresser un procès-verbal
'**Abfassung** f e-s Schriftstücks, Berichts rédaction f
'**ab**|**faulen** v/i ⟨sép, -ge-, sein⟩ pourrir; **~federn** ⟨-(e)re, sép, -ge-, h⟩ **I** v/t **1.** Fahrzeug etc monter sur ressorts; suspendre (sur ressorts); **2.** Stoß etc amortir; **II** v/i bes SPORT prendre son élan
'**ab**|**feiern** v/t ⟨-(e)re, sép, -ge-, h⟩ Überstunden récupérer; **~feilen** v/t ⟨sép, -ge-, h⟩ **1.** (bearbeiten) Holz, Nägel etc limer; **2.** (entfernen) rauhe Stelle etc limer; enlever avec la lime
'**abfertigen** v/t ⟨sép, -ge-, h⟩ **1.** Briefe, Pakete expédier; Gepäck enregistrer; zollamtlich dédouaner; **2.** Personen am Schalter etc servir; bei der Paß-, Zollkontrolle etc contrôler; **3.** F fig **j-n kurz, an der Tür ~** F expédier qn, se débarrasser de qn à la porte

'**Abfertigung** f von Briefen, Paketen expédition f; des Gepäcks etc enregistrement m; zollamtlich dédouanement m; von Personen bei der Paß-, Zollkontrolle contrôle m
'**Abfertigungsschalter** m am Flughafen guichet m d'enregistrement; beim Zoll guichet m de la douane
'**abfeuern** v/t ⟨-(e)re, sép, -ge-, h⟩ Schuß, Salve etc tirer; Gewehr etc faire feu avec
'**abfinden** ⟨irr, sép, -ge-, h⟩ **I** v/t **j-n ~** dédommager qn; finanziell, bes ADM indemniser qn; **j-n mit etw ~** dédommager qn en lui donnant qc; **j-n großzügig ~** dédommager généreusement qn; **II** v/réfl **sich mit etw ~** s'accommoder, s'arranger de qc; (resignieren) se résigner à qc; prendre son parti de qc; **er kann sich nur schwer damit ~, daß** il ne se résigne que difficilement à ce que (+ind)
'**Abfindung** f ⟨~; ~en⟩ **1.** (das Abfinden) dédommagement m; bes ADM indemnisation f; compensation f; **2.** (**~summe**) indemnité f; beim Ausscheiden aus e-r Stellung indemnité f de licenciement; **j-m e-e ~ zahlen** dédommager, indemniser qn (en argent)
'**Abfindungssumme** f indemnité f
'**abfischen** v/t ⟨sép, -ge-, h⟩ Teich dépeupler
'**abflach**|**en** ⟨sép, -ge-, h⟩ **I** v/t aplatir; **II** v/i ⟨sein⟩ Niveau etc baisser; fig Unterhaltung etc perdre de l'intérêt; devenir banal; **III** v/réfl **sich ~ 1.** (flacher werden) s'aplatir; **2.** fig (abnehmen) diminuer; **♀ung** f ⟨~; ~en⟩ aplatissement m; des Niveaus baisse f; der Produktion diminution f; fig e-r Unterhaltung banalité f
'**abflauen** v/i ⟨sép, -ge-, sein⟩ **1.** Wind faiblir; Lärm diminuer; **~de Winde** m/pl vents m/pl plus faibles; **2.** COMM, ÉCON Geschäfte etc fléchir; baisser; Konjunktur être défavorable, difficile; **3.** fig Gefühl, Begeisterung etc diminuer; tiédir; Interesse baisser
'**abfliegen** ⟨irr, sép, -ge-⟩ **I** v/t ⟨h⟩ **1.** (wegbringen) évacuer, transporter par avion; **2. e-e Strecke ~** prüfend reconnaître un parcours en avion; **II** v/i ⟨sein⟩ **3.** partir, s'envoler (**nach** pour); **4.** F Deckel etc s'envoler
'**abfließen** v/i ⟨irr, sép, -ge-, sein⟩ **1.** Flüssigkeiten, fig Verkehr s'écouler; **2.** Behälter (sich leeren) se vider; **3.** COMM Kapital sortir; partir
'**Abflug** m départ m; **~zeit** f heure f de départ
'**Abfluß** m **1.** e-s Waschbeckens etc tuyau m d'écoulement; der Kanalisation égout m; e-s Teiches etc voie f d'écoulement; **2.** ⟨pas de pl⟩ von Flüssigkeiten écoulement m; **3.** ⟨pas de pl⟩ COMM von Kapital sortie f; **~graben** m fossé m, rigole f d'écoulement; **~hahn** m robinet m de vidange; **~loch** n orifice m d'écoulement; **~rinne** f rigole f d'écoulement; quer über der Straße cassis m; an der Seite e-r Straße caniveau m; **~rohr** n tuyau m d'écoulement; an der Dachrinne tuyau m de descente
'**Abfolge** f suite f
'**abfordern** v/t ⟨-(e)re, sép, -ge-, h⟩ **j-m etw ~** exiger qc de qn; réclamer qc à qn

'**abfotografieren** v/t ⟨sép, pas de ge-, h⟩ photographier
'**abfragen** v/t ⟨sép, -ge-, h⟩ **1.** Schüler faire réciter sa leçon à; **2. j-n Vokabeln ~** interroger qn sur les mots appris; faire réciter le vocabulaire à qn; **3.** INFORM Daten etc extraire; sortir
'**abfressen** v/t ⟨irr, sép, -ge-, h⟩ **1.** Blätter etc (wegfressen) manger; dévorer; **etw von etw ~** manger qc de qc; **2.** (kahlfressen) Baum etc manger toutes les feuilles, etc de; Knochen ronger
'**abfrieren** ⟨irr, sép, -ge-⟩ **I** v/i ⟨sein⟩ Gliedmaßen, Blüten etc geler; **bei dieser Kälte sind ihm die Ohren fast abgefroren** il a les oreilles presque gelées, avec ce froid; **II** v/réfl **sich** ⟨dat⟩ **die Füße ~** avoir les pieds gelés; F **sich** ⟨dat⟩ **einen ~** F être frigorifié
'**ab**|**frottieren** v/t ⟨sép, pas de ge-, h⟩ se frotter; **~fühlen** v/t ⟨sép, -ge-, h⟩ cf abtasten
'**Abfuhr** ['apfu:r] f ⟨~; ~en⟩ **1.** (Abtransport) enlèvement m; **2.** (Zurückweisung) rebuffade f; **j-m e-e ~ erteilen** rembarrer, rabrouer qn; **sich** ⟨dat⟩ **e-e ~ holen** se faire rembarrer, rabrouer
'**abführen** ⟨sép, -ge-, h⟩ **I** v/t **1.** Verbrecher etc conduire, mener en prison, à la police, etc; **2.** FIN Gelder, Steuern etc payer (**an** [+acc] à); **3. j-n ~ vom Weg etc** éloigner qn; écarter qn; fig **das führt** (**uns**) **zu weit vom Thema ab** cela nous éloigne, écarte trop du sujet; **II** v/i MÉD **4.** (den Stuhlgang fördern) être laxatif; **5.** (Stuhlgang haben) aller à la selle
'**Abführmittel** n laxatif m
'**Abfüll**|**anlage** f für Flüssigkeiten installation f de mise en bouteilles, en bidons, für Konserven en boîtes; für Körner, Pulver etc installation f d'emballage; **~datum** n date f d'emballage
'**abfüll**|**en** v/t ⟨sép, -ge-, h⟩ in Flaschen mettre en bouteilles; in Fässer mettre en tonneaux, en fûts; in Tüten emballer; in Säcke mettre en sacs; in Dosen mettre en boîtes; **♀ung** f in Flaschen mise f en bouteilles; in Fässer mise f en tonneaux, en fûts; in Tüten emballage m; in Säcke mise f en sacs; in Dosen mise f en boîtes
'**abfüttern¹** v/t ⟨-(e)re, sép, -ge-, h⟩ Vieh donner à manger à
'**abfüttern²** v/t ⟨sép, -ge-, h⟩ Kleidungsstück doubler; mit Pelz fourrer
'**Abgabe** f **1.** e-r schriftlichen Arbeit, e-s Stimmzettels, Briefes etc remise f; des Gepäcks mise f en consigne; (Auslieferung) livraison f; **2.** e-r schriftlichen Erklärung, e-s Gutachtens dépôt m; e-s Urteils, e-r Feststellung etc prononciation f; (Stimm♀) vote m; **3.** COMM (Verkauf) vente f; **4.** SPORT (Ball♀) passe f; **5.** von Energie, Wärme dégagement m; **6.** FIN meist pl **~n** impôts m/pl; taxes f/pl
'**abgabenfrei I** adj exempt, exonéré de taxes, d'impôts; **e-e Waren ~** marchandises non taxées; **II** adv sans taxe(s), impôt(s)
'**abgabe**(**n**)**pflichtig I** adj imposable; **II** adv avec taxe(s), impôt(s)
'**Abgabetermin** m e-r Examensarbeit etc date f de remise
'**Abgang** m **1.** ⟨pas de pl⟩ von Post, Waren départ m; envoi m; **2.** von Personen

départ *m*; THÉ sortie *f*; **der unrühmliche ~ e-s Ministers** le départ peu glorieux, la démission peu glorieuse d'un ministre; **sich** (*dat*) **e-n guten, schlechten ~ verschaffen** réussir, rater sa sortie; **3.** TURNEN *vom Gerät* descente *f*; **4.** ⟨*pas de pl*⟩ MÉD *von Gallensteinen etc* rejet *m*; **5.** MÉD (*Fehlgeburt*) fausse couche; **6.** ⟨*pas de pl*⟩ COMM (*Absatz*) vente *f*; **7.** (*ausscheidende Person*) départ *m*
'**abgängig** *adj bes österr* disparu
'**Abgangszeugnis** *n* certificat *m* de scolarité; *der Grundschule* certificat *m* d'études primaires
'**Abgas** *n* TECH gaz *m* d'échappement; ²**arm** *adj* peu polluant; ²**frei** *adj* non polluant; **~grenzwert** *m* taux-limite *m* de pollution; **~katalysator** *m* pot *m* catalytique; **~test** *m*, **~untersuchung** *f* AUTO contrôle *m* (obligatoire) des gaz d'échappement
'**abgaunern** F *v/t* ⟨-(e)re, sép, -ge-, h⟩ **j-m etw ~** escroquer, F carotter qc à qn
ABGB [a:be:ge:'be:] *n* ⟨~(s)⟩ *abr österr* (*Allgemeines Bürgerliches Gesetzbuch*) code civil
'**abgeben** ⟨*irr*, *sép*, *-ge-*, *h*⟩ **I** *v/t* **1.** (*aushändigen*) donner; *Aufsatz*, *Prüfungsarbeiten a* remettre; rendre; *Gepäck* mettre, déposer à la consigne; **etw bei j-m ~** donner qc à qn; **etw für j-n ~** remettre qc pour qn; **2.** *Erklärung*, *Gutachten* faire; **ein Urteil über etw** (*acc*) **~** rendre, porter un jugement sur qc; **Wahl s-e Stimme** (**für j-n**) **~** voter (pour qn); donner sa voix (à qn); **abgegebene Stimmen** *f/pl* suffrages exprimés; **3.** (*abtreten*) *von s-m Besitz* céder; donner; **j-m etw von etw ~** donner une partie de qc à qn; **4.** (*verkaufen*) vendre; *in e-r Annonce* **billig abzugeben** vente à bas prix; **5.** SPORT *Ball* passer; **6.** (*abstrahlen*) *Wärme*, *Energie* dégager; *Strahlungsenergie* émettre; **7.** **e-n Schuß** (**auf j-n**, **etw**) **~** tirer, faire feu (sur qn, qc); **8.** F (*darstellen*) être; **e-e lächerliche Figur**, **den Sündenbock ~** être ridicule, le bouc émissaire; **9.** (*sein*) **er wird einmal einen guten Lehrer ~** il fera un bon professeur; **den Hintergrund**, **Rahmen ~** servir de fond, de cadre; **II** *v/i* SPORT (*abspielen*) faire une passe; **III** *v/réfl* **sich mit etw ~** (*beschäftigen*) s'occuper de qc; **sich mit j-m ~** (*sich kümmern*) s'occuper de qn; (*Umgang haben*) fréquenter qn; **damit gebe ich mich nicht ab** je ne m'en occupe pas
'**abgebrannt I** *p/p cf* **abbrennen**; **II** *adj* F *fig* ⟨*attribut*⟩ **~ sein** F être fauché, à sec
'**abgebrüht** F *fig adj* F blindé; **ein ~er Bursche** F un dur à cuire
'**abgedroschen** F *fig adj* rabâché; ressassé
abgefeimt ['apgəfaɪmt] *adj* malin, -igne; *st/s* perfide; **~e Bosheit** *st/s* perfidie *f*; **~er Schurke** *litt* fieffé coquin
'**Abgefeimtheit** *f* ⟨~⟩ *st/s* perfidie *f*
'**abgegriffen I** *p/p cf* **abgreifen**; **II** *adj* abîmé; usé; usagé
'**abgehackt I** *adj Worte*, *Stil* 'haché; *Rhythmus* saccadé; **II** *advt* **~ sprechen** parler d'une façon 'hachée, saccadée
'**ab|gehangen I** *p/p cf* **abhängen²**; **II** *adj Fleisch* rassis; **~gehärmt** *adj* rongé de soucis, de chagrin; **~gehärtet** *adj* endurci, aguerri (**gegen** à)
'**abgehen** ⟨*irr*, *sép*, *-ge-*⟩ **I** *v/t* ⟨h⟩ *Strecke* parcourir (à pied); *suchend*, *prüfend* reconnaître (à pied); **II** *v/i* ⟨sein⟩ **1.** *Schiff* partir; *s'en aller*; *Post*, *Waren* partir; être expédié; **2.** (*weggehen*) partir; *a* THÉ sortir; SPORT *von Geräten* descendre (**von** de); **von der Schule ~** quitter l'école; **von der Bühne ~** quitter la scène; **3.** *vom Weg*, *fig von e-m Grundsatz*, *Entschluß etc* s'écarter, s'éloigner (**von** de); **von s-m Standpunkt ~ a** se départir de son point de vue; **von etw nicht ~** ne pas démordre de qc; s'en tenir à qc; **4.** *Weg* (*abzweigen*) bifurquer; **5.** (*sich ablösen*) se détacher; *Knopf* a sauter; *Geleimtes a* se décoller; **6.** MÉD *Gallenstein etc* être rejeté; être expulsé; **7.** COMM (*abgezogen werden*) être à déduire; **tausend Mark gehen für die Miete ab** mille marks sont (à déduire) pour le loyer, partent pour le loyer; **8.** F COMM (*verkauft werden*) se vendre; se débiter; **9.** (*fehlen*) *Fähigkeit etc* faire défaut; *a Materielles* manquer; **der Sinn dafür geht ihm ab** ce sens lui fait défaut; **10.** (*vor sich gehen*) se passer; se terminer; **es ist alles gut abgegangen** tout s'est bien passé, terminé
'**abgehetzt** *adj* stressé; (*außer Atem*) à bout de souffle; (*überlastet*) surmené; **~ sein** *a* être sous pression
'**abgekämpft** *adj* épuisé; exténué
'**abgekartet** F *adj* **das ist eine ~e Sache od ein ~es Spiel** c'est une affaire combinée; c'est un coup monté
'**abgeklärt** *adj Person*, *Urteil etc* serein; empreint de sérénité; ²**heit** *f* ⟨~⟩ sérénité *f*
'**abgelagert** *adj Wein* qui a bien vieilli; *Holz*, *Tabak* sec, sèche
'**abgelegen** *adj* (*entfernt*) éloigné; retiré; à l'écart; (*einsam*) solitaire; isolé; ²**heit** *f* ⟨~⟩ éloignement *m*; écart *m*; (*einsame Lage*) isolement *m*
'**abgelten** *v/t* ⟨*irr*, *sép*, *-ge-*, *h*⟩ régler; acquitter; (*entschädigen*) indemniser; ²**ung** *f* règlement *m*; acquittement *m*; (*Entschädigung*) indemnisation *f*
'**abgeneigt** *adj* **e-r Sache** (*dat*) (**nicht**) **~ sein** (ne pas) être défavorable, hostile à qc; **j-m nicht ~ sein** ne pas être mal disposé envers qn; **nicht ~ sein**, **etw zu tun** être assez disposé, être prêt à faire qc
'**Abgeordnete(r)** *f(m)* ⟨→ A⟩ député *m*
'**Abgeordnetenhaus** *n* Chambre *f* des députés; Assemblée nationale
'**abgerissen I** *p/p cf* **abreißen**; **II** *adj* **1.** *Kleidung* en lambeaux; *Person* déguenillé; en 'haillons; **2.** *Sätze*, *Gedanken* décousu; incohérent
'**Abgesandte(r)** *st/s f(m)* envoyé(e) *m(f)*; (*geheime(r)*) émissaire *m*
'**Abgesang** *m* **1.** MÉTRIK épode *f*; **2.** *st/s fig* (*Abschied*, *Ausklang*) adieu *m* (**auf**, **an** [+*acc*] à); **3.** *st/s fig* (*letztes Werk*) chant *m* du cygne
'**abgeschieden I** *p/p cf* **abscheiden**; **II** *st/s adj* (*abgelegen*) retiré; isolé; **III** *advt* **~ leben** vivre retiré, *p/fort* dans l'isolement
'**Abgeschiedenheit** *f* ⟨~⟩ isolement *m*; solitude *f*
'**abgeschlagen I** *p/p cf* **abschlagen**; **II** *adj* **1.** SPORT (**weit**) **~** (bien) battu; **2.** *regional* (*erschöpft*) épuisé; exténué
'**abgeschlossen I** *p/p cf* **abschließen**; **II** *adj* **1.** *Tür etc* fermé à clé; **2.** (*fertig*, *beendet*) terminé; achevé; **ein ~es Hochschulstudium haben** avoir un diplôme d'études supérieures; **3.** *Erzählung etc* **in sich** (*dat*) **~** complet; **4.** (*separat*) *Wohnung etc* indépendant; **5.** *von der Welt* isolé; retiré
'**abgeschmackt** ['apgəʃmakt] *adj* Späße, Redensarten etc plat; banal
'**abgeschrägt** *adj* *Ecke*, *Kante*, *Brett etc* biseauté; en biseau; *Wand* en pente; **Raum** *m* **mit** (**leicht**) **~en Wänden** pièce (légèrement) mansardée
'**abgesehen I** *p/p cf* **absehen**; **II** *advt* **~ von** à l'exception de; excepté; **~ davon** en dehors de cela; à part cela; **~ davon**, **daß** ... mis à part le fait que ...; **von einigen Ausnahmen ~** à quelques exceptions près
'**abgespannt** *adj* fatigué; *p/fort* épuisé; ²**heit** *f* ⟨~⟩ fatigue *f*; *p/fort* épuisement *m*
'**ab|gestanden I** *p/p cf* **abstehen**; **II** *adj* *Wasser* pas frais, fraîche; *Bier etc* éventé; *Luft* confiné; *p/fort* vicié; **~gestoßen I** *p/p cf* **abstoßen**; **II** *adj* *Lack*, *Putz* sauté; *Ärmel*, *Schuhspitze* usé
'**abgestumpft** *adj* abruti; insensible; ²**heit** *f* ⟨~⟩ abrutissement *m*; insensibilité *f*
'**abgetakelt** *adj* **1.** *Schiff* dégréé; **2.** F *péj Person* F décati; **~ aussehen** faire vieille peau
'**ab|getragen I** *p/p cf* **abtragen**; **II** *adj* *Kleidung* usé; usagé; **~getreten I** *p/p cf* **abtreten**; **II** *adj* *Schuhsohlen*, *Treppe etc* usé; *Absätze* éculé
'**abgewetzt** *adj* élimé; râpé
'**abgewinnen** *v/t* ⟨*irr*, *sép*, *-ge-*, *h*⟩ **1.** *beim Spiel* **j-m zehn Mark ~** gagner dix marks en jouant avec qn; **2.** (*erlangen*) gagner; obtenir; **dem Meer Land ~** gagner du terrain sur la mer; *fig* **e-r Sache** (*dat*) **die beste Seite ~** voir le bon côté de qc; prendre une chose par le bon côté; **3.** *fig* (*gut finden*) **e-r Sache** (*dat*) **etw ~** trouver bon *bzw* bien qc; **ich kann dem nichts ~** cela ne me dit rien
'**abgewöhnen** ⟨*sép*, *-ge-*, *h*⟩ **I** *v/t* **j-m etw ~** déshabituer, désaccoutumer qn de qc; faire perdre *od* passer à qn l'habitude de qc; F *fig* **zum ²** (*schlecht*, *unangenehm*) F moche; F *plais* **noch ein Glas zum ²** F encore un verre, mais c'est le dernier; **II** *v/réfl* **sich** (*dat*) **etw ~** perdre l'habitude de (faire) qc; *a* **beim Rauchen**, **Trinken etw ~** se déshabituer de (faire) qc; **das habe ich mir abgewöhnt** j'en ai perdu l'habitude; je m'en suis guéri
'**ab|gewrackt** *adj péj* en ruine; *Person* fini; F foutu; *Hotel etc* délabré; **~gezehrt** *adj* émacié; *p/fort* décharné; **~gezirkelt** *adj* fait, tracé, mesuré avec exactitude, minutieusement, au compas; *Bewegung* précis; exact; *Worte* pesé
'**abgießen** *v/t* ⟨*irr*, *sép*, *-ge-*, *h*⟩ **1.** *Flüssigkeit* verser; **2.** *Kartoffeln etc* jeter l'eau (de cuisson) de; **3.** *Gefäß* vider; **4.** MÉTALL couler; **5.** KUNST *Büste etc* mouler

'**Abglanz** *m* reflet *m*; *ein schwacher ~ einstigen Ruhms* un pâle reflet de la gloire passée
'**abgleichen** *v/t* ⟨*irr, sép, -ge-*⟩ **1.** (*abstimmen*) ajuster; adapter; **2.** *ÉLECT, RAD* aligner; ajuster; **3.** *CONSTR* égaliser; *t/t* araser
'**abgleiten** *st/s v/i* ⟨*irr, sép, -ge-, sein*⟩ **1.** (*abrutschen*), *fig Blick etc* glisser (*von* de); *fig das Gespräch gleitet ins Vulgäre ab* la conversation glisse vers, tombe dans le vulgaire; *fig Vorwürfe etc an j-m ~* glisser sur qn; laisser qn indifférent; **2.** *fig (auf die schiefe Bahn geraten)* mal tourner
'**Abgott** *m a fig* idole *f*
Abgötterei [apgœtəˈraɪ] *f* ⟨*~*⟩ idolâtrie *f*
'**abgöttisch** **I** *adj* idolâtre; **II** *adv j-n ~ lieben, verehren* idolâtrer, adorer qn
'**abgrasen** *v/t* ⟨*-(es)t, sép, -ge-, h*⟩ **1.** *e-e Wiese ~ etc* brouter, paître l'herbe d'un pré, *etc*; **2.** *F fig Gebiet, Gegend* ratisser, sillonner, *Geschäfte* fouiller (*nach etw* pour trouver qc)
'**abgreifen** *v/t* ⟨*irr, sép, -ge-, h*⟩ **1.** (*abnutzen*) abîmer; user; **2.** (*abtasten*) tâter
'**abgrenzen** ⟨*-(es)t, sép, -ge-, h*⟩ *I v/t* **1.** marquer les limites de; délimiter; *Befugnisse, Rechte, Pflichten* délimiter (*gegen* de); **2.** *Begriffe, Standpunkte etc* gegeneinander ~ différencier; **II** *v/réfl sich von j-m ~* se distinguer, se différencier de qn
'**Abgrenzung** *f* ⟨*~; ~en*⟩ délimitation *f* (*gegen* de); *von Ländern* démarcation *f*; *fig von Begriffen etc* différenciation *f*; distinction *f*
'**Abgrund** *m a fig* abîme *m*; *fig* (*Untergang*) ruine *f*; *fig* **Abgründe trennen uns** un abîme nous sépare; *fig vor dem ~ stehen* être au bord de l'abîme
abgründig ['apgrʏndɪç] *st/s adj* **1.** (*rätselhaft*) impénétrable, *péj* sournois; *Humor* noir; **2.** (*unermeßlich*) illimité; démesuré; (*tief*) profond
'**abgrund'tief I** *adj* extrême; sans borne; *Verachtung, Haß* profond; **II** *adv ~ hassen* 'haïr profondément; *Dinge a* exécrer; *~ häßlich* 'hideux, -euse; d'une laideur repoussante
'**abgruppier|en** *v/t* ⟨*sép, pas de ge-, h*⟩ déclasser; ⸺**ung** *f* déclassement *m*
'**abgucken** F ⟨*sép, -ge-, h*⟩ **I** *v/t etw bei od von j-m ~* apprendre qc en regardant faire qn; *ich habe dem Elektriker abgeguckt, wie man eine Klingel repariert* j'ai observé l'électricien pour savoir comment on répare une sonnette; **II** *v/i SCHULE etc* (*bei od von j-m*) *~* copier (sur qn)
'**Abguß** *m* **1.** moulage *m*; *in Gips a* plâtre *m*; *MÉTALL* coulé *m*; **2.** *regional* (*Ausguß*) évier *m*
'**abhaben** F *v/t* ⟨*irr, sép, -ge-, h*⟩ **1.** (*bekommen*) **du kannst etwas davon ~** tu peux en avoir un peu, quelques-un(e)s; **2.** (*abgelegt haben*) avoir enlevé, ôté; **3.** (*entfernt haben*) avoir enlevé, retiré
'**abhacken** *v/t* ⟨*sép, -ge-, h*⟩ **1.** couper (à coups de hache, à la hache, *etc*); *Baum* abattre (à la hache); *plais man wird dir nicht gleich den Kopf ~* on ne te mangera pas
'**abhaken** *v/t* ⟨*sép, -ge-, h*⟩ **1.** (*loshaken*) décrocher; **2.** *auf e-r Liste* cocher; pointer; *fig* (*erledigen*) régler; F **das kannst du ~** (*das ist nicht mehr aktuell*) c'est dépassé, démodé; (*daraus wird nichts*) F tu peux en faire ton deuil
'**abhalftern** *v/t* ⟨*-(e)re, sép, -ge-, h*⟩ **1.** *Pferd* ôter, enlever le licou od licol de; **2.** F *fig* (*entlassen*) F virer; *ein abgehalfterter Politiker* un homme politique fini
'**abhalten** *v/t* ⟨*irr, sép, -ge-, h*⟩ **1.** (*fernhalten*) *etw, j-n von sich* (*dat*) *~* tenir qc, qn à distance; écarter de soi qc, qn; *e-e Gefahr von j-m ~* éloigner un danger de qn; *Kälte, grelles Licht ~* empêcher, retenir le froid, la lumière crue; **2.** (*weghalten*) éloigner; *etw ein wenig* (*von sich* [*dat*]) *~* éloigner un peu qc (de soi); *ein Kind ~* tenir un enfant pour qu'il fasse ses besoins; **3.** (*hindern*) empêcher; *j-n davon ~, etw zu tun* empêcher qn de faire qc; *j-n von der Arbeit ~* empêcher qn de travailler; *die Furcht hielt ihn davon ab zu* (*+inf*) la peur l'empêchait, le retenait de (*+inf*); *lassen Sie sich durch mich nicht ~* ne vous dérangez pas à cause de moi; **4.** *Feier, Gottesdienst etc* célébrer; *Probe, Kurs* faire; *Prüfung* organiser; mettre en place; *Pressekonferenz* donner; *Sitzung, Tagung, Wahlen etc* **abgehalten werden** avoir lieu; se tenir
'**abhandeln** *v/t* ⟨*-(e)le, sép, -ge-, h*⟩ **1.** (*abkaufen*) *j-m etw* (*billig*) *~* acheter qc (pas cher, bon marché) à qn; **2.** (*herunterhandeln*) *100 Mark von e-m Teppich ~* faire baisser de 100 marks le prix d'un tapis; **3.** *wissenschaftlich ein Thema ~* traiter (d')un sujet
abhanden [apˈhandən] *adv ~ kommen* disparaître; *der Schirm ist mir ~ gekommen* mon parapluie a disparu
'**Abhandlung** *f* traité *m*, étude *f*, *an der Universität* a thèse *f* (*über* [*+acc*] sur)
'**Abhang** *m* pente *f*; *e-s Gebirges* versant *m*
'**abhängen**[1] *v/t* ⟨*sép, -ge-, h*⟩ **1.** *Bild, Anhänger etc* décrocher; **2.** F *SPORT Verfolger* F semer
'**abhängen**[2] *v/i* ⟨*irr, sép, -ge-, h*⟩ **1.** (*abhängig sein*) *von j-m, etw ~* dépendre de qn, qc; *alles hängt davon ab, ob er kommt* tout dépend de sa venue; **2.** *CUIS Fleisch* rassir; *~ lassen* laisser reposer
'**abhängig** *adj* **1.** dépendant (*von* de); *von Drogen* toxicomane; drogué; *von j-m, etw ~ sein* dépendre de qn, de qc; *von Drogen ~ sein* être toxicomane, drogué; se droguer; *das ist vom Wetter ~* cela dépend du temps; *etw von etw ~ machen* faire dépendre une chose de qc; subordonner une chose à qc; *voneinander ~ sein* être interdépendants; **2.** *GR Satz*(*teil*) subordonné
'**Abhängigkeit** *f* ⟨*~; ~en*⟩ dépendance *f*; (*Drogen*⸺) toxicomanie *f*; dépendance toxicomaniaque *f*; *von Medikamenten* pharmacodépendance *f*; *gegenseitige ~, ~ voneinander* interdépendance *f*; *in ~ von …* en fonction de …
'**Abhängigkeitsverhältnis** *n* état *m*, rapport *m* de dépendance
'**abhärten** *v/t* ⟨*u v/réfl*⟩ ⟨*-ete, sép, -ge-, h*⟩ (*sich*) *~* (s')endurcir, (s')aguerrir (*gegen* à)

'**Abhärtung** *f* ⟨*~*⟩ endurcissement *m* (*gegen* à); *zur ~* pour s'endurcir
'**abhauen** ⟨*irr, sép, -ge-*⟩ **I** *v/t* ⟨*h*⟩ couper; *Baum* abattre; **II** F *v/i* ⟨*sein*⟩ (*verschwinden*) F filer; F ficher le camp; F se tailler; *hau ab!* F file!; F fiche le camp!
'**abhäuten** *v/t* ⟨*-ete, sép, -ge-, h*⟩ dépouiller; écorcher
'**abheben** ⟨*irr, sép, -ge-, h*⟩ **I** *v/t* **1.** *Deckel etc* ôter; enlever; *Telefonhörer* décrocher; *KARTENSPIEL einzelne Karten* retirer; *Kartenstapel* couper; **2.** *Geld* retirer; **3.** (*hervorheben*) *etw vom Hintergrund ~* faire ressortir qc sur le fond; **II** *v/i* **4.** *Flugzeug, Rakete* décoller; *Vogel, Ballon* s'envoler; **5.** *KARTENSPIEL* couper; **6.** *fig auf etw* (*acc*) *~* mettre l'accent sur qc; insister sur qc; **III** *v/réfl sich von od gegen etw ~ als Kontrast* se détacher de qc; se découper sur qc; *sich von j-m ~* contraster avec qn; trancher sur qn
'**Abhebung** *f von Konto* retrait *m*
'**ab|heften** *v/t* ⟨*-ete, sép, -ge-, h*⟩ *Akten etc* mettre, ranger (dans un classeur); ⸺**heilen** *v/i* ⟨*sép, -ge-, sein*⟩ guérir
'**Abhilfe** *v/i* ⟨*sép, -ge-, h*⟩ *e-r Sache* (*dat*) *~* remédier, porter remède à qc; *dem kann abgeholfen werden* on peut y remédier; il y a un remède à cela
'**ab|hetzen** *v/t* ⟨*-(es)t, sép, -ge-, h*⟩ *sich ~* ne pas avoir le temps de souffler; se dépêcher, se presser (continuellement, *etc*); ⸺**heuern** ⟨*-(e)re, sép, -ge-, h*⟩ **I** *v/t* **1.** *MAR* licencier; **2.** F *fig* (*abwerben*) débaucher; **II** *v/i MAR* quitter son service
'**Abhilfe** *f* ⟨*~*⟩ remède *m*; *~ schaffen* y porter remède; y remédier
'**abhobeln** *v/t* ⟨*-(e)le, sép, -ge-, h*⟩ raboter
'**abholbereit** *adj u adv* prêt à emporter
'**abhold** *st/s adj e-r Sache, j-m ~ sein* être hostile, opposé à qc, qn
'**abholen** *v/t* ⟨*sép, -ge-, h*⟩ (*holen gehen, fahren*) (aller *bzw* venir) chercher, prendre; *Briefe auf dem Postamt* (aller, venir) retirer; *Gepäck, Waren, Möbel etc* enlever; *etw ~ lassen* envoyer chercher, prendre qc; faire prendre qc; *j-n zum Essen, Tanzen ~* aller chercher qn pour aller dîner, danser; *hol mich morgen vom Büro ab!* viens me chercher, *bes im Auto* prendre demain au bureau!
'**Ab|holer** *m* ⟨*~s; ~*⟩ personne *f* qui vient *bzw* va chercher qc; ⸺**holung** *f* ⟨*~; ~en*⟩ *von Sachen, Gepäck, Müll etc* enlèvement *m*; *von Briefen* retrait *m*
'**abholz|en** *v/t* ⟨*-(es)t, sép, -ge-, h*⟩ **1.** *Wald* abattre; **2.** *Gebiet* déboiser; ⸺**ung** *f* ⟨*~; ~en*⟩ **1.** *e-s Walds* abattage *m*; **2.** *e-s Gebiets* déboisement *m*
'**Abhöranlage** *f* table *f* d'écoute
'**abhorchen** *v/t* ⟨*sép, -ge-, h*⟩ écouter; *MÉD* ausculter
'**abhören** *v/t* ⟨*sép, -ge-, h*⟩ **1.** interroger; *j-n etw ~* interroger qn sur qc; faire réciter qc à qn; **2.** (*mithören*) écouter; capter; **3.** (*überwachen*) placer sur écoute; **4.** *MÉD* ausculter
'**Abhör|gerät** *n* appareil *m*, poste *m* d'écoute; ⸺**sicher** *adj* antiécoute (*inv*)
Abi [ˈabi] F *n* ⟨*~s; ~s*⟩ F bac *m*
'**abirren** *st/s v/i* ⟨*sép, -ge-, sein*⟩ *a fig* s'écarter (*von* de); *abs a fig* s'égarer

Abitur [abi'tu:r] *n* ⟨~s; ~e⟩ baccalauréat *m*; **das ~ machen** passer le baccalauréat; **das ~ bestehen** être reçu au baccalauréat; **sie hat ~** elle a le, F son baccalauréat

Abitur|ent(in) *m* ⟨~en; ~en⟩ (*f*) ⟨~; ~nen⟩ candidat(e) *m(f)* au baccalauréat; *nach bestandenem Abitur* bachelier, -ière *m,f*

Abi'tur|klasse *f* terminale *f*; **~prüfung** *f* épreuve *f* du baccalauréat; **~zeugnis** *n* diplôme *m* du baccalauréat

'**abjagen** ⟨*sép, -ge-, h*⟩ *v/t j-m s-e Beute*, **den Ball ~** attraper le butin, le ballon de qn en le pourchassant; *j-m ein Geschäft*, *e-n Gewinn* **~** enlever une affaire, un bénéfice avant qn; *j-m Kunden* **~** s'emparer des clients de qn

Abk. *abr* (*Abkürzung*) abrév. (abréviation)

'**ab|kämmen** *v/t* ⟨*sép, -ge-, h*⟩ **1.** *mit e-m Kamm* enlever au peigne; **2.** *fig* (*absuchen*) passer au peigne fin, ratisser (*nach* à la recherche de); **~kanten** *v/t* ⟨*-ete, sép, -ge-, h*⟩ TECH chanfreiner; biseauter; *Blech* plier

'**abkanzeln** F *v/t* ⟨*-(e)le, sép, -ge-, h*⟩ (*scharf tadeln*) F sonner les cloches à; F passer un savon à; (*unfreundlich abfertigen*) rembarrer; F envoyer promener

'**abkapseln** *v/réfl* ⟨*-(e)le, sép, -ge-, h*⟩ *sich* **~** s'isoler; se replier sur soi-même; se renfermer; *sich von etw*, *j-m* **~** s'isoler de qc, qn

'**abkarren** *v/t* ⟨*sép, -ge-, h*⟩ transporter en charrette

'**abkassieren** ⟨*sép, pas de ge-, h*⟩ I *v/t* (*kassieren*) encaisser; II *v/i* **1.** (*kassieren*) encaisser; *im Restaurant* présenter l'addition; *ich möchte bitte* **~** voulez-vous régler (l'addition), je vous prie; **2.** F *fig* (*Geld einstreichen*) empocher de l'argent

'**abkauen** *v/t* ⟨*sép, -ge-, h*⟩ ronger; (*sich* [*dat*]) *die Nägel* **~** se ronger les ongles

'**abkaufen** *v/t* ⟨*sép, -ge-, h*⟩ *j-m etw* **~** acheter qc à qn; F *fig das kaufe ich dir nicht ab* je ne te crois pas; tu ne me le feras pas croire

Abkehr ['apke:r] *f* ⟨~⟩ abandon *m*; détachement *m*

'**abkehren**¹ *v/t* ⟨*sép, -ge-, h*⟩ balayer

'**abkehren**² ⟨*sép, -ge-, h*⟩ I *v/t* (*abwenden*) détourner; II *v/réfl sich* **~** (*von*) se détourner, s'éloigner (de); *fig gedanklich*, *emotional* abandonner; se détacher (de)

'**ab|ketteln** *v/t* ⟨*-(e)le, sép, -ge-, h*⟩ *Maschen* rabattre; **~ketten** *v/t* ⟨*-ete, sép, -ge-, h*⟩ **1.** *Hund etc* détacher (de la chaîne); **2.** *Maschen* rabattre; **~kippen** ⟨*sép, -ge-*⟩ I *v/t* ⟨*h*⟩ **1.** (*herunterkippen*) faire basculer; **2.** (*abladen*) décharger; déverser; II *v/i* ⟨*sein*⟩ basculer; **~klappen** *v/t* ⟨*sép, -ge-, h*⟩ rabattre

'**abklappern** F *v/t* ⟨*-(e)re, sép, -ge-, h*⟩ *Hausierer etc alle Häuser* **~** faire du porte-à-porte; aller de porte en porte; *ich habe die ganze Stadt danach abgeklappert* j'ai couru toute la ville pour trouver cela

'**abklären** *v/t* ⟨*sép, -ge-, h*⟩ vérifier; s'assurer de

Abklatsch *m* ⟨~(e)s; ~e⟩ *péj* (mauvaise) copie *f*; imitation *f*

'**abklatschen** *v/t* ⟨*sép, -ge-, h*⟩ **1.** *beim Tanz j-n* **~** frapper dans ses mains pour danser avec qn; **2.** *Ball* renvoyer avec le plat de la main

'**abklemmen** *v/t* ⟨*sép, -ge-, h*⟩ **1.** (*abtrennen*) *Stromleitung* séparer; *sich* (*dat*) *e-n Finger* **~** se couper un doigt; **2.** (*zusammenpressen*) pincer; **3.** (*lösen*) desserrer

'**Abklingbecken** *n* NUCL piscine *f* de désactivation

'**abklingen** *v/i* ⟨*irr, sép, -ge-, sein*⟩ *Ton*, *Schmerz*, *Erregung etc* s'affaiblir; diminuer; *Begeisterung a* tomber

'**abklopfen** *v/t* ⟨*sép, -ge-, h*⟩ **1.** (*weg-*, *herunterklopfen*) faire tomber (en tapant, en tapotant); *Mantel etc* épousseter; tapoter; *Teppich* battre; **den Staub von etw** **~** épousseter qc; **2.** MÉD percuter; **3.** F *fig* (*untersuchen*, *überprüfen*) examiner; inspecter; *etw auf etw* (*acc*) **~** examiner qc sur qc

'**ab|knabbern** *v/t* ⟨*sép, -ge-, h*⟩ F grignoter; *Knochen* ronger; **~knallen** F *v/t* ⟨*sép, -ge-, h*⟩ F descendre

'**abknapsen** F ⟨*-(es)t, sép, -ge-, h*⟩ I *v/t j-m etw* (*von etw*) **~** rogner qc à qn (sur qc); II *v/réfl sich* (*dat*) *etw* **~** économiser, épargner qc

'**abkneifen** *v/t* ⟨*irr, sép, -ge-, h*⟩ *mit der Kneifzange etc* couper, enlever avec une pince, *etc*

'**abknicken** ⟨*sép, -ge-*⟩ I *v/t* ⟨*h*⟩ **1.** (*abbrechen*) casser; **2.** (*knicken*) courber; plier; II *v/i* ⟨*sein*⟩ **3.** (*abbrechen*) se casser; **4.** (*einknicken*) se courber; se plier; **5.** AUTO **~de Vorfahrt** route *f* prioritaire tournant à droite *bzw* à gauche

'**ab|knipsen** F *v/t* ⟨*-(e)st, sép, -ge-, h*⟩ **1.** (*abkneifen*) couper, enlever (avec une pince); **2.** *Film* finir; **~knöpfbar** *adj* amovible; détachable; démontable

'**abknöpfen** *v/t* ⟨*sép, -ge-, h*⟩ **1.** *Kapuze*, *Kragen etc* déboutonner; détacher; **2.** F *fig j-m etw* **~** soutirer, F carotter qc à qn

'**ab|knutschen** F *v/t* ⟨*u v/réfl*⟩ ⟨*sép, -ge-, h*⟩ (*sich*) **~** F (se) bécoter; **~kochen** *v/t* ⟨*sép, -ge-, h*⟩ **1.** faire cuire; *Wasser*, *Milch* (faire) bouillir; CHIM, PHARM faire une décoction de; **2.** F *fig Person* (*ausnehmen*) F plumer; filouter; (*zermürben*) abattre; F rétamer

'**abkommandieren** *v/t* ⟨*sép, pas de ge-*, *h*⟩ MIL détacher; envoyer en service commandé; *abkommandiert sein* être en détachement, en service commandé (*zu*, *nach* à)

'**Abkomme** *st/s m* ⟨~n; ~n⟩ descendant(e) *m(f)*

'**abkommen** *v/i* ⟨*irr, sép, -ge-, sein*⟩ **1.** *vom Weg, Kurs, Thema etc* s'écarter, s'éloigner (*von* de); *von der Fahrbahn* **~** quitter la route; **2.** *von e-r Gewohnheit etc* abandonner (*von etw* qc); *davon ist man längst abgekommen* on a abandonné cela, on en est revenu depuis longtemps; **3.** SPORT *gut* **~** prendre un bon départ

Abkommen *n* ⟨~; ~⟩ accord *m*; POL *a* convention *f*; *ein* ~ (*über etw* [*acc*]) *treffen od schließen* passer, conclure un accord (sur qc)

abkömmlich ['apkœmlıç] *adj* libre; disponible; (*im Moment*) *nicht* **~** *sein* être occupé (en ce moment)

'**Abkömmling** *st/s m* ⟨~s; ~e⟩ descendant(e) *m(f)*

'**abkönnen** *v/t* ⟨*irr, sép, -ge-, h*⟩ **1.** *nordd* (*mögen*) aimer bien; *ich kann ihn* (*gut*) *ab* je l'aime bien; **2.** *nordd* (*vertragen, aushalten können*) supporter; **3.** F (*entfernt werden können*) pouvoir être enlevé

'**abkoppeln** *v/t* ⟨*-(e)le, sép, -ge-, h*⟩ *Anhänger, Raumschiff etc* détacher; décrocher

'**abkratzen** ⟨*-(es)t, sép, -ge-*⟩ I *v/t* ⟨*h*⟩ *Farbe, Putz etc* enlever; gratter; II P *v/i* ⟨*sein*⟩ (*sterben*) P crever; F claquer

'**abkriegen** F *v/t* ⟨*sép, -ge-, h*⟩ *cf* **abbekommen**

'**abkühlen** ⟨*sép, -ge-, h*⟩ I *v/t* refroidir; II *v/i* ⟨*h ou sein*⟩ *a fig* (se) refroidir; *fig Stimmung, Beziehungen etc* se rafraîchir; III *v/réfl sich* **~** **1.** *a fig* se refroidir; *fig Stimmung, Beziehungen etc* se rafraîchir; **2.** *Witterung* se rafraîchir; se refroidir; *es hat sich* (*merklich*) *abgekühlt* le temps s'est (remarquablement) rafraîchi

'**Abkühlung** *f Wetter* rafraîchissement *m*; *a fig* refroidissement *m*

Abkunft ['apkʊnft] *st/s f* ⟨~⟩ descendance *f*; origine *f*

'**ab|kupfern** F *v/t* ⟨*-(e)re, sép, -ge-, h*⟩ copier (*aus, bei* sur); **~kuppeln** *v/t* ⟨*-(e)le, sép, -ge-, h*⟩ *Anhänger etc* décrocher; détacher

'**abkürz|en** *v/t* ⟨*-(es)t, sép, -ge-, h*⟩ **1.** *Weg* raccourcir; **2.** *Wort, Namen* abréger; **3.** *Aufenthalt, Gespräch etc* écourter; abréger; **Ωung** *f* **1.** *Weg, e-s Wegs* raccourci *m*; **2.** *von Wörtern* abréviation *f*; *aus Initialen a* sigle *m*; **3.** *e-s Aufenthalts, Gesprächs etc* abrégement *m*

'**Abkürzungs|liste** *f*, **~verzeichnis** *n* liste *f* d'abréviations

'**abküssen** *v/t* ⟨*u v/réfl*⟩ ⟨*-ßt, sép, -ge-, h*⟩ (*sich*) **~** (se) couvrir de baisers; (s')embrasser

'**abladen** *v/t* ⟨*irr, sép, -ge-, h*⟩ **1.** *Fracht, Wagen* décharger; *Schutt* **~** *verboten* décharge interdite; **2.** *fig Kummer etc* confier (*bei j-m* à qn); F *die Schuld auf e-n anderen* **~** mettre la faute sur le dos de quelqu'un d'autre

'**Ablage** *f* **1.** (*Brief2, Akten2*) classeur *m*; **2.** (*Garderoben2*) vestiaire *m*; *im Badezimmer* tablette *f*; *im Auto* vide-poches *m*; (*Hut2*) porte-chapeaux *m*; **3.** (*pas de pl*) (*Ablegen*) classement *m*; rangement *m*; **4.** *schweiz* (*Verkaufs-, Annahmestelle*) dépôt *m*; (*Zweigstelle*) succursale *f*; (*Lottoannahmestelle*) guichet *m*; **~kasten** *m*, **~korb** *m* bac *m*; corbeille *f*

'**ablagern** ⟨*-(e)re, sép, -ge-, h*⟩ I *v/t* (*deponieren, absetzen*) *a* GÉOL déposer; II *v/i* ⟨*sein*⟩ *Wein* vieillir; *Holz, Tabak* sécher; III *v/réfl sich* (*auf, in etw* [*dat*]) **~** *a* CHIM se déposer sur, dans qc

'**Ablagerung** *f* GÉOL, CHIM dépôt *m*; GÉOL *a* sédimentation *f*; *von Wein* vieillissement *m*; *von Holz, Tabak* séchage *m*

Ablaß ['aplas] *m* ⟨*-lasses, -lässe*⟩ CATH indulgence *f*; **~brief** *m* REL HIST lettre *f* d'indulgence

'**ablassen** ⟨*irr, sép, -ge-, h*⟩ I *v/t* **1.** *Flüssigkeiten* faire, laisser écouler; *Dampf, Gas, Luft etc* faire échapper; **2.** *Teich, Becken etc* vider; **3.** COMM (*j-m*) *etw vom Preis* **~** donner un rabais, une

Ablaßhandel – abmachen

réduction de prix (à qn); **4.** F *(weglassen) Schal* ne pas (re)mettre; **II** *v/i* **von etw ~** renoncer à qc; abandonner qc; *Tier von s-r Beute* ~ lâcher sa prise; **von j-m** ~ laisser qn tranquille
'**Ablaß**|**handel** *m* REL HIST trafic *m* des indulgences; **~ventil** *n* TECH soupape *f* d'évacuation, d'échappement
Ablativ ['ablati:f] *m* ⟨~s; ~e⟩ GR ablatif *m*
'**Ablauf** *m* **1.** (~*vorrichtung*) dispositif *m*, *e-s Beckens* conduit *m* d'écoulement; **2.** (*Verlauf*) *der Ereignisse, des Programms etc* déroulement *m*; cours *m*; **3.** ⟨*pas de pl*⟩ *e-r Frist, Amtsperiode etc* expiration *f*; *nach ~ von* à l'expiration de; au bout de; *nach ~ dieser Frist* le délai expiré; à l'expiration de ce délai
'**ablaufen** ⟨*irr, sép, -ge-*⟩ **I** *v/t* **1.** ⟨h⟩ *Schuhsohlen* etc user; *Absätze* éculer; **2.** ⟨h *ou* sein⟩ *Strecke etc* parcourir; *alle Geschäfte, die ganze Stadt nach etw* ~ faire, courir tous les magasins, toute la ville pour trouver qc; **II** ⟨sein⟩ **3.** *Flüssigkeiten* s'écouler; se déverser; *Becken, Teich etc* se vider; *Wasser* ~ *lassen* faire, laisser (s')écouler de l'eau; **4.** *Faden, Seil etc von e-r Spule etc* se dérouler; *Film, Tonband* se dérouler; se débobiner; *Schallplatte* tourner; **5.** (*verlaufen*) *Ereignisse, Programm etc* se dérouler; *Ereignisse etc* se passer; *es ist glimpflich für ihn abgelaufen* il l'a échappé belle; **6.** (*herunterlaufen*) *von, an etw (dat)* ~ couler, dégouliner de, sur qc; *fig an ihm läuft alles ab* rien ne le touche; **7.** (*zu Ende gehen*) se terminer; finir; *Frist, Parkuhr, Ausweis etc* expirer; *a Ausweis, Visum etc* être périmé
'**ablaugen** *v/t* ⟨*sép, -ge-, h*⟩ TECH lessiver
'**ablauschen** *st/s v/t* ⟨*sép, -ge-, h*⟩ *j-m etw* ~ surprendre qc chez qn; *etw der Natur* (*dat*) ~ copier qc de la nature; *diese Szene ist dem Leben abgelauscht* cette scène est prise sur le vif
'**Ablaut** *m* LING alternance *f* vocalique; apophonie *f*
'**ablauten** *v/i* ⟨*-ete, sép, -ge-, h*⟩ LING changer la voyelle du radical
'**Ableben** *st/s n* ⟨~s⟩ décès *m*
'**ablecken** ⟨*sép, -ge-, h*⟩ **I** *v/t* lécher; **II** *v/réfl sich* (*dat*) *die Finger* ~ se lécher les doigts
'**abledern** *v/t* ⟨*-(e)re, sép, -ge-, h*⟩ nettoyer avec une peau de chamois
'**ablegen** ⟨*sép, -ge-, h*⟩ **I** *v/t* **1.** *Garderobe* (*ausziehen*) enlever; se débarrasser de; **2.** *Akten, Post etc* classer; ranger; **3.** *beim Kartenspiel* écarter; *abgelegte Karten* cartes mises à l'écart; **4.** (*niederlegen*) poser; **5.** ZO *Eier* ~ déposer des œufs; pondre; **6.** *Kleidungsstücke* (*nicht mehr tragen*) mettre au rebut; *abgelegte Sachen, Kleider* vieux habits; **7.** *fig Gewohnheiten* abandonner; perdre; *Fehler* se corriger de; **8.** *Geständnis, Gelübde* faire; *Prüfung* passer; *mit Erfolg* réussir; *e-n Eid* ~ prêter serment; *Rechenschaft über etw* (*acc*) ~ rendre compte de qc; *Zeugnis von etw* ~ témoigner de qc; rendre témoignage de qc; **II** *v/i* **9.** (*Kleidung ausziehen*) enlever son manteau, *etc*; *bitte legen Sie ab!* enlevez votre manteau, s'il vous plaît!; **10.** MAR appareiller

'**Ableger** *m* ⟨~s; ~⟩ BOT bouture *f*; marcotte *f*; *von Erdbeeren* stolon *m*
'**ablehnen** *v/t* ⟨*sép, -ge-, h*⟩ **1.** (*zurückweisen, nicht genehmigen*) refuser; *Angebot, Entwurf, Antrag a* rejeter; *Zeugen, Richter* récuser; *jede Verantwortung* ~ décliner toute responsabilité; se dégager de toute responsabilité; **2.** (*mißbilligen*) désapprouver
'**ablehnend** *adjt Antwort, Bescheid* défavorable; négatif, -ive; *Miene, Haltung* hostile; désapprobateur, -trice; *e-e ~e Haltung* (*gegenüber etw*) *annehmen* prendre, adopter une attitude hostile *od* de refus (vis-à-vis de *od* envers qc); *sich* (*gegenüber etw*) ~ *verhalten* se montrer hostile, opposé (à qc)
'**Ablehnung** *f* ⟨~; ~en⟩ **1.** (*Zurückweisung*) refus *m*; rejet *m*; (*Nichtgenehmigung*) refus *m*; *e-s Zeugen etc* récusation *f*; **2.** (*Mißbilligung*) désapprobation *f*
'**ableisten** *v/t* ⟨*-ete, sép, -ge-, h*⟩ faire; accomplir
'**ableiten** *v/t* ⟨*-ete, sép, -ge-, h*⟩ **1.** *Fluß* dériver; détourner; *Wärme, Gas, Wasser etc* évacuer; *Blitz* conduire dans le sol; **2.** MATH *Funktion* dériver; *Formel* déduire; **3.** LOGIK déduire (*folgern*) conclure; **4.** LING dériver
'**Ableitung** *f* **1.** *von Wasserläufen* dérivation *f*; *von Wärme, Gas etc* évacuation *f*; **2.** MATH *von Formeln* déduction *f*; *von Funktionen* dérivation *f*; *Ergebnis* dérivée *f*; **3.** LOGIK déduction *f*; **4.** LING dérivation *f*; *Wort* dérivé *m*
'**ablenken** ⟨*sép, -ge-, h*⟩ **I** *v/t* **1.** *in der Richtung* dévier; détourner; PHYS *Strahlen* dévier; diffracter; **2.** *Aufmerksamkeit, Verdacht, Gespräch etc* détourner; *Verdacht a* écarter; *j-n von der Arbeit* ~ détourner, distraire qn de son travail; *die Kinder werden dadurch abgelenkt* cela distrait les enfants; **3.** (*zerstreuen*) distraire; divertir; **II** *v/i* **4.** (*vom Thema*) ~ *Person* faire diversion; *diese Bemerkungen lenken vom Thema ab* avec ces remarques on s'écarte, *p/fort* sort du sujet; **5.** *in der Aufmerksamkeit* distraire; empêcher de se concentrer
'**Ablenkung** *f* **1.** *in der Richtung* déviation *f*; *von Strahlen a* diffraction *f*; **2.** *der Aufmerksamkeit etc* détournement *m*; **3.** (*Zerstreuung*) distraction *f*; diversion *f*
'**Ablenkungs**|**manöver** *n* manœuvre *f* de diversion; **~versuch** *m* tentative *f* de diversion
'**ablesbar** *adj* qui peut être lu, TECH relevé; *fig an etw* (*dat*) ~ *sein* être visible à qc
'**Ablesefehler** *m* erreur *f* de lecture, TECH de relevé
'**ablesen**¹ ⟨*irr, sép, -ge-, h*⟩ **I** *v/t* **1.** *Text* lire; **2.** *Zähler etc* relever; F *den Strom, das Gas* ~ relever l'électricité, le gaz; **3.** *fig j-m etw von den Augen, Lippen, vom Gesicht* ~ lire qc dans les yeux, sur les lèvres, sur le visage de qn; **4.** *fig* (*erschließen*) *etw an etw* (*dat*) ~ (*können*) (pouvoir) déduire qc de qc; **II** *v/i Redner etc* lire ses notes
'**ablesen**² *v/t* ⟨*irr, sép, -ge-, h*⟩ (*wegnehmen*) enlever; *Obst, Gemüse etc* cueillir; *den Himbeerstrauch* ~ cueillir les framboises

'**ab**|**leuchten** *v/t* ⟨*-ete, sép, -ge-, h*⟩ examiner à la lampe; *mit Scheinwerfern* balayer avec des projecteurs; **~leugnen** ⟨*-ete, sép, -ge-, h*⟩ **I** *v/t Tat, Schuld etc* nier; contester; *Glauben* renier; **II** *v/i* nier; **~lichten** *v/t* ⟨*-ete, sép, -ge-, h*⟩ **1.** F (*fotografieren*) photographier; **2.** (*fotokopieren*) photocopier
'**abliefern** *v/t* ⟨*-(e)re, sép, -ge-, h*⟩ **1.** *Ware* livrer; fournir; *Fundsachen etc* remettre; déposer; **2.** *Hausarbeit, Manuskript etc* rendre; **3.** F *fig j-n am Bahnhof* ~ laisser, *mit dem Auto* déposer qn à la gare; *das Kind bei den Eltern* (*wieder*) ~ ramener l'enfant chez ses parents
'**Ablieferung** *f von Waren* livraison *f*; *von Fundsachen, e-r Hausarbeit etc* remise *f*
'**Ablieferungstermin** *m von Waren* date *f* de livraison; *e-r Hausarbeit, e-s Manuskripts etc* date *f* de remise
'**ablocken** *v/t* ⟨*sép, -ge-, h*⟩ *j-m etw* ~ escroquer qc à qn; *Geld* a soutirer qc à qn; *j-m ein Lächeln* ~ arracher un sourire à qn
'**ablöschen** ⟨*sép, -ge-, h*⟩ **I** *v/t* **1.** *mit dem Löschblatt* sécher; *Tafel* effacer; **2.** CUIS ajouter de l'eau, *etc* à; *etw mit Rotwein* ~ ajouter du vin rouge à qc; **3.** *Brand* éteindre; **II** *v/i* CUIS mouiller avec du vin, de l'eau, *etc*
'**Ablöse** *f* ⟨~; ~n⟩ **1.** *bes österr, schweiz cf* **Ablösesumme**; **2.** *österr* (*Kaution*) caution *f*
'**ablösen** ⟨*-(e)t, sép, -ge-, h*⟩ **I** *v/t* **1.** (*loslösen*) détacher, enlever (*von* de); *Geleimtes a* décoller (*von* de); *das Fleisch von den Knochen* désosser; détacher la viande des os; **2.** *bei der Arbeit etc* (*abwechseln*) relayer; *a* (*nachfolgen*) prendre la relève de; *j-n in s-m Amt* ~ succéder à qn; *der Stummfilm wurde vom Tonfilm abgelöst* le film parlant a pris la relève du film muet; **3.** FIN *Anleihe, Schulden* rembourser; liquider; *Hypothek, Rente* racheter; **II** *v/réfl sich* ~ **4.** (*sich loslösen*) se détacher; s'enlever; *Geleimtes a* se décoller; MÉD *Haut a* peler; **5.** *bei der Arbeit etc* (*sich abwechseln*) se relayer; *a* (*nachfolgen*) prendre la relève l'un de l'autre; se succéder l'un à l'autre
'**Ablösesumme** *f* SPORT somme *f* de transfert
'**Ablösung** *f* **1.** *bei der Arbeit, Wache, a Person* relève *f*; *im Amt* a succession *f*; **2.** FIN *e-r Anleihe, von Schulden* remboursement *m*; liquidation *f*; *e-r Hypothek, Rente* rachat *m*; **3.** (*das Ablösen, Sichablösen*) détachement *m*; décollement *m*
'**abluchsen** *v/t* ⟨*-(e)st, sép, -ge-, h*⟩ F *j-m etw* ~ F carotter qc à qn
'**Abluft** *f* ⟨~⟩ TECH air vicié, pollué
'**ablutschen** *v/t* ⟨*sép, -ge-, h*⟩ sucer
ABM [a:be:¹ʔεm] *abr* (*Arbeitsbeschaffungsmaßnahme*) mesure *f* pour la réinsertion des chômeurs; aide *f* à la création d'emplois
'**abmachen** *v/t* ⟨*sép, -ge-, h*⟩ **1.** F (*losmachen, ablösen*) enlever; **2.** (*vereinbaren*) convenir de; *vertraglich a* stipuler; (*regeln, erledigen*) régler; *die Sache ist so gut wie abgemacht* l'affaire est pour ainsi dire faite, conclue; *das hatte ich mit ihm abgemacht* j'en avais

convenu avec lui; *das war abgemacht* c'était convenu; *abgemacht!* entendu!; d'accord!; *etw mit sich* (*dat*) *selbst od allein* ~ (*entscheiden*) décider qc (tout) seul; (*fertig werden*) s'en sortir (tout) seul

'**Abmachung** *f* ⟨~; ~en⟩ arrangement *m*; accord *m*; *vertragliche a* stipulation *f*; *e-e* ~ *mit j-m* (*über etw* [*acc*]) *treffen* se mettre d'accord (sur qc) avec qn; convenir (de qc) avec qn

'**abmagern** *v/i* ⟨-(e)re, *sép*, -ge-, sein⟩ maigrir; *sie ist abgemagert* elle a maigri; elle est amaigrie; *zum Skelett abgemagert sein* être décharné

'**Abmagerung** *f* ⟨~; ~en⟩ amaigrissement *m*

'**Abmagerungskur** *f* régime amaigrissant

'**abmähen** *v/t* ⟨*sép*, -ge-, h⟩ *Korn, Gras, Wiese etc* faucher; *Rasen* tondre

'**abmahn|en** *v/i* ⟨*sép*, -ge-, h⟩ (*ermahnen*) avertir; ⟨**ung** *f* avertissement *m*

'**abmalen** ⟨*sép*, -ge-, h⟩ I *v/t* (*kopieren*) copier; (*malen*) peindre; II *v/réfl fig, st/s Angst etc sich auf den Gesichtern* ~ se peindre sur les visages

'**Abmarsch** *m* départ *m*; mise *f* en route, en marche; ⟨**bereit** *adj* prêt à partir, à se mettre en marche

'**abmarschieren** *v/i* ⟨*sép, pas de ge*-, sein⟩ partir; se mettre en marche, en route

'**Abmeldebescheinigung** *f* certificat *m* de déclaration de départ

'**abmelden** ⟨-ete, *sép*, -ge-, h⟩ I *v/t j-n* ~ *polizeilich* déclarer le départ de qn; *aus e-m Kursus etc* annuler l'inscription de qn; F *fig er ist bei mir abgemeldet!* il n'existe plus pour moi; *Schüler von der Schule* ~ retirer de l'école; *ein Fahrzeug* ~ déclarer qu'on n'utilise plus un véhicule; *sein Telefon, s-n Fernseher* ~ résilier son abonnement de téléphone, télévision; II *v/réfl sich* ~ *polizeilich* déclarer son départ (à la police); *beim Weggehen* prévenir (qn) de son départ; annoncer son départ; *aus e-m Verein* démissioner; se retirer de; *aus e-m Kursus etc* annuler son inscription

'**Abmeldung** *f* polizeilich déclaration *f* de départ; *von Fahrzeugen etc* déclaration *f* qu'on n'utilise plus qc; (*Rückgängigmachen e-r Anmeldung*) annulation *f*; *aus e-m Verein* démission *f*; *e-s Telefons, Fernsehers* résiliation *f* d'abonnement

'**abmessen** *v/t* ⟨*irr, sép*, -ge-, h⟩ mesurer; prendre les mesures, les dimensions de; *drei Meter Stoff* ~ mesurer trois mètres de tissu

'**Abmessung** *f* mesure *f*; *pl* ~*en a* dimensions *f/pl*

'**ab|mildern** *v/t* ⟨-(e)re, *sép*, -ge-, h⟩ atténuer; ~**montieren** *v/t* ⟨*sép, pas de ge*-, h⟩ démonter

AB'M-Stelle *f* emploi *à* durée déterminée dans le cadre de la réinsertion des chômeurs

'**abmühen** *v/réfl* ⟨*sép*, -ge-, h⟩ *sich* (*mit etw, j-m*) ~ se donner du mal, de la peine (avec qc, qn)

'**abmurksen** *v/t* ⟨-(es)t, *sép*, -ge-, h⟩ (*umbringen*) F bousiller; F zigouiller

'**abmuster|n** MAR ⟨-(e)re, *sép*, -ge-, h⟩ I *v/t* licencier; II *v/i* quitter son service; ⟨**ung** *f* licenciement *m*

'**abnabeln** ⟨-(e)le, *sép*, -ge-, h⟩ I *v/t Kind* ligaturer et couper le cordon ombilical de; II *v/réfl fig sich* (*von etw, j-m*) ~ se détacher (de qc, qn); se séparer (de qc, qn)

'**Abnab(e)lung** *f* ⟨~; ~en⟩ 1. MÉD ligature *f* et coupe *f* du cordon ombilical; 2. *fig* détachement *m*; séparation *f*

'**abnagen** *v/t* ⟨*sép*, -ge-, h⟩ ronger

'**abnähen** *v/t* ⟨*sép*, -ge-, h⟩ reprendre; faire une pince à; *das Kleid in der Taille* ~ reprendre la robe à la taille

'**Abnäher** *m* ⟨~s; ~⟩ COUT pince *f*

Abnahme ['apnaːmə] *f* ⟨~⟩ 1. (*das Abnehmen, Entfernen*) enlèvement *m*; MÉD (*Amputation*) amputation *f*; COMM *von Waren* achat *m*; *e-r Lieferung* prise *f* (de livraison); ~ *finden* se vendre; *bei* ~ *von größeren Mengen* à l'achat de grandes quantités; 3. (*Verminderung*) diminution *f*; (*Gewichts*⟨~⟩) *a* perte *f*; *der Arbeitslosigkeit, Geburtenziffer a* régression *f*; *der Macht etc* déclin *m*; baisse *f*; *am Telefon* décroissance *f*; 4. *von Neubauten etc* réception *f* (des travaux); *e-s Fahrzeugs* inspection *f*; 5. *e-s Versprechens, Eids* obtention *f*

'**abnehmbar** *adj* amovible; détachable

'**abnehmen** ⟨*irr, sép*, -ge-, h⟩ I *v/t* 1. *Gardine, Hut, Rucksack etc* enlever; retirer; *Wäsche* rentrer; *Telefonhörer* décrocher; (*amputieren*) couper; amputer; *sich* (*dat*) *den Bart* ~ *lassen* se faire raser la barbe; 2. *j-m etw* ~ *Besitz, a fig Last, Mantel etc* prendre, ôter qc à qn; *Ausweis etc* retirer qc à qn; *Arbeit, Verpflichtung* décharger qn de qc; *Weg, Sorge* épargner qc à qn; 3. COMM *Waren* prendre; acheter; 4. F *Geld etc* (*verlangen*) prendre; demander; *j-m zuviel für etw* ~ prendre trop à qn pour qc; 5. *tech, Neubauten etc* procéder à la réception de; *Fahrzeug* inspecter; *die Parade* ~ passer les troupes en revue; 6. *Prüfung* faire passer; *j-m die Beichte* ~ confesser qn; *j-m ein Versprechen* ~ faire promettre qc à qn; *j-m e-n Eid* ~ faire prêter serment à qn; 7. F *fig* (*glauben*) croire; *das nimmt dir keiner ab* personne ne te croit *bzw* croira; 8. *Maschen* rabattre; diminuer de; 9. *Gewicht* perdre; maigrir de; II *v/i* 10. (*sich verringern*) diminuer; *Arbeitslosigkeit, Geburtenziffer etc a* régresser; *Macht etc* baisser; décliner; *Mond* décroître; 11. *an Gewicht* maigrir; 12. *am Telefon* décrocher; 13. *bei Handarbeiten* diminuer

'**abnehmend** *adj*; ~**er Mond** lune décroissante; *es ist* ~**er Mond** la lune décroît, est dans son dernier quartier

'**Abnehmer(in)** *m* ⟨~s; ~⟩ (*f*) ⟨~; ~nen⟩ acheteur, -euse *m,f*; *e-n* ~ *finden* trouver preneur, acheteur

'**Abneigung** *f* aversion *f* (*gegen* pour)

ab|norm [ap'nɔrm], *bes österr, schweiz* '~**normal** *adj* anormal; ⟨**Normi'tät** *f* ⟨~; ~en⟩ anomalie *f*

'**abnötigen** *st/s v/t* ⟨*sép*, -ge-, h⟩ *j-m etw* ~ *Achtung, Respekt etc* forcer qc de qn; *Beifall, Geständnis, Lächeln* arracher qc à qn

'**abnutzen**, *regional* '**abnützen** ⟨-(es)t, *sép*, -ge-, h⟩ I *v/t* user; II *v/réfl sich* (*mit der Zeit*) ~ s'user (avec le temps); *abgenutzt* usé; usagé

'**Abnutzung** *f*, *regional* '**Abnützung** *f* usure *f*

'**Abnutzungserscheinung** *f* signe *m* d'usure

Abo ['abo] F *n* ⟨~s; ~s⟩ abonnement *m*

Abonnement [abɔnə'mãː] *n* ⟨~s; ~s⟩ abonnement *m* (*gén* à); *ein* ~ *für od auf etw* (*acc*) *haben* être abonné à qc; *e-e Zeitung im* ~ *beziehen* être abonné à un journal

Abonne'mentfernsehen *n* chaîne cryptée

Abonne'ment(s)|preis *m* prix *m* de l'abonnement; ~**vorstellung** *f* représentation *f* pour abonnés

Abon'nent(in) *m* ⟨~en; ~en⟩ (*f*) ⟨~; ~nen⟩ abonné(e) *m(f)* (*gén* à)

abon'nieren *v/t* ⟨*pas de ge*-, h⟩ s'abonner à; *auf etw* (*acc*) *abonniert sein* être abonné à qc

'**abordn|en** *v/t* ⟨-ete, *sép*, -ge-, h⟩ déléguer; envoyer; *zum Küchendienst etc* préposer (*zu* à); ⟨**ung** *f* ⟨~; ~en⟩ délégation *f*

Abort[1] [a'bɔrt] *m* ⟨~(e)s; ~e⟩ (*Toilette*) lavabos *m/pl*; lieux *m/pl* d'aisance

Ab'ort[2] *m* ⟨~s; ~e⟩ MÉD 1. (*Fehlgeburt*) fausse couche *f*; 2. (*Abtreibung*) avortement *m*

'**ab|packen** *v/t* ⟨*sép*, -ge-, h⟩ *Waren* mettre en paquet; empaqueter; ~**passen** *v/t* ⟨-ßt, *sép*, -ge-, h⟩ *Zeitpunkt, Personen* attendre; guetter; ~**pausen** *v/t* ⟨-(es)t, *sép*, -ge-, h⟩ décalquer; ~**pellen** *v/t* ⟨*sép*, -ge-, h⟩ *nordd Apfelsinen, Eier, Kartoffeln* peler; *Wurst etc* ôter la peau de

'**abperlen** *v/i* ⟨*sép*, -ge-, sein⟩ *von od an etw* (*dat*) ~ couler, dégouliner sur qc

'**abpfeifen** SPORT ⟨*irr, sép*, -ge-, h⟩ I *v/t* 1. (*unterbrechen*) siffler l'arrêt; 2. (*beenden*) siffler la fin de; II *v/i* 3. (*unterbrechen*) siffler l'arrêt d'un match, d'un jeu; 4. (*beenden*) siffler la fin d'un match, d'un jeu; donner le coup de sifflet final

'**Abpfiff** *m* SPORT coup *m* de sifflet d'arrêt *bzw* final

'**ab|pflücken** *v/t* ⟨*sép*, -ge-, h⟩ cueillir; ~**placken**, *regional v/réfl* ⟨*sép*, -ge-, h⟩ *sich* ~ F s'esquinter; F se crever

'**abplagen** *v/réfl* ⟨*sép*, -ge-, h⟩ *sich* ~ s'échiner, s'éreinter (*etw zu tun* à faire qc); *sich mit etw, j-m* ~ se donner beaucoup de mal, un mal de chien avec qc, qn

'**ab|platten** *v/t* ⟨-ete, *sép*, -ge-, h⟩ aplatir; ~**platzen** *v/i* ⟨*sép*, -ge-, sein⟩ *Farbe, Lack* s'écailler; *Knopf* sauter

'**Abprall** *m* ⟨~(e)s; ~e⟩ *e-s Balls etc* rebond(issement) *m*; rejaillissement *m*; *e-s Geschosses* ricochet *m*

'**abprallen** *v/i* ⟨*sép*, -ge-, sein⟩ 1. (*von od an etw* [*dat*]) ~ *Ball etc* rebondir (sur qc); *Geschoß* ricocher (sur qc); 2. *fig Vorwürfe, Bitten* prallen *an j-m* ~ ne pas avoir prise sur qn

'**Abpraller** *m* ⟨~s; ~⟩ ballon *m* qui rebondit

'**abpressen** *v/t* ⟨-ßt, *sép*, -ge-, h⟩ *j-m etw* ~ *Versprechen, Geständnis etc* extorquer, arracher qc à qn; *das preßte ihm den Atem ab* cela lui coupa la respiration

'**abpumpen** *v/t* ⟨*sép*, -ge-, h⟩ pomper

'**abputzen** *v/t* ⟨-(es)t, *sép*, -ge-, h⟩ es-

abquälen – absägen

suyer; *Tisch etc a* nettoyer; *Schmutz* enlever; F *e-m Kind den Po* ~ torcher un enfant

'**abquälen** *v/réfl* ⟨*sép*, -ge-, h⟩ **1.** *sich* (*mit etw*) ~ se donner beaucoup de mal, un mal de chien (avec qc); s'échiner, s'éreinter (à faire qc); **2.** *sich* (*dat*) *ein Lächeln, e-n Brief etc* ~ se forcer à sourire, à écrire une lettre, *etc*

'**abqualifizieren** *v/t* ⟨*sép, pas de ge-*, h⟩ *j-n, etw* (*als etw*) ~ dénigrer qn, qc (en tant que qc); *sich* (*selbst*) ~ se disqualifier

'**abquetschen** ⟨*sép*, -ge-, h⟩ **I** *v/t* écraser; *bei dem Unfall wurde ihr ein Bein abgequetscht* lors de l'accident elle a eu la jambe écrasée; **II** *v/réfl* **1.** *sich* (*dat*) *e-n Arm* ~ s'écraser un bras; **2.** F *sich* (*dat*) *e-e Träne* ~ F y aller de sa larme; verser sa petite larme

'**abrackern** F *v/réfl* ⟨-(e)re, *sép*, -ge-, h⟩ *sich* (*mit etw*) ~ F s'esquinter, se crever (à faire qc); *sich für j-n* ~ F se crever pour qn

Abraham ['a:braham] *m* ⟨→ *n/pr*⟩ Abraham *m*; F *sich wie in* ~*s Schoß fühlen* se sentir en toute sécurité

'**abrahmen** *v/t* ⟨*sép*, -ge-, h⟩ *Milch* écrémer

Abrakadabra [a:braka'da:bra] *n* ⟨~*s*⟩ abracadabra *m*

'**abrasieren** *v/t* ⟨*sép, pas de ge*, h⟩ *Bart etc*, *a* F *fig* raser

Abrasion [abrazi'o:n] *f* ⟨~; -en⟩ **1.** GÉOL abrasion *f*; **2.** MÉD curetage *m*

'**abraspeln** *v/t* ⟨-(e)le, *sép*, -ge-, h⟩ râper

'**abraten** *v/t* ⟨*u v/i*⟩ ⟨*irr, sép*, -ge-, h⟩ *j-m* (*von*) *etw* ~ déconseiller qc à qn; dissuader qn de qc; *da*(*von*) *kann ich nur* ~ je ne peux que te *bzw* vous le déconseiller

'**Abraum** *m* ⟨~(e)s⟩ **1.** BERGBAU stérile *m*; **2.** (*Schutt*) déblais *m/pl*

'**abräumen** ⟨*sép*, -ge-, h⟩ **I** *v/t* **1.** *Tisch* débarrasser; *nach dem Essen* desservir; *Geschirr* enlever; **2.** *Schutt etc* déblayer; **II** *v/i* **3.** *Tisch nach dem Essen* desservir; **4.** BERGBAU enlever les déblais

'**abrauschen** F *v/i* ⟨*sép*, -ge-, sein⟩ partir, s'en aller, sortir majestueusement; *mit e-m Fahrzeug* F partir sur les chapeaux de roues

'**abreagieren** ⟨*sép, pas de ge-*, h⟩ **I** *v/t etw* (*an j-m, etw*) ~ *Zorn, Ärger etc* décharger qc (sur qn, qc); **II** *v/réfl* **1.** *sich* ~ (*sich beruhigen*) se tranquilliser; se calmer; s'apaiser; **2.** PSYCH *sich* (*an j-m, etw*) ~ se défouler (sur qn, qc)

'**abrechnen** ⟨*sép*, -ete, -ge-, h⟩ **I** *v/t* **1.** (*abziehen*) déduire, retirer (*von* de); *vom Gehalt a* retenir (*von* sur); MATH soustraire, déduire (*von* de); **2.** *als Abschlußrechnung* faire les comptes; **II** *v/i* **3.** *als Abschlußrechnung* faire les comptes; *mit j-m* ~ régler les comptes avec qn; **4.** *fig mit j-m* ~ régler un compte avec qn, son compte à qn

'**Abrechnung** *f* **1.** (*Abzug*) déduction *f*; décompte *m*; *nach* ~ *von* déduction faite de; après déduction de; *ADM etw in* ~ *bringen* décompter qc; *ADM in* ~ *kommen* être déduit; **2.** (*Rechnungsabschluß*), *a fig* règlement *m* de comptes; (*Bilanz*) bilan *m*; *die* ~ *machen* faire les comptes

'**Abrechnungszeitraum** *m* période *f* comptable

'**Abrede** *f etw in* ~ *stellen* nier, contester qc

'**abregen** F *v/réfl* ⟨*sép*, -ge-, h⟩ *sich* ~ se calmer; *reg dich ab!* calme-toi!

'**abreiben** *v/t* ⟨*irr, sép*, -ge-, h⟩ **1.** (*trockenreiben*) frotter; *Pferd* bouchonner; **2.** (*säubern*) nettoyer; (*polieren*) polir; **3.** *Rost, Fleck* ôter, enlever (en frottant); **4.** CUIS *Zitronenschale etc* râper

'**Abreibung** *f* **1.** MÉD friction *f*; **2.** F *fig* (*Schläge*) F dérouillée *f*; F raclée *f*; *j-m e-e* ~ *verpassen* F flanquer une raclée, une dérouillée à qn

'**Abreise** *f* départ *m* (*nach* pour); *fertig zur* ~ *sein* être prêt à partir

'**abreisen** *v/i* ⟨-(es)t, *sép*, -ge-, sein⟩ partir (*nach* pour)

'**Abreise**|**tag** *m* jour *m* de départ; ~**termin** *m* date *f* de départ

'**abreiß**|**bar** *adj* détachable; ⚠**block** *m* ⟨~*s*, ~*e* ou *ze*⟩ bloc-notes *m*

'**abreißen** ⟨*irr, sép*, -ge-⟩ **I** *v/t* ⟨h⟩ **1.** (*fortreißen*) *Plakat, Faden, Verband, Brille, Mütze, Knopf etc* arracher; **2.** (*abtrennen*) *Fahrschein, Eintrittskarte, Kalenderblatt* détacher; **3.** *Haus, Mauer etc* démolir; raser; **4.** F *Kleidung* user; **5.** F *fig Dienst, Ausbildung, Strafe etc* F se farcir; **II** *v/i* ⟨sein⟩ **6.** (*durchreißen*) se déchirer; (*sich lösen*) se détacher; **7.** ÉLECT *Kontakt* se rompre; *Telefon-, Funkverbindung* être coupé; **8.** *fig Gespräch, Beziehungen, Beschuerstrom etc* cesser; s'interrompre; s'arrêter; *der Flüchtlingsstrom reißt nicht ab* les réfugiés ne cessent d'arriver; *das reißt nicht ab* cela n'en finit pas

'**Abreißkalender** *m* éphéméride *f*

'**ab**|**reiten** ⟨*irr, sép*, -ge-⟩ **I** *v/t* ⟨h ou sein⟩ *Strecke* parcourir (à cheval); **II** *v/i* ⟨sein⟩ (*wegreiten*) partir à cheval; ~**richten** *v/t* ⟨-ete, *sép*, -ge-, h⟩ *Tiere*, *a fig péj Menschen* dresser

'**Abricht**|**er** *m* dresseur *m*; ~**ung** *f* dressage *m*

Abrieb ['apri:p] *m* ⟨~(e)s⟩ TECH abrasion *f*

'**ab**|**riegeln** ⟨-(e)le, *sép*, -ge-, h⟩ **I** *v/t Tür, Wohnung* verrouiller; barricader; *Gebiet* boucler; *Straße* barrer; **II** *v/i* verrouiller la porte, la maison, *etc*; ⚠**rie-g**(**e**)**lung** *f* ⟨~; ~en⟩ verrouillage *m*; *e-r Straße* barrage *m*; *e-s Gebiets* bouclage *m*

'**abringen** ⟨*irr, sép*, -ge-, h⟩ *v/t j-m etw* ~ *Boden, Zugeständnis etc* arracher qc à qn; **II** *v/réfl sich* (*dat*) *ein Lächeln, e-n Entschluß* ~ se forcer à (un) sourire, à prendre une décision

'**Abriß** *m* **1.** (*Kurzdarstellung*) précis *m*; abrégé *m*; (*Zusammenfassung*) sommaire *m*; résumé *m*; **2.** (*pas de pl*) *e-s Hauses* démolition *f*; **3.** (*Abschnitt*) coupon *m* détachable; ~**arbeiten** *f/pl* travaux *m/pl* de démolition; ~**birne** *f* boulet *m* de démolition; ~**firma** *f*, ~**unternehmen** *n* entreprise *f* de démolition

'**abrollen** ⟨*sép*, -ge-⟩ **I** *v/t* ⟨h⟩ *Seil etc* dérouler; *Papier etc* filer; *Tau etc* filer; **II** *v/i* ⟨sein⟩ **1.** *Filmstreifen, a fig Ereignisse etc* se dérouler (*vor unseren Augen* devant nos yeux); **2.** *Wagen etc* partir; **3.** *mit dem Fuß* dérouler

'**abrubbeln** *v/t* ⟨*u v/réfl*⟩ ⟨-(e)le, *sép*, -ge-, h⟩ *regional* (*sich*) ~ (se) frictionner

'**abrücken** ⟨*sép*, -ge-⟩ **I** *v/t* ⟨h⟩ *Schrank etc* éloigner, reculer (*von* de); **II** *v/i* ⟨sein⟩ **1.** *von j-m, etw* ~ s'éloigner, s'écarter de qn, qc; *fig* prendre ses distances à l'égard de qn, qc; **2.** MIL partir; **3.** F *fig* (*weggehen*) F filer; F ficher le camp

'**Abruf** *m* COMM *auf* ~ sur appel; *sich auf* ~ *bereithalten* être prêt au rappel

'**abruf**|**bar** *adj Daten* disponible; Summe retirable; ~**bereit** *adj Person, Daten* disponible; *Arzt* de garde; *Waren* livrable

'**abrufen** *v/t* ⟨*irr, sép*, -ge-, h⟩ **1.** *Personen* rappeler; **2.** COMM *Waren* faire livrer; donner l'ordre de livrer; **3.** FIN retirer; prélever; **4.** INFORM *Daten* rechercher

'**abrunden** *v/t* ⟨-ete, *sép*, -ge-, h⟩ **1.** *Kanten etc* arrondir; **2.** *Zahl, Summe* arrondir (*auf* [+*acc*] à); *etw nach oben, unten* ~ arrondir au franc supérieur, inférieur; **3.** (*vervollständigen*) équilibrer; compléter; *Satz a* arrondir; *ein abgerundetes Bild* une impression, idée complète

'**Abrundung** *f* **1.** (*das Abrunden*) arrondissement *m*; **2.** (*abgerundete Stelle*) arrondi *m*; **3.** (*Vervollkommnung*) perfectionnement *m*; *zur* ~ *des Abends* pour parfaire la soirée; *zur* ~ *des Geschmacks* pour améliorer le goût

'**abrupfen** *v/t* ⟨*sép*, -ge-, h⟩ arracher

abrupt [a'brʊpt] **I** *adj* brusque (*a fig*); *Bewegung a* soudain; **II** *adv* brusquement (*a fig*); *bewegen* a tout à coup; *abfallend* à pic

'**abrüsten** *v/i* ⟨*u v/t*⟩ ⟨-ete, *sép*, -ge-, h⟩ **1.** MIL désarmer; **2.** CONSTR enlever l'échafaudage (de)

'**Abrüstung** *f* désarmement *m*

'**Abrüstungs**|**konferenz** *f* conférence *f* pour le od du désarmement; ~**verhandlungen** *f/pl* négociations *f/pl* sur le désarmement

'**abrutschen** *v/i* ⟨*sép*, -ge-, sein⟩ glisser (*von* de); *er ist mit dem Fuß abgerutscht* son pied a glissé; *das Messer ist* (*mir*) *abgerutscht* le couteau (m')a glissé (des mains); *Flugzeug seitlich* ~ glisser, faire une glissade sur l'aile

Abruzzen [a'brʊtsən] *pl die* ~ les Abruzzes *f/pl*

ABS [a:be:'?ɛs] *n* ⟨~⟩ AUTO *abr* (*Antiblockiersystem*) ABS *m*

Abs. *abr* **1.** (*Absender*) exp. (expéditeur); **2.** (*Absatz*) alinéa

'**ab**|**säbeln** F *v/t* ⟨-(e)le, *sép*, -ge-, h⟩ couper (grossièrement); ~**sacken** F *v/i* ⟨*sép*, -ge-, sein⟩ **1.** *Boden, Mauer* s'affaisser; s'enfoncer; *Schiff* s'enfoncer (*a Flugzeug*); couler, **2.** *fig Blutdruck, Person: leistungsmäßig, moralisch etc* F dégringoler

'**Absage** *f* **1.** (*abschlägiger Bescheid*) réponse négative *f*; *e-r Veranstaltung* annulation *f*; **2.** *fig refus m* (*an* [+*acc*] à); *j-m, e-r Sache e-e* ~ *erteilen* opposer un refus à qn, qc; refuser qn, qc

'**absagen** ⟨*sép*, -ge-, h⟩ **I** *v/t Veranstaltung, Konferenz, Besuch etc* annuler; décommander; *Einladung* refuser; **II** *v/i* (*j-m*) ~ donner une réponse négative (à qn); *nach Zusage* se décommander

'**absägen** *v/t* ⟨*sép*, -ge-, h⟩ **1.** *Ast, Brett*

scier; **2.** F *fig j-n* ~ (*ausschalten*) éliminer qn; (*entlassen*) F vider, virer qn
'**absahnen** ⟨*sép*, -ge-, h⟩ **I** *v/t* **1.** *regional Milch* écrémer; **2.** F *fig* F récolter; empocher; **II** *v/i* F (*kräftig*) ~ F s'en mettre plein les poches; F se sucrer
'**absatteln** *v/t* ⟨-(e)le, *sép*, -ge-, h⟩ *Pferd* desseller; *Lasttier* débâter
'**Absatz** *m* **1.** (*Schuh*2) talon *m*; *mit hohen Absätzen* à talons 'hauts; *auf dem* ~ *kehrtmachen* tourner les talons; **2.** *e-r Treppe, im Gelände* palier *m*; (*Mauer*2) saillie *f*; **3.** *in e-m Text, e-s Paragraphen* alinéa *m*; *e-s Textes a* paragraphe *m*; *e-n* ~ *machen* commencer un nouveau paragraphe; (*neuer*) ~! à la ligne!; alinéa!; **4.** COMM (*Waren*2) vente *f*; écoulement *m*; *reißenden* ~ *finden* se vendre comme des petits pains
'**Absatz**|**chance** *f* perspective *f* de vente; ~**flaute** *f* chute *f* des ventes; ~**förderung** *f* promotion *f* des ventes; encouragement *m* de la vente; ~**garantie** *f* garantie *f* de vente, d'écoulement; ~**gebiet** *n* débouché *m*; ~**markt** *m* marché *m*; débouché *m*; ~**schwierigkeiten** *f/pl* difficultés *f/pl* de vente, d'écoulement; ~**statistik** *f* statistique *f* des ventes; ~**steigerung** *f* augmentation *f* de la vente; 2**weise** *adv* par alinéas, paragraphes
'**absaufen** *v/i* ⟨*irr*, *sép*, -ge-, sein⟩ **1.** P *Personen* couler; se noyer; **2.** F *Schiff* couler; **3.** F *den Motor* ~ *lassen* noyer le carburateur
'**ab**|**saugen** *v/t* ⟨*sép*, -ge-, h⟩ **1.** *mit e-r Pumpe* aspirer; *Staub etc mit e-m Staubsauger* enlever (à l'aspirateur); **2.** *Teppich etc* passer l'aspirateur sur; ~**schaben** *v/t* ⟨*sép*, -ge-, h⟩ (*entfernen*, *säubern*) gratter; racler; ~**schaffen** *v/t* ⟨*sép*, -ge-, h⟩ **1.** (*fortgeben*) se débarrasser de; **2.** (*aus der Welt schaffen*) supprimer; *Mißbräuche, Todesstrafe etc* abolir; *Gesetze* abroger; 2**schaffung** *f* ⟨~⟩ suppression *f*; *bestehender Einrichtungen* abolition *f*; *von Gesetzen* abrogation *f*
'**abschälen** ⟨*sép*, -ge-, h⟩ **I** *v/t Frucht* peler; *Schale* enlever; *Baumrinde* écorcer l'arbre; **II** *v/réfl* **sich** ~ *Haut* peler
'**abschalten** ⟨-ete, *sép*, -ge-, h⟩ **I** *v/t Radio, Fernseher, Heizung, Licht* éteindre; *Strom* couper; *Maschine, Motor, Elektrogerät* arrêter; **II** F *v/i* **1.** (*nicht mehr zuhören*) F décrocher; ne plus écouter; **2.** (*sich entspannen*) se relaxer
'**Abschaltung** *f des Stroms* coupure *f*; *e-s elektrischen Geräts* débranchement *m*; *e-s Kraftwerks* arrêt *m*; mise *f* 'hors circuit
'**abschattier**|**en** *v/t* ⟨*sép*, *pas de ge*, h⟩ *Farben etc* nuancer; dégrader; 2**ung** *f* dégradation *f*; *Ergebnis* nuances *f/pl*
'**abschätzen** *v/t* ⟨-(es)t, *sép*, -ge-, h⟩ *Entfernung, Größe, Schaden, Kosten, Wert etc* estimer; évaluer; apprécier; *Personen* juger
'**abschätzig** *adj* dépréciatif, -ive; méprisant; défavorable
'**Abschätzung** *f* estimation *f*; évaluation *f*; appréciation *f*
'**abschauen** ⟨*sép*, -ge-, h⟩ *cf* **abgucken**
'**Abschaum** *m* ⟨~(e)s⟩ *péj* rebut *m*; *st/s* lie *f*

'**abscheiden** *v/t* ⟨*irr*, *sép*, -ge-, h⟩ **1.** CHIM séparer; isoler; **2.** PHYSIOL sécréter
'**Abscheider** *m* ⟨~s; ~⟩ séparateur *m*
'**abscheren** *v/t* ⟨*irr*, *sép*, -ge-, h⟩ tondre
'**Abscheu** *m* ⟨~s⟩ *od f* ⟨~⟩ horreur *f*; répulsion *f*; (*j-s*) ~ *erregen* faire horreur (à qn); répugner (à qn)
'**abscheuern** *v/t* ⟨-(e)re, *sép*, -ge-, h⟩ **I** *v/t* **1.** (*säubern*) récurer; **2.** (*entfernen*) enlever (en frottant); **3.** (*abnutzen*) user (par frottement); **II** *v/réfl* **sich** ~ (*abnutzen*) s'user (par frottement)
'**abscheuerregend** *adj* répugnant; horrible
ab'**scheulich** **I** *adj Anblick, Geruch, Gedanke etc* horrible; *Getränk, Laster a* détestable; répugnant; *Tat a* abominable; odieux, -ieuse; *Lüge* affreux, -euse; abominable; *Wetter* exécrable; abominable; *wie* ~! quelle horreur!; quelle abomination!; **II** *adv* **1.** horriblement; abominablement; affreusement; *es riecht hier* ~ cela sent horriblement mauvais ici; **2.** F (*sehr*) horriblement; affreusement; *das tut* ~ *weh* ça fait horriblement, affreusement mal
Ab'**scheulichkeit** *f* ⟨~; ~en⟩ abomination *f*; horreur *f*; atrocité *f*
'**abschicken** *v/t* ⟨*sép*, -ge-, h⟩ *Post* envoyer; *Paket etc a* expédier
'**Abschiebehaft** *f cf* **Abschiebungshaft**
'**abschieben** ⟨*irr*, *sép*, -ge-⟩ **I** *v/t* ⟨h⟩ **1.** (*abrücken*) éloigner; **2.** *fig Schuld, Verantwortung etc* rejeter (*auf* [+*acc*] sur); **3.** *Person* se débarrasser de; *j-n ins Ausland* ~ expulser, refouler qn à l'étranger; **II** *v/i* ⟨sein⟩ (*weggehen*) F ficher le camp; F filer
'**Abschiebung** *f ins Ausland* expulsion *f*; refoulement *m*
'**Abschiebungshaft** *f* JUR rétention *f* (avant l'expulsion)
Abschied ['apʃi:t] *m* ⟨~(e)s; ~e⟩ **1.** adieu(x) *m*(*pl*); *von j-m* ~ *nehmen* faire ses adieux à qn; *prendre congé de qn*; *quitter qc*; *voneinander* ~ *nehmen* se dire adieu; *der* ~ *fiel ihr schwer* les adieux lui furent pénibles; la séparation lui fut pénible; *beim* ~ en faisant ses adieux; *zum* ~ à l'occasion du départ; *sich zum* ~ *küssen* s'embrasser en partant, en se quittant; **2.** *st/s von Beamten, Offizieren* démission *f*; *s-n* ~ *nehmen* donner sa démission (*bei* à); démissionner
'**Abschiedsbesuch** *m* visite *f* d'adieu(x); *j-m e-n* ~ *machen* faire ses adieux à qn
'**Abschieds**|**brief** *m* lettre *f* d'adieu(x); ~**essen** *n* dîner *m*, repas *m* d'adieu(x); ~**feier** *f*, ~**fest** *n* fête *f* d'adieu(x); ~**geschenk** *n* cadeau *m* d'adieu
'**Abschiedsgesuch** *st/s* ~ offre *f* de démission; demande *f* de mise à la retraite; *sein* ~ *einreichen* donner sa démission
'**Abschieds**|**gruß** *m* au revoir *m*; ~**kuß** *m* baiser *m* d'adieu; ~**rede** *f* discours *m* d'adieu(x); ~**schmerz** *m* ⟨~es⟩ douleur *f* de l'adieu; ~**spiel** *n* SPORT match *m* d'adieu(x); ~**szene** *f* scène *f* d'adieu(x); ~**vorstellung** *f* représentation *f* d'adieu(x)
'**abschießen** *v/t* ⟨*irr*, *sép*, -ge-, h⟩ *Kugel* tirer; *Pfeil* décocher; lancer; *Torpedo, Rakete* lancer; *Schußwaffe* (*abfeuern*) décharger; **2.** (*töten*) *Wild, Menschen* tuer; *Vogel* abattre; **3.** *Gliedmaßen* arracher d'un coup de feu; **4.** *Flugzeug* abattre; *Panzer* détruire; **5.** *fig* (*ausschalten*) *Gegner etc* éliminer; F liquider; F débouliner; (*entlassen*) F virer
'**abschinden** F *v/réfl* ⟨*irr*, *sép*, -ge-, h⟩ *sich mit etw, für j-n* ~ F s'esquinter, se crever à faire qc, pour qn
'**Abschirmdienst** *m* MIL service *m* de contre-espionnage
'**ab**|**schirmen** *v/t* ⟨*sép*, -ge-, h⟩ **1.** (*schützen*) protéger (*gegen* contre); **2.** ÉLECT, RAD, TV faire écran à; *Licht* masquer; *Lärm* étouffer; 2**schirmung** *f* ⟨~; ~en⟩ **1.** protection *f* (*gegen* contre); **2.** ÉLECT, RAD écran *m*; ~**schirren** *v/t* ⟨*sép*, -ge-, h⟩ *Pferd* déharnacher; ~**schlachten** *v/t* ⟨-ete, *sép*, -ge-, h⟩ **1.** *Tiere* abattre; **2.** *péj bes Menschen* massacrer
'**abschlaffen** F ⟨*sép*, -ge-⟩ **I** *v/t* ⟨h⟩ (*schlaff machen*) fatiguer (*a fig*); lasser; *fig p/fort* abrutir; **II** *v/i* ⟨sein⟩ (*schlaff werden*) devenir fatigué; *fig péj* devenir amorphe, mollasse; *ein abgeschlaffter Typ* un type amorphe; un mollasson
'**Abschlag** *m* **1.** COMM (*Preissenkung*) réduction *f*; diminution *f*; (*Rabatt*) rabais *m*; remise *f*; **2.** COMM (*Vorschuß*) avance *f*; acompte *m*; (*Teilzahlung*) *auf* ~ *kaufen* acheter à tempérament; **3.** FIN (*Disagio*) décote *f*; **4.** SPORT: GOLF (coup *m* de) départ *m*; début *m*; HOKKEY coup *m* d'envoi; FUSSBALL coup *m* de pied de but
'**abschlagen** *v/t* ⟨*irr*, *sép*, -ge-, h⟩ **1.** *Henkel, Ecke etc* casser; *Putz, Äste etc* abattre; *Kopf* couper; trancher; **2.** *Angriff* repousser; **3.** SPORT *abgeschlagen werden* être distancé; **4.** *Ball beim Sport* remettre le ballon en jeu; **5.** *Wunsch, Bitte* refuser; rejeter; repousser; *j-m etw* ~ refuser qc à qn
'**abschlägig** ['apʃlɛːgɪç] ADM **I** *adj* négatif, -ive; ~*e Antwort*, ~*er Bescheid* réponse négative; refus *m*; rejet *m*; *e-e* ~*e Antwort erteilen a* répondre par la négative; **II** *adv das Gesuch ist* ~ *beschieden worden* la demande, la requête a été refusée, rejetée
'**Abschlagszahlung** *f* paiement *m* par acomptes, à tempérament; (*Vorschuß*) avance *f*; acompte *m*
'**abschlecken** ⟨*sép*, -ge-, h⟩ *südd, österr cf* **ablecken**
'**abschleifen** ⟨*irr*, *sép*, -ge-, h⟩ **1.** (*entfernen*) enlever; **2.** (*glätten*) polir; *mit dem Schleifstein* meuler; *Parkett* poncer; **II** *v/réfl sich* ~ **3.** TECH s'user (par frottement); **4.** *fig Eigenarten etc* s'effacer, disparaître (peu à peu)
'**Abschleppdienst** *m* service *m* de dépannage
'**abschleppen** ⟨*sép*, -ge-, h⟩ **I** *v/t* **1.** *Fahrzeug* remorquer; prendre en remorque. **2.** F *Personen* F trimbaler; traîner; *mit sexueller Absicht* F draguer; **II** *v/réfl* **sich** ~ (*mit od an etw* [*dat*]) ~ F se crever à porter qc
'**Abschlepp**|**seil** *n* câble *m* de remorquage; ~**stange** *f* barre *f* de remorquage; ~**wagen** *m* dépanneuse *f*

abschließbar *adj* fermant à clé
abschließen ⟨*irr, sép,* -ge-, h⟩ **I** *v/t* **1.** *Tür etc* fermer à clé; **2.** (*absondern*) *a fig* fermer; isoler, séparer (*von* de); **3.** (*beenden*) *Arbeit, Werk, Buch, Studium* terminer; achever; *Rede, Diskussion a* conclure; *Debatte, Untersuchung a* clore; *Angelegenheit a* régler; *Veranstaltung, Fest,* COMM *Geschäftsbücher, Konto, Haushalt etc* clôturer; **4.** (*begrenzen, e-n Abschluß bilden*) terminer; *als Verzierung* finir; servir de finition (à); *die Revolution schloß eine lange Entwicklung ab* la révolution termina, acheva une longue évolution; **5.** *Vertrag, Abkommen, Waffenstillstand, Geschäft, Kauf etc* conclure; *Versicherung* prendre; contracter; *Wette* faire; **II** *v/i* **6.** (*zuschließen*) fermer à clé; **7.** (*enden*) se terminer (*mit* par); **8.** COMM *mit e-m Gewinn, Defizit* ~ se terminer, se solder par un bénéfice, déficit; **9.** *fig mit dem Leben, der Welt abgeschlossen haben* ne plus rien attendre de la vie, du monde; n'avoir plus le goût de vivre; **III** *v/réfl sich* ~ s'isoler, se retirer (*von* de)
abschließend I *adjt* final; *Urteil etc* définitif, -ive; **II** *advt* finalement; pour terminer, conclure
Abschluß *m* **1.** (*Schluß, Ende*) fin *f*; *zum* ~ *kommen* s'achever; se terminer; arriver à une conclusion, à une fin; *zum* ~ pour finir, terminer, conclure; **2.** *e-r Arbeit, e-s Werks, Buchs, Studiums* achèvement *m*; *e-r Rede, Diskussion* conclusion *f*; *e-r Debatte, Untersuchung, meist a e-r Veranstaltung, e-s Festes* clôture *f*; *e-r Angelegenheit* règlement *m*; *etw zum* ~ *bringen* terminer, achever qc; *etw zu e-m guten* ~ *bringen* terminer qc avec succès; mener qc à bonne fin; *ein Studium ohne* ~ études non sanctionnées par un diplôme; **3.** COMM *von Geschäftsbüchern, e-s Kontos, e-s Haushalts etc* clôture *f*; **4.** (*Vertrags⁀, Geschäfts⁀*) *etc* conclusion *f*; COMM marché *m*; *ein* ~ *über fünfhundert Exemplare* un marché portant sur cinq cents exemplaires; *gute Abschlüsse erzielen* passer, conclure des marchés intéressants; conclure de bonnes affaires; **5.** (*abschließende Verzierung*) finition *f*
Abschluß|ball *m* bal *m* de clôture; **~examen** *n* examen *m* de fin d'études; **~feier** *f* fête *f*, réunion *f* de clôture; **~klasse** *f* classe terminale; **~leiste** *f* baguette *f* (de finition); (*Fußleiste*) plinthe *f*; **~prüfung** *f* **1.** SCHULE examen final; UNIVERSITÄT examen *m* de fin d'études; **2.** COMM vérification *f* des comptes; **~zeugnis** *n* certificat *m* de fin d'études
abschmecken *v/t* ⟨*sép,* -ge-, h⟩ *Speisen* goûter (pour assaisonner); (*würzen*) assaisonner; *das Gemüse mit Koriander* ~ rajouter un peu de coriandre aux légumes
ab|schmelzen ⟨*irr, sép,* -ge-⟩ **I** *v/t* ⟨h⟩ **1.** TECH séparer, enlever, détacher par fusion; **2.** *fig Preise etc* diminuer; **II** *v/i* ⟨sein⟩ fondre; **~schmettern** *v/t* ⟨-(e)re, *sép,* -ge-, h⟩ *Vorschlag, Antrag etc* rejeter, écarter carrément *bzw* repousser massivement; **~schmieren** *v/t* ⟨*sép,* -ge-, h⟩ **1.** TECH graisser; lubri-

fier; **2.** F (*unsauber abschreiben*) (re-)copier salement
Abschminke *f* démaquillant *m*
abschminken ⟨*sép,* -ge-, h⟩ **I** *v/t* démaquiller; **II** *v/réfl* **1.** *sich* ~ se démaquiller; *sich* (*dat*) *die Augen* ~ se démaquiller les yeux; **2.** F (*notgedrungen verzichten*) *sich* (*dat*) *etw* ~ F faire son deuil de qc; faire une croix sur qc
ab|schmirgeln *v/t* ⟨-(e)le, *sép,* -ge-, h⟩ **1.** (*polieren*) polir au papier émeri; **2.** (*entfernen*) enlever au papier émeri; **~schnallen** ⟨*sép,* -ge-, h⟩ **I** *v/t Gürtel, Schlittschuhe etc* enlever; ôter; *Rucksack etc a* se débarrasser de; **II** *v/réfl sich* ~ *im Auto, Flugzeug etc* détacher sa ceinture; **III** F *v/i* **1.** (*fassungslos sein*) F être sidéré, époustouflé; **2.** (*nicht mitkommen*) F décrocher
abschneiden ⟨*irr, sép,* -ge-, h⟩ **I** *v/t* **1.** *fig* couper; TECH *a* cisailler; *st/s j-m die Ehre* ~ flétrir l'honneur de qn; déshonorer qn; *j-m das Wort* ~ couper la parole à qn; *j-m den Weg* ~ couper la route à qn; *von der Welt, jeder Verbindung abgeschnitten sein* être coupé du monde, de tout contact; **II** *v/i* **1.** (*bei etw*) *gut, schlecht* ~ pas mal réussir, ne pas bien réussir; s'en tirer bien, mal; **2.** *Weg* être un raccourci; *Person e-n Weg* raccourcir
ab|schnellen ⟨*sép,* -ge-⟩ **I** *v/t* ⟨h⟩ lancer; catapulter; *Pfeil a* décocher; **II** *v/i* ⟨sein⟩ se détendre; sauter; *Pfeil* partir; **~schnippeln** F *v/t* ⟨-(e)le, *sép,* -ge-, h⟩ couper (des petits morceaux de)
Abschnitt *m* **1.** (*Teil⁀*) morceau *m*; tranche *f*; section *f*; partie *f*; **2.** *zeitlich* période *f*; époque *f*; *ein neuer* ~ *in s-m Leben* une nouvelle période, époque, tranche de sa vie; **3.** *e-s Buchs, Textes* passage *m*; partie *f*; *in Gesetzbüchern* titre *m*; **4.** *e-r Eintrittskarte etc* coupon *m*; *e-s Formulars* volet *m*; **5.** *e-s Gebiets, der Front* secteur *m*; *e-r Bahnstrecke* canton *m*; *e-r Straße* tronçon *m*; **6.** MATH *e-s Kreises* segment *m*
abschnitt(s)weise *adj u adv* par passages, sections, périodes, *etc*
Abschnitzel *n* ⟨~s; ~⟩ *österr, südd* (petit) bout
abschnüren *v/t* ⟨*sép,* -ge-, h⟩ **1.** *mit e-r Schnur* serrer avec une corde; MÉD *Glied etc* ligaturer; *das schnürt mir die Luft ab* cela me coupe la respiration, m'étrangle; **2.** *fig* (*blockieren*) bloquer; barrer
abschöpfen *v/t* ⟨*sép,* -ge-, h⟩ **1.** enlever; (*den*) *Schaum von etw* ~ écumer qc; (*das*) *Fett von etw* ~ dégraisser qc; (*den*) *Rahm von etw* ~ écrémer qc; **2.** COMM *Kaufkraft, Gewinne* absorber
abschotten *v/t* ⟨-ete, *sép,* -ge-, h⟩ **1.** MAR cloisonner; **2.** *fig j-n, etw von etw* ~ isoler, séparer qn, qc de qc; *sich gegen j-n, etw* ~ s'isoler de qn, qc; être imperméable à qc
abschräg|en *v/t* ⟨*sép,* -ge-, h⟩ *Ecke, Kante, Brett etc* couper, tailler en biais, en biseau; *Dach, Wand* incliner; *Raum* aménager en mansarde; **⁀ung** *f* ⟨~; ~en⟩ biais *m*; *e-s Dachs etc* inclinaison *f*; pente *f*
abschrammen F *v/t* ⟨*sép,* -ge-, h⟩ *sich* (*dat*) *die Haut* ~ s'érafler; s'égratigner; s'écorcher
abschrauben *v/t* ⟨*sép,* -ge-, h⟩ dévisser

abschrecken ⟨*sép,* -ge-, h⟩ **I** *v/t* **1.** rebuter; *a* MIL dissuader; (*entmutigen*) décourager; *er ließ sich durch nichts* (*davon*) ~ rien ne l'arrêta, le rebuta; **2.** CUIS tremper dans l'eau froide; **3.** *Stahl* tremper; **II** *v/i* décourager; rebuter
abschreckend I *adjt* décourageant; rebutant; **~es Beispiel** exemple *m* à ne pas suivre; **~e Wirkung** effet *m* de dissuasion; **II** *advt* ~ *wirken* dissuader; rebuter; décourager; ~ *häßlich* d'une laideur repoussante
Abschreckung *f* ⟨~; ~en⟩ *a* MIL dissuasion *f*; (*Entmutigung*) découragement *m*
Abschreckungs|methode *f* méthode *f* de dissuasion; **~mittel** *n* moyen *m* de dissuasion; **~politik** *f* politique *f* de dissuasion
abschreiben ⟨*irr, sép,* -ge-, h⟩ **I** *v/t* **1.** *Text* copier (*von* sur; *aus e-m Buch* dans un livre); *etw noch einmal* ~ recopier, récrire qc; *e-n Text sauber* ~ écrire, recopier un texte proprement; **2.** COMM amortir; **3.** FIN (*abziehen*) déduire (*von* de); prélever (*von* sur); **4.** F *fig* (*aufgeben*) F faire son deuil de; faire une croix sur; *das habe ich schon lange abgeschrieben* F j'en ai fait mon deuil depuis longtemps; *ihn habe ich schon lange abgeschrieben* je ne compte plus depuis longtemps sur lui; **5.** *Farbband, Bleistift etc* user; **II** *v/i* **6.** *in der Schule* copier; *von j-m* ~ copier sur qn; *bei literarischen Werken* plagier qn; **7.** (*schriftlich absagen*) *j-m* ~ *e-m Gastgeber* se décommander auprès de qn; *e-m Bewerber* envoyer une réponse négative à qn
Abschreibfehler *m* faute faite en copiant, *in e-r alten Handschrift* de copiste
Abschreibung *f* COMM amortissement *m*
abschreiten *st/s v/t* ⟨*irr, sép,* -ge-, h⟩ **1.** *Entfernung* mesurer en comptant les pas; **2.** ⟨h *ou* sein⟩ *Strecke* parcourir; *die Truppen* ~ passer les troupes en revue
Abschrift *f* copie *f*; *e-r Urkunde etc a* double *m*; duplicata *m*; *beglaubigte* ~ copie certifiée conforme
ab|schrubben F *v/t* ⟨*sép,* -ge-, h⟩ **1.** *Gegenstand* nettoyer à la brosse, au balai-brosse; **2.** *Schmutz* enlever à la brosse, au balai-brosse; **~schuften** F *v/réfl* ⟨-ete, *sép,* -ge-, h⟩ *sich* ~ F se crever; F trimer; **~schuppen** ⟨*sép,* -ge-, h⟩ **I** *v/t Fisch* écailler; **II** *v/réfl sich* ~ *Haut* se desquamer
abschürfen *v/t* ⟨*sép,* -ge-, h⟩ *sich* (*dat*) *die Haut* ~ s'érafler; s'égratigner; *sich* (*dat*) *die Knie* ~ s'écorcher, s'érafler les genoux
Abschürfung *f* éraflure *f*; égratignure *f*; écorchure *f*
Abschuß *m* **1.** *e-r Rakete etc* lancement *m*; **2.** *e-s Flugzeugs, Panzers* destruction *f*; *ein Jagdflieger mit zahlreichen Abschüssen* un aviateur de chasse qui a abattu de nombreux avions; *zum* ~ *freigeben Wild etc* ouvrir la chasse à; F *fig Menschen* livrer à la curée
Abschußbasis *f* base *f* de lancement
abschüssig ['apʃʏsɪç] *adj Gelände* en pente; *p/fort* raide; **⁀keit** *f* ⟨~⟩ déclivité *f*

'**Abschußliste** f F fig *auf der* ~ *stehen* être sur la liste noire
'**Abschußrampe** f rampe f de lancement
'**ab|schütteln** v/t ⟨-(e)le, sép, -ge-, h⟩ **1.** *Krümel, Schnee etc* faire tomber (en secouant); *Obst* faire tomber (en secouant l'arbre); **2.** *fig Joch* secouer; s'affranchir de; *Ketten* briser; *Müdigkeit, quälende Gedanken* se débarrasser de; *Ärger, Sorgen* oublier; **3.** *fig Personen* se débarrasser de; F semer; **4.** *Pullover, Teppich etc* secouer; ~**schütten** ⟨-ete, sép, -ge-, h⟩ cf *abgießen 1., 2.*
'**abschwächen** ⟨sép, -ge-, h⟩ **I** v/t affaiblir; *Wirkung, Lautstärke* diminuer; réduire; *Kritik, Ausdruck* atténuer; modérer; *Farbe* adoucir; *Ton* assourdir; *Stoß* amortir; *etw in abgeschwächter Form wiederholen* répéter en termes atténués, modérés; **II** v/réfl *sich* ~ s'affaiblir; faiblir; *a Nachfrage, Tief-, Hochdruckgebiet* diminuer; *Begeisterung* faiblir; diminuer
'**Abschwächung** f affaiblissement m; *der Wirkung, Stärke, Nachfrage* diminution f; *e-r Kritik, e-s Ausdrucks* atténuation f; modération f; *e-r Farbe* adoucissement m; *e-s Tons* assourdissement m; *e-s Stoßes* amortissement m
'**abschwatzen** F v/t ⟨-(es)t, sép, -ge-, h⟩ *j-m etw* ~ F obtenir qc en embobinant qn; *sich (dat) von j-m etw* ~ *lassen* F donner qc en se laissant embobiner par qn
'**abschweifen** v/i ⟨sép, -ge-, sein⟩ s'écarter; s'éloigner (*vom Thema* du sujet); *Gedanken* vagabonder; *Blicke* errer
'**Abschweifung** f ⟨~; ~en⟩ digression f
'**ab|schwellen** v/i ⟨irr, sép, -ge-, sein⟩ **1.** MÉD désenfler; **2.** *st/s fig Lärm, Sturm etc* s'atténuer; diminuer; ~**schwemmen** v/t ⟨sép, -ge-, h⟩ *Sand etc* entraîner; emporter; ~**schwenken** v/i ⟨sép, -ge-, sein⟩ tourner (*nach rechts* à droite); MIL a faire une conversion
'**abschwindeln** v/t ⟨-(e)le, sép, -ge-, h⟩ *j-m etw* ~ escroquer, soutirer qc à qn
'**abschwirren** v/i ⟨sép, -ge-, sein⟩ **1.** *Vögel, Insekten* s'envoler en bourdonnant; **2.** F (*abhauen*) F filer; F ficher le camp
'**abschwören** v/i ⟨irr, sép, -ge-, h⟩ *e-r Sache (dat)* ~ renoncer définitivement à qc; REL renier, abjurer qc
'**Abschwung** m **1.** *beim Turnen* sortie f; **2.** ÉCON récession f
'**ab|segeln** ⟨-(e)le, sép, -ge-⟩ **I** v/t ⟨h⟩ *Küste etc, Strecke* parcourir (à bord d'un voilier); **II** v/i ⟨sein⟩ partir (*nach* pour); faire voile (*nach* vers); ~**segnen** F plais v/t ⟨-ete, sép, -ge-, h⟩ F donner sa bénédiction à; approuver
'**absehbar** adj *Folgen etc* qu'on peut prévoir; prévisible; *in ~er Zeit* dans un proche avenir
'**absehen** ⟨irr, sép, -ge-, h⟩ **I** v/t **1.** *etw von j-m* ~ apprendre qc de qn en le regardant faire; **2.** (*voraussehen*) prévoir; *es ist noch gar nicht abzusehen, wie das enden wird* il est encore impossible de prévoir comment cela tournera, finira; *es ist kein Ende abzusehen* on n'en voit pas la fin; **3.** (*abzielen*) *er hat es darauf abgesehen, mich zu ärgern* il est bien décidé à me contrarier, à m'agacer; *er hat es auf mich abgesehen* c'est à moi qu'il en veut, qu'il en a; **4.** (*haben wollen*) *es auf etw (acc) abgesehen haben* avoir des visées, des vues sur qc; convoiter, lorgner qc; **II** v/i **5.** (*verzichten*) *von etw* ~ renoncer à qc; *von Beileidsbesuchen bitten wir abzusehen* la famille s'excuse de ne pas recevoir; **6.** (*außer acht lassen*) *von etw* ~ faire abstraction de; mettre qc à part; *wenn man davon absieht, daß ...* si l'on fait abstraction du fait que ...; si l'on met à part le fait que ...; **7.** *in der Schule* copier (*bei j-m* sur qn)
'**ab|seifen** v/t ⟨u v/réfl⟩ ⟨sép, -ge-, h⟩ (*sich*) ~ (se) savonner; ~**seihen** v/t ⟨sép, -ge-, h⟩ passer; filtrer; ~**seilen** ⟨sép, -ge-, h⟩ **I** v/t descendre (à la corde); **II** v/réfl *sich* ~ **1.** descendre en rappel; **2.** F fig (*verschwinden*) F se tirer; F se casser
'**absein** F v/i ⟨irr, sép, -ge-, sein⟩ **1.** *Knopf, Farbe etc* être parti; manquer; *der Knopf ist ab* a le bouton a sauté, s'est détaché; *die Spitze ist ab am Bleistift* la mine est cassée; *seit dem Unfall ist sein rechtes Bein ab* il a perdu la jambe droite dans l'accident; **2.** (*entfernt sein*) *weit vom etw* ~ être éloigné de qc; **3.** (*erschöpft sein*) F être à plat, claqué
'**Abseite** f TEXT envers m
'**abseitig** adj *Neigung, Gedanke etc* bizarre; singulier, -ière
abseits ['apzaɪts] **I** adv **1.** à l'écart; *sich* ~ *halten,* ~ *stehen* a fig se tenir à l'écart; **2.** SPORT 'hors-jeu'; **II** prép ⟨gén⟩ à l'écart de
'**Abseits** n ⟨~; ~⟩ **1.** SPORT 'hors-jeu m *ins* ~ *laufen* se mettre 'hors-jeu'; ~ *pfeifen* siffler un 'hors-jeu'; **2.** fig im ~ *stehen* être tenu à l'écart
'**Abseits|falle** f tactique f du hors-jeu; ~**regel** f règle f du hors-jeu; ~**tor** n but marqué en 'hors-jeu'
'**absenden** v/t ⟨irr ou régulier, sép, -ge-, h⟩ envoyer; expédier
'**Absend|er(in)** m ⟨~s; ~⟩ (f) ⟨~; ~nen⟩ expéditeur, -trice m,f; ~**ung** f envoi m; expédition f
'**absengen** v/t ⟨sép, -ge-, h⟩ brûler; *Geflügel* flamber
'**absenken** ⟨sép, -ge-, h⟩ **I** v/t **1.** (*senken*) (a)baisser; (*niederlassen*) faire descendre; **2.** JARD *Wein a* provigner; **II** v/réfl *Gelände sich* (*zur Straße, zum Garten* [hin]) ~ descendre en pente (vers la rue, vers le jardin)
'**Absenker** m ⟨~s; ~⟩ JARD marcotte f
'**abservieren** v/t ⟨sép, pas de ge-, h⟩ **1.** *Geschirr* enlever; *Tisch* desservir; **2.** fig (*kaltstellen*) éliminer; F débouloner; (*entlassen*) F vider; F virer; (*umbringen*) F descendre; F liquider
'**absetzbar** adj **1.** *Beamte* destituable; révocable; **2.** *Ware* vendable; **3.** *steuerlich* qui peut être déduit; déductible
'**absetzen** ⟨-(es)t, sép, -ge-, h⟩ **I** v/t **1.** *Hut etc* ôter; enlever; **2.** *Beamte, Präsidenten etc* destituer; révoquer; **3.** *Last, Weinglas etc* (re)poser; **4.** *Fahrgast* déposer; *Pferd den Reiter* désarçonner; **5.** (*ablagern*) a CHIM déposer; **6.** *Stück vom Spielplan, Punkt von der Tagesordnung etc* supprimer; **7.** COMM *Waren* écouler; vendre; **8.** *Medikament, Therapie* arrêter; **9.** (*wegnehmen*) *Blasinstrument vom Mund, Stift vom Papier etc* retirer; **10.** *Ausgaben von den Steuern* déduire; **11.** *Farben etc gegeneinander* faire ressortir (*von* sur); COUT border (*mit* de); *e-e Zeile* ~ aller à la ligne; *etw farblich* ~ faire ressortir qc par la couleur; **12.** TYPO (*setzen*) composer; **II** v/i **13.** *beim Sprechen, Schreiben etc* s'arrêter; s'interrompre; *er sprach ohne abzusetzen* il parlait sans s'arrêter, d'une seule traite; *er trank ohne abzusetzen* il but d'un seul trait; **14.** MAR s'éloigner; **III** v/réfl *sich* ~ **15.** *in ein anderes Land* fuir; *vom Feind* décrocher; F fig (*sich davonmachen*) F se tirer; F se casser; **16.** (*sich ablagern*) se déposer; **17.** *Farben etc* contraster (*von* avec); **18.** (*sich distanzieren*) *sich von etw* ~ prendre ses distances vis-à-vis de qc
'**Absetzung** f ⟨~; ~en⟩ **1.** *von Amtsinhabern* destitution f; révocation f; **2.** *e-s Theaterstücks etc* retrait m; **3.** *der Ausgaben von den Steuern* déduction f
'**absichern** ⟨-(e)re, sép, -ge-, h⟩ **I** v/t **1.** *Raum, Haus* protéger; *Tresor etc* mettre en sécurité; *Baustelle etc* protéger l'accès de; *etw, j-n gegen etw* ~ protéger qc, qn contre qc; **2.** fig *Argument etc* soutenir; consolider; *e-e Methode wissenschaftlich* ~ baser une méthode sur des données scientifiques; *etw rechtlich* ~ assurer légalement qc; **II** v/réfl *sich* (*gegen etw*) ~ s'assurer (contre qc)
'**Absicherung** f **1.** (*das Sichermachen*) protection f; sécurité f; **2.** fig (*Versicherung*) assurance f; (*Garantie*) garantie f
'**Absicht** f ⟨~; ~en⟩ intention f; dessein m; *gute, böse* ~**en** *haben* avoir de bonnes, de mauvaises intentions; *betrügerische* ~ intention frauduleuse; *mit* (*voller*) ~ exprès; à dessein; *in der besten* ~ avec les meilleures intentions; *die feste* ~ *haben, zu* (+inf) avoir la ferme intention de (+inf); *in der* ~*, zu* (+inf) déterminé, décidé à (+inf); *das lag nicht in meiner* ~ ce n'était pas mon intention; *in welcher* ~? dans quelle intention?; à quelle fin?; *ich hatte nicht die* ~ *wegzugehen* je n'avais pas l'intention de partir; *damit verfolge ich eine ganz bestimmte* ~ en faisant cela je poursuis un but précis; F (*auf j-n*) *ernste* ~**en** *haben* avoir des vues sur qn
'**absichtlich** ['apzɪçtlɪç *ou* -'zɪçt-] **I** adj intentionnel, -elle; voulu; **II** adv exprès; intentionnellement
'**Absichts|erklärung** f déclaration f d'intention; ⁓**los** adj u adv sans intention
'**absickern** v/i ⟨-(e)re, sép, -ge-, sein⟩ s'infiltrer
'**absingen** v/t ⟨irr, sép, -ge-, h⟩ chanter; *bes péj unter* ♀ (+gén) en chantant ...
'**absinken** v/i ⟨irr, sép, -ge-, sein⟩ **1.** *Schiff etc* couler; **2.** fig *Niveau, Leistung, Unfallziffer, Fieber, Interesse etc* baisser; **3.** *moralisch* tomber bas
Absinth [ap'zɪnt] m ⟨~(e)s; ~e⟩ absinthe f
'**absitzen** ⟨irr, sép, -ge-⟩ **I** F v/t ⟨h⟩ **1.** (*hinter sich bringen*) F se farcir; **2.** *im*

Gefängnis F tirer; **II** *v/i* ⟨sein⟩ *vom Pferd* descendre (de cheval)
absolut [apzo'lu:t] **I** *adj* absolu; PHILOS *das* ⚲e l'absolu *m*; F *mit* ⚲*er Sicherheit* avec une entière certitude; F ⚲*er Unsinn* non-sens complet; **II** *adv* absolument
Abso'lutheit *f* ⟨⚲⟩ manière absolue; caractère absolu
Absolution [apzolutsi'oːn] *f* ⟨⚲; ⚲en⟩ CATH absolution *f*; *j-m die* ⚲ *erteilen* donner l'absolution à qn; absoudre qn
Absolu'|tismus *m* ⟨⚲⟩ absolutisme *m*; ⚲**tistisch** *adj* absolutiste
Absol'vent(in) *m* ⟨⚲en; ⚲en⟩ (*f*) ⟨⚲; ⚲nen⟩ personne *f* qui a fait, terminé ses études (à l'université, *etc*); ancien, -ienne élève *bzw* étudiant(e)
absolvieren [apzɔl'viːrən] *v/t* ⟨*pas de ge-*, h⟩ **1.** *Lehrzeit, Studium* faire; *Kurs a* suivre; (*beenden*) terminer; *Prüfung* passer; **2.** *Pensum etc* faire; **3.** CATH absoudre
ab'sonderlich *adj* singulier, -ière; étrange; bizarre; ⚲**keit** *f* ⟨⚲; ⚲en⟩ singularité *f*; étrangeté *f*; bizarrerie *f*
absondern ⟨-(e)re, *sép*, -ge-⟩ **I** *v/t* **1.** *Tiere, Menschen* séparer; (*isolieren*) isoler; **2.** PHYSIOL, BOT sécréter; *Schweiß, Harn etc* éliminer; excréter; **II** *v/refl sich* ⚲ *von der Welt etc* s'isoler; se retirer
'Absonderung *f* ⟨⚲; ⚲en⟩ **1.** séparation *f*; (*Isolierung*) isolement *m*; **2.** PHYSIOL, BOT sécrétion *f*; *äußerlich a* excrétion *f*
absorbieren [apzɔr'biːrən] *v/t* ⟨*pas de ge-*, h⟩ *a fig* absorber
Absorption [apzɔrptsi'oːn] *f* ⟨⚲⟩ absorption *f*
Absorpti'ons|spektrum *n* PHYS spectre *m* d'absorption; ⚲**vermögen** *n* absorptivité *f*; pouvoir absorbant
'abspalten ⟨*irr ou régulier, sép*, -ge-, h⟩ **I** *v/t* **1.** *mit dem Beil etc* détacher; enlever; **2.** *fig* séparer; **3.** CHIM dissocier; séparer; **II** *v/refl fig sich (von j-m, etw)* ⚲ se séparer (de qn, qc)
'Abspaltung *f* **1.** *fig* séparation *f*; **2.** CHIM dissociation *f*; séparation *f*
'Abspann *m* ⟨⚲(e)s; ⚲e⟩ TV générique *m*
'abspann|en *v/t* ⟨*sép*, -ge-, h⟩ **1.** *Zugtier* dételer; **2.** *Mast etc* ancrer; ⚲**seil** *n* câble *m* d'ancrage
'Abspannung *f* ⟨⚲; ⚲en⟩ **1.** TECH (*das Abspannen*) ancrage *m*; (*Abspannseil*) câble *m* d'ancrage; **2.** (*Ermüdung*) fatigue *f*; lassitude *f*
'absparen *v/t* ⟨*sép*, -ge-, h⟩ *sich (dat) etw von etw* ⚲ économiser sur qc pour acheter qc; *sich (dat) etw vom Munde* ⚲ se serrer la ceinture, se priver pour acheter qc; *das Buch hat er sich (dat) vom Taschengeld abgespart* il a acheté ce livre en économisant sur son argent de poche
'abspecken F ⟨-(e)re, *sép*, -ge-, h⟩ **I** *v/t zwei Kilo* ⚲ perdre deux kilos; **II** *v/i* fondre; *ich muß* ⚲ il faut que je maigrisse
'abspeichern *v/t* ⟨-(e)re, *sép*, -ge-, h⟩ INFORM mémoriser
'abspeisen *v/t* ⟨-(e)st, *sép*, -ge-, h⟩ **1.** nourrir; donner à manger à; **2.** *fig* (*vertrösten*) *j-n mit leeren Worten, Versprechungen* ⚲ bercer qn de belles paroles, de vaines promesses; *er hat mich mit zehn Mark abgespeist* il m'a fait l'aumône de dix marks

abspenstig ['apʃpɛnstɪç] *adj* ⟨*attribut*⟩ *j-m etw, j-n* ⚲ *machen* prendre qc, qn
'absperren ⟨*sép*, -ge-, h⟩ **I** *v/t* **1.** *Baustelle etc* interdire l'accès de; *Gefahrengebiet* à déclarer zone interdite; *Straße* barrer; *abgesperrtes Gebiet* région interdite; **2.** *Wasser, Gas, Strom* couper; **3.** *österr, südd* (*abschließen*) fermer à clé; **II** *v/i österr, südd* fermer à clé
'Absperr|gitter *n* barrière *f*; ⚲**hahn** *m* robinet *m* d'arrêt; ⚲**kette** *f* barrage *m* de police, de manifestants, *etc*
'Absperrung *f* (*Sperre*) barrage *m*
'Abspiel *n* SPORT passe *f*
'abspielen ⟨*sép*, -ge-, h⟩ **I** *v/t* **1.** *Schallplatte, Tonband* passer; **2.** *Nationalhymne, Musikstück* jouer; *vom Blatt* déchiffrer; **3.** SPORT *den Ball* ⚲ faire une passe; **II** *v/refl sich* ⚲ *Geschehnisse etc* se dérouler; se passer; *da spielt sich (bei ihr) nichts ab!* F (quant à elle) pas question!; **III** *v/i* SPORT (*an j-n*) ⚲ faire une passe (à qn)
'absplittern ⟨-(e)re, *sép*, -ge-⟩ **I** *v/i* ⟨sein⟩ *Holz, Lack etc* sauter en éclats; *das Holz ist abgesplittert* des éclats de bois ont sauté; **II** *v/refl* ⟨h⟩ *sich* ⚲ *fig von e-r Partei etc* se séparer (*von* de)
'Absplitterung *f* ⟨⚲; ⚲en⟩ *fig* séparation *f*
'Absprache *f* accord *m*, arrangement *m* (*mit* avec); *geheime entente f*; *gemäß unserer* ⚲ conformément à notre accord; comme convenu; *nach vorheriger* ⚲ après accord préalable; *mit j-m e-e* ⚲ *treffen* se mettre d'accord avec qn
'absprachegemäß *adv* conformément aux accords (intervenus), à l'accord, comme convenu
'absprechen ⟨*irr, sép*, -ge-⟩ **I** *v/t* **1.** (*verabreden*) convenir de; fixer; **2.** (*aberkennen*) *Fähigkeit, Verdienst, Recht, Kenntnisse etc* contester; dénier; **II** *v/refl sich* ⚲ convenir (de faire qc); se concerter
'ab|spreizen *v/t* ⟨-(e)st, *sép*, -ge-, h⟩ **1.** *Finger, Arme etc* écarter; **2.** CONSTR étayer; étançonner; ⚲**sprengen** *v/t* ⟨*sép*, -ge-, h⟩ **1.** *Felsblock etc* faire sauter; **2.** *fig Truppen* isoler; séparer
'abspringen ⟨*irr, sép*, -ge-, sein⟩ **1.** *beim Weitsprung etc* partir; *mit dem linken Bein* ⚲ partir du pied gauche (pour sauter); **2.** (*herunterspringen*) sauter; *vom Fahrrad* ⚲ sauter du vélo; *mit dem Fallschirm* ⚲ sauter en parachute; **3.** *Fahrradreife, Knopf, Email, Farbe etc* sauter; **4.** (*abprallen*) *Ball, Stein etc* rebondir (*von* sur); **5.** F *fig von e-m Thema, Beruf, e-r Partei etc* F laisser tomber (*von etw* qc)
'abspritzen ⟨-(e)st, *sép*, -ge-⟩ **I** *v/t* ⟨h⟩ **1.** *Gegenstand* nettoyer au jet d'eau; *Pflanzen* arroser; asperger; **2.** *Schmutz etc* enlever au jet d'eau; **II** ⟨sein⟩ *Wassertropfen* (*abprallen*) gicler
'Absprung *m* **1.** *beim Weitsprung etc* appel *m*; **2.** (*Herunterspringen*) saut *m*; **3.** *fig den* ⚲ *schaffen, verpassen* saisir, rater sa chance
'Absprungbalken *m* SPORT planche *f* de départ
'ab|spulen *v/t* ⟨*sép*, -ge-, h⟩ **1.** *von e-r Spule* débobiner; dérouler; *Film* passer; **2.** F *fig* (*herunterleiern*) F débiter; ⚲**spülen** *v/t* ⟨*sép*, -ge-, h⟩ **1.** *Schmutz etc* enlever à l'eau, par rinçage; **2.** *Gegenstände* laver; *mit klarem Wasser* passer à l'eau; (*nachspülen*) rincer
'abstammen *v/i* ⟨*sép*, *pas de p/p*⟩ *von j-m* ⚲ descendre de qn; être né de qn
'Abstammung *f* ⟨⚲; ⚲en⟩ origine *f*; *st/s* extraction *f*
'Abstammungslehre *f* théorie *f* de l'évolution
'Abstand *m* **1.** *räumlich* distance *f* (*a fig*); intervalle *m*; écart *m*; *mit zehn Metern* ⚲ à une distance, à un intervalle de dix mètres; *in Abständen von drei Metern stehen Dinge* être distants les uns des autres de trois mètres; *Personen* être postés à trois mètres d'intervalle, de distance les uns des autres; ⚲ *halten im Auto etc* garder sa distance; *fig den nötigen* ⚲ *wahren* tenir ses distances; *fig mit* ⚲ *de loin*; *er ist mit* ⚲ *der Stärkste* il est de loin le plus fort; **2.** *zeitlich* intervalle *m*; *in regelmäßigen, bestimmten Abständen* à des intervalles réguliers, déterminés; *in Abständen von fünf Minuten* à cinq minutes d'intervalle; **3.** *fig* recul *m*; ⚲ *gewinnen* prendre du recul; *von etw* ⚲ *nehmen* renoncer à qc; *davon* ⚲ *nehmen, etw zu tun* renoncer à faire qc; **4.** (*Entschädigung*) indemnité *f*; *bei Vermietung* reprise *f*
'Abstandssumme *f* indemnité *f*
abstatten ['apʃtatən] *v/t* ⟨-ete, *sép*, -ge-, h⟩ *j-m e-n Besuch* ⚲ rendre visite à qn; *j-m s-n Dank* ⚲ présenter, exprimer ses remerciements à qn
'abstauben *v/t* ⟨*sép*, -ge-, h⟩ **1.** *Möbel etc* épousseter; **2.** F *fig* (*klauen*) F chiper; F chaparder; (*schnorren*) F carotter
'Abstaubertor *n* SPORT Jargon but *m* de hasard
'abstechen ⟨*irr, sép*, -ge-⟩ **I** *v/t* **1.** *Tiere* saigner; égorger; P *fig j-n* ⚲ F bousiller qn; **2.** *Torf, Grasnarbe etc* couper; enlever à la bêche; *Teig etc* couper; *Klößchen mit dem Löffel* ⚲ former des boulettes à l'aide d'une cuillère; **3.** *Hochofen* percer; *Stahl* faire couler; *Wein* soutirer; **II** *v/i* (*kontrastieren*) *von etw, j-m* ⚲ contraster avec qc, qn; trancher sur qc, qn; *bes Farben gegen etw* ⚲ contraster avec qc; *er sticht von den andern durch s-e Fähigkeiten ab* il se distingue des autres par ses capacités
'Abstecher *m* ⟨⚲s; ⚲⟩ *e-n* ⚲ (*nach ...*) *machen* faire un crochet, un saut (jusqu'à ...)
'abstecken *v/t* ⟨*sép*, -ge-, h⟩ **1.** *Gebiet, Grenze, Fahrbahn etc* jalonner; **2.** *fig Ziele, Programm etc* tracer; fixer; **3.** COUT épingler
'abstehen *v/i* ⟨*irr, sép*, -ge-, h⟩ **1.** (*entfernt sein*) être éloigné, distant; **2.** *Ohren* être décollé; *Haare, Kragen* rebiquer; ⚲*de Ohren haben* avoir les oreilles décollées; **3.** *st/s von e-m Vorhaben* ⚲ renoncer à un projet
'Absteige *f* ⟨⚲; ⚲n⟩ *péj* hôtel miteux; (*Stundenhotel*) hôtel *m* de passe
'absteigen *v/i* ⟨*irr, sép*, -ge-, sein⟩ **1.** (*heruntersteigen*) *a fig* descendre (*von* de); *vom Berggipfel* redescendre; *vom Pferd* mettre pied à terre; **2.** *Fußball-*

Absteiger – Abszisse

verein etc être relégué en deuxième division; être déclassé; **3.** *in e-m Hotel etc* descendre (*in* [+*dat*] dans)
'**Absteiger** *m* ⟨~s; ~⟩ **1.** SPORT club relégué, déclassé; **2.** *gesellschaftlicher* personne *f* en perte de vitesse
'**abstellen** *v/t* ⟨sép, -ge-, h⟩ **1.** *Lasten* poser; *an e-m bestimmten Ort* déposer; **2.** *nach Gebrauch* ranger; *Fahrrad, Wagen a* garer; **3.** (*abschalten*) *Maschinen, Motor, Wecker etc* arrêter; *Heizung, Radio* éteindre; *Klingel* couper; *Telefon a* débrancher; **4.** (*die Zufuhr sperren*) *Strom, Gas* couper; *Wasser, Licht etc a* fermer; **5.** *fig Mißstände* supprimer; *Mängel etc* remédier à; *schlechte Gewohnheiten* se corriger de; **6.** MIL *Soldaten, Truppen, fig Arbeitskräfte* détacher; **7.** *fig* (*ausrichten*) *etw auf etw* (*acc*) ~ orienter qc sur qc; adapter qc à qc
'**Abstellgleis** *n* voie *f* de garage; F *fig j-n aufs* ~ *schieben* mettre qn sur une voie de garage
'**Abstell**|**hahn** *m* robinet *m* d'arrêt; **~hebel** *m* levier *m* d'arrêt; **~kammer** *f*, **~raum** *m* débarras *m*; **~tisch** *m* desserte *f*
'**abstemmen** ⟨sép, -ge-, h⟩ **I** *v/t* enlever au ciseau; **II** *v/réfl* **sich von etw ~** s'écarter de qc en poussant
'**abstempeln** *v/t* ⟨-(e)le, sép, -ge-, h⟩ *Brief* timbrer; *Briefmarke* oblitérer; *Antrag, Ausweis etc* apposer un cachet sur; *der Brief ist am 15. abgestempelt* la lettre a été timbrée le 15; le cachet de la poste est du 15; **2.** *fig j-n ~ als od zu* étiqueter qn comme
'**ab**|**steppen** *v/t* ⟨sép, -ge-, h⟩ COUT piquer; **~sterben** *v/i* ⟨irr, sép, -ge-, sein⟩ *Pflanze, Ast etc* mourir; *Gliedmaßen* s'engourdir; devenir insensible
'**Abstich** *m e-s Hochofens* percée *f*; *des Stahls* coulée *f*; **~loch** *n* trou *m* de coulée; **~rinne** *f* canal *m* de coulée
Abstieg ['ap∫tiːk] *m* ⟨~(e)s; ~e⟩ **1.** *vom Gipfel etc* descente *f*; *beim* ~ en descendant; **2.** *fig sozialer, wirtschaftlicher* déclin *m*; baisse *f*; **3.** *e-s Sportvereins* déclassement *m*
'**abstiegsgefährdet** *adj* SPORT qui risque d'être déclassé
'**abstillen** ⟨sép, -ge-, h⟩ **I** *v/t Säugling* sevrer; **II** *v/i* arrêter d'allaiter
'**abstimmen** ⟨sép, -ge-, h⟩ *v/t* **1.** (*absprechen*) *etw* (*miteinander*) ~ s'accorder sur qc; *etw mit j-m* ~ convenir de qc avec qn; **2.** RAD régler; **3.** *etw auf etw* (*acc*) ~ *Farben* assortir à qc; *Interessen, Arbeit etc* harmoniser, concorder avec qc; *aufeinander* ~ *Farben* assortir; *Interessen, Arbeiten etc* harmoniser, faire concorder; coordonner; *auf etw* (*acc*) *abgestimmt sein* s'harmoniser, concorder avec qc; *auf j-n, j-s Geschmack abgestimmt sein* être accordé au goût, au genre de qn; **II** *v/i bei e-r Wahl* voter; *über etw* (*acc*) ~ procéder au vote de qc
'**Abstimm**|**kreis** *m* ÉLECT circuit *m* en syntonie; **~schärfe** *f* RAD sélectivité *f*
'**Abstimmung** *f* ⟨~; ~en⟩ **1.** (*Wahl*) vote *m*, scrutin *m* (*über* [+*acc*] sur); (*Volksentscheid*) référendum *m*; **geheime ~** scrutin secret; **zur ~ kommen** *od st/s* **schreiten** passer au vote; *etw durch ~ entscheiden* décider qc par voie de scrutin; **2.** TECH, RAD réglage *m*; **3.** (*Harmonisierung*) harmonisation *f*; coordination *f*; **4.** (*Vereinbarung*) accord *m*; *etw in* ~ *mit j-m entscheiden* décider qc en accord avec qn
'**Abstimmungs**|**antrag** *m* demande *f* de scrutin; **~ergebnis** *n* résultat *m* du vote *bzw* du scrutin; **~modus** *m* mode *m* de scrutin *bzw* de vote
abstinent [apsti'nɛnt] *adj im Alkoholgenuß* sobre; qui ne boit pas d'alcool; *sexuell* continent; *fig* **politisch ~ sein** renoncer à la politique
Absti'nenz *f* ⟨~⟩ *im Alkoholgenuß* sobriété *f*; *sexuell* continence *f*; *fig* **politische ~** abandon *m* de, renonciation *f* à la politique
Absti'nenzler(in) *m* ⟨~s; ~⟩ (*f*) ⟨~; ~nen⟩ personne *f* qui ne boit jamais d'alcool
'**abstoppen** ⟨sép, -ge-, h⟩ **I** *v/t*. *Fahrzeuge, Motor, Produktion etc* arrêter; stopper; **2.** *mit der Stoppuhr j-n ~* chronométrer le temps de qn; **II** *v/i Fahrzeuge* s'arrêter (brusquement); stopper
'**Abstoß** *m* **1.** *Fußball* coup *m* de pied de but; **2.** *vom Ufer etc* poussée *f*
'**abstoßen** ⟨irr, sép, -ge-, h⟩ **I** *v/t*. **1.** *Boot vom Ufer etc* donner une poussée à; **2.** (*beschädigen*) abîmer; **3.** PHYS repousser; **4.** *fig* repousser; répugner; *ihre Art stößt mich ab* je n'aime pas ses façons de faire; **5.** COMM *Waren* se défaire de; liquider; **6.** MÉD *Organe etc* rejeter; **II** *v/réfl* **sich** (**von etw**) **~** s'éloigner (de qc) par une poussée; **sich vom Boden ~** prendre son élan
'**abstoß**|**end** *adj* repoussant; répugnant; **~ung** *f* ⟨~; ~en⟩ **1.** PHYS répulsion *f*; **2.** COMM liquidation *f*; **3.** *fig* répulsion *f*; répugnance *f*; **4.** MÉD *von Organen etc* rejet *m*
'**abstottern** F *v/t* ⟨-(e)re, sép, -ge-, h⟩ payer à tempérament; *Kredit* rembourser péniblement
abstrahieren [apstra'hiːrən] *v/t u v/i* ⟨pas de ge-, h⟩ abstraire; **von etw ~** faire abstraction de qc
'**abstrahlen** ⟨sép, -ge-, h⟩ **I** *v/t*. **1.** *phys* rayonner; *Wärme a* dégager; **2.** TECH *cf* **sandstrahlen**; **II** *v/i fig auf etw, j-n ~** influencer qc, qn; affecter qn, qc
'**Abstrahlung** *f* PHYS rayonnement *m*
abstrakt [ap'strakt] **I** *adj* abstrait; *Kunst* **die ~en** *m/pl* les abstraits *m/pl*; **II** *adv* abstraitement
Ab'**straktheit** *f* ⟨~⟩ abstraction *f*
Abstrakti'on *f* ⟨~; ~en⟩ abstraction *f*
Abstrakti'onsvermögen *n* faculté *f* d'abstraction
Ab'**straktum** *n* ⟨~s; -ta⟩ **1.** PHILOS idée, notion abstraite; **2.** LING nom, terme abstrait
'**abstrampeln** F *v/réfl* ⟨-(e)le, sép, -ge-, h⟩ **sich ~ 1.** (*sich abmühen*) s'exténuer; s'épuiser; **2.** *beim Radfahren* pédaler durement; **sich** (*dat*) **drei Pfund ~** perdre un kilo et demi à force de pédaler
'**abstreichen** ⟨irr, sép, -ge-, h⟩ *v/t*. **1.** (*abstreifen*) enlever; **2.** (*abziehen*) *Betrag* retrancher; déduire; **II** *v/i* ⟨sein⟩ JÄGERSPRACHE s'envoler
'**abstreifen** *v/t* ⟨sép, -ge-, h⟩ **1.** *Kleidungsstücke, Ring etc* enlever; ôter; retirer; (*sich* [*dat*]) **die Handschuhe ~** se déganter; *die Blätter von etw ~* effeuiller qc; *Johannisbeeren ~* égrener des groseilles; *Schlange die Haut ~* muer; *die Asche ~ von e-r Zigarre etc* enlever la cendre; **2.** *fig Vorurteile etc* se débarrasser de; abandonner; **3.** (*absuchen*) *Gelände, Wald* ratisser (*nach* à la recherche de)
'**Abstreifgitter** *n bei Anstrichfarbe etc* grille *f*
'**abstreiten** *v/t* ⟨irr, sép, -ge-, h⟩ **1.** (*leugnen*) nier; **das läßt sich nicht ~** on ne peut pas le nier; **2.** (*streitig machen*) **j-m etw ~** dénier qc à qn
'**Abstrich** *m* **1.** ⟨*meist pl*⟩ *finanziell* coupe *f*; réduction *f*; *fig* **~e** (*an etw* [*dat*]) *machen* faire des concessions (sur qc); **2.** TYPO plein *m*; **3.** MUS coup *m* d'archet descendant; **4.** MÉD prélèvement *m*; GYNÄKOLOGIE frottis *m*
'**abströmen** *v/i* ⟨sép, -ge-, sein⟩ *Wasser etc, fig Menschenmenge* s'écouler; *Gas, Luft* s'échapper; *Luftmassen* s'éloigner
abstrus [ap'struːs] *st/s adj* abstrus, confus; obscur
'**abstufen** *v/t* ⟨sép, -ge-, h⟩ **1.** *Gelände* disposer en gradins, en terrasses; **2.** *Farbtöne* dégrader; *a fig* nuancer; (*staffeln*) *Gehälter etc* échelonner (*nach* selon); **4.** (*herunterstufen*) *Gehalt* diminuer; *Arbeiter etc* déclasser
'**Abstufung** *f* ⟨~; ~en⟩ **1.** *im Gelände* étagement *m*; **2.** *von Farbtönen* dégradé *m*; (*Nuance*) nuance *f*; **3.** (*Staffelung*) gradation *f*; *der Gehälter etc* échelonnement *m*; **4.** (*Herabstufung*) *des Gehalts* régression *f*; *e-s Arbeiters etc* déclassement *m*
'**abstumpfen** ⟨sép, -ge-⟩ **I** *v/t* ⟨h⟩ *Gefühle, Sinne etc* émousser; *Person* rendre insensible, indifférent (*gegen* à); **II** *v/i* ⟨sein⟩ *Gefühle, Sinne etc* s'émousser; *Person* devenir insensible, indifférent (*gegen* à); **man stumpft durch Gewohnheit ab** l'habitude nous rend insensibles, indifférents
'**Absturz** *m* **1.** *e-s Flugzeugs, Bergsteigers etc* chute *f*; **2.** (*steiler Abhang*) pente *f* à pic
'**abstürzen** *v/i* ⟨-(es)t, sép, -ge-, sein⟩ *Flugzeug* s'abattre, s'écraser (au sol, etc); *über dem Meer ~* tomber en mer; **2.** *Person* faire une chute; tomber; *Bergsteiger a* dévisser; **tödlich ~** faire une chute mortelle; **3.** *st/s Felsen etc* **senkrecht ~** tomber à pic; **4.** F INFORM *Computer* se planter
'**abstützen** ⟨-(e)st, sép, -ge-, h⟩ **I** *v/t* CONSTR étayer; *a fig* soutenir; **II** *v/réfl* **sich an etw** (*dat*) **~** s'appuyer à qc; **sich von etw** (*dat*) **~** se tenir écarté, éloigné de qc (à l'aide de qc)
'**absuchen** *v/t* ⟨sép, -ge-, h⟩ **1.** *Ungeziefer etc* enlever; *j-m die Läuse, Flöhe ~* épouiller, épucer qn; **2.** *Wohnung, Taschen etc* fouiller; *Gelände a* ratisser; *etw nach etw, j-m ~* fouiller qc pour trouver qc, qn; *den Himmel nach etw ~* scruter le ciel pour découvrir qc
absurd [ap'zurt] *adj* absurde; **das ~e Theater** le théâtre de l'absurde
ab'**surder**'**weise** *adv* absurdement; *am Satzanfang* aussi absurde que ce soit ...
Abszeß [aps'tsɛs] *m, österr a n* ⟨-sses; -sse⟩ MÉD abcès *m*
Abszisse [aps'tsɪsə] *f* ⟨~; ~n⟩ MATH abscisse *f*

Abszissenachse – Abwälzung

Ab'szissenachse *f* MATH axe *m* des abscisses
Abt [apt] *m* ⟨~(e)s; ~e⟩ abbé *m*
Abt. *abr* (*Abteilung*) département *m*; service *m*
'abtakeln *v/t* ⟨-(e)le, sép, -ge-, h⟩ MAR *Schiff* dégréer
'abtasten *v/t* ⟨-ete, sép, -ge-, h⟩ **1.** *durch Fühlen* tâter; palper; *j-n nach* od *auf etw* (*acc*) ~ fouiller qn à la recherche de qc; **2.** TECH *Schallplatte, Lochkarte etc* lire; explorer; *TV, Radar* balayer
'Abtastnadel *f am Plattenspieler* pointe *f* de lecture
'Abtauautomatik *f beim Kühlschrank* dégivrage *m* automatique
'abtauchen *v/i* ⟨sép, -ge-, sein⟩ **1.** MAR plonger; **2.** F *fig* (*in den Untergrund*) ~ entrer dans la clandestinité
'abtauen ⟨sép, -ge-⟩ **I** *v/t* ⟨h⟩ dégeler; *Glasscheibe, Kühlschrank etc* dégivrer; **II** *v/i* ⟨sein⟩ *Eis, Schnee* fondre; *die Straße ist abgetaut* la route n'est plus verglacée
Abtei [ap'taɪ] *f* ⟨~; ~en⟩ abbaye *f*; **~kirche** *f* église abbatiale
Ab'teil *n* ⟨~(e)s; ~e⟩ **1.** (*Eisenbahn♀*) compartiment *m*; **2.** (*Fach, Platz*) case *f*; compartiment *m*; *e-s Regals* rayon *m*
'abteilen *v/t* ⟨sép, -ge-, h⟩ *Raum, Feld etc* séparer (*von* de); *in Fächer* ~ a compartimenter; *durch e-e Wand* ~ cloisonner
Ab'teil|fenster *n* fenêtre *f* (du compartiment); **~tür** *f* porte *f* (du compartiment)
'Abteilung[1] *f* ⟨~⟩ (*Abtrennung*) division *f*; séparation *f*; *durch e-e Wand* cloisonnement *m*
Ab'teilung[2] *f* ⟨~; ~en⟩ *e-r Behörde, Firma* service *m*; département *m*; *e-s Krankenhauses* service *m*; *e-s Warenhauses* rayon *m*; MIL détachement *m*; unité *f*; groupe *m*
Ab'teilungsleiter(in) *m(f) im Warenhaus* chef *m* de rayon; *im Büro* chef *m* de service
'abtelefonieren *v/i* ⟨sép, pas de ge-, h⟩ F (*j-m*) ~ téléphoner (à qn) pour se décommander
'abtelegrafieren *v/i* ⟨sép, pas de ge-, h⟩ F (*j-m*) ~ se décommander (chez qn) par télégramme
ab'teufen ['aptɔyfən] *v/t* ⟨sép, -ge-, h⟩ BERGBAU foncer; creuser; **~tippen** F *v/t* ⟨sép, -ge-, h⟩ taper (à la machine)
Äbtissin [ɛp'tɪsɪn] *f* ⟨~; ~nen⟩ abbesse *f*
'abtönen *v/t* ⟨sép, -ge-, h⟩ PEINT nuancer (*a fig*); dégrader
'Abtönfarbe *f* colorant (universel)
'Abtönung *f* PEINT dégradé *m*; *a fig* nuance *f*
'abtöt|en *v/t* ⟨-ete, sép, -ge-, h⟩ *Keim, Nerv etc* tuer; *fig Gefühl* étouffer; **♀ung** *f fig e-s Gefühls* étouffement *m*
'abtragen *v/t* ⟨*irr*, sép, -ge-, h⟩ **1.** *Hügel etc* aplanir; niveler; *Erde* déblayer; enlever; *durch Witterungseinflüsse* éroder; **2.** *Haus, Ruine* démonter; **3.** *st/s bei Tisch* desservir; **4.** *st/s Schuld, Hypothek* se libérer, s'acquitter de; **5.** *Kleidung* user; **6.** MATH *Strecke* reporter
abträglich ['aptrɛːklɪç] *st/s adj e-r Sache* (*dat*) ~ *sein* être nuisible, préjudiciable à qc; *j-m* ~ *sein* être défavorable, nuisible à qn
'Abträglichkeit *f* ⟨~⟩ nocivité *f*
'Abtragung *f* ⟨~; ~en⟩ **1.** *e-s Hügels etc* aplanissement *m*; nivellement *m*; *von Erde* déblai(ement) *m*; *durch Witterungseinflüsse* érosion *f*; **2.** *e-s Hauses etc* démontage *m*; **3.** *st/s e-r Schuld etc* extinction graduelle; remboursement *m*
'abtrainieren *v/t* ⟨sép, pas de ge-, h⟩ *Fett, Gewicht* perdre en faisant de l'exercice
'Abtransport *m* transport *m*; **♀ieren** *v/t* ⟨sép, pas de ge-, h⟩ transporter
'abtreiben ⟨*irr*, sép, -ge-⟩ **I** *v/t* ⟨h⟩ **1.** *Wind, Strömung etw* ~ déporter qc; MAR *a* drosser qc; *abgetrieben werden* être à la dérive; dériver; *von der Strömung, vom Wind abgetrieben werden* être entraîné, emporté par le courant, par le vent; *vom Ufer abgetrieben werden* être entraîné vers le large; **2.** MÉD (*ausscheiden*) expulser; *Fötus* avorter; **3.** *Vieh von der Alm* faire descendre (des alpages); **II** *v/i* **4.** ⟨sein⟩ MAR, AVIAT dériver; **5.** MÉD (*e-e Abtreibung vornehmen*) avorter; *sie hat abgetrieben* elle s'est fait avorter
'Abtreibung *f* ⟨~; ~en⟩ *in der Schwangerschaft* avortement *m*; *e-e* ~ *vornehmen* avorter (*an j-m* qn); *e-e* ~ *an sich* (*dat*) *vornehmen lassen* se faire avorter
'Abtreibungs|klinik F *f* clinique *f* d'avortements; **~paragraph** *m etwa* loi *f* contre l'avortement; **~pille** *f* pilule abortive; **~verbot** *n* interdiction *f* d'avorter; **~versuch** *m* tentative *f* d'avortement
'abtrenn|en *v/t* ⟨sép, -ge-, h⟩ *Raum, Land etc, fig* séparer; *Abschnitt etc* détacher; *Angenähtes* découdre; démonter; *Gliedmaßen bei e-m Unfall* arracher; **♀ung** *f a fig* séparation *f*; COUT démontage *m*
'abtreten ⟨*irr*, sép, -ge-⟩ **I** *v/t* ⟨h⟩ **1.** *Treppenstufen, Schuhsohlen etc* user; *Absätze* éculer; **2.** *Schnee, Schmutz von den Schuhen* faire tomber (en piétinant); **3.** *fig Anspruch, Recht, Gebiet etc j-m etw* ~ céder qc à qn; **II** *v/i* ⟨sein⟩ **4.** (*zurücktreten*) *Regierung* se retirer; *Beamte, Minister, Präsident* démissionner; se retirer de ses fonctions; **5.** *mil* se retirer; **6.** THÉ sortir de scène; *fig von der Bühne* ~ quitter la scène; **III** *v/réfl sich* (*dat*) *die Füße* ~ s'essuyer les pieds
'Abtreter *m* ⟨~s; ~⟩ (*Fuß♀*) paillasson *m*; *aus Metall* décrottoir *m*
'Abtretung *f* ⟨~; ~en⟩ JUR cession *f*; désistement *m*
'Abtretungserklärung *f* déclaration *f* de cession
'Abtrieb *m von der Alm* descente *f* des troupeaux des alpages
Abtrift ['aptrɪft] *f* MAR dérive *f*
'abtrinken *v/i* (*u v/t*) ⟨*irr*, sép, -ge-, h⟩ *von e-m Glas etc* boire le trop-plein de; *e-n Schluck* ~ boire une gorgée (de qc)
'Abtritt *m* **1.** THÉ sortie *f*; **2.** *litt, regional* (*Abort*) cabinets *m/pl* (d'aisances)
'Abtrockentuch F *n* torchon *m*
'abtrocknen ⟨-ete, sép, -ge-⟩ **I** *v/t* ⟨h⟩ *Geschirr, Hände etc* essuyer; *abs* essuyer la vaisselle; **II** *v/i* ⟨sein⟩ (*trocken werden*) sécher; **III** *v/réfl sich* (*dat*) *die Hände* ~ s'essuyer les mains; *sich* (*dat*) *die Tränen* ~ essuyer ses larmes
'Abtropfbrett *n* égouttoir *m* (à vaisselle)
'abtropfen *v/i* ⟨sép, -ge-, sein⟩ **1.** *Wasser etc* dégoutter; s'égoutter; *von etw* ~ dégoutter de qc; **2.** *Wäsche, Obst etc* ~ *lassen* (laisser) égoutter
'Abtropfgestell *n* égouttoir *m* (à vaisselle)
'abtrotzen *v/t* ⟨-(e)st, sép, -ge-, h⟩ *j-m etw* ~ arracher, extorquer qc à qn; obtenir qc de qn en tenant tête; *der See* (*dat*) *ein Stück Land* ~ arracher un morceau de terre à la mer
abtrünnig ['aptrʏnɪç] *adj* ~ *sein* REL être un apostat *a* POL, *fig* être un renégat; *s-m Glauben* ~ *werden* renier sa foi; *e-r Partei* ~ *werden* faire défection à un parti
'Abtrünnig|e(r) *f(m)* ⟨→ A⟩ REL apostat(e) *m(f)*; *a* POL, *fig* renégat(e) *m(f)*; **~keit** *f* ⟨~⟩ REL apostasie *f*; (*Abfall vom Glauben*) reniement *m*; POL défection *f*
'abtun *v/t* ⟨*irr*, sép, -ge-, h⟩ **1.** F *Kleidungsstück* enlever; **2.** *Angelegenheit, Einwand etc* écarter; rejeter; repousser; *e-n Einwand mit ein paar Worten* ~ écarter brièvement une objection; *etw verächtlich* ~ faire fi de qc; **3.** (*erledigen*) *die Sache ist noch nicht abgetan* l'affaire n'est pas encore réglée, classée
'abtupfen ⟨sép, -ge-, h⟩ **I** *v/t* tamponner; **II** *v/réfl sich* (*dat*) *den Schweiß* ~ essuyer sa sueur; *sich* (*dat*) *die Stirn* ~ se tamponner, s'éponger le front
'aburteil|en *v/t* ⟨sép, -ge-, h⟩ juger; (*verurteilen*) *a fig* condamner; **♀ung** *f* ⟨~; ~en⟩ (mise *f* en) jugement *m*; (*Verurteilung*) *a fig* condamnation *f* (*wegen* pour)
Ab'verkauf *m österr, südd* soldes *m/pl*; **♀verkaufen** *v/t* ⟨sép, pas de ge-, h⟩ *österr, südd* solder
'abverlangen ⟨sép, pas de ge-, h⟩ **I** *v/t j-m etw* ~ exiger qc de qn; *j-m e-e Entscheidung* ~ obliger qn à se décider; **II** *v/réfl sich* (*dat*) *das Äußerste* (*an Leistung*) ~ exiger le maximum de soi-même
'abwägen *v/t* ⟨*irr ou régulier*, sép, -ge-, h⟩ peser; *das Für und Wider* ~ peser le pour et le contre; *Vor- und Nachteile gegeneinander* ~ peser les avantages et les désavantages
'Abwahl *f* destitution *f* (d'un poste, d'une fonction) par vote
'abwählbar *adj* **1.** *Person* qui peut être destitué par vote; **2.** *Schulfach* facultatif, -ive; *nicht* ~ obligatoire
'abwähl|en *v/t* ⟨sép, -ge-, h⟩ **1.** *Person* destituer (d'un poste, d'une fonction) par vote; **2.** *Schulfach* abandonner
'abwälzen *v/t* ⟨-(es)t, sép, -ge-, h⟩ (*auf j-n*) ~ *Verantwortung, Verdacht etc* rejeter (sur qn); *Kosten* reporter (sur qn); *von sich* (*dat*) ~ *Arbeit, Pflichten etc* se décharger, se débarrasser de; *e-n Fehler auf andere* ~ rejeter, faire retomber une faute sur d'autres
'Abwälzung *f* ⟨~; ~en⟩ *der Verantwortung etc* rejet *m* (*auf* [+*acc*] sur); *von Kosten* report *m* (*auf* [+*acc*] sur)

'**abwandeln** v/t ⟨-(e)le, sép, -ge-, h⟩ modifier; changer
'**abwandern** ⟨-(e)re, sép, -ge-⟩ **I** v/t ⟨h ou sein⟩ Gegend parcourir; **II** v/i ⟨sein⟩ émigrer (**aus** de; **nach, in** [+acc] vers); Landbevölkerung **in die Städte** ~ émigrer vers les villes; Arbeitskräfte **in andere Berufe** ~ changer de métier, de profession; Kunden **zur Konkurrenz** ~ passer à la concurrence; **das Kapital wanderte ins Ausland ab** les capitaux ont fui vers l'étranger; **das Tiefdruckgebiet wandert ostwärts ab** le centre de basse pression s'éloigne vers l'est
'**Abwanderung** f der Landbevölkerung exode m; der Arbeitskräfte migration f (**aus** de; **nach, in** [+acc] dans); des Kapitals etc fuite f (**aus** de; **nach, in** [+acc] vers)
'**Abwandlung** f modification f; changement m
'**Abwärme** f TECH chaleur perdue, d'échappement
Abwart(in) ['apvart(ɪn)] m ⟨~s; ~e⟩ (f) ⟨~; ~nen⟩ schweiz gardien, -ienne m,f (d'immeuble)
'**abwarten** ⟨-ete, sép, -ge-, h⟩ **I** v/t (warten auf) attendre; (das Ende a) attendre la fin de; **das bleibt abzuwarten** c'est à voir; **II** v/i attendre; ~, **bis** ... attendre (jusqu'à ce) que ... (+subj); **e-e ~de Haltung einnehmen, sich ~d verhalten** rester dans l'expectative; **warten wir (mal) ab!** attendons, patientons un peu!; F **mal ~, ob** ... reste à voir si ...; F **plais ~ und Tee trinken** (patience,) on verra bien (ce qui arrivera)!
abwärts ['apvɛrts] adv en descendant; en bas; vers le bas; (fluβ~) avec le courant; en aval (de); ~ **laufen, fahren** etc descendre; Weg etc ~ **führen** descendre; conduire en bas; **vom Abteilungsleiter (an)** ~ depuis le chef de rayon jusqu'au bas de l'échelle
'**Abwärts|bewegung** f mouvement descendant, vers le bas; der Preise, Kurse etc baisse f; ~**entwicklung** f régression f
'**abwärtsgehen** v/imp ⟨irr, sép, -ge-, sein⟩ fig **mit ihm geht es abwärts** il baisse; **mit s-r Gesundheit geht es abwärts** sa santé baisse, décline; **mit s-n Geschäften geht es abwärts** ses affaires vont mal, vont de mal en pis; **danach ging es (mit ihnen) nur noch abwärts** ensuite leur situation n'a fait qu'empirer
'**Abwärtstrend** m tendance f à la baisse
Abwasch¹ ['apvaʃ] m ⟨~(e)s⟩ **1.** Geschirr vaisselle f; **2.** (das Abwaschen) **den** ~ **machen** faire, laver la vaisselle; F fig **das mache ich sofort, dann ist es ein** ~ F je fais ça tout de suite, tout du même coup, F dans la foulée
'**Abwasch**² f ⟨~; ~en⟩ österr évier m
'**abwasch|bar** adj lavable; ²**becken** n évier m
'**abwaschen** ⟨irr, sép, -ge-, h⟩ **I** v/t laver; mit klarem Wasser rincer; Geschirr a faire; **den Schmutz von etw** ~ enlever la saleté de qc; **der Regen hat die Farbe abgewaschen** la pluie a lavé la peinture; **II** v/i faire, laver la vaisselle; **III** v/réfl sich (dat) **das Gesicht** ~ se laver le visage
'**Abwaschwasser** n eau f de vaisselle

'**Abwasser** n ⟨~s; -wässer⟩ eaux usées, d'égout; aus Haushalten a eaux ménagères; effluents m/pl domestiques; **industrielle Abwässer** eaux industrielles; **städtische Abwässer** effluents urbains
'**Abwasser|aufbereitung** f traitement m des eaux usées; ~**kanal** m égout m; ~**leitung** f canalisation f (des eaux usées); ~**reinigung** f épuration f des eaux usées
'**abwechseln** v/i (u v/réfl) ⟨-(e)le, sép, -ge-, h⟩ (**sich**) ~ **1.** (aufeinanderfolgen) alterner (**mit** avec); **2.** (sich ablösen) se relayer; **sie wechseln sich mit ihm beim Autofahren ab** ils se relaient pour conduire
'**abwechselnd I** adjt alternatif, -ive; alternant; **II** advt alternativement; tour à tour; à tour de rôle; en alternance (**mit** avec); ~ **rot und blaß werden** rougir et pâlir tour à tour
'**Abwechslung** f ⟨~; ~en⟩ **1.** (Wechsel) alternance f; **2.** (Zerstreuung) diversion f; changement m; bei der Ernährung, in e-r Darstellung etc variété f; diversité f; **zur** ~ pour changer; pour varier; **eine willkommene** ~ une diversion bienvenue; un changement bienvenu; ~ **in s-n Alltag bringen** apporter de la diversion dans le train-train quotidien
'**abwechslungs|halber** adv pour changer; pour varier; ~**los** adj monotone; sans diversion, changement
'**abwechslungsreich I** adj varié; **II** adv ~ **gestalten** diversifier; varier; Freizeit etc organiser de façon variée; **sich** ~ **ernähren** varier sa nourriture; ~ **verlaufen** être varié
'**Abweg** m égarement m; écart m; **auf** ~**e geraten** s'écarter du droit chemin; quitter le droit chemin; mal tourner; **gedanklich auf e-n** ~ **od auf** ~**e führen** fourvoyer; induire en erreur
'**abwegig** adj aberrant
'**Abwegigkeit** f ⟨~⟩ caractère aberrant
'**Abwehr** f ⟨~⟩ **1.** SPORT, MIL, PHYSIOL etc défense f; **die ~ des feindlichen Angriffs gelang** on a réussi à repousser l'attaque ennemie; **2.** (Spionage²) contre-espionnage m; **3.** fig (Ablehnung) refus m; ²**bereit** adj MIL prêt à se défendre; en état de défense; ~**bereitschaft** f MIL état m de défense; ~**dienst** m service m de contre-espionnage
'**abwehren** v/t ⟨sép, -ge-, h⟩ **1.** Angriff, Feind, a SPORT repousser; Angriff a refouler; Stoß, Schlag parer; **2.** drohende Gefahr, Unglück etc détourner; écarter; **3.** Fliegen etc chasser; lästige Besucher etc renvoyer; neugierige Blicke empêcher; **4.** Dank, Einwand, Gerüchte etc refuser; **eine ~de Geste** un geste de refus; **eine ~de Haltung** une attitude défensive
'**Abwehr|kampf** m combat défensif; ~**kraft** f, ~**kräfte** f/pl des Organismus défenses f/pl immunitaires; ~**mechanismus** m réflexe m de défense; ~**reaktion** f des Organismus réaction f immunitaire; ~**spieler** m SPORT joueur m de la défense; FUSSBALL arrière m; ~**stoff** m des Organismus anticorps m
'**abweichen** v/i ⟨irr, sép, -ge-, sein⟩ **1.** vom Weg, Kurs etc s'écarter; s'éloigner; a Magnetnadel, Strahlen dévier; fig von der Norm, von e-m Thema, Standpunkt, vom rechten Weg etc s'écarter; s'éloigner; **2.** (sich unterscheiden) (**voneinander**) ~ différer, diverger (l'un de l'autre) (**in** [+dat] dans); ~**de Ansichten** opinions divergentes
'**Abweichler(in)** m ⟨~s; ~⟩ (f) ⟨~; ~nen⟩ POL déviationniste m,f
'**Abweichung** f ⟨~; ~en⟩ **1.** vom Kurs etc écart m; éloignement m; a e-r Magnetnadel, von Strahlen déviation f; fig von der Regel m; écart m; JUR **in** ~ **von der früheren Bestimmung** par dérogation au règlement précédent; ~**en vom üblichen Sprachgebrauch** exceptions f/pl à l'emploi usuel de la langue; **2.** (Unterschied) différence f; divergence f
'**abweiden** v/t ⟨-ete, sép, -ge-, h⟩ Gras etc brouter; **e-e Wiese** ~ brouter l'herbe d'un pré
'**abweisen** v/t ⟨irr, sép, -ge-, h⟩ **1.** Personen renvoyer; höflich éconduire (a Verehrer); **2.** Bitte, Vorschlag, JUR Klage etc rejeter; a Geschenk, Angebot refuser; **3.** Angriff, Feind repousser
'**abweisend I** adj Miene, Blick qui exprime un refus; Gesichtsausdruck de bois; Antwort négatif, -ive; Ton, Haltung, Gebärde de refus; **II** advt **sich** ~ **verhalten** prendre, adopter une attitude de refus
'**Abweisung** f **1.** von Personen refus m; **2.** e-s Antrags, e-r Bitte etc rejet m; refus m; e-r Klage rejet m
'**abwendbar** adj Gefahr etc qu'on peut détourner, écarter
'**abwenden** ⟨sép, -ge-, h⟩ **I** v/t **1.** ⟨irr ou régulier⟩ Gesicht, Blick etc détourner; **2.** Schlag etc détourner; fig Gefahr, Katastrophe etc a écarter; prévenir; **II** v/réfl ⟨irr ou régulier⟩ a fig **sich** (**von j-m, etw**) ~ se détourner (de qn, qc); abandonner (qn, qc); **sich innerlich von j-m** ~ se détourner, se détacher moralement de qn; **das Glück wandte sich von ihm ab** la chance l'abandonna
'**Abwendung** f e-r Gefahr etc détournement m; (Abkehr) von etw détachement m; abandon m
'**abwerben** v/t ⟨irr, sép, -ge-, h⟩ Kunden prendre, Arbeitskräfte débaucher (**j-m** de qn)
'**Abwerbung** f von Arbeitskräften débauchage m
'**abwerfen** ⟨irr, sép, -ge-, h⟩ **I** v/t **1.** (herunterwerfen) jeter; Bettdecke, Kleidung etc se débarrasser de; Reiter désarçonner; Baum **die Blätter** ~ perdre ses feuilles; Hirsch, Rehbock **das Geweih** ~ perdre ses bois; fig **die Maske** ~ jeter, lever le masque; **2.** AVIAT, a Bombe larguer; mit dem Fallschirm parachuter; Ballast lâcher; **3.** (sich befreien von) Bürde, Joch s'affranchir de; secouer; **4.** Spielkarte se défausser de; **5.** SPORT Ball ins Spielfeld lancer; HOCHSPRUNG Latte faire tomber; REITSPORT Hindernis renverser; **6.** Gewinn rapporter; donner; Zinsen produire; **II** v/i BALLSPIELE lancer la balle
'**abwerten** v/t ⟨-ete, sép, -ge-, h⟩ **1.** (herabsetzen) dévaloriser; dénigrer; ~**de Kritik** critique péjorative; **2.** Währung dévaluer
'**Abwertung** f **1.** (Herabsetzung) dévalo-

risation *f*; dénigrement *m*; **das soll keine ~ (s-r Person) sein** je n'ai pas voulu le critiquer, démolir; **2.** *der Währung* dévaluation *f*

abwesend ['apveːzənt] **I** *adj a fig* absent; **~ sein** être absent; ne pas être là, présent; **er war längere Zeit ~** il est resté longtemps parti, absent; **II** *adv* d'un air absent, distrait

'**Abwesende(r)** *f(m)* ⟨→ A⟩ absent(e) *m(f)*

'**Abwesenheit** *f* ⟨~⟩ *a fig* absence *f*; *JUR a* contumace *f*; **in ~** (*dat*) **von** en l'absence de; **j-n in ~ verurteilen** juger, condamner qn par contumace; *iron* **durch ~ glänzen** briller par son absence

'**abwetzen** *v/t* ⟨-(es)t, sép, -ge-, h⟩ *Kleidung etc* élimer

'**abwickeln** ⟨-(e)le, sép, -ge-, h⟩ **I** *v/t* **1.** (*herunterwickeln*) dérouler; *Garn a* dévider; *von e-r Spule* débobiner; **2.** (*erledigen*) *Angelegenheit* mener; régler; *Auftrag*, *Handel*, *Transaktion* exécuter; **3.** *Programm*, *Verfahren etc* remplir; exécuter; réaliser; **4.** (*auflösen*, *schließen*) *e-n Betrieb* liquider; *e-e Institution* dissoudre; **II** *v/réfl* **sich ~ 5.** (*sich abspulen*) se dérouler; **6.** *Verhandlungen*, *Ereignisse* se dérouler; *Verkehr* s'écouler; *Geschäfte* aller, se liquider, marcher (bien)

'**Abwicklung** *f* ⟨~; ~en⟩ **1.** *e-s Programms etc* déroulement *m*; **2.** *des Verkehrs* écoulement *m*; **3.** *e-s Auftrags*, *e-s Handels*, *e-r Transaktion* exécution *f*; **4.** (*Auflösung*, *Schließung*) *e-s Betriebs* liquidation *f*; *e-r Institution* dissolution

'**ab|wiegeln** ⟨-(e)le, sép, -ge-, h⟩ **I** *v/t* **1.** (*beschwichtigen*) apaiser; calmer; **2.** (*herunterspielen*) dédramatiser; **II** *v/i* **3.** (*beschwichtigend wirken*) calmer les esprits; **4.** (*etw herunterspielen*) dédramatiser la situation

'**ab|wiegen** *v/t* ⟨*irr*, sép, -ge-, h⟩ peser; **~wimmeln** F *v/t* ⟨-(e)le, sép, -ge-, h⟩ se débarrasser de; *Personen a* F envoyer promener

'**Abwind** *m* MÉTÉO, AVIAT courant rabattant

'**ab|winkeln** *v/t* ⟨-(e)le, sép, -ge-, h⟩ plier; **~winken** ⟨*p/p regional ou plais* abgewunken, sép, -ge-, h⟩ **I** *v/t* MOTOR-SPORT *Rennen* terminer par un arrêt; *Fahrer* faire signe à ... de s'arrêter; **II** *v/i* faire signe que non; refuser d'un signe de main

'**abwirtschaften** *v/i* ⟨-ete, sép, -ge-, h⟩ **abgewirtschaftet haben** *Firma* être ruiné; *Regime*, *Partei* s'être effondré, écroulé; *ein abgewirtschaftetes Landgut* une propriété en ruine

'**abwischen** ⟨sép, -ge-, h⟩ **I** *v/t* **1.** *Schmutz*, *Staub etc* essuyer; *Staub*, *Kreide etc a* enlever; **2.** *Tisch*, *Scheibe*, *Tafel etc* essuyer; nettoyer; *mit e-m Schwamm a* éponger; **II** *v/réfl* **sich** (*dat*) *den Mund*, *die Hand* **~** s'essuyer la bouche, la main

'**Abwurf** *m* **1.** lancement *m*; *e-s Reiters* désarçonnement *m*; **2.** AVIAT, *a von Bomben* largage *m*; *mit dem Fallschirm a* parachutage *m*; *von Ballast* lâchage *m*; **3.** *e-r Spielkarte* défausse *f*; **4.** *BALLSPIELE* lancement *m* de balle; *HOCHSPRUNG* fait *m* de faire tomber

'**abwürgen** F *v/t* ⟨sép, -ge-, h⟩ **1.** *Diskussion*, *Kritik etc* étouffer; **2.** *Motor* caler

'**abzahlen** *v/t* ⟨sép, -ge-, h⟩ *Möbel*, *Fernseher etc* payer à tempérament, à crédit; *Schulden* a rembourser par versements échelonnés; *monatlich hundert Mark* **~** payer des mensualités de cent marks

'**abzählen** *v/t* ⟨sép, -ge-, h⟩ **1.** *Geld* compter; *das Fahrgeld bitte abgezählt bereithalten* préparez votre monnaie; SPORT, MIL *zu vieren* **~!** comptez-vous, dénombrez-vous par quatre!; **2.** *an den Knöpfen*, *Fingern etc* compter (*an* [+*dat*] sur); *durch e-n Abzählvers* désigner qn par une comptine

'**Abzählreim** *m* comptine *f*

'**Abzahlung** *f* paiement *m* à tempérament, à crédit; *von Schulden a* remboursement *m* par versements échelonnés; *monatliche*, *jährliche* **~** paiement *m* par mensualités, annuités; *etw auf* **~** *kaufen* acheter qc à tempérament, à crédit

'**Abzahlungs|geschäft** *n* vente *f* à tempérament, à crédit; **~kauf** *m* achat *m* à tempérament, à crédit; **~rate** *f* versement *m*

'**Abzählvers** *m* comptine *f*

'**abzapfen** *v/t* ⟨sép, -ge-, h⟩ *Wein*, *Bier etc* tirer; F *j-m Blut* **~** faire une prise de sang à qn; F *j-m zehn Mark* **~** F taper qn de dix marks

'**ab|zäumen** *v/t* ⟨sép, -ge-, h⟩ débrider; **~zäunen** *v/t* ⟨sép, -ge-, h⟩ clôturer; **²zäunung** *f* ⟨~; ~en⟩ (*Zaun*) clôture *f*; **~zehren** *v/t* ⟨sép, -ge-, h⟩ amaigrir; décharner; **²zehrung** *f* ⟨~⟩ amaigrissement *m*

'**Abzeichen** *n e-r Partei*, *e-s Vereins*, MIL insigne *m*

'**abzeichnen** ⟨-ete, sép, -ge-, h⟩ **I** *v/t* **1.** (*abmalen*) dessiner (d'après nature, d'après un modèle); *Bild* copier; **2.** (*signieren*) parapher *od* parafer; **II** *v/réfl* **sich** **~ 3.** *in Umrissen* se dessiner; *gegen e-n Hintergrund* se découper, se détacher (*gegen* sur); **4.** (*sich andeuten*) *Entwicklung*, *Krisen etc* se dessiner; s'annoncer; **5.** (*sichtbar werden*) *Freude*, *Entsetzen etc* se peindre (*auf* [+*dat*] sur)

'**Abziehbild** *n* décalcomanie *f*

'**abziehen** ⟨*irr*, sép, -ge-⟩ **I** *v/t* ⟨h⟩ **1.** *Bettbezüge*, *Schalen*, *Ring etc* enlever; retirer; *Hut*, *Schlüssel etc* retirer; *e-m Pfirsich die Haut* **~**, *e-n Pfirsich* **~** enlever, retirer la peau d'une pêche; *die Betten* **~** enlever, retirer les draps; *e-m Hasen das Fell* **~**, *e-n Hasen* **~** dépouiller un lièvre; **2.** *Truppen*, *Polizisten etc aus e-m Gebiet*, *Geld aus e-m Land etc* retirer; **3.** *st/s Gedanken*, *Aufmerksamkeit etc* détourner; **4.** *Wein etc auf Flaschen* **~** mettre en bouteilles; **5.** *Rasiermesser etc* affiler; *Parkett*, *Bretter* poncer; **6.** PHOT, TYPO tirer (une épreuve, une gravure, *etc* de); *e-e Seite zwanzigmal* **~** tirer une page à vingt exemplaires; **7.** CUIS *Suppe etc* (*mit e-m Ei*) **~** délayer un œuf dans; **8.** MATH soustraire; retirer; *Unkosten*, *Spesen etc von e-m Betrag*, *Preis* déduire, retirer (*von* de); *vom Gehalt* a retenir (*von* sur); *fig von dem was er sagt*, *muß man immer die Hälfte* **~** il ne faut pas prendre tout ce qu'il dit pour argent comptant; **9.** F (*veranstalten*) *e-e Fete* **~** faire une fête; *cf a Schau 2.*; **II** *v/i* ⟨sein⟩ **10.** *Truppen etc* se retirer; **~** *aus a* quitter; **11.** (*wegziehen*) *Rauch etc* s'échapper; sortir; *Gewitter etc* s'éloigner; **12.** F *Personen* (*weggehen*) F ficher le camp; F filer; **13.** F *Auto* (*beschleunigen*) filer comme une flèche

'**abzielen** *v/i* ⟨sép, -ge-, h⟩ *auf etw*, *j-n* **~** *Bemerkung*, *Maßnahme etc* viser qc, qn

'**ab|zirkeln** *v/t* ⟨-(e)le, sép, -ge-, h⟩ **1.** *mit dem Zirkel* tracer, mesurer au compas; (*genau abmessen*) tracer; mesurer avec exactitude, minutieusement; **2.** *fig Worte* mesurer; peser; **~zischen** F *v/i* ⟨-(e)st, sép, -ge-, sein⟩ F ficher le camp; **~zotteln** F *v/i* ⟨-(e)le, sép, -ge-, sein⟩ s'en aller, partir sans se presser

'**Abzug** *m* **1.** PHOT, TYPO épreuve *f*; (*Kopie*) copie *f*; *e-n* **~** *machen* (*lassen*) (faire) tirer une épreuve; **2.** (*Gewehr²*) *etc* détente *f*; gâchette *f*; *den Finger am* **~** *haben* avoir le doigt sur la gâchette; **3.** *Öffnung für Rauch*, *Gas etc* sortie *f*; *für Gase t/t* évent *m*; **4.** ⟨*pas de pl*⟩ (*Truppen²*) départ *m*; retrait *m*; *von Wasser-*, *Menschenmassen* écoulement *m*; *von Rauch etc* échappement *m*; *es Gewitters etc* éloignement *m*; MIL *j-m freien* **~** *gewähren* accorder à qn (de se retirer avec) les honneurs de la guerre; *fig* permettre à qn de retirer; **5.** COMM *von Beträgen*, *Spesen etc* déduction *f*; décompte *m*; *vom Preis a* rabais *m* (*von* sur); *vom Gehalt* retenue *f* (*von* sur); *nach* **~** *der Unkosten* déduction faite des frais; après déduction des frais; *unter* **~** *von* ... déduction faite de ...; ADM *in* **~** *bringen* déduire; ADM *in* **~** *kommen* être à déduire

abzüglich ['aptsyːklɪç] *prép* ⟨*gén*⟩ COMM déduction faite de; moins

'**abzugs|fähig** *adj* qui peut être déduit; déductible; **~frei** *adj* exempt de déductions, de retenues

'**Abzugs|graben** *m* fossé *m* d'écoulement; **~kanal** *m* canal *m* d'écoulement; **~rohr** *n* für *Rauch*, *Gas etc* conduit *m* d'évacuation; *für Wasser etc* tuyau *m* d'écoulement; **~schacht** *m* conduit *m* d'évacuation

'**abzupfen** *v/t* ⟨sép, -ge-, h⟩ enlever, *Blütenblätter a* arracher du bout des doigts

'**abzwacken** F ⟨sép, -ge-, h⟩ **I** *v/t* **1.** couper (à la pince, etc); **2.** *fig Zeit*, *Geld*, *Essen etc* rogner (*von* sur); **II** *v/réfl* *sich* (*dat*) *e-e Viertelstunde von der Freizeit* **~** rogner un quart d'heure sur son temps libre; *sich* (*dat*) *ein paar Groschen* **~** épargner quelques sous en se privant

'**Abzweig** *m* ADM *e-r Straße* embranchement *m*; bifurcation *f*

'**Abzweigdose** *f* ÉLECT boîte *f* de dérivation; distributeur *m*

'**abzweigen** ⟨sép, -ge-⟩ **I** *v/t* ⟨h⟩ *Geld etc* prélever (*von* sur); **II** *v/i* ⟨sein⟩ *Straße* bifurquer; s'embrancher

'**Abzweigstelle** *f* (endroit *m*, point *m* de) bifurcation *f*; (d')embranchement *m*

'**Abzweigung** *f* ⟨~; ~en⟩ *e-r Straße* bifurcation *f*; embranchement *m*

'**abzwicken** *v/t* ⟨sép, -ge-, h⟩ couper (à la pince, *etc*)

'**abzwingen** v/t ⟨irr, sép, -ge-, h⟩ *j-m etw ~ Zugeständnis, Lächeln etc* arracher qc à qn
'**abzwitschern** F v/i ⟨-(e)re, sép, -ge-, sein⟩ F filer; F ficher le camp
a cappella [aka'pɛla] adv a cappella
Accessoire [aksesoˈaːr] n ⟨~s; ~s⟩ accessoire m
Acetat [atseˈtaːt] n ⟨~s; ~e⟩ acétate m; **~seide** f soie f d'acétate
Aceton [atseˈtoːn] n ⟨~s⟩ acétone f
Acetylen [atsetyˈleːn] n ⟨~s⟩, **~gas** n acétylène m
ach [ax] **I** int ah!; eh!; *klagend* 'hélas!; *st/s ~ und weh schreien* jeter les 'hauts cris; **~,** *wenn es doch ... wäre!* ah! si c'était ...!; **~,** *du armes Kind!* ah! mon, ma pauvre enfant!; *sehnsüchtig, bedauernd* **~ ja!** eh oui!; *zweifelnd* **~ ja?** ah oui?; **~,** *ist das schön!* ah od oh! que c'est beau!; **~,** *wirklich?* ah! vraiment?; **~,** *da sind Sie ja!* 'ah! vous voilà!; **~,** *was ich noch sagen wollte* ah! je voulais encore vous dire (que ...); **~ was!, ~ wo!** allons donc!; mais non!; pensez-vous!; pas du tout!; **~ so!** ah bon!; ah ah!; **II** *Partikel meist iron der* **~** *so liebe Besuch* notre bzw nos cher(s) visiteur(s)
Ach n ⟨~s; ~(s)⟩ ah m; *das ewige ~ und Weh* ces plaintes éternelles; F *mit ~ und Krach* avec bien du mal; péniblement
Achat [aˈxaːt] m ⟨~(e)s; ~e⟩ MINÉR agate f
Achilles [aˈxɪlɛs] m ⟨→ n/pr⟩ Achille m; **~ferse** f fig talon m d'Achille; point m vulnérable; **~sehne** f ANAT tendon m d'Achille
Achim ['axɪm] m ⟨→n/pr⟩ prénom
'**Ach-Laut** m achlaut m (prononciation du « ch » après les voyelles « a, o, u »)
Achro|masie [akromaˈziː] f ⟨~; ~n⟩ OPT achromatisme m; **²'matisch** adj achromatique
'**Achs|abstand** m AUTO empattement m; EISENBAHN entraxe m; **~druck** m ⟨~(e)s; ~e⟩ cf Achslast
Achse ['aksə] f ⟨~; ~n⟩ MATH, TECH, OPT etc, a fig axe m; e-s Fahrzeugs essieu m; (Dreh²) pivot m; *sich um s-e od die eigene ~ drehen* tourner autour de son axe; *Erde, Person* tourner sur soi-même; *Auto etc* faire un tête-à-queue; F *immer auf (der) ~ sein* être souvent parti; F être sans cesse en vadrouille
Achsel ['aksəl] f ⟨~; ~n⟩ ANAT, BOT aisselle f; F (Schulter) épaule f; *die ~n zucken* 'hausser les épaules
'**Achsel|griff** m RETTUNGSSCHWIMMEN etc prise f sous les aisselles; **~haare** n/pl poils m/pl de l'aisselle; **~hemd** n Unterhemd gilet m de peau; für Damen chemise f (de jour) sans manches; **~höhle** f creux m de l'aisselle; **~schnur** f MIL aiguillette f; **~schweiß** m sueur f de l'aisselle; **~zucken** n ⟨~s⟩ 'haussement m d'épaules; **²zuckend** adj u advt 'haussant les épaules
'**Achsen|abstand** m cf Achsabstand; **~bruch** m rupture f d'essieu; **²sym metrisch** adj axisymétrique
'**Achs|lager** n AUTO boîte f d'essieu; **~last** f charge f d'essieu; **~schenkel** m fusée f d'essieu; **~stand** m cf Achs abstand; **~sturz** m carrossage m

acht [axt] **I** num/c **1.** 'huit; **~ und fünf sind** od **ist** od F **macht dreizehn** 'huit et cinq font, égale(nt) treize; **~ zu vier gewinnen** gagner par 'huit à quatre; **er ist ~ Jahre (alt)** il a 'huit ans; **mit ~ (Jahren)** à 'huit (ans); **je ~ und ~** de huit en 'huit; **im Jahre ~ vor, nach Christus** en l'an 'huit avant le Christ, de notre ère; **~ Tage** 'huit jours; **Dauer** a une semaine; une 'huitaine; **~ Stunden, Tage alt** Baby etc (âgé) de huit heures, jours; **in ~ Tagen** dans une semaine, 'huitaine; **in, binnen ~ Tagen** dans les 'huit jours; **heute in ~ Tagen** d'ici 'huit jours; d'aujourd'hui en 'huit; **morgen, Montag in ~ Tagen** demain, lundi en 'huit; **(heute) vor ~ Tagen** il y a (aujourd'hui) une semaine, 'huit jours; **alle ~ Tage** tous les 'huit jours; chaque semaine; **2.** *Uhrzeit* **(es ist) ~ Uhr** (il est) 'huit heures; **um ~ (Uhr)** à 'huit heures; **Punkt ~ (Uhr)** à 'huit heures juste, F pile; **halb ~** sept heures et demie; **gegen ~ Uhr** vers (les) 'huit heures; **~ Uhr ~** 'huit heures 'huit; **II** adv **zu ~** à 'huit; **zu ~ sein** être 'huit
Acht¹ f ⟨~; ~en⟩ **1.** Zahl (chiffre m, nombre m) 'huit m; **e-e ~ malen** faire, dessiner un 'huit; **2.** par ext Spielkarte, Bus, Straßenbahn etc 'huit m; **nehmen Sie die (Linie) ~** prenez le huit; **3.** F Fahrrad **e-e ~ im Rad haben** avoir une roue voilée
Acht² f ⟨~⟩ HIST, fig ban m; **j-n in ~ und Bann tun** mettre qn au ban
Acht³ f ⟨~⟩ *etw außer ² lassen* ne pas faire attention à qc; négliger, oublier qc; *sich vor j-m, etw in ² nehmen* prendre garde, faire attention à qn, qc; *nimm dich in ²!* fais attention!; gare à toi!
'**achtarmig** adj à 'huit bras; Leuchter à 'huit branches; Krake etc ac octopode
achtbändig ['axtbɛndɪç] adj de od en 'huit volumes
'**achtbar** st/s adj respectable; estimable; honorable
'**achte(r, -s)** num/o 'huitième; **der ~, den ~n, am ~n Januar** le huit janvier; **das ~ Kapitel** le huitième chapitre; **der ² (des Monats)** le huit (du mois); **Heinrich der ² (VIII.)** Henri VIII; **jeder ~** un sur 'huit; **jeden ~n Tag** tous les 'huit jours; **in der ~n Klasse sein** être en quatrième; **das Ziel als ²r erreichen** arriver 'huitième
'**Acht|eck** n ⟨~s; ~e⟩ octogone m; **²eckig** adj octogonal
'**achtein|halb** num/c 'huit et demi
achtel ['axtəl] num/c adj ⟨inv⟩ **~ Pfund ...** etwa soixante-deux grammes de ...; **~ Liter Rum** six cent vingt-cinq millilitres de rhum
'**Achtel** n ⟨~s; ~⟩ **1.** 'huitième m; **fünf ~ cinq** 'huitièmes; **2.** F cf Achtelpfund
'**Achtel|finale** n SPORT 'huitième m de finale; **~liter** m od n cent vingt-cinq millilitres
'**achteln** v/t ⟨-(e)le, h⟩ diviser en 'huit
'**Achtel|note** f MUS croche f; **~pause** f MUS demi-soupir m
'**Achtelpfund** n etwa soixante-deux grammes; **ein ~ ...** soixante-deux grammes de ...
'**achten** ⟨-ete, h⟩ **I** v/t **1.** Personen estimer; considérer; respecter; **er war

sehr geachtet** il était tenu en 'haute, grande estime; il était très estimé, considéré; **2.** Gesetz, Gefühle, Beweggründe etc respecter; **3.** st/s **die Mühe, das Geld nicht ~** ne pas épargner sa peine, son argent; **II** v/i **4.** (aufpassen) **auf etw, j-n ~** faire attention, prendre garde à qc, qn; **auf etw (acc) streng, genau ~** faire très attention à qc; **auf s-e Gesundheit ~** prendre soin de sa santé; **5.** (bemerken) **ohne darauf zu ~, daß ...** sans remarquer que ...; **~ Sie auf den Herrn mit dem grauen Mantel** regardez le monsieur au manteau gris; **achte mal darauf, wie er das macht** regarde comment il s'y prend
ächten ['ɛçtən] v/t ⟨-ete, h⟩ **1.** HIST mettre au ban; **2.** fig bannir; proscrire
'**Achtender** m ⟨~s; ~⟩ cerf m (de) 'huit cors
achtens ['axtəns] adv 'huitièmement; en 'huitième lieu
'**achtenswert** adj estimable; respectable
'**Achter** m ⟨~s; ~⟩ **1.** regional cf Acht¹; **2.** RUDERN 'huit m
'**Achter|bahn** f montagnes f/pl russes; **~deck** n MAR pont m arrière
'**achter|lei** adj ⟨inv⟩ 'huit sortes, espèces de ...; 'huit... différent(e)s; de huit sortes, espèces différentes
achtern ['axtərn] adv MAR (en) arrière
'**Achter|pack** m, **~packung** f paquet m de huit
'**Achterreihe** f rangée f de huit; **in ~n** par (rangées) de 'huit
achtfach ['axtfax] **I** adj octuple; **die ~e Menge** 'huit fois la quantité; **in ~er Ausfertigung** en 'huit exemplaires; **II** adv 'huit fois (plus); à l'octuple; **~ vergrößert** agrandi 'huit fois
'**Achtfache(s)** n ⟨→ A⟩ octuple m; **sie verdient das ~ von ihm** elle gagne 'huit fois plus que lui
'**achtfarbig** adj à od de huit couleurs
Achtflach ['axtflax] n ⟨~s; ~e⟩, **Achtflächner** ['axtflɛçnər] m ⟨~s; ~⟩ octaèdre m
Acht|füßer ['axtfyːsər] m ⟨~s; ~⟩ ZO octopode m; **²füßig** adj **1.** ZO octopode; **2.** Vers à 'huit pieds
'**achtgeben** v/i ⟨irr, sép, -ge-, h⟩ **1.** (vorsichtig sein) faire attention; prendre garde; **gib acht, daß du nicht fällst!** fais attention, prends garde à ne pas tomber!; (darauf) **~ müssen, daß ...** devoir veiller à ce que ... (+subj); **2.** (aufpassen) **auf etw, j-n ~** faire attention, prendre garde, veiller à qc, qn; **auf sich (acc) ~** faire attention, prendre garde à soi
'**acht|geschossig** cf achtstöckig, **~geteilt** adjt partagé en 'huit
'**acht|hundert** num/c 'huit cent(s); **²hundert|jahrfeier** f célébration f du huitième centenaire; **~'hundertste(r, -s)** num/o 'huit-centième; **~hundert|tausend** num/c 'huit cent mille; **~jährig** adj (acht Jahre alt) (âgé) de 'huit ans; (acht Jahre lang) de huit ans; qui dure 'huit ans; **²jährige(r)** f(m) ⟨→ A⟩ garçon m (fille f) de huit ans; **~jährlich** adv ⟨adj⟩ (qui revient) tous les 'huit ans; **²kampf** m TURNEN concours général (femmes)
'**achtkantig** **I** adj qui a 'huit arêtes; **II**

achtköpfig – Adduktor

adv F *fig* **j-n ~ hinauswerfen** F flanquer carrément qn à la porte
achtköpfig ['axtkœpfɪç] *adj* **1.** *Ungeheuer etc* à 'huit têtes; **2.** *fig Familie* de huit personnes; *Gremium etc* de huit membres
'acht|los I *adj* inattentif,-ive; négligent; **II** *adv* sans faire attention; négligemment; *durchblättern etc a* d'une manière distraite; **2losigkeit** *f* ⟨~⟩ manque *m* d'attention; négligence *f*
'achtmal *adv* 'huit fois; **~ soviel** 'huit fois plus
'achtmalig *adj* ⟨épithète⟩ répété 'huit fois
Acht'meter *m* HALLENFUSSBALL penalty *m*; **~brett** *n* SCHWIMMSPORT planche *f* de huit mètres
Acht-Mi'nuten-Takt *m* TÉL tarification des communications téléphoniques sur la base d'une unité de huit minutes; **es gilt der ~** l'unité de base, c'est 'huit minutes
'acht|monatig *adj* (acht Monate alt) (âgé) de huit mois; (acht Monate lang) de huit mois; qui dure 'huit mois; **~monatlich** *adv* (adj) (qui revient) tous les 'huit mois
Acht'monatskind *n* prématuré(e) *m(f)* (né à huit mois)
'achtmotorig *adj* à *od* de huit moteurs
Achtpfünder ['axtpfʏndər] *m* ⟨~s; ~⟩ nouveau-né *m*, poisson *m*, *etc* de quatre kilos
'acht|pfündig *adj* ⟨épithète⟩ de quatre kilos; **~prozentig** *adj* à 'huit pour cent; **~reihig** *adj* à *od* de huit rangs
'achtsam *st/s adj* attentif, -ive; **2keit** *st/s f* ⟨~⟩ attention *f*
'acht|seitig *adj* à *od* de huit côtés, faces; *Schriftstück* de huit pages; GEOMETRIE octaédrique; **~silbig** *adj Wort* de huit syllabes; *sc* octosyllab(iqu)e; *Vers* à de huit pieds; **2silb(l)er** *m* ⟨~s; ~⟩ octosyllabe *m*; **2sitzer** *m* ⟨~s; ~⟩ voiture *f* etc à 'huit places; **~sitzig** *adj* à 'huit places; **~spaltig** *adj* de huit colonnes
Achtspänner ['axtʃpɛnər] *m* ⟨~s; ~⟩ voiture *f*, attelage *m* à 'huit chevaux
'acht|spännig *adj* à 'huit chevaux; **~spurig** *adj* à 'huit voies; **~stellig** *adj Zahl, Betrag* de huit chiffres; **~stimmig** *adj* à 'huit voix
acht|stöckig ['axtʃtœkɪç] *adj* de huit étages; **~strophig** *adj* de huit strophes
Acht'stundentag *m* journée *f* de huit heures
acht|ständig ['axtʃtʏndɪç] *adj* (acht Stunden lang) de huit heures; qui dure 'huit heures; **~ständlich** *adv* (adj) (qui revient) toutes les 'huit heures
acht|tägig ['axttɛːgɪç] *adj* (acht Tage lang) de huit jours, une semaine; qui dure 'huit jours, une semaine; **~täglich** *adv* (adj) (qui revient) tous les 'huit jours, chaque semaine
'achttausend *num/c* 'huit mille
'Acht|tausender *m* ⟨~s; ~⟩ montagne *f* de huit-mille mètres; **~teiler** *m* RAD, TV feuilleton *m* en 'huit épisodes
'achtteilig *adj* de huit pièces; *Serie, Ausgabe etc* en 'huit parties
'Acht|tonner *m* ⟨~s; ~⟩ (camion *m* de) 'huit-tonnes *m*; **~uhrvorstellung** *f* représentation *f* de huit heures; **~uhrzug** *m* train *m* de huit heures
'achtundein'halb *cf* **achteinhalb**
Achtund'sechziger(in) F *m* ⟨~s; ~⟩ (~; ~nen) POL F soixante-huitard(e) *m(f)*
'Achtung *f* ⟨~⟩ **1.** (*Aufmerksamkeit*) attention *f*; *bei Durchsagen etc* **~, ~!** attention, s'il vous plaît!; SPORT **~, fertig, los!** à vos marques! prêts! partez!; MIL **~! Stillgestanden!** à vos rangs, fixe!; FILM **~, Aufnahme!** silence! on tourne; **~, Stufe!** attention à la marche!; **2.** (*Respekt*) respect *m* (**vor** [+*dat*] pour); (*Wertschätzung*) estime *f*, considération *f* (**vor** [+*dat*] pour); **aus ~ vor** (+*dat*) par respect pour; **vor j-m ~ haben** respecter, estimer qn; avoir du respect, de l'estime pour qn; **keine ~ vor j-m haben** a manquer de respect envers qn; **sich** (*dat*) **~ verschaffen** se faire respecter; **in j-s ~** (*dat*) **sinken, steigen** descendre, monter dans l'estime de qn; F **alle ~!** F chapeau!
'Ächtung *f* ⟨~; ~en⟩ *a fig* mise *f* 'hors la loi; bannissement *m*
'achtunggebietend *st/s adjt* qui impose, inspire le respect, l'estime
'Achtungs|erfolg *m* succès *m* d'estime; **2voll I** *adj* respectueux, -euse; **II** *adv* respectueusement; avec respect
'acht|wöchentlich *adv* (adj) (qui revient) toutes les 'huit semaines, tous les deux mois; **~wöchig** *adj* (acht Wochen alt) (âgé) de huit semaines, deux mois; (acht Wochen lang) de huit semaines, deux mois; qui dure 'huit semaines, deux mois; **~zehn** *num/c* dix-huit; *cf a* **acht**; **~zehn'hundert** *num/c* dix-huit cent(s); **~zehnjährig** *adv* (achtzehn Jahre alt) (âgé) de dix-huit ans; (achtzehn Jahre lang) de dix-huit ans; qui dure dix-huit ans; **~'tausend** *num/c* dix-huit mille; **~zehnte(r, -s)** *adj* ⟨~n⟩ dix-huitième; *cf a* **achte(r, -s)**; **2zehntel** *n* ⟨~s; ~⟩ dix-huitième; **2zeiler** *m* ⟨~s; ~⟩ METRIK 'huitain *m*; **~zeilig** *adj* à *od* de huit lignes
achtzig ['axtsɪç] *num/c* quatre-vingts; *bei nachfolgender Zahl* quatre-vingt; *schweiz* 'huitante; *belgisch* octante; **Seite ~** page *f* quatre-vingt; **etwa, rund ~** (*Personen*) environ quatre-vingts personnes; **~ (Jahren)** à quatre-vingts ans; **sie ist über ~ (Jahre)** elle a plus de quatre-vingts ans; **Anfang 2** *Altersangabe* entre quatre-vingts et quatre-vingt-cinq ans; **Mitte 2** *Altersangabe* dans les quatre-vingt-cinq ans; **mit ~ Stundenkilometern** à quatre-vingts kilomètres à l'heure; F **~ fahren** faire du quatre-vingt; F *fig* **auf ~ sein** F être furax, furibard
'Achtzig *f* ⟨~⟩ (chiffre *m*, nombre *m*) quatre-vingts *m*; *Haus, Bus etc* quatre-vingt *m*
'achtziger *adj* ⟨inv⟩ **die ~ Jahre, die 2** les années quatre-vingt; *Altersangabe* **in den 2n, Mitte der 2** dans les quatre-vingt-cinq ans
'Achtzig|er(in) *m* ⟨~s; ~⟩ (f) ⟨~; ~nen⟩ *cf* **Achtzigjährige(r)**; **2jährig** *adj* (achtzig Jahre alt) (âgé) de quatre-vingts ans; *Personen a* octogénaire; (achtzig Jahre lang) de quatre-vingts ans; qui dure quatre-vingts ans; **~jährige(r)** *f(m)* ⟨→ A⟩ octogénaire *m,f*; homme *m* (femme *f*) de quatre-vingts ans
'achtzigste(r, -s) *num/o* quatre-vingt-tième

'Achtzigstel *n* ⟨~s; ~⟩ quatre-vingtième *m*
'achtzig'tausend *num/c* quatre-vingt mille
'Achtzylinder F *m* (voiture *f* à) 'huit cylindres *f*; **~motor** *m* moteur *m* à 'huit cylindres
'ächzen ['ɛçtsən] *v/i* ⟨-(es)t, h⟩ *Person, Material etc* gémir; *leiser* geindre; *Holz* a craquer
Acker ['akər] *m* ⟨~s; ː⟩ **1.** champ *m* (labouré); **auf dem ~** aux champs; **2.** ⟨*pl* ~⟩ HIST *Flächenmaß* acre *f*
'Ackerbau *m* ⟨~(e)s⟩ agriculture *f*; **~ treiben** cultiver la terre; **~ und Viehzucht** *f* agriculture et élevage *m*
'Acker|boden *m* terre *f* labourable, arable; **~furche** *f* sillon *m*; **~gaul** *m* cheval *m* de labour; *péj* mauvais cheval; canasson *m*; **~krume** *f* terre *f* arable; **~land** *n* ⟨-(e)s⟩ terres cultivées, labourées
'ackern ⟨-(e)re, h⟩ **I** *v/t* AGR labourer; **II** F *v/i* F bûcher; F trimer
'Acker|salat *m* regional mâche *f*; doucette *f*; **~scholle** *f* motte *f* de terre; **~winde** *f* BOT liseron *m* des champs
a conto [a'kɔnto] *adv* FIN (à titre d') acompte (de)
Acryl [a'kryːl] *n* ⟨~s⟩ acrylique *m*; **~farbe** *f* peinture acrylique; **~faser** *f* fibre *f* acrylique; **~harz** *n* résine *f* méthacrylique
ACS [aːtseː'ʔɛs] *m* ⟨~⟩ *abr* (Automobil-Club der Schweiz) A.C.S. *m* (Automobile Club de Suisse)
Action ['ɛkʃən] F, *Jargon* f ⟨~⟩ action f; **~film** *m* film *m* d'action
a. D. [aː'deː] *abr* (außer Dienst) à la, en retraite
A. D. *abr* (Anno Domini) A.D.
ad absurdum [atˀapˈtsurdʊm] *adv* etw **~ führen** prouver, montrer l'absurdité de qc
ADAC [aːdeːˀaːˈtseː] *m* ⟨~⟩ *abr* (Allgemeiner Deutscher Automobil-Club) in Frankreich etwa A.C.F. *m* (Automobile-Club de France)
ad acta [atˀˈakta] *adv* etw **~ legen** classer qc
adagio [aˈdaːdʒo] *adv* MUS adagio
A'dagio *n* ⟨~s; ~⟩ MUS adagio *m*
Adam ['aːdam] *m* ⟨→ n/pr⟩ Adam *m*; F *fig* **bei ~ und Eva anfangen** remonter au déluge; F *plais* **das macht nach ~ Riese ...** si mes comptes sont bons, ça fait ...
'Adams|apfel F *plais* pomme *f* d'Adam; **~kostüm** *n* F *im* **~** en costume d'Adam
Adaptation [adaptatsi'oːn] *f* ⟨~; ~en⟩ adaptation *f*
Ad'apter *m* TECH adaptateur *m*
adap't|ieren *v/t* ⟨pas de ge-, h⟩ **1.** adapter (**für** à); **2.** österr Gebäude aménager (**als** en); **2i'on** *f* cf **Adaptation**
adäquat [adɛˈkvaːt ou atˀɛˈkvaːt] *adj* adéquat
addieren [aˈdiːrən] ⟨pas de ge-, h⟩ **I** *v/t* additionner; faire l'addition de; **II** *v/réfl* **sich** (**zu etw**) **~** s'élever (à qc)
Ad'diermaschine *f* machine *f* à additionner
Additi'on *f* ⟨~; ~en⟩ addition *f*
Addi'tiv *n* ⟨~s; ~e⟩ CHIM additif *m*
Adduk'tion [adʊktsi'oːn] *f* ⟨~; ~en⟩ ANAT adduction *f*; **~tor** *m* ⟨~s; -'toren⟩ ANAT (muscle *m*) adducteur *m*

ade [a'de:] *int* **1.** *poét* adieu!; **2.** *regional* au revoir!; *j-m ~ sagen* dire au revoir à qn

Adebar ['a:dəbar] *m* ⟨~s; ~e⟩ *bes nordd* (*Storch*) cigogne *f*

Adel ['a:dəl] *m* ⟨~s⟩ *a fig* noblesse *f*; *niederer, hoher ~* petite, 'haute noblesse; *geistiger ~* noblesse *f* de l'esprit; *von ~ sein* être noble; *prov ~ verpflichtet prov* noblesse oblige

Adele [a'de:lə] *f* ⟨→ *n/pr*⟩ Adèle *f*

Adelheid ['a:dəlhaɪt] *f* ⟨→ *n/pr*⟩ Adélaïde *f*

'adelig *cf* **adlig**

'adeln *v/t* ⟨-(e)le, h⟩ **1.** *HIST* anoblir; **2.** *st/s fig* ennoblir

'Adels|brief *m* lettres *f/pl* de noblesse; *~familie f, ~geschlecht n* famille *f* noble; *~prädikat n* particule *f* nobiliaire

'Adelsstand *m* noblesse *f*; *j-n in den ~ erheben* anoblir qn

'Adelstitel *m* titre *m* de noblesse, nobiliaire

'Adelung *f* ⟨~; ~en⟩ anoblissement *m*

Adept [a'dɛpt] *m* ⟨~en; ~en⟩ *a st/s plais* adepte *m*

Ader ['a:dər] *f* ⟨~; ~n⟩ *ANAT, BOT, fig,* *in Holz, Marmor* veine *f*; (*Erz*⟨⟩) veine *f*; filon *m*; *e-s Kabels* fil *m*; (*Arterie, Verkehrs*⟨⟩) artère *f*; *MÉD, fig j-n zur ~ lassen* saigner qn; *fig e-e künstlerische, komische, poetische ~ haben* avoir des dispositions, des dons artistiques, comiques, pour la poésie; *fig e-e kritische ~ haben* avoir l'esprit critique; *in ihren ~n fließt blaues Blut* elle a du sang bleu dans les veines

Äderchen ['ɛ:dərçən] *n* ⟨~s; ~⟩ veinule *f*

Aderlaß ['a:dərlas] *m* ⟨-sses, -lässe⟩ *MÉD, fig* saignée *f*

'Aderung, 'Äderung *f* ⟨~; ~en⟩ veines *f/pl*; (*Blatt*⟨⟩) meist nervures *f/pl*; *von Marmor, Holz a* marbrures *f/pl*

Adhäsion [athɛzi'o:n] *f* ⟨~; ~en⟩ *PHYS* adhésion *f*; *TECH, MÉD, BOT* adhérence *f*

Adhäsi'onskraft *f* force d'adhésion

Adhäsi'onsverschluß *m mit ~* adhésiv, -ive

adhä'siv *adj* adhésif, -ive

ad hoc [at'hɔk] *adv* **1.** (*zu diesem Zweck*) ad hoc; **2.** (*spontan*) spontanément; immédiatement; au pied levé

adieu [adi'ø:] *cf* **ade**

Adi'eu *n* ⟨~s; ~s⟩ *poét* adieu *m*

ad infinitum [at?ɪnfi'ni:tʊm] *st/s* à l'infini

Adjektiv ['atjɛkti:f] *n* ⟨~s; ~e⟩ *GR* adjectif (qualificatif); *attributives ~* adjectif *m* épithète; *prädikatives ~* adjectif attribut

adjekti'vieren *v/t* ⟨*pas de ge-*, h⟩ adjectiver

'adjektivisch I *adj* adjectif, -ive; adjectival; **II** *adv* adjectivement

adjustier|en [atjus'ti:rən] *v/t* ⟨*pas de ge-*, h⟩ **1.** *TECH* ajuster; **2.** *österr ADM* équiper; *⟨ung f* ⟨~; ~en⟩ **1.** *TECH* ajustage *m*; **2.** *österr ADM* équipement *m*

Adjutant [atju'tant] *m* ⟨~en; ~en⟩ *MIL* officier *m* d'ordonnance

Adler ['a:dlər] *m* ⟨~s; ~⟩ **1.** *ZO* aigle *m*; **2.** *ASTR* Aigle *f*

'Adlerauge *n fig ~n haben* avoir des yeux d'aigle

'Adler|blick *m* regard *m* d'aigle; *~farn*

m fougère *f* grand aigle; *~horst m* aire *f* d'un *bzw* de l'aigle; *~nase f* nez en bec d'aigle, busqué

ad libitum [at'li:bitʊm] *st/s adv* ad libitum

adlig ['a:dlɪç] *adj a fig* noble

'Adlige(r) *f(m)* ⟨→ A⟩ noble *m,f*

Administration [atminɪstratsi'o:n] *f* ⟨~; ~en⟩ administration *f*

administra'tiv *adj* administratif, -ive

Admiral [atmi'ra:l] *m* **1.** ⟨~s; ~e *ou* -räle⟩ *MAR MIL* amiral *m*; **2.** ⟨~s; ~e⟩ *Schmetterling* vulcain *m*; *~i'tät f* ⟨~; ~en⟩ amirauté *f*

Admi'rals|flagge *f* pavillon *m* amiral; *~rang m* grade *m* d'amiral; *~schiff n* vaisseau *m* amiral

Admi'ralstab *m* amirauté *f*

Adoleszenz [adolɛs'tsɛnts] *sc f* ⟨~⟩ adolescence *f*

Adolf, Adolph ['a:dɔlf] *m* ⟨→ *n/pr*⟩ Adolphe *m*

Adonis [a'do:nɪs] *m MYTH* Adonis *m*; *st/s fig ein ~ sein* être un Adonis; *st/s er ist nicht gerade ein ~* ce n'est pas précisément un Adonis

A'donisröschen *n* ⟨~s; ~⟩ *BOT* adonis *f*

adopt|ieren [adɔp'ti:rən] *v/t* ⟨*pas de ge-*, h⟩ adopter; *⟨i'on f* ⟨~; ~en⟩ adoption *f*

Adop'tiv|bruder *m* frère adoptif; *~eltern pl* parents adoptifs; *~kind n* enfant adoptif; *~mutter f* mère adoptive; *~schwester f* sœur adoptive; *~sohn m* fils adoptif; *~tochter f* fille adoptive; *~vater m* père adoptif

Adrenalin [adrena'li:n] *n* ⟨~s⟩ adrénaline *f*

Adres'sat(in) *m* ⟨~en; ~en⟩ (*f*) ⟨~; ~nen⟩ destinataire *m,f*; *e-s Wechsels* tiré *m*

A'dreß|aufkleber *m* autocollant *m* avec adresse; *~buch n* répertoire *m* d'adresses

Adresse [a'drɛsə] *f* ⟨~; ~n⟩ adresse *f*; *COMM per ~* aux (bons) soins de; *dieses Restaurant zählt zu den ersten ~n (der Stadt)* ce restaurant compte parmi les meilleurs (de la ville); *ich bin unter folgender ~ zu erreichen* on peut me joindre à l'adresse suivante; *fig e-e Warnung an die ~ der Entführer* un avertissement adressé aux kidnappeurs; F *fig da sind Sie bei mir an der falschen ~ od an die falsche ~ geraten* ce n'est pas à moi qu'il faut demander ça

A'dressen|änderung *f* changement *m* d'adresse; *~aufkleber m cf* **Adreßaufkleber**; *~büro n* bureau *m* de vente d'adresses; *~verzeichnis n* liste *f* d'adresses

adres'sieren *v/t* ⟨*pas de ge-*, h⟩ *Brief etc* mettre, écrire l'adresse sur; *adressierter Umschlag* enveloppe *f* portant une adresse; *ein an mich adressierter Brief* une lettre qui m'est adressée

Adres'siermaschine *f* machine *f* à adresser

adrett [a'drɛt] *adj* (*hübsch anzusehen*) coquet, -ette; (*gepflegt*) soigné; (*schmuck u sauber*) propret, -ette

Adria ['a:dria] ⟨→ *n/pr*⟩ *die ~* l'Adriatique *f*

adri'atisch *adj* adriatique; *das* ⟨⟩*e Meer* la mer Adriatique

adsorbieren [atzɔr'bi:rən] *v/t* ⟨*pas de ge-*, h⟩ *PHYS, CHIM* adsorber

Adsorption [atzɔrptsi'o:n] *f* ⟨~; ~en⟩ *PHYS, CHIM* adsorption *f*

adstringierend [atstrɪŋ'gi:rənt] *adjt PHARM* astringent

'A-Dur *n* la *m* majeur

Advent [at'vɛnt] *m* ⟨~s⟩ *REL* Avent *m*; *der erste ~* le premier dimanche de l'Avent

Ad'vent ... *in Zssgn österr cf* **Advents ...**

Adven'tist *m* ⟨~en; ~en⟩ *REL* adventiste *m*

Ad'vents|kalender *m* calendrier *m* de l'Avent; *~kranz m* couronne *f* de l'Avent (*tressée avec des branches de sapin et décorée de quatre bougies*); *~sonntag m* dimanche *m* de l'Avent; *~zeit f* temps *m* de l'Avent

Adverb [at'vɛrp] *n* ⟨~s; ~ien⟩ *GR* adverbe *m*

adverbial [atvɛrbi'a:l] *GR* **I** *adj* adverbial; *~e Bestimmung der Zeit, des Ortes, der Art und Weise* complément circonstanciel de temps, de lieu, de manière; **II** *adv* adverbialement; comme adverbe

Adverbi'alsatz *m GR* proposition adverbiale

adversativ [atvɛrza'ti:f] *adj GR* adversatif, -ive

Advocatus Diaboli [atvo'ka:tʊs di'a:boli] *st/s fig m* ⟨~; -ti⟩ avocat *m* du diable; *den ~ spielen* se faire l'avocat du diable

Advokat [atvo'ka:t] *m* ⟨~en; ~en⟩ *österr, schweiz, regional* (*Anwalt*), *a fig* avocat *m*

Advoka'turbüro *n schweiz* cabinet *m* d'avocat

Aerobic [ɛ'ro:bɪk] *n* ⟨~s⟩ aérobic *m od f*

Aerobier *m* [ae'ro:biər] *m* ⟨~s; ~⟩, **Aerobiont** [aerobi'ɔnt] *m* ⟨~en; ~en⟩ *BIOL* organisme *m* aérobie

Aero|dynamik [aerody'na:mɪk] *f* aérodynamique *f*; *⟨dy'namisch adj* aérodynamique; *~lo'gie f* aérologie *f*; *~me'chanik f* science *f* concernant l'aérostatique et l'aérodynamique

Aero|sol [aero'zo:l] *n* ⟨~s; ~e⟩ aérosol *m*; *~'statik f* aérostatique *f*; *⟨statisch adj* aérostatique

Affäre [a'fɛ:rə] *f* ⟨~; ~n⟩ affaire *f*; *in e-e dunkle ~ verwickelt sein* être impliqué dans une sombre histoire, dans une sale affaire; F *sich (geschickt) aus der ~ ziehen* se tirer, se sortir (habilement) d'affaire

Äffchen ['ɛfçən] *n* ⟨~s; ~⟩ petit singe

Affe ['afə] *m* ⟨~n; ~n⟩ **1.** *ZO* singe *m*; F *ich glaub', mich laust der ~* F j'en suis baba; *je prends des nues*; F *plais dasitzen wie ein ~ auf dem Schleifstein krumm* être recroquevillé (sur une chaise, *etc*); *traurig* faire triste figure; F *fig vom wilden ~n gebissen sein* F déconner à pleins tubes; F être cinglé; *wie ein wildgewordener ~* comme un forcené; F *s-m ~n Zucker geben* F enfourcher son dada; **2.** P *Schimpfwort dieser blöde ~!* P ce con!; *eingebildeter ~!* F crâneur!; **3.** F (*Rausch*) *e-n ~n (sitzen) haben* F être beurré, bourré

Affekt [a'fɛkt] *m* ⟨~(e)s; ~e⟩ passion *f*; émotion *f*; *PSYCH* état passionnel; *im ~ handeln* agir sous le coup de l'émotion; *im ~ begangenes Verbrechen* crime passionnel

Affekthandlung – Ahnentafel

Af'fekthandlung *f* acte commis sous le coup de l'émotion
affek'tiert *adj Benehmen, Sprechen etc* affecté; minaudier, -ière; *Person a* maniéré; *Sprechweise a* précieux, -ieuse; **♀heit** *f* ⟨~⟩ affectation *f*; minauderie *f*; *bes der Sprechweise* préciosité *f*
Affekti'on ⟨~; ~en⟩ MÉD affection *f*
affek'tiv *adj,* PSYCH affectif, -ive; **♀i'tät** *f* ⟨~⟩ affectivité *f*
'Affenarsch P *m Schimpfwort* P con *m*; *du* **~***!* P salaud!
'affenartig *adj* qui ressemble au singe; qui rappelle le singe; F *mit* **~***er Geschwindigkeit* F à une vitesse dingue
'Affen|brotbaum *m* baobab *m*; **♀geil** F, *bes Jugendsprache adj* F géant; F giga; **~haus** *n* singerie *f*; **~'hitze** *f* F F chaleur *f* à crever
'Affenliebe *f* amour excessif; *mit wahrer ~ an j-m hängen* idolâtrer qn
'Affen'schande F F 'honte *f*; scandale *m*; *es ist eine ~!* c'est scandaleux!; c'est une 'honte!; *(es ist jammerschade)* F c'est un crime!
'Affenschaukel F *f* 1. MIL fourragère *f*; 2. *pl* **~***n Frisur etwa* couettes tressées
'Affenstall *m* F *es stinkt hier wie in einem ~* F ça pue ici
'Affen|tanz *m cf Affentheater,* **~'tempo** *n cf Affenzahn*
'Affentheater F *n* simagrées *f/pl*; comédie *f*; *es war das reinste ~* F c'était du grand guignol
'Affenweibchen *n* guenon *f*
'Affen'zahn F *m* F vitesse démente; *e-n ~ drauf haben* F rouler plein pot, à fond la caisse
'Affenzirkus *m cf Affentheater*
'affig F *péj adj* affecté; *(lächerlich, albern)* ridicule; F cucul *(inv)*; **♀keit** F *péj f* ⟨~⟩ affectation *f*
Äffin [ˈɛfɪn] *f* ⟨~; ~nen⟩ guenon *f*
Affinität [afiniˈtɛt] *f* ⟨~; ~en⟩ affinité *f* (*zu* avec)
Affirmation [afɪrmatsiˈoːn] *f* ⟨~; ~nen⟩ *bes* LOGIK affirmation *f*
affirma'tiv *adj bes* LOGIK affirmatif, -ive
Affix [aˈfɪks] *n* ⟨~es; ~e⟩ LING affixe *m*
affizieren [afiˈtsiːrən] *st/s v/t* ⟨*pas de ge-,* h⟩ toucher; contaminer; *(reizen)* irriter
Affrikate [afriˈkaːtə] *f* ⟨~; ~n⟩ PHON affriquée *f*; occlusive suivie d'une fricative
Affront [aˈfrõː] *st/s m* ⟨~s; ~s⟩ affront *m* (*gegen* à)
Af'ghane[1] *m* ⟨~n; ~n⟩ *Hunderasse* afghan *m*
Af'ghan|e[2] *m* ⟨~n; ~n⟩, **~in** *f* ⟨~; ~nen⟩ Afghan(e) *m(f)*
af'ghanisch *adj* afghan
Afghanistan [afˈgaːnɪstaːn] *n* ⟨→ *n/pr*⟩ l'Afghanistan *m*
Aflatoxin [aflatoˈksiːn] *n* ⟨~s; ~e⟩ CHIM aflatoxine *f*
Afrika [ˈaːfrika] *n* ⟨→ *n/pr*⟩ l'Afrique *f*
Afrikaans [afriˈkaːns] *n* ⟨~⟩ *Sprache* afrikaans *m*
Afri'kaner(in) *m* ⟨~s; ~⟩ (*f*) ⟨~; ~nen⟩ Africain(e) *m(f)*
afri'kanisch *adj* africain; d'Afrique
Afro-Look [ˈa(ː)froluk] *m* coiffure *f* afro
After [ˈaftər] *m* ⟨~s; ~⟩ anus *m*
AG [aːˈgeː] *f* ⟨~; ~s⟩ 1. *abr (Aktiengesellschaft)* S.A. *f* (société anonyme, par actions); 2. *abr (Arbeitsgruppe, Arbeitsgemeinschaft)* groupe *m* de travail
Ägäis [ɛˈgɛːɪs] ⟨→ *n/pr*⟩ *die* ~ la mer Égée
ä'gäisch *adj* égéen, -éenne; *das ♀e Meer* la mer Égée
Agar-Agar [ˈagarʔagar] *m od n* ⟨~s⟩ BOT, CUIS agar-agar *m*
Agathe [aˈgaːtə] *f* ⟨→ *n/pr*⟩ Agathe *f*
Agave [aˈgaːvə] *f* ⟨~; ~n⟩ BOT agave *m*
Agenda [aˈgɛnda] *f* ⟨~; -den⟩ 1. *(Notizbuch)* agenda *m*; 2. *(Themenliste)* aide--mémoire *m*
Agent(in) [aˈgɛnt(ɪn)] *m* ⟨~en; ~en⟩ (*f*) ⟨~; ~nen⟩ agent *m* (*a Spionage♀*)
A'genten|netz *n* réseau *m* d'agents; **~ring** *m* organisation *f*, association *f* des agents; **~tätigkeit** *f* activité *f* d'agent
Agen'tur ⟨~; ~en⟩ agence *f*; **~bericht** *m,* **~meldung** *f* dépêche *f* d'une agence
Agglomer|at [aglomeˈraːt] *n* ⟨~(e)s; ~e⟩ 1. *st/s (Anhäufung)* agglomération *f*; 2. GÉOL aggloméré *m*; 3. MÉTALL conglomérat *m*; **~ati'on** *st/s f* ⟨~; ~en⟩ agglomération *f*
Aggluti|nation [aglutinatsiˈoːn] *f* ⟨~; ~en⟩ BIOL, LING agglutination *f*; **♀'nieren** *v/t* ⟨*pas de ge-,* h⟩ agglutiner
Aggregat [agreˈgaːt] *n* ⟨~(e)s; ~e⟩ 1. MINÉR, MATH, CHIM agrégat *m*; 2. TECH, ÉLECT groupe *m*
Aggre'gatzustand *m* CHIM état *m* (de la matière); *der feste, flüssige, gasförmige ~* l'état solide, liquide, gazeux
Aggression [agrɛsiˈoːn] *f* ⟨~; ~en⟩ agression *f*
aggres'siv *adj* agressif, -ive; **♀i'tät** *f* ⟨~⟩ agressivité *f*
Ag'gressor *m* ⟨~s; -'soren⟩ agresseur *m*
Ägide [ɛˈgiːdə] *f* ⟨~⟩ *st/s unter j-s ~* sous l'égide de qn
agieren [aˈgiːrən] *st/s v/i* ⟨*pas de ge-,* h⟩ agir; (*als Vermittler etc ~* jouer le rôle d'intermédiaire, *etc*
agil [aˈgiːl] *st/s adj* agile, vif, vive; **♀i'tät** *st/s f* ⟨~⟩ agilité *f*; vivacité *f*
Agio [ˈaːdʒo *ou* ˈaːʒio] *n* ⟨~s; ~s *ou* Agien⟩ FIN agio *m*
Agitati'on ⟨~; ~en⟩ propagande (politique) *f* (*gegen* contre)
Agi'ta|tor *m* ⟨~s; -'toren⟩ agitateur *m*; propagandiste *m*; **♀'torisch** *adj* d'agitateur
agitieren [agiˈtiːrən] *v/i* ⟨*pas de ge-,* h⟩ agiter, faire de la propagande (*gegen* contre)
Agnes [ˈagnɛs] *f* ⟨→ *n/pr*⟩ Agnès *f*
Agnosti|ker [aˈgnɔstikər] *m* ⟨~s; ~⟩ agnostique *m*; **~'zismus** *m* ⟨~⟩ agnosticisme *m*
Agonie [agoˈniː] *st/s,* MÉD *f* ⟨~; ~n⟩ agonie *f*
Agraffe [aˈgrafə] *f* ⟨~; ~n⟩ *(Spange),* MÉD, ARCH agrafe *f*
Agrar... [aˈgraːr...] *in Zssgn* agricole; agraire; **~bevölkerung** *f* population *f* agricole, rurale; **~erzeugnis** *n* produit *m* agricole; **~gesellschaft** *f* société rurale; **~ingenieur(in)** *m(f)* ingénieur *m* agronome
a'grarisch *adj* agricole; *auf den Grundbesitz bezogen* agraire
A'grar|land *n* pays *m* agricole, **~markt** *m* marché *m* agricole; **~politik** *f* politique *f* agricole; **~produkt** *n* produit *m* agricole; **~reform** *f* réforme *f* agraire; **~staat** *m* pays *m*, nation *f* agricole; **~subvention** *f* subvention *f* agricole; **~wirtschaft** *f* économie *f* agricole; **~wissenschaft** *f* agronomie *f*
Agrément [agreˈmãː] *n* ⟨~s; ~s⟩ DIPL agrément *m*
Agrochemie [agroçeˈmiː] *f* chimie *f* agricole; agrochimie *f*
Agro|nom [agroˈnoːm] *m* ⟨~en; ~en⟩ agronome *m*; **~no'mie** *f* ⟨~⟩ agronomie *f*; **♀'nomisch** *adj* agronomique
Ägypten [ɛˈgʏptən] *n* ⟨→ *n/pr*⟩ l'Égypte *f*
Ä'gypter(in) *m* ⟨~s; ~⟩ (*f*) ⟨~; ~nen⟩ Égyptien, -ienne *m,f*
ä'gyptisch *adj* égyptien, -ienne; d'Égypte
Ägypto|'loge *m* ⟨~n; ~n⟩, **~'login** *f* ⟨~; ~nen⟩ égyptologue *m,f*; **♀lo'gie** *f* ⟨~⟩ égyptologie *f*
ah [aː] *int bewundernd, überrascht* oh!; *verstehend, genießerisch* ah!; **~***, wie schön!* oh! que c'est beau!; **~***, ich verstehe!* ah! je comprends; **~** *so!* ah! bon!; **~** *deshalb!* ah! c'est pour ça!
äh [ɛː] *int* angeekelt be(u)rk!; *bei Sprechpausen* euh ...
Ah *abr (Amperestunde)* Ah (ampère--heure)
aha [aˈha(ː)] *int* 'ha! ('ha!); ah!; *überrascht, a iron* tiens, tiens!; *verstehend (ach so)* ah, bon!
A'ha-Erlebnis *n* déclic *m*; *ein ~ sein* faire tilt
ahd. *abr (althochdeutsch)* ancien 'haut allemand
ahistorisch [ˈahɪstoːrɪʃ] *adj* qui ne tient pas compte de l'Histoire
Ahle [ˈaːlə] *f* ⟨~; ~n⟩ *(Schuster♀)* alêne *f*
Ahn [ˈaːn] *st/s m* ⟨~(e)s *ou* ~en; ~en⟩ *st/s* *a fig* ancêtre *m*
ahnd|en [ˈaːndən] *st/s v/t* ⟨-ete, h⟩ punir; réprimer; **♀ung** *st/s f* ⟨~; ~en⟩ punition *f*; répression *f*
'Ahne[1] *st/s m* ⟨~n; ~n⟩ *cf Ahn*
'Ahne[2] *st/s f* ⟨~; ~n⟩ aïeule *f*
ähneln [ˈɛːnəln] ⟨(e)le, h⟩ **I** *v/i j-m ~* ressembler à qn; *schwächer* avoir une certaine ressemblance avec qn; *in bezug auf Vorfahren a* tenir de qn; **II** *v/i/réfl sich (dat) ~* se ressembler; *Sachen a* se rapprocher
ahnen [ˈaːnən] *v/t* ⟨h⟩ 1. *(vermuten)* se douter de; *(voraus~)* pressentir; *etw dunkel od dumpf ~* pressentir confusément, vaguement qc; se douter confusément, vaguement de qc; *nichts Böses ~* ne se douter de, ne pressentir rien de grave; *als ob er es geahnt hätte* comme s'il l'avait pressenti; *in nie geahnter Weise* d'une manière dont on ne se serait jamais douté; *das konnte ich doch nicht ~!* je ne pouvais pourtant pas le savoir, le prévoir, le deviner; F *(ach,) du ahnst es nicht!* c'est inimaginable, incroyable!; *du ahnst nicht, wie schön das ist* tu ne peux pas t'imaginer comme c'est beau; 2. *(schwach erkennen)* deviner
'Ahnen|bild *n* portrait *m* d'aïeul; **~forschung** *f* généalogie *f*; **~galerie** *f* galerie *f* des ancêtres, des aïeux, **~kult** *m* culte *m* des ancêtres, **~reihe** *f* lignée *f*, ligne *f* des ancêtres, **~tafel** *f* arbre *m* généalogique

'Ahn|frau st/s f aïeule f; ~herr st/s m aïeul m

ähnlich ['ɛ:nlɪç] I adj semblable; ressemblant; ~ wie etw aussehen ressembler à qc; ich habe ~e Interessen wie mein Freund j'ai des goûts semblables à ceux de mon ami; die Brüder sehen sich (dat) od st/s einander auffallend ~ les frères se ressemblent d'une façon frappante; das Bild ist täuschend ~ le portrait est très ressemblant; j-m sehen ressembler à qn; F das sieht ihm ~! c'est bien lui!; ça lui ressemble!; ich habe nie etwas ⩘es gesehen je n'ai jamais rien vu de pareil, de semblable; II adv semblablement; ~ gut gekleidet sein (wie ...) être aussi bien habillé (que ...); mir geht es ~ (wie dir) c'est pour moi la même chose, c'est pareil pour moi (que pour toi); III prép ⟨dat⟩ comme

'Ähnlichkeit f ⟨~; ~en⟩ ressemblance f (mit avec); mit j-m, etw ~ haben ressembler à qn, qc

'Ahnung f ⟨~; ~en⟩ 1. (Vorgefühl), a p/fort (Befürchtung) pressentiment m; 2. F (Wissen) hast du eine ~, wann er kommt? sais-tu quand il va arriver?; (ich habe) keine ~, wie man das macht je ne sais pas comment on fait cela; ich hatte (davon) keine ~ je n'en doutais pas; nur eine vage ~ von etw haben n'avoir qu'une vague idée de qc; nicht die geringste od keine blasse ~ von etw haben n'avoir pas la moindre idée de qc; keine ~! aucune idée!; habt ihr eine ~! qu'est-ce que vous croyez, pensez!

'ahnungs|los I adj 1. (nichts ahnend) qui ne se doute de rien; 2. (unwissend) ignorant; inconscient; 3. (unschuldig) innocent; naïf, naïve; II adv 1. sans se douter de rien; 2. inconscienment; 3. innocenment; ⩘losigkeit f ⟨~⟩ 1. (Unwissenheit) ignorance f; 2. (Unschuld) innocence f; naïveté f; ~voll st/s adj plein de pressentiments; (Schlimmes ahnend) appréhensif, -ive

ahoi [a'hɔy] int MAR ohé; Schiff ~! ohé! du bateau

Ahorn ['a:hɔrn] m ⟨~s; ~e⟩ érable m; ~blatt n feuille f d'érable; ~sirup m sirop m d'érable

Ähre ['ɛ:rə] f ⟨~; ~n⟩ épi m; ~n lesen glaner (des épis)

'Ähren|feld n champ m de blé; ~kranz m couronne f d'épis; ~lese f ⟨~⟩ glanage m

Aids [e:ts] n ⟨~⟩ sida m; '~forschung f recherche f sur le sida; '⩘krank adj sidéen, -éenne; malade du sida; '~kranke(r) f(m) sidéen, -éenne m,f; malade m,f (atteint[e]) du sida; '~test m test m du sida; '~virus n virus m du sida

Airbag ['ɛ:rbɛk] m ⟨~s; ~s⟩ AUTO airbag m; sac m gonflable

Airbus ['ɛ:rbʊs] m AVIAT airbus m

Ais, ais ['a:ɪs] n ⟨~; ~⟩ MUS la m dièse

Akademie [akade'mi:] f ⟨~; ~n⟩ 1. Gebäude, Institution académie f; 2. österr (künstlerische Veranstaltung) réunion culturelle; ~mitglied n membre m d'une académie; académicien m

Akademiker(in) [aka'de:mikər(ɪn)] m ⟨~s; ~⟩ (f) ⟨~; ~nen⟩ personne f ayant fait des études universitaires; ~(in) sein avoir fait des études universitaires

aka'demisch I adj 1. ⟨épithète⟩ universitaire; ~e Bildung, Jugend formation f, jeunesse f universitaire; ~er Grad grade m universitaire; ~e Freiheit agréments m/pl du rythme de travail des universitaires; in ~en Kreisen dans les milieux universitaires; das ~e Viertel etwa le quart d'heure de battement (avant le début d'un cours universitaire); 2. fig péj (lebensfern) académique; II adv 1. ~ gebildet sein avoir fait des études universitaires; 2. fig péj (lebensfern) académiquement

Akazie [a'ka:tsiə] f ⟨~; ~n⟩ BOT acacia m

Akelei [akə'laɪ] f ⟨~; ~en⟩ BOT ancolie f

Akklamation [aklamatsi'o:n] f ⟨~; ~en⟩ Abstimmung, Beifall acclamation f; durch od per ~ par acclamation

Akklimatisati'on f ⟨~; ~en⟩ acclimatement m; bes BOT, ZO acclimatation f

akklimatisier|en [aklimati'zi:rən] v/réfl ⟨pas de ge-, h⟩ sich ~ s'acclimater; ⩘ung f ⟨~⟩ cf Akklimatisation

Akkolade [ako'la:də] f ⟨~; ~n⟩ HIST, TYPO, MUS accolade f

Akkommodation [akɔmodatsi'o:n] f ⟨~⟩ PHYS, OPT accommodation f

Akkord [a'kɔrt] m ⟨~(e)s; ~e⟩ 1. MUS accord m; e-n ~ anschlagen plaquer un accord; 2. ÉCON im ~ arbeiten Baugewerbe, Landarbeit etc travailler à la tâche, Industrie à la pièce, aux pièces

Ak'kord|arbeit f travail m à la tâche, in der Industrie à la pièce, aux pièces; ~arbeiter(in) m(f) ouvrier, -ière m,f à la tâche, in der Industrie à la pièce, aux pièces

Akkordeon [a'kɔrdeɔn] n ⟨~s; ~s⟩ accordéon m

Ak'kordlohn m salaire m à la tâche, in der Industrie à la pièce, aux pièces

akkreditier|en [akredi'ti:rən] v/t ⟨pas de ge-, h⟩ DIPL, FIN accréditer (bei auprès de); ⩘ung f ⟨~⟩ DIPL, FIN accréditation f (bei auprès de)

Akkredi'tiv [~e:f] n ⟨~s; ~e⟩ 1. DIPL lettres f/pl de créance; 2. FIN crédit m documentaire

Akku ['aku] m ⟨~s; ~s⟩ F accus m/pl

Akkumu|lation [akumulatsi'o:n] f ⟨~; ~en⟩ accumulation f; ~'lator m ⟨~s; -'toren⟩ ÉLECT, TECH, INFORM accumulateur m; ⩘'lieren v/t ⟨pas de ge-, h⟩ accumuler

akkurat [aku'ra:t] adj Person, Arbeit méticuleux, -euse; Handschrift très net, nette

Akkuratesse [akura'tɛsə] f ⟨~⟩ soin méticuleux; minutie f

Akkusativ ['akuzati:f] m ⟨~s; ~e⟩ GR accusatif m; im ~ stehen être à l'accusatif

'Akkusativobjekt n GR complément m d'objet direct

Akne ['aknə] f ⟨~; ~n⟩ MÉD acné f

Akonto [a'kɔnto] n ⟨~s; ~s ou ~-ten⟩ österr, ~zahlung f COMM acompte m

akquirieren [akvi'ri:rən] v/t ⟨pas de ge-, h⟩ COMM prospecter

Akquisi|teur(in) [akvizi'tø:r(ɪn)] m ⟨~s; ~e⟩ (f) ⟨~; ~nen⟩ COMM démarcheur, -euse m,f; prospecteur, -trice m,f; ~ti'on f ⟨~; ~en⟩ COMM démarchage m; prospection f

Akqui'sitor m ⟨~s; -'toren⟩ österr cf Akquisiteur

Akribie [akri'bi:] st/s f ⟨~⟩ méticulosité f; minutie f

a'kribisch st/s adj Person pointilleux, -euse; méticuleux, -euse; Arbeit minutieux, -euse

Akrobat(in) [akro'ba:t(ɪn)] m ⟨~en; ~en⟩ (f) ⟨~; ~nen⟩ acrobate m,f

Akro'bat|ik f ⟨~⟩ 1. Kunststück acrobatie f; 2. (Körperbeherrschung) adresse f; ⩘isch adj acrobatique

Akronym [akro'ny:m] n ⟨~s; ~e⟩ LING acronyme m

Akropolis [a'kro:pɔlɪs] ⟨~⟩ die ~ l'Acropole f

Akt [akt] m ⟨~(e)s; ~e⟩ 1. (Handlung, Vorgang), a JUR, ADM acte m; 2. THÉ acte m; im Zirkus, Varieté numéro m; 3. KUNST nu m; weiblicher ~ nu féminin; 4. (Geschlechts⩘) acte sexuel; 5. ~(e)s; ~en⟩ bes österr cf Akte

'Akt|aufnahme f nu m photographique; ~bild n nu m

Akte ['aktə] f ⟨~; ~n⟩ ADM, COMM pièce f; ⟨~nbünden⟩ dossier m; die ~ Müller le dossier Müller; etw zu den ~n legen ajouter, verser qc au dossier; fig (beenden) classer qc

'Akten|berg F m pile m, F montagne f de dossiers; ~deckel m chemise f; ~durchsicht f examen m d'un bzw du dossier

'Akteneinsicht f ADM 1. Prüfung examen m, consultation f d'un dossier; ~ nehmen consulter, étudier un dossier; 2. Zugang accès m à un bzw au dossier; j-m ~ gewähren autoriser l'accès d'un dossier à qn

'Akten|hefter m classeur m; ~koffer m attaché-case m

'aktenkundig adj ⟨attribut⟩ ~ sein être inscrit, figurer dans un dossier; etw ~ machen inscrire qc dans un dossier; prendre acte de qc

'Akten|mappe f 1. (Aktentasche) porte-documents m; serviette f; 2. (Sammelmappe) classeur m; ~notiz f note f; cf a Aktenvermerk; ~ordner m classeur m; ~schrank m (meuble-)classeur m; ~stoß m pile f de dossiers; ~tasche f serviette f; ~vermerk m mention f, note f (figurant dans un dossier); ~zeichen n référence f; numéro m du dossier

Akteur [ak'tø:r] m ⟨~s; ~e⟩ a THÉ acteur m; SPORT joueur m

'Akt|foto n photo f de nu(s); ~fotografie f 1. Foto nu m photographique; 2. ⟨pas de pl⟩ Tätigkeit, Kunst photographie f de nu(s)

Aktie ['aktsiə] f ⟨~; ~n⟩ BÖRSE action f; die ~n steigen, fallen les actions montent, baissent od sont en 'hausse, en baisse; F fig s-e ~n steigen F ses actions montent, baissent; F fig wie stehen die ~n? ça va?; geschäftlich comment marchent les affaires?

'Aktien|anteil m coupure f d'actions; ~besitz m possession f, détention f d'actions; ~gesellschaft f société f anonyme, par actions; ~inhaber m détenteur m, porteur m d'actions; ~kapital n capital m en actions; capital-actions m; ~kurs m cours m des actions; ~markt m marché m des actions; ~mehrheit f majorité f des actions; ~paket n paquet m d'actions

Aktion [aktsi'o:n] f ⟨~; ~en⟩ 1. (Hand-

lung) *bes* POL action *f*; (*Kampagne*) campagne *f*; *der Polizei, in der Werbung, humanitärer Art* opération *f*; **gemeinsame ~** action d'ensemble; **2.** (*pas de pl*) (*Tätigsein*) **in ~ sein, treten** être, entrer en action
Aktionär(in) [aktsio'nɛ:r(m)] *m* ⟨~s; ~e⟩ (*f*) ⟨~; ~nen⟩ actionnaire *m,f*
Aktio'närsversammlung *f* réunion *f* des actionnaires
akti'onsfähig *adj* capable d'agir, de prendre des décisions
Akti'ons|freiheit *f* liberté *f* d'action, d'agir; **~komitee** *n* comité *m* d'action
Akti'onspreis *m* prix promotionnel; **zum ~ von ...** en promotion à ...
Akti'ons|radius *m* AVIAT, MIL, *fig etc* rayon *m* d'action; **~tag** *m bes* POL journée *f* d'action; **~woche** *f* semaine *f* d'action; COMM semaine *f* de promotions
aktiv [ak'ti:f] *adj* actif, -ive; **~es Wahlrecht** droit *m* de vote; **~e Handelsbilanz** balance commerciale excédentaire; MIL **~er Offizier** officier *m* d'active; **~e Truppe** active *f*; **~ werden** se mobiliser; *politisch* **~ sein** être actif sur le plan politique
'Aktiv *n* ⟨~s, ~e⟩ GR actif *m*; voix, forme active; *im* **~ stehen** être à l'actif
Aktiva [ak'ti:va] *pl* COMM actif *m*
Ak'tivbürger *m schweiz* citoyen actif
Ak'tive(r) *f(m)* ⟨→ A⟩ e-s *Vereins, Verbandes etc* membre actif; *e-r Partei* militant(e) *m(f)*; SPORT concurrent(e) *m(f)*
Ak'tivforderung *f* COMM créance *f*
akti'vier|en *v/t* ⟨*pas de ge-, h*⟩ **1.** COMM inscrire, porter à l'actif; **2.** POL, PHYS, CHIM *etc* activer; **3.** (*intensivieren*) intensifier; *Beziehungen etc* ranimer; ⟂ung *f* ⟨~; ~en⟩ **1.** COMM inscription *f* à l'actif; **2.** POL, PHYS, CHIM *etc* activation *f*; **3.** (*Intensivierung*) intensification *f*; *von Beziehungen etc* ranimation *f*
ak'tivisch GR **I** *adj* actif, -ive; **II** *adv* à l'actif
Akti'|vismus *m* ⟨~⟩ activisme *m*; **~'vist(-in)** *m* ⟨~en; ~en⟩ (*f*) ⟨~; ~nen⟩ militant(e) *m(f)*; ⟂**'vistisch** *adj* militant; activiste
Aktivi'tät *f* ⟨~; ~en⟩ activité *f*
Ak'tiv|kohle *f* charbon actif, activé; **~posten** *m* COMM (poste *m*) actif *m*; élément *m* positif; **~saldo** *m* COMM solde actif, créditeur; **~seite** *f* COMM actif *m*; **~urlaub** *m* vacances actives
'Akt|malerei *f* peinture *f* de nu(s); **~modell** *n* modèle (*m* de) nu; **~studie** *f* étude *f* de nu
aktualisier|en [aktuali'zi:rən] *v/t* ⟨*pas de ge-, h*⟩ actualiser; rendre actuel, -elle; ⟂ung *f* ⟨~; ~en⟩ actualisation *f*
Aktuali'tät *f* ⟨~⟩ actualité *f*; **an ~ gewinnen** devenir actuel; **an ~ verlieren** perdre de son actualité
Aktuar(in) [aktu'a:r(m)] *m* ⟨~s; ~e⟩ (*f*) ⟨~; ~nen⟩ *schweiz e-s Vereins etc* secrétaire *m,f*
aktuell [aktu'ɛl] *adj* actuel, -elle; d'actualité; à l'ordre du jour
'Akt|zeichnen *n* ⟨~s⟩ académie *f*; **~zeichnung** *f* dessin *m* de nu(s); nu *m*
Akupressur [akupre'su:r] *f* ⟨~; ~en⟩ digitopuncture *f*
Akupunk'teur(in) *m* ⟨~s; ~e⟩ (*f*) ⟨~; ~nen⟩ acupuncteur, -trice *od* acuponcteur, -trice *m,f*

akupunk'tieren *v/t* ⟨*pas de ge-, h*⟩ traiter par l'acupuncture *od* l'acuponcture
Akupunktur [akupuŋk'tu:r] *f* ⟨~; ~en⟩ acupuncture *od* acuponcture *f*
Akustik [a'kustɪk] *f* ⟨~⟩ acoustique *f*; *Raum* **e-e gute ~ haben** avoir une bonne acoustique
a'kustisch I *adj* acoustique; *Signal etc* sonore; *ein* **~es Gedächtnis** une mémoire auditive; **II** *adv* acoustiquement; **das habe ich** (*rein*) **~ nicht verstanden** je n'ai pas compris cela acoustiquement parlant
akut [a'ku:t] *adj* MÉD aigu, -uë; *Problem, Frage etc* actuel, -elle; urgent; *Gefahr* imminent; **es herrscht ~er Lehrermangel** le manque de professeurs se fait cruellement sentir
A'kut *m* ⟨~(e)s; ~e⟩ **1.** (*Akzentzeichen*) accent aigu; **2.** (*Betonung*) ton montant
AKW [a:ka:'ve:] F *n* ⟨~(s); ~s⟩ *abr* (*Atomkraftwerk*) centrale nucléaire
Akzeleration [aktseleratsi'o:n] *f* ⟨~; ~en⟩ accélération *f*
Akzent [ak'tsɛnt] *m* ⟨~(e)s; ~e⟩ accent *m*; *den* **~ tragen** être accentué; *fig den* **~ auf etw** (*acc*) *legen* mettre l'accent sur qc; insister sur qc; *fig neue* **~e setzen** donner une nouvelle orientation (à qc)
ak'zentfrei *adj u adv* sans accent
akzentuier|en [aktsɛntu'i:rən] *v/t* ⟨*pas de ge-, h*⟩ accentuer; *fig a* mettre l'accent sur; ⟂ung *f* ⟨~; ~en⟩ accentuation *f*
Ak'zentverschiebung *f* **1.** LING changement *m* d'accentuation; **2.** *fig* changement *m* de tendance
Akzept [ak'tsɛpt] *n* ⟨~(e)s; ~e⟩ FIN acceptation *f*; (*angenommener Wechsel*) traite acceptée
akzeptabel [aktsɛp'ta:bəl] *adj* ⟨-bl-⟩ acceptable
Akzep't|ant *m* ⟨~en; ~en⟩ FIN tiré *m*; **~anz** *f* ⟨~⟩ acceptation *f*; (*Popularität*) popularité *f*; (*Zustimmung*) consentement *m*; ⟂**ieren** *v/t* ⟨*pas de ge-, h*⟩ accepter; **~ierung** *f* ⟨~; ~en⟩ acceptation *f*
Akzidens ['aktsidɛns] *n* ⟨~; -'denzien *ou* -'dentia⟩ MUS, PHILOS accident *m*
akzidentell [aktsidɛn'tɛl], **akzidentiell** [aktsidɛn'tsiɛl] *adj* PHILOS, MÉD accidentel, -elle
Akzidenz [aktsi'dɛnts] *f* ⟨~; ~en⟩ TYPO bilboquet *m*
alaaf [a'la:f] *int regional im Karneval* (*Kölle*) **~!** vive Cologne!
Alabaster [ala'bastər] *m* ⟨~s; ~⟩ albâtre *m*
à la carte [ala'kart] *adv* **~ essen, bestellen** manger, commander à la carte
Alarm [a'larm] *m* ⟨~(e)s; ~e⟩ alarme *f* (*bes Flieger*⟂*, a* **~zustand**); alerte *f*; **blinder ~** fausse alerte, alarme; **~ geben,** F **schlagen** donner l'alerte, l'alarme
A'larm|anlage *f* alarme *f* automatique; ⟂**bereit** *adj u adv* prêt à répondre au signal d'alarme, à l'alerte
A'larmbereitschaft *f* état *m* d'alerte; *in* (*ständiger*) **~** être en état d'alerte (permanent); *j-n, etw in* **~ versetzen** mettre qn, qc en état d'alerte
A'larmglocke *f* sonnette *f* d'alarme
alar'mieren *v/t* ⟨*pas de ge-, h*⟩ **1.** (*zu*

Hilfe rufen, warnen) alerter; **2.** (*beunruhigen*) alarmer
alar'mier|end *adj* alarmant; ⟂ung *f* ⟨~; ~en⟩ mise *f* en alerte
A'larm|klingel *f* sonnette *f* d'alarme; **~signal** *n* a *fig* signal *m* d'alarme; **~sirene** *f* sirène *f* d'alarme
A'larmstufe *f* **höchste ~** niveau *m* d'alerte le plus élevé; *fig* état *m* d'alerte
A'larm|übung *f* exercice *m* d'évacuation; **~vorrichtung** *f* dispositif *m* d'alarme; **~zeichen** *n cf* **Alarmsignal**; **~zustand** *m* état *m* d'alerte
Alaska [a'laska] *n* ⟨→ *n/pr*⟩ l'Alaska *m*
Alaun [a'laʊn] *m* ⟨~s; ~e⟩ CHIM alun *m*; **~stein** *m* **1.** MINÉR alunite *f*; **2.** *Blutstillmittel* pierre *f* d'alun; **~stift** *m* bâton *m* d'alun, hémostatique
Alb [alp] *m* ⟨~(e)s; ~en⟩ *cf* **Alp**[1]
Al'baner(in) *m* ⟨~s; ~⟩ (*f*) ⟨~; ~nen⟩ Albanais(e) *m(f)*
Albanien [al'ba:niən] *n* ⟨→ *n/pr*⟩ l'Albanie *f*
al'banisch *adj* albanais
Albatros ['albatrɔs] *m* ⟨~; ~se⟩ albatros *m*
Albe'rei *f* ⟨~; ~en⟩ bêtises *f/pl*; sottises *f/pl*; *Verhalten* stupidité *f*
albern[1] ['albərn] *adj* **1.** (*einfältig*) bête, stupide; niais; (*kindisch*) nigaud; F **~e Gans** dinde *f*; **~es Geschwätz** sottises *f/pl*; âneries *f/pl*; **~ sein** F faire l'imbécile; F débloquer; **2.** F *fig* (*unbedeutend*) idiot
'albern[2] *v/i* ⟨-(e)re, h⟩ dire, faire des âneries
'Albernheit *f* ⟨~; ~en⟩ **1.** (*pas de pl*) *Verhalten* stupidité *f*; **2.** *Bemerkung, Handlung* sottises *f/pl*; âneries *f/pl*
Albert ['albɛrt] *m* ⟨→ *n/pr*⟩ Albert *m*
Albigenser [albi'gɛnzər] *m* ⟨~s; ~⟩ HIST albigeois *m*
Albi'nismus *m* ⟨~⟩ MÉD albinisme *m*
Albino [al'bi:no] *m* ⟨~s; ~s⟩ albinos *m*
Album ['album] *n* ⟨~s; Alben⟩ album *m*
Alchim|ie [alçi'mi:] *f* ⟨~⟩ alchimie *f*; **~ist** *m* ⟨~en; ~en⟩ alchimiste *m*; ⟂**istisch** *adj* alchimique
Aldehyd [alde'hy:t] *n* ⟨~s; ~e⟩ CHIM aldéhyde *m*
Alemann|e [ale'manə] *m* ⟨~n; ~n⟩, **~in** *f* ⟨~; ~nen⟩ Alémanique *m,f*; ⟂**isch** *adj* alémanique
alert [a'lɛrt] *adj* vif, vive
Alexander [alɛ'ksandər] *m* ⟨→ *n/pr*⟩ Alexandre *m*
Alexandriner [alɛksan'dri:nər] *m* ⟨~s; ~⟩ MÉTRIK alexandrin *m*
Alfagras ['alfagra:s] *n* alfa *m*
Alfons ['alfɔns] *m* ⟨→ *n/pr*⟩ Alphonse *m*
Alfred ['alfre:t] *m* ⟨→ *n/pr*⟩ Alfred *m*
Alge ['algə] *f* ⟨~; ~n⟩ algue *f*
Alge|bra [al'gebra] *f* ⟨~⟩ algèbre *f*; ⟂**'braisch** *adj* algébrique
Algerien [al'ge:riən] *n* ⟨→ *n/pr*⟩ l'Algérie *f*; **~franzose** *m*, **~französin** *f* pied-noir *m,f*
Al'gerier(in) *m* ⟨~s; ~⟩ (*f*) ⟨~; ~nen⟩ Algérien, -ienne *m,f*
al'gerisch *adj* algérien, -ienne; POL *in Zssgn* algéro-...
Algier ['alʒi:r] *n* ⟨→ *n/pr*⟩ Alger *m*
ALGOL ['algɔl] *n* ⟨~(s)⟩ INFORM *abr* (*algorithmic language*) algol *m*
Algorithmus [algo'rɪtmʊs] *m* ⟨~; -men⟩ algorithme *m*
alias ['a:lias] *adv* alias
Alibi ['a:libi] *n* ⟨~s; ~s⟩ alibi *m*; **~frau** *f*

POL, *in der Arbeitswelt* femme *f* ayant une fonction d'alibi
'**Alibifunktion** *f* ~ **haben** être un alibi; *fig a* servir de *od* comme prétexte
Alimente [ali'mɛntə] *pl* pension *f* alimentaire
Alk [alk] *m* ⟨~(e)s; ~en⟩ *ZO* alcidé *m*
Alkali [al'ka:li] *n* ⟨~s; ~en⟩ *CHIM* alcali *m*; ⚤**frei** *adj* non-alcalin; **~metall** *n* métal alcalin
al'kalisch *adj* alcalin
Alkohol ['alkoho:l] *m* ⟨~s; ~e⟩ alcool *m*; **unter** ~ **stehen** être en état d'ivresse, d'ébriété
'**alkohol**|**abhängig** *adj* alcoolique; ⚤**abhängige(r)** *f(m)* ⟨→ A⟩ alcoolique *m,f*; ⚤**abhängigkeit** *f* alcoolisme *m*; **~arm** *adj* peu alcoolisé
'**Alkoholausschank** *m* **der** ~ **an Jugendliche ist verboten** la vente de boissons alcoolisées aux jeunes est interdite
'**Alkohol**|**einfluß** *m*, **~einwirkung** *f* **unter** ~ **stehen** être sous l'influence de la boisson
'**Alkoholfahne** *f* F **e-e** ~ **haben** F puer l'alcool à plein nez
'**alkoholfrei** *adj* sans alcool; *Getränk a* non alcoolisé
'**Alkohol**|**gegner(in)** *m(f)* antialcoolique *m,f*; **~gehalt** *m* teneur *f* en alcool; **im Blut** taux *m* d'alcoolémie; **~genuß** *m* consommation *f* d'alcool; ⚤**haltig** *adj* alcoolisé; *a CHIM* alcoolique
Alkohol|**ika** [alko'ho:lika] *pl* boissons alcoolisées; **~iker(in)** *m* ⟨~s; ~⟩ *(f)* ⟨~, ~nen⟩ alcoolique *m,f*; ⚤**isch** *adj* alcoolisé; *a CHIM* alcoolique
alkoholi'sieren *v/t* ⟨*pas de ge-*, h⟩ **1.** *Getränke, Substanzen* alcooliser; **2.** *plais Personen* soûler; **in alkoholisiertem Zustand** en état d'ivresse
Alkoho'lismus *m* ⟨~⟩ alcoolisme *m*
'**Alkohol**|**konsum** *m* consommation *f* d'alcool; ⚤**krank** *adj* alcoolique; **~kranke(r)** *f(m)* alcoolique *m,f* (qui est atteint de troubles graves); **~mißbrauch** *m* abus *m* d'alcool; **~pegel** *m* *plais*, **~spiegel** *m* *im Blut* taux *m* d'alcoolémie; **~steuer** *f* impôt *m* sur les spiritueux; ⚤**süchtig** *adj* alcoolique; **~süchtige(r)** *f(m)* alcoolique *m,f*; **~sünder(in)** F *m(f)* conducteur, -trice *m,f* en état d'ivresse; **~test** *m* alco(o)test *m*; **~verbot** *n* für Jugendliche etc défense *f* de boire de l'alcool; **~vergiftung** *f* intoxication *f* par l'alcool
Alkoven [al'ko:vən] *m* ⟨~s; ~⟩ alcôve *f*
all [al] *cf* **alle(s)**
All [al] *n* ⟨~s⟩ univers *m*
all'abendlich I *adj* de tous les soirs; de chaque soir; **II** *adv* tous les soirs; chaque soir
Allah ['ala] *m* ⟨→ *n/pr*⟩ Allah *m*
'**all**|**bekannt** *adj* connu de tout le monde; universellement connu; **~die'weil** *plais* **I** *conj* puisque; **II** *adv* pendant ce temps
alle ['alə] F *adj* ⟨*attribut*⟩ **1.** (*weg, verbraucht*) fini; F parti; *das Brot, die Suppe, das Geld ist* ~ il n'y a plus de pain, de soupe, d'argent; s'épuiser; **2.** (*erschöpft*) F claqué; F crevé; *j-n* ~ *machen* (*ruinieren*) F démolir qn; (*umbringen*) F liquider, bousiller qn
'**alle(s)** *pr/ind* **I** *adjt* tout, toute; *pl* ~ *tous, toutes;* ~ *Menschen* tous les hommes; ~ *Welt* tout le monde; ~*s mögliche* tout ce que l'on peut imaginer; ~*s Weitere* tout ce qui suit; ~*s Gute!* meilleurs souhaits!; ~ *Jahre wieder* tous les ans; chaque année; ~ *fünf Minuten, Meter* toutes les cinq minutes, tous les cinq mètres; ~ *zwei Jahre* tous les deux ans; un sur deux; ~ *beide, drei* tous *bzw* toutes les deux, trois; ~*s andere, all das andere* tout le reste; *all die schönen Bilder* tous les jolis tableaux; *er ist* ~*s andere, nur kein …* il est tout sauf …; *in* ~*r Eile, Ruhe* à toute vitesse, en toute tranquillité; *in* ~*r Frühe* de grand matin; *ohne* ~*n Grund* sans aucune raison; *trotz* ~*r Bemühungen habe ich* … malgré tous mes efforts, j'ai …; **II** *subst* tous *bzw* toutes; **wir** ~ nous tous *bzw* toutes; *das* ~*s* tout cela; ~ *auf einmal* tous *bzw* toutes à la fois; ~ *miteinander* tous *bzw* toutes ensemble; *trotz* ~*m* malgré tout; *über* ~*m stehen* être au-dessus de tout; *j-n über* ~*s lieben* aimer qn plus que tout; *vor* ~*m* avant tout; avant toutes choses; *zu* ~*m fähig sein* être capable de, prêt à tout; ~*s in* ~*m* en fin de compte; tout compte fait; ~*s und jedes* absolument tout; (*egal was*) n'importe quoi; ~*s oder nichts* tout ou rien; ~*s, was* … tout ce qui … *bzw acc* que …; *das ist od wäre* ~*s a beim Einkauf* c'est tout; *das ist* ~*s Unfug* tout ça, ce ne sont que des bêtises; *das sind* ~*s Verbrecher* ce sont tous des bandits; *wer kommt* ~*s?* qui va venir?; *was hat er* ~*s gesagt?* qu'est-ce qu'il a dit?; raconte-moi tout ce qu'il a dit!; *was es nicht* ~*s gibt!* on aura tout vu!; F ~*s aussteigen!* tout le monde descend!; F ~ *mal herhören!* écoutez tous!; F *du hast sie wohl nicht mehr* ~! F tu débloques!; P tu déconnes!
alle'dem *pr bei* ~ avec tout cela; *trotz* ~ malgré tout; *nichts von* ~ rien de la sorte
Allee [a'le:] *f* ⟨~; ~n⟩ avenue *f*; *e-s Schlosses, Parks* a allée *f*; *e-r Stadt a* cours *m*; boulevard *m*
Allegorie [alego'ri:] *f* ⟨~; ~n⟩ allégorie *f*
Alle'gorik *f* ⟨~⟩ allégorisme *m*
alle'gorisch *adj* allégorique
allegro [a'le:gro] *adv MUS* allegro
Al'legro *n* ⟨~s; ~s *ou* -gri⟩ *MUS* allégro *m*
allein [a'laɪn] **I** *adj* ⟨*attribut*⟩ *u adv* seul; *ganz* ~ tout seul; *jeder für sich* ~ chacun pour soi; *alles* ~ *erledigen* faire, régler tout soi-même, tout seul; F *die Schmerzen sind von* ~ *weggegangen* les douleurs sont parties d'elles-mêmes; F *von ganz* ~ tout seul; *du* ~ *bist schuld* c'est ta faute à toi; tu es le seul coupable, fautif; *das* ~ *genügt nicht* cela seul ne suffit pas; *er* ~ *macht mehr Lärm als …* à lui seul, il fait plus de bruit que …; ~ *im Monat November* rien qu'en novembre; *der Gedanke* ~, *der Gedanke* rien que d'y penser; ~ *in dieser Gegend gibt es …* rien que dans cette région il y a …; *nicht* ~ …, *sondern auch …* non seulement …, mais encore …; **II** *st/s conj* cependant; toutefois
al'leinberechtigt *adjt* seul autorisé (*zu* à)

Al'lein|**berechtigung** *f* droit exclusif; autorisation exclusive; **~besitz** *m* possession exclusive
al'leine F *cf* **allein I**
Al'lein|**eigentum** *n* propriété exclusive; **~eigentümer(in)** *m(f)* unique propriétaire *m,f*; **~erbe** *m*, **~erbin** *f* unique héritier, -ière *m,f*
al'leinerziehend *adj* ⟨*épithète*⟩ **~er Elternteil** *cf* **Alleinerziehende(r)**
Al'leinerziehende(r) *f(m)* ⟨→ A⟩ personne *f* qui élève seule son *bzw* ses enfant(s); *par ext* famille monoparentale
Al'leingang *m* *SPORT* course *f* solitaire; *im* ~ en solitaire; *fig* tout seul
Al'lein|**herrschaft** *f* pouvoir absolu; **~herrscher** *m* souverain absolu
al'leinig *adj* ⟨*épithète*⟩ *Erbe, Besitzer etc* unique; *Verkauf, Vertreter etc* exclusif, -ive
Al'lein|**inhaber(in)** *m(f)* unique propriétaire *m,f*; **~recht** *n* droit exclusif; **~reisende(r)** *f(m)* ⟨→ A⟩ personne *f* voyageant seule
Al'leinschuld *f* ⟨~⟩ entière faute; *die* ~ *trifft den Fahrer* l'entière faute revient au conducteur
Al'leinsein *n* solitude *f*; F *ich habe das* ~ *satt* F j'en ai marre de vivre seul
al'lein|**seligmachend** *adjt CATH, fig* qui seul procure le salut; **~stehend** *adj* **1.** *Person* seul; (*ledig*) célibataire; **2.** *Gebäude etc* isolé
Al'lein|**stehende(r)** *f(m)* ⟨→ A⟩ personne *f* qui vit seule; (*Ledige[r]*) célibataire *m,f*; **~unterhalter(in)** *m(f)* artiste *m,f* qui présente un spectacle solo; *a fig* homme-orchestre *m*; **~verdiener(in)** *m(f)* personne *f* dont le revenu professionnel est le seul du ménage; salaire *m* unique; **~verkauf** *m* vente exclusive; exclusivité *f*; **~verkaufsrecht** *n* droit de vente exclusive; monopole *m* de vente; exclusivité *f*; **~verschulden** *n* entière faute; **~vertreter(in)** *m(f)* agent exclusif; représentant(e) *m(f)* exclusif, -ive; **~vertretung** *f* représentation exclusive
Al'leinvertrieb *m* distribution exclusive; *e-e Ware im* ~ *haben* avoir l'exclusivité d'une marchandise
allelujah [ale'lu:ja] *nt* **halleluja**
'**alle'mal** *adv* **1.** (*immer*) toujours; *ein für* ~ une fois pour toutes; **2.** F (*auf jeden Fall, sowieso*) F à tous les coups; à coup sûr
'**allen**|**falls** *adv* **1.** (*höchstens*) à la rigueur; **2.** (*möglicherweise*) éventuellement; peut-être
allenthalben ['alənt'halbən] *st/s adv* partout; en tous lieux
aller'äußerste(r, -s) *adj* extrême; *im* ~*n Fall* dans le cas extrême
'**aller'beste(r, -s) I** *adj* le meilleur de tous, la meilleure de toutes; *der* ~ *Wein* le meilleur de tous les vins; *es wird das* ~ *sein, wenn …* ce serait le mieux si …; ~*n Dank!* merci mille fois!; *sie kaufen nur das* ⚤ ils n'achètent que ce qu'il y a de mieux, de meilleur; *ich wünsche Dir das* ⚤ je te souhaite plein de choses agréables; **II** *adv am* ~*n* au mieux; (*als beste[r] von allen*) le mieux (de tous, de toutes)
'**aller'dings** *adv* **1.** *einschränkend* à vrai dire; mais; cependant; *ich muß* ~ *gestehen, daß …* à vrai dire, je dois

avouer que ...; *ich reise gern, ~ nur im Sommer* j'aime bien voyager, mais seulement en été; **2.** *e-e Bejahung verstärkend* certainement; bien sûr; **3.** (*in der Tat*) *das ist ~ etwas anderes* dans ce cas-là *od* alors, c'est tout autre chose
'**aller**|'**erste(r, -s)** *adj* le premier de tous, la première de toutes; le tout premier, la toute première; ~'**frühestens** *adv* au plus tôt
Aller'gen *n* ⟨~s; ~e⟩ *MÉD* allergène *m*
Allergie [aler'gi:] *f* ⟨~; ~n⟩ *MÉD* allergie *f*; ~**schock** *m MÉD* choc *m* anaphylactique; ~**test** *m* test *m* allergénique
All'ergiker(in) *m* ⟨~s; ~⟩ (*f*) ⟨~; ~nen⟩ personne *f* souffrant d'allergie
all'ergisch I *adj a fig* allergique (*gegen* à); *e-e ~e Reaktion auf etw* (*acc*) une réaction allergique à qc; **II** *adv MÉD ~ auf etw* (*acc*) *reagieren* réagir d'une façon allergique à qc; *fig ~ auf etw, j-n reagieren* être allergique à qc, qn
'**aller'größte(r, -s)** *adj* le plus grand de tous, la plus grande de toutes
'**aller'hand** *adj* (*inv*) **1.** (*viel*) pas mal de; *alleinstehend* pas mal de choses; F *das ist doch od ja ~!* F c'est un peu raide!; c'est trop fort!; **2.** (*vielerlei*) toutes sortes de; *alleinstehend* toutes sortes de choses
'**Aller'heiligen** *n* ⟨~⟩ la Toussaint
'**aller'heiligste(r, -s)** *adj* très saint; *das 2 CATH* le saint sacrement; *jüdisch* le saint des saints; *a fig* le sanctuaire
'**aller'höchste(r, -s)** *adj* le plus 'haut de tous, la plus 'haute de toutes; *es ist ~ Zeit* il est grand temps; *REL der 2* le Très-'Haut
'**aller**|'**höchstens** *adv* tout au plus; ~'**kleinste(r, -s)** *adj* le plus petit de tous, la plus petite de toutes; infime
'**aller'lei** *adj* (*épithète*; *inv*) de toutes sortes; toutes sortes de; divers; *alleinstehend* toutes sortes de choses; *~ Ausreden etc* toutes sortes d'excuses, *etc*; des excuses, *etc* de toutes sortes; diverses excuses, *etc*
'**Aller'lei** *n* ⟨~s; ~s⟩ (*Mischung*) mélange *m*; (*Durcheinander*) pêle-mêle *m*; *CUIS Leipziger ~* macédoine *f* de légumes
'**aller'letzte(r, -s)** *adj* **1.** *in e-r Reihenfolge* le dernier de tous, la dernière de toutes; le tout dernier, la toute dernière; **2.** (*neueste[r, -s]*) le plus nouveau, la plus nouvelle; le (la) plus récent(e), le dernier, la dernière; **3.** F *fig das ist ja* (*wirklich*) *das 2!* c'est (vraiment) le comble!
'**aller'liebst** *adj* (*niedlich, reizend*) mignon, -onne; adorable; charmant; *un amour de ...*
'**aller'liebste(r, -s) I** *adj* le plus cher de tous, la plus chère de toutes; *ihre ~ Freundin* son amie préférée; *es wäre mir das ~, wenn ...* ce serait le plus agréable pour moi si ...; je préférerais de beaucoup que ...; **II** *adv am ~n de préférence*; *am ~n würde ich ...* je préférerais de beaucoup faire qc)
'**aller'meiste(r, -s)** *adj* la plupart de; la plus grande partie de; *die ~n* (*Menschen*) la plupart, la plus grande partie des gens; **II** *adv am ~n* le plus (de tous, de toutes); *das am ~n gesungene Lied* la chanson la plus souvent chantée
'**aller'mindeste(r, -s)** *adj* minimum; *f u pl a* minima; *das 2, was wir tun können* le moindre que nous puissions faire; *nicht im ~n* pas le moins du monde; pas du tout
'**aller'nächste(r, -s) I** *adj* le, la plus proche; *in ~r Zukunft* dans un avenir très proche; **II** *adv am ~n* tout près
'**aller'neueste(r, -s)** *adj nach der ~n Mode* à la toute dernière mode; *wissen Sie schon das 2?* savez-vous déjà la toute dernière nouvelle?
'**aller**|'**nötigste(r, -s)**, ~**not'wendigste(r, -s) I** *adj* le plus nécessaire de tous, la plus nécessaire de toutes; tout à fait indispensable; *das 2* l'indispensable *m*; le strict nécessaire, minimum; **II** *adv* F *fig der hat es* (*gerade*) *am ~n!* il ferait mieux de se taire!
'**aller'schlimmste(r, -s) I** *adj* le pire de tous, la pire de toutes; *das 2* ce qu'il y a de pire; le pis de tout; **II** *adv am ~n* le pis (de tous, de toutes)
'**aller'schönste(r, -s) I** *adj* le plus beau de tous, la plus belle de toutes; *das 2* le plus beau de tout; ce qu'il y a de plus beau; *das war das 2, was ich jemals gesehen habe* je n'ai jamais rien vu d'aussi beau; *iron das wäre ja noch das 2!* ce serait la meilleure!; *in ~er Eintracht* en parfaite harmonie; **II** *adv am ~n* le mieux (de tous, de toutes)
'**Aller'seelen** *n* ⟨~⟩ *CATH* le Jour, la Fête des morts
'**aller'seits** *adv* (*überall*) partout; F *guten Abend ~!* F bonsoir, toute la compagnie!; bonsoir, tout le monde!
'**aller'spätestens** *adv* au plus tard
'**Aller'welts**|**geschmack** *m péj* goût *m* de monsieur Tout-le-Monde; goût banal, qui manque d'originalité; ~**gesicht** *n péj* visage banal, ordinaire; ~**wort** *n* mot passe-partout, courant, connu de tous
'**aller'wenigste(r, -s) I** *adj* très, bien peu de; *die ~n* (*Menschen*) très, bien peu de gens; *das 2* le moins (de tous, de toutes); **II** *adv am ~n* le moins (de tous, de toutes); moins que tout autre; en tout dernier lieu; *ihm hätte ich es am ~n zugetraut* il est le dernier que j'en aurais cru capable; *das am ~n!* ça, moins que tout
'**Aller'werteste(r)** F *plais m* ⟨→ A⟩ (*Gesäß*) derrière *m*; postérieur *m*
'**alles** *cf* **alle(s)**
'**alle'samt** F *adv* tous *bzw* toutes ensemble; tous *bzw* toutes sans exception
'**Alles**|**fresser** *m ZO* omnivore *m*; ~**kleber** *m* colle universelle; ~**könner** *m* personne *f* qui sait tout faire; ~**wisser** *m* ⟨~s; ~⟩ *péj* monsieur *m* Je-sais-tout
'**alle'zeit** *st/s, regional adv* toujours; à tout propos; en *od* de tout temps
allg. *abr* (*allgemein*) général(ement)
Allgäu ['algɔy] ⟨→ *n/pr*⟩ *das 2* l'Allgäu *m*
'**All**|**gegen**|**wart** *f* omniprésence *f*; ~**wärtig** *adj* omniprésent
'**allge'mein I** *adj* **1.** général; *Wahlrecht etc* universel, -elle; *zur ~en Überraschung* à la surprise générale; *auf ~en Wunsch* à la demande générale, de tout le monde; *e-n ~en Überblick geben* donner une vue d'ensemble; faire un tour d'horizon; *das 2 und das Besondere* le général et le particulier; *im ~en* généralement, en général; **2.** *oft péj* (*unverbindlich, unklar*) vague; flou; **II** *adv zu ~ urteilen* juger trop généralement; (*ganz*) *~ gesprochen* généralement parlant; *~ beliebt, bekannt* aimé, connu de tous, de tout le monde; *~ verbreitete Ansicht* opinion généralement répandue
'**Allge'mein**|**befinden** *n MÉD* état général; ~**begriff** *m* notion générale
'**Allge'meinbesitz** *m* bien public; *Anschauung etc ~* (*geworden*) *sein* (*bekannt sein*) être bien connu (de tous); (*geläufig sein*) être courant; (*offensichtlich sein*) être évident
'**allge'meinbild**|**end** *adj* de culture générale; **2ung** *f* ⟨~⟩ culture générale
'**allge'meingültig** *adj* valable pour tout le monde, pour tous; *Naturgesetz, These* universel, -elle; **2keit** *f* valeur générale, universelle; généralité *f*
'**Allge'meingut** *n fig ~* (*geworden*) *sein cf* Allgemeinbesitz
'**Allge'meinheit** *f* ⟨~⟩ **1.** (*Gesamtheit, Öffentlichkeit*) public *m*; communauté *f*; tout le monde; *der ~ zugänglich* ouvert au public; *im Interesse der ~* dans l'intérêt général; **2.** *oft péj* (*Unverbindlichkeit*) caractère *m* vague, flou; **3.** *pl* ~**en** (*Gemeinplätze*) généralités *f/pl*
'**Allge'mein**|**medizin** *f* ⟨~⟩ médecine générale; ~**mediziner(in)** *m(f)* généraliste *m,f*; ~**platz** *m* lieu commun
'**allge'meinverbindlich I** *adj* obligatoire, valable pour tous, pour tout le monde; *das ist ~* c'est la règle pour tous; **II** *adv* d'une façon obligatoire pour tous
'**allge'meinverständlich** *adj* à la portée de tous; compréhensible pour tout le monde
'**Allge'mein**|**wissen** *n* connaissances générales; ~**wohl** *n* intérêt général; ~**zustand** *m MÉD* état général
'**All**|**gewalt** *st/s f* toute-puissance *f*; omnipotence *f*; **2gewaltig** *st/s adj* tout-puissant; omnipotent; ~'**heilmittel** *n MÉD, fig* remède universel; panacée *f*
Allianz [ali'ants] *f* ⟨~; ~en⟩ alliance *f*
Alligator [ali'ga:tɔr] *m* ⟨~s; -'toren⟩ alligator *m*
alliiert [ali'i:rt] *adj* ⟨*épithète*⟩ *POL* allié
Alli'ierte(r) *m* ⟨→ A⟩ *POL* allié *m*; *HIST die ~n* les Alliés
Alliteration [alıteratsi'o:n] *f* ⟨~; ~en⟩ *METRIK* allitération *f*
'**all'jährlich I** *adj* annuel, -elle; de chaque année; **II** *adv* tous les ans; chaque année
'**Allmacht** *st/s f* ⟨~⟩ toute-puissance *f*; omnipotence *f*
all'mächtig *adj* tout-puissant; omnipotent; *der ~e Gott* Dieu Tout-Puissant; *le Tout-Puissant*; *~er Gott!* ah, mon Dieu!; grand Dieu!
All'mächtige(r) *st/s m* ⟨→ A⟩ *der ~* le Tout-Puissant; *~r!* ah, mon Dieu!; grand Dieu!
allmählich [al'mɛ:lıç] **I** *adj* ⟨*épithète*⟩ graduel, -elle; progressif, -ive; **II** *adv* **1.** peu à peu; petit à petit; **2.** F (*langsam*) *ich werde ~ müde* je commence à être fatigué; *es wird ~ Zeit!* il est temps!; *etw satt haben* commencer à en avoir plein le dos
'**all**|'**monatlich I** *adj* mensuel, -elle; de tous les mois; de chaque mois; **II** *adv* tous les mois; chaque mois; mensuellement; ~'**morgendlich I** *adj* de tous les matins; de chaque matin; **II** *adv* tous les

matins; chaque matin; ~'**nächtlich** I *adj* de toutes les nuits; de chaque nuit; II *adv* toutes les nuits; chaque nuit
Allongeperücke [a'lõ:ʒəpeʀүkə] *f* HIST perruque carrée
Allo|pathie [alopa'ti:] *f* ⟨~⟩ MÉD allopathie *f*; ⁂'**pathisch** *adj* MÉD allopathique
Allotria [a'lo:tria] *n* ⟨~(s); ~⟩ ~ **treiben** faire les fous; *in der Schule* faire du chahut
'**Allradantrieb** *m* traction *f* par toutes les roues, à toutes roues motrices
Allround|künstler(in) [ˈɔːlˈraʊntkynstlər(ɪn)] *m(f)* artiste *m,f* complet, -ète *od* qui a touché à tous les domaines artistiques; ~**sportler(in)** *m(f)* sportif, -ive *m,f* complet, -ète
'**allseitig** I *adj* général; de tous les côtés; *auf ~en Wunsch* à la demande de tout le monde, de tous, générale; II *adv* **das wurde ~ bemerkt** cela a été remarqué par tout le monde, partout; **~ begabt sein** être doué en tout
'**allseits** *adv* partout
'**Allstromgerät** *n* appareil *m* tous courants
'**Alltag** *m* jour *m* ordinaire; *fig* quotidien *m*; *der graue ~* la grisaille (de la vie) quotidienne; *zum ~ gehören* faire partie du quotidien; *jetzt beginnt der ~ wieder* maintenant le train-train de la vie quotidienne reprend
alltäglich *adj* **1.** [ˈalˈtɛːklɪç] *(täglich)* quotidien, -ienne; de tous les jours; de chaque jour; **2.** [alˈtɛːklɪç] *(gewöhnlich)* ordinaire; courant; commun; quelconque; banal; *e-e ~e Geschichte* une histoire de tous les jours, ordinaire; *sich über die ~sten Dinge unterhalten* s'entretenir sur des choses banales, de tous les jours; **3.** [ˈalteːklɪç] *(werktäglich)* de jours ouvrables
All'täglichkeit *f* ⟨~; ~en⟩ **1.** ⟨*pas de pl*⟩ *(das Alltäglichsein)* banalité *f*; **2.** *(alltägliche Sache)* chose *f* de tous les jours; **3.** *(Gewohnheit)* routine *f*
'**alltags** *adv* en semaine
'**Alltags|beschäftigung** *f* occupation quotidienne, journalière; ~**dinge** *n/pl* petites choses de la vie de tous les jours; banalités *f/pl*; ~**gesicht** *n* figure banale; ~**kleidung** *f* tenue *f* de tous les jours; ~**kram** F *péj m cf Alltagsdinge*; ~**leben** *n* vie quotidienne, journalière; ~**mensch** *m* homme *m* ordinaire; personne *f* appartenant au commun des mortels; ~**pflichten** *f/pl* travaux quotidiens, journaliers; ~**sorgen** *f/pl* soucis quotidiens; ~**sprache** *f* langue de tous les jours, courante; ~**trott** *m péj* train--train quotidien
'**allum'fassend** *adj* universel, -elle; global; **~ gebildet sein** avoir une vaste culture générale
Allüren [a'ly:rən] *f/pl* manières *f/pl*; allures *f/pl*; airs *m/pl*; *was sind das für ~!* en voilà des manières!
'**all|'wissend** *adj*t qui sait tout; omniscient; ⁂'**wissenheit** *f* ⟨~⟩ omniscience *f*; ~'**wöchentlich** I *adj* hebdomadaire; de toutes les semaines; de chaque semaine; II *adv* toutes les semaines; chaque semaine
'**all'zeit** *cf allezeit*; **~ bereit!** toujours prêt(s)!

'**allzu** *adv* par trop; *(nicht)* **~ viele Regeln** (pas) trop de règles; *etw (nicht) ~ schwer nehmen* (ne pas) prendre qc trop à cœur
'**allzu|'bald** *adv* (bien) trop tôt; ~'**früh** *adv* trop tôt; *(allzubald)* (bien) trop tôt; ~'**gern** *adv* très volontiers; ~'**lang(e)** *adv* trop longtemps; ~'**oft** *adv* trop souvent; ~'**schnell** *adv* trop vite, rapidement; ~'**sehr** *adv* trop; ~'**selten** *adv* trop rarement
'**allzu'viel** *adv* (par) trop; *prov ~ ist ungesund prov* l'excès en tout est un défaut
'**Allzweck...** *in Zssgn* … à tout faire; TECH polyvalent
Alm [alm] *f* ⟨~; ~en⟩ pâturage *m* alpestre; alpage *m*; '~**abtrieb** *m* transhumance *f*
Alma mater [ˈalmaˈmaːtər] *st/s f* ⟨~⟩ **die ~** l'Université
Almanach [ˈalmanax] *m* ⟨~s; ~e⟩ almanach *m*
'**Alm|auftrieb** *m* transhumance *f*; ~**hütte** *f* chalet *m* sur l'alpage
Almosen [ˈalmoːzən] *n* ⟨~s; ~⟩ aumône *f*; *ein ~ geben* faire l'aumône
'**Almosenempfänger** *m* mendiant *m*
'**Alm|rausch** *m* ⟨~(e)s⟩ südd, österr *cf* **Alpenrose**; ~**wirtschaft** *f* exploitation *f* alpestre
Aloe [ˈaːloe] *f* ⟨~; ~n⟩ BOT aloès *m*
Alois [ˈaːlois *ou* -loiːs] *m* ⟨→ *n/pr*⟩ prénom
Alp[1] [alp] *m* ⟨~(e)s; ~e⟩ lutin *m* (qui cause des cauchemars)
Alp[2] *f* ⟨~; ~en⟩ *regional, bes schweiz cf* **Alm**
Alpaka[1] [alˈpaka] *n* ⟨~s; ~s⟩ ZO alpaga *m*
Al'paka[2] *m* ⟨~s⟩ TEXT alpaga *m*
Al'paka[3] *n* *(Neusilber)* argentan *m*
Al'pakawolle *f* laine *f* de l'alpaga
'**Alp|druck** *m* ⟨~(e)s; -drücke⟩, ~**drücken** *n* ⟨~s⟩ cauchemar *m*
Alpen [ˈalpən] *pl* **die ~** les Alpes *f/pl*
'**Alpen|dollar** F *plais m* schilling *m*; ~**glühen** *n* ⟨~s⟩ coucher *m* de soleil sur les Alpes; ~**jäger** *m* MIL chasseur alpin; ~**land** *n* ⟨~(e)s; -länder⟩ pays alpin; région alpine; ~**landschaft** *f* paysage *m* alpestre; ~**panorama** *n* panorama *m* des Alpes, alpestre; ~**paß** *m* col alpin; ~**pflanze** *f* plante *f* alpestre; ~**republik** F *plais f* **die ~** l'Autriche *f*; ~**rose** *f* rhododendron *m* des Alpes; ~**straße** *f* route alpine, des Alpes; ~**veilchen** *n* cyclamen *m*; ~**verein** *m* club alpin; ~'**vorland** *n* ⟨~(e)s⟩ (région *f* des) Préalpes *f/pl*
Alpha [ˈalfa] *n* ⟨~; ~s⟩ alpha *m*
Alphabet [alfa'beːt] *n* ⟨~(e)s; ~e⟩ alphabet *m*; *das kleine, große ~* l'alphabet en lettres minuscules, majuscules
alpha'bet|isch I *adj* alphabétique; II *adv* par ordre alphabétique; ~**i'sieren** *v/t* ⟨*pas de ge-*, h⟩ **1.** *Geschriebenes* classer par ordre alphabétique; **2.** *Menschen* alphabétiser; ⁂**i'sierung** *f* ⟨~; ~⟩ **1.** *Ordnen* classification *f*, classement *m* par ordre alphabétique; **2.** *von Menschen* alphabétisation *f*
alphanu'merisch *adj* INFORM alphanumérique
'**Alpha|strahlen** *m/pl* NUCL rayons *m/pl* alpha; ~**teilchen** *n* NUCL particule *f* alpha

'**Alphorn** *n* ⟨~(e)s; -hörner⟩ cor *m* des Alpes
alpin [alˈpiːn] *adj* alpin; *Landschaft, Pflanze* alpestre; *Ausrüstung* de haute montagne; SKISPORT **~e Kombination** combiné alpin
Alpi'n|ismus *m* ⟨~⟩ alpinisme *m*; ~**ist(in)** *m* ⟨~en; ~en⟩ *(f)* ⟨~; ~nen⟩ alpiniste *m,f*
'**Alptraum** *m a fig* cauchemar *m*
Alraune [alˈraʊnə] *f* ⟨~; ~n⟩ BOT mandragore *f*
als [als] *conj* **1.** *zeitlich* lorsque; quand; comme; *damals ~ …* à l'époque où …; *autrefois lorsque …*; *gerade ~ ich einschlafen wollte, fiel mir ein …* au moment de m'endormir j'ai tout à coup réalisé …; **2.** *vergleichend nach comp* que; *vor Zahlenangaben* de; *zur Bezeichnung der Gleichheit* comme; *größer, älter ~* plus grand, plus âgé que; *mehr ~ hundert Personen* plus de cent personnes; *er ist alles andere ~ glücklich* il est loin d'être heureux; *nichts ~ leere Worte* rien que des paroles creuses; **3.** *(in der Eigenschaft)* comme; en tant que, en qualité de; FILM, THÉ etc dans le rôle de; *zur Bezeichnung des Zwecks* pour; comme; à titre de; *~ solcher* en tant que tel; *in s-r Eigenschaft ~ …* en sa qualité de …; *~ Schlosser arbeiten* travailler comme serrurier; *er ~ Abgeordneter* lui en tant que député; *~ Sieger heimkehren* revenir vainqueur; *~ Vorbild nehmen* prendre comme, pour modèle; *~ Meister anerkennen* reconnaître pour, comme maître; *~ Betrüger entlarven* démasquer comme fraudeur; *schon ~ Kind* étant encore enfant; *j-n ~ jungen Mann gekannt haben* avoir connu qn jeune homme; *etw ~ Drucksache schicken* envoyer qc comme imprimé; *etw ~ Medizin nehmen* prendre qc comme médicament; **4.** *modal ~ ob od wenn* comme si; *er tat, ~ ob er schliefe* il faisait semblant de dormir; *es sieht aus, ~ wollte es regnen* on dirait qu'il va pleuvoir; **~ ob ich das nicht wüßte!** comme si je ne savais pas cela!; **5.** *zur Bezeichnung der Folge* **die Zeit war zu kurz, ~ daß …** le temps était trop court pour que …; *er ist zu jung, ~ daß er es verstehen könnte* il est trop jeune pour comprendre cela; **6.** *kausal um so mehr, weniger, schlimmer etc ~ …* d'autant plus, moins, plus mauvais, *etc* que …; **7.** *einschränkend* **insofern, insoweit, ~ …** dans la mesure où …; **8.** *st/s in Aufzählungen* **~ da sind …** à savoir …
als'bald *st/s adv* **1.** *(bald darauf)* peu après; **2.** *(sofort)* tout de suite
als'baldig *adj* ⟨*épithète*⟩ *bes* ADM immédiat
als'dann *st/s adv* puis; ensuite
also [ˈalzo] *adv* **1.** *als Folgerung* donc; par conséquent; *bis heute abend ~!* Verabredung donc, à ce soir!; *Ereignis* ce sera donc pour ce soir!; **2.** *st/s (so)* ainsi; **~ geschah es** litt il en fut ainsi; **3.** *(das heißt)* c'est à dire; **4.** *verstärkend ~ gut!* bon alors!; eh bien alors!; **~ los!** allons!; allez!; **~ dann!** bon, allez!; **~, so eine Unverschämtheit!** ça alors, quel culot!; **~, so was!** non, mais alors!; **~ doch!** voyez-vous!; **na ~!**

voyez!; eh bien!; **5.** *Verlegenheitsformel* voyons ...; or ...; **~ wie gesagt** ... or, comme je viens de le dire ...

alt [alt] *adj* ⟨~er, ~este⟩ **1.** *Altersangabe* âgé; *sie ist zwanzig Jahre ~* elle a vingt ans; elle est âgée de vingt ans; *wie ~ sind Sie?* quel âge avez-vous?; quel est votre âge?; *ein vier Jahre ~es Kind* un enfant de quatre ans; *er ist doppelt so ~ wie ich* il est deux fois plus âgé que moi; il a le double de mon âge; *er ist so ~ wie ich* il est du même âge que moi; il est aussi âgé que moi; *man ist so ~, wie man sich fühlt* on a l'âge de ses artères; **2.** (*bejahrt, altgeworden*) vieux (vieil), vieille; F *mein ~er Herr* (*Vater*) F mon paternel; P mon vieux; F *meine ~e Dame* (*Mutter*) ma mère; P ma vieille; *~ und jung* jeunes et vieux; *aus ~ mach neu* faire du neuf avec du vieux; *auf s-e ~en Tage* sur ses vieux jours; *~ genug sein, um* ... être en âge de ...; être d'âge à ...; *Kinder* être assez grand pour ...; *~ werden* vieillir; *er ist sehr ~ geworden* il a vécu très longtemps; (*er sieht alt aus*) il a beaucoup vieilli; F *~ aussehen* F être dans le pétrin; F fig *hier werde ich nicht ~* je ne vais pas faire de vieux os ici; **3.** (*schon lange bestehend*) vieux (vieil), vieille; (*vorherig, ehemalig*) ancien, -ienne; *ein ~er Bekannter* une vieille connaissance; *ein ~es Vorurteil* un vieux préjugé; *ein ~es Übel* un mal enraciné; *es ist* (*immer*) *das ~e Lied* c'est toujours la même chanson; *das ist e-e ~e Geschichte* c'est une vieille histoire; *zum ~en Preis* à l'ancien prix; *ein ~er Schüler von mir* un de mes anciens élèves; **4.** (*vertraut*) *es bleibt alles beim ~en* tout reste comme par le passé; il n'y a rien de changé; *er ist noch ganz der ~e* il est encore, toujours le même; il n'a pas changé; *die gute ~e Zeit* le bon vieux temps; **5.** (*mit historischem Wert*) ancien; *das ⱒe Testament* l'Ancien Testament; *die ⱒe und die Neue Welt* l'Ancien et le Nouveau Monde; *die ~en Griechen* les Grecs de l'Antiquité, de la Grèce ancienne; *~e Sprachen* langues classiques, anciennes; *das ~e Berlin* le Vieux-Berlin; **6.** (*nicht mehr frisch*) qui n'est plus frais; *Brot* rassis; **7.** (*vom letzten Jahr*) de l'année dernière; *im ~en Jahr* l'année dernière; **8.** F *verstärkend* vieux (vieil), vieille; *~er Geizkragen, Schwätzer* vieil avare, vieux bavard; *~er Junge!, ~es Haus!* F mon vieux!; F vieille branche!; *~e Schachtel, Ziege* péj vieille bique

Alt[1] *m* ⟨~s; ~e⟩ *MUS* contralto *m*

Alt[2] *n* ⟨~(s)⟩ cf **Altbier**

Altar [al'ta:r] *m* ⟨~(e)s; -täre⟩ autel *m*; *st/s j-n zum ~ führen* épouser qn; *st/s fig etw, j-n auf dem ~ der Liebe, Freundschaft opfern* sacrifier qc, qn sur l'autel de l'amour, de l'amitié

Al'tar|aufsatz *m* retable *m*; **~bild** *n* retable *m*; tableau *m* d'autel; **~raum** *m* sanctuaire *m*; **~schmuck** *m* ornements *m/pl* d'autel

'altbacken *adj* **1.** *Brot* rassis; **2.** fig péj vieux jeu (*inv*)

'Altbau *m* ⟨~(e)s; ~ten⟩ immeuble ancien; *coll* habitat ancien; **~sanierung** *f* rénovation *f* de bâtiments vétustes;

~wohnung *f* appartement *m* dans un immeuble ancien

'alt|be'kannt *adj* connu depuis longtemps; **~be'währt** *adj* *Rezept, Mittel etc* infaillible; qui a fait ses preuves

'Altbier *n* variété de bière brune amère (*de fermentation 'haute*); **~bundeskanzler** *m* ancien chancelier de la République fédérale; **~bundespräsident** *m* ancien président de la République fédérale

'altdeutsch *adj* *Möbel etc* dans le style de la Renaissance allemande

'Alte(r) *f(m)* (→ A) **1.** (*alter Mann*) vieux *m*; (*alte Frau*) vieille *f*; *THÉ komischer ~r* vieillard *m* comique; **2.** F (*Vater*) F vieux *m*; (*Mutter*) F vieille *f*; *meine ~n* mes vieux; **3.** F (*Ehemann*) F vieux *m*; F bonhomme *m*; (*Ehefrau*) F vieille *f*; F bonne femme; **4.** F (*Chef, Chefin*) *der, die ~* le patron, la patronne; P le singe

'Alte(s) *n* (→ A) **~s und Neues** du vieux et du neuf

'alt|ehrwürdig *st/s adj* vénérable; **~'eingesessen** *adj* *Firma* établi depuis longtemps; *Familie* vieux (vieil), vieille

'Alteisen *n* ⟨~s⟩ ferraille *f*; **~händler** *m* marchand *m* de ferraille; ferrailleur *m*

'Alten|heim *n* maison *f* de retraite; **~hilfe** *f* aide *f* aux personnes âgées; **~pflegeheim** *n* établissement *m* gériatrique; hospice *m* de vieillards; **~pfleger(in)** *m(f)* infirmier, -ière *m,f* travaillant dans un établissement gériatrique, dans un centre de gérontologie; **~tagesstätte** *f* établissement hospitalier de jour à caractère gériatrique

'Altenteil *n* part *f* réservataire des parents sur leurs biens immobiliers; *s-e Eltern aufs ~ setzen* passer un contrat de rente viagère avec ses parents; *sich aufs ~ zurückziehen* recevoir une pension de ses enfants après leur avoir cédé ses propres biens; fig prendre sa retraite

'Altenwohnheim *n* maison *f* de retraite

Alter ['altər] *n* ⟨~s; ~⟩ **1.** âge *m*; (*Greisen⸗*) vieillesse *f*; (*Dienst⸗*) ancienneté *f*; *hohes ~* grand âge; *im ~* quand on est vieux; *im schulpflichtigen ~* d'âge scolaire; *im kritischen ~* dans l'âge critique; *im besten ~* dans la force de l'âge; *in vorgerücktem ~* d'un âge avancé; *unbestimmten ~s* d'un âge indéfinissable; *in meinem ~* à mon âge; *er ist in meinem ~* il est de mon âge; *im ~ von dreißig Jahren* à (l'âge de) trente ans; *vom ~ gebeugt* courbé sous le poids des ans; *der Trost des ~s* la consolation de la vieillesse; *60 ist* (*doch*) *noch kein ~!* (mais) 60 ans, ce n'est pas vieux!; *prov ~ schützt vor Torheit nicht* on ne fait des bêtises à tout âge; **2.** (*alte Leute*) personnes âgées; **3.** (*Altersstufe*) groupe *m* d'âge; âge *m*; *jedes ~ war vertreten* tous les âges étaient représentés

älter ['eltər] *adj* **1.** plus vieux (vieil), vieille; *bei Personen* plus âgé; *bei Verwandtschaftsbezeichnungen* aîné; *Gebäude etc* plus ancien, -ienne; *meine ~e Schwester* ma sœur aînée; *mein Bruder ist zwei Jahre ~ als ich* mon frère a deux ans de plus que moi; *~ werden* vieillir; avancer en âge; se faire

vieux; *ein ~er Herr* un monsieur d'un certain âge; *~en Datums* plus très moderne; ancien, -ienne; *dieses Kleid macht dich ~* cette robe te vieillit; **2.** *bei Eigennamen* **Holbein der** ⱒ**e** Holbein l'Ancien

'Alterchen F *n* ⟨~s; ~⟩ F petit vieux; F (vieux) pépé

Alter ego ['altər'e:go] *n* ⟨~⟩ *PSYCH* alter ego *m*

'altern *v/i* ⟨-(e)re, sein⟩ vieillir

alternativ [alterna'ti:f] **I** *adj* alternatif, -ive (*a LOGIK, POL*); **~e Energien** *f/pl* énergies douces; *POL* **~e Liste** parti alternatif berlinois; **~e Medizin** médecine douce, parallèle, alternative; **~er Vorschlag** alternative *f*; (*Gegenvorschlag*) contre-proposition *f*; **II** *adv* **~ leben** avoir un mode de vie différent (du modèle imposé par les sociétés industrielles contemporaines)

Alterna'tivbewegung *f POL* mouvement alternatif

Alterna'tive *f* ⟨~; ~n⟩ alternative *f*; *sich vor e-e ~ gestellt sehen* se trouver devant une alternative; *j-n vor die ~ stellen,* (*entweder*) *zu* (+*inf*) *oder zu* (+*inf*) mettre qn devant l'alternative soit de (+*inf*) soit de (+*inf*)

Alterna'tive(r) *f(m)* (→ A) *POL* alternatif, -ive *m,f*; anticonformiste *m,f*

Alterna'tiv|energie *f* énergies douces; **~kultur** *f* culture alternative

alter'nieren *v/i* ⟨*pas de ge-*, h⟩ alterner

'alter'probt *adj* qui a fait ses preuves

alters ['altərs] *adv st/s* **von ~ her, seit ~** de tout temps; depuis les temps les plus reculés

'Alters|abstand *m* différence *f* d'âge; **~angabe** *f* indication *f* de l'âge; **~aufbau** *m* ⟨~(e)s⟩ pyramide *f* des âges; ⱒ**bedingt** *adj* dû à l'âge, au grand âge (de qn); **~beschwerden** *f/pl* troubles *m/pl* de la sénescence; **~erscheinung** *f* signe *m* de vieillissement; **~fleck** *m* tache *f* de vieillesse; ⱒ**gemäß I** *adj* approprié à l'âge de qn; **II** *adv* en fonction de l'âge de qn

'Altersgenoss|e *m*, **~in** *f* personne *f* du même âge; *wir sind Altersgenossen* nous sommes du même âge

'Altersgrenze *f* limite *f* d'âge; *für die Pensionierung* âge *m* de la retraite

'Altersgründe *m/pl* *aus ~n* pour des raisons d'âge

'Altersgruppe *f* tranche *f* d'âge; *alle ~n waren vertreten* tous les âges étaient représentés; *sie gehören alle der gleichen ~ an* ils sont tous du même âge

'Alters|heim *n* maison *f* de retraite; **~jahr** *n* *in schweiz* cf **Lebensjahr**; **~klasse** *f* cf **Altersgruppe**; *SPORT* classe *f* d'âge; **~krankheit** *f*, **~leiden** *n* maladie *f* de la vieillesse; ⱒ**los** *adj* sans âge; ⱒ**mäßig I** *adj* approprié à l'âge de qn; **II** *adv* **1.** (*altersbedingt*) en raison de l'âge, du grand âge de qn; **2.** (*dem Alter nach*) en ce qui concerne l'âge; **~präsident(in)** *m(f)* doyen, -enne *m,f* d'âge; **~rente** *f* retraite *f*; pension *f* de retraite; **~ruhegeld** *n* cf **Altersrente**; ⱒ**schwach** *adj* décrépit; fig plais *Tisch etc* délabré; **~schwäche** *f* décrépitude *f*; *an ~ sterben* mourir de vieillesse

'alters|sichtig *adj MÉD* presbyte; ⱒ**sitz** *m* lieu *m* de retraite; ⱒ**stufe** *f* cf **Alters-**

gruppe; ⩒**unterschied** *m* différence *f* d'âge; ⩒**versicherung** *f* assurance *f* vieillesse
'**Altersversorgung** *f* assurance *f* vieillesse; *betriebliche* ~ retraite (complémentaire) versée par l'entreprise
'**Alterswerk** *n* œuvre *f* de vieillesse
'**Altertum** *n* ⟨~s⟩ *das* ~ l'Antiquité *f*; *das klassische* ~ l'Antiquité classique; *im* ~ dans l'Antiquité
'**Altertüm|er** *n/pl* antiquités *f/pl*; ⩒**lich** *adj Geschirr, Gebäude etc* antique; *Wort, Sitten* archaïque
'**Altertums|forscher(in)** *m(f)* archéologue *m,f*; ~**forschung** *f*, ~**kunde** *f* archéologie *f*; ~**wert** *m* valeur *f* d'antiquité
'**Alterung** *f* ⟨~⟩ vieillissement *m*
'**Alterungsprozeß** *m* processus *m* de vieillissement
älteste(r, -s) ['ɛltəstə] *adj* le (la) plus vieux *bzw* vieil (vieille); *bei Personen* le (la) plus âgé(e); *verwandtschaftlich* aîné(e); *Gebäude etc a* le (la) plus ancien (-ne); *mein* ~*r Bruder* mon frère aîné
'**Ältestenrat** *m bei Naturvölkern* conseil *m* des anciens; *im Parlament* commission formée de divers représentants des groupes parlementaires
'**Alt|flöte** *f* flûte *f* alto; ⩒**fränkisch** *plais adj* vieux jeu (*inv*)
'**altfranzösisch** *adj* ancien, vieux français; *die* ~*e Literatur* la littérature française du Moyen Âge
'**altge'dient** *adjt* blanchi sous le harnois
'**Altglas** *n* verre usagé; ~**behälter** *m*, ~**container** *m* conteneur *m* pour verre perdu
'**Alt|gold** *n* vieil or; or patiné; ⩒**griechisch** *adj* grec ancien, grecque ancienne
'**alt|'hergebracht** *adjt* traditionnel, -elle; ancien, -ienne; ⩒'**herrenmannschaft** *f SPORT* équipe *f d'amateurs composée de joueurs de plus de 32 ans*; ~**hochdeutsch** *adj LING* ancien 'haut allemand
Al'tist(in) *m* ⟨~en; ~en⟩ (*f*) ⟨~; ~nen⟩ *MUS* contralto *m,f*
altjüngferlich ['altjʏŋfərlɪç] **I** *adj* de vieille fille; **II** *adv* comme une vieille fille
'**Altkleidersammlung** *f* collecte *f* de vieux vêtements
'**altklug** *adj Kind* précoce (et arrogant)
'**Altlasten** *pl ÉCOL* décharges désaffectées
ältlich ['ɛltlɪç] *adj Fräulein etc* vieillot, -otte; d'un certain âge
'**Alt|material** *n* matériel usagé; vieux matériel; ~**meister** *m der Wissenschaft etc* vieux maître; chef *m* d'école; *SPORT* ancien champion; ~**metall** *n* ferraille *f*; vieux métal; ⩒**modisch** *adj* démodé; *Ansichten a* périmé; ~**öl** *n* huile *f* de vidange
'**Altpapier** *n* vieux papiers; ~**behälter** *m*, ~**container** *m* conteneur *m* pour vieux papiers; ~**sammlung** *f* collecte *f* des vieux papiers
'**Altphilolog|e** *m*, ~**in** *f* philologue *m,f* spécialiste des langues anciennes; *Student(in) etwa* étudiant(e) *m(f)* en lettres classiques; ⩒**isch** *adj* des langues anciennes; de lettres classiques
'**altrosa** *adj* ⟨*inv*⟩ vieux rose (*inv*)
Altru|ismus [altru'ɪsmʊs] *m* ⟨~⟩ altruis-

me *m*; ~'**ist** *m* ⟨~en; ~en⟩ altruiste *m*; ⩒'**istisch** *adj* altruiste
'**Alt|schnee** *m* neige ancienne; ~**silber** *n* vieil argent; argent patiné; ~**sprachler(in)** *m* ⟨~s; ~⟩ (*f*) ⟨~; ~nen⟩ spécialiste *m,f* des langues anciennes
'**altsprachlich** *adj* de langues classiques; ~*es Gymnasium* lycée *m* classique (*latin, grec et une langue vivante*)
'**Altstadt** *f* vieille ville; cité *f*; vieux quartiers *m/pl*; ~**sanierung** *f* réhabilitation *f* de(s) vieux quartiers
'**Altstimme** *f* (voix *f* de) contralto *m*
'**alt|testamentarisch** *adj* de l'Ancien Testament; ~**väterlich** *adj* patriarcal; *fig* à l'ancienne mode; ~**ver'traut** *adj* familier, -ière; bien connu
'**Alt|warenhändler** *m* brocanteur *m*; ~**warenhandlung** *f* magasin *m*, boutique *f* de brocanteur; ~'**weibersommer** *m* **1.** Spinnfäden fils *m/pl* de la Vierge; **2.** *Jahreszeit* été indien; été *m* de la Saint-Martin
Alu ['a:lu] F *n* ⟨~s⟩ F alu *m*; ~**folie** *f* papier *m* (d')alu
Aluminium [alu'mi:niʊm] *n* ⟨~s⟩ aluminium *m*; ~**folie** *f* papier *m* d'aluminium
am [am] *prép* **1.** *vor sup* le; ~ *schnellsten fahren* rouler le plus vite; ~ *schönsten sein* être le plus beau, la plus belle; *das besprechen wir* ~ *besten sofort* parlons-en plutôt tout de suite; **2.** (*an dem*) *räumlich* à; *GÉOGR bei Flüssen etc* sur; *zeitlich meist bloßer acc*; ~ *Fenster* à la fenêtre; ~ *Knie* au genou; ~ *Griff anfassen* prendre par la manche; ~ *Frankfurt* ~ *Main* Francfort-sur-le-Main; *Köln liegt* ~ *Rhein* Cologne est située sur le Rhin; ~ *Meer* au bord de la mer; à la mer; ~ *Morgen, Abend* le matin, soir; ~ *ersten Mai* le premier mai; ~ *Montag* lundi; ~ *Anfang, Ende* au début, à la fin; **3.** F *regional er ist* (*gerade*) ~ *Schreiben* il est en train d'écrire; *er war* ~ *Schreiben a* il écrivait
Amadeus [ama'de:ʊs] *m* ⟨→ *n/pr*⟩ Amédée *m*
Amalgam [amal'ga:m] *m* ⟨~s; ~e⟩ *CHIM, fig* amalgame *m*; ~**füllung** *f von Zähnen* amalgame *m*
Amarant[1] [ama'rant] *m* ⟨~s; ~e⟩ *BOT* amarante *f*
Ama'rant[2] *n od m* ⟨~s⟩ *Farbe* couleur *f* amarante
Amaryllis [ama'rʏlɪs] *f* ⟨~; -llen⟩ *BOT* amaryllis *f*
Amateur|(in) [ama'tø:r(ɪn)] *m* ⟨~s; ~e⟩ (*f*) ⟨~; ~nen⟩ *a SPORT, fig péj* amateur *m*; ~**boxer** *m* boxeur *m* amateur; ~**film** *m* film *m* d'amateur; ~**funk** *m* radio *f* d'amateurs; ~**funker(in)** *m(f)* radio-amateur *m*; ⩒**haft** *péj* **I** *adj* d'amateur; **II** *adv* en amateur; ~**sport** *m* sport ~ d'amateurs; ~**sportler(in)** *m(f)* amateur *m*
Amazonas [ama'tso:nas] ⟨→ *n/pr*⟩ *der* ~ l'Amazone *f*
Ama'zone [ama'tso:nə] *f* ⟨~; ~n⟩ **1.** *MYTH* amazone *f*; **2.** *SPORT* (*Reiterin*) cavalière *f*; **3.** *fig sie ist e-e* ~ elle a des allures d'amazone
Ama'zonenspringen *n SPORT* équitation féminine de compétition
Amber ['ambər] *m* ⟨~s; ~(n)⟩ *cf Ambra*
Ambiente [ambi'ɛntə] *st/s n* ⟨~⟩ ambiance *f*

Ambition [ambitsi'o:n] *f* ⟨~; ~en⟩ ambition *f* (*auf* [+*acc*] pour)
ambitio'niert *adj* ambitieux, -ieuse
ambiva|lent [ambiva'lɛnt] *adj* ambivalent; ⩒'**lenz** *f* ⟨~; ~en⟩ ambivalence *f*
Amboß ['ambɔs] *m* ⟨-sses, -sse⟩ *TECH, ANAT* enclume *f*
Ambra ['ambra] *f* ⟨~; ~s⟩ ambre *m*
Ambrosia [am'bro:zia] *f* ⟨~⟩ *MYTH* ambroisie *f*
ambulant [ambu'lant] **I** *adj* **1.** *MÉD Behandlung* ambulatoire; *Patient* non hospitalisé; **2.** *COMM Gewerbe, Handel* ambulant; *Händler a* itinérant; **II** *adv* **1.** *MÉD j-n* ~ *behandeln, versorgen* donner des soins ambulatoires à qn; **2.** *COMM etw* ~ *verkaufen* être vendeur itinérant de qc
Ambu'lanz *f* ⟨~; ~en⟩ **1.** (*Krankenwagen*) ambulance *f*; **2.** (*Behandlungsstelle in Kliniken*) consultations *f/pl* externes (*d'un hôpital*); (*Tagesklinik*) hôpital *m* de jour; *in Betrieben* infirmerie *f*
Ameise ['a:maɪzə] *f* ⟨~; ~n⟩ fourmi *f*
'**Ameisen|bär** *m* fourmilier *m*; *Großer* ~ tamanoir *m*; ~**haufen** *m a fig* fourmilière *f*; ~**säure** *f* ⟨~⟩ acide *m* formique; ~**staat** *m* fourmilière *f*
amen ['a:mɛn *ou* -mən] *adv* amen; *nach e-m Gebet in frz Sprache* ainsi soit-il; F *fig zu allem ja und* ~ *sagen* dire amen à tout; consentir à tout
'**Amen** *n* ⟨~s; ~⟩ amen *m*; F *das ist so sicher wie das* ~ *in der Kirche* c'est sûr comme deux et deux font quatre; c'est sûr et certain
Amerika [a'me:rika] *n* ⟨→ *n/pr*⟩ l'Amérique *f*; *die Vereinigten Staaten von* ~ les États-Unis d'Amérique
Ameri'kaner *m* ⟨~s; ~⟩ *CUIS* pâtisserie ronde, sucrée, recouverte de glaçage
Ameri'kaner(in) *m* ⟨~s; ~⟩ (*f*) ⟨~; ~nen⟩ Américain *m*, -aine *f*
ameri'kanisch *adj* américain; d'Amérique; de l'Amérique; *POL in Zssgn* américano-...
amerikani'sieren *v/t* ⟨*pas de ge-, h*⟩ américaniser
Amerika'nistik *f* ⟨~⟩ études *f/pl* de langues, littératures et civilisations nord--américaines, *par ext* amérindiennes
Amethyst [ame'tʏst] *m* ⟨~(e)s; ~e⟩ améthyste *f*
Ami ['ami] F *m* ⟨~(s); ~(s)⟩ F Amerlo (-que) *m*
Aminosäure [a'mi:nozɔyrə] *f CHIM* acide de aminé; aminoacide *m*
Ammann ['aman] *m* ⟨~(e)s; Ammänner⟩ *schweiz etwa* maire *m*
Amme ['amə] *f* ⟨~; ~n⟩ nourrice *f*
'**Ammenmärchen** *n meist péj* conte *m* à dormir debout; conte *m* de bonne(s) femme(s)
Ammer ['amər] *f* ⟨~; ~n⟩ *ZO* bruant *m*
Ammoniak [amoni'ak *ou* 'am-] *n* ⟨~s⟩ *CHIM* ammoniac *m*
Ammonit [amo'ni:t] *m* ⟨~en; ~en⟩ *Fossil* ammonite *f*
Amnesie [amne'zi:] *f* ⟨~⟩ *MÉD* amnésie *f*
Amnest|ie [amnɛs'ti:] *f* ⟨~; ~n⟩ amnistie *f*; ⩒**ieren** *v/t* ⟨*pas de ge-, h*⟩ amnistier
Amöbe [a'mø:bə] *f* ⟨~; ~n⟩ amibe *f*
Amok ['a:mɔk] *m* ⟨~s⟩ folie meurtrière; *sc* amok *m*; ~ *laufen* avoir un accès de folie meurtrière

'Amok|fahrer(in) *m(f)* conducteur, -trice fou (folle); ~fahrt *f* course folle; ~lauf *m* course folle; ~läufer(in) *m(f)* personne *f* en proie à un accès de folie meurtrière; fou furieux *m*, folle furieuse *f*; ~schütze *m* tireur fou

'a-Moll *n* la *m* mineur

Amor ['aːmɔr] *m* ⟨-; n/pr⟩ MYTH Amour *m*; Cupidon *m*; *poét von* ~s *Pfeil getroffen werden* être touché par les flèches de l'Amour, de Cupidon

amoralisch ['amoraːlɪʃ] *st/s adj* amoral

Amorali'tät *st/s f* ⟨~⟩ amoralité *f*

Amorette [amoˈrɛta] *f* ⟨~; ~n⟩ KUNST petit amour

amorph [aˈmɔrf] *adj* amorphe

Amortisati'on *f* ⟨~; ~en⟩ ÉCON amortissement *m*

amortisier|en [amɔrtiˈziːrən] *v/t* (*u v/réfl*) ⟨*pas de ge-*, h⟩ (*sich*) (s')amortir; ²ung *f* ⟨~; ~en⟩ amortissement *m*

Amouren [aˈmuːrən] *pl plais* amours *m/pl od f/pl*; aventures galantes

amourös [amuˈrøːs] *adj* galant; ~es *Abenteuer* aventure galante

Ampel ['ampəl] *f* ⟨~; ~n⟩ 1. (*Verkehrs²*) feux *m/pl* (de signalisation); *die ~ zeigt Grün* le feu est au vert; *die ~ sprang auf Rot* le feu est passé au rouge; 2. (*Hängelampe*) (petite) lampe *f* à suspension

'Ampel|koalition *f* POL coalition *f* des socialistes, des libéraux et des verts; ~kreuzung *f* croisement *m* avec feux

Ampere [amˈpɛːr] *n* ⟨~(s); ~⟩ ÉLECT ampère *m*; ~'meter *n* ⟨~s; ~⟩ ampèremètre *m*

Amphibie [amˈfiːbiə] *f* ⟨~; ~n⟩ ZO amphibie *m*; *pl* ~n amphibiens *m/pl*

Am'phibienfahrzeug *n* véhicule *m* amphibie

am'phibisch *adj* amphibie

Amphitheater [amˈfiːteaːtər] *n* amphithéâtre *m*

Amphore [amˈfoːrə] *f* ⟨~; ~n⟩ amphore *f*

Amplitude [ampliˈtuːdə] *f* ⟨~; ~n⟩ PHYS, MATH amplitude *f*

Ampulle [amˈpulə] *f* ⟨~; ~n⟩ PHARM ampoule *f*

Amputati'on *f* ⟨~; ~en⟩ amputation *f*

amputieren [ampuˈtiːrən] *v/t* ⟨*pas de ge-*, h⟩ amputer

Ampu'tierte(r) *f(m)* ⟨→ A⟩ amputé(e) *m(f)*

Amsel ['amzəl] *f* ⟨~; ~n⟩ merle *m*

Amt [amt] *n* ⟨~(e)s; ≈er⟩ 1. (*Dienststelle*) service *m*; administration *f*; *a Raum* bureau *m*; *Gebäude* bureaux *m/pl*; *von ~s wegen* d'office; *Auswärtiges ~* ministère des Affaires étrangères; 2. (*amtliche Tätigkeit*) fonction(s) *f(pl)*; charge *f*; (*Posten*) poste *m*; *fig* (*Aufgabe*) tâche *f*; (*Mission*) mission *f*; *j-n in sein ~ einführen* installer qn dans ses fonctions; investir qn; *j-n s-s ~es entheben* relever qn de ses fonctions; destituer, révoquer qn; *ein ~ antreten* entrer en fonction; prendre ses fonctions; *in Ausübung s-s ~es* dans l'exercice de ses fonctions; *st/s kraft s-s ~es* en vertu de ses fonctions; *im ~ sein* être en fonction, exercice; *in ~ und Würden stehen od sein* occuper de hautes fonctions; *sein ~ niederlegen* démissionner; *st/s s-s ~es walten* s'acquitter de ses fonctions; faire son devoir; 3. CATH messe chantée; 4. TÉL central *m* (téléphonique)

Ämter|häufung [ˈɛmtərhɔyfuŋ] *f* cumul *m* de fonctions; ~patronage *f* ⟨~⟩ népotisme *m*

am'tieren *v/i* ⟨*pas de ge-*, h⟩ être en fonction; ~ *als* exercer les fonctions de; *stellvertretend* faire fonction de; *der ~de Minister* le ministre en fonction

'amtlich *adj* officiel, -ielle; AUTO ~es *Kennzeichen* numéro *m* d'immatriculation; *aus ~er Quelle verlautet, daß ...* on communique de source officielle que ...; F *fig das ist ~* c'est sûr et certain

'Amt|mann *m* ⟨~(e)s; -männer *ou* -leute⟩, ~männin *f* ⟨~; ~nen⟩ fonctionnaire *m,f* appartenant à la catégorie A de la fonction publique

'Amts|anmaßung *f* usurpation *f* de fonctions; ~antritt *m* entrée *f* en fonction; ~anwärter(in) *m(f)* fonctionnaire *m,f* stagiaire; ~arzt *m*, ~ärztin *f* médecin *m* de la santé publique, du service de santé

'amtsärztlich I *adj* ~e *Bescheinigung* certificat médical délivré par les services de la santé publique; II *adv sich ~ untersuchen lassen* se faire examiner par un médecin du service de santé *od* de la santé publique

'Amts|bereich *m* ressort *m*; compétence *f*; ~blatt *n* Journal officiel; ~bruder *m* ÉGL confrère *m*; ~deutsch *n péj* jargon administratif allemand, ~eid *m* serment *m* promissoire; ~einführung *f* installation *f* dans ses fonctions; investiture *f*; ~enthebung *f* destitution *f*; révocation *f*; ~führung *f* gestion *f* des fonctions, de la charge; ~gebäude *n* bâtiment administratif; ~geheimnis *n* secret professionnel (dans la fonction publique); ~gericht *n* tribunal *m* d'instance; ~geschäfte *pl* fonctions officielles; ~gewalt *f* pouvoirs officiels

'Amtshandlung *f* acte administratif; *e-e ~ vornehmen* accomplir un acte administratif

'Amts|hilfe *f* assistance, entraide administrative; ~inhaber *m* titulaire *m* d'une fonction, d'une charge; ~kette *f* *e-s Bürgermeisters etc* chaîne *f* d'or; *in Frankreich* écharpe *f*; ~kleidung *f* tenue *f* officielle; ~leitung *f* TÉL ligne principale; ~mißbrauch *m* abus *m*, excès *m* de pouvoir; ²müde *adj* usé par le pouvoir; ~niederlegung *f* démission *f*; ~periode *f* durée *f* d'un mandat; ~person *f* personnage officiel; fonctionnaire *m*

'Amtspflicht *f* devoir *f* d'une charge, d'une fonction; *s-e ~ verletzen* manquer aux devoirs de sa fonction, charge

'Amtsrichter(in) *m(f)* juge *m* auprès d'un tribunal d'instance

'Amtsschimmel F *péj m* ⟨~s⟩ bureaucratie *f*; chinoiseries administratives; *den ~ reiten* être à cheval sur le règlement

'Amts|siegel *n* sceau officiel; ~sitz *m* résidence officielle; ~sprache *f* 1. *e-s Landes* langue officielle; 2. ⟨*pas de pl*⟩ (*Amtsdeutsch*) jargon administratif; ~stunden *f/pl* heures *f/pl* de service; ~tracht *f* tenue officielle; ~träger(-in) *m* ⟨~s; ~⟩ (*f*) ⟨~; ~nen⟩ titulaire *m,f* d'une fonction; ~übergabe *f* passation *f* des pouvoirs; ~übernahme *f* entrée *f* en fonction; prise *f* de fonctions; ~vorgänger(in) *m(f)* prédécesseur *m*; ~vorsteher *m* chef *m* de service; ~zeichen *n* TÉL tonalité *f*; ~zeit *f* durée *f* d'un mandat

Amulett [amuˈlɛt] *n* ⟨~(e)s; ~e⟩ amulette *f*

amü'sant *adj* amusant; drôle

Amüsement [amyzəˈmãː] *n* ⟨~s; ~s⟩ divertissement *m*

Amü'sierbetrieb *m cf Amüsierlokal*

amüsieren [amyˈziːrən] ⟨*pas de ge-*, h⟩ I *v/t* amuser; II *v/réfl sich ~* s'amuser; *sich mit j-m, etw ~* s'amuser avec qn, qc; *sich über j-n, etw ~* se moquer de qn, qc

Amü'sier|lokal *n* boîte *f* de nuit (avec attractions); ~viertel *n* quartier *m* des boîtes de nuit

amusisch [ˈamuːzɪʃ] *adj* qui ne s'intéresse pas à l'art

an [an] I *prép Lage* ⟨*dat*⟩, *Richtung* ⟨*acc*⟩ 1. *räumlich* à; GÉOGR *bei Flüssen* sur; *nahe ~* près, proche de; *~ der Ecke* au coin; *~ der Küste* sur la côte; au bord de la mer; *Frankfurt ~ der Oder* Francfort-sur-l'Oder; *Halle liegt ~ der Saale* Halle est située sur la Saale; *~ der Elbe* sur le bord de l'Elbe; *~ der Straße nach X* sur la route de X; *~ der Grenze* à la frontière; *Tür ~ Tür* porte à porte; *Seite ~ Seite a fig* côte à côte; *~ erster Stelle* en premier lieu; à la première place; *~ verschiedenen Punkten* en plusieurs endroits, points; *das Bild ~ die Wand hängen* accrocher le tableau au mur; *das Bild hängt ~ der Wand* le tableau est accroché au mur; *~ die Arbeit!* au travail!; *ein Kind ~ der Hand führen* conduire un enfant par la main; 2. *zeitlich* à; *oft bloßer acc*; *~ e-m Sonntagmorgen* un dimanche matin; *~ jedem Freitag* le vendredi; tous les vendredis; *~ deinem Geburtstag* à ton anniversaire; *~ Ostern* à Pâques; 3. *in verschiedenen Bedeutungen ~ etw* ⟨*dat*⟩ *sparen* économiser sur qc; *~ etw* ⟨*dat*⟩ *arbeiten* travailler à qc; *arm, reich ~ etw* ⟨*dat*⟩ *sein* être pauvre, riche en qc; *jung ~ Jahren* jeune (d'âge); *es ist ~ der Zeit (, zu + inf)* il est temps (de); *st/s sie waren zehn ~ der Zahl* ils étaient au nombre de dix; *was hast du ~ Schuhen, Taschengeld?* qu'est-ce que tu as comme chaussures, comme argent de poche?; F *sie hat es ~ der Galle* elle est malade de la vésicule; *es liegt ~ dir (du hast schuld)* c'est ta faute; (*es hängt von dir ab*) cela dépend de toi; *st/s nun ist es ~ mir (, zu ...)* maintenant, alors, c'est à moi (de ...); *~ (und für) sich* au fond; *die Sache ~ und für sich* la chose en elle-même; PHILOS *das Ding ~ sich* la chose en soi; *das Beste ~ der Sache ist, daß ...* le mieux dans tout ça, c'est que ...; *was mir ~ Reiner so gefällt* ce que j'aime, j'apprécie beaucoup chez Reiner; *der Brief ist ~ Sie gerichtet* la lettre vous est adressée; *das kenne ich ~ ihm* c'est bien lui; *kaum ~ sich* ⟨*acc*⟩ *halten können (vor Lachen, Wut etc)* pouvoir à peine se retenir (de rire, de se mettre en colère, *etc*); II *adv* 1. *auf Fahrplänen etc* Berlin *~* ...

arrivée Berlin à ...; **2.** F *vor Maß-, Mengenangaben* presque; à peu près; environ; ~ *die dreißig Jahre alt sein* avoir presque, à peu près, environ trente ans; **3.** *von* ... ~ dès; *a räumlich, fig* à partir de; *von nun od jetzt* ~ à partir de maintenant; désormais; *von damals, hier, fünf Mark* ~ à partir de ce moment-là, d'ici, de cinq marks; **4.** F *Maschine, Motor* en marche; *Licht, Heizung, Feuer, Radio etc* allumé; **5.** (*bekleidet*) *mit wenig* ~ habillé légèrement; *mit etw* ~ habillé; *mit nichts* ~ (tout) nu

Anabolikum [ana'bo:likʊm] *n* ⟨~s; -ka⟩ *MÉD* anabolisant *m*

Anachro|nismus [anakro'nɪsmʊs] *m* ⟨~; -men⟩ anachronisme *m*; ℒ*nistisch adj* anachronique

Anagramm [ana'gram] *n* ⟨~s; ~e⟩ anagramme *f*

Anakoluth [anako'lu:t] *n od m* ⟨~s; ~e⟩ *GR* anacoluthe *f*

Anakonda [ana'kɔnda] *f* ⟨~; ~s⟩ *ZO* anaconda *m*

anal [a'na:l] **I** *adj* anal; **II** *adv untersuchen* par l'anus; *einführen etc* dans l'anus

A'nalerotik *f* ⟨~⟩ érotisme anal

Analgetikum [anal'ge:tikʊm] *n* ⟨~s; -ka⟩ *MÉD* analgésique *m*

analog [ana'lo:k] **I** *adj Ideen, Situation, Fall etc* analogue (*zu* à), *INFORM, TECH* analogique; **II** *adv* par analogie (*zu* avec); *INFORM, TECH* analogiquement

Analo'gie *f* ⟨~; ~n⟩ analogie *f*; *in* ~ *zu* par analogie avec

Analo'gieschluß *m* conclusion *f*, déduction *f* analogique

Ana'log|rechner *m* calculateur *m* analogique; **~uhr** *f* montre *f* analogique

Analphabet(in) [an'ʔalfa'be:t(ɪn) *ou* 'an-] *m*⟨~en; ~en⟩ *(f)* ⟨~; ~nen⟩ illettré(e) *m(f)*; analphabète *m,f*; *fig péj* ignorant(e) *m(f)*

Analpha'be|tentum *n* ⟨~s⟩ analphabétisme *m*; **~'tismus** [~] *m* ⟨~⟩ analphabétisme *m*

A'nalverkehr *m* sodomie *f*

Analyse [ana'ly:zə] *f* ⟨~; ~n⟩ analyse *f*

analy'sierbar *adj* analysable

analy'sieren *v/t* ⟨*pas de ge-, h*⟩ analyser

Analysis [a'na:lyzɪs] *f* ⟨~⟩ *MATH* analyse *f*

Ana'lyst *m* ⟨~en; ~en⟩ *BÖRSE* analyste (financier)

Ana'lyt|ik *f* ⟨~⟩ analytique *f*; **~iker(in)** *m* ⟨~s; ~⟩ *(f)* ⟨~; ~nen⟩ analyste *m,f*; ℒ*isch* **I** *adj* analytique; **II** *adv* par analyse; analytiquement

Anämie [anɛ'mi:] *f* ⟨~; ~n⟩ *MÉD* anémie *f*

an'ämisch *adj a fig péj* anémique

Anamnese [anam'ne:zə] *f* ⟨~; ~n⟩ *MÉD* anamnèse *f*

Ananas ['ananas] *f* ⟨~; ~ *ou* ~se⟩ ananas *m*

Anapher [a'na:fər] *f* ⟨~; ~n⟩ *RHÉT* anaphore *f*

Anarchie [anar'çi:] *f* ⟨~; ~n⟩ anarchie *f*

an'archisch *adj* anarchique

Anar'|chismus *m* ⟨~⟩ anarchisme *m*; **~'chist(in)** *m* ⟨~en; ~en⟩ *(f)* ⟨~; ~nen⟩ anarchiste *m,f*; ℒ'*chistisch adj* anarchiste

Anastasia [anas'ta:zia] *f* ⟨→ *n/pr*⟩ Anastasie *f*

Anästhe|sie [anʔɛste'zi:] *f* ⟨~; ~n⟩ *MÉD* anesthésie *f*; ℒ'*sieren v/t* ⟨*pas de ge-, h*⟩ anesthésier; **~'sist(in)** *m* ⟨~en; ~en⟩ *(f)* ⟨~; ~nen⟩ anesthésiste *m,f*

Anatolien [ana'to:liən] *n* ⟨→ *n/pr*⟩ l'Anatolie *f*

Anatomie [anato'mi:] *f* ⟨~; ~n⟩ **1.** ⟨*pas de pl*⟩ anatomie *f*; **2.** *Institut* institut *m* d'anatomie; **~saal** *m* amphithéâtre *m* d'anatomie

ana'tomisch *adj* anatomique

'an|backen ⟨*irr, sép, -ge-*⟩ **I** *v/i* ⟨*sein*⟩ *Kuchen etc* attacher; *Schnee* coller; **II** *v/t* ⟨*h*⟩ mettre quelques minutes au four; **~baggern** *Jugendsprache v/t* ⟨*-(e)re, sép, -ge-, h*⟩ F draguer

'anbahn|en ⟨*sép, -ge-, h*⟩ *v/t* préparer (la voie) à; **II** *v/réfl sich* ~ s'ébaucher; ℒ*ung f* ⟨~; ~en⟩ ébauche *f*

anbändeln ['anbɛndəln] *v/i* ⟨*-(e)le, sép, -ge-, h* **mit** *j-m* ~ (*flirten*) flirter avec qn; (*Streit suchen*) chercher querelle à qn

'Anbau *m* ⟨~(e)s; ~ten⟩ **1.** ⟨*pas de pl*⟩ *AGR* culture *f*; **2.** ⟨*pas de pl*⟩ *CONSTR* (*das Anbauen*) agrandissement *m*; **3.** *CONSTR* (*Gebäude*) annexe *f*

'anbauen ⟨*sép, -ge-, h*⟩ **I** *v/t* **1.** *AGR* cultiver; **2.** *CONSTR* ajouter (*an* [+*acc*] à); *ein Zimmer* ~ ajouter une pièce (à); *e-e Garage an ein Haus* ~ construire un garage contre une maison; **II** *v/i CONSTR* s'agrandir

'anbaufähig *adj agr* cultivable; *Boden a* arable; *nicht* ~ non cultivable; incultivable

'Anbau|fläche *f agr* surface *f*, superficie *f* cultivable, arable; **~gebiet** *n agr, für Wein* région *f*, zone *f* de culture; **~küche** *f* cuisine *f* à partir d'éléments combinables; **~möbel** *n/pl* meubles construits avec des éléments, des modules combinables; **~schrank** *m* armoire *f* à éléments combinables

'anbefehlen *v/t* ⟨*irr, sép, pas de ge-, h*⟩ *st/s j-m etw* ~ (*befehlen*) ordonner qc à qn; (*anvertrauen*) confier, remettre qc à la garde de qn

'Anbeginn *st/s m* commencement *m*; début *m*; origine *f*; *von* ~ (*an*) dès le début, le commencement, l'origine

'anbehalten *v/t* ⟨*irr, sép, pas de ge-, h*⟩ *Kleidungsstück* garder; ne pas enlever; ne pas quitter

an'bei *adv* ci-joint; ci-inclus; ~ *schikken wir Ihnen* ... ci-joint, ci-inclus, nous vous envoyons ...

'anbeißen ⟨*irr, sép, -ge-*⟩ **I** *v/t Apfel, Stück Kuchen etc* mordre dans; entamer; *ein angebissenes Brötchen* un petit pain entamé; F *fig zum* ℒ *aussehen od sein Frau, Mädchen* F être (mignonne, jolie) à croquer; **II** *v/i* **1.** *Fisch* mordre (à l'hameçon); **2.** *fig* mordre à l'hameçon; F *plais bei ihm hat noch keine angebissen* F il n'a pas encore fait de touche

'anbekommen *v/t* ⟨*irr, sép, pas de ge-, h*⟩ **1.** *Kleidung etc* arriver à mettre; **2.** *Feuer, Kerze etc* arriver à allumer; *Motor* arriver à mettre en marche

'anbelangen *v/t* ⟨*sép, pas de ge-, h*⟩ *was mich anbelangt*, (*so*) ... en ce qui me concerne *od* quant à moi, je ...

'anbellen *v/t* ⟨*sép, -ge-, h*⟩ aboyer après

'anbequemen *st/s v/réfl* ⟨*sép, pas de ge-, h*⟩ *sich e-r Sache* (*dat*) ~ s'accommoder à *od* de qc

'an|beraumen *v/t* ⟨*sép, pas de ge-, h*⟩ *Sitzung, Termin etc* fixer; **~beten** *v/t* ⟨*-ete, sép, -ge-, h*⟩ *REL, fig* adorer; ℒ*beter(in) m(f)* ⟨~s; ~⟩ *(f)* ⟨~; ~nen⟩ adorateur, -trice *m,f*

'Anbetracht *m in* ~ *e-r Sache* (*gén*) en considération de, en raison de qc; *in* ~ *der Tatsache od dessen, daß* ... attendu, vu, étant donné que ...; *in* ~ *der Verhältnisse, Umstände* vu les, en raison des circonstances

'anbetreffen *v/t* ⟨*irr, sép, pas de ge-, h*⟩ *cf anbelangen*

'anbetteln *v/t* ⟨*-(e)le, sép, -ge-, h*⟩ *j-n* (*um etw*) ~ mendier (qc) auprès de qn

'Anbetung *f* ⟨~⟩ adoration *f*

'anbetungswürdig *adj* adorable

'anbezahlen *v/t* ⟨*sép, pas de ge-, h*⟩ payer un acompte sur

'anbiedern *v/réfl* ⟨*-(e)re, sép, -ge-, h*⟩ *péj sich bei j-m* ~ vouloir se faire bien voir de qn; F faire de la lèche à qn; F fayoter

'Anbiederung *f* ⟨~; ~en⟩ *péj diese* ~ *gefällt mir nicht* F cette façon de faire de la lèche ne me plaît pas

'Anbiederungsversuch *m péj* F tentative *f* de faire de la lèche

'anbieten ⟨*irr, sép, -ge-, h*⟩ **I** *v/t* (*j-m*) *etw* ~ offrir qc (à qn); (*vorschlagen*) proposer qc (à qn); *Waren zum Verkauf* ~ offrir, proposer des marchandises; *j-m s-n Rücktritt* ~ offrir, proposer à qn sa démission; *j-m das Du* ~ proposer, offrir à qn de le tutoyer; **II** *v/réfl sich* ~ se proposer (*etw zu tun* de faire qc); *fig Möglichkeit* se présenter; *Erklärung* s'imposer

'Anbieter(in) *m(f) COMM* fournisseur, -euse *m,f*

'anbinden ⟨*irr, sép, -ge-, h*⟩ **I** *v/t* attacher (*an* [+*dat ou acc*] à); *Boot a* amarrer (à); *fig kurz angebunden sein* se montrer brusque, sec; **II** *st/s v/i mit j-m* ~ (*Streit anfangen*) chercher noise, querelle à qn; (*flirten*) flirter avec qn

'Anbindung *f e-r Region etc* rattachement *m*, liaison *f* (*an* [+*acc*] à)

'anblaffen F *péj v/t* ⟨*sép, -ge-, h*⟩ **1.** *Hund* aboyer après; **2.** *fig* F enguirlander; F engueuler

'anblasen *v/t* ⟨*irr, sép, -ge-, h*⟩ **1.** *Feuer, Glut* attiser; *Hochofen* mettre à feu; allumer; **2.** *MUS Instrument* souffler dans; *Ton* jouer; **3.** *j-n* (*mit etw*) ~ souffler (qc) dans la direction de qn; F *fig j-n* ~ F enguirlander qn; **4.** *Jagd etc* sonner

'anbleiben F *v/i* ⟨*irr, sép, -ge-, sein*⟩ **1.** *Maschine, Motor* rester en marche; *Licht, Heizung, Radio etc* rester allumé; **2.** *die Jacke bleibt an!* ne quitte pas, garde ta veste!

'Anblick *m* **1.** vue *f*; *beim* ~ *von* à la vue de; *schon beim bloßen* ~ *wurde mir schlecht* rien qu'à voir ça, j'en ai été malade; **2.** (*Bild*) spectacle *m*; *e-n ungewohnten, erfreulichen* ~ *bieten* offrir un spectacle inhabituel, réjouissant; *ihm bot sich ein schrecklicher* ~ un spectacle horrible s'offrit à sa vue

'an|blicken *v/t* ⟨*sép, -ge-, h*⟩ regarder; **~blinken** *v/t* ⟨*sép, -ge-, h*⟩ *Leuchtturm etc* envoyer des rayons lumineux sur; *Autofahrer j-n* ~ faire un (des) appel(s) de phares à qn

'anblinzeln *v/t* ⟨*-(e)le, sép, -ge-, h*⟩ re-

garder en clignant des yeux; **j-n von der Seite ~** faire un clin d'œil à qn
'**anbohren** v/t ⟨sép, -ge-, h⟩ **1.** (commencer à) percer; **2.** F fig **j-n ~** F cuisiner qn
'**anbraten** v/t ⟨irr, sép, -ge-, h⟩ Fleisch faire revenir; **leicht angebraten** légèrement revenu
'**anbräunen** v/t ⟨sép, -ge-, h⟩ CUIS faire blondir
'**anbrausen** F v/i ⟨-(e)st, sép, -ge-, sein⟩ **angebraust kommen** arriver à toute vitesse, en trombe
'**anbrechen** ⟨irr, sép, -ge-⟩ **I** v/t ⟨h⟩ **1.** Vorräte, Geldsumme etc entamer; F **s-n Hundertmarkschein ~** entamer ses cent marks; F plais **was machen wir mit dem angebrochenen Abend?** qu'est-ce qu'on fait du reste de la soirée?; comment va-t-on finir la soirée?; **2.** Knochen, Holz etc fêler; **II** st/s v/i ⟨sein⟩ Epoche, Jahreszeit commencer; Tag se lever; poindre; paraître; Nacht tomber; **bei ~der Nacht, Dunkelheit** à la tombée de la nuit; à la nuit tombante
'**anbrennen** ⟨irr, sép, -ge-⟩ **I** v/t ⟨h⟩ (anzünden) allumer; **II** v/i ⟨sein⟩ Papier etc prendre feu; Essen brûler; Milch, Brei attacher; **angebrannt riechen** sentir le brûlé; F plais **er läßt nichts ~** (er läßt sich nichts entgehen) il ne rate rien; in bezug auf Frauen F il se les tape toutes
'**anbring|en** v/t ⟨irr, sép, -ge-, h⟩ **1.** F (herbeibringen) (r)apporter; bes Personen, Tiere (r)amener; **2.** (befestigen) mettre; placer; poser; **3.** fig Bemerkung, Worte, Beschwerde, Kinnhaken etc placer; ²**ung** f mise f; pose f
'**Anbruch** m ⟨~(e)s, -brüche⟩ **1.** st/s ⟨pas de pl⟩ des Tages lever m; der Nacht tombée f; e-r Epoche commencement m; **vor ~ des Tages, der Dunkelheit** avant que le jour se lève, avant la tombée de la nuit; **bei ~ des Tages, der Dunkelheit** au lever du jour, à la tombée de la nuit; **2.** BERGBAU filon m découvert; **3.** TECH fêlure f
'**anbrüllen** v/t ⟨sép, -ge-, h⟩ **1.** **j-n ~** Tiger, Löwe rugir, Kuh, Ochse beugler à la vue de qn; **2.** F **j-n ~** engueuler qn; **brüll mich nicht so an, ich bin nicht schwerhörig!** F ne gueule pas comme ça, je ne suis pas sourd!
'**anbrüten** v/t ⟨-ete, sép, -ge-, h⟩ commencer à couver; **angebrütetes Ei** œuf (à moitié) couvé
An'chovis f cf Anschovis
Andacht ['andaxt] f ⟨~; -en⟩ **1.** REL (Ehrfurcht, fromme, innere ~) dévotion f; piété f; (Gebete) prières f/pl; **2.** ⟨pas de pl⟩ fig recueillement m; **etw mit ~ tun** faire qc avec recueillement
andächtig ['andɛçtɪç] **I** adj Zuhörer, Gemeinde recueilli; **~e Stille** silence religieux; **II** adv avec recueillement
'**Andachts|bild** n tableau m, image f de dévotion; ²**voll** st/s adv cf **andächtig**
Andalusien [anda'lu:ziən] n ⟨→ n/pr⟩ l'Andalousie f
'**andampfen** F v/i ⟨-(e)st, sép, -ge-, sein⟩ **angedampft kommen** F arriver à toute vapeur
andante [an'dantə] adv MUS andante
An'dante n ⟨~(s); -s⟩ MUS andante m
'**Andauer** f continuation f; persistance f
'**an|dauern** v/i ⟨-(e)re, sép, -ge-, h⟩ continuer; persister; **~dauernd I** adj ⟨épithète⟩ continuel, -elle; permanent; **II** adv continuellement; en permanence
Anden ['andən] pl die **~** les Andes f/pl
'**Andenken** n ⟨~s; ~⟩ (Erinnerung), Gegenstand souvenir m; **an e-n Verstorbenen a** mémoire f; **als ~** en souvenir; **zum ~ an** (+acc) en souvenir de; feierlich en commémoration de; **j-m etw zum ~ schenken** offrir qc à qn comme souvenir; **j-n in gutem ~ behalten** garder un bon souvenir de qn; **sein ~ wird stets in Ehren gehalten werden** son souvenir, sa mémoire sera toujours honoré(e)
'**änderbar** adj modifiable
'**andere(r, -s)** ['andərə] pr/ind **I** adj autre; **ein ~s Hemd anziehen** changer de chemise; mettre une autre chemise; **ein über das ~ Mal** une fois sur deux; **e-n über den ander(e)n Tag** tous les deux jours; un jour sur deux; **~r Meinung sein** être d'un autre avis; **wir bekommen ~s Wetter** le temps va changer; **II** subst **ein ~r, e-e ~** un(e) autre; pl **~** d'autres; **die ander(e)n** les autres; **kein ~r, niemand ander(e)s** aucun autre; personne d'autre; nul autre; **jemand ander(e)s** quelqu'un d'autre; **jeder ~** tout autre; **der eine ..., der ~** l'un ..., l'autre; **der eine wie der ~** l'un et l'autre; l'un aussi bien que l'autre; **sie sind einer wie der ~** ils sont tous pareils; ils se valent tous; **der eine oder (der) ~** l'un ou l'autre; **einer nach dem ander(e)n** l'un après l'autre; à tour de rôle; **er ist ein ~r geworden** il a changé; **etwas ~s** autre chose; **nichts ~s** rien d'autre; rien que cela; **das ist etwas ~s** c'est autre chose; **er ist alles ~ als ...** il est loin d'être ...; **kein ~r als du** personne d'autre que toi; toi seul; **... und ~s mehr ...** et (d')autres choses encore; **alles ~** tout le reste; **j-n e-s ~n belehren** faire changer qn d'opinion; **unter ~m** entre autres (choses); (immer) **eins nach dem ander(e)n** pas tout à la fois; **es verging ein Jahr nach dem ander(e)n** les années se suivirent, s'écoulèrent, passèrent; **eins kommt zum ander(e)n** cela vient s'ajouter à l'autre, aux autres, à d'autres (choses); **er macht e-n Fehler nach dem ander(e)n** il fait faute sur faute, une faute après l'autre; **eine war hübscher als die ~** elles étaient plus jolies les unes que les autres; **weder das eine noch das ~** ni l'un ni l'autre; **da müssen schon ~ kommen!** si tu crois que tu m'impressionnes!; F **ich hätte beinahe etwas ~s gesagt** j'allais dire autre chose; F **dem hätte ich etwas ~s erzählt!** F il m'aurait entendu!; je lui aurais dit ce que je pense!
'**anderen|'falls** adv sinon; autrement; **~'orts** st/s adv ailleurs; le lendemain; **~'tags** st/s adv
'**anderer'seits** adv d'autre part; d'un autre côté
'**ander'mal** adv **ein ~** une autre fois
ändern ['ɛndərn] ⟨-(e)re, h⟩ **I** v/t changer; a Text modifier; Kleidung retoucher; **etw an j-m ~** faire changer qc à qn; **etw an e-r Sache** (dat) **~** changer qc à qc; **das ändert die Sache** cela change les choses, la question; **das ändert nichts an der Sache** cela ne change rien à l'affaire, à la chose, à la question; **ich kann es nicht ~** je ne peux rien y changer; **es ist nicht zu ~** on ne peut rien y changer, faire; **das ändert nichts an der Tatsache, daß ...** cela ne change rien au fait que ...; **II** v/réfl **sich ~** changer; **das kann sich noch ~** cela peut encore changer; **daran hat sich nichts geändert** rien n'a changé dans ce domaine, sur ce plan
'**andern|'falls, ~'orts, ~'tags** cf **anderenfalls** etc
anders ['andərs] adv u adj ⟨attribut⟩ **1.** (verschieden) autrement (**als** que); différemment (**als** de); d'une autre manière, façon (**als**); **~ aussehen** ne pas ressembler à; **er ist ~ als s-e Kameraden** il est différent de ses camarades; **das muß man ~ übersetzen** il faut traduire cela autrement, d'une autre façon, différemment; **~ ausgedrückt** autrement dit; en d'autres mots, termes; **das ist nun einmal nicht ~** c'est comme ça; **c'est comme ça et pas autrement; es geht nicht ~** on ne peut pas faire autrement; **es war nicht ~ zu erwarten** il fallait s'y attendre; **das kenne ich nicht ~** c'est bzw c'était toujours comme ça; (das überrascht mich nicht) ça ne m'étonne pas; **das muß ~ werden** cela doit changer; **ich konnte nicht ~** je ne pouvais pas faire autrement; **das hört sich schon ~ an!** voilà qui est mieux!; j'aime mieux cela!; iron **wie könnte es ~ sein!** il fallait s'y attendre; **die Wirklichkeit sieht ganz ~ aus** la réalité est tout autre, est tout à fait différente; **es kommt dann doch ~** ça ne se passe pas comme on s'y attendait; **es kommt** (immer) **~ als man denkt** il ne sert à rien de prévoir; F **ich kann auch ~** je vais te bzw vous montrer qui je suis; F **mir wird ganz ~** je me sens tout drôle, F tout chose; **2.** F (sonst) autrement; **irgendwo ~** ailleurs; autre part; **nirgendwo ~** nulle part
'**anders|artig** adj différent; ²**artigkeit** f ⟨~⟩ différence f; **~denkend** adj ⟨épithète⟩ qui pense autrement, différent; ²**denkende(r)** f(m) ⟨→ A⟩ personne f qui pense autrement; POL a dissident(e) m(f); **~farbig** adj d'une autre couleur; **~geartet** adj différent; **~geschlechtlich** adj du sexe opposé; **~gesinnt** adj d'une autre opinion; ²**gesinnte(r)** f(m) ⟨→ A⟩ personne f d'opinion différente; **~gläubig** adj qui a d'autres convictions religieuses; ²**gläubige(r)** f(m) ⟨→ A⟩ personne f qui a d'autres convictions religieuses
'**andersherum** **I** adv dans l'autre sens; **II** F adj **er ist ~** (schwul) F c'est un pédé; F il est de l'autre bord
'**anderslautend** adjt ⟨épithète⟩ autre; différent; (widersprüchlich) contradictoire
'**andersrum** F **I** adv (andersherum) dans l'autre sens; **~ drehen** tourner en sens inverse, dans l'autre sens; **ich bin ~ nach Hause gegangen** je suis rentré (chez moi) par un autre chemin; **II** adj cf **andersherum II**
'**Anders|sein** n fait m d'être différent; ²**sprachig** adj qui parle une autre langue

'anders|wie F adv autrement; d'une autre façon, manière; ~wo F adv ailleurs; autre part; ~woher F adv (provenant) d'ailleurs, d'un autre lieu; ~wohin F adv ailleurs; autre part
anderthalb ['andərt'halp] num/c un et demi; ~ Stunden une heure et demie
'andert'halbfach adj nehmen Sie die ~e Menge od das 2e prenez une fois et demie la quantité indiquée
'andert'halbjährig adj d'un an et demi
'andert'halbmal adv une fois et demie; ~ so viele Äpfel (wie ...) une fois et demie plus de pommes (que ...)
'andert'halbstündig adj d'une heure et demie; mit ~er Verspätung avec une heure et demie de retard
'Änderung f ⟨~; ~en⟩ changement m, modification f (an [+dat] à); COUT a retouche f (an [+dat] à); e-e ~ herbeiführen apporter un changement, une modification; e-e durchgreifende ~ vornehmen faire un changement radical; ~en vorbehalten sous réserve de modifications
'Änderungs|antrag m PARLAMENT (proposition f d')amendement m; ~kündigung f modification f d'un contrat de travail; ~schneiderei f retoucheur m, -euse f en confection; auf Schildern retouches f/pl; ~vorschlag m proposition f de modification, de changement; ~wunsch m désir m, demande f de changement, de modification
'anderweitig I adj ⟨épithète⟩ autre; ~e Verpflichtungen f/pl d'autres obligations; II adv ailleurs; autre part; ~ gebunden sein être engagé ailleurs, autre part; das kann ich noch ~ verwenden cela peut encore me servir à od pour autre chose
'andeuten ⟨-ete, sép, -ge-, h⟩ I v/t 1. (zu verstehen geben) indiquer (vaguement, à demi-mot); (ahnen lassen) laisser entendre; laisser, faire comprendre; j-m etw ~ faire comprendre, laisser entendre qc à qn; er deutete an, daß er verreisen werde il a laissé entendre, il a fait comprendre qu'il allait partir en voyage; etw mit ein paar Worten, e-r Geste ~ indiquer qc en od par quelques mots, par un geste; 2. zeichnerisch etc esquisser; e-e angedeutete Linie une ligne vaguement esquissée; fig ein Lächeln ~ esquisser, ébaucher un sourire; II v/réfl sich ~ s'annoncer
'Andeutung f (vague) indication f; (Anspielung) allusion f; fig e-s Lächelns, e-r Geste etc esquisse f, ébauche f; ~en machen laisser, faire comprendre qc; laisser entendre qc; e-e ~ (über etw, j-n) machen faire une allusion (à qc, qn); in ~en reden parler à mots couverts
'andeutungsweise adv vaguement; mit Worten à mots couverts; à demi-mot
'andichten v/t ⟨-ete, sép, -ge-, h⟩ 1. j-m etw ~ attribuer, imputer (faussement, à tort) qc à qn; 2. j-n ~ adresser une poésie, un poème à qn
'andicken v/t ⟨sép, -ge-, h⟩ Soße etc lier; épaissir
'andienen ⟨sép, -ge-, h⟩ I v/t j-m etw ~ presser qn d'accepter qc; zum Kauf pousser qn à acheter qc; II v/réfl sich j-m ~ offrir avec insistance ses services à qn; se mettre à la disposition de qn

'andiskutieren v/t ⟨sép, pas de ge-, h⟩ amorcer une discussion sur
'andocken v/i ⟨sép, -ge-, h⟩ Raumfahrzeug s'arrimer
'andonnern F ⟨-(e)re, sép, -ge-⟩ I v/t ⟨h⟩ (anbrüllen) F engueuler; F enguirlander; II v/i ⟨sein⟩ ~ od angedonnert kommen arriver en faisant un fracas de tonnerre
Andorra [an'dɔra] n ⟨→ n/pr⟩ l'Andorre f
Andorran|er(in) [andɔ'ra:nər(in)] m ⟨~s; ~⟩ (f) ⟨~; ~nen⟩ Andorran(e) m(f); 2isch adj andorran; d'Andorre
'Andrang m ⟨~(e)s⟩ von Menschen affluence f; a PHYSIOL afflux m; am Schalter herrschte großer ~ il y avait grande affluence, on se bousculait au guichet
'andre(r, -s) cf andere(r, -s)
Andrea [an'dre:a] f ⟨→ n/pr⟩ Andrée f
Andreas [an'dre:as] m ⟨→ n/pr⟩ André m
An'dreaskreuz n 1. croix f de Saint-André; 2. im Verkehrswesen panneau m en forme d'un X signalant un passage à niveau
'andrehen v/t ⟨sép, -ge-, h⟩ 1. Radio, Fernsehen, Licht, Heizung mettre; allumer; Gas, Wasserhahn ouvrir; 2. F j-m etw ~ F refiler qc à qn; 3. (festdrehen, anschrauben) visser
'andrer'seits cf andererseits
andro|gyn [andro'gy:n] adj BIOL androgyne; 2gy'nie f ⟨~⟩ BIOL androgynie f
'androhen v/t ⟨sép, -ge-, h⟩ j-m etw ~ menacer qn de qc; der angedrohte Streik la grève annoncée
'Androhung f menace f; j-n unter ~ von Gewalt zu etw zwingen forcer qn à faire qc sous la menace de la violence; unter ~ e-r Strafe en menaçant d'une punition
Andrologie [androlo'gi:] f ⟨~⟩ MÉD andrologie f
'Andruck m ⟨~(e)s; ~e⟩ TYPO Vorgang premier tirage d'épreuves; Ergebnis première épreuve
'an|drucken TYPO ⟨sép, -ge-, h⟩ I v/t faire une première épreuve de; II v/i faire le premier tirage; ~drücken v/t ⟨sép, -ge-, h⟩ presser, appuyer (an [+acc] sur, contre); ~dünsten v/t ⟨-ete, sép, -ge-, h⟩ CUIS faire revenir
'anecken v/i ⟨sép, -ge-, sein⟩ 1. se cogner, se heurter (an [+dat] à); 2. F fig (bei j-m) ~ se faire mal voir (par qn); choquer (qn); überall ~ se faire partout mal voir
'aneignen v/réfl ⟨-ete, sép, -ge-, h⟩ sich (dat) etw ~ 1. Kenntnisse, Fremdsprache assimiler qc; Kenntnisse, gute Manieren, Gewohnheiten, Bildung etc acquérir qc; 2. fremdes Eigentum s'approprier qc; sich (dat) widerrechtlich etw ~ s'approprier qc illégalement; usurper qc
'Aneignung f 1. von Kenntnissen assimilation f; e-r Gewohnheit, von guten Manieren etc acquisition f; 2. e-r Sache appropriation f; widerrechtliche ~ appropriation illégale; usurpation f
anein'ander adv l'un(e) à l'autre bzw les un(e)s aux autres; sich ~ festhalten se tenir à l'autre; ~ vorbeileben vivre chacun de son côté; ~ vorbeigehen passer l'un à côté de l'autre; ~

vorbeireden ne pas se comprendre; sich ~ gewöhnen s'habituer l'un à l'autre
anein'ander|binden v/t ⟨irr, sép, -ge-, h⟩ attacher bout à bout, l'un à l'autre; ~drängen ⟨sép, -ge-, h⟩ I v/t pousser l'un contre l'autre; II v/réfl sich ~ se resserrer; se serrer l'un contre l'autre; ~drücken v/t ⟨sép, -ge-, h⟩ appuyer l'un contre l'autre; ~fügen v/t ⟨sép, -ge-, h⟩ joindre; TECH a mettre bout à bout; ~geraten ⟨irr, sép, -ge-, sein⟩ se disputer (mit avec); handgreiflich en venir aux mains (mit avec); ~grenzen v/i ⟨-(es)t, sép, -ge-, h⟩ se toucher; être contigu, GÉOGR limitrophe; ~halten ⟨irr, sép, -ge-, h⟩ tenir l'un contre l'autre; zum Vergleich tenir l'un à côté de l'autre; ~hängen ⟨sép, -ge-, h⟩ I v/t attacher (l'un à l'autre); II v/i ⟨irr⟩ être attaché l'un à l'autre; ~klammern ⟨-(e)re, sép, -ge-, h⟩ I v/t mit e-m Hefter agrafer; mit e-r Büroklammer attacher avec un trombone; II v/réfl sich ~ se coller l'un à, contre l'autre; se serrer l'un contre l'autre; fig s'attacher l'un à l'autre; ~kleben ⟨sép, -ge-, h⟩ I v/t coller l'un contre, à l'autre; II v/i coller ensemble; être collé l'un à l'autre; ~knoten v/t ⟨-ete, sép, -ge-, h⟩ nouer, attacher ensemble; ~kuscheln v/réfl ⟨-(e)le, sép, -ge-, h⟩ sich ~ se blottir, se pelotonner l'un contre l'autre; ~legen v/t ⟨sép, -ge-, h⟩ mettre l'un à côté de l'autre; ~lehnen ⟨sép, -ge-, h⟩ I v/t appuyer l'un contre l'autre; II sich ~ s'appuyer l'un à, contre, sur l'autre; ~nähen v/t ⟨sép, -ge-, h⟩ coudre ensemble; ~passen v/i ⟨-ßt, sép, -ge-, h⟩ s'adapter, s'ajuster l'un à l'autre; ~pressen v/t ⟨-ßt, sép, -ge-, h⟩ presser l'un contre l'autre; ~reihen ⟨sép, -ge-, h⟩ I v/t mettre l'un à côté de l'autre; Wörter, Gedanken a aligner; enchaîner; Perlen enfiler; II v/réfl ⟨sein⟩ zeitlich se suivre; räumlich: Bücher etc être aligné; 2reihung f von Tatsachen, Fakten suite f; succession f; von Büchern alignement m; von Wörtern, Gedanken alignement m; enchaînement m; ~rücken ⟨sép, -ge-⟩ I v/t ⟨h⟩ rapprocher; II v/i ⟨sein⟩ se rapprocher; ~schlagen ⟨irr, sép, -ge-⟩ I v/t ⟨h⟩ taper, cogner l'un contre l'autre; II v/i ⟨sein⟩ se heurter; Geschirr s'entrechoquer; ~schmiegen v/réfl ⟨sép, -ge-, h⟩ sich ~ se blottir, se pelotonner l'un contre l'autre; ~schrauben v/t ⟨sép, -ge-, h⟩ visser l'un à l'autre; ~schweißen v/t ⟨-(es)t, sép, -ge-, h⟩ souder (l'un à l'autre); ~setzen v/t ⟨-(es)t, sép, -ge-, h⟩ mettre l'un à côté de l'autre; zwei Teile zu e-m Ganzen joindre; ~stellen v/t (u v/réfl) ⟨sép, -ge-, h⟩ (sich) ~ (se) mettre l'un à côté de l'autre; ~stoßen v/i ⟨irr, sép, -ge-, sein⟩ 1. s'entrechoquer; 2. (aneinandergrenzen) se toucher; être contigu; GÉOGR être limitrophe
Anekdote [anɛk'do:tə] f ⟨~; ~n⟩ anecdote f
anek'dot|enhaft, ~isch adj anecdotique
'anekeln v/t ⟨-(e)le, sép, -ge-, h⟩ j-n ~ dégoûter, écœurer qn; répugner à qn; sich angeekelt abwenden se détourner dégoûté, répugné, écœuré

Anemometer – anflattern

Anemometer [anemo'meːtər] *n* ⟨~s; ~⟩ PHYS anémomètre *m*
Anemone [ane'moːnə] *f* ⟨~; ~n⟩ BOT anémone *f*
'**anempfehlen** *st/s v/t* ⟨*irr, sép, pas de ge-,* h⟩ *j-m etw* ~ exhorter qn à qc
'**Anerbieten** *st/s n* ⟨~s; ~⟩ offre *f*; proposition *f*
'**anerkannt** *adjt* reconnu; *es ist allgemein* ~, *daß* ... il est généralement admis que ...
'**anerkanntermaßen** *adv das ist* ~ *der beste Wein* il est reconnu, généralement admis que c'est le meilleur vin
'**anerkennen** *v/t* ⟨*irr, sép ou insép, pas de ge-,* h⟩ reconnaître (*a* JUR, POL); *Kritik, Regeln etc* accepter; *Leistung* apprécier; (*amtlich*) ~ reconnaître officiellement; JUR, SPORT *Rekord* homologuer; *etw dankbar* ~ être reconnaissant de qc; *ein paar ~de Worte sprechen* dire quelques mots d'appréciation; *j-m e-n ~den Blick zuwerfen* lancer un regard admiratif à qn
'**anerkennenswert** *adj* louable; *sein Fleiß ist* ~ son zèle mérite d'être loué
'**Anerkennung** *f* ⟨~; ~en⟩ reconnaissance *f* (*a* JUR, POL *e-s Staates*); (*Wertschätzung*) appréciation *f*; (*amtliche*) ~ reconnaissance officielle; JUR, SPORT *e-s Rekords* homologation *f*; (*Billigung, Zustimmung*) acceptation *f*; *in* ~ *s-r Verdienste* (*als* ...) en reconnaissance de ses mérites (comme ...); *j-m* ~ *zollen* montrer à qn de l'estime; ~ *finden* être reconnu et apprécié
'**anerziehen** *v/t* ⟨*irr, sép, pas de ge-,* h⟩ *j-m etw* ~ inculquer qc à qn
'**anessen** *v/réfl* ⟨*irr, sép, -ge-,* h⟩ F *sich* (*dat*) *e-n Bauch, fünf Kilo mehr* ~ prendre du ventre, cinq kilos (à force de manger)
anfachen ['anfaxən] *st/s v/t* ⟨*sép, -ge-,* h⟩ 1. *Feuer* ~ souffler sur le feu; 2. *fig Eifer, Ehrgeiz, Neugier, Haß* exciter; *Leidenschaft, Streit* attiser
'**anfahren** ⟨*irr, sép, -ge-*⟩ I *v/t* ⟨h⟩ 1. (*hertransportieren*) amener; transporter; 2. *Fußgänger etc* accrocher; 'heurter; *andere Fahrzeuge etc* rentrer dans; tamponner; 3. F *fig j-n* (*grob*) ~ F enguirlander, engueuler qn; 4. (*ansteuern*) se diriger vers; *Schiff* mettre le cap sur; II *v/i* ⟨sein⟩ 5. *Zug, Auto etc* (*losfahren*) se mettre en marche; démarrer; *der Zug fuhr mit einem Ruck an* le train démarra après une forte secousse; AUTO *das* ⚲ *am Berg* le démarrage en côte; 6. (*her~*) *angefahren kommen* arriver, approcher (en voiture, *etc*); 7. BERGBAU descendre
'**Anfahrt** *f* 1. *zum Arbeitsplatz etc* trajet *m*; *e-e weite* ~ *haben* avoir un long trajet; 2. (*Zufahrt*) (voie *f* d')accès *m*
'**Anfahrts|straße** *f* route *f*, voie *f* d'accès; **~weg** *m zum Arbeitsplatz etc* trajet *m*; **~zeit** *f* temps *m* de trajet
'**Anfall** *m* 1. *von Fieber, Husten etc* accès *m*; *von Husten* a quinte *f*; *epileptischer*, (*Asthma⚲*), *von Schmerzen etc* crise *f*; *in e-m* ~ *von Wut, Heiterkeit* dans un accès de colère, de gaieté, *etc*; *e-n* ~ *bekommen od* F *kriegen* piquer une crise (de rage); 2. ⟨*pas de pl*⟩ (*Ertrag*) rendement *m*; production *f*
'**anfallartig** I *adj* ~*er Husten* quintes *f/pl* de toux; ~*e Schmerzen m/pl* crises douloureuses; II *adv auftreten* par accès
'**anfallen** ⟨*irr, sép, -ge-*⟩ I *v/t* ⟨h⟩ 1. (*angreifen*) attaquer; 2. *st/s fig Müdigkeit* accabler; *Angst* saisir; *Zweifel fielen ihn an* le doute le gagna; II *v/i* ⟨sein⟩ *Arbeiten, Kosten* se présenter (*für* à); *Produkte* être produit; *als Abfall* ~ être produit comme déchets; *alle ~den Arbeiten werden von uns erledigt* nous exécutons tous les travaux nécessaires
'**anfällig** *adj* de santé fragile, délicate; *für etw* ~ *sein* être sujet à qc
'**Anfälligkeit** *f* ⟨~⟩ fragilité *f*; réceptivité *f* (*für* à)
'**anfallsweise** *adv* sous forme d'accès
'**Anfang** *m* début *m*; commencement *m*; *von* ~ *an* dès le début; dès le commencement; *am* ~ *od zu* ~ au commencement; au début; *vom* ~ *bis zum Ende* du commencement, du début à la fin; *das ist von* ~ *bis Ende gelogen* ce ne sont que des mensonges du début à la fin; *das ist der* ~ *vom Ende* c'est le commencement de la fin; ~ *Mai* début mai; au début, au commencement (du mois) de mai; *er ist* ~ *Sechzig* il a entre soixante et soixante-cinq ans; (*mit etw*) *den* ~ *machen* commencer (par qc); *st/s s-n* ~ *nehmen* commencer; débuter; *noch in den Anfängen stecken* en être à son, à ses début(s); *st/s wehret den Anfängen!* il faut tuer la chose dans l'œuf!; BIBL *im* ~ *war das Wort* au commencement était le Verbe; *prov aller* ~ *ist schwer prov* il n'y a que le premier pas qui coûte; *prov* il y a un commencement à tout
'**anfangen** *v/t u v/i* ⟨*irr, sép, -ge-,* h⟩ 1. (*beginnen*) commencer (*zu* à; *mit* par, avec); ~, *zu* (+*inf*) *a* se mettre à (+*inf*); *von vorn* ~ recommencer; *es hat damit angefangen, daß er sie gekränkt hat* tout a commencé parce qu'il l'a vexée; *fang doch nicht gleich an zu weinen!* tu ne vas pas commencer à pleurer!; *es fängt an zu regnen* il commence à pleuvoir; il se met à pleuvoir; *ein angefangener Brief* une lettre que l'on a commencé d'écrire; *Streit* (*mit j-m*) ~ chercher querelle (à qn); F *etwas mit j-m* ~ F s'embarquer dans une liaison avec qn; *er fängt immer wieder davon an* il recommence toujours à en parler; *fängst du schon wieder* (*damit*) *an!?* tu recommences encore?!; *nach e-m Streit* F *er hat angefangen* c'est lui qui a commencé; F *iron das fängt ja gut od schön an!* ça commence bien!; ça promet!; *er hat mit nichts od ganz klein angefangen* il est parti de rien; *bei e-m Unternehmen* ~ commencer à travailler dans bzw pour une entreprise; 2. (*zustande bringen*) faire; *etw falsch, richtig, geschickt* ~ s'y prendre mal, bien, adroitement; *wie haben Sie das bloß angefangen?* comment avez-vous fait?; *damit kann ich nichts* ~ je ne peux rien en faire, faire de cela; *er weiß nichts mit sich anzufangen* il ne sait pas s'occuper; *nichts mit s-r Freizeit anzufangen wissen* ne pas savoir quoi faire de son temps libre; *mit ihm ist heute nichts anzufangen* aujourd'hui, il ne faut rien lui demander

'**Anfänger(in)** *m* ⟨~s; ~⟩ (*f*) ⟨~; ~nen⟩ *a péj* débutant(e) *m(f)*; ~ *in etw* (*dat*) *sein* être débutant, novice dans qc
'**Anfängerkurs(us)** *m* cours *m(pl)* pour *od* de débutants
'**anfänglich** ['anfɛŋlɪç] *adj* ⟨*épithète*⟩ premier, -ière; du début
'**anfangs** *adv* au début; d'abord
'**Anfangsbuchstabe** *m* première lettre; *als Monogramm* initiale *f*; *mit großem, kleinem* ~*n* avec (une) majuscule, minuscule
'**Anfangs|erfolg** *m* premier succès; **~gehalt** *n* salaire *m* d'embauche; **~geschwindigkeit** *f* vitesse initiale; **~gründe** *m/pl e-r Wissenschaft etc* notions *f/pl* élémentaires; rudiments *m/pl*; **~kapital** *n* capital initial; **~schwierigkeiten** *f/pl* difficultés *f/pl* du début; **~stadium** *n* stade initial, première phase; débuts *m/pl*; **~unterricht** *m* enseignement *m* primaire, élémentaire; **~zeit** *f* 1. (*erste Zeit*) premiers temps; 2. *im Kino* heure *f* de la séance, *im Theater* de la matinée *bzw* soirée
'**anfassen** ⟨-ßt, *sép, -ge-,* h⟩ I *v/t* 1. (*berühren*) toucher; *faß mich nicht an!* ne me touche pas!; *nicht* ~*!* ne pas toucher!; F *nie wieder e-e Zigarette* ~ ne plus jamais toucher à une cigarette; 2. (*nehmen, halten*) prendre; 3. (*an die Hand nehmen*) donner la main à qn; ~ *se donner la main*; 4. *fig* (*behandeln*) *j-n hart, zart* ~ traiter qn durement *od* avec dureté, avec douceur; 5. *fig* (*angehen*) *Problem, Arbeit, Aufgabe* aborder; *etw richtig, falsch* ~ bien, mal aborder qc; s'y prendre bien, mal; II *v/i mit* ~ (*helfen*) donner un coup de main (à qn); III *v/réfl Stoff, Wolle etc sich rauh, weich* ~ être rude, doux au toucher
'**an|fauchen** *v/t* ⟨*sép, -ge-,* h⟩ 1. *Katze j-n* ~ feuler après qn; 2. *fig Person* rembarrer; **~faulen** *v/i* ⟨*sép, -ge-,* sein⟩ commencer à pourrir
'**anfechtbar** *adj* contestable; attaquable; **⚲keit** *f* ⟨~⟩ contestabilité *f*
'**anfechten** *v/t* ⟨*irr, sép, -ge-,* h⟩ 1. JUR attaquer (en justice); contester (la validité de); 2. *st/s* (*beunruhigen*) inquiéter; *das ficht mich nicht an* cela ne m'inquiète pas
'**Anfechtung** *f* ⟨~; ~en⟩ 1. JUR contestation *f* (de la validité); 2. *st/s* (*Versuchung*) tentation *f*
'**Anfechtungsklage** *f* action *f* en annulation
'**anfeinden** *v/t* ⟨-ete, *sép, -ge-,* h⟩ attaquer; être hostile à; manifester de l'hostilité à
'**Anfeindung** *f* ⟨~; ~en⟩ attaque *f*; hostilité *f*; ~*en ausgesetzt sein* être exposé à des attaques
'**anfertig|en** *v/t* ⟨*sép, -ge-,* h⟩ faire; confectionner; *Verzeichnis, Protokoll a* dresser; **⚲ung** *f* exécution *f*; *bes von Kleidung* confection *f*
'**anfeuchten** *v/t* ⟨-ete, *sép, -ge-,* h⟩ humecter
'**anfeuer|n** *v/t* ⟨-(e)re, *sép, -ge-,* h⟩ 1. *Ofen, Kessel etc* allumer; faire du feu dans; 2. *fig SPORT etc* encourager; **⚲ung** *f fig* encouragement *m*
'**Anfeuerungsruf** *m* cri *m* d'encouragement
'**anflattern** *v/i* ⟨-(e)re, *sép, -ge-,* sein⟩

angeflattert kommen arriver en voletant, en voltigeant

'**anflehen** *v/t* ⟨*sép*, -ge-, h⟩ implorer; supplier; ***j-n um etw* ~** implorer qc de qn; ***j-n* ~, *etw zu tun*** implorer, supplier qn de faire qc; ***er flehte ihn um Hilfe an*** il implora son aide; il l'implora, le supplia de l'aider; F ***ich flehe Sie an!*** je vous en supplie!

'**anfliegen** ⟨*irr, sép*, -ge-⟩ **I** *v/t* ⟨h⟩ *Flughafen etc* approcher de; voler sur; se diriger vers; *zur Zwischenlandung* faire escale à; *Fluggesellschaft* **e-e *Stadt regelmäßig* ~** desservir une ville; **II** *v/i* ⟨sein⟩ **~** *od* ***angeflogen kommen*** arriver; *Vögel* arriver, s'approcher à tire-d'aile

'**anflitzen** F *v/i* ⟨-(es)t, *sép*, -ge-, sein⟩ ***angeflitzt kommen*** arriver à fond de train, à toute vitesse

'**Anflug** *m* **1.** AVIAT approche *f*; ***beim* ~ *auf*** (+*acc*) à l'approche de; ***sich im* ~ *auf Rom befinden*** approcher de Rome; amorcer la descente sur Rome; **2.** *fig* (*leise Spur*) ***ein* ~ *von Röte*** une légère rougeur; ***ein* ~ *von Bart*** un soupçon de barbe; ***ein* ~ *von Spott*** une légère moquerie; un brin de moquerie; ***ein* ~ *von Traurigkeit*** une légère tristesse; une ombre de tristesse; ***der* ~ *e-s Lächelns*** l'esquisse d'un sourire; ***mit e-m* ~ *von Ironie*** avec une pointe d'ironie; **3.** FORSTWESEN (forêt *f* de) semences apportées par le vent

'**anflunkern** F *v/t* ⟨-(e)re, *sép*, -ge-, h⟩ F raconter des bobards à

'**anfordern** *v/t* ⟨-(e)re, *sép*, -ge-, h⟩ *Hilfe, Akten, Arbeitskräfte, Verstärkung* demander; *Ersatzteile, Katalog* commander; *Notarzt* faire venir

'**Anforderung** *f* **1.** (*Bestellung*) commande *f*; *von Arbeitskräften, Hilfe etc* demande *f*; **2.** (*Anspruch*) exigence *f*; ***große, hohe* ~en *an j-n, etw stellen*** exiger beaucoup de qn, qc; demander beaucoup à qn, qc; ***er stellt hohe* ~en *a*** il est très exigeant; ***den* ~en *nicht gewachsen sein*** ne pas être à la hauteur des exigences

'**Anfrage** *f* demande *f*; COMM demande *f* de renseignement; PARLAMENT interpellation *f*; ***auf*** ~ sur demande; ***auf unsere* ~ *hin*** en réponse à notre demande; ***e-e* ~ *an j-n richten*** adresser une demande à qn; *im Parlament* interpeller qn; adresser une interpellation à qn; ***e-e* ~ *einbringen*** faire une interpellation

'**anfragen** *v/i* ⟨*sép*, -ge-, h⟩ (***bei j-m wegen etw***) **~** demander (qc à qn); s'informer (de qc auprès de qn); ***er fragte an, ob ...*** il demanda si ...

'**anfressen** ⟨*irr, sép*, -ge-, h⟩ **I** *v/t* **1.** *Tiere* (commencer à) manger; s'attaquer à; **2.** MÉD, *Rost etc* ronger; **II** *v/réfl* P ***sich*** (*dat*) ***e-n Bauch* ~** F prendre de la brioche

'**anfreunden** *v/réfl* ⟨-ete, *sép*, -ge-, h⟩ ***sich*** (***mit j-m***) **~** se lier d'amitié (avec qn); se prendre d'amitié (pour qn); ***sich mit etw* ~** *mit e-m Gedanken etc* se familiariser avec qc

'**anfrieren** *v/i* ⟨*irr, sép*, -ge-, sein⟩ ***an etw*** (*dat*) **~** s'attacher à qc par le gel

'**anfüg|en** *v/t* ⟨*sép*, -ge-, h⟩ *Nachschrift etc* ajouter; *Beilage etc* joindre; **~ung** *f* addition *f*

'**anfühlen** ⟨*sép*, -ge-, h⟩ **I** *v/t* toucher; *prüfend* tâter; **II** *v/réfl* ***sich hart, weich, kalt* ~** être dur, doux, froid au toucher; ***sich wie Wolle* ~** avoir le toucher de la laine

Anfuhr ['anfuːr] *f* ⟨~; ~en⟩ apport *m*; (*Transport*) transport *m*; (*Lieferung*) livraison *f*

'**anführen** *v/t* ⟨*sép*, -ge-, h⟩ **1.** *Truppe, Mannschaft, Delegation etc* conduire; être à la tête de; *Tanz* mener; **2.** *Beispiele, Tatsachen, Quellen* citer; donner; *Gründe* donner; énumérer; *Textstellen, Gewährsmann, Zeugen* citer; ***etw zu s-r Entschuldigung* ~** donner qc pour *od* comme excuse; ***etw als Vorwand* ~** prétexter qc; ***um ein Beispiel anzuführen*** pour citer, donner un exemple; ***am angeführten Ort*** loco citato; à l'endroit cité précédemment; ***etw gegen etw* ~** opposer qc à qc; **3.** F (*an der Nase herumführen*) ***j-n* ~** F posséder qn; F rouler qn; F avoir qn

'**Anführer**(**in**) *m*(*f*) chef *m*; POL, *e-r Demonstration, Bewegung, a péj* meneur, -euse *m,f*

'**Anführung** *f* **1.** *e-r Mannschaft etc* conduite *f*; *unter s-r* ~ sous sa conduite; **2.** *von Beispielen, Zeugen etc* citation *f*; *von Gründen* énumération *f*

'**Anführungs**|**striche** *m/pl*, **~zeichen** *n/pl* guillemets *m/pl*; ***etw in* ~ *setzen*** mettre qc entre guillemets

'**anfüllen** *v/t* ⟨*sép*, -ge-, h⟩ remplir (***mit*** de)

'**anfunkeln** *v/t* ⟨-(e)le, *sép*, -ge-, h⟩ ***j-n drohend* ~** regarder qn d'un air menaçant

'**anfunken** *v/t* ⟨*sép*, -ge-, h⟩ *Taxi, Streifenwagen* entrer en communication radio avec

'**Angabe** *f* **1.** (*Nennung, Aussage*) indication *f*; *statistico* donnée *f*; (*Auskunft*) *a* renseignement *m*; information *f*; ADM **~n *zur Person*** état civil (d'une personne); ***unter* ~ *von*** en indiquant ...; ***ohne* ~ *von Gründen*** sans donner de raisons; **~n *machen*** donner des indications; ***nähere* ~n *machen*** donner des précisions; ***genaue* ~n *machen*** donner des indications précises, des renseignements précis; ***falsche, richtige* ~n *machen*** donner de faux renseignements, des renseignements justes; faire de fausses, justes déclarations; **2.** TENNIS *etc* service *m*; ***du hast*** (***die***) ~ à toi de servir; **3.** ⟨*pas de pl*⟩ (*Prahlerei*) vantardise *f*; crânerie *f*; F esbroufe *f*; **4.** *österr* (*Anzahlung*) acompte *m*; arrhes *f/pl*

'**angaffen** *v/t* ⟨*sép*, -ge-, h⟩ regarder bouche bée; *péj* dévisager

'**angähnen** *v/t* ⟨*sép*, -ge-, h⟩ ***j-n* ~** bâiller au nez, à la figure de qn

'**angaloppieren** *v/i* ⟨*sép, pas de ge-*, sein⟩ ***angaloppiert kommen*** arriver au galop

'**angängig** *st/s adj* (*möglich*) possible; (*schicklich*) convenable; (*zulässig*) permis

'**angeben** ⟨*irr, sép*, -ge-, h⟩ **I** *v/t* **1.** (*nennen*) indiquer; *Name, Adresse etc a* donner; *Waren beim Zoll* déclarer; ***etw als Grund* ~** donner qc comme raison, motif; ***falls nicht anders angegeben*** sauf indication contraire; **2.** *Takt, Tempo, Ton* donner; *fig* ***den Ton* ~** donner le ton; **II** *v/i* **3.** TENNIS *etc* servir; **4.** (*prahlen*) se vanter (***mit*** de); crâner; ***mit Worten a*** faire le fanfaron; ***er gab vor s-n Freunden damit an, daß ...*** devant ses amis, il s'est vanté de ... (+*inf*)

'**Angeber**(**in**) *m*(*f*) (*Aufschneider*[*in*]) crâneur, -euse *m,f*; vantard(e) *m*(*f*);

Angebe'rei *f* ⟨~; ~en⟩ crânerie *f*; vantardise *f*; forfanterie *f*; F esbroufe *f*

'**angeberisch I** *adj* **1.** *Person, Wesen* crâneur, -euse; vantard; fanfaron, -onne; **2.** *Dinge* tape-à-l'œil (*inv*); **II** *adv* plein de, avec vantardise

'**Angebete**|**e** *f* ⟨~; A⟩ bien-aimée *f*; *plais* dulcinée *f*; **~e(r)** *m* ⟨→ A⟩ bien-aimé *m*; *plais* béguin *m*

'**Angebinde** *st/s n* présent *m*; cadeau *m*

'**angeblich I** *adj* ⟨*épithète*⟩ prétendu; soi-disant; **~er *Reichtum*** richesse prétendue; **II** *adv* soi-disant; paraît-il; ***er ist* ~ *verreist*** il est paraît-il en voyage; ~ ***hat er kein Geld bei sich*** il prétend n'avoir pas d'argent sur lui

'**angeboren** *adjt Krankheit, Gebrechen* congénital; *Eigenschaft, Neigung* inné; naturel, -elle; ***das ist ihm* ~** c'est inné chez lui; il a cela de naissance

'**Angebot** *n* **1.** offre *f* (*a* COMM); ~ ***und Nachfrage*** l'offre et la demande; ***j-m ein* ~ *machen*** faire une offre à qn; *bei e-r Auktion* ***ein höheres* ~ *machen*** faire une (sur)enchère; surenchérir; COMM ***das* ~ *an Gemüse*** (*dat*) *etc* l'offre de légumes, *etc*; **2.** (*Sonder⚹*) promotion *f*; ***im* ~ *sein*** être en promotion; **3.** *bei e-r Ausschreibung* ***ein* ~ *einreichen*** faire une soumission

'**angebracht** *adj* opportun; indiqué; convenable; ***es ist*** (***nicht***) **~, *zu*** (+*inf*) il (ne) convient (pas) de (+*inf*); ***wäre es nicht* ~*er, wenn ...?*** ne conviendrait-il pas mieux, ne serait-il pas mieux que ... (+*subj*) *od* de (+*inf*)?; ***diese Bemerkung ist hier durchaus* ~** cette remarque est opportune, à sa place ici; ***etw für* ~ *halten*** juger qc convenable, opportun, indiqué; ***ich halte es für* ~, *zu*** (+*inf*) je crois qu'il conviendrait de (+*inf*)

'**angedeihen** *v/i* ⟨*seulement inf*⟩ *st/s j-m etw* **~ *lassen*** faire bénéficier qn de qc; *Hilfe, Schutz a* accorder qc à qn

'**angefault** *adjt Balken etc* qui a commencé à pourrir; *Obst* abîmé

'**angegossen** *adjt Kleidung* ***wie* ~ *sitzen*** *od* ***passen*** aller comme un gant

'**angegraut** *adjt Haare, Bart* grisonnant; ***ein Herr mit* ~en *Schläfen*** un monsieur aux tempes grisonnantes

'**angegriffen** *adjt* fatigué; *Gesundheit* affaibli; compromis; ~ ***aussehen*** avoir les traits fatigués, l'air fatigué

'**angehaucht** *adjt rot* ~e *Wangen* des joues légèrement colorées; F ***er ist marxistisch* ~** il est un peu marxiste sur les bords

'**angeheiratet** *adjt Verwandtschaft* par alliance; ***e-e* ~e *Tante*** une tante par alliance

'**angeheitert** *adjt* gai; gris; F éméché; F pompette

'**angehen** ⟨*irr, sép*, -ge-⟩ **I** *v/t* ⟨h⟩ **1.** *Gegner, Hindernis* attaquer; *Gipfel, fig Problem* s'attaquer à; *Kurve, Strecke*

angehend – angiften 834

aborder; **2.** *j-n um etw ~* s'adresser à qn pour avoir qc; demander qc à qn; **3.** (*betreffen*) concerner; regarder; *was mich angeht ...* quant à moi ...; en ce qui me concerne ...; pour ma part ...; *was das Auto angeht* quant à la voiture; en ce qui concerne la voiture; *das geht dich nichts an* cela ne te regarde pas; ce n'est pas ton affaire; *was geht dich das an?* est-ce que cela te regarde?; de quoi te mêles-tu?; *das geht auch Sie an a* cela s'adresse également à vous; **II** *v/i* ⟨*sein*⟩ **4.** *gegen etw, j-n ~ a fig* s'attaquer à qc, qn; combattre qc, qn; *a gegen ein Gerichtsurteil* faire opposition à qc, qn; **5.** F (*beginnen*) commencer; *wieder ~* recommencer; reprendre; **6.** *Licht, Radio, Fernseher, Heizung* s'allumer; *Feuer* prendre; *Motor, Maschine* se mettre en marche; **7.** *Pflanzen* prendre (racine); *Impfstoff* prendre; **8.** (*zulässig, vertretbar sein*) être admissible, acceptable; *das geht* (*gerade*) *noch an* ça passe encore; *es geht nicht an, daß* il est inadmissible, inacceptable que (+*subj*)
'**angehend** *adj* futur; *ein ~er Gelehrter* un futur grand savant; F *ein ~er Vierziger* un futur quadragénaire
'**angehören** *v/i* ⟨*sép, p/p* angehört, *h*⟩ *e-r Sache* (*dat*) *~ e-r Gruppe, Delegation etc* faire partie de qc, qn; *e-r Partei, e-m Verein a* adhérer à qc; *der Vergangenheit ~* faire partie du passé; appartenir au passé
'**angehörig** *adj e-r Sache* (*dat*) *~* membre de qc
'**Angehörige(r)** *f(m)* ⟨→ A⟩ **1.** *durch Verwandtschaft* proche *m*; parent *m*; *pl meist* famille *f*; *ohne ~* sans famille; *meine ~n* les miens; ma famille; mes proches; **2.** (*Mitglied*) membre *m*; *e-s Staats* ressortissant *m*; *pl e-s Betriebs a* personnel *m*
'**Angeklagte(r)** *f(m)* ⟨→ A⟩ accusé(e) *m(f)*; *im Strafprozeß a* prévenu(e) *m(f)*
'**angeknackst** F *adj Knochen, Arm, Bein, Stuhlbein* fêlé; *Freundschaft etc* qui a pris un coup; *Selbstbewußtsein* affaibli; diminué
'**Angel** ['aŋəl] *f* ⟨*~*; *~n*⟩ **1.** *zum Fischfang* canne *f* à pêche; gaule *f*; *die ~ auswerfen* lancer la ligne; *Fisch an die ~ gehen* mordre; *e-n Fisch an der ~ haben* avoir un poisson au bout de sa ligne; **2.** *e-r Tür etc* gond *m*; *aus den ~n heben* enlever, sortir de ses gonds; *fig die Welt aus den ~n heben* bouleverser le monde
'**Angela** ['aŋgela] *f* ⟨→ *n/pr*⟩ Angèle *f*
'**angelegen** *adj st/s sich* (*dat*) *etw ~ sein lassen* s'occuper de qc; prendre soin de qc
'**Angelegenheit** *f* affaire *f*; *geschäftliche ~* affaires *f/pl*; *das ist meine* (*eigene*) *~* c'est mon affaire; *in e-r persönlichen ~ zu j-m kommen* venir voir qn pour une affaire personnelle; *in welcher ~ kommen Sie?* quel est le but de votre visite?; *sich um s-e eigenen ~en kümmern* s'occuper de ses propres affaires
'**angelegentlich** *st/s* **I** *adj Bitte* instant; *Frage* pressant; **II** *adv* intensivement; *sich ~ nach j-m erkundigen* se renseigner par le menu au sujet de qn
'**Angelhaken** *m* hameçon *m*

Angelika[1] [aŋ'ge:lika] *f* ⟨→ *n/pr*⟩ Angélique *f*
An'gelika[2] *f* ⟨*~*; *~s ou* -ken⟩ BOT angélique *f*
'**Angelleine** *f* ligne *f*
'**angeln** *v/t u v/i* ⟨-(e)le, *h*⟩ **1.** pêcher (à la ligne); *~ gehen* aller pêcher; *♀ verboten!* pêche interdite!; **2.** F *fig nach etw ~* chercher à attraper, *Hängendes* à décrocher qc; *der Lehrer angelte sich e-n der Übeltäter* le professeur en prit un parmi les fauteurs; *sich* (*dat*) *e-n reichen Mann ~* se trouver un mari riche
'**Angel|punkt** *m e-s Problems etc* clé *f* de voûte; pivot *m*; charnière *f*; *~rute f* canne *f* à pêche; gaule *f*
'**Angelsachse** *m* Anglo-Saxon *m*
'**angelsächsisch** *adj* anglo-saxon, -onne
'**Angel|schein** *m* permis *m* de pêche; *~schnur f* ligne *f*; *~sport m* pêche *f* à la ligne
'**angemessen** *adj* convenable; *Preis a* raisonnable; *Strafe* équitable; juste; *den Umständen, Bedürfnissen ~ sein* être selon les circonstances, les besoins; être conforme aux circonstances, aux besoins; *etw in e-m ~en Ton, in ~er Form sagen* dire qc d'une façon appropriée, convenable
'**angenehm I** *adj* agréable; *Besucher* bienvenu; *ein ~es Wesen haben* être agréable; *~e Ruhe!* bonne nuit!; *~e Reise!* bon voyage!; *beim Vorstellen* (*sehr*) *~!* enchanté!; *es ist mir nicht ~, daß ...* je n'aime pas tellement que ... (+*subj*); *das ♀e mit dem Nützlichen verbinden* joindre l'utile à l'agréable; **II** *adv* agréablement; *von etw ~ überrascht, berührt sein* être agréablement surpris, touché par qc; *wir haben uns ~ unterhalten* nous avons eu un agréable entretien
'**angenommen** *p/p cf annehmen*
'**angepaßt** *adj* conforme; conformiste; *♀heit f* conformité *f*
Anger ['aŋər] *m* ⟨*~s*; *~*⟩ *regional* (*Dorf♀*) pré communal
'**angeregt I** *adj Gespräch etc* animé; **II** *adv sich ~ unterhalten* s'entretenir avec animation
'**an|gesäuselt** F *adj* F pompette; F éméché; *~geschimmelt adj* qui commence à moisir; légèrement moisi
'**angeschlagen** *adj* **1.** *Geschirr* ébréché; **2.** *fig Gegner etc* touché; *gesundheitlich, seelisch* ébranlé; secoué; *stark ~* F groggy
'**an|geschmutzt** *adj Wäsche etc* qui a servi; douteux, -euse; *~geschnitten adj COUT* d'une seule pièce; *Ärmel a* raglan
'**angeschrieben** *adj cf anschreiben* 5.
'**Angeschuldigte(r)** *f(m)* ⟨→ A⟩ *JUR* inculpé(e) *m(f)*; prévenu(e) *m(f)*
'**angesehen** *adj Persönlichkeit, Familie etc* estimé; considéré; *Zeitschrift etc* réputé; *sehr ~ sein* être bien considéré, estimé
'**Angesicht** *st/s n* ⟨*~*(*e*)*s*; *~er, österr ~e*⟩ **1.** (*Gesicht*) visage *m*; figure *f*; face *f*; *von ~ zu ~* face à face; *der Gefahr, dem Tod ins ~ sehen* regarder le danger, la mort en face; *im Schweiße s-s ~s* à la sueur de son

front; **2.** (*Anblick*) vue *f*; *im ~ des Todes etc* face à la mort, *etc*; *j-n von ~ kennen* connaître qn de vue
'**angesichts** *prép* ⟨*gén*⟩ **1.** en vue, présence de; face à; **2.** *fig* vu; étant donné; *~ der Tatsache, daß ...* vu le fait que ...; étant donné que ...
'**angespannt I** *adj Lage etc* tendu; *Arbeit* assidu; intense; *durch etw sehr ~ sein* être très occupé, pris par qc; **II** *advt arbeiten, überlegen etc* intensément
'**an|gestammt** *adj Recht, Macht etc* héréditaire; *Rolle, Platz* habituel, -elle; *~gestaubt adj* **1.** légèrement poussiéreux, -euse; **2.** F *fig* dépassé; démodé
'**angestellt** *adj fest ~ sein* avoir un emploi fixe; *Beamter* être titulaire; *~ werden* obtenir un emploi; *bei der Stadt, bei e-r Firma ~ sein* être employé à *od* de la ville, dans une société
'**Angestellte(r)** *f(m)* ⟨→ A⟩ employé(e) *m(f)*; *mit Weisungsbefugnis* cadre *m*; *leitender ~r* cadre supérieur
'**Angestelltengewerkschaft** *f* syndicat *m* des employés
'**Angestelltenverhältnis** *n im ~ stehen* être employé(e) (*ni fonctionnaire ni ouvrier*)
'**Angestelltenversicherung** *f* assurance *f* des employés
'**angestrengt I** *adj Arbeit* assidu; intense; *Aufmerksamkeit* soutenu; **II** *advt arbeiten, nachdenken etc* intensément
'**angetan I** *p/p cf antun*; **II** *adj* **1.** *von j-m, e-r Sache* (*sehr*) *~ sein* être conquis, séduit, charmé par qn, qc; **2.** *st/s etw ist nicht dazu od danach ~* (+*inf*) qc n'est pas fait pour (+*inf*); *die Situation ist nicht dazu ~, Späße zu machen* ce n'est pas le moment de plaisanter
'**Angetraute(r)** *f(m)* ⟨→ A⟩ *plais* F moitié *f*
'**angetrunken** *adj* légèrement ivre; *in ~em Zustand* en état d'ébriété
'**angewandt** *adj* ⟨*épithète*⟩ appliqué; *~e Mathematik* mathématiques appliquées
'**angewiesen** *adj auf j-n, etw ~ sein* dépendre de qn, qc; avoir besoin de qn, qc; *auf Nebenverdienste ~ sein* être obligé d'avoir des à-côtés pour vivre; *aufeinander ~ sein* dépendre l'un de l'autre; *auf sich* (*acc*) *selbst ~ sein* être obligé de se débrouiller (tout) seul; ne dépendre que de soi
'**angewöhnen** ⟨*sép, p/p* angewöhnt, *h*⟩ **I** *v/t j-m etw ~* habituer, accoutumer qn à qc; **II** *v/réfl sich* (*dat*) *etw ~ od* (*es*) *sich* (*dat*) *~, etw zu tun* prendre l'habitude de faire qc; s'accoutumer à (faire) qc
'**Angewohnheit** *f* habitude *f*; coutume *f*; *schlechte ~* mauvaise habitude; mauvais pli; *die ~ annehmen zu* (+*inf*) prendre l'habitude de (+*inf*); *die ~ haben, etw zu tun* avoir l'habitude, avoir coutume de faire qc
'**angewurzelt** *adj wie ~ dastehen* être cloué, figé sur place; rester là comme une souche
'**angezeigt** *st/s adj* ⟨*attribut*⟩ *etw* (*nicht*) *für ~ halten* juger (in)opportun, (peu) indiqué de faire qc
'**an|gießen** *v/t* ⟨*irr, sép*, -ge-, *h*⟩ **1.** JARD arroser (légèrement); **2.** *CUIS Braten* arroser de jus, d'eau; *~giften* F *v/t* ⟨-ete,

sép, -ge-, h⟩ *fig* agresser, attaquer (verbalement)
Angina [aŋˈgiːna] *f* ⟨-; -nen⟩ MÉD angine *f*; **~ pectoris** angine *f* de poitrine
'**angleichen** ⟨*irr*, *sép*, -ge-, h⟩ **I** *v/t* r(é)ajuster, adapter (*an* [+*acc*] à); **II** *v/réfl* **sich ~** s'assimiler, s'adapter (*an* [+*acc*] à); *abs* a s'harmoniser
'**Angleichung** *f der Löhne etc* r(é)ajustement *m*, adaptation *f* (*an* [+*acc*] à); *an e-n Partner etc* adaptation *f*, assimilation *f* (*an* [+*acc*] à)
Angler(in) [ˈaŋlər(ɪn)] *m* ⟨~s; ~⟩ (*f*) ⟨~; ~nen⟩ pêcheur, -euse *m,f* (à la ligne)
'**angliedern** *v/t* ⟨-(e)re, *sép*, -ge-, h⟩ rattacher, joindre (*an* [+*acc*] à); *Gruppe an e-e Organisation, Partei etc* affilier (*an* [+*acc*] à); *der Schule ist ein Internat angegliedert* un internat est rattaché, adjoint à l'école
'**Angliederung** *f* rattachement *m* (*an* [+*acc*] à); *an e-e Partei etc* affiliation *f* (*an* [+*acc*] à)
Anglikan|er(in) [aŋgliˈkaːnər(ɪn)] REL *m* ⟨~s; ~⟩ (*f*) ⟨~; ~nen⟩ anglican(e) *m(f)*; ⟨~**isch** *adj* anglican
Anglist(in) [aŋˈglɪst(ɪn)] *m* ⟨~en; ~en⟩ (*f*) ⟨~; ~nen⟩ Student(in) étudiant(e) *m(f)* d'anglais; *Wissenschaftler(in)* angliciste *m,f*
An'glistik *f* ⟨~⟩ (études *f/pl* de) langue *f*, (de) littérature *f* et (de) civilisation *f* anglaises; **~ studieren** faire des études d'anglais
an'glistisch *adj* ⟨*épithète*⟩ de langue, littérature et civilisation anglaises; d'études anglaises
Angli'zismus *m* ⟨~; -men⟩ LING anglicisme *m*
anglophil [aŋgloˈfiːl] *adj* anglophile
'**anglotzen** F *v/t* ⟨-(es)t, *sép*, -ge-, h⟩ *j-n, etw* ~ regarder qn, qc bouche bée, avec des yeux ronds
Angola [aŋˈgoːla] *n* ⟨→ *n/pr*⟩ l'Angola *m*
Ango'laner(in) *m* ⟨~s; ~⟩ (*f*) ⟨~; ~nen⟩ Angolais(e) *m(f)*
ango'lanisch *adj* angolais
Angora|katze [aŋˈgoːrakatsə] *f* chat *m* angora; **~pullover** *m* pull-over *m* (en laine) angora; **~wolle** *f* (laine *f*) angora *m*; **~ziege** *f* chèvre *f* angora
'**angreifbar** *adj* a *fig* attaquable
'**angreifen** *v/t* ⟨*irr*, *sép*, -ge-, h⟩ **1.** *Gegner, a SPORTA* attaquer; *mit Gewalt* agresser; *plötzlich* a assaillir; **2.** *fig Meinung, Material etc* attaquer; *Herz, Nerven* fatiguer; *Gesundheit* ébranler; **3.** *Vorräte, Reserven etc* entamer; F attaquer; *Ersparnisse, Vermögen* a écorner
Angreifer(in) *m* ⟨~s; ~⟩ (*f*) ⟨~; ~nen⟩ agresseur *m*; attaquant(e) *m(f)*; assaillant(e) *m(f)*
'**angrenzen** *v/i* ⟨-(es)t, *sép*, -ge-, h⟩ *an etw* (*acc*) ~ toucher (à) qc; avoisiner qc
'**angrenzend** *adj* avoisinant; voisin; *Länder, Gemeinden etc* a limitrophe; *Grundstücke, Räume* a attenant; contigu, -guë; *die ~en Straßen f/pl* les rues avoisinantes, voisines, adjacentes
Angriff *m a SPORT, POL fig* attaque *f* (*auf* [+*acc*], *gegen* contre); *zum* ~ *übergehen* passer à l'attaque; F *e-n* ~ *starten* lancer une attaque; *etw in* ~ *nehmen* commencer qc; s'attaquer à

qc; *se mettre à* qc; *prov* ~ *ist die beste Verteidigung* attaquer, c'est encore la meilleure défense
'**Angriffsfläche** *f* **1.** surface *f* de prise; **2.** *fig* prise *f*; *dem Gegner keine* ~ *bieten* ne donner aucune prise à son adversaire
'**Angriffs|krieg** *m* (guerre *f* d')agression *f*; **~lust** *f* agressivité *f*; ⟨~**lustig** *adj* agressif, -ive; **~punkt** *m* PHYS e-r Kraft point *m* d'application; *fig* prise *f*; **~spiel** *n* SPORT jeu offensif; **~spieler(in)** *m(f)* SPORT attaquant(e) *m(f)*; (*Stürmer*[*in*]) avant *m,f*; **~waffe** *f* arme offensive
'**angrinsen** F *v/t* ⟨-(es)t, *sép*, -ge-, h⟩ *j-n* ~ ricaner au nez de qn; regarder qn en ricanant
angst [aŋst] *adj mir ist* ~ (*und bange*) j'ai peur; *mir wird* ~ (*und bange*) je commence à avoir peur; *j-m* ~ *machen* faire peur à qn
Angst *f* ⟨~; ⁓e⟩ peur *f* (*vor* [+*dat*] de); (⁓*gefühl*) angoisse *f*; anxiété *f*; *schreckliche* ~ peur bleue; *voller* ~ angoissé; anxieux, -ieuse; (*vor etw, j-m*) ~ *haben* avoir peur (de qc, qn); *davor habe ich keine* ~ cela ne me fait pas peur; *keine* ~, *das schaffen wir schon!* n'aie *bzw* n'ayez pas peur, nous y arriverons!; *Sie brauchen keine* ~ *zu haben* n'ayez pas peur; *fig* n'ayez crainte; ~ *ausstehen* trembler; éprouver de la peur; ~ *bekommen od* F *kriegen* prendre peur; F *er bekommt od kriegt es mit der* ~ (*zu tun*) F il a la frousse; *j-n in* ~ (*und Schrecken*) *versetzen* effrayer qn; *p/fort* terrifier qn; *in tausend Ängsten schweben* être plongé dans l'angoisse; *aus* ~ *vor Strafe m od* par peur d'être puni, d'une punition; *aus* ~, *er könne sich weigern* de peur qu'il ne refuse (*subj*); *er hatte* ~, *sie zu verlieren* il avait peur de la perdre; *um j-n* ~ *haben* s'inquiéter, avoir peur pour qn
'**angsterfüllt** *adj* angoissé; *p/fort* terrifié
'**angstfrei** **I** *adj Erziehung* non-répressif, -ive; **II** *adv* ~**e Atmosphäre** climat *m* de liberté; **II** *adv* ~ *leben* vivre sans avoir peur
'**Angst|gefühl** *n* (sentiment *m* d')angoisse *f*; anxiété *f*; **~gegner** *m* SPORT F bête *f* noire; **~hase** F *m* F froussard *m*; poule mouillée
ängstigen [ˈɛŋstɪɡən] ⟨h⟩ **I** *v/t* (*Angst machen*) faire peur à; (*beunruhigen*) inquiéter; *p/fort* angoisser; **II** *v/réfl* **sich** (*vor etw, j-m*) ~ avoir peur (de qc, qn); *sich um j-n* ~ s'inquiéter, être inquiet, -iète, avoir peur pour qn
'**Angstkauf** *m es kam zu Angstkäufen* par peur de la crise, les gens se sont précipités dans les magasins pour faire des provisions
'**ängstlich** **I** *adj* (*scheu*) craintif, -ive; (*feige*) peureux, -euse; *p/fort* timoré; (~ *besorgt*) anxieux, -ieuse; **II** *adv* **1.** craintivement; *p/fort* anxieusement; **2.** (*peinlich genau*) *er ist* ~ *auf s-n guten Ruf bedacht* il est très soucieux de sa bonne réputation; *sie achtet* ~ *darauf, keine Fehler zu machen* elle fait très attention par peur de faire des fautes
'**Ängstlichkeit** *f* ⟨~⟩ (*Scheuheit*) caractère craintif; (*Besorgnis*) peur *f*; *p/fort*

anxiété *f*; *mit* ~ *über etw* (*acc*) *wachen* veiller anxieusement sur qc
'**Angst|neurose** *f* névrose *f* d'angoisse; **~psychose** *f* psychose *f* d'angoisse; **~schrei** *m* cri *m* de terreur; **~schweiß** *m* sueur *f* d'angoisse; **~traum** *m* cauchemar *m*; ⟨~**verzerrt** *adj* défiguré par la peur, par l'angoisse
'**angstvoll** **I** *adj* angoissé; ~**e Stunden** *f/pl* des heures *f/pl* d'angoisse; **II** *adv j-n* ~ *anblicken* regarder qn d'un air angoissé, *p/fort* terrifié
'**Angstzustand** *m* état anxieux; angoisse(s) *f(pl)*; *Angstzustände haben, bekommen* avoir des angoisses
'**angucken** F *v/t* ⟨*sép*, -ge-, h⟩ regarder; *sich* (*dat*) *ein Album* ~ regarder un album
'**angurten** ⟨-ete, *sép*, -ge-, h⟩ **I** *v/t j-n* ~ attacher la ceinture à qn; **II** *v/réfl* **sich** ~ attacher sa ceinture
Anh. *abr* (*Anhang*) appendice
'**anhaben** *v/t* ⟨*irr*, *sép*, -ge-, h⟩ **1.** F *Kleidung* porter; avoir mis; *cf a an 5.*; **2.** F *er hatte das Radio, den Motor an* sa radio, son moteur marchait; **3.** (*Schaden zufügen*) *j-m etw* ~ *wollen* vouloir du mal à qn; *j-m, e-r Sache nichts* ~ *können* ne pouvoir rien faire à qn, qc; *das schlechte Wetter kann uns nichts* ~ le mauvais temps ne nous dérange pas
'**anhaften** *v/i* ⟨-ete, *sép*, -ge-, h⟩ *Schmutz, Farbe etc an etw* (*dat*) ~ adhérer à qc; *fest* ~ *a* coller; *fig Makel, Mangel etc j-m, e-r Sache* ~ être inhérent à qn, qc
'**Anhalt**[1] *m cf Anhaltspunkt*
'**Anhalt**[2] *n* HIST l'Anhalt *m*
'**anhalten** ⟨*irr*, *sép*, -ge-, h⟩ **I** *v/t* **1.** *Auto etc* (faire) arrêter, stopper; *Personen* arrêter; *ich wurde von der Polizei angehalten* la police m'a arrêté(e); **2.** *den Atem, die Luft* ~ retenir son souffle, sa respiration; **3.** *j-n zu etw* ~ apprendre à qn (à faire) qc; **4.** *sich* (*dat*) *ein Kleid vor dem Spiegel* ~ tenir une robe contre soi devant la glace; **II** *v/i* **5.** (*stehenbleiben*) s'arrêter, stopper; **6.** (*andauern*) durer; continuer; persister; **7.** *st/s* (*bei j-m*) *um die* (*Hand der*) *Tochter* ~ demander la main de sa fille (à qn)
'**anhaltend** *adj* continuel, -elle; ~*er Beifall* applaudissements nourris, sans fin; **II** *advt* continuellement; sans arrêt
'**Anhalter(in)** *m* ⟨~s; ~⟩ (*f*) ⟨~; ~nen⟩ auto-stoppeur, -euse *m,f*; F stoppeur, -euse *m,f*; *per* ~ *fahren* faire de l'auto-stop, F du stop
'**Anhaltspunkt** *m* point *m* de repère (*für* pour); indice *m* (*für* pour)
an'hand *prép* ⟨*gén*⟩, *adv* ~ *von* au moyen de; en s'appuyant sur
'**Anhang** *m* **1.** *e-s Buches etc* appendice *m*; *e-s Testaments* codicille *m*; **2.** (*Anhängerschaft*) partisans *m/pl*; adhérents *m/pl*; **3.** (*Verwandtschaft*) famille *f*; *ohne* ~ (*alleinstehend*) sans famille; seul
'**anhängen** ⟨*sép*, -ge-, h⟩ **I** *v/t* **1.** *Schild, Gewichte etc* suspendre (*an* [+*acc*] à); *Fahrzeug, Waggon etc* accrocher, atteler (*an* [+*acc*] à); **2.** *fig* (*anfügen*) *Bemerkung, Klausel, Ziffern etc* ajouter (*an* [+*acc*] à); **3.** F *fig j-m etw* ~ F mettre qc sur le dos de qn; **II** *st/s*

Anhänger – anklingen

v/i ⟨irr⟩ **4. j-m ~** être attaché à qn; **e-r Lehre** (dat) ~ adhérer à une doctrine; **5. Vergangenes j-m ~** poursuivre qn; **III** v/réfl **6. sich an etw** (acc) ~ (festhalten) s'accrocher à qc; **7.** fig **sich an j-n ~** suivre qn; s'attacher aux pas de qn
'Anhänger m **1. e-s Fahrzeugs** remorque f; **2. Schmuckstück** pendentif m; **3. an Gepäckstücken, Koffern** étiquette f mobile; porte-adresse m
'Anhänger(in) m ⟨~s; ~⟩ (f) ⟨~; ~nen⟩ **e-r Partei etc** partisan(e) m(f); adhérent(e) m(f); SPORT, a POL supporter m
'Anhänger|kupplung f AUTO attelage m de remorque; **~schaft** f ⟨~; ~en⟩ partisans m/pl; adhérents m/pl
'anhängig adj JUR Verfahren etc en instance; **e-e Sache bei Gericht ~ machen** saisir un tribunal d'une cause
'anhänglich adj Freund, Hund etc affectueux, -euse
'Anhänglichkeit f ⟨~⟩ attachement m (**an j-n** pour qn); affection f (**an j-n** pour qn); **aus alter ~** par attachement; en souvenir de mon, son, etc vieil attachement
Anhängsel ['anhɛŋzəl] n ⟨~s; ~⟩ **1.** (Überflüssiges) ein ~ **sein** n'être qu'accessoire; **sie ist nur ein ~ ihres Mannes** elle ne fait que suivre son mari; **2.** Schmuck breloque f; pendeloque f
'anhauchen v/t ⟨sép, -ge-, h⟩ Spiegel, Brille etc faire de la buée sur; **a Finger** souffler sur
'anhauen F v/t ⟨irr, sép, -ge-, h⟩ accoster; racoler; **j-n um zwanzig Mark ~** accoster qn pour lui demander vingt marks
'anhäuf|en v/t ⟨u v/réfl⟩ ⟨sich⟩ ⟨sép, -ge-, h⟩ (**sich**) ~ (s')amasser; (s')accumuler; (s')entasser; **~ung** f Vorgang u Ergebnis amassement m; accumulation f; entassement m
'anheben¹ v/t ⟨irr, sép, -ge-, h⟩ **1.** Deckel, Schrank etc soulever (un peu); **2.** Gehälter, Preise etc relever
'anheben² st/s v/i ⟨irr, sép, -ge-, h⟩ (beginnen) débuter; commencer
'Anhebung f der Gehälter etc relèvement m
'anheften v/t ⟨-ete, sép, -ge-, h⟩ **etw an etw** (acc) ~ Zettel an ein Brett etc attacher qc à qc; fixer qc sur, à qc; **mit Heftklammern** agrafer qc à qc; **mit Stecknadeln** épingler qc à qc; **etw mit Reißzwecken ~** attacher, fixer qc avec des punaises
anheimelnd ['anhaɪməlnt] adj accueillant; douillet, -ette
an'heimfallen st/s v/i ⟨irr, sép, -ge-, sein⟩ Vermögen etc **j-m ~** échoir à qn; **der Vergessenheit** (dat) ~ tomber dans l'oubli; **der Zerstörung** (dat) ~ être détruit
an'heimstellen st/s v/t ⟨sép, -ge-, h⟩ **es j-m ~, etw zu tun** laisser qn libre de faire qc; **das stelle ich dir anheim** je m'en remets, rapporte à toi; **es ist od bleibt Ihnen anheimgestellt zu gehen** vous êtes libre de partir
anheischig ['anhaɪʃɪç] st/s adj **sich ~ machen, etw zu tun** se faire fort de faire qc
'anheizen v/t ⟨-(es)t, sép, -ge-, h⟩ **1.** Ofen allumer; **2.** F fig Inflation renforcer; Stimmung, Publikum chauffer
'anherrschen v/t ⟨sép, -ge-, h⟩ **j-n ~** crier à qn; **j-n grob ~** parler rudement à qn
'anheuern ⟨-(e)re, sép, -ge-, h⟩ MAR **I** v/t enrôler; engager (a fig); **II** v/i s'enrôler; s'engager
'Anhieb m **auf ~** du premier coup; tout de suite
'anhimmeln F v/t ⟨-(e)le, sép, -ge-, h⟩ regarder avec adoration; **Filmstar etc** adorer; porter aux nues
'Anhöhe f éminence f; 'hauteur f; élévation f (de terrain); colline f; **kleine a** tertre m; butte f
'anhören ⟨sép, -ge-, h⟩ **I** v/t **1.** écouter; Zeugen, Angeklagte entendre; **j-n ~** prêter l'oreille à qn; **etw** (zufällig) **mit ~** entendre (par hasard) qc; F **das kann ich nicht mehr od länger mit ~!** tu nous rebats, F casses les oreilles avec ça!; **2. man hört ihm an, daß ...** on remarque, cela s'entend à sa voix que ...; **II** v/réfl **3. sich** (dat) **etw ~** écouter qc; **4. sich gut, schlecht ~** être agréable, désagréable à entendre od à l'oreille; Wörter etc sonner bien, mal; **es hört sich an, als ob ...** on dirait que ...; on croirait que ...; fig **das hört sich gut an** ça n'a pas l'air mal
'Anhörung f ⟨~; ~en⟩ audition f; **im Parlament** consultation f
'anhumpeln v/i ⟨-(e)le, sép, -ge-, sein⟩ **angehumpelt kommen** arriver, s'approcher clopin-clopant, en clopinant
'anhupen v/t ⟨sép, -ge-, h⟩ **j-n ~** klaxonner qn
'anhusten v/t ⟨sép, -ge-, h⟩ tousser vers
Anhydrid [anhy'driːt] n ⟨~s; ~e⟩ CHIM anhydride m
Anilin [ani'liːn] n ⟨~s⟩ CHIM aniline f
animalisch [ani'maːlɪʃ] adj animal; fig a bestial
Anima|teur(in) [anima'tøːr(ɪn)] m ⟨~s; ~e⟩ (f) ⟨~; ~nen⟩ animateur, -trice m,f; **~ti'on** f **1. beim Cluburlaub etc** animation f; **2.** FILM animation f
Ani'mierdame f entraîneuse f
animieren [ani'miːrən] v/t ⟨pas de ge-, h⟩ **1. zum Trinken, Tanzen, Kaufen etc** inciter, pousser, entraîner (**zu** à); **2.** Film faire l'animation de
Ani'mier|lokal n boîte f (de nuit) avec des entraîneuses; **~mädchen** n entraîneuse f
Animosität [animozi'tɛːt] f ⟨~⟩ Einstellung animosité f; Äußerung propos malveillants
Anion ['anioːn] n ⟨~s; -'onen⟩ CHIM, PHYS anion m
Anis [a'niːs, 'aːnɪs] m ⟨~(es); ~e⟩ BOT anis m; **~likör** m anisette f; **~öl** n essence f d'anis; **~plätzchen** n/pl petits gâteaux à l'anis; **~schnaps** m eau-de-vie f d'anis
Anita [a'niːta] f ⟨→ n/pr⟩ prénom
Anja ['anja] f ⟨→ n/pr⟩ prénom
Ank. abr (Ankunft) arrivée
'ankämpfen v/i ⟨sép, -ge-, h⟩ **gegen j-n, etw ~** lutter contre qn, qc; **gegen die Tränen ~** retenir ses larmes; se retenir pour ne pas pleurer
'ankarren F v/t ⟨sép, -ge-, h⟩ amener (des chargements de)
'Ankauf m achat m; **An- und Verkauf** achat(s) et vente(s)
'ankaufen v/t ⟨sép, -ge-, h⟩ acheter
Anke ['aŋkə] f ⟨→ n/pr⟩ prénom
Anker ['aŋkər] m ⟨~s; ~⟩ **1.** MAR ancre f; **~ werfen, vor ~ gehen** jeter l'ancre; mouiller; **vor ~ liegen** être, se tenir à l'ancre, au mouillage; **den ~ lichten** lever l'ancre; **2.** CONSTR, **e-r Uhr** ancre f; **e-s Elektromotors** induit m; **e-s Elektromagneten** armature f
'Anker|boje f MAR bouée f d'orin; **~kette** f MAR chaîne f d'ancre
'ankern v/i ⟨-(e)re, h⟩ mouiller
'Anker|platz m MAR mouillage m; **~wicklung** f ÉLECT enroulement m, bobinage m d'induit; **~winde** f MAR guindeau m
'anketten v/t ⟨-ete, sép, -ge-, h⟩ **etw ~** attacher qc; mettre qc à la chaîne; enchaîner qc; **e-n Hund ~** attacher un chien; mettre un chien à la chaîne; **etw an etw** (acc) ~ attacher, enchaîner qc à qc
'ankläffen F v/t ⟨sép, -ge-, h⟩ aboyer après
'Anklage f **1.** JUR accusation f (a fig); inculpation f; (**gegen j-n**) **~ erheben** accuser (qn); inculper (qn); **j-n unter ~** (acc) **stellen** mettre qn en accusation; (**wegen etw**) **unter ~** (dat) **stehen** être accusé, inculpé (de qc); **2.** (**~vertretung**) accusation f; **Zeuge m der ~** témoin m de l'accusation
'Anklagebank f ⟨~; -bänke⟩ banc m des accusés
'anklagen v/t ⟨sép, -ge-, h⟩ JUR, fig **j-n** (**e-r Sache** [gén] od **wegen etw**) **~** accuser qn (de qc); **j-n ~d ansehen** jeter un regard accusateur à qn
'Anklagepunkt m chef m d'accusation
'Ankläger(in) m(f) accusateur, -trice m,f
'anklägerisch adj accusateur, -trice
'Anklage|schrift f JUR acte m d'accusation; **~vertreter** m JUR représentant m de l'accusation; procureur m; **~vertretung** f JUR ministère public
'anklammern ⟨-(e)re, sép, -ge-, h⟩ **I** v/t attacher (avec une pince, une agrafe, etc) (**an** [+acc] à); Wäsche accrocher (à); **II** v/réfl **sich an j-n, etw ~** se cramponner, s'accrocher à qn, qc
'Anklang m **1.** (Ähnlichkeit, Erinnerung) réminiscence f (**an** [+acc] à); **2.** (pas de pl) Plan, Vorschlag etc **~ finden** être bien accueilli, reçu (**bei** par); recevoir un accueil favorable (**bei der Bevölkerung** dans la population, **bei den Mitgliedern** parmi les membres)
'ankleben ⟨sép, -ge-⟩ **I** v/t ⟨h⟩ coller (**an** [+acc] à, sur); Plakate meist afficher (**an** [+acc] à, sur); (ap)poser (**an** [+acc] à, sur); **Plakate ~ verboten** défense d'afficher; **II** v/i ⟨sein⟩ coller (**an** [+dat] à, sur)
'Ankleidekabine f **1. im Kaufhaus** cabine f d'essayage; **2. im Schwimmbad** cabine f (de bain)
'ankleiden st/s v/t ⟨u v/réfl⟩ ⟨-ete, sép, -ge-, h⟩ (**sich**) ~ (s')habiller; (se) vêtir
'anklemmen v/t ⟨sép, -ge-, h⟩ attacher, fixer avec des pinces
'anklicken v/t ⟨sép, -ge-, h⟩ INFORM cliquer
'anklingen v/i ⟨irr, sép, -ge-, h⟩ **an etw** (acc) ~ rappeler qc; **in ihren Worten klingt Enttäuschung an** la déception transparaît dans ses paroles; **die gleiche Frage klingt immer wie-**

der an la même question réapparaît, revient toujours

'**anklopfen** *v/i* ⟨*sép*, *-ge-*, *h*⟩ **1.** frapper (à la porte); **2.** F *fig* (*vorsichtig anfragen*) *bei j-m* ~ tâter le terrain auprès de qn

'**an|knabbern** *v/t* ⟨*-(e)re*, *sép*, *-ge-*, *h*⟩ grignoter (un peu); **~knipsen** F *v/t* ⟨*-(es)t*, *sép*, *-ge-*, *h*⟩ *Licht, Radio etc* allumer

'**anknoten** *v/t* ⟨*-ete*, *sép*, *-ge-*, *h*⟩ *etw* (*an etw* [*acc*]) ~ nouer qc (à qc)

'**anknüpfen** ⟨*sép*, *-ge-*, *h*⟩ **I** *v/t* **1.** *Schnur etc* (*an etw* [*acc*]) ~ attacher, nouer (à qc); **2.** *Gespräch etc* engager; *mit j-m Beziehungen* ~ entrer en relations avec qn; *mit j-m ein Gespräch* ~ engager, entamer la conversation avec qn; lier conversation avec qn; **II** *v/i an etw* (*acc*) ~ partir de qc; se rattacher à qc; *an alte Traditionen* ~ renouer avec d'anciennes traditions

'**Anknüpfung** *f* ⟨*~; ~en*⟩ *von Beziehungen etc* engagement *m*; *an Traditionen, Erfahrungen* rattachement *m* (*an* [*+acc*]) à)

'**Anknüpfungspunkt** *m* point *m* de départ (*für* pour)

'**anknurren** *v/t* ⟨*sép*, *-ge-*, *h*⟩ *Hund* gronder, grogner contre, après

'**ankohlen** F *v/t* ⟨*sép*, *-ge-*, *h*⟩ (*veralbern*) *j-n* ~ monter un bateau à qn

'**ankommen**[1] ⟨*irr*, *sép*, *-ge-*, *sein*⟩ **I** *v/i* **1.** (*eintreffen*) arriver; *bist du gut* (*zu Hause*) *angekommen?* tu es bien rentré(e)?; F *fig bei Müllers ist ein Junge angekommen* les Müller viennent d'avoir un garçon; **2.** F (*Anklang finden*) avoir du succès; *Szene, Witz etc a* être bien accueilli; *er kommt bei* (*den*) *Frauen* (*gut*) *an* il a du succès auprès des femmes; *damit kommt er bei mir nicht an* il n'arrivera pas avec moi de cette façon-là; **3.** *gegen j-n, etw* ~ venir à bout de qn, qc; **4.** F (*daherkommen*) *mit etw* ~ F s'amener avec qc; *er ist schon wieder damit angekommen* F il m'a encore ressorti ça; **II** *v/imp* **5.** (*abhängen*) *auf etw* (*acc*) ~ dépendre de qc; *es kommt nur auf dich an* cela ne dépend que de toi; il ne tient qu'à toi; *darauf soll es nicht* ~ qu'à cela ne tienne; *es kommt* (*ganz*) *darauf an* cela dépend; c'est selon; *es kommt darauf an, ob ... cela* dépend si ...; **6.** (*wichtig sein*) *es kommt darauf an, zu* (*+inf*) il importe de (*+inf*); il s'agit de (*+inf*); *es kommt ihm darauf an, zu* (*+inf*) il lui importe de (*+inf*); il tient à (*+inf*); *es kommt ihr auf eine gute Ausbildung an* il est important pour elle, il lui importe d'avoir une bonne formation; *darauf kommt es nicht an* cela n'importe, ne compte pas; *es kommt* (*mir*) *nicht so sehr darauf an* peu (m')importe; *es kommt nicht darauf an, was sie sagt* peu importe ce qu'elle dit; *wenn es darauf ankommt ...* au moment où il faut ...; *es kommt auf jede Minute an* chaque minute compte, importe; *auf ein paar Mark, Minuten soll es mir nicht* ~ je n'en suis pas à quelques marks, minutes près; *es kommt auf e-n Tag mehr oder weniger nicht an* on n'en est pas à un jour près; *es käme od kommt auf e-n Versuch an* cela vaudrait *od* vaut la peine d'essayer; **7.** *es auf etw* (*acc*) ~ *lassen* risquer qc; *es auf e-n Versuch* ~ *lassen* essayer; *ich möchte es nicht auf e-n Prozeß* ~ *lassen* je ne voudrais pas courir le risque d'un procès; *es darauf* ~ *lassen* risquer, F tenter le coup; *er hat es darauf* ~ *lassen und jetzt ist es passiert* il l'a un peu cherché

'**ankommen**[2] *st/s* ⟨*irr*, *sép*, *-ge-*, *sein*⟩ **I** *v/t* (*überkommen*) *Angst, Lust, Ekel kommt mich an* la peur, l'envie, le dégoût me prend, me saisit; *ihn kommt die Lust an, zu* (*+inf*) il lui prend l'envie de (*+inf*); l'envie lui prend de (*+inf*); **II** *v/imp es kommt ihn hart an, zu* (*+inf*) il lui est dur de (*+inf*); *es kommt mich schwer an, zu* (*+inf*) ça me coûte de (*+inf*)

Ankömmling ['ankœmlɪŋ] *m* ⟨*~s; ~e*⟩ nouveau venu, nouvelle venue; nouveau arrivant, nouvelle arrivante; F *fig der kleine* ~ le nouveau-né

'**ankönnen** F *v/i* ⟨*irr*, *sép*, *-ge-*, *h*⟩ *gegen j-n* (*nicht*) ~ F (ne pas) pouvoir coincer qn; *dagegen kann ich nicht an* je n'y peux rien; je ne peux rien (faire) contre (cela)

'**ankoppeln** ⟨*-(e)le*, *sép*, *-ge-*, *h*⟩ **I** *v/t Raumfahrzeug* (*an etw* [*acc*]) ~ arrimer (à qc); *cf a ankuppeln*; **II** *v/i Raumfahrzeug* s'arrimer

'**ankotzen** P *v/t* ⟨*-(es)t*, *sép*, *-ge-*, *h*⟩ **1.** (*anwidern*) P emmerder; dégoûter; *das kotzt mich an!* F j'en ai marre!; P ça m'emmerde!; *du kotzt mich an!* P tu me fais chier!; **2.** (*grob anfahren*) P engueuler

'**ankratzen** *v/t* ⟨*-(es)t*, *sép*, *-ge-*, *h*⟩ érafler; F *fig Selbstbewußtsein etc* froisser

'**ankreiden** *v/t* ⟨*-ete*, *sép*, *-ge-*, *h*⟩ *j-m etw* ~ reprocher qc à qn; faire grief de qc à qn; imputer qc à qn

'**ankreuzen** ⟨*-(es)t*, *sép*, *-ge-*⟩ **I** *v/t* ⟨*h*⟩ marquer d'une croix; *auf e-m Formular* cocher; **II** *v/i* ⟨*sein*⟩ *MAR gegen den Wind* ~ louvoyer; remonter au vent

'**ankriechen** *v/i* ⟨*irr*, *sép*, *-ge-*, *sein*⟩ *angekrochen kommen* arriver en rampant

'**ankucken** *nordd cf anguken*

'**ankündigen** *v/t* (*u v/réfl*) ⟨*sép*, *-ge-*, *h*⟩ (*sich*) ~ *a fig* (s')annoncer

'**Ankündigung** *f* annonce *f*; *ohne vorherige* ~ sans s'annoncer *bzw* sans l'annoncer; *bes Behörde* sans avis préalable

Ankunft ['ankʊnft] *f* ⟨*~; -künfte*⟩ arrivée *f*; *bei der* ~ à l'arrivée

'**Ankunfts|halle** *f* 'hall *m* d'arrivée; **~tafel** *f* tableau *m* des arrivées; **~zeit** *f* heure *f* d'arrivée

'**an|kuppeln** *v/t* ⟨*-(e)le*, *sép*, *-ge-*, *h*⟩ *Anhänger, Waggon etc* atteler; accrocher; **~kurbeln** *v/t* ⟨*-(e)le*, *sép*, *-ge-*, *h*⟩ **1.** *Motor etc* mettre en marche (à la manivelle); **2.** *fig Wirtschaft, Produktion etc* relancer; stimuler; 2**kurbelung** ⟨*~; ~en*⟩ *der Wirtschaft, Produktion etc* relance *f*; stimulation *f*

Anl. *abr* (*Anlage*[*n*]) P.J. (pièce[s] jointe[s])

'**anlächeln** *v/t* ⟨*-(e)le*, *sép*, *-ge-*, *h*⟩ sourire à

'**anlachen** ⟨*sép*, *-ge-*, *h*⟩ **I** *v/t* regarder en riant; **II** F *v/réfl sich* (*dat*) *j-n* ~ se trouver qn, un(e) petit(e) ami(e)

'**Anlage** *f* **1.** ⟨*pas de pl*⟩ (*das Anlegen*) *von Gärten, Parks, Straßen etc* aménagement *m*; *e-r Akte, Kartei, Sammlung, Liste etc* établissement *m*; *er ist mit der* ~ *von Akten beschäftigt* son travail consiste à établir des dossiers; **2.** (*Grün2*) espace vert; jardin (public); parc *m*; *öffentliche* ~*n* jardins publics; **3.** *TECH* (*Einrichtung*) installation *f*; (*Vorrichtung*) dispositif *m*; *technische, elektrische, sanitäre* ~*n* installations techniques, électriques, sanitaires; **4.** (*Sport2*) terrain *m* de sport; stade *m*; **5.** (*Grundriß, Konzeption*) plan *m*; conception *f*; *das Buch ist in der* ~ *verfehlt* la conception du livre est ratée; *die Stadt ist in der* ~ *modern* le plan de la ville est moderne; **6.** (*Veranlagung*) disposition *f* (*zu* à); *künstlerische* ~*n haben* avoir des dispositions, des dons artistiques; **7.** (*Geld2, Kapital2*) placement *m*; investissement *m*; *e-e sichere* ~ un placement sûr **8.** *in Briefen* pièce jointe; annexe *f*; *in der* ~ ci-joint; **9.** (*Stereo2*) chaîne *f* stéréo (-phonique)

'**Anlage|berater**(**in**) *m*(*f*) conseiller, -ère *m,f* en matière d'investissements; **~kapital** *n* capital *m* d'investissement; **~papier** *n* FIN valeur *f* de placement

'**anlagern** *v/t* (*u v/réfl*) ⟨*-(e)re*, *sép*, *-ge-*, *h*⟩ CHIM (*sich*) ~ (se) fixer (*an* [*+acc*] à)

'**anlanden** *v/t* ⟨*-ete*, *sép*, *-ge-*, *h*⟩ débarquer

'**anlangen** ⟨*sép*, *-ge-*⟩ **I** *v/t* ⟨*h*⟩ **1.** *cf anbelangen*; **2.** *südd* (*anfassen*) toucher (à); **II** *v/i* ⟨*sein*⟩ arriver; parvenir

Anlaß ['anlas] *m* ⟨*-sses; -lässe*⟩ **1.** (*Grund*) raison *f* (*zu* de); (*Beweggrund*) motif *m* (*zu* de); *ohne äußeren* ~ sans motif apparent; sans raison apparente; *ohne den geringsten* ~ sans la moindre raison; sans le moindre motif; *aus welchem* ~? pour quelle raison?; à quel propos?; *aus gegebenem* ~ en raison d'un précédent; *das ist ein* ~ *zur Unzufriedenheit* c'est un sujet de mécontentement; ~ *zur Unzufriedenheit, zum Lachen haben* avoir lieu d'être mécontent, de rire; ~ *zur Klage geben* donner lieu à des plaintes; ~ *zu Verwechslungen, zur Kritik geben* prêter à confusion, à la critique; *etw zum* ~ *nehmen, etw zu tun* profiter de qc pour faire qc; **2.** (*Gelegenheit*) occasion *f*; *aus* ~ *ihres Geburtstags* à l'occasion de son anniversaire; *bei feierlichen, offiziellen, besonderen Anlässen* pour des occasions solennelles, officielles, particulières; *beim geringsten* ~ pour un rien; à la moindre occasion

'**anlassen** ⟨*irr*, *sép*, *-ge-*, *h*⟩ **I** *v/t* **1.** (*in Gang setzen*) *Maschine etc* mettre en marche; faire démarrer; *Motor a* lancer; **2.** (*eingeschaltet lassen*) *Radio, Licht, Motor etc* laisser allumer; **3.** F *Kleidung etc* garder; **II** F *v/réfl sich* ~ se présenter; s'annoncer; *etw läßt sich gut, schlecht an* qc se présente, s'annonce bien, mal; *sich gut* ~ *a* promettre

'**Anlasser** *m* ⟨*~s; ~*⟩ *AUTO* démarreur *m*; *den* ~ *betätigen* actionner le démarreur

anläßlich – Anmeldebestätigung

'**anläßlich** ['anlɛslɪç] *prép* ⟨*gén*⟩ à l'occasion de; lors de
'**anlasten** *v/t* ⟨-ete, *sép*, -ge-, h⟩ *j-m etw* ~ imputer, attribuer, reprocher qc à qn; *j-m etw als Feigheit* ~ reprocher qc à qn comme étant de la lâcheté
'**anlatschen** F *v/i* ⟨*sép*, -ge-, sein⟩ *angelatscht kommen* F s'amener en traînant les pieds
'**Anlauf** *m* **1.** SPORT élan *m*; ~ *nehmen* prendre son élan, de l'élan; **2.** *fig* (*Versuch*) essai *m*; *beim ersten* ~ du premier coup; d'emblée; *e-n neuen* ~ *nehmen od machen* faire un nouvel essai; prendre un nouveau départ; **3.** ⟨*pas de pl*⟩ (*Beginn*) début(s) *m(pl)*
'**anlaufen** ⟨*irr, sép*, -ge-⟩ **I** *v/t* ⟨h⟩ *Hafen etc* toucher; faire escale (*Hamburg* à Hambourg; *e-n Hafen* dans un port); **II** *v/i* ⟨sein⟩ **1.** *Maschine, Motor etc* se mettre en marche; démarrer; *Produktion, Aktion etc* démarrer; commencer; *neuer Film* sortir; **2.** *angelaufen kommen* arriver, venir en courant; accourir; **3.** SPORT prendre son élan, de l'élan; **4.** (*anstürmen*) *gegen etw* ~ se précipiter contre qc; *fig* lutter contre qc; combattre qc; **5.** *Schulden, Zinsen* monter; augmenter; **6.** (*beschlagen*) *Brille, Scheibe* se couvrir de buée; s'embuer; **7.** (*glanzlos werden*) *Spiegel etc* se ternir; **8.** (*die Farbe ändern*) *Metall* changer de couleur; *Person rot* ~ rougir; devenir tout rouge
'**Anlauf|stelle** *f für Notfälle* adresse *f* de services d'entraide *od* d'assistance; ~**zeit** *f* durée *f*, période *f* de démarrage
'**Anlaut** *m* LING son initial
'**anlauten** *v/i* ⟨-ete, *sép*, -ge-, h⟩ LING commencer (*mit* par); ~*der Vokal* voyelle initiale
'**anläuten** *v/t* ⟨-ete, *sép*, -ge-, h⟩ **1.** SPORT *Runde* sonner; annoncer à son de cloche; **2.** *südd, schweiz j-n od j-m* ~ téléphoner à qn; appeler qn
'**Anlegebrücke** *f* MAR embarcadère *m*; débarcadère *m*; appontement *m*
'**anlegen** ⟨*sép*, -ge-, h⟩ **I** *v/t* **1.** *j-m etw* ~ mettre qc à qn; *etw* (*an etw* [*acc*]) ~ mettre, poser qc (contre qc); *ein Lineal* (*an e-e Linie*) ~ mettre, poser une règle (contre une ligne); (*e-e Spielkarte, e-n Dominostein*) ~ fournir (une carte, un domino); *e-n Säugling* ~ mettre un nourrisson au sein; *das Gewehr* ~ mettre le fusil en joue; **2.** (*an den Körper legen*) *die Arme* ~ mettre les bras le long du corps; *die Ohren* ~ rabattre, coucher les oreilles; *die Flügel* ~ replier ses ailes; **3.** *st/s* (*anziehen*) mettre (*a Orden, Schmuck*); **4.** *Garten, Straße, Bahnlinie etc* aménager; *Album* commencer; *Sammlung, Vorräte* faire; *Liste, Kartei, Akte* faire; établir; *Liste* à dresser; *Konto* ouvrir; établir; *Roman, Novelle* **breit angelegt** détaillé; amplement conçu; *e-e groß angelegte Sache* une affaire d'une grande envergure; **5.** (*investieren*) placer; *sein Geld in Wertpapieren* ~ placer son argent dans des titres; *zu 5 %* ~ placer à 5 %; **6.** (*ausgeben*) *etw* (*für etw*) ~ mettre qc (pour qc); *was wollen Sie* ~? combien voulez-vous mettre?; **7.** (*abzielen*) *er hat es darauf angelegt, ihm zu schaden* il s'est donné pour but, il a en tête de lui nuire; *alles ist darauf angelegt, die Touristen auszunehmen* tout vise, concourt à exploiter, F à plumer les touristes; **II** *v/i* **8.** *Schiff* accoster, aborder (*am Kai, im Hafen* le quai, le port); **9.** *mit dem Gewehr etc auf j-n* ~ mettre, coucher qn en joue; viser qn; **III** *v/réfl sich mit j-m* ~ se disputer, F s'accrocher avec qn
'**Anlegeplatz** *m* débarcadère *m*; embarcadère *m*
'**Anleger** *m* ⟨~s; ~⟩ FIN investisseur *m*; placeur *m* de fonds
'**Anlegestelle** *f cf* **Anlegeplatz**
'**anlehnen** ⟨*sép*, -ge-, h⟩ **I** *v/t Tür, Fenster* laisser entrouvert, entrebâillé; *etw an etw* (*acc*) ~ appuyer, adosser qc contre, à qc; **II** *v/réfl sich* (*an j-n, etw*) ~ s'appuyer (contre qn, qc); *mit dem Rücken* s'adosser (à qn, qc); *fig sich an etw* (*acc*) ~ *als Vorbild* s'inspirer (de qc); *fig sich an j-n* ~ s'appuyer sur qn
'**Anlehnung** *f* ⟨~; ~en⟩ **1.** (*Stütze*) appui *m* (*an* [+*acc*] sur); *fig bei j-m* ~ *suchen* chercher appui, du soutien auprès de qn; **2.** (*Orientierung*) *in* ~ *an* (+*acc*) (en) suivant l'exemple de; sur le modèle de
'**anlehnungsbedürftig** *adj* qui a besoin d'appui, de soutien
'**Anleihe** *f* ⟨~; ~n⟩ FIN, *fig* emprunt *m*; *bei j-m e-e* ~ *machen a fig* faire un emprunt à qn; emprunter qc à qn
'**anleimen** *v/t* ⟨*sép*, -ge-, h⟩ *etw* (*an etw* [*acc*]) ~ coller qc (à qc)
'**anleinen** *v/t* ⟨*sép*, -ge-, h⟩ *Hund* mettre en laisse
'**anleiten** *v/t* ⟨-ete, *sép*, -ge-, h⟩ instruire; *j-n bei der Arbeit* ~ guider qn dans son travail; *j-n zur Selbständigkeit* ~ apprendre à qn à être indépendant
'**Anleitung** *f* **1.** (*Unterweisung*) instruction(s) *f(pl)*; *ohne* ~ *a* sans aide; *unter* ~ *des Lehrers* sous la direction du professeur; **2.** (*Gebrauchsanweisung*) mode *m* d'emploi
'**Anlernberuf** *m* profession *f* à formation accélérée
'**anlernen** ⟨*sép*, -ge-, h⟩ **I** *v/t* initier; former; *angelernter Arbeiter* ouvrier spécialisé; O.S. *m*; **II** *v/réfl* F *sich* (*dat*) *etw* ~ apprendre qc tout seul
'**Anlernling** *m* ⟨~s; ~e⟩ ouvrier, -ière *m/f* qui reçoit une formation accélérée
'**anlesen** ⟨*irr, sép*, -ge-, h⟩ **I** *v/t* commencer (à lire) qc; **II** *v/réfl sich* (*dat*) *etw* ~ apprendre qc par la lecture; *ein* (*nur*) *angelesenes Wissen* un savoir livresque
'**anliefer|n** *v/t* ⟨-(e)re, *sép*, -ge-, h⟩ livrer; ²**ung** *f* livraison *f*; *in großen Mengen* arrivage(s) *m(pl)*
'**anliegen** *v/i* ⟨*irr, sép*, -ge-, h⟩ **1.** *Kleidung* être ajusté; *eng* ~ être collant; mouler (*am Körper* le corps); **2.** *Ohren* être collé; *Haare* être plaqué; **3.** F (*zu erledigen sein*) *es liegt viel an* il y a beaucoup à faire; *was liegt an?* qu'est-ce qu'il y a à faire?
'**Anliegen** *n* ⟨~s; ~⟩ (*Bitte*) demande *f*; (*Wunsch*) désir *m*; *es ist mir ein* ~, *zu* (+*inf*) il me tient à cœur de (+*inf*) ; *mit e-m* ~ *zu j-m kommen* adresser une demande, une requête à qn
'**anliegend** *adj* **1.** *Kleidungsstück* ajusté; *eng* collant; moulant; **2.** *Ohren* (bien) collé; **3.** *Schriftstück etc* ci-joint; ci-inclus; **4.** (*angrenzend*) attenant; voisin
'**Anlieger** *m* ⟨~s; ~⟩ *an Straßen etc* riverain *m*; *Schild* ~ *frei* réservé aux riverains
'**Anlieger|staat** *m* État riverain, limitrophe; ~**verkehr** *m* circulation *f* des riverains
'**an|locken** *v/t* ⟨*sép*, -ge-, h⟩ attirer; *durch Köder* appâter; allécher; ~**löten** *v/t* ⟨-ete, *sép*, -ge-, h⟩ souder; ~**lügen** *v/t* ⟨*irr, sép*, -ge-, h⟩ dire des mensonges à; mentir à
Anm. *abr* (*Anmerkung*) rem. (remarque); note
'**Anmache** F *f* ⟨~⟩ **1.** (*Ansprechen, Aufreißen*) F drague *f*; **2.** (*Provokation*) F provoc *f*; provocation *f*
'**anmachen** *v/t* ⟨*sép*, -ge-, h⟩ **1.** *Feuer, Ofen, Licht, Radio, Elektrogerät* allumer; *Licht, Radio* a ouvrir; **2.** *Mörtel, Gips etc* gâcher; *Farben* délayer; *Salat etc* assaisonner, accommoder; **4.** F (*befestigen*) mettre; fixer; attacher; accrocher; **5.** F *j-n* ~ (*begeistern*) F exciter qn; (*erregen*) exciter qn; F allumer qn; **6.** F (*aufreißen*) *j-n* ~ F draguer qn; **7.** F (*provozieren*) *j-n* ~ F chercher qn; *mach mich nicht an!* tu me cherches!
'**anmahn|en** *v/t* ⟨*sép*, -ge-, h⟩ réclamer; ²**ung** *f e-s Betrages etc* réclamation *f*; (*Mahnung*) sommation *f*
'**anmalen** ⟨*sép*, -ge-, h⟩ **I** *v/t* **1.** (*bemalen*) peindre; *etw rot, blau* ~ peindre qc en rouge, en bleu; **2.** F (*anstreichen*) peindre; **3.** (*aufmalen*) *etw an etw* (*acc*) ~ peindre qc sur qc; **II** *v/réfl* F *sich* ~ (*schminken*) se peindre; *sich* (*dat*) *e-n Schnurrbart* ~ se faire une moustache
'**Anmarsch** *m* **1.** ⟨*pas de pl*⟩ (*Näherkommen*) approche *f*; *im* ~ *sein* approcher, avancer (*auf* [+*acc*] sur, vers); *fig plais e-e Grippe ist im* ~ la grippe va nous tomber dessus; *meine Eltern sind im* ~ F mes parents vont rappliquer; **2.** F (~*weg*) chemin *m*; *bes zum Arbeitsplatz* trajet *m*; *e-n weiten* ~ *haben* avoir un long trajet
'**anmarschieren** F *v/i* ⟨*sép, pas de ge-*, sein⟩ *anmarschiert kommen* F rappliquer
'**Anmarschweg** *cf* **Anmarsch** *2.*
'**anmaßen** *v/réfl* ⟨-(es)t, *sép*, -ge-, h⟩ *sich* (*dat*) *etw* ~ se permettre de faire qc; *sich* (*dat*) *ein Urteil über etw* (*acc*) ~ se permettre de juger qc, un jugement sur qc; *sich* (*dat*) *gewisse Rechte* ~ s'arroger, usurper certains droits; *er maßt sich* (*dat*) *an, ein großer Dichter zu sein* il a la prétention d'être un grand poète; *ich maße mir nicht an, Ihnen etwas vorschreiben zu wollen* je ne me permettrais pas *od* je n'aurais pas l'audace de vous ordonner quelque chose
'**anmaßend** **I** *adj* arrogant; présomptueux, -euse; **II** *advt* avec arrogance; avec présomption
'**Anmaßung** *f* ⟨~; ~en⟩ **1.** *von Befugnissen, Rechten, e-s Amtes* usurpation *f*; **2.** *im Auftreten* arrogance *f*; présomption *f*
'**anmeckern** F *v/t* ⟨-(e)re, *sép*, -ge-, h⟩ rouspéter après
'**Anmelde|bescheinigung** *f*, ~**bestätigung** *f* certificat *m* d'inscription, des

Einwohnermeldeamtes etwa certificat *m* de domicile; **~formular** *n* formulaire *m* d'inscription; *im Hotel* fiche *f*; **~frist** *f* délai *m* de déclaration, *zur Teilnahme* d'inscription; **~gebühr** *f* droit(s) *m(pl)* d'inscription

'**anmelden** ⟨-ete, *sép*, -ge-, h⟩ **I** *v/t* **1.** *Besuch etc* annoncer; *Schüler etc* faire inscrire; *Wohnsitz polizeilich* déclarer le domicile de; *Rundfunkgerät, Geburt e-s Kindes etc* déclarer; *Auto* (faire) immatriculer; TÉL *Gespräch* demander; *ein Patent* ~ déposer un brevet; **2.** *fig Ansprüche, Forderungen* revendiquer; présenter; *Bedenken* ~ avoir des doutes, des hésitations; **II** *v/réfl* **sich** ~ *zur Teilnahme* se faire inscrire (*zu, bei, an* [+*dat*] à); *sich beim Arzt etc* ~ prendre (un) rendez-vous chez le docteur, *etc*; *sich polizeilich* ~ déclarer son domicile; *fig Krankheit sich* ~ s'annoncer

'**Anmeldeschluß** *m* (date *f* de) clôture *f* des inscriptions

'**Anmeldung** *f* **1.** *e-s Besuchers* annonce *f*; *zu e-m Kursus, für e-e Schule* inscription *f*; *e-r Geburt etc* déclaration *f*; *beim Arzt etc nach vorheriger* ~ sur rendez--vous; **2.** *fig von Ansprüchen* revendication *f*; présentation *f*; **3.** F (*Anmeldestelle*) inscriptions *f/pl*; **4.** *cf* **Anmeldeformular**

'**anmerken** *v/t* ⟨*sép*, -ge-, h⟩ **1.** *j-m s-n Ärger, s-e Verlegenheit* ~ voir que qn est en colère, est gêné; lire la colère, la gêne sur le visage de qn; *man merkt ihm den Lehrer an* on voit qu'il est enseignant; on remarque que c'est un enseignant; *st/s* on reconnaît en lui l'enseignant; *man merkt ihm an, daß* ... on voit, on remarque qu'il ...; *sich (dat) nichts* ~ *lassen* ne rien montrer; *sich (dat) etw nicht* ~ *lassen* ne pas montrer qc; **2.** (*bemerken*) *etw zu etw* ~ faire des remarques sur qc; **3.** (*anstreichen*) *in e-m Text* marquer

'**Anmerkung** *f* ⟨~; ~en⟩ **1.** (*Bemerkung*) remarque *f*; **2.** (*Fußnote*) note *f*; *am Rand* annotation *f*; *Manuskript mit ~en versehen* annoter

'**anmieten** *v/t* ⟨-ete, *sép*, -ge-, h⟩ louer

'**anmoderieren** *v/t* ⟨*sép, pas de ge-*, h⟩ TV, RAD *e-e Sendung* ~ présenter une émission

'**anmontieren** *v/t* ⟨*sép, pas de ge-*, h⟩ monter; (*wieder*) ~ remonter; remettre

'**an|motzen** F *v/t* ⟨-(es)t, *sép*, -ge-, h⟩ râler après qn; **~mustern** ⟨-(e)re, *sép*, -ge-, h⟩ MAR **I** *v/t* enrôler; engager; **II** *v/i* s'enrôler; s'engager

'**Anmut** *f* ⟨~⟩ grâce *f*; charme *m*

'**anmuten** *v/t u v/i* ⟨-ete, *sép*, -ge-, h⟩ (*j-n*) ... ~ sembler ... (à qn); donner l'impression de ... (à qn); *das mutet mich seltsam, wie ein Traum an* cela me semble étrange, (être) un rêve; *j-n heimatlich* ~ rappeler à qn son pays

'**anmutig I** *adj bes Person, Geste* gracieux, -ieuse; *Landschaft* charmant; **II** *adv avec grâce*; gracieusement

'**Anna** ['ana] *f* ⟨~⟩ *f* ⟨→ *n/pr*⟩ Anne *f*

'**annageln** *v/t* ⟨-(e)le, *sép*, -ge-, h⟩ clouer (*an etw* [*acc*] à, sur qc); F *wie angenagelt dastehen* être cloué sur place

'**annagen** *v/t* ⟨*sép*, -ge-, h⟩ grignoter

'**annähen** *v/t* ⟨*sép*, -ge-, h⟩ *etw* (*an etw* [*acc*]) ~ coudre, attacher qc (à qc); (*wieder*) ~ recoudre

'**annähern** ⟨-(e)re, *sép*, -ge-, h⟩ **I** *v/t etw e-r Sache* (*dat*) *od an etw* (*acc*) ~ approcher qc de qc; *fig geistig, menschlich etc* rapprocher qc de qc; **II** *v/réfl sich* (*e-r Sache* [*dat*] *od an etw* [*acc*]) ~ s'approcher (de qc); *fig geistig, menschlich etc* se rapprocher (de qc); *Personen sich einander* ~ se rapprocher

'**annähernd** *adv* **1.** (*ungefähr*) à peu près; environ; approximativement; **2.** (*fast*) presque; *das ist nicht* ~ *so schön wie* ... c'est loin d'être aussi beau que ...

'**Annäherung** *f* ⟨~; ~en⟩ **1.** approche *f* (*an* [+*acc*] de); **2.** *fig geistige, menschliche* rapprochement *m* (*zwischen* [+*dat*] entre); ~ *der Standpunkte* rapprochement *m* des positions

'**Annäherungs|versuch** *m* travaux *m/pl* d'approche; avances *f/pl*; **~weise** *adv* approximativement; approximation *f*; **~wert** *m* valeur approximative; approximation *f*

'**Annahme** ['anna:mə] *f* ⟨~; ~n⟩ **1.** *von Geschenken, Waren* réception *f*; COMM *von Wechseln* acceptation *f*; *die* ~ *e-r Sache* (*gén*) *verweigern* refuser qc; *bei Waren* refuser de prendre livraison de qc; **2.** (*Billigung*) *von Vorschlägen* acceptation *f*; *von Gesetzesvorlagen etc* adoption *f*; (*Zulassung*) *e-r Person* admission *f*; **3.** *e-s Namens, e-r Gewohnheit etc* adoption *f*; **4.** (*Vermutung*) supposition *f*; hypothèse *f*; *in der* ~, *daß* ... à supposer *od* en supposant que ... (+*subj*); *er war der* ~, *daß* ... il estimait que ...; *Grund zu der* ~ *haben, daß* ... avoir lieu de supposer que ...; *st/s gehe ich recht in der* ~, *daß* ...? ai-je raison de penser que ...; **5.** *cf* **Annahmestelle**

'**Annahme|bestätigung** *f* COMM accusé *m* de réception; **~schluß** *m* clôture *f*; **~stelle** *f* für *Wetten etc* guichet *m*; für *Reisegepäck* guichet *m* d'enregistrement (des bagages); *e-r Reinigung etc* dépôt *m*; **~verweigerung** *f* refus *m* d'accepter, *von Waren* de prendre livraison

'**Annalen** [a'na:lən] *pl* annales *f/pl*; *in die* ~ (*der Geschichte*) *eingehen* entrer dans l'histoire

'**annehmbar** *adj* acceptable; (*halbwegs gut*) *a* passable

'**annehmen** ⟨*irr*, *sép*, -ge-, h⟩ **I** *v/t* **1.** accepter (*a Scheck, Arbeit*[*sstelle*]); *Herausforderung* relever; *Telefongespräch* prendre; *Angebot das kann ich doch nicht* ~! mais je ne peux pas l'accepter; **2.** (*billigen*) *Antrag, Gesetzesvorlage etc* adopter; **3.** *Kandidaten, Patienten etc* admettre; *an Kindes Statt* ~ adopter; **4.** *Aussehen, Form, Geschmack, Gewohnheit, Haltung etc* prendre; *Glauben* embrasser; *e-n anderen Namen* ~ prendre un nom d'emprunt; *schärfere Umrisse* ~ prendre des contours plus nets; **5.** (*vermuten, voraussetzen*) supposer (*a* MATH); admettre; *man kann mit Sicherheit* ~, *daß* ... on peut dire avec certitude que ...; *nehmen wir an, daß* ... *od* **angenommen, daß** ... supposons, admettons, F mettons que ... (+*subj*); *man darf* ~, *daß* ... il est permis de supposer, d'admettre que ...; *das ist nicht anzunehmen* c'est improbable; *ich nehme es* (*nicht*) *an* je (ne) crois (pas); **6.** (*aufnehmen*) *e-e Farbe nicht gut* ~ ne pas prendre une couleur; **7.** JAGD *Fährte* suivre; *Futter* prendre; **II** *v/réfl sich j-s, e-r Sache* ~ se charger, s'occuper, prendre soin de qn, qc

'**Annehmlichkeit** *f* ⟨~; ~en⟩ commodité *f*; agrément *m*; *die ~en des Lebens* les commodités de la vie

annektier|en [anɛk'tiːrən] *v/t* ⟨*pas de ge-*, h⟩ POL annexer; **~ung** *f* ⟨~; ~en⟩ annexion *f*

Anneliese ['anəliːzə] *f* ⟨→ *n/pr*⟩ prénom

'**Annemarie** *f* ⟨→ *n/pr*⟩ Anne-Marie *f*

'**Annette** [a'nɛtə] *f* ⟨→ *n/pr*⟩ Annette *f*

Annexi'on *f* ⟨~; ~en⟩ annexion *f*

anno ['ano], '**Anno** ~ *1813* en (l'an) 1813; ~ *dazumal od* F *plais Tobak* il y a belle lurette; *von* ~ *dazumal* antédiluvien, -ienne; *de l'an quarante*; *Anno Domini* en l'an de grâce

Annonce [a'nõːsə *ou* a'nõːsə] *f* ⟨~; ~n⟩ annonce *f*; *e-e* ~ *aufgeben* insérer, faire paraître une annonce

An'noncenteil *m* *e-r Zeitung* petites annonces

annon'cieren ⟨*pas de ge-*, h⟩ **I** *v/t etw in der Zeitung* ~ mettre une annonce pour qc dans le journal; **II** *v/i* insérer, passer, mettre une annonce

annullier|en [anʊ'liːrən] *v/t* ⟨*pas de ge-*, h⟩ annuler; **~ung** *f* ⟨~; ~en⟩ annulation *f*

Anode [a'noːdə] *f* ⟨~; ~n⟩ PHYS anode *f*

anöden ['an?øːdən] F *v/t* ⟨-ete, *sép*, -ge-, h⟩ assommer; F raser; F barber

anomal ['anoma:l] *adj* anormal; *Temperaturkurve etc sich* ~ *verhalten* montrer des anomalies

Anoma'lie *f* ⟨~; ~n⟩ anomalie *f*

anonym [ano'nyːm] **I** *adj* anonyme; **II** *adv* anonymement

Anonymi'tät *f* ⟨~⟩ anonymat *m*; *die* ~ *wahren* garder l'anonymat

An'onymus *m* ⟨~; -mi *ou* -'nymen⟩ anonyme *m*

Anorak ['anorak] *m* ⟨~s; ~s⟩ anorak *m*

'**anordnen** *v/t* ⟨-ete, *sép*, -ge-, h⟩ **1.** (*befehlen*) ordonner; **2.** (*ordnen*) arranger; disposer; *alphabetisch angeordnet* rangé, classé par ordre alphabétique; *in Reihen* (*dat*) *angeordnet* disposé en files, sur plusieurs rangées

'**Anordnung** *f* **1.** *amtliche etc* ordre *m*; *ärztliche* indication *f*; prescription *f*; *s-e ~en treffen* prendre ses dispositions; *auf* ~ *des Arztes, auf ärztliche* ~ sur l'ordre du médecin; **2.** (*Ordnung*) arrangement *m*; disposition *f*; *die* ~ *nach Sachgebieten* le classement par matières

'**anorganisch** *adj* inorganique; *~e Chemie* chimie minérale

'**anormal** *adj* anormal

'**anpacken** ⟨*sép*, -ge-, h⟩ **I** *v/t* **1.** F (*anfassen*) attraper; **2.** *Aufgabe, Problem, Thema etw falsch, richtig* ~ mal, bien aborder qc; *sie weiß, wie sie es anpacken muß* elle sait comment il faut s'y prendre; *packen wir's an!* allons-y!; **3.** F *fig j-n hart* ~ traiter, mener qn durement; **II** *v/i* (*mit*) ~ donner un coup de main (*bei etw* pour qc)

'**anpassen** ⟨-ßt, *sép*, -ge-, h⟩ **I** *v/t* **1.** TECH, *Kleid etc* ajuster (*j-m, e-r Sache*

Anpassung – anrollen

à qn, qc); **2.** *fig* adapter (*e-r Sache* [*dat*] à qc); *Löhne, Gehälter etc a* r(é)ajuster; **den Verhältnissen angepaßt** adapté, conforme aux circonstances; **II** *v/réfl* **sich ~** (*+dat*, **an** [*+acc*]) s'adapter (à); *Auge* s'accommoder (à)

'**Anpassung** *f* ⟨~; ~en⟩ adaptation *f* (*an* [*+acc*] à); *des Auges* accommodation *f*; *der Löhne, Mieten etc* r(é)ajustement *m*; **die ~ der Lebewesen an ihre Umwelt** l'adaptation, l'assimilation des êtres vivants à leur milieu

'**anpassungs|fähig** *adj* capable de s'adapter, *Lebewesen a* de s'assimiler; *par ext* souple; **⍨fähigkeit** *f* capacité *f*, faculté *f* d'adaptation, *von Lebewesen a* d'assimilation; *geistig a* souplesse *f*; **⍨schwierigkeiten** *f/pl* difficultés *f/pl* d'adaptation

'**anpeilen** *v/t* ⟨*sép, -ge-, h*⟩ MAR, *a fig* (*ansteuern*) mettre le cap sur; F *fig* viser; (*Standort bestimmen*) **ein Flugzeug, e-n Sender ~** repérer un avion, un émetteur

'**anpfeifen** *v/t* ⟨*irr, sép, -ge-, h*⟩ **1.** SPORT **das Spiel ~** donner le coup de sifflet d'envoi; **2.** F *fig j-n* **~** F passer un savon à qn; engueuler qn

'**Anpfiff** *m* **1.** SPORT coup *m* de sifflet d'envoi; **2.** F *fig* F engueulade *f*

'**anpflanz|en** *v/t* ⟨*-(es)t, sép, -ge-, h*⟩ (*pflanzen*) planter; (*anbauen*) cultiver; **⍨ung** *f* **1.** ⟨*pas de pl*⟩ (*das Anpflanzen*) plantation *f*; **2.** (*bepflanztes Terrain*) plantation *f*

'**anpflaumen** F *v/t* ⟨*sép, -ge-, h*⟩ *j-n* **~** F se ficher, se foutre de qn; mettre qn en boîte

'**an|pflocken** *v/t* ⟨*sép, -ge-, h*⟩ *Tier etc* attacher à qc; *Boot* amarrer; *Zelt* planter les piquets (de); **~picken¹** *v/t* ⟨*sép, -ge-, h*⟩ becqueter; **~picken²** *österr v/t* ⟨*sép, -ge-⟩* **I** *v/t* ⟨*h*⟩ coller; **II** *v/i* ⟨*sein*⟩ être collé; coller; **~pinkeln** F *v/t* ⟨*-(e)le, sép, -ge-, h*⟩ P pisser sur

'**anpinnen** F *v/t* ⟨*sép, -ge-, h*⟩ *etw* (*an etw* [*acc*]) **~** F punaiser qc (sur qc)

'**anpinseln** *v/t* ⟨*-(e)le, sép, -ge-, h*⟩ (*anstreichen*) peindre; *péj* peinturlurer; barbouiller

'**anpirschen** *v/réfl* ⟨*sép, -ge-, h*⟩ **sich** (**an** *j-n, etw*) **~** s'approcher sans bruit (de qn, qc)

'**an|pissen** P *v/t* ⟨*-ßt, sép, -ge-, h*⟩ P pisser sur; **~pöbeln** F ⟨*-(e)le, sép, -ge-, h*⟩ apostropher (en termes grossiers)

'**Anprall** ['anpral] *m* ⟨*~(e)s*⟩ choc *m*, 'heurt *m* (*an* [*+acc*], *gegen* contre)

'**anprallen** *v/i* ⟨*sép, -ge-, sein*⟩ *an od gegen j-n, etw* **~** 'heurter qn, qc; donner contre qn, qc

'**anpranger|n** *v/t* ⟨*-(e)re, sép, -ge-, h*⟩ dénoncer (*als* comme); **⍨ung** *f* ⟨*~; ~en*⟩ dénonciation *f*

'**anpreisen** *v/t* ⟨*irr, sép, -ge-, h*⟩ recommander vivement, vanter, prôner (*als* comme); *s-e Ware* **~** *a* faire l'article

'**anpreschen** F *v/i* ⟨*sép, -ge-, sein*⟩ **angepprescht kommen** arriver au galop; *Fahrzeug* arriver en trombe

'**Anprobe** *f* **1.** COUT *etc* essayage *m*; **2.** (*~raum*) salon *m*, *kleiner* cabine *f* d'essayage

'**anprobieren** *v/t* ⟨*sép, pas de ge-, h*⟩ COUT *etc* essayer; *j-m etw* **~** essayer qc à qn

'**anpumpen** F *v/t* ⟨*sép, -ge-, h*⟩ *j-n* (*um* fünfzig Mark) **~** F taper qn (de cinquante marks)

'**anpusten** F *v/t* ⟨*-ete, sép, -ge-, h*⟩ souffler sur

'**an|quasseln** F *v/t* ⟨*-ßle ou -ssele, sép, -ge-, h*⟩ *od* **~quatschen** F *v/t* ⟨*sép, -ge-, h*⟩ *j-n* **~** accoster qn

'**anradeln** F *v/i* ⟨*-(e)le, sép, -ge-, sein*⟩ **angeradelt kommen** arriver à vélo

'**Anrainer** *m* ⟨*~s; ~*⟩ riverain *m*; **~grundstück** *n* terrain limitrophe, riverain; **~staat** *m* État riverain, limitrophe

'**anrasen** *v/i* ⟨*sép, -ge-, sein*⟩ **angerast kommen** F arriver à toute pompe

'**anraten** *v/t* ⟨*irr, sép, -ge-, h*⟩ *j-m etw* **~** conseiller, recommander qc à qn; *auf* **⍨ des Arztes** sur le conseil, sur la recommandation du médecin

'**an|rauchen** *v/t* ⟨*sép, -ge-, h*⟩ *Zigarette* tirer les premières bouffées de; entamer; *Pfeife* a culotter; **~räuchern** *v/t* ⟨*-(e)re, sép, -ge-, h*⟩ *Schinken etc* fumer légèrement, un peu; **~rauhen** *v/t* ⟨*sép, -ge-, h*⟩ rendre (légèrement) rugueux, -euse, rêche

'**anrauschen** F *v/i* ⟨*sép, -ge-, sein*⟩ **angerauscht kommen** schnell arriver en trombe; **die Aufmerksamkeit auf sich ziehend** avancer *bzw* entrer avec des airs majestueux

'**anrechnen** *v/t* ⟨*-ete, sép, -ge-, h*⟩ **1.** (*gutschreiben, berücksichtigen*) *Dienstjahre etc* tenir compte de; COMM, JUR imputer; **etw auf etw** (*acc*) **~** imputer qc sur qc; **anzurechnen auf** (*+acc*) à valoir sur; imputable sur; **die Untersuchungshaft auf die Strafe ~** *a* déduire la détention préventive de la peine; **2.** *fig* (*würdigen*) *j-m etw hoch* **~** savoir gré à qn de qc; être reconnaissant de qc envers qn; **ich rechne ihr hoch an, daß ...** je trouve qu'elle a un grand mérite à +*inf*); *st/s* **sich** (*dat*) **etw zur Ehre ~** s'honorer de qc; se faire gloire de qc; **sich** (*dat*) **etw als Verdienst ~** se faire un mérite de qc; **man muß ihm als Verdienst ~, daß ...** il a au moins le mérite de (+*inf*); **3.** (*berechnen*) *j-m etw* **~** compter qc à qn

'**Anrechnung** *f* prise *f* en compte; COMM, JUR imputation *f*; *der Untersuchungshaft a* déduction *f* (*auf* [*+acc*] de); **in ~ auf** (*+acc*) à valoir sur; imputable sur; ADM **etw in ~ bringen** faire entrer qc en ligne de compte; passer qc en compte

'**Anrecht** *n* droit *m*; **ein ~ auf etw** (*acc*) **haben** avoir droit à qc; **sein ~ auf etw** (*acc*) **geltend machen** faire valoir ses droits sur qc

'**Anrede** *f* formule *f* pour s'adresser à qn; façon *f* dont on s'adresse à qn; (*Titel*) titre *m*; LING *a* appelatif *m*; **die ~ für e-n Geistlichen** le titre que l'on donne à un ecclésiastique

'**anreden** *v/t* ⟨*-ete, sép, -ge-, h*⟩ **1.** (*ansprechen*) adresser la parole à; *auf der Straße etc* aborder; **2.** *in e-r bestimmten Form* appeler (*mit* par); *j-m mit ihm, Sie* **~** tutoyer, vouvoyer qn; **wie muß ich ihn ~?** comment dois-je l'appeler?

'**anregen** *v/t* ⟨*sép, -ge-, h*⟩ **1.** *Maßnahme, Projekt etc* suggérer; **das werde ich einmal ~** je vais suggérer cela; **2.** (*ermuntern, auffordern*) stimuler; *schöpferisch* inspirer; (*j-n*) **zum Nach-**

denken **~** faire réfléchir (qn); pousser (qn) à réfléchir; stimuler la réflexion; **3.** *Appetit, Phantasie etc* stimuler (*a* MÉD *Kreislauf etc*); *p/fort* exciter; **den Appetit ~** *a* ouvrir l'appétit; donner de l'appétit; **Kaffee regt an** le café excite, stimule; **4.** NUCL exciter

'**anregend** *adj a fig* stimulant; *p/fort* excitant; *geistig a* intéressant; suggestif, -ive

'**Anregung** *f* **1.** (*Denkanstoß, Vorschlag*) suggestion *f*, idée *f* (*zu* pour); **~en erhalten** s'inspirer; **auf s-e ~ hin** sur sa suggestion; **2.** *des Appetits, der Phantasie etc* stimulation *f* (*a* MÉD); *p/fort* excitation *f*; **3.** NUCL excitation *f*

'**anreichern** ⟨*-(e)re, sép, -ge-, h*⟩ **I** *v/t* enrichir (*mit* de); **II** *v/réfl* **sich in etw** (*dat*) **~** s'accumuler dans qc

'**Anreicherung** *f* ⟨*~; ~en*⟩ enrichissement *m* (*mit* de)

'**anreihen** ⟨*sép, -ge-, h*⟩ **I** *v/t etw* (*an etw* [*acc*]) **~** joindre, ajouter qc (à qc); **II** *v/réfl st/s* **sich ~** se joindre; s'ajouter; **sich hinten ~** *an die Schlange* faire la queue; se mettre en bout de file

'**Anreise** *f* **1.** (*Reise*) voyage *m*; **2.** (*Ankunft*) arrivée *f*

'**anreisen** *v/i* ⟨*-(es)t, sép, -ge-, sein*⟩ **1.** (*reisen*) voyager; **2.** (*ankommen*) arriver

'**Anreise|tag** *m* jour *m* d'arrivée; **~termin** *m* date *f* d'arrivée

'**anreißen** *v/t* ⟨*irr, sép, -ge-, h*⟩ **1.** (*nicht ganz durchreißen*) déchirer (un peu); **2.** (*aufreißen*) déchirer; ouvrir; **3.** F (*anbrechen*) entamer; **4.** *Außenbordmotor* mettre en marche; lancer; **5.** TECH tracer; **6.** *regional* Streichholz allumer; craquer; **7.** (*kurz, unvollständig darlegen*) esquisser

'**Anreiz** *m* attrait *m*; stimulant *m*

'**anreizen** *v/t* ⟨*-(es)t, sép, -ge-, h*⟩ **1.** (*anregen*) exciter; **2.** (*anspornen, auffordern*) inciter, pousser (*zu* à)

'**anrempeln** F *v/t* ⟨*-(e)le, sép, -ge-, h*⟩ bousculer; F rentrer dans

'**anrennen** *v/i* ⟨*irr, sép, -ge-, sein*⟩ **1.** F (*sich stoßen*) **an** *od* **gegen etw, j-n ~** 'heurter qc, qn; se cogner dans qc, qn (*en courant*); **2.** MIL **gegen etw, j-n ~** assaillir qc, qn; **3.** *fig* **gegen e-e Mauer von Vorurteilen ~** se heurter à un mur de préjugés; **gegen das Schicksal ~ wollen** vouloir se dresser contre le destin; **gegen die Zeit ~** *fig* faire la course contre la montre; **4.** F **angerannt kommen** arriver en courant; accourir

'**Anrichte** *f* ⟨*~; ~n*⟩ **1.** *Möbel* buffet (*bas*); dressoir *m*; bahut *m*; **2.** *Raum* office *m od f*

'**anrichten** *v/t* ⟨*-ete, sép, -ge-, h*⟩ **1.** CUIS **das Essen ~** garnir et décorer les plats; *st/s* **es ist angerichtet** le déjeuner, le dîner *etc* est servi; *Ankündigung* Monsieur *bzw* Madame est servi(e)!; **2.** *Schaden, Verwirrung etc* causer; provoquer; *iron* **da hast du** (**ja**) **etwas Schönes angerichtet!** tu as fait du beau travail!; tu en as fait de belles!

'**Anriß** *m* TECH tracé *m*

'**anritzen** *v/t* ⟨*-(es)t, sép, -ge-, h*⟩ *Holz, Stein etc* rayer; *bes Haut* érafler; égratigner

'**anrollen** ⟨*sép, -ge-*⟩ **I** *v/t* ⟨*h*⟩ *Fässer etc* (*faire*) rouler (*vers*); **II** *v/i* ⟨*sein*⟩ **1.** (*her~*) *Züge etc, fig Lieferungen* arriver (continuellement); *angerollt kommen* arriver; rouler (vers); *~de Wellen* des vagues qui déferlent; **2.** (*zu rollen beginnen*) commencer à rouler; se mettre en marche; *fig Kampagne, Aktion etc* être lancé

'an|rosten *v/i* ⟨-ete, sép, -ge-, sein⟩ rouiller légèrement; commencer à rouiller; *~rösten v/t* ⟨-ete, sép, -ge-, h⟩ faire griller légèrement

anrüchig ['anryçɪç] *adj* de mauvaise réputation; de réputation douteuse; *Haus, Kneipe* a mal famé; borgne; *Affäre, Geschichte* a louche; *Lebenswandel* douteux, -euse; (*anstößig*) *Witz etc* *st/s* inconvenant; **2keit** *f* ⟨~⟩ (*schlechter Ruf*) mauvaise réputation; (*Anstößigkeit*) *st/s* inconvenance *f*

'anrücken ⟨sép, -ge-⟩ I *v/t* ⟨h⟩ *etw* (*an etw* [*acc*]) ~ pousser qc (contre qc); II *v/i* ⟨sein⟩ **1.** *MIL* ~ (*gegen*) arriver (sur); s'approcher (de); s'avancer (vers); **2.** *F fig* F s'amener; F rappliquer

'anrudern *v/i* ⟨-(e)re, sép, -ge-, sein⟩ **1.** *gegen den Strom* ~ ⟨a h⟩ ramer contre le courant; **2.** *F angerudert kommen* arriver, s'approcher en ramant

'Anruf *m* **1.** *TÉL* appel *m* téléphonique; coup *m* de téléphone, F de fil; *anonymer* ~ appel anonyme; **2.** (*Ruf*) appel *m*; *MIL* sommation *f*; *auf ~ stehenbleiben* s'immobiliser à la sommation

'Anrufbeantworter *m* ⟨~s; ~⟩ *TÉL* répondeur *m* (téléphonique enregistreur)

'anrufen *v/t* ⟨*irr*, sép, -ge-, h⟩ **1.** *TÉL j-n*, F *regional j-m* ~ téléphoner à qn; appeler qn (par téléphone); donner, passer un coup de téléphone, F de fil à qn; *in od nach Frankfurt, Italien* ~ téléphoner à Francfort, en Italie; *im Büro ~ ins Büro* téléphoner au bureau; *vom Büro aus* téléphoner du bureau; *durch Rufen* appeler; *Schiff* 'héler; *MIL Posten* faire une sommation à; **3.** *j-n als Zeugen* ~ prendre qn à témoin; *j-n um Schutz, Hilfe* ~ faire appel à la protection, à l'aide de qn; **4.** *JUR ein Gericht* ~ faire appel à un tribunal; saisir un tribunal; **5.** *Gott, e-n Heiligen* ~ invoquer Dieu, un saint

'Anrufer(in) *m* ⟨~s; ~⟩ (*f*) ⟨~; ~nen⟩ *TÉL* correspondant(e) *m(f)* qui appelle; *Sie sind heute der erste* ~ vous êtes le premier à nous *bzw* m'appeler aujourd'hui

'Anrufung *f* ⟨~; ~en⟩ **1.** *JUR e-s Gerichts etc* recours *m* (*gén* à); saisine *f* (*gén* de); **2.** *e-s Heiligen, Gottes* invocation *f*

'anrühren *v/t* ⟨sép, -ge-, h⟩ **1.** (*berühren*) toucher; *rühr mich nicht an!* ne me touche pas!; **2.** *fig* (*nehmen*) toucher à; *keinen Alkohol* ~ ne pas toucher à l'alcool; **3.** *st/s* (*rühren*) toucher; émouvoir; **4.** *Kleister, Farben etc* délayer (*mit Wasser* dans l'eau); *Zement, Gips* a gâcher; *Kakao mit Milch* ~ délayer du cacao dans du lait

ans [ans] = *an das*

'ansäen *v/t* ⟨sép, -ge-, h⟩ semer

'Ansage *f* **1.** *RAD, TV, im Variété etc* présentation *f*; **2.** *beim Kartenspiel* annonce *f*

'ansagen ⟨sép, -ge-, h⟩ I *v/t* **1.** (*ankündigen*) annoncer; *RAD, TÉL die Zeit* ~ donner l'heure; *j-m den Kampf* ~ lancer un défi à qn; *fig* déclarer la guerre à qn; **2.** *beim Kartenspiel* annoncer; **3.** F

angesagt sein (*in Mode sein*) être à la mode; être en vogue; (*auf dem Programm stehen*) être prévu; II *v/réfl sich* (*bei j-m*) ~ *Gäste* annoncer sa visite (à qn) (*für Samstag* pour samedi)

'ansägen *v/t* ⟨sép, -ge-, h⟩ entamer à la scie; scier un peu

'Ansager(in) *m* ⟨~s; ~⟩ (*f*) ⟨~; ~nen⟩ *RAD, TV* speaker *m*, speakerine *f*; *e-r Show* présentateur, -trice *m,f*; *im Variété* a animateur, -trice *m,f*

'ansammeln ⟨-(e)le, sép, -ge-, h⟩ I *v/t Reichtümer, Trödel etc* amasser; accumuler; II *v/réfl sich* ~ *Flüssigkeit, Staub, Post etc* s'accumuler; *Gerümpel, fig Ärger etc* s'amasser; s'accumuler; *Menschen* se rassembler; s'amasser

'Ansammlung *f* accumulation *f*; *von Menschen* rassemblement *m*

ansässig ['anzɛsɪç] *adj Personen* domicilié; *seit langem* établi; *Unternehmen* établi; ~ *werden* se domicilier; s'établir; *die in Berlin ~en Franzosen* les résidents français à Berlin

'Ansatz *m* **1.** (*Lösungs2*) approche *f*; *der* ~ *ist falsch* le problème est mal posé; *MATH* l'opération, l'équation, *etc* est mal posée; **2.** (*Beginn*) commencement *m*; début *m*; *e-s Lächelns* ébauche *f*; esquisse *f*; *den* ~ *e-s Bauches haben* avoir un peu de ventre; F avoir de la brioche; *ein* ~ *zur Besserung* une (légère) amélioration; *e-n* (*schüchternen*) ~ *zu etw machen* faire une (timide) essai de qc; *gute Ansätze zeigen* montrer de bons débuts; *Sache* être un début prometteur; **3.** (*~stück*) raccord *m*; embout *m*; (*Verlängerung*) rallonge *f*; **4.** (*~stelle*) *des Haares, der Nase etc* racine *f*; *e-s Blatts etc* naissance *f*; **5.** (*Schicht*) *von Rost, Fett etc* dépôt *m*; couche *f*; **6.** *COMM der Preise etc* évaluation *f*; estimation *f*; *ADM etw in* ~ *bringen* évaluer, estimer qc (*mit zwei Millionen* à deux millions); **7.** *MUS beim Blasen, Singen* attaque *f*

'Ansatz|punkt *m* point *m* de départ, d'attaque; *~stück n TECH* raccord *m*; embout *m*; *2weise adv* en partie

'ansaufen F *v/t* ⟨*irr*, sép, -ge-, h⟩ *sich* (*dat*) *einen* ~ F prendre une cuite; F se cuiter

'ansaugen ⟨sép, -ge-, h⟩ I *v/t Luft, Flüssigkeit etc* aspirer; II *v/réfl sich* ~ *Blutegel* se fixer et sucer

'Ansaug|luft *f* air aspiré; *~rohr n bes AUTO* tuyau *m* d'aspiration; *~stutzen m bes AUTO* tubulure *f* d'aspiration

'ansausen F *v/i* ⟨-(e)t, sép, -ge-, sein⟩ *angesaust kommen* arriver en trombe, à toute vitesse, F à toute pompe

'anschaffen ⟨sép, -ge-, h⟩ I *v/t* **1.** (*kaufen*) acheter; (*erwerben*) acquérir; *sich* (*dat*) *etw* ~ s'acheter qc; F *sich* (*dat*) *e-e Freundin* ~ se chercher, se trouver une amie; F *sie wollen sich* (*dat*) *noch keine Kinder* ~ ils ne veulent pas encore avoir d'enfants; **2.** *südd, österr* (*befehlen*) *j-m etw* ~ ordonner à qn de faire qc; II *v/i* F *Prostituierte* ~ (*gehen*) faire le trottoir

'Anschaffung *f* ⟨~; ~en⟩ achat *m*; acquisition *f*

'Anschaffungs|kosten *pl* frais *m/pl* d'achat, d'acquisition; *~wert m* valeur *f* à l'achat

'anschalten *v/t* ⟨-ete, sép, -ge-, h⟩

Licht, Radio, Elektrogerät allumer; mettre; *Maschine* mettre en marche

'anschauen *v/t* ⟨sép, -ge-, h⟩ *bes südd, österr, schweiz cf* ansehen

'anschaulich I *adj* clair; compréhensible; *Beispiel, Bild* concret, -ète; *etw* ~ *machen* rendre qc compréhensible; illustrer qc; II *adv etw* ~ *beschreiben* décrire qc très clairement, de façon très compréhensible

'Anschaulichkeit *f* ⟨~⟩ clarté *f*

'Anschauung *f* ⟨~; ~en⟩ **1.** (*pas de pl*) (*Betrachten*) contemplation *f*; **2.** (*Erfahrung*) expérience *f*; *etw aus eigener* ~ *kennen* connaître qc par expérience; **3.** (*~en*) (*Meinung*) vue(s) *f(pl)*; idée(s) *f(pl)*; opinion *f*

'Anschauungs|material *n* matériel d'illustration, *im Unterricht* éducatif; *~unterricht m a fig* cours *m* pratique; *~weise f* façon *f*, manière *f* de voir

'Anschein *m* ⟨~(e)s⟩ apparence *f*; *dem* ~ *nach* selon, d'après, à en juger par les apparences; *allem* ~ *nach* selon toute apparence; *es hat* (*ganz*) *den* ~, *als ob* ... on dirait, il semble que ... (+*inf*); *den* ~ *erwecken* (*zu* +*inf*) donner l'apparence de (+*inf*); *sich* (*dat*) *den* ~ *geben, als ob* ... faire semblant de (+*inf*); se donner l'air de (+*inf*)

'anscheinend I *adjt* apparent; II *advt* apparemment; selon toute apparence; ~ ... on dirait que ...; il semble que ...

'anscheißen P ⟨*irr*, sép, -ge-⟩ I *v/t* ⟨h⟩ **1.** (*anbrüllen*) F engueuler; **2.** (*betrügen*) F rouler; II *v/i* ⟨sein⟩ *angeschissen kommen* P venir emmerder qn

'anschicken *st/s v/réfl* ⟨sép, -ge-, h⟩ *sich* ~, *etw zu tun* s'apprêter, se disposer, se préparer à faire qc

'anschieben *v/t* ⟨*irr*, sép, -ge-, h⟩ *Auto etc* pousser

'anschießen ⟨*irr*, sép, -ge-⟩ I *v/t* ⟨h⟩ blesser, toucher (d'un coup de fusil, d'une balle); F *v/i* ⟨sein⟩ *angeschossen kommen* arriver en trombe

'anschirren *v/t* ⟨sép, -ge-, h⟩ *Pferd* 'harnacher

'Anschiß F *m* F engueulade *f*; *e-n* ~ *kriegen* F se faire engueuler

'Anschlag *m* **1.** (*Bekanntmachung*) affiche *f*; *e-n* ~ *machen* mettre une affiche; *etw durch* ~ *bekanntgeben* faire connaître qc par voie d'affiche; **2.** (*Attentat*) attentat *m* (*auf* [+*acc*] contre); *e-n* ~ *auf j-n verüben* commettre un attentat contre qn; attenter à la vie de qn; **3.** *auf der Schreibmaschine* frappe *f*; *e-s Klavierspielers* toucher *m*; *dreihundert Anschläge pro Minute* etwa cinquante mots par minute; **4.** *JAGD, MIL Gewehr in* ~ *bringen* mettre en joue; épauler; **5.** *TECH* butée *f*; taquet *m*; **6.** *COMM* évaluation *f*, estimation *f*; (*Kostenvor2*) devis *m*; *ADM etw in* ~ *bringen* faire entrer qc en ligne de compte; compter qc (dans le prix calculé); **7.** *beim Häkeln, Stricken* montage *m*

'Anschlagbrett *n* tableau *m*, panneau *m* d'affichage

'anschlagen ⟨*irr*, sép, -ge-, h⟩ I *v/t* **1.** *Plakate, Ankündigungen etc* afficher; apposer; placarder; **2.** (*befestigen*) *Holzleiste etc* clouer; fixer; **3.** *MUS Stimmgabel, Gong, Taste etc* frapper; *Akkord* plaquer; *Saite* faire vibrer; tou-

Anschlagsäule – ansehen

cher; *ein Motiv* ~ jouer un motif; *fig ein rascheres Tempo* ~ accélérer le rythme; *fig e-n anderen Ton* ~ changer de ton; *fig e-n scharfen, ironischen Ton* ~ prendre un ton tranchant, ironique; **4.** (*beschädigen*) abîmer; *Geschirr, Glas* ébrécher; **5.** *Maschen* monter; **6.** *beim Versteckspiel* toucher; **II** *v/i* **7.** *Glocke* sonner; *Türglocke* retentir; **8.** *Hund* aboyer; **9.** SCHWIMMSPORT toucher le but; **10.** ⟨sein⟩ (*anstoßen*) *an etw* (*acc*) ~ heurter; taper contre qc; *mit dem Kopf an etw* (*acc*) ~ heurter, taper qc de la tête; se 'heurter, se taper la tête contre qc; **11.** *Kur, Medizin* être efficace; faire de l'effet, du bien (*bei j-m* à qn); F *das Essen schlägt bei ihm an* la nourriture le fait profiter; **III** *v/réfl* **sich** (*dat*) **den Kopf, das Knie an etw** (*acc*) ~ se heurter, se taper la tête, le genou contre qc
'**Anschlagsäule** *f* colonne *f* d'affichage; colonne *f* Morris
'**anschleichen** ⟨*irr, sép, -ge-*⟩ **I** *v/i* ⟨sein⟩ *angeschlichen kommen* arriver, s'approcher à pas de loup; **II** *v/réfl* ⟨h⟩ *sich* (*an j-n, etw*) ~ s'approcher (de qn, qc) à pas de loup, à pas feutrés
'**anschleifen**¹ *v/t* ⟨*irr, sép, -ge-, h*⟩ *Messer, Schere etc* aiguiser, repasser légèrement; *Stein* polir légèrement
'**anschleifen**² F *v/t* ⟨*sép, -ge-, h*⟩ (*anschleppen*) *Gegenstände* amener; apporter; *auf dem Boden ziehend* traîner; *Personen* ramener
'**anschlendern** *v/i* ⟨*-(e)re, sép, -ge-, sein*⟩ *angeschlendert kommen* arriver, s'approcher nonchalamment
'**anschleppen** *v/t* ⟨*sép, -ge-, h*⟩ **1.** *Steine etc* apporter; amener; *a* F *Personen* ramener; **2.** *Fahrzeug* remorquer (pour faire démarrer le moteur)
'**anschließen** ⟨*irr, sép, -ge-, h*⟩ **I** *v/t* **1.** (*mit e-m Schloß sichern*) ~ (*an* [+*acc ou dat*]) attacher (à); **2.** ~ (*an* [+*acc ou dat*]) *elektrische Geräte* brancher (à); *Wasserschlauch etc* raccorder (à); RAD, TV *ORF und RTL sind angeschlossen* l'émission est retransmise par ORF et RTL; **3.** (*anfügen*) ajouter (*an* [+*acc*] à); **II** *v/i* **4.** *an etw* (*acc*) ~ être contigu, -uë à qc; *zeitlich* suivre qc; **III** *v/réfl* **5.** *sich an etw* (*acc*) ~ (*angrenzen*) être contigu, -uë à qc; **6.** (*anknüpfen*) *sich den Worten des Vorredners* ~ s'associer aux paroles de l'orateur précédent; **7.** (*beipflichten*) *sich j-s Meinung* (*dat*) ~ partager l'opinion de qn; se ranger à l'opinion de qn; **8.** (*folgen*) *sich* ~ suivre; *an den Vortrag schloß sich eine Diskussion an* la conférence fut suivie d'une discussion; **9.** (*zugesellen*) *sich j-m* ~ se joindre à qn; rejoindre qn; *sich e-r Partei, Organisation* (*dat*) *etc* ~ rejoindre un parti, une organisation, *etc*; se rallier à un parti, à une organisation, *etc*; *darf ich mich Ihnen* ~? est-ce que je peux me joindre à vous?
'**anschließend I** *adj* suivant; qui suit; **II** *advt* ensuite; après
'**Anschluß** *m* **1.** (*Zug 2*) correspondance *f*; ~ *nach Paris, an den TGV haben* avoir la correspondance pour Paris, avec le TGV; F *fig den* ~ *verpaßt haben* (*nicht Schritt gehalten haben*) être dépassé; ne plus être au courant, F dans le coup; (*keinen Ehepartner gefunden haben*) n'avoir pas trouvé chaussure à son pied; **2.** TÉL, *von Gas, Wasser, Strom* raccordement *m*; *von Strom a* branchement *m*; *elektrischer* ~ (prise *f* de) courant *m* électrique; TÉL *kein unter dieser Nummer* le numéro que vous demandez n'est pas en service actuellement; il n'y a pas d'abonné au numéro que vous demandez; **3.** ⟨~*stück*⟩ raccord *m*; jonction *f*; **4.** *fig* (*Verbindung*) contact *m* (*an* [+*acc*] avec); *den* ~ *verlieren* perdre le contact; *im* ~ *an* (+*acc*) à la suite de; comme, faisant suite à; SPORT *den* ~ *an die Spitzengruppe erreichen* rattraper, rejoindre le groupe de tête; **5.** ⟨*pas de pl*⟩ (*menschlicher Kontakt*) ~ *suchen* chercher à se faire des connaissances; *bei j-m* ~ *suchen* chercher à lier connaissance avec qn; ~ *finden* se faire des connaissances; **6.** POL rattachement *m*; gewaltsamer annexion *f*
'**Anschluß**|**gebühr** *f* TÉL taxe *f* de raccordement au réseau; ~*kabel n* câble *m* de raccordement; ~*rohr n* tuyau *m*, tube *m* de raccordement; ~*stelle f e-r Autobahn* accès *m*; ~*tor n*, ~*treffer m* SPORT but *m* réduisant la différence de score à un seul point; ~*zug m* (train *m* de) correspondance *f*
'**anschmiegen** *v/réfl* ⟨*sép, -ge-, h*⟩ *sich an j-n* ~ se serrer, se blottir contre qn; *Kleid etc sich an den Körper* ~ épouser la forme du corps; *sich*
'**anschmiegsam** *adj* (*zärtlich*) câlin; (*anpassungsfähig*) souple
'**anschmieren** ⟨*sép, -ge-, h*⟩ **I** *v/t* **1.** (*beschmutzen*) barbouiller; salir; **2.** F (*betrügen*) F refaire; F rouler; **II** *v/réfl péj sich* ~ *mit Schminke etc* se barbouiller
'**anschnallen** ⟨*sép, -ge-, h*⟩ **I** *v/t* attacher; *Schlittschuhe, Skier etc a* boucler; **II** *v/réfl sich* ~ *im Auto* s'attacher; mettre sa ceinture; *im Flugzeug* attacher sa ceinture
'**Anschnall**|**gurt** *m* ceinture *f* de sécurité; ~*pflicht f* port *m* obligatoire de la ceinture de sécurité
'**anschnauzen** F *v/t* ⟨*-(es)t, sép, -ge-, h*⟩ F engueuler; F enguirlander
'**Anschnauzer** F *m* ⟨~*s*; ~⟩ F engueulade *f*; *e-n* ~ *bekommen* F se faire engueuler
'**anschneiden** *v/t* ⟨*irr, sép, -ge-, h*⟩ **1.** *Brot, Wurst etc* entamer; *Blumen* couper (le bout de) la tige de; **2.** *fig Frage, Problem* aborder; **3.** *Kurve, Ball* couper
'**Anschnitt** *m* **1.** (*abgeschnittenes Stück*) entame *f*; **2.** (*Schnittfläche*) coupe *f*
'**Anschovis** [anˈʃoːvɪs] *f* ⟨~; ~⟩ CUIS anchois *m*
'**anschrauben** *v/t* ⟨*sép, -ge-, h*⟩ *etw an etw* [*dat ou acc*]) ~ visser qc (à *od* sur qc)
'**anschreiben** ⟨*irr, sép, -ge-, h*⟩ **I** *v/t* **1.** *etw* (*an die Tafel etc*) ~ écrire qc (au tableau, *etc*); **2.** *Punkte beim Spiel* marquer; **3.** (*schriftlich benachrichtigen*) *j-n* ~ écrire à qn; **4.** F *etw* ~ *lassen* faire mettre qc sur son compte *od* son ardoise; **5.** F *fig bei j-m gut* (*schlecht*) *angeschrieben sein* (ne pas) avoir la cote avec qn; (ne pas) être dans les bonnes grâces, dans les petits papiers de qn; **II** *v/i* F *in der Kneipe etc* ~ *lassen* avoir une ardoise
'**Anschreiben** *n* ADM lettre *f* (d'accompagnement)
'**anschreien** *v/t* ⟨*irr, sép, -ge-, h*⟩ crier après; F engueuler
'**Anschrift** *f* adresse *f*
'**Anschriften**|**änderung** *f* changement *m* d'adresse; ~*verzeichnis n* répertoire *m* d'adresses
'**anschuldigen** *v/t* ⟨*sép, -ge-, h*⟩ *j-n* (*wegen etw*) ~ accuser, inculper qn (de qc)
'**Anschuldigung** *f* ⟨~; ~*en*⟩ accusation *f*; inculpation *f*; *schwere* ~*en gegen j-n erheben* porter des accusations graves contre qn
'**anschwärzen** F *péj v/t* ⟨*-(es)t, sép, -ge-, h*⟩ *j-n* (*bei s-m Vorgesetzten*) ~ débiner qn (auprès de son supérieur)
'**anschweigen** *v/t* ⟨*irr, sép, -ge-, h*⟩ *j-n* ~ ne pas parler à qn
'**anschweißen** *v/t* ⟨*-(es)t, sép, -ge-, h*⟩ TECH *etw an etw* [*dat ou acc*]) ~ souder qc (à qc)
'**anschwell**|**en** *v/i* ⟨*irr, sép, -ge-, sein*⟩ **1.** *Füße etc* (se) gonfler; (s')enfler; *Fluß* être en crue; **2.** *fig Stimme, Musik* (s')enfler; *Lärm a* augmenter; croître; 2*ung f der Drüsen, Gelenke etc* enflure *f*; gonflement *m*
'**anschwemmen** *v/t* ⟨*sép, -ge-, h*⟩ apporter; déposer; *angeschwemmtes Land* terres alluviales; alluvions *f/pl*
'**Anschwemmung** *f* ⟨~; ~*en*⟩ **1.** (*das Anschwemmen*) dépôt *m*; alluvionnement *m*; ~ *von Sand, Holz* apport *m* de sable, de bois; **2.** (*angeschwemmtes Land*) alluvions *f/pl*; atterrissage *m*
'**anschwimmen** *v/i* ⟨*irr, sép, -ge-, sein*⟩ **1.** *gegen den Strom* ~ remonter le courant (à la nage); nager à contre-courant; **2.** *angeschwommen kommen Mensch* arriver à la nage; *Tier* s'approcher (à la nage); *Dinge* flotter (vers)
'**anschwindeln** F *v/t* ⟨*-(e)le, sép, -ge-, h*⟩ F raconter un (des) bobard(s) à
'**anschwirren** *v/i* ⟨*sép, -ge-, sein*⟩ *angeschwirrt kommen Vogel etc* arriver dans un bruissement d'ailes; F *fig Person* F s'amener
'**anschwitzen** *v/t* ⟨*-(es)t, sép, -ge-, h*⟩ CUIS faire blondir
'**ansegeln** ⟨*-(e)le, sép, -ge-*⟩ **I** *v/t* ⟨h⟩ *Insel, Hafen etc* faire voile vers; **II** *v/i* ⟨sein⟩ F *angesegelt kommen* arriver toutes voiles dehors; *fig Blatt* planer (vers); *Vögel, Flugzeug* arriver en vol plané
'**ansehen** ⟨*irr, sép, -ge-, h*⟩ **I** *v/t* **1.** (*anblicken, betrachten*) regarder; *j-n fragend, böse* ~ regarder qn d'un air interrogateur, mauvais; *es war schön, schrecklich anzusehen* c'était beau, terrible à voir; *das habe ich selbst mit angesehen* je l'ai vu moi-même, de mes propres yeux; F *sieh* (*mal*) *an!* tiens! (tiens!); voyez donc!; *sieh mal einer dieser Faulpelz an!* regardez-moi ce paresseux!; **2.** *j-m, e-r Sache* ~, *daß* ... voir que qn, qc ...; *man sieht ihm s-e Freude* ~ on voit qu'il est content; la joie se lit sur son visage; *man sieht ihm sein Alter nicht an* on ne lui donnerait pas son âge; il ne porte pas son âge; *man sieht ihr an, daß sie überarbeitet ist* on voit, cela se voit

qu'elle est surmenée; **3.** *j-n, etw ~ als nach dem Augenschein, irrtümlich* prendre qn, qc pour; *aus innerer Überzeugung* considérer qn, qc comme; *angesehen werden als a* passer pour; *man hatte ihn für s-n Bruder angesehen* on l'avait pris pour son frère; **4.** (*beurteilen*) voir; *ich sehe die Sache so an* je vois la chose ainsi; **5.** (*zusehen*) *etw nicht mit ~ können* ne pas pouvoir supporter qc; *ich kann es nicht mehr mit ~* je ne peux plus supporter, voir cela; *ich habe mir das lange genug mit angesehen* j'ai supporté cela assez longtemps; **II** *v/réfl sich* (*dat*) *etw ~* regarder, voir qc; *sich* (*dat*) *e-n Film, ein Theaterstück ~* (aller) voir un film, une pièce de théâtre; *sich* (*dat*) *die Stadt ~* visiter la ville; F *sieh dir das* (*mal*) *an!* regarde-moi ça!
'**Ansehen** *n* ⟨~s⟩ **1.** *j-n von od vom ~ kennen* connaître qn de vue; *st/s*, JUR *ohne ~ der Person* sans égard à la personne; sans considération de personne; **2.** (*Achtung*) considération *f*; estime *f*; réputation *f*; *bes großes, hohes* prestige *m*; *großes ~ genießen* jouir d'un grand prestige, d'une grande renommée, considération, estime; *zu Macht und ~ gelangen* acquérir puissance et prestige
ansehnlich ['anzeːnlɪç] *adj* **1.** (*stattlich*) de belle apparence; beau, bel, belle; *ein ~es Gebäude* un bâtiment de belles proportions; *ein ~er Mann* un homme de belle prestance; *ein ~es Paar* un beau couple; **2.** *Summe, Menge, Vermögen* considérable; remarquable
'**anseilen** *v/t* ⟨*u v/réfl*⟩ ⟨*sép, -ge-, h*⟩ (*sich*) *~* (s')attacher avec une corde; *Bergsteiger* (s')encorder
'**an|sein** F *v/i* ⟨*irr, sép, -ge-, sein*⟩ *Licht, Radio, Gas etc* être allumé; *Maschine, Motor* être en marche; *~sengen v/t* ⟨*sép, -ge-, h*⟩ *Haare etc* roussir
'**ansetzen** ⟨-(es)t, *sép, -ge-, h*⟩ **I** *v/t* **1.** (*her~*) poser; placer; *Trinkgefäß* porter aux lèvres; *Blasinstrument* emboucher; *Geigenbogen* placer; *Werkzeug* appliquer; placer; engager; *die Feder ~* se tenir prêt à écrire; **2.** (*anfügen, annähen*) *~* (*an* [+*acc*]) (r)ajouter, rapporter (à); **3.** *Bowle, Likör etc* préparer; faire; **4.** BOT *Blätter, Knospen ~* (commencer à) avoir des feuilles, des bourgeons; *Knospen ~ a* bourgeonner; *der Baum hat viele Äpfel angesetzt* l'arbre porte beaucoup de pommes; **5.** *Schimmel, Kalk etc* se couvrir de; *Rost ~* (commencer à) rouiller; *Fett ~* engraisser; *e-n Bauch ~* prendre du ventre; **6.** (*veranschlagen*) *3000 Mark für etw ~* estimer, évaluer qc à 3000 marks; compter 3000 marks pour qc; *für die Fahrt muß man vier Stunden ~ pour* le voyage il faut compter quatre heures; **7.** *Termin, Sitzung etc* fixer; *die Probe auf od für drei Uhr ~* fixer la répétition à trois heures; **8.** *j-n auf j-n ~* mettre qn derrière qn; *j-n auf etw* (*acc*) *~* mettre qn sur qc; *j-n auf e-e Spur, auf j-n ~* mettre un chien sur une piste, sur la piste de qn; **II** *v/i* **9.** (*sich anschicken*) commencer; *zu e-r Frage, Antwort, zum Trinken etc ~* s'apprêter à poser une question, à répondre, à boire, *etc*; *er setzte zu e-r Frage an* il allait poser une question; *zum Sprung ~* prendre son élan (pour sauter); *zur Landung ~* amorcer *od* l'atterrissage; *sie setzte mehrmals* (*zum Sprechen*) *an, aber ...* elle voulut plusieurs fois prendre la parole, mais ...; **10.** *beim Kochen: Milch, Reis etc* attacher; **11.** (*s-n Ausgang nehmen*) *Nase, Schwanz etc* prendre naissance; *die Haare setzen bei ihm tief an* il a les cheveux plantés très bas; *fig an dieser Stelle setzte die Kritik an* la critique partit de ce point
'**Ansicht** *f* ⟨~; ~en⟩ **1.** (*Meinung*) opinion *f*; avis *m*; vue *f*; idée *f*; *s-e ~ ändern* changer d'opinion, d'avis, F d'idée; *plötzlich* faire volte-face; *moderne, altmodische ~en haben* avoir des idées modernes, vieux jeu; *derselben ~ sein* être du même avis; avoir la même opinion, les mêmes idées, le même point de vue; *verschiedener* (*über etw* [*acc*]) *sein* avoir des idées différentes (sur qc); *da bin ich anderer ~* j'ai là-dessus une autre opinion; là, je suis d'un autre avis; *ich bin der ~, daß ...* je suis d'avis de *od* que ...; je trouve que ...; *wir sind zu der ~ gekommen, daß ...* après réflexion, nous sommes d'avis que ...; *nach ~ von* de l'avis de; au dire de; d'après; *meiner ~ nach* à mon avis; à mon avis; à mon sens; **2.** COMM examen *m*; *beiliegend ein Muster zur ~* ci-joint un échantillon pour examen; **3.** (*Anblick, Bild*) vue *f*; *die vordere, seitliche ~ e-s Hauses* la vue de face, de côté *od* de profil d'une maison; *einige ~en von Berlin kaufen* acheter quelques vues *od* cartes de Berlin
'**ansichtig** *adj st/s j-s, e-r Sache werden* apercevoir qn, qc
'**Ansichts|karte** *f* carte postale (illustrée); *~sache f* affaire *f*, question *f* d'opinion; *~sendung f* COMM envoi *m* pour examen *od* à condition
'**ansiedeln** ⟨-(e)le, *sép, -ge-, h*⟩ **I** *v/t* **1.** *j-n ~* établir qn; **2.** *fig Roman etc* situer; *die Täter sind in rechten Kreisen anzusiedeln* les auteurs (du crime, *etc*) appartiennent très probablement à des milieux de droite; **II** *v/réfl sich ~* s'établir; se fixer
'**Ansied(e)lung** *f* **1.** (*Siedlung*) agglomération *f*; (*Niederlassung*) *a* colonie *f*; **2.** (*das Ansiedeln*) établissement *m*
'**Ansiedler** *m* colon *m*
'**Ansinnen** *n* ⟨~s; ~⟩ exigence *f*; *ein* (*unverschämtes*) *~ an j-n stellen* avoir des exigences inouïes envers qn
'**An|sitz** *m* JAGD affût *m*; *~sitzen v/i* ⟨*irr, sép, -ge-, h*⟩ JAGD être à l'affût
an'sonsten *adv* **1.** (*im übrigen*) à part cela; F à part ça; **2.** (*anderenfalls*) autrement; sinon
'**anspannen** ⟨*sép, -ge-, h*⟩ **I** *v/t* **1.** *Pferde, Wagen* atteler; **2.** *Seil etc* tendre; *Muskeln* bander; *fig Geist* tendre; appliquer; **II** *v/i ~ lassen* faire atteler
'**Anspannung** *f* tension *f*; *e-e körperliche, geistige ~* une tension physique, d'esprit
'**ansparen** ⟨*sép, -ge-, h*⟩ *Betrag* économiser; *ein Vermögen ~* se constituer une fortune
'**anspazieren** F *v/i* ⟨*sép, pas de ge-, sein*⟩ *anspaziert kommen* arriver sans se presser
'**Anspiel** *n* SPORT coup *m* d'envoi
'**anspielen** ⟨*sép, -ge-, h*⟩ **I** *v/t* **1.** *BALLSPIEL j-n ~* passer la balle à qn; **2.** *KARTENSPIEL er hat Herz angespielt* il a donné, joué cœur; **II** *v/i* **3.** SPORT donner le coup d'envoi; **4.** KARTENSPIEL avoir la main; **5.** *fig auf j-n, etw ~* faire allusion à qn, qc
'**Anspielung** *f* ⟨~; ~en⟩ allusion *f* (*auf* [+*acc*] à)
'**anspinnen** *v/réfl* ⟨*irr, sép, -ge-, h*⟩ *sich ~ Unterhaltung, Freundschaft etc* naître; se nouer
'**anspitzen** *v/t* ⟨-(es)t, *sép, -ge-, h*⟩ **1.** *Bleistift, Zaunpfahl etc* tailler; TECH appointer; **2.** F *j-n ~* (*auf Trab bringen, zurechtweisen*) secouer qn
'**Ansporn** *m* ⟨~(e)s⟩ stimulant *m* (*zu* pour); *j-m zum ~ dienen* servir de stimulant à qn
'**anspornen** *v/t* ⟨*sép, -ge-, h*⟩ **1.** *Pferd* éperonner; **2.** *fig j-n ~* stimuler, aiguillonner, éperonner qn (*zu etw* à faire qc)
'**Ansprache** *f* **1.** (*kurze Rede*) allocution *f*; discours *m*; *e-e ~ halten* faire, prononcer une allocution, un discours, F un speech; **2.** (*Kontakt*) *~ haben, suchen* avoir, rechercher de la compagnie
'**ansprechbar** *adj* **1.** *nicht ~ sein* (*beschäftigt sein*) être pris, occupé; (*geistig abwesend sein*) ne plus rien entendre; **2.** *Kranke etc* lucide; **3.** (*empfänglich*) *für etw nicht ~ sein* ne pas être sensible, réceptif, -ive à qc
'**ansprechen** ⟨*irr, sép, -ge-, h*⟩ **I** *v/t* **1.** (*anreden*) adresser la parole à; *auf der Straße ~* aborder; *j-n französisch ~* s'adresser à qn en français; *j-n mit dem Vornamen ~* appeler qn par son prénom; *sie möchte mit Frau Minister angesprochen werden* elle veut qu'on l'appelle Madame le Ministre; **2.** (*sich wenden an*) s'adresser à; *er fühlte sich angesprochen* il s'est senti concerné, *p/fort* visé; *j-n auf etw* (*acc*) *~* aborder qn avec qc; *j-n um Hilfe, Geld ~* demander de l'aide, de l'argent à qn; **3.** (*zur Sprache bringen*) *etw ~* aborder le sujet, la question de qc; *j-n ~* parler de qn; **4.** (*gefallen*) *j-n ~* plaire à qn; **II** *v/i* **5.** (*auf etw* [*acc*]) *~ Patient etc* réagir (à qc); TECH *Bremse etc* répondre (à qc); *Fotozelle etc* réagir (à qc); **6.** MUS *Instrument gut, schlecht ~* répondre bien, mal; **7.** *Medizin, Kur etc* faire de l'effet; agir; *bei j-m gut, nicht ~* agir, ne pas agir sur *od* chez qn
'**ansprechend** *adj* plaisant; sympathique; agréable
'**Ansprechpartner(in)** *m*(*f*) interlocuteur, -trice *m,f*
'**anspringen** ⟨*irr, sép, -ge-*⟩ **I** *v/t* ⟨*h*⟩ *Hund, Raubtier* bondir, sauter sur; **II** *v/i* ⟨*sein*⟩ **1.** *Motor etc* démarrer; partir; **2.** *angesprungen kommen* arriver, s'approcher en sautant, par bonds; **3.** F *fig auf etw* (*acc*) *~* sauter sur qc
'**Anspruch** *m* **1.** (*Forderung*) exigence *f*; (*Erwartung*) prétention *f*; *Ansprüche stellen* avoir des prétentions *bzw* exigences; être difficile; *keine Ansprüche stellen* ne pas être exigeant, difficile;

an j-n, etw hohe Ansprüche stellen être très exigeant envers qn, qc; exiger beaucoup de qn, qc; *etw, j-n in ~ nehmen* recourir à qc, qn; *j-s Hilfe, Gastfreundschaft in ~ nehmen* avoir recours à l'aide, à l'hospitalité de qn; *ich möchte nicht gern fremde Hilfe in ~ nehmen* je ne voudrais pas demander l'aide d'autrui; *darf ich Ihre Aufmerksamkeit ein paar Minuten in ~ nehmen?* puis-je vous demander quelques minutes d'attention?; *j-s Zeit in ~ nehmen* retenir (longtemps) qn; *das hat mich lange in ~ genommen* cela, F ça m'a pris, demandé beaucoup de temps; *ich bin durch meine Arbeit zu sehr in ~ genommen* je suis trop pris, absorbé par mon travail; *ein Recht für sich in ~ nehmen* faire usage de son droit; *ich nehme für mich in ~, den Fall beurteilen zu können* je prétends pouvoir juger de ce cas; **2.** (*Anrecht*) droit *m* (*auf* [+acc] à); *auf etw* (*acc*) ~ *haben* avoir droit à qc; *auf etw* (*acc*) ~ *erheben* revendiquer qc; réclamer qc; *st/s* prétendre à qc; *fig keinen ~ auf Vollständigkeit erheben* ne pas prétendre être complet, exhaustif

'**Anspruchs|denken** *n* exigences *f/pl*; ²**los** *adj* **1.** (*genügsam*) peu exigeant. **2.** (*schlicht*) sans prétention; simple; **~losigkeit** *f* ⟨~⟩ manque *m* de prétention; (*Schlichtheit*) simplicité *f*

'**anspruchsvoll** *adj* exigeant, *péj* prétentieux, -ieuse; *ein Buch für ~e Leser* un livre pour lecteurs exigeants; *Werbesprache ein Auto für* ²*e, ein ~er Wagen* une voiture haut de gamme; *ein ~es Parfüm* un parfum sophistiqué *od* raffiné

'**an|spucken** *v/t* ⟨*sép*, -ge-, h⟩ cracher sur; **~spülen** *v/t* ⟨*sép*, -ge-, h⟩ *Gegenstand, Leiche etc* rejeter; *Sand etc* déposer, apporter (sur le rivage); **~stacheln** *v/t* ⟨-(e)le, *sép*, -ge-, h⟩ aiguillonner; éperonner; stimuler

Anstalt ['anʃtalt] *f* ⟨~; ~en⟩ **1.** établissement *m*; ~ *des öffentlichen Rechts* organisme public (de droit allemand); **2.** (*Heil*²) hôpital *m* psychiatrique

'**Anstalten** *pl* ~ *machen, etw zu tun* se préparer, s'apprêter à faire qc; *sie machte keine ~ zu gehen* elle ne faisait pas mine de vouloir partir; *die nötigen ~ zu etw treffen* prendre les dispositions nécessaires, faire les préparatifs nécessaires pour (faire) qc

'**Anstalts|arzt** *m* médecin *m* d'hôpital psychiatrique; **~geistliche(r)** *m* aumônier *m*; **~leiter(in)** *m(f)* directeur, -trice *m f* (de l'établissement); **~packung** *f PHARM* boîte *f* pour collectivités

'**Anstand**¹ *m* **1.** ⟨*pas de pl*⟩ (*schickliches Benehmen*) bienséance *f*; convenances *f/pl*; *bes moralisch* décence *f*; (*Würde*) dignité *f*; *den ~ verletzen* manquer à la bienséance; enfreindre les convenances; *mit ~ verlieren können* savoir perdre avec dignité. **2.** *südd, österr* (*Ärger*) ennui *m*; (*keinen*) ~ *an etw* (*dat*) *nehmen* (ne pas) être choqué par qc; (ne pas) s'offusquer de qc; *keinen ~ nehmen, etw zu tun* ne pas hésiter *bzw* ne pas avoir de scrupules à faire qc

'**Anstand**² *m JAGD* affût *m*

'**anständig I** *adj* **1.** convenable; *Benehmen a* correct; comme il faut; *Gesin-*

nung honnête; *Kleidung, Witz etc* décent; **2.** F (*zufriedenstellend*) convenable; décent; *nichts* ²*es zu essen haben* n'avoir rien de convenable *od* F de potable à manger; *die Bilder sind noch ganz ~ geworden* les photos sont finalement assez bien réussies; **3.** F *verstärkend e-e ~e Entfernung* une bonne distance; *ein ganz ~es Gehalt* un salaire tout à fait convenable; **II** *adv a* F *fig* convenablement; décemment; comme il faut; *benimm dich bitte ~!* tiens-toi bien *od* de la tenue, s'il te plaît!; F *j-n ~ verprügeln* F flanquer une belle raclée à qn; F *es regnet ganz ~* F il pleut drôlement

'**Anständigkeit** *f* ⟨~⟩ *der Gesinnung* honnêteté *f*; *im Benehmen, von Kleidung etc* décence *f*

'**Anstands|besuch** *m* visite *f* de politesse, de courtoisie; **~dame** *f* chaperon *m*; duègne *f*; ²**halber** *adv* pour la forme; par convenance; par politesse; **~happen** F *m* reste *m*; dernier morceau; ²**los** *adv* (*ohne Zögern*) sans hésitation; (*ohne Probleme*) sans difficulté

'**Anstandswauwau** F *plais m* chaperon *m*; *den ~ spielen* tenir la chandelle

'**anstarren** *v/t* ⟨*sép*, -ge-, h⟩ regarder fixement; fixer du regard; *j-n ~ a* dévisager qn

an'statt I *conj* ~ *zu* (+*inf*), ~ *daß ...* au lieu de (+*inf*); **II** *prép* ⟨*gén*⟩ à la place de; au lieu de

'**anstauben** *v/i* ⟨*sép*, -ge-, sein⟩ prendre la poussière; *angestaubt a* poussiéreux, -euse

'**an|stauen** *v/t* ⟨*u v/réfl*⟩ ⟨*sép*, -ge-, h⟩ (*sich*) ~ (s')amasser; *fig Gefühle a* (s')accumuler; **~staunen** *v/t* ⟨*sép*, -ge-, h⟩ regarder avec étonnement; regarder bouche bée

'**anstechen** *v/t* ⟨*irr, sép*, -ge-, h⟩ piquer; percer; *Faß* mettre en perce; F *wie angestochen schreien, toben etc* comme un fou, une folle

'**anstecken** ⟨*sép*, -ge-, h⟩ **I** *v/t* **1.** *Abzeichen, Brosche etc* attacher, fixer (avec une épingle); accrocher; *Ring* mettre sur *od* à son doigt; *j-m etw ~ a* épingler qc à la poitrine de qn; **2.** (*infizieren*) *j-n ~* contaminer qn; *j-n mit e-r Krankheit ~* communiquer, passer une maladie à qn; *er hat mich angesteckt* il m'a passé sa maladie; *angesteckt werden* être contaminé; contracter, F attraper une maladie contagieuse; *fig sein Lachen steckt alle an* son rire est communicatif, contagieux; *fig sich von j-s Nervosität, Eifer ~ lassen* se laisser gagner par la nervosité, par le zèle de qn; **3.** *regional Zigarette etc* allumer; *Gebäude etc* incendier; mettre le feu à; **II** *v/i* **4.** *Krankheit* être contagieux, -ieuse; *fig Lachen, Angst etc* être contagieux, -ieuse; être communicatif, -ive; **III** *v/réfl* **5.** *sich* (*dat*) *etw ~ Abzeichen, Brosche etc* se mettre qc; *Ring* mettre qc à son doigt; **6.** *sich ~* contracter, F attraper une maladie contagieuse; *ich habe mich bei ihm angesteckt* j'ai attrapé sa maladie; *ich habe mich bei ihr mit Scharlach angesteckt* elle m'a passé la scarlatine

'**ansteckend** *adj† Krankheit, fig Lachen etc* contagieux, -ieuse; ~ *sein fig a* se communiquer; être communicatif, -ive

'**Ansteck|nadel** *f als Schmuck* épingle *f*; *als Abzeichen* insigne *m*; badge *m*

'**Ansteckung** *f* ⟨~; ~en⟩ *MÉD, fig* contagion *f*; *MÉD a* infection *f*

'**Ansteckungs|gefahr** *f* risque *m*, danger *m* de contagion, d'infection; **~herd** *m* foyer *m* de contagion, d'infection

'**anstehen** *v/i* ⟨*irr, sép*, -ge-, h⟩ **1.** *in e-r Schlange* faire la queue; *nach Theaterkarten ~* faire la queue pour avoir des places de théâtre; **2.** *Probleme, Fragen etc* être en suspens; *die ~den Probleme n/pl* les problèmes *m/pl* en suspens; *was steht an?* qu'est-ce qu'il y a (à faire)?; *Gesetzentwürfe etc zur Beratung ~* attendre que l'on en délibère; *der Termin der Verhandlung steht an* la date de l'audience est fixée; **3.** *st/s* (*sich geziemen*) *etw steht j-m gut, schlecht an* qc sied (bien, mal) à qn; *es steht ihm nicht an, Kritik zu üben st/s* il ne lui sied pas de critiquer; ce n'est pas à lui de critiquer

'**ansteigen** *v/i* ⟨*irr, sép*, -ge-, sein⟩ *Straße, Gelände etc* monter; *Straße a* aller en montant; *Wasserstand, Temperatur, Preise etc* monter; *Umsatz, Verbrauch, Produktion, Unfallziffer etc a* augmenter; croître; *Preise, Fieber, Kurve steil, sprunghaft ~* monter en flèche; *Weg, Hang sanft, allmählich ~* monter doucement; **~de Temperaturen** *f/pl* températures *f/pl* en 'hausse

'**Ansteigen** *n des Wassers* montée *f*; *der Temperatur, der Preise etc* 'hausse *f*; *des Umsatzes a* augmentation *f*

an'stelle *prép* ⟨*gén*⟩, *adv* ~ *von* à la place de; au lieu de

'**anstellen** ⟨*sép*, -ge-, h⟩ **I** *v/t* **1.** *etw an etw* (*acc*) ~ mettre, placer, appuyer qc contre qc; **2.** *beruflich j-n ~* engager qn; *Arbeiter meist* embaucher qn; *j-n fest ~* donner un emploi fixe à qn; **3.** *Wasser, Gas* ouvrir; *Radio, Fernseher* mettre; allumer; *Elektrogeräte, Heizung* allumer; faire marcher; *Motor* mettre en marche; F *die Nachrichten ~ RAD, TV* mettre les nouvelles; **4.** (*machen*) *Vergleich* faire; *Nachforschungen etc* procéder à; *Betrachtungen, Experimente* se livrer à; *ein Verhör mit j-m ~* procéder à l'interrogatoire de qn; F *Dummheiten ~* faire des bêtises; *was habt ihr schon wieder angestellt?* qu'est-ce que vous avez encore fait, F fabriqué?; F *etw geschickt, klug ~* s'y prendre habilement, intelligemment (pour faire qc); F *wie hast du das angestellt?* comment t'y es-tu pris?; **II** *v/réfl* **5.** *in e-r Schlange sich* (*nach etw*) ~ faire la queue (pour [avoir] qc); *sich hinten ~* se mettre à la queue, en bout de file; prendre la file; **6.** F *sich* (*bei etw*) *dumm, ungeschickt ~* s'y prendre bêtement, maladroitement (pour faire qc); *stell dich nicht so an!* ne fais pas tant de manières!; ne fais pas l'idiot!

'**Anstellung** *f* **1.** ⟨*pas de pl*⟩ (*Einstellung*) engagement *m*; *von Arbeitern meist* embauche *f*; embauchage *m*; **2.** (*Stellung*) emploi *m*; place *f*; *ohne ~* sans emploi

'**Anstellungsvertrag** *m* contrat *m* de travail

'**anstemmen** *v/réfl* ⟨*sép*, -ge-, h⟩ *sich gegen die Tür etc ~* s'appuyer (de toute sa force) contre la porte, *etc*; *sich gegen den Wind ~* se courber contre le vent

'**ansteuern** *v/t* ⟨-(e)re, *sép*, -ge-, h⟩ se diriger vers

'**Anstich** *m e-s Fasses* mise *f* en perce

'**anstiefeln** F *v/i* ⟨-(e)le, *sép*, -ge-, sein⟩ *angestiefelt kommen* arriver, s'approcher, F s'amener nonchalamment

'**Anstieg** *m* ⟨~(e)s; ~e⟩ **1.** ⟨*pas de pl*⟩ *des Geländes* montée *f*; **2.** ⟨*pas de pl*⟩ *des Wassers* montée *f*; *der Temperatur* 'hausse *f*; *des Umsatzes, der Produktion etc* augmentation *f*; (*Preis*♎) montée *f*; 'hausse *f*; **3.** (*Aufstieg*) montée *f*

'**anstieren** *v/t* ⟨*sép*, -ge-, h⟩ *péj* fixer d'un air bête

'**anstiften** *v/t* ⟨-ete, *sép*, -ge-, h⟩ **1.** *Verwirrung, Unfrieden, Unheil etc* causer, provoquer; *Streit* a susciter; *Unfug* faire; *Verschwörung* tramer; fomenter; ourdir; **2.** *j-n zu etw ~* inciter qn à (faire) qc

'**Anstift|er(in)** *m(f)* instigateur, -trice *m,f*; **~ung** *f von Streit, Unruhen etc* provocation *f*; incitation *f* (*zu* à)

'**anstimmen** *v/t* ⟨*sép*, -ge-, h⟩ **1.** *Lied etc* entonner; **2.** *fig ein Klagelied ~* se répandre en lamentations, en jérémiades; *ein Loblied auf j-n ~* se répandre en louanges au sujet de qn

'**anstolzieren** *v/i* ⟨*sép*, *pas de ge-*, sein⟩ *anstolziert kommen* arriver avec des airs importants

'**Anstoß** *m* **1.** FUSSBALL coup *m* d'envoi; *den ~ haben, ausführen* donner le coup d'envoi; **2.** (*Auslöser*) impulsion *f*; *den ~ zu etw geben* déclencher qc; donner une impulsion à; mettre qc en branle; *es bedurfte nur e-s äußeren ~es* cela ne demandait qu'une impulsion extérieure; **3.** (*Ärgernis*) *~ erregen* causer, provoquer un scandale; faire scandale; (*mit etw*) *bei j-m ~ erregen* choquer, offusquer, scandaliser qn (par qc); *an etw* (*dat*) *~ nehmen* se formaliser, se scandaliser, s'offusquer de qc; être choqué par qc

'**anstoßen** ⟨*irr, sép*, -ge-⟩ **I** *v/t* ⟨h⟩ **1.** *Gegenstand* donner un coup à; 'heurter; *angestoßenes Obst* des fruits talés, meurtris; **2.** *Personen* pousser (*mit* de); versehentlich 'heurter; *mit dem Ellbogen ~* pousser qn du coude; **II** *v/i* **3.** ⟨sein⟩ (*mit dem Fuß, Kopf*) *an etw* (*acc*) *~* 'heurter qc (du pied, de la tête); *er ging gebückt, um nirgends anzustoßen* il marchait courbé pour ne pas se cogner; **4.** ⟨h⟩ *beim Trinken* (*mit den Gläsern*) *~* trinquer; *auf j-n, etw ~* porter un toast à qn, qc; *auf j-s Wohl* (*acc*) *~* trinquer, boire à la santé de qn; **5.** ⟨h⟩ (*lispeln*) (*mit der Zunge*) *~* zézayer; zozoter; **6.** ⟨h⟩ *beim Fußball* donner le coup d'envoi; **7.** ⟨sein⟩ *fig bei j-m ~* choquer, scandaliser, offusquer qn (*mit etw* par qc); **8.** ⟨h⟩ (*angrenzen*) *an etw* (*acc*) *~* toucher à qc; être contigu, -uë à qc; confiner à qc

'**Anstößer** *m* ⟨~s; ~⟩ *schweiz* riverain *m*; *cf a Anlieger*

anstößig ['anʃtøːsɪç] *adj* choquant, indécent; inconvenant; *Worte a* malsonnant; ♎**keit** *f* ⟨~; ~en⟩ indécence *f*; inconvenance *f*

'**anstrahlen** *v/t* ⟨*sép*, -ge-, h⟩ **1.** (*an-leuchten*) illuminer; **2.** *mit Blicken j-n ~* regarder qn d'un air radieux *od* rayonnant; *ihre Augen strahlten ihn an* elle le regardait d'un air radieux

'**anstreben** *st/s v/t* ⟨*sép*, -ge-, h⟩ aspirer à

'**anstreichen** *v/t* ⟨*irr, sép*, -ge-, h⟩ **1.** *Haus, Zaun etc* peindre; *etw weiß, blau ~* peindre qc en blanc, en bleu; **2.** *Wort, Stelle in e-m Text* marquer; (*unterstreichen*) souligner; *fig e-n Tag im Kalender rot ~* marquer un jour d'une pierre blanche

'**Anstreicher** *m* peintre *m* (en bâtiment)

anstrengen ['anʃtrɛŋən] ⟨*sép*, -ge-, h⟩ **I** *v/t* **1.** *Tätigkeit j-n ~* fatiguer qn; *das strengt* (*mich*) *sehr an* cela (me) fatigue beaucoup; c'est très fatigant, pénible; *das Sprechen strengt ihn an* cela le fatigue de parler; **2.** *s-n Geist, s-e Phantasie ~* faire travailler son cerveau *od* F ses méninges, son imagination; **3.** JUR *e-n Prozeß gegen j-n ~* intenter un procès à *od* contre qn; **II** *v/réfl sich ~* se donner du mal; *a körperlich* faire des efforts; *sich nicht sonderlich bei etw ~* ne pas se donner trop de mal, ne pas se fatiguer pour faire qc; F *streng dich ruhig ein bißchen an!* fais un effort!

'**anstrengend** *adj* fatigant; pénible

'**Anstrengung** *f* ⟨~; ~en⟩ **1.** (*Bemühung*) effort *m*; (*große*) *~en machen, etw zu tun* faire tous ses efforts pour faire qc; *mit äußerster ~* de toutes ses forces; *mit letzter ~* d'un ultime effort; **2.** (*Strapaze*) fatigue *f*; *die Reise war für mich e-e körperliche ~* le voyage m'a fatigué (physiquement)

'**Anstrich** *m* **1.** (*Farbe*) (couche *f* de) peinture *f*; **2.** ⟨*pas de pl*⟩ (*das Anstreichen*) peintures *f/pl*; **3.** *fig apparence f*; air *m*; *e-r Sache e-n persönlichen ~ geben od verleihen* donner à qc une note personnelle; *e-n ~ von Gelehrsamkeit haben* avoir un vernis d'érudition; *sich* (*dat*) *e-n ~ von Vornehmheit geben* se donner un air distingué; **4.** *der Schrift* délié *m*

'**anstricken** *v/t* ⟨*sép*, -ge-, h⟩ *etw ~* ajouter qc au tricot; *etw an etw* (*acc*) *~* tricoter qc à qc

'**anströmen** *v/i* ⟨*sép*, -ge-, sein⟩ affluer; *~de Luftmassen* masses *f/pl* d'air qui affluent; *Menschenmenge angeströmt kommen* affluer; arriver en foule

'**an|stückeln** *v/t* ⟨-(e)le, *sép*, -ge-, h⟩, *~stücken* *v/t* ⟨*sép*, -ge-, h⟩ rajouter (un morceau, une pièce) (*an* [+*acc*])

'**Ansturm** *m* **1.** MIL assaut *m* (*auf* [+*acc*] à); **2.** *fig von Käufern, Kunden* ruée *f* (*auf* [+*acc*] sur); rush *m*; *der größte ~ ist vorüber* le grand rush, la ruée est passé(e)

'**anstürmen** *v/i* ⟨*sép*, -ge-, sein⟩ **1.** *~ gegen* donner l'assaut à; MIL assaillir; *gegen j-n ~ a* charger qn; *der ~de Feind* l'ennemi *m* qui donne l'assaut; la charge de l'ennemi; **2.** *angestürmt kommen* arriver en courant

'**anstürzen** *v/i* ⟨-(es)t, *sép*, -ge-, sein⟩ *angestürzt kommen* arriver, accourir en se bousculant

'**ansuchen** *st/s, österr v/i* ⟨*sép*, -ge-, h⟩ *bei j-m um etw ~* solliciter qc de qn; demander qc à qn

'**Ansuchen** *st/s, österr n* ⟨~s; ~⟩ demande *f*; requête *f*; *auf j-s ~* (*acc*) à la demande, à la requête de qn

Antago|nismus [antago'nɪsmʊs] *m* ⟨~; -men⟩ antagonisme *m*; **~'nist(in)** *m* ⟨~en; ~en⟩ (*f* ⟨~; ~nen⟩ antagoniste *m,f*; ♎**'nistisch** *adj* antagoniste

'**antanzen** F *v/i* ⟨-(es)t, *sép*, -ge-, sein⟩ (*bei j-m*) *~, angetanzt kommen* F s'amener (chez qn); *j-n ~ lassen* faire venir qn

Antarktis [ant'ʔarktɪs] ⟨→ *n/pr*⟩ *die ~* l'Antarctique *m*

ant'arktisch *adj* antarctique

'**an|tasten** *v/t* ⟨-ete, *sép*, -ge-, h⟩ **1.** (*berühren*) toucher; **2.** *fig Ehre, Rechte* porter atteinte à; empiéter sur; **3.** *fig Vorräte etc* toucher à; **~tatschen** F *v/t* ⟨*sép*, -ge-, h⟩ F tripoter; **~tauen** ⟨*sép*, -ge-⟩ **I** *v/t* ⟨h⟩ faire dégeler, décongeler un peu; **II** *v/i* ⟨sein⟩ **1.** *Schnee* commencer à fondre; **2.** *Lebensmittel* commencer à dégeler; **~täuschen** *v/t u v/i* ⟨*sép*, -ge-, h⟩ SPORT feinter

'**Anteil** *m* **1.** part *f* (*an* [+*dat*] de) (*a* COMM); portion *f*; quote-part *f*; JUR *Betrag* quotité *f*; *prozentualer ~* pourcentage *m*; prorata *m*; ⟨*pas de pl*⟩ (*Beteiligung, Interesse*) part *f*; *geringen, großen ~ an etw* (*dat*) *haben* avoir peu de, avoir une grande part à qc; *großen ~ an etw* (*dat*) *haben a* être pour beaucoup dans qc; *an etw* (*dat*) *regen, lebhaften ~ nehmen* prendre vivement part à qc; prendre un vif intérêt à qc; *an j-s Unglück ~ nehmen* compatir au malheur de qn

'**anteil|ig, ~mäßig** *adj* proportionnel, -elle

'**Anteilnahme** *f* **1.** (*Beteiligung*) participation *f*; *tätige ~* participation active; *unter* (*reger*) *~ der Bevölkerung* avec la participation (active) de la population; **2.** (*Mitgefühl*) sympathie *f*; (*Interesse*) intérêt *m* (*an* [+*dat*] pour); *etw mit lebhafter ~ verfolgen* suivre qc avec un vif intérêt; *meine herzliche ~* (mes) sincères condoléances

'**Anteilschein** *m* ÉCON action *f*

'**Anteilseigner(in)** *m(f)* ÉCON porteur *m*, détenteur *m* de parts; *e-r AG* actionnaire *m,f*

'**antelefonieren** F *v/t* ⟨*sép, pas de ge-*, h⟩ *j-n, südd j-m ~* téléphoner à qn

Antenne [an'tɛnə] *f* ⟨~; ~n⟩ RAD, ZO antenne *f*; F *fig* (*k*)*eine ~ für etw haben* (ne pas) avoir le sens de qc

An'tennen|mast *m* mât *m*, pylône *m* d'antenne; **~wald** *m fig plais* forêt *f* d'antennes

Anthologie [antolo'giː] *f* ⟨~; ~n⟩ anthologie *f*

anthrazit [antra'tsiːt] *adj* ⟨*inv*⟩ anthracite

Anthra'zit *m* ⟨~s; ~e⟩ anthracite *m*

anthra'zit|farben *adj* anthracite; **~grau** *adj* gris anthracite

Anthropo|loge [antropo'loːgə] *m* ⟨~n; ~n⟩, **~'login** *f* ⟨~; ~nen⟩ anthropologue *m,f*; anthropologiste *m,f*; **~lo'gie** *f* ⟨~⟩ anthropologie *f*; ♎**logisch** *adj* anthropologique; **~'morph** *adj* anthropomorphe; **~'soph(in)** *m* ⟨~en; ~en⟩ *(f)* ⟨~; ~nen⟩ anthroposophe *m,f*; **~so'phie** *f* ⟨~⟩ anthroposophie *f*; ♎**'sophisch** *adj* anthroposophique; ♎**'zentrisch** *adj* anthropocentrique

anti..., Anti... [anti] *in Zssgn* anti(-)...
Anti|alko'holiker(in) *m(f)* antialcoolique *m,f*; **autori'tär** *adj* anti-autoritaire; **~'babypille** F *f* pilule contraceptive, anticonceptionnelle; **bakteri'ell** *adj* antibactérien, -ienne; **~bi'otikum** *n* ⟨~s; -ka⟩ antibiotique *m*; **~bloc'kiersystem** *n* AUTO système *m* antiblocage; **~depres'sivum** *n* ⟨~s; -va⟩ PHARM antidépresseur *m*; **~fa'schismus** *m* antifascisme *m*; **~fa'schist(in)** *m(f)* antifasciste *m,f*; **fa'schistisch** *adj* antifasciste; **~gen** *n* BIOL antigène *m*
Antigua und Barbuda [an'ti:gua ʊnt bar'bu:da] *n* ⟨→ *n/pr*⟩ Antigua et Barbuda
'Anti|held(in) *m(f)* antihéros *m*; **~hist-a'min** *n* PHARM antihistaminique *m*
antik [an'ti:k] *adj* **1.** (*die Antike betreffend*) antique; **2.** *fig* (*sehr alt*) Möbel, Schmuck *etc* ancien, -ienne
An'tike ⟨~; ~n⟩ **1.** ⟨*sans pl*⟩ Epoche Antiquité *f*; **2.** *die* ~ *n pl* (*Kunstwerke der* ~) les antiquités (gréco-romaines)
antiki'sierend *adjt* (qui est) inspiré, imité de l'Antiquité
anti|kleri'kal *adj* anticlérical; **klerika-'lismus** *m* anticléricalisme *m*
Anti|'klopfmittel *n für Benzin* antidétonant *m*; **'~körper** *m* MÉD anticorps *m*
Antillen [an'tɪlən] *pl die* ~ les Antilles *f/pl*
Antilope [anti'lo:pə] *f* ⟨~; ~n⟩ antilope *f*
Anti|milita'rismus *m* antimilitarisme *m*; **~milita'rist** *m* antimilitariste *m*; **milita'ristisch** *adj* antimilitariste
Antimon [anti'mo:n] *n* ⟨~s⟩ CHIM antimoine *m*
Antinomie [antino'mi:] *f* ⟨~; ~n⟩ antinomie *f*
Antipathie [antipa'ti:] *f* ⟨~; ~n⟩ antipathie *f*; *e-e* ~ *gegen etw, j-n haben* avoir, éprouver de l'antipathie pour qc, qn
Antipode [anti'po:də] *m* ⟨~n; ~n⟩ **1.** GÉOGR antipode *m*; **2.** *st/s j-s* ~ *sein* être l'opposé de qn
'antippen ⟨*sép, -ge-, h*⟩ **I** *v/t* **1.** toucher; **2.** *fig* Thema *etc* effleurer; **II** *v/i* F *bei j-m* ~ (*vorsichtig anfragen*) tâter le terrain auprès de qn
Antiqua [an'ti:kva] *f* ⟨~⟩ TYPO romain *m*; caractères romains
Antiquar(in) [anti'kva:r(ɪn)] *m* ⟨~s; ~e⟩ (f) ⟨~; ~nen⟩ **1.** Buchhändler(in) marchand(e) *m(f)* de livres d'occasion; bouquiniste *m,f*; **2.** (*Antiquitätenhändler[in]*) antiquaire *m,f*
Antiquari'at *n* ⟨~(e)s; ~e⟩ **1.** Buchhandlung librairie *f* (de livres) d'occasion; bouquiniste *m*; *modernes* ~ librairie ancienne et moderne; **2.** ⟨*sans pl*⟩ Buchhandel librairie spécialisée (en livres anciens)
antiqu'arisch *adj u adv* d'occasion; *ein Buch* ~ *kaufen* acheter un livre d'occasion
An'tiquaschrift *f cf Antiqua*
antiquiert [anti'kvi:rt] *adjt péj* vieux, vieil, vieille; démodé; antique
Antiqui'tät ⟨~; ~en⟩ *f* objet d'art ancien; antiquité *f*
Antiqui'täten|händler(in) *m(f)* antiquaire *m,f*; marchand(e) *m(f)* d'antiquités; **~laden** *m* magasin *m* d'antiquités; **~sammler(in)** *m(f)* collectionneur *m*, -euse *f* d'antiquités, d'objets d'art

anciens; **~sammlung** *f* collection *f* d'objets d'art anciens, d'antiquités
Anti|se'mit(in) *m* (*f*) antisémite *m,f*; **se'mitisch** *adj* antisémite; **~semi'tismus** *m* ⟨~⟩ antisémitisme *m*; **~'sepsis** *f* ⟨~⟩ MÉD antisepsie *f*; **~'septikum** *n* ⟨~s; -ka⟩ PHARM antiseptique *m*; **'septisch** *adj* MÉD antiseptique; **'statisch** *adj* antistatique; **~'terroreinheit** *f* commando *m* antiterroriste; '**~theater** *n* ⟨~s⟩ antithéâtre *m*; **~'these** *f* antithèse *f*; **'the-tisch** *adj* antithétique; **~to'xin** *n* MÉD antitoxine *f*
Antizipati'on *f* ⟨~; ~en⟩ anticipation *f*
antizipieren [antitsi'pi:rən] *v/t* (*pas de ge-, h*) anticiper
anti'zyklisch *adj* ÉCON anticyclique
Antlitz ['antlɪts] *st/s n* ⟨~es; ~e⟩ visage *m*; face *f*
Anton ['anto:n] *m* ⟨→ *n/pr*⟩ Antoine *m*
Antonym [anto'ny:m] *n* ⟨~s; ~e⟩ LING antonyme *m*
antörnen ['antœrnən] *cf anturnen²*
'antraben *v/i* ⟨*sép, -ge-, sein*⟩ *angetrabt kommen* a F *fig* arriver, s'approcher au trot
Antrag ['antra:k] *m* ⟨~(e)s; -träge⟩ **1.** *im Parlament etc* motion *f* (*auf* [+acc] *zu* de); ~ *zur Geschäftsordnung* motion d'ordre; *e-n* ~ *stellen, einbringen* déposer, présenter une motion, **2.** (*Gesuch, Eingabe*) demande *f* (*auf* [+acc] de); JUR a requête *f*; *auf* (*zurückerstatten etc*) rembourser, *etc*) sur demande; *auf* ~ *des Verteidigers etc* à la demande, à la requête du défenseur, *etc*; *e-n* ~ *stellen* faire une demande, **3.** (*Heirats*) demande *f* en mariage; *e-m Mädchen e-n* ~ *machen* demander une jeune fille en mariage
'antragen *st/s v/t* ⟨*irr, sép, -ge-, h*⟩ *j-m etw* ~ offrir, proposer qc à qn
'Antrags|formular *n* formulaire *m* de demande; **gemäß** *adv* JUR selon la requête; PARLAMENT selon la motion
'Antragsteller(in) *m* ⟨~s; ~⟩ (f) ⟨~; ~nen⟩ demandeur, -deresse *m,f* (a JUR); JUR requérant *m*
'antrainieren *v/t* ⟨*sép, pas de ge-, h*⟩ *j-m, sich* (*dat*) *etw* ~ Verhaltensweise, Muskeln *etc* développer qc chez qn, en soi
'antreffen *v/t* ⟨*irr, sép, -ge-, h*⟩ trouver, rencontrer; *j-n bei der Arbeit, bei bester Gesundheit, zu Hause* ~ trouver qn en train de travailler, en parfaite santé, chez lui
'antreiben ⟨*irr, sép, -ge-⟩* **I** *v/t* ⟨*h*⟩ **1.** Tiere *etc* faire avancer; **2.** *ans Ufer* pousser (vers le rivage); *angetrieben werden* être poussé, rejeté par le courant, par la rivière, *etc*; **3.** *fig j-n zu etw* ~ pousser, inciter qn à faire qc; **4.** TECH Maschine actionner; Fahrzeug, Flugzeug, Rakete propulser; **II** *v/i* ⟨*sein*⟩ arriver; flotter (vers le rivage)
'antreten ⟨*irr, sép, -ge-⟩* **I** *v/t* ⟨*h*⟩ **1.** (*beginnen*) commencer; *e-e Reise, Fahrt* ~ partir en voyage; se mettre en route; *s-n Urlaub* ~ prendre ses vacances; partir en vacances, en congé; *ein Amt* ~ entrer en fonction; prendre ses fonctions; *e-e Stelle* ~ commencer à un poste, dans un emploi; *s-n Dienst* ~ prendre son service; *j-s Nachfolge*

(*acc*) ~ prendre la succession de qn; succéder à qn; *e-e Erbschaft* ~ recueillir un héritage; *e-e Strafe* ~ (commencer à) purger une peine; *den Rückzug* ~ MIL, *fig* battre en retraite; *den Beweis* ~ fournir la preuve; **2.** Motorrad actionner le kick de; **II** *v/i* ⟨*sein*⟩ **3.** (*sich aufstellen*) se mettre en rang; s'aligner; se ranger; MIL se rassembler; se mettre en rang; *der Größe nach* ~ se ranger, s'aligner par ordre de taille; MIL ~! rassemblement!; **4.** (*sich stellen*) *zu e-m Wettkampf, gegen e-e Spitzenmannschaft* ~ se présenter à une épreuve, contre une équipe vedette; **5.** (*erscheinen*) se présenter; F ~ *beim Chef* ~ se présenter devant le patron
'Antrieb *m* **1.** (*Impuls, innere Triebkraft*) impulsion *f*; mouvement *m*; *etw aus freiem* ~ *tun* faire qc de son propre gré; *ihm fehlte jeder* ~ il n'avait aucune initiative; **2.** TECH *e-r Maschine* commande *f*; entraînement *m*; *e-s Fahrzeugs, Flugzeugs, e-r Rakete* propulsion *f*; *e-s Landfahrzeugs* a traction *f*; *e-e Maschine mit elektrischem* ~ une machine à commande électrique
'Antriebs|aggregat *n* TECH groupe propulseur, AVIAT propulseur *m*; **~kraft** *f* force motrice, de propulsion; **~rad** *n* roue motrice; **~welle** *f* TECH arbre moteur
'antrinken ⟨*irr, sép, -ge-, h*⟩ *v/réfl sich* (*dat*) *e-n Rausch* ~, F *sich* (*dat*) *einen* ~ F se soûler; *sich* (*dat*) *Mut* ~ boire pour se donner du courage
'Antritt *m* **1.** (*Beginn*) début *m*; commencement *m*; *bei* ~ *der Reise, Fahrt* au début du voyage; au départ; *vor* ~ *der Reise, Fahrt* avant le voyage, départ; ~ *e-s Amtes, e-r Stellung* entrée *f* en fonction, dans une place; **2.** SPORT enlevage *m*
'Antritts|besuch *m* première visite (de politesse); **~rede** *f* discours inaugural; POL discours *m* d'investiture; **~vorlesung** *f* cours inaugural
'antrocknen *v/i* ⟨-ete, *sép, -ge-, sein*⟩ **1.** (*durch Trocknen festkleben*) coller (en séchant); **2.** (*ein wenig trocknen*) commencer à sécher; être encore humide
'antuckern F ⟨-(e)re, *sép, -ge-, sein*⟩ *angetuckert kommen* avancer en faisant teuf-teuf
'antun *v/t* ⟨*irr, sép, -ge-, h*⟩ **1.** Böses, Gutes, Leid, Kummer *etc* faire; *st/s j-m Gewalt* ~ user de violence envers qn; *e-r Frau* violenter qn; *st/s* faire violence à qn; F *tu mir das nicht an!* ne me fais pas cela (à moi)!; tu ne vas pas me faire ça!; F *sich* (*dat*) *etwas* ~ (*sich umbringen*) faire une tentative de suicide; **2.** *es j-m angetan haben* avoir charmé, enchanté, séduit qn; *sie hat es ihm angetan* elle l'a charmé, séduit; il a été conquis par elle; **3.** *st/s angetan mit* (*bekleidet*) (re)vêtu de; *festlich angetan* en habits de fête
anturnen¹ ['antʊrnən] F *v/i* ⟨*sép, -ge-, sein*⟩ *fröhlich angeturnt kommen* arriver tout gai
anturnen² ['antœrnən] F *v/t* ⟨*sép, -ge-, h*⟩ Drogen F faire flipper; Musik *etc* exciter; F chauffer
Antwerpen [ant'vɛrpən] *n* ⟨→ *n/pr*⟩ Anvers
Antwort ['antvɔrt] *f* ⟨~; ~en⟩ **1.** réponse

f (*auf* [+*acc*] à); (*Erwiderung*) réplique *f*; *schlagfertige* repartie *f*; *scharfe* riposte *f*; ~ **geben** donner (une) réponse; répondre; *j-m* (**keine**) ~ **geben** (ne pas) répondre à qn; *zur* ~ **geben** répliquer (*j-m etw* à qn); *etw zur* ~ **bekommen** recevoir qc en réponse; s'entendre répondre que ...; *nie um e-e* ~ *verlegen sein* avoir réponse à tout; avoir la repartie facile; n'être jamais en peine de répondre; *auf Einladungskarten um* ~ *wird gebeten* répondez, s'il vous plaît; *prov keine* ~ *ist auch e-e* ~ il a *bzw* elle a, *etc* certainement ses raisons pour ne pas répondre; **2.** *fig* (*Reaktion*) réponse *f*; réaction *f*; *als* ~ *auf* (+*acc*) en réponse, en réaction à
'**Antwortbrief** *m* lettre *f* de réponse
'**antworten** *v/i* ⟨-ete, h⟩ **1.** répondre (*auf etw* [*acc*] à qc; *j-m* à qn); (*erwidern*) répliquer; *schlagfertig, rasch meist* riposter; *mit Ja, Nein* ~ répondre par oui, par non; *was hast du darauf geantwortet?* qu'as-tu répondu (à cela)?; **2.** (*reagieren*) répondre (*mit* par)
'**Antwortkarte** *f* carte-réponse *f*
'**Antwortschein** *m* *internationaler* ~ coupon-réponse international
'**Antwortschreiben** *n* lettre *f* de réponse
'**anvertrauen** ⟨*sép, pas de ge-*, h⟩ **I** *v/t* (*übergeben, mitteilen*) *j-m etw* ~ confier qc à qn; *etw j-s Obhut* (*dat*) ~ confier qc à la garde de qn; confier à la garde de qc à qn; **II** *v/réfl* **1.** *sich j-s Schutz* (*dat*) ~ se mettre sous la protection de qn; se remettre entre les mains de qn; *sich j-s Pflege* (*dat*) ~ se remettre aux soins de qn; **2.** *sich j-m* ~ (*sich mitteilen*) se confier à qn, auprès de qn; s'ouvrir à qn; *er hat sich mir anvertraut* j'ai reçu ses confidences; il s'est confié à moi
'**Anverwandte(r)** *st/s f(m) cf* **Verwandte(r)**
'**anvisieren** *v/t* ⟨*sép, pas de ge-*, h⟩ viser (*a fig*); prendre pour cible
'**anwachsen** *v/i* ⟨*irr, sép*, -ge-, sein⟩ **1.** *übertragene Haut etc* prendre; *Pflanze* prendre racine; s'enraciner; *an etw* (*dat*) ~ s'attacher à qc; F *diese Leute sitzen wie angewachsen da* on dirait que ces gens ont pris racine; **2.** *fig Bevölkerungszahl, Ausgaben, Sturm etc* augmenter; s'accroître; *lawinenartig* ~ faire boule de neige; *auf zwei Millionen* (*acc*) *etc* ~ atteindre deux millions, etc
'**anwackeln** F *v/i* ⟨-(e)le, *sép*, -ge-, sein⟩ *angewackelt kommen* arriver, s'approcher en se dandinant, cahin-caha
'**anwählen** *v/t* ⟨*sép*, -ge-, h⟩ composer le numéro de; *par ext a* téléphoner à
An|walt ['anvalt] *m* ⟨-(e)s; -wälte⟩, ~**wältin** *f* ⟨~; ~nen⟩ JUR avocat(e) *m(f)* (*a fig*); *e-n* ~ *nehmen* prendre un avocat; *fig sich zum* ~ *e-r Sache machen* se faire l'avocat, le défenseur de qc
'**Anwaltsbüro** *n Räume, Sozietät* cabinet *m* juridique, d'avocats(s)
'**Anwaltschaft** *f* ⟨~; ~en⟩ barreau *m*
'**Anwalts|kammer** *f* ordre *m* des avocats; barreau *m*; ~**kanzlei** *cf* **Anwaltsbüro**; ~**kosten** *pl* honoraires *m/pl* d'avocat

'**anwandeln** *st/s v/t* ⟨-(e)le, *sép*, -ge-, h⟩ prendre; *eine Laune wandelt ihn an* il lui prend une lubie; *eine plötzliche Schwäche wandelte sie an* elle fut prise d'une soudaine faiblesse
'**Anwandlung** *f* accès *m*; velléité *f*; *in e-r* ~ *von Furcht, Großzügigkeit ging sie ...* prise d'un accès de peur, de générosité, elle alla ...; *iron dichterische* ~**en bekommen** être saisi, pris de velléités poétiques
'**anwanken** F *v/i* ⟨*sép*, -ge-, sein⟩ *angewankt kommen* arriver, s'approcher en chancelant, en titubant
'**anwärmen** *v/t* ⟨*sép*, -ge-, h⟩ (faire) chauffer légèrement; (faire) tiédir
'**Anwärter(in)** *m(f)* postulant(e) *m(f)*, candidat(e) *m(f)*, *auf e-n Thron* prétendant(e) *m(f)* (*auf* [+*acc*] à); (*Offiziers*2) aspirant *m*; (*Beamten*2) stagiaire *m,f*
'**Anwartschaft** *f* ⟨~; ~en⟩ expectative *f*, prétentions *f/pl* (*auf* [+*acc*] à); *die* ~ *auf e-e Stelle haben* avoir l'expectative d'un emploi; être en droit d'espérer (obtenir) un emploi
'**anwehen** ⟨*sép*, -ge-⟩ **I** *v/t* ⟨h⟩ **1.** *st/s Wind j-n* ~ souffler contre qn; **2.** *Blätter, Schnee etc* amonceler; **II** *v/i* ⟨sein⟩ s'amonceler
'**anweisen** *v/t* ⟨*irr, sép*, -ge-, h⟩ **1.** (*beauftragen*) *j-n* ~, *etw zu tun* ordonner à qn, charger qn, donner l'ordre à qn de faire qc; *angewiesen sein, etw zu tun* avoir (reçu l')ordre de faire qc; **2.** (*anleiten*) *j-n* ~ donner des instructions à qn; **3.** *Platz* indiquer; *Zimmer, Tätigkeit* attribuer; *Tätigkeit a* assigner; **4.** COMM *Summe* ordonnancer; *etw zur Zahlung* ~ donner l'ordre de payer qc
'**Anweisung** *f* **1.** (*Anordnung*) consigne *f*; ordre *m*; instruction *f*; *en pl* directives *f/pl*; *strikte* ~ *haben, etw zu tun* avoir l'ordre de faire qc; *auf* (*schriftliche*) ~ sur ordre (écrit); **2.** (*Anleitung*) indication *f*, instruction *f* (*für, bei* pour); (*Gebrauchs*2) mode *m* d'emploi; **3.** *e-s Zimmers etc* attribution *f*; assignation *f*; **4.** COMM *e-r Zahlung* ordre *m* de paiement; **5.** (*Formular: Zahlungs*2, *Post*2) mandat *m*
'**anwendbar** *adj Methode, Theorie, Gesetz* applicable (*auf* [+*acc*] à); *Mittel* utilisable
'**anwenden** *v/t* ⟨*irr, sép*, -ge-, h⟩ **1.** (*gebrauchen*) employer; utiliser; faire usage de; *Methode, Verfahren a* appliquer; *etw richtig, falsch* ~ faire un bon, mauvais usage de qc; bien, mal employer qc; *Gewalt* ~ avoir recours à, employer la force, la violence; **2.** *Regel, Gesetz etc* appliquer; *sich auf etw* (*acc*) ~ *lassen* s'appliquer à qc
'**Anwender** *m* ⟨~s; ~⟩ INFORM utilisateur *m*
'**Anwendung** *f* **1.** (*Gebrauch*) emploi *m*; utilisation *f*; usage *m*; *unter* ~ *von Gewalt* en faisant usage de la force; en employant la force; **2.** *e-r Regel, e-s Gesetzes etc* application *f* (*auf* [+*acc*] à); ADM ~ *finden bei* s'appliquer à; ADM *etw in* od *zur* ~ *bringen* appliquer qc; mettre qc en application; ADM *zur* ~ *kommen* être appliqué
'**Anwendungs|bereich** *m*, ~**gebiet** *n* domaine *m* d'utilisation; champ *m*, rayon *m* d'application; ~**möglichkeit** *f* application *f*, utilisation *f*, emploi *m* (possible); ~**vorschrift** *f* consigne *f* d'application, d'emploi; ~**weise** *f* mode *m* d'emploi
'**anwerben** *v/t* ⟨*irr, sép*, -ge-, h⟩ recruter; MIL *a* enrôler; HIST racoler; *Arbeitskräfte a* engager; embaucher
'**Anwerbestopp** *m* arrêt *m* de l'embauche
'**Anwerbung** *f* recrutement *m*; MIL *a* enrôlement *m*; *von Arbeitskräften a* embauche *f*; embauchage *m*
'**anwerfen** *v/t* ⟨*irr, sép*, -ge-, h⟩ **1.** *Motor* lancer; mettre en marche; **2.** *Mörtel* projeter (*an die Wand* sur le mur)
'**Anwesen** *n* ⟨~s; ~⟩ propriété *f*
anwesend ['anve:zənt] *adj* présent; (*bei etw*) *nicht* ~ *sein a* manquer (qc); JUR faire défaut
'**Anwesende(r)** *f(m)* ⟨→ A⟩ personne présente; *die* ~**n** *a* l'assistance *f*; ~ *ausgenommen* les personnes présentes exceptées; *verehrte* ~! Mesdames et Messieurs!
'**Anwesenheit** *f* ⟨~⟩ présence *f*; *in* (*dat*) *von* od (+*gén*) en présence de; *in, während s-r* ~ en sa présence
'**Anwesenheits|kontrolle** *f* contrôle *m* des présences; ~**liste** *f* liste *f* de présence
'**anwetzen** F *v/i* ⟨-(es)t, *sép*, -ge-, sein⟩ *angewetzt kommen* arriver comme une flèche, en trombe
'**anwidern** *v/t* ⟨-(e)re, *sép*, -ge-, h⟩ *j-n* ~ répugner à qn; dégoûter qn
'**anwinkeln** *v/t* ⟨-(e)le, *sép*, -ge-, h⟩ plier
'**anwinseln** *v/t* ⟨*sép*, -ge-, h⟩ **1.** *Hund* gémir, japper (à la vue de); **2.** *fig péj j-n um etw* ~ demander qc à qn en pleurnichant
'**Anwohner(in)** *m* ⟨~s; ~⟩ (*f*) ⟨~; ~nen⟩ riverain(e) *m(f)*
'**Anwurf** *m* **1.** ⟨*sans pl*⟩ SPORT coup *m* d'envoi; *den* ~ *machen* donner le coup d'envoi; **2.** *st/s* (*Anschuldigung*) accusation *f*; (*Vorwurf*) reproche *m*
'**anwurzeln** *v/i* ⟨-(e)le, *sép*, -ge-, sein⟩ s'enraciner; prendre racine; *cf a* **angewurzelt**
'**Anzahl** *f* ⟨~⟩ nombre *m*; quantité *f*; *e-e* ~ (*von*) *Schüler(n)* un certain nombre d'élèves; *e-e große* ~ *alte* od *alter Bücher* un grand nombre de livres anciens
'**anzahlen** *v/t* ⟨*sép*, -ge-, h⟩ *Betrag* verser un acompte de; *Produkt, Ware* verser un acompte pour; *hundert Mark* ~ verser un acompte de cent marks; verser cent marks d'acompte, d'arrhes
'**anzählen** *v/t* ⟨*sép*, -ge-, h⟩ BOXEN *der Ringrichter zählte den Boxer an* le boxeur est resté au tapis pendant que l'arbitre comptait jusqu'à huit
'**Anzahlung** *f* acompte *m*; arrhes *f/pl*; *e-e* ~ (*auf etw* [*acc*]) *machen* od *leisten* verser un acompte, des arrhes (pour qc)
'**anzapfen** *v/t* ⟨*sép*, -ge-, h⟩ **1.** *Faß* mettre en perce; *Bäume zur Harzgewinnung* gemmer; **2.** F *Telefon* mettre sur écoute; *Leitung* se brancher, se raccorder sans autorisation à; **3.** F (*anpumpen*) taper (*wegen, um* de)
'**Anzeichen** *n* signe *m*; indice *m*; *a* MÉD symptôme *m*; *die ersten* ~ les signes avant-coureurs; *sie zeigte keinerlei* ~

anzeichnen – Apostroph

von Reue elle ne montra aucun signe de repentir; *alle ~ deuten darauf hin, daß ...* tout tend à prouver que ...

'**anzeichnen** *v/t* ⟨-ete, *sép*, -ge-, h⟩ *etw* (*an etw* [*acc*]) *~* dessiner qc (sur qc); **2.** (*markieren*) marquer

'**Anzeige** *f* ⟨*~*; *~n*⟩ **1.** *in e-r Zeitung* annonce *f*; *e-e ~ aufgeben* passer, insérer, faire paraître une annonce; **2.** *bei privaten Ereignissen* faire-part *m*; **3.** JUR (*Straf♀*) plainte *f*; *~ gegen Unbekannt* plainte contre X; *~ erstatten* déposer une plainte, porter plainte (*gegen j-n* contre qn); **4.** (*Meßanlage*) indicateur *m*; **5.** (*Stand e-s Meßgerätes*), INFORM affichage *m*

'**anzeigen** *v/t* ⟨*sép*, -ge-, h⟩ **1.** *Richtung, Zeit, Temperatur etc* indiquer; montrer; **2.** INFORM afficher; *Vermählung, Geburt etc* faire part de (*in e-r Zeitung* dans un journal); **3.** *st/s* (*ankündigen*) (*j-m*) *etw ~* aviser (qn) de qc; **4.** *strafbare Handlung, Täter* dénoncer; *Täter a* porter plainte contre; **5.** *st/s etw für angezeigt halten* juger qc indiqué, convenable, opportun

'**Anzeigen|blatt** *n* journal *m* d'annonces; *~schluß m* date *f* limite d'acceptation d'une annonce

'**Anzeigenteil** *m* petites annonces; *im ~* dans les petites annonces

'**Anzeigenwerbung** *f* publicité *f* par annonces dans la presse

'**Anzeigepflicht** *f* ⟨*~*⟩ déclaration *f* obligatoire

'**Anzeiger** *m* **1.** TECH indicateur *m*; **2.** *e-r Gemeinde etc* bulletin *m*

'**Anzeigetafel** *f* tableau *m* d'affichage

'**anzetteln** *v/t* ⟨-(e)le, *sép*, -ge-, h⟩ *Schlägerei, Streit* provoquer; *Unruhen, Krieg* fomenter; *Verschwörung* ourdir; tramer; machiner

'**anziehen** (*irr, sép*, -ge-, h) **I** *v/t* **1.** *Kleidungsstücke* mettre; *rasch* F enfiler; *Hemd, Pullover a* passer; *Uniform a* endosser; *s-e Schuhe ~* mettre ses chaussures; se chausser; *nichts anzuziehen haben* n'avoir rien à se mettre; *andere Kleider ~* changer de vêtements; (*sich* [*dat*]) *s-n bzw den Mantel ~* mettre son manteau; *j-m etw ~* mettre qc à qn; *Person(en)* (*bekleiden*) *j-n ~* habiller qn; *gut, schlecht, warm angezogen sein* être bien, mal, chaudement habillé; **3.** *Eisen etc, Planeten* attirer; *Feuchtigkeit, Geruch* prendre; (*anlocken*) *Besucher, Blicke, Insekten* attirer; *fig sich von j-m, etw angezogen fühlen* se sentir attiré par qn, qc; **4.** *Beine etc* ramener vers soi; **5.** *Schraube, Bremse* serrer; *Sail, Saite* tendre; *die Zügel ~* tirer les rênes; *fig* serrer la bride; **II** *v/i* **6.** *Pferde* commencer à tirer; *Fahrzeug* se mettre en mouvement; **7.** *Preise etc* être en 'hausse; monter; augmenter; **8.** SCHACH etc jouer en premier; **III** *v/réfl sich ~* s'habiller; *sich elegant ~* s'habiller avec élégance; se mettre en tenue élégante; *sich festlich ~* mettre ses habits de fête

'**anzieh|end** *adj Person, Wesen* attirant; attrayant; *p/fort* séduisant; *♀ung f* PHYS, *a fig* attraction *f*

'**Anziehungskraft** *f* **1.** PHYS force *f* d'attraction; **2.** ⟨*sans pl*⟩ *fig* attraction *f*; attirance *f*; *p/fort* séduction *f*; *e-e ma-*

gische ~ auf j-n ausüben exercer une puissante séduction sur qn

'**anzischen** ⟨*sép*, -ge-⟩ **I** *v/t* ⟨h⟩ **1.** *Schlange, Gänserich etc* siffler après; **2.** F *fig* F gueuler après; **II** F *v/i* ⟨sein⟩ *~, angezischt kommen* F (se) rappliquer

'**anzockeln** F *v/i* ⟨-(e)le, *sép*, -ge-, sein⟩ *angezockelt kommen* arriver sans se presser; F s'amener à la papa

'**anzotteln** F *v/i* ⟨-(e)le, *sép*, -ge-, sein⟩ *angezottelt kommen cf anzockeln*

'**Anzug** *m* **1.** (*Herren♀*) costume *m*; complet *m*; **2.** *im ~ sein Gewitter, Gefahr* se préparer; s'annoncer; s'approcher; *Schnupfen etc* s'annoncer; *Feind* s'approcher; **3.** ⟨*sans pl*⟩ *e-s Fahrzeugs* accélération *f*; **4.** ⟨*sans pl*⟩ SCHACH etc *Weiß hat ~* les blancs commencent; *Person =* **haben** jouer en premier

anzüglich ['antsy:klɪç] **I** *adj* (*unangenehm*) désobligeant; malveillant; (*zweideutig*) équivoque; *~ werden* faire des allusions désobligeantes; **II** *adv ~ lächeln* avoir un sourire malveillant

'**Anzüglichkeit** *f* ⟨*~*; *~en*⟩ **1.** *Bemerkung* insinuation, allusion désobligeante, malveillante; **2.** ⟨*sans pl*⟩ *Art* caractère désobligeant

'**anzünden** *v/t* ⟨-ete, *sép*, -ge-, h⟩ **1.** *Zigarette, Feuer, Kerze etc* allumer; **2.** *Haus etc* mettre le feu à; incendier; *♀zünder m* für Gas allume-gaz *m*; *~zweifeln v/t* ⟨-(e)le, *sép*, -ge-, h⟩ mettre en doute; douter de; *~zwinkern v/t* ⟨-(e)re, *sép*, -ge-, h⟩ faire un clin d'œil à

'**anzwitschern** F *v/réfl* ⟨-(e)re, *sép*, -ge-, h⟩ *sich* (*dat*) *einen ~* boire un coup de trop

AOK [a:?o:'ka:] *f* ⟨*~*⟩ *abr* (*Allgemeine Ortskrankenkasse*) caisse régionale d'assurance maladie (*en Allemagne*)

Äolsharfe ['ɛ:ɔlsharfə] *f* harpe éolienne

Aorta [a'ɔrta] *f* ⟨*~*; *-ten*⟩ ANAT aorte *f*

Apache [a'patʃə] *m* ⟨*~n*; *~n*⟩ Apache *m*

apart [a'part] **I** *adj Kleid etc* qui a du cachet, du chic; *Gesicht* qui a un charme particulier; *Stil, Einrichtung* original; *sie sieht sehr ~ aus* elle a du cachet, de la classe; **II** *adv im Buchhandel* séparément

Apartheid [a'pa:rthaɪt] *f* ⟨*~*⟩ apartheid *m*

A'parthotel *n* hôtel *m* d'appartements meublés

Apartment [a'partmənt] *n* ⟨*~s*; *~s*⟩ studio *m*; *~haus n* immeuble *m* de studios

Apathie [apa'ti:] *f* ⟨*~*; *~n*⟩ apathie *f*

a'pathisch *adj* apathique

Apenninen [apɛ'ni:nən] *pl die ~* l'Apennin *m*; les Apennins *m/pl*

Apen'ninenhalbinsel *f* ⟨*~*⟩ péninsule italienne

aper ['a:pər] *adj südd, österr, schweiz* sans neige

Aperçu [apɛr'sy:] *n* ⟨*~s*; *~s*⟩ trait *m* d'esprit; *st/s* saillie *f*

Aperitif [aperi'ti:f] *m* ⟨*~s*; *~s*⟩ apéritif *m*

apern *v/imp* ⟨h⟩ *südd, österr, schweiz es apert* c'est la fonte des neiges

Apfel ['apfəl] *m* ⟨*~s*; *⸚*⟩ *Frucht* pomme *f*; *Baum* pommier *m*; *fig in den sauren ~ beißen* avaler la pilule; F *fig man soll nicht Äpfel und Birnen zusammenzählen* F il ne faut pas mélanger les torchons et les serviettes; F *fig für einen ~ und ein Ei* (*sehr billig*) pour

une bouchée de pain; *prov der ~ fällt nicht weit vom Stamm prov* tel père, tel fils

'**Apfel|baum** *m* pommier *m*; *~blüte f* **1.** *Blüte* fleur *f* de pommier; **2.** *Zeit* floraison *f* des pommiers; *~gelee n od m* gelée *f* de pommes; *♀grün adj* vert pomme (*inv*); *~korn n* eau-de-vie (à base de grain[s]) aromatisée à la pomme; *~kuchen m* tarte *f* aux pommes

äpfeln ['ɛpfəln] *v/i* ⟨-(e)le, h⟩ *Pferd* faire des crottins

'**Apfel|most** *m* **1.** (*Apfelsaft*) jus *m* de pomme; **2.** *bes südd* (*Apfelwein*) cidre *m*; *~mus n* compote *f* de pommes; *~saft m* jus *m* de pomme; *~schimmel m* cheval gris pommelé; *~schorle f* mélange de jus de pommes et d'eau minérale gazeuse

Apfelsine [apfəl'zi:nə] *f* ⟨*~*; *~n*⟩ orange *f*

Apfel'sinen|baum *m* oranger *m*; *~saft m* jus *m* d'orange; *~schale f* écorce *f* d'orange

'**Apfel|strudel** *m* strudel *m* aux pommes; *~tasche f* CUIS chausson *m* aux pommes; *~wein m* cidre *m*

Aphasie [afa'zi:] *f* ⟨*~*; *~n*⟩ MÉD aphasie *f*

Aphoris|mus [afo'rɪsmus] *st/s m* ⟨*~*; *-men*⟩ aphorisme *m*; *♀tisch st/s* **I** *adj* aphoristique; **II** *adv* par aphorisme

Aphrodisiakum [afrodi'zi:akum] *n* ⟨*~s*; *-ka*⟩ PHARM aphrodisiaque *m*

Aphrodite [afro'di:tə] *f* ⟨*→ n/pr*⟩ Aphrodite *f*

APO, Apo ['a:po] *f* ⟨*~*⟩ *abr* (*Außerparlamentarische Opposition*) mouvement de contestation politique dans les années soixante en Allemagne

apodiktisch [apo'dɪktɪʃ] *adj* **1.** PHILOS apodictique; **2.** *st/s fig* (*selbstsicher*) péremptoire

Apokalypse [apoka'lypsə] *f* ⟨*~*⟩ **1.** BIBL Apocalypse *f*; **2.** *st/s fig* apocalypse *f*

apoka'lyptisch *adj* BIBL, *st/s fig* apocalyptique; *die ♀en Reiter m/pl* les quatre cavaliers de l'Apocalypse

apo|kryph [apo'kry:f] *adj* BIBL, *st/s fig* apocryphe; *♀'kryphen n/pl* BIBL apocryphes *m/pl*

'**apolitisch** [apoli'tɪʃ] *adj* apolitique; *~e Haltung* apolitisme *m*

Apoll [a'pɔl] *m* ⟨*~s*; *~s*⟩ poét, *iron* Apollon *m*; adonis *m*

Apollo[1] [a'pɔlo] *m* ⟨*→ n/pr*⟩ MYTH Apollon *m*

A'pollo[2] *m* ⟨*~s*; *~s*⟩ *Schmetterling* apollon *m*

Apologie [apolo'gi:] *st/s f* ⟨*~*; *~n*⟩ apologie *f*

Apoplektiker [apo'plɛktikər] *m* ⟨*~s*; *~*⟩ MÉD apoplectique *m*

Apoplexie [apoplɛk'si:] *f* ⟨*~*; *~n*⟩ apoplexie *f*

Apostel [a'pɔstəl] *m* ⟨*~s*; *~*⟩ REL, *fig* apôtre *m*; *der ~ Paulus* l'apôtre saint Paul; *die Zwölf ~* les douze apôtres

A'postel|brief *m* REL épître *f*; *~geschichte f* Actes *m/pl* des apôtres

a posteriori [a:pɔste'ɾio:ri] *adv* PHILOS, *st/s fig* a posteriori

Aposto'lat *n od m* ⟨*~*(*e*)*s*; *~e*⟩ *bes* CATH apostolat *m*

apo'stolisch *adj* apostolique; *das ♀e Glaubensbekenntnis* le Symbole des apôtres

Apostroph [apo'stro:f] *m* ⟨*~s*; *~e*⟩ LING apostrophe *f*

Apostrophe [a'pɔstrofe *ou* apo'strɔ:fə] *f* ⟨~; -'strophen⟩ RHÉT apostrophe *f*
apostro'phieren *v/t* ⟨*pas de ge-*, h⟩ **1.** LING mettre une apostrophe à; **2.** *st/s j-n*, *etw als etw* ~ qualifier qn de qc
Apotheke [apo'te:kə] *f* ⟨~; ~n⟩ *a* (*Haus*&, *Reise*&) pharmacie *f*
Apo'theken|helferin *f* préparatrice *f* en pharmacie; **&pflichtig** *adj* en vente uniquement dans les pharmacies
Apo'theker|(in) *m* ⟨~s; ~⟩ (*f*) ⟨~; ~nen⟩ pharmacien, -ienne *m,f*; **~preise** F *péj m/pl* prix exorbitants; **~waage** *f* balance *f* de précision
Apotheose [apote'o:zə] *f* ⟨~; ~n⟩ *st/s*, REL, KUNST apothéose *f*
App. *abr* **1.** (*Apparat*) appareil; TÉL poste; **2.** (*Appartement*) appartement
Apparat [apa'ra:t] *m* ⟨~(e)s; ~e⟩ **1.** (*Gerät*), *a* PHOT, TÉL appareil *m*; **wer ist am ~?** qui est à l'appareil?; *bleiben Sie am ~!* ne quittez pas!; restez à l'écoute!; *am ~!* c'est moi; *förmlicher* c'est lui-même, elle-même; **2.** *e-r Behörde etc* appareil *m*; **3.** *e-s Textes* appareil *m*; *kritischer ~* appareil critique; **4.** UNIVERSITÄT choix d'ouvrages sélectionnés pour un séminaire, un travail de recherche, *etc*; **5.** F *fig* (*etw sehr Großes*) F énorme machin *m*
Appa'rate|bau *m* ⟨~(e)s⟩ construction *f* d'appareils; **~medizin** *f* oft péj médecine technicisée
Apparatschik [apa'ratʃɪk] *m* ⟨~s; ~s⟩ POL apparatchik *m* (*a fig*)
Appara'tur *f* ⟨~; ~en⟩ équipement *m*; ÉLECT appareillage *m*
Apparillo [apa'rɪlo] F *plais m* ⟨~s; ~s⟩ **1.** *Ding*, *Gerät* F truc *m*; **2.** *großer* F énorme truc *m*, machin *m*; monstre *m*
Appartement [apartə'mã:, *schweiz a* -'mɛnt] *n* ⟨~s; ~s, *schweiz a* ~e⟩ **1.** *Wohnung* studio *m*; **2.** *in e-m Hotel* suite *f*
Appell [a'pɛl] *m* ⟨~s; ~e⟩ **1.** MIL rassemblement *m* (pour le rapport quotidien); revue *f* de détail; *zum ~ antreten* se rassembler pour le rapport quotidien; **2.** *fig* appel *m* (*an die Vernunft*, *zum Frieden* à la raison, à la paix); *e-n ~ an j-n richten* lancer un appel à qn
Appella'tiv(um) *n* ⟨~s; ~e⟩ (*n*) ⟨~s; -va⟩ GR nom appellatif
appel'lieren *v/i* ⟨*pas de ge-*, h⟩ *an etw*, *j-n ~* faire appel à qc, qn; en appeler à qc, qn; *an die Öffentlichkeit ~* appeler à l'opinion publique; *an j-s Vernunft* (*acc*) *~* faire appel à la raison de qn
Appendix¹ [a'pɛndɪks] *m od f* ⟨~; -dizes⟩ ANAT appendice *m*
Ap'pendix² *m* ⟨~ *ou* ~es; -dizes *ou* ~e⟩ **1.** *e-s Buches* appendice *m*; **2.** *st/s fig* (*Anhängsel*) quantité *f* négligeable
Appenzell [apən'tsɛl] *m* ⟨→ *n/pr*⟩ l'Appenzell
Appen'zeller *m* ⟨~s; ~⟩ *od adj* ⟨*inv*⟩ *~* (*Käse*) appenzell *m*
Appetit [ape'ti:t] *m* ⟨~(e)s; ~e⟩ appétit *m*; *e-n gesunden*, *großen ~ haben* avoir un solide, un grand appétit; *mit* (*gutem*) *~ essen* manger de bon appétit; *~ auf etw* (*acc*) *haben* avoir envie de qc; *den ~ anregen* exciter, ouvrir, aiguiser l'appétit; (*auf etw* [*acc*]) *~ bekommen* se sentir de l'appétit pour qc;

j-m ~ machen donner de l'appétit à qn; *Speisen ~ machen* être appétissant; *j-m den ~ verderben* couper l'appétit à qn; F *dabei kann einem der ~ vergehen*, *das verschlägt einem den ~* cela peut vous couper l'appétit; *guten ~!* bon appétit!; *prov der ~ kommt beim Essen prov* l'appétit vient en mangeant
Appe'titanregend *adjt* qui donne de, ouvre l'appétit; (*appetitlich*) appétissant
Appe'tit|happen *m* canapé *m*; F amuse-gueule *m*; **~hemmer** *m* ⟨~s; ~⟩ coupe-faim *m*; sc anorexigène *m*
appe'titlich *adj* appétissant; *Person a* mignon, -onne; *wenig ~* peu ragoûtant
appe'titlos *adj* sans appétit
Appe'titlosigkeit *f* ⟨~⟩ manque *m* d'appétit; MÉD inappétence *f*; **~zügler** *m* ⟨~s; ~⟩ MÉD coupe-faim *m*; sc anorexigène *m*
applanieren [apla'ni:rən] *v/t* ⟨*pas de ge-*, h⟩ *österr* **1.** (*einebnen*) aplanir; **2.** *fig Konflikte etc* aplanir; régler
applaudieren [aplau'di:rən] *v/i* ⟨*pas de ge-*, h⟩ applaudir (*j-m* qn)
Applaus [a'plaus] *m* ⟨~es; ~e⟩ applaudissements *m/pl*; *großen ~ bekommen* être très applaudi
Applikation [aplikatsi'o:n] *f* ⟨~; ~en⟩ **1.** COUT application *f*; **2.** MÉD, *st/s* (*Anwendung*) *e-r Methode*, *Theorie etc* application *f* (*auf* [+*acc*] à)
applizieren [apli'tsi:rən] *v/t* ⟨*pas de ge-*, h⟩ **1.** COUT *etw auf etw* (*acc*) *~* appliquer qc sur qc; faire une application de qc sur qc; **2.** MÉD *u st/s* (*anwenden*) appliquer (*auf etw* [*acc*] à qc)
apport [a'pɔrt] *int* JAGD rapporte!
appor'tieren *v/t u v/i* ⟨*pas de ge-*, h⟩ *bes* JAGD (r)apporter
Appor'tierhund *m* JAGD rapporteur *m* de gibier
Apposition [apozitsi'o:n] *f* ⟨~; ~en⟩ GR apposition *f*
appretieren [apre'ti:rən] *v/t* ⟨*pas de ge-*, h⟩ TEXT apprêter
Appre'tur [~'tu:r] *f* ⟨~; ~en⟩ TEXT apprêt *m*
Approbation *f* ⟨~; ~en⟩ als Arzt, Apotheker autorisation *f* d'exercer (la médecine, la pharmacie)
approbiert [apro'bi:rt] *adj* autorisé à exercer (la médecine, la pharmacie)
approximativ [aprɔksima'ti:f] *st/s adj* approximatif, -ive
Apr. *abr* (*April*) avr (avril)
Après-Ski [apre'ʃi:] *n* ⟨~⟩ *Kleidung* après-ski *m*; *Vergnügen* sortie *f*, soirée *f* sympa au ski
Aprikose [apri'ko:zə] *f* ⟨~; ~n⟩ *Frucht* abricot *m*; *Baum* abricotier *m*
Apri'kosen|baum *m* abricotier *m*; **~marmelade** *f* confiture *f* d'abricots
April [a'prɪl] *m* ⟨~(s); ~e⟩ (mois *m* d')avril *m*; *~*, *~!* poisson d'avril!; *j-n in den ~ schicken* faire un poisson d'avril à qn; *cf a* Januar
A'prilscherz *m* poisson *m* d'avril; *fig das ist doch wohl ein ~!* c'est une blague!
A'prilwetter *n* temps *m* d'avril; temps changeant
a priori [a:pri'o:ri] *adv* PHILOS, *st/s fig* a priori
apri'orisch *adj*, *adv* PHILOS a priori

apropos [apro'po:] *adv* à propos
Apsis ['apsɪs] *f* ⟨~; -'siden⟩ ARCH abside *f*
Aquädukt [akvɛ'dukt] *m od n* ⟨~(e)s; ~e⟩ aqueduc *m*
aquamarin [akvama'ri:n] *adj* (couleur d')aigue-marine
Aqua'rin *m* ⟨~s; ~e⟩ MINÉR aigue-marine *f*; **&blau** *adj* (couleur d')aigue-marine; bleu aigue-marine
Aquaplaning [akva'pla:nɪŋ] *n* ⟨~(s)⟩ aquaplaning *m*
Aquarell [akva'rɛl] *n* ⟨~s; ~e⟩ PEINT aquarelle *f*; **~farbe** *f* peinture *f*, couleur *f* à l'eau
aquarel'lieren *v/i* ⟨*pas de ge-*, h⟩ peindre à l'aquarelle; faire de l'aquarelle
Aquarel'list(in) *m* ⟨~en; ~en⟩ (*f*) ⟨~; ~nen⟩, **Aqua'rellmaler(in)** *m(f)* aquarelliste *m,f*
Aqua'rellmalerei *f* ⟨~⟩ (peinture *f* à l')aquarelle *f*
A'quarienfisch *m* poisson *m* d'aquarium
Aquarium [a'kva:riʊm] *n* ⟨~s; -ien⟩ aquarium *m*
Aquatinta [akva'tɪnta] *f* ⟨~⟩ PEINT aquatinte *f*
Äquator [ɛ'kva:tɔr] *m* ⟨~s⟩ équateur *m*; **&i'al** *adj* équatorial
Äquatori'alguinea *n* ⟨→ *n/pr*⟩ la Guinée-Équatoriale
Ä'quatortaufe *f* baptême *m* de la ligne
Aquavit [akva'vi:t] *m* ⟨~s; ~e⟩ eau-de-vie aromatisée au cumin
Äquilibrist(in) [ɛkvili'brɪst(ɪn)] *m* ⟨~en; ~en⟩ (*f*) ⟨~; ~nen⟩ équilibriste *m,f*
Aquitanien [akvi'ta:niən] *n* ⟨→ *n/pr*⟩ HIST, GÉOGR l'Aquitaine *f*
äquivalent [ɛkviva'lɛnt] *adj* équivalent
Äquiva'lent *n* ⟨~(e)s; ~e⟩ équivalent *m*; **~enz** *f* ⟨~; ~en⟩ équivalence *f*
Ar [a:r] *n od m* ⟨~s; ~e, *mais* 20 ~⟩ *Flächenmaß* are *m*
Ara ['a:ra] *m* ⟨~s; ~s⟩ ZO ara *m*
Ära ['ɛ:ra] *f* ⟨~; Ären⟩ ère *f*; *die ~ Adenauer* les années *f/pl* Adenauer
Araber ['arabər *ou* a'ra:bər] *m* ⟨~s; ~⟩ *Pferd* cheval *m* arabe
'Araber(in) *m* ⟨~s; ~⟩ (*f*) ⟨~; ~nen⟩ *Einwohner(in)* Arabe *m,f*
Arabeske [ara'bɛskə] *f* ⟨~; ~n⟩ arabesque *f*
Arabien [a'ra:biən] *n* ⟨→ *n/pr*⟩ l'Arabie *f*
a'rabisch *adj* arabe; **~sprechend** *adjt* arabophone
Ara'bistik *f* ⟨~⟩ études *f/pl* arabes
Aralie [a'ra:liə] *f* ⟨~; ~n⟩ BOT aralia *m*
Aralsee ['a:ralze:] *der ~* la mer d'Aral
Arancini [aran'tsi:ni] *pl österr* écorces *f/pl* d'oranges confites
Ararat ['a(:)rarat] ⟨→ *n/pr*⟩ *der ~* le mont Ararat
Araukarie [arau'ka:riə] *f* BOT araucaria *m*
Arbeit ['arbait] *f* ⟨~; ~en⟩ **1.** Tätigkeit travail *m* (*a* PHYS); F boulot *m*; *st/s* besogne *f*; labeur *m*; *die ~(en) an der Fassade etc* les travaux de la façade; *Tag m der ~* Fête *f* du Travail; *viel haben* avoir beaucoup de travail; *gute ~ leisten* faire du bon travail; *ganze ~ leisten od machen* faire du bon travail; ne pas faire son travail à moitié; F *iron* F ne pas faire dans la dentelle; *s-e*

arbeiten – arbeitsintensiv

machen *od* tun travailler; faire son travail; *an die ~ gehen, sich an die ~ machen* se mettre au travail; *an die ~! au travail!*; F *au boulot!*; *bei der ~ sein* être en train de travailler; *bei der ~ stören* déranger pendant le travail; *j-m bei der ~ zusehen* regarder qn travailler; *etw in ~ haben* avoir qc en chantier; *etwas ist in ~* on travaille à qc; qc est en chantier; F *plais péj* die ~ *nicht erfunden haben* F *fig* avoir un poil dans la main; *plais* die ~ *läuft uns nicht davon* ce travail peut attendre; *prov* ~ *schändet nicht* travailler n'est pas 'honteux'; *prov* erst die ~, *dann das Vergnügen* le travail d'abord, le plaisir après; **2.** *Produkt* travail *m*; *(Werk)* ouvrage *m*; *(Kunstwerk)* œuvre *f*; **3.** SCHULE *(Klassen2)* contrôle *m*; *(Haus2)* devoir *m*; *e-e ~ schreiben (in Französisch, Mathe etc)* faire un contrôle (de français, de maths, *etc*); **4.** UNIVERSITÄT *(Diplom2, Magister2 etc)* mémoire *m*; *s-e ~ abgeben* rendre sa copie; *e-e philosophische, wissenschaftliche ~* un travail philosophique, scientifique; **5.** *(~splatz, Berufstätigkeit)* travail *m*; F boulot *m*; ~ *haben, suchen, finden* avoir, chercher, trouver du travail; *keine ~ haben* être sans travail; *e-r, s-r ~ (dat) nachgehen* travailler; *zur ~ gehen* aller au, à son travail; **6.** *⟨pas de pl⟩ (Mühe) (j-m) ~ machen* donner du travail, du mal (à qn); *sich (dat) mit etw ~ machen* se donner du mal pour qc

'**arbeiten** *⟨-ete, h⟩* **I** *v/t* faire; *was ~ Sie?* im Augenblick, *a beruflich* que faites-vous?; *ein auf Taille gearbeiteter Mantel* un manteau cintré; *e-n Ring in Platin ~* monter une bague sur (du) platine; *ein sauber gearbeitetes Stück* un travail bien fait; **II** *v/i* travailler *(a fig Holz, Teig, Geld etc)*; *Organ* fonctionner; *Maschine, Motor etc* marcher; *im Garten ~* jardiner; faire son jardin; *sein Geld ~ lassen* faire travailler son argent; *an etw (dat) ~* travailler à qc; *seelisch an sich (dat) ~ faire* un travail sur soi; progresser (grâce à de gros efforts personnels); *für e-e Prüfung ~* préparer un examen; *Zeit etc* für, *gegen j-n, etw ~* travailler pour, contre qn, qc; *beruflich* mit Kindern, Behinderten ~ s'occuper d'enfants, de handicapés; *über e-n Dichter, ein Thema ~* écrire un travail sur un écrivain, sur un sujet; *sie ist an selbständiges 2 gewöhnt* elle est habituée à travailler seule, sans directives; *a* elle a le sens de l'initiative; *die ~de Bevölkerung* la population active; *sein langsam ~der Verstand* son esprit lent; **III** *v/réfl* **1.** *sich müde ~* travailler jusqu'à l'épuisement; *sich (dat) die Hände wund ~* s'écorcher les mains en travaillant, *p/fort* à force de travail; *sich zu Tode ~* se tuer au travail; **2.** *sich durch den Schnee, das Gedränge ~* se frayer un chemin, un passage à travers la neige, la foule; *fig sich nach oben ~* réussir à force de travail; arriver à la force du poignet; **IV** *v/imp* es arbeitet sich schlecht bei dem Lärm on travaille mal dans ce bruit

'**Arbeiter** *m ⟨~s; ~⟩* travailleur *m*; in der Industrie ouvrier *m*; ungelernter ~ ouvrier non-qualifié; manœuvre *m*

'**Arbeiter|aufstand** *m* soulèvement ouvrier; ~**bewegung** *f* mouvement ouvrier; ~**biene** *f* ZO ouvrière *f*; ~**familie** *f* famille ouvrière; 2**feindlich** *adj* Politik, Maßnahmen etc défavorable aux travailleurs; *p/fort* dirigé contre la classe ouvrière; 2**freundlich** *adj* Politik, Maßnahmen etc favorable aux travailleurs; *p/fort* favorable à la classe ouvrière; ~**führer** *m* leader ouvrier; ~**gewerkschaft** *f* syndicat ouvrier, de travailleurs

'**Arbeiterin** *f ⟨~; ~nen⟩* travailleuse *f*; in der Industrie, *a Biene* ouvrière *f*; *cf a* Arbeiter

'**Arbeiter|jugend** *f* jeunesse ouvrière; ~**kind** *n* enfant *m*, *f* d'ouvrier; ~**klasse** *f ⟨~⟩* classe ouvrière; ~**kolonne** *f* équipe *f* d'ouvriers; ~**milieu** *n* milieu ouvrier; ~**organisation** *f* organisation ouvrière; ~**partei** *f* parti ouvrier; ~**priester** *m* prêtre-ouvrier *m*; ~**schaft** *f ⟨~⟩* ouvriers *m/pl*; *bes* POL travailleurs *m/pl*; ~**siedlung** *f* cité ouvrière; ~**-und-'Bauern-Fakultät** *f* HIST DDR faculté ouvrière et paysanne; ~**-und-Bauern-Staat** *m* HIST DDR État ouvrier et paysan; ~**unruhen** *f/pl* troubles ouvriers; ~**verein** *m* association ouvrière; ~**viertel** *n* quartier ouvrier; ~**wohlfahrt** *f* association *f* d'aide sociale aux travailleurs

'**Arbeitgeber(in)** *m ⟨~s; ~⟩ (f) ⟨~; ~nen⟩* employeur *m*; patron, patronne *m,f*; *die ~ pl* le patronat; les patrons

Arbeitgeber|anteil ['arbaɪtge:bər- *ou* arbaɪt'ge:bər-] *m bei der Sozialversicherung* cotisations patronales; 2**freundlich** *adj* Politik, Maßnahmen etc favorable aux patrons; ~**seite** *f ⟨~⟩ die ~* le patronat; *auf ~* du côté du patronat; ~**verband** *m* syndicat patronal; *in Frankreich etwa* Conseil national du patronat français; C.N.P.F. *m*

'**Arbeitnehmer(in)** *m ⟨~s; ~⟩ (f) ⟨~; ~nen⟩* salarié(e) *m(f)*; employé(e) *m(f)*; *die ~ pl* le salariat; les salariés; les employés

Arbeitnehmer|anteil ['arbaɪtne:mər- *ou* arbaɪt'ne:mər-] *m bei der Sozialversicherung* cotisations *f/pl* du salarié *bzw* des salariés; 2**feindlich** *adj* Politik, Maßnahmen etc défavorable aux employés, aux salariés; 2**freundlich** *adj* Politik, Maßnahmen etc favorable aux employés, aux salariés; ~**organisation** *f* syndicat *m*; ~**seite** *f ⟨~⟩ die ~* les salariés; les employés; *auf ~* du côté des salariés, employés

'**Arbeits|ablauf** *m* déroulement *m* du travail; ~**abschnitt** *m* phase *f* de travail

'**arbeitsam** *st/s adj* Menschen travailleur, -euse; laborieux, -ieuse; Leben etc de travail; laborieux, -ieuse

'**Arbeits|amt** *n* A.N.P.E. *f* (Agence nationale pour l'emploi); ~**anfall** *m* travail *m* (à faire)

'**Arbeitsanfang** *m* début *m* de la journée de travail; *um 7 Uhr ist ~* la journée de travail commence à 7 heures

'**Arbeits|anleitung** *f* directive(s) *f(pl)* de travail; ~**antritt** *m* (date *f* d')entrée *f* en fonction; débuts *m/pl* dans un (nouvel) emploi; ~**anweisung** *f* directive(s) *f(pl)*; ~**anzug** *m* tenue *f*, *blauer* bleu *m* de travail; combinaison *f*; ~**atmosphäre** *f* ambiance *f* de travail; ~**auffassung** *f* conception *f* du travail

'**Arbeitsaufwand** *m (hoher)* ~ somme *f* de travail (considérable); *der ~ dafür ist sehr groß, gering* cela représente un énorme travail, un travail modéré

'**arbeitsaufwendig** *adj* qui demande beaucoup de travail

'**Arbeits|ausfall** *m* perte *f*, déperdition *f* de travail; ~**bedingungen** *f/pl* conditions *f/pl* de travail; ~**befreiung** *f* dispense *f* de travail; ~**beginn** *m* **1.** *(Beginn der Arbeit[en] an etw)* commencement *m*, début *m* du travail; **2.** *cf* Arbeitsanfang

'**Arbeits|belastung** *f* effort, *p/fort* stress (dû au travail); ~**bereich** *m* **1.** *(Arbeitsgebiet)* champ *m* d'activité; domaine *m*; **2.** *im Raum* coin *m* travail; *e-r Maschine* rayon *m*, champ *m* d'action; ~**bericht** *m* rapport *m* de travail; ~**beschaffung** *f* création *f* d'emplois; ~**beschaffungsmaßnahme** *f* mesure *f* pour la création d'emplois; ~**beschaffungsprogramm** *n* programme *m* de création d'emplois; ~**bescheinigung** *f* certificat *m* de travail, attestation *f* d'emploi; ~**besprechung** *f* discussion *f* de travail; ~**biene** *f* **1.** ZO ouvrière *f*; **2.** F *fig* F bosseur *m*, -euse *m,f*; ~**brigade** *f* HIST DDR brigade *f* du travail; ~**buch** *n* SCHULE livre *m* d'exercices; ~**dienst** *m* HIST service *m* du travail obligatoire; ~**direktor** *m* représentant du personnel dans le conseil d'administration (d'une entreprise de métallurgie); ~**disziplin** *f* discipline *f* de travail; ~**eifer** *m* zèle *m*; *st/s* ardeur *f* au travail; ~**einstellung** *f* **1.** *(Unterbrechung)* arrêt *m*, suspension *f*, cessation *f* du travail; débrayage *m*; **2.** *innere* attitude *f* vis-à-vis du travail; ~**einteilung** *f* répartition *f*, organisation *f* du travail

'**Arbeitsende** *n* fin *f* de la journée de travail; *nach ~* après le travail; *um sieben Uhr haben wir ~* nous finissons le travail *od* de travailler à sept heures

'**Arbeits|erlaubnis** *f* autorisation *f* de travail; ~**erleichterung** *f* allégement *m* du travail; ~**ersparnis** *f* économie *f* de travail; ~**essen** *n* déjeuner *m*, dîner *m* d'affaires; ~**ethos** *n* éthique *f* du travail; 2**fähig** *adj* en état, capable de travailler; ~**fähigkeit** *f ⟨~⟩* capacité *f* de travailler; ~**feld** *n* champ *m* d'activité; domaine *m*

'**arbeitsfrei** *adj ~er Tag* jour chômé

'**Arbeits|frieden** *m* paix sociale (entre patronat et salariat); ~**frühstück** *n* petit déjeuner de travail; ~**gang** *m* opération *f*, phase *f* (de travail); ~**gebiet** *n* champ *m* d'activité; ~**gemeinschaft** *f* groupe *m* de travail, d'études; ~**genehmigung** *f* autorisation *f* de travail; ~**gerät** *n* **1.** *einzelnes* outil *m*; **2.** *⟨~s⟩ Gesamtheit* matériel *m* de travail; outils *m/pl*; outillage *m*; ~**gericht** *n* conseil *m* de(s) prud'hommes; *cf a* Arbeitsgemeinschaft; ~**gruppe** *f cf* Arbeitsgemeinschaft; ~**heft** *n* SCHULE cahier *m* pour les contrôles; ~**hose** *f* pantalon *m* de travail; 2**intensiv** *adj* déterminé (principalement) par le facteur main-d'œuvre; *cf a* **arbeitsauf-wendig**; **~jahre** *n/pl* années *f/pl* de travail; **~kampf** *m* conflit social (entre patronat et salariat); **~kampfmaßnahme** *f* mesure *f* de combat lors d'un conflit social; **~kittel** *m* blouse *f* de travail; **~kleidung** *f* vêtements *m/pl* de travail; **~klima** *f* ⟨~s⟩ ambiance *f*, climat *m* au travail; **~kollege** *m*, **~kollegin** *f* collègue *m,f*; **~kolonne** *f* équipe *f* de travail

'**Arbeitskraft** *f* 1. ⟨*sans pl*⟩ (*Leistungsfähigkeit*) capacité *f*, puissance *f*, potentiel *m* de travail; 2. *Person* travailleur, -euse *m,f*; *in der Industrie* ouvrier, -ière *m,f*; *pl* **Arbeitskräfte** main-d'œuvre *f*; *ausländische*, *geschulte* **Arbeitskräfte** de la main-d'œuvre étrangère, qualifiée

'**Arbeits|kreis** *m* cercle *m* de travail, d'études; **~lager** *n* camp *m* de travail; **~leben** *n* ⟨~s⟩ 1. (*Arbeitswelt*) monde *m* du travail; 2. (*Berufstätigkeit*) vie professionnelle; **~leistung** *f* e-r *Person*, *Maschine* rendement *m*; **~lohn** *m* salaire *m*; paie *f*

'**arbeitslos** *adj* sans travail; *in od* au chômage; chômeur, -euse; ~ *werden* être mis au chômage; *j-n* ~ *machen* réduire qn au chômage; *sich* ~ *melden* s'inscrire au chômage

'**Arbeitslose(r)** *f(m)* ⟨→ A⟩ chômeur, -euse *m,f*; sans-travail *m, f*

'**Arbeitslosen|geld** *n* ⟨~(e)s⟩ allocation *f* (de) chômage; **~hilfe** *f* ⟨~⟩ allocation *f* de solidarité; allocation *f* de fin de droits; **~quote** *f* taux *m* de chômage; **~unterstützung** *f cf* **Arbeitslosengeld**; **~versicherung** *f* ⟨~⟩ assurance *f* chômage; *in Frankreich* Assedic *f/pl*; Unedic *f*; **~zahl** *f*, **~ziffer** *f* nombre *m* de chômeurs

'**Arbeitslosigkeit** *f* ⟨~⟩ chômage *m*

'**Arbeits|lust** *f* envie *f* de travailler; *st/s* ardeur *f* au travail; **~mangel** *m* manque *m* de travail; **~markt** *m* marché *m* du travail; **~material** *n* matériel *m* de travail; **~medizin** *f* médecine *f* du travail; **~mensch** *m* bourreau *m* de travail; **~methode** *f* méthode *f* (de travail); **~minister(in)** *m(f)* ministre *m* du Travail; **~ministerium** *n* ministère *m* du Travail; **~mittel** *n* moyen *m*, outil *m* de travail; **~moral** *f* mentalité *f*, attitude *f* vis-à-vis du travail; **~niederlegung** *f* beim Streik débrayage *m*; **~ordnung** *f* règlement(s) *m(pl)* du travail; **~ort** *m* lieu *m* de travail; **~papier** *n* 1. *bes POL* (*Thesenpapier*) concept *m*; 2. *pl* ~e (*Unterlagen zum Arbeitsverhältnis*) papiers *m/pl* (de travail); **~pause** *f* pause *f*; **~pensum** *n* tâche *f* (*à faire dans un temps limité*); **~pferd** *n* 1. (*Ackerpferd*) cheval *m* de labour; (*Zugpferd*) cheval *m* de trait; 2. *F fig cf* **Arbeitstier** 2.; **~plan** *m* plan *m* de travail; **~planung** *f* planification *f* du travail

'**Arbeitsplatz** *m* 1. (*Stelle*) emploi *m*; travail *m*; 2. (*Platz zum Arbeiten*) coin *m* travail; *in e-r Fabrik etc* poste *m*; *Herr Meier ist nicht am ~* M. Meier n'est pas à son poste; 3. (*Arbeitsstätte*) lieu *m* de travail

'**Arbeitsplatz|sicherung** *f* (mesures *f/pl* pour assurer la) sécurité *f* de l'em-

ploi; **~studie** *f* étude *f* sur les lieux de travail; **~wechsel** *m* changement *m* de situation, d'emploi

'**Arbeitsprobe** *f* échantillon *m*, exemple *m* (du travail de qn)

'**Arbeitsprozeß** *m* 1. ⟨*sans pl*⟩ (*Erwerbsleben*, *-tätigkeit*) vie *f* active; *im ~ stehen* être actif; *j-n wieder in den ~ eingliedern* réinsérer qn dans la vie active; 2. (*Arbeitsablauf*) processus *m* du travail

'**Arbeits|raum** *m* pièce *f*, größerer salle *f* de travail; bureau *m*; **~recht** *n* droit *m* du travail; **²rechtlich I** *adj* (relevant) du droit du travail; **II** *adv* au point de vue du droit du travail; **²reich** *adj* Tag, Woche etc bien rempli; Leben a laborieux, -euse; **~richter(in)** *m(f)* prud'homme *m*; **~richtlinien** *f/pl* directives *f/pl* de travail; **~ruhe** *f* arrêt *m* de travail; **~sache** *f* 1. *pl* **~n** (*Arbeitsmittel etc*) affaires *f/pl*; Kleidung vêtements *m/pl* de travail; 2. *JUR* procès *m* de droit du travail; **²scheu** *adj* paresseux, -euse; **~schluß** *m* sortie *f* (du travail)

'**Arbeitsschritt** *m* temps *m*, étape *f* (dans un travail); *etw in zwei ~en durchführen* faire un travail en deux temps, étapes

'**Arbeits|schuh** *m* chaussure *f* de travail; **~schutz** *m* sécurité *f* du travail; **~schutzbestimmung** *f*, **~schutzvorschrift** *f* règlement *m* concernant (l'hygiène et) la sécurité du travail; **~sitzung** *f* séance *f* de travail; **~speicher** *m* INFORM mémoire vive; **~sprache** *f* bei e-m Kongreß etc langue *f* de travail; **~stätte** *f* lieu *m* de travail; **~stelle** *f* 1. (*Arbeitsstätte*) lieu *m* de travail; 2. (*Arbeitsplatz*) emploi *m*; travail *m*; **~stil** *m* façon *f* de travailler; **~studie** *f* étude *f* de travail; **~stunde** *f* heure *f* de travail

'**Arbeitssuche** *f* recherche *f* d'un emploi; *auf* (*der*) ~ *sein* chercher du travail, un emploi

'**Arbeits|suchende(r)** *f(m)* ⟨→ A⟩ demandeur, -euse *m,f* d'emploi; **~tag** *m* 1. journée *f* de travail; 2. (*Werktag*) jour *m* ouvrable; **~tagung** *f* congrès professionnel; **~team** *n* équipe *f* de travail; **~technik** *f* technique *f* de travail; **²teilig** *adj* basé sur la répartition des tâches *bzw* sur la division du travail

'**Arbeitsteilung** *f* répartition *f* du travail; *die ~ in der Gesellschaft* a la division du travail (dans la société)

'**Arbeits|tempo** *n* vitesse *f* de travail; **~tier** *n* 1. (*Lasttier*) bête *f* de somme; (*Zugtier*) animal *m* de trait; 2. *F fig F* bourreau *m* de travail; *F* bosseur, -euse *m,f*; *p/fort F* drogué(e) *m(f)* du travail; **~tisch** *m* table *f* de travail; **~titel** *m* titre *m* provisoire; **~treffen** *n* réunion *f* de travail; **~überlastung** *f* excès *m*, surcharge *f* de travail; **²unfähig** *adj* qui n'est pas en état de travailler; **~unfähigkeit** *f* incapacité *f* de travail; **~unfall** *m* accident *m* du travail; **~unterbrechung** *f* arrêt *m* de travail; **~unterlagen** *f/pl* documents *m/pl* de travail

'**Arbeitsverhältnis** *n* 1. *Vertrag* contrat *m* de travail; *das ~ lösen* résilier le contrat de travail; *Arbeitnehmer* don-

ner sa démission; 2. (*Stelle*) emploi *m*; *ein neues ~ eingehen* changer de poste, de situation, d'emploi; *in e-m ~ stehen* avoir un emploi; 3. *pl ~se* conditions *f/pl* de travail

'**Arbeits|vermittlung** *f* 1. *Tätigkeit* placement *m* (de demandeurs d'emploi); 2. *private Einrichtung* bureau *m* de placement; *Behörde cf* **Arbeitsamt**; **~verteilung** *f* répartition *f* du travail; **~vertrag** *m* contrat *m* de travail; **~verweigerung** *f* refus *m* de travailler; **~vorgang** *m* opération(s) *f(pl)*, processus *m* (de travail); **~vorlage** *f* modèle *m*; **~weise** *f* manière *f* de travailler; méthode *f* de travail; e-r *Maschine* (mode *m* de) fonctionnement *m*; **~welt** *f* monde *m* du travail; **²willig** *adj* prêt à travailler; beim Streik non-gréviste; **~wissenschaft** *f* science *f* du travail; **~woche** *f* semaine *f* de travail; **~wut** *f* frénésie *f* de travail; **²wütig** *adj* qui travaille avec frénésie; *F* drogué du travail

'**Arbeitszeit** *f* 1. (*Zeit, in der gearbeitet wird*) heures *f/pl* de travail; horaire(s) *m(pl)*; *wöchentliche ~* nombre *m* d'heures de travail par semaine; *außerhalb*, *während der ~* en dehors des, pendant les heures de travail; 2. (*zu e-r Arbeit benötigte Zeit*) temps *m* de travail; *für etw e-e ~ von drei Stunden benötigen* avoir besoin de trois heures pour (faire) qc

'**Arbeits|zeitverkürzung** *f* réduction *f* du temps de travail; **~zeug** *F n* ⟨~(e)s⟩ 1. *Kleidung* vêtements *m/pl* de travail; 2. *Werkzeug* outils *m/pl*; **~zeugnis** *n* certificat *m* de travail; **~zimmer** *n* bureau *m*; früher cabinet *m* de travail

arbiträr [arbi'trɛːr] *st/s* **I** *adj* arbitraire; **II** *adv* arbitrairement

archaisch [ar'ça:ɪʃ] *adj* archaïque

Archäo|loge [arçeo'loːgə] *m* ⟨~n; ~n⟩, **~'login** *f* ⟨~; ~nen⟩ archéologue *m,f*; **~lo'gie** *f* ⟨~⟩ archéologie *f*; **²'logisch** *adj* archéologique

Archäopteryx [arçɛˈɔptərʏks] *m* ⟨~; ~e *ou* -'pteryges⟩ archéoptéryx *m*

Arche ['arçə] *f* ⟨~⟩ BIBL *die ~ Noah* l'arche *f* de Noé

Archetyp [arçe'tyːp *ou* 'arçe-] *m* ⟨~s; ~en⟩ archétype *m*; **²isch** *adj* archétypal

Archimedes [arçi'meːdɛs] *m* ⟨→ *n/pr*⟩ Archimède

Archipel [arçi'peːl] *m* ⟨~s; ~e⟩ GÉOGR archipel *m*

Architekt(in) [arçi'tɛkt(ɪn)] *m* ⟨~en; ~en⟩ *f* ⟨~; ~nen⟩ architecte *m,f*

Archi'tektenbüro *cf* **Architekturbüro**

Architekton|ik [arçitɛkˈtoːnɪk] *f* ⟨~; ~en⟩ architectonique *f*; **²isch** *adj* architectonique

Architek'tur *f* ⟨~; ~en⟩ architecture *f*; **~büro** *n* bureau *m*, cabinet *m* d'architecte

Archiv [ar'çiːf] *n* ⟨~s; ~e⟩ archives *f/pl*

Archi'var(in) *m* ⟨~s; ~e⟩ (*f*) ⟨~; ~nen⟩ archiviste *m,f*

Ar'chivbild *n* photo(graphie) *f* d'archives

archi'vier|en *v/t* (*pas de ge-*, *h*) classer dans les archives; **²ung** *f* ⟨~; ~en⟩ archivage *m*

Archivkunde – Armaturenbrett

Ar'chiv|kunde *f* archivistique *f*; **~material** *n* matériel *m* archivistique

ARD [aːʔɛrˈdeː] *f* ⟨~⟩ *abr* (Arbeitsgemeinschaft der öffentlich-rechtlichen Rundfunkanstalten der Bundesrepublik Deutschland) première chaîne de la télévision allemande

Ardennen [arˈdɛnən] *pl* **die ~** les Ardennes *f/pl*

Are [ˈaːrə] *f* ⟨~; ~n⟩ *schweiz cf* **Ar**

Areal [areˈaːl] *n* ⟨~s; ~e⟩ **1.** (abgegrenztes Gebiet) terrain *m*; **2.** (Bodenfläche) superficie *f*; surface *f*; **3.** (Verbreitungsgebiet) aire *f* (de répartition)

'areligiös *adj* areligieux, -ieuse; irréligieux, -ieuse

Arena [aˈreːna] *f* ⟨~; -nen⟩ *a fig* arène *f*

arg [ark] **I** *adj* ⟨~er; ~ste⟩ **1.** *st/s* (böse) méchant; mauvais; **sein ärgster Feind** son plus grand ennemi; son ennemi juré; **nichts ~es im Sinn haben** ne pas avoir de mauvaises intentions; **2.** *regional* (schlimm, unangenehm) grave; (schlecht) mauvais; **das ist dann doch zu ~!** c'est trop fort!; c'est un peu raide!; **das Ärgste befürchten** redouter, craindre le pire; *st/s* **im ~en liegen** être en piteux état; **3.** *regional verstärkend* grand; très; **in ~e Verlegenheit geraten** être très embarrassé; **ich habe einen ~en Schrecken bekommen** j'ai eu très, grand peur; **II** *regional adv* très; beaucoup; **es zu ~ (mit j-m) treiben** aller trop loin (avec qn); **die Krankheit hat ihn ~ mitgenommen** la maladie l'a beaucoup, très affaibli; **sich ~ freuen** se réjouir beaucoup; **er ist noch ~ jung** il est encore très jeune

Argentinien [argɛnˈtiːniən] *n* ⟨→ n/pr⟩ l'Argentine *f*

Argen'tinier(in) *m* ⟨~s; ~⟩ (*f* ⟨~; ~nen⟩) Argentin(e) *m(f)*

argen'tinisch *adj* argentin

ärger [ˈɛrgər] *comp von* **arg**

'Ärger *m* ⟨~s⟩ **1.** (Unmut, Verstimmung) dépit *m*; irritation *f*; (Zorn) colère *f*; **~ erregen** provoquer des disputes; **s-m ~ Luft machen** laisser éclater sa colère, F vider son sac; **2.** (Unannehmlichkeiten) ennuis *m/pl*; contrariété *f*; **mit etw, j-m ~ haben** avoir des ennuis avec qc, qn; **(j-m) ~ machen** causer, faire des ennuis à qn; **ich habe ~ bekommen** j'ai eu des ennuis; **es hat ~ gegeben** on a eu des ennuis; (Krach, Streit) F ça a bardé; **sonst gibt es ~** sinon ça va se gâter, aller mal; F **so ein ~!** comme c'est embêtant!; F **mach keinen ~!** ne fais pas d'histoires!

'ärgerlich I *adj* **1.** (ungehalten) irrité; contrarié; (zornig) fâché; **~ werden** se fâcher; **über, auf j-n ~ sein** être fâché contre qn; **~ über die Störung sein** être irrité d'avoir été dérangé; **2.** (unerfreulich) fâcheux, -euse; ennuyeux, -euse; embêtant; **das ist aber ~!** c'est vraiment bête!; **II** *adv* (ungehalten) contrariant!; (zornig) avec colère

'ärgern ⟨-(e)re, h⟩ **I** *v/t* **1.** (necken, reizen) agacer; embêter; (zornig) mettre en colère; **2.** (unangenehm berühren) contrarier; fâcher; **es ärgert mich, daß** cela me contrarie que (+*subj*); cela me contrarie de voir, de penser, etc que (+*ind*); **es ärgert mich, daß ich den Tisch nicht gekauft habe** je regrette de ne pas avoir acheté la table; **II** *v/réfl* **sich ~** (verärgert sein) être fâché (**über j-n** contre qn, **über etw** [*acc*] de qc); (zornig werden) se fâcher (**über j-n** contre qn); **sich maßlos, schrecklich ~** (en)rager, être furieux, F furax (**über etw** [*acc*] d'avoir fait qc, de voir qc, etc); F **sich schwarz** *od* **gelb und grün** *od* **grün und blau ~** se fâcher tout rouge; **ich könnte mich krank** *od* **schwarz ~ je pourrais en faire une maladie, une jaunisse

'Ärgernis *n* ⟨~ses; ~se⟩ **1.** ⟨sans pl⟩ (Anstoß) scandale *m*; outrage *m*; **~ erregen** faire scandale; JUR **wegen Erregung öffentlichen ~ses** pour outrage public à la pudeur; **2.** (Unannehmlichkeit) contrariété *f*

'Arglist *st/s f* ⟨~⟩ fourberie *f*; perfidie *f*

'arglistig *adj* sournois; perfide; fourbe; JUR dolosif, -ive; JUR **~e Täuschung** dol *m*

'arg|los *adj* **1.** (unschuldig) sans malice; innocent; candide; **2.** (vertrauensselig) confiant; **2losigkeit** *f* ⟨~⟩ **1.** e-s Kindes etc candeur *f*; innocence *f*; **2.** (Vertrauensseligkeit) confiance *f*

Argon [ˈargɔn] *n* ⟨~s⟩ CHIM argon *m*

ärgste(r, -s) [ˈɛrksta] *sup von* **arg**

Argument [arguˈmɛnt] *n* ⟨~(e)s; ~e⟩ *a* MATH argument *m*; **ein ~ vorbringen** invoquer un argument

Argumentati'on *f* ⟨~; ~en⟩ argumentation *f*; raisonnement *m*

argumentativ [argumɛntaˈtiːf] **I** *adj* basé sur des arguments; **~e Beweisführung** argumentation *f*; **II** *adv* par l'argumentation; en raisonnant

argumen'tieren *v/i* ⟨pas de ge-, h⟩ argumenter; raisonner

Argusaugen [ˈargʊsʔaʊɡən] *st/s n/pl* **j-n mit ~ bewachen, beobachten** surveiller, observer qn avec suspicion, soupçonneusement; **ihren ~ entgeht nichts** rien ne lui échappe

Argwohn [ˈarkvoːn] *st/s m* ⟨~(e)s⟩ (Mißtrauen) *st/s* suspicion *f*; défiance *f*; (Verdacht) soupçon *m*; **j-s bzw bei j-m ~ erregen** susciter les soupçons de qn

argwöhnen [ˈarkvøːnən] *st/s v/t* ⟨h⟩ **etw ~** soupçonner qc

'argwöhnisch *st/s* **I** *adj* soupçonneux, -euse; méfiant; défiant; **j-n ~ machen** éveiller les soupçons, la méfiance, la défiance, la suspicion de qn; **II** *adv* avec méfiance, défiance; **etw ~ betrachten** regarder qc d'un air soupçonneux

Ariadnefaden [ariˈadnafaːdən] *m* MYTH, *fig* fil *m* d'Ariane

Arie [ˈaːriə] *f* ⟨~; ~n⟩ MUS aria *f*; e-r Oper *a* air *m* d'opéra

Arier(in) [ˈaːriər(ɪn)] *m* ⟨~s; ~⟩ (*f* ⟨~; ~nen⟩) Aryen, -enne *m,f*

'arisch *adj* aryen, -enne

Aristo'krat(in) [arɪstoˈkraːt(ɪn)] *m* ⟨~en; ~en⟩ (*f* ⟨~; ~nen⟩) aristocrate *m,f*; **2kra'tie** *f* ⟨~⟩ aristocratie *f*; **2'kratisch** *adj* aristocratique

Aristoteles [arɪsˈtoːteles] *m* ⟨→ n/pr⟩ Aristote *m*

aristo'telisch *adj* ⟨épithète⟩ d'Aristote; aristotélicien, -ienne

Arithmet|ik [arɪtˈmeːtɪk] *f* ⟨~⟩ arithmétique *f*; **2isch** *adj* arithmétique

Arkade [arˈkaːdə] *f* ⟨~; ~n⟩ arcade *f*

Arkad|ien [arˈkaːdiən] *n* ⟨→ n/pr⟩ GÉOGR, *poét fig* l'Arcadie *f*; **2isch** *adj* GÉOGR, *poét fig* arcadien, -ienne; *d'*Arcadie; *fig a* paradisiaque

Arktis [ˈarktɪs] *f* ⟨→ n/pr⟩ **die ~** l'Arctique *m*

'arktisch *adj* arctique; *fig* **~e Kälte** froid *m* polaire, F de canard

arm [arm] *adj* ⟨~er; ~ste⟩ **1.** (nicht reich) pauvre (nachgestellt); **j-n ~ machen** appauvrir qn; *fig plais* ruiner qn; **~ werden** s'appauvrir; devenir pauvre; F **nun bin ich wieder um zehn Mark ärmer** me voilà soulagé de dix marks; F **es trifft ja keinen 2en, keine 2e!** F il, elle a de quoi!; F il, elle a les moyens; **die 2en** les pauvres *m/pl*; **~ und reich** riches et pauvres; BIBL, *fig* **die 2en im Geiste** les pauvres d'esprit, en esprit; **2.** (bedauernswert) pauvre (vorangestellt); F **~ dran sein** être à plaindre; **was hat der 2e erdulden müssen!** qu'est-ce qu'il a dû supporter, le pauvre!; **~es Ding!** pauvrette!; pauvre enfant!; **~er Irrer** pauvre fou *m*; F **meine ~en Füße!** mes pauvres pieds *m/pl*; **ich Ärmste(r)!** pauvre de moi!; **du Ärmste(r)!** ma (mon) pauvre!; **3.** **von Sachen ~ an etw (dat) sein** être pauvre en qc; **~ an Rohstoffen, Vitaminen** pauvre en matières premières, en vitamines

Arm [arm] *m* ⟨~(e)s; ~e⟩ **1.** bras *m* (a *fig* e-s Flusses etc); *fig* **der ~ des Gesetzes** le bras de la justice; *fig* **e-n langen ~ haben** avoir le bras long; *fig* **j-s verlängerter ~ sein** être l'instrument de qn; *a fig* **mit offenen ~en** à bras ouverts; **~ in ~** bras dessus bras dessous; **j-s ~ nehmen** prendre le bras de qn; **j-m den ~ reichen** donner, offrir le bras à qn; **die ~e in die Seiten stemmen** mettre les poings sur les 'hanches; **j-n am ~ packen** saisir, prendre qn par le bras; **kleines Kind auf dem ~ halten, haben** tenir dans ses bras; *fig* **j-n auf den ~ nehmen** faire marcher qn; se payer la tête de qn; **j-m in die ~e fallen** *od st/s* **sinken** tomber dans les bras de qn; *fig* **j-m in den ~ fallen** retenir le bras de qn; retenir qn; empêcher qn de faire qc; *fig* **j-m in die ~e laufen** tomber sur qn; *st/s* **sich** (*dat*) **in den ~en liegen** être dans les bras l'un de l'autre; être enlacés; **j-n im ~ halten** tenir qn dans ses bras; *st/s* **j-n in die ~e schließen** prendre qn dans ses bras; **den Mantel über den ~ nehmen** prendre son manteau sur son bras; **Aktentasche etc unter den ~ nehmen** mettre sous son bras; *fig* **j-m unter die ~e greifen** tirer qn d'affaire (mit etw avec qc, en faisant qc); *a finanziell* dépanner qn; finanziell aider qn (financièrement); **2.** (Ärmel) manche *f*; **ein Kleid mit langem, kurzem ~** une robe à manches longues, courtes

Armada [arˈmaːda] *f* ⟨~; -den *ou* ~s⟩ HIST Armada *f*; *fig* armada *f*

'arm|amputiert *adj* amputé d'un *bzw* des deux bras; **2arbeit** *f* ⟨~⟩ SPORT jeu *m* de(s) bras; SCHWIMMEN mouvement *m* des bras

Armatur [armaˈtuːr] *f* ⟨~; ~en⟩ *meist pl* **~(en)** im Bad etc robinetterie *f*

Arma'turenbrett *n* AUTO, AVIAT tableau *m* de bord; TECH (Schalttafel) tableau *m* (de contrôle, de commande)

Armband *n* ⟨-(e)s; -bänder⟩ bracelet *m*; **~uhr** *f* montre-bracelet *f*; bracelet-montre *m*
Arm|beuge *f* **1.** ANAT pli *m*, saignée *f* du bras; **2.** *im Liegestütz* flexion *f* du bras; **~bewegung** *f* geste *m* du bras; **~binde** *f* **1.** *Erkennungszeichen* brassard *m*; **2.** MÉD écharpe *f*; **~bruch** *m* fracture *f* du bras; **~brust** *f* arbalète *f*
Ärmchen ['ɛrmçən] *n* ⟨~s; ~⟩ petit bras
armdick *adj* de la grosseur d'un bras
Armee [ar'me:] *f* ⟨~; ~n⟩ *a fig* armée *f*; **~fahrzeug** *n* véhicule *m* militaire; **~korps** *n* corps *m* d'armée
Ärmel ['ɛrməl] *m* ⟨~s; ~⟩ manche *f*; *die* **~ hochkrempeln** a F fig retrousser ses manches; F fig *etw aus dem* **~ schütteln** faire qc sans peine, avec facilité, sans (aucune) difficulté; F *verhüllend leck mich am* **~!** F fiche-moi la paix!
Ärmelaufschlag *m* revers *m* de manche(s); parement *m*
Arme'leuteessen *n* péj nourriture *f* de pauvres; plat *m* pour les pauvres
Ärmelkanal *der* **~** la Manche
ärmellos *adj* sans manches
Ärmel|schoner *m* ⟨~s; ~⟩, **~schützer** *m* ⟨~s; ~⟩ manchette *f*
Armenhaus *n früher* hospice *m*; *fig das* **~ Europas** la région la plus déshéritée de l'Europe
Armen|ien [ar'me:niən] *n* ⟨→ *n/pr*⟩ l'Arménie *f*; **~ier(in)** *m* ⟨~s; ~⟩ (*f*) ⟨~; ~nen⟩ Arménien, -ienne *m,f*; **²isch** *adj* arménien, -ienne
Armenviertel *n* quartier *m* pauvre, déshérité
ärmer ['ɛrmər] *comp von* **arm**
Armeslänge *st/s f* coudée *f*
armieren [ar'mi:rən] *v/t* ⟨*pas de ge-*, h⟩ TECH *Beton, Kabel* armer
Arm|kreisen *n* GYMNASTIK cercles *m/pl* de bras; **~länge** *f cf* **Armeslänge**; **~lehne** *f* accoudoir *m*; *e-s Sessels a* bras *m*; **~leuchter** *m* **1.** chandelier *m* à branches; *größerer* candélabre *m*; **2.** péj F (espèce *f* d')andouille *f*; F couillon *m*
ärmlich ['ɛrmlıç] *adj* pauvre (*vorangestellt*); *p/fort* misérable; *in* **~en Verhältnissen leben** vivre dans la pauvreté
Ärmlichkeit *f* ⟨~⟩ pauvreté *f*
Arm|loch *n* COUT emmanchure *f*; entournure *f*; **~reif** *m* bracelet *m*
armselig *adj* **1.** (*sehr arm*) pauvre; misérable; **2.** (*karg*) maigre; pauvre; **3.** *fig* piètre; minable; **²keit** *f* ⟨~⟩ pauvreté *f*
Armsessel *m* fauteuil *m* à accoudoirs
ärmste(r, -s) ['ɛrmstə] *sup von* **arm**
Arm|stuhl *m* chaise *f* à accoudoirs; **~stumpf** *m* moignon *m* (de bras)
Armut ['armu:t] *f* ⟨~⟩ *a fig* pauvreté *f*; (*Bedürftigkeit*) indigence *f*; *geistige* **~** pauvreté intellectuelle; *die* **~ e-s Landes an Rohstoffen** la pauvreté d'un pays en matières premières
Armutszeugnis *n das ist ein* **~ für ihn** cela prouve son incapacité; *sich* (*dat*) *ein* **~ ausstellen** faire preuve de, démontrer son incapacité
Armvoll *m* ⟨~⟩ brassée *f*; *ein* **~ Holz** une brassée de bois
Arnika ['arnika] *f* ⟨~; ~s⟩ BOT, PHARM arnica *f*; **~tinktur** *f* teinture *f* d'arnica
Arnold ['arnɔlt] *m* ⟨→ *n/pr*⟩ Arnaud *m*
Aroma [a'ro:ma] *n* ⟨~s; -men *ou st/s* ~ta⟩ arome *od* arôme *m*; parfum *m* (*a Geschmack*); *künstliches* **~** arôme, parfum artificiel
aro'matisch *adj* aromatique; **~i'sieren** *v/t* ⟨*pas de ge-*, h⟩ aromatiser
Arpeggio [ar'pedʒo] *n* ⟨~s; ~s *ou* -ggien⟩ MUS arpège *m*
Arrak ['arak] *m* ⟨~s; ~e *ou* ~s⟩ arak *od* arac *m*
Arrangement [arãʒə'mã:] *n* ⟨~s; ~s⟩ *a* MUS arrangement *m*
Arran'geur *m* ⟨~s; ~e⟩ MUS arrangeur *m*
arran'gieren ⟨*pas de ge-*, h⟩ **I** *v/t* **1.** (*künstlerisch anordnen*) *a* MUS arranger; **2.** (*einrichten, organisieren*) *Fest etc* organiser; **II** *v/réfl* **sich** (*mit j-m*) **~** s'arranger (avec qn); *mit dem Gegner en* **~** arriver à un compromis, *par ext* faire un compromis (avec qn); *sich mit etw* **~** (*sich abfinden*) s'arranger de qc
Arrest [a'rɛst] *m* ⟨~(e)s; ~e⟩ **1.** (*Haft*) détention *f*; HIST SCHULE retenue *f*; MIL arrêts *m/pl*; **2.** JUR (*Beschlagnahmung*) saisie *f* conservatoire; **~zelle** *f* cellule *f*
arretier|en [arε'ti:rən] *v/t* ⟨*pas de ge-*, h⟩ TECH arrêter; bloquer; **²ung** *f* ⟨~; ~en⟩ TECH blocage *m*; *Vorrichtung* dispositif *m* de blocage, d'arrêt; cran *m* d'arrêt
Arrhythmie [aryt'mi:] *f* ⟨~; ~n⟩ MÉD arythmie *f* (cardiaque)
arriviert [ari'vi:rt] *adj* **~ sein** avoir réussi dans la vie; **~er Künstler** artiste connu
arrogant [aro'gant] *adj* arrogant
Arro'ganz *f* ⟨~⟩ arrogance *f*
Arsch [arʃ] *m* ⟨~(e)s; ~e⟩ **1.** (*Hintern*) P cul *m*; *j-m in den* **~ kriechen** F lécher les bottes, *vulgär* le cul à qn; *leck mich am* **~!** P je t'emmerde!; F fous-moi la paix!; *er kann mich* (*mal*) *am* **~ lecken** P je l'emmerde; *Dinge im* **~ sein** F être foutu; F être nase *od* naze; *am* **~ der Welt** au bout du monde; *du hast* (*doch*) *den* **~ offen!** F tu débloques, déconnes complètement!; **2.** *Schimpfwort* **~** (*mit Ohren*) P con *m*, conne *f*; P connard *m*, connasse *f*; *dieser* **~!** P cet espèce de con, *vulgär* d'enfoiré, d'enculé!
Arsch|backe P *f* fesse *f*; **~ficker** *vulgär m* enculé *m*; *vulgär* enfoiré *m*; **~geige** P *f* P con *m*, conne *f*; **~kriecher** P *m* F lèche-bottes *m*; *vulgär* lèche-cul *m*; **~kriecherei** F *f* F lèche *f*; **~loch** P *n* **1.** *Schimpfwort* P con *m*; P connard *m*, connasse *f*; P salaud *m*; **2.** (*After*) P trou *m* du cul, de balle
Arsen [ar'ze:n] *n* ⟨~s⟩ CHIM arsenic *m*
Arsenal [arzeˈnaːl] *n* ⟨~s; ~e⟩ MIL, *fig* arsenal *m*
Ar'senik *n* ⟨~s⟩ CHIM anhydride arsénieux
Art [a:rt] *f* ⟨~; ~en⟩ **1.** (*Weise*) manière *f*; façon *f*; mode *m*; *auf welche* **~?** de quelle façon?; *auf diese* **~** de cette manière, façon; ainsi; de la sorte; *auf die e-e oder* (*die*) *andere* **~** d'une façon, manière ou d'une autre; *auf natürliche* **~** d'une façon, manière naturelle; *auf geheimnisvolle* **~ verschwinden** disparaître mystérieusement, de façon mystérieuse; *in der gewohnten* **~** de la façon, manière habituelle; *auf eine* **~ bin ich ganz zufrieden** d'un côté, je suis bien content; *nach* **~ von** à la manière, façon de; *die* **~ und Weise, wie er etwas tut** la façon, manière dont il fait qc; *auf diese* **~ und Weise** de cette façon, manière; *er tut* **~ und Weise** de manière; **2.** ⟨*sans pl*⟩ (*Natur, Wesens?*) genre *m*; nature *f*; *einzig in s-r* **~** unique en son genre; *Fragen f/pl allgemeiner* **~** questions générales; *das ist nicht ihre* **~** ce n'est pas son genre, dans sa nature; *er hat eine stille* **~** il est d'une nature silencieuse; il est silencieux de nature; **3.** ⟨*sans pl*⟩ (*Benehmen*) manières *f/pl*; façons *f/pl*; *er hat eine unverschämte* **~** il a des façons, des manières insolentes; F *iron das ist nicht die feine englische* **~** ce n'est pas un procédé très élégant; ce n'est pas une façon de faire; *das ist doch keine* **~!** cela ne se fait pas; en voilà des façons, des manières!; **4.** (*Sorte*) genre *m*; sorte *f*; *a* BIOL espèce *f*; *aus der* **~ schlagen** ne ressembler à personne dans la famille; *diese* **~** (*von*) *Menschen schätze ich nicht* je n'apprécie pas ce genre de personne(s); *... aller ...* de toutes sortes; *jede* **~ von Veränderung scheuen** craindre tout changement; *er lag auf einer* **~ *Sofa*** il était allongé sur une espèce, sorte de canapé; **5.** CUIS, COUT *etc auf französische, deutsche etc* **~** à la française, à l'allemande, *etc*; CUIS **~ nach ~ des Hauses** ... maison
Art. *abr* (*Artikel*) article
'arteigen *adj* BIOL propre à l'espèce; spécifique
'artenreich *adj* ZO, BOT avec une grande variété d'espèces
Arten|reichtum *m* ⟨~s⟩ ZO, BOT (grande) variété des espèces; **~schutz** *m* protection *f* des espèces; **~vielfalt** *f cf* Artenreichtum
'Arterhaltung *f* BIOL conservation *f* de l'espèce
Arterie [ar'te:riə] *f* ⟨~; ~n⟩ artère *f*
arteri'ell *adj* artériel, -ielle
Ar'terienverkalkung *f*, **Arteriosklerose** [arterioskle'ro:zə] *f* MÉD artériosclérose *f*
artfremd *adj* étranger, -ère à l'espèce
'Artgenoss|e, **~in** *m,f* congénère *m,f*; *Mensch a* semblable *m,f*
'artgleich *adj* semblable
Arthri|tis [ar'tri:tis] *f* ⟨~; -'tiden⟩ MÉD arthrite *f*; **²tisch** *adj* arthritique
Ar'throse *f* ⟨~; ~n⟩ MÉD arthrose *f*
Arthur ['artur] *m* ⟨→ *n/pr*⟩ Arthur *m*
artifiziell [artifitsi'ɛl] *st/s adj* artificiel, -ielle
artig ['a:rtıç] *adj Kind* sage; gentil, -ille; **²keit** *f* ⟨~; ~en⟩ **1.** ⟨*sans pl*⟩ *von Kindern* sagesse *f*; gentillesse *f*; **2.** *st/s* (*Schmeichelei*) amabilité *f*
Artikel [ar'ti:kəl] *m* ⟨~s; ~⟩ COMM, GR, JUR, *e-r Zeitung*, *e-s Nachschlagewerks etc* article *m*; *e-s Wörterbuchs* entrée *f*; GR (*un*)*bestimmter* **~** article (in)défini
Ar'tikel|reihe *f*, **~serie** *f e-r Zeitung etc* série *f* d'articles
Artikulati'on *f* ⟨~; ~en⟩ PHON articulation *f*
artikulieren [artiku'li:rən] ⟨*pas de ge-*, h⟩ **I** *v/t* **1.** PHON articuler; prononcer; *abs deutlich* **~ bes THÉ** bien articuler; **2.** (*zum Ausdruck bringen*) exprimer; **II** *v/réfl* **sich** **~** s'exprimer
Artillerie [artılə'ri:] *f* ⟨~; ~n⟩ artillerie *f*

Artille'riebeschuß *m unter* ~ *(dat) liegen* être sous le feu de l'artillerie
Artille'riefeuer *m* feu *m* de l'artillerie
Artille'rist *m* ⟨~en; ~en⟩ artilleur *m*
Artischocke [arti'ʃɔkə] *f* ⟨~; ~n⟩ BOT, CUIS artichaut *m*
Arti'schocken|boden *m* fond *m* d'artichaut; **~herz** *n* cœur *m* d'artichaut
Artist|(in) [ar'tɪst(ɪn)] *m* ⟨~en; ~en⟩ *(f)* ⟨~; ~nen⟩ artiste *m,f* de cirque, de music-hall; acrobate *m,f*; **~ik** *f* ⟨~⟩ arts *m/pl* du cirque; acrobatie *f*; **Ⓐisch** *adj* acrobatique
Artus ['artʊs] *m* ⟨→ n/pr⟩ MYTH, HIST **König** ~ (le) roi Arthur
'**artverwandt** *adj* apparenté
Arve ['arvə] *f* ⟨~; ~n⟩ BOT arole *od* arolle *m*
Arznei [a:rts'naɪ] *f* ⟨~; ~en⟩ médicament *m*; remède *m*; **~buch** *n* codex *m*; pharmacopée *f*
Arz'neimittel *n* médicament *m*; produit *m* pharmaceutique; **~gesetz** *n* législation réglementant la fabrication et la vente de médicaments; **~kunde** *f* pharmacologie *f*; **~mißbrauch** *m* abus *m* de médicaments; **~sucht** *f* pharmacodépendance *f*
Arz'neipflanze *f* plante médicinale; simple *m*
Arzt [a:rtst] *m* ⟨~es; ~e⟩ médecin *m*; docteur *m*; *zum* ~ *gehen* (aller) voir un médecin; aller chez le médecin; *den* ~ *holen* aller chercher le médecin; *den* ~ *rufen* faire venir, appeler le médecin
'**Arzt|beruf** *m* profession médicale; **~besuch** *f* visite *f* du médecin
Ärzte|kammer ['ɛrtstəkamər] *f* ordre *m* des médecins; **~muster** *n* échantillon médical; **~schaft** *f* ⟨~⟩ corps médical
'**Arzt|frau** *f* femme *f* de médecin; **~helferin** *f* assistante médicale
Ärztin ['ɛ:rtstɪn] *f* ⟨~; ~nen⟩ (femme *f*) médecin *m*; Docteur *m*; F a doctoresse *f*
Arztkosten *pl* frais *m/pl* de médecin
'**ärztlich I** *adj* médical; **~e Behandlung** traitement médical; **II** *adv sich* ~ *untersuchen lassen* se faire examiner par un médecin; ~ *empfohlen* recommandé par le corps médical
'**Arzt|praxis** ⟨~; -praxen⟩ *f* cabinet médical, de consultation; **~rechnung** *f* note *f* *bzw* du médecin
'**Arztwahl** *f freie* ~ liberté *f* de choix du médecin; *freie* ~ *haben* avoir le libre choix du médecin
As¹, as [as] *n* ⟨~; ~⟩ MUS la *m* bémol
As² *n* ⟨~ses; ~se⟩ Spielkarte, F *fig as m; fig a* champion, -ionne *m,f*; F *fig* crack *m*
Asbest [as'bɛst] *m* ⟨~(e)s; ~e⟩ amiante *m*; *sc* asbeste *m*; **~anzug** *m* combinaison *f* d'amiante; **~faser** *f* fibre *f* d'amiante; **~platte** *f* plaque *f* d'amiante; **~staub** *m* poussière *f* d'amiante; **~zement** *m* amiante-ciment *m*; fibrociment *m* (*nom déposé*)
'**Asch|becher** *m* cendrier *m*; **Ⓐblond** *adj* blond cendré *(inv)*
Asche ['aʃə] *f* ⟨~; ~n⟩ cendre(s) *f(pl)*; *e-s Verstorbenen* cendres *f/pl*; *zu* ~ *zerfallen* tomber en cendres; *fig plais sich (dat)* ~ *aufs Haupt streuen* battre sa coulpe; *poét Friede s-r* ~ paix à ses cendres
Äsche ['ɛʃə] *f* ⟨~; ~n⟩ ZO ombre *m*

'**Ascheimer** *m* seau *m* à cendres
'**Aschen|bahn** *f* SPORT (piste *f*) cendrée *f*; **~becher** *m* cendrier *m*; **~brödel** *n* ⟨→ n/pr⟩ Märchengestalt Cendrillon *f*; *fig* cendrillon *f*; **~eimer** *m cf* **Ascheimer**; **~puttel** *n cf* **Aschenbrödel**; **~regen** *m* pluie *f* de cendres
'**Ascher** F *m* ⟨~s; ~⟩ cendrier *m*
Ascher'mittwoch *m* (mercredi *m* des) Cendres *f/pl*
'**asch|fahl** *adj* Gesicht terreux, -euse; cendreux, -euse; **~grau** *adj* gris cendré; Gesicht terreux, -euse; cendreux, -euse
äsen ['ɛ:zən] *v/i* ⟨-(es)t, h⟩ JAGD Reh, Hirsch viander; Wildschwein herbeiller
Asep|sis [a'zɛpsɪs] *f* ⟨~⟩ MÉD asepsie *f*; **Ⓐtisch** *adj* aseptique
'**asexuell** *adj* asexué
Asiat(in) [azi'a:t(ɪn)] *m* ⟨~en; ~en⟩ *(f)* ⟨~; ~nen⟩ Asiatique *m,f*; Asiate *m,f*
asi'atisch *adj* asiatique; d'Asie
Asien ['a:ziən] *n* ⟨→ n/pr⟩ l'Asie *f*
Askese [as'ke:zə] *f* ⟨~⟩ ascèse *f*; *(das Asketischsein)* ascétisme *m*
As'ket(in) *m* ⟨~en; ~en⟩ *(f)* ⟨~; ~nen⟩ ascète *m,f*
as'ketisch I *adj* ascétique; **II** *adv* ~ *leben* vivre en ascète; mener une vie d'ascète
Askorbinsäure [askɔr'bi:nzɔyrə] *f* acide *m* ascorbique
Äskulapstab [ɛsku'la:pʃta:p] *m* caducée *m*
'**asozial** *adj oft péj* asocial; *par ext* marginal
'**Asoziale(r)** *f(m)* ⟨→ A⟩ *oft péj* individu asocial; *par ext* marginal *m*
Aspekt [as'pɛkt] *m* ⟨~(e)s; ~e⟩ *(Gesichtspunkt),* GR aspect *m*
Asphalt [as'falt] *m* ⟨~s; ~e⟩ asphalte *m*; *(Straßenbelag) a* bitume *m*; **~decke** *f* revêtement *m* d'asphalte, de bitume
asphal'tieren *v/t* ⟨*pas de ge-*, h⟩ bitumer; asphalter
As'phalt|dschungel *m fig* jungle *f* des grandes villes; **~straße** *f* rue asphaltée, bitumée
Aspik [as'pi:k] *m*, *österr a n* ⟨~s; ~e⟩ CUIS aspic *m*
Aspi|rant(in) *m* ⟨~en; ~en⟩ *(f)* ⟨~; ~nen⟩ aspirant(e) *m(f)* *(auf* [+*acc*], *für* à); **~rati'on** *f* ⟨~; ~en⟩ PHON aspiration *f*
aspirieren [aspi'ri:rən] *(pas de ge-*, h⟩ **I** *v/t* PHON aspirer; **II** *v/i österr auf etw (acc)* ~ poser sa candidature à qc, se porter candidat à qc
Aspirin [aspi'ri:n] *n* ⟨~s⟩ Wz aspirine *f* *(nom déposé)*
aß [a:s] *cf* **essen**
Ass. *abr* **1.** *(Assessor[in])* *cf* **Assessor(in)**; **2.** *(Assistent[in])* assistant(e) *m(f)*
assanieren [asa'ni:rən] *v/t ⟨pas de ge-*, h⟩ *österr* assainir
Assel ['asəl] *f* ZO cloporte *m*; *sc* Gattung **~n** *pl* isopodes *m/pl*
Assembler [ə'sɛmblər] *m* ⟨~s; ~⟩ INFORM assembleur *m*
Assessor(in) [a'sɛsɔr (-'so:rɪn)] *m* ⟨~s; -'soren⟩ *(f)* ⟨~; ~nen⟩ **1.** fonctionnaire *m,f* débutant(e) *(après des études universitaires et le temps réglementaire de stage)*; **2.** JUR magistrat débutant; **3.** *(Studien2)* professeur débutant de lycée, de collège
Assimilati'on *f* ⟨~; ~en⟩ BIOL, LING, SOZIOLOGIE, *fig* assimilation *f* *(an* [+*acc*] à)

assimilieren [asimi'li:rən] ⟨*pas de ge-*, h⟩ BIOL, SOZIOLOGIE, *fig* **I** *v/t* assimiler; **II** *v/réfl sich (an etw* [*acc*]*)* ~ s'assimiler (à qc)
Assimi'lierung *f* ⟨~, ~en⟩ *cf* **Assimilation**
Assi'stent(in) [asɪs'tɛnt(ɪn)] *m* ⟨~; ~en⟩ *(f)* ⟨~; ~nen⟩ assistant(e) *m(f)*
Assi'stentenstelle *f* poste *m* d'assistant
Assi'stenz *f* ⟨~; ~en⟩ assistance *f*; aide *f*; **~arzt** *m*, **~ärztin** *f* interne *m,f* (des hôpitaux); **~professor** *m etwa* maître assistant *m*
assi'stieren *v/i* ⟨*pas de ge-*, h⟩ *(j-m)* ~ assister qn *(bei der Operation* etc pendant l'opération, *etc)*
Assonanz [aso'nants] *f* ⟨~; ~en⟩ MÉTRIK assonance *f*
Assoziati'on *f* ⟨~; ~en⟩ PSYCH, POL association *f*; *(Ideen2)* association d'idées
Assozia'ti'onsfreiheit *f* ⟨~⟩ JUR liberté *f* d'association; **Ⓐ'tiv** *adj* associatif, -ive
assoziieren [asotsi'i:rən] ⟨*pas de ge-*, h⟩ **I** *v/t bes* PSYCH *etw mit od bei etw* ~ associer qc à qc; **II** *v/i bes* PSYCH procéder par associations; *frei* ~ avoir des associations d'idées; **III** *v/réfl* JUR, POL *sich mit etw, j-m od an etw, j-n* ~ s'associer à qc, qn
Assozi'ierung *f* ⟨~; ~en⟩ association *f*
Ast [ast] *m* ⟨~(e)s; ~e⟩ **1.** *(dicker Zweig,* MATH branche *f*; F *fig den* ~ *absägen, auf dem man sitzt* scier la branche sur laquelle on est assis; *fig auf dem absteigenden* ~ *sein* être à, sur son déclin; être en perte de vitesse; F *fig sich (dat) e-n* ~ *lachen* rire comme un bossu; **2.** *(Stelle im Holz)* nœud *m*
AStA ['asta] *m* ⟨~(s); ~(s) *ou* Asten⟩ *abr (Allgemeiner Studentenausschuß)* comité général des étudiants (d'une université)
Aster ['astər] *f* ⟨~; ~n⟩ BOT aster *m*; *(Garten2)* reine-marguerite *f*
Astgabel *f* fourche *f*
Ästhet|(in) [ɛs'te:t(ɪn)] *m* ⟨~en; ~en⟩ *(f)* ⟨~; ~nen⟩ esthète *m,f*; **~ik** *f* ⟨~⟩ esthétique *f*; **Ⓐisch** *adj* esthétique
Asthma ['astma] *n* ⟨~s⟩ asthme *m*
Asth'ma|tiker(in) *m* ⟨~s; ~⟩ *(f)* ⟨~; ~nen⟩ asthmatique *m,f*; **Ⓐtisch** *adj* asthmatique
'**Astloch** *n* trou *m* (provenant d'un nœud dans le bois)
astral [as'tra:l] *adj* astral
'**astrein** *adj* **1.** Holz sans nœud; **2.** F *fig (moralisch einwandfrei) nicht ganz* ~ F pas très catholique; louche; **3.** *(toll)* F super; F génial
Astrid ['astri(:)t] *f* ⟨→ n/pr⟩ Astrid
Astro|loge [astro'lo:gə] *m* ⟨~n; ~n⟩, **~'login** *f* ⟨~; ~nen⟩ astrologue *m,f*; **~lo'gie** *f* ⟨~⟩ astrologie *f*; **Ⓐ'logisch** *adj* astrologique; **~'naut(in)** *m* ⟨~en; ~en⟩ *(f)* ⟨~; ~nen⟩ astronaute *m,f*; cosmonaute *m,f*
Astro'nautennahrung *f* aliment(s) *m(pl)* pour astronautes
Astro|nautik [astro'nautik] *f* ⟨~⟩ astronautique *f*; **Ⓐ'nautisch** *adj* astronautique; **~'nom(in)** *m* ⟨~en; ~en⟩ *(f)* ⟨~; ~nen⟩ astronome *m,f*; **~no'mie** *f* ⟨~⟩ astronomie *f*; **Ⓐ'nomisch** *adj a* F *fig Preise* astronomique; **~phy'sik** *f* astrophysique *f*; **~'physiker(in)** *m(f)* astrophysicien, -ienne *m,f*
'**Astwerk** *n* branchage *m*

Asyl [a'zy:l] *n* ⟨~s; ~e⟩ **1.** (*Schutz für Verfolgte*) asile *m*; *j-m* ~ *gewähren* donner asile à qn; **2.** (*Obdachlosen2*) asile *m* de nuit
Asy'lant(in) *m* ⟨~en; ~en⟩ (*f*) ⟨~; ~nen⟩ *cf* **Asylbewerber(in)**
A'syl|antrag *m* demande *f* d'asile; **~bewerber(in)** *m(f)* demandeur, -euse *m,f* d'asile
A'sylrecht *n* ⟨~(e)s⟩ droit *m* d'asile; ~ *genießen* bénéficier du droit d'asile
Asymme'trie *f* ⟨~; ~n⟩ asymétrie *f*
'asymmetrisch *adj* asymétrique
'asynchron *adj* asynchrone
Aszend|ent [astsɛn'dɛnt] *m* ⟨~en; ~en⟩ ASTROLOGIE, GENEALOGIE ascendant *m*; **~enz** *f* ASTR, GENEALOGIE ⟨~⟩ ascendance *f*
A.T. *abr* (*Altes Testament*) A.T. (Ancien Testament)
Atavis|mus [ata'vɪsmʊs] *m* ⟨~; -men⟩ BIOL atavisme *m*; **2tisch** *adj* atavique
Atelier [atəli'e:] *n* ⟨~s; ~s⟩ *e-s Künstlers* atelier *m*; *e-s Fotografen*, (*Film2*) studio *m*; **~aufnahme** *f* FILM prise *f* de vue et de son en studio; **~wohnung** *f* appartement *m* grand standing au dernier étage; (*Künstlerwohnung*) atelier *m* d'artiste
Atem ['a:təm] *m* ⟨~s⟩ **1.** (*Atmung*) respiration *f*; souffle *m*; *a fig* **den ~ anhalten** retenir son souffle, sa respiration; *fig* **den längeren ~ haben** avoir plus de résistance, d'endurance (*in* concurrent, rival, *etc*); *fig* **j-n in ~ halten** (*in Spannung halten*) tenir qn en haleine; (*pausenlos beschäftigen*) tenir qn en mouvement; **2.** (*ein- od ausgeatmete Luft*) haleine *f*; souffle *m*; **frischer ~** haleine fraîche; **außer ~ kommen** *od* **geraten** s'essouffler; **außer ~ sein** être essoufflé, être 'hors d'haleine; être à bout de souffle; (*tief*) **~ holen** respirer (profondément); *st/s* **nach ~ ringen** respirer avec peine; *p/fort* suffoquer; **wieder zu ~ kommen** reprendre haleine; *j-m* **den ~ verschlagen** *od* **rauben** *a fig* couper à qn le souffle, la respiration; suffoquer qn
'atemberaubend *adjt Geschwindigkeit* vertigineux, -euse; *Spannung* à couper le souffle
'Atem|beschwerden *f/pl* troubles *m/pl* respiratoires; **~gerät** *n* respirateur *m*; **~geräusch** *n* bruit *m* respiratoire; **~gymnastik** *f* gymnastique *f* respiratoire; **~holen** *n* ⟨~s⟩ inspiration *f*, aspiration *f*
'atemlos I *adj* **1.** 'hors d'haleine; essoufflé; à bout de souffle; **2.** *fig* **~e Stille** silence absolu, de mort; **es herrschte ~e Spannung** chacun retenait son souffle; **II** *adv* **1. ~ hereinkommen** arriver tout essoufflé; *fig* **~ zuhören** écouter en retenant son souffle
'Atem|losigkeit *f* ⟨~⟩ essoufflement *m*; **~luft** *f* ⟨~⟩ air *m* respirable; **~maske** *f* masque *m* d'oxygène; **~not** *f* ⟨~⟩ (*crise f* d')étouffements *m/pl*
'Atempause *f* (*moment m* de) répit *m*; temps *m* d'arrêt; *e-e* **~ einlegen** prendre un moment de répit
'Atem|stillstand *m* arrêt *m* respiratoire; *sc* apnée *f*; **~technik** *f* technique *f* respiratoire; **~übung** *f* exercice *m* respiratoire; **~wege** *m/pl* ANAT voies *f/pl* respiratoires

'Atemzug *m* souffle *m*; *st/s* **bis zum letzten ~** jusqu'au dernier souffle; *st/s* **den letzten ~ tun** rendre, exhaler son dernier soupir; *fig* **in e-m** *od* **im selben ~** au même instant, moment
Äthan [ɛ'ta:n] *n* ⟨~s⟩ CHIM éthane *m*
Athe|ismus [ate'ɪsmʊs] *n* ⟨~⟩ athéisme *m*; **~'ist(in)** *m* ⟨~en; ~en⟩ (*f*) ⟨~; ~nen⟩ athée *m,f*; **2'istisch** *adj* athée
Athen [a'te:n] *n* ⟨→ *n/pr*⟩ Athènes
Äther ['ɛ:tər] *m* ⟨~s⟩ éther *m* (*a* CHIM, MÉD, PHYS, *poét*); *Rundfunksendungen etc* **in den ~ gehen** passer sur les ondes; **durch den ~ schicken** faire passer sur les ondes; diffuser
ä'therisch *adj* **1.** CHIM éthéré; **~e Öle** *n/pl* essences *f/pl*; huiles essentielles; **2.** *fig Person* éthéré; aérien, -ienne
Äthiopien [ɛti'o:piən] *n* ⟨→ *n/pr*⟩ l'Éthiopie *f*
Äthi'opier(in) *m* ⟨~s; ~⟩ (*f*) ⟨~; ~nen⟩ Éthiopien, -ienne *m,f*
äthi'opisch *adj* éthiopien, -ienne
Athlet|(in) [at'le:t(ɪn)] *m* ⟨~en; ~en⟩ (*f*) ⟨~; ~nen⟩ athlète *m,f*; **~ik** *f* ⟨~⟩ athlétisme *m*
ath'letisch I *adj* athlétique; **II** *adv* **~ gebaut** taillé en athlète
Äthyl [ɛ'ty:l] *n* ⟨~s⟩ CHIM éthyle *m*; **~alkohol** *m* alcool *m* éthylique; éthanol *m*
Äthylen [ɛty'le:n] *n* ⟨~s⟩ CHIM éthylène *m*
Atlantik [at'lantɪk] *n* ⟨→ *n/pr*⟩ **der ~** l'Atlantique *m*
Atlantis [at'lantɪs] *n* ⟨→ *n/pr*⟩ MYTH l'Atlantide *f*
at'lantisch *adj* atlantique; **der 2e Ozean** l'océan *m* Atlantique
Atlas¹ ['atlas] *m* ⟨~ *ou* ~ses; ~se *ou* -'lanten⟩ *Landkartenwerk* atlas *m*
'Atlas² *m* ⟨~ *ou* ~ses; ~se⟩ *Stoff* satin *m*
'Atlas³ *m* ⟨~ *ou* ~ses⟩ ANAT atlas *m*
'Atlas⁴ *n* ⟨→ *n/pr*⟩ GÉOGR **der ~** l'Atlas *m*
atmen ['a:tmən] *v/t u v/i* ⟨-ete, h⟩ *a fig*, *poét* respirer
Atmosphäre [atmo'sfɛ:rə] *f* ⟨~; ~n⟩ **1.** MÉTÉO atmosphère *f*; **dünne ~** atmosphère raréfiée; **2.** PHYS, *Maßeinheit* atmosphère *f*; **3.** *fig* (*Stimmung*) atmosphère *f*; (*Umgebung*) ambiance *f*, milieu *m*; **es herrschte eine gespannte ~** l'atmosphère était tendue
Atmo'sphärenüberdruck *m cf* **atü**
atmo'sphärisch *adj* atmosphérique
'Atmung *f* ⟨~⟩ respiration *f*
'atmungsaktiv *adj Material* qui respire, qui laisse passer l'air
'Atmungsorgane *n/pl* appareil *m* respiratoire
Ätna ['ɛ:tna] ⟨→ *n/pr*⟩ **der ~** l'Etna *m*
Atoll [a'tɔl] *n* ⟨~s; ~e⟩ GÉOGR atoll *m*
Atom [a'to:m] *n* ⟨~s; ~e⟩ atome *m*
ato'mar *adj* atomique; nucléaire; **~e Bedrohung** menace *f* nucléaire; **~e Strahlung** radiation *f* atomique
A'tom|bombe *f* bombe *f* atomique; **~bombenversuch** *m* essai *m* nucléaire; **~bunker** *m* abri *m* antiatomique; **~energie** *f* ⟨~⟩ énergie *f* atomique, nucléaire; **~explosion** *f* explosion *f* atomique, nucléaire; **~forschung** *f* recherche *f* atomique, nucléaire; **~gegner(in)** *m(f)* adversaire *m,f* du nucléaire, de l'énergie nucléaire; **~gewicht** *n* PHYS poids *m*, masse *f* atomique; **~industrie** *f* industrie *f* atomique, nucléaire

atomi'sier|en *v/t* ⟨*pas de ge-*, h⟩ atomiser; **2ung** *f* ⟨~; ~en⟩ atomisation *f*
A'tom|kern *m* PHYS noyau *m* atomique; **~kraft** *f* ⟨~⟩ énergie *f* nucléaire, atomique; **~kraftwerk** *n* centrale *f* atomique, nucléaire; **~krieg** *m* guerre *f* atomique, nucléaire; **~macht** *f* puissance *f* atomique, nucléaire; **~meiler** *m* réacteur *m* nucléaire; **~modell** *n* PHYS modèle *m* d'atome; **~müll** *m* déchets nucléaires, radioactifs; **~physik** *f* physique *f* atomique, nucléaire; **~physiker(in)** *m(f)* physicien, -ienne *m,f* de l'atome; atomicien, -ienne *m,f*; **~pilz** *m* champignon *m* atomique; **~rakete** *f* fusée *f* nucléaire; **~reaktor** *m* réacteur *m* nucléaire; **~sperrvertrag** *m* ⟨~(e)s⟩ accords *m/pl* de non-prolifération des armes atomiques; **~sprengkopf** *m* ogive *f* atomique; tête *f* nucléaire; **~stopp** *m* arrêt *m* des essais nucléaires; **~streitmacht** *f* force *f* atomique, nucléaire; **~strom** *m* énergie *f* nucléaire; **~test** *m* essai *m* nucléaire; **~tod** *m* ⟨~(e)s⟩ mort *f* causée par une catastrophe nucléaire; **~uhr** *f* horloge *f* atomique; **~versuch** *m cf* **Atomtest**; **~waffe** *f* arme *f* atomique, nucléaire
a'tomwaffenfrei *adj* **~e Zone** zone dénucléarisée
A'tom|waffensperrvertrag *cf* **Atomsperrvertrag**; **~zeichen** *n* symbole *m* chimique; **~zeitalter** *n* ⟨~s⟩ ère *f*, âge *m* atomique; **~zerfall** *m* désintégration *f* de l'atome
atonal ['atona:l] *adj* MUS atonal; **2i'tät** *f* ⟨~⟩ atonalité *f*
Atonie [ato'ni:] *f* ⟨~; ~n⟩ MÉD atonie *f*
'atoxisch *adj sc* atoxique
Atrium ['a:triʊm] *n* ⟨~; -ien⟩ ARCH atrium *m*; **~haus** *n* maison *f* avec patio
Atrophie [atro'fi:] *f* ⟨~; ~n⟩ MÉD atrophie *f*
Atropin [atro'pi:n] *n* ⟨~s⟩ CHIM atropine *f*
ätsch [ɛ:tʃ] *enf int* (c'est) bien fait!
Attaché [ata'ʃe:] *m* ⟨~s; ~s⟩ DIPL attaché *m*
Attacke [a'takə] *f* ⟨~; ~n⟩ **1.** MIL attaque *f*, charge *f* de cavalerie; SPORT attaque *f*; **2.** *fig* **gegen j-n e-e ~ reiten** attaquer qn; *wiederholt*, *p/fort* lancer une offensive contre qn; **3.** MÉD (*Herzanfall*) attaque *f*
attac'kieren *v/t* ⟨*pas de ge-*, h⟩ attaquer (*a fig*); MIL a chargé sur
Attentat ['atənta:t] *n* ⟨~(e)s; ~e⟩ attentat *m*; **ein ~ auf j-n verüben** attenter aux jours, à la vie de qn; F *fig* **plais ich habe ein ~ auf dich vor** j'ai une occupation pour toi
'Attentäter(in) *m* ⟨~s; ~⟩ (*f*) ⟨~; ~nen⟩ auteur *m* d'un *bzw* de l'attentat
Attest [a'tɛst] *n* ⟨~(e)s; ~e⟩ certificat (médical); attestation *f* (du médecin)
atte'stieren *v/t* ⟨*pas de ge-*, h⟩ certifier; attester
Attikawohnung ['atikavo:nʊŋ] *f schweiz cf* **Penthouse**
Attitüde [ati'ty:də] *st/s f* ⟨~; ~n⟩ (*Einstellung*) attitude *f*; (*affektierte Geste*) pose *f*
Attrakti'on *f* ⟨~; ~en⟩ (*Anziehungskraft*, *Sehenswertes*) attraction *f*; (*Höhepunkt*) clou *m*; *pl* **~en im Zirkus** attractions *f/pl*
attraktiv [atrak'ti:f] *adj* **1.** (*verlockend*)

Attraktivität – auf

Angebot, Preise etc intéressant; **2.** (*gutaussehend*) *Person* attirant; séduisant; (*reizvoll*) *Kleid etc* joli; ⁓**i'tät** *f* ⟨⁓⟩ **1.** *e-s Angebots etc* caractère intéressant (+ *gén* de); **2.** *e-r Frau etc* (pouvoir *m* de) séduction *f*
Attrappe [a'trapǝ] *f* ⟨⁓; ⁓n⟩ *e-e* un(e) ... factice; *das sind nur* ⁓*n* ce ne sont que des ... factices
Attribut [atri'bu:t] *n* ⟨⁓(e)s; ⁓e⟩ **1.** (*Merkmal*) attribut *m*; **2.** GR épithète *f*; complément *bzw* adjectif déterminatif
attribu'tiv GR **I** *adj* ⁓*es Adjektiv* adjectif *m* épithète; ⁓*er Genitiv* complément déterminatif au génitif; **II** *adv* ⁓ *gebraucht* employé comme épithète *bzw* déterminatif
Attri'butsatz *m* subordonnée *f* déterminant *bzw* explicatif un substantif
atü [a'ty:] ⟨⁓; ⁓⟩ früher *abr* (*Atmosphärenüberdruck*) *bei Autoreifen etwa* bar *m*
'atypisch *adj* atypique
ätzen ['ɛtsən] *v*/*t* ⟨-(es)t, h⟩ **1.** CHIM corroder; attaquer; *Löcher in etw* (*acc*) ⁓ faire des trous dans qc; **2.** MÉD cautériser; **3.** GRAPHIK graver à l'eau-forte
'ätzend *adjt* **1.** CHIM corrosif, -ive; corrodant; caustique; **2.** *fig Rauch, Geruch* mordant; *Humor a* caustique; corrosif, -ive; **3.** *Jugendsprache* (*scheußlich*) F dégueu(lasse); (*toll*) F géant; F super
'Ätznatron *n* CHIM soude *f* caustique
'Ätzung *f* ⟨⁓; ⁓en⟩ *Jägersprache* (*Futter*) nourriture *f*
'Ätzung *f* ⟨⁓; ⁓en⟩ **1.** CHIM corrosion *f*; **2.** MÉD cautérisation *f*; **3.** GRAPHIK gravure *f* à l'eau-forte
au [au] *int* **1.** *bei Schmerz* aïe!; ouille!; **2.** *bei Begeisterung* ⁓ *ja!* oh oui!
Au [au] *f* ⟨⁓; ⁓⟩ *südd, österr cf* **Aue**
AU ['a:'ʔu:] *f* ⟨⁓⟩ *abr* (*Abgasuntersuchung*) AUTO contrôle *m* (obligatoire) des gaz d'échappement
aua [aua] *enf*, F *int* aïe!; ouille!
Aubergine [ober'ʒi:nǝ] *f* ⟨⁓; ⁓n⟩ aubergine *f*; ⁓**farben** *adj* aubergine; violet foncé
auch [aux] **I** *adv* **1.** (*ebenfalls*) aussi; également; *verneint* non plus; *ich* ⁓ moi aussi; *ich* ⁓ *nicht* (ni) moi non plus; *das habe ich* ⁓ *gesagt* je l'ai dit aussi, également; *das weiß ich* ⁓ *nicht* je ne le sais pas non plus; ⁓ *das weiß ich nicht, ich weiß* ⁓ *das nicht* ça non plus, je ne le sais pas; *es* ⁓ *tun* en faire autant; *wir sind* ⁓ *nur Menschen* nous ne sommes que des humains; *oder* ⁓ ou bien; *oder* ⁓ *nicht* ou pas; *nicht nur ..., sondern* ⁓ non seulement ..., mais aussi *od* encore ...; *sowohl ... als* ⁓ ... aussi bien ... que ...; non seulement ..., mais aussi *od* encore ...; *wie du* ⁓ *gut!* soit!; comme vous voudrez!; **2.** (*sogar, selbst*) même; ⁓ *er* même lui; ⁓ *nicht einer* pas même *od* même pas un seul; *ohne* ⁓ *nur zu fragen* sans même demander; ⁓ *als er noch gesund war* même quand il était encore en bonne santé; ⁓ *dann noch, als ...* alors même que ...; ⁓ *wenn ...* même si ...; **3.** (*außerdem*) ⁓ (*noch*) encore; *sie ist begabt, aber* ⁓ *faul* elle est douée, mais elle est aussi paresseuse; F *das noch!* il ne manquait plus que cela!; F et ça par-dessus le marché!; **II** *Partikel* **1.** bekräftigend *und so war es* ⁓ et c'était bien comme ça; *er wartete auf s-n Freund, der dann* ⁓ *kam* il attendait son ami qui finit par arriver; *das möchte ich dir geraten haben* tu as intérêt à le faire; *so schlimm ist es* (*nun*) (*wieder*) *nicht!* n'exagérons pas!; *es besteht* ⁓ *kein Grund dazu* il n'y a pas de raison à cela; **2.** *unbetont das ist aber* ⁓ *zu ärgerlich* c'est (vraiment) trop bête; *er kann* ⁓ *nie den Mund halten* il ne peut jamais tenir sa langue; *wozu* (*denn*) ⁓*?* à quoi bon?; F *Teufel* ⁓*!* diable!; **3.** *verallgemeinernd wer* ⁓ (*immer*) ... quelle que soit la personne qui ... (+ *subj*); tous ceux qui ...; quiconque ...; *was* ⁓ (*immer*) ... quoi que ... (+ *subj*); tout ce que ...; *was* ⁓ *kommen mag ...* quoi qu'il arrive, advienne ...; *wer, was, wo etc es* ⁓ (*immer*) *sein mag* qui, quoi, où, *etc* que ce soit; *wie dem* ⁓ *sei* quoi qu'il en soit; *welche Methode man* ⁓ (*immer*) *wählt ...* quelle que soit la méthode que l'on choisisse...; **4.** *konzessiv so reich er* ⁓ *ist ..., mag er* ⁓ *noch so reich sein ...* (aus)si riche qu'il soit ...; tout riche qu'il est ...; *s*/*s* quelque riche qu'il soit ...; *so oft sie* ⁓ *fragte, nie bekam sie eine Antwort* elle avait beau poser des questions, on ne lui répondait pas; *so sehr sie sich* ⁓ *bemühte, ...* elle avait beau faire tout son possible ...; *so gern ich* ⁓ *käme ...* j'aimerais bien venir, mais ...; *wenn* ⁓ (*obwohl*) quoique ... (+*subj*); bien que ... (+*subj*); (*selbst wenn*) même si ...; *wenn er* ⁓ *nur ein bißchen aufgepaßt hat ...* pour peu qu'il ait fait attention ...; F *und wenn* ⁓*!* (*das tut doch nichts!*) et alors!; peu importe!; qu'importe!; tant pis!; **5.** *zweifelnd* *bist du* ⁓ *wahr?* (mais), est-ce bien vrai?; *hast du es dir* ⁓ *gut überlegt?* y as-tu (vraiment) bien réfléchi?
Audienz [audi'ɛnts] *f* ⟨⁓; ⁓en⟩ audience *f*
Audimax [audi'maks] F *n* ⟨⁓⟩ F grand amphi
audiovisuell [audiovizu'ɛl] *adj* audiovisuel, -elle; ⁓*e Medien n/pl* audiovisuel *m*
auditiv [audi'ti:f] *adj* auditif, -ive
Auditorium [audi'to:rium] *n* ⟨⁓s; -ien⟩ **1.** (*Hörsaal*) amphithéâtre *m*; ⁓ *maximum* grand amphithéâtre; **2.** (*Zuhörerschaft*) auditoire *m*
Aue ['auǝ] *poet f* ⟨⁓; ⁓n⟩ prairie *f*; pré *m*
Auer|hahn ['auǝrha:n] *m, sc* ⁓**huhn** *n* grand tétras; coq *m* de bruyère; ⁓**ochse** *m* aurochs *m*
auf [auf] **I** *prép* **1.** *räumlich, Lage* ⟨*dat*⟩ *Richtung* ⟨*acc*⟩ sur; *bei Gebäuden, Inseln, Veranstaltungen etc meist* à; *bei femininen Inselnamen* en; ⁓ *Malta* à Malte; ⁓ *Korsika* en Corse; ⁓ *e-r Insel* dans *od* sur une île; ⁓ *dem Tisch liegen* être sur la table; ⁓ *den Tisch legen* mettre, poser sur la table; ⁓ (*den*) *Zehenspitzen gehen* marcher sur la pointe des pieds; ⁓ *den Boden fallen* tomber par *od* à terre; ⁓ *der Erde schlafen* dormir, coucher par terre; *j-n, etw zugehen* aller vers qn; qc; ⁓ *der Straße, dem Hof, der Treppe* dans la rue, dans la cour, dans l'escalier *bzw* les escaliers; ⁓ *der Bank, dem Bahnhof, Land* à la banque, à la gare, à la campagne; F ⁓ *der Polizei* au commissariat (de police); ⁓ *s-m Zimmer* dans sa chambre; ⁓ *der Welt, Erde* dans le monde, sur (la) terre; ⁓ *indischem Gebiet* sur le *od* en territoire indien; ⁓ *hoher See* au large; en pleine mer; en 'haute mer'; ⁓ *der Universität, Schule* à l'université, à l'école; ⁓ *dem Markt* au marché; ⁓ *der Hochzeit* au mariage; ⁓ *der Durchreise sein* être de passage; F ⁓ *Besuch sein* être en visite; ⁓ *der Flucht sein* être en fuite; ⁓ *dieser Seite* de ce côté, sur cette page; ⁓ *die andere Seite gehen* passer de l'autre côté; ⁓ *dem linken Auge blind* borgne de l'œil gauche; **2.** *zeitlich* ⟨*acc*⟩ (*für*) pour; ⁓ *unbestimmte Zeit* pour un temps indéterminé; ⁓ *Jahre* (*hinaus*) pour des années; pour de longues années; ⁓ *vier Jahre gewählt* élu pour quatre ans; *es geht* ⁓ *neun* (*Uhr*) il est près de *od* presque neuf heures; *den Wecker* ⁓ *fünf Uhr stellen* mettre le réveil à sonner à cinq heures; *das Barometer steht* ⁓ *Regen* le baromètre est à la pluie; ⁓ *die Dreißig zugehen* aller sur ses trente ans; *Heiligabend fällt* ⁓ *einen Sonntag* la veille de Noël tombe un dimanche; ⁓ *s-e alten Tage* sur ses vieux jours; *bis* ⁓ *den heutigen Tag* jusqu'(à) aujourd'hui; *von klein* ⁓ *Kind* depuis *od* dès l'enfance; *Schlag* ⁓ *Schlag* coup sur coup; *Wein* ⁓ *Bier trinken* boire du vin après de la bière; ⁓*s neue* de nouveau; *s*/*s, regional bald!* à bientôt!; à tout à l'heure!; **3.** *modal* ⁓ *diese Weise* de cette façon, manière; de la sorte; ⁓ *deutsch* en allemand; ⁓ *dem See-, Luft-, Landweg* par voie maritime, aérienne, terrestre; ⁓ *Kredit* (*acc*) à crédit; ⁓ *Staatskosten* (*acc*) aux frais de l'État; ⁓ *den Millimeter genau* au millimètre près; *die Substantive n/pl auf "mus"* les substantifs *m/pl* en « mus »; *mit j-m* ⁓ *du und du stehen* être à tu et à toi avec qn; ⁓*s angenehmste, herzlichste* de la façon la plus agréable, cordiale; le plus agréablement, cordialement possible; ⁓*s schönste* magnifiquement; ⁓*s beste* au mieux; F *sich* ⁓ *jung zurechtmachen* se rajeunir; **4.** *final* ⁓ *etw s-e Richtigkeit überprüfen* vérifier l'exactitude de qc; *etw* ⁓ *Fehler durchlesen* lire qc pour chercher les fautes; F ⁓ *e-n Sprung* (*bei j-m*) *vorbeikommen* faire un saut chez qn; F ⁓ *ein Glas* (*bei j-m*) *vorbeikommen* passer, venir prendre un verre, F un pot (chez qn); ⁓ *Ihr Wohl!* à votre santé!; **5.** *konsekutiv* ⟨*acc*⟩ ⁓ *s-e Bitte* (*hin*) à *od* sur sa demande; ⁓ *Rat von* sur le(s) conseil(s) de; ⁓ *Befehl von* sur l'ordre de; par ordre de; ⁓ *Bestellung, Wunsch* sur commande, demande; **6.** (*für, pro*) ⟨*acc*⟩ *ein Abgeordneter* ⁓ *zehntausend Einwohner* un député pour dix mille habitants; *drei Eier* ⁓ *ein Pfund Mehl* trois œufs pour une *od* par livre de farine; **7.** *bis* ⁓ (+*acc*) (*ausgenommen*) excepté; sauf; *bis* ⁓ *zwei waren alle Schüler da* tous les élèves étaient là sauf deux; **8.** *nach bestimmten Verben, Substantiven, Adjektiven* ⁓ *etw* (*acc*) *achten, hoffen* faire attention à qc; espérer qc; ⁓ *j-n warten*

attendre qn; **~ j-n böse sein** être fâché contre qn; en vouloir à qn; **auf j-n stolz, eifersüchtig sein** être fier, fière, jaloux, jalouse de qn; **damit hat es, das hat nichts ~ sich** c'est sans importance; **die Hoffnung ~ etw** (acc) l'espoir de qc, en qc bzw de (+inf); **ein Recht ~ etw** (acc) **haben** avoir droit à qc; F **diese Runde geht ~ mich!** F c'est ma tournée; **II** adv **1.** Aufforderung **~!** (an die Arbeit, zu Tisch etc) allez!; **~ nach München, zum Sportplatz!** en route pour Munich, le stade!; F **Brille, Hut** etc **~!** (aufgesetzt) mettez vos lunettes, votre chapeau, etc!; F **Tür, Augen** etc **~!** (aufgemacht) ouvrez la porte, vos yeux, etc!; **2.** in festen Verbindungen **~ und ab** od st/s **nieder** de haut en bas, de bas en 'haut; **die Kolben laufen ~ und ab** les pistons montent et descendent; Person **~ und ab** (hin und her) **gehen** aller et venir; passer et repasser; marcher de long en large; faire ses cent pas; **im Zimmer ~ und ab gehen** a arpenter la pièce; **die Treppe ~ und ab rennen** monter et descendre l'escalier quatre à quatre; fig **das ♫ und Ab des Lebens** les 'hauts et les bas m/pl, st/s les vicissitudes f/pl de l'existence; **sich ~ und davon machen** se sauver; prendre le large; F décamper; **er war schon ~ und davon** il était déjà parti; **~ und davon fliegen** s'envoler; **3.** cf aufsein; **III** st/s conj **~ daß ...** afin que, pour que ... (+subj); afin de (+inf)
'**aufaddieren** v/t ⟨sép, pas de ge-, h⟩ additionner
'**aufapplizieren** cf applizieren l.
'**aufarbeiten** v/t ⟨-ete, sép, -ge-, h⟩ **1.** Rückstände, Post mettre à jour; Rückstände a rattraper; combler; **2.** (auffrischen) refaire (a Polstermöbel); Kleider remettre à neuf; Möbel remettre en état; **3.** (analysieren) Vergangenheit, Erlebnis assumer; Forschung **kritisch ~** faire un compte rendu analytique de
'**Aufarbeitung** f ⟨~; -en⟩ **1.** von Rückständen mise f à jour; **2.** von Kleidung etc remise f à neuf, en état; von Polstermöbeln réfection f; **3.** (Analyse) compte m rendu analytique
'**aufatmen** v/i ⟨-ete, sép, -ge-, h⟩ a fig respirer; fig se sentir soulagé; **erleichtert ~** respirer de soulagement; **ein ♫ ging durch den Saal** un soupir de soulagement parcourut la salle
'**auf|backen** v/t ⟨régulier ou irr, sép, -ge-, h⟩ réchauffer, passer au four; **~bahren** v/t ⟨sép, -ge-, h⟩ exposer (sur un catafalque, sur un lit de parade)
'**Aufbau** m ⟨~(e)s, -ten⟩ **1.** ⟨sans pl⟩ von Gebäuden etc construction f; (Wieder♫) reconstruction f; e-s Gerüsts, Lagers etc a montage m; **2.** ⟨sans pl⟩ fig der Wirtschaft, e-s Unternehmens etc construction f; édification f; **3.** ⟨sans pl⟩ CHIM, BIOL constitution f; **4.** ⟨sans pl⟩ (Gliederung, Struktur) structure f; des Unterrichtswesens etc organisation f; **5.** auf e-m Schiff, Haus etc **~ten** pl superstructure f; **6.** AUTO carrosserie f
'**aufbauen** ⟨sép, -ge-, h⟩ **I** v/t **1.** Gebäude etc construire; (wieder~) reconstruire; Gerüste, Zelte, Maschinen etc monter; **2.** (arrangieren) disposer; arranger; Geschenke auf e-m Tisch **~** disposer des cadeaux sur une table; **3.** fig Reich édifier; Partei, Organisation, Firma créer, monter (avec succès); Organisation a développer; **4.** (gliedern, strukturieren) structurer; **5. etw auf etw** (dat) **~** construire, édifier, bâtir qc sur qc (a fig); fig Forschung **auf gesicherten Grundlagen ~** bâtir sur des bases solides; **6.** fig **j-n zu** od **als etw ~** (vouloir) faire qc de qn; **7.** F fig (stärken) **j-n ~** psychisch redonner le moral à qn; physisch remonter qn; **II** v/i **auf etw** (dat) **~** être basé, fondé sur qc; **III** v/réfl **sich ~ 8.** (sich zusammensetzen), CHIM se composer, se constituer (**aus** de); **9.** F (aufstellen) **sich vor j-m ~** se planter, se camper devant qn; **sich neben der Tür ~** se mettre à côté de la porte; **10.** Wolken etc s'amonceler
'**auf|bäumen** v/réfl ⟨sép, -ge-, h⟩ **sich ~** se cabrer (a fig **gegen** contre); **~bauschen** v/t ⟨sép, -ge-, h⟩ **1.** Segel, Kleid etc gonfler; COUT faire bouffer; **2.** fig Ereignis, Geschichte etc exagérer; enfler; grossir; monter en épingle
'**Aufbau|studium** n études complétant un diplôme universitaire ou une formation professionnelle; **~training** n entraînement sportif d'endurance et de performance
'**auf|begehren** st/s v/i ⟨sép, pas de ge-, h⟩ se révolter, se rebeller (**gegen** contre); **~behalten** v/t ⟨irr, sép, pas de ge-, h⟩ Kopfbedeckung etc garder
'**aufbeißen** v/t ⟨irr, sép, -ge-, h⟩ **1.** (mit den Zähnen öffnen) Nuß etc ouvrir, casser avec ses dents; **2.** (durch Beißen verletzen) déchirer; ouvrir; **sich** (dat) **die Lippe ~** s'ouvrir, se fendre la lèvre
'**aufbekommen** v/t ⟨irr, sép, pas de ge-, h⟩ **1.** F Tür, Schloß etc réussir à, parvenir à, arriver à ouvrir; **etw schwer ~** avoir du mal à ouvrir qc; **2.** SCHULE **etw ~** avoir à faire comme devoir; **wir haben einen Aufsatz ~** on nous a donné une rédaction; **3.** F Essen arriver à tout manger, à finir; **4.** F Mütze, Perükke etc (aufsetzen bekommen) réussir à mettre; (aufgesetzt bekommen) **heute bekommst du eine Mütze auf** aujourd'hui je te mets un bonnet
'**aufbereit|en** v/t ⟨-ete, sép, pas de ge-, h⟩ **1.** Rohstoffe, Wasser, Daten etc traiter; **2.** Text etc préparer; **♫ung** f **1.** von Rohstoffen, Wasser, Daten etc traitement m; **2.** von Texten en particulier préparation f
'**Aufbereitungsanlage** f TECH installation f de traitement
'**aufbesser|n** v/t ⟨-ssere ou -ßre, sép, -ge-, h⟩ **1.** Möbel etc remettre en état; réparer; **2.** Gehälter etc augmenter; relever; **3.** Kenntnisse améliorer; **♫ung** f **1.** der Möbel etc remise f en état; réparation f; **2.** der Gehälter etc augmentation f; relèvement m; **3.** der Kenntnisse amélioration f
'**aufbewahren** v/t ⟨sép, pas de ge-, h⟩ conserver; garder; für später a réserver; mettre de côté; **kühl, trocken ~** conserver, garder, tenir au frais, au sec; **etw zum Andenken ~** garder, conserver qc comme, en souvenir
'**Aufbewahrung** f conservation f; garde f; dépôt m (a Ort); (Gepäck♫) consigne f; **j-m etw zur ~ geben** donner qc à qn en garde, en dépôt

'**Aufbewahrungs|ort** m dépôt m; lieu m où l'on garde, conserve qc; **~schein** m für Gepäck bulletin m de consigne
'**aufbiegen** v/t ⟨irr, sép, -ge-, h⟩ **1.** (auseinanderbiegen) Stäbe etc écarter; (öffnen) ouvrir
'**aufbieten** v/t ⟨irr, sép, -ge-, h⟩ **1.** Kräfte, Energie, Überredungskunst etc déployer; **s-e letzten Kräfte ~** rassembler ses dernières forces; **s-n ganzen Einfluß ~** user de toute son influence; **alles ~, um ...** faire tout pour ...; **2.** Polizei, Militär etc mettre en action; déployer; **3.** Brautpaar publier les bans de; **sie wurden letzten Sonntag aufgeboten** on a publié leurs bans dimanche dernier; **4.** bei Versteigerungen etw (**mit tausend Mark**) **~** mettre qc à prix (à mille marks)
'**Aufbietung** f ⟨~⟩ **1.** unter **~** (dat) aller Kräfte en rassemblant ses dernières forces; unter **~** (dat) **s-r ganzen Überredungskunst** en déployant toute son éloquence; **2.** der Polizei etc mise f en action; déploiement m
'**aufbinden** v/t ⟨irr, sép, -ge-, h⟩ **1.** Schleife, Schürze etc dénouer; défaire; Sack etc ouvrir; Paket a déficeler; **2.** (festbinden) attacher; **etw auf etw** (acc) **~** attacher qc à, sur qc; **3.** (hochbinden) Haar etc relever (et attacher); **4.** F fig **j-m ein Märchen ~** monter un bateau à qn; F raconter des bobards à qn; **5.** TYPO Buch relier
'**aufblähen** ⟨sép, -ge-, h⟩ **I** v/t Segel etc (faire) gonfler; Nasenflügel dilater; **II** v/réfl **sich ~ 1.** Segel etc se gonfler; s'enfler; **2.** Bauch se ballonner; **3.** fig, péj se gonfler d'importance
'**Aufblähung** f gonflement m; des Bauches ballonnement m
'**auf|blasbar** adj gonflable; **~blasen** ⟨irr, sép, -ge-, h⟩ **I** v/t Luftballon etc gonfler; **II** F péj v/réfl **sich ~** se rengorger; plastronner; faire l'important; **~blättern** v/t ⟨-(e)re, sép, -ge-, h⟩ Buch, Zeitschrift feuilleter
'**aufbleiben** F v/i ⟨irr, sép, -ge-, sein⟩ **1.** Tür, Geschäft etc rester ouvert; **2.** (nicht zu Bett gehen) veiller; **abends lange ~** veiller tard; aller se coucher tard
'**aufblenden** v/t u v/i ⟨-ete, sép, -ge-, h⟩ **1.** FILM, TV (**e-e Szene**) **~** ouvrir (une scène) en fondu; **2.** AUTO (**die Scheinwerfer**) **~** mettre les feux de route, les phares; **mit aufgeblendeten Scheinwerfern fahren** rouler pleins phares; **3.** PHOT ouvrir le diaphragme; **4.** Lichter, Leuchtturm etc **plötzlich ~** s'allumer tout à coup
'**aufblicken** v/i ⟨sép, -ge-, h⟩ **1.** lever les yeux (**zu j-m** vers qn); **von der Arbeit ~** lever les yeux (de son travail); **2.** fig **zu j-m ~** respecter qn; p/fort révérer, vénérer qn
'**aufblinken** v/i ⟨sép, -ge-, h⟩ Licht, Stern etc scintiller (un moment); clignoter; F fig Freude, Begierde etc **in j-s Augen** (dat) **~** éclairer le regard de qn
'**aufblitzen** v/i ⟨-(e)st, sép, -ge-, h⟩ **1.** Lichter, Scheinwerfer etc étinceler, briller (un moment); jeter une vive lueur; Sterne scintiller (un moment); **2.** fig Gedanke, Erinnerung jaillir; **ein Gedanke blitzte in mir auf** une idée me vint tout d'un coup

'**aufblühen** v/i ⟨sép, -ge-, sein⟩ **1.** *Blume* fleurir; être en fleur(s); s'épanouir; **voll aufgeblühter Flieder** du lilas tout en fleur(s); **2.** *st/s fig Schönheit, Mädchen* s'épanouir; *Hoffnung* naître; **3.** *fig* (*Aufschwung nehmen*) s'épanouir; *Wirtschaft a* prendre de l'essor
'**auf**|**bocken** v/t ⟨sép, -ge-, h⟩ *Fahrzeug, Maschine etc* mettre sur (des) chevalets; **~bohren** v/t ⟨sép, -ge-, h⟩ percer une ouverture, un trou dans; **~branden** st/s v/i ⟨-ete, sép, -ge-, sein⟩ **1.** *Wellen* ~ (*an* [+ *acc*]) déferler (sur); fouetter; **2.** *fig Beifall, Jubel* éclater; retentir; **~brauchen** v/t ⟨sép, -ge-, h⟩ *Vorräte etc, fig Kräfte* épuiser
'**aufbrausen** v/i ⟨-(es)t, sép, -ge-, sein⟩ **1.** *Flüssigkeit* bouillonner; *CHIM bei Reaktionen a* entrer en effervescence; **2.** *fig Beifall etc* éclater; retentir (*a Lärm*); **3.** *fig Person zornig* s'emporter
'**aufbrausend** adj *fig Person, Temperament* emporté; coléreux, -euse; F *soupe au lait*
'**aufbrechen** ⟨irr, sép, -ge-⟩ **I** v/t ⟨h⟩ **1.** *Tür, Schloß, Safe etc* forcer; fracturer; *JUR* ouvrir par effraction; *Eis* briser; casser; *Straßenbelag, Boden etc* défoncer; **2.** *Siegel* briser; st/s *Brief* décacheter; **II** v/i ⟨sein⟩ **3.** *Blüten, Knospen* s'ouvrir; éclorer; *Geschwür* crever; percer; *fig alte Wunden brechen wieder auf* de vieilles blessures se rouvrent; **4.** (*weggehen*) partir; s'en aller; se mettre en route; **5.** st/s fig (*spürbar werden*) *Gegensätze etc* apparaître
'**aufbrennen** ⟨irr, sép, -ge-⟩ **I** v/t ⟨h⟩ *e-m Tier ein Zeichen* ~ marquer un animal au fer rouge; F *j-m eins* ~ (*auf j-n schießen*) tirer, flanquer une balle dans la peau de qn; (*j-n schlagen*) flanquer un coup à qn; **II** v/i ⟨sein⟩ *Feuer* (*hell*) ~ flamber; flamboyer; *kurz* ~ s'allumer brièvement
'**aufbringen** ⟨irr, sép, -ge-, h⟩ **1.** *Mode etc* lancer; introduire; *Gerücht* lancer; faire courir; lancer; F *wer hat den Unsinn denn aufgebracht?* qui a donc lancé cette bêtise?; **2.** *Geld etc* trouver; fournir; réunir; *Miete, Kosten etc* faire face à; *fig Mut, Kraft* trouver; *fig Verständnis, Interesse, Geduld* faire preuve de; montrer; **3.** *MAR ein Schiff* ~ arraisonner, capturer un navire; **4.** (*in Wut versetzen*) mettre en colère; *j-n gegen sich* ~ monter qn contre soi; **5.** bes *TECH Schutzschicht, Muster etc* appliquer; **6.** F, bes südd cf *aufbekommen*
'**Aufbruch** m ⟨sép, -ge-, h⟩ départ m; *das Zeichen zum* ~ *geben* donner le signal du départ; *fig Land, Wirtschaft im* ~ *sein* s'éveiller
'**Aufbruchsstimmung** f ⟨~⟩ atmosphère f, ambiance f de départ; *es herrschte allgemeine* ~ cela sentait le départ; *in* ~ *sein Gäste* être sur le point de partir; *Wirtschaft* croire à la reprise des affaires
'**aufbrühen** v/t ⟨sép, -ge-, h⟩ *Tee* (faire) infuser; *Kaffee* faire
'**aufbrummen** F v/t ⟨sép, -ge-, h⟩ *j-m ein Bußgeld, zwei Jahre Gefängnis* ~ F coller une amende, F flanquer deux ans de prison à qn; *j-m die Kosten für etw* ~ mettre, F coller les frais de qc sur le dos de qn; *etw aufgebrummt bekommen* F écoper (de) qc; F ramasser qc
'**aufbügeln** v/t ⟨-(e)le, sép, -ge-, h⟩ **1.** (*überbügeln*) donner un coup de fer à; repasser; **2.** *etw* (*auf etw* [*acc*]) ~ coller (qc sur qc) avec le fer à repasser; *Flicken zum* ⚲ pièce thermocollante
'**aufbürden** v/t ⟨sép, -ge-, h⟩ *j-m etw* ~ *Last, Arbeit, Verantwortung etc* mettre qc sur les bras od sur le dos de qn; charger qn de qc; *Amt, Sorgen* imposer qc à qn
'**aufdecken** ⟨sép, -ge-, h⟩ **I** v/t **1.** *Bett* découvrir; **2.** *Tischdecke* (*auflegen*) mettre; *Spielkarte* retourner une carte; *fig die Karten* ~ dévoiler ses batteries; découvrir, montrer son jeu; **4.** *fig* (*enthüllen*) découvrir; déceler; *Zusammenhänge etc* découvrir; **II** v/i mettre le couvert; dresser la table; **III** v/réfl *sich im Schlaf* ~ se découvrir en dormant od dans son sommeil
'**Aufdeckung** f (*Enthüllung*) découverte f
'**aufdonnern** F péj v/réfl ⟨-(e)re, sép, -ge-, h⟩ cf *auftakeln II*
'**aufdrängen** ⟨sép, -ge-, h⟩ **I** v/t *j-m etw* ~ *Ware, Geschenk* presser, obliger qn d'accepter qc; *Begleitung* imposer qc à qn; *sie hat mir 100 DM aufgedrängt* elle a insisté pour que je prenne cent marks; **II** v/réfl *sich j-m* ~ *Person, Verdacht, Vergleich, Frage etc* s'imposer à qn
'**aufdrehen** ⟨sép, -ge-, h⟩ **I** v/t **1.** *Wasserhahn, Heizung etc* ouvrir; *fig den Gashahn* ~ se suicider au gaz; **2.** F *Radio etc* mettre (plus) fort; **3.** *die Haare* ~ se faire une mise en plis; **II** v/i **4.** *mit dem Auto* F appuyer sur le champignon; *voll* ~ F conduire le pied au plancher; **5.** *SPORT* forcer, accélérer l'allure; **6.** (*in Stimmung kommen*) s'exciter
'**aufdringlich** adj **1.** *Person* indiscret, -ète; F casse-pieds; (*anhänglich*) F crampon, -onne; collant; *Gast* envahissant; **2.** *Farbe* voyant; *Parfüm* tenace; ⚲**keit** f ⟨~⟩ indiscrétion f
'**aufdröseln** ['aufdrø:zəln] v/t ⟨-(e)le, sép, -ge-, h⟩ *Schnur, Wolle, a fig Zusammenhänge* démêler
'**Aufdruck** m ⟨~(e)s; ~e⟩ texte imprimé; *auf Briefmarken* surcharge f
'**aufdrucken** v/t ⟨sép, -ge-, h⟩ *etw* (*auf etw* [*acc*]) ~ imprimer qc (sur qc)
'**aufdrücken** v/t ⟨sép, -ge-, h⟩ **1.** *Tür etc* ouvrir (en poussant); pousser; **2.** *Pickel etc* faire crever; **3.** *Siegel, Stempel* apposer; *etw auf etw* (*acc*) ~ appuyer qc sur qc; *j-m, e-r Sache s-n Stempel* ~ marquer qn, qc de son empreinte
'**aufein'ander** adv **1.** *räumlich* l'un(e) sur l'autre bzw les un(e)s sur les autres; ~ *losgehen* se jeter l'un(e) sur l'autre; **2.** (*gegenseitig*) ~ *warten* s'attendre (l'un l'autre); ~ *angewiesen sein* dépendre l'un de l'autre; ~ *Rücksicht nehmen* avoir des égards l'un pour od envers l'autre
'**aufein'anderbeißen** v/t ⟨irr, sép, -ge-, h⟩ *die Zähne* ~ fermer la bouche bien fort; serrer les mâchoires
'**aufein'anderdrücken** v/t ⟨sép, -ge-, h⟩ appuyer l'un sur od contre l'autre
'**Aufein'anderfolge** f ⟨~⟩ succession f; suite f; *in rascher* ~ (en) se succédant rapidement; ~ *suivant* se suivant de près

'**aufein'ander**|**folgen** v/i ⟨sép, -ge-, sein⟩ se succéder; se suivre; **~folgend** adjt consécutif, -ive; successif, -ive; **~hetzen** v/t ⟨sép, -ge-, h⟩ exciter l'un contre l'autre; **~legen** v/t ⟨sép, -ge-, h⟩ mettre, poser l'un sur l'autre; **~liegen** v/i ⟨irr, sép, -ge-, h⟩ être posé, empilé, entassé l'un sur l'autre; **~passen** v/i ⟨-ßt, sép, -ge-, h⟩ aller l'un avec l'autre; s'ajuster; **~prallen** v/i ⟨sép, -ge-, sein⟩ se heurter (*a fig*); se tamponner; **~pressen** v/t ⟨sép, -ge-, h⟩ appuyer, presser l'un sur od contre l'autre; *Lippen* pincer; **~schichten** v/t ⟨-ete, sép, -ge-, h⟩ empiler; entasser; **~schlagen** v/t ⟨irr, sép, -ge-, h⟩ entrechoquer; **II** v/i ⟨sein⟩ s'entrechoquer; **~setzen** v/t ⟨-(es)t, sép, -ge-, h⟩ mettre, poser l'un sur l'autre; superposer; **~stapeln** v/t ⟨-(e)le, sép, -ge-, h⟩ empiler; entasser; **~stellen** v/t ⟨sép, -ge-, h⟩ mettre, poser l'un sur l'autre; superposer; **~stoßen** v/i ⟨irr, sép, -ge-, sein⟩ *a fig* se heurter; **~treffen** v/i ⟨irr, sép, -ge-, sein⟩ se rencontrer; *feindlich* se heurter
'**Aufenthalt** ['auf²ɛnthalt] m ⟨~(e)s; ~e⟩ **1.** *während e-r Fahrt* arrêt m; 'halte f; *der Zug hat hier zehn Minuten* ~ le train reste dix minutes en gare ici; *ohne* ~ sans s'arrêter; **2.** (*Verweilen*) séjour m; *während s-s* ~*es in Berlin* pendant son séjour à Berlin; *der* ~ *in diesem Raum ist verboten* interdiction de rester dans cette pièce; **3.** st/s (~*sort*) lieu m de résidence f
'**Aufenthalts**|**bewilligung** f cf *Aufenthaltserlaubnis*; **~dauer** f durée f du séjour; **~erlaubnis** f, **~genehmigung** f permis m de séjour; **~ort** m lieu m de séjour, de résidence f; **~raum** m *SCHULE* salle f (de permanence); *e-s Wohnheims, e-r Jugendherberge* foyer m
'**auferlegen** st/s ⟨sép ou insép, pas de ge-, h⟩ **I** v/t *j-m etw* ~ imposer qc à qn; *Strafe* infliger à qn; *j-m e-e Geldstrafe* ~ infliger une amende à qn; **II** v/réfl *sich* (*dat*) *etw* ~ s'imposer qc; *sich* (*dat*) *Zwang* ~ se faire violence; se contraindre
'**auferstehen** v/i ⟨irr, sép ou insép, pas de ge-, sein⟩ *BIBL* ressusciter; *von den Toten* ~ *a fig* ressusciter des morts
'**Auferstehung** f ⟨~⟩ *a fig* résurrection f
'**auferwecken** st/s v/t ⟨pas de ge-, h⟩ ressusciter; *BIBL von den Toten* ~ réveiller d'entre les morts
'**Auferweckung** f ⟨~⟩ *a fig* résurrection f
'**aufessen** ⟨irr, sép, -ge-, h⟩ **I** v/t manger tout; finir; *iß dein Brot auf!* mange, finis ton pain!; **II** v/i manger tout
'**auffächern** ⟨-(e)re, sép, -ge-, h⟩ **I** v/t **1.** disposer en éventail; *Spielkarten etc* étaler, en éventail; **2.** *fig* (*ausweiten*) diversifier; **II** v/réfl *sich* ~ être disposé en éventail; *sich in verschiedene Möglichkeiten* ~ se répartir en plusieurs possibilités
'**auffädeln** v/t ⟨-(e)le, sép, -ge-, h⟩ *Perlen etc* enfiler
'**auffahren** ⟨irr, sép, -ge-⟩ **I** v/t ⟨h⟩ **1.** *Geschütz etc* mettre en batterie; pousser en position; **2.** F *Speisen, Getränke* mettre sur la table; **II** v/i ⟨sein⟩ **3.** *aus Gedanken, Träumen* sursauter; *aus dem Schlaf* ~ se réveiller en sursaut;

erschrocken ~ sursauter de peur; **wütend, zornig ~** s'emporter (violemment); monter sur ses grands chevaux; **4. auf etw** (acc) **~** (aufprallen) Fahrzeug télescoper, tamponner qc; rentrer dans (l'arrière de) qc; Schiff s'échouer sur qc; **5.** (heranfahren) **dicht** od **nah ~** suivre de très près; **6.** MIL (in Stellung gehen) s'aligner; se ranger; (vorfahren) **~ vor** (+dat) e-m Gebäude se placer devant (l'entrée de); **7.** BERGBAU remonter; **8.** REL **in den** od **zum Himmel ~** monter aux cieux

'**Auffahrt** f **1.** (Autobahn^2) etc bretelle f; vor e-m Gebäude rampe f (d'accès); **2.** (das Auffahren) vor e-m Gebäude arrivée f; **3.** (Fahrt bergan) montée f; **4.** BERGBAU remontée f; **5.** bes schweiz (Himmelfahrt) Ascension f

'**Auffahrunfall** m télescopage m

'**auffallen** v/i ⟨irr, sép, -ge-, sein⟩ **1.** (auffällig sein) Person se faire remarquer (**durch** par); Dinge se voir; p/fort sauter aux yeux; (**un**)**angenehm ~** se faire (dés)agréablement remarquer; **nicht ~** passer inaperçu; **das fällt auf** cela se remarquera; **um nicht aufzufallen, machte sie ...** pour ne pas se faire remarquer, elle fit ...; **mir fiel auf, daß ...** j'ai remarqué que ...; je me suis aperçu que ...; **fiel dir nichts an ihm auf?** n'as-tu rien remarqué chez lui?; **2.** Licht, Strahlen etc **auf etw** (acc) **~** tomber sur qc

'**auffallend I** adj frappant; p/fort spectaculaire; Kleidung, Farbe voyant; **e-e ~e Erscheinung** un phénomène, un fait frappant; Person **sie ist e-e ~e Erscheinung** elle ne passe pas inaperçue, elle fit ...; **in ~em Gegensatz stehen zu** former un contraste saisissant, marquant avec; **das ⚨ste an ihr war ...** le plus frappant chez elle était ...; **II** adv d'une façon frappante; **bemerkenswert sich ~ kleiden** s'habiller d'une façon voyante; **er ist ~ still** il est particulièrement silencieux; F plais **stimmt ~!** tout à fait!; exact!

'**auffällig** adj **1.** (auffallend) frappant; p/fort spectaculaire; (grell) criard; **2.** (verdächtig) suspect; **⚨keit** f ⟨~; ~en⟩ **1.** ⟨pas de pl⟩ caractère frappant, p/fort spectaculaire; **2.** (Besonderheit) particularité f

'**auffalten** ⟨-ete, sép, -ge-, h⟩ **I** v/t déplier; **II** v/réfl **sich ~** GÉOL se plisser

'**Auffangbecken** n bassin m de réception; fig réservoir m

'**auffangen** v/t ⟨irr, sép, -ge-, h⟩ **1.** Ball etc, Ohnmächtige (r)attraper; Ball à bloquer; Blick voir; Wort, Neuigkeit entendre; **2.** Flüssigkeit, à Flüchtlinge recueillir; **3.** PHYS, RAD capter (a Funkspruch); recevoir; **4.** (dämpfen) Schlag, Stoß, Druck amortir; Preissteigerungen etc parer à; Angriff etc contenir

'**Auffanglager** n für Flüchtlinge etc centre m d'accueil

'**auffassen** v/t ⟨-ßt, sép, -ge-, h⟩ **1.** (verstehen) saisir; comprendre; **etw falsch ~** mal interpréter qc; **2.** (ansehen) **etw als etw ~** prendre qc pour qc; interpréter qc comme qc; **etw als Scherz ~** prendre qc pour une plaisanterie; **etw als Beleidigung, Vorwurf ~** prendre qc pour une offense, un reproche; **etw persönlich ~** mal prendre qc

'**Auffassung** f **1.** (Ansicht) conception f; opinion f; vues f/pl; **e-e andere ~ von etw haben** avoir une autre vision, conception de qc; **s-e ~ von Liebe** etc sa conception de l'amour, etc; **nach meiner ~** à mon sens; **der ~ sein, daß ...** être d'avis, penser que ...; **2.** ⟨pas de pl⟩ (~sgabe) compréhension f

'**Auffassungsgabe** f ⟨~⟩ compréhension f; **keine gute ~ haben** avoir la compréhension lente; **e-e schnelle ~ haben** avoir l'esprit vif, rapide

'**Auffassungssache** f ⟨~⟩ **das ist ~** c'est une question de point de vue

'**Auffassungsvermögen** n ⟨~s⟩ cf **Auffassungsgabe**

'**auffegen** v/t ⟨sép, -ge-, h⟩ regional enlever (en balayant)

'**auffindbar** adj trouvable; **nicht ~** introuvable

'**auf**|**finden** v/t ⟨irr, sép, -ge-, h⟩ trouver; découvrir; **~fischen** F v/t ⟨sép, -ge-, h⟩ **1.** aus dem Wasser (re)pêcher; retirer de l'eau; **2.** fig (aufgabeln) F pêcher; F dégoter

'**aufflackern** v/i ⟨-(e)re, sép, -ge-, sein⟩ **1.** Kerze, Feuer etc (**wieder**) **~** se raviver; se ranimer; **2.** fig Unruhen éclater (ici et là); Hoffnung, Wut a se réveiller; (**wieder**) **~** Streit, Haß etc se raviver; se ranimer; **st/s Haß flackerte in ihren Augen auf** une lueur de haine apparut dans ses yeux

'**aufflammen** v/i ⟨sép, -ge-, sein⟩ flamber; flamboyer; fig Unruhen éclater; **plötzlich flammte ein Streichholz auf** tout à coup on aperçut la lueur d'une allumette; **Haß flammte in ihm auf** la haine l'embrasa, l'enflamma

'**auffliegen** v/i ⟨irr, sép, -ge-, sein⟩ **1.** Vogel s'envoler; prendre son essor; **2.** F Schwindel, Betrüger, Spion etc être découvert; **j-n ~ lassen** dénoncer qn (à la police, etc); **etw ~ lassen** découvrir qc; **3.** Tür etc s'ouvrir brusquement

'**auffordern** v/t ⟨-(e)re, sép, -ge-, h⟩ **j-n ~, etw zu tun** inviter qn à faire qc; ADM a sommer qn de faire qc; mettre qn en demeure de faire qc; **j-n zur Mitarbeit, zur Teilnahme ~** inviter qn à collaborer, à prendre part; **j-n** (**zum Tanz**) **~** inviter qn à danser; **ein ~der Blick, e-e ~de Geste** un regard, un geste encourageant

'**Aufforderung** f invitation f (**zu** à); ADM a sommation f; mise f en demeure; **die ~ bekommen, etw zu tun** être invité à faire qc; **etw ohne besondere ~ tun** faire qc de soi-même

'**Aufforderungs**|**charakter** m ⟨~⟩ PSYCH incitation f; **~satz** m GR proposition impérative

'**aufforst**|**en** v/t ⟨-ete, sép, -ge-, h⟩ reboiser; **⚨ung** f ⟨~⟩ reboisement m

'**auffressen** v/t ⟨irr, sép, -ge-, h⟩ **1.** Tier manger; wilde Tiere, gierig dévorer; P **er hat den ganzen Kuchen aufgefressen** F il a bouffé, il s'est tapé tout le gâteau; **2.** fig **die viele Arbeit frißt mich noch auf** F mon travail me bouffe complètement; **die Wohnungseinrichtung hat s-e Ersparnisse aufgefressen** l'installation de son appartement a mangé ses économies; F **j-n vor Liebe** (dat) **~ wollen** manger qn de baisers, de caresses; F plais **sie wird dich** (**schon**) **nicht** (**gleich**) **~** elle ne va pas te manger (tout cru)

'**auffrischen** ⟨sép, -ge-⟩ **I** v/t ⟨h⟩ Gemälde, Möbel rafraîchir; Farben raviver; Vorräte etc renouveler; Kenntnisse réactiver; **e-e alte Bekanntschaft ~** renouer avec une vieille connaissance; **e-e gemeinsame Erinnerung ~** faire revivre un souvenir commun; **II** v/i ⟨h ou sein⟩ MAR **der Wind frischt auf** le vent fraîchit, se lève

'**Auffrischung** f ⟨~; ~en⟩ von Möbeln etc rafraîchissement m; von Farben ravivement m; von Vorräten renouvellement m; von Kenntnissen remise f à niveau

'**Auffrischungskurs** m cours m de remise à niveau

'**aufführen** ⟨sép, -ge-⟩ **I** v/t **1.** Theaterstück etc représenter; jouer; Musikstück exécuter; F **e-n** (**wahren**) **Freudentanz ~** danser de joie; fig **sie führt heute** (**vielleicht**) **wieder ein Theater auf!** elle en fait une comédie, aujourd'hui!; **2.** Beispiele, Gründe etc donner; énumérer; Namen, Waren in e-m Register etc mentionner; **II** v/réfl **sich ~** se comporter; se conduire; **sich schlecht, gut ~** mal, bien se conduire, se comporter; **sich unmöglich ~** être impossible; être très désagréable

'**Aufführung** f **1.** e-s Theaterstücks représentation f; e-s Musikstücks exécution f; ADM **etw zur ~ bringen** (faire) représenter bzw exécuter qc; ADM **zur ~ gelangen** od **kommen** être représenté bzw exécuté; **2.** von Beispielen, Gründen etc énumération f; von Namen in e-m Register etc mention f

'**Aufführungsrecht** n THÉ droit m de représentation; MUS droit m d'exécution

'**auffüllen** v/t ⟨sép, -ge-, h⟩ **1.** (ganz füllen) remplir; fig Lücken combler; **s-n Bestand an etw** (dat) **~** refaire le stock de qc; **2.** (nachfüllen) remplir; **3.** CUIS **etw mit Fleischbrühe** etc **~** ajouter du bouillon, etc à qc

'**auffuttern** v/t ⟨-(e)re, sép, -ge-, h⟩ manger, avaler tout

'**Aufgabe** f **1.** (Auftrag) tâche f; mission f; (Pflicht) devoir m; **s-e ~ erfüllen** remplir sa tâche, sa mission; **es ist meine ~ zu** (+inf) il est de mon devoir de (+inf); **sich** (dat) **etw zur ~ machen** se donner pour tâche de faire qc; **2.** SCHULE (Haus^2) schriftliche devoir m; mündliche leçon f; (Übung) exercice m; bes (Rechen^2) problème m; **e-e ~ stellen, lösen** poser, résoudre un problème; **3.** e-s Briefs, des Gepäcks etc expédition f; e-r Anzeige insertion f; **4.** (Geschäfts^2) cessation f; **wegen ~ des Geschäftes** pour cause de cessation de commerce; **5.** e-r Stellung, e-s Berufs, e-s Plans, SPORT etc abandon m; SPORT **zur ~ gezwungen sein** être forcé d'abandonner; BOXEN **Sieg** m **durch ~** victoire f par abandon

'**aufgabeln** f fig v/t ⟨-(e)le, sép, -ge-, h⟩ F pêcher; F dégoter

'**Aufgabenbereich** m ressort m; attributions f/pl; domaine m; **das fällt** od **gehört nicht in meinen ~** cela ne fait pas partie de mes attributions, de mon ressort; cela n'est pas de mon ressort;

Aufgaben|heft *n* cahier *m* de textes; **~stellung** *f bes* MATH données *f/pl* du problème; *par ext im Arbeitsleben etc* (définition *f* d'une) tâche *f*; **~verteilung** *f* répartition *f* des tâches

Aufgabe|ort *m* lieu *m* d'expédition; **~stempel** *m* cachet *m* du bureau de poste expéditeur

Aufgang *m* **1.** *von Sonne, Mond etc* lever *m*; **2.** *in e-m Gebäude* escalier *m*; **3.** (*Weg*) sentier *m*; *der ~ zum Gipfel* le sentier qui mène au sommet; **4.** TURNEN *auf ein Gerät* entrée *f*

'aufgeben 〈*irr, sép, -ge-, h*〉 **I** *v/t* **1.** *Schularbeiten* donner; *Rätsel* poser; *den Schülern e-n Aufsatz ~* donner une rédaction aux élèves; *j-m ein Rätsel ~* poser une devinette à qn; *fig das hat uns manches Rätsel aufgegeben* cela a été une énigme, un mystère pour nous; *st/s j-m etw ~* (*auftragen*) charger qn de faire qc; **2.** *Telegramm, Brief etc* expédier; *Gepäck* mettre aux bagages accompagnés; (faire) enregistrer; *Anzeige* insérer, faire paraître; (faire) passer; *Bestellung* passer; **3.** *Beruf, Vorhaben, Hoffnung, Widerstand etc* abandonner; *Stellung* quitter; *er hat das Rennen aufgegeben* il a abandonné la course; *sie hat das Rauchen aufgegeben* elle a arrêté de fumer; *F gib's* (*doch*) *auf!* laisse tomber!; *beim Raten ich gebe* (*es*) *auf!* je donne ma langue au chat!; **4.** *j-n ~ Vermißte* perdre tout espoir de retrouver qn; *Freunde etc* laisser tomber qn; *die Ärzte haben ihn aufgegeben* les médecins ont déclaré qu'il était condamné; les médecins l'ont condamné; **5.** *sein Geschäft ~* liquider, fermer définitivement son commerce, son affaire; *s-e Wohnung ~* céder son appartement; **II** *v/i* abandonner (*a* SPORT); *man darf nicht gleich ~* il ne faut pas tout de suite perdre espoir, désespérer

aufgebläht *adj Bauch* ballonné; *fig Verwaltungsapparat etc* pléthorique

'aufgeblasen F *péj adj Person* prétentieux, -ieuse; *péj* bouffi d'orgueil; qui fait l'important; **~heit** F *péj f* 〈*~*〉 fatuité *f*; prétention *f*

'Aufgebot *n* **1.** *zur Eheschließung, kirchliches* publication *f* des bans; *standesamtliches* publications *f/pl* (de mariage); *das ~ bestellen* faire publier les bans; **2.** *an Material* mise *f* en action; *an Menschen* déploiement *m*; *ein gewaltiges ~ an Hubschraubern* une mise en action formidable d'hélicoptères; *ein großes ~ an Polizisten* un déploiement important de policiers; **3.** *schweiz* MIL (*Einberufungsbefehl*) (ordre *m* d')appel *m*

'auf|gebracht *adj* en colère; furieux, -ieuse; **~gedreht** F *adj* excité; *p/fort* surexcité; (*in Schwung*) en verve; *nach Alkoholgenuß* F émoustillé; **~gedunsen** *adj* bouffi; boursouflé

'aufgehen *v/i* 〈*irr, sép, -ge-, sein*〉 **1.** *Sonne, Mond etc* se lever; **2.** (*sich öffnen*) s'ouvrir; *ein Stückchen* s'entrouvrir; *Postsendung* s'ouvrir; se décoller; *Knospen, Blüten a* éclore; *Knoten, Schleife* se défaire; se dénouer; *Naht* se défaire; se découdre; *Knöpfe* s'ouvrir; *ne pas tenir*; *Haken* se défaire; se dégrafer; *Zöpfe* se défaire; *Vorhang* se lever; *Geschwür* crever; percer; *st/s fig ihm geht das Herz auf* son cœur vibre, est touché; **3.** *Teig* lever; *F fig sie ist aufgegangen wie ein Hefekloß od wie ein Pfannkuchen* elle a beaucoup grossi; elle est devenue un vrai tonneau; **4.** *Saat* lever; pousser; **5.** *fig da gingen ihr die Augen auf* ses yeux se dessillèrent; *plötzlich ging mir auf, was er gemeint hatte* je compris soudain ce qu'il avait voulu dire; *cf a Licht 2.*; **6.** *Rechnung* tomber juste; *meine Patience ist aufgegangen* j'ai réussi ma patience; *fig s-e Rechnung ging nicht auf* son calcul s'avéra faux; **7.** *in etw* (*dat*) *~* se fondre dans qc; MATH *drei geht in neun auf* neuf est divisible par trois; *kleine Unternehmen gehen in den großen auf* les petites entreprises sont absorbées par les grandes; *fig* (*ganz*) *in s-r Arbeit, s-r Familie ~* s'épanouir, se réaliser dans son travail, dans la vie de famille

'aufgeilen F 〈*sép, -ge-, h*〉 **I** *v/t* exciter (sexuellement); *Mann a* F faire bander; **II** *v/réfl sich* (*an etw* [*dat*]) *~ a fig* s'exciter (sur qc); *fig er geilt sich am Motorradfahren auf* F la moto, ça le branche à fond

'aufgeklärt *adj* **1.** éclairé; sans préjugés; HIST *~er Absolutismus* absolutisme *m* éclairé; **2.** *sexuell* averti; *~ sein* F savoir comment on fait les bébés; *er ist schon ~* il est au courant des choses de la vie

'Aufgeklärtheit *f* 〈*~*〉 esprit éclairé

'auf|geknöpft F *fig adj* communicatif, -ive; **~gekratzt** F *adj* en train; en verve; *p/fort* excité

'Aufgeld *n* **1.** BÖRSE agio *m*; **2.** *regional* (*Zuschlag*) supplément *m*

'aufgelegt *adj* **1.** (*gelaunt*) *gut, schlecht ~ sein* être de bonne, de mauvaise humeur; F être bien, mal luné; *zu etw ~ sein* être disposé, d'humeur à qc; avoir le cœur à qc; **2.** (*épithète*) (*offensichtlich*) *ein ~er Schwindel* une escroquerie évidente

'aufgelöst *adj fig* (*völlig*) *~* (complètement) affolé; bouleversé; *in Tränen ~* en larmes; *cf a Träne 1.*

'aufgeräumt *adj* **1.** *Zimmer* rangé; en ordre; **2.** *fig* en train; de bonne humeur; **~heit** *f* 〈*~*〉 entrain *m*; bonne humeur

'aufgeregt *adj* excité; agité; (*nervös*) énervé; **~heit** *f* 〈*~*〉 excitation *f*; agitation *f*; (*Nervosität*) énervement *m*

'aufgeschlossen *adj Person, Geist, Charakter* ouvert (*für* à); *Person a* qui a l'esprit large; *ein ~er Mensch* un homme qui s'intéresse à tout, qui est curieux de tout; *politisch ~ sein* s'intéresser à la politique; *neuen Ideen gegenüber ~ sein* être ouvert, réceptif aux idées nouvelles

'Aufgeschlossenheit *f* 〈*~*〉 (*Offenheit*) ouverture *f* d'esprit; intérêt *m*; (*Empfänglichkeit*) réceptivité *f*

'aufgeschmissen F *adj Person ~ sein* être F fichu, P foutu; *ohne dich, ohne meine Brille bin ich ~* je ne peux rien faire sans toi, sans mes lunettes

'aufgeschossen *adj Mensch* (*hoch*) *~* élancé; svelte

'auf|gesetzt *adj* affecté; artificiel, -ielle; (*gezwungen*) *Lächeln etc* forcé; contraint; **~gesprungen** *adj Lippen, Haut* gercé

'aufgeweckt *adj fig* éveillé; vif, vive; dégourdi; **~heit** *f* 〈*~*〉 vivacité *f* d'esprit; esprit éveillé

'aufgießen *v/t* 〈*irr, sép, -ge-, h*〉 **1.** (*dazugießen*) ajouter; **2.** *Kaffee, Tee ~* verser de l'eau bouillante sur le café en poudre, sur le thé; **3.** CUIS *e-n Braten ~* arroser un rôti

'aufglänzen *v/i* 〈*-(e)t, sép, -ge-, sein ou h*〉 resplendir

'aufgliedern *v/t* 〈*-(e)re, sép, -ge-, h*〉 diviser, décomposer (*in* [+*acc*] en); *in Kategorien* classer, classifier (*in* [+*acc*] nach en); **~ung** *f* division *f*, décomposition *f* (*in* [+*acc*] en); *in Kategorien* classification *f* (*in* [+*acc*] nach en)

'aufglimmen *v/i* 〈*irr ou régulier, sép, -ge-, sein*〉 **1.** *Feuer etc* rougeoyer (un moment, soudain); *e-e Zigarette glomm auf* on aperçut d'une cigarette; *in der Ferne glommen Lichter auf* des lumières se mirent à luire dans le lointain; **2.** *st/s fig Hoffnung, Verdacht* naître

'auf|glühen *v/i* 〈*sép, -ge-, sein*〉 *Sternschnuppe* s'enflammer; *Feuer* flamboyer; *fig Gesicht* s'empourprer; *Leidenschaft* s'embraser; **~graben** *v/t* 〈*irr, sép, -ge-, h*〉 creuser; **~greifen** *v/t* 〈*irr, sép, -ge-, h*〉 **1.** *Thema, Vorschlag, Frage etc* reprendre; **2.** *Kriminelle etc* appréhender; saisir; F ramasser

auf'grund *prép* 〈*gén*〉, *adv ~ von* en raison de; *cf a* Grund

'Aufguß *m von Kräutern, Tee* infusion *f*; PHARM décoction *f*; **~beutel** *m* sachet *m* d'infusion

'aufhaben F *v/t* 〈*irr, sép, -ge-, h*〉 **1.** *Hut etc* avoir (sur la tête); *Brille* avoir (sur le nez); **2.** (*geöffnet haben*) *Geschäft* être ouvert; *ab wann haben Sie auf?* à quelle heure ouvrez-vous?; *wir haben ab acht Uhr auf* F nous sommes ouverts à partir de huit heures; *ich habe die Fenster auf* mes fenêtres sont ouvertes; *ich habe mes fenêtres d'ouvertes*; *den Mund ~* avoir la bouche ouverte; **3.** *Hausaufgaben* avoir à faire, à apprendre; *was hast du in od für Erdkunde auf?* qu'est-ce que tu as (à faire) en géographie?; **4.** *regional* (*aufgegessen haben, aufbekommen haben*) avoir fini, mangé; **5.** (*aufgemacht, aufbekommen haben*) *ich habe den Knoten, das Paket schon auf* j'ai déjà défait le nœud, ouvert le paquet

'aufhacken *v/t* 〈*sép, -ge-, h*〉 *mit der Spitzhacke* ouvrir à coups de pioche, *mit der Axt* à coups de hache; *Nuß, Rinde etc mit dem Schnabel* casser; *den Boden ~* a piocher la terre

'aufhaken *v/t* 〈*sép, -ge-, h*〉 défaire; *Kleidungsstück* dégrafer

'aufhalsen F 〈*-(e)t, sép, -ge-, h*〉 **I** *v/t j-m etw, j-n ~* F coller, F refiler qc, qn à qn; **II** *v/réfl sich* (*dat*) *zuviel ~* F se coller trop de choses sur le dos; *sich* (*dat*) *etw, j-n ~ lassen* se laisser mettre qc, qn sur le dos

'aufhalten 〈*irr, sép, -ge-, h*〉 **I** *v/t* **1.** (*geöffnet halten*) tenir, garder ouvert; *j-m die Tür ~* tenir la porte (ouverte) à qn; *sie konnte kaum die Augen ~* elle pouvait à peine garder les yeux ouverts;

die Hand ~ *a fig* tendre la main; **2.** (*im Fortgang hemmen*) arrêter; *Dinge a* empêcher; (*zurückhalten*) *Person, Tier* retenir; *j-n* ~ *durch vieles Reden* retenir, retarder qn; F tenir la jambe à qn; *j-n an der Grenze* ~ retenir, arrêter qn à la frontière; *lassen Sie sich durch mich nicht* ~*!* je ne veux pas vous retarder, retenir; *diese Arbeit hat mich zwei Stunden aufgehalten* ce travail m'a pris deux heures; **II** *v/réfl* **3.** *sich* ~ (*verweilen*) être; *sich* ~ (*in* [+*dat*]) (*bleiben*) rester (à); *im Ausland etc* séjourner (à); *sich im Haus, in j-s Nähe* (*dat*) ~ rester à la maison, près de qn; *sich im Freien* ~ être dehors, en plein air; **4.** (*zu lange verweilen*) *sich mit etw* ~ s'arrêter à, s'attarder à *od* sur qc; perdre son temps avec *od* à qc; *wir können uns damit nicht* ~ nous ne pouvons pas perdre notre temps avec cela; *sich* (*zu lange*) *mit j-m* ~ s'attarder (se retarder) avec qn; **5.** (*abfällig äußern*) *sich über j-n, etw* ~ dire du mal de qn, qc

'**aufhängen** ⟨*sép*, -ge-, h⟩ **I** *v/t* **1.** *Gegenstände* suspendre; *Bild, Mantel* accrocher; *Wäsche* étendre; *Telefonhörer* raccrocher; **2.** (*erhängen*) pendre; **3.** F *j-m etw* ~ *Arbeit etc* mettre qc sur le dos de qn; *schlechte Ware etc* F refiler qc à qn; **4.** *fig etw an etw* (*dat*) ~ prendre qc comme point de départ, exemple de qc; **II** *v/réfl sich* ~ (*sich erhängen*) se pendre; F *plais wo kann ich mich* ~*?* je peux laisser mes affaires quelque part?

'**Aufhänger** *m* ⟨-s; ~⟩ **1.** *an e-m Kleidungsstück* attache *f* (*a für Handtücher, Bilderrahmen*); ruban *m*; chaînette *f* (pour accrocher un vêtement); **2.** *fig der* ~ *für etw sein* être le point de départ de qc

'**Aufhängung** *f* ⟨~⟩ TECH suspension *f*
'**auf**|**hauen** ⟨*irr, sép, imparfait* F haute auf, -ge-⟩ **I** *v/t* ⟨h⟩ *cf* **aufschlagen** *I* 3.; **II** F *v/i* ⟨sein⟩ *cf* **aufschlagen** *II* 8.; ~**häufen** *v/t* ⟨*u v/réfl*⟩ ⟨*sép*, -ge-, h⟩ (*sich*) ~ (s')accumuler; (s')amasser; (s')entasser

'**aufheben** ⟨*irr, sép*, -ge-, h⟩ **I** *v/t* **1.** *vom Boden* ramasser; *Kind* relever; (*hochheben*) soulever; **2.** *Hand, Blick* lever; **3.** (*aufbewahren*) garder, conserver; mettre de côté; *sie hebt alles auf* elle garde tout; *sich* (*dat*) *etw bis zum Schluß* ~ garder qc pour la fin; *fig gut, schlecht aufgehoben sein* être, ne pas être en bonnes mains; *fig bei ihr ist er gut aufgehoben* avec elle, il est en bonnes mains; *fig dein Geheimnis ist gut od sicher bei mir aufgehoben* avec moi, ton secret sera bien gardé; **4.** (*abschaffen*) *Zensur, Geschwindigkeitsbegrenzung etc* supprimer; JUR *Verbot, Strafe, Urteil* lever; annuler; *Urteil a* infirmer; *Gesetz, Verfügung* abroger; *Sperre etc* débloquer; *das eine hebt das andere nicht auf* l'un n'empêche pas l'autre; **5.** (*beenden*) *Versammlung* clore; clôturer; *Sitzung, Blockade, Belagerung* lever; *st/s die Tafel* ~ lever de table; **II** *v/réfl* MATH, *fig sich* (*gegenseitig*) ~ s'annuler (réciproquement)

'**Aufheben** *st/s n* ⟨~s⟩ *viel* (*s*) *von od um etw machen* faire grand cas de qc; faire un tas d'histoires pour qc; *kein* ~(*s*) *von od um etw machen* faire peu de cas de qc

'**Aufhebung** *f* **1.** (*Abschaffung*) *der Zensur, Geschwindigkeitsbegrenzung etc* suppression *f*; JUR *e-s Verbots, e-r Strafe, e-s Urteils* levée *f*; annulation *f*; *e-s Urteils a* infirmation *f*; *e-s Gesetzes, e-r Verfügung* abrogation *f*; *e-r Sperre etc* déblocage *m*; **2.** (*Beendigung*) *e-r Blockade, Belagerung* levée *f*; *e-r Versammlung, Sitzung* clôture *f*

'**aufheitern** ⟨-(e)re, *sép*, -ge-, h⟩ **I** *v/t j-n* ~ égayer, dérider qn; **II** *v/réfl sich* ~ **1.** MÉTÉO s'éclaircir; *Himmel a* se dégager; *Wetter a* se lever; **2.** *fig Blick* s'éclairer; *sein Gesicht heiterte sich auf* il s'est déridé; *st/s* son visage s'est rasséréné

'**Aufheiterung** *f* ⟨~; ~en⟩ MÉTÉO éclaircie *f*; *mit zeitweiligen* ~*en* avec éclaircies

'**aufheiz**|**en** ⟨-(e)st, *sép*, -ge-, h⟩ **I** *v/t* TECH (faire) chauffer; *fig Stimmung* chauffer (à blanc); **II** *v/réfl sich* ~ chauffer; ⟨**ung** *f* TECH échauffement *m*

'**aufhelfen** *v/i* ⟨*irr, sép*, -ge-, h⟩ *j-m* ~ *a fig* aider qn à se relever

'**aufhellen** ⟨*sép*, -ge-, h⟩ **I** *v/t* **1.** *mit Farbe, Haar,* PHOT éclaircir; *vergilbte Wäsche* déjaunir; **2.** *fig Hintergründe, Probleme etc* éclaircir; élucider; **II** *v/réfl sich* ~ **3.** *Himmel, Wetter* s'éclaircir; se dégager; *es hat sich aufgehellt* le temps s'est éclairci; **4.** *Haar*(*farbe*) s'éclaircir; *fig Gesicht, Miene, Hintergründe etc* s'éclairer

'**Aufheller** *m* ⟨-s; ~⟩ *im Waschmittel* (*optischer*) ~ agent blanchissant

'**Aufhellung** *f* ⟨~; ~en⟩ *fig der Hintergründe, e-s Problems etc* éclaircissement *m*; élucidation *f*

'**aufhetzen** *v/t* ⟨-(es)t, *sép*, -ge-, h⟩ *j-n gegen j-n* ~ monter (la tête) à qn contre qn; dresser qn contre qn; *p/fort* inciter qn à la violence, et contre qn; *j-n zu etw* ~ inciter, provoquer qn à qc

'**Aufhetzung** *f* ⟨~; ~en⟩ excitation *f* (*gegen j-n* contre qn); incitation *f* (*zur Gewalt etc* à la violence, etc)

'**aufheulen** *v/i* ⟨*sép*, -ge-, h⟩ **1.** *vor Wut, Schmerz* 'hurler; *Sirene, Wind* (se mettre à) 'hurler; *Motor* s'emballer; *vor Wut, Schmerz* ~ *st/s* 'hurler de rage, de douleur; *Motor* ~ *lassen* emballer; **2.** F (*aufweinen*) F se mettre à chialer

'**aufholen** ⟨*sép*, -ge-, h⟩ **I** *v/t Rückstand, Verspätung* rattraper; *versäumte Arbeitszeit* récupérer; *j-s Vorsprung* ~ regagner le terrain perdu sur qn; rattraper qn; **II** *v/i* **1.** *Börsenkurse* se redresser; remonter; **2.** SPORT regagner du terrain

'**aufhorchen** *v/i* ⟨*sép*, -ge-, h⟩ dresser, tendre l'oreille; écouter (attentivement); *Tier* dresser les oreilles; *fig j-n* ~ *lassen* éveiller l'attention de qn

'**aufhören** *v/i* ⟨*sép*, -ge-, h⟩ **1.** s'arrêter; *mit etw* ~ cesser, arrêter qc; *mit der Arbeit* ~ cesser, arrêter le travail; ~ *zu arbeiten* cesser, (s')arrêter de travailler; *sie hat bei L. aufgehört* elle n'est plus ou ne travaille plus chez L.; *ohne aufzuhören* sans cesse; sans relâche; sans arrêt; *hören wir für heute hier auf* restons-en là pour aujourd'hui; *hör mit dem Krach auf!* arrête de faire du bruit!; F *hör doch auf damit!* arrête (ça)!; F *da hört* (*sich*) *doch alles auf!* c'est trop fort!; **2.** (*kündigen*) quitter un poste, une société

'**aufjagen** *v/t* ⟨*sép*, -ge-, h⟩ *Tiere* lever; débusquer; *j-n aus dem Schlaf* ~ arracher qn au sommeil

'**auf**|**jauchzen** *v/i* ⟨-(es)t, *sép*, -ge-, h⟩ pousser des cris d'allégresse, de joie; ~**jaulen** *v/i* ⟨*sép*, -ge-, h⟩ *Hund etc* (se mettre à) glapir; ²**kauf** *m* achat *m* (en masse); ~**kaufen** *v/t* ⟨*sép*, -ge-, h⟩ acheter (en masse); ²**käufer** *m* acheteur *m*; ~**kehren** *v/t* ⟨*sép*, -ge-, h⟩ balayer; enlever; ~**keimen** *v/i* ⟨*sép*, -ge-, sein⟩ **1.** *Saat* germer; *par ext* pousser; **2.** *fig Zweifel, Verdacht* naître; germer; *Leidenschaft, Hoffnung etc* naître; ~**klaffen** *v/i* ⟨*sép*, -ge-, sein⟩ *Wunde, Abgrund* s'ouvrir

'**aufklappbar** *adj Bildtafel* dépliant; *Messer, Tisch* pliant; *Sitz etc* que l'on peut relever; *Auto mit* ~*em Verdeck* décapotable

'**aufklappen** *v/t* ⟨*sép*, -ge-, h⟩ *Buch, Taschenmesser, Fensterladen, Deckel etc* ouvrir; *Gartenstuhl etc* déplier; *das Verdeck* ~ décapoter (la voiture)

'**aufklaren** *v/i* ⟨*sép*, -ge-, h⟩ *Wetter* s'éclaircir; se lever

'**aufklären** *v/t* ⟨*sép*, -ge-, h⟩ **1.** *Ursache, Zusammenhänge, Irrtum etc* tirer au clair; *Mißverständnis a* éclaircir; *Verbrechen a* élucider; **2.** (*informieren*) *j-n über etw* (*acc*) ~ instruire, éclairer qn de qc; *j-n über s-n Irrtum* ~ détromper, désabuser qn; tirer qn de son erreur; **3.** *sexualkundlich j-n* ~ mettre qn au courant des choses de la vie; **4.** MIL reconnaître; **II** *v/réfl sich* ~ **5.** *Wetter, Himmel* s'éclaircir; *fig Gesicht* s'éclairer; **6.** (*sich klären*) s'expliquer

'**Aufklärer** *m* ⟨-s; ~⟩ **1.** MIL *Soldat* éclaireur *m*; *Flugzeug* avion *m* de reconnaissance; **2.** PHILOS philosophe *m* du Siècle des lumières; ²**isch** *adj* éclairé

'**Aufklärung** *f* **1.** *e-s Mißverständnisses, Verbrechens etc* éclaircissement *m*; élucidation *f*; **2.** (*Erklärung*) explication *f*; information *f*; **3.** (*pas de pl*) *sexuelle* éducation sexuelle; **4.** ⟨*pas de pl*⟩ HIST *Zeitalter* Siècle *m* des lumières; *Philosophie* philosophie *f* des lumières; **5.** MIL reconnaissance *f*

'**Aufklärungs**|**arbeit** *f* ⟨~⟩ travail *m* d'information; ~**buch** *n* manuel *m* d'éducation sexuelle; ~**film** *m* film *m* d'éducation sexuelle; ~**flug** *m* MIL vol *m* de reconnaissance; ~**flugzeug** *n* MIL avion *m* de reconnaissance; ~**kampagne** *f* campagne *f* d'information; ~**pflicht** *f* ⟨~⟩ *des Arztes* devoir *m* d'information; *des Richters* devoir *m* de l'élucidation; ~**quote** *f von Verbrechen* pourcentage *m* d'affaires élucidées; ~**schrift** *f* brochure *f* d'information; ~**truppe** *f* MIL troupe *f* de reconnaissance

'**aufkleben** *v/t* ⟨*sép*, -ge-, h⟩ *etw* (*auf etw* [*acc*]) ~ coller qc sur qc

'**Aufkleber** *m* autocollant *m*; étiquette collante

'**auf**|**klinken** *v/t* ⟨*sép*, -ge-, h⟩ *Tür* ouvrir; ~**klopfen** *v/t* ⟨-(e)st, *sép*, -ge-, h⟩ **1.** (*öffnen*) *Nuß* casser; *Ei* ouvrir; **2.** *Kissen etc* secouer; tapoter; ~**knacken** *v/t* ⟨*sép*, -ge-, h⟩ **1.** *Nuß* casser; **2.**

aufknöpfen – auflösen

F *Geldschrank* forcer; *Schloß* a fracturer
'**aufknöpfen** *v/t* ⟨*sép, -ge-, h*⟩ **1.** (*öffnen*) déboutonner; **2.** *etw auf etw* (*acc*) ~ boutonner qc sur qc
'**auf|knoten** *v/t* ⟨*-ete, sép, -ge-, h*⟩ *Schnur, Band etc* défaire; *Paket etc* ouvrir (en défaisant les nœuds); ~**knüpfen** *v/t* ⟨*sép, -ge-, h*⟩ **1.** *Knoten etc* défaire; **2.** F (*erhängen*) pendre
'**aufkochen** ⟨*sép, -ge-*⟩ **I** *v/t* ⟨*h*⟩ faire bouillir; **II** *v/i* **1.** (*sein*) (*zu kochen beginnen*) bouillir; **2.** ⟨*h*⟩ *südd, österr* (*groß*) ~ mettre les petits plats dans les grands
'**aufkommen** *v/i* ⟨*irr, sép, -ge-, sein*⟩ **1.** (*entstehen*) *Gewitter* se former; *Regen, Nebel* survenir; *Sturm* se lever; *Gerücht* se répandre; *Verdacht, Zweifel, Gefühl* naître; *Langeweile* a surgir; *Zweifel* s'élever; *Mode* être lancé; MÉTÉO *am Nachmittag* ~*de Bewölkung* temps nuageux l'après-midi; *es wollte keine Stimmung mehr* ~ il n'y avait plus d'ambiance; *keine Zweifel über etw* (*acc*) ~ *lassen* ne permettre aucun doute sur qc; **2.** (*bezahlen*) *für etw* ~ payer qc; *für j-s Unterhalt* ~ subvenir aux besoins de qn; *für den Schaden* ~ payer les dégâts; **3.** (*auftreffen*) *auf etw* (*acc od dat*) ~ *weich* se poser sur qc; *beim Sprung* atterrir sur qc; *Ball* rebondir sur qc; **4.** (*aufstehen*) se relever; **5.** *gegen j-n, etw nicht* ~ ne pouvoir rien contre qn, contre qc; ne pas faire le poids en face de qn; **6.** SPORT regagner du terrain; **7.** *regional* (*auffliegen*) être découvert; **8.** MAR apparaître
'**auf|korken** *v/t* ⟨*sép, -ge-, h*⟩ déboucher; ~**kratzen** *v/t* ⟨*-(es)t, sép, -ge-, h*⟩ *Wunde* gratter; *Haut* égratigner; ~**kreischen** *v/i* ⟨*sép, -ge-, h*⟩ pousser des cris stridents, perçants; *fig Bremsen etc* grincer; ~**krempeln** *v/t* ⟨*-(e)le, sép, -ge-, h*⟩ *Ärmel etc* retrousser; ~**kreuzen** *v/i* ⟨*-(es)t, sép, -ge-, sein*⟩ **1.** F (*erscheinen*) Se ramener; F rappliquer; **2.** ⟨*h ou sein*⟩ MAR louvoyer (au plus près); ~**kriegen** F *v/t* ⟨*sép, -ge-, h*⟩ *cf* **aufbekommen**
'**aufkündigen** *v/t* ⟨*sép, -ge-, h*⟩ *Vertrag, Abkommen etc* résilier; dénoncer; *j-m s-n Dienst* ~ donner sa démission à qn; *st/s j-m die Freundschaft* ~ retirer son amitié à qn; rompre avec qn
Aufl. *abr* (*Auflage*) édition; tirage
'**auflachen** *v/i* ⟨*sép, -ge-, h*⟩ se mettre à rire; *laut* ~ partir d'un éclat de rire; éclater de rire
'**aufladen** ⟨*irr, sép, -ge-, h*⟩ **I** *v/t* **1.** *Batterie etc* (re)charger; TECH *Motor* suralimenter; *fig e-e emotional aufgeladene Atmosphäre* une atmosphère lourde, électrique; **2.** *Fracht, Gepäck etc* *etw auf etw* [*acc*] ~ charger qc (sur qc); *fig j-m etw* ~ mettre qc sur le dos de qn; *sich* (*dat*) *etw* ~ se mettre qc sur le dos; *Verantwortung etc* se charger de qc; **II** *v/réfl sich* ~ *Batterie etc* se recharger; *sich elektrisch* ~ s'électriser
'**Aufladung** *f* **1.** *e-r Batterie* (re)chargement *m*; TECH *e-s Motors* suralimentation *f*; **2.** *von Fracht etc* chargement *m*
'**Auflage** *f* **1.** *e-s Buchs* édition *f*; *a* (~*nhöhe*) tirage *m*; *achte, durchgesehene* ~ 'huitième édition revue; *hohe* ~*n erreichen* avoir un grand tirage; *Buch in drei Jahren sieben* ~*n haben* être réédité six fois en trois ans; *wie hoch ist die* ~? à combien d'exemplaires a-t-on tiré?; **2.** JUR (*Verpflichtung*) obligation *f*; *bei e-m Testament, e-r Schenkung* charge *f*; *mit der* ~ (+*inf*) à charge de (+*inf*); *ohne politische* ~*n* sans obligations politiques; (*es*) *j-m zur* ~ *machen, etw zu tun* obliger qn à faire qc; **3.** (*Matratze*) matelas *m*; (*e-s Sitzmöbels*) coussin *m*; *Bett ohne* ~*n* sans matelas, couvertures, coussins, *etc*; **4.** (*Schicht*) couche *f*; *e-s Bestecks etc* ~ *aus Silber* argenture *f*; *mit e-r* ~ *aus Silber* argenté
'**Auflagefläche** *f* TECH surface *f* de contact
'**Auflagen|höhe** *f e-s Buchs, e-r Zeitung* tirage *m*; ⚲**schwach** *adj* à faible tirage; ⚲**stark** *adj* à grand tirage
'**Auflager** *n* CONSTR support *m*; appui *m*
'**auflassen** *v/t* ⟨*irr, sép, -ge-, h*⟩ **1.** F *Tür etc* laisser ouvert; *Jacke, Mantel etc* a ne pas fermer; ne pas boutonner; **2.** F *Kopfbedeckung, Brille* garder; **3.** F (*aufbleiben lassen*) *Kinder lange* ~ coucher tard; *bis zehn* ~ coucher à dix heures; **4.** *Tauben, Ballon etc* lâcher; JUR *Grundstück etc* donner son consentement, consentir au transfert de propriété de; **6.** BERGBAU (*stillegen*) fermer; **7.** *regional* (*aufgeben*) abandonner; fermer
'**Auflassung** *f* ⟨~; ~*en*⟩ **1.** JUR accord *m* de transfert de propriété (+*gén* de); **2.** BERGBAU fermeture *f*
'**auflauern** *v/i* ⟨*-(e)re, sép, -ge-, h*⟩ *j-m* ~ guetter qn
'**Auflauf** *m* **1.** *von Personen* attroupement *m*; rassemblement *m*; **2.** CUIS gratin *m*; feinerer, mit Eischnee zubereiteter soufflé *m*
'**auflaufen** ⟨*irr, sép, -ge-*⟩ **I** *v/i* ⟨*sein*⟩ **1.** *Zinsen, Beträge* s'accumuler; *aufgelaufene Zinsen m/pl* intérêts accumulés; **2.** *auf e-e Sandbank* ~ s'échouer sur un banc de sable; *auf e-e Mine* ~ toucher une mine; **3.** SPORT *zur Spitze* ~ rejoindre le groupe de tête; *zu s-r Bestform* ~ atteindre sa pleine forme; **4.** (*aufprallen*) *auf j-n, etw* ~ 'heurter qn, qc; *j-n lassen* SPORT faire obstruction à qn; F *fig* ne pas réagir aux avances de qn; battre froid à qn; **II** *v/réfl* ⟨*h*⟩ F *sich* (*dat*) *die Füße* ~ s'écorcher les pieds en marchant
'**Auflaufform** *f* plat *m* à gratin, à soufflé
'**aufleben** *v/i* ⟨*sép, -ge-, sein*⟩ (*wieder*) ~ renaître; retrouver de l'allant, de l'entrain; *Bräuche etc* a revivre; *durch den Besuch lebte er förmlich auf* cette visite lui redonna vie; *die Diskussion lebte wieder auf* la discussion reprit, se ranima; *diese Tatsache ließ s-e Wut wieder* ~ ce fait ranima, ralluma sa colère; *alte Bräuche* (*neu*) ~ *lassen* faire revivre de vieilles coutumes
'**auflecken** *v/t* ⟨*sép, -ge-, h*⟩ lécher; laper
'**auflegen** ⟨*sép, -ge-, h*⟩ **I** *v/t* **1.** *Tischdecke, Gedeck, Holz, Rouge etc* mettre; *Telefonhörer* raccrocher; *Chopin* ~ mettre du Chopin; *j-m die Hände* ~ imposer les mains à qn; **2.** *Buch etc* éditer; *etw neu* ~ rééditer qc; **3.** FIN *Wertpapiere* émettre; *Anleihe* a lancer; **4.** MAR retirer du service; **II** *v/i* TÉL (*den Hörer*) ~ raccrocher
'**auflehnen** ⟨*sép, -ge-, h*⟩ **I** *v/t etw* (*auf etw* [*acc ou dat*]) ~ appuyer qc (sur qc); **II** *v/réfl* **1.** *sich* (*auf etw* [*acc ou dat*]) ~ s'appuyer (sur qc); **2.** *sich gegen j-n, etw* ~ se révolter, se rebeller, s'insurger contre qn, contre qc
'**Auflehnung** *f* ⟨~; ~*en*⟩ révolte *f*; rébellion *f*
'**auflesen** *v/t* ⟨*irr, sép, -ge-, h*⟩ ramasser; *Tier* recueillir; F *fig j-n auf od von der Straße* ~ ramasser qn dans la rue
'**aufleuchten** *v/i* ⟨*-ete, sép, -ge-, sein ou h*⟩ *Licht, Kontrollampe, Scheinwerfer* s'allumer; *Blitz* luire; *Sterne etc* apparaître; *plötzlich leuchtete ein Streichholz auf* tout à coup on aperçut la lueur d'une allumette; *fig Gesicht vor Freude* (*dat*) ~ s'illuminer de joie
'**aufliegen** ⟨*irr, sép, -ge-, h*⟩ **I** *v/i* **1.** *Zeitschriften etc* être à la disposition du public; **2.** (*auf etw* [*dat*]) ~ reposer sur, être posé sur qc; TECH a porter sur qc; **3.** MAR ne pas être en service; **II** *v/réfl Kranker sich* ~, *sich* (*dat*) *den Rücken* ~ s'écorcher le dos à force de rester au lit; *er hat sich* (*dat*) *den Rücken aufgelegen* il a le dos écorché à force de rester au lit
'**auflist|en** *v/t* ⟨*-ete, sép, -ge-, h*⟩ lister; ⚲**ung** *f* ⟨~; ~*en*⟩ *Vorgang u Ergebnis* listage *m*
'**auflockern** ⟨*-(e)re, sép, -ge-, h*⟩ **I** *v/t* **1.** *Boden* biner; ameublir; *Muskeln* assouplir; MÉTÉO *aufgelockerte Bewölkung* nuages épars, dispersés; **2.** *fig Häuserfront, Muster, Programm, Stil etc* aérer; dégager; *Atmosphäre* détendre; *Erzählung, Bericht* égayer; **II** *v/réfl sich* ~ **3.** *Bewölkung* se dissiper; se disperser; **4.** SPORT faire des exercices d'assouplissement
'**Auflockerung** *f* **1.** *des Bodens* binage *m*; ameublissement *m*; *der Wolken* dissipation *f*; dispersion *f*; *der Muskeln* assouplissement *m*; **2.** *fig* aération *f*; *zur* ~ *der Atmosphäre* pour détendre, *p/fort* égayer l'ambiance; *zur* ~ *des Unterrichts* pour rendre le cours plus vivant
'**Auflockerungsübung** *f* SPORT exercice *m* d'assouplissement
'**auflodern** *v/i* ⟨*-(e)re, sép, -ge-, sein*⟩ **1.** *Feuer, Holzstoß etc* (*hoch*) ~ flamber; *Flammen* monter; jaillir; **2.** *fig Kämpfe, Haß etc* flamber; *Leidenschaft* s'enflammer
'**auflösbar** *adj* **1.** *in e-r Flüssigkeit* soluble; **2.** MATH *Rätsel etc* (ré)soluble; **3.** JUR *Ehe* dissoluble
'**auflösen** ⟨*-(es)t, sép, -ge-, h*⟩ **I** *v/t* **1.** *st/s Knoten* défaire; *Band* dénouer; *mit aufgelösten Haaren* les cheveux défaits, dénoués; **2.** *Rätsel* résoudre; *Widerspruch, Mißverständnis* dissiper; **3.** MATH *Gleichung* résoudre; *Klammern* enlever; **4.** MUS *Dissonanz* résoudre; *Versetzungszeichen* annuler; **5.** CHIM, *in e-r Flüssigkeit* dissoudre; *Zucker, Tabletten etc in Wasser* (*dat*) ~ faire fondre dans de l'eau; **6.** *Parlament, Ehe, Verein etc* dissoudre; *Vertrag résilier; Unternehmen, Geschäft, Haushalt etc* liquider; *Verlobung* rompre; **7.** OPT, PHOT résoudre; **II** *v/réfl sich* ~ **8.** *st/s Haar, Schuhband etc* se dénouer; *Kno-*

ten se défaire; **9.** CHIM, *in e-r Flüssigkeit se dissoudre; Zucker, Tabletten etc* **sich in Wasser** (*dat*) **~** *fondre dans de l'eau;* **10.** *Rätsel, Widersprüche se résoudre; Mißverständnis se dissiper;* **11.** *Parlament, Verein etc se dissoudre;* **12.** *Menschenmenge etc se disperser; Nebel, Wolken se dissiper; Hoffnung etc* **sich in nichts ~** *se réduire à rien, à néant*
'**Auflösung** *f* **1.** *e-s Rätsels, e-r Rechenaufgabe* solution *f; e-r Dissonanz, e-r Gleichung* résolution *f;* **2.** *in e-r Flüssigkeit* dissolution *f;* **3.** *von Wolken, Nebel etc* dissipation *f; e-r Menschenmenge etc* dispersion *f;* **4.** *e-s Parlaments, Vereins, e-r Ehe etc* dissolution *f; e-s Vertrags* résiliation *f; e-s Unternehmens, Geschäfts, Haushalts etc* liquidation *f; e-r Verlobung* rupture *f;* **5.** *der Ordnung, e-s Heeres etc* désagrégation *f; e-s Staates, e-s Systems etc* dissolution *f;* **sich in ~** (*dat*) **befinden** se désagréger; **6.** OPT, PHOT résolution *f;* **7.** ⟨*pas de pl*⟩ (*Verstörtheit*) affolement *m;* agitation *f;* **sie kam in** (*einem Zustand*) **völliger ~ nach Hause** elle arriva à la maison complètement affolée, dans tous ses états
'**Auflösungs|erscheinung** *f* phénomène *m* de désagrégation, de dissolution; **~prozeß** *m* processus *m* de désagrégation, de dissolution; **~zeichen** *n* MUS bécarre *m*
'**aufmachen** ⟨*sép, -ge-, h*⟩ **I** *v/t* **1.** (*öffnen*) *Buch, Fenster etc* ouvrir; *Knopf* déboutonner; *Knoten* défaire; **2.** F *Geschäft etc* (*eröffnen*) ouvrir; **3.** (*zurechtmachen*) présenter; **etw ~ geschmackvoll** présenter qc avec goût; **II** *v/i* **4.** F *Geschäft, Büro etc* (*öffnen, neu eröffnen*) ouvrir; **in der Coubertinstraße hat ein neues Café aufgemacht** un nouveau café a ouvert rue Coubertin; **5.** F (*die Tür öffnen*) ouvrir; **j-m ~** ouvrir à qn; **mach** (*mal*) **auf!** ouvre! **III** *v/réfl* **sich ~** se mettre en route, partir (*nach* pour)
'**Aufmacher** *m* ⟨*~s; ~*⟩ *e-r Zeitung* manchette *f;* gros titre
'**Aufmachung** *f* ⟨*~; ~en*⟩ **1.** *e-r Ware etc* présentation *f;* **2.** *Kleidung* tenue *f; péj* accoutrement *m;* **in großer ~** en grande tenue; **3.** *in e-r Zeitung* **in großer ~ über etw, j-n berichten** publier qc sur qc, sur qn en gros titres, en grosses manchettes
'**aufmalen** *v/t* ⟨*sép, -ge-, h*⟩ **etw** (*auf etw* [*acc*]) **~** peindre qc sur qc
'**Aufmarsch** *m* **1.** *von Demonstranten, Truppen etc* rassemblement *m;* MIL *zum Einsatz* concentration *f;* **2.** *schweiz* (*Zulauf*) afflux *m;* **~gebiet** *n* MIL zone *f* de concentration
'**aufmarschieren** *v/i* ⟨*sép, pas de ge-, sein*⟩ *Demonstranten etc* se rassembler; MIL *zum Einsatz* se concentrer; F *j-n ~ lassen* faire venir qn
'**Aufmaß** *n* CONSTR métré *m*
'**auf|meißeln** *v/t* ⟨*-(e)le, sép, -ge-, h*⟩ ouvrir au ciseau, au burin; MÉD trépaner; **~merken** *v/i* ⟨*sép, -ge-, h*⟩ **1.** (*aufhorchen*) dresser l'oreille; **2.** *st/s* (*aufpassen*) prêter, faire attention (*auf* [*+acc*]) à
'**aufmerksam** *adj* **1.** (*konzentriert*) attentif, -ive; **auf j-n, etw ~ werden** remarquer qn, qc; **j-n auf etw** (*acc*) **~ machen** faire remarquer, observer qc à qn; attirer l'attention de qn sur qc; **j-n auf j-n ~ machen** attirer l'attention de qn sur qn; **auf sich** (*acc*) **~ machen** (*durch*) se faire remarquer (par); **darauf ~ machen, daß** ...a faire remarquer que ...; **2.** (*zuvorkommend*) prévenant; attentionné; **das war sehr ~ von Ihnen** c'était très aimable de votre part
'**Aufmerksamkeit** *f* ⟨*~; ~en*⟩ **1.** ⟨*pas de pl*⟩ attention *f;* **j-s ~** (*acc*) **erregen** attirer l'attention de qn; **j-s ~** (*dat*) **entgehen** échapper à l'attention de qn; **s-e ~ auf etw, j-n richten** fixer son attention sur qc, sur qn; **darf ich kurz um Ihre ~ bitten?** pouvez-vous m'accorder votre attention un instant?; **2.** (*Zuvorkommenheit*) *meist pl* **~en** attentions *f/pl;* prévenances *f/pl;* **3.** (*kleines Geschenk*) **j-m e-e kleine ~ mitbringen** apporter un petit quelque chose pour qn
'**aufmessen** *v/t* ⟨*irr, sép, -ge-, h*⟩ CONSTR métrer; mesurer
'**aufmöbeln** F *v/t* ⟨*-(e)le, sép, -ge-, h*⟩ **1.** (*beleben, aufmuntern*) remonter; F ravigoter; **der Kaffee hat mich ordentlich aufgemöbelt** le café m'a remonté, F ravigoté; **2.** (*verbessern*) *alte Gegenstände* retaper; *Ruf* redorer; *Kenntnisse* étoffer; rafraîchir
'**aufmontieren** *v/t* ⟨*sép, pas de ge-, h*⟩ **etw** (*auf etw* [*acc*]) **~** monter qc (sur qc)
'**auf|motzen** F *v/t* ⟨*-(e)st, sép, -ge-, h*⟩ (*effektvoll gestalten*) arranger; retaper; *Motor* gonfler; **~mucken** F *v/i* ⟨*sép, -ge-, h*⟩ regimber; F se rebiffer (**gegen** contre)
'**aufmuntern** *v/t* ⟨*-(e)re, sép, -ge-, h*⟩ **1.** (*aufheitern, beleben*) remonter; ragaillardir; réconforter; **2.** *zum Kampf, Widerstand etc* encourager, stimuler (**zu** à); **~de Rufe** *m/pl,* **Worte** *n/pl* cris *m/pl* paroles *f/pl* d'encouragement
'**Aufmunterung** *f* ⟨*~; ~en*⟩ **1.** (*Aufheiterung, Belebung*) réconfort *m;* **ein Schluck Sekt zur ~** une gorgée de mousseux pour se remonter, se ragaillardir; **2.** *zu e-r Tat etc* encouragement *m;* stimulation *f*
'**aufmüpfig** ['aʊfmʏpfɪç] F *adj* rebelle; récalcitrant; insoumis; **²keit** *f* ⟨*~*⟩ esprit *m* de rébellion
'**aufnähen** *v/t* ⟨*sép, -ge-, h*⟩ **etw** (*auf etw* [*acc*]) **~** coudre, appliquer qc (sur qc)
'**Aufnahme** ['aʊfnaːmə] *f* ⟨*~; ~n*⟩ **1.** (*Empfang*) accueil *m;* réception *f;* **bei j-m ~ finden** être accueilli par qn; *Hilflose* être recueilli par qn; **freundliche ~ finden** être bien reçu, accueilli; trouver un accueil amical; **beim Publikum begeisterte ~ finden** être accueilli avec enthousiasme; **2.** *Raum* salle *f,* bureau *m* d'accueil; **3.** *in e-r Organisation, Partei, Schule etc* admission *f;* **4.** ⟨*pas de pl*⟩ *von Nährstoffen, Feuchtigkeit etc* absorption *f;* **5.** *von Geld* emprunt *m; e-r Hypothek* constitution *f;* **6.** (*Beginn*) *der Arbeit, Produktion etc* commencement *m; von Kontakten* prise *f; von Verhandlungen* engagement *m; von diplomatischen Beziehungen etc* entrée *f* en ...; établissement *m;* ouverture *f;* (*Wieder*²) reprise *f;* **7.** *e-s Protokolls etc* établissement *m;* polizeiliche *e-s Unfalls etc* constat *m;* **topographische ~** relevé *m* topographique; **8.** (*das Aufnehmen auf Tonband, Filmstreifen etc*) enregistrement *m;* PHOT, (*Film*²) prise *f* de vue(s); (*Ton*²) *a* prise *f* de son; (*Röntgen*²) radio(graphie) *f;* **Achtung, ~!** silence, on tourne!; **9.** (*Foto*) photo(graphie) *f;* (*Luft*²) vue (aérienne); (*Film*²) image *f;* vue *f;* (*Ton*²) enregistrement *m;* **e-e ~** (**von j-m, etw**) **machen** prendre, faire une photo (de qn, de qc); prendre qn, qc en photo
'**Aufnahme|antrag** *m* demande *f* d'admission; **~bedingung** *f* **1.** *in e-e Schule, e-e Partei etc* condition *f* d'admission; **2.** *pl* **~en** FILM, PHOT conditions *f/pl* de prises de vues; *bei Tonaufnahmen* conditions *f/pl* de prise de son
'**aufnahmebereit** *adj* geistig réceptif, -ive
'**aufnahmefähig** *adj* **1.** geistig réceptif, -ive (**für** à); **sie ist nicht mehr ~** elle ne peut plus se concentrer; **2.** PHYS, PHYSIOL, ÉCON capable d'absorber
'**Aufnahme|fähigkeit** *f* ⟨*~*⟩ **1.** geistige réceptivité *f;* faculté *f* d'assimilation; **2.** PHYS, *e-s Landes für Waren etc* capacité *f* d'absorption; **~gebühr** *f* droits *m/pl* d'admission; **~gerät** *n* appareil *m* d'enregistrement; FILM, TV appareil *m* de prise de vues; *akustisches a* appareil *m* de prise de son; **~lager** *n* centre *m* d'accueil; **~land** *n* ⟨*~(e)s; -länder*⟩ pays *m* d'accueil; **~leiter(in)** *m(f)* FILM, TV régisseur *m* de plateau; **~prüfung** *f* examen *m* d'admission, d'entrée; *in Frankreich etc* concours *m;* **~studio** *n* FILM, TV studio *m;* salle *f* d'enregistrement; **~taste** *f* touche *f* d'enregistrement; **~technik** *f* ⟨*~; ~en*⟩ FILM, PHOT technique *f* de la prise de vues, *akustische* de l'enregistrement (du son), de la prise de son; **~wagen** *m* TV, RAD voiture *f,* car *m* de prise de vues *bzw* de prise de son; voiture *f,* car *m* de reportage
'**aufnahms...**, '**Aufnahms...** *in Zssgn österr cf* **aufnahme..., Aufnahme...**
'**aufnehmen** *v/t* ⟨*irr, sép, -ge-, h*⟩ **1.** *vom Boden* ramasser; *Gegenstand, Last* soulever; *fig Fährte, Spur* relever; **2.** *Gäste* recevoir; accueillir; donner l'hospitalité à; *Hilflose* recueillir; prendre en charge; **er hat uns bei sich zu Hause aufgenommen** il nous a accueillis chez lui; **3.** *in e-e Organisation, Schule, Partei etc* admettre (**in** [*+acc*] à, dans); **j-n als Mitglied ~** admettre qn comme membre; **j-n in ein Krankenhaus ~** admettre qn dans un hôpital; hospitaliser qn; **4.** **in e-e Anthologie ~** introduire, intégrer dans une anthologie; **dieses Wort wurde** (**nicht**) **ins Wörterbuch aufgenommen** ce mot (n')a (pas) été pris; ce mot (ne) figure (pas) dans le dictionnaire; **etw in sein Programm ~** prendre qc dans, (r)ajouter qc à son programme; **5.** *Nahrung* prendre, absorber; *Feuchtigkeit etc* absorber; **6.** (*fassen*) *Ladungsmenge, Menschenmenge etc* contenir; recevoir; **7.** geistig retenir; assimiler; sinnlich *a* enregistrer; **8.** *Darbietung, Nachricht etc* accueillir; **etw positiv, negativ ~** accueillir qc favorablement, défavorablement; **etw mit Beifall, Begeiste-**

Aufnehmer – aufrecht

rung ~ accueillir qc par des applaudissements, avec enthousiasme; *wie hat er die Nachricht aufgenommen?* comment a-t-il pris la nouvelle?; **9.** *Kredit, Geld, Hypothek* prendre; *tausend Mark* ~ emprunter mille marks; **10.** *(beginnen) Arbeit, Produktion, Ermittlungen etc* commencer; *die Arbeit wurde wieder aufgenommen* le travail a repris; *den Kampf gegen etw* ~ partir en guerre contre qc; **11.** *Kontakte* prendre; établir; *Verhandlungen* amorcer; engager; *Handels-, diplomatische Beziehungen* entrer en; établir; *mit j-m Verbindung* ~ prendre contact, entrer en contact avec qn; **12.** *(aufgreifen) Anregung, Gedanken* reprendre; *den Faden s-r Erzählung wieder* ~ reprendre le fil de son récit; **13.** *Bestand etc* établir; *Inventar* faire; dresser; établir; *j-s Personalien* ~ prendre les nom, prénoms et qualités de qn; *ein Protokoll* ~ dresser un procès-verbal; *e-n Unfall* ~ faire le constat d'un accident; *ein Stenogramm von etw* ~ prendre qc en sténo; *Ober Bestellungen* ~ prendre des commandes; **14.** *(fotografieren)* prendre en photo; prendre, faire une photo de; photographier; *(filmen)* filmer; **15.** *auf Tonband, Schallplatte etc* enregistrer *(auf [+acc] sur)*; **16.** *Gelände* faire le relevé de; *Plan, Skizze* relever; **17.** *fig es mit j-m* ~ rivaliser avec qn; défier qn; *es mit jedem Gegner* ~ défier tout adversaire; *es mit j-m nicht* ~ *können* ne pas pouvoir se mesurer *od* se comparer à qn; ne pas faire le poids en face de qn; *auf diesem Gebiet kann es keiner mit ihr* ~ elle n'a pas de rival(e) dans ce domaine; *im Schach kann es keiner mit ihm* ~ il est imbattable aux échecs; **18.** *Maschen* reprendre; **19.** *nordd (aufwischen)* essuyer; **20.** *österr (engagieren)* engager

Aufnehmer *m* ⟨~s; ~⟩ *nordd (Scheuerlappen)* serpillière *f*

äufnen ['ɔyfnən] *v/t* ⟨-ete, -⟩ *schweiz* accumuler

'**aufnestoln** *v/t* ⟨-(c)lc, *sép*, -ge-, h⟩ ouvrir en tiraillant; défaire le nœud de

aufnötigen *v/t* ⟨*sép*, -ge-, h⟩ *j-m etw* ~ forcer, presser qn d'accepter qc; obliger qn à prendre qc; *Begleitung, Überzeugung etc* imposer qc à qn

aufoktroyieren ['aufʔɔktroaji:rən] *st/s v/t* ⟨*sép, pas de ge-*, h⟩ *j-m etw* ~ imposer qc à qn

'**aufopfern** ⟨-(e)re, *sép*, -ge-, h⟩ **I** *st/s v/t etw (e-r Sache [dat], für j-n)* ~ sacrifier qc (à qn, à qc); **II** *v/réfl sich* ~ se sacrifier (*für etw* à qc, *für j-n* pour qn); se dévouer (*für j-n* pour qn); *a* plais faire acte d'abnégation; *sich für* ~ *Familie* ~ se sacrifier, se dévouer pour sa famille

'**aufopfernd** *adjt* ~*e Pflege* soins dévoués; *dank s-r* ~*en Arbeit* grâce à son dévouement dans son travail

'**Aufopferung** *f* ⟨~⟩ **1.** *(das Opfern)* sacrifice *m*; **2.** *fig (Hingabe)* dévouement *m*; *j-n mit* ~ *pflegen* soigner qn avec dévouement

'**aufopferungsvoll** *adj Person* plein de dévouement; *Arbeit etc* qui demande des sacrifices, du dévouement

'**aufpacken** *v/t* ⟨*sép*, -ge-, h⟩ *Gepäck etw (auf etw [acc])* ~ charger qc sur qc; *j-m etw* ~ mettre qc sur le dos de qn (*a fig*); charger qn de qc

'**aufpäppeln** F *v/t* ⟨-(e)le, *sép*, -ge-, h⟩ *Kinder, Kranke* F remplumer; F requinquer; *wir werden ihn schon wieder* ~ F nous allons le remplumer

'**aufpassen** *v/i* ⟨-ßt, *sép*, -ge-, h⟩ *auf etw, j-n* ~ faire attention à qc, à qn; *(Obacht geben)* prendre garde à qc, à qn; surveiller qc, qn; *du mußt in der Schule besser* ~ il faut que tu fasses plus *od* davantage attention en classe; *du mußt* ~*, daß* il faut que tu fasses attention que (+*subj*), *bei gleichem Subjekt* de (+*inf*); il faut que tu prennes garde que (+*subj*), *bei gleichem Subjekt* à *od* de (+*inf*); F *aufgepaßt!* attention!; *paß mal auf!* fais attention!; (*hör mal zu!*) écoute!; F *paß auf ...* (*du wirst sehen*) tu verras ...; *kannst du denn nicht* ~*?* tu ne peux pas faire attention?

'**Aufpasser(in)** *m* ⟨~s; ~⟩ (*f*) ⟨~; ~nen⟩ **1.** *péj* surveillant(e) *m(f)*; *p/fort* garde-chiourme *m*; **2.** (*Wärter[in]*) garde *m*; **3.** (*Anstandswauwau*) chaperon *m*

'**auf|peitschen** *v/t* ⟨*sép*, -ge-, h⟩ **1.** *Sturm das Meer* fouetter; **2.** *fig Nerven etc* exciter; *Leidenschaften a* fouetter; soulever; *Menschenmenge, Rhythmus a* galvaniser; **~peppen** F *v/t* ⟨*sép*, -ge-, h⟩ donner du pep à

'**aufpflanzen** ⟨-(es)t, *sép*, -ge-, h⟩ **I** *v/t Fahne etc* planter; *MIL mit aufgepflantem Bajonett* baïonnette au canon; **II** F *v/réfl sich vor j-m* ~ se planter, se camper devant qn

'**aufpfropfen** *v/t* ⟨*sép*, -ge-, h⟩ **1.** JARD *etw (auf etw [acc])* ~ greffer qc sur qc; **2.** *fig e-m Land e-e fremde Kultur* ~ greffer une civilisation étrangère à un pays

'**auf|picken** *v/t* ⟨*sép*, -ge-, h⟩ **1.** *Körner etc* picoter; picorer; *fig Ausdruck etc* ramasser au hasard; dénicher; **2.** *Küken die Eierschale* ouvrir à coups de bec; **3.** F *österr cf* **aufkleben**; **~platzen** *v/i* ⟨-(es)t, *sép*, -ge-, sein⟩ *Naht* craquer; *Pellkartoffeln, Kissen, Würstchen, Tüte* éclater; *Geschwür, Sack* crever; *Wunde* se rouvrir; **~plustern** ⟨-(e)re, *sép*, -ge-, h⟩ **I** *v/t Federn* gonfler; **II** *v/réfl sich* ~ **1.** *Vögel* gonfler ses plumes; se hérisser; **2.** *fig péj mit s-m Können etc* se rengorger; faire la roue; **~polieren** *v/t* ⟨*sép, pas de ge-*, h⟩ **1.** *Möbel etc* repolir; redonner son brillant à; **2.** F *fig Ansehen etc* redorer; *Kenntnisse etc* rafraîchir; **~polstern** *v/t* ⟨-(e)re, *sép*, -ge-, h⟩ refaire; rembourrer; refaire le rembourrage de

'**aufprägen** *v/t* ⟨*sép*, -ge-, h⟩ *etw (auf etw [acc])* ~ graver qc sur qc; *fig e-r Sache, j-m s-n Stempel* ~ marquer qc, qn de son empreinte

Aufprall ['aufpral] *m* ⟨~(e)s; ~e⟩ choc *m*, 'heurt *m* (*auf* [+*acc ou dat*]) contre); *das Flugzeug ging beim* ~ *in Flammen auf* l'avion a pris feu en 'heurtant, en touchant le sol

'**aufprallen** *v/i* ⟨*sép*, -ge-, sein⟩ (*auf etw [acc ou dat]*) ~ 'heurter qc; *p/fort* s'écraser contre qc

'**Aufpreis** *m* supplément *m*; *gegen e-n* ~ *von ...* contre un supplément de ...

'**auf|probieren** *v/t* ⟨*sép, pas de ge-*, ⟩ *Hut etc* essayer; **~pumpen** *v/t* ⟨*sép*,

-ge-, h⟩ *Reifen, Luftmatratze* gonfler; **~pusten** F *v/t* ⟨-ete, *sép*, -ge-, h⟩ gonfler; **~putschen** ⟨*sép*, -ge-, h⟩ **I** *v/t* **1.** *Nerven etc* exciter; *mit Aufputschmitteln* stimuler; *p/fort* doper; **2.** (*aufhetzen*) ameuter (*gegen* contre); **II** *v/réfl sich* ~ se doper (*mit* à)

'**Aufputschmittel** *n* stimulant *m*; excitant *m*; dopant *m*

'**Aufputz** *m* parure *f*; *péj* accoutrement *m*; 'harnachement *m*

'**aufputzen** *v/t* (*u v/réfl*) ⟨-(es)t, *sép*, -ge-, h⟩ (**sich**) ~ (*mit*) (se) parer (de); *péj* (s')accoutrer (de); (se) harnacher (de)

'**aufquellen** *v/i* ⟨*irr, sép*, -ge-, sein⟩ **1.** *Hülsenfrüchte, Holz, Leib etc* gonfler; *Reis* crever; *aufgequollene Augen n/pl* des yeux gonflés; **2.** *st/s Wut, Tränen, Rauch* monter

'**aufraffen** ⟨*sép*, -ge-, h⟩ **I** *v/t (aufheben)* ramasser; **II** *v/réfl* **1.** *sich von s-m Sessel* ~ se sortir de son fauteuil; *er stürzte, raffte sich jedoch wieder auf* il tomba, se releva pourtant avec peine; **2.** *fig sich* ~*, etw zu tun* prendre son courage à deux mains pour faire qc; se résoudre, se décider à faire qc; *sich aus s-r Lethargie* ~ sortir de sa léthargie; *sich zu e-m Entschluß* ~ être enfin en état *od* capable de prendre une décision

'**aufragen** *v/i* ⟨*sép*, -ge-, h⟩ se dresser; s'élever (très 'haut)

'**aufrappeln** F *v/réfl* ⟨-(e)le, *sép*, -ge-, h⟩ **1.** *cf* **aufraffen** II; **2.** *Kranker sich wieder* ~ remonter la pente; reprendre le dessus

'**aufrauchen** *v/t* ⟨*sép*, -ge-, h⟩ *Zigarette etc* finir; achever; terminer

'**aufrauhen** *v/t* ⟨*sép*, -ge-, h⟩ *Oberfläche* rendre rugueux, -euse; *zur weiteren Bearbeitung* gratter légèrement; *aufgerauhter Stoff* tissu gratté

'**aufräumen** ⟨*sép*, -ge-, h⟩ **I** *v/t* (*in Ordnung bringen, wegräumen*) ranger; mettre de l'ordre dans; *nach Unfall, Erdrutsch* déblayer; **II** *v/i* **1.** *(Ordnung machen)* mettre, faire de l'ordre; ranger; *in e-m Schrank* ~ faire des rangements, du rangement dans une armoire; **2.** *fig (beseitigen) mit etw* ~ faire table rase de qc; *mit Vorurteilen* ~ *a* liquider les préjugés; *mit j-m* ~ *(ausschalten)* éliminer qn; *(umbringen)* supprimer qn; **3.** *fig die Epidemie hat unter der Bevölkerung furchtbar aufgeräumt* l'épidémie a fait des ravages dans la population, a décimé la population

'**Aufräumungsarbeiten** *f/pl* (travaux *m/pl* de) déblaiement *m*

'**aufrechnen** *v/t* ⟨-ete, *sép*, -ge-, h⟩ **1.** *(berechnen) j-m etw* ~ porter qc au compte de qn; **2.** *(verrechnen), fig* compenser (*gegen* par)

'**aufrecht** *adj u adv* **1.** *(aufgerichtet)* droit; debout; *der* ~*e Gang des Menschen* la station verticale de l'homme; ~ *stehen* être debout; ~ *sitzen* être assis très droit; *sich* ~ *halten* se tenir droit; *(stehen)* se tenir debout; *sich (vor Müdigkeit [dat]) kaum noch* ~ *halten können* pouvoir à peine se tenir debout de fatigue; *fig diese Hoffnung hält mich noch* ~ cet espoir me fait vivre; **2.** *(aufrichtig)* droit; loyal(e-

aufrechterhalten – aufschieben

ment); *e-e ~e Gesinnung* des sentiments loyaux, droits
'**aufrechterhalten** *v/t ⟨irr, sép, pas de ge-*, h⟩ maintenir; *diese Hypothese ist nicht aufrechtzuerhalten* cette hypothèse ne peut se défendre, ne tient pas debout
'**Aufrechterhaltung** *f* ⟨~⟩ maintien *m*
'**aufregen** ⟨*sép*, -ge-, h⟩ **I** *v/t* énerver; agacer; (*unruhig machen*) agiter; *es scheint ihn nicht weiter aufzuregen, daß* ... cela ne paraît pas l'émouvoir que ... (+*subj*); **II** *v/réfl sich ~* s'énerver; s'irriter; *sich über etw, j-n ~* s'énerver à cause de qc, de qn; se fâcher contre qc, contre qn; *er hat sich darüber furchtbar aufgeregt* ça l'a terriblement énervé
'**aufregend** *adj Lektüre, Schönheit, Person* excitant; *Roman, Film, Bericht* palpitant; passionnant
'**Aufregung** *f* agitation *f*; excitation *f*; énervement *m*; *in der allgemeinen ~* dans l'agitation générale; *sich in heller ~ befinden Stadt* être en ébullition; *Familie* être dans tous ses états; *j-n in ~* (*acc*) *versetzen* mettre qn dans un état d'énervement; énerver, exciter qn; *die ganze ~ war umsonst* toutes ces émotions étaient pour rien
'**aufreiben** ⟨*irr, sép*, -ge-, h⟩ **I** *v/t* **1.** *Armee, Feind* (*völlig*) *~* anéantir; exterminer; **2.** *Ärger, Arbeit, Verpflichtungen etc* user; épuiser; tuer; *Arbeit a* exténuer; **3.** *sich* (*dat*) *die Haut ~* s'écorcher la peau; **II** *v/réfl sich ~ durch Arbeit etc* s'user; se tuer
'**aufreibend** *adj Tätigkeit, Beruf etc* tuant; *a Kampf* épuisant; *a Arbeit* exténuant
'**aufreihen** ⟨*sép*, -ge-, h⟩ **I** *v/t* **1.** *Perlen etc auf e-n Faden* enfiler; **2.** *Gegenstände in e-r Reihe* ranger l'un à côté de l'autre; **II** *v/réfl sich ~* se ranger l'un à côté de l'autre
'**aufreißen** ⟨*irr, sép*, -ge-⟩ **I** *v/t* ⟨h⟩ **1.** *Tür etc* ouvrir (brusquement); *die Augen ~* ouvrir de grands yeux, écarquiller les yeux; *den Mund ~* ouvrir grand la bouche; **2.** *Brief, Packung etc* ouvrir (rapidement); **3.** *Gegenstände mit Gewalt* déchirer; *Boden, Straße* défoncer; **4.** (*zerreißen*) déchirer; *sich* (*dat*) *die Hände, die Hose an etw* (*dat*) *~* se déchirer les mains, le pantalon sur qc; **5.** *TECH Modell etc* faire l'épure de; **6.** F (*kennenlernen*) F draguer; **7.** *fig Thema etc* esquisser à grands traits; **II** *v/i* ⟨sein⟩ *Wolkendecke, Naht* se déchirer; *Naht a* se découdre; *Eisdecke* se rompre
'**aufreizen** *v/t* ⟨-(es)t, *sép*, -ge-, h⟩ *Phantasie, Nerven, Person etc* exciter (*a sexuell*); *sexuell a* aguicher; F allumer; *j-n zu etw ~* provoquer, inciter qn à (faire) qc; *Frau die Männer ~* provoquer, aguicher les hommes
'**aufreizend** *adj Frau, Bewegung, Blick, Lächeln* provocant; *Kleid, Dekolleté, a Lächeln* aguichant; *Dekolleté, Blick a* provocateur, -trice
'**aufrichten** ⟨-ete, *sép*, -ge-, h⟩ **I** *v/t* **1.** *Umgefallenes etc* redresser; relever; remettre debout; *Kopf* dresser; *den Oberkörper ~* redresser le buste; **2.** (*errichten*) *Wand etc* dresser; élever;

3. *fig* (*trösten*) consoler; réconforter; donner courage à; *j-s Selbstvertrauen wieder ~* rendre à qn sa confiance en lui-même; **II** *v/réfl sich ~* **4.** *Personen vom Boden* se relever; se remettre debout; *auf e-m Stuhl etc* se redresser; *sich im Bett ~* s'asseoir dans son lit; se mettre sur son séant; *sich zu s-r vollen Größe ~* se (re)dresser de toute sa taille; **5.** *fig* (*wieder Mut fassen*) reprendre courage; *er richtet sich in s-r Trauer, Verzweiflung an j-m, etw auf* qn, qc l'aide à reprendre courage dans son deuil, dans son désespoir
'**aufrichtig I** *adj* sincère; *Person a* franc, franche; droit; **2.** *gegenüber j-m sein* être franc, sincère, envers qn; *wenn ich ~ sein soll* ... sincèrement, franchement ...; pour être franc, sincère ...; **II** *adv* sincèrement; franchement; vraiment; *es tut mir ~ leid* cela me fait vraiment de la peine
'**Aufrichtigkeit** *f* sincérité *f*; *e-r Person a* franchise *f*
'**Aufriß** *m* **1.** (*Überblick*) vue *f* d'ensemble; *kurzer* esquisse *f*; **2.** TECH, CONSTR élévation *f*
'**aufritzen** *v/t* ⟨-(es)t, *sép*, -ge-, h⟩ *Haut* érafler; égratigner
'**aufrollen** *v/t* ⟨*sép*, -ge-, h⟩ **1.** (*zusammenrollen*) *Fahne, Teppich, Kabel etc* enrouler; rouler; *Garn* embobiner; **2.** (*entfalten*) *Teppich, Landkarte etc* dérouler; **3.** (*aufkrempeln*) *Ärmel etc* retrousser; **4.** *Frage* soulever; *e-n Prozeß wieder ~* reprendre un procès; **5.** MIL *Stellung* enfoncer (par une attaque de flanc); SPORT *das Feld von hinten ~* rattraper les concurrents sur le terrain
'**aufrücken** *v/i* ⟨*sép*, -ge-, sein⟩ **1.** (*vorrücken*) (s')avancer; (*zusammenrücken*) se pousser; *~!* serrez!; **2.** *fig* (*befördert werden*) accéder (*in* [+*acc*] à); *im Dienstgrad* monter en grade; MIL *a* prendre du galon; *zum Abteilungsleiter ~* passer, être nommé chef de service; *in e-e höhere Gehaltsklasse ~* passer à un échelon supérieur
'**Aufruf** *m* öffentlicher, (*Namens2*) *etc, fig* (*Appell*) appel *m* (*an* [+*acc*] à); *~ zu den Wahlen* appel *m* au vote; *namentlicher ~* appel nominal; *e-n ~ an j-n richten* adresser un appel à qn
'**aufrufen** *v/t* ⟨*irr, sép*, -ge-, h⟩ **1.** *namentlich aufrufen; die Namen ~* faire l'appel (des noms); *die Zeugen ~* appeler les témoins; *bitte warten Sie, bis Sie aufgerufen werden* attendez, s'il vous plaît, que l'on vous appelle; **2.** *zur Teilnahme* appeler (*zu etw* à faire qc); **3.** INFORM appeler
Aufruhr ['aʊfruːɐ̯] *m* ⟨~s; -e⟩ **1.** (*Auflehnung*) émeute *f*; révolte *f*; **2.** (*pas de pl*) *fig der Gefühle, Leidenschaften* agitation *f*; tumulte *m*; *j-n in ~ versetzen* bouleverser qn; *in ~ geraten* entrer en ébullition; s'agiter; *die ganze Stadt war in ~* toute la ville était en ébullition, en effervescence
'**aufrühren** *v/t* ⟨*sép*, -ge-, h⟩ **1.** *Bodensatz etc* remuer; **2.** *st/s Gefühle etc* agiter; troubler; **3.** *Vergangenheit etc* réveiller; raviver; *alte Geschichten wieder ~* remettre de vieilles histoires sur le tapis

'**Aufrührer(in)** *m* ⟨~s; ~⟩ (*f*) ⟨~; ~nen⟩ émeutier *m*; séditieux, -ieuse *m,f*
'**aufrührerisch** *adj* révolté; séditieux, -ieuse; *~e Menge* foule révoltée; *~e Reden halten* tenir des propos séditieux, subversifs
'**aufrunden** *v/t* ⟨-ete, *sép*, -ge-, h⟩ *Summe* arrondir au chiffre supérieur; *~ auf* (+*acc*) arrondir à
'**aufrüst|en** ⟨-ete, *sép*, -ge-, h⟩ **I** *v/t* armer; (*wieder ~*) réarmer; **II** *v/i* s'armer; (*wieder ~*) se réarmer; **2ung** *f* armements *m/pl*; (*Wieder2*) réarmement *m*
'**aufrütteln** *v/t* ⟨-(e)le, *sép*, -ge-, h⟩ *a fig* secouer; *j-n aus dem Schlaf ~* secouer qn pour le réveiller; réveiller qn en le secouant; *fig j-n aus s-r Gleichgültigkeit etc ~* arracher qn à son indifférence, *etc*; secouer l'indifférence, *etc* de qn
aufs [aʊfs] = *auf das*
'**auf|sagen** *v/t* ⟨*sép*, -ge-, h⟩ *Gedicht* réciter; **~sammeln** *v/t* ⟨-(e)le, *sép*, -ge-, h⟩ *Gegenstände*, F ramasser
'**aufsässig** ['aʊfzɛsɪç] *adj* récalcitrant; rebelle; insoumis; *bes* POL contestataire; *~ sein a* avoir l'esprit de rébellion
'**Aufsässigkeit** *f* ⟨~⟩ caractère récalcitrant, rebelle; insoumission *f*
'**Aufsatz** *m* **1.** (*Schul2*) rédaction *f*; *in der Oberstufe* dissertation *f*; *wissenschaftlicher* étude *f*; essai *m*; (*Abhandlung*) traité *m*; (*Artikel*) article *m*; *e-n ~ schreiben in der Schule* faire une rédaction *bzw* une dissertation; **2.** *auf e-m Schrank etc* élément supérieur; *am Schornstein* mitre *f*
'**Aufsatzthema** *n* sujet *m* de rédaction, *in der Oberstufe* de dissertation
'**aufsaugen** *v/t* ⟨*sép*, -ge-, h⟩ *Schwamm, Erdboden etc* absorber (*a fig*); *Löschpapier* boire; MÉD résorber; *mechanisch* aspirer
'**aufscharren** *v/t* ⟨*sép*, -ge-, h⟩ *Hühner etc den Boden ~* gratter la terre
'**auf|schauen** *v/i* ⟨*sép*, -ge-, h⟩ *bes südd, österr, schweiz cf* **aufblicken** *1., 2.*; **~schaufeln** *v/t* ⟨-(e)le, *sép*, -ge-, h⟩ mettre en tas; entasser; amonceler; **~schaukeln** F ⟨-(e)le, *sép*, -ge-, h⟩ *sich* (*sich steigern*) augmenter; aller à son paroxysme; **~schäumen** ⟨*sép*, -ge-⟩ **I** *v/t* ⟨h⟩ *Styropor etc* faire mousser; **II** *v/i* ⟨sein *od* h⟩ *Wasser, Meer* écumer; *Seife, Sekt* mousser; **~scheinen** *v/i* ⟨*irr, sép*, -ge-, sein⟩ **1.** *st/s* (*aufleuchten*) s'allumer; briller; **2.** *österr, südd* (*erscheinen*) apparaître; faire son apparition
'**aufscheuchen** *v/t* ⟨*sép*, -ge-, h⟩ **1.** *Vögel, Wild* effrayer; effaroucher; **2.** F *fig* (*beunruhigen*) effrayer; *j-n aus s-r Ruhe, Gleichgültigkeit ~* arracher qn à sa tranquillité, à son indifférence
'**aufscheuern** *v/réfl* ⟨-(e)re, *sép*, -ge-, h⟩ *sich* (*dat*) *die Fersen, die Haut ~* s'écorcher les talons, la peau
'**aufschichten** *v/t* ⟨*sép*, -ge-, h⟩ **1.** *Holz, Briketts etc* empiler; superposer; disposer par *od* en couches; **2.** *Holzstoß* faire; *Bücherstapel* dresser
'**aufschieben** *v/t* ⟨*irr, sép*, -ge-, h⟩ **1.** *Schiebetür etc* ouvrir; faire glisser; **2.** (*zeitlich verschieben*) remettre; reporter; ajourner; *prov aufgeschoben ist nicht aufgehoben* ce n'est que partie remise

aufschiebend *adj* JUR dilatoire; suspensif, -ive; **~e Wirkung** effet suspensif
'Aufschiebung *f* ajournement *m*; remise *f*; report *m*
'aufschießen *v/i* ⟨*irr, sép,* -ge-, sein⟩ **1.** *Fontäne, Flammen etc* jaillir; s'élever (brusquement); **2.** *Unkraut, Pilz etc* pousser vite; *Salat etc* monter; *Kind* pousser, grandir vite; F pousser comme une asperge, un champignon; **ein lang aufgeschossenes Mädchen** une fille toute en longueur
'Aufschlag *m* **1.** (*Preis2*) majoration *f*; augmentation *f*; supplément *m*; **2.** (*Aufprall*) 'heurt *m*; choc *m*; *e-s Geschosses* impact *m*; **beim ~ explodieren** exploser en 'heurtant le sol, en s'écrasant au sol; **3.** TENNIS service *m*; **~ haben** servir; être au service; **4.** *an Ärmeln, Hosen* revers *m*; **5.** cf **Augenaufschlag**
'aufschlagen ⟨*irr, sép,* -ge-⟩ **I** *v/t* ⟨h⟩ **1.** *Gerüst, Zelt, Bett etc* monter; dresser; *Zelt a* planter; *Lager* dresser; établir; *sein Quartier ~* s'installer (pour quelque temps); *fig s-n Wohnsitz ~* établir, fixer son domicile; s'établir; se fixer; *iron s-e Zelte ~* planter sa tente; **2.** *Augen, Buch etc* ouvrir; *e-e Stelle in e-m Buch ~* ouvrir un livre à un endroit; *Seite 21 ~* ouvrir à la page 21; **3.** *Eis, Ei, Nuß etc* casser; **4.** *Maschen beim Stricken* monter; **5.** *Mantelkragen etc* remonter; *Ärmel, Hosenbein* retrousser; *die Bettdecke ~* découvrir le lit; **6.** COMM *auf e-e Ware zwanzig Pfennig ~* majorer une marchandise de vingt pfennigs; **II** *v/i* **7.** ⟨h *ou* sein⟩ *Preise etc* se majorer (*um* de); *Händler* majorer les prix; *die Mieten haben aufgeschlagen* les loyers ont augmenté; **8.** ⟨sein⟩ (*aufprallen*) (*auf etw [dat ou acc]*) *~* 'heurter (qc); *Geschoß a* toucher, percuter qc; *abstürzendes Flugzeug, aus der Höhe fallender Körper* s'écraser (sur qc); *hart auf die Wasseroberfläche, Tischkante etc ~* 'heurter violemment la surface de l'eau, le bord de la table; *mit der Stirn (auf etw [dat ou acc]) ~* 'heurter qc du front; se heurter, se cogner le front (contre qc); *der Körper schlug dumpf auf dem Pflaster auf* le corps s'écrasa sur le pavé avec un bruit sourd; **9.** ⟨h⟩ TENNIS servir; **III** *v/réfl* ⟨h⟩ *sich* ⟨*dat*⟩ *das Knie etc ~* se blesser au genou, *etc*
'Aufschläger *m* TENNIS serveur *m*
'Aufschlag|fehler *m* TENNIS faute *f* de service; **~linie** *f* TENNIS ligne *f* de service
'aufschlecken *v/t* ⟨*sép,* -ge-, h⟩ lécher
'aufschließen ⟨*irr, sép,* -ge-, h⟩ **I** *v/t Tür etc* ouvrir (avec une clé); *j-m* (*die Tür*) *~* ouvrir (la porte) à qn (avec une clé); **II** *v/i* (*aufrücken*) se pousser (d'une place); *Truppen* serrer les rangs; SPORT *zur Spitzengruppe ~* rejoindre le groupe de tête; *die Autos fuhren dicht aufgeschlossen* les voitures roulaient très près les unes derrière les autres, se serraient de près
'aufschlitzen *v/t* ⟨-(e)t, *sép,* -ge-, h⟩ *Sack etc* éventrer; *Briefumschlag* ouvrir (à l'aide d'un couteau, *etc*); *j-m den Bauch ~* éventrer qn
'aufschluchzen *v/i* ⟨-(es)t, *sép,* -ge-, h⟩ éclater en sanglots; *kurz* avoir un sanglot
'Aufschluß *m* ([*Auf*]*Klärung*) éclaircissement *m*; explication *f*; (*Auskunft*) renseignement *m*; *j-m über etw (acc) ~ geben* donner des éclaircissements, des explications *bzw* des renseignements à qn sur qc; renseigner qn sur qc; *s-e Handlungen geben ~ über s-n Charakter a* ses actions sont révélatrices de son caractère; *sich* ⟨*dat*⟩ *über etw (acc) verschaffen* s'informer, *st/s* s'enquérir de qc; se procurer des éclaircissements sur qc
'aufschlüsseln *v/t* ⟨-ssele *ou* -ßle, *sép,* -ge-, h⟩ *statistisch* répartir (*nach Berufen* suivant la profession); classer (*nach Kategorien* par catégories); *bes* FIN ventiler
'Aufschlüsselung *f* ⟨*~;* -en⟩ répartition *f*; classement *m*; *bes* FIN ventilation *f*
'aufschlußreich *adj* révélateur, -trice (*für etw* de qc); (*lehrreich*) instructif, -ive
'aufschnallen *v/t* ⟨*sép,* -ge-, h⟩ **1.** *etw (auf etw [acc]) ~* attacher qc sur qc; *sich* ⟨*dat*⟩ *den Rucksack ~* mettre, attacher son sac à dos; **2.** (*öffnen*) *Gürtel etc* déboucler
'aufschnappen ⟨*sép,* -ge-⟩ **I** *v/t* ⟨h⟩ **1.** (*auffangen*) attraper; 'happer; **2.** F *fig Wort etc* entendre; F pêcher; **II** *v/i* ⟨sein⟩ *Schloß etc* s'ouvrir soudainement, brusquement
'aufschneiden ⟨*irr, sép,* -ge-, h⟩ **I** *v/t* **1.** (*öffnen*) couper; ouvrir, MÉD inciser; *sich* ⟨*dat*⟩ *die Pulsadern ~* s'ouvrir les veines des poignets; **2.** *Brot, Braten, Wurst* couper en tranches; *Fleisch, Kuchen* découper; **II** *v/i péj* (*prahlen*) se vanter; fanfaronner; faire le fanfaron; *mit s-n Erfolgen ~* se vanter de ses succès
'Aufschneider(in) *m(f) péj* vantard(e) *m(f)*; fanfaron, -onne *m,f*
Aufschneide'rei *f* ⟨*~;* -en⟩ *péj* vantardise *f*; fanfaronnades *f/pl*
'aufschneiderisch *adj péj* vantard; 'hâbleur, -euse; fanfaron, -onne
'aufschnellen *v/i* ⟨*sép,* -ge-, sein⟩ *von s-m Sitz etc* se lever d'un bond; *vor Überraschung etc* sursauter; faire un bond
'Aufschnitt *m* ⟨*~(e)s*⟩ (*Wurst2*) charcuterie (coupée en tranches); tranches *f/pl* de charcuterie; (*Käse2*) fromages (coupés en tranches)
'aufschnüren *v/t* ⟨*sép,* -ge-, h⟩ *Gepäck, Paket* défaire; déficeler; *Schuhe, Mieder* délacer
'aufschrammen *v/réfl* ⟨*sép,* -ge-, h⟩ cf *aufschürfen*
'aufschrauben *v/t* ⟨*sép,* -ge-, h⟩ **1.** (*losschrauben*) dévisser; **2.** (*befestigen*) *etw auf etw (acc) ~* visser, *mit e-r Mutter* boulonner qc sur qc
'aufschrecken ⟨*sép,* -ge-⟩ **I** *v/t* ⟨h⟩ effrayer; faire sursauter; *durch ein Geräusch aufgeschreckt werden* être effrayé par un bruit; *j-n aus s-n Gedanken ~* faire sursauter qn plongé dans ses pensées; *j-n aus dem Schlaf ~* réveiller qn en sursaut; **II** *v/i* (schreckt *ou* schrickt auf, schreckte *ou* schrak auf, aufgeschreckt, sein) sursauter; tressauter; *aus e-m Traum, s-n Gedanken ~* être tiré en sursaut d'un rêve, de ses pensées; *aus dem Schlaf ~* se réveiller en sursaut
'Aufschrei *m* (grand) cri; exclamation *f*; *bes e-r Menge* clameur *f*; *st/s fig ein ~ der Entrüstung* un cri d'indignation
'aufschreiben *v/t* ⟨*irr, sép,* -ge-, h⟩ **1.** (*notieren*) noter; mettre par écrit; prendre note de; (*sich* [*dat*]) *etw ~* noter qc; **2.** F (*verschreiben*) donner (sur ordonnance); **3.** F *Polizei j-n ~* F mettre, F flanquer un P.-V. à qn
'aufschreien *v/i* ⟨*irr, sép,* -ge-, h⟩ pousser un *od* des cri(s); *schrill, freudig ~* pousser un *od* des cri(s) aigu(s), de joie; *vor Schmerzen* ⟨*dat*⟩ *~* pousser un *od* des cri(s) de douleur; crier, *p/fort* 'hurler de douleur
'Aufschrift *f* **1.** inscription *f*; *auf Münzen a* légende *f*; **2.** *auf Briefen etc* adresse *f*
'Aufschub *m* délai *m*; retard *m*; *des Wehrdienstes, Strafvollzugs etc* sursis *m*; *e-r fälligen Zahlung* (prolongation *f* du) délai *m*; *~ des Strafvollzugs* sursis à l'exécution de la peine; *keinen ~ dulden* être urgent; *st/s* ne souffrir aucun retard
'aufschürfen *v/réfl* ⟨*sép,* -ge-, h⟩ *sich* ⟨*dat*⟩ *die Haut, das Knie ~* s'érafler, *p/fort* s'écorcher la peau, le genou
'aufschütteln *v/t* ⟨*sép,* -ge-, h⟩ *Kissen* tapoter; faire bouffer
'aufschütten *v/t* ⟨-ete, *sép,* -ge-, h⟩ **1.** *etw* (*auf etw* [*acc*]) *~* mettre, verser qc sur qc; rajouter qc à qc; **2.** *Dinge zu e-m Haufen* entasser; mettre en tas; *Straße, Damm etc* remblayer; **3.** *Haufen* faire; *Hügel* élever
'Aufschüttung *f* ⟨*~;* -en⟩ *zu e-m Haufen* entassement *m*; *e-r Straße, e-s Damms etc* remblayage *m*; *a Ergebnis* remblai *m*
'auf|schwatzen, *regional* **~schwätzen** F *v/t* ⟨-(es)t, *sép,* -ge-, h⟩ *j-m etw ~* F refiler qc à qn (en baratinant, en l'embobinant)
'aufschweißen *v/t* ⟨-(es)t, *sép,* -ge-, h⟩ **1.** (*öffnen*) ouvrir, percer au chalumeau; **2.** *etw* (*auf etw* [*acc*]) *~* souder qc sur qc
'aufschwellen *v/i* ⟨*irr, sép,* -ge-, sein⟩ *Körperteil* enfler; gonfler; *durch Schläge etc* se tuméfier; *aufgeschwollenes Gesicht* visage enflé
'aufschwemmen *v/t* ⟨*sép,* -ge-, h⟩ boursoufler; bouffir; *aufgeschwemmtes Gesicht* visage bouffi
'aufschwindeln F *v/t* ⟨-(e)le, *sép,* -ge-, h⟩ *j-m etw ~* F refiler qc à qn (en mentant sur la qualité)
'aufschwingen ⟨*irr, sép,* -ge-, h⟩ **I** *v/réfl* **1.** *poét sich ~ Vogel* prendre son envol, son essor; **2.** *fig sich zu etw ~* (*sich aufraffen*) se résoudre à faire qc; se décider (enfin) à faire qc; prendre son courage à deux mains pour faire qc; **3.** (*e-e Rolle übernehmen*) *sich zum Richter ~* s'ériger en juge; *péj sich zum Diktator ~* faire le dictateur; **II** *v/i Turner* faire un rétablissement
'Aufschwung *m* **1.** (*Aufwärtsentwicklung*) essor *m*; ÉCON a redressement *m*; relance *f*; *wirtschaftlicher ~* essor économique; *e-n gewaltigen ~ nehmen od erfahren* prendre un essor formidable; **2.** *st/s* (*Auftrieb*) essor *m*; élan *m*;

aufsehen – aufstellen

das gab ihm wieder neuen ~ cela lui a redonné de l'élan; **3.** *TURNEN* rétablissement *m*

'**aufsehen** *v/i ⟨irr, sép, -ge-, h⟩* **1.** lever les yeux (*zu* vers; *von s-r Arbeit* de son travail); **2.** *fig zu j-m* ~ respecter qn; *p/fort* révérer, vénérer qn

'**Aufsehen** *n ⟨~s⟩* sensation *f*; ~ *erregen Sache* faire du bruit; faire sensation; *Person* se faire remarquer; faire sensation; *jedes* ~ *vermeiden* éviter de se faire remarquer

'**aufsehenerregend** *adjt* sensationnel, -elle; retentissant; spectaculaire; *e-e* ~*e Tat* a une action d'éclat; exploit *m*

'**Aufseher(in)** *m(f)* gardien, -ienne *m,f* (*im Gefängnis* de prison, *im Museum* de musée); *bes bei e-r Prüfung* surveillant(e) *m(f)*; garde *m*

'**aufsein** F *v/i ⟨irr, sép, -ge-, sein⟩* **1.** (*nicht im Bett sein*) *schon* ~ être déjà levé; *noch* ~ être encore debout; **2.** (*offen sein*) être ouvert

'**aufsetzen** ⟨-(es)t, *sép*, -ge-, h⟩ **I** *v/t* **1.** *Hut, Brille, Krone etc* mettre; *fig Miene* prendre; *aufgesetztes Lächeln* sourire forcé; **2.** (*aufs Feuer setzen*) mettre sur le feu; **3.** *Stockwerk etc* ajouter; **4.** (*aufnähen*) *Flicken* mettre; poser; *aufgesetzte Taschen f/pl* poches plaquées; **5.** *Kleinkind, Kranken* asseoir; **6.** *Brief* rédiger; *Vertrag* a libeller; *Protokoll* dresser; **7.** *auf e-e Unterlage etc etw* (*auf etw* [*acc*]) ~ poser qc sur qc; *den Fuß* ~ poser le pied; **II** *v/i* (*landen*) ~ (*auf* [+*dat*]) toucher terre; atterrir (sur); se poser (sur); *auf dem Wasser* amerrir (sur); se poser (sur); *Skispringer* atterrir (sur); **III** *v/réfl sich* ~ se mettre, se dresser sur son séant; s'asseoir

'**Aufsetzer** *m FUSSBALL, HANDBALL etc* ballon *m* qui rebondit

'**aufseufzen** *v/i ⟨-(es)t, sép, -ge-, h⟩* soupirer; pousser un soupir

'**Aufsicht** *f* **1.** ⟨*pas de pl*⟩ (*Überwachung*) surveillance *f*; *unter* ~ (*acc*) *stellen* placer sous surveillance; *unter ärztlicher, polizeilicher* ~ *stehen* être placé sous surveillance médicale, policière; *etw unter* ~ (*dat*) *machen* faire qc sous surveillance; *ohne* ~ *sein* rester sans surveillance; ne pas être surveillé; (*die*) ~ *haben od führen* être de surveillance, de garde; *die* ~ *über j-n, etw haben* surveiller qn, qc; **2.** (*Aufsichtsperson*) surveillant(e) *m(f)*; **3.** *TECH* (*Sicht von oben*) vue *f* en plan

'**aufsichtführend** *adj* ⟨*épithète*⟩ surveillant; de surveillance

'**Aufsichtführende(r)** *f(m)* (→ A) surveillant(e) *m(f)*

'**Aufsichts|amt** *n Behörde* inspection *f*; ~**behörde** *f* inspection *f*

'**aufsicht(s)los** *adj Person* sans surveillance; *Ort* non surveillé; non gardé

'**Aufsichts|person** *f* surveillant(e) *m(f)*; ~**personal** *n* personnel surveillant, de surveillance

'**Aufsichtspflicht** *f* ⟨*~*⟩ *JUR* devoir *m* de surveillance; *die elterliche* ~ le devoir de surveillance des parents

'**Aufsichts|rat** *m* **1.** *Gremium nach deutschem Recht* conseil *m* de surveillance; *nach französischem Recht* conseil *m* d'administration; **2.** *Mitglied* membre *m* du conseil de surveillance bzw d'administration; ~**ratsvorsitzende(r)** *f(m)* président(e) *m(f)* du conseil de surveillance *bzw* d'administration

'**aufsitzen** *v/i ⟨irr, sép, -ge-⟩* **1.** ⟨sein⟩ *auf ein Reittier* monter en selle; *auf ein Pferd a* monter à cheval; *auf ein Motorrad etc* monter derrière; **2.** F ⟨h⟩ *Kranker etc* être assis (dans son lit); **3.** *fig j-m, e-r Sache* ~ ⟨sein⟩ F se faire avoir par qn, par qc; *j-n* ~ *lassen* ⟨h⟩ faire faux bond à qn; F laisser qn en plan; **4.** ⟨h⟩ (*aufliegen*) (*auf etw* [*dat*]) ~ reposer sur qc

'**Aufsitzer** F *m* ⟨*~s*; *~*⟩ *österr* échec *m*

'**aufspalten** *v/t* ⟨*sép*, -ge-, h⟩ a *fig* (*sich*) ~ (se) diviser (*in* [+*acc*] en); ⁀**ung** *f a fig* division *f*

'**aufspannen** *v/t* ⟨*sép*, -ge-, h⟩ **1.** *Regenschirm* ouvrir; *Sprungtuch, Netz etc* tendre; **2.** *etw* (*auf etw* [*acc*]) ~ *Blatt auf ein Reißbrett etc* fixer, tendre qc (sur qc)

'**aufsparen** *v/t* ⟨*sép*, -ge-, h⟩ garder; réserver; mettre de côté

'**aufsperren** *v/t* ⟨*sép*, -ge-, h⟩ **1.** F (*aufmachen*) ouvrir tout grand; *Augen a* écarquiller; *den Mund* ~ ouvrir toute grande la bouche; *sperr deine Ohren auf!* ouvre toutes grandes tes oreilles!; **2.** *bes südd, österr* (*aufschließen*) ouvrir (avec une clé)

'**aufspielen** ⟨*sép*, -ge-, h⟩ **1.** (*Musik machen*) jouer; *zum Tanz* ~ jouer de la musique de danse; **2.** *SPORT groß, glänzend* ~ jouer un grand match, un match formidable; **II** F *péj v/réfl sich* ~ (*vor j-m*) faire l'important (devant qn); poser (devant qn); F crâner (devant qn); *sich als Held, Kenner* ~ jouer au héros, au connaisseur

'**aufspießen** *v/t* ⟨-(es)t, *sép*, -ge-, h⟩ **1.** *Stück Fleisch, Papier etc* piquer; *mit Gabel, Spieß, Hörnern* embrocher; *er wurde bei dem Unfall buchstäblich aufgespießt* il a été littéralement empalé lors de l'accident; **2.** F *fig Mißstände etc* dénoncer; *p/fort* mettre au pilori

'**auf|splittern** ⟨-(e)re, *sép*, -ge-⟩ **I** *v/t* (*u v/réfl*) ⟨h⟩ (*sich*) ~ *Land, Partei etc* (se) morceler; *fig* ([*sich*] *spalten*) (se) diviser; **II** F ⟨sein⟩ *Holz etc* éclater; ⁀**splitterung** *f* ⟨*~*; *~en*⟩ morcellement *m*; *fig* (*Spaltung*) division *f*; ~**sprengen** *v/t* ⟨*sép*, -ge-, h⟩ *mit Sprengstoff* faire sauter; *mit Gewalt* forcer

'**aufspringen** *v/i* ⟨*irr, sép, -ge-, sein*⟩ **1.** (*hochspringen*) *von s-m Sitz etc* se lever d'un bond; bondir; *die Zuhörer sprangen begeistert von ihren Plätzen auf* les auditeurs bondirent d'enthousiasme de leurs places; *vor Freude* (*dat*) ~ sauter, bondir de joie; **2.** *auf etw* (*acc*) ~ sauter sur qc; *auf e-e Straßenbahn* ~ sauter dans un tramway; **3.** *Tür* s'ouvrir (brusquement); *Deckel etc* sauter; *st/s Knospen, Blüten* s'ouvrir; **4.** *Haut, Lippen etc* (se) gercer; **5.** (*auftreffen*) *Ball etc* rebondir

'**aufspritzen** ⟨-(es)t, *sép*, -ge-⟩ **I** *v/t* *TECH* appliquer au pistolet; *etw* (*auf etw* [*acc*]) ~ appliquer qc sur qc; *Farbe auf etw* (*acc*) ~ peindre qc au pistolet; **II** *v/i* ⟨sein⟩ **1.** *Wasser, Schlamm, Blut etc* jaillir; **2.** F *fig* (*aufspringen*) se lever d'un bond

'**aufsprühen** ⟨*sép*, -ge-⟩ **I** *v/t* ⟨h⟩ *etw* (*auf etw* [*acc*]) ~ vaporiser qc sur qc; **II** *v/i* ⟨sein⟩ *Funken, Wasser etc* jaillir

'**Aufsprung** *m SPORT*, *e-s Fallschirmspringers* réception *f*; *e-s Balls* rebondissement *m*

'**auf|spulen** *v/t* ⟨*sép*, -ge-, h⟩ (em)bobiner; ~**spüren** *v/t* ⟨*sép*, -ge-, h⟩ a *fig* dépister; *fig a* découvrir

'**aufstacheln** *v/t* ⟨-(e)le, *sép*, -ge-, h⟩ exciter; *j-n zum Widerstand* ~ pousser, exciter qn à la résistance; *j-s Ehrgeiz* ~ exciter l'ambition de qn; *j-n gegen j-n* ~ monter qn contre qn

'**aufstampfen** *v/i* ⟨*sép*, -ge-, h⟩ frapper, mehrmals taper du pied *bzw* des pieds; *vor Wut etc* ~ trépigner de colère, etc

'**Aufstand** *m* soulèvement *m*; révolte *f*; insurrection *f*; *bewaffneter* ~ révolte armée

aufständisch ['aufʃtɛndɪʃ] *adj Personen* insurgé; révolté; *Bewegung* insurrectionnel, -elle

'**Aufständische(r)** *m* ⟨→ A⟩ insurgé *m*

'**auf|stapeln** *v/t* ⟨-(e)le, *sép*, -ge-, h⟩ empiler; mettre en pile; superposer; ~**stauen** ⟨*sép*, -ge-, h⟩ **I** *v/t Wasser, Fluß* retenir; **II** *v/réfl sich* ~ *Wasser, fig Haß etc* s'accumuler; *Menschenmenge* s'amasser; ~**stechen** *v/t* ⟨*irr, sép, -ge-, h*⟩ percer; crever

'**aufstecken** ⟨*sép*, -ge-, h⟩ **I** *v/t* **1.** *Haar* relever; **2.** *etw* (*auf etw* [*acc*]) ~ *Ring* mettre, passer qc (à qc); *Kerzen auf e-n Leuchter* mettre qc (sur qc); **3.** F *Ziel, Plan etc* renoncer à; F laisser tomber; *a SPORT* abandonner; **II** F *v/i* F laisser tomber; abandonner

'**aufstehen** *v/i* ⟨*irr, sép, -ge-*⟩ **1.** ⟨sein⟩ *aus dem Bett, vom Stuhl etc* se lever; *vom Tisch* ~ se lever, sortir de table; *wenn du fieberfrei bist, darfst du* ~ quand tu n'auras plus de fièvre, tu pourras te lever; F *fig da mußt du früher* ~ il faudra te lever de bonne heure; *beim* ⁀ au lever; du saut du lit; **2.** ⟨h⟩ (*offenstehen*) être ouvert; **3.** *st/s* ⟨sein⟩ *gegen etw, j-n* ~ s'insurger contre qc, contre qn

'**aufsteigen** *v/i* ⟨*irr, sép, -ge-, sein*⟩ **1.** *Ballon, Rauch etc* monter; s'élever; *Flugzeug* décoller; s'envoler; *an die Oberfläche* ~ (re)monter à la surface; **2.** *aufs Rad, Pferd, zum Gipfel etc* (*auf etw* [*acc*]) ~ monter (à, sur qc); **3.** *st/s fig Gedanken, Erinnerungen, Zweifel* surgir; *Zweifel a* s'élever; *Angst montér*; *Tränen* monter aux yeux; *ein Verdacht stieg in mir auf* un soupçon naquit en moi; **4.** *beruflich, sozial* avancer (en grade); s'élever (*zu* à); *zu hohen Ämtern* ~ s'élever à de hautes fonctions; (*bis*) *zum Direktor* ~ monter, arriver jusqu'au poste de directeur; *SPORT in die höhere Klasse* ~ monter en division supérieure

'**aufsteigend** *adjt a MATH* ascendant; *Verwandtschaft in* ~*er Linie* en ligne ascendante

'**Aufsteiger** *m* **1.** F *sozialer* personne arrivée, qui a réussi; **2.** *SPORT* Mannschaft équipe montée en division supérieure

'**aufstellen** ⟨*sép*, -ge-, h⟩ **I** *v/t* **1.** (*hinstellen*) *Gegenstände* mettre; placer; disposer (*auf dem Tisch* sur la table; *in e-m Raum* dans une pièce); *Möbel* installer; **2.** (*aufbauen*) *Gerüst* dresser;

Aufstellung – Auftragsbestätigung

monter; *Falle* poser; *Denkmal* ériger; élever; *Maschine, Anlage, Zelt, Bett* monter; *Zelt a* installer; MIL *Raketen* déployer; **3.** (*aufrecht hinstellen*) relever; redresser; **4.** (*hochstellen*) relever; **5.** *Posten, Wache* mettre; placer; poster; *Kandidaten* présenter; *Mannschaft, Armee etc* former; mettre sur pied; composer; **sich als Kandidat ~ lassen** se porter candidat; SPORT **j-n als Verteidiger ~** mettre qn au poste d'arrière; **6.** *Bilanz, Etat, Rechnung, Programm, Gesetz, Regel* établir; *Hypothese* construire; bâtir; *Gleichung* poser; *Rekord* établir; réaliser; **e-e Behauptung ~** avancer une affirmation; **7.** *regional* (*auf den Herd stellen*) mettre sur le feu; **II** v/réfl **sich ~ 8.** se poster; se placer; **sich hintereinander ~** se ranger les uns derrière les autres; **sich im Kreis ~** se ranger en cercle; **9.** *Fell, Haare etc* se dresser

'Aufstellung f **1.** *von Möbeln* installation f; *e-r Maschine, Anlage, e-s Gerüsts etc* montage m; *e-s Denkmals* élévation f; MIL *von Raketen* déploiement m; **2.** *e-r Wache, e-s Postens* mise f en place; *e-s Kandidaten* présentation f; *e-s Heers etc* formation f; mise f sur pied; composition f; **~ nehmen od beziehen** se placer; se mettre en place; **die Mannschaft spielt in folgender ~** l'équipe joue dans la formation suivante; **3.** *e-s Programms, Inventars, Rekords, e-r Rechnung* établissement m; *e-r Hypothese, Theorie* construction f; *e-r Gleichung* pose f; **4.** (*Verzeichnis, Liste*) liste f; (*Tabelle*) tableau m

'aufstemmen ⟨sép, -ge-, h⟩ **I** v/t **1.** *Schloß, Kiste etc* ouvrir à l'aide d'une pince-monseigneur; **2. die Ellbogen ~** appuyer les coudes sur la table; **II** v/réfl **sich auf etw** (acc) **~** s'appuyer sur qc

'aufsteppen v/t ⟨sép, -ge-, h⟩ COUT *etw* (*auf etw* [acc]) **~** piquer qc sur qc

'aufsticken v/t ⟨sép, -ge-, h⟩ COUT *etw* (*auf etw* [acc]) **~** broder qc sur qc

'aufstieben v/i ⟨irr, sép, -ge-, sein⟩ se soulever; tourbillonner

'Aufstieg ['aʊfʃtiːk] m ⟨~(e)s; ~e⟩ **1.** *zum Gipfel* (*zu*) montée f (à); ALPINISTIK ascension f (à); *beim ~* en montant; à la montée; lors de l'ascension; **2.** *e-s Ballons, e-r Rakete etc* ascension f; *e-s Flugzeugs* décollage m; envol m; **3.** *fig wirtschaftlicher* essor m; *sozialer, beruflicher* promotion f; *sozialer a* ascension f; *im Beruf a*, *in e-e höhere Gehaltsgruppe* avancement m; SPORT montée f en division supérieure; **der ~ zur Geschäftsführerin, in die Geschäftsleitung** la promotion au poste de gérante, à un poste de direction

'Aufstiegs|chance f *im Beruf* chance f d'avancement, de promotion; SPORT chance f de se qualifier, de monter en division supérieure; **~möglichkeiten** f/pl *im Beruf* chances f/pl d'avancement, de promotion; **~spiel** n SPORT match m de qualification

'auf|stöbern v/t ⟨-(e)re, sép, -ge-, h⟩ **1.** *Tiere* débusquer; débucher; (faire) lever; **2.** *fig* (*entdecken*) dénicher; **~stocken** v/t ⟨sép, -ge-, h⟩ **1.** *Haus* surélever (*um ein Stockwerk* d'un étage); **2.** *Kapital* augmenter (*um* de)

'aufstöhnen v/i ⟨sép, -ge-, h⟩ pousser un gémissement; gémir

'aufstören v/t ⟨sép, -ge-, h⟩ **1.** *Tiere* effaroucher; **2.** *j-n* (*aus dem Schlaf*) **~** déranger qn (dans son sommeil)

'aufstoßen ⟨irr, sép, -ge-⟩ **I** v/t ⟨h⟩ **1.** *Tür etc* ouvrir (d'un coup de pied, *etc*); **2.** (*aufsetzen*) *etw* (*auf etw* [acc]) **~** poser qc (avec violence) sur qc; **3.** (*verletzen*) **sich** (dat) **das Knie etc ~** se cogner le genou, *etc*; **II** v/i **4.** ⟨h⟩ PHYSIOL éructer; avoir des renvois; *Säugling* faire son rot; **j-m stößt etw auf** ⟨sein⟩ qc donne des renvois à qn; F *fig* **etw stößt j-m auf** ⟨sein⟩ qc frappe qn; **5.** ⟨sein⟩ *Gegenstand auf dem Boden etc* (*auf etw* [dat]) **~** 'heurter qc

'aufstrebend adj ⟨épithète⟩ *Person* (plein) d'avenir; *Künstler* à succès; **~e Industrie** industrie f en plein développement; **~e Jugend** jeunesse f qui cherche à arriver; **~er Staat** État m en plein développement

'aufstreichen v/t ⟨irr, sép, -ge-, h⟩ *etw* (*auf etw* [acc]) **~** *Farbe* appliquer qc (sur qc); *Salbe, Aufstrich* mettre qc (sur qc); *Aufstrich a, Butter, Marmelade* étaler, tartiner qc (sur qc)

'Aufstrich m **1.** (*Brot2*) beurre m, confiture f, pâté m, *etc* (à tartiner); **2.** *beim Schreiben* délié m

'aufstülpen v/t ⟨sép, -ge-, h⟩ **1.** *Hut etc* enfoncer (*auf den Kopf* sur sa tête); **2.** *Kragen, Lippen* etc retrousser

'aufstützen ⟨-(e)st, sép, -ge-, h⟩ **I** v/t *etw* (*auf etw* [acc ou dat]) **~** appuyer qc sur qc; **den Kopf ~** appuyer sa tête dans sa main; **er saß mit aufgestützten Armen am Tisch** il était assis les coudes sur la table; il était accoudé à la table; **II** v/réfl **sich mit den Ellbogen ~** s'accouder (*auf* [+acc]); *Kranker* **sich im Bett ~** se redresser dans son lit

'aufsuchen st/s v/t ⟨sép, -ge-, h⟩ **1.** (*besuchen*) *Person* aller voir; rendre visite à; *Arzt, Rechtsanwalt* (aller) consulter; *Ort* aller à; *Gedenkstätte* aller voir; visiter; *Grab* aller sur; **2.** (*suchen*) *Textstelle etc* chercher

'aufsummieren ⟨sép, *pas de* ge-, h⟩ **I** v/t INFORM totaliser; **II** v/réfl **sich zu etw ~** se monter à qc

'auftakeln ⟨-(e)le, sép, -ge-, h⟩ **I** v/t MAR gréer; **II** F *péj* v/réfl **sich ~** se harnacher; s'accoutrer; F s'attifer; **aufgetakelt** (drôlement) accoutré, F attifé, 'harnaché

'Auftakt m *e-s Ereignisses* ouverture f; prélude m (*zu* à); **den ~ zu etw bilden** ouvrir qc; **den ~ machten die Kunstturner** les gymnastes ouvrirent la compétition; **der Protestmarsch wurde zum ~ einer Volkserhebung** le défilé des protestaires fut le point de départ d'un soulèvement populaire

'auftanken ⟨sép, -ge-, h⟩ **I** v/t **1.** *Flugzeug* ravitailler; **das Auto ~** faire le plein (d'essence); **2.** *fig Energie etc* **~** faire le plein d'énergie; **II** v/i **3.** *beim Auto etc* faire le plein; *beim Flugzeug* se ravitailler (en carburant); **4.** *fig* recharger ses batteries

'auftauchen v/i ⟨sép, -ge-, sein⟩ **1.** *aus dem Wasser* émerger; apparaître (à la surface); *U-Boot* faire surface; **wieder ~** réapparaître; revenir à la surface; **2.** *fig* (*sichtbar werden*) apparaître; sur-

gir; **3.** *Fragen, Probleme, Gerüchte, Schwierigkeiten* surgir; **4.** (*gefunden werden*) réapparaître; être retrouvé; **er ist plötzlich in Berlin aufgetaucht** il a soudainement réapparu à Berlin

'auftauen ⟨sép, -ge-⟩ **I** v/t ⟨h⟩ *Schnee, Eis etc* faire fondre; *Tiefkühlkost* décongeler; TECH, *Türschloß, Windschutzscheibe* dégeler; **II** v/i ⟨sein⟩ **1.** *Eisdecke* fondre; *Tiefkühlkost, See, Fluß* dégeler; *Erde etc* (se) dégeler; **2.** *fig Person* se dégeler; sortir de sa réserve

'aufteilen v/t ⟨sép, -ge-, h⟩ **1.** (*verteilen*) partager; *nach Anteilen* répartir; *Baugelände, Erbe a* lotir; **etw unter sich** (acc ou dat), **untereinander ~** se partager qc; **den Kuchen unter den Gästen ~** partager le gâteau entre les invités; **2.** (*aufgliedern*) partager; **e-n Kuchen in zwölf Stücke ~** partager un gâteau en douze morceaux; **3.** (*einteilen*) répartir; diviser; **in Gruppen** (acc) **~** répartir, diviser en groupes

'Aufteilung f partage m; *nach Anteilen* répartition f; *e-s Baugeländes a* lotissement m

'auftippen v/i ⟨sép, -ge-, sein⟩ *Ball etc* rebondir doucement

'auftischen v/t ⟨sép, -ge-, h⟩ **1.** (*servieren*) (*j-m*) **etw ~** servir qc à qn; **2.** F *fig j-m etw ~** *Lügen etc* raconter, débiter qc à qn

Auftrag ['aʊftraːk] m ⟨~(e)s; -träge⟩ **1.** (*Weisung*) mission f; ordre m; **j-m e-n ~ erteilen** charger qn d'une mission; donner un ordre à qn; **j-m den ~ erteilen, etw zu tun** charger qn, donner l'ordre à qn de faire qc; **den ~ haben, etw zu tun** avoir ordre, être chargé de faire qc; avoir pour mission de faire qc; **im ~ von** od (+ gén) par ordre de; sur (l')ordre de; (*im Namen*) au nom de; **er kommt, handelt im ~ des Chefs** il vient, agit par ordre du chef; **2.** COMM (*Bestellung*) commande f; ordre m; **j-m e-n ~ erteilen, e-n ~ an j-n vergeben** passer une commande à qn; **etw in ~ geben** passer commande de qc; commander qc (*bei* à *i.A.*); **3.** *FIN* ordre m; **im ~ von** od (+ gén) pour le compte de; **im ~ und für Rechnung von** od (+ gén) d'ordre et pour compte de

'auftragen ⟨irr, sép, -ge-, h⟩ **I** v/t **1.** st/s *Speise* apporter (sur la table); servir; **2.** *Farbe, Salbe, Aufstrich etc etw* (*auf etw* [acc]) **~** mettre, étaler qc sur qc; **die Farbe dick ~** passer, mettre une couche épaisse de peinture; **3.** *Kleidungsstücke* finir d'user; user; **die Kleider der älteren Schwester** (mit) **~** finir d'user les vêtements de sa sœur aînée; **4.** *j-m etw ~** charger qn de faire qc; **er hat mir schöne Grüße an Sie aufgetragen** il m'a chargé de vous transmettre son bon souvenir, ses amitiés; **II** v/i **5.** *Kleid, Stoff* grossir; **6.** F **dick ~** (*übertreiben*) exagérer; en rajouter

'Auftrag|geber(in) m (~s; ~) (f) (~; ~innen) COMM donneur m d'ordre; JUR mandant(e) m(f); commettant(e) m(f); (*Kunde*) client(e) m(f); **~nehmer(in)** m (~s; ~) (f) (~; ~nen) preneur m de commande; (*Lieferant*) fournisseur m

'Auftrags|ausführung f exécution f d'une commande, d'un ordre; **~bestätigung** f confirmation f de commande;

accusé *m* de réception d'une commande, d'un ordre; **~buch** *n* livre *m* des commandes; carnet *m* de commandes

'**auftragsgemäß** **I** *adj* ⟨épithète⟩ conforme à l'ordre (de); **II** *adv* suivant l'ordre (de); conformément à l'ordre (de); *etw* **~** *ausführen* faire, exécuter qc conformément à l'ordre donné, aux ordres

'**Auftrags|lage** *f* ⟨~⟩ rentrée *f* de commandes; **~rückgang** *m* régression *f* des commandes; **~werk** *n* e-s *Künstlers* ouvrage *m* de commande

'**auftreffen** *v/i* ⟨*irr*, *sép*, *-ge-*, *sein*⟩ *auf etw* (*acc*) **~** 'heurter, rencontrer qc; *Strahlen* tomber sur, rencontrer qc

'**auftreiben** *v/t* ⟨*irr*, *sép*, *-ge-*, *h*⟩ **1.** *Hefe den Teig* faire lever; *Gase den Körper* faire gonfler; ballonner; **2.** F (*ausfindig machen*) dénicher; F dégot(t)er; *etw ist nicht aufzutreiben* qc est introuvable

'**auftrennen** *v/t* ⟨*sép*, *-ge-*, *h*⟩ *Naht* découdre

'**auftreten** ⟨*irr*, *sép*, *-ge-*⟩ **I** *v/t* ⟨*h*⟩ *Tür etc* ouvrir d'un coup de pied; enfoncer; **II** *v/i* ⟨*sein*⟩ **1.** *mit dem Fuß* poser le pied (sur le sol); *fest* **~** marcher d'un pas ferme, assuré; *leise*, *vorsichtig* **~** marcher doucement, prudemment; **2.** *auf der Bühne* entrer en scène; apparaître sur (la) scène; **3.** *als Schauspieler*, *Künstler* jouer; se produire; donner une représentation, un récital, *etc*; *als Hamlet* **~** jouer le rôle d'Hamlet; **4.** (*in Erscheinung treten*) *als ... ~* se présenter comme ...; *als Käufer* **~** se porter acheteur; *als Redner* **~** prononcer un *bzw* des discours; *als Zeuge* **~** être témoin; *gegen etw*, *j-n* **~** lutter *od* intervenir contre qc, contre qn; **5.** (*sich verhalten*) se montrer; *sicher*, *bescheiden*, *energisch* **~** se montrer assuré *od* sûr de soi, modeste, énergique; **6.** (*auftauchen*) *Schwierigkeiten*, *Gefahren etc* apparaître; surgir; **7.** (*vorkommen*) *Krankheit* survenir; se manifester; *Mineralien*, *Pflanzen* apparaître

'**Auftreten** *n* ⟨~s⟩ **1.** (*Benehmen*) manières *f/pl*; présentation *f*; *ein sicheres* **~** *haben* avoir de l'assurance; **2.** *auf der Bühne* entrée *f* en scène; **3.** e-s *Schauspielers*, *Künstlers* erstes **~** première apparition sur scène; **4.** *in der Öffentlichkeit* apparition *f*; entrée *f* en scène; **5.** *von Schwierigkeiten*, e-r *Krankheit etc* apparition *f*

'**Auftrieb** *m* **1.** ⟨*pas de pl*⟩ PHYS poussée (verticale); e-s *Ballons* mouvement ascensionnel, ascendant; AVIAT force ascensionnelle; sustentation *f*; (**dynamischer**) **~** portance *f*; **2.** ⟨*pas de pl*⟩ *fig* élan *m*; encouragement *m*; *bes* ÉCON essor *m*; *j-m* **~** *geben* encourager qn; *er hat dadurch neuen* **~** *bekommen* cela lui a redonné courage *od* un nouvel élan; **3.** AGR (*Alm♀*) transhumance *f* de printemps; montée *f* aux alpages

'**Auftriebskraft** *f* PHYS, AVIAT force ascensionnelle

'**Auftritt** *m* **1.** THÉ e-s *Schauspielers* entrée *f* en scène; **2.** THÉ *Akteinteilung* scène *f*; **3.** e-s *Künstlers*, *Sängers etc* apparition *f* sur scène; **4.** *fig* (*Streit*) scène *f*

'**auftrumpfen** *v/i* ⟨*sép*, *-ge-*, *h*⟩ étaler sa supériorité; *mit etw* **~** faire étalage de

qc; étaler qc; „*Jetzt erst recht!*" **trumpfte sie auf** s'écria-t-elle d'une voix triomphante

'**auftun** ⟨*irr*, *sép*, *-ge-*, *h*⟩ **I** *v/t* **1.** F (*entdecken*) dénicher; **2.** F (*servieren*) servir; **3.** *st/s* (*öffnen*) ouvrir; F *den Mund nicht* **~** ne pas desserrer les dents; **4.** *regional* (*aufsetzen*) *Hut*, *Brille etc* mettre; **II** F *v/i j-m*, *sich* **~** servir qn (à table), se servir; **III** *st/s v/réfl sich* **~** *Tür*, *Abgrund etc* s'ouvrir; *eine fremde Welt tat sich vor ihm auf* un monde étranger s'ouvrit à lui

'**auftürmen** ⟨*sép*, *-ge-*, *h*⟩ **I** *v/t* **~** (*zu*) empiler (en); entasser (en); **II** *v/réfl sich* (*vor j-m*) **~** *Berge*, *Schwierigkeiten etc* se dresser, s'élever (devant qn)

'**aufwachen** *v/i* ⟨*sép*, *-ge-*, *sein*⟩ se réveiller; *aus e-r Ohnmacht*, *Narkose* **~** se réveiller d'un évanouissement, d'une anesthésie

'**aufwachsen** *v/i* ⟨*irr*, *sép*, *-ge-*, *sein*⟩ *Kind* grandir; être élevé; *sie ist in Afrika aufgewachsen* elle a passé son enfance en Afrique

'**aufwallen** *v/i* ⟨*sép*, *-ge-*, *sein*⟩ **1.** *Wasser etc* bouillir; entrer en ébullition; **2.** *st/s fig Freude*, *Zorn*, *Haß etc in j-m* **~** monter en qn; *Zorn wallt in ihm auf* a il s'emporte

'**Aufwallung** *st/s f* *von Freude*, *Zorn*, *Haß etc* accès *m*; *von Freude* a transport *m*; *von Zorn* a emportement *m*

Aufwand ['aufvant] *m* ⟨~(e)s⟩ **1.** (*Ausgaben*) frais *m/pl*; dépenses *f/pl*; *mit geringem* **~** à peu de frais; *mit e-m* **~** *von 20 Millionen Mark* pour une somme de, en dépensant 20 millions de marks; **2.** (*Einsatz*) dépense *f*; **~** *an Kraft* efforts *m/pl*; énergie *f* (*für* nécessaire à); dépense de forces; **~** *an Zeit* temps *m* (*für* nécessaire à, consacré à); dépense de temps; *personeller* **~** (besoins *m/pl* en) personnel *m*; *das lohnt den* **~** *nicht* cela ne vaut pas la peine; **3.** (*Verschwendung*) luxe *m*; *st/s* pompe *f*; *großen* **~** *mit etw treiben* dépenser beaucoup de temps et d'argent pour qc

'**Aufwandsentschädigung** *f* indemnité *f* de frais (de représentation)

'**aufwärmen** ⟨*sép*, *-ge-*, *h*⟩ **I** *v/t* **1.** *Speise* réchauffer; **2.** F *fig alte Geschichten etc* rabâcher; *Streit* réveiller; **II** *v/réfl sich* **~** se réchauffer; SPORT s'échauffer

'**Aufwartefrau** *f regional* femme *f* de ménage

'**aufwarten** *v/i* ⟨*-ete*, *sép*, *-ge-*, *h*⟩ **1.** *st/s bei Tisch j-m* **~** servir qn; **2.** *fig mit etw* **~** présenter qc; *mit e-r Überraschung* **~** faire une surprise; *mit e-r Neuigkeit* **~** raconter une nouvelle; *mit e-m großen Warenangebot* **~** offrir un grand choix de marchandises; *mit neuen Erfolgen* **~** *können* (pouvoir) rendre compte de nouveaux succès

'**aufwärts** *adv* vers le *od* en 'haut; en montant; (*strom*~) à contre-courant; en amont (de); **~** *gehen*, *fahren etc* monter; *Straße etc* **~** *führen* monter; conduire en 'haut; *den Fluß* **~** *fahren* remonter le fleuve; *fig vom Hauptmann* (*an*) **~** à partir du capitaine

'**Aufwärts|bewegung** *f* mouvement ascendant; **~entwicklung** *f* progression *f*; *p/pfort* essor *m*

'**aufwärtsgehen** *v/imp* ⟨*irr*, *sép*, *-ge-*, *sein*⟩ *mit uns geht es aufwärts* wirt-

schaftlich, gesundheitlich nous allons mieux, de mieux en mieux; *mit unserem Geschäft geht es aufwärts* nos affaires vont mieux, vont de l'avant

'**Aufwärts|haken** *m* BOXEN uppercut *m*; **~trend** *m* progression *f*; tendance *f* à la hausse

'**Aufwartung** *st/s f j-m s-e* **~** *machen litt* aller rendre ses devoirs à qn

Aufwasch ['aufvaʃ] *m* ⟨~(e)s⟩ *regional cf* **Abwasch**; F *das machen wir in einem* **~** on fera ça en une seule fois, dans la foulée

'**aufwecken** *v/t* ⟨*sép*, *-ge-*, *h*⟩ réveiller

'**aufweichen** ⟨*sép*, *-ge-*, *h*⟩ **I** *v/t* **1.** ramollir; *durch Regen* détremper; **2.** *fig Doktrin etc* miner; saper; **II** *v/i* ⟨*sein*⟩ (se) ramollir; *die Wege sind durch den Regen aufgeweicht* la pluie a détrempé les chemins

'**aufweisen** *v/t* ⟨*irr*, *sép*, *-ge-*, *h*⟩ (*zeigen*) montrer; *a* (*bieten*) posséder; *dieses Land hat nichts Ähnliches aufzuweisen* ce pays ne présente rien de semblable; *die Stadt hat viele Sehenswürdigkeiten aufzuweisen* il y a beaucoup de choses à voir dans cette ville; *große Erfolge aufzuweisen haben* avoir obtenu, remporté de grands succès

'**auf|wenden** *v/t* ⟨*irr ou régulier*, *sép*, *-ge-*, *h*⟩ *Überredungskunst*, *Einfluß*, *Geschick*, *Kräfte*, *Mühe*, *Fleiß* mettre en œuvre; déployer; *Zeit*, *Geld* dépenser; consacrer; **~wendig** *adj* (*kostspielig*) coûteux, -euse; (*arbeitsintensiv*) qui exige beaucoup de travail; (*zeitintensiv*) qui prend beaucoup de temps

'**Aufwendung** *f* **1.** *von Fleiß etc* mise *f* en œuvre; déploiement *m*; *von Zeit*, *Geld* dépense *f*; *unter* **~** *s-r ganzen Kräfte* en déployant toutes ses forces; **2.** *meist pl* **~en** (*Ausgaben*) dépenses *f/pl*; frais *m/pl*

'**aufwerfen** ⟨*irr*, *sép*, *-ge-*, *h*⟩ **I** *v/t* **1.** *Erde mit dem Pflug etc* retourner; *die Erde zu beiden Seiten des Grabens* **~** rejeter la terre des deux côtés de la tranchée; **2.** *Damm*, *Wall etc* élever; remblayer; **3.** *Kopf* (re)lever; **4.** *fig Fragen*, *Probleme* soulever; **5.** *Tür etc* ouvrir brutalement; **II** *v/réfl péj sich zum Richter über j-n* **~** s'ériger en juge de qn

'**aufwerten** *v/t* ⟨*-ete*, *sép*, *-ge-*, *h*⟩ FIN réévaluer; revaloriser (*a fig*)

'**Aufwertung** *f* FIN réévaluation *f*; revalorisation *f* (*a fig*); *fig durch etw*, *j-n e-e* **~** *erfahren* être revalorisé par qc, par qn

'**aufwickeln** *v/t* ⟨*-(e)le*, *sép*, *-ge-*, *h*⟩ *Seil*, *Faden*, *Garn* enrouler; *auf e-e Spule* embobiner; *Garn* (*zu e-m Knäuel*) **~** faire une pelote de fil; *j-m*, *sich* (*dat*) *die Haare* **~** mettre à qn, se mettre des rouleaux *od* bigoudis

aufwiegeln ['aufvi:gəln] *v/t* ⟨*-(e)le*, *sép*, *-ge-*, *h*⟩ inciter à la révolte, à la rébellion; *das Volk gegen die Regierung* **~** soulever le peuple contre le gouvernement; *die Menge zum Aufstand* **~** inciter la foule à la révolte

'**Aufwieg(e)lung** *f* ⟨~; ~en⟩ (*zu*) incitation *f* (à [la révolte])

'**aufwiegen** *v/t* ⟨*irr*, *sép*, *-ge-*, *h*⟩ compenser; contrebalancer

'**Aufwiegler|(in)** *m* ⟨~s; ~⟩ (*f*) ⟨~;

aufwieglerisch — Auge

~nen) agitateur, -trice *m.f*; fomentateur, -trice *m.f*; ⚹**isch** *adj* agitateur, -trice; séditieux, -ieuse

'**Aufwind** *m* **1.** MÉTÉO, AVIAT courant d'air ascendant, ascensionnel; ascendance *f*; **2.** *fig* encouragement *m*; (*durch etw*) ~ **bekommen** être encouragé (par qc)

'**auf|wirbeln** ⟨-(e)le, *sép*, -ge-⟩ **I** *v/t* ⟨h⟩ *Staub etc* soulever (des tourbillons de); faire tourbillonner; **II** *v/i* ⟨sein⟩ *Staub etc* s'élever en tourbillons; tourbillonner; ~**wischen** *v/t* ⟨*sép*, -ge-, h⟩ *Schmutz, Fleck, Fußboden* essuyer; *Fußboden* a laver

'**Aufwisch|lappen** *m*, ~**tuch** *n* ⟨~(e)s, -tücher⟩ serpillière *f*

'**aufwühlen** *v/t* ⟨*sép*, -ge-, h⟩ **1.** *Wildschwein die Erde* fouiller; *Sturm die See* démonter; **2.** *fig seelisch* bouleverser; retourner

'**auf|zahlen** ⟨*sép*, -ge-, h⟩ *südd, österr* **I** *v/t* payer en supplément; **II** *v/i* payer un supplément; ~**zählen** *v/t* ⟨*sép*, -ge-, h⟩ **1.** (*aufführen*) énumérer; *Gründe a* énoncer; **2.** *Geld* compter (*j-m* devant qn)

'**Auf|zahlung** *f südd, österr* paiement *m* d'un supplément; ~**zählung** *f* énumération *f*

'**aufzäumen** *v/t* ⟨*sép*, -ge-, h⟩ *Pferd* mettre la bride à; F *fig etw verkehrt* ~ s'y prendre mal, de travers

'**aufzehren** *st/s* ⟨*sép*, -ge-, h⟩ **I** *v/t* **1.** *Essen* consommer; *Vorräte* épuiser; *Ersparnisse, Vermögen* dépenser; **2.** *fig Kraft, Energie* épuiser; *j-n* ~ *Krankheit* épuiser qn; *Leidenschaft, Kummer, Fieber st/s* consumer qn; **II** *v/réfl sich* ~ **3.** *Ersparnisse, Vorräte, Kraft* s'épuiser; **4.** *Mensch etc st/s* se consumer

'**aufzeichnen** *v/t* ⟨-ete, *sép*, -ge-, h⟩ **1.** *Skizze, Muster etc* ~ (*auf* [+*acc*]) dessiner, tracer (sur); **2.** (*schriftlich festhalten*) noter; consigner; mettre par écrit; **3.** (*aufnehmen, verzeichnen*) *Bild, Fakten, Beobachtungen* enregistrer; RAD, TV *e-e Sendung* ~ enregistrer une émission

'**Aufzeichnung** *f* **1.** *e-r Skizze etc* dessin *m*; tracé *m*; **2.** *auf Magnetband* enregistrement *m*; **3.** RAD, TV émission *f* en différé; *als* ~ **senden** diffuser en différé; **4.** *pl* ~**en** (*Notizen*) notes *f/pl*; *alte* ~**en** de vieilles notes; de vieux écrits; *sich* (*dat*) ~**en machen** prendre des notes

'**aufzeigen** *v/t* ⟨*sép*, -ge-, h⟩ mettre en évidence; montrer

'**aufziehen** ⟨*irr*, *sép*, -ge-⟩ **I** *v/t* ⟨h⟩ **1.** (*öffnen*) *Gardinen, Vorhang, Schublade etc* ouvrir; *Bühnenvorhang* lever; **2.** (*hochziehen*) *Zugbrücke* lever; *Jalousie* remonter; *Fahne, Segel etc* 'hisser; *Last* lever; 'hisser; **3.** *etw auf etw* (*acc*) ~ *Saiten* monter qc sur qc; *Bilder auf Pappe etc* coller qc sur qc; **4.** *Uhr, Spielzeug etc* remonter; **5.** *Kinder, Tiere* élever; *mit der Flasche* ~ élever au biberon; **6.** F *Unternehmen etc* organiser; monter; *Fest* organiser; *etw falsch, richtig* ~ s'y prendre mal, bien; **7.** F (*necken, verspotten*) *j-n* (*mit od wegen etw*) ~ charrier qn, F se ficher de qn (à cause de qc); **8.** *Gestricktes etc* défaire; *Schleife* défaire; MÉD *auf e-e Spritze* aspirer dans une seringue; *Spritze* rem-

plir; **II** *v/i* ⟨sein⟩ **10.** (*Stellung beziehen*) *Posten, Wache* prendre la garde; *Regiment* arriver et se placer; **11.** (*näher kommen*) arriver; *Gewitter* se préparer; *Wolken am Himmel* ~ s'amonceler dans le ciel

'**Aufzucht** *f* élevage *m*

'**aufzucken** *v/i* ⟨*sép*, -ge-, h *ou* sein⟩ *Flamme* jaillir; *Scheinwerfer* s'illuminer (soudainement); *Blitz am Himmel* ~ zébrer le ciel

'**Aufzug** *m* **1.** (*Fahrstuhl*) ascenseur *m*; (*Lasten*⚹) monte-charge *m*; élévateur *m*; (*Speise*⚹) monte-plats *m*; **2.** THÉ acte *m*; **3.** (*Kleidung*) tenue *f*; *péj* accoutrement *m*; *in diesem* ~ *kann ich mich nicht sehen lassen* je ne peux pas me montrer dans cette tenue; **4.** (*Näherkommen*) arrivée *f*; **5.** (*Festzug*) cortège *m*; défilé *m*

'**Aufzug(s)schacht** *m* cage *f* d'ascenseur

'**aufzupfen** *v/t* ⟨*sép*, -ge-, h⟩ *Gewebe* effiler; *Knoten* défaire

'**aufzwingen** ⟨*irr*, *sép*, -ge-⟩ **I** *v/t j-m etw* ~ *Willen, Vertrag etc* imposer qc à qn; *Geschenk, Speise etc* forcer qn à prendre qc; **II** *v/réfl sich j-m* ~ *Gedanke etc* s'imposer à qn

Aug. *abr* (*August*) août

'**Augapfel** *m* globe *m* oculaire; *etw wie s-n* ~ **hüten** tenir à qc comme à la prunelle de ses yeux; *fig sie ist sein* ~ il tient à elle comme à la prunelle de ses yeux

Auge ['auɡə] *n* ⟨~s; ~n⟩ **1.** ANAT œil *m*; BIBL ~ *um* ~, *Zahn um Zahn* œil pour œil, dent pour dent; *fig plais das* ~ *des Gesetzes* la police; **2.** *mit adj blaue* ~**n haben** avoir les yeux bleus; *fig ein blaues* ~ **haben** avoir un œil au beurre noir, un œil poché; F *fig wir sind* (*noch einmal*) *mit einem blauen* ~ *davongekommen* nous l'avons échappé belle; nous nous en sommes tirés à bon compte; *große* ~**n machen** ouvrir de grands yeux; écarquiller les yeux; *fig die* ~**n waren größer als der Magen** il a eu les yeux plus grands que le ventre; *gute, schlechte* ~**n haben** avoir de bons, de mauvais yeux; *vor Müdigkeit ganz kleine* ~**n haben** avoir les yeux tout petits de sommeil; F *fig j-m schöne* ~**n machen** faire les yeux doux à qn; faire des œillades à qn; *um j-s schöner* ~**n willen** pour les beaux yeux de qn; *st/s fig sehenden* ~**s** la tête la première; F *da blieb kein* ~ *trocken* tous rirent aux larmes; *vor Rührung* tous les yeux se mouillèrent d'émotion; **3.** *mit Verben endlich gingen ihm die* ~**n auf** enfin ses yeux se dessillèrent; F *sich* (*dat*) *die* ~**n ausweinen** *od* **aus dem Kopf weinen** pleurer à chaudes larmes; pleurer toutes les larmes de son corps; F *ihm fielen fast die* ~**n aus dem Kopf** il roulait de gros yeux ronds; F il faisait des yeux en boules de loto; *j-m in* ~ **gegenüberstehen** se trouver en face de qn; *ein* ~ *auf j-n haben* surveiller qn; jeter de temps en temps un coup d'œil sur qn; *er hat kein* ~ *dafür* il ne voit pas ces choses-là; *sie hatte nur* ~**n für ihn** elle n'avait d'yeux que pour lui; F *fig keine* ~**n im Kopf haben** être aveugle; ne pas voir clair; *hast du keine* ~**n im Kopf?** tu es

aveugle?; ouvre tes yeux!; F *t'as donc pas les yeux en face des trous!*; F *ich habe ja schließlich* ~**n im Kopf!** j'ai des yeux pour voir!; F *ich habe doch hinten keine* ~**n!** je n'ai pas des yeux derrière la tête!; *s-e* ~**n überall haben** voir tout; avoir l'œil à tout; *da wird sie* (*aber*) ~**n machen** elle en fera des grands yeux; *fig die* ~**n offenhalten** ouvrir l'œil; *fig j-m die* ~**n öffnen** ouvrir les yeux à qn; détromper qn; *so weit das* ~ *reicht* à perte de vue; F *ein* ~ *riskieren* risquer un œil; *ich traute meinen* ~**n nicht** je n'en crus pas mes yeux; *poét die* ~**n gingen ihm über** *vor Staunen* il fut tout ébahi; *vor Rührung* ses yeux se remplirent de larmes; *die* ~**n vor etw** (*dat*) *verschließen* fermer les yeux devant qc; *Buchstaben etc vor den* ~**n verschwimmen** se brouiller devant les yeux; *kein* ~ *von j-m, etw wenden* ne pas quitter qn, qc des yeux; F *ein* ~ *auf j-n, etw werfen* jeter son dévolu sur qn, sur qc; avoir des vues sur qn, sur qc; F *fig ein* ~, *p/fort beide* ~**n zudrücken** fermer les yeux (*bei etw* sur qc); *ihr fielen* (*vor Müdigkeit* [*dat*]) *die* ~**n zu** ses yeux se fermaient de fatigue; F *kein* ~ *zumachen* od *zutun* ne pas fermer l'œil; **4.** *mit prép man sieht es ihm an den* ~**n an** on le voit dans ses yeux; *auf e-m* ~ *blind* borgne; *auf dem linken* ~ *blind* borgne de l'œil gauche; *prov aus den* ~**n**, *aus dem Sinn* *prov* loin des yeux, loin du cœur; *geh mir aus den* ~**n!** 'hors *od* disparais de ma vue!; *j-n nicht aus den* ~**n lassen** ne pas quitter des yeux; *j-n aus den* ~**n verlieren** perdre qn de vue; *in meinen* ~**n** à mes yeux; *j-n, etw im* ~ **behalten** ne pas perdre qn, qc de vue; *Staub etc in die* ~**n bekommen** attraper dans les yeux; *fig ins* ~ *fallen, springen* sauter aux yeux; crever les yeux; *j-m in die* ~**n sehen** se regarder dans les yeux; *fig j-m nicht in die* ~**n sehen können** ne pas pouvoir regarder qn en face; *e-r Gefahr* (*dat*) *ins* ~ *sehen* regarder un danger en face; F *fig ins* ~ *gehen* (*mißlingen*) rater; (*e-e schlimme Wendung nehmen*) tourner mal; F *das hätte ins* ~ *gehen können* cela aurait pu me, nous, etc retomber sur le nez; on l'a échappé belle; *etw ins* ~ *fassen* envisager qc; *etw im* ~ *haben* avoir qc dans l'œil; *fig* envisager qc; avoir qc en vue; (*anstreben*) viser qc; *Amt a* guigner qc; *fig j-m in die* ~**n stechen** taper dans l'œil de qn; *komm mir nicht mehr unter die* ~**n!** je ne veux plus te voir!; ne te montre plus!; *mit e-m lachenden und e-m weinenden* ~ pleurant d'un œil et riant de l'autre; *mit verbundenen* ~**n** les yeux bandés; *fig dich erkenne ich mit verbundenen* ~**n** je te reconnaîtrais les yeux fermés; *etw mit anderen* ~**n** (*an-*) *sehen* voir qc sous un autre aspect, avec d'autres yeux; *etw mit den* ~**n** *e-s Künstlers betrachten* poser un regard d'artiste sur qc; *etw mit bloßem* ~ *erkennen können* reconnaître qc à l'œil nu; F *mit offenen* ~**n schlafen** dormir les yeux ouverts; *das muß ich mit eigenen* ~**n sehen** il faut que je le voie de mes propres yeux; *unter vier* ~**n** tête à tête; entre quatre yeux; *j-m un-*

ter die ~n zu treten wagen oser se présenter devant qn; *j-m jeden Wunsch von den ~n ablesen* être aux petits soins pour qn; *vor aller ~n* à la vue de tous; *sie küßte ihn vor den ~n ihres Mannes* elle l'embrassa sous les yeux de son mari; *j-m etw vor ~n führen od halten Vorzüge etc* montrer qc à qn; *Fehler etc* faire comprendre, remarquer qc à qn; *wenn man sich (dat) das (einmal) vor ~n führt od hält, ist es eine Schande* à y bien regarder, c'est une 'honte!; *etw vor ~n haben* avoir qc devant od sous les yeux; **5.** MIL *die ~n links, rechts!* tête gauche, droite!; MIL *~n geradeaus!* fixe!; **6.** (*Fett2*) œil *m*; **7.** BOT, TECH œil *m*; **8.** *e-s Würfels* point *m*; **9.** *e-r Pfauenfeder, e-s Schmetterlingsflügels* ocelle *m*

äugen ['ɔʏgən] *v/i* ⟨h⟩ regarder (d'un air interrogateur)

'**Augen**|**arzt** *m*, **~ärztin** *f* oculiste *m,f*; ophtalmologiste *m,f*; ophtalmologue *m,f*

'**Augenaufschlag** *m mit e-m reizenden, unschuldigen* ~ en levant les yeux d'un air charmant, innocent

'**Augen**|**ausdruck** *m* ⟨~(e)s⟩ expression *f* des yeux; **~binde** *f* bandeau *m* (pour les yeux)

Augenblick ['aʊgənblɪk *ou* aʊgən'blɪk] *m* moment *m*; instant *m*; *im ~ (gegenwärtig)* en ce moment; (*vorerst*) pour l'instant, le moment; *in diesem ~* à ce moment(-là); à cet instant; *im nächsten ~* l'instant d'après; un moment après; *in dem ~, wo ...* au moment où ...; *von dem ~ an* dès ce moment; *von dem ~ an, wo ...* à partir du moment où ...; *jeden ~* (*sehr häufig*) à chaque, à tout instant; à tout moment; F à tout bout de champ; (*gleich*) d'un moment à l'autre; F *alle ~e* sans arrêt; à chaque, à tout instant; à tout moment; *e-n ~, bitte!* un moment, s'il vous plaît!; *im richtigen ~ kommen* tomber, arriver à pic, à propos; venir à point nommé; *im ersten ~ dachte ich, ...* sur le moment, j'ai pensé ...; *im letzten ~* au dernier moment; *im ~ brauche ich nichts* pour le moment *od* pour l'instant, je n'ai besoin de rien; *bis zum letzten ~ warten* attendre la dernière minute

augen'blicklich I *adj* ⟨épithète⟩ **1.** (*gegenwärtig*) actuel, -elle; présent; *die ~e Mode* la mode actuelle, du moment; **2.** (*vorübergehend*) momentané; *sich in e-r ~en Verlegenheit befinden* se trouver momentanément dans l'embarras, dans la gêne; **3.** (*unverzüglich*) immédiat; instantané; **II** *adv* **1.** (*sofort*) à l'instant; immédiatement; *wenn du nicht ~ kommst ...* si tu ne viens pas tout de suite ...; **2.** (*momentan, zur Zeit*) pour le moment; *das fällt mir ~ nicht ein* je ne m'en souviens pas pour l'instant; *die ~ herrschende Stimmung* l'atmosphère qui règne en ce moment, actuellement

'**Augenblicks**|**erfolg** *m* succès momentané; **~wirkung** *f* effet instantané

'**Augen**|**braue** *f* sourcil *m*; **~brauenstift** *m* crayon *m* à sourcils; **~deckel** F *m* paupière *f*; **~diagnose** *f* iridodiagnostic *m*; **~druck** *m* ⟨~(e)s⟩ tension *f* oculaire; **~entzündung** *f* ⟨~(e)s⟩ inflammation *f* de l'œil; *sc* ophtalmie *f*; 2**fällig** *adj* évident; clair; **~farbe** *f* couleur *f* des yeux; **~fehler** *m*

défaut *m* oculaire; **~gläser** *n/pl* österr, ADM verres *m/pl* optiques; **~heilkunde** *f* ophtalmologie *f*

'**Augenhöhe** *f in ~* à la hauteur des yeux

'**Augen**|**höhle** *f* orbite *f* (de l'œil); **~innendruck** *m* ⟨~(e)s⟩ tension *f* oculaire; **~kammer** *f* ANAT chambre *f* de l'œil; **~klappe** *f* bandeau *m* (sur l'œil); **~klinik** *f* clinique *f* ophtalmologique; **~krankheit** *f*, **~leiden** *n* maladie *f*, affection *f* des yeux; **~licht** *n* ⟨~(e)s⟩ vue *f*; **~lid** *n* paupière *f*; **~Make-up** *n* maquillage *m* des yeux

'**Augenmaß** *n* ⟨~es⟩ *nach ~* à vue d'œil; *à vue de nez; ein gutes, schlechtes ~ haben* avoir, ne pas avoir le coup d'œil *od* le compas dans l'œil; *fig jedes od jegliches ~ verlieren* perdre tout sens de la mesure; *jedes od jegliches ~ für etw verlieren* perdre le sens de l'importance de qc

'**Augenmensch** F *m* visuel, -elle *m,f*

Augenmerk ['aʊgənmɛrk] *n* ⟨~(e)s⟩ *sein ~ auf etw (acc) richten* fixer son attention, ses regards sur qc

'**Augen**|**muskel** *m* ANAT muscle *m* oculaire; **~operation** *f* opération *f* de l'œil *bzw* des yeux; **~optiker(in)** *m(f)* opticien, -ienne *m,f*; **~paar** *st/s n* (deux) yeux *m/pl*; **~pflege** *f* soins *m/pl* de beauté des yeux

'**Augenpulver** F *n das ist das reinste ~* il n'y a rien de tel pour vous abîmer la vue; c'est très mauvais pour les yeux

'**Augen**|**ringe** *m/pl*, **~schatten** *m/pl* cernes *m/pl*

'**Augenschein** *st/s m* ⟨~(e)s⟩ (*Eindruck*) apparence(s) *f(pl)*; (*Betrachtung*) examen *m*; *etw, j-n in ~ nehmen* examiner, inspecter qc; *dem ~ nach* selon toute apparence; *dem ersten ~ nach* à première vue

'**augenscheinlich** *st/s adj* visible; manifeste; évident

'**Augen**|**schmaus** *m plais cf* Augenweide; **~spiegel** *m* MÉD ophtalmoscope *m*

'**Augenstern** *poét m* (*Pupille*) prunelle *f*; *du bist mein ~* je tiens à toi comme à la prunelle de mes yeux

'**Augen**|**tropfen** *m/pl* gouttes *f/pl* pour les yeux; collyre *m*; **~weide** *f* ⟨~⟩ plaisir *m* des yeux; régal *m* pour les yeux; **~wimper** *f* cil *m*

'**Augenwinkel** *m* coin *m* de l'œil; *j-n aus den ~n ansehen* regarder qn du coin de l'œil

Augenwische'rei *f* ⟨~; ~en⟩ *das ist (reine)* ~ F c'est de la frime; *s-e Rede war reine ~ a* dans son discours, il a jeté à la poudre aux yeux

'**Augen**|**zahn** *m* canine supérieure; **~zeuge** *m*, **~zeugin** *f* témoin *m* oculaire; **~zeugenbericht** *m* récit *m* de témoins oculaires; **~zwinkern** *n* clignement *m* d'yeux; 2**zwinkernd** *advt a fig* en faisant un clin d'œil; *fig* d'un air entendu

Augur ['aʊgur] *m* ⟨~s *ou* Au'guren; Au'guren⟩ HIST, *st/s fig, iron* augure *m*

August[1] ['aʊgust] *m* ⟨→ *n/pr*⟩ Auguste *m*; *fig dummer ~* auguste *m*

August[2] [aʊ'gʊst] *m* ⟨~(e)s *ou* ~; ~e⟩ (mois *m* d')août *m*; *cf a* Januar

Augustiner [aʊgʊs'tiːnər] *m* ⟨~s; ~⟩ REL augustin *m*

Auktion [aʊktsi'oːn] *f* ⟨~; ~en⟩ vente *f* aux enchères

Auktio'nator *m* ⟨~s; -'toren⟩ commissaire-priseur *m*

Aula ['aʊla] *f* ⟨~; ~s *ou* -len⟩ salle *f* des fêtes

Au-pair-|**Aufenthalt** [oˈpɛːrˀaʊfˀɛnthalt] *m* séjour *m* au pair; **~Mädchen** *n* jeune fille *f* au pair; **~Stelle** *f* travail *m* au pair

Aura ['aʊra] *st/s f* ⟨~⟩ aura *f*

Aureole [aʊreˈoːlə] *f* ⟨~; ~n⟩ PEINT, MÉTÉO *etc* auréole *f*

aus [aʊs] **I** *prép* ⟨*dat*⟩ **1.** räumlich de; *~ der Nähe, Ferne* de près, de loin; *~ dem Haus gehen* sortir de la maison; *~ dem Fenster blicken, werfen* regarder, jeter par la fenêtre; *~ dem Schrank nehmen* prendre dans l'armoire; *~ e-m Glas, der Flasche trinken* boire dans un verre, à la bouteille; *~ e-r Zeitung ausschneiden* découper dans un journal; *~ vielen Kandidaten auswählen* choisir parmi beaucoup de candidats; **2.** Herkunft de; *Ausgangspunkt* depuis; *der Zug ~ Paris* le train de Paris, en provenance de Paris; *~ unserem Studio in X* depuis notre studio de X; *das Spiel ~ dem Stadion übertragen* retransmettre le match depuis le stade; *~ dem Englischen übersetzt* traduit de l'anglais; *~ dem Leben e-s Taugenichts* scènes de la vie d'un bon-à-rien; **3.** *Ausgangspunkt e-r Veränderung etw ~ etw, j-m machen* faire qc de qc, qn; *nichts etw ~ chen* faire qc avec, de rien; *~ etw wird etw* qc devient qc; *~ der Übung kommen* perdre l'habitude; *~ ihm wird nie etwas (Rechtes)* il ne fera jamais rien (de bien, de bon); *was soll ~ uns werden?* qu'allons-nous devenir?; **4.** *Material* en; *~ Seide, Holz, Metall* en soie, bois, métal; *~ etw bestehen* se composer de qc, consister en qc; *~ einigen Wörtern e-n Satz bilden* former une phrase avec quelques mots; **5.** *Ursache, Grund* par; *~ Angst, Dummheit, Liebe, Vorsicht, Versehen* par peur, bêtise, amour, prudence, mégarde; *~ Wut de colère; das habe ich ~ Spaß gesagt* je l'ai dit pour rire, pour plaisanter; *~ eigener Initiative* de ma, ta, *etc* propre initiative; *~ (eigener) Erfahrung* par expérience; *~ welchem Grund?* pour quelle raison?; *~ e-r Laune heraus* impulsivement; *~ sich heraus* de soi-même; *sie ist e-e Sängerin ~ Leidenschaft* c'est une chanteuse passionnée; elle chante par passion; **II** *adv* **1.** F (*vorbei*) fini; terminé; *~ jetzt!* c'est fini!; *~ der Traum vom großen Geld!* adieu, le rêve d'être riche!; *~ und vorbei* bien fini, terminé; *cf a* aushaben, aussein *etc*; **2.** F *Motor, Maschine* arrêté; *Licht, Heizung, Radio, Fernseher, Feuer, Kerze, Herd* éteint; *Licht ~!* éteins *bzw* éteignez la lumière!; *cf a* aushaben, aussein *etc*; **3.** *an Geräten* ~ arrêt; **4.** *von* ~ de; depuis; *von hier ~* d'ici; *von s-m Fenster ~* de *od* depuis sa fenêtre; *die Aufnahme wurde vom Flugzeug ~ gemacht* la photo a été prise depuis l'avion; *von j-s Standpunkt ~* du point de vue de qn; *etw von sich ~ tun* faire qc de soi-même, tout seul, de son propre chef; F *von mir ~ kannst du dableiben* pour ce qui est de moi, tu peux rester; F **von mir ~!** si tu veux *bzw* vous voulez!; F j'ai rien contre!; *cf* a **ein²** 1.

Aus *n* ⟨~⟩ **1.** SPORT (*~feld*) **den Ball ins ~ schlagen** envoyer la balle en dehors du terrain; **der Ball geht ins ~** le ballon sort du terrain; TENNIS **~!** out!; **2.** SPORT (*Ausscheiden*) fin *f*; **3.** *fig* **das ist das ~ für unsere Pläne** c'est la fin de nos projets; **ins gesellschaftliche ~ geraten** se marginaliser

'**ausarbeit|en** *v/t* ⟨-ete, *sép*, -ge-, h⟩ élaborer; *Vortrag, Rede, Entwurf, Vertrag* rédiger; *System, Methode, Richtlinien* mettre au point; ⁀**ung** *f* ⟨~; ~en⟩ élaboration *f*; rédaction *f*; mise *f* au point

'**ausarten** *v/i* ⟨-ete, *sép*, -ge-, sein⟩ **1.** (**in etw** [*acc*]) ~ dégénérer (en qc); **der Streit artete in e-e Schlägerei aus** la dispute dégénéra en rixe, tourna en bataille; **2.** (*sich danebenbenehmen*) devenir, être grossier, -ière

'**ausatmen** ⟨-ete, *sép*, -ge-, h⟩ **I** *v/t Rauch e-r Zigarette etc* rejeter; **II** *v/i* expirer; **durch die Nase ~** expirer par le nez

'**ausbacken** *v/t* ⟨*irr ou régulier*, *sép*, -ge-, h⟩ **1.** **in Fett** faire frire; **2.** (*zu Ende backen*) bien faire cuire (au four)

'**ausbaden** F *v/t* ⟨-ete, *sép*, -ge-, h⟩ **F trinquer pour**; *etw* **~ müssen** a devoir payer les pots cassés

'**ausbaggern** *v/t* ⟨-(e)re, *sép*, -ge-, h⟩ **1.** *Baugrube* creuser; excaver; **2.** *Fahrrinne, Hafen etc* draguer; *Fluß* a dégravoyer; **3.** *Kies, Geröll etc* retirer

'**ausbalancieren** *v/t* ⟨*sép*, *pas de* ge-, h⟩ *a fig* équilibrer; contrebalancer

'**Ausball** *m* SPORT ballon sorti du terrain; TENNIS balle *f* out

'**Ausbau** *m* ⟨~(e)s⟩ **1.** (*Entfernung*) démontage *m*; **2.** CONSTR *e-s Rohbaus* (travaux *m/pl* d')achèvement *m* et (d')équipement *m*; **3.** *fig* (*Erweiterung*) *des Verkehrsnetzes etc* développement *m*; extension *f*; *von Handelsbeziehungen etc* consolidation *f*; extension *f*; **4.** *fig* (*Umgestaltung*) aménagement *m* (**zu, als** en)

'**ausbauen** *v/t* ⟨*sép*, -ge-, h⟩ **1.** (*entfernen*) démonter; **2.** (*erweitern*) *Verkehrsnetz etc* développer; étendre; **3.** *fig* (*weiterentwickeln*) *Wirtschaftsbeziehungen etc* consolider; étendre; *berufliche Stellung* consolider; améliorer; *Vorsprung* consolider; augmenter; *Lehre, Theorie, Kenntnisse* approfondir; **s-n Vorsprung, s-e Position** (**weiter**) **~** (continuer à) consolider son avance, sa position; **4.** (*umbauen*) aménager (**zu, als** en); **e-e Broschüre zu e-m Buch ~** transformer une brochure en un livre

'**ausbaufähig** *adj* **1.** CONSTR aménageable; **2.** *fig Handelsbeziehungen, Position* susceptible d'être amélioré, consolidé; *Unternehmen* susceptible d'être agrandi, développé; *Wirtschaft, Markt, Fähigkeiten* susceptible d'être développé

'**ausbedingen** *v/réfl* ⟨*irr*, *sép*, *pas de* ge-, h⟩ **sich** (*dat*) *etw* ~ poser qc comme condition; stipuler qc; **sich** (*dat*) **das Recht, die Freiheit ~ zu** (+ *inf*) revendiquer *od* se réserver le droit, la liberté de

'**ausbeißen** *v/réfl* ⟨*irr*, *sép*, -ge-, h⟩ **sich** (*dat*) **e-n Zahn** (**an etw** [*dat*]) **~** se

casser une dent (sur qc); F *fig* **sich** (*dat*) **an etw** (*dat*) **die Zähne ~** se casser les dents sur qc

'**ausbekommen** F *v/t* ⟨*irr*, *sép*, *pas de* ge-, h⟩ **1.** *Kleidungsstück* arriver à enlever; **2.** *Buch* finir de lire

'**ausbesser|n** *v/t* ⟨-ssere *ou* -ßre, *sép*, -ge-, h⟩ **1.** réparer; *Wäsche, Fischernetz* raccommoder; *Schiff* radouber; **2.** *Schaden, Loch etc* réparer; ⁀**ung** *f* réparation *f*; *der Wäsche, Netze* raccommodage *m*; *e-s Schiffs* radoub *m*

'**Ausbesserungs|arbeiten** *f/pl* travaux *m/pl* de réparation; **~werk** *m* EISENBAHN atelier *m* de réparation

'**ausbeulen** ⟨*sép*, -ge-, h⟩ **I** *v/t* **1.** débosseler; *Kotflügel* redresser; **2.** *Hose etc* faire des poches à; déformer; **e-e Hose mit ausgebeulten Knien** un pantalon avec des poches aux genoux; **II** *v/réfl* **sich ~** *Hose etc* faire des poches

'**Ausbeute** *f e-r Grube etc, an Energie, Öl etc* rendement *m*; *fig* profit *m*; fruits *m/pl*; **die ganze ~ besteht in** (+ *dat*) tout le profit consiste en …; **die ~ der Studienfahrt war gering** le gain, le profit du voyage d'études fut maigre

'**ausbeuten** *v/t* ⟨-ete, *sép*, -ge-, h⟩ *a péj* exploiter

'**Ausbeuter|(in)** *m* ⟨~s; ~⟩ (*f*) ⟨~; ~nen⟩ *péj* exploiteur, -euse *m,f*; profiteur, -euse *m,f*; ⁀**isch** *péj* **I** *adj* d'exploitation *od* d'exploiteur; **II** *adv* en exploiteur; **~klasse** *f péj* classe *f* d'exploiteurs

'**Ausbeutung** *f* ⟨~; ~en⟩ *a péj* exploitation *f*

'**ausbezahlen** *v/t* ⟨*sép*, *pas de* ge-, h⟩ payer; *j-m* **e-e Summe ~** payer, verser une somme à qn; **die Erben ~** payer les héritiers

'**ausbilden** ⟨-ete, *sép*, -ge-, h⟩ **I** *v/t* **1.** *Lehrlinge, Rekruten, Facharbeiter etc* former; MIL a instruire; **ausgebildet werden** être formé (*abs*); recevoir une formation (**zur**, **als Kindergärtnerin** *etc* de jardinière d'enfants, *etc*); **gut, schlecht ausgebildet sein** avoir reçu une bonne, mauvaise formation; **2.** *Fähigkeiten, Geschmack etc* former; développer; **3.** (*entwickeln*) développer; (*hervorbringen*) produire; **II** *v/réfl* **sich ~ 4.** se former (*abs*); **sich ~ lassen** suivre *od* prendre des cours, suivre une formation (**zur**, **als Krankenschwester** *etc* d'infirmière, *etc od* pour devenir infirmière, *etc*); **5.** (*sich entwickeln*) se développer; (*entstehen*) se former

'**Ausbilder(in)** *m* ⟨~s; ~⟩ (*f*) ⟨~; ~nen⟩ formateur, -trice *m,f*; MIL instructeur *m*

'**Ausbildner** *m* ⟨~s; ~⟩ *österr* MIL instructeur *m*

'**Ausbildung** *f* **1.** formation *f*; MIL instruction *f*; **die ~ zum** *od* **als Dolmetscher** *etc* la formation d'interprète, *etc*; **er befindet sich noch in der ~ als Lehrling** il est encore en apprentissage; **als Student** il fait encore des études; **2.** (*Her*⁀) *von Blüten, Knospen etc* développement *m*; formation *f*; *des Geschmacks* formation *f*; *e-s Talents* développement *m*

'**Ausbildungs|beihilfe** *f für Studenten* bourse *f* d'études; *für Lehrlinge* bourse *f* d'apprentissage; **~beruf** *m* métier *m*, profession *f* nécessitant une formation; **~förderung** *f* (système *m* de) bourses

f/pl (d'études); **~platz** *m* place *f* d'apprenti; **~stätte** *f* centre *m* de formation; **~vertrag** *m* contrat *m* d'apprentissage

'**ausbitten** *v/réfl* ⟨*irr*, *sép*, -ge-, h⟩ **sich** (*dat*) **von j-m etw ~** demander qc à qn; **ich bitte mir Ruhe aus** je vous demanderai d'être silencieux; **das möchte ich mir auch ausgebeten haben** je l'espère bien

'**ausblasen** *v/t* ⟨*irr*, *sép*, -ge-, h⟩ **1.** *Kerze etc* souffler; éteindre; **2.** *Rauch etc* rejeter; **3.** *verstopfte Röhre etc* nettoyer en soufflant; souffler dans …; (pour faire sortir qc); **ein Ei ~** souffler dans un œuf pour le vider

'**ausbleiben** *v/i* ⟨*irr*, *sép*, -ge-, sein⟩ **1.** (*wegbleiben, nicht kommen*) ne pas arriver; ne pas venir; *Aufträge* ne pas rentrer; *Ereignis, Wirkung* ne pas se produire; **die ganze Nacht ~** ne pas rentrer de toute la nuit; *etw* **bleibt nicht aus** qc ne manque pas d'arriver; qc est inévitable; **der Erfolg, die Strafe** *etc* **wird nicht ~** le succès, la punition, *etc* est inévitable; **2.** F *Licht, Radio, Fernseher, Feuer, Heizung etc* rester éteint; *Motor, Maschine* rester arrêté

'**ausbleichen I** *v/t* ⟨*sép*, -ge-, h⟩ *Farben, Stoff* faner; *mit Waschmitteln* décolorer; **II** *v/i* ⟨*irr*, *sép*, -ge-, sein⟩ se faner; passer; *durch Waschmittel* se décolorer

'**ausblenden** ⟨-ete, *sép*, -ge-, h⟩ **I** *v/t Filmszene, Ton* fermer en fondu; **II** *v/réfl* **sich** (**aus e-r Sendung**) **~** rendre l'antenne

'**Ausblendung** *f* ⟨~; ~en⟩ FILM, TV, RAD fondu *m*

'**Ausblick** *m* **1.** (*Aussicht*) vue *f*; **Zimmer mit ~ auf den See** vue *f* sur le lac; *fig* **dabei eröffneten sich ~e, an die er nie gedacht hatte** des perspectives auxquelles il n'avait jamais pensé s'ouvrirent devant lui; **2.** (*Vorschau*) **e-n ~ in die Zukunft gewähren** permettre un regard vers l'avenir; **e-n ~ auf die Entwicklung e-r Sache geben** donner une vue du développement de qc

'**ausblicken** *v/i* ⟨*sép*, -ge-, h⟩ *st/s* **nach** *j-m*, *etw* **~** regarder si qn, qc arrive

'**ausbluten** *v/i* ⟨-ete, *sép*, -ge-, sein⟩ saigner; *st/s fig* **ein ausgeblutetes Volk** un peuple saigné à blanc

'**ausbohren** *v/t* ⟨*sép*, -ge-, h⟩ **1.** *Loch etc* agrandir; TECH aléser; *Zahn* creuser; (*aushöhlen*) évider; **2.** (*entfernen*) enlever à l'aide d'un foret

'**ausbomben** *v/t* ⟨*sép*, -ge-, h⟩ bombarder; *a* **ausgebombt**

'**ausbooten** *v/t* ⟨-ete, *sép*, -ge-, h⟩ **1.** MAR débarquer; **2.** F *fig Konkurrenten etc* éliminer; F liquider; *beruflich* F dégommer; F débarquer

'**ausborgen** ⟨*sép*, -ge-, h⟩ **I** *v/t* **j-m etw ~** prêter qc à qn; **II** *v/réfl* **sich** (*dat*) **etw** (**von** *j-m*) **~** emprunter qc (à qn)

'**ausbrechen** ⟨*irr*, *sép*, -ge-⟩ **I** *v/t* ⟨h⟩ **1.** (*entfernen*) enlever (**aus** de); *Zähne aus e-m Kamm, e-r Säge* casser (**aus** de); *Steine aus e-r Mauer* enlever, détacher (**aus** de); **ein Fenster ~ lassen** faire percer une fenêtre; **sich** (*dat*) (**bei e-m Sturz**) **e-n Zahn ~** se casser une dent (en tombant); **2.** (*erbrechen*) vomir; rendre; rejeter; **II** *v/i* ⟨sein⟩ **3.** *Häftling etc* s'évader; *a Tier* s'échapper; *einge-*

schlossene Truppen etc rompre l'encerclement; *aus e-r Menge, Herde* sortir; REITSPORT *Pferd* se dérober; *fig Fahrzeug* s'écarter; faire un écart; *aus s-r Ehe ~* quitter, fuir son couple; **4.** *Aufstand, Krieg, Revolution* éclater; *Vulkan* faire éruption; *Panik* se produire; survenir; *Brand, Epidemie* se déclarer; *Brand a* éclater; *Schweiß* perler (sur le front); *mir brach der (kalte) Schweiß aus* j'en ai eu des sueurs froides; **5.** *in ein schallendes Gelächter ~* éclater de rire; s'esclaffer; *in Jubel, Klagen ~* se répandre en jubilations, en lamentations; *in Tränen ~* fondre en larmes; *in e-n Ausruf der Verwunderung ~* pousser un cri d'étonnement

'**Ausbrecher** *m* **1.** F *Gefangener* arg prisonnier *m* en cavale; évadé *m*; **2.** *Pferd* cheval *m* qui aime (à) se dérober; **~könig** *m plais arg* roi *m* de la cavale

'**ausbreiten** ⟨-ete, *sép*, -ge-, h⟩ **I** *v/t* **1.** *(auffalten, nebeneinanderlegen)*, *a fig* étaler; *Decke, Wäsche etc* étendre; *sein ganzes Leben vor j-m ~* faire étalage de sa vie à qn; dévoiler toute sa vie à qn; *s-e Pläne, Ansichten vor j-m ~* exposer ses plans, vues à qn; **2.** *Arme etc* étendre; *Flügel* déployer; *mit ausgebreiteten Armen* les bras ouverts; **II** *v/réfl* **sich ~ 1.** *Feuer, Epidemie, Geruch, Unkraut, Glück, Frieden* se propager; *Qualm, Nebel, Dämmerung* s'étendre; *Gattung, Volksstamm* se répandre; *Nachricht, Lehre, Gerücht, Mode* se répandre; se propager; **4.** *Landschaft* s'ouvrir; s'étendre; **5.** *péj sich über j-n, etw ~* parler de qn, qc en long, en large et en travers; **6.** F *(sich breitmachen)* F s'étaler

'**Ausbreitung** *f* ⟨~⟩ *von Schäden, Feuer, e-r Epidemie, Nachricht, Lehre* propagation *f*; *von Nebel etc* extension *f*

'**ausbremsen** *v/t* ⟨*sép*, -ge-, h⟩ **1.** *(überholen)* dépasser; **2.** *(blockieren)* bloquer le passage à; **3.** F *fig (austricksen)* F feinter; F posséder

'**ausbrennen** ⟨*irr, sép*, -ge-⟩ **I** *v/t* ⟨h⟩ brûler; MÉD cautériser; **II** *v/i* ⟨sein⟩ **1.** *Feuer etc* s'éteindre; **2.** *Haus, Flugzeug etc* brûler (entièrement); *Panzer, Flugzeug etc, fig Landschaft* **ausgebrannt** calciné

'**ausbringen** *v/t* ⟨*irr, sép*, -ge-, h⟩ **1.** *e-n Toast, ein Hoch auf j-n, etw ~* porter un toast à qn, qc; **2.** MAR jeter; mettre à la mer

'**Ausbruch** *m* **1.** *e-s Kriegs, e-r Revolution etc* éclatement *m*; *e-r Epidemie* apparition *f*; *e-s Vulkans* éruption *f*; *von Leidenschaften* éclat *m*; *bei ~ des Krieges* lorsque la guerre éclata; *den e-r Krise, Epidemie befürchten* craindre qu'une crise, épidémie (ne) se déclare; *zum ~ kommen* Konflikt, Ärger éclater; *Krankheit* se déclarer; **2.** *e-s Häftlings* évasion *f*; MIL rupture *f* d'encerclement; *fig aus e-r Ehe, Beziehung* rupture *f* ⟨*aus* de⟩; **3.** *(Gefühls2)* éclat *m*; *von Wut, Zorn* accès *m*

'**Ausbruchsversuch** *m* tentative *f* d'évasion, MIL de rupture d'encerclement

'**ausbrüten** *v/t* ⟨-ete, *sép*, -ge-, h⟩ **1.** *Eier, junge Vögel* couver; **2.** F *péj Pläne, Taten* F trafiquer; manigancer; **3.** F *fig Krankheit* couver

'**ausbuchen** *v/t* ⟨*sép*, -ge-, h⟩ **1.** *der Flug, das Schiff etc ist ausgebucht* l'avion, le bateau, *etc* est complet; toutes les places sont réservées dans l'avion, sur le bateau, *etc*; F *plais ich bin ständig ausgebucht* je suis pris sans arrêt; **2.** COMM rayer; biffer

'**aus|buchten** *v/i* ⟨-ete, *sép*, -ge-, sein⟩ renfler; *Vase a* bomber; *cf a* **ausgebuchtet**; **⚲buchtung** *f* ⟨~; ~en⟩ renflement *m*; **~buddeln** F *v/t* ⟨*sép*, -ge-, h⟩ déterrer; **~bügeln** *v/t* ⟨-(e)le, *sép*, -ge-, h⟩ **1.** *Falten* enlever en repassant; **2.** *Kleidungsstück etc* repasser; **3.** F *fig Mängel, Fehler* réparer; **~buhen** F *v/t* ⟨*sép*, -ge-, h⟩ 'huer

'**Ausbund** *m* ⟨~(e)s⟩ modèle *m*; *iron* prodige *m*; merveille *f*; *er ist ein ~ an od von Neugier etc* c'est la curiosité, *etc* personnifiée, en personne

'**aus|bürgern** *v/t* ⟨-(e)re, *sép*, -ge-, h⟩ déclarer déchu, priver de sa nationalité; **⚲bürgerung** *f* ⟨~; ~en⟩ déchéance *f* de la nationalité; **~bürsten** *v/t* ⟨-ete, *sép*, -ge-, h⟩ **1.** *Kleidungsstück etc* brosser; donner un coup de brosse à; **2.** *Fleck* enlever à la brosse

ausbüxen ['ausbyksən] F *v/i* ⟨-(es)t, *sép*, -ge-, sein⟩ F décamper; déguerpir

'**Ausdauer** *f* persévérance *f*; constance *f*; ténacité *f*; SPORT endurance *f*; *große ~ in etw (dat) haben* avoir beaucoup de persévérance, de ténacité, SPORT d'endurance dans qc; *keine ~ haben* manquer de persévérance, *körperlich* d'endurance

'**ausdauernd** *adj* **1.** persévérant; constant; *Läufer, Schwimmer etc* endurant; *mit ~em Fleiß* avec une application constante; **2.** BOT vivace

'**Ausdauertraining** *n* MÉD, SPORT entraînement *m* d'endurance

'**ausdehnen** ⟨*sép*, -ge-, h⟩ *v/t* **1.** *räumlich* agrandir; *Schuhe* élargir; PHYS dilater; *Gummiband* tendre; **2.** *fig Geschäft, Unternehmen* agrandir; *Kapazität* augmenter; *Macht, Aufgabenbereich* étendre; **3.** *zeitlich Besuch, Aufenthalt* prolonger; allonger; *etw auf etw (acc) ~* étendre qc à qc; **II** *v/réfl* **sich ~ 5.** *a fig Unternehmen* s'agrandir; *Schuhe* s'élargir; PHYS se dilater; **6.** *Nebel, Feuer, Kältewelle, Epidemie etc* s'étendre; **7.** *fig Macht, Aufgabenbereich* s'étendre; **8.** *zeitlich* se prolonger; s'allonger; *die Sitzung dehnte sich über mehrere Stunden aus* la réunion s'est étendue sur plusieurs heures; *sich bis in die Nacht ~* se prolonger jusqu'à la nuit; **9.** *Landschaft* s'étendre *(bis* jusqu'à)

'**Ausdehnung** *f* **1.** PHYS dilatation *f*; **2.** *e-s Tiefs, des Einflusses, der Macht etc* extension *f*; *e-s Unternehmens etc* agrandissement *m*; expansion *f*; *weltweite ~* mondialisation *f*; **3.** *der Besuchszeit etc* prolongation *f*; allongement *m*; **4.** *e-r Anlage, Landschaft etc* étendue *f*

'**Ausdehnungskoeffizient** *m* PHYS coefficient *m* de dilatation

'**ausdenken** ⟨*irr, sép*, -ge-, h⟩ **I** *v/t* **1.** *(erfinden)* inventer; **2.** *(sich vorstellen)* imaginer; *die Folgen sind nicht auszudenken* les suites seraient inimaginables, effrayantes; **3.** *(zu Ende denken)* réfléchir à fond à; étudier sérieuse-

ment; **II** *v/réfl* **sich** *(dat)* **etw ~** *(sich vorstellen)* imaginer qc; *(erfinden)* inventer qc; *sich (dat) e-e Überraschung für j-n ~* chercher une surprise pour qn

'**ausdeuten** *v/t* ⟨-ete, *sép*, -ge-, h⟩ interpréter

'**ausdienen** *v/i* ⟨*sép*, -ge-, h⟩ *ausgedient haben* MIL avoir fait, fini son service militaire; F *Kleidungsstück, Fahrrad etc* avoir fait son temps; *cf a* **ausgedient**

'**aus|differenzieren** *v/t* ⟨*sép*, *pas de ge-*, h⟩ différencier; distinguer; **~diskutieren** *v/t* ⟨*sép*, *pas de ge-*, h⟩ discuter à fond; **~dorren** *v/i* ⟨*sép*, -ge-, sein⟩ se dessécher; **~dörren** ⟨*sép*, -ge-⟩ **I** *v/t* ⟨h⟩ *v/i* ⟨sein⟩ se dessécher; **~drehen** *v/t* ⟨*sép*, -ge-, h⟩ *Licht, Radio, Fernseher, Herd, Heizung* éteindre; *Zuleitung, Wasserhahn* fermer

'**Ausdruck**[1] *m* ⟨~(e)s; -drücke⟩ **1.** expression *f*; *(Fach⚲)* terme *m*; *beschönigender, verhüllender ~* euphémisme *m*; *bildhafter ~* expression imagée; *technischer ~* terme technique; *sich im ~ vergreifen* tenir des propos déplacés; employer un ton regrettable; *fig ... ist gar kein ~!* ... le terme n'est pas assez fort!; **2.** *(pas de pl) (Aussagekraft)* expression *f*; *(~sweise)* e-e *große Gewandtheit im ~ besitzen* savoir bien s'exprimer; *j-s mündlichen und schriftlichen ~ beurteilen* juger l'éloquence et le style de qn; *ein Gedicht mit ~ vortragen* réciter une poésie avec expression; *ohne ~* sans expression; **3.** *(pas de pl) (Gesichts⚲, Zeichen)* expression *f*; *etw mit dem ~ der Verwunderung zur Kenntnis nehmen* prendre connaissance de qc avec étonnement; *Briefschluß st/s mit dem ~ meiner vorzüglichen Hochachtung* veuillez agréer, Monsieur *bzw* Madame, l'expression de ma considération distinguée; *etw zum ~ bringen* exprimer qc; *zum ~ kommen* s'exprimer; apparaître; *er gab st/s der Hoffnung, Befürchtung ~, daß* il exprima l'espoir, la crainte que (+*subj*); *ein ~ von Trauer, Zufriedenheit lag auf ihrem Gesicht* une expression de tristesse, de contentement se peignait sur son visage; **4.** *(Kennzeichen)* symbole *m*; caractéristique *f*; *dieses Werk ist der ~ bürgerlicher Geisteshaltung* cette œuvre est le symbole, l'image, l'expression de l'esprit bourgeois

'**Ausdruck**[2] *m* ⟨~(e)s; ~e⟩ **1.** INFORM saisie *f* papier; listing *m*; **2.** TYPO fin *f* de tirage; texte imprimé

'**ausdrucken** *v/t* ⟨*sép*, -ge-, h⟩ **1.** INFORM imprimer; lister; **2.** TYPO imprimer; *ungekürzt* imprimer en toutes lettres

'**ausdrücken** ⟨*sép*, -ge-, h⟩ **I** *v/t* **1.** *Schwamm, Frucht etc* presser; *Saft* exprimer; extraire; *Eiter* faire sortir; **2.** *Zigarette etc* éteindre; écraser; **3.** *durch Worte* exprimer; *j-m sein Bedauern ~* exprimer ses regrets à qn; *anders ausgedrückt* autrement dit; en d'autres termes; *etw in Worten, Zahlen, Prozenten ~* exprimer qc en mots, chiffres, pourcentage; *s-e Zeilen drücken Besorgnis aus* sa lettre exprime de l'inquiétude; **II** *v/réfl sich ~* **4.** *durch Worte* s'exprimer; *sich falsch ~ mal* s'exprimer; *wenn ich mich so ~ darf* si je peux m'exprimer ainsi; *wie er sich auszudrücken pflegt* comme il aime à dire; *sich nicht ~ lassen* être inexprimable; **5.** (*sich zeigen*) s'exprimer

'**ausdrücklich I** *adj* ⟨*épithète*⟩ *Genehmigung, Verbot, Wille, Befehl* exprès, -esse; *Bestimmung, Bedingung* explicite; *Wunsch* exprimé, exprès, -esse; *auf ~en Wunsch* sur la demande expresse; *mit s-r ~en Erlaubnis* avec sa permission expresse; **II** *adv* expressément; *bes erwähnen* explicitement; *etw ~ verbieten* défendre qc expressément; *es wird ~ darauf hingewiesen, daß ...* il est expressément signalé que ...

'**ausdrucksfähig** *adj* expressif, -ive; ♀**keit** *f* ⟨~⟩ faculté *f* d'expression

'**Ausdrucks|form** *f* forme *f* d'expression; ♀**kraft** *f* ⟨~⟩ force *f* d'expression; ♀**leer** *adj* inexpressif, -ive; ♀**los** *adj u adv* sans expression; ~**losigkeit** *f* ⟨~⟩ manque *m* d'expression; ~**mittel** *n* moyen *m* d'expression; ♀**schwach** *adj* inexpressif, -ive; sans expression; ♀**stark** *adj* expressif, -ive; ~**tanz** *m* ⟨~es⟩ danse *f* d'expression; ♀**voll I** *adj* expressif, -ive; parlant; **II** *adv* de manière expressive; ~**weise** *f* façon *f*, manière *f* de s'exprimer

'**ausdünnen** *v/t* ⟨*sép, -ge-, h*⟩ *Haar, Pflanzen* éclaircir

'**ausdünst|en** *v/t* ⟨-ete, *sép, -ge-, h*⟩ *Geruch* répandre; dégager; *Feuchtigkeit* dégager; ♀**ung** *f* ⟨~; ~en⟩ émanation *f*; *a der Haut* odeur *f*; *giftige e-s Sumpfes etc a* miasmes *m/pl*

ausein'ander *adv* **1.** (*getrennt*) séparé, distant, écarté (l'un de l'autre); séparément; *~ legen* séparer; espacer; écarter; *Schüler etc ~ setzen* séparer; placer séparément; *~ schreiben* écrire séparément, en deux mots; *die beiden Dörfer liegen zwei Kilometer ~* les deux villages sont distants de deux kilomètres, sont à deux kilomètres l'un de l'autre; *die Dörfer liegen weit ~* les villages sont loin les uns des autres, dispersés; *die Ereignisse lagen nur einige Monate ~* il n'y avait que quelques mois d'écart entre les événements; les événements se suivirent à quelques mois d'écart; F *~ sein Personen* s'être séparés; *Ehe* s'être brisé; *im Alter F zwei Jahre ~ sein* avoir deux ans de différence; **2.** (*eines aus dem andern*) l'un(e) de l'autre *bzw* les un(e)s de autres; *~ hervorgehen* découler l'un de l'autre

ausein'ander|bekommen *v/t* ⟨*irr, sép, pas de ge-, h*⟩ (arriver à) séparer, détacher; ~**biegen** ⟨*irr, sép, -ge-, h*⟩ écarter; ~**brechen** ⟨*irr, sép, -ge-⟩ I *v/t* ⟨h⟩ casser; rompre; **II** *v/i* ⟨sein⟩ **1.** se casser; se rompre; **2.** *fig Ehe, Freundschaft* se briser; ~**bringen** *v/t* ⟨*sép, -ge-, h*⟩ **1.** (*entzweien*) brouiller; désunir; *Familie* diviser; **2.** F (*auseinanderbekommen*) (réussir, arriver à) séparer, détacher; ~**dividieren** *v/t* ⟨*sép, pas de ge-, h*⟩ *Dinge, Fakten* séparer; dissocier; ~**entwickeln** *v/réfl* ⟨-(e)le, *sép, pas de ge-, h*⟩ *sich ~* évoluer dans des directions opposées; ~**fallen** *v/i* ⟨*irr, sép, -ge-, sein*⟩ tomber en morceaux, en miettes; ~**falten** *v/t* ⟨-ete, *sép, -ge-, h*⟩ déplier

ausein'andergehen *v/i* ⟨*irr, sép, sein*⟩ **1.** *Personen* se séparer; *Menschenmenge* se disperser; **2.** *Geleimtes etc* se disloquer; se disjoindre; se décoller; F *ihre Verlobung ist auseinandergegangen* ils ont rompu leurs fiançailles; **3.** *Straßen, Wege, Strahlen* diverger; **4.** *fig Ansichten etc* diverger; différer; **5.** F (*dick werden*) engraisser; grossir

ausein'ander|halten *v/t* ⟨*irr, sép, -ge-, h*⟩ distinguer (l'un de l'autre); ~**jagen** *v/t* ⟨*sép, -ge-, h*⟩ disperser; ~**klaffen** *v/i* ⟨*sép, -ge-, sein*⟩ **1.** être béant; **2.** *fig Meinungen etc* diverger

auseinanderklamüsern [aus?aɪ'nandərklamy:zərn] F *v/t* ⟨-(e)re, *sép, pas de ge-, h*⟩ **1.** (*entwirren*) éclaircir; démêler; **2.** (*erklären*) (*j-m*) *etw ~* expliquer qc (à qn)

ausein'ander|kriegen F *v/t* ⟨*sép, -ge-, h*⟩ *cf* **auseinanderbekommen;** ~**laufen** *v/i* ⟨*irr, sép, -ge-, sein*⟩ se séparer; *Menge, a Tiere* se disperser; *Straßen* diverger; se séparer; *Teig, Farbe etc* s'étaler; *Eis* fondre; *Käse* couler; ~**leben** *v/réfl* ⟨*sép, -ge-, h*⟩ *sich ~* se détacher peu à peu l'un de l'autre; ~**legen** *v/t* ⟨*sép, -ge-, h*⟩ (*erklären*) expliquer; exposer; ~**nehmen** *v/t* ⟨*irr, sép, -ge-, h*⟩ **1.** *Maschine etc* démonter; désassembler; **2.** *gekreuzte Arme, gefaltete Hände* décroiser; **3.** F *fig Gegner* démolir; ~**pflücken** *v/t* ⟨*sép, -ge-, h*⟩ *cf* **zerpflücken 1., 2.**; ~**reißen** *v/t* ⟨*irr, sép, -ge-, h*⟩ **1.** déchirer; **2.** *fig Personen* séparer (violemment); *Familie* diviser; *durch Krieg etc* arracher l'un(e) à l'autre *bzw* les un(e)s aux autres; ~**rücken** ⟨*sép, -ge-*⟩ **I** *v/t* ⟨h⟩ écarter; espacer; desserrer; **II** *v/i* ⟨sein⟩ *Personen* s'écarter; s'espacer; se pousser; ~**schneiden** *v/t* ⟨*irr, sép, -ge-, h*⟩ couper en deux, en morceaux

ausein'andersetzen ⟨-(es)t, *sép, -ge-, h*⟩ **I** *v/t* (*darlegen*) exposer; (*erklären*) expliquer; **II** *v/réfl* **1.** (*sich befassen*) *sich mit e-m Problem ~* se préoccuper d'un, réfléchir à un, traiter un problème; aborder, étudier, traiter une question d'un point de vue critique; **2.** *sich mit j-m ~* avoir une discussion, *streitend, wütend* une explication, une altercation avec qn; **3.** *JUR Erben sich ~* s'arranger pour le partage; *COMM sich mit s-n Gläubigern ~* conclure un arrangement avec ses créanciers

Ausein'andersetzung *f* ⟨~; ~en⟩ **1.** ⟨*pas de pl*⟩ *e-s Problems etc* exposé *m*; explication *f*; **2.** ⟨*pas de pl*⟩ (*Beschäftigung*) étude *f*; examen *m* **f**; *die ~ mit dem Denken anderer* l'étude de la pensée d'autrui; **3.** (*Meinungsaustausch*) discussion *f*, débat *m* (*über* [+*acc*] sur); **4.** (*Streit*) explication *f*; altercation *f*; querelle *f*; *es kam zu e-r ~ zwischen* (+ *dat*) *und* (+ *dat*) il en résulta une explication, une altercation entre ... et ...; *politische ~en* démêlés *m/pl*, querelles *f/pl* politiques; **5.** (*Kampfhandlung*) conflit *m*; *e-e bewaffnete ~* un conflit armé; *es kam zu blutigen ~en* on en arriva à des conflits sanglants; **6.** *JUR bei e-r Erbschaft* (arrangement *m* pour le) partage *m*; *COMM mit Gläubigern* arrangement *m*

ausein'ander|stieben *v/i* ⟨*irr ou régulier, sép, -ge-, sein*⟩ se disperser; s'éparpiller; ~**streben** *v/i* ⟨*sép, -ge-, sein*⟩ tendre à, avoir tendance à se séparer, s'écarter; ~**treiben** *v/t* ⟨*irr, sép, -ge-, h*⟩ disperser; ~**ziehen** ⟨*irr, sép, -ge-*⟩ **I** *v/t* ⟨h⟩ **1.** (*trennen*) séparer (en tirant); **2.** (*dehnen*) (é)tirer; **3.** *Vorhänge etc* tirer; écarter; *Personen* déménager chacun de son côté; ~**zupfen** *v/t* ⟨*sép, -ge-, h*⟩ *Blüte* effeuiller; *Watte* tirer par petits bouts

'**auserkoren** *st/s adj* élu

'**auserlesen** *st/s adj Gesellschaft etc* choisi; *Dinge, Früchte* sélectionné; *Essen* de choix; *Wein* de première qualité; *Kleidung* élégant; *Geschmack* recherché; *von ~er Eleganz, Schönheit* d'une élégance, beauté exquise

'**ausersehen** *st/s v/t* ⟨*irr, insép, les formes des temps simples ne s'emploient pas dans une principale, pas de ge-, h*⟩ destiner, désigner (*zu* à)

'**auserwählen** *st/s v/t* ⟨*irr, insép, les formes des temps simples ne s'emploient pas dans une principale, pas de ge-, h*⟩ élire; choisir; *BIBL das auserwählte Volk* le peuple élu; *BIBL viele sind berufen, aber wenige sind auserwählt* il y a beaucoup d'appelés, mais peu d'élus

'**Auserwählte(r)** *st/s f(m)* ⟨→ A⟩ *a REL* élu(e) *m(f)*; *plais s-e ~*, *st/s die ~ s-s Herzens* l'élue de son cœur

'**ausessen** ⟨*irr, sép, -ge-, h*⟩ **I** *v/t Teller, Suppe etc* finir; **II** *v/i* finir de manger

'**ausfahrbar** *adj* télescopique

'**ausfahren** ⟨*irr, sép, -ge-*⟩ **I** *v/t* ⟨h⟩ **1.** *j-n ~* sortir, promener qn; **2.** (*ausliefern*) livrer; apporter; **3.** *TECH Antenne, Fahrwerk, Landeklappen etc* sortir; **4.** ⟨h *ou* sein⟩ *Kurven* ne pas couper; bien prendre; **5.** *Auto etc* pousser au maximum; **6.** (*abnutzen*) *Straßen, Gleise* creuser; user; **II** *v/i* ⟨sein⟩ **7.** (*spazierenfahren*) sortir en voiture, *etc*; aller se promener en voiture, *etc*; **8.** *Schiffe, Zug* sortir; partir; *aus dem Hafen, Bahnhof ~* sortir du port, de la gare; quitter le port, la gare; *zum Heringsfang ~* partir pour la pêche au hareng; **9.** *BERGBAU* remonter

'**Ausfahrt** *f* **1.** (*Spazierfahrt*) promenade *f*, sortie *f* en voiture, *etc*; **2.** *e-s Zugs, Schiffs* départ *m*; **3.** *BERGBAU* remontée *f*; **4.** (*Ausfahrtstelle, a Autobahn♀*) sortie *f*; *~ freihalten!* sortie de voitures!

'**Ausfahrt(s)signal** *n EISENBAHN* signal *m* de sortie

'**Ausfahrtsstraße** *f* route *f* de sortie (d'une agglomération)

'**Ausfall** *m* **1.** *von Einnahmen, Lohn, Arbeitszeit, der Produktion etc* perte *f*; *der ~ des Frühjahrsgeschäfts* le manque, l'insuffisance *f* de commandes dans le commerce printanier; **2.** *TECH e-r Anlage etc* panne *f*; (*Strom♀*) coupure *f*; **3.** *von Personen* absence *f*; *wegen der Grippe gab es viele Ausfälle* à cause de la grippe, il y a eu beaucoup d'absences; **4.** ⟨*pas de pl*⟩ *der Haare* chute *f*; *der Zähne* perte *f*; **5.** (*Ergebnis*) résultat *m*; **6.** *MIL* sortie *f*; **7.** *beim Fechten, Gewichtheben* fente *f*; **8.** *fig* attaque insultante

'ausfallen v/i ⟨irr, sép, -ge-, sein⟩ **1.** *Haare, Zähne etc* tomber; **mir fallen die Haare aus** je perds mes cheveux; **2.** *(nicht stattfinden)* Vorstellung, Vortrag etc ne pas avoir lieu; **die Schule, der Unterricht fällt heute aus** il n'y a pas classe, cours aujourd'hui; **3.** *(wegfallen)* Arbeitsstunden ne pas être effectué; être perdu; Zug ne pas prendre le départ; ne pas circuler; **4.** TECH Maschine, Anlage tomber en panne; s'arrêter; Bremse ne pas fonctionner; Strom être coupé; **5.** Person *(fehlen)* être absent; manquer; *(nicht zur Verfügung stehen)* ne pas être disponible; *(nicht mitzählen)* être absent; ne pas participer; *(nicht in der Lage sein)* ne pas être en mesure de faire qc; **der Spieler fällt wegen Krankheit aus** le joueur vient à manquer par suite de maladie; **6.** *etw fällt gut, schlecht aus* qc est bon, mauvais; **das Zeugnis ist schlecht ausgefallen** le livret scolaire est mauvais; **wie ist die Prüfung ausgefallen?** quel est le résultat de l'examen?; **der Vergleich fiel zu unseren Gunsten aus** (le résultat de) la comparaison a été en notre faveur; **7.** CHIM se précipiter
'ausfällen v/t ⟨sép, -ge-, h⟩ **1.** CHIM précipiter; **2.** *schweiz Strafe* prononcer
'ausfallend adj, **'ausfällig** adj insultant; grossier, -ière; **(gegen j-n) ~ werden** devenir grossier (envers qn)
'Ausfallschritt m SPORT fente f
'Ausfall(s)erscheinung f déficience f
'Ausfallstraße f route f de sortie (d'une agglomération)
'Ausfallzeit f RENTENVERSICHERUNG période où l'assuré n'a pas cotisé pour sa retraite; arrêt m de travail
'aus|falten v/t ⟨-ete, sép, -ge-, h⟩ déplier; **~fasern** v/i ⟨-(e)re, sép, -ge-, sein *ou* h⟩ s'effilocher; s'effiler
'ausfechten v/t ⟨irr, sép, -ge-, h⟩ **e-n Kampf ~** se battre (pour qc); **e-e Debatte ~** débattre qc jusqu'à la décision; **e-n Streitfall vor Gericht ~** terminer une querelle, une cause devant le tribunal
'ausfegen v/t ⟨sép, -ge-, h⟩ **1.** Schmutz etc balayer; **2.** Zimmer balayer; donner un coup de balai à, dans
'ausfeilen v/t ⟨sép, -ge-, h⟩ **1.** TECH limer; **2.** fig Text etc polir; fignoler; Technik etc perfectionner; **ein ausgefeilter Stil** un style poli, fouillé, léché
'ausfertigen v/t ⟨sép, -ge-, h⟩ Dokument, Rechnung établir; Vertrag rédiger; Paß délivrer; **ausgefertigt am ...** délivré, fait le ...
'Ausfertigung f **1.** *(das Ausfertigen)* rédaction f; établissement m; **2.** *(Exemplar)* exemplaire m; **in doppelter ~** en double exemplaire; **in drei ~en** (dat) en trois exemplaires; en triple exemplaire
'ausfetten v/t ⟨-ete, sép, -ge-, h⟩ Backform beurrer; graisser
'ausfindig adv *etw, j-n ~ machen* (finir par) trouver, découvrir qc, qn
'ausflicken v/t ⟨sép, -ge-, h⟩ F rafistoler; réparer
'ausfliegen ⟨irr, sép, -ge-⟩ **I** v/t ⟨h⟩ Flüchtlinge, Verwundete etc évacuer en avion (**nach** vers); **II** v/i ⟨sein⟩ **1.** Vogel *(wegfliegen)* s'envoler, abandonner son nid; **2.** F fig

ausgeflogen sein *(nicht zu Hause sein)* être parti; **3.** Flugzeug s'éloigner (**aus** de)
'aus|fließen v/i ⟨irr, sép, -ge-, sein⟩ Flüssigkeiten couler; s'écouler; *a Behälter* fuir; **~flippen** F v/i ⟨sép, -ge-, sein⟩ *vor Freude* être fou, ivre de joie; délirer de joie; *vor Wut* être 'hors de soi'; *vor Angst* F flipper; être dans tous ses états; *(Rauschgift nehmen)* F se défoncer; *gesellschaftlich* se marginaliser; *cf a* **ausgeflippt**
'Ausflucht f ⟨~; -flüchte⟩ échappatoire f; excuse f; *(Vorwand)* prétexte m; **Ausflüchte machen** donner des excuses; fournir des prétextes
'Ausflug m excursion f; sortie f; *längerer* randonnée f; **ein ~ aufs Land** une partie de campagne; une excursion à la campagne
Ausflügler(in) ['ausfly:klər(ɪn)] m ⟨~s; ~⟩ (f) ⟨~; ~nen⟩ excursionniste m, f; *(Spaziergänger[in])* promeneur, -euse m, f
'Ausflugs|dampfer m bateau m d'excursion; **~lokal** n restaurant m, auberge f de campagne; **~ort** m ⟨~(e)s; ~e⟩ lieu m d'excursion; **~verkehr** m am Wochenende circulation f de week-end; **~ziel** n but m d'excursion
'Ausfluß m **1.** ⟨pas de pl⟩ *(das Ausfließen)* écoulement m; **2.** MÉD flux m; *(Fluor)* pertes blanches; **3.** *e-s Teiches etc* orifice m d'écoulement; décharge f; **4.** st/s *(Ergebnis)* résultat m; **5.** TECH (**~menge**) débit m
'ausfolgen v/t ⟨sép, -ge-, h⟩ österr remettre
'ausformen ⟨sép, -ge-, h⟩ **I** v/t former; parachever; **II** v/réfl *sich (zu etw) ~* prendre (la) forme (de qc)
'ausformulieren v/t ⟨sép, pas de ge-, h⟩ parfaire la formulation de
'Ausformung f ⟨~; ~en⟩ **1.** ⟨pas de pl⟩ *(das Ausformen)* formation f; **2.** *(Form)* forme f
'ausforschen v/t ⟨sép, -ge-, h⟩ **1.** *(herausfinden)* Versteck etc découvrir; Gelegenheit trouver; **2.** *(ausfragen)* **j-n nach** *od* **über etw** (acc) **~** sonder, questionner qn sur qc
'ausfragen v/t ⟨sép, -ge-, h⟩ **j-n nach** *od* **über etw** (acc) **~** interroger, questionner qn sur qc
'aus|fransen v/i ⟨-(e)st, sép, -ge-, sein⟩ s'effranger; **~fräsen** v/t ⟨-(e)st, sép, -ge-, h⟩ TECH fraiser
'ausfressen v/t ⟨irr, sép, -ge-, h⟩ **1.** Tier *s-n Trog etc* vider; **2.** F fig *etw ausgefressen haben* avoir fait une bêtise
'Ausfuhr ['ausfuːr] f ⟨~; ~en⟩ exportation f; **bei der ~** à l'exportation
'Ausfuhrartikel m article m d'exportation
'ausführbar adj **1.** Waren exportable; **2.** Plan etc réalisable; faisable; exécutable
'Ausfuhr|bescheinigung f certificat m d'exportation; **~beschränkung** f restriction f, limitation f des exportations, à l'exportation
'ausführen v/t ⟨sép, -ge-⟩ **1.** *in e-e Gesellschaft, nach draußen etc* sortir; *(spazierenführen)* a promener; emmener se promener; *s-e Freundin* sortir son amie; **2.** COMM exporter; *wieder ~* réexporter; **3.** *(durchführen)* Plan réali-

ser; exécuter; Gedanken, Einfall réaliser; Bewegungen, Entschluß, Befehl, Auftrag, Kunstwerk etc exécuter; Tat accomplir; Arbeiten, Reparaturen exécuter; effectuer; Operation, Experiment, Analyse etc effectuer; faire; exécuter; Strafstoß exécuter; **~des Organ** organe exécutif; **4.** *(ausarbeiten)* Thema, Entwurf etc développer; élaborer; mettre au point; **ein halb ausgeführtes Kapitel** un chapitre à moitié achevé; **5.** *(darlegen)* Gründe, Gedanken etc exposer; développer; **etw näher ~** expliquer qc en détail; **er führte dazu noch folgendes aus** il ajouta les détails suivants
'Ausführende(r) f(m) ⟨→ A⟩ MUS, THÉ etc interprète m, f; exécutant(e) m(f)
'Ausfuhr|güter n/pl marchandises f/pl d'exportation; **~hafen** m port exportateur; **~land** n ⟨~(e)s; -länder⟩ **1.** *(ausführendes Land)* pays exportateur; **2.** *(Land, in das exportiert wird)* marché extérieur, à l'exportation
'ausführlich I adj détaillé; **II** adv en détail; p/pf par le menu
'Ausführlichkeit f ⟨~;⟩ abondance f de détails; **in aller ~** en détail; dans les moindres détails
'Ausfuhr|prämie f prime f à l'exportation; **~sperre** f embargo m sur les exportations
'Ausführung f **1.** ⟨pas de pl⟩ e-s Plans etc réalisation f; exécution f; e-s Gedankens réalisation f; von Arbeiten exécution f; e-r Tat accomplissement m; e-s Befehls, e-s Auftrags, MUS etc exécution f; ADM **zur ~ bringen** mettre à exécution; ADM **zur ~ kommen** *od* **gelangen** être exécuté; **2.** *(Herstellungsart)* fabrication f; qualité f; *(Modell)* modèle m; **etw in verschiedenen ~en vorrätig haben** avoir plusieurs modèles de qc en réserve; **in bester ~** de meilleure fabrication, qualité; **die ~ in Eiche gefällt mir besser** le modèle en chêne me plaît mieux; **in dieser ~ kostet der Schrank ...** l'armoire dans cette qualité coûte ...; **3.** ⟨pas de pl⟩ *von Entwürfen, Themen etc* développement m; élaboration f; mise f au point; **4.** *(Darlegung)* explication f; pl **~en** exposé m; développement m; **die interessanten ~en zu diesem Thema** les déclarations intéressantes sur ce sujet; **wenn man s-n ~en Glauben schenken kann** si l'on peut ajouter foi à ses paroles
'Ausführungsbestimmungen f/pl dispositions f/pl d'exécution
'Ausfuhr|verbot n interdiction f d'exportation; **~zoll** m droit m de douane à l'exportation
'ausfüllen v/t ⟨sép, -ge-, h⟩ **1.** Loch, Raum remplir; fig Lücke combler; **2.** Formular remplir; **bitte in Blockschrift ~!** écrire en script!; **3.** Zeit remplir; passer; **ihr Kind war ganz mit Arbeit ausgefüllt** elle a travaillé toute sa vie; **4.** Platz, Stellung *(bekleiden)* remplir; **5.** Arbeit, Beruf etc *(befriedigen)* satisfaire; *(in Anspruch nehmen)* absorber; **durch etw nicht ausgefüllt sein** ne pas être satisfait, suffisamment occupé par qc; **ein ausgefülltes Leben haben** avoir une vie bien pleine, bien remplie
'ausfüttern v/t ⟨-(e)re, sép, -ge-, h⟩

Jacke, Mantel doubler; *mit Pelz* fourrer; *Koffer, Truhe etc* tapisser (**mit** de)
'**Ausgabe** *f* **1.** ⟨*Geld*2⟩ dépense *f*; **2.** ⟨*pas de pl*⟩ *von Essen, Werkzeug, Büromaterial etc* distribution *f*; *von Gepäck, Waren, Büchern etc* remise *f*; *von Fahrkarten, amtlichen Papieren* délivrance *f*; *von Banknoten, Wertpapieren* émission *f*; *von Aktien a* création *f*; *fig e-r Losung, Parole, e-s Befehls* diffusion *f*; **3.** *cf* **Ausgabestelle; 4.** TYPO édition *f*; *e-r Zeitung a* numéro *m*; *fig* **die letzte ~ der Tagesschau sehen Sie um ...** la dernière diffusion du journal télévisé aura lieu à ...; **5.** INFORM sortie *f*; output *m*
'**Ausgabekurs** *m* cours *m* d'émission
'**Ausgabe(n)|beleg** *m* pièce justificative des dépenses; **~buch** *n* livre *m*, carnet *m* de(s) dépenses
'**Ausgabestelle** *f* **für Papiere, Paß** bureau *m* de délivrance; **für Banknoten, Wertpapiere** bureau *m* d'émission; **für Essen, Werkzeug, Büromaterial** centre *m* de distribution; **für Gepäck, Fahrkarten** guichet *m*
'**Ausgang** *m* **1.** *e-s Raums*, ANAT sortie *f*; **2.** ⟨*pas de pl*⟩ ⟨*Ende*⟩ räumlich sortie *f*; zeitlich fin *f*; *e-s Dramas, Romans* dénouement *m*; *e-s Wortes, Verses* terminaison *f*; fin *f*; **am ~ des Tals** à la sortie de la vallée; **am ~ des Mittelalters** à la fin du Moyen Âge; **3.** ⟨*pas de pl*⟩ ⟨*Ergebnis*⟩ *e-s Prozesses, e-r Konferenz, von Wahlen etc* issue *f*; **e-e Operation mit tödlichem ~** une opération à l'issue fatale; **die Sache nahm e-n bösen ~** la chose se termina mal; **4.** ⟨*pas de pl*⟩ ⟨*Ausgehen*⟩ sortie *f*; **~ haben** *Soldaten* avoir une permission; *Hausangestellte* avoir son jour de sortie; **5.** COMM *von Waren etc pl* **Ausgänge** sorties *fl|pl*; **6.** ⟨*pas de pl*⟩ ⟨*Ausgangspunkt*⟩ point *m* de départ; **s-n ~ nehmen von** prendre son point de départ avec; partir de
'**ausgangs** *adv* ⟨*u prép* ⟨*gén*⟩⟩ à la fin (de)
'**Ausgangs|basis** *f* base *f* de départ; **~lage** *f* situation initiale; **~position** *f* position initiale, de départ; **~punkt** *m* point *m* de départ
'**Ausgangssperre** *f* **für die Bevölkerung** couvre-feu *m*; **für Soldaten** consigne *f*; (*e-e*) **~ verhängen** décréter le couvre-feu; **~ haben** *Soldaten* être consigné
'**Ausgangs|sprache** *f* langue *f* de départ; **~stellung** *f* **1.** SPORT position initiale; **2.** MIL position *f* de départ
'**ausgeben** ⟨*irr, sép, -ge-, h*⟩ I *v/t* **1.** *Geld* dépenser. **2.** F (*spendieren*) *j-m etw* **~** F payer qc à qn; *einen* **~** (*e-e Runde bezahlen*) F payer une tournée; **3.** *Essen, Werkzeug, Büromaterial etc* distribuer; *Waren, Gepäck, Bücher etc* remettre; *Fahrkarten, Platzkarten, amtliche Papiere* délivrer; *Banknoten, Wertpapiere* émettre; *Aktien a* créer; *fig Parole, Losung, Befehl* donner; **4.** INFORM sortir; **5.** *j-n, etw für od als j-n, etw* **~** faire passer qn, qc pour qn, qc; **e-e Geschichte als wahr ~** faire passer une histoire pour vraie; **6.** (*weggeben*) *Wäsche etc* donner à laver, repasser, nettoyer, etc; II *v/refl* **7.** *sich für od als j-n, etw* **~** se faire passer pour qn, qc; prétendre être qn, qc; *sich für jün-*

ger **~** se faire passer pour plus jeune; **8.** (*sich verausgaben*) se dépenser
'**aus|gebombt** *adj* sinistré (lors de bombardements); bombardé; **~gebrannt** *adj fig physisch* à bout de forces; épuisé; *psychisch* à bout (de nerfs); *cf a* **ausbrennen**; **~gebuchtet** *adj Gefäß etc* renflé; bombé; *Küste* qui fait une saillie, un renflement
'**ausgebufft** ['ausgǝbʊft] F *péj adj* F roublard; rusé
'**Ausgeburt** *st/s péj f* **1.** (*Produkt*) produit *m*; **e-e ~ s-r krankhaften Phantasie** un produit de son imagination maladive; **e-e ~ der Hölle** un suppôt de Satan; **2.** (*Inbegriff*) incarnation *f*
'**ausgedehnt** *adj* **1.** (*lang dauernd*) *Schlaf, Spaziergang etc* long, longue; **2.** (*intensiv*) **ein ~es Frühstück** un petit déjeuner prolongé, copieux; **3.** (*groß*) *Land, Besitz* étendu; **4.** (*ausgeleiert*) *Gummi etc* détendu
'**ausgedient** *adj* **1.** F *Kleidung, Gegenstände* qui a fait son temps; fatigué; **2.** *Offizier* en retraite
'**ausgefahren** *adj fig* **sich in ~en Gleisen bewegen** suivre les sentiers battus; **~e Gleise verlassen** quitter les sentiers battus
'**aus|gefallen** *adj* original; singulier, -ière; peu commun, saugrenu; **~geflippt** F *adj gesellschaftlich* marginal; *cf a* **ausflippen**; **~gefuchst** F *adj* malin, -igne; rusé
'**ausgeglichen** *adj Charakter, Person* équilibré; *Formen* harmonieux, -ieuse; bien proportionné; *Struktur* régulier, -ière; *Klima* tempéré; *Budget* équilibré, en équilibre; *Spiel, Match* équilibré; ♀**heit** *f* ⟨~⟩ *des Charakters, e-r Person* équilibre *m*; *e-r Person a* caractère équilibré; *von Formen etc* harmonie *f*; *e-r Struktur* régularité *f*; *des Klimas* caractère tempéré
'**ausgegoren** *adj* **1.** fermenté; **2.** *fig Plan etc* mûr
'**Ausgehanzug** *m bes* MIL tenue *f* de sortie
'**ausgehen** *v/i* ⟨*irr, sép, -ge-, sein*⟩ **1.** (*das Haus, die Wohnung verlassen*), *a zum Vergnügen* sortir; **2. auf Eroberungen, Entdeckungen ~** partir à la conquête, découverte; **auf Abenteuer ~** courir, chercher l'aventure; partir pour l'aventure; **auf Beute ~** partir à la recherche d'un butin; **auf Stimmenfang ~** chercher à capter des voix; **3.** (*zum Ausgangspunkt nehmen*) **von etw ~** partir de qc; prendre qc comme point de départ; **von der Voraussetzung, Tatsache ~, daß ...** partir de la supposition, du fait que ...; **ich gehe davon aus, daß ...** je présume, je suppose que ...; **4.** (*s-n Ausgang nehmen*) partir (**von** de); *Duft, Wärme* se dégager, émaner (**von** de); **vom Marktplatz gehen mehrere Straßen aus** plusieurs rues partent de la place du marché; **die Schmerzen gehen vom Magen aus** les douleurs viennent, partent de l'estomac; **5.** (*herrühren*) **von j-m ~** venir de qn; **der Gedanke, Vorschlag ging von ihm aus** l'idée, la proposition est venue de lui; BIBL **alle Gerechtigkeit geht von Gott aus** toute justice émane de Dieu; **6.** (*ausgestrahlt werden*) *Ruhe, Wärme, Überzeugungskraft etc* **von j-m**

~ émaner de qn; **7.** (*enden*) se terminer; finir; **wie ist die Sache ausgegangen?** comment s'est terminée l'affaire?; **wie sind die Wahlen ausgegangen?** quelle a été l'issue des élections?; **das kann für ihn schlecht ~** cela peut se terminer mal, tourner mal pour lui; **der Roman geht tragisch aus** le roman se termine *od* finit tragiquement; *Wort* **auf e-n Vokal ~** se terminer par une voyelle; **8.** (*zur Neige gehen*) venir à manquer; s'épuiser; **mir sind die Zigaretten ausgegangen** je n'ai plus de cigarettes; **mir ist das Geld ausgegangen** je suis à court d'argent; **die Geduld geht ihm aus** il perd patience; sa patience est à bout; il est à bout de patience; **ihr geht die Luft** *od* F **die Puste aus** *a fig* elle perd son souffle, est à bout de souffle; **9.** *Feuer, Lampe, Licht, Radio, Fernseher, Herd, Heizung* s'éteindre; *Feuer a* mourir; *Motor, Maschine etc* s'arrêter; **10.** *Haare* tomber; **die Haare, Zähne gehen ihm aus** il perd ses cheveux, dents; **11.** F (*sich ausziehen lassen*) *Kleidungsstücke etc* s'enlever
'**ausgehend** *adj* ⟨*épithète*⟩ **1. im ~en Mittelalter** vers la fin du Moyen Âge; **das ~e Jahr** l'année qui finit; **2. die ~e Post** le courrier à expédier, destiné à être posté
'**ausgehfertig** *adj* prêt à sortir; **sich ~ machen** se préparer à, pour sortir
'**ausgehungert** *adj* affamé; *p/l|pl fort* famélique
'**Ausgehuniform** *f* uniforme *m*, tenue *f* de sortie
'**Ausgehverbot** *n* interdiction *f* de sortir; MIL consigne *f*; **~ haben** être consigné
'**ausgekocht** F *péj adj* F roublard; roué
'**ausgelassen** *adj Personen* exubérant; *Kinder a* turbulent; *Stimmung* gai; plein d'entrain; *Fröhlichkeit* exubérant; fou, folle; ♀**heit** *f* ⟨~⟩ exubérance *f*; *von Kindern a* turbulence *f*; *e-r Gesellschaft, der Stimmung* gaieté *f*; entrain *m*
'**ausgelaugt** *adj* épuisé; F lessivé
'**Ausgeliefertsein** *n* ⟨~s⟩ impuissance *f* (**an** [+*acc*] devant)
'**ausgelitten** *st/s p/p* **~ haben** avoir cessé de souffrir; être mort
'**ausgemacht** I *adj* **1.** (*beschlossen*) convenu; entendu; **es ist** (*e-e*) **~e Sache, daß ...** c'est convenu que ...; *fig* c'est sûr que ...; **2.** ⟨*épithète*⟩ (*ausgesprochen*) **ein ~er Schwindel** une parfaite, fameuse escroquerie; **ein ~er Dummkopf** un parfait, fameux, fieffé imbécile; II *advt* (*sehr, ausgesprochen*) carrément; tout à fait
'**ausgenommen** *conj* **1.** (*außer*) à part, excepté; à l'exception de; exception faite de; sauf; **~ er** *od* **er ~** sauf lui; **2.** (*außer wenn*) sauf si; excepté si; à moins que (+*subj*); **~ es regnet** sauf s'il pleut; à moins qu'il ne pleuve
'**ausgeprägt** *adj Neigung, Sinn etc* prononcé; marqué; accusé; **scharf ~e Gesichtszüge** des traits fortement marqués, accusés, prononcés; **e-n ~en Sinn für etw haben** avoir un sens très développé de qc
'**ausgepumpt** F *adj* (*erschöpft*) F pompé; F crevé
'**ausgerechnet** F *advt* justement; préci-

sément; ~ *mir mußte das passieren* c'est justement, précisément à moi que devait arriver une chose pareille
'**ausgereift** *adj fig Plan* (bien) mûri; *Mensch* mûr
'**ausgeschlafen** *adj* (*ausgeruht*) bien reposé; ayant suffisamment dormi; F *fig* (*hellwach*) vif, vive; dégourdi
'**ausgeschlossen** *adj* (*attribut*) impossible; exclu; *das ist ganz od völlig ~* c'est tout à fait impossible; *es ist nicht ~, daß ...* il n'est pas impossible *od* exclu que ... (+*subj*); *ich halte das für ~* je pense que c'est impossible
'**ausgeschnitten** *adj* (*dekolletiert*) décolleté; *tief od weit ~* profondément décolleté
'**ausgesorgt** F *adj ~ haben* être à l'abri du besoin
'**ausgesprochen** I *adj* marqué; prononcé; accentué; net, nette; *ein ~es Talent für etw haben* avoir un don réel pour qc; *ein ~er Gegner von etw sein* être un adversaire déclaré de qc; *das ist ~es Pech* c'est vraiment de la malchance; II *advt* vraiment; carrément; réellement; tout à fait
'**ausgestalten** *v/t* ⟨-ete, *sép, p/p* ausgestaltet, h⟩ **1.** *Fest etc* arranger; (*dekorieren*) décorer; **2.** (*ausbauen*) *etw zu etw ~* développer qc en qc
'**Ausgestaltung** *f* **1.** ⟨*pas de pl*⟩ arrangement *m*; *von Räumen a* décoration *f*; *die musikalische ~ des Abends* l'arrangement musical de la soirée; **2.** ⟨*pas de pl*⟩ (*Umgestaltung*) développement *m* (*zu* en); **3.** (*Form*) forme *f*
'**ausgestellt** *adj Rock etc* évasé
'**Ausgestoßene(r)** *m* ⟨→ A⟩ proscrit *m*; banni *m*; paria *m*
'**ausgesucht** I *adj* (*erlesen*) sélectionné; exquis; de (premier) choix; de première qualité; *Gesellschaft etc* choisi; distingué; *von ~er Eleganz* d'une élégance recherchée; *mit ~er Höflichkeit* d'une politesse exquise, extrême; II *advt* **1.** (*erlesen*) avec recherche; *~ gekleidet* vêtu, habillé avec une extrême recherche; **2.** (*besonders*) particulièrement; *~ schöne Blumen* des fleurs particulièrement belles
'**ausgewachsen** *adj* **1.** *Tier, Pflanze* qui a terminé sa croissance; **2.** F *fig* (*richtig*) vrai; véritable; *~er Blödsinn* parfaite idiotie; idiotie complète, achevée, finie
'**ausgewogen** *adj Proportionen, Ernährung etc* équilibré; 2**heit** *f* ⟨*~*⟩ équilibre *m*
'**ausgezeichnet** *adj* excellent; remarquable; *Essen, Wein etc* excellent; exquis; délicieux, -ieuse; *~!* excellent!; parfait!; *~, daß du schon da bist!* c'est parfait que tu sois déjà là
ausgiebig ['ausgi:bɪç] I *adj* abondant; *Mahlzeit* copieux, -ieuse; plantureux, -euse; *Spaziergang, Mittagsschlaf etc* long, longue; II *adv es hat ~ geregnet* il a plu abondamment; *~ frühstücken* prendre un petit déjeuner copieux; *von etw ~ Gebrauch machen* user largement de qc
'**ausgießen** *v/t* ⟨*irr, sép*, -ge-, h⟩ **1.** *Flüssigkeit, Gefäß* vider; **2.** *Form, Risse etc* (r)emplir (*mit* de); *Form a* couler; **3.** *st/s Spott etc über j-n ~* déverser sur qn

'**ausgipsen** *v/t* ⟨-(es)t, *sép*, -ge-, h⟩ enduire; remplir de plâtre
'**Ausgleich** ['ausglaɪç] *m* ⟨*~*(e)s; *~e*⟩ compensation *f*; *verschiedener Interessen etc* arrangement *m*; accord *m*; *e-r Rechnung* règlement *m*; *als od zum ~ für* en compensation de; pour compenser ...; *als od zum ~ für etw dienen* compenser qc; *SPORT den ~ erzielen* égaliser (le score)
'**ausgleichen** ⟨*irr, sép*, -ge-, h⟩ I *v/t Unterschiede, Schaden, Ungerechtigkeiten etc* compenser; *Defizit a* combler; *Einnahmen u Ausgaben* équilibrer; *Konto* balancer; solder; régler; *Gegensätze, Streitigkeiten, Spannungen* concilier; (*mildern*) atténuer; diminuer; arranger; *Rechnung, Schulden* régler; *etw durch etw ~* compenser qc par qc; *die ~de Gerechtigkeit* la justice commutative; II *v/i SPORT* égaliser; III *v/réfl sich ~ Gegensätze* se compenser; *Spannungen* s'atténuer; *Konto etc* être équilibré, balancé
'**Ausgleichs|abgabe** *f FIN* taxe *f* de compensation; *~fonds m FIN* fonds *m* de compensation *od* de péréquation; *~getriebe n TECH* différentiel *m*; *~sport m* sport *m* de compensation; *~tor n*, *~treffer m SPORT* but *m* d'égalisation
'**ausgleiten** *st/s v/i* ⟨*irr, sép*, -ge-, sein⟩ *Person* glisser; *das Messer glitt ihm aus* le couteau lui glissa des mains
'**aus|gliedern** *v/t* ⟨-(e)re, *sép*, -ge-, h⟩ détacher; *~glühen* ⟨*sép*, -ge-⟩ I *v/t* **1.** *Draht, Nadel etc* faire rougir; **2.** *Sonne den Erdboden etc* calciner; II *v/i* ⟨sein⟩ *Wrack etc* se calciner
'**ausgraben** *v/t* ⟨*irr, sép*, -ge-, h⟩ **1.** *Verschüttete, Leichen, Schatz* déterrer; *ARCHÄOLOGIE* exhumer (*a Leichen*); mettre à jour; **2.** *fig* (*wiederentdecken*) ressortir; tirer de l'oubli; *alte Geschichten ~* ressortir de vieilles histoires
'**Ausgrabung** *f ARCHÄOLOGIE* **1.** (*das Ausgraben*) exhumation *f*; *pl ~en* fouilles *f/pl*; **2.** *Fund* découverte *f*
'**Ausgrabungs|arbeiten** *f/pl* fouilles *f/pl*; *~stätte f* site *m* archéologique
'**ausgreifen** *v/i* ⟨*irr, sép*, -ge-, h⟩ *Pferd* allonger le pas; *Person mit weit ~den Schritten* à grands pas; à grandes enjambées
'**ausgrenz|en** *v/t* ⟨-(es)t, *sép*, -ge-, h⟩ exclure; *Personen a* tenir à l'écart; 2**ung** *f* ⟨*~*; *~en*⟩ exclusion *f*; *von Personen a* mise *f* à l'écart
Ausguck ['ausɡʊk] *m* ⟨*~*(e)s; *~e*⟩ **1.** *MAR Person u Platz* vigie *f*; **2.** F (*nach j-m, etw*) *~ halten* faire le guet (pour voir si qn, qc arrive)
'**ausgucken** F *v/i* ⟨*sép*, -ge-, h⟩ **1.** *nach j-m, etw ~ od ausschauen* F **1.**; *sich* (*dat*) *die Augen nach j-m ~* chercher intensivement qn des yeux; **2.** *j-n, etw ~* (*aussuchen*) choisir qn, qc
'**Ausguß** *m* **1.** *Becken* évier *m*; *Abfluß* trou *m* d'écoulement; **2.** *regional* (*Tülle*) bec (verseur)
'**aushaben** *v/t* ⟨*irr, sép*, -ge-, h⟩ F **1.** *Kleidungsstück* avoir enlevé, retiré; **2.** *Buch etc* avoir fini; **3.** *Glas etc* avoir vidé, fini; II *v/i* (*Arbeits-, Unterrichtsschluß haben*) F avoir fini
'**aushacken** *v/t* ⟨*sép*, -ge-, h⟩ **1.** *Kartof-*

feln, *Rüben etc* arracher; **2.** *mit dem Schnabel* arracher à coups de bec
'**aushaken** ⟨*sép*, -ge-, h⟩ I *v/t* (*u v/réfl*) *Seil etc* (**sich**) (se) décrocher; (se) détacher; II *v/imp* F *bei ihr hakte es aus* (*sie drehte durch*) elle s'est affolée; elle a perdu la tête; (*sie begriff es nicht*) F elle n'a pas pigé; elle n'a pas compris; (*sie hatte e-n Blackout*) elle a eu un trou
'**aushalten** ⟨*irr, sép*, -ge-, h⟩ I *v/t* **1.** (*ertragen*) supporter; endurer; *Druck* résister à; supporter; *ich halte es vor Schmerzen nicht mehr aus* je ne peux plus supporter ces douleurs; *ich halte es hier nicht mehr aus* je n'en peux plus ici; F *hier läßt es sich ~* on est bien ici; F *es ist mit ihm nicht auszuhalten od nicht zum* 2 il est insupportable, invivable; *sie hält es nirgendwo lange aus* elle ne reste nulle part longtemps; *beruflich* elle ne travaille jamais longtemps à la même place; **2.** (*standhalten*) soutenir; *den Vergleich mit j-m ~* soutenir la comparaison avec qn; **3.** F *péj* entretenir; *sich von j-m ~ lassen* se faire entretenir par qn; **4.** *MUS Ton* tenir; II *v/i* (*durchhalten*) tenir
'**aushandeln** *v/t* ⟨-(e)le, *sép*, -ge-, h⟩ négocier; débattre; régler
aushändig|en ['aushendɪɡən] *v/t* ⟨*sép*, -ge-, h⟩ remettre; 2**ung** *f* ⟨*~*⟩ remise *f*
'**Aushang** *m* affiche *f*; écriteau *m*; *e-n ~ machen* afficher qc; mettre un écriteau
'**Aushängekasten** *m* tableau *m* d'affichage; (*petite*) vitrine
'**aushängen** I *v/t* ⟨*sép*, -ge-, h⟩ **1.** *Bekanntmachung etc* afficher; **2.** *Tür etc* déboîter; II *v/i* ⟨*irr, sép*, -ge-, h⟩ *Bekanntmachung etc* être affiché; *Brautpaar sie hängen aus* leurs bans sont affichés; III *v/réfl sich ~* **3.** *Kleidungsstücke* se défroisser; se remettre en plis; **4.** *Tür etc* se déboîter
'**Aushängeschild** *n* enseigne *f*; *fig als ~ (für etw) dienen* servir d'image de marque (à qc)
'**ausharren** *st/s v/i* ⟨*sép*, -ge-, h⟩ persévérer; *auf s-m Posten ~* persévérer à son poste
'**aushärten** ⟨-ete, *sép*, -ge-⟩ I *v/t* ⟨h⟩ durcir; II *v/i* ⟨sein⟩ se durcir
'**aushauchen** *st/s v/t* ⟨*sép*, -ge-, h⟩ *Duft etc* exhaler; *Luft ~* souffler; *s-e Seele od sein Leben ~* expirer; rendre l'âme
'**aushauen** *v/t* ⟨*irr, sép*, -ge-, h⟩ **1.** *Stufen etc* tailler; *Statue* sculpter; **2.** *Bäume* abattre; *Äste* ébrancher (un arbre)
aushäusig ['aushɔʏzɪç] *adj* 'hors de chez soi; *~ sein* être sorti
'**ausheben** *v/t* ⟨*irr, sép*, -ge-, h⟩ **1.** *Erde* enlever; retirer; *Graben etc* creuser; **2.** *Tür etc* enlever (de ses gonds); **3.** *Nest* vider; *Eier, Vögel* dénicher; **4.** *Verbrechernest etc* F cueillir
'**aushecken** ['aushɛkən] F *v/t* ⟨*sép*, -ge-, h⟩ *Plan etc* machiner; combiner; *Unsinn* inventer; *e-n Streich ~* monter un coup
'**ausheilen** *v/t* ⟨*sép*, -ge-, h⟩ *u v/i* ⟨sein⟩ guérir (complètement)
'**aushelfen** *v/i* ⟨*irr, sép*, -ge-, h⟩ *j-m* (*mit etw*) (*bei etw*) *~* aider, F dépanner qn (avec qc) (à faire qc); *bei j-m ~* aider chez qn; *wenn ein Arbeiter krank wird, muß ein anderer ~* si un

ausheulen – auslagern

ouvrier tombe malade, il faut qu'un autre le remplace
'**ausheulen** v/t/réfl ⟨sép, -ge-, h⟩ F **sich (bei j-m) ~** pleurer tout son soûl (auprès de qn)
'**Aushilfe** f **1.** ⟨pas de pl⟩ (Unterstützung) **er arbeitet dort zur ~** il travaille là pour aider (temporairement), comme aide (temporaire); **2.** Person aide m,f (temporaire); Angestellte(r) intérimaire m,f; **wir suchen Kellnerinnen und ~n für die Saison** nous cherchons des serveuses et du personnel auxiliaire pour la saison
'**Aushilfs|arbeit** f travail m intérimaire, temporaire; **~kellner** m extra m; **~kraft** f aide m,f (temporaire); Angestellte(r) intérimaire m,f; pl **Aushilfskräfte** personnel m temporaire, auxiliaire, intérimaire
'**aushilfsweise** adv comme aide temporaire; comme auxiliaire, intérimaire
'**aushöhlen** v/t ⟨sép, -ge-, h⟩ **1.** creuser; bes Früchte évider; **2.** fig Begriffe etc saper
'**ausholen** v/i ⟨sép, -ge-, h⟩ **1.** zum Schlag lever la main (**zu** pour); SPORT **zum Wurf ~** faire un mouvement du bras avant de lancer; fig **zum entscheidenden Schlag ~** se préparer à porter le coup décisif; **2.** fig bei e-r Erzählung **weit ~** aller chercher loin
'**ausholzen** v/t ⟨-(e)st, sép, -ge-, h⟩ **1.** (lichten) éclaircir; **2.** (abholzen) déboiser
'**aushorchen** v/t ⟨sép, -ge-, h⟩ **j-n (über etw** [acc]**) ~** sonder qn (sur qc)
'**Aushub** m **1.** ⟨pas de pl⟩ (das Ausheben) creusement m od creusage m; **2.** (Ausgehobenes) déblais m/pl
'**aus|hungern** v/t ⟨-(e)re, sép, -ge-, h⟩ affamer; **~husten** ⟨-ete, sép, -ge-, h⟩ **I** v/t Schleim etc expulser en toussant; expectorer; **II** v/i (zu Ende husten) finir de tousser
'**aus|ixen** ['aus?ɪksən] v/t ⟨-(e)st, sép, -ge-, h⟩ barrer avec des x; '**~kämmen** v/t ⟨sép, -ge-, h⟩ **1.** (her~) enlever avec le peigne; **2.** (her déméler; '**~kehren** v/t ⟨sép, -ge-, h⟩ cf **ausfegen**
'**auskennen** v/réfl ⟨irr, sép, -ge-, h⟩ **sich (mit** od **in etw** [dat]**) ~** s'y connaître (en qc); **sich in e-m Fachgebiet gut ~** bien s'y connaître dans un domaine spécial; **ich kenne mich hier nicht aus** je ne m'y connais pas ici; **darin** od **damit kenne ich mich aus** je m'y connais; **sich mit den Frauen ~** s'y connaître en femmes; **bei ihr kennt man sich nicht aus** avec elle, on ne sait pas où on en est
'**aus|kerben** v/t ⟨sép, -ge-, h⟩ encocher; **~kernen** v/t ⟨sép, -ge-, h⟩ Steinobst dénoyauter; Kernobst enlever, ôter les pépins de; **~kippen** v/t ⟨sép, -ge-, h⟩ Flüssigkeit, Gefäß vider; Loren à basculer; **~klammern** v/t ⟨-(e)re, sép, -ge-, h⟩ **1.** (nicht berücksichtigen) exclure; laisser de côté; **2.** MATH sortir de la parenthèse
'**ausklamüsern** ['ausklamy:zərn] F v/t ⟨-(e)re, sép, pas de ge-, h⟩ F dénicher; finir par trouver
'**Ausklang** st/s m fin f; **ein friedlicher ~** une note finale paisible
'**aus|klappbar** adj dépliant; Möbelstück pliant; **~klappen** v/t ⟨sép, -ge-, h⟩ dé-

plier; **~klarieren** v/t ⟨sép, pas de ge-, h⟩ ZOLL dédouaner; **~kleben** v/t ⟨sép, -ge-, h⟩ tapisser, recouvrir, garnir (**mit** de); **~kleiden** ⟨-ete, sép, -ge-, h⟩ **I** v/t **1.** st/s (entkleiden) dévêtir; déshabiller; **2.** TECH Hohlraum etc garnir, recouvrir (**mit** de); **II** st/s v/réfl **sich ~** se dévêtir; se déshabiller; ²**kleidung** f TECH revêtement m (**mit** de); **~klingen** v/i ⟨irr, sép, -ge-, sein⟩ **1.** Ton se perdre (insensiblement); mourir; **2.** fig Veranstaltung etc se terminer, s'achever (**mit** par); **~klinken** ⟨sép, -ge-, h⟩ **I** v/t détacher; décliqueter; AVIAT a larguer; **II** v/réfl **sich ~** se détacher; **2.** F fig se retirer; F décrocher; **~klopfen** v/t ⟨sép, -ge-, h⟩ **1.** Polstermöbel, Kleidungsstücke etc battre; taper; Tabakspfeife vider en tapant; **2.** Staub etc faire sortir en tapant; ²**klopfer** m ⟨~s; ~⟩ tapette f
ausklügeln ['auskly:gəln] v/t ⟨-(e)le, sép, -ge-, h⟩ concevoir; élaborer; **ausgeklügelt** finement pensé, conçu; sophistiqué
'**aus|kneifen** F v/i ⟨irr, sép, -ge-, sein⟩ F filer, se sauver en douce; **~knipsen** v/t ⟨-(e)st, sép, -ge-, h⟩ Licht, Taschenlampe etc éteindre
'**ausknobeln** F v/t ⟨-(e)le, sép, -ge-, h⟩ **1. e-e Runde Bier ~** mit Würfeln jouer aux dés, mit Streichhölzern tirer à la courte paille pour savoir qui paiera une tournée de bière; **2.** Plan etc combiner
'**ausknöpfbar** adj Mantelfutter etc amovible
'**ausknöpfen** v/t ⟨sép, -ge-, h⟩ enlever; **das Futter kann man ~** la doublure est amovible
'**auskochen** v/t ⟨sép, -ge-, h⟩ Fleisch, Wäsche, Instrumente faire bouillir
'**auskommen** v/i ⟨irr, sép, -ge-, sein⟩ **1.** (genügend haben) **mit etw ~** (pouvoir) s'en tirer, s'en sortir avec qc; avoir assez de qc; **2.** (zurechtkommen) **ohne etw, j-n ~ können** savoir, pouvoir se passer de qc, qn; **wir kommen auch ohne dich aus** nous nous débrouillerons, nous nous en tirerons bien sans toi; **3.** (sich verstehen) **mit j-m (gut, schlecht) ~** (bien, mal) s'entendre, s'accorder avec qn; **4.** südd, österr (entkommen) s'enfuir, s'échapper (**aus** de); **5.** bes schweiz (bekanntwerden) se savoir
'**Auskommen** n ⟨~s⟩ **1.** (Lebensunterhalt) moyens m/pl d'existence; **sein ~ haben** avoir de quoi vivre; **ein bescheidenes, gutes ~ haben** avoir de quoi vivre modestement, bien; **2. mit ihm ist kein ~** on ne peut (pas) s'entendre, vivre avec lui; il est invivable
'**auskömmlich** ['auskœmlɪç] st/s **I** adj Gehalt etc suffisant; qui nourrit son homme; **II** adv **~ bezahlt werden** être suffisamment payé
'**auskosten** st/s v/t ⟨-ete, sép, -ge-, h⟩ Triumph, Glück, Augenblick etc savourer; déguster; jouir de; Niederlage etc sentir; éprouver
'**auskotzen** P ⟨-(e)st, sép, -ge-, h⟩ **I** v/t P dégobiller; P dégueuler; **II** v/réfl **sich ~** P déballer; fig dire; **sich bei j-m ~** dire son écœurement à qn
'**auskramen** F v/t ⟨sép, -ge-, h⟩ **1.** Spielzeug, Briefe etc ressortir; **2.** fig Erinnerungen, Kenntnisse F déballer; **3.** Schrank, Schublade vider

'**auskratzen** ⟨-(e)st, sép, -ge-⟩ **I** v/t ⟨h⟩ Gefäß, Fleck etc gratter; MÉD cureter; **j-m die Augen ~** a F fig arracher les yeux de bzw à qn; **II** F v/i ⟨sein⟩ (ausreißen) F filer; décamper; déguerpir
'**aus|kriechen** v/i ⟨irr, sép, -ge-, sein⟩ junge Vögel sortir de l'œuf; éclore; **~kriegen** F v/t ⟨sép, -ge-, h⟩ cf **ausbekommen**
'**auskugeln** v/t ⟨-(e)le, sép, -ge-, h⟩ **sich den Arm ~** se démettre, se déboîter, se luxer le bras; **j-m den Arm ~** démettre, déboîter le bras de qn
'**auskühlen** ⟨sép, -ge-⟩ **I** v/t ⟨h⟩ refroidir; rafraîchir; **II** v/i ⟨sein⟩ se refroidir; se rafraîchir
Auskultati'on f ⟨~; ~en⟩ MÉD auscultation f
auskultieren [auskul'ti:rən] v/t ⟨pas de ge-, h⟩ MÉD ausculter
'**auskundschaften** v/t ⟨-ete, sép, -ge-, h⟩ reconnaître; repérer
'**Auskunft** ['auskunft] f ⟨~; -künfte⟩ **1.** renseignement m; information f; **j-m (über etw** [acc]**) ~ geben** od **erteilen** renseigner, informer qn (sur qc); donner des renseignements à qn (sur qc); **Auskünfte (über j-n, etw) einholen** od **einziehen** prendre des renseignements, se renseigner (sur qn, qc); **die ~ verweigern** refuser de donner des renseignements; **ich habe eine falsche ~ bekommen** on m'a mal renseigné; **weitere** od **nähere Auskünfte erteilt ... pour plus amples renseignements, informations s'adresser à ...**; **er konnte auf alle Fragen ~ geben** il a pu répondre à toutes les questions; **2.** ⟨~sbüro, ~sstelle⟩ (service m, bureau m de) renseignements m/pl; **3.** TÉL renseignements m/pl
Auskunf'tei f ⟨~; ~en⟩ agence f, bureau m de renseignements; (Detektei) agence f de détectives privés
'**Auskunfts|büro** n bureau m de renseignements; **~dienst** m TÉL renseignements m/pl; **~pflicht** f ⟨~; ~⟩ JUR obligation f de donner des renseignements; **~stelle** f service m de renseignements; **~verweigerungsrecht** n ⟨~(e)s⟩ JUR droit m de refuser de déposer
'**aus|kuppeln** ⟨-(e)le, sép, -ge-, h⟩ **I** v/t Anhänger etc décrocher; **II** v/i beim Auto débrayer; **~kurieren** v/t ⟨sép, pas de ge-, h⟩ guérir complètement, totalement, tout à fait
'**auslachen** v/t ⟨sép, -ge-, h⟩ **I** v/t se moquer de; rire de; **er wurde von allen ausgelacht** tout le monde s'est moqué de lui; il a été la risée de tous; **II** v/i (aufhören zu lachen) arrêter de rire
'**ausladen**¹ v/t ⟨irr, sép, -ge-, h⟩ Waren, Fahrzeug décharger; Schiff a débarder; débarquer
'**ausladen**² v/t ⟨irr, sép, -ge-, h⟩ Gäste décommander
'**ausladend** adjt large
'**Auslage** f **1.** (Ware im Schaufenster) étalage m; marchandises f/pl en vitrine, à l'étalage; **2.** (Schaufenster) vitrine f; **3.** pl **~n** (Ausgaben) dépenses f/pl; (Spesen, Unkosten) a frais m/pl; **4.** FECHTEN, BOXEN position f de garde; **in (die) ~ gehen** se mettre en garde
'**auslagern** v/t ⟨-(e)re, sép, -ge-, h⟩ Warenbestände, Kunstschätze etc transporter en lieu sûr; mettre à l'abri, en sûre-

té; évacuer; ~**ung** f transport m en lieu sûr
'**Ausland** n ⟨~(e)s⟩ étranger m; **im** ~ à l'étranger; **aus dem** ~ de l'étranger
Ausländer(in) ['ausləndər(in)] m ⟨~s; ~⟩ (f) ⟨~; ~nen⟩ étranger, -ère m,f
'**ausländer|feindlich** adj xénophobe; hostile aux étrangers; ~**feindlichkeit** f ⟨~⟩ xénophobie f; ~**freundlich** adj xénophile
'**ausländisch** adj étranger, -ère
'**Auslands|absatz** m vente f à l'étranger; ~**abteilung** f service m des relations avec l'étranger; service international; ~**anleihe** f emprunt extérieur; ~**aufenthalt** m séjour m à l'étranger; ~**beziehungen** f/pl relations f/pl avec l'étranger; ~**schulden** f/pl ÉCON dette extérieure; ~**erfahrung** f expérience f de l'étranger; ~**geschäft** n affaire(s) f(pl) avec l'étranger; ~**gespräch** n TÉL communication internationale; ~**korrespondent(in)** m(f) correspondant(e) m(f) à l'étranger; ~**markt** m marché extérieur; ~**presse** f ⟨~⟩ presse étrangère; ~**reise** f voyage m à l'étranger; ~**schulden** f/pl ÉCON dette extérieure; ~**schutzbrief** m assurance-voyages f à l'étranger; ~**tarif** m tarif extérieur, pour l'étranger; ~**tournee** f tournée f à l'étranger; ~**vertretung** f COMM représentation f à l'étranger; DIPL mission f diplomatique; ~**zulage** f indemnité f d'expatriation
Auslaß ['auslas] m ⟨-lasses, -lässe⟩ (orifice m de) sortie f
'**auslassen** ⟨irr, sép, -ge-, h⟩ **I** v/t **1.** (weglassen) omettre; (überspringen) sauter; passer; **e-e Gelegenheit** ~ laisser passer une occasion; **2.** Ärger, Zorn, schlechte Laune etc **an j-m** ~ passer, décharger qc sur qn; **3.** Fett faire fondre; **4.** COUT (länger machen) allonger; (weiter machen) élargir; **5.** F (nicht anziehen) ne pas mettre; rester sans; **6.** F Lampe, Radio, Fernseher, Heizung laisser éteint; Motor, Maschine laisser arrêté; **7.** südd, österr (freilassen) Gefangene laisser sortir; Hund etc faire sortir; **II** v/réfl **sich über j-n, etw** ~ s'exprimer, se prononcer sur qn, qc; **sich lang und breit über etw** (acc) ~ s'étendre en long et en large sur qc
'**Auslassung** f ⟨~; ~en⟩ **1.** (Weglassung) omission f; **2.** pl ~**en** (Äußerungen) oft péj remarques f/pl
'**Auslassungs|punkte** m/pl points m/pl de suspension; ~**zeichen** n apostrophe f
'**auslasten** v/t ⟨-ete, sép, -ge-, h⟩ **1.** Arbeitskräfte, Fahrzeuge, Maschinen etc exploiter, utiliser pleinement la capacité, le rendement de; **nicht genügend ausgelastet sein** ne pas être assez occupé, Maschine etc utilisé, employé; Hotel etc (**mit Gästen**) **voll ausgelastet sein** faire le plein de clients; **2.** Personen (beanspruchen) occuper pleinement; (befriedigen) satisfaire
'**auslatschen** F v/t ⟨sép, -ge-, h⟩ Schuhe avachir
'**Auslauf** m **1.** ⟨pas de pl⟩ für Tiere enclos m; für Hühner cour f; **2.** beim Skispringen etc piste f de sortie; **3.** (Abfluß) orifice m d'écoulement; **4.** ⟨pas de pl⟩ (Bewegungsfreiheit) espace m libre
'**auslaufen** ⟨irr, sép, -ge-⟩ **I** v/i ⟨h ou sein⟩ Kurve etc bien suivre; ne pas couper; **II** v/i ⟨sein⟩ **1.** Schiff partir; sortir; **aus dem Hafen** ~ quitter le port; **zum Fischfang** ~ partir pour la pêche; **2.** Gefäß se vider; Flüssigkeit couler; **3.** Farben baver; se mélanger; déteindre; **die Tinte läuft auf diesem Papier aus** ce papier boit (l'encre); **4.** (aufhören zu laufen) s'arrêter (peu à peu); **5.** (endigen) se terminer; **in e-e Spitze** ~ se terminer en pointe, par une pointe; **6.** Termin, Vertrag etc expirer; venir à expiration; **7.** Modell, Serie être écoulé; ne plus se faire; ~**de Serie** fin f de série
'**Ausläufer** m **1.** e-s Gebirges contrefort(s) m(pl); MÉTÉO ligne f; **2.** e-r Pflanze stolon m; von Erdbeeren a coulant m; **3.** schweiz (Bote) garçon m de courses
'**Auslaufmodell** n fin f de série
'**auslaugen** ⟨sép, -ge-, h⟩ **1.** lessiver; **2.** fig épuiser; F lessiver
'**Auslaut** m PHON son final; finale f; **im** ~ **stehen** être à la fin du mot
'**auslauten** v/i ⟨-ete, sép, -ge-, h⟩ PHON se terminer (**auf** [+acc] par od en); ~**der Konsonant, Vokal** consonne, voyelle finale
'**Auslautverhärtung** f PHON remplacement m de la consonne finale sonore par la sourde correspondante
'**aus|leben** ⟨sép, -ge-, h⟩ **I** v/réfl **sich** ~ Personen vivre sa vie; se donner du bon temps; Individualität, Kräfte etc s'extérioriser; se déployer librement; **II** v/t laisser s'épanouir; vivre à fond; ~**lekken** v/t ⟨sép, -ge-, h⟩ lécher; ~**leeren** v/t ⟨sép, -ge-, h⟩ Gefäß, Inhalt vider
'**auslegen** v/t ⟨sép, -ge-, h⟩ **1.** Waren zur Schau exposer; étaler; Köder éparpiller; mettre; Angeln poser; Netze tendre; Saatgut planter; Leitungen poser; mettre; **2.** Fußboden mit Teppichboden etc recouvrir (**mit** de); Schrank mit Papier tapisser (**mit** de); Holz zur Verzierung incruster; **mit Parkett** ~ parqueter; **mit Fliesen** ~ carreler; **e-e Schachtel mit Papier** ~ garnir une boîte de papier; **3.** Geld (ausgeben) dépenser; (vorstrecken) avancer; **4.** (deuten) interpréter (**als** comme); Bibel a faire l'exégèse de; **etw zu s-m Vorteil** ~ interpréter qc à son avantage; **j-m etw als Schwäche, Gleichgültigkeit** ~ interpréter qc comme de la faiblesse, de l'indifférence de la part de qn; **5.** TECH **etw auf** (+acc) od **für etw** ~ construire, aménager qc pour qc
'**Ausleger** m ⟨~s; ~⟩ **1.** am Kran flèche f; **2.** am Boot portant m; zur Stabilisierung balancier m; ~**boot** n outrigger m
'**Auslegeware** f moquette f
'**Auslegung** f ⟨~; ~en⟩ interprétation f; (Bibel 2) a exégèse f
'**Auslegungssache** f **das ist** ~ c'est une question d'interprétation
'**ausleiern** v/t ⟨-(e)re, sép, -ge-⟩ **I** v/t ⟨h⟩ Gummiband etc détendre; Gewinde user; détraquer; **II** v/i ⟨sein⟩ se détendre; Gewinde avoir du jeu
'**Ausleihe** f ⟨~; ~n⟩ **1.** Raum salle f de prêt; **2.** ⟨pas de pl⟩ (das Ausleihen) prêt m
'**ausleihen** v/t ⟨irr, sép, -ge-, h⟩ **1.** (verleihen) (**j-m**) **etw** ~, **etw** (**an j-n**) ~ prêter qc (à qn); **2.** (entleihen) (**sich** [dat]) **etw** (**von j-m**) ~ emprunter qc (à qn); gegen Bezahlung louer qc (à qn)

'**auslernen** v/i ⟨sép, -ge-, h⟩ finir d'apprendre; Lehrling **ausgelernt haben** avoir fini son apprentissage; **ein ausgelernter Elektriker** un électricien qualifié; prov **man lernt nie aus** on n'a jamais fini d'apprendre
'**Auslese** f **1.** ⟨pas de pl⟩ (Auswahl) sélection f; choix m; **2.** BIOL **natürliche** ~ sélection naturelle; **e-e** ~ **treffen** sélectionner; faire un choix; **2.** (Elite) élite f; **3.** von Gedichten anthologie f; **4.** Wein meilleur cru; cru m de choix
'**auslesen**[1] v/t ⟨irr, sép, -ge-, h⟩ Buch etc finir de lire; **er hat das Buch an einem Tag ausgelesen** il a lu le livre en un jour
'**auslesen**[2] v/t ⟨irr, sép, -ge-, h⟩ (auswählen) choisir; sélectionner; Minderwertiges trier
'**aus|leuchten** v/t ⟨-ete, sép, -ge-, h⟩ bien éclairer; ~**lichten** v/t ⟨-ete, sép, -ge-, h⟩ Baum élaguer; Wald etc éclaircir
'**Auslieferer** m ⟨~s; ~⟩ COMM dépositaire m; distributeur m; fournisseur m
'**ausliefern** ⟨-(e)re, sép, -ge-, h⟩ **I** v/t **1.** Waren fournir; **2.** Gefangene, Festung etc livrer (**an** [+acc] à); Personen an ein anderes Land extrader; **j-n den Gerichten** ~ remettre qn aux mains de la justice; fig **j-m, e-r Sache ausgeliefert sein** être à la merci de qn, qc; **II** v/i COMM livrer
'**Auslieferung** f **1.** von Waren livraison f; **2.** POL extradition f
'**Auslieferungs|antrag** m POL demande f d'extradition; ~**lager** n COMM dépôt m (du dépositaire, du distributeur)
'**ausliegen** v/i ⟨irr, sép, -ge-, h⟩ **1.** zum Verkauf, zur Ansicht etc être exposé; **2.** Netze etc zum Fang être tendu
'**Auslinie** f SPORT ligne f de touche
'**aus|loben** v/t ⟨sép, -ge-, h⟩ offrir comme récompense, bei e-m Wettbewerb comme prix; ~**löffeln** v/t ⟨sép, -ge-, h⟩ Suppe etc manger (à la cuillère); Teller etc vider
'**auslöschen** v/t ⟨sép, -ge-, h⟩ **1.** Feuer, st/s Licht éteindre; **2.** Geschriebenes, fig Erinnerungen, Empfindungen, Unterschiede effacer; st/s ein Menschenleben anéantir; supprimer
'**Auslösemechanismus** m mécanisme m de déclenchement
'**auslosen** v/t ⟨-(es)t, sép, -ge-, h⟩ tirer au sort
'**auslösen** v/t ⟨-(es)t, sép, -ge-, h⟩ **1.** Mechanismus déclencher; **e-n Schuß** ~ faire partir un coup; **2.** fig provoquer; Beifall, Diskussion, Krise, Streik, Krieg a déclencher; Schrecken, Freude, Wut etc a faire naître; **3.** Pfand retirer; **4.** regional (her~) détacher (**aus** de)
'**Auslöser** m ⟨~s; ~⟩ **1.** PHOT déclencheur m; **2.** fig point m de départ, PSYCH déclencheur m (**für** de)
'**Auslosung** f tirage m au sort
'**Auslösung** f e-s Mechanismus, fig déclenchement m
'**ausloten** v/t ⟨-ete, sép, -ge-, h⟩ a fig sonder
'**auslüften** ⟨-ete, sép, -ge-, h⟩ **I** v/t aérer; **II** v/i **die Kleider müssen** ~ les vêtements doivent être aérés
'**auslutschen** F v/t ⟨sép, -ge-, h⟩ Zitrone etc sucer

'**ausmachen** v/t ⟨sép, -ge-, h⟩ **1.** F *Licht, Feuer, Ofen, Kerze, Herd etc* éteindre; *Radio a* fermer; *Motor, Maschine* arrêter; **2.** *regional Kartoffeln etc* arracher; **3.** *(vereinbaren) Honorar, Termin etc* convenir de; *es ist ausgemacht, daß ...* il est convenu, décidé que ...; *cf a* **ausgemacht** *I 1.*; **4.** *(klären)* régler; *etw unter sich (dat) ~* arranger, régler qc entre soi; *das muß man mit sich (dat) allein ~* il faut décider de cela tout seul; *p/fort* c'est une affaire de conscience; **5.** *(bilden, darstellen)* constituer; *Summe* faire; *die Jugendlichen machten die Hälfte der Besucher aus* les adolescents constituaient la moitié des visiteurs; *etw macht den Wert von etw aus* qc constitue, fait la valeur de qc; *das ist es, was e-n großen Schauspieler (erst) ausmacht* c'est cela qui fait un grand comédien; **6.** *Ziel, feindliche Stellung, Windrichtung etc* repérer; *fig* **es läßt sich nicht mit Sicherheit ~, ob ...** on ne peut pas dire avec certitude si ...; **7.** *(ins Gewicht fallen)* **bei der Menge macht das nicht viel aus** vu la quantité cela ne fait rien; *es macht etwas aus, ob ...* il y a une différence si ...; cela fait quelque chose si ...; **8.** *(stören)* **das macht mir nichts aus** cela ne me fait rien; *würde es Ihnen etwas ~, wenn ...?* est-ce que cela vous dérangerait que ...?

'**ausmalen** ⟨sép, -ge-, h⟩ **I** v/t **1.** *mit Farbe* colorer; *Raum* décorer; **2.** *fig Erlebnisse etc* décrire; peindre; *die Folgen e-s Ereignisses ~* décrire les suites d'un événement; *die Zukunft in den schönsten Farben ~* peindre l'avenir sous ses plus belles couleurs; peindre l'avenir en rose; **II** v/réfl *sich (dat) etw ~* se figurer, s'imaginer qc; *das hatte ich mir so schön ausgemalt* j'avais imaginé cela si beau

'**Ausmaß** n **1.** räumlich meist pl *~e* dimensions f/pl; *ein Flugzeug von großen ~en* un avion aux *od* de grandes dimensions; **2.** *fig* dimensions f/pl; envergure f; *e-e Katastrophe ungeheuren ~es od von ungeheurem ~* unc catastrophe aux dimensions énormes; *erschreckende ~e annehmen* prendre des dimensions, proportions effrayantes; *in großem ~ exportieren* exporter sur une grande échelle; *bis zu e-m gewissen ~* jusqu'à un certain point, degré

ausmergeln ['aʊsmɛrgəln] v/t ⟨-(e)le, sép, -ge-, h⟩ épuiser; exténuer; *ausgemergelt Körper, Gesicht* squelettique, décharné; *Gesicht a* émacié; *Pferd a* efflanqué

ausmerz|en ['aʊsmɛrtsən] v/t ⟨-(e)t, sép, -ge-, h⟩ supprimer; éliminer; **ung** f ⟨~⟩ suppression f; élimination f

'**aus|messen** v/t ⟨irr, sép, -ge-, h⟩ mesurer; prendre les mesures de; *mit e-m Metermaß* ~ métrer; *~misten* v/t ⟨-ete, sép, -ge-, h⟩ **1.** *Stall* nettoyer; **2.** F *fig (Ordnung schaffen in)* ranger; mettre de l'ordre dans; *(Unbrauchbares entfernen aus)* débarrasser

'**ausmuster|n** v/t ⟨-(e)re, sép, -ge-, h⟩ **1.** MIL réformer; **2.** *Unbrauchbares* mettre au rebut; **ung** f MIL réforme f

Ausnahme ['aʊsnaːmə] f ⟨~; ~n⟩ exception f; *mit ~ von (od + gén)* à l'exception de; exception faite de; excepté; sauf; *bis auf e-e ~* à une exception près; *ohne ~* sans exception; *mit seltenen ~n* à de rares exceptions près; sauf (de) rares exceptions; *e-e ~ bilden* être, constituer une exception; faire exception (à la règle); *e-e ~ (bei j-m) machen* faire une exception (en faveur de, pour qn); *keine Regel ohne ~* il n'y a pas de règle sans exception; *prov* *~n bestätigen die Regel* prov l'exception confirme la règle

'**Ausnahme|bestimmung** f règlement d'exception, exceptionnel; *~erscheinung* f phénomène exceptionnel

'**Ausnahmefall** m cas exceptionnel; *im ~* exceptionnellement

'**Ausnahme|genehmigung** f autorisation exceptionnelle; *~situation* f situation d'exception, exceptionnelle

'**Ausnahmezustand** m état m d'urgence; *den ~ verhängen, erklären* proclamer, déclarer l'état d'urgence (*über ein Land* dans un pays)

'**ausnahmslos** adj ⟨épithète⟩ u adv sans exception

'**ausnahmsweise** adv exceptionnellement; à titre exceptionnel; *er war ~ (einmal) pünktlich* il était pour une fois, exceptionnellement à l'heure; *~ etw gestatten* autoriser qc exceptionnellement, à titre exceptionnel; *darf ich zusehen? – ~ (ja)* exceptionnellement, oui

'**ausnehmen** ⟨irr, sép, -ge-, h⟩ **I** v/t **1.** *Geflügel, Wild etc* vider; **2.** *ein Nest ~* dénicher des oiseaux, des œufs; ; **3.** F *péj (schröpfen)* plumer; *beim Spiel* F ratisser; **4.** *j-n, etw (von etw)* ~ exclure, excepter qn, qc (de qc); *ich nehme mich nicht aus* je ne m'exclus pas; *von etw ausgenommen sein* a faire exception à qc; **5.** *österr (erkennen)* reconnaître; distinguer; **II** st/s v/réfl *sich gut, sonderbar ~* avoir l'air bien, bizarre; faire (un) bon effet, un effet bizarre; *das nimmt sich gut aus* a cela fait bien

'**ausnehmend** st/s I adjt ⟨épithète⟩ exceptionnel, -elle; extraordinaire; *von ~er Schönheit* d'une beauté exceptionnelle, extraordinaire; **II** advt extraordinairement; exceptionnellement; extrêmement; *das gefällt mir ~ gut* cela me plaît énormément

'**ausnüchtern** v/t ⟨u v/i⟩ -(e)re, sép, -ge-, h⟩ (se) dégriser

'**Ausnüchterung** f ⟨~; ~en⟩ dégrisement m; *bis zu s-r ~* jusqu'à ce qu'il soit dégrisé

'**Ausnüchterungszelle** f cellule f de dégrisement

'**ausnutzen**, *bes südd, österr* '**ausnützen** v/t ⟨-(e)t, sép, -ge-, h⟩ **1.** *Gelegenheit, Situation* etw profiter de; *Erfolg, Vorteil, Beziehungen a, Boden* tirer profit de; *Raum* tirer parti, avantage de; *Zeit* mettre à profit; profiter de; *Kapazität, Energie, Wärme etc* utiliser; *das schöne Wetter ~* profiter du beau temps; **2.** *péj Personen, Arbeitskräfte* profiter de; exploiter; *j-s Gutmütigkeit ~* profiter de, *p/fort* abuser de qn, de la gentillesse de qn

'**Ausnutzung**, *bes südd, österr* '**Ausnützung** f ⟨~⟩ **1.** mise f à profit; *unter (voller) ~ (+gén)* profitant (au maximum) de; **2.** *péj von Arbeitskräften* exploitation f

'**aus|packen** ⟨sép, -ge-, h⟩ **I** v/t *Koffer* défaire; *Kleider, Bücher, Schachtel, Päckchen etc* déballer; dépaqueter; **II** F *fig* v/i F déballer (qc); F vider son sac; *(gestehen)* F cracher le morceau; *~parken* v/t ⟨sép, -ge-, h⟩ sortir d'une place de stationnement; *~peitschen* v/t ⟨sép, -ge-, h⟩ fouetter; **Peitschung** f ⟨~; ~en⟩ fouettement m; *~pfeifen* v/t ⟨irr, sép, -ge-, h⟩ siffler; par ext 'huer'; *~pflanzen* v/t ⟨-(es)t, sép, -ge-, h⟩ déplanter; transplanter; *~plappern* F v/t ⟨-(e)re, sép, -ge-, h⟩ ébruiter; *~plaudern* v/t ⟨-(e)re, sép, -ge-, h⟩ ébruiter; divulguer; *Geheimnis a* trahir; *~plündern* v/t ⟨-(e)re, sép, -ge-, h⟩ *Person, Auto etc* dévaliser; *Haus, Auto* a mettre à sac; *Land, Stadt, Laden* piller; *~posaunen* F péj v/t ⟨sép, pas de ge-, h⟩ *Neuigkeit etc* raconter à qui veut l'entendre; crier sur les toits; carillonner; *~prägen* ⟨sép, -ge-, h⟩ **I** v/t *Silber etc* monnayer, monétiser (*zu* en); **II** v/réfl *sich ~* se manifester; s'exprimer; **Prägung** f **1.** *von Metall* monnayage m; **2.** *e-s Charakteristikums etc* empreinte f; *~pressen* v/t ⟨-ßt, sép, -ge-, h⟩ **1.** *Frucht* presser; *Saft* exprimer; extraire; **2.** *fig péj (ausbeuten)* pressurer; exploiter; *(ausfragen)* presser, 'harceler de questions

'**ausprobieren** v/t ⟨sép, -ge-, h⟩ essayer; *etw an j-m, etw ~* essayer, *Methode, Medikament a* expérimenter qc sur qn, qc

'**Auspuff** m ⟨-(e)s; ~e⟩ AUTO (tuyau m, pot m d')échappement m; *~rohr* n tuyau m d'échappement; *~topf* m pot m d'échappement; silencieux m

'**auspumpen** v/t ⟨sép, -ge-, h⟩ **1.** *Wasser, Luft etc* pomper; **2.** *Keller, Schacht etc* vider (à l'aide d'une pompe); *j-m den Magen ~* faire un lavage d'estomac à qn

'**aus|punkten** v/t ⟨-ete, sép, -ge-, h⟩ BOXEN battre aux points; *~pusten* F v/t ⟨-ete, sép, -ge-, h⟩ *cf* **ausblasen**; *~putzen* v/t ⟨-(es)t, sép, -ge-, h⟩ **1.** nettoyer (l'intérieur de); **2.** JARD élaguer

'**Ausputzer** m ⟨~s; ~⟩ FUSSBALL libéro m

'**ausquartieren** v/t ⟨sép, pas de ge-, h⟩ loger ailleurs

'**ausquatschen** F ⟨sép, -ge-, h⟩ **I** v/t ébruiter; divulguer; *Geheimnis* trahir; **II** v/réfl *sich mit j-m ~ (sich aussprechen)* F vider son sac

'**ausquetschen** v/t ⟨sép, -ge-, h⟩ **1.** *(auspressen) Frucht* presser; *Saft* exprimer; extraire; **2.** F *(ausfragen) j-n ~* presser, 'harceler de questions

ausrädeln ['aʊsrɛːdəln] v/t ⟨-(e)le, sép, -ge-, h⟩ CUIS *Teig* découper à la roulette; COUT *Schnitt* tracer à la roulette

'**ausradieren** v/t ⟨sép, pas de ge-, h⟩ **1.** *Geschriebenes* gommer; effacer; *mit e-m Federmesser* gratter; *fig etw aus s-m Gedächtnis ~* effacer qc de sa mémoire; **2.** *fig péj Stadt etc* rayer de la carte; effacer; *Personen* F bousiller; F liquider

'**aus|rangieren** v/t ⟨sép, pas de ge-, h⟩ *Kleidungsstücke, Möbel etc* mettre au rancart, au rebut, *Maschinen* a 'hors

service; **~rasieren** *v/t* ⟨*sép, pas de ge-,* h⟩ *Nacken etc* raser
'**ausrasten**¹ *v/i* ⟨-ete, *sép*, -ge-, sein⟩ **1.** *TECH* décliqueter; dégager; **2.** F *fig* **sie rastet (völlig) aus, es rastet (völlig) bei ihr aus** F elle perd (complètement) la boule
'**ausrasten**² *v/i* ⟨*u v/réfl*⟩ ⟨-ete, *sép*, -ge-, h⟩ *südd, österr* (*ausruhen*) (**sich**) **~** se reposer
'**aus|rauben** *v/t* ⟨*sép*, -ge-, h⟩ *Person, Auto etc* dévaliser; *Wohnung, Laden a* piller; **~räubern** *v/t* ⟨-(e)re, *sép*, -ge-, h⟩ dévaliser; ⚹**raubung** *f* ⟨~; ~en⟩ dévalisement *m*; **~räuchern** *v/t* ⟨-(e)re, *sép*, -ge-, h⟩ *Raum, Person* enfumer
'**ausraufen** *v/t* ⟨*sép*, -ge-, h⟩ arracher; **sich** (*dat*) (*vor Verzweiflung* [*dat*]) **die Haare ~** s'arracher les cheveux (de désespoir)
'**ausräumen** *v/t* ⟨*sép*, -ge-, h⟩ **1.** *Wohnung, Zimmer* déménager les meubles de; vider de ses meubles; *Schrank, Schublade, a* F *Kasse etc* vider; **2.** *Bücher, Wäsche, Möbel etc* sortir, enlever (*aus* de); **3.** *fig Mißverständnisse* dissiper; *Bedenken* éliminer; *Differenzen, Schwierigkeiten* aplanir; **4.** *MÉD* **den Abort ~** faire un curetage
'**ausrechnen** *v/t* ⟨-ete, *sép*, -ge-, h⟩ calculer; *fig sich* (*dat*) *Chancen ~* penser avoir de bonnes chances; F *fig* **das kannst du dir ja selbst ~** tu peux imaginer ça toi-même
'**Ausrede** *f* excuse *f*; échappatoire *f*; (*Vorwand*) prétexte *m*; **e-e faule ~** une mauvaise excuse; **um keine ~ verlegen sein** avoir toujours de bonnes excuses; **nur keine ~n!** pas d'échappatoires!; pas de mauvaises excuses!
'**ausreden** ⟨-ete, *sép*, -ge-, h⟩ **I** *v/t* **j-m etw ~** dissuader, détourner qn de qc; F **j-m j-n ~** détourner qn de qn; **II** *v/i* finir, achever (de parler); **j-n ~ lassen** laisser finir qn (de parler)
'**ausreiben** *v/t* ⟨*sép*, -ge-, h⟩ **1.** *Fleck* enlever (en frottant); **2.** (*reinigen*) nettoyer
'**ausreichen** *v/i* ⟨*sép*, -ge-, h⟩ suffire; F **mit etw (nicht) ~** (ne pas) y arriver avec qc; (ne pas) avoir assez de qc
'**ausreichend I** *adjt* suffisant; *Schulnote cf* **Vier** 2.; **II** *advt* suffisamment; assez
'**ausreifen** *v/i* ⟨*sép*, -ge-, sein⟩ *a fig* mûrir
'**Ausreise** *f* départ *m* (pour l'étranger); **Ein- und ~** entrée *f* et sortie *f*; **bei der ~ aus Frankreich** en sortant de (la), en quittant la France; **j-m die ~ verweigern** refuser à qn l'autorisation de quitter le pays
'**Ausreise|erlaubnis** *f*, **~genehmigung** *f* permis *m*, autorisation *f* de sortie
'**ausreisen** *v/i* ⟨-(es)t, *sép*, -ge-, sein⟩ partir (pour l'étranger); quitter (*aus e-m Land* un pays); **nach Frankreich ~** partir pour la France; **aus Frankreich ~** sortir de (la), quitter la France
'**ausreißen** ⟨*irr, sép*, -ge-⟩ **I** *v/t* ⟨h⟩ arracher; **II** *v/i* ⟨sein⟩ **1.** (*abreißen*) s'arracher; **2.** (*einreißen*) se déchirer; **ein ausgerissenes Knopfloch** une boutonnière déchirée; **3.** F (*weglaufen*) F prendre le large; F se tirer; F se casser; *Kinder* faire une fugue; F fuguer; **vor j-m ~** se sauver à la vue de qn; **4.** *RADSPORT etc* s'échapper; faire une échappée
'**Ausreißer(in)** *m* ⟨~s; ~⟩ (*f*) ⟨~; ~nen⟩ **1.** F *Kind* fugueur, -euse *m,f*; **2.** *SPORT* coureur, -euse *m,f* qui fait une échappée
'**ausreiten** *v/i* ⟨*irr, sép*, -ge-, sein⟩ sortir, se promener à cheval
'**ausreizen** *v/t* ⟨-(e)st, *sép*, -ge-, h⟩ *beim Kartenspiel* **s-e Karten ~** annoncer la plus 'haute enchère (de son jeu); *fig* **alle Möglichkeiten ~** épuiser tous les moyens
ausrenken ['aʊsrɛŋkən] *v/t* ⟨*sép*, -ge-, h⟩ *Glied* démettre; déboîter; **sich** (*dat*) **den Arm ~** se démettre, se déboîter le bras; F *fig* **sich** (*dat*) **den Hals** (**nach j-m, etw**) **~** tordre, tendre le cou (pour voir qn, qc)
'**ausrichten** ⟨-ete, *sép*, -ge-, h⟩ **I** *v/t* **1.** *Soldaten etc* aligner; *Werkstück etc* ajuster; centrer; **2.** *fig* **etw auf j-n, etw ~** orienter qc sur qn, qc; *esoterisch ausgerichtete Bücher* des livres orientés vers l'ésotérisme; **etw an j-s Bedürfnissen ~** adapter qc aux besoins de qn; *ein auf wissenschaftliche Arbeit ausgerichtetes Team* une équipe orientée vers le travail scientifique; **3.** *Auftrag, Gruß etc* transmettre; **richten Sie ihm e-n schönen Gruß aus** transmettez-lui mes amitiés; dites-lui bien des choses de ma part; saluez-le de ma part; **richten Sie ihm bitte aus, daß ...** dites-lui s'il vous plaît que ...; **als Antwort ich werde es ~** je n'y manquerai pas; **4.** (*veranstalten*) organiser; *Fest a* arranger; **j-m die Hochzeit ~** arranger, préparer le mariage de qn; **5.** (*erreichen*) **etw ~** (réussir à) obtenir qc; **bei ihm richtest du mit Frechheit nichts aus** tu n'obtiendras rien auprès de lui en faisant l'effronté; **gegen etw, j-n nichts ~ können** ne pouvoir rien (faire) contre qc, qn; **ich habe in dieser Sache wenig ~ können** je n'ai pas pu faire grand-chose, je ne suis pas arrivé à grand-chose dans cette affaire; **6.** *BERGBAU* mettre en exploitation; **7.** *schweiz* (*zahlen*) payer; **II** *v/réfl* **8.** *MIL* **sich (nach j-m) ~** s'aligner (sur qn); **9.** **sich an j-m ~** s'orienter, s'aligner sur qn; imiter qn
'**Ausrichtung** *f* **1.** *MIL etc* alignement *m*; *e-s Werkstücks etc* ajustage *m*; centrage *m*; **2.** *fig* orientation *f* (*auf* [+*acc*] vers); **3.** *e-s Auftrags, Berichts etc* transmission *f*; **4.** *e-s Festes, e-r Tagung, von Meisterschaften etc* organisation *f*; préparation *f*; **5.** *BERGBAU* mise *f* en exploitation
'**ausrinnen** *v/i* ⟨*irr, sép*, -ge-, sein⟩ *bes südd, österr* **1.** (*her~*) s'écouler; **2.** (*sich leeren*) se vider
'**Ausritt** *m* sortie *f*, promenade *f* à cheval
'**ausrollen** ⟨*sép*, -ge-⟩ **I** *v/t* ⟨h⟩ *Teppich etc* dérouler; *Teig* étendre (au rouleau) **II** *v/i* ⟨sein⟩ *Flugzeug etc* rouler de plus en plus lentement et s'arrête
ausrotten ['aʊsrɔtən] *v/t* ⟨-ete, *sép*, -ge-, h⟩ *Lebewesen* exterminer; *Unsitte, Aberglaube etc* déraciner; détruire; *das Übel mit der Wurzel ~* couper le mal à la racine
'**Ausrottung** *f* ⟨~; ~en⟩ *von Lebewesen* extermination *f*; *von Unsitten etc* déracinement *m*; destruction *f*
'**ausrücken** ⟨*sép*, -ge-⟩ **I** *v/t* ⟨h⟩ **1.** *TECH* débrayer; **2.** *TYPO etc* sortir; **etw nach rechts, links ~** sortir qc à droite, gauche; **II** *v/i* ⟨sein⟩ **3.** *MIL* partir; *für kürzere Zeit* sortir; *Feuerwehr* sortir; **4.** F (*ausreißen*) F prendre le large; F mettre les bouts; F se tirer; F se casser
'**Ausruf** *m* **1.** exclamation *f*; cri *m*; **2.** (*Bekanntmachung*) annonce *f* (à 'haute voix); proclamation *f*; **etw durch ~ bekanntmachen** annoncer qc à 'haute voix
'**ausrufen** *v/t* ⟨*irr, sép*, -ge-, h⟩ **1.** crier; **j-n durch Lautsprecher ~ lassen** faire appeler qn par 'haut-parleur; **2.** (*bekanntgeben*) annoncer (à 'haute voix); *der Fahrer ruft die Haltestellen aus* le conducteur annonce les arrêts; **3.** *zum Verkauf Zeitungen ~* crier les titres des journaux; **4.** (*proklamieren*) *Republik, Ausnahmezustand etc* proclamer; **e-n Streik ~** lancer l'ordre de grève; **j-n zum König ~** proclamer qn roi
'**Ausrufe|satz** *m* *GR* proposition exclamative; **~wort** *n* ⟨-(e)s; -wörter⟩ interjection *f*; **~zeichen** *n* point *m* d'exclamation
'**Ausrufung** *f* ⟨~⟩ *der Republik, zum König etc* proclamation *f*; **die ~ e-s Streiks** le lancement de l'ordre de grève
'**Ausrufungszeichen** *n cf* **Ausrufezeichen**
'**ausruhen** ⟨*sép*, -ge-, h⟩ **I** *v/t* reposer; **II** *v/i* ⟨*u v/réfl*⟩ ⟨*sich*⟩ **~** se reposer; **ich muß (mich) ein wenig ~** je dois me reposer un peu; **sich von etw ~** se reposer de qc
'**ausrupfen** *v/t* ⟨*sép*, -ge-, h⟩ arracher; **e-m Vogel die Federn ~** a plumer un oiseau
'**ausrüsten** *v/t* ⟨-ete, *sép*, -ge-, h⟩ **1.** équiper (**mit** de); *mit Werkzeugen* a outiller; **ein Schiff ~** armer, équiper un navire; **mit den nötigen Kenntnissen ausgerüstet** muni des connaissances nécessaires; **2.** *TEXT* apprêter
'**Ausrüstung** *f* **1.** équipement *m*; *e-s Schiffs a* armement *m*; *mit Werkzeugen a* outillage *m*; **2.** *TEXT* apprêt *m*
'**Ausrüstungsgegenstände** *m/pl* équipement *m*
'**ausrutschen** *v/i* ⟨*sép*, -ge-, sein⟩ glisser; *das Messer ist mir ausgerutscht* le couteau m'a glissé des mains; F *fig* **ihm ist die Hand ausgerutscht** F il lui a flanqué une gifle
'**Ausrutscher** F *m* ⟨~s; ~⟩ **1.** glissade *f*; **2.** *fig* (*Fauxpas*) F gaffe *f*
'**Aussaat** *f* **1.** *Aktion, Periode* semis *m/pl*; *von Getreide* semailles *f/pl*; **2.** (*Saat*) semence *f*
'**aussäen** *v/t* ⟨*sép*, -ge-, h⟩ semer
'**Aussage** *f* **1.** (*Feststellung*) déclaration *f*; dire(s) *m(pl)*; **nach ~ von** (*od gén*) d'après les déclarations, les dires de; au(x) dire(s) de; **2.** *JUR, ADM* déposition *f*; **e-e ~ machen** faire une déposition; **die ~ verweigern** refuser de déposer, de faire une déposition; **3.** *e-s Kunstwerks etc* message *m*
'**Aussage|kraft** *f* ⟨~⟩ force *f* d'expression; ⚹**kräftig** *adj* expressif, -ive
'**aussagen** *v/t* ⟨*sép*, -ge-, h⟩ **1.** (*ausdrücken*) exprimer; dire; **mit diesem Sprichwort wird ausgesagt, daß ...** ce proverbe exprime, veut dire que ...; **etw über das Wesen der Dinge ~** dire

aussägen – ausschneiden

qc sur la nature des choses; **2.** *JUR, ADM* déposer; *vor Gericht* ~ déposer en justice (*gegen j-n* contre qn); *er sagte aus, daß ...* il a dit, déclaré dans sa déposition que ...

'**aussägen** *v/t* ⟨*sép, -ge-, h*⟩ découper (à la scie)

'**Aussage|satz** *m GR* proposition énonciative; **~verweigerung** *f JUR* refus *m* de déposer, de témoigner; **~weise** *f GR* mode *m*

'**Aussatz** *m* ⟨*~es*⟩ *MÉD HIST, fig* lèpre *f*

aussätzig ['auszɛtsɪç] *adj MÉD HIST, fig* lépreux, -euse

'**Aussätzige(r)** *f(m)* ⟨→ A⟩ *MÉD HIST, fig* lépreux, -euse *m,f*

'**aussaufen** *v/t* ⟨*irr, sép, -ge-, h*⟩ **1.** *Tiere: Wasser etc* boire (toute l'eau, *etc*); *Eimer etc* vider; **2.** P *Menschen: Flüssigkeit* F descendre; *Gefäß* F siffler

'**aussaugen** *v/t* ⟨*régulier ou st/s irr, sép, -ge-, h*⟩ **1.** *Frucht, Wunde, Blut etc* sucer; **2.** *fig Menschen* exploiter; profiter de; *Boden* exploiter; *j-n bis aufs Blut* ~ sucer qn jusqu'à la moelle; saigner qn à blanc

'**aus|schaben** *v/t* ⟨*sép, -ge-, h*⟩ gratter; râper; *MÉD* cureter; ⚲**schabung** *f* ⟨*~; ~en*⟩ *MÉD* curetage *m*; **~schachten** *v/t* ⟨*-ete, sép, -ge-, h*⟩ creuser; excaver; ⚲**schachtung** *f* ⟨*~; ~en*⟩ creusage *od* creusement *m*; (*Grube*) excavation *f*

'**aus|schalen** *v/t* ⟨*sép, -ge-, h*⟩ **1.** *CONSTR* (*Gegenteil: einschalen*) décoffrer; **2.** *CONSTR* (*mit Brettern verkleiden*) planchéier, (*verschalen*) coffrer; **~schälen** *v/t* ⟨*sép, -ge-, h*⟩ **1.** *Nüsse* décortiquer; *Hülsenfrüchte* écosser; **2.** *MÉD Mandeln etc* ôter; enlever

'**ausschalten** *v/t* ⟨*-ete, sép, -ge-, h*⟩ **1.** *Licht, Heizung* éteindre; *Strom* couper; interrompre; *Radio, Fernseher* éteindre; fermer; *Maschine, Motor* arrêter; mettre 'hors circuit'; **2.** *fig Zweifel, Gedanken, Gegner, Konkurrenten* éliminer; écarter; supprimer; *Fehler* rendre impossible; *um jeden Irrtum auszuschalten* pour éviter toute erreur

'**Ausschaltung** *f* **1.** *des Stroms* interruption *f*; *e-r Maschine, e-s Motors* mise *f* 'hors circuit'; arrêt *m*; *des Lichts* extinction *f*; **2.** ⟨*pas de pl*⟩ *fig von Zweifeln, der Konkurrenz etc* élimination *f*; suppression *f*

Ausschank ['ausʃaŋk] *m* ⟨*~(e)s; -schänke*⟩ **1.** ⟨*pas de pl*⟩ *der ~ alkoholischer Getränke etc* la vente de boissons alcooliques, *etc*; **2.** (*Schankraum*) débit *m* de boissons; bar *m*; café *m*; **3.** (*Theke*) comptoir *m*; bar *m*

'**Ausschau** *f* ⟨*~*⟩ *nach j-m, etw* ~ *halten* cf *ausschauen* 1.

'**ausschauen** *v/i* ⟨*sép, -ge-, h*⟩ **1.** (*Ausschau halten*) *nach j-m, etw* ~ chercher qn, qc des yeux, du regard; regarder attentivement, scruter l'horizon pour voir si qn, qc arrive; **2.** *süddt, österr* cf *aussehen* 1.

'**ausschaufeln** *v/t* ⟨*-(e)le, sép, -ge-, h*⟩ **1.** *Erde etc* enlever, retirer (avec la pelle); **2.** *Graben etc* creuser (à l'aide d'une pelle); **3.** *Verschüttete* déterrer

'**ausscheiden** ⟨*irr, sép, -ge-*⟩ **I** *v/t* ⟨*h*⟩ **1.** *PHYSIOL Stoffwechselprodukte* excréter; *Krankheitserreger, Fremdkörper* éliminer; *CHIM* dégager; **2.** *Unwichtiges etc* éliminer; **II** *v/i* ⟨*sein*⟩ **3.** *aus e-r Ge-* *meinschaft* quitter (*aus etw* qc); se retirer (*de* aus); *aus der Firma* ~ quitter l'entreprise; *aus s-m Amt* ~ quitter ses fonctions; se retirer de ses fonctions; se démettre de sa charge; **4.** *SPORT, bei e-m Wettbewerb* être éliminé; **5.** (*nicht in Betracht kommen*) être exclu, 'hors de question'

'**Ausscheidung** *f* **1.** *PHYSIOL von Stoffwechselprodukten* excrétion *f*; *von Krankheitserregern etc* élimination *f*; **2.** *von Überflüssigem etc* élimination *f*; **3.** *SPORT* éliminatoire *f*

Ausscheidungs|kampf *m SPORT* (épreuve *f*) éliminatoire *f*; **~organ** *n ANAT* organe excréteur; **~spiel** *n SPORT* match *m* éliminatoire

'**ausscheißen** P ⟨*irr, sép, -ge-, h*⟩ **I** *v/t* F faire; **II** *v/i fig* (*bei j-m*) *ausgeschissen haben* F être devenu un zéro pour qn; avoir baissé, être tombé dans l'estime de qn

'**aus|schelten** *v/t* ⟨*irr, sép, -ge-, h*⟩ réprimander; gronder; *st/s* tancer; **~schenken** *v/t* ⟨*sép, -ge-, h*⟩ *Getränke* **1.** (*verkaufen*) vendre (qc à consommer sur place); débiter; **2.** (*ausgießen*) verser; **3.** (*servieren*) servir (*verteilen*) a offrir; **~scheren** *v/i* ⟨*sép, -ge-, sein*⟩ *Fahrzeug* se déporter; déboîter; *Läufer* sortir de la, quitter la file; *Schiff* quitter le convoi; *Flugzeug* quitter la formation; **~scheuern** *v/t* ⟨*-(e)re, sép, -ge-, h*⟩ *Gefäß* récurer

'**ausschicken** *v/t* ⟨*sép, -ge-, h*⟩ envoyer; *j-n nach j-m, etw* ~ envoyer qn chercher qn, qc

'**ausschießen** *v/t* ⟨*sép, -ge-, h*⟩ **1.** *j-m ein Auge* ~ crever un œil à qn; **2.** *TYPO* imposer; **3.** *SCHIESSSPORT Sieger, besten Schützen* disputer au tir le titre de; *Preis, Pokal* jouer au tir; mettre en jeu au tir; (*gewinnen*) gagner au tir

'**aus|schiffen** *v/t* ⟨*u v/réfl*⟩ ⟨*sép, -ge-, h*⟩ (*sich*) ~ débarquer; ⚲**schiffung** *f* ⟨*~; ~en*⟩ débarquement *m*; **~schildern** *v/t* ⟨*-(e)re, sép, -ge-, h*⟩ *Straße* signaliser; *Umleitung* indiquer; signaler; ⚲**schilderung** *f* signalisation *f*; **~schimpfen** *v/t* ⟨*sép, -ge-, h*⟩ attraper; gronder; **~schirren** *v/t* ⟨*sép, -ge-, h*⟩ *Pferd* déharnacher; ôter le harnais à

'**ausschlachten** *v/t* ⟨*sép, -ge-, h*⟩ **1.** *Schlachtvieh* vider et dépecer; **2.** F *péj* (*ausnutzen*) exploiter; *e-e Affäre politisch* ~ exploiter une affaire politiquement; **3.** F *altes Auto etc* retirer tout ce qui est encore utilisable de

'**ausschlafen** ⟨*irr, sép, -ge-, h*⟩ **I** *v/t s-n Rausch* ~ cuver son vin; **II** *v/i* ⟨*u v/réfl*⟩ (*sich*) ~ dormir assez, son compte; *gut ausgeschlafen sein* être bien reposé

'**Ausschlag** *m* **1.** *MÉD* éruption *f* (de boutons); *rem*; **2.** *der Magnetnadel, e-s Meßinstruments etc* déviation *f*; *fig den* ~ *geben* faire pencher la balance; être décisif (*für* pour); décider (*für* de)

'**ausschlagen** ⟨*irr, sép, -ge-, h*⟩ **I** *v/t* **1.** *Auge* crever; *Zahn* casser; *ein Stück aus etw* ~ casser un morceau de qc; **2.** *Feuer* étendre en frappant dessus; **3.** *etw mit etw* ~ *Kasten* garnir, doubler qc de qc; *Raum, Wand* tapisser, tendre qc de qc; **4.** (*ausschütteln*) secouer; **5.** (*ablehnen*) *Angebot, Einladung, Amt etc* refuser; *Erbschaft* renoncer à; *répu-* *dier*; *das kann man nicht* ~ ce n'est pas de refus; **6.** *TECH Gold etc* battre; **II** *v/i* **7.** ⟨*h ou sein*⟩ *Baum etc* bourgeonner; **8.** *Pferd* ruer; lancer une od des ruade(s); regimber; **9.** ⟨*h ou sein*⟩ *Zeiger e-s Meßinstruments, Pendel, Wünschelrute etc* dévier; **10.** *st/s* ⟨*sein*⟩ *zum Guten, Schlechten* ~ tourner bien, mal; *zu j-s Vorteil, Nachteil* ~ tourner à l'avantage, au désavantage de qn; **11.** (*zu Ende schlagen*) *Uhr* finir de sonner; *st/s sein Herz hat ausgeschlagen* son cœur a cessé de battre

'**ausschlaggebend** *adjt* décisif, -ive; déterminant; ~ *für etw sein* être déterminant, décisif pour qc; *das ist von* ~*er Bedeutung* c'est d'une importance cruciale

aus|schlämmen ['ausʃlɛmən] *v/t* ⟨*sép, -ge-, h*⟩ débourber; curer; **~schlecken** *v/t* ⟨*sép, -ge-, h*⟩ lécher

'**ausschleimen** F *v/réfl* ⟨*sép, -ge-, h*⟩ *sich* (*bei j-m*) (*über j-n, etw*) ~ dire (à qn) son écœurement (au sujet de qn, qc)

'**ausschließen** ⟨*irr, sép, -ge-, h*⟩ **I** *v/t* **1.** (*aussperren*) fermer la porte derrière qn (qui n'a pas de clé pour rentrer); **2.** *fig j-n* (*von, aus etw*) ~ exclure qn (de qc); *JUR die Öffentlichkeit* ~ prononcer le huis clos; **3.** *Irrtum, Zweifel, Täuschung* exclure; *es ist nicht auszuschließen, daß ...* il est possible que ... (+*subj*); il faut s'attendre à ce que ... (+*subj*); *was nicht ausschließt, daß ...* ce qui n'exclut pas que ... (+*subj*); *die beiden Dinge schließen einander aus* les deux choses s'excluent l'une l'autre; **4.** (*ausnehmen*) *ich schließe niemanden davon aus* je n'en exclus, excepte personne; *alle helfen mit, du nicht ausgeschlossen* tout le monde aidera, toi y compris; *COMM vom Umtausch ausgeschlossen sein* ne pas pouvoir être échangé; **5.** *TYPO* (*die*) *Zeilen* ~ justifier les lignes; **II** *v/réfl* **6.** *sich* ~ (*sich aussperren*) fermer la porte derrière soi sans avoir la clé; **7.** *fig sich* (*von etw*) ~ (*nicht teilnehmen*) ne pas prendre part (à qc); se mettre à l'écart (de qc); (*sich ausnehmen*) s'exclure (de qc)

'**ausschließlich I** *adj* ⟨*épithète*⟩ *Recht etc* exclusif, -ive; **II** *adv* exclusivement; **III** *prép* ⟨*gén*⟩ à l'exclusion de; ~ *Verpackung* emballage non compris; à l'exclusion de l'emballage

'**Ausschließlichkeit** *f* ⟨*~*⟩ exclusivité *f*

'**aus|schlüpfen** *v/i* ⟨*sép, -ge-, sein*⟩ *Vogel, Schmetterling* éclore; sortir (de l'œuf bzw du cocon); **~schlürfen** *v/t* ⟨*sép, -ge-, h*⟩ *Ei, Auster* gober; **2.** *Glas, Tasse* langsam, *mit Genuß* déguster; siroter

'**Ausschluß** *m* **1.** exclusion *f*; *JUR unter* ~ *der Öffentlichkeit* à 'huis clos'; **2.** *TYPO* espace *f*

'**ausschmück|en** *v/t* ⟨*sép, -ge-, h*⟩ **1.** (*dekorieren*) décorer, orner (*mit* de); **2.** *Erzählung* embellir; enjoliver; ⚲**ung** *f* ⟨*~; ~en*⟩ **1.** *e-s Raums etc* décoration *f*; **2.** *e-r Erzählung etc* embellissement *m*; enjolivement *m*

'**ausschneiden** *v/t* ⟨*irr, sép, -ge-, h*⟩ *Artikel aus e-r Zeitung, Figuren etc* découper (*aus* dans); *COUT Ausschnitt etc* échancrer; *Kleid* décolleter; *MÉD* exciser; *JARD* élaguer; émonder

'**Ausschnitt** *m* **1.** (*Zeitungs⩙*) coupure *f* (de presse); **2.** COUT (*Hals⩙*) décolleté *m*; échancrure *f*; **3.** *e-s Buchs, e-r Rede, e-s Films* extrait *m*; *e-s Programms* partie *f*; (*Bild⩙*) détail *m*; *aus dem Leben* tranche *f*; **⩙weise I** *adj* (*épithète*) d'extraits; **II** *adv* par extraits

'**aus|schöpfen** *v/t* ⟨*sép, -ge-, h*⟩ **1.** *Gefäß, Brunnen etc* vider; épuiser; *Inhalt* vider; *Wasser aus e-m Boot etc* écoper; **2.** *fig Möglichkeiten, Reserven etc* épuiser; **~schrauben** *v/t* ⟨*sép, -ge-, h*⟩ dévisser

'**ausschreiben** *v/t* ⟨*irr, sép, -ge-, h*⟩ **1.** *Namen, Wort etc* écrire en toutes lettres; **2.** *Vollmacht, Rechnung etc* rédiger; *Attest, Quittung* écrire; *Scheck* remplir; *Rezept* prescrire; **3.** (*bekanntgeben*) annoncer; *Stelle, Preis, Belohnung* mettre au concours; *Wettbewerb* ouvrir; *öffentliche Arbeiten* mettre en adjudication; *Wahlen ~* fixer la date des élections

'**Ausschreibung** *f e-s Wettbewerbs* ouverture *f*; *e-r Stelle* mise *f* au concours; *von Wahlen* fixation *f* de la date; (*~sunterlagen*) dossier *m* du concours; *öffentliche ~* appel *m* d'offres; adjudication (administrative)

'**ausschreien** *v/i* ⟨*irr, sép, -ge-, h*⟩ **I** *v/t* crier; (*bekanntgeben*) annoncer (en criant); **II** *v/t/réfl* F *sich* (*dat*) **den Hals** *od* **die Kehle** *od* **die Lunge ~** s'égosiller; s'époumoner

'**ausschreiten** *st/s v/i* ⟨*irr, sép, -ge-, sein*⟩ (*tüchtig, kräftig, schnell*) ~ allonger le pas; marcher à grands pas, à grandes enjambées

'**Ausschreitungen** *f/pl* excès *m/pl*; *es kam zu schweren ~* la violence éclata

'**Ausschuß** *m* **1.** (*Kommission*) comité *m*; commission *f*; **2.** (*pas de pl*) (*fehlerhafte Ware*) rebut *m*; **~mitglied** *n* membre *m* du comité, de la commission; **~quote** *f* pourcentage *m* de rebut; **~sitzung** *f* séance *f* du comité, de la commission; **~ware** *f* marchandise *f* de rebut

'**ausschütteln** *v/t* ⟨*-(e)le, sép, -ge-, h*⟩ secouer

'**ausschütten** *v/t* ⟨*-ete, sép, -ge-, h*⟩ **1.** *Gefäß, Inhalt* vider; (*verschütten*) répandre; *fig j-m sein Herz ~* s'épancher auprès de qn; F *sich vor Lachen ~* (*wollen*) F être plié en deux (de rire); F rire comme un bossu; se tordre de rire; **2.** *Prämien, Dividenden etc* distribuer; répartir; verser

'**Ausschüttung** *f* ⟨*~; -en*⟩ distribution *f*; répartition *f*; versement *m*; (*Dividende*) dividende *m*

'**aus|schwärmen** *v/i* ⟨*sép, -ge-, sein*⟩ *Bienen* essaimer; MIL se déployer en tirailleurs; *fig Personen* s'éparpiller; **~schweifen** *v/t* ⟨*sép, -ge-, sein*⟩ *in der Lebensweise* faire des excès, des abus; *Phantasie* être débauché, effréné

'**ausschweifend** *adj Phantasie etc* débridé; effréné; débordant; *Gefühle* excessif, -ive; démesuré; *Mensch* (*sittenlos*) débauché; *ein ~es Leben führen* mener une vie déréglée, dissolue; se livrer à la débauche

'**Ausschweifung** *f* ⟨*~; -en*⟩ *im Genuß* excès *m*; (*Sittenlosigkeit*) débauche *f*; *der Phantasie* débordement *m*

'**ausschweigen** *v/réfl* ⟨*irr, sép, -ge-, h*⟩ *sich über etw* (*acc*) ~ garder le silence sur qc; se taire sur qc

'**aus|schwemmen** *v/t* ⟨*sép, -ge-, h*⟩ (*aushöhlen*) creuser; ronger; (*auswaschen*) laver; **~schwenken** ⟨*sép, -ge-*⟩ **I** *v/t* **1.** (*ausspülen*) rincer; **2.** (*nach außen schwenken*) faire pivoter; **II** *v/i* ⟨*sein*⟩ **3.** (*zur Seite schwenken*) se déporter; **4.** MIL pivoter

'**ausschwingen** *v/i* ⟨*irr, sép, -ge-, h*⟩ **1.** (*aufhören zu schwingen*) *Pendel* cesser d'osciller; *Glocke, Schaukel* cesser de se balancer; *Saite* cesser de vibrer; **2.** *Kran* pivoter; SPORT *am Barren* se balancer et sortir; *weit ~ Beine, Arme* décrire de larges demi-cercles; *Glocke, Schaukel* se balancer, *Pendel* osciller fortement

'**ausschwitzen** *v/t* ⟨*-(e)st, sép, -ge-, h*⟩ **1.** *Feuchtigkeit, Schweiß* exsuder; *e-e Erkältung* soigner un refroidissement par la transpiration; **2.** CUIS *Mehl* faire mousser; *Zwiebeln* faire fondre

'**aussegn|en** *v/t* ⟨*-ete, sép, -ge-, h*⟩ *Verstorbene* donner la dernière bénédiction à; **⩙ung** *f* levée *f* du corps

'**aussehen** *v/i* ⟨*irr, sép, -ge-, h*⟩ **1.** avoir l'air; paraître; *älter ~, als man ist* paraître, faire plus vieux que son âge; porter plus que son âge; *jünger ~, als man ist* ne pas faire, paraître son âge; paraître, faire plus jeune que l'on n'est; *vornehm ~ Person* avoir l'air distingué; *Sache* être, faire distingué; *hübsch ~* être joli; *das sieht nur so aus* c'est seulement une apparence; *~ wie* ressembler à; *hier sieht es aus wie ...* ça a l'air ici de ...; *wie sieht e-e Amsel aus?* à quoi ressemble un merle?; F *dieses Kleid sieht nach nichts aus* cette robe n'a rien de spécial; *du siehst in dem Kleid gut aus* cette robe te va bien; *wie siehst du denn aus!* comme te voilà arrangé!; F (*na,*) *wie siehst du aus, bist du fertig?* (alors,) où en es-tu, es-tu prêt?; *iron die sieht* (*mir*) *gerade danach aus!* elle (m')en a bien l'air!; *kannst du mir beim Auspacken helfen? – F sehe ich so aus?* tu me prends pour qui?; *so siehst du aus!* tu n'y penses pas!; tu te fais des illusions!; *es sieht nach Regen aus* on dirait qu'il va pleuvoir; il pourrait bien pleuvoir; *mit s-n Aussichten sieht es schlecht aus* les perspectives ne sont pas encourageantes pour lui; **2.** (*Ausschau halten*) *nach j-m ~ cf ausschauen I.*

'**Aussehen** *n* ⟨*~s*⟩ **1.** (*Gesichtsausdruck*) air *m*; mine *f*; *ein gesundes ~ haben* avoir l'air bien portant; avoir l'air en bonne santé; **2.** (*Äußeres*) apparences *f/pl*; extérieur *m*; *von Dingen* a aspect *m*; *ein gepflegtes ~ haben* avoir un extérieur soigné; *dem ~ nach* selon les apparences; *j-n nach dem ~ beurteilen* juger qn sur les apparences

'**aussein** F *v/i* ⟨*irr, sép, -ge-, sein*⟩ **1.** (*zu Ende sein*) *Veranstaltung, Schule, Krieg, Film etc* être fini, terminé; *das Kino ist um zehn Uhr aus* le film finit à dix heures; *zwischen uns* (*dat*) *ist es aus* c'est fini entre nous; *jetzt ist alles aus* maintenant tout est perdu; *es ist aus mit ihm* c'en est fait de lui; il est perdu; *mit der Faulenzerei ist es jetzt aus* maintenant, c'en est fini de la paresse; maintenant, il n'est plus question de paresse; **2.** *Lampe, Kerze, Feuer, Radio, Fernseher, Heizung* être éteint; *Motor, Maschine* être arrêté; *Wasserhahn* être fermé; **3.** SPORT *Ball* être sorti du terrain; TENNIS être out; **4.** (*ausgegangen sein*) être sorti; *gestern war er mit s-r Freundin aus* hier il est sorti avec son amie; **5.** *auf etw* (*acc*) *~* (*tun wollen*) chercher à (faire) qc; (*haben wollen*) vouloir avoir; viser; *auf Abenteuer ~* chercher, courir l'aventure

außen ['aʊsn] *adv* dehors; à l'extérieur; extérieurement; SPORT (*auf der Außenbahn*) sur la piste extérieure; dans le couloir extérieur; (*am äußeren Rand des Spielfelds*) sur le côté extérieur du terrain; *nach ~* (*hin*) à *od* vers l'extérieur; au *od* en dehors; *von ~* du dehors; de l'extérieur; *nach ~* (*hin*) *lächerlich erscheinen* paraître ridicule vu de l'extérieur; *von dem Skandal soll nichts nach ~ dringen* il ne doit rien percer du scandale à l'extérieur; F *j-n, etw ~ vor lassen* ignorer qn, qc; F *~ vor bleiben* être ignoré

Außen... *in Zssgn meist extérieur;* **~ansicht** *f* vue extérieure; **~antenne** *f* antenne extérieure; **~aufnahmen** *f/pl* FILM extérieurs *m/pl*; **~bahn** *f* SPORT piste extérieure; LEICHTATHLETIK couloir extérieur; **~beleuchtung** *f* éclairage extérieur; **~bezirk** *m e-r Stadt* quartier *m* périphérique; **~border** *f* ⟨*~s;* ⟩ **1.** *Motor* moteur *m* 'hors-bord; **2.** *Boot* 'hors-bord *m*

'**Außenbordmotor** *m* moteur *m* 'hors-bord; *Boot mit ~* 'hors-bord (*inv*)

'**aussenden** *v/t* ⟨*irr ou régulier, sép, -ge-, h*⟩ **1.** *Wellen, Strahlen* émettre; **2.** *Boten etc* envoyer; **3.** RAD, TV *Sendung etc* émettre; diffuser

'**Außendienst** *m* service extérieur; *im ~* (*tätig*) *sein* travailler à l'extérieur (d'une entreprise, *etc*)

'**Außen|dienstmitarbeiter(in)** *m(f)* collaborateur, -trice *m,f* externe; **~fläche** *f* surface extérieure; **~handel** *m* commerce extérieur; **~haut** *f e-s Schiffs, Flugzeugs* revêtement *m*; enveloppe extérieure; *e-s Schiffs a* bordé *m*; **~kante** *f* (re)bord extérieur; **~minister(in)** *m(f)* ministre *m* des Affaires étrangères; **~ministerium** *n* ministère *m* des Affaires étrangères; **~politik** *f* politique extérieure, étrangère; **~politiker(in)** *m(f)* homme *m* politique, politicien, -ienne *m,f* s'occupant des affaires étrangères d'un pays; **⩙politisch** *adj* (de la) politique extérieure; concernant les affaires étrangères; **~seite** *f* côté *m*, face *f* externe, extérieur(e); *e-s Stoffs* endroit *m*; **~seiter(in)** *m* ⟨*~s; ~*⟩ (*f* ⟨*~; -nen*⟩) SPORT outsider *m*; *sozialer* désadapté(e) *m(f)*; **~spiegel** *m* rétroviseur extérieur; **~stände** *m/pl* COMM créances *f/pl*; **~stehende(r)** *f(m)* (→ A) personne *f* ne faisant pas partie d'un groupe, d'un projet, *etc*; profane *m,f*; **~stelle** *f* service détaché (*Nebenstelle*) succursale *f*; **~stürmer** *m* SPORT ailier *m*; **~tasche** *f* poche extérieure; **~temperatur** *f* température extérieure; **~treppe** *f* escalier extérieur; **~wand** *f* mur extérieur; **~welt** *f* ⟨*~*⟩ monde extérieur; **~winkel** *m* MATH angle *m* externe

außer ['ausər] **I** *prép* ⟨*dat*⟩ **1.** (*außerhalb von*) 'hors de; ~ **Betrieb** 'hors service; ~ **Gefahr** 'hors de danger; ~ **Landes gehen** quitter le pays; émigrer; ~ **Reichweite** 'hors de portée, d'atteinte; ~ **Sicht(weite)** 'hors de vue; ~ **sich** (*dat*) **sein** *vor* Wut être 'hors de soi; *vor Freude* être transporté de joie; *er geriet vor Wut* ~ **sich** (*dat*) la colère l'a mis 'hors de lui; *er geriet vor Freude* ~ **sich** (*dat*) il ne se sentait plus de joie; **2.** (*abgesehen von*) à part; excepté; à l'exception de; exception faite de; sauf; ~ **ihm war niemand zu Hause** à part lui, personne n'était à la maison; *niemand* ~ *mir* personne à part moi, d'autre que moi, excepté moi, sauf moi; **3.** (*neben*) outre; en dehors de; en plus de; à côté de; **II** *conj* ~ **wenn** sauf si; excepté si; à moins que ... ne (+*subj*); ~ **wenn es regnet** sauf s'il pleut; excepté si'il pleut; à moins qu'il ne pleuve; *es hat sich nichts geändert,* ~ *daß wir älter geworden sind* rien n'a changé si ce n'est que, à part le fait que nous avons vieilli

Außer|achtlassung *f* ⟨~⟩ ADM négligence *f*

'**außerberuflich** *adj* extra-professionnel, -elle; en dehors de ma, ta, *etc* profession

außerdem [ausər'de:m *ou* 'au-] *adv* en outre; de *od* en plus; par ailleurs

'**außerdienstlich** *adj* en dehors du service, de l'exercice de mes, tes, *etc* fonctions

äußere(r, -s) ['ɔysərə] *adj* ⟨*épithète*⟩ extérieur; externe; ~ **Verletzungen** blessures *f/pl* externes; *die* ~ **Erscheinung** les apparences *f/pl*; *die* ~**n Umstände** les circonstances extérieures

'**Äußere(s)** *n* (→ A) extérieur *m*; apparences *f/pl*; *e-r Person a* physique *m*; *dem* ~**n nach zu urteilen** à en juger selon *od* sur les apparences; *Minister des* ~**n** *cf* **Außenminister**

'**außer|ehelich** *adj* extraconjugal; *Kind* illégitime; naturel, -elle; ~**europäisch** *adj* extra-européen, -éenne; non européen, -éenne; ~**fahrplanmäßig I** *adj* supplémentaire; non prévu par l'horaire; **II** *adv* en supplément; ~**gerichtlich I** *adj* extrajudiciaire; **II** *adv* en dehors de la voie judiciaire

'**außergewöhnlich I** *adj* extraordinaire; exceptionnel, -elle; insolite; *Steuer* ~**e Belastungen** *f/pl* charges *f/pl* supplémentaires; **II** *adv* exceptionnellement; extraordinairement

außerhalb ['ausərhalb] **I** *prép* ⟨*gén*⟩ en dehors de; **II** *adv* **wohnen** habiter en dehors de la ville; *von* ~ *kommen* venir de l'extérieur, du dehors, d'ailleurs

'**außerirdisch** *adj* extraterrestre

'**äußerlich I** *adj* **1.** (*außen befindlich*) extérieur; externe; *Arznei* **zur** ~**en Anwendung** pour l'usage externe; **2.** *fig* (*scheinbar*) apparent; ~**e Ruhe** calme apparent; **3.** *fig* (*oberflächlich*) superficiel, -ielle; **II** *adv* **1.** extérieurement; **2.** *fig* apparemment

'**Äußerlichkeit** *f* ⟨~; ~**en**⟩ **1.** *pl* ~**en** (*Unwesentliches*) apparences *f/pl*; *das sind doch nur* ~**en** ce ne sont que des détails; **2.** (*äußere Umgangsform*) formalité *f*

äußern ['ɔysərn] ⟨-(e)re, h⟩ **I** *v/t* Verdacht, Bedauern, Kritik *etc* exprimer; *Meinung a* dire; donner; *Gefühle* montrer; *Drohung, Beschimpfung* dire; proférer; *e-n Wunsch* ~ souhaiter qc; exprimer un désir; *gegen etw Bedenken* ~ faire des réserves sur qc; exprimer des doutes au sujet de qc; **II** *v/réfl* **sich** ~ **1.** *Gefühle, Krankheit etc* se montrer, se traduire, se manifester (*in* [+ *dat*] par); **2.** *sich zu etw od über etw* (*acc*) ~ dire, donner son opinion sur qc; se prononcer sur qc; *sich abfällig über j-n, etw* ~ porter un jugement défavorable sur qn, qc; *sich lobend über j-n, etw* ~ faire l'éloge de qn, qc; *sich dahin gehend* ~, *daß ...* s'exprimer en ce sens que ...; *dazu möchte ich mich jetzt nicht* ~ pour l'instant, je préfère ne rien dire, me taire là-dessus

'**außerordentlich I** *adj* extraordinaire; exceptionnel, -elle; ~**er Professor** *in Deutschland* professeur *m* d'université qui ne dirige pas un institut; **II** *adv* (*sehr*) extrêmement; énormément; *sie hat sich* (*dat*) ~ *viel Mühe gegeben* elle s'est donné un mal fou, énormément de mal; *es tut uns* ~ *leid* nous regrettons infiniment, vivement

'**außerorts** *adv* österr, schweiz en dehors de la ville

'**außerparlamentarisch** *adj* extraparlementaire; ~**e Opposition** opposition *f* extraparlementaire

'**außerplanmäßig** *adj* 'hors(-)plan; (*zusätzlich*) supplémentaire; *Beamter* qui n'est pas titulaire d'un poste; *Budget* extraordinaire; extrabudgétaire; ~**er Professor** professeur *m* non titulaire d'une chaire

'**außerschulisch** *adj* extrascolaire

'**außersinnlich** *adj* extrasensoriel, -ielle; ~**e Wahrnehmung** perception extrasensorielle

äußerst ['ɔysərst] *adv* extrêmement

außerstand [ausər'ʃtant], **außerstande** [ausər'ʃtandə] *adv j-n* ~ **setzen, etw zu tun** rendre qn incapable de faire qc; ~ **sein** *od* **sich** ~ **sehen, etw zu tun** être, se voir 'hors d'état, incapable de faire qc

äußerste(r, -s) *adj a fig* extrême; *am* ~**n Ende der Stadt** à l'extrémité de la ville; *mit* ~**r Vorsicht** avec une extrême prudence; *von* ~**r Wichtigkeit sein** être d'une extrême, de la plus 'haute importance; *der* ~ **Termin** la date limite; le dernier délai; *im* ~**n Fall** à l'extrême rigueur; en dernière éventualité

'**äußerstenfalls** *adv* **1.** (*höchstens*) tout au plus; **2.** (*schlimmstenfalls*) dans le pire des cas; F au pire

'**Äußerung** *f* ⟨~; ~**en**⟩ **1.** (*Bemerkung*) remarque *f*; ADM, POL *etc* a déclaration *f*; *pl* ~**en** a propos *m/pl*; paroles *f/pl*; *unbedachte* ~**en** propos irréfléchis; *politische* ~**en** déclarations politiques; *sich jeder* ~ *enthalten* s'abstenir de toute déclaration; **2.** (*Ausdruck, Zeichen*) expression *f*; manifestation *f*; démonstration *f*

'**aussetzen** ⟨-(es)t, *sép*, -ge-, h⟩ **I** *v/t* **1.** *Kind* abandonner; *Tiere, Pflanzen ins Freie* mettre dehors; *Schiffspassagier* débarquer; *Boot* mettre à la mer, à l'eau; **2.** *e-r Gefahr, der Kritik, Witterung etc* exposer; *e-r Beanspruchung a* soumettre; *neugierigen Blicken, ständigen Angriffen ausgesetzt sein* être exposé, livré à la curiosité, aux attaques perpétuelles; **3.** *Belohnung* offrir; *Preis* proposer; fixer; *Rente* constituer; *e-e Belohnung auf j-s Kopf* ~ mettre à prix la tête de qn; **4.** (*unterbrechen*) *Streik, Debatte* interrompre; (*aufschieben*) *Verfahren, Urteil* suspendre; remettre; *die Strafe zur Bewährung* ~ surseoir à la peine; **5.** *etwas an j-m, etw auszusetzen haben* trouver à redire à qn, qc; avoir à reprocher qc à qn, qc; *an der Arbeit ist nichts auszusetzen* il n'y a rien à redire à ce travail; *er hat immer etwas auszusetzen* il trouve toujours à redire; **II** *v/i* **6.** *Motor, Musik, Herz etc* s'arrêter; **7.** *mit der Arbeit* (*für ein paar Wochen*) ~ arrêter de travailler (pour quelques semaines); **III** *v/réfl* **sich** ~ s'exposer; *sich der Kritik* (*dat*) ~ s'exposer, se livrer à la critique; encourir la critique

'**Aussetzung** *f* ⟨~; ~**en**⟩ **1.** *e-s Kindes* abandon *m*; **2.** *e-r Belohnung* proposition *f*; *e-s Preises* proposition *f*; *e-r Rente* constitution *f*; **3.** *e-s Streiks etc* interruption *f*; **4.** JUR *e-s Verfahrens* suspension *f*; *e-r Strafe zur Bewährung* sursis *m*

'**Aussicht** *f* ⟨~; ~**en**⟩ **1.** (*Ausblick*) vue *f* (*auf* [+ *acc*] sur); *ein Zimmer mit* ~ *auf den See* une chambre avec vue sur le lac; **2.** *fig* perspective *f*, chance *f*, espérance *f* (*auf* [+ *acc*] de); *e-e Gehaltserhöhung in* ~ *haben* avoir une augmentation (de salaire) en vue; *j-m etw in* ~ *stellen* faire entrevoir qc à qn; *e-e Beförderung steht in* ~ j'ai, nous avons, *etc* un avancement en vue; (*gute*) ~**en haben, sein Nachfolger zu werden** avoir de bonnes chances de lui succéder; *ohne* ~ *auf Erfolg* sans espoir de succès, de réussir; *beim Wetterbericht die* ~**en für morgen** les prévisions pour demain

'**aussichtslos** *adj* sans aucune chance de succès; sans espoir; *Versuch etc* vain; *ein* ~**er Fall** un cas désespéré; *e-n* ~**en Kampf führen** mener un combat sans espoir, sans aucune chance de succès

'**Aussichtslosigkeit** *f* ⟨~⟩ inutilité *f*; vanité *f*; *die* ~ *der Lage erkennen* reconnaître que la situation est sans espoir, est désespérée

'**Aussichts|punkt** *m* point *m* de vue; **₂reich** *adj* prometteur, -euse; plein de promesses, d'espoir; ~**turm** *m* belvédère *m*; tour *f*; ~**wagen** *m* EISENBAHN voiture *f* panoramique

'**aus|sieben** *v/t* ⟨*sép*, -ge-, h⟩ **1.** cribler; tamiser; PHYS filtrer; **2.** *fig Bewerber etc* trier (sur le volet); passer au crible; ~**siedeln** ⟨-(-e)le, *sép*, -ge-⟩ **I** *v/t* ⟨h⟩ (faire) évacuer; **II** *v/i* ⟨*sép*⟩ émigrer

'**Aus|sied(e)lung** *f* ⟨~; ~**en**⟩ évacuation *f*; (*Auswanderung*) émigration *f*; ~**siedler** *m* (*Rückwanderer*) rapatrié *m*; (*Auswanderer*) émigrant *m*; ~**siedlerhof** *m* ferme transplantée en dehors d'un village

'**aussinnen** *st/s v/t* ⟨*irr*, *sép*, -ge-, h⟩ imaginer

'**aussitzen** F *v/t* ⟨*irr*, *sép*, -ge-, h⟩ *ein Problem* ~ attendre qu'un problème se résolve de lui-même

aussöhnen ['auszø:nən] ⟨*sép*, -ge-, h⟩ **I** *v/t j-n mit j-m* ~ réconcilier qn avec qn; **II** *v/réfl* **sich mit j-m** ~ se réconcilier avec qn; faire la paix avec qn; *sich mit s-m Schicksal* ~ s'arranger de son sort

'Aussöhnung *f* ⟨~; ~en⟩ réconciliation *f*
'aus|sondern *v/t* ⟨-(e)re, sép, -ge-, h⟩ retirer; **~sortieren** *v/t* ⟨sép, pas de ge-, h⟩ trier; mettre à part
'ausspähen ⟨sép, -ge-, h⟩ **I** *v/t* épier; espionner; **II** *v/i* **nach** *j-m, etw* ~ guetter qn, qc
'ausspannen ⟨sép, -ge-, h⟩ **I** *v/t* **1.** *Zugtiere* dételer; *Werkstück etc* retirer; **2.** *Netze etc* étendre; *Flügel* déployer; **3.** F fig *j-m j-n, etw* ~ F chiper qn, qc à qn; **er hat mir meine Freundin ausgespannt** F il m'a chipé mon amie; **II** *v/i* se détendre; se reposer; se relaxer; **ich muß** ~ il faut que je me repose; **drei Wochen** ~ prendre trois semaines de repos, de détente
'ausspar|en *v/t* ⟨sép, -ge-, h⟩ **1.** *Wort, Zeile etc* laisser en blanc; *Öffnung etc* laisser; **2.** fig *Thema* éviter de parler de; **♀ung** *f* ⟨~; ~en⟩ *(Öffnung)* ouverture *f*; *(Platz)* place *f*; *in e-m Text* blanc *m*
'ausspeien *st/s* ⟨irr, sép, -ge-, h⟩ **I** *v/t a* fig cracher; *(erbrechen)* vomir; **II** *v/i* cracher; **vor** *j-m* ~ cracher à la figure de qn
'aussperren *v/t* ⟨sép, -ge-, h⟩ **1.** *(ausschließen) j-n* ~ fermer la porte derrière qn qui n'a pas de clé pour rentrer; **sich** ~ fermer la porte derrière soi sans avoir la clé; **2.** *im Streik* lock-outer
'Aussperrung *f im Streik* lock-out *m*
'ausspielen ⟨sép, -ge-, h⟩ *v/t* **1.** *Gewinn bei e-r Lotterie* mettre en loterie; *Preis beim Sport* mettre en jeu; **2.** *Gegner im Sport* ne donner aucune chance à; **3.** *THE Rolle* jouer dans tous les détails, très en détail; **4.** *Spielkarte* jouer; fig **s-e Überlegenheit** ~ jouer de sa supériorité; fig **sein Wissen** ~ user de son savoir; **5.** *j-n* **gegen** *j-n* ~ se servir de qn contre qn; *A* **und B gegeneinander** ~ se servir de A contre B et inversement; **II** *v/i* **6.** *beim Kartenspiel* commencer à jouer; jouer le premier; **wer spielt aus?** à qui de jouer?; qui commence?; **7.** F fig **ausgespielt haben** avoir fait son temps; n'en avoir plus pour longtemps
'Ausspielung *f* ⟨~; ~en⟩ *der Lotterie etc* tirage *m*
'aus|spinnen *v/t* ⟨irr, sép, -ge-, h⟩ *Erzählung, Gedanken etc* développer; *Erzählung a* allonger; **~spionieren** *v/t* ⟨sép, pas de ge-, h⟩ espionner; **~spotten** *österr, schweiz cf* **verspotten**
'Aussprache *f* **1.** *e-s Wortes* prononciation *f*; F **plais e-e feuchte** ~ **haben** envoyer des postillons; postillonner; **2.** *klärende* explication *f*; *(Meinungsaustausch)* discussion *f*; débat *m*; *(Gespräch)* entretien *m*; **e-e offene** ~ une explication franche; **e-e vertrauliche** ~ un entretien confidentiel
'Aussprache|angabe *f*, **~bezeichnung** *f* notation *f* phonétique; **~fehler** *m* faute *f* de prononciation; **~wörterbuch** *n* dictionnaire *m* de prononciation
'aussprechbar *adj Wort* prononçable; *Gedanke etc* exprimable
'aussprechen ⟨irr, sép, -ge-, h⟩ **I** *v/t* **1.** *Wort* prononcer; **deutlich** ~ *a* articuler; **wie wird das Wort ausgesprochen?** comment se prononce ce mot?; **2.** *Gedanken, Dank, Hoffnung, Verdacht, Bedauern etc* exprimer; *Wunsch a* formuler; *Verwünschungen* dire; *Beileid* présenter; *Strafe, Urteil* prononcer; *Urteil a*

rendre; **der Regierung das Vertrauen** ~ exprimer sa confiance au gouvernement; **darf ich e-e Bitte ~?** puis-je (vous) demander quelque chose?; j'ai une demande à vous faire; **er sprach aus, was jeder dachte** il exprima ce que tout le monde pensait; **II** *v/réfl sich* ~ **3.** *(sich* ~ *lassen)* se prononcer; **4.** *(sein Herz ausschütten)* s'épancher; dire ce qu'on a sur le cœur; **5. sich mit** *j-m* ~ s'expliquer avec qn; **wir haben uns offen über alles ausgesprochen** nous nous sommes expliqués ouvertement sur tout; **6.** *(sich äußern)* se prononcer; **sich anerkennend, zufrieden über** *etw (acc)* ~ se prononcer, s'exprimer avec reconnaissance, satisfaction sur qc; exprimer sa reconnaissance, satisfaction de qc; **sich für, gegen** *j-n, etw* ~ se prononcer en faveur de *od* pour, contre qn, qc; **III** *v/i (zu Ende sprechen)* finir, achever de parler; *j-n* ~ **lassen** laisser finir qn (de parler); *j-n* **nicht** ~ **lassen** a couper la parole à qn; interrompre qn
'ausspritzen *v/t* ⟨-(es)t, sép, -ge-, h⟩ **1.** *Flüssigkeit* projeter; **2.** *(reinigen)* nettoyer (au jet d'eau); MÉD *Ohr, Nase etc* laver
'Ausspruch *m* parole(s) *f(pl)*; *e-s Dichters, Weisen etc* sentence *f*; maxime *f*
'ausspucken ⟨sép, -ge-, h⟩ **I** *v/t a* F fig cracher; F *(erbrechen)* vomir; P dégobiller; **II** *v/i* cracher; **vor** *j-m* ~ cracher à la figure de qn; F fig **los, spuck schon aus!** F allez, crache le morceau!
'ausspülen *v/t* ⟨sép, -ge-, h⟩ **1.** *Gläser etc* rincer; MÉD laver; faire un lavage de; **sich** (dat) **den Mund** ~ se rincer la bouche; **2.** *Ufer etc* creuser; ronger; *Sand, Erde etc* emporter
ausstaffieren [ˈaʊsʃtafiːrən] *v/t* ⟨sép, pas de ge-, h⟩ **1. mit Kleidung** habiller; péj *(herausputzen)* accoutrer; affubler; *(verkleiden)* déguiser (**als** en); **2.** *Raum etc* garnir (**mit** de)
'Ausstand *m* grève *f*; débrayage *m*; **in den ~ treten** se mettre en grève; débrayer; **im ~ sein** être en grève
'ausstanzen *v/t* ⟨-(es)t, sép, -ge-, h⟩ découper à l'emporte-pièce; poinçonner
ausstatten [ˈaʊsʃtatən] *v/t* ⟨-ete, sép, -ge-, h⟩ doter, munir, pourvoir, équiper (**mit** de); *st/s* **mit Empfehlungen, Machtbefugnissen etc** munir (**mit** de); *Raum, Wohnung* installer; garnir, décorer (**mit** de); **ein mit vielen Talenten ausgestatteter Mensch** une personne dotée de talents multiples; **mit großen Geldmitteln ausgestattet sein** être doté de gros moyens financiers
'Ausstattung *f* ⟨~; ~en⟩ **1.** *e-s Zimmers, e-r Wohnung* installation *f*; décoration *f*; *(Möbel)* ameublement *m*; *e-r Schule, e-s Krankenhauses etc* installation *f*; équipement *m*; *e-s Autos* équipement *m*; **2.** THÉ décors *m/pl* et costumes *m/pl*; **3.** *e-s Buchs, Theaterstücks etc* présentation *f*; **4.** JUR *e-s Kindes* dotation *f*
'Ausstattungs|film *m* film *m* à grand spectacle; **~kosten** *pl* frais *m/pl* d'équipement
'ausstechen *v/t* ⟨irr, sép, -ge-, h⟩ **1.** *Plätzchen* découper à l'aide d'un moule; *Rasen, Torf* découper; *Unkraut* enlever; arracher; *Augen* crever; **2.** fig *j-n* **(bei** *j-m,* **in** *etw* [dat]) ~ supplanter, éclipser qn (auprès de qn, dans qc)

'Ausstechform *f* CUIS moule *m* à découper
'ausstehen ⟨irr, sép, -ge-, h⟩ **I** *v/t* **1.** *Hunger, Durst, Schmerzen* supporter; endurer; **Ängste** ~ trembler (**um** pour); **das ist ausgestanden** c'est terminé, passé; **2.** *j-n, etw* **nicht** ~ **können** ne pas pouvoir souffrir, supporter qn, qc; **II** *v/i Nachricht, Antwort etc* n'être pas (encore) arrivé; *a Besuch* être attendu; *Arbeit etc* être encore, rester à faire; *Geld* être dû; *Entscheidung* être (encore) à prendre; *Lösung* ne pas être (encore) trouvé; **die Antwort steht noch aus** on attend encore la réponse; **ich habe noch Geld** ~ j'ai encore de l'argent à recevoir; on me doit encore de l'argent; **~de Gelder** des sommes *f/pl* à recouvrer
'aussteigen *v/i* ⟨irr, sép, -ge-, sein⟩ **1.** *aus e-m Fahrzeug* descendre (**aus** de); **beim ♀** à la descente; en descendant; *j-m* **beim ♀ helfen** aider qn à descendre; **alles ~!** tout le monde descend!; **2.** F fig *aus e-m Geschäft etc* se retirer (**aus** de); SPORT abandonner; *aus der Gesellschaft* F droper *od* dropper; se marginaliser (**aus** de)
'Aussteiger(in) F *m* ⟨~s; ~⟩ *(f)* ⟨~; ~nen⟩ F dropé(e) *m(f)*; marginal(e) *m(f)*
'ausstellen ⟨sép, -ge-, h⟩ **I** *v/t* **1.** *Gemälde, Waren etc* exposer; *Waren zum Verkauf a* mettre à l'étalage; étaler; **2.** *Bescheinigung, Paß, Urkunde etc* délivrer; *Urkunde a* dresser; *Bescheinigung a* établir; *Scheck etc* émettre (**auf** [+acc] à); *Wechsel* tirer (**auf** [+acc] sur); émettre (**auf** [+acc] à); *Rechnung, Quittung* faire; établir; *Rechnung a* dresser; COMM *Scheck, Zahlungsanweisung* libeller; **ein in Dollars ausgestellter Scheck** un chèque libellé en dollars; **3.** F *Radio, Fernseher, Herd, Heizung* éteindre; *Wecker, Motor, Maschine etc* arrêter; **4.** *Fenster etc* ouvrir; **II** *v/i Künstler, auf e-r Messe etc* exposer
'Aussteller(in) *m* ⟨~s; ~⟩ *(f)* ⟨~; ~nen⟩ **1.** *Künstler, auf e-r Messe etc* exposant(e) *m(f)*; **2.** *e-r Bescheinigung etc* personne *f*, organisme *m*, etc qui délivre (qc); *e-s Schecks, Wechsels* émetteur, -trice *m,f*; tireur, -euse *m,f*; **~firma** *f* firme *f*, maison *f* qui expose
'Ausstellfenster *n* AUTO déflecteur *m*
'Ausstellung *f* **1.** exposition *f*, für *Kunst, Industrie a* salon *m*; **2.** *e-r Bescheinigung, Urkunde etc* délivrance *f*; *e-s Schecks, Wechsels* tirage *m*; émission *f*; *e-r Rechnung, Quittung* établissement *m*
'Ausstellungs|datum *n e-s Passes etc* date *f* de délivrance; *e-s Wechsels etc* date *f* d'émission; **~fläche** *f* surface *f* d'exposition; **~gelände** *n* terrain *m*, parc *m* d'exposition; **~halle** *f* 'hall *m* d'exposition; **~katalog** *m* catalogue *m* de *f* d'exposition; **~raum** *m* salle *f* d'exposition; **~stand** *m* stand *m* (d'exposition); **~stück** *n* **1.** *im Schaufenster etc* article *m* d'étalage; *auf Messen* article *m* de démonstration; **2.** *im Museum* pièce exposée; objet exposé
'aussterben *v/i* ⟨irr, sép, -ge-, sein⟩ *Familie, Menschenrasse* s'éteindre; *Rasse a, Pflanzen-, Tiergattung* disparaître; *Sitte, Dialekt, Handwerk* se perdre; dis-

paraître; tomber en désuétude; **~d, im 2 begriffen** en voie de disparition, d'extinction; **vom 2 bedroht sein** être menacé de disparition; **die Straße war wie ausgestorben** la rue était morte, déserte; F *prov* **die Dummen sterben nicht aus** il y aura toujours des imbéciles

'**Aussteuer** *f* (*Wäsche2*) trousseau *m*; (*Mitgift*) dot *f*

'**aussteuern** *v/t* ⟨-(e)re, sép, -ge-, h⟩ **1.** *ÉLECTRON* régler le niveau de; **2.** *Auto etc* garder le contrôle de; **3.** *VERSICHERUNG* suspendre, supprimer ses paiements, remboursements

'**Aussteuerversicherung** *f* assurance dotale

'**Ausstich** *m* ⟨~s; ~e⟩ *schweiz SPORT* finale *f*

Ausstieg ['aʊsʃtiːk] *m* ⟨~(e)s; ~e⟩ **1.** sortie *f* (*Vorgang u Ort*); **2.** *fig* abandon *m*; *aus e-m Geschäft* sortie *f*; **der ~ aus der Atomenergie** l'abandon de l'énergie nucléaire

'**ausstopfen** *v/t* ⟨sép, -ge-, h⟩ *Schuhe mit Zeitungspapier etc* bourrer; remplir; *Tiere* empailler; naturaliser; **ein ausgestopfter Vogel** un oiseau empaillé, naturalisé

'**Ausstoß** *m COMM* production *f*; débit *m*; rendement *m*

'**ausstoßen** *v/t* ⟨irr, sép, -ge-, h⟩ **1.** *Luft, Rauch etc* expulser; rejeter; *Torpedo* lancer; **2.** *Schrei, Seufzer* pousser; *Drohungen, Schmähungen* lancer; proférer; **3.** *aus e-r Gemeinschaft* expulser, exclure (**aus** de); (*verbannen*) a *fig* bannir (**aus** de); **4.** *COMM* produire; débiter; **5.** *j-m ein Auge, e-n Zahn ~* crever un œil, casser une dent à qn

'**Ausstoßung** *f* ⟨~; ~en⟩ *aus e-r Gemeinschaft* expulsion *f* (**aus** de); (*Verbannung*) bannissement *m* (**aus** de)

'**ausstrahlen** ⟨sép, -ge-, h⟩ **I** *v/t* **1.** *Licht* émettre; répandre; *Wärme* répandre; dégager; *fig Ruhe, Güte, Kraft* respirer; dégager; rayonner de; **sein Wesen strahlt Ruhe aus** sa personne respire le calme, dégage une impression de calme; **s-e Ideen strahlen e-e ungeheure Kraft aus** une force énorme rayonne de ses idées; **2.** *RAD, TV Sendung* diffuser; *rad a* radiodiffuser; *TV a* télévisor; *Funksignale, Impulse* émettre; **3.** (*ausleuchten*) éclairer; illuminer; **II** *v/i* **4.** *Wärme, Licht etc* émaner, rayonner (*a fig Kraft etc*); *Schmerzen* s'irradier; **5.** (*wirken*) **auf etw, j-n ~** rayonner sur qc, qn; influencer qc, qn; avoir de l'influence sur qc, qn

'**Ausstrahlung** *f* **1.** *von Licht, Wärme, a fig* rayonnement *m*; *von Schmerzen* irradiation *f*; **2.** *RAD, TV e-r Sendung* diffusion *f*; *von Signalen* émission *f*; **3.** (*Wirkung*) rayonnement *m*; influence *f* (**auf** [+acc] sur); **e-e Frau mit ~** une femme qui a du rayonnement

'**ausstrecken** ⟨sép, -ge-, h⟩ **I** *v/t* **Hand** tendre; *Zunge* tirer; *Arm* étendre; (*dehnen*) allonger; *Fühler* étendre; **s-e Beine unter dem Tisch ~** allonger ses jambes sous la table; **mit ausgestrecktem Arm halten** tenir à bout de bras; **die Hand nach etw, j-m ~** tendre la main vers qc, qn; **II** *v/réfl* **sich ~ 2.** s'allonger; s'étendre; **sich sich lang ~** s'étendre de tout son long

'**ausstreichen** *v/t* ⟨irr, sép, -ge-, h⟩ **1.** (*durchstreichen*) barrer; rayer; *aus e-r Liste a* radier; **2.** *Falten* effacer; faire disparaître; *Risse etc* boucher; *Fugen* jointoyer; **3.** (*verteilen*) étaler; **4.** *Kuchenform* graisser; beurrer

'**ausstreuen** *v/t* ⟨sép, -ge-, h⟩ **1.** éparpiller; semer; disséminer; *Kalk, Kunstdünger* épandre; *Hühnerfutter etc* jeter; **2. etw mit etw ~** couvrir qc de qc; **3.** *fig Gerücht* semer; répandre

'**ausströmen** ⟨sép, -ge-⟩ **I** *v/t* ⟨h⟩ *Wärme* répandre; *a fig* dégager; *Duft* exhaler; répandre; *fig* **das Zimmer strömt Behaglichkeit aus** une impression de bien-être se dégage de la pièce; **II** *v/i* ⟨sein⟩ *Flüssigkeit* s'écouler; *Gas, Dampf* fuir; s'échapper; *fig* **von ihm strömt Ruhe, Kälte aus** il émane, il se dégage de lui une impression de calme, de froideur

'**aussuchen** *v/t* ⟨sép, -ge-, h⟩ choisir; (**sich** [*dat*]) **etw ~** choisir qc

'**austarieren** *v/t* ⟨sép, pas de ge-, h⟩ **1.** (*ins Gleichgewicht bringen*) équilibrer; **2.** *fig* (*abwägen*) soupeser; **3.** *österr* (*das Leergewicht ermitteln von*) faire la tare de

'**Austausch** *m* échange *m*; **im ~ für od gegen** en échange de

'**austauschbar** *adj* échangeable; interchangeable; (*ersetzbar*) remplaçable

'**austauschen** ⟨sép, -ge-, h⟩ **I** *v/t* échanger (**gegen** contre) (*a fig Grüße, Gedanken, Erfahrungen*); (*ersetzen*) remplacer; **II** *v/réfl* **sich** (**über etw** [*acc*]) **~** échanger ses impressions (sur qc) avec qn

'**Austausch|motor** *m* moteur *m* de remplacement; **~schüler(in)** *m(f)* élève *m,f* qui fait un échange; **~stoff** *m* produit artificiel

'**austeil|en** *v/t* ⟨sép, -ge-, h⟩ *a REL* F *Sakrament,* F *Schläge* distribuer (**an** [+acc] à); *REL Segen* donner (**an** [+acc] à); **2ung** *f* distribution *f*

Auster ['aʊstɐ] *f* ⟨~; ~n⟩ huître *f*

'**Austern|bank** *f* ⟨~; -bänke⟩ banc *m* d'huîtres; **~fischer** *m ZO* huîtrier *m*; **~messer** *n* couteau *m* à huîtres; **~park** *m* parc *m* à huîtres; **~pilz** *m*, **~seitling** *m BOT* pleurote *m*; **~zucht** *f* ostréiculture *f*

'**austesten** *v/t* ⟨-ete, sép, -ge-, h⟩ tester; *MÉD Person* faire un (*bzw* des) test(s) à; **sich ~ lassen auf Allergien** se faire faire un (*bzw* des) test(s)

'**austilgen** *v/t* ⟨sép, -ge-, h⟩ **1.** *Ungeziefer etc* exterminer; **2.** (*streichen*) rayer; *fig Erinnerung etc* effacer

'**austoben** ⟨sép, -ge-, h⟩ **I** *v/t* **s-e Wut ~** donner libre cours à sa colère; **s-e Wut an j-m ~** passer sa colère sur qn; **II** *v/réfl* **sich ~** *Kinder, junge Tiere* prendre ses ébats; s'ébattre; *Unwetter, Brand, Epidemie* faire rage; **sich vor der Ehe ~** bien s'amuser, bien se divertir, en profiter avant de se marier

Austrag ['aʊstraːk] *m* ⟨~(e)s⟩ règlement *m*; *SPORT* **zum ~ kommen** être disputé

'**austragen** *v/t* ⟨irr, sép, -ge-, h⟩ **1.** *Zeitungen, Post etc* distribuer; (*liefern*) livrer; **2.** *Kind* porter jusqu'à terme; **3.** *Wettkampf* disputer; *Konflikt etc* terminer; régler; **etw vor Gericht ~** être en procès (avec qn) au sujet de qc

'**Austräger(in)** *m(f) von Zeitungen* distributeur *m*; *COMM* livreur, -euse *m,f*

'**Austragung** *f* ⟨~; ~en⟩ **1.** *von Wettkämpfen* déroulement *m*; **2.** *von Konflikten etc* règlement *m*

'**Austragungs|modus** *m SPORT* procédure *f*; **~ort** *m* ⟨~(e)s; ~e⟩ *SPORT* lieu *m* de la rencontre sportive

Australien [aʊsˈtraːliən] *n* ⟨→ *n/pr*⟩ l'Australie *f*

Au'stralier(in) *m* ⟨~s; ~⟩ *(f)* ⟨~; ~nen⟩ Australien, -ienne *m,f*

au'stralisch *adj* australien, -ienne

'**austräumen** *v/t* ⟨sép, -ge-, h⟩ (*zu Ende träumen*) finir de rêver; *fig* **der Traum (vom großen Geld) ist ausgeträumt** le rêve (de richesse) s'est évanoui

'**austreiben** ⟨irr, sép, -ge-, h⟩ **I** *v/t* **1.** *j-m etw ~* faire passer à qn l'habitude, le goût de (faire) qc; **e-m Kind s-n Eigensinn ~** faire passer à un enfant son entêtement; **das werde ich dir noch ~!** je vais t'en faire passer l'habitude, le goût!; je vais t'en guérir!; **2.** *Geister, Teufel* exorciser; **3.** *österr Teig etc* étendre (*avec le od* au rouleau); **II** *v/i Pflanzen* bourgeonner

'**Austreibung** *f* ⟨~; ~en⟩ (*Teufels2*) exorcisme *m*

'**austreten** ⟨irr, sép, -ge-⟩ **I** *v/t* ⟨h⟩ **1.** *Schuhe* élargir, agrandir par l'usage; avachir; **2.** *Weg* faire; **ausgetreten** *Weg, a fig péj* battu; *Schwelle, Treppe* usé; **3.** *Zigarette, Feuer* éteindre en piétinant, avec le pied; **II** *v/i* ⟨sein⟩ **4.** *aus e-m Verein etc* quitter (**aus etw** qc); partir, sortir (**aus** de); **aus der Kirche ausgetreten sein** ne plus faire partie de l'Église; **5.** (*entweichen*) s'échapper (**aus** de); **ihm trat der Schweiß aus** elle se mit à transpirer; **6.** (*zur Toilette gehen*) aller aux toilettes; **darf ich mal ~?** est-ce que je peux sortir?

'**aus|tricksen** F *v/t* ⟨-(es)t, sép, -ge-, h⟩ F feinter; faire une feinte à; **~trinken** ⟨irr, sép, -ge-, h⟩ **I** *v/t Getränk* finir; achever; *a Gefäß* vider; **II** *v/i* vider son verre, sa tasse, *etc*

Austritt *m* **1.** *aus e-m Verein etc* départ *m*; **er erklärte s-n ~ aus der Kirche** il déclara ne plus faire partie de l'Église; **2.** ⟨*pas de pl*⟩ (*das Entweichen*) fuite *f*

'**Austrittserklärung** *f* déclaration *f* de départ, de quitter qc

'**austrocknen** ⟨-ete, sép, -ge-⟩ **I** *v/t* ⟨h⟩ *Erde etc* dessécher; **ein ausgetrockneter Fluß** une rivière à sec; **e-e ausgetrocknete Kehle haben** avoir la gorge desséchée; **II** *v/i* ⟨sein⟩ *Haut, Erde, Kehle etc* se dessécher; *Organismus* se déshydrater; *Flußbett, See* s'assécher; *Brunnen, Quelle* se tarir

'**aus|trompeten** ⟨-ete, sép, pas de ge-, h⟩ *cf* **ausposaunen**; **~tüfteln** F *v/t* ⟨-(e)le, sép, -ge-, h⟩ combiner; inventer

'**ausüben** *v/t* ⟨sép, -ge-, h⟩ **1.** *Handwerk, Beruf, Amt etc* exercer; *Sport, Kunst meist* pratiquer; **2.** *Stimmrecht etc* user de; exercer; **3.** *Einfluß, Zauber, Macht, Druck, Kontrolle etc* exercer (**auf, über** [+acc] sur); *Zwang* user de; **e-e starke Wirkung auf j-n ~** produire un grand effet sur qn

'**Ausübung** *f* ⟨~⟩ *e-s Berufs etc* exercice

m; e-s Sports meist pratique *f; in* ~ *s-s Amtes* dans l'exercice de ses fonctions
'**ausufern** *v/i* ⟨-(e)re, *sép*, -ge-, sein⟩ prendre de trop grandes proportions; *Gespräch* s'étendre trop; *das ufert aus* cela dépasse la mesure
'**Ausverkauf** *m* soldes *m/pl*; (*Total*2) liquidation *f*; *etw im* ~ *kaufen* acheter qc en solde
'**ausverkaufen** *v/t* ⟨*sép, pas de ge-*, h⟩ *Ware* solder; mettre en solde; *wegen Geschäftsaufgabe etc* liquider; *Artikel ausverkauft sein* être épuisé; *an der Kinokasse etc ausverkauft* complet; *die Vorstellung ist ausverkauft* c'est complet pour la séance; *die Karten sind ausverkauft* les billets sont tous vendus; il n'y a plus de places; *vor ausverkauftem Haus spielen* jouer à bureaux fermés, devant une salle comble
'**auswachsen** ⟨*irr, sép,* -ge-⟩ **I** *v/i* ⟨sein⟩ **1.** (*keimen*) germer; **2.** F *es ist zum* 2 (*mir dir*)*!* F c'est à devenir dingue, c'est à se taper la tête contre les murs (avec toi)!; **II** *v/réfl* ⟨h⟩ *sich* ~ **3.** (*sich normalisieren*) se normaliser; se corriger; **4.** *st/s* (*größer werden*) grandir; augmenter; **5.** *sich zu etw* ~ se transformer en qc
'**Auswahl** *f* **1.** ⟨*pas de pl*⟩ (*das Auswählen*) choix *m*; sélection *f*; *die* (*freie*) ~ *haben* avoir le (libre) choix; *zur* ~ *stehen* être au choix; *e-e* ~ *treffen* faire un choix; une sélection; **2.** (*Warenangebot*) choix *m* (*an* [+*dat*]); *wenig, e-e große* ~ *haben* avoir peu de, un grand choix; *Anzüge in reicher* ~ un grand assortiment, un grand choix de costumes; **3.** *von Gedichten etc* choix *m*; sélection *f*; *e-e* ~ *von Beispielen* une sélection d'exemples; **4.** SPORT sélection *f*
'**Auswahlband** *m* volume *m* de morceaux choisis
'**auswählen** *v/t* ⟨*sép*, -ge-, h⟩ choisir (*aus, unter* [+*dat*] parmi); *Gedichte für e-e Sammlung etc a* sélectionner; *ausgewählte Werke* œuvres choisies
'**Auswahl|mannschaft** *f* SPORT équipe sélectionnée; **~möglichkeit** *f* possibilité *f* de choisir; **~spieler**(**in**) *m*(*f*) SPORT joueur, -euse *m,f* sélectionné(e); **~verfahren** *n* sélection *f*
'**auswalzen** *v/t* ⟨-(es)t, *sép*, -ge-, h⟩ **1.** TECH laminer; **2.** F *fig Erzählung etc* délayer
'**Auswanderer** *m*, '**Auswanderin** *f* émigrant(e) *m*(*f*); (*Ausgewanderte*[*r*]) émigré(e) *m*(*f*)
'**auswander**|**n** *v/i* ⟨-(e)re, *sép*, -ge-, sein⟩ émigrer (*aus* de; *nach Amerika* en Amérique); 2**ung** *f* émigration (*aus* de; *nach Amerika* en Amérique)
'**auswärtig** ['ausvɛrtɪç] *adj* (*épithète*) **1.** (*an, von e-m anderen Ort*) extérieur, étranger, -ère à la ville, *etc*; **~***e Gäste m/pl* invités *m/pl* qui n'habitent pas la ville; **2.** (*das Ausland betreffend*) étranger, -ère; *das* 2*e Amt* le ministère des Affaires étrangères
'**auswärts** *adv* **1.** (*nach außen*) vers l'extérieur; **2.** (*nicht zu Hause*) ~ *essen* ne pas déjeuner, dîner chez soi; **3.** (*nicht am Ort*) à l'extérieur; 'hors de la ville; *von* ~ de l'extérieur; ~ *wohnen, arbeiten* habiter, travailler en dehors de, à l'ex-térieur de, 'hors de la ville; SPORT ~ *spielen* jouer en déplacement; F *plais* ~ *sprechen od reden* parler une autre langue; *in e-r anderen Mundart a* avoir un autre parler; *von* ~ *kommen* venir d'ailleurs, d'une autre ville, d'une autre région
'**Auswärts**|**sieg** *m* SPORT victoire *f* en déplacement; **~spiel** *n* match *m* en déplacement
'**auswaschen** *v/t* ⟨*irr, sép*, -ge-, h⟩ **1.** *Kleidungsstück, Wunde, Tasse etc* laver; **2.** *Flecken etc* enlever, ôter (au lavage); **3.** *Ufer etc* creuser
'**auswechselbar** *adj* échangeable; (*ersetzbar*) remplaçable, *untereinander* interchangeable
'**auswechseln** ⟨-(e)le, *sép*, -ge-, h⟩ **I** *v/t* (é)changer (*gegen* contre); (*ersetzen*) remplacer (*gegen* par); SPORT remplacer; *wie ausgewechselt sein* être tout changé, transformé; **II** *v/i* SPORT faire un *bzw* des remplacement(s)
'**Auswechselspieler**(**in**) *m*(*f*) SPORT remplaçant(e) *m*(*f*)
'**Auswechs**(**e**)**lung** *f* ⟨~; ~en⟩ changement *m* (*gegen* contre); (*Ersatz*), SPORT remplacement *m* (*gegen* par)
'**Ausweg** *m* issue *f* (*aus* de); moyen *m* de se sortir (*aus* de); moyen *m* de s'en sortir; *keinen* ~ *wissen* ne pas savoir comment s'en sortir; *keinen anderen* ~ *sehen, als ...* ne pas voir d'autre issue que …; *der letzte* ~ le dernier moyen de s'en sortir; la dernière solution
'**ausweglos** *adj* sans issue; *sich in e-r* ~*en Situation befinden* se trouver dans une situation sans issue
'**Ausweglosigkeit** *f* ⟨~⟩ impossibilité *f* de trouver une issue, de s'en sortir
'**ausweichen** *v/i* ⟨*irr, sép*, -ge-, sein⟩ **1.** *im Verkehr* éviter (*j-m, e-r Sache* qn, qc); *nach der Seite, nach rechts* ~ obliquer, se ranger sur le côté, sur la droite (pour éviter qn, qc); **2.** *fig* éviter (*e-r Sache* [*dat*] qc); *e-m Schlag, Tritt etc a* esquiver (qc); *e-r Frage* a éluder (qc); *sie wichen nach dem Streit einander aus* il s'évitèrent après leur querelle; **3.** (*zurückgreifen*) *auf etw* (*acc*) ~ se rabattre sur qc
'**ausweichend** *adj Antwort* évasif, -ive
'**Ausweich**|**manöver** *n* manœuvre *f* pour éviter qn, qc; *fig* (*Ausflüchte*) dérobade *f*; échappatoire *f*; **~möglichkeit** *f* possibilité *f*, moyen *m* d'éviter qn, qc; **~strecke** *f* itinéraire *m* de remplacement; itinéraire *m* bis
'**ausweiden** *v/t* ⟨-ete, *sép*, -ge-, h⟩ vider; étriper
'**ausweinen** ⟨*sép*, -ge-, h⟩ **I** *v/t st/s s-n Kummer* ~ pleurer pour se soulager de son chagrin; **II** *v/i* finir de pleurer; **III** *v/réfl sich* ~ pleurer tout son content; pleurer toutes les larmes de son corps; *sich bei j-m* (*über j-n, etw*) ~ pleurer (sur qn, qc) auprès de qn
'**Ausweis** ['ausvaɪs] *m* ⟨~es; ~e⟩ carte *f*; (*Personal*2) carte *f* d'identité
'**ausweisen** ⟨*irr, sép*, -ge-, h⟩ **I** *v/t* **1.** *aus e-m Land* expulser; **2.** (*nachweisen, angeben*) démontrer; *die im Etat ausgewiesenen Beträge* les sommes inscrites au budget; **3.** (*erweisen, zeigen*) montrer; *sein letzter Film weist ihn als hervorragenden Regisseur aus* son dernier film le montre, le désigne comme un metteur en scène excellent; **II** *v/réfl* **4.** *sich* ~ justifier (de) son identité; montrer sa carte, ses papiers; *sich vor der Polizei nicht* ~ *können* ne pas pouvoir justifier (de) son identité à la police; **5.** *fig sich als Fachmann etc* ~ se montrer expert, *etc*; s'avérer être expert, *etc*
'**Ausweis**|**hülle** *f* porte-cartes *m*; **~kontrolle** *f* contrôle *m* d'identité
'**ausweislich** *prép* ⟨*gén*⟩ ADM selon; d'après
'**Ausweispapiere** *n/pl* papiers *m/pl* d'identité
'**Ausweisung** *f aus e-m Land* expulsion *f* (*aus* de)
'**ausweiten** ⟨-ete, *sép*, -ge-, h⟩ **I** *v/t* **1.** *Pullover etc* élargir; agrandir; **2.** *fig Produktion, Umsatz* agrandir; *a Handel* développer; *Beziehungen* étendre; développer; **II** *v/réfl sich* ~ **3.** *Pullover etc* s'élargir; s'agrandir; *Gummiband* se détendre; **4.** *Hochdruckgebiet, Ebene etc* s'élargir; **5.** *sich zu etw* ~ se transformer en qc; *das Zwischenfall weitet sich zu e-r Krise aus* l'incident dégénère en une crise
'**Ausweitung** *f* ⟨~; ~en⟩ transformation *f* (*zu* en); agrandissement *m*; extension *f*
'**auswendig** *adv* par cœur; *etw* ~ *lernen* apprendre qc par cœur
'**auswerfen** *v/t* ⟨*irr, sép*, -ge-, h⟩ **1.** *Netz, Anker* jeter; *Angel* lancer; **2.** (*ausstoßen*) *Lava etc* rejeter; TECH éjecter; *Schleim etc* cracher; **3.** *Graben etc* creuser; *Erde, Sand* rejeter; **4.** *Summen, Prämien etc* distribuer; verser; *für bestimmte Zwecke* affecter (*für* à); **5.** (*produzieren*) produire; **6.** *Posten im Rechnungsbuch* émarger; **7.** *j-m ein Auge* ~ crever un œil à qn
'**auswert**|**en** *v/t* ⟨-ete, *sép*, -ge-, h⟩ *Erfindung, Statistiken etc* exploiter; *Fragebogen etc* dépouiller; *Erfahrungen* tirer profit de; 2**ung** *f* exploitation *f*; dépouillement *m*
'**auswickeln** *v/t* ⟨-(e)le, *sép*, -ge-, h⟩ *etw* ~ défaire, enlever le papier qui enveloppe qc
'**auswiegen** *v/t* ⟨*irr, sép*, -ge-, h⟩ peser (exactement)
'**auswinden** *v/t* ⟨*irr, sép*, -ge-, h⟩ *bes südd, schweiz cf* **auswringen**
'**auswirken** *v/réfl* ⟨*sép*, -ge-, h⟩ *sich* (*auf etw, j-n*) ~ avoir des conséquences, retentir (sur qc, qn); *sich positiv, negativ* ~ avoir des conséquences positives, négatives; se répercuter positivement, négativement
'**Auswirkung** *f* ~ (*auf* [+*acc*]) (*Folge*) conséquence *f* (sur); (*Wirkung*) effet *m* (sur); (*Rückwirkung*) répercussion *f* (sur)
'**auswischen** ⟨*sép*, -ge-⟩ **I** *v/t* ⟨h⟩ **1.** *Geschriebenes* effacer; **2.** *Gläser etc* essuyer; *Staub etc* enlever; **3.** F *j-m eins* ~ F faire une vacherie à qn; **II** *v/i* ⟨sein⟩ *regional* (*entwischen*) F se sauver; F filer
'**auswringen** *v/t* ⟨*irr, sép*, -ge-, h⟩ *Wäsche* essorer
'**Auswuchs** *m* **1.** MÉD, BOT excroissance *f*; **2.** *fig meist pl* **Auswüchse** excès *m/pl*
'**auswuchten** *v/t* ⟨-ete, *sép*, -ge-, h⟩ TECH équilibrer

'**Auswurf** *m* **1.** MÉD crachat *m*; **2.** ⟨pas de pl⟩ fig péj rebut *m*; lie *f*
'**auswürfeln** *v/t* ⟨-(e)le, sép, -ge-, h⟩ *e-e Runde Bier etc* ~ jouer aux dés pour savoir qui paiera une tournée de bière, *etc*
'**auszacken** *v/t* ⟨sép, -ge-, h⟩ denteler
'**auszahlen** ⟨sép, -ge-, h⟩ **I** *v/t* **1.** *Gehalt, Erbteil etc* payer; *Rente, Versicherungssumme etc meist* verser; *etw ausgezahlt bekommen* toucher qc; **2.** *j-n* ~ payer, régler qn; *Erben, Geschäftspartner etc* désintéresser qn; **II** *v/réfl sich* ~ en valoir la peine; être payant; *das zahlt sich nicht aus* cela n'en vaut pas la peine; *Lügen zahlen sich nicht aus* mentir n'est pas payant
'**auszählen** ⟨sép, -ge-, h⟩ *v/t* **1.** (*zählen*) faire le compte de; compter; dénombrer; *bei e-r Wahl die Stimmen* ~ dépouiller le scrutin; **2.** BOXSPORT compter out; **II** *v/i bei Kinderspielen* compter
'**Auszahlung** *f* **1.** *e-r Summe* paiement *od* payement *m*; *e-r Rente etc meist* versement *m*; **2.** *e-s Erben, Geschäftspartners etc* désintéressement *m*
'**Auszählung** *f* (dé)compte *m*; dénombrement *m*; *der Stimmen bei e-r Wahl* dépouillement *m*
'**auszanken** ⟨sép, -ge-, h⟩ *regional* gronder; attraper
'**auszehr|en** *v/t* ⟨sép, -ge-, h⟩ *Person* consumer; épuiser; ⁀**ung** *f* ⟨~⟩ **1.** (*Schwächung*) épuisement *m*; **2.** MÉD phtisie *f*
'**auszeichnen** ⟨-ete, sép, -ge-, h⟩ **I** *v/t* **1.** (*ehren*) *Personen* accorder une distinction à; *mit Orden* décorer; *Film etc* décerner un prix, une récompense, une distinction à; distinguer; *der Film wurde mit dem Oscar ausgezeichnet* l'Oscar a été décerné au film; **2.** (*kennzeichnen*) *etw zeichnet j-n, etw* (*gegenüber j-m, etw*) *aus* qn, qc se distingue (de qn, qc) par qc; **3.** *Waren* marquer d'un prix; **4.** TYPO faire ressortir, mettre en évidence (par une écriture différente); **II** *v/réfl sich* ~ se distinguer (*durch* par; *unter* [*dat*] parmi; *gegenüber* de)
'**Auszeichnung** *f* **1.** distinction *f*; *mit e-m Orden etc* décoration *f*; *das war für ihn e-e besondere* ~ ce fut pour lui une distinction particulière; *die* ~ *mit dem Oscar* la remise de l'Oscar; **2.** (*Orden, Titel, Preis*) distinction *f*; (*Orden*) *a* décoration *f*; **3.** *Prüfung etc mit* ~ *etwa* avec mention « très bien »
'**Auszeit** *f* SPORT pause *f*
'**ausziehbar** *adj Tisch* à rallonges; *Bett, Sofa* dépliant; *Leiter* coulissant; *Antenne* télescopique
'**ausziehen** ⟨irr, sép, -ge-⟩ *v/t* ⟨h⟩ **1.** *Kleidung* enlever; retirer; ôter; *Person* déshabiller; dévêtir; (*sich* [*dat*]) *die Schuhe* ~ enlever ses chaussures; se déchausser; F *j-n mit den Augen* ~ déshabiller qn du regard; **2.** *Haar, Zahn, Dorn etc* arracher; **3.** *Bett, Sofa* déplier; *Leiter* faire coulisser; *Antenne* sortir; *Tisch* mettre les rallonges à; allonger; **4.** CHIM extraire; **5.** PEINT *mit Tusche* ~ passer à l'encre de Chine; *ausgezogene Linien* lignes continues; **II** *v/i* ⟨sein⟩ **6.** *in die Fremde etc* partir; *auf Abenteuer* ~ partir pour l'aventure; courir l'aventure; **7.** (*aus e-r Wohnung*) ~ déménager; **III** *v/réfl sich* ~ se déshabiller; *sich nackt* ~ se déshabiller complètement
'**Auszieh|platte** *f e-s Tisches* rallonge *f*; ⁀**tisch** *m* table *f* à rallonges
'**aus|zirkeln** *v/t* ⟨-(e)le, sép, -ge-, h⟩ fig mesurer au cordeau; ⁀**zischen** *v/t* ⟨sép, -ge-, h⟩ siffler
'**Auszubildende(r)** *f(m)* ⟨→ A⟩ ADM employé(e) *m(f)* stagiaire; *im Handwerk* apprenti(e) *m(f)*
'**Auszug** *m* **1.** *aus e-m Buch, e-r Partitur etc*, CHIM extrait *m*; *aus e-m Konto* relevé *m*; *in die Auszüge gelesen haben* avoir lu des extraits de qc; **2.** *aus e-r Wohnung* déménagement *m*; *beim* ~ en déménageant; lors du déménagement; **3.** *in die Fremde etc* sortie *f*, départ *m*; (*feierliches Hinausgehen*) sortie *f* en procession; BIBL exode *m*; **4.** *schweiz* MIL classe des recrues jusqu'à l'âge de 32 ans
'**Auszugsmehl** *n* fleur *f* de farine
'**auszugsweise** *adv* par extraits; *ein Buch* ~ *drucken* imprimer des extraits d'un livre
'**auszupfen** *v/t* ⟨sép, -ge-, h⟩ arracher; *Haare mit e-r Pinzette* épiler
autark [auˈtark] *adj* **1.** ÉCON autosuffisant; autarcique; **2.** *st/s fig* se suffisant à soi-même; indépendant
Autarkie [autarˈkiː] *f* ⟨~; ~n⟩ **1.** ÉCON autosuffisance *f*; autarcie *f*; **2.** *st/s fig* indépendance *f*
authent|isch [auˈtɛntɪʃ] *adj* authentique; ⁀**izi|tät** *st/s f* ⟨~⟩ authenticité *f*
Aut|ismus [auˈtɪsmʊs] *m* ⟨~⟩ MÉD autisme *m*; ⁀**ist(in)** *m* ⟨~en; ~en⟩ (*f*) ⟨~; ~nen⟩ autiste *m,f*; ⁀**istisch** *adj* autistique; *Kind* autiste
Auto [ˈauto] *n* ⟨~s; ~s⟩ voiture *f*; auto *f*; ~ *fahren* faire de la voiture; *Fahrer* conduire; *mit dem* ~ *nach X fahren* aller à *bzw* en X en voiture; prendre sa voiture pour aller à *bzw* en X; F *wie ein* ~ *gucken* faire des yeux ronds
'**Auto|abgase** *m/pl* gaz *m/pl* d'échappement; ⁀**atlas** *m* atlas routier
'**Autobahn** *f* autoroute *f*; ⁀**auffahrt** *f* bretelle *f* d'accès; ⁀**ausfahrt** *f* sortie *f* d'autoroute; ⁀**brücke** *f* pont *m* d'autoroute; ⁀**dreieck** *n* échangeur *m* (d'autoroute); ⁀**gebühr** *f* péage *m*; ⁀**kreuz** *n* échangeur *m* (d'autoroute); ⁀**meisterei** *f* ⟨~; ~en⟩ service *m* d'entretien de l'autoroute; ⁀**netz** *n* réseau autoroutier; ⁀**rastplatz** *m* aire *f* de repos; ⁀**raststätte** *f* restoroute *m*; relais routier sur l'autoroute; ⁀**tankstelle** *f* aire *f* de service; ⁀**zubringer** *m* voie *f* d'accès à l'autoroute
Auto|biographie *f* [autobiograˈfiː] autobiographie *f*; ⁀**bio'graphisch** *adj* autobiographique
'**Autobus** *m im Stadtverkehr* autobus *m*; (*Reisebus*) autocar *m*
Autocar [ˈautokaːr] *m* ⟨~s; ~s⟩ *schweiz* autocar *m*
Autodidakt(in) [autodiˈdakt(ɪn)] *m* ⟨~en; ~en⟩ (*f*) ⟨~; ~nen⟩ autodidacte *m,f*
autodi'daktisch *adj* **I** *adj* autodidacte; **II** *adv sich* (*dat*) *etw* ~ *aneignen* acquérir, apprendre qc par soi-même, en autodidacte
Autodrom [autoˈdroːm] *n* ⟨~s; ~e⟩ **1.** (*Motodrom*) autodrome *m*; **2.** *österr für Autoskooter* piste *f* d'autos tamponneuses
'**Autofähre** *f* bac *m* (à voitures); (*Fährschiff*) car-ferry *m*
'**Autofahren** *n Tätigkeit des Autofahrers* conduite *f* automobile; *das* ~ *nicht vertragen* (*können*) ne pas (pouvoir) supporter la voiture
'**Auto|fahrer(in)** *m(f)* automobiliste *m,f*; ⁀**fahrergruß** F plais *m* geste du doigt sur la tempe que fait un automobiliste pour montrer son mécontentement; ⁀**fahrt** *f* voyage *m*, promenade *f* en voiture
Autofokus [ˈautofoːkʊs] *m* PHOT système *m* autofocus; mise *f* au point automatique
'**autofrei** *adj Ort, Tag etc* où la circulation automobile est interdite
'**Auto|friedhof** *m* cimetière *m* de voitures; ⁀**gas** *n* G.P.L. *m* (gaz pétrole liquide)
autogen [autoˈgeːn] **I** *adj* TECH, PSYCH autogène; ⁀**es Training** training *m* autogène; **II** *adv* ~ *schweißen* souder à l'autogène
Autogramm [autoˈgram] *n* ⟨~s; ~e⟩ autographe *m*; ⁀**jäger** F *m* chasseur *m* d'autographes
Autograph [autoˈgraːf] *n* ⟨~s; ~e(n)⟩ (lettre *f*, écrit *m*) autographe *m*; ⁀**isch** *adj* autographique
'**Auto|händler(in)** *m(f)* marchand(e) *m(f)* de voitures; ⁀**hof** *m* gare routière; ⁀**karte** *f* carte routière; ⁀**kino** *n* drive-in *m*; ⁀**knacker** F *m* F roulottier *m*; ⁀**kolonne** *f* file *f* de voitures; MIL convoi *m* automobile
Autokra|t [autoˈkraːt] *m* ⟨~en; ~en⟩ autocrate *m*; ⁀**tie** *f* ⟨~; ~n⟩ autocratie *f*; ⁀**tisch** *adj* autocratique
'**Auto|marder** F *m* F roulottier *m*; voleur *m* à la roulotte; ⁀**marke** *f* marque *f* d'automobile
Automat [autoˈmaːt] *m* ⟨~en; ~en⟩ (*Verkaufs*⁀) distributeur *m* (automatique); (*selbsttätiger Apparat*) automate *m*; (*Spiel*⁀) machine *f* à sous; (*Musik*⁀) juke box *m*
Auto'maten|knacker F *m* arg casseur *m* de distributeurs automatiques; ⁀**restaurant** *n* restaurant *m* à distributeurs de plats
Auto'matik *f* ⟨~; ~en⟩ TECH **1.** *Vorrichtung* dispositif *m* automatique; automatisme *m*; *ein Auto mit* ~ une voiture automatique; *e-e Kamera mit* ~ un appareil photo (à sélection) automatique; **2.** ⟨pas de pl⟩ *Vorgang* fonctionnement *m* automatique
Auto'matik|getriebe *n* AUTO boîte *f* (de vitesses) automatique; ⁀**gurt** *m* ceinture *f* de sécurité à enrouleur
Automati'on *f* ⟨~⟩ automation *f*
auto'matisch **I** *adj* automatique; ⁀**e Schußwaffe** arme à feu automatique; **II** *adv a fig* automatiquement; ~ *gesteuerte Maschine* machine à commande automatique; F fig *der Antrag wird* ~ *weitergeleitet* la demande sera transmise automatiquement
automati'sier|en *v/t* ⟨pas de ge-, h⟩ automatiser; ⁀**ung** *f* ⟨~; ~en⟩ automatisation *f*
Auto'ma'tismus *m* ⟨~; -men⟩ TECH, MÉD, PSYCH, BIOL automatisme *m*

'**Automechaniker** *m* mécanicien *m* de voitures, automobile; F mécanicien *m* auto

'**Autominute** *f* **zehn ~n** dix minutes de *od* en voiture

Automobil [aʊtomoˈbiːl] *st/s n* ⟨~s; ~e⟩ automobile *f*; **~ausstellung** *f* exposition *f* automobile; salon *m* de l'automobile; **~bau** *m* ⟨~(e)s⟩ construction *f* automobile; **~industrie** *f* industrie *f* automobile

Automobi'list *m* ⟨~en; ~en⟩ *bes schweiz* automobiliste *m*

Automo'bilklub *m* club *m* automobile; automobile-club *m*

autonom [aʊtoˈnoːm] *adj* autonome

Autonomie [aʊtonoˈmiː] *f* ⟨~; ~n⟩ autonomie *f*; **~bestrebungen** *f/pl* aspirations *f/pl* à l'autonomie

'**Auto|nummer** *f* numéro *m* d'immatriculation, minéralogique; **~papiere** *n/pl* papiers *m/pl* de (la) voiture

Autopilot [ˈaʊtopiloːt] *m* AVIAT pilote *m* automatique

Autopsie [aʊtɔpˈsiː] *f* ⟨~; ~n⟩ MÉD autopsie *f*

Autor [ˈaʊtɔr] *m* ⟨~s; -ˈtoren⟩ auteur *m*

'**Auto|radio** *n* autoradio *m*; **~reifen** *m* pneu *m* de voiture; **~reisezug** *m* train *m* auto-couchettes

Au'toren|exemplar *n* exemplaire *m* d'auteur; **~film** *m* film *m* d'auteur

'**Auto|rennen** *n* course *f* automobile; **~reparatur** *f* réparation *f* d'une voiture *bzw* de voitures; **~werkstatt** *f* garage *m*

Au'torin *f* ⟨~; ~nen⟩ auteur *m*

autori'sieren *v/t* ⟨*pas de ge-*, h⟩ autoriser (*etw zu tun* à faire qc); *e-e autorisierte Übersetzung* une traduction autorisée par l'auteur

autoritär [aʊtoriˈtɛːr] *adj* autoritaire

Autori'tät *f* ⟨~; ~en⟩ *a Person* autorité *f*; *sich (dat)* **~ verschaffen** imposer son autorité; *als* **~ gelten** faire autorité; *er ist e-e* **~ auf diesem Gebiet** c'est une autorité dans ce domaine

autori'tätsgläubig *adj* crédule envers l'autorité; qui croit aveuglément à l'autorité; **~keit** *f* crédulité *f* envers l'autorité; foi *f* aveugle en l'autorité

'**Autor|korrektur** *f* correction *f* de l'auteur; **~schaft** *f* ⟨~⟩ paternité *f* littéraire

'**Auto|salon** *m* salon *m* de l'automobile; **~schalter** *m* guichet *m* pour automobilistes; **~schlange** *f* file *f* de voitures; **~schlosser** *m cf* **Automechaniker**; **~schlüssel** *m* clé *f* de voiture; **~skooter** *m* auto tamponneuse; **~sport** *m* sport *m* automobile; automobilisme *m*

'**Autostopp** *m* ⟨~s⟩ auto-stop *m*; *per* **~ reisen** voyager en auto-stop; faire de l'auto-stop

'**Autostrich** F *m* ⟨~(e)s⟩ racolage *m* des automobilistes

'**Autostunde** *f* **zwei ~n** deux heures de *od* en voiture

Autosuggestion [aʊtozʊgɛstiˈoːn] *f* autosuggestion *f*

'**Auto|telefon** *n* téléphone *m* de voiture; radiotéléphone *m*; **~transporter** *m* camion transporteur de voitures; **~tür** *f* portière *f*

Autotypie [aʊtotyˈpiː] *f* ⟨~; ~n⟩ TYPO similigravure *f*

'**Auto|unfall** *m* accident *m* de voiture; **~verkehr** *m* circulation *f*, trafic *m* automobile; **~verleih** *m*, **~vermietung** *f* location *f* de voitures; **~versicherung** *f* assurance *f* automobile; **~waschanlage** *f*, **~waschstraße** *f* lavage *m* automatique de voitures; **~werkstatt** *f* garage *m*; **~wrack** *n* épave *f* d'une voiture; voiture-épave *f*; **~zubehör** *n* accessoires *m/pl* d'automobile

autsch [aʊtʃ] F *int* aïe!; ouille!

auweh [aʊˈveː] *int* **1.** *bei Schmerz* aïe! **2.** *bei Unangenehmem, Bedauern etc* oh, mon Dieu!; oh, là là!

auwei(a) [aʊˈvaɪ̯(a)] F *int* aïe, aïe, aïe!; oh, là là!

Aval [aˈval] *m od n* ⟨~s; ~e⟩ COMM aval *m*

Avance [aˈvãːsə] *f* ⟨~; ~n⟩ *j-m* **~n machen** faire des avances à qn

avancieren [avãˈsiːrən] *st/s v/i* ⟨*pas de ge-*, sein⟩ *zu etw* **~** passer qc; MIL, *Dienstrang a* être élevé au rang de qc; *Dinge* devenir qc

Avantgarde [avãˈgardə] *f* avant-garde *f*

Avantgar'dist *m* ⟨~en; ~en⟩ avant-gardiste *m*; **~isch** *adj* avant-gardiste; d'avant-garde

AvD [aːfaʊˈdeː] *m* ⟨~⟩ *abr* (*Automobilclub von Deutschland*) automobile-club *m* d'Allemagne

Ave-Maria [ˈaːvemaˈriːa] *n* ⟨~(s); ~(s)⟩ CATH Ave Maria *m*

Aversion [avɛrziˈoːn] *f* ⟨~; ~en⟩ aversion *f*; *e-e* **~ gegen etw, j-n haben** avoir de l'aversion pour *od* contre qc, qn

avisieren [aviˈziːrən] *v/t* ⟨*pas de ge-*, h⟩ (*j-m*) *etw* **~** aviser (qn) de qc; notifier qc (à qn)

Avocado [avoˈkaːdo] *f* ⟨~; ~s⟩ avocat *m*

Axel[1] [ˈaksəl] *m* ⟨→ *n/pr*⟩ prénom

'**Axel**[2] *m* ⟨~s; ~⟩ SPORT axel *m*

axial [aksiˈaːl] *adj* axial; **~verschiebung** *f* déplacement axial

Axiom [aksiˈoːm] *n* ⟨~s; ~e⟩ axiome *m*

Axt [akst] *f* ⟨~; ≈e⟩ hache *f*; *prov* *die* **~ im Haus erspart den Zimmermann** le bon bricoleur se passe de l'artisan

'**Axthieb** *m* coup *m* de hache

Az., **AZ** *abr* (*Aktenzeichen*) réf. (référence)

a. Z. *abr* (*auf Zeit*) temporaire(ment)

Azalee [atsaˈleːə], **Azalie** [aˈtsaːli̯ə] *f* ⟨~; ~n⟩ BOT azalée *f*

Aze'tat *n cf* **Acetat**

Azoren [aˈtsoːrən] *pl* *die* **~** les Açores *f/pl*

A'zorenhoch *n* MÉTÉO anticyclone *m* des Açores

Azteke [atsˈteːkə] *m* ⟨~n; ~n⟩ Aztèque *m*

Az'tekenreich *n* empire *m* des Aztèques

Azubi [aˈtsuːbi *ou* ˈaˌtsubi] F *m* ⟨~s; ~s⟩ *u f* ⟨~; ~s⟩ employé(e) *m(f)* stagiaire; *im Handwerk* apprenti(e) *m(f)*

Azur [aˈtsuːr] *poét m* ⟨~s⟩ *litt* azur *m*

a'zurblau, *poét* **a'zurn** *adj* (bleu) d'azur; azuré

azyklisch [ˈatsyːklɪʃ] *adj* acyclique

B

B, b [be:] *n* ⟨~; ~⟩ **1.** *Buchstabe* B, b *m*; **2.** *MUS Ton* si *m* bémol; *Erniedrigungszeichen* bémol *m*; **3.** *bei Haus-, Absatz-, Artikelnummern* ter

B *f* ⟨~⟩ *abr* (*Bundesstraße*) route fédérale; R.N. *f* (route nationale)

BA [be:ˀa:] *f* ⟨~⟩ *abr* (*Bundesanstalt für Arbeit*) Office fédéral du travail

BAB [be:ˀa:'be:] *f* ⟨~⟩ *abr* (*Bundesautobahn*) autoroute fédérale

baba [ba'ba], **bäbä** [bɛ'bɛ] *enf adj das ist ~* c'est caca

babbeln ['babəln] F *regional v/t u v/i* ⟨-(e)le, h⟩ *Kleinkind* babiller; (*schwatzen*) bavarder; papoter

Babel ['ba:bəl] *n* **1.** ⟨→ *n/pr*⟩ *BIBL* Babel; *der Turm zu ~* la tour de Babel; **2.** ⟨~s; ~⟩ *fig* (*Sünden*⟨2⟩) lieu *m* de perdition; (*vielsprachiger Ort*) tour *f* de Babel

Baby ['be:bi] *n* ⟨~s; ~s⟩ bébé *m*; poupon *m*; *ein ~ erwarten* attendre un bébé; *sich wie ein ~ benehmen* faire le bébé

Baby|artikel *m* article *m* pour bébés; **~ausstattung** *f* layette *f*; **~boom** *m* baby-boom *m*; (forte) augmentation de la natalité; explosion *f* des naissances

Baby|doll ['be:bidɔl] *n* ⟨~s; ~s⟩ baby doll *m*; **~jahr** *n* année *f* de maternité (*prise en compte pour l'assurance-vieillesse*)

Babylon ['ba:bylɔn] *n* ⟨→ *n/pr*⟩ *HIST* Babylone *f*

baby'lonisch *adj* babylonien, -ienne

Baby|nahrung *f* aliments *m/pl* pour bébés; **~pute** *f* dindonneau *m*; **⟨2⟩sitten** *v/i* (*seulement inf*) faire du baby-sitting; **~sitter(in)** *m* ⟨~s; ~⟩ (*f*) ⟨~; ~nen⟩ baby-sitter *m,f*; **~speck** F *plais m* rondeurs *f/pl* de bébé, d'adolescent(e); **~strich** F *m* prostitution *f* des mineur(e)s; **~wäsche** *f* layette *f*; **~zelle** *f* petite pile électrique

Bacchant|in [ba'xantɪn] *f* ⟨~; ~nen⟩ *MYTH* bacchante *f*; **⟨2⟩isch** *st/s adj* bachique; *fig* orgiaque

Bacchus ['baxʊs] *m* ⟨→ *n/pr*⟩ *MYTH* Bacchus *m*

Bach [bax] *m* ⟨-(e)s; ⁓e⟩ ruisseau *m*; F *fig den ~ runtergehen* courir à un échec; s'en aller en fumée; tomber à l'eau

Bachbett *n* lit *m* d'un *bzw* du ruisseau

Bache ['baxə] *f* ⟨~; ~n⟩ *ZO* laie *f*

Bachforelle *f* truite *f* de rivière

Bächlein ['bɛçlaɪn] *n* ⟨~s; ~⟩ ruisselet *m*; petit ruisseau *m*; *enf ein ~ machen enf* faire pipi

Bachstelze *f* ⟨~; ~n⟩ *ZO* bergeronnette *f*

Backblech *n* plaque *f* à pâtisserie, de four

Backbord ['bakbɔrt] *n* ⟨~(e)s; ~e⟩ *MAR* bâbord *m*

Backe ['bakə] *f* ⟨~; ~n⟩ **1.** (*Wange*) joue *f*; *e-e dicke ~ haben* avoir la joue enflée; F *au ~! erstaunt* F bigre!; *unangenehm überrascht* F mince, zut (alors)!; **2.** F (*Gesäß*⟨2⟩) fesse *f*; **3.** *TECH e-r Bremse, am Schraubstock etc* mâchoire *f*

backen¹ ['bakən] ⟨backt *ou* bäckt, backte *ou* buk, gebacken, h⟩ **I** *v/t Brot, Kuchen etc* faire cuire; *Fisch* faire frire; **II** *v/i im Backofen* cuire (au four)

'backen² *v/i* ⟨backt, backte, gebackt, h⟩ *regional* (*kleben*) coller (*an* [+*dat*] à)

'Backen|bart *m* favoris *m/pl*; **~knochen** *m* (os *m* de la) pommette *f*; **~streich** *st/s m litt* soufflet *m*; **~tasche** *f ZO* abajoue *f*

'Backenzahn *m* molaire *f*; *hinterer od großer ~* grosse molaire; *vorderer od kleiner ~* prémolaire *f*

Bäcker(in) ['bɛkər(ɪn)] *m* ⟨~s; ~⟩ (*f*) ⟨~; ~nen⟩ boulanger, -ère *m,f*; (*Fein*⟨2⟩) pâtissier, -ière *m,f*

'Backerbsen *f/pl* petites boules de pâte (*utilisées comme garniture de soupe*)

Bäcke'rei *f* ⟨~; ~en⟩ boulangerie *f*; (*Fein*⟨2⟩) pâtisserie *f*

'Bäcker|geselle *m* garçon *m* boulanger; mitron *m*; **~handwerk** *n* métier *m* de boulanger; **~laden** *m cf Bäckerei*; **~lehrling** *m* apprenti *m* boulanger; **~meister** *m* (maître *m*) boulanger *m*

'Bäckersfrau *f* boulangère *f*

'backfertig *adj* prêt à mettre au four

'Backfisch *m* **1.** *CUIS* poisson frit, pané *m*; **2.** *fig* adolescente *f*; *plais* jouvencelle *f*; **~alter** *n* âge ingrat

'Back|form *f* moule *m* à pâtisserie; *für Tortenböden* moule *m* à tarte; **~hähnchen** *n*, *österr* **~hendl** *n* poulet pané; **~hefe** *f* levure *f* de boulanger; **~obst** *n* fruits séchés, secs; **~ofen** *m* four *m*

'Backpfeife *f regional* gifle *f*; claque *f*

'Back|pflaume *f* pruneau *m*; **~pulver** *n* levure *f* chimique; **~rezept** *n* recette *f* de pâtisserie; **~rohr** *n südd, österr,* **~röhre** *f* four *m*; **~stein** *m CONSTR* brique *f*; **~steinbau** *m* ⟨~(e)s; ~ten⟩ construction *f* en briques; **~stube** *f* fournil *m*

bäckt [bɛkt] *cf* **backen¹**

'Back|trog *m* pétrin *m*; **~waren** *f/pl* produits *m/pl* de boulangerie

Bad [ba:t] *n* ⟨~(e)s; ⁓er⟩ **1.** bain *m* (*a MÉD, CHIM, TECH*); (*Baden*) *a* baignade *f*; *medizinisches ~* bain médical; *ein ~ einlassen, nehmen* faire couler, prendre un bain; *fig ein ~ in der Menge (nehmen)* (prendre) un bain de foule; **2.** (*Badezimmer*) salle *f* de bain; **3.** (*Schwimm*⟨2⟩) piscine *f*; **4.** (*Badeort*) (ville *f* d'eaux *f/pl*); station thermale, *an der See* balnéaire

'Bade|anstalt *f* piscine *f*; **~anzug** *m* maillot *m* de bain; **~arzt** *m* médecin *m* (dans une station thermale); **~gast** *m e-r Badekur* curiste *m,f*; *e-s Schwimmbads* usager *m*; *am Strand* baigneur, -euse *m,f*; **~haube** *f cf Badekappe*; **~hose** *f* caleçon *m*, slip *m* de bain; **~kappe** *f* bonnet *m* de bain; **~kur** *f* cure thermale, *an der See* balnéaire; **~mantel** *m* peignoir *m* (de bain); **~matte** *f* tapis *m* de bain; **~meister** *m* maître *m* nageur; **~mütze** *f cf Badekappe*

'baden ⟨-ete, h⟩ **I** *v/t* baigner; *in e-r Wanne* faire prendre un bain à; **II** *v/i* se baigner; *in e-r Wanne* prendre un bain; *~ gehen* aller se baigner; F *fig* (*mit e-m Projekt etc*) *~ gehen* se planter, se casser la figure (dans un projet, *etc*); *in Schweiß gebadet* en nage; trempé de sueur; **⟨2⟩ verboten** baignade interdite; **III** *v/réfl sich ~* se baigner; *in e-r Wanne* prendre un bain

Baden ['ba:dən] *n* ⟨→ *n/pr*⟩ *GÉOGR* le (pays de) Bade

'Badener(in), F *od péj* **Ba'denser(in)** *m* ⟨~s; ~⟩ (*f*) ⟨~; ~nen⟩ Badois(e) *m(f)*

ba'densisch F *od péj adj* badois

Baden-'Württemberg *n* ⟨→ *n/pr*⟩ le Bade-Wurtemberg

'Bade|ofen *m* chauffe-bain *m*; chauffe-eau *m*; **~ort** *m* station thermale, *an der See* balnéaire; **~sachen** *f/pl* affaires *f/pl* de bain *bzw* de piscine; **~saison** *f* saison *f* des baignades; **~salz** *n* sel *m* de bain; **~strand** *m* plage *f*; **~tasche** *f* sac *m* de plage; **~tuch** *n* ⟨~(e)s; -tücher⟩ serviette *f*, *großes* drap *m* de bain; **~wanne** *f* baignoire *f*; **~wasser** *n* eau *f* du bain; **~zeit** *f* **1.** (*vorgeschriebene Dauer e-s Bads*) durée *f* du bain; **2.** *cf Badesaison*; **3.** *im Kurort* heure *f* du bain, des bains; **~zeug** F *n cf Badesachen*; **~zimmer** *n* salle *f* de bains; **~zusatz** *m* produit *m* pour le bain

'badisch *adj* badois

Badminton ['bɛtmɪntən] *n* ⟨~⟩ badminton *m*

baff [baf] F *adj ~ sein* F être baba, sidéré, estomaqué

BAföG, Bafög ['ba:fœk] *n* ⟨~⟩ *abr cf Bundesausbildungsförderungsgesetz*; F *sie bekommt (500 Mark) ~* elle a une bourse (de 500 marks par mois)

Bagage [ba'ga:ʒə] F *f* ⟨~⟩ (*Gesindel*) racaille *f*; canaille *f*

Baga'telldelikt *n JUR* affaire *f* de simple police

Bagatell|e [baga'tɛlə] *f* ⟨~; ~n⟩ bagatel-

le *f*; vétille *f*; broutille *f*; ⚬**i'sieren** *v/t* ⟨*pas de ge-*, h⟩ minimiser
Baga'tell|sache *f* affaire mineure; **~schaden** *m* dommage insignifiant, de peu d'importance
Bagger ['bagər] *m* ⟨~s; ~⟩ excavatrice *f*; *großer* excavateur *m*; (*Schwimm*⚬) drague *f*; **~führer** *m* conducteur *m* d'une excavatrice, *etc*; **~loch** *n* **1.** excavation *f*; **2.** *cf* **Baggersee**
'**baggern** *v/t u v/i* ⟨-(e)re, h⟩ **1.** excaver; *MAR* draguer; **2.** F fig für *Liebesabenteuer* F draguer
'**Baggersee** *m* lac artificiel formé dans une gravière
bah [ba:] *int* F pouah!
bäh [bɛ:] *int* **1.** *bei Schafen* bê!; **2.** *Ekel* F pouah!, berk *od* beurk!; *Schadenfreude* tralala!; **~, reingefallen!** bien fait!
Baha'maer(in) *m* ⟨~s; ~⟩ (*f*) ⟨~; ~nen⟩ Bahamien, -ienne *m,f*
baha'maisch *adj* bahamien, -ienne; des Bahamas
Bahamas [ba'ha:mas] *pl* ⟨→ *n/pr*⟩ *die ~* les (îles *f/pl*) Bahamas *f/pl*
Bahn [ba:n] *f* ⟨~; ~en⟩ **1.** *EISENBAHN* System, Schienenweg chemin *m* de fer; (*Zug*) train *m*; (*~linie*) ligne *f* (de chemin de fer); F (*Bahnhof*) gare *f*; *mit der ~ fahren* prendre le train; voyager par le train; **2.** *SPORT* piste *f*; *einzelne* couloir *m*; **3.** *e-s Geschosses* trajectoire *f*, *ASTR*, *NUCL* orbite *f*; **4.** (*Weg*) chemin *m*; voie *f*; *freie ~ haben* avoir le champ libre; *sich* (*dat*) *~ brechen* se faire jour; (*sich durchsetzen*) s'imposer; *fig aus der ~ geworfen werden* avoir son existence bouleversée; *fig auf die schiefe ~ geraten* être sur une mauvaise pente; s'écarter du droit chemin; *fig etw in die richtige ~ lenken* remettre qc sur les rails; **5.** (*Stoff*⚬, *Tapeten*⚬) lé *m*; *e-s Rocks etc* a panneau *m*
'**Bahn|arbeiter** *m* cheminot *m*; **~beamte(r)** *m* agent *m* des chemins de fer; ⚬**brechend** *adj* novateur, -trice; **~brecher(in)** *m* ⟨~s; ~⟩ (*f*) ⟨~; ~nen⟩ pionnier, -ière *m,f*; innovateur, -trice *m,f*; **~bus** *m* autocar *m* des chemins de fer; **~damm** *m* remblai *m*
'**bahnen** *v/t* ⟨h⟩ *Weg etc* frayer; ouvrir; tracer; *sich* (*dat*) *e-n Weg durchs Gedränge ~* se frayer un chemin à travers la foule; fendre la foule
'**Bahn|fahrt** *f* voyage *m* (en train); **~gleis** *n* voie *f*; rails *m/pl*
'**Bahnhof** *m* gare *f*; station *f*; F *fig ein großer ~* un comité d'accueil nombreux; F *fig j-m e-n großen ~ bereiten* accueillir qn en grande pompe; F *fig ich verstehe* (*immer*) *nur ~* F je n'y pige que dalle
'**Bahnhofs|buchhandlung** *f* librairie *f* (d'une gare); **~halle** *f* 'hall *m* (d'une gare); **~mission** *f* centre *m* d'accueil (d'une gare); **~restaurant** *n* restaurant *m* de la gare; **~viertel** *n* quartier *m* de la gare; **~vorsteher** *m* chef *m* de gare
'**Bahn|körper** *m* assiette *f* de la voie ferrée; ⚬**lagernd** *adj* en (dépôt à la) gare; gare restante; **~linie** *f* ligne *f* de chemin de fer; voie ferrée; **~polizei** *f* police *f* des chemins de fer; **~post** *f* poste ambulante; **~reise** *f* voyage *m* (en train); **~schranke** *f* barrière *f* (du passage à niveau); **~station** *f* station *f* (de chemin de fer); **~steig** *m* quai *m*; **~strek-**

ke *f* (tronçon *m* d'une) ligne *f* de chemin de fer; **~überführung** *f* passage supérieur; **~übergang** *m* passage *m* à niveau; **~unterführung** *f* passage inférieur; **~verbindung** *f* liaison *f* ferroviaire; **~wärter** *m* garde-voie *m*; (*Schrankenwärter*) garde-barrière *m*; **~wärterhäuschen** *n* maison *f* de garde-barrière
Bahrain [ba'raɪn] *n* ⟨→ *n/pr*⟩ le Bahreïn; **~er(in)** *m* ⟨~s; ~⟩ (*f*) ⟨~; ~nen⟩ Bahreïnite *m,f*; ⚬**isch** *adj* bahreïnite
Bahre ['ba:rə] *f* ⟨~; ~n⟩ civière *f*; *für Kranke a* brancard *m*
Baiser [bɛ'ze:] *n* ⟨~s; ~s⟩ *CUIS* meringue *f*
Baisse ['bɛ:sə] *f* ⟨~; ~n⟩ *ÉCON* baisse *f*
Bajazzo [ba'jatso] *m* ⟨~s; ~s⟩ paillasse *m*
Bajonett [bajo'nɛt] *n* ⟨~(e)s; ~e⟩ baïonnette *f*; *mit aufgepflanztem ~* baïonnette au canon
Bajo'nettverschluß *m* *TECH* fixation *f*, *e-r Glühbirne* douille *f* (à) baïonnette
Bajuwar|e [baju'va:rə] *m* ⟨~n; ~n⟩ plais *cf* **Bayer**, ⚬**isch** plais *cf* **bayrisch**
Bake ['ba:kə] *f* ⟨~; ~n⟩ balise *f*
Bakelit [bake'li:t *ou* -'lɪt] *n* ⟨~s⟩ *Wz* bakélite *f* (*nom déposé*)
Bakkarat ['bakara(t)] *n* ⟨~s⟩ baccara *m*
Bakschisch ['bakʃɪʃ] *n* ⟨~(e)s; ~e⟩ bakchich *m*
Bakter|ie [bak'te:riə] *f* ⟨~; ~n⟩ microbe *m*; *sc* bactérie *f*; ⚬**i'ell** *adj* microbien, -ienne; bactérien, -ienne
Bakterio|loge [~'lo:gə] *m* ⟨~n; ~n⟩, **~'login** *f* ⟨~; ~nen⟩ bactériologiste *m,f*, **~lo'gie** *f* ⟨~⟩ bactériologie *f*; ⚬**'logisch** *adj* bactériologique
bakterizid [bakteri'tsi:t] *adj* bactéricide
Balalaika [bala'laɪka] *f* ⟨~; ~s *ou* -ken⟩ *MUS* balalaïka *f*
Balance [ba'lã:s(ə)] *f* ⟨~; ~n⟩ équilibre *m*; *die ~ halten*, *verlieren* maintenir, perdre l'équilibre
Ba'lanceakt *m* numéro *m* d'équilibre
balan'cieren ⟨*pas de ge-*⟩ **I** *v/t* tenir en équilibre; **II** *v/i* ⟨sein⟩ se (main)tenir en équilibre; *über etw* (*acc*) *~* marcher en équilibre sur qc
Balan'cierstange *f* balancier *m*
bald [balt] *adv* **1.** ⟨*eher*, *eheste*⟩ (*in kurzer Zeit*) bientôt; prochainement; sous peu; *~ darauf* peu après; *etw ~ tun* ne pas tarder à faire qc; *er ist ~ sechzig Jahre alt* il approche de la soixantaine; *er wird nicht so ~ od so ~ nicht wiederkommen* il ne reviendra pas de si tôt *od* de sitôt; *so ~ wie möglich* le plus tôt possible; dès que possible; F *bist du ~ fertig?* wartend tu es prêt, prête?; *vorwurfsvoll* F alors, c'est pour bientôt?; *bis ~!* bientôt!; F *wird's ~?* F alors, ça vient?; **2.** F (*fast*) presque; *ich wäre ~ gefallen* a j'ai failli tomber; *ich hätte ~ geweint* a pour un peu, j'aurais pleuré; **3.** *st/s ~ ..., ~ ...* tantôt ... tantôt ...; **4.** (*schnell*) *zehn Tage gehen ~ vorüber* dix jours, c'est vite passé
Baldachin ['baldaxi:n] *m* ⟨~s; ~e⟩ baldaquin *m*; dais *m*
Bälde ['bɛldə] *st/s*, *ADM* **in ~** prochainement
'**baldig** *adj* ⟨*épithète*⟩ prochain; proche
'**baldigst** *adv* très prochainement
'**bald'möglichst** *adv* dans les meilleurs délais; au plus tôt

Baldrian ['baldria:n] *m* ⟨~s; ~e⟩ valériane *f*; **~tropfen** *m/pl* teinture *f* de valériane
Balearen [bale'a:rən] *pl* ⟨→ *n/pr*⟩ *die ~* les Baléares *f/pl*
Balg[1] [balk] *m* ⟨~(e)s; ⚬e⟩ **1.** *von Tieren*, *fig* peau *f*; **2.** *e-r Orgel etc* soufflet *m*
Balg[2] *n* meist péj *n od m* ⟨~(e)s; ⚬er⟩ F môme *m,f*; F moutard *m*; F péj morveux, -euse *m,f*
balg|en ['balgən] *v/réfl* ⟨h⟩ *sich ~* se bagarrer; se colleter; ⚬**e'rei** *f* ⟨~; ~en⟩ bagarre *f*
Balkan ['balka:n] *m* ⟨→ *n/pr*⟩ *der ~* Gebirge le mont Balkan; *Halbinsel* les Balkans *m/pl*
'**Balkan|halbinsel** *f* péninsule *f* balkanique, des Balkans; **~staaten** *m/pl* États *m/pl* balkaniques
Balken ['balkən] *m* ⟨~s; ~⟩ **1.** *ARCH*, *SPORT* poutre *f*; (*Decken*⚬) solive *f*; *fig lügen, daß sich die ~ biegen* mentir comme un arracheur de dents; **2.** *e-r Waage* fléau *m*; **3.** *MUS* barre *f*
'**Balken|decke** *f* plafond *m* à solives; **~überschrift** *f* manchette *f*; titre *m* en gros caractères; **~waage** *f* balance *f* à fléau
Balkon [bal'kɔŋ *ou* -'ko:n] *m* ⟨~s; ~s [-'kɔŋs] *ou* ~e [-'ko:nə]⟩ *ARCH* balcon *m* (*a THÉ, KINO*)
Bal'konien F *plais n* ⟨→ *n/pr*⟩ le balcon (*comme lieu de vacances*)
Bal'kon|pflanze *f* plante *f* de balcon; **~tür** *f* porte-fenêtre *f* (donnant sur le balcon)
Ball[1] [bal] *m* ⟨~(e)s; ⚬e⟩ (*Tanzfest*) bal *m*; *auf den ~ gehen* aller au bal
Ball[2] *m* ⟨~(e)s; ⚬e⟩ (*Tennis*⚬, *Tischtennis*⚬ *etc*) balle *f*; *meist größerer* ballon *m*; (*Schnee*⚬ *etc*) boule *f*; *~ spielen* jouer à la balle, au ballon; F *fig er ist am ~* la balle est dans son camp; *am ~ bleiben* coller au ballon; F *fig* F s'accrocher; *fig sich* (*dat*) *die Bälle zuspielen od zuwerfen* se renvoyer la balle
ballaballa [bala'bala] F *adj* ⟨*attribut*⟩ zinzin; F toc-toc
'**Ballabend** *m* soirée *f* dansante
'**Ballabgabe** *f SPORT* passe *f*
Ballade [ba'la:də] *f* ⟨~; ~n⟩ ballade *f*
Ballast ['balast *ou* ba'last] *m* ⟨~(e)s; ~e⟩ **1.** *AVIAT*, *MAR* lest *m*; **~ abwerfen** lâcher, jeter du lest; **2.** *fig* choses *f/pl* inutiles; fatras *m*; *als Gepäck* bagage *m* inutile
Bal'laststoffe *m/pl in Nahrungsmitteln* fibres *f/pl*
Bällchen ['bɛlçən] *n* ⟨~s; ~⟩ (petite) balle *f*; *CUIS*, *aus Papier etc* boulette *f*
'**ballen** ⟨h⟩ *v/t die Fäuste ~* serrer, fermer les poings; *fig geballte Energie etc* énergie, *etc* concentrée; **II** *v/réfl sich ~* s'accumuler
'**Ballen** *m* ⟨~s; ~⟩ **1.** *COMM* (*Packen*) balle *f*; ballot *m*; (*Stoff*⚬) pièce *f*; rouleau *f*; **2.** *ANAT cf* **Handballen**, **Fußballen**; **3.** *ZO* coussinet *m*
Balle'rei F *f* ⟨~; ~en⟩ pétarade *f*
Ballerina [balə'ri:na] *f* ⟨~; -nen⟩ ballerine *f*
'**Ballermann** F *m* ⟨~(e)s; -männer⟩ pétard *m*; F flingue *m*
ballern ['balərn] F *v/i* ⟨-(e)re, h⟩ (*schießen*) tirer des coups de feu; F *j-m e-e ~* F envoyer une beigne, une torgnole à qn

Ballett – Banküberfall

Ballett [ba'lɛt] n ⟨~(e)s; ~e⟩ ballet m; **beim ~ sein** être danseur, danseuse de ballet
Bal'lettabend m soirée f de ballet
Bal'lettänzer(in) m(f) danseur, -euse m,f de ballet
Bal'lett|korps n corps m de ballet; **~meister** m maître m de ballet; **~ratte** F fig plais f petit rat (de l'Opéra); **~röckchen** n tutu m; **~schuh** m chausson m de danse; **~schule** f école f de danse classique; **~schülerin** f élève f de danse classique; **~truppe** f (compagnie f de) ballet m
'Ballführung f ⟨~⟩ accompagnement m du ballon, de la balle
Ballist|ik [ba'lɪstɪk] f ⟨~⟩ balistique f; ²**isch** adj (épithète) balistique
'Balljunge m ramasseur m de balles
'Ballkleid n robe f de bal
Ballon [ba'lɔŋ ou -'loːn] m ⟨~s; ~s [-'lɔŋs] ou ~e [-'loːnə]⟩ **1.** AVIAT ballon m; aérostat m; **2.** CHIM ballon m; **3.** (Luft²) ballon m; **~ärmel** m COUT manche f gigot; **~fahrer(in)** m(f) aéronaute m,f; **~fahrt** f voyage m en ballon; **~mütze** f casquette f gavroche; **~reifen** m AUTO pneu m ballon; **~seide** f soie f pour ballons
'Ballsaal m salle f de bal, de danse
'Ball|spiel n jeu m de balle, de ballon; **~technik** f technique f du ballon, de la balle
'Ballung f ⟨~; ~en⟩ agglomération f; fig concentration f
'Ballungs|gebiet n, **~raum** m agglomération urbaine; sc conurbation f; **~zentrum** n grand centre économique, industriel
'Ballwechsel m échange m de balles
Balsam ['balzaːm] m ⟨~s; ~e⟩ baume m
bal'samisch adj balsamique; (duftend) embaumé
Balt|e m ⟨~n; ~n⟩, **~in** f ⟨~; ~nen⟩ Balte m,f
Baltikum ['baltikʊm] ⟨→ n/pr⟩ **das ~** les pays baltes m/pl
'baltisch adj baltique
Balustrade [balʊs'traːdə] f ⟨~; ~n⟩ balustrade f
Balz [balts] f ⟨~; ~en⟩ pariade f
'balzen v/i ⟨-(es)t, h⟩ **1.** ZO faire la parade (nuptiale); **2.** fig plais faire la roue
'Balzzeit f pariade f
Bambus ['bambʊs] m ⟨~ ou ~ses; ~se⟩ bambou m; **~rohr** n bambou m; **~sprossen** f/pl pousses f/pl de bambou; **~stock** m canne f de bambou
Bammel ['baməl] F m ⟨~s⟩ F trouille f; F frousse f; (Lampenfieber) trac m; (vor etw, j-m) **~ haben** avoir une peur bleue de qc, qn
banal [ba'naːl] adj banal; **~isieren** v/t ⟨pas de ge-, h⟩ banaliser; ²**i'tät** f ⟨~; ~en⟩ banalité f; platitude f
Banane [ba'naːnə] f ⟨~; ~n⟩ Frucht banane f; Pflanze bananier m
Ba'nanen|dampfer m bananier m; **~republik** f péj république bananière; **~schale** f peau f de banane; **~split** n ⟨~(s); ~s⟩ CUIS banana split m; **~staude** f bananier m, bananière; **~stecker** m ÉLECT fiche f banane
Banause [ba'naʊzə] m ⟨~n; ~n⟩ péj béotien, -ienne m,f
band [bant] cf **binden**
Band¹ [bant] n ⟨~(e)s; ~er⟩ **1.** ruban m;

(a TECH, RAD); (Schnur) cordon m; **zum Zusammenbinden** lien m; **das ~ der Ehrenlegion** le ruban de la Légion d'honneur; **2.** ANAT tendon m; **3.** (Ton²) bande f (magnétique); **4.** (Fließ²) chaîne f; (Förder²) bande transporteuse; fig **am laufenden ~** sans arrêt; sans interruption; continuellement; **5.** st/s ⟨pl ~e⟩ **die ~e (der Freundschaft** etc) les liens m/pl (de l'amitié, etc); **zarte ~e knüpfen** nouer de tendres liens
Band² m ⟨~(e)s; ~e⟩ volume m; e-s Werkes a tome m; fig **das spricht Bände** ça en dit long; voilà qui est éloquent!
Band³ [bɛnt] f ⟨~; ~s⟩ orchestre m; (Beat², Rock² etc) groupe m
Bandage [ban'daːʒə] f ⟨~; ~n⟩ bandage m; fig **mit harten ~ kämpfen** mener une lutte sans pitié
banda'gieren v/t ⟨pas de ge-, h⟩ bander
'Bandaufnahme f enregistrement m sur bande (magnétique)
'Bandbreite f **1.** RAD (largeur f de) bande f; **2.** fig gamme f; **ein Warenangebot von erstaunlicher ~** une gamme étonnante d'articles, de produits
Bande¹ ['bandə] f ⟨~; ~n⟩ (Verbrecher² etc) a fig bande f
'Bande² f ⟨~; ~n⟩ PHYS, BILLARD bande f; SPORT bord m; bordure f
'Banden|führer(in) m(f) chef m, meneur m de bande; **~krieg** m lutte f de bandes rivales; **~wesen** n ⟨~s⟩ banditisme m
Banderole [bandə'roːlə] f ⟨~; ~n⟩ **1.** (Steuer²) etwa vignette f (sur un paquet de cigarettes); **2.** (Papierband) bande f
Bänder|riß ['bɛndərɪs] m MÉD déchirure f d'un tendon; **~zerrung** f MÉD élongation f d'un tendon
'Band|förderer m TECH transporteur m à courroie; bande transporteuse; **~geschwindigkeit** f vitesse f d'une bzw de la bande
bändig|en ['bɛndɪgən] v/t ⟨h⟩ Tiere dompter; apprivoiser; Kind calmer; fig Leidenschaften etc maîtriser; (zügeln) od réfréner; ²**ung** f ⟨~; ~en⟩ domptage m; apprivoisement m; fig maîtrise f
Bandit [ban'diːt] m ⟨~en; ~en⟩ bandit m; brigand m; F fig **einarmiger ~** machine f à sous
Bandleader ['bɛntliːdər] m ⟨~s; ~⟩ chef m d'un bzw du groupe (de jazz, de rock)
'Band|maß n TECH mètre m à ruban; COUT centimètre m; **~nudeln** f/pl nouilles (plates)
Bandoneon [ban'doːneɔn] n ⟨~s; ~s⟩ MUS bandonéon m
'Band|säge f scie f à ruban; **~scheibe** f ANAT disque intervertébral; **~scheibenschaden** m MÉD lésion discale; **~scheibenvorfall** m MÉD 'hernie discale; **~wurm** m ténia m; ver m solitaire
bang(e) ['baŋ(ə)] adj ⟨banger ou bänger, bangste ou bängste⟩ inquiet; **~e Tage verbringen** vivre des jours d'angoisse; **in ~er Erwartung** dans une attente inquiète; **mir ist ~** j'ai peur (vor [+dat] de) **j-m** od **j-n ~ machen** faire peur à qn
'Bange f ⟨~⟩ regional peur f; (nur) **keine ~!** n'aie bzw n'ayez pas peur!
'bangen st/s v/i ⟨h⟩ craindre, trembler (um pour); **um j-s Schicksal ~** être

inquiet sur le sort de qn; **mir bangt vor der Prüfung** j'appréhende l'examen
Bangladesch [baŋglaˈdɛʃ] n ⟨→ n/pr⟩ le Bangladesh; **~er(in)** m ⟨~s; ~⟩ (f) ⟨~; ~nen⟩ Bangladais(e) m(f); Bangladeshi m,f; ²**isch** adj bangladais; du Bangladesh
Banjo ['banjo] n ⟨~s; ~s⟩ MUS banjo m
Bank¹ [baŋk] f ⟨~; ~e⟩ **1.** zum Sitzen banc m; gepolsterte banquette f; F fig **etw auf die lange ~ schieben** remettre qc à plus tard; repousser qc; F (fig) **durch die ~** (ohne Ausnahme) (tous, toutes) sans exception; (ohne Unterschied) sans (faire de) distinction; **2.** (Werk²) établi m; (Fleisch²) étal m; **3.** GÉOL banc m
Bank² f ⟨~; ~en⟩ (Geldinstitut, Spiel²) banque f; **ein Konto auf der ~ haben** avoir un compte bancaire, en banque
'Bank|angestellte(r) f(m) employé(e) m(f) de banque; **~anweisung** f assignation f, chèque m bancaire; **~auskunft** f renseignement m bancaire; **~automat** m distributeur m (automatique) de billets; **~direktor(in)** m(f) directeur m de la banque
Bänkelsänger ['bɛŋkəlzɛŋər] m HIST chanteur m des rues
Banker ['bɛŋkər] F m ⟨~s; ~⟩ banquier m; financier m
Bankett¹ [baŋ'kɛt] n ⟨~(e)s; ~e⟩ (Festmahl) banquet m; dîner m de gala
Ban'kett² n ⟨~(e)s; ~e⟩, **Ban'kette** f ⟨~; ~n⟩ STRASSENBAU accotement m; banquette f
'Bankfach n **1.** Branche **im ~ tätig sein** travailler dans le secteur bancaire; **2.** (Bankschließfach) coffre m (bancaire)
'Bank|filiale f agence f, succursale f d'une banque; **~geheimnis** n secret m d'une banque; **~geschäft** n opération f, transaction f bancaire; **~guthaben** n avoir(s) m(pl), dépôt m en banque; **~halter** m beim Glücksspiel banquier m
Bankier [baŋ'kie:] m ⟨~s; ~⟩ banquier m
'Bank|institut n établissement m bancaire; **~kaufmann** m, **~kauffrau** f employé(e) m(f) de banque diplômé(e); **~konto** n compte m en banque; **~kredit** m crédit m bancaire; **~lehre** f formation f des employés de banque; **~leitzahl** f code m établissement bancaire; code m banque
'Banknachbar(in) m(f) voisin(e) m(f) de banc
'Banknote f billet m de banque
Bankomat [baŋko'maːt] m ⟨~en; ~en⟩ cf **Bankautomat**
'Bank|raub m 'hold-up m (d'une banque); **~räuber** m auteur m bzw d'un 'hold-up m (d'une banque); F braqueur m
bankrott [baŋ'krɔt] adj en faillite; **~ sein** être en faillite; fig être aux abois; **~ gehen** faire faillite, a banqueroute
Bank'rott m ⟨~(e)s; ~e⟩ faillite f; banqueroute f; **~ machen** faire faillite, banqueroute
Bank'rotterklärung f déclaration f de faillite
Bankrot'teur m ⟨~s; ~e⟩ failli m; banqueroutier m
'Bank|scheck m chèque m bancaire; **~schließfach** n coffre m (bancaire); **~tresor** m chambre forte (d'une banque); **~überfall** m 'hold-up m, attaque f à main armée, F braquage m (d'une

892

banque); **~überweisung** f virement m bancaire; **~verbindung** f coordonnées f/pl bancaires; *in Frankreich etwa* RIB m; **~verkehr** m opérations f/pl, transactions f/pl bancaires; **~vollmacht** f procuration f, pouvoir m bancaire
'**Bankwesen** n ⟨~s⟩ système m bancaire; *das ~ oft* les banques f/pl
Bann [ban] m ⟨(e)s; ~e⟩ **1.** HIST ban m; kirchlicher anathème m; *mit dem ~ belegen* frapper d'anathème; **2.** st/s fig charme m, fascination f; envoûtement m; *in j-s* (dat) *stehen, in j-s ~* (acc) *geraten* être, tomber sous le charme de qn; *j-n in s-n ~ schlagen* envoûter, fasciner, charmer, ensorceler qn; *der ~ ist gebrochen* le charme est rompu
'**Bannbulle** f HIST bulle f d'excommunication
'**bannen** v/t ⟨h⟩ **1.** HIST frapper d'anathème; **2.** fig envoûter; charmer; ensorceler; *Gefahr, Geister* conjurer; *Zuhörer a* tenir sous son charme; *wie gebannt* subjugué; fasciné
'**Banner** ['banər] n ⟨~s; ~⟩ bannière f; étendard m; *das ~ der Freiheit* l'étendard de la liberté
'**Bannerträger** m porte-bannière m; porte-étendard m
'**Bann|fluch** m HIST anathème m; **~kreis** st/s m sphère f d'influence; **~meile** f zone f de protection autour d'un édifice gouvernemental, etc; HIST banlieue f
Bantamgewicht ['bantamgəvıçt] n, **~ler** m ⟨~s; ~⟩ SPORT poids m coq
Bantu ['bantu] m ⟨~(s); ~(s)⟩ Bantou m
Baptist(in) [bap'tıst(ın)] m ⟨~en; ~en⟩ (f) ⟨~; ~nen⟩ REL baptiste m,f
bap'tistisch adj REL baptiste
bar [ba:r] **I** adj (épithète) **1.** COMM comptant; **2.** (rein) véritable; *Unsinn etc* pur; **3.** st/s (bloß) nu; **~ aller Mittel sein** être dépourvu de tout argent; **II** adv (au) comptant; *in ~* (sofort, nicht in Raten) (au) comptant; (nicht als Scheck, Kreditkarte) en espèces; **Verkauf nur gegen ~** nous n'acceptons pas les chèques, les cartes de crédit, etc; F *~ auf die Hand* od *Kralle* F cash; rubis sur l'ongle
Bar[1] [ba:r] f ⟨~; ~s⟩ **1.** (Ausschank, Theke) bar m; **2.** (Nachtlokal) boîte f de nuit
Bar[2] n ⟨~s; ~s, mais 5 ~⟩ MÉTÉO bar m
Bär [bɛ:r] m ⟨~en; ~en⟩ **1.** ZO ours m; F fig *j-m e-n ~en aufbinden* monter un bateau à qn; F *stark sein wie ein ~* être fort comme un Turc, F un bœuf; *Hunger haben wie ein ~* avoir une faim de loup; **2.** ASTR *der Große, Kleine ~* la Grande, Petite Ourse
Baracke [ba'rakə] f ⟨~; ~n⟩ a fig péj baraque f; *pl* **~n** baraquement m
Barbad|ier(in) [bar'ba:diər(ın)] m ⟨~s; ~⟩ (f) ⟨~; ~nen⟩ Barbadien, -ienne m,f; **~isch** adj barbadien, -ienne
Barbados [bar'ba:dɔs] n ⟨→ n/pr⟩ la Barbade
Barbar(in) [bar'ba:r(ın)] m ⟨~en; ~en⟩ (f) ⟨~; ~nen⟩ barbare m,f
Barbara ['barbara] f ⟨→ n/pr⟩ Barbara f; *die Heilige ~* sainte Barbe
Barba'rei f ⟨~; ~en⟩ barbarie f
Bar'bar|entum n ⟨~(e)s⟩ barbarie f; **~isch** adj barbare
Barbarossa [barba'rɔsa] m ⟨→ n/pr⟩ HIST Barberousse m

Barbe ['barbə] f ⟨~; ~n⟩ ZO barbeau m
'**bärbeißig** adj bougon, -onne; bourru; rébarbatif, -ive; *er ist ~ a* c'est un ours mal léché
Bärbel ['bɛrbəl] cf **Barbara**
'**Bar|bestand** m montant m de la caisse; encaisse f; **~betrag** m montant m en espèces; **~bezüge** m/pl rémunération f, rétribution f en espèces
Barbier [bar'bi:r] litt m ⟨~s; ~e⟩ barbier m
Barbiturat [barbitu'ra:t] n ⟨~; ~e⟩ PHARM barbiturique m
'**barbusig I** adj aux seins nus; **II** adv les seins nus
'**Bardame** f barmaid f
Barde ['bardə] m ⟨~n; ~n⟩ HIST barde m
'**Bärendienst** m *j-m e-n ~ erweisen* rendre un mauvais service à qn
'**Bärenfell** n peau f d'ours
'**Bärenhaut** f F fig *auf der ~ liegen* F tirer sa flemme
'**Bären|hunger** F m faim f de loup; **~jagd** f chasse f à l'ours
'**Bären'kräfte** F f/pl *~ haben* être fort comme un Turc, F un bœuf
'**bären'stark** F adj **1.** (sehr stark) fort comme un Turc, F un bœuf; **2.** (toll, super) F super; F giga
'**Bärentatze** f patte f d'ours
Barett [ba'rɛt] n ⟨~(e)s; ~e⟩ *der Professoren* bonnet carré; *der Geistlichen* barrette f; *der Richter* toque f
'**Barfrau** f barmaid f
'**barfuß** adj (attribut) u adv nu-pieds; pieds nus
barfüßig ['ba:rfy:sıç] adj u adv cf **barfuß**
barg [bark] cf **bergen**
'**Bargeld** n ⟨~(e)s⟩ espèces f/pl; argent m liquide; numéraire m
'**bargeldlos** adj u adv par virement; **~er Zahlungsverkehr** transactions f/pl en virement
'**Bar|geldverkehr** m opérations f/pl, transactions f/pl en espèces; **~geschäft** n opération f, marché m au comptant
barhäuptig ['ba:rhɔyptıç] st/s adj u adv nu-tête; tête nue
'**Barhocker** m tabouret m de bar
'**Bärin** f ⟨~; ~nen⟩ ourse f
Bariton ['ba:ritɔn] m ⟨~s; ~e⟩ *Stimme, Sänger* baryton m
Barium ['ba:riʊm] n ⟨~s⟩ CHIM baryum m
Barkarole [barka'ro:lə] f ⟨~; ~n⟩ MUS barcarolle f
Barkasse [bar'kasə] f ⟨~; ~n⟩ MAR barcasse f
'**Barkauf** m achat m (au) comptant
Barke ['barkə] f ⟨~; ~n⟩ barque f
'**Barkeeper** ['ba:rki:pər] m ⟨~s; ~⟩ barman m
Bärlapp ['bɛ:rlap] m ⟨~s; ~e⟩ BOT lycopode m; pied m de loup
barmherzig [barm'hɛrtsıç] st/s adj miséricordieux, -ieuse; charitable; **~er Gott** od *Himmel!* (Dieu de) miséricorde!
Barm'herzigkeit st/s f ⟨~⟩ miséricorde f; charité f; *aus ~* par charité; *~ üben* faire la charité
'**Barmixer** m barman m
barock [ba'rɔk] adj a fig baroque
Ba'rock m ⟨~(s)⟩ baroque m; **~kirche** f église f baroque; **~kunst** f art m baroque; **~stil** m style m baroque
Barometer [baro'me:tər] n ⟨~s; ~⟩ baromètre m; *das ~ steht auf verän-*

derlich, auf Regen le baromètre est au variable, à la pluie; fig *das ~ steht auf Sturm* il y a de l'orage dans l'air
Baro'meterstand m hauteur f barométrique
Baron(in) [ba'ro:n(ın)] m ⟨~s; ~e⟩ (f) ⟨~; ~nen⟩ baron, -onne m,f
Baroneß, Baronesse [baro'nɛs(ə)] f ⟨~; -essen⟩ fille f d'un baron; *die ~ X* Mademoiselle de X
Barras ['baras] F m ⟨~⟩ F régiment m; *beim ~ sein* F être au régiment
Barrel ['bɛrəl] n ⟨~s; ~s, mais 5 ~⟩ baril m
Barren ['barən] m ⟨~s; ~⟩ **1.** *aus Edelmetall* lingot m; barre f; **2.** SPORT barres f/pl parallèles; **~gold** n or m en barre, en lingot
Barriere [bari'e:rə] f ⟨~; ~n⟩ barrière f
Barrikade [bari'ka:də] f ⟨~; ~n⟩ barricade f; F fig *auf die ~n gehen* monter au créneau; se battre (*für etw* pour qc)
barsch [barʃ] **I** adj brusque; brutal, rude; **II** adv brusquement; rudement; **~ abweisen** rabrouer; *j-n ~ anfahren* rudoyer qn
Barsch [barʃ] m ⟨~(e)s; ~e⟩ ZO perche f
'**Bar|schaft** f ⟨~; ~en⟩ argent m liquide; **~scheck** m chèque non barré, au porteur
'**Barschheit** f ⟨~⟩ rudesse f; brusquerie f
'**Barsortiment** n centre m de distribution (de livres)
barst [barst] cf **bersten**
Bart [ba:rt] m ⟨~(e)s; ~e⟩ **1.** barbe f; (Oberlippen2) moustache f; *e-n ~ haben* porter la barbe; *mit ~* barbu; *sich* (dat) *e-n ~ stehen, wachsen lassen* se laisser pousser la barbe; fig *etw in s-n ~ brummen, murmeln* grommeler, marmonner qc (entre ses dents); fig *j-m um den ~ gehen* passer de la pommade à qn; F emboîner qn; F fig *der ~ ist ab* (*dafür ist es zu spät*) c'est trop tard; (*es ist aus*) c'est fini; (*jetzt ist es genug*) F la plaisanterie a assez duré; F ça commence à bien faire; F fig *das hat so einen ~* F c'est archiconnu; *plais beim ~ des Propheten!* F croix de bois, croix de fer (si je mens, je vais en enfer); *beim ~e des Propheten schwören* jurer ses grands dieux; **2.** *e-r Katze etc* moustaches f/pl; *e-r Ziege* barbe f; **3.** *e-s Schlüssels* panneton m
'**Bartbinde** f fixe-moustache m
Barte ['bartə] f ⟨~; ~n⟩ *beim Wal* fanon m
Bartel ['bartəl] m ⟨~s; ~⟩, '**Bartfaden** m *bei Fischen* barbillon m
'**Bart|flechte** f **1.** MÉD sycosis m; **2.** BOT usnée barbue; **~haar** n poil m de barbe
Bartholomäusnacht [bartolo'mɛ:usnaxt] f HIST (nuit f, massacre m de) la Saint-Barthélemy
bärtig ['bɛ:rtıç] adj barbu
'**bartlos** adj sans barbe; *(noch) ~* imberbe
'**Bart|stoppeln** f/pl poils m/pl de la barbe; **~träger** m barbu m
'**Bartwuchs** m barbe f; *starker ~* barbe dure
'**Bar|verkehr** m opérations f/pl au comptant; **~vermögen** n fonds m, capital m de roulement; valeurs f/pl disponibles
Baryt [ba'ry:t] m ⟨~(e)s; ~e⟩ CHIM baryte f

'**Barzahlung** f paiement m au comptant, en espèces; *bei* ~ en cas de paiement au comptant; *gegen* ~ payable au comptant
Basalt [ba'zalt] m ⟨~(e)s; ~e⟩ basalte m
Basaltemperatur [ba'za:ltɛmpəratu:r] f MÉD température f de base
Basar [ba'za:r] m ⟨~s; ~e⟩ **1.** *im Orient* bazar m; **2.** *zu Wohltätigkeitszwecken* vente f de charité, de bienfaisance
Base[1] ['ba:zə] st/s, regional f ⟨~; ~n⟩ (*Kusine*) cousine f
Base[2] f ⟨~; ~n⟩ CHIM base f
Baseball ['be:sbɔ:l] m ⟨~s⟩ Spiel base-ball m
Basedow ['ba:zədo] m ⟨~s⟩, ~**sche Krankheit** f maladie f de Basedow
Basel ['ba:zəl] n ⟨↔ n/pr⟩ Bâle
BASIC ['be:zɪk] n ⟨~s⟩ INFORM basic m
ba'sieren v/i ⟨*pas de ge, h*⟩ *auf* (*dat*) ~ reposer, s'appuyer sur qc; *der Film basiert auf e-m authentischen Ereignis* le film s'inspire d'un fait authentique
Basilika [ba'zi:lika] f ⟨~; -ken⟩ basilique f
Basilikum [ba'zi:likum] n ⟨~s⟩ BOT basilic m
Basilisk [bazi'lɪsk] m ⟨~en; ~en⟩ MYTH, ZO basilic m
Basis ['ba:zɪs] f ⟨~; Basen⟩ a fig base f; CONSTR a socle m
'**basisch** adj CHIM basique
'**Basis**|**demokratie** f démocratie directe; ~**gruppe** f groupe m de base
Baske ['baskə] m ⟨~n; ~n⟩ Basque m
'**Baskenland** *das* ~ le Pays basque
'**Baskenmütze** f béret m basque
Basketball ['basketbal] m **1.** ⟨*pas de pl*⟩ Spiel basket(-ball) m; **2.** Ball ballon m de basket; ~**spieler(in)** m(f) basketteur, -euse m,f
Baskin f ⟨~; ~nen⟩ Basque f
'**baskisch** adj basque
Basrelief ['barelief] n SCULP bas-relief m
baß [bas] st/s adv ~ **erstaunt** très étonné
Baß [bas] m ⟨Basses; Bässe⟩ **1.** *Stimme, Person, Partie* basse f; **2.** *Instrument* contrebasse f; **3.** *im Lautsprecher, bei Instrumenten pl die Bässe* les basses f/pl
'**Baß**|**bariton** m basse-taille f; basse chantante; ~**geige** f contrebasse f
Bassin [ba'sɛ̃:] n ⟨~s; ~s⟩ bassin m
Bas'sist m ⟨~en; ~en⟩ **1.** (*Baßsänger*) basse f; **2.** (*Baßspieler*) contrebassiste m; *Gitarrist* guitariste m basse
'**Baß**|**saxophon** n saxophone m basse; ~**schlüssel** m MUS clef f de fa; ~**stimme** f (voix f de) basse f
Bast [bast] m ⟨~(e)s; ~e⟩ **1.** BOT liber m; *zum Flechten etc* raphia m; *Gewebe* rabane f; **2.** JAGD peau f qui couvre les bois de velours
basta ['basta] F int suffit!; assez!; *und damit* ~! un point, c'est tout!
Bastard ['bastart] m ⟨~s; ~e⟩ **1.** HIST bâtard m; **2.** BIOL hybride m; *Hund* bâtard m; **3.** *Schimpfwort du* ~! F espèce de salaud!
Baste'lei f ⟨~; ~en⟩ bricolage m
basteln ['bastəln] v/t u v/i ⟨-(e)le, h⟩ bricoler; *an etw* (*dat*) ~ bricoler qc
Bastion [basti'o:n] f ⟨~; ~en⟩ FORTIF, *fig* bastion m
'**Bastler(in)** m ⟨~s; ~⟩, f ⟨~; ~nen⟩ bricoleur, -euse m,f

'**Bast**|**matte** f natte f de raphia; ~**rock** m jupe f de raphia
bat [ba:t] cf **bitten**
BAT [be:?a:'te:] m ⟨~⟩ abr cf **Bundesangestelltentarif**
Bat. abr (*Bataillon*) bataillon
Bataillon [batal'jo:n] n ⟨~s; ~e⟩ bataillon m
Batail'lonskommandeur m chef m de bataillon
Batik ['ba:tɪk] m ⟨~s; ~en⟩ od f ⟨~; ~en⟩ *Verfahren, Stoff* batik m
'**batiken** ⟨h⟩ **I** v/t faire en batik; batiker; **II** v/i faire du batik
Batist [ba'tɪst] m ⟨~(e)s; ~e⟩ batiste f
Batterie [batə'ri:] f ⟨~; ~n⟩ **1.** MIL batterie f; **2.** ÉLECT pile f; **3.** TECH, PHYS *von Geräten* batterie f; AUTO batterie f (d'accumulateurs); **4.** F fig (*Reihe*) batterie f, série f, rangée f; ~**betrieb** m ⟨~(e)s⟩ alimentation f par (une) batterie; *bei Uhr, Kassettenrecorder* fonctionnement m sur piles; ⚲**betrieben** adj alimenté par (une) batterie; *Uhr, Kassettenrecorder* qui fonctionne sur piles; ~**gerät** n appareil m à pile(s); ~**huhn** n poulet m d'élevage intensif; ~**ladegerät** n chargeur m d'accumulateurs
Batzen ['batsən] F m ⟨~s; ~⟩ (*Klumpen*) masse f; morceau m; *ein* (**hübscher**) ~ *Geld* une somme coquette, rondelette
Bau [bau] m ⟨~(e)s; ~ten *ou* ~e⟩ **1.** ⟨*pas de pl*⟩ (*Errichtung*) *e-s Hauses etc* construction f; *im* ~ *sein, sich im* ~ *befinden* être en construction; **2.** ⟨*pl* ~ten⟩ (*Gebäude*) construction f; bâtiment m; édifice m; **3.** ⟨*pas de pl*⟩ (*Auf*⚲) *e-s Dramas, Atoms, Körpers etc* structure f; (*Körper*⚲ *etc*) a constitution f; **4.** ⟨*pas de pl*⟩ (~**stelle**) chantier m; *auf dem* ~ *arbeiten, vom* ~ *sein* travailler dans le bâtiment; **5.** ⟨*pl* ~e⟩ (*Tier*⚲) terrier m; (*Fuchs*⚲) tanière f; (*Biber*⚲) a 'hutte f; F fig *nicht aus dem* ~ *gehen* ne pas mettre le nez dehors; **6.** F ⟨*pl* ~e⟩ (*Gefängnis*) F trou m; *drei Tage* ~ *bekommen* F avoir trois jours au trou
'**Bau**|**abschnitt** m partie f, zeitlich phase f de la construction; ~**amt** n cf **Bauaufsichtsamt**; ~**antrag** m demande f d'un permis de construire
'**Bauarbeiten** f/pl travaux m/pl de construction; (*Straßenarbeiten*) travaux m/pl; *Straße wegen* ~ *gesperrt* barré à, pour cause de travaux
'**Bau**|**arbeiter** m ouvrier m du bâtiment; ~**art** f type m, genre m de construction; ~**aufsicht** f surveillance f des travaux
'**Bauaufsichts**|**amt** n, ~**behörde** f in Frankreich environ direction départementale de l'Équipement
'**Bau**|**beginn** m mise f en chantier; ~**biologie** f biologie f de l'habitat; ~**boom** m boom m de la construction; ~**bude** f baraque f; ~**büro** n bureau m de construction
Bauch [baux] m ⟨~(e)s; ~e⟩ **1.** ventre m; (*Unterleib*) abdomen m; *e-n* ~ *bekommen, haben* prendre, avoir du ventre; F *sich* (*dat*) *den* ~ *vollschlagen* F s'empiffrer; F s'en mettre plein la lampe, la panse; F *sich* (*dat*) (*vor Lachen*) *den* ~ *halten* se tenir les côtes; F rire à ventre déboutonné; *prov ein voller* ~ *studiert nicht gern prov* après repas étude ne va; F *vor j-m auf dem* ~

liegen être à plat ventre devant qn; ramper devant qn; F fig (*mit etw*) *auf den* ~ *fallen* F se casser les dents (sur qc); F fig *aus dem hohlen* ~ au pied levé; F (**noch**) *nichts im* ~ *haben* n'avoir encore rien mangé; F *e-e Wut im* ~ *haben* bouillir de colère; **2.** *e-s Schiffes, e-r Flasche* ventre m; *e-s Fasses* bouge m; **3.** CUIS poitrine f
'**Bauch**|**ansatz** m début m de ventre; ~**atmung** f respiration abdominale; ~**binde** f **1.** MÉD ceinture f (orthopédique); **2.** F *e-r Zigarre* bague f; *e-s Buches* bandeau m; ~**decke** f ANAT paroi abdominale; ~**fell** n ANAT péritoine m; ~**fellentzündung** f péritonite f; ~**fleisch** n CUIS poitrine f; ~**gegend** f région abdominale; ~**höhle** f cavité abdominale; ~**höhlenschwangerschaft** f grossesse extra-utérine
'**bauchig** adj ventru, bombé; renflé
'**Bauch**|**klatscher** F m ⟨~s; ~⟩ *beim Schwimmen* plat m; ~**kneifen** F n (légers) maux de ventre; ~**laden** m éventaire m; ~**lage** f position f sur le ventre
'**Bauchlandung** F f AVIAT atterrissage m sur le ventre; crash m; *e-e* ~ *machen* a se poser sur le ventre; *plais Mensch* F ramasser une bûche, une veste
bäuchlings ['bɔyçlɪŋs] adv à plat ventre
'**Bauchmuskel** m muscle abdominal; pl ~n a (muscles) abdominaux m/pl
'**Bauchmuskulatur** f abdominaux m/pl; *die* ~ *trainieren* faire des abdominaux
'**Bauch**|**nabel** m nombril m; ⚲**reden** v/i ⟨-ete, *les temps simples ne s'emploient pas dans une principale;* h⟩ être ventriloque; ~**redner(in)** m(f) ventriloque m,f
'**Bauchschmerzen** m/pl mal m de ventre; *heftige* a coliques f/pl; *ich habe* ~ j'ai mal au ventre
'**Bauch**|**schuß** m coup m de feu, balle f dans le ventre; ~**speck** m **1.** CUIS lard m de poitrine; **2.** F plais F brioche f; ~**speicheldrüse** f pancréas m; ~**stück** n CUIS morceau m de poitrine; ~**tanz** m danse f du ventre; ~**tänzerin** f danseuse orientale; ~**umfang** m tour m de ventre
'**Bauchung** f ⟨~; ~en⟩ convexité f; arrondi m
'**Bauchweh** F n ⟨~s⟩ cf **Bauchschmerzen**
'**Bau**|**denkmal** n monument (public); ~**element** n **1.** *e-s Fertighauses* élément préfabriqué; *pl* ~**e** préfabriqué m; **2.** *e-s elektrischen Gerätes* composant m électronique
'**bauen** ⟨h⟩ **I** v/t **1.** construire; bâtir; *sein Nest* ~ faire son nid; F (*machen*) *s-n Doktor* ~ F faire son doctorat; *e-n Unfall* ~ F faire un accident; **3.** *Person kräftig gebaut* de forte constitution; *athletisch gebaut* taillé en athlète; *gut gebaut sein Frau* être bien faite, F bien balancée; F plais *so wie du gebaut bist* tel que je te connais; **II** v/i (*sich ein Haus* ~*lassen*) faire construire; *selbst* bâtir, construire une maison; *an etw* (*dat*) ~ travailler à la construction de qc; *am Haus wird noch gebaut* la maison est encore en construction; fig *auf etw, j-n* ~ compter sur qc, qn; **III** v/réfl *sich* (*dat*) *ein Haus* ~ faire construire, bâtir; *selbst* bâtir, construire une maison

Bauer¹ ['bauər] *m* ⟨~n; ~n⟩ **1.** (*Landwirt*) paysan *m*; *mit Hof meist* fermier *m*; F *prov* **die dümmsten ~n haben die dicksten Kartoffeln** *prov* aux innocents les mains pleines; F *prov* **was der ~ nicht kennt, (das) frißt er nicht** on se méfie de ce qu'on ne connaît pas; **2.** F *péj* (*ungehobelter Mensch*) F plouc *m*; F péquenot *m*; **3.** *beim Schachspiel* pion *m*; *beim Kartenspiel* valet *m*
Bauer² *n od m* ⟨~s; ~⟩ (*Vogelkäfig*) cage *f*
Bäuerchen ['bɔyərçən] *enf n* ⟨~s; ~⟩ rot *m*; (*ein*) ~ **machen** faire son rot
Bäuerin ['bɔyərɪn] *f* ⟨~; ~nen⟩ paysanne *f*; *mit Hof meist* fermière *f*; **²lich** *adj* paysan, -anne; de(s) paysan(s)
'**Bauern**|**aufstand** *m* révolte *f* de(s) paysans; HIST *in Frankreich* jacquerie *f*; **~brot** *n* pain *m* de campagne; **~bursche** *m* jeune paysan *m*; **~dorf** *n* (vrai) village; **~fänger** F *péj m* ⟨~s; ~⟩ charlatan *m*; F arnaqueur *m*; **~fänge'rei** F *péj f* ⟨~; ~en⟩ attrape-nigaud(s) *m*(*pl*); F arnaque *f*; **~frühstück** *n* CUIS omelette *f* aux pommes de terre et au lard; **~haus** *n* (corps *m* de) ferme *f*; **~hochzeit** *f* noce *f* de village, villageoise
'**Bauernhof** *m* ferme *f*; **Ferien** *pl* **auf dem ~** vacances *f/pl* à la ferme
'**Bauern**|**junge** *m* jeune paysan *m*; (*Bauernsohn*) fils *m* de fermiers, de paysans; **~kalender** *m* almanach *m*
'**Bauernkrieg** *m* HIST révolte *f* des paysans; **der ~, pl die ~e** la guerre des Paysans
'**Bauern**|**lümmel** F *péj m* F jeune bouseux *m*; **~mädchen** *n* jeune paysanne *f*; **~möbel** *n*/*pl* meubles *m*/*pl* rustiques; **~opfer** *n beim Schachspiel* pion sacrifié; *fig, bes* POL éviction *d'un employé subalterne, etc pour conserver le poste d'un 'haut fonctionnaire, etc*; **~partei** *f* parti paysan; **~regel** *f* dicton *m* populaire; **²schlau** *adj* finaud */st/s* matois, */st/s* madré; **~schläue** *f* finasserie *f*; ruse *f* de paysan; roublardise *f*; **~sohn** *m* fils *m* de fermiers, de paysans; **~stand** *m* ⟨~(e)s⟩ paysannerie *f*; paysans *m*/*pl*; **~stube** *f* **1.** *in e-m Bauernhaus* salle *f* (de ferme); **2.** *in bäuerlichem Stil* salle *f* rustique; **~tochter** *f* fille *f* de fermiers, de paysans; **~tum** *n* ⟨~s⟩ paysannerie *f*
'**Bauers**|**frau** *f* paysanne *f*; **~leute** *pl* paysans *m*/*pl*
'**Bau**|**erwartungsland** *n* ⟨~(e)s⟩ ADM zone *f* urbanisable; **~fach** *n* ⟨~(e)s⟩ bâtiment *m*
'**baufällig** *adj* délabré; vétuste; **~ werden** se délabrer; menacer ruine
'**Bau**|**fälligkeit** *f* délabrement *m*; vétusté *f*; **~finanzierung** *f* financement *m* de la construction; **~firma** *f* entreprise *f* de bâtiment; **~geld** *n* (fonds *m* d')aide *f* à la construction; **~genehmigung** *f* permis *m* de construire; **~genossenschaft** *f* coopérative *f* de construction; **~gerüst** *n* échafaudage *m*; **~gesellschaft** *f* société *f* de construction, immobilière; **~gewerbe** *n* (industrie *f* du) bâtiment *m*; **~grube** *f* fouille *f* (pour une construction); **~handwerk** *n* (métier *m* du) bâtiment *m*; **~herr** *m* maître *m* de l'ouvrage; *privater* ~ particulier *m qui fait bâtir*; **~herrenmodell** *n* mode *m* de financement de la construction permettant d'obtenir des avantages fiscaux; **~hof** *m* dépôt *m* de machines et de matériaux de construction; **~holz** *n* bois *m* de charpente, de construction; **~hütte** *f* baraque *f*; **~industrie** *f* (industrie *f* du) bâtiment *m*; **~ingenieur** *m* ingénieur *m* du génie civil
'**Baujahr** *n* année *f* de construction, de fabrication; **dieses Auto ist ~ 1995** cette voiture est un modèle 1995
'**Baukasten** *m für Kinder* jeu *m* de construction; **~system** *n* système *m* modulaire
'**Bauklotz** *m* cube *m*; F *fig* **Bauklötze staunen** F être sidéré, baba
'**Bau**|**kolonne** *f* équipe *f* d'entretien (*des routes ou des voies ferrées*); **~kosten** *pl* frais *m*/*pl* de construction; **~kostenzuschuß** *m* contribution *f* aux frais de construction *od* de rénovation; **~kran** *m* grue *f* de chantier; **~kunst** *f* architecture *f*; **~land** *n* ⟨~(e)s⟩ terrains *m*/*pl* à bâtir, constructibles; **~leiter** *m* chef *m* de chantier; maître *m* d'œuvre; **~leitung** *f* direction *f*, conduite *f* des travaux
'**baulich** *adj* (*épithète*) architectural; architectonique; **der ~e Zustand** l'état *m* d'une construction; **~e Veränderungen vornehmen** faire des transformations (**an, in etw** [*dat*] dans qc)
'**Bau**|**löwe** *m péj* requin *m* de l'immobilier; **~lücke** *f* terrain non construit (entre deux bâtiments)
Baum [baum] *m* ⟨~(e)s; ~e⟩ arbre *m*; BIBL **der ~ der Erkenntnis** l'arbre de la science du bien et du mal; F *fig* **Bäume ausreißen können** soulever les montagnes; **stark wie ein ~ sein** être fort comme un chêne; *fig* **zwischen ~ und Borke sitzen** être partagé; ne pas arriver à se décider
'**Baumarkt** *m* **1.** *Sektor* (secteur *m* du) bâtiment *m*; **2.** *Geschäft* grande surface de matériaux de construction
'**Baumart** *f* sorte *f* d'arbres
'**Bau**|**maßnahme** *f* (projet *m* de) construction *f*; **~material** *n* matériaux *m*/*pl* de construction
'**Baum**|**bestand** *m* peuplement forestier; (quantité *f* d')arbres *m*/*pl*; **~blüte** *f* floraison *f* des arbres
'**Bäumchen** ['bɔymçən] *n* ⟨~s; ~⟩ petit arbre; *Kinderspiel* **~, wechsle dich** jeu *m* des quatre coins
'**Baumeister** *m* **1.** ingénieur *m* du bâtiment; **2.** HIST maître *m* d'œuvre; bâtisseur *m*
baumeln ['baumeln] F *v/i* ⟨-(e)le, h⟩ pendre; pendiller; F pendouiller; **mit den Beinen ~** balancer les jambes
'**Baum**|**grenze** *f* limite supérieure des forêts; **~gruppe** *f* bouquet *m* d'arbres; bosquet *m*; **~haus** *n* cabane *f* dans un arbre; **~krone** *f* cime *f*; **~kuchen** *m* genre de gâteau à la broche à base de pâte à biscuit
'**baumlang** *f adj*, **ein ~er Kerl sein** F être une grande perche, un grand échalas
'**baumlos** *adj* sans arbres
'**Baum**|**reihe** *f* rangée *f* d'arbres; **~riese** *m* arbre géant; **~rinde** *f* écorce *f* (d'abre); **~schere** *f* sécateur *m*; **~schule** *f* pépinière *f*; **~stamm** *m* tronc *m* d'arbre); **~sterben** *n* ⟨~s⟩ mort *f* des forêts; **~stumpf** *m* souche *f*; **~wipfel** *m* cime *f*
'**Baum**|**wolle** *f* coton *m*; **²wollen** *adj* de *od* en coton
'**Baumwoll**|**ernte** *f* récolte *f*, cueillette *f* du coton; **~garn** *n* fil *m* de coton; **~industrie** *f* industrie cottonière, du coton; **~pflücker(in)** *m*(*f*) personne *f* qui fait la cueillette du coton; **~plantage** *f* plantation *f* de coton
'**Baumwurzel** *f* racine *f* (de l'arbre)
'**Bau**|**ordnung** *f* code *m* de la construction et de l'habitation; **~plan** *m* Vorhaben projet *m*, Entwurf plan *m* de construction; *fig* structure *f*; **~planung** *f* programme *m* de construction; projet *m* d'urbanisme; **~platz** *m* Grundstück terrain *m* à bâtir; Baustelle chantier *m*; **~preis** *m* coût *m* de la construction; **~rat** *m* ⟨~(e)s, -räte⟩ etwa inspecteur *m* du service d'urbanisme; **~recht** *n* droit relatif aux constructions; **²reif** *adj* Gelände viabilisé; **~reihe** *f* série *f* de fabrication
'**bäurisch** ['bɔyrɪʃ] *adj péj* (de) rustre; grossier, -ière
'**Bau**|**ruine** F *f* construction inachevée; bâtiment abandonné en cours de construction; **~satz** *m* kit *m*
Bausch [bauʃ] *m* ⟨~(e)s; ~e⟩ **1.** (*Stoff2*) bouffant *m*; **2.** (*Watte2*) tampon *m*; **3.** *fig* **etw in ~ und Bogen verurteilen** condamner qc en bloc
'**bauschen** ⟨h⟩ **I** *v/t* (faire) gonfler; COUT faire bouffer; **II** *v/réfl* **sich ~** se gonfler; COUT bouffer; être bouffant
'**bauschig** *adj* bouffant
'**Bau**|**schlosser** *m* serrurier *m* en bâtiment; **~schreiner** *m* menuisier *m* du bâtiment; **~schutt** *m* gravats *m*/*pl*; **²sparen** *v/i* ⟨*les temps simples ne s'emploient pas dans une principale,* h⟩ avoir un plan d'épargne-logement; **~sparen** *n* ⟨~s⟩ épargne-logement *f*; **~sparer(in)** *m*(*f*) personne *f* ayant un plan d'épargne-logement
'**Bauspar**|**kasse** *f* caisse *f* d'épargne-logement; **~prämie** *f* prime *f* d'épargne-logement; **~vertrag** *m* contrat *m* d'épargne-logement
'**Bau**|**stein** *m* **1.** CONSTR pierre *f* de construction; **2.** Spielzeug cube *m*; **3.** *fig* (*wichtiger Bestandteil*) élément (constitutif); composant *m*; **4.** INFORM, DIDAKTIK module *m*; **~stelle** *f* chantier *m* (de construction); **~stil** *m* style architectural; **~stoffe** *m*/*pl* matériaux *m*/*pl* de construction; **~substanz** *f* **1.** *e-s Gebäudes* qualité *f* des matériaux de construction; **2.** (*Gebäudebestand*) *e-s Stadtteils etc* bâtiments *m*/*pl*; **~tätigkeit** *f* ⟨~⟩ activité *f* du bâtiment; construction *f*; **~teil** *n* élément *m*; composant *m*; (*Maschinen2*) pièce *f*
'**Bauten** *pl* of *Bau* **2.**
'**Bau**|**träger** *m* promoteur (immobilier, de construction); **~unternehmen** *n* entreprise *f* de bâtiment; entrepreneur *m*; **~unternehmer** *m* entrepreneur *m* (de bâtiment, de construction); **~vorhaben** *n* projet *m* de construction; **~weise** *f* méthode *f*, mode *m* de construction; (*Bauart*) type *m* de construction; **~werk** *n* Gebäude bâtiment *m*; construction *f*; édifice *m*; Brücke, Staudamm *etc* ouvrage *m* d'art; **~wesen** *n* ⟨~s⟩ bâtiment *m*
Bauxit [bau'ksiːt] *m* ⟨~s; ~e⟩ bauxite *f*
bauz [bauts] *int* patatras!
'**Bau**|**zaun** *m* clôture *f*, palissade *f* de chantier; **~zeichnung** *f* plan *m* de

construction; **~zeit** *f* temps *m*, durée *f* de la *bzw* d'une construction; **~zuschuß** *m* prime *f* à la *bzw* une construction
'**Bayer(in)** *m* ⟨~n; ~n⟩ (*f*) ⟨~; ~nen⟩ Bavarois(e) *m(f)*
'**bayerisch** *cf* **bayrisch**
Bayern ['baɪərn] *n* ⟨→ *n/pr*⟩ la Bavière
'**bayrisch** *adj* bavarois; de Bavière
Ba'zar *cf* **Basar**
Bazi ['ba:tsi] *m* ⟨~; ~⟩ *südd, österr* (*Lump*) coquin *m*
Bazille [ba'tsɪlə] F *f* ⟨~; ~n⟩, **Ba'zillus** *m* ⟨~; -llen⟩ bacille *m*
Bd. *abr* (*Band*) vol. (volume); tome
Bde. *abr* (*Bände*) volumes; tomes
'**B-Dur** *si m* bémol majeur
BE *abr* (*Broteinheit*) équivalent *m* pain
be'absichtigen *v/t* ⟨*pas de ge-, h*⟩ **~, etw zu tun** avoir l'intention, se proposer, projeter, envisager de faire qc; **was beabsichtigst du mit dieser Frage?** où veux-tu en venir en posant cette question?; **das war nicht beabsichtigt** ce n'était pas voulu, (fait) exprès; **die beabsichtigte Wirkung** l'effet voulu, recherché, escompté
be'achten *v/t* ⟨-ete, *pas de ge-, h*⟩ faire attention à; tenir compte de; *Regel, Vorschrift* observer; respecter; (*bedenken*) prendre en considération; **nicht ~** *a* négliger
be'achtenswert *adj* qui mérite l'attention; remarquable; notable
be'achtlich *adj* (*beträchtlich*) considérable; (*wichtig*) important; (*anerkennenswert*) appréciable
Be'achtung *f* ⟨~⟩ *von Vorschriften* observation *f*; respect *m*; (*Aufmerksamkeit*) intérêt *m*; (**starke**) **~ finden** susciter l'intérêt, un vif intérêt; **e-r Sache ~** (*dat*) **schenken** porter de l'intérêt à qc; **e-r Sache** (*dat*) **keine ~ schenken** ne porter aucune attention à qc; **~ verdienen** mériter l'attention, l'intérêt
be'ackern *v/t* ⟨-(e)re, *pas de ge-, h*⟩ **1.** AGR cultiver; **2.** F *fig* (*bearbeiten*) F potasser; F bûcher; F piocher; *Personen* F casser les pieds à
Beamte(r) [bə'ˀamtə(r)] *m* ⟨→ A⟩ fonctionnaire *m*; *im öffentlichen Dienst a* agent *m* de l'État, de la fonction publique; **der ~ am Schalter hat mir erklärt ...** le préposé au guichet m'a dit ...
Be'amten|anwärter(in) *m(f)* (fonctionnaire *m,f*) stagiaire *m,f*; **~beleidigung** *f* outrage *m* à agent de la fonction publique, à magistrat, *etc*; **~besoldung** *f* traitement *m*, rémunération *f* des fonctionnaires; **~bestechung** *f* corruption *f* de fonctionnaire(s); **~deutsch** *n* péj allemand administratif; **~laufbahn** *f* carrière *f* de fonctionnaire; **~recht** *n* statut *m* des fonctionnaires, de la fonction publique
Be'amtenschaft *f* ⟨~⟩ **die ~** les fonctionnaires *m/pl*; *Sektor* la fonction publique
Be'amtentum *n* ⟨~(e)s⟩ **1.** (*Beamtenstand*) appartenance *f* à la fonction publique; **2.** (*Beamtenschaft*) fonctionnaires *m/pl*
Be'amtenverhältnis *n* lien *m* de service; **im ~ stehen** être fonctionnaire; **ins ~ auf Lebenszeit übernehmen** *od* **berufen** titulariser
be'amtet *adj* titularisé

Be'amtin *f* ⟨~; ~nen⟩ fonctionnaire *f*
be'ängstig|en *v/t* ⟨*pas de ge-, h*⟩ inquiéter; effrayer; **~end** *adj* inquiétant; effrayant
be'anspruchen *v/t* ⟨*pas de ge-, h*⟩ **1.** (*fordern, erfordern*) *Recht etc* revendiquer; prétendre à; *Aufmerksamkeit, Kraft etc* demander; exiger; *Platz, Zeit* prendre; *etw als sein Verdienst ~* revendiquer qc comme son mérite; **2.** (*belasten, abnutzen*) *Maschinen, Reifen etc* soumettre à des contraintes, à des efforts; *Nerven* fatiguer; *Personen* occuper; prendre; **3.** (*annehmen*) *Hilfe, Gastfreundschaft etc* avoir recours à
Be'anspruchung *f* ⟨~; ~en⟩ *von Maschinen etc* soumission *f* à des contraintes, à des efforts; **mechanische ~** effort *m* mécanique
be'anstanden *v/t* ⟨-ete, *pas de ge-, h*⟩ *Zustand etc* critiquer; trouver à redire à; protester contre; *Wahl etc* contester; *Mängel* incriminer; **e-e Ware ~** faire une réclamation portant sur une marchandise
Be'anstandung *f* ⟨~; ~en⟩ *e-s Zustands etc* protestation *f*; contestation *f*; *e-r Ware* réclamation *f*
be'antragen *v/t* ⟨*pas de ge-, h*⟩ demander; *Visum, Kur, Stipendium etc* faire la demande *f*; *Strafe* demander; requérir; *Gesetzentwurf* proposer
Be'antragung *f* ⟨~⟩ demande *f*; *e-s Gesetzentwurfes* proposition *f*
be'antworten *v/t* ⟨-ete, *pas de ge-, h*⟩ répondre à; *etw mit etw ~* répondre à qc par qc; *etw mit Ja, Nein ~* répondre affirmativement, négativement à qc
Be'antwortung *f* ⟨~⟩ réponse *f* (+ *gén* à); *ADM* **in ~ Ihres Briefes** suite à, en réponse à votre lettre
be'arbeiten *v/t* ⟨-ete, *pas de ge-, h*⟩ **1.** *Material* travailler, façonner; *maschinell* usiner; *chemisch* traiter; **2.** *Boden* cultiver; travailler; **3.** *Antrag, Akten, Fall* traiter; **dieser Fall ist noch nicht bearbeitet** *a* ce cas n'a pas encore été examiné; **4.** *literarisches Werk*, THÉ adapter; *MUS* arranger; *Text* (**neu**) **~** refondre, remanier; **für das Fernsehen ~** adapter pour la télévision; *Buchauflage* **völlig neu bearbeitet** complètement remanié, refondu; **5.** *Thema, Forschungsgebiet etc* travailler sur; étudier; **6.** F *fig* (*beeinflussen*) *Person* travailler au corps; **die Wähler ~** *a* travailler l'opinion (publique); **7.** (*schlagen*) *j-n mit Fußtritten ~* frapper qn à coups de pied; donner à qn des coups de pied; F travailler qn; **8.** *fig plais Klavier etc* taper sur; F travailler
Be'arbeiter(in) *m(f)* **1.** *e-s Fachgebiets, Antrags* personne chargée de ..., qui s'occupe de ...; **2.** *e-s Buches* personne *f* qui remanie, refond ...; rédacteur, -trice *m,f*; *MUS* arrangeur *m*; THÉ adaptateur *m*
Be'arbeitung *f* ⟨~; ~en⟩ **1.** (*das Bearbeiten*) *des Bodens* culture *f*; travail *m*; TECH travail *m*; façonnage *m*; *maschinelle* usinage *m*; *e-s Forschungsgebiets, Gesuchs etc* étude *f*; *e-s Textes* remaniement *m*; refonte *f*; *MUS* arrangement *m*; THÉ adaptation *f*; *Antrag etc* **in ~** (*dat*) **sein** être à l'étude; **~ für den Film** adaptation cinématographique, à l'écran; **2.** (*bearbeitete Fassung*) version *f*;

diese Dichtung ist die ~ e-r alten Fabel (pour ce poème) le poète a repris une, s'est inspiré d'une vieille fable
Be'arbeitungsgebühren *f/pl* frais *m/pl* (de constitution) de dossier
be'argwöhnen *st/s v/t* ⟨*pas de ge-, h*⟩ suspecter; soupçonner
Beat [bi:t] *m* ⟨~(s)⟩ **1.** (*~musik*) (musique *f*) beat *m*; **2.** *im Jazz* beat *m*; **~band** *f* ensemble *m*, groupe *m* (de musique) beat
Beate [be'a:tə] *f* ⟨→ *n/pr*⟩ prénom
be'atmen *v/t* ⟨-ete, *pas de ge-, h*⟩ **j-n** (**künstlich**) **~** pratiquer la respiration, MÉD la ventilation artificielle sur qn; MÉD ventiler qn
Be'atmung *f* (**künstliche**) **~** respiration, MÉD ventilation artificielle (+ *gén* sur)
Be'atmungsgerät *n* respirateur (artificiel)
'**Beatmusik** *f* (musique *f*) beat *m*
Beatrix [be'a:trɪks] *f* ⟨→ *n/pr*⟩ Béatrice *f*
Beau [bo:] *m* ⟨~s; ~s⟩ *meist péj* beau *m*
be'aufsichtigen *v/t* ⟨*pas de ge-, h*⟩ surveiller; (*kontrollieren*) inspecter; contrôler; (*bewachen*) garder
Be'aufsichtigung *f* ⟨~; ~en⟩ surveillance *f*; contrôle *m*; garde *f*; **unter ~** (*dat*) **stehen** être sous surveillance, sous contrôle
be'auftragen *v/t* ⟨*pas de ge-, h*⟩ **j-n mit etw ~** charger qn de qc; confier qc à qn; **j-n ~, etw zu tun** charger qn de faire qc; *offiziell a* mandater qn pour (faire) qc
Be'auftragte(r) *f(m)* ⟨→ A⟩ mandataire *m,f*; délégué(e) *m(f)*
be'äugen *v/t* ⟨*pas de ge-, h*⟩ observer; examiner
be'bauen *v/t* ⟨*pas de ge-, h*⟩ **1.** AGR cultiver; **2.** *Grundstück, Gelände* construire sur; *städtebaulich* urbaniser; **ein bebautes Grundstück** un terrain bâti; **das Stadtviertel ist dicht bebaut** le quartier est fortement urbanisé
Be'bauung *f* ⟨~; ~en⟩ **1.** *mit Häusern* construction *f* (de bâtiments); *städtebauliche* urbanisation *f*; aménagement urbain; **2.** (*Häuser*) bâtiments *m/pl*; **3.** AGR culture *f*
Be'bauungsplan *m* plan *m* d'aménagement, d'urbanisation; *etwa* plan *m* d'occupation des sols
beben ['be:bən] *v/i* ⟨*h*⟩ **1.** *Erde etc* trembler; **2.** *st/s vor Erregung etc* trembler (**vor** [+ *dat*] de); *Stimme a* trembloter
'**Beben** *n* ⟨~s⟩ **1.** (*Erd2*) séisme *m*; tremblement *m* (de terre); *des Fußbodens* vibration *f*; **2.** *st/s der Stimme, Hände* tremblement *m*
be'bilder|n *v/t* ⟨-(e)re, *pas de ge-, h*⟩ illustrer; **~ung** *f* ⟨~; ~en⟩ illustration *f*
be'brillt *adj* portant (des) lunettes
be'brüten *v/t* ⟨-ete, *pas de ge-, h*⟩ *Eier* couver
Béchamelsoße [beʃa'mɛlzo:sə] *f* (sauce *f*) béchamel *f*
Becher ['bɛçər] *m* ⟨~s; ~⟩ **1.** gobelet *m*; (*Joghurt2 etc*) pot *m*; *aus Metall a* timbale *f*; (*Würfel2*) cornet *m*; **2.** TECH godet *m*; **3.** BOT *der Eichel etc* cupule *f*
'**bechern** F *v/i* ⟨-(e)re, h⟩ F picoler
'**Becherwerk** *n* TECH noria *f* à godets
becircen [bə'tsɪrtsən] F *v/t* ⟨*pas de ge-, h*⟩ charmer; séduire; *p/fort* ensorceler
Becken ['bɛkən] *n* ⟨~s; ~⟩ **1.** ANAT, GÉOL (*Hafen2, Schwimm2 etc*) bassin *m*; **2.** (*Wasch2*) lavabo *m*; (*Spül2*)

évier *m*; (*Tauf2*) fonts baptismaux; **3.** *MUS* cymbale *f*; **~endlage** *f MÉD* présentation *f* par le siège; **~gurt** *m* ceinture *f* de sécurité (autour des 'hanches'); **~knochen** *m* os *m* du bassin; **~rand** *am Schwimmbecken* bord *m* du bassin, de la piscine, *am Spülbecken* de l'évier

Becquerel [bɛkəˈrɛl] *n* ⟨-s; -⟩ *PHYS* becquerel *m*

be'dachen *v/t* ⟨*pas de ge-*, h⟩ couvrir (d'un toit)

bedacht [bəˈdaxt] **I** *p/p cf* **bedenken**; **II** *adj* **1.** (*umsichtig*) circonspect; (*überlegt*) réfléchi; avisé; **2.** *auf etw* (*acc*) **~** *sein* être soucieux de qc; veiller à qc; *ängstlich auf s-e Interessen ~ sein* a être jaloux de ses intérêts; **III** *adv* (*umsichtig*) avec circonspection; (*überlegt*) de façon réfléchie, avisée

Be'dacht *m mit ~ cf* **bedacht** *III*; *ohne ~* sans réflexion; de façon irréfléchie

bedächtig [bəˈdɛçtɪç] **I** *adj* **1.** (*langsam*) lent; mesuré; **2.** (*umsichtig*) circonspect; (*vorsichtig*) précautionneux, -euse; (*überlegt*) réfléchi; **II** *adv* **1.** lentement; pas à pas; **2.** (*umsichtig*) avec circonspection; (*vorsichtig*) précautionneusement; prudemment; (*wohlüberlegt*) posément; **2keit** *f* ⟨-⟩ **1.** (*Langsamkeit*) lenteur *f*; **2.** (*Umsicht*) circonspection *f*; (*Vorsicht*) prudence *f*; précaution *f*; (*Überlegung*) réflexion *f*

Be'dachung *f* ⟨-; ~en⟩ couverture *f*; toiture *f*

be'danken *v/réfl* ⟨*pas de ge-*, h⟩ *sich* (*bei j-m*) **~** remercier qn (*für etw* de qc); *ich bedanke mich* je vous remercie; F *iron* non, merci où sans façon!; F *iron dafür kannst du dich bei deinem Bruder ~* c'est à ton frère que tu le dois; tu peux remercier ton frère

Bedarf [bəˈdarf] *m* ⟨-(e)s⟩ **1.** besoin(s) *m*(*pl*) (*an* [+*dat*] en); F *fig kein ~!*, *mein ~ ist gedeckt* F (merci,) j'ai déjà donné; *bei ~* en cas de besoin; (*je*) *nach ~* selon, suivant le(s) besoin(s); **2.** (*Büro2*, *Schul2* etc) fournitures *f/pl* (de bureau, scolaires, etc)

Be'darfs|artikel *m* objet *m* de première nécessité; **~deckung** *f* satisfaction *f* des besoins

Be'darfsfall *m im ~(e)* en cas de besoin

Be'darfs|güter *n/pl* biens *m/pl* de consommation; **~haltestelle** *f* arrêt facultatif

be'dauerlich *adj* regrettable; fâcheux, -euse; *p/fort* déplorable

be'dauerlicher'weise *adv* malheureusement

be'dauern ⟨-(e)re, *pas de ge-*, h⟩ **I** *v/t* **1.** *Sache* regretter; déplorer; être désolé, navré de; *wir ~, Ihnen mitteilen zu müssen, daß ...* nous sommes au regret de vous informer que ...; **2.** *Person* plaindre; *sie ist zu ~* elle est à plaindre; **II** *v/i* regretter; être désolé; *bedaure!* je regrette!; désolé!; *mit e-m ~den Achselzucken* avec un 'haussement d'épaules de regret

Be'dauern *n* ⟨-s⟩ regret *m*; *sein ~ ausdrücken* exprimer ses regrets; *zu s-m (großen) ~* à son grand regret; *mit ~ habe ich festgestellt, daß ...* j'ai constaté à mon grand regret que ...

be'dauernswert *adj Vorfall etc* regrettable; déplorable; *Person* pauvre (*vorangestellt*); à plaindre

be'decken ⟨*pas de ge-*, h⟩ **I** *v/t* (re)couvrir (*mit* de); (*verstecken*) cacher; **II** *v/réfl sich ~* se couvrir (*mit* de)

be'deckt *adj* (re)couvert (*mit* de); *Himmel* couvert; *fig sich ~ halten* cacher son jeu

Be'decktsamer *m* ⟨-s; -⟩ *BOT* angiosperme *f*

Be'deckung *f* **1.** couverture *f*; **2.** *MIL etc* escorte *f*

be'denken *v/t* ⟨*irr*, *pas de ge-*, h⟩ **1.** (*überlegen*) réfléchir à; penser à; (*beachten*) considérer; prendre en considération; tenir compte de; *und wenn man bedenkt, daß ...* et quand on pense que ...; et dire que ...; *wenn ich es recht bedenke ...* en y réfléchissant bien ...; à y bien réfléchir...; *ich gebe Ihnen zu ~, daß ...* permettez-moi de vous faire remarquer que ...; **2.** *j-n mit etw ~* gratifier qn de qc; *j-n in s-m Testament ~* coucher qn sur son testament; *zum Geburtstag wurde er reich bedacht* il a été comblé de cadeaux pour son anniversaire; *der Redner wurde mit Beifall bedacht* l'orateur a été applaudi; *von der Natur reich bedacht sein* être gâté par la nature

Be'denken *n* ⟨-s; *souvent pl*⟩ **~** (*gegen*) (*Zweifel*) doutes *m/pl* (quant à, au sujet de); réserve *f* (sur); moralische scrupules *m/pl* (quant à, au sujet de); *es bestehen ~* il faut faire des réserves; *ohne ~* sans hésiter; *jetzt kommen mir doch ~* je commence à avoir des doutes, à me poser des questions

be'denkenlos *adj* sans scrupules; **2igkeit** *f* ⟨-⟩ manque *m* de scrupules

be'denkenswert *adj* qui mérite réflexion; à prendre en considération

be'denklich *adj* **1.** (*zweifelhaft*) douteux, -euse; louche; **2.** (*besorgniserregend*) inquiétant; sérieux, -ieuse; critique; **3.** (*besorgt*) *er machte ein ~es Gesicht* il avait l'air soucieux

Be'denkzeit *f* temps *m*, délai *m* de réflexion; *ich gebe dir zwölf Stunden ~* je t'accorde, je te laisse douze heures pour réfléchir

bedeppert [bəˈdepərt] F *adj* tout bête; penaud; déconcerté; dérouté

be'deuten ⟨-ete, *pas de ge-*, h⟩ **1.** (*heißen*, *besagen*) signifier; vouloir dire; *soviel ~ wie* être synonyme de; *er weiß, was es bedeutet, krank zu sein* il sait ce que c'est que d'être malade; **2.** (*sein*) représenter; signifier; *das bedeutet e-n Eingriff in meine Rechte* cela représente une atteinte à mes droits; **3.** (*mit sich bringen*) entraîner; avoir pour conséquence; **4.** (*hindeuten auf*) vouloir dire; annoncer; présager; *das hat etwas zu ~* cela veut dire quelque chose; *das bedeutet nichts Gutes* cela ne présage, n'annonce rien de bon; cela n'est pas bon signe; *Schlimmes ~* être un mauvais présage; être de mauvais augure; **5.** (*wichtig sein*) importer (*j-m* à qn); *das hat nichts zu ~* cela n'a pas d'importance, ne veut rien dire, ne tire pas à conséquence; *er bedeutet mir viel, nichts* je tiens beaucoup à lui, il ne m'est rien; **6.** *st/s* (*zu verstehen geben*) *j-m etw ~* faire comprendre qc à qn; donner à entendre, laisser entendre qc à qn

be'deut|end I *adj* **1.** (*wichtig*, *bemerkenswert*) important; remarquable; **2.** *mengenmäßig* considérable; conséquent; important; **II** *adv* considérablement; sensiblement; beaucoup; **~sam** *adj* **1.** *cf* **bedeutend**; **2.** (*vielsagend*) significatif, -ive; éloquent

Be'deutung *f* ⟨-; ~en⟩ **1.** (*Sinn*) signification *f*; sens *m*; *e-s Wortes a* acception *f*; *in übertragener ~* au sens figuré; **2.** ⟨*pas de pl*⟩ (*Wichtigkeit*) importance *f*; *von ~* d'importance; *von ~ sein für* être important pour; *ohne (jede) ~* sans (aucune) importance; *nichts von ~* rien d'important; *e-r Sache* (*dat*) **~** *beimessen* accorder, attacher, donner de l'importance à qc; *an ~* (*dat*) *verlieren* perdre de son importance

Be'deutungs|lehre *f LING* sémantique *f*; **2los** *adj* sans importance; insignifiant; négligeable; **~losigkeit** *f* ⟨-⟩ insignifiance *f*; futilité *f*; caractère *m* négligeable; **2schwer** *st/s adj* lourd de sens; de grande portée; **~unterschied** *m* différence *f* de sens; **2voll** *adj* **1.** (*wichtig*) d'une grande importance; **2.** (*vielsagend*) significatif, -ive; éloquent; **~wandel** *m* changement *m* de sens

be'dienen ⟨*pas de ge-*, h⟩ **I** *v/t* **1.** *Gäste*, *Kunden* servir; *im Geschäft werden Sie schon bedient?* est-ce que l'on vous sert?; est-ce que l'on s'occupe de vous?; F *iron ich bin bedient* F j'en ai marre; F *mit etw gut bedient sein* être pleinement satisfait de qc; se trouver bien de qc; F *mit etw schlecht bedient sein* être mécontent de qc; **2.** *Maschine etc* manœuvrer; commander; actionner; faire marcher; **3.** *beim Kartenspiel Kreuz*, *Trumpf ~* fournir à trèfle, à l'atout; **4.** *Verkehrsunternehmen etc e-e Strecke* desservir; exploiter; **II** *v/i* **5.** *im Geschäft*, *Restaurant* servir; **6.** *beim Kartenspiel* jouer (dans) la couleur; **III** *v/réfl* **7.** *beim Essen sich ~* se servir; **8.** *st/s sich e-r Sache*, *j-s ~* se servir de qc, qn

Be'dienerin *f österr* femme *f* de ménage

Be'dienste(r) *f(m)* ⟨→ *A*⟩ **1.** *ADM etc* employé(e) *m(f)*, agent *m* (des services publics); **2.** (*Hausangestellte[r]*) employé(e) *m(f)* de maison; *früher* domestique *m,f*

Be'dienung *f* ⟨-; ~en⟩ **1.** ⟨*pas de pl*⟩ *e-s Gasts* service *m*; **2.** ⟨*pas de pl*⟩ *von Maschinen etc* maniement *m*; **3.** (*Kellner*) garçon *m*; (*Kellnerin*) serveuse *f*; *in e-m Geschäft* employé(e) *m(f)*; (*Verkäufer[in]*) vendeur, -euse *m,f*; **4.** *österr* (*Putzfrau*) femme *f* de ménage

Be'dienungs|anleitung *f*, **~anweisung** *f* mode *m* d'emploi; notice explicative; **~fehler** *m* erreur *f*, faute *f* de manœuvre, de commande; **~geld** *n* service *m*; **~knopf** *m* bouton *m* de commande; **~zuschlag** *m* service *m*

be'dingen *v/t* ⟨*pas de ge-*, h⟩ **1.** (*verursachen*, *bewirken*) avoir pour conséquence; causer; (*bestimmen*) déterminer; conditionner; *bedingt sein durch* être dû à; *seelisch bedingt* dû à des causes psychiques; **2.** (*erfordern*) exiger; nécessiter; (*voraussetzen*) impliquer; *st/s* présupposer

bedingt – Befehlsgewalt

be'dingt *adjt u advt* **1.** (*mit Einschränkungen*) conditionnel, -elle; sous réserve; sous condition(s); **2.** PHYSIOL ~*er Reflex* réflexe conditionné
Be'dingung *f* ⟨~; ~en⟩ condition *f*; *e-e unerläßliche* ~ une condition sine qua non; ~*en stellen* poser des conditions; ~*en an etw* (*acc*) *knüpfen* assortir qc de conditions; *etw zur* ~ *machen* poser qc comme condition; *unter diesen, anderen* ~*en* dans ces, dans d'autres circonstances; *unter der* ~, *daß ...* à (la) condition que ... (+*subj*)
Be'dingungsform *f* GR conditionnel *m*
be'dingungslos I *adj* sans condition(s); inconditionnel, -elle; ~*e Kapitulation* capitulation sans condition(s), inconditionnelle, **II** *adv* sans condition(s); *etw* ~ *akzeptieren* accepter qc sans réserve
Be'dingungssatz *m* GR proposition conditionnelle
be'drängen *v/t* ⟨*pas de ge-, h*⟩ 'harceler; presser; (*bestürmen*) assaillir (*mit* de); (*verfolgen*) poursuivre; *Schuldner a* relancer; *Gegner* serrer de près; (*bedrükken*) tracasser; tourmenter; *j-n mit Fragen, Forderungen* ~ presser, 'harceler qn de questions, de revendications; *in e-r bedrängten Lage* dans une situation difficile
Be'drängnis *st/s f* ⟨~; ~se⟩ embarras *m*; gêne *f*; situation fâcheuse, embarrassante, difficile; *in* ~ (*acc*) *geraten* tomber dans une situation difficile; *in äußerster* ~ *sein* être aux abois; être réduit, acculé à la dernière extrémité
be'drohen *v/t* ⟨*pas de ge-, h*⟩ menacer (*mit* de); *vom Aussterben bedroht* menacé de disparition, d'extinction
be'drohlich *adj* menaçant
Be'drohung *f* menace *f*; *in ständiger* ~ *leben* vivre constamment sous la menace
be'drucken *v/t* ⟨*pas de ge-, h*⟩ *Stoff, Papier etc* imprimer; *e-n Stoff mit Blumen* ~ imprimer des fleurs sur un tissu
be'drücken *v/t u v/imp* ⟨*pas de ge-, h*⟩ *seelisch* affliger; attrister; *es bedrückt sie, daß ...* cela l'afflige, lui pèse que ... (+*subj*)
be'drückend *adjt* *Schweigen etc* pesant
Beduine [bedu'i:nə] *m* ⟨~n, ~n⟩ Bédouin *m*
be'dürfen *st/s* ⟨*pas de ge-, h*⟩ **I** *v/i e-r Sache* (*gén*) ~ avoir besoin de qc; **II** *v/imp es bedarf e-r Sache* (*gén*) il faut qc; cela demande, nécessite qc; *es bedurfte nur e-s Wortes* il ne fallait qu'un (seul) mot
Be'dürfnis *n* ⟨~ses, ~se⟩ besoin *m* (*nach* de); *er hatte das* ~ *zu sprechen* il éprouvait le besoin de parler; *es ist mir ein* ~, *Ihnen mitzuteilen* ... je tiens à vous dire ...
Be'dürfnis|anstalt *f* ADM toilettes publiques; ~*befriedigung f* satisfaction *f* d'un *bzw* le besoin(s); ℒ*los adj* peu exigeant; content de peu; ~*losigkeit f* ⟨~⟩ absence *f* de besoins
be'dürftig *adj* **1.** (*arm*) nécessiteux, -euse; indigent; ~ *sein* avoir à être dans le besoin; **2.** *st/s e-r Sache* (*gén*) ~ *sein* avoir besoin de qc
Be'dürftige(r) *f(m)* ⟨→ A⟩ nécessiteux, -euse *m,f*; indigent(e) *m(f)*; ~*keit f* ⟨~⟩ indigence *f*; besoin *m*

Beefsteak ['bi:fste:k] *n* bifteck *m*; *deutsches* ~ bifteck 'haché
be'ehren *st/s v/t* ⟨*pas de ge-, h*⟩ *j-n mit etw* ~ honorer qn de qc; ~ *Sie uns bald wieder!* *st/s* veuillez nous faire l'honneur de bientôt renouveler votre visite!
be'eid|en *v/t* ⟨-ete, *pas de ge-, h*⟩, ~*igen* *st/s v/t* ⟨*pas de ge-, h*⟩ affirmer sous serment, sous la foi du serment
be'eidigt *adjt Aussage* sous serment; *Zeuge, Gutachter* assermenté
be'eilen *v/réfl* ⟨*pas de ge-, h*⟩ **1.** (*schnell machen*) *sich* ~ se dépêcher; se presser; *sich mit s-r Arbeit* ~ se dépêcher dans son travail; **2.** *st/s* (*nicht zögern*) *sich* ~, *etw zu tun* s'empresser de faire qc
Be'eilung *f* ⟨~⟩ F *ein bißchen* ~ (, *wenn ich bitten darf!*) F activons!; F pressons!; F dépêchons!
be'eindrucken *v/t* ⟨*pas de ge-, h*⟩ impressionner; faire impression sur; *er hat mich stark beeindruckt* il m'a fait une forte impression
be'einflussen *v/t* ⟨-ßt, *pas de ge-, h*⟩ influencer; avoir de l'influence sur; *ungünstig* ~ avoir une influence néfaste sur
Be'einflussung *f* ⟨~; ~en⟩ influence *f*; *die* ~ *der Bevölkerung durch das Fernsehen* l'influence (néfaste) exercée sur la population par la télévision
beeinträchtigen [bə'ʔaintrɛçtɪɡən] *v/t* ⟨*pas de ge-, h*⟩ *Erfolg etc* compromettre; *Freiheit, Recht etc* porter atteinte à; (*behindern*) gêner; entraver; (*mindern*) diminuer; *sich* (*durch etw*) *beeinträchtigt fühlen* être gêné, dérangé par qc; *Alkohol beeinträchtigt das Reaktionsvermögen* l'alcool diminue les capacités de réaction; *e-e* ~*de Wirkung haben* avoir un effet préjudiciable
Be'einträchtigung *f* ⟨~; ~en⟩ (*Verletzung*) atteinte *f*, préjudice *m* (+ *gén* à); (*Behinderung*) entrave *f* (+ *gén* à); (*Minderung*) diminution *f* (+ *gén* de)
Beelzebub ['be:ltsəbu:p] *m* fig *den Teufel durch, mit* ~ *austreiben* choisir un remède pire que le mal
be'enden *v/t* ⟨-ete, *pas de ge-, h*⟩ finir; terminer; achever; mettre fin à; (*aufhören mit*) cesser; *Gespräch* clore; *Sitzung etc* lever; clore
Be'end(ig)ung *f* ⟨~⟩ achèvement *m*; *e-s Gesprächs, e-r Sitzung etc* clôture *f*; (*Ende*) fin *f*; (*Einstellung*) cessation *f*
be'engen *v/t* ⟨*pas de ge-, h*⟩ serrer; gêner; *sich beengt fühlen* se sentir mal à l'aise; se sentir à l'étroit; *beengt wohnen* être logé, vivre à l'étroit
Be'engtheit *f* ⟨~⟩ étroitesse *f*; *fig* gêne *f*
be'erben *v/t* ⟨*pas de ge-, h*⟩ hériter de; recueillir l'héritage de
be'erdig|en *v/t* ⟨*pas de ge-, h*⟩ enterrer; inhumer; ℒ*ung f* ⟨~; ~en⟩ enterrement *m*; inhumation *f*; (*Trauerfeier*) obsèques *f/pl*
Be'erdigungsinstitut *n* (entreprise *f* de) pompes *f/pl* funèbres
Beere ['be:rə] *f* ⟨~; ~n⟩ baie *f*; *e-r Traube* grain *m*
'Beeren|auslese *f* vin moelleux à partir de raisins mûrs; ~*obst n* baies *f/pl*
Beet [be:t] *n* ⟨~(e)s; ~e⟩ plate-bande *f*; carré *m*; *für Blumen a* parterre *m*

'**Beete** *cf Bete*
be'fähigen *v/t* ⟨*pas de ge-, h*⟩ *j-n zu etw* ~ *od j-n* ~, *etw zu tun* rendre qn capable de (faire) qc; *Diplom, Ausbildung* qualifier qn pour (faire) qc
be'fähigt *adjt* ~ (*zu*) capable (de); apte (à); (*qualifiziert*) qualifié (pour)
Be'fähigung *f* ⟨~⟩ (*zu*) (*Können*) capacités *f/pl*, qualités *f/pl*, aptitudes *f/pl* (pour); (*Qualifikation*) qualification *f* (pour, à)
befahl [bə'fa:l] *cf befehlen*
be'fahrbar *adj* (*ohne Hindernisse*) praticable; (*für Autos ausgebaut*) carrossable; *Wasserwege* navigable
be'fahren *v/t* ⟨*irr, pas de ge-, h*⟩ *Straße etc* emprunter; *Gewässer* naviguer sur; *Weltmeere* sillonner; *e-e stark* ~*e Straße* une route à forte circulation, très fréquentée
Be'fall *m* ⟨~(e)s⟩ *durch Schädlinge* envahissement *m*
be'fallen *v/t* ⟨*irr, pas de ge-, h*⟩ **1.** *Schädlinge* envahir; attaquer; **2.** *fig* saisir; gagner; *Lachen, Angst a* prendre; *Krankheit* atteindre; toucher
be'fangen *adj* **1.** (*verlegen*) intimidé; embarrassé; gêné; **2.** (*parteiisch*) partial; JUR *als* ~ *ablehnen* récuser pour cause de suspicion légitime; **3.** *st/s in Vorurteilen, Illusionen* ~ *sein* être prisonnier de ses préjugés, de ses illusions
Be'fangenheit *f* ⟨~⟩ **1.** (*Verlegenheit*) embarras *m*; (*Gehemmtsein*) trouble *m*; (*Schüchternheit*) timidité *f*; **2.** (*Voreingenommenheit*) partialité *f*; JUR suspicion *f* légitime
Be'fangenheitsantrag *m* JUR demande *f* de récusation (en suspicion légitime)
be'fassen ⟨-ßt, *pas de ge-, h*⟩ **I** *v/t* ADM *e-e Instanz mit etw* ~ saisir un organisme de qc; **II** *v/réfl sich mit j-m* ~ s'occuper de qc; *sich mit j-m* ~ se consacrer à qn; *das Buch befaßt sich mit ...* le livre traite de ...
be'fehden ⟨-ete, *pas de ge-, h*⟩ **I** *v/t st/s* (*bekämpfen*) combattre; faire la guerre à; HIST guerroyer contre; **II** *v/réfl sich* ~ *st/s* (*sich bekämpfen*) se combattre; se faire la guerre; HIST guerroyer
Befehl [bə'fe:l] *m* ⟨~(e)s; ~e⟩ **1.** (*Auftrag, Kommando*), MIL ordre *m*; *strikter a* injonction *f*; *auf* ~ (*acc*) sur ordre (l')ordre par ordre de; *zu* ~! à vos ordres!; ~ *ist* ~ les ordres sont les ordres; F *plais dein Wunsch ist mir* ~ tes désirs sont (pour moi) des ordres; **2.** (~*sgewalt*) commandement *m*; *unter j-s* ~ (*dat*) *stehen* être sous les ordres, le commandement de qn; **3.** INFORM commande *f*; instruction *f*; ordre *m*
be'fehlen ⟨befiehlt, befahl, befohlen, h⟩ **I** *v/t* **1.** *j-m* ~, *etw zu tun* ordonner, donner l'ordre à qn de faire qc; *j-m etw* ~ ordonner, commander qc à qn; *von Ihnen lasse ich mir nichts* ~! je n'ai pas d'ordre à recevoir de vous!; **2.** *st/s s-e Seele Gott* ~ recommander son âme à Dieu; **II** *v/i* (*über etw, j-n*) commander (qc, qn)
be'fehligen *v/t* ⟨*pas de ge-, h*⟩ MIL commander
Be'fehls|bereich *m* MIL zone *f* de commandement; ressort *m*; ~*empfänger m* exécutant *m*; ~*form f* GR (mode *m*) impératif *m*; ℒ*gemäß adv* conformément aux ordres reçus; ~*gewalt f* ⟨~⟩ ~

(**über** [+*acc*]) autorité *f* (sur); MIL commandement *m* (de)
Be'fehlshaber *m* ⟨~s; ~⟩ commandant *m* (**über** [+*acc*] de); **oberster ~** commandant en chef
Be'fehls|satz *m* GR proposition impérative; **~ton** *m* ⟨~(e)s⟩ ton impérieux, impératif, de commandement; **~verweigerung** *f* refus *m* d'obéissance
be'festigen *v/t* ⟨*pas de ge-*, *h*⟩ **1.** (*anbringen*) *etw* (**an** *etw* [*dat*]) **~** attacher, fixer qc (à qc); **2.** (*festigen*) Mauer, Bauwerk consolider; Ufer, Straße stabiliser; **3.** MIL fortifier
Be'festigung *f* ⟨~; ~en⟩ **1.** (*Anbringung*) fixation *f*; **2.** (*Festigung*) consolidation *f*; des Ufers, e-r Straße etc stabilisation *f*; **3.** MIL fortification *f*
Be'festigungsanlage *f* MIL fortification *f*
be'feuchten *v/t* ⟨-ete, *pas de ge-*, *h*⟩ humidifier (*a* TECH); Lippen, Finger, Wäsche humecter; *p/fort* mouiller
be'feuer|n *v/t* ⟨-(e)re, *pas de ge-*, *h*⟩ **1.** AVIAT, MAR baliser; **2.** Heizung, Ofen alimenter; **3.** MIL tirer sur; **4.** F (*bewerfen*) bombarder; **⟨ung** *f* ⟨~⟩ AVIAT, MAR balisage *m*; **2.** des Ofens alimentation *f*; **3.** MIL bombardement *m*
befiehlt [bə'fi:lt] cf **befehlen**
be'find|en ⟨*irr*, *pas de ge-*, *h*⟩ **I** *st/s v/t* (*beurteilen*, *erachten*) trouver; juger; *etw*, *j-n* **für gut ~** trouver que qc, qn est bon; **für richtig ~** reconnaître exact; (*für*) **schuldig ~** reconnaître, déclarer coupable; **II** *v/réfl* **sich ~** **1.** **an e-m bestimmten Ort** se trouver; être; **2.** *st/s* **gesundheitlich ~** se porter; se sentir; **3.** *st/s* (*sein*) **sich im Irrtum befinden** être dans l'erreur; **III** *v/i* ADM (*entscheiden*) **über** *etw* (*acc*) **~** décider de qc; **über j-n ~** décider du sort de qn
Be'finden *n* ⟨~s⟩ **1.** (*Gesundheitszustand*) état *m* de santé; **sich nach j-s ~ erkundigen** s'enquérir de la santé de qn; *plais* **wie ist das werte ~?** comment nous portons-nous?; **2.** *st/s* (*Meinung*) jugement *m*; avis *m*; opinion *f*
be'findlich *adj* (*épithète*) se trouvant; **im Bau ~** en (cours de) construction
Be'findlichkeit *st/s f* ⟨~; ~en⟩ état *m*, humeur *f* (du moment)
be'flagg|en *v/t* ⟨*pas de ge-*, *h*⟩ pavoiser; **⟨ung** *f* ⟨~; ~en⟩ pavoisement *m*
be'flecken *v/t* ⟨*pas de ge-*, *h*⟩ **1.** (*beschmutzen*) tacher; salir; souiller; **2.** *fig* s-n Namen etc entacher; flétrir; souiller
be'fleißigen *st/s v/réfl* ⟨*pas de ge-*, *h*⟩ **sich e-r Sache** (*gén*) **~** s'astreindre à (faire) qc; s'imposer (de faire) qc
beflissen [bə'flɪsn] *st/s adj* zélé; (*dienst-~*) empressé; **~ sein**, *etw* **zu tun** s'empresser de faire qc
Be'flissenheit *st/s f* ⟨~⟩ empressement *m*; zèle *m*
be'flügeln *st/s v/t* ⟨-(e)le, *pas de ge-*, *h*⟩ stimuler; **die Angst beflügelte ihre Schritte** la peur lui donnait des ailes
befohlen [bə'fo:lən] cf **befehlen**
be'folg|en *v/t* ⟨*pas de ge-*, *h*⟩ Rat suivre; tenir compte de; écouter; Befehl exécuter; obéir à; Gebot, Vorschrift observer; respecter; se conformer à; **⟨ung** *f* ⟨~⟩ e-s Befehls exécution *f*; e-r Vorschrift observation *f*; respect *m*; bes REL observance *f*

be'fördern *v/t* ⟨-(e)re, *pas de ge-*, *h*⟩ **1.** (*transportieren*) transporter; *a* Waren, Post acheminer; (*verschicken*) expédier; F **j-n ins Jenseits ~** F expédier qn dans l'autre monde; F **j-n ins Freie ~** F flanquer qn dehors; **2.** **im Rang j-n ~** donner de l'avancement à qn; MIL faire monter qn en grade; **befördert werden** avoir de l'avancement; MIL monter, avancer en grade; **zu etw befördert werden** être promu qc
Be'förderung *f* **1.** transport *m*; *a von* Waren, Post acheminement *m*; (*Verschickung*) expédition *f*; **2.** (*Rangerhöhung*) avancement *m*; promotion *f*; **s-e ~ feiern** fêter sa promotion; **~ zum Hauptmann** avancement au grade de capitaine
Be'förderungs|kosten *pl* frais *m/pl* de transport; **~mittel** *n* moyen *m* de transport
be'frachten *v/t* ⟨-ete, *pas de ge-*, *h*⟩ **1.** (*mit Fracht beladen*) affréter; **2.** *fig* charger (*mit* de)
be'frackt *adj* en habit
be'fragen *v/t* ⟨*pas de ge-*, *h*⟩ questionner; poser des questions à; *j* Zeugen interroger; Anwalt etc prendre l'avis de; consulter; **j-n nach s-r Meinung ~** demander son avis à qn; **auf ⟨ sagte er ...** interrogé, questionné à il a répondu ...
Be'fragung *f* ⟨~; ~en⟩ **1.** e-s Zeugen etc interrogation *f*; e-s Anwaltes etc consultation *f*; **2.** (*Umfrage*) enquête *f*; sondage *m*; (*Einzel⟨*) interview *f*
be'freien ⟨*pas de ge-*, *h*⟩ **I** *v/t* **1.** (*die Freiheit geben*) délivrer, libérer (*aus, von* de); *aus e-r Umklammerung* dégager (*aus* de); Sklaven etc affranchir; **2.** *fig* délivrer, libérer (*aus, von* de); (*erleichtern*) soulager; **3.** (*entbinden*) *von* Steuern exempter; exonérer; *vom Militärdienst* exempter; *von Gebühren, Formalitäten, Schüler vom Turnen* dispenser; **II** *v/réfl* **sich ~** se délivrer, se libérer, se dégager (*aus, von* de)
be'freiend *adj* libérateur, -trice; Wort, Lachen etc de soulagement; **Humor hat etwas ⟨es** l'humour a quelque chose de libérateur
Be'freier(in) *m* ⟨~s; ~⟩ (*f*) ⟨~; ~nen⟩ libérateur, -trice *m.f*
be'freit *adj* **1.** (*frei*) délivré; libéré; **2.** *fig* (*erleichtert*) soulagé; **3.** (*entbunden*) von Steuern exempt; exonéré; vom Militärdienst exempté; vom Turnen etc dispensé; **II** *adv* **~ aufatmen** pousser un soupir de soulagement
Be'freiung *f* ⟨~⟩ **1.** délivrance *f*; *a fig*, POL libération *f*; aus Abhängigkeit, Unterdrückung *a* affranchissement *m*; **2.** (*Entbinden*) von Steuern, vom Militärdienst exemption *f*; von Steuern *a* exonération *f*; von Gebühren, vom Turnen etc dispense *f*; **3.** (*Erleichterung*) soulagement *m*
Be'freiungs|armee *f* armée *f* de libération; **~bewegung** *f* mouvement *m* de libération; **~kampf** *m* combat *m* pour la libération; **~krieg** *m* guerre *f* de libération
be'fremden *v/t* ⟨-ete, *pas de ge-*, *h*⟩ irriter; surprendre (*désagréablement*); étonner
Be'fremden *n* ⟨~s⟩ irritation *f*; étonnement *m*
be'fremdlich *adj* surprenant; étonnant

Be'fremdung *f* ⟨~⟩ cf **Befremden**
be'freunden *v/réfl* ⟨-ete, *pas de ge-*, *h*⟩ **1. sich mit j-m ~** se lier d'amitié avec qn; **sie haben sich befreundet** ils *bzw* elles sont devenu(e)s ami(e)s; **2.** *fig* **sich mit e-m Gedanken ~** se faire à une idée
be'freundet *adj* ami; eng (*miteinander*) **~ sein** être (amis) intimes; être étroitement liés; POL **~e Länder** *n/pl* pays amis
be'frieden *st/s v/t* ⟨-ete, *pas de ge-*, *h*⟩ Land etc pacifier
be'friedigen ⟨*pas de ge-*, *h*⟩ **I** *v/t a fig* satisfaire; Ansprüche répondre à; **II** *v/réfl* **sich** (**selbst**) **~** se masturber
be'friedig|end *adj* satisfaisant; Schulnote cf **Drei** **2.**; **⟨ung** *f* ⟨~⟩ *a fig* satisfaction *f*
Be'friedung *st/s f* ⟨~⟩ pacification *f*
be'fristen *v/t* ⟨-ete, *pas de ge-*, *h*⟩ *etw* (**auf** *etw* [*acc*]) **~** limiter qc (à qc)
be'fristet *adj* à durée limitée; temporaire; Vertrag à durée déterminée; **auf ein Jahr ~ sein** être limité à un an
Be'fristung *f* ⟨~; ~en⟩ limitation *f* de temps; fixation *f* d'un délai, d'une durée (**auf** [+*acc*] de)
be'fruchten *v/t* ⟨-ete, *pas de ge-*, *h*⟩ **1.** BIOL féconder; *künstlich* inséminer; **2.** (*fruchtbar machen*) fertiliser; **3.** *st/s fig geistig* féconder; (*bereichern*) enrichir
Be'fruchtung *f* ⟨~; ~en⟩ **1.** BIOL fécondation *f*; **künstliche ~** insémination artificielle; **2.** *st/s fig geistige* enrichissement *m*
Be'fugnis *f* ⟨~; ~se⟩ autorisation *f*; (*Berechtigung*) pouvoir *m*; droit *m*; **s-e ~se überschreiten** outrepasser ses pouvoirs, ses attributions
befugt [bə'fu:kt] *adj* **~** (**zu** *etw*) autorisé, habilité (à faire qc); ayant qualité (pour faire qc); qui a le pouvoir, le droit (de faire qc); **dazu bin ich nicht ~** cela n'entre pas, ne rentre pas dans mes attributions
be'fühlen *v/t* ⟨*pas de ge-*, *h*⟩ toucher; (*betasten*) tâter; palper
be'fummeln F *v/t* ⟨-(e)le, *pas de ge-*, *h*⟩ F tripoter; *sexuell a* F peloter
Be'fund *m* ⟨~(e)s; ~e⟩ résultat *m*; MÉD **ohne ~** résultat négatif
be'fürchten *v/t* ⟨-ete, *pas de ge-*, *h*⟩ craindre; redouter; appréhender; avoir peur de; **es steht zu ~, daß ...** il est à craindre que ... (+*subj*); on peut craindre que ... (+*subj*); **ich befürchte, daß er es erfährt** je crains, redoute, etc qu'il ne l'apprenne; **das hatte ich befürchtet** c'est bien ce que je craignais
Be'fürchtung *f* ⟨~; ~en⟩ crainte *f*; appréhension *f*; **die ~ haben, daß ...** craindre, redouter, appréhender, avoir peur que ... (+*subj*); **Anlaß zu ~en geben** inspirer des inquiétudes; **s-e ~en haben sich bewahrheitet** ses craintes se sont vérifiées
be'fürworten *v/t* ⟨-ete, *pas de ge-*, *h*⟩ (*gutheißen*) approuver; (*unterstützen*) soutenir; appuyer; (*empfehlen*) préconiser
Be'fürwort|er(in) *m* ⟨~s; ~⟩ (*f*) ⟨~; ~nen⟩ partisan *m*; adepte *m.f*; (*Verfechter*[*in*]) avocat(e) *m*(*f*); **~ung** *f* ⟨~; ~en⟩ (*Unterstützung*) soutien *m*; appui *m*; (*Empfehlung*) préconisation *f*; (*Zustimmung*) avis *m* favorable

be'gabt *adj* doué (*für* pour); *er ist vielseitig, künstlerisch ~* il a des dons multiples, artistiques
Be'gabtenförderung *f* bourses accordées aux élèves et aux étudiants particulièrement doués
Be'gabung *f* ⟨~; ~en⟩ **1.** (*Talent*) disposition(s) *f(pl)*; don(s) *m(pl)*; talent(s) *m(pl)*; **2.** *Person* talent *m*; personne douée
begann [bə'gan] *cf* **beginnen**
be'gatt|en *v/réfl* ⟨-ete, *pas de ge-*, h⟩ *sich ~* s'accoupler; **2ung** *f* accouplement *m*; *beim Menschen* copulation *f*
be'geben *st/s v/réfl* ⟨*irr, pas de ge-*, h⟩ **1.** *räumlich sich ..., nach ... ~* se rendre à ...; *sich an die Arbeit ~* se mettre au travail; *sich auf die Reise ~* partir en voyage; *sich zur Ruhe ~* aller se coucher; *sich in Gefahr* (*acc*) *~* s'exposer au danger; **2.** (*sich ereignen*) arriver; se passer; se produire
Be'gebenheit *st/s f* ⟨~; ~en⟩ événement *m*; fait *m*
begegnen [bə'ge:gnən] *v/i* ⟨-ete, *pas de ge-*, sein⟩ **1.** (*treffen, antreffen*) *j-m, e-r Sache ~* rencontrer qn, qc; *heute morgen ist mir Birgit begegnet* ce matin, j'ai rencontré Birgit; **2.** *st/s* (*widerfahren*) arriver; **3.** *st/s* (*behandeln*) *j-m grob, höflich ~* traiter qn grossièrement, poliment; *j-m freundlich ~* être aimable envers, avec qn; **4.** *st/s e-m Übel, e-r Gefahr etc* (*entgegentreten*) affronter; faire face à; (*abwenden*) combattre; s'attaquer à; (*abhelfen*) remédier à
Be'gegnung *f* ⟨~; ~en⟩ *a SPORT* rencontre *f*
Be'gegnungsstätte *f* lieu *m* de rencontre
be'gehen *v/t* ⟨*irr, pas de ge-*, h⟩ **1.** (*gehen auf*) aller, marcher, passer sur; parcourir; **2.** *ADM* (*inspizieren*) inspecter; reconnaître; **3.** *st/s Fest* fêter; feierlich célébrer; commémorer; **4.** *Verbrechen, Verrat, Fehler, Sünde etc* commettre; *Dummheit* faire; *Selbstmord ~* se suicider
begehren [bə'ge:rən] *v/t* ⟨*pas de ge-*, h⟩ désirer (*a sexuell*); *heftig convoiter*; *st/s Einlaß ~* demander la permission d'entrer; *alles, was das Herz begehrt* tout ce que l'on désire, souhaite
Be'gehren *st/s n* ⟨~s⟩ désir *m*
be'gehr|enswert *adj* désirable; **~lich** *st/s adj Blick etc* plein de convoitise; (*lüstern*) lubrique; *st/s* concupiscent
be'gehrt *adj* recherché; *COMM a* demandé
Be'gehung *f* ⟨~; ~en⟩ *ADM zur Prüfung* inspection *f*; reconnaissance *f*
be'geistern *v/t* (*u v/réfl*) ⟨-(e)re, *pas de ge-*, h⟩ (*sich*) *~* (s')enthousiasmer, (s')enflammer, *leidenschaftlich* (se) passionner (*für* pour)
be'geistert **I** *adjt* enthousiaste; *von j-m, etw ~ sein* être enthousiasmé, passionné par qn, qc; **II** *advt* avec enthousiasme; avec passion
Be'geisterung *f* ⟨~⟩ enthousiasme *m*; (*Leidenschaft*) passion *f*; *ein Sturm der ~ des débordements m/pl d'enthousiasme*; *~ auslösen* soulever l'enthousiasme
be'geisterungsfähig *adj* capable de s'enthousiasmer; **2keit** *f* ⟨~⟩ capacité *f* d'enthousiasme

Begierde [bə'gi:rdə] *f* ⟨~; ~n⟩ désir *m* (*nach* de); *nach Geld* avidité *f*; cupidité *f*; *sinnliche a* concupiscence *f*
be'gierig *adj* avide, (très) désireux, -euse (*auf* [+*acc*], *nach* de); *ich bin ~ zu erfahren, ob ...* je brûle de savoir si ...
be'gießen *v/t* ⟨*irr, pas de ge-*, h⟩ *JARD, CUIS* arroser (*mit* avec); *etw auf jdn ~ a* verser qc sur qc; F *fig* plais *das muß begossen werden!* F ça s'arrose!
Be'ginn *m* ⟨~(e)s⟩ commencement *m*; début *m*; *am, zu, bei ~* au début; au commencement; *gleich zu ~* dès le début
beginnen [bə'gɪnən] ⟨beginnt, begann, begonnen, h⟩ *v/t u v/i* **1.** (*anfangen*) commencer; **2.** *st/s* (*unternehmen*) entreprendre; **II** *v/i* commencer (*zu* à); *mit etw ~ Dinge* commencer, débuter par qc; *Personen mit e-r Tätigkeit etc* commencer qc; *noch einmal ~* recommencer
be'glaubigen *v/t* ⟨*pas de ge-*, h⟩ **1.** *ADM* authentifier; *Abschrift* certifier conforme; *Unterschrift* légaliser; *notariell beglaubigte Urkunde* acte notarié; **2.** *DIPL* accréditer (*bei* auprès de)
Be'glaubigung *f* ⟨~; ~en⟩ **1.** *ADM* authentification *f*; *e-r Abschrift* certification *f* conforme; *e-r Unterschrift* légalisation *f*; **2.** *DIPL* accréditation *f*
be'gleich|en *v/t* ⟨*irr, pas de ge-*, h⟩ *Rechnung etc* régler; payer; **2ung** *f* ⟨~⟩ *e-r Rechnung etc* règlement *m*; paiement *od* payement *m*
Be'gleitbrief *m* lettre *f* d'accompagnement, d'envoi
be'gleiten *v/t* ⟨-ete, *pas de ge-*, h⟩ **1.** *a MUS* accompagner; *zum Schutz, als Gefolge* escorter; faire escorte à; *Schiffe* convoyer; *j-n auf dem Klavier ~* accompagner qn au piano; *j-n nach Hause ~* raccompagner qn; **2.** *fig etw mit etw ~* accompagner qc de qc; *st/s fig von etw begleitet sein* (*mit etw einhergehen*) s'accompagner de qc
Be'gleiter(in) *m* ⟨~s; ~⟩ *(f)* ⟨~; ~nen⟩ **1.** compagnon *m*; compagne *f*; *MUS, e-r Gruppe* accompagnateur, -trice *m,f*; **2.** *verhüllend* (*Geliebier*) *er ist ihr ständiger ~* c'est son chevalier servant
Be'gleit|erscheinung *f* effet *m* secondaire; **~instrument** *n* instrument *m* d'accompagnement; **~musik** *f* musique *f* d'accompagnement; **~papiere** *n/pl* documents *m/pl* d'accompagnement; **~person** *f e-r Gruppe* accompagnateur, -trice *m,f*; **~schein** *m ZOLL* acquit-à-caution *m*; **~schreiben** *n* lettre *f* d'accompagnement, d'envoi; **~text** *m* (*Bilderläuterung*) légende *f*; (*Kommentar*) commentaire *m*; **~umstände** *m/pl* faits concomitants
Be'gleitung *f* ⟨~; ~en⟩ **1.** *MUS* accompagnement *m*; **2.** (*pas de pl*) *in ~ ihres Mannes* en compagnie de son mari; **3.** *Person* compagnon *m*; compagne *f*; *e-r Gruppe* accompagnateur, -trice *m, f*; *ohne ~ ausgehen* sortir seul, sans être accompagné
be'glücken *st/s v/t* ⟨*pas de ge-*, h⟩ rendre heureux, *a iron* ravir; faire le bonheur de; *iron j-n mit s-r Gegenwart ~* honorer qn de sa présence; *ein ~des Gefühl* un sentiment de bonheur
be'glückt *adjt* heureux, -euse; ravi
be'glückwünschen ⟨*pas de ge-*, h⟩ **I** *v/t*

j-n (*zu etw*) *~* féliciter qn (pour *od* de qc); **II** *v/réfl sich* (*zu etw*) *~* se féliciter (de qc)
be'gnadet *st/s adj* merveilleusement doué; 'hors pair; *fig* en état de grâce
be'gnadigen *v/t* ⟨*pas de ge-*, h⟩ gracier
Be'gnadigung *f* ⟨~; ~en⟩ grâce *f*; *die ~ des Verbrechers* la grâce accordée au criminel
Be'gnadigungs|gesuch *n* recours *m* en grâce; **~recht** *n* droit *m* de grâce
begnügen [bə'gny:gən] *v/réfl* ⟨*pas de ge-*, h⟩ *sich mit etw ~* se contenter de qc
Begonie [be'go:niə] *f* ⟨~; ~n⟩ *BOT* bégonia *m*
begonnen [bə'gɔnən] *cf* **beginnen**
be'graben *v/t* ⟨*irr, pas de ge-*, h⟩ **1.** (*beerdigen*) enterrer; inhumer; *~ liegen* reposer; être enterré; F *fig da möchte ich nicht ~ sein* je ne voudrais y vivre pour rien au monde; **2.** (*verschütten*) ensevelir; *die Lawine begrub mehrere Dörfer* (*unter sich* [*dat*]) l'avalanche a enseveli plusieurs villages; *lebendig ~ sein* unter Trümmern *etc* rester enterré (*unter* [+*dat*] sous); *fig* être enseveli, enterré vivant; **3.** (*beenden, aufgeben*) *s-e Hoffnungen ~* abandonner tout espoir; *e-n Streit ~* faire la paix
Begräbnis [bə'grɛ:pnɪs] *n* ⟨-ses; -se⟩ enterrement *m*; inhumation *f*
be'gradig|en *v/t* ⟨*pas de ge-*, h⟩ *Fluß etc* rectifier; **2ung** *f* ⟨~; ~en⟩ rectification *f*
be'grapschen F *v/t* ⟨*pas de ge-*, h⟩ F tripoter; *sexuell a* F peloter
be'greifen ⟨*irr, pas de ge-*, h⟩ **I** *v/t* **1.** (*verstehen*) comprendre; saisir; *ich begreife nicht, wie ... a* je ne vois pas comment ...; **2.** (*betrachten, auffassen*) *etw, sich als etw ~* considérer qc, se considérer comme qc; **3.** *regional* (*anfassen*) toucher; **II** *v/i* comprendre
be'greiflich *adj* compréhensible; concevable; *j-m etw ~ machen* faire comprendre qc à qn; *es ist mir nicht ~, wie ...* je n'arrive pas à comprendre *od* à saisir comment ...
be'greiflicher|weise *adv* on comprend (aisément) que ...; naturellement
be'grenzen *v/t* ⟨-(es)t, *pas de ge-*, h⟩ **1.** *als Grenze* délimiter; **2.** (*beschränken*) *etw* (*auf etw* [*acc*]) *~* limiter qc (à qc)
be'grenzt *adjt a fig* limité; **2heit** *f* ⟨~⟩ *a fig* caractère limité; limitation *f*
Be'grenzung *f* ⟨~; ~en⟩ **1.** (*das Begrenzen*) *a fig* limitation *f*; **2.** (*Grenze*) limite *f*
Be'griff *m* ⟨~(e)s; ~e⟩ **1.** (*Bezeichnung*) notion *f*; idée *f*; *PHILOS, LING* concept *m*; **2.** (*Vorstellung*) idée *f*; *sein Name ist mir ein, kein ~* son nom me dit quelque chose, ne me dit rien; *für meine ~e* à mon idée; *sich* (*dat*) *einen* (*falschen*) *~ von etw machen* se faire une (fausse) idée de qc; (*gar*) *keinen ~ von etw haben* ne pas avoir la moindre idée de qc; **3.** F *schwer von ~ sein* F avoir la comprenette un peu dure; F être dur à la détente. **4.** *im ~ sein od stehen, etw zu tun* être sur le point de faire qc; s'apprêter à faire qc
be'griffen *adjt in der Entwicklung ~ sein* être en train de se développer; *im Aufbruch ~ sein* être sur le point de partir; s'apprêter à partir; *im Bau ~* en

(cours de) construction; *im Entstehen* ~ en (voie de) formation
be'grifflich *adj* conceptuel, -elle; *(abstrakt)* abstrait
Be'griffsbestimmung *f* définition *f*
be'griffs|stutzig, *österr* ~**stützig** *adj* (qui a l'esprit) lent; obtus; bouché
Be'griffs|stutzigkeit *f*, *österr* ~**stützigkeit** *f* ⟨~⟩ lenteur *f* d'esprit; ~**vermögen** *n* compréhension *f*; entendement *m*; ~**verwirrung** *f* confusion *f* (d'idées)
be'gründen *v/t* ⟨-ete, *pas de ge-*, h⟩ **1.** (den Grund angeben für) motiver (*mit par*); (*rechtfertigen*) justifier; *sachlich begründet* objectivement fondé; **2.** (*Grund sein für*) être à l'origine de; *e-e historisch begründete Tatsache* un fait historique, basé sur l'histoire; *in etw* (*dat*) *begründet sein* s'expliquer par qc; être dû à qc; *das liegt in der Natur des Menschen begründet* c'est dans la nature de l'homme; **3.** *Familie, Hausstand, Verein etc* fonder; *Zeitung, Bewegung* créer; *Ruf, Ruhm* faire
Be'gründer(in) *m(f)* fondateur, -trice *m,f*
be'gründet *adjt* (*berechtigt*) justifié
Be'gründung *f* **1.** *e-r Behauptung etc* (exposé *m* des) motifs *m/pl*; raison(s) *f(pl)*; (*Rechtfertigung*) justification *f*; *JUR e-s Urteils* attendus *m/pl*; *mit der* ~, *daß* ... en donnant comme raison, pour motif que ...; en alléguant que ...; *etw ohne jede* ~ *ablehnen* refuser qc sans donner d'explication; **2.** (*Gründung*) fondation *f*; création *f*
be'grünen *v/t* ⟨*pas de ge-*, h⟩ *Stadtteil* créer des espaces verts dans; *Wand, Dach* faire pousser des plantes sur
Be'grünung *f* ⟨~⟩ **1.** (*Grünflächen*) espaces verts; *an Wänden, Häusern* verdure *f*; végétation *f*; **2.** *Vorgang* création *f* d'espaces verts
be'grüßen *v/t* ⟨-(e)t, *pas de ge-*, h⟩ **1.** (*grüßen*) saluer; (*empfangen*) accueillir; **2.** (*gutheißen*) accueillir favorablement, avec joie; saluer; applaudir à; *es ist zu* ~, *daß* ... il est heureux bzw nous nous réjouissons de voir que ... (+ *subj*); *wir würden es sehr* ~, *wenn* il serait très souhaitable que ... (+ *subj*); **3.** *schweiz* (*um Rat fragen*) consulter
be'grüßenswert *adj* (*willkommen*) bienvenu; (*erfreulich*) heureux, -euse; réjouissant; ~ *sein* être le bienvenu, la bienvenue
Be'grüßung *f* ⟨~; ~en⟩ salutation(s) *f(pl)*; accueil *m*; *ein Wort der* ~ des paroles *f/pl* de bienvenue; *sich* (*dat*) *zur* ~ *die Hand geben* se saluer d'une poignée de main
Be'grüßungsansprache *f* allocution *f* de bienvenue
Be'grüßungskuß *m* bise *f*; *sich* (*dat*) *e-n* ~ *geben* faire la bise
be'gucken F *v/t* (*u v/réfl*) ⟨*pas de ge-*, h⟩ (*sich*) ~ (se) regarder; *genauer* (s')examiner
be'günstigen *v/t* ⟨*pas de ge-*, h⟩ **1.** favoriser; (*bevorteilen*) privilégier; avantager; **2.** *JUR j-n* ~ être complice de qn (par assistance)
Be'günstigung *f* ⟨~⟩ **1.** traitement préférentiel, de faveur (+ *gén* accordé à); (*Vorteil*) avantage *m*; **2.** *JUR* complicité *f* (par assistance)

be'gutachten *v/t* ⟨-ete, *pas de ge-*, h⟩ *faehlich* expertiser; faire une expertise sur; *par ext* donner, émettre son avis sur; F *fig plais laß dich* (*mal*) ~! montre-toi un peu (pour voir)!
Be'gutachtung *f* ⟨~; ~en⟩ expertise *f*; avis *m*, rapport *m* d'expert
begütert [bə'gy:tərt] *adj* aisé; *pl/fort* fortuné; ~ *sein* avoir, posséder de la fortune
be'gütigend *adjt* apaisant; calmant
be'haar|t *adj* poilu; velu; ~**ung** *f* ⟨~; ~en⟩ pilosité *f*; poils *m/pl*; (*Fell*) pelage *m*
behäbig [bə'hɛ:bɪç] **I** *adj* (*schwerfällig*) lourd et lent; pesant; (*beleibt*) corpulent; (*gemächlich*) qui prend son temps; *mit* ~**en Schritten** d'un pas pesant; **II** *adv* pesamment
Be'häbigkeit *f* ⟨~⟩ (*Schwerfälligkeit*) lourdeur *f*; pesanteur *f*; (*Beleibtheit*) corpulence *f*; embonpoint *m*
be'haftet *st/s adj mit etw* ~ *sein* avoir qc; *mit e-m Übel behaftet sein* être atteint de qc; *mit* ~ *Gebrechen* être affligé de qc
behagen [bə'ha:gən] *v/i* ⟨*pas de ge-*, h⟩ *j-m* ~ plaire, convenir, être agréable à qn; *das behagt mir* c'est à mon goût
Be'hagen *n* ⟨~s⟩ (*Vergnügen*) plaisir *m*; (*Zufriedenheit*) contentement *m*; (*Wohlbefinden*) bien-être *m*
be'haglich I *adj* **1.** (*gemütlich*) *Ort* où l'on se sent bien, à l'aise; *Sessel etc* confortable; **2.** (*zufrieden*) *ein* ~*es Gefühl* un sentiment de bien-être; **II** *adv* sich ~ *fühlen* se trouver bien, se sentir à son aise; *es sich* (*dat*) ~ *machen* se mettre à l'aise
Be'haglichkeit *f* ⟨~⟩ **1.** (*Gemütlichkeit*) agrément *m*; confort *m*; **2.** (*Wohlbefinden*) bien-être *m*
be'halten *v/t* ⟨*irr, pas de ge-*, h⟩ **1.** (*nicht hergeben, an e-m Ort belassen*) garder; *s-e Gültigkeit* ~ conserver, garder sa validité; rester valable; *st/s bitte*, ~ *Sie Platz!* ne vous dérangez pas!; *s-e Nahrung bei sich* (*dat*) ~ ne pas rejeter son repas; *etw für sich* ~ garder qc pour soi; **2.** *im Gedächtnis* retenir; *etw in guter Erinnerung* ~ conserver, garder un bon souvenir de qc
Behälter [bə'hɛltər] *m* ⟨~s; ~⟩ récipient *m*; *für Flüssigkeiten* réservoir *m*; (*Container*) container *od* conteneur *m*
Be'hältnis *st/s n* ⟨~ses; ~se⟩ récipient *m*
be'hämmert F *péj adjt* F marteau; F tapé; F branque
be'handeln *v/t* ⟨-(e)le, *pas de ge-*, h⟩ **1.** (*umgehen mit*) traiter; *j-n schlecht* ~ maltraiter, malmener qn; **2.** *MÉD Kranke* traiter; *a Krankheit* soigner; *e-e Krankheit mit* ... ~ soigner une maladie par ..., au moyen de ...; *der* ~*de Arzt* le médecin traitant; **3.** *TECH, fig Thema etc* traiter (*mit* avec, *TECH* à par); *Thema erschöpfend* ~ épuiser
Be'handlung *f* **1.** (*Umgang*) traitement *m*; **2.** *MÉD* traitement *m*; soins *m/pl*; *die* ~ *e-s Kranken* les soins donnés à un malade; ~ *mit Penizillin* traitement par la pénicilline; *ärztliche, zahnärztliche* ~ soins médicaux, dentaires; *in ärztlicher* ~ *sein* suivre un traitement (médical); (*bei j-m*) *in* ~ (*dat*) *sein* être en traitement (chez qn); **3.** *TECH von*

Rohstoffen, Flecken, fig traitement *m* (*mit* par); *fig e-s Themas, Problems* a étude *f*
be'handlungsbedürftig *adj* qui a besoin de soins
Be'handlungs|kosten *pl MÉD* frais *m/pl* de traitement; ~**stuhl** *m* fauteuil utilisé pour l'examen médical; *beim Zahnarzt* fauteuil *m* de dentiste; ~**zimmer** *n* salle *f* de soins
be'handschuht *adj* ganté
Be'hang *m* ⟨~(e)s; ~e⟩ **1.** (*Wand*2) tenture *f*; **2.** *e-s Obstbaums* fruits *m/pl*; **3.** *Dekoration* décoration *f*
be'hängen *v/t* ⟨*pas de ge-*, h⟩ *etw* (*mit etw*) ~ décorer, orner qc (de qc); (*bedecken*) couvrir qc (de qc); *péj* surcharger qc (de qc); *mit Orden behängt* bardé de décorations
be'harren *v/i* ⟨*pas de ge-*, h⟩ *auf etw* (*dat*) ~ ne pas démordre de qc; *eigensinnig* s'entêter dans qc; *darauf* ~, *etw zu tun* insister pour faire qc; *eigensinnig* s'obstiner, s'entêter à faire qc; *ich muß es doch wissen! beharrte er* insista-t-il
be'harrlich I *adj* (*ausdauernd*) persévérant; (*standhaft*) ferme; (*zäh*) tenace; (*hartnäckig*) obstiné; opiniâtre; **II** *adv* (*ausdauernd*) avec persistance, persévérance; (*standhaft*) fermement; avec fermeté; (*zäh*) avec ténacité; (*hartnäckig*) obstinément; opiniâtrement; ~ *leugnen* persister à nier
Be'harrlichkeit *f* ⟨~⟩ persistance *f*; persévérance *f*; (*Standhaftigkeit*) fermeté *f*; (*Zähigkeit*) ténacité *f*; (*Hartnäckigkeit*) obstination *f*; opiniâtreté *f*
Be'harrungsvermögen *n PHYS* force *f* d'inertie
be'hauchen *v/t* ⟨*pas de ge-*, h⟩ **1.** souffler sur; *Brille etc* faire de la buée sur; **2.** *PHON* aspirer
be'hauen *v/t* ⟨*irr, pas de ge-*, h⟩ tailler
be'haupten ⟨-ete, *pas de ge-*, h⟩ **I** *v/t* **1.** (*beteuern*) soutenir; affirmer; (*versichern*) assurer; (*vorgeben*) prétendre; **2.** *Stellung, Posten etc* maintenir; (*verteidigen*) défendre; **II** *v/réfl sich* ~ s'affirmer; (*nicht nachgeben*) ne pas céder; *in s-r Stellung, s-m Rang* se maintenir en place
Be'hauptung *f* ⟨~; ~en⟩ **1.** affirmation *f*; assertion *f*; *MATH, PHILOS* hypothèse *f*; *das ist e-e bloße* ~ c'est une affirmation gratuite, une simple hypothèse; **2.** ⟨*pas de pl*⟩ *e-r Stellung etc* maintien *m*
Be'hausung *st/s f* ⟨~; ~en⟩ habitation *f*; ([*notdürftige*]) *Unterkunft*) logement *m* (de fortune)
be'heb|en *v/t* ⟨*irr, pas de ge-*, h⟩ **1.** *Schäden, Fehler* réparer; remédier à; *Mißstände* supprimer; *Zweifel* écarter; **2.** *österr* (*abholen*) aller chercher; prendre; *bei der Bank* retirer; ~**ung** *f* ⟨~; ~en⟩ **1.** ⟨*pas de pl*⟩ *von Schäden etc* réparation *f*; *von Schwierigkeiten* aplanissement *m*; **2.** *österr* (*Abholung*) enlèvement *m*; *bei der Bank* retrait *m*
be'heimatet *adj* ~ *in* (+ *dat*) (*abstammend*) originaire de; (*ansässig*) domicilié à
be'heizbar *adj* chauffable; *Heckscheibe* dégivrant; chauffant
be'heizen *v/t* ⟨-(e)t, *pas de ge-*, h⟩ chauffer
Be'helf *m* ⟨~(e)s; ~e⟩ (*Provisorium*) so-

behelfen – beidseitig

lution *f* provisoire; (*Notlösung*) expédient *m*; moyen *m* de fortune
be'**helfen** *v/réfl* ⟨*irr, pas de ge-, h*⟩ *sich mit etw* ~ se débrouiller avec qc; avoir recours à qc; *sich ohne etw* ~ se passer de qc
Be'**helfs|ausfahrt** *f* sortie *f* de délestage; ²*mäßig adj* provisoire; ~**unterkunft** *f* logement *m* de fortune; ²*weise adv* provisoirement
be'**helligen** *v/t* ⟨*pas de ge-, h*⟩ *j-n (mit etw)* ~ importuner qn (de qc); ennuyer, déranger qn (avec qc)
behend(e) [bə'hɛnt (-'hɛndə)] *adj* vif, vive; agile; preste; leste
Be'**hendigkeit** *f* ⟨~⟩ agilité *f*; vivacité *f*
be'**herberg|en** *v/t* ⟨*pas de ge-, h*⟩ **1.** (*e-e Unterkunft bieten*) héberger; loger; *Gebäude* abriter; **2.** *fig* (*Raum bieten für*) accueillir; contenir; ²*ung f* ⟨~⟩ hébergement *m*
be'**herrschen** ⟨*pas de ge-, h*⟩ **I** *v/t* **1.** *Land, Volk* régner sur; asservir; *Welt* dominer; COMM *Markt* être leader sur; **2.** (*unter Kontrolle haben*) *Situation* contrôler; être, rester maître de; *Gefühle* maîtriser; *Fahrzeug* garder le contrôle de; **3.** *Sprache, Kunst, Technik* maîtriser; **4.** (*vorherrschen, a örtlich überragen*) dominer; **II** *v/réfl sich* ~ se retenir; se contenir; F *ich kann mich* ~*!* je m'en garderai bien!
Be'**herrscher(in)** *m(f)* maître, -esse *m,f*; souverain(e) *m(f)*; *st/s* dominateur, -trice *m,f*
be'**herrscht** *adj* maître, -esse de soi; discipliné; ²*heit f* ⟨~⟩ maîtrise *f* (de soi)
Be'**herrschung** *f* ⟨~⟩ **1.** *e-s Landes etc* domination *f*; **2.** *e-r Situation, seiner selbst* maîtrise *f*; contrôle *m*; *s-e* ~ *verlieren* perdre son sang-froid; ne plus rester maître de soi; **3.** *e-r Sprache, Technik* connaissance *f*; maîtrise *f*
be'**herzigen** *v/t* ⟨*pas de ge-, h*⟩ suivre; écouter; tenir compte de; prendre à cœur
be'**herzt** *adj* (*mutig*) courageux, -euse; (*entschlossen*) résolu; (*unerschrocken*) intrépide; ²*heit f* ⟨~⟩ (*Mut*) courage *m*; (*Entschlossenheit*) résolution *f*; (*Unerschrockenheit*) intrépidité *f*
be'**hexen** *v/t* ⟨*-(es)t, pas de ge-, h*⟩ ensorceler; envoûter
be'**hilflich** *adj* ⟨*attribut*⟩ *j-m (bei etw)* ~ *sein* aider qn (à faire qc); donner un coup de main à qn (pour faire qc); *darf ich Ihnen* ~ *sein?* puis-je vous aider, vous être utile?
be'**hindern** *v/t* ⟨*-(e)re, pas de ge-, h*⟩ gêner; (*hemmen*) *a* entraver; (*entgegenwirken*) faire obstacle à
be'**hindert** *adj* 'handicapé
Be'**hinderte(r)** *f(m)* ⟨→ A⟩ 'handicapé(e) *m(f)*; *ein geistig* ~*r* un 'handicapé mental
be'**hindertengerecht** *adj* (aménagé) pour les 'handicapés
Be'**hinderten|sport** *m* 'handisport *m*; ~**toilette** *f* toilettes adaptées aux 'handicapés; ~**werkstatt** *f* atelier *m* pour 'handicapés
Be'**hinderung** *f* ⟨~; -en⟩ **1.** MÉD infirmité *f*; 'handicap *m*; **2.** (*Hindernis, Blockierung*) gêne *f*; entrave *f*; *die* ~ *des Verkehrs* l'entrave *f* à la circulation; ~*en auf der A 6* ralentissements *m/pl* sur l'A 6

Behörde [bə'hø:rdə] *f* ⟨~; ~n⟩ autorité *f*; administration *f*
Be'**hörden|apparat** *m* appareil administratif; ~**sprache** *f* langage administratif
be'**hördlich** *adj* ⟨*épithète*⟩ administratif, -ive; *mit* ~*er Genehmigung* avec l'autorisation officielle
be'**hüten** *v/t* ⟨*-ete, pas de ge-, h*⟩ *j-n, etw (vor j-m, etw)* protéger qn, qc (de, contre qn, qc); préserver qn, qc (de qn, qc); garder qn, qc; (*Gott*) *behüte!* jamais de la vie!; Dieu m'en garde!
be'**hutsam I** *adj* (*vorsichtig*) précautionneux, -euse; (*achtsam*) attentionné; (*rücksichtsvoll*) plein d'égards, de tact; **II** *adv* (*vorsichtig*) avec précaution, doucement; (*rücksichtsvoll*) avec ménagement; ²*keit f* ⟨~⟩ (*Vorsicht*) précaution *f*; (*Umsicht*) circonspection *f*; (*Rücksicht*) égards *m/pl*
bei [baɪ] *prép* ⟨*dat*⟩ **1.** *räumlich* (*in der Nähe von*) près de; *bei Personen* auprès de; *in j-s Haus etc* chez; *auf e-m Brief* (*per Adresse*) aux bons soins de; *Potsdam liegt ~ Berlin* Potsdam est (situé), se trouve près de Berlin; ~ *mir (zu Hause)* chez moi; ~ *j-m wohnen* habiter chez qn; *sich ~ j-m entschuldigen, erkundigen* s'excuser, se renseigner auprès de qn; ~*m Arzt, Friseur etc* chez le médecin, le coiffeur, *etc*; ~ *der Post,* ~ *Langenscheidt arbeiten* travailler à la poste, chez Langenscheidt; ~*m Film sein* être dans le cinéma; ~ *der Marine, Artillerie* dans la marine, l'artillerie; ~ *der Arbeit sein* être au travail; *Anwalt* ~*m Landgericht* sein, JUR près le tribunal de grande instance; *ein Konto* ~ *der Bank haben* avoir un compte en banque; ~ *Hofe* à la cour; *das steht ~ Goethe* cela se trouve, c'est dans Goethe; ~ *diesem Wort fehlt ein Buchstabe* dans ce mot il manque une lettre; *j-n ~ sich haben* etc avoir qn; *als Gast haben* ~ *sich haben* Geld, Ausweis etc avoir qc sur soi; Schirm, Fahrrad etc avoir qc; *j-n ~ der Hand nehmen* prendre qn par la main; *j-n nicht schlecht!* dachte er ~ *sich* pensa-t-il en lui-même, en son for intérieur; F *nicht ganz* ~ *sich sein* ne pas avoir toute sa tête (à soi); *die Entscheidung liegt* ~ *ihr* c'est à elle de décider; ~ *der Wahrheit bleiben* s'en tenir à la vérité; ne dire que la vérité; *so war es auch* ~ *mir* c'était aussi comme ça pour moi; *man weiß nie, woran man* ~ *ihr ist* on ne sait jamais où l'on en est avec elle, sur quel pied danser avec elle; ~ *ihm darf man nicht nachgeben* avec lui, il ne faut pas céder; **2.** *zeitlich* à; pendant; au moment de; lors de; ~ *der Abfahrt des Zuges* au départ du train; ~ *der Ankunft* à l'arrivée; ~ *Tag, Nacht* de jour, nuit; ~ *Sonnenaufgang* au lever du soleil; ~*m Laufen, Sprechen etc* en courant, en parlant, *etc*; ~*m Essen, Duschen etc sein* être en train de manger, de prendre sa douche, *etc*; ~ *e-m Kongreß* lors d'un congrès; *st/s* ~ *Tisch* à table; **3.** *modal* ~ *e-m Unfall* dans un accident; (*im Falle e-s Unfalls*) en cas d'accident; ~ *e-m Glas Wein* devant un verre de vin; ~ *Strafe ver-*

boten défendu sous peine d'amende; ~ *Kräften sein* avoir toutes ses forces; ~ *guter Laune sein* être de bonne humeur; *j-n* ~*m Namen nennen* appeler qn par son nom; **4.** (*auf Grund von*) étant donné; ~ *s-r Schüchternheit* étant donné sa timidité; ~ *ihrer Intelligenz* avec son intelligence; **5.** (*trotz*) malgré; avec; ~ *aller Anerkennung* malgré toute sa valeur, notre, *etc* estime; ~*m besten Willen* avec la meilleure volonté du monde; **6.** *in Beteuerungsformeln* ~ *Gott, das ist wahr!* Dieu m'est témoin que c'est vrai; ~ *meiner Ehre!* sur mon honneur!
'**beibehalten** *v/t* ⟨*irr, sép, pas de ge-, h*⟩ conserver; garder
'**Beibehaltung** *f* ⟨~⟩ conservation *f*; maintien *m*; *unter* ~ (*dat*) *des Namens* en gardant le *od* son nom; *unter* ~ (*dat*) *der Methode* sans changer de méthode
'**Bei|blatt** *n* zu e-m Formular feuille *f* annexe; ~**boot** *n* canot *m*; chaloupe *f*
'**beibringen** *v/t* ⟨*irr, sép, -ge-, h*⟩ **1.** (*lehren*) apprendre; enseigner; **2.** F (*mitteilen*) *j-m etw schonend* ~ dire, apprendre, annoncer qc à qn avec ménagement; **3.** (*zufügen*) *Niederlage etc* infliger; *j-m e-e Verletzung* ~ blesser qn; **4.** (*beschaffen*) Bescheinigung *etc* produire; fournir; Beweise *a* administrer; Zeugen produire; Alibi, Gründe fournir
Beichte ['baɪçtə] *f* ⟨~; ~n⟩ confession *f*; *zur* ~ *gehen* aller se confesser; aller à confesse; *j-m die* ~ *abnehmen* confesser qn; entendre qn en confession
'**beichten** ⟨*-ete, h*⟩ **I** *v/t (j-m) etw* ~ REL, *fig* confesser qc (à qn); *fig* avouer qc (à qn); **II** *v/i* se confesser (*bei* à); ~ *gehen* aller se confesser
'**Beicht|geheimnis** *n* secret *m* de la confession; ~**stuhl** *m* confessional *m*; ~**vater** *m* confesseur *m*; directeur *m* de conscience
'**beid|armig** *adj u adv* à *od* des deux bras; ~**beinig** *adj u adv* de *od* des deux jambes
beide ['baɪdə] *pr* **I** *adj* les deux; *die, meine* ~*n Söhne* mes, ces deux fils; *er hat* ~ *Eltern verloren* il a perdu son père et sa mère; **II** *subst* les deux; *alle* ~ tous *bzw* toutes (les) deux; *die ersten* ~*n* les deux premiers, -ières; *eins von* ~*n* de deux choses l'une; *keiner von* ~*n* ni l'un ni l'autre; aucun des deux; *e-r von* ~*n* (l')un des deux; ~*s ist möglich* les deux sont possibles; TENNIS, TISCHTENNIS *fünfzehn* ~ quinze partout; *na, ihr* ~*n?* alors vous deux?
'**beidemal** *adv* les deux fois
'**beider'lei** *adj* ⟨*inv*⟩ ~ *Arten f/pl* bzw des deux sortes *f/pl*; ~ *Geschlechts* des deux sexes
'**beiderseitig** *adj* réciproque; mutuel, -elle; des deux côtés; *in* ~*em Einvernehmen* par consentement mutuel
'**beiderseits** *adv* (*u prép* ⟨*gén*⟩) des deux côtés (de); de part et d'autre (de)
'**beidhändig** ['baɪthɛndɪç] **I** *adj* (*mit beiden Händen*) des deux mains; (*mit beiden Händen gleich geschickt*) ambidextre; **II** *adv* des deux mains
'**beidrehen** *v/i* ⟨*sép, -ge-, h*⟩ MAR se mettre en panne
'**beidseitig** *adj u adv* des deux côtés

beiein'ander *adv* ensemble; *dicht, nahe* ~ très près, proche l'un de l'autre
beiein'anderhaben *v/t* ⟨*irr, sép, -ge-, h*⟩ *Unterlagen etc* avoir réuni, rassemblé; F *fig du hast (sie) wohl nicht alle beieinander!* F ça va pas la tête!
beiein'andersein F *v/i* ⟨*irr, sép, -ge-, sein*⟩ *gut* ~ être bien; être en forme; *schlecht, nicht recht* ~ ne pas être dans son assiette; F ne pas avoir la forme
'Beifahrer|(in) *m(f)* im Auto passager, -ère *m,f* (avant); *im Lastwagen* aide-conducteur *m* (*Soziusfahrer|in|*) passager, -ère *m,f*; SPORT coéquipier, -ière *m,f*; **~sitz** *m* siège *m* avant droit
'Beifall *m* ⟨~(e)s⟩ **1.** applaudissements *m/pl*; *durch Zurufe* acclamations *f/pl*; ~ **klatschen** applaudir; **2.** (*Zustimmung*) approbation *f*; *Vorschlag etc* ~ **finden** être bien accueilli
'beifällig I *adj* approbateur, -trice; approbatif, -ive; favorable; **II** *adv etw* ~ **aufnehmen** bien accueillir, accueillir favorablement qc; ~ **nicken** hocher la tête en signe d'approbation
'Beifalls|äußerung *f* applaudissements *m/pl*; signe *m* d'approbation; **~ruf** *m* acclamation *f*; *bravo m*; **~sturm** *m* tonnerre *m* d'applaudissements
'beifügen *v/t* ⟨*sép, -ge-, h*⟩ **1.** (*dazulegen*) *e-m Brief etc* joindre; annexer; inclure; **2.** (*hinzufügen*) ajouter
'Beifügung *f* adjonction *f* (*zu* à); ADM *unter* ~ *von* ... en (y) joignant ...
Beifuß ['baɪfuːs] *m* ⟨~es⟩ BOT armoise *f*
'Beigabe *f* **1.** (*Hinzugefügtes*) supplément *m*; complément *m*; **2.** (*Hinzufügen*) *durch* ~ *von* ... en ajoutant ...
beige [beːʃ] *adj* ⟨*inv, F déclinable*⟩ beige
Beige *n* ⟨~;~⟩ beige *m*
'beigeben *st/s v/t* ⟨*irr, sép, -ge-, h*⟩ **1.** (*hinzufügen*) ajouter; *Personen* (*zuordnen*) adjoindre; **2.** F *klein* ~ céder; baisser le ton; baisser pavillon
'beigefarben *adj* beige
'Beigeordnete(r) *f(m)* ⟨→ A⟩ ADM adjoint(e) *m(f)*
'Beigeschmack *m* petit goût *m*; *fig* arrière-goût *m*; *e-n eigenartigen* ~ *haben* avoir un goût particulier; *e-n bitteren* ~ *haben* a *fig* avoir un goût amer; *fig e-n negativen* ~ *haben* avoir (pris) une connotation négative
'Bei|heft *n* supplément *m*; **2heften** *v/t* ⟨*-ete, sép, -ge-, h*⟩ attacher
'Beihilfe *f* **1.** *finanzielle* allocation *f*; aide *f*; *für Ausbildungszwecke* bourse *f*; **2.** JUR complicité *f*; ~ *zum Mord* complicité de meurtre
'beiholen *v/t* ⟨*sép, -ge-, h*⟩ *Segel* border
'Beiklang *m* bruit *m* d'accompagnement; *fig e-n ironischen* ~ *haben* avoir une nuance d'ironie
'Bei|koch *m*, **~köchin** *f* aide-cuisinier, -ière *m,f*
'beikommen *v/i* ⟨*irr, sép, -ge-, sein*⟩ *j-m, e-r Sache nicht* ~ *können* ne pas pouvoir venir à bout de qn, qc; *ihm ist nicht beizukommen* on n'a pas de prise sur lui
'Beikost *f* complément *m* alimentaire
Beil [baɪl] *n* ⟨~(e)s; ~e⟩ hache *f*; cognée *f*; (*Hack2*) couperet *m*
'Beilage *f* **1.** *zu e-r Zeitung, e-m Buch* supplément *m*; **2.** CUIS accompagnement *m*; garniture *f*; **3.** *österr* (*Anlage*) pièce jointe (*zu* à); annexe *f*
bei'läufig ['baɪlɔyfɪç] **I** *adj* accessoire; *e-e* ~*e Bemerkung* une remarque faite en passant; **II** *adv* incidemment; *etw* ~ *erwähnen* évoquer qc en passant
'beileg|en *v/t* ⟨*sép, -ge-, h*⟩ **1.** (*beifügen*) joindre; annexer; inclure; **2.** (*beenden*) *Streit etc* régler; arranger; mettre fin à; **2ung** *f* ⟨~; ~en⟩ *von Differenzen etc* règlement *m*; arrangement *m*
bei'leibe *adv* ~ *nicht* pas du tout; sûrement pas; certainement pas
'Beileid *n* condoléances *f/pl*; sympathie *f*; *j-m sein* ~ *aussprechen* exprimer, présenter ses condoléances à qn; (*mein*) *herzliches od aufrichtiges* ~*!* (toutes) mes condoléances!
'Beileids|besuch *m* visite *f* de sympathie; **~bezeigung** *f* ⟨~; ~en⟩, **~bezeugung** *f* ⟨~; ~en⟩ condoléances *f/pl*; témoignage *m* de sympathie; **~karte** *f* carte *f* de condoléances
'beiliegen *v/i* ⟨*irr, sép, -ge-, h*⟩ **1.** *e-m Brief etc* être joint; **2.** MAR (*beigedreht haben*) être à la cape; (*vor Anker liegen*) être amarré (à quai)
'beiliegend *adjt u advt* ADM ci-joint; ci--inclus; ~ *schicken wir Ihnen* ... veuillez trouver ci-joint, ci-inclus ...
beim [baɪm] = *bei dem*
'beimengen *v/t* ⟨*sép, -ge-, h*⟩ *etw e-r Sache* (*dat*) ~ additionner qc de qc; ajouter qc à qc; incorporer qc dans, à qc
'Beimengung *f* ⟨~; ~en⟩ **1.** *Vorgang* ~ (*von* ... *zu*) incorporation *f* (de ... dans); addition *f* (de ... à); **2.** (*Beigemengtes*) produit ajouté, incorporé
'beimessen *v/t* ⟨*irr, sép, -ge-, h*⟩ *Bedeutung, Wert etc* donner; attacher; attribuer; *e-r Sache* (*dat*) *zu viel Gewicht* ~ attribuer, attacher trop d'importance à qc
Bein [baɪn] *n* ⟨~(e)s; ~e⟩ ANAT, (*Hosen2*) jambe *f*; *von Tieren* patte *f*; (*Tisch2*) *etc* pied *m*; *sich* (*dat*) *die* ~*e vertreten* se dégourdir les jambes; *sich* (*dat*) *die* ~*e in den Bauch stehen* F poireauter; F faire le pied de grue; *sich* (*dat*) *kein* ~ *ausreißen* F ne pas se fouler (la rate); F ne pas se casser (la tête *od* la nénette); F *fig* ~*e kriegen* (*gestohlen werden*) F s'envoler; F *j-m* ~*e machen* (*fortjagen*) faire déguerpir qn; (*antreiben*) F secouer qn; *j-m ein* ~ *stellen* faire un croche-pied, un croc-en-jambe à qn; F *fig die* ~*e unter die Arme, in die Hand nehmen* prendre ses jambes à son cou; F *den ganzen Tag auf den* ~*en sein* être debout toute la journée; F *schon früh auf den* ~*en sein* être matinal; *die ganze Stadt war auf den* ~*en* tous les habitants étaient (descendus) dans la rue; *sich kaum noch auf den* ~*en halten können* ne plus tenir sur ses jambes; tomber de fatigue; *ungeduldig von e-m* ~ *auf das andere treten* piaffer, trépigner d'impatience; *sich auf die* ~*e machen* se mettre en route; *fig auf eigenen* ~*en stehen* être indépendant; *fig auf schwachen* ~*en stehen Firma etc* être dans une situation précaire; *plais auf e-m* ~ *kann man nicht stehen* toutes les bonnes choses vont par deux; F *fig etw auf die* ~*e stellen* mettre qc sur pied; F *fig immer wieder auf die* ~*e fallen* toujours retomber sur ses pieds; *j-m wieder auf die* ~*e helfen* aider qn à se relever; F *fig* remettre qn à flot; F *fig wieder auf die* ~*e kommen* reprendre le dessus; (*wieder gesund werden*) a se remettre; F *das geht in die* ~*e Anstrengung etc* ça fatigue les jambes; *Alkohol* ça rend les jambes lourdes; *Musik* ça donne envie de danser; *fig mit beiden* ~*en im Leben*, (*fest*) *auf der Erde stehen* avoir les (deux) pieds sur terre; F *mit e-m* ~ *im Gefängnis stehen* vivre à la limite de la délinquance; F *mit e-m* ~ *im Grabe stehen* avoir un pied dans la tombe; F *fig sie ist mit dem linken* ~ *zuerst aufgestanden* elle s'est levée du pied gauche
bei'nahe *adv* presque; *vor Zahlen* a près de; *er wäre* ~ *ertrunken* a il a failli se noyer; il a manqué (de) se noyer
Bei'nahezusammenstoß *m* collision évitée de peu
'Beiname *m* surnom *m*; *mit dem* ~ ... surnommé ...
'Bein|amputation *f* amputation *f* d'une *bzw* de la *bzw* des deux jambe(s); **2amputiert** *adj* amputé d'une *bzw* de la *bzw* des deux jambe(s); **~arbeit** *f* SPORT jeu *m* de(s) jambes; SCHWIMMEN mouvement *m* des jambes
'Beinbruch *m* fracture *f* de la jambe; F *das ist* (*doch*) *kein* ~*!* F ce n'est (quand même) pas tragique!
'beinern *adj* **1.** (*knöchern*) d'os; en os; **2.** (*aus Elfenbein*) en ivoire
'Beinfreiheit *f* ⟨~⟩ place *f* pour les jambes
be'inhalten *v/t* ⟨*-ete, pas de ge-*⟩ **1.** contenir; comporter; renfermer; **2.** *fig* (*implizieren*) impliquer
'Bein|haus *n* ossuaire *m*; **~kleid** *n*. *st/s plais* (*Hose*) pantalon *m*; **2.** HIST chausses *f/pl*; **~prothese** *f* jambe artificielle; **~schützer** *m* jambière *f*; protège-tibia *m*
'bei|ordnen *v/t* ⟨*-ete, sép, -ge-, h*⟩ **1.** adjoindre; **2.** GR coordonner; **2ordnung** *f* **1.** adjonction *f*; **2.** ⟨~⟩ **packen** *v/t* ⟨*sép, -ge-, h*⟩ joindre (à un envoi); **2packzettel** *m* notice *f*
'beipflichten *v/i* ⟨*-ete, sép, -ge-, h*⟩ *j-m* ~ approuver qn; *e-r Meinung etc* ~ approuver une opinion, *etc*; *j-m in etw* (*dat*) ~ approuver qn, être d'accord avec qn sur qc
'Beirat *m* ⟨~(e)s; ~e⟩ *Gremium* conseil, comité consultatif; *Person* membre *m* du conseil, comité consultatif
be'irren *v/t* ⟨*pas de ge-*⟩ déconcerter
Beirut [baɪˈruːt] *n* ⟨→ *n/pr*⟩ Beyrouth
beisammen [baɪˈzamən] *regional cf* zusammen
bei'sammenhaben *v/t* ⟨*irr, sép, -ge-, h*⟩ avoir réuni; F (*sie*) *nicht alle* ~ F avoir une fêlure; F être fêlé, siphonné, timbré
Bei'sammensein *n* ⟨~s⟩ réunion *f*; *geselliges* ~ petite réunion, fête
'Bei|satz *m* GR apposition *f*; **~schlaf** *st/s*, ADM rapports (sexuels)
'beischließen *v/t* ⟨*irr, -(es)t, sép, -ge-, h*⟩ *österr* joindre
'Beisein *n* présence *f*; *im* ~ *von* ... en présence de ...; *ohne* ~ *von* ... en l'ab-

sence de ...; *im ~ e-s Notars* par-devant notaire

bei'seite *adv* à l'écart; de côté; THÉ en aparté; *Scherz ~!* trêve de plaisanteries!; *~ lassen* a fig laisser de côté; négliger; *a Geld ~ legen* mettre de côté; *j-n ~ nehmen* prendre qn à part; *~ schaffen* mettre à l'écart; *Gestohlenes* faire disparaître; *Dinge*, fig *Bedenken etc ~ schieben* écarter

Beisel ['baɪzəl] *n* ⟨~s; ~(n)⟩ österr café *m*; F bistro(t) *m*

'beisetzen *v/t* ⟨-(es)t, sép, -ge-, h⟩ **1.** *st/s (beerdigen)* inhumer; **2.** MAR *ein Segel ~* établir une voile supplémentaire

'Beisetzung *st/s f* ⟨~; ~en⟩ inhumation *f*

'Beisitzer(in) *m* ⟨~s; ~⟩ *(f)* ⟨~; ~nen⟩ JUR assesseur *m*

Beisl *cf Beisel*

'Beispiel *n* exemple *m* (*für* de); *zum ~* par exemple; *wie zum ~ a* tel que; *nach dem ~ von* od (+gén) à l'exemple, à l'instar de; *als ~* comme exemple; à titre d'exemple; *j-m ein ~ geben* donner l'exemple à qn; *sich (dat) an j-m ein ~ nehmen* prendre exemple sur qn; *nimm dir ein ~ daran!* que cela te serve d'exemple!

'beispiel|haft *adj* exemplaire; *~los adj* sans égal; unique (en son genre); péj sans pareil

'beispielsweise *adv* par exemple

beißen ['baɪsən] ⟨-(es)t, beißt, biß, gebissen, h⟩ **I** *v/t* **1.** mordre; *der Hund hat ihn* od *ihm ins Bein gebissen* le chien l'a mordu à la jambe; **2.** *(kauen)* mâcher; F fig *nichts zu ~ haben* F n'avoir rien à se mettre sous la dent; **II** *v/i* **3.** mordre; *in etw (acc) ~* mordre dans qc; **4.** *(kratzen, jucken) Rauch etc* piquer; picoter; *im Hals ~* prendre à la gorge; **5.** *(kauen)* mastiquer; **III** *v/réfl sich ~* **6.** se mordre; **7.** *Farben* jurer; p/fort 'hurler; **8.** *sich (dat* od *acc) auf die Zunge, auf die Lippen ~* se mordre la langue, les lèvres; F fig *sich ~ in den Hintern ~* être furieux contre soi-même; F être furax

'beißend *adj Kälte* mordant; *Geruch* âcre; *Schmerz* cuisant; *Ironie, Kritik etc* mordant; incisif, -ive; *Humor* cinglant

'Beiß|erchen F plais *n* ⟨~s; ~⟩ F quenotte *f*; *~ring m* anneau *m*; *~zange f* tenailles *f/pl* (de menuisier, de mécanicien)

'Beistand *m* **1.** *st/s* ⟨*pas de pl*⟩ *(Unterstützung)* assistance *f*; concours *m*; *(Hilfe)* secours *m*; aide *f*; *j-m ~ leisten* prêter assistance, son appui, son concours à qn; *j-m ärztlichen ~ leisten* secourir qn; **2.** JUR conseil *m* judiciaire

'Beistandspakt *m* pacte *m* d'assistance mutuelle

'beistehen ⟨*irr, sép, -ge-, h*⟩ **I** *v/i j-m ~* seconder, soutenir qn; apporter son soutien à qn; **II** *v/réfl sich (dat) (gegenseitig) ~* s'entraider; se prêter assistance (mutuelle)

'beistellen *v/t* ⟨*sép, -ge-, h*⟩ österr *j-m etw ~* mettre qc à la disposition de qn

'Beistelltisch *m* table *f* d'appoint

'beisteuern *v/t* ⟨-(e)re, *sép, -ge-, h*⟩ *etw zu etw ~ Dinge* contribuer à qc en apportant qc; participer avec qc à qc; *Geld, Summe* donner qc pour qc; fig *s-n Teil (zu etw) ~* apporter sa contribution (à qc)

'beistimmen *v/i* ⟨*sép, -ge-, h*⟩ *j-m, e-r Sache ~* approuver qn, qc

'Beistrich *m* virgule *f*

Beitel ['baɪtəl] *m* ⟨~s; ~⟩ ciseau *m* de menuisier

Beitrag ['baɪtraːk] *m* ⟨~(e)s; ~̈e⟩ **1.** *(Mitwirkung)* contribution *f*; apport *m*; participation *f*; *e-n, s-n ~ zu etw leisten* apporter sa contribution à qc; **2.** *für e-e Zeitung etc* article *m* (*zu, über* [+acc] sur); **3.** *(Mitglieds2̲, Versicherungs2̲) etc* cotisation *f*; *Beiträge zahlen* cotiser (*an* [+acc] à)

'beitragen *v/t u v/i* ⟨*irr, sép, -ge-, h*⟩ *zu etw ~* contribuer, concourir à qc; *wesentlich zu etw ~* être, entrer pour beaucoup dans qc

'Beitrags|bemessungsgrenze *f* plafond *m* de calcul des cotisations; *~erhöhung f* relèvement *m* des cotisations; *2̲frei adj* dispensé de la cotisation; *~gruppe f, ~klasse f* classe *f* de cotisation; *2̲pflichtig adj* assujetti à la cotisation; *~rückerstattung f* remboursement *m* des cotisations; *~satz m* montant *m* de la cotisation; *~senkung f* réduction *f* des cotisations; *~zahlung f* versement *m* des cotisations

'beitreiben *v/t* ⟨*irr, sép, -ge-, h*⟩ JUR recouvrer; récupérer (par contrainte)

'beitreten *v/i* ⟨*irr, sép, -ge-, sein*⟩ *e-r Partei, e-m Verein etc* adhérer (+dat à); entrer (+dat dans); devenir membre (+dat de); *e-m Vertrag, Pakt etc* adhérer (+dat à); JUR *e-m Prozeß ~* intervenir (dans un procès)

'Beitritt *m zu e-r Partei, e-m Verein etc* adhésion *f*, affiliation *f* (*zu* à); entrée *f* (*zu* dans); *zu e-m Vertrag, Pakt etc* adhésion *f* (*zu* à); JUR intervention *f* (*zu* à)

'Beitrittserklärung *f* bulletin *m* d'adhésion

'Bei|wagen *m e-s Motorrads* side-car *m*; *der Straßenbahn* baladeuse *f*; *~wagenfahrer(in) m(f)* passager, -ère *m,f* du side-car; SPORT coéquipier, -ière *m,f*; *~werk n* ⟨~(e)s⟩ accessoire(s) *m(pl)*

'beiwohnen *v/i* ⟨*sép, -ge-, h*⟩ *e-r Sache (dat) ~* assister, être présent à qc

'Beiwort *n* ⟨~(e)s; ~̈er⟩ GR adjectif *m*; *schmückendes ~* épithète *f*

Beiz [baɪts] *f* ⟨~; ~en⟩ schweiz *cf Beize³*

Beize¹ ['baɪtsə] *f* ⟨~; ~n⟩ **1.** *(Beizmittel) für Holz* teinture *f*; *für Saatgut* désinfectant *m*; *für Metall* décapant *m*; *a* TEXT mordant *m*; *für Häute* tan *m*; extraits tanniques *m/pl*; *für Tabak* sauce *f*; CUIS marinade *f*; **2.** *(Beizvorgang) von Holz* teinture *f*; *von Saatgut* désinfection *f*; *von Metall* décapage *m*; *a* TEXT mordançage *m*; *von Häuten* tannage *m*; CUIS marinade *f*

'Beize² *f* ⟨~; ~n⟩ JAGD fauconnerie *f*

'Beize³ *f* ⟨~; ~n⟩ regional F bistro(t) *m*; café *m*

bei'zeiten *adv* **1.** *(rechtzeitig)* à temps; **2.** *(frühzeitig)* de bonne heure; tôt

beizen¹ *v/t* ⟨-(es)t, h⟩ *Holz* teinter; *Saatgut* désinfecter; *Metall* décaper; *a* TEXT mordancer; *Häute* tanner; *Tabak* saucer; CUIS mariner

'beizen² *v/i* ⟨-(es)t, h⟩ JAGD chasser au faucon

'Beiz|jagd *f* fauconnerie *f*; *~vogel m* oiseau de proie dressé pour la chasse

bejahen [bə'jaːən] *v/t* ⟨*pas de ge-, h*⟩ **1.** *Frage* répondre affirmativement, par l'affirmative à; dire oui à; **2.** fig *(befürworten)* approuver; *das Leben ~* avoir une attitude positive dans la vie

be'jahend I *adjt Antwort* affirmatif, -ive; positif, -ive; **II** *adv ~ nicken* 'hocher la tête en signe d'approbation

be'jahrt *st/s adj* âgé; d'un âge avancé; litt chenu

Be'jahung *f* ⟨~; ~en⟩ **1.** réponse affirmative; *(Zustimmung)* acquiescement *m* (+*gén* à); **2.** fig approbation *f*

be'jubeln *v/t* ⟨-(e)le, *pas de ge-*, h⟩ acclamer; saluer par des cris de joie

be'kakeln F *v/t* ⟨-(e)le, *pas de ge-*, h⟩ discuter (en long et en large, en détail)

be'kämpf|en *v/t* ⟨*pas de ge-*, h⟩ combattre; lutter contre; faire la guerre à; *2̲ung f* ⟨~⟩ lutte *f* (+*gén* contre)

bekannt [bə'kant] *adj* **1.** connu (*für* pour; *berühmt*) célèbre; *das ist allgemein ~* c'est de notoriété publique; *~ werden Person* devenir célèbre; *das ist mir ~* je (le) sais; je ne l'ignore pas; *davon ist mir nichts ~* je n'en sais rien; *ist Ihnen diese Tatsache ~?* êtes-vous au courant (de ce fait?); *es dürfte dir wohl ~ sein, daß ...* tu n'es pas sans ignorer, sans savoir que ...; *diese Melodie kommt mir ~ vor* cet air me dit quelque chose; **2.** *mit j-m, etw ~ sein* connaître qn, qc; *mit j-m ~ werden* faire connaissance avec qn; *j-n mit j-m ~ machen* présenter qn à qn; *darf ich ~ machen?* *Herr und Frau Müller* permettez-moi de vous présenter Monsieur et Madame Müller

Be'kannte(r) *f(m)* ⟨→ A⟩ (personne *f* de) connaissance *f*; *ein ~ von mir* une personne de ma connaissance; un de mes amis; *wir sind alte ~* nous sommes de vieilles connaissances

Be'kanntenkreis *m* relations *f/pl*, connaissances *f/pl*

be'kannter'maßen *adv* comme on (le) sait; on sait que ...

Be'kannt|gabe *f* publication *f*; annonce *f*; *feierliche* proclamation *f*; *2̲geben v/t* ⟨*irr, sép, -ge-*, h⟩ publier; annoncer; faire connaître, savoir; rendre public; *feierlich* proclamer; *~heit f* ⟨~⟩ **1.** *(Kenntnis)* connaissance *f*; **2.** *(Berühmtheit)* notoriété *f*; célébrité *f*

Be'kanntheitsgrad *m* popularité *f*; (degré *m* de) notoriété *f*

be'kanntlich *adv* comme chacun sait; personne n'ignore que ...; tout le monde sait que ...

be'kanntmach|en *v/t* ⟨*sép, -ge-*, h⟩ *cf bekanntgeben*; *2̲ung f* ⟨~; ~en⟩ publication *f*; annonce *f*; ADM avis *m*; *feierliche* proclamation *f*

Be'kanntschaft *f* ⟨~; ~en⟩ connaissance *f*; *j-s ~ machen* faire la connaissance de qn; faire connaissance avec qn; F *mit etw ~ machen* avoir affaire à qc; *er gewinnt bei näherer ~* il gagne à être connu

be'kanntwerden *v/i* ⟨*irr, sép, -ge-, sein*⟩ *in der Öffentlichkeit* être divulgué, publié; se savoir; s'ébruiter

Bekassine [beka'siːnə] f ⟨~; ~n⟩ ZO bécassine f
be'kehr|en v/t (u v/réfl) ⟨pas de ge-, h⟩ (sich) ~ (se) convertir (zu à); **⸺ung** f ⟨~; ~en⟩ conversion f (zu à)
be'kennen ⟨irr, pas de ge-, h⟩ I v/t avouer; reconnaître; a REL confesser; die ⸺de Kirche cf Bekenntniskirche; II v/réfl 1. REL, fig sich zum Christentum ~ faire profession de foi chrétienne; sich zu e-r Doktrin ~ professer une doctrine; sich zu j-m ~ prendre parti, prendre fait et cause pour qn; 2. sich schuldig ~ s'avouer coupable (de); reconnaître, confesser sa faute; sich zu e-r Tat ~ revendiquer la responsabilité d'un acte; sich zu e-m Verbrechen ~ revendiquer un crime
Be'kennerbrief m lettre f de revendication (d'un crime)
Be'kenntnis n ⟨~ses; ~se⟩ 1. (Eingeständnis) aveu m; confession f; 2. (Eintreten für) profession f de foi; ein ~ zum Frieden etc ablegen faire (une) profession de foi en faveur de la paix, etc; se déclarer partisan de la paix, etc; 3. REL (Konfession) confession f
Be'kenntnis|freiheit f ⟨~⟩ liberté f de culte; **~kirche** f ⟨~⟩ mouvement de résistance au national-socialisme au sein de l'Église protestante; **⸺los** adj sans confession; **~schule** f école confessionnelle; in Frankreich école f libre
bekifft [bə'kɪft] F adj F camé
be'klagen ⟨pas de ge-, h⟩ I v/t déplorer; II v/réfl sich (bei j-m) über etw, j-n ~ se plaindre (à qn) de qc, qn; ich kann mich nicht ~ je ne me plains pas
be'klagenswert adj Menschen à plaindre; Dinge déplorable; lamentable
be'klagt adj ⟨épithète⟩ JUR défendeur, -deresse
Be'klagte(r) f(m) ⟨→ A⟩ JUR défendeur, -deresse m,f
be'klatschen v/t ⟨pas de ge-, h⟩ applaudir
be'klauen F v/t ⟨pas de ge-, h⟩ j-n ~ voler qn
be'kleben v/t ⟨pas de ge-, h⟩ etw (mit etw) ~ coller qc sur qc; recouvrir qc (de qc)
be'kleckern F v/t (u v/réfl) ⟨-(e)re, pas de ge-, h⟩ (sich) ~ (se) tacher; p/fort (se) salir
be'klecksen v/t ⟨-(es)t, pas de ge-, h⟩ barbouiller; couvrir de taches
be'kleiden ⟨-ete, pas de ge-, h⟩ 1. (re)vêtir (mit de); 2. Wände etc revêtir, recouvrir (mit de); 3. st/s Amt, Stellung occuper
be'kleid|et adj vêtu, habillé (mit de); **⸺ung** f (Kleidung) vêtements m/pl; habillement m; tenue f
Be'kleidungs|haus n maison f de confection; **~industrie** f industrie f du vêtement; confection f
be'klemmend adj Schweigen etc oppressant; (beunruhigend) inquiétant; (beängstigend) angoissant; ein ~es Gefühl haben être oppressé
Be'klemmung f ⟨~; ~en⟩ oppression f; angoisse f; in diesem Aufzug bekomme ich ~en j'ai l'impression d'étouffer dans cet ascenseur
beklommen [bə'klɔmən] adj oppressé; angoissé; **⸺heit** f ⟨~⟩ oppression f; angoisse f

be'kloppt F adj F cinglé; F dingue
be'knackt F adj F Person F cinglé; F dingue; Situation etc F pas marrant; F emmerdant
be'knien F v/t ⟨pas de ge-, h⟩ supplier (à genoux)
be'kochen F v/t ⟨pas de ge-, h⟩ F faire à manger à
be'kommen ⟨irr, pas de ge-⟩ I v/t ⟨h⟩ 1. (erhalten) recevoir; avoir; mit Mühe obtenir; Urlaub, Besuch ~ avoir des vacances, de la visite; Prügel, e-e Ohrfeige ~ recevoir une raclée, une gifle; e-n falschen Eindruck ~ avoir une fausse idée; keinen Platz mehr ~ ne plus avoir de place; e-n Mann ~ trouver un mari; sie bekommt ein Kind elle va avoir un bébé; wo bekommt man ...? où peut-on trouver, F avoir ...?; im Geschäft was ~ Sie? vous désirez?; 2. mit zu +inf etw zu essen ~ avoir qc à manger; etw zu spüren ~ être confronté à qc; faire l'expérience de qc; vieles zu sehen ~ voir beaucoup de choses; j-n zu fassen ~ (arriver à) attraper qn; F der wird etwas von mir zu hören ~! il va m'entendre!; j'ai deux mots à lui dire!; 3. mit p/p etw geschenkt ~ recevoir qc en cadeau; e-n Preis verliehen ~ se voir décerner un prix; ich bekam gesagt ... on m'a dit ...; 4. (erleiden) (commencer à) avoir; Hunger, Durst, Kopfschmerzen ~ (commencer à) avoir faim, soif, mal à la tête; e-e Krankheit ~ attraper une maladie; e-e Erkältung ~ prendre froid; Angst ~ prendre peur; ich bekam Lust, etw zu tun l'envie m'a pris, j'ai eu envie de faire qc; 5. (entwickeln) (commencer à) avoir; Kind Zähne ~ faire ses dents; Falten ~ (commencer à) avoir des rides; Risse ~ se fendiller; Schwierigkeiten ~ avoir des difficultés; Streit mit j-m ~ (commencer à) se quereller avec qn; wir ~ Regen nous allons avoir de la pluie; 6. (e-n bestimmten Zustand hervorrufen) réussir, arriver à (+inf); den Fleck aus dem Kleid ~ réussir, arriver à enlever la tache sur la robe; etw fertig ~ (arriver à) terminer, achever qc; 7. (erreichen) den Zug gerade noch ~ avoir son train de justesse; den Zug nicht mehr ~ manquer, rater son train; 8. es nicht über sich (acc) ~, etw zu tun ne pas (pouvoir) se résoudre à faire qc; II v/i ⟨sein⟩ convenir; die Luftveränderung bekommt ihm (gut) le changement d'air lui est salutaire, lui réussit; das Essen bekommt ihr nicht od schlecht la nourriture ne lui réussit pas; wohl bekomm's! beim Trinken à ta bzw votre santé!; à la tienne bzw vôtre!; iron grand bien te bzw vous fasse!
bekömmlich [bə'kœmlɪç] adj digeste; digestible; leicht ~ digeste; schwer ~ indigeste
beköstig|en [bə'kœstɪɡən] v/t ⟨pas de ge-, h⟩ nourrir; **⸺ung** f ⟨~⟩ nourriture f; alimentation f
be'kräftigen v/t ⟨pas de ge-, h⟩ renforcer; Aussage etc a confirmer; appuyer; donner du poids à
Be'kräftigung f ⟨~; ~en⟩ renforcement m; confirmation f; zur ~ s-r Aussage à l'appui de ses dires

be'kreuzigen v/réfl ⟨pas de ge-, h⟩ sich ~ se signer; faire le signe de (la) croix
be'kriegen ⟨pas de ge-, h⟩ I v/t faire la guerre à; II v/réfl sich ~ se faire la guerre
be'kritteln v/t ⟨-(e)le, pas de ge-, h⟩ critiquer mesquinement; alles ~ chercher la petite bête
be'kritzeln v/t ⟨-(e)le, pas de ge-, h⟩ griffonner sur; couvrir de griffonnages, de gribouillages, bes Wände de graffitis
be'kümmern v/t ⟨-(e)re, pas de ge-, h⟩ 1. (traurig machen) attrister; 2. (Sorgen machen) donner du souci à; tracasser; inquiéter
be'kümmert adj (besorgt) soucieux, -ieuse; (betrübt) peiné
be'kund|en v/t ⟨-ete, pas de ge-, h⟩ 1. st/s (zum Ausdruck bringen) manifester; témoigner; 2. JUR déclarer; témoigner; **⸺ung** f ⟨~; ~en⟩ 1. témoignage m; manifestation f; 2. JUR déclaration f; témoignage m
be'lächeln v/t ⟨-(e)le, pas de ge-, h⟩ sourire de
be'lachen v/t ⟨pas de ge-, h⟩ rire de
be'laden¹ v/t ⟨irr, pas de ge-, h⟩ charger (mit de); Be- und Entladen verboten interdiction de charger et de décharger
be'laden² adj chargé (mit de); er ist mit e-r schweren Schuld ~ une faute grave pèse sur lui
Be'ladung f ⟨~⟩ chargement m
Belag [bə'laːk] m ⟨~(e)s; ⸺e⟩ (Schicht) couche f; (Straßen⸺, Fußboden⸺) revêtement m; (Brems⸺, Kupplungs⸺) garniture f; (Zahn⸺) tartre m; plaque f dentaire; ~ auf der Zunge langue chargée; cf a Brotbelag
Be'lagerer m ⟨~s; ~⟩ assiégeant m
be'lager|n v/t ⟨-(e)re, pas de ge-, h⟩ a fig assiéger; **⸺ung** f ⟨~; ~en⟩ a fig siège m
Be'lagerungszustand m ⟨~(e)s⟩ état m de siège
Belang [bə'laŋ] m ⟨~(e)s; ~e⟩ 1. ⟨pas de pl⟩ (Wichtigkeit) von ~ important; nicht von ~, ohne ~ sans importance; nichts von ~ rien d'important, d'intéressant; 2. pl ~e (Interessen) intérêts m/pl
be'langen v/t ⟨pas de ge-, h⟩ j-n (wegen etw) ~ poursuivre qn en justice, devant un tribunal (pour qc)
be'lang|los adj sans importance; sans intérêt; dénué d'importance; **⸺losigkeit** f ⟨~; ~en⟩ 1. ⟨pas de pl⟩ absence f d'importance, d'intérêt; 2. Äußerung remarque dénuée d'intérêt, d'importance
be'lassen v/t ⟨irr, pas de ge-, h⟩ laisser; es bei etw ~ s'en tenir à qc; ~ wir es dabei restons-en là
be'lastbar adj 1. mit Gewicht qui peut porter une charge (de); 2. fig (e-r Beanspruchung standhaltend) résistant; ~ sein a avoir du ressort
Be'lastbarkeit f ⟨~⟩ 1. TECH capacité f, limite f de charge; 2. fig e-r Person résistance f
be'lasten v/t ⟨-ete, pas de ge-, h⟩ 1. mit Gewicht charger (mit de); 2. mit Schadstoffen polluer; 3. finanziell den Haushalt mit etw ~ grever, alourdir le budget de qc; mit Hypotheken ~ hypothéquer; ein Konto (mit etw) ~ débiter un

belästigen – Belohnung

compte (de qc); **4.** *Arbeit, Sorgen etc* peser sur; accabler; *j-n mit etw ~* accabler qn de qc; *erblich belastet sein* avoir une hérédité chargée; avoir une tare (héréditaire); **5.** JUR charger; *~des Material* pièces *f/pl* à conviction

be'**lästigen** *v/t ⟨pas de ge-, h⟩* **1.** *(stören)* déranger; *(dauernd ärgern)* 'harceler; *j-n (mit etw) ~* importuner qn (par, avec qc); ennuyer qn (avec qc); **2.** *sexuell* 'harceler

Be'**lästigung** *f ⟨~; ~en⟩* **1.** *(Störung)* dérangement *m*; *(ständiges Ärgern)* 'harcèlement *m*; **2.** *sexuelle ~* 'harcèlement sexuel

Be'**lastung** *f ⟨~; ~en⟩* charge *f*; *mit Arbeit*, *fig* a fardeau *m*; TECH effort *m*; travail *m*; sollicitation *f*; *erbliche ~* tare *f* (héréditaire); *~ des Haushaltes* alourdissement *m* du budget; *~ e-s Kontos* inscription *f* au débit d'un compte; FIN *außergewöhnliche ~en* dépenses *f/pl* extraordinaires; *die ~ durch den Beruf* les contraintes professionnelles; *e-e seelische ~* un fardeau moral

Be'**lastungs|-EKG** *n* électrocardiogramme *m* après effort; *~fähigkeit f ⟨~⟩* TECH *cf Belastbarkeit 1.*; *~grenze f* TECH limite *f* de charge; *e-r Person* limites *f/pl*; *~material n* JUR pièces *f/pl* à conviction; *~probe f* TECH test *m* de résistance; *fig* rude épreuve *f*; *~zeuge m* JUR témoin *m* à charge

Belau [bəˈlaʊ] *n cf Palau*

be'**laubt** *adj* couvert de feuilles; feuillu; *dicht ~* touffu

be'**laufen** *v/réfl ⟨irr, pas de ge-, h⟩ sich ~ auf* (+*acc*) se monter à; s'élever à; être à; *sich höher ~ als etw* dépasser, excéder qc

be'**lauschen** *v/t ⟨pas de ge-, h⟩* *Personen* épier; *Gespräch etc* écouter

be'**leb|en** *⟨pas de ge-, h⟩* **I** *v/t* animer; *(anregen)* stimuler; *([neu] mit Leben erfüllen)* a faire (re)vivre; rendre (plus) vivant; *(bevölkern)* a peupler; *Farben* aviver; **II** *v/réfl sich ~* (lebhafter werden) s'animer; *([wieder] belebt werden)* (re)vivre; *(sich bevölkern)* s'animer; se peupler; *~end adj* vivifiant; *(anregend)* stimulant

be'**lebt** *adj Straße* animé; *Szene* mouvementé

Be'**lebung** *f ⟨~; ~en⟩* animation *f*; *(Anregung)* stimulation *f*

Beleg [bəˈleːk] *m ⟨~(e)s; ~e⟩* **1.** *(Beweis)* pièce justificative; preuve *f* (à l'appui); **2.** *(Quittung)* quittance *f* (comptable); **3.** *(Beispiel)* exemple *m*; LING référence *f*

Be'**leg|arzt** *m*, *~ärztin f* praticien, -ienne *m,f* exerçant une activité libérale à l'hôpital; *~bett n* lit *m* d'hospitalisation

be'**legen** *v/t ⟨pas de ge-, h⟩* **1.** *Fußboden etc* recouvrir (*mit* de); TECH, CUIS, COUT *etc* garnir (*mit* de); *mit Brettern ~* planchéier; *mit Fliesen ~* carreler; *mit Steinplatten ~* dallér; **2.** *fig j-n mit e-r Strafe ~* infliger une peine à qn; *mit Steuern ~* frapper d'impôts; imposer, taxer; **3.** *Sitzplatz etc* (reservieren) réserver; retenir; *(besetzt halten)* occuper; **4.** *e-e Vorlesung ~* s'inscrire à un cours; **5.** SPORT *den ersten Platz ~*

occuper la première place; **6.** *Behauptung, Geldauslagen etc* prouver; justifier; *etw durch Zitate ~* a donner des citations à l'appui de qc; *etw urkundlich ~* documenter qc

Be'**legexemplar** *n* exemplaire justificatif

Be'**legschaft** *f ⟨~; ~en⟩* personnel *m* (d'une entreprise)

Be'**legschafts|aktie** *f* action *f* au personnel; *~versammlung f* réunion *f* du personnel

Be'**leg|station** *f* MÉD service d'un hôpital dont des praticiens en activité libérale ont la charge; *~stelle f* référence *f*; *~stück n* exemplaire justificatif

be'**legt** *adj* **1.** *Krankenhaus etc* occupé; *Platz* retenu; *réservé; Hotel etc* (*voll*) *~ sein* afficher complet; **2.** *Zunge* chargé; *Stimme* voilé; couvert; **3.** *Wort* attesté; **4.** CUIS *~es Brot, Brötchen* sandwich *m*

be'**lehrbar** *adj nicht ~* incorrigible

be'**lehren** *v/t ⟨pas de ge-, h⟩* *(lehren)* donner une leçon à; *j-n über etw [acc] ~* *(mitteilen)* instruire, informer qn (de qc); *(erklären)* expliquer qc à qn; *sich ~ lassen* entendre raison; *sich e-s anderen ~ lassen (müssen)* (devoir) admettre qu'on s'est trompé; (devoir) se rendre à l'évidence

be'**lehrend** *adj* instructif, -ive; *péj* moralisateur, -trice

Be'**lehrung** *f ⟨~; ~en⟩* instruction *f*; *(Zurechtweisung)* leçon *f*

beleibt [bəˈlaɪpt] *st/s adj* corpulent; de l'embonpoint; replet, -ète; *2heit st/s f ⟨~⟩* corpulence *f*; embonpoint *m*

beleidigen [bəˈlaɪdɪɡən] *v/t ⟨pas de ge-, h⟩* offenser; insulter; *(beschimpfen)* injurier; *(verletzen)* blesser; *(schwer ~)* outrager; *fig das Auge, Ohr ~* choquer, offenser la vue, les oreilles

be'**leidigt** *adj* offensé; *(gekränkt)* vexé; *(verletzt)* blessé; *~ sein* a se vexer

Be'**leidigung** *f ⟨~; ~en⟩* offense *f*; insulte *f*; *(Beschimpfung)* injure *f*; ehrenrührige, öffentliche affront *m*; *schwere* outrage *m*; JUR a diffamation *f*

Be'**leidigungsklage** *f* JUR plainte *f* en diffamation

be'**leihen** *v/t ⟨irr, pas de ge-, h⟩* prêter sur; *etw ~ lassen* contracter un emprunt sur qc; mettre qc en gage

Be'**leihung** *f ⟨~; ~en⟩* prêt *m* (+*gén* sur); *vom Entleiher aus* mise *f* en gage

belemmert [bəˈlɛmərt] F *adj Personen* penaud; tout bête; *Dinge* F de malheur

be'**lesen** *adj ~ sein* avoir beaucoup lu; être érudit; *bes im literarischen Bereich* être lettré

Be'**lesenheit** *f ⟨~⟩* érudition *f*

be'**leuchten** *v/t ⟨-ete, pas de ge-, h⟩* **1.** éclairer; *festlich* illuminer; **2.** *fig Problem, Fall* examiner de (près)

Be'**leuchter(in)** *m ⟨~s; ~⟩ (f) ⟨~; ~nen⟩* THÉ, FILM éclairagiste *m,f*

Be'**leuchtung** *f ⟨~; ~en⟩* **1.** éclairage *m*; *festliche* illumination *f*; **2.** *fig* examen *m*

Be'**leuchtungs|anlage** *f* installation *f* d'éclairage; *~brücke f* THÉ passerelle *f* d'éclairage; *~effekt m* effet *m* d'éclairage; *~körper m* appareil *m* d'éclairage; *~technik f* technique *f* de l'éclairage; éclairagisme *m*

be'**leum(un)det** [bəˈlɔʏm(ʊn)dət] *adj gut, übel ~* qui a (une) bonne, mauvaise réputation

belfern [ˈbɛlfərn] F *v/i ⟨-(e)re, h⟩* *Hund*, *fig (schimpfen)* aboyer

Belgien [ˈbɛlɡiən] *n ⟨→ n/pr⟩* la Belgique

Belg|ier(in) *m ⟨~s; ~⟩ (f) ⟨~; ~nen⟩* Belge *m,f*; *2isch adj* belge; de (la) Belgique; POL *in Zssgn* belgo-...

Belgrad [ˈbɛlɡraːt] *n ⟨→ n/pr⟩* Belgrade

be'**licht|en** *v/t ⟨-ete, pas de ge-, h⟩* PHOT exposer; *2ung f ⟨~; ~en⟩* PHOT exposition *f*; pose *f*

Be'**lichtungs|automatik** *f* réglage *m* automatique du temps de pose; *~messer m ⟨~s; ~⟩* posemètre *m*; *~zeit f* temps *m* de pose; durée *f* d'exposition

be'**lieben** *st/s v/i u v/imp ⟨pas de ge-, h⟩* **1.** *(gefallen) wie es Ihnen beliebt* comme vous voudrez; à votre guise; *st/s* comme il vous plaira; *wenn es Ihnen beliebt* si vous le souhaitez; *st/s* si vous le jugez bon; *wann es Ihnen beliebt* quand cela vous conviendra; *st/s* quand bon vous semblera; **2.** *(geruhen) es beliebt ihm od er beliebt, nicht zu antworten* il ne daigne pas répondre; *Sie ~ zu scherzen* vous voulez rire; vous plaisantez

Be'**lieben** *n ⟨~s⟩ nach ~* à volonté; *im Restaurant* à discrétion; *es steht in Ihrem ~, zu ...* vous êtes libre de ...

be'**liebig I** *adj* quelconque; *jeder ~e* n'importe qui; le premier venu; *e-e ~e Anzahl* un nombre quelconque, au hasard; *jede ~e Arbeit annehmen* accepter n'importe quel travail; **II** *adv* à sa guise; à volonté; librement; *~ lange wegbleiben* s'absenter aussi longtemps que l'on veut

be'**liebt** *adj* **1.** *(geschätzt)* aimé, estimé (*bei* par, de); *in der Öffentlichkeit* a populaire, en faveur (*bei* auprès de); *sich (bei j-m) ~ machen* se faire aimer, bien voir (par, de qn); se rendre populaire (auprès de qn); **2.** *(häufig benutzt)* courant; en vogue

Be'**liebtheit** *f ⟨~⟩* popularité *f*; faveur *f*; vogue *f*

be'**liefern** *v/t ⟨-(e)re, pas de ge-, h⟩ j-n (mit etw) ~* fournir, approvisionner qn (en qc)

Be'**lieferung** *f* approvisionnement *m* (*mit* en); *abs* a livraison *f*

Beliz|e [beˈliːs] *n ⟨→ n/pr⟩* le Belize; *~er(in) m ⟨~s; ~⟩ (f) ⟨~; ~nen⟩* Bélizien, -ienne *m,f*; *2isch adj* bélizien, -ienne

Belladonna [bɛlaˈdɔna] *f ⟨~; -donnen⟩* BOT belladone *f*

bellen [ˈbɛlən] *v/i ⟨h⟩* *Hund* aboyer; *Fuchs* glapir; *ein ~der Husten* une toux sèche, enrouée

Belletrist|ik [bɛleˈtrɪstɪk] *f ⟨~⟩* littérature générale; *par ext* romans *m/pl*; *2isch adj* littéraire

be'**lobig|en** *v/t ⟨pas de ge-, h⟩* faire l'éloge de; louer; *2ung f ⟨~; ~en⟩* éloge(s) *m(pl)* (+*gén* adressé[s] à)

be'**lohnen** *v/t ⟨pas de ge-, h⟩* **1.** *j-n (für etw) ~* récompenser (qn, de qc); *j-n mit etw (für etw) ~* offrir qc à qn en récompense (de qc); **2.** *(vergelten)* payer; *j-n mit Undank ~* payer qn d'ingratitude

Be'**lohnung** *f ⟨~; ~en⟩* récompense *f*; *zur ~ für* en récompense de

Belt [bɛlt] ⟨→ n/pr⟩ *der Große* ~ *le* Grand-Belt; *der Kleine* ~ *le* Petit-Belt
be'lüft|en v/t ⟨-ete, pas de ge-, h⟩ ventiler; **⁀ung** f ventilation f
Beluga [be'lu:ga] m ⟨~s⟩, **~kaviar** m (caviar m de) béluga od béluga m
be'lügen v/t ⟨irr, pas de ge-, h⟩ mentir à
be'lustigen v/t ⟨pas de ge-, h⟩ amuser; divertir; distraire; *belustigt zuhören* écouter d'un air amusé
Be'lustigung f ⟨~; ~en⟩ **1.** ⟨pas de pl⟩ (*Belustigtsein*) amusement m; **2.** *Veranstaltung* réjouissance f; divertissement m
be'mächtigen st/s v/réfl ⟨pas de ge-, h⟩ *sich j-s, e-r Sache* ~ s'emparer, se saisir de qn, qc
be'mäkeln F v/t ⟨-(e)le, pas de ge-, h⟩ trouver à redire à; critiquer mesquinement; F rouspéter contre
be'mal|en ⟨pas de ge-, h⟩ **I** v/t peindre; *bunt* colorier; barioler; **II** v/réfl F *sich* ~ (*sich stark schminken*) F se peinturlurer; se farder outrageusement; **⁀ung** f ⟨~; ~en⟩ peinture f
bemäng|eln [bə'mɛŋəln] v/t ⟨-(e)le, pas de ge-, h⟩ critiquer; trouver à redire à; **⁀(e)lung** f ⟨~; ~en⟩ critique f
be'mannt *adj Raumschiff etc* habité
be'mänteln st/s v/t ⟨-(e)le, pas de ge-, h⟩ cacher; déguiser
be'merkbar *adj* sensible; perceptible; *sich* ~ *machen Person* se faire remarquer; *Sache* se faire sentir
be'merken v/t ⟨pas de ge-, h⟩ **1.** (*wahrnehmen*) remarquer; *Sache a* s'apercevoir de; **2.** (*äußern*) faire remarquer, observer; *nebenbei bemerkt ...* entre parenthèses ...; soit dit en passant ...
be'merkenswert *adj* remarquable
Be'merkung f ⟨~; ~en⟩ remarque f; observation f
be'messen¹ ⟨irr, pas de ge-, h⟩ **I** v/t calculer; évaluer; déterminer; *das Trinkgeld reichlich* ~ donner un généreux pourboire; **II** v/réfl *sich nach etw* ~ être évalué, calculé d'après, selon qc
be'messen² *adj* **genau ⁀e Mengen** des quantités calculées, déterminées avec précision; *meine Zeit ist sehr knapp* ~ je ne dispose que de très peu de temps; *das Essen war reichlich* ~ le(s) repas étai(en)t copieux
Be'messung f calcul m; détermination f; *a von Steuern* évaluation f
Be'messungsgrundlage f base f de calcul; *bei Steuern* assiette f
be'mitleiden v/t ⟨-ete, pas de ge-, h⟩ avoir pitié de; s'apitoyer sur; plaindre
be'mitleidenswert *adj* pitoyable; digne de pitié, de compassion
be'moost *adj* couvert de mousse; moussu
be'mühen ⟨pas de ge-, h⟩ **I** st/s v/t **1.** (*in Anspruch nehmen*) *j-n* ~ déranger qn; faire appel à qn; avoir recours à qn; *viele Beispiele* ~, *um etw zu beweisen* avoir recours à beaucoup d'exemples pour prouver qc; **2.** *an e-n Ort j-n zu sich* (*dat*) ~ faire venir qn; **II** v/réfl **3.** (*sich anstrengen*) *sich* ~ se donner de la peine, du mal; s'efforcer (de); ~ *Sie sich nicht!* ne vous donnez pas la peine!; ne vous dérangez pas!; **4.** (*sich kümmern*) *sich um j-n* ~ s'occuper de qn; prendre soin de qn; **5.** (*erlangen wollen*) *sich um j-n, etw* ~ s'efforcer

d'obtenir, d'avoir, de trouver qn, qc; *sich um j-s Vertrauen* ~ s'efforcer de gagner la confiance de qn; **6.** *st/s an e-n Ort sich zu j-m* ~ se donner la peine d'aller chez qn
be'müht *adj* voulu; forcé; pas naturel
Be'mühung f ⟨~; ~en⟩ effort(s) m(pl); *ärztliche* **⁀en** soins médicaux
be'müßigt *st/s adv sich* ~ *fühlen od sehen, etw zu tun* se voir contraint, se voir dans l'obligation, se sentir obligé de faire qc
be'muttern v/t ⟨-(e)re, pas de ge-, h⟩ materner; dorloter
be'nachbart *adj* voisin; (*nahe gelegen*) avoisinant
be'nachrichtigen v/t ⟨pas de ge-, h⟩ *j-n* (*von etw*) ~ informer, prévenir, avertir qn (de qc)
Be'nachrichtigung f ⟨~; ~en⟩ information f; avertissement m; avis m; *ohne vorherige* ~ sans prévenir; sans avis préalable
be'nachteilig|en v/t ⟨pas de ge-, h⟩ désavantager; défavoriser; (*Unrecht tun*) porter préjudice, faire du tort à; **⁀ung** f ⟨~; ~en⟩ désavantage m; (*Unrecht*) préjudice m, tort m (+gén causé à)
be'nebeln v/t ⟨-(e)le, pas de ge-, h⟩ (*leicht betäuben*) étourdir; *Alkohol* griser
Benedikt [be:nedɪkt] m ⟨→ n/pr⟩ Benoît m
Benediktiner [benedɪk'ti:nər] m ⟨~s; ~⟩ **1.** *REL* bénédictin m; **2.** *Likör* bénédictine f
Benedik'tiner|in f ⟨~; ~nen⟩ *REL* bénédictine f; **⁀orden** m ordre m de saint Benoît
Benefizkonzert [bene'fi:tskɔntsɛrt] n concert m au bénéfice de qn *od* d'une œuvre de bienfaisance
be'nehmen ⟨irr, pas de ge-, h⟩ **I** v/t ôter; *das benimmt mir den Atem* cela me coupe la respiration; **II** v/réfl *sich* ~ se conduire; se comporter; *sich zu* ~ *wissen* avoir des manières; savoir se tenir
Be'nehmen n **1.** comportement m; conduite f; *gutes, feines* ~ savoir-vivre m; bonnes manières; *kein* ~ *haben* être mal élevé; **2.** *st/s sich mit j-m ins* ~ *setzen* prendre contact, se mettre en rapport avec qn
be'neiden v/t ⟨-ete, pas de ge-, h⟩ *j-n* (*um etw*) ~ envier (qc à) qn; *j-n um s-n Erfolg* ~ être jaloux du succès de qn; *ich beneide dich um deine Ruhe* j'envie ton calme
be'neidenswert *adj* enviable
Beneluxstaaten ['be:nelʊks|ʃta:tən] m/pl *die* ~ les pays m/pl du Benelux; le Benelux
be'nennen v/t ⟨irr, pas de ge-, h⟩ **1.** *etw* ~ donner un nom à qc; *j-n nach etw* ~ donner le nom de qc à qn; **2.** *Zeugen, Kandidaten etc* nommer; désigner
Be'nennung f ⟨~; ~en⟩ **1.** (*Bezeichnung, Name*) appellation f; nom m; dénomination f; **2.** ⟨pas de pl⟩ *von Zeugen etc* désignation f
be'netzen v/t ⟨-(es)t, pas de ge-, h⟩ humecter; mouiller; *die Blumen sind vom Tau benetzt* la rosée perle sur les fleurs
Bengal|e [bɛŋ'gaːlə] m ⟨~n; ~n⟩, **⁀in** f ⟨~; ~nen⟩ Bengali m,f

ben'galisch *adj* bengali; du Bengale; **⁀es Feuer** feu m de Bengale
Bengel ['bɛŋəl] F m ⟨~s; ~ *ou regional* ~s⟩ garnement m; gamin m; galopin m
Benimm [bə'nɪm] F *plais* m ⟨~s⟩ manières f/pl
Benin [be'ni:n] n ⟨→ n/pr⟩ le Bénin; **⁀er(in)** m ⟨~s; ~⟩ (f) ⟨~; ~nen⟩ Béninois(e) m(f); **⁀isch** *adj* béninois
Benjamin ['bɛnjami:n] m ⟨→ n/pr⟩ Benjamin m
Benno ['bɛno] m ⟨→ n/pr⟩ prénom m
benommen [bə'nɔmən] *adj* étourdi; hébété
Be'nommenheit f ⟨~⟩ torpeur f; hébétude f
be'noten v/t ⟨-ete, pas de ge-, h⟩ *Schüler, Arbeit etc* mettre, donner une note à
be'nötigen v/t ⟨pas de ge-, h⟩ avoir besoin de; *ich benötige etwas a* il me faut quelque chose; *benötigt* (*werden*) (être) nécessaire
Be'notung f ⟨~; ~en⟩ notation f; (*Note*) note f
be'nutzen, *regional* **be'nützen** v/t ⟨-(es)t, pas de ge-, h⟩ utiliser; se servir de; employer; *zu einem bestimmten Zweck* utiliser; *Gelegenheit* profiter de; mettre à profit; *Verkehrsmittel, Weg* prendre; emprunter; *dieses Zimmer wird nicht benutzt* cette pièce ne sert pas
Be'nutzer(in), *regional* **Be'nützer(in)** m ⟨~s; ~⟩ (f) ⟨~; ~nen⟩ utilisateur, -trice m,f; *e-s Verkehrsmittels, e-r Bibliothek etc* usager m; *e-s Lexikons* lecteur m
be'nutzerfreundlich *adj* facile à utiliser; pratique; commode; *INFORM* convivial
Be'nutzer|freundlichkeit f ⟨~⟩ facilité f d'utilisation; commodité f; *INFORM* convivialité f; **⁀kreis** m utilisateurs m/pl; usagers m/pl
Be'nutzung, *regional* **Be'nützung** f ⟨~⟩ utilisation f; usage m; emploi m; *e-s Verkehrsmittels* utilisation f
Be'nutzungs|gebühr f taxe f, droits m/pl d'utilisation; *für e-e Straße* péage m; **⁀ordnung** f règles f/pl d'utilisation
Benzin [bɛn'tsi:n] n ⟨~s; ~e⟩ essence f; (*Wasch2*) benzine f
Ben'ziner F m ⟨~s; ~⟩ voiture f à essence
Ben'zin|feuerzeug n briquet m à essence; **⁀gutschein** m bon m d'essence; **⁀kanister** m bidon m à essence; jerricane *od* jerrycan m; **⁀leitung** f conduite f d'essence; **⁀motor** m moteur m à essence; **⁀preis** m prix m de l'essence; **⁀pumpe** f pompe à essence; **⁀stand** m ⟨~(e)s; ~⟩ niveau m d'essence; **⁀tank** m réservoir m d'essence; **⁀uhr** f jauge f (de niveau) d'essence; **⁀verbrauch** m consommation f d'essence
Benzoe ['bɛntsoe] f ⟨~⟩ benjoin m; **⁀säure** f ⟨~⟩ *CHIM* acide m benzoïque
Benzol [bɛn'tso:l] n ⟨~s; ~e⟩ *CHIM* benzène m
beobachten [bə'|o:baxtən] v/t ⟨-ete, pas de ge-, h⟩ observer; (*überwachen*) surveiller
Be'obachter(in) m ⟨~s; ~⟩ (f) ⟨~; ~nen⟩ observateur, -trice m,f
Be'obachtung f ⟨~; ~en⟩ observation f; *j-n zur* ~ *ins Krankenhaus einweisen* mettre qn en observation; *unter* ~ (*dat*)

stehen être surveillé; *durch die Polizei* être sous la surveillance de la police
Be'obachtungs|gabe *f* ⟨~⟩ don *m*, esprit *m* d'observation; **~posten** *m* poste *m* d'observation; **~station** *f* station *f* d'observation; MÉTÉO station *f* météorologique; MÉD service *m* de surveillance médicale
be'ordern *v/t* ⟨-(e)re, *pas de ge-*, h⟩ *j-n nach, zu ...* ordonner à qn de venir *bzw* d'aller à, chez ...; *j-n zu sich (dat)* ~ mander qn
be'packen *v/t* ⟨*pas de ge-*, h⟩ charger (*mit* de); *bepackt wie ein Lastesel* chargé comme un mulet *od* une mule
be'pflanzen *v/t* ⟨-(e)st, *pas de ge-*, h⟩ garnir de plantes; *den Garten mit Blumen* ~ planter des fleurs dans le jardin; *ein mit Bäumen bepflanztes Grundstück* un terrain planté d'arbres
be'pinkeln F *v/t* (*u v/réfl*) ⟨-(e)le, *pas de ge-*, h⟩ (*sich*) ~ F faire pipi, P pisser sur (soi, ses habits)
be'pinseln F *v/t* ⟨-(e)le, *pas de ge-*, h⟩ **1.** (*einpinseln*) badigeonner, enduire (*mit* de); **2.** *péj* (*anstreichen*) barbouiller; peinturlurer
be'pudern *v/t* ⟨-(e)re, *pas de ge-*, h⟩ poudrer
be'quatschen F *v/t* ⟨*pas de ge-*, h⟩ **1.** *etw* ~ bavarder de qc; discuter en long et en large de qc; **2.** *j-n* ~ F baratiner qn
bequem [bə'kve:m] **I** *adj* **1.** *Sache* (*behaglich*) confortable; (*praktisch*) commode; (*leicht, mühelos*) aisé; facile; **2.** *Person* paresseux, -euse; indolent; **II** *adv* confortablement; commodément; facilement; aisément; *es sich (dat)* ~ *machen* se mettre à l'aise; s'installer confortablement; *machen Sie es sich (dat)* ~! mettez-vous à votre aise!; ~ *zu erreichen* facile d'accès
be'quemen *st/s v/réfl* ⟨*pas de ge-*, h⟩ *sich zu etw* ~ (*geruhen*) daigner faire qc; consentir à (faire) qc; (*sich endlich entschließen*) se décider enfin, *widerwillig* se résoudre à faire qc
Be'quemlichkeit *f* ⟨~; ~en⟩ **1.** confort *m*; commodité *f*; **2.** ⟨*pas de pl*⟩ (*Trägheit*) paresse *f*; esprit *m* de confort; commodité *f*
berappen [bə'rapən] F *v/t* ⟨*pas de ge-*, h⟩ (*bezahlen*) débourser; F cracher
be'raten ⟨*irr, pas de ge-*, h⟩ **I** *v/t* **1.** *j-n* ~ conseiller qn; *sich von j-m* ~ *lassen* demander conseil à qn; consulter qn; *gut, schlecht* ~ *sein* être bien, mal avisé; **2.** *etw* ~ discuter (de) qc; ADM tenir conseil, délibérer sur qc; **II** *v/i* (*über etw* [*acc*]) ~ se consulter (sur qc); ADM délibérer, tenir conseil (sur qc); **III** *v/réfl sich* ~ se consulter; ADM tenir conseil, délibérer; *sich mit j-m über etw* (*acc*) ~ conférer avec qn sur qc
be'ratend *adj* consultatif, -ive
Be'rater(in) *m* ⟨~s; ~⟩ (*f*) ⟨~; ~nen⟩ conseiller, -ère *m,f*; JUR *oft* conseil *m*; **~stab** *m* (équipe *f* de) conseillers *m/pl*; **~vertrag** *m* contrat *m* de conseiller
be'ratschlagen *v/i* ⟨*pas de ge-*, h⟩ (*über etw* [*acc*]) ~ se consulter (sur qc); ADM délibérer, tenir conseil (sur qc)
Be'ratung *f* ⟨~; ~en⟩ **1.** consultation *f*; **2.** (*Besprechung*) délibération *f*; *sich zur* ~ *zurückziehen* se retirer pour délibérer
Be'ratungs|ausschuß *m* comité consultatif; **~gespräch** *n* consultation *f*; **~stelle** *f* service *m* de consultation; **~zimmer** *n* salle *f* des délibérations
be'rauben *v/t* ⟨*pas de ge-*, h⟩ **1.** (*bestehlen*) voler; dévaliser; dépouiller; **2.** *st/s fig j-n der Freiheit* ~ priver qn de la liberté
be'rauschen *st/s v/t* (*u v/réfl*) ⟨*pas de ge-*, h⟩ (*sich*) ~ *a fig* (se) griser, (s')enivrer; *fig sich an etw* (*dat*) ~ se griser, s'enivrer de qc
be'rauschend *adj* capiteux, -euse; *a fig* grisant; enivrant; F *nicht gerade* ~ pas spécialement excitant; F pas vraiment emballant
Berber ['bɛrbər] *m* ⟨~s; ~⟩ **1.** *in Nordafrika* Berbère *m*; **2.** *Teppich* tapis *m* berbère; **3.** *Pferd* (cheval *m*) barbe *m*; **4.** F (*Nichtseßhafter*) vagabond *m*; (*Stadtstreicher*) clochard *m*
Berberitze [bɛrbə'rɪtsə] *f* ⟨~; ~n⟩ BOT épine-vinette *f*
'**Berberteppich** *m* tapis *m* berbère
berechenbar [bə'rɛçənba:r] *adj* **1.** *Summe* calculable; *Kosten* évaluable; **2.** *fig* (*vorhersehbar*) prévisible
be'rechnen *v/t* ⟨-ete, *pas de ge-*, h⟩ **1.** (*errechnen*) calculer; *bes* FIN évaluer; **2.** COMM (*in Rechnung stellen*) facturer; **3.** (*zählen*) compter; **4.** (*einrichten, vorsehen*) prévoir; *der Aufzug ist für vier Personen berechnet* l'ascenseur est prévu pour quatre personnes
be'rechnend *adj péj Mensch* calculateur, -trice; intéressé; *Politik etc* de calcul
Be'rechnung *f* **1.** *a fig péj* calcul *m*; **2.** COMM facturation *f*
Be'rechnungsgrundlage *f* base *f* de calcul
be'rechtigen *v/t* ⟨*pas de ge-*, h⟩ ~ (*zu*) autoriser (à); donner le droit (de); *Dokument a* donner droit (à); JUR habiliter (à); *das berechtigt zu der Annahme, daß ...* cela laisse supposer que ...; *alles berechtigt zu der Hoffnung, daß ...* tout permet d'espérer que ...
be'rechtigt *adj* **1.** *Person* ~ *sein, etw zu tun* être autorisé, JUR habilité à faire qc; avoir le droit de faire qc; **2.** (*rechtmäßig*) légitime; **3.** (*gerechtfertigt*) justifié; (*begründet*) fondé
Be'rechtigte(r) *f(m)* ⟨→ A⟩ JUR ayant droit *m*
Be'rechtigung *f* ⟨~; ~en⟩ **1.** (*Befugnis*) autorisation *f*; droit *m*; JUR habilitation *f*; qualité *f*; titre *m*; **2.** ⟨*pas de pl*⟩ (*Rechtmäßigkeit*) légitimité *f*; bien-fondé *m*
Be'rechtigungsschein *m* permis *m*; autorisation *f*
be'reden ⟨-ete, *pas de ge-*, h⟩ **I** *v/t* **1.** *etw* (*mit j-m*) ~ discuter de qc, débattre qc (avec qn); **2.** *j-n, etw zu tun* convaincre qn de faire qc; décider qn à faire qc; **II** *v/réfl sich* ~ se concerter avec qn sur qc
be'redsam *adj* (*beredt*) éloquent; (*redefreudig*) loquace; **~keit** *f* ⟨~⟩ éloquence *f*
beredt [bə're:t] *adj a fig* éloquent
be'regn|en *v/t* ⟨-ete, *pas de ge-*, h⟩ arroser; **~ung** *f* ⟨~⟩ arrosage *m*

Be'regnungsanlage *f* installation *f* d'arrosage
Bereich [bə'raiç] *m* ⟨~(e)s; ~e⟩ **1.** (*Gebiet*) zone *f*; région *f*; domaine *m*; (*Amts*⟨⟩) secteur *m*; **2.** *fig* domaine *m*; *Aufgabengebiet* ressort *m*; *im* ~ *des Möglichen liegen* être dans le domaine du possible; *das fällt nicht in meinen* ~ cela n'est pas de mon ressort
be'reichern ⟨-(e)re, *pas de ge-*, h⟩ **I** *v/t a fig* enrichir (*mit* de); *fig e-e* **~de Erfahrung** une expérience enrichissante; **II** *v/réfl péj sich* ~ s'enrichir (*an j-m* sur le dos de qn; *an etw* avec qc)
Be'reicherung *f* ⟨~; ~en⟩ **1.** *Vorgang, Sachverhalt, a* JUR (*persönliche* ~) enrichissement *m*; **2.** *des Wissens* augmentation *f*; *e-e* ~ *für die Sammlung sein* être un apport précieux à la collection; *er war e-e* ~ *für die Firma* il était un collaborateur précieux
be'reif|en *v/t* ⟨*pas de ge-*, h⟩ équiper de pneus; **⟨ung** *f* ⟨~; ~en⟩ (*Reifen*) pneus *m/pl*
be'reinig|en *v/t* ⟨*pas de ge-*, h⟩ régler; arranger; *Mißverständnis* dissiper; **⟨ung** *f* règlement *m*; arrangement *m*
be'reisen *v/t* ⟨-(e)st, *pas de ge-*, h⟩ parcourir; visiter
bereit [bə'rait] *adj* prêt (*zu* à); *sich* ~ *erklären zu etw, etw zu tun* accepter qc, de faire qc; être prêt, disposé à, à faire qc; *sich* ~ *halten* se tenir prêt; être disponible
be'reiten *v/t* ⟨-ete, *pas de ge-*, h⟩ **1.** (*zubereiten*) *Essen etc* préparer; *Kaffee, Tee etc* faire; **2.** *Sorge, Freude, Schwierigkeiten etc* causer; donner; *Empfang* réserver; *Überraschung* réserver; *Mühe* donner du mal; *e-r Sache* (*dat*) *ein Ende* ~ mettre fin à qc
be'reithalten *v/t* ⟨*irr, sép*, -ge-, h⟩ tenir prêt; *etw für j-n* ~ tenir qc à la disposition de qn
be'reitlegen *v/t* ⟨*sép*, -ge-, h⟩ préparer; mettre en place
be'reitliegen *v/i* ⟨*irr, sép*, -ge-, h⟩ être prêt, préparé
be'reitmachen *v/t* (*u v/réfl*) ⟨*sép*, -ge-, h⟩ (*sich*) ~ (se) préparer
be'reits *adv* déjà
Be'reitschaft *f* ⟨~; ~en⟩ **1.** ⟨*pas de pl*⟩ (*Bereitsein*) disposition *f*; *s-e* ~ *erklären* se déclarer prêt; *etw in* ~ (*dat*) *haben* tenir qc prêt; **2.** ⟨*pas de pl*⟩ *cf Bereitschaftsdienst*; **3.** (*einsatzbereite Einheit*) unité (*prête à intervenir à tout moment*)
Be'reitschafts|arzt *m*, **~ärztin** *f* médecin *m* de garde
Be'reitschaftsdienst *m* (*service m de*) permanence *f*; MÉD service *m* des urgences; ~ *haben* être de permanence; *Apotheken* être de service, de garde; MÉD être de garde
Be'reitschaftspolizei *f* gendarmerie *f* mobile; *etwa* C.R.S. *m/pl*
be'reitstehen *v/i* ⟨*irr, sép*, -ge-, h⟩ être prêt; *für j-n* ~ être à la disposition de qn
be'reitstellen *v/t* ⟨*sép*, -ge-, h⟩ préparer; *etw für j-n* ~ mettre qc à la disposition de qn; *Geld*(*er*) *für etw* ~ dégager des fonds pour qc; affecter des fonds à qc
Be'reitung *f* ⟨~⟩ préparation *f*
be'reitwillig I *adj* ⟨*épithète*⟩ *Helfer etc*

obligeant; serviable; *Auskunft* donné de bonne grâce; **II** *adv* de bonne grâce; très volontiers
Be'reitwilligkeit *f* ⟨~⟩ obligeance *f*; serviabilité *f*
be'reuen *v/t* ⟨*pas de ge-*, *h*⟩ se repentir de; regretter
Berg [bɛrk] *m* ⟨~(e)s; ~e⟩ **1.** montagne *f*; *bei Eigennamen* mont *m*; *in den ~en wohnen* habiter la montagne; *in die ~e fahren* aller à la montagne; *über ~ und Tal* par monts et par vaux; F *fig über den ~ sein* avoir passé le cap; F *fig über alle ~e sein* être (bien) loin; *Dieb etc* avoir gagné le large, pris la clef des champs; *fig mit etw hinter dem od hinterm ~ halten* faire mystère de qc; *fig mit s-r Meinung nicht hinter dem ~ halten* dire ouvertement, carrément ce que l'on pense; *fig goldene ~e versprechen* promettre monts et merveilles; *prov der Glaube kann ~e versetzen prov* la foi déplace les montagnes; **2.** *fig* (*große Menge*) montagne *f*; tas *m*; *e-n ~ von Arbeit vor sich* (*dat*) *haben* avoir une montagne de travail à faire
berg'ab *adv* en descendant; à la descente; *~ gehen*, *fahren etc* descendre; *fig es geht mit ihm ~ gesundheitlich* sa santé décline; F il file un mauvais coton; *wirtschaftlich* ses affaires vont mal
Bergamotte [bɛrgaˈmɔtə] *f* ⟨~; ~n⟩ *Südfrucht*, *Birnensorte* bergamote *f*
'Bergamt *n* service *m* des mines
berg'an *cf* bergauf
'Bergarbeiter *m* mineur *m*; **~siedlung** *f* coron *m*
berg'auf *adv* en montant; à la montée; *~ gehen*, *fahren etc* monter; *es geht ~ ça* monte; *fig es geht wieder ~ wirtschaftlich* les affaires reprennent, vont mieux; *gesundheitlich* ça va mieux; *von e-m Kranken es geht ~ mit ihm* il remonte la pente
'Berg|bahn *f* (*Zahnradbahn*) chemin *m* de fer à crémaillère; (*Seilbahn*) téléférique *m*; **~bau** *m* ⟨~(e)s⟩ industrie minière; exploitation minière; **~bauer** *m* paysan *m* des montagnes; **~behörde** *f* administration *f* des mines; **~besteigung** *f* ascension *f* d'une montagne; **~bewohner(in)** *m(f)* montagnard(e) *m(f)*; **~dorf** *n* village *m* de montagne
'Bergelohn *m* indemnité *f*, rémunération *f* de sauvetage
bergen [ˈbɛrgən] *v/t* ⟨birgt, barg, geborgen, h⟩ **1.** *Gegenstände* sauver; mettre en sûreté; *Personen* retirer; *Verschüttete a* dégager; *aus dem Wasser a* repêcher; *j-n lebend ~* retirer, dégager, repêcher qn vivant; sauver qn; *sie konnten nur noch tot geborgen werden* ils étaient déjà morts quand on les a dégagés; *MAR die Segel ~* serrer, carguer les voiles; **2.** *st/s* (*verbergen*) cacher; **3.** *st/s* (*enthalten*) *in sich* (*dat*) *~* renfermer; recéler *od* receler; *Gefahren* comporter
'Berg|fahrt *f MAR* remontée *f*; **~fried** *m* ⟨~(e)s; ~e⟩ *FORTIF* donjon *m*; **~führer(in)** *m(f)* guide *m* de montagne; **~geist** *m* génie *m* (tutélaire) de la montagne; **~gipfel** *m* sommet *m*, cime *f* d'une montagne; **~hang** *m* versant *m* d'une montagne; **~hotel** *n* hôtel *m* de montagne; **~hütte** *f* refuge *m*

'bergig *adj* montagneux, -euse
'Berg|kamm *m* crête *f* de montagne; **~kette** *f* chaîne *f* de montagnes; **~krankheit** *f* mal *m* des montagnes; **~kristall** *m* cristal *m* de roche; **~kuppe** *f* sommet arrondi; **~land** *n* pays montagneux, de montagnes; **~landschaft** *f* paysage *m* de montagnes; **~mann** *m* ⟨~(e)s, -leute⟩ mineur *m*; **♀männisch** *adj* de(s) mineur(s); **~massiv** *n* massif montagneux
'Bergnot *f* ⟨~⟩ difficulté *f*, *pl/fort* détresse *f* en montagne; *Kletterer m/pl in ~* des alpinistes *m/pl* en difficulté
'Berg|predigt *f* ⟨~⟩ Sermon *m* sur la montagne; **~rücken** *m* croupe *f* d'une montagne; **~rutsch** *m* glissement *m* de terrain; éboulement *m*; **~schuhe** *m/pl* chaussures *f/pl* de montagne; **~see** *m* lac *m* de montagne; **~spitze** *f* pic *m*; **~steigen** *n* ⟨~s⟩ alpinisme *m*; **~steiger(in)** *m* ⟨~s; ~⟩ (*f*) ⟨~; ~nen⟩ alpiniste *m,f*; **~straße** *f* route *f* de montagne; **~tour** *f* course *f*, excursion *f* (en montagne); **~-und-'Tal-Bahn** *f* montagnes *f/pl* russes
'Bergung *f* ⟨~; ~en⟩ sauvetage *m*; *von Gegenständen* a mise *f* en sécurité; *von dem Wasser* a repêchage *m*; *von Verschütteten etc* a dégagement *m*
'Bergungs|aktion *f* (opération *f* de) sauvetage *m*; **~mannschaft** *f* équipe *f* de sauvetage
'Berg|volk *n* peuple *m* de montagnards; **~wacht** *f* ⟨~⟩ secours *m* en montagne; **~wand** *f* paroi *f* d'une montagne; **~wanderung** *f* randonnée *f*, excursion *f* (en montagne); **~welt** *f* monde *m* alpestre; **~werk** *n* mine *f*
Beriberi [beriˈbeːri] *f* ⟨~⟩ *MÉD* béribéri *m*
Bericht [bəˈrɪçt] *m* ⟨~(e)s; ~e⟩ rapport *m*; compte *m* rendu; *erzählender* récit *m*; (*Presse* ♀) reportage *m*; *amtlicher a* bulletin *m*; communiqué *m*; *j-m über etw* (*acc*) *~ erstatten* faire un rapport sur qc, un compte rendu de qc à qn
be'richten ⟨-ete, *pas de ge-*, *h*⟩ **I** *v/t j-m etw ~* informer, instruire qn de qc; *erzählend* faire à qn le récit de qc; *man hat es mir anders berichtet* on m'a donné une version différente; **II** *v/i über etw* (*acc*), *von etw ~* faire un rapport sur qc, un compte rendu de qc; *Presse*, *Medien* faire état de qc; *wie die Presse berichtet …* selon la presse …
Be'richt|erstatter(in) *m* ⟨~s; ~⟩ (*f*) ⟨~; ~nen⟩ **1.** correspondant(e) *m(f)*; reporter *m*; **2.** (*Referent*[*in*]) rapporteur *m*; **~erstattung** *f* **1.** *der Presse etc* information(s) *f(pl)*; **2.** *e-s Botschafters* rapport *m*
be'richtigen *v/t* ⟨*pas de ge-*, *h*⟩ rectifier; *Druckfehler etc* corriger; *ich muß mich ~* permettez-moi une petite rectification
Be'richtigung *f* ⟨~; ~en⟩ (*Verbessern*) rectification *f*; (*Richtigstellen*) mise *f* au point; (*Korrektur*) correction *f*
Be'richts|jahr *n* année *f* de référence; **~zeitraum** *m* période *f* de référence
be'riechen ⟨*irr*, *pas de ge-*, *h*⟩ **I** *v/t* sentir; *Tiere a* flairer; **II** *v/réfl sich ~ Tiere* se flairer
be'rieseln *v/t* ⟨-(e)le, *pas de ge-*, *h*⟩ **1.** *JARD* irriguer; arroser; **2.** *fig j-n mit etw ~* soumettre qn à la répétition continuelle de qc; *Medien* soumettre qn au matraquage de qc; *sich mit Musik ~ lassen* avoir la radio, *etc* allumée en permanence
Be'rieselung *f* ⟨~⟩ **1.** *JARD* irrigation *f*; arrosage *m*; **2.** *fig* répétition continuelle; *durch die Medien* matraquage *m* (publicitaire); *mit Musik* musique d'ambiance, de fond ininterrompue
Be'rieselungsanlage *f* installation *f* d'irrigation, d'arrosage
be'ringt *adj Vogel* bagué; *Hand etc* orné d'une *bzw* de bagues(s)
beritten [bəˈrɪtən] *adj* monté; à cheval; *die ~e Polizei* la police montée
Berlin [bɛrˈliːn] *n* ⟨→ *n/pr*⟩ Berlin
Ber'liner *m* ⟨~s; ~⟩ *CUIS* etwa beignet *m*
Ber'liner(in) *m* ⟨~s; ~⟩ (*f*) ⟨~; ~nen⟩ Berlinois(e) *m(f)*
Bermudas [bɛrˈmuːdas] *pl* **1.** *GÉOGR die ~* les Bermudes *f/pl*; **2.** *cf* Bermudashorts
Ber'mudashorts *pl* bermuda(s) *m(pl)*
Bern [bɛrn] *n* ⟨→ *n/pr*⟩ Berne
Bernd [bɛrnt] *cf* Bernhard
Bernhard [ˈbɛrnhart] *m* ⟨→ *n/pr*⟩ Bernard *m*
Bernhardiner [bɛrnharˈdiːnər] *m* ⟨~s; ~⟩ *Hunderasse* saint-bernard *m*
Bernstein [ˈbɛrnʃtaɪn] *m* ⟨~(e)s⟩ ambre *m* jaune; **♀farben** *adj* ambré
Berserker [bɛrˈzɛrkər] *m* ⟨~s; ~⟩ **1.** *MYTH* berserk *m*; **2.** *fig* brute déchaînée
bersten [ˈbɛrstən] *st/s v/i* ⟨birst, barst, geborsten, sein⟩ éclater; se fendre; se briser; *vor Lachen ~* éclater de rire; *zum ♀ voll sein* être plein à craquer
Bert(h)a [ˈbɛrta] *f* ⟨→ *n/pr*⟩ Berthe *f*
berüchtigt [bəˈrʏçtɪçt] *adj* de mauvaise réputation; *Ort* a mal famé
be'rückend *st/s adj* fascinant; séduisant; enchanteur, -teresse
be'rücksichtigen *v/t* ⟨*pas de ge-*, *h*⟩ prendre en considération; tenir compte de; *wenn man berücksichtigt*, *daß …* si l'on considère que …
Be'rücksichtigung *f* ⟨~⟩ prise *f* en compte; *unter ~* (*dat*) *von* en tenant compte de; compte tenu de
Beruf [bəˈruːf] *m* ⟨~(e)s; ~e⟩ profession *f*; métier *m*; *freie ~e* professions libérales; *von ~* de (son) métier; *was sind Sie von ~?* qu'est-ce que vous faites dans la vie?; quelle est votre profession?; *von ~s wegen* pour des raisons professionnelles; *er hat s-n ~ verfehlt* il a manqué sa vocation
be'rufen[1] ⟨*irr*, *pas de ge-*, *h*⟩ **I** *v/t j-n zu etw ~* nommer qn (au poste de) qc; **II** *v/réfl sich auf j-n*, *etw ~* se réclamer de qn, qc; se référer à qn, qc; *sich auf etw* (*acc*) *~* s'autoriser de qc; *JUR* exciper de qc
be'rufen[2] *adjt aus ~em Munde* de source autorisée, bien informée; *sich zu etw ~ fühlen* se sentir une vocation de qc; *BIBL viele sind ~*, *aber wenige sind auserwählt* il y a beaucoup d'appelés et peu d'élus
be'ruflich I *adj* ⟨épithète⟩ professionnel, -elle; **II** *adv* professionnellement; *~ unterwegs sein* être en déplacement professionnel; *~ erfolgreich sein* réussir dans sa profession; *sich ~ weiterbilden* compléter une formation professionnelle
Be'rufs|anfänger(in) *m(f)* débutant(e)

Berufsausbildung – Beschaulichkeit

m(f) (dans une profession); ~**ausbildung** *f* formation professionnelle; ~**aussichten** *f/pl* débouchés *m/pl*; ~**ausübung** *f* exercice *m* d'une profession; ~**beamte(r)** *m*, ~**beamtin** *f* fonctionnaire *m,f* (de carrière)
be'rufsbegleitend *adj* ~**er Lehrgang** cours professionnel complémentaire
Be'rufs|berater(in) *m(f)* conseiller, -ère *m,f* d'orientation professionnelle; orienteur, -euse *m,f* (professionnel[le]); ~**beratung** *f* orientation professionnelle; ~**bezeichnung** *f* nom *m* de métier, de profession; ⟆**bezogen** *adj* professionnel, -elle; ~**boxer** *m* boxeur professionnel; ~**ehre** *f* honneur professionnel; ~**erfahrung** *f* expérience professionnelle; ~**ethos** *n* déontologie *f*; ~**fachschule** *f* collège *m* d'enseignement professionnel (à temps plein); ~**feuerwehr** *f* sapeurs-pompiers *m/pl* de métier
Be'rufsgeheimnis *n* secret professionnel; **unter das ~ fallen** être couvert par le secret professionnel
Be'rufs|genossenschaft *f* association préventive des accidents du travail; ~**gruppe** *f* catégorie (socio-)professionnelle; ~**heer** *n* armée *f* de métier; ~**kleidung** *f* vêtement(s) *m(pl)* de travail; ~**krankheit** *f* maladie professionnelle
Be'rufsleben *n* vie professionnelle; **im ~ stehen** travailler; **ins ~ zurückkehren** recommencer à travailler
Be'rufs|möglichkeiten *f/pl* débouchés *m/pl*; ~**offizier** *m* officier *m* de carrière
be'rufsorientiert *adj* ~**e Ausbildung** formation *f* à finalité professionnelle
Be'rufs|risiko *n* risque professionnel; ~**schule** *f etwa* centre *m* de formation professionnelle; ~**schüler(in)** *m(f)* élève *m,f* d'un centre de formation professionnelle; ~**soldat** *m* militaire *m* de carrière; ~**sportler** *m* (sportif *m*) professionnel *m*; ~**stand** *m* classe *f* socio-professionnelle
be'rufstätig *adj* qui exerce une activité professionnelle, exerçant une activité professionnelle
Be'rufstätige(r) *f(m)* ⟨→ A⟩ personne *f* qui exerce une activité professionnelle; *pl* **die ~n** la population active; les actifs *m/pl*
Be'rufs|tätigkeit *f* activité professionnelle; ~**unfähigkeit** *f* incapacité *f* de travail; ~**verband** *m* syndicat professionnel; association, union professionnelle; ~**verbot** *n* interdiction *f* d'exercer une profession; POL interdiction professionnelle; ~**verbrecher(in)** *m(f)* professionnel(le) *m(f)* du crime; ~**verkehr** *m* heures *f/pl* d'affluence, de pointe; ~**wahl** *f* choix *m* d'une profession, d'un métier; ~**wechsel** *m* changement *m* de profession, de métier; reconversion *f*; ~**wunsch** *m* aspirations professionnelles; ~**ziel** *n* objectif professionnel; ~**zweig** *m* branche *f*; spécialité *f*
Be'rufung *f* ⟨~; ~en⟩ **1.** *zu e-m Amt* nomination *f* (**zu** à; **in, an** [+*acc*] à); **2.** *innere* vocation *f*; **3.** JUR appel *m*; pourvoi *m* en appel; **~ einlegen** interjeter appel; **in die ~ gehen** faire appel du jugement; se pourvoir en appel; **4.** (*das Sichberufen*) **unter ~** (*dat*) **auf etw, j-n** en se référant à qc, qn

Be'rufungs|frist *f* delai *m* d'appel; ~**instanz** *f* tribunal *m*, juridiction *f*, cour *f* d'appel; ~**urteil** *n* jugement *m* en appel
be'ruhen *v/i* ⟨*pas de ge*-, h⟩ **auf etw** (*dat*) **~** reposer, être basé, être fondé sur qc; **diese Geschichte beruht auf Tatsachen** a cette histoire s'inspire de faits réels, est véridique; **e-e Sache auf sich** (*dat*) **~ lassen** ne pas donner suite à une affaire
be'ruhigen ⟨*pas de ge*-, h⟩ **I** *v/t* calmer; tranquilliser; apaiser; (*von Sorgen befreien*) rassurer; **II** *v/réf* **sich ~** se calmer; se tranquilliser; s'apaiser; **Wind etc** se calmer
Be'ruhigung *f* ⟨~⟩ apaisement *m*; (*Erleichterung*) soulagement *m*; (*Entspannung*) détente *f*
Be'ruhigungsmittel *n* calmant *m*; tranquillisant *m*; sédatif *m*
Be'ruhigungsspritze *f* injection *f* d'un calmant, tranquillisant, sédatif; **er hat e-e ~ bekommen** on lui a injecté un calmant, etc
be'rühmt *adj* célèbre; renommé; réputé; fameux, -euse; **für etw ~ sein** être réputé pour qc; F *iron* **das war nicht gerade ~** ce n'était pas fameux
be'rühmt-be'rüchtigt *adj* tristement célèbre; *p/pl fort* de triste mémoire
Be'rühmtheit *f* ⟨~; ~en⟩ **1.** *Person* célébrité *f*; **2.** ⟨*pas de pl*⟩ (*Ruhm*) réputation *f*; renommée *f*
be'rühren *v/t* ⟨*pas de ge*-, h⟩ **1.** *körperlich* toucher; **2.** *fig Thema etc* aborder; **3.** *fig* (*beeindrucken*) toucher; **das berührt mich nicht** cela ne me touche pas; **das hat mich peinlich, seltsam berührt** cela m'a laissé une impression pénible, étrange
Be'rührung *f* ⟨~; ~en⟩ körperliche, a *fig* contact *m*; **etw mit etw in ~** (*acc*) **bringen** a *fig* mettre qc en contact avec qc; **mit j-m in ~** (*acc*) **kommen** a *fig* entrer en contact, en rapport avec qn
Be'rührungs|angst *f* peur *f*, phobie *f* des contacts; ~**punkt** *m* point *m* de contact, MATH de tangence; *fig* point commun
Beryll [be'rʏl] *m* ⟨~s; ~e⟩ MINÉR béryl *m*
Be'ryllium *n* ⟨~s⟩ CHIM béryllium *m*
bes. *abr* (*besonders*) particulièrement
be'sabbern F *v/t* (*u v/réfl*) ⟨-(e)re, *pas de ge*-, h⟩ (**sich**) **~** baver sur (soi, ses habits)
be'sagen *v/t* ⟨*pas de ge*-, h⟩ vouloir dire; signifier; **das besagt alles** cela veut tout dire
be'sagt *adj* (*épithète*) ledit *bzw* ladite *bzw* lesdit(e)s; déjà mentionné; susnommé
be'saiten *v/t* ⟨-ete, *pas de ge*-, h⟩ monter des cordes à; mettre des cordes à; *fig* **zart besaitet sein** être sensible; avoir l'âme sensible
be'samen *v/t* ⟨*pas de ge*-, h⟩ inséminer
be'samm|eln *schweiz cf* **versammeln**; ⟆**lung** *f schweiz cf* **Versammlung**
Be'samung *f* ⟨~; ~en⟩ insémination *f*
besänftig|en [bə'zɛnftɪɡən] *v/t* ⟨*pas de ge*-, h⟩ calmer; apaiser; ⟆**ung** *f* ⟨~; ~en⟩ apaisement *m*
besät [bə'zɛ:t] *adj fig* parsemé, jonché (*mit* de)
Besatz [bə'zats] *m* ⟨~es; ~e⟩ **1.** COUT bordure *f*; garniture *f*; **2.** (*Wild*⟆, *Fisch*⟆) population *f*
Be'satzung *f* ⟨~; ~en⟩ **1.** MIL fremde

(troupes *f/pl* d')occupation *f*; **e-r Festung etc** garnison *f*; **2.** MAR, AVIAT équipage *m*
Be'satzungs|armee *f* armée *f* d'occupation; ~**macht** *f* puissance occupante; occupant *m*; ~**truppen** *f/pl* forces *f/pl*, troupes *f/pl* d'occupation; ~**zone** *f* zone *f* d'occupation
be'saufen P *v/réfl* ⟨*irr, pas de ge*-, h⟩ **sich ~** F se soûler la gueule; F prendre une cuite, une biture
Besäufnis [bə'zɔʏfnɪs] F *n* ⟨~ses; ~se⟩ F soûlerie *f*
be'säuselt F *adj* F éméché; gris
be'schädig|en *v/t* ⟨*pas de ge*-, h⟩ endommager; abîmer; détériorer; ⟆**ung** *f* ⟨~; ~en⟩ endommagement *m*; détérioration *f*
be'schaffen[1] *v/t* ⟨*pas de ge*-, h⟩ procurer; **sich** (*dat*) **etw ~** se procurer qc
be'schaffen[2] *adj* fait; constitué; **so ..., daß ...** de nature à ...
Be'schaffenheit *f* ⟨~⟩ qualité *f*; nature *f*; constitution *f*
Be'schaffung *f* (*Erwerb*) acquisition *f*; (*Kauf*) achat *m*; (*Versorgung*) approvisionnement *m* (+*gén* en)
Be'schaffungskriminalität *f* délinquance *f* des toxicomanes (pour se procurer de la drogue)
beschäftigen [bə'ʃɛftɪɡən] ⟨*pas de ge*-, h⟩ **I** *v/t* **1.** (*in Anspruch nehmen*) occuper; **mit etw beschäftigt sein** être occupé, s'occuper à faire qc; **dieser Gedanke beschäftigt mich sehr** cette pensée me préoccupe; **2.** *beruflich* employer; **II** *v/réfl* **sich mit j-m, etw ~** s'occuper de qn, qc
Be'schäftigte(r) *f(m)* ⟨→ A⟩ employé(e) *m(f)*
Be'schäftigung *f* ⟨~; ~en⟩ **1.** (*Tätigkeit*) occupation *f*; **e-r ~ nachgehen** avoir une occupation régulière; **2.** *berufliche* emploi *m*; **3.** *mit Problemen* étude *f* (**mit** de); réflexion *f* (**mit** sur)
Be'schäftigungs|grad *m* volume *m* de l'emploi; ⟆**los** *adj* sans occupation; (*arbeitslos*) sans emploi, travail; ~**therapeut(in)** *m(f)* ergothérapeute *m,f*; ~**therapie** *f* ergothérapie *f*; ~**verhältnis** *n* **1.** (*Arbeitsvertrag*) contrat *m* de travail; **2.** (*Stelle*) emploi *m*
Be'schäler *m* ⟨~s; ~⟩ étalon *m*
be'schallen *v/t* ⟨*pas de ge*-, h⟩ TECH **mit Lautsprechern** sonoriser; **mit Ultraschall**, MÉD échographier
be'schämen *v/t* ⟨*pas de ge*-, h⟩ faire 'honte à'; remplir de confusion; *p/pl fort* couvrir de honte
be'schämend *adj* (*schändlich*) 'honteux, -euse; (*demütigend*) humiliant
be'schämt I *adj* 'honteux, -euse; confus; **II** *advt* avec 'honte; avec confusion
Be'schämung *f* ⟨~; ~en⟩ 'honte *f*; confusion *f*; (*Demütigung*) humiliation *f*
be'schatt|en *v/t* ⟨~*ete, pas de ge*-, h⟩ **1.** *st/s* (*Schatten spenden*) ombrager; couvrir d'ombre; donner de l'ombre à; **2.** *fig Verdächtige* prendre en filature; filer; **3.** SPORT marquer; ⟆**ung** *f* ⟨~⟩ **von Verdächtigen** surveillance *f*; filature *f*
be'schaulich *adj* **1.** (*ruhig*) tranquille; (*friedlich*) paisible; (*besinnlich*) contemplatif, -ive; **2.** CATH Orden contemplatif, -ive; ⟆**keit** *f* ⟨~⟩ (*Ruhe*) tranquillité *f*; *litt* quiétude *f*; (*Besinnlichkeit*) contemplation *f*

Bescheid [bə'ʃaɪt] *m* ⟨~(e)s; ~e⟩ **1.** ⟨*pas de pl*⟩ (*Auskunft*) information *f*; *j-m* ~ *geben*, *sagen* informer, prévenir qn; F *fig j-m gründlich*, *ordentlich* ~ *sagen* dire son fait, ses quatre vérités à qn; *mit etw* ~ *wissen* s'y connaître en qc; connaître qc; (*über etw* [*acc*]) ~ *wissen* être au courant (de qc); savoir à quoi s'en tenir (au sujet de qc); **2.** ADM avis *m*; décision administrative; *e-n abschlägigen*, *positiven* ~ *erhalten* recevoir une réponse négative, positive

be'scheiden[1] ⟨*irr, pas de ge-*, *h*⟩ **I** *v/t* **1.** ADM notifier; communiquer; *Antrag etc abschlägig* ~ refuser; rejeter; **2.** *st/s* (*zuteil werden lassen*) donner; accorder; *ihm ist kein Glück beschieden* la fortune ne lui sourit pas; *es war mir nicht beschieden, zu ...* il ne m'a été donné de ...; **II** *st/s v/réfl sich* ~ se contenter, s'accommoder (*mit* de); se résigner (*mit* à)

be'scheiden[2] *adj* modeste; simple; *Essen* frugal; *in s-n Ansprüchen* ~ *sein* avoir des goûts simples; ne pas avoir besoin de grand-chose; *aus* ~*en Verhältnissen* d'origine modeste

Be'scheidenheit *f* ⟨~⟩ modestie *f*; simplicité *f*; *falsche* ~ fausse modestie

be'scheinen *v/t* ⟨*irr, pas de ge-*, *h*⟩ éclairer; *litt* répandre sa lumière sur; *sich von der Sonne* ~ *lassen* se prélasser au soleil

be'scheinigen *v/t* ⟨*pas de ge-*, *h*⟩ certifier; attester; *den Empfang von etw* ~ accuser réception de qc; *e-s Betrages* donner quittance, un reçu de qc; *hiermit wird bescheinigt, daß* ... il est certifié par la présente que ...

Be'scheinigung *f* ⟨~; ~en⟩ certificat *m*; attestation *f*

be'scheißen F *v/t* ⟨*irr, pas de ge-*, *h*⟩ (*betrügen*) F baiser; F entuber; F arnaquer; *j-n um etw* ~ F entuber qn de qc

be'schenken *v/t* ⟨*pas de ge-*, *h*⟩ faire, offrir un *bzw* des cadeau(x) à qn; *j-n mit etw* ~ offrir qc à qn; faire cadeau de qc à qn; donner qc en cadeau à qn; *j-n reich* ~ combler, couvrir qn de cadeaux

bescheren [bə'ʃeːrən] *v/t* ⟨*pas de ge-*, *h*⟩ **1.** *zu Weihnachten j-n* ~ offrir, distribuer des cadeaux à qn (pour Noël); *j-m mit etw* ~ offrir qc à qn (comme cadeau de Noël); *beschert werden* avoir, recevoir des cadeaux (pour Noël); **2.** *fig* (*zuteil werden lassen*) *ihnen waren keine Kinder beschert* il ne leur a pas été donné d'enfants; *was wird uns dieses Jahr* ~? que va nous apporter cette année?; que nous réserve cette année?

Be'scherung *f* ⟨~; ~en⟩ **1.** *zu Weihnachten* distribution *f*, remise *f* de(s) cadeaux (de Noël); **2.** F iron *das ist ja e-e schöne* ~!, *da haben wir die* ~! nous voilà dans de beaux draps!

be'scheuert F *adj* **1.** *Personen* F dingue; F taré; F malade; **2.** *Sache* stupide; P emmerdant; P con, conne

be'schichten *v/t* ⟨*-ete, pas de ge-*, *h*⟩ *etw* (*mit etw*) ~ (re)couvrir qc d'une couche de qc; enduire qc (de qc)

Be'schichtung *f* ⟨~; ~en⟩ **1.** *Vorgang* revêtement *m*; **2.** (*Schicht*) couche *f*

be'schicken *v/t* ⟨*pas de ge-*, *h*⟩ **1.** COMM ~ (*mit*) *Markt* approvisionner (en); *Geschäft* fournir (en); *die Messe ist gut beschickt* la foire présente une grande variété d'articles; **2.** TECH *Anlage* alimenter (*mit* en)

beschickert [bə'ʃɪkərt] F *adj* F éméché; F pompette

Be'schickung *f* ⟨~; ~en⟩ **1.** ⟨*pas de pl*⟩ *e-s Marktes etc* approvisionnement (*mit* en); **2.** TECH alimentation *f* (*mit* en)

be'schießen *v/t* ⟨*irr, pas de ge-*, *h*⟩ **1.** MIL tirer sur, contre; *Artillerie* pilonner; bombarder; **2.** NUCL bombarder; **2ung** *f* ⟨~; ~en⟩ **1.** MIL mitraillage *m*; *durch die Artillerie* pilonnage *m*; bombardement *m*; **2.** NUCL bombardement *m*

be'schilder|n *v/t* ⟨*-(e)re, pas de ge-*, *h*⟩ signaliser; baliser; **2ung** *f* ⟨~; ~en⟩ signalisation *f*; balisage *m*; (*Straßen2*) signalisation routière

be'schimpf|en *v/t* ⟨*pas de ge-*, *h*⟩ insulter; injurier; invectiver; **2ung** *f* ⟨~; ~en⟩ insulte *f*; injure *f*; invective *f*

be'schirmen *st/s v/t* ⟨*pas de ge-*, *h*⟩ protéger; *Personen a* prendre sous sa protection

Be'schiß P *m* ⟨*-sses*⟩ F arnaque *f*

beschissen [bə'ʃɪsn] P **I** *adj* P emmerdant; P dégueulasse; **II** *advt es geht ihm* ~ P il est dans la merde jusqu'au cou

Be'schlag *m* ⟨~(e)s; ~e⟩ **1.** *an Türen etc* ferrures *f/pl*; **2.** *e-s Pferdes* fers *m/pl*; **3.** ⟨*pas de pl*⟩ *etw, j-n mit* ~ *belegen*, *in* ~ *nehmen* accaparer qc, qn; mettre le grappin sur qc, qn

be'schlagen[1] ⟨*irr, pas de ge-*⟩ **I** *v/t* ⟨*h*⟩ TECH garnir de ferrures; *mit Nägeln* clouter; *Pferd* ferrer; **II** *v/i* ⟨*u v/refl*⟩ ⟨*h*⟩ (*sich*) ⟨*h*⟩ *Fenster etc* se couvrir de buée; s'embuer

be'schlagen[2] F *adj in etw* (*dat*) ~ *sein* être fort, calé en qc

Beschlag|nahme [bə'ʃlaːknaːmə] *f* ⟨~; ~n⟩ saisie *f*; confiscation *f*; *von Wohnungen etc* réquisition *f*; **2nahmen** *v/t* ⟨*pas de ge-*, *h*⟩ saisir; confisquer; *Wohnungen etc* réquisitionner; ~*nahmung* *f* ⟨~; ~en⟩ *cf* **Beschlagnahme**

be'schleichen *st/s v/t* ⟨*irr, pas de ge-*, *h*⟩ (*die*) *Angst beschleicht mich* la peur s'insinue en moi, me gagne

beschleunigen [bə'ʃlɔynɪɡn] *v/t u v/i* ⟨*pas de ge-*, *h*⟩ *Tempo* accélérer; *Schritte a* presser; *Angelegenheit* accélérer; activer; *Abreise* avancer; (*das Auto*) ~ accélérer

Be'schleunig|er *m* ⟨~s; ~⟩ NUCL accélérateur *m*; ~*ung* *f* ⟨~; ~en⟩ accélération *f*

be'schließen *v/t* ⟨*irr, pas de ge-*, *h*⟩ **1.** (*entscheiden*) décider; *durch Mehrheitsbeschluß* voter; **2.** (*beendigen*) finir; terminer

Be'schluß *m* décision *f*; *gemeinsam getroffener, a* POL résolution *f*; *e-n* ~ *fassen* prendre une décision; POL adopter une résolution

be'schlußfähig *adj* ~ *sein* atteindre le quorum

Be'schluß|fähigkeit *f* quorum *m*; **2unfähig** *adj* qui n'atteint pas le quorum

be'schmieren *v/t* ⟨*pas de ge-*, *h*⟩ **1.** (*beschmutzen*) tacher; barbouiller; *Wände* gribouiller sur; **2.** *Brot* tartiner; **3.** *péj* (*bekritzeln*) gribouiller, griffonner sur

be'schmutzen *v/t* ⟨*-(es)t, pas de ge-*, *h*⟩ *a fig* salir, *st/s* souiller (*mit* de)

be'schneid|en *v/t* ⟨*irr, pas de ge-*, *h*⟩ **1.** couper; TYPO massicoter; rogner; *Hekke etc* tailler; *Baum a* émonder; *Flügel* rogner; **2.** *fig Freiheit*, *Rechte etc* restreindre; réduire; **3.** MÉD, REL *Männer* circoncire; *Frauen* exciser; **2ung** *f* ⟨~; ~en⟩ **1.** MÉD, REL *bei Männern* circoncision *f*; *bei Frauen* excision *f*; **2.** *fig von Rechten etc* restriction *f*; limitation *f*; réduction *f*

be'schnitten *adjt* MÉD, REL *Mann* circoncis; *Frau* excisée

be'schnüffeln *v/t* ⟨*-(e)le, pas de ge-*, *h*⟩, **be'schnuppern** *v/t* ⟨*-(e)re, pas de ge-*, *h*⟩ *Hund*, F *fig* flairer; renifler

be'schönig|en *v/t* ⟨*pas de ge-*, *h*⟩ embellir; enjoliver; idéaliser; ~*end adjt* qui embellit; qui idéalise

Be'schönigung *f* ⟨~; ~en⟩ embellissement *m*; enjolivement *m*; *Ausdruck a* euphémisme *m*; *ohne* ~ sans fard

beschränken [bə'ʃrɛŋkən] ⟨*pas de ge-*, *h*⟩ **I** *v/t etw* (*auf etw* [*acc*]) ~ limiter, restreindre, réduire qc (à qc); *j-n in s-n Rechten* ~ restreindre les droits de qn; **II** *v/réfl sich auf etw* (*acc*) ~ se borner, se limiter, s'en tenir à qc

be'schrankt *adj Bahnübergang* gardé

be'schränkt **I** *adj* **1.** (*begrenzt*) limité; *Raum* étroit; *p/fort* exigu, -uë; *in* ~*er Anzahl* en nombre limité, restreint; **2.** *geistig* étriqué, borné; **II** *advt räumlich* ~ *sein* être à l'étroit

Be'schränktheit *f* ⟨~⟩ **1.** *e-s Raumes* exiguïté *f*; *der Mittel* insuffisance *f*; **2.** *geistige* étroitesse *f* d'esprit; manque *m* d'intelligence

Be'schränkung *f* ⟨~; ~en⟩ limitation *f*; restriction *f*; réduction *f*; ~*en* (*dat*) *unterliegen* être soumis à des restrictions

be'schreiben *v/t* ⟨*irr, pas de ge-*, *h*⟩ **1.** *Papier etc* écrire sur; *Seiten* remplir; **2.** (*schildern*) décrire; dépeindre; *Weg* indiquer; **3.** *Kreis etc* décrire; MATH *a* tracer

Be'schreibung *f* ⟨~; ~en⟩ description *f*; *e-r Person a* signalement *m*; (*Gebrauchsanweisung*) notice explicative; *jeder* ~ *spotten* dépasser l'imagination

be'schreiten *st/s v/t* ⟨*irr, pas de ge-*, *h*⟩ *fig Weg* prendre; emprunter; s'engager dans

Beschrieb [bə'ʃriːp] *m* ⟨~s; ~e⟩ *schweiz* description *f*

be'schrift|en *v/t* ⟨*-ete, pas de ge-*, *h*⟩ mettre une inscription sur; (*etikettieren*) étiqueter; **2ung** *f* ⟨~; ~en⟩ **1.** ⟨*pas de pl*⟩ *Vorgang* inscription *f*; étiquetage *m*; **2.** *Ergebnis* inscription *f*; (*Aufschrift*) étiquette *f*

be'schuldigen *v/t* ⟨*pas de ge-*, *h*⟩ *j-n* (*e-r Sache* [*gén*]) ~ accuser qn (de qc); *bes* JUR inculper qn (de qc)

Be'schuldigte(r) *f(m)* (→ A) accusé(e) *m(f)*; *bes* JUR inculpé(e) *m(f)*; *bei leichteren Vergehen* prévenu(e) *m(f)*

Be'schuldigung *f* ⟨~; ~en⟩ accusation *f*; *bes* JUR inculpation *f*

be'schummeln F *v/t* ⟨*-(e)le, pas de ge-*, *h*⟩ F avoir; F rouler; *j-n um etw* ~ F carotter qc à qn

Be'schuß *m* ⟨*-sses*⟩ **1.** MIL tir *m*; feu *m*; *der Artillerie* bombardement *m*; *unter* ~ (*acc*) *nehmen* ouvrir le feu sur; *fig* tirer à boulets rouges sur; *unter*

beschützen – besolden

~ (*dat*) **stehen** être sous le feu; *fig* essuyer le feu de la critique *bzw* des critiques; **2.** *NUCL* bombardement *m*
be'**schützen** *v/t* ⟨-(es)t, *pas de ge-*, h⟩ *j-n* (**vor** *etw*, *j-m*) ~ protéger qn (de, contre qc, qn)
Be'**schützer(in)** *m* ⟨~s; ~⟩ (*f*) ⟨~; ~nen⟩ protecteur, -trice *m,f*
be'**schwatzen** F *v/t* ⟨-(es)t, *pas de ge-*, h⟩ **1.** *j-n* ~ F embobiner qn; *j-n* **zu** *etw* ~ (arriver à) persuader qn de faire qc; **2.** *etw* ~ causer de qc
Be'**schwerde** [bə'ʃveːrdə] *f* ⟨~; ~n⟩ **1.** (*Klage*) plainte *f*; réclamation *f*; récriminations *f/pl*; *JUR* recours *m* (en réformation); pourvoi *m*; ~ **führen, einlegen** déposer une plainte (**gegen** contre); *JUR* adresser un recours (**bei** à); se pourvoir (**bei** en, devant; **gegen** contre); **2.** *pl* ~*n* maux *m/pl*; douleurs *f/pl*; **die ~n des Alters** les infirmités *f/pl* de l'âge, de la vieillesse
Be'**schwerde|buch** *n* registre *m* des plaintes, des réclamations; ⚹**frei** *adj* MÉD sans douleur(s); **~frist** *f* JUR délai *m* de recours
be'**schweren** ⟨*pas de ge-*, h⟩ **I** *v/t* **1.** alourdir; charger; *etw* **mit** *etw* ~ mettre qc sur qc; *AVIAT, MAR* lester qc de qc; **2.** *fig Gedächtnis* charger; encombrer; **II** *v/réfl* **sich** (**bei** *j-m* **über** *j-n*, *etw*) ~ se plaindre (de qn, qc à *od* auprès de qn); **sich über** *etw* (*acc*) ~ *a* faire une réclamation, des réclamations au sujet de qc
be'**schwerlich** *adj* pénible; fatigant; malaisé; ⚹**keit** *f* ⟨~; ~en⟩ inconvénients *m/pl*; fatigues *f/pl*; difficultés *f/pl*
Be'**schwernis** *st/s f* ⟨~; ~se⟩ fatigues *f/pl*
beschwichtig|en [bə'ʃvɪçtɪɡən] *v/t* ⟨*pas de ge-*, h⟩ apaiser; calmer; tranquilliser; ⚹**ung** *f* ⟨~; ~en⟩ apaisement *m*
be'**schwindeln** F *v/t* ⟨-(e)le, *pas de ge-*, h⟩ raconter des histoires, F des bobards à; (*betrügen*) tromper; F rouler
be'**schwingt** *adj* gai; *Melodie, Schritt* léger, -ère; ⚹**heit** *f* ⟨~⟩ gaieté *f*; *e-r Melodie etc* légèreté *f*
beschwipst [bə'ʃvɪpst] F *adj* F éméché; F pompette
be'**schwören** *v/t* ⟨*irr, pas de ge-*, h⟩ **1.** *JUR* affirmer sous serment; eidlich jurer; **2.** (*inständig bitten*) conjurer; supplier; **ich beschwöre Sie!** je vous en conjure!; **3.** *Schlange* charmer; *Geister* invoquer; *Vergangenheit etc* évoquer; faire resurgir
Be'**schwörung** *f* ⟨~; ~en⟩ **1.** *von Geistern* invocation *f*; *der Vergangenheit* évocation *f*; **2.** *durch Bitten* supplication *f*
Be'**schwörungsformel** *f* formule *f* d'invocation, *litt* invocatoire
be'**seelen** *st/s v/t* ⟨*pas de ge-*, h⟩ *Gefühl, Glaube, Hoffnung j-n* ~ animer qn; **von dem Wunsch beseelt sein, etw zu tun** être animé du désir de faire qc
be'**sehen** *v/t* ⟨*irr, pas de ge-*, h⟩ regarder; *prüfend* examiner
be'**seitig|en** *v/t* ⟨*pas de ge-*, h⟩ supprimer; *a Personen* éliminer; *Schmutz, Flecken* enlever; *Schwierigkeiten* aplanir; *Zweifel* lever; dissiper; ⚹**ung** *f* ⟨~⟩ suppression *f*; *a von Personen* élimination *f*; *von Schwierigkeiten* aplanissement *m*; *von Zweifeln* dissipation *f*

Besen ['beːzən] *m* ⟨~s; ~⟩ **1.** balai *m*; *fig* **mit eisernem** ~ **kehren** donner un coup de balai; F **ich fresse e-n** ~, **wenn ...** je veux bien être pendu si ...; que le diable m'emporte si ...; *prov* **neue** ~ **kehren gut** *prov* tout nouveau, tout beau; **2.** F *péj* (*zänkische Frau*) mégère *f*; F chipie *f*
'Besen|binder *m* faiseur *m* de balais; **~kammer** *f* placard *m* à balais; ⚹**rein** *adj* (bien) propre; (bien) nettoyé; **~schrank** *m* placard *m* à balais
'Besenstiel *m* manche *m* à balai; F *fig* **e-n** ~ **verschluckt haben** se tenir raide comme un manche à balai, un piquet
besessen [bə'zɛsən] *adj* possédé; **vom Teufel** ~ possédé du démon, du diable; **von e-r Idee** *etc* ~ **sein** être obsédé par une idée, *etc*; **er arbeitet wie** ~ il travaille comme un fou, un enragé
Be'**sessene(r)** *f(m)* ⟨→ A⟩ possédé(e) *m(f)*
Be'**sessenheit** *f* ⟨~⟩ **1.** (*leidenschaftliche Hingabe*) fanatisme *m*; **2.** *PSYCH* obsession *f*; *REL meist* possession *f*
be'**setzen** *v/t* ⟨-(es)t, *pas de ge-*, h⟩ **1.** *COUT, mit Edelsteinen etc* garnir (**mit** de); *am Rand* border; *mit Tressen* galonner; **2.** *Platz* réserver; **3.** *Posten, Stelle* pourvoir; *THÉ Rollen* distribuer; **die Stelle e-s Chefarztes ist zu** ~ le poste de médecin chef est à pourvoir; **4.** *MIL* occuper; **5.** *Haus* squatter; squattériser; **6.** *Teich, Revier mit Tieren* peupler (**mit** de)
be'**setzt** *adj Platz, Toilette* occupé; *TÉL* occupé; pas libre; *Tisch* pris; *Zug, Hotel etc* complet, -ète; *Haus* squatté; *Theater etc* **voll** ~ **sein** être plein
Be'**setztzeichen** *n* TÉL tonalité *f* «pas libre», «occupé»
Be'**setzung** *f* ⟨~; ~en⟩ **1.** THÉ distribution *f*; **2.** SPORT composition *f*; **3.** ⟨*pas de pl*⟩ *MIL e-s Landes etc* occupation *f*; **4.** ⟨*pas de pl*⟩ *e-s Postens* affectation *f*
be'**sichtig|en** *v/t* ⟨*pas de ge-*, h⟩ visiter; (*inspizieren*) inspecter; ⚹**ung** *f* ⟨~; ~en⟩ visite *f*; (*Inspizierung*) inspection *f*
Be'**sichtigungszeit** *f* heures *f/pl* d'ouverture, de visite
be'**siedeln** *v/t* ⟨-(e)le, *pas de ge-*, h⟩ **1.** *Region* peupler; *HIST POL* coloniser; **dicht, dünn besiedelt sein** avoir une population dense, clairsemée; **2.** *Pflanzen, Tiere* (*heimisch sein in*) habiter
Be'**sied(e)lung** *f* ⟨~; ~en⟩ peuplement *m*; *HIST POL* colonisation *f*
be'**siegeln** *v/t* ⟨*pas de ge-*, h⟩ *Freundschaft etc* sceller (**mit** par); **sein Schicksal ist besiegelt** son destin est irrévocable; c'en est fait de lui
be'**siegen** *v/t* ⟨*pas de ge-*, h⟩ **1.** *MIL, a fig Angst etc* vaincre; **2.** *bei Sport u Spiel* battre; gagner contre
Be'**siegte(r)** *f(m)* ⟨→ A⟩ vaincu(e) *m(f)*
be'**singen** *v/t* ⟨*irr, pas de ge-*, h⟩ **1.** *st/s* (*preisen*) chanter; célébrer; **2.** **e-e Schallplatte** ~ faire un disque
be'**sinnen** *v/réfl* ⟨*irr, pas de ge-*, h⟩ **1.** (*sich erinnern*) **sich** (**auf** *etw* [*acc*]) ~ se souvenir (de qc); se rappeler (qc); **wenn ich mich recht besinne** si je me souviens bien; **2.** (*zur Vernunft kommen*) **sich** ~ reprendre ses esprits; **3.** (*überlegen*) **sich** ~ réfléchir; **ohne sich lange zu** ~ sans

hésiter; **sich e-s anderen, Besseren** ~ changer d'avis, d'idée; se raviser; **4.** (*sich bewußt werden*) **sich auf die Bedeutung e-r Sache** (*gén*) ~ prendre conscience de la signification de qc
be'**sinnlich** *adj* méditatif, -ive; *Person* pensif, -ive; **e-e** ~**e Stunde** une heure de recueillement, de méditation
Be'**sinnlichkeit** *f* ⟨~⟩ recueillement *m*; méditation *f*
Be'**sinnung** *f* ⟨~⟩ **1.** (*Bewußtsein*) connaissance *f*; **die** ~ **verlieren** perdre connaissance; **bei voller** ~ avoir tous ses esprits; **zur** ~ **kommen** reprendre connaissance; **2.** (*Vernunft*) raison *f*; **zur** ~ **kommen** reprendre ses esprits; **j-n zur** ~ **bringen** ramener qn à la raison
Be'**sinnungsaufsatz** *m* dissertation *f*
be'**sinnungslos** *adj* **1.** (*bewußtlos*) sans connaissance; évanoui; **2.** (*außer sich*) 'hors de soi
Be'**sinnungslosigkeit** *f* ⟨~⟩ évanouissement *m*; **bis zur** ~ **trinken** boire sans aucune retenue
Besitz [bə'zɪts] *m* ⟨~es⟩ **1.** possession *f*; *von Waffen* détention *f*; **in den** ~ **von** *etw* **kommen, gelangen** entrer en possession de qc; *etw* **in** ~ (*acc*) **nehmen, von** *etw* ~ **ergreifen** prendre possession de qc; **in j-s** (*dat*) **sein** être en la possession de qn; **im vollen** ~ **s-r Kräfte sein** être en pleine possession de ses moyens; **2.** (~*tum*) propriété *f*; bien *m*; **diese Bilder stammen aus dem** ~ **meines Großvaters** ces tableaux étaient propriété de mon grand--père; **geistiger** ~ **e-s Volkes sein** faire partie du patrimoine intellectuel d'une nation
Be'**sitzanspruch** *m* droit *m* à la possession; **auf** *etw* (*acc*) **Besitzansprüche anmelden** faire valoir ses droits sur qc
be'**sitzanzeigend** *adj* GR *Fürwort* possessif, -ive
be'**sitzen** *v/t* ⟨*irr, pas de ge-*, h⟩ posséder; avoir; **er besaß die Frechheit, zu ...** il a eu, possédé l'audace de ...
Be'**sitzer(in)** *m* ⟨~s; ~⟩ (*f*) ⟨~; ~nen⟩ propriétaire *m,f*; détenteur, -trice *m,f*; **den** ~ **wechseln** changer de propriétaire, de mains
be'**sitzergreif|end** *adj* possessif, -ive; ⚹**ung** *f* prise *f* de possession; **gewaltsam** annexion *f*
Be'**sitzer|stolz** *m* fierté *f* d'être le propriétaire; **~wechsel** *m* changement *m* de propriétaire
be'**sitzlos** *adj* qui ne possède rien; **der Neid der** ⚹**en** l'envie *f* de ceux qui ne possèdent rien
Besitz|nahme [bə'zɪtsnaːmə] *f* ⟨~⟩ *cf* **Besitzergreifung**; **~stand** *m* acquis *m/pl* sociaux; *par ext* niveau *m* de vie; **~tum** *n* ⟨~s; ~er⟩ propriété *f*
Be'**sitzung** *st/s f* ⟨~; ~en⟩ *meist pl* ~**en** biens *m/pl*; terres *f/pl*; *e-s Staates* possessions *f/pl*
Be'**sitzverhältnisse** *n/pl* répartition *f* de la fortune
besoffen [bə'zɔfən] F *adj* soûl; F rond; F bourré
be'**sohlen** *v/t* ⟨*pas de ge-*, h⟩ ressemeler
be'**sold|en** *v/t* ⟨-ete, *pas de ge-*, h⟩ *Beamte* payer; rémunérer; *Soldaten* payer

la solde à; ⸗ung *f* ⟨~; ~en⟩ *von Beamten* traitement *m*; rémunération *f*; *von Soldaten* solde *f*
Be'soldungsgruppe *f* échelon *m*
besondere(r, -s) [bəˈzɔndərə] *adj* particulier, -ière; spécial; (*außergewöhnlich*) exceptionnel, -elle; *~ Kennzeichen* signes particuliers; *~ Umstände* circonstances particulières; *von ~r Qualität*, *Schönheit* d'une qualité, beauté exceptionnelle; *auf ~ Anordnung* sur ordre spécial; *e-e ~ Leistung* une performance remarquable; *im ~n* en particulier; *nichts ⸗s* rien d'extraordinaire; *etwas ganz ⸗s* quelque chose de tout à fait exceptionnel
Be'sonderheit *f* ⟨~; ~en⟩ particularité *f*; singularité *f*
be'sonders *adv* 1. (*vor allem*) particulièrement, en particulier; spécialement; surtout; 2. (*ausdrücklich*) particulièrement; expressément; 3. *verstärkend ~ gut* particulièrement bien; *ganz ~* par-dessus tout; 4. F *heute war das Essen nicht ~* le dîner, le déjeuner, *etc* n'avait rien d'extraordinaire, n'était pas fameux aujourd'hui; *mir geht es nicht ~* je ne vais pas très bien; 5. (*gesondert*) spécialement; à part
besonnen [bəˈzɔnən] *adj* réfléchi; pondéré; avisé; ⸗heit *f* ⟨~⟩ réflexion *f*; pondération *f*
besonnt [bəˈzɔnt] *st/s adj* ensoleillé
be'sorgen *v/t* ⟨*pas de ge-*, h⟩ 1. *Haushalt, Korrespondenz* s'occuper de; *Arbeit, Einkäufe* faire; 2. (*beschaffen*) procurer; *sich* (*dat*) *etw ~* se procurer qc; (*kaufen*) acheter; *ich muß noch schnell etwas ~* il faut que j'aille vite acheter, chercher quelque chose; 3. F *es j-m ~* (*heimzahlen*) rendre à qn la monnaie de sa pièce; (*die Meinung sagen*) F ne pas l'envoyer dire à qn; P (*sexuell befriedigen*) faire jouir qn
Be'sorgnis *f* ⟨~; ~se⟩ souci *m*; préoccupation *f*; inquiétude *f*; *Anlaß zur ~ geben* donner du souci; *j-s ~ erregen* inquiéter, préoccuper qn
be'sorgniserregend *adj* inquiétant; préoccupant
be'sorgt *adj* 1. (*sorgenvoll*) *Miene etc* soucieux, -ieuse; *um, über etw* (*acc*) *~ sein* s'inquiéter de qc; *um etw, j-n ~ sein* s'inquiéter pour qc, qn; se faire du souci pour qc, qn; 2. (*fürsorglich*) attentionné, plein d'attentions (*um* pour); *er war rührend um unser Wohl ~* il était aux petits soins pour nous
Be'sorgtheit *f* ⟨~⟩ *cf Besorgnis*
Be'sorgung *f* ⟨~; ~en⟩ *~en machen* faire des courses, des achats, des emplettes
be'spannen *v/t* ⟨*pas de ge-*, h⟩ 1. *Wand etc* tendre (*mit* de); *Schirm etc* recouvrir (*mit* de); *Instrumente* garnir (de cordes); *Tennisschläger* corder; 2. *e-n Wagen mit Pferden ~* atteler des chevaux à une voiture
Be'spannung *f* ⟨~; ~en⟩ (*Wand⸗*) tenture *f*; *e-s Instruments* cordes *f/pl*; *e-s Tennisschlägers* cordage *m*
be'spielbar *adj Sportplatz* praticable
be'spielen *v/t* ⟨*pas de ge-*, h⟩ 1. *Tonband etc* enregistrer; 2. THÉ jouer dans; donner des représentations dans; 3. *Sport-, Tennisplatz* jouer sur

be'spitzel|n *v/t* ⟨-(e)le, *pas de ge-*, h⟩ espionner; surveiller; ⸗ung *f* ⟨~; ~en⟩ surveillance *f*; espionnage *m*
be'sprechen ⟨*irr, pas de ge-*, h⟩ **I** *v/t* 1. discuter; débattre; parler de; *wie besprochen* comme convenu; 2. *Buch, Film etc* critiquer; faire une critique de; 3. *Tonband etc* enregistrer; 4. (*beschwören*) *Geister etc* conjurer; **II** *v/réfl sich mit j-m ~* discuter avec qn (*über etw* [*acc*] de qc); (*sich abstimmen*) se concerter avec qn
Be'sprechung *f* ⟨~; ~en⟩ 1. (*Gespräch*) entretien *m*; conversation *f*; (*Beratung*) conférence *f*; réunion *f*; *in e-r ~ sein* être en réunion; 2. *e-s Buches etc* critique *f*; compte *m* rendu
Be'sprechungs|exemplar *n* spécimen pour compte rendu, destiné à la presse; *~raum m*, *~zimmer n* salle *f* de conférence, de réunion
be'sprengen *v/t* ⟨*pas de ge-*, h⟩ arroser; *Wäsche* humecter; *a mit Weihwasser* asperger
be'sprenkeln *v/t* ⟨-(e)le, *pas de ge-*, h⟩ tacheter; moucheter
be'springen *v/t* ⟨*irr, pas de ge-*, h⟩ *Tiere* saillir; monter; couvrir
be'spritzen *v/t* ⟨-(e)st, *pas de ge-*, h⟩ asperger; (*beschmutzen*) éclabousser
be'sprühen *v/t* ⟨*pas de ge-*, h⟩ asperger; *etw mit Wasser etc ~* pulvériser de l'eau, *etc* sur qc
be'spucken *v/t* ⟨*pas de ge-*, h⟩ cracher sur
besser [ˈbɛsər] **I** *adj* meilleur; F *plais s-e ~e Hälfte* sa (chère, tendre) moitié; F *er ist nur ein ~er Hilfsarbeiter* il n'est guère plus qu'un manœuvre; *sich für etw ~es halten* se croire supérieur; *in Ermangelung e-s ~en* faute de mieux; *Sie können nichts ⸗es tun, als ...* ce que vous avez de mieux à faire, c'est de ...; *j-n ~ belehren* détromper qn; faire revenir qn de son erreur; *~ ist ~* mieux c'est mieux; **II** *adv* 1. mieux; *es ~ haben* avoir une vie meilleure; *immer alles ~ wissen* se croire plus malin que les autres; *je eher, desto ~* le plus tôt sera le mieux; *um so ~!* tant mieux!; *~ gesagt* pour être plus précis, exact; 2. (*lieber*) plutôt; *du tätest ~ daran zu gehen* tu ferais mieux de t'en aller; *mach ~ das Fenster zu* ferme plutôt la fenêtre
'bessergehen *v/imp* ⟨*irr, sép*, -ge-, sein⟩ aller mieux; *nächste Woche wird es dir ~* la semaine prochaine tu iras (beaucoup) mieux
'bessergestellt *adj* plus 'haut placé' (dans l'échelle sociale)
'bessern ⟨bessere *ou* beßre, h⟩ **I** *v/t* améliorer; rendre meilleur; **II** *v/réfl sich ~ Befinden etc* s'améliorer; *Wetter* a se mettre au beau; *Person moralisch* s'amender
'besserstellen *v/t* ⟨*sép*, -ge-, h⟩ améliorer la situation de
'Besserung *f* ⟨~⟩ 1. (*Genesung*) *sich auf dem Wege der ~ befinden* être sur le chemin de la guérison; *j-m gute ~ wünschen* souhaiter un prompt rétablissement à qn; *gute ~!* bon rétablissement!; 2. *e-r Situation etc* amélioration *f*; 3. *moralisch ~ geloben* promettre de s'amender, de se corriger
'Besserungsanstalt *f früher* maison *f* de correction

'Besserverdienende(r) *f(m)* ⟨→ A⟩ *pl die ~n* les gros salaires, revenus
'Besser|wisser(in) *m* ⟨~s; ~⟩ (*f*) ⟨~; ~nen⟩ *péj* personne *f* qui sait tout (mieux que les autres); donneur, -euse *m,f* de leçons; *~wisse'rei f* ⟨~⟩ *péj* manie *f* de vouloir tout savoir mieux que les autres
be'stallen [bəˈʃtalən] *v/t* ⟨*pas de ge-*, h⟩ ADM nommer (à un emploi); *bestallt* en fonction
Be'stallung *f* ⟨~; ~en⟩ ADM nomination *f* (à)
Be'stand *m* ⟨~(e)s; ⸗e⟩ 1. ⟨*pas de pl*⟩ (*Bestehen*) existence *f*; (*Fort⸗*) survie *f*; *der Menschheit* avenir *m*; *~ haben* être durable; *von kurzem ~ sein* être de courte durée; *keinen ~ haben* être éphémère, passager, -ère; 2. *an Waren* stock *m*; *an Büchern etc* nombre *m*; *an Vieh* cheptel *m*; *an Wagen* parc *m*; *an Personal* effectif *m*; *an Geld* encaisse *f*; (*Wald⸗*) peuplement forestier; *eiserner ~* réserve *f*; COMM stock permanent
be'standen **I** *p/p cf bestehen*; **II** *adjt mit etw ~ sein* être (re)couvert de qc; *mit Bäumen ~* planté d'arbres
be'ständig *adj* 1. (*von Dauer*) durable; 2. (*konstant*) constant; *das Wetter ist ~* le temps est, se maintient au beau fixe; 3. (*épithète*) (*fortwährend*) continuel, -elle; 4. (*widerstandsfähig*) *gegen Hitze, Frost ~ sein* être résistant à la chaleur, au gel; 5. (*verläßlich, treu*) solide
Be'ständigkeit *f* ⟨~⟩ constance *f*; *des Glücks etc* persistance *f*; *von Freundschaft etc* solidité *f*; *des Wetters* stabilité *f*; *gegen Hitze etc* résistance *f* (*gegen* à)
'Bestandsaufnahme *f* 1. COMM inventaire *m*; 2. *fig des Lebens, Schaffens etc* bilan *m*
Be'standteil *m* élément *m*; composante *f*; CHIM composant *m*; *integrierender ~* partie intégrante; *wesentlicher ~* élément essentiel; composante essentielle; *sich in s-e ~e auflösen* CHIM se décomposer en ses éléments; *fig* se désagréger; se disloquer
be'stärken *v/t* ⟨*pas de ge-*, h⟩ *Zweifel etc* renforcer; *j-n* (*in etw* [*dat*]) *~* renforcer, conforter, raffermir qn (dans qc); *j-n darin ~, etw zu tun* conforter qn dans l'idée de faire qc
bestätigen [bəˈʃtɛːtɪɡən] ⟨*pas de ge-*, h⟩ **I** *v/t* confirmer; *Verdacht a* corroborer; *Annahme, Theorie* vérifier; ADM certifier; *den Empfang ~* accuser réception; *j-n in s-m Amt ~* confirmer qn dans ses fonctions; *j-n in s-r Meinung ~* conforter qn dans son opinion; **II** *v/réfl sich ~ Verdacht etc* se confirmer; se vérifier; *sich als wahr ~* s'avérer exact, juste
Be'stätigung *f* ⟨~; ~en⟩ confirmation *f*; (*Empfangs⸗*) accusé *m* de réception
bestatt|en [bəˈʃtatən] *st/s v/t* ⟨-ete, *pas de ge-*, h⟩ inhumer; ⸗ung *st/s f* ⟨~; ~en⟩ inhumation *f*
Be'stattungsinstitut *n* (entreprise *f* de) pompes *f/pl* funèbres
be'stäub|en [bəˈʃtɔʏbən] *v/t* ⟨*pas de ge-*, h⟩ 1. *mit Mehl etc* saupoudrer; 2. BOT transporter le pollen sur; (*befruchten*) féconder; ⸗ung *f* ⟨~; ~en⟩ BOT pollinisation *f*

bestaunen – Bestimmung

be'staunen v/t ⟨pas de ge-, h⟩ s'émerveiller de; (staunend betrachten) regarder d'un air émerveillé
'**bestbezahlt** adj ⟨épithète⟩ le mieux payé
beste(r, -s) ['bɛstə] adj meilleur; **~n Dank!** merci beaucoup!; **mit den ~n Grüßen** avec mes meilleures salutations; **der erste ~** le premier venu; **es ist das ~, er ...** le mieux (c')est qu'il ... (+subj); **das ist das ~, was Sie tun können** c'est ce que vous avez le mieux à faire; **am ~n** le mieux; **du fährst am ~n mit dem Nachtzug** le mieux est que tu prennes le train de nuit; **aufs ~** le mieux (du monde); au mieux; **sich zum ~n wenden** prendre bonne tournure; **etw zum ~n geben** raconter, réciter, chanter, etc qc (en société); **j-n zum ~n halten** od **haben** se moquer de qn; se payer la tête de qn; **nicht zum ~n stehen** ne pas aller fort; aller assez mal; **es steht nicht zum ~n mit ihm** il file un mauvais coton
'**Beste(r)** f(m) ⟨→ A⟩ le meilleur, la meilleure; **als ~r das Examen bestehen** être reçu premier à l'examen
'**Beste(s)** n ⟨→ A⟩ **das ~** le mieux; **das ~ daraus machen** faire pour le mieux; **das ~ aus etw machen** tirer le meilleur parti de qc; **das ~ vom ~n** le nec plus ultra; **sein ~s tun** faire de son mieux; **das ist zu s-m ~n** c'est dans son intérêt, pour son bien; **ich will nur dein ~s** je ne veux que ton bien
be'stechen v/t ⟨irr, pas de ge-, h⟩ 1. corrompre; acheter; Zeugen a suborner; 2. fig séduire
be'stechend adj séduisant; attirant
be'stechlich adj vénal; corruptible; **~keit** f ⟨~⟩ vénalité f; corruptibilité f
Be'stechung f ⟨~; ~en⟩ corruption f; von Zeugen a subornation f
Be'stechungs|affäre f affaire f de corruption; **~geld** n pot-de-vin m; **~skandal** m scandale m de corruption; **~versuch** m tentative f de corruption, **bei** Zeugen a de subornation
Besteck [bə'ʃtɛk] n ⟨~(e)s; ~e⟩ 1. (Eßζ) couvert m; 2. TECH, MÉD trousse f; 3. MAR point m
Be'steck|kasten m für Eßbestecke écrin m à couverts; **mit Inhalt** ménagère f; **~schublade** f tiroir m à couverts
be'stehen ⟨irr, pas de ge-, h⟩ I v/t Examen réussir (à); être reçu à; passer avec succès; Gefahr etc surmonter; résister à; Abenteuer se sortir de; se tirer de; Kampf sortir vainqueur de; II v/i 1. (existieren) exister; **es besteht der Verdacht, daß ...** on soupçonne que ...; **es besteht (die) Aussicht, daß ...** il y a des chances (pour) que ... (+subj); 2. (beharren) **auf s-r Meinung ~** rester, camper sur ses positions; **auf s-m Willen ~** ne rien vouloir entendre; **auf s-m Recht ~** faire valoir ses droits; **darauf ~, daß ...** tenir à ce que ...; insister pour que ...; 3. (zusammengesetzt sein) **aus etw ~** être composé, se composer de qc; comprendre qc; **in etw (dat) ~** consister en qc; **s-e Arbeit besteht darin, zu** (+ inf) son travail consiste à (+ inf); 4. (standhalten) **vor j-m nicht ~ können** ne pas pouvoir s'affirmer, s'imposer en face de qn; ne pas faire le poids face à qn; **vor der Kritik nicht ~ können** ne pas résister à la critique

Be'stehen n ⟨~s⟩ 1. (Existenz) existence f; **seit ~ der Welt** depuis que le monde existe; **das fünfzigjährige ~ e-r Firma** les cinquante ans d'existence d'une entreprise; 2. **e-s Examens** réussite f (+gén à); **nach ~ der Prüfung** après avoir réussi l'examen; 3. (Beharren) **sein ~ auf dieser Forderung finde ich absurd** je trouve absurde qu'il maintienne cette revendication
be'stehenbleiben v/i ⟨irr, sép, -ge-, sein⟩ subsister; rester; se maintenir
be'stehend adj 1. (existierend) existant; Ordnung, Gesetz a établi; 2. (zusammengesetzt) **~ aus** composé, se composant de
be'stehlen v/t ⟨irr, pas de ge-, h⟩ **j-n ~** voler qn; **j-n um etw ~** voler qc à qn
be'steigen v/t ⟨irr, pas de ge-, h⟩ monter sur; Berg faire l'ascension de; gravir; den Zug ~ monter dans le train
Be'steigung f ⟨~; ~en⟩ e-s Berges ascension f
Be'stellblock m ⟨~(e)s; ~e ou ~s⟩ carnet m de commandes
be'stellen v/t ⟨pas de ge-, h⟩ 1. Waren, im Restaurant commander; Taxi appeler; Theaterkarten, Zimmer etc retenir; Zimmer à réserver; **das kommt wie bestellt** F ça tombe à pic; 2. Personen **j-n (zu sich** [dat]**) ~** convoquer qn, donner rendez-vous à qn (chez soi); **sind Sie bestellt?** avez-vous pris rendez-vous?; F plais **er steht da wie bestellt und nicht abgeholt** il reste là tout penaud, déconfit; 3. (ernennen) **j-n zum Verteidiger ~** désigner qn comme défenseur; 4. (ausrichten) **j-m etw ~** faire savoir qc à qn; **bestell deiner Mutter schöne Grüße (von mir)** donne le bonjour (de ma part) à ta mère; 5. F **nichts zu ~ haben** n'avoir rien à dire; ne pas avoir voix au chapitre; 6. Feld, Garten cultiver; 7. **um etw ist es schlecht bestellt** ça va mal pour qc; **um sie ist es schlecht bestellt** elle file un mauvais coton
Be'stelliste f liste f de commandes
Be'stell|karte f carte f de commande; **~nummer** f numéro m de commande; **~schein** m bulletin m, bon m, feuille f de commande
Be'stellung f ⟨~; ~en⟩ 1. von Waren, im Restaurant commande f; COMM a ordre m; e-s Zimmers etc réservation f; **e-e ~ aufgeben** passer (une) commande; **j-s ~ aufnehmen** prendre la commande de qn; **auf ~** sur commande; 2. (Auftrag, Nachricht) **j-m e-e ~ ausrichten** faire une commission à qn; 3. (Ernennung) désignation f; 4. ⟨pas de pl⟩ des Felds etc culture f
'**bestenfalls** adv au mieux; dans le meilleur des cas
'**bestens** adv au mieux; de mon, ton, etc mieux; **~ vorbereitet sein** être parfaitement préparé
be'steuer|n v/t ⟨-(e)re, pas de ge-, h⟩ Personen, Einkommen etc imposer; Genußmittel etc taxer; **ζung** f ⟨~⟩ imposition f; von Genußmitteln etc taxation f
'**Bestform** f SPORT excellente condition; F top niveau m; **in ~** en excellente condition; F au top niveau

'**bestgekleidet** adj ⟨épithète⟩ **die ~e Frau** la femme la mieux habillée
bestialisch [bɛsti'aːlɪʃ] I adj (sehr grausam) bestial; Verbrechen, a F fig atroce; II adv 1. d'une façon bestiale; 2. F fig **es stinkt ~** ça pue effroyablement, atrocement
Bestiali'tät f ⟨~; ~en⟩ 1. Eigenschaft bestialité f; 2. Handlung atrocité f
be'sticken v/t ⟨pas de ge-, h⟩ broder; garnir de broderie(s); **mit Perlen ~** garnir de perles
Bestie ['bɛstiə] f ⟨~; ~n⟩ a fig bête f, animal m féroce
be'stimmbar adj (**nicht**) **~** (in)déterminable; (in)définissable
be'stimmen ⟨pas de ge-, h⟩ I v/t 1. (festlegen) fixer; déterminer; **er hat es so bestimmt** il en a décidé ainsi; 2. (vorsehen) destiner (**für** à); (ernennen) désigner (**zu** comme); **j-n zu s-m Nachfolger ~** désigner qn comme son successeur; **sie waren füreinander bestimmt** ils étaient faits l'un pour l'autre; st/s **es war ihm nicht bestimmt zu ...** il ne lui a pas été donné de ...; 3. (ermitteln) déterminer; Begriff définir; 4. (prägen) marquer; **von etw bestimmt sein** être marqué par qc; porter l'empreinte de qc; 5. **j-n ~, etw zu tun** décider qn à faire qc; II v/i (befehlen) commander; **hier bestimme ich** c'est moi qui commande ici; **über etw** (acc) **~** décider de qc; **über j-n ~** disposer de qn
be'stimmend adj déterminant; (entscheidend) décisif, -ive
be'stimmt I adj 1. (speziell) déterminé; (bien) défini; 2. (entschieden) Ton décidé; ferme; catégorique; Worte énergique; 3. (feststehend) donné; déterminé; Stunde fixe; **an e-r ~en Stelle** à un endroit donné, déterminé; **zu e-m ~en Zeitpunkt** à un moment donné; 4. (gewisse[r, -s]) certain; **in ~en Kreisen** dans certains milieux; 5. (genau) **niemand weiß etwas ζes** personne ne sait rien de précis; 6. GR **der ~e Artikel** l'article défini; II adv 1. (sicher) certainement; **ich glaube ~, daß ...** je suis persuadé que ...; **das weiß ich ganz ~** j'en suis sûr, certain; **ich kann es nicht ~ sagen** je ne peux pas le dire avec certitude; **ganz ~ (nicht)** certainement (pas); 2. (vermutlich, sehr wahrscheinlich) certainement; sûrement; **das ist ~ nicht richtig** c'est certainement, sûrement faux; **ich habe es ~ verloren** j'ai dû le perdre; 3. (entschieden) fermement; avec fermeté; **er sagte das sehr ~** il a dit d'un ton très ferme, très décidé; il a été catégorique, formel
Be'stimmtheit f ⟨~⟩ 1. (Entschiedenheit) fermeté f; 2. (Gewißheit) certitude f
Be'stimmung f ⟨~; ~en⟩ 1. (Anordnung) disposition f; règlement m; **gesetzliche ~en** dispositions légales; 2. ⟨pas de pl⟩ (Zweck) destination f; **etw s-r ~** (dat) **übergeben** Gebäude, Brücke etc inaugurer qc; 3. ⟨pas de pl⟩ (Schicksal) destin m; **zu e-m Beruf** vocation f; **göttliche ~** providence f; **das war höhere ~** c'était écrit; 4. (Ermitteln) détermination f; e-s Begriffs défi-

nition *f*; **5.** GR *adverbiale* ~ complément circonstanciel
Be'stimmungs|bahnhof *m* gare *f* de destination; **₂gemäß** *adv* conformément aux dispositions, au règlement; **~hafen** *m* port *m* de destination; **~land** *n* pays *m* de destination; **~ort** *m* ⟨~(e)s; ~e⟩ (lieu *m* de) destination *f*
'Best|leistung *f* SPORT *relative* meilleure performance; *absolute* record *m*; **~marke** *f* SPORT record *m*
'best|möglich I *adj* le (la) meilleur(e) ... possible; **II** *adv* le mieux possible
Best.-Nr. *abr* (*Bestellnummer*) numéro *m* de commande
be'straf|en *v/t* ⟨*pas de ge-, h*⟩ *Vergehen, Person* punir (*mit* de); (*verurteilen*) condamner (*mit* à); **₂ung** *f* ⟨~; ~en⟩ punition *f*
be'strahlen *v/t* ⟨*pas de ge-, h*⟩ **1.** (*hell bescheinen*) éclairer; illuminer; **2.** NUCL irradier; MÉD traiter par les rayons
Be'strahlung *f* ⟨~; ~en⟩ **1.** (*Sonnen*₂) ensoleillement *m*; exposition *f* au soleil; *mit Licht* éclairage *m*; illumination *f*; **2.** NUCL, MÉD irradiation *f*; MÉD *a* traitement *m* par les rayons; radiothérapie *f*; *der Arzt hat zehn ~en verordnet* le médecin a ordonné dix séances de rayons, de radiothérapie; **sie bekommt ~en** on lui fait des rayons
Be'streben *n* ⟨~s⟩ *es wird mein ~ sein, zu* (+*inf*) je m'efforcerai de (+*inf*); je m'appliquerai à (+*inf*); je m'emploierai à (+*inf*); *im ~, zu* (+*inf*) soucieux de (+*inf*)
be'strebt *adj ~ sein, etw zu tun* s'efforcer de, s'appliquer à, s'employer à faire qc
Be'strebung *f* ⟨~; ~en⟩ effort *m*; *die gegenwärtigen ~en gehen dahin, daß* actuellement on s'efforce de (+*inf*)
be'streichen *v/t* ⟨*irr, pas de ge-, h*⟩ enduire (*mit* de); *Brot* tartiner; *mit Butter ~* beurrer
be'streiken *v/t* ⟨*pas de ge-, h*⟩ *e-n Betrieb, Renault etc ~* faire la grève dans une entreprise, chez Renault, *etc*; *der Betrieb wird bestreikt* l'entreprise est en grève
be'streitbar *adj* contestable; discutable
be'streiten *v/t* ⟨*irr, pas de ge-, h*⟩ **1.** (*leugnen*) contester; *das wird, kann niemand ~* nul ne dira le contraire; *das läßt sich nicht ~* c'est incontestable, indiscutable; **2.** (*streitig machen*) *j-m das Recht ~, zu* (+*inf*) contester à qn le droit de (+*inf*); **3.** (*aufkommen für*) *die Ausgaben, Kosten ~* subvenir aux dépenses, frais; supporter les dépenses, frais; *j-s Unterhalt ~* subvenir aux besoins de qn; *er bestritt die Unterhaltung allein* il était le seul à animer la conversation
be'streuen *v/t* ⟨*pas de ge-, h*⟩ couvrir, parsemer (*mit* de); *mit Zucker, Salz etc* saupoudrer (*mit* de); *mit Streusalz ~* saler; *mit Sand ~* sabler
be'stricken *v/t* ⟨*pas de ge-, h*⟩ **1.** (*verführen*) séduire; (*betören*) ensorceler; **2.** F (*für j-n stricken*) tricoter pour
Bestseller ['bɛstzɛlɐr] *m* ⟨~s; ~⟩ best-seller *m*; **~autor(in)** *m(f)* auteur *m* de best-sellers; **~liste** *f* liste *f* des meilleures ventes, de(s) best-sellers
be'stücken *v/t* ⟨*pas de ge-, h*⟩ équiper, munir (*mit* de); MIL armer (*mit* de)

Be'stuhlung *f* ⟨~; ~en⟩ (ensemble *m* des) chaises *f/pl*, fauteuils *m/pl* (d'une salle)
be'stürmen *v/t* ⟨*pas de ge-, h*⟩ **1.** MIL assaillir; **2.** SPORT *Tor etc* mener l'offensive contre; **3.** *fig* (*bedrängen*) assaillir; presser; *j-n mit Fragen etc ~* assaillir, presser qn de questions, *etc*; *Zweifel ~ j-n* des doutes assaillent qn
be'stürz|en *v/t* ⟨-(e)s*t, pas de ge-, h*⟩ consterner; bouleverser; **₂ung** *f* ⟨~⟩ consternation *f*; stupeur *f*
'Bestwert *m* optimum *m*
'Bestzeit *f* SPORT *relative* meilleur temps; *absolute* record *m*; **persönliche ~ laufen** réaliser son meilleur temps
Besuch [bə'zuːx] *m* ⟨~(e)s; ~e⟩ **1.** visite *f*; *der Schule etc* fréquentation *f*; *bei j-m zu ~ sein* être en visite chez qn; *j-m e-n ~ machen* od *abstatten* rendre visite, faire une visite à qn; *er kommt zu uns auf* od *zu ~* il viendra nous voir; **2.** (*Gast*) invité(e) *m(f)*; *offizieller hoher m,f*; *er hat ~* il a de la visite, des invités, du monde
be'suchen *v/t* ⟨*pas de ge-, h*⟩ aller *bzw* venir voir; rendre visite, faire une visite à; *Patienten, Kunden a* visiter; *Museum, Ausstellung, Land* visiter; *Kino, Theater, Kirche, Versammlung etc* aller à; *häufig, regelmäßig* fréquenter; *Arzt s-e Patienten ~* a faire ses visites; *die Universität ~* meist suivre les cours de l'université; *besuch mich doch einmal!* viens donc me voir (un de ces jours)!
Be'sucher|(in) *m* ⟨~s; ~⟩ *(f)* ⟨~; ~nen⟩ visiteur, -teuse *m,f*; (*Gast*) invité(e) *m(f)*; offizieller(r) hôte *m,f*; *e-s Theaters, Kinos etc* spectateur, -trice *m,f*; *e-r Versammlung* participant(e) *m(f)*; **~strom** *m* afflux *m* de(s) visiteurs, de(s) spectateurs; **~zahl** *f* nombre *m* de(s) visiteurs, de(s) spectateurs
Be'suchs|erlaubnis *f* autorisation *f* de visite; **~tag** *m* jour *m* de visite; **~zeit** *f* heures *f/pl* de visite; **~zimmer** *n* parloir *m*
be'sucht *adj das Restaurant war gut, schlecht ~* il y avait du monde, peu de monde dans le restaurant; *schlecht ~ a* peu fréquenté
be'sudeln *v/t* ⟨-(e)le*, pas de ge-, h*⟩ *a fig* salir, *st/s* souiller (*mit* de)
Beta ['beːta] *n* ⟨~(s); ~s⟩ *Buchstabe* bêta *m*
Betablocker [bə'taːblɔkɐr] *m* ⟨~s; ~⟩ PHARM bêta-bloquant *m*
be'tagt *st/s adj* âgé; d'un âge avancé
be'tasten *v/t* ⟨-ete*, pas de ge-, h*⟩ tâter; MÉD palper
'Betastrahlen *m/pl* rayons *m/pl* bêta
be'tätigen ⟨*pas de ge-, h*⟩ **I** *v/t* actionner; manœuvrer; **II** *v/réfl sich ~* s'occuper; agir; *sich politisch, sportlich ~* faire de la politique, du sport
Be'tätigung *f* ⟨~; ~en⟩ **1.** ⟨*pas de pl*⟩ (*Bedienen*) commande *f*; manœuvre *f*; **2.** (*Tätigkeit*) activité *f*; **~drang** *m* besoin *m* de s'occuper; **~feld** *n* champ *m*, sphère *f* d'activité
betatschen [bə'tatʃən] F *v/t* ⟨*pas de ge-, h*⟩ F tripoter
be'tätscheln F *v/t* ⟨-(e)le*, pas de ge-, h*⟩ flatter; caresser
betäuben [bə'tɔʏbən] *v/t* ⟨*pas de ge-, h*⟩ **1.** MÉD endormir; anesthésier; *örtlich* insensibiliser; **2.** *durch e-n Schlag etc* étourdir; *durch Lärm* assourdir; abasourdir; *durch Geruch, Duft* enivrer; entêter; **3.** (*unterdrücken*) *Schmerz etc* calmer
be'täub|end *adj Lärm* assourdissant; *Duft, Parfüm* enivrant; entêtant; **₂ung** *f* ⟨~; ~en⟩ **1.** MÉD anesthésie *f*; *örtliche* insensibilisation *f*; **2.** *durch e-n Schlag etc* étourdissement *m*; *durch Lärm* assourdissement *m*; abasourdissement *m*; **3.** *e-s Schmerzes* apaisement *m*
Be'täubungsmittel *n* anesthésique *m*; narcotique *m*
Bete ['beːtə] *f* ⟨~; ~n⟩ *rote ~* betterave *f* rouge
beteiligen [bə'taɪlɪɡən] ⟨*pas de ge-, h*⟩ **I** *v/t j-n an etw* (*dat*) *~* faire participer qn à qc; COMM *a* intéresser qn à qc; *j-n mit 30 % an etw* (*dat*) *~* intéresser qn à qc pour 30 %; **II** *v/réfl sich an etw* (*dat*) *~* participer, prendre part à qc; *sich mit e-r Million an etw* (*dat*) *~* entrer pour un million dans qc
be'teiligt *adj an etw* (*dat*) *~ sein* participer à qc; être concerné par qc; FIN être intéressé à qc; *am Gewinn ~ sein* participer, être intéressé aux bénéfices; *an e-m Unfall ~ sein* être impliqué dans un accident; *die ~en Parteien* les parties intéressées, en cause
Be'teiligte(r) *f(m)* (→ A) (*Teilnehmer[in]*) participant(e) *m(f)* (*an* [+*dat*] à, de); FIN personne intéressée (*an* [+*dat*] à); *an e-r Sache, e-m Unfall, Prozeß* personne impliquée (*an* [+*dat*] dans)
Be'teiligung *f* ⟨~; ~en⟩ *a* FIN, COMM participation *f* (*an* [+*dat*] à); *unter ~* (*dat*) *von* avec la participation de
Be'teiligungsgesellschaft *f* COMM société *f* en participation
beten ['beːtən] ⟨-ete*, h*⟩ **I** *v/t Gebet* dire; réciter; **II** *v/i* prier; faire sa prière; *zu Gott, zu e-m Heiligen ~* prier Dieu, un saint
beteuer|n [bə'tɔʏɐrn] *v/t* ⟨-(e)re*, pas de ge-, h*⟩ protester de; affirmer (solennellement); **₂ung** *f* ⟨~; ~en⟩ protestation *f*
Bethlehem ['beːtleːhɛm] *n* ⟨→ *n/pr*⟩ Bethléem
be'titeln *v/t* ⟨-(e)le*, pas de ge-, h*⟩ **1.** *Schriftwerk* intituler; **2.** *Person* appeler; donner le titre de ... à; *j-n Dummkopf ~* traiter qn d'imbécile
Beton [be'tɔŋ, *bes österr* -'toːn] *m* ⟨~s; ~s [-tɔŋs]⟩ od ~e [-'toːnə]⟩ béton *m*; *aus ~* en béton
Be'ton|bau *m* ⟨~(e)s; ~ten⟩ construction *f* en béton; **~burg** *f péj* grand immeuble; *tour f* (bétonnant le paysage)
betonen [bə'toːnən] *v/t* ⟨*pas de ge-, h*⟩ **1.** PHON, MUS accentuer; **2.** *fig* (*hervorheben*) mettre l'accent sur; souligner; faire ressortir; mettre en relief
betonieren [beto'niːrən] *v/t* ⟨*pas de ge-, h*⟩ bétonner
Be'ton|mischer *m*, **~mischmaschine** *f* bétonneuse *f*; bétonnière *f*
be'tont I *adj* **1.** PHON, MUS accentué; **2.** *fig* prononcé; marqué; (*ostentativ*) ostentatoire; **II** *adv fig ~ schlicht* d'une simplicité étudiée; *~ lässig sprechen* parler en affectant la nonchalance
Be'tonung *f* ⟨~; ~en⟩ **1.** PHON, MUS

Betonungszeichen – Betriebsversammlung

accentuation *f*; *(Betonungsakzent)* accent *m* tonique; *beim Rezitieren etc* ton *m*; **2.** *fig* accentuation *f*; mise *f* en relief; accent mis sur qc
Be'tonungszeichen *n* signe *m* d'accentuation
Be'tonwüste *f* *péj* univers *m* de béton
betör|en [bə'tøːrən] *v/t* 〈*pas de ge-*, h〉 envoûter; ensorceler; **~end** *adj* envoûtant; ensorcelant
Be'törung *f* 〈~; ~en〉 envoûtement *m*; ensorcellement *m*
betr. *abr* (*betreffend*, *betreffs*) concernant; relatif, -ive à
Betr. *abr* ADM (*Betreff*, *betrifft*) objet
Betracht [bə'traxt] *m* *in ~ kommen* entrer en considération, en ligne de compte; *in ~ ziehen* prendre en considération; tenir compte de; *außer ~ lassen* laisser de côté; ne pas prendre en considération; ne pas tenir compte de
be'trachten *v/t* ⟨-ete, *pas de ge-*, h⟩ **1.** (*ansehen*) regarder; *Gemälde etc* contempler; *von allen Seiten ~* examiner, regarder sous tous les angles, sous toutes les coutures; *von nahem betrachtet* vu de près; **2.** *fig* (*beurteilen*, *untersuchen*) considérer; *genau betrachtet* tout bien considéré; tout compte fait; *so betrachtet* vu sous cet angle; **3.** (*halten für*) *j-n*, *etw als j-n*, *etw ~* considérer qn, qc comme qn, qc
Be'trachter(in) *m* 〈~s; ~〉 (*f*) 〈~; ~nen〉 personne *f* qui regarde qc; observateur, -trice *m,f*
beträchtlich [bə'trɛtlɪç] *adj* considérable; notable
Be'trachtung *f* 〈~; ~en〉 **1.** 〈*pas de pl*〉 *e-s Bildes etc* contemplation *f*; **2.** *e-s Problems etc* examen *m*; **~en** (*über etw* [acc]) *anstellen* se livrer à des considérations (sur qc); *bei näherer*, *genauerer ~* à y regarder, en y regardant de plus près; *bei näherer ~ des Themas* en creusant (le sujet)
Be'trachtungsweise *f* manière *f*, façon *f* de voir, de considérer qc; (*Standpunkt*) point *m* de vue; perspective *f*; *e-e wissenschaftliche ~* une approche, démarche scientifique
Betrag [bə'traːk] *m* 〈~(e)s; ~e〉 somme *f*; montant *m*; COMM *~ (dankend) erhalten* pour acquit
be'tragen ⟨*irr*, *pas de ge-*, h⟩ **I** *v/i* (*sich belaufen ~*) se monter à; s'élever à; **II** *v/réfl sich ~* (*sich benehmen*) se conduire; se comporter
Be'tragen *n* 〈~s〉 conduite *f*; comportement *m*; (*Haltung*) attitude *f*
be'trauen *v/t* 〈*pas de ge-*, h〉 *j-n mit etw ~* confier qc à qn; charger qn de qc
be'trauern *v/t* ⟨-(e)re, *pas de ge-*, h⟩ *Person* pleurer; porter le deuil de; *Verlust etc* déplorer
be'träufeln *v/t* ⟨-(e)le, *pas de ge-*, h⟩ *etw mit etw ~* verser qc goutte à goutte sur qc
Betreff [bə'trɛf] *m* 〈~(e)s; ~e〉 ADM *am Briefkopf* objet *m*
be'treffen *v/t* 〈*irr*, *pas de ge-*, h〉 **1.** (*angehen*) concerner; toucher; *Maßnahme etc a* affecter; *was ... betrifft* en ce qui concerne ...; *was mich betrifft* en ce qui concerne moi; en ce qui me concerne; pour ma part; **2.** *st/s* (*seelisch bewegen*) affecter; toucher; **3.** *st/s Unglück etc* (*zustoßen*) frapper

be'treffend *adj a Person* en question; concerné; intéressé; *die ~e Behörde* l'autorité compétente
Be'treffende(r) *f(m)* 〈→ A〉 personne *f* en question; intéressé(e) *m(f)*
be'treffs *prép* (*gén*) ADM concernant; au sujet de; relativement à
be'treiben *v/t* 〈*irr*, *pas de ge-*, h〉 **1.** *Gewerbe* exercer; *Studien* faire; poursuivre; *Politik* pratiquer; faire; *ein Geschäft ~* exploiter un (fonds de) commerce; *e-n Prozeß ~* poursuivre un procès; **2.** (*vorantreiben*) *Ausführung e-r Sache etc* activer; accélérer; **3.** TECH *mit Strom*, *Dampf etc betrieben werden* marcher, fonctionner à l'électricité, à la vapeur, *etc*; *ein elektrisch betriebener Zug* un train à traction électrique
Be'treiben *n* 〈~s〉 *auf ~ von* sous l'impulsion de; *meist péj* à l'instigation de
Be'treiber *m* 〈~s; ~〉 **1.** *Person* exploitant *m*; **2.** *Institution etc* société *f* d'exploitation; organisme *m* gestionnaire; *~firma f* entreprise *f* d'exploitation
Be'treibung *f* 〈~〉 *e-s Gewerbes* exercice *m*; *von Studien*, *e-s Prozesses* poursuite *f*; *e-s Geschäftes* exploitation *f*
be'treten[1] *v/t* 〈*irr*, *pas de ge-*, h〉 *Raum* entrer dans; *Rasen* marcher sur; *Weg etc* s'engager dans; *Grundstück* pénétrer dans; *THÉ die Bühne ~* entrer en scène; *die Fahrbahn ~* s'engager sur la chaussée; *festen Boden ~* mettre le pied sur, *st/s* fouler la terre ferme; *ein Haus nie mehr ~* ne plus jamais mettre les pieds dans une maison; ⚠ *verboten!* entrée interdite!; défense d'entrer!; ⚠ *des Rasens verboten!* pelouse interdite!
be'treten[2] **I** *adj* embarrassé; gêné; confus; *Schweigen* gêné; **II** *adv* d'un air embarrassé, gêné; *er schwieg ~* il se tut, embarrassé *od* gêné
Be'tretenheit *f* 〈~〉 embarras *m*; gêne *f*; confusion *f*
be'treuen *v/t* 〈*pas de ge-*, h〉 **1.** *Kinder*, *alte Leute*, *Tiere etc* prendre soin de; s'occuper de; **2.** *Abteilung*, *Arbeitsgebiet etc* être le responsable de; *Gruppe* animer; encadrer
Be'treu|er(in) *m* 〈~s; ~〉 (*f*) 〈~; ~nen〉 responsable *m,f*; *e-r Gruppe*, *sozialen etc* animateur, -trice *m,f*; *e-r Jugendgruppe etc* moniteur, -trice *m,f*; (*Fremdenführer[in]*) guide *m*; (*Berater[in]*) conseiller, -ère *m,f*; SPORT entraîneur *m*; **~ung** *f* 〈~〉 **1.** (prise *f* en) charge *f*; (*Verantwortung*) responsabilité *f*; *Gruppe* animation *f*; encadrement *m*; *von Kunden* suivi *m*; **2.** *ärztliche soins m/pl*; *weitere* suivi (médical)
Be'treuungsstelle *f* centre *m* d'aide, d'assistance
Betrieb [bə'triːp] *m* 〈~(e)s; ~e〉 **1.** (*Unternehmen*) entreprise *f*; établissement *m*; *meist* AGR, BERGBAU exploitation *f*; **2.** 〈*pas de pl*〉 (*Funktionieren*) marche *f*; fonctionnement *m*; *in ~ nehmen* mettre en service; *in ~ setzen* mettre en marche; *in ~ sein* être en service, en marche; fonctionner; *außer ~ sein* être 'hors service, en dérangement; ne pas marcher, fonctionner; *den ~ einstellen* suspendre l'exploitation, l'activité; **3.** F 〈*pas de pl*〉 (*lebhaftes Treiben*) animation *f*; *p/fort* remue-ménage *m*; *bei*

diesem ~ kann ich nicht arbeiten je ne peux pas travailler dans cette fourmilière; *es herrscht viel ~* il y a beaucoup de monde
be'trieblich *adj* ⟨épithète⟩ de l'entreprise; de l'exploitation
be'triebsam *adj* actif, -ive; übertrieben affairé; **⚐keit** *f* 〈~〉 activité *f*; übertriebene affairement *m*
Be'triebsangehörige(r) *f(m)* membre *m* du personnel (de l'entreprise); *pl die ~n* le personnel de l'entreprise
Be'triebs|anleitung *f* mode *m* d'emploi; notice explicative; **~arzt** *m*, **~ärztin** *f* médecin *m* d'entreprise; **~ausflug** *m* excursion (annuelle) du personnel; **⚐bereit** *adj* prêt à fonctionner, à l'emploi; **~besichtigung** *f* visite *f* d'entreprise; **⚐blind** *adj* prisonnier, -ière de la routine; **~dauer** *f* durée *f* de marche, de service; **⚐eigen** *adj* interne à, appartenant à l'entreprise; **~erlaubnis** *f* permis *m* d'exploitation; **~ferien** *pl* fermeture annuelle (de l'entreprise); **~fest** *n* fête (annuelle) de l'entreprise; **⚐fremd** *adj* étranger, -ère à l'entreprise; **~frieden** *m* paix sociale (dans l'entreprise); **~führer** *m cf Betriebsleiter*; **~führung** *f cf Betriebsleitung*; **~geheimnis** *n* secret *m* d'exploitation, de fabrication; **~gelände** *n* terrain *m* de l'entreprise; **⚐intern** *adj* interne (à l'entreprise); **~kapital** *n* fonds *m/pl* de roulement; capital *m* d'exploitation
Be'triebsklima *n* ambiance *f* (dans une entreprise); *hier herrscht ein gutes ~* il y a ici un bon climat
Be'triebs|kosten *pl* frais *m/pl* d'exploitation; **~krankenkasse** *f* caisse *f* (de) maladie de l'entreprise; **~leiter** *m* directeur *m* d'une entreprise, d'un établissement, d'une exploitation; **~leitung** *f* direction *f*, gestion *f* de l'entreprise, de l'exploitation; **~nudel** F *f* boute-en-train *m*; **~obmann** *m* délégué *m* du personnel; **~ordnung** *f* règlement intérieur (de l'entreprise); **~prüfung** *f* contrôle fiscal de la comptabilité de l'entreprise; **~rat** *m* 〈~(e)s; ~e〉 **1.** *Ausschuß* délégués *m/pl* du personnel; *etwa* comité *m* d'entreprise; **2.** *Person* délégué *m* du personnel; **~ratsmitglied** *n* délégué(e) *m(f)* du personnel; **~rente** *f* retraite *f*, pension *f* d'entreprise
Be'triebsschluß *m* 〈~sses〉 fermeture *f* (des bureaux, ateliers, *etc*); *nach ~* après les heures de travail
Be'triebs|schutz *m* **1.** (*Arbeitsschutz*) sécurité *f* (des conditions de travail); **2.** (*Werkschutz*) service *m* de sécurité; **⚐sicher** *adj* de fonctionnement sûr; **~sicherheit** *f* 〈~〉 sécurité *f* de fonctionnement; **~stillegung** *f* fermeture *f* d'une entreprise; **~störung** *f* incident *m* technique; perturbation *f* (dans une entreprise, dans la production, *etc*); **~system** *n* INFORM système *m* d'exploitation; **~unfall** *m* accident *m* du travail; **~vereinbarung** *f* accord *m* d'entreprise; *über Löhne a* accord salarial (entre patron et comité d'entreprise); **~verfassung** *f* organisation *f*, constitution *f* interne de l'entreprise; **~verfassungsgesetz** *n* loi *f* sur l'organisation interne des entreprises; **~versammlung** *f* assemblée (générale),

réunion *f* du personnel de l'entreprise; **~wirt(in)** *m(f)* diplômé(e) *m(f)* en gestion (d'entreprise)
Be'triebswirtschaft *f* ⟨~⟩ économie *f* d'entreprise; gestion *f* (d'entreprise); **~studieren** faire des études de gestion
be'triebswirtschaftlich *adj* relatif, -ive à la gestion (d'entreprise); gestionnaire
Be'triebs|wirtschaftslehre *f* sciences économiques relatives à la gestion (d'entreprise); **~zeitung** *f* journal *m* d'entreprise, d'établissement; **~zugehörigkeit** *f* ancienneté *f* de service; présence *f* dans l'entreprise
be'trinken *v/réfl* ⟨*irr, pas de ge-, h*⟩ **sich ~** s'enivrer
betroffen [bə'trɔfən] *adj* **1.** *von e-r Maßnahme, e-m Ereignis* touché; affecté; *die von der Katastrophe ~e Stadt* la ville frappée, touchée par la catastrophe; *vom Hunger ~e Gegenden* des régions atteintes par la famine; **2.** (*seelisch bewegt*) affecté; touché; (*erschüttert*) ébranlé; *ein ~es Gesicht machen* avoir l'air touché, affecté
Be'troffene(r) *f(m)* ⟨→ A⟩ personne touchée, affectée, intéressée (par une mesure, *etc*); **~heit** *f* ⟨~⟩ confusion *f*; désarroi *m*; trouble *m*
be'trüben *v/t* ⟨*pas de ge-, h*⟩ affliger; attrister
be'trüblich *adj* affligeant; attristant; désolant
be'trüblicher'weise *adv* malheureusement
Be'trübnis *st/s f* ⟨~; ~se⟩ affliction *f*; tristesse *f*
be'trübt *adj* affligé, attristé, peiné (*über* [+*acc*] de)
Betrug [bə'tru:k] *m* ⟨~(e)s; *pl schweiz ~e*⟩ tromperie *f*; duperie *f*; *a* JUR escroquerie *f*; *meist* FIN fraude *f*; *beim Spiel* tricherie *f*
be'trügen ⟨*irr, pas de ge-, h*⟩ **I** *v/t* tromper (*a in der Liebe*); duper; *a* JUR escroquer; *j-n um etw ~* escroquer qc à qn; *sich selbst ~* se faire des illusions; s'abuser soi-même; **II** *v/i meist* FIN frauder; *beim Spiel* tricher
Be'trüg|er(in) *m* ⟨~s; ~⟩ (*f*) ⟨~; ~nen⟩ *a* JUR escroc *m*; F arnaqueur, -euse *m,f*; *meist* FIN fraudeur, -euse *m,f*; *beim Spiel* tricheur, -euse *m,f*; **~e'rei** *f* ⟨~; ~en⟩ tromperie *f*; duperie *f*; *meist* FIN fraude *f*, JUR escroquerie *f*; *beim Spiel* tricherie *f*; **2erisch** *adj* Aktion, Absicht frauduleux, -euse; *Person* trompeur, -euse; malhonnête
betrunken [bə'trʊŋkən] *adj* ivre; en état d'ivresse, ADM d'ébriété
Be'trunkene(r) *f(m)* ⟨→ A⟩ homme *m*, femme *f* ivre
'Bet|schwester *f péj* bigote *f*; F grenouille *f* de bénitier; **~stuhl** *m* prie--Dieu *m*
Bett [bɛt] *n* ⟨~(e)s; ~en⟩ **1.** lit *m*; *das ~ machen* faire le lit *bzw* son lit; *die ~en beziehen* mettre les draps; *frisch ~ ~* changer les draps; *zu, ins ~ bringen* mettre au lit; coucher; *zu, ins ~ gehen* aller se coucher, au lit, se mettre, sein au lit; *das ~ hüten* garder le lit; être alité; *fig ans ~ gefesselt sein* être cloué au lit; *am ~ e-s Kranken* au chevet d'un malade; F *mit j-m ins ~ gehen* F coucher avec qn; F *fig sich ins gemachte ~ legen* profiter d'une bonne situation (professionnelle, *etc*) toute faite; **2.** (*Fluß*2) lit *m*; **3.** TECH *e-r Drehbank etc* banc *m*
'Bettag *m cf Buβtag*
'Bett|anzug *m schweiz*, **~bezug** *m* enveloppe *f*, 'housse *f* de couette; **~couch** *f* canapé-lit *m*; **~decke** *f* **1.** (*Deckbett*) couverture *f*; **2.** (*Tagesdecke*) couvre-lit *m*; jeté *m* de lit
'bettel|arm *adj* misérable; miséreux, -euse; nécessiteux, -euse
Bette'lei *f* ⟨~; ~en⟩ mendicité *f*
'Bettelmönch *m* moine mendiant
'betteln ['bɛtəln] *v/i* ⟨-(e)n, h⟩ *a fig* (*um etw*) *~* mendier (qc)
'Bettelorden *m* ordre mendiant
'Bettelstab *m j-n an den ~ bringen* réduire qn à la mendicité; mettre qn sur la paille; *an den ~ kommen* être réduit à la mendicité
'betten *st/s* ⟨-ete, h⟩ **I** *v/t* **1.** *Kranke etc* coucher; *j-n weich ~* coucher qn sur un matelas mou; **2.** (*ein~*) *etw in etw* (*acc*) *~* mettre, TECH noyer qc dans qc; **II** *v/i prov* **wie man sich bettet, so liegt man** *prov* comme on fait son lit, on se couche
'Bettenburg *f meist péj* Hotel grand ensemble hôtelier; *Ort* grand ensemble touristique
'Bett|federn *f/pl* **1.** (*Sprungfedern*) ressorts *m/pl* (de lit); **2.** (*Füllung*) duvet *m*; **~flasche** *f regional* bouillotte *f*; **~geschichte** *f péj* **1.** (*Verhältnis*) coucherie *f*; **2.** *Klatsch* F histoire *f* de fesses, de cul; **~gestell** *n* bois *m* de lit; châlit *m*; **~hase** F *m*, **~häschen** F *n* minette *f*; **~himmel** *m* ciel *m* de lit; baldaquin *m*; **~hupferl** F *n* ⟨~s; ~⟩ friandise *f* que l'on mange avant de se coucher
Bettina [bɛ'ti:na] *f* ⟨→ *n/pr*⟩ prénom
'Bett|jäckchen *n*, **~jacke** *f* liseuse *f*; **~kante** *f* bord *m* du lit; **~kasten** *m* coffre *m* à literie; **~lade** *f süddt, österr* bois *m* de lit; châlit *m*; **2lägerig** *adj* alité, *f*; **~laken** *n* drap *m* (de lit); **~lektüre** *f* lecture délassante (pour se détendre avant de dormir)
'Bettler(in) *m* ⟨~s; ~⟩ (*f*) ⟨~; ~nen⟩ mendiant(e) *m(f)*
'Bett|nässen *n* ⟨~s⟩ sc énurésie *f* (nocturne); **~nässer** *m* ⟨~s; ~⟩ enfant *m,f* qui fait pipi au lit; sc énurétique *m,f*; **~pfanne** *f* bassin *m* hygiénique; **~pfosten** *m* pied *m*, *e-s Himmelbettes* colonne *f* de lit; **2reif** F *adj* mûr pour le lit
'Bettruhe *f* alitement *m*; *j-m* (*absolute*) *~ verordnen* ordonner à qn de garder le lit
'Bettschwere F *f die nötige ~ haben* avoir une forte envie de dormir (après avoir bu)
'Bettszene *f* FILM, TV (scène *f* d')intimités *f/pl* au lit
'Bettuch *n* drap *m* (de lit)
'Bettung *f* ⟨~; ~en⟩ EISENBAHN ballast *m*; TECH, MIL plate-forme *f*
'Bett|vorleger *m* descente *f* de lit; **~wäsche** *f* drap(s) *m(pl)* (de lit), taie(s) *f(pl)* d'oreiller) et enveloppe(s) *f(pl)* de couette; **~zeug** F *n* ⟨~(e)s⟩ literie *f* (sans matelas)
betucht [bə'tu:xt] F *adj* cossu; riche

betulich [bə'tu:lɪç] **I** *adj* **1.** (*besorgt*) (exagérément) empressé; **2.** (*gemächlich*) (trop) lent; plein de componction; **II** *adv* en prenant son temps
be'tupfen *v/t* ⟨*pas de ge-, h*⟩ **1.** *Wunde, Stirn etc* tamponner; **2.** (*mit Tupfen versehen*) moucheter
betütern [bə'ty:tərn] F *regional* ⟨-(e)re, *pas de ge-, h*⟩ **I** *v/t* materner; **II** *v/réfl* **sich ~** F picoler; F chopiner; **betütert** F éméché; F pompette
Beuge ['bɔʏɡə] *f* ⟨~; ~n⟩ **1.** TURNEN flexion *f*; **2.** ANAT pli *m* (du bras, *etc*); (*Arm*2) *a* saignée *f*; (*Kniekehle*) *a* jarret *m*; **~haft** *f* JUR contrainte *f* par corps; **~muskel** *m* (muscle *m*) fléchisseur *m*
'beugen ⟨h⟩ **I** *v/t* **1.** *Knie, Rumpf etc* plier; fléchir; ployer; *Kopf* pencher; *Alter, Kummer etc e-e Gestalt* courber; *vom Kummer gebeugt* courbé sous le poids du chagrin; **2.** *fig Stolz, Starrsinn etc* briser; **3.** *Recht, Gesetz* tourner; faire une entorse à; **4.** PHYS diffracter; **5.** GR *Substantiv, Verb* conjuguer; **II** *v/réfl* **6.** *sich über j-n, etw ~* se pencher sur qn, qc; *sich aus dem Fenster ~* se pencher par la fenêtre; **7.** *fig sich* (*nachgeben*) s'incliner (+*dat* devant); céder (+*dat* à)
'Beugung *f* ⟨~; ~en⟩ **1.** *des Rumpfes etc* flexion *f*; fléchissement *m*; **2.** *des Rechtes* violation *f*; **3.** PHYS diffraction *f*; **4.** GR flexion *f*; *e-s Substantivs, Adjektivs* déclinaison *f*; *e-s Verbs* conjugaison *f*
Beule ['bɔʏlə] *f* ⟨~; ~n⟩ *am Kopf etc* bosse *f*; *Gegenstand* **~n haben** être cabossé
'beulen *v/i* (*u v/réfl*) ⟨h⟩ (*sich*) *~* faire des bosses
'Beulenpest *f* peste *f* bubonique
be'unruhig|en ⟨*pas de ge-, h*⟩ **I** *v/t* inquiéter; donner du souci à; **II** *v/réfl* **sich ~** s'inquiéter; s'alarmer; **2ung** *f* ⟨~; ~en⟩ inquiétude *f*; souci *m*
be'urkunden *v/t* ⟨-ete, *pas de ge-, h*⟩ donner acte de; constater, attester (officiellement, légalement); authentifier; *notariell ~* constater par acte notarié
Be'urkundung *f* ⟨~; ~en⟩ constatation, attestation (officielle); ADM *zur ~* dont acte
be'urlauben *v/t* ⟨*pas de ge-, h*⟩ **1.** accorder un congé, MIL une permission à; *beurlaubt sein* être mis en congé; *Professor* être mis en disponibilité; **2.** *vom Amt* suspendre (de ses fonctions)
Be'urlaubung *f* ⟨~; ~en⟩ **1.** congé *m*; MIL permission *f*; **2.** *vom Amt* suspension *f*
be'urteilen *v/t* ⟨*pas de ge-, h*⟩ juger (de); porter un jugement sur
Be'urteilung *f* ⟨~; ~en⟩ **1.** jugement *m*; **2.** (*Gutachten*) évaluation *f*
Beuschel ['bɔʏʃəl] *n* ⟨~s; ~⟩ *österr* CUIS ragoût *m* de cœur, de poumon, *etc* de veau ou de mouton
Beute ['bɔʏtə] *f* ⟨~⟩ **1.** butin *m*; (*Jagd*2) (tableau *m* de) chasse *f*; *~ machen* faire du butin; *auf ~ ausgehen* partir à la recherche de butin; **2.** *e-s Raubtiers, a fig* proie *f*
Beutel ['bɔʏtəl] *m* ⟨~s; ~⟩ **1.** (petit) sac; *kleiner* sachet *m*; (*Brot*2) musette *f*; (*Tabaks*2) blague *f*; **2.** *f* (*Geld*2) porte--monnaie *m*; **3.** ZO poche *f* (marsupiale)
'beuteln ⟨-(e)le, h⟩ **I** F *v/t Leben, Schicksal j-n ~* malmener qn; **II** *v/i*

Beutelratte — Beweis

(*u v/réfl*) (**sich**) ~ *Stoff etc* goder; faire des poches
'**Beutel**|**ratte** *f* sarigue *f*; **~tier** *n* marsupial *m*
'**Beutezug** *m* razzia *f*; raid *m*
bevölkern [bəˈfœlkərn] ⟨-(e)re, *pas de ge-*, h⟩ **I** *v/t a fig* peupler (**mit** de); *e-e dicht, dünn bevölkerte Region* une région *à* population dense, faible; **II** *v/réfl* **sich ~** *a fig* se peupler; *fig* se remplir (de monde)
Be'**völkerung** *f* ⟨~; ~en⟩ **1.** population *f*; *pro Kopf der ~* par (tête d')habitant; **2.** (*pas de pl*) *Vorgang* peuplement *m*
Be'**völkerungsabnahme** *f* recul *m* démographique; diminution *f* de la population
Be'**völkerungsanteil** *m* partie *f* de la population; *der ~ der Arbeiter* la partie ouvrière de la population
Be'**völkerungs**|**dichte** *f* densité *f* de (la) population; **~entwicklung** *f* évolution *f* démographique; **~explosion** *f* explosion *f*, brusque poussée *f* démographique; **~gruppe** *f* catégorie *f* de la population; **~politik** *f* politique *f* démographique
be'**völkerungspolitisch** *adj* relatif, -ive à la politique démographique; **~e Maßnahmen** mesures *f/pl* démographiques
Be'**völkerungs**|**schicht** *f* couche *f* de la population; **~statistik** *f* statistique *f* démographique; **~struktur** *f* structure *f* de la population; **~wachstum** *n* croissance *f* démographique; augmentation *f*, accroissement *m* de la population; **~zahl** *f* nombre *m* d'habitants; **~zunahme** *c f Bevölkerungswachstum*
bevollmächtigen [bəˈfɔlmɛçtɪɡən] *v/t* ⟨*pas de ge-*, h⟩ donner mandat, procuration à (*zu* pour); donner pouvoir à (*zu* de); autoriser (*zu* à); mandater (*zu* pour)
be'**vollmächtigt** *adj* autorisé (*zu* à); mandaté (*zu* pour); *DIPL* plénipotentiaire
Be'**vollmächtigte**(**r**) *f(m)* ⟨→ A⟩ mandataire *m,f*; *COMM* fondé *m* de pouvoir; *DIPL* plénipotentiaire *m*; *als ~* par procuration
Be'**vollmächtigung** *f* ⟨~; ~en⟩ autorisation *f*; (*Vollmacht*) *COMM* procuration *f*; *DIPL* pleins pouvoirs
be'**vor** *conj* avant que (+*subj*); *bei gleichem Subjekt im Haupt- und Nebensatz a* avant de (+*inf*)
be'**vormunden** *v/t* ⟨-ete, *insép, pas de ge-*, h⟩ *JUR* tenir en tutelle; *fig* dicter sa conduite à; *von j-m bevormundet werden* être sous la coupe, la dépendance de qn
Be'**vormundung** *f* ⟨~⟩ tutelle *f* (*a fig*); *ich verbitte mir jede ~* je n'ai pas d'ordre à recevoir de qui que ce soit
be'**vorrat**|**en** *v/t* ⟨-ete, *insép, pas de ge-*, h⟩ *ADM* approvisionner (*mit* de, en); **⟂ung** *f* ⟨~⟩ *ADM* approvisionnement *m*
be'**vorstehen** *v/i* ⟨*irr, sép, -ge-*, h⟩ être en vue; se préparer; *unmittelbar ~* être imminent; *wer weiß, was uns noch bevorsteht* qui sait ce qui nous attend; *bei der Arbeit das Schlimmste steht noch bevor* le plus dur est encore devant nous
be'**vorstehend** *adjt* en vue; proche; *unmittelbar ~* imminent

be'**vorzugen** *v/t* ⟨*insép, pas de ge-*, h⟩ **1.** *Dinge* préférer; **2.** *Personen* (*bevorzugt behandeln*) favoriser; avantager; accorder un traitement de faveur à
be'**vorzugt I** *adj* **1.** (*Lieblings-*) préféré; **2.** (*begünstigt*) avantagé; favorisé; **II** *advt etw ~ erledigen* donner la priorité à qc; régler prioritairement qc; *~ behandelt, bedient werden* bénéficier d'un traitement de faveur
Be'**vorzugung** *f* ⟨~; ~en⟩ préférence *f*; *von Personen* traitement *m* de faveur (+*gén* accordé à)
be'**wachen** *v/t* ⟨*pas de ge-*, h⟩ garder; surveiller
Be'**wacher**(**in**) *m* ⟨~s; ~⟩ (*f*) ⟨~; ~nen⟩ gardien, -ienne *m,f*
be'**wachsen** *adj* (re)couvert (*mit* de)
Be'**wachung** *f* ⟨~; ~en⟩ garde *f*; surveillance *f*
be'**waffn**|**en** *v/t* ⟨*u v/réfl* ⟨-ete, *pas de ge-*, h⟩ (**sich**) *~ a fig* (s')armer (*mit* de); **⟂ung** *f* ⟨~; ~en⟩ armement *m*
be'**wahren** *v/t* ⟨*pas de ge-*, h⟩ **1.** (*erhalten, auf~*), *a im Gedächtnis etc* garder; conserver; *Stillschweigen über etw* (*acc*) *~* garder le silence sur qc; *Ruhe ~* conserver son calme; garder son sang-froid; *Haltung ~* faire bonne contenance; **2.** (*schützen*) *vor etw, j-m ~* préserver de qc, qn; protéger de, contre qc, qn; *F i od Gott bewahre!* Dieu m'en garde!
be'**währen** *v/réfl* ⟨*pas de ge-*, h⟩ *sich ~* faire ses preuves; *Personen a* prouver ses capacités; *sich nicht ~* ne pas s'avérer efficace; *Personen* ne pas montrer assez de qualités
be'**wahrheiten** *v/réfl* ⟨-ete, *pas de ge-*, h⟩ *sich ~* se vérifier; s'avérer exact, juste
be'**währt** *adjt* qui s'est avéré efficace; éprouvé; *Person* qui a fait ses preuves; expérimenté; *Freundschaft etc* à toute épreuve; solide
Be'**wahrung** *f* ⟨~⟩ **1.** (*Beibehaltung*) conservation *f*; **2.** (*Schutz*) préservation *f*, protection *f* (*vor* [+*dat*] contre)
Be'**währung** *f* ⟨~; ~en⟩ **1.** (*Probe*) épreuve *f*; **2.** *JUR* sursis *m* (à l'exécution des peines); (*~sfrist*) probation *f*; *Strafe mit ~* avec sursis; *die Strafe zur ~ aussetzen* surseoir à l'exécution des peines
Be'**währungs**|**auflage** *f* *JUR* condition *f* du sursis (à l'exécution des peines); **~frist** *f* *JUR* probation *f*; délai *m* probatoire; **~helfer**(**in**) *m(f)* *JUR* agent *m* de probation; **~probe** *f* épreuve *f*; **~zeit** *f* *JUR* période *f* probatoire
be'**waldet** *adj* boisé; couvert de bois, de forêts
bewältigen [bəˈvɛltɪɡən] *v/t* ⟨*pas de ge-*, h⟩ venir à bout de; *Enttäuschung, Schwierigkeiten a* surmonter; *Vergangenheit* assumer; *die Strecke in drei Minuten ~* couvrir la distance en trois minutes
be'**wandert** *adj in etw* (*dat*), *auf e-m Gebiet ~ sein* s'y connaître en qc, dans un domaine
Bewandtnis [bəˈvantnɪs] *f* ⟨~; ~se⟩ *damit hat es folgende ~* voici comment la chose se présente; voici ce qu'il en est; *damit hat es s-e eigene ~* c'est un cas particulier; c'est une chose à part
be'**wässer**|**n** *v/t* ⟨-ssere *ou* -ßre, *pas de ge-*, h⟩ arroser; *AGR a* irriguer; **⟂ung** *f* ⟨~; ~en⟩ arrosage *m*; *AGR a* irrigation *f*
Be'**wässerungs**|**anlage** *f* système *m* d'irrigation, d'arrosage; **~graben** *m* rigole *f*, fossé *m* d'irrigation; **~kanal** *m* canal *m* d'irrigation
bewegen[1] [bəˈveːɡən] ⟨*pas de ge-*, h⟩ **I** *v/t* **1.** räumlich remuer; *a* (*rücken*) bouger; mouvoir; (*in Bewegung versetzen*) agiter; **2.** (*ergreifen, rühren*) émouvoir; toucher; *mit, in bewegten Worten* en termes émus; **3.** (*erregen*) agiter; **4.** (*geistig beschäftigen*) occuper; *Fragen, die uns heute ~* les questions qui nous occupent aujourd'hui; **II** *v/réfl* **sich ~ 5.** remuer; bouger; *PHYS, TECH* (*sich fort~*) se mouvoir; *sich von der Stelle ~* avancer; bouger; **6.** *fig s-e Pläne, Gedanken ~ sich in e-e ganz andere Richtung* ses projets, ses pensées suivent une toute autre direction; *der Preis bewegt sich zwischen fünf und zehn Mark* le prix oscille entre cinq et dix marks; **7.** (*sich verhalten*) se conduire; se comporter; *sich ungezwungen ~* évoluer avec aisance
be'**wegen**[2] *v/t* ⟨bewegt, bewog, bewogen, h⟩ *j-n zu etw ~* décider, pousser, inciter qn à qc
be'**weggrund** *m* mobile *m*; motif *m*; *die tieferen Beweggründe* les mobiles cachés, profonds
be'**weglich** *adj* **1.** mobile; *Puppe mit ~en Gliedern* aux membres articulés; *der ~e Besitz* les biens *m/pl* meubles; *~e Feste* *n/pl* fêtes *f/pl* mobiles; **2.** *fig geistig etc* vif, vive; alerte; mobile
Be'**weglichkeit** *f* ⟨~⟩ **1.** mobilité *f*; **2.** *fig des Geistes* vivacité *f* d'esprit
be'**wegt** *adjt* **1.** mouvementé; agité (*a Meer*); *Epoche, Zeit a* troublé; **2.** (*ergriffen*) ému; touché; **⟂heit** *f* ⟨~⟩ **1.** agitation *f*; **2.** (*Ergriffenheit*) émotion *f*
Be'**wegung** *f* ⟨~; ~en⟩ **1.** mouvement *m*; *in ~ sein, geraten* être, se mettre en mouvement; *sich in ~ setzen* se mettre en marche, en mouvement, en branle; *Maschine, Zug a* s'ébranler; *etw in ~ setzen* mettre qc en marche; *sich* (*dat*) *~ machen, verschaffen* prendre, se donner de l'exercice, du mouvement; **2.** (*Geste*) geste *m*; *keine ~!* pas un geste!; on ne bouge plus!; **3.** *innere* agitation *f*; (*Rührung*) émotion *f*; **4.** *POL etc* mouvement *m*
Be'**wegungs**|**ablauf** *m* phases *f/pl*, déroulement *m* d'un mouvement; **~apparat** *m* *ANAT* système *m* moteur; **~drang** *m* besoin *m* de mouvement, d'exercice; **~energie** *f* *PHYS* énergie *f* cinétique; force vive; **~freiheit** *f* liberté *f* de mouvement; **~krieg** *m* guerre *f* de mouvement; **⟂los** *adj* immobile; *figé*; inerte; **~losigkeit** *f* ⟨~⟩ immobilité *f*; **~studie** *f* *PEINT* étude *f* de mouvement; **~therapie** *f* kinésithérapie *f*; **⟂unfähig** *adj* incapable de remuer, de bouger, de se mouvoir
beweihräucher|**n** [bəˈvaɪrɔʏçərn] *v/t* ⟨-(e)re, *pas de ge-*, h⟩ *a fig péj* encenser; **⟂ung** *f* ⟨~; ~en⟩ *a fig péj* encensement *m*
be'**weinen** *v/t* ⟨*pas de ge-*, h⟩ *j-n, etw ~* pleurer qn, qc
Beweis [bəˈvaɪs] *m* ⟨~es; ~e⟩ *JUR, fig* preuve *f* (*für* de); *MATH* démonstration *f*; *schlagender ~* preuve éclatante;

den ~ für etw liefern, erbringen, führen fournir, faire, JUR a administrer la preuve de qc; etw unter ~ stellen prouver qc; als, zum ~ für ... comme, pour preuve de ...; aus Mangel an ~en faute de preuves; bis zum ~ des Gegenteils jusqu'à preuve du contraire
Be'weis|antrag m JUR offre f de preuve; **~aufnahme** f JUR instruction f
be'weisen v/t ⟨irr, pas de ge-, h⟩ 1. (nachweisen, belegen) prouver; MATH démontrer; etw als bewiesen ansehen considérer qc comme prouvé; MATH was zu ~ war ce qu'il fallait démontrer; 2. (an den Tag legen) Mut etc faire preuve de
Be'weis|führung f argumentation f; démonstration f; JUR administration f de la preuve; **~gegenstand** m JUR corps m du délit
Be'weiskraft f ⟨~⟩ (keine) ~ haben (ne pas) constituer une preuve
be'weiskräftig adj probant; concluant
Be'weis|last f ⟨~⟩ charge f de la preuve; **~material** n preuves f/pl; **~mittel** n preuve f; **~stück** n pièce à conviction, justificative; preuve f
be'wenden v/i es bei od mit etw ~ lassen en rester, s'en tenir, se borner à qc; lassen wir es dabei ~ restons-en là; tenons-nous-en là
Be'wenden n ⟨~s⟩ damit hat es sein ~ il faut en rester là, s'en tenir à cela
be'werben v/refl ⟨irr, pas de ge-, h⟩ sich (um e-e Stelle) ~ poser sa candidature à un poste; nur beruflich sich ~ bei solliciter, postuler un emploi chez; sich als Sekretärin ~ chercher un emploi de secrétaire; sich um das Amt des Präsidenten ~ être, se porter candidat à la présidence
Be'werber m ⟨~s; ~⟩ 1. candidat m; nur beruflich postulant m; SPORT etc (Mit2) concurrent m; 2. (Freier) prétendant m
Be'werberin f ⟨~; ~nen⟩ candidate f; nur beruflich postulante f; SPORT etc (Mit2) concurrente f
Be'werbung f ⟨~; ~en⟩ 1. Vorgang candidature f (um à); 2. Schriftstück lettre f de candidature
Be'werbungs|bogen m formulaire m de candidature; **~gespräch** n entretien m d'embauche; **~schreiben** n lettre f de candidature; **~unterlagen** f/pl dossier m de candidature
be'werfen v/t ⟨irr, pas de ge-, h⟩ 1. etw, j-n mit etw ~ jeter qc à qn, qn; j-n, etw mit Schmutz ~ a fig salir, litt souiller qn, qc; 2. CONSTR mit Mörtel crépir
bewerkstelligen [bə'vɛrkʃtɛlɪgən] v/t ⟨pas de ge-, h⟩ effectuer; exécuter; (zustande bringen) accomplir; réaliser; parvenir à; wir müssen es irgendwie ~, daß ... il faut absolument arriver à ce que ... (+ subj)
be'werten v/t ⟨-ete, pas de ge-, h⟩ évaluer; estimer; SPORT, SCHULE noter; zu hoch ~ surévaluer; surestimer; etw mit zehn Punkten, mit „gut" ~ donner dix points, la note « bien » à qc
Be'wertung f évaluation f; estimation f; appréciation f; SPORT, SCHULE als Ergebnis note f; points m/pl
Be'wertungsmaßstab m échelle f, mode m d'évaluation; critère m
be'willig|en v/t ⟨pas de ge-, h⟩ accorder;

octroyer; autoriser; Kredit a consentir; **²ung** f ⟨~; ~en⟩ autorisation f; octroi m
be'wirken v/t ⟨pas de ge-, h⟩ 1. (hervorrufen, verursachen) produire; amener; causer; provoquer; avoir pour effet; 2. (erwirken, erreichen) obtenir
be'wirten v/t ⟨-ete, pas de ge-, h⟩ offrir un repas à; wir wurden mit Kaffee und Kuchen bewirtet on nous a offert du café et des gâteaux
be'wirtschaften v/t ⟨-ete, pas de ge-, h⟩ 1. Bauernhof etc exploiter; Hotel etc gérer; administrer; Felder cultiver; mettre en valeur; die Hütte ist nur im Sommer bewirtschaftet le refuge n'est ouvert qu'en été; 2. Wohnraum, Devisen etc réglementer; Waren a contingenter; rationner
Be'wirtschaftung f ⟨~; ~en⟩ 1. e-s Bauernhofs etc exploitation f; e-s Hotels etc gestion f; administration f; der Felder mise f en valeur; culture f; 2. des Wohnraums, von Devisen etc réglementation f; von Waren a contingentement m; rationnement m
Be'wirtung f ⟨~; ~en⟩ repas (offert à qn); restauration f
bewog [bə'vo:k], **bewogen** [bə'vo:gən] cf bewegen²
be'wohnbar adj habitable; nicht ~ inhabitable
be'wohnen v/t ⟨pas de ge-, h⟩ habiter; Wohnung, Stockwerk a occuper
Be'wohner(in) m ⟨~s; ~⟩, f ⟨~; ~nen⟩ habitant(e) m(f); e-s Hauses a occupant(e) m(f)
bewölken [bə'vœlkən] v/refl ⟨pas de ge-, h⟩ sich ~ se couvrir (de nuages); st/s fig Stirn se rembrunir, s'assombrir
Be'wölkung f ⟨~; ~en⟩ nuages m/pl; aufgelockerte ~ nuages épars, dispersés; wechselnde ~ ciel changeant; die ~ riß gegen Abend auf le ciel s'est dégagé dans la soirée
Be'wölkungsauflockerung f dissipation f des nuages; ~ am Nachmittag le ciel se dégagera au cours de, dans l'après-midi
Be'wölkungszunahme f ⟨~⟩ accumulation f de nuages; ~ am Vormittag les nuages deviendront plus nombreux au cours de la matinée
Be'wuchs m ⟨~es⟩ végétation f; plantes f/pl
Be'wunderer m ⟨~s; ~⟩, **Be'wunderin** f ⟨~; ~nen⟩ admirateur, -trice m,f
be'wundern v/t ⟨-(e)re, pas de ge-, h⟩ admirer
be'wunderns|wert, ~würdig adj admirable; digne d'admiration
Be'wunderung f ⟨~⟩ admiration f; mit ~ erfüllen remplir d'admiration; émerveiller; Gegenstand allgemeiner ~ sein faire l'admiration de tous
be'wunderungswürdig adj admirable; digne d'admiration
Be'wurf m ⟨~(e)s; ~⁀e⟩ CONSTR crépi m
bewußt [bə'vʊst] I adj 1. (im Bewußtsein) conscient; sich (dat) e-r Sache (gén) ~ sein avoir conscience, être conscient de qc; sich (dat) e-r Sache (gén) ~ werden prendre conscience de qc; se rendre compte de qc; ich bin mir keiner Schuld ~ je n'ai rien à me reprocher; er war sich (dat) der Folgen s-r Tat gar nicht ~ il ne s'était pas

rendu compte des conséquences de son acte; 2. (absichtlich) voulu; délibéré; prémédité; e-e ~e Verdrehung der Tatsachen une déformation délibérée des faits; 3. ⟨épithète⟩ (besagt, bekannt) en question; dont il s'agit; an dem ~en Tag ce jour-là; ce fameux jour; zur ~en Stunde à l'heure convenue; II adv 1. consciemment; 2. (wissentlich) sciemment; en connaissance de cause; 3. (absichtlich) délibérément; à dessein
Be'wußtheit f ⟨~⟩ conscience f
be'wußtlos adj sans connaissance; évanoui; ~ werden perdre connaissance; s'évanouir
Be'wußtlosigkeit f ⟨~⟩ évanouissement m; perte f de connaissance; F fig bis zur ~ (bis zum Überdruß) jusqu'à la nausée; (bis zur Erschöpfung) jusqu'à l'épuisement
be'wußtmachen v/t ⟨sép, -ge-, h⟩ j-m etw ~ faire prendre conscience à qn de qc; sich (dat) etw ~ se rendre compte de qc; prendre conscience de qc; réaliser qc
Be'wußtsein n ⟨~s⟩ 1. PSYCH, PHILOS conscience f; in dem ~, s-e Pflicht getan zu haben conscient d'avoir fait son devoir; plötzlich kam es ihr zu(m) ~, daß sie ... elle prit conscience soudain d'avoir (fait) ...; j-m etw zu(m) ~ bringen faire prendre conscience de qc à qn; faire sentir qc à qn; sich (dat) etw ins ~ zurückrufen se rappeler qc; se souvenir de qc; 2. MÉD connaissance f; das ~ verlieren perdre connaissance; wieder zu ~ kommen reprendre connaissance; bei vollem ~ operiert werden être opéré sans anesthésie, sans être endormi
Be'wußtseins|bildung f ⟨~⟩ prise f de conscience; **~erweiterung** f élargissement m du champ de la conscience; **~spaltung** f ⟨~⟩ dédoublement m de la personnalité; schizophrénie f; **~störung** f trouble m de la conscience; **~veränderung** f transformation f de la conscience
Be'wußtwerdung f ⟨~⟩ prise f de conscience
bez. abr 1. (bezahlt) payé; 2. (bezüglich) concernant
Bez. abr 1. (Bezirk) district; 2. (Bezeichnung) désignation
be'zahlen ⟨pas de ge-, h⟩ I v/t 1. (zahlen) payer; j-m etw ~ payer qc à qn; für etw zehn Mark ~ payer qc dix marks; etw (zu) teuer ~ payer qc (trop) cher; s-e Unvorsichtigkeit teuer, mit dem Leben ~ müssen devoir payer cher, de sa vie son imprudence; sich bezahlt machen valoir la peine; rapporter; F payer; 2. (entlohnen) payer; rémunérer; rétribuer; II v/i payer; Herr Ober, bitte ~! garçon, l'addition s'il vous plaît!
Be'zahlung f ⟨~⟩ 1. (das Bezahlen) paiement od payement m; 2. (Lohn) rémunération f; rétribution f
be'zähmen st/s ⟨pas de ge-, h⟩ I v/t Neugier etc maîtriser; dominer; réprimer; II v/refl sich ~ se dominer; se maîtriser
be'zaubern v/t ⟨-(e)re, pas de ge-, h⟩ charmer; captiver; séduire; p/fort envoûter; ensorceler
be'zaubernd adjt charmant; ravissant; p/fort séduisant

be'zeichnen ⟨-ete, *pas de ge-*, h⟩ **I** *v/t* **1.** (*markieren*) marquer; indiquer; **2.** (*benennen*) désigner; *näher* ~ spécifier; **3.** (*einschätzen*) qualifier (*als* de); *j-n als Verräter* ~ qualifier qn de traître; *j-n als dumm* ~ qualifier qn de sot; **II** *v/réfl* **sich als Künstler** *etc* ~ se dire artiste, *etc*
be'zeichnend *adjt* typique, caractéristique (*für* de); (*aufschlußreich*) révélateur, -trice; symptomatique
be'zeichnender'weise *adv* ~ **hat er ...** ce qui est typique pour lui, c'est qu'il a ...
Be'zeichnung *f* **1.** ⟨*pas de pl*⟩ (*Kennzeichnung, Angabe*) indication *f*; **2.** (*Zeichen*) marque *f*; indication *f*; **3.** (*Benennung*) désignation *f*; dénomination *f*; (*Name*) nom *m*; *nähere* spécification *f*
be'zeigen *st/s v/t* ⟨*pas de ge-*, h⟩ *Achtung etc* témoigner; manifester; *sein Beileid* ~ présenter ses condoléances
be'zeug|en *v/t* ⟨*pas de ge-*, h⟩ **1.** JUR témoigner de; attester; **2.** *fig* (*bezeigen*) témoigner; ⟨ung⟩ *f* **1.** JUR *e-r Aussage etc* attestation *f*; **2.** *fig* (*Bezeigung*) témoignage *m*
bezichtig|en [bə'tsıçtıgən] *v/t* ⟨*pas de ge-*, h⟩ accuser; ⟨ung⟩ *f* ⟨~; ~en⟩ accusation *f*
be'ziehbar *adj* *Wohnung, Haus* habitable (immédiatement); (*frei*) libre; *sofort* ~ libre de suite
be'ziehen ⟨*irr*, *pas de ge-*, h⟩ **I** *v/t* **1.** *Schirm, Möbel etc* recouvrir (*mit* de); *die Betten, das Kopfkissen* ~ mettre les draps, la taie d'oreiller; **2.** *Wohnung etc* s'installer dans; **3.** *Waren* se fournir en, acheter (*von j-m* chez qn); *Gehalt* toucher; percevoir; *Zeitung* être abonné à; *Prügel* ~ F recevoir une raclée; **4.** *etw auf etw* (*acc*) ~ appliquer qc à qc; *etw auf sich* (*acc*) ~ prendre qc pour soi; *bezogen auf* (+*acc*) par rapport à; **II** *v/réfl* **sich auf j-n, etw** ~ se référer à qn, qc
Be'zieher(in) *m* ⟨~s; ~⟩ (*f*) ⟨~; ~nen⟩ *e-r Zeitung etc* abonné(e) *m(f)*; *e-r Rente, e-s Gehalts* bénéficiaire *m,f*
Be'ziehung *f* **1.** (*Verbindung*) relation *f*; rapport *m*; *gute* ~*en zu j-m haben* entretenir de bons rapports avec qn; *gute* ~*en zueinander haben* être en bons rapports; ~*en* (*zu j-m*) *aufnehmen* entrer en relations (avec qn); *e-e feste* ~ *haben* avoir une relation (amoureuse) suivie; *intime* ~*en zu od mit j-m haben* avoir des rapports (sexuels) avec qn; *in verwandtschaftlicher* ~ *zu j-m stehen* être en relations de parenté avec qn; **2.** *pl* ~*en* (*einflußreiche Bekanntschaften*) relations *f/pl*; ~*en haben* avoir des relations *f/pl*; **3.** (*Verhältnis*) rapport *m*; lien *m*; *zwei Dinge* (*zueinander*) *in* ~ *setzen* établir un rapport, lien entre deux choses; *in* ~ *zu etw stehen* avoir rapport à *od* avec qc; *das steht in keiner* ~ *dazu* il n'y a aucun rapport; *mit* ~ *auf* (+*acc*) en référence à; **4.** (*Verständnis, Gefühl*) affinités *f/pl* (*zu* avec); *keine* ~ *zur abstrakten Kunst haben* ne pas avoir d'affinités avec l'art abstrait; **5.** (*Hinsicht*) *in dieser* ~ de ce point de vue; sous ce rapport; à cet égard; *in gewisser* ~ dans un certain sens; d'un certain point de vue; *in mancher* ~ à maints égards; *in keiner* ~ en aucune façon; *in jeder* ~ à tout point de vue; à tous (les) égards
Be'ziehungskiste F *f* relations (amoureuses) compliquées
be'ziehungslos *adj* sans rapport
be'ziehungsweise *adv* **1.** (*im anderen Fall*) respectivement; (*oder*) ou; *sie sind drei* ~ *fünf Jahre alt* ils sont respectivement âgés de trois et cinq ans; *der* ~ *die Täter* le ou les malfaiteurs; **2.** (*genauer gesagt*) plus exactement; pour être plus précis
be'ziffern *v/t* ⟨u *v/réfl*⟩ ⟨-(e)re, *pas de ge-*, h⟩ (*sich*) ~ (se) chiffrer (*auf* [+*acc*] à)
Bezirk [bə'tsırk] *m* ⟨~(e)s; ~e⟩ GÉOGR, ADM district *m*; canton *m*; (*Wahl*⟩) circonscription *f*
Be'zirksklasse *f* SPORT *etwa* division régionale
bezirzen [bə'tsırtsən] *cf* **becircen**
Bezogene(r) [bə'tso:gənə(r)] *m* ⟨→ A⟩ FIN tiré *m*
bezug [bə'tsu:k] *in* ~ *auf j-n, etw* en ce qui concerne qn, qc; au sujet de qn, qc
Be'zug *m* **1.** (*Bett*2, *Kissen*2) *etc* enveloppe *f*; 'housse *f*; (*Kopfkissen*2) taie *f* d'oreiller; (*Möbel*2) 'housse *f*; **2.** ⟨*pas de pl*⟩ COMM achat *m*; *e-r Pension etc* perception *f*; *von Zeitungen* abonnement *m* (+*gén* à); **3.** FIN *pl* **Bezüge** appointements *m/pl*; traitement *m*; émoluments *m/pl*; **4.** (*Beziehung*) rapport *m*; ~ *nehmen auf* (+*acc*) se référer à; ~ *nehmend auf od mit* ~ *auf Ihr Schreiben* en référence à votre lettre
bezüglich [bə'tsy:klıç] **I** *prép* ⟨*gén*⟩ au sujet de; en ce qui concerne; relativement à; **II** *adj* relatif, -ive (*auf etw, j-n* à qc, qn); GR ~*es Fürwort* pronom relatif
Bezugnahme [bə'tsu:kna:mə] *f* ⟨~; ~n⟩ ADM *mit*, *unter* ~ *auf* (+*acc*) en référence à; (en) me *bzw* nous référant à
Be'zugsbedingungen *f/pl* COMM conditions *f/pl* d'achat; *e-r Zeitung* d'abonnement
be'zugsfertig *adj* *Wohnung, Haus* clés en main; *in Anzeigen* ~ *am ...* livraison le ...
Be'zugs|person *f* PSYCH, SOZIOLOGIE personne *f* de confiance; ~**preis** *m* prix *m* d'achat, *e-r Zeitung* d'abonnement; ~**quelle** *f* source *f* d'approvisionnement; fournisseur *m*; ~**recht** *n* *für Aktien* droit *m* de souscription; ~**schein** *m* carte *f* de rationnement; bon *m* d'achat; ~**stoff** *m* tissu *m* d'ameublement; ~**system** *n* système *m* de référence
be'zuschuss|en *v/t* ⟨-ßt, *pas de ge-*, h⟩ subventionner; accorder une *bzw* des subvention(s) à; ⟨ung⟩ *f* ⟨~; ~en⟩ **1.** (*das Bezuschussen*) accord *m* d'une *bzw* de subvention(s) (+ *gén* à); **2.** *Betrag* subvention(s) *f(pl)*
be'zwecken *v/t* ⟨*pas de ge-*, h⟩ viser à; avoir pour but, pour objet; *was bezweckt er mit s-r Frage?* où veut-il en venir avec sa question?
be'zweifeln *v/t* ⟨-(e)le, *pas de ge-*, h⟩ douter de; mettre en doute; *bezweifle nicht, daß ...* je ne doute pas que ... (ne) (+*subj*); *das ist nicht zu* ~ cela ne fait aucun doute; *das möchte ich doch* (*stark*) ~ permets-moi *bzw* permettez-moi d'en douter; cela reste à prouver
be'zwingen *st/s v/t* ⟨*irr, pas de ge-*, h⟩ *Berg, Gegner etc* vaincre; *Gegner* a venir à bout de; *Leidenschaften* a maîtriser; dominer
Be'zwing|er *st/s m* ⟨~s; ~⟩ vainqueur *m*; ~**ung** *f* ⟨~; ~en⟩ *e-s Berges, im Sport*, *fig von Leidenschaften* victoire *f* (+*gén* sur)
Bf. *abr* (*Bahnhof*) gare
BF *abr* (*belgischer Franc*) FB (franc belge)
BfA [beːˀɛfˀaː] *f* ⟨~⟩ *abr cf* **Bundesversicherungsanstalt für Angestellte**
bfr *abr* (*belgischer Franc*) FB (franc belge)
BGB [beːɡeː'beː] *n* ⟨~⟩ *abr* (*Bürgerliches Gesetzbuch*) *etwa* Code civil
BGH [beːɡeː'haː] *m* ⟨~⟩ *abr cf* **Bundesgerichtshof**
BGS [beːɡeːˀˀɛs] *m* ⟨~⟩ *abr cf* **Bundesgrenzschutz**
BH [beː'haː] F *m* ⟨~(s); ~(s)⟩ *abr* (*Büstenhalter*) soutien-gorge *m*
Bhf. *abr* (*Bahnhof*) gare
Bhutan ['buːtan] *n* ⟨→ *n/pr*⟩ le Bhoutan
Bhu'tan|er(in) *m* ⟨~s; ~⟩ (*f*) ⟨~; ~nen⟩ Bhoutanais(e) *m(f)*; ⟨isch⟩ *adj* bhoutanais
bi [biː] F *adj* ⟨*attribut*⟩ bisexuel, -elle; *er, sie ist* ~ F c'est un, une bi
BI [beːˀiː] *abr* (*Bürgerinitiative*) comité *m* d'action et de défense; *auf lokaler Ebene* a comité *m* de quartier
Biathlon ['biːatlɔn] *n* ⟨~s; ~s⟩ biathlon *m*
bibbern ['bɪbərn] F *v/i* ⟨-(e)re, h⟩ trembler
Bibel ['biːbəl] *f* ⟨~; ~n⟩ Bible *f*; *als Buch*, *fig* bible *f*; ~**auslegung** *f* exégèse *f* biblique; ⟨fest⟩ *adj* qui connait bien le texte de la Bible; ~**spruch** *m* citation (tirée) de la Bible; ~**stelle** *f* passage *m* de l'Écriture, de la Bible; ~**übersetzung** *f* traduction *f*, version *f* de la Bible; ~**vers** *m* verset *m* (de la Bible)
Biber ['biːbər] *m* ⟨~s; ~⟩ ZO castor *m*
'Biberbettuch *n* drap *m* en flanelle
'Biber|pelz *m* fourrure *f* de castor; ~**schwanz** *m* **1.** ZO queue *f* de castor; **2.** CONSTR tuile plate
Biblio|graphie [bɪblioɡraˈfiː] *f* ⟨~; ~n⟩ bibliographie *f*; ⟨2gra'phieren⟩ *v/t* ⟨*pas de ge-*, h⟩ cataloguer; répertorier; ⟨2graphisch⟩ *adj* bibliographique
bibliophil [bɪblio'fiːl] *adj* de bibliophile; pour bibliophiles
Biblio|thek [bɪblio'teːk] *f* ⟨~; ~en⟩ bibliothèque *f*; ~**the'kar(in)** *m* ⟨~s; ~e⟩ (*f*) ⟨~; ~nen⟩ bibliothécaire *m,f*; ⟨2the'karisch⟩ *adj* de bibliothécaire
Biblio'theks|benutzer(in) *m(f)* usager *m* d'une bibliothèque; ~**katalog** *m* catalogue *m* (de la bibliothèque)
'biblisch *adj* biblique; de la Bible; *die* ~*e Geschichte* l'Histoire sainte; *fig* ~*es Alter* âge *m* canonique
Bidet [bi'deː] *n* ⟨~s; ~s⟩ bidet *m*
bieder ['biːdər] *adj* (*treuherzig*) bon, bonne; (*bien*) brave; (*langweilig*) fade, sans caractère; trop sage
'Biedermann *m* ⟨~(e)s; ~er⟩ **1.** (*rechtschaffener Mensch*) honnête homme *m*; brave homme *m*; **2.** *péj* (*Spießer*) petit-bourgeois *m*; F beauf *m*
Biedermeier ['biːdərmaɪɐ] *n* ⟨~s⟩

(époque f du) Biedermeier m; ~strauß m petit bouquet présenté dans une manchette de papier dentelle blanc
'biegbar adj pliable; flexible
biegen ['biːɡən] ⟨biegt, bog, gebogen⟩ I v/t ⟨h⟩ 1. courber; a (zusammen~) plier; TECH meist cintrer; bogenförmig a arquer; Rohr etc knieförmig couder; F fig auf ♀ und od oder Brechen coûte que coûte; à tout prix; 2. österr GR cf beugen I 5.; II v/i ⟨sein⟩ tourner; um die Ecke ~ tourner au coin (de la rue); III v/réfl ⟨h⟩ sich ~ se courber; unter starker Last s'infléchir; fléchir; ployer; F sich ~ vor Lachen (dat) se tordre de rire; F rire comme un bossu
'biegsam adj fig flexible; souple; Charakter a facile; malléable; ♀keit f ⟨~⟩ a fig flexibilité f; souplesse f; des Charakters a malléabilité f
'Biegung f ⟨~; ~en⟩ 1. courbe f; courbure f; e-s Weges, Flusses tournant m; coude m; e-e ~ machen Weg etc tourner; faire un coude; Person, Fahrzeug tourner; 2. österr GR cf Beugung 4.
Biel [biːl] n ⟨→ n/pr⟩ Bienne
Biene ['biːnə] f ⟨~; ~n⟩ 1. ZO abeille f; 2. F (Mädchen) F poupée f
'Bienen|fleiß m application f; acharnement m; ~haus n rucher m; ~honig m miel m (d'abeilles); ~königin f reine f (des abeilles); ~korb m ruche f; ~schwarm m essaim m d'abeilles; ~sprache f langage m des abeilles; ~stich m 1. piqûre f d'abeille; 2. CUIS gâteau fourré de crème et recouvert d'amandes effilées; ~stock m ruche f; ~volk n colonie f d'abeilles; ~wabe f rayon m; gâteau m de cire; ~wachs n cire f d'abeille; ~zucht f apiculture f; ~züchter(in) m(f) apiculteur, -trice m,f
Biennale [biɛˈnaːlə] f ⟨~; ~n⟩ biennale f
Bier [biːr] n ⟨~(e)s; ~e⟩ bière f; helles, dunkles ~ bière blonde, brune; e-e Flasche ~ une bouteille de bière; im Lokal Herr Ober, ein ~! garçon, un demi!; F fig das ist nicht mein ~ F c'est pas mes oignons
'Bier|bauch m F bedaine f; ~brauer m brasseur m; ~brauerei f 1. ⟨pas de pl⟩ (das Bierbrauen) brassage m; 2. Betrieb brasserie f; ~deckel m dessous-de-verre m; ~dose f boîte f de bière; ♀ernst F adj F sérieux, -ieuse comme un pape; ~faß n tonneau m à bière; ~filz m dessous-de-verre m; ~flasche f bouteille f de bière; kleine canette f (de bière); ~garten m brasserie f avec terrasse (en plein air); ~glas n verre m à bière; ~hefe f levure f de bière; ~kasten m caisse f de bière; ~keller m Lokal brasserie f; ~kneipe F f brasserie f; ~krug m pot m à bière; ~kutscher m cocher m de brasserie; ~laune F f exubérance f (de buveur de bière); ~leiche F plais f ivre mort m; ~lokal n brasserie f; ~schinken m grosse saucisse avec des morceaux de jambon; ~seidel n chope f; ~suppe f soupe f à la bière; ~trinker m buveur m de bière; ~wärmer m ⟨~s; ~⟩ chauffe-bière f; ~wurst f grosse saucisse fumée; ~zelt n f grande tente où l'on boit de la bière
Biese ['biːzə] f ⟨~; ~n⟩ petit pli; an Uniformen passepoil m
Biest [biːst] F péj n ⟨~(e)s; ~er⟩ Tier F sale bête f; Mann crapule f; F salaud m; Frau peste f; F chameau m; Apparat fichu, maudit appareil; engin m de malheur
'biestig F péj adj 1. (gemein) répugnant; méchant; mauvais; rosse; infect; ganz schön ~ werden devenir mauvais, méchant; 2. (schlimm) abominable; épouvantable; affreux, -euse
bieten ['biːtən] ⟨bietet, bot, geboten, h⟩ I v/t 1. (geben, an~) Anblick, Bild etc offrir; présenter; Möglichkeit a donner; Schwierigkeit a présenter; in ... wird kulturell nichts geboten la vie culturelle est inexistante à ...; das Theater bietet Platz für 600 Personen le théâtre a 600 places, peut contenir 600 spectateurs; das lasse ich mir nicht ~! F je ne me laisserai pas marcher sur les pieds!; 2. Geld j-m etw (für etw) ~ offrir qc à qn (pour qc); 3. bei e-r Versteigerung faire une enchère de; wer bietet mehr? qui dit mieux?; II v/réfl sich ~ Gelegenheit, Anblick etc s'offrir; se présenter
'Bieter(in) m ⟨~s; ~⟩ (f ⟨~; ~nen⟩ bei e-r Versteigerung offrant m; enchérisseur, -euse m,f
Bigam|ie [biɡaˈmiː] f ⟨~; ~n⟩ bigamie f; ~ist(in) m ⟨~en; ~en⟩ (f ⟨~; ~nen⟩ bigame m,f
bigott [biˈɡɔt] adj péj (frömmelnd) bigot; (scheinheilig) hypocrite; ♀e'rie f ⟨~; ~n⟩ péj (Frömmelei) bigoterie f; (Scheinheiligkeit) hypocrisie f
Bikini [biˈkiːni] m ⟨~s; ~s⟩ bikini m
bilabial [bilabiˈaːl] adj PHON bilabial
Bilanz [biˈlants] f ⟨~; ~en⟩ COMM, fig bilan m; (Handels♀, Zahlungs♀) balance f; ~ ziehen, aufstellen a fig faire, dresser, établir le bilan; aktive, passive ~ bilan, balance excédentaire, déficitaire
bilan'zier|en v/i (u v/t) ⟨pas de ge-, h⟩ faire, dresser, établir le bilan (de); ♀ung f ⟨~; ~en⟩ établissement m du bilan
Bi'lanz|prüfer m expert-comptable m; ~prüfung f vérification f du bilan; ~summe f total m du bilan
bilateral [biˈlateraːl] adj bilatéral
Bild [bɪlt] n ⟨~(e)s; ~er⟩ 1. (Abbildung) image f; (Fotografie) photo f; in Büchern etc illustration f; (Gemälde) tableau m; auf e-r Münze, Briefmarke effigie f; etw im ~ festhalten fotografisch photographier qc; sie ist ein ~ von einer Frau c'est une beauté; elle est belle comme un astre, comme le jour; 2. THÉ tableau m; 3. sprachliches image f; (Methapher) métaphore f; in ~ern sprechen avoir un langage imagé; 4. (Anblick) ein ~ des Jammers un spectacle désolant; une scène poignante; le visage de la désolation; F plais ein ~ für Götter sein F être impayable; die Straße zeigt ihr gewohntes ~ la rue offre son spectacle habituel; 5. (Abbild) image f; (Spiegelbild) er ist ganz das ~ seines Vaters il est tout le portrait de son père; 6. (klare Vorstellung) sich (dat) ein ~ von etw machen se faire une idée de qc; se représenter, se figurer qc; (über etw, j-n) im ~e sein être informé, au courant (de qc, au sujet de qn)
'Bild|archiv n photothèque f; archives f/pl photographiques; ~aufzeichnung f prise f d'images; ~ausfall m panne f (d'image); ~ausschnitt m détail m; ~autor(in) m(f) photographe m,f (comme co-auteur d'un ouvrage); ~band m ⟨~(e)s; ~e⟩ volume, livre, ouvrage abondamment illustré; album m; beau livre f; ~bericht m cf Bildreportage; ~beschreibung f description f d'une image, d'une image; ~betrachter m TECH visionneuse f; ~dokument n document m par l'image
bilden ['bɪldən] ⟨-ete, h⟩ I v/t 1. (formen) former; faire; künstlerisch façonner; modeler; Satz construire; faire; Regierung former; sich (dat) ein Urteil (über etw, j-n) ~ se faire une opinion (sur qc, qn); 2. (hervorbringen) produire; 3. (darstellen) constituer; former; ein Feuerwerk bildete den Abschluß der Festlichkeiten les festivités se sont terminées par un feu d'artifice; 4. geistig former; cultiver; II v/réfl sich ~ 5. (entstehen) se former; se développer; 6. geistig se cultiver; se former; s'instruire III v/i Reisen, Lesen etc bildet les voyages, la lecture, etc ouvre(nt) l'esprit
'bildend adjt (belehrend) instructif, -ive; (erzieherisch) éducatif, -ive; die ~e Kunst les arts m/pl plastiques; les beaux-arts
'Bilder|bogen m feuille imprimée découpée en vignettes; image f d'Épinal; ~buch n livre m d'images; ~buch... in Zssgn fig idéal; ~geschichte f histoire f en images; ~haken m crochet m pour tableaux; ~rahmen m cadre m; encadrement m; ~rätsel m rébus m; ~sammlung f collection f de tableaux, de gravures, d'estampes; ~schrift f pictographie f; ~sturm m HIST iconoclastie f; ~stürmer m HIST, fig iconoclaste m
'Bildfläche f plan m; (Leinwand) écran m; F fig von der ~ verschwinden F disparaître de la circulation; F fig auf der ~ erscheinen F s'amener; F se pointer; F fig wieder auf der ~ erscheinen refaire surface
'Bild|folge f suite f d'images; FILM séquence f; ~frequenz f vitesse f de défilement; images f/pl par seconde; ~funk m phottélégraphie f; ♀haft adj imagé; ~haftigkeit f ⟨~⟩ caractère imagé; ~hauer(in) m ⟨~s; ~⟩ (f ⟨~; ~nen⟩ (femme f) sculpteur m; ~haue'rei f ⟨~⟩ sculpture f; statuaire f; ♀hauerisch adj sculptural; ♀hübsch adj joli comme un cœur; ~journalist(in) m(f) reporter m,f photographe
'bildlich I adj en images; figuratif, -ive; Ausdruck etc figuré; II adv en images; figurativement; ~ gesprochen au figuré
'Bild|material n photo(graphie) f/pl; films m/pl; illustrations f/pl; ~mischer(in) m ⟨~s; ~⟩ (f ⟨~; ~nen⟩ TV technicien, -ienne m,f en régie finale
'bildnerisch adj créateur, -trice
'Bildnis n ⟨~ses; ~se⟩ portrait m
'Bild|platte f vidéodisque m; disque m vidéo; ~plattenspieler m lecteur m de vidéodisques; ~qualität f qualité f de l'image; ~reportage f reportage illustré, photographique; ~reporter(in) m(f) reporter m,f photographe; ~röhre

f tube *m* cathodique; **~schärfe** *f* netteté *f* de l'image

'**Bildschirm** *m* **1.** *des Computers* écran *m*; *am ~ arbeiten* travailler sur écran; **2.** F (*Fernseher*) petit écran

'**Bildschirm|arbeit** *f* travail *m* sur écran; **~arbeitsplatz** *m* poste *m* de travail sur écran; **~text** *m etwa* minitel *m* (*nom déposé*)

'**bild|schön** *adj* beau, belle comme le jour, comme un astre

'**Bild|seite** *f e-r Münze* face *f*; avers *m*; **~serie** *f* suite *f* d'images; **~stelle** *f* photothèque *f* (et cinémathèque *f*); **~stock** *m südd, österr* calvaire *m*; **~störung** *f* interruption *f* de l'image; **~tafel** *f* planche *f*; **~telefon** *n* visiophone *m*; vidéophone *m*

'**Bildung** *f* ⟨~; ~en⟩ **1.** ⟨*pas de pl*⟩ (*geistige Formung*) culture *f*; formation *f*; (*Erziehung*) éducation *f*; (*Schul2*) instruction *f*; *~ haben* avoir de l'éducation; (*kultiviert sein*) être cultivé; *zur allgemeinen ~ gehören* faire partie de la culture générale; **2.** (*Schaffung, Entstehung*) formation *f*; **3.** (*Form*) forme *f*; GR *e-e ~ auf „-er"* un mot qui se termine en «-er»

'**Bildungs|anstalt** *f* ADM établissement *m* d'éducation, d'enseignement; **~bürger** *m* bourgeoisie cultivé; **~bürgertum** *n* bourgeoisie cultivée; **~chancen** *f/pl* (*chances f/pl* d'accès *m* à la formation); **~dünkel** *m* fierté *f*, orgueil *m* de sa culture; **~eifer** *m* soif *f* d'apprendre; **~einrichtung** *f* établissement *m* d'enseignement; ₂**fähig** *adj* qui peut être formé; ₂**feindlich** *adj* anticulturel, -elle; **~gang** *m* formation reçue; **~grad** *m* degré *m* d'instruction, de culture; **~gut** *n* patrimoine culturel; **~hunger** *m* soif *f* de culture; ₂**hungrig** *adj* assoiffé de culture; **~ideal** *n* idéal *m* de culture; **~lücke** *f* lacune *f* (dans la culture générale); **~monopol** *n* monopole *m* de l'enseignement, de l'instruction, de l'éducation; **~notstand** *m* carences *f/pl* du système éducatif; **~politik** *f* politique *f* de l'éducation, ₂**politisch** *adj* qui concerne (la politique de) l'éducation; **~reform** *f* réforme *f* de l'enseignement; **~reise** *f* voyage culturel, éducatif; **~roman** *m* roman *m* de formation, d'éducation; **~stand** *m* ⟨~(e)s⟩ niveau *m* d'instruction, de culture; **~stätte** *st/s f* établissement culturel, d'enseignement; **~urlaub** *m* congé-formation *f*

'**Bildungsweg** *m* formation *f*; *zweiter ~* enseignement dit de la deuxième chance; *das Abitur auf dem zweiten ~ machen* passer son baccalauréat en suivant une formation parallèle

'**Bildungswesen** *n* ⟨~s⟩ enseignement *m*

'**Bild|unterschrift** *f* légende *f*; **~vorlage** *f* modèle *m*; **~wand** *f* écran *m*; **~werbung** *f* publicité *f* par l'image; **~werfer** *m* appareil *m* de projection; projecteur *m*; **~wiedergabe** *f* reproduction *f*; TV, FILM (qualité *f* de l')image rendue; **~wörterbuch** *n* dictionnaire *m* en images

'**Bildzuschrift** *f* réponse *f* avec photo; *~en bitte unter ... (+dat)* écrire à ..., joindre photo

bilingual [bilɪŋguˈaːl] *adj* bilingue

Billard ['bɪljart] *n* ⟨~s; ~e⟩, *österr* [biˈjaːr] *n* ⟨~s; ~s⟩ billard *m*; **~kugel** *f* boule *f* de billard; **~stock** *m* queue *f* (de billard); **~tisch** *m* (table *f* de) billard *m*

Billett [bɪlˈjet] *n* ⟨~(e)s; ~e *ou* ~s⟩, *österr* [bɪˈjeː] *n* ⟨~s; ~s⟩ **1.** (*Fahr-, Eintrittskarte*) billet *m*; **2.** *österr* (*Glückwunschkarte*) carte *f* de vœux, de félicitations

Billiarde [bɪlˈiardə] *f* ⟨~; ~n⟩ mille billions *m/pl*

billig ['bɪlɪç] **I** *adj* **1.** *im Preis* bon marché; d'un prix modéré, modique; pas cher, chère; *~er* meilleur marché, moins cher; **2.** *péj, fig* (*schlecht, minderwertig*) de mauvaise qualité; *Vorwand, Ausrede etc* mauvais; *Trick* primitif, -ive; *Witz* facile; **3.** *st/s* (*angemessen, gerecht*) juste; équitable; **II** *adv* bon marché; au rabais; à bas prix; F pour pas cher; *am ~sten* au meilleur prix; le moins cher

'**billigen** *v/t* ⟨h⟩ approuver; cautionner

'**Billig|flagge** *f* COMM pavillon *m* de complaisance; **~flug** *m* vol *m* à bas prix; **~laden** *m* magasin *m* bon marché; **~lohn** *m* bas salaire; **~lohnland** *n* ⟨~(e)s; -länder⟩ pays *m* à bas salaires

'**Billigpreis** *m* prix modéré, modique; *zu ~en* à bas prix

'**Billigung** *f* ⟨~⟩ approbation *f*; assentiment *m*; caution *f*

Billigware *f* article *m*, marchandise *f* à bas prix, bon marché

Billion [bɪlˈioːn] *f* ⟨~; ~en⟩ billion *m*

bim [bɪm] *int* ding!; *~, bam!* ding, dong!

Bimbam ['bɪmbam], F *plais* (*ach du*) *heiliger ~!* Seigneur!; F nom d'une pipe!

Bimetall [ˈbiːmetal] *n* bilame *f*

Bimmel ['bɪməl] F *f* ⟨~; ~n⟩ clochette *f*; sonnette *f*; **~bahn** F *f* tortillard *m*

'**bimmeln** *v/i* ⟨-(e)le, h⟩ tinter

Bimsstein ['bɪmsʃtaɪn] *m* pierre *f* ponce

bin [bɪn] *cf sein*

binär [biˈnɛːr] *adj* binaire; ₂**system** *n* MATH numération *f* binaire

Binde ['bɪndə] *f* ⟨~; ~n⟩ **1.** MÉD bande *f*; (*Verband*) bandage *m*; (*Arm2*) écharpe *f*; (*Augen2*) bandeau *m*; *elastische ~* bande élastique; **2.** (*Arm2 der Blinden etc*) brassard *m*; **3.** (*Damen2*) serviette *f* hygiénique; **4.** F *sich* (*dat*) *e-n hinter die ~ gießen od kippen* F s'en jeter un derrière la cravate; se F se rincer la dalle

'**Binde|bogen** *m* MUS liaison *f*; **~gewebe** *n* ANAT tissu conjonctif

'**Bindegewebs|massage** *f* massage *m* du tissu conjonctif; **~schwäche** *f* fragilité *f* du tissu conjonctif

'**Binde|glied** *n* lien *m*; **~haut** *f* ANAT conjonctive *f*; **~hautentzündung** *f* conjonctivite *f*; **~mittel** *n* CUIS gélifiant *m*; PEINT, CONSTR liant *m*

'**binden** ⟨bindet, band, gebunden, h⟩ **I** *v/t* **1.** (*fest~*) attacher; (*zusammen~*) lier; *Besen, Kranz, Strauß* faire; *Krawatte, Schal* nouer; *fester ~* serrer (davantage); *e-n Strauß ~* composer un bouquet; *Blumen zu e-m Strauß ~* assembler des fleurs pour en faire un bouquet; **2.** *Buch* relier; *Faß* cercler; CUIS, MUS lier; CHIM fixer; ÉCON *Preise etc* imposer; contrôler; PHON faire *la bzw* les liaison(s); **3.** *fig Personen* (*verpflichten, festlegen*) lier; engager; *du bist nicht an e-n Zeitpunkt gebunden* tu es libre de choisir la date, le moment; **4.** *Mittel, Gelder* engager; *Gerüche* fixer; *Wasser bindet Staub* l'eau empêche la poussière de voler; **II** *v/i* (*ab~*) *Zement, Leim etc* prendre; **III** *v/réfl sich ~* s'engager; se lier; *sie ist zu jung, um sich schon zu ~* elle est trop jeune pour lier sa vie à celle d'un homme, pour perdre sa liberté

'**bindend** *adj* qui engage; obligatoire; *für j-n ~ sein* engager qn; *~e Zusage* engagement *m*; *e-e ~e Zusage (zu etw) machen* s'engager (à qc)

'**Binder** *m* ⟨~; ~⟩ **1.** (*Schlips*) cravate *f*; **2.** (*Bindemittel*) liant *m*

Binde'rei *f* ⟨~; ~en⟩ (*Buch2*) atelier *m* de reliure

'**Binde|strich** *m* trait *m* d'union; **~wort** *n* ⟨~(e)s; ~̈er⟩ conjonction *f*

'**Bindfaden** *m* ficelle *f*; F *es regnet Bindfäden* il pleut des cordes, à verse, des 'hallebardes

'**Bindung** *f* ⟨~; ~en⟩ **1.** (*Verbundenheit*) *~ (an [+acc])* lien(s) *m(pl)* (avec); *an die Heimat etc ~* attaches *f/pl* (avec); attachement *m* (à, pour); **2.** (*Verpflichtung*) *vertragliche, eidliche* engagement *m* (*an j-n* envers qn); *e-e ~ eingehen* s'engager; se lier; **3.** CUIS, MUS, CHIM, PHYS, PHON liaison *f*; PHON *falsche ~* faute *f* de liaison; **4.** (*Ski2*) fixation *f*; **5.** TEXT armure *f*

'**Bindungsangst** *f* peur *f* de s'engager, de se lier

binnen ['bɪnən] *prép* ⟨*dat ou st/s gén*⟩ *~ e-m Monat od st/s e-s Monats* dans un délai d'un mois; avant un mois; *~ drei Tagen* dans, sous les trois jours; *~ kurzem* sous peu

'**Binnendeutsch** *n* ⟨~(s)⟩, *~e n* ⟨~n⟩ (*das*) *Binnendeutsch(e) Sprache* l'allemand parlé en Allemagne

'**Binnen|fischerei** *f* pêche *f* en eau douce; **~gewässer** *n See* lac *m*; *Fluß* rivière *f*; *Meer* mer intérieure; *pl* ~ eaux intérieures, continentales; **~hafen** *m* port fluvial; **~handel** *m* commerce intérieur; **~land** *n* ⟨~(e)s⟩ intérieur *m* (du pays); terres *f/pl*; région continentale

'**Binnenmarkt** *m* marché intérieur; *der europäische ~* le Marché unique (européen)

'**Binnen|meer** *n* mer intérieure; **~reim** *m* rime intérieure; **~schiffahrt** *f* navigation intérieure, fluviale; **~see** *m* lac *m*; **~staat** *m* État continental; **~verkehr** *m* circulation intérieure; trafic intérieur

binokular [binokuˈlaːr] *adj* binoculaire

Binom [biˈnoːm] *n* ⟨~s; ~e⟩ MATH binôme *m*

biˈnomisch *adj* binomial; *~er Satz* binôme *m* de Newton

Binse ['bɪnzə] *f* ⟨~; ~n⟩ BOT jonc *m*; F *fig das ist in die ~n gegangen* F c'est fichu, P foutu

'**Binsen|wahrheit** *f*, **~weisheit** *f* vérité première, de La Palice *od* la Palisse; lapalissade *f*

Bio ['biːo] F *f* ⟨~⟩ F sciences *f/pl* nat

'**Bio|brot** F *n* pain *m* biologique; **~chemie** *f* biochimie *f*; chimie *f* biologique; **~chemiker(in)** *m(f)* biochimiste *m,f*; ₂**chemisch** *adj* biochimique; **~chip** *m* biopuce *f*; ₂**dyˈnamisch** *adj Gemüse, Landbau etc etwa* biologique; **~gas** *n* biogaz *m*; biométhane *m*; **~gemüse**

F *n* légumes *m/pl* biologiques; **~ge'nese** *f* biogénèse *f*; **²ge'netisch** *adj* biogénétique; **~'graph(in)** *m* ⟨~en; ~en⟩ (*f*) ⟨~; ~nen⟩ biographe *m,f*; **~gra'phie** *f* ⟨~; ~n⟩ biographie *f*; **²'graphisch** *adj* biographique; **~haus** F *n* maison *f* biologique; **~laden** F *m* magasin *m* de produits naturels, biologiques; **~'loge** *m* ⟨~n; ~n⟩, **~'login** *f* ⟨~; ~nen⟩ biologiste *m,f*; **~lo'gie** *f* ⟨~⟩ biologie *f*; SCHULE sciences naturelles
bio'logisch I *adj* biologique; **II** *adv* **~ abbaubar** biodégradable
bio'logisch-dy'namisch *cf* **biodynamisch**
'Bio|masse *f* ⟨~⟩ biomasse *f*; **~me'trie** *f* ⟨~⟩ biométrie *f*; **~phy'sik** *f* biophysique *f*
Biopsie [biɔ'psi:] *f* ⟨~; ~en⟩ MÉD biopsie *f*
'Bio|'rhythmus *m* biorythme *m*; **~'sphäre** *f* biosphère *f*; **~'technik** *f* ⟨~⟩ biotechnologie *f*
Biotop [bio'to:p] *n* *od* *m* ⟨~s; ~e⟩ biotope *m*
bipolar [bipo'la:r] *adj* bipolaire
Birgit ['bɪrɡɪt] *f* ⟨→ *n/pr*⟩ prénom
birgt [bɪrkt] *cf* **bergen**
Birke ['bɪrkə] *f* ⟨~; ~n⟩ bouleau *m*
'Birk|hahn *m*, *sc* **~huhn** *n* tétras-lyre *m*
Birma ['bɪrma] *n* ⟨→ *n/pr*⟩ la Birmanie
Bir'man|e *m* ⟨~n; ~n⟩, **~in** *f* ⟨~; ~nen⟩ Birman(e) *m(f)*; **²isch** *adj* birman
'Birnbaum *m* poirier *m*
Birne ['bɪrnə] *f* ⟨~; ~n⟩ **1.** BOT Frucht poire *f*; Baum poirier *m*; **2.** F ⟨~⟩ (*Kopf*) F caboche *f*; **3.** ÉLECT (*Glüh²*) ampoule *f*
'birnenförmig *adj* en forme de poire; *sc* piriforme
birst [bɪrst] *cf* **bersten**
bis [bɪs] **I** *prép* ⟨*acc*⟩ zeitlich *u* räumlich jusqu'à; *vor einigen Adverbien* jusque; **~ dahin** jusque-là; *zeitlich vorausschauend* a d'ici là; *zeitlich zurückliegend* a jusqu'alors; **~ hierher (und nicht weiter!)** jusqu'ici (et pas plus loin!); **~ jetzt** jusqu'à maintenant; jusqu'à présent; jusqu'ici; **~ wohin?** jusqu'où?; **~ wann?** jusqu'à quand?; **~ morgen** jusqu'à demain; *bei e-m Termin* avant demain; d'ici demain; *Abschiedsgruß* **~ morgen!** à demain!; **~ gleich!** à tout à l'heure!; **~ bald!** à bientôt!; *von ... ~ ...* de ... à ...; **II** *adv* **~ an** (+*acc*), **zu** jusqu'à; **~ auf** (+*acc*) (*ausschließlich*) sauf; excepté; à part; (*einschließlich*) jusqu'à; **~ auf e-e Ausnahme** à une exception près; **~ auf weiteres** jusqu'à nouvel ordre; **~ in den Garten** jusque dans le jardin; **~ in die späte Nacht hinein** jusque tard dans la nuit; **~ in drei Monaten** d'ici trois mois; **~ nach Paris** jusqu'à Paris; **~ vor kurzem** il y a peu de temps encore; **~ zum Oktober** jusqu'en octobre; d'ici (à) octobre; avant octobre; **III** *conj* **1.** (*zwischen*) **zehn ~ zwölf Personen** (de) dix à douze personnes; *in zwei* **~ drei Tagen** dans deux ou trois jours; **vier- ~ fünfmal** quatre ou cinq fois; *das kostet fünf ~ zehn Mark* cela coûte de cinq à dix marks, entre cinq et dix marks; **2.** (*nicht länger als*) jusqu'à ce que ... (+*subj*); (*bevor*) avant que ... (+*subj*); avant de (+*inf*); **warten, ~ ...** attendre que ... (+*subj*), *intensiver* jusqu'à ce que ... (+*subj*); **wir suchten so lange, ~ wir es fanden** nous avons

cherché jusqu'à ce que nous le trouvions; *es wird lange dauern, ~ er es merkt* cela durera longtemps avant qu'il (ne) s'en aperçoive; **warten Sie, ~ er kommt** attendez qu'il vienne
Bisam ['bi:zam] *m* ⟨~s; ~e *ou* ~s⟩ **1.** Pelz (fourrure *f* du) rat musqué; **2.** (*Moschus*) musc *m*; **~ratte** *f* rat musqué
Bischof ['bɪʃɔf *ou* 'bɪʃo:f] *m* ⟨~s; ~e⟩ évêque *m*
bischöflich ['bɪʃœflɪç *ou* 'bɪʃø:flɪç] *adj* épiscopal
'Bischofs|amt *n* charge *f* d'évêque; épiscopat *m*; **~hut** *m* chapeau *m* d'évêque; **~konferenz** *f* conférence épiscopale; **~mütze** *f* mitre *f*; **~sitz** *m* évêché *m*; **~stab** *m* crosse *f*; **~würde** *f* ⟨~⟩ épiscopat *m*
Bisexu|alität ['bi:zɛksualite:t] *f* bisexualité *f*; **²ell** *adj* bisexuel, -elle; BIOL sexué
bis'her *adv* jusqu'à présent; jusqu'à maintenant; jusqu'ici; **~ noch nicht** pas jusqu'à présent, *etc*; **wie ~** comme toujours; comme par le passé
bis'herig *adj* ⟨*épithète*⟩ qui a été, existé, *etc* jusqu'à présent, jusqu'à maintenant, jusqu'ici; *die ~e Tätigkeit* l'activité exercée jusqu'à présent, *etc*; *der ~e Präsident etc* le président, *etc* sortant; *s-e ~en Erfolge* les succès qu'il a obtenus jusqu'ici, *etc*
Biskaya [bɪs'ka:ja] *f* ⟨→ *n/pr*⟩ *der Golf von ~* le golfe de Gascogne
Biskuit [bɪs'kvi:t] *n* *od* *m* ⟨~(e)s; ~s *ou* ~e⟩ **1.** CUIS biscuit *m* (de Savoie); **2.** Porzellan biscuit *m*; **~rolle** *f* biscuit roulé fourré; roulé *m* à la confiture, *etc*; **~teig** *m* pâte *f* à biscuit
bis'lang *cf* **bisher**
Bismarckhering ['bɪsmarkheːrɪŋ] *m* (filet *m* de) hareng mariné
Bison ['bi:zɔn] *m* ⟨~s; ~s⟩ bison *m*
biß [bɪs] *cf* **beißen**
Biß *m* ⟨Bisses; Bisse⟩ **1.** *von Tieren* morsure *f*; *von Menschen* coup *m* de dent; **2.** (*~wunde*) morsure *f*; *e-r Schlange* a piqûre *f*; **3.** F *bes* SPORT (*Schärfe, Einsatz*) *mit ~ spielen* avec une certaine agressivité; *keinen ~ haben Person, Spiel etc* être mou; manquer d'entrain
bißchen ['bɪsçən] *pr/ind* **ein ~** un peu; *ein ~ Geld, Spanisch* un peu d'argent, d'espagnol; **ein ~ schlafen** dormir un peu; *kein ~!* pas le moins du monde!; *mit dem ~ Geld* avec ce peu d'argent; avec ces quelques sous; **mein ~ Latein** mon peu de latin; le peu de latin que je sais; **ein ~ viel** un peu trop; F un peu beaucoup; *das ist ein ~ zuviel verlangt* c'est vraiment un peu trop; F (*ach*) *du liebes ~!* mon Dieu!
bissel ['bɪsəl] F *südd, österr* cf **bißchen**
Bissen ['bɪsən] *m* ⟨~s; ~⟩ bouchée *f*; morceau *m*; F *fig* *ein fetter ~* une aubaine; une bonne affaire; *keinen ~ hinunterbringen* ne pas pouvoir avaler une bouchée; *ich habe heute noch keinen ~ zu mir genommen* je n'ai rien mangé de toute la journée; *mir blieb der ~ im Hals(e) stecken* j'ai failli, manqué m'étrangler; *j-m die ~ in den Mund zählen* compter les morceaux à qn; mesurer la nourriture à qn; *sich (dat) den letzten ~ vom Mund(e) absparen* se priver de tout; tirer le diable par la queue

bisserl ['bɪsərl] F *südd, österr* cf **bißchen**
'bissig *adj* **1.** Tier qui mord; **~er Hund!** chien méchant!; **2.** *fig* mordant; incisif, -ive; acerbe; Bemerkung a caustique
'Bissigkeit *f* ⟨~⟩ *e-r Bemerkung etc* mordant *m*; causticité *f*; virulence *f*; *e-r Person* 'hargne *f*
'Bißwunde *f* morsure *f*; *e-r Schlange* a piqûre *f*
bist [bɪst] *cf* **sein**
Bistro ['bistro *ou* bɪs'tro:] *n* ⟨~s; ~s⟩ F bistro(t) *m*
Bistum ['bɪstu:m] *n* ⟨~s; ~er⟩ évêché *m*
bis'weilen *st/s adv* parfois; de temps à autre; par moments
Bit [bɪt] *n* ⟨~(s); ~(s)⟩ INFORM bit *m*
'Bittbrief *m* demande écrite; requête *f*; *gemeinschaftlicher* pétition *f*
bitte ['bɪtə] *int* **1.** Wunsch, Aufforderung s'il vous *bzw* plaît; **~ nicht stören!** prière de ne pas déranger; **~ zahlen!** l'addition, s'il vous plaît!; **~ nicht!** non! s'il te *bzw* vous plaît; *p/pf* non! je t'en *bzw* vous en supplie!; **~ schön!, ~ sehr!** s'il vous plaît!; (*hier*) **~!** voilà!; voici!; **2.** Antwort: *auf e-e Entschuldigung* il n'y a pas de mal!; ce n'est rien!; *auf e-e Bitte* oui! *bzw* faites!; **~ (sehr)!** *auf e-n Dank* je vous en *bzw* je t'en prie!; il n'y a pas de quoi!; de rien!; **ja ~!** (*gern*) je veux bien; **3.** Frage (*wie*) **~?** comment?; pardon?; *am Telefon* **ja, ~?** allô!; *im Geschäft* **~ (schön)?** vous désirez?; **4.** *enf* **~ ~ machen** taper dans ses mains (pour demander qc); F **na ~!** tu vois!; *aber ~, du wolltest ja nicht auf mich hören* tu n'as pas voulu m'écouter, je te l'avais pourtant dit *od* je t'avais pourtant prévenu
'Bitte *f* ⟨~; ~n⟩ demande *f* (*um* de); *inständige* prière *f* (*um* de); *mit der ~ um Rückgabe* prière de retourner; *ich habe e-e ~ an Sie* j'ai un service à vous demander; *ich habe nur die eine ~: ...* tout ce que je te *bzw* vous demande, c'est de (+*inf*); *auf ihre ~ hin* à *od* sur sa demande; à sa requête; *auf von* à la demande de
'bitten *v/t u v/i* ⟨bittet, bat, gebeten, h⟩ (*j-n*) **um etw ~** demander qc (à qn); *j-n ~, etw zu tun* prier qn de faire qc; demander à qn de faire qc; **für j-n ~** intercéder pour qn, en faveur de qn; *um ein Interview ~* solliciter une interview de qn; *um Hilfe ~* demander de l'aide; *ich habe sie um Hilfe gebeten* je lui ai demandé de m'aider; *um Erlaubnis, ums Wort ~* demander la permission, la parole; *j-n zu Tisch ~* prier qn de passer à table; *j-n zu sich* (*dat*) **~** convoquer qn; *ich muß doch sehr ~!* entrüstet je vous en prie!; *aber ich bitte Sie!* (*das ist doch selbstverständlich!*) mais bien sûr!; **wenn ich ~ darf** si vous voulez bien; si cela ne vous fait rien; *zum Tanz darf ich ~?* voulez-vous danser avec moi?; vous dansez?; *sich nicht lange ~ lassen* ne pas se faire prier; ne pas faire de manières, de façons; **ich lasse ~!** faites entrer!; **~ und betteln** demander et quémander; F *darum möchte ich doch sehr gebeten haben!* c'est bien la moindre des choses!; *alles ² war vergeblich* toutes les prières ont été vaines
bitter ['bɪtər] **I** *adj* **1.** Geschmack amer,

amère; **2.** *fig Vorwürfe, Lachen, Ironie, Tränen etc* amer, amère; *Enttäuschung, Wahrheit a* cruel, -elle; *Erfahrung* dur; cruel, -elle; **das ist ~** c'est dur; **3.** *fig* (*groß, schwer, stark*) *Armut, Not* extrême; **~e Kälte** froid rigoureux; **es ist ~er Ernst** c'est parfaitement sérieux; **II** *adv* **1. ~ schmecken** avoir un goût amer; **2.** *fig* **~ enttäuscht** amèrement, cruellement déçu; **sich ~ über j-n beklagen** se plaindre amèrement de qn; **3.** *fig* (*sehr*) *etw* **~ nötig haben** avoir bien, extrêmement besoin de qc; **das wird sich ~ rächen** cela aura des conséquences extrêmement fâcheuses; cela coûtera très cher
'**bitter**'**böse** *adj* très méchant; (*verärgert*) très fâché; **~ werden** se fâcher à mort
'**bitter**'**ernst** *adj* très sérieux, -ieuse; **II** *adv* avec le plus grand sérieux
'**bitter**'**kalt** *adj* excessivement, très froid
'**Bitterkeit** *f* ⟨~⟩ *a fig* amertume *f*
'**bitterlich** *adv* **~ weinen** pleurer à chaudes larmes
'**Bitter|mandelöl** *n* huile *f* d'amandes amères; **~salz** *n* CHIM sel *m* de magnésie; sulfate *m* de magnésium; **~stoffe** *m/pl* substances amères
'**bitter**'**süß** *adj* doux-amer, douce-amère
'**Bitt|gang** *m* **1.** requête *f*; **2.** REL procession *f* des Rogations; **~gebet** *n* supplication *f*; **~gesuch** *n* requête *f*; **~prozession** *f* procession *f* des Rogations; **~schrift** *f* pétition *f*; **~steller(in)** *m* ⟨~s; ~⟩ (*f*) ⟨~nen⟩ solliciteur, -euse *m,f*; pétitionnaire *m,f*
Bitumen [bi'tu:mən] *n* ⟨~s; ~ *ou* -mina⟩ CHIM bitume *m*
Biwa|k ['bi:vak] *n* ⟨~s, ~s *ou* ~e⟩ bivouac *m*; **2'kieren** *v/i* ⟨*pas de ge-*, h⟩ bivouaquer
bizarr [bi'tsar] *adj* bizarre
Bizeps ['bi:tsɛps] *m* ⟨~(es), ~e⟩ biceps *m*
BKA [be:ka:'ʔa:] *n* ⟨~(s)⟩ *abr cf* **Bundeskriminalamt**
Blabla [bla'bla:] F *n* ⟨~(s)⟩ F blabla *m*
Blackout ['blɛkʔaut] *m* ⟨~(s), ~s⟩ PSYCH absence *f*; blanc *m*; trou *m*
blaffen ['blafən], **bläffen** ['blɛfən] F *v/i* ⟨h⟩ *Hund* japper; *a fig* aboyer
Blag [bla:k] F *péj n* ⟨~s, ~en⟩ (*Kind*) F gosse *m,f*; F mioche *m,f*; F moutard *m*
bläh|en ['blɛ:ən] ⟨h⟩ **I** *v/t* (*u v/réfl*) (*sich*) **~** *Segel etc* (se) gonfler; (s')enfler; **II** *v/i* (*Blähungen verursachen*) ballonner le ventre; donner des vents; **2ung** *f* ⟨~; ~en⟩ PHYSIOL ballonnement *m*; *sc* météorisme *m*; **~en haben** avoir des ballonnements; souffrir de météorisme
blamabel [bla'ma:bəl] *adj* ⟨-bl-⟩ lamentable
Blamage [bla'ma:ʒə] *f* ⟨~; ~n⟩ (*peinlicher Vorfall*) maladresse *f*; impair *m*; (*Schande*) 'honte *f*; gêne *f*; **das ist e-e ~ für ihn** il s'est ridiculisé; **j-n vor e-r ~ bewahren** empêcher qn de commettre un impair, de se ridiculiser; **so e-e ~!** quelle 'honte!
bla'mieren ⟨*pas de ge-*, h⟩ **I** *v/t* ridiculiser; couvrir de ridicule; faire 'honte à; **II** *v/réfl* **sich ~** se ridiculiser (*vor j-m* auprès de qn); se couvrir de ridicule; **sich unsterblich ~** se couvrir de ridicule pour le restant de ses jours

blanchieren [blã'ʃi:rən] *v/t* ⟨*pas de ge-*, h⟩ CUIS blanchir
blank [blaŋk] **I** *adj* **1.** (*glänzend*) (re)luisant; brillant; **2.** F (*abgewetzt*) lustré; **3.** (*unbedeckt, bloß*) nu; dénudé; **mit der ~en Waffe** à l'arme blanche; **4.** (*rein, pur*) pur; **das ist ~er Unsinn** c'est complètement absurde; **5.** F (*völlig*) **~ sein** F être à sec, sans le sou, sans un rond; être fauché (comme les blés); **II** *adv* **~ putzen** faire reluire, briller; astiquer; F **~ scheuern** *Stoff* lustrer
Blankett [blaŋ'kɛt] *n* ⟨~s; ~e⟩ ÉCON acte en blanc, incomplet
blanko ['blaŋko] *adv Scheck, Vollmacht etc* en blanc
'**Blanko|scheck** *m* chèque *m* en blanc; **~unterschrift** *f* blanc-seing *m*
'**Blankovollmacht** *f* pleins pouvoirs; *fig* **j-m ~ geben** donner carte blanche, son blanc-seing à qn
'**Blankvers** *m* vers blanc
Bläschen ['blɛːsçən] *n* ⟨~s; ~⟩ petite bulle; MÉD vésicule *f*; **~ausschlag** *m* éruption vésiculeuse
Blase ['bla:zə] *f* ⟨~; ~n⟩ **1.** (*Luft2, Seifen2*) bulle *f*; *in Metall, Glas* soufflure *f*; *im Anstrich, beim Tapezieren* cloque *f*; *im Anstrich a* boursouflure *f*; **~n werfen, ziehen** se boursoufler; *a Teig* former des bulles, *Farbe* des cloques; **2.** MÉD an Füßen, Händen etc ampoule *f*; cloque *f*; bulle *f*; **3.** ANAT ⟨*Harn2*⟩ vessie *f*
'**Blasebalg** *m* ⟨~(e)s; -bälge⟩ soufflet *m*
'**blasen** ⟨-(es)t, bläst, blies, geblasen, h⟩ **I** *v/t* **1.** *a Glas etc* souffler; **2.** MUS jouer de; *Horn* **~** sonner, jouer du cor; *eine Melodie* **~** jouer une mélodie, un air; **II** *v/i* **3.** *Wind* souffler; **4.** MUS jouer; **auf der Flöte ~** jouer de la flûte; **5.** MIL sonner; **zum Angriff ~** *a fig* sonner la charge; **zum Rückzug ~** *a fig* battre en retraite
'**Blasen|bildung** *f* formation *f* de bulles, *in Metall, Glas* de soufflures, *im Anstrich* de boursouflures, MÉD d'ampoules, de cloques; **~entzündung** *f*, **~katarrh** *m* cystite *f*; **2krank** *adj* malade de la vessie; **~leiden** *n* maladie *f*, affection *f* de la vessie; **~schwäche** *f* atonie *f* de la vessie; **~spiegelung** *f*; **~sprung** *m* rupture *f* de la poche des eaux; **~stein** *m* calcul vésical
Bläser ['blɛ:zər] *m* ⟨~s; ~⟩ **1.** MUS joueur *m* (d'un instrument à vent); **2.** (*Glas2*) souffleur *m* (de verre)
blasiert [bla'zi:rt] *adj* blasé; **2heit** *f* ⟨~⟩ caractère blasé
'**blasig** *adj* boursouflé; MÉD bulleux, -euse; **~ werden** se boursoufler
'**Blas|instrument** *n* instrument *m* à vent; **~kapelle** *f* harmonie *f*; orchestre *m* d'instruments à vent; nur mit Blechblasinstrumenten fanfare *f*; orphéon *m*; orchestre *m* de cuivres; **~musik** *f* musique *f* d'instruments à vent; **~orchester** *n* *cf* Blaskapelle
Blas|phemie [blasfe'mi:] *f* ⟨~; ~n⟩ blasphème *m*; **2'phemisch** *adj* blasphématoire
'**Blasrohr** *n* **1.** *Waffe, Kinderspielzeug* sarbacane *f*; **2.** *e-r Dampflokomotive* tuyère *f* d'échappement
blaß [blas] *adj* ⟨-ss-; blasser *ou* blässer, blasseste *ou* blässeste⟩ **1.** pâle; *p/fort* blême; livide; blafard; **ein blasses Rot** un rouge pâle; **~ werden** pâlir; *Farben a* passer; **2.** *fig* (*schwach*) faible; (*vage*) vague; **3.** *fig* (*farblos, nichtssagend*) fade; terne; **4.** *fig* (*rein*) **der blasse Neid** la jalousie pure
'**blaßblau** *adj* bleu pâle (*inv*)
'**Blässe** ['blɛsə] *f* ⟨~⟩ pâleur *f*
'**Bläßhuhn** ['blɛshu:n] *n* ZO foulque *f*
'**bläßlich** *adj* **1.** pâlot, -otte; un peu pâle; **2.** *fig* (*unscheinbar*) falot; (*nichtssagend*) fade; terne
'**blaßrosa** *adj* ⟨*inv*⟩ rose pâle (*inv*)
bläst [blɛːst] *cf* **blasen**
Blatt [blat] *n* ⟨~(e)s; ~er, mais 5 ~ Papier⟩ **1.** BOT feuille *f*; *fig* **kein ~ vor den Mund nehmen** F ne pas prendre de gants; **2.** *Papier* feuille *f*; F *fig* **er ist ein unbeschriebenes ~** (*er ist unbekannt*) il n'a pas encore fait parler de lui; (*er ist unerfahren*) il n'a (encore) aucune expérience; *fig* **das steht auf e-m anderen ~** c'est une autre histoire; **3.** (*Noten2*) page *f* (de musique); **vom ~ spielen** jouer à livre ouvert; **4.** (*Kunst2*) gravure *f* (d'art); estampe *f*; **5.** (*Zeitung*) journal *m*; feuille *f*; **6.** (*Spielkarten*) **ein gutes ~ haben** avoir un bon jeu; *fig* **das ~ hat sich gewendet** la situation s'est renversée; la chance, le vent a tourné; **7.** *e-r Säge etc* lame *f*; *e-r Axt* fer *m*; **8.** *e-s Ruders, Propellers* pale *f*; **9.** *Jägersprache* épaule *f*
'**Blattader** *f* nervure *f*
'**Blättchen** ['blɛtçən] *n* ⟨~s; ~⟩ **1.** (*kleines Blatt*) petite feuille; **2.** *péj* (*Zeitung*) feuille *f* de chou
'**Blätterdach** *n* toit *m* de feuilles
'**blätterig** *cf* **blättrig**
'**Blättermagen** *m* ZO feuillet *m*
Blattern ['blatərn] *f/pl* MÉD petite vérole; variole *f*
'**blättern** ['blɛtərn] *v/i* ⟨-(e)re⟩ **1.** ⟨h⟩ **in etw** (*dat*) **~** feuilleter qc; **2.** ⟨*sein*⟩ (*ab~*) s'effriter; *Farbe* s'écailler
'**Blatternarbe** *f* marque *f* de petite vérole
'**Blätter|pilz** *m* agaric *m*; **~teig** *m* pâte feuilletée; **~wald** *m* ⟨~(e)s⟩ *plais* journaux *m/pl*; presse *f*
'**Blattfeder** *f* TECH ressort *m* à lames; **~gemüse** *n* légume(s) *m(pl)* à feuilles; **~gold** *n* or *m* en feuille, battu; **~grün** *n* ⟨~s⟩ chlorophylle *f*; **~laus** *f* puceron *m*; **2los** *adj* sans feuilles; **~pflanze** *f* plante verte
'**blättrig** *adj* feuilleté
'**Blatt|salat** *m* salade verte; **~schuß** *m* coup *m* de feu, balle *f* dans l'épaule; **~silber** *n* argent *m* en feuille, battu; **~werk** *n* ⟨~s⟩ feuillage *m*
blau [blau] *adj* bleu; **~e Augen haben** avoir les yeux bleus; *fig* **ein ~es Auge haben** avoir un œil au beurre noir, un œil poché; F *fig* (*noch einmal*) **mit e-m ~en Auge davonkommen** l'échapper belle; s'en tirer à bon compte; *in der Romantik* **die ~e Blume** la petite fleur bleue; **~er Fleck** bleu *m*; CUIS **Karpfen ~** carpe *f* au bleu; F (*e-n*) **~en Montag machen** F ne pas aller bosser lundi; *der* **~e Planet** notre planète, la Terre; **~ werden** devenir bleu; *vor Kälte a* devenir violacé; **~ färben** teindre en bleu; F *fig* **~ sein** F être noir, rond; *cf a* **Brief, Wunder**

Blau n ⟨~s; ~⟩ bleu m; couleur bleue; *in ~ (gekleidet)* (habillé) en bleu
'**Blau|alge** f cyanophycée f; **♀äugig** *adj* **1.** aux yeux bleus; **2.** *fig* naïf, naïve; **~äugigkeit** f ⟨~⟩ *fig* naïveté f; **~bart** m Barbe-Bleue m; **~beere** f myrtille f; **♀blütig** *adj* a *iron* de sang bleu
'**Blaue(s)** n ⟨→ A⟩ bleu m; *Fahrt f ins ~* excursion f sans but précis, à l'aventure; F *fig ins ~ hinein* à l'aveuglette; au hasard; au petit bonheur (la chance); F *ins ~ hinein reden* parler à tort et à travers; F *das ~ vom Himmel (herunter)lügen* mentir comme un arracheur de dents; F *j-m das ~ vom Himmel versprechen* promettre monts et merveilles à qn
Bläue ['blɔyə] f ⟨~⟩ bleu m; *des Himmels* azur m
'**Blau|färbung** f coloration f en bleu; **~felchen** m ZO féra f; lavaret m; **~fuchs** m renard bleu, polaire; isatis m
'**blau|gefroren** *adjt* bleu, violacé de froid; **~grau** *adj* gris bleu (*inv*); **~grün** *adj* bleu vert (*inv*)
'**Blau|helm** m (*UNO-Soldat*) casque bleu; **~kraut** n ⟨~(e)s⟩ *südd, österr* chou m rouge
'**bläulich** *adj* bleuâtre; bleuté
'**Blaulicht** n *der Polizei etc* gyrophare m
'**blaumachen** F ⟨sép, -ge-, h⟩ I *v/t e-n Tag ~* manquer une journée; II *v/i* F ne pas aller bosser
'**Blau|mann** F m ⟨~(e)s; -männer⟩ bleu m de travail; **~meise** f mésange bleue; **~papier** n ⟨~s⟩ papier carbone bleu; **~pause** f photocalque bleu; bleu m; **♀rot** *adj* rouge tirant sur le bleu; **~säure** f CHIM acide m cyanhydrique, prussique; **~schimmel** m moisissure bleue; **~schimmelkäse** m fromage m à moisissures bleues; **♀schwarz** *adj* noir bleuté; **~stern** m BOT scille f; **♀stichig** *adj* qui tire sur le bleu; **~strumpf** m *péj* bas-bleu m; **~wal** m (grande) baleine bleue
Blazer ['ble:zər] m ⟨~s; ~⟩ blazer m
Blech [blɛç] n ⟨~(e)s; -e⟩ **1.** ⟨*pas de pl*⟩ *Material* tôle f; (*Weiß♀*) fer-blanc m; **2.** (*~platte*) tôle f; plaque f; feuille f de tôle; (*Kuchen♀*) tôle f (à pâtisserie); **3.** F *fig* ⟨*pas de pl*⟩ (*Unsinn*) F conneries f/pl
'**Blechbläser** m MUS joueur m de trombone; trompettiste m; *pl die ~* les cuivres m/pl
'**Blech|blasinstrument** m instrument m à vent en cuivre; **~büchse** f, **~dose** f boîte f en fer-blanc
'**blechen** F *v/t u v/i* ⟨h⟩ (*zahlen*) F casquer
'**blechern** *adj* **1.** (*épithète*) (*aus Blech*) de od en tôle, fer-blanc; **2.** *Geräusch, Stimme* métallique
'**Blechinstrument** n MUS instrument m à vent en cuivre; *pl ~e* cuivres m/pl
Blech|kiste F f F caisse f; F tire f; **~lawine** f f procession f de voitures sur des kilomètres; **~musik** f musique f de cuivres; fanfare f; **~napf** m écuelle f de fer-blanc; **~schaden** m (légers) dégâts matériels, tôles froissées; **~schere** f cisailles f/pl à tôle; **~trommel** f tambour m en fer-blanc
blecken ['blɛkən] *v/t* ⟨h⟩ *die Zähne ~* montrer les dents

Blei [blaɪ] n ⟨~(e)s; -e⟩ **1.** ⟨*pas de pl*⟩ *Metall* plomb m; *es liegt mir wie ~ im Magen* j'ai du plomb dans l'estomac; *meine Füße sind schwer wie ~* j'ai des jambes de plomb; **2.** (*Senk♀*) fil à plomb; MAR plomb m (de sonde)
Bleibe ['blaɪbə] f ⟨~⟩ toit m; *s/s* demeure f; *keine ~ haben* être sans toit
'**bleiben** *v/i* ⟨bleibt, blieb, geblieben, sein⟩ rester; TÉL *~ Sie am Apparat!* ne quittez pas!; *zum Essen ~* rester (à) déjeuner *bzw* (à) dîner; *s/s er ist im Krieg geblieben s/s* il est tombé au champs d'honneur; *wo bleibst du denn (so lange)?* tu en mets *bzw* tu en a mis du temps (pour venir)!; *wo bleibt der Sekt?* et (où est) le champagne?; *wo ist mein Hut geblieben?* où est passé mon chapeau?; *ich bleibe dabei* je maintiens ce que j'ai dit; *ich bleibe dabei, daß ...* je maintiens que ...; *dabei wird es nicht ~* l'affaire n'en restera pas là; *es bleibt abzuwarten, ob ...* on va voir, il faut voir si ...; *er ist und bleibt ein Idiot* F quand on est con, on reste con; *stehen, sitzen, liegen ~* rester debout, assis, couché; *am Leben ~* rester en vie; *an der Macht ~* rester au pouvoir; *bei der Wahrheit ~* s'en tenir à la vérité; *bei der Sache ~* ne pas sortir, ne pas s'écarter du sujet; *ohne Folgen ~* ne pas avoir de suites; *das bleibt unter uns* (*dat*) (que) cela reste entre nous; *es bleibt noch Zeit (, etw zu tun)* nous avons encore le temps de (faire qc); *es blieb mir keine andere Wahl* je n'avais pas le choix
'**bleibend** *adj* permanent; durable; *Erinnerung* impérissable
'**bleibenlassen** F *v/t* ⟨*irr, sép, pas de ge-*, h⟩ laisser tomber; *wenn du es nicht glauben willst, laß es bleiben!* si tu ne le crois pas, tant pis pour toi!; *laß das bleiben!* ne fais pas cela!
bleich [blaɪç] *adj* pâle; livide; blême; *bes Licht, Himmel* blafard; *~ wie die Wand* blanc comme un linge
'**bleichen¹** *v/t* ⟨h⟩ blanchir; *sich (dat) die Haare ~ lassen* se faire décolorer
'**bleichen²** *v/i* (*régulier ou litt irr, bleichen, sein*) *Farbe* pâlir; *Haare, Stoff, Tapete etc* se décolorer
'**Bleich|gesicht** F, *plais* n visage m pâle; **~sellerie** f céleri m en branche; **~sucht** f ⟨~⟩ anémie f; *sc* chlorose f; **♀süchtig** *adj* anémique; *sc* chlorotique
'**bleiern** *adj* **1.** (*épithète*) (*aus Blei*) de od en plomb, de plomb; F *plais wie e-e ~e Ente schwimmen* nager comme un fer à repasser; **2.** *fig Hitze etc* lourd; *Schlaf* de plomb; **3.** *s/s* (*bleifarben*) plombé de plomb
'**Blei|erz** n minerai m de plomb; **♀farben** *adj* plombé; de plomb; **♀frei** *adj* sans plomb
'**Bleifuß** F *plais* m *mit ~ fahren* F appuyer sur le champignon
'**Blei|gehalt** m teneur f en plomb; **~gewicht** n *e-r Standuhr etc* poids m; plomb m; **~gießen** n ⟨~s⟩ coutume de la Saint-Sylvestre consistant à lire l'avenir dans des figures obtenues en jetant du plomb fondu dans de l'eau; **♀haltig** *adj* plombifère; **~kristall** m cristal m (à l'oxyde de plomb); **~oxid** n oxyde m de plomb; **~satz** m ⟨~es⟩ TYPO plomb m; **~schürze** f tablier (protecteur)

en plomb; **²schwer** *adj* lourd (comme du plomb); **~soldat** m soldat m de plomb
'**Bleistift** m crayon (noir); **~absatz** F m talon m aiguille; **~mine** f mine f de crayon; **~spitzer** m taille-crayon m; **~zeichnung** f (dessin m au) crayon m
'**Blei|vergiftung** f saturnisme m; **~verglasung** f fenêtre(s) f(pl) à carreaux plombés
Blende ['blɛndə] f ⟨~; -n⟩ **1.** OPT, PHOT diaphragme m; *bei ~ acht* avec une ouverture de huit; **2.** FILM fondu m; (*Auf♀*) ouverture f en fondu; (*Ab♀*) fermeture f en fondu; **3.** *im Auto* pare-soleil m; **4.** COUT garniture f; **5.** CONSTR arcade feinte, aveugle; **6.** CHIM blende f
'**blenden** ⟨-ete, h⟩ I *v/t* **1.** *durch Licht etc* aveugler; éblouir; **2.** (*blind machen*) aveugler; rendre aveugle; **3.** *fig péj* éblouir; *Personen* s'épater; *sich von etw ~ lassen* se laisser éblouir par qc; II *v/i* **4.** *durch Licht* éblouir; *die Sonne blendet* le soleil éblouit; **5.** *fig péj* jeter de la poudre aux yeux; F faire du chiqué, de l'épate
'**Blendenautomatik** f réglage m automatique (de l'ouverture) du diaphragme
'**blendend** I *adjt* **1.** *Licht etc* aveuglant; éblouissant; **2.** *fig* (*ausgezeichnet*) éblouissant; fantastique; *Idee* lumineux, -euse; de génie; II *advt mir geht es ~* je me porte comme un charme; *~ aussehen* avoir une mine resplendissante
'**Blenden|einstellung** f réglage m du diaphragme; **~öffnung** f ouverture f du diaphragme; **~zahl** f degré m d'ouverture du diaphragme
'**blendfrei** *adj* anti-éblouissant
'**Blend|laterne** f lanterne sourde; **~schutz** m *im Auto etc* pare-soleil m
'**Blendung** f ⟨~; -en⟩ **1.** *Licht, fig* éblouissement m **2.** *als Strafe etc* aveuglement m
'**Blendwerk** *s/s* n trompe-l'œil m; illusion f; mirage m
Blesse ['blɛsə] f ⟨~; -n⟩ **1.** (*weißer Stirnfleck*) étoile f; **2.** *Pferd, Kuh* cheval m, vache f qui porte une étoile sur le front
'**Bleßhuhn** n cf **Bläßhuhn**
Bleu [blø:] n ⟨~s; ~ *ou* F ~s⟩ bleu m pâle
blich [blɪç] cf *bleichen²*
Blick [blɪk] m ⟨~(e)s; -e⟩ **1.** regard m; *s-n ~ auf etw, j-n richten* diriger son regard vers qc, qn; porter les yeux, son regard sur qc, qn; *s-n ~ von etw, j-m abwenden* détourner son regard, les yeux de qc, qn; *die ~e auf sich (acc) ziehen* attirer les regards sur soi; *den ~ senken* baisser les yeux; *mit e-m ~ die Lage überschauen* comprendre, saisir la situation d'un coup d'œil; *e-n ~ auf j-n, etw werfen* jeter un regard sur qn, qc; F *e-n ~ riskieren* risquer un coup d'œil; *j-m e-n aufmunternden, bösen ~ zuwerfen* jeter à qn un regard encourageant, mauvais; *etw auf den ersten ~ sehen* voir, remarquer qc od au premier coup d'œil; *auf den ersten ~ könnte man glauben ...* à première vue *od* de prime abord, on pourrait croire que ...; *Liebe auf den ersten ~* coup

blicken – blöderweise

m de foudre; *wenn ~e töten könnten!* s'il *bzw* si elle, *etc* avait pu nous fusiller du regard!; **2.** ⟨pas de pl⟩ (*Aussicht*) vue *f*; **mit ~ auf** (+*acc*) avec vue sur; *von hier aus hat man e-n schönen ~ auf die Vogesen* d'ici on a une belle vue, un beau coup d'œil sur les Vosges; *j-n, etw e-n ~ haben* avoir qn, qc à l'œil; **3.** ⟨pas de pl⟩ (*Augenausdruck*) yeux *m/pl*; *der böse ~* le mauvais œil; **4.** ⟨pas de pl⟩ (*Urteilsvermögen*) coup *m* d'œil; *e-n ~ für etw haben* avoir le coup d'œil pour qc; *keinen ~ für etw haben* (*nicht beachten*) ignorer qc; (*nicht verstehen*) ne rien comprendre à qc

'**blicken** *v/i* ⟨h⟩ *auf j-n, etw ~* regarder qn, qc; *zu Boden ~* regarder par *od* à terre; *beschämt freundlich ~* avoir l'air sombre, aimable; F *das läßt tief ~* c'est très révélateur; cela en dit long; *sich ~ lassen* se montrer; apparaître; donner signe de vie; *laß dich mal wieder ~!* passe un de ces jours!; *laß dich ja nicht wieder ~!* ne remets plus les pieds ici!

'**Blickfang** *m* objet *m* qui attire, accroche le regard, l'attention; *WERBUNG* accroche *f*; *das ist ein ~* cela accroche le regard, l'attention

'**Blickfeld** *n* champ visuel; *in j-s ~* (*acc*) *kommen, treten* apparaître dans le champ visuel de qn; *fig j-n, etw ins ~ rücken* attirer l'attention générale sur qn, qc

'**Blickkontakt** *m ~ haben* se regarder; *~ mit j-m aufnehmen* entrer en contact avec qn par le regard; *~ mit j-m halten* ne pas quitter qn des yeux

'**Blickpunkt** *m* **1.** *im ~ des Interesses stehen* occuper le devant de la scène, être au devant, au premier plan de l'actualité; *im ~ der ganzen Welt stehen* faire l'événement, tenir la vedette dans le monde entier; **2.** *fig* (*Gesichtspunkt*) point *m* de vue; perspective *f*

'**Blickrichtung** *f* direction *f* du regard

'**Blickwinkel** *m* **1.** *OPT* angle visuel; **2.** *fig* (*Perspektive*) point *m* de vue; perspective *f*; angle *m*; *von diesem ~ aus gesehen* vu sous cet angle, dans cette perspective; *ich habe ihn aus dem ~ verloren* je l'ai perdu de vue

blieb [bliːp] *cf* **bleiben**

blies [bliːs] *cf* **blasen**

blind [blɪnt] **I** *adj* **1.** (*ohne Sehkraft*), *fig Gehorsam, Haß, Liebe etc* aveugle; *~ sein* être aveugle; *fig a* avoir un bandeau sur les yeux; *auf dem rechten Auge ~ sein* n'y voir rien de l'œil droit; *auf e-m Auge ~ sein* être borgne; *fig für etw ~ sein* ne pas voir qc; *~ werden* devenir aveugle; perdre la vue; F *fig bist du ~?* F tu ne vois pas?; (*kannst du nicht aufpassen?*) F tu ne peux pas faire attention?; **2.** (*trübe, angelaufen*) terne; *~ werden* se ternir; **3.** ⟨épithète⟩ (*falsch, vorgetäuscht*), *a Fenster, Tür etc* faux, fausse; *~er Alarm* fausse alerte; *~er Passagier* passager clandestin; **II** *adv a fig* aveuglément; *~ gehorchen* obéir aveuglément; *~ geknöpft* à boutonnière sous patte

'**Blindband** *m* maquette *f* (*faux livre dont les pages ne sont pas encore* [*toutes*] *imprimées*)

'**Blinddarm** *m* cæcum *m*; (*Wurmfortsatz*) appendice *m*; *~entzündung f* (*Wurmfortsatzentzündung*) appendicite *f*

'**Blinde(r)** *f(m)* ⟨→ A⟩ aveugle *m,f*; non-voyant(e) *m(f)*; F *das sieht doch ein ~r (mit dem Krückstock)!* il faudrait être aveugle pour ne pas voir cela; cela crève les yeux; *prov unter den ~n ist der Einäugige König prov* au royaume des aveugles, les borgnes sont rois

'**Blindekuh** *f ~ spielen* jouer à colin-maillard

'**Blinden**|**führer(in)** *m(f)* accompagnateur, -trice *m,f* d'aveugle, de non-voyant; *~heim n* institut *m*, établissement *m* pour non-voyants, pour aveugles; *~hund m* chien *m* d'aveugle; *~schrift f* écriture *f*, alphabet *m* Braille; braille *m*; *~stock m* canne blanche

'**Blind**|**flug** *m* vol *m* sans visibilité; *~gänger m* ⟨~s; ~⟩ **1.** *Granate* obus non éclaté; *Bombe* bombe non éclatée; **2.** F *péj* (*Versager*[*in*]) F raté(e) *m(f)*

'**Blindheit** *f* ⟨~⟩ cécité *f*; *fig* aveuglement *m*; *mit ~ geschlagen sein* a *fig* être aveugle

'**Blind**|**landung** *f* atterrissage *m* sans visibilité; *⁀lings adv* aveuglément; *~schleiche f* ⟨~; ~n⟩ *ZO* orvet *m*; *⁀schreiben v/t u v/i* ⟨*irr, sép, -ge-, h*⟩ taper sans regarder le clavier; *⁀wütig adj* fou, folle de rage; furibond

blinken ['blɪŋkn] *v/i* ⟨h⟩ **1.** (*glänzen*) briller; (*funkeln*) étinceler; (*glitzern*) scintiller; **2.** *Warnlichter* clignoter; *Leuchtturm* jeter des éclairs intermittents

'**Blinker** *m* ⟨~s; ~⟩ **1.** *AUTO* clignotant *m*; **2.** *an der Angel* cuiller *od* cuillère *f*

'**Blink**|**feuer** *n MAR* feu intermittent, à éclats, à éclipses; *~gerät n MIL* appareil *m* de signalisation optique; *~licht n an Bahnübergängen etc* feu clignotant; *~lichtanlage f* feu clignotant; *~zeichen n* signal lumineux

blinzeln ['blɪntsəln] *v/i* ⟨-(e)le, h⟩ cligner des yeux; *als Zeichen* faire un clin d'œil; *er blinzelt in die Sonne* il cligne des yeux en regardant le soleil

'**Blinzeln** *n* ⟨~s⟩ clignement *m*, clignotement *m* des yeux

Blitz [blɪts] *m* ⟨~es; ~e⟩ **1.** *MÉTÉO* éclair *m*; (*~schlag*) foudre *f*; *in den Baum, in unserem Dorf hat der ~ eingeschlagen* la foudre est tombée sur l'arbre, notre village; *vom ~ getroffen werden* être frappé par la foudre; *vom ~ erschlagen werden* être foudroyé; *die Nachricht schlug ein wie der ~* la nouvelle a éclaté comme une bombe; *wie ein ~ aus heiterem Himmel kommen* F tomber, arriver comme une bombe; F *wie ein geölter ~* avec la rapidité de l'éclair; comme une flèche; *veraltet potz ~!* mille tonnerres!; tonnerre de Brest!; **2.** F *PHOT* (*~licht*) flash *m*

'**Blitz**|**ableiter** *m* paratonnerre *m*; *~aktion f* action-éclair; intervention *f* rapide; *~angriff m* attaque *f* éclair; *⁀artig* **I** ⟨épithète⟩ (*de l'éclair*); **II** *adv* comme l'éclair; comme une flèche; *~besuch m POL* visite-éclair *f*

'**blitz(e)blank** F *adj* F nickel; *Schuhe* bien astiqué

'**blitzen** ⟨-(es)t, h⟩ **I** *v/t* (*mit Blitzlicht fotografieren*) photographier au flash; *in e-r Radarfalle geblitzt werden* se faire prendre par le radar; **II** *v/i u v/imp* **1.** *MÉTÉO es blitzt* il y a *od* il fait un éclair, des éclairs; **2.** (*funkeln*) étinceler; (*glänzen*) briller; *es blitzt vor Sauberkeit in ihrer Küche* tout brille, étincelle de propreté dans sa cuisine; *s-e Augen ~ vor Zorn* (*dat*) ses yeux flamboient de colère, lancent des éclairs

'**Blitzes**'**schnelle** *f in, mit ~* avec la rapidité de l'éclair; comme une flèche

'**Blitz**|**gerät** *n* flash *m*; *~karriere f* carrière-éclair *f*; *~krieg m* guerre *f* éclair; *~licht n* flash *m*; *~lichtaufnahme f* photo *f* au flash; '⁀**sauber** F *adj* impeccable; F nickel; *~schlag m* coup *m* de foudre; *⁀schnell* **I** *adj* rapide comme l'éclair, comme une flèche; fulgurant; **II** *adv* en un rien de temps; F en moins de deux; *~sieg m* victoire-éclair *f*; *~strahl m* éclair *m*; *~umfrage f* enquête-éclair *f*; *~würfel m* flash *m* cube

blochen ['blɔxən] *v/t u v/i* ⟨h⟩ *schweiz* (*bohnern*) cirer

'**Blocher** *m* ⟨~s; ~⟩ *schweiz* cireuse *f*

Block [blɔk] *m* ⟨~(e)s; ⁀e⟩ **1.** *aus Stein, Holz, Metall etc* bloc *m*; *MÉTALL* lingot *m*; **2.** ⟨*pl ~s*⟩ (*Häuser⁀*) îlot *m*; bloc *m* d'immeubles; pâté *m* de maisons; **3.** *POL, ÉCON* bloc *m*; *e-n bilden, sich zu e-m ~ zusammenschließen* faire bloc (*gegen* contre); **4.** ⟨*pl ~s ou ⁀e*⟩ (*Schreib⁀*) bloc *m*

Blockade [blɔˈkaːdə] *f* ⟨~; ~n⟩ **1.** *MIL, ÉCON* blocus *m*; *die ~ brechen* forcer, lever le blocus; **2.** *TYPO* blocage *m*

'**Block**|**bildung** *f* formation *f* de *bzw* d'un bloc; *~buchstabe m etwa* caractère *m* d'imprimerie

blocken ['blɔkən] *v/t* ⟨h⟩ **1.** *SPORT* bloquer; **2.** *südd* (*bohnern*) cirer

'**Blockflöte** *f* flûte *f* à bec; flûte douce

'**blockfrei** *adj POL* non-aligné; non-engagé; *die ~en Staaten, die ⁀en m/pl* les non-alignés *m/pl*

'**Blockhaus** *n* cabane *f* en rondins

bloc'**kier**|**en** *v/t* ⟨*pas de ge-, h*⟩ bloquer; *Straße* obstruer; *⁀ung f* ⟨~; ~en⟩ blocage *m*; *e-r Straße etc* obstruction *f*

'**Block**|**partei** *f* parti *m* membre d'un bloc politique; *~schokolade f* chocolat *m* à cuire, de ménage; *~schrift f etwa* caractères *m/pl* d'imprimerie; *~staaten m/pl* États *m/pl* membres d'un bloc politique; *~stelle f EISENBAHN* poste *m* sémaphorique; *~stunde f SCHULE* deux heures de cours (groupées); *~unterricht m* fächerübergreifender enseignement *m* interdisciplinaire; (*Blockstunden*) heures groupées

blöd(**e**) [bløːt ('bløːdə)] *adj* **1.** (*schwachsinnig*) idiot; crétin; **2.** F (*dumm*) bête; F con, conne; *stell dich nicht so ~ an!* tu n'es vraiment pas dégourdi!; *fig so ein ~er Hund!* F quel con!; *fig e-e ~e Gans* une dinde; **3.** F (*ärgerlich*) embêtant; F chiant; *es ist zu ~, daß ...* c'est embêtant, F chiant de (+*inf*) *bzw* que ... (+*subj*)

'**Blöde**'**lei** *f* ⟨~; ~en⟩ F conneries *f/pl*

'**blödeln** *v/i* ⟨-(e)le, h⟩ faire l'idiot; F déconner

'**blöder**'**weise** F *adv* bêtement; c'est en-

nuyeux, embêtant que ... (+*subj*) *bzw* de (+*inf*)
'**Blöd**|**hammel** F *m* F crétin *m*; F con *m*; ~**heit** *f* ⟨~⟩ idiotie *f*
Blödian ['blø:diːan] F *m* ⟨~s; ~e⟩, '**Blödmann** F *m* ⟨~(e)s; ⸚er⟩ idiot *m*; F con *m*
'**Blödsinn** F *m* ⟨~(e)s⟩ F connerie(s) *f(pl)*; ~ **machen** F faire des conneries; F faire le con; F déconner; ~ **verzapfen** F dire des conneries; *plais* **höherer** ~ absurdité *f*
'**blödsinnig** *adj* **1.** (*schwachsinnig*) débile; idiot; **2.** F (*unsinnig*) F débile; idiot
blöken ['blø:kən] *v/i* ⟨h⟩ bêler (*a fig Person*)
blond [blɔnt] *adj* blond; *Kinder a* blondinet, -ette
Blond *n* ⟨~s⟩ blond *m*
'**Blonde**(**r**) *f(m)* ⟨→ A⟩ blond(e) *m(f)*
'**blond**|**gefärbt** *adj* blondi; ~**gelockt** *adj* aux boucles blondes; ~**haarig** *adj* aux cheveux blonds; blond
blon'dieren *v/t* ⟨*pas de ge-*, h⟩ Haare oxygéner; décolorer
Blondine [blɔn'diːnə] *f* ⟨~, ~n⟩ blonde *f*
'**Blondkopf** *m* blondinet, -ette *m,f*
bloß [bloːs] **I** *adj* **1.** (*nackt*) nu; *mit* ~**en Füßen** nu-pieds; pieds nus; *mit* ~**em Auge** à l'œil nu; *auf der* ~**en Erde** à même le sol; **2.** (*épithète*) (*einfach*) simple; seul; *der* ~**e Gedanke daran** rien que d'y penser; **II** *adv* **1.** (*nur*) seulement; uniquement; simplement; ~ *ich moi seul*; *wenn ich* ~ *daran denke* rien que d'y penser; *ich habe ihn* ~ *berührt* je n'ai fait que le toucher; *ich will sie* ~ *sehen* je veux simplement la voir; **2.** *verstärkend*, *in Fragen*, *Aufforderungen* donc; *wie ist er* ~ *hierhergekommen?* comment donc est-il venu ici?; *wie schaffst du das* ~ *alles?* mais comment tu arrives à faire tout ça?; *tu das* ~ *nicht!* ne fais surtout pas ça!
Blöße ['blø:sə] *f* ⟨~; ~n⟩ **1.** *st/s* (*Nacktheit*) nudité *f*; **2.** *fig* point *m* faible; *sich* (*dat*) *e-e* ~ *geben* être pris en défaut; prêter le flanc à la critique; **3.** FECHTEN partie découverte
'**bloß**|**legen** *v/t* ⟨sép, -ge-, h⟩ dégager; Fehler, Mängel révéler; dévoiler; ~**stellen** *v/t* (*u v/réfl*) ⟨sép, -ge-, h⟩ (*sich*) ~ (se) ridiculiser
Blouson [blu'zõː] *n od m* ⟨~(s); ~s⟩ blouson *m*
blubbern ['blubərn] F *v/i* ⟨-(e)re, h⟩ Wasser gargouiller
Bluejeans, **Blue jeans** ['bluːdʒiːns] *pl od f* ⟨~; ~⟩ blue-jean(s) *m(pl)*
Blues [bluːs] *m* ⟨~; ~⟩ blues *m*
Bluff [bluf *ou* blœf] *m* ⟨~s; ~s⟩ bluff *m*
'**bluffen** *v/t u v/i* ⟨h⟩ F bluffer
'**Bluffer** *m* ⟨~s; ~⟩ F bluffeur *m*
blühen ['blyːən] *v/i* ⟨h⟩ **1.** BOT fleurir; être en fleur; *Kirschen* ~ *weiß* les cerisiers ont des fleurs blanches; **2.** Geschäft *etc* prospérer; être florissant; **3.** F (*bevorstehen*) arriver; *das kann dir auch* (*noch*) ~ F ça te pend au nez; *laß das sein, sonst blüht dir was!* F arrête, ou il va t'arriver des ennuis, des bricoles!
'**blühend** *adj* **1.** BOT fleuri; en fleur(s); **2.** *fig* Geschäft, Gesundheit florissant; Phantasie fertile; *wie das* ~**e Leben**

aussehen avoir une mine resplendissante; respirer la santé
Blümchen ['blyːmçən] *n* ⟨~s; ~⟩ petite fleur; fleurette *f*; ~**kaffee** F plais *m* F lavasse *f*; F jus *m* de chaussette
Blume ['bluːmə] *f* ⟨~; ~n⟩ **1.** BOT fleur *f*; *fig etw durch die* ~ *sagen* dire qc à mots couverts, à demi-mot; *iron* **danke für die** ~**n!** merci pour le compliment!; *laßt* ~**n sprechen!** dites-le avec des fleurs!; **2.** JAGD (pointe blanche de la) queue *f*; **3.** *des Biers* mousse *f*; **4.** *des Weins* bouquet *m*
'**Blumen**|**arrangement** *n* composition florale; ~**beet** *n* plate-bande *f*; parterre *m* de fleurs; *rundes*, *ovales a* massif *m* de fleurs; ~**binder**(**in**) *m* ⟨~s; ~⟩ (*f*) ⟨~; ~nen⟩ fleuriste *m,f*; ~**erde** *f* terreau *m* à fleurs; ~**fenster** *n* fenêtre fleurie; ~**geschäft** *n* (boutique *f* de) fleuriste *m,f*; ~**geschmückt** *adj* fleuri; ~**händler**(**in**) *m(f)* fleuriste *m,f*; ~**kasten** *m* jardinière *f*; ~**kind** *n* 'hippie *m,f*; ~**kohl** *m* chou-fleur *m*; ~**korb** *m* für Blumen corbeille *f* à fleurs, *mit Blumen* de fleurs; ~**korso** *m* corso fleuri; ~**kranz** *m* couronne *f* de fleurs; ~**kübel** *m* bac *m* à fleurs; ~**laden** *m* (boutique *f* de) fleuriste *m,f*; ~**markt** *m* marché *m* aux fleurs; ~**meer** *n* mer *f* de fleurs
'**Blumenmuster** *n mit* ~ à fleurs; avec des fleurs
'**Blumen**|**rabatte** *f* bordure *f* de fleurs; ~**schale** *f für Blumen* coupe *f* de fleurs, *mit Blumen* de fleurs; ~**schmuck** *m* décoration florale; ~**ständer** *m* jardinière *f*; ~**stock** *m* fleur *f* en pot; ~**strauß** *m* bouquet *m* de fleurs
'**Blumentopf** *m* **1.** Topf pot *m* de fleurs; **2.** F (*Topfblume*) fleur *f* en pot; F *damit ist kein* ~ *zu gewinnen* cela ne mène à rien
'**Blumen**|**vase** *f* vase *m* ~; ~**zwiebel** *f* oignon *m*; bulbe *m*
'**blumig** *adj* Sprache, Parfüm fleuri; Wein qui a du bouquet; bouqueté
Bluse ['bluːzə] *f* ⟨~; ~n⟩ chemisier *m*; (*Hemd*②) chemise *f*
'**blusig** *adj* blousant; bouffant
Blut [bluːt] *n* ⟨~(e)s⟩ sang *m*; *kein* ~ *sehen können* avoir horreur du sang; *das* ~ *schoß ihr ins Gesicht* le rouge lui monta au visage; *das* ~ *wich aus ihrem Gesicht* elle blêmit; *das* ~ *stockte ihm in den Adern* son sang se glaça dans ses veines; *st/s die Bande des* ~*es* les liens *m/pl* du sang; *fig* **heißes** ~ *haben* avoir le sang chaud; *blaues* ~ (*in den Adern*) *haben* avoir du sang bleu (dans les veines); *ruhig* ~ *bewahren* garder, conserver son calme; F (*immer*) *ruhig* ~**!** du calme!; ne nous affolons, emballons pas!; *das hat viel böses* ~ *gemacht* cela a provoqué beaucoup de mécontentement; *bis aufs* ~ à l'extrême; F *fig* ~ *geleckt haben* y avoir pris goût; F ~ (*und Wasser*) *schwitzen* vor Angst avoir des sueurs froides; *vor Anstrengung* suer sang et eau; *das liegt mir im* ~ j'ai ça dans le sang; *die Musik geht ins* ~ la musique est entraînante; *poét fig ein junges* ~ une jeune fille, personne
'**Blutalkohol** *m* taux *m/pl* d'alcool dans le sang; alcoolémie *f*; ~**andrang** *m* congestion *f*; ~**apfelsine** *f* (orange *f*)

sanguine *f*; ②**arm** *adj* MÉD anémique; ~**armut** *f* MÉD anémie *f*; ~**bad** *n* bain *m* de sang; carnage *m*
'**Blutbahn** *f* circuit sanguin; veines *f/pl*; *in die* ~ *eindringen* pénétrer dans le sang
'**Blut**|**bank** *f* ⟨~; ~en⟩ banque *f* du sang; ~**bann** *m* HIST juridiction statuant sur la vie et la mort; ②**befleckt**, ②**beschmiert** *adj* souillé, couvert, taché de sang; ~**bild** *n* analyse *f* de sang; hémogramme *m*; ②**bildend** *adj* qui favorise la formation des globules rouges; hématopoïétique; ~**blase** *f* cloque, ampoule remplie de sang; ~**buche** *f* hêtre *m* pourpre
'**Blutdruck** *m* ⟨~(e)s⟩ pression, tension artérielle; *zu niedrigen, hohen* ~ *haben* faire de l'hypotension, de l'hypertension
'**Blutdruckmesser** *m* ⟨~s; ~⟩ tensiomètre *m*
'**blut**|**drucksenkend** *adj* hypotenseur, -euse; ~**dürstig** *adj* assoiffé de sang; sanguinaire
Blüte ['blyːtə] *f* ⟨~; ~n⟩ **1.** fleur *f*; *fig s-e Phantasie trieb die seltsamsten* ~**n** il était capable d'imaginer les choses les plus bizarres, extravagantes; **2.** ⟨*pas de pl*⟩ (*das Blühen, Blütezeit*) floraison *f*; *in* ~ (*dat*) *stehen* être en fleur(s); *fig in der* ~ *der Jahre stehen* être dans la fleur de l'âge; **3.** *st/s fig* (*Höhepunkt*) apogée *m*; **4.** F (*falsche Banknote*) faux billet
'**Blutegel** *m* sangsue *f*
'**bluten** *v/i* ⟨-ete, h⟩ **1.** saigner; Baum perdre sa sève; *fig das Herz blutet mir bei diesem Anblick* le cœur me saigne à ce spectacle; **2.** F *fig* (*viel zahlen*) *dafür wird er* ~ *müssen* F il sera obligé de casquer pour cela
'**Blüten**|**blatt** *n* pétale *m*; ~**honig** *m* miel *m* (à partir du nectar des fleurs); ~**kelch** *m* calice *m* (d'une fleur); ~**knospe** *f* bouton *m* de fleur; ~**pracht** *f* magnificence *f* de la floraison; ~**stand** *m* inflorescence *f*; ~**staub** *m* pollen *m*
'**Blutentnahme** *f* prélèvement *m*, prise *f* de sang
'**blüten**'**weiß** *adj* d'un blanc éclatant
Bluter *m* ⟨~s; ~⟩ MÉD hémophile *m*
'**Bluterguß** *m* hématome *m*; ecchymose *f*
'**Bluterkrankheit** *f* ⟨~⟩ hémophilie *f*
'**Blütezeit** *f* **1.** BOT (époque *f* de la) floraison *f*; **2.** *fig e-r Kultur etc* apogée *m*
'**Blut**|**farbstoff** *m* hémoglobine *f*; ~**fleck** *m* tache *f* de sang; ~**gefäß** *n* vaisseau sanguin; ~**gerinnsel** *n* caillot *m* de sang; ~**gerinnung** *f* coagulation *f* du sang; ②**getränkt** *adj* trempé, imbibé de sang
'**Blutgruppe** *f* groupe sanguin; *ich habe* ~ *0 positiv* mon groupe sanguin est 0 rhésus positif
'**Blut**|**gruppenbestimmung** *f* détermination *f* du groupe sanguin; ~**hochdruck** *m* hypertension *f*; ~**hund** *m* **1.** ZO limier (anglais); **2.** *fig* monstre *m* sanguinaire; boucher *m*
'**blutig** **I** *adj* **1.** (*blutbefleckt*) taché de sang; sanglant; ensanglanté; Schlacht sanglant; MÉD (*mit Blut vermischt*) sanguinolent; **2.** CUIS saignant; **3.** F *fig* (*épithète*) *ein* ~*er Anfänger* un novice; un

blutjung — Bogen

bleu; *es ist ~er Ernst* c'est tout ce qu'il y a de plus sérieux; **II** *adv* *j-n* **~ schlagen** frapper qn jusqu'au sang; *e-n Aufstand ~ niederschlagen* noyer une révolte dans le sang

'**blut**|'**jung** *adj* tout jeune; ⚲**konserve** *f* (flacon *m* de) sang conservé

'**Blutkörperchen** *n* ⟨~s; ~⟩ globule *m* du sang, sanguin; *rotes, weißes ~* globule rouge, blanc

'**Blut**|**krebs** *m* cancer *m* du sang; **~kreislauf** *m* circulation du sang, sanguine; **~lache** *f* mare *f* de sang; ⚲**leer** *adj* exsangue; *fig* anémique; **~leere** *f* ischémie *f*; anémie locale; **~orange** *f* (orange *f*) sanguine *f*; ⚲**pfropf** *m* caillot *m* de sang; **~plasma** *n* plasma sanguin; **~plättchen** *n* plaquette sanguine

'**Blutprobe** *f* prise *f*, prélèvement *m* de sang; *(j-m) e-e ~ entnehmen* faire une prise de sang (à qn)

'**Blut**|**rache** *f* vendetta *f*; **~rausch** *m* folie meurtrière

'**blutreinigend** *adj* dépuratif, -ive; *~es Mittel* dépuratif *m*

'**Blut**|**reinigung** *f* dépuration *f* (du sang); ⚲**rot** *adj* rouge sang (*inv*) ⚲**rünstig** *adj* 1. Mensch, Tier sanguinaire; *Mensch a* assoiffé de sang; 2. Geschichte, Film *etc* sanguinaire; avec des flots d'hémoglobine; **~sauger** *m* ⟨~s; ~⟩ 1. ZO (*Insekt*) suceur *m* de sang; 2. (*Vampir*) vampire *m*; 3. *fig péj* sangsue *f*

'**Bluts**|**bande** *n*/*pl* liens *m*/*pl* du sang; **~bruder** *m* frère *m* de sang

'**Blut**|**schande** *f* inceste *m*; **~schänder(in)** *m* ⟨~s; ~⟩ (*f*) ⟨~; ~nen⟩ personne incestueuse; ⚲**schänderisch** *adj* incestueux, -euse

'**Blutschuld** *st*/*s* *f* ⟨~⟩ *e-e ~ auf sich* (*acc*) *laden* se rendre coupable d'un meurtre

'**Blut**|**schwamm** *m* hémangiome *m*; **~senkung** *f* sédimentation sanguine; **~spende** *f* 1. Aktion don *m* du sang; 2. (*gespendetes Blut*) dose *f* de sang (d'un donneur); **~spender(in)** *m*(*f*) donneur, -euse *m*,*f* de sang; **~spur** *f* trace *f* de sang

'**blutstillend** *adj* hémostatique; *~es Mittel* hémostatique *m*

'**Blutstropfen** *m* goutte *f* de sang

'**Blutsturz** *m* hémorragie *f*

'**bluts**|**verwandt** *adj* consanguin; ⚲**verwandte(r)** *f*(*m*) parent(e) *m*(*f*) consanguin(e); ⚲**verwandtschaft** *f* consanguinité *f*

'**Blut**|**tat** *st*/*s* *f* meurtre *m*; crime *m* (de sang); **~transfusion** *f* transfusion *f* de sang; ⚲**triefend** *adj* (*épithète*) 1. Wunde qui saigne fort; 2. *fig Geschichte etc* sanguinaire; où l'hémoglobine coule à flots; ⚲**überströmt** *adj* tout en sang; **~übertragung** *f* transfusion *f* de sang

'**Blutung** *f* ⟨~; ~en⟩ saignement *m*; *p*/*fort* hémorragie *f*; (*Menstruation*) règles *f*/*pl*

'**blutunterlaufen** *adj ~es Auge* œil poché

'**Blut**|**untersuchung** *f* analyse *f* de sang; **~vergießen** *n* ⟨~s⟩ effusion *f* de sang; **~vergiftung** *f* septicémie *f*; **~verlust** *m* perte *f* de sang; **~wäsche** *f* hémodialyse *f*; **~wurst** *f* boudin (noir); **~zirkulation** *f* circulation *f* du sang, sanguine

'**Blutzoll** *st*/*s* *m* ⟨~(e)s⟩ nombre *m* de morts, de pertes en vies humaines; *e-n hohen ~ fordern* être très meurtrier, sanglant; causer des pertes élevées, de grosses pertes; provoquer une hécatombe

'**Blut**|**zucker** *m* sucre *m* dans le sang; glycémie *f*; **~zuckerspiegel** *m* taux *m* de sucre dans le sang, de glycémie; **~zufuhr** *f* arrivée *f* du sang

BLZ *abr* (*Bankleitzahl*) code *m* banque

'**b-Moll** *n* si *m* bémol mineur

BMW [beːʔɛmˈveː] *Wz, abr* (*Bayerische Motoren Werke*) **1.** ⟨*sans article*⟩ Firma BMW; **2.** ⟨~(s); ~s⟩ Wagen *der, ein ~* la, une BM, BMW; **3.** ⟨~; ~s⟩ Motorrad *die, e-e ~* la, une BM, BMW

BMX-Rad [beːʔɛmˈʔɪksraːt] *n* vélocross *m*

BND [beːʔɛnˈdeː] *m* ⟨~⟩ *abr* (*Bundesnachrichtendienst*) Service fédéral de renseignements

Bö [bøː] *f* ⟨~; ~en⟩ rafale *f*; bourrasque *f*; *in ~en* (*dat*) *auffrischende Winde m*/*pl* vent *m* soufflant en rafales

Boa [ˈboːa] *f* ⟨~; ~s⟩ ZO, (*Feder*⚲) boa *m*

Bob [bɔp] *m* ⟨~s; ~s⟩ SPORT bob(sleigh) *m*; **~bahn** *f* piste *f* de bob(sleigh) *m*; '**~fahrer(in)** *m*(*f*) bobeur, -euse *m*,*f*; '**~rennen** *n* course *f* de bob(sleigh) *m*; '**~sport** *m* bob(sleigh) *m*

Bock [bɔk] *m* ⟨~(e)s; ≃e⟩ **1.** ZO (*männliches Tier*) mâle *m*; (*Ziegen*⚲) bouc *m*; (*Schaf*⚲) bélier *m*; (*Reh*⚲) chevreuil *m*; (*Gems*⚲) chamois *m*; *fig den ~ zum Gärtner machen* enfermer le loup dans la bergerie; F *fig e-n ~ schießen* F faire une boulette, une gaffe; **2.** *fig ~ sturer* cabochard *m*; tête *f* de mule, de cochon; P *geiler ~* F chaud lapin; F *sale cochon*; **3.** TECH (*Stütz*⚲) tréteau *m*; (*Säge*⚲) chevalet *m*; (*Maschinen*⚲) support *m*; **4.** SPORT cheval *m* de saut; **5.** (*Kutsch*⚲) siège *m* (du cocher); **6.** F *fig ~ auf etw* (*acc*) *haben* avoir très envie de qc; *a null II*

'**Bockbier** *n* bock *m* (*bière*)

'**bocken** *v*/*i* ⟨*h*⟩ **1.** Esel *etc* être rétif, -ive; refuser d'obéir; **2.** F *fig Motor* refuser de fonctionner; F cafouiller; *Person* se buter; faire l'entêté, le cabochard; **3.** AGR (*brünstig sein*) être en chaleur

'**bockig** *adj* têtu (*a Tier*); entêté, buté; cabochard

'**Bockmist** F *m* F conneries *f*/*pl*

'**Bockshorn** F *j-n ins ~ jagen* intimider qn; faire peur à qn; F *sich* (*nicht*) *ins ~ jagen lassen* (ne pas) se laisser intimider

'**Bockspringen** *n* ⟨~s⟩ Spiel saute-mouton *m*; Sportart cheval *m* de saut

'**Bocksprung** *m* cabriole *f*; gambade *f*; SPORT saut *m*, voltige *f* au cheval de saut; *Bocksprünge machen* sauter comme un cabri

'**Bockwurst** *f etwa* saucisse *f* de Francfort

Boden [ˈboːdən] *m* ⟨~s; ≃⟩ **1.** (*Erde*) sol *m*; terre *f*; (*Terrain*) terrain *m*; *französischen ~ betreten st*/*s* fouler le sol français; (*an*) *~ gewinnen, verlieren* gagner, perdre du terrain; *s-e Worte fielen auf fruchtbaren ~* ses paroles ne sont pas demeurées sans effet; *fig etw aus dem ~ stampfen* faire apparaître qc comme par magie; *fig* (*vor Scham* [*dat*]) *am liebsten im ~ versinken* vouloir rentrer sous terre; *fig den ~ für j-n, etw* (*vor*)*bereiten* préparer le terrain pour qn, qc; **2.** (*Fuß*⚲) sol *m*; plancher *m*; *auf dem ~ liegen* être par terre; être sur le sol; *zu ~ fallen* tomber par *od* à terre; BOXEN *zu ~ gehen* aller au tapis; *auf dem ~ der Wirklichkeit bleiben* rester les pieds sur terre; *fig den ~ unter den Füßen verlieren* aller à la dérive; *fig festen ~ unter den Füßen haben* avoir une base solide; ÉCON *a* avoir les reins solides; *fig j-m den ~ unter den Füßen wegziehen* priver qn de ses moyens (de subsistance); F *am ~ zerstört sein* être vidé; **3.** *e-s Gefäßes, e-r Torte, e-r Hose etc* fond *m*; *e-r Flasche* cul *m*; *doppelter ~* double fond *m*; *fig das ist ein Faß ohne ~* c'est un gouffre; **4.** (*Speicher, Dach*⚲) grenier *m*

'**Boden**|**abwehr** *f* défense *f* au sol; **~analyse** *f* analyse *f* du sol; **~belag** *m* revêtement *m* de sol; **~belastung** *f* pollution *f* du sol; **~beschaffenheit** *f* qualité *f*, nature *f* du sol, du terrain; **~erhebung** *f* élévation *f* de terrain; **~ertrag** *m* rendement *m*, rapport *m* du sol; **~fräse** *f* AGR fraise *f*; **~frost** *m* gelée *f* au sol; **~frostgefahr** *f* ⟨~⟩ danger *m* de gelée au sol; **~gefecht** *n* cf *Bodenkampf*; **~heizung** *f* chauffage *m* par le sol; **~kampf** *m* lutte *f* au sol; **~kunde** *f* ⟨~⟩ pédologie *f*

'**boden**|**lang** *adj Kleidung, Vorhänge etc* (très) long, longue; **~los** *adj* **1.** Abgrund *etc* sans fond; **2.** F *fig* inouï; sans borne; sans nom

'**Bodennähe** *f nachts Frost in ~* gelée *f* nocturne à proximité du sol

'**Boden**|**nebel** *m* brouillard *m* au sol; **~nutzung** *f* exploitation *f* du sol; **~personal** *n* AVIAT personnel non navigant, au sol; **~probe** *f* échantillon *m* de terrain; **~reform** *f* réforme *f* agraire; **~satz** *m* dépôt *m*; fond *m*; **~schätze** *m*/*pl* ressources minières; richesses *f*/*pl* du sous-sol; **~schwelle** *f* ralentisseur *m*

'**Bodensee** *der ~* le lac de Constance

'**Boden**|**senke** *f* dépression *f* de terrain; **~spekulation** *f* spéculation foncière; ⚲**ständig** *adj* natif, -ive; autochtone; (*heimatverbunden*) enraciné dans le terroir; *Bevölkerung, Industrie* local; **~station** *f* RAUMFLUG station *f* terrestre; **~streitkräfte** *f*/*pl*, **~truppen** *f*/*pl* forces *f*/*pl* terrestres; **~turnen** *n* gymnastique *f* au sol; **~übung** *f* TURNEN exercice *m* au sol; **~vase** *f* grand vase (qu'on peut poser sur le sol); **~welle** *f* **1.** ondulation *f* du terrain; **2.** RAD *~n pl* ondes directes, de surface; **~wichse** *f schweiz* cire *f*; encaustique *f*

Bodo [ˈboːdo] *m* ⟨→ *n*/*pr*⟩ prénom

Bodybuilder(in) [ˈbɔdibɪldər(ɪn)] *m* ⟨~s; ~⟩ (*f*) ⟨~; ~nen⟩ culturiste *m*,*f*

Bodybuilding [ˈbɔdibɪldɪŋ] *n* ⟨~s⟩ culturisme *m*; bodybuilding *m*

Böe [ˈbøːə] *f* ⟨~; ~n⟩ rafale *f*; bourrasque *f*

Bofist [ˈboːfɪst *ou* boˈfɪst] *m* ⟨~es; ~e⟩ BOT vesse-de-loup *f*

bog [boːk] cf *biegen*

Bogen [ˈboːɡən] *m* ⟨~s; ~ *ou südd, österr* ≃⟩ **1.** (*Biegung*) courbe *f*; courbure *f*; *e-s Flusses* coude *m*; MATH arc m; *die Straße, der Fluß macht e-n ~ um die Stadt* la route, le fleuve contourne la ville; F *fig im hohen ~ hinausfliegen* F se faire virer; F *fig um j-n e-n (großen) ~ machen* (faire un détour pour) éviter qn; F *fig den ~ raushaben* F avoir trouvé la combine (pour faire qc); F *fig große ~ spucken* faire l'intéressant; **2.** CONSTR arc m; *e-r Brücke* arche f; **3.** *e-s Streichinstruments* archet m; **4.** MUS (*Halte*²) liaison f; **5.** *Schußwaffe* arc m; *fig den ~ überspannen* (dé)passer les bornes; aller trop loin; **6.** (*Papier*²), TYPO feuille f (de papier)

'**Bogen**|**fenster** n fenêtre cintrée; ²**förmig** adj en (forme d')arc; arqué; cintré; **~führung** f ⟨~⟩ MUS coup m d'archet; **~gang** m CONSTR arcades f/pl; **~gewölbe** n voûte f en plein cintre; **~lampe** f lampe f à arc; **~maß** n MATH mesure f de l'arc; **~pfeiler** m contrefort m; culée f; **~schießen** n ⟨~⟩ tir m à l'arc; **~schütze** m archer m; **~sehne** f corde f de l'arc

Boheme [boˈeːm *ou* boˈɛːm] f ⟨~⟩ bohème f

Bohemien [boemiˈɛː] m ⟨~s; ~s⟩ bohème m

Bohle [ˈboːlə] f ⟨~; ~n⟩ planche épaisse; madrier m

Böh|**men** [ˈbøːmən] n ⟨→ n/pr⟩ la Bohême; **~mer**, **~min** f ⟨~; ~nen⟩ Bohémien, -ienne m, f

'**böhmisch** adj de (la) Bohême; F *fig das sind für mich ~e Dörfer* pour moi, c'est de l'hébreu, du chinois

Bohne [ˈboːnə] f ⟨~; ~n⟩ **1.** *Gemüse* 'haricot m; *grüne* **~n** 'haricots verts; *weiße* **~n** 'haricots secs, blancs; *dicke* **~n** fèves f/pl; F *plais blaue* **~n** F pruneaux m/pl; F *plais* **~n** *in den Ohren haben* faire la sourde oreille; F *nicht die* **~**! pas bzw rien du tout!; **2.** (*Kaffee*²) grain m

'**Bohnen**|**kaffee** m café m (en grains); **~kraut** n ⟨~(e)s⟩ sarriette f; **~salat** m salade f de haricots; **~stange** f **1.** AGR, JARD rame f des 'haricots; **2.** F *fig F* asperge f; F grande perche; échalas m; *Frau* a F grande bringue; *Mann* a grand escogriffe

'**Bohnenstroh** n F *dumm wie ~ sein* F être bête comme ses pieds; F être bête à manger du foin

'**Bohnensuppe** f soupe f aux 'haricots

'**Bohner**|**besen** m cireuse f; **~maschine** f cireuse f (électrique)

bohnern [ˈboːnərn] v/t ⟨-(e)re, h⟩ cirer; encaustiquer

'**Bohnerwachs** n encaustique f; cire f

bohren [ˈboːrən] ⟨h⟩ **I** v/t *Loch etc* percer; creuser; TECH forer; (*aus*~) aléser; *Stock etc in die Erde ~* enfoncer dans le sol; **II** v/i *Zahnarzt* passer la roulette; *in der Nase ~* se mettre les doigts dans le nez; *nach Erdöl ~* faire des sondages pour rechercher du pétrole; F *fig bei j-m ~, bis er nachgibt* travailler, 'harceler qn jusqu'à ce qu'il cède; **III** v/réfl *sich in etw* (*acc*) *~* s'enfoncer dans qc

'**bohrend** adjt *Schmerz* violent; *Blick*, *Fragen* inquisiteur, -trice; *Zweifel* tenaillant

'**Bohrer** m ⟨~s; ~⟩ **1.** *Gerät* (*elektrischer Hand*²) perceuse f; (*Nagel*²) vrille f; MÉD *des Zahnarztes* fraise f; roulette f;

2. *Einsatz* (*Spiral*²) mèche f; *für Metall* foret m; (*Bohrmeißel*) trépan m

'**Bohr**|**insel** f plate-forme f de forage; **~loch** n trou percé au foret; TECH forure f; (*Erdöl etc*) puits m; **~maschine** f perceuse f; (*Gesteins*²) perforatrice f; foreuse f; **~turm** m tour f de forage; derrick m

'**Bohrung** f ⟨~; ~en⟩ **1.** (*das Bohren*) forage m; (*Versuchs*²) sondage m; **2.** (*Bohrloch*) trou m; TECH forure f

'**böig** adj en rafales; *Wind* soufflant en rafales

Boiler [ˈbɔylər] m ⟨~s; ~⟩ chauffe-eau m (à accumulation); cumulus m

Boje [ˈboːjə] f ⟨~; ~n⟩ bouée f; balise f (flottante)

Bolero [boˈleːro] m ⟨~s; ~s⟩ MUS, COUT boléro m

Bolivianer(**in**) [boliviˈaːnər(ɪn)] m ⟨~s; ~⟩ (f) ⟨~; ~nen⟩ Bolivien, -ienne m,f

bolivianisch adj bolivien, -ienne; de Bolivie

Bolivien [boˈliːviən] n ⟨→ n/pr⟩ la Bolivie

Böller [ˈbœlər] m ⟨~s; ~⟩ *für Salutschüsse* crapouillot m; petit canon; *Feuerwerkskörper* gros pétard

'**böllern** v/i ⟨-(e)re, h⟩ tirer le canon

'**Böllerschuß** m coup de canon (*tiré à l'occasion d'un événement*); *j-n mit Böllerschüssen empfangen* saluer l'arrivée de qn par des salves d'artillerie

Bollerwagen [ˈbɔlərvaːgən] m nordd petit chariot

Bollwerk [ˈbɔlvɛrk] n **1.** MIL bastion m; **2.** fig rempart m (*gegen* contre); **3.** MAR digue f

Bolsche|**wik** [ˈbɔlʃəvɪk] m ⟨~en; ~i, péj ~en⟩ bolchevik m; **~ˈwismus** m ⟨~⟩ bolchevisme m; **~ˈwist**(**in**) m ⟨~en; ~en⟩ (f) ⟨~; ~nen⟩ bolcheviste m,f; ²'**wistisch** adj bolchevique

bolzen [ˈbɔltsən] f v/i ⟨h⟩ (*Fußball spielen*) taper balle m

Bolzen [ˈbɔltsən] m ⟨~s; ~⟩ **1.** TECH (*Schrauben*²) boulon m; (*Zapfen*) cheville f; goujon m; **2.** (*Geschoß*) carreau m (d'arbalète); **~schneider** m coupe-boulons m

'**Bolzplatz** m terrain m de jeu (*où les enfants peuvent jouer au foot*)

Bombardement [bɔmbardəˈmãː] n ⟨~s; ~s⟩ MIL bombardement m; fig *ein ~ mit Briefen, Fragen* une avalanche de lettres, de questions

bombarˈdieren v/t ⟨*pas de ge-*, h⟩ a fig bombarder (*mit* de); ²**ung** f ⟨~; ~en⟩ bombardement m

bombastisch [bɔmˈbastɪʃ] adj *Stil*, *Sprache* ampoulé; *Bau* pompeux, -euse

Bombe [ˈbɔmbə] f ⟨~; ~n⟩ bombe f; *die Nachricht schlug wie e-e ~ ein* F la nouvelle a éclaté comme une bombe, a fait l'effet d'une bombe; F *fig die ~ ist geplatzt* le scandale a éclaté au grand jour

'**Bomben**|**alarm** m alerte f à la bombe; **~angriff** m bombardement m; **~anschlag** m, **~attentat** n attentat m à la bombe (*auf* [+ acc] contre); **~drohung** f menace f d'attentat à la bombe

'**Bombenerfolg** F m F succès fou, monstre

'**Bombenexplosion** f explosion f de la bzw d'une bombe

'**bombenfest** adj *Gebäude etc* à l'épreuve des bombes

'**bomben**'**fest** F adj *Entschluß etc* inébranlable; *das steht ~* F c'est sûr et certain

'**Bombenflugzeug** n bombardier m

'**Bomben**'**form** F f ⟨~⟩ *Sportler etc in ~* en pleine forme; dans une forme éblouissante, olympique

'**Bomben**|**ge**'**schäft** F n F affaire juteuse; **~geschwader** n escadrille f de bombardement; **~krater** m entonnoir m de bombe; **~nacht** f nuit f de bombardement

'**Bomben**'**rolle** F f für *e-n Schauspieler* rôle m sur mesure

'**Bombenschaden** m dégâts causés par les bombes

'**Bomben**'**schuß** F m *beim Fußball* boulet m de canon

'**bombensicher** adj qui résiste aux bombes

'**bomben**'**sicher** F adj (*gewiß*) F sûr et certain; *Alibi etc* F en béton; *a* (*risikolos*) absolument sûr

'**Bombensplitter** m éclat m de bombe

'**Bomben**'**stimmung** F f ⟨~⟩ F ambiance f formidable

'**Bomben**|**teppich** m tapis m de bombes; **~terror** m attentats m/pl à la bombe; **~trichter** m entonnoir m de bombe

'**Bomber** F m ⟨~s; ~⟩ MIL bombardier m

'**bombig** adj F du tonnerre

Bommel [ˈbɔməl] F f ⟨~; ~n⟩ *od* m ⟨~s; ~⟩ pompon m

Bon [bɔŋ] m ⟨~s; ~s⟩ (*Gutschein*) bon m; (*Kassenquittung*) ticket m de caisse

Bonbon [bɔŋˈbɔŋ *ou* bõˈbõ] m *od* n ⟨~s; ~s⟩ bonbon m; ²**farben** adj *meist péj* **1.** (*bunt*) acidulé; **2.** cf bonbonrosa

Bonbonniere [bɔŋboniˈeːrə *ou* bõbõniˈɛːrə] f ⟨~; ~n⟩ bonbonnière f

Bon'**bon**|**papier** n papier m de bonbon; ²**rosa** adj ⟨inv⟩ *meist péj* rose bonbon (inv)

bongen [ˈbɔŋən] F v/t ⟨h⟩ enregistrer; fig *ist gebongt!* F d'acc!; F c'est bon!; F o.k.!

Bonität [boniˈtɛːt] f ⟨~⟩ COMM (réputation f de) solvabilité f

Bonmot [bõˈmoː] n ⟨~s; ~s⟩ bon mot

Bonsai [ˈbɔnzaɪ] m ⟨~s; ~s⟩ bonsaï m

Bonus [ˈboːnus] m ⟨~ *ou* ~ses; ~ *ou* ~se *ou* -ni⟩ **1.** COMM remise f; discount m; **2.** (*Schadenfreiheitsrabatt*) bonus m; **3.** (*Vorteil*) SCHULE points m/pl d'avance; SPORT *~* handicap m

Bonze [ˈbɔntsə] m ⟨~n; ~n⟩ a fig péj bonze m

Boom [buːm] m ⟨~s; ~s⟩ boom m

Boot [boːt] n ⟨~(e)s; ~e⟩ MAR bateau m; embarcation f; (*bes Ruder*²) barque f; (*bes Motor*²) canot m; *~ fahren* faire du bateau bzw de la barque; F fig *wir sitzen alle im selben ~* nous sommes tous logés à la même enseigne

'**Boots**|**fahrt** f excursion f, promenade f en bateau; **~haken** m gaffe f; **~haus** n 'hangar m à bateaux; **~mann** m ⟨~; -leute⟩ MAR MIL premier maître; **~steg** m passerelle f d'embarquement; **~verleih** m location f de bateaux bzw de barques

Bor [boːr] n ⟨~s⟩ CHIM bore m

Bord¹ [bɔrt] n ⟨~(e)s; ~e⟩ (*Bücher*² etc) rayon m; étagère f

Bord² m ⟨~(e)s; ~e⟩ MAR, AVIAT bord

m; an ~ der Titanic à bord du Titanic; *an ~ gehen* s'embarquer; monter à bord; *an ~ nehmen* prendre à bord; embarquer; *von ~ gehen* quitter le bord; *über ~ gehen* passer par-dessus bord; *über ~ werfen a fig* jeter par-dessus bord; *Mann über ~!* un homme à la mer!

'**Bord**|**buch** *n* MAR livre *m*, journal *m* de bord; AVIAT carnet *m* de vol, AUTO de route; **~computer** *m* MAR calculateur *m* de bord, AVIAT de vol

Bordeaux [bɔr'do:] *m* ⟨~ [bɔr'do:(s)]; ~ [bɔr'do:s]⟩ *Wein* bordeaux *m;* ♀**rot** *adj* bordeaux (*inv*)

'**bordeigen** *adj* de bord

Bordell [bɔr'dɛl] *n* ⟨~s; ~e⟩ maison *f* de tolérance, de prostitution

'**Bord**|**funk** *m* radio *f* de bord; **~funker** *m* radio(télégraphiste) *m* (de bord); radionavigant *m;* **~küche** *f* cuisine *f* de bord; **~personal** *n* personnel *m* de bord; **~stein** *m* bord *m*, bordure *f* du trottoir; **~steinkante** *f* arête *f* du trottoir

Bordüre [bɔr'dy:rə] *f* ⟨~; ~n⟩ COUT bordure *f*

'**Bordzeitung** *f* journal *m* de bord

Borg [bɔrk] *m etw auf ~ kaufen* acheter qc à crédit

'**borgen** *v/t* ⟨h⟩ **1.** (*entleihen*) *etw bei od von j-m ~* emprunter qc à qn; **2.** (*verleihen*) *j-m etw ~* prêter qc à qn

Borgis ['bɔrgɪs] *f* ⟨~⟩ TYPO corps neuf

Borke ['bɔrkə] *f* ⟨~; ~n⟩ **1.** *e-s Baumes* écorce *f;* **2.** *nordd* (*Schorf*) croûte *f*

'**Borkenkäfer** *m* bostryche *m*

Born [bɔrn] *poét m* ⟨~(e)s; ~e⟩ puits *m; a fig* source *f; fig aus dem ~ s-r Erfahrungen schöpfen* puiser dans son expérience

Bornholm [bɔrn'hɔlm] *n* ⟨→*n/pr*⟩ Bornholm

borniert [bɔr'ni:rt] *adj* borné; étroit d'esprit

Bor'niertheit *f* ⟨~⟩ étroitesse *f* d'esprit; *s-e politische ~* l'étroitesse de ses opinions politiques

Borretsch ['bɔrɛtʃ] *m* ⟨~(e)s⟩ bourrache *f*

'**Bor**|**salbe** *f* vaseline boriquée; **~säure** *f* acide *m* borique

Börse ['bœrzə] *f* ⟨~; ~n⟩ **1.** (*Portemonnaie*) bourse *f;* ÉCON Bourse *f; an der ~ spekulieren* jouer à la Bourse

'**Börsen**|**beginn** *m* ouverture *f* de la Bourse; **~bericht** *m* bulletin *m* de la Bourse; *in der Zeitung* rubrique boursière; vie financière; ♀**fähig**, ♀**gängig** *adj* négociable, coté en Bourse; **~geschäft** *n* opération, transaction boursière; **~krach** *m* krach *m;* débâcle financière; **~kurs** *m* cours *m* de la Bourse, des valeurs; cote *f* en Bourse; **~makler** *m* agent *m* de change; courtier, -ière *m,f* en valeurs; **~notierung** *f* cotation *f* en Bourse; **~schluß** *m* clôture *f* de la Bourse; **~schwankung** *f* fluctuation *f* des cours; **~spekulant(in)** *m(f)* spéculateur, -trice *m,f* en Bourse; **~spekulation** *f* spéculation boursière; boursicotage *m;* **~sturz** *m* effondrement *m* des cours; chute *f* de la Bourse; **~tip** *m* tuyau boursier

Börsianer [bœrzi'a:nər] *F m* ⟨~s; ~⟩ **1.** (*Makler*) boursier *m;* **2.** (*Spekulant*) boursicoteur *m*

Borste ['bɔrstə] *f* ⟨~; ~n⟩ **1.** (*Schweine*♀) soie *f* (de porc); **2.** *F fig pl ~n* (*Haare*) F tifs *m/pl*

'**Borstenvieh** F *plais n* (*Schweine*) cochons *m/pl;* (*Schwein*) cochon *m*

'**borstig** *adj* **1.** *mit Borsten* qui porte des soies; **2.** *Haar* ressemblant à des crins; 'hérissé; hirsute; **3.** F *fig Person* revêche

Borte ['bɔrtə] *f* ⟨~; ~n⟩ galon *m;* bordé *m;* bordure *f*

'**Borwasser** *n* eau boriquée

bös [bø:s] *cf* **böse**

'**bösartig** *adj* **1.** *Person, Tier, Handlung etc* méchant; *Person a* malfaisant; **2.** *Krankheit, Tumor* malin, -igne; pernicieux, -ieuse; ♀**keit** *f* ⟨~⟩ **1.** *e-r Person, e-s Tiers* méchanceté *f;* **2.** *e-r Krankheit, e-s Tumors* malignité *f;* perniciosité *f*

Böschung ['bœʃʊŋ] *f* ⟨~; ~en⟩ talus *m;* pente *f;* (*Ufer*♀ *a*) berge *f*

'**Böschungswinkel** *m* inclinaison *f* du talus, de la pente

böse ['bø:zə] **I** *adj* **1.** *moralisch* méchant; *ein ~r Mensch* un méchant; **2.** (*épithète*) (*schlecht*) mauvais; *ein ~r Streich* un mauvais tour; un tour pendable; *der ~ Blick* le mauvais œil; *das nimmt ein ~s Ende* cela finira mal; *etw nicht in ~r Absicht tun* ne pas faire qc dans une mauvaise intention; **3.** (*boshaft*) méchant; **4.** (*schwer*) *Krankheit* grave; *Grippe etc* mauvais; **5.** F (*verärgert*) fâché; *~ werden* se mettre en colère; se fâcher; *j-m od auf j-n ~ sein* en vouloir à qn; être fâché avec, contre qn; *ich nehme es Ihnen nicht ~ aus* ça a l'air sérieux; *ich habe es nicht ~ gemeint* je n'ai pas pensé à mal; *j-m ~ mitspielen* jouer un mauvais tour à qn

'**Böse(r)** *f(m)* ⟨→ A⟩ méchant(e) *m(f); die Guten und die Bösen m/pl* les bons et les méchants *m/pl*

'**Böse(s)** *n* ⟨→ A⟩ mal *m; das ~ auf der Welt* le mal dans le monde; *nichts ~s ahnend* sans se douter de rien

'**Bösewicht** *m* ⟨~(e)s; ~e(r)⟩ **1.** (*Schurke*) méchant *m;* **2.** F *plais Kind* petit(e) coquin(e) *m(f);* polisson, -onne *m,f*

bos|**haft** ['bo:shaft] *adj* méchant; ♀**haftigkeit** *f* ⟨~; ~en⟩ ♀**heit** *f* ⟨~; ~en⟩ *Eigenschaft, Handlung* méchanceté *f*

Bosnien(-**Herzegowina**) ['bɔsniən (hɛrtse'go:vina)] *n* ⟨→ *n/pr*⟩ la Bosnie (-Herzégovine)

'**Bosnier(in)** *m* ⟨~s; ~⟩ *(f)* ⟨~; ~nen⟩ Bosnien, -ienne *m,f;* Bosniaque *m,f*

'**bosnisch** *adj* bosnien, -ienne; bosniaque

Bosporus ['bɔsporʊs] *m* ⟨→ *n/pr*⟩ *der ~* le Bosphore

Boß [bɔs] F *m* ⟨Bosses; Bosse⟩ *e-r Firma* patron *m;* F boss *m; e-r Gewerkschaft* dirigeant *m; e-r Bande* chef *m*

bosseln ['bɔsəln] F *v/i* ⟨-ssele *ou* -ßle, h⟩ *an etw* (*dat*) *~* fignoler, peaufiner qc; bricoler qc avec minutie

'**böswillig** *adj* malveillant; *Person a* malintentionné; JUR *~es Verlassen des Ehepartners* abandon *m* du domicile conjugal

'**Böswilligkeit** *f* ⟨~⟩ malveillance *f*

bot [bo:t] *cf* **bieten**

Botan|**ik** [bo'ta:nɪk] *f* ⟨~⟩ botanique *f;* **~iker(in)** *m* ⟨~s; ~⟩ *(f)* ⟨~; ~nen⟩ botaniste *m,f;* ♀**isch** *adj* botanique; ♀**i'sieren** *v/i* (*pas de ge*-, h) herboriser

Bote ['bo:tə] *m* ⟨~n; ~n⟩ **1.** (*Überbringer*) messager *m; durch ~n* par porteur; *st/s fig die ~n des Frühlings* litt les messagers du printemps; **2.** *berufsmäßig* garçon *m* de courses; commissionnaire *m*

'**Botengang** *m* course *f;* commission *f*

'**Botin** *f* ⟨~; ~nen⟩ **1.** (*Überbringerin*) messagère *f;* **2.** *berufsmäßige* commissionnaire *f*

'**Botschaft** *f* ⟨~; ~en⟩ **1.** *st/s* (*Nachricht*) message *m;* nouvelle *f;* BIBL *die Frohe ~* la bonne nouvelle; **2.** POL ambassade *f*

'**Botschafter(in)** *m* ⟨~s; ~⟩ *(f)* ⟨~; ~nen⟩ ambassadeur, -drice *m,f*

'**Botschafts**|**rat** *m* ⟨~(e)s; -räte⟩ conseiller *m* d'ambassade; **~sekretär** *m* secrétaire *m* d'ambassade

Botswan|**a** [bɔ'tsva:na] *n* ⟨→ *n/pr*⟩ le Botswana; **~er(in)** *m* ⟨~s; ~⟩ *(f)* ⟨~; ~nen⟩ Botswanais(e) *m(f);* ♀**isch** *adj* botswanais; du Botswana

Böttche|**r** ['bœtçər] *m* ⟨~s; ~⟩ tonnelier *m;* **~'rei** *f* ⟨~; ~en⟩ tonnellerie *f*

Bottich ['bɔtɪç] *m* ⟨~s; ~e⟩ cuve *f;* (*Wasch*♀) baquet *m*

Bouclé [bu'kle:] *n* ⟨~s; ~s⟩ TEXT bouclette *f;* **~wolle** *f* laine *f* bouclette

Bouillon [bʊl'jɔŋ] *f* ⟨~; ~s⟩ bouillon *m;* kräftiger consommé *m;* **~würfel** *m* cube *m* de consommé

Boulevard|**presse** [bulə'va:rprɛsə] *f* ⟨~⟩ péj presse *f* à sensation; **~stück** *n* pièce *f* de boulevard; **~theater** *n* théâtre *m* de boulevard; **~zeitung** *f* péj journal *m* à sensation

Bourbone [bʊr'bo:nə] *m* ⟨~n; ~n⟩ HIST Bourbon *m*

bourgeois [bʊrʒo'a] *st/s, meist péj adj* bourgeois

Bour'geois *st/s, meist péj m* ⟨~ [bʊrʒoa(:s); ~⟩ [bʊrʒoa(:s)]⟩ bourgeois *m*

Bourgeoisie [bʊrʒoa'zi:] *st/s, meist péj f* ⟨~; ~n⟩ bourgeoisie *f*

Boutique [bu'ti:k] *f* ⟨~; ~n⟩ boutique *f* (de mode)

Bovist ['bo:vɪst *ou* bo'vɪst] *m cf* **Bofist**

Bowdenzug ['baʊdəntsu:k] *m* TECH transmission *f* de Bowden

Bowle ['bo:lə] *f* ⟨~; ~n⟩ **1.** boisson à base de vin, de mousseux, de fruits et de sucre; **2.** *Gefäß* bol *m* à punch

bowlen ['bo:lən] *v/i* ⟨h⟩ jouer au bowling

Bowling ['bo:lɪŋ] *n* ⟨~s; ~s⟩ bowling *m;* **~bahn** *f* piste *f* de bowling; **~center** *n* bowling *m*

Box [bɔks] *f* ⟨~; ~en⟩ **1.** *bei Ausstellungen, im Stall, e-r Garage etc* box *m; für Rennwagen* stand *m* de ravitaillement; **2.** (*Behälter mit Deckel*) boîte *f;* **3.** (*Lautsprecher*♀) enceinte *f* acoustique; **4.** PHOT box *m*

boxen ['bɔksən] *v/t, v/i* (*u v/réfl* *~*(-es)t, h) (*sich*) *~* (se) boxer

'**Boxer** *m* ⟨~s; ~⟩ **1.** SPORT boxeur *m;* **2.** *Hunderasse* boxer *m;* **~nase** *f* nez *m* de boxeur

'**Box**|**handschuh** *m* gant *m* de boxe;

~kampf *m* match *m*, combat *m* de boxe; **~ring** *m* ring *m*; **~sport** *m* boxe *f*
Boy [bɔy] *m* ⟨~s; ~s⟩ (*Hotel₂*) groom *m*; chasseur *m*
Boykott [bɔy'kɔt] *m* ⟨~(e)s; ~s ou ~e⟩ boycott *m*; boycottage *m*
boykot'tieren *v/t* ⟨*pas de ge-*, *h*⟩ boycotter
Bq *abr* PHYS (*Becquerel*) Bq (becquerel)
BR [beː'ʔer] *m* ⟨~⟩ *abr* (*Bayerischer Rundfunk*) radio et télévision bavaroises
brabbeln ['brabəln] F *v/i* ⟨-(e)le, *h*⟩ bredouiller; marmonner; *Baby* babiller
brach¹ [braːx] *cf* **brechen**
brach² *adj* (*unbebaut*) en friche; *vorübergehend* en jachère
'**Brache** *f* ⟨~; ~n⟩ *cf* **Brachland**
brachial [braxi'aːl] *adj* 1. *st/s* brutal; 2. MÉD brachial
Brachi'algewalt *st/s f* ⟨~⟩ brutalité *f*; violence *f*; *mit* ~ par la force, la violence
'**Brach|land** *n* ⟨~(e)s⟩ *a fig* terre *f* inculte, en friche; *vorübergehend* terre *f* en jachère; **⚄legen** *v/t* ⟨*sép*, -ge-, *h*⟩ mettre en jachère; **⚄liegen** *v/i* ⟨*irr*, *sép*, -ge-, *h*⟩ 1. AGR être en friche; *vorübergehend* être en jachère; 2. *fig* être inemployé
brachte ['braxtə] *cf* **bringen**
brack|ig ['brakɪç] *adj* saumâtre; **⚄wasser** *n* ⟨~s; ~⟩ eau *f* saumâtre
Brahman|e [bra'maːnə] *m* ⟨~n; ~n⟩ brahmane *m*; **⚄isch** *adj* brahmanique
Brainstorming ['breːnstɔrmɪŋ] *n* ⟨~s⟩ brainstorming *m*
Bram [braːm] *f* ⟨~; ~en⟩ MAR mât *m* de perroquet; '**~segel** *n* (voile *f* de) perroquet *m*
'**Branche** ['brãːʃə] *f* ⟨~; ~n⟩ 1. COMM branche *f*; secteur *m*; 2. F (*Fachgebiet*) spécialité *f*
'**Branche(n)|erfahrung** *f* expérience (acquise) dans un secteur; **⚄fremd** *adj* non-spécialiste; (*fremder Herkunft*) étranger, -ère; extérieur; **~kenntnis** *f* expérience *f*, compétence *f* (en la matière, dans la spécialité); **⚄kundig** *adj* expérimenté, compétent (en la matière, dans la spécialité); **⚄üblich** *adj* courant, habituel, -elle dans une branche
'**Branchenverzeichnis** *n* annuaire *m* du commerce et de l'industrie (par secteur d'activité); (*gelbe Seiten*) pages *f/pl* jaunes
Brand [brant] *m* ⟨~(e)s; ~e⟩ 1. incendie *m*; feu *m*; *in* ~ *geraten* prendre feu; *etw in* ~ *stecken*, *setzen* mettre le feu à qc; 2. F (*Durst*) (grande) soif; *e-n richtigen* ~ *haben* F avoir la pépie; 3. ⟨*pas de pl*⟩ MÉD gangrène *f*, nécrose *f*; 4. ⟨*pas de pl*⟩ BOT charbon *m*; carie *f*
'**brandaktu'ell** F *adj* d'une actualité brûlante
'**Brand|anschlag** *m* incendie criminel (*auf* [+*acc*] de); **~bekämpfung** *f* lutte *f* contre l'incendie; **~blase** *f* cloque causée par une brûlure; **~bombe** *f* bombe *f* incendiaire; **~direktor** *m* ADM chef *m* des sapeurs-pompiers; '**⚄eilig** *adj* urgent; pressant; **~eisen** *m* fer *m* rouge
branden ['brandən] *st/s v/i* ⟨-ete, *h*⟩ ~ *gegen* se déferler, se briser contre
Brandenburg ['brandənburk] *n* ⟨→*n/pr*⟩ 1. *Stadt* Brandebourg; 2. *Bundesland* le Brandebourg

'**Brandenburger** *adj* ⟨*épithète*; *inv*⟩ *das* ~ *Tor* la porte de Brandebourg
'**Brand|fackel** *f* brandon *m*; torche *f* incendiaire; **~fleck** *m* trace *f* de brûlure; **~gefahr** *f* danger *m* d'incendie; **⚄heiß** F *fig adj* brûlant; d'une actualité brûlante; **~herd** *m* foyer *m* d'incendie
'**brandig** *adj* 1. MÉD gangrené; gangreneux, -euse; 2. *Geruch* de brûlé, roussi; *es riecht* ~ ça sent le brûlé, le roussi
'**Brand|kasse** *f* caisse *f* d'assurance contre l'incendie; **~katastrophe** *f* incendie *m* monstre, gigantesque; **~leger(in)** *m* ⟨~s; ~⟩ (*f*) ⟨~; ~nen⟩ *österr* incendiaire *m*; **~legung** *f* ⟨~; ~en⟩ *österr* incendie *m*; **~mal** *st/s n* 1. cicatrice *f* de brûlure; 2. *fig* stigmate *m*; **⚄marken** *v/t* ⟨*h*⟩ stigmatiser; **~markung** *f* ⟨~; ~en⟩ *st/s* stigmatisation *f*; **~mauer** *f* mur *m* coupe-feu; **~meister** *m* capitaine *m* des pompiers; **~narbe** *f* cicatrice *f* de brûlure; '**⚄neu** F *adj* flambant neuf, neuve; **~opfer** *n* 1. REL holocauste *m*; 2. (*Opfer e-s Brandes*) victime *f* d'un incendie; **~rodung** *f* brûlis *m*; **~salbe** *f* pommade *f* contre les brûlures; **~schaden** *m* dommages, dégâts causés par l'incendie; **⚄schatzen** *v/t* ⟨-(es)t, *h*⟩ piller et incendier; **~schatzung** *f* ⟨~; ~en⟩ pillage *m* en mettant le feu; **~schutz** *m* protection *f* contre l'incendie; **~sohle** *f* première semelle; **~stelle** *f* lieu *m* de l'incendie, du sinistre; **~stifter(in)** *m*(*f*) incendiaire *m*, *f*
'**Brandstiftung** *f* incendie *m*; *vorsätzliche* ~ incendie criminel, JUR volontaire; *fahrlässige* ~ incendie par imprudence, involontaire
'**Brandteig** *m* CUIS pâte *f* à choux
'**Brandung** *f* ⟨~; ~en⟩ déferlement *m* des vagues; ressac *m*
'**Brandungswelle** *f* (vague *f*) déferlante *f*
'**Brand|ursache** *f* cause *f* d'incendie; **~wache** *f* piquet *m* d'incendie; **~wunde** *f* brûlure *f*; **~zeichen** *n* marque *f* (au fer rouge)
brannte ['brantə] *cf* **brennen**
Branntwein ['brantvaɪn] *m* eau-de-vie *f*; **~brenner** *m* distillateur *m* (d'eau-de-vie); bouilleur *m*; **~brennerei** *f* distillerie *f* (d'eau-de-vie)
Brasilian|er(in) [brazili'aːnər(ɪn)] *m* ⟨~s; ~⟩ (*f*) ⟨~; ~nen⟩ Brésilien, -ienne *m*,*f*; **⚄isch** *adj* brésilien, -ienne; du Brésil
Brasilien [bra'ziːliən] *n* ⟨→ *n/pr*⟩ le Brésil
brät [brɛːt] *cf* **braten**
Brät *n* ⟨~s⟩ chair *f* à saucisse (*à base de viande de porc maigre*)
'**Bratapfel** *m* pomme cuite au four
braten ['braːtən] ⟨*brät*, *briet*, *gebraten*, *h*⟩ **I** *v/t* faire cuire; *im Ofen* a faire rôtir; *am Grill* faire griller, rôtir; *Kartoffeln* faire sauter; *Zwiebeln braun* ~ faire rissoler; *am Spieß* ~ faire rôtir à la broche; **II** *v/i* cuire (à la poêle, au four, à la cocotte); rôtir; griller; *fig* (*sich*) *in der Sonne* ~ (*lassen*) se rôtir au soleil
'**Braten** *m* ⟨~s; ~⟩ rôti *m*; *kalter* ~ viande froide; F *ein fetter* ~ F une affaire juteuse; F *fig den* ~ *riechen* éventer la mèche; flairer la chose
'**Braten|fett** *n* graisse *f* du rôti; **~platte** *f* plat à rôti; **~saft** *m* jus *m* de viande, de cuisson; *abus* sauce *f* (du rôti); **~soße** *f* sauce (préparée à partir du jus du rôti); **~wender** *m* ⟨~s; ~⟩ pelle *f* à viande
Bräter ['brɛːtər] *m regional* cocotte *f*
'**bratfertig** *adj* prêt à rôtir
'**Brat|fett** *n* graisse *f* (à rôtir); **~fisch** *m* gebratener poisson frit; *zum Braten* poisson à frire; **~hähnchen** *n*, *südd*, *österr* **~hendl** *n* gebratenes poulet rôti; *zum Braten* poulet à rotir; **~hering** *m* 'hareng frit et mariné; **~kartoffeln** *f/pl* pommes de terre sautées; **~ling** *m* ⟨~s; ~e⟩ CUIS boulette végétale; **~ofen** *m* four *m*; **~pfanne** *f* poêle *f*; **~röhre** *f* four *m*; **~rost** *m* gril *m*; barbecue *m*
Bratsche ['braːtʃə] *f* ⟨~; ~n⟩ alto *m*
Brat'schist(in) *m* ⟨~en; ~en⟩ (*f*) ⟨~; ~nen⟩ altiste *m*,*f*
'**Brat|spieß** *m* brochette *f*; **~wurst** *f* gebratene saucisse grillée; *zum Braten* saucisse à griller
Brauch [braʊx] *m* ⟨~(e)s; ~e⟩ coutume *f*; usage *m*; tradition *f*; *das ist so* ~ c'est la coutume
'**brauchbar** *adj* qui peut servir (*für* à); utile (*f*); utilisable; valable; *Kleidung a* mettable; *noch* ~ récupérable; *nichts ⚄es zustande bringen* ne faire rien qui vaille
'**Brauchbarkeit** *f* ⟨~⟩ utilité *f*
brauchen ['braʊxən] ⟨*h*⟩ **I** *v/t* ⟨*p/p gebraucht*⟩ 1. (*benötigen*) avoir besoin de; *ich brauche etwas a* il me faut quelque chose; F *ich kann dich jetzt nicht* ~ tu me déranges; 2. *Zeit* mettre *für etw zwei Stunden* ~ mettre deux heures pour (faire) qc; *wie lange haben Sie gebraucht?* combien de temps avez-vous mis, vous a-t-il-fallu?; *das braucht Zeit* cela demande du temps; 3. (*ge~*) se servir de; *kannst du dies noch?* est-ce que cela peut te servir?; **II** *v/aux de mode* ⟨*p/p brauchen*⟩ verneint od einschränkend *zu* ... (*inf*) ~ (*müssen*) avoir besoin de (+*inf*); être obligé de (+*inf*); *er braucht nicht zu kommen* ce n'est pas la peine qu'il vienne; *du brauchst gar nicht zu lachen* à ta place, je ne rigolerai pas; *das braucht niemand zu wissen* ça ne regarde personne; *Sie* ~ *es nur zu sagen* il suffit de le dire
'**Brauchtum** *n* ⟨~(e)s; -tümer⟩ coutumes *f/pl*; tradition *f*
Braue ['braʊə] *f* ⟨~; ~n⟩ sourcil *m*
brauen ['braʊən] *v/t* ⟨*h*⟩ 1. *Bier* brasser; 2. F *fig Gemisch etc* concocter
'**Braue|r** *m* ⟨~s; ~⟩ brasseur *m*; **~'rei** *f* ⟨~; ~en⟩ brasserie *f*
'**Brau|haus** *n* brasserie *f*; **~meister** *m* maître *m* brasseur
braun [braʊn] *adj* marron (*inv*) (*dunkel~*) brun; *Augen* marron (*inv*); brun; *Haut*, *Haar* brun; *von der Sonne* bronzé; *Pferd* bai; **~e Butter** beurre noir; ~ *werden* devenir brun, marron; *Person*, *Haut* bronzer; brunir; ~ *färben* teindre en brun, marron
Braun *n* ⟨~s; ~⟩ (couleur *f*) marron *m*; (*Dunkel₂*) brun *m*; couleur brune; *in* ~ (*gekleidet*) (habillé) en brun, marron
braunäugig ['braʊnʔɔʏɡɪç] *adj* aux yeux bruns, marron
'**Braunbär** *m* ours brun
Bräune ['brɔʏnə] *f* ⟨~⟩ *der Haut* 'hâle *m*; bronzage *m*

'bräunen v/t ⟨h⟩ **1.** *Sonne die Haut* brunir; bronzer; **2.** CUIS faire revenir; *Butter, Zwiebeln a* faire dorer; *Zucker* faire caraméliser
'braun|gebrannt adjt bronzé; 'hâlé; bruni; **~haarig** adj aux cheveux bruns; brun
'Braun|kohle f lignite m; **~kohlenbergbau** m industrie minière du lignite
'bräunlich adj brunâtre
'Braunschweig ['braunʃvaik] n ⟨→n/pr⟩ Brunswick
'Bräunung f ⟨~; ~en⟩ *der Haut* bronzage m
'Bräunungsstudio n studio m de bronzage; bronzarium m
'Brause ['brauzə] f ⟨~; ~n⟩ **1.** (*Dusche*) douche f; **2.** *e-r Gießkanne* pomme f (d'arrosoir); **3.** (*Limonade*) limonade gazeuse; **4.** (*~pulver*) poudre effervescente; **~limonade** f limonade gazeuse
'brausen v/i ⟨-(es)t⟩ **1.** ⟨h⟩ *Sturm, Meer, Wellen* mugir; *Wind* souffler avec violence; mugir; *Wellen, Wasserfall etc a* gronder; *Orgel* retentir; **~der Beifall** tonnerre m d'applaudissements; **2.** ⟨sein⟩ *Fahrzeuge* passer en trombe; rouler à toute vitesse, allure; F foncer; **3.** ⟨h⟩ (*duschen*) se doucher; prendre une douche
'Brause|pulver n poudre effervescente; **~tablette** f comprimé effervescent
Braut [braut] f ⟨~; ~e⟩ **1.** (*Verlobte*) fiancée f; *am Hochzeitstag* mariée f; **2.** F (*Mädchen*) nana f; **~bett** n lit nuptial; **~eltern** pl parents m/pl de la mariée; **~führer** m garçon m d'honneur
'Bräutigam ['brɔytigam] m ⟨~s; ~e⟩ (*Verlobter*) fiancé m; *am Hochzeitstag* marié m
'Braut|jungfer f demoiselle f d'honneur; **~kleid** n robe f de mariée; **~kranz** m couronne f de mariée; **~leute** pl cf Brautpaar; **~mutter** f ⟨~; -mütter⟩ mère f de la mariée; **~paar** n (*Verlobte*) fiancés m/pl; *am Hochzeitstag* mariés m/pl
'Brautschau f plais *auf ~ gehen* chercher femme
'Braut|schleier m voile m de mariée; **~strauß** m bouquet m de (la) mariée; **~vater** m père m de la mariée
brav [bra:f] adj **1.** *Kind* (*folgsam*) sage; gentil, -ille; **2.** *Erwachsener* (*rechtschaffen*) brave (*vorangestellt*); **3.** fig péj (*bieder*) sans fantaisie; bien od trop sage; fade; plat
bravissimo [bra'visimo] int bravissimo!
bravo ['bra:vo] int bravo!
'Bravo n ⟨~s; ~s⟩, **~ruf** m bravo m
Bravour [bra'vu:r] f ⟨~⟩ *mit ~* avec éclat, brio
bravourös [bravu'rø:s] I adj brillant; magistral; II adv avec brio, éclat
Bra'vourstück n action f d'éclat; MUS morceau m de bravoure
BRD [be:ʔɛr'de:] ⟨~⟩ abr (*Bundesrepublik Deutschland*) *die ~* la R.F.A. (République fédérale d'Allemagne)
Breakdance ['bre:kdɛns] m ⟨~(s)⟩ smurf m
'Brech|bohne f *haricot* m mange-tout; **~durchfall** m gastro-entérite f; **~eisen** n pince f monseigneur
brechen ['brɛçən] ⟨bricht, brach, gebrochen⟩ I v/t ⟨h⟩ **1.** (*zer~, durch~*) casser; rompre; *in mehrere Stücke meist* briser; *Brot* rompre; *Eis, Wellen* briser; *Gliedmaßen* casser; *Flachs, Hanf* broyer; *ein Loch in e-e Mauer ~* faire, percer un trou dans un mur; fig *das bricht ihm das Herz* cela lui brise, lui fend le cœur; **2.** *Steine, Schiefer, Marmor etc* extraire; **3.** fig *Bann, Schweigen, Vertrag etc* rompre; *Eid, Recht* violer; *Widerstand* briser; *Blockade* forcer; *Rekord* battre; **4.** F (*er~*) vomir; rendre; II v/i **5.** ⟨sein⟩ (*zer~, durch~*) (*se*) rompre; (*se*) casser; (*se*) briser; *Oberleder* se fendre; *Stoff* se couper; *Stimme* se briser; fig *das Herz bricht mir bei diesem Anblick* mon cœur se brise à ce spectacle; F *~d voll sein* être plein à craquer; **6.** ⟨h⟩ *mit j-m, etw ~* rompre avec qn, qc; **7.** ⟨h⟩ F (*sich er~*) vomir; *~ müssen* avoir envie de vomir; **8.** ⟨sein⟩ (*hervorkommen*) *die Sonne bricht durch die Wolken* le soleil perce à travers les nuages; III v/réfl ⟨h⟩ **9.** OPT, PHYS *Licht sich ~* se réfracter; être réfracté; **10.** *sich (an etw [dat]) ~ Wellen* se briser (contre, sur qc); déferler (sur qc)
'Brecher m ⟨~s; ~⟩ **1.** *Welle* paquet m de mer; lame f; **2.** TECH concasseur m
'Brech|mittel n **1.** MÉD vomitif m; **2.** F plais (*widerlicher Mensch*) personnage répugnant; **~reiz** m envie f de vomir; nausée f; **~stange** f pince f monseigneur
'Brechung f ⟨~s; ~en⟩ **1.** OPT, PHYS réfraction f; **2.** LING métaphonie f
'Brechungswinkel m OPT, PHYS angle m de réfraction
Bredouille [bre'duljə] f ⟨~; ~⟩ *in der ~ sein* od *sitzen* F être dans le pétrin
Brei [brai] m ⟨~(e)s; ~e⟩ *für Kinder, von Mehl, Grieß* bouillie f; *von Kartoffeln, Erbsen etc* purée f; *F j-n zu ~ schlagen* F casser la gueule à qn; F *um den* (*heißen*) *~ herumreden* F tourner autour du pot
'breiig adj comme de la bouillie; en bouillie, pâteux, -euse
breit [brait] I adj large; *Hüfte etc* fort; *Schilderung etc* ample; *zwei Meter ~ sein* avoir deux mètres de large; être large de deux mètres; *ein zwei Meter ~er Gehweg* un trottoir de deux mètres de large, large de deux mètres; *die ~e Öffentlichkeit, das ~e Publikum* le grand public; *ein ~es Echo, Interesse finden* Rede être bien accueilli; Aktion être bien suivi; *die Beine ~ machen* écarter les jambes; *~er machen* élargir; *~er werden* s'élargir; II adv *~ lachen* rire de toutes ses dents; *etw ~ erörtern* discuter longuement, en détail de qc; s'étendre sur qc
'breitbeinig adv les jambes écartées
'Breite f ⟨~; ~n⟩ **1.** (*räumliche Ausdehnung*) largeur f; *drei Meter in der ~* trois mètres de large(ur); **2.** F *in die ~ gehen* grossir; **3.** fig *die ~ s-r Darlegungen* la longueur de son exposé; *e-e Geschichte in epischer ~ erzählen* raconter une histoire avec moult détails; **4.** GÉOGR latitude f; *auf dem 50. Grad südlicher ~* à cinquante degrés de latitude sud; *in unseren ~n* sous nos latitudes, nos climats
'Breitengrad m GÉOGR degré m de latitude; *auf dem 20. ~ liegen* être, se trouver à vingt degrés de latitude
'Breiten|kreis m GÉOGR parallèle m; **~sport** m sport m de masse; **~wirkung** f grande portée; large influence f
'breit|gefächert adjt varié; **~gestreift** adj à larges rayures
'breitmachen F v/réfl ⟨sép, -ge-, h⟩ *sich ~* **1.** *Stimmung, Ideologie etc* se propager; se répandre; gagner du terrain; **2.** *Personen* (*viel Platz beanspruchen*) F s'étaler; prendre ses aises; (*sich häuslich niederlassen*) s'installer
'breitschlagen F v/t ⟨irr, sép, -ge-, h⟩ finir par persuader; fléchir; *sich ~ lassen* finir par céder; se laisser persuader (*zu etw* de faire qc)
'breitschult(e)rig adj de forte carrure; large d'épaules
'Breit|schwanz m ⟨~es⟩ breitschwanz m; **~seite** f MAR, MIL bordée f
'breittreten F v/t ⟨irr, sép, -ge-, h⟩ trop s'appesantir sur; *ein Thema ~* a faire du délayage
'Breitwand f KINO écran m panoramique; grand écran; **~film** m film m grand écran, en cinémascope
Bremen ['bre:mən] n ⟨→n/pr⟩ Brême
'Brems|backe f mâchoire f de frein; **~belag** m garniture f de frein
Bremse¹ ['brɛmzə] f ⟨~; ~n⟩ TECH frein m; *auf die ~ treten* donner un coup de frein; appuyer sur le frein; *die ~ anziehen* serrer le frein
Bremse² f ⟨~; ~n⟩ ZO taon m
bremsen v/t u v/i ⟨-(es)t, h⟩ a fig freiner; F fig *sie ist nicht zu ~* on ne peut pas l'arrêter
'Bremser m ⟨~s; ~⟩ **1.** EISENBAHN garde-frein m; **2.** *e-s Bobs* brake m; **3.** fig, bes POL *bei etw den ~ spielen* bloquer qc; *immer den ~ spielen* faire de l'obstruction (systématique)
'Brems|flüssigkeit f liquide m de frein; **~klotz** m sabot m de frein, patin m de frein; **~kraftverstärker** m servofrein m; **~leuchte** f, **~licht** n feu m de stop; **~pedal** n pédale f de frein; **~probe** f essai m de freinage; **~scheibe** f disque m de frein; **~spur** f trace f de freinage; **~trommel** f tambour m de frein
'Bremsung f ⟨~; ~en⟩ freinage m
'Brems|weg m distance f de freinage; **~zylinder** m cylindre m de frein
'brennbar adj combustible; *leicht ~* inflammable
'Brenn|dauer f *e-r Glühbirne etc* durée f d'éclairage; *e-r Rakete* durée f de combustion; **~element** n NUCL élément m (de) combustible
brennen ['brɛnən] ⟨brennt, brannte, gebrannt, h⟩ I v/t **1.** *Ton, Ziegel, Zement* cuire; *Kalk* à calciner; *Branntwein* distiller; *gebrannte Mandeln* f/pl amandes f/pl grillées. **2.** *ein Loch in etw* (acc) *~* faire un trou dans qc; II v/i **3.** *Feuer, brennbare Stoffe* brûler; *Gebäude, Stadt etc a* être en flammes, en feu; *zu beginnen* prendre feu; *es brennt* il y a le feu; *es brennt!* au feu!; F fig *wo brennt's denn?* qu'est-ce qui ne va pas?; **4.** (*in Gang sein*) *Ofen* marcher; *Licht* être allumé; *das Licht ~ lassen* laisser la lumière allumée; **5.** *Wunde, Augen* brûler; *Rauch in den Augen* piquer; *Sonne* brûler; être brûlant; *Gewürz etc im Mund* brûler; **6.** fig *vor Verlangen, Neugier* (dat) *etc ~* brûler

de désir, de curiosité, *etc*; **auf etw** (*acc*) ~ brûler de faire qc; ne demander qu'à faire qc
'**brennend** I *adj* **1.** brûlant; *Stadt, Gebäude, Wald* en feu; en flammes; *Lampe, Zigarette* allumé; **2.** *fig Schmerz* cuisant; *Durst* ardent; *Interesse* vif, vive; **3.** *fig* (*wichtig*) ~**e Frage** question brûlante; **von ~er Aktualität** d'une actualité brûlante; II *advt* (*sehr*) ~ **heiß** torride; **etw ~ gern wollen** désirer ardemment qc; **sich ~ für etw interessieren** manifester un vif intérêt pour qc
'**Brenne|r** *m* ⟨~s; ~⟩ **1.** *TECH Gerät* brûleur *m*; **2.** *von Branntwein* distillateur *m*; ~'**rei** *f* ⟨~; ~en⟩ **1.** ⟨*pas de pl*⟩ *Herstellung* distillation *f*; **2.** *Fabrik* distillerie *f*
'**Brennessel** *f* ⟨~; ~n⟩ ortie *f*
'**Brenn|glas** *n* *OPT* lentille *f* convexe; ~**holz** *n* ⟨~es⟩ bois *m* de chauffage; ~**kammer** *f* *TECH* chambre *f* de combustion; ~**material** *n* combustibles *m/pl*; ~**ofen** *m* four *m*
'**Brennpunkt** *m* **1.** *OPT, MATH* foyer *m*; **2.** *fig* centre *m*; *des Verkehrs* point chaud; **im ~ des Interesses stehen** focaliser l'attention du public
'**Brenn|schere** *f* fer *m* à friser; ~**spiegel** *m* *OPT* miroir *m* concave; ~**spiritus** *m* alcool *m* à brûler; ~**stab** *m* *NUCL* barre *f* de combustible; ~**stoff** *m* combustible *m*; ~**weite** *f* *OPT* distance focale
brenzlig ['brɛntslɪç] *adj* **1.** (*angebrannt*) qui sent le brûlé, le roussi; **2.** F *fig* (*bedenklich*) délicat; critique; (*bedrohlich*) dangereux, -euse; risqué; **die Sache wird ~** ça sent le roussi
Bresche ['brɛʃə] *f* ⟨~; ~n⟩ brèche *f*; *fig* **für j-n, etw e-e ~ schlagen** encourager qn, qc; *fig* **für j-n in die ~ springen** prendre la relève de qn
Breton|e [bre'to:nə] *m* ⟨~n; ~n⟩, ~**in** ⟨~; ~nen⟩ Breton, -onne *m,f*
bre'tonisch *adj* breton, -onne
Brett [brɛt] *n* ⟨~(e)s; ~er⟩ **1.** planche *f*; **Schwarzes ~** tableau *m*, panneau *m* d'affichage; F *fig* **ein ~ vor dem Kopf haben** être bouché (à l'émeri); F *fig* **nicht auf e-m ~** ne pas en avoir, en tenir une couche; **2.** (*Dame2*) damier *m*; (*Schach2*) échiquier *m*; **3.** *pl* **die ~er** (**, die die Welt bedeuten**) (*Bühne*) la scène; les planches *f/pl*; **4.** F *pl* ~**er** (*Skier*) skis *m/pl*; **5.** *pl* ~**er** *BOXEN* tapis *m*
'**Brettchen** *n* ⟨~s; ~⟩ planchette *f*
'**Bretterbude** *f* baraque *f*; cabane *f* en planches
'**brettern** F *v/i* ⟨-(e)re, sein⟩ (*schnell fahren*) F foncer
'**Bretter|wand** *f* cloison *f* de planches; ~**zaun** *m* palissade *f*
'**Brettspiel** *n* jeu *m* qui se joue sur un damier, échiquier, *etc*
Brevier [bre'vi:r] *n* ⟨~s; ~e⟩ **1.** *CATH* bréviaire *m*; **2.** (*Leitfaden*) guide *m*
Brezel ['bre:tsəl] *f* ⟨~; ~n⟩, *österr* **Brezen** ['bre:tsən] *f* ⟨~; ~⟩ bretzel *m*
bricht [brɪçt] *cf* **brechen**
Bridge [brɪtʃ] *n* ⟨~⟩ bridge *m*
Brief [bri:f] *m* ⟨~(e)s; ~e⟩ lettre *f*; *BIBL* épître *f*; **blauer ~** (*Entlassungsschreiben*) lettre *f* de licenciement; *SCHULE* (lettre *f* d')avertissement *m*; *fig* **offener ~** lettre ouverte; *fig* **darauf gebe ich dir ~ und Siegel** tu peux y compter; je t'en donne ma parole; je te le promets (solennellement)
'**Brief|ablage** *f* **1.** *Vorrichtung* classeur *m* du courrier; **2.** *Vorgang* classement *m* du courrier; ~**beschwerer** *m* ⟨~s; ~⟩ presse-papiers *m*; ~**block** *m* ⟨~(e)s; ~s *ou* ~e⟩ bloc *m* de papier à lettres; ~**bogen** *m* feuille *f* de papier à lettres; ~**bombe** *f* lettre piégée
'**Briefchen** *n* ⟨~s; ~⟩ **1.** (*kleiner Brief*) billet *m*; **2.** (*Streichholz2*) pochette *f* (d'allumettes); (*Nadel2*) étui *m* à aiguilles
'**Brief|drucksache** *f bis 1993* imprimé *m* (*pouvant comporter au maximum dix mots manuscrits*); ~**freund(in)** *m(f)* correspondant(e) *m(f)*; ~**geheimnis** *n* ⟨~ses⟩ secret *m* de la correspondance; ~**karte** *f* carte-lettre *f*
'**Briefkasten** *m* boîte *f* aux lettres; **den ~ leeren** faire la levée; **der ~ wird dreimal täglich geleert** il y a trois levées par jour
'**Briefkasten|firma** *f* société *f* boîte aux lettres; ~**schlitz** *m* fente *f* de la boîte aux lettres
'**Brief|kopf** *m* en-tête *m* (de lettre); ~**kurs** *m* *BÖRSE* cours offert; ~**kuvert** *n cf* **Briefumschlag**; 2**lich** *adj u adv* par lettre(s); par écrit; ~**marke** *f* timbre *m*; *bes ADM* timbre-poste *m*
'**Briefmarken|album** *n* album *m* de timbres; ~**automat** *m* distributeur *m* (automatique) de timbres; ~**sammler(in)** *m(f)* philatéliste *m,f*; ~**sammlung** *f* collection *f* de timbres (-poste)
'**Brief|öffner** *m* coupe-papier *m*; ~**papier** *n* papier *m* à lettres; ~**partner(in)** *m(f)* correspondant(e) *m(f)*; ~**porto** *n* port *m*, affranchissement *m* (des lettres); ~**post** *f* courrier *m*; ~**roman** *m* roman *m* épistolaire; ~**schreiber(in)** *m(f)* auteur *m* d'une lettre; ~**sendung** *f* envoi *m* de lettres; ~**tasche** *f* portefeuille *m*; ~**taube** *f* pigeon *m* voyageur; ~**telegramm** *n* télégramme-lettre *m*; ~**träger(in)** *m(f)* facteur, -trice *m,f*; ~**umschlag** *m* enveloppe *f*; ~**waage** *f* pèse-lettre *m*; ~**wahl** *f* vote *m* par correspondance
'**Briefwechsel** *m* correspondance *f*; échange *m* de lettres; **mit j-m in ~** (*dat*) **stehen** correspondre avec qn
'**Briefzusteller(in)** *m(f)* *ADM* préposé(e) *m(f)*
Bries [bri:s] *n* ⟨~ses; ~e⟩ **1.** *ANAT* thymus *m*; **2.** *CUIS* ris *m* de veau
briet [bri:t] *cf* **braten**
Brigade [bri'ga:də] *f* ⟨~; ~n⟩ *MIL, HIST DDR* brigade *f*; ~**general** *m* *MIL* général *m* de brigade; ~**leiter(in)** *m(f)* *HIST DDR* chef *m* de brigade
Brigadier [brigadi'e:] *m* ⟨~s; ~s⟩ **1.** *MIL* général *m* de brigade; **2.** [a briga'di:r] ⟨*pl* ~e⟩ *HIST DDR* chef *m* de brigade
Brigitte [bri'gɪtə] *f* ⟨→ *n/pr*⟩ Brigitte *f*
Brigg [brɪk] *f* ⟨~; ~s⟩ *MAR* brick *m*
Brikett [bri'kɛt] *n* ⟨~s; ~s⟩ briquette *f*
brillant [brɪl'jant] *adj* brillant
Bril'lant ⟨~en; ~en⟩ brillant *m*
Brillantine [brɪljan'ti:nə] *f* ⟨~; ~n⟩ brillantine *f*
Bril'lant|kollier *n* collier *m* de brillants; ~**ring** *m* bague *f* avec des brillants; **mit nur e-m Brillanten solitaire** *m*; ~**schliff** *m* taille *f* en brillant
Bril'lanz *f* ⟨~⟩ brillant *m*
Brille ['brɪlə] *f* ⟨~; ~n⟩ **1.** lunettes *f/pl*; **e-e ~ des lunettes**; **une paire de lunettes**; **e-e ~ rosa lunettes**; *fig* **alles durch e-e rosa(rote) ~ sehen** voir tout, voir la vie en rose; **2.** F (*Klo2*) lunette *f*
'**Brillen|etui** *n* étui *m* à lunettes; ~**gestell** *n* monture *f*; ~**glas** *n* ⟨~es; ~er⟩ verre *m* (de lunettes); ~**schlange** *f* **1.** *ZO* serpent *m* à lunettes; **2.** F *péj* F binoclarde *f*; ~**träger(in)** *m(f)* personne *f* qui porte des lunettes
bril'lieren *st/s v/i* ⟨*pas de ge-*, h⟩ **mit etw ~** se distinguer, briller par qc; **als Botschafter ~** être un brillant ambassadeur
Brimborium [brɪm'bo:rium] F *n* ⟨~s⟩ **viel ~ machen** F faire beaucoup de chichis
bringen ['brɪŋən] *v/t* ⟨bringt, brachte, gebracht, h⟩ **1.** (*mit~*) *Dinge* apporter; *Person* amener; (*hin~*) *Dinge* (em-) porter; *Person* (em)mener; conduire; (*zurück~*) *Dinge* rapporter; *Person* ramener; **j-n ins Bett ~** mettre qn au lit; coucher qn; **~ Sie mir bitte ein Bier!** une bière, s'il vous plaît!; **2.** (*begleiten*) accompagner; (*zurück~*) raccompagner; **j-n nach Hause ~** raccompagner qn chez lui; **3.** (*veröffentlichen*) publier; (*darbieten*) réciter; dire; chanter; **die Zeitung brachte e-n interessanten Artikel darüber** le journal a publié sur ce sujet un article intéressant; **was ~ die Zeitungen?** que disent les journaux?; *TV, RAD* **was bringt das Zweite Programm heute?** qu'est-ce qu'il y a sur la deuxième chaîne aujourd'hui?; **das Kino bringt heute ...** ... passe aujourd'hui au cinéma; **4.** *Profit, Zinsen etc* rapporter; **5.** **es zu etwas ~** faire son chemin; **es zu nichts ~** ne parvenir à rien; **es weit ~** faire son chemin; **es bis zum Minister ~** parvenir au rang de ministre; **6.** (*verursachen*) *Schaden* causer; *Schwierigkeiten* créer; *Vorteile* apporter; **Glück ~** porter bonheur, chance; **7.** F (*schaffen*) arriver à; **das bringe ich einfach nicht** je n'y arrive pas; **die Menge muß es ~** il faut se rattraper sur la quantité; **8.** (*bewegen*) **etw von der Stelle ~** (faire) bouger qc; **j-n dazu ~, daß** ..., **etw zu tun** amener qn à faire qc; **9.** *mit prép* **etw an sich** (*acc*) **~** s'approprier qc; s'emparer de qc; mettre la main sur qc; **j-n an den Rand der Verzweiflung ~** faire le désespoir de qn; rendre qn fou; **das brachte mich darauf, zu** (+*inf*) cela m'a donné l'idée de (+*inf*); **etw in s-n Besitz ~** s'emparer de qc; **etw mit sich** (*dat*) **~** entraîner qc; **es mit sich** (*dat*) **~, daß ...** avoir pour conséquence que ...; **es nicht über sich** (*acc*) **~, etw zu tun** ne pas pouvoir se résoudre à faire qc; **j-n um etw ~** priver qn de qc; **10.** *mit „zum" u substantiviertem Verb* **etw zum Kochen ~** faire bouillir qc; **j-n zum Lachen, Weinen ~** faire rire, pleurer qn
'**Bringschuld** *f* ⟨~; ~en⟩ *JUR* dette *f* portable
brisant [bri'zant] *adj* **1.** *Sprengstoff* brisant; **2.** *fig Thema etc* brûlant; explosif, -ive
Bri'sanz *f* ⟨~; ~en⟩ **1.** (*Sprengkraft*) force

explosive; **2.** ⟨*pas de pl*⟩ *fig* caractère brûlant
Brise ['bri:zə] *f* ⟨~; ~n⟩ brise *f*
Brit|e ['brɪtə] *m* ⟨~n; ~n⟩, **~in** *f* ⟨~; ~nen⟩ Britannique *m,f*
'britisch *adj* britannique; de la Grande-Bretagne; *die* **₂en Inseln** les îles *f/pl* Britanniques
Bröckchen ['brœkçən] *n* ⟨~s; ~⟩ petit morceau
'bröckelig *adj* friable
bröckeln ['brœkəln] *v/i* ⟨-(e)le, sein⟩ s'effriter; *der Putz bröckelt von der Mauer* l'enduit du mur s'effrite
brocken ['brɔkən] *v/t* ⟨h⟩ *Brot in die Suppe* ~ tremper la soupe
'Brocken *m* ⟨~s; ~⟩ **1.** (*Stück*) morceau *m*; *ein paar* ~ *e-r Unterhaltung, Sprache* quelques bribes *f/pl*; F *das war ein harter* ~*!* F c'était un gros morceau!; F ça n'a pas été de la tarte!; **2.** F *fig Mensch* F balèze *m*; F malabar *m*
'bröcklig *cf bröckelig*
brodeln ['bro:dəln] *v/i* ⟨-(e)le, h⟩ *Flüssigkeiten* bouillonner; *fig in der Masse brodelt es* la foule est en ébullition
Brodem ['bro:dəm] *st/s m* ⟨~s⟩ exhalaisons *f/pl*; émanations *f/pl*
Broiler ['brɔylər] *m* ⟨~s; ~⟩ *ostdeutsch* poulet rôti
Brokat [bro'ka:t] *m* ⟨~(e)s; ~e⟩ brocart *m*
Brokkoli ['brɔkoli] *pl* brocoli *m*
Brom [bro:m] *n* ⟨~s⟩ CHIM brome *m*
Brombeer|e ['brɔmbe:rə] *f Frucht* mûre *f* (sauvage); **~marmelade** *f* confiture *f* de mûres; **~strauch** *m* roncier *m*; ronces *f/pl*
bronchi'al *adj* bronchique
Bronchi'al|asthma *n* asthme *m* (bronchique); **~katarrh** *m* bronchite *f*
Bronchie ['brɔnçiə] *f* ⟨~; ~n⟩ bronche *f*
Bronchitis [brɔn'çi:tɪs] *f* ⟨~; -i'tiden⟩ bronchite *f*
Bronchoskopie [brɔnçosko'pi:] *f* ⟨~; ~n⟩ bronchoscopie *f*
Bronze ['brõ:sə] *f* ⟨~; ~n⟩ bronze *m*; **₂farben** *adj* bronzé; couleur bronze; **~medaille** *f* médaille *f* de bronze
'bronzen *adj* (*aus Bronze*) de *od* en bronze; (*bronzefarben*) bronzé
'Bronzezeit *f* ⟨~⟩ âge *m* du bronze
Brosame ['bro:za:mə] *st/s f* ⟨~; ~n⟩ miette *f*
Brosche ['brɔʃə] *f* ⟨~; ~n⟩ broche *f*
broschieren [brɔ'ʃi:rən] *v/t* ⟨*pas de ge-*, h⟩ *Buch*, TEXT brocher
Broschüre [brɔ'ʃy:rə] *f* ⟨~; ~n⟩ brochure *f*
Brösel ['brø:zəl] *m, österr n* ⟨~s; ~⟩ miette *f*
'bröseln *v/t* (*u v/i*) ⟨-(e)le, h⟩ (s')émietter
Brot [bro:t] *n* ⟨~(e)s; ~e⟩ **1.** pain *m*; *e-e Scheibe, Schnitte* ~ une tranche de pain; REL, *fig das tägliche* ~ le pain quotidien, de ce jour; *das brauche ich wie das tägliche* ~ c'est vital pour moi; *prov der Mensch lebt nicht vom* ~ *allein* l'homme ne vit pas seulement de pain; *prov wes* ~ *ich ess', des Lied ich sing' prov* celui qui paie les pipeaux commande la musique; **2.** F (*Butter₂*) tartine *f*; *zugeklapptes* sandwich *m*; F *fig j-m etw aufs* ~ *schmieren* reprocher qc à qn avec insistance; **3.** ⟨*pas de pl*⟩ *fig* (*Lebensunterhalt*) *im Schweiße s-s Angesichts sein* ~ *verdienen* gagner son pain à la sueur de son front; *das ist ein hartes* ~ c'est très dur, pénible (comme travail)
'Brot|aufstrich *m* beurre *m*, confiture *f*, pâté *m*, fromage *m*, *etc* (à tartiner); **~belag** *m* charcuterie *f*, fromage *m*, *etc* (sur les tranches de pain); **~beruf** *m* gagne-pain *m*; **~beutel** *m* musette *f*
Brötchen ['brø:tçən] *n* ⟨~s; ~⟩ petit pain; *belegtes* ~ sandwich *m*; F *fig kleine* ~ *backen* (*müssen*) (devoir) en rabattre; F *in dieser Firma verdiene ich meine* ~ F c'est dans cette maison que je gagne ma croûte, mon bifteck
'Brötchengeber *m* ⟨~s; ~⟩ *plais* patron *m*
'Brot|einheit *f* équivalent *m* pain; **~erwerb** *m* ⟨~(e)s; ~e⟩ gagne-pain *m*; **~kasten** *m* boîte *f* à pain
'Brotkorb *m* corbeille *f* à pain; *fig j-m den* ~ *höher hängen* serrer la vis à qn
'Brot|krume *f* **1.** *Inneres* mie *f*; **2.** *Brösel* miette *f* (de pain); **~krümel** *f* miette *f* (de pain); **~kruste** *f* croûte *f* du pain; **~laib** *m* miche *f*
'brotlos *adj* ~ *sein* être sans travail, sur le pavé; ~*e Kunst* profession peu lucrative, qui ne nourrit pas son homme
'Brot|maschine *f* machine *f* à couper, à trancher le pain; **~messer** *n* couteau *m* à pain; **~neid** *m* jalousie professionnelle; **~scheibe** *f*, **~schnitte** *f* tranche *f* de pain; **~suppe** *f* panade *f*; **~teig** *m* pâte *f* à pain
'Brotzeit *f südd Imbiß* casse-croûte *m*; *Pause* pause *f* casse-croûte; ~ *machen* faire la pause casse-croûte
brr [br] *int* **1.** *bei Kälte* brrr!; *vor Ekel* berk *od* beurk!; **2.** *zu Pferden etc* 'ho!
BRT *abr* (*Bruttoregistertonne*) t.j.b. *m* (tonneau de jauge brute)
Bruch¹ [brux] *m* ⟨~(e)s; ~e⟩ **1.** *a fig* rupture *f*; *e-s Eides* violation *f*; *e-s Versprechens* manquement *m* (+gén à); *innerhalb e-r Partei* scission *f*; *zu* ~ *gehen* se casser; se briser; *in die Brüche gehen Gegenstände* se briser; se casser; *fig Ehe* être un échec; F ~ *machen* faire *qc* la casse; AVIAT casser du bois; **2.** MÉD (*Knochen₂*) fracture *f*; (*Eingeweide₂*) 'hernie; *sich* (*dat*) *e-n* ~ *heben* se faire une 'hernie; attraper une 'hernie; **3.** (~*stelle*), MINÉR cassure *f*; (*Verwerfung*) faille *f*; **4.** COMM *von Keksen etc* casse *f*; débris *m/pl*; **5.** MATH fraction *f*; **6.** F (*Ein₂*) cambriolage *m*; *arg* casse *m*; **7.** (*Stoff₂*) pliure *f*; (*Falte*) faux pli
Bruch² [brux *ou* bru:x] *n od m* ⟨~(e)s; ~e⟩ (*Sumpfgebiet*) marécage *m*
'Bruch|band *n* ⟨~(e)s; -bänder⟩ ceinture *f*, bandage *m* 'herniaire; **~bude** F *f* baraque *f*; **₂fest** *adj* résistant à la rupture; incassable; **~festigkeit** *f* résistance *f* à la rupture
brüchig ['brʏçɪç] *adj* **1.** *Material* cassant; fragile; (*bröckelig*) friable; **2.** *Stimme* cassé; **3.** *fig Existenz* précaire; *Beziehung* fragile
'Bruchlandung *f* atterrissage *m* en catastrophe; *e-e* ~ *machen* casser du bois
'Bruch|pilot F *m* pilote *m* qui a cassé du bois; **~rechnen** *n*, **~rechnung** *f* calcul *m* des fractions; **~schaden** *m* casse *f*
'bruchsicher I *adj* incassable; **II** *adv etw* ~ *verpacken* empaqueter qc de façon à ce qu'il ne se casse pas
'Bruch|stein *m* moellon *m*; **~stelle** *f* point *m* de rupture; cassure *f*; **~strich** *m* MATH barre *f* de fraction; **~stück** *n* fragment *m*; morceau *m*; *pl* ~*e e-r Unterhaltung etc* bribes *f/pl*; **₂stückhaft I** *adj* fragmentaire; **II** *adv* par fragments; *sprechen etc* par bribes
'Bruchteil *m* fraction *f*; *fig* (petite) partie; *im* ~ *e-r Sekunde* en une fraction de seconde
'Bruchzahl *f* nombre *m* fractionnaire
Brücke ['brʏkə] *f* ⟨~; ~n⟩ **1.** pont *m*; *e-e* ~ *über e-n Fluß schlagen, bauen* jeter un pont sur une rivière; *fig* ~*n od e-e* ~ *schlagen zwischen* (+*dat*) jeter un pont entre; *fig j-m goldene* ~*n bauen* tendre la perche à qn; *fig alle* ~*n hinter sich* (*dat*) *abbrechen* couper les ponts; **2.** (*Schiffs₂*) passerelle *f*; **3.** *Teppich* carpette *f*; **4.** TURNEN pont *m*; **5.** (*Zahn₂*) bridge *m*
'Brücken|bau *m* ⟨~(e)s; ~ten⟩ construction *f* de ponts; **~bogen** *m* arche *f* (d'un pont); **~geländer** *n* parapet *m* de pont; garde-fou *m*; **~kopf** *m* tête *f* de pont; **~pfeiler** *m* pile *f* (de pont); **~tag** *m* pont *m*; **~waage** *f* (balance *f* à) bascule *f*; **~zoll** *m* péage *m*
Bruder ['bru:dər] *m* ⟨~s; ~⟩ *a* REL frère *m*; F *plais* *unter Brüdern* F entre copains; F *den* ~ *kennen wir* on le connaît, celui-là; F *péj warmer* ~ (*Homosexueller*) F pédé *m*; *plais* ~ *Lustig* joyeux drille; gai luron; *fig der große* ~ *als Partner* le grand frère; *Staat* l'État omniprésent
Brüderchen ['bry:dərçən] *n* ⟨~s; ~⟩ petit frère; *plais in der Anrede* F frérot *m*
'Bruder|herz *n* ⟨~ens⟩ *plais* F frérot *m*; *zu e-m Freund* vieux frère; **~krieg** *m* guerre *f* fratricide; **~kuß** *m* accolade (fraternelle); **~land** *n* ⟨~(e)s; -länder⟩ pays *m* frère
brüderlich ['bry:dərlɪç] **I** *adj* fraternel, -elle; **II** *adv* en frère(s); fraternellement; *etw* ~ *teilen* partager qc en frères
'Brüderlichkeit *f* ⟨~⟩ fraternité *f*; sentiments fraternels
'Bruder|liebe *f* ⟨~⟩ amour fraternel; **~mord** *m* fratricide *m*; **~mörder(in)** *m(f)* fratricide *m,f*; **~schaft** *f* ⟨~; ~en⟩ REL confrérie *f*
Brüderschaft ['bry:dərʃaft] *f* ⟨~⟩ fraternité *f*; *mit j-m* ~ *trinken* trinquer avec *qn* pour fêter la décision mutuelle de se tutoyer
'Brudervolk *n* peuple *m* frère
Brügge ['brʏɡə] *n* ⟨→ *n/pr*⟩ Bruges
Brühe ['bry:ə] *f* ⟨~; ~n⟩ **1.** (*Fleisch₂*) bouillon *m*; *kräftige* consommé *m*; **2.** *péj* (*Wasser*) eau *f* sale; (*Kaffee, Tee etc*) F lavasse *f*; (*Kaffee a*) F jus *m* de chaussette
'brühen *v/t* ⟨h⟩ (*auf*~) *Kaffee, Tee* faire *m*; (*über*~) ébouillanter; échauder
'brüh'heiß *adj* bouillant
'brüh'warm F *fig adv e-e Neuigkeit* ~ *erzählen* servir une nouvelle toute fraîche, toute chaude
'Brüh|würfel *m* cube *m* de consommé; **~wurst** *f* saucisse *f* à faire chauffer dans l'eau bouillante
'Brüllaffe *m* (singe *m*) 'hurleur *m*
brüllen ['brʏlən] *v/i* ⟨h⟩ **1.** *Rind* mugir; beugler; meugler; *Löwe* rugir; *Tiger*

rauquer; *Elefant* barrir; **2.** F (*laut weinen*) F brailler; **3.** F (*schreien*) 'hurler; vociférer; F brailler; F gueuler; *ein ~des Gelächter* un formidable éclat de rire; *das ist ja zum ⚥* c'est à hurler de rire; F c'est tordant, bidonnant

'**Brumm|bär** F *m* F ronchon *m*; F bougon *m*; grognon *m*; **~baß** F *m* **1.** *Stimme* voix *f* grave, de basse; **2.** (*Kontrabaß*) contrebasse *f*

brummen [ˈbrumən] ⟨h⟩ **I** *v/t* **1.** (*mürrisch äußern*) grommeler; **2.** (*undeutlich sagen*) *etw vor sich* (*acc*) *hin*, *in den Bart ~* marmonner qc entre ses dents; **3.** (*summen*) *Lied* chantonner; fredonner; **II** *v/i* **4.** *Bär* grogner; *Flugzeug* vrombir; *Fliege etc* bourdonner; *Motor*, *Kreisel* ronfler; F *fig mir brummt der Kopf* j'ai mal à la tête; **5.** (*mürrisch sein*) F ronchonner; F bougonner; **6.** (*schlecht singen*) mal chanter; **7.** F (*eingesperrt sein*) *Verbrecher drei Jahre ~ müssen* F devoir passer trois ans en cabane, en taule, à l'ombre

'**Brummer** F *m* ⟨~s; ~⟩ **1.** (*Fliege*) grosse mouche; **2.** (*Lastwagen*) poids lourd; F gros cul

'**Brummi** F *m* ⟨~s; ~s⟩ F gros cul

'**brummig** F *adj* grincheux, -euse; F ronchon, -onne *od inv*; F bougon, -onne

'**Brummkreisel** *m* toupie ronflante

'**Brummschädel** F *m* *e-n ~ haben vom Alkoholgenuß* avoir mal aux cheveux; F avoir la gueule de bois

'**Brunch** [bran(t)ʃ] *m* ⟨~(e)s *ou* ~; *ou* ~e⟩ brunch *m*

'**brunchen** *v/i* ⟨h⟩ bruncher

Brunei [ˈbruːnaɪ] *n* ⟨→ *n/pr*⟩ Brunei

brünett [bryˈnɛt] *adj* brun

Brü'nette *f* ⟨~n; ~n⟩ brune *f*

Brunft [brunft] *f* ⟨~; ~e⟩ *cf* **Brunst**

'**brunftig** *cf* **brünstig**

'**Brunnen** [ˈbrunən] *m* ⟨~s; ~⟩ **1.** puits *m*; *künstlerischer*, (*Spring*⚥) fontaine *f*; *fig warten*, *bis das Kind in den ~ gefallen ist* réagir quand il est trop tard; **2.** (*Wasser e-r Heilquelle*) eau minérale, de source

'**Brunnen|becken** *n* bassin *m* (d'une fontaine); **~figur** *f* statue *f* de fontaine; **~haus** *n* fontaine (couverte); **~kresse** *f* cresson *m* de fontaine

'**Brunnenkur** *f* cure (thermale); *e-e ~ machen* prendre les eaux

'**Brunnen|rand** *m* margelle *f*; **~schacht** *m* puits *m*; **~wasser** *n* ⟨~s; ~⟩ eau *f* de puits, de fontaine

Bruno [ˈbruːno] *m* ⟨→ *n/pr*⟩ Bruno *m*

Brunst [brunst] *f* ⟨~; ~e⟩ rut *m*; chaleur *f*

'**brünstig** [ˈbrynstɪç] *adj* *Tier* en rut; en chaleur

'**Brunst|schrei** *m* brame(ment) *m*; **~zeit** *f* rut *m*; saison *f* des amours

brüsk [brysk] *adj* brusque; rude

brüs'kier|en *v/t* ⟨*pas de ge-*, h⟩ brusquer; *p/fort* offenser; **⚥ung** *f* ⟨~; ~en⟩ offense *f*

Brüssel [ˈbrysəl] *n* ⟨→ *n/pr*⟩ Bruxelles

Brust [brust] *f* ⟨~; ~e⟩ **1.** poitrine *f*; *des Pferdes* poitrail *m*; *j-n an s-e ~ drücken* serrer qn sur son cœur; *sich (dat) an die ~ schlagen* se frapper la poitrine; *fig* battre sa coulpe; *sich in die ~ werfen* bomber le torse; se rengorger; plastronner; F *einen zur ~ nehmen* F siffler un verre; F *schwach auf der ~*

sein gesundheitlich être fragile des bronches; *finanziell* F être fauché, à sec; *in s-n Fähigkeiten* F ne pas être un crack; *SPORT ~ an ~ kämpfen* lutter (au) corps à corps; *SCHWIMMEN zweihundert Meter ~* deux cents mètres brasse; *aus voller ~* à gorge déployée; à pleine gorge; **2.** *der Frau* sein *m*; *pl Brüste* a poitrine *f*; *e-m Kind die ~ geben* donner le sein, donner à téter à un enfant; **3.** *CUIS* (*Geflügel*⚥) blanc *m*; (*Rinder*⚥, *Kalbs*⚥) poitrine *f*

'**Brust|bein** *n* sternum *m*; os sternal; **~beutel** *m* bourse portée autour du cou; **~bild** *n* *PHOT*, *PEINT* buste *m*; **~drüse** *f* glande *f* mammaire

'**brüsten** [ˈbrystən] *v/réfl* ⟨-ete, h⟩ *péj sich* (*mit etw*) *~* se vanter, faire étalage, tirer vanité, se targuer (de qc)

'**Brust|fell** *n* *ANAT* plèvre *f*; **~fellentzündung** *f* pleurésie *f*; **~flosse** *f* nageoire pectorale; **~gegend** *f* région *f* de la poitrine; **~haar** *n* poils *m/pl* sur la poitrine

'**Brusthöhe** *f in ~* à la hauteur de la poitrine

'**Brust|höhle** *f* cavité *f* thoracique; **~kasten** F *m* F coffre *m*; **~kind** F *n* enfant nourri au sein; enfant à la mamelle; **~korb** *m* cage *f* thoracique; thorax *m*; **~krebs** *m* ⟨~s⟩ cancer *m* du sein; **~muskel** *m* muscle pectoral; **~panzer** *m* *MIL* plastron *m* (de cuirasse); **~schwimmen** *n* brasse *f*

'**Brustschwimmer** *m* nageur *m* de brasse; *er ist ein guter ~* il nage bien la brasse

'**Brust|stimme** *f* voix *f* de poitrine; **~stück** *n* *CUIS* morceau *m* de poitrine; **~tasche** *f* *COUT* *innere* poche intérieure; *äußere* poche *f* (de) poitrine; **~tee** *m* tisane pectorale

'**Brusttton** *m* ⟨~(e)s; -töne⟩ *MUS* note *f* de poitrine; *im ~ der Überzeugung* d'un ton convaincu, pénétré; avec conviction

'**Brustumfang** *m* tour *m* de poitrine

'**Brüstung** *f* ⟨~; ~en⟩ parapet *m*; balustrade *f*; garde-fou *m*

'**Brust|warze** *f* mamelon *m*; bout *m* du sein; **~wickel** *m* *MÉD* enveloppement localisé au thorax; **~wirbel** *m* vertèbre dorsale

Brut [bruːt] *f* ⟨~; ~en⟩ **1.** *von Vögeln* couvée *f*; *von Insekten* couvain *m*; *von Fischen* alevins *m/pl*; frai *m*; **2.** ⟨*pas de pl*⟩ (*pas der Brüten*) couvaison *f*; **3.** F *péj* ⟨*pas de pl*⟩ F sale race *f*

brutal [bruˈtaːl] **I** *adj* brutal; rude; **~er Mensch** a brute *f*; **II** *adv* *j-n ~ mißhandeln* brutaliser qn

brutali'sieren *v/t* ⟨*pas de ge-*, h⟩ rendre barbare, brutal; déshumaniser

Brutali'tät *f* ⟨~; ~en⟩ brutalité *f*

'**Brutapparat** *m* couveuse (artificielle); incubateur *m*

'**brüten** [ˈbryːtən] ⟨-ete, h⟩ **I** *v/t* (*aus~*) couver; **II** *v/i* **1.** *Vögel* couver; **2.** *fig Sonne* taper; brûler; *~de Hitze* chaleur suffocante, accablante; **3.** *fig* (*über etw* [*dat*]) *~* ruminer qc; retourner qc dans sa tête; méditer (sur qc)

'**brütend'heiß** F *adj* (*épithète*) torride; d'une chaleur suffocante

'**Brüter** *m* ⟨~s; ~⟩ *NUCL* **schneller ~** surrégénérateur *m*

'**Brut|henne** *f* (poule *f*) couveuse *f*; **~hitze** F *fig f* chaleur accablante, suffocante; **~kasten** *m* *MÉD* couveuse *f*; incubateur *m*; **~pflege** *f* *ZO* soins donnés à la couvée, aux petits; **~reaktor** *m* *NUCL* surrégénérateur *m*; **~schrank** *m* étuve *f* bactériologique, à culture microbienne; **~stätte** *f* **1.** lieu *m* de reproduction; **2.** *fig* foyer *m* (*für od +gén* de)

brutto [ˈbruto] *adv* brut; *er verdient tausend Mark ~* son salaire brut est de mille marks

'**Brutto|einkommen** *n* revenu brut; **~einnahme** *f* recette brute; **~ertrag** *m* produit brut; **~gehalt** *n* salaire brut; **~gewicht** *n* poids brut; **~gewinn** *m* bénéfice brut; **~lohn** *m* salaire brut; **~preis** *m* prix brut; **~re'gistertonne** *f* *MAR* tonneau *m* de jauge brute; **~sozi'alprodukt** *n* produit national brut

'**brutzeln** [ˈbrutsəln] ⟨-(e)le, h⟩ **I** *v/t* faire revenir, sauter; passer à la poêle; **II** *v/i* grésiller

Btx [beːteːˈʔɪks] *abr* (*Bildschirmtext*) *etwa* minitel *m* (*nom déposé*); **~-Gerät** *n* minitel *m* (*nom déposé*)

Bub [buːp] *m* ⟨~en; ~en⟩ *südd*, *österr*, *schweiz* garçon *m*

'**Bübchen** [ˈbyːpçən] *n* ⟨~s; ~⟩ *südd*, *österr*, *schweiz* (petit) garçon

Bube [ˈbuːbə] *m* ⟨~n; ~n⟩ **1.** *péj* coquin *m*; mauvais sujet; **2.** *beim Kartenspiel* valet *m*

Bubi [ˈbuːbi] F *péj m* ⟨~s; ~s⟩ F jeunot *m*; **~kopf** *m* coiffure *f* à la garçonne; **~kragen** F *m* col *m* Claudine

Buch [buːx] *n* ⟨~(e)s; ~er⟩ **1.** livre *m*; *das Goldene ~* e-r Stadt le livre d'or; *das ~ der Bücher* (*Bibel*) le Livre; *ein schlaues ~* un livre astucieux; F *reden wie ein ~* F être un moulin à paroles; *ein Dummkopf etc*, *wie er im ~e steht* un parfait (exemple d'imbécile, *etc*); *fig ein offenes ~ für j-n sein* ne plus avoir de secrets pour qn; *fig das ist für mich ein ~ mit sieben Siegeln* c'est de l'hébreu, du chinois pour moi; **2.** *COMM meist pl* **Bücher** livres *m/pl*; comptes *m/pl*; écritures *f/pl*; *die Bücher* tenir les livres, les comptes, les écritures; (*genau*) *über etw* (*acc*) *~ führen* tenir un compte exact de qc; *zu ~ stehen* être comptabilisé, inscrit; *mit 500 DM zu ~(e) schlagen* coûter 500 marks; **3.** (*Dreh*⚥) scénario *m*; script *m*

'**Buch|ausstellung** *f* exposition *f* de livres; **~besprechung** *f* critique *f*, compte rendu *m* d'un livre; **~binder(in)** *m* ⟨~s; ~⟩ (*f* ⟨~; ~nen⟩) relieur, -ieuse *m/f*; **~binde'rei** *f* *Werkstatt* atelier *m* de relieur; **~club** *m* club *m* du livre; **~deckel** *m* couverture *f* de livre; **~druck** *m* ⟨~(e)s⟩ imprimerie *f*; **~drucker** *m* imprimeur *m*; **~drucke'rei** *f* imprimerie *f*; **~druckerkunst** *f* ⟨~⟩ (*art m de l'*)imprimerie *f*

'**Buche** [ˈbuːxə] *f* ⟨~; ~n⟩ *BOT* hêtre *m*; **~cker** *f* ⟨~; ~n⟩ faîne *od* faine *f*

'**Bucheinband** *m* reliure *f*; (*Buchdeckel*) couverture *f*

'**buchen** *v/t* ⟨h⟩ **1.** *COMM* (*ver~*) comptabiliser; passer écriture de; *auf ein Konto ~* porter en compte; **2.** *Reise*, *Hotelzimmer etc* réserver; *Hotelzimmer a* retenir; *e-n Flug ~* réserver une place d'avion

Buchenwald *m* forêt *f* de hêtres; 'hêtraie *f*
Bücher|bord ['byːçɔrbɔrt] *n* Brett rayon *m*; étagère *f*; *Gestell* rayonnage *m*; étagère *f*; **~brett** *n* rayon *m*; étagère *f*
Bücherei [byːçəˈraɪ] *f* ⟨~; ~en⟩ bibliothèque *f*
Bücher|markt ['byːçɔrmarkt] *m* ⟨~es⟩ marché *m* du livre; **~narr** *m* bibliomane *m*; **~regal** *n* étagère *f*; rayonnage *m*; **~schrank** *m* bibliothèque *f*; **~sendung** *f* envoi *m* de livres; **~verbrennung** *f* autodafé *m* (de livres); **~wand** *f Möbel* bibliothèque *f*; *Wand* mur occupé d'étagères de livres; **~weisheit** *f péj* sagesse *f* livresque; **~wurm** *m fig, plais* rat *m* de bibliothèque; bouquineur, -euse *m,f*
Buchfink *m* pinson *m*
Buchform *f* in **~** sous forme de livre
Buchführung *f* comptabilité *f*; tenue *f* des livres; *einfache, doppelte ~* comptabilité en partie simple, double; *die ~ machen* tenir les livres
Buch|gemeinschaft *f* club *m* du livre; **~halter(in)** *m* ⟨~s; ~⟩ (*f*) ⟨~; ~nen⟩ comptable *m,f*
buchhalterisch *adj* ⟨*épithète*⟩ comptable; *mit ~er Genauigkeit* avec une précision minutieuse
Buchhaltung *f Tätigkeit, Abteilung* comptabilité *f*
Buchhandel *m herstellender* industrie *f* du livre; éditeurs *m/pl*; *verbreitender* commerce *m* de(s) livres; libraires *m/pl*; *der deutsche ~ a* l'édition allemande; *im ~ erhältlich sein* être en vente dans les librairies
Buch|händler(in) *m(f)* libraire *m,f*; **~handlung** *f* librairie *f*; **~hülle** *f* couvre-livre *m*; jaquette *f*; **~kritik** *f* critique *f*, compte rendu *m* d'un livre; **~laden** *m cf* Buchhandlung
Büchlein ['byːçlaɪn] *n* ⟨~s; ~⟩ petit livre; opuscule *m*
Buch|macher *m* bookmaker *m*; **~messe** *f* foire *f* du livre; **~prüfer** *m* expert-comptable *m*; commissaire *m* aux comptes; **~prüfung** *f* vérification *f* de(s) comptes; **~reihe** *f* collection *f*; série *f* de livres; **~rücken** *m* dos *m* d'un livre
Buchs [buks] *m* ⟨~; ~e⟩, '**~baum** *m* buis *m*
Buchse ['buksə] *f* ⟨~; ~n⟩ **1.** TECH (*Lager2*) coussinet *m*; **2.** ÉLECT prise femelle
Büchse ['byksə] *f* ⟨~; ~n⟩ **1.** boîte *f*; *für Nadeln etc* étui *m*; (*Konserven2*) boîte *f* de conserve; MYTH, *fig die ~ der Pandora* la boîte de Pandore; **2.** *Schußwaffe* carabine *f*; **3.** F (*Sammel2*) boîte à collecte(s)
Büchsen|fleisch *n* viande *f* en boîte, en conserve; **~milch** *f* lait concentré (en boîte); **~öffner** *m* ouvre-boîtes *m*
Buchstabe ['buːxʃtaːbə] *m* ⟨~n(s); ~n⟩ lettre *f*, *a* TYPO caractère *m*; *großer ~* majuscule *f*; capitale *f*; *kleiner ~* minuscule *f*; *plais die vier ~n* le postérieur; le derrière; *bei Zahlen in ~n* en toutes lettres; *nach dem ~n des Gesetzes handeln* appliquer la loi à la lettre
buchstaben|getreu I *adj* littéral; **II** *adv* à la lettre; **~rätsel** *n* logogriphe *m*; **~schloß** *n* serrure à lettres

buchsta'bier|en *v/t* ⟨*pas de ge-*, *h*⟩ épeler; **~alphabet** *n* code *m* d'épellation
buchstäblich ['buːxʃtɛːplɪç] **I** *adj* littéral; **II** *adv* littéralement
Buchstütze *f* serre-livres *m*
Bucht [buxt] *f* ⟨~; ~en⟩ baie *f*; *kleine* anse *f*, crique *f*
Buchtel ['buxtəl] *f* ⟨~; ~n⟩ *österr:* petit gâteau de pâte levée et fourrée
Buch|titel *m* titre *m* (de livre); **~umschlag** *m* (*Schutz2*) jaquette *f*; couvre-livre *m*
Buchung *f* ⟨~; ~en⟩ **1.** COMM comptabilisation *f*; inscription *f* dans les livres; écriture *f*; **2.** *e-r Flug-*, *Schiffsreise etc* réservation *f*
Buchungs|beleg *m* document *m*, pièce *f* comptable; **~fehler** *m* erreur *f* de comptabilisation; **~maschine** *f* machine *f* comptable; **~nummer** *f* numéro *m* d'enregistrement, de comptabilisation
Buch|verlag *m* maison *f* d'édition; **~verleih** *m* service *m* de location de livres; **~versand** *m* **1.** *das Versenden* envoi *m* de livres; **2.** *Versandhaus* (maison *f* de) vente *f* de livres par correspondance
Buchweizen *m* sarrasin *m*; blé noir
Buch|wesen *n* ⟨~s⟩ monde *m* du livre, de l'édition; **~wissen** *n péj* savoir *m* livresque
Buckel ['bukəl] *m* ⟨~s; ~⟩ **1.** MÉD bosse *f*; gibbosité *f*; *e-n ~ haben* être bossu; **2.** (*Rücken*) dos *m*; *e-n ~ machen Katze* faire le gros dos; *fig* (*unterwürfig sein*) ramper; faire des courbettes; *er kann mir den ~ herunterrutschen!* F qu'il me fiche la paix!; F il me le casse!; *schon viele Jahre auf dem ~ haben* F ne plus être tout jeune; **3.** F (*Wölbung, Erhöhung*) bosse *f*; (*kleiner Hügel*) tertre *m*; butte *f*
buckelig *adj* **1.** MÉD bossu *m*; **2.** F *Weg, Fläche* bossué; défoncé
buckeln F ⟨-(e)le, h⟩ **I** *v/t* (*auf dem Rücken tragen*) coltiner; **II** *v/i* **1.** *Katze* faire le gros dos; **2.** *fig péj vor j-m ~* ramper, faire des courbettes devant qn
Buckelrind *n* zébu *m*
bücken ['bykən] *v/t/réfl* ⟨*h*⟩ *sich (nach etw) ~* se baisser (pour ramasser qc); *gebückt gehen* marcher courbé
bucklig *cf* buckelig
Bückling¹ ['byklɪŋ] F *plais m* ⟨~s; ~e⟩ (*Verbeugung*) courbette *f*; *pl ~e* F salamalecs *m/pl*
Bückling² *m* ⟨~s; ~e⟩ (*Räucherhering*) 'hareng saur, fumé
Buddel ['budəl] F *f* ⟨~; ~n⟩ *nordd* bouteille *f*
buddeln *v/t u v/i* ⟨-(e)le, h⟩ **1.** *im Sand*, *in der Erde, ein Loch etc* creuser; *Tiere m* fouir; **2.** *regional Kartoffeln etc* déterrer
Buddha ['buda] *m* ⟨→ *n/pr*⟩ Bouddha *m*
Bud'dhismus *m* ⟨~⟩ bouddhisme *m*; **~ist(in)** *m* ⟨~en; ~en⟩ (*f*) ⟨~; ~nen⟩ bouddhiste *m,f*; **2istisch** *adj Person* bouddhiste; *Lehre etc* bouddhique
Bude ['buːdə] *f* ⟨~; ~n⟩ **1.** (*Bretter2*, *Jahrmarkts2*) baraque *f*; (*Jahrmarkts2*) stand *m*; (*Kiosk*) kiosque *m*; **2.** F *péj* (*baufälliges Haus*) baraque *f*; **3.** F (*Zimmer, Wohnung*) F piaule *f*; (*Studenten2 a*) chambre *f* d'étudiants; *Leben in die ~ bringen* mettre de l'ambiance; *j-m auf die ~ rücken* mit e-m *Anliegen* (venir) 'harceler, relancer qn;

als Besuch F débarquer chez qn; *j-m die ~ einrennen* (venir) 'harceler qn; F (venir) casser les pieds à qn; **4.** F (*Laden, Geschäft etc*) boîte *f*
Budenzauber F *m* F foire *f*; F nouba *f*
Budget [by'dʒeː] *n* ⟨~s; ~s⟩ budget *m*; **~beratung** *f* discussion *f* du budget; **~entwurf** *m* projet *m* de budget; **~kürzung** *f* compressions *f/pl* budgétaires; réduction *f* du budget
Büfett [by'fɛt] *n* ⟨~(e)s; ~s *ou* ~e⟩ **1.** (*Anrichte, Geschirrschrank*) buffet *m*; **2.** CUIS *kaltes ~* buffet froid; **3.** (*Schanktisch*) comptoir *m*; bar *m*; **4.** *schweiz* (*Bahnhofsrestaurant*) buffet *m*
Büffel ['byfəl] *m* ⟨~s; ~⟩ buffle *m*
büffeln F *v/t u v/i* ⟨-(e)le, h⟩ F piocher; F bûcher; F potasser
Buffet, *österr a* **Büffet** [by'feː] *n* ⟨~s; ~s⟩ *cf* Büfett
Buffo ['bufo] *m* ⟨~s; ~s *ou* Buffi⟩ MUS bouffe *m*
Bug [buːk] *m* ⟨~(e)s; ~e⟩ **1.** ⟨*pl* ~e⟩ MAR proue *f*; *a* AVIAT avant *m*; nez *m*; F *fig j-m eine vor den ~ knallen* (*j-m e-n Schlag versetzen*) F flanquer un jeton à qn; (*j-n zurechtweisen*) adresser une verte semonce à qn; **2.** *beim Rind etc* épaule *f*; paleron *m*; **3.** ⟨*pl* ~e⟩ CONSTR aisselier *m*
Bügel ['byːgəl] *m* ⟨~s; ~⟩ **1.** (*Kleider2*) cintre *m*; portemanteau *m*; **2.** (*Steig2*) étrier *m*; **3.** (*Brillen2*) branche *f*; **4.** *an Handfeuerwaffen* sous-garde *f*; pontet *m*; **5.** *e-r Handtasche* monture *f*; **6.** *e-r Säge* monture *f*; **7.** (*Stromabnehmer*) archet *m*
Bügel|automat *m* machine *f* à repasser; **~brett** *n* planche *f* à repasser; **~eisen** *n* fer *m* à repasser; **~falte** *f* pli *m* (de pantalon); **2frei** *adj* qui ne se repasse pas; infroissable; **~maschine** *f* machine *f* à repasser
bügeln ['byːgəln] *v/t* ⟨-(e)le, h⟩ repasser
Bügel|tisch *m* table *f* à repasser; **~wäsche** *f* *zum Bügeln* linge *m* à repasser; *gebügelte* linge repassé
Buggy ['bagi] *m* ⟨~s; ~s⟩ **1.** *Auto* buggy *m*; **2.** *Kinderwagen* poussette modulable, pliante
Büglerin *f* ⟨~; ~nen⟩ repasseuse *f*
bugsieren [buˈksiːrən] *v/t* ⟨*pas de ge-*, *h*⟩ **1.** MAR remorquer; **2.** F *fig* pousser; *Person* piloter; guider
Bugwelle *f* vague *f*, lame *f* d'étrave
buh [buː] *int* 'hou!; (*pfui*) berk!; THÉ 'hou!; rideau!
buhen F *v/i* ⟨*h*⟩ 'huer (*qn bzw qc*); conspuer qn *bzw* qc
Buhle ['buːlə] *poét m* ⟨~n; ~n⟩, *f* ⟨~; ~n⟩ amant(e) *m(f)*; bien-aimé(e) *m(f)*
buhlen *v/i* ⟨*h*⟩ **1.** *st/s péj um etw ~* briguer, rechercher qc avec ardeur; **2.** *poét mit j-m ~* avoir une liaison avec qn
Buhmann *m* ⟨~(e)s; -männer⟩ **1.** *zum Fürchten* croque-mitaine *m*; **2.** (*Sündenbock*) bouc *m* émissaire; *j-n zum ~ machen* faire porter le chapeau à qn; mettre tout sur le dos de qn
Buhne ['buːnə] *f* ⟨~; ~n⟩ brise-lames *m*
Bühne ['byːnə] *f* ⟨~; ~n⟩ **1.** THÉ (*Spielfläche*) scène *f*; plateau *m*; **die ~ betreten** entrer en scène; paraître sur la scène; *Stück auf die ~ bringen* mettre en scène; monter; *für die ~ bearbeiten* adapter pour la scène; *st/s von der politischen ~ abtreten* quitter la, se reti-

rer de la politique; F *etw über die ~ bringen* (*durchführen*) mener qc à bien; (*beenden*) mener qc à bonne fin; F *die Sache muß sehr schnell über die ~ gehen* F il va falloir boucler cette affaire au plus vite; **2.** (*Theater*) théâtre *m*; scène *f*; *Freie ~* théâtre non subventionné; *die Städtischen ~n Krefeld* le Théâtre municipal de Krefeld; *zur ~ gehen* faire du théâtre; monter sur les planches; **3.** *e-s Hochofens etc* plateforme *f*; **4.** *regional* (*Dachboden*) grenier *m*; **5.** TECH (*Hebe*♀) plate-forme *f* de levage; *für Autos* pont élévateur

'**Bühnen|anweisung** *f* indication *f* scénique; **~arbeiter** *m* machiniste *m*; **~aussprache** *f* prononciation *f* adoptée au théâtre; *par ext* bonne diction; **~ausstattung** *f* décors *m/pl*; **~autor(in)** *m(f)* auteur *m* dramatique; **~bearbeitung** *f* adaptation *f* pour la scène; **~beleuchtung** *f* éclairage *m* de la scène; **~bild** *n* décors *m/pl*; **~bildner(in)** *m* ⟨~s; ~⟩ *f* ⟨~; ~nen⟩ décorateur, -trice *m,f* (de théâtre); scénographe *m,f*; **~dekoration** *f* décoration *f* scénique; **~dichtung** *f* œuvre *f* dramatique; **~erfahrung** *f* expérience *f* de la scène, du théâtre; **~erfolg** *m* succès théâtral; **~fassung** *f* adaptation *f* scénique; **♀gerecht** *adj* adapté à la scène; **~laufbahn** *f* carrière théâtrale; **~maler(in)** *m(f)* peintre *m* de décors; **~meister** *m* régisseur *m*; **~musik** *f* ⟨~⟩ musique *f* de scène; **~raum** *m* scène *f*; **♀reif** *adj* théâtral; transposable au théâtre; **~stück** *n* pièce *f* de théâtre; **~technik** ⟨~⟩ *f* technique *f* du plateau, de la machinerie

'**bühnentechnisch I** *adj* scénique; **II** *adv ~ schwer zu realisieren* techniquement difficile à réaliser sur scène

'**Bühnen|werk** *n* œuvre *f* dramatique; **♀wirksam** *adj* qui passe la rampe; **~wirkung** *f* ⟨~⟩ effet théâtral

Buhruf *m* 'huée *f*

buk [buːk] *cf* **backen**

Bukarest ['buːkarest] *n* ⟨→ *n/pr*⟩ Bucarest

Bukett [bu'kɛt] *n* ⟨~s; ~s *ou* ~e⟩ (*Wein*♀, *Blumen*♀) bouquet *m*

Bukol|ik [buˈkoːlɪk] *f* ⟨~; ~n⟩ œuvre *f*) bucolique *f*; **♀isch** *adj* bucolique

'**Bulette** [buˈletə] *f* ⟨~; ~n⟩ *regional* boulette *f* (de viande); F *plais ran an die ~n!* F on y va!; allons-y!

Bul'gar|e *m* ⟨~n; ~n⟩, **~in** *f* ⟨~; ~nen⟩ Bulgare *m,f*

Bulgarien [bul'gaːriən] *n* ⟨→ *n/pr*⟩ la Bulgarie

bul'garisch *adj* bulgare; de Bulgarie; *POL in Zssgn* bulgaro-...

Bul'garisch *n* ⟨~(s)⟩, **~e** *n* ⟨~n⟩ (*das*) *Bulgarisch(e) Sprache* le bulgare

Bulimie [buliˈmiː] *f* ⟨~⟩ MÉD boulimie *f*

Bull|auge ['bʊlʔaʊɡə] *n* MAR 'hublot *m*; **~dogge** *f* ZO bouledogue *m*

Bulldozer ['buldoːzər] *m* ⟨~s; ~⟩ TECH bulldozer *m*; bouteur *m*

Bulle[1] ['bʊlə] *m* ⟨~n; ~n⟩ **1.** ZO taureau *m*; *stark wie ein ~* F fort comme un bœuf, un Turc; **2.** F *péj ein ~ von Kerl* F un gros costaud, balèze; **3.** F *péj* (*Polizist*) F poulet *m*; F flic *m*

Bulle[2] *f* ⟨~; ~n⟩ CATH bulle *f*

'**Bullen|hitze** F *f* f chaleur *f* à crever

bullern ['bʊlərn] F *v/i* ⟨-(e)re, h⟩ *Ofen* ronfler

Bulletin [bylˈtɛ̃ː] *n* ⟨~s; ~s⟩ bulletin *m*

'**bullig** F *adj* **1.** *Mensch* F costaud (*inv*); F balèze; **2.** *Hitze* F à crever

bum [bum] *int* boum!

Bumerang ['buːməraŋ] *m* ⟨~s; ~e *ou* ~s⟩ boomerang *m*; *sein Verhalten erwies sich als ~* son comportement a eu un effet boomerang, s'est retourné contre lui

Bummel ['buməl] F *m* ⟨~s; ~⟩ F balade *f*

Bumme'lant(in) F *péj m* ⟨~en; ~en⟩ (*f*) ⟨~; ~nen⟩ **1.** (*langsamer Mensch*) traînard(e) *m(f)*; **2.** (*Nichtstuer*) feignant(e) *m(f)*; F flemmard(e) *m(f)*

Bumme'lei F *péj f* ⟨~; ~en⟩ **1.** (*Langsamkeit*) lenteur *f*; **2.** (*Pflichtvergessenheit*) fainéantise *f*; F flemme *f*

'**bummelig** *cf* **bummlig**

'**bummeln** F *v/i* ⟨-(e)le, h⟩ **1.** ⟨sein⟩ (*umherschlendern*) flâner; *durch die Stadt ~* flâner dans les rues; *~ gehen* (*Lokale besuchen*) F faire la tournée des bistrots; **2.** *péj* (*trödeln*) F lambiner; traîner; (*faulenzen*) F flemmarder; *er bummelt schon den ganzen Tag* F il n'a rien foutu de la journée

'**Bummel|streik** *m* grève perlée, du zèle; **~zug** F *m* train *m* omnibus; tortillard *m*

bummern ['bumərn] F *v/i* ⟨-(e)re, h⟩ (*klopfen*) frapper, taper violemment (*gegen* à, contre)

'**Bummler(in)** F *m* ⟨~s; ~⟩ (*f*) ⟨~; ~nen⟩ **1.** (*Spaziergänger*) flâneur, -euse *m,f*; promeneur, -euse *m,f*; **2.** *cf* **Bummelant(in)**

'**bummlig** F *péj adj* (*langsam*) traînard

bums [bums] *int* boum!; patatras!

Bums *m* ⟨~es; ~e⟩ **1.** F (*dumpfer Fall*) boum *m*; coup sourd; **2.** F *péj* (*~lokal*) F boui-boui *m*

'**bumsen** ⟨-(es)t⟩ **I** P *v/t* ⟨h⟩ *sexuell* P baiser; **II** *v/i* **1.** F ⟨h, *doublé d'une indication de direction* sein⟩ faire boum; *an e-e Tür taper, frapper (an [+acc]* contre); *sie ist gegen die Wand gebumst* elle s'est cognée au mur, contre le mur; *an dieser Kreuzung hat es wieder einmal gebumst* il y a encore eu un accrochage, F de la casse à ce carrefour; **2.** P ⟨h⟩ *sexuell* P baiser

'**Bumslokal** F *péj n* bouge *m*; F boui-boui *m*

Bund[1] [bunt] *m* ⟨~(e)s; ~e⟩ **1.** (*Vereinigung, Verband*) union *f*; *der ~ der Ehe* l'union conjugale; *st/s mit j-m den ~ fürs Leben schließen* s'unir à qn (pour la vie); *mit j-m im ~e stehen*, sein être l', le complice de qn; *er ist mit dem Teufel im ~e* il a passé un pacte avec le diable; REL *der Alte, der Neue ~* l'Ancienne, la Nouvelle Alliance; **2.** POL fédération *f*; HIST confédération *f*; (*Liga*) ligue *f*; *~ und Länder in Deutschland* la Fédération et les länder *m/pl*; **3.** COUT ceinture *f*; **4.** F (*Bundeswehr*) service *m* (militaire); *beim ~ sein* être à l'armée; faire son service (militaire)

Bund[2] *n* ⟨~(e)s; ~e, *mais* ~⟩ *Gemüse*, *Stroh* botte *f*; *Petersilie etc* bouquet *m*

BUND [bunt] *m* ⟨~(s)⟩ *abr* (*Bund für Umwelt und Naturschutz Deutschland*) Association fédérale pour la protection de la nature et de l'environnement

Bündchen ['byntçən] *n* ⟨~s; ~⟩ *am Ärmel* poignet *m*; *am Hals* col *m*; *an der Taille* ceinture *f*

Bündel ['byndəl] *n* ⟨~s; ~⟩ **1.** *Briefe*, *Wäsche etc*, *fig* paquet *m*; *Briefe*, *Banknoten a* liasse *f*; *Stroh* botte *f*; *Reisigholz* fagot *m*; *Anmachholz* ligot *m*; *sein ~ schnüren* faire ses malles; **2.** MATH, OPT faisceau *m*

'**bündeln** *v/t* ⟨-(e)le, h⟩ **1.** lier ensemble, faire un paquet de; *Banknoten* faire des liasses de; *Garben*, *Gemüse etc* faire des bottes de; *Anmachholz* faire des ligots de; *Reisigholz* faire des fagots de; **2.** OPT *Strahlen* focaliser

'**bündelweise** *adv* par paquets, liasses, bottes, *etc*

'**Bundes...** *in Zssgn meist* fédéral

'**Bundesamt** *n* office fédéral (**für** de); *Statistisches ~* Office fédéral de la statistique

Bundes'angestelltentarif *m* BRD grille des salaires des employés du service public allemand

'**Bundes|anleihe** *f* emprunt *m* du Bund; **~anstalt** *f* BRD office fédéral (**für** de); **~anwalt** *m* BRD procureur *m* près la Cour fédérale de cassation; *schweiz* procureur fédéral; **~anwaltschaft** *f* BRD Ministère public fédéral; **~'arbeitsgericht** *n* BRD tribunal fédéral du travail; **~ausbildungsförderungsgesetz** *n* ⟨~es⟩ BRD loi fédérale réglementant l'attribution des bourses d'études; **~autobahn** *f* BRD, *österr* autoroute fédérale

'**Bundesbahn** *f* ⟨~⟩ HIST *Deutsche ~* chemins *m/pl* de fer de la République fédérale d'Allemagne

'**Bundesbank** *f* ⟨~⟩ *die (Deutsche) ~* la Bundesbank; la Banque fédérale

'**Bundes|beamte(r)** *m*, **~beamtin** *f* fonctionnaire *m,f* fédéral(e); **~behörde(n)** *f(pl)* autorité(s) fédérale(s); **~bürger(in)** *m(f)* citoyen, -enne *m,f* de la R.F.A.; **♀deutsch** *adj* fédéral allemand; de l'Allemagne fédérale

'**Bundesebene** *f* ⟨~⟩ *auf ~* au niveau, à l'échelon, sur le plan fédéral

'**bundeseigen** *adj* fédéral

'**Bundes|gebiet** *n* ⟨~(e)s⟩ (*Bundesrepublik Deutschland*) territoire *m* de la R.F.A.; **~genosse** *m*, **~genossin** *f* allié(e) *m(f)*;

'**Bundesgericht** *n* BRD cour fédérale; *Schweizerisches ~* Tribunal fédéral

Bundesge'richtshof *m* ⟨~(e)s⟩ BRD Cour fédérale de cassation

'**Bundes|gesetz** *n* loi fédérale; **~'grenzschutz** *m* BRD Corps fédéral de protection des frontières; **~hauptstadt** *f* capitale fédérale; **~haus** *n* ⟨~es⟩ BRD (bâtiment *m* du) Parlement fédéral; *schweiz* Palais fédéral; **~haushalt** *m* budget fédéral; **~kabinett** *n* BRD cabinet fédéral; **~kanzler** *m* BRD, *österr* chancelier *m* de la République fédérale; **~'kanzleramt** *n* ⟨~(e)s⟩ Chancellerie fédérale; **~kar'tellamt** *n* ⟨~(e)s⟩ BRD Office fédéral des ententes; **~krimi'nalamt** *n* ⟨~(e)s⟩ BRD Office fédéral de police criminelle; **~lade** *f* REL arche *f* d'alliance

'**Bundesland** *n* ⟨~(e)s; -länder⟩ BRD, *österr* land *m*; *österr a* province *f*; BRD *die (fünf) neuen Bundesländer* les (cinq) nouveaux länder; BRD *die alten*

Bundesliga – Bürogebäude

Bundesländer les länder ouest-allemands
'**Bundes|liga** *f* SPORT BRD première division; **~minister(in)** *m(f)* ministre fédéral (***für*** de); **~ministerium** *n* ministère fédéral; **~'nachrichtendienst** *m* ⟨~(e)s⟩ BRD Service fédéral de renseignements
'**Bundespost** *f* ⟨~⟩ HIST **Deutsche ~** Postes fédérales allemandes
'**Bundes|präsident(in)** *m(f)* BRD, *österr* président *m* de la République fédérale; *schweiz* président *m* de la Confédération; **~'presseamt** *n* ⟨~(e)s⟩ BRD Office *m* de presse du gouvernement fédéral, **~rat** *m* ⟨~(e)s⟩ **1.** BRD Bundesrat *m*; chambre *f* des länder; **2.** *schweiz*, *österr* Conseil fédéral; **~'rechnungshof** *m* ⟨~(e)s⟩ BRD Cour fédérale des comptes; **~recht** *n* ⟨~(e)s⟩ droit fédéral; **~regierung** *f* gouvernement fédéral
'**Bundesrepublik die ~ Deutschland** la République fédérale d'Allemagne
'**bundesrepublikanisch** *adj* (*épithète*) de (la) R.F.A.
'**Bundes|staat** *m* **1.** État fédéral; **2.** *einzelner* État (fédéré, fédératif, confédéré); **~straße** *f* BRD, *österr* route fédérale; *etwa* route nationale; **~tag** *m* ⟨~(e)s⟩ BRD Parlement fédéral; Bundestag *m*
'**Bundestags|abgeordnete(r)** *f(m)* député *m* du Bundestag; **~debatte** *f* débat *m* au Bundestag; **~fraktion** *f* groupe *m* parlementaire du Bundestag; **~präsident(in)** *m(f)* président(e) *m(f)* du Bundestag; **~wahl** *f* élections *f/pl* au Bundestag
'**Bundes|trainer** *m* entraîneur *m* de l'équipe nationale; **~ver'dienstkreuz** *n* BRD Croix fédérale du mérite; **~verfassung** *f* constitution fédérale; **~ver'fassungsgericht** *n* ⟨~(e)s⟩ BRD Cour constitutionnelle fédérale; **~versammlung** *f* BRD, *schweiz* Assemblée fédérale
Bundesver'sicherungsanstalt BRD **die ~ für Angestellte** l'Institut fédéral d'assurance fédérale des employés
Bundesver'waltungsgericht *n* ⟨~(e)s⟩ BRD Cour administrative fédérale
'**Bundes|wehr** *f* ⟨~⟩ BRD Bundeswehr *f*; forces armées de la République fédérale; **~weit** *adj* (*épithète*) *u adv* sur tout le territoire fédéral; à l'échelle fédérale
'**Bund|falte** *f* pince *f*; **~faltenhose** *f* pantalon *m* à pinces; **~hose** *f* knicker(s) *m(pl)*
bündig ['byndıç] *adj* **1.** *Antwort* clair; net, nette; *Beweis* concluant; convaincant; **2.** *Bretter, Balken etc* **~ sein** former une surface plane (***mit*** avec)
'**Bündigkeit** *f* ⟨~⟩ *e-r Antwort* clarté *f*; netteté *f*; *e-s Beweises* caractère convaincant, décisif
'**Bündner** ['byntnər] *adj* (*épithète, inv*) **~ Fleisch** viande *f* des Grisons
'**Bündnis** [byntnıs] *n* ⟨~ses; ~se⟩ alliance *f*; pacte *m*; **ein ~ schließen** conclure une alliance
'**Bündnis|partner** *m* allié *m*; **~politik** *f* politique *f* d'alliance; **~treue** *f* fidélité *f* à l'alliance
'**Bundweite** *f* COUT tour *m* de taille
'**Bungalow** ['buŋgalo] *m* ⟨~s; ~s⟩ bungalow *m*

Bungeespringen ['bandʒıʃprıŋən] *n* ⟨~s⟩ SPORT saut *m* à l'élastique
Bunker ['buŋkər] *m* ⟨~s; ~⟩ **1.** MIL blockhaus *m*; (*Luftschutz*2) abri antiaérien; **2.** *für Kohle, Erz* soute *f*; **3.** F (*Gefängnis*) F trou *m*
'**bunkern** *v/t* ⟨-(e)re, h⟩ souter
Bunsenbrenner ['bʊnzənbrɛnər] *m* bec *m* Bunsen
bunt [bʊnt] **I** *adj* **1.** (*farbig*) en couleurs; **2.** (*mehrfarbig*) multicolore; bigarré, bariolé; **~e Wäsche** linge *m* de couleur; **3.** *fig* (*abwechslungsreich*) **~er Abend** soirée *f* de variétés; **in ~er Reihenfolge** dans un ordre varié; **~er Teller** *bes zu Nikolaus etc* assiette *f* de gâteaux secs et de sucreries; **4.** *fig* (*ungeordnet*) **ein ~es Durcheinander** un beau pêle-mêle; F un capharnaüm; **~es Treiben** grande animation; F **jetzt wird es mir aber zu ~!** F c'est trop fort!; F j'en ai ras le bol!; F j'en ai marre!; **II** *adv* **1.** *etw* **~ bemalen** peindre qc de diverses couleurs; **die Blätter färben sich ~** les feuilles se colorent; **2.** *fig ein ~ gemischtes Publikum* un public varié; **3.** F *fig* **da geht es ~ zu** il y a de l'ambiance, de l'animation; **er treibt es zu ~** il va trop loin; il dépasse les bornes
'**bunt|bemalt** *adj* multicolore; bigarré; bariolé; **~geblümt** *adj* à fleurs multicolores; **~gefärbt** *adj* multicolore; aux couleurs variées; **~gefiedert** *adj* au plumage coloré, bigarré; **~gemustert** *adj* *Stoff* fantaisie; **~gestreift** *adj* aux rayures de différentes couleurs; **~kariert** *adj* aux carreaux multicolores
'**Bunt|papier** *n* papier *m* de couleur; **~specht** *m* (pic *m*) épeiche *f*; **~stift** *m* crayon *m* de couleur; **~wäsche** *f* ⟨~⟩ Wäschestücke linge *m* de couleur
Bürde ['bʏrdə] *st/s f* ⟨~; ~n⟩ *a fig* fardeau *m*; *fig* **die ~ des Alters** le poids des ans
Bure ['bu:rə] *m* ⟨~n; ~n⟩ Boer *m*
'**Burenkrieg** *m* ⟨~(e)s⟩ HIST guerre *f* des Boers
Bürette [by'rɛta] *f* ⟨~; ~n⟩ CHIM burette *f*
Burg [bʊrk] *f* ⟨~; ~en⟩ **1.** HIST château fort; *fig im Sand* château *m* (de sable); **2.** ZO *e-s Bibers* 'hutte *f*
Bürge ['bʏrgə] *m* ⟨~n; ~n⟩ garant *m*; répondant *m* JUR caution *f*
'**bürgen** *v/i* ⟨h⟩ (***für j-n, etw***) **~** se porter garant (pour qn, de qc); répondre (de qn, qc); ***für etw*** garantir qc; ***für e-n Wechsel*** garantir qc par un aval; avaliser qc; *der Name bürgt für Qualität* la marque est un gage de qualité; *wer bürgt mir dafür, daß ...?* qui me garantit que ...?
'**Burgenland das ~** le Burgenland
'**Bürger** ['bʏrgər] *m* ⟨~s; ~⟩ **1.** (*Staats*2) citoyen *m*; **2.** *e-r Stadt meist* habitant *m*; **3.** (*Bourgeois*) bourgeois *m*; **~beauftragte(r)** *f(m)* médiateur, -trice *m,f*; **~beteiligung** *f* participation *f* des citoyens, de la population; **~forum** *n* forum *m*, réunion-débat *f* de citoyens; **~haus** *n* **1.** *privates* hôtel particulier; maison bourgeoise; **2.** *e-r Kommune* maison communale
'**Bürgerin** *f* ⟨~; ~nen⟩ **1.** (*Staats*2) citoyenne *f*; **2.** *e-r Stadt meist* habitante *f*; **3.** (*Bourgeoise*) bourgeoise *f*

'**Bürger|initiative** *f* comité *m* d'action (de citoyens); *auf lokaler Ebene* a comité *m* de quartier; **~krieg** *m* guerre civile
'**bürgerlich I** *adj* **1.** (*staats*~) civil; civique; **2es Gesetzbuch** Code civil; **~e Ehrenrechte** *n/pl* droits *m/pl* civiques; **im ~en Leben** dans le civil; **2.** (*zum Bürgertum gehörend*) a péj bourgeois; (*nichtadlig*) roturier, -ière; THÉ **~es Trauerspiel** drame bourgeois; **II** *adv* **~ denken** avoir des valeurs conservatrices; *gut* **~ essen** manger de la cuisine bourgeoise
'**Bürgerliche(r)** *f(m)* (→ A) bourgeois(e) *m(f)*; (*Nichtadlige[r]*) roturier, -ière *m,f*
'**Bürger|meister(in)** *m(f)* maire, -resse *m,f*; *in Deutschland, Belgien u Holland* a bourgmestre *m*; **~meisteramt** *n* (services *m/pl* de la) mairie *f*; **2nah** *adj* à l'écoute des citoyens; **~pflicht** *f* devoir *m* civique, du citoyen; **~recht** *n* droit *m* civique, du citoyen; **~rechtler(in)** *m* ⟨~s; ~⟩ *(f)*; ⟨~; ~nen⟩ défenseur *m* des droits civiques; **~rechtsbewegung** *f* mouvement *m* en faveur des droits civiques; **~rechtskämpfer(in)** *m(f)* militant *m,f* en faveur des droits civiques; **~schaft** *f* ⟨~; ~en⟩ citoyens *m/pl*; HIST *a* bourgeois *m/pl*; **~schreck** *m* ⟨~s⟩ terreur *f* des bourgeois; **~steig** *m* trottoir *m*; **~tum** *n* ⟨~s⟩ bourgeoisie *f*
'**Burg|fräulein** *n* HIST damoiselle *f*; **~fried** *m* *cf* **Bergfried**; **~friede(n)** *m* POL trêve *f* politique; **~graben** *m* fossés *m/pl*, douves *f/pl* (d'un château fort); **~graf** *m* HIST burgrave *m*; **~herr(-in)** *m(f)* châtelain(e) *m(f)*; **~hof** *m* cour *f* du *bzw* d'un château (fort)
'**Bürgin** *f* ⟨~; ~nen⟩ garante *f*; répondante *f*; JUR caution *f*
'**Burgruine** *f* ruine *f* d'un château (fort)
'**Bürgschaft** *f* ⟨~; ~en⟩ caution *f*; garantie *f*; ***für etw, j-n*** **~ leisten** se porter garant de qc, pour qn; **e-e ~ übernehmen** (***für***) se porter garant, caution (pour); *sie boten e-e ~ von 10000 Mark* ils se portèrent garants, caution, ils cautionnèrent pour 10000 marks
'**Burgtor** *n* porte *f* du *bzw* d'un château (fort)
Burgund [bʊr'gʊnt] *n* (→ *n/pr*) la Bourgogne
Bur'gunder *m* ⟨~s; ~⟩ *Wein* vin *m* de Bourgogne; bourgogne *m*
'**Burg|verlies** *n* oubliettes *f/pl*; **~vogt** *m* HIST bailli *m*; **~wall** *m* remparts *m/pl*
'**Burin** [bʊ'rɛ̃] ⟨~; ~nen⟩ Boer *f*
Burkina Faso [bur'ki:na'fa:zo] *n* (→ *n/pr*) le Burkina Faso
Bur'kiner *m* ⟨~s; ~⟩ Burkinabé *m*; **2isch** *adj* burkinabé (*inv*)
burlesk [bʊr'lɛsk] *adj* burlesque
Bur'leske *f* ⟨~; ~n⟩ pièce *f* burlesque
Burma ['bʊrma] *cf* **Birma**
Burnus ['bʊrnʊs] *m* ⟨~(ses); ~se⟩ burnous *m*
Büro [by'ro:] *n* ⟨~s; ~s⟩ bureau *m*; *e-s Anwalts, Notars* étude *f*; **~angestellte(r)** *f(m)* employé(e) *m(f)* de bureau; **~arbeit** *f* travail *m* de bureau; **~artikel** *m* article *m* de bureau; **~bedarf** *m* fournitures *f/pl* de bureau; **~einrichtung** *f* équipement *m*, matériel *m* de bureau; **~gebäude** *n* immeuble *m* de

bureaux; *hohes* tour (administrative, commerciale); **~gehilfe** *m*, **~gehilfin** *f* auxiliaire *m,f* (de bureau); **~haus** *n* cf **Bürogebäude**; **~hengst** F *péj m* gratte-papier *m*; rond-de-cuir *m*; **~hochhaus** *n* tour (administrative, commerciale); **~kaufmann** *m*, **~kauffrau** *f* agent *m* de gestion; **~klammer** *f* trombone *m*; **~kommunikation** *f* bureautique *f* (*nom déposé*); **~kraft** *f* employé(e) *m(f)* de bureau
Büro|krat(in) [byro'kra:t(ɪn)] *m* ⟨~en; ~en⟩ (*f*) ⟨~; ~nen⟩ *péj* bureaucrate *m,f*; **~kra'tie** *f* ⟨~; ~n⟩ bureaucratie *f*; ²**'kratisch** *adj* bureaucratique; **~kra'tismus** *m* ⟨~⟩ mentalité *f*, comportement *m* de bureaucrate
Bü'ro|maschine *f* machine *f* de bureau; **~material** *n* matériel *m*, articles *m/pl* de bureau; **~möbel** *n/pl* meubles *m/pl*, mobilier *m* de bureau; **~schluß** *m* fermeture *f* du bureau *bzw* des bureaux; **~stunden** *f/pl* heures *f/pl* de bureau, de service; **~vorsteher** *m* chef *m* de bureau
Bursche ['burʃə] *m* ⟨~n; ~n⟩ **1.** (*Junge, junger Mann*) garçon *m*; jeune *m*; F *gars m*; **toller ~** F type épatant; *übler ~* F sale type *m*; **2.** *früher* (*Offiziers2*) ordonnance *f*; **3.** F *fig* (*Prachtexemplar*) **ein schöner, strammer ~** un beau spécimen
Burschenschaft *f* ⟨~; ~en⟩ association *f* d'étudiants (*de tendance conservatrice*)
burschikos [burʃi'ko:s] *adj* désinvolte; sans gêne; cavalier, -ière
Bürste ['bʏrstə] *f* ⟨~; ~n⟩ **1.** (*Haar etc*) brosse *f*; **2.** ÉLECT balai *m*; **3.** (*Bürstenschnitt*) (*cheveux m/pl* en) brosse *f*
'bürsten *v/t* (-ete, h) brosser; donner, passer un coup de brosse à
'Bürsten|binder *m*, **~macher** *m* brossier *m*; fabricant *m* de brosses; **~massage** *f* massage *m* à l'aide d'une brosse; **~schnitt** *m* (coupe *f* en) brosse *f*
Burundi *n* ⟨→ n/pr⟩ le Burundi; **~er(in)** *m* ⟨~s; ~⟩ (*f*) ⟨~; ~nen⟩ Burundais(e) *m(f)*; **~sch** *adj* burundais; du Burundi
'Bürzel ['bʏrtsəl] *m* ⟨~s; ~⟩ *der Vögel* croupion *m*
Bus [bus] *m* ⟨~ses; ~se⟩ (auto)bus *m*; (*Überland-, Reise-, Schul2*) (auto)car *m*; **den ~ nehmen, mit dem ~ fahren** prendre l'autobus, le bus *bzw* le car
'Busbahnhof *m* gare routière
Busch [buʃ] *m* ⟨~es; ~e⟩ **1.** (*Strauch*) buisson *m*; F *fig sich* (*seitwärts*) **in die Büsche schlagen** prendre la tangente; F se tirer (en douce); F *fig* **bei j-m auf den ~ klopfen** tâter le terrain auprès de qn; F *fig* **mit etw** (**nicht**) **hinterm ~ halten** (ne pas) cacher son jeu, son opinion, *etc*; F *fig* **da ist etwas im ~** il y a anguille sous roche; **2.** GÉOGR brousse *f*; (**~steppe**) bush *m*; **3.** (*Strauß*) gros bouquet; **4.** (*Büschel*) grosse touffe; (*Feder2*) plumet *m*; panache *m*
'Buschbohne *f* 'haricot nain
'Büschel ['bʏʃəl] *n* ⟨~s; ~⟩ touffe *f*; (*Feder2*) aigrette *f*; 'houppe *f*; ²**weise** *adv* par touffes
'Buschen F *m* ⟨~s; ~⟩ *südd, österr* gros bouquet

'Buschhemd *n* saharienne *f*
'buschig *adj* **1.** (*dicht gewachsen*) touffu; *Augenbrauen* broussailleux, -euse; **2.** (*mit Büschen bedeckt*) buissonneux, -euse
'Busch|mann *m* ⟨~(e)s; -männer⟩ Bochiman *m*; **~messer** *n* coupe-coupe *m*; machette *f*; **~werk** *n* ⟨~(e)s; *ohne pl*⟩ broussailles *f/pl*; **~windröschen** *n* anémone *f* des bois
Busen ['bu:zən] *m* ⟨~s; ~⟩ **1.** *e-r Frau* seins *m/pl*; poitrine *f*; **2.** *poét* (*Brust*) litt sein *m*; **an s-n ~ drücken** serrer sur, contre son sein; *fig plais* **am ~ der Natur** litt dans le sein de la nature; **3.** *poét* (*Inneres*) cœur *m*
'busenfrei *adj* avec les *od* aux seins nus
'Busen|freund(in) *m(f)* ami(e) *m(f)* intime; **~star** F *péj m* ⟨~s; ~s⟩ star *f* à la poitrine plantureuse
'Bus|fahrer(in) *m(f)* conducteur, -trice *m,f* de bus; (*Reise2*) chauffeur *m* d'autocar; **~haltestelle** *f* arrêt *m* d'autobus
Business Class ['bɪznɪskla:s] *f* ⟨~⟩ AVIAT classe *f* affaires
'Bus|linie *f* ligne *f* de bus; **~reise** *f* voyage *m* en bus
Bussard ['busart] *m* ⟨~s; ~e⟩ ZO buse *f*
'Busschaffner(in) *m(f)* receveur, -euse *m,f* (d'autobus)
Buße [bu:sə] *f* ⟨~; ~n⟩ **1.** REL pénitence *f*; **~ tun** faire pénitence; **2.** JUR amende *f*
büßen ['by:sən] *v/t u v/i* ⟨-(es)t, h⟩ (*für*) *etw ~ Schuld, Verbrechen*, REL, *fig* expier qc; *fig* a payer qc; *etw mit dem Tode ~* expier qc par sa mort; **das sollst du mir ~!** tu me le paieras!; je te revaudrai ça!
'Büßer(in) *m* ⟨~s; ~⟩ (*f*) ⟨~; ~nen⟩ pénitent(e) *m(f)*
'Büßer|gewand *n*, **~hemd** *n* 'haire *f*; cilice *m*; *fig* **im ~ erscheinen** battre sa coulpe; faire son mea-culpa
Busserl ['busərl] F *n* ⟨~s; ~(n)⟩ *südd, österr* F bisou *m*
'bußfertig *adj* repentant; contrit; ²**keit** *f* ⟨~⟩ repentir *m*; contrition *f*
'Bußgang *m* **e-n ~ antreten** faire pénitence; *fig* reconnaître ses torts
'Buß|gebet *n* prière *f* de pénitence; **~geld** *n* ⟨~(e)s; ~er⟩ amende *f*; contravention *f*; **~geldbescheid** *m* contravention *f*; **~geldkatalog** *m* tarif *m* des contraventions; barème *m* des amendes; **~gottesdienst** *m* CATH messe *f*, office *m* de pénitence solennelle
Bussi ['busi] F *n* ⟨~s; ~s⟩ *bes südd, österr* F (petit) bisou *m*
Bussole [bu'so:lə] *f* ⟨~; ~n⟩ boussole *f*
'Bußpredigt *f* sermon *m* sur la pénitence
'Bußtag *m* jour *m* de pénitence; **Buß- und Bettag** fête religieuse protestante onze jours avant l'Avent
Büste ['bystə] *f* ⟨~; ~n⟩ **1.** SCULP buste *m*; **2.** (*weibliche Brust*) buste *m*; seins *m/pl*; **3.** COUT mannequin *m*
'Büstenhalter *m* soutien-gorge *m*
'Bus|verbindung *f* ligne *f* de bus, d'autobus, *von Überlandbussen* de cars, d'autocars; **~verkehr** *m* circulation *f* des bus, d'autobus

Butan [bu'ta:n] *n* ⟨~s; ~e⟩ CHIM butane *m*; **~gas** *n* ⟨~es⟩ gaz *m* butane
Butt [but] *m* ⟨~(e)s; ~e⟩ *sc* bothidé *m*; (*Stein2*) turbot *m*
Bütt [byt] *f* ⟨~; ~en⟩ *regional*: podium en forme de tonneau sur lequel montent les humoristes du carnaval rhénan; *fig* **in die ~ steigen** faire un discours de carnaval
Bütte ['bytə] *f* ⟨~; ~n⟩ baquet *m*; cuve *f*
'Bütten|papier *n* papier *m* à la cuve, à la main; **~rede** *f regional* discours *m* d'un(e) humoriste du carnaval; **~redner(in)** *regional m(f)* humoriste *m,f* du carnaval
Butter ['butər] *f* ⟨~⟩ beurre *m*; **mit ~ bestreichen** beurrer; F *fig* **sich** (*dat*) **nicht die ~ vom Brot nehmen lassen** (*sich nicht benachteiligen lassen*) ne pas se laisser tondre *od* manger la laine sur le dos; (*sich nichts gefallen lassen*) ne pas se laisser marcher sur les pieds; F *fig* (**es ist**) **alles in ~** ça baigne; F *fig österr* **auf dem Kopf haben** avoir qc sur la conscience
'Butter|berg F *m* (énormes) excédents *m/pl* de beurre; **~blume** *f* (*Hahnenfuß*) bouton *m* d'or
'Butterbrot *n* tartine beurrée, de beurre; F *fig* **j-m etw aufs ~ schmieren** reprocher qc à qn; F *fig* **etw für ein ~ bekommen** avoir qc pour une bouchée de pain
'Butter|brotpapier *n* papier *m* à beurre, sulfurisé; **~creme** *f* crème *f* au beurre; **~cremetorte** *f* gâteau fourré de crème au beurre; **~dose** *f* beurrier *m*; **~fahrt** F *f* tour (en bateau) avec possibilité d'acheter des produits en duty-free; **~faß** *n* baratte *f*; **~flöckchen** *n* coquille *f* de beurre; **~käse** *m* fromage gras à pâte pressée; **~keks** *m* petit-beurre *m*; **~messer** *n* couteau *m* à beurre; **~milch** *f* babeurre *m*
'buttern ⟨-(e)re, h⟩ **I** *v/t* **1.** beurrer; **2.** F *fig* **Geld in etw** (*acc*) **~** F claquer de l'argent dans qc; **II** *v/i* battre le beurre; baratter
'Butter|röllchen *n* coquille *f* de beurre; **~säure** *f* ⟨~⟩ acide *m* butyrique; **~schmalz** *n* beurre clarifié
'butterweich *adj* **1.** de la consistance du beurre; *Birne etc* fondant; **2.** F *fig Landung*, SPORT *Paß etc* en douceur
Button ['batən] *m* ⟨~s; ~s⟩ badge *m*
Butzemann ['butsəman] F *m* ⟨~(e)s; -männer⟩ kobold *m*; croque-mitaine *m*
Butzenscheibe ['butsənʃaibə] *f* vitre *f* en culs-de-bouteille
b.w. *abr* (*bitte wenden*) T.S.V.P. (tournez, s'il vous plaît)
BWL [be:ve:'²ɛl] *abr cf* **Betriebswirtschaftslehre**
Bypass ['baipas] *m* ⟨~; ~e⟩ MÉD pontage *m*; by-pass *m*; **~operation** *f* pontage *m*
Byte [bait] *n* ⟨~(s); ~(s)⟩ INFORM octet *m*
byzantinisch [bytsan'ti:nɪʃ] *adj* byzantin
Byzanz [by'tsants] *n* ⟨→ n/pr⟩ HIST Byzance *f*
Bz. *abr* (*Bezirk*) région; district
bzgl. *abr* (*bezüglich*) au sujet de
bzw. *abr* (*beziehungsweise*) respectivement; ou

C

C, c [tseː] *n* ⟨~; ~⟩ **1.** *Buchstabe* C, c *m*; **2.** *MUS* do *m*; *früher* ut *m*
°C *abr* (*Grad Celsius*) °C (degré Celsius, centigrade)
ca. *abr* (*circa*) environ
Cabaret [kabaˈreː] *cf* **Kabarett**
Cabrio [ˈkaːbrio] *n* ⟨~s; ~s⟩ cabriolet *m*
Cabriolet [kabrioˈleː] *n* ⟨~s; ~s⟩ cabriolet *m*
CAD [kɛt] *n* ⟨~⟩ *abr* (*Computer Aided Design*) C.A.O. *f* (conception assistée par ordinateur)
Café [kaˈfeː] *n* ⟨~s; ~s⟩ salon *m* de thé; confiserie-pâtisserie *f*; (*Kneipe*) café *m*
Cafeteria [kafetəˈriːa] *f* ⟨~; ~s⟩ cafétéria *f*
cal *abr* (*Kalorie*) cal (calorie)
Callgirl [ˈkɔːlɡɜːrl] *n* call-girl *f*
CAM [kɛm] *n* ⟨~⟩ *abr* (*Computer Aided Manufacturing*) F.A.O. *f* (fabrication assistée par ordinateur)
Camcorder [ˈkamkɔrdər] *m* ⟨~s; ~⟩ caméscope *m*
Camion [ˈkamjõ] *m* ⟨~s; ~s⟩ *schweiz* camion *m*
Camp [kɛmp] *n* ⟨~s; ~s⟩ camp *m*
ˈcampen *v/i* ⟨h⟩ faire du camping; camper; **2er(in)** *m* ⟨~s; ~⟩ (*f*) ⟨~; ~nen⟩ campeur, -euse *m,f*
Camping [ˈkɛmpɪŋ] *n* ⟨~s⟩ camping *m*; **~ausrüstung** *f* matériel *m* de camping; **~bus** *m* camping-car *m*; **~platz** *m* (terrain *m* de) camping *m*; **~stuhl** *m* chaise *f* de camping
Campus [ˈkampʊs] *m* ⟨~; ~⟩ campus *m*
Cape [keːp] *n* ⟨~s; ~s⟩ cape *f*
Caravan [ˈkaː(ː)ravan] *m* ⟨~s; ~s⟩ (*Wohnwagen*) caravane *f*; (*Kombiwagen*) break *m*; commerciale *f*
Caritas [ˈkaːritas] *f* ⟨~⟩ organisme charitable de l'Église catholique en Allemagne
Cartoon [karˈtuːn] *m od n* ⟨~(s); ~s⟩ dessin *m* (de bande dessinée) humoristique
Cäsar [ˈtsɛːzar] *m* ⟨→ *n/pr*⟩ *HIST* César *m*
Cashewnuß [ˈkɛʃunʊs] *f* noix *f* de cajou
Cäsium [ˈtsɛːzium] *n* ⟨~s⟩ *CHIM* césium *m*
Casˈsette *cf* **Kassette**
catchen [ˈkɛtʃən] *v/i* ⟨h⟩ catcher; **2er(in)** *m* ⟨~s; ~⟩ (*f*) ⟨~; ~nen⟩ catcheur, -euse *m,f*
Cayennepfeffer [kaˈjɛnpfɛfər] *m* poivre *m* de Cayenne
CB-Funk [tseːˈbeːfʊŋk] *m* C.B. *f*; **~er** *m* cibiste *m*
cbm *abr cf* **m³**
CD [tseːˈdeː] *f* ⟨~; ~s⟩ *cf* **CD-Platte**
CˈD-Platte *f* disque compact, laser; F compact *m*

CD|-Player [tseːˈdeːpleːər] *m* ⟨~s; ~⟩, **~-Spieler** *m* platine *f* laser
CDU [tseːdeːˈʔuː] *f* ⟨~⟩ *abr* (*Christlich-Demokratische Union*) Union chrétienne-démocrate
ˈC-Dur *n* do *m*, *früher* ut *m* majeur
Cedille [seˈdiːj(ə)] *f* ⟨~; ~n⟩ cédille *f*
Cellist(in) [tʃɛˈlɪst(ɪn)] *m* ⟨~en; ~en⟩ (*f*) ⟨~; ~nen⟩ violoncelliste *m,f*
Cello [ˈtʃɛlo] *n* ⟨~s; ~s *ou* Celli⟩ violoncelle *m*
Cellophan [tsɛloˈfaːn] *n* ⟨~s⟩ *Wz* cellophane *f* (*nom déposé*)
Celsius [ˈtsɛlzius] *Grad m* ~ degré *m* centigrade
Cembalo [ˈtʃɛmbalo] *n* ⟨~s; ~s *ou* -li⟩ clavecin *m*
Ces, ces [tsɛs] *n* ⟨~; ~⟩ *MUS* do *m*, *früher* ut *m* bémol
Ceylon [ˈtsaɪlɔn] *n* ⟨→ *n/pr*⟩ *HIST* Ceylan
Ceylon|ese [tsaɪloˈneːzə] *m* ⟨~n; ~n⟩, **~esin** *f* ⟨~; ~nen⟩ Ceylanais(e) *m(f)*; **2esisch** *adj* ceylanais; de Ceylan
ˈCeylontee *m* thé *m* de Ceylan
cf. *abr* (*confer, vergleiche*) cf., conf. (voir, conférer)
Chaiselongue [ʃɛzəˈlõːk *ou* -ˈlɔŋ] *f* ⟨~; ~n *ou* ~s⟩ divan *m*; canapé *m*
Chamäleon [kaˈmɛːleɔn] *n* ⟨~s; ~s⟩ caméléon *m*
Champagner [ʃamˈpanjər] *m* ⟨~s; ~⟩ champagne *m*
Champignon [ˈʃampɪnjɔ̃ *ou* -joː] *m* ⟨~s; ~s⟩ champignon *m* de Paris, de couche
Champion [ˈtʃɛmpiən] *m* ⟨~s; ~s⟩ champion, -ionne *m,f*
Chance [ˈʃãːs(ə)] *f* ⟨~; ~n⟩ chance *f*; **j-m e-e letzte ~ geben** donner une dernière chance à qn; **bei j-m ~n haben** avoir ses chances auprès de qn; **meine ~n stehen gut, schlecht** j'ai de bonnes chances, peu de chances de réussir
ˈChancengleichheit *f* égalité *f* des chances
changieren [ʃãˈʒiːrən] *v/i* ⟨pas de ge-, h⟩ être changeant
Chanson [ʃãˈsõː] *n* ⟨~s; ~s⟩ chanson *f*; **~sänger(in)** *m(f)* chansonnier, -ière *m,f*
Chaos [ˈkaːɔs] *n* ⟨~⟩ chaos *m*
Chaot [kaˈʔoːt] *m* ⟨~en; ~en⟩ **1.** (*unordentlicher Mensch*) personne mal organisée; F bordélique *m*; **2.** *POL* anarchiste *m*; F anar *m*; *auf Demonstrationen* casseur *m*; **2isch** *adj* chaotique
Charakter [kaˈraktər] *m* ⟨~s; -tere⟩ caractère *m*; *ein Mann von* ~ un homme de caractère; *e-n guten, schlechten* **~ haben** avoir un bon, mauvais fond; *keinen ~ haben* manquer de caractère;

Brief etc **vertraulichen ~ haben** avoir un caractère confidentiel
Chaˈrakter|bild *n* portrait *m*; **~darsteller(in)** *m(f)* acteur, -trice *m,f* qui joue des rôles de caractère; **~eigenschaft** *f* trait *m* de caractère; **~fehler** *m* défaut *m* de caractère; **2fest** *adj* ferme de caractère; **~festigkeit** *f* fermeté *f* de caractère
charakteriˈsieren *v/t* ⟨*pas de ge-*, h⟩ caractériser; *Person* faire le portrait de
Charakteˈristik *f* ⟨~; ~en⟩ description *f* des caractéristiques; *e-r Person* portrait *m*; **~ikum** *n* ⟨~s; -ka⟩ caractère distinctif; caractéristique *f*
charakteˈristisch *adj* caractéristique; typique (*für j-n* pour qn; *für etw* de qc)
Chaˈrakter|kopf *m* tête intéressante; **2lich** *adj* de caractère; **2los** *adj Person* (*schlecht*) mauvais; (*schwach*) faible; *Sache* sans caractère; **~losigkeit** *f* ⟨~⟩ *e-r Person* faiblesse *f* de caractère; *Handlung* comportement *m* désagréable; *Aussage* propos *m* désagréable; **~rolle** *f* rôle *m* de caractère; **~schwäche** *f* faiblesse *f* de caractère; **~stärke** *f* force *f* de caractère; **2voll** *adj* qui a du caractère; **~zug** *m* trait *m* de caractère
Charge [ˈʃarʒə] *f* ⟨~; ~n⟩ **1.** *MIL* Dienstgrad charge *f*; **2.** *THÉ* rôle *m* secondaire
Charisma [ˈçaːrɪsma] *n* ⟨~s; -ˈrɪsmen⟩ charisme *m*
charismatisch [çarɪsˈmaːtɪʃ] *adj* charismatique
Charlotte [ʃarˈlɔtə] *f* ⟨→ *n/pr*⟩ Charlotte *f*
charˈmant *adj* charmant
Char|me [ʃarm] *m* ⟨~s⟩ charme *m*; **ˈ~meur** *m* ⟨~s; ~e⟩ charmeur *m*
Charmeuse [ʃarˈmøːz] *f* ⟨~⟩ *Stoff* indémaillable *m*
Charta [ˈkarta] *f* ⟨~; ~s⟩ charte *f*
Charter|flug [ˈtʃartərfluːk] *m* vol *m* charter; **~gesellschaft** *f* compagnie *f* de charters; **~maschine** *f* charter *m*
ˈchartern *v/t* ⟨-(e)re, h⟩ affréter
Charts [tʃarts] *pl* 'hit-parade *m*; *in den amerikanischen ~ sein* être au hit-parade américain
Chassis [ʃaˈsiː] *n* ⟨~; ~⟩ *AUTO* châssis *m*
Chauffeur [ʃɔˈføːr] *m* ⟨~s; ~e⟩ chauffeur *m*; **2ieren** *v/t u v/i* ⟨*pas de ge-*, h⟩ conduire
Chaussee [ʃɔˈseː] *f* ⟨~; ~n⟩ (grand-)route *f*
Chauvi [ˈʃoːvi] F *péj m* ⟨~s; ~s⟩ F phallo *m*
Chauvinismus [ʃoviˈnɪsmus] *m* ⟨~⟩ *POL* chauvinisme *m*; *männlicher ~* phallocratie *f*
Chauviˈnist *m* ⟨~en; ~en⟩ **1.** (*Sexist*) phallocrate *m*; **2.** (*Nationalist*) chauvin

m; ⎵isch *adj* **1.** (*sexistisch*) phallocrate; **2.** (*nationalistisch*) chauvin
Check [ʃɛk] *schweiz cf* **Scheck**
checken ['tʃɛkən] *v/t* ⟨h⟩ **1.** TECH contrôler; **2.** F (*kapieren*) F piger
'**Checkliste** *f* **1.** liste *f* (de contrôle); **2.** AVIAT check-list *f*
Check-up ['tʃɛkʔap] *m od n* ⟨~(s); ~s⟩ bilan *m* de santé; check-up *m*
Chef [ʃɛf] *m* ⟨~s; ~s⟩ (*Anführer, Leiter*) chef *m*; *in e-m Betrieb* patron *m*; '~**arzt** *m* médecin-chef *m*; '~**etage** *f* étage *m* de la direction; '~**ideologe** *m* chef *m* de file
'**Chefin** *f* ⟨~; ~nen⟩ (*Anführerin, Leiterin*) chef *m*; *in e-m Betrieb* patronne *f*
'**Chef**|**redakteur** *m* rédacteur *m* en chef; ~**sekretärin** *f* secrétaire *f* de direction
Chemie [çe'mi:] *f* ⟨~⟩ chimie *f*; *organische* ~ chimie organique; *chimie animale et végétale*; *anorganische* ~ chimie minérale; *physikalische* ~ physico-chimie *f*
Che'mie|**faser** *f* fibre *f* chimique; ~**ingenieur(in)** *m(f)* ingénieur *m* chimiste; ~**laborant(in)** *m(f)* laborantin(e) *m(f)* dans un laboratoire de chimie
Chemikalie [çemi'ka:liə] *f* ⟨~; ~n⟩ produit *m* chimique
Chemiker(in) ['çe:mikər(ɪn)] *m* ⟨~s; ~⟩ (*f* ⟨~; ~nen⟩) chimiste *m,f*
'**chemisch I** *adj* chimique; ~**e Fabrik** usine *f* de produits chimiques; ~**e Industrie** industrie *f* chimique; ~**e Reinigung** nettoyage *m* à sec; **II** *adv* ~ **rein** chimiquement pur; *etw* ~ *untersuchen* faire l'analyse chimique de qc
Chemo|**techniker(in)** [çemo'tɛçnɪkər(-ɪn)] *m(f)* technicien, -ienne supérieur(e) chimiste; (*Chemieingenieur*) ingénieur *m* chimiste; ~**thera'pie** *f* MÉD chimiothérapie *f*
Cherub ['çe:rup] *m* ⟨~s; ~im *ou* -'binen⟩ BIBL chérubin *m*
Chiasmus [çi'asmʊs] *m* ⟨~⟩ RHÉT chiasme *m*
Chic [ʃɪk] *m* ⟨~(e)s⟩ chic *m*
Chicorée ['ʃikore] *m* ⟨~s⟩ *od f* ⟨~⟩ endive *f*
Chiffon ['ʃɪfõ] *m* ⟨~s; ~s⟩ voile *m* de soie
Chiffre ['ʃɪfrə] *f* ⟨~; ~n⟩ chiffre *m*; *in Anzeigen* référence *f*; numéro *m*
chif'frieren *v/t* ⟨*pas de ge-*, h⟩ chiffrer
Chile ['çi:le *ou* 'tʃi:le] *n* ⟨→ *n/pr*⟩ le Chili
Chilen|**e** [çi'le:nə *ou* tʃi'le:nə] *m* ⟨~n; ~n⟩, ~**in** *f* ⟨~; ~nen⟩ Chilien, -ienne *m,f*; ⎵**isch** *adj* chilien, -ienne
Chili ['tʃi:li] *m* ⟨~s⟩ CUIS piments *m/pl* rouges
Chimäre [çi'mɛ:rə] *f* ⟨~; ~n⟩ (*Hirngespinst*), BIOL chimère *f*
China ['çi:na] *n* ⟨→ *n/pr*⟩ la Chine; ~**kohl** *m* chou chinois; ~**papier** *n* ⟨~s⟩ papier *m* de Chine; ~**rinde** *f* PHARM quinquina *m*
Chinchilla [tʃɪn'tʃɪla] *f* ⟨~; ~s⟩ *od n* ⟨~s; ~s⟩ ZO chinchilla *m*
Chines|**e** [çi'ne:zə] *m* ⟨~n; ~n⟩, ~**in** *f* ⟨~; ~nen⟩ Chinois(e) *m(f)*
chi'nesisch *adj* chinois; POL *in Zssgn* sino-...; *die* ⎵**e Mauer** la Grande Muraille de Chine
Chi'nesisch *n* ⟨~(s)⟩, ~**e** *n* ⟨~n⟩ (*das*) **Chinesisch(e)** Sprache le chinois

Chinin [çi'ni:n] *n* ⟨~s⟩ PHARM quinine *f*
Chintz [tʃɪnts] *m* ⟨~⟩ TEXT chintz *m*
Chip [tʃɪp] *m* ⟨~s; ~s⟩ **1.** (*Kartoffel*⎵) ~**s** *pl* chips *f/pl*; **2.** INFORM puce *f*; **3.** (*Spielmarke*) jeton *m*; '~**karte** *f* INFORM carte *f* à puce
Chiropraktiker(in) [çiro'praktikər(ɪn)] *m(f)* chiropracteur *m*; ostéopathe *m,f*
Chirur|**g(in)** [çi'rʊrk (-gɪn)] *m* ⟨~en; ~en⟩ (*f*) ⟨~; ~nen⟩ chirurgien, -ienne *m,f*; ~'**gie** *f* ⟨~⟩ chirurgie *f*; ⎵**gisch** *adj* chirurgical
Chitin [çi'ti:n] *n* ⟨~s⟩ ZO chitine *f*
Chlor [klo:r] *n* ⟨~s⟩ chlore *m*
'**chloren** *v/t* ⟨h⟩ javelliser; désinfecter au chlore
'**chlorfrei** *adj u adv* sans chlore; ~ *gebleichtes Papier* papier *m* sans chlore
'**chlorhaltig** *adj* chloré
Chlorid [klo'ri:t] *n* ⟨~s, ~e⟩ CHIM chlorure *m*
chlo'rieren *v/t* ⟨*pas de ge-*, h⟩ chlorer; chlorurer
'**Chlorkalk** *m* chlorure *m* de chaux
Chloroform [kloro'fɔrm] *n* ⟨~s⟩ CHIM, MÉD chloroforme *m*
Chlorophyll [kloro'fyl] *n* ⟨~s⟩ BOT chlorophylle *f*
'**Chlorsäure** *f* acide *m* chlorique
Choke [tʃo:k] *m* ⟨~s; ~s⟩ AUTO starter *m*
Cholera ['ko:lera] *f* ⟨~⟩ MÉD choléra *m*
Choler|**iker(in)** [ko'le:rɪkər(ɪn)] *m* ⟨~⟩ (*f*) ⟨~; ~nen⟩ colérique *m,f*; ⎵**isch** *adj* Temperament, Mensch coléreux, -euse; colérique
Cholesterin [kolɛste'ri:n] *n* ⟨~s⟩ cholestérol *m*; ~**spiegel** *m* taux *m* de cholestérol
Chor [ko:r] *m* ⟨~(e)s; ~e⟩ chœur *m* (*a* ARCH, *fig*); *Verein* chorale *f*; *im* ~ *singen* chanter en chœur
Choral [ko'ra:l] *m* ⟨~s; -äle⟩ PROT choral *m*; CATH plain-chant *m*; chant grégorien
Choreo|**graph(in)** [koreo'gra:f(ɪn)] *m* ⟨~en; ~en⟩ (*f*) ⟨~; ~nen⟩ chorégraphe *m,f*; ~**gra'phie** *f* ⟨~; ~n⟩ chorégraphie *f*; ⎵**graphisch** *adj* chorégraphique
'**Chor**|**gesang** *m* (chant[s] *m*[*pl*] en) chœur *m*; ~**gestühl** *n* stalles *f/pl*; ~**herr** *m* chanoine *m*; ~**knabe** *m* petit chanteur d'une chorale; ~**leiter** *m* chef *m* de chorale; ~**sänger(in)** *m(f)* choriste *m,f*
Chow-Chow [tʃaʊ'tʃaʊ] *m* ⟨~s; ~s⟩ ZO chow-chow *m*
Christ [krɪst] *m* ⟨~en; ~en⟩ chrétien *m*
Christa ['krɪsta] *f* ⟨→ *n/pr*⟩ prénom
'**Christ**|**baum** *m* arbre *m* de Noël; ~**baumschmuck** *m* décorations *f/pl* pour arbres de Noël; ~**demokrat(in)** *m(f)* chrétien-démocrate, chrétienne-démocrate *m,f*; ~**dorn** *m* ⟨~s⟩ BOT aubépine commune
'**Christengemeinde** *f* communauté chrétienne, de(s) chrétiens; ~**heit** *f* ⟨~⟩ chrétienté *f*; ~**pflicht** *f* devoir *m* od de chrétien; ~**tum** *n* ⟨~s⟩ christianisme *m*; ~**verfolgung** *f* persécution *f* des chrétiens
'**Christfest** *n regional* Noël *m*
Christian ['krɪstian] *m* ⟨→ *n/pr*⟩ Christian *m*
Christiane [krɪsti'a:nə] *f* ⟨→ *n/pr*⟩ Christiane *f*

christiani'sieren *v/t* ⟨*pas de ge-*, h⟩ christianiser
'**Christin** *f* chrétienne *f*
Christine [krɪs'ti:nə] *f* ⟨→ *n/pr*⟩ Christine *f*
'**Christkind** *n* **1.** enfant Jésus *m*; *sie glaubt nicht mehr ans* ~ elle ne croit plus au père Noël; *das* ~ *hat mir e-e Puppe gebracht* le père Noël m'a apporté une poupée; **2.** *südd, österr* (*Weihnachtsgeschenk*) cadeau *m* de Noël
'**christlich I** *adj* chrétien, -ienne; **II** *adv* ~ *leben* vivre chrétiennement, en (bon) chrétien
'**Christ**|**messe** *f*, ~**mette** *f* messe *f* de minuit; ~**nacht** *f* nuit *f* de Noël
Christoph ['krɪstɔf] *m* ⟨→ *n/pr*⟩ Christophe *m*
'**Christ**|**rose** *f* rose *f* de Noël; ellébore noir; ~**stollen** *m* gâteau *m* de Noël (fourré à la pâte d'amandes et aux raisins secs)
Christus ['krɪstʊs] *m* ⟨~ *ou sans article*⟩ Christi) le Christ; *vor* ~, *vor Christi Geburt* avant Jésus-Christ; *im Jahre 300 nach* ~ en l'an 300 après Jésus-Christ
Chrom [kro:m] *n* ⟨~s⟩ chrome *m*
Chromat|**ik** [kro'ma:tɪk] *f* ⟨~⟩ PHYS, MUS chromatisme *m*; ⎵**isch** *adj* PHYS, MUS chromatique
'**Chrom**|**dioxidkassette** *f* cassette *f* (au) chrome; ~'**nickelstahl** *m* acier *m* au nickel-chrome
Chromosom [kromo'zo:m] *n* ⟨~s; ~en⟩ BIOL chromosome *m*
'**Chromstahl** *m* acier chromé
Chron|**ik** ['kro:nɪk] *f* ⟨~; ~en⟩ chronique *f*; ⎵**isch** *adj* chronique
Chronist(in) [kro'nɪst(ɪn)] *m* ⟨~en; ~en⟩ (*f*) ⟨~; ~nen⟩ chroniqueur, -euse *m,f*
Chronologie [kronolo'gi:] *f* ⟨~⟩ chronologie *f*
chrono'logisch *adj u adv* chronologique(ment); *etw* ~ *ordnen* classer qc par ordre chronologique
Chrono|**meter** [krono'me:tər] *n* ⟨~s; ~⟩ chronomètre *m*; ⎵'**metrisch** *adj* chronométrique
Chrysantheme [kryzan'te:mə] *f* ⟨~; ~n⟩ chrysanthème *m*
Chur [ku:r] *n* ⟨→ *n/pr*⟩ Coire
Cicero ['tsi:tsero] *f od schweiz m* ⟨~; ~⟩ TYPO cicéro *m*
Cineast(in) [sine'ast(ɪn)] *m* ⟨~en; ~en⟩ (*f*) ⟨~; ~nen⟩ **1.** (*Filmemacher*) cinéaste *m,f*; **2.** (*Filmkenner*) cinéphile *m,f*
Cinemascope [sinema'sko:p] *n* ⟨~⟩ Wz cinémascope *m* (*nom déposé*)
circa ['tsɪrka] *adv* environ
Cis, **cis** [tsɪs] *n* ⟨~; ~⟩ MUS do *m*, *früher* ut *m* dièse
City ['sɪti] *f* ⟨~; ~s⟩ centre-ville *m*; ~**ruf** *m* TÉLÉCOMM Alphapage *m* (*nom déposé*)
CKW [tse:ka:'ve:] *pl abr* (*chlorierte Kohlenwasserstoffe*, *Chlorkohlenwasserstoffe*) hydrocarbures chlorés
cl *abr* (*Zentiliter*) cl (centilitre)
Clan [klɛn] *m* ⟨~s; ~s⟩ *od* [kla:n] *m* ⟨~s; ~e⟩ clan *m*
Cla|**que** ['klak(ə)] *f* ⟨~⟩ THÉ claque *f*; ~**queur** ⟨~s; ~e⟩ claqueur *m*
Claudia ['klaʊdia] *f* ⟨→ *n/pr*⟩ Claude *f*

clean [kli:n] *Jargon adj* ⟨*attribut*⟩ désintoxiqué

Clearing ['kli:rɪŋ] *n* ⟨~s; ~s⟩ *COMM* clearing *m*; compensation *f*

clever ['klɛvər] F **I** *adj* malin, maligne; habile; adroit; **II** *adv* avec habileté

Clinch [klɪn(t)ʃ] *m* ⟨~(e)s⟩ **1.** *SPORT* corps-à-corps *m*; **2.** *fig* **mit j-m im ~ liegen** F être en bisbille avec qn

Clip [klɪp] *m* ⟨~s; ~s⟩ **1.** (*Video*⟨⟩) clip *m*; **2.** (*Ohr*⟨⟩) boucle *f* d'oreille; **3.** (*Haar*⟨⟩) pince *f* à cheveux; barrette *f*

Clique ['klɪkə] *f* ⟨~; ~n⟩ **1.** *péj* clique *f*; **2.** *Freundeskreis* bande *f*

'Cliquenwirtschaft *f* ⟨~⟩ *péj* F copinage *m*

Clou [klu:] F *m* ⟨~s; ~s⟩ clou *m*

Clown [klaun] *m* ⟨~s; ~s⟩ clown *m*

Club *cf* **Klub**

cm *abr* (*Zentimeter*) cm (centimètre)

cm² *abr* (*Quadratzentimeter*) cm² (centimètre carré)

cm³ *abr* (*Kubikzentimeter*) cm³ (centimètre cube)

'c-Moll *n* do *m*, *früher* ut *m* mineur

Co. *abr* (*Kompanie*, *Compagnie*) Cⁱᵉ (Compagnie)

Coach [ko:tʃ] *m* ⟨~(s); ~s⟩ *SPORT* entraîneur *m*

COBOL ['ko:bɔl] *n* ⟨~s⟩ *INFORM* cobol *m*

Cockerspaniel ['kɔkərʃpa:niəl] *m* ⟨~; ~s⟩ *ZO* cocker *m*

Cockpit ['kɔkpɪt] *n* ⟨~s; ~s⟩ *AVIAT*, *MAR* cockpit *m*; *AVIAT a* cabine *f* de pilotage; *e-s Rennwagens* poste *m* du pilote

Cocktail ['kɔkte:l] *m* ⟨~s; ~s⟩ cocktail *m*; **~kleid** *n* robe *f* de cocktail; **~party** *f* cocktail *m*

Code *cf* **Kode**

Collage [kɔ'la:ʒə] *f* ⟨~; ~n⟩ collage *m*

College|mappe ['kɔlɪtʃmapə] *f* porte-documents *m*; **~schuhe** *m/pl* mocassins *m/pl*

Collie ['kɔli] *m* ⟨~s; ~s⟩ *ZO* colley *m*

Colt [kɔlt] *m* ⟨~s; ~s⟩ *Wz* colt *m*

Comeback [kam'bɛk] *n* ⟨~(s); ~s⟩ come-back *m*; **ein ~ feiern** faire un come-back

Comic ['kɔmɪk] *m* ⟨~s; ~s⟩ bande dessinée; F B.D. *f*

Compact Disc [kɔm'paktdɪsk] *f* ⟨~; ~s⟩ disque compact, laser; F compact *m*

Computer [kɔm'pju:tər] *m* ⟨~s; ~⟩ ordinateur *m*; **etw auf ~** (*acc*) **umstellen** informatiser qc; **unsere Firma hat auf ~ umgestellt** notre entreprise s'est informatisée

Com'puter|ausdruck *m* ⟨~(e)s; ~e⟩ listing *m*; saisie *f* papier; **~blitz** *m* flash *m* électronique; **²gesteuert** *adjt* commandé, contrôlé par ordinateur; informatisé; **²gestützt** *adjt cf* **computerunterstützt**

computeri'sieren *v/t* ⟨*pas de ge-*, h⟩ informatiser; **²ung** *f* ⟨~; ~en⟩ informatisation *f*

Com'puter|kriminalität *f* délits *m/pl* informatiques; criminalité *f*, délinquance *f* informatique; **²lesbar** *adjt* lisible par ordinateur; **~satz** *m* ⟨~es⟩ *TYPO* composition par ordinateur, informatisée; **~spiel** *n* jeu *m* vidéo; **~technik** *f* ⟨~⟩ technologie *f* des ordinateurs; **~tomograph** *m* ⟨~en; ~en⟩ *MÉD* scanner *m*; **~tomographie** *f* ⟨~; ~n⟩ scanographie *f*; **²unterstützt** *adjt* assisté par ordinateur; **~virus** *m* virus *m* informatique

Conférencier [kɔ̃ferɑ̃si'e:] *m* ⟨~s; ~s⟩ présentateur *m*; animateur *f*

Container [kɔn'te:nər] *m* ⟨~s; ~⟩ *für Güter, wiederverwertbare Stoffe* conteneur *m*; (*Müll*⟨⟩) benne *f* à ordures; **~bahnhof** *m* terminal *m* à conteneurs; **~schiff** *n* porte-conteneurs *m*

Contergan [kɔntər'ga:n] *n* ⟨~s⟩ *PHARM Wz* thalidomide *f*; **~kind** F *n* enfant *m* victime de la thalidomide

Controller [kɔn'tro:lər] *m* ⟨~s; ~⟩ *ÉCON* contrôleur *m* de gestion

Controlling [kɔn'tro:lɪŋ] *n* ⟨~s⟩ *ÉCON* contrôle *m* de gestion

cool [ku:l] F *adj* **1.** (*gelassen*) F cool (*inv*); **2.** (*super*) F super (*inv*)

Copyright ['kɔpiraɪt] *n* ⟨~s; ~s⟩ copyright *m*

Cord [kɔrt] *m* ⟨~(e)s; ~e *ou* ~s⟩ velours côtelé; **'~hose** *f*, **'~jeans** *pl* pantalon *m* en velours côtelé

Cordon bleu [kɔrdɔ̃'blø] *n* ⟨~; Cordons bleus⟩ *CUIS* escalope de veau panée, farcie au jambon et au fromage

'Cordsamt *m* velours côtelé

Corned beef ['kɔrnət'bi:f] *n* ⟨~⟩ corned-beef *m*

Cornelia [kɔr'ne:lia] *f* ⟨→ *n/pr*⟩ Cornélie *f*

Corner ['kɔrnər] *m* ⟨~s; ~⟩ *österr FUSSBALL* corner *m*

Corn-flakes ['kɔrnfle:ks] *pl* corn-flakes *m/pl*

Corps *cf* **Korps**

Corpus delicti ['kɔrpusde'lɪkti] *n* ⟨~; Corpora delicti⟩ *JUR* corps *m* du délit; *plais* pièce *f* à conviction

'Corso *cf* **Korso**

Corti'son *cf* **Kortison**

Costa Rica ['kɔsta'ri:ka] *n* ⟨→ *n/pr*⟩ le Costa Rica

Costarican|er(in) [kɔstari'ka:nər(ɪn)] *m* ⟨~s; ~⟩ (*f*) ⟨~; ~nen⟩ Costaricien, -ienne *m,f*; **²isch** *adjt* costaricien, -ienne

Couch [kautʃ] *f* ⟨~; ~s *ou* -en⟩ canapé *m*; **'~garnitur** *f* salon *m* (*meuble*); **'~tisch** *m* table *f* de salon

Couleur [ku'lø:r] *f* ⟨~⟩ **1.** (*Richtung*) tendance *f*; **Schriftsteller jeglicher ~** des écrivains de toutes tendances; **2.** *Studentensprache* **~ tragen** porter les couleurs de sa corporation

Coulomb [ku'lɔ̃] *n* ⟨~s; ~⟩ *ÉLECT* coulomb *m*

Countdown ['kauntdaun] *m od n* ⟨~(s); ~s⟩ compte *m* à rebours; **der ~ läuft** le compte à rebours a commencé

Coup [ku:] *m* ⟨~s; ~s⟩ coup *m*; F **e-n ~ landen** réussir un coup

Coupé [ku'pe:] *n* ⟨~s; ~s⟩ **1.** *AUTO* coupé *m*; **2.** *österr EISENBAHN* compartiment *m*

Couplet [ku'ple:] *n* ⟨~s; ~s⟩ (*satirisches Lied*) chanson *f* satirique

Coupon [ku'pɔ̃] *m* ⟨~s; ~s⟩ **1.** (*Abschnitt*) talon *m*; **2.** (*Zinsschein*) coupon *m* (d'intérêt)

Courage [ku'ra:ʒə] F *f* ⟨~⟩ courage *m*; **Angst vor der eigenen ~ haben** manquer de courage (au moment d'agir); F **se dégonfler**

Courtage [kur'ta:ʒə] *f* ⟨~; ~n⟩ *COMM* courtage *m*

Cousin [ku'zɛ̃] *m* ⟨~s; ~s⟩ cousin *m*

Cousine [ku'zi:nə] *f* ⟨~; ~n⟩ cousine *f*

Cover ['kavər] *n* ⟨~s; ~⟩ (*Schallplatten*⟨⟩, *Zeitschriften*⟨⟩) couverture *f*; **~girl** *n* cover-girl *f*

Cowboy ['kauboy] *m* ⟨~s; ~s⟩ cow-boy *m*

ČR [tʃe:'ʔer] *f* ⟨~⟩ *abr* (*Česká republika*) **die ~** la C.R. (République tchèque)

Crack¹ [krɛk] *m* ⟨~s; ~s⟩ *SPORT* champion *m*; *fig* crack *m*

Crack² *n* ⟨~s⟩ *Rauschgift* crack *m*

Cracker ['krɛkər] *m* ⟨~s; ~(s)⟩ cracker *m*

Credo ['kre:do] *n* ⟨~s; ~s⟩ **1.** *CATH* Credo *m*; **2.** *fig* (*Prinzipien*) credo *m*

Creme ['kre:m(ə)] *f* ⟨~; ~s *ou* österr, schweiz ~n⟩ (*Salbe*), *Speise* crème *f*; **²farben** *adj* crème (*inv*); **~schnitte** *f* tranche *f* de gâteau à la crème; **~torte** *f* gâteau *m* à la crème

'cremig *adj* onctueux, -euse

crescendo [krɛ'ʃɛndo] *adv MUS* crescendo

Crew [kru:] *f* ⟨~; ~s⟩ *e-s Schiffs*, *e-s Flugzeugs* équipage *m*; (*Personengruppe*) équipe *f*

Cromargan [kromar'ga:n] *n* ⟨~s⟩ *Wz* acier *m* au nickel-chrome; *bei Geschirr etwa* inox *m* (*nom déposé*)

Croupier [krupi'e:] *m* ⟨~s; ~s⟩ croupier *m*

Cruise-Missile ['kru:z'mɪsaɪl] *n* ⟨~s; ~s⟩ *MIL* missile *m* de croisière

Crux [kruks] *f* ⟨~⟩ (*Schwierigkeit*) F 'hic *m* (**bei** dans)

ČSSR [tʃe:ʔɛs'ʔɛr] *f* ⟨~⟩ *HIST abr* (*Československá socialistická republika*) **die ~** la République socialiste tchécoslovaque

CSU [tse:ʔɛs'ʔu:] *f* ⟨~⟩ *abr* (*Christlich-Soziale Union*) Union chrétienne-sociale

CTA [tse:te:'ʔa:] *f* ⟨~; ~s⟩ *abr* (*Chemisch-Technische Assistentin*) aide-chimiste *f*

Cup [kap] *m* ⟨~s; ~s⟩ **1.** *SPORT* coupe *f*; **2.** *beim BH* bonnet *m*

Curie [ky'ri:] *n* ⟨~s; ~⟩ *PHYS NUCL* curie *m*

Curling ['kø:rlɪŋ] *n* ⟨~s⟩ curling *m*

Curriculum [ku'rikulum] *n* ⟨~s; -la⟩ programme *m* (d'enseignement)

Curry ['køri] *n od m* ⟨~s; ~s⟩ curry *m*; **~huhn** *n* curry *m* de volaille; **~reis** *m* riz *m* au curry; **~soße** *f* sauce *f* au curry; **~wurst** *f* saucisse grillée au curry

Cursor ['kœrsɔr] *m* ⟨~s; ~s⟩ *INFORM* curseur *m*

Cut [kœt *ou* kat] *m* ⟨~s; ~s⟩ *COUT* jaquette *f*

cutten ['katən] *v/t u v/i* ⟨-ete, h⟩ *FILM*, *RAD*, *TV* monter

'Cutter(in) *m* ⟨~s; ~⟩ (*f*) ⟨~; ~nen⟩ *FILM*, *RAD*, *TV* monteur, -euse *m,f*

CVJM [tse:faujɔt'ʔɛm] *m* ⟨~⟩ *abr* (*Christlicher Verein Junger Menschen*) union chrétienne de jeunes gens

CVP [tse:fau'pe:] *f* ⟨~⟩ *abr* (*Christlichdemokratische Volkspartei [der Schweiz]*) P.D.C. *m* (Parti démocrate-chrétien [suisse])

D

D, d [de:] *n* ⟨~; ~⟩ **1.** *Buchstabe* D, d *m*; **2.** *MUS* ré *m*
D *abr* (*Damen*) Dames
da [da:] **I** *adv* **1.** *räumlich* là; *hier und* ~, ~ *und dort* ici et là; çà et là; par-ci, par-là; ~ *oben* là-haut; ~ *entlang* par là; ~ *und* ~ par-ci, par-là; çà et là; *ich bin für niemanden* ~ je ne suis là pour personne; ~ *ist* ..., *sind* ... voilà ...; *in größerer Nähe* voici; ~ *kommt er* (*ja*)! le voilà (qui vient)!; ~ *bin ich!* me voici!; me voilà!; *das Buch* ~ ce livre-là; *MIL wer* ~? qui vive?; qui va là?; ~ *ist es ja!* tiens, le *bzw* la voilà!; voilà où c'est!; *sieh* ~! regarde (un peu)!; *verwundert tiens!*; ~, *e-e Giraffe!* tiens ou regarde, une girafe!; ~ *hast du es!* (tiens, le) voilà!; *fig* ça y est!; je te l'avais bien dit!; **2.** *zeitlich* alors; à ce moment-là; (*damals*) à cette époque!; *von* ~ *ab*, à partir de, dès ce moment-là; ~ *sagte er* ... alors il dit ...; ~ *erst begriff er* ... c'est seulement à ce moment-là qu'il comprit ...; *wir waren gerade beim Essen,* ~ *kam der Postbote* nous venions de nous mettre à table quand le facteur est arrivé; *ich wollte gerade weggehen,* ~ *kam ein Vertreter* juste au moment où je voulais sortir, un représentant est arrivé; **3.** (*unter diesen Umständen, in diesem Fall*) dans od en ce cas; dans ces circonstances; alors; ~ *wird man sich besinnen müssen* c'est là qu'il va falloir réfléchir; *was läßt sich* ~ *machen*? que faire dans ce(s) cas-là, dans de telles circonstances?; ~ *kann man nichts machen* là, il n'y a rien à faire; ~ *weiß ich keinen Rat* dans ce cas-là, je ne vois pas de solution; *was gibt's denn* ~ *zu lachen*? il n'y a pas de quoi rire; ~ *kann ich ja nur lachen!* vous voulez rire?; laissez-moi rire!; *und* ~ *wagt man noch zu behaupten,* ... et malgré cela on ose dire (encore) ...; ~ *wäre ich schön dumm* je serais bien bête; *und* ~ *auch noch ärgerlich!* et voilà qu'il se fâche, en plus!; **4.** *Füllwort st/s als* ~ *sind* ... tels *bzw* telles que ...; comme par exemple ...; *als ich das sagte,* ~ *lachte er* comme je disais cela, il se mit à rire; *ich habe* ~ *e-e Idee* j'ai peut-être une idée; *st/s es gibt Leute, die* ~ *glauben* ... il y a des gens qui croient ...; *was* ~ (*auch*) *kommen mag* quoi qu'il arrive; *nichts* ~! pas question!; jamais de la vie!; **5.** (*vorhanden*) *es ist noch Suppe* ~ il y a, il reste encore de la soupe; *cf a dasein*; **II** *conj* **1.** (*weil*) comme; puisque; étant donné que; vu que; ~ *er krank ist* ... comme il est malade ...; *bei gleichem Subjekt* étant malade ...; **2.** *st/s* (*als*) lorsque; quand; *in dem Augenblick,* ~ ... au moment où il ...; ~ *alles fertig war* lorsque, quand tout fut prêt

DAAD [de:?a:?a:'de:] *m* ⟨~⟩ *abr* (*Deutscher Akademischer Austauschdienst*) office allemand d'échanges universitaires

dabei [da'baɪ, *démonstrativement* 'da:baɪ] *adv* **1.** *räumlich* à côté; avec (cela); (*darin, dazu*) avec (cela); (*nahe*) ~ tout près; *ein Haus mit e-m Garten* ~ une maison avec (un) jardin; **2.** *zeitlich sie strickt, und* ~ *summt sie alte Lieder* elle tricote tout en fredonnant de vieilles chansons; ~ *sah er mich traurig an* en et même temps il me regardait tristement; *cf a dabeisein*; **3.** *Beziehung lassen wir es* ~ *bewenden!* restons-en là!; *es ist nichts* ~ (*es ist nicht schwierig*) ce n'est pas (bien) sorcier; (*es ist nicht schlimm*) ce n'est pas grave, (bien) méchant; *was ist denn* (*schon*) ~? quel mal y a-t-il cela?; ~ *werden Sie nichts gewinnen* vous n'y gagnerez rien; *er fühlt sich wohl* ~ il s'en trouve bien; ~ *kam es zu e-r heftigen Auseinandersetzung* à l'occasion d'une violente dispute; *das Gute* ~ *ist, daß* ... ce qu'il y a de bon là-dedans, c'est que ...; *es bleibt* ~ (c'est) entendu; *sie bleibt* ~ elle reste sur ses positions; ~ *kommt nichts heraus* cela ne mène, ne sert à rien; **4.** (*überdies*) à la fois; *sie ist hübsch und* ~ *klug* elle est jolie et, en plus *od* avec ça, intelligente; **5.** (*doch*) mais; pourtant; cependant; ~ *konnte ich ihn nicht ausstehen* et dire que je ne pouvais pas le supporter; ~ *könnte er längst Professor sein* et pourtant il pourrait être professeur depuis longtemps

da'beibleiben *v/i* ⟨*irr, sép,* -ge-, *sein*⟩ rester; continuer; *cf a dabei 3*.
da'beihaben *v/t* ⟨*irr, sép,* -ge-, *h*⟩ *etw* ~ avoir qc sur soi; *j-n* ~ être accompagné de qn; *sie wollen mich nicht* ~ ils ne veulent pas de moi
da'beisein *v/i* ⟨*irr, sép,* -ge-, *sein*⟩ **1.** (*teilnehmen*) y être, assister, participer; *bei etw* ~ assister, participer à qc; *ich bin* (*mit*) *dabei* je suis de la partie; *bei e-m Fest* je suis de la fête; ~ *ist alles!* l'essentiel, c'est d'y être *od* d'y *bzw* de participer; **2.** (*gerade*) ~, *etw zu tun* (*gerade tun*) être (précisément, justement) en train de faire qc; (*sich anschicken*) être précisément, justement sur le point de faire qc; *ich bin schon dabei* j'ai déjà commencé; je suis (déjà) en train (de le faire)
da'bei|sitzen *v/i* ⟨*irr, sép,* -ge-, *h*⟩,

~**stehen** *v/i* ⟨*irr, sép,* -ge-, *h*⟩ y être, assister
'**dableiben** *v/i* ⟨*irr, sép,* -ge-, *sein*⟩ rester
da capo [da'ka:po] *adv MUS* da capo; *THÉ etc* bis; ~ *rufen* bisser
Dach [dax] *n* ⟨~(e)s; ⁓er⟩ toit *m*; *F ein* ~ *über dem Kopf haben* avoir un toit; *kein* ~ *über dem Kopf haben* être à la rue; être sans abri; *unter dem* ~ *wohnen* loger sous les toits, sous les combles; *mit j-m unter e-m* ~ *wohnen od leben* habiter, vivre sous le même toit que qn; *unter* ~ *und Fach sein* être à l'abri; *fig* être terminé; *unter* ~ *und Fach bringen* mettre à l'abri; *Ernte* rentrer; *fig* mener à bonne fin; *F j-m aufs* ~ *steigen* F passer un savon à qn; frotter les oreilles à qn; *F eins aufs* ~ *bekommen* F en prendre pour son grade
'**Dach|antenne** *f* antenne installée sur le toit; ~**arbeiten** *f/pl* travaux *m/pl* de couvreur; *Reparaturen* réparations *f/pl* de toiture ~**balken** *m* entrait *m*; *pl* charpente *f*; ~**boden** *m* combles *m/pl*; grenier *m*; ~**decker** *m* ⟨~s; ~⟩ couvreur *m*; ~**decke'rei** *f* ⟨~; ~en⟩ atelier *m bzw* métier *m* de couvreur; ~**fenster** *n* lucarne *f*; ~**first** *m* arête *f* du toit; *TECH* faîtage *m*; faîte *m*; ⁓**förmig** *adj* en forme de toit; ~**garten** *m* (toit en) terrasse *f*; ~**gaube** *f CONSTR* chien-assis *m*; ~**gebälk** *n* charpente *f* (du toit); ~**gepäckträger** *m AUTO* galerie *f*; *für Fahrräder* porte-vélos *m*; *für Skier* porte-skis *m*; ~**geschoß** *n* étage mansardé; ~**gesellschaft** *f ÉCON* 'holding *m*; ~**gesims** *n* corniche *f* du toit; ~**kammer** *f* mansarde *f*; chambre *f* sous les toits; ~**koffer** *m AUTO* coffre *m* de toit; ~**lawine** *f* paquet *m* de neige qui se détache du toit; ~**luke** *f* tabatière *f*; lucarne *f*; ~**organisation** *f* organisation *f* de contrôle; organisme *m* de coordination; ~**pappe** *f* carton bitumé; ~**pfanne** *f* tuile flamande; ~**rinne** *f* gouttière *f*; chéneau *m*
Dachs [daks] *m* ⟨~es; -e⟩ blaireau *m*; '~**bau** *m* ⟨~(e)s; -e⟩ terrier *m* de blaireau
'**Dachschaden** *m* **1.** endommagement *m* du toit; **2.** *F du hast wohl einen* ~! F tu n'es pas un peu timbré *od* cinglé (, par hasard)?; F ça va pas la tête?
'**Dach|schiefer** *m* ardoise *f*; ~**schindel** *f* bardeau *m*; ~**schräge** *f* pente *f* d'un toit
'**Dachshund** *m ZO, JAGD cf Dackel*
'**Dachsparren** *m* chevron *m*
'**Dachstübchen** *n* (petite) mansarde; F *er ist* (*wohl*) *nicht ganz richtig im* ~

Dachstube – Dame

F il est fêlé; F il a une araignée au plafond
'Dach|stube *f cf Dachkammer*; ~stuhl *m* charpente *f* du toit
dachte ['daxtə] *cf denken*
'Dach|terrasse *f* terrasse *f*; TECH toiture-terrasse *f*; ~träger *m cf Dachgepäckträger*; ~traufe *f cf Dachrinne*; ~verband *m* organisation *f* de contrôle; organisme *m* de coordination; ~vorsprung *m* corniche *f*; avant-toit *m*; ~wohnung *f* logement *m* sous les toits; ~ziegel *m* tuile *f*
Dackel ['dakəl] *m* ⟨~s; ~⟩ basset allemand; teckel *m*; ~beine *n/pl* plais petites jambes arquées
Dada|ismus [dada'ısmʊs] *m* ⟨~⟩ dadaïsme *m*; ~ist(in) *m* ⟨~en; ~en⟩ (*f*) ⟨~; ~nen⟩ dadaïste *m,f*; ℒ'istisch *adj* dadaïste
dadurch [da'dʊrç, *démonstrativement* 'da:dʊrç] *adv* **1.** *räumlich* par là; **2.** *Mittel, Grund, Umstand* de cette manière, façon; par ce moyen; ~ *ist alles anders gekommen* c'est ainsi, c'est pour cette raison que tout a pris une autre tournure; *alle* ~ *verursachten Schäden* tous les dommages ainsi causés; ~, *daß* comme; du fait que; ~, *daß Rom alle Völker unterjochte, verlor es ...* en assujettissant tous les peuples, Rome perdit ...; *bei verschiedenem Subjekt* ~, *daß meine Uhr falsch ging, kam ich zu spät* comme ma montre ne marchait pas bien, je suis arrivé en retard
dafür [da'fy:r, *démonstrativement* 'da:fy:r] *adv* **1.** pour cela; *ich habe zehn Mark* ~ *bezahlt* je l'ai payé dix marks; **2.** *beim Tausch* en échange; à la place; **3.** *zum Ausgleich* en retour; en compensation; *das Haus ist nicht schön,* ~ *ist es sehr geräumig* la maison n'est pas belle, par contre or en revanche elle est très spacieuse; **4.** *mit Bezug auf Vorhergehendes* y; en; ~ *danke ich dir* je t'en remercie; *ich kann nichts* ~ je n'y peux rien; ce n'est pas ma faute; je n'y suis pour rien; *ich bürge* ~ j'en réponds; je m'en porte garant; *ich werde* ~ *sorgen* je m'en occuperai; j'y veillerai; ~ *sorgen, daß ...* veiller à ce que ... (+*subj*); faire en sorte que ... (+*subj*); **5.** (*zugunsten*) *alles spricht* ~, *daß ...* tout semble indiquer que ...; ~ *sein* être pour; (*nicht*) ~ *sein, daß ...* (ne pas) approuver que ...; **6.** (*in Anbetracht dessen*) ~, *daß er erst zwei Jahre alt ist, spricht er schon sehr gut* pour (être âgé de) deux ans *od* quand on pense qu'il n'a que deux ans, il parle déjà très bien
Da'fürhalten *st/s n* ⟨~s⟩ *nach meinem* ~ à mon avis
da'fürkönnen *v/i* ⟨*irr, sép*, -ge-, h⟩ *er kann etwas dafür, daß ...* il est responsable de ce que ...; c'est sa faute si ...; *ich kann nichts dafür* je n'y peux rien; ce n'est pas ma faute
DAG [de:ʔa:'ge:] *f* ⟨~⟩ *abr* (*Deutsche Angestellten-Gewerkschaft*) syndicat *m* des employés allemands
dagegen [da'ge:gən, *démonstrativement* 'da:ge:gən] *adv* **1.** contre (cela); ~ *sein* être contre; ne pas être d'accord; *ich bin* ~, *daß ...* je m'oppose à ce que ... (+*subj*); *ich habe nichts* ~ je n'ai rien contre; je n'y vois pas d'inconvénient;

je veux bien; *hast du etwas* ~, *wenn ...?* vois-tu un inconvénient à ce que ...?; est-ce que cela t'ennuie si ...?; *nichts* ~ *einwenden* n'avoir rien à objecter, à redire à ce sujet; ~ *gibt es kein Mittel* il n'y a aucun remède à cela; *es spricht nichts* ~, *daß ...* tout semble indiquer que ...; **2.** *bei Vergleich* en comparaison; *das ist nichts* ~ ce n'est rien en comparaison; **3.** (*zum Ausgleich*) en retour; en revanche; **4.** (*jedoch*) par contre; au contraire
da'gegenhalten *v/t* ⟨*irr, sép*, -ge-, h⟩ **1.** erwidernd penser, estimer au contraire (*daß ...* que ...); objecter; **2.** F *vergleichend etw* ~ comparer qc à, avec cela
'dagewesen *p/p cf dasein*
Dagmar ['dagmar] *f* ⟨→ n/pr⟩ prénom
daheim [da'haım] *adv bes südd, österr, schweiz* (*zu Hause*) chez moi *bzw* nous; à la maison; (*in der Heimat*) dans mon pays; chez nous; (*bei ihr, dir, euch etc*) ~ chez elle, toi, vous, *etc*; à la maison
daher [da'he:r, *démonstrativement* 'da:he:r] **I** *adv* **1.** *räumlich* de là; en; de ce côté-là; de cet endroit; **2.** (*durch diesen Umstand*) de là; *das kommt* ~, *daß ...* cela vient de ce que ...; II *conj* **1.** *Grund* c'est, voilà pourquoi; **2.** *Folge* par conséquent
da'hergelaufen *adjt* ⟨*épithète*⟩ *péj* venu, sorti d'on ne sait où
Da'hergelaufene(r) *f(m)* ⟨→A⟩ *péj* personne *f*, individu *m* d'origine douteuse *od* sorti(e) d'on ne sait où; *jeder* ~ n'importe quel individu, F type
da'herkommen *v/i* ⟨*irr, sép*, -ge-, sein⟩ s'approcher, *fig* s'amener
da'herreden *v/i* ⟨-ete, *sép*, -ge-, h⟩ *péj* parler pour ne rien dire; *rede nicht so dumm daher!* ne dis pas de bêtises!
dahin [da'hın, *démonstrativement* 'da:hın] *adv* **1.** *räumlich* là; là-bas; à cet endroit-là; y; *bis* ~ jusque-là; *das gehört nicht* ~ cela n'est pas à sa place; F *mir steht es bis* ~ F j'en ai jusque-là; F j'en ai ras le bol; **2.** *zeitlich bis* ~ jusque-là; d'ici là; *hoffentlich bist du bis* ~ *wieder gesund* j'espère que d'ici là tu seras rétabli; *bis* ~ *ging alles gut* jusqu'à ce moment-là tout alla(it) bien; **3.** (*in diesem Sinne*) *man hat sich* ~ (*gehend*) *geeinigt, daß ...* on a convenu de (+*inf*); on a convenu que ...; *sich* ~ (*gehend*) *äußern, daß ...* s'exprimer en ce sens que ...; *s-e Bestrebungen gehen* ~, *zu* (+*inf*) ses efforts tendent à (+*inf*); **4.** (*soweit*) *j-n* ~ *bringen, zu* (+*inf*) amener qn à (+*inf*); *es* ~ *bringen, daß ...* arriver, parvenir, réussir à (+*inf*); **5.** [da'hın] (*vergangen*) passé; (*weg*) parti; *diese Zeiten sind* ~ ces temps sont révolus; *meine Ruhe ist* ~ c'en est fait de ma tranquillité
dahin'auf [dahin'nauf, *démonstrativement* 'da:hınauf] *adv* (*monter*) par ici; par là; ~aus *adv* (*sortir*) par ici; par là; ~ein *adv* (*entrer*) par ici
da'hin|dämmern *v/i* ⟨-(e)re, *sép*, -ge-, sein⟩ être dans un état de torpeur; ~fahren *st/s v/i* ⟨*irr, sép*, -ge-, sein⟩ s'éloigner; ~fließen *v/i* ⟨*irr, sép*, -ge-, sein⟩ s'écouler; couler; ~gehen *st/s v/i* ⟨*irr, sép*, -ge-, sein⟩ **1.** s'en aller; passer; **2.** (*sterben*) s'en aller
da'hingestellt *adjt* *es* ~ *sein lassen, ob ...* laisser en suspens, ne pas discuter

la question de savoir si ...; *das sei od ist* ~ laissons la question en suspens; cela reste à savoir
da'hin|raffen *st/s v/t* ⟨*sép*, -ge-, h⟩ enlever; emporter; *Tod* a faucher; ~schwinden *st/s v/i* ⟨*irr, sép*, -ge-, sein⟩ *Zeit* s'envoler; passer; *Vermögen etc* fondre; ~siechen *st/s v/i* ⟨*sép*, -ge-, sein⟩ dépérir; mourir à petit feu
da'hinstehen *v/imp* ⟨*irr, sép*, -ge-, h⟩ *es steht dahin, ob ...* il n'est pas certain que ... (+*subj*); reste à savoir si ...
dahinten [da'hıntən, *démonstrativement* 'da:hıntən] *adv* là-bas (derrière)
dahinter [da'hıntər, *démonstrativement* 'da:hıntər] *adv* (là-)derrière
da'hinter|klemmen F *v/réfl* ⟨*sép*, -ge-, h⟩, ~knien F *v/réfl* ⟨*sép*, -ge-, h⟩ *sich* ~ s'atteler à la tâche; F s'accrocher; F se décarcasser; ~kommen F *v/i* ⟨*irr, sép*, -ge-, sein⟩ éventer la mèche; F découvrir le pot aux roses; ~machen F *v/réfl* ⟨*sép*, -ge-, h⟩ *sich* ~ s'y mettre
da'hinterstecken F *v/i* ⟨*sép*, -ge-, h⟩ *sie steckt dahinter* elle est derrière; *wer steckt dahinter?* qui se cache derrière?; *da steckt etwas dahinter* il y a qc là-dessous; il y a anguille sous roche; *es steckt nicht viel dahinter* il n'y a pas grand-chose derrière
dahinüber [dahı'ny:bər, *démonstrativement* 'da:hıny:bər] *adv* (*obendrüber*) par-dessus; (*dorthin*) là-bas
dahinunter [dahı'nʊntər, *démonstrativement* 'da:hınʊntər] *adv* en là en bas; *wir müssen* ~ nous devons descendre par ici, par là
da'hin|vegetieren *v/i* ⟨*sép, pas de ge*-, h⟩ végéter; ~ziehen *v/i* ⟨*irr, sép*, -ge-, sein⟩ (*sich langsam vorwärtsbewegen*) passer; s'en aller; (*sich erstrecken*) s'étirer; s'allonger
Dahlie ['da:liə] *f* ⟨~; ~n⟩ dahlia *m*
Daktylo|graphin [daktylo'gra:fın] *f* ⟨~; ~nen⟩ *schweiz* dactylo *f*; ~sko'pie *f* ⟨~; ~n⟩ dactyloscopie *f*
Daktylus ['daktylʊs] *m* ⟨~; -'tylen⟩ dactyle *m*
'da|lassen F *v/t* ⟨*irr, sép*, -ge-, h⟩ laisser là; ~liegen *v/i* ⟨*irr, sép*, -ge-, h⟩ être (étendu) là
dalli ['dali] F *adv* ~, ~!, *ein bißchen* ~! *als Aufforderung* F et plus vite que ça!; F et que ça saute!; *mach ein bißchen* ~! F grouille-toi!; F magne-toi!
Dalmatien [dal'ma:tsiən] *n* ⟨→ n/pr⟩ la Dalmatie
Dalmatiner [dalma'ti:nər] *m* ⟨~s; ~⟩ *Hund* dalmatien *m*
Dalma'tiner(in) *m* ⟨~s; ~⟩ (*f*) ⟨~; ~nen⟩ *Bewohner* Dalmate *m,f*
'damalig *adj* ⟨*épithète*⟩ d'alors; de cette époque
damals ['da:ma:ls] *adv* alors; à cette époque; à ce moment-là; *seit* ~ depuis lors; depuis cette époque-là; *von* ~ d'autrefois; de cette époque
Damaskus [da'maskʊs] *n* ⟨→ n/pr⟩ Damas
Damast [da'mast] *m* ⟨~(e)s; ~e⟩ damas *m*
Dame ['da:mə] *f* ⟨~; ~n⟩ (*Frau*), Spielkarte, Spielstein dame *f*; Schachfigur reine *f*; Tanzpartnerin cavalière *f*; ~ *spielen Brettspiel* jouer aux dames; *die* ~ *des Hauses* la maîtresse de maison; *junge* ~ jeune fille; *die große alte* ~

des Stummfilms la vieille grande dame du (cinéma) muet; *die Abfahrt der ~n* SPORT la descente dames; F *meine Alte ~* F ma vieille; *meine ~n und Herren!* mesdames et messieurs!; F messieurs dames!

'**Damebrett** *n* damier *m*

'**Damenbegleitung** *f* *in ~ (dat) sein* être accompagné d'une femme

'**Damenbekanntschaft** *f* *e-e ~ machen* rencontrer une femme; faire la connaissance d'une femme; *~en haben* connaître, fréquenter des femmes

'**Damen**|**bekleidung** *f* *cf Damenkonfektion*; *~besuch m* visite féminine; *~binde* *f* serviette *f* hygiénique; *~doppel n* double *m* dames; *~einzel n* simple *m* dames; *~fahrrad n* bicyclette *f*, vélo *m* de femme; *~friseur m* coiffeur *m* pour dames; *~fußball m* ⟨*~(e)s*⟩ football féminin

'**Damengesellschaft** *f* réunion *f* de dames; *in ~ (dat)* en compagnie féminine

'**damenhaft** *adj* de (grande) dame; distingué; *übertrieben* guindé

'**Damen**|**kapelle** *f* orchestre féminin; *~konfektion f* confection féminine, pour femmes; prêt-à-porter féminin; *~mannschaft f* équipe féminine; *~mode f* mode féminine; *~oberbekleidung f* vêtements *m/pl* pour, de femmes; prêt-à-porter féminin; *~rad n* vélo *m* (de) femme; *~salon m* Friseur salon *m* de coiffure pour dames; *~sattel m* selle *f* de dame; *~schneider(in) m(f)* tailleur *m* pour dames; couturière *f*; *~schuh m* chaussure *f* de femme

'**Damensitz** *m* *im ~ reiten* monter en amazone

'**Damen**|**toilette** *f* toilettes *f/pl* pour dames, femmes; *~unterwäsche f* lingerie *f*; sous-vêtements féminins

'**Damenwahl** *f* *beim Tanz jetzt ist ~* et maintenant, c'est au tour des dames de choisir leurs cavaliers, leurs partenaires

'**Damenwelt** *f* ⟨*~*⟩ monde féminin

'**Dame**|**spiel** *n* jeu *m* de dames; *~stein m* pion *m*

Damhirsch ['damhɪrʃ] *m* daim *m*

damit [da'mɪt, *démonstrativement* 'da:mɪt] **I** *adv* **1.** avec cela; **2.** *mit Bezug auf Vorhergehendes* en; y; *was willst du ~ sagen?* que veux-tu dire par là?; *was macht er ~?* qu'en fait-il?; qu'est-ce qu'il en fait?; F que fait-il avec (ça)?; *wie steht es ~?* où en sont les choses?; F où ça en est?; *~ ist es aus* c'est fini; *ich bin ~ einverstanden* je suis d'accord (avec cela); *nur her ~!* donnez toujours!; passez-le-moi!; *Schluß ~!* (en voilà) assez!; ça suffit!; *und ~ ging er* il est parti; *er fing ~ an, daß er versuchte ...* il commença par essayer ...; il a essayé dans un premier temps ...; *~ brach ein neues Zeitalter an* ce fut le début d'une ère nouvelle; **II** *conj ~ ... (+ind)* afin de (+inf); pour (+inf); afin que ... (+subj); pour que ... (+subj)

Däm|**lack** ['dɛːmlak] F *m* ⟨*~s; -e ou ~s*⟩ F andouille *f*; F gourde *f*; *2lich adj* bête; stupide; *Personen* a niais; F godiche; *~lichkeit f* ⟨*~; ~en*⟩ niaiserie *f*; stupidité *f*; bêtise *f*

Damm [dam] *m* ⟨*~(e)s; ~e*⟩ **1.** (*Wall, Bahn2*) remblai *m*; (*Stau2*) barrage *m*; (*Deich*) digue *f*; (*Hafen2*) jetée *f*; môle *m*; **2.** *aufgeschütteter Weg bei Flüssen, im Sumpf etc, regional* (*Fahr2*) chaussée *f*; **3.** ANAT périnée *m*; **4.** *fig* barrière *f*; **5.** F *nicht auf dem ~ sein* ne pas être dans son assiette; F être mal fichu; F être patraque; *wieder auf dem ~ sein* être de nouveau sur pied, d'aplomb

'**Dammbruch** *m* rupture *f* d'une digue

dämmen ['dɛmən] *v/t* ⟨*h*⟩ **1.** TECH isoler; **2.** *st/s Wasser, fig* endiguer

'**dämm(e)rig** *adj abends* déjà sombre; crépusculaire; *morgens* encore sombre; *es wird schon ~* la nuit tombe; *st/s le jour décline*

'**Dämmerlicht** *n* ⟨*~(e)s*⟩ demi-jour *m*; pénombre *f*

dämmern ['dɛmərn] ⟨*-(e)re, h*⟩ **I** *v/i vor sich (acc) hin ~ (im Halbschlaf sein)* somnoler; (*ohne volles Bewußtsein sein*) être à demi conscient; **II** *v/imp es dämmert morgens* il commence à faire jour; le jour se lève; *abends* il commence à faire nuit; le soir, la nuit tombe; F *fig es dämmert mir* je commence à y voir (plus) clair

'**Dämmerschlaf** *m* (*Halbschlaf*) somnolence *f*; torpeur *f*

'**Dämmerschoppen** *m* *e-n ~ trinken* prendre un pot (dans l'après-midi)

'**Dämmerstunde** *f* *poét* (heure *f* du) crépuscule *m*

'**Dämmerung** *f* ⟨*~; ~en*⟩ *abends* crépuscule *m*; déclin *m* du jour; *morgens* aube *f*; point *m* du jour; *in der ~* à la tombée de la nuit; à la nuit tombante; au crépuscule; à l'aube

'**Dämmerzustand** *m* (*Halbschlaf*) (état *m* de) somnolence *f*; torpeur *f*; MÉD trouble momentané de la conscience

'**dämmrig** *cf dämmerig*

'**Damm**|**riß** *m* déchirure *f* du périnée; *~schnitt m* incision *f* du périnée; *sc* épisiotomie *f*

'**Dämmstoff** *m* TECH isolant *m*

'**Dämmung** *f* ⟨*~; ~en*⟩ TECH isolation *f*

Damoklesschwert ['da:moklɛsˌveːrt] *st/s n* épée *f* de Damoclès

Dämon ['dɛːmɔn] *m* ⟨*~s; -'monen*⟩ *a fig* démon *m*

dämonisch [dɛ'moːnɪʃ] *adj* démoniaque; diabolique

Dampf [dampf] *m* ⟨*~(e)s; ~e*⟩ vapeur *f*; F *fig ~ ablassen* laisser exploser sa colère; décharger sa bile; F *~ hinter etw (acc) machen* activer qc; F *j-m ~ (unterm Hintern) machen* secouer, bousculer qn; F *dem werde ich ~ (unterm Hintern) machen!* F je vais lui faire sa fête!

'**Dampfantrieb** *m* commande *f* à vapeur; *mit ~* (marchant) à (la) vapeur

'**Dampf**|**bad** *n* bain *m* de vapeur; bain turc; *~boot n cf Dampfer*; *~bügeleisen n* fer *m* à vapeur; *~druck m* ⟨*~(e)s; -drücke*⟩ pression *f* de la vapeur

'**dampfen** *v/i* ⟨*h*⟩ dégager de la vapeur; *Speisen* fumer

dämpfen ['dɛmpfən] *v/t* ⟨*h*⟩ **1.** *Stoß* amortir; *Geräusch* a assourdir, atténuer; *p/fort* étouffer; *Licht* tamiser; *mit gedämpfter Stimme* à voix basse; à mi-voix; **2.** ÉCON *Konjunktur* freiner; *fig Begeisterung etc* tempérer; refroidir; **3.** CUIS (faire) cuire à l'étuvée, à la vapeur; **4.** COUT repasser à la vapeur; **5.** MUS mettre la sourdine à

'**Dampfer** *m* ⟨*~s; ~*⟩ (bateau *m* à) vapeur *m*; (*Übersee2*) paquebot *m*; transatlantique *m*; F *auf dem falschen ~ sein od sitzen* F être à côté de la plaque

'**Dämpfer** *m* ⟨*~s; ~*⟩ **1.** *bei Streich- u Blechinstrumenten* sourdine *f*; *beim Klavier* étouffoir *m*; **2.** TECH amortisseur *m*; **3.** *fig* douche *f*; F *e-n ~ bekommen Person* être F douché, refroidi; *Begeisterung etc* être refroidi, tempéré; *j-m e-n ~ aufsetzen Person* freiner qn; tempérer, refroidir l'enthousiasme de qn; *Ereignis* refroidir, F doucher qn

'**Dampferfahrt** *f* voyage *m* en (bateau à) vapeur

'**Dampf**|**heizung** *f* chauffage *m* à la vapeur; *~kessel m* chaudière *f* à vapeur; *~kochtopf m* cocotte-minute *f*; autocuiseur *m*; *~kraft f* force *f* de la vapeur; *~kraftwerk n* centrale *f* thermique; *~lok(omotive) f* locomotive *f* à vapeur; *~maschine f* machine *f* à vapeur; *~nudeln f/pl südd*: rondelles de pâte levée cuites à l'étuvée; *n cf Dampfer*; *~schiffahrt f* ⟨*~*⟩ navigation *f* à vapeur; *~strahl m* jet *m* de vapeur; *~strahlgebläse n* appareil *m* à jet de vapeur; *~turbine f* turbine *f* à vapeur

'**Dämpfung** *f* ⟨*~; ~en*⟩ **1.** *e-s Stoßes* amortissement *m*; *des Schalls* a assourdissement *m*; *der Stimme* étouffement *m*; **2.** *fig* affaiblissement *m*; atténuation *f*; ÉCON *der Konjunktur* freinage *m*

'**Dampfwalze** *f* rouleau compresseur

Damwild ['damvɪlt] *n* daims *m/pl*

Dan [daːn] *m* ⟨*~; ~*⟩ JUDO dan *m*

danach [da'naːx, *démonstrativement* 'da:na:x] *adv* **1.** *zeitlich* après cela; (et) puis; (et) ensuite; *zwei Tage ~* deux jours après; **2.** *räumlich* après; derrière; **3.** (*entsprechend*) d'après, suivant cela; en conséquence; *zu urteilen, ...* à en juger par cela; *es sieht ganz aus* cela en a tout, bien l'air; *handelt ~!* agissez en conséquence; F *mir ist heute (nicht) ~* F aujourd'hui, ça (ne) me dit (rien); **4.** *mit Bezug auf Vorhergehendes wir sehnen uns ~* c'est à cela que nous aspirons; *ich habe ihn ~ gefragt* je le lui ai demandé; je lui ai posé la question; *erkundigen Sie sich ~!* informez-vous-en!; renseignez-vous!; *sich ~ richten* s'y conformer; se régler là-dessus

Danaergeschenk ['daːnaɛrɡəˌʃɛŋk] *st/s n* don *m* funeste; cadeau empoisonné

Dandy ['dɛndi] *m* ⟨*~s; ~s*⟩ dandy *m*

Däne ['dɛːnə] *m* ⟨*~n; ~n*⟩ Danois *m*

daneben [da'neːbən, *démonstrativement* 'da:ne:bən] *adv* **1.** *räumlich* à côté; auprès (de cela); **2.** (*außerdem*) outre cela; à côté de cela; en outre; **3.** (*gleichzeitig*) en même temps

da|**neben**|**benehmen** F *v/refl* ⟨*irr, sép, pas de ge-, h*⟩ *sich ~* avoir une attitude inconvenante, déplacée; se conduire mal; *~gehen v/i* ⟨*irr, sép, -ge-, sein*⟩ **1.** *Schuß* passer à côté; manquer sa cible; *Schlag* porter à faux; **2.** F rater; échouer; manquer son but; *~schießen v/i* ⟨*irr, sép, -ge-, h*⟩ tirer à côté; manquer, rater son but; *~sein v/i* ⟨*irr, sép, -ge-, sein*⟩ *unwohl* ne pas être dans son assiette; F être patraque, mal fichu; *verwirrt* être troublé, F à côté de ses pompes

Dänemark ['dɛ:nəmark] *n* ⟨→ *n/pr*⟩ le Danemark

da'niederliegen *st/s v/i* ⟨*irr, sép,* -ge-, h⟩ ÉCON être dans le marasme; *Person krank ~* être alité

Daniel ['da:nie:l *ou* -niɛl] *m* ⟨→ *n/pr*⟩ Daniel *m*

Daniela [dani'e:la], **Daniele** [dani'e:lə] *f* ⟨→ *n/pr*⟩ Danielle *f*

'**Dänin** *f* ⟨~; ~nen⟩ Danoise *f*

'**dänisch** *adj* danois; du Danemark

'**Dänisch** *n* ⟨~(s)⟩, **~e** *n* ⟨~n⟩ (*das*) *Dänisch(e) Sprache* le danois

dank *prép* ⟨*dat ou gén*⟩ grâce à

Dank [daŋk] *m* ⟨~(e)s⟩ remerciement *m*; *j-m s-n ~ abstatten* présenter, exprimer ses remerciements à qn; (*j-m*) *~ sagen* dire merci (à qn); remercier (qn); *als, zum ~ dafür* en remerciement de *od* pour cela; *vielen ~!* merci beaucoup!, merci bien!; grand merci!; *Gott sei ~!* Dieu merci!; *mit bestem, vielem ~ zurück* avec mes, nos meilleurs remerciements; *j-m zu ~ verpflichtet sein* être obligé, redevable à qn (de qc); *iron und das ist nun der ~ dafür!* et voilà la récompense!

'**dankbar** I *adj* 1. (*voller Dank*) reconnaissant (*j-m für etw* à qn de qc); *ich wäre Ihnen ~, wenn ...* je vous serais reconnaissant de (bien vouloir) (+*inf*); je vous serais obligé, si ... *od* de (+*inf*); *ich bin für jeden Vorschlag ~* toute proposition sera la bienvenue; je m'intéresse à toute proposition; 2. *Publikum* bon, bonne; 3. (*lohnend*) *Aufgabe* qui vaut la peine; intéressant; 4. F (*haltbar*) *Stoff* (de qualité) solide; résistant; II *adv* avec reconnaissance

'**Dankbarkeit** *f* ⟨~⟩ gratitude *f*; reconnaissance *f*

'**danke** *int* merci!; *nein ~!* non merci!; *~ sehr, ~ schön!* merci beaucoup!; merci bien!

'**danken** ⟨h⟩ I *v/t er hat es mir schlecht gedankt* il m'a payé d'ingratitude; il s'est montré bien ingrat; *er hat ihm seine Mühe schlecht gedankt* il a bien mal récompensé sa peine; *nichts zu ~!* je vous en prie!; (il n'y a) pas de quoi!; de rien!; II *v/i j-m für etw ~* remercier qn de qc; F *na, ich danke!* ah non! merci!

'**dankend** *advt ~ ablehnen* refuser poliment; (*Betrag*) *~ erhalten* pour acquit

'**dankenswert** *adj* louable; digne de reconnaissance

'**Dankeschön** *n* ⟨~s⟩ merci *m*

'**Dank**|**gebet** *n* (prière *f* d')action *f* de grâce(s); **~sagung** *f* ⟨~; ~en⟩ remerciements *m/pl*; **~schreiben** *n* lettre *f* de remerciement(s)

dann [dan] *adv* 1. *zeitlich* (et) alors; puis; ensuite; après; *~ und wann* de temps en temps à autre; de loin en loin; *und was ~?* et puis?; et après?; et alors?; 2. (*unter diesen Umständen*) *selbst ~* même dans ce cas; *selbst ~ nicht, nicht einmal ~* même pas dans ce cas-là; *selbst ~, wenn ...* même si ...; *nur ~, wenn ...* seulement dans le cas où ...; F *na, ~ eben nicht!* eh bien, tant pis!; *wer ~?* qui donc, alors?; mais alors, qui?; 3. (*außerdem*) et puis

'**dannen** *poét, plais adv von ~ gehen, ziehen* s'en aller; s'éloigner

Danzig ['dantsɪç] *n* ⟨→ *n/pr*⟩ Gdańsk; Danzig; HIST Dantzig

daran [da'ran, *démonstrativement* 'da:ran] *adv* 1. *räumlich* à cela; y; en; *es war ein Kragen ~* il y avait un col; *nah ~* tout près; tout contre; *er war nah ~, zu* (+*inf*) il a failli (+*inf*); il était sur le point de (+*inf*); 2. *mit Bezug auf e-e Sache* à cela; y; en; *~ soll es nicht liegen* qu'à cela ne tienne; *ich bin nicht schuld ~* ce n'est pas ma faute; *ich arbeite ~* j'y travaille; *~ erkenne ich ihn* je le reconnais bien là; *das Gute, Schlimme ~ ist, daß ...* le bon, mauvais côté de la chose(, c')est que ...; l'avantage, l'inconvénient (, c')est que ...; *es ist etwas Wahres ~* il y a du vrai là-dedans; *er tut gut ~, zu* (+*inf*) il fait bien de (+*inf*); 3. (*dadurch*) *~ ist gestorben* elle en est morte; 4. *zeitlich im Anschluß ~* aussitôt, immédiatement après

dar'angeben *st/s v/t* ⟨*irr, sép,* -ge-, h⟩ sacrifier; *alles ~, zu* (+*inf*) faire tout son possible pour (+*inf*)

dar'angehen *v/i* ⟨*irr, sép,* -ge-, sein⟩ s'y mettre; *~, zu* (+*inf*) se mettre à (+*inf*)

dar'anmachen F *v/réfl* ⟨*sép,* -ge-, h⟩ *sich ~* s'y mettre; *sich ~, etw zu tun* se mettre à faire qc

dar'ansetzen *v/t* ⟨-(e)s)t, *sép,* -ge-, h⟩ *alles ~* tout mettre en œuvre; faire tout ce qu'on peut

dar'anwagen F *v/réfl* ⟨*sép,* -ge-, h⟩ *sich ~* s'y risquer

darauf [da'rauf, *démonstrativement* 'da:rauf] *adv* 1. *räumlich* sur cela; (là-) dessus; 2. *zeitlich* après; puis; sur ce; *gleich ~* immédiatement après; *bald ~, kurz ~* peu après; *ein Jahr ~* un an après; *im Jahr ~* l'année suivante; 3. *in Verbindung mit Verben* en; y; *man muß ~ achten* il faut y veiller, faire attention; *~ achten, daß ...* veiller, faire attention à ce que ...* (+*subj*); *~ aus sein, zu* (+*inf*) chercher à (+*inf*); *ich gebe mein Wort ~* j'en donne ma parole; *~ hindeuten, daß ...* annoncer, indiquer que ...; *wie kommst du ~?* d'où te vient cette idée?; qu'est-ce qui te fait penser ça?; *ich komme nicht ~* cela ne me revient pas; *~ steht die Todesstrafe* c'est interdit sous peine de mort; *ich verlasse mich ~* j'y compte; je compte là-dessus; *du kannst dich ~ verlassen, daß ... tu* peux être certain que ... (+*ind*)

dar'auffolgend *adjt* ⟨*épithète*⟩ suivant

darauf'hin *adv* 1. *zeitlich* sur ce; là-dessus; après (cela); 2. (*unter diesem Gesichtspunkt*) de ce point de vue; sous cet angle; *etw ~ prüfen, ob es korrekt ist* vérifier l'exactitude, la correction de qc; vérifier que qc est juste

daraus [da'raus, *démonstrativement* 'da:raus] *adv* de cela; par là; *a fig* en; *ich mache kein Geheimnis ~* je n'en fais pas (un) mystère; *es folgt ~, daß ...* il s'ensuit, il en résulte que ...; *es wird nichts ~* il n'en sera rien; ça ne se fera pas; ça n'aura pas lieu; *ich mache mir nichts ~* (*mag nicht gern*) je n'y tiens pas; (*nehme es leicht*) ça m'est égal; *~ wird oft e-e Gewohnheit* cela devient souvent une habitude

darben ['darbən] *st/s v/i* ⟨h⟩ *st/s* vivre dans l'indigence; souffrir de(s) privations

darbiet|**en** ['da:rbi:tən] *st/s v/t* ⟨*u v/réfl*⟩ ⟨*irr, sép,* -ge-, h⟩ (*sich*) *~* (s')offrir; (se) présenter; **²ung** *f* ⟨~; ~en⟩ 1. ⟨*sans pl*⟩ présentation *f*; 2. THÉ représentation *f*; spectacle *m*; *im Zirkus etc* numéro *m*

darbringen ['da:rbrɪŋən] *st/s v/t* ⟨*irr, sép,* -ge-, h⟩ *st/s* faire l'offrande de; (*entgegenbringen*) présenter

darein [da'raɪn, *démonstrativement* 'da:raɪn] *st/s adv* là-dedans; **~finden** *st/s v/réfl* ⟨*irr, sép,* -ge-, h⟩ *sich ~* s'y habituer; **~fügen** *st/s v/réfl* ⟨*sép,* -ge-, h⟩ *sich ~* s'y plier; s'y soumettre

darf(st) [darf(st)] *cf* **dürfen**

darin [da'rɪn, *démonstrativement* 'da:rɪn] *adv* (là-)dedans; en cela; y; *mitten ~* en plein milieu; au beau milieu; *~ sehe ich nichts Besonderes* je n'y vois rien de spécial; je ne vois rien de particulier, d'extraordinaire là-dedans; *s-e Güte besteht ~, daß ...* sa bonté consiste en ceci que ...; *~ haben Sie unrecht* en cela, là vous avez tort

darleg|**en** ['da:rle:gən] *v/t* ⟨*sép,* -ge-, h⟩ exposer; **²ung** *f* ⟨~; ~en⟩ exposé *m*; exposition *f*

Darleh(e)n ['da:rle:(ə)n] *n* ⟨~s; ~⟩ prêt *m*; à titre de prêt; *j-m ein ~ gewähren* consentir un prêt à qn; *ein ~ aufnehmen* contracter un prêt

'**Darlehens**|**betrag** *m cf* **Darlehenssumme**; **~geber** *m* prêteur *m*; **~kasse** *f* caisse *f* de prêts; **~nehmer** *m* ⟨~s; ~⟩ emprunteur *m*; **~summe** *f* montant *m* du prêt; **~vertrag** *m* contrat *m* de prêt; **~zins** *m* intérêt *m* du prêt

Darm [darm] *m* ⟨~(e)s; ~e⟩ ANAT intestin *m*; *bei Tieren*, (~*saite*), (*Wurst*²) boyau *m*; '**~ausgang** *m* ANAT anus *m*; '**~blutung** *f* hémorragie intestinale; '**~bruch** *m* perforation intestinale; '**~entleerung** *f* évacuation *f* des selles; '**~entzündung** *f* inflammation *f* de l'intestin; entérite *f*; '**~flora** *f* flore intestinale; '**~geschwür** *n* ulcère intestinal; '**~grippe** *f* grippe intestinale; '**~katarrh** *m* entérite *f*; '**~krebs** *m* cancer *m* de l'intestin; '**~saite** *f* MUS (corde *f* en) boyau *m*; '**~schlinge** *f* ANAT anse intestinale; '**~spülung** *f* lavement (intestinal); '**~tätigkeit** *f* fonctions intestinales; '**~trägheit** *f* paresse, atonie intestinale; '**~verschlingung** *f* volvulus *m*; '**~verschluß** *m* occlusion intestinale; *sc* iléus *m*; '**~zotten** *f*|*pl* ANAT villosités intestinales

Darre ['darə] *f* ⟨~; ~n⟩ séchoir *m*; (*Malz*²) touraille *f*

darreichen ['da:rraɪçən] *st/s v/t* ⟨*sép,* -ge-, h⟩ présenter; offrir

'**darren** *v/t* ⟨h⟩ sécher au four; torréfier

'**darstellbar** *adj* représentable; (*aufführbar*) jouable

darstellen ['da:rʃtɛlən] *v/t* ⟨*sép,* -ge-, h⟩ représenter; *Tatsachen* présenter; exposer; *Rolle* jouer; interpréter; CHIM préparer; *etw bildlich ~* figurer qc; *etw sinnbildlich ~* symboliser qc; *fig etwas ~* avoir de l'allure; faire impression; *rein äußerlich* bien présenter; *was bzw wen stellt diese Skulptur eigentlich dar?* au fait, cette sculpture représente quoi *bzw* qui?

'**darstellend** *adjt* descriptif, -ive; *die ~e Kunst* le Théâtre et la Danse
'**Darsteller(in)** *m* ⟨~s; ~⟩ *(f)* ⟨~; ~nen⟩ acteur, -trice *m,f*; interprète *m,f* (d'un rôle)
'**Darstellung** *f* ⟨~; ~en⟩ représentation *f*; *von Tatsachen* présentation *f*; exposé *m*; exposition *f*; *e-r Rolle* interprétation *f*; *CHIM* préparation *f*; *graphische ~* représentation *f* graphique
'**Darstellungsweise** *f* manière *f* d'exposer, de représenter, *etc*
dartun ['da:rtu:n] *st/s v/t* ⟨*irr, sép, -ge-, h*⟩ exposer; *(beweisen)* prouver; démontrer
darüber [da'ry:bər, *démonstrativement* 'da:ry:bər] *adv* **1.** *räumlich* (au-)dessus; par-dessus; *~ hinaus* au-delà; *fig* en outre; de plus; *ich bin ~ erhaben* je suis au-dessus de cela; cela ne me touche pas; *hundert Jahre und ~* cent ans et plus; **2.** *(währenddessen)* pendant ce temps-là; sur ces entrefaites; *~ hätte ich bald vergessen, daß ...* cela allait me faire oublier que ...; **3.** *in Verbindung mit Verben* **sich ~ beklagen, daß ...** se plaindre de ce que ...; *sich ~ hinwegsetzen* passer outre (à cela); *wie denken Sie ~?* qu'en pensez-vous?; *denken Sie ~ nach!* réfléchissez-y!; pensez-y!; *sich ~ freuen* s'en réjouir; *~ in Streit (acc) geraten* se disputer à ce sujet, à ce propos
dar'überstehen *v/i* ⟨*irr, sép, -ge-, h*⟩ être au-dessus (de cela)
darum [da'rum, *démonstrativement* 'da:rum] *adv* **1.** *räumlich* autour; **2.** *kausal* pour cela; pour cette raison; *~ war sie so aufgeregt* c'est pourquoi elle était si nerveuse; c'est pour cela qu'elle était si nerveuse; F *als Antwort auf „warum" ~!* parce que!; **3.** *in Verbindung mit Verben* **ich bitte dich ~!** je t'en prie!; *ich gäbe viel ~, wenn ...* je donnerais beaucoup, cher pour ...; *ich komme nicht ~ herum, zu (+inf)* il faudra bien que je ... (+*subj*); *~ geht es nicht* ce n'est pas de cela qu'il s'agit; ce n'est pas ça le problème, la question
dar'um|binden *v/t* ⟨*irr, sép, -ge-, h*⟩, **~legen** *v/t* ⟨*sép, -ge-, h*⟩ mettre autour *(um* de*)*
darunter [dar'untər, *démonstrativement* 'da:runtər] *adv* **1.** *räumlich* là-(des)sous; au-dessous; en dessous; **2.** *bei Angaben* à moins; *5 Grad und ~* 5 degrés et moins; F *~ tue ich es nicht* je ne le ferai pas à moins; **3.** *(inmitten)* *ist er ~?* est-il parmi eux?; *es waren fünfzig Personen anwesend, ~ der Bürgermeister* il y avait cinquante personnes, dont le maire; **4.** *mit Verben* *~ leiden* en souffrir; *was verstehen Sie ~?* qu'entendez-vous par là?
dar'unter|liegen *v/i* ⟨*irr, sép, -ge-, h*⟩ être dessous, en dessous; *~liegend adjt* sous-jacent
dar'untersetzen *v/t* ⟨-(es)*t*, *sép, -ge-, h*⟩ *s-e Unterschrift ~* y mettre, apposer sa signature; mettre, apposer sa signature en bas
Darwinis|mus [darvi'nısmus] *m* ⟨~⟩ darwinisme *m*; **₂tisch** *adj* darwinien, -ienne
das [das] *sg n* ⟨*dat* dem, *acc* das⟩ **I** *Artikel* ⟨*gén* des⟩ *Nominativ, acc* le *bzw* la *bzw vor Vokal u stummem h* l'; *gén du bzw* de la *bzw* de l'; *dat au bzw* à la *bzw* à l'; *~ Loch* le trou; *~ Haus* la maison; *~ Kind* l'enfant *m,f*; *was hat er mit dem Spielzeug des Babys gemacht?* qu'est-ce qu'il a fait avec les jouets du bébé?; **II** *pr/dém* **1.** *adjt* ⟨*gén* des⟩ ce *bzw* cet *bzw* cette; *in ~ Haus gehe ich nicht mehr!* je n'entre plus dans cette maison!; *betont ~ Ereignis des Jahres* l'événement de l'année; *betont ~ Wörterbuch schlechthin* le dictionnaire par excellence; **2.** *subst* ⟨*gén* dessen⟩ ce; ceci; cela; F ça; *~ hier* celui-ci *bzw* celle-ci; *~ da* celui-là *bzw* celle-là; *was ist ~?* qu'est-ce que c'est?; F c'est quoi?!; pas ça!; F ça non!; *~ ist meine Frau* ça, c'est ma femme; *als Vorstellung* je vous présente ma femme; *weniger offiziell* voici ma femme; *~ ist es! c'est bien ça! c'est exactement ça!; *~ ist gut!* voilà qui est bien!; *~, was ich nicht begreife* ce que je ne comprends pas; *nach dem, was sie gesagt hat* d'après ce qu'elle a dit; *wie dem auch sei* quoi qu'il en soit; *wenn dem so ist* s'il en est ainsi; *dessen bin ich mir sicher* j'en suis sûr; F *tanzen, (ja) kann sie!* pour danser, (ça), elle sait danser; **3.** F *(es) ~ schneit ja schon wieder!* voilà qu'il se remet à neiger!; **III** *pr/rel* ⟨*gén* dessen⟩ *Nominativ* qui; *gén* dont; *dat* à qui; *acc* que; *nach prép a* lequel *bzw* laquelle; *das Buch, ~ dir gehört* le livre qui est à toi *od* qui t'appartient; *das Geld, ~ er ausgibt* l'argent qu'il dépense; *das Haus, dessen Schornstein ich sehe* la maison dont je vois la cheminée; *das Kind, dem Geld gegeben habe* l'enfant à qui j'ai donné de l'argent
'**dasein** *v/i* ⟨*irr, sép, -ge-, sein*⟩ y être; *er ist da; Personen* être présent; *er ist dagewesen* il est venu; *er ist nur für sie da* (er widmet sich ihr allein) il ne vit que pour elle; *das ist nur dazu da, um zu (+inf)* ce n'est là que pour (+*inf*); *ich bin gleich wieder da* je ne fais qu'aller et venir; *nicht ~* ne pas être là; *Personen* être absent; *das ist noch nie dagewesen* cela ne s'est jamais vu; ça n'est encore jamais arrivé; ça ne s'est encore jamais produit; (*das ist*) *alles schon dagewesen!* (il y a longtemps qu')on connaît cela!; (il n'y a) rien de nouveau sous le soleil; *das übertrifft alles bisher Dagewesene* c'est sans précédent; F c'est du jamais vu
'**Dasein** *n* ⟨~s⟩ *(Vorhandensein, Anwesenheit)* présence *f*; *(Bestehen)* existence *f*; *PHILOS das ~* l'être-là *m*; le Dasein
'**Daseins|berechtigung** *f* raison *f* d'être; justification *f*; *~kampf m* lutte *f* pour la vie
da'selbst *st/s adv* là(-même)
'**dasitzen** *v/i* ⟨*irr, sép, -ge-, h*⟩ **1.** être assis (là); **2.** F *fig und jetzt sitzen wir da!* nous voilà dans de beaux draps!; *und jetzt sitzen wir ohne Putzfrau da* nous voilà sans femme de ménage
'**dasjenige** ['dasje:nıgə] *pr/dém der-, die-, dasjenige* **1.** *adjt* ce *bzw* cet *bzw* cette; *pl diejenigen* ces; **2.** *subst* ce *bzw* celui *bzw* celle (qui); *pl* ceux *bzw* celles (qui)
daß [das] *conj* que; *so ~* de sorte, de manière que; *st/s auf ~* afin que, pour que (+*subj*); *verzeihen Sie, ~ ich so spät komme* excusez-moi de venir si tard; *~ Sie es (nur) wissen!* sachez-le!; *~ man auch so dumm ist!* comment peut-on être si bête!; *nicht, ~ ich wüßte* pas que je sache; *es sind jetzt zwei Jahre, ~ ich ihn nicht gesehen habe* voilà, ça fait maintenant deux ans que je ne l'ai vu
'**dasselbe** [das'zɛlbə] *pr/dém* le *bzw* la même; *das ist ~* c'est la même chose; c'est pareil; *~ tun* en faire autant
'**dastehen** *v/i* ⟨*irr, sép, -ge-, h*⟩ **1.** être, se tenir là; *mit Betonung des Stehens* être debout; *wie versteinert ~* en rester médusé; rester là comme pétrifié; **2.** *fig gut, schlecht ~* être en bonne, mauvaise posture *od* position; *als Lügner ~* faire figure de menteur; passer pour un menteur; *wie stehen wir denn jetzt vor den Kindern da?* qu'est-ce que les enfants vont penser de nous?; F de quoi allons-nous avoir l'air devant les enfants?; *wie stehe ich nun da!* de quoi ai-je l'air!; j'ai l'air de quoi, maintenant!
DAT [de:?a:'te:] *abr* (Digital Audio Tape) bande *f* audionumérique
Datei [da'taɪ] *f* ⟨~; ~en⟩ *bes INFORM* fichier *m* (de données); fichier informatique
'**Daten** *n/pl* **1.** *cf Datum*; **2.** *INFORM* données *f/pl*; **3.** *(Angaben)* indications *f/pl*; *(Lebens⸺)* dates *f/pl*; *technische ~* caractéristiques *f/pl*, données *f/pl* techniques
'**Daten|bank** *f* ⟨~; ~en⟩ banque *f* de données; *~bestand m* base *f* de données; *~erfassung f* saisie *f* des données; *~'fernübertragung f* transmission *f* de données à distance; télématique *f*; *~netz n* réseau *m* informatique; *~satz m INFORM* ensemble *m* de données; jeu *m* de données; *~schutz m* protection *f* contre les abus de l'informatique, des personnes fichées; *~schutzbeauftragte(r) (m)(f)* expert chargé de veiller au respect de la loi contre les abus de l'informatique; *~schutzgesetz n* loi *f* contre les abus de l'informatique; *in Frankreich* loi « informatique et libertés »; *~träger m* support *m* d'information, de données; *~typist(in)* ⟨~en; ~en⟩ *(f)* ⟨~; ~nen⟩ agent *m* de saisie; *~verarbeitung f* ⟨~⟩ traitement *m* de l'information, des données; *~verarbeitungsanlage f* centre *m* de traitement de l'information, des données
da'tieren ⟨*pas de ge-, h*⟩ **I** *v/t Schreiben* dater; **II** *v/i von* dater de; *adjt* *datiert vom* daté du; *in faire autant
Da'tierung *f* ⟨~; ~en⟩ datation *f*
Dativ ['da:ti:f] *m* ⟨~s; ~e⟩ datif *m*; *~objekt n* complément *m* d'objet indirect
dato ['da:to] *adv bis ~* jusqu'à ce jour
Datscha ['datʃa] *f* ⟨~; ~s *ou* -schen⟩, **Datsche** *f* ⟨~; ~n⟩ *ostdeutsch* datcha *f*
Dattel ['datəl] *f* ⟨~; ~n⟩ datte *f*; *~palme f* dattier *m*
Datum ['da:tum] *n* ⟨~s; -ten⟩ date *f*; *ohne ~* non daté; *heutigen ~s* daté d'aujourd'hui; *neueren ~s* de fraîche date; récent; *mit ~ versehen* dater; *welches ~ haben wir heute?* le combien sommes-nous, quel jour est-ce aujourd'hui?

Datums|angabe *f* (indication *f* de) date *f*; **~grenze** *f* ⟨~⟩ GÉOGR ligne *f* de changement de date; **~stempel** *m* (timbre *m*) dateur *m*
Daube ['daubə] *f* ⟨~; ~n⟩ (*Faß2*) douve *f*
Dauer ['dauər] *f* ⟨~⟩ **1.** (*Zeitraum*) durée *f*; **auf die ~** à la longue; **2.** (*Dauerhaftigkeit*) durabilité *f*; **von ~ sein** être durable; **von kurzer ~ sein** être de courte durée
Dauer|arbeitslose(r) *f(m)* chômeur, -euse *m*, *f* de longue durée; **~auftrag** *m* FIN ordre de virement permanent; **~belastung** *f* charge permanente; **~beschäftigung** *f* emploi *m* stable; **~brenner** *m* **1.** Ofen poêle *m* à feu continu; **2.** *F fig* Film, Theaterstück spectacle *m* qui tient longtemps l'affiche; *Kuß* baiser *m* qui n'en finit pas; **~frost** *m* gel persistant; **~gast** *m* im Hotel pensionnaire *m,f* (de longue durée); **2haft** *adj* Werk, Gefühl *etc* durable; *Material* résistant; solide; **~karte** *f* (carte *f* d')abonnement *m*
Dauerlauf *m* course *f* d'endurance; **im ~** au pas de gymnastique
Dauer|lutscher *m* sucette *f*; **~mieter(-in)** *m(f)* locataire *m,f* à demeure
dauern¹ *v/i* ⟨-(e)re, h⟩ durer; **es wird lange ~** ce sera long; **es wird noch viele Monate ~, bevor wir ihn wiedersehen** nous ne le reverrons plus avant de longs mois; **zu lange ~** être trop long; **es dauerte nicht lange, da kam er od bis er kam** il ne tarda pas à venir; **wie lange dauert es, bis Sie ...?** combien de temps mettez-vous à, pour ...?
dauern² *st/s v/t* ⟨-(e)re, h⟩ (*leid tun*) **er dauert mich** il me fait pitié, de la peine
dauernd I *adjt* ⟨épithète⟩ continuel, -elle; permanent; **II** *advt* (*immer wieder*) continuellement; (*fortwährend*) en permanence
Dauer|obst *n* fruits *m/pl* qui se conservent bien; **~parker** *m* F voiture *f* ventouse; **~regen** *m* pluie persistante; **~stellung** *f* situation *f* stable; emploi permanent, fixe; **~ton** *m* ⟨~(e)s; -töne⟩ son continu; **~welle** *f* a *pl* **~n** permanente *f*; **~wurst** *f* saucisson sec; **~zustand** *m* état permanent
Däumchen ['dɔymçən] *n* ⟨~s; ~⟩ F **~ drehen** se tourner les pouces
Daumen ['daumən] *m* ⟨~s; ~⟩ pouce *m*; **am ~ lutschen** sucer son pouce; *fig* **j-m die ~ halten, drücken** souhaiter bonne chance à qn; F **den ~ auf etw** (*acc*) **halten** ne lâcher qc de vue par parcimonie; F **über den ~ gepeilt** à vue de nez; F **au pif(omètre)**
daumenbreit *adj* de la largeur d'un pouce
Daumen|lutscher *m* enfant *m* qui suce son pouce; **~nagel** *m* ongle *m* du pouce
Daumenschrauben *f/pl* HIST poucettes *f/pl*; *fig* **j-m (die) ~ anlegen** contraindre qn à faire *od* à dire qc; employer les grands moyens avec qn
Däumling ['dɔymlɪŋ] *m* ⟨~s; ~e⟩ **1.** *Märchengestalt* Petit Poucet; **2.** Schutzkappe poucier *m*
Daune ['daunə] *f* ⟨~; ~n⟩ plumule *f*; *pl* **~n** duvet *m*
Daunen|bett *n* édredon *m*; **~decke** *f* édredon *m*; duvet *m*
David ['da:fɪt *ou* 'da:vɪt] *m* ⟨→ *n/pr*⟩ David *m*

David(s)stern *m* étoile juive, de David
davon [da'fɔn, démonstrativement 'da:fɔn] *adv* **1.** *räumlich* **20 Meter ~** (*entfernt*) à 20 mètres de là; **2.** (*dadurch*) de cela; en; **was habe ich ~?** qu'est-ce que j'y gagne?; à quoi cela m'avance-t-il?; F **das kommt ~!** voilà ce que c'est!; **das kommt ~, wenn** *od* **daß ...** cela vient de ce que ...; **~ erwachte er** cela le réveilla; **~ wird man krank** ça vous rend malade; **3.** *mit Bezug auf Folgendes od Vorhergehendes* **man spricht ~, daß ...** on raconte, on dit que ...; **~ ist nicht die Rede** il n'en est pas question; **4.** *Teil* en; (*daraus*) en; **~ bekommst du nichts** tu n'en auras pas; **ich hätte gern fünf ~** j'aimerais en avoir cinq; voulez-vous m'en donner cinq?; j'en voudrais cinq
da'von|bleiben F *v/i* ⟨*irr, sép, -ge-, sein*⟩ ne pas y toucher; **~eilen** *v/i* ⟨*sép, -ge-, sein*⟩ partir à la hâte
da'vonfahren *v/i* ⟨*irr, sép, -ge-, sein*⟩ partir (en voiture, *etc*); **j-m ~** fausser compagnie à qn
da'von|fliegen *v/i* ⟨*irr, sép, -ge-, sein*⟩ s'envoler; **~gehen** *v/i* ⟨*irr, sép, -ge-, sein*⟩ s'en aller; **~jagen** *v/i* ⟨*sép, -ge-*⟩ I *v/t* ⟨h⟩ chasser; II *v/i* ⟨sein⟩ décamper
da'vonkommen *v/i* ⟨*irr, sép, -ge-, sein*⟩ en réchapper; s'en sortir; **mit dem Leben ~** avoir la vie sauve; **mit e-r Verwarnung ~** s'en tirer avec, en être quitte pour un avertissement
da'vonlaufen *v/i* ⟨*irr, sép, -ge-, sein*⟩ s'enfuir; se sauver; *Preise* monter en flèche; **j-m ~** fausser compagnie à qn; **s-n Eltern ~** se sauver de chez ses parents; **e-r Partei ~** déserter un parti, *etc*; F **es ist zum ~!** c'est à n'y pas tenir!; il y a de quoi se sauver!
da'von|machen *v/réfl* ⟨*sép, -ge-, h*⟩ **sich ~** s'esquiver; s'éclipser; **~rennen** *v/i* ⟨*irr, sép, -ge-, sein*⟩ s'enfuir; se sauver; **~schleichen** *v/réfl* ⟨*irr, sép, -ge-, sein*⟩ **sich ~** *cf* davonmachen
da'vontragen *v/t* ⟨*irr, sép, -ge-, h*⟩ **1.** (*wegtragen*) emporter; **2.** *st/s fig* **bei diesem Unfall hat er eine schwere Verletzung davongetragen** cet accident lui a valu une grave blessure; il a été grièvement blessé dans cet accident; **3.** *Preis* remporter; **den Sieg ~** remporter la victoire (**über** [+*acc*] sur)
da'vonziehen *v/i* ⟨*irr, sép, -ge-, sein*⟩ s'éloigner; partir; SPORT se détacher ⟨[+*dat*] de⟩
davor [da'fo:r, démonstrativement 'da:fo:r] *adv* **1.** *räumlich* devant (cela); **2.** *zeitlich* avant (cela); **3.** *mit Bezug auf etw* de cela; en; **er fürchtet sich ~** il en a peur
da'vor|legen *v/t* ⟨*sép, -ge-, h*⟩ mettre devant; **~liegen** *v/i* ⟨*irr, sép, -ge-, h*⟩ être, se trouver devant; **~setzen** ⟨-(es)t, sép, -ge-, h⟩ I *v/t* mettre devant; II *v/réfl* **sich ~** s'asseoir devant; **~sitzen** *v/i* ⟨*irr, sép, -ge-, h*⟩ être assis devant; **~stehen** *v/i* ⟨*irr, sép, -ge-, h*⟩ *räumlich* être, se trouver devant; *zeitlich* être à la veille; **~stellen** *v/t* ⟨*sép, -ge-, h*⟩ mettre devant
DAX [daks] *m* ⟨~⟩ *abr* (*Deutscher Aktien-Index*) indice boursier allemand; *in Frankreich etwa* CAC 40
dazu [da'tsu:, démonstrativement 'da:tsu:] *adv* **1.** *Zweck* à cela; pour cela; dans ce but; **2.** (*zu diesem Ergebnis*) **~ wird es nicht kommen** on n'en viendra pas là; **wie ist es ~ gekommen?** comment cela est-il arrivé?; **ich bin nicht ~ gekommen, ihm zu schreiben** je n'ai pas trouvé le temps de lui écrire; **wie kommen Sie ~?** qu'est-ce qui vous prend?; **wie kommst du ~, das zu sagen?** comment peux-tu dire cela?; qu'est-ce qui te fait dire cela?; **3.** (*darüber*) **was sagst du ~?** qu'en dis-tu?; **4.** *hinzufügend* (**noch**) **~** en outre; de plus; par-dessus le marché; (*dabei*) **e-n Apfel ~ essen** F manger une pomme avec; **~ passen** F aller avec
da'zugeben *v/t* ⟨*irr, sép, -ge-, h*⟩ donner en plus; ajouter
da'zugehören *v/i* ⟨*sép, p/p* dazugehört, h⟩ **1.** (*dabeisein*) en faire partie; **2.** (*passen*) F aller avec; **3.** *cf* **gehören 3**.
da'zu|gehörig *adj* ⟨épithète⟩ **1.** qui en fait partie; **2.** (*passend*) F qui va avec; correspondant; **3.** (*nötig*) nécessaire; **~gesellen** *v/réfl* ⟨*sép, p/p* dazugesellt, h⟩ **sich ~** *Person* se joindre à nous, vous, *etc*
da'zukommen *v/i* ⟨*irr, sép, -ge-, sein*⟩ **er kam gerade dazu, als ...** il arriva juste au moment où ...; *fig* **dazu kommt, daß ...** ajoutez à cela que ...
da'zulernen *v/t u v/i* ⟨*sép, -ge-, h*⟩ en apprendre davantage; **er hat nichts dazugelernt** il n'a rien appris de plus
dazumal ['da:tsuma:l] *adv plais* en ce temps-là; **Anno ~** au temps jadis
da'zusetzen *v/t/réfl* ⟨-(es)t, sép, -ge-, h⟩ **sich ~** s'asseoir à côté d'eux, *etc*; se joindre à eux, *etc*
da'zutun F *v/t* ⟨*irr, sép, -ge-, h*⟩ ajouter; **ohne mein 2** sans mon aide, mon intervention
da'zuzählen *v/t* ⟨*sép, -ge-, h*⟩ additionner; ajouter
dazwischen [da'tsvɪʃən, démonstrativement 'da:tsvɪʃən] *adv* **1.** *räumlich* entre les deux; F entre; (*darunter*) parmi eux, elles; **~ fließt ein Bach** un ruisseau les sépare; **2.** *zeitlich* entre-temps; **es ist e-e Pause ~** il y a une pause entre deux; **~ lag e-e lange Zeit** entre ces deux événements, il s'est écoulé beaucoup de temps
da'zwischen|fahren *v/i* ⟨*irr, sép, -ge-, sein*⟩, **~funken** F *v/i* ⟨*sép, -ge-, h*⟩ intervenir énergiquement, vigoureusement; **j-m ~** interrompre qn brusquement
da'zwischenkommen *v/i* ⟨*irr, sép, -ge-, sein*⟩ **1.** se coincer; **2.** *fig* intervenir; survenir; **wenn nichts dazwischenkommt** sauf imprévu; **es ist mir etw dazwischengekommen** j'ai eu un contretemps
da'zwischenliegen *v/i* ⟨*irr, sép, -ge-, h*⟩ *räumlich* se trouver, être au milieu, entre (les) deux; *zeitlich* **ein Jahrhundert liegt dazwischen** un siècle s'est écoulé entre-temps
da'zwischenreden *v/i* ⟨-ete, sép, -ge-, h⟩ intervenir indûment dans la conversation; **j-m ~** interrompre qn; couper la parole à qn
da'zwischen|stehen *v/i* ⟨*irr, sép, -ge-, h*⟩ se trouver au milieu, entre (les) deux; **~treten** *v/i* ⟨*irr, sép, -ge-, sein*⟩ *schlichtend* s'interposer; (*Personen auseinanderbringen*) semer la discorde; faire naître le désaccord

dB *abr* (*Dezibel*) dB (décibel)
DB *abr* (*Deutsche Bahn*) chemins *m/pl* de fer de la République fédérale d'Allemagne
DBB [deːbeːˈbeː] *abr* (*Deutscher Beamtenbund*) Confédération *f* des fonctionnaires allemands
DBP *abr* (*Deutsche Bundespost*) postes *f/pl* de la République fédérale d'Allemagne
ddp *abr* (*Deutscher Depeschen-Dienst*) agence *f* de presse allemande
DDR [deːdeːˈʔɛr] ⟨~⟩ *HIST abr* (*Deutsche Demokratische Republik*) **die ~** la R.D.A. (République démocratique allemande); **~-Bürger(in)** *m(f) HIST* citoyen, -enne *m,f* de la R.D.A.
DDT [deːdeːˈteː] *n* ⟨~(s)⟩ *Wz abr* (*Dichlordiphenyltrichloräthan*) D.D.T. *m*
D-Dur *n* ré *m* majeur
Deal [diːl] F *m* ⟨~s; ~s⟩ affaire *f*; transaction *f*
ˈdealen F *v/i* ⟨h⟩ faire le trafic de drogues; F dealer; **er dealt mit Kokain** il fait le trafic de la cocaïne
ˈDealer(in) F *m* ⟨~s; ~⟩ (*f*) ⟨~; ~nen⟩ revendeur, -euse *m, f* de drogue(s); dealer *m*
Debakel [deˈbaːkəl] *st/s n* ⟨~s; ~⟩ débâcle *f*
Debatte [deˈbatə] *f* ⟨~; ~n⟩ débat *m* (**über** [+*acc*] sur); discussion *f* (sur); *etw zur ~ stellen* mettre qc en discussion; *zur ~ stehen* être à débattre, à discuter; *das steht nicht zur ~* il n'en est pas question; c'est 'hors de question'
debatˈtieren *v/t u v/i* ⟨*pas de ge-*, h⟩ débattre, discuter (**über etw** [*acc*] qc)
Debet [ˈdeːbɛt] *n* ⟨~s; ~s⟩ *COMM* débit *m*
Debitor [ˈdeːbitɔr] *m* ⟨~s; -ˈtoren⟩ *FIN* débiteur *m*
debil [deˈbiːl] *adj* débile
Debüt [deˈbyː] *n* ⟨~s; ~s⟩ *THÉ* débuts *m/pl*
Debüˈtant(in) [debyˈtant(ɪn)] *m* ⟨~en; ~en⟩ (*f*) ⟨~; ~nen⟩ débutant(e) *m(f)*; **ˈ²ˈtieren** *v/i* ⟨*pas de ge-*, h⟩ faire ses débuts; débuter
Dechant [dɛˈçant, *österr* ˈdɛçant] *m* ⟨~en; ~en⟩ *CATH* doyen *m*
dechiffrieren [deʃɪˈfriːrən] *v/t* ⟨*pas de ge-*, h⟩ déchiffrer
Deck [dɛk] *n* ⟨~(e)s; ~s⟩ 1. *MAR* pont *m*; *an, auf ~* (*dat*) sur le pont; 2. (*Park²*) niveau *m* (d'un garage); 3. *im Autobus* impériale *f*
ˈDeck|bett *n* édredon *m*; couette *f*; **~blatt** *n* 1. *BOT* bractée *f*; 2. *von Zigarren* robe *f*; cape *f*; 3. *TYPO* feuille rectificative; **~chen** *n* ⟨~s; ~⟩ (*Zier²*) napperon *m*
decoˈdieren *cf* **dekodieren**
Decke [ˈdɛkə] *f* ⟨~; ~n⟩ 1. (*Bett² etc*) couverture *f*; (*Daunen²*) couette *f*; (*Tisch²*) tapis *m*, dessus *m* de table; (*Tischtuch*) nappe *f*; F *unter e-r ~ stecken* être de connivence, F de mèche (*mit* avec); *sich nach der ~ strecken* vivre selon ses moyens; 2. (*Reifen²*) enveloppe *f*; (*Straßen²*) revêtement *m*; 3. (*Bucheinband*) couverture *f*; reliure *f*; 4. *JAGD* peau *f*; 5. (*Zimmer²*) plafond *m*; F *an die ~ gehen* sauter au plafond; F (*vor Freude* [*dat*]) *an die ~ springen* bondir (de joie); F *mir fällt die ~ auf den Kopf* je m'em-

bête comme un rat mort *od* à cent sous de l'heure
Deckel [ˈdɛkəl] *m* ⟨~s; ~⟩ 1. couvercle *m*; *e-s Buches* couverture *f*; 2. F *plais* (*Hut*) couvre-chef *m*; F galurin *m*; F *eins auf den ~ kriegen* F en prendre pour son grade; F recevoir un savon
ˈDeckel|korb *m* panier couvert; **~krug** *m* cruche *f* à couvercle; *für Bier* pot *m* à couvercle
ˈdecken ⟨h⟩ **I** *v/t* 1. (*breiten*) *etw über etw* (*acc*) recouvrir qc de qc; 2. *Dach* couvrir; 3. *den Tisch ~* mettre le couvert, la table; *a v/i für zwölf Personen ~* mettre douze couverts; 4. *COMM Kosten, Bedarf etc* couvrir; *Wechsel* honorer; *Schaden* réparer; 5. *Tiere* couvrir; 6. *SPORT Spieler, Raum* marquer; 7. (*schützen*) (re)couvrir; protéger; **II** *v/i Farben* couvrir; **III** *v/refl sich ~ Begriffe, MATH* coïncider (*mit* avec); être identique (*mit* à); *Aussagen* se recouper
ˈDecken|balken *m* poutre *f* du plafond; **~gemälde** *n* (peinture *f* de) plafond *m*; **~lampe** *f*, **~leuchte** *f* plafonnier *m*; **~malerei** *f* (fresque *f* de) plafond *m*
ˈDeck|farbe *f* couleur *f* opaque, couvrante; **~feder** *f ZO* (plume) tectrice *f*; **~flügel** *m ZO* élytre *m*; **~haar** *n* ⟨~(e)s⟩ *des Menschen* cheveux *m/pl* du dessus; *der Tiere* poils *m/pl* du dessus; **~hengst** *m* étalon *m*
ˈDeckmantel *m fig* **unter dem ~** (+*gén*) sous le couvert de
ˈDeck|name *m* pseudonyme *m*; nom *m* d'emprunt; *e-s Agenten, e-s Programms* nom *m* de code; **~platte** *f* plaque *f* de recouvrement; *CONSTR* couvre-joint *m*; *auf e-r Konsole* tablette *f*; **~schicht** *f* couche *f* de recouvrement
ˈDeckung *f* ⟨~; ~en⟩ 1. (*Schutz*) couverture *f*; protection *f*; *in ~* (*acc*) *gehen* se mettre à l'abri; (*volle*) *~!* F planque-toi *bzw* planquez-vous!; 2. *COMM* couverture *f*; garantie *f* (*a Versicherung*); *e-s Wechsels, Schecks* provision *f*; *des Bedarfs* satisfaction *f*; *zur ~ von* en couverture de; 3. *BOXEN* garde *f*; *BALLSPIEL e-s Spielers* marquage *m*; (*Verteidigung*) défense *f*; 4. *von Begriffen, MATH* coïncidence *f*; *fig zur ~ bringen* harmoniser; faire concorder; 5. *von Tieren* saillie *f*; *des Pferdes* monte *f*
ˈDeckungs|betrag *m* montant *m* de la garantie; **~gleich** *adj* identique; congruent; **~gleichheit** *f* conformité *f*; *MATH* coïncidence *f*
ˈDeck|weiß *n* blanc opaque, couvrant; **~wort** *n* ⟨~(e)s; ~er⟩ (nom *m* de) code *m*
Decoder [deˈkoːdər] *m* ⟨~s; ~⟩ *TÉLÉCOMM* décodeur *m*
decoˈdieren *cf* **dekodieren**
decrescendo [dekreˈʃɛndo] *adv MUS* decrescendo
Dedukˈtion [deduktsiˈoːn] *f* ⟨~; ~en⟩ déduction *f*; **²ˈtiv** *adj* déductif, -ive
de facto [deːˈfakto] *adv* de facto; de fait
Defäˈtis|mus [defɛˈtɪsmus] *m* ⟨~; *kein pl*⟩ défaitisme *m*; **~t(in)** *m(f)* ⟨~en; ~en⟩ (*f*) ⟨~; ~nen⟩ défaitiste *m(f)*; **²tisch** *adj* défaitiste
defekt [deˈfɛkt] *adj* (*mangelhaft*) défectueux, -euse; (*schadhaft*) endommagé; *Motor a* en panne; *Ware* avarié
Deˈfekt *m* ⟨~(e)s; ~e⟩ **~** (*an* [+*dat*]) défaut *m* (de); (*Schaden*) dommage *m*

(à); *an Motoren a* panne *f* (de); *MÉD* (*Fehlen*) déficience *f* (de); (*Ausfall*) défaillance *f* (de); (*Funktionsstörung*) dysfonctionnement *m* (de)
deˈfekˈtiv *adj GR* défectif, -ive
Defekˈtivum [defɛkˈtiːvʊm] *n* ⟨~s; -va⟩ *GR* (verbe *m*) défectif *m*
defenˈsiv *adj* défensif, -ive
Defenˈsive [defɛnˈziːvə] *f* ⟨~; ~n⟩ défensive *f*; *in der ~* sur la défensive
Defilee [defiˈleː] *n* ⟨~s; ~s⟩ défilé *m*
defiˈlieren *v/i* ⟨*pas de ge-*, h *ou* sein⟩ défiler (*vor* [+*dat*] devant)
defiˈnierbar *adj* définissable; *nicht ~* indéfinissable
defiˈnieren [defiˈniːrən] *v/t* ⟨*pas de ge-*, h⟩ définir; *schwer zu ~* indéfinissable
Definiˈtion *f* ⟨~; ~en⟩ définition *f*; **²ˈtiv** *adj* définitif, -ive
Defizit [ˈdeːfitsɪt] *n* ⟨~s; ~e⟩ 1. *COMM* déficit *m* (*a fig*); découvert *m*; *ein ~ aufweisen* être en déficit; *ein ~ ausgleichen* combler un déficit, un découvert; *mit e-m ~ abschließen* se solder par un déficit; 2. *MÉD* carence *f* (*an* [+*dat*] en)
defiziˈtär *adj* déficitaire; en déficit
Deflaˈtion [deflatsiˈoːn] *f* ⟨~; ~en⟩ *ÉCON* déflation *f*; **²ioˈnär**, **²ioˈnistisch** *adj ÉCON* déflationniste
Deflatiˈonspolitik *f* ⟨~; *kein pl*⟩ *ÉCON* politique *f* déflationniste, de déflation
Defloˈration [defloratsiˈoːn] *f* ⟨~; ~en⟩ *MÉD* défloration *f*; **²ˈrieren** *v/t* ⟨*pas de ge-*, h⟩ déflorer
Deformaˈtion [deformatsiˈoːn] *f* ⟨~; ~en⟩ *a MÉD, TECH* déformation *f*
deforˈmieren *v/t* ⟨*pas de ge-*, h⟩ déformer; *ein deformiertes Gesicht haben* être défiguré
Deformiˈtät *f* ⟨~; ~en⟩ *MÉD* difformité *f*
Defroster [deˈfrɔstər] *m* ⟨~s; ~⟩ dégivreur *m*
deftig [ˈdɛftɪç] *adj* 1. *Essen* nourrissant; 2. *fig Spaß, Preis etc* corsé
Degen [ˈdeːgən] *m* ⟨~s; ~⟩ épée *f*
Degeneraˈtion [degeneratsiˈoːn] *f* ⟨~; ~en⟩ *BIOL, MÉD* dégénérescence *f*
Degeneratiˈonserscheinung *f* phénomène *m* de dégénérescence
degeneˈrieren *v/i* ⟨*pas de ge-*, sein⟩ *BIOL, fig* dégénérer (*zu* en)
ˈDegen|fechten *n* escrime *f* à l'épée; **~fechter(in)** *m(f)* épéiste *m, f*; escrimeur, -euse *m, f* à l'épée; **~stoß** *m* coup *m* d'épée
degradieren [degraˈdiːrən] *v/t* ⟨*pas de ge-*, h⟩ *bes MIL* dégrader; (*herabwürdigen*) *j-n, etw zu etw ~* ravaler qn, qc au rang *od* au niveau de qc
Degraˈdierung *f* ⟨~; ~en⟩ *bes MIL* dégradation *f*; (*Herabwürdigung*) déclassement *m*
Degression [degrɛsiˈoːn] *f* ⟨~; ~en⟩ *Steuer* dégressivité *f*
degresˈsiv *adj Steuer, Tarif* dégressif, -ive
ˈdehnbar *adj durch Wärme* dilatable; *Gase a* expansible; *feste Körper, ANAT* extensible; *Metalle* ductile; *fig* élastique; *fig ~er Begriff* notion extensible, mal définie
ˈDehnbarkeit *f* ⟨~⟩ expansibilité *f*; extensibilité *f*; *durch Wärme* dilatabilité *f*; *von Metallen* ductilité *f*; *fig e-s Begriffs etc* imprécision *f*
dehnen [ˈdeːnən] *v/t* (*u v/refl*) ⟨h⟩ 1.

Dehnung – Demonstrantin

(*sich*) ~ (s')étendre; PHYS (se) dilater; *in die Länge* (s')allonger; *in die Breite* (s')élargir; TECH (s')étirer; *seine Arme und Beine* ~ s'étirer; **2.** *fig Wörter gedehnt sprechen* traîner sur les mots; *gedehnte Silbe* syllabe allongée

'**Dehnung** *f* ⟨~; ~en⟩ extension *f*; dilatation *f*; élargissement *m*; *bes* LING allongement *m*

'**Dehnungs|fuge** *f* CONSTR joint *m* de dilatation; **~h** [-ha:] *n* ⟨~; ~⟩ GR h *m* d'allongement; **~koeffizient** *m* PHYS coefficient *m* de dilatation; **~zeichen** *n* GR signe *m* d'allongement

Deich [daɪç] *m* ⟨~(e)s; ~e⟩ digue *f*; '**~bau** *m* ⟨~(e)s⟩ construction *f* de digues; '**~bruch** *m* rupture *f* de digue; '**~krone** *f* crête *f*, couronnement *m* de digue

Deichsel ['daɪksəl] *f* ⟨~; ~n⟩ timon *m*; **~kreuz** *n* **1.** *Griff* poignée *f*; **2.** REL croix *f* en Y

'**deichseln** F *v/t* ⟨-(e)le, h⟩ *ich werde die Sache schon* ~ je vais arranger, F goupiller l'affaire, ça

dein [daɪn] *pr/poss* **I** *adj* ton *bzw* ta; ~ *und mein Freund* ton ami et le mien; F ~ *bißchen Englisch* le peu d'anglais que tu sais; *e-r* ~*er Freunde* un de tes amis; *am Briefschluß* 2 *Karl* Charles; **II** *subst der*, *die*, *das* ~*e* le tien *bzw* la tienne; *s/s die* 2*en* les tiens; ta famille; *die Brille hier, ist das* ~*e?* elles sont à toi, ces lunettes(-là)?; *s/s ich bin* ~ je suis à toi; je t'appartiens

'**deiner** *s/s pr/pers* ⟨*gén de* du⟩ de toi; *wir werden* ~ *gedenken* nous nous souviendrons de toi; *als er* ~ *ansichtig wurde* lorsqu'il le vit; à ta vue

'**deiner'seits** *adv* de ta part; de ton côté

'**deines'gleichen** *pr* ⟨*inv*⟩ ton *bzw* ta pareil(le), semblable *bzw* tes pareil(le)s, semblable(s)

'**deinet'wegen** *adv* **1.** (*wegen dir*) à cause de toi; **2.** (*dir zuliebe*) pour toi; **3.** (*von dir aus*) en ce qui te concerne; quant à toi

'**deinet'willen** *adv um* ~ (par égard) pour toi

'**deinige** *litt pr/poss der*, *die*, *das* ~ le tien *bzw* la tienne; *die* 2*n* les tiens; ta famille

Deis|mus [de'ɪsmʊs] *m* ⟨~⟩ déisme *m*; 2**tisch** *adj* déiste

de jure [de:'ju:rə] *adv* de jure; conformément au droit; de droit

Deka ['deka] *n* ⟨~(s); ~⟩ *österr* décagramme *m*

Dekade [de'ka:də] *f* ⟨~; ~n⟩ décade *f*; (*Jahrzehnt*) décennie *f*

dekad|ent [deka'dɛnt] *adj* décadent; en décadence; 2**enz** *f* ⟨~⟩ décadence *f*

Dekaeder [deka'ʔe:dər] *n* ⟨~s; ~⟩ décaèdre *m*

Deka|gramm [deka'gram, österr 'dekagram] *n* décagramme *m*; **~'liter** *m od n* décalitre *m*; **~'log** *m* ⟨~(e)s⟩ REL Décalogue *m*; **~'meter** *m od n* décamètre *m*

Dekan [de'ka:n] *m* ⟨~s; ~e⟩ **1.** *e-r Fakultät* doyen *m*; **2.** CATH doyen *m*; PROT superintendant *m*; inspecteur régional

Deka'nat *n* ⟨~(e)s; ~e⟩ *e-r Fakultät*, ÉGL décanat *m*; CATH doyenné *m*

dekantieren [dekan'ti:rən] *v/t* ⟨*pas de ge-*, h⟩ décanter

dekartellisieren [dekartɛli'zi:rən] *v/t* ⟨*pas de ge-*, h⟩ ÉCON décartelliser

Deklamation [deklamatsi'o:n] *f* ⟨~; ~en⟩ *a péj* déclamation *f*

dekla'ma'torisch [-'ma:tɔrɪʃ] *adj* déclamatoire; **~'mieren** *v/t u v/i* ⟨*pas de ge-*, h⟩ *a péj* déclamer

Deklaration [deklaratsi'o:n] *f* ⟨~; ~en⟩ *bes* ADM déclaration *f*

dekla'rieren *v/t* ⟨*pas de ge-*, h⟩ formlich, Waren, Einkünfte déclarer; *j-n zu ... ~* désigner qn (officiellement) comme ...

deklassieren [dekla'si:rən] *v/t* ⟨*pas de ge-*, h⟩ *sozial* déclasser; SPORT, *fig* surclasser

Deklination [deklinatsi'o:n] *f* ⟨~; ~en⟩ ASTR, GR, PHYS déclinaison *f*

dekli'nierbar *adj* GR déclinable; **~'nieren** *v/t* ⟨*pas de ge-*, h⟩ GR décliner

dekodieren [deko'di:rən] *v/t* ⟨*pas de ge-*, h⟩ décoder

Dekolleté [dekɔl'te:] *n* ⟨~s; ~s⟩ décolleté *m*; 2**tiert** *adj* décolleté

Dekompression [dekɔmpresi'o:n] *f* TECH, MÉD décompression *f*

Dekontami|nation [dekɔntaminatsi'o:n] *f* décontamination *f*; 2**nieren** *v/t* ⟨*pas de ge-*, h⟩ décontaminer

Dekonzentration [dekɔntsɛntratsi'o:n] *f* déconcentration *f*

Dekor [de'ko:r] *n ou m* ⟨~s; ~s *ou* ~e⟩ décor *m*; THÉ *cf* **Dekoration**

Dekora'teur(in) *m* ⟨~s; ~e⟩ (*f*) ⟨~; ~nen⟩ décorateur, -trice *m,f*; (*Schaufenster* 2) étalagiste *m,f*; **~ti'on** *f* ⟨~; ~en⟩ décoration *f*; THÉ décors *m/pl*

Dekorati'ons|maler *m* peintre décorateur; THÉ peintre *m* de décors; **~stoff** *m* tissu *m* d'ameublement; **~stück** *n* objet *m* de décoration

dekora'tiv *adj* décoratif, -ive; **II** *adv* ~ *wirken* produire un bel effet

deko'rier|en *v/t* ⟨*pas de ge-*, h⟩ décorer (*mit* avec; *Orden* de); 2**ung** *f* ⟨~; ~en⟩ décoration *f*

Dekostoff ['de:kɔʃtɔf] *m* tissu *m* d'ameublement

Dekret [de'kre:t] *n* ⟨~(e)s; ~e⟩ décret *m*

dekre'tieren *v/t* ⟨*pas de ge-*, h⟩ décréter

Deleatur [dele'a:tur] *n* ⟨~s; ~⟩, **~zeichen** *n* TYPO deleatur *m*

Delegation *f* ⟨~; ~en⟩ délégation *f*

Delegati'onsleiter *m* chef *m* de (la) délégation

delegieren [dele'gi:rən] *v/t* ⟨*pas de ge-*, h⟩ déléguer (*in* [+*acc*], *zu* à); *etw an j-n* ~ déléguer qc à qn

Dele'gierte(r) *f*(*m*) ⟨→A⟩ délégué(e) *m*(*f*)

delektieren [delɛk'ti:rən] *st/s v/réfl* ⟨*pas de ge-*, h⟩ *sich an etw* (*dat*) ~ se régaler de qc; prendre plaisir à qc

delikat [deli'ka:t] *adj* **1.** (*fein*, *zart*, *heikel*) délicat; **2.** (*wohlschmeckend*) délicieux, -ieuse; exquis

Delikatesse [delika'tɛsə] *f* ⟨~; ~n⟩ **1.** régal *m*; mets particulièrement fin; *pl* ~*n* épicerie fine; *das ist e-e* ~ c'est délicieux, exquis, c'est un régal; **2.** ⟨*sans pl*⟩ *fig* (*Feingefühl*) tact *m*; délicatesse *f*

Delika'tessengeschäft *n* épicerie fine

Delikt [de'lɪkt] *n* ⟨~(e)s; ~e⟩ délit *m*

Delin|quent(in) [delɪŋ'kvɛnt(ɪn)] ⟨~en; ~en⟩ (*f*) ⟨~; ~nen⟩ ADM délinquant(e) *m*(*f*); **~'quenz** *f* ⟨~⟩ ADM délinquance *f*

deli'rieren *st/s v/i* ⟨*pas de ge-*, h⟩ délirer

Delirium [de'li:rium] *n* ⟨~s; -ien⟩ délire *m*; ~ *tremens* delirium tremens *m*; *im* ~ *sein* délirer

Delle ['dɛlə] *f* ⟨~; ~n⟩ creux *m*; enfoncement *m*; *e-e* ~ *haben* être enfoncé, défoncé

Delphin[1] [dɛl'fi:n] *m* ⟨~s; ~e⟩ ZO dauphin *m*

Del'phin[2] *n* ⟨~s⟩, **~schwimmen** *n* brasse *f* papillon

Delta[1] ['dɛlta] *n* ⟨~s; ~s *ou* -en⟩ GÉOGR delta *m*

'**Delta**[2] *n* ⟨~(s); ~s⟩ *Buchstabe* delta *m* **de Luxe** [dəˈlyks] de luxe

dem [de:m] *dat sg m,n cf* *der*[1], *das*

Demago|ge [dema'go:gə] *m* ⟨~n; ~n⟩ démagogue *m*; **~'gie** *f* ⟨~; ~n⟩ démagogie *f*

dema'gogisch *adj* démagogique

Demarche [de'marʃ(ə)] *f* ⟨~; ~n⟩ démarche *f* diplomatique

Demarkationslinie [demarkatsi'o:nsli:niə] *f* ligne *f* de démarcation

demaskieren [demas'ki:rən] *v/t* ⟨*u v/réfl*⟩ ⟨*pas de ge-*, h⟩ (*sich*) ~ (se) démasquer (*als* comme)

Demen|ti [de'mɛnti] *n* ⟨~s; ~s⟩ démenti *m*; 2**'tieren** *v/t* ⟨*pas de ge-*, h⟩ démentir

'**dementsprechend I** *adj* conforme; (*geeignet*) approprié; *der Rest ist* ~ le reste est à l'avenant, en conséquence; (*im* [*richtigen*] *Verhältnis*) proportionnellement

'**dem|gegen'über** *adv* par contre; au contraire; à l'inverse; **~'ge'mäß** *adv* en conséquence

demilitari'sieren *v/t* ⟨*pas de ge-*, h⟩ démilitariser; 2**sierung** *f* ⟨~; ~en⟩ démilitarisation *f*

Demission [demisi'o:n] *f* ⟨~; ~en⟩ démission *f*; 2**io'nieren** *v/i* ⟨*pas de ge-*, h⟩ **1.** POL démissionner; **2.** *schweiz* (*kündigen*) demander son congé

Demiurg [demi'ʊrk] *m* ⟨~en *ou* ~s⟩ démiurge *m*

'**dem'nach** *adv* **1.** (*so wie*) d'après cela; **2.** (*folglich*) en conséquence; par conséquent; par suite

'**dem'nächst** *adv* sous peu, prochainement; *erscheint* ~ à paraître prochainement; ~ *in diesem Theater* im Kino prochainement sur cet écran; F *plais* (*bald*) la suite au prochain numéro

Demo ['de:mo] F *f* ⟨~; ~s⟩ F manif *f*; *auf e-e* ~ *gehen* F aller à une manif

demobilisier|en [demobili'zi:rən] *v/t* ⟨*pas de ge-*, h⟩ démobiliser; 2**ung** *f* démobilisation *f*

Demodulation [demodulatsi'o:n] *f* TÉLÉCOMM démodulation *f*

Demo|graphie [demogra'fi:] *f* ⟨~; ~n⟩ démographie *f*; 2**'graphisch** *adj* démographique

Demo|krat(in) [demo'kra:t(ɪn)] *m* ⟨~en; ~en⟩ (*f*) ⟨~; ~nen⟩ démocrate *m,f*; **~kra'tie** *f* ⟨~; ~n⟩ démocratie *f*

demo'kratisch *adj Personen* démocrate; *Sachen* démocratique; **~krati'sieren** *v/t* ⟨*pas de ge-*, h⟩ démocratiser; 2**krati'sierung** *f* ⟨~⟩ démocratisation *f*

demolier|en [demo'li:rən] *v/t* ⟨*pas de ge-*, h⟩ *Möbel etc* démolir; (*verwüsten*) saccager; 2**ung** *f* ⟨~; ~en⟩ *von Möbeln etc* démolition *f*; (*Verwüstung*) saccage *m*

Demon'strant(in) *m* ⟨~en; ~en⟩ (*f*) ⟨~; ~nen⟩ manifestant(e) *m*(*f*)

Demonstrati'on f ⟨~; ~en⟩ **1.** (*Beweisführung, Bekundung, Vorführung*) démonstration f; **2.** (*Kundgebung*) manifestation f (**für** pour; **gegen** contre)
Demonstrati'ons|recht n ⟨~(e)s⟩ droit m de manifester; **~verbot** n interdiction f de manifester; **~zug** m cortège m de(s) manifestants
demonstra'tiv I adj démonstratif, -ive; *st/s* ostentatoire; *litt* ostensible; **II** adv avec ostentation; démonstrativement; **²pronomen** n adjektivisches adjectif démonstratif; *substantivisches* pronom démonstratif
demonstrieren [demɔns'tri:rən] ⟨*pas de ge-*, h⟩ **I** v/t (*darlegen, vorführen*) démontrer; **II** POL etc manifester (**für** pour; **gegen** contre)
Demon'tage [demɔn'ta:ʒə] f ⟨~; ~n⟩ **1.** TECH démontage m; **2.** fig suppression (graduelle, progressive); **²'tieren** v/t ⟨*pas de ge-*, h⟩ **1.** TECH démonter; **2.** fig supprimer graduellement, progressivement
demoralisier|en [demorali'zi:rən] v/t ⟨*pas de ge-*, h⟩ démoraliser; **²ung** f ⟨~; ~en⟩ démoralisation f
Demoskopie [demosko'pi:] f ⟨~; ~n⟩ étude f de l'opinion publique; (*Untersuchung*) sondage m d'opinion
demo'skopisch adj (*épithète*) obtenu par sondage; **~e Untersuchung** sondage m d'opinion
Demut ['de:mu:t] f ⟨~⟩ humilité f; (*Unterwürfigkeit*) soumission f; **in ~** (*dat*) en toute humilité
demütig ['de:my:tɪç] adj humble; (*unterwürfig*) soumis
'demüti|gen v/t (u v/réfl ⟨h⟩ (**sich**) **~** (s')humilier; (*herabsetzen*) (s')abaisser; **²gung** f ⟨~; ~en⟩ humiliation f; abaissement m
'demutsvoll adj plein d'humilité
'demzu'folge adv en conséquence; par conséquent; par suite
den¹ [de:n] acc sg m cf **der¹**
den² dat pl m,f,n cf **die²** I, II 1.
Denaturali|sation [denaturalizatsi'o:n] f ⟨~; ~en⟩ dénaturalisation f; **²'sieren** v/t ⟨*pas de ge*, h⟩ dénaturaliser
denaturieren [denatu'ri:rən] ⟨*pas de ge-*⟩ **I** v/t ⟨h⟩ a TECH dénaturer; *Person a* pervertir; **II** v/i ⟨sein⟩ **zu etw ~** dégénérer en qc
denen ['de:nən] dat pl m,f,n cf **die²** II 2., III
dengeln ['dɛŋəln] v/t ⟨-(e)le, h⟩ *Sense* battre
Den Haag [de:n'ha:k] n ⟨→ n/pr⟩ La Haye
'Denk|ansatz m point m de départ; prémisses f/pl; **~anstoß** m incitation f à réfléchir; **~art** f manière f, façon f de penser; mentalité f; tournure f d'esprit; **~aufgabe** f jeu m d'esprit
'denkbar I adj imaginable; que l'on peut (s')imaginer; **II** adv **~ schlecht** aussi mauvais que l'on peut (s')imaginer; **die ~ günstigsten Bedingungen** les conditions les plus favorables que l'on puisse s'imaginer
denken ['dɛŋkən] ⟨denkt, dachte, gedacht, h⟩ **I** v/t penser; *e-e gedachte Linie* une ligne imaginaire; *ein für ein breites Publikum gedachtes Werk* un ouvrage conçu pour le grand public; *die Blumen waren für dich gedacht* les fleurs étaient pour toi; *das denke ich auch* je suis du même avis; *ich denke schon* je pense que oui; *was ~ Sie!* quelle idée!; *das hätte ich nie von ihr gedacht!* je ne l'aurais jamais cru capable de cela, de ça!; F je n'aurais jamais cru ça d'elle; *wer hätte das gedacht?* qui aurait pu le penser?; qui aurait pu imaginer une chose pareille?; *wie können Sie so etw ~?* comment pouvez-vous avoir une idée pareille?; *was sollen denn die Leute ~?* qu'est-ce que les gens vont en penser?; qu'en dira-t-on?; *ich dachte, er sei verreist* je croyais qu'il était parti; je le croyais parti; *ich habe lange gedacht, daß ...* j'ai longtemps cru que ...; *ich denke, wir lassen es bleiben* je serais d'avis d'y renoncer; *wann reisen Sie? ich denke, morgen* demain, je pense, je suppose; probablement demain; *man sollte ~, daß ...* on dirait que ...; **II** v/i penser (**an** [+acc] à); (*Überlegungen anstellen*) raisonner; (*nachdenken*) réfléchir; méditer; *großzügig ~* avoir des vues larges; *anders ~* avoir une opinion différente; penser autrement; *schlecht von j-m ~* penser du mal de qn; avoir une mauvaise opinion de qn; F *laut ~* penser tout 'haut; *er denkt weiter* il voit plus loin; *das gibt zu ~* cela donne à réfléchir, à penser; *solange ich ~ kann* autant que je m'en souvienne; *wie ~ Sie darüber?* qu'en pensez-vous?; F *wo ~ Sie hin?* qu'est-ce que vous allez chercher?; *du wirst noch an mich ~!* tu te souviendras de moi!; F *denkste!* F tu parles(, Charles)!; **~ Sie mal!** figurez-vous!; imaginez-vous!; F *denk mal an!* figure-toi!; *gedacht, getan* aussitôt dit, aussitôt fait; *prov der Mensch denkt, Gott lenkt* prov l'homme propose, Dieu dispose; *daran ~ zu* (+*inf*) avoir l'intention de (+*inf*); *ich denke daran* j'y pense(rai), songe(rai); *denk daran, daß ...* n'oublie pas que ...; *ich habe nicht daran gedacht, sie einzuladen* je n'ai pas pensé à l'inviter; *ich denke nicht daran, es zu tun* je me garderai bien de le faire; je n'ai pas du tout l'intention de le faire; F *ich denke nicht daran!* il n'en est pas question!; F *wenn ich nur daran denke!* rien que d'y penser!; (*es war*) *nicht daran zu ~!* (il était) inutile d'y songer!; c'était exclu!; **III** v/réfl *ich kann es mir schon ~* je vois, je m'imagine ce que c'est; *das kann ich mir nicht ~* je ne peux pas imaginer une chose pareille; *das habe ich mir gleich gedacht* je m'en doutais; c'est ce que j'ai tout de suite pensé; *das hätte ich mir ~ können!* j'aurais pu m'en douter!; F *das hast du dir (wohl) so gedacht!* tu te fais, faisais des illusions!; F eh bien là, tu te fourres le doigt dans l'œil!; *das kann man sich* (*dat*) **~** cela se conçoit, se comprend; *den Rest können Sie sich* (*dat*) *~* vous pouvez (vous) imaginer la suite; *Sie können sich* (*dat*) **~**, *daß ...* vous comprenez bien que ...; *er dachte sich* (*dat*) *nichts* (**Böses**) *dabei* il ne pensait pas à mal
'Denken n ⟨~s⟩ pensée f; *abstraktes, logisches ~* la pensée abstraite, logique

'Denker|(in) m ⟨~s; ~⟩ (f) ⟨~; ~nen⟩ penseur, -euse m, f; (*Philosoph*) esprit m philosophique; philosophe m,f; **~stirn** f oft plais front m de penseur
'Denk|fähigkeit f ⟨~⟩ faculté f de penser; **²faul** adj paresseux, -euse d'esprit
'Denkfehler m faute f, erreur f de raisonnement
'Denkmal n ⟨~(e)s; ⁓er⟩ a fig monument m; *j-m ein ~ setzen* ériger, élever un monument à la mémoire de qn
'Denkmal(s)pflege f entretien m des monuments
'Denkmalschutz m protection f des monuments; *unter ~* (*dat*) *stehen* être classé monument historique
'Denk|modell n modèle m de pensée; **~pause** f pause f de réflexion; **~schrift** f mémoire m; mémorandum m; **~sport(aufgabe)** m(f) jeu m d'esprit; **~spruch** m sentence f; pensée f; maxime f; sc apophtegme m; **~übung** f exercice intellectuel
'Denkungsart f cf **Denkweise**
'Denk|vermögen n ⟨~s⟩ faculté f de penser; pensée f; **~weise** f manière f, façon f de penser; mentalité f; tournure f d'esprit; **²würdig** adj mémorable; **~würdigkeit** f ⟨~; ~en⟩ **1.** (*sans pl*) ('haute) importance f; **2.** *Ereignis* fait m mémorable
'Denkzettel m *j-m e-n ~ geben, verpassen* donner une leçon à qn
denn [dɛn] **I** conj **1.** *begründend* car; **2.** *st/s* (*als*) *mehr ~ je* plus que jamais; **3.** *es sei ~, daß ...* à moins que ... ne ... (+*subj*); sauf si ... (+*ind*); **II** *Partikel* donc; *wo ~?* où donc?; *was ~?* quoi donc?; *warum ~ nicht?* et pourquoi pas?; *was ~ sonst?* ça me semble évident; cela va sans dire; *ist er ~ so arm?* est-il donc si pauvre?; **III** adv *nordd* (*dann*) alors; *na, ~ man los!* allez, on y va!; allons-y!
dennoch ['dɛnɔx] conj u adv cependant; pourtant; toutefois; néanmoins
Denot|at [deno'ta:t] n ⟨~s; ~e⟩ LING signifié m; **~ati'on** f ⟨~; ~en⟩ LING dénotation f
dental [dɛn'ta:l] adj dental
Den'tal m ⟨~s; ~e⟩ PHON dentale f; **~labor** n laboratoire m de prothèse dentaire; **~laut** m PHON dentale f
Den'tist(in) m ⟨~en; ~en⟩ (f) ⟨~; ~nen⟩ *früher* dentiste m,f (sans diplôme d'une faculté)
denuklearisier|en [denukleari'zi:rən] v/t ⟨*pas de ge-*, h⟩ dénucléariser; **²ung** f ⟨~⟩ dénucléarisation f
Denunzi|'ant(in) m ⟨~en; ~en⟩ (f) ⟨~; ~nen⟩ dénonciateur, -trice m,f; délateur, -trice m,f; **~ati'on** f ⟨~; ~en⟩ dénonciation f; délation f
denunzieren [denun'tsi:rən] v/t ⟨*pas de ge-*, h⟩ dénoncer (**bei** à)
Deo ['de:o] n ⟨~s; ~s⟩, **Deodorant** [deʔodo'rant] n ⟨~s; ~s ou ~e⟩ déodorant m
deodo'rieren v/t ⟨*pas de ge-*, h⟩ désodoriser
'Deo|roller m déodorant m bille; **~spray** m spray désodorisant
Departement [departə'mã:] n ⟨~s; ~s⟩ département m
Dependance [depã'dã:s] f ⟨~; ~n⟩ **1.** (*Zweigstelle*) succursale f; **2.** *e-s Hotels* dépendance f; annexe f
Depesche [de'pɛʃə] f ⟨~; ~n⟩ dépêche f diplomatique

deplaziert [depla'tsiːrt] *adj* déplacé
Depolarisation [depolarizatsi'oːn] *f* ÉLECT, OPT dépolarisation *f*
Deponie [depo'niː] *f* ⟨~; ~n⟩ (Müll⌂) décharge *f*; *öffentliche* décharge publique; *wilde* ~ décharge sauvage
depo'nieren *v/t* ⟨pas de ge-, h⟩ mettre en dépôt; déposer; *Müll* mettre à la décharge
Depor|tation [depɔrtatsi'oːn] *f* ⟨~; ~en⟩ déportation *f*; ⌂'**tieren** *v/t* ⟨pas de ge-, h⟩ déporter (*nach* en, à, dans); ~'**tierte(r)** *f(m)* ⟨→A⟩ déporté(e) *m(f)*
Depositar [depozi'taːr], **Depositär** [depozi'tɛːr] *m* ⟨~s, ~e⟩ FIN dépositaire *m*
Depositen [depo'ziːtən] *pl* FIN dépôts *m/pl*; ~**bank** *f* ⟨~; ~en⟩ banque *f* de dépôts; ~**konto** *n* compte *m* de dépôt
Depot [de'poː] *n* ⟨~s, ~s⟩ **1.** COMM, FIN dépôt *m*; **2.** (*Lager*) entrepôt *m*; *für Busse etc* dépôt *m*; ~**gebühr** *f* FIN droit *m* de garde; ~**präparat** *n* PHARM médicament *m* retard, à action retardée
Depp [dɛp] F *péj, bes südd, schweiz, österr m* ⟨~s *ou* ~en; ~en⟩ idiot *m*; F ballot *m*; *du* ~*!* espèce d'idiot!
deppert ['dɛpərt] F *péj, bes südd, österr adj* idiot; (*einfältig*) niais
Depression [dɛpresi'oːn] *f* ⟨~; ~en⟩ ÉCON, PSYCH, MÉTÉO, GÉOGR dépression *f*
depres'siv *adj* PSYCH dépressif, -ive
deprimieren [depri'miːrən] *v/t* ⟨pas de ge-, h⟩ déprimer; *fig a* abattre; accabler; *deprimiert sein* a avoir le cafard
Deput|at [depu'taːt] *n* ⟨~s, ~e⟩ **1.** COMM appointements *m/pl*, prestations *f/pl* en nature; **2.** *e-r Lehrkraft* (heures *f/pl* de) service *m*; ~**ati'on** *f* ⟨~; ~en⟩ députation *f*
depu't|ieren *v/t* ⟨pas de ge-, h⟩ députer; ⌂**ierte(r)** *f(m)* ⟨→A⟩ député(e) *m(f)*
der[1] [deːr] *sg m* ⟨*dat* dem; *acc* den⟩ **I** Artikel ⟨*gén* des⟩ Nominativ, *acc* le *bzw* la *bzw vor Vokal und stummem h* l'; *gén* du *bzw* de la *bzw* de l'; *dat* au *bzw* à la *bzw* à l'; ~ *Mann* l'homme *m*; ~ *Apfel* la pomme; *des Mannes mit dem Hut* de l'homme au chapeau; *zwanzig Mark* ~ *Zentner* vingt marks les cinquante kilos; F ~ *Meier und ich* Meier et moi; F *ich mag den Max* j'aime bien Max; **II** *pr/dém* ⟨*gén* dessen⟩ **1.** *adjt* ce *bzw* cet *bzw* cette; ~ *Mann hat sie gesehen* cet homme l'a vue; *betont* c'est cet homme qui l'a vue; *betont* ~ *Tip für Feinschmecker* l'adresse pour les gastronomes; *rückweisend auf letztgenanntes subst sie ist dessen Freundin* c'est son amie, F sa copine; *was willst du mit dem Hut?* qu'est-ce que tu veux faire avec ce chapeau(-là)?; F ~ *Kerl da* ce type(-là); **2.** *subst meist betont* ~ *hier* celui-ci *bzw* celle-ci; ~ *da* celui-là *bzw* celle-là; ~ *und* ~ un tel; *mein Hut und* ~ *von Michael* mon chapeau et celui de Michel; *ich nehme den hier* je prends celui-là; *dem gebe ich nichts!* à celui-là, je ne lui donne rien!; *iron* ~ *und Wort halten!* lui, tenir parole, jamais de la vie!; **III** *pr/rel* ⟨*gén* dessen⟩ Nominativ qui; *gén* dont; *nach prép* a duquel *bzw* de laquelle; *dat* à qui; *nach prép* a auquel *bzw* à laquelle; *acc* que; *nach prép* a lequel *bzw* laquelle; *der erste,* ~ *...* le

premier qui ...; *er war der erste,* ~ *schrieb* a il fut le premier à écrire; *ein Baum, dessen Blätter gelb sind* un arbre dont les feuilles sont jaunes
der[2] *gén, dat sg f cf* **die**[1] I, II 1.
der[3] *gén pl m,f,n cf* **die**[2] I, II 1.
derart ['deːr'?aːrt] *adv* de telle manière; de telle façon; tant; tellement; ~, *daß* à tel point que; tant si bien que; ~ *groß war s-e Freude, daß ...* sa joie était telle que ...
'**derartig I** *adj* tel, telle; pareil, -eille; de ce genre; *er hat etwas* ⌂**es** il a dit ça de ce genre; **II** *adv cf* **derart**
derb [dɛrp] *adj* **1.** (*fest, kräftig*) ferme; solide; fort; (*widerstandsfähig*) résistant; **2.** (*grob*) rude, grossier, -ière; *Worte, Witze* cru; corsé; ~**er Ausdruck** gros mot; grossièreté *f*; crudité *f*; ~**er Spaß** plaisanterie grossière
'**Derbheit** *f* ⟨~; ~en⟩ rudesse *f*; grossièreté *f*; *von Worten* a crudité *f*
Derby ['dɛrbi] *n* ⟨~s; ~s⟩ PFERDESPORT, FUSSBALL derby *m*
der'einst *st/s adv* (*später einmal*) un jour; (*einstmals*) jadis
deren ['deːrən] **I** *pr/poss* **1.** *sg f* son *bzw* sa *bzw* ses; *meine Freundin und* ~ *Kinder* mon amie et ses enfants; **2.** *pl m,f,n* leur *bzw* leurs; *meine Freunde und* ~ *Sohn* mes amis et leur fils; **II** *pr/dém cf* **die**[1] II u **die**[2] II; **III** *pr/rel cf* **die**[1] III u **die**[2] III
'**dere(n)t|wegen, (um)** ~**willen I** *adv* à cause d'elle *bzw* de lui *bzw* d'eux *bzw* d'elles; pour elle *bzw* lui *bzw* eux *bzw* elles; *betont* à cause de celle-ci *bzw* celui-ci *bzw* ceux-ci *bzw* celles-ci; **II** *pr/rel* à cause de laquelle *bzw* duquel *bzw* desquel(le)s
derer ['deːrər] *pr/dém gén pl m,f,n* de ceux-ci *bzw* celles-ci; de ceux-là *bzw* celles-là; *bei folgendem pr/rel* de ceux *bzw* de celles
'**dergestalt** *st/s adv* de telle manière; de telle façon; ~, *daß* de telle sorte, manière que
der'gleichen *pr/dém* tel, telle; de ce genre; pareil, -eille; *und* ~ *mehr* et autres choses de ce genre; ~ *rien de pareil*; *er tat nichts* ~ il n'en fit rien de pareil
Deri|vat [deri'vaːt] *n* ⟨~(e)s; ~e⟩ CHIM, LING dérivé *m*; ~**vati'on** *f* ⟨~; ~en⟩ LING dérivation *f*; ⌂**va'tiv** *adj* LING dérivatif, -ive
der'jenige ['deːrjenɪgə] *cf* **dasjenige**; ~**lei** *st/s pr/dém* **1.** *adjt* ⟨épithète⟩ ce genre de; **2.** *subst* (*so etwas*) ce genre de choses; '~'**maßen** *cf* **derart**
Dermatolo|ge [dɛrmato'loːgə] *m* ⟨~n; ~n⟩, ~**gin** *f* ⟨~; ~nen⟩ dermatologue *m, f*; ~'**gie** *f* ⟨~; ~n⟩ dermatologie *f*
derselbe [deːr'zɛlbə] *pr/dém* le *bzw* la même; *auf ein subst zurückweisend* a celui-ci *bzw* celle-ci; ce dernier *bzw* cette dernière; *ein und* ~ une seule et même personne
'**der'|weil** *st/s adv*, '~'**weilen** *st/s* **I** *conj* pendant que; **II** *adv* pendant le temps
Derwisch ['dɛrvɪʃ] *m* ⟨~(e)s; ~e⟩ derviche *m*
derzeit ['deːr'tsaɪt] *adv* **1.** (*zur Zeit*) en ce moment; **2.** (*seinerzeit*) à l'époque; alors
'**der'zeitig** *adj* ⟨épithète⟩ (*jetzig*) présent; actuel, -elle
des [dɛs] *gén sg m, n cf* **der**[1] I, *das* I

Des, des [dɛs] *n* ⟨~; ~⟩ MUS ré *m* bémol
Desaster [de'zastər] *n* ⟨~s; ~⟩ désastre *m*
desavouieren [dezavu'iːrən] *st/s v/t* ⟨pas de ge-, h⟩ désavouer
desensibilis|ieren [dezɛnzibili'tsiːrən] *v/t* ⟨pas de ge-, h⟩ MÉD, PHOT désensibiliser; ⌂**ierung** *f* ⟨~; ~en⟩ MÉD, PHOT désensibilisation *f*
Desert|eur [dezɛr'tøːr] *m* ⟨~s; ~e⟩ déserteur *m*; ⌂**ieren** *v/i* ⟨pas de ge-, sein *ou* h⟩ déserter; ~**i'on** *f* ⟨~; ~en⟩ désertion *f*
'**des'gleichen** *adv* également; de même
'**deshalb** *adv* (*aus diesem Grund*) à cause de cela; pour cette raison; pour cela; *ich achte ihn* ~ *nicht weniger* je ne l'en estime pas moins; *seien Sie mir* ~ *nicht böse* ne m'en veuillez pas pour cela; *er hat es mir nur* ~ *erlaubt, weil er ...* il ne me l'a permis que parce qu'il ...; ~ *lehne ich es ab* c'est ce voilà pourquoi je refuse; ~ *also!* voilà donc la raison, l'explication!; c'est *bzw* c'était donc pour ça!
Desiderat [dezide'raːt] *st/s n* ⟨~(e)s; ~e⟩ souhait *m*; revendication *f*; *pl* ~**e** desiderata *m/pl*
Design [di'zaɪn] *n* ⟨~s; ~s⟩ design *m*; esthétique industrielle; *von Kleidern* a style *m*; ligne *f*; *von Maschinen* conception *f*; (*Mode⌂ als Unterrichtsfach*) stylisme *m*; (*Muster*) dessin *f*
De'signer(in) *m* ⟨~s; ~⟩ (*f*) ⟨~; ~nen⟩ designer *m*; (*Industrie⌂*) concepteur-projeteur *m*; concepteur-dessinateur *m*; (*Mode⌂*) modéliste *m,f*; *bekannter* couturier *m*
designieren [dezɪ'gniːrən] *st/s v/t* ⟨pas de ge-, h⟩ désigner (*zu* comme)
desillusionieren [dɛs?iluzio'niːrən] *v/t* ⟨pas de ge-, h⟩ désillusionner
Desin|fektion [dɛs?ɪnfɛktsi'oːn] *f* désinfection *f*; ~**fekti'onsmittel** *n* désinfectant *m*; ⌂**fi'zieren** *v/t* ⟨pas de ge-, h⟩ désinfecter
Desinter|esse ['dɛs?ɪntərɛsə] *n* ⟨~s⟩ manque *m* d'intérêt (*an* [+*dat*] pour); ⌂**es'siert** *adjt* indifférent (*an* [+*dat*] à); détaché (*an etw* [+*dat*] de qc)
deskrip'tiv [dɛskrɪp'tiːf] *adj* descriptif, -ive
Desktop publishing [dɛsktɔp'pablɪʃɪŋ] *n* ⟨~; ~s⟩ INFORM P.A.O. *f*; publication assistée par ordinateur
desolat [dezo'laːt] *st/s adj* désolant; lamentable
desorientier|en [dɛs?oriɛn'tiːrən] *v/t* ⟨pas de ge-, h⟩ désorienter; ⌂**ung** *f* désorientation *f*
Desoxy|dation [dɛs?ɔksydatsi'oːn] *f* désoxydation *f*; ⌂'**dieren** *v/t* ⟨pas de ge-, h⟩ désoxyder
Desoxyribonukleinsäure [dɛs?ɔksyribonukle'iːnzɔyrə] *f* acide *m* désoxyribonucléique
despektierlich [dɛspɛk'tiːrlɪç] *st/s adj* irrespectueux, -euse; (*geringschätzig*) méprisant
Desperado [dɛspe'raːdo] *m* ⟨~s; ~s⟩ desperado *m*
desperat [dɛspe'raːt] *st/s adj* désespéré
Despo|t [dɛs'poːt] *m* ⟨~en; ~en⟩ despote *m*; ⌂**tisch** *adj* despotique; ~'**tismus** *m* ⟨~⟩ despotisme *m*
dessen ['dɛsən] *gén sg m,n cf* **der**[1] II, III, *das* II, III
'**dessent'|wegen, (um)** '~'**willen I** *adv*

à cause de lui *bzw* d'elle; pour lui *bzw* elle; *betont* à cause de celui-ci *bzw* celle-ci; **II** *pr/rel* à cause duquel *bzw* de laquelle

'**dessen**'**ungeachtet** *adv* malgré cela; néanmoins; toutefois

Dessert [dɛ'seːr] *n* ⟨~s; ~s⟩ dessert *m*; **~löffel** *m* cuillère *od* cuiller *f* à dessert; **~teller** *m* assiette *f* à dessert; **~wein** *m* vin *m* de dessert

Dessin [dɛ'sɛ̃ː] *n* ⟨~s; ~s⟩ **1.** (*Muster*) motif *m*; dessin *m*; **2.** BILLARD trajectoire *f* (de la bille)

Dessous [dɛ'suː] *n* ⟨~; ~⟩ vêtement *m* de dessous (féminin); *pl* dessous *m/pl*

destabili'sier|en *v/t* ⟨*pas de ge-*, *h*⟩ POL, ÉCON déstabiliser; **♀ung** *f* déstabilisation *f*

Destil|lat [dɛstɪ'laːt] *n* ⟨~(e)s; ~e⟩ produit *m* de distillation; distillat *m*; **~'latbrenner** *m* ⟨~s; ~⟩, **~la'teur** *m* ⟨~s; ~e⟩ distillateur *m*; **~lati'on** *f* ⟨~; ~en⟩ distillation *f*; **~'lierapparat** *m* appareil *m* distillatoire; *zur Alkoholbereitung* alambic *m*; **♀'lieren** *v/t* ⟨*pas de ge-*, *h*⟩ distiller; **~'lierkolben** *m* matras *m*; **~'lierung** *f* ⟨~; ~en⟩ distillation *f*

desto ['dɛsto] *conj* d'autant plus; *je eher*, *~ besser* le plus tôt sera le mieux; *je älter sie wird*, *~ attraktiver wird sie* plus elle vieillit, plus elle devient séduisante

destruktiv [dɛstrʊk'tiːf] *adj* destructif, -ive

'**deswegen** *cf deshalb*

Deszendent [dɛstsɛn'dɛnt] *m* ⟨~en; ~en⟩ GENEALOGIE descendant *m*

Detail [de'taj] *n* ⟨~s; ~s⟩ détail *m*; *in allen ~s* dans tous les détails; *bis ins kleinste ~* jusqu'au moindre détail; *ins ~ gehen* entrer dans les détails

detail'**lieren** *v/t* ⟨*pas de ge-*, *h*⟩ détailler; **~'liert** *adj* détaillé

Detektei [detɛk'taɪ] *f* ⟨~; ~en⟩ agence *f* de détectives (privés)

Detek'tiv(in) *m* ⟨~s; ~e⟩ (*f*) ⟨~; ~nen⟩ détective *m*; **~büro** *n* agence *f* de détectives (privés); **~geschichte** *f* histoire *f* de détectives; *Roman* a roman policier

detek'tivisch *adj* de détective

Detek'tivroman *m* roman policier

Detektor [de'tɛktɔr] *m* ⟨~s; -'toren⟩ détecteur *m*

Determi'nante *f* ⟨~; ~n⟩ déterminant *m*

determin|ieren [detɛrmi'niːrən] *v/t* ⟨*pas de ge-*, *h*⟩ déterminer; **♀ismus** *m* ⟨~⟩ PHILOS déterminisme *m*; **~istisch** *adj* déterministe

Deto|nation [detonatsi'oːn] *f* ⟨~; ~en⟩ détonation *f*; **♀'nieren** *v/i* ⟨*pas de ge-*, *sein*⟩ détoner

Deut [dɔʏt] *m keinen ~ wert sein* ne pas valoir un sou, F un clou, tripette; *du bist keinen ~ besser als sie* tu ne vaux pas mieux qu'elle; *er kümmert sich keinen ~ darum* il ne s'en soucie pas le moins du monde

deuteln ['dɔʏtəln] *v/i* ⟨-(e)le, h⟩ ergoter (*an etw* [*dat*] sur qc); *daran gibt es nichts zu ~* il n'y a pas à tergiverser

deuten ['dɔʏtən] ⟨-ete, h⟩ **I** *v/t* Traum, Zeichen *etc* interpréter; *die Sterne ~* lire dans les astres; *falsch ~* mal interpréter; **II** *v/i auf etw* (*acc*) *~* indiquer, montrer qc (du doigt, *etc*) *fig a* annoncer, présager qc; *alles deutet darauf hin*, *daß ...* tout porte à croire que ...

'**Deuter** *m* ⟨~s; ~⟩ **1.** interprète *m*; **2.** österr (*Zeichen*, *Wink*) signe *m*

'**deutlich I** *adj* (*klar*) clair; net, nette; précis; (*leicht zu unterscheiden*) distinct; (*ausgeprägt*) marqué; (*spürbar*) sensible; *j-m etw ~ machen* (dé)montrer qc à qn; expliquer clairement, faire comprendre qc à qn; *~ werden* Person ne pas mâcher ses mots; *daraus wird ~*, *daß ...* il en ressort clairement que ...; *das war ~* voilà qui est clair, net; **II** *adv* **1.** distinctement *~ schreiben* écrire lisiblement; *etw ganz ~ hören* entendre qc très distinctement, de façon très nette; **2.** *fig* (*unverblümt*) franchement; *etw klar und ~ sagen* exprimer, déclarer qc sans aucune ambiguïté *od* explicitement

'**Deutlichkeit** *f* ⟨~⟩ clarté *f*; précision *f*; netteté *f*; *j-m mit aller ~ zu verstehen geben*, *daß ...* faire comprendre clairement à qn que ...

deutsch [dɔʏtʃ] **I** *adj* allemand; de l'Allemagne; POL *in Zssgn* germano-...; **♀e Mark** mark allemand; HIST *das ♀e Reich* le Reich; l'Empire allemand; HIST *Ludwig der ♀e* Louis le Germanique; *die ♀e Schweiz* la Suisse allemande; *die* HIST *♀e Demokratische Republik* République démocratique allemande; *~-französisch Beziehungen*, Grenze *etc* franco-allemand; *Wörterbuch etc* allemand-français; *auf*, *in ~* en allemand; F *auf* (*gut*) *~* en clair; *nach Verben des Sagens* carrément; sans ambages; *auf ~e Art* à l'allemande; à la façon allemande, des Allemands; **II** *adv ~ sprechen* parler allemand; *~ aussehen* avoir l'air allemand; *ein Wort ~ aussprechen* prononcer un mot à la façon allemande; F *fig mit j-m ~ reden* dire son fait, parler net à qn

Deutsch *n* ⟨~(s)⟩ Sprache, Unterrichtsfach allemand *m*; *fließend sprechen* parler couramment (l')allemand; *~ verstehen* comprendre l'allemand; F *verstehst du kein ~* (*mehr*)? tu ne comprends plus le français, maintenant?; *sie ist gut in ~* elle est bonne en allemand

'**Deutscharbeit** *f* devoir *m* d'allemand

'**Deutsche** *n* ⟨~n⟩ Sprache *das ~* l'allemand *m*; *aus dem ~n* de l'allemand; *im ~n* en allemand; *ins ~* en allemand; vers l'allemand

'**Deutsche(r)** *f*(*m*) ⟨→A⟩ Allemand(e) *m*(*f*); *als ~(r)* en tant qu'Allemand(e); *sie ist* (*keine*) *~* c'est (ce n'est pas) une Allemande

'**deutsch|feindlich** *adj* germanophobe; anti-allemand; **~freundlich** *adj* germanophile; pro-allemand

'**Deutschherren** *m/pl* HIST chevaliers *m/pl* teutoniques

'**Deutschland** *n* ⟨→ *n/pr*⟩ l'Allemagne *f*; *Bundesrepublik ~* République Fédérale d'Allemagne

'**Deutschland|frage** *f* ⟨~⟩ HIST question allemande; **~funk** *m* radio couvrant toute l'Allemagne (*siège* Cologne); **~lied** *n* hymne national allemand; **~politik** *f* nichtdeutscher Staaten politique *f* à l'égard de l'Allemagne; HIST *aus deutscher Sicht* politique consacrée à la question allemande; **♀politisch** *adj* HIST concernant la question allemande; **~reise** *f* voyage *m* en Allemagne

'**Deutschlehrer(in)** *m*(*f*) professeur *m* d'allemand

'**deutsch|sprachig** *adj* Mensch, Land de langue allemande; germanophone; *in deutscher Sprache* en allemand; en langue allemande; *Literatur* d'expression allemande; **~sprechend** *adjt* ⟨*épithète*⟩ germanophone; **~stämmig** *adj* d'origine allemande; de souche allemande

'**Deutsch|stunde** *f* cours *m* d'allemand; **~tum** *n* ⟨~s⟩ caractère *m*, esprit allemand; tradition, civilisation allemande; germanitude *f*; **~tüme|lei** *f* ⟨~; ~en⟩ *péj* chauvinisme allemand; outrance *f* germanique; **~unterricht** *m* enseignement *m* de l'allemand; *Schulstunde* cours *m* d'allemand

'**Deutung** *f* ⟨~; ~en⟩ interprétation *f*; explication *f*

Devise [de'viːzə] *f* ⟨~; ~n⟩ (*Wahlspruch*) devise *f*

De'visen *f/pl* COMM devises *f/pl*; **~abkommen** *n* accord *m* sur les changes; **~abteilung** *f* service *m* des changes; **~ausgleich** *m* compensations *f/pl* en devises; **~beschränkungen** *f/pl* restrictions *f/pl* de change; **~bestimmungen** *f/pl* réglementations *f/pl* (en matière) de changes; **~geschäft** *n* opération *f* de change; **~händler** *m* agent *m* de change; **~kontrolle** *f* contrôle *m* des changes; **~kurs** *m* cours *m* des changes; **~markt** *m* marché *m* des devises, des changes; **~reserven** *f/pl* réserves *f/pl* en devises; **~schmuggel** *m* trafic *m* de devises; **~spekulation** *f* spéculation *f* sur les changes; **~vergehen** *n* infraction *f* au contrôle des changes

devot [de'voːt] *adj* **1.** *péj* (*unterwürfig*) obséquieux, -ieuse; **2.** (*demütig*) humble

Devotionalien [devotsio'naːliən] *pl* articles *m/pl* religieux, de piété

Dextrose [dɛks'troːzə] *f* ⟨~⟩ CHIM dextrose *m*

Dez [deːts] F *m* ⟨~es; ~e⟩ (*Kopf*) F cafetière *f*

Dez. *abr* (*Dezember*) déc. (décembre)

Dezember [de'tsɛmbər] *m* ⟨~s; ~⟩ (mois *m* de) décembre *m*; *cf a Januar*

dezent [de'tsɛnt] *adj* discret, -ète; *Licht* a tamisé; *Musik* a doux, douce; *Kleidung* a décent

dezentral [detsɛn'traːl ou 'deː-] *st/s adj* **1.** Strukturen, Stromversorgung *etc* décentralisé; **2.** (*vom Mittelpunkt entfernt*) éloigné, loin du centre; **♀isati'on** *f* décentralisation *f*; **~i'sieren** *v/t* ⟨*pas de ge-*, *h*⟩ décentraliser; **♀i'sierung** *f* décentralisation *f*

Dezer|nat [detsɛr'naːt] *n* ⟨~(e)s; ~e⟩ département *m*; service *m*; **~'nent(in)** *m* ⟨~en; ~en⟩ (*f*) ⟨~; ~nen⟩ chef *m* de service

Dezibel ['deːtsibɛl *ou* detsi'bɛl] *n* ⟨~s; ~⟩ décibel *m*

dezidiert [detsi'diːrt] *st/s adjt* décidé

Dezi|gramm [de'tsigram] *n* décigramme *m*; **~liter** *m od n* décilitre *m*

dezimal [detsi'maːl] *adj* décimal

Dezi'mal|bruch *m* fraction décimale; **~klassifikation** *f* classification déci-

male; **~rechnung** *f* calcul décimal; **~stelle** *f* décimale *f*
Dezi'malsystem *n* système décimal; **Umstellung** *f auf das* **~** décimalisation *f*
Dezi'malzahl *f* nombre décimal
Dezimeter ['de:tsime:tər] *m od n* décimètre *m*
dezimieren [detsi'mi:rən] *v/t* 〈*pas de ge-*, h〉 décimer
DFB [de:?ɛf'be:] *m* 〈~〉 *abr* (*Deutscher Fußball-Bund*) Fédération allemande de football
DGB [de:ge:'be:] *m* 〈~〉 *abr* (*Deutscher Gewerkschaftsbund*) Fédération *f* des syndicats ouvriers allemands
dgl. *abr cf* **dergleichen**
d. Gr. *abr* (*der, die Große*) le grand, la grande
d. h. *abr* (*das heißt*) c.-à-d. (c'est-à-dire)
Di *abr* (*Dienstag*) mar (mardi)
Dia ['di:a] *n* 〈~s; ~s〉 diapo *f*
Diabet|es [dia'be:tɛs] *m* 〈~〉 diabète *m*; **~iker(in)** *m* 〈~s; ~〉 (*f*) 〈~; ~nen〉 diabétique *m,f*
diabolisch [dia'bo:lɪʃ] *st/s adj* diabolique
diachron(isch) [dia'kro:n(ɪʃ)] *adj* diachronique
Diadem [dia'de:m] *n* 〈~s; ~e〉 diadème *m*
Diagnose [dia'gno:zə] *f* 〈~; ~n〉 diagnostic *m*; *BIOL* diagnose *f*; **e-e ~ stellen** établir, faire un diagnostic
Diagnostik [dia'gnɔstɪk] *f* 〈~〉 diagnose *f*
Dia'gnostiker(in) *m* 〈~s; ~〉 (*f*) 〈~; ~nen〉 **ein guter ~, e-e gute ~in sein** établir de bons diagnostics
dia'gno|stisch *adj* diagnostique; **~stizieren** *v/t* 〈*pas de ge-*, h〉 diagnostiquer
diagonal [diago'na:l] **I** *adj* diagonal; **II** *adv* diagonalement; en diagonale; F *~ lesen* lire en diagonale
Diago'nale *f* 〈~; ~n〉 diagonale *f*
Diagramm [dia'gram] *n* 〈~s; ~e〉 diagramme *m*
Diakon [dia'ko:n *ou österr* 'di:a-] *m* 〈~s *ou* ~en; ~e(n)〉 *REL* diacre *m*
Dia|ko'nie *f* 〈~〉 œuvre *f* d'assistance de l'église évangélique; **²'konisch** adj 〈*épithète*〉 **1.** *CATH* diaconal; **2.** *PROT* concernant l'œuvre d'assistance de l'église évangélique; **~ko'nisse** *f* 〈~; ~n〉 *PROT* diaconesse *f*
diakritisch [dia'kri:tɪʃ] *adj* diacritique
Dialekt [dia'lɛkt] *m* 〈~(e)s; ~e〉 dialecte *m*; patois *m*
dialek'tal *adj* dialectal
Dia'lekt|ausdruck *m* 〈~(e)s; -drücke〉 dialectalisme *m*; régionalisme *m*; mot patois; **~forschung** *f* dialectologie *f*
Dia'lekt|ik *f* 〈~〉 dialectique *f*; **²isch** *adj* dialectique
Dialog [dia'lo:k] *m* 〈~(e)s; ~e〉 dialogue *m*; **den ~ eröffnen** établir le dialogue; **den ~ wieder in Gang bringen, wiederaufnehmen** renouer le dialogue
Dia'logbetrieb *m INFORM* mode *m* conversationnel
Dia'logform *f* **in ~** sous forme de dialogues; dialogué
dia'logisch *adj* dialogique
Dialyse [dia'ly:zə] *f* 〈~; ~n〉 dialyse *f*; **~zentrum** *n* centre *m* de dialyse
Diamant [dia'mant] *m* 〈~(e)n; ~en〉 diamant *m*
dia'manten *adj* 〈*épithète*〉 de diamant(s); **~e Hochzeit** noces *f/pl* de dia-

mant; soixantième anniversaire *m* de mariage
Dia'manten|händler *m* diamantaire *m*; **~kollier** *n* rivière *f* de diamants
Dia'mant|nadel *f* broche *f* de diamants; **~ring** *m* bague (ornée) de diamants; **~schleifer** *m* 〈~s; ~〉 tailleur *m* de diamants; diamantaire *m*; **~schmuck** *m* bijou(x) orné(s) de diamants; **~staub** *m* poudre *f* de diamant; égrisé(e) *m*(*f*)
diametral [diame'tra:l] **I** *adj* diamétral; **II** *adv* **~ entgegengesetzt** diamétralement opposé
Diapason [dia'pa:zɔn] *m* 〈~s; ~s *ou* -'so-ne〉 *MUS* diapason *m*
Diaphragma [dia'fragma] *n* 〈~s; -men〉 *ANAT, Verhütungsmittel* diaphragme *m*
Dia|positiv ['di:apozɪti:f] *n* 〈~s; ~e〉 diapositive *f*; **~projektor** *m* projecteur *m* (de diapositives); **~rahmen** *m* cadre *m* de diapositive
Diärese [diɛ're:zə] *f* 〈~; ~n〉 *PHON* diérèse *f*
Diarrhö(e) [dia'rø:] *f* 〈~; ~(e)n〉 *MÉD* diarrhée *f*
Diaspora [di'aspora] *f* 〈~〉 *ÉGL* diaspora *f*
Dias|tole [di'astole] *f* 〈~; -'tolen〉 *MÉD* diastole *f*; **²'tolisch** *adj* diastolique
di'ät *adv* **streng ~ leben, essen** suivre un régime sévère
Diät [di'ɛ:t] *f* 〈~; ~〉 (*Schonkost*) régime *m* (alimentaire); **~ halten** être au régime; suivre un régime; **j-n auf ~** (*acc*) **setzen** mettre qn au régime
Di'ätassistent(in) *m*(*f*) diététicien, -ienne *m, f*
Di'äten *pl* indemnité *f* (parlementaire)
Diät|etik [diɛ'te:tɪk] *f* 〈~; ~en〉 diététique *f*; **²isch** *adj* diététique
Di'ät|joghurt *m od n* yaourt allégé; **~kost** *f* aliments *m/pl* de régime; **~kur** *f* régime *m*
diatonisch [dia'to:nɪʃ] *adj MUS* diatonique
Di'ät|plan *m* régime *m*; **~schokolade** *f* chocolat *m* diététique
dich [dɪç] *pr/pers* (*acc de* du) te; *unverbunden* toi; **ich sehe ~** je te vois; **freue ~!** réjouis-toi!
Dichotomie [diçoto'mi:] *f* 〈~; ~n〉 dichotomie *f*
dicht [dɪçt] *I adj* **1.** *PHYS, Menschenmenge, Verkehr* dense; *Masse* compact; (*gedrängt*) serré; *Nebel* dense; épais, épaisse; *Regen, Haar* dru; *Haar a* épais; *Wald* touffu; *Gewebe* serré; **2.** *Gefäß* étanche; *Verschluß, fig* hermétique; **du bist wohl nicht ganz ~!** F tu n'es pas un peu siphonné *od* fêlé, par hasard)?; **II** *adv* **~ schließen** fermer hermétiquement; **~ bei j-m** tout près de qn; **~ am Boden** tout près du sol; **~ über dem Boden** au ras du sol; **~ hintereinander** juste l'un derrière l'autre; **~ an ~, ~ bei ~** l'un contre l'autre (*en rangs*) serrés; **~ hinter, vor j-m** juste derrière, devant qn; **~ bevorstehen** être imminent; **sein Geburtstag stand ~ bevor** on était à la veille de son anniversaire
'dicht|behaart *adj* tout velu; **~belaubt** *adj* touffu; **~besetzt** *adj* plein à craquer; (*verziert*) couvert (*mit* de); **~besiedelt, ~bevölkert** *adj* très peuplé; populeux, -euse; **~bewachsen** *adj* tout couvert (*mit* de)

'Dichte *f* 〈~〉 **1.** *PHYS* densité *f*; compacité *f*; **2.** (*Undurchlässigkeit*) étanchéité *f*; imperméabilité *f*
dichten¹ ['dɪçtən] *v/t* 〈-ete, h〉 *TECH* rendre étanche, imperméable; *MAR* calfater; *Loch* boucher; *Fugen* remplir
'dichten² *v/t u v/i* 〈-ete, h〉 composer; écrire; *Verse* faire (des vers)
'Dichter(in) *m* 〈~s; ~〉 (*f*) 〈~; ~nen〉 poète *m*, (femme *f*) poète *m*; poétesse *f*; (*Schriftsteller[in]*) écrivain *m*; auteur *m*
'dichterisch *adj* poétique
'Dichterlesung *f* séance *f* de lecture (par l'auteur)
'Dichterling ['dɪçtərlɪŋ] *m* 〈~s; ~e〉 *péj* mauvais poète; rimailleur *m*
'dicht|gedrängt *adj* 〈*épithète*〉 dense; serré; **~halten** F *v/i* 〈*irr, sép*, -ge-, h〉 garder bouche cousue; tenir sa langue
'Dichtkunst *f* 〈~〉 art *m* poétique; poésie *f*
'dichtmachen F 〈*sép*, -ge-, h〉 *v/t u v/i* Geschäft, Lokal fermer (définitivement)
'Dichtung¹ *f* 〈~; ~en〉 *TECH* joint *m*; garniture *f*
'Dichtung² *f* 〈~; ~en〉 *Kunst, Werk* poésie *f*; (*Literatur*) littérature *f*; *einzelnes Werk* poème *m*; œuvre *f* poétique; **~ und Wahrheit** fiction et vérité
'Dichtungs|gummi *n* caoutchouc *m* pour garnitures, pour joints; **~masse** *f* matériau *m* d'étanchéité; **~ring** *m*, **~scheibe** *f* (rondelle *f* de) joint *m*
dick [dɪk] **I** *adj* épais, épaisse; *Person, Tier* gros, grosse; (*angeschwollen*) enflé; (*~flüssig*) épais, épaisse; F *fig Lob etc* grossier, -ière; *Kuß* gros, grosse; **~e Milch** lait caillé; F **sie sind ~e Freunde** F ils sont très amis; **~ machen** Essen faire grossir; *Kleid* grossir; **~ werden** *Person* grossir; *p/fort* engraisser; *Körperteile* épaissir; s'empâter; **e-n Meter ~ sein** avoir un mètre d'épaisseur; **2 cm ~e Scheiben, Bretter etc schneiden** couper des tranches, planches, *etc* de 2 cm d'épaisseur; **etw in 2 cm ~e Scheiben schneiden** couper qc en tranches de 2 cm d'épaisseur; *fig* **mit j-m durch ~ und dünn gehen** être, rester aux côtés de qn en toutes circonstances; F **es ~(e) haben** F en avoir marre; F **es nicht so ~(e) haben** ne pas rouler sur l'or; **~ und fett** gros, grosse et gras, grasse; F **das ~e Ende kommt nach** *od* **noch** on n'a pas encore vu le pire; **II** *adv* **sich ~ anziehen** s'habiller chaudement; **etw mit etw ~ bestreichen** mettre une bonne couche de qc sur qc; **etw ~ unterstreichen** souligner qc d'un gros trait *od* en gras; F **geschwollen sind ~ befreundet** F ils sont très amis
'dick|bauchig *adj Gefäß* pansu; très bombé; **~bäuchig** *adj Mensch, Tier* ventru; ventripotent; **~darm** *m* gros intestin; **²darmentzündung** *f MÉD* colite *f*
'dicke F *adv* largement (assez); **~ genug haben** avoir plus qu'assez de qc
'Dicke *f* 〈~〉 épaisseur *f*; grosseur *f*; *e-s Menschen a* embonpoint *m*; corpulence *f*
'Dicke(r) *F f*(*m*) 〈→A〉 gros bonhomme, grosse bonne femme; *als Kosewort* mon gros, ma grosse
'Dickerchen F *n* 〈~s; ~〉 F petit(e) gros, grosse

'**dickfellig** adj Person insensible; **≈keit** f ⟨~⟩ insensibilité f
'**dickflüssig** adj épais, épaisse; visqueux, -euse
Dickhäuter ['dɪkhɔytər] m ⟨~s; ~⟩ ZO pachyderme m
Dickicht ['dɪkɪçt] n ⟨~(e)s; ~e⟩ fourré m; taillis m; fig maquis m; fouillis m inextricable
'**Dickkopf** F m F tête f de mule, de bois
'**dick|köpfig** F adj têtu; buté; F cabochard; **≈köpfigkeit** f ⟨~⟩ entêtement m; obstination f; **~leibig** adj corpulent; a fig gros, grosse; **~lich** adj rondelet, -ette; replet, -ète
'**Dick|macher** F m ⟨~s; ~⟩ aliment m qui fait grossir; **~milch** f lait caillé; **~schädel** m cf Dickkopf; **~wanst** F m ⟨~es; ~e⟩ F gros lard; F boule f, tas m de graisse
Didakt|ik [di'daktɪk] f ⟨~; ~en⟩ didactique f; **~iker(in)** m ⟨~s; ~⟩ (f) ⟨~; ~nen⟩ didacticien, -ienne m, f; **≈isch** adj didactique
die¹ [di:] sg f ⟨dat der; acc die⟩ I Artikel ⟨gén der⟩ Nominativ, acc la bzw le bzw vor Vokal und stummem h l'; gén de la bzw du bzw de l'; dat à la bzw au bzw à l'; ~ Frau la femme; ~ Sonne le soleil; ~ Auster l'huître f; was ist in der Flasche? qu'est-ce qu'il y a dans la bouteille?; gib der Lehrerin das Heft! donne le cahier au professeur, F à la prof!; F ~ Elke hat gesagt, daß ... Elke a dit que ...; F ~ Dubarry la Dubarry; II pr/dém ⟨gén deren⟩ 1. adjt cette bzw ce(t); ~ Tasche (da) gehört mir nicht ce sac n'est pas à moi; zu der und der Zeit à telle et telle époque, heure; betont ~ Halskette hat sie gestohlen c'est ce collier qu'elle a volé; F ~ Frau da cette femme-là; 2. subst ~ hier celle-ci bzw celui (-ci); ~ da celle-là bzw celui-là; meine Schwester und ~ von Eva ma sœur et celle d'Eva od et la sœur d'Eva; ich nehme ~ hier je prends celle-ci bzw celui-ci; iron ~ und arbeiten! elle, travailler, jamais de la vie!; III pr/rel ⟨gén deren⟩ Nominativ qui; gén dont; nach prép a de laquelle bzw duquel; dat à qui; nach prép a à laquelle bzw auquel; acc que; die erste, ~ ... la première qui ...; sie war die erste, ~ fertig war a elle fut la première à avoir terminé; e-e Kollegin, der ich vertraue une collègue en qui j'ai confiance
die² pl m,f,n I Artikel ⟨gén der; dat den; acc die⟩ Nominativ, acc les; gén des; dat aux; ~ Kinder der Freunde les enfants des amis; F ~ Horns les Horn; mit den Eltern in Urlaub fahren partir en vacances avec ses parents; II pr/dém 1. adjt ⟨gén deren; dat denen; acc die⟩ Nominativ, acc ces; gén de ces; dat à ces; ~ Leute habe ich schon einmal gesehen j'ai déjà vu ces gens quelque part; betont ces gens-là, je les ai déjà vus quelque part; 2. subst ⟨gén deren bzw derer; dat denen; acc die⟩ ~ hier ceux-ci bzw celles-ci; ~ da ceux-là bzw celles-là; st/s ich habe deren viele j'en ai beaucoup; die Zahl derer, die ... le nombre de ceux qui ...; III pr/rel ⟨gén deren; dat denen; acc die⟩ Nominativ qui; gén dont; nach prép a desquels bzw desquelles; dat à qui; nach prép a auxquels bzw auxquelles; acc que; nach prép a lesquels bzw lesquelles; die letzten, ~ gingen les derniers qui partaient; die Leute, denen das Haus gehört les gens à qui la maison appartient

Dieb(in) [di:p ('di:bɪn)] m ⟨~(e)s; ~e⟩ (f) ⟨~; ~nen⟩ voleur, -euse m,f; haltet den ~! au voleur!; prov Gelegenheit macht ~e prov l'occasion fait le larron
Diebe'rei F péj f ⟨~; ~en⟩ cf Diebstahl
'**Diebes|bande** f bande f de voleurs; **~beute** f butin m (de voleur[s]); **~gut** n butin m; **≈sicher** adj à l'abri des voleurs
'**diebisch** I adj ⟨épithète⟩ voleur, -euse; II sich ~ freuen se réjouir malicieusement
Diebstahl ['di:pʃta:l] m ⟨~(e)s; ~e⟩ vol m; leichter larcin m; JUR einfacher, schwerer ~ vol simple, qualifié; geistiger ~ plagiat m
'**Diebstahl|sicherung** f AUTO antivol m; **~versicherung** f assurance f contre le vol
diejenige ['di:je:nɪgə] cf dasjenige
Diele ['di:lə] f ⟨~; ~n⟩ 1. (Fußbodenbrett) planche f; madrier m; (Fußboden) plancher m; 2. (Flur) vestibule m; entrée f
dienen ['di:nən] v/i ⟨h⟩ servir (j-m qn; als qc); beim Militär faire son service militaire; ~ in (+dat) servir dans; ~ zu (+substantivierter inf) servir à (+inf); j-m zu etw ~ servir à qn de qc; womit kann ich ~? qu'est-ce que je peux faire pour vous?; (en quoi) puis-je vous être utile?; ist Ihnen damit gedient, wenn ...? est-ce que cela vous avancerait od arrangerait si ...?; damit ist mir nicht gedient cela ne m'avance à rien od ne m'arrange pas
'**Diener** m ⟨~s; ~⟩ 1. domestique m; serviteur m; (Serviertisch) desserte f; für Kleider valet m (de nuit); 2. F (Verbeugung) révérence f; e-n ~ machen s'incliner (devant qn)
'**Dienerin** f ⟨~; ~nen⟩ domestique f
'**dienern** v/i ⟨-(e)re, h⟩ péj faire des courbettes, s'aplatir (vor [+dat] devant)
'**Dienerschaft** f ⟨~⟩ domestiques m/pl; gens m/pl, employés m/pl de maison; domesticité f
'**dienlich** adj utile; e-r Sache (dat) ~ sein servir à qc
Dienst [di:nst] m ⟨~(e)s; ~e⟩ 1. service m; außer ~ en dehors du service; qui n'est pas de service; MIL, Beamte à la, en retraite; ~ nach Vorschrift grève f du zèle; ~ haben, F schieben être de service; im ~ sein être en service; sich in den ~ e-r Sache stellen se mettre au service d'une cause; st/s j-m zu ~en stehen être aux ordres de qn; j-m den ~ verweigern refuser son service à qn; 2. öffentlicher ~ fonction f publique; im öffentlichen ~ sein, arbeiten travailler dans la fonction publique; einfacher, mittlerer, gehobener, höherer ~ in Frankreich etwa catégorie f D, C, B, A de la fonction publique; 3. (Gefälligkeit, Nutzen) service m; j-m e-n ~ erweisen rendre (qc) service à qn; (mit etw) e-n schlechten ~ erweisen rendre à qn un mauvais service (avec qc); (das ist) ~ am Kunden! nous som-

mes toujours au service de notre clientèle!; Sache j-m gute ~e leisten rendre des services, de bons, grands services à qn
'**Dienstabteil** n compartiment réservé au service
Dienstag ['di:nsta:k] m mardi m; cf a Montag
dienstäg|ig ['di:nstɛ:gɪç] adj ⟨épithète⟩ du mardi; **~lich** adj ⟨épithète⟩ de tous les mardis
'**dienstags** adv le mardi; tous les mardis
'**Dienst|alter** n années f/pl de service; ancienneté f; **~älteste(r)** f(m) ⟨→A⟩ le plus ancien, la plus ancienne; le doyen, la doyenne; **~antritt** m entrée f en service, en fonction, en charge; **~anweisung** f instruction f; **~aufsicht** f contrôle m hiérarchique; **~aufsichtsbeschwerde** f plainte f hiérarchique; **~ausweis** m laissez-passer m; carte f de service
'**dienstbar** adj serviable; plais **~er Geist** aide f; domestique m/f; sich (dat) etw ~ machen savoir utiliser qc; sich (dat) j-n ~ machen s'assurer les services de qn
'**dienstbeflissen** adj empressé; zélé
'**Dienst|bereich** m ressort m; compétence f; **≈bereit** adj serviable; Apotheke de garde; **~bereitschaft** f cf Bereitschaft; **~bezüge** m/pl émoluments m/pl; appointements m/pl; **~bote** m domestique m; **~boteneingang** m entrée f de service; **~eid** m serment m promissoire (dans la fonction publique); **~eifer** m zèle m; empressement m; **≈eifrig** adj zélé; empressé; **~enthebung** f suspension f de fonctions; **~fahrt** f déplacement m de service; mission f
'**dienstfrei** adj libre; ~ haben ne pas être de service
'**Dienst|geheimnis** n secret professionnel (dans la fonction publique); **~gespräch** n TÉL communication professionnelle; **~grad** m grade m; **≈habend** adjt ⟨épithète⟩ de service; Arzt de garde; **~herr** m patron m; **~jahr** n année f de service; **~jubiläum** n anniversaire m de l'entrée en service; **~kleidung** f uniforme m; tenue f de service; **~leistung** f (prestation f de) service m
'**Dienstleistungsabend** m ADM nocturne m od f; Donnerstag ist ~ le jeudi, les magasins sont ouverts en nocturne
'**Dienstleistungs|betrieb** m prestataire m de services; **~sektor** m secteur m tertiaire
'**dienstlich** I adj de service; **~e Versetzung** déplacement m, mutation f d'office; II adv **~ verhindert** retenu par le service; ich muß ~ nach München mon travail m'envoie à Munich
'**Dienst|mädchen** n bonne f; **~marke** f carte f de service; insigne m (de la police); **~mütze** f casquette f; képi m; **~ordnung** f règlement m (de service); **~personal** n personnel m (de service)
'**Dienstpflicht** f devoir m (de fonction); obligation f de service; in Erfüllung s-r ~ dans l'accomplissement de sa fonction
'**Dienst|pistole** f pistolet m de service; **~plan** m tableau m de service; **~räume** m/pl bureaux m/pl; **~reise** f voya-

ge, déplacement professionnel *od* pour raisons de service; mission *f*; ~**sache** *f* affaire officielle

'**Dienstschluß** *m* fin *f* des heures de travail; *nach* ~ après les heures de travail

'**Dienstsiegel** *n* cachet officiel

'**Dienststelle** *f* service *m*; bureau *m*; *zuständige* ~ service compétent

'**Dienst**|**stempel** *m* cachet officiel; ~**stunden** *f*/*pl* heures *f*/*pl* de service, de bureau

'**dienst**|**tauglich** *adj* MIL apte au service; ²**tauglichkeit** *f* MIL aptitude *f* au service; ~**tuend** *adj* ⟨*épithète*⟩ *cf* **diensthabend**; ~**unfähig** *adj* inapte au service; *wegen Krankheit* invalide; ~**untauglich** *adj* MIL inapte au service; ²**untauglichkeit** *f* MIL inaptitude *f* à servir

'**Dienstverhältnis** *n* situation administrative (d'un fonctionnaire); *in e-m festen* ~ *stehen* avoir un emploi fixe

'**dienstverpflichten** *v*/*t* ⟨*insép, pas de ge-*, *h*, *les temps simples ne s'emploient pas dans une principale*⟩ réquisitionner

'**Dienst**|**vertrag** *m* contrat *m* (de service, de travail); ~**vorschrift** *f* règlement *m*, instruction *f* (de service); MIL consigne *f*; ~**wagen** *m* voiture *f* de fonction *od* de service

'**Dienstweg** *m* voie *f* hiérarchique; *auf dem* ~ par (la) voie hiérarchique

'**Dienst**|**wohnung** *f* logement *m* de service, de fonction; ~**zeit** *f* **1.** (*tägliche Arbeitszeit*) temps *m*, heures *f*/*pl* de service; **2.** (*Dienstjahre*) années *f*/*pl* de service; ~**zeugnis** *n* certificat *m* de travail, de service

dies [diːs] *cf* **diese**(r, -s)

'**diesbezüglich** *adj* ⟨*épithète*⟩ *u adv* à cet effet; sous ce rapport; à ce sujet

diese(r, -s) [ˈdiːzə(r, -s)] *pr*/*dém* ⟨*n a* **dies**⟩ **1.** *adjt* ce *bzw* vor Vokal und stummem h cet *bzw* cette, *bei Gegenüberstellung* ce(t) ...-ci, cette ...-ci; *pl* ces; ~*r Tage* ces jours-ci; ~*r Dieter ist doch ein Dummkopf* quel imbécile(, quand même), ce Dieter!; *s-e* ~ *ihre Beobachtung* cette observation qu'elle a faite; *am dritten* ~*s Monats* le trois de ce mois; ~*s Haus hat fünf Zimmer, jenes vier* cette maison-ci a cinq pièces, celle-là quatre; **2.** *subst* celui-ci, celle-ci, ceci *od* cela *od* F ça; *pl* ceux-ci, celles-ci; *dies sind meine Schwestern* ce sont mes sœurs; *als Vorstellung* je vous présente mes sœurs; *weniger offiziell* voilà mes sœurs; *wir haben von* ~*m und jenem gesprochen* nous avons parlé de choses et d'autres; *dies und das* ceci et cela; toutes sortes de choses

Diesel [ˈdiːzəl] **1.** *m* ⟨~(s); ~⟩ ~**fahrzeug**, ~*motor*) diesel *m*; **2.** *n* ⟨*s*⟩ ⟨*sans article*⟩ (~**kraftstoff**) gasoil *m od* gazole *m*

dieselbe [diːˈzɛlbə] *pr*/*dém* la même; *cf* **a derselbe**

'**Diesel**|**kraftstoff** *m* gasoil *m od* gazole *m*; ~**lokomotive** *f* locomotive *f* diesel; ~**motor** *m* (moteur *m*) diesel *m*; ~**öl** *n* gasoil *m od* gazole *m*

'**dieser, dieses** *cf* **diese**(r, -s)

diesig [ˈdiːzɪç] *adj* brumeux, -euse

dies|**jährig** [ˈdiːsjɛːrɪç] *adj* ⟨*épithète*⟩ de cette année; ~**mal** *adv* cette fois-ci; ~**seitig** *adj* qui est en deçà; qui est de ce côté; ~**seits I** *adv* de ce côté; **II** *prép* ⟨*gén*⟩ en deçà de

'**Diesseits** *n* ⟨~⟩ *das* ~ la vie ici-bas

Dieter [ˈdiːtər] *m* ⟨→ *n*/*pr*⟩ Didier *m*

Dietrich¹ [ˈdiːtrɪç] *m* ⟨→ *n*/*pr*⟩ Thierry *m*

'**Dietrich**² *m* ⟨~s; ~e⟩ crochet *m*; passe-partout *m*; rossignol *m*; *mit e-m* ~ *aufmachen* crocheter

die'**weil** *st*/*s* **I** *conj* **1.** *zeitlich* pendant que; **2.** *kausal* parce que; **II** *adv* pendant ce-temps-là; entre-temps

diffamier|**en** [dɪfaˈmiːrən] *v*/*t* ⟨*pas de ge-*, *h*⟩ diffamer; ²**ung** *f* ⟨~; ~en⟩ diffamation *f*

Differential [dɪfərɛntsiˈaːl] *n* ⟨~s; ~e⟩ MATH différentielle *f*; AUTO différentiel *m*; ~**getriebe** *n* AUTO engrenage différentiel; ~**gleichung** *f* équation différentielle; ~**rechnung** *f* calcul différentiel

Differenz [dɪfəˈrɛnts] *f* ⟨~; ~en⟩ **1.** (*Unterschied*) différence *f*; écart *m*; **2.** (*Unstimmigkeit*) différend *m*; désaccord *m*; ~**betrag** *m* différence *f*

differen'**zieren** ⟨*pas de ge-*, *h*⟩ **I** *v*/*t* **1.** (*unterscheiden*) différencier; (*nuancieren*) nuancer; **2.** MATH différencier; calculer la différentielle de; **II** *v*/*i* différencier; faire la différence (*zwischen* [+*dat*] entre)

differen'**ziert I** *adjt* nuancé; fin; subtil; **II** *advt* avec nuance, finesse, subtilité; ²**heit** *f* ⟨~⟩ finesse *f*; subtilité *f*

Differen'**zierung** *f* ⟨~; ~en⟩ différenciation *f*

differieren [dɪfəˈriːrən] *st*/*s v*/*i* ⟨*pas de ge-*, *h*⟩ différer (*um* de)

diffizil [dɪfiˈtsiːl] *st*/*s adj* difficile; *Aufgabe a* ardu

diffus [dɪˈfuːs] *adj* **1.** OPT diffus; **2.** *fig* confus; ²**i**'**on** *f* ⟨~; ~en⟩ OPT, PHYS diffusion *f*

digital [digiˈtaːl] *adj* digital

Digi'**talanzeige** *f* affichage digital

digitali'**sieren** *v*/*t* ⟨*pas de ge-*, *h*⟩ digitaliser

Digi'**tal**|**rechner** *m* calculateur *m* numérique; ~**uhr** *f* montre digitale

Diktaphon [dɪktaˈfoːn] *n* ⟨~s; ~e⟩ dictaphone *m*

Dik'**tat** *n* ⟨~(e)s; ~e⟩ dictée *f*; *nach* ~ *schreiben* écrire sous la dictée; *st*/*s dem* ~ *der Mode gehorchen* obéir, se plier à la tyrannie de la mode

Dikta|**tor** [dɪkˈtaːtɔr] *m* ⟨~s; -ˈtoren⟩ dictateur *m*; ²'**torisch** *adj* dictatorial; ~'**tur** *f* ⟨~; ~en⟩ dictature *f*

diktier|**en** [dɪkˈtiːrən] *v*/*t* ⟨*pas de ge-*, *h*⟩ dicter; ²**gerät** *n* dictaphone *m*

Dikti'**on** *f* ⟨~; ~en⟩ diction *f*

Dilemma [diˈlɛma] *n* ⟨~s; ~s *ou* ~ta⟩ dilemme *m*

Dilettan|**t(in)** [dilɛˈtant(ɪn)] *m* ⟨~en; ~en⟩, *f* ⟨~; ~nen⟩ amateur *m*; dilettante *m*,*f* (*beide a péj*); ²**tisch** *adj* amateur; en dilettante (*beide a péj*); ~'**tismus** *m* ⟨~⟩ amateurisme *m*; dilettantisme *m* (*beide a péj*)

Dill [dɪl] *m* ⟨~(e)s; ~e⟩ aneth *m*

Dimension [dimɛnziˈoːn] *f* ⟨~; ~en⟩ dimension *f*

Diminutiv [diminuˈtiːf] *n* ⟨~s; ~e⟩ GR diminutif *m*; ~**form** *f* forme diminutive

Dimmer [ˈdɪmər] *m* ⟨~s; ~⟩ variateur *m* (de lumière)

Din *abr* (*Dinar*) DIN (dinar)

DIN [diːn] *abr* (*Deutsche Industrie-Norm[en]*) norme(s) industrielle(s) allemande(s); PHOT DIN

Dinar [diˈnaːr] *m* ⟨~s; ~e⟩ *Währung* dinar *m*

DIN|-**A**'**4**-**Blatt** *n* feuille *f* de 21 × 29,7 cm; ~-**Format** *n* format *m* DIN

Ding [dɪŋ] *n* ⟨~(e)s; ~e⟩ **1.** (*Sache*) chose *f*; (*Gegenstand*) objet *m*; PHILOS *das* ~ *an sich* la chose en soi; *prov aller guten* ~*e sind drei* jamais deux sans trois; **2.** (*Angelegenheit*) affaire *f*; histoire *f*; *das ist ein* ~ *der Unmöglichkeit* cela est matériellement impossible; *wie ich die* ~*e sehe* à mon point de vue; *unverrichteter* ~*e zurückkehren* revenir bredouille; *das geht nicht mit rechten* ~*en zu* F cela n'est pas très catholique; c'est une affaire louche; *es müßte nicht mit rechten* ~*en zugehen, wenn das nicht geschähe* cela se fera, à moins que le diable ne s'en mêle; ce serait bien le diable si ça ne se faisait pas; *nach Lage der* ~*e* selon la situation; *über den* ~*en stehen* être au-dessus des contingences; *vor allen* ~*en* avant toutes choses; avant tout; *prov gut* ~ *will Weile haben prov* Paris ne s'est pas fait en un jour; **3.** *st*/*s guter* ~*e sein* être de bonne humeur; **4.** F ⟨*pl* ~er⟩ *von Personen das arme* ~ la pauvre enfant; la pauvrette; *dummes* ~ (petite) sotte; *freches* ~ impertinente *f*; **5.** F ⟨*pl* ~er⟩ (*Dingsda*) F machin *m*; F truc *m*; *ein* ~ *drehen* faire, monter un (mauvais) coup; *das ist ja ein* ~! (ah ça,) par exemple!; tu parles d'une histoire, F d'un truc!

'**dingen** *st*/*s v*/*t* ⟨dingt, dingte, gedungen, *h*⟩ Mörder soudoyer

'**dingfest** *adj* *j-n* ~ *machen* mettre qn en état d'arrestation

Ding(h)i [ˈdɪŋgi] *n* ⟨~s; ~s⟩ MAR dinghy *m*; youyou *m*

'**dinglich** *adj* réel, réelle

Dings [dɪŋs], ~**bums**, ~**da** F *m*,*f*,*n* ⟨~⟩ F truc *m*; F machin *m*; *die* (*Frau*) ~ F madame Machin *od* Chose

'**Dingwort** *n* ⟨~(e)s; ~er⟩ substantif *m*

dinieren [diˈniːrən] *st*/*s v*/*i* ⟨*pas de ge-*, *h*⟩ dîner

Dinkel [ˈdɪŋkəl] *m* ⟨~s; ~⟩ BOT épeautre *m*

Dino [ˈdiːno] F *m* ⟨~s; ~s⟩, ~'**saurier** *m* dinosaure *m*

Diode [diˈoːdə] *f* ⟨~; ~n⟩ ÉLECT diode *f*

Diolen [diˈoːlɛn] *n* ⟨~(s)⟩ Wz TEXT tergal *m* (*nom déposé*)

dionysisch [dioˈnyːzɪʃ] *st*/*s adj* dionysiaque

Diop|**ter** [diˈɔptər] *n* ⟨~s; ~⟩ OPT dioptre *m*; ~'**trie** *f* ⟨~; ~n⟩ dioptrie *f*

Dioxan [diˈɔksaːn] *n* ⟨~s⟩ CHIM dioxanne *m*

Dioxid [diˈɔksiːt] *cf* **Dioxyd**

Dioxin [diˈɔksiːn *ou* ˈdiˑʔɔksiːn] *n* ⟨~s; ~e⟩ CHIM dioxine *f*

Dioxyd [diˈɔksyːt *ou* ˈdiˑʔɔksyːt] *n* CHIM bioxyde *od* dioxyde *m*

Diö|**zesan** [diøtsɛˈzaːn] *m* ⟨~s; ~en⟩ CATH diocésain *m*; ~'**zese** *f* ⟨~; ~n⟩ CATH diocèse *m*

Dip [dɪp] *m* ⟨~s; ~s⟩ CUIS dip *m*

Diphtherie [dɪfteˈriː] *f* ⟨~; ~n⟩ diphtérie *f*

Diphthon|**g** [dɪfˈtɔŋ] *m* ⟨~s; ~e⟩ PHON diphtongue *f*; ²'**gieren** *st*/*s* (*u v*/*i*) ⟨*pas de ge-*, *h*⟩ (se) diphtonguer; ~'**gierung** *f* ⟨~; ~en⟩ diphtongaison *f*

Dipl. *abr* (*Diplom* ...) diplômé
Dipl.-Ing. *abr* (*Diplomingenieur*) ingénieur diplômé
diploid [diplo'i:t] *adj* BIOL diploïde
Diplom [di'plo:m] *n* ⟨~s; ~e⟩ diplôme *m*; brevet *m*
Di'plom... *in Zssgn* diplômé; **~arbeit** *f* mémoire *m*
Diplomat(in) [diplo'ma:t(ɪn)] *m* ⟨~en; ~en⟩ (*f*) ⟨~; ~nen⟩ diplomate *m,f*
Diplo'matenkoffer *m* attaché-case *m*
Diplo'matenlaufbahn *f* carrière *f* diplomatique; *die ~ einschlagen* embrasser la carrière diplomatique; entrer dans la diplomatie
Diplomatie [diploma'ti:] *f* ⟨~⟩ *a fig* diplomatie *f*
diplo'matisch *adj a fig* diplomatique; *Person* diplomate; *die ~en Beziehungen abbrechen* rompre les relations diplomatiques; *~er Dienst* service *m* diplomatique; diplomatie *f*; *~e Vertretung* mission *f* diplomatique
diplo'mieren *v/t* ⟨*pas de ge-*, h⟩ diplômer
Di'plom|ingenieur *m* ingénieur diplômé; **~kaufmann** *m* diplômé *m* d'une école supérieure de commerce; **~landwirt** *m* ingénieur *m* agronome
Dipol ['di:po:l] *m* ⟨~s; ~e⟩ PHYS dipôle *m*; **~antenne** *f* antenne *f* dipôle
dir [di:r] *pr/pers* (*dat de du*) te; *nach prép* toi; *betont* à toi; *er wird ~ helfen* il va t'aider; *nach ~!* après toi!; *als Antwort ~!* à toi!
direkt [di'rɛkt] **I** *adj* **1.** direct; **2.** F (*unverblümt*) (trop) direct; **II** *adv* **1.** (*ohne Umweg*) directement; **2.** (*live*) *~ übertragen* diffuser, retransmettre en direct; **3.** *vor prép* (*unmittelbar*) juste; *~ vorm Haus* juste devant la maison; **4.** F (*unverblümt*) carrément; sans ménagement; sans prendre de gants; **5.** F (*geradezu*) franchement; carrément
Di'rektflug *m* vol *m* sans escale
Di'rektheit *f* ⟨~⟩ franchise (brutale); franc-parler *m*
Direkti'on *f* ⟨~; ~en⟩ direction *f*; *die ~* les directeurs
Direkti'ons|assistent(in) *m(f)* assistant(e) *m(f)* de direction; **~sekretärin** *f* secrétaire *f* de direction
Direktive [dirɛk'ti:və] *f* ⟨~; ~n⟩ directive *f*; instruction *f*
Di'rektmandat *n* POL mandat direct
Direktor [di'rɛktɔr] *m* ⟨~s; -'toren⟩ directeur *m*; *e-s Gymnasiums* proviseur *m*; *leitender ~* directeur général; *stellvertretender ~* directeur adjoint; sous-directeur *m*; *~ der französischen Staatsbank* gouverneur *m* de la Banque de France
Direkto'rat *n* ⟨~(e)s; ~e⟩ direction *f*
Direk'torin *f* ⟨~; ~nen⟩ directrice *f*; *e-s Gymnasiums* proviseur *m*; *stellvertretende, leitende ~* directrice adjointe, générale
Direk'torium *n* ⟨~s; -ien⟩ comité *m* directeur; direction *f*
Di'rekt|reportage *f* reportage *m* en direct; **~sendung** *f* RAD, TV émission *f* en direct; **~übertragung** *f* retransmission *f* en direct; **~wahl** *f* POL suffrage direct; **~werbung** *f* publicité *f* directe
Diri'gent *m* ⟨~en; ~en⟩ chef *m* d'orchestre

Diri'genten|pult *n* pupitre *m* (de chef d'orchestre); **~stab** *m* baguette *f* de chef d'orchestre
dirigieren [diri'gi:rən] *v/t u v/i* ⟨*pas de ge-*, h⟩ diriger, conduire (un orchestre, une symphonie, *etc*)
Diri'gismus *m* ⟨~⟩ ÉCON dirigisme *m*
Dirndl ['dɪrndəl] *n* ⟨~s; ~⟩, **~kleid** *n* dirndl *m*; robe tyrolienne
Dirne ['dɪrnə] *f* ⟨~; ~n⟩ prostituée *f*
Dis, dis [dɪs] *n* ⟨~; ~⟩ MUS ré *m* dièse
Disagio [dɪs'ʔa:dʒo] *n* ⟨~s; ~s *ou* -ien⟩ FIN perte *f* (au change, *etc*); décote *f*
'Disco *cf* **Disko**
Discount|geschäft [dɪs'kaʊntɡəʃɛft] *n* (magasin *m*) discount *m*; **~preis** *m* prix réduit; discount *m*
Disharmonie [dɪshармо'ni: *ou* 'dɪs-] *f* ⟨~; ~n⟩ **1.** dissonance *f*; **2.** *fig* désaccord *m*
dishar|mo'nieren *v/i* ⟨*pas de ge-*, h⟩ être dissonant; *fig* être en désaccord; **~'monisch** *adj* discordant
Diskant [dɪs'kant] *m* ⟨~s; ~e⟩ MUS dessus *m*
Diskette [dɪs'kɛtə] *f* ⟨~; ~n⟩ disquette *f*
Dis'kettenlaufwerk *n* lecteur *m* de disquettes
Diskjockey ['dɪskdʒɔke] *m* disc-jockey *m*
Disko ['dɪsko:] *f* ⟨~; ~s⟩ F disco *f*; F boîte *f*; **~musik** *f* disco *m*
Diskont [dɪs'kɔnt] *m* ⟨~s; ~e⟩ FIN escompte *m*; **~erhöhung** *f* augmentation *f* du taux d'escompte
diskon'tieren *v/t* FIN ⟨*pas de ge-*, h⟩ escompter
diskontinuierlich [dɪskɔntinu'i:rlɪç] *adj* discontinu
Dis'kont|satz *m* taux *m* d'escompte; **~senkung** *f* baisse *f* bzw abaissement *m* du taux d'escompte
Diskoroller ['dɪskorɔlər] *m* ⟨~(s); ~⟩ patin *m* à roulettes disco
Diskothek [dɪsko'te:k] *f* ⟨~; ~en⟩ discothèque *f*
diskreditieren [dɪskredi'ti:rən] *st/s v/t* ⟨*pas de ge-*, h⟩ discréditer
Diskrepanz [dɪskre'pants] *f* ⟨~; ~en⟩ écart *m*, divergence *f* (*zwischen* [+*dat*] entre)
diskret [dɪs'kre:t] *adj* discret, -ète; **2i'on** *f* ⟨~; ~en⟩ discrétion *f*
diskriminier|en [dɪskrimi'ni:rən] *v/t* ⟨*pas de ge-*, h⟩ discriminer; **~end** *adj* discriminatoire; **2ung** *f* ⟨~; ~en⟩ discrimination *f*
Diskurs [dɪs'kʊrs] *m* ⟨~es; ~e⟩ *a* LING, PHILOS discours *m*; (*Abhandlung*) traité *m*
diskur'siv *adj* discursif, -ive
Diskus ['dɪskʊs] *m* ⟨~ *ou* ~ses; -ken *ou* ~se⟩ SPORT disque *m*
Diskussion [dɪskʊsi'o:n] *f* ⟨~; ~en⟩ discussion *f*; *e-e ~ auslösen* soulever une discussion; *etw zur ~ stellen* soumettre qc à la discussion; *zur ~ stehen* être à débattre; *das steht nicht zur ~* (*das ist jetzt nicht das Thema*) la discussion n'est pas là; (*das kommt nicht in Frage*) il n'en est pas question
Diskussi'ons|beitrag *m* intervention *f* (dans un débat); **~gegenstand** *m* ⟨~(e)s⟩ objet *m* de la discussion; **~grundlage** *f* base *f* de discussion; **~leiter(in)** *m(f)* animateur, -trice *m,f*, directeur, -trice *m,f* d'un débat; **~teilnehmer(in)** *m(f)* participant(e) *m(f)* (à une discussion)

'Diskus|werfen *n* ⟨~s⟩ lancer *m* du disque; **~werfer(in)** *m(f)* lanceur, -euse *m,f* de disque; **~wurf** *m* lancement *m* du disque
disku'tabel *adj* ⟨-bl-⟩ à prendre en considération; acceptable
diskutieren [dɪsku'ti:rən] *v/t u v/i* ⟨*pas de ge-*, h⟩ *abs* discuter; (*über*) *etw* (*acc*) *~* discuter (sur, de) qc
disparat [dɪspa'ra:t] *st/s adj* disparate
Dispatcher [dɪs'pɛtʃər] *m* ⟨~s; ~⟩ dispatcher *m*; chef *m* de production
Dispens [dɪs'pɛns] *m* ⟨~es; ~e⟩ *od* CATH, *österr f* ⟨~; ~en⟩ dispense *f*
dispen'sieren *st/s v/t* ⟨*pas de ge-*, h⟩ *j-n von etw ~* dispenser qn de (faire) qc
Dispersion [dɪspɛrzi'o:n] *f* ⟨~; ~en⟩ CHIM, PHYS dispersion *f*
Dispersi'onsfarbe *f* peinture-émulsion *f*
dispon|ibel [dɪspo'ni:bəl] *adj* ⟨-bl-⟩ disponible; **~ieren** *v/i* ⟨*pas de ge-*, h⟩ disposer (*über* [+*acc*] de)
Disposition [dɪspozitsi'o:n] *f* ⟨~; ~en⟩ disposition *f*; *zur ~ stehen* être à la disposition (*j-m* de qn); être disponible (*j-m* pour qn)
Dispositi'onskredit *m* avance *f* en compte courant
Disput [dɪs'pu:t] *st/s m* ⟨~(e)s; ~e⟩ controverse *f* (*über* [+*acc*] sur, au sujet de)
Disqualifikati'on *f* disqualification *f*
disqualifizier|en [dɪskvalifi'tsi:rən] *v/t* (*u fig v/réfl*) ⟨*pas de ge-*, h⟩ (*sich*) *~* (se) disqualifier; **2ung** *f* disqualification *f*
Dissens [dɪ'sɛns] *st/s m* ⟨~es; ~e⟩ divergence *f* (de vue) (*über* [+*acc*] sur, au sujet de)
Dissertation [dɪsɛrtatsi'o:n] *f* ⟨~; ~en⟩ thèse *f* (de doctorat)
Dissident(in) [dɪsi'dɛnt(ɪn)] *m* ⟨~en; ~en⟩ (*f*) ⟨~; ~nen⟩ dissident(e) *m(f)*
disson|ant [dɪso'nant] *adj* dissonant; **2anz** *f* ⟨~; ~en⟩ dissonance *f*
Distanz [dɪs'tants] *f* ⟨~; ~en⟩ distance *f*
distan'zieren ⟨*pas de ge-*, h⟩ **I** *v/t* distancer; **II** *v/réfl sich von etw ~* désapprouver qc
Distel ['dɪstəl] *f* ⟨~; ~n⟩ chardon *m*; **~fink** *m* chardonneret *m*
Distichon ['dɪstɪçɔn] *n* ⟨~s; -chen⟩ MÉTRIK distique *m*
distinguiert [dɪstɪŋ'gi:rt] *st/s adjt* distingué
Distribu|tion [dɪstributsi'o:n] *f* ⟨~; ~en⟩ *a* ÉCON, LING distribution *f*; (*Verbreitung*) répartition *f*; **2'tiv** *adj* distributif, -ive
Distrikt [dɪs'trɪkt] *m* ⟨~(e)s; ~e⟩ (*Bezirk*) district *m*; circonscription *f*
Disziplin [dɪstsi'pli:n] *f* ⟨~; ~en⟩ discipline *f*
diszipli'narisch *adj* disciplinaire
Diszipli'nar|maßnahme *f* mesure *f* disciplinaire; **~strafe** *f* sanction *f* disciplinaire
Diszipli'narverfahren *n* procédure *f* disciplinaire; *ein ~ gegen j-n einleiten* engager, intenter une procédure disciplinaire contre qn
diszipli'niert *adjt* discipliné
diszi'plin|los *adj* indiscipliné; **2losigkeit** *f* ⟨~; ~⟩ indiscipline *f*
dito ['di:to] F *adv* idem
Diva ['di:va] *f* ⟨~; ~s *ou* Diven⟩ (*Sängerin*) diva *f*; (*Schauspielerin*) star *f*

diverg|ent [divɛr'gɛnt] *adj* divergent; **2enz** *f* ⟨~; ~en⟩ divergence *f*; **~ieren** *v/i* ⟨*pas de ge-*, h⟩ diverger
diverse [di'vɛrzə] *adj* ⟨*pl, épithète*⟩ divers; différents
diversifizier|en [divɛrzifi'tsi:rən] *v/t u v/i* ⟨*pas de ge-*, h⟩ ÉCON diversifier; **2ung** *f* ⟨~; ~en⟩ diversification *f*
Divertimento [divɛrti'mɛnto] *n* ⟨~s; ~s *ou* -ti⟩ MUS divertissement *m*
Dividend [divi'dɛnt] *m* ⟨en; en⟩ MATH dividende *m*
Dividende [divi'dɛndə] *f* ⟨~; ~n⟩ dividende *m*
Divi'dendenausschüttung *f* versement *m*, paiement *m* des dividendes
dividieren [divi'di:rən] *v/t* ⟨*pas de ge-*, h⟩ diviser
Divis [di'vi:s] *n* ⟨~(es); ~e⟩ TYPO (*Bindestrich*) trait *m* d'union
Division [divizi'o:n] *f* ⟨~; ~en⟩ MATH, MIL division *f*
Divisor [di'vi:zɔr] *m* ⟨~s; -'soren⟩ MATH diviseur *m*
Diwan ['di:va:n] *m* ⟨~s; ~e⟩ divan *m*
d. J. *abr* (*dieses Jahres*) de cette année; de l'année en cours
DJH [de:jɔt'ha:] *m* ⟨~⟩ *abr* (*Deutscher Jugendherbergsverband*) Fédération allemande des Auberges de jeunesse
DKP [de:ka:'pe:] *f* ⟨~⟩ *abr* (*Deutsche Kommunistische Partei*) Parti communiste allemand
dkr *abr* (*dänische Krone*) krd (couronne danoise)
dl *abr* (*Deziliter*) dl (décilitre)
DLF *abr: radio couvrant toute l'Allemagne (siège Cologne)*
DLRG [de:ʔɛlʔɛr'ge:] *f* ⟨~⟩ *abr* (*Deutsche Lebens-Rettungs-Gesellschaft*) Société allemande de secours aux noyés
dm *abr* (*Dezimeter*) dm (décimètre)
d. M. *abr* (*dieses Monats*) (du mois) courant; de ce mois
DM *abr* (*Deutsche Mark*) DM *m*
'd-Moll *n* MUS ré *m* mineur
DNS [de:ʔɛn'ʔɛs] *f* ⟨~⟩ *abr* BIOL (*Desoxyribonukleinsäure*) A.D.N. *m* (acide désoxyribonucléique)
do. *abr* (*dito*) dito
Do *abr* (*Donnerstag*) jeu (jeudi)
DOB *abr* (*Damenoberbekleidung*) prêt-à-porter féminin
Dobermann ['do:bərman] *m* ⟨~s; -männer⟩ doberman *m*
doch [dɔx] **I** *adv* **1.** *unbetont du kommst ~?* mais tu viendras?; *kommen Sie ~!* venez donc!; *das kann ~ nicht dein Ernst sein!* tu ne parles quand même pas sérieusement!; *paß ~ auf!* fais donc attention!; *gib mir ~ bitte (mal) ...* donne-moi donc ...; *nicht ~!* mais non!; *que non!*; *passe laisse ça!*; *ja ~!* mais oui!; en effet!; *du weißt ~, daß ...* tu sais bien que ...; *wenn es ~ wahr wäre!* si cela pouvait être vrai!; *das ist ~ zu albern!* c'est vraiment trop bête!; *du hast es ihm ~ gesagt?* tu le lui as dit, j'espère *od* quand même?; **2.** *betont und ~!* et pourtant!; *also ~!* quand même!; *er kam also ~?* il est quand même venu?; **3.** *als Antwort auf e-e verneinte Frage ~!* si!; **II** *conj* pourtant; cependant; mais
Docht [dɔxt] *m* ⟨~(e)s; ~e⟩ mèche *f*
Dock [dɔk] *n* ⟨~s; ~s⟩ dock *m*; (*Trocken2*) cale sèche; bassin *m* de radoub;

im ~ liegen être en cale (sèche); *auf ~ legen* mettre en cale (sèche)
'Dockarbeiter *m* docker *m*
Docke ['dɔkə] *f* ⟨~; ~n⟩ **1.** (*Garn2*) écheveau *m*; **2.** (*Getreide2*) gerbe *f*; **3.** ARCH balustre *m*; **4.** *regional* (*Puppe*) poupée *f*
'docken¹ *v/t* ⟨h⟩ *Garn* mettre en écheveaux; *Getreide* mettre en gerbes
'docken² *v/t* ⟨h⟩ MAR mettre en cale (sèche)
'Dock|gebühr *f* droits *m/pl* de dock, de bassin; **~hafen** *m* bassin *m* à flot
Doge ['do:ʒə] *m* ⟨~n; ~n⟩ HIST doge *m*
'Dogenpalast *m* palais *m* des doges
Dogge ['dɔgə] *f* ⟨~; ~n⟩ dogue *m*; *deutsche ~* dogue allemand; grand danois; *englische ~* mastiff *m*
Dog|ma ['dɔgma] *n* ⟨~s; -men⟩ dogme *m*; **~'matik** *f* ⟨~; ~en⟩ dogmatique *f*; **~'matiker(in)** *m* ⟨~s; ~⟩ (*f* ⟨~; ~nen⟩) dogmatique *m,f*; **2matisch** *adj* dogmatique; **~ma'tismus** *m* ⟨~⟩ dogmatisme *m*
Dohle ['do:lə] *f* ⟨~; ~n⟩ ZO choucas *m*
Doktor ['dɔktɔr] *m* ⟨~s; -'toren⟩ **1.** *Akademiker* docteur *m*; *~ der Medizin* docteur en médecine; *~ der Philosophie* docteur ès lettres; *~ der Rechte* docteur en droit; *~ der Naturwissenschaften* docteur ès sciences; *Herr ~ Müller* monsieur Müller; *Frau ~ Schmitz* madame Schmitz; *Herr, Frau ~!* Monsieur!, Madame!; **2.** ⟨*sans pl*⟩ *Titel* doctorat *m*; *den ~ haben* avoir son doctorat; *den ~ machen* passer son doctorat; **3.** F (*Arzt*) docteur *m*; médecin *m*; *Herr, Frau ~!* docteur!; *enf der Onkel ~* le docteur; *~ spielen* jouer au docteur
Dokto'rand(in) *m* ⟨~en; ~en⟩ (*f* ⟨~; ~nen⟩) personne *f* qui prépare son doctorat; F thésard(e) *m(f)*
'Doktor|arbeit *f* thèse *f* de doctorat (*über* [+*acc*] sur); **~grad** *m* grade *m* de docteur
'Doktorhut *m* toque carrée de docteur; F *plais den ~ erwerben* F décrocher son doctorat
Dok'torin *f* ⟨~; nen⟩ **1.** docteur *m*; **2.** F (*Ärztin*) doctoresse *f*; (femme *f*) médecin *m*
'Doktor|titel *m* titre *m* de docteur; **~vater** *m* patron *m* de thèse; **~würde** *f* doctorat *m*
Dok|trin [dɔk'tri:n] *f* ⟨~; ~en⟩ doctrine *f*; **2tri'när** *adj* doctrinaire
Dokument [doku'mɛnt] *n* ⟨~(e)s; ~e⟩ document *m*; (*Schriftstück*) a pièce *f*
Dokumen'tar(in) *m* ⟨~s; ~⟩ (*f* ⟨~; ~nen⟩) documentaliste *m,f*
Dokumen'tar|bericht *m* documentaire *m*; **~film** *m* (film *m*) documentaire *m*
dokumen'tarisch **I** *adj* documentaire; **II** *adv* *~ belegt* documenté; appuyé sur des documents
Dokumentati'on *f* ⟨~; ~en⟩ documentation *f*
dokumen'tieren ⟨*pas de ge-*, h⟩ **I** *v/t* **1.** documenter; prouver; **2.** (*bekunden*) manifester; **3.** (*darstellen*) montrer; **II** *v/réfl sich ~* se manifester
Dolby-System ['dɔlbizys'te:m] *n* Wz procédé *m* dolby (*nom déposé*)
Dolch [dɔlç] *m* ⟨~(e)s; ~e⟩ poignard *m*; **'~stoß** *m* coup *m* de poignard; **'~stoß-**

legende *f* HIST légende *f* du coup de poignard dans le dos
Dolde ['dɔldə] *f* ⟨~; ~n⟩ BOT ombelle *f*
'Dolden|blütler *m/pl*, **~gewächse** *n/pl* ombellifères *f/pl*
doll [dɔl] F *nordd* **I** *adj* **1.** (*großartig*) F formidable; **2.** (*verrückt*) F dingue; **3.** (*schlimm*) F terrible; **II** *adv* (*sehr*) F terriblement; fortement
Dollar ['dɔlar] *m* ⟨~(s); ~s, mais 5 ~⟩ *Währung* dollar *m*; **~kurs** *m* cours *m* du dollar; **~zeichen** *n* symbole *m* du dollar
Dolle ['dɔlə] *f* ⟨~; ~n⟩ MAR beweglische tolet *m*; *feste dame f*
dolmetschen ['dɔlmɛtʃən] ⟨h⟩ **I** *v/t* faire l'interprétation de; traduire (oralement); **II** *v/i* (*bei*) servir d'interprète (à); faire l'interprète (auprès de)
'Dolmetscher(in) *m* ⟨~s; ~⟩ (*f* ⟨~; ~nen⟩ interprète *m,f*; **~schule** *f* école *f* d'interprètes
Dolomit [dolo'mi:t] *m* ⟨~s; ~e⟩ GÉOL dolomie *f*; MINÉR dolomite *f*
Dolo'miten *pl die ~* les Dolomites *f/pl*
Dom [do:m] *m* ⟨~(e)s; ~e⟩ **1.** ÉGL cathédrale *f*; *der Kölner ~* la cathédrale de Cologne; **2.** TECH, GÉOL, *poét* dôme *m*
Domäne [do'mɛ:nə] *f* ⟨~; ~n⟩ (*Landgut*; *Spezialgebiet*) domaine *m*
Domestikation [domɛstikati'o:n] *f* ⟨~; ~en⟩ domestication *f*
domesti'zieren *v/t* ⟨*pas de ge-*, h⟩ domestiquer
'Domherr *m* chanoine *m*
Domina¹ ['do:mina] *f* ⟨~; -nä⟩ supérieure *f* (d'un couvent)
'Domina² *f* ⟨~; ~s⟩ sexuell dominatrice *f*
domi'nant *adj* a BIOL dominant; (*tonangebend*) a dominateur, -trice; qui mène
Domi'nante *f* ⟨~; ~n⟩ MUS, fig dominante *f*; **~'nanz** *f* ⟨~; ~en⟩ a BIOL dominance *f*
Dominica [do'mi:nika] *n* ⟨→ *n/pr*⟩ la Dominique
dominieren [domi'ni:rən] *v/i* ⟨*pas de ge-*, h⟩ dominer; (*vorherrschen*) a prédominer
Dominikaner|(in) [domini'ka:nər(m)] *m* ⟨~s; ~⟩ (*f* ⟨~; ~nen⟩) **1.** REL dominicain(e) *m(f)*; **2.** GÉOGR Dominicain(e) *m(f)*; **~orden** *m* ordre *m* des dominicains, de saint Dominique
domini'kanisch *adj* dominicain; *die 2e Republik* la République dominicaine
Domino¹ ['do:mino] *m* ⟨~s; ~s⟩ Kostüm domino *m*
'Domino² *n* ⟨~s; ~s⟩ *Spiel* domino *m*; **~stein** *m* **1.** Spielstein domino *m*; **2.** CUIS bonbon au chocolat fourré à la pâte de fruit
Domizi|l [domi'tsi:l] *st/s n* ⟨~s; ~e⟩ domicile *m*; **2'lieren** *v/t* ⟨*pas de ge-*, h⟩ *Wechsel* domicilier
'Dom|kapitel *n* CATH chapitre *m*; **~kapitular** *m* ⟨~s; ~e⟩ CATH chanoine *m*; **~pfaff** *m* ⟨~(e)s; ~e⟩ ZO bouvreuil *m*; **~probst** *m* prévôt *m* du chapitre
Dompteur [dɔmp'tø:r] *m* ⟨~s; ~e⟩, **Dompteuse** [dɔmp'tø:zə] *f* ⟨~; ~n⟩ dompteur, -euse *m,f*
Donau ['do:nau] *f* ⟨→ *n/pr*⟩ *die ~* le Danube
'Donau|länder *n/pl* pays danubiens; **~monarchie** *f* ⟨~⟩ monarchie austro-hongroise
Donner ['dɔnər] *m* ⟨~s; ~⟩ tonnerre *m*;

wie vom ~ gerührt comme frappé par la foudre
'**Donnerbalken** F *m* F tinettes *f/pl*; MIL feuillées *f/pl*
'**Donnerkeil** *m* MINÉR bélemnite *f*; F **~!** F nom d'un chien *od* d'une pipe!; tonnerre (de Brest)!
Donnerlittchen [dɔnər'lɪtçən] *regional* **~!** diable!; diantre!
'**donnern** ⟨-(e)re, h⟩ I F *v/t* 1. *(schleudern)* F flanquer; 2. *(schlagen) j-m eine, ein paar* **~** F flanquer un coup, des coups à qn; II *v/i* 3. *Kanonen* tonner; *Zug (sein)* passer avec un bruit de tonnerre; **~der Applaus** tonnerre *m* d'applaudissements; 4. *(wettern)* tonner, fulminer, tempêter *(gegen* contre); 5. F *(schlagen)* cogner *(an* [+*acc*] à; *gegen* contre); 6. F ⟨sein⟩ *(prallen)* **gegen etw ~** *Fahrzeug etc* percuter contre qc; *mit dem Kopf gegen etw* **~** heurter sa tête contre qc; III *v/imp es donnert* il tonne
'**Donnerschlag** *m* coup *m* de tonnerre
Donnerstag ['dɔnərstaːk] *m* jeudi *m*; *cf a Montag*
donnerstäg|ig ['dɔnərstɛːgɪç] *adj* ⟨épithète⟩ du jeudi; **~lich** *adj* ⟨épithète⟩ de tous les jeudis
'**donnerstags** *adv* le jeudi; tous les jeudis
'**Donnerstimme** *f* voix tonitruante, de tonnerre, de stentor
Donnerwetter F *n* 1. **~!** *(zornig)* F tonnerre de Dieu!; *erstaunt* F fichtre!; ça, alors!; *bewundernd* F merde alors!; *(zum)* **~!** F nom d'une pipe!; *wo, zum* **~, ist …?** où diable peut être …?; 2. *(heftige Vorwürfe)* F engueulade *f*
doof [doːf] *adj* ⟨döfer *ou* **~**er, döfste *ou* **~**ste⟩ bête; idiot; *(langweilig)* F rasant; F assommant, **2heit** F *f* ⟨**~**⟩ niaiserie *f*
'**Doofi** ['doːfi] F *m* ⟨**~**(s); **~**s⟩ F bêta, -asse *m,f*; niais(e) *m(f)*; *plais Klein* **~** *(mit Plüschohren)* simplet, -ette *m.f*
'**Doofmann** F *m* ⟨**~**(e)s; -männer⟩ F ballot *m*; F andouille *f*
dopen ['doːpən] *v/t* ⟨h⟩ doper
Doping ['doːpɪŋ] *n* ⟨**~**s; **~**s⟩ dopage *m*; **~mittel** *n* dopant *m*
Doppel ['dɔpəl] *n* ⟨**~**s; **~**⟩ double *m (a TENNIS)*; *e-s Schriftstücks a copie f*; **~adler** *m* WAPPENKUNDE aigle impériale, à deux têtes; **~agent(in)** *m(f)* agent *m* double; **~album** *n* double album *m*; **~band** *m* ⟨**~**(e)s; -bände⟩ TYPO volume *m* double; **~belastung** *f* double tâche *f*; **~belichtung** *f* surimpression *f*; **~beschluß** *m* POL double décision *f*; **~besteuerung** *f* double taxation *f*, imposition *f*; **~bett** *n* lits jumeaux; lit *m* à deux personnes; **~bock** *n* Bier double bock *m*; **2bödig** *adj* ambigu, -uë; **~decker** *m* ⟨**~**s; **~**⟩ *Flugzeug* biplan *m*; *Bus* autobus *m* à impériale; **2deutig** *adj* ambigu, -uë; à double sens; *a péj* équivoque; **~fehler** *m* TENNIS double faute *f*; **~fenster** *n* fenêtre *f* à double vitrage; **~flinte** *f* fusil *m* à double canon, à deux canons
Doppel|gänger ['dɔpəlgɛŋər] *m* ⟨**~**s; **~**⟩ sosie *m*; **~griff** *m* MUS double corde *f*; **~haus** *n* maisons jumelles; **~hochzeit** *f* double(s) noce(s) *f(pl)*; **~kinn** *n* double menton *m*; **~konsonant** *m* consonne redoublée; **~kopf** *m* ⟨**~**(e)s; **~**⟩ KARTENSPIEL doppelkopf *m*; **~laut** *m* PHON diphtongue *f*; **~leben** *n* ⟨**~**s⟩ double vie *f*; **~moral** *f* morale jésuite,

casuiste, *par ext* bourgeoise; **~mord** *m* double assassinat *m*, meurtre *m*
'**doppeln** *v/t* ⟨-(e)le, h⟩ *Lochkarte* reproduire; dupliquer
'**Doppel|naht** *f* couture anglaise; **~name** *m* nom *m* double; **~paß** *m* FUSSBALL passe redoublée; **~punkt** *m* deux points *m/pl*; **~reime** *m/pl* rimes redoublées; **~rolle** *f* FILM, THÉ double rôle *m*; **~seite** *f* double page *f*
'**doppelseitig** I *adj* bilatéral; des deux côtés; *Anzeige etc* sur deux pages; *Lungenentzündung etc* double; II *adv* **~ gelähmt** affecté d'une paralysie bilatérale
'**Doppel|sieg** *m* double victoire *f*; **2sinnig** *adj* ambigu, -uë; à double sens; équivoque; **~sinnigkeit** *f* ⟨**~**⟩ ambiguité *f*; double sens *m*; **~spiel** *n* 1. TENNIS double *m*; 2. *péj* double jeu *m*; **~stekker** *m* fiche *f* bipolaire, double; **~sterne** *m/pl* étoiles *f/pl* doubles
doppelstöckig ['dɔpəlʃtœkɪç] *adj* à deux étages; *Fahrzeug* à impériale; F *Whisky* double
'**Doppelstunde** *f* heure *f* double
'**doppelt** I *adj* double; *ein* **~***er Whisky* un double whisky; *mit* **~***em Boden* à double fond; *fig Moral etc* à deux mesures; *(zweideutig)* ambigu, -uë; **~**e *Buchführung* comptabilité *f* (en partie) double; II *adv* 1. doublement; *er ist* **~** *so alt wie ich* il a le double de mon âge; il est deux fois plus âgé que moi; **~** *soviel* deux fois plus, autant; **~** *sehen* voir double; *prov* **~** *(genäht) hält besser* deux précautions valent mieux qu'une; F *das ist* **~** *gemoppelt* c'est deux fois la même chose; 2. *(besonders)* doublement; *jetzt ist es* **~** *schwer für sie* c'est devenu deux fois plus difficile pour elle; F **~** *und dreifach* doublement; excessivement; F **~** *und dreifach zählen* compter doublement
'**Doppelte(r)** F *m* ⟨→A⟩ *Schnaps etc* double *m*
'**Doppelte(s)** *n* ⟨→A⟩ double *m*; *um das* **~** du double
'**doppelkohlensauer** *adj* doppelkohlensaures … bicarbonate *m* de …
'**Doppeltür** *f* double porte *f*
'**Dopp(e)lung** *f* ⟨**~**; **~**en⟩ doublement *m*
'**Doppelverdiener** *m* 1. *pl* Ehepaar ménage *m* à double salaire; 2. personne *f* qui cumule deux salaires; **~vokal** *m* voyelle *f* double; **~zentner** *m* quintal *m*; **~zimmer** *n* chambre *f* à deux lits
doppelzüngig ['dɔpəltsyŋɪç] *adj* double; faux, fausse; **2keit** *f* ⟨**~**⟩ duplicité *f*; fausseté *f*
Dopplereffekt ['dɔplərʔɛfɛkt] *m* PHYS (effet *m*) Doppler *m*
'**Dopplung** *cf Doppelung*
Dorf [dɔrf] *n* ⟨**~**(e)s; **~**er⟩ village *m*; *auf dem* **~** au village; *das olympische* **~** le village olympique; *péj diese Stadt ist ein richtiges* **~** cette ville est un vrai trou
'**Dorf|anger** *m* regional pré communal; **~bewohner(in)** *m(f)* villageois(e) *m(f)*; habitant(e) *m(f)* du village; **~gemeinde** *f* commune rurale; **~jugend** *f* jeunesse villageoise, du village
dörflich ['dœrflɪç] *adj* villageois
'**Dorf|pfarrer** *m* PROT pasteur *m*, CATH curé *m* de campagne; **~schenke** *f* café *m* de *od* du village; **~schule** *f* école *f* de

de *od* du village; **~schulze** *m* maire *m* de village; **~trottel** *m* idiot *m* du village
Doris ['doːrɪs] *f* ⟨→ n/pr⟩ Doris *f*
dorisch ['doːrɪʃ] *adj* dorien, -ienne; *Säule etc* dorique
Dorn [dɔrn] *m* ⟨**~**(e)s⟩ 1. ⟨*pl* **~**en⟩ BOT épine *f*; *fig er ist mir ein* **~** *im Auge* il me hérisse; je ne le supporte pas; 2. ⟨*pl* **~**e⟩ TECH *e-r Türangel* broche *f*; *an Schnallen* ardillon *m*; MÉTALL mandrin *m*; poinçon *m*
'**Dornbusch** *m* buisson épineux, d'épines; BIBL *der brennende* **~** le buisson ardent
'**Dornen|hecke** *f* haie *f* d'épines; **~krone** *f* couronne *f* d'épines; **2reich** *adj* 1. épineux, -euse; 2. *st/s fig* si rempli d'épreuves; 'hérissé de difficultés'
'**Dornfortsatz** *m* ANAT apophyse épineuse
'**dornig** *adj* épineux, -euse; 'hérissé d'épines; *fig cf* dornenreich 2.
Dornröschen [dɔrn'røːsçən] *n* la Belle au bois dormant; **~schlaf** *m* iron léthargie *f*
Dorothea [doro'teːa] *f* ⟨→ n/pr⟩, **Dorothee** ['doːroteː *ou* doro'teː] *f* ⟨→ n/pr⟩ Dorothée *f*
dorren ['dɔrən] *st/s v/i* ⟨sein⟩ (des)sécher
dörren ['dœrən] *v/t* ⟨h⟩ (des)sécher
'**Dörr|fleisch** *n* südd viande séchée; **~obst** *n* fruits séchés
dorsal [dɔr'zaːl] *adj* PHON, MÉD dorsal
Dorsch [dɔrʃ] *m* ⟨**~**(e)s; **~**e⟩ petite morue
dort [dɔrt] *adv* là; à cet endroit-là; *mit Bezug auf einen vorhergenannten Ort* y; *ich bin heute* **~** *gewesen* j'y suis allé, j'y étais aujourd'hui; *von* **~** *aus* de là (-bas); **~** *oben* là-haut; **~** *drüben* là-bas; **~** *entlang* par là
'**dort'her** *adv* *(von)* **~** de là; de ce côté-là
'**dort'hin** *adv* (de ce côté-)là; là-bas; *mit Bezug auf einen vorhergenannten Ort* y
'**dorthin'aus** *adv* (en sortant) par là; F *frech bis* **~** F effronté comme pas un; F *ich hab's satt bis* **~** F j'en ai plein le dos; F j'en ai marre
'**dorthin'ein** *adv* (en entrant) par là; là--dedans
'**dortig** *adj* ⟨épithète⟩ de là-bas; de ce lieu; *der* **~***e Arzt* le médecin de l'endroit; *die* **~***en Verhältnisse sind …* là-bas les conditions sont …; les conditions y sont …
DOS [dɔs] *n* ⟨**~**⟩ *abr* INFORM (Disc Operating System) DOS *m*; S.E.D. *m* (système d'exploitation à disques)
Dose ['doːzə] *f* ⟨**~**; **~**n⟩ 1. *(Büchse)* boîte *f*; 2. *(Steck*2*)* prise *f* (de courant)
dösen ['døːzən] F *v/i* ⟨-(es)t, h⟩ somnoler; sommeiller
'**Dosen|bier** *n* bière *f* en boîte(s); **~milch** *f* lait concentré (en boîte); **~öffner** *m* ouvre-boîtes *m*
dosier|en [doˈziːrən] *v/t* ⟨*pas de ge*-, h⟩ doser; **2ung** *f* ⟨**~**; **~**en⟩ dosage *m*
'**dösig** F *adj* *(schläfrig)* somnolent; endormi; *(stumpfsinnig)* hébété; abruti
Dosimeter [dozi'meːtər] *n* ⟨**~**s; **~**⟩ dosimètre *m*
Dosis ['doːzɪs] *f* ⟨**~**; Dosen⟩ dose *f*
Dossier [dɔs'jeː] *n* ⟨**~**s; **~**s⟩ dossier *m*
Dotati'on [dɔ…] *f* ⟨**~**; **~**en⟩ dotation *f*
dotieren [do'tiːrən] *v/t* ⟨*pas de ge*-, h⟩ doter (*mit* de); *e-e gut dotierte Stelle* un poste bien rémunéré

Do'tierung f ⟨~; ~en⟩ dotation f
Dotter ['dɔtər] m od n ⟨~s; ~⟩ **1.** (*Eigelb*) jaune m d'œuf; **2.** *ZO, BOT* vitellus m; **~blume** f cf *Sumpfdotterblume*
'**dotter|gelb** adj jaune d'œuf (*inv*); **♀sack** m *ZO* sac vitellin
doubeln ['du:bəln] v/t u v/i ⟨-(e)le, h⟩ *FILM* doubler
Double ['du:bəl] n ⟨~s; ~s⟩ *FILM* doublure f
Dover ['do:vər] n ⟨→ n/pr⟩ Douvres; *die Straße von* ~ le pas de Calais
down [daʊn] F adj ⟨attribut⟩ ~ *sein* déprimer; *ganz* ~ *sein* F être en pleine déprime
Do'zent(in) m ⟨~en; ~en⟩ (f) ⟨~; ~nen⟩ chargé(e) m(f) de cours; *par ext* professeur m d'université
dozieren [do'tsi:rən] v/i ⟨pas de ge-, h⟩ enseigner; faire des cours; *fig iron* parler comme un pédant, un cuistre
dpa [de:pe:'ʔa:] f ⟨~⟩ *abr* (*Deutsche Presse-Agentur*) agence allemande de presse
Dr *abr* (*Drachme*) DR (drachme)
Dr. *abr* (*Doktor*) D^r (docteur)
DR *abr* (*Deutsche Reichsbahn*) *HIST* chemins de fer allemands (*de l'ex R.D.A., du IIe bzw IIIe Reich*)
Drache ['draxə] m ⟨~n; ~n⟩ *MYTH* dragon m
Drachen m ⟨~s; ~⟩ **1.** (*Papier*♀) cerf-volant m; *e-n* ~ *steigen lassen* lancer un cerf-volant; **2.** F (*zanksüchtige Frau*) mégère f; F chipie f; **3.** *SPORT* deltaplane m
'**Drachen|fliegen** n deltaplane m; **~flieger(in)** m(f) deltaplaniste m,f
Drachme ['draxmə] f ⟨~; ~n⟩ Währung drachme f
Dragée, Dragee [dra'ʒe:] n ⟨~s; ~s⟩ dragée f
Dragoner [dra'go:nər] m ⟨~s; ~⟩ **1.** *HIST MIL* dragon m; **2.** F (*energische Frau*) F dragon m; gendarme m; virago f
Draht [dra:t] m ⟨~(e)s; ~e⟩ **1.** fil m métallique, de métal; (*Eisen*♀) fil m de fer; **2.** (*Leitung*) fil m électrique; **3.** (*Telefonverbindung*) liaison f téléphonique; *POL heißer* ~ téléphone m rouge; F *auf* ~ *sein* connaître les combines, être débrouillard, F à la coule
'**Draht|auslöser** m *PHOT* déclencheur m à fil métallique; **~bürste** f brosse f métallique; **~esel** F plais m vélo m; F bécane f; **~funk** m diffusion f de programmes radio par fil (*téléphonique*); **~geflecht** n, **~gitter** n treillis m métallique; grillage m; **~glas** n verre armé
'**drahtig** adj Bart à poils raides; (*sehnig*) nerveux, -euse
'**Draht|kommode** F plais f (*Klavier*) piano m; **~korb** m corbeille f en fil métallique
'**drahtlos** adj sans fil; **~e Telegrafie** radiotélégraphie f
'**Draht|schere** f cisailles f/pl; **~seil** n câble m d'acier; *e-s Seiltänzers* corde f raide; **~seilakt** m numéro m de funambule, *a fig* sur la corde raide; **~seilbahn** f téléphérique m; *auf Schienen* funiculaire m; **~stift** m *TECH* pointe f; **~verhau** m od n réseau m de fils de fer (barbelés); **~zange** f pince plate; **~zaun** m clôture f métallique
'**Drahtzieher** m ⟨~s; ~⟩ tréfileur m; *fig der* ~ *sein* tirer les ficelles

Drain|age [drɛ'na:ʒə] f ⟨~; ~n⟩ *AGR, MÉD* drainage m; **♀ieren** v/t ⟨pas de ge-, h⟩ *AGR, MÉD* drainer
Draisine [drai'zi:nə *ou* drɛ'zi:nə] f ⟨~; ~n⟩ **1.** *HIST Fahrrad* draisienne f; **2.** *EISENBAHN* draisine f
drakonisch [dra'ko:nɪʃ] adj draconien, -ienne
drall [dral] adj vigoureux, -euse; **~es Mädchen** fille plantureuse
Drall m ⟨~(e)s; ~e⟩ **1.** *von Garn etc, TECH* torsion f; **2.** *des Waffenlaufs* pas m de la rayure; **3.** (*Drehbewegung*) rotation f; *fig POL e-n* ~ *nach rechts haben* pencher vers la droite
Dralon ['dra:lɔn] n ⟨~(s)⟩ *Wz TEXT* crylor m (*nom déposé*)
Drama ['dra:ma] n ⟨~s; -men⟩ drame m; F *diese Reise war ein (einziges)* ~*!* ce voyage a été dramatique (d'un bout à l'autre)
Dra'ma|tik f ⟨~⟩ **1.** (*Dichtkunst*) drame m; **2.** (*Spannung*) intensité f dramatique; **~tiker(in)** m ⟨~s; ~⟩ (f) ⟨~; ~nen⟩ auteur m dramatique; dramaturge m,f; **♀tisch** adj *a fig* dramatique; **♀ti'sieren** v/t ⟨pas de ge-, h⟩ donner la forme d'un drame à; *fig* dramatiser; **~ti'sierung** f ⟨~; ~en⟩ dramatisation f
Drama|turg(in) [drama'tʊrk (-'tʊrgɪn)] m ⟨~en; ~en⟩ (f) ⟨~; ~nen⟩ conseiller m dramatique; directeur m artistique; **~tur'gie** f ⟨~; ~n⟩ dramaturgie f; direction f artistique; (*künstlerische Gestaltung*) réalisation f; **♀'turgisch** adj dramaturgique; (*gestalterisch*) qui concerne la réalisation
dran [dran] F adv cf *daran*; *ich bin* ~*!* c'est mon tour!; c'est à moi!; *gut, schlecht* ~ *sein* aller bien, mal; *arm* ~ *sein* être à plaindre; *früh, spät* ~ *sein* être en avance, en retard; *an e-m Gerücht etc da ist was* ~ il y a du vrai à cela, là-dedans; *da ist nichts* ~ c'est faux; *man weiß nie, wie man mit ihm* ~ *ist* avec lui, on ne sait jamais où on en est *od* sur quel pied danser
Dränage cf *Drainage*
'**dranbleiben** F v/i ⟨irr, sép, -ge-, sein⟩ ne pas lâcher qn, qc; *am Telefon* rester à l'écoute, en ligne; *bleiben Sie bitte dran!* ne quittez pas!
drang [draŋ] cf *dringen*
Drang m ⟨~(e)s; ~e⟩ **1.** (*Druck*) pression f; **2.** (*Antrieb*) élan m (*nach, zu* vers); désir m (de); soif f (de); (*Bedürfnis*) besoin m (de)
Dränge'lei F péj f ⟨~; ~en⟩ bousculade f
'**drängeln** ['drɛŋəln] F v/t u v/i ⟨-(e)le, h⟩ pousser; bousculer
drängen ['drɛŋən] ⟨h⟩ **I** v/t pousser; *j-n* ~*, etw zu tun* presser qn de faire qc; **II** v/i *die Zeit drängt* le temps presse; *die Angelegenheit drängt* l'affaire est urgente; *auf etw* (*acc*) ~ réclamer, exiger qc; **III** v/imp *es drängt mich, zu* (+*inf*) j'éprouve le besoin de (+*inf*); **IV** v/réfl *sich* ~ se presser; se pousser
'**Drängen** n ⟨~s⟩ poussée f; bousculade f; *bittendes* instance(s) f(pl); *auf* (*acc*) *mehrerer Freunde* sur les instances, à la demande pressante de plusieurs amis
Drangsa|l [draŋˈza:l] st/s f ⟨~; ~en⟩ détresse f; tourments m/pl; **♀'lieren** v/t ⟨pas de ge-, h⟩ tourmenter
dränieren cf *drainieren*

Drainage cf *Drainage* ... (see above)

'**drankommen** F v/i ⟨irr, sép, -ge-, sein⟩ passer; *in der Schule* être interrogé; *als erster* ~ passer en premier; *wer kommt jetzt dran?* c'est à qui (le tour)?; *du kommst dran* c'est à toi
'**drankriegen** F v/t ⟨sép, -ge-, h⟩ F avoir; *du hast mich ganz schön drangekriegt* tu m'as bien eu
'**drannehmen** F v/t ⟨irr, sép, -ge-, h⟩ prendre; *in der Schule* interroger
drapier|en [dra'pi:rən] v/t ⟨pas de ge-, h⟩ draper; **♀ung** f ⟨~; ~en⟩ draperie f
Dräsine cf *Draisine*
drastisch ['drastɪʃ] **I** adj frappant; énergique; *Ausdrucksweise* expressif, -ive; **~e Maßnahmen** f/pl mesures radicales, draconiennes; **II** adv *Preise* ~ *erhöhen* augmenter excessivement
drauf [drauf] F adv cf *darauf*; ~ *und dran sein, etw zu tun* être sur le point de, être prêt à faire qc; *Auto, Motorrad achtzig* (*Sachen*) ~ *haben* faire du quatre-vingt; *nur dumme Sprüche* ~ *haben* n'avoir que des bêtises à son répertoire; *was* ~ *haben* F être fort(iche); F assurer; *gut* ~ *sein* F avoir le moral, la pêche
Draufgänger ['draufgɛŋər] m ⟨~s; ~⟩ fonceur m; F casse-cou m; **♀isch** adj F fonceur, -euse; F casse-cou (*inv*)
'**draufgehen** F v/i ⟨irr, sép, -ge-, sein⟩ **1.** (*sterben*) F y rester; **2.** *dabei geht viel Zeit drauf* on y passe, perd beaucoup de temps; *dabei geht viel Geld drauf* on y dépense beaucoup d'argent
'**drauflegen** F v/t ⟨sép, -ge-, h⟩ mettre dessus; *fig* payer en plus; F mettre au bout
drauf'los adv droit au but; carrément; **~gehen** F v/i ⟨irr, sép, -ge-, sein⟩ F y aller carrément; F ne pas y aller par quatre chemins; **~reden** F v/i ⟨-ete, sép, -ge-, h⟩ parler à tort et à travers; **~stürzen** v/i ⟨-(es)t, sép, -ge-, sein⟩ se jeter, se lancer, F foncer dessus, dans le tas; **~wirtschaften** F v/i ⟨-ete, sép, -ge-, h⟩ dépenser sans compter
'**draufmachen** v/t ⟨sép, -ge-, h⟩ F *einen* ~ F faire une bringue à tout casser
'**draufzahlen** F ⟨sép, -ge-, h⟩ **I** v/t (*zusätzlich bezahlen*) payer en surplus; **II** v/i (*Verluste haben*) subir des pertes; *a fig* être perdant
draus [draus] F cf *daraus*
draußen ['drausən] adv dehors; (*im Freien*) en plein air; (*in der Fremde*) à l'étranger; là-bas; ~ *vor der Tür* dehors devant la porte
drechseln ['drɛksəln] v/t ⟨-(e)le, h⟩ **1.** tourner; façonner, faire au tour; **2.** F *fig* fignoler; soigner; polir
'**Drechsle|r** m ⟨~s; ~⟩ tourneur m; **~'rei** f ⟨~; ~en⟩ **1.** ⟨*sans pl*⟩ *Handwerk* art m du tourneur; **2.** *Werkstatt* atelier m de tourneur
Dreck [drɛk] m ⟨~(e)s⟩ **1.** F (*Schmutz*) boue f; saleté f; *von Tieren* crotte f; (*Abfälle*) ordures f/pl; P *ich mache mir e-n* ~ *daraus* P je m'en fous; P *du verstehst e-n* ~ *davon* F tu n'y piges rien; P *das geht dich e-n* ~ *an* P qu'est-ce que ça peut bien te foutre!; P *sie kümmert sich e-n* ~ *darum* P elle n'en a rien à foutre, à cirer; F *sich über jeden* ~ *ärgern* se fâcher pour un rien;

F *sich um jeden ~ kümmern* F fourrer son nez partout; F *~ am Stecken haben* F avoir trempé dans une affaire; F *j-n, etw in den ~ ziehen* traîner qn, qc dans la boue; P *j-n wie den letzten ~ behandeln* traiter qn comme le dernier des derniers, P comme une merde; P *mach doch deinen ~ allein!* débrouille-toi, P démerde-toi tout seul!; **2.** F (*Schund*) camelote *f*; saleté *f*

'**Dreck|arbeit** *f* **1.** travail salissant; **2.** *fig* F sale boulot *m*; *p/fort* F boulot *m* merdique; **~fink** F *m* (petit) sale, F cochon; (petite) sale, F cochonne; **~haufen** F *m* tas *m* d'ordures

'**dreckig** F **I** *adj a fig* sale; **II** *adv es geht ihm ~* F il est dans la mouise, P dans la merde

'**Dreck|loch** P *n* clapier *m*; taudis *m*; **~sack** P *m* F corniaud *m*; **~sau** P *f* F (espèce *f* de) salopard *m*, salope *f*, dégueulasse *m,f*; **~schwein** P *n* F (espèce *f* de) salaud *m*, salope *f*; **~spatz** F *m* petit sale, F cochon; petite sale, F cochonne; **~stall** F *péj m* porcherie *f*; **~wetter** F *n* temps *m* de chien, F de cochon; sale temps *m*

Dreh [dre:] F *m* ⟨~s; ~s⟩ F truc *m*; combine *f*; *auf den* (*richtigen*) *~ kommen* F trouver le truc, la combine; *den ~ raushaben* F avoir trouvé le truc, la combine; *um den ~* à peu près

'**Dreh|achse** *f* axe *m* de rotation; **~arbeiten** *f/pl* tournage *m* (*zu* de); **~bank** *f* ⟨~; ~e⟩ tour *m*; 2**bar** *adj* pivotant; tournant; **~bewegung** *f* (mouvement *m* de) rotation *f*; **~bleistift** *m* porte-mine *m*; stylomine *m* (*nom déposé*); **~brücke** *f* pont tournant; **~buch** *n* scénario *m*; **~buchautor(in)** *m(f)* scénariste *m,f*; **~bühne** *f* THÉ plateau tournant; scène tournante

'**drehen** ⟨h⟩ **I** *v/t* tourner; (*winden*) tordre; *Hanf* corder; *Pillen* faire; *Film* tourner; *Zigarette* rouler; F *das Radio lauter ~* mettre la radio plus fort; F *sie wußte es so zu ~, daß ...* elle a su si bien tourner l'affaire que ...; *du kannst es ~ und wenden, wie du willst* tu peux le regarder sous l'angle que tu veux, sous n'importe quel angle; **II** *v/i Auto* tourner; *Schiff* virer de bord; *Wind* changer de direction; tourner; **III** *v/réfl sich ~* tourner; *die Erde dreht sich um ihre Achse, um die Sonne* la terre tourne sur son axe, autour du soleil; *sich im Kreise ~* tournoyer; tourner sur soi-même; *fig* tourner en rond; F *mir dreht sich alles (im Kopf)* la tête me tourne; F *worum dreht es sich?* de quoi s'agit-il?; F *darum dreht es sich nicht* la discussion n'est pas là; ce n'est pas de cela qu'il s'agit; il ne s'agit pas de cela; F *es dreht sich darum, ob ...* la question est de savoir si ...; F *um diesen Punkt dreht sich die ganze Sache* toute l'affaire porte sur ce point; F *alles dreht sich um ihn* il est le centre d'intérêt

'**Dreher** *m* ⟨~s; ~⟩ tourneur *m* (sur métaux)

'**Dreh|feld** *n* ÉLECT champ tournant; **~gestell** *n* EISENBAHN bogie *od* boggie *m*; **~kolbenmotor** *m* moteur *m* à piston rotatif; **~kran** *m* grue pivotante; **~kreuz** *n* tourniquet *m*; **~moment** *n* PHYS moment *m*, couple *m* de rotation; **~orgel** *f* orgue *m* de Barbarie; **~pause** *f* arrêt *m* de tournage; **~punkt** *m* pivot *m*; centre *m* de rotation; **~restaurant** *n* restaurant tournant (sur plate-forme); **~schalter** *m* commutateur rotatif; **~scheibe** *f* **1.** EISENBAHN, *fig* plaque tournante; **2.** TÖPFEREI tour *m*; **~sessel** *m* fauteuil pivotant; **~ständer** *m für Bücher etc* tourniquet *m*; **~strom** *m* ⟨~(e)s⟩ courant triphasé; **~stuhl** *m* chaise pivotante; **~tag** *m* FILM jour *m* de tournage; **~tür** *f* (porte *f* à) tambour *m*; porte tournante

'**Drehung** *f* ⟨~; ~en⟩ tour *m*; rotation *f*; (*Windung*) torsion *f*; *e-e halbe, ganze ~* un demi-tour, un tour complet; *e-e ~ um ... Grad* une rotation de ... degrés

'**Drehwurm** F *plais m den ~ haben* F avoir le tournis

'**Drehzahl** *f* TECH nombre *m* de tours; régime *m*

'**Drehzahlbereich** *m* TECH régime *m*; *im oberen, unteren ~* à plein, à bas régime

'**Dreh|zahlmesser** *m* ⟨~s; ~s⟩ compte-tours *m*; **~zeit** *f* FILM temps *m* de tournage

drei [draɪ] *num/c* trois; F *nicht bis ~ zählen können* F être bête comme ses pieds; *für ~ essen* manger comme quatre, comme un ogre; *prov aller guten Dinge sind ~* *prov* jamais deux sans trois; *cf a* **acht**

Drei *f* ⟨~; ~en⟩ **1.** *Zahl* (chiffre *m*, nombre *m*) trois *m*; *cf a* **Acht**[1]; **2.** *Schulnote* (*befriedigend*) assez bien; *in Frankreich etwa* douze *m*, treize *m* (sur vingt); *eine ~ schreiben, haben etwa* avoir douze (sur vingt)

drei..., Drei... *cf a* **acht..., Acht...**

'**Drei|achser** *m* ⟨~s; ~⟩ véhicule *m* à trois essieux; 2**achsig** *adj* à trois essieux; **~'achteltakt** *m* (mesure *f* à) trois-huit *m*; **~akter** *m* ⟨~s; ~⟩ pièce *f* en trois actes; **~bettzimmer** *n* chambre *f* à trois lits; **~-'D-Film** *m* film *m* en relief; 2**dimensional** *adj* à trois dimensions

'**Drei|eck** *n* ⟨~(e)s; ~e⟩ triangle *m*; (*Zeichenwinkel*) équerre *f*; 2**eckig** *adj* triangulaire; **~eckskomödie** *f* comédie *f* dont l'intrigue repose sur une relation à trois; **~ecksverhältnis** F *n* ménage *m* à trois

dreiein'halb *num/c* trois et demi

drei'einig *adj* REL *der ~e Gott* Dieu *m* en trois personnes

Drei'einigkeit *f* ⟨~⟩ Trinité *f*

'**Dreier** *m* ⟨~s; ~⟩ *südd, österr, schweiz* (*Drei*) trois *m*; *cf a* **Drei** 2.

'**dreier'lei** *adj* ⟨*inv*⟩ trois sortes, espèces de ...; trois ~ différent(e)s; de trois sortes, espèces différentes

'**dreifach** **I** *adj* triple; *cf a* **achtfach**; **II** *adv* trois fois (plus); au triple; *falten etc* en trois; *~ vergrößert* agrandi trois fois

'**Drei|fache(s)** *n* ⟨→A⟩ triple *m*; **~fachsteckdose** *f* prise *f* (de courant) triple; **~fachstecker** *m* fiche *f* tripolaire; **~'faltigkeit(sfest)** *f* ⟨~⟩ (fête *f* de la) Trinité *f*; **~fa'milienhaus** *n* maison *f* pour trois familles; **~'farbendruck** *m* ⟨~(e)s; ~e⟩ TYPO trichromie *f*; **~'felderwirtschaft** *f* ⟨~⟩ assolement triennal; **~fuß** *m* trépied *m*; **~gestirn** *poét n* constellation *f* de trois étoiles; *fig* triade *f*; **~'groschenheft** *n* péj roman *m* de quatre sous, de bas étage, à l'eau de rose; **~'groschenoper** *f* opéra *m* de quat'sous; **~heit** *f* ⟨~⟩ triade *f*

'**drei'hundert** *num/c* trois cent(s); **~jährig** *adj* (*drei Jahre alt*) (âgé) de trois ans; (*drei Jahre lang*) de trois ans; qui dure trois ans, *sc, Amtszeit etc* triennal; 2**jährige(r)** *f(m)* ⟨→A⟩ enfant *m,f* de trois ans; **~jährlich** *adv* ⟨*adj*⟩ (qui revient) tous les trois ans

'**Drei|kampf** *m* SPORT triathlon *m*; **~'käsehoch** F *m* ⟨~s; ~(s)⟩ petit bout de chou; F gosse 'haut comme trois pommes; **~klang** *m* triple accord *m*; **~könige** *pl* ⟨*sans article*⟩, **~'königsfest** *n* jour *m*, fête *f* des Rois; Épiphanie *f*

'**drei|mal** *adv* trois fois; **~malig** *adj* ⟨*épithète*⟩ répété trois fois; triple

'**Drei|master** *m* ⟨~s; ~⟩ MAR trois-mâts *m*; **~'meilenzone** *f* MAR zone *f* (des eaux territoriales) de trois milles marins

drein [draɪn] *F cf* **darein**

'**dreinblicken** *v/i* ⟨*sép*, -ge-, h⟩ *nachdenklich, traurig etc ~* avoir l'air pensif, triste, *etc*; *finster ~* avoir le regard, l'œil noir

'**dreinreden** F *v/i* ⟨-ete, *sép*, -ge-, h⟩ se mêler (à la conversation); s'en mêler; *j-m ~* couper (la parole) à qn; *ich lasse mir nicht ~* je n'ai pas de conseil à recevoir

'**dreinschlagen** F *v/i* ⟨*irr*, *sép*, -ge-, h⟩ F taper dans le tas

'**Drei|punktgurt** *m* ceinture *f* (de sécurité) à trois points (d'attache); **~rad** *n* Kinderspielzeug tricycle *m*; *für Lastentransport* triporteur *m*; **~raumwohnung** *f bes ostdeutsch* trois-pièces *m*; **~satz** *m* ⟨~es⟩, **~satzrechnung** *f* ⟨~⟩ règle *f* de trois; **~silb(l)er** *m* ⟨~s; ~⟩ METRIK trisyllabe *m*; **~spitz** *m* ⟨~es; ~e⟩ tricorne *m*; 2**sprachig** *adj* trilingue; *Text a* en trois langues; **~sprung** *m* triple saut *m*; 2**spurig** *adj* Straße à trois voies

dreißig ['draɪsɪç] *num/c* trente; *etwa, rund ~* (*Personen*) une trentaine (de personnes); *etwa, rund ~ Jahre alt sein* avoir la trentaine; *cf a* **achtzig**

'**Dreißig** *f* ⟨~⟩ (chiffre *m*, nombre *m*) trente *m*

'**dreißiger** *adj* ⟨*inv*⟩ *die ~ Jahre n/pl* les années *f/pl* trente

'**Dreißiger(in)** *m* ⟨~s; ~⟩ (*f*) ⟨~; ~nen⟩ *cf* **Dreißigjährige(r)**

dreißigjährig ['draɪsɪçjɛːrɪç] *adj* (*dreißig Jahre alt*) (âgé) de trente ans; (*dreißig Jahre lang*) qui dure trente ans; *der 2e Krieg* la guerre de Trente Ans

'**Dreißigjährige(r)** *f(m)* ⟨→A⟩ homme *m*, femme *f* de trente ans

dreist [draɪst] *adj* effronté; F culotté

dreistellig ['draɪʃtɛlɪç] *adj* Zahl de trois chiffres

Drei'sternehotel *n* hôtel *m* trois étoiles

'**Dreistigkeit** *f* ⟨~; ~en⟩ audace *f*; effronterie *f*; F culot *m*; F toupet *m*

Drei'stufenrakete *f* fusée *f* à trois étages; 2**stufig** *adj* Rakete à trois étages; **~'tagebart** *m* barbe *f* de trois jours; **~'tagefieber** *n* fièvre *f* des trois jours

'**drei|tausend** *num/c* trois mille; **~türig** *adj* à trois portes (*a Auto*)

'**drei'viertel** *adj* ⟨*inv*⟩ trois quarts (de); *~ Liter* trois quarts de litre; *regional ~ zwölf, eins etc* midi, une heure, *etc* moins le quart

drei'viertellang *adj* trois quarts

Drei'viertelmehrheit *f* majorité *f* des trois quarts; **~viertel|stunde** *f* trois quarts *m/pl* d'heure; **~'vierteltakt** *m* ⟨~(e)s⟩ mesure *f* à trois temps; **~'wegekatalysator** *m* AUTO catalyseur *m* à trois voies

'drei|wertig *adj* CHIM trivalent; **⟨zack** *m* ⟨~(e)s; ~e⟩ trident *m*

'dreizehn *num/c* treize; F **jetzt schlägt's ~!** ça dépasse les bornes!; c'en est trop!; *cf a* **acht**

Drei|zeiler *m* ⟨~s; ~⟩ METRIK tercet *m*; **⟨zeilig** *adj* à *od* de trois lignes; **~'zimmerwohnung** *f* trois-pièces *m*

Dresche ['drɛʃə] F *f* ⟨~⟩ volée *f*; F raclée *f*

'dreschen *v/t u v/i* ⟨drischt, drosch, gedroschen, h⟩ **1.** AGR battre; **2.** F (*prügeln*) F tabasser; F cogner; **3.** *cf* **den Ball ins Tor ~** expédier le ballon dans le but

'Drescher *m* ⟨~s; ~⟩ batteur *m*

'Dresch|flegel *m* AGR fléau *m*; **~maschine** *f* batteuse *f*

Dresden ['drɛːsdən] *n* ⟨→ *n/pr*⟩ Dresde

Dreß [drɛs] *m* ⟨~ *ou* -sses, -sse⟩ SPORT tenue *f* (de sport)

Dres'seur(in) *m* ⟨~s; ~e⟩ (*f*) ⟨~; ~nen⟩ dresseur, -euse *m,f*

Dresseuse [drɛ'søːzə] *f* ⟨~; ~n⟩ *cf* **Dresseurin**

dressieren [drɛ'siːrən] *v/t* ⟨*pas de ge-*, h⟩ dresser

dres'siert *adj t a fig* dressé; *Tiere* savant; **darauf ~ sein, etw zu tun** être dressé à faire qc; **auf etw** (*acc*) **~ sein** être dressé pour qc

Dressing ['drɛsɪŋ] *n* ⟨~s; ~s⟩ sauce *f* (de salade)

Dressman ['drɛsmən] *m* ⟨~s; Dressmen⟩ mannequin *m*; (*Fotomodell*) modèle *m*

Dres'sur *f* ⟨~; ~en⟩ dressage *m*; **~pferd** *n* cheval *m* de dressage; **~reiten** *n* (équitation *f* de) dressage *m*

dribbeln ['drɪbəln] *v/i* ⟨-(e)le, h⟩ BALLSPIEL dribbler

Dribbling ['drɪblɪŋ] *n* ⟨~s; ~s⟩ BALLSPIEL dribble *m*; dribbling *m*

Drift [drɪft] *f* ⟨~; ~en⟩ (*Meeresströmung*) courant *m* de surface; *e-s schwimmenden Körpers* dérive *f*

Drill [drɪl] *m* ⟨~(e)s⟩ MIL dressage *m*; entraînement *m* sévère, à la prussienne; **~bohrer** *m* drille *f*

'drillen *v/t* ⟨h⟩ **1.** MIL dresser; entraîner; *fig* **auf etw** (*acc*) **gedrillt sein** être entraîné à qc; **2.** TECH faire tourner; *mit Drillbohrer* driller; percer à la drille; **3.** AGR semer en lignes

Drillich ['drɪlɪç] *m* ⟨~s; ~e⟩ TEXT treillis *m*

Drilling ['drɪlɪŋ] *m* ⟨~s; ~e⟩ **1.** un(e) *m(f)* des triplé(e)s; *pl* **~e** triplé(e)s *m(f)pl*; **2.** *Gewehr* fusil *m* à trois canons

drin [drɪn] F *adv cf* **darin**; *das ist bei mir nicht ~* pas avec moi; *das ist (nicht) ~* F ça (ne) marche (pas); *mehr als das ist nicht ~* il n'est pas possible d'aller plus loin; on ne peut pas faire plus; *es ist noch alles ~* rien n'est encore joué

dringen ['drɪŋən] *v/i* ⟨dringt, drang, gedrungen⟩ **1.** ⟨sein⟩ (*gelangen*) **aus etw ~** sortir de qc; s'échapper de qc; *Gerücht etc* **bis zu j-m ~** parvenir à qn; venir jusqu'à qn; *durch etw* **~** passer à

travers qc; traverser qc; transpercer qc; *in etw* [+*acc*] **~** entrer, pénétrer dans qc; *in die Öffentlichkeit* **~** transpirer; s'ébruiter; **2.** *st/s* ⟨sein⟩ *in j-n* **~** insister auprès de qn; *mit Fragen in j-n* **~** presser qn de questions; **3.** ⟨h⟩ (*bestehen*) **auf etw** (*acc*) **~** réclamer, exiger qc; **darauf ~, daß ...** insister pour que ... (+*subj*)

'dringend I *adj* urgent; pressant; *Bitte* instant; *Verdacht* lourd; **~e Geschäfte** *n/pl* des affaires pressantes; **~e Notwendigkeit** nécessité urgente; urgence *f*; *in dem* **~en Verdacht stehen, zu** (+*inf*) être très suspect de (+*inf*) **II** *adv* d'urgence; *etw* **~ benötigen** avoir un besoin pressant de qc; *j-n* **~ auffordern, zu** (+*inf*) inviter qn d'une façon pressante à (+*inf*); presser qn de (+*inf*); **~ geboten sein** s'imposer; être de toute nécessité; **~ raten**, *etw zu tun* conseiller, recommander vivement de faire qc

'dringlich I *adj* pressant; urgent; d'urgence; **II** *adv etw* **~ behandeln** s'occuper d'urgence, en priorité de qc

'Dringlichkeit *f* ⟨~⟩ urgence *f*

'Dringlichkeits|antrag *m* demande *f* de priorité; **~stufe** *f* ordre *m* de priorité; degré *m* d'urgence

Drink [drɪŋk] *m* ⟨~(s); ~s⟩ drink *m*

drinnen ['drɪnən] *adv* dedans; à l'intérieur

'drinstecken F *v/i* ⟨*sép*, -ge-, h⟩ être dedans; *fig* **es steckt viel in ihm drin** il promet (beaucoup); (*voraussehen können*) **da steckt man nicht drin** impossible de le savoir

dritt [drɪt] *adv* **zu ~** à trois; *cf a* **acht II**

'dritte(r, -s) *num/o* troisième; *in einigen Wendungen* tiers, tierce; **zum ~n!** *bei Versteigerungen* trois fois!; *die* **~ Welt** le tiers monde; F *im* **⟨n Programm** F sur la trois; *der lachende* **⟨** le troisième larron; *etw von* **~r Seite erfahren** apprendre qc par un tiers; JUR *e-m* **~n gegenüber** devant un tiers; JUR *Rechte* **⟨r** droits des tiers; *der* **⟨** *im Bunde sein* faire partie du trio; *prov* **wenn zwei sich streiten, freut sich der ⟨** quand deux personnes se disputent, la troisième en profite; *cf a* **achte(r, -s)**

Drittel ['drɪtəl] *n* ⟨~s; ~⟩ tiers *m*; (*Spielabschnitt*) période *f*

'dritteln *v/t* ⟨-(e)le, h⟩ partager en trois

'drittens *adv* troisièmement; en troisième lieu

Dritte-'Welt-Laden *m* magasin *m* qui vend des produits du tiers monde

'dritt|'größte(r, -s) *adj* troisième (quant à la grandeur); **~'höchste(r, -s)** *adj* troisième (en altitude, en 'hauteur); **~klassig** *adj péj* de troisième classe, catégorie

'Drittland *n* ⟨~(e)s; ~er⟩ pays *m* tiers

'dritt|'letzte(r, -s) *adj* qui précède l'avant-dernier (l'avant-dernière); *Silbe* antépénultième; *der*, *die*, *das* **⟨** le (la) troisième avant la fin

DRK [deːʔɛrˈkaː] *n* ⟨~⟩ *abr* (*Deutsches Rotes Kreuz*) Croix Rouge allemande

droben ['droːbən] *st/s adv* südd, österr là-haut; en 'haut

Droge ['droːgə] *f* ⟨~; ~n⟩ drogue *f*; **harte, weiche ~** drogue dure, douce; *unter* **~n** (*dat*) *stehen* être drogué

'drogenabhängig *adj* dépendant (de la drogue); toxicomane; **⟨ige(r)** *f(m)* ⟨→ A⟩ drogué(e) *m(f)*; toxicomane *m,f*

'Drogen|beratungsstelle *f* service *m* d'aide aux toxicomanes; **~handel** *m* trafic *m* de (la) drogue; **~konsum** *m* consommation *f* de drogues; **~miß-brauch** *m* abus *m* de drogues; **~sucht** *f* ⟨~⟩ toxicomanie *f*; **⟨süchtig** *cf* **drogenabhängig**; **~szene** *f* ⟨~⟩ milieu *m* de la drogue; **~therapie** *f* traitement *m* des toxicomanies; **~tote(r)** *f(m)* victime *f* d'une overdose

Dro|gerie [droɡəˈriː] *f* ⟨~; ~n⟩ droguerie *f*; **~'gist(in)** *m* ⟨~en; ~en⟩ (*f*) ⟨~; ~nen⟩ droguiste *m,f*

'Drohbrief *m* lettre *f* de menaces, d'intimidation

drohen ['droːən] *v/i* ⟨h⟩ *j-m* (*mit etw*) **~** menacer qn (de qc); *uns droht ein Unglück* un malheur nous menace; *die Mauer droht einzustürzen* le mur menace de s'écrouler; *der Kranke drohte zu ersticken* le malade risquait de s'étouffer

'drohend *adj*t menaçant; *Gefahr* imminent

'Drohgebärde *f* geste menaçant, de menace

Drohne ['droːnə] *f* ⟨~; ~n⟩ **1.** ZO faux bourdon; **2.** *fig péj* parasite *m*; fainéant(e) *m(f)*

dröhnen ['drøːnən] *v/i* ⟨h⟩ résonner; retentir; *Motor* vrombir; *mir dröhnt der Kopf* j'ai la tête qui bourdonne

'Dröhnen *n* ⟨~s⟩ retentissement *m*; *e-s Motors* vrombissement *m*

'Drohung *f* ⟨~; ~en⟩ menace *f*; *e-e* **~ ausstoßen** proférer une menace; *sie machte ihre ~ wahr und ...* elle a réalisé sa menace, mis sa menace à exécution et ...

drollig ['drɔlɪç] *adj* drôle; amusant

Dromedar [droməˈdaːr] *n* ⟨~s; ~e⟩ dromadaire *m*

Drops [drɔps] *m od n* ⟨~; ~⟩ bonbon acidulé

drosch [drɔʃ] *cf* **dreschen**

Droschke ['drɔʃkə] *f* ⟨~; ~n⟩ **1.** (*Pferde⟨⟩*) fiacre *m*; **2.** *früher* (*Taxi*) taxi *m*

'Droschken|platz *m*, **~stand** *m* ADM *früher* station *f* de taxis

Drossel ['drɔsəl] *f* ⟨~; ~n⟩ **1.** ZO grive *f*; **2.** *cf* **Drosselspule**, **Drosselventil**

'Drosselklappe *f* TECH papillon *m*, clapet *m*, soupape *f* d'étranglement

'drosseln *v/t* ⟨-ßle *ou* -ssele, h⟩ **1.** *Einfuhr*, *Geschwindigkeit etc* limiter; réduire; *Inflation* juguler; *Preise* freiner; *Motor* mettre au ralenti; *Gas*, *Heizung* baisser; **2.** TECH étrangler

'Drosselspule *f* ÉLECT bobine *f* de réactance

'Drosselung *f* ⟨~; ~en⟩ **1.** *der Einfuhr etc* réduction *f*; **2.** TECH étranglement *m*

'Drosselventil *n* TECH soupape *f* d'étranglement

drüben ['dryːbən] *adv* de l'autre côté; au-delà

drüber ['dryːbər] F *adv cf* **darüber**

Druck¹ [drʊk] *m* ⟨~(e)s; ~e⟩ **1.** pression *f*; (*Kompression*) compression *f*; *e-r Last* poids *m*; pesée *f*; **~ im Magen** pesanteur *f* d'estomac; **~ im Kopf** lourdeur *f* de tête; **2.** PHYS effort *m*; **3.** ⟨*sans pl*⟩ *fig* seelischer oppression *f*; F *im* **~ sein** être bousculé, pressé; *finanziell* être dans la gêne; F **~ hinter etw** (*acc*)

machen faire avancer qc; *unter ~ (acc) setzen* faire pression sur; presser; *unter ~ (dat) stehen* être sous pression
Druck² *m* ⟨~(e)s; ~e⟩ *TYPO* **1.** ⟨*sans pl*⟩ *Verfahren* impression *f*; *in ~ (acc) geben* mettre sous presse; *im ~ sein* être sous presse; **2.** *Erzeugnis* impression *f*; *(Abdruck)* tirage *m*; *(Kunst&)* gravure *f*; estampe *f*
'**Druck|abfall** *m* ⟨~(e)s⟩ chute *f* de pression; *TECH* décompression *f*; *AVIAT, RAUMFAHRT* dépressurisation *f*; **~anstieg** *m* ⟨~(e)s⟩ accroissement *m*, augmentation *f* de pression; **~anzug** *m* combinaison *f* anti-g; **~ausgleich** *m* compensation *f* de pression; **~bleistift** *m* stylomine *m* (*nom déposé*); portemine *m*
'**Druck|bogen** *m* feuille (imprimée *od* d'impression); **~buchstabe** *m* caractère *m* d'imprimerie
Drückeberger ['drykəbɛrgər] *F m* ⟨~s; ~⟩ *F* tire-au-flanc *m*; *vor e-r Gefahr F dégonflé m*
'**druckempfindlich** *adj* sensible à la pression
'**drucken** *v/t u v/i* ⟨h⟩ imprimer; *(ab~)* tirer; *F er lügt wie gedruckt* il ment comme un arracheur de dents, comme il respire
drücken ['drykən] ⟨h⟩ **I** *v/t* **1.** presser; *(zu eng sein)* serrer; *etw aus etw ~* faire sortir qc de qc (en pressant); *e-n Stempel aufs Papier ~* apposer un cachet sur le papier; *die Nase an die Scheibe ~* écraser son nez sur la vitre; *F j-n ~* serrer très fort qn (dans ses bras); *etw, j-n an sich (acc) ~* serrer qc, qn contre soi; *etw in etw (acc) ~* faire entrer qc dans qc (en pressant); *j-m zehn Mark in die Hand ~* glisser dix marks dans la main de qn; *den Hut tief ins Gesicht ~* enfoncer son chapeau; *j-m die Hand ~* serrer la main de, à qn; *etw breit, platt ~* aplatir, écraser qc; **2.** *st/s Sorgen etc* opprimer; accabler; **3.** *Niveau* abaisser; **4.** *beim Kartenspiel* écarter; **5.** *beim Gewichtheben* développer; **II** *v/i* **6.** presser; *(zu eng sein)* serrer; *Last peser*; *auf (acc) ~* appuyer sur qc; *Aufschrift ~* poussez; **7.** *Jargon (fixen) arg* se shooter; **III** *v/réfl sich in e-e Ecke ~* se blottir dans un coin; *F sich vor etw (dat) ~* se dérober à, se soustraire à qc; *F er hat sich gedrückt* F il s'est défilé; *F sich vor der Arbeit ~* F tirer au flanc
'**Drücken** *n* ⟨~s⟩ **1.** *im Magen* pesanteur *f*; **2.** *beim Gewichtheben* développé *m*
'**drückend** *adj* lourd; *Schweigen a* pesant; *Hitze a* accablant; *Atmosphäre* oppressant; *Wetter es ist ~* il fait lourd
'**Drucker** *m* ⟨~s; ~⟩ **1.** *(Buch&)* imprimeur *m*; **2.** *INFORM* imprimante *f*
'**Drücker** *m* ⟨~s; ~⟩ **1.** *(Türgriff)* poignée *f*; *(Türöffner)* bouton *m*; *F am sitzen* être au poste, aux leviers de commande; *F auf den letzten ~* au dernier moment; **2.** *am Gewehr* détente *f*; **3.** *Jargon (Hausierer)* démarcheur *m*
Drucke'rei *f* ⟨~; ~en⟩ imprimerie *f*
'**Druckerlaubnis** *f* autorisation *f* d'imprimer
'**Drucker|presse** *f* presse *f* d'imprimerie; **~schwärze** *f* encre *f* d'imprimerie; **~zeichen** *n* marque *f* d'éditeur

'**Druck|erzeugnis** *n* imprimé *m*; **~fahne** *f* épreuve *f*; **~farbe** *f* encre *f* d'imprimerie; **~fehler** *m* faute *f* d'impression; coquille *f*; **&fertig** *adj TYPO* bon à tirer; **&fest** *adj* résistant à la (com)pression
'**Druck|form** *f* forme *f* d'imprimerie; **&frisch** *adj* qui vient de sortir; **~kabine** *f AVIAT* cabine pressurisée; **~kessel** *m* réservoir *m* de pression; **~knopf** *m* **1.** *TECH* bouton-poussoir *m*; **2.** *COUT* bouton-pression *m*; **~kochtopf** *m* autocuiseur *m*; cocotte *f* minute (*nom déposé*); **~kosten** *pl* frais *m/pl* d'impression; **~legung** *f* ⟨~; ~en⟩ mise *f* sous presse
'**Druckluft** *f* ⟨*sans pl*⟩ air comprimé; *in Zssgn oft* pneumatique; **~bremse** *f* frein *m* à air comprimé
'**Druck|maschine** *f* machine *f* à imprimer; **~messer** *m* ⟨~s; ~⟩ manomètre *m*; indicateur *m* de pression; **~mittel** *n* moyen coercitif, de coercition, de pression; **~papier** *n* papier *m* d'imprimerie; **~platte** *f* planche *f* d'imprimerie; **~pumpe** *f* pompe foulante, de pression; **~regler** *m* ⟨~s; ~⟩ régulateur *m* de pression
'**druckreif I** *adj* publiable; imprimable; *TYPO* bon à tirer; **II** *adv ~ reden* s'exprimer dans une forme parfaite
'**Druck|sache** *f bis 1993* imprimé *m*; **~schrift 1.** *Schriftart* caractères *m/pl* typographiques, d'imprimerie; *in ~ (dat)* en capitales (d'imprimerie); **2.** *Schriftwerk* imprimé *m*
drucksen ['drʊksən] *F v/i* ⟨-(es)t, h⟩ hésiter (à parler)
'**Druck|stelle** *f* empreinte *f*; marque *f*; *Obst a* talure *f*; **~stock** *m* cliché *m*; planche *f*; **~taste** *f* touche *f*; **~ventil** *n* soupape *f* de refoulement, de compression; **~verband** *m* bandage compressif; **~verfahren** *n* procédé *m* d'imprimerie, d'impression; **~vorlage** *f TYPO* copie *f*; **~wasserreaktor** *m* réacteur *m* à eau sous pression; **~welle** *f* **1.** onde *f* de choc; souffle *m*; **2.** *TECH* arbre *m* de butée; **~zylinder** *m TYPO, PHOT* cylindre *m* d'impression
drum [drʊm] *F cf darum*; *um etw ~ herum* autour de qc; *~ rumreden* tergiverser; *F* tourner autour du pot; *sei's ~!* soit!; *eben ~!* (c'est) justement (pour ça)!; *das ganze & und Dran* (et) tout ce qui s'y rapporte, rattache
drunten ['drʊntən] *adv* südd, österr en bas; là-bas
drunter ['drʊntɐ] *F adv cf darunter*; *es ging alles ~ und drüber* tout était sens dessus dessous
Drusch [drʊʃ] *m* ⟨~(e)s; ~e⟩ battage *m*; *Ertrag* blé (battu)
Druse¹ ['druːzə] *f* ⟨~; ~n⟩ **1.** *MINÉR* druse *f*; **2.** *VÉT* gourme *f*
'**Druse²** *m* ⟨~n; ~n⟩ *REL im Libanon, in Syrien* Druze *m*
Drüse ['dryːzə] *f* ⟨~; ~n⟩ glande *f*; *kleine ~* glandule *f*
'**Drüsenentzündung** *f* (*Lymphknotenentzündung*) adénite *f*; inflammation *f* des ganglions lymphatiques
DSB [de:ʔɛs'beː] *m* ⟨~⟩ *abr* (*Deutscher Sportbund*) fédération sportive allemande
Dschibuti [dʒi'buːti] *n* ⟨→ *n/pr*⟩ (république *f* de) Djibouti

Dschingis-Khan ['dʒɪŋɡɪs'kaːn] *m* ⟨→ *n/pr*⟩ Gengis Khan *m*
Dschungel ['dʒʊŋəl] *m* ⟨~s; ~⟩ *a fig* jungle *f*; *das Gesetz des ~s* la loi de la jungle
'**Dschungel|fieber** *n* fièvre *f* des jungles; **~pfad** *n* sentier *m* (dans la jungle)
Dschunke ['dʒʊŋkə] *f* ⟨~; ~n⟩ jonque *f*
DSG [deːʔɛs'geː] *f* ⟨~⟩ *abr* (*Deutsche Schlafwagen- und Speisewagen-Gesellschaft*) compagnie allemande des wagons-lits et des wagons-restaurants
dt. *abr* (*deutsch*) allemand
DTP [deːteːˈpeː] *n* ⟨~⟩ *abr INFORM* (*Desktop publishing*) P.A.O. *f* (publication assistée par ordinateur)
Dtzd. *abr* (*Dutzend*) douzaine
du [duː] *pr/pers beim Verb* tu; *alleinstehend od betont* toi; *vor voilà* te; *~ hast es getan* c'est toi qui l'as fait; *wenn ich ~ wäre* si j'étais toi; *mit j-m auf ~ und ~ stehen* être à tu et à toi avec qn; *da bist ~ ja endlich!* te voilà, enfin!; *j-n mit ~ anreden* tutoyer qn; *~ zueinander sagen* se tutoyer; *prov wie mir, so ich dir* je te rends la pareille
Du ⟨~(s); ~(s)⟩ toi *m*; *j-m das ~ anbieten* proposer à qn de le tutoyer
dual [du'aːl] *adj* dual; *MATH* binaire
Du'al *m* ⟨~s; ~e⟩ *GR* duel *m*
Dua'lis|mus *m* ⟨~⟩ dualisme *m*; **&tisch** *adj* dualiste
Duali'tät *f* ⟨~⟩ dualité *f*
Du'alsystem *n MATH* système *m* binaire
Dübel ['dyːbəl] *m* ⟨~s; ~⟩ cheville *f*; tampon *m*; *aus Metall* goujon *m*
'**dübeln** *v/t* ⟨-(e)le, h⟩ cheviller
dubios [dubi'oːs] *adj* douteux, -euse
Dublee [du'bleː] *n* ⟨~s; ~s⟩ *Metall mit Edelmetallüberzug* doublé *m*
Dubl'ette [du'blɛtə] *f* ⟨~; ~n⟩ double *m*; *MINÉR, GR* doublet *m*; *BOXEN, JAGD* doublé *m*; **&ieren** *v/t* ⟨*pas de ge-*, *-*⟩ *TEXT* doubler; *Metall* plaquer
ducken ['dʊkən] ⟨h⟩ **I** *v/t fig j-n ~* (r)abaisser, humilier qn; **II** *v/réfl sich ~* **1.** se baisser; rentrer la tête; *zum Schutz* se blottir; se tapir; **2.** *fig* courber l'échine, s'aplatir (*vor* [+*dat*] devant)
Duckmäuser ['dʊkmɔʏzɐ] *m* ⟨~s; ~⟩ sournois(e) *m(f)*; dissimulateur, -trice *m,f*; (*Feigling*) couard(e) *m(f)*; **&isch** *adj* sournois; dissimulé; (*feige*) couard
Dude'lei *F f* ⟨~; ~en⟩ scie *f*; air ressassé; rengaine *f*
dudeln ['duːdəln] *F* ⟨-(e)le, h⟩ **I** *v/t* ressasser; **II** *v/i* faire de la mauvaise musique
'**Dudelsack** *m* cornemuse *f*; *in der Bretagne* biniou *m*; **~pfeifer** *m* ⟨~s; ~⟩ joueur *m* de cornemuse, de biniou
Duell [du'ɛl] *n* ⟨~s; ~e⟩ duel *m*; *j-n zum ~ (heraus)fordern* provoquer qn en duel
Duel'lant *m* ⟨~en; ~en⟩ duelliste *m*; **&ieren** *v/réfl* ⟨*pas de ge-*, *-*⟩ *sich ~* se battre en duel (*mit* avec; *um* pour)
Duett [du'ɛt] *n* ⟨~(e)s; ~e⟩ *MUS* duo *m* (de chant); *im ~* en duo
Duft [dʊft] *m* ⟨~(e)s; ~e⟩ odeur *f* agréable; parfum *m*; senteur *f*
dufte ['dʊftə] *F adj F* super (*inv*); *F* chouette; *F* bath (*inv*)
'**duften** *v/i* ⟨-ete, h⟩ sentir bon; répandre, dégager une odeur agréable; *nach etw ~* sentir, fleurer qc
'**duftend** *adj* odorant; qui sent bon; odoriférant

duftig – durcharbeiten

'**duftig** *adj* vaporeux, -euse; léger, -ère
'**Duft|marke** *f* ZO marque *f* (d'un chien, *etc*); **~note** *f* (nuance *f* de) parfum *m*; **~stoff** *m* parfum *m*; CHIM matière odorante; **~wasser** *n* ⟨~s; -wässer⟩ eau *f* de senteur; *plais* parfum *m*; **~wolke** *f* nuage *m* de parfum
Dukaten [du'ka:tən] *m* ⟨~s; ~⟩ HIST ducat *m*
'**Duktus** ['dʊktʊs] *st/s m* ⟨~⟩ trait *m* (dc plume)
'**dulden** ['dʊldən] *v/t u v/i* ⟨-ete, h⟩ tolérer; souffrir; supporter; *das duldet keinen Aufschub* cela ne souffre aucun délai, retard; *keinen Widerspruch ~* ne supporter, n'admettre aucune contradiction
'**Dulder|(in)** *m* ⟨~s; ~⟩ (*f*) ⟨~; ~nen⟩ souffre-douleur *m*; **~miene** *f* iron air *m* de martyr(e)
'**duldsam** *adj* tolérant; **keit** *f* ⟨~⟩ tolérance *f*; largeur *f* d'esprit
'**Duldung** *f* ⟨~⟩ tolérance *f*
Dumdumgeschoß [dʊm'dʊmgəʃɔs] *n* (balle *f*) dum-dum *f*
dumm [dʊm] **I** *adj* ⟨~er, ~ste⟩ bête; (*töricht*) sot, sotte; *p/fort* stupide; idiot; (*unwissend*) ignorant; (*albern*) niais; *das ist zu ~!* c'est vraiment trop bête!; F *so was es!* c'est trop bête; F *~ wie Bohnenstroh* bête à manger du foin; bête comme ses pieds; *er Junge* nigaud *m*; *~e Gans* dinde *f*; F bécasse *f*; *~es Zeug reden* raconter des bêtises, sottises, inepties; *das war ~ von mir* c'était bête de ma part; *schließlich wurde es mir zu ~* à la fin j'ai trouvé cela trop bête, j'en ai eu assez; *st ar frag nicht so ~!* cesse de poser des questions idiotes!; F *j-n für ~ verkaufen* prendre qn pour un idiot; F *j-m ~ kommen* être insolent vis-à-vis de qn; *sich ~ stellen* faire l'âne, la bête; F *sich ~ und dämlich (an etw [dat]) verdienen* F gagner un argent fou (avec qc); F *plais ~ geboren und nichts dazugelernt* tu es bzw il est, *etc* d'une bêtise incurable; on ne fera jamais rien de toi bzw de lui, etc
'**Dummchen** *u* **Dümmerchen**
'**dummdreist** *adj* bête et insolent
'**Dumme(r)** *f(m)* ⟨→A⟩ F *e-n ~n finden* trouver une dupe, F une bonne poire; F (*immer*) *der, die ~ sein* être le dindon de la farce; F être roulé; se faire toujours avoir
Dumme'jungenstreich *m* gaminerie *f*
Dummerchen *n* ⟨~s; ~⟩ gros(se) bêta(sse) *m(f)*; petit(e) sot(te) *m(f)*
Dummerjan ['dʊmərja:n] F *m* ⟨~s; ~e⟩ benêt *m*; nigaud *m*
'**dummer'weise** *adv* (*aus Dummheit*) bêtement; par bêtise; (*durch mißlichen Zufall*) malencontreusement, malheureusement
'**Dummheit** *f* ⟨~; ~en⟩ **1.** ⟨*sans pl*⟩ bêtise *f*; (*Torheit*) sottise *f*; *p/fort* stupidité *f*; imbécilité *f*; **2.** (*törichte Handlung*) ânerie *f*; sottise *f*; (*mach*) *keine ~en!* (ne fais) pas de bêtise!
'**Dummkopf** *m* ⟨~*(e)s*, ~e⟩ sotte *m*, sotte; idiot(e) *m(f)*; imbécile *m,f*
'**dümmlich** ['dʏmlɪç] **I** *adj* niais; simplet, -ette; F bébête; **II** *adv* **~ grinsen** ricaner d'un air niais
dumpf [dʊmpf] *adj* **1.** *Geräusch, Auf-*

prall etc sourd; *Laut* mat; **2.** *fig* (*unklar*) confus; vague
Dumping ['dampɪŋ] *n* ⟨~s⟩ COMM dumping *m*; **~preis** *m* prix *m* de dumping
dun [du:n] F *nordd adj* ⟨*attribut*⟩ F bourré; F paf (*inv*)
Düne ['dy:nə] *f* ⟨~; ~n⟩ dune *f*
Dung [dʊŋ] *m* ⟨~(*e*)*s*⟩ fumier *m*
'**Düngemittel** *n* engrais *m*
düngen ['dʏŋən] *v/t* ⟨h⟩ fertiliser; engraisser; *Boden a* amender; *mit Stallmist* fumer; *mit Kalk* chauler
'**Dünger** *m* ⟨~s; ~⟩ engrais *m*
'**Düngung** *f* ⟨~; ~en⟩ fertilisation *f*; *des Bodens a* amendement *m*; *mit Stallmist* fumage *m*; fumaison *f*; fumure *f*; *mit Kalk* chaulage *m*
dunkel ['dʊŋkəl] **I** *adj* ⟨-kl-⟩ **1.** sombre; obscur; *es wird ~* le jour baisse; la nuit tombe; *der Himmel wird ~* le ciel s'obscurcit; *die dunklen Vokale* les voyelles a, o, u; *im n* dans l'obscurité; dans l'ombre; **2.** *Farben, Haar* foncé; *Teint* basané; *Bier* brun; *Brillengläser* teinté, fumé; **3.** *fig* (*unklar*) obscur; *Ahnung etc* vague; confus; *Ursprung etc* douteux, vague; *dunkle Geschäfte n/pl* affaires *f/pl* louches; *ein dunkler Punkt* (*im Leben e-s Menschen*) une tache (dans l'existence de qn); *im ~n tappen* tâtonner; ne pas savoir à quoi s'en tenir; *j-n über s-e Absichten im ~n lassen* laisser qn dans l'incertitude au sujet de ses intentions; **II** *adv* *sich ~ erinnern* (*an* [+*acc*]) se souvenir confusément (de); avoir un vague souvenir (de)
Dunkel ['dʊŋkəl] *n* ⟨~s⟩ *a fig* obscurité *f*; ombre *f*
Dünkel ['dʏŋkəl] *st/s m* ⟨~s⟩ *st/s* outrecuidance *f*; suffisance *f*; présomption *f*
'**dunkel|blau** *adj* bleu foncé (*inv*); **~blond** *adj* blond foncé (*inv*); **~grün** *adj* vert foncé (*inv*); **~haarig** *adj* brun; qui a les cheveux bruns
'**dünkelhaft** *st/s adj st/s* outrecuidant; présomptueux, -euse; suffisant
dunkelhäutig ['dʊŋkəlhɔytɪç] *adj* brun (de peau)
'**Dunkelheit** *f* ⟨~⟩ *a fig* obscurité *f*; *in der ~* dans l'obscurité; *bei, nach Einbruch der ~* à la nuit tombante; à la tombée de la nuit
'**Dunkelkammer** *f* chambre noire
'**dunkeln** *st/s v/imp* ⟨h⟩ *es dunkelt* il commence à faire sombre, nuit; la nuit tombe
'**dunkel|rot** *adj* rouge foncé (*inv*); **ziffer** *f* estimation officieuse; nombre *m* des cas non recensés
dünken ['dʏŋkən] *st/s v/imp u v/réfl* ⟨h⟩ *mich od mir dünkt ...* il me semble, paraît que ... (+*ind*); *sich besser als ...* se croire plus que ...
Dünkirchen ['dy:nkɪrçən] *n* ⟨→ *n/pr*⟩ Dunkerque
dünn [dʏn] **I** *adj* **1.** mince; *Papier* fin; *Stoff, Kaffee* léger, -ère; (*mager*) maigre; *Taille* fin; *Hals* grêle; *Haare* rare; clairsemé; *Flüssigkeit* clair; *Luft* rare; raréfié; *Faden* ténu; *Stimme* grêle; fluet, -ette; *~ werden* s'amincir; *Haare* s'éclaircir; **2.** *fig* (*dürftig*) mince; (un peu) léger, -ère; inconsistant; **II** *adv* *etw ~ auftragen* appliquer une couche mince de qc; *~ besiedelt sein* être peu peuplé
'**dünn|besiedelt, ~bevölkert** *adjt* (*épithète*) peu peuplé

'**Dünn|darm** *m* intestin *m* grêle; **~darmentzündung** *f* entérite *f*; **~druckpapier** *n* papier *m* bible
'**dünn|flüssig** *adj* très fluide, liquide; **~gesät** *F adj* (*épithète*) rare; clairsemé; **~häutig** *adj* **1.** à la peau fine; *st/s* diaphane; **2.** *fig* (*empfindlich*) susceptible; chatouilleux, -euse
'**dünn|machen** F *v/réfl* ⟨*sép*, -ge-, h⟩ *sich ~* F filer (à l'anglaise, en douce); **pfiff** F *m* ⟨~(*e*)*s*⟩, **schiß** P *m* F courante *f*; P chiasse *f*
Dunst [dʊnst] *m* ⟨~(*e*)*s*; ~e⟩ brume (légère); (*Ausdünstung*) exhalaison *f*; émanation *f*; (*Dampf*) vapeur(s) *f(pl)*; F *j-m blauen ~ vormachen* en faire accroire à qn; F *keinen* (*blassen*) *~ von etw haben* n'avoir pas la moindre idée de qc
'**Dunst'abzugshaube** *f* 'hotte aspirante
dünsten ['dʏnstən] *v/t* ⟨-ete, h⟩ cuire à l'étuvée, à la vapeur
'**Dunstglocke** *f* couche *f* de fumées; smog *m*
'**dunstig** *adj* brumeux, -euse; vaporeux, -euse; *es ist ~* il y a de la brume
'**Dunst|kreis** *m st/s* atmosphère *f*; (*geistige Umgebung*) entourage *m*; sphère *f* d'influence; **~wolke** *f* voile *m* (de brume)
Dünung ['dy:nʊŋ] *f* ⟨~; ~en⟩ MAR 'houle *f*
Duo ['du:o] *n* ⟨~s; ~s⟩ MUS duo *m* (d'instruments); *fig plais* (*Paar*) duo *m*
Duodezi'malsystem *n* système *m* de numération duodécimale
düpieren [dy'pi:rən] *st/s v/t* ⟨*pas de ge-*, h⟩ *st/s* duper
Dupli|kat [dupli'ka:t] *n* ⟨~(*e*)*s*; ~e⟩ duplicata *m*; double *m*; **zi'tät** *st/s f* ⟨~; ~en⟩ *der Ereignisse, Fälle* coïncidence *f*
Dur [du:r] *n* ⟨~⟩ mode, ton majeur
durch [dʊrç] **I** *prép* ⟨*acc*⟩ **1.** *räumlich* par; (*quer*) *~* à travers; *das Haus ~ die Hintertür verlassen* quitter la maison par la porte de derrière; *~ ganz Deutschland reisen* voyager à travers toute l'Allemagne; *~ e-n Fluß schwimmen* traverser une rivière à la nage; *~ die Nase sprechen* parler du nez; nasiller; *sich* (*dat*) *e-n Weg ~ die Menge bahnen* se frayer un passage à travers la foule; **2.** (*mittels*) par; *~ die Post* par la poste; **3.** *zeitlich das ganze Jahr* (*hin*)*~* (durant) toute l'année; **II** *adv* F **1.** (*vorbei*) *sechs Uhr ~* six heures passées; **2.** *~ und ~* complètement; pleinement; *~ und ~ naß sein* être trempé jusqu'aux os; *er ist ~ und ~ Künstler* il est artiste jusqu'au bout des ongles; *das ging mir ~ und ~* ça m'a saisi, pénétré jusqu'à la moelle (des os); *cf a durchsein*
durchackern F *v/t* ⟨-(e)re, *sép*, -ge-, h⟩ travailler, étudier à fond
'**durcharbeiten** ⟨-ete, *sép*, -ge-, h⟩ **I** *v/t* **1.** examiner, étudier à fond, d'un bout à l'autre; **2.** (*weiterarbeiten*) ne pas (s')arrêter de travailler pendant; *die Pause ~* travailler pendant la pause; *e-e 'durchgearbeitete od durch'arbeitete Nacht* une nuit de travail; **3.** (*ausarbeiten*) parfaire; soigner; **4.** (*durchkneten*) pétrir; **II** *v/i* travailler sans relâche, sans interruption; **III** *v/réfl* *sich* (*durch etw*) se frayer un

passage, un chemin (à travers qc); *fig durch ein Buch etc* avancer péniblement (dans qc)
'**durchatmen** *v/i* ⟨-ete, *sép*, -ge-, h⟩ (*tief*) ~ respirer à fond
durch'aus *adv* absolument; ~ *nicht* absolument pas; nullement; pas le moins du monde
'**durchbeißen** ⟨*irr*, *sép*, -ge-, h⟩ **I** *v/t* couper en mordant, d'un coup de dent; **II** *v/réfl* F *sich* ~ faire son chemin, se tirer d'affaire en luttant; arriver à la force du poignet
'**durchblasen** *v/i* ⟨*irr*, *sép*, -ge-, h⟩ (*durch etw*) ~ souffler à travers (qc)
'**durchblättern** *v/t* ⟨-(e)re, *sép*, -ge-, h⟩ feuilleter; parcourir
'**Durchblick** *m* **1.** (*Ausblick*) vue *f*; **2.** F *fig* (*überhaupt*) *keinen* ~ *haben* n'y comprendre rien (du tout); F être (complètement) dépassé; *den* (*absoluten*) ~ *haben* s'y connaître (très bien)
'**durchblicken** *v/i* ⟨*sép*, -ge-, h⟩ regarder à travers; *fig* ~ *lassen* laisser entrevoir, entendre; *er hat* ~ *lassen*, *daß ...* il a fait comprendre que ...; F *da blicke ich nicht durch* je n'y comprends rien; F *blickst du da noch durch?* est-ce que tu t'y retrouves?
'**durchbluten** *v/i* ⟨-ete, *sép*, -ge-, h⟩ *Wunde* saigner (au point de transpercer un pansement, *etc*); *Verband* être transpercé (par le sang)
durch'bluten *v/t* ⟨-ete, *insép*, *pas de ge-*, h⟩ PHYSIOL irriguer
Durch'|blutung *f* ⟨~⟩ PHYSIOL irrigation sanguine; ~'**blutungsstörungen** *f/pl* troubles *m/pl* de la circulation (sanguine)
'**durchbohren** *v/t* ⟨*sép*, -ge-, h⟩ *Brett*, *Wand* percer
durch'bohren *v/t* ⟨*insép*, *pas de ge-*, h⟩ perforer; (trans)percer; *fig mit Blicken* ~ transpercer du regard
'**durch'boxen** F ⟨*sép*, -ge-, h⟩ **I** *v/t Gesetz, Maßnahmen etc* faire passer *od* adopter; **II** *v/réfl sich* ~ se frayer brutalement un chemin, fig s'en sortir à la force du poignet; ~**braten** ⟨*irr*, *sép*, -ge-, h⟩ bien cuire, rôtir
'**durchbrechen** ⟨*irr*, *sép*, -ge-⟩ **I** *v/t* ⟨h⟩ casser; briser; rompre; **II** *v/i* ⟨sein⟩ **1.** (*zerbrechen*) se rompre; **2.** (*einbrechen*) s'enfoncer; **3.** (*hervorkommen*) sortir; *Sonne, Zähne a* percer
durch'brechen *v/t* ⟨*irr*, *sép*, *pas de ge-*, h⟩ *Hindernis* enfoncer; *Blockade* forcer; *fig Regeln* violer; *die Schallmauer* ~ franchir le mur du son
'**durchbrennen** *v/i* ⟨*irr*, *sép*, -ge-, sein⟩ **1.** *Sicherung* sauter; *Glühbirne* griller; F *fig mir ist die Sicherung durchgebrannt* j'ai perdu la tête, F la boule; **2.** F *fig* F filer; *Kind* faire une fugue
'**durchbringen** ⟨*irr*, *sép*, -ge-, h⟩ **I** *v/t* **1.** *Gesetz etc* faire passer, adopter; **2.** *Kranke* sauver; tirer d'affaire; *Kandidaten* faire réussir; **3.** *Vermögen* dissiper; manger; **II** *v/réfl sich* ~ gagner (péniblement) sa vie
durch'brochen *adj Stickerei etc* ajouré
'**Durchbruch** *m* **1.** *e-r Straße, e-s Tunnels* percement *m*; *e-s Damms* rupture *f*; *von Wasser* irruption *f*; *fig zum* ~ *kommen* se faire jour; *e-r Sache* (*dat*)

zum ~ *verhelfen* faire triompher qc; **2.** MIL, SPORT percée *f*
'**durch|checken** *v/t* ⟨*sép*, -ge-, h⟩ contrôler (en détail); ~'**dacht** *adj* bien conçu; *Plan* élaboré; préparé; *Antwort* (mûrement) réfléchi; ~'**denken** *v/t* ⟨*irr*, *insép*, *pas de ge-*, h⟩ examiner à fond; considérer sous tous les aspects
'**durch|diskutieren** *v/t* ⟨*sép*, *pas de ge-*, h⟩ discuter (en détail); ~**drehen** ⟨*sép*, -ge-⟩ **I** *v/t* ⟨h⟩ *Fleisch etc* passer au hachoir; **II** *v/i* **1.** ⟨h⟩ *Räder* patiner; **2.** F ⟨h *ou* sein⟩ F paniquer; F dérailler
durch'dringen *v/t* ⟨*irr*, *insép*, *pas de ge-*, h⟩ (trans)percer; traverser; *Flüssigkeit* imprégner; s'infiltrer dans; *sich von etw* ~ *lassen* se laisser envahir, pénétrer par qc
'**durchdringen** *v/i* ⟨*irr*, *sép*, -ge-, sein⟩ pénétrer; *Nachrichten* ~ ([*bis*] *zu*) arriver (jusqu'à); parvenir (à)
'**durch|dringend** *adj Strahl, Blick* perçant; *Stimme a* strident; ²**dringung** *f* ⟨~⟩ pénétration *f*; imprégnation *f*
'**durchdrücken** *v/t* ⟨*sép*, -ge-, h⟩ **1.** *Knie* effacer; **2.** *Püree etc* passer; **3.** F *fig* (*durchsetzen*) (réussir à) imposer
durchein'ander *adv* **1.** (*ungeordnet*) pêle-mêle; en désordre; sens dessus dessous; **2.** *fig* (*verwirrt*) *ganz* ~ *sein* avoir la tête tout à l'envers; ne plus s'y retrouver
Durchein'ander *n* ⟨~s⟩ **1.** (*Unordnung*) désordre *m*; pêle-mêle *m*; **2.** (*Wirrwarr*) confusion *f*; chaos *m*
durchein'anderbringen *v/t* ⟨*irr*, *sép*, -ge-, h⟩ **1.** (*in Unordnung bringen*) mettre en désordre; mettre sens dessus dessous; *Fäden etc* emmêler; **2.** *Begriffe etc* confondre; mélanger; **3.** (*verwirren*) *j-n* ~ troubler, déconcerter qn
durchein'ander|geraten *v/i* ⟨*irr*, *sép*, *p/p* durcheinandergeraten, sein⟩ s'emmêler; se mélanger; s'embrouiller; *Dinge* s'emmêler; se mélanger; s'embrouiller; *Personen* s'embrouiller; se troubler; ~**reden** *v/i* ⟨-ete, *sép*, -ge-, h⟩ parler tous à la fois; ~**werfen** *v/t* ⟨*irr*, *sép*, -ge-, h⟩ **1.** jeter pêle-mêle; **2.** *fig* (*verwechseln*) embrouiller; confondre; mélanger
'**durchfahren** *v/i* ⟨*irr*, *sép*, -ge-, sein⟩ ne pas s'arrêter; ~ *e-e Nacht* ~ rouler toute une nuit; *bei Rot* ~ brûler, F griller un feu rouge; *durch e-e Stadt* ~ traverser une ville; *der Zug fährt bis Köln durch* le train ne s'arrête pas avant Cologne
durch'fahren *v/t* ⟨*irr*, *insép*, *pas de ge-*, h⟩ traverser; *Strecke* parcourir; *fig Schreck etc* saisir; s'emparer de; *Gedanke* traverser l'esprit de
'**Durchfahrt** *f* ⟨~; ~en⟩ **1.** (*Weg zum Durchfahren*) passage *m*; **2.** (*sans pl*) (*Durchfahren*) traversée *f*; passage *m*; *auf der* ~ *sein* être de passage; ~ *verboten* passage interdit
'**Durchfahrtsstraße** *f* grand axe (de circulation)
'**Durchfall** *m* **1.** MÉD diarrhée *f*; **2.** F (*Mißerfolg*) *bei e-r Prüfung* THÉ échec *m*; THÉ a four *m*
'**durchfallen** *v/i* ⟨*irr*, *sép*, -ge-, sein⟩ **1.** (*hin*~) tomber à travers; **2.** F *fig in e-r Prüfung* échouer (*in* [+*dat*] à); être refusé, F collé, F recalé (*in* [+*dat*] à); THÉ

être un fiasco, F un bide; faire, être un four; *bei e-r Wahl etc* être battu, blackboulé; *bei der Kritik* ~ *Werk* avoir une mauvaise critique; *Künstler* ne pas être reconnu par les critiques
'**durchfaulen** *v/i* ⟨*sép*, -ge-, sein⟩ pourrir entièrement
'**durch|fechten** *v/t* ⟨*irr*, *sép*, -ge-, h⟩ faire triompher; emporter de haute lutte; ~**fegen** *v/t* ⟨*sép*, -ge-, h⟩ donner un coup de balai à
'**durchfeiern** *v/i* ⟨*sép*, -ge-, h⟩ (*die ganze Nacht*) ~ faire la fête toute la nuit
durch'feuchten *v/t* ⟨-ete, *insép*, *pas de ge-*, h⟩ imprégner, pénétrer d'humidité
'**durchfinden** *v/réfl* ⟨*irr*, *sép*, -ge-, h⟩ *sich* ~ s'y retrouver
durch'fliegen *v/t* ⟨*irr*, *insép*, *pas de ge-*, h⟩ **1.** parcourir; **2.** *fig Buch* parcourir (des yeux)
'**durchfliegen** *v/i* ⟨*irr*, *sép*, -ge-, sein⟩ **1.** traverser (en volant); *ohne Unterbrechung* faire un vol de nuit sans escale; **2.** F *bei e-r Prüfung* F être collé (*in* [+*dat*] à)
'**durchfließen** *v/i* ⟨*irr*, *sép*, -ge-, sein⟩ couler à travers; *durch etw* ~ traverser qc
durch'|fluten *st/s v/t* ⟨-ete, *insép*, *pas de ge-*, h⟩ *Fluß* couler à travers; *Licht, fig* inonder; ~'**forschen** *v/t* ⟨*insép*, *pas de ge-*, h⟩ (*untersuchen*) étudier, examiner à fond; (*absuchen*) explorer; scruter; ²**forschung** *f* recherche *f*; examen approfondi; *e-s Landes* exploration *f*; ~'**forsten** *v/t* ⟨-ete, *insép*, *pas de ge-*, h⟩ éclaircir; *fig* passer en revue; examiner
'**durch|fragen** *v/réfl* ⟨*sép*, -ge-, h⟩ *sich* ~ parvenir au but en demandant son chemin; ~**fressen** *v/t* ⟨*irr*, *sép*, -ge-, h⟩ **I** *v/t* ronger (complètement); **II** *v/réfl sich* ~ traverser (en rongeant); F *fig* faire le pique-assiette
'**durchfrieren** *v/i* ⟨*irr*, *sép*, -ge-, sein⟩ *ganz durchgefroren sein* être complètement gelé, transi (de froid)
'**Durchfuhr** ['dʊrçfuːr] *f* ⟨~; ~en⟩ COMM transit *m*
'**durchführbar** *adj* réalisable; faisable; *Vorhaben a* viable; *nicht* ~ impraticable; infaisable; *schwer* ~ difficilement réalisable
'**Durchführbarkeit** *f* ⟨~⟩ possibilité *f* d'exécution, de réalisation; *e-s Vorhabens a* viabilité *f*
'**durchführen** ⟨*sép*, -ge-, h⟩ **I** *v/t* **1.** (*hin*~) guider; **2.** *Plan* réaliser; *Beschluß* appliquer; *Arbeit* effectuer; exécuter; *Veranstaltung* organiser; *durchgeführt werden a* se tenir; avoir lieu; **II** *v/i* (*verlaufen*) *durch* passer par
'**Durchführung** *f* ⟨~; ~en⟩ *e-s Plans* réalisation *f*; *e-r Arbeit* exécution *f*; *e-r Veranstaltung etc* organisation *f*; ADM *zur* ~ *kommen, gelangen* venir à exécution
'**Durchführungs|bestimmung** *f*, ~**verordnung** *f* décret *m* (d'application)
'**Durch|gang** *m* **1.** passage *m*; COMM transit *m*; **2.** *bei Wahl, Wettkampf etc* tour *m*; ²**gängig I** *adj* (*allgemein geltend*) constant; courant; général; **II** *adv* constamment; en général; (*alle*) tous, toutes; (*ausnahmslos*) sans exception
'**Durchgangs|bahnhof** *m* gare *f* de transit; ~**lager** *n* camp *m* de transit (pour réfugiés); ~**land** *n* ⟨~(e)s; -länder⟩ pays *m* de transit; ~**straße** *f* (sec-

tion f d'un) axe routier qui traverse une agglomération; ~**verkehr** m trafic m de passage; (*Transitverkehr*) (trafic m en) transit m
'**durchgeben** v/t ⟨*irr, sép, -ge-,* h⟩ communiquer; transmettre
'**durchgehen** ⟨*irr, sép, -ge-,* sein⟩ **I** v/t *Schriftstück etc* examiner (point par point); *noch einmal ~* revoir (en détail); **II** v/i **1.** (*hin~*) passer (*durch* par, à travers); traverser; F (*durchpassen*) passer (*durch* par); (*weitergehen*) avancer; continuer; **2.** *Weg* aller jusqu'au bout; *~ bis* aller jusqu'à; *der Zug geht bis Köln durch* le train ne s'arrête pas avant Cologne, est direct pour Cologne; **3.** (*andauern*) durer, continuer (sans interruption); **4.** *Pferd* s'emballer; *fig s-e Phantasie ging mit ihm durch* il s'est laissé emporter par son imagination; **5.** F *fig cf durchbrennen*; **6.** *Antrag etc* passer; *etw ~ lassen* laisser passer qc; passer sur qc; *j-m etw ~ lassen* passer qc à qn; **7.** F (*durchdringen*) passer (*durch* à travers)
'**durchgehend I** *adj* Raum continu; Zug direct; **II** *adv ~ geöffnet* ouvert sans interruption, en permanence; *~ geknöpft* boutonné de haut en bas, sur toute la longueur
durch'**geistigt** *adj* rayonnant, pénétré d'esprit
'**durch**|**gießen** v/t ⟨*irr, sép, -ge-,* h⟩ *durch ein Sieb* passer; *durch e-n Filter* filtrer; ~**glühen** ⟨*sép, -ge-*⟩ **I** v/t *Metall, Kohle* faire rougir à blanc; **II** v/i ⟨sein⟩ *elektrische Birne* être grillé; *Metall, Kohle* rougir à blanc; ~**greifen** v/i ⟨*irr, sép, -ge-,* h⟩ **1.** (*hin~*) passer la main à travers; **2.** *fig* intervenir énergiquement; *disziplinarisch* sévir; ~**greifend** *adj* radical; ~**haben** F v/t ⟨*irr, sép, -ge-,* h⟩ (*beendet haben*) avoir fini, terminé; ~**halten** ⟨*irr, sép, -ge-*⟩ **I** v/t tenir jusqu'au bout de; supporter; **II** v/i tenir bon, tenir jusqu'au bout; ⌂**haltepa-role** f *péj* exhortation f à tenir jusqu'au bout; ⌂**haltevermögen** n ⟨*~s*⟩ endurance f; ~**hängen** v/i ⟨*irr, sép, -ge-,* h⟩ **1.** s'affaisser, fléchir; **2.** F *fig* (*schlupp sein*) F être vidé, lessivé; ne pas être en forme; ~**hecheln** F v/t ⟨*-(e)le, sép, -ge-,* h⟩ faire des commérages sur; tenir des propos malveillants sur; ~**heizen** ⟨*-(es)t, sép, -ge-,* h⟩ **I** v/t *Zimmer etc* bien chauffer; **II** v/i ne pas laisser s'éteindre le chauffage; chauffer sans interruption, en continu
'**durchjagen** ⟨*sép, -ge-*⟩ v/t ⟨h⟩ *u* v/i ⟨sein⟩ (faire) passer rapidement, à toute allure (*durch* par)
'**durchkämmen** v/t ⟨*sép, -ge-,* h⟩ **1.** *Haar* démêler; **2.** *Gelände* passer au peigne fin; ratisser
durch'**kämmen** v/t ⟨*insép, pas de ge-,* h⟩ *Gelände* passer au peigne fin; ratisser
'**durchkämpfen** ⟨*sép, -ge-,* h⟩ **I** v/t *e-e Sache* se battre pour; **II** v/t combattre; **III** v/réfl *sich ~* (*sich e-n Weg bahnen*) se frayer (difficilement) un chemin; (*sich mühsam behaupten*) se battre (pour survivre); *sich dazu ~, etw zu tun* se forcer pour faire qc
'**durch**|**kauen** v/t ⟨*sép, -ge-,* h⟩ bien mâcher; F *fig* F rabâcher; ~**kneten** v/t

(*massieren*) masser; ~**knöpfen** v/t ⟨*sép, -ge-,* h⟩ boutonner de haut en bas
'**durchkommen** v/i ⟨*irr, sép, -ge-,* sein⟩ **1.** (*hin~*) passer à travers; **2.** (*durchdringen*) *Sonne, Zähne, Pflanzen* percer; (*durchpassen*) passer (*durch* par); F *TÉL* obtenir une communication; passer; **3.** (*erfolgreich sein*) parvenir, arriver à son but; *im Examen* réussir; être reçu; *bei Gefahr* en réchapper; s'en tirer; *bei Krankheit* s'en tirer; *mit Sprachkenntnissen* se débrouiller; *wirtschaftlich wir kommen gerade so durch* nous nous en sortons, tirons à peine; *mit dieser Entschuldigung kommen Sie bei ihm nicht durch* avec lui, votre excuse ne passera pas
'**durch**|**können** F v/i ⟨*irr, sép, -ge-,* h⟩ pouvoir passer; ~'**kreuzen** v/t ⟨*-(e)t, insép, pas de ge-,* h⟩ *Pläne* contrarier; contrecarrer; se mettre en travers de
'**durchkriechen** v/i ⟨*irr, sép, -ge-,* sein⟩ se glisser (*durch* par, à travers, *unter* [+*dat*] sous)
Durchlaß ['durçlas] m ⟨*-sses; -lässe*⟩ **1.** (*Durchgang*) passage m; **2.** *st/s* (*Einlaß*) *j-m ~ gewähren, verschaffen* laisser, faire passer *od* entrer qn
'**durch**|**lassen** v/t ⟨*irr, sép, -ge-,* h⟩ *Person, Licht* laisser passer; ~**lässig** *adj* perméable; ⌂**lässigkeit** f ⟨*~*⟩ perméabilité f
Durchlaucht ['durçlauxt *ou* -'lauxt] f ⟨*~; -en*⟩ Altesse f; *Ihre, Seine ~* Son Altesse
'**Durchlauf** m **1.** SPORT *beim Wettkampf* tour m; **2.** INFORM passage m
'**durchlaufen** v/t ⟨*sép, -ge-*⟩ **I** v/t ⟨h⟩ *Schuhsohlen etc* user; trouer; **II** v/i ⟨sein⟩ **1.** (*hin~*) passer (*durch* par, à travers); **2.** *Flüssigkeiten* couler (*durch* par, à travers); *Kaffee* passer; **3.** *ohne anzuhalten* marcher, courir sans interruption
durch'**laufen** v/t ⟨*irr, insép, pas de ge-,* h⟩ *Strecke* courir; *Gebiet* parcourir; traverser; *Schule etc* passer par
'**durchlaufend** *adj* continu; sans interruption
'**Durchlauferhitzer** m ⟨*~s; ~*⟩ chauffe-eau instantané
'**durchlesen** v/t ⟨*irr, sép, -ge-,* h⟩ *ganz* lire en entier, jusqu'au bout; *flüchtig* parcourir
durch'**leuchten** v/t ⟨*-ete, insép, pas de ge-,* h⟩ **1.** examiner à la lumière; *mit Röntgenstrahlen* passer à la radio(scopie); **2.** *fig* tirer au clair; passer au crible
Durch'**leuchtung** f ⟨*~; -en*⟩ *mit Röntgenstrahlen* radio(scopie) f; *mit Licht sc* diaphanoscopie f
durch|'**löchern** v/t ⟨*-(e)re, insép, pas de ge-,* h⟩ perforer; trouer; *fig* saper; miner; '~**lüften** v/t ⟨*-ete, sép, -ge-,* h⟩ aérer à fond; ⌂'**lüftung** f aération f; aérage m
'**durchmachen** F v/t ⟨*sép, -ge-,* h⟩ **1.** *Lehre etc* suivre; **2.** (*erleiden*) subir; traverser; passer par; *sie hat schon viel durchgemacht* elle en a vu de toutes les couleurs; **3.** *die Nacht ~* fêter toute la nuit
'**Durchmarsch** m **1.** MIL passage m; marche f (*durch* à travers); **2.** F ⟨*sans pl*⟩ (*Durchfall*) F courante f; P chiasse f
'**durch**|**marschieren** v/i ⟨*sép, pas de*

ge-, sein⟩ traverser (au pas de marche); ~**mengen** v/t ⟨*sép, -ge-,* h⟩ mélanger
'**Durchmesser** m ⟨*~s; ~*⟩ MATH diamètre m; TECH calibre m; *zwei Meter* (*im*) *~* deux mètres de diamètre
durch'**nässen** v/t ⟨*-ßt, insép, pas de ge-,* h⟩ tremper; *bis auf die Haut durchnäßt* trempé jusqu'aux os, F comme une soupe
'**durch**|**nehmen** v/t ⟨*irr, sép, -ge-,* h⟩ étudier; traiter; ~**numerieren** v/t ⟨*sép, pas de ge-,* h⟩ numéroter (d'un bout à l'autre); ~**pausen** v/t ⟨*-(es)t, sép, -ge-,* h⟩ calquer; ~**peitschen** v/t ⟨*sép, -ge-,* h⟩ **1.** fouetter (fort); **2.** F *fig Gesetze etc* F expédier; ~**pressen** v/t ⟨*-ßt, sép, -ge-,* h⟩ passer; ~**probieren** v/t ⟨*sép, pas de ge-,* h⟩ essayer, *Speisen* goûter l'un après l'autre; ~**prügeln** F v/t ⟨*-(e)le, sép, -ge-,* h⟩ rouer de coups; battre comme plâtre
durch'**quer**|**en** v/t ⟨*insép, pas de ge-,* h⟩ traverser; ⌂**ung** f ⟨*~; -en*⟩ traversée f
'**durch**|**rasen** v/i ⟨*sép, -ge-,* sein⟩ passer à une allure folle, en trombe; ~**rasseln** F v/i ⟨*-ßle ou -ssele, sép, -ge-,* sein⟩ F être collé (*in* [+*dat*] à); ~**rechnen** v/t ⟨*-ete, sép, -ge-,* h⟩ calculer; (*nachrechnen*) recompter; vérifier; ~**regnen** v/imp ⟨*-ete, sép, -ge-,* h⟩ (*hin~*) pleuvoir (à travers); *ununterbrochen* pleuvoir sans arrêt; ⌂**reiche** f ⟨*~n*⟩ passe-plat m; ~**reichen** v/t ⟨*sép, -ge-,* h⟩ tendre, passer (à travers)
'**Durchreise** f passage m; *auf der ~ sein* être de passage; *auf der ~ nach X ... en allant à X ...; ich werde dich auf der ~ in X besuchen* je viendrai te voir à mon passage à X, en passant par X
durch'**reisen** v/t ⟨*-(es)t, insép, pas de ge-,* h⟩ *Land, Gegend etc* parcourir
'**durchreisen** v/i ⟨*-(es)t, sép, -ge-,* sein⟩ passer (en voyage) (*durch* par)
'**Durchreise**|**nde(r)** f(m) personne f de passage; *von Grenze zu Grenze* passager, -ère m,f en transit; ~**visum** n visa m de transit
'**durchreißen** ⟨*irr, sép, -ge-*⟩ **I** v/t ⟨h⟩ déchirer; **II** v/i ⟨sein⟩ se rompre; se déchirer
'**durchringen** v/réfl *sich zu e-m Entschluß ~* arriver à prendre une décision
'**durch**|**rosten** v/i ⟨*-ete, sép, -ge-,* sein⟩ rouiller entièrement; être rongé par la rouille; ⌂'**rostung** f ⟨*~*⟩ perforation f par la rouille
'**durchrutschen** v/i ⟨*sép, -ge-,* sein⟩ **1.** glisser à travers; **2.** F *bei Prüfungen gerade so ~* avoir son examen de justesse
durchs = *durch das*
'**Durchsage** f *Mitteilung* communiqué m; message m; *Handlung* diffusion f
'**durch**|**sagen** v/t ⟨*sép, -ge-,* h⟩ cf *durchgeben*; ~**sägen** v/t ⟨*sép, -ge-,* h⟩ scier en deux
'**Durchsatz** m TECH débit m
durch'**schauen** v/t ⟨*insép, pas de ge-,* h⟩ *Pläne, Absichten* pénétrer; percer à jour; deviner; *j-n* deviner les pensées, les intentions de qn; *j-s Spiel ~* voir clair dans le jeu de qn; *du bist durchschaut!* voilà donc ce que tu voulais!; (*du bist ertappt*) je t'y prends!
'**durch**|**scheinen** v/i ⟨*irr, sép, -ge-,* h⟩ *Sonne* briller, luire à travers; ~**scheinend** *adj* (*lichtdurchlässig*) transluci-

de; *Stoff* transparent; **~scheuern** *v/t* (*u v/réfl*) ⟨-(e)re, *sép*, -ge-, h⟩ (*sich*) ~ (s')user (par frottement); **~schieben** *v/t* ⟨*irr*, *sép*, -ge-, h⟩ glisser, pousser, passer (*unter* [+*dat*], *durch* sous, à travers); **~schießen** *v/t* ⟨*irr*, *sép*, -ge-, h⟩ tirer (*durch* à travers); **~schimmern** *v/i* ⟨-(e)re, *sép*, -ge-, h⟩ luire à travers
'**durchschlafen** *v/i* ⟨*irr*, *sép*, -ge-, h⟩ dormir d'un trait; *den Vormittag* ~ passer la matinée à dormir
'**Durchschlag** *m* **1.** (*Schreibmaschinen*2) double *m*; **2.** CUIS (*Sieb*) passoire *f*; **3.** BERGBAU percement *m* (d'une paroi entre deux galeries); **4.** ÉLECT décharge disruptive; claquage *m*; **5.** *Werkzeug* poinçon *m*; mandrin *m*; **6.** *am Reifen* crevaison *f*
'**durchschlagen** ⟨*irr*, *sép*, -ge-⟩ **I** *v/t* ⟨h⟩ **1.** (*durchlöchern*) percer; perforer; **2.** (*entzweischlagen*) casser en deux; **3.** (*hin~*) enfoncer; **4.** (*durchsieben*) passer; **II** *v/i* ⟨sein⟩ **5.** *Sicherung* fondre; sauter; **6.** *Flüssigkeit* passer à travers; **7.** fig (*wirksam sein*) réussir; être efficace; **III** *v/réfl* ⟨h⟩ *sich* ~ (*sich e-n Weg bahnen*) se frayer (difficilement) un chemin, un passage; (*zurechtkommen*) se débrouiller; *im Überlebenskampf* se battre (pour survivre)
durch'**schlagen** *v/t* ⟨*irr*, *insép*, *pas de*-, h⟩ *Geschoß*, *Kugel* perforer; percer
'**durchschlagend** *adj* décisif, -ive; percutant; *Erfolg* éclatant; *Argument* massue (*inv*); ~*e Wirkung* action pleinement efficace
'**Durch**|**schlagpapier** *n* papier *m* pelure, pour doubles; **~schlagskraft** *f* ⟨~⟩ force de pénétration, fig percutante
'**durch**|**schlängeln** *v/réfl* ⟨-(e)le, *sép*, -ge-, h⟩ *sich* ~ se faufiler (*durch* à travers); **~schleusen** *v/t* ⟨-(e)le, *sép*, -ge-, h⟩ **1.** MAR écluser; **2.** F *fig* faire passer (F en douce); **~schlüpfen** *v/i* ⟨*sép*, -ge-, sein⟩ se glisser, se faufiler (à travers); **~schmoren** F *v/i* ⟨*sép*, -ge-, sein⟩ brûler; *Draht* griller; **~schmugeln** *v/t* ⟨-(e)le, *sép*, -ge-, h⟩ passer en fraude, en contrebande
'**durchschneiden** *v/t* ⟨-(e)le, *sép*, -ge-, h⟩ couper en deux; trancher
durch'**schneiden** *v/t* ⟨*irr*, *insép*, *pas de* ge-, h⟩ couper; traverser
'**Durchschnitt** *m* moyenne *f*; *im* ~ en moyenne; *unter*, *über dem* ~ (*liegen*) (être) au-dessous, au-dessus de la moyenne; *den* ~ *ermitteln* faire, calculer la moyenne
'**durchschnittlich I** *adj* moyen, -enne; **II** *adv* en moyenne; (*mittelmäßig*) moyennement
'**Durchschnitts**|**alter** *n* âge moyen; **~einkommen** *n* revenu moyen
'**Durchschnittsgeschwindigkeit** *f* vitesse moyenne; *mit e-r* ~ *von achtzig Stundenkilometern* à une moyenne de quatre-vingts kilomètres-heure
'**Durchschnitts**|**lohn** *m* salaire moyen; **~mensch** *m* homme *m* ordinaire; monsieur *m* tout le monde; (*mittelmäßiger Mensch*) homme *m* médiocre; **~note** *f* moyenne *f*; **~preis** *m* prix moyen; **~temperatur** *f* température moyenne; **~wert** *m* valeur moyenne; MATH moyenne *f*
durch'**schnüffeln** F *v/t* ⟨-(e)le, *insép*, *pas de* ge-, h⟩, '**durchschnüffeln** F *v/t*

⟨-(e)le, *sép*, -ge-, h⟩ fureter, F farfouiller dans
'**durchschreiben** *v/t* ⟨*irr*, *sép*, -ge-, h⟩ écrire en double, avec papier autocopiant
durch'**schreiten** *st/s v/t* ⟨*irr*, *insép*, *pas de* ge-, h⟩ parcourir, traverser à grands pas; arpenter
'**Durch**|**schrift** *f* double *m*; copie *f*; **~schuß** *m* **1.** *e-r Kugel* perforation *f*; **2.** TEXT trame *f*; **3.** TYPO interligne *f*
durch'**schwimmen** *v/t* ⟨*irr*, *insép*, *pas de* ge-, h⟩ traverser à la nage
'**durchschwimmen** *v/i* ⟨*irr*, *sép*, -ge-, sein⟩ passer à la nage; *pausenlos* nager sans interruption
'**durch**|**schwitzen** *v/t* ⟨-(e)st, *sép*, -ge-, h⟩ tremper de sueur; **~sehen** ⟨*irr*, *sép*, -ge-, h⟩ **I** *v/t flüchtig* parcourir (du regard); *prüfend* examiner; vérifier; *revoir*; *schriftliche Arbeiten* corriger; *Post* dépouiller; **II** *v/i* (*hin*~) regarder (à travers); **~seihen** *v/t* ⟨*sép*, -ge-, h⟩ passer (à l'étamine); *cf a durchsieben*
'**durchsein** F *v/i* ⟨*irr*, *sép*, *p/p* durchgewesen, sein⟩ **1.** *Zug*, *Briefträger* être passé; *Gesetz* être voté; *Kranker etc* être 'hors de danger; *mit etw* ~ (*fertig sein*) avoir fini qc; *bei j-m unten* ~ F être coulé (dans l'estime de qn); ne plus compter pour qn; **2.** (*löchrig sein*) *Hose etc* être troué, percé; **3.** (*reif*, *gar sein*) *Käse* être fait; *Fleisch* être bien cuit
'**durchsetzen** ⟨-(es)t, *sép*, -ge-, h⟩ **I** *v/t Meinung*, *Willen* faire adopter, accepter; (*reussir à*) imposer; *etw* ~, *daß* ... obtenir que ... (+*subj*); **II** *v/réfl sich* ~ arriver à ses fins; *im Leben* se faire respecter; s'imposer; (*sich behaupten*) a *Sache* s'imposer; *sich gegen j-n* ~ imposer sa volonté à qn; *s-e Meinung hat sich schließlich durchgesetzt* en fin de compte, c'est son opinion qui l'a emporté, a prévalu
durch'**setzen** *v/t* ⟨-(es)t, *insép*, *pas de* ge-, h⟩ *etw mit etw* ~ introduire qc dans qc; *mit etw durchsetzt sein* être (entre)mêlé, chargé de qc; *ein mit Zitaten durchsetzter Text* un texte émaillé, parsemé de citations
'**Durchsetzungsvermögen** *n* ⟨~s⟩ aptitude *f* à s'imposer; punch *m*
'**Durchsicht** *f* examen *m*; révision *f*; *bei* ~ (+*gén*) à l'examen (de); *nach* ~ *der Akten* au vu, sur le vu des pièces
'**durchsichtig** *adj a fig* transparent; *fig* visible; clair; **2keit** *f* ⟨~⟩ transparence *f*
'**durchsickern** *v/i* ⟨*sép*, -ge-, sein⟩ **1.** *Wasser etc* suinter, s'infiltrer (à travers); **2.** *fig Nachrichten* transpirer; *es ist durchgesickert*, *daß* ... la nouvelle que ... a filtré, transpiré
durch'**sieben** *v/t* ⟨*sép*, -ge-, h⟩ passer; tamiser; *Sand etc a* sasser; *Grobkörniges* cribler; passer au crible; **~spielen** *v/t* ⟨*sép*, -ge-, h⟩ **1.** (*von Anfang bis Ende spielen*) jouer jusqu'au bout; **2.** *fig* (*durchgehen*) Möglichkeiten etc passer en revue; (*sich vorstellen*) imaginer; **~sprechen** *v/t* ⟨*irr*, *sép*, -ge-, h⟩ discuter à fond
'**durchspringen** *v/i* ⟨*irr*, *sép*, -ge-, sein⟩ *durch etw* ~ sauter à travers qc
'**durch**|**starten** *v/i* ⟨*sép*, -ge-, h⟩ démarrer brusquement; AVIAT reprendre de la hauteur sans s'être posé; **~'stechen** *v/t* ⟨*irr*, *insép*, *pas de* ge-, h⟩ percer; perforer; transpercer

'**durch**|**stecken** *v/t* ⟨*sép*, -ge-, h⟩ faire passer (à travers); **~stehen** *v/t* ⟨*irr*, *sép*, -ge-, h⟩ supporter; surmonter
'**durchsteigen** *v/i* ⟨*irr*, *sép*, -ge-, sein⟩ **1.** passer (*durch* par); **2.** F (*begreifen*) F piger; *da steige ich nicht mehr durch* F je n'y pige plus rien; F je n'y comprends que dalle
'**durchstellen** *v/t u v/i* ⟨*sép*, -ge-, h⟩ TÉL passer (*ein Gespräch* une communication; *auf* [+*acc*] sur); *ich stelle zu Herrn X durch* je vous passe M. X
'**Durchstich** *m Handlung* percement *m*; *Ergebnis* percée *f*
durch'**stöbern** *v/t* ⟨-(e)re, *insép*, *pas de* ge-, h⟩ fouiller, fureter, F farfouiller dans (*nach* à la recherche de)
'**Durchstoß** *m* MIL percée *f*
'**durchstoßen** ⟨*irr*, *sép*, -ge-, h⟩ **1.** enfoncer (*durch* à travers); **2.** *Kleidung etc* user; **II** *v/i* ⟨sein⟩ MIL effectuer une percée
durch'**stoßen** *v/t* ⟨*irr*, *insép*, *pas de* ge-, h⟩ **1.** (trans)percer; **2.** MIL enfoncer
'**durchstreichen** *v/t* ⟨*irr*, *sép*, -ge-, h⟩ **1.** (*ausstreichen*) barrer; rayer; biffer; **2.** (*passieren*) *durch ein Sieb* passer
durch'**streifen** *st/s v/t* ⟨*insép*, *pas de* ge-, h⟩ flâner par, dans, à travers; parcourir; **~'strömen** *v/t* ⟨*insép*, *pas de* ge-, h⟩ traverser; **2.** *Gefühl etc* envahir; **~'suchen** *v/t* ⟨*insép*, *pas de* ge-, h⟩ fouiller (*nach* à la recherche de); *Gelände a* explorer, battre (*nach* à la recherche de)
Durch'suchung *f* ⟨~; ~en⟩ fouille *f*; *im Gelände a* exploration *f*
Durch'suchungsbefehl *m* mandat *m* de perquisition
'**durchtanzen** *v/t* ⟨-(e)st, *sép*, -ge-, h⟩ *die Nacht* ~ passer la nuit à danser
durch'**tränken** *v/t* ⟨*insép*, *pas de* ge-, h⟩ imprégner, imbiber (*mit* de)
'**durchtrennen** *v/t* ⟨*sép*, -ge-, h⟩ couper (en deux)
'**durchtreten** ⟨*irr*, *sép*, -ge-⟩ **I** *v/t* ⟨h⟩ *das Gaspedal* ~ appuyer à fond sur l'accélérateur; **II** *v/i* ⟨sein⟩ **1.** (*durchdringen*) *Flüssigkeit*, *Gas* passer à travers; **2.** F (*durchgehen*) avancer
durchtrieben [durçˈtriːbən] *adj* rusé; retors; roué; **2heit** *f* ⟨~⟩ ruse *f*; rouerie *f*
durch'**wachen** *v/t* ⟨*insép*, *pas de* ge-, h⟩ *die Nacht* ~ veiller toute la nuit; *durchwachte Nacht* nuit *f* de veille; *schlaflose a* nuit blanche
durch'**wachsen** *adj* **1.** *Fleisch* persillé; entrelardé; **2.** F (*attribut*) (*mal gut*, *mal schlecht*) comme ci, comme ça
'**durch**|**wagen** F *v/réfl* ⟨*sép*, -ge-, h⟩ *sich* ~ oser traverser; **~wählen** *v/i* ⟨*sép*, -ge-, h⟩ TÉL faire le numéro directement; **2wahl**(**nummer**) *f* TÉL numéro *m* de sa, etc ligne directe
durch'**wandern** *v/t* ⟨-(e)re, *insép*, *pas de* ge-, h⟩ traverser, parcourir à pied
'**durch**|**wärmen** *v/t* ⟨*sép*, -ge-, h⟩ bien chauffer; **~waschen** F *v/t* ⟨*irr*, *sép*, -ge-, h⟩ laver
'**durchwaten** *v/i* ⟨-ete, *sép*, -ge-, sein⟩ (*durch etw*) ~ traverser (qc en pataugeant); *an seichter Stelle* passer (qc) à gué
'**durchweg** *adv* tous, toutes; sans exception; entièrement
durch'**weichen** *v/t* ⟨*insép*, *pas de* ge-, h⟩ amollir, ramollir complètement

'durchweichen v/i ⟨sép, -ge-, sein⟩ s'amollir, se ramollir complètement
'durchwerfen v/t ⟨irr, sép, -ge-, h⟩ jeter à travers
durch'wirken v/t ⟨insép, pas de ge-, h⟩ entrelacer (*mit* de); *mit Gold durchwirkt* broché (de fils) d'or
'durchwollen F v/i ⟨irr, sép, -ge-, h⟩ vouloir passer
durch'wühlen v/t ⟨insép, pas de ge-, h⟩ **1.** *Erde* creuser; (*aufwühlen*) labourer; *Tiere a* fouir; **2.** (*durchsuchen*) (far-)fouiller dans (*nach* à la recherche de)
'durch|wurschteln, **~wursteln** F v/réfl ⟨-(e)le, sép, -ge-, h⟩ *sich* ~ s'en tirer tant bien que mal, vaille que vaille; **~zählen** v/t ⟨sép, -ge-, h⟩ compter un à un; **~zechen** v/i ⟨sép, -ge-, h⟩ passer la nuit, *etc* à boire
durch'zecht *adjt* ~*e Nacht* nuit f de beuverie
'durchziehen ⟨irr, sép, -ge-⟩ **I** v/t ⟨h⟩ **1.** *Faden etc* passer; **2.** *e-e Linie* ~ tirer, tracer une ligne; **3.** F (*durchführen*) aller jusqu'au bout de; mener à son terme, à bonne fin; **II** v/i ⟨sein⟩ **4.** passer; **5.** CUIS macérer; *Fleisch a* mariner
durch'ziehen v/t ⟨irr, insép, pas de ge-, h⟩ **1.** (*durchstreifen*) parcourir; traverser; **2.** *fig* (*durchsetzen*) traverser; *dieses Motiv durchzieht sein gesamtes Werk* on retrouve ce motif tout au long de ses œuvres *od* dans chacune de ses œuvres
durch'zucken v/t ⟨insép, pas de ge-, h⟩ *Blitz* sillonner; *Gefühl* s'emparer soudain de; *Gedanke* s'imposer brusquement à
'Durch|zug m **1.** ⟨sans pl⟩ (*Luftzug*) courant m d'air; **2.** (*Durchziehen*), MIL passage m; **~zugsrecht** n ⟨-(e)s⟩ MIL droit m de passage
'durchzwängen v/réfl ⟨sép, ge-, h⟩ *sich* ~ passer, se glisser avec peine à travers
dürfen ['dʏrfən] ⟨darf, durfte, h⟩ **I** v/aux de mode ⟨p/p dürfen⟩ **1.** (*die Erlaubnis haben*) avoir la permission, le droit de; être autorisé à, *etw nicht tun* ~ n'avoir pas la permission, le droit de faire qc; ne pas devoir faire qc; *das hättest du nicht tun* ~ tu n'aurais pas dû faire cela; *wenn ich fragen darf* si je peux vous le demander; si je ne suis pas indiscret; *wenn ich so sagen darf* si je puis, si j'ose m'exprimer ainsi; *wenn ich bitten darf!* je vous en prie; *darf ich bitten?* beim Eintreten s'il vous plaît!; entrez, je vous (en) prie!; *um e-n Tanz* vous dansez?; *förmlich* voulez-vous m'accorder cette danse, s'il vous plaît? **2.** (*Grund haben*) pouvoir; *man darf annehmen, daß ...* il est permis de supposer que ...; **3.** (*wahrscheinlich sein*) *das dürfte stimmen* cela devrait, doit être juste; *das dürfte Herr X sein* cela doit être Monsieur X; **4.** *das ~ Sie mir glauben* vous pouvez m'en croire; *wir ~ darüber nicht klagen* nous n'avons pas à nous en plaindre; *darüber ~ Sie sich nicht wundern* il ne faut pas vous en étonner; *was darf es sein?* qu'est-ce que vous désirez?; *das darf doch nicht wahr sein!* mais ce n'est pas vrai!; mais ce n'est pas possible, une chose pareille!; **II** v/t u v/i ⟨p/p gedurft⟩ avoir la permission (de); *darf ich?* puis-je?; est-ce que je peux?; tu permets bzw vous permettez?; *darf ich zu ihm?* est-ce que je peux le voir?; *darfst du das?* tu (en) as la permission?; *sie darf alles* elle a le droit de tout faire
dürftig ['dʏrftɪç] adj (*unzureichend*) insuffisant; médiocre; (*armselig*) pauvre; miteux, -euse; (*kümmerlich*) pitoyable; piteux, -euse; **⚲keit** f ⟨~⟩ insuffisance f; médiocrité f; pauvreté f
dürr [dʏr] adj *a fig* sec, sèche
'Dürre f ⟨~; ~n⟩ **1.** *a fig* sécheresse f; **2.** ⟨sans pl⟩ (*Magerkeit*) maigreur f
Durst [dʊrst] m ⟨-(e)s⟩ soif f (*auf* [+acc] de); ~ *haben* avoir soif; ~ *bekommen* commencer à avoir soif; F (*einen*) *über den* ~ *getrunken haben* avoir bu un coup de trop
dürsten ['dʏrstən] *st/s* v/imp ⟨-ete, h⟩ *mich dürstet* je suis altéré; *fig mich dürstet nach Gerechtigkeit* j'ai soif de justice
'durstig adj assoiffé (*auf* [+acc] de) (*a fig*); ~ *sein* avoir soif; *sein auf etw* (*acc*) avoir envie de boire qc; *die Kinder sind immer* ~ les enfants ont toujours soif
'durst|löschend, **~stillend** adjt désaltérant; **⚲strecke** f période f de vaches maigres; traversée f du désert
Dusche ['duʃə *ou* 'duːʃə] f ⟨~; ~n⟩ douche f; *e-e kalte* ~ *a fig* une douche froide; *unter der* ~ *sein* être sous la douche
'duschen ⟨h⟩ **I** v/t doucher; **II** v/i (*u v/réfl* (*sich*)) ~ se doucher; prendre une douche
'Duschraum m (salle f de) douche(s) f(pl)
Düse ['dyːzə] f ⟨~; ~n⟩ tuyère f; buse f; *am Vergaser* gicleur m; AVIAT turboréacteur m
Dusel ['duːzəl] F m ⟨~s⟩ **1.** (*Glück*) veine f; F pot m; ~ *haben* F avoir de la veine, du pot; **2.** *regional im* ~ (*benommen*) F dans les vapes; (*im Rausch*) F bourré; *advt a* en état d'ivresse
'Düsen|antrieb m propulsion f par réaction; **~flugzeug** n avion m à réaction; jet m; **~jäger** m chasseur m à réaction; **~triebwerk** n turboréacteur m; moteur m à réaction; jet m
Dussel ['dʊsəl] F m ⟨~s; ~⟩ idiot(e) m(f)
'dusselig, **'dußlig** F adj idiot; stupide
düster ['dyːstər] adj *a fig* sombre; (*bedrückend*) morne; *p/fort* lugubre; **⚲heit** f ⟨~⟩, **⚲keit** f ⟨~⟩ obscurité f; *fig* caractère m sombre, *p/fort* lugubre
Duty-free-Shop ['djuːtiˈfriːʃɔp] m ⟨~(s); ~s⟩ boutique franche, 'hors taxes
Dutzend ['dʊtsənt] n ⟨~s; ~e, *mais* 6 ~⟩ douzaine f; *von* (*viele*) des dizaines de ...; F *im* ~ *billiger* moins cher à la douzaine
'Dutzend|ware f marchandise f à la douzaine, ordinaire; **⚲weise** adv par douzaines; à la douzaine
duzen ['duːtsən] v/t (*u v/réfl*) ⟨-(es)t, h⟩ (*sich*) ~ (se) tutoyer; *wir* ~ *uns* nous nous tutoyons
'Duzfreund(in) m(f) ami(e) m(f) que l'on tutoie; *sie sind* ~*e*, ~*innen* ils, elles sont à tu et à toi
DV *abr* (*Datenverarbeitung*) cf **EDV**
DW *abr* (*Deutsche Welle*) station radiophonique allemande émettant à l'intention de l'étranger
Dynam|ik [dyˈnaːmɪk] f ⟨~⟩ **1.** PHYS, MUS dynamique f; **2.** *fig* (*Schwung*) dynamisme m; **⚲isch** adj *a fig* dynamique
Dynamit [dynaˈmiːt *ou* -ˈmɪt] n ⟨~s⟩ dynamite f; *mit* ~ *sprengen* dynamiter
Dynamo [dyˈnaːmo *ou* 'dyːnamo] m ⟨~s⟩ dynamo f
Dy|nastie [dynasˈtiː] f ⟨~; ~n⟩ dynastie f; **⚲'nastisch** adj (*épithète*) dynastique
dz *abr* (*Doppelzentner*) q (quintal)
'D-Zug m (train m) rapide m; F, *oft iron e-e alte Frau*, *ein alter Mann ist doch kein* ~*!* du calme, s'il vous plaît!

E

E, e [eː] *n* ⟨~; ~⟩ **1.** Buchstabe E, e *m*; **2.** MUS mi *m*

E 1. *abr* (*Eilzug*) (train *m*) express *m*; **2.** *abr* (*Europastraße*) E (route européenne)

Ebbe ['ɛbə] *f* ⟨~; ~n⟩ MAR zurückgehend marée descendante; reflux *m*; zurückgegangen marée basse; **~ und Flut** marée *f*; *es ist ~* la mer est basse; F *es herrscht ~ in meinem Portemonnaie* F je suis à sec; F je suis fauché

eben ['eːbən] I *adj* **1.** Gelände, Weg plat; *zu ~er Erde* au niveau du sol; de plain-pied (avec le sol); **2.** MATH plan; **3.** (*glatt*) lisse; uni; II *adv* **1.** (*gerade, genau*) justement; précisément; *~ deshalb wollen wir es tun* c'est justement, précisément pour cela que nous voulons le faire; *nicht ~ freundlich* pas vraiment aimable; *das ist es ja ~* c'est cela même; *ja, ~* oui, justement; **2.** (*nun einmal*) *das ist ~ so* c'est comme ça; *er will ~ nicht kommen* c'est qu'il ne veut pas venir; **3.** (*soeben*) *~ etw angefangen haben* venir (justement) de commencer qc; avoir commencé qc à l'instant; *~ wollte ich es sagen* j'allais (justement) le dire

'Ebenbild *n* portrait *m*; image *f*; *sie ist das ~ ihres Vaters* elle est tout le portrait de son père; *der Mensch ist das ~ Gottes* l'homme a été fait à l'image de Dieu

ebenbürtig ['eːbənbyrtɪç] *adj* **1.** durch Geburt égal (par la naissance); d'aussi bonne naissance; **2.** *fig* égal; d'égale valeur; *einander, sich* (*dat*) *~ sein* se valoir

'Ebenbürtigkeit *f* ⟨~⟩ **1.** durch Geburt égalité *f* de naissance; **2.** *fig* égalité *f* de valeur

eben|'da *adv bei Zitaten* ibidem; **'~das-selbe**, **'~der'selbe** *pr/dém* juste le *bzw* la même; **'~deshalb**, **'~deswegen** *adv* voilà justement pourquoi; **'~die-selbe** *adv* juste la *bzw* le même

Ebene ['eːbənə] *f* ⟨~; ~n⟩ **1.** (*flaches Land*) plaine *f*; **2.** MATH, TECH plan *m*; surface plane; *schiefe ~* plan incliné; **3.** *fig* plan *m*; niveau *m*; échelon *m*; *auf politischer etc ~* sur le plan politique, etc; DIPL *auf höchster ~* à l'échelon le plus élevé; *fig auf die schiefe ~ geraten* glisser sur une mauvaise pente

'ebenerdig *adj* au niveau du sol

'ebenfalls *adv* également; pareillement; *danke, ~!* merci à vous aussi!; merci à vous de même!

'Ebenholz *n* ébène *f*; *schwarz wie ~* noir comme l'ébène, le jais

'Eben|maß *n* ⟨~es⟩ régularité *f*; harmonie *f*; proportions harmonieuses; **~mä-ßig** *adj* régulier, -ière; bien proportionné

'ebenso *adv* pareillement; de même; aussi; *~ groß wie* (juste) aussi grand que; *j-n ~ behandeln* traiter qn de la même façon; *es geht mir ~* il en va de même pour moi; *es ~ machen* en faire autant; *er spricht ~ gut Französisch wie Deutsch* il parle le français aussi bien que l'allemand

'ebensogut *adv* tout aussi bien; *~ könnte man* (+ *inf*) on pourrait aussi bien (+ *inf*)

'ebenso|lange *adv* tout aussi longtemps; **~oft** *adv* tout aussi souvent; autant de fois; **~sehr**, **~viel** *adv* (tout) autant (*wie* que); juste autant (que); ni plus ni moins (que)

'ebensowenig *adv* (tout) aussi peu (*wie* que); (ne ...) pas plus; *ich ~* moi non plus

Eber ['eːbər] *m* ⟨~s; ~⟩ ZO verrat *m*; **~esche** *f* BOT sorbier *m*

Eberhard ['eːbərhart] *m* ⟨→ *n/pr*⟩ Évrard *m*

ebnen ['eːbnən] *v/t* ⟨-ete, h⟩ aplanir; niveler; *fig j-m den Weg ~* aplanir le chemin à qn

EC [eːˈtseː] *m* ⟨~(s); ~(s)⟩ *abr* (*Eurocity-Zug*) E.C. *m* (Eurocity)

Echo ['ɛço] *n* ⟨~s; ~s⟩ écho *m*; *ein ~ geben* rendre un écho; faire écho; *fig ein lebhaftes ~ finden* avoir un vif écho, un franc retentissant

Echographie [ɛçograˈfiː] *f* ⟨~; ~n⟩ échographie *f*

'Echolot *n* radar *m*; sonar *m*

Echse ['ɛksə] *f* ⟨~; ~n⟩ ZO saurien *m*

echt [ɛçt] I *adj* véritable; vrai; *Gemälde etc* authentique; *Haare* naturel, -elle; *Metall, Leder* véritable; *Urkunde* authentique; *mit ~er Herzlichkeit* avec une franche cordialité; **~e Perlen** *f/pl* des perles fines, naturelles; MATH **~er Bruch** fraction *f* simple; II *adv* **1.** F (*regelrecht*) vraiment; **2.** *~ deutsch* bien, typiquement allemand

'Echt|haarperücke *f* perruque *f* en cheveux naturels; **~heit** *f* ⟨~⟩ *e-r Nachricht* véracité *f*; *e-r Urkunde etc* authenticité *f*; **~heitsbeweis** *m* preuve *f* d'authenticité

Eck [ɛk] *n* ⟨~s; ~e⟩ südd, österr (*Ecke*) coin *m*; angle *m*; *über(s) ~* (plié) en diagonale

'Eck|ball *m* SPORT corner *m*; **~bank** *f* ⟨~; ~e⟩ banquette *f* d'angle; **~daten** *pl* données *f/pl* de référence

Ecke ['ɛkə] *f* ⟨~; ~n⟩ **1.** coin *m*; (*Winkel*) angle *m*; *e-e ~ Käse* une portion de fromage; *gleich um die ~* tout près; (juste) au coin de la rue; *um die ~* biegen tourner le *od* au coin (de la rue); *Arnimstraße, ~ Kochstraße* au coin de la rue Arnim et de la rue Koch; F *an allen ~n und Enden* de tous (les) côtés; de toutes parts; F *an allen ~n und Enden Schulden haben* être criblé de dettes; F *bis zum Bahnhof ist es noch e-e ganze ~* il y a encore un bon bout de chemin jusqu'à la gare; F *um ein paar ~n miteinander verwandt sein* être cousins à la mode de Bretagne; F *j-n um die ~ bringen* F liquider qn; **2.** SPORT corner *m*

'Eck|fenster *n* fenêtre *f* en encoignure; **~haus** *n* maison *f* d'angle

'eckig *adj* anguleux, -euse; TYPO **~e Klammer** crochet *m*

'Eck|laden *m* magasin *m* à l'angle d'une rue; **~lohn** *m* salaire *m* de référence; **~pfeiler** *m* pilier *m* d'angle; *fig* pilier *m*; **~platz** *m* (place *f* de) coin *m*; **~schrank** *m* armoire *f* d'angle; **~stein** *m* **1.** CONSTR, *fig* pierre *f* angulaire, d'angle; **2.** ⟨*sans art ni pl*⟩ Spielkartenfarbe carreau *m*; **~stoß** *m* SPORT corner *m*; **~wert** *m* ÉCON indice *m* repère; **~zahn** *m* canine *f*; **~zimmer** *n* chambre *f* de coin, d'angle

Economyklasse [ɪˈkɔnəmɪklasə] *f* classe *f* économique

Ecu [eˈkyː] *m* ⟨~(s); ~(s)⟩ Währung écu *m*

Ecuador [ekuaˈdoːr] *n* ⟨→ *n/pr*⟩ l'Équateur *m*; **~i'aner(in)** *m* ⟨~s; ~⟩ (*f* ⟨~; ~nen⟩) Équatorien, -ienne *m, f*; **~i'anisch** *adj* équatorien, -ienne

Edamer ['eːdamər] *m* ⟨~s; ~⟩ *ou adj* ⟨*inv*⟩ *~* (*Käse*) édam *m*

edel ['eːdəl] *adj* ⟨-dl-⟩ Herkunft, Gesinnung noble; *Wein* fin; *Metall* précieux, -ieuse; *ein edles Pferd* un cheval de race; un pur-sang

'Edel|fräulein *n* demoiselle *f* noble; **~gas** *n* gaz *m* rare; **~holz** *n* bois précieux; **~kastanie** *f* Baum châtaignier *m*; *Frucht* châtaigne *f*; *eßbare* marron *m*; **~mann** *m* ⟨~(e)s, -leute⟩ gentilhomme *m*; **~metall** *n* métal précieux; **~mut** *m* générosité *f*; noblesse *f* de cœur; **~mütig** *adj* généreux, -euse; au cœur noble; **~nutte** P *f* F poule *f* de luxe; **~rose** *f* rose *f* de culture; **~stahl** *m* acier *m* inoxydable; **~stein** *m* pierre précieuse; gemme *f*; **~steinschleifer** (**-in**) *m* ⟨~s; ~⟩ (*f* ⟨~; ~nen⟩) lapidaire *m*; **~tanne** *f* sapin argenté; **~weiß** *n* ⟨~(es); ~e⟩ BOT edelweiss *m*; **~zwikker** *m* Wein Edelzwicker *m*

Eden ['eːdən] *n* ⟨~s⟩ Éden *m*; *fig* éden *m*; paradis *m*; *der Garten ~* le jardin d'Éden

edieren [eˈdiːrən] *v/t* ⟨*pas de ge-*, h⟩ éditer; publier

Edikt [e'dɪkt] *n* ⟨~(e)s; ~e⟩ édit *m*
Edition [editsi'o:n] *f* ⟨~; ~en⟩ édition *f*
Eduard ['e:duart] *m* ⟨→*n/pr*⟩ Édouard *m*
E-Dur *n* mi *m* majeur
EDV [e:de:'fau] *f* ⟨~⟩ *abr* (*elektronische Datenverarbeitung*) traitement *m* (électronique) des données, de l'information; *par ext* informatique *f*
ED'V-Anlage *f* ordinateur *m*; matériel *m* informatique; *über e-e* ~ *verfügen* être informatisé
ED'V-Spezialist(in) *m(f)* informaticien, -ienne *m,f*
EEG [e:?e:'ge:] *n* ⟨~(s); ~(s)⟩ *abr* (*Elektroenzephalogramm*) E.E.G. *m* (électro-encéphalogramme)
Efeu ['e:fɔy] *m* ⟨~s⟩ lierre *m*
Effeff ['ɛf'?ɛf] *n* F *etw aus dem* ~ *können, beherrschen* savoir qc sur le bout du doigt
Effekt [ɛ'fɛkt] *m* ⟨~(e)s; ~e⟩ effet *m*
Ef'fekten *pl COMM* titres *m/pl*; valeurs *f/pl* (mobilières); effets *m/pl*; ~**bank** *f* ⟨~; ~en⟩ banque *f* de valeurs; ~**börse** *f* Bourse *f* des valeurs; ~**geschäft** *n*, ~**handel** *m* commerce *m* des valeurs; négociation *f* de titres
Effekthasche'rei *f* ⟨~; ~en⟩ *péj* recherche *f* de l'effet; tendance *f* à épater
effek'tiv I *adj* (*wirksam*) efficace; (*tatsächlich*) effectif, -ive; **II** *adv* (*wirksam*) avec efficacité; F (*bestimmt, wirklich*) effectivement; vraiment; 2**lohn** *m* salaire effectif
ef'fektvoll *adj* qui fait de l'effet; théâtral
Effet [ɛ'fe:] *m* ⟨~s; ~s⟩ *Ball*, BILLARD effet *m*
effizi|ent [ɛfi'tsiɛnt] *st/s adj* efficient; 2**enz** *st/s f* ⟨~; ~en⟩ efficacité *f*
EFTA ['ɛfta] *f* ⟨~⟩ *abr* (*European Free Trade Association*; *Europäische Freihandelsassoziation*) A.E.L.E. *f* (Association européenne de libre-échange)
EG [e:'ge:] *f* ⟨~⟩ *abr* (*Europäische Gemeinschaft*) C.E. *f* (Communauté européenne); (**nicht**) *zur* ~ *gehörig* (non-)communautaire
egal [e'ga:l] F *adj* (*attribut*) égal; *das ist* ~ c'est pareil, indifférent; *das ist mir* ~ ça m'est égal
egali'sieren *v/t* (*pas de ge-*, *h*) *Rekord* égaler; (*ausgleichen*) égaliser
EG-'Binnenmarkt *m der* ~ le Marché unique (européen)
Egel ['e:gəl] *m* ⟨~s; ~⟩ sangsue *f*
Egerling ['e:gərlɪŋ] *m* ⟨~s; ~e⟩ *regional* champignon *m* de Paris
Egge ['ɛgə] *f* ⟨~; ~n⟩ **1.** AGR 'herse *f*; **2.** COUT (*Webkante*) lisière *f*
'eggen *v/t u v/i* (*h*) 'herser
E'G-|Kommission *f* Commission européenne; Commission *f* de la C.E.; ~**Ministerrat** *m* Conseil *m* des ministres (de la C.E.)
Ego ['e:go] *n* ⟨~; ~s⟩ PSYCH ego *m*; ~**ismus** *m* ⟨~⟩ égoïsme *m*; ~**ist(in)** *m* ⟨~en; ~en⟩ *(f)* ⟨~; ~nen⟩ égoïste *m,f*; 2**istisch** *adj* égoïste
Egon ['e:gɔn] *m* ⟨→*n/pr*⟩ prénom
'Egotrip F *m* égocentrisme *m*; nombrilisme *m*; *auf dem* ~ *sein* faire du nombrilisme
ego'zentrisch *adj* égocentrique
eh [e:] **I** *int* eh!; hé!; **II** *adv* **1.** *bes südd, österr* (*sowieso*) de toute façon; **2.** *seit* ~ *und je* depuis toujours; *wie* ~ *und je* comme toujours

ehe ['e:ə] *conj* avant que ... (+*subj*); *bei gleichem Subjekt* avant de (+*inf*)
'Ehe *f* ⟨~; ~n⟩ mariage *m*; ~ *ohne Trauschein* concubinage *m*; union *f* libre; *in zweiter* ~ en secondes noces; *ein Kind aus erster* ~ un enfant du premier lit, mariage; *e-e* ~ *schließen, eingehen* contracter (un) mariage; se marier; *e-e glückliche* ~ *führen* être heureux en ménage; *die* ~ *brechen* commettre un adultère; *die* ~ *wurde geschieden* les époux ont divorcé
'eheähnlich *adj in einem* ~*en Verhältnis leben* vivre en concubinage
'Ehe|anbahnungsinstitut *n* agence matrimoniale; ~**berater(in)** *m(f)* conseiller, -ère conjugal(e); ~**beratung** *f* consultation conjugale; ~**beratungsstelle** *f* centre *m* de consultation conjugale; ~**bett** *n* lit conjugal; ~**brecher(in)** *m* ⟨~s; ~⟩ *(f)* ⟨~; ~nen⟩ homme *m*, femme *f* adultère; 2**brecherisch** *adj* adultère; ~**bruch** *m* adultère *m*
'ehedem *cf* ehemals
'Ehe|frau *f* épouse *f*; femme *f*; ~**gatte** *st/s m*, ~**gattin** *st/s f* époux *m*, épouse *f*; ~**gespann** *st/s* conjoint(e) *m(f)*; ~**gemahl(in)** *m(f) plais cf* Ehegatte, Ehegattin; ~**gemeinschaft** *f* communauté conjugale
'Ehe|glück *n* bonheur conjugal; ~**hälfte** *f plais* moitié *f*; ~**hindernis** *n* JUR empêchement *m* (au mariage); ~**krach** F *m* scène *f* de ménage; ~**krise** *f* crise conjugale; ~**leben** *n* ⟨~s⟩ vie conjugale; ~**leute** *pl* époux *m/pl*; couple *m*
'ehelich *adj* conjugal; matrimonial; *Kind* légitime; *für* ~ *erklären* légitimer
'ehelichen *st/s v/t* (*h*) épouser
'ehelos *adj* célibataire; 2**igkeit** *f* ⟨~⟩ célibat *m*
'ehemalig *adj* (épithète) ancien, -ienne; *mein* ~*er Mitarbeiter* mon ancien collègue; mon ex-collègue; F *plais mein* 2*er* F mon ex
'ehemals *adv* autrefois; jadis
'Ehe|mann *m* ⟨~(e)s; ~er⟩ mari *m*; ~**mündigkeit** *f* JUR âge requis pour contracter mariage; nubilité *f*
'Ehepaar *n* couple *m*; époux *m/pl*; *junges* ~ jeune couple *m*, ménage *m*
'Ehepartner *m* conjoint *m*
'eher *adv* **1.** (*früher*) plus tôt; avant; auparavant; *je* ~, *je lieber od je* ~, *desto besser* le plus tôt sera le mieux; *er war* ~ *da als du* il y était avant toi; **2.** (*mehr*) plutôt; *ihr Haar ist* ~ *rot* ses cheveux sont plutôt roux; *um so* ~ *muß man darauf achten* il faut y faire d'autant plus attention; **3.** (*lieber*) plutôt; de préférence; ~ *sterben als* ~ plutôt mourir que (de) ...; ~ *würde ich* ... j'aimerais mieux, je préférerais ...; *das schon* ~ plutôt cela; **4.** (*wahrscheinlicher*) *das ist um so* ~ *möglich* c'est plus vraisemblable; *das wird um so* ~ *gehen, als* ... cela ira d'autant plus facilement que ... (+*ind*)
'Ehe|recht *n* droit matrimonial; ~**ring** *m* alliance *f*
ehern ['e:ərn] *st/s adj* d'airain (*a fig*)
'Ehescheidung *f* divorce *m*
'Eheschließung *f* (conclusion *f*, célébration *f* du) mariage *m*; *Zahl der* ~*en* nuptialité *f*
'Ehestand *m* ⟨~(e)s⟩ (état *m* de) mariage *m*; *st/s in den* ~ *treten* entrer dans la vie conjugale
'eheste(r, -s) I *adj* le plus tôt possible; **II** *adv diese Kirschen sind am* ~*n reif* ces cerises mûrissent les premières; *sich am* ~*n zurechtfinden, wenn* ... s'y retrouver le plus facilement si ...
'ehestens *cf* frühestens
'Ehe|streit *m* querelle(s) *f(pl)* de ménage; ~**tragödie** *f* drame conjugal; ~**vermittlung** *f*, ~**vermittlungsbüro** *n* agence matrimoniale; ~**versprechen** *n* promesse *f* de mariage; ~**vertrag** *m* contrat *m* de mariage
'Ehr|abschneider *m* diffamateur *m*; calomniateur *m*; 2**bar** *st/s adj* (*angesehen*) honorable; respectable; (*rechtschaffen*) honnête; ~**barkeit** *f* ⟨~⟩ honorabilité *f*; honnêteté *f*; ~**begriff** *m* notion *f* d'honneur
Ehre ['e:rə] *f* ⟨~; ~n⟩ honneur *m*; (*guter Name, Ruf*) bonne réputation; (*Lob, Ruhm*) gloire *f*; *auf* ~ *und Gewissen!* sur mon honneur et ma conscience!; *Ihr Wort in* (*allen*) ~*n, aber* ... sauf votre respect, ...; *hoch in* ~*n stehen* être tenu en 'haute estime; *in* ~*n halten* (*achten*) respecter; *Geschenk* conserver, garder avec soin; *j-s Andenken in* ~*n halten* honorer la mémoire de qn; *s-e* ~ *daransetzen, zu* (+*inf*) mettre un, son point d'honneur à (+*inf*); *j-m, e-r Sache zu* ~*n* en l'honneur de qn, qc; *st/s das gereicht dir zur* ~ cela te fait honneur; *zu s-r* ~ *sei gesagt, daß* ... disons à son honneur que ... *damit wirst du keine* ~ *einlegen* cela ne te fera pas honneur; *j-m die letzte* ~ *erweisen* rendre les derniers honneurs à qn; *mit militärischen* ~*n* avec les honneurs militaires; ~ *sei Gott in der Höhe!* gloire à Dieu au plus 'haut des cieux!; *prov, wem* ~ *gebührt* prov à tout seigneur tout honneur; *es ist mir e-e* ~, *zu* (+*inf*) cela m'est un honneur de (+*inf*); *mit wem habe ich die* ~ (*zu sprechen*)? à qui ai-je l'honneur (de parler)?; *südd, österr habe die* ~! bien le bonjour!
'ehren *v/t* (*h*) honorer (*mit, durch* de); (*Ehre erweisen*) rendre honneur à; (*achten*) respecter; *Ihr Vertrauen ehrt mich* votre confiance m'honore; *Briefanfang Sehr geehrter Herr X*, ... (Cher) Monsieur, ...
'Ehrenamt *n* charge *f*, fonction *f* honorifique
'ehrenamtlich I *adj Tätigkeit* honorifique; *a Helfer etc* bénévole; **II** *adv* à titre honorifique; (*freiwillig*) bénévolement
'Ehren|bezeigung *f* honneurs rendus; honneurs *m/pl* (militaires); ~**bürger(-in)** *m(f)* citoyen, -enne *m,f* d'honneur
'Ehrenbürgerrecht *n* citoyenneté *f* d'honneur; *j-m das* ~ *verleihen* nommer qn citoyen d'honneur
'Ehren|doktor *m* docteur *m* honoris causa; ~**formation** *f* formation *f* d'honneur; ~**garde** *f* garde *f* d'honneur; ~**gast** *m* invité *m* d'honneur; ~**geleit** *n* cortège *m*, escorte *f* d'honneur; ~**gericht** *n* tribunal *m* d'honneur
'ehrengerichtlich *adj* du tribunal d'honneur; *Verfahren* disciplinaire
'ehrenhaft *adj* honorable; respectable; 2**igkeit** *f* ⟨~⟩ honorabilité *f*
'ehrenhalber *adv* honoris causa

'**Ehren|kodex** *m* code *m*, règles *f/pl* de l'honneur; **~legion** *f* Légion *f* d'honneur; **~mal** *n* ⟨~(e)s; ~e *ou* ~er⟩ monument *m* aux morts; **~mann** *m* ⟨~(e)s; ~er⟩ homme *m* d'honneur, de bien; **~mitglied** *n* membre *m* honoraire; **~platz** *m* place *f* d'honneur; **~präsident(in)** *m(f)* président(e) *m(f)* honoraire, d'honneur
'**Ehrenpreis**[1] *m* prix *m* d'honneur
'**Ehrenpreis**[2] *n od m* ⟨~es; ~⟩ BOT véronique *f*
'**Ehrenrechte** *n/pl bürgerliche* ~ droits *m/pl* civiques
'**Ehrenrettung** *f* réhabilitation *f*; *zu ihrer* ~ pour sauver son honneur
'**ehrenrührig** *adj* qui porte atteinte à l'honneur; injurieux, -ieuse; diffamant; *Rede, Schrift* diffamatoire; outrageant
'**Ehrenrunde** *f* tour *m* d'honneur; *e-e* ~ *drehen* SPORT faire un tour d'honneur; SCHULE *iron* redoubler
'**Ehrensache** *f* affaire *f* d'honneur; F *(das ist doch)* ~*!* tu peux compter sur moi! *bzw* nous!
'**Ehren|salut** *m* salve *f* d'honneur; **~spalier** *n* 'haie *f* d'honneur
'**Ehrentag** *st/s m Jahrestag* anniversaire *m*; *Gedenktag* journée commémorative; *heute war ein* ~ *für ihn* aujourd'hui il était à l'honneur
'**Ehren|tanz** *m* tour *m* d'honneur (à la danse); **~titel** *m* titre *m* honorifique; **~tor** *n* SPORT but *m* qui sauve l'honneur; **~tribüne** *f* tribune *f* d'honneur; **~urkunde** *f* diplôme *m* d'honneur
'**ehrenvoll I** *adj* honorable; **II** *adv* ~ *erwähnt werden* remporter une mention honorable
'**Ehren|vorsitz** *m* présidence *f* honoraire; **~vorsitzende(r)** *f(m) cf Ehrenpräsident(in)*; ²**wert** *adj* honorable; respectable; *(rechtschaffen)* honnête
'**Ehrenwort** *n* ⟨~(es); ~e⟩ parole *f* d'honneur; ~*!* parole (d'honneur)!
ehr|erbietig ['eːrʔɛrbiːtɪç] *st/s adj* déférent; respectueux, -euse; ²**erbietigkeit** *st/s f* ⟨~⟩, ²**erbietung** *f* ⟨~⟩ déférence *f*; (témoignage *m* de) respect *m*
'**Ehrfurcht** *f* (profond) respect; vénération *f*; ~ *gebieten* imposer le respect; *j-m* ~ *einflößen* inspirer un profond respect à qn; *aus* ~ *vor* (+*dat*) par respect pour
'**ehr|furchtgebietend** *adjt* qui impose le respect; imposant; **~fürchtig**, **~furchtsvoll** *adj* respectueux, -euse; déférent
'**Ehr|gefühl** *n* ⟨~s⟩ sens *m*, sentiment *m* de l'honneur; **~geiz** *m* ambition *f*
'**ehrgeizig** *adj* ambitieux, -ieuse; ~ *sein* avoir de l'ambition
'**ehrlich I** *adj (aufrichtig)* sincère; franc, -che; *(rechtschaffen)* honnête; intègre; *(anständig)* honorable; ~*e Leute pl* honnêtes gens; *ein* ~*es Spiel spielen* jouer franc jeu; *wenn ich* ~ *bin bzw sein soll, ...* pour être franc, -che, sincère, ...; *pour (vous) dire le fond de ma pensée, ...; prov* ~ *währt am längsten* c'est avec l'honnêteté qu'on va le plus loin; **II** *adv* honnêtement; sincèrement; franchement; *es* ~ *mit j-m meinen* agir honnêtement envers qn; *er hat sich* ~ *bemüht* il s'est vraiment donné du mal; ~ *gesagt* (à parler) franchement

'**Ehr|lichkeit** *f* ⟨~⟩ *(Aufrichtigkeit)* sincérité *f*; franchise *f*; *(Rechtschaffenheit)* honnêteté *f*; intégrité *f*; ²**los** *adj* malhonnête; *p/pl fort* infâme; **~losigkeit** *f* ⟨~⟩ malhonnêteté *f*; *p/pl fort* infamie *f*; **~ung** *f* ⟨~; ~en⟩ cérémonie *f* en l'honneur de qn; honneurs *m/pl*; **~verletzung** *f* atteinte *f* à l'honneur
'**Ehrwürden** CATH *Anrede Euer* ~ mon révérend, ma révérende
'**ehrwürdig** *adj (ehrfurchtgebietend)* respectable; REL révérend
ei [aɪ] *int* **1.** *Erstaunen* oh!; tiens!; ~, ~*!* tiens! tiens!; ~, *wer kommt denn da?* tiens! tiens! qui vient là?; **2.** *enf* ~ (~) *machen (streicheln)* faire des câlins
Ei *n* ⟨~(e)s; ~er⟩ **1.** œuf *m*; *weich-(gekocht)es* ~ œuf à la coque; *hart-(gekocht)es* ~ œuf dur; ~*er legen* pondre (des œufs); *das* ~ *des Kolumbus* l'œuf de Christophe Colomb; *aus dem* ~ *schlüpfen* sortir de l'œuf; éclore; F *wie auf* ~*ern gehen* (avoir l'air de) marcher sur des œufs; F *wie aus dem* ~ *gepellt* tiré à quatre épingles; *sich (dat) gleichen wie ein* ~ *dem andern* se ressembler comme deux gouttes d'eau; *man muß ihn wie ein rohes* ~ *behandeln* avec lui il faut mettre des gants; F *das sind doch ungelegte* ~*er!* l'affaire n'est pas mûre, voyons!; F *ach, du dickes* ~*!* F mince alors!; *das* ~ *will klüger sein als die Henne* c'est Gros-Jean qui veut en remontrer à son curé; **2.** BIOL ovule *m*; **3.** P *pl* ~*er (Hoden)* P couilles *f/pl*; **4.** F *sechzig* ~*er (Mark)* soixante marks
Eibe ['aɪbə] *f* ⟨~; ~n⟩ BOT if *m*
Eibisch ['aɪbɪʃ] *m* ⟨~(e)s; ~e⟩ BOT guimauve *f*
'**Eichamt** *n* bureau *m* de vérification des poids et mesures
Eiche ['aɪçə] *f* ⟨~; ~n⟩ chêne *m*
Eichel ['aɪçəl] *f* ⟨~; ~n⟩ **1.** BOT, ANAT gland *m*; **2.** *Spielkartenfarbe* trèfle *m*; ²**förmig** *adj* en forme de gland; **~häher** *m* ⟨~s; ~⟩ ZO geai *m*
eichen[1] ['aɪçən] *adj (épithète)* en (bois de) chêne; de chêne
'**eichen**[2] *v/t* ⟨h⟩ étalonner; *Hohlkörper* jauger; F fig *auf etw (acc) geeicht sein* (bien) s'y connaître en qc
'**Eichen|blatt** *n* feuille *f* de chêne; **~laub** *n* feuillage *m* du chêne; **~wald** *m* forêt *f* de chênes; *kleiner* chênaie *f*
Eich|hörnchen ['aɪçhœrnçən] *n* écureuil *m*; **~kätzchen** *n*, **~katze** *f regional cf Eichhörnchen*
'**Eich|maß** *n* étalon *m*; *für Hohlkörper* jauge *f*; **~strich** *m* marque *f* d'étalonnage
Eid [aɪt] *m* ⟨~(e)s; ~e⟩ serment *m*; *e-n* ~ *leisten, ablegen, schwören* prêter serment (*auf* [+*acc*] sur); *etw auf s-n* ~ *nehmen* se porter garant de qc; *unter* ~ *aussagen, stehen* déposer, être sous (la foi du) serment; *an* ~*es Statt erklären* déclarer solennellement; certifier sur l'honneur
'**Eidbruch** *m* violation *f* de serment; parjure *m*
'**eidbrüchig** *adj* parjure; ~ *werden* violer son serment; se parjurer
Eidechse ['aɪdɛksə] *f* ⟨~; ~n⟩ lézard *m*
Eider|daunen ['aɪdərdaʊnən] *f/pl* duvet *m* (d'eider); **~ente** *f* eider *m*
'**Eides|belehrung** *f* avertissement *m* sur

la portée du serment; **~formel** *f* formule *f* du serment
'**eidesstattlich** *adj* ~*e Erklärung* déclaration *f* tenant lieu de serment
'**Eid|genosse** *m*, **~genossin** *f* citoyen, -enne *m.f* suisse; *die Eidgenossen a* les Suisses
'**Eidgenossenschaft** *f die Schweizerische* ~ la Confédération helvétique
'**eidgenössisch** *adj* fédéral (suisse)
'**eidlich I** *adj* sous (la foi du) serment; ~*e Aussage* déposition *f* sous serment; **II** *adv* par, sous serment
'**Eidotter** *m* jaune *m* d'œuf
'**Eier|becher** *m* coquetier *m*; **~briketts** *n/pl* boulets *m/pl* (de charbon); **~frucht** *f* aubergine *f*; **~handgranate** *f* grenade *f* à main (ovoïde); **~kocher** *m* ⟨~s; ~⟩ coquetière *f*; **~kohle** *f* ⟨~; ~n⟩ boulets *m/pl* (de charbon); **~kopf** *m* **1.** F *Kopf* F tête *f* d'œuf; **2.** *fig péj (Intellektueller)* F intello *m,f*; **~kuchen** *m* omelette *f*; **~laufen** *n* course *f* aux œufs; **~legen** *n* ponte *f*
'**eierlegend** *adjt sc* ovipare; ~*e Henne* (poule) pondeuse *f*
'**Eier|likör** *m* liqueur *f* aux œufs; **~löffel** *m* cuillère *f* à œuf
eiern ['aɪərn] F *v/i* ⟨-(e)re⟩ **1.** ⟨h⟩ *Rad* être voilé; *Schallplatte* être gondolé; **2.** ⟨sein⟩ *Mensch* F tanguer; tituber
'**Eier|nudeln** *f/pl* pâtes *f/pl* aux œufs; **~pfannkuchen** *m* crêpe (épaisse); matefaim *m*; **~schale** *f* coquille *f* d'œuf; **~schneider** *m* coupe-œufs *m*; **~schwamm** *m*, **~schwammerl** *n* ⟨~s; ~n⟩ *bes österr* chanterelle *f*; girolle *f*; **~speise** *f/pl* œufs *m/pl*; plat *m* aux œufs; *österr (Rührei)* œufs brouillés; **~stich** *m* ⟨~(e)s⟩ CUIS royale *f*; **~stock** *m* ANAT, ZO ovaire *m*; **~stockentzündung** *f* MÉD inflammation *f* des ovaires; *sc* ovarite *f*
'**Eiertanz** *m* F *e-n* ~ *aufführen* se tortiller, faire des contorsions (pour se sortir d'une situation pénible)
'**Eieruhr** *f* sablier *m*
Eifer ['aɪfər] *m* ⟨~s⟩ zèle *m*; *p/pl fort* ardeur *f*; *(Übersturzung)* empressement *m*; *im* ~ *des Gefecht(e)s* dans le feu de l'action; *mit* ~ *bei der Sache sein* être tout (entier) à son affaire; *prov blinder* ~ *schadet nur* qui trop se hâte reste en chemin
'**Eiferer** *m* ⟨~s; ~⟩ fanatique *m,f*; *litt* zélateur *m*
'**eifern** *v/i* ⟨-(e)re, h⟩ *für etw* ~ s'enflammer pour qc; *gegen etw* ~ s'emporter contre qc; *st/s nach etw* ~ *(streben)* aspirer ardemment à qc
'**Eifersucht** *f* ⟨~⟩ jalousie *f* (*auf j-n* contre qn)
'**eifersüchtig I** *adj* jaloux, -ouse; *auf j-n* ~ *sein* être jaloux, -ouse de qn; jalouser qn; **II** *adv* ~ *über etw (acc) wachen* garder jalousement qc
'**Eifersuchts|drama** *n* drame *m* de la jalousie; **~szene** *f* scène *f* de jalousie
eiförmig ['aɪfœrmɪç] *adj* ovale
eifrig ['aɪfrɪç] **I** *adj* zélé; *(fleißig)* appliqué; **II** *adv* avec zèle; avec empressement; avec application; *sich* ~ *bemühen (um)*, ~ *bestrebt sein (zu)* s'appliquer avec zèle (à); s'efforcer avec ardeur (de)
'**Eigelb** *n* ⟨~s; ~e, *mais 3* ~⟩ jaune *m* d'œuf; *mit* ~ *bestreichen* dorer (avec du jaune d'œuf)

eigen ['aɪgən] *adj* **1.** ⟨*épithète*⟩ possessif propre; à soi; personnel, -elle; *ein ~es Zimmer haben* avoir sa propre chambre, une chambre à soi; *meine ~e Tochter hat mich belogen* ma propre fille m'a menti; *sein ~er Herr sein* être son propre maître; *auf ~e Verantwortung* sous ma, ta, *etc* propre responsabilité; *auf ~e Gefahr* à mes, tes, *etc* risques et périls; *aus ~em Antrieb* de mon, ton, *etc* propre chef; de ma, ta, *etc* propre initiative; *mit ~en Augen* de mes, tes, *etc* propres yeux; *sein ~es Wort nicht verstehen* ne pas pouvoir s'entendre; *sich* (*dat*) *etw zu ~ machen* s'approprier qc; *fig* adopter qc; *st/s etw sein ~ nennen* être propriétaire de qc; **2.** (*eigentümlich*) particulier, -ière; (*typisch*) caractéristique; *mit dem Leichtsinn, der ihn ~ ist, mit dem ihm ~en Leichtsinn* avec la légèreté qui lui est propre, qui le caractérise; *von ~em Reiz* d'un charme (tout) particulier; **3.** (*sonderbar*) étrange; singulier, -ière; original; **4.** *regional* (*sorgsam*) méticuleux, -euse; (*penibel*) exigeant
'**Eigenart** *f* particularité *f*; trait distinctif; caractère *m* spécifique
'**eigenartig** *adj* singulier, -ière; étrange; curieux, -ieuse; bizarre
'**Eigenartigkeit** *f* ⟨~⟩ singularité *f*; étrangeté *f*
'**Eigenbau** *m* ⟨~(e)s⟩ F *Marke ~* (de) fabrication *f* maison
'**Eigen|bedarf** *m* besoins *m/pl* propres (à qn), *e-s Landes* nationaux; *~bewegung* *f* ASTR mouvement *m* propre; *~blutbehandlung* *f* MÉD autohémothérapie *f*
'**Eigen|brötler(in)** ['aɪgənbrø:tlər(ɪn)] *m* ⟨~s; ~⟩ (*f*) ⟨~; ~nen⟩ original(e) *m*(*f*); ⟨2brötlerisch *adj* original; solitaire; *~dynamik* *f* dynamique *f* propre; *~finanzierung* *f* autofinancement *m*; *~gesetzlichkeit* *f* lois propres, spéciales; *~gewicht* *n* poids *m* propre; *e-s Fahrzeuges* poids mort
'**eigenhändig** ['aɪgənhɛndɪç] *adj u adv* de ma, ta, (propre) main, *Testament t/t* olographe; *~e Unterschrift* autographe *m*; *~ unterzeichnen* signer de sa main
'**Eigen|heim** *n* maison individuelle; *~heit* *f* ⟨~; ~en⟩ singularité *f*; originalité *f*; particularité *f*; *~initiative* *f* initiative personnelle; *~kapital* *n* capital *m* propre; *~leben* *n* ⟨~s⟩ vie personnelle
'**Eigenliebe** *f* (*Egoismus*) égoïsme *m*; (*Selbstgefälligkeit*) infatuation *f*; *j-s ~ kränken* blesser l'amour-propre de qn
'**Eigenlob** *n* éloge *m* de soi; F *~ stinkt* l'éloge de soi est détestable
'**eigenmächtig I** *adj* arbitraire; **II** *adv ~ handeln* agir d'autorité, de sa propre autorité
'**Eigenmächtigkeit** *f* ⟨~; ~en⟩ **1.** ⟨*sans pl*⟩ autoritarisme *m*; **2.** *~en* actes *m/pl* d'autorité
'**Eigenname** *m* nom *m* propre
'**Eigennutz** *m* ⟨~es⟩ intérêt personnel, particulier; *p/fort* égoïsme *m*; *aus ~* dans un but intéressé
'**eigennützig I** *adj* qui est près de ses intérêts; intéressé; *p/fort* égoïste; **II** *adv* par intérêt
'**Eigennützigkeit** *f* ⟨~⟩ *cf* **Eigennutz**

'**eigens** *adv* exprès; spécialement; particulièrement; *~ zu diesem Zweck* spécialement à cet effet, dans ce but
'**Eigenschaft** *f* ⟨~; ~en⟩ qualité *f*; caractérisierende (trait *m* de) caractère *m*; attribut *m*; PHYS, CHIM propriété *f*; *in s-r ~ als* en (sa) qualité de; à titre de
'**Eigen|schaftswort** *n* ⟨~(e)s; ~wörter⟩ GR adjectif (qualificatif); *~sinn* *m* ⟨~(e)s⟩ entêtement *m*; obstination *f*
'**eigen|sinnig** *adj* entêté; buté; obstiné; opiniâtre; *~staatlich* *adj* POL indépendant; autonome; souverain; *~ständig* *adj* autonome; ⟨2**ständigkeit** *f* ⟨~⟩ autonomie *f*; *~süchtig* *adj* égoïste
'**eigentlich I** *adj* ⟨*épithète*⟩ véritable; vrai; proprement dit; *im ~en Sinne* au sens propre; *der ~e Wert* la valeur intrinsèque; **II** *adv* à vrai dire; proprement (dit); en réalité; *das müßtest du ~ wissen* au fond tu devrais le savoir; *~ sollte sie kommen, aber ...* en fait elle devait venir mais ...; *was willst du ~?* qu'est-ce que tu veux en réalité?; *was willst du ~ sagen?* que veux-tu dire au juste?; *weißt du ~, daß ...?* (*übrigens*) à propos, sais-tu que ...?; (*wenigstens*) sais-tu au moins que ...?; te rends-tu compte que ...?; *spielst du ~ immer noch Tennis?* au fait, (est-ce que) tu joues encore au tennis?; *~ nicht, aber ...* pas vraiment, mais ...
'**Eigentor** *n* SPORT but marqué dans ses propres filets; *ein ~ schießen* marquer un but contre sa propre équipe; *fig* nuire à soi-même
'**Eigentum** *n* ⟨~(e)s⟩ propriété *f*; *gemeinsames ~* copropriété *f*; *öffentliches ~* domaine public; *geistiges ~* propriété intellectuelle; *fremdes ~* bien *m* d'autrui; *bewegliches ~* biens meubles; *unbewegliches ~* biens immeubles; propriété immobilière; *das ist mein persönliches ~* cela m'appartient personnellement
Eigentümer(in) ['aɪgəntyːmər(ɪn)] *m* ⟨~s; ~⟩ (*f*) ⟨~; ~nen⟩ propriétaire *m*,*f*
eigentümlich ['aɪgəntyːmlɪç] *adj* **1.** (*eigen*) particulier, -ière; caractéristique; propre; **2.** (*seltsam*) singulier, -ière; étrange; curieux, -ieuse; bizarre
'**Eigentümlichkeit** *f* ⟨~; ~en⟩ **1.** (*unterscheidende Eigenschaft*) particularité *f*; trait distinctif; caractéristique *f*; **2.** (*Sonderbarkeit*) singularité *f*; étrangeté *f*
'**Eigentums|delikt** *n* JUR délit *m* contre la propriété; *~recht* *n* droit *m* de propriété; *~urkunde* *f* titre *m* de propriété; *~vorbehalt* *m* JUR réserve *f* de propriété; *~wohnung* *f* appartement *m* en copropriété
'**eigenverantwortlich** *adj u adv* sous ma, ta, *etc* propre responsabilité
'**Eigen|verbrauch** *m* COMM autoconsommation *f*; (*eigener Verbrauch*) consommation personnelle; *~wärme* *f* BIOL chaleur *f* propre; ⟨2**willig** *adj* **1.** (*eigensinnig*) volontaire; entêté; **2.** (*ungewöhnlich*) particulier, -ière; spécial; *~willigkeit* *f* ⟨~⟩ **1.** (*Eigensinnigkeit*) entêtement *m*; **2.** (*Besonderheit*) particularité *f*
eignen ['aɪgnən] *v/réfl* ⟨h⟩ *sich ~* convenir (*für* à; *als* comme); *Personen a* avoir les qualités requises (*für* pour; *als* pour être)
'**Eignung** *f* ⟨~⟩ qualification *f*; aptitude *f*

'**Eignungs|prüfung** *f*, *~test* *m* test *m* d'aptitude
Ei|haut *f* ZO, ANAT chorion *m*; *~klar* *n* ⟨~s; ~⟩ österr *cf* **Eiweiß 1.**
Eiland ['aɪlant] *poét n* ⟨~(e)s; ~e⟩ île *f*; îlot *m*
'**Eilbote** *m* *durch ~n* par exprès
'**Eilbrief** *m* lettre *f* exprès
Eile ['aɪlə] *f* ⟨~⟩ 'hâte *f*; *in aller ~* à toute vitesse; en (toute) 'hâte; *in (großer) ~ sein* être (très) pressé; *die Sache hat keine ~* cela ne presse pas; *es hat keine ~* rien ne presse
'**Eileiter** *m* trompe utérine; *bei Tieren* oviducte *m*; *~schwangerschaft* *f* grossesse *f* tubaire, *par ext* extra-utérine
eilen *v/i* ⟨sein⟩ se presser; se dépêcher; se 'hâter; *j-m zu Hilfe ~* voler au secours de qn; *er eilte nach Hause* il courut à la maison; *prov eile mit Weile* 'hâte-toi lentement; **II** *v/réfl* ⟨h⟩ *cf* **sich beeilen**; **III** *v/imp* ⟨h⟩ *es eilt* cela presse; c'est urgent; *mit der Bestellung eilt es* il est urgent de passer la commande
'**eilends** *adv* à la hâte; en 'hâte
'**eilfertig I** *adj* (*vorschnell*) précipité; (*dienstbeflissen*) empressé; **II** *adv* (*vorschnell*) avec précipitation; (*dienstbeflissen*) avec empressement
'**Eil|fertigkeit** *st/s* *f* ⟨~⟩ précipitation *f*; empressement *m*; *~gut* *n* BAHN marchandises (expédiées) en régime accéléré
'**eilig I** *adj* pressé; *Sachen a* pressant; urgent; *es ~ haben* être pressé; *nichts ⟨2eres zu tun haben als zu* (+*inf*) n'avoir rien de plus pressé à faire que de (+*inf*); **II** *adv* en 'hâte; vite
'**Eilmarsch** *m* MIL marche forcée
'**Eilschritt** *m* *im ~* au pas de course
'**Eilsendung** *f* envoi *m* exprès
'**Eiltempo** *n* F *im ~* F en quatrième vitesse
'**Eilverfahren** *n* JUR procédure *f* à jour fixe; *fig im ~* sommairement
'**Eil|zug** *m* etwa (train *m*) express *m*; *~zustellung* *f* remise *f* par exprès
Eimer ['aɪmər] *m* ⟨~s; ~⟩ seau *m*; TECH *e s Baggers etc* godet *m*; F *im ~ sein* être fichu, foutu; F *es gießt wie aus ~n* il pleut à seaux
'**Eimer(ketten)bagger** *m* excavateur *m*, drague *f* (à chaîne) à godets
'**eimerweise** *adv* par seaux
ein¹ [aɪn] **I** *unbestimmter Artikel* ⟨*f* eine⟩ un *bzw* une; *~es Abends* un soir; *st/s ~ jeder* chacun; *welch ~ Glück!* quelle chance!; F *hab' ich ~en Hunger!* qu'est-ce que j'ai faim!; *er hat ~ spitzes Kinn* il a le menton pointu; **II** *num/c* **1.** *adjt* ⟨*f* eine⟩ un *bzw* une; *mit ~em Schlag* d'un seul coup; **2.** *subst* ⟨*m* einer, *f* eine, *n* ein(e)s⟩ un *bzw* une; *~e von beiden* l'une des deux; *~s von beiden* de deux choses l'une; *~er für alle und alle für ~en* tous pour un et un pour tous; *cf a* **eins¹**; **3.** ⟨*inv*⟩ *~ bis zwei Tage* un à deux jours; *~ und derselbe* une seule et même personne; *wir sind ~ und derselben Meinung* nous sommes exactement du même avis; *~ für allemal* une fois pour toutes; une bonne fois; *sein ~ und alles* tout ce qu'il a de plus cher; toute sa raison de vivre; **III** *pr/ind* ⟨*m* einer, *f* eine, *n* ein(e)s⟩ *der ~e oder der andere* l'un

ein – eindeutschen

ou l'autre; *die ~en ..., die anderen ... les uns ..., les autres ...*; *~er nach dem ander(e)n* l'un après l'autre; à tour de rôle; *~s ums andere* un sur deux; *manch ~er* plus d'un; F *was für ~e, ~er, ~s?* lequel bzw laquelle?; *wenn ~er behauptet ...* lorsque l'on prétend ...; *es kommt ~em fremd vor* cela vous paraît étrange; F *du bist mir (vielleicht) ~er!* F et ben toi alors!; quel type tu fais!; F *sieh mal ~er an!* F voyez-moi ça!; *das läuft auf ~s hinaus* cela revient au même; *~s muß ich sagen: ...* il faut que je dise une chose: ...; *die Gefahr bemerken und auf die Bremse treten war ~s* voir le danger et appuyer sur le frein fut l'affaire d'une seconde; F *mit so ~em verkehrst du?* tu fréquentes un type pareil?; F *~en trinken* boire un coup; F *hau ihm ~e 'runter!* fiche-lui une gifle!

ein² *adv* **1.** *nicht mehr ~ und aus wissen* ne plus savoir où donner de la tête; *bei j-m ~ und aus gehen* avoir ses entrées chez qn; **2.** *an Geräten ~* marche

ein..., Ein... *cf a* **acht...**, **Acht...**

'**Einakter** *m* ⟨~s; ~⟩ pièce *f* en un acte

einander [aɪ'nandər] *pr réciproque acc* l'un(e) l'autre bzw les un(e)s les autres; *dat* l'un(e) à l'autre bzw les un(e)s aux autres; *acc u dat* réciproquement, mutuellement

'**einarbeiten** ⟨-ete, *sép*, -ge-, h⟩ **I** *v/t* **1.** *in Arbeit* initier (à un travail); mettre au courant (d'un travail); **2.** (*einfügen*) *~ (in* [+acc]) *Text etc* insérer (dans); *in Holz* marqueter; **II** *v/réfl sich ~* se mettre au courant (d'un travail); s'initier (à un travail)

'**Einarbeitung** *f* ⟨~⟩ mise *f* au courant; entraînement *m*, initiation *f (in* [+acc] à)

'**Einarbeitungszeit** *f* période *f* d'initiation, d'adaptation

'**einarmig** *adj (nur e-n Arm besitzend)* manchot, -otte; *(nur e-n Arm benutzend)* d'un (seul) bras

ein|äschern ['aɪnˀɛʃərn] *v/t* ⟨-(e)re, *sép*, -ge-, h⟩ réduire en cendres; *Leichen* incinérer; ♀**äscherung** *f* ⟨~; ~en⟩ incinération *f*; crémation *f*; *~***atmen** ⟨-ete, *sép*, -ge-, h⟩ **I** *v/t durch die Nase* inspirer; *durch den Mund* aspirer; *Gas, Rauch etc* respirer; inhaler; **II** *v/i* respirer

einäugig ['aɪnˀɔʏɡɪç] *adj* borgne, OPT monoculaire

'**Einäugige(r)** *f(m)* ⟨→ A⟩ borgne *m,f*; *prov unter Blinden ist der ~ König* au royaume des aveugles les borgnes sont rois

'**Einbahnstraße** *f* (rue *f* à) sens *m* unique

'**einbalsamieren** *v/t* ⟨*sép, pas de ge-*, h⟩ embaumer

'**Ein|balsamierung** *f* ⟨~; ~en⟩ embaumement *m*; *~***band** *m* reliure *f*; *~***bau** *m* ⟨~(e)s⟩ encastrement *m*; *von Maschinen, Apparaten* montage *m*; mise *f* en place; *~***bauelement** *n* élément *m* encastrable

'**einbauen** *v/t* ⟨*sép*, -ge-, h⟩ *Möbel* incorporer; encastrer; *Geräte* monter; installer

'**Einbauküche** *f* cuisine *f* intégrée; cuisine *f* par éléments

'**Einbaum** *m* pirogue *f*

'**Einbau|möbel** *n/pl* meubles encastrés; *~***schrank** *m* placard *m*; *~***spüle** *f* évier *m* encastrable

'**ein|begreifen** *st/s v/t* ⟨*irr, sép, pas de ge-*, h⟩ comprendre; inclure; *(voraussetzen)* impliquer; *~***begriffen** *adj* (y) compris; *~***behalten** *v/t* ⟨*irr, sép, pas de ge-*, h⟩ retenir; déduire; *Sozialbeiträge etc* retenir (à la source)

'**einbeinig** *adj (nur ein Bein besitzend)* unijambiste; *Tisch* à un seul pied; *(nur ein Bein benutzend)* sur une, d'une (seule) jambe

'**ein|berufen** *v/t* ⟨*irr, sép, pas de ge-*, h⟩ *Versammlung, Konferenz* convoquer, réunir; MIL appeler sous les drapeaux; ♀**berufung** *f e-r Versammlung* convocation *f*; MIL appel *m* (sous les drapeaux); ♀**berufungsbefehl** *m*, ♀**berufungsbescheid** *m* MIL (ordre *m* d')appel *m* sous les drapeaux; *~***betonieren** *v/t* ⟨*sép, pas de ge-*, h⟩ encastrer, sceller dans du béton

'**einbetten** *v/t* ⟨-ete, *sép*, -ge-, h⟩ **1.** TECH *~ (in* [+acc]) encastrer (dans); gänzlich noyer (dans) (*in a Gießerei*); *Dorf etc im Grün eingebettet* noyé dans la verdure; *fig Person in e-e Gemeinschaft eingebettet* intégré à *ou* dans une collectivité

'**Ein|bettzimmer** *n* chambre *f* à un lit; ♀**beulen** *v/t* ⟨*sép*, -ge-, h⟩ bosseler; cabosser; ♀**beziehen** *v/t* ⟨*irr, sép, pas de ge-*, h⟩ *~ (in* [+acc]) faire entrer (dans); comprendre (dans); associer (à); inclure (dans)

'**Einbeziehung** *f* ⟨~⟩ association *f*; insertion *f*; intégration *f*; *unter ~ von* y compris; inclusivement

'**einbiegen** *v/i* ⟨*irr, sép*, -ge-, sein⟩ tourner (*links, rechts* à gauche, à droite; *in* [+acc] dans); s'engager (*in* [+acc] dans)

'**einbilden** *v/réfl* ⟨*sép*, -ge-, h⟩ **1.** *(sich vorstellen) sich ~ (dat) etw ~* s'imaginer, se figurer qc; *das bildest du dir nur ein* tu te fais des idées; **2.** F *(übermäßig stolz sein) darauf kannst du dir etwas ~* tu peux en être fier; *sich (dat) viel auf etw (acc) ~* tirer vanité de qc; se piquer de (+inf); F *was bildest du dir eigentlich ein?* mais enfin, qu'est-ce que tu (t')imagines?

'**Einbildung** *f* ⟨~; ~en⟩ **1.** imagination *f*; *par ext* illusion *f*; **2.** *(sans pl) (Überheblichkeit)* prétention *f*; vanité *f*; fatuité *f*

'**Einbildungskraft** *f* (pouvoir *m* d')imagination *f*

'**ein|binden** *v/t* ⟨*sép*, -ge-, h, *~ (in* [+acc]) **1.** *Buch* relier (en); **2.** *(einwickeln)* envelopper (dans); **3.** *fig (einbeziehen)* intégrer (dans, à); ♀**bindung** *f* intégration *f (in* [+acc] dans, à)

'**einblenden** *v/t* ⟨*sép*, -ge-, h⟩ **I** *v/t ~ (in* [+acc]) FILM, TV, RAD insérer (dans); intercaler (dans); *Filmszene etc* faire apparaître en fondu (dans); *Ton* faire apparaître progressivement (dans); **II** *v/réfl sich ~ (in* [+acc]) se brancher (sur)

einbleuen ['aɪnblɔʏən] *v/t* ⟨*sép*, -ge-, h⟩ F *j-m etw ~* inculquer qc à qn; F enfoncer qc dans la tête de qn

'**Einblick** *m* vue *f*, *fig* connaissance *f*; flüchtiger aperçu *m*; (*j-m*) *~ gewähren in etw* (*acc*) autoriser (qn) à prendre connaissance de qc; *~ nehmen in etw* (*acc*) *~ haben* connaître qc

'**einbrechen** *v/i* ⟨*irr, sép*, -ge-⟩ **I** *v/t* ⟨h⟩ enfoncer; défoncer; **II** *v/i* ⟨sein⟩ **1.** *auf dem Eis* s'enfoncer (dans l'eau); **2.** ⟨h, *avec in sein*⟩ *in ein Haus* pénétrer par effraction (*in etw* [+acc] dans qc); cambrioler (*in etw* [+acc] qc); **3.** *Wolf in e-e Herde, Wasser etc* faire irruption; **4.** *Dunkelheit* tomber; *mit ~der Nacht* à la nuit tombante

'**Ein|brecher(in)** *m* ⟨~s; ~⟩ (*f*) ⟨~; ~nen⟩ cambrioleur, -euse *m,f*; *~***brenne** *f* ⟨~⟩ *bes südd, österr* CUIS roux *m*

'**einbrennen** *v/t* ⟨*irr, sép*, -ge-, h⟩ *Farben in Glas etc* cuire; *e-m Tier ein Zeichen ~* marquer un animal au fer

'**einbringen** *v/t* ⟨*irr, sép*, -ge-, h⟩ **1.** *Ernte* rentrer; engranger; **2.** *Antrag, Gesetzesvorlage, Klage* déposer; **3.** *Gewinn* rapporter; *Kapital* faire (un) apport de; **4.** *Lob, Kritik etc* valoir; *das bringt nichts ein* cela ne rapporte rien; *das bringt nur Ärger ein* cela ne me, te, etc vaudra que des ennuis

einbrocken ['aɪnbrɔkən] *v/t* ⟨*sép*, -ge-, h⟩ *Brot* tremper; F *j-m etw ~* jouer un mauvais tour à qn; F *da haben wir uns etwas Schönes eingebrockt* nous voilà dans de beaux draps; *prov was man sich (dat) eingebrockt hat, muß man auch auslöffeln prov* qui casse les verres les paie

'**Einbruch** *m* ⟨~(e)s; ~e⟩ **1.** JUR effraction *f*, cambriolage *m* (*in* [+acc] de); **2.** *von Wasser etc* irruption *f*; *der Kälte* offensive *f*; *bei ~ der Dunkelheit* à la nuit tombante

'**einbruch(s)sicher** *adj Schloß* incrochetable; *Haus etc* difficile à cambrioler

'**einbuchten** F *v/t* ⟨-ete, *sép*, -ge-, h⟩ *(einsperren)* F coffrer

'**einbuddeln** F *v/t* ⟨-(e)le, *sép*, -ge-, h⟩ *cf* **eingraben**

'**einbürgern** ⟨-(e)re, *sép*, -ge-, h⟩ **I** *v/t* JUR naturaliser; *Sitten* introduire; **II** *v/réfl sich ~ Sitten, Methode* s'implanter; passer dans l'usage

'**Einbürgerung** *f* ⟨~; ~en⟩ JUR naturalisation *f*; *von Sitten* introduction *f*; implantation *f*

'**Einbuße** *f* dommage *m*; perte *f* (*an* [+dat] de); *erhebliche ~n erleiden* subir des pertes considérables

'**einbüßen** *v/t u v/i* ⟨-(es)t, *sép*, -ge-, h⟩ *an Wert ~* perdre de sa valeur

'**einchecken** ⟨*sép*, -ge-, h⟩ AVIAT **I** *v/t* enregistrer; **II** *v/i* se faire enregistrer

'**eincremen** *v/t* (*u v/réfl*) ⟨*sép*, -ge-, h⟩ (*sich*) *~* (s')enduire de crème; *sich (dat) etw ~* se mettre de la crème sur qc

'**eindämmen** *v/t* ⟨*sép*, -ge-, h⟩ *Fluß* endiguer; *Brand* circonscrire; maîtriser; enrayer (*alle a fig*)

'**eindecken** ⟨*sép*, -ge-, h⟩ **I** *v/t* F *j-n mit Arbeit ~* submerger qn de travail; **II** *v/réfl sich ~* s'approvisionner, se ravitailler (*mit* en)

'**Ein|decker** *m* ⟨~s; ~⟩ AVIAT monoplan *m*; ♀**deutig I** *adj* clair; net, nette; sans ambiguïté; **II** *adv* clairement; nettement; sans ambiguïté; *~***deutigkeit** *f* ⟨~⟩ clarté *f*; netteté *f*; précision *f*

'**eindeutschen** *v/t* ⟨*sép*, -ge-, h⟩ germa-

niser; *Rechtschreibung* ~*d für ...* forme allemande pour ...
'**eindicken** ⟨*sép, -ge-*⟩ **I** *v/t* ⟨h⟩ faire épaissir; réduire; **II** *v/i* ⟨sein⟩ *Farbe etc* s'épaissir
'**eindimensional** *adj* à une dimension; *fig* simpliste; sans nuances
'**eindringen** *v/i* ⟨*irr, sép, -ge-, sein*⟩ (*in etw* [*acc*]) ~ pénétrer, entrer par force (dans qc); *sexuell in j-n* ~ pénétrer qn; *in ein Land* ~ faire irruption dans un, envahir un pays; *gewaltsam bei j-m* ~ forcer la porte de qn; *auf j-n* ~ *a fig* assaillir qn
eindringlich I *adj* pressant; insistant; **II** *adv* avec insistance; instamment
'**Ein**|**dringlichkeit** *f* ⟨~⟩ insistance *f*; ~**dringling** *m* ⟨~*s*; ~*e*⟩ intrus *m*
'**Eindruck** *m* ⟨-*s*; ≃*e*⟩ **1.** (*Wirkung*) impression *f*; ~ **machen** faire de l'impression, de l'effet; *e-n guten* ~ *machen* faire (une) bonne impression; faire bon effet; *auf j-n* ~ *machen* impressionner qn; *das machte keinen* ~ *auf sie* cela n'a produit aucun effet sur elle; *den* ~ *erwecken, als ob* ~ donner l'impression de ...; *ich habe den* ~, *daß* ... j'ai l'impression que ...; *unter dem* ~ *von* sous l'effet, sous le coup de; F ~ *schinden* F épater la galerie; **2.** (*Spur*) empreinte *f*; marque *f*
'**eindrücken** *v/t* ⟨*sép, -ge-, h*⟩ *Tür etc* enfoncer; défoncer; *Glasscheibe* casser; *etw Weiches* presser
'**eindrücklich** *schweiz cf* eindrucksvoll
'**eindrucksvoll** *adj* impressionnant; imposant
eine *cf* ein¹
'**einebnen** *v/t* ⟨-*ete, sép, -ge-, h*⟩ *a fig* aplanir; niveler; égaliser
'**Einehe** *f* monogamie *f*
eineiig ['aɪnʔaɪɡ] *adj* ~*e Zwillinge* vrais jumeaux; *BIOL* jumeaux univitellins
einein'halb *num/c* un(e) et demi(e)
'**einengen** *v/t* ⟨*sép, -ge-, h*⟩ *a fig* réduire; restreindre; *sich eingeengt fühlen* se sentir à l'étroit; *sich von etw eingeengt fühlen* se sentir acculé, contraint par qc
'**einer** *cf* ein¹ *II 2., III*
Einer ['aɪnər] *m* ⟨~*s*; ~⟩ **1.** *MATH* unité *f*; **2.** *SPORT* skif(f) *m*
einerlei ['aɪnərlaɪ] *adj* ⟨*inv*⟩ **1.** de la même espèce, nature; la même chose; *mit subst* le *bzw* la même; **2.** (*gleichgültig*) indifférent; *es ist mir* ~ cela m'est égal
'**Einerlei** *n* ⟨~*s*⟩ monotonie *f*; uniformité *f*; *das tägliche* ~ le train-train quotidien
einerseits ['aɪnərzaɪts] *adv* d'un côté (*andererseits* de l'autre, d'un autre côté)
'**eines** *cf* ein¹ *II 2., III*
'**einesteils** *adv* d'une part (*anderenteils* d'autre part)
einfach ['aɪnfax] **I** *adj* simple; (*nicht schwierig*) facile; (*bescheiden*) modeste; ~*e Fahrkarte* aller *m* simple; ~*e Buchführung* comptabilité *f* en partie simple; *es sich* (*dat*) ~ *machen* se faciliter les choses, la tâche; **II** *adv* simplement; *ganz* ~ purement et simplement; *bel et bien*; *das ist* ~ *herrlich!* c'est tout simplement magnifique; *es ist* ~ *unglaublich* c'est absolument incroyable; *ich verstehe dich* ~ *nicht* je ne te comprends pas du tout

'**Einfachheit** *f* ⟨~⟩ simplicité *f*; *der* ~ *halber* pour des raisons de, pour plus de commodité
einfädeln ['aɪnfɛːdəln] ⟨-(e)le, *sép, -ge-*, h⟩ **I** *v/t* **1.** *e-n Faden, e-e Nadel* ~ enfiler une aiguille; **2.** F *fig Intrigen etc* monter, engager, amorcer adroitement; *er hat die Sache schlau eingefädelt* il s'y est pris astucieusement; **II** *v/réfl sich* ~ *Fahrzeug, Fahrer* s'insérer dans une file; prendre la file
'**einfahren** ⟨*irr, sép, -ge-*⟩ **I** *v/t* ⟨h⟩ *Getreide* rentrer; engranger; *Auto* roder; **II** *v/i* ⟨sein⟩ entrer; *Zug* entrer en gare; *Bergmann* descendre; **III** *v/réfl sich* ~ *fig*: *sich eingefahren haben Zusammenarbeit etc* bien fonctionner
'**Einfahren** *n* entrée *f* (en gare, etc); *BERGBAU* descente *f*; *e-s Autos* rodage *m*
'**Einfahrt** *f* entrée *f*; (*Tor2*) porte cochère; *Vorsicht bei der* ~ *des Zuges!* attention! le train entre en gare; ~ *freihalten!* sortie de voitures!; ~ *verboten* entrée interdite (aux voitures)
'**Einfall** *m* **1.** (*plötzlicher Gedanke*) idée (subite); inspiration (soudaine); *er kam auf den* ~, *zu* (+*inf*) l'idée lui vint de (+*inf*); il eut l'idée de (+*inf*); **2.** ⟨*sans pl*⟩ *PHYS von Licht, Strahlen* incidence *f*; **3.** *MIL* invasion *f*; irruption *f*
'**einfallen** ⟨*irr, sép, -ge-*⟩ **I** *v/i* ⟨sein⟩ **1.** *Gedanken* venir à l'esprit, à l'idée; *sein Name fällt mir nicht ein* son nom m'échappe; je ne me souviens plus de son nom; *dabei fällt mir ein, daß ...* à propos ...; cela me fait penser que ...; *ihr fällt immer wieder etwas Neues ein* il n'est jamais à court d'idées, d'inspiration; F *was fällt dir ein!* F qu'est-ce qui te prend!; **2.** *Licht* pénétrer; entrer; *Strahlen* tomber; **3.** *MIL in etw* ~ envahir qc; pénétrer dans qc; **4.** (*einstürzen*) s'écrouler; s'effondrer; **5.** *MUS* attaquer; **II** *v/réfl* ⟨h⟩ *sich* (*dat*) *etw* ~ *lassen* (*müssen*) (devoir) faire preuve d'imagination
'**einfalls**|**los** *adj* qui manque d'idées, ennuyeux, -euse; ~**reich** *adj* plein d'idées, de trouvailles; 2**winkel** *m PHYS* angle *m* d'incidence
Einfalt ['aɪnfalt] *f* ⟨~⟩ (*Dummheit*) simplicité *f* d'esprit; niaiserie *f*; *kindliche* candeur *f*; naïveté *f*
ein|**fältig** ['aɪnfɛltɪç] *adj* simple; naïf, naïve; niais; 2**faltspinsel** F *péj m* nigaud *m*; benêt *m*
'**Einfamilienhaus** *n* maison individuelle; pavillon *m*
'**einfangen** *v/t* ⟨*irr, sép, -ge-, h*⟩ **1.** (*fangen*) capturer; attraper; **2.** *fig Atmosphäre, Stimmung* saisir
'**einfarbig** *adj* d'une (seule) couleur; *Stoff* uni; *OPT* monochromatique
'**ein**|**fassen** *v/t* ⟨-ßt, *sép, -ge-*, h⟩ *Edelsteine* sertir; *COUT etc* border; *mit e-m Band* galonner; *Brillengläser* monter; 2**fassung** *f* bordure *f*; *COUT a* galon *m*; *Edelsteine* sertissage *m*; monture *f*; ~**fetten** *v/t* ⟨-*ete, sép, -ge-, h*⟩ graisser; enduire de graisse
'**einfinden** *v/réfl* ⟨*irr, sép, -ge-*, h⟩ *sich* ~ venir; *ich werde mich pünktlich* ~ j'y serai, je m'y trouverai à l'heure (exacte)
'**einflechten** *v/t* ⟨*irr, sép, -ge-*, h⟩ **1.** *Zöpfe* tresser; *Bänder* entrelacer; **2.** *fig persönliche Bemerkungen in e-e Rede* ~ entremêler un discours de remarques personnelles
'**einfließen** *v/i* ⟨*irr, sép, -ge-*, sein⟩ couler (*in* [+*acc*]) dans); *fig etw in etw* [*acc*]) ~ *lassen* glisser qc (dans qc)
einflößen ['aɪnfløːsən] *v/t* ⟨-(e)t, *sép, -ge-*, h⟩ *Arznei* faire prendre; faire ingurgiter; *Bewunderung, Furcht* inspirer (*j-m* à qn)
'**Einflugschneise** *f AVIAT* axe balisé (d'atterrissage)
'**Einfluß** *m* influence *f* (*auf* [+*acc*] sur); *durch Überlegenheit* ascendant *m*; *großen* ~ *haben, ausüben auf* (+*acc*) avoir, exercer une grande influence sur; *ich habe gar keinen* ~ *darauf* je ne peux rien y faire; ~ *gewinnen, nehmen auf* (+*acc*) prendre de l'influence sur; prendre de l'ascendant sur; *unter dem* ~ *von ... stehen* être sous, subir l'influence, l'ascendant de ...
'**Einfluß**|**bereich** *m*, ~**gebiet** *n* zone *f* d'influence; 2**reich** *adj* (très) influent
'**einflüstern** *v/t* ⟨-(e)re, *sép, -ge-*, h⟩ *j-m etw* ~ souffler, suggérer qc à qn
'**ein**|**fordern** *v/t* ⟨-(e)re, *sép, -ge-*, h⟩ exiger; réclamer; *fig monotone* uniforme; *fig monotone* 2**förmigkeit** *f* ⟨~; ~*en*⟩ uniformité *f*; *fig* monotonie *f*; ~**frieden** *v/t* ⟨-*ete, sép, -ge-*, h⟩ (en-)clore; clôturer; 2**friedung** *f* ⟨~; -*en*⟩ clôture *f*; enceinte *f*; ~**frieren** ⟨*irr, sép, -ge-*⟩ **I** *v/t* ⟨h⟩ *Lebensmittel* congeler; *fig Kredit* geler; **II** *v/i* ⟨sein⟩ geler (*a fig*); *Schiff* être pris dans les glaces; ~**fügen** ⟨*sép, -ge-*, h⟩ **I** *v/t* ~ (*in* [+*acc*]) insérer (dans); *TECH* encastrer (dans); **II** *v/réfl sich* ~ (*in* [+*acc*]) s'intégrer (à, dans)
'**Einfügung** *f* ⟨~; ~*en*⟩ insertion *f*; *fig* intégration *f*
'**einfühlen** *v/réfl* ⟨*sép, -ge-*, h⟩ *sich in etw* ~ *in ein Kunstwerk etc* sentir qc; *sich in j-n* ~ se mettre à la place de qn; s'identifier à qn
'**einfühlsam** *adj* compréhensif, -ive
'**Einfühlungsvermögen** *n* intuition *f*; psychologie *f*; ~ *besitzen* pouvoir se mettre à la place de qn
Einfuhr ['aɪnfuːr] *f* ⟨~; ~*en*⟩ **1.** ⟨*sans pl*⟩ importation *f*; **2.** *Produkte* importations *f/pl*; ~**beschränkungen** *f/pl* restrictions *f/pl* à l'importation; ~**bestimmungen** *f/pl* règlements *m/pl* des importations
'**einführen** *v/t* ⟨*sép, -ge-*, h⟩ **1.** *Sitten, Personen, MÉD etc* ~ (*in* [+*acc*]) introduire (dans); *in ein Amt* installer (dans); (*einweihen*) initier (à); **2.** *COMM* ~ (*in* [+*acc*]) importer (en, à); *wieder* ~ réimporter; **3.** ~*de Worte* mots *m/pl* d'introduction
'**Einfuhr**|**genehmigung** *f* permis *m*, licence *f* d'importation; ~**hafen** *m* port importateur; ~**land** *n* pays *m* importateur; ~**sperre** *f* embargo *m* sur les importations
'**Einführung** *f* introduction *f*; *e-r Maßnahme etc a* instauration *f*; *in ein Amt* installation *f*; *in ein Wissensgebiet etc* initiation *f*; *e-s Produktes* lancement *m*
'**Einführungs**|**kurs** *m* cours *m* d'introduction; ~**preis** *m* prix *m* de lancement
'**Einfuhr**|**verbot** *n* interdiction *f* d'importation; ~**zoll** *m* taxe *f* d'importation; droit *m* d'entrée
'**einfüllen** *v/t* ⟨*sép, -ge-*, h⟩ *Flüssigkeit*

verser (*in* [+*acc*] dans); *Erde, Zucker etc in etw* (*acc*) ~ remplir qc de
'**Einfüllstutzen** *m am Benzintank* tubulure *f* de remplissage
'**Eingabe** *f* **1.** (*Gesuch*) demande *f* (par écrit); pétition *f*; JUR requête *f*; **2.** ⟨sans *pl*⟩ *e-r Arznei etc* administration *f*; **3.** INFORM (*Eingeben*) introduction *f*; saisie *f*; (*Daten*) entrée *f*; ~**fehler** *m* INFORM erreur *f* de saisie; ~**gerät** *n* INFORM unité *f* d'entrée; ~**tastatur** *f* INFORM clavier *m*
'**Eingang** *m* **1.** (*Tür*) entrée *f*; **2.** (*Zutritt*) accès *m*; *sich* (*dat*) ~ **verschaffen** s'introduire; se faire admettre; **3.** ⟨sans *pl*⟩ (*Eintreffen*) entrée *f*; arrivée *f*; *e-r Summe* rentrée *f*; *von Waren* arrivage *m*; entrée *f*; *nach* ~ après réception; *au reçu*; **4.** *pl* **Eingänge** eingegangene Waren arrivages *m/pl*; *Post* courrier *m* (à l'arrivée)
'**eingängig** *adj* (*verständlich*) clair; *Melodie etc* qui se retient facilement
'**eingangs** *adv* (*u prép*) ⟨*gén*⟩ au début (de); au commencement (de)
'**Eingangs|bestätigung** *f* accusé *m* de réception; récépissé *m*; ~**buch** *n* livre *m* des entrées; ~**datum** *n* date *f*, jour *m* d'entrée; ~**halle** *f* 'hall *m* (d'entrée); ~**tor** *n* portail *m*; ~**tür** *f* porte *f* d'entrée
'**eingeben** *v/t* ⟨*irr, sép, -ge-, h*⟩ **1.** *Arznei etc* donner; administrer; **2.** INFORM entrer; saisir; **3.** *Gedanken* inspirer; suggérer
'**eingebildet** *adj* **1.** *péj* (*überheblich*) prétentieux, -ieuse; *st/s* suffisant; F ~**e Gans** poseuse *f*; **2.** *Krankheit etc* imaginaire
'**ein|geboren** *adj* ⟨épithète⟩ indigène; BIBL unique; **2geborene(r)** *f(m)* ⟨→ A⟩ indigène *m,f*
'**Eingebung** *f* ⟨~; ~en⟩ inspiration *f*
eingedenk ['aɪngədɛŋk] *adj* ⟨attribut⟩ *st/s e-r Sache* (*gén*) ~ **sein** (bien) se souvenir d'une chose; ~ *der Tatsache* (*gén*), *daß* ... compte tenu du fait que ...
'**ein|gefallen** *adj Wangen* creux, creuse; *Gesicht* a amaigri; ~**gefleischt** *adjt* ⟨épithète⟩ *Junggeselle* endurci; *Gewohnheit* ancré; ~**gehakt**, ~**gehängt** *advt* (*Arm in Arm*) bras dessus, bras dessous
'**eingehen** ⟨*irr, sép, -ge-, sein*⟩ **I** *v/t Ehe* contracter; conclure; *Wette* faire; conclure; *Risiko* courir; *e-e* **Verpflichtung** ~ contracter une obligation; prendre un engagement; F *darauf gehe ich jede Wette ein!* j'en suis sûr et certain!; j'en donnerais ma tête à couper!; **II** *v/i* **1.** (*ankommen*) arriver; **2.** *Geld* rentrer; *in die Geschichte* ~ *Person, Ereignis* entrer dans l'histoire; *Ereignis a* faire date (dans l'histoire); **3.** *auf einen Handel* ~ conclure un marché; *auf ein Angebot* ~ accepter une offre; *auf Einzelheiten* ~ entrer dans le(s) détail(s); *auf j-s Wunsch* ~ répondre au désir de qn; *auf j-n* ~ *bei Problemen* être à l'écoute de qn; (*sich anpassen*) se mettre à la portée de qn; **4.** *Pflanzen, Tiere* mourir; dépérir; *fig Zeitung* disparaître; **5.** *Argument etc* se comprendre; *Melodie etc* se retenir; **6.** *Stoff* (se) rétrécir
'**eingehend I** *adj* ⟨épithète⟩ **1.** détaillé; (*genau*) exact; *Bericht a* circonstancié; *Kenntnisse* approfondi; **2.** (*eintreffend*)

die ~**e Post** le courrier qui arrive; **II** *advt* en détail; *etw* ~ *prüfen* examiner minutieusement qc
'**eingekeilt** *adj* coincé (*in*, *zwischen* [+*dat*] dans, entre)
'**eingelegt** *adj* CUIS *Heringe etc* mariné
'**Eingemachte(s)** *n* ⟨→ A⟩ CUIS fruits *m/pl od* légumes *m/pl* en bocaux, stérilisés; F *jetzt geht's ans* ~ l'instant critique, le moment crucial est arrivé
'**eingemeinden** *v/t* ⟨-ete, *sép, p/p* eingemeindet, h⟩ rattacher administrativement (*in* [+*acc*], *nach* à)
'**Eingemeindung** *f* ⟨~; ~en⟩ rattachement administratif
'**eingenommen** *adjt* prévenu (*für, von* en faveur de; *gegen* contre); *von sich* ~ **sein** être infatué
'**eingerechnet** *adjt* (y) compris
'**eingeschlechtig** *adj* BOT unisexué; unisexuel, -elle
'**eingeschnappt** F *adjt* (*beleidigt*) vexé
'**eingeschossig** *adj* d'un *od* à un étage
ein|geschränkt ['aɪngəʃrɛŋkt] *adjt* Verhältnisse étroit; restreint; ~**geschrieben** *adjt* inscrit; *Brief* recommandé
'**eingeschworen** *adjt* *auf etw* (*acc*) ~ **sein** ne jurer que par qc
'**ein|gesessen** *adjt Bevölkerung etc* établi; installé; **2geständnis** *n* aveu *m*; ~**gestehen** *v/t* ⟨*irr, sép, p/p* eingestanden, h⟩ avouer; (*zugeben*) admettre; reconnaître
'**eingestellt** *adjt* konservativ ~ **sein** avoir des idées, des opinions conservatrices
'**eingestrichen** *adjt* MUS de la région trois
'**eingetragen** *adjt* enregistré; inscrit; ~**er Verein** association déclarée; ~**es Warenzeichen** marque déposée
'**eingewachsen** *adjt* *Nagel* incarné
Eingeweide ['aɪngəvaɪdə] *n* ⟨~s; ~⟩ ANAT viscères *m/pl*; (*Gedärme*) entrailles *f/pl* (*a fig*); intestins *m/pl*; ~**bruch** *m* MÉD 'hernie *f*
'**ein|geweiht** *adjt* ~ (*in* [+*acc*]) initié (à); *in e-n Plan etc* informé (de); **2geweihte(r)** *f(m)* ⟨→ A⟩ initié(e) *m(f)*
'**ein|gewöhnen** *v/réfl* ⟨*sép, p/p* eingewöhnt, h⟩ *sich* ~ (*in* [+*acc*]) s'habituer, s'acclimater, s'accoutumer (à); **2gewöhnung** *f* acclimatation *f*; accoutumance *f*; ~**gießen** *v/t* ⟨*irr, sép, -ge-, h*⟩ verser (*in* [+*acc*] dans); ~**gipsen** *v/t* ⟨-(es)t, *sép, -ge-, h*⟩ plâtrer
'**Einglas** *n* monocle *m*
'**eingleisig** *adj u adv* à une voie; à voie unique; *fig* borné
'**ein|gliedern** *v/t* ⟨-(e)re, *sép, -ge-, h*⟩ incorporer, intégrer (*in* [+*acc*] dans, à); **2gliederung** *f* incorporation *f*; intégration *f*; ~**graben** ⟨*irr, sép, -ge-, h*⟩ **I** *v/t* ~ (*in* [+*acc*]) enterrer (dans); *fig* graver (dans); **II** *v/réfl* *sich* ~ (*in* [+*acc*]) se terrer (dans); *fig* se graver (dans); ~**gravieren** *v/t* ⟨*sép, pas de ge-, h*⟩ graver (*in* [+*acc*] dans)
'**eingreifen** *v/i* ⟨*irr, sép, -ge-, h*⟩ intervenir (*in* [+*acc*] dans); *Polizei etc* a entrer en action; TECH engrener (*in* [+*acc*] dans); *in j-s Rechte* ~ empiéter sur, usurper les droits de qn
'**eingrenzen** *v/t* ⟨-(es)t, *sép, -ge-, h*⟩ borner; *a fig* (dé)limiter
'**Eingriff** *m* **1.** *bes* MÉD intervention *f*; JUR widerrechtlicher empiétement *m*; ~

in das Privateigentum, in die Privatsphäre atteinte *f* à la propriété privée, à la vie privée; **2.** *Slip mit, ohne* ~ ouvert, fermé
'**eingruppieren** *v/t* ⟨*sép, pas de ge-, h*⟩ grouper; classer
'**einhaken** ⟨*sép, -ge-, h*⟩ **I** *v/t* (*u v/réfl*) TECH (*sich*) ~ (*in* [+*acc*]) (s')accrocher (à); (s')enclencher (dans); (s')agrafer (à); *j-n* ~, *sich bei j-m* ~ prendre le bras de qn; **II** F *v/i* intervenir
'**Einhalt** *st/s m e-r Sache* (*dat*) ~ **gebieten** arrêter, mettre fin à, faire cesser qc; (*eindämmen*) juguler, enrayer qc
'**einhalten** ⟨*irr, sép, -ge-, h*⟩ **I** *v/t* observer (strictement); *Bedingungen, Bestimmungen etc a* se conformer à; observer; respecter; *die Verpflichtungen* ~ tenir les engagements; **II** *v/i mit etw* ~ (s')arrêter, cesser de faire qc
'**Einhaltung** *f von Bedingungen, Bestimmungen, Fristen* observation *f*; respect *m*; *strikte* ~ observation rigoureuse; REL étroite observance
'**einhandeln** ⟨-(e)le, *sép, -ge-, h*⟩ **I** *v/t* échanger (*gegen* contre); **II** F *v/réfl* *sich* (*dat*) *etw* ~ *Krankheit etc* F attraper qc; *Strafe* F ramasser qc
einhändig ['aɪnhɛndɪç] *adj* à une (seule) main (*a* MUS)
'**einhängen** ⟨*sép, -ge-, h*⟩ **I** *v/t* accrocher; *Tür* mettre sur ses gonds; *a abs Telefonhörer* raccrocher; **II** *v/réfl* *sich bei j-m* ~ prendre le bras de qn
'**einhauchen** *poét v/t* ⟨*sép, -ge-, h*⟩ *j-m etw* ~ insuffler qc à qn
'**einheften** *v/t* ⟨-ete, *sép, -ge-, h*⟩ ~ (*in etw* [*acc*]) classer, ranger (dans qc)
'**einheimisch** *adj* du pays; indigène; autochtone; (*inländisch*) national; (*regional*) régional; (*örtlich*) local; ~**e Sitten** *f/pl* coutumes locales
'**Einheimische(r)** *f(m)* ⟨→ A⟩ autochtone *m,f*
ein|heimsen ['aɪnhaɪmzən] F *v/t* ⟨-(es)t, *sép, -ge-, h*⟩ récolter; F rafler; **2heirat** *f* alliance *f* (à une famille) par mariage
'**einheiraten** *v/i* ⟨-ete, *sép, -ge-, h*⟩ *in e-e Familie* ~ entrer dans une famille par alliance; *in ein Geschäft* ~ épouser une affaire
'**Einheit** *f* ⟨~; ~en⟩ unité *f* (*a Währung, Maß2,* MIL); *e-e* ~ **bilden** former un tout
'**einheitlich I** *adj* **1.** (*in sich geschlossen*) homogène; cohérent; **2.** (*für alle gleich*) unique; standard (*inv*); *e-e* ~ **Ausbildung** une même formation; ~**e Größe** grandeur *f* standard; **II** *adv* ~ **vorgehen** procéder selon un plan d'ensemble, de façon cohérente
'**Einheitlichkeit** *f* ⟨~⟩ **1.** (*Geschlossenheit*) unité *f*; homogénéité *f*; cohérence *f*; **2.** (*Gleichheit*) caractère *m* uniforme, semblable
'**Einheits|gewerkschaft** *f* syndicat *m* unique; ~**kurzschrift** *f* sténographie unifiée; ~**liste** *f* POL liste *f* unique; ~**partei** *f* Zusammenschluß mehrerer Parteien parti unifié; ~**preis** *m* prix *m* unique; ~**staat** *m* État *m* unitaire; ~**tarif** *m* tarif *m* unique; ~**wert** *m* bei Steuern valeur globale imposable
'**einheizen** *v/i* ⟨-(es)t, *sép, -ge-, h*⟩ chauffer; F *fig j-m tüchtig* ~ dire son fait, ses quatre vérités à qn; F secouer les puces à qn

'**einhellig** I *adj* unanime; II *adv* à l'unanimité; d'un commun accord
ein'hergehen *st/s v/i* ⟨*irr, sép, -ge-, sein*⟩ **1.** aller, marcher à pas comptés; **2.** *fig mit etw ~* s'accompagner de qc
'**einholen** *v/t* ⟨ *sép, -ge-, h*⟩ **1.** (*erreichen*) rejoindre; *a Zeit* rattraper; **2.** *Ernte* rentrer; *Segel, Flagge* amener; **3.** *regional cf* **einkaufen**; **4.** *Erlaubnis etc* demander; *Auskünfte ~* prendre des renseignements; *j-s Rat ~* demander conseil à qn; consulter qn
'**Einholung** *f* ⟨*~*⟩ demande *f*; *von Auskünften* prise *f* (de renseignements)
'**Ein**|**horn** *n* licorne *f*, *~***hufer** *m* ⟨*~s; ~*⟩ ZO équidé *m*
'**einhüllen** *v/t* (*u v/réfl*) ⟨*sép, -ge-, h*⟩ (*sich*) *~ (in [+acc]*) (s')envelopper (dans); *in Dunkel, Schweigen, Nebel etc* (se) plonger (dans); (s')envelopper (de, dans)
'**ein'hundert** *cf* **hundert**
'**einig** *adj* **1.** (*vereint*) uni; **2.** (*einmütig*) *mit j-m über etw (acc) ~ sein, werden* être, tomber d'accord avec qn sur qc; *sich (dat) ~ sein* être d'accord; *die Fachwelt ist sich (dat) darüber ~, daß ...* les spécialistes s'accordent pour dire que ...; *sich (dat) ~ werden* s'entendre
'**einige** ['aɪnɪɡə] *pr/ind* **1.** ⟨*pl*⟩ *adj* quelque(s); *subst* quelques-un(e)s; *~ tausend Exemplare* quelques milliers d'exemplaires; *~ Leute sagen* certaines personnes disent; **2.** ⟨*sg*⟩ *subst n ~s* quelque chose; *untertreibend* pas mal de choses; *adjt vor ~r Zeit* il y a quelque temps; *nach ~r Zeit* au bout d'un certain temps
'**einigeln** *v/réfl* ⟨*-(e)le, sép, -ge-, h*⟩ *sich ~* **1.** MIL pratiquer la tactique des 'hérissons; **2.** (*sich einrollen*) se pelotonner; **3.** (*sich ganz zurückziehen*) se replier sur soi; s'isoler
'**einige'mal** *adv* plusieurs fois
'**einigen** ⟨*h*⟩ I *v/t* unifier; II *v/réfl sich ~* tomber, se mettre d'accord (*über* [+*acc*], *auf* [+*acc*] sur); *sich über den Preis ~* convenir du prix; *sich gütlich ~* s'arranger à l'amiable
'**einiger'maßen** *adv* dans une certaine mesure; en quelque sorte; à peu près; (*leidlich*) passablement; tant bien que mal; *es geht mir ~* je vais comme ci comme ça; *s-e Lage hat sich ~ gebessert* sa situation s'est quelque peu améliorée
'**Einigkeit** *f* ⟨*~*⟩ union *f*; accord *m*; (*Eintracht*) concorde *f*; *prov ~ macht stark prov* l'union fait la force
'**Einigung** *f* ⟨*~; ~en*⟩ union *f*; unification *f*; (*Verständigung*) entente *f*; *a* JUR accord *m*; *über etw (acc) e-e ~ erzielen* parvenir à un accord sur qc
'**Einigungs**|**bestrebungen** *f/pl* POL mouvement *m* d'unification; *~***versuch** *m* tentative *f* de conciliation; *~***vorschlag** *m* proposition *f* d'arrangement
'**einimpfen** *v/t* ⟨*sép, -ge-, h*⟩ *j-m* ~ inoculer; *fig* inculquer
'**einjagen** *v/t* ⟨*sép, -ge-, h*⟩ *j-m Furcht ~* faire peur à qn
'**ein**|**jährig** ['aɪnjɛːrɪç] *adj* (*ein Jahr alt*) (âgé) d'un an; (*ein Jahr lang*) d'un an; qui dure un an; *Amtszeit, Pflanze* annuel, -elle; ⌂**jährige(r)** *f(m)* ⟨*→ A*⟩ enfant *m,f* d'un an

'**einkalkulieren** *v/t* ⟨*sép, pas de ge-, h*⟩ tenir compte de; prévoir
Ein'kammersystem *n* POL monocamérisme *m*
'**einkapseln** *v/t* (*u v/réfl*) ⟨*-(e)le, -ge-, h*⟩ (*sich*) *~* MÉD (s')enkyster; *fig sich ~* s'isoler
'**einkassieren** *v/t* ⟨*sép, pas de ge-, h*⟩ **1.** encaisser; toucher; **2.** F (*wegnehmen*) F faucher
'**Einkauf** *m* achat *m*; *Einkäufe machen* faire des courses, des achats
'**einkaufen** ⟨*sép, -ge-, h*⟩ I *v/t* acheter; II *v/i ~ (gehen)* (aller) faire des courses; III *v/réfl sich in e-e Hotelkette ~* acquérir des parts dans une chaîne hôtelière
'**Einkäufer(in)** *m(f)* COMM acheteur, -euse *m,f*
'**Einkaufsabteilung** *f* service *m* des achats
'**Einkaufsbummel** *m* shopping *m*; *e-n ~ machen* aller faire du shopping
'**Einkaufs**|**genossenschaft** *f* coopérative *f*, groupement *m* d'achat; *~***korb** *m* panier *m* à provisions; *~***netz** *n* filet *m* à provisions; *~***passage** *f* galerie marchande
'**Einkaufspreis** *m* prix *m* d'achat; *zum ~* au prix coûtant
'**Einkaufs**|**tasche** *f* sac *m* à provisions; *~***wagen** *m* caddie *m*; *~***zentrum** *n* centre commercial; hypermarché *m*; *~***zettel** *m* liste *f* des courses
Einkehr ['aɪnkeːr] *st/s f* ⟨*~*⟩ **1.** *in einer Gaststätte ~ halten* faire une 'halte dans un restaurant, dans une auberge; **2.** *fig* recueillement *m*; retour *m* sur soi
'**ein**|**kehren** *v/i* ⟨*sép, -ge-, sein*⟩ *in e-m Wirtshaus* entrer se restaurer (dans un restaurant); *~***keilen** *v/t* ⟨*sép, -ge-, h*⟩ coincer; serrer; *cf a* **eingekeilt**
'**einkeimblättrig** *adj* BOT monocotylédone
'**ein**|**kellern** *v/t* ⟨*-(e)re, sép, -ge-, h*⟩ mettre en cave; *~***kerben** *v/t* ⟨*sép, -ge-, h*⟩ entailler; encocher; ⌂**kerbung** *f* ⟨*~; ~en*⟩ entaillage *m*; encochement *m*; (*Kerbe*) entaille *f*; encoche *f*; *~***kerkern** *v/t* ⟨*-(e)re, sép, -ge-, h*⟩ incarcérer; *~***kesseln** *v/t* ⟨*-ssele ou -ßle, sép, -ge-, h*⟩ *bes* MIL encercler; cerner; *~***klagbar** *adj* exigible
'**einklagen** *v/t* ⟨*sép, -ge-, h*⟩ *e-n Wechsel ~* intenter une action en matière de change; *e-e Schuld ~* poursuivre le recouvrement d'une dette
'**einklammern** *v/t* ⟨*-(e)re, sép, -ge-, h*⟩ mettre entre parenthèses, *in eckige Klammern* entre crochets
'**Einklang** *m* MUS unisson *m*; accord *m*; *fig im ~ stehen mit* concorder avec; être en harmonie avec; *fig in ~ (acc) bringen* harmoniser; concilier
'**einklassig** *adj Schule* à classe unique
'**einkleben** *v/t* ⟨*sép, -ge-, h*⟩ coller (*in* [+*acc*] dans)
'**einkleiden** *v/t* (*u v/réfl*) ⟨*-ete, sép, -ge-, h*⟩ (*sich*) *~* (s')habiller; *sich neu ~* s'habiller de neuf
'**ein**|**klemmen** *v/t* ⟨*sép, -ge-, h*⟩ coincer; pincer; *~***klinken** *v/t* ⟨*sép, -ge-, h*⟩ enclencher; *Tür* fermer; *~***knicken** ⟨*sép, -ge-*⟩ *v/t* ⟨*h*⟩ *u v/i* ⟨*sein*⟩ plier; *~***kochen** ⟨*sép, -ge-*⟩ I *v/t* ⟨*h*⟩ (*einmachen*) faire des conserves de; II *v/i* ⟨*sein*⟩ (*eindicken*) se réduire

'**Einkommen** *n* ⟨*~s; ~*⟩ revenus *m/pl*; *mit geringem ~* à faibles revenus
'**Einkommens**|**grenze** *f* limite *f* des revenus; ⌂**schwach** *adj* à faibles revenus; ⌂**stark** *adj* à revenus importants
'**Einkommen(s)steuer** *f* impôt *m* sur le revenu; *~***erklärung** *f* déclaration *f* d'impôt sur le revenu; ⌂**pflichtig** *adj* soumis, assujetti à l'impôt sur le revenu; *~***tabelle** *f* barème *m* de l'impôt sur le revenu
'**Einkommensverhältnisse** *n/pl* (importance *f* des) ressources *f/pl*
'**einkreisen** *v/t* ⟨*-(es)t, sép, -ge-, h*⟩ **1.** (*e-n Kreis ziehen um*) entourer (d'un cercle); tracer un cercle autour de; **2.** (*umstellen*) encercler; cerner; **3.** *fig Problem* cerner
'**einkriegen** F *v/t/réfl* ⟨*sép, -ge-, h*⟩ *sich nicht mehr ~ können* (*vor Lachen*) F rire comme un bossu, une baleine; F piquer un fou rire
Einkünfte ['aɪnkʏnftə] *f/pl* revenus *m/pl* (*aus* de); (*Einnahmen*) recettes *f/pl* (*aus* de)
'**einkuppeln** *v/t u v/i* ⟨*-(e)le, sép, -ge-, h*⟩ AUTO embrayer
'**einladen**[1] *v/t* ⟨*irr, sép, -ge-, h*⟩ *Ladung* charger (*in* [+*acc*] dans)
'**einladen**[2] *v/t* ⟨*irr, sép, -ge-, h*⟩ *Gäste* inviter; convier; *j-n zum Abendessen, zum Geburtstag ~* inviter qn à dîner, à un anniversaire; *j-n in s-e Wohnung ~* inviter qn chez soi; *j-n auf e-n Kaffee ~* inviter qn à prendre une tasse de café
'**einladend** *adj Speisen* appétissant; alléchant; *Atmosphäre etc* accueillant; engageant; *mit e-r ~en Geste bat er uns, Platz zu nehmen* d'un geste (aimable) il nous invita à prendre place
'**Einladung** *f* invitation *f*; *auf ~ von* sur invitation de; *e-r ~ (dat) folgen* accepter une invitation
'**Einladungs**|**karte** *f* carte *f* d'invitation; *~***schreiben** *n* lettre *f* d'invitation
'**Einlage** *f* **1.** THÉ *etc* divertissement *m*; intermède *m*; **2.** FIN dépôt *m*; (*Geschäfts⌂*) mise *f* de fonds; apport *m*; **3.** CUIS *Suppe⌂ mit ~* soupe garnie; **4.** *in Schuh* semelle *f* orthopédique; **5.** COUT triplure *f*; **6.** (*Zahn⌂*) obturation *f* provisoire; **7.** (*Intarsie*) marqueterie *f*; incrustation *f*; **8.** (*Brief⌂*) pièce jointe, annexe
'**ein**|**lagern** *v/t* ⟨*-(e)re, sép, -ge-, h*⟩ *Waren* emmagasiner; entreposer; stocker; *im Silo* ensiler; ⌂**lagerung** *f* emmagasinage *m*; stockage *m*; entreposage *m*; *im Silo* ensilage *m*; *~***langen** *v/i* ⟨*sép, -ge-, sein*⟩ *österr* arriver
'**Einlaß** *m* ⟨*-sses; -lässe*⟩ **1.** admission *f*; entrée *f*; *j-m ~ gewähren* permettre à qn d'entrer; *st/s ~ begehren* demander la permission d'entrer; *~ um 20 Uhr* ouverture des portes à 20 heures; **2.** (*Pforte*) guichet *m*
'**einlassen** ⟨*irr, sép, -ge-, h*⟩ I *v/t* **1.** (*her-*) laisser entrer; admettre; **2.** CONSTR *in e-e Mauer* encastrer; enchâsser; sceller; **3.** (*einfließen lassen*) *Wasser* faire couler; II *v/réfl sich auf etw (acc) ~* s'engager, s'embarquer dans qc; *sich auf keinerlei Fragen ~* refuser de répondre; *laß dich nicht darauf ein!* ne t'embarque pas dans cette affaire!; *sich mit j-m in ein Gespräch ~* engager une conversation avec qn; *péj sich*

mit j-m ~ s'acoquiner, se commettre avec qn
Einlassung f ⟨~; ~en⟩ JUR exposé *m*; argumentation *f*; *auf e-e Klage* défense *f*, réponse *f* au fond
Einlauf *m* **1.** SPORT franchissement *m* de la ligne d'arrivée; *Reihenfolge* ordre *m* d'arrivée; **2.** MÉD lavement *m*
einlaufen ⟨*irr, sép, -ge-*⟩ **I** *v/t* ⟨h⟩ *s-e neuen Schuhe* ~ porter ses chaussures neuves (pour les assouplir); F *j-m das Haus od die Bude* ~ F (venir) casser les pieds à qn; (venir) 'harceler qn; **II** *v/i* ⟨sein⟩ **1.** arriver; SPORT *auf das Spielfeld* entrer; *in die Zielgerade* aborder (qc); *Zug* arriver, entrer en gare; *Schiff* entrer au port; **2.** *Stoff* (se) rétrécir; **III** *v/réfl* ⟨h⟩ *sich* ~ **3.** SPORT s'échauffer; **4.** *Betrieb, Maschine* se roder
Einlaufwette *f* PFERDESPORT pari *m* (aux courses)
einläuten *v/t* ⟨-ete, sép, -ge-, h⟩ sonner (pour annoncer); *fig* inaugurer; *den Sonntag* ~ sonner pour le dimanche
einleben *v/réfl* ⟨sép, -ge-, h⟩ *sich* ~ (*in, an e-m Ort*) s'acclimater, s'habituer (à un endroit)
Einlegearbeit *f* (ouvrage *m* de) marqueterie *f*; incrustation *f*
einlegen *v/t* ⟨sép, -ge-⟩ **1.** mettre; *zwischen etw* insérer; *e-n Film* (*in die Kamera*) ~ mettre une pellicule (dans l'appareil photo); AUTO *e-n Gang* ~ passer une vitesse; **2.** CUIS mariner; *in Salzwasser* mettre dans la saumure; *in Essig* conserver dans du vinaigre; **3.** *Einlegearbeit* marqueter; incruster; **4.** *die Haare* ~ mettre une mise en plis; **5.** *Pause, Tanz* intercaler, insérer; **6.** *Berufung* ~ JUR interjeter appel; *Einspruch* ~ former opposition; *ein Veto gegen etw* ~ opposer son veto à qc; *Protest* ~ protester; *ein gutes Wort für j-n* ~ intercéder en faveur de qn; *mit etw Ehre* ~ retirer de la gloire de qc
Einlegesohle *f* semelle (intérieure)
einleit|en *v/t* ⟨-ete, sép, -ge-, h⟩ **1.** introduire; ouvrir; commencer; *Fahndung* entreprendre; *Verhandlungen* entamer; ouvrir; *Untersuchung* ouvrir; *Verfahren* engager; entamer; **2.** *Abwässer etc* déverser (*in* [+*acc*] dans); ~end *adj* préliminaire; ~ung *f* **1.** (*Beginn*) introduction *f*; *e-r Schrift* a préface *f*; **2.** JUR ouverture *f*; **3.** *von Abwässern etc* déversement *m* (*in* [+*acc*] dans)
einlenken ⟨sép, -ge-, h⟩ **I** *v/t Fahrzeug* ~ *in* (+*acc*) guider dans; **II** *v/i* **1.** *fig* faire des concessions; se montrer conciliant; **2.** ⟨sein⟩ (*einbiegen*) ~ *in* (+*acc*) tourner dans
einlesen *v/t* ⟨*irr, sép, -ge-, h*⟩ INFORM lire
einleuchten *v/i* ⟨-ete, sép, -ge-, h⟩ paraître, être évident, clair; *das leuchtet jedem ein* cela tombe sous le sens; cela saute aux yeux
einleuchtend *adj* évident; clair; *Argument, Erklärung* convaincant; valable
einliefern *v/t* ⟨-(e)re, sép, -ge-, h⟩ livrer; remettre; *bei der Post* déposer; *j-n ins Gefängnis* ~ incarcérer, emprisonner qn; *j-n ins Krankenhaus* ~ hospitaliser qn
Einlieferung *f* livraison *f*; remise *f*; dépôt *m*; ~ *ins Gefängnis* emprisonnement *m*; incarcération *f*; ~ *in ein Krankenhaus* hospitalisation *f*
Einlieferungsschein *m* POST récépissé *m*; reçu *m*
ein|liegend *adj* COMM inclus; ci-joint; **2liegerwohnung** *f* logement indépendant, séparé (à l'intérieur d'une maison individuelle)
einlochen *v/t* ⟨sép, -ge-, h⟩ **1.** F (*einsperren*) F coffrer; F mettre à l'ombre; **2.** GOLF *den Ball* ~, *a abs* faire entrer la balle (dans le trou)
ein|lösen *v/t* ⟨-(es)t, sép, -ge-, h⟩ *Scheck* encaisser; *Wechsel* honorer; *Wertpapiere* convertir; *Pfand* retirer; *Versprechen* tenir; **2lösung** *f e-s Schecks* encaissement *m*; *e-s Wechsels* paiement *m*; *von Wertpapieren* conversion *f*; *e-s Pfands* dégagement *m*; retrait *m*; **lullen** F *v/t* ⟨sép, -ge-, h⟩ *Kind* endormir (en chantant); *fig* enjôler; F embob(el)iner; ~machen *v/t* ⟨sép, -ge-, h⟩ faire des conserves de; mettre en conserve; **2machglas** *n* bocal *m*, verre *m* à conserves
einmal ['aɪnmaːl *ou* 'aɪn'maːl] *adv* une fois; ~ *eins ist eins* une fois un (fait) un; ~ *hell*, ~ *dunkel* tantôt clair, tantôt sombre; ~, *weil* ... d'une part parce que ...; *auf* ~ (*plötzlich*) tout à coup; subitement; soudain; (*mit e-m Zug, Schlag etc*) d'un seul coup; (*gleichzeitig*) à la fois; en même temps; *es war* ~ il était une fois; *noch* ~ encore une fois; *etw noch* ~ *abschreiben, lesen, bearbeiten etc* recopier, relire, retravailler, *etc* qc; *noch* ~ *so* (*groß*) *wie* ... deux fois plus (grand) que ...; *nicht* ~ même pas; *wenn* ~ ... une fois que ...; *besuchen Sie uns* ~ venez nous voir un (de ces) jour(s); *haben Sie schon* ~ ...? avez-vous déjà ...?; *es ist nun* ~ *so* c'est comme ça; *sag* (*ein*)*mal?* dis-moi!; dis donc!; *hör* (*ein*)*mal!* écoute (un peu, *p/fort* donc)!; *stell dir* ~ *vor!* imagine-toi un peu!; *prov* ~ *ist keinmal prov* une fois n'est pas coutume
Einmal'eins *n* ⟨~⟩ table *f* de multiplication; *das kleine* ~ la table de multiplication de un à dix; *das* ~ *der gesunden Ernährung* le b a ba d'une alimentation saine
Einmalhandtuch *n* essuie-mains *m* jetable
einmalig I *adj* **1.** unique; *nach* ~*em Durchlesen* après simple, une seule lecture; **2.** (*einzigartig*) exceptionnel, -elle; extraordinaire; *Gelegenheit* unique; **II** *adv* exceptionnellement; extraordinairement
Einmaligkeit *f* ⟨~⟩ caractère *m* extraordinaire, unique, exceptionnel; unicité *f*
Einmann|betrieb *m* entreprise exploitée par une seule personne; *Bahn* conduite *f* par un seul agent; *Bedienung* commande *f* par un seul opérateur; ~wagen *m* (auto)car *m*, (auto)bus *m*, tramway *m* à un seul agent
Ein'markstück *n* pièce *f* de un *od* d'un mark
Einmarsch *m a* MIL entrée *f*; MIL (*gewaltsame Besetzung*) invasion *f*
einmarschieren *v/i* ⟨sép, pas de ge-, sein⟩ (*in etw* [*acc*]) ~ *a* MIL entrer (dans, en, à qc); MIL (*gewaltsam besetzen*) ~ *in etw* (*acc*) envahir qc

Einmaster *m* ⟨~s; ~⟩ MAR bateau *m* à un seul mât
einmauern *v/t* ⟨-(e)re, sép, -ge-, h⟩ ~ (*in etw* [*acc*]) völlig (em)murer (dans qc); *beim Mauern befestigen* sceller (dans qc); fixer (dans qc)
einmeißeln *v/t* ⟨-(e)le, sép, -ge-, h⟩ graver, sculpter au ciseau (*in* [+*acc*] dans)
Ein'meterbrett *n* SCHWIMMSPORT tremplin *m* d'un mètre
einmieten *v/réfl* ⟨-ete, sép, -ge-, h⟩ *sich bei j-m* ~ louer un logement chez qn
ein|mischen *v/réfl* ⟨sép, -ge-, h⟩ *sich* ~ (*in* [+*acc*]) se mêler (de); s'ingérer, s'immiscer, intervenir (dans); **2mischung** *f* ingérence *f*; immixtion *f*; intervention *f*; ~motten *v/t* ⟨-ete, sép, -ge-, h⟩ mettre de l'antimite dans; *fig* mettre en réserve; ~mummen, ~mummeln *v/réfl* ⟨-[e]le, sép, -ge-, h⟩ *sich* ~ F s'emmitoufler (*in* [+*acc*] dans)
einmünden *v/i* ⟨sép, -ge-, sein⟩ ~ *in* (+*acc*) *Fluß* se jeter dans; *Straße* déboucher dans, sur; *fig Gespräch etc* déboucher sur; aboutir à
Ein|mündung *f* embouchure *f*; *e-r Straße* débouché *m*; **2mütig** *adj* unanime; ~mütigkeit *f* ⟨~⟩ unanimité *f*; **2nähen** *v/t* ⟨sép, -ge-, h⟩ coudre (*in* [+*acc*] dans, à)
Einnahme ['aɪnnaːmə] *f* ⟨~; ~n⟩ **1.** MIL prise *f*; **2.** COMM recette *f*, rentrée *f* (d'argent); FIN *von Steuern* perception *f*; *etw als* ~ *buchen* porter en recette; **3.** *von Mahlzeiten, Arznei* absorption *f*; ingestion *f*
Einnahmequelle *f* source *f* de revenus
einnebeln *v/t* ⟨-(e)le, sép, -ge-, h⟩ MIL masquer au moyen de fumigènes; *fig Raucher* enfumer
einnehmen *v/t* ⟨*irr, sép, -ge-, h*⟩ **1.** *Medizin, Essen* prendre; absorber; ingérer; **2.** *Geld* encaisser; *Steuern* percevoir; *viel Geld* ~ faire une bonne recette; **3.** MIL prendre; s'emparer de; **4.** *Stellung, Posten* occuper; tenir; *Platz* prendre; **5.** *fig Haltung* prendre; adopter; observer; **6.** *fig j-n für, gegen sich* ~ disposer qn en faveur de, contre soi
einnehmend *adj* avenant; engageant; *ein* ~*es Wesen haben* avoir des manières avenantes; *plais* F empocher tout ce qui se présente
einnicken F *v/i* ⟨sép, -ge-, sein⟩ s'assoupir
einnisten *v/réfl* ⟨-ete, sép, -ge-, h⟩ *sich* ~ se nicher; *fig sich bei j-m* ~ s'incruster chez qn
Einöd|e *f* contrée *f* désertique; coin perdu; ~hof *m* ferme isolée
einölen ⟨sép, -ge-, h⟩ **I** *v/t* TECH huiler; lubrifier; **II** *v/réfl sich* ~ se mettre de l'huile; s'enduire d'huile
einordnen ⟨-ete, sép, -ge-, h⟩ **I** *v/t* classer; ranger; **II** *v/réfl fig sich* ~ s'adapter (*in* [+*acc*] à); *Verkehr sich* (*rechts etc*) ~ se ranger dans la file (de droite, *etc*)
Einordnung *f* classement *m*; rangement *m*; classification *f*
einpacken ⟨sép, -ge-, h⟩ **I** *v/t* emballer; envelopper; *in e-n Koffer* mettre (dans une valise); F *die Kinder warm* ~ F emmitoufler les enfants; **II** F *v/i da können wir* ~ F nous n'avons plus qu'à remballer

'einparken v/t u v/i ⟨sép, -ge-, h⟩ (**sein Auto**) ~ se garer; *rückwärts* faire un créneau
Einpar'teiensystem n monopartisme m
'ein|passen v/t ⟨-ßt, sép, -ge-, h⟩ adapter, encastrer, emboîter (**in** [+acc] dans); **~pendeln** v/réfl ⟨-(e)le, sép, -ge-, h⟩ **sich ~** se stabiliser
Ein|per'sonenhaushalt m ménage m d'une personne; **~per'sonenstück** n THÉ pièce f à un personnage; **~'pfennigstück** n pièce f d'un pfennig
'ein|pferchen v/t ⟨sép, -ge-, h⟩ *Menschen, Tiere* parquer; **~pflanzen** v/t ⟨-(es)t, sép, -ge-, h⟩ planter; greffer; MÉD implanter; **~planen** v/t ⟨sép, -ge-, h⟩ prévoir; **~pökeln** v/t ⟨-(e)le, sép, -ge-, h⟩ saler; saumurer
'einpolig adj PHYS, TECH unipolaire
'einprägen ⟨sép, -ge-, h⟩ **I** v/t TECH imprimer, graver (**in** [+acc] sur, dans); **II** v/réfl **1.** fig **sich ~** se graver dans la mémoire; **2.** fig **sich** (dat) **etw ~** graver qc dans sa mémoire; se mettre dans l'esprit; mémoriser qc
'ein|prägsam adj facile à retenir; **~programmieren** v/t ⟨sép, pas de ge-, h⟩ INFORM programmer; **~pudern** v/t ⟨u v/réfl⟩ ⟨-(e)re, sép, -ge-, h⟩ (**sich**) ~ (se) poudrer; **~quartieren** v/t ⟨u v/réfl⟩ ⟨sép, pas de ge-, h⟩ (**sich**) ~ (s')installer, (se) loger (**in** [+dat] dans); **~Quartierung** f ⟨~; ~en⟩ logement m; MIL cantonnement m; **~rahmen** v/t ⟨sép, -ge-, h⟩ encadrer; **~rammen** v/t ⟨sép, -ge-, h⟩ enfoncer (avec un mouton); **~rasten** v/i ⟨-ete, sép, -ge-, sein⟩ s'enclencher (**in** [+acc] dans); **~räuchern** v/t ⟨-(e)re, sép, -ge-, h⟩ enfumer; **~räumen** v/t ⟨sép, -ge-, h⟩ **1.** (*einordnen*) ranger; mettre en place; *Schrank, Fach etc* ranger; mettre de l'ordre dans; *Zimmer* installer. **2.** (*zugestehen*) accorder; concéder; admettre; *Recht* octroyer; **3.** *Frist* accorder; *Kredit* a allouer; **~räumend** adjt GR concessif, -ive
Einraumwohnung f bes ostdeutsch studio m
'einrechnen v/t ⟨-ete, sép, -ge-, h⟩ inclure; faire entrer en ligne de compte; COMM inclure, comprendre dans un compte; **mit eingerechnet** (y) compris; **nicht** (**mit**) **eingerechnet** non compris
'einreden ⟨-ete, sép, -ge-, h⟩ **I** v/t **j-m etw ~** persuader qn de qc; *ein Falsches* faire croire qc à qn; **er versucht uns einzureden, daß** ... il cherche à nous persuader que ...; **II** v/i **auf j-n ~** tenter de persuader, d'influencer qn (à grand renfort de paroles); **III** v/réfl **sich** (dat) **etw ~** se persuader de qc
'einregnen v/réfl ⟨sép, -ge-, h⟩ **es regnet sich ein** le temps se met à la pluie; la pluie s'installe
'einreiben v/t ⟨u v/réfl⟩ ⟨irr, sép, -ge-, h⟩ (**sich**) **mit etw ~** mit *Salbe, Öl* (s')enduire de qc; *mit Kölnischwasser etc* (se) frictionner avec qc
'einreichen v/t ⟨sép, -ge-, h⟩ présenter; remettre; *ein Antrag, Klage etc* déposer; **s-e Entlassung ~** donner sa démission; **die Scheidung ~** demander le divorce
'einreihen ⟨sép, -ge-, h⟩ **I** v/t **~ in** (+acc) ranger parmi, au nombre de;

insérer, intégrer dans; **II** v/réfl **sich ~** se mettre dans une file
'Ein|reiher m ⟨~s; ~⟩ costume m à veston droit; **~reihig** adj à un (seul) rang; *Anzug* à veston droit; *Mantel, Weste etc* à une rangée de boutons
'Einreise f entrée f (**nach** [+dat], **in** [+acc] en, dans, à); **~erlaubnis** f, **~genehmigung** f autorisation f d'entrée
'einreisen v/i ⟨-(es)t, sép, -ge-, sein⟩ entrer (**nach** [+dat], **in** [+acc] en, dans, à)
'Einreise|verbot n interdiction f d'entrée; **~visum** n visa m d'entrée
'ein|reißen ⟨irr, sép, -ge-⟩ **I** v/t ⟨h⟩ **1.** *Papier etc* déchirer (un peu); **2.** (*niederreißen*) démolir; **II** v/i ⟨sein⟩ **3.** se déchirer; **4.** fig *Unsitte, Gewohnheit* se propager; se répandre; **~reiten** ⟨irr, sép, -ge-⟩ **I** v/t ⟨h⟩ *Pferd* dresser; **II** v/i ⟨sein⟩ *in die Manege etc* entrer (à cheval)
einrenken ['aɪnrɛŋkən] **I** v/t ⟨sép, -ge-, h⟩ **1.** MÉD remettre; remboîter; **2.** F fig arranger; **II** F v/réfl **das wird sich schon wieder ~** cela s'arrangera
'einrennen v/t ⟨irr, sép, -ge-, h⟩ *Tür* enfoncer; fig *offene Türen* **~** enfoncer des portes ouvertes; F **j-m das Haus ~** (venir) harceler qn; F (venir) casser les pieds à qn
'einrichten ⟨-ete, sép, -ge-, h⟩ **I** v/t **1.** (*arrangieren*) disposer; arranger; organiser; **es so ~, daß** ... faire en sorte que ... (+subj); s'arranger pour que ... (+subj); **das läßt sich ~** cela peut se faire; **auf etw** (acc) **eingerichtet sein** être préparé à qc; être organisé en vue de qc; **2.** (*möblieren*) aménager; meubler; équiper; *Praxis etc* monter; **3.** *Institutionen* ouvrir; établir; fonder; **4.** MÉD *Bruch, Glied* réduire; remboîter; **II** v/réfl **5.** (*sich arrangieren*) **sich** (**so**) **~** (, **daß** ...) s'arranger, s'organiser (pour); faire en sorte (que ...); **6.** (*seine Wohnung möblieren*) **sich ~** s'installer, se meubler; s'équiper
'Einrichtung f ⟨~; ~en⟩ **1.** (*Institution*) institution f; organisation f; organisme m; *städtische, öffentliche* **~en** services municipaux, publics; *soziale* **~en** institutions sociales; **2.** ⟨sans pl⟩ (*Gründung*) établissement m; fondation f; (*Einsetzung*) instauration f; **3.** ⟨sans pl⟩ (*Einrichten*) *e-s Raums, e-r Wohnung* aménagement m; installation f; équipement m; **4.** (*Mobiliar*) ameublement m; mobilier m; meubles m/pl; **5.** (*Vorrichtung*) dispositif m; TECH installation f; *sanitäre* **~en** installations sanitaires; **6.** ⟨sans pl⟩ MÉD remboîtement m; réduction f
'Einrichtungs|gegenstand m objet m d'ameublement, d'équipement; **~haus** n maison f d'ameublement
'ein|ritzen v/t ⟨-(es)t, sép, -ge-, h⟩ *Namen* graver; *Haut* inciser légèrement; **~rollen** v/t ⟨u v/réfl⟩ ⟨sép, -ge-, h⟩ (**sich**) **~** (s')enrouler
'einrosten v/i ⟨-ete, sép, -ge-, sein⟩ a fig (se) rouiller; F **hier rostet man ein** on s'encroûte ici
'einrücken ⟨sép, -ge-⟩ **I** v/t ⟨h⟩ *Anzeige* insérer; *Zeile* rentrer; renfoncer; TECH embrayer; enclencher; **II** v/i ⟨sein⟩ MIL (*einmarschieren*) entrer (**in** [+acc] dans); **zum Wehrdienst** partir pour le service (militaire)

'einrühren v/t ⟨sép, -ge-, h⟩ délayer (**in** [+acc] dans)
eins[1] [aɪns] num/c un, une; **Punkt ~** (*um ein Uhr*) à une heure juste; F à une heure pile; **es ist halb ~** il est midi bzw minuit et demi; *im Maßstab* **~ zu hundert** à l'échelle de 1/100e; SPORT **~ zu ~** (*unentschieden*) un but partout; **~, zwei!, ~, zwei!** une, deux!, une, deux!; F **~, zwei, drei** (*im Nu*) F en moins de deux; F **~ a** de première (qualité); F **das ist mir** (*alles*) **~** F je m'en fiche; cf **a acht**
eins[2] cf **ein**[1] **II** 2., **III**
Eins f ⟨~; ~en⟩ **1.** *Zahl* un m; cf a **Acht**[1]; **2.** *Schulnote* (*sehr gut*) très bien; *in Frankreich etwa* dix-sept m, dix-huit m (sur vingt); **~ plus** etwa dix-neuf m, vingt m (sur vingt); **e-e ~ schreiben, haben** avoir dix-sept (sur vingt)
'Einsaat f semailles f/pl; ensemencement m
'einsacken[1] v/t ⟨sép, -ge-, h⟩ **1.** (*in Säcke füllen*) mettre en sac(s); ensacher; **2.** F fig *Geld etc* empocher
'einsacken[2] v/i ⟨sép, -ge-, sein⟩ (*einsinken*) s'enfoncer (**in** [+acc] dans)
'ein|säen v/t ⟨sép, -ge-, h⟩ ensemencer; **~salben** v/t ⟨sép, -ge-, h⟩ enduire de pommade; **~salzen** v/t ⟨sép, -ge-, h⟩ saler
'einsam adj solitaire; seul; isolé; *Insel etc* désert; **es ist dort ~** la région est déserte, inhabitée; **sich ~ fühlen** se sentir seul; F **~e Spitze!** F génial!; F super!
'Einsamkeit f ⟨~⟩ solitude f; isolement m
'einsammeln v/t ⟨sép, -ge-, h⟩ ramasser; *Geld a* recueillir; collecter
'Einsatz m **1.** (*Spiel², Wett²*) mise f; enjeu m; **um hohen ~ spielen** jouer gros; **2.** *e-s Geräts* élément m encastrable; *e-s Schnellkochers* panier m; *e-s Koffers* casier m; **3.** COUT empiècement m; (*Brust²*) plastron m; *Textilien* garniture f; **4.** MUS attaque f; THÉ réplique f; **seinen ~ verpassen** *Musiker* oublier de jouer; *Schauspieler* manquer, rater sa réplique; **5.** ⟨sans pl⟩ fig (*Engagement*) entrée f en action; (*Gebrauch*) engagement m; **im ~** en action; **keinen ~ zeigen** ne pas donner le meilleur de soi; ne pas se donner à fond; **unter ~ des Lebens** en risquant sa vie; **unter ~ von** en faisant appel à; **6.** ⟨sans pl⟩ fig (*Gebrauch*) emploi m; *von Kräften, Mitteln* mise f en œuvre; mobilisation f; **7.** *von Truppen* entrée f en ligne; engagement m; (*Feuerwehr², Polizei²*) intervention f; AVIAT sortie, mission aérienne
'Einsatz|befehl m ordre m d'engagement, d'intervention, AVIAT de mission; **²bereit** adj disponible; prêt à intervenir, à l'action opérationnelle; *Maschinen etc* prêt à être utilisé; **~bereitschaft** f ⟨~⟩ disponibilité f; MIL état m d'alerte; **²freudig** adj qui se donne à fond (à sa tâche); entreprenant; **~gebiet** n zone d'intervention, d'engagement; **~kommando** n groupe m mobile d'intervention; MIL commando m; **~leiter(in)** m(f) chef m de groupe (d'intervention); **~plan** m plan m d'intervention; **~wagen** m **1.** *der Straßenbahn etc* voiture f supplémentaire; **2.** *der Polizei* véhicule m d'intervention
'ein|saugen v/t ⟨irr, sép, -ge-, h⟩ sucer;

Luft aspirer; *Geruch* 'humer; **~säumen** *v/t* ⟨*sép*, *-ge-*, h⟩ *COUT* ourler; (*mit etw*) **~** (*einfassen*) border (de qc); (*umgeben*) entourer (de qc); (*umzäunen*) clôturer (avec, de qc)

'**einschalten** ⟨*-ete*, *sép*, *-ge-*, h⟩ I *v/t* **1.** (*dazwischenfügen*) intercaler; insérer; **2.** *Licht*, *Radio etc* allumer; *Maschinen* mettre en marche; *Strom a abs* fermer le circuit; mettre le contact; *in den Stromkreis* mettre dans le circuit; **3.** *fig* (*beteiligen*) faire appel à; faire intervenir; II *v/réfl sich* **~** (*in* [*+acc*]) *fig* intervenir (dans); s'interposer (dans, entre); (*sich einmischen*) s'immiscer, s'ingérer (dans); *TÉL* **sich in e-e Leitung ~** se brancher sur une ligne

'**Einschalt|hebel** *m* levier *m* de commande; **~quote** *f* taux *m*, indice *m* d'écoute; audimat *m*

'**Einschaltung** *f* **1.** intercalation *f*; insertion *f*; **2.** *des Stroms* fermeture *f*; *in e-n Stromkreis* mise *f* en circuit; *e-r Maschine* mise *f* en marche; **3.** *fig* intervention *f*; interposition *f*

'**einschärfen** *v/t* ⟨*sép*, *-ge-*, h⟩ *j-m* **~** recommander expressément à qn; enfoncer dans la tête de qn; *st/s* enjoindre à qn (*zu* de [*+inf*])

'**einschätzen** *v/t* ⟨*-(e)st*, *sép*, *-ge-*, h⟩ évaluer; estimer; apprécier; *zu hoch* **~** surestimer; surévaluer; *etw falsch* **~** mal juger, estimer, évaluer qc

'**Einschätzung** *f* **1.** estimation *f*; évaluation *f*; appréciation *f*; *nach meiner* **~** à mon avis; **2.** *steuerlich* évaluation (fiscale)

'**einschenken** *v/t* ⟨*sép*, *-ge-*, h⟩ *j-m ein Glas Wein* **~** verser un verre de vin à qn; *abs j-m* **~** donner à boire à qn

'**ein|scheren** *v/i* ⟨*sép*, *-ge-*, sein⟩ se rabattre (sur la voie de droite, de gauche); **~schicken** *v/t* ⟨*sép*, *-ge-*, h⟩ envoyer; **~schieben** *v/t* ⟨*irr*, *sép*, *-ge-*, h⟩ **1.** **~** (*in* [*+acc*]) glisser (dans); intercaler (entre); **2.** (*hineindrücken*) pousser (à fond); **3.** *fig* intercaler; insérer

'**einschießen** ⟨*irr*, *sép*, *-ge-*, h⟩ I *v/t* **1.** *Gewehr* régler (le tir de); **2.** *Geld* verser des fonds; fournir des capitaux; **3.** (*zerstören*) démolir, détruire (à coups de canon); **4.** *SPORT* **~** *schießen*; **5.** *Brot* enfourner; II *v/i* ⟨sein⟩ *Muttermilch* monter; III *v/réfl sich* **~** régler le tir; *fig sich auf j-n* **~** prendre qn pour cible

'**ein|schiffen** *v/réfl* ⟨*sép*, *-ge-*, h⟩ *sich* **~** (s')embarquer (*nach* pour); **2schiffung** *f* ⟨*~*; *~en*⟩ embarquement *m*

'**einschlafen** *v/i* ⟨*irr*, *sép*, *-ge-*, sein⟩ s'endormir; *Glieder* s'engourdir; F *fig* cesser peu à peu; *mir ist das Bein eingeschlafen* j'ai la jambe engourdie; F j'ai des fourmis dans la jambe; *fig die Angelegenheit ist wieder eingeschlafen* l'affaire est retombée dans l'oubli; *vor dem* **2~** avant de s'endormir

ein|schläfern ['aɪnʃlɛːfərn] *v/t* ⟨*-(e)re*, *sép*, *-ge-*, h⟩ **1.** *a MÉD* endormir; **2.** *Tiere* piquer; **~schläfernd** *adj* endormant; assoupissant

'**Einschlafstörungen** *f/pl* troubles *m/pl* de l'endormissement

'**Einschlag** *m* **1.** (*das Einschlagen*) chute *f*; *e-s Geschosses* arrivée *f*; **2.** (*~stelle*) point *m* d'impact, de chute; **3.** *COUT*

repli *m*; **4.** *AUTO* braquage *m*; **5.** *fig mit italienischem*, *bäuerlichem* **~** de type italien, paysan

'**einschlagen** ⟨*irr*, *sép*, *-ge-*, h⟩ I *v/t* **1.** *Nägel etc* enfoncer; planter; *Schädel* défoncer; *Fensterscheiben* enfoncer; casser; **2.** (*einpacken*) envelopper, emballer (*in* [*+acc*] dans); **3.** *Weg* prendre; s'engager dans; *Laufbahn* embrasser; entrer dans; **4.** *AUTO a abs* (*die Lenkung*) **~** braquer; II *v/i* **5.** *Geschoß*, *Blitz* tomber; éclater; *es hat eingeschlagen* la foudre est tombée; **6.** (*Erfolg haben*) réussir; **7.** (*einwilligen*) toper; *schlag ein!* tope (là)!; **8.** *auf j-n* **~** rouer qn de coups; F taper comme un sourd sur qn

einschlägig ['aɪnʃlɛːgɪç] I *adj* ⟨*épithète*⟩ se rapportant (à); relatif, -ive (à); correspondant; *Geschäft* spécialisé; *die ~e Fachliteratur* la bibliographie correspondant, relative à ce sujet; II *adv* **~** *vorbestraft sein* avoir été condamné pour un délit analogue

'**ein|schleichen** *v/réfl* ⟨*irr*, *sép*, *-ge-*, h⟩ *sich* **~** (*in* [*+acc*]) se glisser, se faufiler, s'introduire furtivement (dans); *fig Gedanke*, *Verdacht* s'insinuer, *Fehler* se glisser (dans); **~schleppen** *v/t* ⟨*sép*, *-ge-*, h⟩ *Schiff* remorquer; *Krankheit* amener; introduire; apporter

'**einschleusen** *v/t* ⟨*-(e)st*, *sép*, *-ge-*, h⟩ *fig* faire entrer clandestinement; *eingeschleuster Spion* taupe *f*

'**einschließen** ⟨*irr*, *sép*, *-ge-*, h⟩ I *v/t* **1.** enfermer à clé; (*verwahren*) mettre sous clé; **2.** *MIL* cerner; encercler; investir; **3.** (*umfassen*) comprendre; renfermer; inclure; englober; *j-n in sein Gebet* **~** prier pour qn; II *v/réfl sich* **~** s'enfermer à clé

'**einschließlich** I *adv* (y) compris; inclus; II *prép* ⟨*gén*⟩ **~** *Bedienung* service compris; **~** *der Reparaturen* y compris les réparations; **~** (*der*) *Mehrwertsteuer* T.V.A. incluse, comprise

'**Einschluß** *m a GÉOL* inclusion *f*; *mit* **~** (*+gén*) *cf einschließlich*

'**einschmeicheln** *v/réfl* ⟨*-(e)le*, *sép*, *-ge-*, h⟩ *sich bei j-m* **~** s'insinuer auprès de qn

'**ein|schmeichelnd** *adj péj* insinuant; (*angenehm*) enjôleur, -euse; caressant; **~schmelzen** *v/t* ⟨*irr*, *sép*, *-ge-*, h⟩ (re-)fondre; **~schmieren** F *v/t* ⟨*sép*, *-ge-*, h⟩ *mit Dreck*, *Marmelade etc* barbouiller (*mit* de); *mit Fett*, *Öl* enduire (*mit* de); graisser; *Maschine* lubrifier; **~schmuggeln** *v/t* ⟨*-(e)le*, *sép*, *-ge-*, h⟩ I *v/t* faire entrer en fraude, en contrebande; II *v/réfl fig sich* **~** s'introduire clandestinement

'**einschnappen** *v/i* ⟨*sép*, *-ge-*, sein⟩ *Schloß*, *Tür etc* se (re)fermer (à l'aide d'un ressort); **2.** F *fig er ist eingeschnappt* il est vexé; il l'a mal pris

'**einschneiden** ⟨*irr*, *sép*, *-ge-*, h⟩ I *v/t* couper; entailler; *Figuren etc* graver; II *v/i ins Fleisch in etw* (*acc*) **~** couper qc, rentrer dans qc

'**einschneidend** *adj Maßnahme etc* radical

'**einschneien** *v/i* ⟨*sép*, *-ge-*, sein⟩ *eingeschneit sein* être couvert de neige, enneigé, *Fahrzeug* bloqué par la neige

'**Einschnitt** *m* **1.** incision *f*; coupure *f*; (*Kerbe*) encoche *f*; entaille *f*; cran *m*;

(*Schlitz*) fente *f*; **2.** *fig* événement décisif; tournant *m*

'**einschnüren** *v/t* ⟨*u v/réfl*⟩ ⟨*sép*, *-ge-*, h⟩ (*sich*) **~** (se) lacer; *Taille* (se) serrer

'**einschränken** ['aɪnʃrɛŋkən] ⟨*sép*, *-ge-*, h⟩ I *v/t* **1.** (*reduzieren*) limiter; réduire; restreindre; **2.** *Behauptung*, *Bemerkung* atténuer; limiter la portée de; **3.** *j-n in s-r Handlungsfreiheit* **~** réduire la marge de manœuvre de qn; II *v/réfl sich* (*finanziell*) **~** limiter, réduire ses dépenses; *sich im Trinken* **~** réduire sa consommation d'alcool

'**einschränkend** *adj* restrictif, -ive; limitatif, -ive

'**Einschränkung** *f* ⟨*~*; *~en*⟩ réduction *f*; restriction *f*; limitation *f*; (*Vorbehalt*) réserve *f*; *ohne* **~** sans réserve; *mit* **~***en* non sans réserve; *mit der* **~**, *daß* ... à cette réserve près que ... (*+subj*)

'**einschrauben** *v/t* ⟨*sép*, *-ge-*, h⟩ visser (*in* [*+acc*] dans)

'**Einschreib**|**(e)brief** *m* lettre recommandée; **~(e)gebühr** *f Post* taxe *f* de recommandation; *Universität etc* droits *m/pl* d'inscription

'**einschreiben** *v/t* ⟨*irr*, *sép*, *-ge-*, h⟩ inscrire; *Post* **~** *lassen* recommander; *sich* **~** *lassen* se faire inscrire

'**Einschreiben** *n* ⟨*~*; *~*⟩ envoi recommandé; *etw als*, *per* **~** *schicken* envoyer qc en recommandé; "**~**" «recommandé»

'**Einschreibung** *f* inscription *f*

'**einschreiten** *v/i* ⟨*irr*, *sép*, *-ge-*, sein⟩ intervenir; *gegen etw* **~** prendre des mesures contre

'**Einschreiten** *n* ⟨*~s*⟩ intervention *f*

'**ein|schrumpfen** *v/i* ⟨*sép*, *-ge-*, sein⟩ se ratatiner; *fig* diminuer; fondre; **2schub** *m* passage rajouté, intercalé; **~schüchtern** *v/t* ⟨*-(e)re*, *sép*, *-ge-*, h⟩ intimider; **2schüchterungsversuch** *m* tentative *f* d'intimidation

'**einschulen** *v/t* ⟨*sép*, *-ge-*, h⟩ scolariser; *mit sechs Jahren eingeschult werden* être scolarisé à (l'âge de) six ans

'**Einschulung** *f* scolarisation *f*

'**Einschuß** *m* **1.** *e-s Geschosses* entrée *f* (de la balle); *Stelle* point *m* d'impact; **2.** *COMM* versement *m*; **3.** *WEBEREI* trame *f*; **4.** *RAUMFAHRT* mise *f* sur orbite; **~stelle** *f* point *m* d'impact

'**einschütten** *v/t* ⟨*-ete*, *sép*, *-ge-*, h⟩ verser (*in* [*+acc*] dans)

'**einschweißen** *v/t* ⟨*-(e)st*, *sép*, *-ge-*, h⟩ *TECH* souder; *in Folie eingeschweißt* sous (feuille de) plastique

'**einschwenken** *v/i* ⟨*sép*, *-ge-*, sein⟩ **1.** **~** *in* (*+acc*) (*einbiegen*) tourner dans; *Satellit etc* se mettre, se placer sur; **2.** *fig* **~** *auf* (*+acc*) mettre le cap sur; se rallier, se convertir à

'**ein|segnen** *v/t* ⟨*-ete*, *sép*, *-ge-*, h⟩ (*konfirmieren*) confirmer; (*segnen*) bénir; **2segnung** *f* (*Konfirmation*) confirmation *f*; (*Segnung*) bénédiction *f*

'**einsehen** *v/t* ⟨*irr*, *sép*, *-ge-*, h⟩ **1.** (*begreifen*) comprendre; (*erkennen*) voir; *a Unrecht etc* reconnaître; *ich sehe nicht ein*, *weshalb* ... je ne vois pas pourquoi ...; **2.** *Bücher* examiner; prendre connaissance de; *Akten* consulter; compulser; **3.** (*überblicken*) voir; *ihr Garten kann von keiner Seite eingesehen werden* leur jardin est de toutes parts fermé aux regards

Einsehen – Einstimmigkeit

'Einsehen *n* ⟨-s⟩ *ein ~ haben* se rendre à la raison; *hab doch ein ~!* sois donc raisonnable!

'einseifen *v/t* ⟨*sép*, *-ge-*, *h*⟩ **1.** *Bart etc* savonner; **2.** F *fig* (*betrügen*) F rouler; F avoir

'einseitig I *adj* **1.** d'un (seul) côté; JUR, POL unilatéral; **2.** *fig Ausbildung etc* trop spécialisé; exclusif, -ive; *Auffassung* étroit; partial; *par ext* simpliste; *Ernährung* mal équilibré; incomplet, -ète; *Darstellung* tendancieux, -ieuse; **II** *adv ein Blatt ~ beschreiben* n'écrire que sur un côté d'une feuille; *~ begabt sein* être doué dans un seul domaine; *~ interessiert sein* ne s'intéresser qu'à une sorte de choses; être polarisé; *etw ~ beurteilen* juger qc avec partialité

'Einseitigkeit *f* ⟨-⟩ caractère unilatéral; *der Auffassung* étroitesse *f*; partialité *f*; *par ext* simplisme *m*

'einsenden *v/t* ⟨*irr*, *sép*, *-ge-*, *h*⟩ envoyer, expédier ([+*dat*] *od an* [+*acc*] à)

'Ein|sender(in) *m* ⟨-s; -⟩ (*f*) ⟨-; -nen⟩ expéditeur *m*; *an Zeitungen* a correspondant(e) *m(f)*; **~sendeschluß** *m* e-s *Preisausschreibens etc* date *f* limite des envois; **~sendung** *f* envoi *m*

Einser ['anzər] *m* ⟨-s; -⟩ *südd*, *österr*, *schweiz* (*Eins*) un *m*; *cf a Eins* 2.

'einsetzen ⟨-(e)st, *sép*, *-ge-*, *h*⟩ **I** *v/t* **1.** (*hin~*) *~* (*in* [+*acc*]) mettre, placer (dans); (*fest anbringen*) insérer (dans); *Fensterscheibe*, *Ärmel* poser; COUT *Ärmel* monter; **2.** *Arbeitskräfte* employer, mobiliser; *Polizei*, *Truppen* faire intervenir; *Maschinen* utiliser; employer; *Mittel* a mettre en œuvre; *s-e ganze Kraft ~* déployer toutes ses forces; *sein Leben ~* risquer sa vie; **3.** (*ernennen*) instituer; désigner; *in e-e Würde* investir (*in* [+*acc*] dans); *in ein Amt* installer (*in* [+*acc*] dans); *e-n Verwalter ~* désigner un administrateur; *j-n zu s-m Erben ~* instituer qn (son) héritier; *e-n Untersuchungsausschuß ~* constituer un comité d'enquête; *j-n in s-e früheren Rechte ~* réintégrer qn dans ses droits; **II** *v/i* (*anfangen*) commencer (*mit etw par qc*); MUS attaquer; *der Regen hat wieder eingesetzt* il s'est remis à pleuvoir; **III** *v/réfl sich ~* faire de son mieux; se donner à fond; *sich für j-n, etw ~* intervenir pour qn, qc; soutenir qn, qc; se prononcer pour qn, qc; *sich für die Interessen e-r Firma ~* défendre les intérêts d'une firme; *ich werde mich persönlich dafür ~*, *daß ...* je veillerai personnellement à ce que ... (+*subj*)

'Einsetzung *f* ⟨-; -en⟩ institution *f*; désignation *f*; *in ein Amt* installation *f*; *e-s Ausschusses etc* constitution *f*

'Einsicht *f* ⟨-; -en⟩ **1.** ⟨*sans pl*⟩ (*~nahme*) examen *m*; inspection *f*; *in etw* (*acc*) *~ nehmen* examiner, consulter qc; prendre connaissance de qc; *zur ~* avec prière de prendre connaissance; pour examen; **2.** (*Verständnis*) compréhension *f*; discernement *m*; jugement *m*; *zur ~ kommen* se rendre à la raison; **3.** ⟨*sans pl*⟩ (*Einblick*) vue *f* (*in* [+*acc*] dans)

'einsichtig *adj* **1.** (*verständnisvoll*) compréhensif, -ive; **2.** (*verständlich*) compréhensible; *mir ist nicht ~, warum ...* je ne vois pas pourquoi ...

'Einsichtnahme *f* ⟨-⟩ *zur ~ cf* (*zur*) *Einsicht* 1.; *nach ~* après examen, consultation

'einsickern *v/i* ⟨-(e)re, *sép*, *-ge-*, *sein*⟩ *a fig* s'infiltrer (*in* [+*acc*] dans)

Einsiede'lei *f* ⟨-; -en⟩ ermitage *m*

'Einsiedler|(in) *m(f)* ermite *m*; anachorète *m*; **~krebs** *m* ZO bernard-l'ermite *m*

'Einsilber *cf Einsilbler*

'einsilbig *adj* **1.** LING monosyllabique; **2.** *fig Person* taciturne; peu loquace; *Antwort* par monosyllabes

'Ein|silbigkeit *f* ⟨-⟩ taciturnité *f*; mutisme *m*; **~silb(l)er** *m* ⟨-s; -⟩ LING monosyllabe *m*

'ein|sinken *v/i* ⟨*irr*, *sép*, *-ge-*, *sein*⟩ *im Schlamm etc* s'enfoncer; *Erdboden* s'affaisser; **~sitzen** *v/i* ⟨*irr*, *sép*, *-ge-*, *h*⟩ ADM être en prison; **~sortieren** *v/t* ⟨*sép*, *pas de ge-*, *h*⟩ trier; classer

'einspannen *v/t* ⟨*sép*, *-ge-*, *h*⟩ **1.** *in en Rahmen* tendre (*in* [+*acc*] sur); TECH serrer, mettre (*in* [+*acc*] dans); *Pferde* atteler; **2.** F *fig* (*in Anspruch nehmen*) atteler, mettre au travail; *sich ~ lassen* se laisser embrigader

'einsparen *v/t* ⟨*sép*, *-ge-*, *h*⟩ économiser; **'Einsparung** *f* ⟨-; -en⟩ économie *f* (*an* [+*dat*] de)

'einspeichern *v/t* ⟨-(e)re, *sép*, *-ge-*, *h*⟩ *etw ~* (*in* [+*acc*]) stocker qc (dans, à); INFORM mettre qc en mémoire (dans)

'einspeisen *v/t* ⟨*sép*, *-ge-*, *h*⟩ **1.** TECH *Strom in das Netz ~* alimenter le réseau en courant; **2.** INFORM *etw ~* entrer qc (*in* [+*acc*] dans)

'einsperren *v/t* ⟨*sép*, *-ge-*, *h*⟩ enfermer; *in e-n Käfig* encager; *in ein Gefängnis* mettre en prison; incarcérer

'einspielen *v/réfl* ⟨*sép*, *-ge-*, *h*⟩ *sich ~* SPORT s'entraîner à jouer (en équipe); MUS s'exercer; *sie sind gut aufeinander eingespielt* ils forment une bonne équipe

'einspinnen *v/réfl* ⟨*irr*, *sép*, *-ge-*, *h*⟩ *sich ~* se mettre en cocon (*a fig*)

'einsprachig *adj* monolingue

'einspringen *v/i* ⟨*irr*, *sép*, *-ge-*, *sein*⟩ *für j-n ~* remplacer qn (au pied levé)

'Einspritzdüse *f* AUTO injecteur *m*

'einspritzen *v/t* ⟨-(es)t, *sép*, *-ge-*, *h*⟩ injecter

'Einspritz|**er** F *m* ⟨-s; -⟩, **~motor** *m* AUTO moteur *m* à injection; **~pumpe** *f* pompe *f* à injection

'Einspruch *m* opposition *f* (*gegen* à); protestation *f* (*gegen* contre); *gegen etw ~ erheben* faire opposition à qc; *~ einlegen* former opposition (*gegen* à); opposer, mettre son veto (*gegen* à)

'einspurig *adj* (*eingleisig*) à voie unique; *Straße* à une seule voie

einst [aɪnst] *st/s adv* **1.** (*früher*) autrefois; jadis; **2.** (*einmal*) un jour

'einstampfen *v/t* ⟨*sép*, *-ge-*, *h*⟩ *Kraut* tasser au pilon; *Bücher* mettre au pilon

'Einstand *m* **1.** *s-n ~ geben* beim *Dienstantritt* arroser son entrée en fonction; beim *Umzug* F pendre la crémaillère; **2.** ⟨*sans pl*⟩ TENNIS égalité *f*

'einstechen *v/t* ⟨*irr*, *sép*, *-ge-*, *h*⟩ **I** *v/t* **1.** *Nadel etc* piquer; enfoncer; **2.** *Stoff*, *Teig etc* piquer; **II** *v/i* **3.** KARTENSPIEL couper; **4.** *mit e-r Stichwaffe auf j-n ~* donner des coups de couteau, de poignard, *etc* à qn

'einstecken *v/t* ⟨*sép*, *-ge-*, *h*⟩ **1.** mettre (*in* [+*acc*] dans); *in die Tasche a* empocher; **2.** *fig Schlag* F encaisser; *Gewinn* empocher; *Beleidigung*, *Vorwurf etc* avaler; essuyer; *er kann viel ~* F il encaisse bien

'Einsteck|**kamm** *m* peigne *m* à chignon, à parure; **~tuch** *n* pochette *f*

'einstehen *v/i* ⟨*irr*, *sép*, *-ge-*, *sein*⟩ *für j-n, etw ~* se porter garant de qn, qc; répondre de qn, qc; *für eine Tat ~* assumer un acte

'einsteigen *v/i* ⟨*irr*, *sép*, *-ge-*, *sein*⟩ *~* (*in* [+*acc*]) **1.** *in ein Fahrzeug* monter (*Wagen en*; *Bus*, *Zug* dans); *bitte ~!* en voiture, s'il vous plaît!; **2.** *Diebe* entrer (dans) (par escalade); **3.** F *in e-n Beruf*, *ein Geschäft* entrer, s'engager dans

'Einsteiger F *m* ⟨-s; -⟩ personne *f* qui s'engage (dans qc), qui commence (qc)

'einstellen ⟨*sép*, *-ge-*, *h*⟩ **I** *v/t* **1.** (*hin~*) mettre (*in* [+*acc*] dans); *in die Garage* garer; **2.** TECH, RAD, TV régler; *richtig*, *scharf* mettre au point; *an der Waschmaschine ein Programm ~* mettre un programme; **3.** *Arbeitskräfte* engager; embaucher; **4.** (*beenden*, *aufhören*) cesser; arrêter; supprimer; *Zahlungen etc* suspendre; JUR *Verfahren* arrêter; **5.** *Rekord* égaler; **II** *v/réfl* **6.** *Personen* se présenter; arriver; se trouver; *Schäden* survenir; *Schmerzen* se faire sentir; *sich wieder ~* revenir; reparaître; **7.** *sich auf etw* (*acc*) *~* s'adapter à qc; se préparer à qc; s'attendre à qc; *auf etw* (*acc*) *eingestellt sein* être prêt à qc; être organisé en vue de, pour qc; *sich auf j-n ~* s'adapter à qn; se régler sur qn; *gegen j-n eingestellt sein* être mal disposé envers qn; *sozialistisch eingestellt sein* avoir des idées socialistes

'einstellig *adj Zahl* d'un seul chiffre

'Einstell|**knopf** *m* bouton *m* de réglage; **~platz** *m* emplacement *m* (dans un garage *bzw* sous un abri)

'Einstellung *f* **1.** TECH réglage *m*; OPT (*Gesamt~*) mise *f* au point; beim *Film* plan *m*; **2.** *von Arbeitskräften* embauche *f*; engagement *m*; **3.** (*Beendigung*, *Aufhören*) cessation *f*; suspension *f*; JUR *e-s Verfahrens* arrêt *m*; **4.** (*Haltung*, *Meinung*) attitude *f*; idées *f/pl*; point *m* de vue; *politische ~* opinion *f* politique; *~ zum Leben* conception *f* de la vie

'Einstellungs|**gespräch** *n* entretien *m* (d'embauche); **~sache** *f* affaire *f* de conception, de point de vue; **~stopp** *m* arrêt *m* de recrutement

'Ein|**stich** *m* piqûre *f*; **~stieg** *m* ⟨-(e)s; -e⟩ *~* (*in* [+*acc*]) entrée *f* (*Wagen en*; *Bus*, *Zug* dans); *fig* accès *m* (à)

'Einstiegsdroge *f etwa* drogue douce

'einstig *adj* ⟨*épithète*⟩ ancien, -ienne; d'autrefois

'einstimmen ⟨*sép*, *-ge-*, *h*⟩ **I** *v/t Instrumente* accorder; *j-n auf etw* (*acc*) *~* préparer (psychologiquement) qn à qc; **II** *v/i Instrumente* attaquer; se joindre (aux autres instruments); *in etw* (*acc*) (*mit*) *~* joindre sa voix à celle des autres; *fig* faire chorus; se joindre à qc

'einstimmig I *adj* MUS à une voix; *fig* unanime; *~e Annahme* adoption *f* à l'unanimité; **II** *adv* MUS à l'unisson (*a fig*); *fig* à l'unanimité; d'un commun accord

'Einstimmigkeit *f* ⟨-⟩ unanimité *f*

Einstimmung f zur ~ auf (+acc) pour se préparer à
einstmals *st/s cf* **einst**
ein|stöckig ['aɪnʃtœkɪç] *adj Haus* qui a un étage; **~stöpseln** *v/t* ⟨-(e)le, sép, -ge-, h⟩ *Korken* enfoncer; *Telefon, Apparat etc* brancher; **~stoßen** *v/t* ⟨*irr, sép, -ge-, h*⟩ enfoncer; *Scheibe a* casser; **strahlung** f irradiation f; **~streichen** F *v/t* ⟨*irr, sép, -ge-, h*⟩ *Geld* empocher; encaisser
'einstreuen *v/t* ⟨sép, -ge-, h⟩ *etw in etw* [*acc*] ~ entremêler qc de qc; parsemer qc de qc
ein|strömen *v/i* ⟨sép, -ge-, sein⟩ ~ (*in* [+*acc*]) *Wasser, Luft etc* rentrer (dans); *Menschenmenge* affluer (dans); **~studieren** *v/t* ⟨sép, pas de ~, h⟩ *Theaterstück etc* répéter; *Rolle a* apprendre; **~stufen** *v/t* ⟨sép, -ge-, h⟩ classer; classifier; **~stufig** *adj Rakete* d'un étage; **stufung** f ⟨~; ~en⟩ classification f; classement m
einstündig ['aɪnʃtʏndɪç] *adj* ⟨épithète⟩ d'une heure
'einstürmen *v/i* ⟨sép, -ge-, sein⟩ *auf j-n* (*mit Fragen*) ~ assaillir qn (de questions)
'Einsturz m écroulement m; effondrement m; *von Erdmassen* éboulement m
'einstürzen *v/i* ⟨-(es)t, sép, -ge-, sein⟩ s'écrouler; s'effondrer; *Erdmassen* s'ébouler; *für ihn stürzte e-e Welt ein* (tout) un monde s'est écroulé pour lui
'Einsturzgefahr f danger m d'écroulement
'einst'weilen *adv* (*vorläufig*) provisoirement; pour le moment; (*inzwischen*) pendant ce temps-là
'einst'weilig *adj* ⟨épithète⟩ provisoire; temporaire; JUR provisionnel, -elle; *~e Verfügung* (ordonnance f de) référé m
'Eintagsfliege f **1.** ZO éphémère m; **2.** F fig phénomène m, événement m éphémère *od* sans lendemain
'Eintänzer m danseur mondain
'eintauchen ⟨sép, -ge-⟩ **I** *v/t* ⟨h⟩ plonger; enfoncer; immerger; *Brot etc* tremper; **II** *v/i* ⟨sein⟩ plonger; *fig* s'enfoncer; (*entschwinden*) disparaître
'eintauschen *v/t* ⟨sép, -ge-, h⟩ *etw gegen etw* ~ échanger qc contre qc; recevoir qc en échange de qc
'ein'tausend *cf* tausend
'einteilen *v/t* ⟨sép, -ge-, h⟩ *in Gruppen* répartir, diviser; *in Klassen* classer, *Zeit, Arbeit, Geld* répartir (*in* [+*acc*] en; *nach* selon, d'après); (*sich* [*dat*]) *s-e Zeit gut* ~ organiser son temps; *j-n für, zu etw* ~ charger qn de qc; affecter qn à qc
'Ein|teiler m ⟨~s; ~⟩ (maillot) une pièce m; **teilig** *adj* d'une (seule) pièce
'Einteilung f *der Zeit, Arbeit* répartition f; division f; *in Klassen* classement m; classification f; *in Grade* graduation f
eintönig ['aɪntøːnɪç] *adj* monotone; ~ **grau** uniformément gris
'Ein|tönigkeit f ⟨~; ~en⟩ monotonie f; **~topf(gericht)** m(n) plat m unique (composé de pommes de terre, légumes, etc); *mit Fleisch* ragoût m
'eintopfen *v/t* ⟨sép, -ge-, h⟩ *Pflanzen* empoter
'Eintracht f ⟨~⟩ concorde f; harmonie f; *in* ~ *a* en bonne intelligence

einträchtig ['aɪntrɛçtɪç] *adj u adv* en accord; en harmonie; en bonne intelligence
'Eintrag ['aɪntraːk] m ⟨~(e)s; ~e⟩ (*Eintragung*) inscription f; enregistrement m; (*Wörterbuch*) entrée f
'eintragen ⟨*irr, sép, -ge-, h*⟩ **I** *v/t* **1.** ~ (*in* [+*acc*]) *in Bücher* inscrire, enregistrer (dans); **2.** (*einbringen*) rapporter; **II** *v/réfl sich* ~ (*in* [+*acc*]) *in e-e Liste* s'inscrire (sur); *in ein Gästebuch etc* inscrire son nom (dans)
einträglich ['aɪntrɛːklɪç] *adj* rentable; de bon rapport; lucratif, -ive; profitable; *sehr* ~ *sein* rapporter beaucoup
'Einträglichkeit f ⟨~⟩ bon rapport, rendement
'Eintragung f ⟨~; ~en⟩ *in e-e Liste* inscription f; *in Bücher* enregistrement m; (*Vermerk*) mention f; (*Notiz*) notes f/pl
'ein|treffen *v/i* ⟨*irr, sép, -ge-, sein*⟩ arriver; *Voraussage* se réaliser; s'accomplir; **treffen** n ⟨~s⟩ arrivée f; e-r Voraussage accomplissement m; réalisation f; **~treiben** *v/t* ⟨*irr, sép, -ge-, h*⟩ **1.** *Geld, Steuern* faire rentrer; recouvrer; **2.** *Vieh* ramener; **treibung** f ⟨~; ~en⟩ *von Geldern etc* recouvrement m; encaissement m
'eintreten ⟨*irr, sép, -ge-*⟩ **I** *v/t* ⟨h⟩ *Tür etc* enfoncer d'un coup de pied; **II** *v/i* ⟨sein⟩ **1.** ~ (*in* [+*acc*]) *in ein Haus, e-n Beruf, Verein, ins Heer etc* entrer (dans); *in e-e Partei* adhérer (à); *in e-n Verein a* devenir membre (de); *treten Sie ein!* entrez!; **2.** (*sich ereignen*) arriver; se produire; se faire; intervenir; *Stille* se faire; *Tod* survenir; *Umstände, Notwendigkeit* se présenter; *plötzlich* ~ survenir; *es trat e-e Besserung s-s Zustands ein* son état s'est amélioré; **3.** (*sich einsetzen*) *für j-n* ~ défendre, soutenir, appuyer qn; prendre fait et cause pour qn; *für etw* ~ appuyer, soutenir, préconiser, défendre qc; faire campagne pour qc
'eintrichtern F *v/t* ⟨-(e)re, sép, -ge-, h⟩ *j-m etw* ~ faire ingurgiter qc à qn (*a fig*); *fig* fourrer qc dans la tête de qn
'Eintritt m **1.** (*Eintreten*, ~*sgeld*) entrée f; ~ *frei* entrée libre, gratuite; ~ *verboten* entrée interdite; défense d'entrer; **2.** *fig* arrivée f; *bei* ~ *der Dunkelheit* à la tombée de la nuit
'Eintritts|geld n (prix m d')entrée f; **~karte** f billet m d'entrée; **~preis** m cf **Eintrittsgeld**
'ein|trocknen *v/i* ⟨-ete, sép, -ge-, sein⟩ sécher; *p/fort* se dessécher; **~trüben** *v/réfl* ⟨sép, -ge-, h⟩ *sich* ~ *Wetter* se couvrir; **trübung** f assombrissement m; **~trudeln** F *v/i* ⟨-(e)le, sép, -ge-, sein⟩ F s'amener, F rappliquer (tranquillement); **~tunken** *v/t* ⟨sép, -ge-, h⟩ *regional* tremper
'einüben *v/t* ⟨sép, -ge-, h⟩ étudier; répéter; *etw auf dem Klavier* ~ travailler qc au piano
'einundein'halb *cf* eineinhalb
'einverleiben ⟨sép, pas de ge-, h⟩ **I** *v/t* incorporer (*a* MIL); MIL annexer; **II** *v/réfl sich* (*dat*) *etw* ~ s'approprier qc; *plais* (*essen*) ingurgiter, F enfourner, F s'envoyer qc
'Einvernahme ['aɪnfɛrnaːmə] f ⟨~; ~n⟩ JUR, *bes österr, schweiz* audition f
'Einvernehmen n ⟨~s⟩ accord m; en-

tente f; intelligence f; *st/s sich mit j-m ins* ~ *setzen* se mettre d'accord avec qn; *mit j-m in gutem, schlechtem* ~ *leben* vivre en bonne, mauvaise intelligence avec qn; *im* ~ *mit* en accord avec; *in gegenseitigem* ~ d'un commun accord
'einverstanden *adj* *t* ~! d'accord!; entendu!; *mit etw* ~ *sein* être d'accord avec qc; consentir à qc; *ich bin* ~ *a* je veux bien; *sich mit den Bedingungen* ~ *erklären* accepter les conditions
'Einverständnis n accord m; entente f; geheimes intelligence f; *im* ~ *mit* en accord avec; *in beiderseitigem* ~ d'un commun accord; *sein* ~ *zu etw geben* donner son accord, son assentiment à qc; consentir à qc
'Einwaage f poids net
'einwachsen¹ *v/t* ⟨-(es)t, sép, -ge-, h⟩ (*mit Wachs einreiben*) cirer; encaustiquer
'einwachsen² *v/i* ⟨*irr, sép, -ge-, sein*⟩ BOT (re)prendre racine; *eingewachsener Nagel* ongle incarné
'Einwand m ⟨~(e)s; ~e⟩ objection f (*gegen* à, contre); *Einwände erheben* faire, élever des objections
'Einwander|er m, **~in** f immigrant(e) m(f); (*Eingewanderte[r]*) immigré(e) m(f)
'einwander|n *v/i* ⟨-(e)re, sép, -ge-, sein⟩ immigrer; **ung** f immigration f
'Einwanderungs|behörde f office m de l'immigration; **~land** n pays m d'immigration; **~politik** f politique f d'immigration
'einwandfrei *adj* **1.** (*ohne Fehler*) sans défaut; impeccable; *in* ~*em Zustand* en parfait état; **2.** *moralisch* irréprochable; **3.** (*unbestreitbar*) incontestable; *Beweis* irréfutable; *Alibi* parfait; **II** *adv* ~ *arbeiten* fonctionner parfaitement; *etw* ~ *nachweisen* prouver qc de façon incontestable
'Einwanderin f cf **Einwanderin**
einwärts ['aɪnvɛrts] *adv* en dedans; *nach* ~ vers l'intérieur
'ein|wechseln *v/t* ⟨-(e)le, sép, -ge-, h⟩ changer; **~wecken** *v/t* ⟨sép, -ge-, h⟩ faire des conserves de; mettre en conserve
'Einweg|flasche f bouteille perdue, non consignée; **~spritze** f seringue f jetable; **~verpackung** f emballage perdu
'einweichen *v/t* ⟨sép, -ge-, h⟩ (r)amollir en trempant; *Früchte, Getreide, Wäsche* faire tremper
'einweihen *v/t* ⟨sép, -ge-, h⟩ **1.** *Gebäude etc* inaugurer; *die neue Wohnung* ~ F pendre la crémaillère; **2.** mettre qn dans le secret; *j-n in etw* (*acc*) ~ in e-n Brauch etc initier qn à qc; *j-n in ein Geheimnis* ~ confier un secret à qn; *j-n in e-n Plan* ~ mettre qn au courant d'un projet
'Ein|weihung f ⟨~; ~en⟩ e-s Gebäudes etc inauguration f; ~ (*in* [+*acc*]) *in e-n Brauch etc* initiation f; *in e-n Plan etc* mise f au courant (de); **~weihungsfeier** f inauguration f
'einweisen *v/t* ⟨*irr, sép, -ge-, h*⟩ **1.** *Fahrzeug* diriger, guider; **2.** ~ (*in* [+*acc*]) *in ein Amt* installer (dans); *in e-e Arbeit* initier (à); **3.** ~ (*in* [+*acc*]) *in ein Heim etc* envoyer (dans); *in e-e Heilanstalt* ~ (faire) interner; *in ein Krankenhaus* ~ (faire) hospitaliser

Ein|weisung *f* **1.** *e-s Fahrzeugs* guidage *m*; **2.** ~ (*in* [+*acc*]) *in ein Amt* installation *f* (dans); *in e-e Arbeit* initiation *f* (à); **3.** *in ein Heim etc* envoi *m* (*in* [+*acc*] dans); *in e-e Heilanstalt* internement *m* (dans); *in ein Krankenhaus* hospitalisation *f* (dans); **~weisungsschein** *m* demande *f* d'hospitalisation
'einwenden *v/t* ⟨*irr, sép, -ge-, h*⟩ objecter, opposer (*gegen* à); *dagegen ist nichts einzuwenden* il n'y a pas d'objection à cela
'Einwendung *f* objection *f* (*gegen* à)
'einwerfen *v/t* ⟨*irr, sép, -ge-, h*⟩ **1.** *Scheiben etc* casser, briser (en lançant qc); **2.** *Ball* remettre en jeu; **3.** *Brief* mettre à la boîte; *Münzen in e-n Automaten* introduire; **4.** (*bemerken*) *e-e Bemerkung* ~ faire une remarque en passant; ~ (, *daß* ...) observer en passant (que ...)
'einwertig *adj* CHIM monovalent; univalent
'einwickeln *v/t* ⟨-(e)le, *sép, -ge-, h*⟩ *in Papier etc* envelopper; emballer; F *j-n* ~ F embobiner, F emberlificoter qn
'einwilligen *v/i* ⟨*sép, -ge-, h*⟩ *in etw* (*acc*) ~ consentir à qc; donner son consentement, son assentiment à qc
'Einwilligung *f* ⟨~; -*en*⟩ consentement *m*, assentiment *m* (*in* [+*acc*], *zu* à)
'einwirken *v/i* ⟨*sép, -ge-, h*⟩ *auf j-n, etw* ~ agir, influer sur qn, qc
'Einwirkung *f* action *f*; effet *m*; influence *f*; *äußere* ~*en* influences extérieures; *unter der* ~ *von Alkohol* sous l'influence de l'alcool
'Einwohner|(in) *m* ⟨~*s*; ~⟩ (*f*) ⟨~; ~*nen*⟩ habitant(e) *m(f)*; **~meldeamt** *n* bureau *m* de déclaration de domicile
'Einwohnerschaft *f* ⟨~⟩ *die* ~ les habitants *m/pl*
'Einwohnerzahl *f* nombre *m* d'habitants
'Einwurf *m* **1.** SPORT (remise *f* en) touche *f*; **2.** *am Briefkasten etc* fente *f*; **3.** (*Zwischenbemerkung*) brève remarque, observation
'einwurzeln *v/réfl* ⟨-(e)le, *sép, -ge-, h*⟩ *sich* ~ s'enraciner
'Einzahl *f* ⟨~⟩ GR singulier *m*
'einzahlen *v/t* ⟨*sép, -ge-, h*⟩ verser; *Spargeld* déposer
'Einzahl|er *m* ⟨~*s*; ~⟩ (*Einleger*) déposant *m*; **~ung** *f* versement *m*; *von Spargeldern* dépôt *m*
'Einzahlungs|beleg *m* attestation *f* de versement; reçu *m*; **~schein** *m* bulletin *m* de versement; reçu *m*; **~tag** *m* jour *m*, date *f* de versement; *bei Spargeld* date *f* de dépôt
ein|zäunen ['aɪntsɔʏnən] *v/t* ⟨*sép, -ge-, h*⟩ enclore; clôturer; **₂zäunung** *f* ⟨~; ~*en*⟩ clôture *f*
'einzeichnen *v/t* ⟨-*ete, sép, -ge-, h*⟩ ~ (*in* [+*dat ou acc*], *auf* [+*dat*]) dessiner (dans); *Landkarte* porter (sur); *eingezeichnet sein* (*in, auf* [+*dat*]) figurer (sur)
'Ein|zeiler *m* ⟨~*s*; ~⟩ METRIK monostique *m*; **₂zeilig** *adj* à *od* d'une ligne; METRIK monostique
'Einzel ['aɪntsəl] *n* ⟨~*s*; ~⟩ TENNIS simple *m*; **~aktion** *f* acte individuel, *p/fort* isolé; **~anfertigung** *f* fabrication *f* à la pièce, sur commande, hors série; **~antrieb** *m* *bei Maschinen* commande indi-

viduelle, séparée; **~ausgabe** *f* édition séparée; **~band** *m* volume *m* (d'une édition séparée); **~beobachtung** *f* observation isolée; **~bett** *n* lit *m* (pour) une personne; **~darstellung** *f* description individuelle; (*Abhandlung*) monographie *f*; **~disziplin** *f* SPORT discipline *f*; **~erscheinung** *f* phénomène *m*, fait *m* unique, isolé; **~exemplar** *n* exemplaire *m* unique
'Einzelfall *m* cas individuel; (*vereinzelter Fall*) cas spécial, unique, isolé; *dies ist kein* ~ ce n'est pas une exception
Einzelgänger(in) ['aɪntsəlgɛŋər(m)] *m* ⟨~*s*; ~⟩ (*f*) ⟨~; ~*nen*⟩ solitaire *m,f*
'Einzel|gespräch *n* entretien personnel; **~haft** *f* isolement *m* cellulaire
'Einzelhandel *m* commerce *m* de détail; *nur im* ~ *erhältlich* en vente uniquement chez les détaillants
'Einzelhandels|geschäft *n* magasin *m* de détail; **~kaufmann** *m* détaillant *m*; commerçant *m* en détail; **~preis** *m* prix *m* de (vente au) détail
'Einzel|händler *m* détaillant *m*; commerçant *m* en détail; **~haus** *n* maison séparée
'Einzelheit *f* ⟨~; ~*en*⟩ détail *m*; *pl* ~*en* modalités *f/pl*; *genaue* ~*en* précisions *f/pl*; *weitere* ~*en zu erfragen bei* ... pour plus amples renseignements s'adresser à ...; *in* (*die*) ~*en gehen* entrer dans le(s) détail(s)
'Einzel|kampf *m* SPORT épreuve individuelle; MIL corps-à-corps *m*; **~kämpfer(in)** *m(f)* **1.** MIL (membre *m* d'un) commando *m*; **2.** *fig* franc-tireur *m*; **~kind** *n* enfant *m* unique; fils *m*, fille *f* unique
'Ein|zeller *m* ⟨~*s*; ~⟩ BIOL organisme *m* unicellulaire; protozoaire *m*; **₂zellig** *adj* BIOL unicellulaire
einzeln ['aɪntsəln] **I** *adj* (*allein*) seul; (*für sich bestehend*) individuel, -elle; (*gesondert*) séparé; détaché; isolé; (*nicht zu e-m Service, Set gehörig*) *ein* ~*er Teller* une assiette dépareillée; *die* ~*en Teile* les différentes parties; *die* ~*en Umstände* les circonstances particulières; *in jedem* ~*en Fall* dans chaque cas particulier; ~*e* quelques-un(e)s; ~*e Zuschauer gingen weg* quelques spectateurs sont sortis; *ein* ~*er* un individu; une seule personne; *jeder* ~*e* chacun en particulier; *es kommt auf den* ~*en an* cela dépend de chacun; *im* ~*en* en détail; **II** *adv* (*nacheinander*) un à un; l'un après l'autre; (*besonders*) en particulier; (*gesondert*) à part; séparément; (*im* ~*en*) en détail; *etw* ~ *angeben, aufführen* préciser, spécifier qc
'Einzel|person *f* individu *m*; particulier *m*; **~preis** *m* prix *m* à l'unité; **~radaufhängung** *f* AUTO suspension *f* à roues indépendantes; **~richter** *m* juge *m* unique; **~schicksal** *n* destinée individuelle; **~sieger(in)** *m(f)* vainqueur *m* au classement individuel; **~spiel** *n* TENNIS simple *m*; **₂staatlich** *adj* national; **~stück** *n* exemplaire *m* unique
'Einzelteil *n* pièce détachée; élément *m*; *vorgefertigte* ~*e* éléments préfabriqués
'Einzel|unterricht *m* cours particulier; **~verkauf** *m* vente *f* au détail; **~wertung** *f* classement individuel; **~wesen**

n individu *m*; **~wettbewerb** *m* SPORT épreuve individuelle; **~zelle** *f* **1.** *im Gefängnis* cellule *f*; **2.** BIOL organisme *m* unicellulaire (au sein d'une colonie); **~zimmer** *n* chambre *f* à un lit
'einzementieren *v/t* ⟨*sép, pas de -ge-, h*⟩ cimenter
'Einziehdecke *f* couette *f*
'einziehen ⟨*irr, sép, -ge-*⟩ **I** *v/t* ⟨*h*⟩ **1.** *Faden etc* enfiler; passer; **2.** *Krallen, Bauch* rentrer; *Fahrwerk* rentrer; *Fahne, Segel* amener; *den Kopf* ~ rentrer la tête dans les épaules; **3.** CONSTR *e-e Decke* ~ (*in etw* [*acc*]) plafonner (qc); *e-e Wand* ~ (*in etw* [*acc*]) élever une cloison (dans qc); **4.** TYPO *Zeile* renfoncer; rentrer; **5.** COMM encaisser; recouvrer; **6.** (*beschlagnahmen*) confisquer; saisir; **7.** *Erkundigungen* ~ prendre, recueillir des renseignements; **8.** *Soldaten* appeler (sous les drapeaux); **9.** (*aus dem Verkehr ziehen*) retirer de la circulation; **II** *v/i* ~ (*in* [+*acc*]) ⟨*sein*⟩ **10.** (*s-n Einzug halten*) entrer (dans); faire son entrée (dans); **11.** *Flüssigkeiten etc* pénétrer (dans); être absorbé (par); **12.** *in e-e Wohnung* emménager (dans); *bei j-m* ~ venir habiter, aller loger chez qn
'Einziehung *f* **1.** *von Erkundigungen* prise *f*; **2.** *von Geldern* encaissement *m*; recouvrement *m*; *von Steuern a* perception *f*; **3.** *von Banknoten* retrait *m*; **4.** (*Beschlagnahme*) confiscation *f*; **5.** *von Soldaten* appel *m* (sous les drapeaux)
einzig ['aɪntsɪç] **I** *adj* (*a* ~*artig*) unique; (*a außergewöhnlich*) exceptionnel, -elle; seul; *das* ~*e Kind* l'enfant unique; *kein* ~*er* personne; pas un seul; *das ist das* ~*e, was wir tun können* c'est la seule chose que nous puissions faire; **II** *adv* uniquement; seulement; ~ *und allein* uniquement; *das* ~ *Richtige* la seule chose à faire
'einzigartig *adj* unique en son genre; sans pareil; sans égal; *von* ~*er Schönheit* d'une beauté exceptionnelle; **II** *adv* exceptionnellement; extraordinairement
'Einzigartigkeit *f* caractère *m* unique, exceptionnel; unicité *f*
Ein'zimmerwohnung *f* studio *m*
'Einzug *m* **1.** entrée *f* (*in* [+*acc*] dans); *s-n* ~ *halten* faire son entrée; *Jahreszeit* faire son apparition; **2.** *in e-e Wohnung* emménagement *m*; **3.** COMM recouvrement *m*; encaissement *m*; **4.** TYPO renfoncement *m*
'Einzugs|bereich *m* zone *f* d'attraction; COMM zone *f* de chalandise; *Arbeitskräfte* bassin *m* d'emploi; RAD, TV bassin *m* d'audience; VERKEHR zone *f* de desserte; **~ermächtigung** *f* FIN autorisation *f* de prélèvement; **~gebiet** *n* **1.** GÉOGR bassin *m*; **2.** *cf Einzugsbereich*; **~verfahren** *n* FIN prélèvement *m*; COMM système *m* d'encaissement
'einzwängen *v/t* ⟨*sép, -ge-, h*⟩ (*hin*~) faire entrer (en forçant); coincer; *eingezwängt sein* être serré, coincé
Eis¹ [aɪs] *n* ⟨~*es*⟩ glace *f*; (~*würfel*, ~*stück*) glaçon *m*; *e-e Portion od ein* ~ une glace; *ein Martini mit* ~ un Martini avec de la glace; ~ *am Stiel* esquimau *m*; bâton *m* (glacé); *zu* ~ *gefrieren* geler; se congeler; *auf* ~ *legen* mettre (à) rafraîchir; *Sekt* frapper; *Muscheln*

etc mettre sur glace; *fig Vorhaben* mettre en attente; *Flüsse* ~ *führen* charrier des glaçons; *fig das* ~ *ist gebrochen* la glace est rompue

'**Eis²**, **eis** ['e:ɪs] *n* ⟨~; ~⟩ *MUS* mi *m* dièse
'**Eis**|**bahn** *f* patinoire *f*; ~**bär** *m* ours polaire, blanc; ~**becher** *m* coupe glacée
'**Eisbein** *n* CUIS jambonneau *m*; F *plais* ~**e haben** avoir les pieds gelés
'**Eisberg** *m* iceberg *m*; *fig die Spitze des* ~**s** la partie émergée de l'iceberg
'**Eis**|**beutel** *m* vessie *f* à *od* de glace; ~**blume** *f* cristaux *m/pl* de glace; fleur *f* de givre (aux fenêtres); ~**bombe** *f* CUIS bombe glacée; ~**brecher** *m* ⟨~s; ~⟩ brise-glace *m*; ~**café** *n cf Eisdiele*
'**Eischnee** *m* blancs *m/pl* d'œufs (montés) en neige
'**Eis**|**creme** *f* crème glacée; ~**decke** *f* couche *f* de glace
'**Eisdiele** *f* glacier *m*; marchand *m* de glaces; *par ext* café *m*; *in der* ~ chez le glacier
Eisen ['aɪzən] *n* ⟨~s; ~⟩ fer *m*; *mit* ~ *beschlagen* ferrer; garnir de fer; *altes* ~ ferraille *f*; F *fig zum alten* ~ *werfen* mettre au rebut, F au rancart; F *fig zum alten* ~ *gehören Person* F être mûr pour la retraite; F être bon pour l'hospice; *fig heißes* ~ sujet brûlant; *fig mehrere* ~ *im Feuer haben* avoir plusieurs cordes à son arc; *prov man muß das* ~ *schmieden, solange es heiß ist prov* il faut battre le fer pendant qu'il est chaud
'**Eisenbahn** *f* chemin(s) de fer *m(pl)*; (*Zug*) train *m*; *mit der* ~ *fahren* prendre le train; aller en train, par le train; F *es ist (aller)höchste* ~ il n'y a pas une minute à perdre; F ça urge!
'**Eisenbahn**|**abteil** *n* compartiment *m* (de chemin de fer); ~**beamte(r)** *m*, ~**beamtin** *f* employé(e) *m(f)* des chemins de fer; ~**brücke** *f* pont *m* de chemin de fer; ~**damm** *m* remblai *m* de chemin de fer
'**Eisenbahner** *m* ⟨~s; ~⟩ cheminot *m*; ~**gewerkschaft** *f* syndicat *m* des cheminots
'**Eisenbahn**|**fähre** *f* ferry-boat *m*; ~**fahrkarte** *f* billet *m* de chemin de fer; ~**fahrt** *f* voyage *m* en train; ~**gesellschaft** *f* compagnie *f* de chemins de fer; ~**gleis** *n* voie ferrée; rails *m/pl*; ~**knotenpunkt** *m* nœud *m* ferroviaire; ~**linie** *f* ligne *f* de chemin de fer; ~**netz** *n* réseau *m* ferroviaire; ~**schaffner** *m* contrôleur *m* des chemins de fer; ~**schiene** *f* rail *m*; ~**schranke** *f* barrière *f* de passage à niveau; ~**schwelle** *f* traverse *f* (de chemin de fer); ~**signal** *n* signal *m* de chemin de fer; ~**station** *f* station *f* de chemin de fer; ~**strecke** *f* parcours *m*, trajet *m* de chemin de fer; ~**tunnel** *m* tunnel *m* de chemin de fer; ~**überführung** *f* passage *m* au-dessus d'une voie ferrée; ~**unglück** *n* accident *m* de chemin de fer; ~**unterführung** *f* passage *m* au-dessous d'une voie ferrée; ~**verbindung** *f* correspondance *f* de chemin de fer; ~**wagen** *m* voiture *f* (d'un train); (*Güterwagen*) wagon *m*; ~**zug** *m* train *m*
'**Eisen**|**bergwerk** *n* mine *f* de fer; ~**beschlag** *m* ferrure *f*; garniture *f* de fer; ~**beton** *m* béton armé; ~**draht** *m* fil *m*

de fer; ~**erz** *n* minerai *m* de fer; ~**gehalt** *m* teneur *f* en fer; ~**gießerei** *f* fonderie *f*; ~**gitter** *n* grille *f* de *od* en fer; ²**haltig** *adj* ferrugineux, -euse; ~**hammer** *m* marteau *m* de forge; martinet *m*; ~**handel** *m* commerce *m* du fer; ~**hut** *m BOT* aconit *m*; ~**hütte** *f* usine *f* sidérurgique; ~**hüttenkunde** *f* sidérurgie *f*; ~**industrie** *f* industrie *f* sidérurgique; ~**kern** *m* noyau *m* de fer; ~**kette** *f* chaîne *f* de fer; *im Gefängnis* fers *m/pl*; ~**kies** *m* MINÉR pyrite *f*; ~**kraut** *n* ⟨~(e)s⟩ BOT verveine *f*; ~**lack** *m* vernis *m* pour fer; ~**legierung** *f* alliage *m* de fer; ~**mangel** *m* ⟨~s⟩ MÉD carence *f* en fer; *sc* hypochromie *f*; ~**oxid** *n sc*, ~**oxyd** *n* oxyde *m* de fer; ~**platte** *f* plaque *f* de fer; ~**präparat** *n PHARM* préparation *f* contenant du fer; ~**ring** *m* anneau *m* de *od* en fer; ~**säge** *f* scie *f* à métaux; ~**schlacke** *f* scorie *f* de fer; mâchefer *m*; ~**späne** *m/pl* paille *f* de fer; ~**stange** *f* barre *f*, perche *f* de fer; ~**sulfat** *n* sulfate *m* de fer; ~**sulfid** *n* sulfure *m* de fer; ~**träger** *m* poutre *f*, poutrelle *f* de *od* en fer; ~ *und* **Stahlindustrie** *f* sidérurgie *f*
'**eisenverarbeitend** *adj* ~**e Industrie** sidérurgie *f* de transformation
'**Eisen**|**verbindung** *f* composé *m* du fer; ~**verhüttung** *f* sidérurgie *f*; ~**walzwerk** *n* usine *f* de laminage de fer; laminoir *m* de fer; ~**waren** *f/pl* quincaillerie *f*; ~**warenhändler** *m* quincaillier *m*; ~**warenhandlung** *f* quincaillerie *f*; ~**zeit** *f* ⟨~⟩ âge *m* du fer
eisern ['aɪzərn] I *adj* de *od* en fer; *fig Wille etc* de fer; inébranlable; ~**e Reserve** dernières réserves *f*; *das* ²**e Kreuz** la Croix de fer; II *adv* ~ *an etw* (*dat*) *festhalten* ne pas démordre de qc; ~ *schweigen* garder un silence absolu; ne pas desserrer les dents; ~ *sparen* économiser dur
'**Eis**|**fach** *n* freezer *m*; compartiment *m* de congélation; ~**feld** *n* champ *m* de glace; ~**fischerei** *f* pêche *f* sous la glace; ~**fläche** *f* étendue *f*, surface *f* de glace
'**eisfrei** *adj* débarrassé de la glace, des glaces; *die Straßen sind wieder schnee- und* ~ il n'y a plus ni neige ni verglas sur les routes
'**Eis**|**gang** *m* ⟨~(e)s⟩ débâcle *f*; charriage *m* des glaçons; ²**gekühlt** *adj* glacé; *Sekt* frappé; ²**glatt** *adj* verglacé; F (*glatt wie Eis*) très glissant; ~**glätte** *f* verglas *m*; ²**grau** *adj* gris blanc; ~**haken** *m* piton *m*; ~**heilige(n)** *m/pl* (→ A) saints *m/pl* de glace
'**Eishockey** *n* 'hockey *m* sur glace; ~**mannschaft** *f* équipe *f* de hockey sur glace; ~**schläger** *m* crosse *f* de hockey sur glace; ~**spieler(in)** *m(f)* joueur, -euse *m,f* de hockey sur glace
'**eisig** *adj* glacé, glacial (*beide a fig*); *ein* ~*er Schreck durchfuhr sie* elle fut glacée d'effroi; *es herrschte* ~*es Schweigen* il régnait un silence glacial
'**Eis**|**jacht** *f* yacht *m* à glace; ice-boat *m*; ~**kaffee** *m CUIS* café liégeois
'**eis**'**kalt** I *adj a fig* glacial; *a CUIS* glacé; II *adv* froidement; (*kaltblütig*) de sang-froid; *es läuft mir* ~ *über den Rücken* cela me fait froid dans le dos
'**Eis**|**kanal** *m SPORT* piste *f* de luge, de bob; ~**keller** *m fig* glacière *f*; ~**kristall**

m cristal *m* de glace; ~**kübel** *m* seau *m* à glace; ~**kunstlauf(en)** *m* ⟨~(e)s⟩ (*n*) patinage *m* artistique; ~**kunstläufer**(**-in**) *m(f)* patineur, -euse *m,f* artistique; ~**lauf** *m* ⟨~(e)s⟩ patinage *m*; ²**laufen** *v/i* ⟨*irr, sép, -ge-, sein*⟩ patiner; ~**läufer(in)** *m(f)* patineur, -euse *m,f*; ~**mann** *m* ⟨~er⟩ marchand *m* de glace (ambulant); ~**maschine** *f* sorbetière *f*; machine *f* à glace; ~**meer** *n* océan glacial; ~**pickel** *m* piolet *m*; ~**prinz** F *m*, ~**prinzessin** F *f* étoile *f* du patinage
'**Eisprung** *m PHYSIOL* ovulation *f*
'**Eis**|**regen** *m* pluie verglaçante; ~**revue** *f* revue *f* sur glace; ~**schicht** *f* couche *f* de glace; ~**schießen** *cf Eisstockschießen*; ~**schmelze** *f* fonte *f* des glaces; ~**schnellauf(en)** *m* ⟨~(e)s⟩ (*n*) patinage *m* de vitesse; ~**schnelläufer(in)** *m(f)* patineur, -euse *m,f* de vitesse; ~**scholle** *f* plaque *f* de glace flottante; ~**schrank** *m* glacière *f*; (*Kühlschrank*) réfrigérateur *m*; ~**segeln** *n* yachting *m* sur glace; ~**sport** *m* sports *m/pl* de glace; ~**stadion** *n* stade *m* d'hiver; patinoire *f*; ~**stand** *m* marchand *m* de glaces; ~**stockschießen** *n* curling *m*; ~**tanz** *m* ⟨~es⟩ danse *f* sur glace; ~**tüte** *f* cornet *m* de glace; ~**verkäufer(in)** *m(f)* marchand(e) *m(f)* de glaces; ~**vogel** *m* 1. *Vogel* martin-pêcheur *m*; 2. *Schmetterling* limenitis *m*; ~**waffel** *f* gaufrette servie avec la glace; ~**wasser** *n* ⟨~s⟩ eau glacée; ~**wein** *m* vin *m* fait avec des raisins (vendangés et pressurés alors qu'ils sont) gelés; ~**würfel** *m* glaçon *m*; ~**zapfen** *m* glaçon *m*; stalactite *f* de glace; ~**zeit** *f* époque *f*, période *f* glaciaire; glaciation *f*

eitel ['aɪtəl] *adj* ⟨-tl-⟩ (*gefallsüchtig*) coquet, -ette; (*selbstgefällig*) vaniteux, -euse; *litt eitler Wahn* pure chimère *f*; *poét, plais* ~ *Freude*, *Sonnenschein* joie sans mélange
'**Eitelkeit** *f* ⟨~⟩ (*Gefallsucht*) coquetterie *f*; (*Selbstgefälligkeit*) vanité *f*
Eiter ['aɪtər] *m* ⟨~s⟩ pus *m*; ~**beule** *f* furoncle *m*; *a fig* abcès *m*; ~**bläschen** *n* pustule *f*; ~**geschwür** *n* abcès *m*; ~**herd** *m* foyer purulent
'**eit(e)rig** *adj* purulent; suppurant
'**eitern** *v/i* ⟨-(e)re, h⟩ suppurer; secréter du pus
'**Eiter**|**pfropf** *m* bourbillon *m*; ~**pickel** *m* bouton (purulent) *m*; ~**ung** *f* ⟨~; ~en⟩ suppuration *f*
eitrig ['aɪtrɪç] *cf eiterig*
'**Eiweiß** *n* ⟨~es; ~e, *mais* CUIS 3 ~⟩ 1. *e-s Eies* blanc *m* d'œuf; 2. BIOL, CHIM protéine(s) *f(pl)*; protides *m/pl*; *im Harn meist* albumine *f*
'**eiweiß**|**arm** *adj* pauvre en protéines; ~**haltig** *adj* qui contient des protéines
'**Eiweiß**|**körper** *m/pl* protéines *f/pl*; protides *m/pl*; ~**mangel** *m* F ⟨~s⟩ carence *f* en protéines; ~**präparat** *n* préparation *f* à base de protéines; ²**reich** *adj* riche en protéines
'**Eizelle** *f* ovule *m*
Ejakulation [ejakulatsɪ'oːn] *f* ⟨~; ~en⟩ PHYSIOL éjaculation *f*; ²**lieren** *v/i* ⟨*pas de ge-*, h⟩ PHYSIOL éjaculer
EKD [e:ka:'deː] *f* ⟨~⟩ *abr* (*Evangelische Kirche in Deutschland*) Église protestante d'Allemagne

Ekel – Elf

Ekel¹ ['eːkəl] *m* ⟨-s⟩ dégoût *m*; répugnance *f*; *a psychisch* répulsion *f*; *mit Übelkeit* nausée *f*; écœurement *m*; **(e-n) ~ vor etw** *(dat)* **haben** éprouver du dégoût pour qc
'Ekel² F *n* ⟨-s; ~⟩ *(widerlicher Mensch)* dégoûtant(e) *m(f)*; personnage répugnant; **du ~!** espèce de dégoûtant!
'ekelerregend *adj*t *cf* **ekelhaft** I, II 1.
'ekelhaft I *adj* dégoûtant; répugnant; écœurant; immonde; abject; **II** *adv* **1.** abjectement; ignoblement; **2.** F *(sehr)* affreusement; horriblement
'ekeln ⟨-(e)le, h⟩ **I** *v/t* **1. Spinnen ekeln ihn** les araignées le dégoûtent; **2.** F *(vertreiben)* **j-n aus dem Haus ~** forcer qn à quitter la maison *(en le décourageant)*; **II** *v/réfl* **ich ekle mich vor Schnecken** les escargots me dégoûtent; j'ai horreur des escargots; **III** *v/imp* **es ekelt mich** *od* **mir** *(davor)* cela me dégoûte
EKG [eːkaːˈgeː] *n* ⟨-(s); -(s)⟩ *abr (Elektrokardiogramm)* E.C.G. *m* (électrocardiogramme)
Eklat [eˈklaː] *st/s m* ⟨-s; -s⟩ éclat *m*; esclandre *m*; **es kam zum ~** il y a eu un esclandre
eklatant [eklaˈtant] *st/s adj* éclatant
Eklek|tiker(in) [ɛkˈlɛktikər(ɪn)] *m* ⟨-s; ~⟩ *(f)* ⟨-; -nen⟩ éclectique *m,f*; **²tisch** *adj* éclectique
eklig ['eːklɪç] **I** *adj* *(ekelhaft)* dégoûtant; répugnant; immonde; F *(gemein)* F infect; dégoûtant; **II** *adv* **1.** abjectement; ignoblement; **2.** F *(sehr)* affreusement; horriblement
Eklip|se [ɛkˈlɪpsə] *f* ⟨-; -n⟩ ASTR éclipse *f*; **~tik** *f* ⟨-⟩ ASTR écliptique *f*; **²tisch** *adj* ASTR écliptique
Ekloge [eˈkloːgə] *f* ⟨-; -n⟩ églogue *f*
Ekstase [ɛkˈstaːzə] *f* ⟨-; -n⟩ extase *f*; **in ~** *(acc)* **geraten** tomber en extase
ekˈstatisch *adj* extatique
Ekuaˈdor *etc cf* **Ecuador** *etc*
Ekzem [ɛkˈtseːm] *n* ⟨-s; -e⟩ eczéma *m*
Elaborat [elaboˈraːt] *st/s péj n* ⟨-(e)s; -e⟩ ouvrage *m* médiocre; *p/fort* élucubrations *f/pl*
elaboˈriert *st/s adj* élaboré; LING **~er Kode** code élaboré
Elan [eˈlaːn] *m* ⟨-s⟩ ardeur *f*; élan *m*; *p/fort* fougue *f*
Elastik [eˈlastɪk] *f* ⟨-; -en⟩ *od n* ⟨-s; -s⟩ *Gewebe* tissu *m* élastique; **~binde** *f* bande *f* élastique
eˈlastisch *adj* élastique; *fig a* souple
Elastizität [elastitsiˈtɛːt] *f* ⟨-⟩ élasticité *f*
Elativ ['eːlatiːf] *m* ⟨-s; -e⟩ GR superlatif absolu
Elbe ['ɛlbə] *f* ⟨→ *n/pr*⟩ *die* l'Elbe *f*
'Elbkahn *m* péniche *f* de l'Elbe; F *fig (großer Schuh)* F péniche *f*
Elch [ɛlç] *m* ⟨-(e)s; -e⟩ ZO élan *m*
Eldorado [ɛldoˈraːdo] *n* ⟨-s; -s⟩ eldorado *m*; **ein ~ für Feinschmecker** un paradis pour les gourmets
Elefant [eleˈfant] *m* ⟨-en; -en⟩ éléphant *m*; F **wie ein ~ im Porzellanladen** comme un éléphant dans un magasin de porcelaine
Eleˈfanten|baby *n* **1.** éléphanteau *m*; **2.** F *péj Person* F gros patapouf; **~bulle** *m* éléphant *m* mâle
Eleˈfantenhaut *f* F **e-e ~ haben** F avoir une peau d'éléphant
Eleˈfanten|herde *f* troupeau *m* d'éléphants; **~hochzeit** F *f* mariage *m* de deux géants (économiques); mariage *m* éléphantesque; **~kuh** *f* éléphante *f*; **~rüssel** *m* trompe *f* d'éléphant; **~schildkröte** *f* tortue éléphantine
Elefantiasis [elefanˈtiːazɪs] *f* ⟨-; -tiˈasen⟩ MÉD éléphantiasis *m*
eleˈgant [eleˈgant] **I** *adj* élégant; **II** *adv* avec élégance; élégamment; **²ganz** *f* ⟨-⟩ élégance *f*
Elegie [eleˈgiː] *f* ⟨-; -n⟩ élégie *f*
elegisch [eˈleːgɪʃ] *adj* élégiaque
elektri|fizieren [elɛktrifiˈtsiːrən] *v/t* *(pas de ge-, h)* électrifier; **²fiˈzierung** *f* ⟨-; -en⟩ électrification *f*
Elek|trik [eˈlɛktrɪk] *f* ⟨-; -en⟩ équipement *m*, appareillage *m* électrique; **~triker(in)** *m(f)* ⟨-s; ~⟩ électricien, -ienne *m,f*
eˈlektrisch **I** *adj* électrique; **II** *adv* électriquement; à l'électricité; **~ geheizt** chauffé *m* à l'électricité; **~ geladen** chargé; électrisé
Eˈlektrische F *f* ⟨→ A⟩ *(Straßenbahn)* F tram *m*
elektriˈsier|en *(pas de ge-, h)* **I** *v/t fig* électriser; **II** *v/réfl sich ~* recevoir une décharge (électrique); **²ung** *f* ⟨-; -en⟩ électrisation *f*
Elektrizität [elɛktritsiˈtɛːt] *f* ⟨-⟩ électricité *f*
Elektriziˈtäts|gesellschaft *f* compagnie *f* d'électricité; **~versorgung** *f* alimentation *f* en courant électrique; **~werk** *n* centrale *f* électrique; **~zähler** *m* compteur *m* électrique
Elektro|antrieb [eˈlɛktroʔantriːp] *m* commande *f* (par moteur) électrique; **~artikel** *m* article *m*, appareil *m* électrique; **~auto** *n* voiture *f* électrique; **~chemie** *f* électrochimie *f*; **²chemisch** *adj* électrochimique; **~chirurgie** *f* électrochirurgie *f*
Elektrode [elɛkˈtroːdə] *f* ⟨-; -n⟩ électrode *f*
Eˈlektro|dyˈnamik *f* électrodynamique *f*; **²dyˈnamisch** *adj* électrodynamique
Eˈlektroenzephaloˈgramm *n* ⟨-s; -e⟩ MÉD électro-encéphalogramme *m*
Eˈlektro|fahrzeug *n* véhicule *m* électrique; **~gerät** *n* appareil *m* électrique; **~geschäft** *n* magasin *m* d'appareils électriques; **~herd** *m* cuisinière *f* électrique; **~industrie** *f* industrie *f* électrique; **~ingenieur** *m* ingénieur *m* électricien; **~installateur** *m* électricien *m*; **~kardioˈgramm** *n* MÉD électrocardiogramme *m*
Elektro|lyse [elɛktroˈlyːzə] *f* ⟨-; -n⟩ électrolyse *f*; **~ˈlyt** *m* ⟨-s *ou* -en; -e(n)⟩ électrolyte *m*; **²ˈlytisch** *adj* électrolytique
Eˈlektro|magnet *m* électro-aimant *m*; **²maˈgnetisch** *adj* électromagnétique; **~magneˈtismus** *m* électromagnétisme *m*; **~massage** *f* massage *m* au vibromasseur; **~meˈchanik** *f* électromécanique *f*; **²meˈchanisch** *adj* électromécanique; **~ˈmeter** *n* ⟨-s; ~⟩ électromètre *m*; **~moˈbil** *n* ⟨-s; -e⟩ *cf* **Elektroauto**; **~motor** *m* moteur *m* électrique; électromoteur *m*
Elektron [eˈlɛktrɔn] *n* ⟨-s; -ˈtronen⟩ PHYS électron *m*
Elektronen|bahn [elɛkˈtroːnənbaːn] *f* trajectoire *f* des électrons; **~beschleunigung** *f* accélération *f* d'électrons; **~blitz(gerät)** *m(n)* flash *m* électronique; **~(ge)hirn** F *n* cerveau *m* électronique; **~hülle** *f* enveloppe *f* électronique; nuage *m* d'électrons; **~mikroskop** *n* microscope *m* électronique; **~optik** *f* optique *f* électronique; **~rechner** *m* calculatrice *f*, calculateur *m* électronique; **~röhre** *f* tube *m* électronique; **~stoß** *m* choc *m* électronique; **~strahl** *m* rayon *m* électronique; **~theorie** *f* théorie *f* des électrons; **~volt** *n* électron-volt *m*
Elektron|ik [elɛkˈtroːnɪk] *f* ⟨-⟩ électronique *f*; **~iker(in)** *m(f)* ⟨-s; ~⟩ électronicien, -ienne *m,f*
elekˈtronisch *adj* électronique; **~e Datenverarbeitung** *cf* EDV
Eˈlektroofen *m (Heizofen)* radiateur *m* électrique; *(Schmelzofen)* four *m* électrique
Elektrophorese [elɛktrofoˈreːzə] *f* ⟨-⟩ PHYS électrophorèse *f*
Eˈlektro|rasierer *m* rasoir *m* électrique; **~schock** *m* MÉD électrochoc *m*; **~schweißung** *f* électrosoudure *f*
Elektro|skop [elɛktroˈskoːp] *n* ⟨-s; -e⟩ électroscope *m*; **~ˈstatik** *f* électrostatique *f*; **²ˈstatisch** *adj* électrostatique; **~ˈtechnik** *f* ⟨-⟩ électrotechnique *f*; **~ˈtechniker(in)** *m(f)* électrotechnicien, -ienne *m,f*; **²ˈtechnisch** *adj* électrotechnique; **~theraˈpie** *f* électrothérapie *f*
Element [eleˈmɛnt] *n* ⟨-(e)s; -e⟩ *a fig* élément *m*; CHIM *a* corps *m* simple; ÉLECT *a* pile *f*; couple *m*; **die vier ~e** les quatre éléments; **in s-m ~ sein** être dans son élément
elemenˈtar *adj* élémentaire; **mit ~er Gewalt** avec une violence déchaînée
Elemenˈtar|gewalt *f* force *f* des éléments; **~klasse** *f* SCHULE cours *m* élémentaire; **~ladung** *f* ÉLECT charge *f* élémentaire; **~magnet** *m* élément *m* magnétique; **~teilchen** *n* PHYS particule *f* élémentaire; **~unterricht** *m* enseignement *m* élémentaire
Elen ['eːlɛn] *n od m* ⟨-s; ~⟩ ZO élan *m*
elend ['eːlɛnt] **I** *adj* misérable; *(jämmerlich)* lamentable; *(unglücklich)* malheureux, -euse; *(krank)* malade; *(gemein, erbärmlich)* misérable; vil; *péj* **~er Schurke** F ordure *f*; F salaud *m*; F fumier *m*; F **~es Geschwätz** radotages *m/pl*; F ragots *m/pl*; **II** *adv* misérablement; **~ aussehen** avoir très mauvaise mine; **sich ~ fühlen** se sentir très mal (en point); **er ist ~ umgekommen** il a trouvé une mort lamentable
'Elend *n* ⟨-s⟩ **1.** *(Armut)* misère *f*; **ins ~ geraten** tomber dans la misère; **2.** *(Leid)* misère *f*; malheur *m*; détresse *f*; **es ist ein ~!** c'est une pitié, une misère!; F **es ist schon ein ~ mit ihm!** c'est à désespérer avec lui!; F **das heulende ~ haben** F déprimer; F **langes ~** *Person* F perche *f*; F échalas *m*
'elendig(lich) *st/s cf* **elend** II
'Elends|quartier *n*, **~viertel** *n* quartier miséreux; *p/fort* bidonville *m*
Eleˈv|e [eˈleːvə] *m* ⟨-n; ~n⟩, **~in** *f* ⟨-; -nen⟩ **1.** THÉ *etc* élève *m,f*; **2.** AGR stagiaire *m,f*
elf [ɛlf] *num/c* onze; *cf* **acht**
Elf *f* ⟨-; -en⟩ (chiffre *m*, nombre *m*) onze *m*; SPORT **die französische ~** le onze de France; *cf a* **Acht¹**

Elf(e) [ˈɛlf(ə)] *m* ⟨~en; ~⟩ (*f*) ⟨~; ~n⟩ elfe *m*

'Elfenbein *n* ⟨~(e)s⟩ ivoire *m*; **⌂farben** *adj* ivoire; **~küste die ~** la Côte-d'Ivoire; **~schnitzer** *m* ivoirier *m*; **~schnitzerei** *f* **1.** *Gegenstand* (objet *m* en) ivoire *m*; **2.** ⟨*sans pl*⟩ *Tätigkeit* art *m* de l'ivoirier; ivoirerie *f*; **~turm** *m* *fig* tour *f* d'ivoire

'Elfenreigen *m* danse *f* des elfes

'Elfer|**rat** *m* *Karneval* Conseil *m* des Onze; **~wette** *f* loto sportif (*portant sur onze matches de football*)

Elf'meter *m* FUSSBALL penalty *m*; **e-n ~ schießen** tirer un penalty

Elf'meter|**marke** *f*, **~punkt** *m* point *m* de penalty; **~schießen** *n* ⟨~s⟩ tirs *m/pl* au but; **~schütze** *m* tireur *m* (au but); **~tor** *n* but *m* sur penalty

elidieren [eliˈdiːrən] *v/t* ⟨*pas de ge-*, h⟩ GR élider

Elimi|**nation** [eliminatsiˈoːn] *f* ⟨~; ~en⟩ élimination *f*; **⌂nieren** *v/t* ⟨*pas de ge-*, h⟩ éliminer

Elisabeth [eˈliːzabɛt] *f* ⟨→ *n/pr*⟩ Élisabeth *f*

Elision [eliziˈoːn] *f* ⟨~; ~en⟩ GR élision *f*

elitär [eliˈtɛːr] *adj* (*e-r Elite angehörend*) élitaire; (*die Elite fördernd*) élitiste

Elite [eˈliːtə] *f* ⟨~; ~n⟩ élite *f*; *der Gesellschaft a* (fine) fleur; **~denken** *n* élitisme *m*; **~truppe** *f* troupe *f* d'élite

Elixier [elɪkˈsiːr] *n* ⟨~s; ~e⟩ élixir *m*

Elke [ˈɛlkə] *f* ⟨→ *n/pr*⟩ prénom

Ellbogen [ˈɛlboːɡən] *m* ⟨~s; ~⟩ coude *m*; **sich auf die ~ stützen** s'appuyer sur ses coudes; **sich mit den ~ auf** (*acc*) **stützen** s'accouder à, sur qc; *fig* **keine ~ haben** ne pas savoir s'imposer; *fig* **s-e ~ gebrauchen** jouer des coudes

'Ellbogenfreiheit *f* **~ haben** avoir les coudées franches

'Ellbogen|**gelenk** *n* articulation *f* du coude; **~gesellschaft** *f* ⟨~⟩ *péj* société *f* d'arrivistes; *par ext* jungle *f*; **~mensch** *m* *péj* personne *f* qui joue des coudes; arriviste *m,f*

Elle [ˈɛlə] *f* ⟨~; ~n⟩ **1.** ANAT cubitus *m*; **2.** HIST Längenmaß aune *f*

'Ellenbogen *cf* **Ellbogen**

'ellenlang F *adj* extrêmement long, -gue; interminable

Ellipse [ɛˈlɪpsə] *f* ⟨~; ~n⟩ MATH, ASTR, GR ellipse *f*

el'lip|**senförmig** *adj* en forme d'ellipse; elliptique; **⌂tisch** *adj* elliptique

Elmsfeuer [ˈɛlmsfɔyɐr] *n* MÉTÉO feu *m* Saint-Elme

E-Lok [ˈeːlɔk] *f* locomotive *f* électrique

elo|**quent** [eloˈkvɛnt] *v/t st/s adj* éloquent; **⌂quenz** *st/s f* ⟨~⟩ éloquence *f*

eloxieren [eˈlɔksiːrən] *v/t* ⟨*pas de ge-*, h⟩ oxyder électrolytiquement

Elritze [ˈɛlrɪtsə] *f* ⟨~; ~n⟩ ZO vairon *m*

El Salvador [ɛlzalvaˈdoːr] *n* ⟨→ *n/pr*⟩ le Salvador

Elsaß [ˈɛlzas] ⟨→ *n/pr*⟩ **das ~** l'Alsace *f*

Elsäss|**er(in)** [ˈɛlzɛsɐr(ɪn)] *m* ⟨~s; ~⟩ (*f*) ⟨~; ~nen⟩ Alsacien, -ienne *m,f*; **⌂isch** *adj* alsacien, -ienne; d'Alsace

'Elsaß-'Lothringen *n* ⟨→ *n/pr*⟩ HIST l'Alsace-Lorraine *f*

Else [ˈɛlzə] *f* ⟨→ *n/pr*⟩ Élise *f*

Elster [ˈɛlstɐr] *f* ⟨~; ~n⟩ ZO pie *f*; *fig Frau diebische ~* voleuse *f*; *er stiehlt wie e-e ~* il est voleur comme une pie

'elterlich *adj* ⟨*épithète*⟩ des parents; parental; **~e Gewalt** autorité parentale; **~es Erbe** patrimoine *m*

Eltern [ˈɛltɐrn] *pl* parents *m/pl*; F **nicht von schlechten ~** F pas piqué des vers, des 'hannetons; *Ohrfeige* magistral

'Eltern|**abend** *m* réunion *f* de parents d'élèves; **~beirat** *m* conseil *m* de parents d'élèves; **~haus** *n* maison paternelle; **~initiative** *f* comité *m* de parents; **~liebe** *f* amour *m* des parents; **⌂los** *adj* sans parents; sans père ni mère; **~paar** *n* parents *m/pl*; **~recht** *n* droit parental; **~schaft** *f* ⟨~⟩ **1.** (*Eltern*) (l'ensemble *m* des) parents *m/pl*; **2.** (*Elternsein*) qualité *f* de parents; **~schlafzimmer** *n* chambre *f* des parents; **~sprechtag** *m* jour *m* de réception des parents d'élèves

'Elternteil *m* ein ~ un *m* des parents

'Eltern|**versammlung** *f* réunion *f* de parents d'élèves; **~vertreter(in)** *m(f)* délégué(e) *m(f)* des parents d'élèves; **~vertretung** *f* délégués *m/pl* des parents d'élèves

Elysium [eˈlyːziʊm] *n* ⟨~s⟩ Élysée *m*

EM [eːˈʔɛm] *f* *abr* (*Europameisterschaft*) championnat *m* d'Europe

Email [eˈmaɪl] *n* ⟨~s; ~s⟩ émail *m*; **~farbe** *f* (peinture *f* à l')émail *m*; **~geschirr** *n* vaisselle émaillée

Emaille [eˈmaljə *ou* eˈmaɪ] *f* ⟨~; ~n⟩ *cf* **Email**

emaillieren [ema(l)ˈjiːrən] *v/t* ⟨*pas de ge-*, h⟩ émailler

Email'lier|**ofen** *m* four *m* à émailler; **~werk** *n* émaillerie industrielle

Emanation [emanatsiˈoːn] *f* ⟨~; ~en⟩ PHILOS émanation *f*

Emanze [eˈmantsə] F *péj f* ⟨~; ~n⟩ féministe *f* (pure et dure)

Emanzipa|**tion** [emantsipatsiˈoːn] *f* ⟨~; ~en⟩ émancipation *f*; **~ti'onsbewegung** *f* mouvement *m* d'émancipation

emanzi'pa'torisch *adj* émancipateur, -trice; **⌂'pieren** *v/t* (u *v/réfl*) ⟨*pas de ge-*, h⟩ (*sich*) ~ (s')émanciper; **~'piert** *adj t* émancipé

Embargo [ɛmˈbargo] *n* ⟨~s; ~s⟩ ÉCON embargo *m*

Emblem [ɛmˈbleːm] *n* ⟨~s; ~e⟩ emblème *m*

Embolie [ɛmboˈliː] *f* ⟨~; ~n⟩ MÉD embolie *f*

Embryo [ˈɛmbryo] *m* ⟨~s; ~s *ou* -'onen⟩ embryon *m*

embryo'nal *adj* ⟨*épithète*⟩ embryonnaire

Embryo'nalentwicklung *f* développement *m* embryonnaire

Embryo'nenforschung *f* embryologie *f*

emeritieren [emeriˈtiːrən] *v/t* ⟨*pas de ge-*, h⟩ mettre à la retraite; **~iert** *adj* en retraite

Emeritus [eˈmeːritʊs] *m* ⟨~; -ti⟩ professeur *m* d'université en retraite

Emi|**grant(in)** [emiˈɡrant(ɪn)] *m* ⟨~en; ~en⟩ *f* ⟨~; ~nen⟩ émigrant(e) *m(f)*; (*Ausgewanderte[r]*) émigré(e) *m(f)*; **~'grantenschicksal** *n* destin *m* d'émigré

Emigrati'on *f* ⟨~; ~en⟩ émigration *f*; *innere* ~ émigration intérieure; *in der* ~ *leben* vivre en exil

emi'grieren *v/i* ⟨*pas de ge-*, sein⟩ émigrer

Emil [ˈeːmiːl] *m* ⟨→ *n/pr*⟩ Émile *f*

eminent [emiˈnɛnt] *st/s* I *adj* éminent; II *adv* éminemment; *das ist ~ wichtig* c'est de toute première importance

Emi'nenz *f* ⟨~; ~en⟩ CATH Éminence *f*; *Eure ~!* Votre Éminence!; *fig graue ~* éminence grise

Emir [eˈmiːr] *m* ⟨~s; ~e⟩ émir *m*

Emission [emɪsiˈoːn] *f* ⟨~; ~en⟩ COMM, PHYS émission *f*

Emissi'ons|**bank** *f* ⟨~; ~en⟩ banque *f* d'affaires; **~kurs** *m* cours *m* d'émission; **~schutz** *m* (mesures *f/pl* de) protection *f* contre les émissions polluantes; **~wert** *m* COMM valeur *f* d'émission; *in der Luft* taux *m* de pollution

emittieren [emɪˈtiːrən] *v/t* ⟨*pas de ge-*, h⟩ COMM, ÉCOL, PHYS émettre

Emmentaler [ˈɛmənˌtaːlɐr] *m* ⟨~s; ~⟩ *ou adj* ⟨*inv*⟩ ~ (*Käse*) emment(h)al *m*; gruyère *m*

'e-Moll *n mi m* mineur

Emotion [emotsiˈoːn] *f* ⟨~; ~en⟩ émotion *f*

emotio'nal *adj* émotionnel, -elle

emotional|**i'sieren** *v/t* ⟨*pas de ge-*, h⟩ *Person, Diskussion* passionner; **⌂i'tät** *f* ⟨~⟩ caractère émotionnel, *p/fort* passionnel

emotio'nell *cf* **emotional**

emoti'ons|**geladen** *adjt* chargé d'émotion; *p/fort* passionné; **⌂los** *adj* Mensch impassible; *Debatte* sans passion

empfahl [ɛmˈpfaːl] *cf* **empfehlen**

empfand [ɛmˈpfant] *cf* **empfinden**

Empfang [ɛmˈpfaŋ] *m* ⟨~(e)s; ~e⟩ **1.** *e-s Besuches* réception *f* (*a Hotel*); accueil *m*; *j-m e-n freundlichen ~ bereiten* faire bon accueil à qn; **2.** ⟨*sans pl*⟩ COMM réception *f*; **den ~** (*e-r Sache* [*gén*]) **bestätigen** Brief, Ware accuser réception (de qc); **bei** (*nach*) **~** dès, à la (après) réception; **etw in ~ nehmen** recevoir qc; *Waren* prendre livraison de qc; **3.** ⟨*sans pl*⟩ RAD, TV etc réception *f*; audition *f*; **auf ~** (*dat*) **bleiben** rester à l'écoute

emp'fangen *v/t* ⟨empfängt, empfing, empfangen, h⟩ **1.** *Besuch* recevoir; accueillir; *j-n* (*un*)*freundlich ~* faire bon, mauvais accueil à qn; **2.** *Geld* recevoir; toucher; **3.** RAD, TV etc recevoir; **4.** *st/s Kind* concevoir

Empfänger [ɛmˈpfɛŋɐr] *m* ⟨~s; ~⟩ **1.** *e-r Postsendung* destinataire *m*; *e-r Zahlung* bénéficiaire *m*; **~ unbekannt** destinataire inconnu; **~** (*unbekannt*) **verzogen** le destinataire n'habite plus à l'adresse indiquée; **2.** RAD récepteur *m*

emp'fänglich *adj* réceptif, -ive, sensible (*für* à); *für Krankheiten* prédisposé (*für* à); **⌂keit** *f* ⟨~⟩ réceptivité *f* (*für* à); *für Krankheiten* prédisposition *f* (*für* à)

Emp'fängnis *st/s f* ⟨~; ~se⟩ conception *f*; CATH *die Unbefleckte ~* l'Immaculée Conception

emp'fängnisverhütend *adjt* contraceptif, -ive; anticonceptionnel, -elle

Emp'fängnis|**verhütung** *f* contraception *f*; **~verhütungsmittel** *n* moyen, produit contraceptif; **~zeit** *f* JUR période *f* de conception

Emp'fangs|**antenne** *f* antenne *f* de réception; **⌂berechtigt** *adjt* für Geld autorisé à toucher, à percevoir; *für Briefe, Waren* autorisé à recevoir; **~bereich** *m* zone *f* de réception; **⌂bereit** *adj* prêt à recevoir; RAD, TV prêt à l'emploi; **~bescheinigung** *f*, **~bestätigung** *f* récé-

pissé *m*; reçu *m*; accusé *m* de réception; *Miete* quittance *f*; **~chef** *m* chef *m* de (la) réception; **~dame** *f* hôtesse *f* d'accueil; **~gerät** *n* RAD, TV appareil récepteur; **~halle** *f* salle *f* de réception; **~komitee** *n* comité *m* d'accueil; **~raum** *m* cf *Empfangszimmer*; **~station** *f* RAD, TV station réceptrice; **~störungen** *f/pl* RAD, TV perturbations *f/pl* de réception; **~zimmer** *n* salon *m* de réception
empfehlen [ɛmˈpfeːlən] *m* ⟨empfiehlt, empfahl, empfohlen, h⟩ **I** *v/t* recommander; *j-m ~, etw zu tun* recommander à qn de faire qc; *dieses Restaurant ist sehr zu ~* ce restaurant mérite d'être (vivement) recommandé; *heute besonders zu ~ Speisekarte* suggestion du jour; *st/s* **Sie mich Ihrer Frau Mutter** (présentez) mes hommages, mes respects à (Madame) votre mère; **II** *v/réfl st/s* (*weggehen*) *sich ~* se retirer; *Brief* **ich empfehle mich mit den besten Grüßen** je vous prie d'agréer (, Monsieur *od* Madame,) mes salutations distinguées; **III** *v/imp* **es empfiehlt sich, zu** (+*inf*) il convient de (+*inf*); il est indiqué de (+*inf*)
empˈfehlenswert *adj* recommandé; recommandable
Empˈfehlung *f* ⟨~; ~en⟩ recommandation *f*; *auf ~ von ...* sur la recommandation de ...; *gute* **~en haben** avoir de bonnes références; *st/s Brief* **mit den besten ~en an** (+*acc*) *...* veuillez présenter mes compliments, mes respects, (*an e-e Dame a* mes hommages) à ...
Empˈfehlungsschreiben *n* lettre *f* de recommandation
empfiehlt [ɛmˈpfiːlt] *cf empfehlen*
empfinden [ɛmˈpfɪndən] *v/t u v/i* ⟨empfindet, empfand, empfunden, h⟩ ressentir; éprouver; sentir; *ich empfinde es als lästig* (*zu* +*inf*) cela m'ennuie (de +*inf*); *etw, nichts für j-n ~* ressentir qc pour qn, ne rien ressentir pour qn; *das empfinde ich nicht als störend* cela ne me dérange pas
Empˈfinden *n* ⟨~s⟩ sensation *f*; sentiment *m*; *künstlerisches ~* sens *m* artistique; *für mein ~* à mon avis; à mon sens
empˈfindlich I *adj* sensible (*gegen* à); *Möbel, Holz, Stoff, Magen* fragile; *Magen a* délicat; *Person* (*leicht zu beleidigen*) susceptible; chatouilleux, -euse; *Schmerz, Kälte* vif, vive; *Mangel* important; *j-n an s-r* **~sten Stelle treffen** toucher qn au vif, à son point sensible; **II** *adv* sensiblement; beaucoup; *~ kalt* très froid; *sich ~ getroffen fühlen* se sentir touché au vif; *~ auf etw* (*acc*) *reagieren* réagir vivement à qc; *sich ~ bemerkbar machen* se faire vivement ressentir
Empˈfindlichkeit *f* ⟨~⟩ sensibilité *f* (*gegen* à); (*Verletzbarkeit*) susceptibilité *f*; (*Zartheit*) délicatesse *f*; **Ձsam** *adj* (*feinfühlig*) sensible; (*gefühlsbetont*) sentimental; *p/fort* émotif, -ive; **~samkeit** *f* ⟨~⟩ (*Feinfühligkeit*) sensibilité *f*; (*Gefühlsbetontheit*) sentimentalité *f*; **~ung** *f* ⟨~; ~en⟩ (*Sinnes*Ձ) sensation *f*; (*Gefühl*) sentiment *m*
empˈfindungs|los *adj* insensible; **Ձlosigkeit** *f* ⟨~⟩ insensibilité *f*; **Ձvermögen** *n* sensibilité *f*; faculté sensitive
empfing [ɛmˈpfɪŋ] *cf empfangen*

empfohlen [ɛmˈpfoːlən] *p/p cf empfehlen*
empfunden [ɛmˈpfʊndən] *p/p cf empfinden*
Emphaˈse [ɛmˈfaːzə] *st/s f* ⟨~; ~n⟩ emphase *f*; **Ձtisch** *st/s adj* emphatique
Empirestil [ãːˈpiːrʃtiːl] *m* style *m* Empire
Empirie [ɛmpiˈriː] *f* ⟨~⟩ wissenschaftliche Methode empirisme *m*; Erfahrung expérience *f*
Empir|iker(in) [ɛmˈpiːrɪkər(ɪn)] *m* ⟨~s; ~⟩ (*f*) ⟨~; ~nen⟩ empiriste *m.f*; **Ձisch** *adj* empirique
empor [ɛmˈpoːr] *st/s adv* en 'haut; vers le haut; **~arbeiten** *st/s v/réfl* ⟨-ete, *sép*, -ge-, h⟩ *sich ~* gravir les échelons grâce à son travail; **~blicken** *st/s v/i* ⟨*sép*, -ge-, h⟩ regarder en l'air, vers le haut
Emˈpore *f* ⟨~; ~n⟩ CONSTR galerie *f*; (*Orgel*Ձ) tribune *f*
empören [ɛmˈpøːrən] ⟨*pas de ge-*, h⟩ **I** *v/t* indigner; révolter; **II** *v/réfl* *sich ~* (*über* [+*acc*]) s'indigner (de); se révolter (contre)
emˈpörend *adjt* révoltant; scandaleux, -euse
Emporkömmling [ɛmˈpoːrkœmlɪŋ] *m* ⟨~s; ~e⟩ *péj* parvenu *m*
emˈpor|ragen *st/s v/i* ⟨*sép*, -ge-, h⟩ se dresser; s'élever; **~schauen** *st/s v/i* ⟨*sép*, -ge-, h⟩ *cf emporblicken*; **~schwingen** *st/s* ⟨*irr, sép*, -ge-, h⟩ **I** *v/t* brandir; **II** *v/réfl sich ~* s'élancer; **~steigen** *st/s v/i* ⟨*irr, sép*, -ge-, sein⟩ s'élever; monter
emˈpört *adj* indigné; outré; révolté (*über* [+*acc*] par)
Emˈpörung *f* ⟨~; ~en⟩ indignation *f*; révolte *f*
emsig [ˈɛmzɪç] **I** *adj* (*vielbeschäftigt*) affairé; (*eifrig*) empressé; **II** *adv* avec empressement, zèle; **Ձkeit** *f* ⟨~⟩ empressement *m*; zèle *m*
Emu [ˈeːmu] *m* ⟨~s; ~s⟩ ZO émeu *m*
Emul|gator [emʊlˈgaːtɔr] *m* ⟨~s; -ˈtoren⟩ CHIM émulsifiant *m*; **Ձgieren** *v/t u v/i* ⟨*pas de ge-*, h⟩ CHIM émulsionner; **~siˈon** *f* ⟨~; ~en⟩ CHIM, PHOT émulsion *f*
ˈE-Musik *f* ⟨~⟩ musique *f* classique
ˈEnd|abnehmer *m* consommateur, utilisateur final; **~abrechnung** *f* Ergebnis compte définitif; Vorgang épuration *f* des comptes; **~ausscheidung** *f* SPORT finale *f*; **~bahnhof** *m* gare *f* terminus; **~bescheid** *m* JUR décision définitive; arrêt définitif; **~betrag** *m* montant final; **~buchstabe** *m* (lettre) finale *f*; **~chen** ⟨~s; ~⟩ petit bout; **~darm** *m* gros intestin
Ende [ˈɛndə] *n* ⟨~s; ~n⟩ **1.** räumlich fin *f*; extrémité *f*; *a* (*Spitze, Ausläufer*) bout *m*; JAGD cor *m*; *am äußersten ~* à l'extrémité; tout au bout; *am ~ der Welt* au bout du monde; *von e-m ~ zum anderen* d'un bout à l'autre; F *ein ~ Wurst* un bout de saucisse; F *es ist ein ganzes ~ bis dahin* il y a un bon bout de chemin jusque là; **2.** (*sans pl*) zeitlich fin *f*; terme *m*; *e-r Frist* expiration *f*; *~ Februar* fin février; *~ Dreißig sein* avoir une bonne trentaine (d'années); *am ~* à la fin; (*hinterher*) après coup; (*schließlich*) en fin de compte; *regional* (*vielleicht*) peut-être; F *du verlangst du noch ~ ...* tu finiras par demander ...; F *am ~ sein* mit den Kräf-

ten, Nerven F être au bout du rouleau; *mit s-m Latein, s-r Geduld am ~ sein* être au bout de son latin, à bout de patience; *am ~ s-r Kräfte sein* être à bout de forces; *letzten ~s* en fin de compte; en définitive; somme toute; *etw zu ~ führen, bringen* finir qc; mener qc à bonne fin; *zu ~ gehen* toucher à sa fin; prendre fin; *es geht mit ihm zu ~* il approche de sa fin; *e-r Sache ein ~ machen* mettre fin, un terme à qc; *zu ~ sein, ein ~ nehmen, haben* finir; se terminer; prendre fin; *das nimmt kein ~* cela n'en finit pas; *es wird mit ihm ein schlechtes ~ nehmen* il finira mal; *das ist das ~ vom Lied* ça devait finir ainsi; *Klagen f/pl ohne ~* plaintes éternelles; *prov ~ gut, alles gut* prov tout est bien qui finit bien
ˈEndeffekt *m im ~* en fin de compte; au bout du compte
ˈenden *v/i* ⟨-ete, -et⟩ finir; cesser; prendre fin; se terminer; *nicht ~ wollender Beifall* applaudissements à n'en plus finir; *~ mit* se terminer par; *ich weiß nicht, wie das ~ soll* je me demande comment cela va se terminer
ˈEnd|ergebnis *n* résultat définitif, final; **~geschwindigkeit** *f* vitesse maximale
ˈendgültig I *adj* définitif, -ive; (*unumstößlich*) irrévocable; **II** *adv* définitivement; F *jetzt ist* (*aber*) *~ Schluß!* maintenant c'est fini!
ˈEndˈgültigkeit *f* caractère définitif; **~haltestelle** *f* terminus *m*
Endivie [ɛnˈdiːvjə] *f* ⟨~; ~n⟩ Salat chicorée *f*
ˈEnd|kampf *m* SPORT finale *f*; MIL combat décisif; **Ձlagern** *v/t* ⟨-(e)re, les temps simples ne s'emploient pas dans une principale, -ge-, h⟩ NUCL stocker définitivement; **~lagerung** *f* NUCL stockage définitif; **~lauf** *m* SPORT course finale
ˈendlich I *adj* (*begrenzt*) limité; borné; PHILOS, MATH fini; **II** *adv* enfin; *sei ~ still!* tu vas te taire?; tu as fini?
ˈEndlichkeit *f* ⟨~⟩ PHILOS fini *m*
ˈendlos I *adj* sans fin; infini; interminable; **II** *adv* à l'infini; à perte de vue; interminablement; *~ lang* interminable
ˈEndlos|band *n* ⟨-(e)s; ≈er⟩ bande *f* sans fin; **~formular** *n* formulaire continu
ˈEndlosigkeit *f* ⟨~⟩ durée infinie; longueur *f*, caractère *m* interminable
ˈEndlospapier *n* INFORM papier *m* en continu
ˈEnd|lösung *f* solution finale (*a* HIST *im Nationalsozialismus*); **~moräne** *f* GÉOL moraine frontale
endogen [ɛndoˈgeːn] *adj* BIOL, GÉOL, MÉD endogène
Endoskop [ɛndoˈskoːp] *n* ⟨~s; ~e⟩ MÉD endoscope *m*
ˈEnd|phase *f* phase terminale; **~produkt** *n* produit final; **~punkt** *m* bout *m*; point *m* extrême; extrémité *f*; *e-r Reise etc* terme *m*; **~reim** *m* rime finale; **~resultat** *n* résultat définitif; **~runde** *f* SPORT poule *f* finale; **~rundenteilnehmer(in)** *m* ⟨~s; ~⟩ (*f*) ⟨~; ~nen⟩ finaliste *m.f*; **~silbe** *f* syllabe finale; **~spiel** *n* SPORT finale *f*; **~spurt** *m* SPORT sprint final; finish *m*; **~stadium** *n* stade terminal; **~station** *f* terminus *m*; **~stück** *n* extrémité *f*; (*Wurst*Ձ) *etc* bout *m*; **~summe** *f* total *m*

'Endung f ⟨~; ~en⟩ LING terminaison f; désinence f
'End|verbraucher m ÉCON consommateur final; ~zeit f ⟨~⟩ fin f du monde; ~zeitstimmung f ambiance f de fin du monde; pessimisme m; ~ziel n but m; terme m; ~ziffer f dernier chiffre (d'un nombre); ~zustand m état final; ~zweck m but m; finalité f
Energet|ik [enɛr'geːtɪk] f ⟨~⟩ énergétique f; ℒisch adj énergétique
Energie [enɛr'giː] f ⟨~; ~n⟩ énergie f; fig a dynamisme m; ℒarm adj Land etc pauvre en (sources d')énergie; ~bedarf m besoins m/pl énergétiques; ℒbewußt adj conscient des problèmes d'énergie; par ext économe en (matière d')énergie
Ener'giebündel F n ein ~ sein F péter le feu
Ener'gie|form f forme f d'énergie; ℒgeladen adj plein d'énergie; dynamique; ~haushalt m bilan m énergétique; ~krise f crise f de l'énergie; ℒlos adj sans énergie; ~losigkeit f ⟨~⟩ manque m d'énergie; ~politik f politique f énergétique; ℒpolitisch adj qui concerne la politique énergétique; ~quelle f source f d'énergie; pl ~n ressources f/pl énergétiques; ℒreich adj Land etc riche en énergie; ~reserve f réserve f d'énergie; ℒsparend adj qui consomme peu d'énergie; ~sparmaßnahmen f/pl mesures f/pl visant à réduire la consommation d'énergie; ~spender m produit m, aliment m énergétique; ~träger m matière f énergétique; ~übertragung f transmission f, transfert m, transport m d'énergie; ~verbrauch m consommation f d'énergie; ~verlust m perte f d'énergie; ~verschwendung f gaspillage m d'énergie; ~versorgung f alimentation f, approvisionnement m en énergie; ~wirtschaft f ⟨~⟩ économie f d'énergie, de l'énergie; ~zufuhr f alimentation f en énergie; apport m énergétique
e'nergisch adj énergique; ~er Mensch a homme bzw femme de poigne
enervieren [enɛr'viːrən] st/s v/t ⟨pas de ge-, h⟩ énerver
Enfant terrible [ɑ̃fɑ̃tɛ'ribl] st/s n ⟨~ ~; ~s ~s⟩ enfant m terrible
eng [ɛŋ] I adj a fig Beziehung etc étroit; fig ⟨begrenzt⟩ restreint; Kleidungsstück zu ~ serré; étriqué; der Rock ist mir zu ~ ma jupe est trop étroite, trop serrée; im ~eren Sinne au sens restreint; proprement dit; in die ~ere Wahl kommen avoir subi une première sélection; ~er machen rétrécir; ~er werden (se) rétrécir; II adv étroitement; ~ schreiben écrire serré; ~ zusammensitzen être (assis) serrés; F das darfst du nicht so ~ sehen tu devrais voir les choses d'une façon plus large
Enga|gement [ɑ̃gaʒə'mɑ̃ː] n ⟨~s; ~s⟩ THÉ, POL engagement m; COMM a obligation f; ℒgieren v/t (u v/réfl) ⟨pas de ge-, (sich) ~⟩ (s')engager (für pour)
'eng|anliegend adj Kleidung moulant, collant; ~befreundet adj intimement lié; ~begrenzt adj très limité; restreint
Enge ['ɛŋə] f ⟨~; ~n⟩ étroitesse f; fig j-n in die ~ treiben acculer qn; pousser qn dans ses derniers retranchements

Engel ['ɛŋəl] m ⟨~s; ~⟩ ange m; F die ~ im Himmel singen hören vor Schmerz souffrir la torture; du bist ein ~! tu es un ange!
'Engelchen n ⟨~s; ~⟩ angelot m; petit ange
'engel|gleich adj, ~haft adj angélique
'Engelmacherin F f ⟨~; ~nen⟩ faiseuse f d'anges
'Engels|geduld f patience f angélique; ℒgleich cf engelgleich; ~haar n cheveux m/pl d'ange
'Engelszungen f/pl mit ~ auf j-n einreden parler à qn, essayer de convaincre qn de sa voix la plus suave
Engerling ['ɛŋərlɪŋ] m ⟨~s; ~e⟩ ZO ver blanc
'engherzig adj mesquin; qui a peu de cœur; ℒkeit f ⟨~⟩ manque m de générosité; mesquinerie f
England ['ɛŋlant] n ⟨→ n/pr⟩ l'Angleterre f
Engländer ['ɛŋlɛndər] m ⟨~s; ~⟩ 1. GÉOGR Anglais m; 2. (Schraubenschlüssel) clé anglaise
'Engländerin f ⟨~; ~nen⟩ Anglaise f
'Englein n ⟨~s; ~⟩ cf Engelchen
'englisch I adj 1. anglais; d'Angleterre; POL in Zssgn anglo-...; 2. CATH der ℒe Gruß la salutation angélique; II adv CUIS ~ (gebraten) saignant
'Englisch n ⟨~(s)⟩, ~e n ⟨~n⟩ (das) Englisch(e) Sprache l'anglais m
'Englisch|horn n ⟨~s; ~̈er⟩ MUS cor anglais
'engmaschig adj à mailles serrées, fines
'Engpaß m 1. GÉOGR défilé m; im Gebirge goulet m; 2. fig COMM etc goulot m d'étranglement
en gros [ɑ̃'groː] adv COMM en gros
En'gros|handel m commerce m de od en gros; ~händler m grossiste m; commerçant m, marchand m en gros; ~preis m prix m de gros
'engstirnig adj borné; étroit (d'esprit); ℒkeit f ⟨~⟩ étroitesse f d'esprit; esprit borné
Enjambement [ɑ̃ʒɑ̃b(ə)'mɑ̃ː] n ⟨~s; ~s⟩ METRIK enjambement m
Enkel(in) ['ɛŋkəl(ɪn)] m ⟨~s; ~⟩ (f) ⟨~; ~nen⟩, ~kind n petit-fils m, petite-fille f; die Enkel les petits-fils; die Enkelkinder les petits-enfants
'Enkel|sohn m, ~tochter f cf Enkel(in)
Enklave [ɛn'klaːvə] f ⟨~; ~n⟩ enclave f
en masse [ɑ̃'mas] f à l'amas] adv en masse
enorm [e'nɔrm] I adj énorme; II adv énormément
en passant [ɑ̃pa'sɑ̃ː] a fig en passant
Ensemble [ɑ̃'sɑ̃ːbl] n ⟨~s; ~s⟩ THÉ troupe f; MUS, COUT ensemble m; ~mitglied n membre m (d'une troupe, d'un ensemble)
ent'arten v/i ⟨-ete, pas de ge-, sein⟩ dégénérer (zu en); sittlich se dépraver
ent'artet adj dégénéré; Sitten dépravé; ~e Kunst im Nationalsozialismus art décadent
Ent'artung f ⟨~; ~en⟩ a MÉD dégénérescence f; sittliche dépravation f
ent'äußern ⟨~⟩ v/réfl ⟨-(e)re, pas de ge-, h⟩ sich e-r Sache (gén) ~ se défaire, se dessaisir, se dépouiller de qc; fig ⟨verzichten⟩ renoncer à qc
Ent'äußerung st/s f renoncement m; ADM renonciation f
entbehren [ɛnt'beːrən] ⟨pas de ge-, h⟩ I

v/t Sache être privé, manquer de; st/s Person ich entbehre ihn sehr il me manque beaucoup; viel(es) ~ müssen devoir se priver (de) beaucoup (de choses); j-n, etw (nicht) ~ können (ne pas) pouvoir se passer de qn, de qc; können Sie ihn ~? je ne vous en prive pas?; II st/s v/i ~ (+gén) être dépourvu de; die Beschuldigung entbehrt jeder Grundlage l'accusation est dénuée de tout fondement
ent'behrlich adj dont on peut se passer; superflu; inutile
Ent'behrung f ⟨~; ~en⟩ privation f; manque m; große ~en auf sich nehmen müssen devoir supporter de fortes privations
ent'behrungsreich adj Leben etc de privations
ent'beinen v/t ⟨pas de ge-, h⟩ désosser
ent'bieten st/s v/t ⟨irr, pas de ge-, h⟩ j-m s-n Gruß ~ présenter ses salutations à qn
ent'binden ⟨irr, pas de ge-, h⟩ I v/t 1. délier (von de); von e-m Gelübde, e-r Funktion a relever (de); von e-m Versprechen, e-r Verpflichtung a dégager de; ⟨befreien⟩ dispenser de; 2. e-e Frau ~ accoucher une femme; von e-m Jungen entbunden werden accoucher d'un garçon; II v/i accoucher
Ent'bindung f ⟨~; ~en⟩ 1. MÉD accouchement m; délivrance f; 2. ⟨sans pl⟩ von e-m Eid etc déliement m; dégagement m
Ent'bindungsstation f service m d'obstétrique; maternité f
ent'blättern ⟨-(e)re, pas de ge-, h⟩ I v/t Pflanzen effeuiller; Baum a dépouiller de ses feuilles; II v/réfl sich ~ s'effeuiller; fig plais ⟨sich entkleiden⟩ faire un strip-tease
ent'blöden st/s v/réfl ⟨-ete, pas de ge-, h⟩ sich nicht ~, zu (+inf) avoir le front, l'audace de (+inf); ne pas avoir 'honte de (+inf)
ent'blößen v/t ⟨-(es)t, pas de ge-, h⟩ découvrir; a fig mettre à nu; mit entblößtem Oberkörper torse nu
entboten [ɛnt'boːtən] p/p cf entbieten
ent'brennen st/s v/i ⟨irr, pas de ge-, sein⟩ Kampf, Streit éclater; s'engager; für j-n, etw ~ s'enflammer, prendre feu pour qn, pour qc
entbunden [ɛnt'bʊndən] p/p cf entbinden
Entchen ['ɛntçən] n ⟨~s; ~⟩ caneton m; canardeau m
ent'decken ⟨pas de ge-, h⟩ I v/t découvrir; ⟨finden⟩ trouver; ⟨bemerken⟩ s'apercevoir de; ⟨enthüllen⟩ dévoiler; II st/s v/réfl sich j-m ~ s'ouvrir à qn
Ent'decker(in) m ⟨~s; ~⟩ (f) ⟨~; ~nen⟩ découvreur, -euse m,f; auteur m d'une découverte; ⟨Forschungsreisender⟩ explorateur, -trice m,f; ~freude f joie f de la découverte
Ent'deckung f ⟨~; ~en⟩ découverte f
Ent'deckungsreise f voyage m d'exploration; fig plais auf ~(n) gehen partir à la découverte
Ente ['ɛntə] f ⟨~; ~n⟩ 1. ZO canard m; weibliche cane f; F e-e lahme ~ Person F mollasson, -onne m,f; mollusque m; Auto etc F veau m; 2. F ⟨falsche Nachricht⟩ F canard m; F canular m; 3. CUIS kalte ~ boisson composée de vin blanc,

entehren – entgegenwirken

de mousseux et de d'eau minérale gazeuse; **4.** F (*Harngefäß*) pistolet m; **5.** F (*Citroën*) 2 CV f; F deux-chevaux f; F deuch' f
ent'ehr|en v/t ⟨u v/réfl⟩ ⟨pas de ge-, h⟩ (*sich*) ~ (se) déshonorer; (*in Verruf bringen*) diffamer; **⸗ung** f ⟨~; ~en⟩ déshonneur m; diffamation f
ent'eign|en v/t ⟨-ete, pas de ge-, h⟩ déposséder; JUR exproprier; **⸗ung** f ⟨~; ~en⟩ dépossession f; JUR expropriation f
ent'|eilen st/s v/i ⟨pas de ge-, sein⟩ (s'en)fuir; *Zeit* a s'envoler; **~'eisen** v/t ⟨-(es)t, pas de ge-, h⟩ déglacer; *Flugzeug, Glasscheibe* dégivrer; **~'eisenen** v/t ⟨pas de ge-, h⟩ *Wasser* déferriser
'Enten|braten m canard rôti; **~ei** n œuf m de cane; **~feder** f plume f de canard; **~grün** ⟨~s⟩, **~grütze** f ⟨~⟩ BOT lentille f d'eau; **~jagd** f chasse f aux canards (sauvages); **~küken** n caneton m
Entente [ãˈtãːt(ə)] f ⟨~; ~n⟩ POL entente f
ent'erben v/t ⟨pas de ge-, h⟩ déshériter; JUR exhéréder
Ent'erb|te(r) f(m) ⟨→ A⟩ déshérité(e) m(f); **~ung** f ⟨~; ~en⟩ déshéritement m; JUR exhérédation f
'Enterhaken m HIST MAR grappin m; crochet m d'abordage
Enterich [ˈɛntərɪç] m ⟨~s; ~e⟩ canard m (mâle)
entern [ˈɛntərn] v/t ⟨-(e)re, h⟩ MAR aborder
'Entern n ⟨~s⟩ MAR abordage m
Entertainer [ˈɛntərteːnər] m ⟨~s; ~⟩ animateur m
ent'|fachen st/s v/t ⟨pas de ge-, h⟩ **1.** *Feuer* allumer; **2.** fig enflammer; *Streit* a déclencher; **~'fahren** v/i ⟨irr, pas de ge-, sein⟩ échapper
ent'fallen v/i ⟨irr, pas de ge-, sein⟩ **1.** *den Händen etc* échapper; tomber; **2.** *dem Gedächtnis* sortir (+ dat de); *sein Name ist mir ~* son nom m'échappe; j'ai oublié son nom; *das ist mir ~ cela m'est sorti de la tête*; **3.** (*wegfallen*) être annulé, être supprimé; disparaître; *bei Formularen entfällt* néant; **4.** *als Erb-, Gewinnanteil etc* revenir, échoir (*[+acc]* à); *auf ihn entfällt ein Viertel* il lui en revient le quart; *auf Paris entfällt etwa ein Zehntel der Bevölkerung Frankreichs* Paris compte environ un dixième de la population de la France
ent'falten ⟨-ete, pas de ge-, h⟩ **I** v/t **1.** *Tuch, Zeitung* déplier; (*weit ausbreiten*) déployer; **2.** fig *Wissen, Reize, Prunk* déployer; *Fähigkeiten* a développer; **II** v/réfl *sich ~ Blume, a fig* s'épanouir; *fig sich frei ~ können* pouvoir s'épanouir, se réaliser pleinement
Ent'faltung f ⟨~; ~en⟩ dépliage m; dépliement m; déploiement m; (*von Blumen*) épanouissement m; (*Entwicklung*) développement m; expansion f; *zur ~ kommen, gelangen* parvenir à son plein épanouissement
ent'färben v/t ⟨u v/réfl⟩ ⟨pas de ge-, h⟩ (*sich*) ~ (se) décolorer
Ent'färb|er m ⟨~s; ~⟩ décolorant m; **~ung** f ⟨~; ~en⟩ décoloration f; **~ungsmittel** n décolorant m
ent'fernen ⟨pas de ge-, h⟩ **I** v/t *Fleck,* *Etikett, Organ* enlever; *zeitlich, Personen* éloigner; *Hindernis* écarter; éliminer; *Kerne etc* ôter; *j-n aus dem Amt ~* révoquer qn; **II** v/réfl *sich ~* a fig s'éloigner; (*weggehen*) s'absenter
ent'fernt I adj a *Verwandte etc* éloigné; *Ähnlichkeit* vague; *e-e bestimmte Strecke* distant; *weit ~* lointain, fig *weit ~!* tu en es bzw vous en êtes loin!; tu bzw vous êtes loin du compte!; *weit davon ~, es zu glauben* (bien) loin de le croire; *drei Kilometer voneinander ~ sein* être distants de trois kilomètres; *fünfzehn Kilometer von hier ~* à quinze kilomètres d'ici; **II** adv *nicht im ~esten* pas le moins du monde; *sich ~ an etw* (acc) *erinnern* se souvenir vaguement de qc; se rappeler vaguement qc
Ent'fernung f ⟨~; ~en⟩ **1.** räumlich distance f; *in e-r ~ von* à une distance de; *auf e-e ~ von* sur une distance de; *aus der ~* à distance; **2.** (*Beseitigung*) éloignement m; écartement m; enlèvement m; *aus dem Amt* révocation f; renvoi m; **3.** MIL *unerlaubte ~ von der Truppe* absence illégale
Ent'fernungsmesser m ⟨~s; ~⟩ télémètre m
ent'fesseln v/t ⟨-sele ou -ßle, pas de ge-, h⟩ *Leidenschaften* déchaîner; *Streit* déclencher; provoquer; *e-n wahren Beifallssturm ~* soulever des tonnerres d'applaudissements
Ent'fesselung f ⟨~; ~en⟩ déchaînement m; déclenchement m
ent'fetten v/t ⟨-ete, pas de ge-, h⟩ dégraisser
Ent'fett|ung f ⟨~; ~en⟩ dégraissage m; **~ungskur** f cure f d'amaigrissement
ent'fiel cf *entfallen*
ent'flammbar adj inflammable
ent'flammen ⟨pas de ge-, h⟩ (u v/i) ⟨sein⟩ a fig ~ (*für*) (s')enflammer (pour); fig (se) passionner, (s')enthousiasmer (pour)
ent'flecht|en v/t ⟨irr, pas de ge-, h⟩ démêler; *Wirtschaft* décentraliser; déconcentrer; *Verkehr* décongestionner; *Kartell* décartelliser; **⸗ung** f ⟨~; ~en⟩ fig décentralisation f; déconcentration f; *e-s Kartells* décartellisation f
ent'fliegen v/i ⟨irr, pas de ge-, sein⟩ s'envoler; s'échapper
ent'fliehen v/i ⟨irr, pas de ge-, sein⟩ (s'en)fuir; se sauver; s'échapper; s'évader; *st/s der Unruhe der Stadt ~* fuir l'agitation de la ville; *er konnte seinen Wächtern ~* il a pu échapper à ses gardiens
ent'flog(en) cf *entfliegen*
ent'floh(en) cf *entfliehen*
ent'fremden ⟨-ete, pas de ge-, h⟩ **I** v/t aliéner; *s-m Zweck ~* détourner de son but; *Gebäude, Räume* désaffecter; **II** v/réfl *sich ~* (+ dat) devenir étranger, -ère, indifférent à
Ent'fremdung f ⟨~; ~en⟩ PHILOS aliénation f; *zwischen Menschen* refroidissement m; froid m (*zwischen* [+ dat] entre)
ent'frosten v/t ⟨-ete, pas de ge-, h⟩ dégivrer
Ent'froster m ⟨~s; ~⟩ dégivreur m
ent'führen v/t ⟨pas de ge-, h⟩ **1.** enlever; kidnapper; *Flugzeug* détourner; **2.** plais (*mitnehmen*) enlever; dérober
Ent'führ|er(in) m ⟨~s; ~⟩ (f) ⟨~; ~nen⟩ ravisseur, -euse m,f; (*Flugzeug♀*) pirate m de l'air; **~ung** f ⟨~; ~en⟩ enlèvement m; (*Flugzeug♀*) détournement m
ent'gangen p/p cf *entgehen*
ent'gegen prép u adv ⟨dat⟩ **1.** *Gegensatz* contrairement à; à l'encontre de; *~ allen Erwartungen* contre toute attente; **2.** *Richtung* vers; à la rencontre de; au-devant de; *dem Frühling ~* vers le printemps
ent'gegenbringen v/t ⟨irr, sép, -ge-, h⟩ räumlich apporter; fig *Achtung, Vertrauen etc* manifester; montrer
ent'gegeneilen v/i ⟨sép, -ge-, sein⟩ *j-m ~* courir à la rencontre de, au-devant de qn
ent'gegenfiebern v/i ⟨sép, -ge-, h⟩ *e-r Sache* (dat) *~* attendre qc avec impatience; attendre fiévreusement qc
ent'gegengehen v/i ⟨irr, sép, -ge-, sein⟩ *j-m ~* aller à la rencontre, au-devant de qn; fig *dem Ende ~* approcher de, toucher à sa fin; *s-m Untergang ~* aller à sa perte; *e-r glücklichen Zukunft ~* aller vers un avenir souriant
ent'gegengesetzt adj opposé (+ dat à); p/l fort contraire (à); inverse; *am ~en Ende der Stadt* à l'autre bout de la ville; *im ~en Sinn* à contresens
ent'gegenhalten v/t ⟨irr, sép, -ge-, h⟩ *j-m etw ~* tendre qc vers, à qn; fig (*einwenden*) opposer, objecter qc à qn
ent'gegenkommen v/i ⟨irr, sép, -ge-, sein⟩ *j-m ~* venir à la rencontre, au-devant de qn; *Fahrzeug* venir en sens inverse (de qn); fig faire des concessions à qn; se montrer complaisant envers, arrangeant avec qn; *j-m auf halbem Wege ~* rencontrer qn à mi-chemin; fig faire un compromis avec qn; fig *j-s Wünschen ~* aller, venir au-devant des désirs de qn
Ent'gegenkommen n ⟨~s⟩ complaisance f; obligeance f
ent'gegenkommend adj complaisant; obligeant
ent'gegenlaufen v/i ⟨irr, sép, -ge-, sein⟩ *j-m ~* courir à la rencontre de, au-devant de qn
Ent'gegennahme f ⟨~⟩ réception f; acceptation f
ent'gegennehmen v/t ⟨irr, sép, -ge-, h⟩ recevoir; (*annehmen*) accepter; *Warensendung* prendre livraison de; *Bestellungen* prendre
ent'gegensehen v/i ⟨irr, sép, -ge-, h⟩ *e-r Sache* (dat) *~* attendre, envisager qc; *Ihrer Antwort ~d* dans l'attente de votre réponse
ent'gegensetzen v/t ⟨-(es)t, sép, -ge-, h⟩ opposer (+ dat à); *e-m Argument nichts ~ können* ne rien avoir à opposer à un argument
ent'gegenstehen v/i ⟨irr, sép, -ge-, h⟩ *~* (+ dat) être contraire, opposé à; s'opposer à; *dem steht nichts entgegen* rien ne s'y oppose
ent'gegenstrecken v/t ⟨sép, -ge-, h⟩ *j-m etw ~* tendre qc vers, à qn
ent'gegentreten v/i ⟨irr, sép, -ge-, sein⟩ *j-m, e-r Sache ~* s'opposer, faire opposition à qn, à qc; *e-m Vorurteil ~* combattre un préjugé; *e-r Gefahr* (dat) *~* braver, affronter un danger
ent'gegenwirken v/i ⟨sép, -ge-, h⟩ *e-r Sache* (dat) *~* combattre qc

988

ent'gegn|en v/t ⟨-ete, pas de ge-, h⟩ répondre; répliquer; *treffend, geistreich* repartir; *scharf* riposter; ₂**ung** f ⟨~; ~en⟩ réplique f, repartie f, *scharfe* riposte f (*auf* [+*acc*] à)

ent'gehen v/i ⟨*irr, pas de ge-*, sein⟩ *e-r Gefahr etc* ~ (+*dat*) échapper à; réchapper de; *sich* (*dat*) *e-e Gelegenheit* ~ *lassen* manquer, laisser échapper une occasion; *dir entgeht etwas* tu manques, tu vas manquer quelque chose; *mir ist nicht entgangen, daß ...* j'ai bien remarqué, noté que ...; *dieser Fehler ist mir entgangen* cette faute m'a échappé; *es ist mir kein Wort entgangen* je n'ai pas perdu un seul mot

ent'geistert adj ébahi; stupéfait; F éberlué

Entgelt [ɛnt'gɛlt] n ⟨~(e)s; ~e⟩ rémunération f; rétribution f; (*Belohnung*) récompense f; *gegen* ~ contre, moyennant rémunération, rétribution

ent'gelt|en st/s v/t ⟨*irr, pas de ge-*, h⟩ **1.** rémunérer; rétribuer; **2.** *fig* payer; expier; ~**lich** *adj u adv* ADM contre payement; ₂**tarif** m ARBEITSRECHT convention collective réglant les salaires

ent'gift|en v/t ⟨-ete, pas de ge-, h⟩ *Organismus* désintoxiquer; ÉCOL dépolluer; (*entseuchen*) décontaminer; *fig Atmosphäre etc* purifier; ₂**ung** f ⟨~; ~en⟩ désintoxication f; ÉCOL dépollution f; (*Entseuchung*) décontamination f

ent'gleis|en v/i ⟨-(es)t, pas de ge-, sein⟩ **1.** *Bahn* dérailler; sortir des rails; **2.** *fig* avoir, faire un écart de conduite, de langage; faire un impair, F une gaffe; ₂**ung** f ⟨~; ~en⟩ déraillement m; *fig* écart m de conduite, de langage; impair m; F gaffe f

ent'gleiten st/s v/i ⟨*irr, pas de ge-*, sein⟩ **1.** *den Händen etc* glisser de la main, des mains; échapper (+ *dat* de); **2.** *fig* échapper (+ *dat* de)

entgolten [ɛnt'gɔltən] *p/p cf* **entgelten**

ent'|gräten v/t ⟨-ete, *pas de ge-*, h⟩ ôter, enlever les arêtes à; désosser; ~**'haaren** v/t ⟨*pas de ge-*, h⟩ épiler

Ent'haarungs|creme f crème f épilatoire; ~**mittel** n dépilatoire m

ent'halten ⟨*irr, pas de ge-*, h⟩ **I** v/t contenir; (*in sich schließen*) renfermer; (*umfassen*) comprendre; comporter; ~ *sein* (*aufgeführt sein*) figurer; *mit* ~ *sein* être inclus, compris (*in* [+*dat*] dans); **II** v/*réfl sich* ~ s'abstenir; *sich e-s Urteils* ~ s'abstenir de juger; POL *sich der Stimme* (*gén*) ~ s'abstenir (de voter); st/s *er konnte sich des Lachens nicht* ~ il ne put s'empêcher de rire

ent'haltsam adj *im Essen u Trinken* abstinent; *im Alkoholgenuß* sobre; *sexuell* continent; ₂**keit** f ⟨~⟩ abstinence f; *im Alkoholgenuß* sobriété f; *sexuelle* continence f

Ent'haltung f ⟨~; ~en⟩ (*Stimm*₂) abstention f; *mit 40 Stimmen bei sechs* ~*en beschließen* adopter par 40 voix pour et six abstentions

ent'|härten v/t ⟨-ete, *pas de ge-*, h⟩ *Wasser* adoucir; ~**'haupten** st/s v/t ⟨-ete, *pas de ge-*, h⟩ décapiter; *mit dem Fallbeil* guillotiner; ~**'häuten** v/t ⟨-ete, *pas de ge-*, h⟩ *Tiere* enlever, ôter la peau de; dépouiller; *Zwiebel etc* éplucher; peler

ent'heben st/s v/t ⟨*irr, pas de ge-*, h⟩ *j-n s-s Amtes, Postens* ~ relever, destituer qn de ses fonctions; *vorläufig* suspendre qn de ses fonctions; *j-n s-r Verantwortung* (*gén*) ~ décharger qn de sa responsabilité; *das entbebt mich nicht meiner Verpflichtungen* cela ne me dispense pas de mes obligations; *das enthebt uns aller Sorgen* cela nous libère de tout souci

Ent'hebung st/s f ⟨~; ~en⟩ *vom Amt* destitution f; révocation f; *vorläufige* suspension f; *von Verpflichtungen* dispense f

ent|'hemmen v/t ⟨*pas de ge-*, h⟩ faire perdre le contrôle de soi-même; PSYCH décomplexer; ~**'hemmt** adj décomplexé; *par ext* sans complexes; ~**'hoben** p/p cf **entheben**; ~**'hüllen** v/t ⟨*pas de ge-*, h⟩ découvrir; *Denkmal* dévoiler; *Geheimnis* dévoiler; révéler; (*entlarven*) démasquer

Ent'hüllung f ⟨~; ~en⟩ découverte f; révélation f; *e-s Denkmals* dévoilement m; inauguration f; ~**en machen** faire des révélations

Enthusi|asmus [ɛntuzi'asmus] m ⟨~⟩ enthousiasme m; ~**'ast(in**) m ⟨~en; ~en⟩ (f) ⟨~; ~nen⟩ enthousiaste m, f; ₂**'astisch I** adj enthousiaste; **II** adv avec enthousiasme

ent|'jungfern v/t ⟨-(e)re, *pas de ge-*, h⟩ déflorer; F dépuceler; ₂**'jungferung** f ⟨~; ~en⟩ défloration f; F dépucelage m

ent|'kalken v/t ⟨*pas de ge-*, h⟩ détartrer; ~**'keimen** v/t ⟨*pas de ge-*, h⟩ **1.** *Wasser etc* stériliser; **2.** *Kartoffeln* ôter le germe de; ~**'kernen** v/t ⟨*pas de ge-*, h⟩ **1.** *Steinobst* dénoyauter; *Kernobst* épépiner; **2.** *Stadt* déconcentrer; ₂**'kerner** m ⟨~s; ~⟩ *für Steinobst* dénoyauteur m; *für Äpfel* vide-pommes m

ent'kleiden st/s v/t ⟨-ete, *pas de ge-*, h⟩ **I** v/t **1.** dévêtir; déshabiller; **2.** *fig j-n e-r Sache* (*gén*) ~ dépouiller qn de qc; *j-n s-r Würden* ~ retirer à qn son rang, ses titres; **II** v/*réfl sich* ~ se dévêtir; se déshabiller

Ent'kleidung st/s f ⟨~; ~en⟩ **1.** déshabillage m; **2.** *fig* dépouillement m

entkoffei'nieren v/t ⟨*pas de ge-*, h⟩ décaféiner

entkoloni(ali)'sier|en v/t ⟨*pas de ge-*, h⟩ décoloniser; ₂**ung** f décolonisation f

ent'kommen v/i ⟨*irr, pas de ge-*, sein⟩ ~ (*aus*) s'échapper (de); s'évader (de); (parvenir à) se sauver (de); *j-m, e-r Sache* (*dat*) ~ échapper à qn, à qc

Ent'kommen n évasion f; *es gab kein* ~ il n'y avait aucun moyen de s'échapper

ent|'korken v/t ⟨*pas de ge-*, h⟩ déboucher

ent|'kräften v/t ⟨-ete, *pas de ge-*, h⟩ **1.** *durch Krankheit, Hunger etc* priver de (ses) forces; affaiblir; *durch Überanstrengung* exténuer; (*erschöpfen*) épuiser; MÉD *entkräftet* prostré; **2.** *fig Beweis, Aussage* infirmer; réfuter; *Argumentation* a démolir

Ent'kräftung f ⟨~; ~en⟩ **1.** *durch Krankheit, Hunger* affaiblissement m; *durch Überanstrengung* exténuation f; (*Erschöpfung*) épuisement m; inanition f; *völlige* ~ prostration f; **2.** *fig* infirmation f; réfutation f

ent|'krampfen v/t (*u v/réfl*) ⟨*pas de ge-*, h⟩ (*sich*) ~ **1.** (se) détendre; (se) décontracter; **2.** *fig* (se) détendre; (se) décrisper; ₂**'krampfung** f ⟨~; ~en⟩ **1.** décontraction f; **2.** *fig* détente f; décrispation f; ~**kriminali'sieren** v/t ⟨*pas de ge-*, h⟩ décriminaliser

ent'laden ⟨*irr, pas de ge-*, h⟩ **I** v/t a *fig* décharger; *Waren* a débarquer; **II** v/*réfl sich* ~ a ÉLECT se décharger; *Gewitter, Begeisterung etc* éclater

Ent'ladung f ⟨~; ~en⟩ **1.** déchargement m; *von Waren* a débarquement m; **2.** ÉLECT décharge f

ent'lang I prép (*acc, dat*) le long de; ~ *dem Fluß, den* od *am Fluß* ~ le long de la rivière; **II** adv *hier* ~, *bitte!* par ici, s'il vous plaît!

ent'langfahren v/i ⟨*irr, sép, -ge-*, sein⟩ **1.** ~ (+*acc*) od ~ *an* (+*dat*) aller (en voiture, *etc*) le long de; longer, suivre (en voiture, *etc*); **2.** (*berühren*) (*mit dem Finger, der Zunge etc*) ~ passer (le doigt, la langue, *etc*) sur, le long de

ent'langgehen v/i ⟨*irr, sép, -ge-*, sein⟩ ~ (+*acc*) od ~ *an* (+*dat*) aller (à pied) le long de; longer, suivre (à pied)

ent'larven ⟨*pas de ge-*, h⟩ **I** v/t démasquer; arracher le masque à; *j-n als Dieb* ~ démasquer qn en tant que voleur; **II** v/*réfl sich* ~ se démasquer; jeter le masque

ent'lassen v/t ⟨*irr, pas de ge-*, h⟩ *Arbeitnehmer* licencier; congédier; renvoyer; *Beamte* a révoquer; *wegen Arbeitsmangels* a débaucher; MIL libérer; démobiliser; *aus der Haft* remettre en liberté; relâcher; *aus dem Gefängnis* libérer; *aus dem Krankenhaus* ~ *werden* sortir de l'hôpital

Ent'lassung f ⟨~; ~en⟩ **1.** *von Arbeitnehmern* licenciement m; congédiement m; renvoi m; *von Beamten* a révocation f; *wegen Arbeitsmangels* débauchage m; *aus dem Heeresdienst* libération f; démobilisation f; *aus der Haft* mise f en liberté; relaxe f; *aus dem Gefängnis* libération f; levée f d'écrou; *aus dem Krankenhaus* sortie f; *fristlose* ~ licenciement sans préavis; **2.** (*Schreiben*) lettre f de licenciement

Ent'lassungsfeier f fête f de fin d'année (dans un établissement scolaire)

Ent'lassungsgesuch n lettre f de démission; *sein* ~ *einreichen* remettre sa démission

Ent'lassungs|papiere n/pl MIL papiers m/pl; *eines Häftlings* certificat m de libération; ~**schein** m MIL fiche f, certificat m de démobilisation; *aus dem Krankenhaus* bulletin m de sortie; ~**schreiben** n lettre f de renvoi, de licenciement

ent'lasten v/t ⟨-ete, *pas de ge-*, h⟩ *bei der Arbeit* aider; assister; a JUR décharger; a *fig* soulager; *Verkehr* décongestionner; délester; CONSTR, TECH soulager; FIN *j-s Konto* ~ porter une somme à la décharge d'un compte, en décharge; COMM *den Vorstand* ~ donner décharge de sa gestion au directoire, donner quitus aux directeurs

Ent'lastung f ⟨~; ~en⟩ *bei der Arbeit* aide f; assistance f; *von e-r Verantwortung* dégagement m f; *des Verkehrs* décongestion f; délestage m; CONSTR, TECH, *fig* soulagement m; décharge f;

Entlastungsmaterial – entschließen

COMM, JUR décharge *f*; **zu s-r ~** à sa décharge
Ent'lastungs|material *n JUR* pièces *f/pl* à décharge; **~zeuge** *m JUR* témoin *m* à décharge
ent'lauben *v/t* ⟨*pas de ge-, h*⟩ dépouiller (de ses feuilles); *chemisch* défolier; **²'laubungsmittel** *n* défoliant *m*
ent'laufen *v/i* ⟨*irr, pas de ge-, sein*⟩ s'échapper; s'enfuir; *j-m ~* échapper à qn; *Katze ~* chat perdu
ent'lausen *v/t* ⟨-(es)t, *pas de ge-, h*⟩ épouiller
ent'ledigen *st/s v/réfl* ⟨*pas de ge-, h*⟩ *sich j-s, e-r Sache* (*gén*) *~* se débarrasser de qn, de qc; *sich s-r Kleider ~* ôter, retirer ses vêtements; *sich s-r Pflichten ~* s'acquitter de son devoir, de ses obligations
ent'leer|en *v/t* ⟨*u v/réfl*⟩ ⟨*pas de ge-, h*⟩ (*sich*) *~* (se) vider; *TECH* vidanger; **²ung** *f* vidage *m*; *TECH* vidange *f*
ent'legen *adj* **1.** éloigné; (*fern*) lointain; (*abgelegen, isoliert*) isolé; écarté; **2.** *fig* (*unüblich*) insolite
ent'lehnen *v/t* ⟨*pas de ge-, h*⟩ emprunter, prendre (*+dat, aus, von* à); tirer (*+dat, aus, von* de); **²lehnung** *f* ⟨*~; ~en*⟩ emprunt *m*; **~'leihen** *v/t* ⟨*irr, pas de ge-, h*⟩ emprunter (*von* à)
'Entlein *n* ⟨*~s; ~*⟩ caneton *m*; *F plais häßliches ~* laideron *m*
entlief *cf* **entlaufen**
entließ *cf* **entlassen**
ent'loben *v/réfl* ⟨*pas de ge-, h*⟩ *sich ~* rompre ses fiançailles; **²'lobung** *f* ⟨*~; ~en*⟩ rupture *f* de(s) fiançailles
ent'locken *v/t* ⟨*pas de ge-, h*⟩ *Geheimnis, Geständnis, Lächeln* arracher (*+dat* à); *e-m Instrument Töne ~* (réussir à) tirer des sons d'un instrument
ent'lohnen, *schweiz* **~'löhnen** *v/t* ⟨*pas de ge-, h*⟩ rémunérer, rétribuer, payer (*für* pour); **²'lohnung** *f, schweiz* **²'löhnung** *f* ⟨*~; ~en*⟩ **1.** (*das Entlohnen*) rémunération *f*; rétribution *f*; **2.** (*Lohn*) paie *f* ou paye *f*
ent'lüften *v/t* ⟨*-ete, pas de ge-, h*⟩ (*durchlüften*) aérer; ventiler; *Bremse, Leitung* purger
Ent'lüft|er *m* ⟨*~s; ~*⟩ ventilateur *m*; aspirateur *m*; **~ung** *f* aération *f*; ventilation *f*; *e-r Bremse, Leitung* purge *f*; **~ungsanlage** *f* dispositif *m* d'aération, de ventilation; **~ungsventil** *n* soupape *f* (de purge d'air); ventouse *f*
ent'machten *v/t* ⟨*-ete, pas de ge-, h*⟩ priver de son pouvoir; **²'machtung** *f* ⟨*~; ~en*⟩ privation *f* de pouvoir(s); **~'mannen** *st/s v/t* ⟨*pas de ge-, h*⟩ émasculer; castrer; **~'menscht** *adj* bestial; (*unmenschlich*) inhumain; (*grausam*) cruel, -elle; **~militari'sieren** *v/t* ⟨*pas de ge-, h*⟩ démilitariser; **²militari'sierung** *f* ⟨*~; ~en*⟩ démilitarisation *f*; **~'minen** *v/t* ⟨*pas de ge-, h*⟩ déminer; **~'mischen** *v/t* ⟨*pas de ge-, h*⟩ dissocier; **~'misten** *v/t* ⟨*-ete, pas de ge-, h*⟩ enlever le fumier de; **~'mündigen** *v/t* ⟨*pas de ge-, h*⟩ **1.** *JUR* interdire; mettre sous tutelle; **2.** *fig* mettre sous tutelle
Ent'mündig|te(r) *f(m)* ⟨*→ A*⟩ *JUR* interdit(e) *m(f)*; **~ung** *f* ⟨*~; ~en*⟩ **1.** interdiction *f* judiciaire, civile; **2.** *fig* mise *f* sous tutelle
ent'mutig|en *v/t* ⟨*pas de ge-, h*⟩ décourager; démoraliser; **~end** *adj* décourageant; **²ung** *f* ⟨*~; ~en*⟩ découragement *m*; démoralisation *f*

Entnahme [ɛnt'na:mə] *f* ⟨*~; ~n*⟩ prise *f*; *e-r kleinen Menge, MÉD, TECH etc* prélèvement *m*; *bei, nach ~ von ...* lors d'un, après prélèvement de
entnazifizier|en [ɛntnatsifi'tsi:rən] *v/t* ⟨*pas de ge-, h*⟩ *HIST* dénazifier; **²ung** *f* ⟨*~; ~en*⟩ *HIST* dénazification *f*
ent'nehmen *v/t* ⟨*irr, pas de ge-, h*⟩ *~* (*+dat, aus*) **1.** prendre (de, dans); emprunter (à); tirer (de); *als Probe, MÉD, TECH etc* prélever (sur); retirer (de); **2.** *fig* conclure (de); **~'nerven** *v/t* ⟨*pas de ge-, h*⟩ (*aufregen*) énerver; (*erschöpfen*) épuiser (nerveusement)
ent'ölen *v/t* ⟨*pas de ge-, h*⟩ dégraisser; déshuiler; *stark, schwach entölt* fortement, faiblement dégraissé
Entomologie [ɛntomolo'gi:] *f* ⟨*~*⟩ entomologie *f*
ent'politi'sieren *v/t* ⟨*pas de ge-, h*⟩ dépolitiser; **~privati'sieren** *v/t* ⟨*pas de ge-, h*⟩ nationaliser
ent'puppen *v/réfl* ⟨*pas de ge-, h*⟩ *fig sich ~ als j, etw* se révéler, s'avérer être qn, qc
ent'rahmen *v/t* ⟨*pas de ge-, h*⟩ *Milch* écrémer; **~'rätseln** *v/t* ⟨*-(e)le, pas de ge-, h*⟩ déchiffrer; éclaircir; **~'rechten** *v/t* ⟨*-ete, pas de ge-, h*⟩ déposséder, priver de ses droits
Entrecote [ātrə'ko:t] *n* ⟨*~(s); ~s*⟩ *CUIS* entrecôte *f*
Entree [ā'tre:] *n* ⟨*~s; ~s*⟩ (*Eingang*), *CUIS* (*Vorspeise*), *österr* (*Eintrittsgeld*) entrée *f*
ent'reißen *v/t* ⟨*irr, pas de ge-, h*⟩ *j-m etw ~* arracher qc à qn; enlever qc à qn de force; *Geheimnis etc* extorquer qc à qn; *st/s j-n dem Tod ~* arracher qn à la mort
ent'richten *v/t* ⟨*-ete, pas de ge-, h*⟩ payer; *Beitrag* verser; *Steuern* acquitter; **~'riegeln** *v/t* ⟨*-(e)le, pas de ge-, h*⟩ déverrouiller; débloquer
ent'ringen *st/s v/t* ⟨*irr, pas de ge-, h*⟩ **I** *v/t j-m etw ~* arracher qc à qn (en luttant); **II** *v/réfl sich ~* se libérer (*+dat* de); *ein Seufzer entrang sich s-r Brust* il poussa un profond soupir
ent'rinnen *v/i* ⟨*irr, pas de ge-, sein*⟩ *st/s* échapper (*+dat* à); *poét Zeit* s'écouler
Ent'rinnen *n* ⟨*~s*⟩ issue *f*; fuite *f*; *es gibt kein ~* la situation est sans issue
ent'rissen *p/p cf* **entreißen**
ent'rollen *v/t* ⟨*pas de ge-, h*⟩ dérouler
Entropie [ɛntro'pi:] *f* ⟨*~; ~n*⟩ entropie *f*
ent'rosten *v/t* ⟨*-ete, pas de ge-, h*⟩ dérouiller
ent'rücken *st/s v/t* ⟨*pas de ge-, h*⟩ éloigner; *den Blicken ~* dérober, soustraire aux regards
ent'rückt *st/s adj* geistig absent; (*selig*) ravi; *der Welt ~* loin du monde
Ent'rück|theit *st/s f* ⟨*~*⟩ **~ung** *st/s f* ⟨*~*⟩ éloignement *m* (du monde, de la réalité); (*Seligkeit*) ravissement *m*
entrümpel|n [ɛnt'rympəln] *v/t* ⟨*-(e)le, pas de ge-, h*⟩ déblayer; débarrasser; **²ung** *f* ⟨*~; ~en*⟩ déblaiement *m*
ent'rüsten *v/réfl* ⟨*-ete, pas de ge-, h*⟩ *sich ~* s'indigner, se scandaliser (*über* [*+acc*])
ent'rüstet *adj* über *j-n, etw ~ sein* être indigné contre qn, par qc

Ent'rüst|ung *f* ⟨*~; ~en*⟩ indignation *f*; **~ungssturm** *m* vague *f* d'indignation
ent'saften *v/t* ⟨*-ete, pas de ge-, h*⟩ extraire le jus de; **²'safter** *m* ⟨*~s; ~*⟩ centrifugeuse *f* (à jus de fruits); **~'sagen** *st/s v/i* ⟨*pas de ge-, h*⟩ renoncer (*+dat* à); **²'sagung** *st/s f* ⟨*~; ~en*⟩ renoncement *m*; abnégation *f*; **~'sagungsvoll** *st/s adj* plein d'abnégation
entsandt [ɛnt'zant] *p/p cf* **entsenden**
ent'schädig|en *v/t* ⟨*pas de ge-, h*⟩ dédommager (*für* de); *in Geld* indemniser (*für* de); **²ung** *f* ⟨*~; ~en*⟩ dédommagement *m*; indemnisation *f*; *Geldsumme* indemnité *f*; (*Schadenersatz*) dommages-intérêts *m/pl*; (*Ausgleich*) compensation *f*; (*Wiedergutmachung*) réparation *f*; (*Abfindung*) désintéressement *m*; **²ungssumme** *f* indemnité *f*
ent'schärf|en *v/t* ⟨*pas de ge-, h*⟩ *Bombe* désamorcer (*a fig*); *Gegensätze* apaiser, atténuer; *Diskussion* dépassionner; **²ung** *f* ⟨*~; ~en*⟩ désamorçage *m*; *fig* apaisement *m*; atténuation *f*
Entscheid [ɛnt'ʃaɪt] *m* ⟨*~(e)s; ~e*⟩ *JUR* décision *f*
ent'scheiden ⟨*irr, pas de ge-, h*⟩ **I** *v/t Frage, Streitfall etc* décider; trancher; résoudre; **II** *v/i* *~ über* [*+acc*]) décider (de); *JUR* statuer (sur); *durch Abstimmung ~* décider, se prononcer par voie de scrutin; *das Gericht hat entschieden* le tribunal a prononcé; *auf Freispruch ~* prononcer l'acquittement; *in e-r Sache ~* statuer sur, décider une affaire, un cas; **III** *v/réfl sich* (*für, gegen j-n, etw*) *~* se décider, se prononcer (pour, contre qn, qc); **IV** *v/imp es entscheidet sich morgen, ob ...* on saura demain si ...
ent'scheidend *adj* décisif, -ive; *Argument a* concluant; *~er Punkt* point crucial; *die ~e Stimme* la voix prépondérante
Ent'scheidung *f* ⟨*~; ~en*⟩ décision *f* (*a JUR*); *e-e ~ treffen, fällen* prendre une décision; *vor e-r schwierigen ~ stehen* être confronté à une décision difficile; *j-n vor e-e ~ stellen* mettre qn devant un choix; *SPORT um die ~ spielen* jouer la belle
Ent'scheidungs|befugnis *f JUR* compétence *f*; pouvoir *m* de décision; **~freiheit** *f* liberté *f* de décision, de choix; **~kampf** *m* combat décisif; **~schlacht** *f* bataille décisive; **~spiel** *n SPORT* belle *f*; match décisif; **~träger** *m* décideur *m*
entschieden [ɛnt'ʃi:dən] **I** *p/p cf* **entscheiden**; **II** *adj Haltung etc* résolu; catégorique; péremptoire; *Abneigung* prononcé; *Ablehnung* catégorique; *Überlegenheit* incontestable; **III** *advt* (*mit Entschiedenheit*) résolument; catégoriquement; (*eindeutig*) décidément
Ent'schiedenheit *f* ⟨*~*⟩ (*Entschlossenheit*) détermination *f*; résolution *f*; (*Festigkeit*) fermeté *f*
ent'schlack|en *v/t* ⟨*pas de ge-, h*⟩ *TECH* décrasser; *MÉD* exercer une action dépurative sur; **²ung** *f* ⟨*~; ~en*⟩ *TECH* décrassage *m*; *MÉD* dépuration *f*
ent'schlafen *st/s v/i* ⟨*irr, pas de ge-, sein*⟩ (*sterben*) s'éteindre; s'endormir
ent'schließen *v/réfl* ⟨*irr, pas de ge-, h*⟩ *sich ~* se décider, se résoudre, se déter-

miner (*zu* à); *sich anders ~* se raviser; changer d'avis
Ent'schließung *f* résolution *f*
entschlossen [ɛnt'ʃlɔsən] **I** *p/p cf* **entschließen**; **II** *adj* résolu; déterminé; décidé; *fest ~* fermement décidé; *kurz ~* sans réfléchir longuement; sans hésiter
Ent'schlossenheit *f* ⟨~⟩ résolution *f*; détermination *f*
ent'schlüpfen *v/i* ⟨*pas de ge-, sein*⟩ *Person ~* (*aus etw*) s'échapper (de qc); *a Worte j-m ~* échapper à qn
Ent'schluß *m* décision *f*; résolution *f*; *e-n ~ fassen* prendre une décision, (*Vorsatz*) une résolution; *den ~ fassen, zu* (+*inf*) décider de (+*inf*); se décider à (+*inf*); *zu e-m ~ kommen* arriver à une décision; *s-n ~ ändern* changer d'avis; se raviser; *aus eigenem ~ handeln* agir de son propre chef; *bei s-m ~ bleiben* rester sur sa décision
ent'schlüsse|ln *v/t* ⟨-sselt *ou* -ßle, *pas de ge-, h*⟩ décoder; déchiffrer; ⟨²ung *f* ⟨~; ~en⟩ décodage *m*; déchiffrement *m*
ent'schlußfreudig *adj* décidé; qui a de l'esprit de décision
Ent'schlußkraft *f* ⟨~⟩ détermination *f*
ent'schuldbar *adj* excusable; *Fehler a* pardonnable
ent'schuldigen ⟨*pas de ge-, h*⟩ **I** *v/t* excuser; pardonner; *abs ~ Sie!* (je vous demande) pardon!; *~ Sie bitte, könnten Sie mir sagen, ...* excusez-moi, pourriez-vous me dire ...; *~ Sie meine Verspätung!* veuillez excuser mon retard; excusez-moi d'être en retard; *das ist nicht zu ~* c'est inexcusable, impardonnable; **II** *v/réfl sich ~* (*wegen, für*) s'excuser (de); présenter ses excuses (pour); *sich bei j-m ~* s'excuser auprès de qn; *er hat sich bei mir entschuldigt* il m'a demandé pardon; il m'a fait des *od* ses excuses; *sich mit etw ~* prendre qc pour excuse
ent'schuldigend I *adj* d'excuse; **II** *advt* en s'excusant
Ent'schuldigung *f* ⟨~; ~en⟩ excuse *f*; *SCHULE* mot *m* d'excuse; *j-n* (*wegen, für etw*) *um ~ bitten* faire; présenter ses excuses à qn (pour qc); *ich bitte um ~ a* je vous prie de m'excuser; *dafür gibt es keine ~* c'est inexcusable; *~!* pardon!; excusez-moi!
Ent'schuldigungs|grund *m* excuse *f*; *~schreiben* *n* lettre *f* d'excuse(s)
ent'schweben *st/s v/i* ⟨*pas de ge-, sein*⟩ s'envoler (lentement); *fig* s'éloigner d'une démarche aérienne; *~schwefeln v/t* ⟨-(e)le, *pas de ge-, h*⟩ *TECH, CHIM* désulfurer; *Wein* désulfiter; *~schwinden* *st/s v/i* ⟨*irr, pas de ge-, sein*⟩ disparaître (peu à peu); se perdre au loin; *~seelt st/s adj* inanimé; sans vie
Ent'senden *v/t* ⟨*irr, pas de ge-, h*⟩ *Diplomaten etc* envoyer; *j-n als Delegierten ~* déléguer qn
ent'setzen ⟨-(e)st, *pas de ge-, h*⟩ **I** *v/t* **1.** épouvanter; horrifier; **2.** *MIL Truppen, Festung etc* débloquer, dégager; **II** *v/réfl sich ~* s'épouvanter, s'effrayer (*über* [+*acc*] de)
Ent'setzen *n* ⟨~s⟩ effroi *m*; horreur *f*; épouvante *f*; *starr vor ~* glacé d'effroi;

mit ~ sah ich, wie ... j'ai vu avec horreur que ...
Ent'setzensschrei *m* cri *m* d'épouvante
ent'setzlich I *adj* **1.** épouvantable; effrayant; horrible; affreux, -euse; **2.** (*épithète*) F *fig* terrible; horrible; *das* F *~ dumm* terriblement bête; F *~ reich* prodigieusement riche
ent'seuchen *v/t* ⟨*pas de ge-, h*⟩ *NUCL* décontaminer; *MÉD* désinfecter; ²'**seuchung** *f* ⟨~; ~en⟩ *NUCL* décontamination *f*; *MÉD* désinfection *f*; *~'sichern v/t* ⟨-(e)re, *pas de ge-, h*⟩ *Schußwaffe* enlever le cran d'arrêt de; *Handgranate* dégoupiller
ent'sinnen *v/réfl* ⟨*irr, pas de ge-, h*⟩ *sich ~* (*e-r Sache, j-s*) se souvenir (de qc, de qn); se rappeler (qc, qn); *wenn ich mich recht entsinne* si je me souviens bien
ent'sorg|en *v/t* ⟨*pas de ge-, h*⟩ *Abfälle etc* éliminer; *Kernkraftwerk a* éliminer les déchets de; ²ung *f* ⟨~; ~en⟩ élimination *f*, *par ext* gestion *f*, traitement *m* des déchets; ²ungstechnik *f* techniques *f/pl* de traitement des déchets
ent'spann|en ⟨*pas de ge-, h*⟩ **I** *v/t a fig, POL* détendre; *POL a* décrisper; (*lokkern*) relâcher; *MÉD* relaxer; **II** *v/réfl sich ~ a fig, POL* se détendre; (*sich lockern*) se relâcher; (*sich erholen*) se relaxer; se décontracter; ²ung *f a fig* détente *f*; *POL a* décrispation *f*; (*Lockerung*) relâchement *m*; (*Erholung*) *a* délassement *m*
Ent'spannungs|politik *f* ⟨~⟩ politique *f* de détente; *~übung f* exercice *m* de relaxation
ent'spiegeln *v/t* ⟨-(e)le, *pas de ge-, h*⟩ traiter avec un antireflet; *~'spinnen v/réfl* ⟨*irr, pas de ge-, h*⟩ *sich ~ Gefühl, Freundschaft* naître; *Unterhaltung* s'engager; *Streit* s'amorcer
ent'sprechen ⟨*irr, pas de ge-, h*⟩ **I** *v/i* (+*dat*) **1.** *den Tatsachen etc* correspondre à; *a den Vorschriften* être conforme à; *den Erwartungen, Anforderungen, e-m Zweck* répondre à; *Umständen etc* être approprié á; **2.** (*stattgeben*) *e-r Bitte, e-m Wunsch* satisfaire à; *e-m Antrag, Gesuch* donner suite, faire droit à; **II** *v/réfl sich* (*dat*) *~* se correspondre; (*harmonieren*) s'accorder
ent'sprechend I *adj* correspondant; *Mittel, Worte a* approprié; *Belohnung, Entschädigung a* juste; *e-e ~e Antwort* une réponse appropriée, analogue; *das Wetter war gut und die Stimmung ~* il faisait un temps splendide, ce qui expliquait notre bonne humeur; *das ²e gilt für ...* c'est également valable pour ...; **II** *advt u prép* ⟨*dat*⟩ conformément à; *a den Umständen* selon; *~ weniger bekommen* recevoir proportionnellement moins
Ent'sprechung *f* ⟨~; ~en⟩ *Eigenschaft* correspondance *f*; analogie *f*; *Sache* équivalent *m*; analogue *m*; *e-e ~ im Französischen* quelque chose de correspondant, un équivalent en français
ent'springen *v/i* ⟨*irr, pas de ge-, sein*⟩ **1.** *Quelle* sortir de terre; *Fluß* prendre sa source; naître; **2.** *Häftling etc* s'évader, s'échapper (+*dat*, *aus* de); **3.** *fig* (*entstehen*) sortir, naître, provenir (*aus*

de); *~'stammen v/i* ⟨*pas de ge-, sein*⟩ *~* (+*dat*) provenir de; (*abstammen*) être issu, descendre de; *zeitlich* dater de; *örtlich* être originaire de
ent'stehen *v/i* ⟨*irr, pas de ge-, sein*⟩ naître (*aus* de); (*sich entwickeln*) se produire; *Schwierigkeiten* surgir; *aus etw ~* résulter, provenir de qc; *es entstand der Eindruck, daß ...* il en résulta l'impression que ...; *im ² begriffen* en voie de formation; naissant
Ent'stehung *f* ⟨~; ~en⟩ naissance *f*; origine *f*; (*Bildung*) formation *f*; (*Beginn*) commencement *m*; *e-s Werks* genèse *f*
Ent'stehungs|geschichte *f* genèse *f*; *~ort m Ursprung* lieu *m* d'origine; berceau *m*; *e-s Werks* lieu *m* de réalisation; *~zeit f* époque *f* d'origine; *e-s literarischen Werks, Musikstücks* période *f* de gestation
ent'steigen *st/s v/i* ⟨*irr, pas de ge-, sein*⟩ *~* (+*dat*) sortir, descendre de; *nach oben* surgir de; *~'steinen v/t* ⟨*pas de ge-, h*⟩ dénoyauter
ent'stellen *v/t* ⟨*pas de ge-, h*⟩ **1.** *Gesicht etc* défigurer; déformer; *ganz entstellt aussehen* avoir la figure décomposée, le visage défait; **2.** *fig* (*falsch darstellen*) déformer; *Wahrheit* défigurer; *Ereignis, Worte a* dénaturer; *Text a* altérer; *die Presse gab die Rede entstellt wieder* le discours a été déformé par la presse
Ent'stellung *f* défiguration *f*; déformation *f*; altération *f*
ent'stören *v/t* ⟨*pas de ge-, h*⟩ *ÉLECT* éliminer les parasites de; antiparasiter
Ent'störungs|dienst *m*, *~stelle f ÉLECT* service *m* d'antiparasitage
ent'strömen *v/i* ⟨*pas de ge-, sein*⟩ *Gas* s'échapper, *Flüssigkeit* s'écouler (+*dat* de); *~tabui'sieren v/t* ⟨*pas de ge-, h*⟩ supprimer le (caractère) tabou de; *~'tarnen v/t* ⟨*pas de ge-, h*⟩ démasquer (*als* comme); découvrir; ²'**tarnung** *f* découverte *f*
ent'täuschen *v/t* ⟨*pas de ge-, h*⟩ décevoir; désappointer; (*ernüchtern*) désillusionner; désenchanter; *von j-m enttäuscht sein* être déçu par qn; *über etw* (*acc*), *von etw enttäuscht sein* être déçu de qc; *er hat meine Erwartungen enttäuscht* il a déçu mes espérances; *angenehm enttäuscht* agréablement surpris
Ent'täuschung *f* déception *f*; désappointement *m*; désillusion *f*
ent'thronen *v/t* ⟨*pas de ge-, h*⟩ *a fig* détrôner; ²'**thronung** *f* ⟨~; ~en⟩ *a fig* détrônement *m*
entvölkern [ɛnt'fœlkərn] *v/t* (*u v/réfl*) ⟨-(e)re, *pas de ge-, h*⟩ (*sich*) *~* (se) dépeupler; *entvölkert sein a* être déserté
Ent'völkerung *f* ⟨~; ~en⟩ dépopulation *f*; *Vorgang a* dépeuplement *m*
ent'wachsen *adj e-r Sache* (*dat*) *~ sein* être sorti de qc; avoir dépassé l'âge de qc
ent'waffnen [ɛnt'vafnən] *v/t* ⟨-ete, *pas de ge-, h*⟩ *a fig* désarmer; ²'**waffnung** *f* ⟨~; ~en⟩ désarmement *m*; *~'walden v/t* ⟨*pas de ge-, h*⟩ déboiser; ²'**waldung** *f* ⟨~; ~en⟩ déboisement *m*; déforestation *f*
ent'warnen *v/i* ⟨*pas de ge-, h*⟩ donner le signal de fin d'alerte; ²'**warnung** *f* fin *f* d(e l)'alerte

ent'wässern v/t ⟨-ssere ou -ßre, pas de ge-, h⟩ Gelände drainer; assécher; CHIM, TECH déshydrater; **⟨²'wässerung** f ⟨~; ~en⟩ drainage m; assèchement m; CHIM, TECH déshydratation f
Ent'wässerungs|anlagen f/pl installations f/pl de drainage; **~graben** m fossé m de drainage; **~rohr** n drain m
entweder ['ɛntveːdər] conj ~ ... oder ... ou (bien) ... ou (bien) ...; soit ... soit ...; F ~ *oder!* c'est à prendre ou à laisser!; de deux choses l'une!
Entweder-'Oder n ⟨~; ~⟩ alternative f
ent'weichen v/i ⟨irr, pas de ge-, sein⟩ **1.** Luft, Rauch, Gas s'échapper, CHIM se dégager; **2.** st/s Gefangene s'évader, s'échapper, s'enfuir (*aus* de); **~'weihen** v/t ⟨pas de ge-, h⟩ a fig profaner; **²'weihung** f a fig profanation f; sacrilège m; **~'wenden** v/t ⟨-ete, pas de ge-, h⟩ dérober; voler; Geld a détourner; **~'werfen** v/t ⟨irr, pas de ge-, h⟩ Plan, Konstruktion ébaucher; concevoir; Vertrag etc ébaucher; Muster esquisser; Programm projeter; Skizze crayonner, croquer; **~'werten** v/t ⟨-ete, pas de ge-, h⟩ **1.** Geld, moralische Werte déprécier; Währung dévaloriser; FIN (*außer Kurs setzen*) démonétiser; **2.** Briefmarke etc oblitérer; Fahrkarte composter; **²'werter** m ⟨-s; ~⟩ für Fahrkarten composteur m; **²'wertung** f **1.** des Geldes, moralische Werte dépréciation f; der Währung dévalorisation f; (*Außerkurssetzung*) démonétisation f; **2.** von Briefmarken etc oblitération f; von Fahrkarten compostage m
ent'wes|en v/t ⟨-(es)t, pas de ge-, h⟩ ADM désinsectiser; **²ung** f ⟨~; ~en⟩ ADM désinsectisation f
entwichen [ɛntˈvɪçən] p/p cf **entweichen**
ent'wickeln ⟨-(e)le, pas de ge-, h⟩ **I** v/t développer (*a* PHOT); Wärme, Gas dégager; TECH mettre au point; réaliser; Kräfte etc déployer; Geschwindigkeit atteindre; Plan, Ideen exposer; développer; *etw zu etw ~* faire de qc qc; **II** v/réfl *sich ~* se développer; être en progrès, (*expandieren*) en extension; Wärme, Gas se dégager; *sich zu etw ~* devenir qc
Ent'wickler m ⟨-s; ~⟩ PHOT révélateur m; **~bad** n PHOT bain révélateur
Ent'wicklung f ⟨~; ~en⟩ développement m; (*Fortschritt*) progrès m; (*Weiter²*) évolution f; (*Expandieren*) extension f; von Wärme, Gas dégagement m; TECH mise f au point; réalisation f; von Kräften etc déploiement m; der Preise etc évolution f; mouvement m; *rückläufige ~* régression f; Jugendlicher *in der ~ sein* être en pleine croissance; faire sa puberté
Ent'wicklungs|abschnitt m phase f d'évolution; **~alter** n puberté f; **~dienst** m coopération f (avec les pays en voie de développement); **²fähig** adj évolutif, -ive; qui peut être développé; **~geschichte** f genèse f; BIOL e-s Einzelwesens ontogenèse f; e-s Stamms phylogenèse f; **²geschichtlich** adj génétique; BIOL ontogénique; phylogénique; **~gesetz** n loi f du développement; **~helfer(in)** m(f) coopérant(e) m(f); **~hilfe** f coopération f; aide f au développement, aux pays en voie de développement; **~jahre** n/pl puberté f; **~kosten** pl coûts m/pl de développement; **~land** n pays en voie de développement; **~möglichkeit** f possibilité f de développement, d'évolution; **~politik** f politique f de développement; **~prozeß** m processus m de développement; **~roman** m etwa roman éducatif; **~stadium** n stade m de développement; **~stand** m ⟨~(e)s⟩ niveau m de développement; degré m d'évolution; **~störung** f BIOL accident m lors du développement; **~stufe** f degré m de développement, d'évolution; **~zeit** f durée f du développement; Pubertät puberté f
ent'winden st/s ⟨irr, pas de ge-, h⟩ **I** v/t *j-m etw ~* arracher qc à qn, des mains de qn; **II** v/réfl *sich j-m ~* s'arracher à qn, de l'étreinte de qn
ent'wirren v/t ⟨u v/réfl⟩ ⟨pas de ge-, h⟩ (*sich*) ~ (se) démêler; (se) débrouiller; fig a (s')éclaircir
ent'wischen v/i ⟨pas de ge-, sein⟩ s'échapper; geschickt s'esquiver; *j-m ~* échapper à qn
ent'wöhnen [ɛntˈvøːnən] v/t ⟨pas de ge-, h⟩ **1.** Säugling sevrer; **2.** st/s e-r Gewohnheit déshabituer (+ *dat* de); **3.** MÉD désintoxiquer; **²'wöhnung** f ⟨~; ~en⟩ **1.** e-s Säuglings sevrage m; **2.** MÉD désintoxication f
entworfen [ɛntˈvɔrfən] p/p cf **entwerfen**
ent'würdig|en v/t ⟨pas de ge-, h⟩ avilir; abaisser; **~end** adj avilissant; abaissant; dégradant
Ent'wurf m e-s Gesetzes, Vertrags, Bauwerks projet m; ausgearbeiteter plan m; e-s Gemäldes, Musters etc ébauche f; esquisse f; SCULP, ARCH maquette f; e-s literarischen Werks canevas m; (*Konzept*) brouillon m
Ent'wurfszeichner(in) m(f) dessinateur-projeteur m
ent'wurzeln v/t ⟨-(e)le, pas de ge-, h⟩ a fig déraciner; **²'wurz(e)lung** f ⟨~; ~en⟩ déracinement m; **~'zerren** v/t ⟨pas de ge-, h⟩ TECH corriger, compenser la distorsion de; zeitlich, a Verkehr, Ferien étaler
Ent'zerr|er m ⟨-s; ~⟩ TECH correcteur m; **~ung** f TECH correction f, compensation f de la distorsion; TÉL contre-distorsion f; zeitlich étalement m
ent'ziehen v/t ⟨irr, pas de ge-, h⟩ **1.** Wort, Führerschein, Befugnisse etc retirer (*j-m etw* qc à qn); *den Blicken ~* dérober à la vue; *j-m s-e Rechte ~* déposséder, priver qn de ses droits; **2.** CHIM, TECH enlever; zur Verwertung extraire; *e-r Sache (dat) Sauerstoff, Wasser ~* désoxyder, déshydrater qc; **II** v/réfl *sich ~ der Verantwortung etc* se soustraire, se dérober, échapper (+ *dat* à); *sich der Kontrolle ~* être incontrôlable; *das entzieht sich meiner Kenntnis* je l'ignore
Ent'ziehung f ⟨~; ~en⟩ **1.** privation f; **2.** cf **Entziehungskur**
Ent'ziehungskur f von Alkohol, Drogen cure f de désintoxication
ent'ziffern v/t ⟨-(e)re, pas de ge-, h⟩ déchiffrer; Kode a décoder; décrypter; **~zogen** p/p cf **entziehen**; **~'zücken** v/t ⟨pas de ge-, h⟩ ravir; charmer; enchanter; **²'zücken** n ⟨~s⟩ ravissement m; enchantement m

ent'zückend adj ravissant; à ravir; charmant; *welch ~er kleiner Hut!* quel amour de petit chapeau
ent'zückt adj ravi, enchanté (*über* [+*acc*] de)
Ent'zug m ⟨~(e)s⟩ **1.** des Führerscheins, e-r Konzession etc retrait m; e-s Rechts privation f; dépossession f; **2.** von Drogen sevrage m; (*Entziehungskur*) cure f de désintoxication; Jargon *auf ~ sein* faire une cure de désintoxication
Ent'zugserscheinung f (symptôme m de l')état m de manque; **~en haben** être en état de manque
ent'zündbar adj inflammable; **²keit** f ⟨~⟩ inflammabilité f
ent'zünden ⟨-ete, pas de ge-, h⟩ **I** v/t allumer; mettre le feu à; a fig enflammer; **II** v/réfl *sich ~* prendre feu; MÉD s'enflammer; fig *sich an etw (dat) ~* éclater au sujet de qc, à propos de qc
ent'zündet adj MÉD enflammé; irrité; F rouge; *e-n ~en Hals haben* avoir la gorge rouge
ent'zünd|lich adj inflammable; MÉD inflammatoire; **²ung** f ⟨~; ~en⟩ allumage m; CHIM, MÉD inflammation f; MÉD a irritation f
ent'zündungs|hemmend adj anti-inflammatoire; **²herd** m foyer m d'inflammation
ent'zwei adv (*in Stücke*) en (deux) morceaux; en pièces; (*zerbrochen*) cassé; brisé; **~brechen** ⟨irr, sép, -ge-⟩ v/t ⟨h⟩ (*u v/i* ⟨sein⟩) (se) casser; (se) briser; *in zwei Teile* (se) rompre
ent'zwei|en v/t ⟨u v/réfl⟩ ⟨pas de ge-, h⟩ (*sich*) ~ (se) brouiller; (se) désunir; (se) diviser; **~gehen** v/i ⟨irr, sép, -ge-, sein⟩ se casser; **~schlagen** v/t ⟨irr, sép, -ge-, h⟩ briser; casser; mettre en morceaux, en pièces; **²ung** f ⟨~; ~en⟩ désunion f, brouille f; *bei Partnern* a brouille f
en vogue [ãˈvoːk] *~ sein* être en vogue
Enzephalogramm [ɛntsefaloˈgram] n ⟨~s; ~e⟩ MÉD encéphalogramme m
Enzian [ˈɛntsiaːn] m ⟨~s; ~e⟩ BOT, Likör gentiane f
Enzykl|ika [ɛnˈtsyːklika] f ⟨~; -ken⟩ CATH encyclique f; **²isch** adj encyclique
Enzyklo|pädie [ɛntsyklopɛˈdiː] f ⟨~; ~n⟩ encyclopédie f; **²'pädisch** adj encyclopédique
Enzym [ɛnˈtsyːm] n ⟨~s; ~e⟩ BIOCHEMIE enzyme m od f
EOS [eːʔoːˈʔɛs] abr HIST cf (*erweiterte*) **Oberschule**
Eozän [eoˈtsɛːn] n ⟨~s⟩ éocène m
Epen [ˈeːpən] pl von **Epos**
ephemer [efeˈmeːr] st/s adj éphémère
Epi|demie [epideˈmiː] f ⟨~; ~n⟩ épidémie f; **²'demisch** adj épidémique
Epidermis [epiˈdɛrmɪs] f ⟨~; -men⟩ BIOL épiderme m
epigo'nal st/s adj sans originalité
Epigon|e [epiˈgoːnə] st/s m ⟨~n; ~n⟩, **~in** f ⟨~; ~nen⟩ épigone m
epi'gonenhaft st/s adj sans originalité; imité
Epigramm [epiˈgram] n ⟨~s; ~e⟩ épigramme f
Epik [ˈeːpɪk] f ⟨~⟩ poésie f, littérature f épique; **~er(in)** m ⟨~s; ~⟩ (f) ⟨~; ~nen⟩ poète m épique

Epikureer [epiku're:ər] *m* ⟨~s; ~⟩ épicurien *m*
Epilepsie [epilɛ'psi:] *f* ⟨~; ~n⟩ MÉD épilepsie *f*; **an ~ leiden** être épileptique
Epi'leptiker(in) *m* ⟨~s; ~⟩ (*f*) ⟨~; ~nen⟩ épileptique *m,f*
epileptisch [epi'lɛptɪʃ] *adj* épileptique; **~er Anfall** attaque *f* d'épilepsie
Epilog [epi'lo:k] *m* ⟨~s; ~e⟩ épilogue *m*
Epiphanias [epi'fa:nias] *n* ⟨~⟩ (*Dreikönigsfest*) Épiphanie *f*
Epiphanie [epifa'ni:] *f* ⟨~⟩ REL Épiphanie *f*
episch ['e:pɪʃ] *adj* épique
Episkop [epɪs'ko:p] *n* ⟨~s; ~e⟩ OPT épiscope *m*
episkopal [epɪsko'pa:l] *adj* épiscopal; **♀kirche** *f* Église épiscopale, anglicane
Episko'pat *n* ⟨~(e)s; ~e⟩ épiscopat *m*
Episode [epi'zo:də] *f* ⟨~; ~n⟩ épisode *m*
epi'sod|enhaft, ~isch *adj* épisodique
Epistel [e'pɪstəl] *f* ⟨~; ~n⟩ REL épître *f*
Epitaph [epi'ta:f] *st/s n* ⟨~s; ~e⟩ épitaphe *f*
Epithel [epi'te:l] *n* ⟨~s; ~e⟩ BIOL épithélium *m*
Epitheton [e'pi:tetɔn] *n* ⟨~s; -ta⟩ GR épithète *f*
Epizentrum [epi'tsɛntrʊm] *n e-s Erdbebens* épicentre *m*
epo'chal *cf* **epochemachend**
Epoche [e'pɔxə] *f* ⟨~; ~n⟩ époque *f*; **~ machen** faire époque
e'pochemachend *adjt* qui fait époque, date
Epos ['e:pɔs] *n* ⟨~; Epen⟩ poème *m* épique; épopée *f*
Equipe [e'kɪp] *f* ⟨~; ~n⟩ équipe *f*
er [e:r] *pr/pers* **1.** *beim Verb* il; **2.** *alleinstehend od betont* lui; **~ allein** lui seul; **~ selbst** lui-même; **3.** *vor* voici, voilà le; *da ist* **~** le voilà
Er F *m* ⟨~; ~s⟩ **ein ~** un garçon *bzw* homme; *bei Tieren* un mâle
er'achten *st/s v/t* ⟨-ete, *pas de ge-*, h⟩ estimer; juger; *etw für*, **als notwendig ~** estimer, juger qc nécessaire; *ich erachte es als meine Pflicht* j'estime que c'est mon devoir
Er'achten *n* **meines ~s** à mon avis; selon, d'après moi
er'arbeit|en *v/t* (*u v/réfl*) ⟨-ete, *pas de ge-*, h⟩ (*sich* [*dat*]) **1.** (*erwerben*) acquérir, gagner par le travail; **2.** (*sich aneignen*) *Wissensstoff etc* assimiler; **3.** (*seulement v/t*) (*ausarbeiten*) *Grundlinien, Leitsätze etc* élaborer; **♀ung** *f* ⟨~; ~en⟩ **1.** acquisition *f* par le travail; **2.** *von Wissen* assimilation *f*; **3.** *von Leitsätzen etc* élaboration *f*
'Erb|adel *m* noblesse *f* héréditaire; **~anlage** *f* BIOL disposition *f*, caractère *m* héréditaire; **~anspruch** *m* prétention *f*, droit *m* à un héritage; **~anteil** *m* part *f* d'héritage
erbarmen [ɛr'barmən] *st/s* ⟨*pas de ge-*, h⟩ **I** *v/t* faire pitié à; apitoyer; attendrir; **II** *v/réfl sich ~* être pris de pitié; *sich j-s ~* avoir pitié de, de la compassion pour qn; *Herr, erbarme dich unser!* Seigneur, aie pitié de nous!
Er'barmen *n* ⟨~s⟩ pitié *f*; compassion *f*; *bes* REL miséricorde *f*; *mit j-m* **~ haben** avoir pitié de qn; *es ist zum* **~** c'est à faire pitié; *er kennt kein* **~** il est sans pitié; il n'a aucune pitié

er'barmenswert *adj* digne de pitié, de compassion; pitoyable
erbärmlich [ɛr'bɛrmlɪç] **I** *adj* **1.** *a fig* lamentable; (*kläglich*) déplorable; (*jämmerlich*) pitoyable; F minable; au-dessous de tout; **2.** F *fig* (*épithète*) *Hunger, Angst etc* terrible; horrible; **II** *adv* à faire pitié; d'une façon pitoyable; **~ frieren** avoir terriblement froid
Er'bärmlichkeit *f* ⟨~⟩ état *m* pitoyable, lamentable, misérable; (*Armseligkeit*) pauvreté *f*
er'barmungslos I *adj* impitoyable; **II** *adv* sans pitié, merci; impitoyablement
er'bauen (*pas de ge-*, h) **I** *v/t* **1.** construire; bâtir; (*gründen*) *Stadt* fonder; **2.** *fig geistig* édifier; *er war davon nicht gerade erbaut* il n'en fut pas trop enchanté; **II** *st/s v/réfl sich an etw* (*dat*) **~** être édifié par qc
Er'bauer *m* ⟨~s; ~⟩ constructeur *m*; bâtisseur *m*
er'baulich *adj* édifiant; **wenig, nicht gerade ~** pas très réjouissant
Er'bauung *f* ⟨~; ~en⟩ construction *f*; *a fig* édification *f*; *e-r Stadt* fondation *f*
'Erb|bauer *m in Erbpacht* paysan *m* qui jouit d'un bail emphytéotique; **~baurecht** *n* droit *m* de superficie héréditaire
'erbberechtigt *adj* JUR successible; **~ sein** avoir droit à la succession
'Erb|berechtigte(r) *f(m)* ⟨→ A⟩ JUR personne *f* successible; **~besitz** *m* propriété *f* héréditaire; **~biologie** *f* génétique *f*; **♀biologisch** *adj* génétique
Erbe¹ ['ɛrbə] *m* ⟨~n; ~n⟩ héritier *m*; JUR *a* successeur *m*; (*Vermächtnisnehmer*) légataire *m*; *gesetzlicher* **~** héritier légitime; **j-n zum ~n einsetzen** instituer qn héritier; désigner qn comme (son) héritier
'Erbe² *n* ⟨~s⟩ héritage *m*; patrimoine *m* (*beide a fig*); succession *f*; **ein ~ antreten** recueillir un héritage
er'beben *st/s v/i* ⟨*pas de ge-*, sein⟩ tressaillir, (se mettre à) trembler, frissonner, *p/fort* frémir (**vor etw** [*dat*] de qc); *der Boden erbebte* le sol tremblait
'erbeigen *adj* acquis par héritage
'Erb|eigentum *n* héritage *m*; patrimoine *m*; **~einsetzung** *f* JUR institution *f* d'héritier
'erben *v/t* ⟨h⟩ *abs* faire un héritage; *etw* **~** *a fig* hériter de qc; *etw von j-m* **~** *a fig* hériter de qn
'Erbengemeinschaft *f* communauté *f* d'héritiers
er'beten *p/p cf* **erbitten**
er'|betteln *v/t* ⟨-(e)te, *pas de ge-*, h⟩ mendier; quémander; **~'beuten** *v/t* ⟨-ete, *pas de ge-*, h⟩ capturer, prendre (**von** à)
'erbfähig *adj* JUR habile à succéder; successible
'Erb|faktor *m* BIOL facteur *m* héréditaire; **~fall** *m* JUR cas *m* de succession; **~fehler** *m* BIOL défaut *m*, vice *m* héréditaire; **~feind** *m* ennemi *m* héréditaire; **~feindschaft** *f* haine *f* héréditaire; **~folge** *f* ⟨~⟩ ordre successoral, de succession; *Thronfolge* succession *f* (héréditaire); **~folgekrieg** *m* HIST guerre *f* de succession; **~folgerecht** *n* droit *m* de succession, successoral; **~gang** *m* **1.** JUR ordre *m* de dévolution, *f*; **2.** BIOL transmission *f* héréditaire;

~gut *n* **1.** bien *m* héréditaire; bien *m* de famille; patrimoine *m*; **2.** BIOL hérédité *f*; patrimoine *m* héréditaire, génétique; **~hof** *m* domaine *m*, ferme *f* héréditaire
er'bieten *st/s v/réfl* ⟨*irr, pas de ge-*, h⟩ *sich ~, zu* (+*inf*) s'offrir à (+*inf*); offrir de (+*inf*)
Erbin ['ɛrbɪn] *f* ⟨~; ~nen⟩ héritière *f*
er'bitten *st/s v/t* ⟨*irr, pas de ge-*, h⟩ *etw von j-m* **~** demander qc à qn; solliciter qc de qn
er'bittern *v/t* ⟨-(e)re, *pas de ge-*, h⟩ remplir d'amertume; aigrir; *p/fort* ulcérer; exaspérer
er'bittert I *adjt Kampf etc* acharné; **~ sein** ressentir de l'amertume; (*außer sich sein*) être exaspéré; **II** *advt* avec acharnement
Er'bitterung *f* ⟨~⟩ (*Groll*) amertume *f*; rancœur *f*; *im Kampf* acharnement *m*; (*Außersichsein*) exaspération *f*
'Erbkrankheit *f* maladie *f* héréditaire
erblassen [ɛr'blasən] *st/s v/i* ⟨-ßt, *pas de ge-*, sein⟩ pâlir, blêmir (**vor** [+*dat*] de)
Erblasser(in) ['ɛrplasər(ɪn)] *m* ⟨~s; ~⟩ (*f*) ⟨~; ~nen⟩ JUR *de cujus m*; défunt(e) *m(f)*; *bei e-m Testament* testateur, -trice *m,f*
er'bleichen *st/s v/i* ⟨*pas de ge-*, sein⟩ blêmir; devenir livide
'erblich I *adj* héréditaire; JUR *a* transmissible par succession; BIOL *a* transmissible par hérédité; **II** *adv* **~ belastet sein** souffrir d'un mal héréditaire
'Erblichkeit *f* ⟨~⟩ caractère *m* héréditaire
er'blicken *st/s v/t* ⟨*pas de ge-*, h⟩ apercevoir; voir; découvrir; *in j-m, e-r Sache etw* **~** voir qc en qn, qc
er'blind|en *st/s v/i* ⟨-ete, *pas de ge-*, sein⟩ perdre la vue; devenir aveugle; **♀ung** *f* ⟨~; ~en⟩ perte *f* de la vue; cécité *f*
er'blühen *st/s v/i* ⟨*pas de ge-*, sein⟩ s'épanouir
'Erb|masse *f* **1.** JUR masse successorale; **2.** BIOL hérédité *f*; **~monarchie** *f* monarchie *f* héréditaire; **~onkel** *m* plais oncle *m* à héritage, d'Amérique
erbosen [ɛr'bo:zən] *st/s* ⟨-(*es*)*t, pas de ge-*, h⟩ **I** *v/t* mettre en colère; irriter; **II** *v/réfl sich* **~** se mettre en colère (**über** [+*acc*] contre); se fâcher, s'irriter (**über j-n** contre qn; **über etw** [*acc*] de qc)
er'boten *p/p cf* **erbieten**
erbötig [ɛr'bø:tɪç] *st/s adj* **sich ~ machen, etw zu tun** s'offrir à faire qc
'Erb|pacht *f* JUR bail *m* emphytéotique; **~prinz** *m* prince *m* héréditaire
er'brechen ⟨*irr, pas de ge-*, h⟩ **I** *v/t* **1.** *st/s* (*aufbrechen*) forcer; fracturer; *Brief* décacheter; **2.** MÉD vomir; rendre; rejeter; **II** *st/s v/i* (*u v/réfl*) (*sich*) **~** vomir; rendre
Er'brechen *n* ⟨~s⟩ MÉD vomissement(s) *m(pl)*; F *fig bis zum* **~** jusqu'à l'écœurement; F jusqu'au ras-le-bol
'Erbrecht *n* droit successoral
er'bringen *v/t* ⟨*irr, pas de ge-*, h⟩ *Beweis* apporter; fournir; *Summe* rapporter
Erbrochene(s) [ɛr'brɔxənə(s)] *n* ⟨→ A⟩ vomissures *f/pl*
'Erbschaden *m* anomalie *f* génétique
'Erbschaft *f* ⟨~; ~en⟩ héritage *m*; succession *f*; patrimoine *m*; *e-e ~ machen* faire un héritage

'Erbschafts|angelegenheit f affaire successorale; ~anspruch m prétention f à l'héritage
'Erbschaft(s)steuer f droits m/pl de succession
'Erb|schein m certificat m d'héritier; ~schleicher(in) péj m ⟨~s; ~⟩ (f) ⟨~; ~nen⟩ captateur, -trice m,f d'héritage; ~schleiche'rei péj f ⟨~; ~en⟩ captation f d'héritage
Erbse ['ɛrpsə] f ⟨~; ~n⟩ pois m; grüne ~n petits pois; gelbe ~n pois secs jaunes
'Erbsen|eintopf m ragoût m aux pois secs (et au lard); 2groß adj gros, grosse comme un (petit) pois; ~püree n purée f de pois; ~schote f cosse f; gousse f; ~suppe f 1. CUIS soupe f aux pois; 2. F fig (Nebel) purée f de pois; ~zähle'rei péj f ⟨~⟩ pingrerie f; F radinerie f
'Erbspüree cf Erbsenpüree
'Erb|stück n objet hérité; bijou m, meuble m, etc de famille; ~sünde f péché originel
'Erbswurst f soupe f aux pois en sachet
'Erb|tante f plais tante f à héritage; ~teil n od m part f d'héritage; ~vertrag m contrat m d'héritage; pacte successoral; ~verzicht m renonciation f à l'héritage; désistement m de la succession
'Erd|achse f axe m terrestre, de la terre; ~altertum n GÉOL paléozoïque m; (ère f) primaire m; ~anziehung f attraction f terrestre; ~apfel m regional pomme f de terre; ~arbeiten f/pl travaux m/pl de terrassement; ~arbeiter m terrassier m; ~atmosphäre f atmosphère f terrestre; ~aufschüttung f remblai m; terrassement m; ~bahn f ⟨~⟩ ASTR orbite f terrestre; ~ball st/s m ⟨~(e)s⟩ globe m terrestre
'Erdbeben n tremblement m de terre; séisme m; ~gebiet n zone f sismique; ~herd m foyer m du séisme, du tremblement de terre; hypocentre m; ~messer m ⟨~s; ~⟩ sismographe m; 2sicher adj à l'abri des tremblements de terre; ~warte f station f s(é)ismographique; ~welle f onde f sismique
'Erdbeer|e f BOT fraise f; ~eis n glace f à la fraise; ~marmelade f confiture f de fraises; ~torte f tarte f aux fraises
'Erd|beschleunigung f ⟨~⟩ accélération f de la pesanteur; ~bevölkerung f ⟨~⟩ population f du globe, de la terre; ~bewegung f GÉOL mouvement m tectonique; bei Bauarbeiten terrassement m; ~bewohner m habitant m de la terre; Terrien m
'Erdboden m sol m; (Erdreich) terre f; (a Bodenart) terrain m; dem ~ gleichmachen raser; wie vom ~ verschluckt sein avoir disparu comme par enchantement; ich wäre am liebsten im od in den ~ versunken j'aurais voulu rentrer sous terre, être à cent pieds sous terre
'Erdbohrer m für Proben sonde f; BERGBAU tarière f
Erde ['eːrdə] f ⟨~⟩ 1. terre f; monde m; Planet Terre f; (Erdball) globe m (terrestre); auf der ~ sur (la) terre; auf ~n ici-bas; sur terre; Politik f der verbrannten ~ politique f de la terre brûlée; 2. (Erdboden) terre f; sol m; auf die ~ fallen, werfen tomber, jeter par

od à terre; zu ebener ~ au niveau du sol; de plain-pied (avec le sol); über der ~ au-dessus du sol; unter der ~ sous terre; souterrain; F unter der ~ liegen (begraben sein) être sous terre; F j-n unter die ~ bringen (begraben) mettre qn en terre; (töten) faire mourir qn; F fig bleib auf der ~! reste sur terre!; 3. ⟨pl ~n⟩ CHIM terre f; seltene ~n terres rares; gebrannte ~ terre cuite; 4. RAD, ÉLECT (prise f de) terre f; masse f
'erden v/t ⟨-ete, h⟩ ÉLECT mettre, relier à la terre
'Erdenbürger m mortel, -elle m,f; plais neuer, kleiner ~ nouveau-né m
er'denken v/t ⟨irr, pas de ge-, h⟩ imaginer; concevoir; (erfinden) inventer
er'denklich adj imaginable; concevable; sich (dat) alle ~e Mühe geben se donner toutes les peines du monde
'Erden|leben n vie f terrestre, d'ici-bas; ~rund n ⟨~(e)s⟩ globe m terrestre
'Erd|erschütterung f secousse f tellurique; ~farben adj couleur f terre; sienne; ocre (alle inv); ~ferne f ASTR apogée m; ~gas n ⟨~es⟩ gaz naturel; ~geist m gnome m; in Goethes „Faust" Esprit m de la terre; ~geschichte f ⟨~⟩ géologie f; 2geschichtlich adj géologique; ~geschoß n rez-de-chaussée m; ~haufen m tas m de terre; ~hügel m tertre m; butte f
er'dichten st/s v/t ⟨-ete, pas de ge-, h⟩ imaginer; (erfinden) inventer; (erlügen) forger
'erdig adj terreux, -euse; qui contient de la terre; Geruch etc de terre
'Erd|innere(s) n ⟨→ A⟩ intérieur m, entrailles f/pl de la terre; ~kabel n câble souterrain; ~kern m noyau m de la terre; ~klumpen m motte f de terre; ~kreis m globe m terrestre; terre f; ~kröte f crapaud m (vulgaire); ~krümmung f courbure f de la terre; ~kruste f ⟨~⟩ écorce f terrestre; ~kugel f ⟨~⟩ globe m terrestre; ~kunde f ⟨~⟩ géographie f; 2kundlich adj géographique; ~leitung f (prise f, fil m de) terre f; ~magnetismus m magnétisme m terrestre; géomagnétisme m; ~massen f/pl masses f/pl de terre; ~metall n métal m des terres rares; ~mittelalter n GÉOL mésozoïque m; secondaire m; ~mittelpunkt m ⟨~(e)s⟩ centre m de la terre; 2nah adj ASTR proche de la Terre; ~nähe f ASTR périgée m; ~neuzeit f GÉOL cénozoïque m; tertiaire m
'Erdnuß f Frucht cacahuète od cacahouète f; Pflanze arachide f; ~butter f beurre m de cacahuète; ~öl n huile f d'arachide
'Erd|oberfläche f surface f de la terre; ~öl n pétrole m; ~ölchemie f pétrochimie f
er'dolchen st/s v/t ⟨pas de ge-, h⟩ poignarder
'erdölexportierend adj exportateur, -trice de pétrole
'Erdöl|feld n champ m pétrolifère; ~gesellschaft f compagnie f, société f pétrolière; ~gewinnung f production pétrolière; 2haltig adj pétrolifère; ~leitung f pipeline m; oléoduc m; ~produzent m pays producteur de pétrole; 2pro-

duzierend adj producteur, -trice de pétrole; ~raffinerie f raffinerie f de pétrole; ~vorkommen n gisement m de pétrole
'Erdreich n ⟨~(e)s⟩ terre f; sol m
er'dreisten st/s v/réfl ⟨-ete, pas de ge-, h⟩ sich ~, etw zu tun avoir le front, l'impudence, l'audace de faire qc
er'drosseln v/t ⟨-ssele ou -ßle, pas de ge-, h⟩ étrangler
er'drück|en v/t ⟨pas de ge-, h⟩ écraser; fig accabler; ~end adj Mehrheit écrasant; Beweise, Hitze accablant
'Erd|rutsch m glissement m de terrain; éboulement m; fig bei Wahlen etc raz m de marée; ~satellit m satellite m terrestre; ~schatten m ombre f de la terre; ~schicht f couche f de terre; GÉOL assise f; ~schluß m ÉLECT perte f à la terre; mise f à la terre accidentelle; ~scholle f motte f de terre; ~spalte f fissure f, crevasse f (dans le sol); ~stoß m secousse f sismique, tellurique; ~teil m continent m
er'dulden v/t ⟨-ete, pas de ge-, h⟩ Leiden etc endurer; souffrir; (hinnehmen müssen) subir; supporter
'Erd|umdrehung f rotation f de la terre; ~umfang m circonférence f de la terre; ~umkreisung f révolution f autour de la terre; ~'umlaufbahn f orbite f (autour de la terre); ~umseg(e)lung f tour m du monde à la voile
'Erdung f ⟨~; ~en⟩ ÉLECT mise f à (la) terre; prise f de terre
'erdverbunden st/s adj attaché à la nature
'Erd|wall m levée f de terre; remblai m; mit Mauer terre-plein m; MIL rempart m (de terre); ~wärme f géothermie f; ~zeitalter n ère f géologique
er'eifer|n v/réfl ⟨-(e)re, pas de ge-, h⟩ sich ~ (über [+acc]) s'échauffer (pour, au sujet de); zornig s'emporter, s'exciter (contre); ~ung f ⟨~; ~en⟩ échauffement m; emportement m; excitation f
er'eignen v/réfl ⟨-ete, pas de ge-, h⟩ sich ~ (vor sich gehen) se passer; (stattfinden) avoir lieu; Unangenehmes arriver; se produire
Er'eignis n ⟨~ses; ~se⟩ événement m; (Zwischenfall) incident m; freudiges ~ (Geburt) heureux événement; große ~se werfen ihre Schatten voraus de grands événements s'annoncent (par des signes avant-coureurs)
er'eignis|los adj Leben, Tag calme; (gleichförmig) monotone; ~reich adj mouvementé; riche, fertile en événements
er'eilen st/s v/t ⟨pas de ge-, h⟩ Tod surprendre; Schicksal frapper
Erektion [erɛktsi'oːn] f ⟨~; ~en⟩ érection f
Eremit [ere'miːt] m ⟨~en; ~en⟩ ermite m
er'erbt adj hérité; (überkommen), BIOL a héréditaire
er'fahren¹ v/t ⟨irr, pas de ge-, h⟩ 1. durch Mitteilung apprendre; savoir; (von j-m) etw über j-n ~ apprendre (de qn) qc sur qn; sie braucht davon nichts zu ~ il n'est pas nécessaire qu'elle le sache; 2. (die Erfahrung machen) faire l'expérience de; expérimenter; er hat es an sich (dat) selbst ~ il en a fait lui-même l'expérience; 3. Leid

etc subir; éprouver; *Rückschläge* essuyer; *Veränderungen* subir
er'fahren² *adj* (*reich an Erfahrung*) expérimenté; (*fachkundig*) expert; *er ist in diesen Dingen sehr ~* il a beaucoup d'expérience en la matière
Er'fahrenheit *f* ⟨~⟩ expérience *f*
Er'fahrung *f* ⟨~; ~en⟩ expérience *f*; (*Übung*) *a* pratique *f*; *aus* (*eigener*) *~* par expérience; *e-e Frau mit ~* une femme d'expérience; *etw in ~ bringen* apprendre, découvrir qc; *mit etw gute ~en machen* être content de qc; se trouver bien de qc; *mit j-m, etw schlechte ~en machen* faire de mauvaises expériences avec qn, qc; avoir des déconvenues avec qn, qc; *~en sammeln* acquérir de l'expérience; *aus ~ sprechen* (en) parler par expérience
Er'fahrungs|austausch *m* échange *m* de vues; **~bericht** *m* rapport *m* (pratique); *nach e-m Praktikum* rapport *m* de stage
er'fahrungs|gemäß *adv* (je sais, nous savons, *etc*) par expérience (que ...); l'expérience nous, vous, *etc* a montré que ...; **~mäßig** *adj* qui repose sur l'expérience; expérimental; empirique
Er'fahrungs|schatz *m* somme *f* d'expériences, des expériences (acquises); **~tatsache** *f* fait basé sur l'expérience; **~welt** *st/s f* ⟨~⟩ monde *m* empirique; **~wert** *m* valeur *f* empirique; **~wissenschaft** *f* PHILOS science *f* empirique
er'faßbar *adj* saisissable; ADM enregistrable; *zahlenmäßig* calculable, chiffrable; *statistisch a* recensable; *steuerlich* imposable
er'fassen *v/t* ⟨-ßt, *pas de ge-*, h⟩ **1.** *a fig*, INFORM saisir; *bei e-m Verkehrsunfall* accrocher; *p/fort* 'happer; *Feuer* envahir; **2.** *geistig, Sachlage etc* saisir; **3.** ADM enregistrer; COMM répertorier; *Bevölkerung, Wehrpflichtige* recenser; **4.** (*einbeziehen*) englober; couvrir; *statistisch ~* chiffrer statistiquement; recenser; *steuerlich ~* imposer; taxer; *zahlenmäßig ~* chiffrer; dénombrer
Er'fassung *f* enregistrement *m*; *Statistik,* MIL recensement *m*; *in e-r Kartei* inscription *f*; *zahlenmäßige* dénombrement *m*; *steuerliche* imposition *f*; taxation *f*
er'finden *v/t* ⟨*irr, pas de ge-*, h⟩ **1.** (*schaffen*) inventer; **2.** (*erdichten*) imaginer; forger
Er'finder(in) *m(f)* inventeur, -trice *m,f*; F *das ist nicht im Sinne des ~s* ce n'est pas le but recherché
Er'findergeist *m* génie inventif, créateur
er'finderisch *adj* inventif, -ive; (*findig*) ingénieux, -ieuse; (*phantasievoll*) imaginatif, -ive; (*schöpferisch*) créateur, -trice
Er'finderschutz *m* protection *f* des inventeurs
Er'findung *f* ⟨~; ~en⟩ invention *f*; (*Erdichtung*) fiction *f*
Er'findungs|gabe *f* inventivité *f*; (*Phantasie*) imagination *f*; **₂reich** *adj* inventif, -ive; (*einfallsreich*) imaginatif, -ive
er'flehen *st/s v/t* ⟨*pas de ge-*, h⟩ implo-rer; *Beistand von j-m, j-s Beistand ~* implorer l'aide de qn
Erfolg [ɛr'fɔlk] *m* ⟨~(e)s; ~e⟩ succès *m*; réussite *f*; (*Ergebnis*) résultat *m* (*a* COMM); *ein noch nicht dagewesener ~* un succès sans précédent; *mit ~* avec succès; *ohne ~* sans succès, résultat; *mit dem ~, daß alles lachte* avec pour résultat un éclat de rire général; *viel ~!* bonne chance!; *~ haben* arriver; avoir du succès; réussir (*bei j-m* auprès de qn); *großen ~ haben* remporter un grand succès; *p/fort* faire fureur; *alle Aussichten auf ~* (*acc*) *haben* avoir toutes les chances de réussir, de succès; *ein voller ~ sein* être un plein succès
er'folgen *v/i* ⟨*pas de ge-*, sein⟩ **1.** *als Wirkung* s'ensuivre; résulter; **2.** (*geschehen*) avoir lieu; se produire; arriver; *Zahlung a* être effectué; *Antwort* arriver; être donné
er'folglos I *adj* infructueux, -euse; vain; **II** *adv* sans succès; *~ bleiben* être un échec; rester sans résultat; *a Person* ne pas réussir
Er'folglosigkeit *f* ⟨~⟩ insuccès *m*; échec *m*
er'folgreich I *adj* couronné de succès; à succès; **II** *adv* avec succès
Er'folgs|aussichten *f/pl* chances *f/pl* de succès; **~autor(in)** *m(f)* auteur *m* à succès; **~beteiligung** *f* participation (calculée au prorata des résultats); **~denken** *n* mentalité axée sur la réussite, *par ext* de battant; **~erlebnis** *n* (sentiment *m* de) réussite *f*; succès *m*; **~film** *m* film *m* à succès; **~honorar** *n* honoraires calculés au prorata des résultats; **~kurve** *f* courbe *f* des résultats; **~meldung** *f* (annonce *f* de *od* d'un) succès *m*; bonne nouvelle; **~mensch** *m* gagneur *m*; homme *m* à succès; **~prämie** *f* prime *f* de succès; bonus *m*; **~quote** *f* pourcentage *m* de réussite; **~rezept** *n* recette *f* (de succès, pour réussir)
Er'folgszwang *m* obligation *f* de réussir; *unter ~* (*dat*) *stehen* être obligé de réussir; être condamné au succès
er'folgversprechend *adj* prometteur, -euse; promis au succès
er'forderlich *adj* AL etc requis; *Mittel etc* nécessaire; *Menge a* voulu; *p/fort* exigé; *wenn ~* si nécessaire; si besoin est; *~ machen* nécessiter; *für diese Arbeit ist viel Zeit ~* ce travail demande beaucoup de temps
er'forderlichenfalls *adv* en cas de besoin
er'fordern *v/t* ⟨-(e)re, *pas de ge-*, h⟩ demander; *p/fort* exiger; nécessiter; *Zeit ~* demander du temps
Er'fordernis *n* ⟨~ses; ~se⟩ exigence *f*; (*Notwendigkeit*) nécessité *f*; (*Voraussetzung*) condition *f*
er'forschen *v/t* ⟨*pas de ge-*, h⟩ wissen-schaftlich, *Land etc* explorer; étudier; faire des recherches sur; (*ergründen*) sonder; (*ermitteln*) rechercher; *sein Gewissen ~* interroger, examiner sa conscience
Er'forsch|er(in) *m(f)* explorateur, -trice *m,f*; **~ung** *f* exploration *f*; recherche *f*; (*Ergründung*) sondage *m*
er'fragen *v/t* ⟨*pas de ge-*, h⟩ s'enquérir de; demander; *zu ~ bei ...* s'adresser à ...
er'freuen ⟨*pas de ge-*, h⟩ **I** *v/t* réjouir; faire plaisir à; *erfreut sein über* (+*acc*) être enchanté de; *sehr erfreut!* enchanté!; **II** *v/réfl sich e-r Sache* (*gén*) *~* jouir de qc; *sich guter Gesundheit* (*gén*) *~* jouir d'une bonne santé; *sich ~ an* (+*dat*) prendre plaisir à
er'freulich *adj* réjouissant; *Fortschritte* satisfaisant; encourageant; *es ist ~, zu sehen ...* c'est un plaisir de voir ...
er'freulicher'weise *adv* heureusement; par bonheur
er'frier|en *v/i* ⟨*irr, pas de ge-*, sein⟩ *Personen* mourir de froid; *Pflanzen, Glieder* geler; **₂ung** *f* ⟨~; ~en⟩ gelure *f*
er'frisch|en *v/t* (*u v/réfl*) ⟨*pas de ge-*, h⟩ (*sich*) *~* (se) rafraîchir; **~end** *adj* rafraîchissant; **₂ung** *f* ⟨~; ~en⟩ rafraîchissement *m*
Er'frischungs|getränk *n* boisson rafraîchissante; rafraîchissement *m*; **~raum** *m* buvette *f*; *im Warenhaus* cafétéria *f*; salon *m* de thé; **~tuch** *n* pochette rafraîchissante
erfroren [ɛr'froːrən] *p/p cf* **erfrieren**
er'fuhr *cf* **erfahren**
er'füllen ⟨*pas de ge-*, h⟩ **I** *v/t* **1.** *mit Bewunderung etc* remplir (*mit* de); **2.** *Pflicht, Aufgabe* remplir; accomplir; s'acquitter de; *Verpflichtungen* faire face à; *Bedingung* remplir; satisfaire à; *Bitte* satisfaire à; *Wunsch, Hoffnungen* réaliser; combler; *Erwartungen* répondre à; *Versprechen, Zweck* remplir; **II** *v/réfl sich ~ Hoffnungen, Traum etc* s'accomplir; se réaliser
Er'füllung *f* ⟨~⟩ **1.** accomplissement *m*; réalisation *f*; *in ~ gehen* se réaliser; *in etw* (*dat*) *~ finden* se réaliser dans qc; trouver son accomplissement dans qc; **2.** JUR *e-s Vertrags* exécution *f*; *in ~ seiner Pflicht* dans l'exercice de ses fonctions
Er'füllungs|ort *m* JUR lieu *m* d'exécution; **~tag** *m* JUR jour *m* d'exécution
erfunden [ɛr'fʊndən] *p/p cf* **erfinden**
Erg [ɛrk] *n* ⟨~s; ~⟩ PHYS erg *m*
ergangen [ɛr'gaŋən] *p/p cf* **ergehen**
er'gänzen *v/t* ⟨-(es)t, *pas de ge-*, h⟩ **I** *v/t* compléter; *zum Gesagten* ajouter; **II** *v/réfl sich ~* se compléter; *die beiden ~ sich gut* tous les deux se complètent bien
er'gänzend I *adj* complémentaire; (*zusätzlich*) supplémentaire; **II** *advt ~ bemerken* ajouter
Er'gänzung *f* ⟨~; ~en⟩ *zur Vervollständigung,* GR complément *m*; *als Zusatz* supplément *m*; *als, zur ~* en complément
Er'gänzungs|abgabe *f* impôt *m*, taxe *f* complémentaire; **~band** *m* volume *m* supplémentaire; supplément *m*; **~bestimmung** *f* disposition *f*, clause *f* supplémentaire; **~winkel** *m* MATH angle *m* complémentaire
er'gattern F *v/t* ⟨-(e)re, *pas de ge-*, h⟩ se procurer (habilement); F décrocher; F dégot(t)er
er'gaunern *v/t* ⟨-(e)re, *pas de ge-*, h⟩ extorquer, escroquer (*etw von j-m* qc à qn)
er'geben¹ ⟨*irr, pas de ge-*, h⟩ **I** *v/t* donner (comme, pour résultat); rendre; produire; *Gewinn, Betrag etc* rapporter; *die Untersuchung, die Umfrage hat ~, daß ...* l'enquête, le sondage a

révélé que …; **II** *v/réfl* **sich ~ 1.** MIL, *a fig* se rendre; capituler; **sich der Polizei** (*dat*) ~ se rendre à la police; **2.** *in sein Schicksal* se résigner (**in** [+*acc*] à); **3.** *e-m Laster* s'adonner à; **4.** (*die Folge sein*) résulter, s'ensuivre, découler, ressortir (**aus** de); **daraus ergibt sich, daß** … il en résulte, il s'ensuit que …; **wenn es sich gerade ergibt** si ça se trouve; **es ergab sich so** c'est arrivé comme ça

er'geben² *adj Person* dévoué (+*dat* à); (*unterwürfig*) soumis; humble; (*resignierend*) résigné; *am Briefschluß* **~st, Ihr** (*sehr*) **~er …** veuillez agréer, Monsieur, l'assurance de ma plus 'haute considération, de mes sentiments (les plus) distingués

Er'gebenheit *f* ⟨~⟩ dévouement *m*; (*Unterwürfigkeit*) soumission *f*; (*Resignation*) résignation *f*

Er'gebnis *n* ⟨~ses; ~se⟩ résultat *m*; *e-r Arbeit a* fruit *m*; SPORT *a* score *m*; (*Folge*) conséquence *f*; **zu e-m ~ kommen** parvenir à un résultat; **zu keinem ~ führen** ne pas aboutir; se solder par un échec

er'gebnis|los I *adj* sans résultat; *Arbeit* infructueux, -euse; *Bemühungen* inutile; vain; **II** *adv* sans résultat; **⟲losigkeit** *f* ⟨~⟩ inutilité *f*

er'gehen ⟨*irr, pas de ge-*⟩ **I** *v/i* ⟨sein⟩ **1.** *st/s* *Einladung etc* être envoyé (**an** [+*acc*] à); *Aufruf, Verbot etc* être lancé (**an** [+*acc*] à); *Befehl etc* être donné (**an** [+*acc*] à); **2.** ⟨h⟩ *etw über sich* (*acc*) **~ lassen** supporter qc avec patience, avec résignation; subir qc; **II** *v/réfl* ⟨h⟩ **sich ~ 3.** *st/s* (*spazierengehen*) se promener; **4.** *fig in Lobeshymnen, Vorwürfen, über ihn etc* se répandre (**in** [+*dat*] en); **III** *v/imp* ⟨sein⟩ **wie ist es dir seither ergangen?** qu'es-tu devenu pendant tout ce temps-là?; **es ist mir ebenso ergangen** il m'est arrivé la même chose; **es ist ihm schlecht ergangen** ça s'est mal passé pour lui

ergiebig [ɛrˈgiːbɪç] *adj* qui rend bien; qui rapporte; *Quelle etc* abondant; riche; *Ackerland etc* fertile; *Einnahmequelle* productif, -ive; *Geschäft* lucratif, -ive; *Thema* riche; **⟲keit** *f* ⟨~⟩ rendement *m*, productivité *f*; richesse *f* (**an** [+*dat*] en); fertilité *f*

er'gießen *v/réfl* ⟨*irr, pas de ge-*, h⟩ **sich ~** se répandre, se déverser (**über** [+*acc*] sur); *Fluß* se jeter (**in** [+*acc*] dans); *Blut etc* s'épancher

er'glänzen *st/s v/i* ⟨-(es)t, *pas de ge-*, sein⟩ se mettre à luire, briller

er'glühen *st/s v/i* ⟨*pas de ge-*, sein⟩ rougir; *litt* s'embraser

Ergometer [ɛrgoˈmeːtər] *n* ⟨~s; ~⟩ MÉD ergomètre *m*

Ergo|nomie [ɛrgonoˈmiː], **~nomik** *f* ⟨~⟩ ergonomie *f*; **⟲nomisch** *adj* ergonomique

er'götz|en *st/s* ⟨-(es)t, *pas de ge-*, h⟩ **I** *v/t* amuser; divertir; **II** *v/réfl* **sich ~** se délecter (**an** [+*dat*] à); se divertir; s'amuser; **~lich** *st/s adj* amusant; divertissant; plaisant

er'grauen *v/i* ⟨*pas de ge-*, sein⟩ grisonner; blanchir; **leicht ergraut** grisonnant

er'greif|en *v/t* ⟨*irr, pas de ge-*, h⟩ **1.** *Gegenstand* saisir; empoigner; *Ver-brecher* appréhender; arrêter; **2.** *fig die Flucht, das Wort, Maßnahmen etc* prendre; *Beruf* embrasser; *Gelegenheit* saisir; **3.** *seelisch* émouvoir; toucher; *p/fort* bouleverser; *Furcht, Panik* saisir; gagner; **~end** *adj* émouvant; touchant; saisissant; *p/fort* bouleversant; **⟲ung** *f* ⟨~; ~en⟩ prise *f*; *e-s Verbrechers* arrestation *f*; capture *f*

er'griffen I *p/p cf* **ergreifen**; **II** *adj* ému; touché; **tief ~** bouleversé

Er'griffenheit *f* ⟨~⟩ émotion *f*; *plötzliche* saisissement *m*

er'gründen *v/t* ⟨-ete, *pas de ge-*, *ermitteln*⟩ rechercher; (*auf den Grund gehen*) sonder; *Geheimnis* approfondir

Er'guß *m* MÉD, GÉOL, *fig* épanchement *m*; effusion *f*; (*Samen*⟲) éjaculation *f*

er'haben *adj* **1.** en relief; saillant; **2.** *fig Gedanke, Tat* élevé; sublime; *Stil* noble; *Kunstwerk* majestueux, -euse; **3.** *über etw* (*acc*) *~ sein* être au-dessus de; *über jede Kritik ~ sein* défier toute critique; *über jeden Zweifel ~* qui n'admet pas le doute; *über jeden Verdacht ~* au-dessus de tout soupçon

Er'habenheit *f* ⟨~⟩ élévation *f*; caractère *m* sublime; (*Überlegenheit*) supériorité *f*

Er'halt *m* ⟨~(e)s⟩ **1.** ADM, COMM réception *f*; **den ~ einer Ware bestätigen** accuser réception d'une marchandise; **2.** *cf* **Erhaltung**

er'halten¹ ⟨*irr, pas de ge-*, h⟩ **I** *v/t* **1.** recevoir; avoir; *als Ergebnis* obtenir; *Geld, Lohn etc* toucher; **2.** *Kunstwerke etc* conserver; *Sitte, Frieden etc* maintenir; *in e-m Zustand* entretenir; *j-n am Leben ~* maintenir qn en vie; **II** *v/réfl* **sich ~** se maintenir

er'halten² *adj* **gut ~** bien conservé (*plais* Person); **~ bleiben** rester; subsister

erhältlich [ɛrˈhɛltlɪç] *adj* en vente; **schwer ~** difficile à obtenir

Er'halt|ung *f* ⟨~⟩ conservation *f*; (*Instandhaltung*) entretien *m*; (*Aufrecht*⟲) maintien *m*; **~ungszustand** *m* *e-s Gebäudes etc* état *m*

er'hängen *v/t* ⟨*u v/réfl*⟩ ⟨*pas de ge-*⟩ (*sich*) *~* (se) pendre

Er'hängte(r) *f(m)* ⟨→ A⟩ pendu(e) *m(f)*

er'härt|en ⟨-ete, *pas de ge-*⟩ **I** *v/t* ⟨h⟩ *Behauptung etc* corroborer; confirmer; **II** *st/s Zement etc* (se) durcir; **⟲ung** *f* ⟨~; ~en⟩ corroboration *f*; confirmation *f*; *von Zement etc* durcissement *m*

er'haschen *v/t* ⟨*pas de ge-*, h⟩ saisir; attraper; *von Tieren* 'happer; *von etw e-n Blick ~* entrapercevoir qc

er'heben ⟨*irr, pas de ge-*, h⟩ **I** *v/t* **1.** *Glas, Hand etc* lever; *Stimme* élever; *s-e Hand gegen j-n ~* lever la main sur qn; *ein Geschrei ~* pousser des cris; **2.** *fig zum System etc* ériger (**zu** en); élever (*zu* au rang de); MATH **ins Quadrat ~** élever au carré; **3.** *Steuern, Beitrag etc* percevoir; **4.** *Einwände* soulever; *Protest* élever; *Anschuldigungen* porter; *Anklage gegen j-n* accuser qn; *Anspruch auf etw* (*acc*) *~* prétendre à qc; revendiquer qc; *Klage gegen j-n ~* intenter une action contre qn; **5.** *Daten etc* recueillir; rassembler; **II** *v/réfl* **sich ~ 6.** *von s-m Sitz etc* se lever; *Flugzeug* s'élever; décoller; *Berg* s'élever; se dresser; *sich über etw* (*acc*) *~* s'élever au-dessus de qc; dominer qc; *fig a* dépasser qc; **7.** (*rebellieren*) se soulever, s'insurger (**gegen** contre); **8.** *Streit, Schwierigkeiten etc* s'élever; *Frage* se poser; *Wind* se lever

er'hebend *adj* exaltant

er'heblich I *adj* considérable; **II** *adv* considérablement; **~ jünger** beaucoup plus jeune; **er hat sich ~ getäuscht** il s'est lourdement trompé

Er'heb|ung *f* ⟨~; ~en⟩ **1.** *im Gelände*, MATH, *fig* élévation *f*; **2.** (*Aufstand*) soulèvement *m*; insurrection *f*; **3.** *von Steuern etc* perception *f*; **4.** STATISTIK enquête *f*; sondage *m*; **~ungsbogen** *m* questionnaire *m* (*pour sondage*)

er'heiter|n *v/t* ⟨-(e)re, *pas de ge-*, h⟩ (*heiter stimmen*) égayer; (*belustigen*) divertir; amuser; **⟲ung** *f* ⟨~⟩ divertissement *m*; amusement *m*

er'hell|en *v/t* ⟨*pas de ge-*, h⟩ éclairer; *Problem etc* éclaircir; élucider; **⟲ung** *f* ⟨~; ~en⟩ éclaircissement *m*; élucidation *f*

er'hitzen ⟨-(es)t, *pas de ge-*, h⟩ **I** *v/t* (faire) chauffer; *fig* échauffer; **II** *v/réfl* **sich ~** s'échauffer; *fig a* s'exalter; s'emballer

erhoben [ɛrˈhoːbən] *p/p cf* **erheben**

er'hoffen *v/t* ⟨*pas de ge-*, h⟩ espérer; escompter; *ich erhoffe mir davon einen großen Gewinn* j'espère en tirer un bénéfice important

er'höhen ⟨*pas de ge-*, h⟩ *v/t* **1.** CONSTR surélever; exhausser (*um* de); **2.** *Löhne, Preise etc* augmenter, majorer, relever (*um* de); *Geschwindigkeit, Leistung, Spannung, Wirkung etc* augmenter; *Rang* élever; *auf das Doppelte, Dreifache ~* doubler, tripler; *auf zwanzig Mark ~* porter à vingt marks; *erhöhte Gefahr* danger accru; MÉD *erhöhte Temperatur* un peu de température; MUS *um e-n halben Ton ~* élever d'un demi-ton; diéser; **II** *v/réfl* **sich ~** *Zahl etc* augmenter; s'accroître; *sich auf das Doppelte, Dreifache ~* doubler, tripler

Er'höh|ung *f* ⟨~; ~en⟩ **1.** CONSTR surélévation *f*; exhaussement *m*; **2.** (*Anhöhe*) élévation *f*; hauteur *f*; **3.** *der Preise, Löhne etc* augmentation *f*; 'hausse *f*; majoration *f*; relèvement *m*; *der Geschwindigkeit, Spannung, Wirkung etc* augmentation *f*; accroissement *m*; MUS, *der Temperatur, im Rang* élévation *f*; **~ungszeichen** *n* MUS dièse *m*

er'holen *v/réfl* ⟨*pas de ge-*, h⟩ **sich ~** se remettre; *nach der Arbeit* se reposer; se délasser; se détendre; *nach e-r Anstrengung* récupérer; *nach e-r Krankheit* se rétablir; *von s-m Schrecken etc* revenir (*von* de); *fig* ÉCON reprendre; se redresser; se ressaisir; *Kurse a* se relever; *sich gut ~* bien se reposer

er'hol|sam *adj* reposant, réparateur, -trice; **⟲ung** *f* ⟨~⟩ repos *m*; délassement *m*; détente *f*; *nach e-r Krankheit* rétablissement *m*; *fig* ÉCON reprise *f*; redressement *m*; ressaisissement *m*; **~ungsbedürftig** *adj* qui a besoin de repos

Er'holungs|gebiet *n* zone *f* d'excursion, de promenade; **~heim** *n* maison *f* de repos, de convalescence; **~ort** *m* lieu *m*, station *f* de repos; **~pause** *f* récréa-

tion f; ~**urlaub** m repos m; nach e-r Krankheit (congé m de) convalescence f; ~**wert** m qualité f du repos; ~**zentrum** n centre m de repos; zur Freizeitgestaltung centre m de loisirs
er'**hören** v/t ⟨pas de ge-, h⟩ exaucer
Erich ['e:rɪç] m ⟨→ n/pr⟩ Éric m
erigieren [eri'gi:rən] v/i ⟨pas de ge-, sein⟩ avoir une érection
Erika ['e:rika] f ⟨~, -ken⟩ **1.** BOT bruyère f; **2.** ⟨→ n/pr⟩ prénom
er'**innern** ⟨-(e)re, pas de ge-, h⟩ **I** v/t **1.** j-n an etw, j-n ~ rappeler qc, qn à qn; j-n daran ~, etw zu tun rappeler à qn de faire qc; faire penser à faire qc; **2.** F, bes nordd se souvenir de; **II** v/i faire penser (an [+acc] à); rappeler, évoquer (an etw, j-n qc, qn); **III** v/réfl sich an j-n, etw ~ se souvenir de qn, de qc; se rappeler qn, qc; wenn ich mich recht erinnere ... si je me souviens bien ...
Er'**innerung** f ⟨~; ~en⟩ souvenir m; (Gedächtnis) mémoire f; COMM (Mahnung) rappel m; JUR observation f; objection f; vage, dunkle ~ vague souvenir; j-m etw in ~ (acc) bringen rappeler qc à qn; j-n, etw (noch) gut in ~ (dat) haben se souvenir bien de qn, de qc; zur ~ an (+acc) en souvenir de; en mémoire de
Er'**innerungs|foto** n photo-souvenir f; ~**stück** n souvenir m; ~**vermögen** n ⟨~s⟩ mémoire f; ~**wert** m valeur sentimentale
Erinnyen [e'rɪnyən] f/pl MYTH Erinyes f/pl
Eritre|a [eri'tre:a] n ⟨→ n/pr⟩ l'Érythrée m; ~**er(in)** m ⟨~s; ~⟩ (f) ⟨~; ~nen⟩ Erythréen, -éenne m,f; **²isch** adj érythréen, -éenne
er'**jagen** v/t ⟨pas de ge-, h⟩ Wild chasser; prendre; fig saisir au bond
er'**kalten** v/i ⟨-ete, pas de ge-, sein⟩ a fig se refroidir
er'**kälten** v/réfl ⟨-ete, pas de ge-, h⟩ sich ~ prendre froid; attraper un refroidissement; s'enrhumer; sich (dat) etw ~ prendre un coup de froid sur qc
Er'**kältung** f ⟨~; ~en⟩ refroidissement m; (Schnupfen) rhume m
er'**kämpfen** ⟨pas de ge-, h⟩ **I** v/t Sieg remporter; **II** v/réfl sich (dat) etw ~ (müssen) (devoir) lutter, se battre pour obtenir qc
er'**kaufen** v/t ⟨pas de ge-, h⟩ payer (mit de); acquérir (mit au prix de); durch Bestechung acheter; etw teuer ~ müssen devoir payer cher qc
er'**kennbar** adj reconnaissable; discernable; (wahrnehmbar) perceptible; ohne ~en Grund sans raison apparente
er'**kennen** ⟨irr, pas de ge-, h⟩ **I** v/t reconnaître (an [+dat]); Absicht etc discerner; (wahrnehmen) percevoir; ~ lassen révéler; montrer; zu ~ geben donner à, laisser entendre; sich (als ...) zu ~ geben se faire reconnaître (comme ...); klar, deutlich zu ~ sein ressortir clairement; **II** v/i JUR auf Freispruch, e-e Gefängnisstrafe ~ prononcer l'acquittement, une peine d'emprisonnement; SPORT auf Freistoß ~ accorder un coup franc
er'**kenntlich** adj reconnaissant (für de); sich (j-m gegenüber) ~ zeigen se montrer reconnaissant (envers qn)

Er'**kenntlichkeit** f ⟨~; ~en⟩ **1.** ⟨sans pl⟩ (Dankbarkeit) reconnaissance f; **2.** (Geschenk) témoignage m, marque f de reconnaissance
Er'**kenntnis** f ⟨~; ~se⟩ Fähigkeit, Vorgang connaissance f; entendement m; PHILOS a cognition f; Ergebnis, oft pl découverte f; résultat m; conclusion f; BIBL der Baum der ~ l'arbre de la science du bien et du mal; nach den neuesten wissenschaftlichen ~sen d'après les découvertes les plus récentes de la science; zu der ~ gelangen, daß ... en arriver à constater que ...; parvenir à la conclusion que ...; se rendre compte que ...; aus der ~ heraus, daß ... sachant bien que ...
Er'**kenntnistheorie** f PHILOS théorie f de la connaissance
Er'**kennungs|dienst** m POLIZEI service m d'anthropométrie judiciaire; **²dienstlich** adj anthropométrique; ~**marke** f plaque f d'identité; ~**melodie** f RAD indicatif m; ~**zeichen** n signe m de reconnaissance; signe distinctif
Erker ['ɛrkər] m ⟨~s; ~⟩ CONSTR pièce f, partie f en saillie; encorbellement m; ~**fenster** n fenêtre f en saillie; oriel m; ~**zimmer** n pièce f, chambre f en encorbellement
er'**klärbar** adj explicable; interprétable
er'**klären** ⟨pas de ge-, h⟩ **I** v/t **1.** (erläutern) expliquer; interpréter; **2.** (verbindlich mitteilen) déclarer; Rücktritt, Zustimmung etc donner; den Krieg ~ déclarer la guerre; j-n für schuldig ~ déclarer qn coupable; **II** v/réfl sich ~ **3.** Person se déclarer; sich für zahlungsunfähig etc ~ se déclarer insolvable, etc; sich mit etw einverstanden ~ donner son accord à qc; sich bereit ~ (zu [+inf]) se déclarer prêt, disposé (à [+inf]); **4.** Sache s'expliquer
er'**klärend** adj explicatif, -ive; interprétatif, -ive
er'**klärlich** adj explicable; (verständlich) compréhensible; es ist mir nicht ~, warum ... je ne m'explique pas pourquoi ...
er'**klärlicher'weise** adv pour des raisons explicables
er'**klärt** adj ⟨épithète⟩ ein ~er Gegner un adversaire déclaré, un ennemi juré
Er'**klärung** f ⟨~; ~en⟩ **1.** (Deutung, Begründung) explication f; interprétation f; zu e-r Abbildung etc légende f; zur ~ von etw pour expliquer qc; pour donner une explication de qc; **2.** (Mitteilung) déclaration f; e-e ~ (zu etw) abgeben faire une déclaration (au sujet de qc)
Er'**klärungsversuch** m tentative f d'explication
erklecklich [ɛr'klɛklɪç] st/s adj Anzahl, Summe etc considérable; important
er'**klingen** v/i ⟨irr, pas de ge-, sein⟩ retentir; se faire entendre; Lied, Stimme a s'élever
erkoren [ɛr'ko:rən] poét adj élu
er'**kranken** v/i ⟨pas de ge-, sein⟩ tomber malade; Organ être atteint; an etw (dat) erkrankt sein avoir été, être atteint de qc
Er'**krankung** f ⟨~; ~en⟩ maladie f; affection f
erkunden v/t ⟨-ete, pas de ge-, h⟩ explorer; sonder; MIL reconnaître

er'**kundigen** v/réfl ⟨pas de ge-, h⟩ sich (nach, über [+acc]) ~ s'informer (de; bei j-m auprès de qn); se renseigner (sur); sich nach j-m ~ a demander des nouvelles de qn
Er'**kundigung** f ⟨~; ~en⟩ information f, renseignement m (über [+acc] sur); ~**en einziehen** prendre des informations, des renseignements
Er'**kund|ung** f ⟨~; ~en⟩ exploration f; sondage m; MIL reconnaissance f; ~**ungsfahrt** f mission f de reconnaissance
erl. abr (erledigt) réglé; classé
er**lahmen** v/i ⟨pas de ge-, sein⟩ Kräfte etc s'affaiblir; diminuer
er'**langen** v/t ⟨pas de ge-, h⟩ obtenir; Gewißheit, Wert etc acquérir; st/s von etw Kenntnis ~ apprendre qc
Er'**langung** f ⟨~⟩ obtention f; acquisition f
Erlaß [ɛr'las] m ⟨-sses; -sse⟩ **1.** ADM ministerieller arrêté m; der Regierung décret m; (Verordnung) ordonnance f; **2.** ⟨sans pl⟩ e-r Strafe, Schuld remise f; von Gebühren etc dispense f; exemption f
er'**lassen** v/t ⟨irr, pas de ge-, h⟩ **1.** Gesetz édicter; promulguer; Verordnung prendre; Haftbefehl lancer; décerner; die Verfügung ~, daß ... décréter que ...; **2.** j-m etw ~ Strafe remettre à qn; faire grâce à qn de qc; Gebühren etc dispenser, exonérer qn de qc
er'**lauben** ⟨pas de ge-, h⟩ **I** v/t permettre; autoriser; j-m ~, etw zu tun autoriser qn à faire qc; permettre à qn de faire qc; **II** v/réfl sich (dat) etw ~ se permettre qc; sich (dat) e-n Scherz mit j-m ~ se permettre une plaisanterie avec qn; das können wir uns nicht ~ (leisten) nous ne pouvons (pas) nous le permettre, nous le payer; was ~ Sie sich! qu'est-ce que vous vous permettez!; F ~ Sie mal! permettez!; empört dites donc!
Er'**laubnis** f ⟨~; ~se⟩ permission f; a offizielle autorisation f; (~schein) permis m; licence f; mit Ihrer ~ avec votre permission; j-n um ~ bitten demander la permission, l'autorisation à qn
er'**laubt** adj permis; autorisé; gesetzlich licite
erlaucht [ɛr'lauxt] st/s adj illustre
er'**läuter|n** v/t ⟨-(e)re, pas de ge-, h⟩ expliquer; commenter; **²ung** f ⟨~; ~en⟩ explication f; commentaire m; zu e-m Text note explicative
Erle ['ɛrlə] f ⟨~, ~n⟩ BOT au(l)ne m
er'**leben** v/t ⟨pas de ge-, h⟩ **1.** voir; mit Zeitbestimmungen vivre; (erfahren) faire l'expérience de; (Zeuge sein) être témoin de; ich habe es oft erlebt, daß ... j'ai souvent vu que ...; er hat viel erlebt il lui est arrivé toutes sortes d'aventures; wir werden es nicht mehr ~ nous ne verrons plus cela; F hat man so was schon erlebt! a-t-on jamais vu (une) chose pareille!; **2.** Überraschung, Freude etc éprouver; F dann kannst du was ~! tu vas voir!; alors là, gare à toi!
Er'**lebensfall** m ADM im ~ en cas de vie
Er'**lebnis** n ⟨~ses; ~se⟩ événement m (vécu, dont on a été témoin); expérience f vécue; ~**aufsatz** m narration f d'un événement vécu; **²hungrig** adj qui a soif d'aventures; ~**park** m parc m d'attractions

erlebt – Ernst

er'lebt *adj* vu; vécu; GR ~**e Rede** style, discours indirect libre

er'ledigen ⟨*pas de ge-*, h⟩ **I** *v/t* **1.** *Arbeit, Aufgabe etc* finir; terminer; *rasch* expédier; *Angelegenheit* régler; *Auftrag* exécuter; *laufende Geschäfte* expédier; *Korrespondenz* mettre à jour; *Formalitäten* accomplir; s'acquitter de; **2.** F (*erschöpfen*) F crever; F claquer; (*vernichten*) F démolir; **3.** F (*töten*) F liquider; **II** *v/réfl Angelegenheit, Problem sich* ~ se régler

er'ledigt *adj* **1.** *Sache* fini; terminé; réglé; F *schon* ~! F ça y est!; c'est fait!; **2.** F *Person* (*erschöpft*) F crevé; F vanné; (*ruiniert*) F flambé; F fichu; F *er ist für mich* ~ il n'existe plus pour moi

Er'ledigung *f* ⟨~; ~en⟩ **1.** ⟨*sans pl*⟩ *e-r Angelegenheit* règlement *m*; *laufender Geschäfte* expédition *f*; *der Korrespondenz* mise *f* à jour; COMM *e-s Auftrags* exécution *f*; *von Formalitäten* accomplissement *m*; **2.** (*Besorgung*) course *f*

er'legen¹ *v/t* ⟨*pas de ge-*, h⟩ abattre; tuer

er'legen² *p/p cf* erliegen

er'leichtern *v/t* ⟨-(e)re, *pas de ge-*, h⟩ *gewichtsmäßig* alléger; *seelisch* soulager; *Arbeit, Dasein, Zahlung etc* faciliter; *erleichtert aufatmen* respirer de soulagement; F *plais j-n um s-e Brieftasche* ~ soulager qn de son portefeuille

Er'leichterung *f* ⟨~; ~en⟩ **1.** ⟨*sans pl*⟩ *seelische* soulagement *m*; *mit, voller* ~ avec soulagement; **2.** (*Verbesserung*) facilités *f/pl*; amélioration *f*

er'leiden *v/t* ⟨*irr, pas de ge-*, h⟩ **1.** *Schmerzen etc* endurer; **2.** *Verluste, Niederlage, Schaden etc* subir; *Tod* souffrir

er'lernbar *adj* qui peut s'apprendre

er'lernen *v/t* ⟨*pas de ge-*, h⟩ apprendre

er'lesen *st/s adj* de choix; choisi; *von ~em Geschmack* d'un goût raffiné

er'leuch|ten *v/t* ⟨-ete, *pas de ge-*, h⟩ a REL, *fig* illuminer; *fig* inspirer; ~**tet** *adj* éclairé; *hell, festlich*, a REL illuminé; *fig* inspiré; ⁀**tung** *f* ⟨~; ~en⟩ REL, *fig* illumination *f*; *fig* inspiration *f*; trait *m* de lumière

er'liegen *v/i* ⟨*irr, pas de ge-*, sein⟩ *e-r Krankheit, Versuchung* ~ (+*dat*) etc succomber à; *zum* ⁀ *kommen* être paralysé; s'arrêter

er'ließ *cf* erlassen

erlischt [ɛrˈlɪʃt] *cf* erlöschen

erlitten [ɛrˈlɪtən] *p/p cf* erleiden

'Erlkönig *m* **1.** *bei Goethe der* ~ le Roi *m* des aulnes; **2.** *Jargon* AUTO prototype secret

erlogen [ɛrˈloːgən] *adj* mensonger, -ère; inventé; faux, fausse

Erlös [ɛrˈløːs] *m* ⟨~es; ~e⟩ produit *m* (de la vente); recette *f*

er'löschen *v/i* ⟨erlischt, erlosch, erloschen, sein⟩ *Licht*, a *fig* s'éteindre; *Firma* cesser d'exister; *Frist, Ansprüche etc* expirer; s'éteindre

er'lösen *v/t* ⟨-(es)t, *pas de ge-*, h⟩ **1.** délivrer (*von* de); BIBL *erlöse uns von dem Bösen* délivre-nous du mal; *das ~de Wort* le mot de la situation; **2.** REL racheter; sauver; **3.** COMM tirer (*aus* de)

Er'löser *m* ⟨~s⟩ REL Rédempteur *m*; Sauveur *m*

Er'lösung *f* ⟨~⟩ **1.** délivrance *f*; F *e-e wahre* ~ F un bon débarras; **2.** REL Rédemption *f*; rachat *m*

er'mächtigen *v/t* ⟨*pas de ge-*, h⟩ autoriser (*zu etw* à faire qc); (*Vollmacht erteilen*) donner (plein) pouvoir, procuration à

Er'mächtig|ung *f* ⟨~; ~en⟩ autorisation *f* (*zu* à); (*Vollmacht*) pouvoir *m*; procuration *f*; POL pleins pouvoirs; ~**ungsgesetz** *n* POL loi *f* sur les pleins pouvoirs

er'mahn|en *v/t* ⟨*pas de ge-*, h⟩ exhorter (*zu* à); (*zurechtweisen*) faire des remontrances à; admonester; ⁀**ung** *f* ⟨~; ~en⟩ exhortation *f*; (*Zurechtweisung*) remontrance *f*; admonestation *f*

er'mangeln *st/s v/i* ⟨-(e)le, *pas de ge-*, h⟩ ~ (+*gén*) manquer de

Er'mangelung *f* ⟨~⟩ *st/s in* ~ (+*gén*) faute de; à défaut de; *in ~ e-s Besseren* faute de mieux

er'mäßigen *v/t* ⟨*pas de ge-*, h⟩ réduire; diminuer; *zu ermäßigten Preisen* à prix réduits

Er'mäßigung *f* ⟨~; ~en⟩ (*Preisnachlaß*) réduction *f*; (*Senkung*) diminution *f*

er'matten *st/s v/t* ⟨-ete, *pas de ge-*, h⟩ **I** *v/t* ⟨h⟩ fatiguer; affaiblir; *p/fort* exténuer; **II** *v/i* ⟨sein⟩ *Person* se fatiguer; *Kräfte etc* faiblir; s'affaiblir

er'messen *v/t* ⟨*irr, pas de ge-*, h⟩ juger (de); mesurer; estimer; apprécier; *nicht zu ~ sein* être inestimable, inappréciable

Er'messen *n* ⟨~s⟩ appréciation *f*; jugement *m*; estimation *f*; *nach menschlichem* ~ autant que l'on puisse en juger; *nach eigenem* ~ à mon, ton, *etc* gré; *in j-s* ~ (*acc*) *stellen* laisser à l'appréciation de qn

Er'messens|frage *f* question *f* d'appréciation; ~**spielraum** *m* latitude *f* de jugement, d'appréciation

er'mitteln ⟨-(e)le, *pas de ge-*, h⟩ **I** *v/t Sachverhalt* établir; *Täter* découvrir; MATH calculer; *durch Berechnung* déterminer; *nicht zu* ~ introuvable; **II** *v/i* JUR *gegen j-n* ~ (*wegen*) instruire, informer contre qn (de, sur); *in e-r Sache* ~ enquêter sur une affaire; instruire une affaire

Er'mittlung *f* ⟨~; ~en⟩ **1.** *durch Befragung* recherche *f*; enquête *f*; investigation *f*; *durch Berechnung* détermination *f*; calcul *m*; *von Sachverhalten* établissement *m*; **2.** *e-s Täters* recherche *f*; *Ergebnis* a découverte *f*; **3.** JUR *pl* ~**en** information *f* judiciaire; enquête *f*

Er'mittlungs|ausschuß *m* commission *f* d'enquête; ~**beamte(r)** *m(f)* fonctionnaire chargé de l'enquête; ~**richter(in)** *m(f)* magistrat instructeur; juge chargé de l'enquête; ~**verfahren** *n* procédure *f* d'enquête

er'möglichen *v/t* ⟨*pas de ge-*, h⟩ rendre possible; permettre

er'mord|en *v/t* ⟨-ete, *pas de ge-*, h⟩ assassiner; ⁀**ung** *f* ⟨~; ~en⟩ assassinat *f*; meurtre *m*

er'müd|en ⟨-ete, *pas de ge-*⟩ **I** *v/t* ⟨h⟩ fatiguer; *aus Langeweile* lasser; **II** *v/i* ⟨sein⟩ se fatiguer; TECH fatiguer; ~**end** *adj* fatigant; ⁀**ung** *f* ⟨~; ~en⟩ lassitude *f*; a TECH fatigue *f*

Er'müdungserscheinungen *f/pl* symptômes *m/pl* de lassitude, a TECH de fatigue

er'muntern *v/t* ⟨-(e)re, *pas de ge-*, h⟩ *zu etw* ~ encourager, inciter à faire qc

Er'munterung *f* ⟨~; ~en⟩ encouragement *m*

er'mutig|en *v/t* ⟨*pas de ge-*, h⟩ encourager (*zu* à); ⁀**ung** *f* ⟨~; ~en⟩ encouragement *m*

Erna [ˈɛrna] *f* ⟨→ *n/pr*⟩ prénom

er'nähren *v/t* ⟨*u v/réfl*⟩ ⟨*pas de ge-*, h⟩ (*sich*) ~ (se) nourrir, (s')alimenter (*von* de); *e-e Familie* ~ nourrir une famille

Er'nähr|er(in) ⟨~s; ~⟩ *(f)* ⟨~; ~nen⟩ *e-r Familie* soutien *m* de famille; ⁀**ung** *f* ⟨~⟩ alimentation *f*; BIOL nutrition *f*

Er'nährungs|lehre *f* diététique *f*; ~**störungen** *f/pl* troubles *m/pl* de la nutrition; ~**weise** *f* mode *m* d'alimentation; ~**wissenschaft** *f* diététique *f*

er'nennen *v/t* ⟨*irr, pas de ge-*, h⟩ nommer (*j-n zu etw* qn qc); *j-n zu s-m Stellvertreter* ~ désigner qn comme son représentant

Er'nennung *f* nomination *f*; désignation *f*; *s-e zum Botschafter* sa nomination au poste d'ambassadeur, comme ambassadeur

Er'nennungsurkunde *f* acte *m* de nomination

er'neuerbar *adj* renouvelable

er'neuer|n *v/t* ⟨-(e)re, *pas de ge-*, h⟩ *Vertrag, Paß etc* renouveler; TECH changer; remplacer; (*neu instand setzen*) refaire; remettre à neuf; rénover; ⁀**ung** *f* ⟨~; ~en⟩ renouvellement *m*; *e-s Vertrags* reconduction *f*; (*Neuinstandsetzung*) remise à neuf; rénovation *f*; TECH remplacement *m*

er'neut **I** *adj* renouvelé; nouveau, nouvel, -elle; **II** *adv* de nouveau; une fois de plus

er'niedrig|en ⟨*pas de ge-*, h⟩ **I** *v/t* **1.** (*demütigen*) (r)abaisser; dégrader; avilir; humilier; **2.** MUS baisser d'un demi-ton; bémoliser; **II** *v/réfl sich* ~ s'abaisser; s'avilir; ~**end** *adj* humiliant, avilissant; dégradant

Er'niedrigung *f* ⟨~; ~en⟩ **1.** (*Demütigung*) humiliation *f*; avilissement *m*; dégradation *f*; *allg* abaissement *m*; **2.** MUS baisse *f* d'un demi-ton; bémol *m*; ~**ungszeichen** *n* MUS bémol *m*

ernst [ɛrnst] **I** *adj* sérieux, -ieuse; grave; ~ *bleiben* garder son sérieux; *nun wird es ~!* maintenant c'est sérieux!; **II** *adv* sérieusement; *j-n, etw* ~ *nehmen* prendre qn, qc au sérieux; *es mit der Heirat ~ meinen* être fermement décidé à se marier; *er meint es ~ mit der Drohung* il est sérieux; il ne plaisante pas; *das ist nicht ~ gemeint* c'est pour rire

Ernst¹ *m* ⟨~(e)s⟩ **1.** (*ernste Grundhaltung*) sérieux *m*; gravité *f*; **2.** (*ernsthafte Meinung*) *allen ~es* pour de bon; *im ~* sérieusement; vraiment; sans plaisanter; *in vollem ~* très sérieusement; *das ist mein* (*voller*) ~ je ne plaisante pas (du tout); *ist das Ihr ~?* parlez--vous sérieusement?; *das ist doch wohl nicht Ihr ~!* vous plaisantez!; vous n'y pensez pas!; vous voulez rire!; ~ *machen* ne pas plaisanter; passer à l'action; ~ *machen mit etw* mettre qc à exécution; **3.** (*Gefährlichkeit*) *der ~ der Lage* la gravité de la situation; **4.** (*Wirklichkeit*) *der ~ des Lebens* les choses sérieuses (dans la vie); *nun be-*

ginnt der ~ *des Lebens* il faut maintenant passer aux choses sérieuses
Ernst² *m* ⟨→ *n/pr*⟩ Ernest *m*
'Ernstfall *m im* ~ en cas grave; *bei Gefahr* en cas de danger (réel)
'ernst|gemeint *adj* sérieux, -ieuse; grave; **II** *adv* sérieusement; pour de bon; **~lich I** *adj* sérieux, -ieuse; grave; **II** *adv* sérieusement
Ernte ['ɛrntə] *f* ⟨~; ~n⟩ *a fig* récolte *f*; (*Getreide*≈) *a fig* moisson *f*; (*Heu*≈) fenaison *f*; (*Obst*≈) cueillette *f*; *die* ~ *einbringen* rentrer la récolte
'Ernte|arbeit *f* travaux *m/pl* de la récolte, de la moisson; **~arbeiter(in)** *m(f)* moissonneur, -euse *m,f*; **~'dankfest** *n* fête *f* de la moisson; **~ertrag** *m* (produit *m* de la) récolte *f*; **~helfer(in)** *m(f)* personne engagée pour la récolte
'ernten *v/t* ⟨-ete, h⟩ *a fig* récolter; *Getreide* moissonner; *Obst* cueillir; *fig* recueillir
'Ernte|schäden *m/pl* dégâts causés à la récolte; **~wetter** *n* temps *m* favorable à la récolte, à la moisson; **~zeit** *f* époque *f* de la récolte, de la moisson
er'nüchter|n *v/t* ⟨-(e)re, *pas de ge-*, h⟩ *a fig* dégriser; *fig* désenchanter; désillusionner; **~nd** *adj* *a fig* dégrisant; *fig* décevant; **≈erung** *f* ⟨~; ~en⟩ *a fig* dégrisement *m*; *fig* désenchantement *m*; désillusion *f*
Er'ober|er *m* ⟨~s; ~⟩, **~in** *f* ⟨~; ~nen⟩ conquérant(e) *m(f)*
er'obern *v/t* ⟨-(e)re, *pas de ge-*, h⟩ MIL *u fig* Herzen, Frau, Märkte etc conquérir; *Stadt* a prendre; s'emparer de; *fig* a gagner
Er'oberung *f* ⟨~; ~en⟩ *a fig* conquête *f*; MIL prise *f*; *fig* *e-e* ~ *machen* faire une conquête
er'öffnen ⟨-ete, *pas de ge-*, h⟩ **I** *v/t* **1.** ouvrir; *Ausstellung* inaugurer; *Verhandlungen* a engager; entamer; *Kampf* engager; *Testament* ouvrir; **2.** *fig j-m etw* ~ apprendre, faire savoir qc à qn; **II** *v/réfl sich* ~ *Aussichten etc* s'ouvrir; *Möglichkeiten* se présenter
Er'öffnung *f* ouverture *f*; *e-r Ausstellung* inauguration *f*
Er'öffnungs|ansprache *f* allocution d'ouverture, inaugurale; **~feier** *f* cérémonie *f* d'ouverture, d'inauguration, inauguration *f*; **~rede** *f* discours d'ouverture, inaugural; **~spiel** *n* SPORT première rencontre; **~wehen** *f/pl* MÉD phase *f* de dilatation (du col de l'utérus)
erogen [ero'ge:n] *adj* Zone etc érogène
erörter|n [ɛr'ʔœrtərn] *v/t* ⟨-(e)re, *pas de ge-*, h⟩ discuter; débattre; **≈ung** *f* ⟨~; ~en⟩ discussion *f*; débat *m*; SCHULE dissertation *f*
Eros ['e:rɔs] *m* ⟨~⟩ PSYCH éros *m*
Eros-Center ['e:rɔsentər] *n* ⟨~s; ~⟩ eros-center *m*
Erosion [erozi'o:n] *f* ⟨~; ~en⟩ GÉOL érosion *f*
Erot|ik [e'ro:tɪk] *f* ⟨~⟩ érotisme *m*; **≈isch** *adj* érotique
Erpel ['ɛrpəl] *m* ⟨~s; ~⟩ canard *m* (mâle)
erpicht [ɛr'pɪçt] *adj auf etw* (acc) ~ *sein* avoir très envie de qc; *aufs Geld* ~ avide d'argent
er'pressen *v/t* ⟨-ßt, *pas de ge-*, h⟩ *j-n* (*mit etw*) ~ faire chanter qn (avec qc); *von j-m etw* ~ extorquer qc à qn

Er'presser|(in) *m* ⟨~s; ~⟩ (*f*) ⟨~; ~nen⟩ maître-chanteur *m*; personne *f* qui fait du chantage; **~brief** *m* lettre *f* de chantage
er'presserisch *adj* par (le) chantage
Er'press|ung *f* ⟨~; ~en⟩ *e-r Person* chantage *m*; *e-s Lösegeldes, Geständnisses* extorsion *f*; **~ungsversuch** *m* tentative *f* de chantage
er'proben *v/t* ⟨*pas de ge-*, h⟩ expérimenter (*etw an j-m* qc sur qn); tester; *Gerät, Werkstoff etc* essayer; *a fig* éprouver; **erprobtes Mittel** remède éprouvé
Er'probung *f* ⟨~; ~en⟩ expérimentation *f*; test *m*; *e-s Geräts, Werkstoffs etc* essai *m*
er'rang *cf erringen*
Errata [ɛ'ra:ta] *n/pl* errata *m*
er'raten *v/t* ⟨*irr, pas de ge-*, h⟩ deviner; *Sie haben es* ~! vous avez deviné!; vous y êtes!
erratisch [ɛ'ra:tɪʃ] *adj* GÉOL erratique
er'rechnen *v/t* ⟨-ete, *pas de ge-*, h⟩ calculer; faire le calcul de
er'regbar *adj* irritable; excitable; **≈keit** *f* ⟨~⟩ irritabilité *f*; excitabilité *f*
er'regen ⟨*pas de ge-*, h⟩ **I** *v/t* **1.** (*aufregen*) exciter; (*verärgern*) irriter; *sexuell* exciter; **2.** *Argwohn etc* faire naître; *Verdacht* éveiller; *Mitleid* faire; exciter; *Zorn* provoquer; *Aufmerksamkeit* attirer; *Anstoß, Verwunderung* provoquer; causer; *Ärgernis* ~ faire scandale; **II** *v/réfl sich* ~ s'irriter, s'énerver, s'exciter (*über* [+*acc*] contre)
Er'reger *m* ⟨~s; ~⟩ MÉD agent *m* pathogène
er'regt *adj* excité, énervé; (*verärgert*) irrité; *Auseinandersetzung* vif, vive; **≈heit** *f* ⟨~⟩ excitation *f*; énervement *m*; agitation *f*; (*Verärgerung*) irritation *f*
Er'regung *f* ⟨~; ~en⟩ excitation *f* (*a* PHYSIOL, ÉLECT, *sexuell*); (*Aufregung*) énervement *m*; agitation *f*; (*Verärgerung*) irritation *f*; *in* ~ *versetzen* exciter; (*verärgern*) irriter
er'reichbar *adj* qui peut être atteint; *Ort, Ziel* accessible; *Person* joignable; *er ist im Augenblick nicht* ~ on ne peut pas le joindre pour le moment
er'reichen *v/t* ⟨*pas de ge-*, h⟩ **1.** *Ort, Zweck, Alter etc* atteindre; parvenir à; arriver à; *Zug* avoir; attraper; *Ufer* atteindre; gagner; *es ist mit dem Bus leicht zu* ~ on peut y aller facilement en autobus; *j-n telefonisch* ~ joindre qn par téléphone; **2.** (*durchsetzen*) *bei j-m etw* ~ (arriver à) obtenir qc de qn; *nichts erreicht haben* n'avoir rien obtenu; en être pour ses frais
Er'reichung *f* ⟨~⟩ *bei* ~ *der Volljährigkeit* à la *bzw* sa majorité
er'retten *st/s v/t* ⟨-ete, *pas de ge-*, h⟩ sauver
er'richten *v/t* ⟨-ete, *pas de ge-*, h⟩ **1.** *Gebäude* construire; ériger; *Denkmal* a élever; *Gerüst* dresser; **2.** *Gesellschaft* (*einrichten*) créer; (*gründen*) fonder
er'riet *cf erraten*
er'ringen *v/t* ⟨*irr, pas de ge-*, h⟩ obtenir; *Preis, Sieg, Erfolg etc* remporter
er'röten *v/i* ⟨-ete, *pas de ge-*, sein⟩ rougir (*vor* [+*dat*] de)

errungen [ɛr'rʊŋən] *p/p cf erringen*
Er'rungenschaft *f* ⟨~; ~en⟩ conquête *f*; (*Erwerbung*) acquisition *f*; *fig* réalisation *f*; *die neuesten* ~en les dernières réalisations; *der Wissenschaft* a les dernières conquêtes; *soziale* ~en acquis sociaux; F *plais meine neueste* ~ ma nouvelle acquisition
Er'satz *m* ⟨~es⟩ **1.** *stellvertretender* produit *m* de remplacement; *unzulänglicher* succédané *m*; ersatz *m*; (*Ersetzung*) remplacement *m*; substitution *f*; *als, zum* ~ *für etw* pour remplacer qc; en remplacement de qc; **2.** (*Entschädigung*) compensation *f*; dédommagement *m*; indemnité *f*; (*Erstattung*) restitution *f*; *j-m* ~ *für etw leisten* dédommager qn de qc; *als, zum* ~ *für* en compensation de; **3.** MIL réserve *f*
Er'satz|anspruch *m* droit *m* à indemnisation; recours *m*; **~bank** *f* ⟨~; -bänke⟩ SPORT banc *m* des remplaçants; **~befriedigung** *f* compensation *f*; **~dienst** *m* ⟨~(e)s⟩ service civil (pour les objecteurs de conscience); **~dienstleistende(r)** *m* ⟨→ A⟩ jeune homme *m* qui fait son service civil; **~kasse** *f* *etwa* caisse libre agréée (d'assurance maladie)
er'satzlos I *adj* sans contrepartie; **II** *adv* ~ *streichen* supprimer sans contrepartie
Er'satzmann *m* ⟨~(e)s; -männer *ou* -leute⟩ suppléant *m*; remplaçant *m* (*a* SPORT)
er'satzpflichtig *adj* ~ *sein* être tenu à indemnisation, à dédommagement, à réparation
Er'satz|rad *n* roue *f* de rechange, de secours; **~reifen** *m* pneu *m* de rechange; **~spieler(in)** *m(f)* SPORT remplaçant(e) *m(f)*; **~teil** *n* pièce *f* de rechange; **~teillager** *n* dépôt *m* de pièces de rechange; **~truppe** *f* MIL unité *f* de réserve
er'satzweise *adv* à titre de compensation, d'indemnité, de remplacement
er'saufen F *v/i* ⟨*irr, pas de ge-*, sein⟩ (*ertrinken*) se noyer
ersäufen [ɛr'zɔyfən] *v/t* ⟨*pas de ge-*, h⟩ noyer
er'schaff|en *v/t* ⟨*irr, pas de ge-*, h⟩ créer; **≈ung** *f* création *f*
er'schallen *v/i* ⟨*régulier ou* erscholl, erschollen, sein⟩ résonner; retentir; *Gelächter* éclater
er'schau(d)ern *st/s v/i* ⟨-(e)re, *pas de ge-*, sein⟩ frémir, frissonner, trembler (*vor* [+*dat*] de)
er'scheinen ⟨*irr, pas de ge-*, sein⟩ **I** *v/i* (*sichtbar werden*), *Buch* paraître; *Person, Geist* apparaître; *am Arbeitsplatz* ~ se présenter à son (lieu de) travail; *vor Gericht* ~ comparaître en justice, devant le tribunal; JUR *nicht* ~ faire défaut; **II** *v/imp es erscheint mir merkwürdig, daß ...* il me semble, il me paraît étonnant que ... (+*subj*)
Er'scheinen *n* ⟨~⟩ *e-s Buches* parution *f*; publication *f*; *e-r Person* apparition *f*; arrivée *f*; *von Geistern etc* apparition *f*; *um zahlreiches* ~ *wird gebeten* vous êtes priés de venir nombreux
Er'scheinung *f* ⟨~; ~en⟩ apparition *f*; (*Natur*≈, *Phänomen*) phénomène *m*; (*Krankheits*≈) symptôme *m*; (*äußere* ~) apparences *f/pl*; (*Vision*) vision *f*; REL (*Fest der*) ~ *des Herrn* (fête de l')Épi-

phanie f; **sie ist e-e anziehende ~** c'est une personne attirante; *in e-m Stellenangebot* **gute ~** bonne présentation; *in ~* **treten** se montrer; se manifester; **~en haben** avoir des visions
Er'scheinungs|bild *n e-r Person, Sache* apparence f; *e-r Sache* a aspect m; **~fest** *n* Épiphanie f; **~form** f manifestation f; **~jahr** *n* année f de (la) parution, de (la) publication; **~ort** *m* lieu *m* de (la) parution, de (la) publication; **~weise** *f e-r Zeitschrift* mode *m* de parution; **~welt** *f* ⟨~⟩ monde *m* des apparences, des phénomènes
er'schießen ⟨*irr, pas de ge-, h*⟩ tuer d'un coup de feu; abattre; *Hinrichtungsart* fusiller; passer par les armes; **II** *v/réfl* **sich ~** se tuer d'un coup de feu
Er'schieß|ung *f* ⟨~; ~en⟩ MIL exécution *f*; **~ungskommando** *n* peloton *m* d'exécution
er'schlaffen *v/i* ⟨*pas de ge-, sein*⟩ *a fig* se relâcher; s'amollir
er'schlagen[1] *v/t* ⟨*irr, pas de ge-, h*⟩ tuer (à coups de qc); assommer; *vom Blitz* **~ werden** être foudroyé; *von e-m Baum* **~ werden** être écrasé par un arbre
er'schlagen[2] F *adj* (*erschöpft*) F claqué; F crevé; **wie ~ sein** F être sidéré, renversé
er'schleichen *v/réfl* ⟨*irr, pas de ge-, h*⟩ *péj* **sich** (*dat*) *etw* **~** capter qc; obtenir qc par ruse, frauduleusement
er'schließen ⟨*irr, pas de ge-, h*⟩ **I** *v/t* **1.** *Gebiet* mettre en valeur; développer; *Grundstück* viabiliser; ADM *Gebiet* aménager; **neue Absatzgebiete ~** créer de nouveaux débouchés; **2.** LING *Wort* reconstituer; **3.** *fig* ouvrir; **II** *st/s v/réfl* **sich ~** s'ouvrir
Er'schließung *f* **1.** *e-s Gebiets* mise *f* en valeur, en exploitation; développement *m*; ADM aménagement *m*; *e-s Grundstücks* viabilisation *f*; **2.** LING reconstitution *f*
erscholl(en) [ɛr'ʃɔl(ən)] *cf* **erschallen**
er'schöpfen ⟨*pas de ge-, h*⟩ **I** *v/t a fig* épuiser; *körperlich a* exténuer; éreinter; **II** *v/réfl* **sich ~** diminuer; décroître; faiblir; *sich in etw* (*dat*) **~** se réduire, se limiter à qc
er'schöpfend I *adj körperlich* épuisant; *fig* exhaustif, -ive; complet, -ète; **II** *advt* **~ behandeln** traiter à fond
er'schöpft *adj* épuisé; exténué; **meine Geduld ist ~** ma patience est à bout
Er'schöpf|ung *f* ⟨~⟩ épuisement *m*; **~ungszustand** *m* état *m* d'épuisement
erschossen [ɛr'ʃɔsn̩] **I** *p/p cf* **erschießen**; **II** F *adj* (*erschöpft*) F crevé; F claqué; F vanné
er'schrecken ⟨*pas de ge-*⟩ **I** *v/t* ⟨*h*⟩ effrayer; faire peur à; *j-n* **fürchterlich ~** terrifier, épouvanter qn; **II** *v/i* (erschrickt, erschrak, erschrocken, sein) *u v/réfl* (régulier ou erschrickt, erschrak, erschrocken, h) (*sich*) s'effrayer (*vor* [+*dat*] de); (*sich*) **fürchterlich ~** s'épouvanter
Er'schrecken *n* ⟨~s⟩ frayeur *f*
er'schreckend *adj* effrayant; terrible; affreux, -euse
erschrocken [ɛr'ʃrɔkən] **I** *p/p cf* **erschrecken** II; **II** *adj* effrayé; épouvanté; terrifié; *zu Tode* **~** mort de frayeur
er'schuf *cf* **erschaffen**

er'schütt|ern *v/t* ⟨-(e)re, *pas de ge-, h*⟩ **1.** *Boden, a fig Vertrauen, Glauben etc* ébranler; **2.** *seelisch* secouer; bouleverser; **~ernd** *adj* bouleversant; poignant
Er'schütterung *f* ⟨~; ~en⟩ **1.** *a fig* ébranlement *m*; TECH a secousse *f*; vibration *f*; **2.** (*Ergriffenheit*) bouleversement *m*; choc *m*
er'schütterungsfrei *adj* exempt de vibrations; à l'abri des secousses, des vibrations
er'schweren *v/t* ⟨*pas de ge-, h*⟩ compliquer; aggraver
er'schwerend *adj* JUR **~e Umstände** *m/pl* circonstances aggravantes; **II** *adv* **das kommt ~ hinzu** cela complique, aggrave la situation
Er'schwerniszulage *f* prime *f* de pénibilité
er'schwinglich *adj* qu'on peut payer; *Preis* accessible; abordable; **für jeden ~** à la portée de toutes les bourses
er'sehen *v/t* ⟨*irr, pas de ge-, h*⟩ voir; **daraus ist zu ~, daß ...** il en ressort que ...; on peut en conclure que ...; **ich ersehe aus Ihrem Brief, daß ...** je vois dans votre lettre que ...
er'sehnen *st/s v/t* ⟨*pas de ge-, h*⟩ souhaiter vivement; désirer ardemment; **der ersehnte Augenblick** l'instant, le moment tant attendu
er'setzbar *adj* remplaçable; *Verlust, Schaden* réparable
er'setzen *v/t* ⟨-(es)t, *pas de ge-, h*⟩ **1.** remplacer (*durch* par); **X durch Y ~** substituer Y à X; **er versuchte, mangelndes Talent durch Fleiß zu ~** il essayait de suppléer à son manque de talent par du zèle; **er ist nicht zu ~** il est irremplaçable; **2.** *Unkosten etc* rembourser; *Schaden* réparer; indemniser (*j-m etw* qn de qc); *Verlust* compenser
Er'setzung *f* ⟨~; ~en⟩ **1.** remplacement *m*; substitution *f*; **2.** *von Unkosten etc* remboursement *m*; *von Schäden* réparation *f*; dédommagement *m*; indemnisation *f*; *von Verlusten* compensation *f*
er'sichtlich *adj* évident; manifeste; **ohne ~en Grund** sans raison apparente; **daraus wird ~, daß ...** on voit par là que ...; il en ressort que ...
er'sinnen *st/s v/t* ⟨*irr, pas de ge-, h*⟩ imaginer; inventer; trouver
er'spähen *st/s v/t* ⟨*pas de ge-, h*⟩ apercevoir; découvrir; repérer
er'sparen *v/t* ⟨*pas de ge-, h*⟩ épargner; économiser; *fig j-m etw* **~** épargner, éviter qc à qn; **das erspart uns viel Zeit** cela nous fait économiser beaucoup de temps; **uns bleibt nichts erspart** rien ne nous est épargné
Er'sparnis *f* ⟨~; ~se⟩ économie *f* (*a fig*); **~ épargne *f*
er'sprießlich *st/s adj* fructueux, -euse; productif, -ive
erst [eːrst] *adv* **1.** (*zuerst*) d'abord; au commencement; premièrement; auparavant; **~ (ein)mal** (tout) d'abord; **2.** (*nicht eher, mehr als*) ne ... que; seulement; **eben ~** il y a un instant; **ich bin eben ~ angekommen** je viens seulement d'arriver; je ne fais qu(e d)'arriver; **~ gestern** seulement hier; **~ jetzt** seulement maintenant; ce n'est que maintenant que ...; **ich habe ~ einige Seiten davon gelesen** je n'en ai lu que

quelques pages; **3.** *verstärkend* **und ich ~!** et moi donc!; **~ recht** à plus forte raison; **nun ~ recht!** plus que jamais!; **nun ~ recht nicht!** moins que jamais!; **wenn er ~ (einmal) verheiratet ist** une fois (qu'il sera) marié
er'starken *st/s v/i* ⟨*pas de ge-, sein*⟩ se renforcer; se fortifier
er'starren *v/i* ⟨*pas de ge-, sein*⟩ **1.** *Glieder vor Kälte* s'engourdir; *Flüssigkeiten* se solidifier; **2.** *fig vor Schreck etc* être glacé (*vor* [+*dat*] de); être paralysé (*vor* [+*dat*] par); *Blut, Lächeln* se figer
Er'starrung *f* ⟨~⟩ *der Glieder* engourdissement *m*; CHIM solidification *f*
er'statten *v/t* ⟨-ete, *pas de ge-, h*⟩ **1.** *Unkosten etc* rembourser (*j-m etw* qc à qn; ADM qn de qc); **s-e Ausgaben erstattet bekommen** rentrer dans ses frais; **2.** *über etw* (*acc*) **Bericht ~** faire un rapport sur qc; rendre compte de qc; **gegen j-n Anzeige ~** porter plainte contre qn
Er'stattung *f* ⟨~; ~en⟩ **1.** *von Unkosten etc* remboursement *m*; **2. ~ e-r Anzeige** dépôt *m* d'une plainte
Er'stattungsbetrag *m* montant *m* du remboursement
'Erstaufführung *f* THÉ *etc* première *f*; MUS première audition
er'staunen ⟨*pas de ge-*⟩ **I** *v/t* ⟨*h*⟩ étonner; surprendre; **II** *v/i* ⟨*sein*⟩ s'étonner (*über* [+*acc*] de)
Er'staunen *n* étonnement *m*; surprise *f*; **in ~ versetzen** frapper d'étonnement; ébahir; **zu meinem (großen) ~** à mon (grand) étonnement; à ma (grande) surprise
er'staunlich I *adj* étonnant; surprenant; **II** *adv* extraordinairement; **er ist ~ dumm** c'est étonnant ce qu'il est bête
er'staunlicher'weise *adv* chose étonnante; bizarrement
er'staunt *adj* étonné; surpris
'Erst|ausgabe *f* première édition; **~ausstattung** *f e-r Wohnung* équipement *m* de base; *fürs Baby* première layette
'erst'beste *adj* **der, die, das ~** le (la) premier (-ière) venu(e)
'Erstbesteigung *f* première *f* (ascension)
'erste(r, -s) *num/o* premier, -ière; **der ~, am, den ~n Oktober** le premier octobre; **Franz der 2 (I.)** François Ier; **die ~n drei Monate** les trois premiers mois; **der ~ beste** le premier venu; **aus ~r Hand** de première main; **~n Ranges** de premier ordre; **fürs ~** pour le moment; provisoirement; F *im ~n Programm* F sur la Une; **zum ~n** premièrement; **zum ~n!** bei Versteigerungen une fois!; *cf a* **achte(r, -s)**
er'stechen *v/t* ⟨*irr, pas de ge-, h*⟩ tuer d'un coup de couteau, à coups de couteau; poignarder
er'stehen *st/s v/i* ⟨*irr, pas de ge-*⟩ **I** *v/t* ⟨*h*⟩ acquérir; acheter; **II** *v/i* ⟨*sein*⟩ REL (*auf~*) ressusciter
Erste-'Hilfe|-Ausrüstung *f* équipement *m*, trousse *f* de secouriste; **~-Leistung** *f* premiers secours, soins
er'steigen *v/t* ⟨*irr, pas de ge-, h*⟩ monter sur; *mühsam* gravir; *Berg* a faire l'ascension de

er'steiger|n *v/t* ⟨-(e)re, *pas de ge-*, h⟩ acheter aux enchères; **♀ung** *f* ⟨~; ~en⟩ achat *m* aux enchères
Er'steigung *f* escalade *f*; *e-s Bergs a* ascension *f*
er'stell|en *v/t* ⟨*pas de ge-*, h⟩ **1.** *Gebäude* construire; **2.** *Rechnung* établir; *Plan* élaborer; *Liste* dresser; établir; **♀ung** *f* ⟨~; ~en⟩ **1.** *von Gebäuden* construction *f*; **2.** *von Rechnungen, Listen* établissement *m*; *von Plänen* élaboration *f*
'erstemal *adv das* ~ la première fois
'erstenmal *adv beim* ~ la première fois; *zum* ~ pour la première fois
'erstens *adv* premièrement; en premier lieu
'erster *cf* **erste**(r, -s)
er'sterben *st/s v/i* ⟨*irr, pas de ge-*, sein⟩ *Ton etc* expirer; mourir; s'éteindre
'erstere(r, -s) *num/o* le (la) premier (-ière)
Erste(r)-'Klasse-Wagen *m* voiture *f* de première classe
'erstes *cf* **erste**(r, -s)
Erst|gebärende *f* ⟨→ A⟩ primipare *f*; **♀geboren** *adj* premier-né, première-née; **~geborene(r)** *m(f)* ⟨→ A⟩ aîné(e) *m(f)*; **~geburt(srecht)** *f* ⟨~⟩ (*n*) ⟨~(e)s⟩ (droit *m* d')aînesse *f* (droit *m* de) primogéniture *f*; **~genannte(r)** *f(m)* ⟨→ A⟩ le (la) premier (-ière) nommé(e)
er'sticken ⟨*pas de ge-*⟩ **I** *v/t* ⟨h⟩ **1.** *Lebewesen* étouffer; asphyxier; **2.** *fig Widerstand, Seufzer etc* étouffer; **3.** *Flammen* étouffer; éteindre; **II** *v/i* ⟨sein⟩ étouffer, suffoquer (*an* [+*dat*] de; *vor* [+*dat*] de); *mit erstickter Stimme* d'une voix étouffée; *es ist zum* ♀ *heiß* il fait une chaleur étouffante, suffocante
Er'stickung *f* ⟨~⟩ **1.** étouffement *m*; suffocation *f*; asphyxie *f*; **2.** *fig* étouffement *m*; **3.** *der Flammen* extinction *f*
Er'stickungs|anfall *m* crise *f*, accès *m* d'étouffement; **~gefahr** *f* danger *m* d'asphyxie; **~tod** *m* (mort *f* par) asphyxie *f*
er'stiegen *p/p cf* **ersteigen**
'erstklassig *adj* de première qualité; *Künstler etc* de premier ordre
Erst|kommunion *f CATH* première communion; **~lingsarbeit** *f* première œuvre
'erst|malig *adj* (*épithète*) premier, -ière; **~mals** *adv* pour la première fois
er'strahlen *v/i* ⟨*pas de ge-*, sein⟩ (se mettre à) briller, *st/s* resplendir; *in neuem Glanz* ~ briller d'un nouvel éclat
'erstrangig *adj* **1.** (**erstklassig**) de premier ordre; **2.** (*vorrangig*) prioritaire; de première importance
er'streben *v/t* ⟨*pas de ge-*, h⟩ s'efforcer d'obtenir, d'atteindre; aspirer à
er'strebenswert *adj* digne d'efforts, d'être poursuivi
er'strecken *v/réfl* ⟨*pas de ge-*, h⟩ **1.** räumlich *sich* ~ s'étendre, s'étaler (*über* [+*acc*] sur); *ins Meer, ins Land* s'avancer (*in* [+*acc*] dans); *sich* ~ *von ... bis ...* a aller de ... à ...; **2.** *fig sich* ~ *auf* (+*acc*) s'étendre à; porter sur; s'appliquer à; **3.** *zeitlich sich* ~ *über* (+*acc*) s'étaler sur; durer
'Erst|semester *n* étudiant(e) *m(f)* au premier semestre; **~sendung** *f* pre-

mière (radiophonique *od* télévisée); **~stimme** *f POL* première voix
erstunken [ɛrˈʃtʊŋkən] *adj* F *das ist* ~ *und erlogen* ce ne sont que des mensonges
er'stürm|en *v/t* ⟨*pas de ge-*, h⟩ *MIL* prendre d'assaut; **♀ung** *f* ⟨~; ~en⟩ *MIL* prise *f* d'assaut
'Erst|wagen *m* voiture principale d'un ménage; **~wähler(in)** *m(f)* personne *f* qui vote pour la première fois; *pl* a nouveaux électeurs; **~zulassung** *f AUTO* première immatriculation
er'suchen *st/s v/t* ⟨*pas de ge-*, h⟩ *j-n* ~, *etw zu tun* demander à qn de faire qc; prier qn de faire qc; *j-n um etw* ~ demander qc à qn
Er'suchen *n* ⟨~s; ~⟩ demande *f*; *ADM* requête *f*; *auf* ~ *von* à la requête de
er'tappen ⟨*pas de ge-*, h⟩ **I** *v/t* surprendre; **II** *v/réfl sich bei etw* ~ se surprendre à faire qc
er'teilen *v/t* ⟨*pas de ge-*, h⟩ *Unterricht, Auskunft, Wort, Rat, Absolution etc* donner; *Befehl a* intimer; *Erlaubnis* donner; accorder; *Rüge* infliger; *Lob* prodiguer; *Patent, Lizenz* délivrer; *COMM j-m e-n Auftrag* ~ passer une commande à qn; *j-m den Auftrag* ~, *etw zu tun* charger qn de faire qc
er'tönen *v/i* ⟨*pas de ge-*, sein⟩ retentir
Er'trag *m* ⟨~(e)s; ~e⟩ rendement *m*; produit *m*; rapport *m*; (*Einnahme*) revenu *m*; bénéfice *m*; recette *f*
er'tragen *v/t* ⟨*irr, pas de ge-*, h⟩ supporter; souffrir; tolérer; *nicht zu* ~ insupportable; intolérable
er'tragfähig *adj* productif, -ive; rentable; **♀keit** *f* ⟨~⟩ rentabilité *f*; productivité *f*
erträglich [ɛrˈtrɛːklɪç] *adj* supportable; tolérable; (*leidlich*) acceptable
er'trag|los *adj* improductif, -ive; non rentable; **~reich** *adj* d'un bon rendement; productif, -ive; *fig* fructueux, -euse
Er'trags|lage *f* niveau *m* de rendement; **~minderung** *f* diminution *f* du *od* de rendement; baisse *f* de (la) productivité; **~steigerung** *f* augmentation *f* de *od* du rendement; accroissement *m* de (la) productivité
Er'trag(s)steuer *f* impôt *m* sur les bénéfices
er'tränken *v/t* ⟨*pas de ge-*, h⟩ *a fig* noyer
er'träumen ⟨*pas de ge-*, h⟩ *v/t* (*u v/réfl*) (*sich* [*dat*]) ~ rêver de; (s')imaginer
er'trinken *v/i* ⟨*irr, pas de ge-*, sein⟩ se noyer; *fig* être submergé (*in* [+*dat*] de)
er'trug *cf* **ertragen**
er'trunken *p/p cf* **ertrinken**
Er'trunkene(r) *f(m)* ⟨→ A⟩ noyé(e) *m(f)*
er'tüchtigen *v/t* (*u v/réfl*) ⟨*pas de ge-*, h⟩ (*sich*) ~ (s')entraîner
Er'tüchtigung *f* ⟨~; ~en⟩ entraînement *m*; *körperliche* ~ éducation *f*, culture *f* physique
er'übrigen ⟨*pas de ge-*, h⟩ **I** *v/t Zeit, Geld* avoir encore; (*einsparen*) économiser; *was ich* ~ *kann* ce dont je peux disposer; *wenn ich soviel Zeit* ~ *kann* si j'en trouve le temps; **II** *v/réfl sich* ~ être inutile, superflu; *es erübrigt sich zu* (+*inf*) *a* il n'est pas nécessaire de (+*inf*); cela ne vaut pas la peine de (+*inf*)

eruieren [eruˈiːrən] *st/s v/t* ⟨*pas de ge-*, h⟩ trouver; découvrir; mettre au clair
Eruption [eruptsiˈoːn] *f* ⟨~; ~en⟩ éruption *f*
erup'tiv *adj* éruptif, -ive; **♀gestein** *n* roches éruptives
er'wachen *v/i* ⟨*pas de ge-*, sein⟩ *a fig* se réveiller; s'éveiller; *aus e-m Traum* sortir (d'un rêve); *geistig* prendre conscience
Er'wachen *n* ⟨~s⟩ réveil *m*; éveil *m*; *geistig, POL* prise *f* de conscience; *beim* ~ au réveil; *fig das wird ein böses* ~ *geben* ce sera un réveil pénible, difficile
erwachsen[1] [ɛrˈvaksən] *v/i* ⟨*irr, pas de ge-*, sein⟩ sortir, naître, résulter (*aus* de)
er'wachsen[2] *adj* adulte; ~ *werden* devenir adulte
Er'wachsene(r) *f(m)* ⟨→ A⟩ adulte *m,f*; grande personne
Er'wachsenenbildung *f* formation *f* des, pour adultes; cours *m/pl* pour adultes
er'wägen *v/t* ⟨erwägt, erwog, erwogen, h⟩ considérer; examiner; peser; ~, *etw zu tun* envisager de faire qc
Er'wägung *f* ⟨~; ~en⟩ considération *f*; *etw in* (*acc*) *ziehen* prendre qc en considération; envisager qc; songer à qc
er'wähnen *v/t* ⟨*pas de ge-*, h⟩ mentionner; faire mention de; *etw mit keinem Wort* ~ passer qc sous silence; *wie ich schon erwähnte* comme je l'ai déjà dit; *der oben erwähnte Brief* la lettre susmentionnée
er'wähnenswert *adj* digne d'être mentionné; important; *nichts ♀es* rien de spécial
Er'wähnung *f* ⟨~; ~en⟩ mention *f*
er'wärmen ⟨*pas de ge-*, h⟩ **I** *v/t* (faire) chauffer; échauffer; *bis zu e-r Temperatur von X Grad* ~ porter à une température de X degrés; *fig das erwärmte mir das Herz* cela m'a réchauffé le cœur; **II** *v/réfl sich* ~ s'échauffer; *fig sich für etw* (*nicht*) ~ (*können*) (ne pas arriver à) s'intéresser à qc; *sich für j-n* ~ avoir de la sympathie pour qn
Er'wärmung *f* ⟨~⟩ (r)échauffement *m*; *der Temperatur* radoucissement *m*
er'warten *v/t* ⟨-ete, *pas de ge-*, h⟩ attendre; *Dinge a* s'attendre à; (*erhoffen*) espérer; *ein Kind* ~ attendre un enfant, un bébé; *ich erwarte, daß ...* je m'attends à ce que ... (+*subj*); *es ist, steht zu* ~, *daß ...* il faut, on peut s'attendre à ce que ...; *ich hatte nicht erwartet, ihn zu treffen* je ne m'attendais pas à le rencontrer; *ich kann es kaum* ~, *daß ...* il me tarde de (+*inf*); *das war mehr, als er erwartet hatte* c'était plus qu'il ne l'avait espéré; *von ihm ist nicht viel zu* ~ il ne faut pas attendre grand-chose de lui; *wie zu* ~ *war* comme il fallait s'y attendre
Er'wartung *f* ⟨~; ~en⟩ attente *f*; (*Hoffnung*) espérance *f*; **~en in etw** (*acc*) **setzen** bâtir, fonder de grandes espérances sur qc; *in froher, gespannter* ~ *sein* attendre avec joie, impatience; *das übertraf s-e ~en* cela dépassa ses espérances
er'wartungs|gemäß *adv* comme prévu; **♀horizont** *m* espérances *f/pl*; **~voll** *adj* plein d'attente, d'espoir

er'wecken *v/t* ⟨*pas de ge-, h*⟩ *Hoffnung, Verdacht, Anteilnahme* éveiller; faire naître; *Vertrauen, Furcht* inspirer; *Gefühle* éveiller; provoquer; *Interesse* éveiller; *Eindruck* donner; *Erinnerung* réveiller; *zu neuem Leben* ~ donner une vie nouvelle à; ressusciter

er'wehren *st/s v/réfl* ⟨*pas de ge-, h*⟩ *sich* (+*gén*) ~ se défendre de; *man konnte sich des Eindrucks nicht ~, daß ...* on ne pouvait se défendre de l'impression que ...; *ich konnte mich des Lachens nicht ~* je ne pus m'empêcher de rire

er'weichen ⟨*pas de ge-*⟩ *v/t* ⟨*h*⟩ (*u v/i* ⟨*sein*⟩ TECH (s')amollir; (s')adoucir; *fig* attendrir; fléchir; *sich nicht ~ lassen* rester insensible

er'weitern ⟨*irr, pas de ge-, h*⟩ **I** *v/t* **1.** (*beweisen*) prouver; *es ist erwiesen, daß ...* il est établi, c'est un fait avéré que ...; **2.** *Achtung, Dankbarkeit* témoigner; manifester; *Gehorsam* montrer; *Dienst, Ehre* rendre; *Gunst* faire; accorder; **II** *v/réfl sich* ~ se montrer; *sich als notwendig* ~ se révéler nécessaire; *es erwies sich als Irrtum* cela se révéla être une erreur; *sich als wahr* ~ s'avérer; se confirmer

er'weitern ⟨*-(e)re, pas de ge-, h*⟩ **I** *v/t* élargir; *a Gebiet, Befugnisse* étendre; *Geschäft* agrandir; *Kenntnisse a* enrichir; PHYS, MÉD dilater; MATH *e-n Bruch* ~ porter une fraction à une plus grande expression; *im erweiterten Sinne* par extension; au sens large; *erweiterte Ausgabe* édition augmentée; **II** *v/réfl sich* ~ s'élargir; devenir plus large

Er'weiterung *f* ⟨*~; ~en*⟩ élargissement *m*; *der Befugnisse, Kenntnisse* extension *f*; *e-r Fabrik, e-s Betriebs* agrandissement *m*; PHYS, MÉD dilatation *f*

Er'werb *m* ⟨*~(e)s*⟩ **1.** (*Kauf, Aneignung*) acquisition *f*; **2.** (*Verdienst*) gain *m*; (*Brot&*) gagne-pain *m*

er'werben *v/t* ⟨*irr, pas de ge-, h*⟩ *Eigentum, Rechte, Kenntnisse etc* acquérir; *Vertrauen, Achtung a* gagner

Er'werber *m* ⟨*~s; ~*⟩ acquéreur *m*

er'werbsfähig *adj* capable d'exercer une activité professionnelle, de travailler; **&keit** *f* ⟨*~*⟩ capacité *f* d'exercer une activité professionnelle, de travailler

Er'werbsleben *n* activité professionnelle; *im ~ stehen* participer à la vie active

er'werbslos *cf* **arbeitslos**

Er'werbs|minderung *f* incapacité partielle de travail; **~möglichkeit** *f* possibilité *f* d'exercer une activité professionnelle, de travailler; **~quelle** *f* source *f* de revenus

er'werbstätig *adj* ~ *sein* exercer une activité professionnelle; *~e Bevölkerung* population active

Er'werbs|tätige(r) *f(m)* ⟨→ *A*⟩ personne active, exerçant une activité professionnelle; **~tätigkeit** *f* activité rémunérée, professionnelle; **&unfähig** *adj* incapable de travailler

Er'werbsunfähigkeit *f* incapacité *f* de travail; *vorübergehende, dauernde ~* incapacité *f* de travail temporaire, permanente

Er'werbszweig *m* branche *f*, secteur *m* de la vie professionnelle

Er'werbung *f* ⟨*~; ~en*⟩ acquisition *f*

er'widern *v/t* ⟨*-(e)re, pas de ge-, h*⟩ **1.** (*antworten auf*) répondre (*auf* [+*acc*] à); *auf e-n Vorwurf, e-e Ermahnung, Warnung* répliquer (*auf* [+*acc*]); **2.** *Gruß, Besuch etc* rendre; *Gefühle a* payer de retour

Er'widerung *f* ⟨*~; ~en*⟩ réponse *f*; réplique *f*

erwiesen [ɛr'viːzən] **I** *p/p cf* **erweisen**; **II** *adj* prouvé; établi; avéré; *etw als ~ ansehen* regarder, considérer qc comme prouvé, établi

er'wiesener'maßen *adv* comme il a été prouvé

Erwin ['ɛrviːn] *m* ⟨→ *n/pr*⟩ prénom

er'wirken *v/t* ⟨*pas de ge-, h*⟩ obtenir

er'wirtschaften *v/t* ⟨*-ete, pas de ge-, h*⟩ *Gewinn* réaliser

er'wischen *v/t* ⟨*pas de ge-, h*⟩ **1.** (*ertappen*) attraper; F pincer; **2.** (*gerade noch zu fassen bekommen*) attraper; *ihn hat's erwischt* (*er ist krank, verletzt*) il en a pris un coup; (*er ist tot*) il n'en a pas réchappé; *plais* (*er ist verliebt*) F il a le béguin

er'wog(en) *cf* **erwägen**

er'wünscht *adj* (*gewünscht*) souhaité; désiré; (*wünschenswert*) souhaitable; *du bist hier nicht ~* ta présence est indésirable

er'würgen *v/t* ⟨*pas de ge-, h*⟩ étrangler

Erz [eːrts] *n* ⟨*~es; ~e*⟩ **1.** GÉOL minerai *m*; **2.** *litt* airain *m*; *aus ~* d'airain

'Erzader *f* veine *f*, filon *m* (métallique)

er'zählen *v/t* ⟨*pas de ge-, h*⟩ raconter; conter; *oft* dire; *j-m von etw ~* parler de qc à qn; *ich habe mir ~ lassen ...* je me suis laissé dire ...; *wem ~ Sie das!* à qui le dites-vous!; F *du kannst mir viel ~!* à d'autres!; F *dem werd' ich was ~* je vais lui dire son fait; F il aura affaire à moi!

er'zählenswert *adj* qui vaut la peine d'être raconté

Er'zähl|er(in) *m* ⟨*~s; ~*⟩ (*f*) ⟨*~; ~nen*⟩ narrateur, -trice *m,f*; conteur, -euse *m,f*; **&erisch** *adj* narratif, -ive; **~kunst** *f* ⟨*~*⟩ art narratif; **~ung** *f* ⟨*~; ~en*⟩ narration *f*; récit *m*; (*Märchen*) conte *m*; (*Geschichte*) histoire *f*; (*Novelle*) nouvelle *f*

'Erz|bischof *m* archevêque *m*; **&bischöflich** *adj* archiépiscopal; **~bistum** *n* archevêché *m*; **~diözese** *f* archevêché *m*; **~engel** *m* archange *m*

er'zeugen *v/t* ⟨*pas de ge-, h*⟩ *landwirtschaftliche Produkte, Stahl, Energie, Töne etc* produire; *Energie a* engendrer; (*herstellen*) fabriquer; LING générer

Er'zeuger *m* ⟨*~s; ~*⟩ **1.** (*Produzent*) producteur *m*; **2.** (*Vater*) géniteur *m*; **~land** *n* pays producteur; **~preis** *m* prix *m* à la production

Er'zeug|nis *n* ⟨*~ses; ~se*⟩ produit *m*; **~ung** *f* production *f*; fabrication *f*; *von Energie*, LING *a* génération *f*

'Erzfeind *m* ennemi juré, mortel

'Erzgang *m* filon *m*, veine *f* (métallique)

'Erzgebirge *n das ~* l'Erzgebirge *m*; les monts *m/pl* Métallifères

'Erz|gewinnung *f* extraction *f*, exploitation *f* de minerai; **~grube** *f* mine *f* (métallique); **&haltig** *adj* métallifère

'Erzherzog(in) *m(f)* archiduc, -duchesse *m,f*; **&lich** *adj* archidual; **~tum** *n* archiduché *m*

er'ziehbar *adj* éducable; *ein schwer ~es Kind* un enfant difficile

er'ziehen *v/t* ⟨*irr, pas de ge-, h*⟩ élever; éduquer; *ein Kind antiautoritär ~* donner à un enfant une éducation antiautoritaire; *ein Kind zu umweltbewußtem Verhalten ~* élever un enfant dans le respect de l'environnement; *j-n zum Lügner ~* faire de qn un menteur; *schlecht erzogen sein* être mal élevé

Er'zieh|er(in) *m* ⟨*~s; ~*⟩ (*f*) ⟨*~; ~nen*⟩ éducateur, -trice *m,f* (*a Berufsbezeichnung*); (*Hauslehrer[in]*) précepteur, -trice *m,f*; **&erisch** *adj* éducatif, -ive; éducateur, -trice; pédagogique; **~ung** *f* ⟨*~*⟩ éducation *f*

Er'ziehungs|berater(in) *m(f)* conseiller, -ère *m,f* en matière d'éducation; **~beratungsstelle** *f* centre *m* de conseil en matière d'éducation; **~berechtigte(r)** *f(m)* ⟨→ *A*⟩ personne chargée de l'éducation; **~geld** *n etwa* allocation parentale d'éducation; **~heim** *n* établissement *m* d'éducation surveillée; **~jahr** *n* année *f* de congé parental; **~maßnahme** *f* mesure éducative; **~methode** *f* méthode *f* d'éducation, pédagogique; **~schwierigkeiten** *f/pl* difficultés *f/pl* d'éducation; **~urlaub** *m* congé parental d'éducation; **~wesen** *n* ⟨*~s*⟩ instruction *f* publique; **~wissenschaft** *f* pédagogie *f*

er'ziel|en *v/t* ⟨*pas de ge-, h*⟩ *Preise, Ergebnis, Erfolg etc* obtenir; *Gewinn a* réaliser; *Treffer* marquer; *Einigung* arriver à; *Treffer* à; parvenir à; **~ung** *f* ⟨*~*⟩ obtention *f*; *von Gewinn* réalisation *f*

er'zittern *v/i* ⟨*-(e)re, pas de ge-, sein*⟩ (se mettre à) trembler; *Person a* frémir

'erzkonserva'tiv *adj* ultra-conservateur, -trice

'Erz|lügner *m* fieffé menteur; **~ri'vale** *m* éternel rival

erzogen [ɛr'tsoːgən] *p/p cf* **erziehen**

er'zürnen ⟨*pas de ge-, h*⟩ **I** *v/t* mettre en colère; irriter; fâcher; **II** *v/réfl sich ~* se mettre en colère; *sich darüber ~, daß ...* s'irriter de ce que ... (+*subj*)

'Erzverhüttung *f* traitement *m* du minerai (pour la fonte)

er'zwingen *v/t* ⟨*irr, pas de ge-, h*⟩ forcer; obtenir de *od* par force; *e-e Entscheidung ~* forcer les choses; *Gehorsam ~* se faire obéir de force; *ein Geständnis ~* extorquer, arracher un aveu (*von* à); *Gefühle sich nicht ~ lassen* ne pas se commander

er'zwungener'maßen *adv* sous la contrainte; par force

es [ɛs], **'s I** *pr/pers als Subjekt* **1.** il *bzw* elle; *vor v/imp* il; on; *~ regnet* il pleut; *~ klopft* on frappe; **2.** *in einleitenden Wendungen oft nicht übersetzt ~ spielt das Orchester X* (avec l')orchestre X; *~ sprechen ...* prendront la parole ...; *~ fehlen zwei Bücher* il manque deux livres; **3.** *in Verbindung mit „sein"*: *es ist + adj wenn etw folgt* il est; *wenn etw vorhergeht* c'est; cela est; *~ ist offensichtlich, daß ...* il est évident que ...; *~ war einmal* il était une fois; **4.** *in Verbindung mit „sein" vor subst der Zeit* il; *sonst mit Artikel* c'est; *~ ist Zeit* il est temps; *~ ist ein Junge!* c'est un garçon!; **II** *pr/pers als Objekt* **1.** le *bzw* la; *nach Verben, die im Französischen den gén bzw dat regieren*; y; *ich habe ~ satt* j'en ai assez; *ich bin ~ gewöhnt* j'y suis habitué; **2.** *als Hinweis oft nicht übersetzt* **ich halte ~ für unnötig zu** (+*inf*) je trouve inutile de (+*inf*); **3.** *in Verbindung mit "sein": ich bin's, er ist's, wir sind's* c'est moi, lui, nous; **4.** *als Ersatz od Ergänzung des Prädikats* le; *ich hoffe ~!* je l'espère!; *er ist reich, ich bin ~ nicht* il est riche, je ne le suis pas; **5.** *in festen Wendungen* **da haben wir's!** nous y voilà!; *Idee etc* **ich hab's!** ça y est!

Es¹ [es] *n* ⟨~; ~⟩ *PSYCH* ça *m*
Es², **es** *n* ⟨~; ~⟩ *MUS* mi *m* bémol
ESA [ˈeːza] *f* ⟨~⟩ *abr* (*European Space Agency*; *Europäische Weltraum-Organisation*) A.S.E. *f* (Agence spatiale européenne)
Esc *abr* (*Escudo*) ESC (escudo)
Eschato|logie [ɛsçatoloˈgiː] *f* ⟨~; ~n⟩ eschatologie *f*; **🕮logisch** *adj* eschatologique
Esche [ˈɛʃə] *f* ⟨~; ~n⟩ *BOT* frêne *m*
Escudo [esˈkuːdo] *m* ⟨~(s); ~(s)⟩ *Währung* escudo *m*
Esel [ˈeːzəl] *m* ⟨~s; ~⟩ âne *m*; (*Zucht*♀) baudet *m*; **wilder ~** onagre *m*; F **du ~!** l'espèce F d'âne!; F **du alter ~!** F bourrique!; *prov* **wenn es dem ~ zu wohl wird, geht er aufs Eis** (*tanzen*) qui se sent trop gai devient imprudent
Ese'lei F *f* ⟨~; ~en⟩ ânerie *f*
'Eselin *f* ⟨~; ~nen⟩ ânesse *f*; bourrique *f*
'Eselsbrücke F *f* (*Gedächtnisstütze*) moyen *m*, truc *m* mnémotechnique, (*Verstehenshilfe*) guide-âne *m*; (*unerlaubte Prüfungshilfe*) F antisèche *f*; *j-m e-e ~ bauen* aider qn à comprendre, à mémoriser (qc)
'Eselsohr F *n* *im Buch* corne *f*; *ein Buch mit ~en* un livre écorné
Eska|lation [ɛskalatsiˈoːn] *f* ⟨~; ~en⟩ escalade *f*; **🕮lieren** ⟨*pas de ge-*⟩ *v/t* ⟨h⟩ provoquer l'escalade de; **II** *v/i* ⟨sein⟩ dégénérer (*zu* en)
Eskapade [ɛskaˈpaːdə] *f* ⟨~; ~n⟩ (*Abenteuer*) équipée *f*, aventure *f*; (*Seitensprung*) infidélité *f*
Eskimo [ˈɛskimo] *m* ⟨~(s); ~(s)⟩ Esquimau *m*; **~frau** *f* Esquimaude *f*
Eskor|te [ɛsˈkɔrtə] *f* ⟨~; ~n⟩ escorte *f*; **🕮'tieren** *v/t* ⟨*pas de ge-*, h⟩ escorter
Esoter|ik [ezoˈteːrɪk] *f* ⟨~⟩ ésotérisme *m*; **🕮isch** *adj* ésotérique
Espe [ˈɛspə] *f* ⟨~; ~n⟩ *BOT* tremble *m*
'Espenlaub *n* **wie ~ zittern** trembler comme une feuille
Esperanto [ɛspeˈranto] *n* ⟨~(s)⟩ espéranto *m*
Espresso [ɛsˈprɛso] *m* ⟨~(s); ~s *ou* -ssi⟩ express *m*; **~maschine** *f* (cafetière *f*) expresso *m*; *in Gaststätten* a percolateur *m*
Essay [ˈɛse *ou* ɛˈseː] *m od n* ⟨~s; ~s⟩ essai *m*; **~ist(in)** *m* ⟨~en; ~en⟩ (*f* ⟨~; ~nen⟩) essayiste *m,f*; **🕮'istisch** *adj* sous forme d'essai
'eßbar *adj* comestible; mangeable; F **hast du etwas 🕮es im Haus?** as-tu de quoi manger chez toi?
Esse [ˈɛsə] *f* ⟨~; ~n⟩ *regional* cheminée *f*
'Eßecke *f* coin *m* repas
essen [ˈɛsən] *v/t u v/i* ⟨du ißt, er ißt, aß, gegessen, h⟩ manger; prendre son repas; *zu Mittag ~* déjeuner; *zu Abend ~* dîner; *vornehm* souper; *kalt, warm ~* prendre un repas froid, chaud; *gern Austern ~* aimer les huîtres; *sich satt ~* manger à sa faim; se rassasier; *den Teller leer ~* vider son assiette; *~ gehen* aller au restaurant; *chinesisch etc essen gehen* aller manger dans un restaurant chinois, *etc*; F aller manger chez un chinois, *etc*; *prov* F *selber ~ macht fett prov* charité bien ordonnée commence par soi-même; *prov es wird nichts so heiß gegessen, wie es gekocht wird* tout s'arrange à la longue
'Essen *n* ⟨~s; ~⟩ **1.** (*Mahlzeit*) repas *m*; (*Nahrung*) nourriture *f*; *das ~ wird kalt* le repas refroidit; *das ~ hier ist gut* on mange bien ici; *j-n zum ~ einladen* inviter qn à déjeuner *bzw* à dîner; *~ auf Rädern* service social de livraison de repas à domicile; **2.** ⟨*sans pl*⟩ *~ und Trinken* le boire et le manger
'Essen(s)|ausgabe *f* distribution *f* de repas; **~marke** *f* ticket-repas *m*; ticket--restaurant *m*
'Essenszeit *f* heure *f* des repas *bzw* du déjeuner *bzw* du dîner
essentiell [ɛsɛntsi̯ˈɛl] *adj* a *fig* essentiel, -ielle
Essenz [ɛˈsɛnts] *f* ⟨~; ~en⟩ **1.** *CHIM, PHARM* essence *f*; (*Destillat*) huile essentielle; **2.** ⟨*sans pl*⟩ a *PHILOS* essence *f*
'Esser(in) *m* ⟨~s; ~⟩ (*f* ⟨~; ~nen⟩) mangeur, -euse *m,f*; *ein guter ~ sein* être un gros mangeur
'Eß|geschirr *n* service *m* de table; (*Kochgeschirr*) gamelle *f*; **~gewohnheiten** *f/pl* habitudes *f/pl* alimentaires
Essig [ˈɛsɪç] *m* ⟨~s; ~e⟩ vinaigre *m*; *mit ~ und Öl angemacht* à la vinaigrette; F *damit ist es ~!* F c'est raté, fichu!
'Essig|essenz *f* vinaigre concentré; **~gurke** *f* cornichon *m* (au vinaigre)
'essigsauer *adj* acétique; *essigsaures Salz* acétate *m*
'Essig|säure *f* acide *m* acétique; **~- und Öl-Ständer** *m* huilier *m*
'Eß|kastanie *f* marron *m*, **~kohle** *f* charbon demi-gras; **~kultur** *f* raffinements *m/pl* de la table
'Eßlöffel *m* cuillère *od* cuiller *f* à soupe; *e-n ~ voll* une cuillerée à soupe (de)
'Eß|tisch *m* table *f* (de salle à manger); **~waren** *f/pl* denrées *f/pl*, produits *m/pl* alimentaires; nourriture *f*; **~zimmer** *n* salle *f* à manger
Est|e [ˈɛstə] *m* ⟨~n; ~n⟩, **~in** *f* ⟨~; ~nen⟩ Estonien, -ienne *m,f*
Ester [ˈɛstər] *m* ⟨~s; ~⟩ *CHIM* ester *m*
Esther *f* (→ *n/pr*) Esther *f*
'Est|land *n* (→ *n/pr*) l'Estonie *f*; **🕮ländisch**, **🕮nisch** *adj* estonien, -ienne
Estragon [ˈɛstragɔn] *m* ⟨~s⟩ estragon *m*
Estrich [ˈɛstrɪç] *m* ⟨~s; ~e⟩ **1.** *Boden* aire *f* (en ciment, en plâtre, *etc*); **2.** *schweiz* grenier *m*
etabl|ieren [etaˈbliːrən] *v/t* ⟨*u v/réfl*⟩ ⟨*pas de ge-*, h⟩ (*sich*) ~ (s')établir; **~iert** *adj* établi; en place
Etablissement [etablɪs(ə)ˈmãː] *n* ⟨~s; ~s⟩ **1.** ⟨*st/s*⟩ (*Geschäft*) établissement *m*; **2.** (*Bordell*) maison close
Etage [eˈtaːʒə] *f* ⟨~; ~n⟩ étage *m*
E'tagen|bett *n* lits superposés; **~heizung** *f* chauffage central d'étage, d'appartement; **~wohnung** *f* appartement *m*
Etappe [eˈtapə] *f* ⟨~; ~n⟩ étape *f*; *MIL* arrière(s) *m(pl)*
E'tappen|hengst F *péj m MIL* embusqué *m*; F planqué *m*; **~sieg** *m SPORT* victoire *f* d'étape; **~sieger** *m SPORT* vainqueur *m* d'étape; **~ziel** *n* arrivée *f* d'une étape
Etat [eˈtaː] *m* ⟨~s; ~s⟩ budget *m*; **~entwurf** *m* projet *m* de budget; **~kürzung** *f* compressions *f/pl* budgétaires; réduction *f* du budget
e'tatmäßig *adj* budgétaire; *Beamter* occupant un poste budgétaire; *nicht ~* extra-budgétaire
E'tatüberschreitung *f* dépassement *m* budgétaire
etc. *abr* (*et cetera*) etc. (et cetera)
et cetera [ɛtˈsetera] et cetera; *plais ~ pp.* et tutti quanti
etepetete [eːtəpeˈteːtə] F *adj* (*geziert*) maniéré; affecté; F chichiteux, -euse
Eternit [eterˈniːt] *n od m* ⟨~s⟩ *Wz* fibrociment *m*
ETH [eːteːˈhaː] *f* ⟨~⟩ *abr* (*Eidgenössische Technische Hochschule*) E.P.F. *f* (École polytechnique fédérale)
Ethik [ˈeːtɪk] *f* ⟨~⟩ éthique *f*; **~kommission** *f* comité *m* d'éthique; **~unterricht** *m etwa* cours *m* d'instruction religieuse
'ethisch *adj* éthique
ethnisch [ˈɛtnɪʃ] *adj* ethnique
Ethno|graphie [ɛtnograˈfiː] *f* ⟨~; ~n⟩ ethnographie *f*; **🕮²graphisch** *adj* ethnographique; **~lo'gie** *f* ⟨~⟩ ethnologie *f*; **🕮'logisch** *adj* ethnologique
Ethos [ˈeːtɔs] *n* ⟨~⟩ principes moraux; conception morale
Etikett [etiˈkɛt] *n* ⟨~(e)s; ~en *ou* ~e *ou* ~s⟩ étiquette *f*; *fig j-n, etw mit e-m ~ versehen* étiqueter qn, qc
Eti'kette¹ *f* ⟨~; ~n⟩ *österr, schweiz cf Etikett*
Eti'kette² *f* ⟨~; ~n⟩ (*Förmlichkeit*) étiquette *f*; *gegen die ~ verstoßen* manquer à l'étiquette
Eti'kettenschwindel *péj m* fraude *f* sur les étiquettes
etiket'tieren *v/t* ⟨*pas de ge-*, h⟩ étiqueter
etliche [ˈɛtlɪçə] *pr/ind* quelques; *st/s* maint(e)s; *substantiviert* quelques--un(e)s; **~s** plusieurs choses
Etrusk|er(in) [eˈtruskər(ɪn)] *m* ⟨~s; ~⟩ (*f* ⟨~; ~nen⟩) Étrusque *m,f*; **🕮isch** *adj* étrusque
Etüde [eˈtyːdə] *f* ⟨~; ~n⟩ *MUS* étude *f*
Etui [ɛˈtviː] *n* ⟨~s; ~s⟩ étui *m*; *für Schmuck* écrin *m*
etwa [ˈɛtva] *adv* **1.** (*ungefähr*) environ; à peu près; approximativement; *in ~* à peu près; en quelque sorte; dans une certaine mesure; *in ~ vierzehn Tagen* dans une quinzaine de jours; *~ fünfzig Personen* a une cinquantaine de personnes; *~ zehn Pfund* a dans les dix livres; **2.** (*vielleicht*) peut-être; *bist du ~ krank?* serais-tu malade par hasard?; *denken Sie nicht ~, daß ...* n'allez surtout pas penser que ...; *nicht ~, daß ...* non pas que ...; ce n'est pas que ...; *wollen Sie damit ~ sagen, daß ...?* vous ne voulez quand même pas dire que ...?; **3.** (*zum Beispiel*) par exemple
'etwaig *adj* ⟨*épithète*⟩ éventuel, -elle
etwas [ˈɛtvas] **I** *pr/ind* quelque chose; *verneint* rien; *irgend ~* quelque chose; *unverbunden* n'importe quoi; *~ Merkwürdiges* quelque chose de curieux; *~ zum Lesen* de quoi lire; *so ~ Dum-*

mes! quelle idiotie!; *das ist ~ anderes* c'est autre chose; *das ist immerhin ~* c'est déjà ça (de pris, de gagné); *ohne ~ zu sagen* sans rien dire; *es zu ~ bringen* faire son chemin; réussir; *so ~ habe ich noch nie gesehen* je n'ai jamais rien vu de pareil, de semblable; *so ~ wie ...* quelque chose comme ...; une espèce de ...; *nein, so ~!* ça, alors!; ça, par exemple; F *sie haben ~ miteinander* ils ont une liaison; **II** *adv* un peu; quelque peu (+*adj*); *das ist ~ besser* c'est un peu mieux; *hast du ~ Geld?* tu as un peu d'argent?

'**Etwas** *n* ⟨~⟩ *ein gewisses ~* un petit quelque chose; un je-ne-sais-quoi; *sie hat das gewisse ~* elle a du chien

Etymo|logie [etymolo'gi:] *f* ⟨~; ~n⟩ étymologie *f*; ⟨²⟩**logisch** *adj* étymologique

EU [eː'ʔuː] *f* ⟨~⟩ *cf* (*Europäische*) *Union*; *in Zssgn cf EG-...*

euch [ɔyç] *pr/pers* (*dat et acc de ihr*) (à) vous; *sie kennt ~* elle vous connaît; *das gehört ~* c'est à vous; *von ~* (*eurerseits*) de votre part

Eucha|ristie [ɔyçarɪs'tiː] *f* ⟨~; ~n⟩ CATH eucharistie *f*; ⟨²⟩'**ristisch** *adj* eucharistique

euer ['ɔyər] **I** *pr/poss* **1.** *adjt* (*f et pl* eure) votre, *pl* vos; *am Briefschluß* ⟨²⟩ *Hans* Jean; *in Titeln* **Eure** Votre; **2.** *subst der, die, das eure* le *bzw* la vôtre; *st/s* *die Euren* les vôtres; votre famille; **II** *st/s pr/pers* (*gén de ihr*) de vous

Eugen ['ɔyge:n] *m* ⟨→ *n/pr*⟩ Eugène *m*

Eugen|ik [ɔy'ge:nɪk] *f* ⟨~⟩ eugénique *f*; eugénisme *m*; ⟨²⟩**isch** *adj* eugénique

Eukalyptus [ɔyka'lyptʊs] *m* ⟨~; ~ *ou* -ten⟩ eucalyptus *m*; ~öl *n* essence *f* d'eucalyptus

Eule ['ɔylə] *f* ⟨~; ~n⟩ chouette *f*; *mit Federrohren a* 'hibou *m*; ~ *nach Athen tragen* porter de l'eau à la rivière

Eunuch(e) [ɔy'nuːx(ə)] *m* ⟨~(e)n; ~(e)n⟩ eunuque *m*

Euphemis|mus [ɔyfe'mɪsmʊs] *m* ⟨~; -men⟩ euphémisme *m*; ⟨²⟩**tisch I** *adj* euphémique; **II** *adv* par euphémisme

Euphorie [ɔyfo'riː] *f* ⟨~; ~n⟩ euphorie *f* **eu'phorisch** *adj* euphorique

Euras|ien [ɔy'raːziən] *n* ⟨→ *n/pr*⟩ l'Eurasie *f*; ~**ier(in)** *m* ⟨~s; ~⟩ (*f*) ⟨~; ~nen⟩ Eurasien, -ienne *m,f*; ⟨²⟩**isch** *adj* eurasiatique

Euratom [ɔyra'toːm] *f* ⟨~⟩ Euratom *f*

eure(r) ['ɔyrə(r)] *cf euer*

'**eurerseits** *adv* de votre côté; de votre part

'**euresgleichen** *pr* vos pareil(le)s, semblables

'**euretwegen** *adv* **1.** (*wegen euch*) à cause de vous; **2.** (*euch zuliebe*) pour vous; **3.** (*von euch aus*) en ce qui vous concerne; quant à vous

'**euretwillen** *adv* **um ~** (par égard) pour vous

'**eurige** *st/s pr/poss* **der, die, das ~** le *bzw* la vôtre; **die ⟨²⟩n** les vôtres

Eurocheque ['ɔyroʃɛk] *m* ⟨~s; ~s⟩ eurochèque *m*; **~karte** *f* carte *f* eurochèque

Euro|dollar ['ɔyrodɔlar] *m* eurodollar *m*; **~kommunismus** *m* eurocommunisme *m*

Eurokrat(in) [ɔyro'kraːt(ɪn)] *m* ⟨~en; ~en⟩ (*f*) ⟨~; ~nen⟩ eurocrate *m,f*

'**Euromarkt** *m* euromarché *m*

Europa [ɔy'roːpa] *n* ⟨→ *n/pr*⟩ l'Europe *f*; **~cup** *m* coupe *f* d'Europe

Euro'päer(in) *m* ⟨~s; ~⟩ (*f*) ⟨~; ~nen⟩ Européen, -éenne *m,f*

Eu'ropa|flagge *f* drapeau *m* de l'Europe; **~gedanke** *m* idée européenne

europäisch [ɔyro'pɛːɪʃ] *adj* européen, -éenne; d(e l) 'Europe; *die* ⟨²⟩e *Gemeinschaft* la Communauté européenne; *die* ⟨²⟩e *Wirtschaftsgemeinschaft* la Communauté économique européenne

europäi'sier|en *v/t* ⟨*pas de ge-*, h⟩ européaniser; ⟨²⟩**ung** *f* ⟨~; ~en⟩ européanisation *f*

Eu'ropa|meister(in) *m*(*f*) champion, -ionne *m,f* d'Europe; **~meisterschaft** *f* championnat *m* d'Europe; **~minister** *m* ministre *m* des Affaires européennes; **~parlament** *n* Parlement européen; **~paß** *m* passeport européen; **~pokal** *m* coupe *f* d'Europe; **~politik** *f* politique européenne; **~rat** *m* ⟨~(e)s⟩ Conseil *m* de l'Europe; **~straße** *f* route européenne; **~wahl** *f* élections européennes; ⟨²⟩**weit I** *adj* pour toute l'Europe; **II** *adv* dans toute l'Europe

'**Euro|scheck** *cf Eurocheque*; **~signal** *n* Eurosignal *m*; **~vision** *f* eurovision *f*

Euter ['ɔytər] *n* ⟨~s; ~⟩ pis *m*

Euthanasie [ɔytana'ziː] *f* ⟨~⟩ euthanasie *f*

ev. *abr* (*evangelisch*) protestant

eV *abr* (*Elektronenvolt*) eV (électron--volt)

e.V., E.V. [eː'faʊ] *abr* (*eingetragener Verein*) association déclarée

Eva ['eːva] *n* ⟨→ *n/pr*⟩ Ève *f*

evakuier|en [evaku'iːrən] *v/t* ⟨*pas de ge-*, h⟩ évacuer; ⟨²⟩**ung** *f* ⟨~; ~en⟩ évacuation *f*

Evan'gelienbuch *n* évangéliaire *m*

evan'ge|lisch *adj* **1.** (*protestantisch*) protestant; **2.** (*das Evangelium betreffend*) évangélique; ⟨²⟩**list** *m* ⟨~en; ~en⟩ évangéliste *m*

Evangelium [evan'ge:liʊm] *n* ⟨~s; -ien⟩ Évangile *m*; *das ~ des Matthäus* l'Évangile selon saint Matthieu; *fig das ist ein ~ für ihn* c'est parole d'évangile pour lui

'**Evaskostüm** *n plais im ~* dans le plus simple appareil

'**Evastochter** *f plais* fille *f* d'Ève

Eventu|alität [eventuali'tɛːt] *f* ⟨~; ~en⟩ éventualité *f*; ⟨²⟩**ell I** *adj* ⟨*épithète*⟩ éventuel, -elle; **II** *adv* éventuellement

evid|ent [evi'dɛnt] *st/s adj* évident; ⟨²⟩**enz** *st/s f* ⟨~⟩ évidence *f*

Evolut|ion [evolutsi'oːn] *f* ⟨~; ~en⟩ évolution *f*; ⟨²⟩**io|när** *adj* évolutif, -ive; ~**i'onstheorie** *f* théorie *f* de l'évolution; évolutionnisme *m*

evozieren [evo'tsiːrən] *st/s v/t* ⟨*pas de ge-*, h⟩ évoquer

evtl. *abr* (*eventuell*) éventuel(lement)

'**E-Werk** *cf Elektrizitätswerk*

EWG [eːveː'geː] *f* ⟨~⟩ *abr* (*Europäische Wirtschaftsgemeinschaft*) C.E.E. *f* (Communauté économique européenne)

ewig ['eːvɪç] **I** *adj* éternel, -elle; *fig, oft péj* perpétuel, -elle; *péj* sempiternel, -elle; *das* ⟨²⟩e *Licht* la lampe du Saint-Sacrement; *die* ⟨²⟩e *Stadt* la Ville éternelle; *seit ~en Zeiten* depuis une éternité; **II** *adv* éternellement; perpétuellement; à jamais; *auf ~* pour toujours; *~ dauern, bleiben* s'éterniser; F *das dauert ja ~* cela dure une éternité

'**Ewigkeit** *f* ⟨~; ~en⟩ éternité *f*; *bis in alle ~* à (tout) jamais; pour toujours; REL *in ~* dans (tous) les siècles des siècles; *es ist e-e ~ her, seit ...* il y a une éternité que ...

'**Ewig'weibliche(s)** *n* ⟨→ A⟩ *das ~* l'éternel féminin

EWR [eːveːˈʔɛr] *m* ⟨~⟩ *abr* (*Europäischer Wirtschaftsraum*) *der ~* l'Espace économique européen

EWS [eːveːˈʔɛs] *n* ⟨~⟩ *abr* (*Europäisches Währungssystem*) S.M.E. *m* (Système monétaire européen)

ex [ɛks] F *adv ~ trinken* F faire cul sec; *~!* F cul sec!

Ex. *abr* (*Exemplar*) exemplaire

Ex... *in Zssgn* ex-...

exakt [ɛ'ksakt] **I** *adj* exact; (*präzise*) précis; **II** *adv ~* (*um*) *14 Uhr* à 14 heures précises; *~!* exactement!; (c'est) exact!

Ex'aktheit *f* ⟨~⟩ exactitude *f*; (*Präzision*) précision *f*

exaltiert [ɛksal'tiːrt] *adj* exalté; démesuré

Examen [ɛ'ksaːmən] *n* ⟨~s; ~ *ou* -mina⟩ examen *m*; *das mündliche ~* les épreuves orales; *l'oral m*; *das schriftliche ~* les épreuves écrites; *l'écrit m*; *ein ~ ablegen, machen* passer, subir un examen; *im ~ stehen* être en période d'examens; F *~ haben* avoir un examen

Ex'amens|angst *f* F trac *m* (avant ou pendant un examen); **~arbeit** *f etwa* dissertation *f*; **~kandidat(in)** *m*(*f*) candidat(e) *m*(*f*) (à un examen)

exami'nieren *v/t* ⟨*pas de ge-*, h⟩ *j-n in etw* (*dat*), *über etw* (*acc*) *~* interroger qn en, sur qc; *examinierte Erzieherin* éducatrice diplômée

Exe|gese [ɛkse'geːzə] *f* ⟨~; ~n⟩ exégèse *f*; **~'get** *m* ⟨~en; ~en⟩ exégète *m*

exeku'tieren *v/t* ⟨*pas de ge-*, h⟩ exécuter

Exekution [ɛksekutsi'oːn] *f* ⟨~; ~en⟩ exécution *f*

Exekuti'onskommando *n* peloton *m* d'exécution

exeku'tiv *adj* exécutif, -ive

Exeku'tiv|e *f* ⟨~; ~n⟩, **~gewalt** *f* POL (pouvoir) exécutif *m*; **~organ** *n* POL organe exécutif

Exempel [ɛ'ksɛmpəl] *n* ⟨~s; ~⟩ exemple *m*; *ein ~ statuieren* faire un exemple

Exemplar [ɛksɛm'plaːr] *n* ⟨~s; ~e⟩ exemplaire *m*; spécimen *m*

exem'plarisch *adj* exemplaire; *~ für etw sein* être typique, caractéristique de qc

Exequien [ɛ'kseːkviən] *pl* CATH obsèques (religieuses)

exerzieren [ɛksɛr'tsiːrən] ⟨*pas de ge-*, h⟩ **I** *v/t* s'exercer à (+*inf*); **II** *v/i* MIL faire l'exercice

Exer'zierplatz *m* MIL champ *m* d'exercices, de manœuvre

Exerzitien [ɛksɛr'tsiːtsiən] *pl* CATH retraite *f*

Exhibition|ismus [ɛkshibitsio'nɪsmʊs] *m* ⟨~⟩ exhibitionnisme *m*; ⟨²⟩**ist(in)** *m* ⟨~en; ~en⟩ (*f*) ⟨~; ~nen⟩ exhibitionniste *m,f*

exhumier|en [ɛkshu'miːrən] *v/t* ⟨*pas de ge-*, h⟩ exhumer; ⟨²⟩**ung** *f* ⟨~; ~en⟩ exhumation *f*

Exil [ɛ'ksi:l] *n* ⟨~s; ~e⟩ exil *m*; **ins ~ gehen** s'exiler; **ins ~ schicken** exiler

E'xil|heimat *f* terre *f*, pays *m* d'asile; **~literatur** *f* littérature *f* de l'exil; **~regierung** *f* gouvernement en exil

existent [ɛksɪs'tɛnt] *adj* existant; qui existe

Existentia'l|ismus *m* ⟨~⟩ existentialisme *m*; **~ist(in)** *m* ⟨~en; ~en⟩ (*f*) ⟨~; ~nen⟩ existentialiste *m,f*

existen'tia'listisch *adj* existentialiste; **~i'ell** *adj* existentiel, -ielle

Exi'stenz *f* ⟨~; ~en⟩ **1.** ⟨*sans pl*⟩ (*Vorhandensein, Dasein*) existence *f*; **2.** (*Lebensgrundlage*) situation *f*; vie *f*; **sich** (*dat*) **e-e ~ aufbauen** bâtir son avenir; **keine sichere ~ haben** mener une vie précaire; **s-e ~ als Schriftsteller ist bedroht** sa situation d'écrivain est menacée; **3.** *péj* (*Person*) individu *m*; **F verkrachte ~en** des ratés; **zweifelhafte, dunkle ~en** des gens douteux

Exi'stenz|angst *f* PHILOS, PSYCH angoisse existentielle; **~bedingungen** *f/pl* conditions *f/pl* d'existence; **~berechtigung** *f* droit *m* à l'existence; raison *f* d'être; **2̴fähig** *adj* viable; **~frage** *f* question vitale, de vie ou de mort; **~grundlage** *f* bases *f/pl* d'une existence; assise matérielle; **~kampf** *m* lutte *f* pour la vie, pour l'existence

Exi'stenzminimum *n* minimum vital; **am Rande des ~s leben** avoir tout juste le minimum vital

Exi'stenzphilosophie *f* philosophie *f* existentialiste

exi'stieren *v/i* ⟨*pas de ge-*, h⟩ (*vorhanden sein*) exister; (*leben*) vivre

Exitus ['ɛksitʊs] *m* ⟨~⟩ MÉD issue fatale; décès *m*

exkl. *abr cf* **exklusive**

exklusiv [ɛksklu'zi:f] **I** *adj* (*wenigen zugänglich*) fermé; inaccessible; (*ausschließlich*) exclusif, -ive; *vor Lokal etc* distingué; de luxe; **II** *adv* exclusivement; **~ berichten** faire un reportage en exclusivité (*über* [+*acc*] sur)

Exklu'sivbericht *m* reportage *m* en exclusivité

exklu'sive *adv u prép* ⟨*gén*⟩ à l'exclusion de; non compris

Exklu'sivinterview *n* interview exclusive

Exklusivi'tät *f* ⟨~⟩ exclusivité *f*; *fig* distinction *f*

Exkommuni|kati'on *f* ⟨~; ~en⟩ CATH excommunication *f*; **2̴zieren** *v/t* ⟨*pas de ge-*, h⟩ CATH excommunier

Exkremente [ɛkskre'mɛntə] *n/pl* excréments *m/pl*

Exkurs [ɛks'kʊrs] *m* ⟨~es; ~e⟩ (*Abschweifung*) digression *f*; (*beigefügte Ausarbeitung*) traité *m* supplémentaire; annexe *f*

Exkursi'on *f* ⟨~; ~en⟩ excursion *f* (scientifique, pédagogique)

Exlibris [ɛks'li:brɪs] *n* ⟨~; ~⟩ ex-libris *m*

exmatrikulieren [ɛksmatriku'li:rən] *v/t* (*u v/réfl*) ⟨*pas de ge-*, h⟩ (*sich*) **~** (se faire) rayer de la liste des étudiants; **sich ~** quitter l'université

Exodus ['ɛksodʊs] *st/s m* ⟨~; ~se⟩ exode *m*

exogen [ɛkso'ge:n] *adj* MÉD, BOT, GÉOL exogène *f*

Exor'zismus [ɛksɔr'tsɪsmʊs] *m* ⟨~; -men⟩ exorcisme *m*; **~'zist** *m* ⟨~en; ~en⟩ exorciste *m*

Exot [ɛ'kso:t] *m* ⟨~en; ~en⟩ **1.** *Mensch* habitant *m* d'un pays exotique; plais original *m*; **2.** *Pflanze, Tier* plante *f*, animal *m* exotique

E'xotin *f* ⟨~; ~nen⟩ habitante *f* d'un pays exotique; plais originale *f*

e'xotisch *adj* exotique

Expan|der [ɛks'pandər] *m* ⟨~s; ~⟩ SPORT extenseur *m*; **2̴'dieren** *v/i* ⟨*pas de ge-*, h⟩ être en expansion; prendre de l'extension; **~si'on** *f* ⟨~; ~en⟩ POL, ÉCON, PHYS expansion *f*; **~si'onspolitik** *f* politique *f* expansionniste; **2̴'siv** *adj* POL, ÉCON en expansion; expansif, -ive

Expe|dient(in) [ɛkspedi'ɛnt(ɪn)] *m* ⟨~en; ~en⟩ (*f*) ⟨~; ~nen⟩ *im Versand* expéditionnaire *m,f*; **2̴'dieren** *v/t* ⟨*pas de ge-*, h⟩ expédier; envoyer; **~diti'on** *f* ⟨~; ~en⟩ expédition *f* (*a* COMM)

Experiment [ɛksperi'mɛnt] *n* ⟨~(e)s; ~e⟩ expérience *f*; **mit j-m, etw ~e anstellen** se livrer à des expériences sur od avec qn, qc

Experimen'tal|film *m* film expérimental; **~physik** *f* physique expérimentale

experimen'tell *adj* ⟨*épithète*⟩ expérimental

experimen'tier|en *v/i* ⟨*pas de ge-*, h⟩ faire des expériences (**mit etw** sur, avec qc); **~freudig** *adj* amateur, -trice d'expériences; *p/fort* passionné d'expériences

Experimen'tier|stadium *n* stade expérimental; **~theater** *n* théâtre expérimental

Expert|e [ɛks'pɛrtə] *m* ⟨~n; ~n⟩, **~in** *f* ⟨~; ~nen⟩ expert *m* (**für** en)

Ex'pertensystem *n* INFORM système expert

Expertise [ɛkspɛr'ti:zə] *f* ⟨~; ~n⟩ expertise *f*; **eine ~ [über etw** (*acc*)**] einholen** faire faire une expertise (sur qc)

explizit [ɛkspli'tsi:t] *adj* explicite

explodieren [ɛksplo'di:rən] *v/i* ⟨*pas de ge-*, sein⟩ *a fig* exploser; éclater; détoner

Explosion [ɛksplozi'o:n] *f* ⟨~; ~en⟩ *a fig* explosion *f*; détonation *f*; **zur ~ bringen** faire éclater, exploser

explosi'onsartig *adj* explosif, -ive; comme une explosion

Explosi'ons|druck *m* ⟨~(e)s; -drücke⟩ pression *f* de *od* à l'explosion; **~gefahr** *f* danger *m*, risque *m* d'explosion; **~motor** *m* moteur *m* à explosion

explo'siv *adj a fig* explosif, -ive; (*explodierbar*) *a* explosible; **2̴i'tät** *f* ⟨~⟩ explosibilité *f*; *fig* caractère explosif

Exponat [ɛkspo'na:t] *n* ⟨~(e)s; ~e⟩ produit, matériel, KUNST objet exposé

Expo'nent [ɛkspo'nɛnt] *m* MATH exposant *m*; *fig* représentant *m*; chef *m* de file; **~i'alfunktion** *f* MATH fonction exponentielle

exponieren [ɛkspo'ni:rt] *adjt* exposé

Export [ɛks'pɔrt] *m* ⟨~(e)s; ~e⟩ exportation *f*, **~abteilung** *f* service *m* (des) exportations; **~artikel** *m* article *m* d'exportation; **~beschränkungen** *f/pl* restrictions *f/pl* des exportations; **~bestimmungen** *f/pl* réglementations *f/pl* d'exportation; **~bier** *n* bière *f* export

Exporteur [ɛkspɔr'tø:r] *m* ⟨~s; ~e⟩ exportateur *m*

Ex'port|firma *f* maison *f* d'exportation; exportateur *m*; **~geschäft** *n* opération *f* d'exportation; *Firma* maison *f* d'exportation; **~handel** *m* commerce *m* d'exportation

expor'tieren *v/t* ⟨*pas de ge-*, h⟩ exporter

Ex'port|kaufmann *m* (négociant-)exportateur *m*; (commerçant-)exportateur *m*; **~land** *n* pays exportateur *m*; **~markt** *m* marché *m* d'exportation; **~rückgang** *m* recul *m* des exportations; **~überschuß** *m* excédent *m* d'exportation

Exposé [ɛkspo'ze:] *n* ⟨~s; ~s⟩ exposé *m*; FILM synopsis *m od f*

Exposition [ɛkspozitsi'o:n] *f* ⟨~; ~en⟩ MUS, LITERATUR exposition *f*

Expreß [ɛks'prɛs] *m* ⟨-sses⟩ *bes österr* (train *m*) express *m*; **~gut** *n* colis *m* (par) exprès

Expression|ismus [ɛkspresio'nɪsmʊs] *m* ⟨~⟩ expressionnisme *m*; **~ist(in)** *m* ⟨~en; ~en⟩ (*f*) ⟨~; ~nen⟩ expressionniste *m,f*; **2̴istisch** *adj* expressionniste

expressiv [ɛksprɛ'si:f] *adj* expressif, -ive

exquisit [ɛkskvi'zi:t] *adj* exquis; choisi; raffiné

extensiv [ɛkstɛn'zi:f] *adj a* AGR extensif, -ive

extern [ɛks'tɛrn] *adj* externe

Ex'terne(r) *f(m)* ⟨→ A⟩ externe *m,f*

extra ['ɛkstra] *adv* **1.** (*gesondert*) à part; **2.** (*eigens*) exprès; spécialement; **~ für mich** spécialement pour moi; **3.** (*besonders*) très; particulièrement; **~ starker Kaffee** café très serré; **4.** (*zusätzlich*) en plus; en sus; **der Wein wird ~ berechnet** le vin est en supplément; **5.** F (*absichtlich*) exprès; **das hat er ~ getan, um zu** (+*inf*) il l'a fait exprès pour (+*inf*)

'Extra *n* ⟨~s; ~s⟩ (*Sonderausstattung*) option *f*; **als ~** en option

'Extra|ausgabe *f* **1.** FIN dépense *f* supplémentaire; frais *m/pl* supplémentaires; **2.** *Zeitung* édition spéciale; **~blatt** *n* édition spéciale; numéro spécial; **2̴fein** *adj* CUIS extra-fin; surfin

extrahieren [ɛkstra'hi:rən] *v/t* ⟨*pas de ge-*, h⟩ MÉD, CHIM extraire

Extrakt [ɛks'trakt] *m* ⟨~(e)s; ~e⟩ (*Auszug*) extrait *m*; (*Konzentrat*) concentré *m*; *fig* (*Zusammenfassung*) condensé *m*; **~i'on** *f* ⟨~; ~en⟩ MÉD, CHIM extraction *f*

Extrapolation [ɛkstrapolatsi'o:n] *f* ⟨~; ~en⟩ MATH extrapolation *f*

extra|po'lieren *v/t* ⟨*pas de ge-*, h⟩ extrapoler; **~ter'restrisch** *adj* extraterrestre

'Extratour F *f* fantaisie *f*; extra *m*

extra|vagant [ɛkstrava'gant] *adj* extravagant; **2̴va'ganz** *f* ⟨~; ~en⟩ extravagance *f*; **~ver'tiert** *cf* **extrovertiert**

'Extrawurst *f* **1.** F traitement spécial, de faveur; **er will immer e-e ~** (*gebraten*) **haben** il lui faut toujours quelque chose de spécial; il ne peut jamais faire comme tout le monde; **2.** *österr* CUIS *cf* **Lyoner**

extrem [ɛks'tre:m] *adj u adv* extrême (-ment)

Ex'trem *n* ⟨~s; ~e⟩ extrême *m*; **von e-m ~ ins andere fallen** passer d'un extrême à l'autre

Ex'tremfall *m* cas *m* extrême
Extre'm|ismus *m* ⟨~; -men⟩ extrémisme *m*; **~ist(in)** *m* ⟨~en; ~en⟩ (*f* ⟨~; ~nen⟩) extrémiste *m,f*; **⚲istisch** *adj* extrémiste *m,f*; **~i'täten** *f/pl* extrémités *f/pl*
Ex'tremwert *m* MATH valeur *f* extrême
extrovertiert [ɛkstrovɛr'tiːrt] *adjt* extraverti; **⚲heit** *f* ⟨~⟩ extraversion *f*; caractère extraverti
exzell|ent [ɛkstsɛ'lɛnt] **I** *adj* excellent; **II** *adv* excellemment; avec excellence; **⚲enz** *f* ⟨~; ~en⟩ Excellence *f*
Exzenter [ɛks'tsɛntər] *m* ⟨~s; ~⟩ TECH, PHYS excentrique *m*; **~welle** *f* TECH arbre *m* d'excentrique
Exzentr|ik [ɛks'tsɛntrɪk] *f* ⟨~⟩ excentricité *f*; **~iker(in)** *m* ⟨~s; ~⟩ (*f* ⟨~; ~nen⟩) excentrique *m,f*; **⚲isch** *adj a fig* excentrique; **~izi'tät** *f* ⟨~; ~en⟩ (*a Überspanntheit* ⟨*sans pl*⟩) excentricité *f*
exzer'pieren *v/t* ⟨*pas de ge-*, h⟩ *Buch*, *Autor* dépouiller; **etw aus etw ~** tirer, extraire qc de qc
Exzerpt [ɛks'tsɛrpt] *n* ⟨~(e)s; ~e⟩ extrait *m*
Exzeß [ɛks'tsɛs] *m* ⟨-sses; -sse⟩ excès *m*; **etw bis zum ~ treiben** pousser qc à l'excès
exzes'siv *adj* excessif, -ive; *Phantasie* sans bornes; *Klima* extrême
Eyeliner ['aɪlaɪnər] *m* ⟨~s; ~⟩ eye-liner *od* eyeliner *m*

F

F, f [ɛf] *n* ⟨~; ~⟩ **1.** *Buchstabe* F, f *m*; **2.** *MUS* fa *m*

f. *abr* (*folgende* [*Seite*]) (et la page) suivante

Fa. *abr* (*Firma*) maison; Sté (société); *größere a* Ets (établissements)

Fabel ['faːbəl] *f* ⟨~; ~n⟩ **1.** *a fig* fable *f*; *fig* histoires *f*/*pl*; **2.** *e-r Dichtung* fond *m*; *e-s Romans*, *Theaterstücks a* affabulation *f*; **~buch** *n* recueil *m* de fables; **~dichter** *m* fabuliste *m*

fabelhaft *adj* **1.** merveilleux, -euse; fabuleux, -euse; F formidable; **~!** *a* chic alors!; **2.** F ⟨*épithète*⟩ (*sehr groß*) fabuleux, -euse; prodigieux, -ieuse

Fabel|tier *n* animal fabuleux; **~welt** *f* univers fabuleux; **~wesen** *n* créature fabuleuse; être fabuleux

Fabrik [faˈbriːk] *f* ⟨~; ~en⟩ usine *f*; *kleinere a* fabrique *f*; *COMM* **ab ~** départ usine

Fa'brikanlagen *f*/*pl* usines *f*/*pl*

Fabri'kant *m* ⟨~en; ~en⟩ fabricant *m*; industriel *m*

Fa'brikarbeiter(in) *m*(*f*) ouvrier, -ière *m*,*f* (d'usine)

Fabri'kat *n* ⟨~(e)s; ~e⟩ produit *m*; article *m*; (*Marke*) marque *f*; **deutsches ~** article, produit de fabrication allemande *od* fabriqué en Allemagne

Fabrikati'on *f* ⟨~; ~en⟩ fabrication *f*; production *f*

Fabrikati'onsfehler *m* défaut *m*, vice *m* de fabrication

Fa'brik|besitzer(in) *m*(*f*) industriel, -ielle *m*,*f*; propriétaire *m*,*f* d'usine; **~direktor** *m* directeur *m* d'usine; **~gebäude** *n* bâtiment *m* d'usine; **~gelände** *n* terrain *m* (d'une usine); **~halle** *f* atelier *m* (de fabrication)

fa'brikmäßig I *adj* de série; (*massenweise*) industriel, -ielle; **II** *adv* **~ herstellen** faire, fabriquer en usine, industriellement

fa'brikneu *adj* qui sort de l'usine; neuf, neuve

Fa'brik|schiff *n* navire-usine *m*; **~schornstein** *m* cheminée *f* d'usine; **~tor** *n* portes *f*/*pl* (de l'usine); **~ware** *f* article(s) *m*(*pl*) de fabrication industrielle; **das ist ~** *a* c'est fait à la machine

fabrizieren [fabriˈtsiːrən] *v*/*t* ⟨*pas de ge-*, h⟩ confectionner; *a plais*, *péj* fabriquer; **dummes Zeug ~** faire des bêtises

fabulieren [fabuˈliːrən] *v*/*i* ⟨*pas de ge-*, h⟩ *phantasievoll* affabuler; broder; *unwahr* raconter des histoires

Facelifting ['feːsliftɪŋ] *n* ⟨~s; ~s⟩ lifting *m*

Facette [faˈsɛtə] *f* ⟨~; ~n⟩ *a fig* facette *f*

Fa'cettenauge *n* *ZO* œil à facettes, composé

facet'tieren *v*/*t* ⟨*pas de ge-*, h⟩ facetter; tailler à facettes

Fach [fax] *n* ⟨~(e)s; ⁓er⟩ **1.** compartiment *m*; case *f*; (*Ablage*⁓) casier *m*; (*Schrank*⁓, *Regal*⁓) rayon *m*; *e-r Brieftasche* poche *f*; compartiment *m*; **2.** (*Schul*⁓, *Studien*⁓) matière *f*; discipline *f*; (*Berufszweig*) branche *f*; métier *m*; (*Spezial*⁓) spécialité *f*; domaine *m*; (*Zuständigkeit*) ressort *m*; compétence *f*; **vom ~ sein** être du métier, de la partie; être compétent; **j-s ~ sein** être la spécialité, le domaine de qn; être du domaine de qn

'Fachabitur *n* baccalauréat professionnel

'Facharbeiter(in) *m*(*f*) ouvrier, -ière qualifié(e); **~brief** *m* certificat *m* d'aptitude professionnelle; C.A.P. *m*

'Fach|arzt *m*, **~ärztin** *f* (médecin *m*) spécialiste *m*,*f*; **~ für Chirurgie** chirurgien, -ienne *m*,*f*

'Fachausdruck *m* ⟨~(e)s; -drücke⟩ terme technique, de métier; **juristischer** *etc* **~** terme juridique, *etc*

'Fach|ausschuß *m* commission *f*, comité *m* d'experts; **~begriff** *m* *cf* Fachausdruck; **~berater** *m* conseiller *m* (économique, juridique, *etc*); **~bereich** *m* service *m*; département *m*; *e-r französischen Hochschule a* Unité *f* de formation et de recherche; U.F.R. *f*

'Fachblatt *n* revue spécialisée, professionnelle; **wirtschaftliches ~** journal *m* économique

'Fachbuch *n* livre, ouvrage spécialisé; **juristisches ~** livre de droit; ouvrage juridique

'Fachchinesisch *n* ⟨~(s)⟩ *péj* jargon technique, administratif, *etc*

fächeln ['fɛçəln] *v*/*t u v*/*réfl* ⟨-(e)le, h⟩ **j-m** *bzw* **sich das Gesicht ~** éventer qn *bzw* s'éventer

Fächer ['fɛçɐ] *m* ⟨~s; ~⟩ éventail *m*; **⁓artig** *adj u adv* en (forme d')éventail; **~gewölbe** *n* voûte *f* en éventail

'fächern ⟨-(e)re, h⟩ **I** *v*/*t Karten* déployer en éventail; *fig* (*vielseitig gestalten*) diversifier; (*aufgliedern*) structurer; **das Angebot ist breit gefächert** il y a un grand choix; l'offre est très variée; **II** *v*/*réfl* **sich ~** (*auf ~*) se déployer en éventail; *fig* se diversifier; (*sich aufgliedern*) se structurer

'Fächerpalme *f* palmier *m* à feuilles en éventail

'fächerübergreifend *adj* interdisciplinaire

'Fach|frau *f* spécialiste *f*; expert *m*; **~gebiet** *n* spécialité *f*; domaine *m*; **~gelehrte(r)** *m* spécialiste *m*; **⁓gerecht I** *adj* approprié; **II** *adv* d'une façon appropriée, compétente; **~geschäft** *n* maison *f*, magasin *m*, commerce *m* spécialisé(e); **~gruppe** *f* (*Arbeitsgemeinschaft*) groupe *m* de travail; *von Fachleuten* groupe *m* de spécialistes

'Fachhandel *m* commerce spécialisé; **nur im ~ erhältlich** en vente exclusive chez les spécialistes

'Fach|händler *m* commerçant spécialisé; spécialiste *m*; **~hochschule** *f etwa* I.U.T. *m* (institut universitaire de technologie); **~idiot** *m* *péj* spécialiste borné; **~jargon** *m* jargon technique, administratif, *etc*; **~kenntnis(se)** *f*(*pl*) connaissances spéciales; compétence(s) *f*(*pl*); **~kraft** *f* personne qualifiée; **~kräfte** *f*/*pl* personnel qualifié

'Fachkreise *m*/*pl* milieux d'experts, spécialisés; **in ~n** dans les milieux *od* les cercles spécialisés

'fach|kundig *adj* compétent; expert; **⁓lehrer(in)** *m*(*f*) **~ für ...** professeur *m* de ...; **⁓lehrgang** *m* cours *m*(*pl*) de spécialisation; **⁓leute** *pl* *von Fachmann*; **⁓lich** *adj* professionnel, -elle; spécial(isé); technique; **⁓literatur** *f* littérature spécialisée; *coll* livres, ouvrages spécialisés; **⁓mann** *m* ⟨~(e)s; -männer *ou* -leute⟩ spécialiste *m*; homme *m* du métier; professionnel *m*; expert *m*

'fachmännisch I *adj* de spécialiste; d'expert; compétent; qualifié; **II** *adv* en expert; **e-e ~ ausgeführte Reparatur** une réparation exécutée par un professionnel, un expert, un spécialiste

'Fach|oberschule *f* lycée (d'enseignement) professionnel; LEP *m*; **~personal** *n* *cf* Fachkräfte; **~presse** *f* presse spécialisée; **~richtung** *f* branche *f*; discipline *f*; **~schaft** *f* ⟨~; ~en⟩ *e-r Hochschule* (délégués *m*/*pl* des) étudiants *m*/*pl* d'un département; **~schule** *f* établissement *m* d'enseignement spécialisé; école professionnelle

Fachsimpe'lei F *f* ⟨~; ~en⟩ **das ist reine ~** c'est vraiment parler métier, F boutique

'fach|simpeln F *v*/*i* ⟨-(e)le, h⟩ parler métier, F boutique; **~spezifisch** *adj* orienté, axé sur un domaine spécifique; **⁓sprache** *f* langue *f* de spécialité; langage *m*, terminologie *f* technique; **~übergreifend** *adj* interdisciplinaire; **⁓unterricht** *m* enseignement spécialisé; **⁓verband** *m* association professionnelle; **⁓welt** *f* ⟨~⟩ spécialistes *m*/*pl*; milieux professionnels

'Fachwerk *n* *CONSTR* (*Balkengerippe*) colombage *m*; *Bauweise* pan *m* de bois; **~bau** *m* ⟨~(e)s; ~ten⟩ construction *f* à colombage; ~**haus** *n* maison *f* à colombage

'**Fach**|**wissen** *n* connaissances spécialisées, techniques; ~**wissenschaft** *f* spécialité *f*; domaine *m* scientifique; ~**wort** *n* ⟨~(e)s; -wörter⟩ *cf* **Fachausdruck**; ~**wörterbuch** *n* dictionnaire spécialisé; ~**zeitschrift** *f* revue spécialisée, professionnelle

Fackel ['fakəl] *f* ⟨~; ~n⟩ torche *f*; flambeau *m*

'**fackeln** F *v/i* ⟨-(e)le, h⟩ *nicht lange* ~ F ne faire ni une ni deux; ne pas hésiter

'**Fackel**|**träger** *m* porte-flambeau; ~**zug** *m* retraite *f* aux flambeaux

Factoring ['fɛktəriŋ] *n* ⟨~s⟩ COMM factoring *m*; affacturage *m*

fad(**e**) [faːt ('faːdə)] *adj* **1.** *Speise, fig* fade; insipide; *p/fort* F fadasse; **2.** (*langweilig*) ennuyeux, -euse

Faden[1] ['faːdən] *m* ⟨~s; ⸚⟩ TEXT, COUT, MÉD fil *m*; (*Näh*2) aiguillée *f*; *e-s Seils* brin *m*; *e-r Glühbirne etc* filament *m*; *Käse etc* **Fäden ziehen** filer; MÉD **die Fäden ziehen** enlever, retirer les fils; *fig* **roter** ~ *e-r Erzählung* fil conducteur; **den** ~ **verlieren, wiederaufnehmen** perdre, reprendre le fil; *alle* **Fäden in der Hand halten** tenir, tirer les ficelles; *an e-m* (*seidenen*) ~ *hängen* ne tenir qu'à un fil

Faden[2] *m* ⟨~s; ~⟩ MAR Tiefenmaß brasse *f*

'**Faden**|**kreuz** *n* OPT réticule *m*; ~**nudeln** *f/pl* vermicelle *m*; **2scheinig** *adj* **1.** (*abgewetzt*) usé jusqu'à la corde; élimé; râpé; **2.** *fig péj Vorwand, Argument* cousu de fil blanc; ~**wurm** *m* ZO filaire *m,f*; dragonneau *m*; *sc* nématode *m*

'**Fadheit** *f* ⟨~⟩ *a fig* fadeur *f*; insipidité *f*

Fading ['feːdiŋ] *n* ⟨~s⟩ RAD fading *m*; évanouissement *m*

Fagot|**t** [fa'gɔt] *n* ⟨~(e)s; ~e⟩ MUS basson *m*; ~'**tist** *m* ⟨~en; ~en⟩ basson *m*; bassoniste *m*

fähig ['fɛːɪç] *adj* **1.** (*befähigt*) capable (*zu* de); compétent; apte (*zu* à); *ein* ~**er Kopf** un esprit capable; un cerveau; **2.** (*bereit*) **zu etw** ~ **sein** être capable de qc; ~ *sein, etw zu tun* être capable, susceptible de faire qc; *péj* **zu allem** ~ capable de tout

'**Fähigkeit** *f* ⟨~; ~en⟩ *zu e-r Tätigkeit* capacité *f*; *natürliche* aptitude *f*; *geistige, seelische* faculté *f*; *geistige* ~**en** *pl* facultés *f/pl*

fahl [faːl] *adj Licht etc* blafard; blême; *Gesicht a* livide; '~**gelb** *adj* jaune blafard (*inv*); '~**rot** *adj* fauve

Fähnchen *n* ⟨~s; ~⟩ petit drapeau; *meist dreieckiges* fanion *m*; MUS *an Noten* crochet *m*

fahnden ['faːndən] *v/i* ⟨-ete, h⟩ *nach j-m* ~ rechercher qn

'**Fahndung** *f* ⟨~; ~en⟩ recherches *f/pl* '**Fahndungsliste** *f* liste *f* des personnes recherchées par la police

Fahne ['faːnə] *f* ⟨~; ~n⟩ **1.** drapeau *m*; (*Flagge*) pavillon *m*; (*Banner, Kirchen*2) bannière *f*; MIL **weiße** ~ drapeau blanc; *fig* **mit fliegenden** ~**n** bannières déployées; *die* ~ **schwenken** agiter le drapeau; *fig die* ~ **hochhalten** maintenir les traditions; rester fidèle à ses convictions; *fig etw auf s-e* ~**n schreiben** se battre pour qc; *fig s-e* ~

nach dem Wind(*e*) *hängen* être opportuniste; retourner sa veste; **2.** (*Druck*2) épreuve *f*; **3.** F (*Alkohol*2) *er hat e-e* ~ il sent l'alcool à plein nez

'**Fahnen**|**eid** *m* serment *m* (de fidélité) au drapeau; ~**flucht** *f* ⟨~⟩ désertion *f*

'**fahnenflüchtig** *adj* ~ *werden* déserter

'**Fahnen**|**flüchtige**(**r**) *m* ⟨→ A⟩ déserteur *m*; ~**mast** *m* mât *m* de drapeau; ~**stange** *f* 'hampe *f* (de drapeau); ~**träger** *m* porte-drapeau *m*; ~**weihe** *f* bénédiction *f* de(s) drapeau(x)

Fähnrich ['fɛːnrɪç] *m* ⟨~(e)s; ~e⟩ MIL aspirant *m*; ~ *zur See* aspirant de marine

'**Fahr**|**ausweis** *m* titre *m* de transport; ~**bahn** *f e-r Straße* chaussée *f*; (*Fahrspur*) voie *f*; *e-r Brücke* tablier *m*; ~**bahnbelag** *m* revêtement *m* de la chaussée; ~**bahnbreite** *f* largeur *f* de la chaussée; ~**bahnmarkierung** *f* signalisation *f* au sol

'**fahrbar** *adj* roulant; F ~**er Untersatz** (*Auto*) F bagnole *f*

'**fahrbereit** *adj Fahrzeug* en état de marche, de fonctionnement; *Person* prêt à partir, à prendre la route

'**Fahr**|**bücherei** *f* bibliobus *m*; bibliothèque ambulante; ~**damm** *m* regional chaussée *f*; ~**dienstleiter** *m* EISENBAHN chef *m* de sécurité; ~**draht** *m* ÉLECT fil *m* de contact

'**Fähre** ['fɛːrə] *f* ⟨~; ~n⟩ bac *m*; *große* ferry-boat *m*; (*Seil*2) traille *f*; (*Schwebe*2) pont transbordeur

'**Fahreigenschaften** *f/pl* qualités *f/pl* (d'un véhicule); maniement *m*

fahren ['faːrən] ⟨*fährt, fuhr, gefahren*⟩ **I** *v/t* ⟨h⟩ **1.** *Person, Auto* conduire; *Waren, Lasten* transporter; *schwere Last* charrier; *Strecke, Runde etc* faire; *Kurve* prendre; *Auto, Schlitten etc ~ zum Vergnügen* ⟨sein⟩ faire de la voiture, de la luge, *etc*; *e-n Porsche* ~ piloter une Porsche; *j-n zum Bahnhof* ~ conduire qn à la gare; *beim Rennen die beste Zeit* ~ mettre le meilleur temps; **2.** RAD (*senden*) *ein Programm* ~ diffuser un programme; **3.** (*arbeiten*) *e-e* **Sonderschicht** ~ faire travailler une équipe supplémentaire; F *e-n* ~ *lassen* F faire un pet; **II** *v/i* ⟨sein⟩ **4.** aller; rouler; *Schiff* a naviguer; *Person am Steuer* conduire; *gut, sicher* ~ conduire bien, avec assurance; *mit 80 km/h* ~ faire du 80 à l'heure; *mit dem Auto, dem Fahrrad, der Bahn, dem Schiff* ~ aller en voiture, à bicyclette, en train, en bateau; prendre la voiture, la bicyclette, le train, le bateau; *rechts* ~ conduire, circuler, rouler à droite; *langsamer* ~ ralentir; *rückwärts* ~ faire marche arrière; reculer; *gegen etw* ~ rentrer dans qc; *leichter* 'heurter qc; *durch die Stadt* ~ passer par, traverser la ville; *über e-n Fluß etc* ~ passer un fleuve, *etc*; *mit Diesel, Super*(*benzin*) ~ rouler au gazole, au super; **5.** (*reisen*) partir; *in Urlaub, in die Berge, nach Berlin* ~ partir en vacances, à la montagne, à Berlin; **6.** ⟨h⟩ partir; *der Zug fährt in zehn Minuten* (*dat*) le train part dans dix minutes; **7.** (*verkehren*) circuler; *der Bus fährt zweimal täglich* le bus passe deux fois par jour; **8.** *fig j-m an die Kehle* ~ sauter à la gorge de qn;

aus dem Bett ~ bondir 'hors du lit; sauter du lit; *mit der Hand über das Gesicht* ~ se passer la main sur le visage; *was ist bloß in dich ge*~? qu'est-ce qui t'a pris?; quelle mouche t'a piqué?; F *gut mit j-m, e-r Sache* ~ être content de qn, de qc; F *gut dabei* ~ y trouver son compte; s'en trouver bien; **III** *v/réfl* ⟨h⟩ *Fahrzeug sich leicht* ~ se conduire facilement

'**Fahren** *n* ⟨~s⟩ *am Steuer* conduite *f*; *e-s Fahrzeugs* marche *f*

'**fahrend** *adj* ⟨*épithète*⟩ en marche; HIST ~**er Sänger** ménestrel *m*; ~**es Volk** gens *m/pl* du voyage

'**fahrenlassen** *v/t* ⟨*irr, sép, pas de ge-*, h⟩ *Gegenstand* lâcher; *Hoffnung etc* abandonner; renoncer à; *alle Sorgen* ~ bannir tous les soucis

'**Fahrer** *m* ⟨~s; ~⟩ conducteur *m*; *als Beruf* chauffeur *m*; (*Omnibus*2) ADM machiniste *m*; (*Renn*2) pilote *m*; PFERDERENNEN jockey *m*; *rücksichtsloser* ~ chauffard *m*

Fahre'**rei** *f* ⟨~⟩ *oft péj* (style *m* de) conduite *f*; *lästige* trajets *m/pl* (pénibles); *bei dieser* ~ *etwa* avec tous ces chauffards

'**Fahrerflucht** *f* ⟨~⟩ délit *m* de fuite; ~ *begehen* commettre un délit de fuite

'**Fahrerin** *f* ⟨~; ~nen⟩ conductrice *f*

'**Fahrerlaubnis** *f* ADM permis *m* de conduire

'**Fahrersitz** *m* siège *m* du conducteur, du chauffeur

'**Fahr**|**gast** *m im Auto, Schiff* passager, -ère *m,f*; *im Zug* voyageur, -euse *m,f*; *im Taxi* client(e) *m*(*f*); *im Bus, in der Straßenbahn* usager, -ère *m,f*; voyageur, -euse *m,f*; ~**geld** *n* argent *m* pour le tramway, pour l'autobus, *etc*; ~**geldzuschuß** *m* prime *f* de transport; ~**gelegenheit** *f* occasion *f* d'aller en voiture, en train, *etc*; *cf a* **Mitfahrgelegenheit**; ~**gemeinschaft** *f* groupe de personnes se partageant une voiture pour se rendre à leur lieu de travail, *etc*; ~**geschwindigkeit** *f* allure *f*; vitesse *f*

'**Fahrgestell** *n* **1.** *e-s Autos* châssis *m*; *e-s Flugzeugs* train *m* d'atterrissage *m*: terrisseur *m*; *einziehbares* ~ train d'atterrissage escamotable; **2.** F plais (*Beine*) F pattes *f/pl*; F guibol(l)es *f/pl*

'**fahrig** *adj* (*unruhig*) agité; (*nervös*) nerveux, -euse; (*zerfahren*) distrait; *Bewegung* nerveux, -euse; incontrôlé; **2keit** *f* ⟨~⟩ distraction *f*; *p/fort* nervosité *f*

'**Fahrkarte** *f* billet *m*; *für U-Bahn* ticket *m* (*oft a für Bus, Straßenbahn*); (*Rück*2) (billet *m* d')aller et retour *m*; *einfache* ~ aller *m* simple

'**Fahrkarten**|**ausgabe** *f* guichet *m* des billets; ~**automat** *m* distributeur *m* de billets, de tickets; ~**kontrolleur** *m* contrôleur *m*; ~**schalter** *m* guichet *m* des billets

'**Fahrkosten** *cf* **Fahrtkosten**

'**fahrlässig I** *adj* négligent; imprudent; JUR ~**e Tötung** homicide *m* involontaire, par imprudence **II** *adv* par négligence; par imprudence

'**Fahrlässigkeit** *f* ⟨~⟩ négligence *f*; imprudence *f*; JUR *grobe* ~ négligence grave, grossière

'**Fahr**|**lehrer**(**in**) *m*(*f*) moniteur, -trice *m,f* d'auto-école, (d'école) de conduite; ~**leistung** *f* performance *f*

'**Fährmann** *m* ⟨~(e)s; -männer *ou* -leute⟩ passeur *m*
'**Fahrnis** *f* ⟨~; ~se⟩ JUR biens meubles, mobiliers
'**Fährnis** ['fɛːrnɪs] *poét f* ⟨~; ~se⟩ aléa(s) *m(pl)*; risque *m*; danger *m*
'**Fahr|personal** *n* EISENBAHN personnel roulant; **~plan** *n* **1.** *Aushang* (tableau *m*) horaire *m*; *als Buch* indicateur *m* (des chemins de fer, des cars); **2.** F (*Programm*) programme *m*; plan(s) *m(pl)*; **♀planmäßig I** *adj* régulier, -ière; *Ankunft, Abfahrt* prévu (selon l'horaire); **II** *adv* selon l'horaire; **~praxis** *f* ⟨~⟩ pratique *f* de la conduite
'**Fahrpreis** *m* prix *m* du billet, du trajet, du voyage, *Taxi* de la course; **~anzeiger** *m* ⟨~s; ~⟩ *im Taxi* compteur *m* du taxi; taximètre *m*; **~erhöhung** *f* augmentation *f* du prix du billet, du ticket; **~ermäßigung** *f* réduction *f* du prix du billet, du ticket
'**Fahrprüfung** *f* examen *m* du permis de conduire
'**Fahrrad** *n* bicyclette *f*; vélo *m*; *cf a* Rad 2.
'**Fahrrad...** *cf a* Rad... **~händler** *m* marchand *m* de cycles; **~kette** *f* chaîne *f* (de bicyclette); **~klingel** *f* sonnette *f* (de bicyclette); **~lampe** *f* phare *m* (de bicyclette); **~pumpe** *f* pompe *f* (à bicyclette); **~ständer** *m am Rad* béquille *f*; *Gestell* râtelier *m* à bicyclettes; *überdachter* garage *m* (de) cycle(s); **~träger** *m* AUTO porte-vélo *m*; **~verleih** *f* location *f* de vélos
'**Fahrrinne** *f* MAR chenal *m*
'**Fahrschein** *m* billet *m*; *aus e-m Heft, für U-Bahn* ticket *m* (*oft a für Bus, Straßenbahn*); **~entwerter** *m* composteur *m*; **~heft** *n* carnet *m* de tickets
'**Fährschiff** *n* ferry-boat *m*
'**Fahr|schule** *f* auto-école *f*; école *f* de conduite; **~schüler(in)** *m(f)* **1.** *e-r Fahrschule* élève *m,f* d'auto-école, (d'école) de conduite; **2.** SCHULE élève *m,f* qui utilise les transports publics pour se rendre à l'école; **~sicherheit** *f* ⟨~⟩ *des Autos* sécurité *f*, bon état d'un véhicule; *des Fahrers* conduite *f* sûre; **~stil** *e* style *m* de conduite; **~strecke** *f* parcours *m*; trajet *m*; (*Reiseweg*) itinéraire *m*; **~streifen** *m* voie *f*; file *f*
'**Fahrstuhl** *m* (*Aufzug*) ascenseur *m*; **2.** *für Kranke* fauteuil roulant; **~führer** *m* garçon *m* d'ascenseur; liftier *m*; **~schacht** *m* cage *f* d'ascenseur
'**Fahrstunde** *f in der Fahrschule* leçon *f* de conduite
'**Fahrt** [faːrt] *f* ⟨~; ~en⟩ **1.** (*Reise*) voyage *m*; *kurze* parcours *m*; trajet *m*; *im Taxi* course *f*; *über ein Gewässer* traversée *f*; *als Ausflug* promenade *f*, excursion *f*, sortie *f* (en voiture, en car, etc); **~ ins Blaue** excursion *f* à destination inconnue; **e-e ~ nach Köln machen** faire un voyage à Cologne; *Pfadfinder etc* **auf ~** (*acc*) **gehen** faire une sortie; **auf der ~ nach ...** en allant à ...; en route pour ...; **gute ~!** bon voyage!; **bei e-r Autofahrt** bonne route!; **2.** ⟨*sans pl*⟩ (*das Fahren*) marche *f*; (*Fahrweise*) conduite *f*; (*Geschwindigkeit*) vitesse *f*; allure *f*; **in ~** (*fahrend*) en marche; (*in Schwung*) *a fig* lancé; **während der ~ aufspringen** monter en marche; **in schneller ~** à vive allure; **freie ~** voie libre; MAR

volle ~ voraus! en avant toute!; *cf a* **voll I** 5.; **3.** *fig* F **j-n in ~ bringen** dégeler qn; (*wütend machen*) rendre qn furieux; mettre qn en colère; F *in ~* **kommen** se dégeler; (*wütend werden*) s'énerver; F *in ~* **sein** être lancé; (*aufgebracht sein*) F être furax; **jetzt ist er so richtig in ~** le voilà lancé
'**fahrtauglich** *cf* fahrtüchtig 1.
'**Fahrtdauer** *f cf* Fahrzeit
Fährte ['fɛːrtə] *f* ⟨~; ~n⟩ trace(s) *f(pl)*; JAGD à foulées *f(pl)*; *fig* **auf der falschen, richtigen ~ sein** suivre une fausse, la bonne piste
'**Fahrtechnik** *f* technique *f* de conduite
'**Fahrten|buch** *n* AUTO carnet *m* de route; **~messer** *n* couteau *m* de scout; **~schwimmer** *m* nageur expérimenté (30 minutes de nage libre et saut de 3 m)
'**Fahrtkosten** *pl* **1.** *für öffentliche Verkehrsmittel* prix *m* du ticket *bzw* du billet; **2.** (*Reisekosten*) frais *m/pl* de voyage, *geschäftliche a* de déplacement; (*j-m*) **die ~ erstatten** rembourser les frais de voyage, de déplacement (à qn)
'**Fahrtkostenpauschale** *f* prime *f* forfaitaire de transport
'**Fahrtrichtung** *f* sens *m* de la marche; *in ~ sitzen* être assis dans le sens de la marche; *gegen die ~ sitzen* être assis dans le sens contraire de la marche
'**Fahrt|richtungsanzeiger** *m* ⟨~s; ~⟩ (*Blinklicht*) indicateur *m* (de changement) de direction; **~schreiber** *m* ⟨~s; ~⟩ TECH tachygraphe *m*; appareil enregistreur de vitesse
'**fahrtüchtig** *adj* **1.** *Person* en état de conduire; **2.** *Fahrzeug* en état de marche
'**Fahrt|unterbrechung** *f* arrêt *m*, interruption *f* (au cours d'un voyage); **~wind** *m* vent *m*; air *m*; **~zeit** *cf* Fahrzeit
'**fahruntüchtig** *adj* **1.** *Person* qui n'est pas en état de conduire; **2.** *Fahrzeug* qui n'est pas en état de marche
'**Fahr|verbot** *n* interdiction *f* de conduire; **~verhalten** *n* *des Fahrers* comportement *m* au volant; conduite *f*; *des Fahrzeugs* qualités *f/pl*; (*Straßenlage*) tenue *f* de route
'**Fahrwasser** *n cf* Fahrrinne; *fig* **in ein politisches ~ kommen** prendre une tournure politique
'**Fahr|weise** *f* façon *f* de conduire; conduite *f*; **~werk** *n cf* Fahrgestell 1.
'**Fahrzeit** *f* durée *f* du trajet, du voyage; **reine ~** temps réel pour faire un trajet, un voyage
'**Fahrzeug** *n* ⟨~(e)s; ~e⟩ véhicule *m*; **~bau** *m* ⟨~⟩ construction *f* de véhicules; **~führer** *m bes* JUR conducteur *m*; **~halter** *m bes* ADM détenteur *m*, possesseur *m* d'un *bzw* du véhicule; **~klasse** *f* catégorie *f* de véhicules; **~kolonne** *f* colonne *f* de véhicules; **~papiere** *n/pl* papiers *m/pl* d'un *bzw* du véhicule; **~verkehr** *m* circulation *f* des véhicules
Faible ['fɛːbəl] *n* ⟨~s; ~s⟩ faible *m*; **ein ~ für j-n, etw haben** avoir un faible pour qn, pour qc
fair [fɛːr] *adj* fair-play (*inv*); loyal; *Spielverhalten a* franc jeu (*inv*); sportif, -ive; **~ sein** (*gegenüber*) être juste (envers); *p/fort* être fair-play (avec); jouer franc jeu (avec)

Fairneß ['fɛːrnɛs] *f* ⟨~⟩ fair-play *m*; loyauté *f*; sportivité *f*
Fäkalien [fɛ'kaːliən] *pl* matières fécales; vidanges *f/pl*
Fakir ['faːkiːr] *m* ⟨~s; ~e⟩ fakir *m*
Faksimile [fak'ziːmile] *n* ⟨~s; ~s⟩ fac-similé *m*
Fakt [fakt] *n od m* ⟨~(e)s; ~en⟩ fait *m*; **♀isch I** *adj* (*épithète*) effectif, -ive; réel, réelle, **II** *adv* **1.** effectivement; réellement; en réalité, fait; de fait; **2.** F *österr* (*eigentlich*) dans ne fond
Faktor *m* ⟨~s; -'toren⟩ *a* MATH, BIOL, PSYCH, ÉCON facteur *m*
Faktotum [fak'toːtum] *n* ⟨~s; ~s *ou* -ten⟩ factotum *m*
'**Faktum** *n* ⟨~s; -ten⟩ fait *m*
Fak'tur(a) *f* ⟨~; ~en (-ren)⟩ COMM bes österr facture *f*
faktu|'rieren *v/t* (*pas de ge-*, h) COMM facturer; établir la facture de; **♀'rier-maschine** *f* facturière *f*; **♀'rist(in)** *m* ⟨~en; ~en⟩ (*f*) ⟨~; ~nen⟩ facturier, -ière *m,f*
Fakultät [fakul'tɛːt] *f* ⟨~; ~en⟩ **1.** *e-r Universität* faculté *f*; *in Frankreich a* U.F.R. *f* (unité de formation et de recherche); **die philosophische, juristische, medizinische ~** la faculté des lettres, de droit, de médecine; **2.** MATH factorielle *f*
fakulta'tiv *adj* facultatif, -ive
Falke ['falkə] *m* ⟨~n; ~n⟩ ZO, POL faucon *m*
'**Falken|beize** *f*, **~jagd** *f* chasse *f* au faucon; fauconnerie *f*
'**Falklandinseln** *f/pl* **die ~** les (îles *f/pl*) Malouines *f/pl*
'**Falkne|r** ⟨~s; ~⟩ fauconnier *m*; **~'rei** *f* **1.** ⟨~⟩ *cf* Falkenjagd; **2.** ⟨~; ~en⟩ *Anlage* fauconnerie *f*
Fall [fal] *m* ⟨~(e)s; ~e⟩ **1.** (*Vorkommnis, Angelegenheit*) cas *m* (*a* JUR, MÉD); JUR *a* cause *f*; espèce *f*; **ein typischer ~** un cas typique, type; **in diesem ~(e)** dans, en ce cas; **in solchen ~** en pareil cas; **in vielen Fällen** dans bien des cas; **im besten, günstigsten ~(e)** (en mettant les choses) au mieux; **im schlimmsten ~(e)** au pis aller; **in dringenden Fällen** en cas d'urgence; **im ~(e) e-s Unglücks** *etc* en cas d'accident, *etc*; **auf jeden ~**, **auf alle Fälle** en tout cas; de toute façon; **auf keinen ~** en aucun cas; **für alle Fälle** à tout hasard; par précaution; F au cas où; F en cas; **für den ~, daß ...** pour le cas, au cas où ... (+*Konditional*); **von ~ zu ~** (*entscheiden*) (décider) selon, suivant le cas, au cas par cas; **gesetzt den ~, daß ...** supposons que ..., à supposer que ... (+*subj*); (**nicht**) **der ~ sein** (ne pas) être le cas; **das ist auch bei ihm der ~** c'est aussi son cas; **der ~ ist für mich erledigt** pour moi, cette affaire classée; F **das wäre ganz mein ~** F ça serait mon truc; **2.** ⟨*sans pl*⟩ (*Sturz*) chute *f* (*a fig*); *e-r Festung etc* prise *f*; PHYS **freier ~** chute libre; **st/s zu ~ kommen** tomber; *fig* **durch etw zu ~ kommen** ruiner sa carrière, se casser la figure à cause de qc; **st/s zu ~ bringen** faire tomber; renverser; *fig Antrag etc* faire échouer; **3.** GR cas *m*; **erster, zweiter, dritter, vierter ~** nominatif *m*, génitif *m*, datif *m*, accusatif *m*
'**Fall|beil** *n* guillotine *f*; couperet *m*;

Fallbeschleunigung – Falzmaschine

~beschleunigung f PHYS accélération f de la pesanteur
Falle ['falə] f ⟨~; ~n⟩ **1.** piège m (a fig); (Fallgrube) trappe f; fig traquenard m; embûche(s) f(pl); **e-e ~ aufstellen** poser un piège; fig **j-m e-e ~ stellen** tendre un piège à qn; **j-n in e-e ~ locken** attirer qn dans un guet-apens; durch Überredung emberlificoter qn; **in die ~ gehen** tomber dans le piège, fig le panneau; a fig se laisser prendre au piège; **in der ~ sitzen** être pris au piège; F être fait comme un rat; **2.** F (Bett) pieu m; F plumard m; **in die ~ gehen, sich in die ~ hauen** F se pieuter
'fallen v/i ⟨fällt, fiel, gefallen, sein⟩ **1.** zu Boden tomber; F chuter; **sich ins Gras, in e-n Sessel ~ lassen** se laisser tomber dans l'herbe, dans un fauteuil; **die Haare ~ ihm auf die Schulter** les cheveux lui tombent sur les épaules; **2.** im Krieg mourir à la guerre; tomber au champ d'honneur; **3.** Preise, Kurse baisser; être en od à la baisse; p/fort tomber; Thermometer etc baisser; descendre; Temperatur a se refroidir; Wasserstand etc baisser; Linie, Ton descendre; Stimme, Intonation baisser; tomber; **4.** Festung etc être pris; **5.** (weg~) tomber; être supprimé; **6.** Schuß partir; se faire entendre; SPORT Tor être marqué; **7.** Wort être lâché; tomber (au cours de la conversation); **8.** Entscheidung être pris; **9.** (zu~) an j-n ~ Erbschaft etc revenir, échoir à qn; **10.** (treffen) **auf j-n, etw ~** tomber sur qn, sur qc; Wahl, Los, Verdacht a se porter sur qn; Licht a frapper qn, qc; donner sur qn, qc; **11.** zeitlich **auf e-n Sonntag** etc ~ tomber un dimanche, etc; **12.** (gehören) **in dieselbe Kategorie** etc ~ rentrer dans la même catégorie, etc; **unter ein Gesetz ~** tomber sous le coup d'une loi; **13.** F (durch~) **durch die Prüfung ~** rater l'examen; **14.** cf **schwerfallen, leichtfallen** u die betreffenden Substantive
'Fallen n ⟨~s⟩ chute f; der Preise, Kurse, des Barometers etc baisse f
fällen ['fɛlən] v/t ⟨h⟩ **1.** Baum abattre; CHIM précipiter; MATH **das Lot ~** abaisser la perpendiculaire; **2. e-e Entscheidung ~** prendre une décision; JUR **ein Urteil ~** rendre un jugement; **über j-n, etw ein Urteil ~** porter un jugement sur qn, sur qc; juger qn, qc
'fallend adjt qui tombe; tombant; Preise, Kurse, Barometer etc en baisse; Linie descendant; **~e Tendenz** tendance f à la baisse
'fallenlassen ⟨irr, sép, pas de -ge- (au passif -ge-), h⟩ **I** v/t **1.** fig Person laisser tomber; Absicht, Thema etc abandonner; laisser tomber; **2.** (machen) Bemerkung lâcher; laisser tomber; **II** v/réfl **sich ~** se détendre; se laisser aller
'Fallensteller m ⟨~s; ~⟩ trappeur m
'Fall|gatter n e-r Burg herse f; sarrasine f; **~geschwindigkeit** f PHYS vitesse f de chute; **~gesetz** n PHYS loi f sur la chute des corps; **~gitter** n cf **Fallgatter**; **~grube** f JAGD trappe f; **~höhe** f PHYS hauteur f de chute
fällig ['fɛlɪç] adj **1.** Gebühr, Steuer etc exigible; COMM échéant; Zinsen payable; **nach dem Termin** échu (**am ...**) **werden** échoir (le ...); venir, arriver à échéance (le ...); **2.** par ext **~ sein** Flugzeug etc être attendu (**um fünf Uhr** pour cinq heures); Wahl etc devoir avoir lieu; F **es wäre e-e Gehaltserhöhung ~** ce serait le moment de me donner une augmentation de salaire; F **jetzt reicht's, der Kerl ist nächstes Mal ~** F ce type, la prochaine fois, ça va être sa fête
'Fälligkeit f ⟨~; ~en⟩ échéance f; e-r Zahlung a exigibilité f
'Fälligkeitstermin m (date f d')échéance f
'Fallobst n fruits tombés
Fallout ['fɔːlaʊt] m ⟨~s; ~s⟩ NUCL retombées radioactives
'Fall|reep n MAR échelle f de coupée; **~rückzieher** m FUSSBALL coup de pied retourné
falls [fals] conj si (+ind Präsens od Zeiten der Vergangenheit); (für den Fall, daß) dans le od au cas où ... (+Konditional); **~ nicht** sinon
'Fallschirm m parachute m; **mit dem ~ abspringen** sauter, descendre en parachute
'Fallschirm|jäger m MIL parachutiste m; F para m; **~springen** n parachutisme m; **~springer(in)** m ⟨~s; ~⟩ (f) ⟨~; ~nen⟩ SPORT, MIL parachutiste m,f
'Fallstrick m traquenard m; **j-m ~e legen** tendre un piège à qn
'Fall|studie f étude f de cas; **~sucht** f ⟨~⟩ cf **Epilepsie**; **~treppe** f échelle f escamotable; **~tür** f trappe f
'fallweise adv **1.** (von Fall zu Fall) selon, suivant les cas; **2.** österr de temps en temps
'Fallwind m vent descendant
Falott [fa'lɔt] F österr m ⟨~en; ~en⟩ escroc m
falsch [falʃ] adj **1.** (unrichtig, irrig) faux, fausse (meist vorgestellt); Ansicht, Schlußfolgerung, Vorstellung a erroné; Antwort, Lösung, Rechnung, Adresse faux, fausse; mauvais; Mittel, Auslegung, Richtung, Tür, Straßenseite etc mauvais; **an den 2en geraten (sein)** se tromper d'adresse; **2.** (gefälscht) Geld, Paß faux, fausse; Name a d'emprunt; **3.** (unecht) Schmuck faux, fausse; (en) toc; Haare, Schnurrbart etc a postiche; **~e Zähne** fausses dents; tier m; cf a Hase; **4.** (unangebracht) Scham etc faux, fausse; **5.** (irreführend) Angabe faux, fausse; Versprechungen a mensonger, -ère; **6.** péj (hinterhältig) faux, fausse; **~ sein** a être de mauvaise foi; **II** adv **~ singen** chanter faux; **etw ~ beurteilen, einschätzen** mal juger, estimer qc; juger, estimer faussement qc; **~ adressieren, aussprechen, übersetzen, schreiben** mal adresser, prononcer, traduire, orthographier; **~ verstehen** mal comprendre; comprendre de travers; **Sie verstehen mich ~** vous ne comprenez pas ce que je veux dire; **etw ~ machen** mal faire qc; faire qc de travers; se tromper; s'y prendre mal; **Uhr ~ gehen** ne pas être juste od à l'heure; **~ parken** être en stationnement interdit; abus être mal garé; **~ herum** dans le mauvais sens; TÉL (**ich bin**) **~ verbunden** c'est une erreur; **e-n Sachverhalt (bewußt) ~ darstellen** altérer les faits
'Falsch|aussage f JUR fausse déposition; **~eid** m JUR faux serment (fait inconsciemment)
fälschen ['fɛlʃən] v/t ⟨h⟩ durch Nachahmung contrefaire; durch Änderung falsifier; altérer; Spielkarten, Würfel truquer
'Fälscher(in) m ⟨~s; ~⟩ (f) ⟨~; ~nen⟩ faussaire m,f; falsificateur, -trice m,f; **~bande** f bande f de faussaires
'Falsch|fahrer(in) m(f) automobiliste m,f roulant à contresens (sur une autoroute); **~geld** n fausse monnaie; faux billet de banque; **~heit** f ⟨~⟩ fausseté f; e-r Person a duplicité f
'fälschlich I adj ⟨épithète⟩ faux, fausse; (irrtümlich) erroné; **II** adv faussement; (irrtümlich) par erreur; **anklagen** a à tort
'fälschlicherweise adv cf **fälschlich** II
'falschliegen F v/i ⟨irr, sép, -ge-, h⟩ se tromper; F se gourer
'Falsch|meldung f fausse nouvelle; **~münzer** m ⟨~s; ~⟩ faux-monnayeur m; **~münze'rei** f ⟨~⟩ faux-monnayage m; contrefaçon f (de monnaie); **~parker(in)** m ⟨~s; ~⟩ (f) ⟨~; ~nen⟩ automobiliste m,f en infraction de stationnement
'Falschspiel n ⟨~(e)s⟩ tricherie f, F triche f (au jeu); **2en** v/i ⟨sép, -ge-, h⟩ tricher (au jeu); **~er(in)** m(f) tricheur, -euse m,f
'Fälschung f ⟨~; ~en⟩ durch Nachahmung contrefaçon f; JUR, von Geld etc a contrefaction f; durch Änderung falsification f; truquage m; JUR od von Kunstwerken faux m
'fälschungssicher adj infalsifiable
Falsett [fal'zɛt] n ⟨~(e)s; ~e⟩ MUS fausset m
'falt|bar adj pliable; **2blatt** n dépliant m; **2boot** n canot pliant, démontable
Falte ['faltə] f ⟨~; ~n⟩ **1.** (Kleider 2) pli m; ungewollte faux pli; (Kräusel 2) fronce f; **~n werfen** faire des plis; **in ~n (acc) legen** plisser; **2.** (Haut 2) ride f; **die Stirn in ~n ziehen** od **legen** nachdenklich plisser le front; aus Ärger froncer les sourcils; **3.** GÉOL pli m
fälteln ['fɛltəln] v/t ⟨(e)le, h⟩ COUT plisser; abs faire du plissé
'falten v/t ⟨-ete, h⟩ Papier etc plier; **die Hände ~** joindre les mains
'Falten|gebirge n GÉOL chaîne plissée; **2los** adj Kleid sans plis; Haut sans rides; **~rock** m jupe plissée; jupe f à plis; **~wurf** m KUNST draperie f; COUT drapé m
'Falter m ⟨~s; ~⟩ ZO papillon m
'faltig adj à plis; (zerknittert) froissé; Haut ridé; Gesicht a plissé
'Falt|karton m carton m pliable; **~prospekt** m dépliant m; **~tür** f porte pliante; **~ung** f ⟨~; ~en⟩ pliage m; GÉOL plissement m
Falz [falts] m ⟨~es; ~e⟩ **1.** e-s Papierbogens pli m; (Briefmarken 2) charnière f; **2.** TECH (Blech 2) agrafure f; (Holz 2) rillenförmiger rainure f; (Gleit 2) coulisse f; rechtwinkliger feuillure f; e-s Buchs mors m; (Ansetz 2) onglet m
'falzen v/t ⟨-(es)t, h⟩ Papier plier; Blech etc replier; KLEMPNEREI sertir; TISCHLEREI feuiller; bouveter
'Falzmaschine f BUCHBINDEREI plieuse f; KLEMPNEREI machine f à agrafer, à sertir; TISCHLEREI bouveteuse f

familiär [famili'ɛ:r] *adj* **1.** (*zwanglos*) sans façon; simple; familier, -ière (*a péj*); **2.** (*Familien...*) familial; de famille; *aus ~en Gründen* pour (des) raisons de famille; **3.** *LING* familier, -ière; *~e Wendung* tournure familière
Familiari'tät *f* ⟨~; ~en⟩ familiarité *f*
Familie [fa'mi:liə] *f* ⟨~; ~n⟩ famille *f* (*a BIOL*); *kinderreiche* ~ famille nombreuse; *aus guter* ~ de bonne famille; *e-e* ~ *gründen* fonder un foyer, une famille; *das liegt in der* ~ c'est de famille; *das kommt in den besten ~n vor* cela arrive dans les meilleures familles
Fa'milien|album *n* album *m* de famille; *~angehörige(r)* *f(m)* membre *m* de la famille; parent *m*; *~angelegenheit* *f* affaire *f* de famille; *~anschluß m* ⟨-sses⟩ accueil *m* dans une famille; *~anzeige* *f in der Zeitung* annonce *f*, *abus* faire-part *m* de mariage, de décès, etc; *~beihilfe f* prestations familiales; *~besitz m* biens *m(pl)* de famille; *~betrieb m* entreprise, *AGR* exploitation familiale; *~buch n* livret *m* de famille; *~chronik* *f* chronique familiale; *~feier f* fête *f* de famille
fa'milienfeindlich *adj* contre la famille
Fa'milienforschung *f* généalogie *f*; études *f/pl* généalogiques
fa'milienfreundlich *adj* Politik, Maßnahme en faveur des familles; *Preise* pour les familles
Fa'milien|grab *n* tombe familiale; *~gruft f* caveau *m* de famille; *~hilfe f Krankenversicherung* prestations *f/pl* (de l'assurance maladie) pour charges de famille; *~krach* F *m* scène familiale
Fa'milienkreis *m* cercle *m* de famille; *im ~(e)* en famille; *im engsten ~(e)* dans la plus stricte intimité
Fa'milien|leben *n* ⟨~s⟩ vie *f* de famille, familiale; *~minister(in)* *m(f)* *in Deutschland* ministre *m* des Affaires familiales; *~mitglied* *n* membre *m* de la famille; *~name m* nom *m* de famille; *~oberhaupt n* chef *m* de famille; *~planung f* planning familial; *~politik f* politique familiale; *~recht n* ⟨(e)s⟩ droit *m* de la famille; *~stand m* ⟨(e)s⟩ *ADM* état civil; situation *f* de famille; *~vater m* père *m* de famille; *~vorstand* *ADM* *m* chef *m* de famille; *~wappen* *n* armes *f/pl*, blason *m* de famille; *~zusammenführung f* regroupement familial
Fa'milienzuwachs *m ~ erwarten* attendre un heureux événement; *wir haben ~ bekommen* notre famille s'est agrandie
famos [fa'mo:s] F *adj* épatant; F chouette; F formidable; *ein ~er Kerl* un chic type
Fan [fɛn] *m* ⟨~s; ~s⟩ admirateur, -trice passionné(e); F fan *m,f*; *e-s Sportlers* a supporter *m*
Fanal [fa'na:l] *st/s n* ⟨~s; ~e⟩ flambeau *m* (*a fig*); *fig* signal *m*
Fana|tiker(in) *f* [fa'na:tikər(in)] *m* ⟨~s; ~⟩ *(f)*; *~nen* fanatique *m,f*; F acharné(e) *m(f)*; ²**tisch** *adj* fanatique; ²**ti'sieren** *v/t* ⟨*pas de ge-*, *h*⟩ fanatiser; *~tismus m* ⟨~⟩ fanatisme *m*
fand [fant] *cf* **finden**
Fanfare [fan'fa:rə] *f* ⟨~; ~n⟩ *MUS* fanfare *f*; *am Auto* avertisseur *m* à sons multiples

Fang [faŋ] *m* ⟨~(e)s; ⁻e⟩ **1.** prise *f*; *lebender Tiere* capture *f*; (*Fisch*²) a pêche *f*; coup *m* de filet; *meist fig ein guter* ~ une bonne prise; un beau coup de filet; **2.** *Jägersprache: e-s Fuchses, Hunds* gueule *f*; *pl* **Fänge** *e-s Raubvogels* serres *f/pl*
'**Fangarm** *m ZO* tentacule *m*
'**fangen** ⟨fängt, fing, gefangen, h⟩ **I** *v/t Person, Tier, Ball* attraper; *Tiere lebend* capturer; *Fische* prendre; *Vögel mit Leim* engluer; *Ball a* recevoir; *fig von etw ganz ge~ sein* être captivé par qc; *prov mit ge~, mit gehangen prov* celui qui est pris avec des larrons est pendu avec; **II** *v/réfl sich* (*wieder*) ~ *beim Fall* se rattraper (*a fig*); *Wind sich ~ in* (+ *dat*) s'engouffrer dans
'**Fangen** *n* ⟨~s⟩ *Kinderspiel* ~ *spielen* jouer à chat
'**Fangflotte** *f* flottille *f*, *große* flotte *f* de pêche
'**Fangfrage** *f* question *f* piège; *SCHULE* colle *f*; *SCHULE* (*j-m*) *e-e ~ stellen* poser une colle (à qn)
'**Fang|gebiet** *n* zone *f* de pêche; *~leine f e-s Fallschirms* suspente *f*; *~netz n* filet *m*; *kleines für Fische* épuisette *f*
Fango ['faŋgo] *m* ⟨~s⟩ *MÉD* boue minérale; *~packung f* cataplasme *m* (à base) de boues minérales
'**Fang|quote** *f* quota *m* de pêche; *~schaltung f TÉL* dispositif *m* de localisation d'une *bzw* des communications téléphoniques
'**Fangschuß** *m JAGD* coup *m* de grâce; *e-m Tier den ~ geben* a achever un animal
'**Fanklub** *m* club *m* de fans
Fantasie [fanta'zi:] *f* ⟨~;~n⟩ *MUS* fantaisie *f*
Fantasy ['fɛntəzi] *f* ⟨~⟩ *LITERATUR, FILM* fantastique *m*
Faradaykäfig ['farade:kɛ:fiç] *m ÉLECT* cage *f* de Faraday
'**Farb|band** *n* ⟨~(e)s; -bänder⟩ *e-r Schreibmaschine* ruban *m* encreur; *~beutel m* sachet *m* de peinture liquide; *~bild n* photo *f* (en) couleur(s); *~dia(positiv) n* diapositive *f* (en) couleur(s); *~druck m* ⟨~(e)s; ~e⟩ impression *f* en couleurs; chromotypographie *f*
Farbe ['farbə] *f* ⟨~; ~n⟩ **1.** couleur *f* (*a Spielkarten²*, *fig*); *des Gesichts a* teint *m*; *e-e gesunde ~ haben* avoir des couleurs; avoir bonne mine; *fig ~ bekommen Person* prendre de la couleur; *THÉ Spiel* devenir plus coloré; gagner en couleur; *fig e-r Sache* (*dat*) ~ *geben*, *verleihen* donner de la couleur à qc; *fig an ~ gewinnen*, *verlieren* gagner, perdre en pittoresque; *fig ~ bekennen* jouer cartes sur table; *die ~n e-s Landes*, *e-s Studentenverbindung* les couleurs; **2.** *zum Anstreichen u Malen* peinture *f*; *TYPO* encre *f* d'imprimerie
'**farbecht** *adj* grand teint (*inv*)
'**Färbemittel** *n* colorant *m*; agent *m* de coloration; *TEXT*, *für Haare* a teinture *f*
'**farbempfindlich** *adj Film* orthochromatique; sensible aux couleurs; *Wäsche* qui n'est pas grand teint; ²**keit** *f PHOT* sensibilité *f* chromatique, aux couleurs; *der Wäsche* sensibilité *f* des couleurs au lavage et à la lumière

'**färben** ['fɛrbən] ⟨h⟩ **I** *v/t* **1.** colorer; *Gewebe*, *Haare* teindre; *Glas etc leicht* teinter; *blau etc* ~ colorer, teindre en bleu, *etc*; **2.** *fig Bericht etc* déformer; **II** *v/réfl sich* ~ *Blätter*, *Früchte etc* se colorer; *sich* (*dat*) *das Haar* ~ (*lassen*) se (faire) teindre les cheveux; se faire (faire) une coloration
'**Farben...** *in Zssgn cf a* **Farb...**; ²**blind** *adj* daltonien, -ienne; *~blindheit f* daltonisme *m*
'**farben|freudig**, *~froh adj* aux couleurs gaies, vives
'**Farben|industrie** *f* industrie *f* des colorants; *~lehre f* ⟨~⟩ théorie *f* des couleurs; *~pracht f* magnificence *f*, somptuosité *f* de couleurs
'**farbenprächtig** *adj* aux couleurs magnifiques, somptueuses; *ein ~es Schauspiel* un spectacle 'haut en couleurs'
'**Farben|sinn** *m* ⟨~(e)s⟩ sens *m* des couleurs; *~spiel n* jeu *m* de couleurs; effets *m/pl* de lumière
'**Färber** *m* ⟨~s; ~⟩ teinturier *m*
'**Färbe'rei** *f* ⟨~; ~en⟩ teinturerie *f*
'**Farb|fernsehen** *n* télévision *f* en couleurs; *~fernseher* F *m* télé *f* couleur; *~fernsehgerät* *n* téléviseur *m* (en) couleur(s); *~film m* film *m* en couleurs; *PHOT a* pellicule *f* (en) couleur(s); *~filter m od n OPT*, *PHOT* filtre *m*, écran coloré; *~fleck m* tache *f* de couleur; *~foto n* photo *f* (en) couleur(s); *~fotografie f* photographie *f* (en) couleur(s); *~gebung f* ⟨~⟩ coloris *m*
'**farbig** *adj* coloré (*a fig*); en couleurs; *a Hautfarbe* de couleur
'**färbig** *adj* *österr* coloré
'**Farbige(r)** *f(m)* (→ A) homme *m*, femme *f* de couleur; *die ~n* les gens de couleur
'**Farbigkeit** *f* ⟨~⟩ *des Stils etc* couleur *f*; coloris *m*
'**Farb|kasten** *m* boîte *f* de couleurs, de peinture; *TYPO* encrier *m*; *~kopierer m* (photo)copieur *m* couleur
'**farblich** **I** *adj* des couleurs; de la couleur; sur le plan des couleurs; **II** *adv etw* ~ (*aufeinander*) *abstimmen* accorder les couleurs de qc
'**farblos** *adj* sans couleur (*a fig*); *Gas* incolore (*a fig*); *fig Person* falot; ²**ig|keit** *f* ⟨~⟩ manque *m* de couleur (*a fig*)
'**Farbmischung** *f* mélange *m* de couleurs; *OPT additive* ~ synthèse additive de couleurs; *OPT subtraktive* ~ synthèse soustractive de couleurs
'**Farb|monitor** *m* moniteur *m* couleur(s); *~papier n PHOT* papier *m* de couleur; *~skala f* échelle *f*, gamme *f* de couleurs; *~stift m* crayon *m* de couleur; *~stoff m* matière colorante; colorant *m*; *TECH* wasserunlöslicher *a* pigment *m*; *cf a* **Färbemittel**; *~ton m* ⟨~(e)s; -töne⟩ teinte *f*; ton *m*; coloris *m*; (*Farbschattierung*) nuance *f*; *~topf m* pot *m* à peinture; *~tupfen m*, *~tupfer* F *m* tache *f* de couleur
'**Färbung** *f* ⟨~; ~en⟩ *Vorgang* teinture *f*; *Eigenschaft* coloration *f*; *leichte* teinte *f* (*a fig*)
'**Farb|walze** *f TYPO* rouleau *m* encreur; *~wechsel m* changement *m* de couleur
Far|ce ['farsə] *f* ⟨~; ~n⟩ *THÉ* farce *f* (*a CUIS*, *fig*); ²**cieren** *v/t* ⟨*pas de ge-*, *h*⟩ *CUIS* farcir

Farm [farm] *f* ⟨~; ~en⟩ **1.** (grande) ferme *f*; *in Amerika a* ranch *m*; **2.** (*Tier*2) ferme *f* d'élevage; **'~er(in)** *m* ⟨~s; ~⟩ (*f*) ⟨~; ~nen⟩ fermier, -ière *m,f*

Farn [farn] *m* ⟨~(e)s; ~e⟩ fougère *f*; **~kraut** *n cf* Farn

Färöer [fɛˈrøːər] *die* ~ *pl* les îles *f/pl* Féroé

Färse [ˈfɛrzə] *f* ⟨~; ~n⟩ AGR génisse *f*

Fasan [faˈzaːn] *m* ⟨~(e)s; ~e(n)⟩ faisan *m*; **~e'rie** ⟨~; ~n⟩ faisanderie *f*

faschier|en [faˈʃiːrən] *v/t* (*pas de ge-*, *h*) *österr* CUIS passer au hachoir; 'hacher; **2te(s)** *n* (→ A) *österr* CUIS 'hachis *m*

Fasching [ˈfaʃɪŋ] *m* ⟨~s; ~e *ou* ~s⟩ carnaval *m*

'Faschings... *in Zssgn cf a* **Fastnachts...**, **Karnevals...**; **~ball** *m* bal *m* de carnaval

Faschis|mus [faˈʃɪsmʊs] *m* ⟨~⟩ fascisme *m*; **~t(in)** *m* ⟨~en; ~en⟩ (*f*) ⟨~; ~nen⟩ fasciste *m,f*; **2tisch** *adj* fasciste

faschistoid [faʃɪstoˈiːt] *adj* fascisant

Fase [ˈfaːzə] *f* ⟨~; ~n⟩ TECH (*Schrägkante*) chanfrein *m*; biseau *m*

Fase'lei F *péj f* ⟨~; ~en⟩ radotage *m*; âneries *f/pl*

faseln [ˈfaːzəln] F *péj v/t u v/i* ⟨-(e)le, h⟩ radoter; F dégoiser; ***dummes Zeug ~*** débiter des âneries

Faser [ˈfaːzər] *f* ⟨~; ~n⟩ TEXT, TECH, BIOL, *von Fleisch*, *Gemüse* fibre *f*; *feine* a filament *m*; ***synthetische ~*** fibre synthétique; *st/s fig* ***mit allen ~n s-s Herzens an etw*** (*dat*) ***hängen*** tenir à qc de tout(es les fibres) de son cœur, de tout son être

'faserig *adj* TEXT, BIOL, *Papier* fibreux, -euse; *Fleisch etc* filandreux, -euse

'fasern *v/i* ⟨h⟩ *von Stoff* s'effilocher

'faser|'nackt F *adj* nu comme un ver; F à poil; **2pflanze** *f* plante *f* textile; **2schreiber** *m cf* **Filzschreiber**; **2stoff** *m* TEXT matière fibreuse, filamenteuse; fibre *f*

Faß [fas] *n* ⟨Fasses; Fässer⟩ **1.** tonneau *m*; *großes*, *bauchiges a* tonne *f* (*a fig*); *meist für Wein a* fût *m*; barrique *f* (*etwa 225 l*); *für Butter* baratte *f*; *für Teer*, *Heringe etc* baril *m*; ***in Fässer füllen*** mettre en tonneau; ***Bier n vom ~*** (de la) bière (à la) pression; ***frisch vom ~*** fraîchement tiré; **2.** *fig* ***ein ~ ohne Boden*** un gouffre; F ***ein ~ aufmachen*** F faire la bombe, la bringue; ***das schlägt dem ~ den Boden aus*** c'est le comble, le bouquet; ***das bringt das ~ zum Überlaufen*** c'est la goutte d'eau qui fait déborder le vase

Fassade [faˈsaːdə] *f* ⟨~; ~n⟩ CONSTR façade *f* (*a fig*); *großer Bauwerke* frontispice *m*

Fas'saden|kletterer *m* ⟨~s; ~⟩ monte-en-l'air *m*; **~reiniger** *m* ⟨~s; ~⟩ ravaleur *m*

'faßbar *adj* (*wahrnehmbar*) perceptible (*a fig*); (*begreifbar*) concevable; compréhensible

'Faß|bier *n* bière *f* pression; **~binder** *m* ⟨~s; ~⟩ *bes österr* tonnelier *m*

Fäßchen [ˈfɛsçən] *n* ⟨~s; ~⟩ tonnelet *m*; barillet *m*

fassen [ˈfasən] ⟨faßt, h⟩ I *v/t* **1.** (*greifen*) prendre; *schnell u fest* saisir; *Verbrecher a* arrêter; ***bei***, ***an der Hand ~*** prendre, saisir par la main; ***zu ~ bekommen***, F

kriegen attraper; empoigner; saisir; ***zum Hund faß!*** attrape-le!; mords-le!; **2.** *cf* **einfassen**; **3.** *Gefäß*, *Raum* (*aufnehmen können*) (pouvoir) contenir; *als Volumen* cuber; **4.** MIL ***Essen ~*** manger la soupe; **5.** (*formulieren*) ***etw in Worte*** (*acc*) **~** exprimer qc (avec des mots); formuler qc; ***in Begriff eng***, ***weit ~*** interpréter un concept au sens strict, au sens large; **6.** *Entschluß*, *Vertrauen*, *Vorsatz etc* prendre; *Plan etc* concevoir; ***etw ins Auge ~*** envisager qc; ***keinen klaren Gedanken ~ können*** ne pas arriver à rassembler ses idées; ***sich*** (*dat*) ***ein Herz ~*** prendre son courage à deux mains; (***wieder***) ***Mut ~*** (re)prendre courage; **7.** (*begreifen*, *glauben*) ***etw nicht ~ können*** ne pas pouvoir concevoir, comprendre, saisir *bzw* croire qc; ***es ist nicht zu ~!*** c'est incroyable!; II *v/i* **8.** TECH, *Kupplung etc* prendre; mordre; **9.** (*greifen*) ***nach etw ~*** prendre, *schnell* saisir, attraper qc; ***in etw*** (*acc*) **~** mettre la main dans qc; ***an etw*** (*acc*) **~** toucher qc; III *v/refl* **10.** ***sich*** (***wieder***) **~** se reprendre; se ressaisir; (*sich beruhigen*) se calmer; se rassurer; *cf a* **gefaßt**; **11.** ***sich kurz ~*** être bref, brève; s'expliquer en peu de mots

'faßlich *adj* compréhensible; clair; *leicht ~ a* à la portée de tous

Fasson [faˈsõː *ou* faˈsɔŋ] *f* ⟨~; ~s⟩ (*Hut*, *Art*) façon *f*; (*Form*) forme *f*; ***Hut etc aus der ~ sein*** ne plus avoir de forme; ***jeder muß nach s-r eigenen ~ selig werden*** (à) chacun ses goûts

Fas'sonschnitt *m Haarschnitt* coupe *f* de cheveux (sans dégradé)

'Fassung *f* ⟨~; ~en⟩ **1.** *e-r Glühbirne etc* douille *f*; *e-r Brille*, *e-s Edelsteins* monture *f*; **2.** *e-s literarischen Werks etc* version *f*; **3.** ⟨*sans pl*⟩ (*Selbstbeherrschung*) contenance *f*; ***die ~ bewahren*** faire bonne contenance; ***die ~ verlieren*** perdre contenance; ***die ~ verlieren***, ***j-n aus der ~ bringen*** déconcertant, déconcerter qn; ***sich nicht aus der ~ bringen lassen*** ne pas se laisser déconcerter; ***naoh ~ ringon essayer*** de se reprendre, de retrouver une contenance; ***er hat die schlechte Nachricht mit ~ getragen*** il a gardé son calme en apprenant la mauvaise nouvelle

'Fassungskraft *f* ⟨~⟩ *geistige* entendement *m*; portée *f* (de l'intelligence)

'fassungslos I *adj* déconcerté; *p/fort* stupéfait; ***vor Schmerz sein*** être pétrifié de douleur; II *adv* **~ dastehen** rester déconcerté; *p/fort* être stupéfait

'Fassungs|losigkeit *f* ⟨~⟩ stupéfaction *f*; *p/fort* stupeur *f*; **~vermögen** *n* ⟨~s⟩ *e-s Behälters etc* contenance *f*; capacité *f*

fast [fast] *adv* presque; *vor Zahlen u Zeitangaben* à près de; ***~ nie***, ***immer*** presque jamais, toujours; ***~ nirgends***, ***überall*** pratiquement nulle part, partout; ***~ nichts***, ***alles*** pratiquement rien, tout; ***~ nur ... a*** ne ... guère que; ***es waren ~ nur Deutsche da*** il n'y avait pour ainsi dire que des Allemands; *mit Verben cf* **beinahe**

fasten [ˈfastən] *v/i* ⟨-ete, h⟩ jeûner; ne rien manger

'Fasten *n* ⟨~s⟩ jeûne *m*; **~gebot** *n* obligation (religieuse) de jeûner; **~kur** *f*

cure *f* d'amaigrissement par le jeûne; **~predigt** *f* sermon *m* de carême; **~zeit** *f* carême *m*

Fast food [ˈfaːstfuːt] *n* ⟨~(s)⟩ **1.** Gastronomie fast food *m*; restauration *f* rapide; **2.** *Mahlzeit* repas *m* rapide

'Fastnacht *f* ⟨~⟩ (**~sdienstag**) mardi gras; (*Karneval*) carnaval *m*

'Fastnachts... *in Zssgn cf a* **Faschings...**, **Karnevals...**; **~brauch** *m* coutume *f* de mardi gras, de carnaval; **~dienstag** *m* mardi gras; **~treiben** *n* réjouissances (*publiques et populaires*) *accompagnant le carnaval*

Faszination [fastsinatsiˈoːn] *f* ⟨~; ~en⟩ fascination *f*; ***auf j-n ausüben*** fasciner qn; *p/fort* exercer une irrésistible séduction sur qn

faszi'nieren *v/t* ⟨*pas de ge-*, *h*⟩ fasciner

fatal [faˈtaːl] *adj* **1.** (*mißlich*) fâcheux, -euse; ennuyeux, -euse; **2.** (*verhängnisvoll*) fatal; ***~er Irrtum*** erreur fatale; **~e Folgen haben** avoir des conséquences graves

Fata'lis|mus *m* ⟨~⟩ fatalisme *m*; **~t(in)** *m* ⟨~en; ~en⟩ (*f*) ⟨~; ~nen⟩ fataliste *m,f*; **2tisch** *adj* fataliste

Fata Morgana [ˈfaːtamɔrˈɡaːna] *f* ⟨~; -nen *ou* ~s⟩ *a fig* mirage *m*

Fatzke [ˈfatskə] F *péj m* ⟨~n *ou* ~s; ~n *ou* ~s⟩ poseur *m*; fat *m*

fauchen [ˈfaʊxən] *v/t u v/i* ⟨h⟩ **1.** *Katze*, *Tiger* feuler; **2.** *fig Lokomotive* siffler en lâchant un jet de vapeur; *zornige Person* grogner

faul [faʊl] *adj* **1.** *Person* paresseux, -euse; *p/fort* fainéant; F flemmard; feignant; P ***~er Sack*** cossard *m*; ***zu ~ sein***, ***etw zu tun*** F avoir la flemme de faire qc; **2.** *Früchte*, *Ei*, *Holz etc* pourri; *Zahn* gâté; **~e Stelle** *e-r Frucht* a pourri *m*; ***~ werden***, ***cf faulen***; **3.** F *péj* **~e Ausrede** mauvaise excuse; ***~er Kompromiß*** compromis boiteux; **~e Sache** affaire louche; ***~er Witz*** plaisanterie déplacée; ***~er Zauber*** bluff *m*; F esbroufe *f*; F bidon *m*; ***an der Sache ist etwas ~*** il y a quelque chose de louche dans cette affaire

'Faulbaum *m* BOT bourdaine *f*

Fäule [ˈfɔʏlə] *f* ⟨~⟩ pourriture *f*

faulen *v/i* ⟨*sein ou* h⟩ pourrir; *Wasser a* croupir

faulenz|en [ˈfaʊlɛntsən] *v/i* ⟨-(es)t, h⟩ paresser; *péj* fainéanter; F avoir la flemme; F tirer sa flemme; **2er(in)** *m* ⟨~s; ~⟩ (*f*) ⟨~; ~nen⟩ *péj* paresseux, -euse *m,f*; fainéant(e) *m(f)*; F flemmard *m(f)*; feignant(e) *m(f)*; **2e'rei** *f* ⟨~⟩ *péj* F flemmardise *f*; F flemme *f*; *péj* fainéantise *f*; *cf a* **Faulheit**; **2erleben** *n* vie *f* de paresseux, de fainéant

'Faulheit *f* ⟨~⟩ paresse *f*; *p/fort* fainéantise *f*; F *péj* ***vor ~ stinken*** F être flemmard, cossard

'faulig *adj Geruch etc* putride; *cf a* **faul 2**.

'Fäulnis *f* ⟨~⟩ pourriture *f*; ***in ~*** (*acc*) ***übergehen cf* faulen**

'Fäulnis|bakterien *f/pl* bactéries *f/pl* saprogènes; **~erreger** *m* agent *m* de la pourriture

'Faulpelz F *péj m cf* **Faulenzer**; ***du ~!*** tu es un gros paresseux!; ***ein ~ sein a*** être paresseux comme un loir *od* une couleuvre; F avoir un poil dans la main

'Faultier *n* **1.** ZO paresseux *m*; **2.** F *péj cf* **Faulenzer**

Faun [faʊn] m ⟨~(e)s; ~e⟩ MYTH, fig faune m
Fauna ['faʊna] f ⟨~; -nen⟩ faune f
Faust [faʊst] f ⟨~; ≈e⟩ **1.** poing m; **e-e ~ machen** fermer le poing; **die Fäuste ballen** serrer les poings; **2.** fig **die ~ od Fäuste in der Tasche ballen** etwa serrer les poings dans ses poches; se retenir; **mit der ~ auf den Tisch hauen od schlagen** a fig frapper du poing sur la table; F **das paßt wie die ~ aufs Auge** (paßt nicht) ça ne va pas du tout ensemble; cela vient comme un cheveu sur la soupe; (paßt genau) ça va parfaitement ensemble; **etw auf eigene ~ tun** faire qc de son propre chef; **die ~ im Nacken spüren** être soumis à une od des pression(s); **mit eiserner ~** avec une poigne de fer
'Faust|abwehr f BALLSPIEL dégagement m du poing; **~ball** m ⟨~(e)s⟩ SPORT balle f au poing
Fäustchen ['fɔystçən] n ⟨~s; ~⟩ petit poing; fig **sich** (dat) **ins ~ lachen** rire sous cape; rire dans sa barbe
'faust|dick I adj gros, grosse comme le poing; F **e-e ~e Lüge** un gros mensonge; F un mensonge gros comme une maison; **II** F adv **er hat es ~ hinter den Ohren** c'est un malin, un rusé; il a plus d'un tour dans son sac
'fausten v/t ⟨-ete, h⟩ Torhüter (**den Ball**) **~** dégager du poing
'faust|groß adj gros, grosse comme le poing; **²handschuh** m moufle f; **²keil** m VORGESCHICHTE coup-de-poing m
Fäustling ['fɔystlɪŋ] m ⟨~s; ~e⟩ moufle f
'Faust|pfand n gage (mobilier); **~recht** n ⟨~(e)s⟩ loi f du plus fort; **~regel** f règle approximative, grossière; **~schlag** m coup m de poing
Fauteuil [fo'tœ:j] m ⟨~s; ~s⟩ österr fauteuil m
Fauxpas [fo'pa] m ⟨~; ~⟩ impair m; F gaffe f; **e-n ~ begehen** faire, commettre un impair
favori|sieren [favori'zi:rən] v/t ⟨pas de ge-, h⟩ (bevorzugen) favoriser; SPORT donner ... gagnant; **~'siert** adjt SPORT favori, -ite
Favo'rit(in) [favo'ri:t(ɪn)] m ⟨~en; ~en⟩ (f ⟨~; ~nen⟩) a SPORT favori, -ite m,f; **hoher, klarer ~** favori (incontesté); **als ~ ins Rennen gehen** partir favori
Fax [faks] n ⟨~; ~e⟩ TÉLÉCOMM télécopie f; fax m
'faxen v/t ⟨-(es)t, h⟩ faxer
Faxen ['faksən] F f/pl (dumme Späße) bêtises f/pl; (Grimassen) grimaces f/pl; singeries f/pl; **~ machen** od **schneiden** faire des grimaces, des singeries; **nur ~ im Kopf haben** n'avoir que des bêtises en tête; **laß die ~!** arrête de faire l'idiot!
'Faxenmacher F m ⟨~s; ~⟩ pitre m; clown m
'Faxgerät n télécopieur m
Fayence [fa'jã:s] f ⟨~; ~n⟩ faïence f
Fazit ['fa:tsɪt] n ⟨~s; ~e ou ~s⟩ résultat m; bilan m; conclusion f; **das ~** (aus etw) **ziehen** faire le bilan (de qc)
FC [ɛf'tse:] m ⟨~⟩ abr in Zssgn (Fußballklub) F.C. m (football club)
FCKW [ɛftse:ka:'ve:] abr (Fluorchlorkohlenwasserstoff[e]) C.F.C. m(pl) (chlorofluorocarbone[s])
FDGB [ɛfde:ge:'be:] m ⟨~⟩ HIST DDR abr (Freier Deutscher Gewerkschaftsbund) F.D.G.B. m (centrale syndicale de l'ancienne R.D.A.)
FDJ [ɛfde:'jɔt] f ⟨~⟩ HIST DDR abr (Freie Deutsche Jugend) F.D.J. f (organisation de jeunesse de l'ancienne R.D.A.)
FDP [ɛfde:'pe:] f ⟨~⟩ abr **1.** in Deutschland (Freie Demokratische Partei) F.D.P. m (parti libéral allemand); **2.** in der Schweiz (Freisinnig-Demokratische Partei) P.R.D. m (Parti radical-démocrate)
'F-Dur n fa m majeur
FD-Zug ['ɛf'de:tsu:k] m (train) rapide m
Feber ['fe:bər] m ⟨~s; ~⟩ österr (mois m de) février m; cf a **Januar**
Febr. abr (Februar) fév. (février)
Februar ['fe:brua:r] m ⟨~(s); ~e⟩ (mois m de) février m; cf a **Januar**
Fechtbahn f terrain m, piste f (d'escrime
fechten ['fɛçtən] v/i ⟨ficht (du fichtst, ihr fechtet), focht, gefochten, h⟩ **1.** faire de l'escrime (abs); faire, tirer des armes (**mit j-m, gegen j-n** avec qn); **mit dem Degen ~** faire de l'escrime à l'épée; **2.** st/s fig (**kämpfen**) se battre (**für, gegen** pour, contre)
'Fechten n ⟨~s⟩ escrime f
'Fechter(in) m ⟨~s; ~⟩ (f ⟨~; ~nen⟩) escrimeur, -euse m,f
'Fecht|kunst f (art m de l')escrime f; art m des armes; **~maske** f masque m d'escrime; **~meister** m maître m d'armes; **~saal** m salle f d'armes, d'escrime; **~sport** m escrime f
Feder ['fe:dər] f ⟨~; ~n⟩ **1.** (Vogel²) plume f; (Schwanz², Schwung²) penne f; (Hut²) plume f (de chapeau); **neue ~n bekommen** se remplumer; **leicht wie e-e ~ sein** être léger, -ère comme une plume; fig **sich mit fremden ~n schmücken** se parer des plumes du paon; F fig **dabei ~n lassen** y laisser des plumes; F **noch in den ~n liegen** être encore au lit, F au plumard; **2.** (Schreib²) plume f; **zur ~ greifen** prendre la plume; **aus der ~ e-s bekannten Autors** de la plume d'un auteur connu; fig **e-e spitze ~ führen** avoir un style caustique; **3.** TECH ressort m; TISCHLEREI languette f; **e-e ~ spannen** tendre un ressort
'Feder|ball m ⟨~(e)s⟩ Ball (pl ≈e) u Spiel volant m; badminton m; **~ballschläger** m raquette f de volant, de badminton; **~ballspiel** n **1.** (sans pl) volant m; badminton m; **2.** Zubehör volant m; **~bett** n couette f de plumes; kleines édredon m; **~busch** m **1.** e-s Vogels aigrette f; **2.** als Schmuck panache m; bes MIL plumet m; **~fuchser** m ⟨~s; ~⟩ péj **1.** (Pedant) pinailleur m; ergoteur m; **2.** (Schreiberling) gratte-papier m
'federführend adj compétent; responsable; **~ in etw** (dat) **sein** être responsable de qc
'Federführung f **die ~** (bei od in etw [dat]) **haben** avoir la responsabilité (de qc); **unter der ~ von** sous la responsabilité f
'Feder|gewicht n, **~gewichtler** m ⟨~s; ~⟩ SPORT poids m plume; **~gewichtsklasse** f catégorie f (des) poids plume; **~halter** m porte-plume m; **~kernmatratze** f matelas m à ressorts; **~kiel**

(tuyau m de) plume f; **~kissen** n coussin m de plumes; im Bett oreiller m de plumes; **~kleid** st/s n plumage m; livrée f; **~kraft** f als Eigenschaft force f élastique; élasticité f; (Kraft e-r Feder) force f de ressort; **'²leicht** adj léger, -ère comme une plume
'Federlesen n **nicht viel ~ machen** ne pas prendre de gants (**mit j-m** avec qn); ne pas y aller par quatre chemins
'Feder|mäppchen n ⟨~s; ~⟩, **~mappe** f trousse f (d'écolier); aus Holz od Metall plumier m
'federn ⟨-(e)re, h⟩ **I** v/t Matratze mettre des ressorts à; Auto équiper d'une suspension; TISCHLEREI languetter; **ein gut, schlecht gefederter Wagen** une voiture avec une bonne, mauvaise suspension; **II** v/i faire ressort; **in den Knien ~** GYMNASTIK prendre la position genoux fléchis
'federnd adjt qui fait ressort; Gang, Bewegung élastique
'Federschmuck m parure f de plumes
'Federstrich m trait m de plume; **etw mit e-m ~ abschaffen** supprimer qc d'un trait de plume
'Federung f ⟨~; ~en⟩ e-s Fahrzeugs suspension f (à ressorts); bei Möbeln ressorts m/pl
'Feder|vieh F n volaille f; **~waage** f peson m à ressort; **~weiße(r)** m ⟨→ A⟩ vin nouveau, bourru; **~wild** n Jägersprache gibier m à plume; **~wisch** m plumeau m; **~wolke** f cirrus m; **~zeichnung** f dessin m à la plume
Fee [fe:] f ⟨~; ~n ['fe:ən]⟩ fée f; **gute, böse ~** bonne, mauvaise fée
Feedback ['fi:dbɛk] n ⟨~s; ~s⟩ KYBERNETIK (Reaktion) feed-back m
'feen|haft adj féerique; Person d'une merveilleuse beauté; **²königin** f reine f des fées; **²reich** n ⟨~(e)s⟩ pays m des fées; fig univers m féerique
'Fegefeuer n ⟨~s⟩ CATH purgatoire m
fegen ['fe:gən] F v/t **1.** mit Besen balayer; (**den Schornstein**) **~** ramoner (la cheminée); **2.** (beseitigen) **etw vom Tisch ~** envoyer valser qc; fig balayer qc d'un revers de main; F fig SPORT **den Gegner vom Platz ~** gagner haut la main; **II** v/i (sein) Schnellzug etc passer en trombe; Wind **über die Ebene etc ~** balayer la plaine, etc
Fehde ['fe:də] f ⟨~; ~n⟩ HIST, fig querelle f; st/s **mit j-m in ~ liegen** être en guerre avec qn
'Fehdehandschuh st/s m **j-m den ~ hinwerfen** jeter le gant à qn; **den ~ aufnehmen** relever le gant
Fehl [fe:l] st/s m **ohne ~** (und Tadel) irréprochable; sans défaut
'Fehl|anzeige f F (nichts) **~!** néant!; **²bar** adj faillible; **~barkeit** f ⟨~⟩ faillibilité f; **~belegung** f ⟨~; ~en⟩ e-r Sozialwohnung attribution abusive; **~besetzung** f e-s Arbeitsplatzes mauvaise attribution (d'un poste); THÉ mauvaise distribution (des rôles); **~bestand** m stock manquant
'Fehlbetrag m bes COMM déficit m; manque m; **e-n ~** (**von ... Mark**) **aufweisen** avoir un déficit (de ... marks); abs être déficitaire; **e-n ~ decken** couvrir un déficit
'Fehl|diagnose f erreur f de diagnostic; faux diagnostic; **~druck** m ⟨~(e)s; ~e⟩

Fehleinschätzung – Feinarbeit

TYPO faute *f* d'impression, typographique; **~einschätzung** *f* fausse estimation, évaluation; erreur *f* d'évaluation
fehlen ['fe:lən] *v/i u v/imp* ⟨h⟩ **1.** *(mangeln, nicht da sein)* manquer; faire défaut *(a JUR)*; *von Personen a* être absent; ne pas être là; *es ~ zwei Bände dieses Werkes od zwei Bände dieses Werkes ~* il manque deux volumes à *od* de cet ouvrage; *wer fehlt heute?* qui manque aujourd'hui?; *mir ~ fünfzig Mark* il me manque cinquante marks; *es fehlt ihm nicht an Talent (dat) etc* il ne manque pas de talent, *etc*; F *wo fehlt's denn?* qu'est-ce qui ne va pas?; F qu'est-ce qui cloche?; *daran soll es nicht ~* qu'à cela ne tienne; *es an nichts ~ lassen* ne laisser manquer qn de rien; **2.** *(nötig sein)* manquer; faire faute; *ihr ~ noch zwei Punkte zum Matchgewinn* il lui manque encore deux points pour gagner le match; *es hätte nicht viel gefehlt, und ich wäre gefallen* j'ai failli tomber; un peu plus et je tombais; *iron das fehlte gerade noch!* il ne manquait plus que cela!; *das hätte gerade noch gefehlt!* il ne manquerait plus que cela!; **3.** *(vermißt werden)* manquer à; *die Kinder ~ ihr sehr* les enfants lui manquent beaucoup; **4.** *gesundheitlich fehlt Ihnen etwas?* n'êtes-vous pas bien?; cela ne va pas?; **5.** *st/s weit gefehlt!* vous n'y êtes pas!; erreur!; pas du tout!
'**Fehlen** *n* ⟨~s⟩ manque *m*; défaut *m*; *(Abwesenheit)* absence *f*; *cf a* **Fernbleiben**
'**fehlend** *adj* manquant; absent; *~er Betrag* déficit *m*; somme manquante
'**Fehlentscheidung** *f* mauvaise décision
'**Fehler** *m* ⟨~s, ~⟩ **1.** faute *f (a moralischer, SPORT)*; erreur *f (a MATH, PHYS, PSYCH)*; *dummer ~ a* bévue *f*; F gaffe *f*; *leichter, schwerer ~* faute légère, grave; *e-n ~ machen, begehen* faire, commettre une faute; *das ist nicht Ihr ~* ce n'est pas (de) votre faute; **2.** *(Mangel)* défaut *m*; vice *m*; *TECH a* défectuosité *f*, *physischer, erblicher* tare *f*; *ein offensichtlicher ~* un vice apparent; *Ware mit kleinen ~n* avec de petits *od* légers défauts *(de fabrication)*; *jeder hat s-e ~* tout le monde a des défauts; *cf a* **null**
'**fehlerfrei** *adj u adv* **1.** sans faute(s); correct(ement); *ein ~es Französisch sprechen* parler un français impeccable; **2.** *(ohne Mangel)* sans défaut(s)
'**Fehlergrenze** *f* tolérance *f*
'**fehlerhaft** *adj* **1.** plein de fautes; incorrect *(a Satz, Ausdruck)*; **2.** *TECH* défectueux, -euse; plein de défauts; *~e Stelle im Stoff etc* défaut *m*
'**fehlerlos** *cf* **fehlerfrei**
'**Fehlerquelle** *f* source *f*, cause *f* d'erreur(s); *e-e ~ ausschalten* supprimer une cause d'erreur(s)
'**Fehler|quote** *f* pourcentage *m* d'erreurs; **~suche** *f beim Reparieren* détection *f* d'anomalies; *INFORM* détection *f* d'erreurs; **~zahl** *f* nombre *m* de fautes
'**Fehlfarbe** *f* **1.** *Zigarre* cigare *m* de second choix; **2.** *(fehlende Spielkarte)* carte manquante (dans la couleur demandée); *(Farbe, die nicht Trumpf ist)* couleur *f* qui n'est pas atout

'**Fehlgeburt** *f MÉD* avortement *m (naturel od* spontané); fausse couche; *e-e ~ haben* faire une fausse couche
'**fehlgehen** *st/s v/i* ⟨*irr, sép, -ge-, sein*⟩ **1.** *(sich verlaufen)* s'égarer; se perdre; se fourvoyer; **2.** *Schuß* rater; manquer le but; **3.** *fig* faire fausse route; se tromper; *gehe ich fehl in der Annahme, daß ...?* est-ce que je me trompe en supposant que ...?
'**Fehl|griff** *m* mauvais choix; erreur *f*; **~information** *f* mauvaise, fausse information
'**Fehlinvestition** *f COMM* mauvais investissement; F *dieser Computer war eine glatte ~* F cet ordinateur, c'est de l'argent bien mal placé
'**Fehl|kalkulation** *f* mauvais calcul; **~kauf** *m* mauvaise affaire; mauvais achat; **~konstruktion** *f* construction défectueuse
'**Fehlleistung** *f PSYCH (Freudsche) ~* acte manqué; *beim Schreiben od Sprechen* lapsus *m*
'**fehlleiten** *st/s v/t* ⟨*-ete, sép, -ge-,* h⟩ **1.** *Sendung etc fehlgeleitet werden* s'égarer; **2.** *fig* diriger sur une fausse piste, sur une mauvaise route
'**Fehl|paß** *m SPORT* mauvaise passe; **~planung** *f* (exemple *m* de) mauvaise planification; **~prognose** *f* faux pronostic; prévision inexacte, erronée; **~schlag** *m* échec *m*; affaire ratée; ²**schlagen** *v/i* ⟨*irr, sép, -ge-,* sein⟩ échouer; rater; ne pas réussir; **~schluß** *m* conclusion erronée, fausse; **~schuß** *m* coup manqué, raté; **~start** *m SPORT, AVIAT* départ manqué; faux départ
'**Fehltritt** *m* **1.** *beim Laufen od Steigen* faux pas *(a fig)*; **2.** *moralischer* écart *m (de conduite)*; *Mädchen, Frau e-n ~ begehen* fauter
'**Fehl|urteil** *n* jugement erroné, faux; *JUR* mal-jugé *m*; **~verhalten** *n* in *e-r Situation* réaction déplacée; *PSYCH* comportement inadapté; **~versuch** *m SPORT* tentative ratée; **~zeit** *f* (taux *f* d'absentéisme *m*
'**Fehlzündung** *f AUTO* raté *m*; allumage défectueux; F *fig ~ haben* comprendre de travers
Feier ['faɪər] *f* ⟨~; -n⟩ **1.** *private* fête *f*; *(Familien²)* a réunion *f* (de famille); *e-e ~ veranstalten* organiser une fête; **2.** *e-s Ereignisses, Gedenktages etc st/s* célébration *f*; *(Gedenk²)* a cérémonies (commémoratives); *oft plais zur ~ des Tages* en l'honneur de ce grand jour; F pour fêter ça
'**Feierabend** *m ~ machen* finir de travailler; *um 5 Uhr ~ machen* a sortir à 5 heures; *im Lokal (wir machen) ~!* on ferme!; *nach ~* après le travail; F *fig jetzt ist aber ~!* *(Schluß)* maintenant ça suffit!; assez!
'**Feierabendheim** *ostdeutsch cf* **Altenheim**
'**feierlich I** *adj a Einweihung, Ton, Stille* solennel, -elle; F *das ist (schon) nicht mehr ~* ce n'est plus drôle du tout; **II** *adv* **1.** solennellement; *~ begehen* célébrer (solennellement); solenniser; **2.** *(mit Nachdruck)* solennellement; *~ erklären* déclarer solennellement
'**Feierlichkeit** *f* ⟨~; -en⟩ **1.** ⟨*sans pl*⟩ solennité *f*; **2.** *Vorgang* cérémonie *f*; *~en pl Veranstaltung* cérémonies *f/pl*

'**feiern** ⟨*-(e)re,* h⟩ **I** *v/t j-n, etw ~* fêter qn, qc; *festlich, offiziell etw ~* célébrer qc; *s-n Abschied ~* fêter son départ; *ein (kleines) Fest ~* faire une (petite) fête; *e-n Geburtstag ~* fêter un anniversaire; *ein gefeierter Künstler* un artiste adulé; *das muß gefeiert werden!* il faut fêter ça!; ça se fête!; **II** *v/i* faire une fête; *tüchtig ~* faire la fête; *heute wird gefeiert* aujourd'hui, on fait la fête *od* c'est (la) fête!
'**Feierschicht** *f* (poste supprimé par suite d'un) chômage partiel; *~en einlegen* s'arrêter de travailler en raison du chômage partiel
'**Feierstunde** *f* cérémonie *f*
'**Feiertag** *m* jour férié, de fête; *gesetzlicher ~* fête légale; *kirchlicher ~* fête de l'Église, religieuse; *schöne ~e!* (passez de) bonnes fêtes!
'**feiertags** *adv* les jours fériés
feig(e) [faɪk ('faɪɡə)] **I** *adj* lâche; *~ sein a* manquer de courage; **II** *adv* lâchement; en lâche
'**Feige** *f* ⟨~; -n⟩ figue *f*
'**Feigen|baum** *m* figuier *m*; **~blatt** *n* feuille *f* de figuier; *KUNST, fig* feuille de vigne
'**Feigheit** *f* ⟨~⟩ lâcheté *f*; couardise *f*; poltronnerie *f*
'**Feigling** *m* ⟨~s; -e⟩ lâche *m*; couard *m*; poltron *m*; poule mouillée; F *sei kein ~!* F ne te dégonfle pas!
feil [faɪl] *adj* **1.** *st/s péj Person* vénal; *~e Dirne* courtisane *f*; **2.** *cf* **verkäuflich**, *(zu) verkaufen*
'**feilbieten** *st/s v/t* ⟨*irr, sép, -ge-,* h⟩ offrir; mettre en vente
Feile ['faɪlə] *f* ⟨~; -n⟩ *TECH* lime *f*
'**feilen** *v/t* ⟨h⟩ **1.** limer; *sich (dat) die Fingernägel ~* se limer les ongles; **2.** *fig an s-m Stil, an e-m Text ~* polir son style, un texte; *an e-r Rede ~ a* fignoler un discours
'**feilschen** ['faɪlʃən] *v/i* ⟨h⟩ *péj um etw ~* marchander qc
fein [faɪn] **I** *adj* **1.** *Sand, Puder* fin; **2.** *Geruch, Sinne* fin; *Unterschied* faible; subtil; **3.** *Haar* fin; *Gesicht* fin; délicat; *Stimme* petit; **4.** *(dünn) Papier, Pinsel, Schrift, Regen* fin; **5.** *(edel) Obst* exquis; *Seife* fin; *~e Backwaren f/pl* pâtisserie(s) *f(pl)*; *alles nur vom ²sten* tout ce qu'il y a de meilleur; **6.** *(vornehm)* raffiné; subtil; *ein ~er Herr* un monsieur distingué, très bien; *péj er ist sich (dat) wohl zu ~ dafür* il ne va pas s'abaisser à (faire) cela; **7.** *(einfühlsam) Humor* subtil; *ein ~es Gespür für etw haben* sentir qc intuitivement; **8.** F *(nett)* F sympa; *F ein ~er Kerl* un chic type; *iron du bist mir ein ~er Freund!* on peut compter sur toi!; **9.** F *(schön)* parfait; *e-e ~e Sache* F un truc formidable; **II** *adv* **1.** finement; *~ gemahlen* finement moulu; moulu fin; **2.** *(gut)* bien; *das hast du ~ gemacht!* c'est très bien; comme tu as bien fait cela!; F *sie ist ~ heraus* elle s'en est bien tirée; F elle a eu du pot; *Unterschiede ~ herausarbeiten* établir de subtiles différences; **3.** F *verstärkend etw ~ säuberlich aufschreiben* noter qc très soigneusement
'**Fein|abstimmung** *f TECH* syntonisation *f* de précision; réglage minutieux; **~arbeit** *f* travail *m* de précision; **~bäk-**

ker *m Beruf* pâtissier *m*; **~blech** *n* tôle fine, mince
feind [faɪnt] *st/s adj j-m, e-r Sache ~ sein* être hostile à qn, à qc; être ennemi de qn, de qc
Feind [faɪnt] *m* ⟨~(e)s; ~e⟩ ennemi *m*; *sich (dat)* **~e machen** se faire des ennemis; *sich (dat) j-n zum ~(e) machen* se faire un ennemi de qn; *ein ~ e-r Sache sein* être hostile à une chose; *~ hört mit!* des oreilles ennemies nous écoutent; *zum ~ überlaufen* passer à l'ennemi; F *plais (nichts wie) ran an den ~!* allons-y!
'Feindbild *n* idée *f* qu'on se fait de l'adversaire; *p/fort* cliché *m* de l'ennemi
'Feindeshand *st/s f in ~ fallen* tomber entre les mains de l'ennemi
'Feindflug *m MIL* raid aérien
'Feindin *f* ⟨~; ~nen⟩ ennemie *f*
'feindlich I *adj* ennemi; *(feindselig)* hostile; **II** *adv j-m ~ gesinnt sein* avoir des dispositions hostiles envers qn; être hostile à qn, ennemi de qn
'Feindschaft *f* ⟨~; ~en⟩ inimitié *f*; *in ~ (dat) leben mit* vivre en inimitié avec
'feindselig I *adj* hostile; **II** *adv* hostilement; avec hostilité; en ennemi
'Feindseligkeit *f* ⟨~; ~en⟩ hostilité *f*; *die ~en einstellen, eröffnen* cesser *od* suspendre, ouvrir les hostilités
'Feineinstellung *f* réglage *m*, mise *f* au point précis(e), micrométrique
'fein|fühlend *adj*t, **~fühlig** *adj* sensible; **~ sein** a avoir une grande sensibilité
'Fein|fühligkeit *f* ⟨~⟩ tact *m*; finesse *f*; délicatesse *f*; **~gebäck** *n* pâtisseries *f/pl*; **~gefühl** *n* ⟨~(e)s⟩ *cf* **Feinfühligkeit**
'Feingehalt *m e-s Metalls* titre *m*; degré *m* de fin; *e-n ~ von ... haben* être au titre de ...
'fein|gemahlen *adj* finement moulu; **~geschnitten** *adj* coupé en petits morceaux; *fig* (coupé) fin; **~gliedrig** *adj* gracile; frêle; ⚯**gold** *n* or fin
'Feinheit *f* ⟨~; ~en⟩ finesse *f*; *e-s Gesichts a* délicatesse *f*; *fig a* subtilité *f*; nuance *f*; *meist pl* **die ~en e-r Sprache** *etc* les subtilités *f*
'feinkörnig *adj Sand, PHOT etc* à grain fin
'Feinkost *f* épicerie fine; **~geschäft** *n* épicerie fine; traiteur *m*
'fein|machen *v/réfl* ⟨*sép, -ge-, h*⟩ *sich ~* se faire beau, belle; se mettre sur son trente et un; **~maschig** *adj* à mailles étroites, serrées
'Fein|mechanik *f* mécanique *f* de précision; **~mechaniker** *m* mécanicien *m* de précision; **~meßgerät** *n* instrument *m* de mesure de (haute) précision; **~metall** *n* métal fin
'fein|porig *adj* aux pores fins; **~pulverig** *adj* pulvérulent; **~schleifen** *v/t* ⟨*irr, sép, -ge-, h*⟩ polir; adoucir
'Fein|schmecker(in) *m* ⟨~s; ~⟩ *(f)* ⟨~; ~nen⟩ gourmet *m*; gastronome *m,f*; fine bouche, fin F gueule; **~schmeckerlokal** *n* restaurant *m* gastronomique; **~schnitt** *m Tabak* tabac fin; **~silber** *n* argent fin; ⚯**sinnig** *adj* subtil; fin; **~sinnigkeit** *f* ⟨~⟩ subtilité *f*; finesse *f*; **~strumpfhose** *f* collant fin
'Feinunze *f e-e ~ Gold, Silber* une once d'or fin, d'argent fin
'Fein|wäsche *f* lingerie fine; **~wasch-**

mittel *n* lessive *f* pour tissus délicats, fragiles
feist [faɪst] *adj péj* gras, grasse; obèse
feixen ['faɪksən] F *v/i* ⟨*-(es)t, h*⟩ ricaner
Felchen ['fɛlçən] *m* ⟨~s; ~⟩ *ZO* corégone *m*; féra *m*
Feld [fɛlt] *n* ⟨~(e)s; ~er⟩ **1.** *⟨sans pl⟩* *(Land[schaft])* campagne *f*; *auf freiem ~(e)* en plein champ; en pleine, rase campagne; **2.** *(Acker)* champ *m*; *das ~ bestellen* cultiver la terre, les champs; **3.** *(umgrenztes Gebiet, Sport⚯)* terrain *m*; *SPORT (Mannschafts⚯)* peloton *m*; *Sportmannschaft im ~ überlegen sein* être supérieur au milieu du terrain; *e-n Spieler des ~es verweisen* expulser un joueur du terrain; *ein geschlossenes ~ von zwanzig Fahrern* un peloton serré de vingt coureurs; **4.** *(Schlacht⚯)* champ *m*; *ins ~ ziehen, rücken* entrer en campagne; **5.** *fig das ~ räumen* battre en retraite; *das ~ behaupten* rester maître du terrain; *das ~ beherrschen* être maître du terrain; *st/s j-n aus dem ~(e) schlagen* évincer, éliminer, écarter qn; *st/s gegen j-n, etw zu ~e ziehen* faire la guerre à qn, à qc; *j-m das ~ streitig machen* disputer le terrain à qn; *j-m das ~ überlassen* laisser la place à qn; se retirer, *p/fort* battre en retraite devant qn; *st/s etw gegen j-n, etw ins ~ führen* avancer, alléguer qc contre qn, contre qc; **6.** *e-s Formulars, Brettspiels* case *f*; **7.** *e-r Decke, Wand* panneau *m*; *in ~er einteilen* compartimenter; **8.** *PHYS, MATH, LING* champ *m*; *elektrisches ~* champ électrique; **9.** *fig (Tätigkeits⚯)* champ *m* d'activité; *das ist ein weites ~* c'est un vaste sujet
'Feld|arbeit *f* travaux *m/pl* agricoles, des champs; **~arbeiter(in)** *m(f)* ouvrier, -ière *m,f* agricole; **~bett** *n* lit *m* de camp; **~blume** *f* fleur *f* des champs; **~flasche** *f* gourde *f*; **~forschung** *f* travaux *m/pl* sur le terrain; **~frucht** *f* fruit *m* des champs; **~geistliche(r)** *m cf Militärgeistliche(r)*; **~gottesdienst** *m* service religieux en campagne
'feldgrau *adj bes MIL* gris verdâtre *(inv)*
'Feld|handball *m* ⟨~(e)s⟩ *SPORT* handball *m* (en plein air); **~hase** *m* lièvre commun; **~herr** *m HIST* (grand) capitaine; général *m*; commandant *m* en chef; **~herrnkunst** *f* ⟨~⟩ stratégie *f*; **~hockey** *n* 'hockey *m* sur gazon; **~hüter** *m* garde *m* champêtre; **~jäger** *m/pl MIL* police *f* militaire; **~küche** *f bes MIL* cuisine roulante; **~lazarett** *n* hôpital *m* de campagne; **~linie** *f PHYS* ligne *f* du champ; **~marschall** *m HIST MIL* feld-maréchal *m*
'Feldmaus *f* campagnol *m* des champs; *abus* mulot *m*
'Feldpost *f* poste *f* aux armées; **~brief** *m* lettre *f* aux armées
'Feld|rain *m* limite *f*, bord *m*, lisière *f* d'un champ; **~salat** *m* mâche *f*; doucette *f*; **~schütz** *m* garde *m* champêtre; **~spat** *m MINÉR* feldspath *m*; **~spieler** *m SPORT* joueur *m* (sauf le gardien de but); **~stärke** *f PHYS* intensité *f* du champ; **~stecher** *m* ⟨~s; ~⟩ *OPT* jumelles *f/pl*; **~stein** *m* pierre *f* (dans un champ); **~überlegenheit** *f SPORT* supériorité *f* sur le terrain; **~verweis** *m SPORT* expulsion *f*

'Feld-'Wald-und-'Wiesen-... F *in Zssgn* quelconque; **~Maler(in)** F *péj m(f)* barbouilleur, -euse *m,f*
'Feld|webel *m* ⟨~s; ~⟩ *MIL* sergent-chef *m*; maréchal *m* des logis-chef; F *fig péj* adjudant *m*; **~weg** *m* chemin (rural); *unbefestigter* chemin *m* de terre
Feldweibel ['fɛltvaɪbəl] *m* ⟨~s; ~⟩ *schweiz cf* **Feldwebel**
'Feldzug *m a fig* campagne *f*; *e-n ~ führen gegen* faire, mener (une) campagne contre
'Felgaufschwung *m TURNEN* rétablissement *m* avec tour d'appui
Felge ['fɛlgə] *f* ⟨~; ~n⟩ **1.** *TECH* jante *f*; **2.** *TURNEN* tour *m* d'appui
'Felgenbremse *f* frein *m* sur jante
'Felgumschwung *m TURNEN* tour *m* d'appui
Fell [fɛl] *n* ⟨~(e)s; ~e⟩ **1.** *lebender Tiere* poil *m*; *toter Tiere* peau *f*; *e-s Pferds a* robe *f*; *e-s Schafs* toison *f*; *von Pelztieren* fourrure *f*; *wilder Tiere (Reh⚯)* pelage *m*; *e-m Tier das ~ abziehen* dépouiller un animal; *mit ~ gefüttert* fourré; doublé de fourrure; F *s-e ~e davonschwimmen sehen* voir s'envoler ses espérances; **2.** F *fig des Menschen ein dickes ~ haben* être insensible; ne se formaliser de rien; *j-m das ~ über die Ohren ziehen* plumer qn; F rouler qn; *j-m das ~ versohlen od gerben* F flanquer une raclée à qn; *dir juckt wohl das ~?!* F tu as envie de recevoir une raclée, une dégelée?!
Fellache [fɛ'laxə] *m* ⟨~n; ~n⟩ fellah *m*
'Felljacke *f* veste *f* en peau de mouton
Fels [fɛls] *m* ⟨~en; ~en⟩ **1.** *⟨sans pl⟩ (Gestein) cf* **Felsen**; **2.** *fig fest wie ein ~* ferme comme un roc; *wie ein ~ in der Brandung stehen* ne pas se laisser impressionner
'Fels|block *m* ⟨~s; ~e⟩, **~brocken** *m* bloc *m* de roche
'Felsen *m* ⟨~s; ~⟩ rocher *m*; roc *m*
'felsen'fest I *adj* ferme (comme un roc); inébranlable; **II** *adv* dur comme fer; ferme(ment); *~ an etw (dat) glauben* croire dur comme fer à qc; *von etw ~ überzeugt sein* être convaincu fermement de qc
'Felsen|grab *n* tombeau pratiqué dans le roc; **~klippe** *f* écueil *m*; brisant *m*; **~küste** *f* côte rocheuse; **~riff** *m* récif *m*; écueils *m/pl*
'felsig *adj* rocheux, -euse
'Fels|malerei *f* peinture *f* rupestre; **~massiv** *n* massif rocheux; **~schlucht** *f* ravin *m*; gorge *f*; **~spalte** *f* crevasse *f*, fissure *f*, fente *f* dans le roc(her); **~vorsprung** *m* promontoire rocheux; saillie rocheuse; **~wand** *f* paroi rocheuse, de rocher; **~zeichnungen** *f/pl* dessins *m/pl* rupestres
Feme ['fe:mə] *f* ⟨~; ~n⟩ *HIST* (Sainte-) Vehme *f*; **~gericht** *n* **1.** tribunal secret; **2.** *HIST* cour *f* vehmique
feminin [femi'ni:n] *adj* **1.** *st/s (weiblich)* féminin; **2.** *péj (unmännlich)* efféminé; **3.** *GR* féminin
'Feminin|form *f GR* forme féminine; **~um** *n* ⟨~s; -na⟩ *GR* (genre *m*, nom *m*) féminin *m*
Femi'nismus *m* ⟨~⟩ féminisme *m*; **~'nist(in)** *m* ⟨~en; ~en⟩ *(f)* ⟨~; ~nen⟩ féministe *m,f*; ⚯**'nistisch** *adj* féministe

Fenchel ['fɛnçəl] *m* ⟨~s⟩ fenouil *m*; **~öl** *n* huile *f* de fenouil; **~tee** *m* tisane *f* de fenouil

Fenster ['fɛnstər] *n* ⟨~s; ~⟩ fenêtre *f* (*a* INFORM, *e-s Briefumschlags*); croisée *f*; (*großes Glas*⟨2⟩) baie vitrée; *e-r Kirche* vitrail *m*; *e-s Flugzeugs, e-s Schiffs* 'hublot *m*; **blindes** ~ fausse fenêtre; F *fig* (*sein*) *Geld zum* ~ *hinauswerfen* jeter son argent par les fenêtres; F *fig* **weg vom** ~ **sein** F ne plus être dans la course

Fenster|bank *f* ⟨~; ~e⟩ *cf* **Fensterbrett**; **~bogen** *m* arc *m* de décharge d'une fenêtre; **~brett** *n* rebord *m* de fenêtre; **~briefumschlag** *m* enveloppe *f* à fenêtre; **~brüstung** *f* allège *f*; appui *m* de fenêtre; **~flügel** *m* battant *m* de fenêtre; vantail *m*; **~gitter** *n* barreaux *m/pl*, grille *f* de fenêtre; **~glas** *n* Material, *a* OPT verre *m* à vitres; **~griff** *m* poignée *f* de fenêtre; **~heber** *m* ⟨~s; ~⟩ AUTO lève-glace *m*; lève-vitre *m*; **~kitt** *m* mastic *m* de vitrier; **~kreuz** *n* croisée *f*; **~kurbel** *f* AUTO manivelle *f* de lève-glace; **~laden** *m* volet *m*; persienne *f*; contrevent *m*; **~leder** *n* ⟨~s⟩ peau *f* de chamois

fensterln ['fɛnstərln] *v/i* ⟨h⟩ *südd*, *österr* rendre visite à sa bien-aimée en grimpant par une échelle

fensterlos *adj* sans fenêtres

Fenster|nische *f* niche vitrée; **~öffnung** *f* baie *f*; embrasure *f*; **~platz** *m* place *f* près de la fenêtre; *im Zug* coin *m* fenêtre; **~putzer**, *m* ⟨~s; ~⟩ laveur *m* de carreaux; **~rahmen** *m* châssis *m*, chambranle *m* de fenêtre; **~rose** *f e-r Kirche* rosace *f*

Fensterscheibe *f* vitre *f*, carreau *m* de fenêtre; *e-e* ~ *einwerfen, zerschlagen* casser une vitre, un carreau

Fenstersims *m* od *n* rebord *m* de fenêtre

Fenstersturz *m* **1.** CONSTR linteau *m* de fenêtre; **2.** HIST *Prager* ~ défenestration *f* de Prague

Ferien ['feːriən] *pl* vacances *f/pl*; (*Theater-, Werks*⟨2⟩) fermeture annuelle; (*Gerichts*⟨2⟩) vacations *f/pl*; *die großen* ~ les grandes vacances; *cf a* **Urlaub**

Ferien... *in Zssgn* de vacances; vacancier, -ière; *cf a* **Urlaubs...**; **~arbeit** *f cf* **Ferienjob**; **~dorf** *n* village *m* de vacances; **~gast** *m* vacancier, -ière *m,f*; *im Sommer* estivant(e) *m(f)*; **~haus** *n* résidence *f* secondaire; *auf dem Land a* maison *f* de campagne; **~heim** *n* maison *f*, *für Kinder a* colonie *f* de vacances); **~job** *m* job *m* de vacances; **~klub** *m* club *m* de vacances; **~kolonie** *f* colonie *f* de vacances; **~kurs** *m* cours *m* de vacances, *im Sommer* d'été; **~lager** *n* camp *m* de vacances; **~reise** *f* voyage *m* de vacances; **~tag** *m* jour *m* de vacances, de congé; **~wohnung** *f* location *f* (de vacances); **~zeit** *f* (époque *f* des) vacances *f/pl*

Ferkel ['fɛrkəl] *n* ⟨~s; ~⟩ **1.** ZO porcelet *m*; goret *m*; (*Span*⟨2⟩) cochon *m* de lait; **2.** F *péj* petit cochon; *du altes* ~! F vieux cochon!

Ferke'lei *f* ⟨~; ~en⟩ *Handlung* cochonneries *f/pl*; saletés *f/pl*; *Zoten* histoires cochonnes

ferkeln *v/i* ⟨-(e)le, h⟩ **1.** ZO mettre bas; **2.** F *péj im Benehmen* se conduire comme un malpropre; faire des saletés; (*beschmutzen*) faire des cochonneries, des saletés

Fermate [fɛrˈmaːtə] *f* ⟨~; ~n⟩ MUS point *m* d'orgue

Fermen|t [fɛrˈmɛnt] *n* ⟨-(e)s; ~e⟩ ferment *m*; **~tati'on** *f* ⟨~; ~en⟩ fermentation *f*; ⟨2⟩**'tieren** *v/t* ⟨*pas de ge-, h*⟩ faire fermenter

fern [fɛrn] **I** *adj räumlich u zeitlich* lointain; éloigné; **~e Länder** pays lointains; *in* **~er Zeit** à une époque éloignée; *in nicht allzu* **~er Zukunft** dans un avenir assez proche; *der Tag ist nicht mehr* ~, *an dem* ... le jour viendra où ...; **II** *adv* ~ *von der Stadt leben* vivre, habiter loin de la ville; *fig* **von** ~ *betrachtet* vu de loin; **III** *st/s prép* ⟨*dat*⟩ loin de; ~ *der Heimat* loin de chez soi

fern'ab *st/s adv u prép* ⟨*dat*⟩ loin (de)

'Fern|amt *n früher* TÉL central interurbain; F *inter m*; **~beben** *n* tremblement *m* de terre (à grande distance)

'fernbedienen *v/t* ⟨*insép, pas de -ge-*, h, *les temps simples ne s'emploient pas dans une principale*⟩ télécommander

'Fernbedienung *f* **1.** *Vorgang* commande *f* à distance; **2.** *Gerät* télécommande *f*; *mit* ~ télécommandé

'fernbleiben *st/s v/i* ⟨*irr, sép, -ge-, sein*⟩ être absent; ne pas assister (+*dat* à); **unerlaubt** ~ manquer sans autorisation; *der Arbeit, dem Unterricht* ~ être absent à son travail, aux cours

'Fernbleiben *n* ⟨~s⟩ absence *f*; *häufiges* absentéisme *m*; **unentschuldigtes** ~ absence non excusée; **unerlaubtes** ~ absence non autorisée

'Fernblick *m cf* **Fernsicht**

'ferne *st/s adv von* ~ de loin

'Ferne *f* ⟨~; ~n⟩ **1.** *räumliche* lointain *m*; *in der* ~ au loin; dans le lointain; *aus der* ~ de loin; *in weiter* ~ tout au loin; *st/s in die* ~ *ziehen* partir au loin; **2.** (*Zukunft*) avenir lointain; *das liegt noch in weiter* ~ nous en sommes encore loin; **3.** (*Vergangenheit*) passé *m*; *Ereignis immer mehr in die* ~ *rücken* s'effacer des mémoires

'ferner **1.** de plus; en outre; ensuite; *bei Rechnungen, Aufzählungen a* item; ~ *muß man bedenken, daß* ... de plus, en outre il faut considérer que ...; F *das kommt unter „~ liefen"* ça n'est pas bien important; c'est accessoire; **2.** *st/s cf* **fernerhin** 1.

'fernerhin *adv* **1.** à l'avenir; *etw auch* ~ *tun* continuer à faire qc; **2.** *cf* **ferner** 1.

'Fern|expreß(zug) *m* (train *m*) rapide *m*; **~fahrer** *m* routier *m*; **~fahrt** *f* long trajet; **~flug** *m* vol *m* (de) longue distance; **~gas** *n* ⟨~es⟩ gaz (transporté) à grande distance

'ferngelenkt *adj a fig* téléguidé

'Ferngespräch *n* TÉL communication interurbaine; *ins Ausland* communication internationale; *ein* ~ *aus New York* une communication de New York

'ferngesteuert *adj a fig* téléguidé

'Fernglas *n* ⟨~es; ~er⟩ jumelles *f/pl*

'ferngucken F *v/i* ⟨*sép, -ge-*, h⟩ regarder la télé

'fernhalten *st/s* ⟨*irr, sép, -ge-*, h⟩ **I** *v/t j-n, etw von j-m, etw* ~ protéger qn, qc contre qn, qc; **II** *v/réfl sich von j-m, etw* ~ se tenir éloigné, à l'écart de qn, qc; éviter qn; éviter de se mêler à qc

'Fernheizung *f* chauffage urbain

'fern'her *st/s adv von* ~ de loin

'Fern|kopie *f* TÉLÉCOMM fax *m*; télécopie *f*; **~kopierer** *m* fax *m*; télécopieur *m*; **~kurs(us)** *m* cours *m* par correspondance; **~laster** F *m*, **~lastzug** *m* poids lourd (effectuant de longs trajets); **~lehrinstitut** *n* établissement *m* d'enseignement par correspondance; **~leihe** *f* ⟨~; ~n⟩ **1.** *Dienststelle* service *m* de prêt à distance; **2.** ⟨*sans pl*⟩ *Leihverkehr* prêt *m* à distance; **~leitung** *f* TÉL ligne *f* (à grande distance); circuit interurbain; *bes für Erdöl* pipe-line *m*; *für Erdgas* gazoduc *m*; **~lenkung** *f cf* **Fernsteuerung**; **~lenkwaffe** *f* MIL engin téléguidé

'Fernlicht *n* ⟨-(e)s⟩ AUTO feux *m/pl* de route; phares *m/pl*; *das* ~ *einschalten* allumer ses feux de route, ses phares

'fernliegen *v/i* ⟨*irr, sép, -ge-*, h⟩ être loin; *das liegt mir fern* c'est loin de ma pensée; je n'y pense même pas; *es liegt mir fern zu* (+*inf*) je suis loin de (+*inf*)

'Fernmelde|amt *n* bureau *m* des télécommunications; **~dienst** *m* service *m* des télécommunications; **~netz** *n* réseau *m* des télécommunications; **~satellit** *m* satellite *m* de télécommunication; **~technik** *f* ⟨~⟩ technique *f* des télécommunications; **~turm** *m* tour-relais *f* de télécommunication; **~wesen** *n* ⟨~s⟩ télécommunications *f/pl*

'fernmündlich *adj* ⟨*épithète*⟩ *u adv* par téléphone

'Fern'ost ⟨*sans article*⟩ l'Extrême-Orient *m*; *in, nach* ~ en Extrême-Orient

'fern'östlich *adj* ⟨*épithète*⟩ d'Extrême-Orient; extrême-oriental

Fernrohr *n* OPT lunette *f* d'approche; longue-vue *f*; ASTR télescope *m*; lunette astronomique

'Fern|ruf *m* appel interurbain, *ins Ausland* international; *auf Briefköpfen etc* téléphone *m*; **~schach** *n* (partie *f* d')échecs *m/pl* par correspondance; **~schaltung** *f* commande *f* à distance; **~schreiben** *n* télex *m*; **~schreiber** *m* ⟨~s; ~⟩ télex *m*; *t/t* téléimprimeur *m*; **~schuß** *m* SPORT tir *m* à distance

'Fernseh|abend *m* soirée *f* télé; **~ansager(in)** *m(f)* présentateur, -trice *m,f* de la télévision; **~anstalt** *f* chaîne *f* de télévision; **~apparat** *m* téléviseur *m*; appareil *m* de télévision; **~auftritt** *m* passage *m* à la télé; **~bericht** *m* reportage télévisé; **~bild** *n* image (télévisée) *f*; **~diskussion** *f* débat télévisé; **~empfang** *m* réception *f*

'fernsehen *v/i* ⟨*irr, sép, -ge-*, h⟩ regarder la télévision

'Fernsehen *n* ⟨~s⟩ télévision *f*; petit écran; F télé *f*; **hochauflösendes** ~ télévision à haute définition; *im* ~ *übertragen* téléviser; retransmettre à la télévision

'Fernseher F *m* ⟨~s; ~⟩ **1.** *Gerät* téléviseur *m*; F télé(vision) *f*; **2.** *Person* téléspectateur *m*

'Fernseh|fassung *f* version *f* télé, pour la télévision; **~film** *m* film *m* télé; **~gebühren** *f/pl* redevance *f* pour la télévision; **~gerät** *n cf* **Fernsehapparat**; **~gesellschaft** *f* ⟨~; ~en⟩ chaîne privée *f* de télévision; **~kamera** *f* caméra *f*

de télévision; ~**lotterie** *f* loto *m* avec tirage en direct à la télévision; ~**programm** *n* **1.** *Sendungen, Heft* programme *m* de télévision; **2.** *Kanal* chaîne *f*; ~**reihe** *f* série *f* d'émissions (ayant le même thème); ~**reportage** *f* reportage télévisé, à la télévision; ~**reporter(in)** *m(f)* reporter *m*, journaliste *m,f* à la télévision; ~**röhre** *f* tube *m* cathodique (de téléviseur); ~**satellit** *m* satellite *m* de télévision; ~**schirm** *m* écran *m* (de télévision); ~**sender** *m* émetteur *m* de télévision; ~**sendung** *f* émission *f* de télévision; ~**serie** *f* série télévisée; ~**show** *f* show télévisé; ~**spiel** *n* téléfilm *m*; ~**spot** *m* spot télévisé; ~**stück** *n* pièce *f* pour la télévision; *par ext* téléfilm *m*; ~**studio** *n* studio *m* de télévision; ~**techniker** *m* technicien *m* de télévision; ~**turm** *m* tour *f* de télévision; ~**übertragung** *f* retransmission *f* par télévision; *t/t* télédiffusion *f*; ~**werbung** *f* publicité *f* à la télévision; ~**zuschauer(in)** *m(f)* téléspectateur, -trice *m,f*

'**Fernsicht** *f* vue *f*; *e-e gute* ~ *haben* voir très loin

'**Fernsprech...** *oft ADM cf a Telefon...*

'**Fernsprecher** *ADM m* téléphone *m*; *öffentlicher* ~ téléphone public; publiphone *m*

'**Fernsprech|säule** *f an der Autobahn etc* borne *f* d'appel; ~**technik** *f* ⟨~⟩ téléphonie *f*; ~**teilnehmer** *m* abonné *m* au téléphone; ~**verkehr** *m* communications *f/pl* téléphoniques

'**fernstehen** *st/s v/i* ⟨*irr, sép, -ge-, h*⟩ *j-m, e-r Sache* ~ être étranger, -ère à qn, à qc

'**fernsteuern** *v/t* ⟨-(e)re, sép, -ge-, h⟩ télécommander; téléguider (*a fig*)

'**Fern|steuerung** *f* commande *f* à distance; télécommande *f*; téléguidage *m* (*a fig*); ~**straße** *f* grande route; ~**studium** *n cf Fernunterricht*; ~**transport** *m* transport *m* à grande distance; ~**unterricht** *m* enseignement *m*, cours *m/pl* par correspondance; ~**verkehr** *m* trafic *m* à grande distance; *EISENBAHN* trafic *m* des trains de grandes lignes; ~**verkehrsmittel** *n* transports *m/pl* et moyens *m/pl* de transport à grande distance; ~**verkehrsstraße** *f* grande route; ~**wahl** *f* ⟨~⟩ *TÉL* sélection *f* interurbaine automatique; ~**wanderweg** *m* sentier *m* de grande randonnée; ~**wärme** *f* chauffage urbain; ~**weh** *st/s n* ⟨-(e)s⟩ nostalgie *f* des pays lointains, du voyage; ~**wirkung** *f* effet *m*, action *f* à distance; ~**ziel** *n* **1.** *zeitlich* but *m*, objectif *m* à long terme; **2.** *räumlich* destination, *bes MIL* cible éloignée; ~**zug** *m* train *m* de grande ligne

'**Ferrit** [fɛ'riːt] *m* ⟨~s; ~e⟩ **1.** *CHIM* ferrite *m*; **2.** *MÉTALL* ferrite *f*; ~**antenne** *f* antenne *f* en ferrite

ferromagne|tisch [feroma'gneːtɪʃ] *adj PHYS* ferromagnétique; ²**tismus** *m* ferromagnétisme *m*

Ferse ['fɛrzə] *f* ⟨~; ~n⟩ *ANAT, e-s Strumpfs* talon *m*; *fig j-m* (*dicht*) *auf den ~n sein* être aux trousses de qn; *sich an j-s ~n* (*acc*) *heften* être, marcher sur les talons de qn

'**Fersenbein** *n ANAT* calcanéum *m*

'**Fersengeld** F *n* ~ *geben* prendre la poudre d'escampette

fertig ['fɛrtɪç] *adj* **1.** (*bereit*) prêt (*zu, für* à); *das Essen ist* ~ le repas est prêt; *das Essen ist ~!* à table!; ~ *zur Abfahrt* prêt à partir; **2.** (*beendet, abgeschlossen*) fini; terminé; *ich bin* ~ *mit meiner Arbeit* j'ai fini mon travail; F *mach, daß du* ~ *wirst!* dépêche-toi de finir!; *schon* ~*!* ça y est!; *fig mit j-m, etw* (*nicht*) ~ *werden* (ne pas) venir à bout de qn, de qc; (ne pas) avoir raison de qn, de qc; *sehen Sie zu, wie Sie damit* ~ *werden!* débrouillez-vous (comme vous pourrez)!; F *mit ihm bin ich* ~ (*auseinander*) c'est fini avec lui; F *du machst jetzt deine Hausaufgaben, (und)* ~ (*ab*)*!* tu fais tes devoirs immédiatement, un point c'est tout!; **3.** (*ausgereift*) *Künstler etc* qui a acquis sa maturité; **4.** F (*erschöpft*) F à plat; F crevé; F claqué; *ich bin völlig, total* ~ F je suis claqué, crevé, à plat; **5.** F (*sprachlos*) *jetzt bin ich aber ~!* c'est le comble!; c'est le summum!

'**Fertigbau** *m* ⟨*-(e)s; ~ten*⟩ *Gebäude* (construction *f* en) préfabriqué *m*; ~**weise** *f* préfabrication *f*

'**fertigbekommen** F *v/t* ⟨*irr, sép, pas de -ge-, h*⟩ *etw* ~ arriver à faire qc

'**fertigbringen** *v/t* ⟨*irr, sép, -ge-, h*⟩ **1.** *es* ~ *zu* (+*inf*) être capable de (+*inf*); arriver à (+*inf*); *er bringt es nicht fertig zu* (+*inf*) (*er ist nicht in der Lage*) il est incapable de (+*inf*); (*er wagt es nicht*) il n'ose pas (+*inf*); *iron das bringt er glatt fertig!* il en est bien capable!; *das Kunststück* ~ *zu* (+*inf*) réussir le tour de force de (+*inf*); **2.** (*beenden*) arriver à finir

'**fertigen** *v/t* ⟨*h*⟩ fabriquer

'**Fertig|erzeugnis** *n*, ~**fabrikat** *n* produit fini; ~**gericht** *n* plat cuisiné; ~**haus** *n* maison préfabriquée

'**Fertigkeit** *f* ⟨~; ~en⟩ **1.** (*Geschicklichkeit*) dextérité *f*; adresse *f*; **2.** *meist pl* (*Fähigkeit*) habileté *f*; capacité *f*; *im Ausdruck* facilité *f* (d'élocution); *große ~en im Basteln haben* être un habile bricoleur

'**fertigkriegen** F *v/t* ⟨*sép, -ge-, h*⟩ *cf fertigbringen*

'**fertigmachen** ⟨*sép, -ge-, h*⟩ **I** *v/t* **1.** (*beenden*) finir; terminer; faire; **2.** (*bereitmachen*) *Essen etc* faire; préparer; **3.** F *j-n* ~ (*zermürben*) F pomper, user qn; (*deprimieren*) démoraliser qn; (*erledigen*) *im Sport etc* F démolir qn; (*zusammenschlagen*) F casser la figure à qn; (*töten*) F faire la peau à qn; F bousiller qn; (*zurechtweisen*) F engueuler qn; *den habe ich aber fertiggemacht!* je lui ai donné une bonne leçon!; je l'ai achevé!; **II** *v/réfl sich* ~ (*für, zu*) se préparer (pour, à); s'apprêter (pour, à)

'**Fertig|montage** *f* montage *m* d'éléments préfabriqués; ~**produkt** *n* produit fini; ²**stellen** *v/t* ⟨*sép, -ge-, h*⟩ achever; finir; terminer; ~**stellung** *f* ⟨~⟩ finition *f*; *e-s Werks* achèvement *m*; *bes TECH* finissage *m*; ~**teil** *n* élément préfabriqué

'**Fertigung** *f* ⟨~⟩ fabrication *f*; production *f*; *maschinelle* usinage *m*

'**Fertigungs|kosten** *pl* frais *m/pl* de fabrication, de production; ~**technik** *f* ⟨~⟩ technique *f* de fabrication, d'usinage

'**Fertigware** *f* produit fini

fes, **Fes**[1] [fɛs] *n* ⟨~; ~⟩ *MUS* fa *m* bémol

Fes[2] [feːs] *m* ⟨~es; ~(e)⟩ *Kopfbedeckung* fez *m*

fesch [fɛʃ *ou österr* feːʃ] F *adj* **1.** *bes österr cf adrett*; **2.** *österr* (*nett*) gentil, -ille

Fessel ['fɛsəl] *f* ⟨~; ~n⟩ **1.** liens *m/pl*; (*Ketten*) chaînes *f/pl*; fers *m/pl*; *bei Tieren* entraves *f/pl*; *j-m* ~*n anlegen cf fesseln*; *j-m die ~n abnehmen* délier, détacher qn; **2.** *fig* entrave *f*; *die ~n sprengen* se libérer, se dégager de ses entraves; **3.** *ANAT beim Pferd* paturon *m*; *beim Menschen* ~*n pl* attaches *f/pl*

'**Fesselballon** *m* ballon captif

'**fesseln** *v/t* ⟨*fessele ou -ßle, h*⟩ **1.** lier; attacher; ligoter; *Tiere* entraver; *j-n an e-n Baum* ~ attacher, lier qn à un arbre; *j-m die Hände* ~ *a fig* lier les mains de qn; **2.** *fig j-n* ~ captiver qn; tenir qn sous son charme; *ans Bett, an den Rollstuhl gefesselt sein* être cloué au lit, dans son fauteuil roulant; *SCHACH e-e Figur* ~ clouer une pièce

'**fesselnd** *adj Buch, Vortrag etc* captivant

'**Fesselung** *f* ⟨~; ~en⟩ *SCHACH* clouage *m*

fest [fɛst] **I** *adj* **1.** (*nicht weich*) *Boden, Frucht, Fleisch* ferme; *Masse* compact; **2.** *Aggregatzustand* solide; ~**er Körper** corps *m* solide; ~**e Nahrung** aliments solides, consistants; ~ *werden* se solidifier; *Fette* se figer; **3.** (*haltbar*) *Material, Gewebe, Knoten* solide; *Kleidung, Material* a résistant; *Faden* fort; *Stoff, Knoten* a serré; **4.** (*kräftig*) *Händedruck* ferme; solide; *Stimme, Schritt* ferme; (*tief*) *Schlaf* profond; **5.** (*unveränderlich*) fixe; permanent; stable; *Regel* établi; ferme; *p/fort* immuable; (*klar*) *Umrisse* net, nette; **6.** (*épithète*) (*konstant*) *Wohnsitz* fixe; permanent; *Kosten, Anstellung* fixe; *Preise, Wechselkurs* ferme; *Einkommen* régulier; *e-n ~en Freund, e-e ~e Freundin haben* avoir un(e) petit(e) ami(e); F avoir un copain, une copine; avoir une relation (amoureuse) suivie; *fig in ~en Händen sein* F être casé; **7.** *COMM Abmachung, Börse, Kurse* ferme; *Kapital* immobilisé; **8.** (*unumstößlich*) *Entschluß, Absicht, Wille* ferme; *Termin* fixe; *der ~en Überzeugung sein, daß ...* avoir la (ferme) conviction que ...; être intimement convaincu que ...; **II** *adv* **9.** ferme(ment); solidement; ~ *stehen* être stable; *Schraube* ~ *anziehen* serrer à fond; *Gegenstand* ~ *anbringen* fixer; **10.** (*unumstößlich*) ferme(ment); ~ *an etw* (*acc*) *glauben* croire fermement à qc; *etw* ~ *vereinbaren* fixer qc définitivement; ~ *versprechen* promettre ferme, formellement; *sich* (*dat*) *etw* ~ *vornehmen* prendre la ferme résolution de faire qc; se jurer de faire qc; **11.** (*auf Dauer*) (*mit j-m*) ~ *befreundet sein* être très ami(s) (avec qn); ~ *angestellt sein* être employé; avoir un emploi fixe; **12.** F *a* ~*e* (*tüchtig*) *arbeiten* dur; *essen* copieusement; de bon appétit; *schlafen* profondément; (*immer*) ~*e!* hardi!; allez-y *bzw* vas-y!; ~(*e*) *zulangen* avoir un bon coup de fourchette

Fest [fɛst] *n* ⟨~(e)s; ~e⟩ fête *f* (*a Feiertag*); *großes, offizielles* gala *m*; (~*lichkeiten*) fêtes commémoratives; (*Party*)

Festakt – Festzelt

fête (privée); *bewegliche, unbewegliche ~e* fêtes mobiles, fixes; *ein ~ feiern, veranstalten* faire, organiser une fête; *festlich célébrer une fête; (ein) frohes ~!* joyeux Noël *bzw* joyeuses Pâques!; *man muß die ~e feiern, wie sie fallen* toutes les occasions sont bonnes pour faire la fête

'**Festakt** *m* cérémonie *f*

'**festangestellt** *adj* ⟨*épithète*⟩ qui a un emploi, un poste fixe

'**Festausschuß** *m* comité *m* des fêtes

'**festbacken** *v/i* ⟨*irr, sép, -ge-, sein*⟩ *regional CUIS* attacher; *festgebacken sein* avoir attaché

'**festbeißen** *v/réfl* ⟨*irr, sép, -ge-, h*⟩ *Hund etc sich in etw (dat) ~* mordre qc sans lâcher prise; *fig sich an e-m Problem ~* s'acharner sur un problème

'**Festbeleuchtung** *f* (grandes) illuminations

'**festbesoldet** *adj* ⟨*épithète*⟩ *Beamter* qui a un traitement de fonctionnaire

'**festbinden** *v/t* ⟨*irr, sép, -ge-, h*⟩ *~ (an* [+*dat*]) attacher (à, sur, contre); lier (à); *MAR Boot* amarrer (à)

'**festdrehen** *v/t* ⟨*sép, -ge-, h*⟩ serrer (à fond)

'**Festessen** *n* festin *m*; banquet *m*; *am Heiligabend, zu Silvester* réveillon *m*

'**festfahren** ⟨*irr, sép, -ge-*⟩ *v/i* ⟨*sein*⟩ *u v/réfl* ⟨*h*⟩ *(steckenbleiben)* **(sich)** *in etw (dat) ~* être, rester bloqué dans qc; *fig die Diskussion hat sich od ist festgefahren* la discussion est bloquée, au point mort

'**festfressen** *v/réfl* ⟨*irr, sép, -ge-, h*⟩ *sich ~ TECH* (se) gripper; *fig Meinung, Gedanke sich in j-m ~* ne plus quitter qn

'**festfrieren** *v/i* ⟨*irr, sép, -ge-, sein*⟩ être pris dans la glace

'**Fest|geld** *n FIN* placement *m* à échéance fixe; *~gewand n cf Festkleid*; *~halle f cf Festsaal*

'**festhalten** *v/t* ⟨*irr, sép, -ge-, h*⟩ **I** *v/t* (re)tenir; *fig* fixer; *etw im Bild ~* fixer qc par l'image; *(als Ergebnis) ~, daß ...* (*konstatieren*) retenir (comme résultat) que ...; **II** *v/i an etw (dat) ~* rester attaché à; tenir à qc; conserver qc; *an j-m ~* se tenir à qn; **III** *v/réfl sich ~ (an* [+*dat*]) se tenir, s'accrocher (à)

'**festheften** *v/t* ⟨*-ete, sép, -ge-, h*⟩ *etw (an etw* [*dat*]) *~* attacher qc (à qc) (*mit e-r Nadel, Klammer, Reißzwecke* avec une épingle, un trombone, une punaise); *mit e-r Nadel* ~ épingler qc à, sur qc

'**festig|en** *v/t* ⟨*u v/réfl*⟩ ⟨*h*⟩ *(sich)* ~ (s')affermir; *Freundschaft* renforcer; *Stellung, Macht a* (se) consolider; *Währung* (se) stabiliser; *&keit f* ⟨*~*⟩ fermeté *f (a fig)*; solidité *f*; *der Lage* stabilité *f*; *e-r Masse, des Charakters* consistance *f*; *TECH* résistance *f*; *&keitslehre f* ⟨*~*⟩ théorie *f* de la résistance des matériaux

'**Festigung** *f* ⟨*~*⟩ consolidation *f*; *BÖRSE* raffermissement *m*; stabilisation *f*; *die ~ des Friedens* la consolidation de la paix

Festival ['fɛstivəl] *n* ⟨*~s; ~s*⟩ festival *m*

'**festklammern** ⟨*-(e)re, sép, -ge-, h*⟩ **I** *v/t etw (an etw* [*dat*]) *~* attacher (qc) avec une agrafe; **II** *v/réfl sich an j-m, etw ~* se cramponner à qn, à qc

'**festkleben** ⟨*sép, -ge-*⟩ *v/t* ⟨*h*⟩ *u v/i* ⟨*sein*⟩ coller (*an etw* [*dat*]) à qc

'**Fest|kleid** *n*, *~kleidung f* tenue *f* de fête, de gala

'**festklemmen** *v/t* ⟨*sép, -ge-, h*⟩ bloquer; coincer

'**festknoten** *v/t* ⟨*-ete, sép, -ge-, h*⟩ *etw (an etw* [*dat*]) *~* attacher, nouer qc (à qc)

'**Fest|konzert** *n* concert *m* de gala; *~körper m PHYS* (corps *m*) solide *m*; *~körperphysik f* physique *f* des solides

'**Festland** *n* ⟨*~(e)s*⟩ **1.** *Gegensatz: Insel* continent *m*; *das europäische ~* le continent européen; **2.** *Gegensatz: Meer* terre *f* ferme

'**Festlandsockel** *m* plateau continental

'**festlegen** ⟨*sép, -ge-, h*⟩ **I** *v/t* fixer; *Zeitpunkt, Einzelheiten e-s Plans etc a* arrêter; *Reiseroute, Grenze, Richtlinien a* établir; *COMM Kapital* immobiliser; *vertraglich* stipuler; *etw gesetzlich ~* stipuler, définir qc par la loi; **II** *v/réfl sich (auf etw* [*acc*]) *~* s'engager (à qc)

'**Festlegung** *f* ⟨*~; ~en*⟩ fixation *f*; *e-r Reiseroute, Grenze, Richtlinie, des Wegs* établissement *m*; *COMM von Kapital* immobilisation *f*; *vertragliche ~* stipulation *f*

'**festlich I** *adj* de fête; *(feierlich)* solennel, -elle; *~e Stimmung* ambiance *f* de fête; **II** *adv* ~ *begehen* fêter; célébrer; *~ geschmückt* décoré (pour une fête); *~ gekleidet* en habits de fête; endimanché

'**Festlichkeit** *f* ⟨*~; ~en*⟩ **1.** (*Fest*) festivité *f*; **2.** ⟨*sans pl*⟩ *e-r Veranstaltung* air *m*, caractère *m* de fête; solennité *f*

'**festliegen** *v/i* ⟨*irr, sép, -ge-, h*⟩ *Datum etc* être fixé; *Schiff, Kapital* être immobilisé

'**festmachen** ⟨*sép, -ge-, h*⟩ **I** *v/t* **1.** *Gegenstand ~ (an* [+*dat*]) fixer (à); attacher (à); *Schraube, Knoten* serrer; *MAR* amarrer (à); *etw an der Wand ~* fixer qc au mur; **2.** *fig (vereinbaren) Termin etc* fixer; arrêter; *(ableiten) e-e Behauptung an etw (dat) ~* baser une assertion sur qc; **II** *v/i MAR* s'amarrer (*an* [| *dat*] à)

'**Fest|mahl** *st/s n* festin *m*; banquet *m*; *~meter m od n* mètre *m* cube

'**festnageln** *v/t* ⟨*-(e)le, sép, -ge-, h*⟩ clouer (*an* [+*dat*]) à); F *fig j-n (auf etw* [*acc*]) *~* coincer qn (sur, par qc)

'**festnähen** *v/t* ⟨*sép, -ge-, h*⟩ coudre

Festnahme ['fɛstna:mə] *f* ⟨*~; ~n*⟩ arrestation *f*; *vorläufige ~* arrestation provisoire

'**festnehmen** *v/t* ⟨*irr, sép, -ge-, h*⟩ *j-n ~* arrêter qn; *vorläufig* appréhender qn

'**Fest|platte** *f INFORM* disque dur; *~platz m* place *f* des fêtes; *~preis m COMM* prix *m* fixe; *~rede f* discours *m* de fête; *~redner m* orateur *m* de la fête

'**festrennen** *v/réfl* ⟨*irr, sép, -ge-, h*⟩ *sich ~* **1.** F *fig (sich verrennen)* se fourvoyer (*in e-r Sache* dans qc); **2.** *SPORT* ne pas réussir à faire une percée

'**Festsaal** *m* salle *f* des fêtes

'**festsaugen** *v/réfl* ⟨*sép, -ge-, h*⟩ *sich ~ (an* [+*dat*]) *Tier* se fixer par succion (sur)

'**festschnallen** *v/t* ⟨*u v/réfl*⟩ ⟨*sép, -ge-, h*⟩ *~ (an* [+*dat*]) fixer (à, sur); *(sich) ~ (an* [+*dat*]) (s')attacher (à, sur)

'**festschrauben** *v/t* ⟨*sép, -ge-, h*⟩ visser (*an* [+*dat*] à)

'**festschreiben** *v/t* ⟨*irr, sép, -ge-, h*⟩ *Gesetz etc* codifier; *(sanktionieren)* sanctionner

'**Festschrift** *f* (livre *m* en) hommage *m* (*für j-n* à qn)

'**festsetzen** ⟨*-(es)t, sép, -ge-, h*⟩ **I** *v/t* **1.** *Preis, Löhne, Frist etc* fixer; établir; *Termin a* arrêter; *cf a festlegen*; **2.** *(gefangennehmen)* emprisonner; **II** *v/réfl sich ~* **3.** *Schmutz etc* se déposer; **4.** *fig Idee sich bei j-m ~* s'enraciner dans l'esprit de qn

'**Festsetzung** *f* ⟨*~; ~en*⟩ fixation *f*; établissement *m*

'**festsitzen** *v/i* ⟨*irr, sép, -ge-, h*⟩ **1.** (*gut halten*) *Keil etc* être solidement fixé; tenir bien; **2.** *(klemmen)* être coincé, enrayé, bloqué; **3.** *Fahrzeug etc* être en panne; rester bloqué; *fig bei e-r Arbeit etc* être arrêté

'**Fest|speicher** *m INFORM* mémoire morte; *~spiele n/pl* festival *m*; *~spielhaus n* théâtre *m* du festival

'**feststehen** *v/i* ⟨*irr, sép, -ge-, h*⟩ être certain; être établi; *es steht fest, daß ...* il est établi, avéré, certain que ...; il est de fait que ...; *soviel steht fest ...* ce qui est certain, c'est que ...; *immerhin od jedenfalls steht fest, daß ...* toujours est-il que ...

'**feststellbar** *adj Tatsache* vérifiable; *Ursache* décelable; *TECH* qui peut être bloqué, calé

'**feststellen** *v/t* ⟨*sép, -ge-, h*⟩ **1.** *TECH* bloquer; caler; **2.** *fig Tatsache* constater; *durch Prüfung* établir; *Ursache* déterminer; déceler; *Krankheit* diagnostiquer; *Tod, Irrtum, technische Fehler, Echtheit* constater; *Personalien etc (nachsehen)* vérifier; *der Arzt stellte als Ursache der Krankheit ... fest* le médecin constata que la maladie était due à ..., que la cause de la maladie était ...; *~, daß ...* constater que ...; *nach Prüfung* a établir que ...; *~, ob ...* vérifier si ...

'**Feststell|hebel** *m* levier *m* de blocage; *~schraube f* vis *f* de blocage; *~vorrichtung f* (dispositif *m*) fixation *f*

'**Feststellung** *f* **1.** *e-r Tatsache* constatation *f*; *e-r Ursache, der Identität* établissement *m*; *e-r Ursache* a détermination *f*; *von Personalien etc* vérification *f*; **2.** *(Wahrnehmung, Erklärung)* constatation *f*; *die ~ machen, daß ...* constater que ...

'**Feststellungsklage** *f JUR* action *f* en constatation (de droit)

'**Festtag** *m* kirchlicher, persönlicher jour *m* de fête; *(Feiertag)* jour férié

'**festtreten** *v/t* ⟨*irr, sép, -ge-, h*⟩ *Erde etc* fouler; *auf dem Boden* écraser

'**Festung** *f* ⟨*~; ~en*⟩ *MIL* forteresse *f*; *(befestigter Ort)* place forte

'**Festungs|anlage** *f* fortification(s) *f(pl)*; *~graben m* fossé *m* de forteresse; *~wall m* rempart *m*

'**Festveranstaltung** *f* gala *m*

'**fest|verzinslich** *adj FIN* à intérêts fixes; *Wertpapier* à revenu fixe; *~wachsen v/i* ⟨*irr, sép, -ge-, sein*⟩ s'attacher (*an* [+*dat*] à); adhérer (*an* [+*dat*] à); prendre

'**Fest|wiese** *f* champ *m* de foire; *~woche f* (période *f* du) festival *m*; *~zelt n*

tente f; chapiteau m; ~**zug** m cortège m; défilé m
Fete ['fe:tə] F f ⟨~; ~n⟩ fête f; *von Jugendlichen* boum f
Feti|sch ['fe:tɪʃ] m ⟨~es; ~e⟩ a fig fétiche m; ~'**schismus** m ⟨~⟩ a fig fétichisme m; ~'**schist(in)** m ⟨~en; ~en⟩ (f) ⟨~; ~nen⟩ fétichiste m,f
fett [fɛt] **I** adj **1.** *Nahrung, Lebewesen, Haut, Haar* gras, grasse; **2.** *péj Person (dick)* gros, grosse; p/fort obèse; ~ **werden** grossir; engraisser; *Person a* prendre de l'embonpoint; **3.** *fig (üppig)* gros, grosse; **~e Jahre** n/pl années f/pl d'abondance; F **~e Beute machen** F faire une affaire juteuse; **II** adv ~ **essen** manger gras; ~ **drucken** imprimer en caractères gras
Fett n ⟨~(e)s; ~e⟩ PHYSIOL, CUIS, CHIM graisse f; *(Speise2)* a matières grasses; *am Fleisch* gras m; **pflanzliches, tierisches ~** graisse végétale, animale; CHIM **die ~e** les corps gras; BIOCHEMIE les lipides m/pl; ~ **ansetzen** *Mensch, Tier* engraisser; **das ~ (von etw) abschöpfen** dégraisser (qc); **im ~ schwimmen** *Soße etc* nager dans la graisse; F *fig (wohlhabend sein)* rouler sur l'or; F *fig* **sein ~ (ab)bekommen** od **(ab)kriegen** se faire moucher; F *fig* **j-m sein ~ geben** donner à qn ce qu'il mérite; F *fig* **(d)er hat sein ~ weg** ça lui apprendra
'**Fett|ablagerung** f dépôt m de graisse; **~ansatz** m épaisseur f
'**fettarm I** adj peu gras, grasse; pauvre en matière(s) grasse(s); *Käse, Joghurt* allégé; maigre; *Milch* écrémé; **II** adv ~ **essen** ne pas manger gras
'**Fettauge** n *in der Suppe, etc* **~n** pl yeux m/pl (de bouillon)
'**Fettdruck** m ⟨~(e)s⟩ TYPO impression f en caractères gras
'**fetten** (-ete, h) **I** v/t graisser; TECH a lubrifier; **II** v/i *(Fett absondern)* graisser
'**Fett|fleck(en)** m tache f de graisse; 2**gedruckt** adjt *(épithète)* imprimé en caractères gras; **~gehalt** m teneur f en matière(s) grasse(s); **~geschwulst** f lipome m; **~gewebe** m tissu adipeux; pannicule adipeux, graisseux; 2**haltig** adj contenant des matières grasses; gras, grasse; *Gewebe* adipeux, -euse
'**fettig** adj *Kleidung, Papier* graisseux, -euse; gras, grasse; *Haar, Haut* gras, grasse; *(ölig)* onctueux, -euse
'**Fett|kloß** F péj m cf **Fettwanst**; **~leber** f MÉD cirrhose graisseuse; 2**leibig** st/s adj obèse; **~leibigkeit** st/s f ⟨~⟩ obésité f; embonpoint m; 2**löslich** adj liposoluble
'**Fettnäpfchen** ['fɛtnɛpfçən] n ⟨~s; ~⟩ F plais **ins ~ treten** mettre les pieds dans le plat
'**Fettpolster** n bourrelet m de graisse
'**fettreich I** adj riche en matière(s) grasse(s); **II** adv ~ **essen** manger très gras
'**Fett|sack** P péj m F gros lard; **~säure** f acide gras; **~schicht** f couche de graisse, adipeuse; **~stift** m **1.** *zum Schreiben* crayon gras; **2.** *für die Lippen* pommade grasse; **~sucht** f ⟨~⟩ adipose f; partielle adiposité f; 2**triefend** adjt dégoulinant de graisse
'**Fettwanst** F m mastodonte m; F gros lard; **ein ~ sein** être bouffi de graisse
'**Fettwulst** m bourrelet m de graisse

Fetus ['fe:tʊs] m ⟨~ ou ~sses; ~se ou Feten⟩ BIOL fœtus m
fetzen ['fɛtsən] ⟨-(es)t⟩ **I** v/t ⟨h⟩ arracher; **II** *Jugendsprache* v/i **1.** ⟨sein⟩ *(rasen)* F foncer; **2.** ⟨h⟩ *Musik, Film etc* **das fetzt!** F ça déménage!
'**Fetzen** m ⟨~s; ~⟩ **1.** *(kleines Stück)* morceau m; bout m; lambeau m (a fig); *e-s Gesprächs* bribe f; *etw in lauter ~ (acc)* **(zer)reißen** déchirer qc en mille morceaux; *Stoff* mettre qc en lambeaux; F **(arbeiten,) daß die ~ fliegen** (travailler) avec rage; **2.** F péj *(Kleid)* F robe f riquiqui et moche
'**fetzig** F adj *(mitreißend)* F qui déménage
feucht [fɔyçt] adj *Luft etc* humide; *Haut, Hände, Hitze* moite; *Boden, Gras* a mouillé; ~ **machen** humecter; ~ **werden** s'humidifier; devenir humide; s'humecter
'**Feuchtbiotop** n od m biotope m humide
'**feucht'fröhlich** adj F plais **~er Abend** soirée bien arrosée et gaie
'**Feuchtgebiet** n zone f humide
'**Feuchtigkeit** f ⟨~⟩ humidité f; *der Haut* moiteur f; **vor ~ (dat) (zu) schützen** protéger contre l'humidité
'**Feuchtigkeits|creme** f crème hydratante; **~gehalt** m teneur f en humidité; sc hygrométricité f; *der Luft* état m hygrométrique; **~grad** m degré m d'humidité; *der Luft* degré m hygrométrique; **~messer** m ⟨~s; ~⟩ bes MÉTÉO hygromètre m; sc psychromètre m; **~messung** f bes MÉTÉO hygrométrie f
'**feucht|kalt** adj froid et humide; '**~warm** adj chaud et humide; *Klima a* mou, molle
feudal [fɔy'da:l] adj **1.** HIST féodal; **2.** F *(luxuriös)* somptueux, -euse; luxueux, -euse; F sélect; 2**herrschaft** f ⟨~⟩ HIST féodalité f
Feuda'lismus m ⟨~⟩ HIST féodalisme m
Feu'dal|staat m HIST État féodal; **~system** n système féodal
Feuer ['fɔyɐ] n ⟨~s; ~⟩ **1.** feu m; hell *auflodernd*es flambée f; *(Brand)* a incendie m; ~**!** au feu!; *das olympische ~* la flamme olympique; ~ **anmachen** faire du feu; allumer le feu; *das ~* **schüren** attiser le feu (a fig); **~ an ein Haus legen** mettre le feu à, incendier une maison; *ins ~* **werfen** jeter au feu; ~ **fangen** prendre feu; s'enflammer (a fig); **j-m ~ geben** donner du feu à qn; *für Zigarette* **haben Sie ~?** avez-vous du feu?; **bei, auf kleinem, schwachem ~** à petit feu; **wie ~ brennen** *Wunde etc* brûler comme du feu; *fig in Wendungen* **dafür lege ich meine Hand ins ~** j'en mettrais ma main au feu; **für j-n, etw durchs ~ gehen** se mettre en quatre pour qn, pour qc; se jeter au, dans le feu pour qn; **etw aus dem ~ reißen** sauver qc in extremis; **mit dem ~ spielen** jouer avec le feu; F **j-m ~ unter dem** od **unterm Hintern machen** F secouer les puces à qn; F faire sa fête à qn; **3.** MAR *(Leucht2)* feu m; **4.** ⟨sans pl⟩ MIL feu m; *(Schußlinie)* tir m; **Befehl ~!** feu!; **das ~ eröffnen** ouvrir le feu; **das ~ einstellen** cesser le feu; **~ geben** *(schießen)* faire feu; tirer; **5.** ⟨sans pl⟩ fig *(Funkeln)* éclat m; **das ~ in ihren Augen** l'éclat de, la flamme

dans ses yeux; *le feu de son regard*; **6.** ⟨sans pl⟩ fig *(Schwung)* ardeur f; fougue f; F ~ **und Flamme für j-n, etw sein** être tout feu tout flamme pour qn, pour qc
'**Feuer|alarm** m alerte f d'incendie; **~anzünder** m ⟨~s; ~⟩ allume-feu m; *für Gas* allume-gaz m; **~bekämpfung** f lutte f contre le feu; 2**beständig** adj résistant au feu; ignifuge; **~bestattung** f incinération f; crémation f; **~bohne** f 'haricot m d'Espagne; **~eifer** m zèle ardent; **~einstellung** f MIL cessez-le-feu m
'**feuerfest** adj *(nicht brennbar)* incombustible; *(nicht entzündlich)* ininflammable; *Glas, Porzellan* à feu; *Schüssel, Form* résistant od allant au feu; *Ziegel* réfractaire; *Kleidung* ignifugé
'**Feuer|gefahr** f danger m, risque m d'incendie; 2**gefährlich** adj inflammable
'**Feuergefecht** m combat m; coups m/pl de feu; **es kam zum ~** il y eut un échange de coups de feu
'**Feuer|haken** m *(Schüreisen)* tisonnier m; attisoir m; pique-feu m; **~land** n ⟨~s⟩ GÉOGR la Terre de Feu; **~leiter** f *am Haus* échelle f de secours; *der Feuerwehr* grande échelle; **~löschboot** n bateau-pompe m; **~löscher** m ⟨~s; ~⟩ extincteur m; **~melder** m ⟨~s; ~⟩ avertisseur m d'incendie
'**feuern** ⟨-(e)re, h⟩ **I** v/t **1.** *Ofen* alimenter; **2.** F *(werfen)* jeter; F balancer; **j-m eine ~** F flanquer une baffe à qn; **3.** F *(entlassen)* F virer; F vider; **gefeuert werden** F se faire virer, vider; **II** v/i **4.** *mit Holz, Kohle* chauffer; **5.** MIL *(schießen)* faire feu, tirer *(auf [+acc])* sur)
'**Feuerpause** f MIL arrêt m du tir
'**Feuerprobe** f HIST *(Gottesurteil)*, TECH épreuve f du feu; fig **die ~ bestehen** passer le test
'**feuer'rot** adj rouge vif, feu, ardent *(alle inv)*; *Haar* roux, rousse et flamboyant(e); *von e-r Person* ~ **werden** devenir écarlate *(vor Scham [dat] etc* de honte, etc)
'**Feuersalamander** m salamandre f terrestre
'**Feuersbrunst** st/s f grand incendie
'**Feuer|schaden** m dégâts causés par l'incendie; sinistre m; **~schein** m am *Kamin etc* lueur f du feu; *e-s Brands* lueur f d'incendie; **~schiff** n bateau-feu m; **~schlucker** F m avaleur m de feu; **~schutz** m **1.** *(Brandschutz)* protection f contre l'incendie; **2.** MIL appui m de feu
'**feuersicher** cf feuerfest
'**feuerspeiend** adjt qui vomit, crache du feu; **~er Berg** volcan m (en éruption)
'**Feuer|spritze** f lance f à incendie; **~stätte** f foyer m; **~stein** m MINÉR pierre f à feu; silex m; *für Feuerzeug* pierre f à briquet; **~stelle** f foyer m; **~stuhl** *Jugendsprache* m *(grosse)* moto; *PS-starker* gros cube; **~taufe** f MIL, fig baptême m du feu; **~tod** m **1.** HIST supplice m du feu; **2.** st/s *Unfall etc* mort f dans les flammes; **~treppe** f escalier m de secours; **~überfall** m MIL tir m de surprise
'**Feuerung** f ⟨~⟩ **1.** ⟨pl ~en⟩ chauffage m; *Anlage, Heizen a* chauffe f; **2.** *(Heizmaterial)* combustible m

'Feuerungsanlage f (installation f de) chauffage m
'Feuer|versicherung f assurance f incendie; **2verzinkt** adjt TECH galvanisé à chaud; **~wache** f caserne f de pompiers; **~waffe** f arme f à feu; **~wasser** F n ⟨~s⟩ (Branntwein) eau-de-vie f
'Feuerwehr f ⟨~; ~en⟩ (corps m des sapeurs-)pompiers m/pl; **die ~ alarmieren** appeler les pompiers; F fig **das geht ja wie die ~** ça va à toute vitesse
'Feuerwehr|auto n voiture f de pompiers; **~haus** n caserne f de pompiers; **~leiter** f échelle f d'incendie, de pompiers; **~mann** n ⟨~(e)s; ⁓er ou -leute⟩ (sapeur-)pompier m
'Feuer|werk n a fig feu m d'artifice; **~werkskörper** m pièce f d'artifice; **~zangenbowle** f punch à base de vin rouge et de rhum servi chaud et flambé; **~zeug** n briquet m
Feuilleton [fœjə'tõ:] n ⟨~s; ~s⟩ Zeitungsteil rubrique f culture; chronique f littéraire; a feuilleton m; Beitrag article m de la rubrique culture
Feuilleto|'nist m ⟨~en; ~en⟩ rédacteur m de la chronique, od chroniqueur m littéraire (d'un journal); journaliste m écrivant pour la rubrique culture; **2nistisch** adj de la rubrique culture; Stil de chronique littéraire; péj verbeux, -euse
Feuille'tonstil m style m de chronique littéraire bzw de la rubrique culture
feurig ['fɔʏrɪç] adj ardent; Rede enflammé; Blick de braise; Liebhaber, Pferd fougueux, -euse; Wein généreux, -euse; **~es Rot** rouge ardent
Fez [fe:ts] F m ⟨~es⟩ (Spaß, Unsinn) F rigolade f; **~ machen** F rigoler; F faire le fou
ff. abr (folgende [Seiten]) (et pages) suivantes
FF abr (französischer Franc bzw französische Francs) FF (franc[s] français)
FH [ɛf'ha:] f abr cf Fachhochschule
Fiaker [fi'a:kər] m ⟨~s; ~⟩ österr fiacre m
Fiasko [fi'asko] n ⟨~s; ~s⟩ fiasco m; THÉ a four m; F bide m; **ein ~ erleiden** od **erleben** essuyer un échec; Γ ramasser une veste, une pelle
Fibel ['fi:bəl] f ⟨~; ~n⟩ (Schul2) abécédaire m; alphabet m
Fiber ['fi:bər] f ⟨~; ~n⟩ BIOL, TEXT fibre f
Fibrille [fi'brɪlə] f ⟨~; ~n⟩ BIOL fibrille f
Fibrin [fi'bri:n] n ⟨~s⟩ BIOCHEMIE fibrine f
ficht [fɪçt] cf fechten
Fichte ['fɪçtə] f ⟨~; ~n⟩ épicéa m; (Rot2) sapin m rouge
'Fichtennadel f aiguille f d'épicéa; **~extrakt** m extrait m de pin (pour sels de bain)
Fick [fɪk] vulgär m ⟨~s; ~s⟩ vulgär baise f
'ficken vulgär v/t u v/i ⟨h⟩ vulgär baiser (j-n od mit j-m qn)
'fickerig adj regional nerveux, -euse
fidel [fi'de:l] F adj gai; joyeux,-euse; enjoué
Fidschi ['fɪdʒi] n ⟨~ n/pr⟩ les (îles f/pl) Fidji f/pl
Fidschian|er(in) [fɪdʒi'a:nər(ɪn)] m ⟨~s; ~⟩ (f) ⟨~; ~nen⟩ Fidjien, -ienne m,f; **2isch** adj fidjien, -ienne
Fieber ['fi:bər] n ⟨~s⟩ fièvre f (a fig); (erhöhte Temperatur) température f;

hohes ~ forte fièvre; F fièvre de cheval; **~ haben** avoir de la fièvre, de la température; **(bei j-m) ~ messen** prendre la température (de qn)
'Fieberanfall m accès m, poussée f de fièvre
'fieberfrei adj sans fièvre; Kranker **~ sein** ne plus avoir de fièvre, de température
'fieberhaft I adj MÉD, a fig fiévreux, -euse; fébrile; **II** adv fiévreusement; fébrilement; **~ nach etw suchen** chercher qc fébrilement
'fieberig cf fiebrig
'fieber|krank adj fiévreux, -euse; fébrile; qui a de la température; **2kurve** f courbe f de température; **2mittel** n (remède m) fébrifuge m; **2mücke** f ZO anophèle m
'fiebern v/i ⟨-(e)re, h⟩ **1.** avoir, faire de la fièvre; être fiévreux,-euse, fébrile; avoir de la température; **2.** fig **vor Aufregung** (dat) ~ être dans un état d'excitation fébrile; **nach etw ~** (sich sehnen) désirer ardemment qc
'Fieberphantasie f divagations f/pl, hallucinations f/pl dues à la fièvre
'fiebersenkend adj fébrifuge; antithermique; **~es Mittel** (remède m) fébrifuge m
'Fieber|thermometer n thermomètre médical; **~wahn** m délire m fébrile
'fiebrig adj MÉD, a fig fébrile; fiévreux, -euse
Fiedel ['fi:dəl] f ⟨~; ~n⟩ plais (Geige) violon m; péj F crincrin m
'fiedeln v/i ⟨-(e)le, h⟩ plais od péj gratter, racler du violon
fiel [fi:l] cf fallen
fiepen ['fi:pən] v/i ⟨h⟩ Hund couiner
fies [fi:s] F adj (ekelhaft, widerwärtig, gemein) F dégueulasse, F vache; Trick a sale; **das war wirklich ~ von ihm** F c'était vraiment dégueulasse de sa part
'Fiesling F péj m ⟨~s; ~e⟩ F sale type m; F sale mec m
Fifa, FIFA ['fi:fa] f ⟨~⟩ abr (Fédération internationale de football association, Internationaler Fußballverband) FIFA f
Fight [faɪt] m ⟨~s; ~s⟩ SPORT combat m; lutte f
'fighten v/i ⟨-ete, h⟩ SPORT lutter
Figur [fi'gu:r] f ⟨~; ~en⟩ **1.** EISLAUF, KUNST, RHÉT, MUS, MATH figure f; **2.** (Schach2) pièce f; **3.** (Körperwuchs) corps m; silhouette f; taille f; **sie hat e-e gute ~** elle est bien faite, proportionnée; elle a la taille bien prise; **die ~ zur Geltung bringen** mettre le corps, la silhouette en valeur; fig **e-e gute, schlechte ~ machen** od **abgeben** faire bonne, piètre figure; **4.** (Person) personnage m (a in der Dichtung); THÉ a rôle m; **5.** (kleine Statue) figurine f; statuette f
figu'rieren v/i ⟨pas de ge-, h⟩ Person **~ als** jouer le rôle de; **in e-r Liste ~** figurer sur une liste
figürlich [fi'gy:rlɪç] RHÉT **I** adj figuré; **im ~en Sinn(e)** au (sens) figuré; **II** adv au figuré; figurément
Fiktion [fɪktsi'o:n] f ⟨~; ~en⟩ a JUR fiction f
fik'tiv adj fictif, -ive
Filet [fi'le:] n ⟨~s; ~s⟩ CUIS, TEXT filet m; **~arbeit** f STICKEREI filet m; **~braten** m CUIS rôti m dans le filet

file'tieren v/t ⟨pas de ge-, h⟩ CUIS découper
Fi'let|nadel f STICKEREI navette f; **~steak** n CUIS bifteck m dans le filet
Filiale [fili'a:lə] f ⟨~; ~n⟩ COMM succursale f
Fili'alleiter(in) m(f) directeur, -trice m,f de succursale
Filigran [fili'gra:n] n ⟨~s; ~e⟩, **~arbeit** f filigrane m
Fili|pina [fili'pi:na] f ⟨~; ~s⟩ Philippine f; **~'pino** m ⟨~s; ~s⟩ Philippin m
Film [fɪlm] m ⟨~(e)s; ~e⟩ **1.** PHOT (rouleau m de) pellicule f; **e-n ~ einlegen** mettre une pellicule, un rouleau de pellicule; **2.** (Kino2) TV film m; (~streifen) a pellicule f; **e-n ~ drehen** tourner un film; **e-n ~ vorführen** projeter, passer, présenter un film; **in e-m ~ mitwirken, mitspielen** jouer dans un film; **der ~ läuft schon seit acht Wochen** ce film tient l'affiche depuis déjà huit semaines; F fig **bei ihm ist der ~ gerissen** il a un trou; **3.** ⟨sans pl⟩ (~branche) cinéma m; **der deutsche ~** le cinéma allemand; F **er ist beim ~** il est dans le cinéma; **4.** (dünne Schicht) pellicule f; film m
'Film|archiv n cinémathèque f; filmothèque f; **~atelier** n studio m de cinéma; **~aufnahme** f prise f de vue(s) cinématographique; **~bericht** m documentaire m,f
'Filmemacher(in) m(f) cinéaste m
'filmen ⟨h⟩ **I** v/t **1.** filmer; **2.** F fig (hereinlegen) j-n ~ F rouler qn; **II** v/i Schauspieler tourner, jouer dans un film; faire du cinéma
'Filmen n ⟨~s⟩ tournage m d'un film
'Film|festspiele n/pl festival m du film, du cinéma; **~freund** m cinéphile m; **~industrie** f industrie f du cinéma
'filmisch adj du cinéma; à l'écran
'Film|kamera f caméra f; **~kassette** f cartouche f de film; **~klub** m ciné-club m; **~kopie** f copie f de film; **~kritik** f **1.** Beurteilung critique f de cinéma; **2.** ⟨sans pl⟩ coll critiques m/pl de cinéma; **~kritiker(in)** m(f) critique m de cinéma; **~kulisse** f plateau m (d'un film); **~kunst** f ⟨~⟩ cinéma m; art m cinématographique; **~leinwand** f écran m; **~material** n **1.** PHOT matériel m photo(graphique); **2.** zu e-m Thema photo(graphie)s f/pl; **~musik** f musique f de film; **~preis** m Auszeichnung prix m du cinéma; **~produzent(in)** m(f) producteur, -trice m,f (de cinéma); **~projektor** m appareil m de projection cinématographique; **~regisseur(in)** m(f) metteur m en scène (de cinéma); réalisateur, -trice m,f
'Filmriß m F fig **e-n ~ haben** avoir un trou
'Film|rolle f **1.** e-s Schauspielers rôle m dans un film; **2.** TECH rouleau m de pellicule; (bobine f de) film m; **~schaffende(r)** f(m) ⟨~ A⟩ cinéaste m,f; **~schauspieler(in)** m(f) acteur, -trice m,f de cinéma; **~schnitt** m montage m; **~spule** f bobine f de film; **~stadt** f studios m/pl de cinéma; **~star** m vedette f, étoile f, star f de l'écran; vedette f de l'écran; **~sternchen** n starlette f; **~streifen** m bande f de film; pellicule f; **~studio** n studio m de cinéma; **~szene** f scène f (dans un film);

~**technik** f cinématographie f; ~**theater** n cinéma m; ~**titel** m titre m de film; ~**verleih** m Vorgang distribution f de films; Unternehmen distributeur m; ~**vorführer** m ⟨~s; ~⟩ opérateur m (de cinéma); ~**vorführung** f projection f de film; ~**vorschau** f bande-annonce f; ~**vorstellung** f séance f (de cinéma); ~**zensur** f ⟨~⟩ censure f cinématographique
Filter ['fɪltər] m, t/t meist n ⟨~s; ~⟩ TECH, RAD, AKUSTIK, OPT, fig filtre m; PHOT a écran m
'**Filter|einsatz** m cartouche filtrante; ~**kaffee** m café m filtre; ~**mundstück** n bout m filtre
'**filtern** v/t ⟨-(e)re, h⟩ Flüssigkeiten, Lichtstrahlen, Schwingungen, fig Informationen filtrer
'**Filter|papier** n papier-filtre m; papier m emporétique; CHIM papier m joseph; ~**presse** f ⟨~; ~n⟩ TECH filtre-presse m; ~**tüte** f filtre m en papier
'**Filterung** f ⟨~; ~en⟩ filtrage m; filtration f
'**Filterzigarette** f cigarette f à (bout) filtre
Filtrat [fɪl'tra:t] n ⟨~(e)s; ~e⟩ TECH filtrat m; ~**i'on** f ⟨~; ~en⟩ TECH filtration f
fil'trieren Fachsprache v/t ⟨pas de ge-, h⟩ filtrer (a OPT); passer au filtre, à l'étamine
Fil'trierpapier n cf Filterpapier
Filz [fɪlts] m ⟨~es; ~e⟩ 1. TEXT feutre m; aus ~ en feutre; 2. F (Geizhals) F grigou m; pingre m; 3. F péj (Kungelei) F magouillage m
'**filzen** ⟨-(es)t, h⟩ I F v/t (durchsuchen) fouiller; II ~ feutrer
'**Filzhut** m (chapeau m de) feutre m
'**filzig** adj feutré
'**Filz|laus** f ZO morpion m; ~**pantoffel** m pantoufle f de feutre; ~**schreiber** m, ~**stift** m crayon-feutre m; stylo--feutre m; feutre m
Fimmel ['fɪməl] F m ⟨~s; ~⟩ (Verrücktheit) manie f; e-n ~ (für etw) haben F être toqué (de qc)
final [fi'na:l] adj bes GR final
Fi'nale n ⟨~s; ~⟩ 1. MUS final(e) m; 2. SPORT (Endkampf, -spiel) finale f; ⟨sans pl⟩ (Endspurt) finish m
Fina'list(in) m ⟨~en; ~en⟩ (f) ⟨~; ~nen⟩ SPORT finaliste m,f
Fi'nalsatz m GR proposition finale
Fi'nanz... in Zssgn meist financier, -ière; des finances; ~**amt** n Gebäude perception f; Behörde fisc m; ~**ausgleich** m péréquation financière; ~**ausschuß** m comité financier; commission f des finances; ~**beamte(r)** m, ~**beamtin** f fonctionnaire m,f des finances; ~**berater(in)** m(f) conseiller, -ère m,f financier, -ière; ~**buchhalter(in)** m(f) comptable m,f (en comptabilité financière od générale); ~**buchhaltung** f comptabilité financière od générale
Finanzen [fi'nantsən] f/pl (Finanzwesen, [F private] Finanzlage) finances f/pl; **die ~ öffentlichen** les finances publiques; F **mit meinen ~ steht es schlecht** mes finances ne sont pas brillantes
Fi'nanz|experte m, ~**expertin** f expert financier; ~**gericht** n tribunal compétent en matière fiscale; ~**gruppe** f groupe financier, de financiers
Fi'nanzhilfe f aide financière, pécuniai-

re; aus öffentlichen Mitteln subvention f; **staatliche ~** subvention de l'État
finanzi'ell I adj financier, -ière; **die ~en Verhältnisse** n/pl la situation financière; **~e Interessen** n/pl intérêts financiers, pécuniaires; **~e Schwierigkeiten** f/pl difficultés financières; embarras m/pl pécuniaires; **~e Sorgen haben** avoir des problèmes, des soucis d'argent; II adv financièrement; sur le plan financier; **~ gut gestellt sein** être aisé; **~ schlecht gestellt sein** être dans une situation matérielle précaire; **~ unterstützen** aider financièrement; Institution etc subventionner
Finanzier [finantsi'e:] m ⟨~s; ~s⟩ financier m
finan'zier|en v/t ⟨pas de ge-, h⟩ financer; **⟨ung** f ⟨~; ~en⟩ financement m; **⟨ungsgesellschaft** f société f de financement; **⟨ungsplan** m plan m, programme m de financement
Fi'nanz|kontrolle f ÉCON contrôle m des finances; ~**kraft** f ⟨~⟩ capacités financières; **⟨kräftig** adj économiquement fort; ~**lage** f ⟨~⟩ état m des finances; situation f de trésorerie; ~**minister** m ministre m des Finances; ~**ministerium** n ministère m des Finances; ~**politik** f politique financière; **⟨schwach** adj économiquement faible; ~**spritze** F f injection f de capitaux; ~**verwaltung** f administration f des finances; trésorerie f; ~**wesen** n ⟨~s⟩ finances f/pl; ~**wirtschaft** f ⟨~⟩ gestion f des finances; finances f/pl; ~**wissenschaft** f science f des finances
Findelkind ['fɪndəlkɪnt] n enfant m,f trouvé(e)
finden ['fɪndən] ⟨findet, fand, gefunden, h⟩ I v/t 1. (entdecken) trouver; **es ist nicht zu ~** (c'est) introuvable; **was findet sie nur an ihm?** qu'est-ce qu'elle lui trouve?; 2. (bekommen) Arbeit, Wohnung etc trouver; **die Kraft ~ zu** (+inf) trouver la force de (+inf); **s-n eigenen Stil ~** trouver son (propre) style; 3. (heraus~) Lösung, Fehler etc trouver; **das Passende ~** trouver ce qui convient; **ich habe noch keine Zeit dazu gefunden** je n'en ai pas encore trouvé le temps; 4. (vor~) trouver; **ich fand ihn schlafend** je l'ai trouvé endormi; 5. (erfahren) Ruhe ~ trouver le repos; **den Tod ~** trouver la mort; **Freude daran ~ zu** (+inf) trouver du plaisir à (+inf); **Hilfe bei j-m ~** trouver assistance auprès de qn; 6. (beurteilen) trouver; **das finde ich nicht nett von dir** je ne trouve pas ça bien de ta part; **etw gut, dumm etc ~** trouver qc bête, etc; **ich finde, daß ...** je trouve que ...; **ich finde nichts dabei** je n'y vois aucun, pas de mal; F **Sie nicht?** ne trouvez-vous pas?; **wie ~ Sie das Buch?** comment trouvez-vous ce livre?; II v/i (gelangen) **zu j-m ~** trouver où qn habite; **nach Hause ~** trouver le chemin de la maison; a rentrer (chez soi); fig **zur Musik ~** découvrir la musique; fig **zu sich selbst ~** s'épanouir; trouver sa voie; III v/réfl **sich ~** se trouver; von Partnern se rencontrer; **es ~ sich immer Menschen, die ...** il se trouve toujours des gens qui ...; **... bis sich etw Besseres findet** en attendant mieux; st/s **sich in sein Schicksal ~**

accepter son sort; p/fort se résigner à son sort; **das wird sich schon alles ~** on verra bien; tout ira bien; tout finira (bien) par s'arranger; **sich bereit ~, etw zu tun** être prêt, disposé à faire qc; plais **da haben sich zwei gefunden** ils font bien la paire
'**Finder(in)** m ⟨~s; ~⟩ (f) ⟨~; ~nen⟩ personne f qui a trouvé bzw qui trouvera; **der ehrliche ~ wird gebeten ...** la personne qui trouvera ... est priée de ...
'**Finderlohn** m récompense f (pour un objet trouvé)
'**findig** adj ingénieux, -ieuse; inventif, -ive; **ein ~er Kopf sein** être ingénieux, inventif; avoir l'esprit ingénieux
'**Findling** m ⟨~s; ~e⟩ 1. GÉOL bloc m erratique; 2. cf Findelkind
Finesse [fi'nɛsə] f ⟨~; ~n⟩ 1. (Trick) bon truc; ruse f; (Raffinesse) astuce f; combine f; **mit allen ~n arbeiten** F employer toutes les combines imaginables; 2. in der Ausstattung raffinement m; **mit allen ~n** sophistiqué
fing [fɪŋ] cf fangen
Finger ['fɪŋər] m ⟨~s; ~⟩ 1. doigt m; **der kleine ~** le petit doigt; l'auriculaire m; **~ weg!** bas les mains, F les pattes!; F pas touche!; 2. **mit** prép **etw an den ~n abzählen** compter qc sur ses doigts; fig **das kann man sich** (dat) **an den** (fünf) **~n abzählen** cela saute aux yeux; **etw auf die ~ bekommen** recevoir une tape sur les doigts; F fig **j-m auf die ~ klopfen** taper sur les doigts à qn; **j-m auf die ~ sehen** od F **gucken** a fig avoir l'œil sur qn; fig **sich** (dat) **etw aus den ~n saugen** inventer qc; **durch die ~ rinnen** Sand, fig Geld filer entre les doigts, les mains; F fig **etw in die ~ bekommen** od **kriegen** tomber sur qc; F fig **ihm juckt es in den ~n, etw zu tun** ça le démange de faire qc; **sich** (dat) **in den ~ schneiden** se couper le doigt; F fig (sich irren) F se gourer; **mit ~n auf j-n zeigen** a fig montrer qn du doigt; F fig **sich** (dat) **die ~ danach lecken** F s'en lécher les doigts; F fig **j-n um den** (kleinen) **~ wickeln** qn tout ce que l'on veut; mener qn par le bout du nez; F **was ihm unter die ~ kommt** ce qui lui tombe sous la main; F fig **laß du davon!** ne t'en mêle pas!; 3. **mit** Verb F **die ~ im Spiel haben** être impliqué dans l'affaire; F fig **keinen ~ krumm machen, rühren** ne pas lever le petit doigt; fig **den ~ auf die Wunde legen** mettre le doigt sur la plaie; F fig **lange ~ machen** avoir les doigts crochus; fig **sich** (dat) **die ~ nicht schmutzig machen** moralement ne pas se salir les mains; (nicht selbst [mit]arbeiten) ne pas mettre la main à la pâte; fig **wenn man ihm den kleinen ~ reicht, nimmt er gleich die ganze Hand** si on lui donne (long comme) le doigt, il (en) prend (long comme) le bras; **sich** (dat) **die ~ verbrennen** a fig se brûler les doigts; 4. e-s Handschuhs doigt m
'**Finger|abdruck** m ⟨~(e)s; -drücke⟩ empreinte digitale; **⟨breit** adj (de la largeur) d'un doigt
'**Fingerbreit** m ⟨~; ~⟩ doigt m; fig **keinen ~ nachgeben** ne pas reculer d'un pouce
'**fingerdick** I adj de l'épaisseur d'un

doigt; **II** *adv* ~ **auftragen** mettre une bonne couche

'**Fingerfarben** *f/pl* couleurs *f/pl* aux doigts

'**fingerfertig** *adj* adroit, habile de ses doigts; ~ **sein** *a* avoir de la dextérité

'**Finger|fertigkeit** *f* ⟨~⟩ dextérité *f*; doigté *m* (*a* MUS); ~**glied** *n* ANAT phalange *f*; ~**hakeln** *n* ⟨~s⟩ sport populaire variante du bras de fer pratiquée avec le doigt du milieu; ~**handschuh** *m* gant *m* à doigts; ~**hut** *m* 1. COUT dé *m* (à coudre); 2. BOT digitale *f*; ~**kuppe** *f* bout *m* du doigt; ~**ling** *m* ⟨~s; ~e⟩ doigtier *m*

'**fingern** ⟨-(e)re, h⟩ **I** *v/t* **etw aus der Tasche** ~ extirper qc de sa poche; **II** *v/i* tripoter (**an etw** [*dat*] qc)

'**Finger|nagel** *m* ongle *m* (du doigt); ~**ring** *m* bague *f*; *ohne Stein* anneau *m*; ~**satz** *m* MUS doigté *m*

'**Fingerspitze** *f* bout *m* du doigt; *fig* **etw bis in die** ~**n sein** être qc jusqu'au bout des ongles

'**Finger|spitzengefühl** *n* ⟨~s⟩ doigté *m*, tact *m* (**bei** dans; **für** en ce qui concerne); ~**sprache** *f* langage gestuel (des sourds-muets); ~**übung** *f* MUS exercice *m* de doigté; ~**zeig** *m* ⟨~(e)s; ~e⟩ indication *f*; F tuyau *m*; *cf a* **Hinweis** *1., 3.*, **Wink** *2.*

fingieren [fɪŋˈgiːrən] *v/t* ⟨*pas de ge-*, h⟩ feindre; simuler

fin'giert *adj* fictif, -ive; feint; simulé; ~**e Rechnung** fausse facture

Finish [ˈfɪnɪʃ] *n* ⟨~s; ~s⟩ 1. SPORT finish *m*; 2. (*Endbearbeitung*) finissage *m*

finit [fiˈniːt] *adj* GR *Verbform* conjugué

Fink [fɪŋk] *m* ⟨-en; -en⟩ pinson *m*

Finn-Dingi [ˈfɪndɪŋgi] *n* ⟨~s; ~s⟩ Segelboot finn *m*

Finne¹ [ˈfɪnə] *f* ⟨~; ~n⟩ 1. *des Wals* nageoire dorsale; *des Hais* aileron dorsal; 2. *e-s Hammers* panne *f*; 3. *e-s Bandwurms* cysticerque *m*

Finn|e² [ˈfɪnə] *m* ⟨~n; ~n⟩, ~**in** *f* ⟨~; ~nen⟩ Finnois(e) *m(f)*; Finlandais(e) *m(f)*

'**finnisch** *adj* finnois; finlandais

finnisch-ugrisch [ˈfɪnɪʃˈuːɡrɪʃ] *adj* LING finno ougrien, -ienne

'**Finnisch** *n* ⟨~(s)⟩, ~**e** *n* ⟨~n⟩ (*das*) **Finnisch(e) Sprache** le finnois

'**Finn|land** *n* ⟨→ *n/pr*⟩ la Finlande; ~**mark** *f* ⟨~; ~⟩ *Währung* mark finlandais

Finnwal *m* ZO rorqual *m*; baleinoptère *m*

finster [ˈfɪnstər] **I** *adj* sombre (*a fig*); obscur; *st/s* ténébreux, -euse; *p/fort* noir; ~**e Nacht** nuit noire; **im** ⟨~n⟩ dans l'obscurité; dans l'ombre; ~ **werden** commencer à faire sombre; *fig* **im** ~**n tappen** tâtonner; ne pas savoir à quoi s'en tenir; *fig* (*mürrisch*) **ein** ~**es Gesicht machen** avoir l'air sombre; faire grise mine; **II** *adv* ~ **dreinschauen** regarder d'un air sombre

'**Finsternis** *f* ⟨~; ~se⟩ 1. obscurité *f*; ténèbres *f/pl*; 2. ASTR éclipse *f*

Finte [ˈfɪntə] *f* ⟨~; ~n⟩ feinte *f* (*a* FECHTEN); ruse *f*; piège *m*; **j-n durch e-e** ~ **täuschen, ablenken** F feinter qn

Firlefanz [ˈfɪrləfants] F *m* ⟨~es⟩ 1. (*Unsinn*) bêtises *f/pl*; sottises *f/pl*; 2. (*wertlose Gegenstände*) fanfreluches *f/pl*

firm [fɪrm] *adj* **in etw** (*dat*) ~ **sein** être ferré, fort, F calé en qc

Firma [ˈfɪrma] *f* ⟨~; -men⟩ entreprise *f*; maison *f* (de commerce); établissement(s) *m(pl)*; *abus* compagnie *f*; société *f*; **e-e** ~ **gründen** fonder une entreprise

Firmament [fɪrmaˈmɛnt] *poét n* ⟨~(e)s; ~e⟩ *poét* firmament *m*

'**firmen** *v/t* ⟨h⟩ CATH confirmer

'**Firmen|aufdruck** *m* *Briefkopf* en-tête *m*; ~**bezeichnung** *f* (énoncé *m* de la) raison sociale; ~**inhaber(in)** *m(f)* propriétaire *m,f* d'une entreprise; ~**name** *m* raison sociale; dénomination *f* d'une entreprise; ~**schild** *n* plaque *f* (avec la dénomination d'une entreprise); enseigne *f*; ~**sitz** *m* siège social; ~**sprecher(in)** *m(f)* porte-parole *m* d'une entreprise; ~**stempel** *m* cachet *m*, tampon *m* d'une entreprise; ~**wagen** *m* voiture *f* de fonction; ~**zeichen** *n* marque *f* (de fabrique); logo *m*

fir'mieren *v/i* ⟨*pas de ge-*, h⟩ COMM ~ **als ...** avoir comme raison sociale ...; ~ **mit, unter dem Namen ...** signer en indiquant comme raison sociale ...

'**Firm|ling** *m* ⟨~s; ~e⟩ CATH confirmand(e) *m(f)*; ~**pate** *m* parrain *m* de confirmation; ~**ung** *f* ⟨~; ~en⟩ CATH confirmation *f*

Firn [fɪrn] *m* ⟨~(e)s; ~e⟩ névé *m*; '~**feld** *n* champ *m* de névé

Firnis [ˈfɪrnɪs] *m* ⟨~ses, ~se⟩ vernis *m*

First [fɪrst] *m* ⟨~(e)s; ~e⟩ (*Dach*2) faîte *m*

fis, Fis [fɪs] *n* ⟨~; ~⟩ MUS fa *m* dièse

FIS [fɪs] *f* ⟨~⟩ *abr* (*Internationaler Skiverband*) FIS *f* (Fédération internationale du ski)

Fisch [fɪʃ] *m* ⟨~(e)s; ~e⟩ poisson *m*; ASTR ~**e** Poissons *m/pl*; *gebratener* ~ poisson frit; ~ **ohne Gräten** poisson sans arêtes; ~**e fangen** pêcher, prendre du poisson; **stumm wie ein** ~ **sein** être muet, muette comme une carpe; F **weder** ~ **noch Fleisch sein** n'être ni chair ni poisson; **munter wie ein** ~ **im Wasser** gai comme un pinson; **sich wohl fühlen wie ein** ~ **im Wasser** être heureux comme un poisson dans l'eau; F **das sind (für mich) kleine** ~**e** pour moi c'est *od* ce sont des broutilles; *fig* **die großen** ~**e fressen die kleinen** les gros poissons mangent les petits

'**Fisch|adler** *m* ZO balbuzard *m*; 2**arm** *adj* peu poissonneux, -euse; ~**auge(n objektiv)** *n* PHOT fish-eye *m*; ~**bein (-stäbchen)** *n* ⟨~s⟩ (*n*) baleine *f*; ~**besteck** *n* couvert *m* à poisson; ~**brötchen** *n* sandwich *m* au poisson; ~**dampfer** *m* bateau *m* de pêche (à vapeur); chalutier *m* (à vapeur)

'**fischen** *v/t u v/i* ⟨h⟩ 1. pêcher; *mit dem Schleppnetz* pêcher au chalut; **Forellen, Perlen** ~ pêcher la truite, des perles; **im Fluß, Meer** ~ pêcher dans la, en rivière, en mer; 2. *fig* **etw aus etw** ~ *störende Gegenstände* enlever qc de qc; **etw aus der Tasche** ~ (re)tirer qc de sa poche; **j-n aus dem Wasser** ~ tirer qn de l'eau; **im trüben** ~ pêcher en eau trouble

'**Fischer** *m* ⟨~s; ~⟩ pêcheur *m*; ~**boot** *n* barque *f* de pêche; ~**dorf** *n* village *m* de pêcheurs

Fische'rei *f* ⟨~⟩ pêche *f*; ~**fahrzeug** *n* bateau *m* de pêche; ~**grenze** *f* limite *f* de la zone de pêche; ~**hafen** *m* port *m* de pêche; ~**recht** *n* droit *m* de pêche

'**Fischernetz** *n* filet *m* de pêche

'**Fisch|fabrik** F *f* conserverie *f* de poisson; ~**fang** *m* ⟨~(e)s⟩ pêche *f*; ~**fanggebiet** *n* zone *f* de pêche; ~**filet** *n* CUIS filet *m* de poisson; ~**frikadelle** *f* croquette *f* de poisson; ~**futter** *n* nourriture *f* pour poisson(s); ~**gabel** *f* fourchette *f* à poisson; ~**gericht** *n* (plat *m* de) poisson *m*; ~**geruch** *m* odeur *f* de poisson, *frischer Seefische a* de marée; ~**geschäft** *n* poissonnerie *f*; ~**gräte** *f* arête *f* de poisson; ~**grätenmuster** *n* TEXT chevron *m*; ~**gründe** *m/pl* pêcheries *f/pl*; ~**handel** *m* commerce *m* de poisson; (*See*2) mareyage *m*; ~**händler(in)** *m(f)* marchand(e) *m(f)* de poisson; poissonnier, -ière *m,f*; (*See*2) mareyeur, -euse *m,f*; ~**konserve** *f* conserve *f* de poisson; ~**kunde** *f* ⟨~⟩ ichtyologie *f*; ~**kutter** *m* chalutier *m*; ~**laich** *m* frai *m* (de poisson); ~**markt** *m* marché *m* aux poissons; ~**mehl** *n* farine *f* de poisson; ~**messer** *n* couteau *m* à poisson; ~**netz** *n* filet *m* de pêche; ~**otter** *m* loutre *f*; 2**reich** *adj* poissonneux, -euse; ~**reichtum** *m* ⟨~s⟩ abondance *f* de poissons; ~**reiher** *m* ZO 'héron cendré; ~**restaurant** *n* restaurant *m* de fruits de mer et de poisson; ~**reuse** *f* nasse *f*; ~**schuppe** *f* écaille *f* de poisson; ~**schwanz** *m* queue *f* de poisson; ~**schwarm** *m* banc *m* de poissons; ~**stäbchen** *n/pl* CUIS bâtonnets *m/pl* de poisson; ~**sterben** *n* ⟨~s⟩ mort *f* des poissons; ~**suppe** *f* soupe *f* de poisson; ~**teich** *m* étang *m* à poissons; *zur Zucht* vivier *m*; ~**vergiftung** *f* intoxication *f*, empoisonnement *m* par le poisson; ~**zucht** *f* pisciculture *f*; ~**züchter** *m* pisciculteur *m*; ~**zug** *m* coup *m* de filet

Fisimatenten [fizimaˈtɛntən] F *pl* ~ **machen** faire des manières, des chichis

Fiskus [ˈfɪskʊs] *m* ⟨~; *rarement* -ken *ou* ~se⟩ fisc *m*; Trésor (public)

Fisole [fiˈzoːlə] *f* ⟨~; ~n⟩ *österr* 'haricot vert

Fistel [ˈfɪstəl] *f* ⟨~; ~n⟩ MÉD fistule *f*; ~**stimme** *f a* MUS voix *f* de fausset

fit [fɪt] *adj* ⟨*attribut*⟩ en forme; en bonne condition physique; bien entraîné; ~ **bleiben** rester en forme; **sich** ~ **halten** s'entraîner pour rester en forme; **j-n** (**für etw**) ~ **machen** entraîner qn (à qc)

Fitneß [ˈfɪtnɛs] *f* ⟨~⟩ (pleine) forme; bonne condition physique; ~**center** *n* [-sɛntɐ] ⟨~s; ~⟩ institut *m*, centre *m* de remise en forme; ~**raum** *m* salle *f* de musculation; ~**studio** *n cf* **Fitneßcenter**; ~**training** *n* entraînement *m* de remise en forme

Fittich [ˈfɪtɪç] *poét m* ⟨~(e)s; ~e⟩ aile *f*; F *fig* **j-n unter s-e** ~**e nehmen** prendre qn sous son aile

Fitting [ˈfɪtɪŋ] *n* *oft pl* ⟨~s; ~s⟩ TECH raccord *m* de tube

fix [fɪks] **I** *adj* 1. COMM (*fest*) fixe; ~**e Kosten** *pl* frais *m/pl* fixes; ~**es Gehalt** (traitement *m*) fixe *m*; *fig* **e-e** ~**e Idee** une idée fixe; 2. F (*gewandt, flink*) agile; (*schnell*) rapide; F ~ **und fertig** (*vorbereitet*) fin prêt; (*erschöpft*) éreinté; F crevé; F claqué; **II** *adv* vite; F **mach** ~**!**, (**nun mal**) **ein bißchen** ~**!** presse-toi; dépêche-toi; F et que ça saute!

'fixen *Drogenjargon v/i* ⟨-(es)t, h⟩ se piquer; *arg* se shooter

'Fixer(in) *Drogenjargon m* ⟨~s; ~⟩ (f) ⟨~; ~nen⟩ F junkie *m/f* (qui se pique); *er ist ein ~a* il se pique

'Fixgeschäft *n COMM* opération f, transaction f à terme fixe

Fi'xierbad *n PHOT* bain fixateur, de fixage

fi'xieren *v/t* ⟨pas de ge-, h⟩ **1.** *Zeitpunkt etc* fixer (*a CHIM, PHOT, PEINT*); *etw* (*schriftlich*) ~ fixer qc; **2.** (*anschauen*) *j-n, etw* ~ fixer (son regard, ses yeux sur) qn, qc; **3.** *PSYCH* **fixiert auf** (+*acc*) fixé à

Fi'xier|mittel *n PHOT* fixateur *m*; **~salz** *n PHOT* sel fixateur

Fi'xierung *f* ⟨~; ~en⟩ *a e-s Zeitpunkts, CHIM, PHOT, PEINT* fixation *f* (*PSYCH* **auf** [+*acc*] sur)

'Fixing *n* ⟨~s; ~s⟩ *BÖRSE* fixing *m*; fixage *m*

'Fix|kosten *pl COMM* frais *m/pl* fixes; **~punkt** *m a TECH* point *m* de repère; **~stern** *m* étoile *f* fixe

'Fixum *n* ⟨~s; Fixa⟩ *COMM* fixe *m*

Fjord [fjɔrt] *m* ⟨~(e)s; ~e⟩ fjord *od* fiord *m*

FKK [ɛfka:'ka:] *n* ⟨~⟩ *abr* (*Freikörperkultur*) naturisme *m*; nudisme *m*; **~-Anhänger(in)** *m(f)* naturiste *m,f*, nudiste *m,f*; **~-Strand** *m* plage réservée aux nudistes

flach [flax] **I** *adj* **1.** (*eben*) *Gegend, Gelände, Brust* plat; *Küste* bas, basse; **2.** (*niedrig*) *Gewässer* peu profond; *Gebäude, Stirn* bas, basse; *Dach, Schuh Absatz* plat; *SPORT Ball* au ras du sol; bas, basse; *TENNIS etc* au ras du filet; **3.** (*nicht tief*) *Teller* plat; *Atmung* faible; **4.** *fig péj* (*nichtssagend*) *Unterhaltung etc* plat; superficiel, -ielle; **II** *adv* **sich ~ hinlegen** se mettre à plat; s'allonger (par terre); **den Ball ~ spielen** faire une passe au ras du sol; **~ atmen** respirer faiblement; *cf a* flachfallen

'Flach|bau *m* ⟨~(e)s; ~ten⟩ construction basse; **~bildschirm** *m* écran plat; **~dach** *n* toit plat; toit *m* en terrasse

Fläche ['flɛçə] *f* ⟨~; ~n⟩ (*Ober*2) surface *f* (*a MATH*); berechnete superficie *f*; aire *f*; (*Seiten*2) face *f*; (*Wasser*2) plan *m* d'eau; (*ausgedehnte Wasser*2, *Land*2 *etc*) étendue *f* (d'eau, de terre, *etc*); **ebene, glatte, gekrümmte** *etc* **~** surface unie, lisse, courbe, *etc*; **auf e-r ~ von ... m²** sur une surface, superficie de ... m²

'Flächen|aufteilung *f* division *f* de la surface, de la superficie; **~ausdehnung** *f* superficie *f*; étendue *f* d'une surface; **~berechnung** *f* calcul *m* des surfaces

'Flächenbrand *m* incendie *m* qui se propage rapidement; *fig* **sich zu e-m ~ ausweiten** se propager rapidement

'flächendeckend I *adj* global; complet, -ète; **II** *advt* globalement; complètement

'Flächen|inhalt *m* superficie *f*; surface *f*; **~maß** *n* mesure *f* de surface; **~nutzungsplan** *m* plan *m* d'occupation des sols; **~stillegung** *f* mise *f* en jachère; gel *m* des terres

'flachfallen F *v/i* ⟨*irr, sép,* -ge-, sein⟩ tomber à l'eau

'Flach|feile *f* lime plate; **~hang** *m* ⟨~(e)s; -hänge⟩ pente douce; **~heit** *f* ⟨~; ~en⟩ ⟨*sans pl*⟩ forme plate; **2.** *fig* platitude *f*; banalité *f*; **~küste** *f* côte plate; **~land** *n* pays plat

'flachlegen F ⟨*sép,* -ge-, h⟩ **I** *v/t Gegner* terrasser; **II** *v/réfl* **sich ~** s'allonger; s'étendre; se coucher

'Flach|mann F *m* ⟨~s; -männer⟩ (*Taschenflasche*) flasque *f* (*genre de gourde*); **~meißel** *m* burin *m*; **~paß** *m FUSSBALL* passe *f* au ras du sol; **~relief** *n SCULP* bas-relief *m*

Flachs [flaks] *m* ⟨~es⟩ **1.** *BOT* lin *m*; **2.** F (*Scherz*) blague *f*; **²blond** *adj Haare* d'un blond presque blanc; *Person* aux cheveux de lin

'Flachschuß *m FUSSBALL* shoot *m* au ras du sol

flachsen ['flaksən] F *v/i* ⟨-(es)t, h⟩ (*scherzen*) F blaguer; F rigoler

'Flach|zange *f* pince plate; **~ziegel** *m* tuile plate

flackern ['flakərn] *v/i* ⟨-(e)re, h⟩ *Licht* vaciller; trembloter; **s-e Augen begannen zu ~** une lueur passa dans ses yeux

Fladen ['fla:dən] *m* ⟨~s; ~⟩ **1.** *CUIS* galette *f*; **2.** (*Kuh*2) bouse *f* (de vache); **~brot** *n* pain rond et plat (sans mie, à pâte non-levée)

Flagge ['flagə] *f* ⟨~; ~n⟩ (*Fahne*) drapeau *m*; (*National*2) *a* couleurs *f/pl*; *MAR* pavillon *m*; (*Signal*2) fanion *m*; **unter falscher ~** sous un faux pavillon; **unter französischer ~ fahren** battre pavillon français; naviguer sous le pavillon français; **die ~ hissen** hisser le pavillon; **die ~ einholen** rentrer le pavillon; *fig* (**vor j-m**) **die ~ streichen** baisser pavillon (devant qn); *fig* **~ zeigen** annoncer la couleur

'flaggen *v/i* ⟨h⟩ pavoiser; *MAR* battre pavillon; arborer un pavillon; **die öffentlichen Gebäude haben geflaggt** les édifices publics ont pavoisé

'Flaggen|parade *f* cérémonie *f* des couleurs; **~signal** *n MAR* signal *m* par fanions

'Flagg|offizier *m* officier *m* général, amiral; **~schiff** *n MAR MIL* vaisseau *m* amiral; *fig* produit *m* phare

flagrant [fla'grant] *adj Widerspruch etc* flagrant

Flair [flɛːr] *n* ⟨~s⟩ (*besondere Note*) note *f*; touche *f*; (*Atmosphäre*) atmosphère, ambiance (particulière); (*Reiz*) charme (particulier); **sich mit dem ~ e-s seriösen Geschäftsmannes** *etc* **umgeben** prendre, se donner des airs de commerçant sérieux, *etc*

Flak [flak] *f* ⟨~; ~(s)⟩ *MIL* canon antiaérien; *par ext* défense antiaérienne; D.C.A. *f* (défense contre avions)

Flak... *in Zssgn* meist antiaérien, -ienne; de D.C.A. *f*; **~artillerie** *f* artillerie antiaérienne

Flakon [fla'kõː] *n od m* ⟨~s; ~s⟩ flacon *m*

flambieren [flam'bi:rən] *v/t* ⟨*pas de ge-*, h⟩ *CUIS* flamber

Flam|e ['fla:mə] *m* ⟨~n; ~n⟩, **~in** *od* **Flämin** ['flɛ:mɪn] *f* ⟨~; ~nen⟩ Flamand(e) *m(f)*

Flamenco [fla'mɛŋko] *m* ⟨~s; ~s⟩ *MUS* flamenco *m*

Flamingo [fla'mɪŋgo] *m* ⟨~s; ~s⟩ *ZO* flamant *m* (rose)

flämisch ['flɛ:mɪʃ] *adj* flamand

Flämisch *n* ⟨~(s)⟩, **~e** *n* ⟨~n⟩ (*das*) *Flämisch(e) Sprache* le flamand

'flämischsprechend *adjt* ⟨*épithète*⟩ qui parle flamand

Flamme ['flamə] *f* ⟨~; ~n⟩ **1.** flamme *f*; **in ~n aufgehen** (*sich entzünden*) s'enflammer; (*verbrennen*) être la proie des flammes; **in ~n stehen** être en flammes; **2.** (*Brennstelle*) feu *m*; **ein Herd mit drei ~n** une cuisinière à trois feux; **auf kleiner, großer ~ kochen** faire mijoter, faire cuire à feu vif; **3.** F iron (*Geliebte*) F béguin *m*

'flammen *st/s v/i* ⟨h⟩ **1.** ([*auf*]*lodern*) flamber; **2.** *fig Auge* lancer des éclairs

'flammend *adj* ⟨*épithète*⟩ flamboyant; *fig Rede, Appell* enflammé; *Rot* ardent

'Flammen|meer *st/s n* mer *f* de flammes; **~tod** *st/s m* mort *f* dans les flammes; **~werfer** *m MIL* lance-flammes *m*

Flandern ['flandərn] *n* ⟨→ *n/pr*⟩ *GÉOGR* la Flandre; *KULTURHISTORISCH* les Flandres *f/pl*

Flanell [fla'nɛl] *m* ⟨~s; ~e⟩ *TEXT* flanelle *f*; **~hemd** *n* chemise *f* de flanelle; **~hose** *f* pantalon *m* de flanelle

flanieren [fla'ni:rən] *v/i* ⟨*pas de ge-*, h ou sein⟩ flâner; se balader

Flanke ['flaŋkə] *f* ⟨~; ~n⟩ **1.** (*Seite*) flanc *m* (*a MIL, der Tiere*); **dem Feind in die ~ fallen** prendre l'ennemi de flanc; **2.** *FUSSBALL* centre *m*; **e-e ~ schlagen** centrer; **3.** *TURNEN* saut *m* de côté

'flanken *v/t u v/i* ⟨h⟩ *FUSSBALL* centrer

'Flanken|ball *m* centre *m*; **~schutz** *m MIL* flanc-garde *f*

flan'kieren *v/t* ⟨*pas de ge-*, h⟩ *Person, Gebäude* flanquer; **von s-r Leibwache flankiert** flanqué de ses gardes du corps; *fig* **~de Maßnahmen** *f/pl* mesures *f/pl* complémentaires

Flan'kierung *f* ⟨~⟩ flanquement *m*

Flansch [flanʃ] *m* ⟨~es; ~e⟩ *TECH von Rohren* bride *f*; collerette *f*; collet *m*; *von Profileisen* aile *f*

Flappe ['flapə] F *bes nordd n* ⟨~; ~n⟩ moue *f*; **e-e ~ ziehen** faire la moue, F la gueule

flapsig ['flapsɪç] F *adj Person, Benehmen, Sprache* désinvolte; (*oberflächlich*) léger, -ère; (*ohne Hemmungen*) sans complexes; (*zu unbekümmert*) trop décontracté; (*frech*) insolent; (*flegelhaft*) goujat; mufle

Fläschchen ['flɛʃçən] *n* ⟨~s; ~⟩ petite bouteille *f*; *PHARM* (petit) flacon; fiole *f*; **für Säuglinge** biberon *m*

Flasche ['flaʃə] *f* ⟨~; ~n⟩ **1.** bouteille *f*; **für Säuglinge** biberon *m*; (*Bier*2) a canette *f*; **e-e ~ Wein** une bouteille de vin; **e-e halbe ~** une demi-bouteille; **in ~n** (*acc*) **füllen, auf ~n** (*acc*) **ziehen** mettre en bouteilles; embouteiller; **aus der ~ trinken** boire à même la bouteille, au goulot; *Säugling* **die ~ geben** donner le biberon; **mit der ~ aufziehen** élever au biberon; *fig* **zur ~ greifen** (se mettre à) boire, F picoler; **2.** F *fig* (*Feigling, Schwächling*) F nouille *f*; (*ungeschickter Mensch*) F tocard *m*; F godiche *m,f*

'Flaschen|bier *n* bière *f* en bouteille(s); **~bürste** *f* goupillon *m*; **~gärung** *f* fermentation *f* en bouteille; **~gas** *n* gaz *m* en bouteilles, sous pression; **~gestell** *n* casier *m* à bouteilles; **~hals** *m* goulot m; *fig* (*Engpaß*) goulot *od* goulet *m* d'étranglement; ~**kind** *n* enfant élevé au biberon; ~**kürbis** *m* BOT gourde *f*; calebasse *f*; ~**milch** *f* lait *m* en bouteille(s); ~**öffner** *m* ⟨~s; ~⟩ ouvre-bouteilles *m*; décapsuleur *m*; ~**pfand** *n* consigne *f*; ~**post** *f* bouteille *f* à la mer; ~**verschluß** *m* bouchon *m* (*classique, à visser, etc*); ~**wein** *m* vin *m* en bouteille; ²**weise** *adv* par bouteilles; ~**zug** *m* TECH palan *m*

Flaschner ['flaʃnər] *m* ⟨s; ~⟩ *südd, schweiz* plombier *m*

'**Flatter** ['flatər] F **die ~ machen** F se tirer; F se barrer; F se casser

'**Flattergeist** *m von e-r Person* esprit *m* volage

'**flatterhaft** *adj* inconstant; évaporé; (*untreu*) volage; ²**igkeit** *f* ⟨~⟩ humeur changeante; inconstance *f*

'**flatt(e)rig** *adj* 1. (*unruhig*) agité; nerveux, -euse; 2. *cf* **flatterhaft**

'**flattern** *v/i* ⟨-(e)re⟩ 1. ⟨sein⟩ *Vogel, Schmetterling* voltiger; voleter; *fig Karte, Einladung* **j-m auf den Tisch ~** F atterrir sur le bureau de qn; 2. ⟨h⟩ *Segel, Fahne* battre; *Kleider, Haare, a Fahne* flotter; **im Winde ~** flotter au (gré du) vent; 3. ⟨h⟩ TECH *Räder etc* flotter; 4. ⟨h⟩ *fig* (*unruhig sein*) *Herz* palpiter; *Puls* battre irrégulièrement; *Nerven* être tendu, F en pelote

flau [flau] *adj* 1. *Wind, Brise* faible; 2. (*übel*) faible; **mir ist** (*ganz*) ~ *bes vor Hunger* je me sens défaillir; j'ai mal au cœur; 3. COMM stagnant; ~**e Börse** marché lourd, terne; ~ **sein** *a* stagner

Flaum [flaum] *m* ⟨~(e)s⟩ *Bart*, ZO, BOT duvet *m*; **e-n ~ bekommen** se duveter

'**Flaum|bart** *m*, ~**feder** *f*, ~**haar** *n* duvet *m*

'**flaumig** *adj* duveteux, -euse; BOT *a* cotonneux, -euse

'**flaumweich** *adj* doux, douce (au toucher)

Flausch [flauʃ] *m* ⟨~es; ~e⟩ TEXT frise *f*; ²**ig** *adj* en *od* de frise

Flausen ['flauzən] F *f/pl* (*törichte Gedanken*) ~ **im Kopf haben** ne penser qu'à des bêtises; **j-m die ~ austreiben** rendre qn raisonnable

Flaute ['flautə] *f* ⟨~; -n⟩ 1. MAR calme plat (*a fig*); *vorübergehende* accalmie *f*; 2. COMM période creuse; morte-saison *f*; *bei Geschäften* calme plat; (*Absatz²*) mévente *f*; marasme *m*; 3. *fig* (*Tiefpunkt*) point mort

fläzen ['flɛːtsən] ⟨-(es)t, h⟩ F *v/réfl* **sich** (**in e-n Sessel, aufs Bett**) ~ se vautrer (dans un fauteuil, sur son lit)

Flechte ['flɛçtə] *f* ⟨~; -n⟩ 1. MÉD dartre *f*; 2. BOT lichen *m*; 3. *st/s* (*Haar²*) tresse *f*; natte *f*

'**flechten** *v/t* ⟨flicht (2ᵉ *personne pl* flechtet), flocht, geflochten, h⟩ *Haar, Korb, Kranz etc* tresser; *zopfförmig* natter; **Zöpfe ~** faire des nattes; natter les cheveux

'**Flechter(in)** *m* ⟨~s; ~⟩ (*f*) ⟨~; ~nen⟩ tresseur, -euse *m,f*

'**Flechtwerk** *n* (*ouvrage m en*) treillis *m*; *Eisenbeton* ferraillage *m*; CONSTR *Ornament* entrelacs *m/pl*; WASSERBAU clayonnage *m*; claie *f*; **mit ~ befestigen** clayonner

Fleck [flɛk] *m* ⟨~(e)s; ~e⟩ 1. tache *f* (*a fig*, ASTR); *an Obst a* meurtrissure *f*; tavelure *f*; (*Haut²*) *a* marque *f*; ~**e geben** *od* **machen** faire des taches; tacher; **e-n ~ entfernen** enlever une tache; **im Auge blinder, gelber ~** tache *f* aveugle, jaune; 2. (*Stelle, Ort*) endroit *m*; place *f*; lieu *m*; coin *m*; **nicht vom ~ kommen** *Person, Fahrzeug, bei der Arbeit* ne pas avancer (d'un pouce); *Person, fig* piétiner; **sich nicht vom ~ rühren** ne pas bouger (de place); *fig* **vom ~ weg** sur-le-champ

'**Fleckchen** *n* ⟨~s; ~⟩ coin *m*; terre *f*; **ein schönes ~ Erde** un coin ravissant

'**Flecken** *m* ⟨~s; ~⟩ 1. *cf* **Fleck** 1.; 2. (*Ortschaft*) village *m*; 3. HIST (*größeres Dorf*) bourg *m*; bourgade *f*

'**Fleck(en)entferner** *m* ⟨~s; ~⟩ détachant *m*

'**flecken|los** *adj* sans tache; immaculé; ²**wasser** *n* ⟨~s; ~⟩ détachant *m*

'**Fleckfieber** *n* MÉD typhus *m* (exanthématique)

'**fleckig** *adj* taché (*a Obst*); *Haut a* marqué

fleddern ['flɛdərn] *v/t* ⟨-(e)re, h⟩ *Leiche* dévaliser; piller

Fledermaus ['fleːdərmaus] *f* ZO chauve-souris *f*

Flegel ['fleːgəl] *m* ⟨~s; ~⟩ 1. mufle *m*; goujat *m*; 2. AGR fléau *m*; ~'**lei** *f* ⟨~; ~en⟩ muflerie *f*; goujaterie *f*

'**flegelhaft** *adj* ~**es Benehmen** comportement de mufle, de goujat

'**Flegeljahre** *n/pl* âge ingrat; **in die ~ kommen** arriver à l'âge ingrat; **aus den ~n heraussein** ne plus être à l'âge ingrat

'**flegeln** F *v/réfl* ⟨-(e)le, h⟩ **sich** (**in e-n Sessel**) ~ se vautrer (dans un fauteuil)

flehen ['fleːən] *v/i* ⟨h⟩ supplier **zu j-m** qn; implorer (**zu j-m** qn); **bei j-m um etw** de faire qc); (**bei j-m**) **um Gnade ~** demander grâce (à qn)

'**flehentlich** *st/s adv* instamment; ~ **bitten** prier instamment; supplier; implorer

Fleisch [flaiʃ] *n* ⟨~es⟩ 1. chair *f*; (*Frucht²*) *a* pulpe *f*; CUIS viande *f*; 2. *fig* **aus ~ und Blut** en chair et en os; **j-m in ~ und Blut übergehen** passer dans les habitudes de qn; devenir une habitude chez qn; *st/s* **sein eigen**(**es**) ~ **und Blut** sa propre chair; son propre sang; **sich** (*dat*) **ins eigene ~ schneiden** se faire (du) tort à soi-même; F **vom ~(e) fallen** maigrir; F décoller; REL **~ werden** s'incarner

'**fleischarm** I *adj* Diät avec très peu de viande; II *adv* **~ essen** manger très peu de viande

'**Fleisch|beschau** *f* ⟨~⟩ 1. inspection *f* sanitaire de la viande de boucherie; 2. F *fig plais* F étalage *m* de viande; ~**beschauer** *m* ⟨~s; ~⟩ inspecteur *m* sanitaire (de la viande de boucherie)

'**Fleischbrühe** *f* bouillon *m* de viande; kräftige consommé *m*; **~ mit Ei** bouillon servi avec un œuf poché

'**Fleischeinlage** *f* morceau(x) *m*(*pl*) de viande dans la soupe (*comme garniture*)

'**Fleischer** *m* ⟨~s; ~⟩ boucher *m*; *bes für Schweinefleisch u Wurstwaren* charcutier *m*

Fleische'rei *f* ⟨~; ~en⟩ boucherie *f* (-charcuterie) *f*; *für Schweinefleisch u Wurstwaren* charcuterie *f*

'**Fleischer|geselle** *m* garçon *m* boucher; ~**haken** *m* allonge *f*; croc *m* à viande; ~**meister** *m* (maître *m*) boucher *m*

'**Fleischeslust** *st/s f* plaisirs *m/pl* de la chair; concupiscence *f*; désirs charnels

'**Fleisch|extrakt** *m* extrait *m* de viande; ²**farben** *adj* couleur chair (*inv*); BOT carné

'**fleischfressend** *adjt* carnivore; ~**e Pflanzen** *f/pl* plantes *f/pl* carnivores

'**Fleisch|gericht** *n* plat *m* de viande; ²**geworden** *adjt* (*épithète*) REL incarné; ~**hauer** *m* ⟨~s; ~⟩ *österr cf* **Metzger**

'**fleischig** *adj* charnu; BOT *a* pulpeux, -euse

'**Fleisch|käse** *m* pâté à base de viande de porc hachée; ~**klopfer** *m* ⟨~s; ~⟩ CUIS battoir *m* à viande; ~**kloß** *m* 1. CUIS boulette *f* de viande; 2. *péj* (*Dicke*[*r*]) mastodonte *m*; ~**klößchen** *n* ⟨~s; ~⟩ CUIS boulette *f* de viande; ~**konserve** *f* conserve *f* de viande; ~**laibchen** *n* ⟨~s; ~⟩, ~**laberl** *n* ⟨~s; ~n⟩ *österr* CUIS boulette *f* de viande

'**fleisch|lich** *adj* charnel, -elle; de la chair; ~**los** *adj* sans viande

'**Fleisch|made** *f* ZO asticot *m*; ~**pastete** *f* CUIS pâté *m* de viande; ~**salat** *m* CUIS salade *f* de saucisse à la mayonnaise; ~**tomate** *f* (grosse) tomate *f* (charnue)

'**Fleischtopf** *m* marmite *f*; *fig* **sich nach den Fleischtöpfen Ägyptens sehnen** regretter le bon vieux temps

'**Fleischvergiftung** *f* intoxication *f* par la viande

'**Fleischwaren** *f/pl* viande *f* et charcuterie *f*; **Fleisch- und Wurstwaren** boucherie-charcuterie *f*

'**Fleischwerdung** *f* ⟨~⟩ REL incarnation *f*

'**Fleischwolf** *m* 'hachoir *m* (à viande); **etw durch den ~ drehen** passer qc au hachoir

'**Fleisch|wunde** *f* blessure *f*, plaie *f* (dans les chairs); ~**wurst** *f* (sorte *f* de) saucisse *f* de porc

Fleiß [flais] *m* ⟨~es⟩ application *f*; beharrlicher assiduité *f*; (*Eifer*) zèle *m*; **mit großem ~ arbeiten** travailler avec application; *prov* **ohne ~ kein Preis** on n'a rien sans peine

'**fleißig** I *adj Schüler, Arbeit* appliqué; *Besucher, Sammler, Leser etc* assidu; (*eifrig*) zélé; II *adv* avec application; avec zèle; assidûment; ~ **üben** s'exercer avec application; ~ **lernen** bien travailler; ~ **besuchen** fréquenter assidûment; ~ **studieren** être studieux, -ieuse

flek'tierbar *adj* GR *Substantiv, Adjektiv* déclinable; *Verb* conjugable

flektieren [flɛk'tiːrən] *v/t* ⟨*pas de ge-*, h⟩ GR *Substantiv, Adjektiv* décliner; *Verb* conjuguer; ~**de Sprachen** *f/pl* langues flexionnelles

'**flennen** ['flɛnən] F *v/i* ⟨h⟩ (*weinen*) pleurer; F chialer; *bes Kinder* (**immer gleich**) ~ F pleurnicher

'**fletschen** ['flɛtʃən] *v/t* ⟨h⟩ **die Zähne** *od* **mit den Zähnen ~** montrer les dents

flexibel [flɛ'ksiːbəl] *adj* ⟨-bl-⟩ flexible; *Wechselkurs* flottant; *fig Bestimmung etc* élastique; souple; **flexible Altersgrenze** retraite *f* à la carte; **flexible Arbeitszeit** *cf* **Gleitzeit**

Flexibili'tät *f* ⟨~⟩ flexibilité *f*; *fig von*

Bestimmungen etc a souplesse *f*; élasticité *f*
Flexi'on *f* ⟨~; ~en⟩ *GR* flexion *f*
Flexi'onsendung *f GR* élément flexionnel
flicht [flɪçt] *cf* **flechten**
'Flickarbeit *f* raccommodage *m*
flicken ['flɪkən] *v/t* ⟨h⟩ *Wäsche, Kleider, Netz, Strumpf etc* raccommoder; *Wäsche, Kleider a* mettre une pièce à; rapiécer; *Schlauch* réparer; mettre une rustine à; *etw notdürftig* ~ F rafistoler qc
'Flicken *m* ⟨~s; ~⟩ *COUT* pièce *f*; (*Gummi*⚙) rustine *f*
'Flickschuster *m* **1.** cordonnier *m*; **2.** *péj* (*Pfuscher*) F bousilleur *m*
Flickschuste'rei *f* ⟨~; ~en⟩ *péj* (*Pfusch*) ~ travail bâclé; F rafistolage *m*; bousillage *m*
'Flick|werk *n* ⟨~(e)s⟩ *péj* (*Stückwerk*) rapiéçage *m*; assemblage *m* disparate; (*schlechte Arbeit*) rafistolage *m*; bousillage *m*; *geistiges* compilation *f*; **~zeug** *n* ⟨~(e)s⟩ *für Fahrzeuge* nécessaire *m* pour réparer les pneus
Flieder ['fli:dər] *m* ⟨~s; ~⟩ *BOT* lilas *m*; **⚙farben** *adj* lilas (*inv*); **~strauch** *m* lilas *m*
Fliege ['fli:gə] *f* ⟨~; ~n⟩ **1.** *ZO* mouche *f*; *kleine* ~ moucheron *m*; *ANGELSPORT* (*künstliche*) ~ mouche (artificielle) *f*; *fig zwei ~n mit e-r Klappe schlagen* faire d'une pierre deux coups; faire coup double; *fig keiner ~ etw zuleide tun* ne pas faire de mal à une mouche; *fig sie stört die ~ an der Wand* elle trouve à redire à tout; tout l'énerve; F *mach die ~!* F dégage!; F trace-toi!; **2.** (*Querbinder*) nœud *m* papillon; **3.** (*Bärtchen*) mouche *f*
'fliegen (fliegt, flog, geflogen) **I** *v/t* **1.** ⟨h⟩ piloter; conduire; transporter (*j-n, etw* qn, qc) *in od* par avion; **2.** ⟨h *ou* sein⟩ *e-e Kurve* ~ prendre un virage (en volant); *e-e neue Strecke* ~ *Pilot* prendre un nouvel itinéraire; *Fluggesellschaft* assurer une nouvelle liaison; **II** *v/i* ⟨sein⟩ **3.** voler (*a Pilot*); *im Flugzeug* prendre l'avion; aller en avion; *SPORT* faire de l'avion; *nach Paris* ~ prendre l'avion pour Paris; aller en avion à Paris; *über etw* (*acc*) (*hinweg*) ~ survoler qc; **4.** *st/s fig* (*eilen*) *die Landschaft flog an uns* (*dat*) *vorüber* le paysage défilait à vive allure devant nous; *ich kann doch nicht ~!* je ne peux pas aller plus vite que la musique!; **5.** *Haar, Fahne etc im Wind* ~ flotter au vent; **6.** F *in die Luft* ~ (*explodieren*) exploser; sauter; **7.** F (*geschleudert werden*) *der Sand flog ihr ins Gesicht* elle a pris le sable en pleine figure; *Gegenstände durchs od aus dem Fenster* ~ passer par la fenêtre; *aus der Kurve* ~ sortir de l'virage; *die Bücher flogen in die Ecke* F il, elle, *etc* a balancé les livres dans un coin; **8.** F (*entlassen werden*) F se faire virer; F être flanqué à la porte; *von der Schule* ~ être renvoyé de l'école; **9.** F (*fallen*) tomber; *auf die Nase* ~ F se casser la figure; *über etw* (*acc*) ~ tomber en trébuchant sur qc; *fig durch die Prüfung* ~ F être collé, recalé (à l'examen); F se faire étendre à l'examen; *in den Dreck etc* ~ s'étaler dans la boue, *etc*; **10.** F *auf j-n, etw* ~ F adorer qn, qc

Fliegen *n* ⟨~s⟩ vol *m*
'fliegend *adj* ⟨épithète⟩ volant; *ZO* **~e Fische** *m/pl* poissons volants; **~e Untertasse** soucoupe volante; **~er Händler** marchand ambulant; *MÉD* **~e Hitze** bouffée *f* de chaleur; *der* ⚙*e Holländer cf* **Holländer**[1]; *SPORT* **~er Start** départ lancé; *AVIAT* **~es Personal** personnel volant, navigant; volants *m/pl*; *mit ~en Haaren* les cheveux flottants au vent; *fig mit ~en Fahnen* bannières déployées
'Fliegen|dreck *m* chiures *f/pl* de mouches; **~fänger** *m* ⟨~s; ~⟩ (papier *m*) tue-mouches *m*; **~fenster** *n* fenêtre grillagée; **~gewicht** *n*, **~gewichtler** *m* ⟨~s; ~⟩ *SPORT* poids *m* mouche; **~gitter** *n* toile *f* métallique, grillage *m* contre les mouches; **~klatsche** *f* tapette *f*; **~pilz** *m BOT* fausse oronge; amanite *f* tue-mouches
Fliegenschnäpper ['fli:gənʃnɛpər] *m* ⟨~s; ~⟩ *ZO* gobe-mouches *m*
'Fliegenschrank *m* garde-manger *m*
'Flieger *m* ⟨~s; ~⟩ **1.** (*Pilot*) pilote *m*; aviateur *m*; **2.** *MIL* aviateur *m*; **3.** F (*Flugzeug*) avion *m*; **4.** *RADRENNEN* sprinter *m*; **~abwehr** *f MIL* défense antiaérienne; défense *f* contre avions; D.C.A. *f*; **~alarm** *m* alerte aérienne; **~angriff** *m* attaque aérienne
Fliege'rei *f* ⟨~⟩ aviation *f*
'Fliegerhorst *m MIL* base aérienne
'Fliegerin *f* ⟨~; ~nen⟩ aviatrice *f*
'fliegerisch *adj* ⟨épithète⟩ d'aviateur, de pilote
'Flieger|jacke *f* blouson *m* d'aviateur; **~schule** *f* école *f* de pilotage; **~staffel** *f MIL* escadrille *f* d'avions
fliehen ['fli:ən] ⟨flieht, floh, geflohen⟩ **I** *st/s v/i* ⟨sein⟩ **1.** *j-n, etw* ~ fuir qn, qc; **II** *v/i* ⟨sein⟩ s'enfuir; prendre la fuite; *vor j-m, etw* ~ fuir devant qn, qc; *zu j-m* ~ se réfugier chez qn; ~ *aus* s'enfuir de; *Gefangener a* s'évader de; *ins Ausland* ~ s'enfuir à l'étranger
'fliehend *adj Stirn, Kinn* fuyant
'Fliehkraft *f PHYS* force *f* centrifuge
Fliese ['fli:zə] *f* ⟨~; ~n⟩ carreau *m*; (*größere Platte*) dalle *f*; *mit ~n auslegen* carreler
'fliesen *v/t* ⟨-(es)t, h⟩ carreler
'Fliesenleger *m* ⟨~s; ~⟩ carreleur *m*
'Fließarbeit *f* ⟨~⟩ travail *m* à la chaîne
'Fließband *n* ⟨~(e)s; ~er⟩ chaîne *f* (de montage); *am ~ arbeiten* travailler à la chaîne
'Fließband|arbeit *f cf* **Fließarbeit**; **~montage** *f* montage *m* à la chaîne
fließen ['fli:sən] *v/i* ⟨-(es)t, fließt, floß, geflossen, sein⟩ couler; s'écouler; *ÉLECT* circuler; passer; *Geld* affluer; *Verkehr* être fluide; ~ *in* (+*acc*) *Fluß* se jeter dans; *Wasser a* se déverser dans; ~ *durch* arroser; traverser; *aus etw* ~ couler, sortir de qc; *fig aus j-s Feder* ~ venir sous la plume de; *Sekt, Blut in Strömen* ~ couler à flots; *reichlich* ~ affluer; arriver de toutes parts; (*nur*) *spärlich* ~ arriver au compte-gouttes; *es floß Blut* le sang a coulé
'fließend I *adj* coulant; courant; **~es Wasser** eau courante; *fig* **~er Übergang** transition *f*, gradation *f* insensible; *die Grenzen sind ~* les limites ne sont pas fixes, définies; *sie spricht ein*

~es Englisch elle parle couramment l'anglais; **II** *advt* couramment; ~ *Französisch sprechen* parler couramment français; parler français couramment
'Fließ|heck *n AUTO* arrière profilé; **~komma** *n INFORM* virgule flottante
'Flimmer|haare *n/pl*, **~härchen** *n/pl BIOL* cils *m/pl* vibratiles; **~kasten** *m*, **~kiste** *f* F plais, oft péj téloche *f*
flimmern ['flɪmərn] *v/i* ⟨-(e)re, h⟩ *Stern, Film, Bildschirm* scintiller; *Bildschirm a* papilloter; *Luft* vibrer; *es flimmert mir vor den Augen* j'ai des éblouissements
'Flimmern *n* ⟨~s⟩ *e-s Sterns* scintillement *m*; *des Bildschirms a* papillotage *m*; *ASTR, PHYS* scintillation *f*; *der Luft* vibration *f*; *vor den Augen* éblouissement *m*; papillotement *m*
flink [flɪŋk] **I** *adj* (*rasch, behende*) leste; preste; *Person a* agile; *Bewegung* alerte; *Person, Bewegung, Gang* rapide; vif, vive; ~ *wie ein Wiesel* vif comme un écureuil; **II** *adv* avec agilité; rapidement
'Flinkheit *f* ⟨~⟩ agilité *f*; rapidité *f*
Flinte ['flɪntə] *f* ⟨~; ~n⟩ fusil *m*; *fig die ~ ins Korn werfen* jeter le manche après la cognée; abandonner la partie
Flip [flɪp] *m* ⟨~s; ~s⟩ *Cocktail* flip *m*
Flipper ['flɪpər] *m* ⟨~s; ~⟩, **~automat** *m* flipper *m*
'flippern F *v/i* ⟨-(e)re, h⟩ jouer au flipper; faire une partie de flipper
'flippig *adj* **1.** (*unstet*) instable; écervelé; **2.** (*verrückt*) *Aussehen, Verhalten* F jeté; (*ausgefallen*), *Person* excentrique
flirren ['flɪrən] *v/i* ⟨h⟩ **1.** *Luft* vibrer; **2.** *Insekten* bourdonner
Flirt [flœrt] *m* ⟨~(e)s; ~s⟩ flirt *m*
'flirten *v/i* ⟨-ete, h⟩ flirter
Flittchen ['flɪtçən] F *péj n* ⟨~s; ~⟩ (*leichtes Mädchen*) F grue *f*; F poule *f*
Flitter ['flɪtər] *m* ⟨~s; ~⟩ paillettes *f/pl*; clinquant *m* (*a fig*); **~gold** *n* clinquant *m* d'or; **~kram** *m péj* clinquant *m*
'Flitterwochen *f/pl* lune *f* de miel; *in die ~ fahren* partir en voyage de noces, en lune de miel
'Flitz(e)bogen F *m* arc *m*; *fig gespannt sein wie ein ~ (, ob ...)* être très curieux (de savoir si ...)
flitzen ['flɪtsən] F *v/i* ⟨-(es)t, sein⟩ filer; courir; F foncer
'Flitzer F *m* ⟨~s; ~⟩ *Auto* bolide *m*
floaten ['flo:tən] *v/i* ⟨-ete, h⟩ *FIN* flotter
Floating ['flo:tɪŋ] *n* ⟨~s; ~s⟩ *FIN* flottement *m*; flottaison *f*
flocht [flɔxt] *cf* **flechten**
Flöckchen ['flœkçən] *n* ⟨~s; ~⟩ petit flocon
Flocke ['flɔkə] *f* ⟨~; ~n⟩ **1.** *von Schnee, Wolle etc* flocon *m*; **~n bilden** floconner; **2.** *von Staub pl* **~n** moutons *m/pl*
'flockig *adj* floconneux, -euse
flog [flo:k] *cf* **fliegen**
floh [flo:] *cf* **fliehen**
Floh [flo:] *m* ⟨~(e)s; ⁓e⟩ *ZO* puce *f*; F *fig j-m e-n ~ ins Ohr setzen* mettre à qn une idée en tête (qui l'obsède); F *iron die Flöhe husten hören* se croire mieux au courant que les autres
flöhen ['flø:ən] ⟨h⟩ **I** *v/t* chercher des *bzw* les puces à; **II** *v/réfl sich ~* chercher des *bzw* les puces; *gegenseitig* se chercher des *bzw* les puces
'Flohmarkt *m* (marché *m* aux) puces *f/pl*

Flom(en) ['floːm(ən)] m ⟨-s⟩ (Nierenfett) graisse f des rognons (du porc, de l'oie)

Flop [flɔp] m ⟨-s; -s⟩ **1.** F (Fehlschlag) bide m; ein totaler ~ sein F faire un bide; **2.** F (Versager) F nullard m; F tocard m; **3.** im Hochsprung fosbury-flop m

Floppy disk ['flɔpɪ'dɪsk] f ⟨-; -s⟩ INFORM disque m souple; disquette f

Flor[1] [floːr] m ⟨-s; -e⟩ (Blumen⟨2⟩) abondance f, débauche f de fleurs

Flor[2] m ⟨-s; -e ou rarement ⟨2e⟩ **1.** bei Samt, Plüsch, Teppichen poil m; **2.** (Trauer⟨2⟩) crêpe m de deuil; **3.** (dünnes Gewebe) voile m de carde

Flora ['floːra] f ⟨-; -ren⟩ flore f

Florentiner [florɛn'tiːnər] m ⟨-s; -⟩ Gebäck florentin m; gâteau m de Florence

Floren'tiner(in) m ⟨-s; -⟩ (f ⟨-; -nen⟩) Florentin(e) m(f)

Florenz [flo'rɛnts] n ⟨→ n/pr⟩ Florence

Florett [flo'rɛt] n ⟨-(e)s; -e⟩ Fechtwaffe fleuret m; **~fechten** n escrime f au fleuret; **~fechter(in)** m(f) fleurettiste m,f

florieren [flo'riːrən] v/i ⟨pas de ge-, h⟩ être florissant, prospère; prospérer

Florist(in) [flo'rɪst(ɪn)] m ⟨-en; -en⟩ (f ⟨-; -nen⟩) fleuriste m,f

Floskel ['flɔskəl] f ⟨-; -n⟩ formelhafte phrase f; mot m; formule toute faite; **abgedroschene** cliché m; **nur aus ~n bestehen** consister uniquement en clichés; être creux, creuse

floskelhaft adj tout fait

floß [flɔs] cf fließen

Floß [floːs] n ⟨-es; ⟨2e⟩ radeau m; (Baum⟨2⟩) train m de bois

Flosse ['flɔsə] f ⟨-; -n⟩ **1.** ZO nageoire f; beim Hai etc aileron m; **2.** AVIAT stabilisateur m; **3.** (Schwimm⟨2⟩) palme f; **4.** F (Hand) F paluche f; **~n weg!** F bas les pattes!

flößen ['fløːsən] v/t ⟨-(e)s)t, h⟩ Holz etc flotter; transporter par flottage

Flöß|er m ⟨-s; -⟩ flotteur m de bois; **~e'rei** f ⟨-; -⟩ flottage m

Floßfahrt f descente f d'un fleuve en radeau

Flöte ['fløːtə] f ⟨-; -n⟩ **1.** MUS flûte f; **~ spielen** jouer de la flûte; **2.** Trinkglas flûte f; **3.** beim Kartenspiel séquence f; suite f

flöten ⟨-ete, h⟩ **I** v/t **1.** MUS jouer à la flûte; **2.** fig (einschmeichelnd sprechen) susurrer; **II** v/i **3.** MUS jouer de la flûte; **4.** Amsel siffler; **5.** fig susurrer

flötengehen F v/i ⟨irr, sép, -ge-, sein⟩ **1.** (verlorengehen) être perdu; F être fichu; **2.** (kaputtgehen) F être fichu; péter

Flöten|spiel n (sons m/pl, etc de la) flûte f; **~spieler(in)** m(f) joueur, -euse m,f de flûte; flûtiste m,f

Flötenton m F fig j-m die Flötentöne beibringen apprendre la politesse à qn

Flö'tist(in) m ⟨-en; -en⟩ (f ⟨-; -nen⟩) flûtiste m,f

flott [flɔt] **I** adj **1.** F (rasch) rapide; (schwungvoll) Musik, Tanz qui a du punch; Stil, Dialog enlevé; Gang allègre; **2.** F (schick) Kleidung, Auto qui a de l'allure; (attraktiv) qui a de la classe; **3.** (munter, lebenslustig) déluré; sie führt ein ~es Leben elle mène joyeuse vie; **4.** ⟨attribut⟩ (fahrbereit) wieder ~ sein Schiff être à flot; F Fahrzeug être réparé; **II** F adv **1.** **~ arbeiten** travailler vite; être rapide; **2.** **~ gekleidet sein** avoir de l'allure

'flottbekommen v/t ⟨irr, sép, pas de ge-, h⟩ cf flottkriegen

Flotte ['flɔtə] f ⟨-; -n⟩ MAR, AVIAT flotte f

Flottenstützpunkt m base navale

Flottille [flɔ'tɪljə] f ⟨-; -n⟩ flottille f

'flottkriegen F v/t ⟨sép, -ge-, h⟩ réparer; remettre en état; F rafistoler; Schiff mettre à flot; Auto dépanner

'flottmachen v/t ⟨sép, -ge-, h⟩ Schiff mettre à flot; F Auto etc dépanner; wieder ~ a F fig Geschäft etc remettre à flot; renflouer

Flöz [fløːts] n ⟨-es; -e⟩ BERGBAU couche f; veine f; filon m

Fluch [fluːx] m ⟨-(e)s; ⟨2e⟩ **1.** (Verwünschung) malédiction f; imprécation f; **e-n ~ gegen j-n ausstoßen** lancer une malédiction contre qn; **2.** ⟨sans pl⟩ (Unsegen, Unheil) malédiction f; ein ~ lastet od liegt auf etw, j-m une malédiction pèse sur qc, qn; das ist der ~ der bösen Tat voilà où mène la méchanceté; diese Krankheit ist ein ~ cette maladie est une malédiction; **3.** Kraftwort juron m; gotteslästerlicher blasphème m; derber ~ gros juron; Flüche ausstoßen proférer des jurons

'fluchbeladen st/s adj chargé de malédiction(s); maudit

'fluchen v/i ⟨h⟩ **1.** (Flüche ausstoßen) dire des jurons; jurer; **auf j-n, etw ~** pester contre qn, qc; F **~ wie ein Bierkutscher** jurer comme un charretier; **2.** st/s (verwünschen) **j-m ~** maudire qn

Flucht[1] [fluxt] f ⟨-; -en⟩ **1.** ⟨sans pl⟩ (Fliehen) fuite f (vor [+dat] devant; aus de); aus e-m Gefängnis etc a évasion f; wilde ~ déroute f; auf der ~ sein être en fuite; die ~ ergreifen prendre la fuite; s'enfuir; s'évader; F prendre le large (a fig); j-n in die ~ schlagen mettre qn en fuite, en déroute; **2.** (Ausweichen) fuite f; die ~ in die Krankheit la fuite dans la maladie; die ~ vor der Verantwortung la fuite devant les responsabilités; ~ nach vorn fuite en avant; die ~ nach vorn antreten prendre le taureau par les cornes; **3.** ÉCON fuite f; évasion f

Flucht[2] f ⟨-; -en⟩ CONSTR **1.** (~linie) alignement m; Häuser in e-r ~ stehen être à l'alignement; **2.** st/s von Räumen enfilade f; e-e ~ von sechs Zimmern une enfilade de six pièces

'fluchtartig I adj précipité; **II** adv **etw ~ verlassen** quitter qc précipitamment, en hâte, à la hâte

Fluchtauto n voiture f des fugitifs

flüchten ['flʏçtən] ⟨-ete⟩ **I** v/i (sein) (vor j-m, etw) ~ s'enfuir (devant qn, qc); fuir (qn, qc od devant qn, qc); se sauver (de qn, qc); Gefangene a s'évader (de qn, qc); aus etw ~ s'enfuir, Gefangene s'évader de qc; zu j-m ~ s'enfuir chez qn; fig in Sachwerte ~ se réfugier dans des valeurs sûres; cf fliehen; **II** v/réfl ⟨h⟩ sich ~ in etw (acc), zu j-m se réfugier dans qc, chez qn; fig sich in e-e Krankheit ~ se réfugier dans une maladie

Fluchtgefahr f danger m de fuite, d'évasion; es besteht (bei ihm) ~ il risque de faire une tentative de fuite, d'évasion

'Flucht|helfer(in) m(f) a POL passeur, -euse m,f; **~hilfe** f assistance f à une personne voulant passer illégalement une frontière

'flüchtig I adj **1.** Verbrecher etc en fuite; fugitif, -ive; en liberté; **2.** CHIM volatil; **3.** fig (von kurzer Dauer) fugitif, -ive; éphémère; ~er Blick coup m d'œil; ~e Bekanntschaft vague connaissance f; **4.** (oberflächlich) fait trop vite; peu soigné; 'hâtif, -ive; superficiel, -ielle; ~e Arbeit travail 'hâtif; **II** adv **1.** (hastig) à la hâte; **2.** (beiläufig) en passant; **3.** (oberflächlich) superficiellement; etw ~ durchsehen, durchlesen survoler, parcourir qc; ~ arbeiten travailler sans soin, à la hâte; ~ grüßen esquisser un salut; ich kenne ihn nur ~ je ne le connais que vaguement; sich ~ sehen s'entrevoir; s'entr'apercevoir

'Flüchtigkeit f ⟨-; -en⟩ **1.** ⟨sans pl⟩ (Hast) 'hâte f; **2.** ⟨sans pl⟩ CHIM volatilité f; **3.** (Unzulänglichkeit) négligence f; (Gedankenlosigkeit) inattention f

'Flüchtigkeitsfehler m faute f d'inattention

'Fluchtkapital n FIN capitaux partis à l'étranger

'Flüchtling m ⟨-s; -e⟩ réfugié(e) m(f); (auf der Flucht Befindlicher) fugitif, -ive m,f; politischer ~ réfugié politique

'Flüchtlings|ausweis m document établissant le statut de réfugié politique; **~elend** n misère f des réfugiés; **~hilfe** f aide f, financière allocation f aux réfugiés; **~lager** n camp m de réfugiés; **~strom** m afflux m de réfugiés

'Flucht|linie f CONSTR alignement m; OPT ligne f de fuite; **~plan** m plan m d'évasion; **~punkt** m OPT point m de fuite; **~verdacht** m présomption f de fuite, d'évasion; **⟨2⟩verdächtig** adj susceptible de faire une tentative de fuite, d'évasion

Fluchtversuch m tentative f d'évasion, de fuite; **e-n ~ unternehmen** od **machen** tenter, essayer de s'évader, de fuir

Fluchtweg m **1.** chemin pris par un fugitif; chemin m d'évasion; **2.** zum Notausgang parcours m à accomplir pour arriver à une sortie de secours; sich (dat) e-n ~ offenhalten se ménager une porte de sortie

Flug [fluːk] m ⟨-(e)s; ⟨2e⟩ der Vögel, Insekten, AVIAT vol m; auf dem ~ nach ... in allant à ... en volant; au vol; im ~(e) fig rapidement; die Zeit vergeht (wie) im ~(e) a le temps passe (si) vite

Flugabwehr f MIL défense antiaérienne, contre avions; D.C.A. f; **~kanone** f canon antiaérien, de D.C.A.; **~rakete** f engin antiaérien

'Flug|angst f ⟨-; -⟩ peur f de prendre l'avion; **~asche** f TECH cendres volantes; escarbille f; **~bahn** f trajectoire f; **~ball** m TENNIS volée f; **~begleiter(-in)** m(f) steward m; hôtesse f (de l'air); **~benzin** n kérosène m; **⟨2⟩bereit** adj en état de vol; prêt à décoller; **~betrieb** m ⟨-(e)s⟩ cf Flugverkehr; **~blatt** n tract m; **~boot** n hydravion *m*; ~**dauer** *f* durée *f* de vol; ~**dienst** *m* **1.** (*Flugverkehr*) liaison aérienne régulière; **2.** *cf* **Flugsicherung**; ~**dienstleiter** *m* responsable *m* du contrôle de la navigation aérienne; ~**drache** *m* ZO dragon (volant); ~**drachen** *m* SPORT deltaplane *m*; ~**echse** *f* ptérosaurien *m*; ~**eigenschaften** *f/pl* qualités *f/pl* de vol

Flügel ['fly:gəl] *m* ⟨~s; ~⟩ **1.** ZO, AVIAT, BOT, CONSTR, POL, MIL, SPORT aile *f* (*a fig*); **mit den ~n schlagen** battre des ailes; *e-m Vogel, fig j-m* **die ~ beschneiden, stutzen** rogner les ailes à; F *fig* **die ~ hängen lassen** être découragé; *st/s Freude, Liebe* **j-m ~ verleihen** donner des ailes à qn; SPORT **die ~ wechseln** changer d'aile; **2.** *e-s Fensters etc* battant *m*; vantail *m*; *e-s Altars* volet *m*; **3.** MUS piano *m* à queue; **4.** ANAT (*Nasen*2) aile *f*; **rechter, linker ~ der Lunge** poumon droit, gauche; **5.** *e-r Windmühle* aile *f*; *e-s Propellers a* pale *f*; **6.** *e-r Schraube* ailette *f*; oreille *f*

'**Flügel|altar** *m* triptyque *m*; ~**decke** *f* ZO élytre *m*; ~**fenster** *n* fenêtre *f* à battants, à vantaux; ~**horn** *m* MUS bugle *m*; ~**kampf** *m* *bes* POL luttes *f/pl* de fraction; 2**lahm** *adj* **1.** *Vogel* blessé à l'aile; qui ne peut pas voler; **2.** *fig* (*geschwächt*) *Person* qui manque d'énergie; découragé; *Unternehmen* qui bat de l'aile; ~**mutter** *f* ⟨~; ~n⟩ TECH papillon *m*; écrou *m* à oreilles; ~**schlag** *m* coup *m*, battement *m* d'ailes; ~**schraube** *f* TECH vis *f* à papillon; ~**spannweite** *f* *e-s Vogels* envergure *f*; ~**stürmer** *m* SPORT ailier *m*; ~**tür** *f* porte *f* à deux battants, à vantaux

'**Flug|erfahrung** *f* *des Piloten* expérience *f* du pilotage; 2**fähig** *adj* en état de voler; ~**feld** *n* terrain *m*, champ *m* d'aviation; ~**gast** *m* passager, -ère *m,f* (d'un avion)

flügge ['flygə] *adj* ⟨*attribut*⟩ capable de voler; prêt à quitter le nid; F *fig* **Kinder ~ sein** voler de ses propres ailes

'**Flug|geschwindigkeit** *f* vitesse *f* de vol; ~**gesellschaft** *f* compagnie aérienne; ~**hafen** *m* aéroport *m*; ~**hafenbus** *m* bus *m* bzw navette *f* (transportant les passagers à l'aéroport); ~**hafengebühr** *f* taxe *f* d'aéroport; ~**höhe** *f* 'hauteur *f*, altitude *f* de vol; *e-s Geschosses* flèche *f* de parcours; ~**hund** *m* ZO roussette *f*; *sc* ptéropodidé *m*; ~**kapitän** *m* commandant *m* de bord; ~**körper** *m* missile *m*; ~**lärm** *m* (nuisance acoustique liée aux) bruits *m/pl* de la circulation aérienne; ~**lehrer** *m* instructeur *m* de pilotage; moniteur *m* d'aviation; ~**linie** *f* **1.** Strecke ligne aérienne; **2.** (*Fluggesellschaft*) compagnie aérienne, d'aviation; ~**lotse** *m* contrôleur *m* de la navigation aérienne; aiguilleur *m* du ciel; ~**motor** *m* moteur *m* d'avion

'**Flugobjekt** *n* objet volant; **unbekanntes ~** objet volant non identifié; ovni *m*

'**Flug|personal** *n* personnel volant, navigant; volants *m/pl*; ~**plan** *m* horaire *m* (d'avions); ~**platz** *m* aérodrome *m*; ~**reise** *f* voyage *m* en avion; ~**route** *f* route aérienne; itinéraire aérien

flugs [fluks] *adv* vite; en vitesse

'**Flug|sand** *m* *bei Dünen* sables mouvants; ~**saurier** *m* ptérosaurien *m*; ~**schein** *m* **1.** (*Ticket*) billet *m* d'avion; **2.** *für Piloten* brevet *m* de pilote; ~**schneise** *f* couloir aérien; ~**schreiber** *m* boîte noire; ~**schrift** *f* *cf* **Flugblatt**; ~**schüler(in)** *m(f)* élève-pilote *m,f*; ~**sicherheit** *f* ⟨~⟩ sécurité aérienne; ~**sicherung** *f* ⟨~⟩ contrôle *m* de la navigation aérienne; ~**sicherungsdienst** *m* (services *m/pl* de) contrôle *m* de la navigation aérienne; ~**simulator** *m* simulateur *m* de vol; ~**sport** *m* sports aériens; ~**steig** *m* aire *f* d'embarquement; *Ausgang* porte *f* (d'embarquement *bzw* de débarquement); ~**strecke** *f* trajet *m* en avion; ~**stunde** *f* heure *f* de vol; 2**tauglich** *adj* **1.** Pilot apte à piloter; **2.** *Flugzeug* en état de marche; ~**tauglichkeit** *f* **1.** *e-s Piloten* aptitude *f* au pilotage; **2.** *e-s Flugzeugs* navigabilité *f*; ~**technik** *f* aéronautique *f*; ~**technisch** *adj* ⟨*épithète*⟩ aéronautique; ~**ticket** *n* billet *m* d'avion; 2**unfähig** *adj* *Vogel* incapable de voler; *Flugzeug* qui n'est pas en état de marche; *Pilot* qui n'est pas en mesure de piloter; ~**verbindung** *f* *zwischen zwei Orten* liaison aérienne; *Anschluß* correspondance aérienne

'**Flugverkehr** *m* trafic aérien; circulation aérienne; **e-n regelmäßigen ~ einrichten** établir un service aérien régulier

'**Flug|wesen** *n* ⟨~s⟩ aviation *f*; aéronautique *f*; ~**zeit** *f* temps *m* de vol; ~**zettel** *m* *österr* *cf* **Flugblatt**

'**Flugzeug** *n* ⟨~(e)s; ~e⟩ avion *m*; **im ~** en avion; **einmotoriges ~** monomoteur *m*; **zweimotoriges ~** bimoteur *m*; **dreimotoriges ~** trimoteur *m*; **viermotoriges ~** quadrimoteur *m*; **mit dem ~ fliegen** aller *m* par *od* en avion; prendre l'avion

'**Flugzeug|absturz** *m* écrasement *m* au sol; accident *m* d'avion; crash *m*; ~**bau** *m* ⟨~(e)s⟩ construction *f* aéronautique, d'avions; ~**besatzung** *f* équipage *m* d'avion; ~**entführer** *m* pirate *m* de l'air; ~**entführung** *f* piraterie aérienne; détournement *m* d'avion; ~**halle** *f* 'hangar *m* (d'avions, d'aviation); ~**industrie** *f* industrie *f* aéronautique; ~**katastrophe** *f* catastrophe aérienne; ~**konstrukteur** *m* constructeur *m* d'avions; ~**modell** *n* maquette *f* d'avion; ~**motor** *m* *cf* **Flugmotor**; ~**rumpf** *m* fuselage *m*; carlingue *f* (d'avion); ~**träger** *m* porte-avions *m*; ~**typ** *m* type *m* d'avion; ~**unglück** *n* accident *m* d'avion; ~**wrack** *n* épave *f*; carcasse *f* d'un avion accidenté

Fluidum ['flu:idʊm] *n* ⟨~s; *rarement* -da⟩ (*Ausstrahlung*) fluide *m*; rayonnement *m*; *e-r Person a st/s* aura *f*; *e-r Stadt* atmosphère *f*; ambiance *f*

Fluktuation [flʊktuatsi'o:n] *f* ⟨~; ~en⟩ (*Schwankung*) fluctuation *f*; **~ der Arbeitskräfte** fluctuations *f/pl* de la main-d'œuvre

fluktuieren *t/t v/i* ⟨*pas de ge-*, h⟩ fluctuer

Flunder ['flʊndər] *f* ⟨~; ~n⟩ ZO flet *m*

Flunke'rei F *f* ⟨~; ~en⟩ **1.** ⟨*sans pl*⟩ (*Schwindeln*) art *m* de raconter des blagues, des histoires; **2.** (*Schwindel*) blague *f*; histoire (marseillaise)

flunkern ['flʊŋkərn] F *v/i* ⟨-(e)re, h⟩ (*schwindeln*) raconter des histoires (marseillaises), des blagues; F blaguer

Flunsch [flʊnʃ] F *m* ⟨~(e)s; ~e⟩ moue *f*; **e-n ~ ziehen** faire la moue

Fluor ['flu:ɔr] *n* ⟨~s⟩ CHIM fluor *m*; ~**chlorkohlen'wasserstoff** *m* chlorofluorocarbone *m*

Fluores|zenz [fluores'tsɛnts] *f* ⟨~⟩ PHYS fluorescence *f*; 2'**zieren** *v/i* ⟨*pas de ge-*, h⟩ être fluorescent; 2'**zierend** *adj* *Körper, Licht* fluorescent

Flur[1] ['flu:r] *m* ⟨~(e)s; ~e⟩ (*Haus*2) ('hall *m* d')entrée *f*; (*Treppen*2) palier *m*; *e-r Wohnung* vestibule *m*; antichambre *f*; (*Gang*) couloir *m*

Flur[2] *f* ⟨~; ~en⟩ **1.** *st/s*(*Feld*2) terres *f/pl*; champs *m/pl*; *fig* **allein auf weiter ~** (*stehen, sein*) (être) tout seul; **2.** (*~stück*) parcelle *f* (de terrain)

'**Flurbereinigung** *f* ⟨~; ~en⟩ AGR remembrement *m* des terres; *fig* restructuration *f* (sur une grande échelle); **e-e ~ bei etw durchführen** restructurer qc

'**Flur|garderobe** *f* portemanteau *m*; ~**name** *m* lieu-dit *m*; ~**schaden** *m* dégât(s), dommage(s) causé(s) dans les *od* aux champs; ~**stück** *n* *e-r Nutzfläche* parcelle *f* (de terrain)

Fluse ['flu:zə] *f* ⟨~; ~n⟩ petit poil; peluche *f*; F pluche *f*

'**Flusensieb** *n* *e-r Waschmaschine etc* filtre *m*

Fluß [flʊs] *m* ⟨~sses; Flüsse⟩ **1.** rivière *f*; (*Strom*) fleuve *m*; **schiffbarer ~** rivière navigable; *Stadt* **an e-m ~ liegen** être au bord d'un fleuve; **2.** ⟨*sans pl*⟩ *fig* (*Fließen*) *der Rede, des Verkehrs* fluidité *f*; **etw in ~** (acc) **bringen** mettre qc en train; **in ~** (acc) **kommen** (*vorankommen*) avancer; *Verkehr* devenir fluide; **in ~** (dat) **sein** (sich ständig ändern) changer sans cesse; (*im Gange sein*) être en cours; *Verkehr* être fluide; **3.** ⟨*sans pl*⟩ ÉLECT flux *m*

'**Flußaal** *m* anguille *f*

fluß'abwärts *adv* en aval; en descendant la rivière, le courant; **drei Kilometer ~ liegen** *etc* trois kilomètres en aval; **~ fahren** descendre la rivière

'**Flußarm** *m* bras *m* de rivière; **toter ~** bras mort

fluß'aufwärts *adv* en amont; en remontant la rivière, le courant; **drei Kilometer ~ liegen** *etc* trois kilomètres en amont; **~ fahren** remonter la rivière

'**Fluß|barbe** *f* barbeau (commun); ~**barsch** *m* perche (commune); ~**bett** *n* lit *m* de rivière

Flüßchen ['flʏsçən] *n* ⟨~s; ~⟩ petite rivière

'**Fluß|dampfer** *m* bateau *m* à vapeur (sur une rivière); ~**diagramm** *n* INFORM ordinogramme *m*; ~**fisch** *m* poisson *m* de rivière; ~**gebiet** *n* bassin *m* d'un fleuve; ~**gottheit** *f* divinité *f* d'un fleuve; ~**hafen** *m* port fluvial

flüssig ['flʏsɪç] **I** *adj* **1.** *Körper, Zustand, Metall* liquide; *Gas* liquéfié; *Metall* fondu; à l'état liquide; **~e Luft** air *m* liquide; **~ werden** se liquéfier; devenir liquide; fondre; *Metall* a entrer en fusion; **~ machen** liquéfier; fondre; **2.** COMM (*verfügbar*) liquide; disponible; **~e Mittel** *n/pl* liquidités *f/pl*; trésorerie *f*; F **ich bin im Augenblick nicht ~** F je suis à sec, je ne suis pas en fonds pour le moment; **3.** *fig Stil etc* aisé; coulant; fluide (*a Verkehr*); **II** *adv schreiben, sprechen* avec aisance, fluidité; **~ ernährt werden** *Kranker* absorber des aliments liquides

'**Flüssig|gas** *n* gaz liquéfié; **~keit** *f* ⟨~; ~en⟩ **1.** liquide *m*; **2.** ⟨*sans pl*⟩ (*flüssiger Zustand*) liquidité *f*; fluidité *f*; *fig des Stils etc* fluidité *f*; aisance *f*; facilité *f*; **~keitsmenge** *f* quantité *f* de liquide; **~kristallanzeige** *f* affichage *m* cristaux liquides

'**flüssigmachen** *v/t* ⟨*sép, -ge-, h*⟩ *Kapital* réaliser

'**Flüssigseife** *f* savon *m* liquide

'**Fluß|krebs** *m* écrevisse *f*; **~lauf** *m* cours *m* d'une rivière; **~mittel** *n* MÉTALL fondant *m*; **~mündung** *f* embouchure *f*; **~pferd** *n* hippopotame *m*; **~regulierung** *f* régularisation *f* du cours d'une rivière; **~sand** *m* sable *m* de rivière; **~schiffahrt** *f* navigation *f* fluviale; **~spat** *m* MINÉR fluorine *f*; *als Flußmittel a* spath *m* fluor; **~ufer** *n* rive *f*; bord *m* de rivière; *steiles berge f*; **~wasser** *n* ⟨~s⟩ eau *f* de rivière; **~windung** *f* méandre *m*; sinuosité *f* d'une rivière

flüstern ['flʏstərn] *v/t u v/i* ⟨-(e)re, h⟩ chuchoter; susurrer; **j-m etw ins Ohr ~** chuchoter qc à l'oreille de qn; F *fig dem werde ich was ~!* je vais lui dire ma façon de penser!; F *fig das kann ich dir ~!* F tu l'as dit, bouffi!

'**Flüstern** *n* ⟨~s⟩ chuchotement *m*

'**Flüsterpropaganda** *f* téléphone *m* arabe; bouche à oreille *m*

'**Flüsterton** *m* **im ~ en** chuchotant

Flut [flu:t] *f* ⟨~; ~en⟩ **1.** ⟨*sans pl*⟩ (*Gezeit*) marée montante *bzw* 'haute; flux *m*; pleine mer; *bei ~* à marée montante *bzw* 'haute; *die ~ setzt ein* la mer commence à monter; **2.** *st/s* (*Wassermasse*) **~(en)** *st/s* onde *f*; flots *m/pl*; *plais* *sich in die* (*kühlen*) **~en stürzen** se jeter à l'eau; **3.** *fig von Worten etc* flot *m*; déluge *m*; *von Tränen a* torrent *m*; *e-e ~ von Fragen* un flot de questions

fluten ⟨-ete⟩ **I** *v/t* MAR noyer; **II** *st/s v/i* ⟨sein⟩ (s'é)couler; *fig* **in etw** (*acc*) **~** *Menschenmenge* affluer dans qc; *Licht* inonder qc; *fig* **aus etw ~** sortir à flots de qc

'**Flutlicht** *n* lumière *f* des projecteurs; **bei ~ spielen** jouer en nocturne, à *od* sous la lumière des projecteurs

'**Flutlicht|anlage** *f* éclairage (extérieur) aux projecteurs, à haute intensité lumineuse; **~scheinwerfer** *m* projecteur *m* (à haute intensité lumineuse)

'**flutschen** ['flʊtʃən] F *v/i* **1.** ⟨sein⟩ (*gleiten*) **j-m aus der Hand ~** glisser des mains de qn; **2.** ⟨h⟩ *Arbeit etc* aller comme sur des roulettes

'**Flutwelle** *f* raz-de-marée *m*; *in Flußmündungen* mascaret *m*

FM [ɛf'ʔɛm] *abr cf* **Frequenzmodulation**

'**f-Moll** *n* ⟨~⟩ fa *m* mineur

focht [fɔxt] *cf* **fechten**

Fock [fɔk] *f* ⟨~; ~en⟩ MAR (voile *f* de) misaine *f*; *beim Segelboot* foc *m*; '**~mast** *m* mât *m* de misaine; '**~segel** *n* voile *f* de misaine

födera|l [føde'ra:l] *cf* **föderativ**; **ℒ'lismus** *m* ⟨~⟩ fédéralisme *m*; **ℒ'list** *m* ⟨en; ~en⟩ fédéraliste *m*; **~'listisch** *adj* fédéraliste; **ℒti'on** *f* ⟨~; ~en⟩ fédération *f*; **~'tiv** *adj* fédératif, -ive; fédéral

fohlen ['fo:lən] *v/i* ⟨h⟩ pouliner

'**Fohlen** *n* ⟨~s; ~⟩ poulain *m*; *weibliches* pouliche *f*

Föhn [fø:n] *m* ⟨~(e)s; ~e⟩ MÉTÉO fœhn *m*

Föhre ['fø:rə] *f* ⟨~; ~n⟩ BOT (*Kiefer*) pin *m* (sylvestre)

Fokus ['fo:kʊs] *m* ⟨~; ~se⟩ OPT, MÉD foyer *m*

fokus'sieren *v/t* ⟨*pas de ge-, h*⟩ **1.** PHYS *Strahlen* focaliser; **2.** OPT *Linse, Objektiv* mettre au point

Folge ['fɔlgə] *f* ⟨~; ~n⟩ **1.** (*Aufeinanderℒ*) suite *f*; succession *f*; séquence *f*; série *f*; *e-r Sendereihe* épisode *m*; *e-e ~ von Bildern* une séquence d'images; *e-e ~ von Unglücksfällen* une série d'accidents; *in bunter ~* pêle-mêle; *in rascher ~* coup sur coup; *in der ~* *zeitlich* par la suite; **2.** (*Resultat*) conséquence *f*; suite *f*; *e-r Krankheit a* séquelle *f*; *die ~n des Krieges* les conséquences de la guerre; *an den ~n e-r Operation sterben* mourir des suites d'une opération; (*böse*) *~n haben* avoir des conséquences (fâcheuses); *etw zur ~ haben* entraîner qc; avoir qc pour conséquence; *~n nach sich ziehen* entraîner des conséquences; *die ~n tragen* subir les conséquences; *ohne ~n bleiben* rester sans conséquences; *die ~ davon ist, daß ...* il en résulte que ...; **3.** *bes* ADM *e-r Sache* (*dat*) *~ leisten* *e-r Aufforderung, Anordnung etc* obéir à qc; ADM obtempérer à qc; *e-r Vorladung* se rendre à qc; *e-r Einladung* répondre à qc; accepter qc

'**Folge|erscheinung** *f* conséquence *f*; *e-r Krankheit* séquelle *f*; **~kosten** *pl* coûts inhérents

'**folgen** *v/i* ⟨sein⟩ **1.** (*nach~*) **j-m, e-r Sache ~** suivre qn, qc; **auf j-n, etw ~** succéder à qn, qc; *j-m im Amt ~* succéder à qn; prendre la succession de qn; remplacer qn; *die Ereignisse folgten rasch aufeinander* les événements se succédèrent avec rapidité; *sie folgte ihrem Mann nach Frankreich* elle a suivi son mari en France; *wie folgt* comme suit; **2.** (*resultieren*) **~ aus** résulter de; découler de; être la conséquence de; *daraus folgt* (*, daß ...*) il en résulte (que ...); il s'ensuit (que ...); **3.** (*sich richten nach*) *j-s Beispiel* (*dat*), *e-m Rat, s-n Neigungen ~* suivre l'exemple de qn, un conseil, ses penchants; **4.** *geistig* suivre; **können Sie ~?** vous me suivez?; vous y êtes?; **5.** (*beistimmen*) **ich kann Ihnen hierin nicht ~** là je ne suis pas d'accord avec vous; **6.** ⟨h⟩ (*gehorchen*) obéir (*j-m* à qn)

'**folgend** *adj* suivant; *am ~en Tag* le lendemain; le jour suivant, d'après; *aus ~en Gründen* pour les raisons suivantes; *im ~en* ci-après; dans ce qui suit; plus loin; *der, die ℒe* le, la suivant(e); *das ℒe od ~e* ce qui suit; *es handelt sich um ~es* voici *od* voilà ce dont il s'agit; *und ~e* (*Seiten*) et (pages) suivantes

'**folgendermaßen** *adv* de la manière, de la façon suivante; ainsi; comme suit; *am Satzanfang* voici, voilà comment ...

'**folgen|los** *adj u adv* sans conséquences; sans suites; sans résultat; **~reich** *adj* entraînant de nombreuses conséquences

'**folgenschwer** *adj* lourd, gros, grosse de conséquences; grave; *e-e ~e Entscheidung* une décision lourde de conséquences

'**folgerichtig I** *adj* logique; conséquent; **~e Argumentation** raisonnement *m* logique; **II** *adv* logiquement; **~ denken, handeln** *a* raisonner, agir avec esprit de suite; être conséquent, logique

'**Folgerichtigkeit** *f* logique *f*

'**folgern** ['fɔlgərn] *v/t* ⟨-(e)re, h⟩ déduire, conclure (*aus* de); *daraus kann man ~, daß ...* on peut en conclure, en déduire que ...

'**Folgerung** *f* ⟨~; ~en⟩ déduction *f*; conclusion *f*; *aus etw ~en ziehen* tirer des conséquences de qc

'**Folge|satz** *m* GR proposition consécutive; **~schaden** *m* dommages indirects; **~tonhorn** *n* *österr* avertisseur *m* à deux tons

'**folgewidrig I** *adj* illogique; inconséquent; **II** *adv* illogiquement; contrairement à toute logique

'**Folgezeit** *f* suite *f*; avenir *m*; *in der ~* à l'avenir; par la suite; désormais

'**folglich** *conj u adv* par conséquent; en conséquence; (*also*) donc; ainsi

'**folgsam** *adj* obéissant, docile; **ℒkeit** *f* ⟨~⟩ obéissance *f*; docilité *f*

Foliant [foli'ant] *m* ⟨~en; ~en⟩ TYPO in-folio *m*; *par ext* (*großes Buch*) pavé *m*

Folie ['fo:liə] *f* ⟨~; ~n⟩ **1.** (*Metallℒ*) feuille *f*; **2.** (*Plastikℒ*) (film *m*) plastique *m*; **3.** (*Arbeitsℒ*) transparent *m*

Folienkartoffeln *f/pl* CUIS pommes *f/pl* de terre en papillotes

Folio(**format**) ['fo:lio(fɔrma:t)] *n* ⟨~s; Folien *ou* ~s⟩ (*n*) *Papierformat* format *m* 21 × 33 cm

Folk [fo:k] *m* ⟨~s⟩ MUS (musique *f*) folk *m*

Folklo|re [fɔlk'lo:rə] *f* ⟨~⟩ folklore *m*; **ℒ'ristisch** *adj* folklorique

'**Folk|sänger(in)** *m*(*f*) chanteur, -euse *m,f* de folk; **~song** *m* ⟨~s; ~s⟩ chanson *f* folk

Follikel [fɔ'li:kəl] *m* ⟨~s; ~⟩ BIOL follicule *m*; **~sprung** *m* ovulation *f*

Folter ['fɔltər] *f* ⟨~; ~n⟩ **1.** (*~ung*) *a* HIST, *fig* torture *f*; supplice *m*; HIST *a* question *f*; **2.** (*~werkzeug*) instrument *m* de torture; *fig j-n auf die ~ spannen* tenir qn en suspens; laisser qn dans l'incertitude

'**Folterbank** *f* ⟨~; -bänke⟩ HIST chevalet *m* (de torture)

'**Folterer** *m* ⟨~s; ~⟩ tortionnaire *m*

'**Folter|kammer** *f* HIST salle *f*, chambre *f* des tortures; *fig* lieu *m* de supplice; **~knecht** *m* tortionnaire *m* (*a fig*)

'**foltern** *v/t* ⟨-(e)re, h⟩ torturer; supplicier; HIST donner la question à; *a st/s fig* mettre au supplice

'**Folterqual** *f* tourment *m*; torture *f*; *st/s fig* **~en ausstehen** être au supplice

'**Folter|ung** *f* ⟨~; ~en⟩ torture *f*; supplice *m*; **~werkzeug** *n* instrument *m* de torture

Fön [fø:n] *m* ⟨~(e)s; ~e⟩ Wz sèche-cheveux *m*

Fond[1] [fõ:] *m* ⟨~s; ~s⟩ (*Hintergrund, Rücksitz im Wagen*) arrière *m*; *im ~ e-s Autos* à l'arrière

Fond² *m* ⟨~s; ~s⟩ *CUIS* fond *m*
Fonds [fõː] *m* ⟨~; ~⟩ **1.** *FIN* (*Rücklage*) fonds *m*; réserves *f/pl*; **e-n ~ bilden** constituer des réserves; **2.** *st/s* (*Grundstock*) base *f*
'**Fondsgeschäfte** *n/pl BÖRSE* opérations *f/pl* sur fonds publics
Fondue [fõˈdyː] *f* ⟨~; ~s⟩ *od n* ⟨~s; ~s⟩ *CUIS* (*Käse2*) fondue (savoyarde); (*Fleisch2*) fondue bourguignonne; **~gabel** *f* fourchette *f* à fondue; **~set** *n od m* service *m* à fondue; **~topf** *m* caquelon *m*
'**fönen** *v/t* ⟨h⟩ sécher au sèche-cheveux; **sich** (*dat*) **die Haare ~** se sécher les cheveux (au sèche-cheveux)
Fontäne [fɔnˈtɛːnə] *f* ⟨~; ~n⟩ (*Wasserstrahl*) jet *m* d'eau; (*Springbrunnen*) fontaine *f*
Fontanelle [fɔntaˈnɛlə] *f* ⟨~; ~n⟩ *ANAT* fontanelle *f*
Football [ˈfʊtbɔːl] *m* ⟨~s⟩ football américain
foppen [ˈfɔpən] *v/t* ⟨h⟩ (*anführen*) mystifier; F se payer la tête de; (*necken, aufziehen*) mystifier; taquiner
Foppe'rei *f* ⟨~; ~en⟩ mystification *f*; taquinerie *f*
Fora [ˈfoːra] *pl cf* **Forum**
forcieren [fɔrˈsiːrən] *v/t* ⟨*pas de ge-*, h⟩ *Arbeit* accélérer; pousser; *Anstrengungen, Entwicklung* forcer; *SPORT* **das Tempo ~** forcer le rythme
Förde [ˈfœrdə] *f* ⟨~; ~n⟩ *GÉOGR* fjord *m*
'**Förder|anlage** *f TECH* installation *f* de transport, *BERGBAU* d'extraction; **~band** *n* ⟨~(e)s; ~er⟩ *TECH* tapis roulant; convoyeur *m* (à bande); bande transporteuse
'**Förderer** *m* ⟨~s; ~⟩ **1.** *Person* protecteur *m*; (*Geldgeber*) sponsor *m*; **2.** *cf* **Förderanlage**
'**Förderin** *f* ⟨~; ~nen⟩ protectrice *f*; bienfaitrice *f*; (*Geldgeberin*) sponsor *m*
'**Förder|korb** *m BERGBAU* cage *f* d'extraction; **~kreis** *m* cercle *m* des amis; amicale *f*; **~kurs** *m SCHULE* cours *m* de rattrapage; **~leistung** *f* capacité *f* d'extraction; *e-r Pumpe etc* débit *m*
'**förderlich** *adj* profitable; utile; *für die Gesundheit* salutaire; **e-r Sache** (*dat*) **~ sein** être utile à qc
'**Förder|maschine** *f BERGBAU* machine *f* d'extraction; **~menge** *f* production (extraite); *von Erdöl* a débit *m* d'extraction
fordern [ˈfɔrdərn] *v/t* ⟨-(e)re, h⟩ **1.** (*verlangen*) **etw von j-m ~** demander qc à qn; *p/fort* exiger qc de qn; *bes Recht* revendiquer qc; réclamer qc à qn; *JUR Strafe* requérir qc; **~, daß** demander, *p/fort* exiger que (+*subj*); **zuviel ~** demander trop; *Rechenschaft von j-m ~* demander des comptes à qn; *zahlreiche Menschenleben ~* faire de nombreuses victimes; **2.** (*Leistung abverlangen*) *Schüler, Sportler etc* pousser (à donner le maximum); exiger le maximum de; **3.** *j-n zum Duell ~* provoquer qn en duel
fördern [ˈfœrdərn] *v/t* ⟨-(e)re, h⟩ **1.** *Bodenschätze* extraire; produire; *Flüssigkeiten mit Pumpe* refouler; **zutage ~** *Gegenstände, fig* mettre au jour; *fig* a découvrir; **2.** *Bestrebungen, Beziehungen, Künstler* encourager; aider; soutenir; *Sportler, Künstler für Werbezwecke*

sponsoriser; *Kunst* protéger; *Wissenschaft, Entwicklung* promouvoir; *Entwicklung a* favoriser; *Schüler* pousser; *finanziell in der Ausbildung* aider; *Verdauung* aider; favoriser
'**Förder|schacht** *m BERGBAU* puits *m* d'extraction; **~stufe** *f SCHULE* classes *f/pl* d'orientation; **~turm** *m BERGBAU* chevalement *m* (de mine)
'**Forderung** *f* ⟨~; ~en⟩ **1.** (*Verlangen*) demande *f*, *p/fort* exigence *f*, *rechtmäßige* revendication *f*, réclamation *f* (**nach** de); **übertriebene ~** demande exagérée, immodérée; **e-e ~ an j-n stellen** demander qc à qn; *p/fort* exiger qc de qn; **2.** *COMM, JUR* (*Schuld2*) créance *f*; **ausstehende ~** créance ouverte, à recouvrer; **e-e ~ an j-n haben** avoir une créance sur qn; **3.** *zum Duell* provocation *f* (en duel)
'**Förderung** *f* ⟨~; ~en⟩ **1.** *von Bodenschätzen* extraction *f*; *par ext* production *f*; *e-r Pumpe* refoulement *m*; **maschinelle ~** extraction mécanique; **2.** *von Talenten, Projekten, Beziehungen etc* encouragement *m*; *der Kunst, Literatur* protection *f*; *der Wissenschaft etc a* promotion *f*; *finanzielle in der Ausbildung* aide *f*; *durch e-n Sponsor* sponsoring *m*; **~ des Warenabsatzes** promotion *f* des ventes; **zur ~ von etw** pour aider, encourager, favoriser qc
'**Förderungs|maßnahme** *f* mesure destinée à promouvoir, encourager qc; staatliche subvention *f*; **~mittel** *n/pl* staatliche fonds *m/pl*; **2würdig** *adj* qui mérite d'être promu, encouragé; *finanziell durch den Staat* qui mérite d'être subventionné
'**Förder|unterricht** *m* cours *m* de rattrapage; **~wagen** *m BERGBAU* berline *f*; wagonnet *m*
Forelle [foˈrɛlə] *f* ⟨~; ~n⟩ *ZO* truite *f*; *CUIS* **blau, ~ nach Müllerinart** truite (à la) meunière
Fo'rellenzucht *f* élevage *m* de truites
Foren [ˈfoːrən] *pl cf* **Forum**
forensisch [foˈrɛnzɪʃ] *adj JUR* médico-légal; **~e Medizin** médecine légale
Forint [ˈfoːrɪnt *ou* foˈrɪnt] *m* ⟨~(s); ~s, *mais* 10 ~⟩ *Währung* forint *m*
Forke [ˈfɔrkə] *f* ⟨~; ~n⟩ (*Mistgabel*) fourche *f*
Form [fɔrm] *f* ⟨~; ~en⟩ **1.** (*Gestalt*) forme *f* (*a GR, JUR, MATH, MUS, PHILOS etc*); *e-s Schiffes, Autos etc* a ligne *f*; **die ~ e-s Dreiecks haben** avoir la forme d'un triangle; **die ~ verlieren** *a Kleidung* se déformer; **in ~ von** *od* + *gén* sous, en forme de; **in welcher ~?** sous quelle forme?; **in e-r anderen ~** sous une forme différente; **feste ~en annehmen** prendre forme; se concrétiser; **ernste, merkwürdige etc ~en annehmen** prendre une tournure sérieuse, curieuse, *etc*; **2.** (*Darstellungsweise*) forme *f*; **dichterische ~** forme poétique; **~ und Inhalt** le fond et la forme; **etw in e-e angemessene ~ bringen** *od* **kleiden** donner une forme adéquate à qc; **3.** (*Umgangs2*) **in aller ~** bonne (et due) forme; **in ~en**; dans les formes; *der* **~ halber** pour la forme; **die ~ wahren** (y) mettre les formes; **in höflicher ~** en y mettant les formes; **4.** ⟨*sans pl*⟩ *bes SPORT* **in ~** (*dat*) **sein** être en forme; **in guter, schlechter ~ sein** avoir une

bonne, mauvaise condition physique; **in ~** (*acc*) **kommen** retrouver sa forme; **sich in ~** (*acc*) **bringen** se mettre en forme; **5.** (*Guß2, Kuchen2*) moule *m*; **in e-e ~ gießen** couler, jeter dans un moule; fondre; *Kuchen* **aus der ~ nehmen** démouler
for'mal I *adj* formel, -elle (*a KUNST, MATH, PHILOS*); qui concerne la forme; *JUR* **~er Fehler** vice *m* de forme; **II** *adv* du point de vue de la forme; quant à la forme; **~ richtig** conforme sur le plan de la forme
Formaldehyd [ˈfɔrmʔaldehyːt] *m CHIM* aldéhyde *m* formique; formaldéhyde *m*
Formalie [fɔrˈmaːli̯ə] *f* ⟨~; ~n⟩ *meist pl* règle *f* concernant la forme; *pl* **~n** a formalités *f/pl*
Formalin [fɔrmaˈliːn] *n* ⟨~s⟩ *Wz CHIM* formol *m*
forma|li'sieren *v/t* ⟨*pas de ge-*, h⟩ structurer (sur le plan de la forme); **2li'sierung** *f* ⟨~; ~en⟩ structuration *f* (sur le plan de la forme); formalisation *f*; **2lismus** *m* ⟨~; -men⟩ formalisme *m*; **2list** *m* ⟨~en; ~en⟩ formaliste *m*; **~listisch** *adj* formaliste
Formali'tät *f* ⟨~; ~en⟩ formalité *f*; **e-e reine ~** une pure formalité; **alle ~en erledigt haben** avoir accompli toutes les formalités; être en règle
for'mal|juristisch, ~rechtlich *adj* sur le plan de la forme
Format [fɔrˈmaːt] *n* ⟨~(e)s; ~e⟩ **1.** *e-s Buchs, Bilds* format *m*; **2.** ⟨*sans pl*⟩ *fig e-r Persönlichkeit* envergure *f*; *von Personen, Sachen* classe *f*; **von internationalem ~** de classe internationale; **ein Politiker von ~** un homme politique d'envergure; **sie hat ~** elle a de la classe
forma'tieren *v/t* ⟨*pas de ge-*, h⟩ *INFORM* formater
Formati'on *f* ⟨~; ~en⟩ *a MIL, GÉOL, BOT* formation *f*; **in geschlossener ~** en formation serrée
'**form|bar** *adj* plastique; *a fig* malléable; **2barkeit** *f* ⟨~⟩ plasticité *f*; *a fig* malléabilité *f*; **~beständig** *adj* indéformable; **2blatt** *n ADM* formulaire *m*
Formel [ˈfɔrməl] *f* ⟨~; ~n⟩ formule *f* (*a MATH, CHIM, BIOL, bei Rennwagen*); *MOTORSPORT* **~ 1** formule 1; **in der ~ 1 fahren** courir en formule 1; *fig* **auf die einfachste ~ gebracht** réduit à sa plus simple expression; en un mot; **dafür gibt es keine ~** il n'y a pas de recette (pour cela)
Formel-'1-Fahrer *m* pilote *m* de formule 1; **~Wagen** *m* voiture *f* de formule 1
'**formel|haft** *adj* (*u adv*) succinct(ement); **2kram** F *péj m* formalités *f/pl*
for'mell I *adj* formel, -elle; fait selon, dans les formes, les règles; **II** *adv* selon les formes, les règles
'**Formelsammlung** *f bes MATH* recueil *m* de formules
'**formen** *v/t* ⟨h⟩ former (*a fig*); façonner; modeler; *GIESSEREI* mouler; **den Charakter ~** former le caractère
'**Formen|lehre** *f LING, BIOL* morphologie *f*; **2reich** *adj* aux formes variées; **~reichtum** *m* ⟨~s⟩ grande variété de formes
'**Form|er** *m* ⟨~s; ~⟩ *GIESSEREI* mouleur *m*; **~e'rei** *f* ⟨~; ~en⟩ moulerie *f*; atelier *m* de moulage

Formfehler – fortgehen 1030

'**Form|fehler** *m* JUR vice *m* de forme; **~gebung** *f* ⟨~; ~en⟩ création *f* de formes; modelage *m*; **⁲gerecht** *adj u adv* dans les formes; en bonne (et due) forme
for'mieren *v/t* ⟨*u v/réfl*⟩ ⟨*pas de ge-*, h⟩ (*sich*) ~ (*se*) former; *sich zu e-m Zug* ~ se former en cortège
For'mierung *f* ⟨~; ~en⟩ *a* MIL formation *f*
...förmig ['...fœrmɪç] *in Zssgn meist* en forme de ...
'**Formkrise** *f* SPORT *etc* méforme *f*
förmlich ['fœrmlɪç] **I** *adj* **1.** dans les formes; en bonne (et due) forme; formel, -elle; cérémonieux, -ieuse; *es herrschte ein ~er Ton* il régnait une atmosphère cérémonieuse; **2.** ⟨*épithète*⟩ (*regelrecht*) véritable; **II** *adv* **1.** dans les formes; en bonne (et due) forme; formellement; en termes formels; *j-n ~ um etw bitten* demander qc à qn dans les formes; **4.** (*gewissermaßen, buchstäblich*) littéralement; *er kniete ~ vor ihr* il était littéralement à genoux devant elle
'**Förmlichkeit** *f* ⟨~; ~en⟩ formalité *f* (*a* JUR); cérémonial *m*; *e-r Veranstaltung, e-s Empfangs* caractère guindé; *ohne ~en* sans cérémonie; F sans chichis
'**formlos I** *adj Gebilde, Körper* informe; sans forme; dépourvu de forme; *Antrag* informel, -elle; *Begrüßung* sans façons; **II** *adv* sans manière; sans formalités
'**Form|losigkeit** *f* ⟨~⟩ **1.** *e-s Gebildes, Körpers* absence *f* de formes; **2.** (*formlose Art*) absence *f* de formalité, de cérémonie; manque *m* de forme(s); **~mangel** *m* JUR irrégularité *f*, vice *m* de forme
Formosa [fɔr'mo:za] *n* ⟨→ *n/pr*⟩ HIST Formose
'**Formsache** *f* formalité *f*; *das ist (e-e) reine ~* c'est une simple, pure formalité
'**form|schön** *adj* qui a une forme de belle(s) forme(s); **⁲tief** *n cf* **Formkrise**
Formular [fɔrmu'la:r] *n* ⟨~s; ~e⟩ formulaire *m*; imprimé *m*; *ein ~ ausfüllen* remplir un formulaire
formu'lieren *v/t* ⟨*pas de ge-*, h⟩ formuler; exprimer; ADM *a* libeller
Formu'lierung *f* ⟨~; ~en⟩ formulation *f*, façon *f* d'exprimer *bzw* de s'exprimer; formulation *f*; *das ist e-e treffende ~* c'est une expression qui convient; c'est une tournure, formule adéquate
'**Formung** *f* ⟨~; ~en⟩ **1.** (*Formgebung*) modelage *m*; **2.** ⟨*sans pl*⟩ *fig* (*Prägung*) empreinte *f*
'**Form|veränderung** *f* déformation *f*; *absichtliche* changement *m* de forme; **⁲vollendet** *adjt* parfait; de forme parfaite; **~vorschrift** *f* JUR prescription *f* de forme; **⁲widrig** *adj Verhalten etc* contraire aux formes
forsch [fɔrʃ] **I** *adj* énergique; décidé; *mit ~en Schritten* d'un pas décidé; **II** *adv* énergiquement; avec énergie; *~ an etw* (*acc*) *herangehen* aborder qc de manière énergique
forschen ['fɔrʃən] *v/i* ⟨h⟩ *nach etw, j-m ~* (*suchen*) rechercher qc, qn; (*nach etw*) *~ wissenschaftlich* faire des recherches (sur qc)
'**forschend** *adjt Blick* scrutateur, -trice; inquisiteur, -trice
'**Forscher|(in)** *m* ⟨~s; ~⟩ (*f*) ⟨~; ~nen⟩ chercheur, -euse *m,f*; investigateur, -trice *m,f*; (*Entdecker*) explorateur, -trice *m,f*; **~geist** *m* ⟨~(e)s⟩ esprit investigateur

'**Forschung** *f* ⟨~; ~en⟩ recherche *f* (scientifique); investigation *f*; exploration *f*; *~ und Lehre* la recherche et l'enseignement; *~ auf e-m Gebiet* recherche dans un domaine; (*wissenschaftliche*) *~ betreiben* faire de la recherche
'**Forschungs|abteilung** *f* service *m*, département *m* études et recherche; **~anstalt** *f* organisme *m*, centre *m* de recherche(s); **~arbeit** *f* travail *m* de recherche
'**Forschungsauftrag** *m* mission *f* de recherche(s); *e-n ~ haben* être chargé de recherches, de faire des recherches
'**Forschungs|gebiet** *n* domaine *m*, champ *m* de recherches, d'investigations; **~institut** *n* institut *m* de recherche(s); **~labor(atorium)** *n* laboratoire *m* de recherche(s); **~methode** *f* méthode *f* de recherche; *experimentelle* méthode expérimentale; **~reaktor** *m* NUCL réacteur expérimental
'**Forschungsreise** *f* expédition *f* scientifique; voyage *m* d'exploration; *e-e ~ unternehmen* partir en exploration
'**Forschungs|satellit** *m* satellite *m* scientifique; **~semester** *n* semestre consacré à des recherches; **~zentrum** *n* (grand) centre *m* de recherche(s); **~zweig** *m* secteur *m* de recherche(s)
Forst [fɔrst] *m* ⟨~(e)s; ~e(n)⟩ forêt *f*; *staatlicher ~* forêt domaniale
'**Forst|amt** *n* administration *f* des Eaux et Forêts; **~beamte(r)** *m* agent *m*, fonctionnaire *m* (de l'administration) des Eaux et Forêts
Förster ['fœrstər] *m* ⟨~s; ~⟩ garde forestier; agent technique forestier
'**Forst|frevel** *m* délit forestier; **~haus** *n* maison forestière; **~meister** *m* inspecteur *m* des Eaux et Forêts; **~recht** *n* ⟨~(e)s⟩ droit forestier; **~revier** *n* zone forestière; **~schädling** *m* insecte *m* bzw plante *m* nuisible à la forêt; **~verwaltung** *f* administration *f* des Eaux et Forêts; **~wesen** *n* ⟨~s⟩ Eaux et Forêts *f/pl*; **~wirt** *m* ingénieur *m* des Eaux et Forêts; ingénieur forestier; **~wirtschaft** *f* ⟨~⟩ *Unterhaltung* économie, *Nutzung* exploitation forestière; sylviculture *f*; *d'économie* forestière; **⁲wirtschaftlich** *adj* sylvicole; d'économie forestière; **~wissenschaft** *f* foresterie *f*; études *f/pl* de gestion et de préservation de la forêt
Forsythie [fɔr'zy:tsi̯ə] *f* ⟨~; ~n⟩ BOT forsythia *m*
fort [fɔrt] *adv* **1.** (*weg*) parti; sorti; absent; *weit ~* loin; *~ mit dir!* va-t-en!; F fiche le camp!; *die Tasche ist ~* j'ai perdu *bzw* je cherche *bzw* F je ne sais pas où est passé mon sac; **2.** *in e-m ~* sans arrêt; sans cesse; continuellement; *und so ~* et ainsi de suite
fort... *in Zssgn cf a* **weg...**, **weiter...**
Fort [fo:r] *n* ⟨~s; ~s⟩ MIL fort *m*; *kleines* fortin *m*
fort'an *st/s adv* **1.** (*von nun an*) désormais; dorénavant; **2.** (*seitdem*) dès lors
'**fortbegeben** *st/s v/réfl* ⟨*irr, sép, pas de ge-*, h⟩ *sich ~* s'éloigner; partir
'**Fortbestand** *m* ⟨~(e)s⟩ maintien *m*; *e-r Tradition a*, BIOL *e-r Art* continuité *f*;

e-r Einrichtung, von Bräuchen pérennité *f*; *den ~ sichern* assurer le maintien, *etc*
'**fortbestehen** *v/i* ⟨*irr, sép, pas de ge-*, h⟩ se maintenir; se perpétuer; continuer à exister
'**fortbewegen** ⟨*sép, pas de ge-*, h⟩ **I** *v/t* éloigner; écarter; **II** *v/réfl sich ~* se déplacer
'**Fortbewegung** *f* locomotion *f*; déplacement *m*
'**Fortbewegungsmittel** *n* moyen *m* de locomotion
'**fortbilden** ⟨*-ete, sép, -ge-*, h⟩ **I** *v/t* assurer la formation permanente, continue de; **II** *v/réfl sich ~* suivre un séminaire, *etc* de formation permanente, continue
'**Fortbildung** *f* formation (professionnelle) continue
'**Fortbildungs|kurs** *m*, **~lehrgang** *m* cours *m(pl)* de formation permanente, continue
'**fortbleiben** *v/i* ⟨*irr, sép, -ge-*, sein⟩ rester parti, absent; ne pas (re)venir; *nicht lange ~ a* ne pas tarder à revenir
'**Fortbleiben** *n* ⟨~s⟩ absence *f*
'**fortbringen** *v/t* ⟨*irr, sép, -ge-*, h⟩ **1.** (*wegführen*) *j-n ~* emmener qn; **2.** (*forttragen*) *etw ~* emporter qc
'**Fortdauer** *f* continuation *f*; *von Regen, Kälte, Fieber* persistance *f*
'**fort|dauern** *v/i* ⟨*-(e)re, sép, -ge-*, h⟩ continuer; durer; *Kälte, Regen* persister; **⁲dauernd** *adj* ⟨*épithète*⟩ continuel, -elle; *Kälte, Regen, Fieber, Müdigkeit* persistant
'**fortdürfen** *v/i* ⟨*irr, sép, -ge-*, h⟩ avoir la permission de s'en aller, de partir; *nicht ~ a* ne pas devoir partir, s'en aller
forte ['fɔrtə] *adv* MUS forte
'**Forte** *n* ⟨~u -ti⟩ MUS forte *m*
'**forteilen** *st/s v/i* ⟨*sép, -ge-*, sein⟩ se dépêcher de partir; partir à la hâte
'**fortentwick|eln** ⟨*-(e)le, sép, pas de ge-*, h⟩ **I** *v/t cf* **weiterentwickeln**; **II** *v/réfl sich ~ meist* BIOL (continuer à) se développer; évoluer; *Technik, Wissenschaft etc* progresser; **⁲lung** *f* développement ultérieur; *e-r Wissenschaft, Theorie* évolution (ultérieure)
'**fortfahren** ⟨*irr, sép, -ge-*⟩ **I** *v/t* ⟨h⟩ *j-n, etw ~* emmener qn, emporter qc (en voiture, *etc*); **II** *v/i* ⟨sein⟩ **1.** (*wegfahren*) partir (en voiture, *etc*); **2.** (*weitermachen*) continuer; *mit, in etw* (*dat*) *~* continuer qc; *~, etw zu tun* continuer à *od* de faire
'**Fort|fall** *m* ⟨~(e)s⟩ suppression *f*; **⁲fallen** *v/i* ⟨*irr, sép, -ge-*, sein⟩ *cf* **wegfallen**
'**fortfliegen** *v/i* ⟨*irr, sép, -ge-*, sein⟩ **1.** *Flugzeug, Vogel, Passagier* s'envoler (*nach* pour); *Vogel a* prendre son vol; *Passagier a* partir en avion (*nach* pour); **2.** (*fortgeblasen werden*) être emporté (par le vent)
'**fortführ|en** *v/t* ⟨*sép, -ge-*, h⟩ **1.** *cf* **wegführen**; **2.** (*weiterführen*) continuer; *Firma* continuer; reprendre; **⁲ung** *f* continuation *f*; *e-r Firma* reprise *f*
'**Fortgang** *m* ⟨~(e)s⟩ **1.** (*Weggang*) départ (définitif) *m*; **2.** (*Fortsetzung*) *e-r Arbeit, Handlung etc* continuation *f*; *der Geschäfte, Verhandlungen* poursuite *f*; développement *m*; *s-n ~ nehmen* continuer; se poursuivre; se développer
'**fortgehen** *v/i* ⟨*irr, sép, -ge-*, sein⟩ **1.**

(*weggehen*) s'en aller, partir, sortir (*von* de); **2.** *cf* **weitergehen** 2.
'**fortgeschritten** *adj Zeit, Arbeit, Krankheit* avancé; *in ~em Alter* d'un âge avancé
'**Fort|geschrittene(r)** *f(m)* ⟨→ A⟩ élève *m,f* du niveau avancé; **~geschrittenenkurs** *m* cours supérieur
'**fortgesetzt** *adj* ⟨*épithète*⟩ continu; continuel, -elle
fortissimo [fɔr'tısımo] *adv MUS* fortissimo
'**fortjagen** *v/t* ⟨*sép*, -ge-, h⟩ **1.** (*wegjagen*) chasser; **2.** (*rauswerfen*) *j-n ~* mettre, f flanquer qn à la porte
'**fortkommen** *v/i* ⟨*irr, sép*, -ge-, sein⟩ **1.** (*weiterkommen*) progresser; avancer (*a fig*); **2.** *von zu Hause etc* sortir, partir (de chez soi, *etc*); *mach, daß du fortkommst!* va-t'en!; F sauve-toi!; F fiche(-moi) le camp!; **3.** *Dinge* (*abhanden kommen*) disparaître
'**Fortkommen** *n* **1.** *auf e-m Weg* progression *f*; **2.** *bei der Arbeit, im Beruf etc* avancement *m*
'**fort|können** *v/i* ⟨*sép*, -ge-, h⟩ pouvoir partir, s'en aller, sortir; **~lassen** *v/t* ⟨*irr, sép*, -ge-, h⟩ **1.** laisser partir; **2.** *cf* **weglassen** 2.; **~laufen** *v/i* ⟨*irr, sép*, -ge-, sein⟩ s'éloigner en courant; se sauver; s'enfuir; prendre la fuite
'**fortlaufend I** *adjt* continu; *Bemühung, Arbeit* suivi; **II** *advt* d'une façon continue, suivie; *~ numeriert* a numéroté consécutivement
'**fortleben** *v/i* ⟨*sép*, -ge-, h⟩ *Erinnerung* rester vivant; *Werk* continuer de vivre; *in s-n Kindern, s-n Werken ~* a se survivre dans ses enfants, dans ses œuvres
'**fortmachen** F *v/réfl* ⟨*sép*, -ge-, h⟩ *sich ~* s'en aller; F débarrasser le plancher
'**fortmüssen** *v/i* ⟨*irr, sép*, -ge-, h⟩ devoir partir, s'en aller; être obligé de partir, de s'en aller; *Dinge* devoir disparaître
'**fortpflanzen** *v/réfl* ⟨-(e)s)t, *sép*, -ge-, h⟩ *sich ~* **1.** *BIOL* se reproduire; **2.** *PHYS* se propager
'**Fortpflanzung** *f* ⟨~⟩ **1.** *BIOL* reproduction *f*; *geschlechtliche, künstliche, ungeschlechtliche ~* reproduction sexuée, artificielle, asexuée; **2.** *PHYS* propagation *f*
'**fortpflanzungs|fähig** *adj BIOL* capable de se reproduire; **⦵organe** *n/pl BIOL* organes *m/pl* reproducteurs; **⦵trieb** *m* instinct reproducteur
'**forträumen** *v/t* ⟨*sép*, -ge-, h⟩ enlever; ranger; *etw von e-r Stelle ~* débarrasser un endroit de qc
'**fortreisen** *v/i* ⟨-(e)s)t, *sép*, -ge-, sein⟩ partir en voyage
'**fortreißen** *v/t* ⟨-(e)s)t, *irr, sép*, -ge-, h⟩ (arracher et) emporter, emmener; (*mit sich* [*dat*]) *~* a *fig* entraîner
'**fortrennen** *v/i* ⟨*irr, sép*, -ge-, sein⟩ partir en courant; se sauver
Forts. *abr* (*Fortsetzung*) suite
'**Fortsatz** *m ANAT* appendice *m*; *e-s Knochens* apophyse *f*
'**fortschaffen** *v/t* ⟨*sép*, -ge-, h⟩ emmener; (*beseitigen*) enlever; faire disparaître; *etw von e-r Stelle ~* débarrasser, déblayer un endroit de qc
'**fortscheren** F *v/réfl* ⟨*sép*, -ge-, h⟩ *sich ~* F filer; F ficher le camp
'**fortschicken** *v/t* ⟨*sép*, -ge-, h⟩ *Brief etc*

envoyer; expédier; *j-n ~* dire à qn de s'en aller; *j-n ~, etw zu holen* envoyer qn chercher qc
'**fortschleichen** *v/i* ⟨*sép*, -ge-, sein⟩ (*u v/réfl*) ⟨h⟩ (*sich*) *~* s'esquiver; s'éclipser; F filer en douce; *sich aus etw ~* a se glisser 'hors de qc
'**fortschleppen** ⟨*sép*, -ge-, h⟩ **I** *v/t cf* **wegschleppen**; **II** *v/réfl sich* (*mühsam*) *~* se traîner
'**fort|schleudern** *v/t* ⟨-(e)re, *sép*, -ge-, h⟩ lancer (au loin); **~schmeißen** F *v/t* ⟨*irr, sép*, -ge-, h⟩ jeter; **~schreiben** *v/t* ⟨*irr, sép*, -ge-, h⟩ *Statistik* dénombrer d'une façon continue; *Plan* mettre à jour; **⦵schreibung** *f e-r Statistik* dénombrement (fait d'une façon continue à partir d'un recensement); *e-s Plans* mise *f* à jour; **~schreiten** *v/i* ⟨*irr, sép*, -ge-, sein⟩ *Krankheit, Inflation* progresser; *Zeit, Arbeit, Untersuchung* avancer
'**fortschreitend** *adjt* ⟨*épithète*⟩ progressif, -ive; *mit ~em Alter* en vieillissant
'**Fortschritt** *m der Zivilisation, Technik, Wissenschaft, beim Lernen* progrès *m*; *von Arbeiten etc a* avancement *m*; *~e machen Person* faire des progrès; *Arbeit etc* progresser; avancer; *große ~e machen* a avancer à grands pas
'**fortschrittlich I** *adj Idee etc* avancé; *POL, Persönlichkeit* progressiste; *Lösung, Einrichtung etc* moderne; **II** *adv ~ gesinnt sein* avoir des idées avancées; *POL* être progressiste
'**fortschritts|feindlich** *adj* hostile au progrès; *Einstellung a* conservateur, -trice; **⦵glaube** *m foi f* dans le, croyance *f* au progrès; **~gläubig** *adj* qui croit au progrès
'**fortschwemmen** *v/t* ⟨*sép*, -ge-, h⟩ emporter; *p/fort* entraîner; *fortgeschwemmt werden* être emporté par le(s) courant(s)
'**fortschwimmen** *v/i* ⟨*irr, sép*, -ge-, sein⟩ *Person* s'éloigner à la nage; *Gegenstand* être emporté (par le courant)
'**fortsehnen** *v/réfl* ⟨*sép*, -ge-, h⟩ *sich ~* désirer (ardemment) partir
'**fortsetzen** *v/t* (*u v/réfl*) ⟨-(e)s)t, *sép*, -ge-, h⟩ (*sich*) *~* (se) continuer; (se) poursuivre; *fortgesetzt werden* meist se poursuivre; continuer; *s-n Weg ~* continuer, poursuivre son chemin; *j-s Studien ~* continuer ses études; *j-s Werk ~* continuer l'œuvre de qn
'**Fortsetzung** *f* ⟨~; ~en⟩ **1.** *e-r Arbeit etc* poursuite *f*; continuation *f*; *e-r Straße etc* prolongement *m*; continuation *f*; **2.** *e-s Texts, e-r Aufführung* suite *f*; *~ folgt* à suivre; la suite au prochain numéro; *~ auf Seite 8* (dat) suite à la page 8; *~ von Seite 1* suite de la page 1; *die ~ von etw bilden* faire suite à qc; *in ~en* (dat) *veröffentlichen* publier en feuilletons
'**Fortsetzungsroman** *m* roman-feuilleton *m*
'**fort|sollen** *v/i* ⟨*sép*, -ge-, h⟩ devoir partir, s'en aller; *Dinge* devoir disparaître; **~spülen** *v/t* ⟨*sép*, -ge-, h⟩ *cf* **fortschwemmen**; **~stehlen** *v/réfl* ⟨*irr, sép*, -ge-, h⟩ *cf* **fortschleichen**; **~stürzen** F *v/i* ⟨-(e)s)t, *sép*, -ge-, sein⟩ partir en catastrophe; **~tragen** *v/t* ⟨*irr, sép*, -ge-, h⟩ emporter; **~treiben** *v/t* ⟨*sép*, -ge-⟩ **I** *v/t* ⟨h⟩ chasser; *Personen* a éloigner; *Menschenmenge* a écarter; *cf a*

vertreiben I 1., 2.; **II** *v/i* ⟨sein⟩ *im Wasser* être emporté (par le courant); *Schiff* aller à la dérive
'**Fortuna** [fɔr'tu:na] *f* ⟨~⟩ *MYTH* la Fortune; *st/s fig* fortune *f*; *st/s ~ war ihr hold* la fortune lui a souri
'**fortwähren** *st/s v/i* ⟨*sép*, -ge-, h⟩ durer; continuer
'**fortwährend I** *adjt* ⟨*épithète*⟩ continuel, -elle; constant; **II** *advt* continuellement; constamment; *er klagt etc ~* il n'arrête pas de se plaindre, *etc*
'**fortwerfen** *v/t* ⟨*irr, sép*, -ge-, h⟩ jeter; lancer
'**fortwirken** *v/i* ⟨*sép*, -ge-, h⟩ continuer à exercer son influence (*in j-m, etw* sur qn, qc); *in j-m, etw ~ a* continuer à influencer qn, qc
'**fort|wollen** *v/i* ⟨*sép*, -ge-, h⟩ vouloir s'en aller, partir; **~zerren** *v/t* ⟨*sép*, -ge-, h⟩ entraîner; **~ziehen** ⟨*irr, sép*, -ge-⟩ **I** *v/t* ⟨h⟩ entraîner; **II** *v/i* ⟨sein⟩ partir; *aus der Wohnung* déménager; *aus der Stadt* quitter la ville; *Vögel* émigrer
Forum ['fo:rum] *n* ⟨~s; Foren ou Fora⟩ **1.** *HIST* forum *m*; **2.** ⟨*pl* Foren⟩ (*Kreis interessierter Personen*) cercle *m*; *vor dem ~ der öffentlichen Meinung etc* devant l'opinion publique, *etc*; **3.** ⟨*pl* Foren⟩ (*Ort für Erörterungen*) tribune *f*; plate-forme *f*; *etw als ~ der politischen Auseinandersetzung benutzen* utiliser qc comme plate-forme de débats politiques; **4.** ⟨*pl* Foren⟩ (*öffentliche Aussprache*) débat public; discussion publique
fossil [fɔ'si:l] *adj Pflanze, Tier* fossile; *~e Brennstoffe* *m/pl* combustibles *m/pl* fossiles
Fos'sil *n* ⟨~s; ~ien⟩ *GÉOL*, *fig* fossile *m*
fötal [fø'ta:l] *adj MÉD* fœtal
Foto¹ ['fo:to] *n* ⟨~s *ou schweiz* ~; ~s⟩ photo *f*; *auf dem ~* en photo; *ein ~ von j-m, etw machen* prendre qn, qc en photo
'**Foto²** F *m* ⟨~s; ~s⟩ *bes südd* appareil *m* (photo)
'**Foto...** *in Zssgn cf a* **Photo...**; **~album** *n* album *m* de photos; **~amateur** *m* photographe *m* amateur; **~apparat** *m* appareil *m* photo(graphique); **~atelier** *n* atelier *m* de photographe; **~ausrüstung** *f* équipement *m* photographique; **~finish** *n SPORT* photo-finish *f*
fotogen [foto'ge:n] *adj* photogénique
'**Fotogeschäft** *n* magasin *m* de photographie; *im ~* chez le photographe
Foto|'graf(in) *f* ⟨~s; ~en⟩ (*f*) ⟨~; ~nen⟩ photographe *m,f* (*professioneller* d'art); **~gra'fie** *f* ⟨~; ~n⟩ **1.** (*sans pl*) *Verfahren* photographie *f*; **2.** (*Foto*) photo *f*
fotogra'fieren ⟨*pas de ge-*, ~⟩ **I** *v/t* photographier; faire, prendre une photo *bzw* des photos de; prendre en photo; **II** *v/i* faire, prendre une photo *bzw* des photos; *als Hobby* faire de la photo; *gern ~* aimer la photo
foto'grafisch *adj* photographique
Foto|ko'pie *f* photocopie *f*; **⦵ko'pieren** *v/t* ⟨*pas de ge-*, ~⟩ photocopier; **~ko'pierer** F *m*, **~ko'piergerät** *n* photocopieur *m*; photocopieuse *f*
'**Foto|labor** *n* laboratoire *m* photographique (professionnel); **~modell** *n* **1.**

modèle m; **2.** verhüllend (Prostituierte) call-girl f; **~montage** f photomontage m; **~papier** n papier m photographique; **~reporter(in)** m(f) reporter m,f photographe; **~safari** f safari-photo m; **~satz** m ⟨~es⟩ TYPO photocomposition f; **~tasche** f sac m pour appareil photo
Fotothek [foto'te:k] f ⟨~; ~en⟩ photothèque f
Fötus ['fø:tʊs] m cf **Fetus**
Fotze ['fɔtsə] f ⟨~; ~n⟩ (Vulva) vulgär con m; Schimpfwort P conasse f
Foul [faul] n ⟨~s; ~s⟩ SPORT coup défendu; FUSSBALL faute f (**an** [+dat] contre); **ein ~ begehen** contrevenir aux règles; bes FUSSBALL commettre une faute (**an** j-m contre qn)
Foulelfmeter m penalty dû à une faute
foulen (h) SPORT **I** v/t j-n **~** commettre une faute contre qn; **II** v/i jouer incorrectement, d'une façon déloyale; contrevenir aux règles
Fox [fɔks] m ⟨~(es), ~e⟩ abr **1.** cf **Foxterrier. 2.** cf **Foxtrott**; **'~terrier** m ZO fox-terrier m; **'~trott** m ⟨~(e)s; ~e ou ~s⟩ Tanz fox-trot m
Foyer [foa'je:] n ⟨~s; ~s⟩ im Theater etc foyer m
FPÖ [ɛfpe:'ʔø:] f ⟨~⟩ abr (Freiheitliche Partei Österreichs) F.P.Ö. m (parti libéral autrichien de tendance nationaliste)
Fr abr (Freitag) ven (vendredi)
Fr. abr (Frau) Mme od Mme (madame)
Fracht [fraxt] f ⟨~; ~en⟩ **1.** ⟨~gut⟩ chargement m; marchandise(s) f(pl); e-s Schiffs, Flugzeugs fret m; e-s Schiffs a cargaison f; **2.** (**~kosten**) prix m, frais m/pl de transport; port m; **für Schiffs- u Luft2** fret m
'Fracht|brief m lettre f de voiture; (Konnossement) connaissement m; **~dampfer** m cf **Frachter**
'Frachtenbahnhof m österr gare f de marchandises
'Fracht|er m ⟨~s; ~⟩ cargo m, navire m de charge; **~flugzeug** n avion-cargo m; avion m de transport; **2frei** I adj franc, -che de port; **II** adv franco; **~führer** m COMM transporteur m; **~geld** n cf **Fracht 2**.
'Frachtgut n cf **Fracht 1.**; EISENBAHN marchandises (expédiées) en régime ordinaire; **als ~ (senden)** (expédier) en régime ordinaire
'Fracht|kosten pl frais m/pl de transport; **~raum** m in e-m Schiff, Flugzeug soute f; **~schiff** n cf **Frachter**, **~stück** n colis m; **~tarif** m tarif m de fret; als Tabelle a barème m d'expédition; **~versicherung** f assurance f marchandises
Frack [frak] m ⟨~(e)s; ~e⟩ habit m; frac m; **im ~** en habit
'Frackschoß m basque f
Frage ['fra:gə] f ⟨~; ~n⟩ **1.** zur Beantwortung question f; interrogation f (a GR); **dumme ~!** quelle question!; ohne **~** sans aucun doute; e-e **~** haben avoir une question (à propos de, concernant qc); (j-m od an j-n) e-e **~** stellen poser une question (à qn); **j-m e-e ~ stellen** a interroger, questionner qn; **an j-n e-e ~ richten** poser une question à qn; **e-e ~ beantworten, auf e-e ~ antworten** répondre à une question; **die ~ bejahen, verneinen** répondre affirmativement, négativement;

2. (Angelegenheit, Problem) problème m; **e-e offene ~** une question non résolue; **e-e strittige ~** une question litigieuse; **die soziale ~** les problèmes sociaux; **(nicht) in ~ kommen** (ne pas) entrer en ligne de compte; **j, etw kommt (nicht) in ~** il n'y a pas question de qn, qc; **(das) kommt nicht in ~!** (il n'en est) pas question!; **nicht in ~ kommen** Sache a être 'hors de question; **als Täter etc** être 'hors de cause; **etw in ~ stellen** remettre qc en question, en cause; **es steht außer ~ (, daß ...)** il n'y a pas de doute (que ...); cela ne fait pas de doute (que ...); **die ~ (ist), ob ...** la question (est) de savoir si ...; **es ist noch die ~, ob ...** reste à savoir od ; **das ist (eben) die ~** c'est là od voilà la question; **das ist noch die ~!** c'est à savoir!; **es ist nur noch e-e ~ der Zeit** ce n'est plus qu'une question de temps
'Frage|bogen m questionnaire m; **~form** f GR forme interrogative; **~fürwort** n GR pronom interrogatif; adjektivisch gebrauchtes adjectif interrogatif
'fragen (h) **I** v/t u v/i demander; **etwas ~** demander qc; poser une question; (Fragen stellen) **j-n (nach j-m, etw) ~** interroger, questionner qn (sur qn, qc); **j-n etw od nach etw ~** demander qc à qn; **(j-n) nach j-m ~** (j-n sprechen wollen) demander qn (à qn); (j-n) **nach j-m, j-s Befinden ~** demander (à qn) des nouvelles de qn; **nach j-m, etw nicht ~** (sich nicht kümmern) ne pas se soucier de qn, qc; fig **nicht lange ~** aller tout droit au but; ne pas tergiverser; F **2 kostet nichts** demander ne coûte rien; F **das fragst du noch?** tu n'as toujours pas compris, F pigé?; **II** v/réfl **sich ~** se demander; **da frage ich mich auch** moi aussi je me pose la question; **III** v/imp **es fragt sich, ob ...** on se demande si ...; reste à savoir si ...
'fragend I adjt Blick etc interrogateur, -trice; **II** advt **j-n ~ ansehen** interroger qn du regard; regarder qn d'un air interrogateur
'Fragenkomplex m ensemble m de questions bzw de problèmes
Frage'rei f ⟨~; ~en⟩ péj manie f de questionner; **diese ewige ~** cette manie perpétuelle de questionner; ces questions continuelles
'Fragesatz m GR (direkter, indirekter) **~** proposition interrogative (directe, indirecte)
'Fragestellung f façon f, manière f de formuler la question f; problème m; **bei dieser ~** la question ainsi formulée
'Frage|stunde f im Parlament heure f d'interpellations; **'~-und-'Antwort-Spiel** n jeu m de questions et de réponses; **~wort** n ⟨~(e)s; -wörter⟩ GR interrogatif m
'Fragezeichen n GR, fig point m d'interrogation; fig **etw mit e-m großen ~ versehen** mettre qc en doute; F **wie ein ~ dastehen** ne pas se tenir droit
fragil [fra'gi:l] st/s adj frêle; fragile
'fraglich adj **1.** (unsicher) incertain, douteux, -euse; problématique, discutable; **es ist ~, ob ...** on se demande si ...; reste à savoir si ...; **2.** (épithète) (betreffend) en question; **die ~e Angelegenheit** l'affaire en question

'fraglos adv incontestablement; sans aucun doute
Fragmen|t [fra'gmɛnt] n ⟨~(e)s; ~e⟩ fragment m; **2'tarisch** adj fragmentaire
'fragwürdig adj **1.** (Bedenken hervorrufend) suspect; Geschmack douteux, -euse; discutable; **von ~em Wert sein** être d'un intérêt discutable; **2.** (zwielichtig) louche; équivoque
'Fragwürdigkeit f ⟨~; ~en⟩ **1.** (Zweifelhaftigkeit) caractère suspect, douteux, discutable; **2.** (Zwielichtigkeit) caractère m louche, équivoque
Fraktion [fraktsi'o:n] f ⟨~; ~en⟩ **1.** PARLAMENT groupe m parlementaire; **2.** (Sondergruppe) groupe m; **3.** CHIM fraction f
Frakti'ons|beschluß m décision f de groupe parlementaire; **~führer(in)** cf **Fraktionsvorsitzende(r)**; **2los** adj Abgeordneter non inscrit; **~sitzung** f réunion f de groupe parlementaire; **~stärke** f POL **1.** (Mindestgröße) nombre m minimum de membres requis pour constituer un groupe parlementaire; **2.** (Fraktionsgröße) nombre m de membres d'un groupe parlementaire; **~vorsitzende(r)** f(m) président(e) m(f) de groupe parlementaire; **~zwang** m ⟨~(e)s⟩ discipline f de vote
Fraktur [frak'tu:r] f ⟨~; ~en⟩ **1.** MÉD fracture f; **2.** ⟨sans pl⟩ TYPO (écriture f) gothique f; F **mit j-m ~ reden** ne pas mâcher ses mots; F **mit j-m ~ reden** dire à qn ses quatre vérités; dire son fait à qn
Franc [frã:] m ⟨~; ~s, mais 5 ~⟩ Währung franc m; **französischer, belgischer ~** franc français, belge
Franchise[1] ['frɛntʃaɪs] f ⟨~⟩, **Franchising** ['frɛntʃaɪzɪŋ] n ⟨~s⟩ ÉCON franchisage m; franchising m
Franchise[2] [frã'ʃi:zə] f ⟨~; ~n⟩ VERSICHERUNG franchise f
'Franc-Zone f ÉCON zone f franc
frank [fraŋk] adv **~ und frei** franchement; sans ambages; carrément
Frank [fraŋk] m ⟨~(e)s; ~en⟩ n/pr Frank m
'Franke m ⟨~n; ~n⟩ **1.** (Bewohner von Franken) Franconien m; **2.** HIST Franc m
Franken[1] ['fraŋkən] n ⟨→ n/pr⟩ GÉOGR la Franconie
Franken[2] m ⟨~s; ~⟩ Währung franc m suisse
'Franken|reich n HIST royaume franc; **~wein** m vin m de Franconie
Frankfurt ['fraŋkfurt] n ⟨→ n/pr⟩ **~ am Main** Francfort-sur-le-Main; **~/Oder** Francfort-sur-l'Oder
'Frankfurter I adj ⟨épithète; inv⟩ de Francfort; **~ Würstchen** n(pl) saucisse(s) f(pl) de Francfort; **II** f ⟨~; ~⟩ Wurst saucisse f de Francfort
'Frankfurter(in) m ⟨~s; ~⟩ (f) ⟨~; ~nen⟩ habitant(e) m(f) de Francfort
frankieren [fraŋ'ki:rən] v/t ⟨pas de ge-, h⟩ Postsendungen affranchir
Fran'kier|maschine f machine f à affranchir; **~ung** f ⟨~; ~en⟩ **1.** Vorgang affranchissement m; **2.** (Porto) port m; frais m/pl de timbres
Fränkin ['frɛŋkɪn] f ⟨~; ~nen⟩ **1.** (Bewohner von Franken) Franconienne f; **2.** HIST Franque f
'fränkisch adj **1.** (das heutige Franken

betreffend) franconien, -ienne; **2.** *Sprache* francique; **3.** *HIST* franc, franque
franko ['fraŋko] *adv COMM* franco
'Frankokanadier(in) *m(f)* Canadien, -ienne *m,f* français(e), de langue française
franko|phil [fraŋko'fi:l] *adj* francophile; **~'phon** *adj* francophone; **⌐pho'nie** *f* ⟨~⟩ francophonie *f*
'Frankreich *n* ⟨→ *n/pr*⟩ la France; **~reise** *f* voyage *m* en France
Franse ['franzə] *f* ⟨~; ~n⟩ *COUT* frange *f*; *gedrehte* torsade *f*; *mit ~n besetzen* garnir de franges
'fransen *v/i* ⟨-(es)t, sein⟩ s'effilocher
'fransig *adj* (*mit Fransen besetzt*) garni de franges; (*ausgefasert*) effiloché
Franz [frants] *m* ⟨→ *n/pr*⟩ François *m*
'Franzbranntwein *m* ⟨~s⟩ *PHARM* alcool camphré (pour frictions)
Franziskaner(in) [frantsɪs'ka:nər(ɪn)] *m* ⟨~s; ~⟩ (*f*) ⟨~; ~nen⟩ *REL* franciscain(e) *m(f)*; **~kloster** *n* couvent *m* de franciscains; **~orden** *m* ordre *m* des franciscains
Franzose [fran'tso:zə] *m* ⟨~n; ~n⟩ **1.** *GÉOGR* Français *m*; *als ~* en tant que Français; *er ist* (*kein*) *~* il (n')est (pas) français; **2.** *Schraubenschlüssel* clé anglaise
fran'zosen|feindlich *adj* francophobe; antifrançais; **~freundlich** *adj* francophile
Fran'zosentum *n* ⟨~(e)s⟩ caractère, esprit français; tradition, civilisation française
französieren [frantsø'zi:rən] *v/t* ⟨pas de ge-, h⟩ franciser
Fran'zösin *f* ⟨~; ~nen⟩ Française *f*
fran'zösisch I *adj* français; de France; *POL in Zssgn* franco-...; **~es Bett** grand lit; lit *m* de deux personnes; *der ~e König* le roi de France; *die ⌐e Revolution* la Révolution française; *die ⌐e Schweiz* la Suisse romande; *die ⌐e Republik* la République française; **~-deutsch** *Wörterbuch etc* français-allemand; *Beziehungen, Grenze etc* franco-allemand; *auf ~, in ⌐ bzw in ~* en français; *auf ~e Art* à la française; **II** *adv ~ sprechen, verstehen* parler français, comprendre le français; **~ aussehen** avoir l'air français; *ein Wort ~ aussprechen* prononcer un mot à la française; *F sich auf ~ empfehlen od verabschieden* filer à l'anglaise
Fran'zösisch *n* ⟨~(s)⟩ *Sprache, Unterrichtsfach* français *m*; *fließend ~ sprechen* parler couramment français; *sie ist gut in ~* elle est bonne en français
Fran'zösischarbeit *f* devoir *m* de français
Fran'zösische *n* ⟨~n⟩ *Sprache das ~* le français; *aus dem ~n* du français; *ins ~, im ~n* en français
Fran'zösisch-Gua'yana *n* la Guyane française
Fran'zösischlehrer(in) *m(f)* professeur *m* de français
Fran'zösisch-Poly'nesien *n* la Polynésie française
fran'zösisch|sprachig *adj Mensch, Land* de langue française; francophone; *in französischer Sprache* en français; *Literatur* d'expression française; **~sprechend** *adjt* ⟨épithète⟩ franco-

phone; **~stämmig** *adj* d'origine française
Fran'zösisch|stunde *f* cours *m* de français; **~unterricht** *m* enseignement *m* du français; *Schulstunde* cours *m* de français
frapp|ant [fra'pant] *adj* frappant; *Ähnlichkeit a* saisissant; **~ieren** *v/t* ⟨pas de ge-, h⟩ frapper; **~ierend** *adjt cf frappant*
Fräse ['frɛ:zə] *f* ⟨~; ~n⟩ *TECH* **1.** *Werkzeug* fraise *f*; **2.** *Maschine* fraiseuse *f*
'fräsen *v/t u v/i* ⟨-(es)t, h⟩ fraiser
'Fräser *m* ⟨~s; ~⟩ **1.** *Werkzeug* fraise *f*; **2.** *Arbeiter* fraiseur *m*
'Fräsmaschine *f* fraiseuse *f*
fraß [fra:s] *cf fressen*
Fraß *m* ⟨~es; ~e⟩ **1.** F *péj* (*Essen*) F bouffe *f* dégueulasse; F mauvaise bouffe; **2.** (*Tiernahrung*) nourriture *f*; *zum ~ vorwerfen* jeter en pâture; *fig péj j-m etw zum ~ hinwerfen od vorwerfen* livrer à qn qc en pâture; **3.** *durch Schädlinge* dommages causés par des insectes nuisibles
Frater ['fra:tər] *m* ⟨~s; -tres⟩ *CATH* frère *m*
fraternisier|en [fraterni'zi:rən] *v/i* ⟨pas de ge-, h⟩ fraterniser; **⌐ung** *f* ⟨~⟩ fraternisation *f*
Fratz [frats] *m* **1.** F ⟨~es; ~e⟩ (*niedliches Kind*) F petit(e) môme *m,f*; petit garçon mignon, petite fille mignonne; *süßer ~* gamin(e) adorable; *Baby* bébé mignon; **2.** ⟨~en; ~en⟩ *bes österr* (*unartiges Kind*) gamin(e) *m(f)* insupportable
Fratze ['fratsə] *f* ⟨~; ~n⟩ **1.** (*häßliches Gesicht*) figure grimaçante, grotesque; **2.** F (*Grimasse*) grimace *f*; *j-m ~n schneiden* faire des grimaces à qn; **3.** F *péj* (*Gesicht*) F tronche *f*
'fratzenhaft *adj* grotesque
Frau [frau] *f* ⟨~; ~en⟩ **1.** *allgemein*, (*Ehe⌐*) femme *f*; *die ~ des Hauses* la maîtresse de maison; *REL Unsere liebe ~* Notre Dame; *zur ~ nehmen* épouser; **2.** *vor Familiennamen* Madame; *Anrede ~ X!* Madame!; *förmlich gnädige ~!* (Chère) Madame!; *~ Doktor!* *MÉD* docteur!; *~ Direktor, Präsidentin!* Madame la Directrice, la Présidente!; *die ~ Direktor, Präsidentin etc* Madame la Directrice, la Présidente, etc; *in Briefen* **Sehr geehrte ~ X, ...** Madame, ...; **Liebe ~ X, ...** Chère Madame, ...; **Sehr geehrte ~ Direktor, ...** Madame la Directrice, ...; *st/s Ihre ~ Mutter* Madame votre mère
'Frauchen F *n* ⟨~s; ~⟩ *e-s Hundes* maîtresse *f*; F mémère *f*
'Frauen|arbeit *f* travail féminin, de(s) femme(s); **~arzt** *m*, **~ärztin** *f* gynécologue *m,f*; **~beauftragte** *f* ⟨→A⟩ déléguée *f* à la condition féminine; **~beruf** *m* métier féminin; profession féminine; **~bewegung** *f* mouvement *m* féministe; **~chor** *m* chœur *m* de femmes; **~emanzipation** *f* émancipation féminine; **~feind** *m* misogyne *m*; **⌐feindlich** *adj* misogyne; **~frage** *f* problèmes *m/pl* des femmes (dans la société); condition féminine; **~gesellschaft** *f* société dominée par les femmes; (*Matriarchat*) matriarcat *m*; **~haar** *n* **1.** cheveu(x) *m(pl)* de femme; **2.** *BOT* cheveu *m* de Vénus; *sc* adiantum *m*; **~haus** *n* centre *m* d'accueil pour fem-

mes battues; **~heilkunde** *f* gynécologie *f*; **~held** *m* F tombeur *m*; homme *m* à femmes; **~kleider** *n/pl* vêtements *m/pl* de femme; *in ~n verkleidet* déguisé en femme
'Frauen|klinik *f* établissement hospitalier spécialisé en gynécologie; *für Geburtshilfe* maternité *f*; **~krankheit** *f*, **~leiden** *n* affection *f* gynécologique; **~ministerin** *f* ministre *m* de la condition féminine; **~quote** *f* pourcentage *m* de postes occupés par des femmes (*dans un parti, une organisation, etc*); **~rechtlerin** *f* ⟨~; ~nen⟩ féministe *f*; suffragette *f*
'Frauensache *f das ist ~* c'est une affaire de femmes
'Frauen|schuh *m BOT* sabot *m* de Vénus, de la Vierge; *sc* cypripedium *m*; **~station** *f im Krankenhaus* service hospitalier réservé aux femmes; **~stimme** *f* voix *f* de femme; **~taxi** *n* taxi *m* pour femmes; **~verband** *m* association, organisation féminine; **~wahlrecht** *n* droit *m* de vote pour les femmes; **~zeitschrift** *f* revue féminine; magazine féminin
'Frauenzimmer F *péj n* bonne femme
Fräulein ['frɔylaɪn] *n* ⟨~s; ~⟩ **1.** demoiselle *f* (*a iron*); *TÉL das ~ vom Amt* la demoiselle des P.T.T.; **2.** *vor Familiennamen* Mademoiselle *f*; *Anrede ~ X!* Mademoiselle (X)!; *für Kellnerinnen ~!* Madame!; *förmlich gnädiges ~!* Mademoiselle!; *in Briefen* **Sehr geehrtes ~ X, ...** Mademoiselle, ...; **Liebes ~ X, ...** Chère Mademoiselle, ...; *st/s Ihr ~ Tochter, Schwester* Mademoiselle votre fille, sœur
'fraulich *adj* féminin; *sie wirkt sehr ~* elle fait très féminin
'Fraulichkeit *f* ⟨~⟩ féminité *f*
Freak [fri:k] *m* ⟨~s; ~s⟩ **1.** (*Nichtbürgerliche[r]*) freak *m,f*; **2.** F (*Fan*) F accro *m,f*; F mordu(e) *m(f)*; *in Zssgn* **er ist ein (absoluter) Tango⌐** F c'est une accro du tango
frech [frɛç] **I** *adj* **1.** (*unverschämt*) insolent, impertinent, effronté, F culotté (*zu j-m* envers, avec qn); F *~ wie Dreck, wie Oskar* effronté comme un moineau; *~ sein a* F avoir du toupet, du culot; F ne pas manquer d'air, de culot; **2.** (*keck*) *Kleidung, Frisur* coquin; F marrant; *Frisur a* qui a du chien; **II** *adv* avec insolence, impertinence; *j-m ~ ins Gesicht sehen a* lancer un regard effronté à qn
'Frechdachs F *oft plais m* insolent(e) *m(f)*; impertinent(e) *m(f)*; effronté(e) *m(f)*; *kleiner ~!* petit(e) impertinent(e)!
'Frechheit *f* ⟨~; ~en⟩ insolence *f*; impertinence *f*; effronterie *f*; F culot *m*; F toupet *m*; *die ~ haben, zu* (+*inf*) avoir l'insolence, l'audace de (+*inf*); F *so e-e ~!* F quel culot, *etc*!; *sich* (*dat*) (*gegenüber j-m*) *~en erlauben od herausnehmen* être insolent (envers qn)
Freesie ['fre:ziə] *f* ⟨~; ~n⟩ *BOT* freesia *m*
Fregatte [fre'gatə] *f* ⟨~; ~n⟩ *MAR* frégate *f*; *fig péj e-e alte ~* F un vieux tableau
Fre'gattenkapitän *m* capitaine *m* de frégate

frei [fraɪ] **I** adj **1.** (*unabhängig*) libre; indépendant; *Land, Presse, Wahlen, Wechselkurs* libre; *Volk, Leben, Person* a indépendant; HIST ~**e Reichsstadt** ville libre impériale; PHILOS ~**er Wille** libre arbitre m; ~ **bleiben** rester libre; ~ **sein, etw zu tun** être libre de faire qc; **2.** *beruflich* (*nicht angestellt*) indépendant; qui travaille à son compte; ADM a non-salarié; *Journalist, Fotograf* a free-lance; ~**er Beruf** profession libérale; ~**er Mitarbeiter** collaborateur m ayant un statut de travailleur indépendant, en free-lance; **3.** (*wieder in Freiheit*) *Verbrecher* en liberté; sorti de prison; *j-n auf* ~**en Fuß setzen** relâcher qn; JUR relaxer qn; **4.** *in moralischer Hinsicht* ~**e Ansichten** f/pl idées libertines; ~**e Liebe** amour m libre; *Buch, Film etc* (**sehr**) ~ (très) osé; **5.** (*offen*) *Straße etc* libre; ~**es Gelände** terrain m vague; *auf* ~**em Feld** en plein champ; *unter* ~**em Himmel** en plein air; à la belle étoile; *in der* ~**en Natur** en pleine nature; *auf* ~**er Strecke** en pleine, rase campagne; **6.** (*unbesetzt*) *Platz etc* libre; ~**e Stelle** emploi vacant; place vacante; *Zimmer* ~ chambre à louer; *ein* ~**es Zimmer** une chambre (de) libre; BOXEN **Ring** ~! soigneurs 'hors du ring!'; **die Kreuzung, den Weg** ~ **machen** dégager le carrefour, la voie; *j-m e-n Platz* ~ **lassen** laisser une place à qn; *e-e Zeile* ~ **lassen** laisser une ligne en blanc; **ist dieser Platz** ~? cette place est-elle libre?; **7.** (*ungehindert*) libre; ~**er Blick** vue dégagée; ~**e Fahrt** voie f libre; PHYS ~**er Fall** chute f libre; ~**er Markt** marché m libre; ~**e Meinungsäußerung** libre expression f d'opinion; ~**er Wettbewerb** libre concurrence f; *e-r Sache* (dat) ~**en Lauf lassen** donner libre cours à qc; (**die**) ~**e Wahl haben** être libre de choisir; **die Scheiben** ~ **machen von Schicht aus Wassertröpfchen** désembuer les vitres; **8.** (*nicht beeinträchtigt*) ~ *von* sans; (*nicht*) ~ *von Fehlern* (qui n'est pas) sans fautes; ~ *von Konservierungsstoffen* sans agents conservateurs; ~ *von Sorgen sein* ne pas avoir de soucis; *sich von etw* ~ **machen** se libérer de qc; *von Furcht, Traditionen* se débarrasser de qc; *von gesellschaftlichen Zwängen* a s'affranchir de qc; **9.** (*verfügbar*) *Zeit, Telefonleitung* libre; (*arbeits*~) de congé; (*schul*~) de vacances; *ein* ~*er Nachmittag* un(e) après-midi (de) libre, de congé; *keinen* ~*en Augenblick haben* ne pas avoir un moment de libre od à soi; *sich* (dat) *e-n Tag* ~ *nehmen* prendre un jour de congé, de vacances; *sich* (dat) *den Montag* ~ *halten* se réserver le lundi; *sind Sie gerade* ~? vous avez un instant?; cf a **freihaben, freimachen**; **10.** (*unentgeltlich*) *Eintritt etc* gratuit; *Gepäck im Flugzeug* autorisé; COMM ~ **Haus** franco à domicile; *alles* ~ **haben** n'avoir rien à payer; COMM être défrayé de tout; ~**e Verpflegung haben** être nourri; **11.** (*nicht an e-e Vorlage gebunden*) libre; ~**e Rede** discours improvisé; *e-e* ~**e Rede halten** parler sans notes; ~**e Übersetzung** traduction f libre; **12.** CHIM, PHYS libre; ~**es Elektron**, ~**e Energie** électron m, énergie f libre; *bei e-r Reaktion* ~ **werden** se dégager; **13.** SPORT (*anspielbar*) démarqué; ~ **sein** être démarqué; *sich* ~ **stellen** se démarquer; **14.** POL *in Deutschland* **die** 2**en Demokraten** m/pl les libéraux m/pl; 2**e Demokratische Partei** parti libéral allemand; **15.** *Wendungen:* ~**e Erfindung** pure invention; ~**e Hand haben** avoir le champ libre; avoir les coudées franches; *j-m* ~**e Hand lassen** laisser le champ libre à qn; donner carte blanche à qn; *j-m völlig* ~**e Hand lassen** a laisser toute latitude à qn; ~ **ausgehen** *Kind* ne pas être puni; *Angeklagter* être relaxé; *beim Arzt* **machen Sie sich bitte** ~! déshabillez-vous!; **bitte machen Sie den Oberkörper** ~ déshabillez-vous jusqu'à la ceinture!; *Film* ~ **ab 18** interdit aux moins de dix-huit ans; *bei e-m Angebot* **ich bin so** ~! vous permettez?; **II** adv librement; *s-e Meinung* ~ **äußern** donner franchement, POL librement son avis; *sich* ~ **bewegen** (**können**) (pouvoir) se déplacer librement, en toute liberté; (pouvoir) circuler librement; *sich* ~ **entfalten** développer librement ses dons, etc; ~ **herumlaufen** circuler en toute liberté; *Verbrecher* être en liberté; ~ **praktizierender Arzt** médecin non-conventionné; ~ **sprechen** *ohne Konzept* parler sans notes; ~ **übersetzen** traduire librement; ~ **stehend** *Gebäude* isolé; ~ **erfunden** inventé de toutes pièces; ~ **finanziert** financé par des fonds privés; ~ **nach Goethe** d'après Goethe

Frei|aktie f COMM action gratuite; ~**bad** n piscine f en plein air; ~**ballon** m ballon m (libre); ~**bank** f (~; ~**e**) point m de vente de viande de dernière catégorie

freibekommen ⟨irr, sép, pas de ge-, h⟩ **I** v/t *j-n* ~ obtenir la libération de qn; *e-n Tag* ~ avoir, obtenir un jour de congé, de libre; **II** F v/i avoir congé

Freiberufler(in) m ⟨~s; ~⟩ (f) ⟨~; ~nen⟩ personne f travaillant à son compte; ADM non-salarié(e) m(f)

freiberuflich I adj qui travaille à son compte; ADM non-salarié; *Journalist, Fotograf* free-lance; *Arzt* non-conventionné; **II** adv ~ **tätig sein** être, travailler à son compte; ADM avoir une profession non salariée; *Journalist, Fotograf* travailler en free-lance

Frei|betrag m (Steuer2) somme f non imposable; montant exonéré; *bei der Einkommensteuer* abattement m à la base; ~**beuter** m ⟨~s; ~⟩ **1.** HIST flibustier m; forban m; **2.** fig péj profiteur m; forban m; ~**beute'rei** f ⟨~⟩ **1.** HIST flibusterie f; **2.** fig péj exploitation f; ~**bier** n bière gratuite; 2**bleibend** adj u advt COMM sans engagement; ~**bord** m MAR franc-bord m; ~**brief** m fig carte blanche (**für** pour)

Freiburg n ⟨→ n/pr⟩ *in der Schweiz* Fribourg; ~ **im Breisgau** Fribourg-en-Brisgau

Frei|demokrat(in) m(f) POL membre m du Parti libéral (allemand); ~**denker** m libre penseur m; ~**denkertum** n ⟨~s⟩ libre pensée f

Freie(s) n ⟨→ A⟩ *im* ~**n** en plein air; dehors; en pleine campagne; *ins* ~ **gehen** aller dehors; sortir; *im* ~**n übernachten** a coucher à la belle étoile

'freien litt v/t (u v/i) (**um**) *ein Mädchen* ~ rechercher, demander une jeune fille en mariage; prov **jung gefreit hat nie gereut** prov qui s'est marié tôt ne s'en est jamais encore repenti

'Freier m ⟨~s; ~⟩ **1.** litt *e-s Mädchens* prétendant m; **2.** F *e-r Dirne* F micheton m

'Freiersfüße m/pl plais *auf* ~**n gehen** chercher à se marier

'Frei|exemplar n exemplaire gratuit; spécimen m; ~**fahrt** f voyage, parcours gratuit; ~**fläche** f espace m disponible; ~**frau** f baronne f

'Freigabe f *e-s Gefangenen* libération f; *e-r Bahnstrecke* mise f en service; *der Preise, Waren zum Verkauf, von Mieten, Wechselkursen* déblocage m; *e-s Presseartikels etc* autorisation f (de publication); ~ **für den Verkehr** ouverture f à la circulation; **für e-n Film die** ~ **erteilen** accorder le visa de censure

Freigänger(in) ['fraɪɡɛŋɐr(ɪn)] m ⟨~s; ~⟩ (f) ⟨~; ~nen⟩ détenu(e) m(f) en semi-liberté

'freigeben v/t ⟨irr, sép, -ge-, h⟩ **1.** *Gefangene, Preise, Weg* libérer; *Bahnstrecke* mettre en service; *Waren zum Verkauf, Preise, Löhne, Wechselkurse* débloquer; *Film* accorder le visa de censure à; *Presseartikel etc* autoriser la publication de; *Film* **freigegeben ab 18 Jahren** interdit aux moins de 18 ans; **für den Verkehr** ~ ouvrir à la circulation; **2.** *in der Schule, im Betrieb j-m* (*e-n Tag*) ~ donner (un jour de) congé à qn

'freigebig adj généreux, -euse; *j-m gegenüber* ~ **sein** se montrer, être généreux avec qn

'Frei|gebigkeit f ⟨~⟩ générosité f; libéralité f; ~**gehege** n *im Zoo* installation f où les animaux sont en liberté; ~**geist** m ⟨~(e)s; ~er⟩ libre penseur m; HIST libertin m; 2**geistig** adj de libre penseur; ~**gepäck** n franchise f de bagages; ~**grenze** f (Steuer2) seuil m de non-imposition

'freihaben F v/t u v/i ⟨irr, sép, -ge-, h⟩ *in der Schule, im Betrieb* ne pas travailler; être libre; *in der Dienststelle* ne pas être de service; *e-e Stunde* ~ **als Freizeit** avoir une heure de libre; **zwei Tage** ~ **als Urlaub, Ferien** avoir deux jours de vacances; cf a **frei** 9., 10.

'Freihafen m port franc

'freihalten v/t ⟨irr, sép, -ge-, h⟩ **1.** *j-n* ~ tout payer à qn; inviter, régaler qn; **2.** *Platz* réserver; **Einfahrt** ~! sortie de voitures!; **3.** (*schützen*) *etw von Schmutz* ~ préserver qc de la saleté; *j-n von schädlichen Einflüssen* ~ protéger qn contre des influences néfastes

'Frei|handel m ÉCON libre-échange m; ~**handelszone** f zone f de libre-échange

freihändig ['fraɪhɛndɪç] adj u adv à main levée; *radfahren* sans tenir le guidon; *schießen* sans appui; ADM *verkaufen* à l'amiable; de gré à gré

'Freiheit f ⟨~; ~en⟩ **1.** ⟨sans pl⟩ liberté f; ~, **Gleichheit, Brüderlichkeit** Liberté, Égalité, Fraternité; **persönliche, politische** ~ liberté individuelle, politique; **wieder in ~** (*dat*) **sein** *Gefangener* être relâché; *Tier* être remis en liberté; **j-m völlige ~ lassen, gewähren** laisser, accorder toute liberté, toute latitude à qn; **2.** (*Vorrecht*) prérogative *f*; **dichterische ~** licence *f* poétique; **sich** (*dat*) **die ~ nehmen, etw zu tun** prendre la liberté de faire qc; **sich** (*dat*) **~en** (*gegenüber j-m*) **erlauben** *od* **herausnehmen** se permettre des libertés (envers qn); **sich** (*dat*) **e-r Frau gegenüber große ~en erlauben** *od* **herausnehmen** se permettre, prendre des privautés avec une femme

'**freiheitlich I** *adj* libéral; **II** *adv* **~ gesinnt sein** être libéral; avoir l'esprit libéral

'**Freiheits|beraubung** *f* JUR séquestration *f*; **~drang** *m* soif *f*, désir *m* de liberté; **~entzug** *m* JUR privation *f* de liberté; **~kampf** *m* combat *m* pour la liberté; **~kämpfer** *m* combattant *m* pour la liberté; **~krieg** *m* guerre *f* pour la liberté; **~liebe** *f* amour *m* de la liberté; **⩓liebend** *adj* qui aime la liberté; **~statue** *f im Hafen von New York* statue *f* de la liberté

'**Freiheitsstrafe** *f* peine privative de liberté; **j-n zu drei Jahren ~ verurteilen** condamner qn à trois ans de prison

'**freiher'aus** *adv* franchement; F carrément

'**Freiherr** *m* baron *m*

Freiin ['fraɪɪn] *f* ⟨~; -nen⟩ baronne *f*

'**freikämpfen** ⟨*sép*, -ge-⟩ **I** *v/t* libérer; **II** *v/réfl* **sich ~** (*aus*) se dégager (de)

'**Freikarte** *f* carte *f* d'entrée gratuite; billet gratuit, de faveur; exonéré *m*

'**freikaufen** ⟨*sép*, -ge-, h⟩ **I** *v/t Gefangenen* racheter; **II** *v/réfl* **sich ~** racheter sa liberté

'**Freikirche** *f* Église indépendante de l'État

'**freikommen** *v/i* ⟨*irr*, *sép*, -ge-, sein⟩ *aus e-m Griff* **~** se libérer d'une prise; *aus dem Gefängnis* **~** sortir de prison

'**Frei|körperkultur** *f* ⟨~⟩ naturisme *m*; nudisme *m*; **~korps** *n* HIST corps franc

'**Freiland** *n* ⟨~s⟩ AGR, JARD plein champ; plein air; **~gemüse** *n* légumes *m/pl* de plein champ; **~salat** *m* salade *f* de plein champ

'**freilassen** *v/t* ⟨*irr*, *sép*, -ge-, h⟩ *Gefangenen* libérer; relâcher; JUR relaxer; *Tier* remettre en liberté; relâcher; HIST *Sklaven* affranchir; **gegen Kaution ~** relâcher sous caution

'**Frei|lassung** *f* ⟨~; -en⟩ *e-s Gefangenen* libération *f*; mise *f* en liberté; JUR relaxation *f*; HIST *e-s Sklaven* affranchissement *m*; **~lauf** *m* TECH roue *f* libre

'**freilaufen** *v/réfl* ⟨*irr*, *sép*, -ge-, h⟩ SPORT **sich ~** se démarquer

'**freilegen** *v/t* ⟨*sép*, -ge-, h⟩ mettre à jour; dégager; *bei Ausgrabungen a* découvrir

'**Freileitung** *f* ÉLECT ligne (électrique) aérienne

'**freilich** *adv* **1.** (*allerdings*) à vrai dire; **man muß ~ sagen, daß ...** il faut pourtant *od* cependant dire que ...; **2.** *bes südd* (*selbstverständlich*) bien sûr; évidemment; (*ja*) **~!** mais oui!

'**Freilicht|bühne** *f* théâtre *m* de plein air, de verdure; **~museum** *n* écomusée *m*; **~theater** *n cf* **Freilichtbühne**

'**Freilos** *n* billet de loterie gratuit

'**freimachen** ⟨*sép*, -ge-, h⟩ **I** *v/t Postsendung* affranchir; **II** F *v/i* (*nicht arbeiten*) ne pas aller bosser; **III** F *v/réfl* **sich ~** (*sich freie Zeit nehmen*) se libérer; *cf a* **frei** 6., 8., 15.

'**Frei|maurer** *m* franc-maçon *m*; **~maurerei** *f* ⟨~⟩ franc-maçonnerie *f*; **~maurerloge** *f* loge *f* (franc-)maçonnique

'**Frei|mut** *m* franchise *f*; sincérité *f*; **⩓mütig I** *adj* franc, -che; sincère; **II** *adv* à cœur ouvert; franchement; sincèrement

'**freipressen** *v/t* ⟨*sép*, -ge-, h⟩ libérer, délivrer (en faisant du chantage)

'**freischaffend** *adj Künstler etc* indépendant

Freischärler ['fraɪʃɛrlər] *m* ⟨~s; ~⟩ franc-tireur *m*

'**freischießen** *v/réfl* ⟨*irr*, *sép*, -ge-, h⟩ **sich** (*dat*) **den Weg ~** se frayer un passage à coups de feu

'**Freischlag** *m* HOCKEY, POLO coup franc

'**freischwimmen** *v/réfl* ⟨*irr*, *sép*, -ge-, h⟩ **sich ~** passer son brevet de natation (de quinze minutes de nage libre); *fig* acquérir son autonomie

'**Freischwimmer** *m* nageur *m* qui possède le brevet de natation; F **den ~ machen** passer son brevet de natation

'**frei|setzen** *v/t* ⟨-(es)t, *sép*, -ge-, h⟩ **1.** PHYS, CHIM dégager; libérer; **2.** *verhüllend* (*entlassen*) licencier; **~sinnig** *st/s adj* aux vues larges; libéral; **~spielen** *v/t* ⟨*u v/réfl*⟩ ⟨*sép*, -ge-, h⟩ SPORT (**sich**) **~** (se) démarquer

'**freisprechen** *v/t* ⟨*irr*, *sép*, -ge-, h⟩ **1.** JUR acquitter; **j-n von e-m Verdacht ~** laver qn d'un soupçon; **2.** *Lehrling* remettre le C.A.P. à

'**Frei|sprechung** *f* ⟨~; -en⟩ **1.** JUR acquittement *m*; **2.** *e-s Lehrlings* remise *f* du C.A.P. (+*gén* à); **~spruch** *m* JUR acquittement *m*

'**Freistaat** *m* État *m* libre; **der ~ Bayern, Sachsen** l'État libre de Bavière, de Saxe

Frei|statt ['fraɪʃtat] *st/s f* ⟨~; ~en⟩, **~stätte** *st/s f* asile *m*

'**freistehen** ⟨*irr*, *sép*, -ge-, h⟩ **I** *v/i* (*leer stehen*) être inoccupé; *Haus a* inhabité; **II** *v/imp* **es steht Ihnen ~ zu** (+*inf*) vous êtes libre de (+*inf*); je vous laisse libre de (+*inf*)

'**freistehend** *adj* (*leerstehend*) libre; (*leer*) vide; *Haus a* inhabité; inoccupé

'**freistellen** *v/t* ⟨*sép*, -ge-, h⟩ **1. j-m ~, etw zu tun** laisser qn libre de faire qc; **2. ~** (*von*) *Person von e-r Aufgabe etc* libérer (de); *von Steuern etc* exonérer (de); **j-n vom Wehrdienst ~** exempter qn du service militaire; **3.** *verhüllend* (*entlassen*) licencier

'**Freistellung** *f von Steuern etc* franchise *f*; exemption *f*; exonération *f*; **~ vom Wehrdienst** exemption du service militaire

'**Freistempel** *m* timbre imprimé (par la machine à affranchir)

'**Freistil** *m* ⟨~s⟩ **1.** SCHWIMMEN nage *f* libre; **2.** RINGEN lutte *f* libre; **~ringen** *n* lutte *f* libre; **~ringer** *m* lutteur *m* pratiquant la lutte libre; **~schwimmen** *n* nage *f* libre

'**Frei|stoß** *m* FUSSBALL coup franc; **~stunde** *f* SCHULE heure creuse; **~tag** *m* vendredi *m*; *cf a* **Montag**

'**freitäg|ig** ['fraɪtɛːgɪç] *adj* ⟨*épithète*⟩ du vendredi; **~lich** *adv* ⟨*épithète*⟩ de tous les vendredis

'**freitags** *adv* le vendredi; tous les vendredis

'**Frei|tod** *m verhüllend* suicide *m*; **⩓tragend** *adj* CONSTR en encorbellement; en porte-à-faux; **~treppe** *f* perron *m*; escalier extérieur; **~übungen** *f/pl* TURNEN gymnastique *f*; **~umschlag** *m* enveloppe timbrée, affranchie; **~verkehr** *m* ZOLL, BÖRSE marché *m* libre; BÖRSE *a* marché 'hors cote

'**frei'weg** F *adv* F tout de go; **etw ~ behaupten** affirmer carrément qc

'**Freiwild** *n fig* proie *f*

'**freiwillig I** *adj* volontaire; *Dienst, Hilfe etc* bénévole; *Handlung, Geständnis* spontané; (*freigestellt*) facultatif, -ive; **~e Feuerwehr** corps *m* de pompiers volontaires; **~er Helfer** aide *m* bénévole; **~e Sozialleistungen** *f/pl* avantages sociaux; **~e Versicherung** assurance facultative; **II** *adv* volontairement; de plein gré; **sich ~ melden** (**zu**) se proposer (pour); MIL s'engager comme volontaire (dans); **~ Hilfe leisten** aider bénévolement; **~ gestehen** avouer spontanément

'**Freiwillige(r)** *f(m)* ⟨→ A⟩ volontaire *m, f*; MIL engagé *m* volontaire; **~ vor!** que les volontaires se manifestent!

'**Frei|willigkeit** *f* ⟨~⟩ caractère bénévole, facultatif, gracieux; *e-r Handlung, e-s Geständnisses* spontanéité *f*; **~wurf** *m* HANDBALL jet franc; WASSERBALL, BASKETBALL coup franc; **~zeichen** *n* TÉL **1.** (*Wählton*) tonalité *f*; **2.** (*Freiton*) tonalité *f* signalisant que la ligne est libre; **~zeichnungsklausel** *f* COMM clause *f* de responsabilité limitée, de non-responsabilité (pour le fret maritime)

'**Freizeit** *f* **1.** ⟨*sans pl*⟩ *e-r Person* heures *f/pl* de loisir, de liberté; moments perdus; *soziologisch gesehen* loisirs *m/pl*; temps *m* libre; **in der ~** pendant mes, *etc* loisirs; dans mon, *etc* temps libre; **2.** (*Zusammenkunft, Ferien⩓*) camp *m* de vacances

'**Freizeit|beschäftigung** *f* activité exercée pendant les loisirs, le temps libre; distraction *f*; **~gesellschaft** *f* société *f* de loisirs; **~gestaltung** *f* organisation *f* des loisirs; **~hemd** *n* chemise *f* sport; **~industrie** *f* ⟨~⟩ industrie *f* des loisirs; **~kleidung** *f* tenue sport, décontractée; **~park** *m* parc *m* de loisirs

'**Freizeitwert** *m* **e-n hohen ~ haben** offrir une large gamme de loisirs

'**Freizeitzentrum** *n* centre *m* proposant des activités sportives et culturelles; centre socio-culturel; *für Jugendliche* Maison *f* des jeunes; club *m* de jeunes

'**freizügig I** *adj* **1.** (*großzügig*) généreux, -euse (*a finanziell*); *Auslegung* large; **2.** (*gewagt*) osé; *Einstellung* libre; **3.** *hinsichtlich Wohnsitz* libre de choisir son domicile; libre d'aller et venir; **II** *adv* généreusement; avec générosité; **~ Geld ausgeben** dépenser sans compter; **e-e Bestimmung ~ auslegen** ne pas observer une disposition à la lettre

'**Freizügigkeit** *f* ⟨~⟩ **1.** (*Großzügigkeit*) générosité *f*; **2.** ⟨*pl* ~en⟩ *moralische* liberté *f*; **3.** *hinsichtlich Wohnsitz* libre choix *m* du domicile; liberté *f* d'aller et venir, de circuler

fremd [frɛmt] **I** adj **1.** ⟨épithète⟩ étranger, -ère; ~**e Länder** n/pl pays étrangers; **2.** ⟨épithète⟩ (e-s anderen) ~**es Eigentum** bien m, propriété f d'autrui; ~**e Gelder, Mittel** n/pl capitaux m/pl, fonds m d'emprunt; **ohne ~e Hilfe** sans l'aide de personne, d'autrui; **sich in ~e Angelegenheiten einmischen** se mêler des affaires d'autrui; **in ~e Hände fallen, kommen** tomber dans, passer à des mains étrangères; **3.** (unbekannt) **in e-r Stadt ~ sein** ne pas connaître (du tout) une ville; **ich bin hier ~** je ne suis pas d'ici; **sie sind sich** (dat) **~** ils sont étrangers l'un à l'autre; **solche Gefühle sind ihm ~** de tels sentiments lui sont étrangers; **II** adv **~ tun** se montrer froid

'**Fremd**|**arbeiter**(**in**) m(f) travailleur, -euse m,f immigré(e); ²**artig** adj étrange; ~**artigkeit** f ⟨~⟩ étrangeté f; ~**bestimmung** f ⟨~⟩ manipulation f

'**Fremde** st/s f ⟨~⟩ **in der, in die ~** à l'étranger; en pays étranger; **in die ~ gehen** a quitter le pays

'**Fremde**(**r**) f(m) ⟨→ A⟩ **1.** étranger, -ère m,f (a la ville, à la région, etc); (Unbekannte[r]) inconnu(e) m(f); **2.** (Besucher[in]) visiteur m; touriste m,f

'**Fremdeinwirkung** f ⟨~⟩ influence extérieure

'**fremdeln** ⟨-(e)le, h⟩, schweiz '**fremden** (-ete, h) v/i Kind avoir peur des étrangers

'**fremdenfeindlich** adj xénophobe; (rassistisch) raciste

'**Fremden**|**führer**(**in**) m(f) guide m; ~**haß** m xénophobie f; (Rassismus) racisme m; ~**heim** n pension f (de famille); ~**legion** f MIL Légion étrangère; ~**legionär** m légionnaire m; ~**polizei** f services m/pl de la police appliquant la législation sur les étrangers; ~**verkehr** m tourisme m

'**Fremdenverkehrs**|**amt** n syndicat m d'initiative; office m de tourisme; ~**ort** m ⟨-(e)s, -e⟩ centre m touristique

'**Fremdenzimmer** n chambre f (à louer)

'**Fremd**|**erregung** f ÉLECT excitation indépendante; ~**finanzierung** f financement m par capitaux empruntés

'**fremdgehen** F v/i (irr, sép, -ge-, sein) être infidèle; découcher

'**Fremd**|**heit** f ⟨~⟩ caractère étranger, insolite; ~**herrschaft** f ⟨~⟩ domination étrangère; ~**kapital** n capitaux empruntés, étrangers; ~**körper** m MÉD corps étranger; fig élément étranger

fremdländisch ['frɛmtlɛndɪʃ] adj étranger, -ère; (exotisch) exotique

'**Fremd**|**ling** oft poét m ⟨~s; ~e⟩ étranger, -ère m,f; ~**sprache** f langue étrangère; ~**spracheninstitut** n école f de langues; ~**sprachenkorrespondent**(-**in**) m(f) secrétaire m,f bilingue bzw trilingue; ~**sprachenunterricht** m enseignement m des langues étrangères; ²**sprachig** adj Mensch, Land de langue étrangère; Mensch a qui parle une langue étrangère; Text, Unterhaltung, Unterricht etc en langue étrangère; ²**sprachlich** adj ⟨épithète⟩ Wort d'une langue étrangère; Unterricht des langues étrangères; ~**stoff** m **1.** MÉD substance étrangère; **2.** (Zusatzstoff) additif m

'**Fremdwort** n ⟨~(e)s; ~er⟩ mot m d'origine étrangère; (gelehrtes Wort) mot savant; fig **Pünktlichkeit ist für ihn ein ~** il ne sait pas ce que c'est que d'être à l'heure

'**Fremdwörterbuch** n dictionnaire m de mots d'origine étrangère (et de mots savants)

frenetisch [fre'ne:tɪʃ] adj Beifall frénétique

frequen'tieren v/t ⟨pas de ge-, h⟩ fréquenter

Frequenz [fre'kvɛnts] f ⟨~; ~en⟩ (Häufigkeitsziffer, Puls2), LING, PHYS fréquence f; (Besucherzahl) fréquentation f; (Verkehrsdichte) densité f du trafic; ~**bereich** f PHYS gamme f de fréquences; ~**modulation** f RAD modulation f de fréquence

Freske ['frɛskə] f ⟨~; ~n⟩, **Fresko** ['frɛsko] n ⟨~s; -ken⟩ PEINT fresque f

'**Fresko**|**maler** m peintre m de fresques; ~**malerei** f peinture f à fresque

Fressalien [frɛ'sa:liən] F oft plais f/pl victuailles f/pl; F bouffe f

Fresse ['frɛsə] P f ⟨~; ~n⟩ (Mund, Gesicht) F gueule f; **j-m in die ~ hauen** F casser la gueule à qn; **j-m die ~ polieren** F abîmer, arranger le portrait de qn; **halt die ~!** F (ferme) ta gueule!; **ferme-la!**; F la ferme!

'**fressen** ⟨frißt, er frißt, fraß, gefressen, h⟩ **I** v/t u v/i **1.** von Tieren manger, **zu ~ geben** donner à manger; F fig **friß, Vogel, oder stirb!** pas moyen de faire autrement; il faut en passer par là; **2.** P oft péj von Menschen F bouffer; (sich voll~) bâfrer (abs); s'empiffrer (de); **wie ein Schwein se gäulé** (de); **sie frißt für drei** F elle bouffe comme un ogre; F fig **j-n gefressen haben** ne pas pouvoir voir qn (en peinture); F avoir qn dans le nez; F fig **etw gefressen haben** (begriffen haben) F piger qc; F plais **j-n zum** ² **gern haben** adorer qn; F fig **sie werden dich schon nicht ~** il ne te mangeront pas!; on ne te mangera pas!; **3.** F fig (verschlingen) F bouffer; Auto **zu viel Benzin ~** F bouffer trop d'essence; Autofahrer **Kilometer ~** avaler, F bouffer des kilomètres; **diese Anschaffung hat ein tiefes Loch in die Kasse gefressen** cet achat a fait un gros trou dans le budget; **4.** Rost, Säure etc ronger (a fig Kummer), corroder (**an etw** [dat] qc); **II** v/réfl **sich durch, in etw** (acc) **~** pénétrer dans qc

'**Fressen** n ⟨~s⟩ **1.** der Tiere nourriture f; breiiges pâtée f; **2.** P péj péj de Fraß 1.; F **das ist ein gefundenes ~ für ihn** c'est une aubaine pour lui

'**Fresser** m ⟨~s; ~⟩ **1.** Tier mangeur m; **2.** P péj Mensch glouton m; goulu m

Fresse'rei P péj f ⟨~⟩ F bouffe f; Art des Essens gloutonnerie f; Mensch goinfrerie f; **die ~ steht bei ihm an erster Stelle** F il passe son temps à bouffer; F il n'y a que la bouffe qui compte pour lui

'**Freß**|**gelage** F n F étalage m de bouffe; F boustifaille f; ~**gier** f voracité f; gloutonnerie f; nur von Menschen goinfrerie f; ²**gierig** adj vorace, glouton, -onne; nur Mensch goinfre, -onne, goulu; ~**korb** F m zur Verpflegung panier m de pique-nique; als Geschenk corbeille f garnie de victuailles; ~**napf** m für Tiere écuelle f; ~**paket** F n colis m de victuailles, de bonnes choses; ~**sack** péj m goinfre m; F bâfreur m; glouton m; goulu m; ~**sucht** f ⟨~⟩ boulimie f; ~**trog** m auge f; ~**werkzeuge** n/pl der Insekten mandibules f/pl; ~**zelle** f BIOL, MÉD phagocyte m

Frettchen ['frɛtçən] n ⟨~s; ~⟩ ZO furet m

Freude ['frɔydə] f ⟨~; ~n⟩ **1.** ⟨sans pl⟩ joie f, plaisir m (**an** [+dat] de); **laute allégresse** f; **~ am Schenken** joie d'offrir; **s-e ~ am Studieren** etc le plaisir que lui donnent ses études, etc; **vor** (dat) **~** de joie; **zu meiner großen ~** à ma grande joie; **an etw** (dat) **~ haben** trouver du plaisir à qc; **an j-m** (s-e) **~ haben** trouver sa joie dans qn; **j-s einzige ~ sein** être l'unique joie, le seul plaisir de qn; **sie spielte, daß es e-e wahre ~ war** c'était un plaisir de l'entendre jouer; **es ist e-e ~, das zu sehen** cela fait plaisir à voir; **es macht mir ~, zu sehen, wie** ... cela me fait plaisir de voir comment ...; st/s **mit j-m Freud und Leid teilen** partager les joies et les peines de qn; prov **geteilte ~ ist doppelte ~** tout plaisir partagé est renforcé; **2.** st/s pl (Annehmlichkeit) **die ~n des Landlebens, des Bergsteigens** les plaisirs m/pl de la campagne, de l'alpinisme; **herrlich und in ~n leben** avoir la belle vie

'**Freudenfest** n fête f

'**Freudengeheul** n cris m/pl d'allégresse; **in ein ~ ausbrechen** pousser des cris d'allégresse

'**Freudengesang** m chant(s) m(pl) d'allégresse; **e-n ~ anstimmen** chanter son allégresse

'**Freuden**|**haus** n maison close, de tolérance; ~**mädchen** n fille f de joie; ~**schrei** m cri m de joie, d'allégresse

'**Freudensprung** m saut m de joie; **Freudensprünge machen** sauter, gambader de joie

'**Freudentag** m jour(née) m(f) de joie, d'allégresse

'**Freudentanz** m danse f d'allégresse; **e-n ~ aufführen** danser de joie

'**Freudentaumel** m transports m/pl de joie; joie délirante; allégresse f; **im ~** en liesse

'**Freudentränen** f/pl larmes f/pl de joie

'**freude**|**strahlend** adj ⟨épithète⟩ u adv rayonnant de joie; épanoui; ~**trunken** poét adj fou, folle de joie

Freudian|**er**(**in**) [frɔydi'a:nər(ɪn)] m ⟨~s; ~⟩ (f) ⟨~; ~nen⟩ freudien, -ienne m,f; ²**isch** adj freudien, -ienne

'**freudig** **I** adj joyeux, -euse; Nachricht etc heureux, -euse; bon, bonne; ~**es Ereignis** (Geburt) heureux événement f; **II** adv avec joie; de bon cœur; **j-n ~ begrüßen** accueillir qn chaleureusement

'**freudlos** adj sans joie; triste; Leben a morose; morne; ²**igkeit** f ⟨~⟩ tristesse f; manque m de joie

Freudsch [frɔytʃ] adj freudien, -ienne

freuen ['frɔyən] ⟨h⟩ **I** v/t **es freut mich**

zu (+*inf*) je suis content, heureux, enchanté, ravi, *oft iron* bien aise de (+*inf*); *es freut mich, daß* je suis heureux, *etc* que (+*subj*); *das freut mich* j'en suis heureux, *etc*; cela me fait plaisir; **II** *v/réfl* **sich (über etw** [*acc*]**, an etw** [*dat*]**) ~** être content, enchanté, ravi, se réjouir (de qc); *sich auf etw* (*acc*) **~** se réjouir, être content en pensant à qc *od* rien qu'à l'idée de faire qc; *sich sehr auf etw* (*acc*) **~** *a* se faire une fête de (faire) qc; *ich freue mich darauf* je m'en réjouis à l'avance; *sich* (*darüber*) **~***, daß* se réjouir de ce que (+*ind*); se réjouir que (+*subj*); être content, heureux que (+*subj*); *wir ~ uns, Ihnen mitteilen zu können, daß* nous avons le plaisir de vous annoncer que (+*ind*)

Freund [frɔynt] *m* ⟨~(e)s; ~e⟩ **1.** ami *m*; F copain *m*; *alter ~* ami de longue date; vieil ami; *enger ~* (ami) intime *m*; *gute,* F *dicke ~e sein* être très amis; être comme les deux doigts de la main; *als ~* (*mit j-m reden*) (parler) en ami (à qn); *~e gewinnen* se faire des amis; *er ist ein* (*guter, alter*) *~ von mir* c'est un de mes (bons, vieux) amis; *prov ~e in der Not gehen hundert auf ein Lot prov* c'est dans le besoin qu'on connaît ses vrais amis; **2.** (*Geliebter*) petit ami; F copain *m*; **3.** (*Anhänger*) amateur *m*; *ein ~ klassischer Musik etc* un amateur de musique classique, *etc*; *kein ~ von etw sein* ne pas aimer qc; *ich bin kein ~ von vielen Worten* je n'aime pas les paroles inutiles; **4.** *Anrede* **liebe ~e!** chers amis!; (*mein*) *lieber ~!* plais, *mahnend* cher ami!; mon cher; *guter ~ herablassend* mon ami!

Freundchen *n* ⟨~s; ~⟩ *drohend* **paß auf, ~!** gare à toi, mon petit ami!

Freundeskreis *m* (cercle *m* d')amis *m/pl*

Freundin *f* ⟨~; ~nen⟩ **1.** amie *f*; F copine *f*; **2.** (*Geliebte*) petite amie; F copine *f*

freundlich I *adj* **1.** *Person* aimable; gentil, -ille; agréable; sympathique; *das ist sehr ~ von Ihnen* c'est très gentil de votre part; *zu j-m ~ sein* être aimable avec qn; *seien Sie bitte so ~ und ...!* ayez l'obligeance de ... (+*inf*)!; *bitte recht ~!* un petit sourire!; souriez, s'il vous plaît!; **2.** *Dinge* agréable; *Empfang* aimable; cordial; *Ton* aimable; amical; *Atmosphäre* sympathique; *Wohnung, Miene* accueillant; *Zimmer, Farben a* gai; *Wetter* beau; clément; *~e Stimmung, Tendenz an der Börse* tendance *f* favorable; *Briefschluß mit ~en Grüßen* veuillez agréer, Madame *bzw* Monsieur, l'expression de mes sentiments distingués; **II** *adv* **1.** aimablement; *j-n ~ empfangen a* réserver un accueil amical à qn; bien recevoir qn; **2.** *ein Zimmer ~ gestalten* donner une note gaie à une pièce

freundlicher|weise *adv* aimablement; *er hat uns ~ geholfen* il a eu la gentillesse de nous aider

Freundlichkeit *f* ⟨~; ~en⟩ **1.** *von Personen, e-s Empfangs etc* amabilité *f*; gentillesse *f*; *würden Sie die ~ haben zu* (+*inf*)? vous auriez l'obligeance de (+*inf*); *j-m e-e ~ erweisen* accorder une faveur à qn; **2.** ⟨*sans pl*⟩ *e-r Landschaft etc* aspect agréable, riant, gai

Freundschaft *f* ⟨~; ~en⟩ amitié *f*; *enge ~* étroite amitié; intimité *f*; *aus ~* par amitié; *mit j-m ~ schließen* devenir ami, se lier d'amitié avec qn; *prov kleine Geschenke erhalten die ~ prov* les petits cadeaux entretiennent l'amitié

freundschaftlich I *adj* amical; *mit j-m auf ~em Fuße stehen* être bien avec qn; être en bons termes, rapports avec qn; **II** *adv* amicalement; *mit j-m ~ verkehren* avoir des rapports amicaux avec qn; *j-m ~ gesinnt sein* éprouver de l'amitié pour qn

Freundschaftsbesuch *m* visite amicale

Freundschaftsdienst *m* service *m* d'ami; *j-m e-n ~ erweisen* rendre un service d'ami à qn

Freundschafts|preis *m* prix *m* d'ami; *~spiel* *n* SPORT match amical; *~vertrag* *m* POL traité *m* d'amitié

Frevel ['fre:fəl] *st/s* *m* ⟨~s; ~⟩ (*Missetat*) méfait *m*; (*Verbrechen*) *st/s* forfait *m*; REL sacrilège *m*

frevelhaft *st/s adj Person* qui a commis un forfait, REL un sacrilège; *Handlung* REL sacrilège; *Leichtsinn* légèreté *f* impardonnable; *~e Tat* *cf* Frevel

freveln *st/s v/i* ⟨-(e)le, h⟩ (*an j-m, gegen etw*) *~* commettre un, se rendre coupable d'un forfait, REL sacrilège (contre qn, qc)

Freveltat *f* *cf* Frevel

Frevler(in) *st/s* *m* ⟨~s; ~⟩ (*f*) ⟨~; ~nen⟩ auteur *m* d'un forfait; REL sacrilège *m,f*; profanateur, -trice *m,f*; *gotteslästerliche(r)* blasphémateur, -trice *m,f*

Friede ['fri:də] *m* ⟨~ns; ~n⟩ *cf* Frieden; ÉGL *sei mit euch!* la paix soit avec vous!

Frieden *m* ⟨~s; ~⟩ **1.** POL paix *f*; *im ~* en temps de paix; *sozialer ~* paix sociale; *den ~ stören, brechen, bewahren* troubler, rompre, préserver la paix; *~ schließen* faire la paix (*mit j-m* avec qn); conclure la paix; **2.** *fig* paix *f*; *häuslicher ~* paix dans le ménage; *um des lieben ~s willen* pour avoir la paix; de guerre lasse; (*mit j-m*) *in ~ leben* vivre en paix (avec qn); F *laß mich in ~!* laisse-moi tranquille!; F fiche-moi, fous-moi la paix!; *dem ~ nicht trauen* être sur ses gardes; rester méfiant; REL *in ~ ruhen* reposer en paix

Friedens|angebot *n* offre *f* de paix; *~appell* *m* appel *m* pour la paix; *~bedingungen* *f/pl* conditions *f/pl* de paix; *~bemühungen* *f/pl* efforts *m/pl* en faveur de la paix; *~bewegung* *f* mouvement *m* de la paix; *~bruch* *m* rupture *f*, violation *f* de la paix

friedenserhaltend *adjt ~e Maßnahmen* *f/pl* mesures *f/pl* nécessaires au maintien de la paix

Friedens|forschung *f* études *f/pl* (scientifiques) sur la solution pacifique des conflits; *~initiative* *f* **1.** *Bemühungen* initiative *f* pour la paix; **2.** *Gruppe* mouvement *m* pacifiste; *~konferenz* *f* conférence *f* de la paix; *~nobelpreis* *m* prix *m* Nobel de la paix; *~pfeife* *f* calumet *m* de la paix; *~politik* *f* politique *f* de paix; *~richter* *m* *früher* juge *m* de paix; *~schluß* *m* conclusion *f* de la paix; *~sicherung* *f* ⟨~⟩ (assurance *f* du) maintien *m* de la paix; *~stifter(in)* *m(f)* pacificateur, -trice *m,f*; *~taube* *f* colombe *f* de la paix; *~truppe* *f* forces *f/pl* de maintien de la paix; *~verhandlungen* *f/pl* négociations *f/pl* sur la, de paix; *~vermittler(in)* *m(f)* médiateur, -trice *m,f* de la paix; *~vertrag* *m* traité *m* de paix

Friedenszeit *f* temps *m* de paix; *in ~en* (*dat*) en temps de paix

fried|fertig *adj Person, Volk* pacifique; paisible; *~fertigkeit* *f* ⟨~⟩ caractère *m*, humeur *f* pacifique, paisible

Friedhof *m* cimetière *m*

Friedhofs|gärtnerei *f* service *m* d'entretien d'un *bzw* du cimetière; *~kapelle* *f* chapelle *f* de cimetière; *~ruhe* *f* calme *m* (régnant dans un cimetière); *fig* silence *m* de mort

friedlich I *adj* **1.** (*ohne Krieg*) pacifique; *auf ~em Wege* pacifiquement; *~e Nutzung der Atomenergie* utilisation *f* pacifique de l'énergie nucléaire; **2.** *Charakter, Landschaft etc* paisible; tranquille; calme; *sei doch ~!* garde ton calme!; **II** *adv* pacifiquement; paisiblement; tranquillement; *~ zusammenleben* vivre ensemble paisiblement, POL pacifiquement; POL *a* cohabiter pacifiquement; *e-n Streit ~ beilegen* régler un conflit à l'amiable

Friedlichkeit *f* ⟨~⟩ **1.** *von Absichten etc* caractère *m* pacifique; **2.** *e-r Landschaft* caractère *m* paisible; impression *f* de calme, paisible

fried|liebend *adjt* pacifique; *~los* *st/s* *cf* ruhelos

Friedrich ['fri:drɪç] *m* ⟨→ *n/pr*⟩ Frédéric *m*; HIST *~ der Große* Frédéric II le Grand; F *plais s-n ~ Wilhelm unter etw* (*acc*) *setzen* apposer sa signature au bas de qc

frieren ['fri:rən] (*friert, fror, gefroren*) **I** *v/i u v/imp* ⟨h⟩ *von Lebewesen* avoir froid; *p/fort* F (se) geler; *ich friere, st/s mich friert, st/s es friert mich* j'ai froid; F je gèle; *ich friere an den Händen* j'ai froid aux mains; F j'ai les mains gelées; *leicht ~* (*kälteempfindlich sein*) être frileux, -euse; **II** *v/imp* ⟨h⟩ (*ge~*) *es friert* il gèle; **III** *v/i* ⟨sein⟩ (*ge~*) *Boden, Wasser* geler; *steif gefroren sein Person* être glacé, gelé jusqu'aux os

Fries [fri:s] *m* ⟨~es; ~e⟩ CONSTR, TEXT frise *f*

Fries|e ['fri:zə] *m* ⟨~n; ~n⟩, *~in* *f* ⟨~; ~nen⟩ Frison, -onne *m,f*

friesisch *adj* frison, -onne; *die ~en Inseln* *f/pl* l'archipel Frison

Friesland *n* ⟨→ *n/pr*⟩ la Frise

frigid(e) [fri'gi:t (-də)] *adj* PHYSIOL frigide; *~ität* *f* ⟨~⟩ frigidité *f*

Frikadelle [frika'dɛlə] *f* ⟨~; ~n⟩ CUIS boulette *f* de viande 'hachée'; *in Belgien* fricadelle *f*

Frikassee [frika'se:] *n* ⟨~s; ~s⟩ CUIS fricassée *f*; F *plais aus j-m ~ machen* réduire qn en bouillie; F écrabouiller qn

frikativ [frika'ti:f] *adj* PHON fricatif, -ive

Frika'tiv *m* ⟨~s; ~e⟩, *~laut* *m* PHON (consonne *f*) fricative *f*

Friktion [frɪktsi'o:n] *f* ⟨~; ~en⟩ TECH, PHYS, MÉD friction *f*

Frisbee ['frɪzbiː] n ⟨~; ~s⟩ Wz, **~scheibe** f frisbee m (nom déposé)
frisch [frɪʃ] **I** adj **1.** Lebensmittel, Person, Wunde, aufgetragene Farbe, Wäsche, Spur, Teint, Eindruck etc frais, fraîche; Wäsche a propre; Spur, Eindruck a récent; Blume que l'on vient de cueillir; *j-n, etw in ~er Erinnerung haben* avoir qn, qc présent à la mémoire; *mit ~en Kräften* avec une nouvelle énergie; *~e Wäsche* du linge propre; *sich ~ machen* faire un brin, F un bout de toilette; F *~ und munter sein* être (reposé et) en pleine forme; **2.** (kühl) frais, fraîche; *es ist ~* il fait frais; *an die ~e Luft gehen* aller prendre l'air; *es weht ein ~er Wind* un vent frais souffle; fig un vent nouveau souffle; **3.** (leuchtend) Farbe vif, vive; **II** adv fraîchement; *~ gebügelt* qu'on vient de repasser; *Brot ~ gebacken* frais, fraîche; qui sort du four; *~ gewaschen* Person qui vient de se laver; Kleid etc qu'on vient de laver; *~ rasiert* qui vient de se raser; *~ gestrichen!* attention à la peinture!; *ein Bett ~ beziehen* changer les draps d'un lit; *sich ~ halten* Lebensmittel se garder frais; *prov ~ gewagt ist halb gewonnen* prov la fortune sourit aux audacieux
'Frische f ⟨~⟩ fraîcheur f; F *in alter ~* en forme; F d'attaque; F *bis morgen in alter ~!* à demain!
'Frischfleisch n viande fraîche
'frischgebacken adj ⟨épithète⟩ **1.** Brot etc frais, fraîche; qui sort du four; **2.** F fig *ein ~er Ingenieur, Leutnant* etc un ingénieur, un sous-lieutenant, *etc* frais émoulu d'une école; *ein ~er Ehemann* un homme qui vient de se marier; *ein ~er Anwalt* un avocat débutant
'Frisch|gemüse n légumes frais, verts; **~haltebeutel** m sachet m fraîcheur; **~haltepackung** f emballage m fraîcheur (pour aliments); **~käse** m fromage frais; **~ling** m ⟨~s; ~e⟩ ZO, JAGD marcassin m; **~luft** f ⟨~⟩ air frais; **~luftzufuhr** f alimentation f en air frais; ventilation f; **~milch** f lait frais; **~obst** n fruits frais (cueillis)
frisch'weg adv sans hésiter
'Frischzellenbehandlung f MÉD traitement m à l'aide de cellules vivantes
Friseur [fri'zøːr] m ⟨~s; ~e⟩ coiffeur m
Fri'seurin f ⟨~; ~nen⟩ bes österr coiffeuse f
Fri'seursalon m salon m de coiffure
Friseuse [fri'zøːzə] f ⟨~; ~n⟩ coiffeuse f
fri'sieren ⟨pas de ge-, h⟩ **I** v/t **1.** Haare coiffer; **2.** F fig Zahlen, Bilanz maquiller; *nach oben gonflen*; Auto gonfler le moteur de; Motor gonfler; **II** v/réfl *sich ~* se coiffer
Fri'sier|kommode f coiffeuse f; **~salon** m cf Friseursalon; **~tisch** m, **~toilette** f coiffeuse f; **~umhang** m peignoir m
Fri'sör m, **Fri'söse** f cf Friseur, Friseuse
frißt [frɪst] cf fressen
Frist [frɪst] f ⟨~; ~en⟩ délai m; JUR a terme m; COMM, JUR a (Fälligkeits2, Verfalls2) échéance f; *innerhalb e-r von acht Tagen* dans les 'huit jours; *innerhalb der ~* dans les délais; dans le délai imparti; *in kürzester ~* dans les plus brefs délais; *gesetzliche ~* délai

légal; *nach Ablauf der ~* après expiration du délai; à terme échu; *die ~ läuft (am 31.12.) ab* le délai expire (le 31.12.); *e-e ~ einhalten, verlängern, verstreichen lassen* observer, proroger, laisser expirer un délai; *j-m e-e ~ setzen* fixer, donner un délai à qn
'fristen v/t ⟨-ete, h⟩ *sein Dasein kümmerlich ~* tirer le diable par la queue; mühsam gagner péniblement sa vie
'Fristen|lösung f, **~regelung** f JUR législation allemande interdisant toute I.V.G. au-delà de trois mois
'frist|gemäß, **~gerecht** adj u adv dans les délais fixés, prescrits; **~los** adj u adv sans préavis
'Fristverlängerung f prolongation f de délai
'Fri'sur f ⟨~; ~en⟩ coiffure f
Friteuse [fri'tøːzə] f ⟨~; ~n⟩ CUIS friteuse f
fritieren [fri'tiːrən] v/t ⟨pas de ge-, h⟩ CUIS frire
Fritte ['frɪtə] F f ⟨~; ~n⟩ CUIS frite f
Fritüre [fri'tyːrə] f ⟨~; ~n⟩ CUIS **1.** Fett, Speise friture f; **2.** Gerät friteuse f
Fritz [frɪts] m ⟨→ n/pr⟩ Freddy m
frivol [fri'voːl] adj **1.** (schlüpfrig) osé; Witz a leste; grivois; Bemerkung a licencieux, -ieuse; Lied gaillard; p/fort grivois; **2.** (leichtfertig) frivole; **2i'tät** f ⟨~; ~en⟩ **1.** (Schlüpfrigkeit) caractère osé, e-s Witzes a leste, e-s Lieds a gaillard; pl **~en** propos licencieux; **2.** ⟨sans pl⟩ (Leichtfertigkeit) frivolité f
Frl. abr (Fräulein) Mlle od Mlle (mademoiselle)
froh [froː] adj **1.** heureux, -euse (*über* [+acc] de); (fröhlich) joyeux, -euse; *~ sein, zu* (+inf) bzw *daß ...* être content, heureux de (+inf) bzw que (+subj); *sie kann ~ sein, daß ...* elle peut s'estimer heureuse de (+inf) bzw que (+subj); *j-n ~ machen* rendre qn heureux, heureuse; *s-s Lebens nicht (mehr) ~ werden* ne pas profiter de l'existence; avoir de graves préoccupations; **2.** ⟨épithète⟩ (freudebringend) joyeux, -euse; Nachricht etc bon, bonne; REL *die 2e Botschaft* la Bonne Nouvelle; *~es Fest!* bonne fête!; *~e Ostern!* joyeuses Pâques!; bonnes fêtes de Pâques!
'froh|gelaunt adj ⟨froher, am froh(e)sten gelaunt⟩ d'humeur joyeuse; **~gemut** st/s adj de bonne humeur
fröhlich ['frøːlɪç] **I** adj joyeux, -euse (lustig) gai; von Natur aus jovial; Menschenmenge a en liesse; **~e Weihnachten!** joyeux Noël!; **II** adv joyeusement; gaiement
'Fröhlichkeit f ⟨~⟩ gaieté f; joie f; als Charakterzug jovialité f
froh'locken st/s v/i ⟨pas de ge-, h⟩ ~ (über [+acc]) jubiler (de); innerlich se réjouir (de); triompher; (vor Glück, Freude [dat]) ~ exulter (de bonheur, de joie)
'Froh|natur f ⟨~; ~en⟩ **1.** Person heureuse nature; caractère gai; **2.** ⟨sans pl⟩ Wesensart joviale; **~sinn** m ⟨~(e)s⟩ bonne humeur f; gaieté f; enjouement m
fromm [frɔm] **I** adj ⟨~er ou ~er, ~ste ou ~ste⟩ pieux, pieuse; p/fort od péj dévot; fig *~e Lüge* pieux mensonge; fig *~er Wunsch* vœu pieux; souhait m ir-

réalisable; *er ist ~ wie ein Lamm* il est doux comme un agneau; **II** adv pieusement; dévotement; *tun cf frömmeln*
'Fromme'lei f ⟨~⟩ péj bigoterie f
'frömmeln ['frœməln] v/i ⟨-(e)le, h⟩ péj affecter la dévotion
'frommen litt v/i ⟨h⟩ *j-m ~* être utile à, servir à qn
'Frömm|igkeit ['frœmɪçkaɪt] f ⟨~⟩ piété f; dévotion f; **~ler(in)** m ⟨~s; ~⟩ (f) ⟨~; ~nen⟩ péj dévot(e) m(f); bigot(e) m(f)
Fron [froːn] f ⟨~⟩ HIST, st/s fig corvée f; **'~dienst** m **1.** HIST, st/s fig corvée f; **2.** schweiz activité f bénévole (pour une commune, etc)
'frönen ['frøːnən] st/s v/i ⟨h⟩ *e-r Sache (dat) ~* s'adonner, se livrer à qc
Fron'leich|nam m ⟨souvent sans article, gén ⟨(e)s⟩, **~namsfest** n CATH Fête-Dieu f; **~namsprozession** f procession f de la Fête-Dieu
Front [frɔnt] f ⟨~; ~en⟩ MIL, POL, MÉTÉO, fig front m; MIL a ligne f; CONSTR façade f; MIL *vorderste ~* première ligne; *an der ~* sur le od au front; en première ligne; *an der ~ sein* être au od sur le front; *an die ~ kommen* monter en ligne; fig *auf breiter ~* sur toute la ligne; fig *gegen j-n, etw ~ machen* faire front, riposter à qn, qc; fig *zwischen die ~en geraten* être pris entre deux feux; fig *die ~en haben sich verhärtet* on note de part et d'autre un durcissement de la situation
'Frontabschnitt m MIL secteur m du front
fron'tal I adj ⟨épithète⟩ de face; de front; **II** adv de face; de front; *~ zusammenstoßen* Autos se heurter de front, de plein fouet
Fron'tal|angriff m MIL, fig attaque f de front; **~unterricht** m cours traditionnel où l'enseignant fait face à sa classe; **~zusammenstoß** m collision frontale
'Front|antrieb m AUTO traction f avant; **~dienst** m MIL service m au front
'Fronteinsatz m MIL *im ~* au front
'Front|soldat m soldat m de première ligne, du front; des 1. Weltkriegs poilu m; **~stellung** f fig hostilité ouverte; **~verlauf** m tracé m du front; **~wechsel** m fig changement m d'opinion; volte-face f
fror [froːr] cf frieren
Frosch [frɔʃ] m ⟨~(e)s; ~e⟩ ZO grenouille f; F fig *e-n ~ im Hals haben* avoir un chat dans la gorge; F *sei kein ~!* allez, ne fais pas de manières!; ne te fais pas prier!
'Frosch|augen F fig n/pl yeux globuleux; **~mann** m ⟨~(e)s; -männer⟩ homme-grenouille m
'Froschperspektive f **1.** PHOT *aus der ~* en contre-plongée; **2.** fig péj vues bornées
'Frosch|schenkel m cuisse f de grenouille; **~teich** m étang m (avec des grenouilles)
Frost [frɔst] m ⟨~(e)s; ~e⟩ **1.** Wetter gelée f; andauernder gel m; *bei ~* quand il gèle; *bei starkem ~* par forte gelée; *es herrscht ~* il a gelé; **2.** (Kälteempfindung) frisson m; *von ~ geschüttelt werden* avoir des frissons
'frostbeständig *ne m gèle pas*
'Frostbeule f MÉD engelure f
'frösteln ['frœstəln] v/i u v/imp ⟨-(e)le,

h) *ich fröst(e)le, st/s mich fröstelt, st/s es fröstelt mich* je frissonne; j'ai des frissons; *leicht ~* être frileux; *mich durchläuft ein ⌾* j'ai des frissons

'**frosten** *t/t v/t* ⟨-ete, h⟩ surgeler

'**Frost|er** *m* ⟨~s; ~⟩ *e-s Kühlschranks* freezer *m*; **~gefahr** *f* ⟨~⟩ danger *m*, risque *m* de gelée, de gel

'**frostig** *adj Wetter etc* d'un froid glacial; *fig Empfang etc* glacial

'**Frost|nacht** *f* nuit *f* de gel; **~periode** *f* (période *f* de) gel *m*; **~salbe** *f* pommade *f* pour les engelures; **~schaden** *m* dégâts causés par le gel; **~schutz** *m* protection *f* contre le gel; **~schutzmittel** *n* (produit *m*) antigel *m*; **~wetter** *n* ⟨~s⟩ gel *m*

'**Frottee** [frɔ'te:] *n od m* ⟨~(s); ~s⟩ *Gewebe* tissu *m* éponge; **~(hand)tuch** *n* ⟨~(e)s; -tücher⟩ serviette *f* éponge

frot'tieren *v/t* ⟨*u v/réfl* ⟨*pas de ge-*, h⟩ (*sich*⟩ (se) frotter; (se) frictionner

Frotze'lei *f f* ⟨~; ~en⟩ taquineries *f(pl)*

'**frotzeln** ['frɔtsəln] *F* ⟨-(e)le, h⟩ *v/t* railler; taquiner; **II** *v/i* **über** *j-n*, *etw ~* se moquer de qn, qc

Frucht [fruxt] *f* ⟨~; ⁓e⟩ *BOT, AGR, CUIS, fig* fruit *m*; **Früchte tragen** porter des, *fig* ses fruits; *fig a* fructifier; *BIBL, fig* **die verbotene ~** le fruit défendu

'**fruchtbar** *adj AGR* fertile; fécond; productif, *-ive*; *Lebewesen* fécond; *fig Phantasie* fertile; fécond; *Idee, Autor, Arbeit* fécond; *Verhandlungen, Zusammenarbeit etc* fructueux, -euse; *Tierart, fig Schriftsteller* (**sehr**) **~** productif, *-ive*; prolifique; **~ machen** *AGR* fertiliser; *fig* rendre fructueux

'**Frucht|barkeit** *f* ⟨~⟩ fécondité *f*; fertilité *f*; productivité *f* (*alle a fig*); (*rasche Vermehrung*) prolifération *f*; **~becher** *m* **1.** *Eisbecher* coupe *f* de glace aux fruits; **2.** *BOT* cupule *f*; **~blase** *f ANAT* poche *f* des eaux; *sc* cavité *f* amniotique; **~bonbon** *n od m* bonbon *m* aux fruits; **⁓bringend** *adjt* fructueux, -euse

Früchtchen ['fʀʏçtçən] *F péj n* ⟨~s; ~⟩ *ein nettes, sauberes ~* F un drôle de coco

'**Früchtebrot** *n etwa* gâteau *m* aux fruits séchés

'**Fruchteis** *n* glace *f* aux fruits

'**fruchten** *v/i* ⟨-ete, h⟩ porter ses fruits; être fructueux, -euse; *etw ~* servir à qc; (*bei j-m*) *nichts ~* ne servir à rien (avec *bzw* auprès de qn); rester infructueux (auprès de qn)

'**Frucht|fleisch** *n BOT* pulpe *f*; chair *f*; **~fliege** *f* mouche *f* du vinaigre

'**Fruchtgeschmack** *m* goût *m* de fruit(s); *mit ~* fruité

'**fruchtig** *adj* Duft, Geschmack, Wein fruité

'**Fruchtknoten** *m BOT* ovaire *m*

'**frucht|los** *adj* (*vergeblich*) inutile; infructueux, -euse; (*unergiebig*) stérile; sans résultat; **⁓losigkeit** *f* ⟨~⟩ (*Vergeblichkeit*) inutilité *f*; (*Unergiebigkeit*) stérilité *f*

'**Frucht|presse** *f* presse-fruits *m*; pressoir *m*; **~saft** *m* jus *m* de fruits; **~saftgetränk** *n* boisson fruitée; **~salat** *m* salade *f*, macédoine *f* de fruits; **~säure** *f* acide contenu dans les fruits; **~sirup** *m* sirop *m* de fruits; **~wasser** *n* ⟨~s⟩ *ANAT* liquide *m* amniotique; **~zucker** *m* fructose *m*

Fructose [fruk'to:zə] *f* ⟨~⟩ *CHIM* fructose *m*

frugal [fru'ga:l] *adj* frugal

früh [fry:] **I** *adj* (*frühzeitig*) *Obst etc, Jahreszeit* précoce; (*vorzeitig*, *a Tod* prématuré; *trotz der ~en Stunde* malgré l'heure matinale; *am ~en Morgen* de bon matin; au petit matin; tôt le matin; *das ~e Mittelalter* le haut Moyen Âge; *der ~e Goethe* le jeune Goethe; Goethe dans ses premières œuvres; **II** *adv* tôt; de bonne heure; *so ~ wie möglich* le plus tôt possible; *~ am Abend* le soir de bonne heure; *heute ~* ce matin; *morgen ~* demain matin; *von ~ bis spät* du matin au soir; *zehn Minuten zu ~* dix minutes trop tôt; *sie war zu ~ da* elle était (trop) en avance

'**frühauf** *adv von ~* depuis, dès l'enfance, le plus jeune âge

'**Frühaufsteher(in)** *m* ⟨~s; ~⟩ (*f* ⟨~; *-nen*⟩) lève-tôt *m*; personne matinale; **~sein** être matinal, du matin

'**Früh|beet** *n* couche *f*; **⌾christlich** *adj* des débuts du christianisme; **~diagnose** *f MÉD* diagnostic fait assez tôt

'**Frühdienst** *m* service *m* du matin; **~haben** être du service du matin; être de service le matin; *im Krankenhaus a* être de veille

'**Frühe** *f* ⟨~⟩ matin *m*; *in der ~* de bonne heure; de bon matin; *in aller ~* de grand matin; de très bonne heure

'**Frühehe** *f* mariage contracté très tôt

'**früher I** *adj* (*épithète*) **1.** (*vergangen*) passé; *in ~en Zeiten* autrefois; **2.** (*ehemalig*) ancien, *-ienne*; ex-; *der ~e Präsident* l'ancien président; *ihr ~er Mann* son ex-mari; **II** *adv* **1.** (*eher*) plus tôt; *fig ~ oder später* tôt ou tard; **2.** (*einst*) autrefois; jadis; *bei Namensänderung* anciennement

'**Früherkennung** *f MÉD* dépistage *m* précoce

frühestens ['fry:əstəns] *adv* au plus tôt

'**Früh|geburt** *f Entbindung* accouchement prématuré, avant terme; *Kind* prématuré *m*; enfant *m* né avant terme; **~gemüse** *n* primeurs *f/pl*; **~geschichte** *f* ⟨~⟩ protohistoire *f*; **⌾geschichtlich** *adj* protohistorique; **~gotik** *f* débuts *m/pl* du gothique; **⁓gotisch** *adj* des débuts du gothique; **~gottesdienst** *m* premier service religieux, divin; **~gymnastik** *f* gymnastique matinale; **~herbst** *m* début *m* de l'automne

'**Frühjahr** *n* printemps *m*; *im ~* au printemps

'**Frühjahrs|kollektion** *f MODE* collection *f* de printemps; **~müdigkeit** *f* fatigue *f* (survenant au printemps); **~putz** *m* nettoyage *m* de printemps

'**Frühkartoffel** *f* pomme *f* de terre précoce

'**Frühling** *m* ⟨~s; ~e⟩ printemps *m*; *fig* renouveau *m*; *im ~* au printemps

'**Frühlings|abend** *m* soir *m* de printemps; **~anfang** *m* début *m*, commencement *m* du printemps; **~blume** *f* fleur *f* de printemps; **⌾haft** *adj* printanier, *-ière*; **~luft** *f* air printanier; **~monat** *m* un *m* des mois du printemps; **~punkt** *m* ⟨~(e)s⟩ *ASTR* point vernal; **~rolle** *f CUIS* pâté impérial; **~sonne** *f* soleil *m* de printemps; **~suppe** *f CUIS* potage printanier; **~tag** *m* jour *m* de printemps; **~wetter** *n* ⟨~s⟩ temps printanier, de printemps; **~zeit** *f* ⟨~⟩ printemps *m*

'**Früh|messe** *f* première messe (du matin); **⌾morgens** *adv* de bon, grand matin; **~nebel** *m* brume matinale; brouillard matinal; **~obst** *n* fruits 'hâtifs, précoces; primeurs *f/pl*; **⌾reif** *adj* **1.** *Obst etc* 'hâtif, -*ive*; précoce; **2.** *Kind* précoce; **~rentner(in)** *m(f)* durch *Krankheit* personne *f* percevant une pension d'invalidité; invalide *m,f* du travail; *im Vorruhestand* personne *f* en préretraite; préretraité(e) *m(f)*; **~schicht** *f Arbeit* poste *m* du matin; *Arbeiter* équipe *f* du matin; **~schoppen** *m* rencontre conviviale (dominicale) où on prend un pot, un apéritif; **~sommer** *m* début *m* de l'été; **~sport** *m* sport matinal; **~stadium** *n* débuts *m/pl*; premier stade

'**Frühstück** *n* petit déjeuner; *Übernachtung f mit ~* chambre *f* avec petit déjeuner

'**frühstücken** ⟨*insép*, h⟩ **I** *v/t etw ~* manger qc au petit déjeuner; **II** *v/i* prendre son petit déjeuner; *F* petit-déjeuner

'**Frühstücks|brettchen** *n* ⟨~s; ~⟩ planche *f* à beurre du petit déjeuner; **~büfett** *n* buffet *m* de petit déjeuner; **~ei** *n* œuf *m* à la coque (servi au petit déjeuner); **~fernsehen** *n* programme *m* de télévision le matin; **~pause** *f* pause *f* du petit déjeuner; **~speck** *m* bacon *m*

'**Früh|warnsystem** *n MIL* système *m* de détection et de contrôle par radars; **~werk** *n e-s Künstlers* premières œuvres; **⌾zeitig I** *adj* **1.** (*rechtzeitig*) à temps; **2.** (*vorzeitig*) précoce; prématuré; **II** *adv* **1.** (*rechtzeitig*) à temps; de bonne heure; **2.** (*vorzeitig*) tôt; **~zeitigkeit** *f* ⟨~⟩ précocité *f*; **~zündung** *f AUTO* avance *f* à l'allumage

Fruktose *f cf* Fructose

Frust [frust] *F m* ⟨~(e)s⟩ frustration(s) *f(pl)*

'**frusten** *F v/t* ⟨-ete, h⟩ frustrer

Fru|stration [frustratsi'o:n] *f* ⟨~; ~en⟩ *PSYCH* frustration *f*; **⌾strieren** *v/t* ⟨*pas de ge-*, h⟩ frustrer

frz. *abr* (*französisch*) français

'**F-Schlüssel** *m MUS* clef *f* de fa

Ft *abr* (*Forint*) FOR (forint)

Fuchs [fuks] *m* ⟨~es; ⁓e⟩ **1.** *ZO* renard *m*; *junger ~* renardeau *m*; *F fig alter ~* vieux renard; *F fig schlauer ~* fin renard; finaud *m*; *F fig ein schlauer ~ sein* être rusé comme un renard; *plais wo sich ~ und Hase gute Nacht sagen* dans un coin perdu; F dans un bled; **2.** *Pelz, Fell* renard *m*; **3.** *F oft péj* (*rothaariger Mensch*) rouquin *m*; **4.** *Pferd* alezan *m*; **5.** *Schmetterling* **Großer, Kleiner ~** grande, petite tortue; **6.** *in e-r Studentenverbindung*: jeune membre d'une corporation (étudiant au premier semestre)

'**Fuchsbau** *m* ⟨~(e)s; ⁓e⟩ tanière *f* du renard

'**fuchsen** *F* ⟨-(es)t, h⟩ **I** *v/t u v/imp* turlupiner; agacer; *es fuchst mich* (, *daß*) ça m'agace (de +*inf od* que +*subj*); **II** *v/réfl sich ~* (*über* [+*acc*]) être agacé (par); F être en boule (à cause de)

'**Fuchsfalle** *f* piège *m* à renard

Fuchsie – Führerstand

Fuchsie ['fʊksiə] *f* ⟨~; ~n⟩ BOT fuchsia *m*

'**fuchsig** *adj* **1.** *Haar* (très) roux, rousse; *F* rouquin; **2.** *F* (*ärgerlich*) furieux, -ieuse; *F* furax; furibond; **~ werden** se fâcher (tout rouge); devenir furieux

Füchsin ['fʏksɪn] *f* ⟨~; ~nen⟩ ZO renarde *f*

'**Fuchs**|**jagd** *f* chasse *f* au renard; **~pelz** *m* renard *m*; **⚹rot** *adj* (très) roux, rousse; *F* rouquin; **~schwanz** *m* **1.** ZO queue *f* de renard; **2.** BOT Zierpflanze amarante *f*; queue-de-renard *f*; **3.** Säge (scie *f*) égoïne *f*

'**fuchs**'**teufels**'**wild** *F adj* furieux, -ieuse; furibond; *F* furibard; **~ werden** *a* se fâcher tout rouge; sortir de ses gonds; **~ sein** *a* voir rouge

Fuchtel ['fʊxtəl] *f* ⟨~; ~n⟩ **1.** *F* (*sans pl*) **unter j-s ~** (*dat*) **stehen** être sous la coupe, férule de qn; **j-n unter s-r ~ haben** avoir qn sous sa coupe; **2.** *regional* (*herrschsüchtige Frau*) mégère *f*

'**fuchteln** *F v/i* ⟨-(e)le, h⟩ **mit den Armen** *etc* **~** gesticuler, agiter les bras, *etc*; **mit e-m Gegenstand ~** brandir un objet

fuchtig ['fʊxtɪç] *cf* **fuchsteufelswild**

Fuffziger ['fʊftsɪɡɐ] *m* ⟨~s; ~⟩ *regional* pièce *f* de cinquante pfennigs; *F fig* **falscher ~** (*unaufrichtige Person*) *F* faux jeton

Fug [fuːk] **mit ~** (**und Recht**) à juste raison, titre; à bon droit

Fuge ['fuːɡə] *f* ⟨~; ~n⟩ **1.** *aus Holz*, CONSTR joint *m*; TECH, CONSTR *a* jointure *f*; **aus den ~n gehen** *od* **geraten** se disjoindre; se déboîter; se disloquer (*a fig*); *fig* se désagréger; **2.** MUS fugue *f*; **in Form e-r ~** fugué; **3.** LING jointure *f*; joncture *f*

'**fugen** *v/t* ⟨h⟩ CONSTR **1.** (*verbinden*) joindre; assembler; **2.** (*aus~*) jointoyer (*mit* dat); *mit Kitt* mastiquer

fügen ['fyːɡən] ⟨h⟩ **I** *v/t* **1.** (*setzen*) **etw auf etw** (*acc*) **~** *Stein etc* poser, placer qc sur qc; *fig* **etw zu etw ~** ajouter qc à qc; **Wort an Wort ~** enchaîner des mots; **2.** *st/s* (*zusammen~*) assembler; joindre; *fig* **etw zu e-m Ganzen ~** structurer qc de façon homogène; *fig* **fest gefügte Ordnung** ordre établi; **3.** *st/s* (*bewirken*) **das Schicksal fügte es, daß** le destin a voulu que (*+subj*); **der Zufall hat es so gefügt** le hasard en a décidé ainsi; **II** *v/réfl* **sich ~ 4.** (*sich ein~*) **sich in etw** (*acc*) **~** entrer dans, s'emboîter dans qc; **ein Fischerdorf fügte sich an das andere** les villages de pêcheurs se suivaient; **5.** (*gehorchen*) obéir; **sich j-m ~** obéir à qn; **6.** (*sich ergeben*) **sich in sein Schicksal ~** se résigner à son sort; **sich ins Unvermeidliche ~** *a* se faire une raison; **sich in die Umstände ~** *a* se plier aux circonstances; *st/s* **man muß sich darein ~** il faut s'y faire; **sich e-m Befehl** *etc* **~** se soumettre, se plier, se conformer à un ordre, *etc*; *abs* s'exécuter; **III** *st/s v/imp* **es fügt sich, daß** ... il se trouve que ...; **es fügt sich gut, daß** ... c'est un heureux hasard que (*+subj*); le hasard a voulu que (*+subj*)

'**fugenlos** *adj* sans joints

'**füglich** *st/s adv* avec raison; en toute justice

'**fügsam** *adj Person, Charakter* docile; souple; *Wesen* facile; *Kind a* maniable; *Tier* docile; **⚹keit** *f* ⟨~⟩ docilité *f*; souplesse *f*

'**Fügung** *f* ⟨~; ~en⟩ **1.** *st/s des Schicksals* coup *m* du sort; (*Vorsehung*) providence *f*; (*Zusammentreffen*) coïncidence *f*; **glückliche ~** heureuse coïncidence; **durch Gottes ~** par la volonté de Dieu; **2.** LING groupe *m*; syntagme *m*

'**fühlbar I** *adj* **1.** qui se fait sentir; (*berührbar*) tangible (*a fig*); (*wahrnehmbar*) sensible; **2.** *fig* (*beträchtlich*) appréciable; *Unterschied, Fortschritt, Verbesserung* notable; *Fortschritt, Preiserhöhung etc* sensible; **deutlich ~** très sensible; **II** *adv* sensiblement; notablement

'**fühlen** ['fyːlən] ⟨h⟩ **I** *v/t* **1.** (*empfinden*) sentir; *lebhaft* ressentir; **j-n etw ~ lassen** faire sentir qc à qn; **2. j-m den Puls ~** tâter le pouls à qn; **II** *v/i abs* (*Gefühl haben*) réagir à des sensations; **an etw** (*dat*) **~** toucher, tâter qc; **nach etw ~** tastend chercher qc à tâtons; *in der Tasche etc* **~** fouiller dans, fouiller pour trouver qc; **mit j-m ~** sympathiser avec qn; *prov* **wer nicht hören will, muß ~** si tu m'avais écouté, ça ne serait pas arrivé; **III** *v/réfl* **sich verantwortlich für etw, j-n ~** se sentir responsable de qc, qn; **sich geschmeichelt, getroffen ~** se sentir flatté, visé; **sich als Fachmann, Held** *etc* **~** se prendre pour un expert, 'héros, *etc*; *F* **die fühlt sich aber!** *F* elle ne se sent plus!

'**Fühler** *m* ⟨~s; ~⟩ **1.** *von Insekten* antenne *f*; *von Weichtieren* tentacule *m*; *F fig* **s-e ~ od die ~ ausstrecken** tâter, sonder le terrain; **2.** TECH (*Sensor*) capteur *m*

'**Fühlung** *f* ⟨~⟩ *cf* **Kontakt**

fuhr [fuːr] *cf* **fahren**

'**Fuhrbetrieb** *m cf* **Fuhrunternehmen**

Fuhre ['fuːrə] *f* ⟨~; ~n⟩ **1.** (*Wagenladung*) charretée *f*; **e-e ~ Holz** une charretée de bois; **2.** (*Transport*) transport *m*

führen ['fyːrən] ⟨h⟩ **I** *v/t* **1.** (*begleiten*) mener; conduire; guider; **e-n Blinden ~** guider un aveugle; **j-n in den Garten ~** conduire qn dans le jardin; **j-n über die Straße ~** faire traverser la rue à qn; **j-n bei** *od* **an der Hand ~** mener qn par la main; **2.** (*bringen*) mener; amener; **ihre Studienreise führte sie nach Rom** son voyage d'études l'a conduite à Rome; **was führt Sie zu mir?** qu'est-ce qui vous amène ici?; **3.** (*befördern*) TECH *durch Schiene* guider; *Leitung* **Strom ~** conduire le courant; *Fluß* **Eis** *etc* **~** charrier des glaçons, *etc*; **Hochwasser ~** être en crue; *der Zug führt* **e-n Schlafwagen** le train a un wagon-lit; **4.** (*bewegen*) porter (*zu* à); **die Gabel zum Mund ~** porter la fourchette à la bouche; *F* **ein Kind die Hand ~** tenir la main d'un enfant; **5.** (*leiten*) diriger; conduire; MIL *a* commander; *Unternehmen a* gérer; *Geschäft, Haushalt a* tenir; *Touristen* guider; **die Geschäfte ~** gérer les affaires; **e-e Klasse zum Abitur ~** mener une classe au bac(calauréat); **das Land ins Chaos ~** mener le pays à la ruine; **ein gut geführtes Unternehmen** une entreprise bien gérée; **6.** (*durch~*) *Gespräch* tenir; *Verhandlun-* gen, *Untersuchung* mener; **ein Telefongespräch ~** téléphoner; **die Aufsicht ~** surveiller (**über** *j-n, etw* qn, qc); *abs* être de surveillance, de garde; **ein angenehmes Leben ~** mener une vie agréable; **e-n Prozeß ~** être en procès (**gegen** *j-n* avec qn); **7.** (*tragen*) avoir; *s-e Papiere etc* **mit sich** (*dat*) **~** avoir ses papiers, *etc* sur soi; **Gepäck mit sich ~** avoir du bagages; **8.** *Name, Titel* porter; **der Wagen führt das Kennzeichen** ... la voiture est immatriculée ...; **9.** (*anlegen u pflegen*) *Kasse* tenir; *Buch, Tagebuch, Liste* tenir (**über** [+*acc*] sur); **10.** (*auf~*) **j-n in e-r Liste ~** avoir le nom de qn sur une liste; **j-n in e-r Kartei ~** avoir qn dans un fichier; **wir haben keinen Meier hier** on n'a, il n'y a pas de Meier ici; **11.** (*handhaben*) *Waffe, Pinsel, Feder, Kamera* manier; **12.** COMM **e-n Artikel ~** avoir; vendre; **diesen Artikel ~ wir nicht** nous ne faisons pas cet article; **II** *v/i* **13.** *räumlich* mener, conduire (**nach, zu** à); *Tür etc* **auf die** *od* **zur Straße ~** (s')ouvrir, donner sur la rue; **auf j-s Spur(en)** (*acc*) **~** conduire sur les traces de qn; **zu etw ~** *a* aboutir à qc (*a fig*); *Straße etc* **durch etw ~** traverser qc; *prov* **alle Wege ~ nach Rom** *prov* tous les chemins mènent à Rome; **14.** SPORT (**mit 1:0, mit zwei Längen**) **~** mener (par un à zéro, de deux longueurs); **15.** *fig* **das führt zu nichts** cela ne mène à rien; **wohin soll das noch ~?** où cela va-t-il encore nous mener, conduire?; **III** *v/réfl* **sich ~** (**gut, schlecht**) **~** se conduire (bien, mal)

'**führend** *adj t Person* de premier plan; éminent; *im Sport* qui mène; qui est en tête; **~e Persönlichkeit** POL chef *m* de file; *Unternehmen* **~ sein in** (+*dat*) être le numéro un, le leader dans

'**Führer** *m* ⟨~s; ~⟩ **1.** *e-r Gruppe etc* chef *m*; dirigeant *m*; POL *a* leader *m*; **2.** *für Touristen* guide *m* (*Person u Buch*); *Buch* **~ durch, von Paris** guide de Paris; **sich** (*dat*) **e-n ~ nehmen** prendre un guide; **3.** *bes schweiz e-s Fahrzeugs* conducteur *m*; *cf a* **Fahrer**

'**Führer**|**eigenschaften** *f/pl* qualités *f/pl* de chef; **~haus** *n e-s Lastwagens, Krans etc* cabine *f* du conducteur

'**Führerin** *f* ⟨~; ~nen⟩ **1.** *e-r Gruppe etc* chef *m*; **2.** *für Touristen* guide *m*; **3.** *bes schweiz e-s Fahrzeugs* conductrice *f*

'**Führer**|**kult** *m* culte voué à une personnalité politique; culte *m* de la personnalité; **⚹los** *adj Fahrzeug* sans conducteur; *Flugzeug* sans pilote; *Personen* sans guide; *Land, Gruppe etc* sans chef; **~natur** *f* **1.** ⟨*sans pl*⟩ *Wesensart* tempérament *m* de meneur d'hommes, de chef; **2.** *Person* meneur *m* d'hommes, chef *m*; **~schaft** *f* ⟨~⟩ **1.** direction *f*; MIL commandement *m*; **2.** *coll* chefs *m/pl*; dirigeants *m/pl*; leaders *m/pl*; MIL commandement *m*

'**Führerschein** *m* permis *m* de conduire; **~ auf Probe** permis de conduire provisoire; **j-m den ~ entziehen** retirer le permis de conduire à qn; **den ~ machen** passer son permis (de conduire)

'**Führer**|**scheinentzug** *m* retrait *m*, ADM suspension *f* du permis de conduire; **~sitz** *m* siège *m* du conducteur; **~stand** *m e-r Lok* poste *m* de mécanicien; *e-r Straßenbahn* poste *m* de conducteur

'**Fuhr|mann** *m* ⟨~(e)s; -männer *ou* -leute⟩ *e-s Fuhrwerks* charretier *m*; **~park** *m* parc *m* (de véhicules)

'**Führung** *f* ⟨~⟩ **1.** *e-s Fahrzeugs* conduite *f*; *e-s Schiffs, Flugzeugs, Rennwagens* pilotage *m*; **2.** ⟨*pl* ~en⟩ *für Touristen* visite guidée, commentée; **3.** *e-r Gruppe, e-s Betriebs, Staats etc* direction *f* (*a coll*); *coll* dirigeants *m/pl*; *MIL* commandement *m* (*a coll*); *e-s Unternehmens a* gestion *f*; management *m*; *unter der ~ von* sous la direction de; *die ~ e-s Unternehmens übernehmen* prendre la direction d'une entreprise; **4.** *SPORT in ~* (*dat*) *liegen* in e-m Rennen, in der Tabelle être en tête; *im Spiel* mener (*mit 1:0* [par] 1 à 0); *mit zwei Punkten in ~* (*dat*) *liegen* avoir deux points d'avance; *in ~* (*acc*) *gehen* prendre la tête; passer en tête; **5.** *von Verhandlungen, Geschäften, e-r Untersuchung etc* conduite *f*; *von Geschäften, e-s Haushalts a* gestion *f*; *der Geschäftsbücher* tenue *f*; *e-s Titels etc* port *m*; **6.** *TECH Vorgang u* ⟨*pl* ~en⟩ Vorrichtung bei Maschinenteilen, Werkstücken guidage *m*; Schiene glissière *f*; **7.** (*Verhalten*) conduite *f*

'**Führungsanspruch** *m* ambition *f* de diriger; *e-n ~ erheben* revendiquer la direction, la suprématie

'**Führungs|kraft** *f* cadre *m* supérieur; manager *m*; **~rolle** *f* **1.** *TECH* galet *m*, poulie *f*, rouleau *m* de guidage; **2.** *fig* rôle *m* de chef, *POL a* de dirigeant, de leader; **~schicht** *f* classe dirigeante; **~schiene** *f* *TECH* glissière *f*, rail *m* de guidage; **~spitze** *f* *e-s Unternehmens etc* top management *m*; 'hauts responsables; **~stab** *m* *MIL*, *e-s Unternehmens* état-major *m*; *e-s Unternehmens a* staff *m*; **~stil** *m* style *m* de management, de direction; **~tor** *n*, **~treffer** *m* *SPORT* but *m* qui donne l'avantage; **~wechsel** *m* changement *m* de dirigeant(s), dans le management; **~zeugnis** *n* certificat *m* de bonne conduite; *polizeiliches* certificat *m* de bonnes vie et mœurs

'**Fuhr|unternehmen** *n* entreprise *f* de transport; **~unternehmer**, **~unternehmer** *m* de transport; **~werk** *n* **1.** charrette *f*; **2.** *österr* camion *m*

'**fuhrwerken** F *v/i* ⟨h⟩ (*herumhantieren*) s'affairer; s'agiter; *mit etw ~* agiter qc

Fülle ['fʏlə] *f* ⟨~⟩ abondance *f*; (*Über2*) opulence *f*; profusion *f*; (*Haar2*) épaisseur *f*; *körperliche* embonpoint *m*; corpulence *f*; *der Stimme, des Klangs* ampleur *f*; volume *m*; *e-e ~ von ...* une abondance, une profusion de ...

'**füllen** ⟨h⟩ **I** *v/t Behälter, Tasche, Raum, Zeitung* remplir (*mit* de); *Kissen, Polster* rembourrer; *CUIS* farcir; *Bonbons* fourrer; *in etw* (*acc*) *~* verser dans qc; *in Fässer ~* mettre en tonneaux; *in Flaschen* (*acc*) *~* mettre en bouteilles; *in Säcke ~* mettre en sacs; ensacher; **II** *v/refl sich ~* se remplir (*mit* de); *Raum a* se garnir

'**Füllen** ['fʏlən] *st/s n* ⟨~s; ~⟩ *cf* **Fohlen**

'**Füller** *m* ⟨~s; ~⟩ **1.** stylo *m* (à encre); **2.** *Jargon Zeitungsartikel* bouche-trou *m*

'**Füll|federhalter** *m* ⟨~s; ~⟩ stylo *m* (à encre); **~gewicht** *n* poids *m* au remplissage; **~horn** *n* corne *f* d'abondance

'**füllig** *adj Figur* replet, -ète; rondelet, -ette; *Haar* épais, -aisse

'**Füllmasse** *f* rembourrage *m*; *CUIS* farce *f*

Füllsel ['fʏlzəl] *n* ⟨~s; ~⟩ **1.** *péj in e-m Text etc* remplissage *m*; **2.** *CUIS* farce *f*

'**Füllung** *f* ⟨~; ~en⟩ **1.** Aktion remplissage *m*; *in Fässer* mise *f* en tonneaux; *in Flaschen* mise *f* en bouteilles; *in Säcke* ensachage *m*; **2.** *Aktion, Material*; *von Kissen, Polstern* rembourrage *m*; **3.** *e-s Zahns* obturation *f*; plombage *m*; **4.** *CUIS aus Fleisch etc* farce *f*; *von Backwaren, Süßigkeiten* intérieur *m*; *oft* crème *f*, liqueur *f*, *etc*; **5.** *CONSTR* (*Mauer2*) remplage *m*; (*Tür2*) panneau *m*

'**Füllwort** *n* ⟨~(e)s; ~er⟩ *GR* explétif *m*

fulminant [fʊlmiˈnant] *adj Erfolg* brillant; *Rede* enflammé

Fummel ['fʊməl] F *m* ⟨~s; ~⟩ *péj* robe *f*; F fringues *f/pl* (*a von Transvestiten*)

'**Fumme'lei** F *oft péj f* ⟨~; ~en⟩ tripotage *m*; trifouillage *m*; *erotische* F pelotage *m*; *im Fußball* éternels dribbles

'**fummeln** F ⟨-(e)le, h⟩ **I** *v/t etw aus etw ~* sortir qc en fouillant dans qc; *etw in etw* (*acc*) *~* rentrer laborieusement qc dans qc; **II** *v/i* **1.** *an, in etw* (*dat*) *~* tripoter qc; **2.** *erotisch* (*mit j-m*) *~* F peloter (qn); **3.** *im Fußball* dribbler (au lieu de shooter)

Fund [fʊnt] *m* ⟨~(e)s; ~e⟩ objet trouvé; *glücklicher* trouvaille *f*; *von alten Kulturgütern* découverte *f*; *e-n ~ machen* trouver qc; faire une trouvaille

Fundament [fʊndaˈmɛnt] *n* ⟨~(e)s; ~e⟩ **1.** *CONSTR* fondations *f/pl*; *das ~ legen* faire, jeter les fondations; **2.** *fig* base *f*; *e-s Staats, e-r Theorie etc* fondement *m*; *das ~ zu etw legen* poser, jeter les bases, fondements de qc; créer la base de qc; *auf e-m soliden ~ stehen* être fondé, reposer sur des bases solides

fundamenˈta|l *adj* fondamental; *2*'**lismus** *m* *REL* intégrisme *m*; *POL* extrémisme *m*; jusqu'au-boutisme *m*

Fundamentaˈlist(in) *m* ⟨~en; ~en⟩ (*f*) ⟨~; ~nen⟩ *REL* intégriste *m,f*; *POL* extrémiste *m,f*; jusqu'au-boutiste *m,f*; *REL* (*islamischer*) *~ a* islamiste *m*

fundamentaˈlistisch *adj REL* intégriste; *POL* intransigeant; extrémiste

fundamenˈtieren *v/t* ⟨*pas de ge-*, h⟩ *CONSTR* faire les fondations de

'**Fund|büro** *n* bureau *m* des objets trouvés; **~gegenstand** *m cf* **Fundsache**

'**Fundgrube** *f fig* mine *f*

Fundi ['fʊndi] F *m* ⟨~s; ~s⟩, *f* ⟨~; ~s⟩ *BRD* extrémiste *m,f*; jusqu'au-boutiste *m,f* (dans le parti des Verts)

fundieren [fʊnˈdiːrən] *v/t* ⟨*pas de ge-*, h⟩ *Gedanken etc* étayer

funˈdiert *adj* **1.** *Kritik* (bien) fondé; *Argument etc* solide; valable; **~es Wissen** connaissances *f/pl* solides; **2.** *COMM* consolidé

'**fündig** ['fʏndɪç] *adj BERGBAU* exploitable; riche; *~ werden* découvrir un gisement exploitable; *fig* faire une trouvaille, une découverte; trouver qc

'**Fund|ort** *m* endroit *m* où un objet a été trouvé; *ARCHÄOLOGIE* site *m* archéologique; **~sache** *f* objet trouvé; **~stelle** *f cf* **Fundort**; **~unterschlagung** *f* *JUR* appropriation *f* d'objet(s) trouvé(s)

Fundus ['fʊndus] *m* ⟨~; ~⟩ **1.** *e-s Theaters* magasin *m* (~ de décors, d'accessoires); **2.** (*Grundstock*) fonds *m*; *e-n reichen ~ an etw* (*dat*) *haben* disposer d'un riche fonds de qc

fünf [fʏnf] *num/c* cinq; F *fig ~(e) gerade sein lassen* ne pas y regarder de trop près; passer sur qc; *cf a* **acht** I 1., 2.

'**Fünf** *f* ⟨~; ~en⟩ **1.** Zahl (chiffre *m*, nombre *m*) cinq *m*; *cf a* **Acht**[1] 1., 2.; **2.** (*Schulnote*) (*mangelhaft*) en Frankreich etwa six *m*, sept *m*, 'huit *m* (sur vingt); *eine ~ schreiben, haben* avoir six, *etc* (sur vingt)

fünft..., **Fünft...** *cf a* **acht...**, **Acht...**

'**Fünf|akter** *m* ⟨~s; ~⟩ pièce *f* en cinq actes; **~eck** *n* ⟨~(e)s; ~e⟩ pentagone *m*; *2*'**eckig** *adj* pentagonal; en forme de pentagone

'**fünfein'halb** *num/c* cinq et demi

'**Fünfer** *m* ⟨~s; ~⟩ **1.** F pièce *f* de cinq pfennigs; **2.** *südd, österr, schweiz* (*Fünf*) cinq *m*; *cf a* **Fünf** 2.

'**fünf|er'lei** *adj* ⟨*inv*⟩ cinq sortes, espèces de ...; cinq ... différent(e)s; de cinq sortes, espèces différentes; **~fach** I *adj* quintuple; II *adv* cinq fois plus; au quintuple; **2fache(s)** *n* (→ A) quintuple *m*; '**~hundert** *num/c* cinq cent(s)

Fünf|hundert'markschein *m* billet *m* de cinq cents marks; **~jahresplan** *m* plan quinquennal

fünf'jährig ['fʏnfjɛːrɪç] *adj* (*fünf Jahre alt*) (âgé) de cinq ans; (*fünf Jahre lang*) de cinq ans; qui dure cinq ans; *2jährige(r)* *f(m)* (→ A) garçon *m*, fille *f* de cinq ans; **~jährlich** *adv* (*adj*) (qui revient) tous les cinq ans

'**Fünfkampf** *m* *LEICHTATHLETIK* pentathlon *m*; *moderner ~* pentathlon moderne

'**Fünfkämpfer** *m* pentathlonien *m*

'**Fünfling** *m* ⟨~s; ~e⟩ un(e) *m(f)* des quintuplés; *pl* **~e** quintuplé(e)s *m(f) pl*

'**fünf|mal** *adv* cinq fois, **~malig** *adj* (*épithète*) répété cinq fois

Fünf'markschein *m* billet *m* de cinq marks; **~'markstück** *n* pièce *f* de cinq marks; **~'pfennigstück** *n* pièce *f* de cinq pfennigs; **~pro'zentklausel** *f* *POL* clause *f* des cinq pour cent; '**~silb(l)er** *m* ⟨~s; ~⟩ pentasyllabe *m*; *2stellig adj* Zahl de cinq chiffres; *~sternehotel* *n* palace *m*; hôtel *m* catégorie luxe

fünft [fʏnft] *adv zu ~* à cinq; *zu ~ sein* être cinq

'**Fünftagewoche** *f* semaine *f* de cinq jours

'**fünf'tausend** *num/c* cinq mille

'**fünfte(r, -s)** *num/o* cinquième; *cf a* **achte**(r, -s)

Fünftel ['fʏnftəl] *n* ⟨~s; ~⟩ cinquième *m*

'**fünftens** *adv* cinquièmement; en cinquième lieu

'**fünftürig** *adj* à cinq portes, *Auto a* portières

'**Fünfunddreißig'stundenwoche** *f* semaine *f* de trente-cinq heures

'**fünfzehn** *num/c* quinze; *etwa, rund ~* (*Personen*) une quinzaine (de personnes); *cf a* **acht**

'**fünfzeilig** *adj* de cinq lignes

'**fünfzig** ['fʏnftsɪç] *num/c* cinquante; *etwa, rund ~* (*Personen*) une cinquantaine (de personnes); *etwa, rund ~* (*Jahre alt*) *sein* avoir la cinquantaine; *um die 2 sein* avoir dans les cinquante ans; *cf a* **achtzig**

Fünfzig – furchtbar

'Fünfzig *f* ⟨~⟩ (chiffre *m*, nombre *m*) cinquante *m*
'fünfziger *adj* ⟨*épithète; inv*⟩ *die ~ Jahre n/pl* les années *f/pl* cinquante
'Fünfziger F *m* ⟨~s; ~⟩ **1.** Geldschein billet *m* de cinquante marks; **2.** Münze pièce *f* de cinquante pfennigs
'Fünfzig|er(in) *m* ⟨~s; ~⟩ *(f)* ⟨~; ~nen⟩ *cf* **Fünfzigjährige(r); ²jährig** *adj* (fünfzig Jahre alt) (âgé) de cinquante ans; *Person* a quinquagénaire ; (*fünfzig Jahre lang*) de cinquante ans; qui dure cinquante ans; **~jährige(r)** *f(m)* (→ A) quinquagénaire *m,f*; homme *m*, femme *f* de cinquante ans
Fünfzig|'markschein *m* billet *m* de cinquante marks; **~'pfennigstück** *n* pièce *f* de cinquante pfennigs
Fünf'zimmerwohnung *f* appartement *m* de cinq pièces; cinq-pièces *m*
fungieren [fuŋ'giːrən] *v/i* ⟨*pas de ge-*, h⟩ *~ als Person, Sache* faire fonction de; *Person* a faire; exercer les fonctions de; *Sache* a servir de
Funk [fuŋk] *m* ⟨~s⟩ **1.** (*drahtlose Übertragung*) radio *f*; *über ~* (*acc*) par radio; **2.** (*Rundf²*) radio *f*
Funk|amateur *m* cibiste *m*; radioamateur *m*; **~anlage** *f* appareils *m/pl*, matériel *m* radio; **~ausstellung** *f* exposition *f* de la radio (et de la télévision); **~bake** *f* MAR, AVIAT radiobalise *f*; **~bild** *n* photo transmise par radio
Fünkchen ['fyŋkçən] *n* ⟨~s; ~⟩ *cf* (*ein, kein*) *Funke(n)* ...
'Funkdienst *m* services *m/pl* de liaison radio
Funke ['fuŋkə] *m* ⟨~ns; ~n⟩ **1.** a fig étincelle *f*; *glühender* flammèche *f*; *elektrischer ~* étincelle électrique; **~n schlagen** faire jaillir des étincelles; **~n sprühen** jeter des étincelles; *fig da sprang der ~ über* ça a fait tilt; *fig arbeiten etc, daß die ~n fliegen od stieben* F travailler, *etc* comme un dingue; **2.** *fig* (*geringes Maß*) *fig kein ~ Ehrgeiz etc* pas la moindre ambition, *etc*; *kein ~ Verstand* pas un grain de bon sens; *kein ~n Wahrheit* pas un mot de vrai; *ein ~n Hoffnung* une lueur, une étincelle d'espoir; *keinen ~n Ehrgefühl haben* n'avoir aucun sens de l'honneur; *cf* a *zündend*
funkeln ['fuŋkəln] *v/i* ⟨-(e)le, h⟩ *Sterne, Augen, in der Sonne etc* étinceler; *Sterne* a, *Diamanten* scintiller
'Funkeln *n* ⟨~s⟩ *der Sterne, Augen, in der Sonne* étincellement *m*; *der Sterne* a, *von Diamanten* scintillement *m*
funkel'nagel'neu F *adj* flambant neuf, neuve
'funken ⟨h⟩ **I** *v/t* émettre, envoyer par radio; *SOS ~* lancer un S.O.S.; **II** *v/i* ÉLECT produire une *od* des étincelles; **III** F fig *v/imp es hat gefunkt* (*es hat Krach gegeben*) F ça a chié; F ça a bardé; (*es ist gelungen*) ça a marché; (*sie haben sich verliebt*) ça a fait tilt; *es hat bei ihr gefunkt* (*sie hat verstanden*) F elle a pigé; *wenn du nicht sofort Ruhe gibst, funkt es!* F tu arrêtes tout de suite, sinon ça va barder!
'Funken *m* ⟨~s; ~⟩ *cf Funke*; **~bildung** *f* formation *f* d'étincelles; **~fänger** *m* ⟨~s; ~⟩ au Schornstein pare-étincelles *m*; **~flug** *m* flammèches *f/pl*; **²sprühend** *adj* ⟨*épithète*⟩ jetant des étincelles

'Funkentstörung *f* antiparasitage *m*
'Funker *m* ⟨~s; ~⟩ opérateur *m* radio; radio(télégraphiste) *m*
'Funk|feuer *n* AVIAT, MAR radiophare *m*; **~gerät** *n* (poste *m*) émetteur-récepteur *m*; **~haus** *n* maison *f* de la radio; **~meldung** *f* *cf* Funkspruch; **~meßtechnik** *f* radiogoniométrie *f*; radar *m*; **~navigation** *f* MAR, AVIAT radionavigation *f*; **~ortung** *f* MAR, AVIAT localisation *f* par radio; **~peiler** *m* ⟨~s; ~⟩ MAR, AVIAT radiogoniomètre *m*; **~peilung** *f* MAR, AVIAT localisation *f* par radio; repérage *m* par radiogoniomètre; **~rufdienst** *m* service *m* mobile de communications à distance; **~signal** *n* signal *m* radio(électrique); **~sprechgerät** *n* (poste *m*) émetteur-récepteur *m*; *tragbares* talkie-walkie *m*; **~sprechverkehr** *m* communications *f/pl* par radio; **~spruch** *m* message *m* radio; radiotélégramme *m*; **~station** *f*, **~stelle** *f* station *f* (de) radio(communication); **~steuerung** *f* radioguidage *m*
'Funkstille *f* suspension *f*, interruption *f* des émissions radio; *fig bei ihm herrscht ~* il ne donne plus du tout de ses nouvelles
'Funk|störung *f* parasites *m/pl*; *absichtliche* brouillage *m*; **~streife** *f* (patrouille *f* de) policiers *m/pl* en voiture radio; **~streifenwagen** *m* voiture *f* de radio de la police; **~taxi** *n* radiotaxi *m*; **~technik** *f* ⟨~⟩ radiotechnique *f*; **~techniker** *m* radiotechnicien *m*; **~telefon** *n* radiotéléphone *m*; **~telegramm** *n* radiotélégramme *m*; radiogramme *m*
Funktion [fuŋktsi'oːn] *f* ⟨~; ~en⟩ fonction *f* (a MATH, BIOL, PHYSIOL, CHIM, TECH, LING); *beratende ~* fonction consultative; *in ~ ~ als ... als ...* dans sa fonction de ...; en tant que ...; *in ~ treten* entrer en fonction; *die ~ e-s ... ausüben* exercer les fonctions de ...
funktio'nal *adj* a LING fonctionnel, -elle; **²lismus** *m* ⟨~⟩ a ARCH fonctionnalisme *m*
Funktionär(in) [fuŋktsio'nεːr(in)] *f* ⟨~s; ~e⟩ *(f)* ⟨~; ~nen⟩ *e-r Partei, Gewerkschaft etc* responsable *m,f*; permanent *m*; (Sport²) a directeur sportif
funktio'nell *adj* a BIOL, MÉD, CHIM fonctionnel, -elle
funktio'nieren *v/i* ⟨*pas de ge-*, h⟩ fonctionner; marcher
funkti'ons|fähig *adj* qui fonctionne; **~gerecht** *adj* fonctionnel, -elle; **²störung** *f* MÉD trouble fonctionnel; dysfonctionnement *m*; **²taste** *f* INFORM touche de fonction; **~unfähig** *adj* qui ne fonctionne pas; **²wort** *n* ⟨~(e)s; -wörter⟩ GR mot *m* outil
'Funk|turm *m* tour émettrice de radio; **~verbindung** *f* liaison *f* radio; radiocommunication *f*; **~verkehr** *m* radiocommunications *f/pl*; **~wagen** *m* *cf* Funkstreifenwagen
Funzel ['fʊntsəl] F *péj f* ⟨~; ~n⟩ (Lampe) F lumignon *m*; F loupiote *f*
für [fyːr] *prép* ⟨*acc*⟩ **1.** *Ziel, Bestimmung* pour; à; de; *Zeitschriften f/pl ~ Kinder* journaux *m/pl* pour enfants; *~ j-n arbeiten* travailler pour qn; *~ j-n bestimmt sein* être destiné à qn; *das ist ~ dich* c'est pour toi; *~ sich* (*allein*) (tout) seul; *~ sich leben, bleiben* vivre, rester seul; *das ist e-e Sache für* sich c'est une chose à part; c'est une autre affaire; **2.** F (*gegen*) *~ die Grippe, den Husten* pour la grippe, la toux; **3.** *Preis* pour; *~ zehn Mark* pour dix marks; *~ diesen Preis* à ce prix; **4.** *Vergleich zur Norm* pour; *er ist groß ~ sein Alter* il est grand pour son âge; *es ist kalt ~ die Jahreszeit* il fait froid pour la saison; *~ e-n Ausländer spricht er gut Deutsch* pour un étranger, il parle bien allemand; **5.** (*was betrifft*) quant à; pour; *um so besser ~ sie!* tant mieux pour elle!; *ich ~ meine Person* quant à moi; pour ma part; en ce qui me concerne; **6.** (*zugunsten*) en faveur de; pour; *~ j-n, etw sein* être pour qn, qc; *~ j-n einstehen, bürgen* répondre pour qn; *das spricht ~ dich* cela parle en ta faveur; *das hat etwas, viel ~ sich* cela offre un, beaucoup d'avantage(s); **7.** *zukünftiger Zeitpunkt, Zeitspanne* pour; *~ ein Jahr* pour un an; *~ immer* pour toujours; *ich habe ihn ~ nächsten Dienstag eingeladen* je l'ai invité pour mardi prochain; **8.** *mit Verben des Sagens, Meinens j-n ~ schuldig erklären* déclarer qn coupable; *j-n ~ e-n Narren halten* prendre qn pour un fou; **9.** (*an j-s Stelle*) pour; *~ j-n bezahlen* payer pour qn; *~ j-n einspringen* remplacer qn; **10.** (*um*) *Punkt ~ Punkt* point par point; *Schritt ~ Schritt* pas à pas; *fig* peu à peu; *Tag ~ Tag* jour après jour; *Wort ~ Wort* (*nacheinander, wörtlich*) mot à mot; (*wortgetreu*) mot pour mot; **11.** *cf a die betreffenden Verben, Substantive u Adjektive*
Für *n* ⟨~s; ~⟩ pour *m*; *das ~ und Wider* le pour et le contre
Furan [fu'raːn] *n* ⟨~s; ~e⟩ CHIM furane *m*
'Fürbitte *f* intercession *f*; *bei j-m ~ einlegen* (*für*) intercéder auprès de qn (pour)
Furche ['fʊrçə] *f* ⟨~; ~n⟩ AGR sillon *m* (a im Gesicht, Gehirn²); **~n ziehen** creuser des sillons
'furchig *adj Gesicht* sillonné de rides
Furcht [fʊrçt] *f* ⟨~⟩ crainte *f*, peur *f*, *vor Dingen, Prüfungen etc* a appréhension *f* (*vor* [+*dat*] de); *~ vor j-m, etw haben* craindre qn, qc; *~ haben* avoir peur; *j-m ~ einflößen* inspirer de la crainte à qn; faire peur à qn; *aus ~ vor Strafe* par crainte de la punition; *aus ~, daß* de crainte, de peur de (+*inf*), que (+*subj*); *j-n in ~ und Schrecken versetzen* terroriser qn; *st/s ohne ~ und Tadel* sans peur et sans reproche
'furchtbar I *adj* **1.** (*schrecklich*) terrible; effroyable; épouvantable; horrible; affreux, -euse; *e-e ~ Katastrophe* une terrible catastrophe; *das ist ja ~!* mais c'est terrible, affreux, épouvantable!; **2.** F (*unangenehm*) *Hitze, Wetter* épouvantable; atroce; terrible; *ein ~es Kind* un enfant terrible, insupportable; **3.** F (*groß, stark*) terrible; *~e Angst* peur *f* terrible; *ein ~er Schlag* un coup dur; **II** *adv* **1.** (*schrecklich*) terriblement; horriblement; affreusement; d'une manière terrible, *etc*; *~ verunglükken* tödlich mourir dans un affreux accident; *sie sieht mit diesem Hut ~ aus* elle est affreuse avec ce chapeau; **2.** F (*sehr*) très; terriblement; *~*

furchteinflößend – Fußpuder

schwierig terriblement difficile; ~ **dumm** très bête; **das ist ~ einfach** c'est simple comme bonjour; **sie ist ~ häßlich** elle est affreusement laide; **ich habe mich ~ gefreut** ça m'a fait énormément plaisir

'**furchteinflößend** adjt qui fait peur; qui effraie

fürchten ['fyrçtən] ⟨-ete, h⟩ **I** v/t craindre; p/fort redouter; **etw** ~ a appréhender qc; **den Tod** ~ redouter la mort; **ich fürchte, es ist zu spät** od **daß es zu spät ist** je crains qu'il (ne) soit trop tard; **ich fürchte, ich habe ...** je crains d'avoir ...; **ich fürchte, er hat ...** je crains qu'il (n')ait ...; **j-n** ♀ **lehren** intimider qn; faire une peur bleue à qn; **ich werde dich das** ♀ **lehren!** tu ne perds rien pour attendre!; **ein gefürchteter Prüfer** un examinateur redouté; **II** v/i **um j-n, etw** ~ se faire du souci pour qn, qc; **III** v/refl **sich vor j-m, etw** ~ avoir peur (de qn, qc); craindre qn, qc; redouter qn, qc; **sich ~, etw zu tun** avoir peur de faire qc

'**fürchterlich** cf furchtbar

'**furcht|erregend** cf furchteinflößend; **~los** adj qui n'a peur de rien; intrépide; 'hardi; ♀**losigkeit** f ⟨~⟩ intrépidité f; 'hardiesse f; **~sam** adj craintif, -ive; peureux, -euse; timoré; ♀**samkeit** f ⟨~⟩ caractère peureux, craintif, timoré

für|ein'ander adv l'un(e) pour l'autre bzw les un(e)s pour les autres

Furie ['fu:riə] f ⟨~; ~n⟩ MYTH, fig péj furie f

furios [furi'o:s] **I** adj exécuté avec brio; **II** adv avec brio

Furnier [fur'ni:r] n ⟨~s; ~e⟩ feuille f de placage; placage m

fur'nieren v/t ⟨pas de ge-, h⟩ plaquer; beidseitig contre-plaquer; **Möbelstück Eiche furniert** en chêne plaqué

Furore [fu'ro:rə] Person, Theaterstück, Mode etc ~ **machen** faire fureur

fürs [fy:rs] = **für das**; ~ **erste** pour le moment; provisoirement

'**Fürsorge** f ⟨~⟩ assistance f; aide f; (liebevolle) ~ sollicitude f; **mütterliche** ~ sollicitude toute maternelle; **öffentliche ~** assistance publique

'**Fürsorgepflicht** f ⟨~⟩ JUR devoir m de prévoyance et d'assistance de l'employeur

'**fürsorglich I** adj plein de sollicitude; qui prend bien soin de ...; **II** adv avec sollicitude; ♀**keit** f ⟨~⟩ sollicitude f

'**Fürsprache** f intercession f; intervention f; **bei j-m für j-n ~ einlegen** intervenir, intercéder auprès de qn pour, en faveur de qn

'**Fürsprecher(in)** m(f) e-r Sache, Person avocat(e) m(f)

'**Fürst** [fyrst] m ⟨~en; ~en⟩ prince m; **leben wie ein ~** vivre comme un prince; mener une vie de prince

'**Fürsten...** in Zssgn de prince; princier, -ière; **~hof** m résidence f de prince(s); **~krone** f couronne f de prince

'**Fürstentum** n ⟨~(e)s; ~er⟩ principauté f; **das ~ Liechtenstein, Monaco** la principauté du Liechtenstein, de Monaco

'**Fürstin** f ⟨~; ~nen⟩ princesse f

'**fürstlich I** adj **1.** (épithète) princier, -ière; de prince; **2.** fig Empfang, Trinkgeld somptueux, **2.** -euse; princier, -ière;

II adv princièrement; comme un prince; **j-n ~ empfangen** réserver un accueil princier, somptueux à qn; **~ leben** mener grand train; vivre dans le luxe

'**Fürstlichkeit** f ⟨~; ~en⟩ prince m, princesse f

Furt [furt] f ⟨~; ~en⟩ gué m

Furunkel [fu'ruŋkəl] m od n ⟨~s; ~⟩ MÉD furoncle m

für'wahr litt adv en vérité; certes; vraiment

'**Fürwort** n ⟨~(e)s; ~er⟩ GR pronom m; **adjektivisch gebrauchtes** adjectif pronominal

Furz [furts] P m ⟨~es; ~e⟩ F pet m; **e-n ~ lassen** F lâcher un pet

'**furzen** P v/i ⟨-(es)t, h⟩ F péter

Fusel ['fu:zəl] F péj m ⟨~s; ~⟩ F tord-boyaux m

Fusion [fuzi'o:n] f ⟨~; ~en⟩ ÉCON, POL, BIOL, NUCL fusion f

fusio'nieren v/i ⟨pas de ge-, h⟩ réfl fusionner

Fusi'onsreaktor m NUCL réacteur m à fusion

Fuß [fu:s] m ⟨~es; ~e⟩ **1.** ANAT pied m; südd, schweiz, österr a (Bein) jambe f; von Tieren patte f; **zum Hund bei ~!** au pied!; **zu ~** à pied; **zu ~ gehen** aller à pied; marcher; **gut, schlecht zu ~ sein** Wanderer être bon, mauvais marcheur; ältere Person marcher sans peine, avec difficulté; **sich j-m zu Füßen werfen** se jeter, tomber aux pieds de qn; **ich setze keinen ~ mehr in dieses Haus** je ne remettrai plus les pieds dans cette maison; **2.** fig **stehenden ~es** de ce pas; sur-le-champ; **wieder auf die Füße fallen** retomber sur ses pieds; st/s **j-m zu Füßen liegen** être à genoux devant qn; F **j-m auf die Füße treten** (j-n drängen) bousculer qn; (j-n zurechtweisen) passer un savon à qn; **auf eigenen Füßen stehen** être indépendant; Jugendlicher voler de ses propres ailes; (festen) ~ **fassen** arriver, réussir à s'imposer; **auf freiem ~ sein** être en liberté; **j-n auf freien ~ setzen** relâcher qn; JUR relaxer qn; **auf großem ~ leben** vivre sur un grand pied; **mit j-m auf gutem, schlechtem ~ stehen** être bien, mal avec qn; être en bons, mauvais termes avec qn; **mit j-m auf gespanntem ~ stehen** avoir des rapports tendus avec qn; **mit j-m auf freundschaftlichem ~ stehen** être en bons termes, rapports avec qn; F **j-n auf dem falschen ~ erwischen** prendre qn au dépourvu; F **wie eingeschlafene Füße schmecken** F être dégueulasse; **3.** tragender Teil e-s Geräts, Möbelstücks, Stielglases, e-r Lampe pied m; **auf schwachen, schwankenden Füßen stehen** manquer de solidité; Argument a ne pas tenir debout; **4.** unterer Teil e-s Bergs, Strumpfs, e-r Säule pied m; an ~ (+ gén) au pied de; **5.** (Vers♀) pied m; **6.** ⟨pl ~⟩ Längenmaß pied m

'**Fuß|abstreifer** m, **~abtreter** m ⟨~s; ~⟩ regional (Fußmatte) paillasson m; (Rost) décrottoir m; **~angel** f a fig chausse-trape f; **~bad** n bain m de pieds

'**Fußball** m ⟨~(e)s; -bälle⟩ **1.** Ball ballon m de football; **2.** ⟨sans pl⟩ Spiel football m; F foot m; ~ **spielen** jouer au football, F au foot

'**Fußballen** m (éminence formée sur la) plante antérieure du pied

'**Fußballer(in)** F m ⟨~s; ~⟩ (f) ⟨~; ~nen⟩ cf Fußballspieler(in)

'**Fußball|fan** m supporter m de football, F de foot; **~klub** m cf Fußballverein; **~mannschaft** f équipe f de football, F de foot; **~meister** m champion m de football, F de foot; **~meisterschaft** f championnat m de football, F de foot; **~platz** m terrain m de football, F de foot; **~schuh** m chaussure f de football, F de foot; **~spiel** n match m de football, F de foot; als Sport football m; F foot m; **~spieler(in)** m(f) joueur, -euse m,f de football, F de foot; footballeur, -euse m,f; **~tor** n but m de football; **~toto** n od m loto sportif; **~verband** m fédération f, association f de football; **~verein** m club m de football, F de foot

'**Fuß|bank** f ⟨~; -bänke⟩ petit banc, tabouret m pour les pieds; **~bett** n assise f du pied (dans des chaussures)

'**Fußboden** m plancher m; sol m; **~belag** m revêtement m de sol; **~heizung** f chauffage m par le sol, le plancher

'**Fußbreit** m ⟨~; ~⟩ **keinen ~ zurückweichen** ne pas reculer d'une semelle; ne pas céder d'un pouce

'**Fußbremse** f frein m à pied

Fussel ['fusəl] f ⟨~; ~n⟩ petit poil; peluche f; F pluche f

'**fusselig** adj (voller Fusseln) pelucheux, -euse; (ausgefranst) effiloché; F fig **sich (dat) den Mund ~ reden** se tuer à répéter la même chose; F perdre sa salive

'**fusseln** v/i ⟨-ssele ou -ßle, h⟩ pelucher

'**fußen** v/i ⟨-(es)t, h⟩ ~ **auf** (+ dat) reposer, être basé, être fondé sur

'**Fußende** n pied m (du lit)

'**Fußfall** m ⟨~(e)s⟩ prosternation f; prosternement m; **e-n ~ vor j-m machen** a fig se prosterner devant qn

'**fußfällig I** adj prosterné; **II** adv **er bat ihn ~ ...** prosterné, il lui demanda ...

Fußgänger(in) ['fu:sgɛŋər(in)] m ⟨~s; ~⟩ (f) ⟨~; ~nen⟩ piéton m; **~brücke** f passerelle f (réservée aux piétons); **~überweg** m passage m pour piétons; mit Nägeln markierter passage clouté; **~zone** f zone piétonne, piétonnière

'**Fuß|gelenk** n articulation f du pied; **~hebel** m pédale f

'**fußhoch I** adj 'haut d'un pied; **II** adv **das Wasser steht ~** on a de l'eau jusqu'aux chevilles

'**Fuß|kettchen** n ⟨~s; ~⟩ Schmuck chaînette f autour du pied; **~knöchel** m ANAT cheville f; sc malléole f; ♀**krank** adj qui a mal aux pieds; qui a des problèmes de pied(s); **~lage** f MÉD bei der Geburt présentation f du siège décomplété en mode pieds

'**Fußleiden** n affection f du pied; **ein ~ haben** avoir des problèmes de pied(s)

'**Fußleiste** f plinthe f

'**Fußmarsch** m marche f (à pied); **das sind 20 km ~** ça fait 20 km à pied

'**Fuß|matte** f paillasson m; im Auto tapis m de sol; **~nagel** m ongle m (d'un doigt de pied); **~note** f note f, remarque f au bas de la page; **~pfad** m sentier m; **~pflege** f soins m/pl des pieds; pédicurie f; **~pfleger(in)** m(f) pédicure m,f; **~pilz** m, **~pilzerkrankung** f mycose f du pied; **~puder** m poudre f, talc m

Fußpunkt – Futurum 1044

pour les pieds; ~**punkt** *m* **1.** *ASTR* nadir *m*; **2.** *MATH des Lotes, der Senkrechten* pied *m* (d'une perpendiculaire); ~**raste** *f am Motorrad etc* repose-pied *m*; ~**ring** *m e-s Vogels* bague *f*; ~**sack** *m* chancelière *f*; ~**schalter** *m* interrupteur *m* (à pied); ~**schaltung** *f am Motorrad* changement *m* de vitesse à pédale; ~**schemel** *m* cf *Fußbank*; ~**schweiß** *m* transpiration *f* des pieds; ~**sohle** *f* plante *f* du pied; ~**spitze** *f* pointe *f* du pied; ~**sprung** *m im Schwimmsport* plongeon *m* les pieds en avant, les premiers; ~**spur** *f* trace *f*, empreinte *f* de pied
'**Fuß**|**stapfe** *f* ⟨~; ~n⟩, ~**stapfen** *m* ⟨~s; ~⟩ cf *Fußspur*, fig *in j-s* ~**n** (acc) *treten* marcher sur, suivre les traces de qn
'**Fußstütze** *f* repose-pied *m*; *MÉD* support *m* de voûte plantaire
'**Fußtritt** *m* coup *m* de pied; *j-m, e-r Sache e-n* ~ *geben* od *versetzen* donner un coup de pied à qn, qc
'**Fuß**|**truppe** *f MIL* infanterie *f*; ~**volk** *n* **1.** *fig péj* piétaille *f*; petits *m/pl*; **2.** *HIST MIL* piétaille *f*; ~**wanderung** *f* randonnée *f* pédestre; excursion *f* à pied; marche *f*; ~**waschung** *f BIBL* lavement *m* des pieds; ~**weg** *m* chemin (réservé aux piétons); ~**wurzel** *f ANAT* tarse *m*
Futon ['fu:tɔn] *m* ⟨~s; ~s⟩ futon *m*
futsch [futʃ] F *adj* ⟨*attribut*⟩ (*weg*) perdu; (*kaputt*) F fichu; P foutu
Futter¹ ['futɐr] *n* ⟨~s⟩ *für Tiere* nourriture *f*; (*Pflanzen*℗) fourrage *m*; (*e-m Tier*) ~ *geben* donner à manger (à un animal)
'**Futter**² *n* ⟨~s; ~⟩ **1.** *COUT, e-s Briefumschlags* doublure *f*; *ausknöpfbares* ~ doublure amovible; **2.** *TECH* (*Spann*℗) mandrin *m*
Futte'**ral** *n* ⟨~s; ~e⟩ étui *m*; gaine *f*; *für e-n Schirm* fourreau *m*
'**Futtergetreide** *n* céréales fourragères
'**Futterkrippe** *f* râtelier *m*; mangeoire *f*; F *fig* assiette *f* au beurre; F *fig an der* ~ *sitzen* F avoir le bon filon
'**Futtermittel** *n/pl* aliments *m/pl* pour animaux, pour bétail
'**futtern** F *v/t u v/i* ⟨-(e)re, h⟩ (*essen*) F bouffer
füttern¹ ['fʏtɐrn] *v/t* ⟨-(e)re, h⟩ **1.** *Tiere* donner à manger à; *mit etw* ~ donner qc à manger à; *Nestvögel* donner la becquée à; *im Zoo bitte nicht* ~*!* prière de ne rien donner aux animaux; **2.** *Kinder, Kranke* faire manger; **3.** *fig e-n Computer mit Daten* ~ alimenter un ordinateur en données
'**füttern**² *v/t* ⟨-(e)re, h⟩ **1.** *COUT* doubler (*mit* de); *mit Watte* ouater; *mit Pelz* fourrer; *adjt gefüttert Kleidungsstück, Briefumschlag* doublé; **2.** *TECH* revêtir; garnir (*mit* de)
'**Futter**|**napf** *m für Hunde etc* écuelle *f*; *für Vögel* mangeoire *f*; ~**neid** *m beim Tier* jalousie, envie (éprouvée en voyant manger les autres); F *fig* jalousie *f*; envie *f*; ~**pflanze** *f* plante fourragère; ~**rübe** *f* betterave fourragère; ~**sack** *m* musette *f*; ~**silo** *m od n* silo *m* à fourrage; ~**trog** *m* auge *f*; mangeoire *f*
'**Fütterung** *f* ⟨~; ~en⟩ *von Vieh* alimentation *f*; *die* ~ *der Raubtiere* le repas des fauves
Futur [fu'tu:r] *n* ⟨~s; ~e⟩ *GR* futur *m*; (*erstes*) ~ futur simple; *zweites* ~ futur antérieur
Futu'**rismus** *m* ⟨~⟩ *KUNST* futurisme *m*; ℐ**ist** *m* ⟨~en; ~en⟩ futuriste *m*; ℐ**istisch** *adj* futuriste
Futuro|**loge** [futuro'lo:gə] *m* ⟨~n; ~n⟩, ~**login** *f* ⟨~; ~nen⟩ futurologue *m,f*; ~**lo**'**gie** *f* ⟨~⟩ futurologie *f*
Fu'**turum** *n* ⟨~s; -ra⟩ cf *Futur*

G

G, g [ge:] *n* ⟨~; ~⟩ **1.** *Buchstabe* G, g *m*; **2.** *MUS* sol *m*
g *abr* (*Gramm*) g (gramme)
gab [ga:p] *cf* **geben**
Gabardine ['gabardi:n *ou* gabar'di:n(ə)] *m* ⟨~s⟩ *od* f ⟨~⟩ *TEXT* gabardine *f*
Gabe ['ga:bə] *f* ⟨~; ~n⟩ **1.** *st/s* (*Spende*) don *m*; (*Opfer*2) offrande *f*; **e-e milde ~** une aumône; **j-n um e-e milde ~ bitten** demander l'aumône, la charité à qn; **2.** *st/s* (*Geschenk*) présent *m*; **e-e ~ Gottes** un don du ciel; **3.** (*Begabung*) don *m*; **die ~ haben, etw zu tun** avoir le don de faire qc
Gabel ['ga:bəl] *f* ⟨~; ~n⟩ **1.** (*Eß*2) fourchette *f*; **2.** (*Heu*2, *Mist*2, *Fahrrad*2, *Telefon*2, *Ast*2 *etc*) fourche *f*; **~bissen** *m* amuse-gueule *m*; (*Heringshappen*) filet *m* de hareng mariné (dans du vinaigre, *etc*); **2förmig** *adj* fourchu; **~kreuz** *n* croix *f* en forme d'Y
'gabeln ⟨-(e)le, h⟩ *v/réfl* **sich ~** bifurquer
'Gabel|schlüssel *m* clé plate à fourche; **~stapler** *m* ⟨~s; ~⟩ chariot élévateur
'Gabelung *f* ⟨~; ~en⟩ bifurcation *f*; (*Weg*2 *a*) fourche *f*
'Gabelweihe *f ZO* milan rouge, royal
'Gabentisch *m* table *f* des cadeaux, des présents
Gabi ['ga:bi] *f* ⟨→ *n/pr*⟩ Gaby *f*
Gabriela [gabri'ela], **Gabriele** [gabri'e:lə] *f* ⟨→ *n/pr*⟩ Gabriele *f*
Gabun [ga'bu:n] *n* ⟨~⟩ le Gabon; **~er(in)** *m* ⟨~s; ~⟩ (*f*) ⟨~; ~nen⟩ Gabonais(e) *m(f)*; **2isch** *adj* gabonais
gackern ['gakərn] *v/i* ⟨h⟩ **1.** *Hühner* caqueter; **2.** F *fig* (*laut kichern*) glousser; (*schwätzen*) caqueter; jacasser
Gaffel ['gafəl] *f* ⟨~; ~n⟩ *MAR* corne *f*
gaffen ['gafən] *v/i* ⟨h⟩ *péj* regarder qn bzw qc bouche bée; rester bouche bée; F zieuter qn *bzw* qc
'Gaffer(in) *m* ⟨~s; ~⟩ (*f*) ⟨~; ~nen⟩ *péj* curieux, -ieuse *m,f*; badaud(e) *m(f)*
Gag [gɛk] *m* ⟨~s; ~s⟩ **1.** *FILM*, *THÉ* etc gag *m*; **2.** (*Besonderheit*) truc *m*
Gage [ga:ʒə] *f* ⟨~; ~n⟩ cachet *m*
gähnen ['gɛ:nən] *v/i* ⟨h⟩ bâiller; **2 steckt an** bâiller est contagieux; *fig* **ein ~der Abgrund** un gouffre béant; *fig* **es herrschte ~de Leere im Saal** la salle était déserte
Gala ['ga:la *ou* 'gala] *f* ⟨~⟩ **1.** *Kleidung* tenue *f* de gala; **in ~** (*dat*) *a* en grande tenue; **2.** *Veranstaltung* gala *m*
'Gala|abend *m* soirée *f* de gala; **~diner** *n* dîner *m* de gala; **~empfang** *m* réception *f* de gala
galaktisch [ga'laktɪʃ] *adj ASTR* galactique

Galan [ga'la:n] F *péj m* ⟨~s; ~e⟩ (*Liebhaber*) amant *m*; *plais* galant *m*
galant [ga'lant] **I** *adj* galant; **II** *adv* galamment; **2e'rie** *f* ⟨~; ~n⟩ galanterie *f*
Galapagosinseln [ga'lapagɔsˀɪnzəln] *f/pl* îles *f/pl* Galapagos
'Galavorstellung *f* (spectacle *m* à l'occasion d'un, soirée *f* de) gala *m*
Galaxie [gala'ksi:] *f* ⟨~; ~n⟩ *ASTR* galaxie *f*
Galaxis [ga'laksɪs] *f* ⟨~⟩ *ASTR* Voie lactée
Galeere [ga'le:rə] *f* ⟨~; ~n⟩ galère *f*
Ga'leeren|sklave *m*, **~sträfling** *m* galérien *m*
Galerie [galə'ri:] *f* ⟨~; ~n⟩ *CONSTR*, *BERGBAU*, (*Kunst*2) galerie *f*
Gale'rist(in) *m* ⟨~en; ~en⟩ (*f*) ⟨~; ~nen⟩ propriétaire *m,f* d'une galerie (d'art)
Galgen ['galgən] *m* ⟨~s; ~⟩ **1.** potence *f*; gibet *m*; **j-n zum (Tod am) ~ verurteilen** condamner qn à mort par pendaison; **2.** *TECH* (*Mikrophon*2) perche *f* (à son)
'Galgen|frist *f a fig plais* dernier sursis; **~humor** *m* humour *m* macabre; **~strick** F *m Person* vaurien *m*; garnement *m*; **~vogel** F *m Person* gibier *m* de potence
Galiläa [gali'le:a] *n* ⟨→ *n/pr*⟩ la Galilée
Galionsfigur [gali'o:nsfigu:r] *f MAR*, *fig* figure *f* de proue
'Gallapfel *m BOT* noix *f* de galle
'Galle[1] ['galə] *f* ⟨~; ~n⟩ **1.** *PHYSIOL*, *fig* bile *f*; *der Tiere*, *fig* fiel *m*; *meist von Fischen* amer *m*; *fig* **mir kommt die ~ hoch**, **mir läuft die ~ über** la moutarde me monte au nez; **bitter wie ~** amer, amère comme chicotin; **2.** *ANAT* vésicule *f* biliaire
'Galle[2] *f* ⟨~; ~n⟩ **1.** *BOT* galle *f*; **2.** *VÉT* molette *f*
'galle(n)bitter *adj* amer, amère comme chicotin
'Gallen|blase *f* vésicule *f* biliaire; **~kolik** *f* colique *f* hépatique
'Gallenleiden *n* maladie bilieuse; **ein ~ haben** souffrir de la vésicule (biliaire)
'Gallen|stein *m* calcul *m* biliaire; **~wege** *m/pl* voies *f/pl* biliaires
Gallert ['galərt] *n* ⟨~(e)s; ~e⟩ gelée *f*; **2artig** *adj* gélatineux, -euse
Gallerte [ga'lɛrtə] *f* ⟨~; ~n⟩ gelée *f*
gal'lertig *adj* gélatineux, -euse
Gal'lertmasse *f* masse gélatineuse
Gall|ien ['galiən] *n* ⟨→ *n/pr*⟩ *HIST* la Gaule; **~ier(in)** *m* ⟨~s; ~⟩ (*f*) ⟨~; ~nen⟩ Gaulois(e) *m(f)*
'gallig *adj* **1.** (*bitter wie Galle*) très amer, amère; amer, amère comme chicotin; **2.** *fig* fielleux, -euse; *Humor* grinçant
'gallisch *adj* gaulois

Gallium ['galium] *n* ⟨~s⟩ *CHIM* gallium *m*
Gallizismus [gali'tsɪsmus] *m* ⟨~; -men⟩ *LING* gallicisme *m*
Gallone [ga'lo:nə] *f* ⟨~; ~n⟩ gallon *m*
galloromanisch [galoro'ma:nɪʃ] *adj* gallo-romain
Galopp [ga'lɔp] *m* ⟨~s; ~s *ou* ~e⟩ galop *m*; **im ~** *a fig* au galop; **in gestrecktem ~** au grand galop; à bride abattue; ventre à terre
Ga'lopper *m* ⟨~s; ~⟩ **1.** *Pferd* galopeur *m*; **2.** *Reiter* jockey *m*
galop'pieren *v/i* ⟨*pas de ge*-, sein⟩ galoper; *fig* **~de Inflation** inflation galopante
Ga'lopp|rennbahn *f* hippodrome (aménagé pour courses au galop); **~rennen** *n* course *f* de galop
Galosche [ga'lɔʃə] F *péj f* ⟨~; ~n⟩ (vieille) savate
galt [galt] *cf* **gelten**
galvan|isch [gal'va:nɪʃ] *adj* galvanique; **2i'seur** *m* ⟨~s; ~e⟩ *TECH* galvaniseur *m*; **~i'sieren** *v/t* ⟨*pas de ge*-, h⟩ *TECH* galvaniser
Galvano [gal'va:no] *n* ⟨~s; ~s⟩ *TYPO* galvano(type) *m*; **~meter** *n* ⟨~s; ~⟩ *ÉLECT* galvanomètre *m*; **~plastik** *f* ⟨~⟩ *TECH* galvanoplastie *f*; *TYPO* galvanotypie *f*; **2plastisch** *adj* galvanoplastique; **~technik** *f* ⟨~⟩ galvanoplastie *f*
Gamasche [ga'maʃə] *f* ⟨~; ~n⟩ guêtre *f*; jambière *f*
Gambe ['gambə] *f* ⟨~; ~n⟩ *MUS* viole *f* de gambe
Gambia ['gambia] *f* ⟨→ *n/pr*⟩ la Gambie; **~ier(in)** *m* ⟨~s; ~⟩ (*f*) ⟨~; ~nen⟩ Gambien, -ienne *m,f*; **2isch** *adj* gambien, -ienne
Gambit [gam'bɪt] *n* ⟨~s; ~s⟩ *SCHACH* gambit *m*
Gamet [ga'me:t] *m* ⟨~en; ~en⟩ *BIOL* gamète *m*
Gamma ['gama] *n* ⟨~(s); ~s⟩ *Buchstabe* gamma *m*; **~globulin** *n* ⟨~s; ~e⟩ *MÉD* gammaglobuline *f*; **~strahlen** *m/pl PHYS*, *MÉD* rayons *m/pl* gamma
Gamme'lei F *f* ⟨~⟩ fainéantise *f*
'gamm(e)lig *adj* **1.** *Person* négligé; débraillé; **2.** *Möbel*, *Kleidung* miteux, -euse; **3.** *Nahrungsmittel* pourri
'Gammel-Look F *m* look (sciemment) négligé
'gammeln ['gaməln] F *v/i* ⟨-(e)le, h⟩ **1.** *Person* F glander; traîner; **2.** *Nahrungsmittel etc* pourrir; s'abîmer
'Gammler(in) F *péj m* ⟨~s; ~⟩ (*f*) ⟨~; ~nen⟩ F traîne-savates *m*; F glandeur, -euse *m,f*
Gamsbart ['gamsba:rt] *m* touffe *f* de poils de chamois (*ornant un chapeau tyrolien*)

gang [gaŋ] *das ist ~ und gäbe* c'est tout à fait courant

Gang [gaŋ] *m* ⟨~(e)s; ⁻e⟩ **1.** ⟨*pas de pl*⟩ (*Gehen, Bewegung*) marche *f*; *in ~ setzen, bringen Maschine* mettre en marche; actionner; *Gespräch etc* entamer; *wieder in ~ bringen Maschine* remettre en marche; *in ~ halten Maschine* maintenir en marche; *Gespräch etc* poursuivre; *in ~ kommen Maschine* se mettre en marche; *Verhandlungen etc wieder in ~ kommen* reprendre son cours; **2.** ⟨*pas de pl*⟩ (*Verlauf*) *von Ereignissen, Verhandlungen* cours *m*; *von Geschäften* marche *f*; *im ~(e) od in ~ sein* être en cours; *gegen ihn ist etwas im ~(e)* on prépare quelque chose contre lui; *in vollem ~e sein* battre son plein; *s-n* (*gewohnten od geordneten*) *~ gehen* aller son train; suivre son cours; **3.** ⟨*pas de pl*⟩ (*Gehweise*) démarche *f*; allure *f*; *j-n an s-m ~ erkennen* reconnaître qn à sa démarche; *s-n ~ beschleunigen* accélérer son allure; presser le pas; **4.** (*Besorgung*) démarche *f*; (*Rund*⁻) tour *m*; *e-n ~ zur Post, in die Stadt machen* aller à la poste, en ville (*pour régler qc*); *j-m e-n ~ abnehmen* accomplir une démarche pour qn; *mein erster ~ führte mich zum od ins Rathaus* la première chose que j'ai faite, c'est d'aller à la mairie; *e-n schweren ~ vor sich* (*dat*) *haben* avoir une démarche pénible à faire; *st/s j-n auf s-m letzten ~ begleiten* accompagner qn à sa dernière demeure; *e-n ~ nach Kanossa machen* s'humilier devant son adversaire; **5.** (*Flur*) couloir *m* (*a EISENBAHN*); corridor *m*; (*Durch*⁻) passage *m*; *zwischen Sitzreihen* allée *f*; *auf dem ~* dans le couloir; **6.** *unterirdischer* souterrain *m*; *von Tieren* galerie *f*; *GÉOL, BERGBAU* filon *m*; veine *f*; **7.** *ANAT* canal *m*; **8.** *CUIS* service *m*; (*Gericht*) plat *m*; *ein Essen mit drei Gängen* un repas avec trois services, plats; **9.** *AUTO* vitesse *f*; *den ersten ~ einlegen* passer en première; *im zweiten ~ fahren* rouler en deuxième (vitesse); *F fig e-n ~ zulegen, zurückschalten* accélérer, ralentir (un peu); **10.** *TECH e-s Gewindes* spire *f*

'**Gangart** *f a e-s Pferdes* allure *f*; *fig* tactique *f*; *fig e-e andere ~ einlegen* changer de tactique

'**gangbar** *adj fig* praticable

'**Gängelband** *n* ⟨~(e)s; ⁻er⟩ lisière *f*; *j-n am ~ führen* tenir la bride 'haute à qn

Gänge|lei *F péj f* ⟨~; ~en⟩ *diese ~ geht mir auf die Nerven* j'en ai assez de me faire commander

gängeln ['gεŋəln] *F péj v/t* ⟨-(e)le, h⟩ commander; régenter; tenir la bride 'haute à

'**gängig** ['gεŋıç] *adj* **1.** (*üblich*) *Methode, Ausdruck, Münze etc* courant; **2.** *Produkt, Artikel* qui se vend bien; **3.** *TECH* (*beweglich*) *etw ~ machen* remettre qc en état

'**Gängigkeit** *f* ⟨~⟩ **1.** *e-r Methode, e-s Ausdrucks* caractère courant, fréquent; **2.** *e-s Produkts, Artikels* vente *f*, écoulement *m* facile; *~ machen* faciliter la vente, l'écoulement de

'**Gang|platz** *m AVIAT* aisle *f*; **~schaltung** *f im Auto* changement *m* de vitesses; *am Fahrrad* dérailleur *m*

Gangster ['gεŋstər] *m* ⟨~s; ~⟩ gangster *m*; **~bande** *f* gang *m*; bande *f* de gangsters; **~boß** *F m F* caïd *m*; chef *m* de gang; **~braut** *F f F* nana *f* de gangster; **~tum** *n* ⟨~s⟩ gangstérisme *m*

Gangway ['gεŋve:] *f* ⟨~; ~s⟩ *MAR, AVIAT* passerelle *f*

Ganove [ga'no:və] *F m* ⟨~n; ~n⟩ malfaiteur *m*; type *m* du milieu; *F* malfrat *m*

Gans [gans] *f* ⟨~; ⁻e⟩ *ZO* oie *f*; *fig dumme ~* dinde *f*; gourde *f*; *F* cruche *f*

Gänschen ['gεnsçən] *n* ⟨~s; ~⟩ **1.** *ZO* petite oie, oison *m*; **2.** *F fig* petite sotte

'**Gänse|blümchen** *n* pâquerette *f*; **~braten** *m* oie rôtie, rôti *m* d'oie; **~brust** *f* poitrine *f* d'oie; *CUIS* blanc *m* d'oie; **~ei** *n* œuf *m* d'oie; **~feder** *f* plume *f* d'oie; **~füßchen** *F n/pl* (*Anführungszeichen*) guillemets *m/pl*

'**Gänsehaut** *f fig* chair *f* de poule; *e-e ~ haben, bekommen* avoir la chair de poule; *davon bekomme ich e-e ~* cela me donne la chair de poule

'**Gänse|keule** *f* cuisse *f* d'oie; **~kiel** *m* plume *f* d'oie (*servant à écrire*); **~klein** *n* ⟨~s⟩ *CUIS* abat(t)is *m/pl* d'oie; **~leber** *f* foie *m* d'oie; **~leberpastete** *f* (pâté *m* de) foie gras

'**Gänsemarsch** *m im ~* en file indienne; à la queue leu leu

Ganser ['ganzər] *m* ⟨~s; ~⟩ *österr* jars *m*

Gänserich ['gεnzərıç] *m* ⟨~s; ~e⟩ jars *m*

'**Gänse|schmalz** *n* graisse *f* d'oie; **~wein** *F plais m* ⟨~(e)s⟩ eau *f*; *F* flotte *f*

Ganter ['gantər] *m* ⟨~s; ~⟩ *nordd* jars *m*

ganz [gants] **I** *adj* **1.** ⟨*épithète*⟩ (*gesamt*) tout, entier, -ière; *die ~e Brot* tout le pain; *die ~e Welt* le monde entier; *Paris tout Paris*; *in ~ Frankreich* dans toute la France; dans la France entière; *die ~e Zeit* tout le temps; **2.** ⟨*épithète*⟩ (*vollständig*) entier, -ière; *MUS ~e Note* ronde *f*; *MATH ~e Zahl* nombre entier; *ein ~es Brot* un pain entier; *sie hat ein ~es Brot gegessen* elle a mangé tout un pain; *e-e ~e Drehung um sich selbst* un tour complet, entier sur soi-même; *verstärkend drei ~e Stunden* trois grandes heures; trois heures entières; *F fig ein ~er Kerl F* un type bien; un vrai mec; *fig ~e Arbeit leisten* ne pas faire les choses à moitié; *iron* n faire du beau travail; *von ~em Herzen* de tout (mon, *etc*) cœur; *das macht im ~en zehn Mark* cela fait dix marks en tout, au total; *im großen (und) ~en* en somme; somme toute; en gros; dans l'ensemble; en général; *wir waren im ~en zehn Personen* nous étions dix en tout (et pour tout); **3.** *F* ⟨*attribut*⟩ (*unversehrt, heil*) intact; entier, -ière; *etw wieder ~ machen* raccommoder, réparer, refaire qc; **4.** *F* ⟨*épithète*⟩ (*alle*) *die ~en Leute* tout le monde; tous les gens; **5.** *F* ⟨*épithète*⟩ *einschränkend ~e drei Mann blieben übrig* seules trois personnes restèrent; il ne resta que trois personnes; *er bekommt ~e fünf Mark die Stunde* il n'a que cinq marks de l'heure; c'est tout ce qu'il est payé; **6.** *F* ⟨*épithète*⟩ (*ziemlich viel*) *e-e ~e Menge* une quantité assez importante; *F* pas mal; *e-e ~e Menge Geld F* pas mal d'argent; *e-e ~e Weile* un bon moment; **II** *adv* **1.** (*vollkommen*) entièrement; complètement; *~ oder teilweise* entièrement ou en partie; *ein Buch ~ lesen* lire un livre en entier; *sich ~ s-r Arbeit widmen* se consacrer à tout son travail; *er ist ~ der Vater* c'est tout à fait son père; *F* c'est son père tout craché; *er ist ~ der Mann dazu* il en est tout à fait capable; *~ Auge, Ohr sein* être tout yeux, oreilles *od* ouïe; *sie ist ~ Dame* elle fait très distingué; *das habe ich ~ vergessen* ça, j'ai complètement oublié; **2.** *verstärkend* tout; *p/fort* tout à fait; *meist bei Verben* entièrement; *sie ist ~ gerührt* elle est tout émue; *sie ist ~ zufrieden* elle est entièrement satisfaite; *~ schmutzige Hände* des mains toutes sales; *etw ~ Schlaues tun* faire qc de très intelligent; *er ist ~ der, ~ wie s-n Vater*; c'est tout comme; *F das ist mir ~ egal* ça m'est complètement égal; *~ wie du willst od meinst* tout comme tu veux; *sind Sie ~ sicher?* êtes-vous tout à fait, absolument certain?; *~ gewiß* sans aucun doute; à coup sûr; très certainement; *~ recht!* c'est ça!; parfaitement!; *ein ~ klein wenig* tout petit peu; un tant soit peu; *~ anders* tout (à fait) autre(ment); *das ist etwas ~ anderes* c'est tout (à fait) autre chose; *~ und gar* tout à fait; absolument; *~ und gar nicht* pas du tout; pas le moins du monde; **3.** *einschränkend* assez; pas mal; *es war ~ nett* c'était plutôt réussi; *anerkennend F* c'était sympa; *die Bezahlung ist ~ gut* on est pas mal payé

'**Ganze(s)** *n* ⟨→ A⟩ tout *m*; ensemble *m*; *MATH* entier *m*; *als ~n* en tant que tout; *~ aufs ~ gehen* aller droit au but; jouer, risquer le tout pour le tout; *aufs ~ gesehen* en tout et pour tout; *e-n Blick für das ~ haben* voir l'ensemble; *es geht ums ~* tout est en jeu; *das gefällt mir nicht* toute cette histoire *bzw* cette affaire ne me dit rien qui vaille

Gänze ['gεntsə] *st/s f in s-r, ihrer ~* dans son ensemble; *zur ~* entièrement

'**Ganzheit** *f* ⟨~⟩ ensemble *m*; totalité *f*; **⁻lich** *adj* global

'**Ganzheits|medizin** *f* ⟨~⟩ médecine dont la méthode thérapeutique est basée sur une vue globale du malade; **~methode** *f PÉD* méthode globale

ganzjährig ['gantsjε:rıç] **I** *adj* ⟨*épithète*⟩ qui dure toute une année; **II** *adv* (*pendant*) toute l'année; *~ geöffnet* ouvert toute l'année

'**Ganzkörpermassage** *f* massage *m* de tout le corps

'**Ganzleder** *n Buch in ~* (*gebunden*) relié pleine peau

'**Ganzlederband** *m* ⟨~(e)s; -bände⟩ livre, tome, *etc* relié pleine peau; *par ext* reliure *f* pleine peau

'**ganzleinen** *adj TEXT, TYPO* tout toile

'**Ganzleinen** *n Buch in ~* (*gebunden*) relié pleine toile

'**Ganzleinenband** *m* ⟨~(e)s; -bände⟩ livre, tome, *etc* relié pleine toile; *par ext* reliure *f* pleine toile

gänzlich ['gεntslıç] *adj* total, entier, -ière; complet, -ète

'**ganzseitig** *adj u adv Anzeige etc* sur une page entière

ganztägig ['gantstε:gıç] **I** *adj* ⟨*épithète*⟩ qui dure toute la journée; **II** *adv ~ geöffnet* ouvert toute la journée '**ganztags** *adv* (pendant) toute la journée; �beschäftigung *f* poste *m*, emploi *m* à plein temps; �schule *f* école avec des cours le matin et l'après-midi

'**Ganzwortmethode** *f* ⟨~⟩ PÉD méthode globale

gar¹ [ga:r] *adj* CUIS à point; (assez) cuit; *etw* ~ *kochen* cuire qc à point

gar² I *adv* 1. ~ *nicht* pas du tout; ~ *nicht schlecht!*, ~ *nicht* (*so*) *übel!* pas mal (du tout)!; ~ *niemand* absolument personne; ~ *nichts* rien du tout; absolument rien; *rein* ~ *nichts wissen* ne savoir rien de rien; *er hat* ~ *keine Geduld* il n'a pas du tout de patience *od* pas de patience du tout; *es besteht* ~ *kein Zweifel* il n'y a aucun doute; 2. *südd, österr, schweiz* (*sehr*) très; II *Partikel* ~ *zu bescheiden etc* beaucoup trop, *st/s* par trop modeste, *etc*; ~ *zu gern würde ich* (+*inf*) j'aimerais tellement (+*inf*); *sie wird doch nicht* ~ *abgereist sein?* elle n'est tout de même pas partie?; *sie ist sehr eingebildet, und* ~ *ihre Mutter!* elle est très arrogante, mais ce n'est rien à côté de sa mère; *ich glaube* ~, *sie ist unglücklich* je dirais même, j'irais jusqu'à dire cela est malheureuse; *F sei nicht* ~ *so frech!* ne sois donc pas aussi insolent!; ~ *mancher* maintes personnes; *oder* ~ ou même

Garage [ga'ra:ʒə] *f* ⟨~; ~n⟩ garage *m*; (*Einzel*⌐) box *m*

Ga'ragen|einfahrt *f* entrée *f* d'un, de garage; *Aufschrift a* sortie *f* de véhicule; ~**stellplatz** *m* box *m*, ~**tor** *n* porte *f* de garage; ~**wagen** *m* voiture peu utilisée, garée en permanence dans un garage

gara'gieren *v/t* ⟨*pas de ge-*, *h*⟩ *österr, schweiz* garer (dans un box *bzw* un garage)

Garant [ga'rant] *m* ⟨~en; ~en⟩ garant *m* (*für* de)

Garan'tie *f* ⟨~; ~n⟩ 1. *vom Hersteller* garantie *f*; *Ware ein Jahr* ~ *haben* être sous garantie un an; être un an sous garantie; être garanti un an; *darauf habe ich noch* ~ c'est encore sous garantie; 2. (*Gewähr, Sicherheit*) sûreté *f*; *als* ~ *à titre de* garantie; *die* ~ *für etw übernehmen* se porter garant de qc; *F das ist unter* ~ *gelogen!* c'est sûrement des mensonges!

Garan'tie|anspruch *m* droit *m* à une garantie (sur un article); ~**frist** *f* délai *m* de garantie

garan'tieren ⟨*pas de ge-*, *h*⟩ I *v/t* garantir; *j-m etw* ~ garantir qc à qn; II *v/i für j-n, etw* ~ se porter garant de qn, qc; *für den Erfolg* ~ garantir le succès; *F fig ich garantiere Ihnen, daß* ... je vous garantis que ...

garan'tiert *advt* ~ *reine Wolle* garanti(e) pure laine; *F fig das ist* ~ *gelogen* c'est sûrement des mensonges

Garan'tie|schein *m* COMM bon *m*, certificat *m* de garantie; ~**vertrag** *m* COMM contrat *m* de garantie; POL traité *m* de garantie

Garan'tiezeit *f* délai *m* de garantie; *die* ~ *für meine Uhr ist abgelaufen* je n'ai plus de garantie sur ma montre; ma montre n'est plus sous garantie

Garaus ['ga:r?aus] *m j-m den* ~ *machen* donner le coup de grâce à qn;

achever qn; *e-r Sache* (*dat*) *den* ~ *machen* se débarrasser de qc

Garbe ['garbə] *f* ⟨~; ~n⟩ (*Getreide*⌐, *Geschoß*⌐) gerbe *f*

Garçonnière [garsɔni'ɛ:rə] *f* ⟨~; ~n⟩ *österr* studio *m*

Gardasee ['gardaze:] *der* ~ le lac de Garde

Garde ['gardə] *f* ⟨~; ~n⟩ MIL garde *f*; *fig die alte* ~ la vieille garde

'**Gardemaß** *n* ⟨~es⟩ 1. HIST MIL taille requise pour faire partie de l'armée prussienne; 2. *plais* ~ *haben* être très grand

Gardenie [gar'de:niə] *f* ⟨~; ~n⟩ BOT gardénia *m*

'**Garde|offizier** *m* officier *m* de la garde; ~**regiment** *n* régiment *m* de la garde

Garderobe [gardə'ro:bə] *f* ⟨~; ~n⟩ 1. ⟨*pas de pl*⟩ (*Kleider*) garde-robe *f*; „*für* ~ *wird nicht gehaftet!*" «la maison n'est pas responsable d'un vol éventuel des vêtements mis au vestiaire *bzw* accrochés aux portemanteaux»; 2. (*Kleiderablage*) vestiaire *m*; (*Flur*⌐) portemanteau *m*; *etw an die* ~ *hängen* mettre qc au portemanteau; 3. *in e-m Theater, Museum etc* vestiaire *m*; *etw an der* ~ *abgeben* laisser qc au vestiaire; 4. *e-s Schauspielers im Theater etc* loge *f*

Garde'roben|frau *f* dame *f* du vestiaire; ~**marke** *f* numéro *m* de vestiaire; ~**ständer** *m* portemanteau *m*

Garderobi'er *m* ⟨~s; ~s⟩ THÉ *für die Schauspieler* habilleur *m*

Garderobiere [gardərobi'ɛ:rə] *f* ⟨~; ~n⟩ 1. THÉ *für die Schauspieler* habilleuse *f*; 2. *cf* **Garderobenfrau**

Gardine [gar'di:nə] *f* ⟨~; ~n⟩ rideau *m*; *F plais fig hinter schwedischen* ~*n* F à l'ombre

Gar'dinen|band *n* ⟨~(e)s; -bänder⟩ ruflette *f*; *galon m* (posé sur un rideau); ~**leiste** *f* rail *m* (pour rideaux)

Gar'dinenpredigt F *f* (verte) semonce; F savon *m*; *j-m e-e* ~ *halten* F passer un savon à qn

Gar'dinen|ring *m* anneau *m* de rideau; ~**stange** *f* tringle *f*, *aus Holz* barre *f* à rideaux

Gar'dist *m* ⟨~en; ~en⟩ MIL garde *m*

'**garen** ⟨*h*⟩ I *v/t* cuire (à point); *etw* ~ *lassen* faire cuire (à point); II *v/i* cuire

gären ['gɛ:rən] ⟨gärt, gärte *ou* gor, gegärt *ou* gegoren, *h*⟩ I *v/t* faire fermenter; *Wein ou Käse* ~ *lassen* fermenter; III *v/imp fig es gärt im Volk* le peuple est en effervescence

'**gargekocht** *adjt* cuit (à point)

'**Gärmittel** *n* ferment *m*

Garn [garn] *n* ⟨~(e)s; ~e⟩ fil *m*; *fig j-m ins* ~ *gehen* tomber, donner dans le panneau (tendu par qn)

Garnele [gar'ne:lə] *f* ⟨~; ~n⟩ crevette *f*

garnier|en [gar'ni:rən] *v/t* ⟨*pas de ge-*, *h*⟩ garnir (*mit* de); ⌐**ung** *f* ⟨~; ~en⟩ garniture *f*

Garnison [garni'zo:n] *f* ⟨~; ~en⟩ MIL garnison *f*

Garni'son(s)stadt *f* ville *f* de garnison

Garnitur [garni'tu:r] *f* ⟨~; ~en⟩ 1. (*Besatz, Verzierung*), CUIS garniture *f*; 2. (*Satz zusammengehöriger Dinge*) ensemble *m*; assortiment *m*; 3. (*Wäsche*⌐)

ensemble *m*; *für Damen a* coordonnés *m/pl*; (*a Bettwäsche*⌐) parure *f*; 4. F *fig von Sportlern etc die erste* ~ l'élite *f*; les meilleurs *m/pl*; *Spieler etc der zweiten* ~ de deuxième ordre

'**Garn|knäuel** *m od n* peloton *m*, pelote *f* de fil; ~**rolle** *f* bobine *f* de fil; ~**spule** *f* can(n)ette *f*

garstig ['garstiç] *adj* (*böse*) méchant; (*abscheulich*) répugnant; (*häßlich*) affreux, -euse; ⌐**keit** *f* ⟨~; ~en⟩ 1. méchanceté *f* (*a Handlung, Äußerung*); 2. ⟨*pas de pl*⟩ *Aussehen* laideur *f* repoussante

'**Garten** ['gartən] *m* ⟨~s; ⌐⟩ jardin *m*; *botanischer, zoologischer* ~ jardin botanique, zoologique; F *fig quer durch den* ~ très varié; *im* ~ *arbeiten* jardiner

'**Garten|amt** *n* service public chargé de l'entretien des parcs et des jardins; ~**anlage** *f* ⟨~; ~n⟩ (*pas de pl*) jardin(s) public(s); ~**arbeit** *f* (travail *m* de) jardinage *m*; ~**architekt(in)** *m(f)* architecte *m,f* paysagiste; ~**bank** *f* ⟨~; -bänke⟩ banc *m* de jardin

'**Gartenbau** *m* ⟨~(e)s⟩ horticulture *f*; ~**ausstellung** *f* exposition *f* horticole; ~**betrieb** *m* exploitation *f* horticole

'**Gartenblume** *f* fleur *f* de jardin

Garten|center ['gartənsɛntər] *n* ⟨~s; ~⟩ jardinerie *f*; ~**erde** *f* (*Mutterboden*) terreau *m*; ~**fest** *n* (grande) fête dans un jardin; garden-party *f*; ~**gerät** *n* outil *m* de jardinage; ~**gestaltung** *f* aménagement *m* de jardin(s); ~**grill** *m* barbecue *m*; ~**häuschen** *n* cabane *f* (de jardin); ~**laube** *f* tonnelle *f*; ~**lokal** *n* restaurant *m*, café *m* avec jardin; ~**möbel** *n/pl* meubles *m/pl* de jardin; ~**party** *f cf* **Gartenfest**; ~**pflanze** *f* plante *f* de jardin; ~**schau** *f* exposition *f* horticole; ~**schere** *f* sécateur *m*; ~**schlauch** *m* tuyau *m* d'arrosage; ~**stadt** *f* cité-jardin *f*; ~**wirtschaft** *f cf* **Gartenlokal**; ~**zaun** *m* clôture *f* de jardin; ~**zwerg** *m* 1. nain *m* de jardin; 2. F *fig péj* nabot *m*

Gärtner(in) ['gɛrtnər(in)] *m* ⟨~s; ~⟩ (*f*) ⟨~; ~nen⟩ jardinier, -ière *m,f*; (*Gartenbautreibende[r]*) horticulteur, -trice *m,f*

Gärtne'rei *f* ⟨~; ~en⟩ 1. *Betrieb* établissement *m* horticole; *cf a* **Gartencenter**; 2. F ⟨*pas de pl*⟩ (*Gartenarbeit*) jardinage *m*

'**Gärtnerinart** *f* CUIS *nach* ~ (servi) avec divers légumes

'**gärtnern** *v/i* ⟨-(e)re, *h*⟩ jardiner; faire du jardinage

Gärung ['gɛ:ruŋ] *f* ⟨~; ~en⟩ fermentation *f*; *fig a* effervescence *f*; agitation *f*; *zur* ~ *bringen* faire fermenter

'**Gärungs|prozeß** *m* processus *m* de fermentation; ~**verfahren** *n* procédé *m* de fermentation; ~**vorgang** *m* processus *m* de fermentation

'**Garzeit** *f* (temps *m* de) cuisson *f*

Gas [ga:s] *n* ⟨~es; ~e⟩ 1. CHIM gaz *m*; 2. ⟨*pas de pl*⟩ *im Haushalt* gaz *m*; *mit* ~ *heizen* avoir un chauffage au gaz; *den Topf aufs* ~ *stellen* mettre la casserole sur le feu; 3. ⟨*pas de pl*⟩ *Treibstoff* gaz *m/pl*; ~ *geben* a F *fig* accélérer; F appuyer sur le champignon; *das* ~ *wegnehmen* couper les gaz; 4. ⟨*pas de pl*⟩ F (~**pedal**) accélérateur *m*; *aufs* ~ *treten* accélérer; F mettre les gaz;

vom ~ *gehen,* **den Fuß vom** ~ **nehmen** lever le pied de l'accélérateur; '**Gas|ableser** *m* employé *m* du gaz (effectuant le relevé des compteurs); gazier *m*; **~anschluß** *m* raccordement *m*, branchement *m* au gaz; **~austausch** *m* BIOL, MÉD échange gazeux; **~austritt** *m* échappement *m*, fuite *f* de gaz; **~behälter** *m* gazomètre *m*; **~beleuchtung** *f* éclairage *m* au gaz; **~bildung** *f* formation *f* de gaz; gazéification *f*; **~brenner** *m* brûleur *m* à gaz; bec *m* de gaz; **~druck** *m* ⟨~(e)s, -drücke⟩ pression *f* de gaz; **~entwicklung** *f* ⟨~⟩ dégagement *m* de gaz; **~explosion** *f* explosion *f* de gaz; **~feuerung** *f* TECH foyer *m* à gaz; **~feuerzeug** *n* briquet *m* à gaz; **~flamme** *f* flamme *f* du gaz; **~flasche** *f* bouteille *f* de gaz; **2förmig** *adj* gazeux, -euse; **~gemisch** *n* mélange gazeux; **~geruch** *m* odeur *f* de gaz; '**Gashahn** *m* robinet *m* à gaz; F *fig* **den** ~ **aufdrehen** se suicider au gaz; '**Gas|hebel** *m* accélérateur *m*; (Hand2) manette *f* des gaz; **~heizung** *f* chauffage *m* au gaz; **~herd** *m* gazinière *f*, cuisinière *f* à gaz; **~kammer** *f* chambre *f* à gaz; **~kessel** *m* gazomètre *m*; **~kocher** *m* réchaud *m* à gaz; **~lampe** *f* lampe *f* à gaz; **~laterne** *f* réverbère *m* (à gaz); bec *m* de gaz; **~leitung** *f* canalisation *f* de gaz; (Überland2) gazoduc *m*; **~licht** *n* lumière *f* diffusée par un éclairage au gaz; **~'-Luft-Gemisch** *n* mélange *m* d'air et de gaz; **~mann** F *m* ⟨~(e)s, -männer⟩ employé *m* du gaz; **~maske** *f* masque *m* à gaz; **~ofen** *m* appareil *m* de chauffage, radiateur *m* à gaz; **Gasolin** [gazo'li:n] *n* ⟨~s⟩ gazoline *f*; **Gasometer** [gazo'me:tər] *m* ⟨~s; ~⟩ gazomètre *m*; '**Gas|patrone** *f* cartouche *f* de gaz; **~pedal** *n* accélérateur *m*; **~pistole** *f* pistolet *m* à gaz; **~rohr** *n* tuyau *m* à gaz; **Gäßchen** ['gɛsçən] *n* ⟨~s; ~⟩ ruelle *f*; **Gasse** ['gasə] *f* ⟨~; -n⟩ **1.** rue étroite; ruelle *f*; **2.** *österr* rue *f*; **3.** (*Durchgang*) passage *m*; **e-e** ~ **bilden** faire, former une 'haie; *sich* (*dat*) **e-e** ~ **durch die Menge bahnen** se frayer un passage à travers la foule; '**Gassen|hauer** F *m* ⟨~s; ~⟩ rengaine *f*; chanson *f*, refrain *m* populaire; **~junge** *m* gamin *m* des rues; **~lokal** *n* österr restaurant *m*, café *m* donnant sur la rue; **2seitig** *adj österr* qui donne sur la rue; **~wohnung** *f österr* appartement *m* donnant sur la rue; **Gassi** ['gasi] F (*mit dem Hund*) ~ **gehen** sortir le chien; *zum Hund* **komm, wir gehen** ~! F allez, on va mener, mener! **Gast** [gast] *m* ⟨~(e)s; ⁓e⟩ **1.** eingeladener invité(e) *m(f)*; hôte *m,f*; *beim Essen* a convive *m,f*; (*Besucher*) visiteur, -euse *m,f*; *e-s Landes, e-r Regierung etc, fig* hôte *m,f*; **ein willkommener, gern gesehener** ~ un visiteur bienvenu; *bei e-m Empfang etc* **geladener** ~ invité(e) *m(f)* (ayant une carte d'invitation); **ein ungebetener** ~ une personne non invitée; *a fig* un(e) intrus(e) *m,f*; **Gäste haben** avoir du monde; **Sie sind mein** ~ (*ich bezahle Ihre Rechnung*) laissez, je vous invite *od* vous êtes mon invité(e); **j-n bei sich** (*dat*) **zu** ~ **haben** unter mehreren compter qn parmi ses invités; **gestern abend hatte ich meine Schwester zu** ~ hier, ma sœur a passé la soirée chez moi; **bei j-m zu** ~ **sein** être l'invité(e) de qn; **in e-r Stadt zu** ~ **sein** visiter une ville; *offiziell* être invité (officiellement) par une ville; **als** ~ **im Studio begrüßen wir ...** pour notre émission nous avons le plaisir d'accueillir ... comme invité; **2.** *e-s Restaurants* client(e) *m(f)*; consommateur, -trice *m,f*; *e-s Hotels* client(e) *m(f)*; hôte *m,f*; pensionnaire *m,f*; **regelmäßiger** ~ habitué(e) *m(f)*; **3.** *Künstler* artiste invité; '**Gastanker** *m* MAR méthanier *m*; '**Gast|arbeiter(in)** *m(f)* travailleur, -euse *m,f* immigré(e); **~dozent(in)** *m(f)* professeur (d'enseignement supérieur) invité; **Gäste|buch** ['gɛstəbu:x] *n* livre *m* des hôtes, des visiteurs; **~handtuch** *n* essuie-mains *m* (pour invités); **~haus** *n* e-s Hotels annexe *f*; *der Regierung etc* résidence réservée aux invités (officiels); **~-WC** *n* deuxième W.-C. *m*; **~zimmer** *n* chambre *f* d'hôte(s); *privates* chambre *f* d'ami(s); '**Gast|familie** *f* famille *f* d'accueil; **2frei** *adj* hospitalier, -ière; **~freiheit** *f* ⟨~⟩ hospitalité *f*; **2freundlich** *adj* hospitalier, -ière; **~freundschaft** *f* ⟨~⟩ hospitalité *f*; **~geber(in)** *m* ⟨~s; ~⟩ (*f*) ⟨~; -nen⟩ hôte, -esse *m,f*; **~geschenk** *n* cadeau *m* (d'un invité à son hôte); **~haus** *n*, **~hof** *m* hôtel *m*; restaurant *m*; (Land2) auberge *f*; **~hörer(in)** *m(f)* *e-r Universität* auditeur, -trice *m,f* libre; **ga'stieren** *v/i* ⟨*pas de ge-, h*⟩ se produire, jouer, donner des représentations (en tournée); '**Gast|konzert** *n* concert *m* (lors d'une tournée); **~land** *n* ⟨~(e)s, -länder⟩ pays *m* d'accueil; '**gastlich** *adj Person, Lokal etc* accueillant; hospitalier, -ière; **das ist ein ~es Haus** ils aiment bien recevoir, avoir des invités; '**Gastlichkeit** *f* ⟨~⟩ hospitalité *f*; caractère *m* hospitalier; '**Gast|mahl** *st/s n* banquet *m*; festin *m*; **~mannschaft** *f* visiteurs *m/pl* *pl*; équipe visiteuse; **~professor** *m* professeur invité; '**Gastrecht** *n* ⟨~(e)s⟩ (droit *m* d')hospitalité *f*; **j-m** ~ **gewähren** donner, accorder l'hospitalité à qn; **j-m das** ~ **verweigern** refuser l'hospitalité à qn; **in e-m Land** ~ **genießen** recevoir l'hospitalité d'un pays; '**Gastredner(in)** *m(f)* conférencier, -ière invité(e); **Gastritis** [gas'tri:tɪs] *f* ⟨~; -'tiden⟩ MÉD gastrite *f*; '**Gastrolle** *f* THÉ, FILM *etc* rôle joué par un(e) artiste invité(e); **mit ... in e-r** ~ avec la participation de ...; **Gastro|nom(in)** [gastro'no:m(ɪn)] *m* ⟨~en; -en⟩ (*f*) ⟨~; -nen⟩ restaurateur, -trice *m,f*; *e-s vornehmen Restaurants* a propriétaire *m,f* d'un restaurant gastronomique; **~no'mie** *f* ⟨~⟩ **1.** Gewerbe restauration *f*; hôtellerie *f*; **2.** (*Kochkunst*) gastronomie *f*; **2nomisch** *adj* (*épithète*) **1.** (*das Gaststättengewerbe betreffend*) hôtelier, -ière; **2.** (*die Kochkunst betreffend*) gastronomique; '**Gastspiel** *n* représentation *f*, spectacle *m* d'acteur(s), de chanteur(s), *etc* en tournée; *fig plais* **ein kurzes** ~ **geben** faire une brève apparition; '**Gast|spielreise** *f* tournée *f*; **~stätte** *f* restaurant *m*; (Land2) auberge *f*; **~stättengewerbe** *n* ⟨~s⟩ restauration *f*; hôtellerie *f*; **~stube** *f* salle *f* de restaurant; '**Gasturbine** *f* turbine *f* à gaz; '**Gast|vorlesung** *f* cours donné par un professeur invité; **~vorstellung** *f* cf *Gastspiel*; **~wirt(in)** *m(f)* restaurateur, -trice *m,f*; *u Hotelbesitzer* hôtelier, -ière *m,f*; **~wirtschaft** *f* (petit) restaurant *m*; *auf dem Land* auberge *f*; '**Gas|uhr** *f* compteur *m* à gaz; **~verbrauch** *m* consommation *f* de gaz; **~vergiftung** *f* intoxication *f* par le gaz; **~versorgung** *f* approvisionnement *m*, alimentation *f* en gaz; distribution *f* de gaz; **~werk** *n* usine *f* à gaz; **~wolke** *f* nuage *m* de gaz (toxique); **~zähler** *m* compteur *m* à gaz; **~zufuhr** *f* admission *f*, arrivée *f* des gaz; **Gat(t)** [gat] *n* ⟨~(e)s; ~en *ou* ~s⟩ MAR **1.** (*Loch*) trou *m*; **2.** (*Spei2*) dalot *m*; (*Helle2*) magasin *m*; **GATT** [gat] ⟨~⟩ *abr* (*General Agreement on Tariffs and Trade, Allgemeines Zoll- und Handelsabkommen*) GATT *m* (Accord général sur les tarifs douaniers et le commerce); **Gatte** ['gatə] *st/s m* ⟨~n; ~n⟩ époux *m*; ADM conjoint *m*; '**Gatten|liebe** *st/s f* ⟨~⟩ amour conjugal; **~mord** *m* JUR, *st/s m* meurtre *m* d'un conjoint; **Gatter** ['gatər] *m* ⟨~s; ~⟩ **1.** (*Gitter*) treillage *m*; treillis *m* (en lattes); barrière *f* à claire-voie; **2.** REITSPORT barre *f*; **3.** JAGD (*Gehege*) enclos *m*; **4.** ÉLECTRON porte *f*; **~tor** *n* porte *f* à claire-voie; '**Gattin** *st/s f* ⟨~; ~nen⟩ épouse *f*; **Gattung** ['gatʊŋ] *f* ⟨~; ~en⟩ BIOL, KUNST *etc* genre *m*; *par ext* espèce *f*, sorte *f*; '**Gattungs|begriff** *m* notion *f* générique; **~name** *m* nom *m* générique; GR nom commun; **Gau** [gau] *m* ⟨~(e)s; ~e⟩ HIST *etwa* province *f*; **GAU** [gau] *m* ⟨~(s); ~s⟩ *abr* (*größter anzunehmender Unfall*) accident majeur; **Gaube** ['gaubə] *f* ⟨~; -n⟩ chien-assis *m*; **Gaucho** ['gautʃo] *m* ⟨~s; ~s⟩ gaucho *m*; **Gaudi** ['gaudi] F *f* ⟨~⟩ *bes südd, österr* plaisir *m*; amusement *m*; **zur** ~ **der Zuschauer** au grand amusement des spectateurs; **das war e-e richtige** ~ on s'est bien amusé, F marré; **Gauke'lei** *st/s f* ⟨~; -en⟩ **1.** (*Vorspiegelung*) illusions *f/pl*; poudre *f* aux yeux; **2.** (*Possenspiel*) tours *m/pl* de passe-passe; **gaukeln** ['gaukəln] *poét v/i* ⟨-(e)le, h, doublé d'une indication de direction sein*⟩ Schmetterling voltiger; '**Gaukelspiel** *st/s n fig der Phantasie etc* mirage *m*; '**Gaukler** *m* ⟨~s; ~⟩ saltimbanque *m*; HIST jongleur *m*, bateleur *m*; **Gaul** [gaul] *m* ⟨~(e)s; ⁓e⟩ **1.** regional (*Pferd*) cheval *m*; *prov* **e-m geschenk-**

Gaullismus – Gebietsanspruch

ten ~ schaut man nicht ins Maul il ne faut pas critiquer le cadeau qu'on reçoit; **2.** *péj* F canasson *m*
Gaull|ismus [goˈlɪsmʊs] *m* ⟨~⟩ POL gaullisme *m*; **~ist(in)** *m* ⟨~en; ~en⟩ (f) ⟨~; ~nen⟩ gaulliste *m,f*; **Łistisch** *adj* gaulliste
Gaumen [ˈgaʊmən] *m* ⟨~s; ~⟩ ANAT palais *m*; *harter* ~ voûte palatine, du palais; *weicher* ~ voile *m* du palais; *fig* *e-n feinen od verwöhnten ~ haben* avoir un fin palais; avoir le palais fin
ˈGaumen|freude *f* régal *m*; mets, plat, *etc* raffiné; **~kitzel** *st/s m* régal *m* pour le palais; **~laut** *m* PHON vorderer palatale *f*; *hinterer* son guttural; **~mandel** *f* ANAT amygdale palatine; **~-R** *n* ⟨*cf* Zäpfchen-R⟩; **~segel** ANAT voile *m* du palais; **~zäpfchen** *n* luette *f*
Gauner [ˈgaʊnər] *m* ⟨~s; ~⟩ **1.** *péj* escroc *m*; **2.** F *fig* (*gerissener Mensch*) rusé *m*; **~bande** *f* bande *f* d'escrocs
Gaune'rei *f* ⟨~; ~en⟩ escroquerie *f*; filouterie *f*; friponnerie *f*
ˈGaunerin *f* ⟨~; ~nen⟩ rusée *f*
ˈgaunern *v/i* ⟨-(e)re, h⟩ faire de l'escroquerie
ˈGauner|sprache *f* langue *f*, argot *m* du milieu; **~stück** *n cf* Gaunerei
Gavotte [gaˈvɔt *ou* gaˈvɔtə] *f* ⟨~; ~n⟩ MUS, Tanz gavotte *f*
Gaza-Streifen [ˈgaːzaʃtraɪfən] POL *der* ~ la bande de Gaza
Gaze [ˈgaːzə] *f* ⟨~; ~n⟩ TEXT gaze *f*
Gazelle [gaˈtsɛlə] *f* ⟨~; ~n⟩ gazelle *f*
ˈGazestreifen *m* bande *f* de gaze
ˈG-Dur *n* sol *m* majeur
geˈachtet *adj* estimé; considéré; *sie ist bei ihm sehr ~* il la tient en 'haute, grande estime
Geˈächtete(r) *f(m)* ⟨→ A⟩ proscrit(e) *m(f)*; 'hors-la-loi *m*
Geˈächze *n* ⟨~s⟩ gémissement(s) *m(pl)*
geˈadert, **geˈädert** *adj* ANAT, Marmor, Holz veiné; Blatt nervuré
Geˈalbere F *n* ⟨~s⟩ niaiseries *f/pl*
geˈartet *adj* anders *etc* ~ différent, *etc* de nature; (*von* natürel, du palais; *anders* différent, *etc*; *er ist so* ~ c'est sa nature, son caractère; il est comme ça
Geäst [gəˈɛst] *n* ⟨~(e)s⟩ branchage *m*; ramure *f*
geb. *abr* (*geboren*[*e*]) né(e)
Gebäck [gəˈbɛk] *n* ⟨~(e)s; ~e⟩ petits gâteaux; *unter Füllung* gâteaux secs
geˈbacken *p/p cf* **backen¹**
Geˈbäck|stück *n* petit gâteau; **~zange** *f* pince *f* à gâteaux
Gebälk [gəˈbɛlk] *n* ⟨~(e)s; ~e⟩ charpente *f*; poutrage *m*; *fig* *es knistert od kracht im ~* ça craque de partout
Geˈballer(e) F *n* ⟨~s⟩ coups *m/pl* de feu
geˈballt *adj* ⟨*épithète*⟩ *a fig* Energie *etc* concentré; MIL *~e Ladung* charge concentrée; F *fig e-e ~e Ladung ...* F plein de ...; *cf a* **ballen**
gebar [gəˈbaːr] *cf* **gebären**
Gebärde [gəˈbɛːrdə] *f* ⟨~; ~n⟩ geste *m*
geˈbärden *v/réfl* ⟨-ete, h⟩ *sich ~* se conduire, se comporter (*wie toll* comme un fou furieux)
Geˈbärden|spiel *n* ⟨~(e)s⟩ mimique *f*; gestes *m/pl*; **~sprache** *f* langage par gestes, gestuel
Gebaren [gəˈbaːrən] *n* ⟨~s⟩ comportement *m*; attitude *f*
gebären [gəˈbɛːrən] *v/t* ⟨gebärt *ou st/s*

gebiert, gebar, geboren, h⟩ donner naissance à (*a fig*); mettre au monde; *litt* enfanter; *geboren werden* naître; *er ist, wurde am ... geboren* il est né, il naquit le ...; F *so ein Politiker muß erst noch geboren werden* un homme politique comme ça, on n'en fait plus; *cf a* **geboren**
geˈbärfähig *adj* Frau *im ~en Alter* en âge de procréer
geˈbärfreudig *adj* Frau prolifique; *plais ein ~es Becken* un bassin large
Geˈbärmutter *f* ⟨~; ⸚er⟩ ANAT utérus *m*; **~hals** *m* col *m* de l'utérus; **~krebs** *m* cancer *m* de l'utérus
geˈbauchpinselt F *plais adj* *sich ~ fühlen* se sentir flatté
Gebäude [gəˈbɔydə] *n* ⟨~s; ~⟩ **1.** bâtiment *m*; *großes, bemerkenswertes, fig* édifice *m*; (*großes Wohn⸰*) immeuble *m*; **2.** *fig* geistiges échafaudage *m*; *ein ~ von Lügen* un tissu de mensonges
Geˈbäude|komplex *m* ensemble *m* de bâtiments; **~reinigung** *f* ⟨~; ~en⟩ **1.** (*pas de pl*) Aktion nettoyage *m* (de bureaux); **2.** Betrieb entreprise *f* de nettoyage; **~teil** *m* partie *f* d'un bâtiment
Geˈbeine *st/s n/pl* ossements *m/pl*
Geˈbell *n* ⟨~(e)s⟩ aboiement(s) *m(pl)*
geben [ˈgeːbən] ⟨gibt, gab, gegeben, h⟩ **I** *v/t* **1.** donner; (*reichen, weiter~*) a passer; Brief zur Post, Zucker in den Tee *etc* mettre; *j-m etw zu essen, trinken* ~ donner qc à manger, à boire à qn; Kuh, Ziege *etc* Milch ~ produire du lait; *am Telefon* ~ *Sie mir bitte Herrn X!* vous pouvez me passer Monsieur X, s'il vous plaît?; *j-m etw in die Hand* ~ mettre qc dans la main de qn; donner qc à qn (de la main à la main); *fig es j-m* ~ donner à qn ce qu'il mérite; *mit Worten* dire à qn ses quatre vérités; F *fig gib's ihm!* vas-y!; *st/s* gebe Gott, *daß* fasse le Ciel que (+*subj*); *es ist ihr nicht gegeben, freundlich zu sein* l'amabilité, ce n'est pas son fort; elle n'est pas aimable de nature; *prov* ⸰ *ist seliger denn Nehmen* il y a plus de bonheur à donner qu'à recevoir; **2.** *fig* Antwort, Auskunft, Anregungen, Beispiel donner; Versprechen, Kredit, Rabatt, Zeichen *etc* faire; *ein Fest* ~ donner une fête; *die Ärzte* ~ *ihr nur noch ein paar Monate* les médecins ne lui donnent que quelques mois à vivre; **3.** KARTENSPIEL *a abs* donner; *wer gibt?* à qui la donne?; **4.** (*er.~*) faire; *10 durch 2 gibt 5* 10 divisé par 2 fait *od* égale 5; *ein Wort gab das andere* un propos en amena un autre; **5.** THÉ (*darstellen*) jouer (le rôle de); (*aufführen*) jouer; *was wird heute abend im Theater gegeben?* qu'est-ce qu'on joue ce soir au théâtre?; **6.** (*hervorbringen*) faire; *das gibt Flecken* ça fait des taches; **7.** (*äußern*) *etw von sich* (*dat*) ~ dire, proférer qc; *keinen Laut von sich* (*dat*) ~ ne pas souffler mot; ne pas proférer une parole; **8.** *j-m zu denken* ~ donner à penser, à réfléchir à qn; *ich gebe Ihnen zu bedenken, daß ...* je vous signale que ...; vous devez considérer que ...; *j-m etw zu verstehen* ~ faire comprendre qc à qn; **9.** *viel auf etw* (*acc*) ~ faire grand cas de qc; attacher, accorder beaucoup d'importance à qc; *darauf gebe ich nichts* je n'y

attache aucune importance; **10.** *viel darum* ~ *zu* (+*inf*) donner cher pour (+*inf*); *ich gäbe viel darum, wenn ...* je donnerais cher pour (+*inf*); **11.** (*sich übergeben*) *etw von sich* (*dat*) ~ vomir, dégurgiter qc; *regional* (*hinzu~*) ajouter; *Salz an die Kartoffeln* ~ saler, mettre du sel sur les pommes de terre; **II** *v/réfl* **13.** *sich ungezwungen etc* ~ se montrer naturel, *etc*; **14.** *sich zu erkennen* ~ se faire connaître; dévoiler son identité; **15.** (*nachlassen*) se calmer; *ihre Wut wird sich bald* ~ sa colère va se calmer; *das wird sich schon* ~ ça va s'arranger; F ça va se tasser; **III** *v/imp es gibt ...* il y a ...; *es gibt Regen* on aura de la pluie; il va pleuvoir; *es gibt welche, die ...* il y en a qui ...; *es gibt Fälle, in denen ...* il y a, il est des cas où ...; *das gibt es nicht* cela n'existe pas; *Verbot das gibt's nicht!* c'est défendu!; pas question!; *das gibt's doch nicht!* c'est incroyable!; *so etwas gibt es bei mir nicht* (*das tue ich nicht*) ça, je m'y refuse; F très peu pour moi; *das erlaube ich nicht*) c'est exclu!; pas question!; F *fig da gibt's gar nichts* ça n'est pas possible; c'est 'hors de question; *was gibt es?* qu'y a-t-il?; qu'est-ce qu'il y a?; *was gibt es Neues?* qu'y a-t-il de nouveau?; quoi de neuf?; *was gibt es heute zu essen?* qu'est-ce qu'il y a à manger, qu'est-ce qu'on mange aujourd'hui?; *was gibt es morgen im Fernsehen?* qu'est-ce qu'il y a demain à la télé?; *was gibt's denn da zu lachen?* qu'est-ce qu'il y a de drôle?; F *gleich gibt's was!* F tu vas voir!; F ça va barder; F *was es nicht alles gibt!* qu'est-ce qu'on ne voit pas!; F *es dich auch noch?* alors, tu es toujours en vie?; ça fait une éternité qu'on ne t'a pas vu
gebenedeit [gəbeneˈdaɪt] *adj* REL béni
ˈGeberlaune *f* ⟨~⟩ *in ~ sein* être d'humeur généreuse
Gebet [gəˈbeːt] *n* ⟨~(e)s; ~e⟩ prière *f*; *liturgisches a* oraison *f*; *stilles ~* prière, oraison mentale; *ein ~ sprechen* dire une prière; *fig j-n ins ~ nehmen* F sonner les cloches, passer un savon à qn
Geˈbetbuch *n* livre *m* de prières
gebeten [gəˈbeːtən] *p/p cf* **bitten**
Geˈbets|mühle *f* moulin *m* à prières; **~teppich** *m* tapis *m* de prières
gebiert [gəˈbiːrt] *cf* **gebären**
Gebiet [gəˈbiːt] *n* ⟨~(e)s; ~e⟩ **1.** GÉOGR région *f*; (*Zone*) zone *f*; *a* POL territoire *m*; **2.** *fig* domaine *m*; sphère *f*; *auf dem ~ der Technik etc od auf technischem etc* ~ dans le domaine (de la) technique, *etc*
geˈbieten *st/s* ⟨*irr, p/p* geboten, h⟩ **I** *v/t* commander; ordonner; *j-m etw* ~ commander, ordonner, *p/fort* enjoindre à qn de faire qc; Achtung, Schweigen commander, imposer qc à qn; **II** *v/i* **1.** commander; *über etw, j-n* ~ régner sur qc, qn; être le maître de qc, qn; **2.** (*verfügen*) *über viel Geld* (*acc*) ~ disposer de beaucoup d'argent
Geˈbieter|(in) *st/s m* ⟨~s; ~⟩ (*f*) ⟨~; ~nen⟩ maître, -esse *m,f* (*über* [+*acc*] de); **⸰isch** *st/s adj* impérieux, -ieuse; impératif, -ive
Geˈbiets|abtretung *f* cession *f* d'un territoire; **~anspruch** *m* revendication

Gebietshoheit – gebührend

territoriale, d'un territoire; ~**hoheit** *f* ⟨~⟩ souveraineté territoriale; ~**körperschaft** *f* JUR collectivité (à compétence) territoriale; ~**reform** *f* ADM restructuration *f* de collectivités territoriales; regroupement *m* de communes
ge'bietsweise *adv* par régions; MÉTÉO ~ **aufheiternd**, **Regen** éclaircies, pluies locales
Ge'bilde *n* ⟨~s; ~⟩ (*Gegenstand*) chose *f*; objet *m*; *als Ergebnis* produit *m*; (*Einrichtung*) organisme *m*
ge'bildet *adj* cultivé; ~ **sein** a avoir des lettres; *akademisch* ~ **sein** avoir fait des études universitaires; *vielseitig* ~ **sein** avoir une bonne culture générale
Ge'bildete(r) *f(m)* ⟨→ A⟩ personne cultivée
Ge'bimmel F *n* ⟨~s⟩ tintement *m*
Ge'binde *n* ⟨~s; ~⟩ (*Blumen*2) gerbe *f*; (*Bund*) botte *f*
Gebirge [gə'bɪrgə] *n* ⟨~s; ~⟩ **1.** (chaîne *f* de) montagnes *f/pl*; *fig ein* ~ *von Abfall*, *Akten* une montagne de déchets, de dossiers; *ins* ~ *fahren* partir à la montagne. **2.** BERGBAU roche *f*
ge'birgig *adj* montagneux, -euse
Ge'birgs|ausläufer *m* contrefort *m* (de montagne); ~**bach** *m* torrent *m*; ~**bewohner(in)** *m(f)* montagnard(e) *m(f)*; ~**dorf** *n* village *m* de montagne
Ge'birgsjäger *m* MIL soldat *m* de l'infanterie de montagne; *in Frankreich* chasseur alpin; *pl die* ~ *Kampftruppe* le corps des chasseurs alpins
Ge'birgs|kamm *m* crête *f*, arête *f* d'une chaîne de montagne; ~**kette** *f* chaîne *f* de montagnes; ~**klima** *n* climat *m* de montagne; ~**landschaft** *f* paysage montagneux, de montagnes; ~**luft** *f* ⟨~⟩ air *m* de la montagne; ~**massiv** *m* massif (montagneux); ~**paß** *m* col *m*; ~**see** *m* lac *m* de montagne; ~**straße** *f* route *f* de montagne; ~**volk** *n* peuple *m* de montagnards; ~**zug** *m* chaîne *f* de montagnes
Ge'biß *n* ⟨-sses, -sse⟩ **1.** ANAT dentition *f*; dents *f/pl*; (*künstliches*) ~ dentier *m*; F râtelier *m*; **2.** *am Zaum des Pferdes* mors *m*
gebissen [gə'bɪsən] *p/p cf* **beißen**
Gebläse [gə'blɛːzə] *n* ⟨~s; ~⟩ TECH soufflerie *f*
ge'blasen *p/p cf* **blasen**
geblichen [gə'blɪçən] *p/p cf* **bleichen**
geblieben [gə'bliːbən] *p/p cf* **bleiben**
geblümt [gə'blyːmt] *adj* **1.** *Stoff etc* à fleurs; **2.** *Stil* plein de fioritures
Geblüt [gə'blyːt] *n/s n* ⟨~(e)s⟩ sang *m*; lignée *f*; race *f*; *von edlem* ~ (de famille) noble; *von königlichem* ~ de sang royal
gebogen [gə'boːgən] **I** *p/p cf* **biegen**; **II** *adj* (re)courbé; courbe; incurvé; *Nase* busquée
geboren [gə'boːrən] **I** *p/p cf* **gebären**; **II** *adj* né; *Mädchenname* ~**e X** née X; *sie ist eine* ~**e X** son nom de jeune fille est X; *fig der* ~**e Redner** un orateur-né; *zum Politiker, Schauspieler, Fußballer etc* ~ *sein* être né, fait pour être politicien, acteur, footballeur, *etc*
geborgen [gə'bɔrgən] **I** *p/p cf* **bergen**; **II** *adj* en sécurité, à l'abri; 'hors de danger; *sich (bei j-m)* ~ *fühlen* se sentir en sécurité (auprès de qn)
Ge'borgenheit *f* ⟨~⟩ sécurité *f*

geborsten [gə'bɔrstən] *p/p cf* **bersten**
Gebot [gə'boːt] *n* ⟨~(e)s; ~e⟩ **1.** REL commandement *m*; *die Zehn* ~**e** les dix commandements; le décalogue; **2.** COMM *bei Versteigerung* offre *f*; höheres enchère *f*; **3.** *fig es ist ein* ~ *der Vernunft, Höflichkeit etc zu* (+*inf*) la voix de la raison, le principe de la civilité, *etc* nous enjoint de (+*inf*); la raison, la politesse, *etc* nous impose de (+*inf*); *das* ~ *der Stunde* le mot d'ordre du moment; *das* ~ *der Stunde heißt* ... l'heure est à ...; *st/s j-m zu* ~**e stehen** être à la disposition de qn
geboten [gə'boːtən] **I** *p/p cf* **bieten**, **gebieten**; **II** *adj* qui s'impose; impératif, -ive; *Eile ist* ~ il importe de faire vite; *Vorsicht ist* ~ la prudence s'impose, est de mise; *mit dem ihm* ~**en Respekt** avec le respect qui lui est dû; *mit der* ~**en Sorgfalt** avec le soin requis
Ge'botszeichen *n* Verkehrszeichen signal *m* d'obligation
Gebr. *abr* (*Gebrüder*) COMM F^res (frères)
Ge'brabbel F *péj n* ⟨~s⟩ paroles confuses; *ich verstehe sein* ~ *nicht* je ne comprends pas ce qu'il marmonne (entre ses dents), ce qu'il bafouille
gebracht [gə'braxt] *p/p cf* **bringen**
gebrannt [gə'brant] *p/p cf* **brennen**
ge'braten *p/p cf* **braten**
Gebräu [gə'brɔy] *n* ⟨~(e)s; ~e⟩ *péj* breuvage *m*; mixture *f*
Ge'brauch *m* ⟨~(e)s; ~e⟩ **1.** ⟨*pas de pl*⟩ usage *m*, *a e-s Wortes*, *e-r List, des Verstandes etc* emploi *m*; utilisation *f*; *e-s Körperteils etc* usage *m*; *e-r Waffe, e-s Werkzeugs a* maniement *m*; *von etw* ~ *machen* se servir de, faire usage de; employer qc; *von e-m Recht* user de qc; *in* ~ en usage; employé; *etw in od im* ~ *haben* se servir de qc; utiliser qc; *in* ~ *kommen* devenir courant; se répandre; *außer* ~ 'hors d'usage; *außer* ~ *kommen Sitten, Wörter etc* tomber en désuétude; *Gegenstände* ne plus être employé; *zum äußeren, inneren, persönlichen* ~ à usage externe, interne, personnel; *ein Artikel des täglichen* ~**s** un article courant; *vor* ~ *schütteln* agiter avant l'emploi, l'usage; **2.** (*Brauch*) coutume *f*; *die Sitten und Gebräuche* les us et coutumes
ge'brauchen *v/t* ⟨*p/p* gebraucht, h⟩ **1.** (*benutzen*, *verwenden*) employer; se servir de; utiliser; *Werkzeug etc* a manier; *das ist nicht zu* ~ c'est inutilisable; *Person, Sache zu nichts zu* ~ *sein* être bon à rien; **2.** F (*benötigen*) *das kann ich gut* ~ cela me sera bien utile; ça peut (tout à fait) me servir; *ich könnte mal wieder Urlaub* ~ j'aurais bien besoin de vacances; *er kann jetzt keine Krankheit* ~ ce n'est pas le moment qu'il tombe malade
gebräuchlich [gə'brɔyçlɪç] *adj* courant; usuel, -elle; *Wörter meist* usité; *courant; nicht mehr* ~ *sein* ne plus être employé; 2**keit** *f* ⟨~⟩ *e-s Wortes etc* emploi *m* (courant)
Ge'brauchs|anleitung *f*, ~**anweisung** *f* mode *m* d'emploi; ~**artikel** *m* article *m*, produit *m* de consommation courante; 2**fähig** *adj* utilisable; 2**fertig** *adj* prêt à l'usage, à l'emploi; ~**gegenstand** *m* objet *m* d'usage courant;

~**graphik** *f* arts graphiques appliqués; ~**graphiker(in)** *m(f)* graphiste *m,f*; *für Plakate* affichiste *m,f*; ~**güter** *n/pl* biens *m/pl* de consommation; ~**literatur** *f* ⟨~⟩ textes *m/pl* à fonction utilitaire; ~**muster** *n* modèle déposé (d'utilité); ~**wert** *m* valeur *f* utilitaire, d'utilisation
ge'braucht *adj* usagé; (*aus zweiter Hand*) d'occasion; *etw* ~ *kaufen* acheter qc d'occasion
Ge'brauchtwagen *m* voiture *f* d'occasion; ~**händler** *m* marchand *m* de voitures d'occasion; ~**markt** *m* marché *m* des voitures d'occasion
gebrechen [gə'brɛçən] *st/s v/imp* ⟨*irr, p/p* gebrochen, h⟩ *es gebricht ihm an Erfahrung* (*dat*) l'expérience lui fait défaut
Ge'brechen *st/s n* ⟨~s; ~⟩ infirmité *f*
ge'brechlich *adj* faible; frêle; 2**keit** *f* ⟨~⟩ faiblesse *f*
gebrochen [gə'brɔxən] **I** *p/p cf* **brechen**, **gebrechen**; **II** *adj* **1.** seelisch brisé; *Lichtstrahl* réfracté; *Linie* brisé; *Farbe* cassé; *fig mit* ~**er Stimme** d'une voix étranglée, brisée; **3.** *Sprache* mauvais; *er spricht nur ein* ~**es Deutsch** il parle (très) mal allemand, un mauvais allemand; **III** *advt* ~ *Russisch etc sprechen* parler un mauvais russe, *etc* baragouiner le russe, *etc*
Gebrüder [gə'bryːdər] *pl die* ~ *Grimm* les frères *m/pl* Grimm; COMM ~ *Meyer* Meyer frères
Ge'brüll *n* ⟨~(e)s⟩ **1.** *e-s Rindes* mugissement(s) *m(pl)*; beuglement(s) *m(pl)*; meuglement(s) *m(pl)*; *e-s Löwen* rugissement(s) *m(pl)*; *e-s Tigers* rauquement(s) *m(pl)*; **2.** (*Geschrei*) vociférations *f/pl*; *von Kindern* 'hurlements *m/pl*; *plais auf sie mit* ~! à l'assaut!; à l'attaque!; **3.** (*lautes Weinen*) braillements *m/pl*
Ge'brumm(e) *n* ⟨~s⟩ **1.** *e-s Bären* grognement(s) *m(pl)*; *von Insekten* bourdonnement *m*; *e-s Motors* ronflement *m*; vrombissement *m* du cœur *m*; **2.** *von Menschen* grognement(s) *m(pl)*; *mürrisches* F ronchonnement(s) *m(pl)*; *zustImmendes* ~ grognement approbateur
Gebühr [gə'byːr] *f* ⟨~; ~en⟩ **1.** *oft pl* ~**en** taxe(s) *f(pl)*; (*Fernseh-*, *Rundfunk*2) redevance *f*; (*Straßenbenutzungs*2) péage *m*; (*Post*2) tarif *m* (*Vermittlungs*2) commission *f*; (*Anwalts*2) honoraires *m/pl*; *e-e* ~ (*auf etw* [*acc*]) *erheben* percevoir une taxe (sur qc); *auf Postsendungen* ~ *bezahlt Empfänger* (en) port dû; *Vermerk a* ne pas affranchir. **2.** *st/s* ⟨*pas de pl*⟩ *nach* ~ convenablement; *über* ~ excessivement; outre mesure
ge'bühren *st/s* ⟨*p/p* gebührt, h⟩ **I** *v/i j-m* ~ être dû, due à qn; revenir à qn de droit; *ihm gebührt Achtung* il mérite le respect lui est dû; il a droit au respect; il mérite qu'on le respecte; **II** *v/imp u v/réfl es gebührt sich nicht (für j-n) zu* (+*inf*) il ne convient pas (à qn) de (+*inf*)
Ge'bührenanzeiger *m* compteur *m* téléphonique
ge'bührend I *adj* (qui est) dû, due (*j-m* à qn); qui convient; *in* ~**em Abstand** à une distance respectueuse; *j-m die* ~**e Achtung erweisen** témoigner à qn le

respect qui lui est dû; **II** *advt* comme il convient; comme il faut; dûment
ge'bührender|'maßen, ~ **'weise** *adv* comme il convient; comme il faut; dûment
Ge'bühren|einheit *f* unité *f* de communication; **~erhöhung** *f* augmentation *f* de tarif, de taxe(s), de redevance(s); **²frei I** *adj* exempt de taxe(s); **II** *adv* franco (de port); **~freiheit** *f* ⟨~⟩ franchise *f*; **~marke** *f* timbre fiscal; **~ordnung** *f* tarif *m* des taxes *bzw* des redevances; *der Ärzte etc* tarif *m* d'honoraires conventionnels
ge'bührenpflichtig *adj* soumis, assujetti à une taxe *bzw* redevance; taxé; **~e Verwarnung** contravention *f*
ge'bührlich *st/s adj* (qui est) dû, due
Ge'bumse *n* ⟨~s⟩ **1.** F *Geräusch* coups, bruits sourds; **2.** P *sexuell* P baise *f*
ge'bündelt *adjt Papier* en liasse; *Holz* en fagot; *Strahlen* en faisceau
gebunden [gə'bʊndən] **I** *p/p cf* **binden;** **II** *adjt* **1.** *Wärme* latent; CHIM fixé; MUS lié; legato; *Preise* imposé; fixe; **2.** *fig durch ein Versprechen, vertraglich* lié; engagé; *an* (+*acc*) ~ *an Regeln* assujetti à; soumis à; *an s-e Familie, e-e Firma Traditionen* attaché à; *Person sich ~ fühlen* se sentir lié; *fig mir sind die Hände ~* j'ai les mains liées; **3.** *in ~er Rede* en vers; **4.** TYPO relié; *in Leinen ~* relié en toile
Ge'bundenheit *f* ⟨~⟩ *vertragliche* obligation *f*; engagement *m*; *an Regeln etc* assujettissement *m* (*an* [+*acc*] à); (*persönliche Bindung*) attachement *m* (*an* [+*acc*] à)
Geburt [gə'buːrt] *f* ⟨~; ~en⟩ **1.** (*das Geborenwerden*) naissance *f*; *bei s-r ~* à sa naissance; *bei gleichem Subjekt* en naissant; *von ~ an blind* aveugle de naissance; *er ist von ~ Franzose* il est Français de naissance; *vor, nach Christi ~* avant, après Jésus-Christ; *st/s von vornehmer ~ st/s* de noble extraction; **2.** (*Entbindung*) accouchement *m*; *leichte, schwere ~* accouchement facile, difficile; F *fig das war e-e schwere ~* F c'était laborieux
Ge'burten|beschränkung *f* ⟨~⟩ limitation *f* des naissances; **~kontrolle** *f* ⟨~⟩ contrôle *m* des naissances, orthogénie *f*; **~regelung** *f* ⟨~⟩ régulation *f*, planification *f* des naissances; **~rückgang** *m* baisse *f* de la natalité; dénatalité *f*
ge'burtenschwach *adj* à faible natalité; **~er Jahrgang** *a* année creuse
ge'burtenstark *adj* à forte natalité
Ge'burten|überschuß *m* excédent *m* des naissances; **~zahl** *f*, **~ziffer** *f* (taux *m* de) natalité *f*
gebürtig [gə'byrtɪç] *adj* natif, -ive; né; de naissance; (*ein*) **~er Deutscher sein** être Allemand de naissance; être né Allemand; (*ein*) **~er Berliner sein** être natif de, originaire de Berlin, né à Berlin; *aus ... ~ sein* être natif de ...
Ge'burts|adel *m* noblesse *f* héréditaire; **~anzeige** *f* faire-part *m* de naissance; **~datum** *n* date *f* de naissance; **~fehler** *m* malformation congénitale; **~gewicht** *n* poids *m* de, à la naissance; **~haus** *n* maison natale
Ge'burtshelfer *m* accoucheur *m*; *Arzt m und ~* obstétricien *m*; médecin accoucheur

Ge'burtshelferin *f* (*Ärztin*) obstétricienne *f*; (*Hebamme*) sage-femme *f*
Ge'burtshilfe *f* ⟨~⟩ **1.** *Lehre* obstétrique *f*; **2.** *Hilfeleistung bei j-m ~ leisten* accoucher qn; assister qn lors de son accouchement
Ge'burts|jahr *n* année *f* de naissance; **~land** *n* ⟨~(e)s; -länder⟩ pays natal; **~name** *m* nom *m* de jeune fille; **~ort** *m* lieu *m* de naissance; **~schein** *m* cf *Geburtsurkunde*; **~stadt** *f* ville natale; **~stunde** *f* heure *f* de naissance
Ge'burtstag *m* **1.** (*Jahrestag der Geburt*) anniversaire *m*; *~ haben* avoir son anniversaire; *ich habe heute ~* c'est mon anniversaire aujourd'hui; *j-m zum ~ gratulieren* souhaiter un bon anniversaire à qn; *was wünscht du dir zum ~?* qu'est-ce que tu veux pour ton anniversaire?; **2.** ADM (*Tag der Geburt*) jour *m* de naissance
Ge'burtstags|feier *f* fête *f* d'anniversaire; **~geschenk** *n* cadeau *m* d'anniversaire; **~karte** *f* carte *f* d'anniversaire; **~kind** *n* plais personne *f* qui fête son anniversaire; **~kuchen** *m*, **~torte** *f* gâteau *m* d'anniversaire; **~überraschung** *f* surprise (faite à qn pour son anniversaire); **~wünsche** *m/pl*, **~gratulanten** *m/pl* (à l'occasion d'un anniversaire)
Ge'burts|trauma *n* traumatisme *m* de la naissance; **~urkunde** *f* acte *m* de naissance; *als Abschrift* extrait *m*, bulletin *m* de naissance; **~wehen** *f/pl* douleurs *f/pl* de l'accouchement; *st/s fig e-s Staates* ers débuts *m/pl* difficiles; **~zange** *f* MÉD forceps *m*
Gebüsch [gə'bʏʃ] *n* ⟨~(e)s; ~e⟩ buissons *m/pl*
Geck [gɛk] *m* ⟨~en; ~en⟩ *péj* dandy *m*
'geckenhaft *adj péj* de dandy
Gecko ['gɛko] *m* ⟨~s; ~s⟩ ZO gecko *m*
gedacht [gə'daxt] *p/p cf* **denken, gedenken**
Gedächtnis [gə'dɛçtnɪs] *n* ⟨~ses; ~se⟩ **1.** mémoire *f*; *ein gutes, schlechtes ~ haben* avoir une bonne, mauvaise mémoire; F *ein kurzes ~ haben* avoir la mémoire courte; *ein gutes ~ für Eigennamen etc haben* avoir la mémoire des noms propres, *etc*; *aus dem ~* de mémoire; *etw im ~ behalten* garder qc en mémoire; *etw noch im ~ haben* avoir qc encore à la mémoire; avoir gardé qc en mémoire; se souvenir de qc; *j-m etw ins ~ (zurück)rufen* rappeler qc à qn; remettre qc en mémoire à qn; *sein ~ anstrengen* faire un, des effort(s) de mémoire; *wenn mich mein ~ nicht trügt* si j'ai bonne mémoire; **2.** (*Andenken*) mémoire *f*; souvenir *m*; commémoration *f*; *zum ~* (*an j-n, etw*) à la, en mémoire (de qn, qc); *zum ~ an etw (acc)* a en souvenir, commémoration de qc
Ge'dächtnis|feier *f* commémoration *f* (*a* REL), fête, cérémonie commémorative; **~gottesdienst** *m* messe commémorative; **~lücke** *f* trou *m* de mémoire; **~schwäche** *f* ⟨~⟩ manque *m*, défaillance *f* de mémoire; **~schwund** *m* perte *f* de la mémoire; amnésie *f*; **~stütze** *f* pense-bête *m*
ge'dämpft *adjt Ton, Schall, Geräusch* assourdi; étouffé; *Farbe* doux, douce;

atténué; *Licht* tamisé; *Stimmung* refroidi; *mit ~er Stimme* à mi-voix
Gedanke [gə'daŋkə] *m* ⟨~ns; ~n⟩ (*Überlegung*) pensée *f*; (*a Einfall, Idee*) idée *f*; *der ~ an den Tod macht ihm Angst* il est effrayé à l'idée de mourir; *der bloße ~ daran macht ihr Freude* rien que d'y penser, cela lui fait plaisir; elle se réjouit rien que d'y penser; *~n sind frei* chacun a le droit de penser ce qu'il veut; *j-s ~n lesen* lire dans la pensée de qn; *j-s ~n aufgreifen* (re-)prendre l'idée de qn; *s-n ~n nachhängen* suivre le cours de ses pensées; *das bringt mich auf einen ~n* cela me donne une idée; *j-n auf andere ~n bringen* changer les idées de *od* à qn, distraire qn; *plötzlich kam er auf e-n genialen ~n* il a eu un éclair de génie; F *auf dumme ~n kommen* faire des bêtises; *in ~n* (*im Geiste*) mentalement; par là, en pensée; *in ~n bin ich bei ihm* je suis avec lui par la pensée; *etw in ~n tun* faire qc machinalement; *etw in ~n vorüberziehen lassen* passer qc mentalement en revue; *(ganz) in ~n sein* être dans la lune; ne pas faire attention; *in ~n versunken sein* être plongé dans ses pensées; être absorbé dans ses réflexions; être pensif; *sich mit dem ~n tragen od mit dem ~n spielen zu* (+*inf*) caresser l'idée de (+*inf*); *sich mit dem ~n vertraut machen zu* (+*inf*) s'habituer à l'idée de (+*inf*); *mit s-n ~n ganz woanders sein* avoir l'esprit, être tout à fait ailleurs; *wo bist du mit deinen ~n?* où as-tu la tête?; *sich (dat) über etw (acc) ~n machen* nachdenken repenser, reconsidérer qc; *er macht sich (dat) (so s-e) ~n über sie* (*acc*) il se pose des questions sur elle; *sich (dat) um j-n, etw od wegen j-m, etw ~n machen (sich sorgen)* se faire du souci pour qn, qc; F *mach dir keine ~n!* ne t'en fais pas!; F *kein ~ (daran)!* pas du tout!; loin de là!
Ge'danken|austausch *m* ⟨~(e)s⟩ échange *m* d'idées, de vues; **~blitz** *m* éclair *m* de génie; **~flug** *m* envolée *f* (lyrique); **~freiheit** *f* ⟨~⟩ liberté *f* de pensée; **~gang** *m* enchaînement *m* des idées; *logischer* raisonnement *m*; **~gut** *n* ⟨~(e)s⟩ idées *f/pl*
ge'dankenlos I *adj* **1.** (*geistesabwesend, zerstreut*) distrait; **2.** (*unüberlegt*) irréfléchi; inconsidéré; **II** *adv* **1.** distraitement; **2.** inconsidérément; d'une manière irréfléchie
Ge'dankenlosigkeit *f* ⟨~; ~en⟩ **1.** ⟨*pas de pl*⟩ (*Geistesabwesenheit, Zerstreutheit*) distraction *f*; **2.** ⟨*pas de pl*⟩ (*Unüberlegtheit*) irréflexion *f*; *p/fort* inconscience *f*; **3.** (*unüberlegte Bemerkung*) remarque inconsidérée
Ge'danken|sprung *m* coq-à-l'âne *m*; **~strich** *m* tiret *m*; **~übertragung** *f* transmission *f* de pensée; **²verloren** *adjt u advt* perdu dans mes, *etc* pensées; **²voll** *adjt* (*nachdenklich*) pensif, -ive; (*sorgenvoll*) soucieux, -ieuse; **~welt** *f* ⟨~⟩ monde *m* des idées; monde idéal; pensée *f*
ge'danklich *adj* ⟨épithète⟩ *u adv* en ce qui concerne les idées; du point de vue des idées; *ein ~er Fehler* un raisonnement faux; une erreur de raisonnement
Gedärm [gə'dɛrm] *n* ⟨~(e)s; ~e⟩ *meist*

pl ~**e** intestins *m/pl*; *e-s Tieres* boyaux *m/pl*; (*Eingeweide*) entrailles *f/pl*
Gedeck [gəˈdɛk] *n* ⟨~(e)s; ~e⟩ **1.** couvert *m*; **2.** (*Menü*) menu *m*
Gedeih [gəˈdaɪ] *m auf ~ und Verderb* pour le meilleur et pour le pire
gedeihen [gəˈdaɪən] *v/i* ⟨gedeiht, gedieh, gediehen, sein⟩ **1.** *Pflanzen etc* pousser bien; *Kinder a* se développer bien; *wirtschaftlich* prospérer; **2.** (*fortschreiten*) progresser; *das Projekt ist soweit gediehen, daß ...* le projet en est venu à tel point que ...; *die Verhandlungen sind noch nicht so weit gediehen, daß ...* le stade des négociations n'est pas encore arrivé à un point où (+*inf*)
geˈdeihlich *st/s adj* (*förderlich*) profitable; utile
geˈdenken *st/s v/i* ⟨*irr, p/p* gedacht, h⟩ **1.** *j-s, e-r Sache, schweiz j-m, e-r Sache ~* évoquer la mémoire de qn, le souvenir de qc; **2.** *etw zu tun ~* compter, penser faire qc; avoir l'intention, se proposer de faire qc
Geˈdenken *st/s n* ⟨~s⟩ mémoire *f* (*an j-n* de qn); souvenir *m* (*an etw* [*acc*] de qc); *zum ~ an j-n, etw* à la, en mémoire de qn, qc; *e-e Minute stillen ~s* une minute de silence (*an* [+*acc*] à la mémoire de)
Geˈdenk|feier *f* cérémonie commémorative; commémoration *f*; ~**gottesdienst** *m* messe *f* commémorative; ~**marke** *f* timbre commémoratif
Geˈdenkminute *f* minute *f* de silence; *e-e ~ (für ...) einlegen* observer une minute de silence (à la mémoire de ...)
Geˈdenk|münze *f* médaille commémorative; ~**rede** *f* discours *m* en commémoration de qc, qn; ~**stätte** *f* lieu commémoratif; ~**stein** *m* pierre commémorative; ~**stunde** *f* cérémonie commémorative; ~**tafel** *f* plaque commémorative; ~**tag** *m* (jour *m*) anniversaire *m*
Gedicht [gəˈdɪçt] *n* ⟨~(e)s; ~e⟩ poésie *f*; poème *m*; *ein ~ aufsagen* réciter une poésie, un poème; *F fig das war ein ~!* c'était divin!
Geˈdichtform *f n ~* en vers
Geˈdicht|interpretation *f* interprétation *f* d'un poème; ~**sammlung** *f* recueil *m* de poèmes; anthologie *f* de poésie; ~**zyklus** *m* cycle *m* (de poèmes)
gediegen [gəˈdiːɡən] *adj* **1.** *Metall* natif, -ive; vierge; pur; **2.** *Möbel, Kleidung* de bonne qualité; *Möbel* a bourgeois; *Kleidung* a classique; **3.** *Kenntnisse, Wissen* solide; *Charakter* sérieux, -ieuse; **4.** F (*komisch*) F marrant; *du bist aber ~!* (*wunderlich*) tu es drôle, F marrant (, toi)!
Geˈdiegenheit *f* ⟨~⟩ **1.** *von Metallen* pureté *f*; **2.** *von Möbeln, Kleidung* bonne qualité; *von Wissen etc* solidité *f*
gedieh [gəˈdiː] *cf* gedeihen
geˈdiehen *p/p cf* gedeihen
Gedöns [gəˈdøːns] *F n* ⟨~es⟩ *regional* **1.** (*Getue*) manières *f/pl*; **2.** (*Schnickschnack*) babioles *f/pl*
Geˈdränge *n* ⟨~s⟩ cohue *f*, foule *f*, bousculade *f*; *RUGBY* mêlée *f*; *im ~* dans la cohue; dans la foule; dans la bousculade; *hier herrscht dichtes, ein großes ~* il y a foule ici; *fig zeitlich ins ~ kommen* être bousculé

geˈdrängt I *adj räumlich* serré; *zeitlich* pressé; *Inhaltsangabe etc* concis; *Stundenplan, Terminkalender etc* serré; ~**e Übersicht** aperçu *m*; sommaire *m*; *dicht ~* très serré; **II** *advt* ~ *voll* comble
gedroschen [gəˈdrɔʃən] *p/p cf* dreschen
geˈdrückt *adj seelisch* abattu; *allgemeine Stimmung* pesant; ⚤**heit** *f* ⟨~⟩ *e-r Person* abattement *m*; *der Stimmung* caractère pesant
gedrungen [gəˈdrʊŋən] **I** *p/p cf* dringen; **II** *adj Gestalt* trapu; ramassé
Geˈdudel *F péj n* ⟨~s⟩ *F scie f*; air ressassé; rengaine *f*
Geduld [gəˈdʊlt] *f* ⟨~⟩ patience *f*; ~ *haben* avoir de la patience; *mit j-m ~ haben* être patient avec qn; *keine ~ zu etw haben* ne pas avoir la patience de faire qc; *haben Sie bitte noch etwas ~!* veuillez patienter encore quelques instants!; *etw mit ~ ertragen* supporter qc avec patience; *sich in ~ fassen* prendre patience; *die ~ verlieren* perdre patience; s'impatienter; *mit s-r ~ am Ende sein* être à bout de patience; *meine ~ ist am Ende, jetzt reißt mir aber die ~* maintenant ma patience est à bout; *nur ~!* patience!; *mit ~ und Spucke (fängt man eine Mucke) etwa prov* patience et longueur de temps (font plus que force ni que rage)
geˈdulden *v/réfl* ⟨-ete, *p/p* geduldet, h⟩ *sich ~* patienter; prendre patience; ~ *Sie sich bitte (ein wenig)!* patientez (un peu), s'il vous plaît!
geˈduldig I *adj* patient; **II** *adv* patiemment; avec patience; *etw ~ über sich* (*acc*) *ergehen lassen* supporter patiemment qc
Geˈduldsarbeit *f* travail *m* de patience
Geˈduldsfaden *m* F *mir reißt der ~* ma patience est à bout
Geˈduldsprobe *f j-n auf e-e ~ stellen* mettre la patience de qn à l'épreuve; *das war eine große od harte ~ für ihn* sa patience a été mise à rude épreuve
Geˈduld(s)spiel *n* (jeu *m* de) patience *f*
gedungen [gəˈdʊŋən] *p/p cf* dingen
gedurft [gəˈdʊrft] *p/p cf* dürfen II
geˈeignet *adj* bon, bonne (*für* pour); propre (*für* à); *a Augenblick, Maßnahme* approprié; convenable; *Personen* qualifié (*für* pour); apte (*für* à); *Bewerber ~ sein* convenir, avoir le profil (requis) (*für* pour)
Geest [ɡeːst] *f* ⟨~; ~en⟩, **'~land** *n* ⟨~(e)s⟩ régions morainiques sableuses de l'Allemagne du Nord
Geˈfach *n* ⟨~(e)s; ~e *ou* ~er⟩ (*Fach*) casier *m*; (*Schublade*) tiroir *m*
Gefahr [gəˈfaːr] *f* ⟨~; ~en⟩ danger *m*; *litt* péril *m*; (*Wagnis*) risque *m*; *in ~* (*dat*) *sein* être en danger, péril; *außer ~ sein* être 'hors de danger; *auf eigene ~* à ses risques et périls; *j-n, etw in ~* (*acc*) *bringen* mettre qn, qc en danger; *e-e ~ für j-n sein od darstellen* être dangereux, -euse pour qn; constituer un danger pour qn; *es besteht ~, daß die Deiche brechen* les digues risquent de se rompre; *JUR es ist ~ im Verzug* il y a péril en la demeure; *auf die ~ hin, alles zu verlieren* au risque de tout perdre; *~ laufen zu* (+*inf*) courir le risque, le danger de (+*inf*); risquer de (+*inf*); *sich in ~* (*acc*) *bege-*

ben s'exposer à un danger; *prov wer sich in ~ begibt, kommt darin um* qui cherche le danger y périra
geˈfahrbringend *adj* dangereux, -euse; périlleux, -euse
gefährden [gəˈfɛːrdən] *v/t* ⟨-ete, *p/p* gefährdet, h⟩ *Personen* mettre en danger; *Pläne, Frieden, Sicherheit, Versetzung etc* compromettre; *im Straßenverkehr gefährdet sein Personen* être (sérieusement) en danger; *Pläne, Frieden etc* être compromis; *gefährdete Jugend* jeunesse *f* en danger
Geˈfährdung *f* ⟨~; ~en⟩ danger *m*; *der Sicherheit* atteinte *f* (+*gén* à); (*Bedrohung*) menace *f* (+*gén* pour); *wegen ~ der Staatssicherheit* pour atteinte à la sécurité de l'État
geˈfahren *p/p cf* fahren
Geˈfahren|herd *m* foyer *m* de conflits, de troubles; ~**moment** *n* facteur *m* de risque; ~**quelle** *f* source *f* de danger; *für Unfälle a* source *f* d'accidents; ~**zone** *f* zone dangereuse; ~**zulage** *f* indemnité *f* de risques
Geˈfahrguttransport *m* transport *m* de marchandises dangereuses
gefährlich [gəˈfɛːrlɪç] *adj* dangereux, -euse; *p/fort, a Lage, Unternehmen* périlleux, -euse; *fig plais ein Mann im ~en Alter* un homme en proie au démon de midi; *ein ~es Spiel treiben* jouer un jeu dangereux; *fig plais er könnte mir ~ werden* il ne me déplaît pas
Geˈfährlichkeit *f* ⟨~⟩ *die ~ e-s Gegners, e-r Krankheit etc* le danger que représente un adversaire, une maladie, *etc*
geˈfahrlos *adj* sans danger; sans risque
Geˈfahrlosigkeit *f* ⟨~⟩ absence *f* de danger, de risque
Gefährt [gəˈfɛːrt] *st/s n* ⟨~(e)s; ~e⟩ véhicule *m*
Gefährt|e [gəˈfɛːrtə] *st/s m* ⟨~n; ~n⟩, ~**in** *st/s f* ⟨~; ~nen⟩ compagnon *m*, compagne *f*
geˈfahrvoll *st/s adj* (très) dangereux, -euse; périlleux, -euse
Gefälle [gəˈfɛlə] *n* ⟨~s; ~⟩ **1.** *e-s Geländes* déclivité *f*; inclinaison *f*; *e-s Gewässers* pente *f*; *ÉLECT* chute *f*; *bei e-m ~ von 10%* dans une pente de 10%; **2.** *fig* (*Unterschied*) différence *f*; écart *m*; disparité *f*; *das soziale ~* l'écart *m* entre les couches sociales
geˈfallen[1] ⟨*irr, p/p* gefallen, h⟩ **I** *v/i* **1.** plaire (*j-m* à qn); *wie gefällt Ihnen ...?* comment trouvez-vous ...?; que pensez-vous de ...?; (*wie*) *gefällt es Ihnen hier?* vous vous plaisez ici?; *mir gefällt es in Leipzig* j'aime beaucoup Leipzig; *das gefällt mir so an ihr, an diesem Buch* c'est ce que j'aime chez elle, dans ce livre; *es gefällt mir, wie er tanzt* j'aime la façon qu'il a de danser, sa façon de danser, comme il danse; F *du gefällst mir (ganz und gar) nicht* (*du siehst krank aus*) tu as mauvaise mine; tu m'inquiètes!; F *die Sache gefällt mir nicht* F il y a du louche là-dedans, dans cette affaire; **2.** F *sich* (*dat*) *alles ~ lassen* se laisser toujours faire, marcher sur les pieds; F *sich* (*dat*) *nichts ~ lassen* ne pas se laisser faire; ne pas se laisser marcher sur les pieds; *sich* (*dat*)

e-n Vorwurf ~ lassen müssen devoir admettre le bien-fondé d'un reproche; F *das lasse ich mir ~!* ça fait plaisir, du bien!; F *das lasse ich mir nicht (länger)* ~ ça commence à bien faire; F *das lasse ich mir noch ~, aber ...* passe encore (pour cette fois), mais ...; **II** *v/réfl péj sich (dat) in e-r Rolle* ~ se (com)plaire dans un rôle; *er gefällt sich (dat) in Schmeicheleien, Beleidigungen (dat) etc* il se (com)plaît à flatter, offenser les gens

ge'fallen² I *p/p cf* fallen, gefallen; II *adj ein ~es Mädchen* une fille déshonorée; *ein ~er Engel* un ange déchu

Ge'fallen¹ *m* ⟨~s; ~⟩ service *m*; faveur *f*; *j-m e-n ~ tun* rendre un service à qn; F *tu mir den ~ und ...!* tu pourrais ...

Ge'fallen² *n* ⟨~s⟩ *an etw (dat) finden* trouver, prendre (du) plaisir à (faire) qc; se plaire à faire qc; *aneinander ~ finden* se plaire; *er fand ~ an ihr* elle lui plut

Ge'fallene(r) *m* ⟨→ A⟩ (soldat *m*) mort *m* pour la patrie; soldat tombé au champ d'honneur

Ge'fallenendenkmal *n* monument *m* aux morts

ge'fällig *adj* **1.** *Person* serviable; obligeant; *j-m ~ sein* être serviable, obligeant envers qn; obliger qn; **2.** *Anblick etc* agréable, plaisant; **3.** ⟨*attribut*⟩ *sonst noch etwas ~?* et avec cela?; vous désirez encore qc?; *..., wenn's ~ ist ...*, si vous n'avez rien contre; *als Drohung* F *dann ist was ~!* F ça va être sa fête, *zu j-m* ta fête!

Ge'fälligkeit *f* ⟨~; ~en⟩ **1.** ⟨*pas de pl*⟩ (*Hilfsbereitschaft*) obligeance *f*; **2.** (*Gefallen*) service *m*; faveur *f*; *darf ich Sie um eine ~ bitten?* puis-je vous demander un service, une faveur?; voudriez-vous me faire plaisir?; **3.** ⟨*pas de pl*⟩ (*ansprechende Art*) attrait *m*; agrément *m*

Ge'fälligkeitsgutachten *n péj* expertise *f* de complaisance

ge'fälligst I *adv* s'il vous plaît; *machen Sie ~ die Tür zu!* vous ne pourriez pas fermer cette porte?; *iron* ayez la bonté de fermer cette porte?; *halt ~ den Mund!* fais-moi le plaisir de te taire!

Ge'fallsucht *f* ⟨~⟩ coquetterie *f*; **²süchtig** *adj* coquet, -ette

ge'fangen I *p/p cf fangen*; II *adj* prisonnier, -ière; (*in Haft*) détenu

Ge'fangene(r) *f(m)* ⟨→ A⟩ (*a Kriegs²*) prisonnier, -ière *m,f*; (*Inhaftierte[r]*) détenu(e) *m(f)*

Ge'fangenen|austausch *m* échange *m* de prisonniers; **~haus** *n österr* prison *f*; **~lager** *n* camp *m* de prisonniers; **~transport** *m* convoi *m* de prisonniers

ge'fangenhalten *v/t* (*irr, sép, -ge-, h*) **1.** *Häftlinge* détenir; *Geiseln* séquestrer; **2.** *Tiere* enfermer; **3.** *st/s fig* (*begeistern*) captiver; *j-s Aufmerksamkeit ~* captiver l'attention de qn

Gefangen|nahme [gəˈfaŋənnaːmə] *f* ⟨~⟩ MIL capture *f*; *von Geiseln* prise *f*; **²nehmen** *v/t* (*irr, sép, -ge-, h*) **1.** faire prisonnier, -ière; capturer; **2.** *st/s fig* (*beeindrucken, begeistern*) captiver

Ge'fangenschaft *f* ⟨~⟩ captivité *f* (*a e-s Tiers*); *in ~ geraten* être fait prisonnier; *er war ein Jahr in deutscher ~ il a été prisonnier un an en Allemagne*; *il a passé un an de captivité en Allemagne*

ge'fangensetzen *st/s v/t* ⟨-(es)t, sép, -ge-, h⟩ mettre en prison

Gefängnis [gəˈfɛŋnɪs] *n* ⟨~ses; ~se⟩ **1.** (*Strafanstalt*) prison *f*; maison *f* d'arrêt; *ins ~ kommen* aller en prison; *j-n ins ~ stecken, werfen, bringen* mettre, jeter, envoyer qn en prison; *im ~ sein od sitzen* être en prison; faire de la prison; *sie war ein Jahr im ~* elle a fait un an de prison; **2.** (*~strafe*) prison *f*; emprisonnement *m*; *j-n zu zwei Jahren ~ verurteilen* condamner qn à deux ans de prison; *mit ~ bestraft werden* *Person* être passible de prison; *Vergehen* être puni de prison; *darauf steht ~* c'est puni de prison

Ge'fängnis|arzt *m*, **~ärztin** *f* médecin *m* pénitentiaire; **~aufseher(in)** *m(f)* gardien, -ienne *m,f* de prison; **~direktor(in)** *m(f)* directeur, -trice *m,f* de prison; **~geistliche(r)** *m* aumônier *m* de prison; **~insasse** *m*, **~insassin** *f* détenu(e) *m(f)*; **~kleidung** *f* uniforme *m* (de détenu[e]); **~krankenhaus** *n* hôpital *m* (d'une prison); **~mauer** *f* mur *m* de prison

Ge'fängnisstrafe *f* (peine *f* d'emprisonnement *m*; (peine *f* de) prison *f*; *j-n zu e-r ~ von sechs Jahren verurteilen* condamner qn à six ans de prison; *bei ~* sous peine d'emprisonnement

Ge'fängnis|wärter(in) *m(f)* gardien, -ienne *m,f* de prison; *früher* geôlier *m*; **~zelle** *f* cellule *f* (de prison)

Ge'fasel F *péj n* ⟨~s⟩ radotage *m*; verbiage *m*

Gefäß [gəˈfɛːs] *n* ⟨~es; ~e⟩ **1.** (*Behälter*) récipient *m*; **2.** ANAT, BOT vaisseau *m*; **~chirurgie** *f* chirurgie *f* vasculaire; **²erweiternd** *adj* vasodilatateur; **~erweiterung** *f* vasodilatation *f*; **~krankheit** *f* maladie *f* vasculaire; **~system** *n* système *m* vasculaire

gefaßt [gəˈfast] I *adj* **1.** (*beherrscht*) calme; *sie macht e-n ~en Eindruck* elle a l'air calme; **2.** *auf etw, alles, auf das Schlimmste ~ sein* s'attendre à qc, à tout, au pire; F *er kann sich auf etw (acc) ~ machen!* F il ne perd rien pour attendre; II *advt* avec calme; calmement

Ge'faßtheit *f* ⟨~⟩ calme *m*

ge'fäßverengend *adj* vasoconstricteur

Ge'fäß|verengung *f* vasoconstriction *f*; **~verkalkung** *f* artériosclérose *f*; **~wand** *f* ANAT paroi *f* de vaisseau

Gefecht [gəˈfɛçt] *n* ⟨~(e)s; ~e⟩ combat *m*; *j-m ein hartes ~ liefern* mener un dur combat contre qn; *außer ~ setzen a fig* mettre 'hors de combat

Ge'fechts|abschnitt *m* secteur *m* de combat; **~ausbildung** *f* entraînement *m* (militaire au combat); **²bereit** *adj* prêt pour le combat

ge'fechtsklar *adj bes* MAR paré pour le combat; **~ machen** sonner le branle-bas de combat

ge'fechtsmäßig I *adj Kleidung, Ausrüstung etc* de combat; II *adv ~ ausgerüstet* en tenue de combat

Ge'fechts|pause *f* accalmie *f* (du combat); **~übung** *f* exercice *m* d'entraînement au combat

ge'federt *adj Fahrzeug* suspendu; garni de ressorts; *gut ~ sein* avoir une bonne suspension; être bien suspendu; avoir de bons ressorts

gefeit [gəˈfaɪt] *adj gegen etw ~ sein* être immunisé contre qc

ge'festigt *adjt Person, Charakter* stable; *Tradition* ancré; *Überzeugung* ferme; *cf a festigen*

Gefieder [gəˈfiːdɐ] *n* ⟨~s; ~⟩ plumage *m*

ge'fiedert *adj* **1.** ZO emplumé; **2.** BOT penné

Gefilde [gəˈfɪldə] *poét n* ⟨~s; ~⟩ paysage *m*; région *f*; sphères *f/pl*; *plais wieder in heimatlichen ~n sein* être rentré en pays connu, *zu Hause* dans ses foyers

ge'fingert *adj* BOT digité

ge'flammt *adj Stoff, Fliese* flammé

Geflecht [gəˈflɛçt] *n* ⟨~(e)s; ~e⟩ **1.** *aus Draht, Holz* treillis *m*; *aus Fäden, Bändern* entrelacement *m*; entrelacs *m/pl*; **2.** *fig aus Linien, Wegen, Nerven, Adern etc* réseau *m*; *ein dichtes ~ aus Zweigen* des branchages entrelacés

ge'fleckt *adj* tacheté; moucheté; *rot etc ~* avec des taches rouges, *etc*

geflissentlich [gəˈflɪsəntlɪç] I *adj* ⟨*épithète*⟩ intentionnel, -elle; II *adv* intentionnellement; avec intention; *etw ~ übersehen* passer sur qc intentionnellement, exprès

geflochten [gəˈflɔxtən] *p/p cf flechten*
geflogen [gəˈfloːɡən] *p/p cf fliegen*
geflohen [gəˈfloːən] *p/p cf fliehen*
geflossen [gəˈflɔsən] *p/p cf fließen*

Ge'flügel *n* ⟨~s⟩ volaille *f*; **~farm** *f* ferme *f* (d'élevage) avicole; (ferme *f* d')élevage *m* de volailles; **~haltung** *f* ⟨~⟩ aviculture *f*; élevage *m* de volailles; **~salat** *m* salade *f* de volaille; **~schere** *f* cisailles *f/pl* à volaille

ge'flügelt *adj Samen, Insekten, Schraube* ailé; *fig cf a Wort 5*.

Ge'flügel|zucht *f* aviculture *f*; élevage *m* de volailles; **~züchter(in)** *m(f)* aviculteur, -trice *f*

Ge'flüster *n* ⟨~s⟩ chuchotements *m/pl*

gefochten [gəˈfɔxtən] *p/p cf fechten*

Ge'folge *n* ⟨~s⟩ suite *f*; Begleitung *f* escorte *f*; *fig etw im ~ haben* être accompagné *bzw* suivi de qc

Ge'folgschaft *f* ⟨~; ~en⟩ **1.** (*Anhänger*) partisans *m/pl*; **2.** ⟨*pas de pl*⟩ (*Gehorsam*) fidélité *f*; *j-m die ~ verweigern* refuser de suivre qn

Ge'folgsmann *m* ⟨~(e)s; -männer *ou* -leute⟩ **1.** partisan *m*; **2.** HIST vassal *m*

Ge'frage *n* ⟨~s⟩ *péj* (sempiternelles) questions *f*

ge'fragt *adjt Ware, Person* demandé; *sehr ~ sein* être très demandé

gefräßig [gəˈfrɛːsɪç] *adj Tiere* vorace; *Mensch* glouton, -onne; goinfre; **²keit** *f* ⟨~⟩ *von Tieren* voracité *f*; *von Menschen* gloutonnerie *f*; goinfrerie *f*

Gefreite(r) [gəˈfraɪtə(r)] *m* ⟨→ A⟩ MIL *etwa* caporal *m*

ge'fressen *p/p cf fressen*

Ge'frieranlage *f* installation *f* de congélation

ge'frieren *v/i* ⟨*irr, p/p gefroren, sein*⟩ geler

Ge'frier|fach *n* compartiment congélateur; *Eisfach* freezer *m*; **~fleisch** *n* viande congelée, surgelée; **²getrocknet** *adjt* lyophilisé; **~gut** *n* aliments congelés, surgelés; surgelés *m/pl*

Ge'frierpunkt *m* PHYS point *m* de con-

gélation; (*Nullpunkt*) zéro *m*; *Temperaturen über, unter dem* ~ au-dessus, au-dessous de zéro
Ge'frier|raum *m* chambre *f* frigorifique; **~schrank** *m* congélateur *m*; **~truhe** *f* congélateur *m* (*bahut*)
gefroren [gə'fro:rən] *p/p cf* **frieren**, **gefrieren**
Ge'fror(e)ne(s) *n* ⟨→ A⟩ *südd, österr* glace *f*
Ge'frotzel F *péj n* ⟨~s⟩ moqueries *f/pl*; railleries *f/pl*
Ge'fuchtel F *péj n* ⟨~s⟩ gesticulations *f/pl*
Ge'füge *n* ⟨~s; ~⟩ structure *f*; *soziales* ~ structures sociales
ge'fügig *adj* docile; (*sich* [*dat*]) *j-n* ~ *machen* rendre qn docile; faire plier qn
Ge'fügigkeit *f* ⟨~⟩ docilité *f*
Gefühl [gə'fy:l] *n* ⟨~s; ~e⟩ **1.** (*Sinneswahrnehmung*) sensation *f*; (*Tastsinn*) toucher *m*; *kein* ~ *mehr in den Füßen haben* ne plus sentir ses pieds; F *plais das ist ein* ~ *wie Weihnachten* c'est le septième ciel; F *plais das ist das höchste der* ~*e* (*das ist das Äußerste, was möglich ist*) c'est le maximum; **2.** *seelisch* sentiment *m*; *kein* ~ *haben* être insensible (*für etw* à qc); *mit gemischten* ~*en* avec des sentiments mitigés; *ein Buch, Film mit* (*viel*) ~ un livre, film très sentimental; **3.** ⟨*pas de pl*⟩ (*Gespür*) sens *m* (*für* de); (*Intuition*) intuition *f*; F (*Feinfühligkeit*) sensibilité *f*; tact *m*; *etw mit* ~ *machen* faire qc avec l'âme, avec sensibilité; *etw nach* ~ *tun* faire qc en suivant son intuition, intuitivement; *sich auf sein* ~ *verlassen* se fier à son intuition **4.** ⟨*pas de pl*⟩ (*Ahnung*) sentiment *m*; *ich habe das* ~, *daß ...* j'ai le sentiment, l'impression que ...; *etw im* ~ *haben* pressentir, sentir qc
ge'fühllos *adj a fig* insensible (*gegenüber* à); dépourvu de sensibilité; *Person a* dur; sec, sèche; **2igkeit** *f* ⟨~⟩ *a fig* insensibilité *f*
ge'fühls|arm *adj* peu sensible; **2ausbruch** *m* explosion *f* de sentiments; **~betont** *adj* Mensch sentimental; *Reaktion* affectif, -ive; **2duse'lei** F *péj n* ⟨~; ~en⟩ sensiblerie *f*; sentimentalisme *m*; **~kalt** *adj* (*sensibilité* froid (*a frigide*); **2kälte** *f* insensibilité *f*; froideur *f* (*a Frigidität*); **2leben** *n* vie affective; sentiments *m/pl*
ge'fühlsmäßig I *adj* Handlung, Entscheidung dicté par le cœur; *cf a* **gefühlsbetont**; **II** *adv* (*intuitiv*) par intuition; intuitivement; ~ *handeln* suivre son intuition, son cœur
Ge'fühls|mensch *m* personne *f* de cœur; sentimental(e) *m(f)*; **~nerv** *m* nerf sensoriel; **~regung** *f* émotion *f*
Ge'fühlssache *f das ist* ~ c'est une question de doigté
Ge'fühlssinn *m* ⟨~(e)s⟩ toucher *m*
Ge'fühlsüberschwang *m* accès *m* de joie, de tristesse, *etc*; *sie umarmte ihn in ihrem* ~ emportée par l'émotion elle le serra sur son cœur
Ge'fühlswallung *f* vive émotion; sentiments passionnés; *freudige etc* ~ transports *m/pl* de joie, *etc*
Ge'fühlswelt *f* ⟨~⟩ monde affectif

ge'fühlvoll I *adj* sensible et sincère; *péj* sentimental; **II** *adv* avec âme; avec sentimentalité
ge'füllt *adj* CUIS *mit Fleisch* farci; *Bonbons, Gebäck* fourré; *Gebäck a* rempli
Ge'fummel F *péj n* ⟨~s⟩ tripotage *m*; F trifouillage *m*; *sexuell* F pelotage *m*
gefunden [gə'fʊndən] *p/p cf* **finden**
Ge'furcht *adj* Ackerboden avec des sillons (profonds); *Gesicht* sillonné de rides
ge'fürchtet *adj* Feind *etc* redouté
ge'füttert *adj* Kleidungsstück, Briefumschlag doublé; *mit Pelz, Filz* fourré
ge'gabelt *adj* fourchu; bifurqué
Ge'gacker *n* ⟨~s⟩ **1.** *von Hühnern* caquetage *m*; **2.** F *fig* (*Gekicher*) gloussements *m/pl*
gegangen [gə'gaŋən] *p/p cf* **gehen**
ge'geben I *p/p cf* **geben**; **II** *adj* MATH *Größe* donné; *aus* ~*em Anlaß* en raison d'un précédent; *im* ~*en Fall* (*in diesem Fall*) dans ce cas; (*gegebenenfalls*) le cas échéant; *unter den* ~*en Umständen* dans ces conditions; *zu* ~*er Zeit* en temps voulu, utile; au moment voulu; *etw als* ~ *voraussetzen* supposer que qc est un fait établi; *das ist das* ~*e* c'est ce qui convient
ge'gebenen'falls *adv* le cas échéant
Ge'gebenheit *f* ⟨~; ~en⟩ donnée *f*; réalité *f*; fait *m*
gegen ['ge:gən] **I** *prép* ⟨*acc*⟩ **1.** (*entgegen*), *a* räumlich, *fig* contre; ~ *die Natur* contre (la) nature; ~ *alle Erwartung* contre toute attente; contrairement à toute attente; ~ *alle Vernunft* tout à fait déraisonnablement; de façon insensée; *das ist* ~ *die Abmachung* c'est contre ce qui a été convenu; *mit zwanzig* ~ *fünf Stimmen* avec vingt voix contre cinq; ~ *j-n, etw sein* être contre qn, qc; ~ *j-n gewinnen, spielen* gagner, jouer contre qn; *mit dem Kopf* ~ *etw stoßen* se taper la tête contre qc; *ein Mittel* ~ *Husten, Schmerzen* un remède contre, pour la toux, les douleurs; *Abneigung, Widerwillen etc* ~ *etw empfinden* éprouver de l'aversion, de l'antipathie, *etc* pour qc; **2.** (*im Austausch für*) contre; en échange de; *etw* ~ *tauschen* échanger qc contre qc; ~ *bar* contre paiement en espèces; ~ *Einsendung von ...* contre envoi de ...; ~ *Vorlage des Passes* sur présentation du passeport; **3.** (*im Vergleich zu*) comparé à; à côté de; par rapport à; **4.** Richtungsangabe vers; **5.** zeitlich vers; ~ *sieben Uhr* vers (les) sept heures; ~ *Abend* vers le soir; ~ *Ende des 19. Jahrhunderts* vers la fin du XIXe siècle; **6.** *st/s* (*gegenüber*) envers; avec; *streng* ~ *j-n sein* être sévère envers, avec qn; *taub, gefühllos etc* ~ *etw sein* être sourd, insensible, *etc* à qc; **II** *adv vor Zahlen* près de; à peu près
'Gegenangebot *n* offre faite en retour; *ein* ~ *machen* offrir qc, autre chose en retour
'Gegenangriff *m* MIL, SPORT, *fig* contre-attaque *f*; *zum* ~ *übergehen* passer à la contre-attaque; contre-attaquer
'Gegen|antrag *m* POL, JUR contre-proposition *f*; **~anzeige** *f* MÉD contre-indication *f*; **~argument** *n* argument *m* contraire; **~behauptung** *f* affirma-

tion *f* (du) contraire; **~beispiel** *n* exemple *m* (démontrant le) contraire
'Gegenbesuch *m* visite (faite en retour); *j-m e-n* ~ *machen* rendre sa visite à qn
'Gegenbewegung *f* mouvement contraire (*a* MUS), opposé; POL réaction *f*
'Gegenbeweis *m* preuve *f* (du) contraire; *den* ~ *antreten* fournir la preuve du contraire
Gegend ['ge:gənt] *f* ⟨~; ~en⟩ région *f*; *litt* contrée *f*; (*Landschaft*) paysage *m*; *landschaftlich schöne* site *m*; (*Umgebung*) environs *m/pl*; alentours *m/pl*; (*Stadtviertel*) quartier *m*; coin *m*; *in der* ~ *von od um Paris* dans la région parisienne; F *fig durch die* ~ *fahren* F faire une balade en voiture, *etc*; F *fig in der* ~ *herumbrüllen* F gueuler; *was machen Sie in dieser* ~? que faites-vous dans les parages, dans le coin?
'Gegen|darstellung *f* exposé *m* des faits (qui en contredit un autre); autre version *f* des faits; **~demonstration** *f* contre-manifestation *f*
'Gegendienst *m* service rendu en retour d'un autre; *j-m e-n* ~ *erweisen* payer qn de retour; renvoyer l'ascenseur
'Gegendruck *m* ⟨~(e)s; ~e⟩ **1.** TECH contre-pression *f*; **2.** ⟨*pas de pl*⟩ *fig* résistance *f*
gegenein'ander *adv* l'un(e) contre l'autre *bzw* les un(e)s contre les autres; *zwei Dinge* ~ *austauschen* échanger une chose contre une autre; *zwei Dinge* ~ *abgrenzen* différencier deux choses; F *die zwei haben etw* ~ ils ne s'aiment pas beaucoup, tous les deux
'Gegeneinander *n* ⟨~s⟩ affrontement *m*
gegenein'ander|halten *v/t* ⟨*irr, sép, -ge-, h*⟩ **1.** (*gegeneinanderdrücken*) appuyer l'un contre l'autre; **2.** *fig* confronter; (*vergleichen*) comparer; **~prallen** *v/i* ⟨*sép, -ge-, sein*⟩ se heurter; entrer en collision; **~stoßen** ⟨*irr, sép, -ge-*⟩ **I** *v/t* ⟨*h*⟩ entrechoquer; **II** *v/i* ⟨*sein*⟩ s'entrechoquer; se heurter
'Gegenentwurf *m* contre-projet *m*
'Gegenfahrbahn *f* voie opposée; *der Wagen auf od von der* ~ la voiture venant dans le sens inverse
'Gegenforderung *f* revendication *f* en retour; compensation exigée; COMM créance *f* en contrepartie
'Gegenfrage *f* question *f* en retour; *e-e* ~ *stellen* poser une question en retour; *mit e-r* ~ *antworten* répondre par une question à une question
'Gegengerade *f* SPORT ligne droite du côté opposé
'Gegengewicht *n* *fig* contrepoids *m*; *ein* ~ *zu etw bilden* contrebalancer qc
'Gegen|gift *n* contrepoison *m*; antidote *m*; **~kandidat(in)** *m(f)* candidat(e) *m(f)* adverse; **~klage** *f* JUR demande reconventionnelle; **~kläger(in)** *m(f)* JUR demandeur *m*, demanderesse *f* reconventionnel, -elle
'Gegenkurs *m* cap opposé; *fig auf* ~ *gehen* adopter une stratégie inverse
'gegenläufig I *adj* qui marche en sens contraire; *fig Entwicklung etc* allant dans le sens opposé, contraire; **II** *adv* en sens contraire; *fig* dans le sens opposé

'**Gegenleistung** f contrepartie f; service rendu en retour d'un autre; *als* ~ en contrepartie; en récompense (*für de*)

'**gegenlenken** v/i ⟨sép, -ge-, h⟩ redresser (un véhicule); donner un coup de volant à droite *bzw* à gauche

'**gegenlesen** v/t ⟨irr, sép, -ge-, h⟩ *e-n Text* ~ relire un texte (écrit par qn d'autre)

'**Gegenlicht** n ⟨~(e)s⟩ contre-jour m; *im* ~ à contre-jour

'**Gegenlichtaufnahme** f photo f à contre-jour

'**Gegenliebe** f ⟨~⟩ amour m réciproque; *fig* accueil m favorable; *fig* ~ *finden, auf* ~ (*acc*) *stoßen* recevoir un accueil favorable

'**Gegen|maßnahme** f contre-mesure f; *POL* a mesure f de rétorsion; **~mittel** n antidote m; **~offensive** f MIL contre-offensive f; **~papst** m HIST antipape m; **~part** m 1. *Rolle* rôle opposé (à un autre); 2. (*Gegner*) antagoniste m; **~partei** f JUR partie f adverse; *SPORT* équipe f adverse; *POL* parti opposant; **~pol** m antipode m; *fig* contraire m; **~probe** f contre-épreuve f (*a bei e-r Abstimmung*); contre-essai m; **~propaganda** f contre-propagande f

'**Gegenreaktion** f réaction f adverse; *das war e-e* ~ *auf* (+*acc*) c'était une réaction à

'**Gegenrechnung** f COMM calcul m de contrôle; *fig e-e* ~ *aufmachen* opposer d'autres chiffres, une autre estimation

'**Gegenrede** f 1. st/s (*Erwiderung*) réplique f (à un discours); *Rede und* ~ dialogue m; 2. (*Widerrede*) objection f

'**Gegen|reformation** f HIST Contre-Réforme f; **~revolution** f contre-révolution f; **~richtung** f sens inverse, contraire, opposé

'**Gegensatz** m 1. contraste m; p/fort antagonisme m; (*Gegenteil*) contraire m; (*Widerspruch*) opposition f; *e-n* ~ (*zu etw*) *bilden, im* ~ (*zu etw*) *stehen* contraster, faire un contraste (avec qc); *im* ~ *zu* contrairement à; au contraire de; par opposition à; *im* ~ *dazu* par contre; en revanche; *Gegensätze ziehen sich an* les extrêmes s'attirent; 2. *Gegensätze m/pl* (*Meinungsverschiedenheiten*) divergences f/pl; 3. MUS *e-r Fuge* contre-sujet m

gegensätzlich ['ge:gɔnzɛtslɪç] adj contraire; opposé; *Meinungen* divergent; ⟂**keit** f ⟨~⟩ divergence f

'**Gegenschlag** m a fig riposte f; MIL, fig contre-attaque f; *zum* ~ *ausholen* (*gegen*) a fig passer à la contre-attaque (contre)

'**Gegenseite** f côté opposé; JUR, fig partie f adverse

'**gegenseitig** I adj 1. (*wechselseitig*) réciproque; mutuel, -elle; ~*e Abhängigkeit* a interdépendance f; ~*e Hilfe* a entraide f; 2. (*beidseitig*) commun; *in* ~*em Einvernehmen* d'un commun accord; II adv réciproquement; mutuellement; *sich* (*dat*) ~ *helfen* a s'entraider; *sich* ~ *töten* s'entre-tuer

'**Gegenseitigkeit** f ⟨~⟩ réciprocité f; *auf* ~ *beruhen* être réciproque; *Versicherung f auf* ~ assurance mutuelle

'**Gegensinn** m ⟨~(e)s⟩ *im* ~ dans la direction opposée

'**Gegen|spieler(in)** m(f) (*Gegner[in]*) a SPORT adversaire m,f; POL opposant(e) m(f); a THÉ antagoniste m,f; **~spionage** f contre-espionnage m; **~sprechanlage** f interphone m (nom déposé); **~sprechverkehr** m TÉL duplex m

'**Gegenstand** m 1. (*Ding*) objet m; 2. ⟨*pas de pl*⟩ *fig e-s Gesprächs etc* objet m; *e-r Dichtung etc* sujet m; *Person* ~ *des allgemeinen Spottes, der Kritik* objet m de la risée publique, des critiques; *zum* ~ *haben* avoir pour objet, sujet; 3. *österr* (*Schulfach*) matière f

'**gegenständig** adj BOT opposé

gegenständlich ['ge:gɔnʃtɛntlɪç] adj concret, -ète; PHILOS objectif, -ive; KUNST figuratif, -ive; ⟂**keit** f ⟨~⟩ caractère m concret, KUNST figuratif

'**gegenstandslos** adj 1. *Frage etc* sans objet; *Verdacht, Beschuldigung, Angst, Eifersucht* non fondé; 2. KUNST non figuratif, -ive; abstrait

'**gegensteuern** v/i ⟨-(e)re, sép, -ge-, h⟩ 1. *bei e-m Fahrzeug* redresser (un véhicule); donner un coup de volant à droite *bzw* à gauche; 2. *fig* rectifier le cours

'**Gegenstimme** f 1. *bei e-r Wahl* voix f contre; *ohne* ~ *gewählt werden* être élu à l'unanimité; 2. (*Stellungnahme dagegen*) avis m contraire

'**Gegen|stoß** m MIL contre-attaque (immédiate); **~strömung** f a fig contre-courant m; **~stück** n 1. *entsprechendes* pendant m; *Person* homologue m; 2. (*Gegenteil*) contraire m

'**Gegenteil** n contraire m; opposé m; *inverse m*; (*ganz*) *im* ~ (bien) au contraire; *Stimmung ins* ~ *umschlagen* changer brusquement du tout au tout; *j-s Behauptung ins* ~ *verkehren* déformer du tout au tout les propos de qn; *das* ~ *ist der Fall* c'est le contraire; *das genaue* ~ *von etw tun* a prendre le contre-pied de qc

'**gegenteilig** adj contraire; opposé; ~*er Ansicht sein* être d'un avis contraire

'**Gegen|tor** n, **~treffer** m but marqué par l'adversaire

gegen'über I prép ⟨*dat*⟩ 1. *örtlich* en face de; vis-à-vis de; 2. *fig* (*in bezug auf*) envers; à l'égard de; vis-à-vis de; *sein Verhalten, s-e Dankbarkeit mir* ~ sa conduite, gratitude envers moi, à mon égard; *höflich, unfreundlich* ~ *j-m sein* être poli, désagréable envers, avec qn; 3. *fig* (*im Vergleich zu*) par rapport à; comparé à; à côté de; II adv en face; vis-à-vis; *das Haus* ~ la maison d'en face

Gegen'über n ⟨~s; ~⟩ vis-à-vis m

gegen'überliegen v/i u v/réfl ⟨irr, sép, -ge-, h⟩ *j-m, e-r Sache* ~ être (situé) en face de qn, qc; faire face à qn, qc; *einander od sich* ~ se faire face, vis-à-vis; être en face l'un(e) de l'autre *bzw* les un(e)s des autres

gegen'überliegend adj (*épithète*) d'en face; opposé

gegen'übersehen v/réfl ⟨irr, sép, -ge-, h⟩ *sich e-m Problem, j-m* ~ être confronté à un problème, à qn

gegen'übersetzen ⟨-(es)t, sép, -ge-, h⟩ I v/t *j-n j-m* ~ mettre, faire asseoir qn en face de qn; II v/réfl *sich j-m* ~ se mettre, s'asseoir, se placer en face de qn

gegen'übersitzen v/i u v/réfl ⟨-(es)t, irr, sép, -ge-, h⟩ *j-m, sich* ~ être assis en face de qn, être assis l'un en face de l'autre

gegen'überstehen v/i u v/réfl ⟨irr, sép, -ge-, h⟩ 1. *räumlich j-m, e-r Sache* ~ être (debout) en face de qn, qc; *j-m plötzlich, unerwartet* ~ se trouver nez à nez avec qn; *einander od sich* ~ se faire face, vis-à-vis; être en face l'un(e) de l'autre *bzw* les un(e)s des autres; 2. *fig e-r Sache* (*dat*) *ablehnend, wohlwollend* ~ être hostile, favorable à qc; *sich* (*dat*) *feindlich* ~ se faire face en ennemis; *großen Problemen* ~ être confronté à de graves problèmes

gegen'überstellen v/t ⟨sép, -ge-, h⟩ *vergleichend* mettre en parallèle; opposer; a JUR confronter; *einander* ~ mettre en face de l'un et de l'autre; *Personen* a mettre en présence

Gegen'überstellung f opposition f; a JUR confrontation f; (*Vergleich*) a parallèle m; ⟂**treten** v/i ⟨irr, sép, -ge-, sein⟩ a fig ~ (+*dat*) faire face à

'**Gegen|verkehr** m circulation f (venant) en sens inverse; **~vorschlag** m contre-proposition f

Gegenwart ['ge:gɔnvart] f ⟨~⟩ 1. (*jetzige Zeit*) présent m; époque actuelle, contemporaine; *die Kunst der* ~ l'art contemporain; 2. (*Anwesenheit*) présence f; *in s-r* ~ en sa présence; lui présent; *in* ~ *Dritter* en présence d'une tierce personne, d'un tiers; 3. GR présent m

gegenwärtig ['ge:gɔnvɛrtɪç] I adj 1. (*épithète*) (*jetzig*) actuel, -elle; présent; 2. st/s (*anwesend*) présent; 3. st/s (*erinnerlich*) *das ist mir nicht* ~ cela ne m'est pas présent à l'esprit; *j-m* etw ~ *sein* cela présent à la mémoire; II adv actuellement; à l'heure actuelle; en ce moment; à présent

'**gegenwarts|bezogen** adj qui se rapporte à l'époque contemporaine; ⟂**form** f GR forme f du présent; **~fremd** adj déphasé; ⟂**kunst** f ⟨~⟩ art m contemporain; ⟂**literatur** f ⟨~⟩ littérature f contemporaine; **~nah** adj actuel, -elle; moderne

'**Gegenwehr** f résistance f; défense f; ~ *leisten* opposer une résistance; *keine* ~ *leisten* ne pas opposer de résistance

'**Gegen|wert** m COMM contre-valeur f, équivalent m (*in* [+*dat*] en); **~wind** m vent m contraire, de face, MAR debout; **~wirkung** f réaction f ⟂**zeichnen** v/t ⟨-ete, sép, -ge-, h⟩ contresigner; **~zeichnung** f contreseing m

'**Gegenzug** m 1. SCHACH etc, fig riposte f; fig *im* ~ en contrepartie; 2. BAHN train m en sens inverse

gegessen [gɔ'gɛsən] p/p cf *essen*

geglichen [gɔ'glɪçɔn] p/p cf *gleichen*

ge'gliedert adj structuré

geglitten [gɔ'glɪtən] p/p cf *gleiten*

geglommen [gɔ'glɔmən] p/p cf *glimmen*

Gegner(in) ['ge:gnɐr(ɪn)] m ⟨~s; ~⟩ (f) ⟨~; -nen⟩ a SPORT adversaire m,f; MIL ennemi(e) m(f); POL opposant(e) m(f); *ein* ~ *der Abtreibung etc sein* être un adversaire de l'avortement, etc; fig,

SPORT **es mit e-m starken ~ zu tun haben** avoir affaire à forte partie; avoir un adversaire de taille
'**gegnerisch** *adj* ⟨épithète⟩ *a SPORT* adverse; d(e l)'adversaire; *MIL* a ennemi
'**Gegnerschaft** *f* ⟨~⟩ **1.** *Haltung* antagonisme *m*; **2.** (*die Gegner*) adversaires *m/pl*
gegolten [gə'gɔltən] *p/p cf* **gelten**
gegoren [gə'go:rən] *p/p cf* **gären**
gegossen [gə'gɔsən] *p/p cf* **gießen**
gegr. *abr* (*gegründet*) fondé
gegriffen [gə'grɪfən] *p/p cf* **greifen**
Gehabe [gə'ha:bə] *n* ⟨~s⟩ *péj* manières *f/pl*; airs *m/pl*
ge'habt *p/p cf* **haben**
Ge'hackte(s) *n* ⟨→ A⟩ (*Hackfleisch*) viande 'hachée
Gehalt[1] [gə'halt] *m* ⟨~(e)s; ~e⟩ **1.** *CHIM etc* teneur *f* (**an** [+*dat*] en); **2.** *gedanklicher* valeur *f*
Ge'halt[2] *n*, *österr* a *m* ⟨~(e)s; ~er⟩ *von Angestellten* salaire *m*; *von Beamten* traitement *m*
ge'halten I *p/p cf* **halten**; II *st/s adj* ⟨attribut⟩ **~ sein, etw zu tun** être tenu de faire qc
ge'haltlos *adj* **1.** *Nahrung* sans valeur nutritive; **2.** *fig Buch etc* superficiel, -ielle; insignifiant; sans valeur; creux, creuse; **♀igkeit** *f* ⟨~⟩ **1.** *der Nahrung* manque *m* de valeur nutritive; **2.** *fig* insignifiance *f*; absence *f* de valeur
Ge'halts|abrechnung *f* bulletin *m* de salaire; **~abzug** *m* retenue *f* sur le salaire *bzw* sur le traitement; **~bescheinigung** *f* attestation (délivrée par l'employeur) du salaire versé; **~empfänger(in)** *m(f)* salarié(e) *m(f)*; **~erhöhung** *f* augmentation *f* de salaire *bzw* de traitement; **~forderung** *f* revendication salariale; **~gruppe** *f* catégorie *f* de salaires *bzw* de traitements; **~konto** *n* compte en banque (utilisé par l'employeur pour verser un salaire); **~kürzung** *f* diminution *f* de salaire
Ge'haltsliste *f* livre *m* de paie; *fig* **auf j-s ~** (*dat*) **stehen** être employé par qn
Ge'halts|nachzahlung *f* rappel *m*; **~streiten** *m* bulletin *m* de salaire; **~stufe** *f für Angestellte* classe *f*, grade *m* de salaire; *für Beamte* échelon *m* de traitement; **~vorrückung** *f* ⟨~; ~en⟩ *österr* augmentation *f* de traitement; **~vorstellung** *f*, **~wunsch** *m* prétentions *f/pl*; **~zahlung** *f* rémunération salariale; **~zulage** *f* prime *f*
ge'haltvoll *adj* a *fig* substantiel, -ielle; riche
Ge'hämmer *n* ⟨~s⟩ martèlement *m*; bruit *m* de marteau
ge'handikapt *adj* 'handicapé
Ge'hänge *n* ⟨~s; ~⟩ **1.** (*Ohr♀*) pendant *m* d'oreille; *e-s Kronleuchters* pendeloques *f/pl*; **2.** *JAGD* (*Ohren*) oreilles *f/pl* (pendantes)
gehangen [gə'haŋən] *p/p cf* **hängen** II
Ge'hängte(r) *f(m)* ⟨→ A⟩ pendu(e) *m(f)*
geharnischt [gə'harnɪʃt] *adj Protest etc* énergique; *Rede, Antwort, Brief* cinglant
gehässig [gə'hɛsɪç] *adj* méchant; (*haßerfüllt*) 'haineux, -euse; **♀keit** *f* ⟨~; ~en⟩ **1.** ⟨*pas de pl*⟩ *Eigenschaft* méchanceté *f*; (*Haß*) (sentiment *m* de) hai-

ne *f*; **2.** *Äußerung* **~en** *pl* méchancetés *f/pl*
ge'hauen *p/p cf* **hauen**
ge'häuft I *adj* **ein ~er Teelöffel ...** une bonne cuillère à café de ...; II *adv* en grande quantité; (*häufig*) souvent
Gehäuse [gə'hɔyzə] *n* ⟨~s; ~⟩ **1.** *e-r Uhr, e-s Meßinstruments etc* boîtier *m*; *TECH* carter *m*; cage *f*; **2.** *ZO* (*Schnecken♀ etc*) coquille *f*; **3.** *von Äpfeln etc* cœur *m*
'**gehbehindert** *adj* à mobilité réduite
Gehege [gə'he:gə] *n* ⟨~s; ~⟩ enclos *m*; *im Tierpark* enceinte *f*; fosse *f*; *fig* **j-m ins ~ kommen** marcher sur les plates-bandes, les brisées de qn; empiéter sur les attributions de qn
geheim [gə'haɪm] *adj* **1.** (*verborgen*) secret, -ète; (*vertraulich*) confidentiel, -ielle; **streng ~** rigoureusement secret; **im ~en** en secret; secrètement; **2.** (*unergründlich, mysteriös*) mystérieux, -ieuse; **~e Kräfte** *f/pl* pouvoirs *m/pl* occultes
Ge'heim|abkommen *n* accord secret; **~agent(in)** *m(f)* agent secret *od* de renseignements; **~bund** *m* société secrète; **~dienst** *m* services secrets; **~diplomatie** *f* diplomatie secrète; **~fach** *n* compartiment *m bzw* tiroir *m* (à) secret; **~gang** *m* passage secret; *unterirdischer* passage souterrain secret
ge'heimhalten *v/t* ⟨*irr, sép, -ge-, h*⟩ tenir, garder secret, -ète; garder le secret de; **etw vor j-m ~** cacher qc à qn
Ge'heimhaltung *f* ⟨~⟩ **strikte ~** la plus grande discrétion; **zur ~ verpflichtet sein** être tenu au secret
Ge'heim|kode *m* code confidentiel; **~lehre** *f* doctrine *f* ésotérique et initiatique
Ge'heimnis *n* ⟨~ses; ~se⟩ **1.** secret *m*; **ein ~ lüften** dévoiler, révéler un secret; **vor j-m ein ~ haben** cacher qc à qn; **vor j-m keine ~se haben** ne pas avoir de secrets pour qn; **ein ~ aus etw machen** faire un mystère de qc; **das ist ein offenes ~** c'est un secret de Polichinelle; **das ist das ganze ~!** c'est tout!; **2.** *unergründliches* mystère *m*; **die ~se des Meeres, der Natur** les mystères de l'océan, de la nature
Ge'heimis|krämer(in) F *m(f)* cachottier, -ière *m,f*; **~krämerei** F *f* ⟨~⟩ cachotteries *f/pl*; **~träger** *m* porteur *m* de secret
Geheimistue'rei F *f* ⟨~⟩ **Schluß mit der ~!** ça suffit, ces cachotteries, ces mystères!
ge'heimnis|umwittert *adj*; **~umwoben** *st/s adj* mystérieux, -ieuse
ge'heimnisvoll I *adj* mystérieux, -ieuse; II *adv* mystérieusement; **~ tun** faire le mystérieux *bzw* la mystérieuse; se donner des airs mystérieux
Ge'heim|nummer *f* numéro secret; *e-r Scheckkarte* code confidentiel; **~polizei** *f* police secrète; **~polizist** *m* agent *m* de la police secrète; **~rat** *m* ⟨~(e)s; ~e⟩ *HIST etwa* conseiller privé, conseiller *m*
Ge'heimratsecken F *plais f/pl* tempes dégarnies; **er bekommt ~** il se dégarnit sur les tempes; ses tempes se dégarnissent
Ge'heim|rezept *n* secret *m*; **~sache** *f* affaire secrète; **~schrift** *f* écriture se-

crète, chiffrée; chiffre *m*; **~sender** *m* émetteur clandestin; **~sitzung** *f* séance secrète; **~sprache** *f* langage secret, codé; **~tinte** *f* encre *f* sympathique; **~tip** *m* F tuyau *m*; **~treppe** *f* escalier dérobé
ge'heimtun F *péj v/i* ⟨*irr, sép, -ge-, h*⟩ (**mit etw**) **~** faire des mystères (de qc)
Ge'heim|waffe *f* arme secrète; **~wissenschaft** *f* science secrète, occulte, ésotérique; **~zeichen** *n* signe secret
Geheiß [gə'haɪs] *st/s n* ⟨~es⟩ **auf ~ von ...** sur l'ordre de ...; **auf sein ~** sur son ordre
ge'hemmt *adj Person* complexé; inhibé
gehen ['ge:ən] ⟨geht, ging, gegangen, sein⟩ I *v/t* faire; **zwei Kilometer ~** faire deux kilomètres (à pied); **e-n Umweg ~** faire un détour; II *v/i* **1.** (*sich fortbewegen, irgendwohin begeben*) aller; **zu Fuß oft, a SPORT** marcher; (*nicht fahren etc*) aller à pied; **in ein Gebäude ~** entrer dans un bâtiment; **durch e-n Ort ~** passer par un village; traverser un village à pied; **über e-e Brücke ~** passer sur, par un pont; **über die Straße ~** traverser la rue; **auf die andere Seite ~** traverser; aller, passer de l'autre côté; **in das andere Zimmer ~** aller, passer dans l'autre pièce; **ins Wasser ~** a *fig* aller dans l'eau; **nach rechts, links ~** aller, prendre à droite, gauche; **nach oben ~** monter; aller en 'haut; **nach unten ~** descendre; aller en bas; **zu j-m ~** aller, se rendre chez qn; **zum Arzt ~** (aller) voir un médecin; aller chez le médecin; **schlafen, einkaufen, tanzen ~** aller se coucher, faire des courses, danser; **nach Hause ~** aller à la maison; rentrer chez soi; F *fig* **wo sie geht und steht** partout où elle va; **2.** (*weg*~) s'en aller; partir; **aus dem Haus ~** sortir (de la maison); quitter la maison; **~ wir!** on part!; partons!; F on s'en va!; **ich muß jetzt ~** il faut que je m'en aille, que je parte maintenant; **j-e partir**; **j-e partir*; **von j-m ~** (*sterben*) quitter qn; F *plais* **gegangen werden** (*entlassen werden*) être prié de partir; F *fig* **geh mir mit deinen Kommentaren** épargne-moi tes commentaires; **3.** *fig* **j-m bis an die Schulter etc ~** arriver à l'épaule, *etc* de qn; **in die Privatwirtschaft ~** F commencer à travailler, aller dans le privé; **zum Film, zur Bühne ~** (commencer à faire du cinéma, du théâtre; **nach München ~** um dort zu leben aller, partir (vivre) à Munich; **in sich** (*acc*) **~** faire un retour sur soi-même; F **mit j-m ~** (*ein Liebespaar sein*) sortir avec qn; **bei j-m ein und aus ~** avoir ses petites et grandes entrées chez qn; F **geh nicht an meine Sachen!** ne touche pas à mes affaires!; **an die Arbeit ~** se mettre au travail, à travailler; **j-m aus dem Weg ~** éviter qn; F **kurz, lang, schwarz** *od* **in Schwarz ~** s'habiller court, long, en noir; **zu e-m Maskenball etc als Indianer, Schneewittchen ~** se déguiser en Indien, Blanche-Neige; **sie geht auf die Vierzig** elle va sur ses quarante ans; elle approche de la quarantaine; **4.** (*hineinpassen*) **in etw** (*acc*) **~** entrer dans qc; **es ~ hundert Personen in den Saal** cent personnes tiennent dans

cette salle; il y a de la place pour cent personnes dans la salle; *wieviel Kilo ~ auf e-e Tonne?* combien y a-t-il de kilos dans une tonne?; combien une tonne fait-elle de kilos?; *das geht nicht in meine Tasche* cela ne tient pas dans ma poche; **5.** *Uhr, Maschine etc* (*funktionieren*) marcher; fonctionner; *Telefon, Klingel etc* (*läuten*) sonner; *Geschäfte* marcher; aller; *Laden* marcher; *Ware* se vendre; *Bus, Zug etc* partir; *Teig* lever; *Gerücht* courir; circuler; *Schaden* *in die Tausende ~* se chiffrer par milliers; *Aufatmen, Aufschrei etc* **durch den Saal ~** parcourir la salle; *diese Affäre ging durch die (ganze) Presse* toute la presse a parlé de cette affaire; *das Spiel, die Melodie geht so* ce jeu, cet air, c'est comme ça; *nach e-r Regel ~* suivre une règle; *wie geht Schach?* on y joue comment, aux échecs?; comment on joue aux échecs?; *wohin geht die Reise?* où vous conduit ce voyage?; *Fenster nach Norden ~* donner au nord; *Straße nach Berlin ~* mener, aller à Berlin; *vor sich ~* se passer; *j-m über alles ~* passer avant tout pour qn; *das geht über meine Kräfte* cela dépasse mes forces; c'est au-dessus de mes forces; *das geht über meinen Horizont* cela me dépasse; *das geht nicht* c'est impossible; (*das paßt nicht*) ça ne va pas; (*es ist nicht einzurichten*) je, tu, etc ne peux pas; *das geht zu weit* c'est trop; cela dépasse les limites, les bornes; **6.** F (*so gerade angehen*) F être potable; *das Wetter geht ja noch, aber das Hotel ist furchtbar* le temps, passe encore, mais l'hôtel est affreux; **III** *v/réfl in diesen Schuhen geht es sich gut* on est à l'aise dans ces chaussures; on marche bien avec ces chaussures; *auf dieser Straße geht es sich gut* c'est agréable de marcher sur cette route; **IV** *v/imp* **7.** *örtlich* *es geht hier nach X* ce chemin va, mène à X; *es geht ein leichter Wind* il y a un peu de vent; **8.** *zeitlich es geht auf od gegen zehn* (*Uhr*) il est près de *od* presque dix heures; **9.** (*ergehen*) *so geht es mir auch, mir geht es ähnlich* c'est pareil pour moi, c'est comme moi; *gesundheitlich, wirtschaftlich etc* *wie geht es Ihnen?* comment allez-vous?; F *wie geht's(, wie steht's)?* ça va?; *es geht* ça va; *cf a gutgehen II, schlechtgehen*; **10.** F (*so gerade angehen*) être moyen, pas mal; *wie hast du geschlafen? – es geht* (*so*) moyennement; pas mal; **11.** (*möglich sein*) *so gut es eben geht* tant bien que mal; vaille que vaille; *es geht nicht anders* on ne peut pas faire autrement; il faut en passer par là; *es wird schon ~!* ça va s'arranger!; (*wir werden es schon schaffen*) on y arrivera (bien)!; **12.** (*verlaufen*) *so geht es, wenn ...* c'est, voilà ce qui arrive, se passe quand ...; *es geht nichts über* (+*acc*) rien ne vaut ...; il n'y a rien de tel, de mieux que ...; *es geht alles nach Wunsch* tout va, marche comme on veut, à souhait; *cf a gutgehen II*; **13.** *als Maßstab es geht immer* (*alles*) *nach ihm* il faut toujours faire comme il (le) veut; c'est toujours lui qui décide; *wenn es nach mir ginge* si ça dépen-

dait de moi; *es geht nicht nach dem Alter, Äußeren* l'âge, le physique ne joue aucun rôle; *danach kann man nicht ~* ce n'est pas un critère; **14.** (*sich handeln*) s'agir de; *es geht* (*mir*) *um ...* (pour moi,) il s'agit de ...; il y va de ...; *es geht um Leben und Tod* c'est une question de vie ou de mort; il y va de la vie ou de la mort; *es geht darum, wer zuerst ankommt* c'est à qui arrivera le premier; *ihm geht es nur ums Geld* il n'y a que l'argent qui l'intéresse; *worum geht es?* de quoi s'agit-il?; *darum geht es doch* (*hier*) *gar nicht* ne s'agit pas du tout de cela; ce n'est pas du tout la question, le problème; *in e-r Diskussion etc* je ne parle pas de cela; *wenn es darum geht, zu* (+*inf*) quand il s'agit de (+*inf*)

'**Gehen** *n* ⟨~s⟩ *a* SPORT marche *f*; *das ~ fällt ihm schwer* il a du mal à marcher; *das Kommen und ~* le va-et-vient; les allées et venues *f/pl*

Gehenkte(r) [gə'hɛŋktə(r)] *f*(*m* ⟨→ A⟩ pendu(e) *m*(*f*)

'**gehenlassen** ⟨*irr, sép, pas de ge-*,⟩ **I** *v/t* F *j-n* (*in Ruhe lassen*) laisser qn tranquille; **II** *v/réfl sich ~* se laisser aller

'**Geher(in)** *m* ⟨~s; ~⟩ (*f*) ⟨~; ~nen⟩ SPORT marcheur, -euse *m,f*

ge'hetzt *adj Mensch* bousculé; pressé

geheuer [gə'hɔʏɐ] *adj nicht* (*ganz*) *~* (*verdächtig*) suspect; (*unheimlich*) inquiétant; *das kommt mir nicht* (*ganz*) *~ vor a* il y a du louche là-dedans, là-dessous; c'est louche; *hier ist es nicht* (*ganz*) *~* ce n'est pas très rassurant ici; (*hier spukt es*) la maison, la forêt, *etc* est 'hantée; *ihm ist nicht* (*ganz*) *~ zumute* il a un sentiment de malaise

Ge'heul *n* ⟨~(e)s⟩ **1.** 'hurlement(s) *m*(*pl*); **2.** F *péj* F pleurnicheries *f/pl*

'**Geh**|**gips** *m* plâtre *m* de marche; *~hilfe f* ⟨~; ~n⟩ appareil *m* orthopédique aidant à la marche

Gehilfe [gə'hɪlfə] *m* ⟨~n; ~n⟩ assistant *m*; aide *m*; (*Laden2, Schreib2*) commis *m*

Ge'hilfin *f* ⟨~; ~nen⟩ assistante *f*; aide *f*

Gehirn [gə'hɪrn] *n* ⟨~(e)s; ~e⟩ *Organ* cerveau *m*; *sc* encéphale *m*; *Substanz*, *fig* cervelle *f*; *sein ~ anstrengen* faire marcher sa cervelle, son cerveau

Ge'hirn|**blutung** *f* hémorragie cérébrale; *~erschütterung f* commotion cérébrale; *~hälfte f* hémisphère cérébral; *~haut f* méninge *f*; *~hautentzündung f* méningite *f*; *~schlag m* (attaque *f* d')apoplexie *f*; *~substanz f* substance cérébrale; *~tätigkeit f* ⟨~⟩ activité cérébrale; *~tumor m* tumeur cérébrale; *~wäsche f* lavage *m* de cerveau; *~windung f* circonvolution cérébrale

gehoben [gə'ho:bən] **I** *p/p cf heben*; **II** *adj* **1.** *Stil, Sprache* soutenu; **2.** *fig ~e Stimmung* atmosphère gaie, animée, où règne la bonne humeur; **3.** *sozial, beruflich ~e Stellung* position élevée; *der ~e Mittelstand* la haute bourgeoisie; *cf Dienst 2*; **4.** (*anspruchsvoll*) *Güter n/pl des ~en Bedarfs* marchandises *f/pl* de luxe

Gehöft [gə'hø:ft] *n* ⟨~(e)s; ~e⟩ ferme *f*

geholfen [gə'hɔlfən] *p/p cf helfen*

Gehölz [gə'hœlts] *n* ⟨~es; ~e⟩ **1.** (*Wäldchen*) petit bois; (*Baumgruppe*) bosquet *m*; **2.** *pl ~e* (*Holzgewächse*) plantes ligneuses

Ge'hör *n* ⟨~(e)s⟩ **1.** *Sinn* ouïe *f*; MUS oreille *f*; MUS *das absolute ~ haben* avoir l'oreille absolue; *ein gutes ~ haben* avoir l'ouïe fine; MUS avoir de l'oreille; MUS *nach ~ spielen* jouer d'oreille; **2.** *st/s j-m etw zu ~ bringen* présenter, exposer qc à qn; *j-m, e-r Sache ~ schenken* prêter l'oreille à qn, qc; écouter qn, qc; (*kein*) *~ finden* (ne pas) trouver un accueil favorable (*bei j-m* auprès de qn); *sich* (*dat*) *~ verschaffen* se faire entendre

ge'horchen *v/i* ⟨*p/p* gehorcht, h⟩ *a* TECH *Motor, Steuer, fig Beine etc* obéir; *aufs Wort ~* obéir au doigt et à l'œil; *s-e Stimme gehorchte ihm nicht mehr* il resta sans voix; il ne put proférer un son; *das Fahrzeug gehorchte ihr nicht mehr* elle a perdu le contrôle de son véhicule

gehören [gə'hø:rən] ⟨*p/p* gehört, h⟩ **I** *v/i* **1.** *als Besitz j-m ~* appartenir, être à qn; *fig der Jugend gehört die Zukunft* l'avenir est aux jeunes; *st/s fig mein Herz gehört e-m anderen* mon cœur appartient à un autre; **2.** *als Teil zu etw ~, j-m ~* faire partie de qc, qn; compter parmi qc, qn; *zu e-m Personenkreis a* être du nombre de ...; *zu e-r bestimmten Kategorie* faire partie de ...; *das gehört zu deinen Pflichten a* c'est de ton devoir; *das gehört nicht zum Thema* cela n'a rien à voir avec le sujet; *das gehört nicht hierher* cela n'a rien à voir (avec ça); **3.** (*erforderlich sein*) *dazu gehört Zeit, Geld, Mut* il faut du temps, de l'argent, du courage pour (faire) cela; cela demande du temps, de l'argent, du courage; *es gehört nicht viel dazu* cela ne demande pas beaucoup d'efforts, de courage, *etc*; **4.** (*am Platze sein*) être à sa place; être rangé; *wo gehört das hin?* où faut-il ranger cela?; *diese Sachen ~ in den Schrank* ces choses-là se rangent dans l'armoire; *du gehörst ins Bett* tu devrais être au lit; *er gehört ins Gefängnis* il mérite la prison; F *südd er gehört verprügelt, eingesperrt* il mérite une volée, la prison; **II** *v/imp u v/réfl es gehört sich zu* (+*inf*) il faut (+*inf*); *das gehört sich* (*nicht*) cela (ne) se fait (pas); c'est (ce n'est pas) convenable; *wie es sich gehört* comme il faut; comme il se doit

Ge'hör|**gang** *m* conduit auditif; *2geschädigt adj* malentendant; déficient(e) auditif, -ive

ge'hörig I *adj* **1.** *als Besitz* appartenant; *das ihm ~e Eigentum* la propriété qui lui appartient, lui appartenant; **2.** *als Teil zu etw ~* qui fait partie de qc; **3.** ⟨*épithète*⟩ (*gebührend*) convenable; dû, due; *in e-r Form* d'une façon convenable; JUR, ADM en bonne et due forme; *mit ~em Respekt* avec le respect voulu; **4.** F ⟨*épithète*⟩ (*tüchtig, kräftig*) bon, bonne; grand; F sacré; *e-e ~e Tracht Prügel* une bonne volée; **II** F *adv* (*gebührend, kräftig*) comme il faut; joliment (bien); d'importance; F *j-m ~ die Meinung sagen* dire à qn sa façon de penser, son fait, ses quatre vérités

ge'hörlos *adj* sourd; déficient(e) auditif, -ive
Ge'hörlose(r) *f(m)* sourd(e) *m(f)*; déficient(e) *m(f)* auditif, -ive
Ge'hörlosenschule *f* école *f* pour les sourds
Ge'hörlosigkeit *f* ⟨~⟩ surdité *f*
Gehörn [gə'hœrn] *n* ⟨~(e)s; ~e⟩ *e-s Rindes, e-r Ziege etc* cornes *f/pl; e-s Rehbocks* bois *m/pl*
ge'hörnt *adjt* **1.** *ZO* à cornes; cornu; **2.** *fig plais Ehemann* F cocu
gehorsam [gə'ho:rza:m] **I** *adj* obéissant; docile; **II** *adv* avec obéissance, docilité
Ge'horsam *m* ⟨~s⟩ obéissance *f*; docilité *f*; **blinder ~** obéissance aveugle; soumission *f*; *j-m* **~ leisten** obéir à qn; *j-m den ~ verweigern* refuser d'obéir à qn
Ge'horsamkeit *f* ⟨~⟩ *cf* **Gehorsam**
Ge'horsams|pflicht *f* ⟨~⟩ devoir *m* d'obéissance; **~verweigerung** *f* refus *m* d'obéissance; *MIL* insubordination *f*
Ge'hörsinn *m* ⟨~(e)s⟩ ouïe *f*
'Gehrock *m* redingote *f*
Gehrung ['ge:rʊŋ] *f* ⟨~; ~en⟩ *TECH* onglet *m*; biais *m*
'Gehsteig *m* trottoir *m*
'Gehtnichtmehr F *n* bis zum **~** jusqu'à l'écœurement; *das haben wir bis zum* **~** *geübt* on a rabâché ça jusqu'à ce que mort s'ensuive; *das habe ich dir doch bis zum* **~** *erklärt!* c'est bien ce que je me suis tué à t'expliquer!
'Gehverband *m* plâtre *m* de marche
'Gehversuch *m (die) erste(n)* **~e machen** Baby faire ses premiers pas (*a Erwachsener nach e-r Krankheit*); apprendre à marcher
'Gehweg *m* trottoir *m*
Geier ['gaɪər] *m* ⟨~s; ~⟩ vautour *m*; F *hol's der* **~!** F la barbe!; F *weiß der* **~!** aucune idée!
Geifer ['gaɪfər] *m* ⟨~s⟩ **1.** (*Speichel*) bave *f*; *wutschäumender* écume *f*; **2.** *st/s péj* venin *m*
'geifern *v/i* ⟨-(e)re, h⟩ **1.** baver; **2.** *fig péj* invectiver; *vor Wut* écumer de rage; *gegen j-n* **~** déblatérer contre qn; *über etw (acc)* **~** pester contre qc
Geige ['gaɪgə] *f* ⟨~; ~n⟩ violon *m*; **~ spielen** jouer du violon; *im Orchester die ersten, zweiten* **~n** les premiers, deuxièmes violons; *fig die erste* **~ spielen** tenir le premier rôle; *fig die zweite* **~ spielen** jouer un rôle secondaire
'geigen ⟨h⟩ **I** *v/t e-e Melodie etc* **~** jouer un air, *etc* au violon; F *j-m die Meinung* **~** dire son fait à qn; **II** *v/i* jouer du violon
'Geigen|bau *m* ⟨~(e)s⟩ lutherie *f*; **~bauer** *m* ⟨~s; ~⟩ luthier *m*; **~kasten** *m* étui *m* à violon; **~musik** *f* musique *f* de *bzw* pour violon; **~spieler(in)** *m(f)* violoniste *m,f*; joueur, -euse *m,f* de violon
Geiger(in) *m* ⟨~s; ~⟩ (*f*) ⟨~; ~nen⟩ violoniste *m,f*
'Geigerzähler *m* PHYS compteur *m* Geiger
geil [gaɪl] *adj* **1.** (*lüstern*) lubrique; F *ein* **~er Typ** F un chaud lapin; F *er ist* **~ auf sie** F elle le fait bander; F *fig er ist ganz* **~ aufs Motorradfahren** F il prend son pied en faisant de la moto; F

la moto, ça le branche à fond. **2.** *Jugendsprache* (*toll*) F cool; **3.** BOT luxuriant; exubérant
'Geilheit *f* ⟨~⟩ **1.** (*Lüsternheit*) lubricité *f*; **2.** BOT exubérance *f*; luxuriance *f*
Geisel ['gaɪzəl] *f* ⟨~; ~n⟩ otage *m*; *j-n als* **~ nehmen** prendre qn en otage
'Geisel|befreiung *f* libération *f* des otages; **~drama** *n* prise *f* d'otages dramatique; **~gangster** *m* preneur *m* d'otages
Geisel|nahme ['gaɪzəlna:mə] *f* ⟨~; ~n⟩ prise *f* d'otages; **~nehmer** *m* ⟨~s; ~⟩ preneur *m* d'otages
Geisha ['ge:ʃa] *f* ⟨~; ~s⟩ geisha *f*
Geiß [gaɪs] *f* ⟨~; ~en⟩ *südd, österr, schweiz* (*Ziege*) chèvre *f*; **'~blatt** *n* ⟨~(e)s⟩ BOT chèvrefeuille *m*; **'~bock** *m südd, österr, schweiz* bouc *m*
Geißel ['gaɪsəl] *f* ⟨~; ~n⟩ **1.** HIST, REL discipline *f*; **2.** *st/s fig* fléau *m*; **3.** ZO flagelle *m*; **4.** *regional* (*Peitsche*) fouet *m*; verge *f*
'geißeln *v/t* ⟨-(e)le, h⟩ **1.** HIST, REL flageller; **2.** *st/s fig* (*anprangern*) fustiger
'Geißeltierchen *n* flagellé *m*
'Geißelung *f* ⟨~; ~en⟩ **1.** HIST, REL flagellation *f*; **2.** *st/s fig* (*Anprangerung*) fustigation *f*
'Geiß|fuß *m* **1.** zum Ausziehen von Nägeln pied-de-biche *m*; **2.** ⟨*pas de pl*⟩ BOT herbe *f* aux gouteux; *sc* ægopodium *m*; **'~lein** *st/s n* ⟨~s; ~⟩ chevreau *m*
Geist [gaɪst] *m* ⟨~(e)s; ~er⟩ **1.** ⟨*pas de pl*⟩ esprit *m*; génie *m*; (*Verstand*) intelligence *f*; *er hat* **~** il a de l'esprit, il est spirituel; *der* **~ der Zeit** l'esprit de l'époque; *der* **~ der französischen Sprache** le génie de la langue française; *st/s wes* **~es Kind er, sie etc ist** quel type de personne il, elle, *etc* est; *st/s s-n od den* **~ aufgeben** rendre l'âme, le dernier soupir; ; F *fig (kaputtgehen)* être cassé; se casser; rendre l'âme; *ich werde im* **~e bei dir sein** je serai avec toi en pensée; *etw im* **~(e) vor sich (dat) sehen** se représenter, s'imaginer qc; *ich glaube, in s-m* **~e zu handeln** je crois agir en son sens; F *j-m (mit etw) auf den* **~ gehen** taper sur les nerfs de qn (avec qc); BIBL *der* **~ ist willig, aber das Fleisch ist schwach** l'esprit est prompt, (mais) la chair est faible; **2.** *Mensch* esprit *m*; *ein großer* **~**, *ein grand esprit*; *un génie*; *plais ein unruhiger* **~ sein** ne pas tenir en place; *hier od da scheiden sich die* **~er** sur cette question les avis diffèrent, sont partagés; **3.** (*Haus2, Natur2*) esprit *m*; (*Gespenst*) revenant *m*; fantôme *m*; *plais ein dienstbarer* **~** une aide; un(e) domestique; *ein böser* **~** esprit malfaisant; *der Heilige* **~** le Saint-Esprit; F *bist du (denn) von allen guten* **~ern verlassen!** qu'est-ce qui te prend!; tu as perdu la tête!
'Geister|bahn *f* train *m* fantôme; **~beschwörer** *m* ⟨~s; ~⟩ conjurateur *m*; (*Totenbeschwörer*) nécromancien *m*; **~beschwörung** *f* Heraufbeschwörung *f* conjuration *f* (*des esprits*); *Austreibung a* exorcisme *m*; **~erscheinung** *f* apparition *f* d'esprit(s); **~fahrer(in)** *m(f)* automobiliste *m,f* roulant à contresens sur une autoroute; **~geschichte** *f* ⟨~;

~n⟩ histoire *f* de revenants; **~glaube** *m* croyance *f* aux esprits; **2haft** *adj* fantomatique; *Stimmung* sinistre; inquiétant
'Geisterhand *f* **wie durch** *od* **von ~** comme animé, poussé, *etc* par une main invisible
'Geisterhaus *n* maison 'hantée
geistern ['gaɪstərn] *v/i* ⟨-(e)re, sein⟩ rôder, errer (*durch* dans); *diese Idee geistert immer noch in ihren Köpfen* cette idée les 'hante toujours
'Geister|stadt *f* ville (complètement) déserte; **~stimme** *f* voix caverneuse, d'un revenant, d'un fantôme; **~stunde** *f* ⟨~⟩ heure *f* des revenants
'geistesabwesend *adj* absent; distrait; *zeitweilig* **~ sein** avoir des absences
'Geistes|abwesenheit *f* absence *f*; distraction *f*; **~arbeiter** *m* travailleur intellectuel; **~bildung** *f* ⟨~⟩ culture *f*; **~blitz** F *m* trait *m* d'esprit, saillie *f*; **~gabe** *f* don *m* de l'esprit; **~gegenwart** *f* présence *f* d'esprit; **2gegenwärtig** *adj* *u adv* (de la) présence d'esprit; avec (de l')à-propos; **~geschichte** *f* ⟨~⟩ histoire *f* des idées; **2geschichtlich I** *adj* relatif, -ive à l'histoire des idées; **II** *adv* sur le plan de l'histoire des idées
'geistesgestört *adjt* déséquilibré; *p/fort* dément; **~ sein** être un déséquilibré
'Geistes|gestörte(r) *f(m)* ⟨→ A⟩ déséquilibré(e) *m(f)*; *p/fort* dément(e) *m(f)*; **~gestörtheit** *f* ⟨~⟩ déséquilibre mental; troubles mentaux; *p/fort* démence *f*; **~größe** *f* génie *m*; **~haltung** *f* état *m*, tournure *f* d'esprit; mentalité *f*; **~kraft** *f* faculté mentale; **2krank** *adj* malade mental, aliéné; **~kranke(r)** *f(m)* malade *m,f* mental(e), aliéné(e) *m(f)*; **~krankheit** *f* maladie mentale; aliénation mentale; **~leben** *n* ⟨~s⟩ vie intellectuelle, spirituelle, de l'esprit; **~richtung** *f* tendance intellectuelle; **~schwäche** *f* ⟨~⟩ déficience mentale; *p/fort* débilité mentale; **~störung** *f* ⟨~⟩ trouble mental; aberration mentale; **~strömung** *f* courant intellectuel, des idées; **~tätigkeit** *f* activité intellectuelle; **~verfassung** *f* moral *m*, état *m*, disposition *f* d'esprit; **2verwandt** *adj* qui a des affinités intellectuelles (*mit* avec); **~verwirrung** *f* ⟨~⟩ égarement *m*; désordre *m* de l'esprit; **~wissenschaften** *f/pl* lettres *f/pl* et sciences humaines; **~wissenschaftler(-in)** *m(f)* étudiant(e) *m(f)*, spécialiste *m,f* en lettres et sciences humaines; **2wissenschaftlich** *adj* relatif, -ive aux lettres et sciences humaines; des lettres et sciences humaines; *Studium* littéraire
'Geisteszustand *m* ⟨~(e)s⟩ santé mentale; équilibre mental; F *plais du solltest dich mal auf deinen* **~ untersuchen lassen** F tu es complètement fêlé; F il faut te faire soigner
'geistig I *adj* ⟨*épithète*⟩ **1.** d(e l')esprit; (*verstandesmäßig*) intellectuel, -elle; PSYCH mental; (*spirituell*) spirituel, -elle; **~e Anstrengung** effort intellectuel, cérébral; **~e Arbeit** travail intellectuel; **~er Diebstahl** plagiat *m*; **~es Eigentum** propriété intellectuelle; *j-s* **~es Erbe** l'héritage spirituel de qn; **~e Frei-**

heit liberté f d'esprit; **~e Größe** *Eigenschaft* grandeur f d'esprit; *Person* génie m; **das ~e Leben** la vie intellectuelle; **~e Nahrung** nourriture intellectuelle; **der ~e Urheber**, F **Vater** le père spirituel; l'auteur m; **~e Verfassung** état m, disposition f d'esprit; moral m; **sein Alter in ~er Frische verbringen** ne rien perdre de ses facultés en vieillissant; vieillir en gardant toute son activité intellectuelle, ses facultés; **etw vor s-m ~en Auge vorüberziehen lassen** passer mentalement qc en revue; **2. ~e Getränke** n/pl spiritueux m/pl; **II** adv intellectuellement; mentalement; **~ rege, träge sein** être vif, lourd; **~ zurückgeblieben** retardé mental; débile; F **~ weggetreten sein** F être dans la lune; F être à côté de ses pompes
'**Geistigkeit** f ⟨~⟩ intellectualité f
'**geistlich** adj ⟨épithète⟩ spirituel, -elle; (religiös) religieux, -ieuse; (kirchlich) clérical; ecclésiastique; **~es Lied** chant religieux; **~e Musik** musique sacrée; **~er Beistand** assistance spirituelle; **~es Amt** fonctions f/pl ecclésiastiques; **der ~e Stand** le clergé
'**Geistliche(r)** m ⟨→ A⟩ ecclésiastique m; (Pfarrer) CATH curé m; PROT pasteur m; (Feld2, Gefängnis2 etc) aumônier m
'**Geistlichkeit** f ⟨~⟩ clergé m
'**geist|los** adj stupide; dénué d'esprit; **2losigkeit** f ⟨~; ~en⟩ **1.** ⟨pas de pl⟩ *Eigenschaft* manque m d'esprit; stupidité f; **2.** *Handlung, Äußerung* stupidité f; **~reich I** adj (klug-witzig) spirituel, -elle; fin; plein d'esprit; (tiefgründig) profond; **II** adv spirituellement; avec esprit; avec profondeur; **~sprühend** adj pétillant d'esprit; **~tötend** adj abrutissant; **~voll** adj plein d'esprit, profond
Geiz [gaɪts] m ⟨~es⟩ avarice f
'**geizen** v/i ⟨-(es)t, h⟩ **mit etw ~** être avare de qc; lésiner sur qc; iron **sie geizt nicht mit ihren Reizen** elle n'est pas avare de ses charmes
'**Geizhals** m avare m; pingre m; grippe-sou m
'**geizig** adj avare; pingre; F radin
'**Geizkragen** F m grippe-sou m; F radin m

Ge'jammer(e) F péj n ⟨~s⟩ lamentations f/pl; F jérémiades f/pl
Ge'johle F péj n ⟨~s⟩ 'hurlements m/pl; (Buhrufe) 'huées f/pl
gekannt [gəˈkant] p/p cf **kennen**
Ge'keife F péj n ⟨~s⟩ criailleries f/pl
Ge'kicher F péj n ⟨~s⟩ gloussements m/pl; rires étouffés
Ge'kläff(e) F péj n ⟨~s⟩ jappements m/pl; glapissements m/pl
Ge'klapper F péj n ⟨~s⟩ von *Geschirr*, e-r *Schreibmaschine* etc cliquetis m; von *Störchen* craquètement m; claquement m de bec; der *Zähne*, *Absätze* claquement m
Ge'klimper F péj n ⟨~s⟩ pianotage m
Ge'klingel F péj n ⟨~s⟩ sonnerie (continuelle); tintement m
geklungen [gəˈkluŋən] p/p cf **klingen**
Ge'knatter F péj n ⟨~s⟩ e-s *Motors* pétarade f; e-s *Gewehrs* crépitement m; e-r *Fahne* etc claquement m
ge'knickt F fig adj démoralisé; abattu; déprimé

gekniffen [gəˈknɪfən] p/p cf **kneifen**
Ge'knister n ⟨~s⟩ péj des *Feuers* crépitement m; des *Papiers* froissement m
ge'kommen p/p cf **kommen**
gekonnt [gəˈkɔnt] **I** p/p cf **können II; II** adj parfait; **das war sehr ~** c'était parfait; **III** adv parfaitement
ge'körnt adj TECH granulé; en grenaille; CUIS *Brühe* granulé
Ge'krächze n ⟨~s⟩ von *Raben* croassement m; von *Papageien*, fig cris m/pl rauques
ge'kränkt adj vexé; offensé
Ge'kreisch(e) n ⟨~s⟩ von *Menschen*, *Möwen* etc cris perçants; bei *Streit* criaillements m/pl; e-r *Säge* grincement m; von *Reifen* crissement m
Ge'kritzel F péj n ⟨~s⟩ griffonnage(s) m(pl); gribouillage(s) m(pl); gribouillis m; klein u schlecht lesbar pattes f/pl de mouches
gekrochen [gəˈkrɔxən] p/p cf **kriechen**
Gekröse [gəˈkrøːzə] n ⟨~s; ~⟩ **1.** ANAT mésentère m; **2.** CUIS von *Kalb* u *Lamm* fraise f
ge'krümmt adjt courbé
gekünstelt [gəˈkʏnstəlt] adj maniéré; *Benehmen*, *Lächeln* a affecté; *Stil* a recherché; artificiel, -ielle
Gel [geːl] n ⟨~s; ~e⟩ gel m
Ge'laber(e) F péj n ⟨~s⟩ bavardage m; verbiage m; p/fort P conneries f/pl
Gelächter [gəˈlɛçtɐ] n ⟨~s; ~⟩ **1.** (*Lachen*) rires m/pl; **schallendes ~** éclats m/pl de rire; **in schallendes ~ ausbrechen** éclater de rire; **2.** ⟨pas de pl⟩ (*Gegenstand des ~s*) risée f
gelackmeiert [gəˈlakmaɪɐt] F plais adj ⟨attribut⟩ **ich bin ~ od der 2e** F je me suis fait avoir, rouler
ge'laden I p/p cf **laden; II** F adj (wütend) **~ sein** être furieux, -ieuse; ne pas être à prendre avec des pincettes; **sie ist ~ a** elle va exploser; **auf j-n ~ sein** être furieux, -euse, F avoir une dent contre qn
Gelage [gəˈlaːgə] n ⟨~s; ~⟩ orgie f; (*Trink2*) beuverie f
Ge'lähmt adj paralytique; paralysé
Ge'lähmte(r) f(m) ⟨→ A⟩ paralytique m,f; paralysé(e) m(f)
Gelände [gəˈlɛndə] n ⟨~s; ~⟩ a MIL terrain m; **~abschnitt** m section f de terrain; **~fahrzeug** n (véhicule m) tout terrain m; **~gängig** adj *Fahrzeug* tout terrain; **~lauf** m SPORT cross-country m
Geländer [gəˈlɛndɐ] n ⟨~s; ~⟩ balustrade f; e-r *Treppe* rampe f; e-r *Brücke* garde-fou m; e-s *Schiffes* rambarde f
Ge'lände|reifen m pneu m tout terrain; **~ritt** m cross-country m équestre; **~spiel** n grand jeu (de plein air); **~übung** f MIL (exercice m de) grandes manœuvres; **~wagen** m (voiture f) tout terrain m; 4×4 [katkatˈʀəː] f
gelang [gəˈlaŋ] p/p cf **gelingen**
gelangen [gəˈlaŋən] v/i ⟨p/p gelangt, sein⟩ parvenir, arriver, accéder (**zu**, **nach** à); **in j-s Hände, Besitz** (acc) parvenir entre les mains de qn; **ans Ziel ~** parvenir, arriver au but; atteindre le but; *Geheimnis*, *Skandal* **an die Öffentlichkeit ~** être divulgué au public; **zur Macht ~** parvenir, accéder, arriver au pouvoir; **zu Reichtum ~** faire fortu-

ne; **zu der Erkenntnis ~, daß ...** se rendre compte, arriver à la conclusion que ...
ge'langweilt I adj *Person* qui s'ennuie; **er macht ein ~es Gesicht** il a l'air de s'ennuyer; **II** adv **~ in der Ecke stehen** être debout dans un coin et s'ennuyer
ge'lassen I p/p cf **lassen II, III; II** adj (ruhig) calme, tranquille; (gefaßt) calme; (gleichmütig) flegmatique; **III** adv avec calme, tranquillement; avec sang-froid; sans se départir de son flegme; **~ bleiben** rester calme; garder son calme, son sang-froid; **alles ~ hinnehmen** prendre les choses avec philosophie
Ge'lassenheit f ⟨~⟩ (*Ruhe*) calme m; tranquillité f; sang-froid m; (*Gefaßtheit*) calme m; (*Gleichmut*) flegme m
Gelatine [ʒelaˈtiːnə] f ⟨~⟩ gélatine f
ge'laufen p/p cf **laufen**
geläufig [gəˈlɔʏfɪç] adj courant; (vertraut) familier, -ière; **das ist mir (nicht) ~** je (ne) connais (pas) bien
Ge'läufigkeit f ⟨~⟩ emploi courant; fréquence f
gelaunt [gəˈlaʊnt] adj **gut**, **schlecht ~ sein** être de bonne, mauvaise humeur
Ge'läut(e) n ⟨~(e)s; ~e⟩ (p/p 2) von *Glocken* carillon m; sonnerie f; e-s *Schlittens* tintement m (de grelots); **unter dem ~ der Glocken** au son des cloches
gelb [gɛlp] adj jaune; *Verkehrsampel* orange; südd **~e Rübe** carotte f; TÉL **~e Seiten** f/pl pages f/pl jaunes; POL péj **die ~e Gefahr** le péril jaune; FUSSBALL **die ~e Karte** le carton jaune; **~ werden** devenir jaune; jaunir; *Ampel* passer à l'orange; **~ färben** teindre en jaune; **sich ~ färben** devenir jaune; jaunir
Gelb n ⟨~s; ~⟩ jaune m; couleur f jaune; **in ~** (acc) **gekleidet** (habillé) en jaune; **die Ampel steht auf, zeigt ~** le feu est à l'orange
'**Gelbe(s)** n ⟨→ A⟩ jaune m; (*Eigelb*) jaune m (d'œuf); F **das ist nicht das ~ vom Ei** F ce n'est pas génial
'**Gelb|fieber** n fièvre f jaune; **~filter** m PHOT filtre m, écran m jaune; **~gold** n or m jaune; **2grün** adj vert tirant sur le jaune; vert-jaune (inv) **~körper** m PHYSIOL corps m jaune; **~körperhormon** n PHYSIOL progestérone f; **2lich** adj jaunâtre; **~sucht** f ⟨~⟩ MÉD jaunisse f; **~wurst** f etwa cervelas m; **~wurzel** f curcuma m
Geld [gɛlt] n ⟨~(s); ~er⟩ **1.** ⟨pas de pl⟩ argent m; (*Währung*, *Klein2*, *Münzen*) monnaie f; **großes ~** (gros) billet(s) m(pl); **kleines ~** monnaie f (d'appoint); **bares ~** argent liquide; fig **das ist bares ~** c'est de l'or en barre; cela vaut de l'or; **das ist hinausgeworfenes ~** c'est de l'argent jeté par les fenêtres; **~ verdienen** gagner de l'argent; **~, kein ~ bei sich** (dat) **haben** avoir de l'argent, ne pas avoir d'argent sur soi; **ohne e-n Pfennig ~ dastehen** être sans un od le sou; F **fig j-m das ~ aus der Tasche ziehen** voler, F plumer qn; F **etw für teures ~ kaufen** acheter, payer qc cher; **das ist für ~ nicht zu haben**, **nicht mit ~ zu bezahlen** ça vaut son pesant d'or; ça n'a pas de prix; F fig **im ~ schwimmen**, F **~ wie Heu**

Geldadel – geliefert

haben rouler sur l'or; F être plein aux as; F avoir plein de fric; F *ins ~ gehen* coûter cher; *zu ~ kommen* s'enrichir; *durch Erbschaft* hériter; *etw zu ~ machen* vendre qc; *Wertpapiere etc* convertir qc en argent; réaliser qc; F *das große ~ machen* faire fortune; *sein ~ wert sein* valoir son prix; F *nicht für ~ und gute Worte* à aucun prix; *fig das ~ liegt auf der Straße* on ramasse l'argent à la pelle; *prov ~ (allein) macht nicht glücklich prov* l'argent ne fait pas le bonheur; *prov ~ regiert die Welt* l'argent gouverne, mène le monde; **2.** *meist pl ~er (finanzielle Mittel)* fonds *m/pl*; capitaux *m/pl*; sommes *f/pl* d'argent; *öffentliche, staatliche ~er* fonds publics, de l'État; *Zuschüsse* subventions *f/pl*; *verfügbare ~er* disponibilités *f/pl*; **3.** *Börse (~kurs)* prix *m*, cours *m* d'achat

'**Geld**|**adel** *m* 'hauts milieux de la finance; **~angelegenheit** *f* affaire, question d'argent, financière, pécuniaire; **~anlage** *f* placement *m* (d'argent, de capitaux); **~automat** *m* distributeur *m* (automatique) de billets; guichet *m* automatique; **~betrag** *m* somme *f* (d'argent); montant *m*

'**Geldbeutel** *m bes südd* porte-monnaie *m*; bourse *f*; *fig für jeden ~* à la portée de toutes les bourses

'**Geld**|**bombe** *f* boîte métallique contenant la caisse d'un magasin et déposée dans le coffre-fort d'une banque; **~börse** *f* porte-monnaie *m*; bourse *f*; *für Geldscheine* portefeuille *m*; **~briefträger** *m* facteur *m* (chargé de procéder au paiement de mandats à domicile); **~buße** *f* amende *f*; **~entwertung** *f* dépréciation *f*, dévalorisation *f* de la monnaie; érosion *f* monétaire; *(Inflation)* inflation *f*

'**Gelderwerb** *m etw zum ~ tun* faire qc pour gagner sa vie; *s-m ~ nachgehen* gagner sa vie

'**Geld**|**forderung** *f* créance *f* (d'argent); **~frage** *f* question *f*, affaire *f* d'argent; **~geber** *m* ⟨~s; ~⟩ *FIN* bailleur *m* de fonds; *(Sponsor)* sponsor *m*; **~geschäft** *n* opération financière

'**Geldgeschenk** *n j-m ein ~ machen* donner de l'argent comme cadeau à qn

'**Geld**|**gier** *f* rapacité *f*; cupidité *f*; **2gierig** *adj* rapace; cupide; âpre au gain

'**Geldhahn** *m* F *j-m den ~ abdrehen od zudrehen* couper les vivres à qn

'**Geld**|**heirat** *f* mariage *m* d'intérêt; **~herrschaft** *f* ⟨~⟩ ploutocratie *f*; **~institut** *n* établissement financier, bancaire; **~katze** *f HIST* bourse *f*; **~knappheit** *f* manque *m* d'argent; **~kurs** *m BÖRSE* cours *m*, prix *m* d'achat

'**geldlich I** *adj* ⟨épithète⟩ financier, -ière; pécuniaire; **II** *adv* financièrement; pécuniairement

'**Geld**|**mangel** *m* ⟨~s⟩ manque *m* d'argent; **~markt** *m* marché *m* monétaire

'**Geldmittel** *n/pl* fonds *m/pl*; ressources pécuniaires, financières; *über ~ (acc) verfügen* être en fonds

'**Geldnot** *f* ennuis *m/pl* d'argent; (graves) problèmes financiers, matériels; *in ~ sein* avoir des ennuis d'argent

'**Geld**|**politik** *f* politique monétaire, financière; **~preis** *m* prix *m* en espèces; **~quelle** *f* ressources *f/pl*; *Einkom-*

mensquelle source *f* de revenus; **~rolle** *f* rouleau *m* de pièces de monnaie; **~sache** *f* affaire *f*, question *f* d'argent; question d'intérêts

'**Geldsack** *m* **1.** sac *m* d'argent *(servant aux transports de fonds)*; **2.** F *péj Person alter ~* F vieux grigou

'**Geld**|**schein** *m* billet *m* de banque; **~schrank** *m* coffre-fort *m*

'**Geldschwierigkeiten** *f/pl* ennuis *m/pl* d'argent; problèmes financiers, matériels; *in ~ sein* avoir des problèmes financiers, matériels

'**Geld**|**sorgen** *f/pl* soucis d'argent, financiers, matériels; **~sorten** *f/pl* monnaies étrangères; espèces *f/pl*; **~spende** *f* don *m* en argent; **~strafe** *f* amende *f*; **~stück** *n* pièce *f* de monnaie; **~summe** *f* somme *f* d'argent; **~tasche** *f* porte-monnaie *m*; *für Geldscheine* portefeuille *m*; *zum Umhängen* sacoche *f*

'**Geldtransport** *m* transport *m* de fonds; *e-n ~ überfallen* attaquer un convoyeur de fonds

'**Geld**|**umlauf** *m* circulation *f* monétaire; **~umtausch** *m* change *m*; **~verkehr** *m* circulation *f*, trafic *m* monétaire, de l'argent

'**Geldverlegenheit** *f* manque *m* d'argent; gêne *f*; *in ~ sein* à être gêné, à court d'argent

'**Geld**|**verschwendung** *f* gaspillage *m* d'argent; **~waschanlage** *f* institution *f* servant à blanchir de l'argent; **~wäsche** *f fig* blanchiment *m* de l'argent; **~wechsel** *m* change *m*; **~wechsler** *m* ⟨~s; ~⟩ *Person* cambiste *m*; *Automat* changeur *m* de monnaie; **~wert** *m* **1.** *des Geldes* valeur *f* de l'argent; **2.** *e-r Sache* valeur *f* (en argent); **~wesen** *n* ⟨~s⟩ finances *f/pl*; système *m* monétaire; **~wirtschaft** *f* économie monétaire, financière; finances *f/pl*; **~zuwendung** *f* somme *f* d'argent; aide financière, matérielle; *(Schenkung)* don *m* (en argent)

Gelee [ʒeˈleː *ou* ʒəˈleː] *n od m* ⟨~s; ~s⟩ gelée *f*; *in ~* en gelée; en aspic

Gelege [gəˈleːgə] *n* ⟨~s; ~⟩ *(Eier e-s Vogelnestes)* ponte *f*

gelegen [gəˈleːgən] **I** *p/p cf liegen*; **II** *adj* **1.** *örtlich* situé; *JUR, ADM* sis; *am Wald ~ es Haus* maison située au bord de la forêt; *nach Süden ~* exposé au sud; *nach der Straße ~* donnant sur la rue. **2.** *(passend)* convenable; *zeitlich* opportun; propice; *zu ~er Zeit* au bon moment; *in ~em Zeit* en temps opportun; *das kommt (mir) gerade ~* cela tombe bien; cela m'arrange; *das kommt mir nicht ~* cela ne m'arrange pas; cela tombe mal; *du kommst (mir) sehr ~* tu arrives juste au bon moment, F à pic. **3.** *(wichtig sein) cf liegen 5.*

Ge'legenheit *f* ⟨~; ~en⟩ occasion *f*; *bei ~* à l'occasion; *bei passender ~* en temps voulu; si l'occasion se présente; *bei dieser ~* par la même occasion; *bei nächster ~* à la première occasion (venue); *bei jeder* (F *passenden und unpassenden*) *~* à tout propos; F à tout bout de champ; *bei e-r festlichen ~* à l'occasion d'une fête; *ein Kaffeeservice für besondere ~en* un service à café pour les grandes occasions; *das ist die einzige ~ zu* (+*inf*) c'est ou jamais de (+*inf*); *~ haben, zu* (+*inf*) avoir l'occasion de (+*inf*); *j-m ~*

geben zu (+*inf*) donner, fournir à qn l'occasion de (+*inf*); *es bot sich die ~ zu* (+*inf*) l'occasion de (+*inf*) s'est présentée; *prov ~ macht Diebe prov* l'occasion fait le larron

Ge'legenheitsarbeit *f* travail occasionnel; petit boulot; *~en machen* faire des petits boulots

Ge'legenheits|**arbeiter(in)** *m(f)* travailleur *m*, -euse *f* occasionnel, -elle; **~dichtung** *f* vers *m/pl* de circonstance; **~dieb** *m* voleur occasionnel; **~kauf** *m* occasion *f*

gelegentlich [gəˈleːgəntlɪç] **I** *adj* ⟨épithète⟩ occasionnel, -elle; **II** *adv* de temps en temps; à l'occasion; *gib mir das Buch ~ zurück* rends-moi le livre quand tu pourras; *kommen Sie ~ vorbei* passez (donc) me voir un de ces jours; **III** *st/s prép* ⟨gén⟩ à l'occasion de

gelehrig [gəˈleːrɪç] *adj* docile; **2keit** *f* ⟨~⟩ docilité *f*

ge'lehrsam *adj* **1.** *cf* **gelehrig**; **2.** *st/s (gelehrt)* savant; érudit; **2keit** *f* ⟨~⟩ *st/s* savoir *m*; érudition *f*

ge'lehrt *adj* savant; érudit; lettré; *ein ~er Mann* un savant; un érudit; *das Buch ist mir zu ~* le livre est trop savant pour moi

Ge'lehrte(r) *f(m)* ⟨→ A⟩ érudit(e) *m(f)*; *(Wissenschaftler[in])* savant *m*; *plais darüber streiten sich die ~n* ce n'est toujours pas prouvé

Ge'lehrtenstreit *m* controverse *f* scientifique; querelle *f* de savants, d'érudits

Ge'lehrtheit *f* ⟨~⟩ *cf* **Gelehrsamkeit**

Geleise [gəˈlaɪzə] *n* ⟨~s; ~⟩ *österr, st/s cf* **Gleis**

Geleit [gəˈlaɪt] *n* ⟨~(e)s; ~e⟩ **1.** *st/s (Begleitung)* escorte *f*; *j-m ~ geben* escorter qn; *JUR j-m sicheres, freies ~ zusichern* assurer la sécurité, la protection de qn (pour se rendre en un lieu); *st/s j-m das letzte ~ geben* accompagner qn à sa dernière demeure. **2.** *(Eskorte)*, *a MIL* escorte *f*

ge'leiten *st/s v/t* ⟨-ete, *p/p* geleitet, h⟩ conduire; accompagner; *zurück* raccompagner; *e-n offiziellen Gast*, *a MIL* escorter; faire escorte à; *Schiff* escorter

Ge'leitschiff *n* escorteur *m*

Ge'leitschutz *m MIL* escorte *f*; *unter ~* sous (bonne) escorte

Ge'leit|**wort** *st/s n* ⟨~(e)s; ~e⟩ avant-propos *m*; avertissement *m* au lecteur; **~zug** *m MAR, MIL* convoi *m*

Gelenk [gəˈlɛŋk] *n* ⟨~(e)s; ~e⟩ *ANAT, TECH* articulation *f*; jointure *f*; *TECH a* joint articulé; *(Scharnier)* charnière *f*; **~bus** *m* autobus *m* articulé; **~entzündung** *f* inflammation *f* articulaire; arthrite *f*; **~fahrzeug** *n* véhicule *m* articulé

ge'lenkig *adj* **1.** *Person, Glieder* souple; **2.** *TECH* articulé; **2keit** *f* ⟨~⟩ souplesse *f*

Ge'lenk|**kapsel** *f ANAT* capsule *f* articulaire; **~rheumatismus** *m* rhumatisme *m* articulaire; **~welle** *f TECH* arbre articulé, à cardan

ge'lernt *adj* ⟨épithète⟩ de métier; *er ist ~er Schlosser* il a appris le métier de serrurier

ge'lesen *p/p cf* **lesen**

Ge'liebte(r) *f(m)* ⟨→ A⟩ **1.** außerehelich amant *m*, maîtresse *f*; **2.** *st/s* bien-aimé(e) *m(f)*; *Anrede* mon amour; mon aimé(e) *m(f)*

ge'liefert *adj* F *~ sein* F être fichu

geliehen [gə'li:ən] *p/p cf* **leihen**
gelieren [ʒe'li:rən] *v/i ⟨pas de ge-, h⟩* se gélifier
Ge'lierzucker *m* sucre gélifiant; gélisuc *m (nom déposé)*
gelinde [gə'lɪndə] **I** *st/s adj (mild, sanft)* léger, -ère; *Klima* doux, douce; **II** *adv* ~ **gesagt** pour parler poliment
gelingen [gə'lɪŋən] *v/i ⟨gelingt, gelang, gelungen, sein⟩* réussir; *es gelingt mir, etw zu tun* je réussis, je parviens, j'arrive à faire qc; *das ist mir gut gelungen* j'ai bien réussi; j'y suis bien arrivé; *sein Plan wird ihm* ~ son plan va réussir
Ge'lingen *n ⟨~s⟩* réussite *f*; succès *m*; *zum* ~ *beitragen* contribuer au succès, à la réussite; *gutes* ~*!* bonne chance!; *lassen Sie uns auf ein gutes* ~ *anstoßen!* buvons à notre *bzw* votre réussite!
gelitten [gə'lɪtən] *p/p cf* **leiden**
gell[1] [gɛl] *st/s adj cf* **gellend**
gell[2] *südd*, **'gelle** *regional int cf* **gelt**
gellen ['gɛlən] *v/i ⟨h⟩* résonner; retentir; *der Schrei gellt mir in den Ohren* le cri me perce les oreilles
'gellend *adj Ton etc* aigu, -uë; perçant; strident
geloben [gə'lo:bən] *st/s v/t ⟨p/p gelobt, h⟩* promettre solennellement; *etw* ~ faire vœu de (faire); REL faire vœu de; *j-m Treue* ~ jurer fidélité à qn; BIBL *das Gelobte Land* la Terre promise
Gelöbnis [gə'lø:pnɪs] *st/s n ⟨~ses; ~se⟩* promesse solennelle; vœu *m*
ge'lockt *adj Haar* bouclé
gelogen [gə'lo:gən] *p/p cf* **lügen**
ge'löst *adj fig* décontracté; détendu; **~heit** *f ⟨~⟩* décontraction *f*; *Atmosphäre, Stimmung* atmosphère détendue; ambiance décontractée
Gelse ['gɛlzə] *f ⟨~; ~n⟩ österr* moustique *m*; cousin *m*
gelt [gɛlt] *int südd, österr* 'hein?'; n'est-ce pas?
gelten ['gɛltən] *⟨gilt, galt, gegolten, h⟩* **I** *v/t (wert sein)* valoir; *viel, wenig* ~ valoir beaucoup, peu; avoir beaucoup, peu de valeur; *sein Wort gilt viel* sa parole fait autorité; *viel bei j-m* ~ jouir d'un grand crédit auprès de qn; *was gilt die Wette?* que parions-nous?; **II** *v/i* **1.** *(gültig sein)* être valable; *Gesetz, Recht, Regelung, Preise etc* être en vigueur; *das gilt nicht (ist gegen die Spielregel)* ce n'est pas de jeu; cela ne vaut pas; *(zählt nicht)* cela ne compte pas; *die Wette gilt* le pari tient; *der Poststempel gilt als Nachweis* le cachet de la poste fait foi; *etw* ~ *lassen* admettre qc; *e-n Einwand nicht* ~ *lassen* ne pas accepter une objection; *das lasse ich* ~*!* ça, j'accepte; **2.** *(gehalten werden)* ~ *als, für* être considéré comme; avoir la réputation de; *Person* ~ passer pour; *für e-n od als Dummkopf* ~ passer pour un imbécile; *es gilt als bewiesen, daß ...* c'est un fait reconnu que ...; on admet généralement que ...; **3.** ~ *für (sich beziehen auf)* valoir pour; être applicable à; s'appliquer à; *das gilt für alle* cela vaut, c'est valable pour tout le monde; *das gilt auch für dich* cela vaut aussi pour toi; tu es aussi visé; **4.** *j-m* ~ *(j-n betreffen)* s'adresser à qn; *die Bemerkung gilt dir* cette remarque s'adresse à toi, te concerne; **III** *v/imp* **5.** *(darauf ankommen) es gilt zu (+inf)* il s'agit de (+*inf*); c'est le moment de (+*inf*); *jetzt gilt es, die Nerven zu behalten* maintenant il s'agit de garder son calme; *es gilt e-n Versuch* cela vaut la peine d'essayer; **6.** *st/s (auf dem Spiel stehen) es gilt unser Leben* il y va de notre vie

'geltend *adj* **1.** *(épithète) (gültig)* valable (*für* pour); applicable (*für* à); *bes Recht, Gesetz, Bestimmungen, Preise etc* en vigueur; *Währung* en cours; *die für uns* ~*en Vorschriften* les prescriptions valables pour nous; *nach* ~*em Recht* d'après la législation en vigueur; **2.** *etw* ~ *machen* faire valoir qc; *Einfluß* exercer qc; *Bedenken, Argument, Entschuldigung* invoquer qc
'Geltung *f ⟨~⟩* **1.** *(Gültigkeit)* validité *f*; *(Anwendbarkeit)* application *f*; *die* ~ *des Genfer Abkommens* l'application *f* de la Convention de Genève; *(keine)* ~ *(für etw, j-n) haben* (ne pas) être valable (pour qc, qn); **2.** *(Ansehen)* autorité *f*; crédit *m*; *sich (dat)* ~ *verschaffen* s'imposer; acquérir de l'autorité; **3.** *(Wirkung)* valeur *f*; *etw zur* ~ *bringen* mettre qc en valeur; faire valoir qc; *zur* ~ *kommen* être mis en valeur
'Geltungsbedürfnis *n ⟨~ses⟩* besoin *m* de briller, de se faire remarquer
'Geltungsbereich *m* domaine *m*, champ *m* d'application; *in den* ~ *e-s Gesetzes fallen* tomber sous le coup d'une loi
'Geltungs|dauer *f* durée *f* de validité, d'application; ~**sucht** *f ⟨~⟩* manie *f* de briller, de se faire remarquer; ~**trieb** *m ⟨~(e)s⟩ cf* **Geltungsbedürfnis**
Gelübde [gə'lʏpdə] *n ⟨~s; ~⟩* vœu *m*; *ein* ~ *ablegen* faire un vœu
gelungen [gə'lʊŋən] **I** *p/p cf* **gelingen**; **II** *adj* **1.** *(gut, ansprechend)* réussi; **2.** *regional drôle*; impayable
Gelüst [gə'lʏst] *st/s n ⟨~(e)s; ~e⟩* envie *f*; *litt* convoitise *f*; *ein* ~ *nach od auf etw (acc) haben* avoir envie de qc; *litt* convoiter qc
ge'lüsten *st/s v/imp ⟨-ete, p/p gelüstet, h⟩ mich gelüstet, es gelüstet mich nach etw* j'ai envie, une envie de qc
gemach [gə'ma:x] *st/s int* doucement!
Ge'mach *st/s n ⟨~(e)s; ~er⟩* pièce *f* (d'une demeure luxueuse); *pl die Gemächer* appartements *m/pl*; *iron sich in s-e Gemächer zurückziehen* se retirer dans ses appartements
gemächlich [gə'mɛːçlɪç] **I** *adj* tranquille; **II** *adv* tranquillement; **~keit** *f ⟨~⟩* tranquillité *f*
Gemahl(in) [gə'ma:l(ɪn)] *st/s m ⟨~(e)s; ~e⟩ (f) ⟨~; ~nen⟩* époux *m*, épouse *f*; *wie geht es Ihrem Herrn* ~, *Ihrer Frau* ~*in?* comment va votre mari, M*me* ...?
ge'mahnen *v/t ⟨p/p gemahnt, h⟩ st/s (j-n) an etw (acc)* ~ rappeler qc (à qn)
Gemälde [gə'mɛ:ldə] *n ⟨~s; ~⟩* tableau *m*; peinture *f*; *auf Leinwand* a toile *f*; ~**ausstellung** *f* exposition *f* de tableaux, de peinture; ~**galerie** *f* musée *m* de peinture; ~**sammlung** *f* collection *f* de tableaux
Gemarkung [gə'markʊŋ] *f ⟨~; ~en⟩* **1.** *e-r Gemeinde* territoire (communal); **2.** *(Grenze)* bornes *f/pl*; limites *f/pl*
ge'masert *adj Holz etc* veiné; marbré

gemäß [gə'mɛːs] **I** *adj* qui correspond (*dat* à); approprié (*dat* à); **II** *prép ⟨dat⟩* selon; suivant; d'après; *bes* ADM, JUR conformément à; ADM en vertu de
ge'mäßigt I *adj* modéré; *Klima(zone)* tempéré; **II** *advt* avec modération; modérément
Gemäuer [gə'mɔyər] *st/s n ⟨~s; ~⟩* **1.** *(Mauern)* murailles *f/pl*; **2.** *altes, verfallenes* ruines *f/pl*
Ge'mauschel F *péj n ⟨~s⟩* traficotage *m*; magouilles *f/pl*
Ge'mecker F *péj n ⟨~s⟩ (Nörgelei)* rouspétance *f*; *hör mit deinem* ~ *auf!* arrête de râler!
gemein [gə'maɪn] **I** *adj* **1.** *(niederträchtig) Person* méchant; F vache; *Gesinnung* ignoble; abject; *Trick* sale; *Lachen* déplaisant; *Bemerkung* méchant; *ein* ~*er Kerl* F un type dégoûtant; P un salaud; F *das ist* ~*!* ce n'est pas gentil!; ce n'est pas chic!; *p/fort* c'est dégoûtant, F vache!;F *ich gewinne nie im Lotto – das ist* ~ je ne gagne jamais au loto, ce n'est pas juste; *das ist* ~ *von dir!, du bist* ~*!* F c'est dégoûtant, p/fort dégoûtant!; **2.** *(épithète)* ZO, BOT commun; **3.** *st/s (épithète) (gewöhnlich)* commun; ordinaire; *der* ~*e Mann* l'homme *m* du peuple; *der* ~*e Soldat* le simple soldat; **4.** *st/s (gemeinsam) etw, nichts mit j-m* ~ *haben* avoir qc, n'avoir rien de commun avec qn; *er hat vieles mit s-m Vater* ~ il a beaucoup de points communs avec son père; **5.** *(allgemein)* commun; *(öffentlich)* public, -ique; *das* ~*e Wohl* le bien, l'intérêt commun, public; **II** *adv* **1.** *j-n* ~ *behandeln* ne pas être gentil, chic avec qn; F être vache avec, envers qn; **2.** F *(sehr)* très; *es tut* ~ *weh* ça fait très, horriblement mal
Ge'meinbesitz *m* bien commun
Gemeinde [gə'maɪndə] *f ⟨~; ~n⟩* **1.** ADM commune *f*; F *plais e-n Zug durch die* ~ *machen* F faire la tournée des bistrots; **2.** *(Kirchen⟨2⟩)* paroisse *f*; **3.** *beim Gottesdienst* assemblée *f* des fidèles; fidèles *m/pl*; **4.** *(Zuhörerschaft)* public *m*; auditoire *m*; *(Gemeinschaft Gleichgesinnter), a* REL communauté *f*
Ge'meinde|abgaben *f/pl* taxes locales; ~**amt** *n* mairie *f* (d'une commune); ~**beamte(r)** *m* fonctionnaire, employé communal, municipal; ~**behörde(n)** *f(pl)* autorités municipales, communales; ~**bezirk** *m* (territoire *m* d'une) commune *f*
ge'meindeeigen *adj* municipal; ~ *sein* être propriété de la commune
Ge'meinde|gottesdienst *m* service, office religieux; CATH messe *f*; PROT culte *m*; service *m*; ~**haus** *n* ÉGL maison *f* des œuvres paroissiales; ~**haushalt** *m* budget *m* de la commune; ~**helfer(in)** *m(f)* PROT diacre *m*; ~**mitglied** *n* ÉGL paroissien, -ienne *m.f*; ~**ordnung** *f* statuts *m/pl* de la commune; législation administrative communale; ~**pflege** *f* PROT œuvres sociales; ~**rat** *m ⟨~(e)s; ~e⟩* **1.** *Gremium* conseil municipal; **2.** *Person* conseiller municipal; ~**rätin** *f* conseillère municipale; ~**saal** *m* ÉGL salle paroissiale; ~**schwester** *f* infirmière rétribuée par une paroisse *bzw* une commune; ~**steuern** *f/pl* impôts locaux; ~**verwaltung** *f* adminis-

tration f de la commune; municipalité f; **~vorstand** m **1.** *Gremium* administrateurs m/pl de la commune; **2.** *Person* premier magistrat d'une commune; (*Bürgermeister*) maire m; **~zentrum** n salle polyvalente; foyer municipal

Ge'meineigentum n JUR propriété publique, commune

ge'meingefährlich adj *Handlung* qui constitue un danger public; **er ist ein ~er Verbrecher** ce criminel est un danger public

Ge'meingut st/s n ⟨~(e)s⟩ bien commun; *fig* patrimoine commun; *Redensart, Denkweise* (**zum**) **~ werden** se répandre; *Redensart a* se vulgariser; **der Garten ist ~ aller Bewohner** le jardin est propriété commune à tous les habitants

Ge'meinheit f ⟨~; ~en⟩ **1.** ⟨pas de pl⟩ *Gesinnung, Eigenschaft* méchanceté f; abjection f; caractère m ignoble; **2.** *Handlung* sale tour m; F vacherie f; **3.** (*unerfreulicher Umstand*) **so e-e ~!** F zut, flûte alors!

ge'mein|hin adv communément; ordinairement; **ₓkosten** pl COMM frais généraux

Ge'meinnutz m ⟨~es⟩ intérêt général; **~ geht vor Eigennutz** l'intérêt général prime l'intérêt particulier

gemeinnützig [gə'maɪnnʏtsɪç] adj (reconnu) d'utilité publique; **~er Verein** association reconnue d'utilité publique

Ge'meinplatz m lieu commun; banalité f

ge'meinsam I adj **1.** (*gemeinschaftlich*) commun; *Werk, Unternehmen, Eigentum* collectif, -ive; JUR indivis; conjoint; **~er Besitz** copossession f; propriété indivise; **~es Eigentum** appropriée; **~e Erfindung** invention faite en commun; **~e Haftung** responsabilité collective, solidaire; **~es Konto** compte joint; COMM **der ₓe Markt** le Marché commun; **~e Kasse machen** faire caisse commune; **~e Sache mit j-m machen** faire cause commune avec qn; *péj* être de connivence, F de mèche avec qn; **2.** ⟨attribut⟩ (*übereinstimmend*) **die blauen Augen sind uns, ihnen** (**beiden**) *etc* **~** nous avons, ils ont, *etc* tous (les deux) les yeux bleus; **sie hat mir mir ~, daß sie gern kocht** nous avons en commun d'aimer faire la cuisine **3.** MATH **der größte ~e Nenner** *od* **Teiler** le plus grand dénominateur *od* diviseur commun; **das kleinste ~e Vielfache** le plus petit multiple commun; **II** adv en commun; ensemble; **~ ausgeführte Arbeit** travail fait en commun, en collaboration; **~ verantwortlich** solidairement responsable; st/s **~ durchs Leben gehen** unir sa vie; **das Haus gehört uns ~** la maison nous appartient en commun

Ge'meinsamkeit f ⟨~; ~en⟩ **1.** *Merkmal, Eigenschaft* point commun; **2.** ⟨pas de pl⟩ (*Verbundenheit*) communauté f

Ge'meinschaft f ⟨~; ~en⟩ **1.** *Gruppe* communauté f; collectivité f; (*Glaubensₓ*) communion f; **die Europäische ~** la Communauté européenne; **2.** ⟨pas de pl⟩ (*das Zusammen-, Verbundensein*) solidarité f; **eheliche ~** union conjugale; **häusliche ~** communauté f domestique; *e-s Paares* vie commune; **in ~** (**dat**) **mit** en collaboration, en coopération avec

ge'meinschaftlich I adj ⟨*épithète*⟩ (en) commun; collectif, -ive; solidaire; **II** adv en commun

Ge'meinschafts|anschluß m TÉL ligne commune; **~antenne** f antenne commune; **~arbeit** f **1.** ⟨pas de pl⟩ *Vorgang* travail m d'équipe; **2.** *Ergebnis* projet commun; **~erziehung** f **1.** (*Koedukation*) éducation f mixte; **2.** (*Sozialerziehung*) éducation civique; **~gefühl** m ⟨~s⟩ esprit m communautaire; sentiment m de solidarité; **~geist** m ⟨~(e)s⟩ esprit m de solidarité **~küche** f cuisine commune; **~kunde** f ⟨~⟩ SCHULE instruction f civique; **~leben** n ⟨~s⟩ vie f communautaire; vie f de groupe; **~praxis** f cabinet médical en association; **~produktion** f coproduction f; **~raum** m salle commune; **~schule** f établissement m scolaire laïque; **~sendung** f RAD, TV émission commune; **~verpflegung** f restauration f de collectivité

Ge'mein|sinn m ⟨~(e)s⟩ sens civique, social; dévouement m à la collectivité; **~sprache** f langue commune; **ₓverständlich** adj compréhensible; à la portée de tous (a adv)

Ge'meinwesen n ⟨~s; ~⟩ collectivité f; **das staatliche ~** la chose publique

Ge'meinwohl n bien, intérêt public

Ge'menge n ⟨~s; ~⟩ **1.** (*Gemisch*) mélange m (a CHIM); **2.** (*Menschengewühl*) foule f disparate

ge'messen I p/p cf **messen**; **II** adj **1.** (*würdevoll*) mesuré; st/s **~en Schrittes** d'un pas mesuré; à pas comptés; **2.** ⟨*épithète*⟩ (*angemessen*) convenable; approprié; **in ~em Abstand, in ~er Entfernung** à une distance respectueuse

Ge'metzel n ⟨~s; ~⟩ massacre m; carnage m; F boucherie f

gemieden [gə'miːdən] p/p cf **meiden**

Gemisch [gə'mɪʃ] n ⟨~(e)s; ~e⟩ a AUTO mélange m

ge'mischt adj *Klasse, Chor etc* mixte; *Abendgesellschaft etc* mélangé; *Gesamtgesellschaft* mêlé; TENNIS **~es Doppel** double m mixte; **~ein ~es Eis** une glace panachée; **~e Kost** nourriture variée; **~er Salat** salade composée; **mit ~en Gefühlen** avec des sentiments mitigés

Ge'mischtwarenhandlung f épicerie f

Gemme ['gɛmə] f ⟨~; ~n⟩ camée m

gemocht [gə'mɔxt] p/p cf **mögen** II, III

gemolken [gə'mɔlkən] p/p cf **melken**

'**Gems|bart** m cf **Gamsbart**, **~bock** m chamois m (mâle)

Gemse ['gɛmzə] f ⟨~; ~n⟩ chamois m

Ge'murmel n ⟨~s⟩ murmures m/pl

Gemüse [gə'myːzə] n ⟨~s; ~⟩ légume(s) m(pl); F *fig* **plais junges ~** F de la jeunesse

Ge'müse|(an)bau m ⟨~(e)s⟩ culture maraîchère; **~beet** n carré m, plate-bande f de légumes; **~beilage** f garniture f de légumes; **~eintopf** m julienne f; **~garten** m jardin m potager m; **~händler(in)** m(f) marchand(e) m(f) de fruits et de légumes; fruitier m; *auf der Straße* marchand m(f) des quatre-saisons; **~handlung** f commerce m de fruits et légumes; **~konserve** f conserve f de légumes; **~pflanze** f légume m; **~platte** f jardinière f; **~saft** m jus m de légumes; **~suppe** f potage m julienne

gemußt [gə'mʊst] p/p cf **müssen** II

ge'mustert adj *Stoff, Tapete* orné de dessins, de motifs; à dessins, à motifs; (*mit eingewebtem Muster*) façonné

Gemüt [gə'myːt] n ⟨~(e)s; ~er⟩ **1.** (*Wesen*) nature f; tempérament m; **ein kindliches ~** une âme d'enfant; **ein weiches ~ haben** avoir bon cœur; être un cœur tendre; **ein sonniges ~ haben** avoir une heureuse nature; **das ist etwas fürs ~** c'est émouvant, touchant; **sich** (**dat**) **etw zu ~e führen** (*essen, trinken*) savourer qc; *Film* voir, *Buch* lire qc; (*beherzigen*) tenir compte de qc; **2.** *Person* **er ist ein einfaches ~** c'est un cœur simple; **die ~er haben sich erhitzt, beruhigt** les esprits se sont échauffés, calmés

ge'mütlich I adj **1.** (*behaglich*) *Wohnung etc* accueillant; *Lokal etc* intime; (*angenehm*) sympathique; (*zwanglos*) *Essen etc* convivial; (*bequem*) confortable; **ein ~er Abend** une soirée sympathique; **~es Beisammensein** réunion conviviale; **hier ist es ~** c'est très agréable ici; **c'est sympathique ici**; **2.** *Personen* (*umgänglich*) facile à vivre; (*gelassen*) tranquille; p/fort placide; **3.** *Tempo etc* lent; **II** adv **1.** (*behaglich*) à son aise; (*bequem*) confortablement; (*ruhig*) tranquillement; **es sich** (**dat**) **~ machen** s'installer confortablement; **mach es dir ~!** fais comme chez toi!; **~ Kaffee trinken** boire tranquillement son café; **2.** (*gemächlich*) sans se presser; en prenant son temps; p/fort sans s'en faire

Ge'mütlichkeit f ⟨~⟩ **1.** (*Behaglichkeit*) *e-r Wohnung etc* caractère m accueillant; *e-s Lokals etc* intimité f; (*Bequemlichkeit*) confort m; (*Zwanglosigkeit*) convivialité f; caractère décontracté; p/fort caractère m sympathique; **2.** *von Personen* (*Gelassenheit*) calme m; p/fort placidité f; (*Umgänglichkeit*) bon caractère; bonne nature; **3.** (*Gemächlichkeit*) **in aller ~** sans se presser; en prenant son temps; F **da hört doch die ~ auf!** F il ne faut pas pousser

ge'müts|arm adj insensible; froid; **ₓart** f nature f; tempérament m; **~krank** adj atteint de troubles mentaux; dépressif, -ive; **ₓkrankheit** f troubles mentaux; dépression f; **ₓlage** f état m d'âme

Ge'mütsmensch F m nature f placide; *iron* **du bist** (**vielleicht**) **ein ~!** tu ne t'en fais pas!

Ge'mütsregung f émotion f

Ge'mütsruhe f tranquillité f d'esprit; **in aller ~** en toute tranquillité

Ge'müts|verfassung f, **~zustand** m état m d'âme

ge'mütvoll adj chaleureux, -euse

gen [gɛn] *poét prép* ⟨*acc*⟩ (*gegen*) vers; **~ Süden** vers le sud

Gen [geːn] n ⟨~s; ~e⟩ BIOL gène m

Gen. *abr* (*Genossenschaft*) coopérative f

genannt [gə'nant] p/p cf **nennen**

genant [ʒe'nant] adj **1.** *regional, st/s* (*schüchtern*) timide; *in e-r bestimmten Situation* gêné; (*schamhaft*) pudique; **2.** st/s (*peinlich*) gênant

genarbt [gəˈnarpt] *adj Leder* grenu; à grain
genas [gəˈnaːs] *cf* **genesen**
genau [gəˈnaʊ] **I** *adj* **1.** (*exakt, mathematisch* ⁓) exact; *Angaben, Darstellung* précis; *Waage* juste; *Übersetzung* a fidèle; *die* ⁓*e Zeit* l'heure exacte; ⁓*eres erfahren Sie bei ...* pour plus de renseignements adressez-vous à ...; *ich weiß nichts* ⁓*es* je n'ai pas de détails; je ne sais rien de précis; **2.** (*gründlich, sorgfältig*) *Arbeit etc* précis; *Person* (**peinlich**) ⁓ méticuleux, -euse; minutieux, -ieuse; (*übergenau*) pointilleux, -euse; *sie ist in diesem Punkt sehr* ⁓ elle est très pointilleuse sur ce point; **3.** (*streng*) ⁓*e Einhaltung der Vorschriften* stricte observance du règlement; **4.** (*ausführlich*) *Bericht, Plan etc* détaillé; **II** *adv* **1.** (*exakt*) exactement; *auf drei Dezimalen* ⁓ à trois décimales près; ⁓ *in der Mitte* juste, exactement au milieu; ⁓ *um fünf Uhr* à cinq heures précises; *es ist* ⁓ *fünf Uhr* il est exactement cinq heures; *etw* ⁓ *angeben, berechnen* indiquer, calculer exactement qc; *etw* (*er*) *angeben* a préciser qc; ⁓ *gehen Uhr* être juste; ⁓ *passen* aller exactement; **2.** (*sorgfältig*) avec précision; ⁓ *unterscheiden* faire exactement la différence, bien distinguer (*zwischen* [+*dat*] entre); *a fig* ⁓ *hinsehen* regarder de (très) près; *etw* ⁓ *nehmen* wörtlich prendre qc au pied de la lettre; *es* (*nicht so*) ⁓ *nehmen mit etw* (ne pas) être très regardant sur le chapitre de qc; **3.** (*streng*) strictement; *etw* ⁓ *befolgen* s'en tenir strictement à qc; **4.** (*ausführlich*) *etw* ⁓ *berichten* faire un rapport, récit détaillé de qc; **5.** *verstärkend* tout à fait; absolument; *mit Verben* très bien; ⁓ *dasselbe, das Gegenteil* exactement la même chose, le contraire; *als Ausruf* (*ja*), ⁓*!* c'est tout à fait ça!; tout à fait!; *exact*(*ement*)!; *ganz* ⁓*!* absolument!; *j-n, etw* (*sehr*) ⁓ *kennen* connaître (très) bien qn, qc; *das weiß ich* ⁓ je le sais très bien; j'en suis sûr; *ich weiß* (*es*) *nicht* ⁓ je ne (le) sais pas exactement, au juste; **6.** (*eben, gerade*) (tout) juste; *das reicht* ⁓ *für vier* ça suffit tout juste pour quatre; il y en a juste assez pour quatre
geˈnaugenommen *advt* strictement, rigoureusement parlant; à vrai dire
Geˈnauigkeit *f* ⟨⁓⟩ **1.** (*Exaktheit*) précision *f*; exactitude *f*; *a e-r Waage* justesse *f*; *e-r Übersetzung* fidélité *f*; exactitude *f*; **2.** (*Sorgfalt*) minutie *f*; méticulosité *f*
geˈnauso *adv* pareillement; de même; aussi; *das ist* ⁓ *richtig, gut* (*wie ...*) c'est tout aussi juste, bien (que ...); *ich denke* ⁓ je pense tout à fait, exactement la même chose; je pense exactement pareil; *cf a* **ebenso**
geˈnausogut *adv* tout aussi bien; tout autant
geˈnauso|lange, ⁓**oft,** ⁓**viel,** ⁓**wenig** *cf* **ebenso...**
'**Genbank** *f* ⟨⁓; ⁓en⟩ banque *f* d'informations génétiques
Gendarm [ʒanˈdarm] *m* ⟨⁓en; ⁓en⟩ *österr* gendarme *m*; ⁓**e'rie** *f* ⟨⁓; ⁓n⟩ *österr* gendarmerie *f*

Genea|loge [geneaˈloːgə] *m* ⟨⁓n; ⁓n⟩, ⁓'**login** *f* ⟨⁓; ⁓nen⟩ généalogiste *m,f*; ⁓**lo'gie** *f* ⟨⁓; ⁓n⟩ généalogie *f*; ²'**logisch** *adj* (*épithète*) généalogique
genehm [gəˈneːm] *sts adj j-m* ⁓ *sein* convenir à qn
geˈnehmigen *v/t* ⟨*p/p* genehmigt, h⟩ **I** *v/t Einreise, Veranstaltung etc* autoriser; *bes* ADM *Antrag, Gesuch* agréer; approuver; *genehmigt unter e-m Schriftstück* vu, lu et approuvé; **II** F *v/t réfl sich* (*dat*) *etw* ⁓ s'offrir, se payer qc; *sich* (*dat*) *einen* ⁓ s'accorder un petit verre
Geˈnehmigung *f* ⟨⁓; ⁓en⟩ autorisation *f*; *bes* ADM approbation *f*; agrément *m*; *e-e* ⁓ *erteilen* accorder une autorisation; *mit* (*freundlicher*) ⁓ *der, des ...* avec (l'aimable) autorisation de ...
Geˈnehmigungsantrag *m* demande *f* d'autorisation
Geˈnehmigungspflicht *f* ⟨⁓⟩ obligation *f* de solliciter une autorisation (préalable); *der* ⁓ *unterliegen* nécessiter une autorisation préalable
geˈnehmigungs|pflichtig *adj* soumis à une autorisation préalable; ²**vermerk** *m* visa *m*, mention *f* d'autorisation, d'approbation
geˈneigt *adj* **1.** *Gelände, Fläche* incliné; **2.** *sts* (*wohlwollend*) bienveillant; ⁓*e Leser!* aimables, chers lecteurs!; *ein* ⁓*es Ohr finden* trouver un accueil favorable; *j-m* ⁓ *sein* être bien disposé envers qn, qc. **3.** (*bereit*) *zu etw* ⁓ *sein* être disposé, enclin, porté à qc
Geˈneigtheit *f* ⟨⁓⟩ **1.** *sts* (*Wohlwollen*) bienveillance *f*; **2.** (*Bereitschaft*) disposition *f* (*zu* à)
Genera [ˈgenera] *pl cf* **Genus**
General [genəˈraːl] *m* ⟨⁓s; ⁓e *ou* ⁓e⟩ *Herr* ⁓*!* *Anrede durch e-n Mann* mon général; *Anrede durch e-e Frau* général
Geneˈral|agent(**in**) *m*(*f*) agent général; ⁓**agentur** *f* agence générale; ⁓**amnestie** *f* amnistie générale; ⁓**beauftragte**(**r**) *f*(*m*) délégué(e) *m*(*f*) général(e); ⁓**bevollmächtigte**(**r**) *f*(*m*) mandataire général, fondé *m* de pouvoir ayant procuration générale; ⁓**bundesanwalt** *m beim Bundesgerichtshof* procureur général; ⁓**direktion** *f* direction générale; ⁓**direktor** *m* (président-)directeur général; P.D.G. *od* P.-D.G. *m*; ⁓**gouverneur** *m e-r Kolonie* gouverneur général; ⁓**inspekteur** *m* MIL inspecteur général de la «Bundeswehr»; ⁓**intendant**(**in**) *m*(*f*) THÉ administrateur, -trice *m,f*
generali'sier|en *v/t* ⟨*pas de ge-*, h⟩ généraliser; ²**ung** *f* ⟨⁓; ⁓en⟩ généralisation *f*
Generalissimus [genəraˈlɪsɪmʊs] *m* ⟨⁓; -mi *ou* ⁓se⟩ MIL généralissime *m*
Generaliˈtät *f* ⟨⁓; ⁓en⟩ MIL *die* ⁓ *les* généraux *m/pl*
Geneˈral|klausel *f* JUR clause générale; ⁓**konsul** *m* consul général; ⁓**konsulat** *n* consulat général; ⁓**leutnant** *m* MIL général *m* de division; *in der Bundeswehr* général *m* de corps d'armée; ⁓**major** *m* MIL général *m* de brigade; *in der Bundeswehr* général *m* de division; ⁓**musikdirektor** *m* chef *m* d'orchestre (d'un opéra); ⁓**probe** *f* répétition générale; ⁓**sekretär** *m* secrétaire géné-

ral; ⁓**staatsanwalt** *m beim Oberlandesgericht* procureur général; ⁓**stab** *m* MIL grand état-major; état-major général des armées
Geneˈralstabs|chef *m* chef *m* de l'état-major général; ⁓**karte** *f* carte *f* d'état-major; ⁓**offizier** *m* officier *m* d'état-major
Geneˈral|streik *m* grève générale; ²**überholen** *v/t* (*insép, pas de ge-*, h⟩ *bes* TECH faire une révision complète, générale de; ⁓**überholung** *f bes* TECH révision complète, générale; ⁓**versammlung** *f* assemblée générale; ⁓**vertreter** *m* représentant, agent général; ⁓**vertretung** *f* représentation, agence générale; ⁓**vollmacht** *f* procuration générale; mandat général
Generation [genəratsiˈoːn] *f* ⟨⁓; ⁓en⟩ **1.** BIOL *etc* génération *f*; *die jüngere* ⁓ la jeune, nouvelle génération; *die ältere* ⁓ la génération de nos parents; **2.** (*Bautyp von Geräten, Maschinen*) *die erste, zweite* ⁓ *von PCs* la première, deuxième génération de micro-ordinateurs
Generatiˈonenvertrag *m* ⟨⁓(e)s⟩ financement *m* des retraites par les générations ultérieures
Generatiˈons|konflikt *m* conflit *m* des générations; ⁓**problem** *n* problème *m* de génération; ⁓**unterschied** *m* différence *f* de génération; ⁓**wechsel** *m* **1.** BIOL génération alternante; **2.** *fig* autre génération; relève *f* de génération
generaˈtiv *adj* **1.** BIOL génératif, -ive; **2.** LING *cf* **Transformationsgrammatik**
Geneˈrator *m* ⟨⁓s; -'toren⟩ ÉLECT génératrice *f*; générateur *m*
geneˈrell I *adj* général; **II** *adv* généralement; en général
geneˈrös [genəˈrøːs] *sts adj* généreux, -euse
Generosität [genərozɪˈtɛːt] *sts f* ⟨⁓⟩ générosité *f*
Genese [geˈneːzə] *f* ⟨⁓; ⁓n⟩ BIOL, MÉD, *fig* genèse *f*
genesen [gəˈneːzən] *sts v/i* ⟨-(es)t, genas, genesen, sein⟩ guérir; se rétablir; recouvrer la santé; *von e-r schweren Krankheit* ⁓ guérir, se rétablir d'une grave maladie
Geˈnesende(**r**) *f*(*m*) ⟨→ A⟩ convalescent(e) *m*(*f*)
Genesis [ˈgenezɪs *od* ˈgeːnezɪs] *f* ⟨⁓⟩ genèse *f*; BIBL *die* ⁓ la Genèse
Geˈnesung *st/s f* ⟨⁓; ⁓en⟩ guérison *f*; convalescence *f*; rétablissement *m*; *s-e* ⁓ *macht gute Fortschritte* sa guérison est en bonne voie; *wir wünschen Ihnen baldige* ⁓ nous vous souhaitons un prompt rétablissement; *sie ist auf dem Weg der* ⁓ elle se remet de son opération, de sa maladie, etc
Geˈnesungs|heim *n* maison *f* de convalescence; ⁓**prozeß** *m* processus *m* de guérison; ⁓**urlaub** *m* congé *m* de convalescence
Geneˈtik [geˈneːtɪk] *f* ⟨⁓⟩ BIOL génétique *f*; ²**isch** *adj* génétique
Genezareth [geˈneːtsaret] *n* ⟨⁓ *n/pr*⟩ BIBL Génésareth; *der See* ⁓ le lac de Tibériade; BIBL la mer de Galilée
Genf [gɛnf] *n* ⟨→ *n/pr*⟩ Genève
'**Genfer** *adj* (*épithète; inv*) genevois; de Genève; *der* ⁓ *See* le lac Léman; *die* ⁓ *Konvention* la Convention de Genève

'Gen|forscher(in) *m(f)* généticien, -ienne *m,f*; ~forschung *f* ⟨~⟩ génétique *f*

genial [geni'a:l] **I** *adj* génial; *Künstler de génie*; *iron das war wirklich ~!* quelle idée de génie!; c'était intelligent!; **II** *adv* d'une manière géniale

geni'alisch *adj* génial; de génie; *(exaltiert)* excentrique

Geniali'tät *f* ⟨~⟩ génie *m*

Genick *n* ⟨-(e)s; ~e⟩ nuque *f*; *(Hals)* cou *m*; *j-n beim ~ packen* saisir, prendre qn à la nuque; *sich (dat) das ~ brechen* se rompre, se casser le cou; F *fig das wird ihm noch das ~ brechen* F il va encore se casser la figure, P la gueule

Ge'nick|schlag *m* coup *m* à la nuque; ~schuß *m* balle *f* dans la nuque; ~starre *f (Nackenstarre)* raideur *f* de la nuque

Genie [ʒe'ni:] *n* ⟨~s; ~s⟩ génie *m*; *ein verkanntes ~* un génie méconnu; *sie ist ein ~ im Geschichtenerzählen* pour raconter des histoires, elle est championne

genieren [ʒe'ni:rən] *(pas de ge-, h)* **I** *v/t* gêner; **II** *v/réfl sich ~* être, se sentir gêné; éprouver de la gêne; *sich vor j-m ~* se sentir gêné devant qn; *sich ~, etw zu tun* ne pas oser faire qc; avoir 'honte de faire qc'; *~ Sie sich nicht!* ne faites pas de manières!

ge'nießbar *adj (nicht verdorben)* mangeable; *(eßbar)* comestible; *(noch trinkbar)* buvable; *(trinkbar)* potable; F *fig er ist heute nicht ~* F il est imbuvable aujourd'hui

genießen [gə'ni:sən] *v/t* ⟨-(es)t, genoß, genossen, h⟩ **1.** *st/s (essen)* manger; *(trinken)* boire; F *fig er ist heute nicht zu ~* F il est imbuvable aujourd'hui; **2.** *fig, a Vertrauen, Ruf, Vorteil etc* jouir de; *mit Behagen* savourer; prendre plaisir à; se délecter de; *bei j-m Kredit ~* avoir du crédit auprès de qn; *den Vorzug ~ zu* (+*inf*) jouir de l'avantage de (+*inf*); *sein Leben ~* profiter de la vie; *e-e gute Erziehung genossen haben* avoir reçu une bonne éducation; être bien élevé

Ge'nießer(in) *m* ⟨~s; ~⟩ *(f)* ⟨~; ~nen⟩ jouisseur, -euse *m,f*; *er ist ein richtiger ~* c'est un bon vivant; *momentan beim Essen, Trinken etc* il savoure son repas, son vin, *etc*; *er ist ein stiller ~* il profite tranquillement de la vie

ge'nießerisch **I** *adj* de jouisseur; qui dénote la jouissance; **II** *adv* en savourant; avec délice; en jouisseur

Ge'nie|streich *m* coup *m* de génie; ~truppe *f schweiz MIL* génie *m*

genital [geni'ta:l] *adj* génital; ²bereich *m* parties génitales

Genitalien [geni'ta:liən] *pl* parties génitales; organes génitaux

Genitiv ['ge:niti:f] *m* ⟨~s; ~e⟩ *GR* génitif *m*; ~objekt *n* complément *m* d'objet au génitif

Genius ['ge:nius] *m* ⟨~; -ien⟩ *MYTH, fig* génie *m*

'Gen|manipulation *f* manipulation *f* génétique; ~mutation *f* mutation *f* génétique

Genom [ge'no:m] *n* ⟨~s; ~e⟩ *BIOL* génome *m*

genommen [gə'nɔmən] *p/p cf* nehmen

Ge'nörgel F *péj n* ⟨~s⟩ *hör auf mit deinem ~!* arrête de râler!

genoß [gə'nɔs] *cf* genießen

Genosse [gə'nɔsə] *m* ⟨~n; ~n⟩ **1.** *POL, bes als Anrede* camarade *m*; **2.** *st/s (Gefährte)* compagnon *m*

genossen [gə'nɔsən] *p/p cf* genießen

Ge'nossenschaft *f* ⟨~; ~en⟩ (société *f*) coopérative *f*; groupement coopératif; ²lich **I** *adj* coopératif, -ive; **II** *adv* en coopérative

Ge'nossenschafts|bank *f* ⟨~; ~en⟩ coopérative *f* de crédit; ~betrieb *m* ⟨~(e)s; ~e⟩ coopérative *f*; ~kasse *f* caisse coopérative; ~mitglied *n* membre *m* d'une coopérative

Ge'nossin *f* ⟨~; ~nen⟩ **1.** *POL, bes als Anrede* camarade *f*; **2.** *st/s (Gefährtin)* compagne *f*

Genotyp(us) [geno'ty:p(us)] *m BIOL* génotype *m*

Genozid [geno'tsi:t] *st/s m* ⟨~(e)s; ~e ou ~ien⟩ génocide *m*

Genre ['ʒɑ̃:rə] *n* ⟨~s; ~s⟩ *KUNST* genre *m*; ~bild *n* tableau *m* de genre; ~malerei *f* ⟨~⟩ peinture *f* de genre

'Gen|technik *f* ⟨~⟩, ~technologie *f* ⟨~⟩ génie *m*, ingénierie *f* génétique; ~therapie *f* ⟨~⟩ thérapie *f* génique

Gentleman ['dʒɛntlmən] *m* ⟨~s; -men⟩ gentleman *m*

Genua ['ge:nua] *n* ⟨→ *n/pr*⟩ Gênes

genug [gə'nu:k] *adv* assez; *(ausreichend)* suffisant; suffisamment; *~ Arbeit, Geld etc haben* avoir assez, suffisamment de travail, d'argent, *etc*; *es ist ~* c'est assez, suffisant; cela suffit; *mehr als ~ (sein)* suffire largement; F *fig von etw ~ haben* en avoir assez de qc; F en avoir plein le dos de qc; F en avoir marre de qc; *man kann es nicht oft ~ wiederholen* on ne le répétera jamais assez; on ne saurait trop le répéter; *~ haben, um leben zu können* avoir de quoi vivre; *sich (dat) selbst ~ sein* se suffire à soi-même; *das ist mir nicht gut ~* je trouve que ça ne suffit pas, que ça laisse à désirer; *das Beste ist gerade gut ~ für sie* rien n'est trop beau pour elle; *ich kenne ihn gut ~, um zu* (+*inf*) je le connais suffisamment pour (+*inf*); *dafür, dazu bist du noch nicht alt ~* tu es encore trop jeune pour ça; *lassen wir es (für heute) ~ sein* restons-en là (pour aujourd'hui); *von Schlagsahne etc kann sie (gar) nicht ~ kriegen* elle vendrait son âme pour de la chantilly, *etc*; *es ist schon traurig ~, daß ...* c'est déjà assez triste que ...; *nicht ~ (damit), daß er lügt, er stiehlt auch noch* non seulement il est menteur, en plus il est voleur; *~ (davon)!*, *st/s laß es ~ sein!* (hör auf) cela suffit!; *st/s ~ der Worte!* *st/s* trêve de paroles!

Genüge [gə'ny:gə] *st/s f* ⟨~⟩ *zur ~ (ausreichend)* suffisamment; en suffisance; *(reichlich)* abondamment; en abondance; *ich kenne ihn zur ~* je le connais (bien) assez; *st/s j-m, e-r Sache ~ tun* satisfaire aux exigences de qn, à qc

ge'nügen *v/i* ⟨*p/p* genügt, h⟩ **1.** *(ausreichen)* suffire; être suffisant; *das genügt vollauf* cela suffit amplement; c'est amplement suffisant; *das genügt mir* ça me suffit; *es genügt zu* (+*inf*) il suffit de (+*inf*); *ein Wink genügt, und schon ist er da* il n'y a qu'à lui faire signe et il arrive; **2.** *(entsprechen) e-r Sache (dat) (nicht) ~ Anforderungen, Vorschriften, Pflichten etc* (ne pas) satisfaire à qc

ge'nügend *adjt* suffisant; **II** *advt* suffisamment; assez; *~ Zeit, Geld etc haben* avoir assez, suffisamment de temps, d'argent, *etc*

ge'nügsam **I** *adj* peu exigeant; content de peu; *im Trinken* sobre; *im Essen* a frugal, pas difficile; *~ sein* a se contenter de peu; **II** *adv* *~ leben* ne pas avoir de gros besoins; se contenter de peu

Ge'nügsamkeit *f* ⟨~⟩ *st/s* tempérance *f*; *im Trinken* sobriété *f*; *im Essen* frugalité *f*; *s-e ~ a* son peu d'exigences

Genugtuung [gə'nu:ktu:uŋ] *f* ⟨~; ~en⟩ satisfaction *f*; *es ist mir e-e ~ zu* (+*inf*) je suis (très) satisfait de (+*inf*); *etw mit ~ feststellen* constater qc avec plaisir, satisfaction; *st/s von j-m für etw fordern* demander satisfaction, réparation à qn pour qc

genuin [genu'i:n] *st/s adj* véritable

Genus ['gɛnus] *n* ⟨~; Genera⟩ *GR* genre *m*

Ge'nuschel F *péj n* ⟨~s⟩ *hör auf mit deinem ~!* arrête de manger tes mots!

Genuß [gə'nus] *m* ⟨-sses; Genüsse⟩ **1.** *(pas de pl)* *von Eß-, Trinkbarem* consommation *f*; *(Gebrauch)* usage *m*; **2.** *(Wohlbehagen, Vergnügen)* plaisir *m*; *a fig* jouissance *f*; *es war ein ~ (für mich), sie auf der Bühne zu sehen* c'était un vrai plaisir de la voir sur scène; *etw mit ~ essen, trinken* manger, boire qc en le savourant, avec délice, avec délectation; *ein Buch mit ~ lesen* se délecter à la lecture d'un livre; **3.** *fig in den ~ e-r Sache (gén) kommen* bénéficier de qc

ge'nuß|fähig *adj* capable de prendre du plaisir (à qc); ~freudig *adj* voluptueux, -euse; épicurien, -ienne; qui aime les plaisirs; ²gift *n* denrée *f* de luxe nocive

genüßlich [gə'nyslɪç] **I** *adj* voluptueux, -euse; **II** *adv* voluptueusement; avec délectation

Ge'nuß|mensch *m* épicurien, -ienne *m,f*; bon vivant *m*; ~mittel *n* denrée *f* de luxe

ge'nußreich *adj* plein de plaisirs; jouissif, -ive; *ein ~es Leben* une vie de plaisirs

Ge'nuß|sucht *f* ⟨~⟩ avidité *f* de plaisirs; ²süchtig *adj* jouisseur, -euse; ²voll **I** F *adj* extrêmement agréable; **II** *adv* avec un plaisir évident

geo..., Geo... [geo...] *in Zssgn* géo...

Geo|bo'tanik *f* géobotanique *f*; ~che'mie *f* géochimie *f*

Geodäsie [geodɛ'zi:] *f* ⟨~⟩ géodésie *f*

Geodät [geo'dɛ:t] *m* ⟨~en; ~en⟩ géodésien *m*; ²isch *adj* géodésique

'Geo|dreieck *n Wz* équerre *f*; ~'graph (-in) *m* ⟨~en; ~en⟩ *(f)* ⟨~; ~nen⟩ géographe *m,f*; ~gra'phie *f* ⟨~⟩ géographie *f*; ²'graphisch *adj* géographique; ~'loge *m* ⟨~n; ~n⟩, ~'login *f* ⟨~; ~nen⟩ géologue *m,f*; ~lo'gie *f* ⟨~⟩ géologie *f*; ²'logisch *adj* géologique; ~me'trie *f* ⟨~; ~n⟩ géométrie *f*; ²'metrisch *adj* géométrique; ~morpholo'gie *f* géomorphologie *f*; ~'phy'sik *f* géophysique *f*; ~poli'tik *f* géopolitique *f*

ge'ordnet *adjt fig* en ordre; réglé; *in ~en Verhältnissen leben* mener une

vie réglée; **~e Verhältnisse schaffen** mettre de l'ordre (**in etw** [*dat*] dans qc)
Georg ['geːɔrk] *m* ⟨→ *n/pr*⟩ Georges *m*
Georgien [geˈɔrgiən] *n* ⟨→ *n/pr*⟩ la Géorgie
Ge'orgier(in) *m* ⟨~s; ~⟩ (*f*) ⟨~; ~nen⟩ Géorgien, -ienne *m,f*
ge'orgisch géorgien, -ienne
'Geo|wissenschaften *f/pl* sciences *f/pl* de la Terre; *sc* géosciences *f/pl*; ²**zentrisch** *adj* ASTR géocentrique
Gepäck [gəˈpɛk] *n* ⟨~(e)s⟩ bagages *m/pl*; MIL paquetage *m*; **sein ~ aufgeben** (faire) enregistrer ses bagages; **mit leichtem ~ reisen** voyager avec peu de bagages
Ge'päck|abfertigung *f* **1.** *Schalter* (guichet *m* d')enregistrement *m* des bagages; **2.** ⟨*pas de pl*⟩ *Vorgang* enregistrement *m* des bagages; **~ablage** *f im Bus, Zug* porte-bagages *m*; **~annahme** *f cf Gepäckabfertigung*, **Gepäckaufbewahrung**, **~aufbewahrung** *f* consigne *f*; **~aufbewahrungsschein** *m* ticket *m* de consigne; **~aufgabe** *f cf Gepäckabfertigung*; **~ausgabe** *f* **1.** *Schalter* (guichet *m* de la) consigne pour bagages à main ou enregistrés; **2.** ⟨*pas de pl*⟩ *Vorgang* remise *f* des bagages (à l'arrivée); **~beförderung** *f* transport *m* des bagages; **~kontrolle** *f* contrôle *m* des bagages; **~netz** *n* filet *m* d'un porte-bagages (*dans un train, etc*); **~raum** *m* compartiment *m* à bagages; **~schalter** *m* guichet *m* des bagages; **~schein** *m* bulletin *m* d'enregistrement; **~schließfach** *n* (casier *m* de) consigne *f* automatique; **~stück** *n* colis *m*; *pl* **~e a** bagages *m/pl*; **~tasche** *f am Fahrrad etc* sacoche *f*; **~träger** *m* **1.** *Person* porteur *m*; **2.** *am Fahrrad etc* porte-bagages *m*; **~versicherung** *f* assurance *f* des bagages; **~wagen** *m* fourgon *m* (à bagages)
Gepard ['geːpart] *m* ⟨~s; ~e⟩ guépard *m*
ge'pfeffert *adj* **1.** CUIS poivré; **2.** F *fig Rechnung, Witz etc* salé; *Preise* excessif, -ive
gepfiffen [gəˈpfɪfən] *p/p cf pfeifen*
ge'pflegt I *adj* **1.** *Stil, Äußeres, Kleidung etc* soigné; *Park, Garten* (bien) entretenu; *Haus* bien tenu; **2.** (*kultiviert*) *Unterhaltung* cultivé; *Ausdrucksweise* choisi; soigné; *Essen* soigné; *Getränke* de choix; *Lokal, Hotel* qui a de la classe; *st/s* **in ~er Umgebung speisen** dîner dans un cadre élégant; **ein ~es Bier** une bière servie comme il faut; **II** *advt* **sich ~ ausdrücken** s'exprimer en termes choisis; **~ essen gehen** aller dans un bon restaurant
Ge'pflegtheit *f* ⟨~⟩ **1.** *in der äußeren Erscheinung* aspect, extérieur soigné; **2.** *des Stils, der Ausdrucksweise* caractère choisi, soigné; *der Unterhaltung* caractère cultivé
Ge'pflogenheit *st/s f* ⟨~; ~en⟩ habitude *f*; coutume *f*
ge'plagt *adj* **er ist ein ~er Mann** il a la vie dure; il est bien à plaindre
Geplänkel [gəˈplɛŋkəl] *n* ⟨~s; ~⟩ MIL *fig* escarmouche(s) *f(pl)*
Ge'plapper F *n* ⟨~s⟩ *e-s Kindes* babil *m*; babillage *m*; *péj* (*leeres Gerede*) bavardage *m*; papotage *m*
Ge'plärr(e) F *péj n* ⟨~s⟩ F braillement *m*; *e-s Radios etc* beuglement *m*

Ge'plätscher *n* ⟨~s⟩ *von Wasser* clapotis *m*; clapotement *m*; *fig Unterhaltung* **seichtes ~** conversation plate
Ge'plauder *st/s n* ⟨~s⟩ causerie *f*
Ge'polter *n* ⟨~s⟩ bruit sourd (de qc qui tombe, *etc*)
Ge'präge *n* ⟨~s; ~⟩ **1.** MÜNZKUNDE empreinte *f*; **2.** *st/s fig* ⟨*pas de pl*⟩ empreinte *f*; caractère *m*; **e-r Sache** (*dat*) **ihr ~ geben** marquer qc de son empreinte; donner à qc son caractère
Ge'pränge [gəˈprɛŋə] *st/s n* ⟨~s⟩ faste *m*; pompe *f*; apparat *m*
gepriesen [gəˈpriːzən] *p/p cf preisen*
ge'punktet *adj Stoff* à pois
Ge'quake F *n* ⟨~s⟩ **1.** *von Fröschen* coassement *m*; *von Enten* coin-coin *m/pl*; **2.** F *péj* glapissements *m/pl*
ge'quält *adj Lächeln* tendu; forcé; *Fröhlichkeit* feint
Ge'quassel, **Ge'quatsche** F *péj n* ⟨~s⟩ papotage *m*; cancans *m/pl*
Ge'quengel F *péj n* ⟨~s⟩ F pleurnicheries *f/pl*
gequollen [gəˈkvɔlən] *p/p cf quellen*
Ger [geːr] *m* ⟨~(e)s; ~e⟩ HIST javelot *m*
gerade [gəˈraːdə] **I** *adj* **1.** droit; (*ohne Umweg*) direct; (*eben*) plan; égal; **in ~r Linie** en ligne droite; *bei Abstammung* a en ligne directe; **2.** MATH pair; **II** *adv* **1.** (*genau*) juste(ment); précisément; exactement; **~** (**in dem Augenblick**), **als ...** juste, précisément au moment où ...; **~ ein Jahr** juste un an; un an jour pour jour; **~ zur rechten Zeit** juste au bon moment; **~ recht kommen** venir à point; tomber à pic; **das geschieht dir ~ recht** c'est bien fait pour toi; tu ne l'as pas volé; **2.** *zeitlich* (*im Moment*) maintenant; justement; (*soeben*) tout à l'heure; **da wir ~ davon sprechen** puisque nous sommes justement en train d'en parler; **~ dabei sein, etw zu tun** être (précisément, justement) en train de faire qc; **ich wollte es ~ sagen** j'allais justement le dire; **ich wollte ~ gehen** j'étais sur le point de partir; **er ist ~ angekommen, eingeschlafen** il vient (juste[ment]) d'arriver, de s'endormir; **ich habe ~ noch gesehen, wie ...** j'ai juste eu le temps de voir comment ...; **3.** (*geradewegs*) droit; *cf a* **geradeheraus**; **4.** (*knapp*) juste; **~ so viel, daß ...** juste assez pour (+*inf*); **~ noch rechtzeitig** juste encore à temps; **F e-e Prüfung ~ so bestehen** avoir son examen de justesse; **5.** (*ausgerechnet*) justement; **warum ~ ich?** et pourquoi justement moi?; **ärgerlich mußt du das ~ jetzt tun!** maintenant raison de plus!; **jetzt tut er es ~!** il fait exprès maintenant
Ge'rade *f* ⟨~n; ~n⟩ **1.** MATH droite *f*; **2.** SPORT ligne droite; **3.** BOXEN direct *m*
gerade'aus *adv* tout droit; *fig* **er ist immer sehr ~** il est toujours très direct
ge'rade|biegen *v/t* ⟨*irr, sép, -ge-, h*⟩ **1.** redresser; **2.** F *fig* arranger; **~halten** ⟨*irr, sép, -ge-, h*⟩ **I** *v/t* tenir droit; **II** *v/réfl* **sich ~** se tenir droit; **~her'aus**

adv franchement; directement; F carrément; **~machen** F *v/t* ⟨*sép, -ge-, h*⟩ redresser
ge'radenwegs *cf geradewegs*
ge'radesitzen *v/i* ⟨*irr, sép, -ge-, h*⟩ se tenir droit (en position assise); **sitz gerade!** assieds-toi comme il faut!; tiens-toi droit!
ge'radeso *adv* **sie macht es ~ wie ich** elle (le) fait exactement comme moi; **~ groß wie** (juste) aussi grand que
ge'radestehen *v/i* ⟨*irr, sép, -ge-, h*⟩ **1.** se tenir droit; **2.** *fig* **für etw ~** prendre la responsabilité de qc; porter le chapeau pour qc; **für j-n ~** prendre la responsabilité pour qn
ge'radestellen *v/t* ⟨*sép, -ge-, h*⟩ remettre droit; redresser
ge'radewegs *adv* directement; tout droit; **~ auf sein Ziel zusteuern** se diriger droit au but
ge'radezu *adv* vraiment; tout simplement; **das ist ~ ein Wunder** c'est tout simplement un miracle
Ge'radheit *f* ⟨~⟩ (*Offenheit*) franchise *f*; droiture *f*
ge'radlinig I *adj* **1.** en ligne droite; rectiligne; **2.** *fig* (*aufrichtig*) droit; franc, franche; **II** *adv* **1.** **~ verlaufen** faire une ligne droite; **2.** *fig* avec droiture; *in Äußerungen bes* franchement
Ge'radlinigkeit *f* ⟨~⟩ **1.** disposition *f* rectiligne; **2.** *fig* (*Aufrichtigkeit*) droiture *f*; franchise *f*
ge'rammelt F *advt* **~ voll** bondé; plein à craquer; F archiplein; *Räume a* F archicomble
gerändert [gəˈrɛndərt] *adjt* rot **~e Augen** *n/pl* yeux rougis; **grün ~es Papier** papier bordé de vert
Gerangel [gəˈraŋəl] F *n* ⟨~s⟩ *a fig* bagarre *f* (**um** pour)
Geranie [geˈraːniə] *f* ⟨~; ~n⟩ géranium *m*
gerann [gəˈran] *cf gerinnen*
gerannt [gəˈrant] *p/p cf rennen*
Ge'rassel *n* ⟨~s⟩ bruit *m* (+ *gén* de); *von Ketten etc* fracas *m*; cliquetis *m*; *von Wagen* roulement *m*
gerät [gəˈrɛːt] *cf geraten*
Ge'rät *n* ⟨~(e)s; ~e⟩ **1.** *einzelnes* (*Haushalts²*, *Küchen²*) ustensile *m*; (*Werkzeug, Garten²*) outil *m*; *feinmechanisches*, (*Meß²*) instrument *m*; **elektrische ~e** appareils *m/pl* électriques; **2.** ⟨*pas de pl*⟩ *coll* (*~schaften*) outillage *m*; **3.** (*Radio²*, *Fernseh²*) poste *m*; **4.** *pl* **~e** (*Turn²*) agrès *m/pl*
Ge'rätehaus *n* garage *m* des pompiers
geraten¹ [gəˈraːtən] *v/i* ⟨*gerät, geriet, geraten, sein*⟩ **1.** (*zufällig gelangen*) tomber, arriver, se trouver pris (par 'hasard'); **an j-n ~** tomber sur qn; F *fig* **an den Richtigen, Falschen ~** tomber sur la bonne, mauvaise personne; **außer sich** (*acc od dat*) **~ vor Zorn** sortir de ses gonds; *vor Ärger* se fâcher tout rouge; *vor Freude* ne pas se sentir de joie; **er geriet vor Wut außer sich** (*acc od dat*) a la colère l'a mis 'hors de lui; **in Gefahr ~** être soudain en danger; **in Gefangenschaft ~** être fait prisonnier; **in Mißkredit, Not ~** tomber en discrédit, dans la misère; **in Panik ~** paniquer; **in e-n Sturm ~** être pris dans une tempête; **in Vergessenheit ~** tomber dans l'oubli; **in Wut**,

geraten – geringer

Zorn ~ entrer en fureur; se mettre en colère; *unter ein Auto* ~ se faire écraser; passer sous une voiture; **2.** *(gelingen)* *(gut)* ~ réussir; *schlecht* ~ rater; *ihm gerät alles* tout lui réussit; *zu kurz, lang* ~ *Pullover etc* être trop court, long; *plais Person er, sie ist zu kurz* ~ F il (elle) est court(e) sur pattes; *er, sie ist zu lang* ~ F c'est une grande perche; **3.** *(gleichen)* **nach seinem Vater** ~ tenir de, ressembler à son père

ge'raten² I *p/p cf* **raten, geraten;** II *adj ⟨attribut⟩ (ratsam)* **es für** ~ **halten zu** (+*inf*) juger bon, utile de (+*inf*); *das* ~**ste wäre zu** (+*inf*) le mieux serait de (+*inf*)

Ge'räte|raum *m für Sportgeräte* salle *f* des appareils; ~**schuppen** *m* remise *f* (à outils); ~**turnen** *n* gymnastique *f* aux agrès

Gerate'wohl *n aufs* ~ au hasard; au petit bonheur (la chance)

Ge'rätschaften *f/pl* outillage *m*

Ge'ratter F *n ⟨~s⟩ e-s Zuges etc* roulement *m*

ge'raucht, ge'räuchert *adj* fumé

geraum [gə'raʊm] *st/s adj ⟨épithète⟩ seit* ~*er Zeit* depuis un certain temps

geräumig [gə'rɔʏmɪç] *adj* spacieux, -ieuse; vaste; ²**keit** *f ⟨~⟩* caractère spacieux; espace *m*

Ge'raune *n ⟨~s⟩* chuchotement(s) *m(pl)*

Geräusch [gə'rɔʏʃ] *n ⟨~(e)s; ~e⟩* bruit *m*; ²**arm** *adj Gerät, Maschine* qui fait peu de bruit

Ge'räuschemacher(in) *m(f)* bruiteur, -euse *m,f*

ge'räusch|empfindlich *adj* sensible au bruit; ²**kulisse** *f* **1.** (*Hintergrundgeräusch*) fond *m* sonore; **2.** *THÉ* bruitage *m*; ~**los** I *adj* silencieux, -ieuse; *Gerät, Maschine a* qui ne fait pas du tout de bruit; II *adv* silencieusement; sans faire de bruit; ²**losigkeit** *f ⟨~⟩* absence *f* de bruit; silence *m*; *e-s Geräts, e-r Maschine* fonctionnement silencieux; ²**pegel** *m* niveau *m* sonore; ~**voll** I *adj* bruyant; plein de bruit; II *adv* bruyamment

gerben ['gɛrbən] *v/t ⟨h⟩* tanner; *(zurichten)* corroyer; *fig* **von Wind und Wetter gegerbtes Gesicht** visage tanné

'Gerber *m ⟨~s; ~⟩* tanneur *m*

Gerbera ['gɛrbəra] *f ⟨~; ~(s)⟩* gerbera *m*

Gerbe'rei *f ⟨~; ~en⟩* tannerie *f*

'Gerbsäure *f* acide *m* tannique

'Gerbung *f ⟨~; ~en⟩* tannage *m*

Gerd [gɛrt] *cf* **Gerhard**

Gerda ['gɛrda] *f ⟨~⟩ n/pr* prénom

gerecht [gə'rɛçt] I *adj* **1.** *Richter, Urteil, Strafe etc, a REL* juste; *Richter, Urteil a* équitable; ~ **gegen j-n sein** être juste envers qn; **2.** *(gerechtfertigt)* justifié; *Zorn* légitime; *das ist nur* ~ ce n'est que justice; *für e-e* ~*e Sache kämpfen* lutter pour une juste cause; **3.** *(angemessen)* justifié; *j-m* ~ *werden* apprécier qn à sa juste valeur; *p/fort* rendre justice à qn; *e-r Sache (dat)* ~ *werden* apprécier qc à sa juste valeur; *e-r Aufgabe* ~ *werden* être à la hauteur d'une tâche; *Wünschen, Anforderungen etc* satisfaire à qc; II *adv* avec justice; justement; équitablement

Ge'rechte(r) *f(m) ⟨→ A⟩ a REL* juste *m*; *den Schlaf des* ~*n schlafen* dormir du sommeil du juste

ge'rechter'weise *adv* en toute justice

ge'rechtfertigt *adj* justifié

Ge'rechtigkeit *f ⟨~⟩ a REL, st/s (Justiz)* justice *f*; *e-s Richters, Urteils* à équité *f*; *ausgleichende* ~ juste retour *m* des choses; *st/s* ~ *walten lassen* être juste; *st/s j-m, e-r Sache* ~ *widerfahren lassen* rendre justice à qn, qc; *die* ~ *nimmt ihren Lauf* la justice suit son cours

Ge'rechtigkeits|gefühl *⟨~s⟩ n* sentiment *m* de justice; ~**liebe** *f ⟨~⟩* amour *m* de la justice; ²**liebend** *adj* qui aime la justice; ~**sinn** *⟨~(e)s⟩ m* sens *m* de la justice

Ge'rede F *péj n ⟨~s⟩* bavardage(s) *m(pl)*; *leeres* ~ verbiage *m*; F blabla(bla) *m*; *(Klatsch)* cancans *m/pl; (Gerücht)* rumeurs *f/pl*; *das* ~ *der Leute* le qu'en-dira-t-on; *ins* ~ *kommen* faire jaser; *j-n ins* ~ *bringen* compromettre (la réputation de) qn

ge'regelt *adj ⟨épithète⟩* réglé; régulier, -ière; *ein* ~*es Leben führen* mener une vie réglée

ge'reichen *st/s v/i ⟨p/p gereicht, h⟩ es gereicht dir zum Vorteil* cela te donnera un avantage; *j-m zur Ehre,* **Schande** ~ faire honneur, 'honte à qn

ge'reift *adj charakterlich etc* mûri

ge'reizt I *adj* irrité; II *adv* avec mauvaise humeur; ~ *reagieren* manifester sa mauvaise humeur

Ge'reiztheit *f ⟨~⟩* irritation *f*

Ge'renne F *n ⟨~s⟩ cf* **Rennerei**

Gerhard ['ge:rhart] *m ⟨→ n/pr⟩* Gérard *m*

Geria'ter(in) [geri'a:tər(ɪn)] *m ⟨~s; ~⟩ (f) ⟨~; ~nen⟩* gériatre *m,f*; ~**'trie** *f ⟨~⟩* gériatrie *f*; ²**trisch** *adj* gériatrique

Gericht¹ [gə'rɪçt] *n ⟨~(e)s; ~e⟩ JUR* tribunal *m*; *(~shof)* cour *f* de justice; *REL das Jüngste od Letzte* ~ le jugement dernier; *Hohes* ~*!* Messieurs les juges, ...; *vor* ~ *(dat)* en justice; devant le tribunal; *vor* ~ *(acc) gehen* se pourvoir en justice; *e-e Sache vor* ~ *(acc) bringen* porter, déférer une cause devant un tribunal; saisir un tribunal d'une cause; *vor* ~ *(dat) stehen* être jugé; *vor* ~ *(dat) erscheinen* comparaître en justice, devant un bzw le tribunal; *vor* ~ *(dat) aussagen* faire une déposition, témoigner (au tribunal); *j-n vor* ~ *(dat) vertreten* représenter qn en justice; ~ *halten* rendre la justice; *mit j-m über j-n* ~ *halten od zu* ~ *sitzen* juger qn; *fig mit j-m (scharf od hart) ins* ~ *gehen* être très sévère envers qn; faire de vertes réprimandes à qn

Ge'richt² *n ⟨~(e)s; ~e⟩ CUIS* plat *m*; *(Spezialität)* spécialité *f*

ge'richtlich I *adj ⟨épithète⟩* judiciaire; *Medizin, Psychologie* légal; ~*e Schritte einleiten* introduire une action en justice *(gegen* contre); II *adv* par voie de justice; *j-n* ~ *belangen* poursuivre qn en justice, devant un tribunal *(wegen* pour); intenter des poursuites judiciaires contre qn *(wegen* pour); *gegen j-n* ~ *vorgehen, etw* ~ *verfolgen* poursuivre qn, qc en justice

Ge'richts|akten *f/pl* dossier *m* judiciaire; ~**arzt** *m*, ~**ärztin** *f* médecin *m* légiste; ²**ärztlich** *adj ⟨épithète⟩* médico-légal; ~**assessor(in)** *m(f) etwa* auditeur *m* de justice

Ge'richtsbarkeit *f ⟨~; ~en⟩* juridiction *f*

ge'richtsbekannt *adj* connu du tribunal

Ge'richts|beschluß *m* décision *f* judiciaire, du tribunal; ~**bezirk** *m* circonscription *f* judiciaire; ressort *m* de juridiction; ~**diener** *m* huissier *m* (audiencier); ~**dolmetscher(in)** *m(f)* interprète *m,f* auprès des tribunaux; ~**entscheid** *m ADM*, ~**entscheidung** *f* décision *f* du tribunal; *par ext* jugement *m*; ~**ferien** *pl* vacations *f/pl* (des tribunaux); ~**gebäude** *n* palais *m* de justice; ~**hof** *m* cour *f* de justice; ~**kosten** *pl* frais *m/pl* de justice; dépens *m/pl*; ²**kundig** *adj* connu du tribunal; ~**medizin** *f ⟨~⟩* médecine légale; ~**mediziner(in)** *m(f)* médecin *m* légiste; ²**medizinisch** *adj* médico-légal; ²**notorisch** *adj* avéré; notoire; ~**ordnung** *f* règlement *m* de procédure; ~**präsident(in)** *m(f)* président *m* du tribunal; ~**referendar(in)** *m(f)* juriste *m,f* stagiaire; *in Frankreich* auditeur *m* de justice; ~**reporter(in)** *m(f)* chroniqueur, -euse *m,f* judiciaire; ~**saal** *m* salle *f* d'audience (d'un tribunal); prétoire *m*; ~**sachverständige(r)** *f(m)* expert *m* auprès des tribunaux; ~**schreiber** *m* greffier *m*; ~**stand** *m ⟨~(e)s; ~e⟩* lieu *m* de juridiction; tribunal compétent; juridiction compétente; ~**tag** *m*, ~**termin** *m* jour *m* d'audience; ~**urteil** *n* jugement *m* du tribunal

Ge'richtsverfahren *n* procédure *f* (judiciaire); *gegen j-n ein* ~ *einleiten* engager, entamer une procédure contre qn

Ge'richts|verfassung *f ⟨~⟩* organisation *f* judiciaire; ~**verhandlung** *f* débats *m/pl* (judiciaires); audience *f*; ~**vollzieher(in)** *m ⟨~s; ~⟩ (f) ⟨~; ~nen⟩* huissier *m* de justice; ~**vorsitzende(r)** *f(m)* président *m* du tribunal

Ge'richtsweg *m auf dem* ~ par voie de justice

Ge'richtswesen *n ⟨~s⟩* système *m* judiciaire; tribunaux *m/pl*

gerieben [gə'ri:bən] I *p/p cf* **reiben**; II F *adj cf* **gerissen** II

geriehen [gə'ri:ən] *p/p cf* **reihen** 2.

gering [gə'rɪŋ] I *adj* **1.** *(wenig)* peu; peu important, *Anzahl, Menge, Einkommen* petit; *Kenntnisse* limité; *Unterschied, Abstand, Höhe, Druck, Temperatur etc* faible; *Summe, Preis* insignifiant; *von* ~*er Tiefe* peu profond; de faible profondeur; *von* ~*em Wert* de peu de valeur; ~*e Aussichten auf Erfolg haben* avoir des chances minimes, réduites, assez minces de réussir; **(nur)** *e-e* ~*e Rolle spielen* avoir peu d'importance; ne jouer qu'un rôle peu important; II *adv das kostet* ~ *geschätzt, dreihundert Mark* j'estime que cela coûte au minimum trois cents marks, que cela coûte trois cents marks au bas mot

ge'ringacht|en *v/t ⟨-ete, sép, -ge-, h⟩* **1.** *(mißachten)* ne pas tenir compte de; *Gesundheit* ne pas faire attention à; **2.** *(geringschätzen)* mépriser; dédaigner; ²**ung** *f* mépris *m*; dédain *m*

ge'ringer *adj* moindre; *Stellung, Position etc* inférieur (*als* à); *Summe etc* moins élevé; *in* ~*em Maße* à un degré moindre; *das* ~*e von zwei Übeln* de

deux maux le moindre; **kein ℒer als ...** ... en personne; **~ werden** diminuer; s'amoindrir
geringfügig [gə'rɪŋfy:gɪç] **I** *adj* peu important; insignifiant; minime; *(nebensächlich)* accessoire; **II** *adv* d'une façon insignifiante; *(nebensächlich)* accessoirement; **zunehmen** *etc* légèrement
Ge'ringfügigkeit *f* ⟨~; ~en⟩ **1.** *⟨pas de pl⟩ Art, Eigenschaft* caractère *m* accessoire; insignifiance *f*; **das Verfahren wegen ~ einstellen** rendre un non-lieu (pour insuffisance de charges); **2.** *(Nebensächlichkeit)* détail (insignifiant, sans importance); *(Kleinigkeit)* chose *f* sans importance
ge'ring|schätzen *v/t* ⟨-(es)t, *sép*, -ge-, h⟩ mépriser; dédaigner; **~schätzig I** *adj* méprisant; dédaigneux, -euse; **II** *adv* avec mépris, dédain; dédaigneusement; **ℒschätzung** *f* ⟨~⟩ mépris *m*; dédain *m*
ge'ringste(r, -s) *adj* (le, la) moindre; **beim ~n Anlaß** pour un rien; à la moindre occasion; **das ist meine ~ Sorge** c'est le cadet de mes soucis; **das ist das ℒ, das man erwarten kann** c'est la moindre des choses; c'est bien le moins qu'on puisse attendre; **nicht das ~** absolument rien; rien du tout; **nicht im ~n** pas le moins du monde; **nicht die ~ Aussicht auf** (+*acc*) pas la moindre chance de ...; **nicht die ~ Ahnung** pas la moindre idée; **nicht die ~ Lust zu etw haben** ne pas avoir la moindre envie de faire qc; **nicht der ~ Zweifel** pas l'ombre d'un doute
ge'ringsten'falls *st/s adv* au minimum; au bas mot
gerinnen [gə'rɪnən] *v/i* ⟨gerinnt, gerann, geronnen, sein⟩ *Blut* (se) coaguler; *Milch* (se) cailler; tourner
Gerinnsel [gə'rɪnzəl] *n* ⟨~s; ~⟩ *MÉD von Blut etc* caillot *m*
Ge'rinnung *f* ⟨~⟩ **1.** *MÉD* coagulation *f*; **2.** *von Milch* caillage *m*
Ge'rinnungs|faktor *m* *MÉD* facteur *m* de coagulation; **ℒhemmend** *adj* *MÉD* anticoagulant; **~mittel** *n* *MÉD* coagulant *m*
Gerippe [gə'rɪpə] *n* ⟨~s; ~⟩ **1.** *ANAT* squelette *m*; *F fig* **plais ein wandelndes ~** un squelette ambulant; **bis zum ~ abgemagert sein** être squelettique; ne plus avoir que la peau sur les os; **2.** *fig (Gliederung)* charpente *f*; structure *f*; **3.** *TECH* squelette *m*; *CONSTR* charpente *f*; *e-s Schiffs, Flugzeugs* carcasse *f*; **4.** *BOT e-s Blatts* nervures *f/pl*
ge'rippt *adj Stoff* côtelé; à côtes; *Blatt* nervuré
gerissen [gə'rɪsən] **I** *p/p cf* **reißen**; **II** *F adjt (schlau)* rusé; roué; *F* roublard; **ein ~er Bursche** *F* un roublard
Ge'rissenheit *f* ⟨~⟩ ruse *f*; *F* roublardise *f*
geritten [gə'rɪtən] *p/p cf* **reiten**
ge'ritzt *adj (attribut)* *F (die Sache) ist ~!* *F* ça baigne!
Germ [gɛrm] *m* ⟨~(e)s *od* ~⟩ *südd, österr* levure *f*
German|e [gɛr'maːnə] *m* ⟨~n; ~n⟩, **~in** *f* ⟨~; ~nen⟩ Germanique *m,f*; **plais** Germain(e) *m(f)*; *HIST* **die (alten) ~n** les Germains *m/pl*
ger'manisch *adj* germanique; *HIST* germain; **~e Sprachen** *f/pl* langues germaniques; *UNIVERSITÄT* **ℒes Seminar** département *m* d'allemand, *par ext* des études germaniques
germani'sier|en *v/t* ⟨*pas de ge*-, h⟩ germaniser; **ℒung** *f* ⟨~⟩ germanisation *f*
Germa'n|ismus *m* ⟨~; -men⟩ *LING* germanisme *m*; **~ist(in)** *m* ⟨~en; ~en⟩ *f* ⟨~; ~nen⟩ Student(in) germanisant(e) *m(f)*; étudiant(e) *m(f)* d'allemand, *par ext* en langues germaniques; *Wissenschaftler(in)* germaniste *m,f*
Germa'nistik *f* ⟨~⟩ études *f/pl* de langue, de littérature et de civilisation allemandes, *par ext* des langues, littératures et civilisations germaniques; **~ studieren** faire des études d'allemand
germa'nistisch *adj* ⟨*épithète*⟩ d'allemand; *par ext* des langues germaniques
Germanium [gɛr'maːniʊm] *n* ⟨~s⟩ *CHIM* germanium *m*
'Germknödel *m* *südd, österr* grosse boule de pâte levée fourrée à la confiture de prune
gern(e) ['gɛrn(ə)] *adv* ⟨lieber, am liebsten⟩ **1.** *(mit Vergnügen, bereitwillig)* volontiers; **als Antwort ~!** *a* avec plaisir!; je veux bien; **sehr ~!** très volontiers!; **~ geschehen!** (il n'y a) pas de quoi!; **etw ~ tun** *meist* aimer faire qc; *p/fort* adorer faire qc; **~ lesen, tanzen, Auto fahren** aimer (bien) lire, danser, conduire; **etw ~ haben, mögen, essen, trinken** aimer qc; **j-n ~ haben** aimer (bien) qn; avoir de l'affection pour qn; *F* **der kann mich (mal) ~ haben!** *F* il m'embête!; **~ gesehen sein** *Gast* être le bienvenu; **das wird hier nicht ~ gesehen** c'est mal vu ici; on ne voit pas cela d'un bon œil ici; **ich bin ~ in Paris** j'aime bien être à Paris; **er hört es ~, wenn man ihn lobt** il aime les compliments. **2.** *(gewöhnlich)* **er kommt ~ um diese Zeit** c'est l'heure à laquelle il aime bien passer, il passe toujours; **3.** *bei e-m Wunsch* **ich hätte ~ ... je voudrais ...; ich möchte ~ ins Kino gehen** j'aimerais bien aller, j'ai envie d'aller au cinéma; **4.** *(ohne weiteres)* **das glaube ich ~** je le crois volontiers; je veux bien le croire; **du kannst ~ dableiben!** reste-donc si tu veux!; si tu veux rester, tu peux!; **gut und ~ zehn Mark** plus de, au moins dix marks; **5.** *F (oft, schnell, leicht)* souvent; **im Winter bekomme ich ~ Schnupfen** j'ai souvent des rhumes en hiver
'Gernegroß *F m* ⟨~; ~e⟩ vantard *m*; 'hâbleur *m*
'gerngesehen *adj* bienvenu
Ge'röchel *n* ⟨~s⟩ râle(s) *m(pl)*
gerochen [gə'rɔxən] *p/p cf* **riechen**
Geröll [gə'rœl] *n* ⟨~s; ~e⟩ éboulis *m*; *am Wasser* galets *m/pl*; **~halde** *f* éboulis *m*
geronnen [gə'rɔnən] *p/p cf* **gerinnen, rinnen**
Geronto|loge [gerɔnto'loːgə] *m* ⟨~n; ~n⟩, **~'login** *f* ⟨~; ~nen⟩ gérontologue *m,f*; **~lo'gie** *f* ⟨~⟩ gérontologie *f*
Gerste ['gɛrstə] *f* ⟨~⟩ orge *f*
'Gersten|brot *n* pain *m* d'orge; **~feld** *n* champ *m* d'orge; **~korn** *n* **1.** *BOT* grain *m* d'orge. **2.** *MÉD* orgelet *m*; **~saft** *m* ⟨~(e)s⟩ *plais (Bier)* bière *f*
Gert [gɛrt] *f cf* **Gerhard**
Gerte ['gɛrtə] *f* ⟨~; ~n⟩ badine *f (a Reitℒ)*; baguette *f*; verge *f*

'**gerten|schlank** *adj* élancé; svelte
Gertrud ['gɛrtruːt] *f* ⟨→ *n/pr*⟩ Gertrude *f*
Geruch [gə'rʊx] *m* ⟨~(e)s; ~̈e⟩ **1.** odeur *f*; **der ~ nach** *od* **von frischem Brot** l'odeur *f* du pain frais; **2.** *⟨pas de pl⟩ (Geruchssinn)* odorat *m*; **3.** *⟨pas de pl⟩ fig* **im ~ stehen zu** (+*inf*) avoir la réputation de (+*inf*)
ge'ruchlos *adj* sans odeur; inodore
Ge'ruchs|belästigung *f* gêne causée par de mauvaises odeurs; nuisances olfactives; **ℒempfindlich** *adj* sensible aux mauvaises odeurs; **ℒfrei** *adj* sans odeur; inodore; **~nerv** *m* nerf olfactif; **~organ** *n* organe olfactif; **~sinn** *m* ⟨~(e)s⟩ odorat *m*; **~stoff** *m* substance perçue par l'odorat; **~verschluß** *m* *am Waschbecken etc* siphon *m*
Gerücht [gə'rʏçt] *n* ⟨~(e)s; ~e⟩ bruit *m*; rumeur(s) *f(pl)*; **ein ~ verbreiten, in die Welt** *od* **in Umlauf setzen** faire courir, répandre, propager un bruit; **es geht das ~, daß ...** on dit, raconte que ...; le bruit court que ...; *F* **das halte ich für ein ~!** ce n'est que des on-dit!
Ge'rüchteküche *F péj* officine *f* de fausses nouvelles
ge'ruchtilgend *adj* désodorisant
ge'rüchtweise *adv* par un bruit; par des bruits; **~ verlautet, daß ...** le bruit court que ...; **etw ~ hören** *od* **erfahren** entendre dire qc
ge'rufen *p/p cf* **rufen**
ge'ruhen *st/s, iron v/i* ⟨*p/p* geruht, h⟩ **~, etw zu tun** condescendre à, daigner faire qc
ge'rührt *adj seelisch* touché; ému; **~ sein, werden** *a* s'attendrir (**von etw** sur qc)
ge'ruhsam **I** *adj* tranquille; calme; **II** *adv* tranquillement; avec calme; **ℒkeit** *f* ⟨~⟩ tranquillité *f*
Ge'rumpel *n* ⟨~s⟩ tapage *m*; *e-s Wagens* roulement *m*
Gerümpel [gə'rʏmpəl] *n* ⟨~s⟩ *péj* bric-à-brac *m*; vieilleries *f/pl*
Gerundium [gə'rʊndiʊm] *n* ⟨~s; -ien⟩ *GR* gérondif *m*
Gerun'div *n* ⟨~s; ~e⟩ *GR* participe futur passif
gerungen [gə'rʊŋən] *p/p cf* **ringen**
Gerüst [gə'rʏst] *n* ⟨~(e)s; ~e⟩ **1.** *CONSTR* échafaudage *m*; **2.** *fig e-s Aufsatzes etc* structure *f*; *e-s Dramas, Romans etc (Handlungsℒ)* trame *f*; **~bau** *m* ⟨~(e)s⟩ (construction *f* d'un) échafaudage *m*
Ges, ges [gɛs] *n* ⟨~; ~⟩ *MUS* sol *m* bémol
Ge'sabber *F péj n* ⟨~s⟩ **1.** *(das Sabbern)* **hör auf mit dem ~!** arrête de baver!; **2.** *fig (dummes Gerede) F* blabla(bla) *m*; *P* conneries *f/pl*
ge'salzen I *p/p cf* **salzen**; **II** *adjt cf* **gepfeffert 2.**
ge'sammelt *adj* **1.** innerlich recueilli; **2. die ~en Werke von George Sand** les œuvres complètes de George Sand
gesamt [gə'zamt] *adj* ⟨*épithète*⟩ total; global; (tout[e]) entier, -ière; l'ensemble *m*, la totalité de ...
Ge'samt|ansicht *f* vue d'ensemble, générale; **~aufkommen** *n* *ÉCON* produit total; **~auflage** *f* *TYPO* tirage global; **~ausgabe** *f* *TYPO* édition *f* des) œuvres complètes; **~betrag** *m* (montant *m*, chiffre *m*) total *m*; somme totale;

Gesamtbevölkerung – Geschäftslage

~**bevölkerung** f (la) population dans son ensemble; ~**bild** n tableau m d'ensemble; aperçu général; ⁀**deutsch** adj concernant toute l'Allemagne, bes HIST l'Allemagne de l'Est et de l'Ouest; ~**durchschnitt** m moyenne générale; ~**eindruck** m impression générale, d'ensemble; ~**ergebnis** n résultat global, total; SPORT classement général; ~**fläche** f surface totale

Ge'**samtgewicht** n poids total, en charge; **zulässiges** ~ poids total autorisé

Ge'**samtheit** f ⟨~⟩ **1.** totalité f; ensemble m; tout m; **die ~ der Beamten** etc a tous les fonctionnaires, etc; **... in ihrer** ~**...** dans leur ensemble; **etw in s-r betrachten, analysieren** considérer, analyser qc dans son ensemble, globalement; **2.** (Allgemeinheit) collectivité f; **im Interesse der ~** dans l'intérêt de la collectivité

Ge'**samt|hochschule** f forme nouvelle d'université permettant aux étudiants une formation multidisciplinaire; ~**höhe** f 'hauteur totale; von Investitionen etc chiffre global; ~**kapital** n total m des capitaux; ~**katalog** m e-r Bibliothek catalogue général; ~**kosten** pl totalité f des frais; ~**kunstwerk** n œuvre f d'art qui réunit plusieurs genres, pluriforme; ~**lage** f situation générale; ~**länge** f longueur totale; ~**last** f charge totale; ~**note** f note f d'ensemble; ~**produktion** f production totale, globale; ~**schaden** m totalité f des dommages; ~**schau** f vue f d'ensemble; ~**schule** f établissement (scolaire) réunissant enseignement primaire et enseignement secondaire; ~**sieg** m SPORT victoire finale; ~**sieger** m SPORT vainqueur final; ~**strafe** f cumul m de peines; ~**summe** f somme totale (**über** [+acc] de); ~**überblick** m, ~**übersicht** f vue f d'ensemble; tour m d'horizon (**über** [+acc] de); ~**umsatz** m chiffre d'affaires global; ~**unterricht** m enseignement m pluridisciplinaire; ~**verband** m fédération f; ~**vermögen** n totalité f de la fortune, des biens; ~**volumen** n COMM volume global; ~**werk** n e-s Künstlers œuvre m; ~**wert** m valeur totale, globale; ~**wertung** f SPORT classement général; ~**wirtschaft** f ⟨~⟩ économie f dans son ensemble; ensemble m de l'économie; ⁀**wirtschaftlich I** adj ⟨épithète⟩ pris dans un contexte économique; **II** adv dans un bzw le contexte économique; ~**zahl** f nombre total; total m; totalité f

Ge'**samtzusammenhang** m **etw im** ~ **betrachten** voir qc dans son ensemble

gesandt [gə'zant] p/p cf **senden** 1.

Ge'**sandte(r)** f(m) ⟨→ A⟩ envoyé(e) m(f) (a HIST); Titel ministre m plénipotentiaire

Ge'**sandtschaft** f ⟨~; ~en⟩ légation f

Ge'**sandtschafts|gebäude** n légation f; ~**rat** m ⟨~(e)s; -räte⟩ attaché m de légation

Gesang [gə'zaŋ] m ⟨~(e)s; ~e⟩ chant m; ~**buch** n ÉGL livre m de cantiques; ⁀**lich** adj concernant le chant; de chant(eur)

Ge'**sangseinlage** f intermède m de chant

Ge'**sang(s)|lehrer(in)** m(f) professeur m de chant; ~**stunde** f leçon f de chant; ~**unterricht** m cours m/pl de chant

Ge'**sangverein** m (société f) chorale f; F plais **mein lieber Herr** ~! F ça alors!

Gesäß [gə'zɛ:s] n ⟨~es; ~e⟩ **1.** ANAT séant m; fesses f/pl; fessier m; **2.** e-r Hose fond m de culotte, de pantalon; ~**backe** f fesse f; ~**falte** f sillon fessier; raie f des fesses; ~**muskel** m muscle fessier; ~**tasche** f e-r Herrenhose poche f revolver

Ge'**säusel** n ⟨~s⟩ **1.** des Windes murmure m; von Blättern bruissement m; **2.** F péj (Schmeicheleien) baratin m

gesch. abr (geschieden) divorcé(e)

Ge'**schädigte(r)** f(m) ⟨→ A⟩ personne lésée; durch Unglück sinistré(e) m(f)

ge'schaffen p/p cf **schaffen** 1., 2.

ge'schafft adj F (ganz) ~ **sein** F être (complètement) crevé

Geschäft [gə'ʃɛft] n ⟨~(e)s; ~e⟩ **1.** Tätigkeit affaire f; (Handel) a marché m; commerce m; (Abmachung) accord m; BÖRSE, BANK transaction f; opération f; **ein** ~ **abschließen** conclure une affaire, un marché; **von** ~**en reden** parler affaires; **s-n** ~**en nachgehen** vaquer à ses affaires; **in** ~**en unterwegs sein** être en voyage d'affaires; **die** ~**e gehen gut, schlecht** les affaires vont, marchent bien, mal; **mit j-m ein** ~**, ~e machen** faire une, des affaire(s) avec qn; **mit j-m ins** ~ **kommen** faire des affaires avec qn; **das** od **ein** ~ **mit der Angst machen** exploiter la peur des gens; ~ **ist** ~ les affaires sont les affaires; **2.** ⟨pas de pl⟩ (Profit, Absatz) bonnes affaires; par ext profit m; (**mit etw**) **ein gutes, schlechtes** ~ **machen** gagner beaucoup d'argent, ne pas gagner d'argent (avec qc); **das** ~ **blüht** les affaires marchent très fort; **3.** (Handelsunternehmen) fonds m de commerce; (Betrieb) entreprise f; affaire f; **ins** ~ **gehen** aller travailler, F bosser; **4.** (Laden) commerce m; kleineres boutique f; größeres magasin m; **5.** fig (Aufgabe) tâche f; travail m; **sein** ~ **verstehen** être bon dans son métier, sa profession; **das ist ein undankbares** ~ c'est une tâche ingrate; **6.** F, enf (Notdurft) **kleines, großes** ~ petite, grosse commission; **sein** ~ **verrichten** faire ses besoins

Ge'**schäfte|macher** m péj affairiste m; ~**mache'rei** f ⟨~; ~en⟩ péj affaires f/pl louches; F magouilles f/pl

ge'schäftig I adj affairé; actif, -ive; **II** adv d'une façon affairée; **hin und her eilen** aller et venir l'air affairé; ~ **tun** s'agiter

Ge'**schäftigkeit** f ⟨~⟩ affairement m; activité f

ge'schäftlich I adj **1.** d'affaires; en, des affaires; commercial; ~**e Beziehungen** f/pl relations f/pl d'affaires; **in e-r** ~**en Angelegenheit** pour affaires; **2.** fig (unpersönlich, sachlich) formel, -elle; impersonnel, -elle; **wir besprechen zuerst das** ⁀**e** on parle d'abord les affaires; **II** adv **1.** pour affaires; ~ **unterwegs** en route, en voyage pour affaires; **ich habe** ~ **in Paris zu tun** je suis à Paris pour affaires; ~ **geht es ihm gut** ses affaires marchent, vont bien; **wie geht es Ihnen?** – **meinen Sie** ~ **oder privat?** vous voulez dire sur le plan professionnel ou sur le plan personnel?; **2.** fig (sachlich) d'un ton bzw d'une manière formel, -elle, impersonnel, -elle

Ge'**schäftsabschluß** m conclusion f d'une affaire; **e-n** ~ **tätigen** conclure une affaire, un marché

Ge'**schäftsadresse** f adresse f d'une entreprise, etc; **das ist meine** ~ voilà mon adresse professionnelle

Ge'**schäfts|anteil** m part sociale; ~**anzeige** f annonce commerciale

Ge'**schäftsaufgabe** f cessation f de commerce; **Ausverkauf wegen** ~ liquidation totale (pour cessation de commerce)

Ge'**schäftsbedingungen** f/pl **allgemeine** ~ conditions (générales) de vente

Ge'**schäftsbereich** m ressort m; **Minister ohne** ~ ministre m sans portefeuille

Ge'**schäfts|bericht** m rapport m de gestion; **am Ende des Geschäftsjahres** rapport m de l'exercice; ~**beziehungen** f/pl relations f/pl d'affaires; ~**brief** m lettre d'affaires, commerciale; ~**bücher** n/pl livres m/pl de commerce; ~**eröffnung** f ouverture f d'un commerce, d'un magasin; ⁀**fähig** adj JUR ayant la capacité d'accomplir des actes juridiques; ~**fähigkeit** f ⟨~⟩ JUR capacité f d'accomplir des actes juridiques; ~**frau** f femme d'affaires; ~**freund** m partenaire m; relation d'affaires

ge'schäftsführend adj ⟨épithète⟩ gérant, dirigeant les affaires; **Direktor** général; ~**e Regierung** gouvernement m par intérim

Ge'**schäftsführer(in)** m(f) gérant(e) m(f); e-r GmbH gérant m de société; Angestellte(r) gérant(e) m(f) d'affaires; e-s Verbandes etc directeur, -trice m,f

Ge'**schäftsführung** f ⟨~⟩ **1.** gérance f, gestion f (d'affaires); e-r GmbH gérance f de société; **die** ~ **übernehmen** prendre la direction des affaires; **2.** Personen direction f (d'une affaire, d'une entreprise)

Ge'**schäfts|gang 1.** ⟨pas de pl⟩ Fortgang, Entwicklung cours m, marche f des affaires; **2.** (Besorgung) démarche f; ~**gebaren** n comportement m en affaires; ~**geheimnis** n secret m de fabrique; ~**gründung** f fondation f d'une entreprise; ~**haus** n maison f de commerce; immeuble m de bureaux; ~**inhaber(in)** m(f) exploitant(e) m(f), propriétaire m,f d'un magasin, d'une entreprise; ~**interesse** n intérêt commercial; intérêts m/pl d'affaires

Ge'**schäftsjahr** n exercice m; année commerciale; **laufendes** ~ exercice courant

Ge'**schäfts|jubiläum** n anniversaire m de la fondation d'une entreprise, d'un commerce; ~**kapital** n capital m d'exploitation

Ge'**schäftskosten** pl **auf** ~ aux frais de la maison, de l'entreprise

ge'schäftskundig adj compétent en affaires

Ge'**schäftslage** f **1.** situation des affaires, commerciale; **2.** Gegend **das ist e-e sehr gute** ~ ce magasin, etc est très bien situé

Ge'schäftsleben *n* ⟨~s⟩ (vie *f* des) affaires *f/pl*; *sich aus dem ~ zurückziehen* se retirer des affaires
Ge'schäfts|leitung *f cf Geschäftsführung*; **~leute** *pl* hommes *m/pl* d'affaires; commerçants *m/pl*; *coll* milieux *m/pl* des affaires; **~lokal** *n* local *m* à usage commercial, professionnel
Ge'schäftsmann *m* ⟨~(e)s; -leute⟩ homme *m* d'affaires; commerçant *m*; *~ sein a* être dans les affaires; *er ist der geborene ~ a* il a la bosse des affaires
ge'schäfts|mäßig I *adj* **1.** en affaires; **2.** *fig* (*sachlich, unpersönlich*) formel, -elle; impersonnel, -elle; froid; **II** *adv* **1.** en affaires; **2.** *fig* d'une façon formelle, impersonnelle; **~methode** *f* méthode *f* en affaires
Ge'schäftsordnung *f* règlement intérieur; *ein Antrag zur ~* une motion d'ordre
Ge'schäfts|partner(in) *m(f)* partenaire *m,f* en affaires; **~politik** *f* stratégie commerciale; **~praktiken** *f/pl meist péj* pratiques *f/pl* en affaires; **~räume** *m/pl* local *m* à usage commercial; **~reise** *f* voyage *m* d'affaires; **~risiko** *n* risque *m* (d'une opération commerciale); **~rückgang** *m* ralentissement *m*, récession *f* des affaires; **~schädigend** *adj* qui constitue un préjudice (commercial); **~schädigung** *f* préjudice (commercial); **~schluß** *m* fermeture *f* des magasins, des bureaux; **~sinn** *m* ⟨~(e)s⟩ sens *m* des affaires; **~sitz** *m* siège social; **~stelle** *f* e-r Verwaltung, e-s Verbands bureaux *m/pl*; e-s Gerichts greffe *m*; **~straße** *f* rue commerçante; **~stunden** *f/pl cf Geschäftszeit*; **~tätigkeit** *f* activité commerciale; **~träger** *m DIPL* chargé *m* d'affaires; **~tüchtig** *adj* bon commerçant; habile, doué en affaires; **~tüchtigkeit** *f* habileté *f*, talent *m* en affaires; **~übernahme** *f* reprise *f* d'un commerce, d'une affaire; **~unfähig** *adj JUR* qui n'a pas la capacité d'accomplir des actes juridiques; **~unfähigkeit** *f JUR* incapacité *f* d'accomplir des actes juridiques; **~verbindung** *f* relation *f* d'affaires; **~verkehr** *m* mouvement *m* des affaires; relations *f/pl* d'affaires; **~viertel** *n* quartier *m* des affaires; (*Einkaufszentrum*) quartier commercial; **~vorgang** *m* ADM (*Korrespondenz, Akte etc*) dossier *m*; **~wagen** *m* voiture *f* appartenant à l'entreprise, de service; **~welt** *f* monde *m* des affaires; **~zeit** *f* (*Öffnungszeit*) heures *f/pl* d'ouverture; *am Arbeitsplatz* horaire *m* de travail; **~zentrum** *n* centre *m* des affaires; **~zimmer** *n* bureau *m*; **~zweig** *m* secteur commercial
geschah [gəˈʃaː] *cf geschehen*
Ge'schäker *n* ⟨~s⟩ badineries *f/pl*; flirt *m*
Ge'schaukel F *péj n* ⟨~s⟩ *im Auto, Schiff etc* ballottement *m*
gescheckt [gəˈʃɛkt] *adj Tier* pie (*inv*)
geschehen [gəˈʃeːən] *v/i* ⟨geschieht, geschah, geschehen, sein⟩ se passer; arriver; se produire; se faire; *etw ~ lassen* laisser faire qc; *was ist ~?* qu'est-ce qui s'est passé, est arrivé?; *er wußte nicht, wie ihm geschah* il ne réalisait pas ce qui lui arrivait; *als wäre nichts ~* comme si de rien n'était; *der Unfall geschah an dieser Stelle* l'accident s'est produit, s'est passé, est arrivé à cet endroit; *der Mord geschah aus Habgier* la cupidité a été le mobile du crime; *was auch ~ mag* quoi qu'il advienne, arrive; *was soll damit ~?* que faut-il en faire?; *es muß etwas ~* il faut faire quelque chose; *ist ihm etwas ~?* lui est-il arrivé quelque chose?; *es geschieht dir nichts, st/s es wird dir kein Leid ~* on ne te fera pas de mal; *ihm ist Unrecht ~* on lui a fait du tort; *das geschieht ihm* (*ganz*) *recht* c'est bien fait pour lui; il n'a que ce qu'il mérite; F il ne l'a pas volé; *es ist um ihn ~* (*er ist verloren*) c'est fait de lui; (*er ist ganz verliebt*) il est éperdument amoureux; *was ~ ist, ist ~* ce qui est fait est fait
Ge'schehen *st/s n* ⟨~s⟩ événements *m/pl*
Ge'schehnis *st/s n* ⟨~ses; ~se⟩ événement *m*
gescheit [gəˈʃaɪt] *adj* (*klug*) intelligent; judicieux, -ieuse; (*vernünftig*) raisonnable; sensé; (*begabt*) doué; *ein ~er Kopf* une personne intelligente; *sei doch ~!* sois donc raisonnable!; *du bist wohl nicht* (*ganz*) *~!* tu es tombé sur la tête!; *ich kann daraus nicht ~ werden* je n'y comprends rien; *ich habe nichts ~es zum Anziehen* je n'ai rien à me mettre
Geschenk [gəˈʃɛŋk] *n* ⟨~(e)s; ~e⟩ cadeau *m*; *st/s* présent *m*; *j-m ein ~ machen* faire un cadeau à qn; *j-m etw zum ~ machen* faire cadeau de qc à qn; *fig ein ~ des Himmels* un don du ciel; *prov kleine ~e erhalten die Freundschaft* prov les petits cadeaux entretiennent l'amitié
Ge'schenk|abonnement *n* abonnement *m* (offert à qn); **~artikel** *m/pl* cadeaux *m/pl*; **~band** *n* ⟨~(e)s; ~er⟩ ruban *m* (pour paquet-cadeau); **~packung** *f* paquet-cadeau *m*; **~papier** *n* papier-cadeau *m*; **~sendung** *f als Aufschrift* cadeau *m*
Geschichte [gəˈʃɪçtə] *f* ⟨~; ~n⟩ **1.** ⟨*pas de pl*⟩ (*Entwicklung*), *a Schul-, Studienfach* histoire *f*; *~ machen, in die ~ eingehen* entrer dans l'histoire; *der ~ angehören* appartenir à, faire partie de l'histoire; **2.** (*Erzählung*) histoire *f*; (*Märchen*) conte *m*; **3.** F *fig* (*Angelegenheit*) histoire *f*; affaire *f*; *e-e alte ~* une vieille histoire; *die ganze ~* toute cette histoire, affaire; *iron das ist ja e-e schöne ~!* c'est une sale affaire!; nous voilà dans de beaux draps!; (*iron schöne*) *~n machen* en faire de belles; *mach keine ~n!* ne fais pas d'histoires!; *es ist immer dieselbe ~* c'est toujours la même histoire
Ge'schichten|buch *n* livre *m* de contes; **~erzähler(in)** *m(f)* conteur, -euse *m,f*
ge'schichtlich I *adj* historique; **II** *adv* sur le plan historique
Ge'schichts|atlas *m* atlas *m* historique; **~auffassung** *f* conception *f* de l'histoire; **~bewußtsein** *n* prise *f* de conscience historique; **~buch** *n* livre *m* d'histoire; **~forscher(in)** *m(f)* historien, -ienne *m,f*; **~forschung** *f* recherches *f/pl* historiques
Geschichtsklitterung [gəˈʃɪçtsklɪtərʊŋ] *f* ⟨~; ~en⟩ falsification *f* de l'histoire
Ge'schichts|lehrer(in) *m(f)* professeur *m* d'histoire; **~philosophie** *f* philosophie *f* de l'histoire; **~schreiber** *m* historien *m*; *e-s Fürsten* historiographe *m*; **~schreibung** *f* historiographie *f*; **~studium** *n* études *f/pl* d'histoire; **~stunde** *f* cours *m* d'histoire; **~unterricht** *m* enseignement *m* de l'histoire; *Unterrichtsstunde* cours *m* d'histoire; **~werk** *n* ouvrage *m* d'histoire; **~wissenschaft** *f* histoire *f*; **~zahl** *f* date *f* d'histoire, historique
Geschick[1] [gəˈʃɪk] *st/s n* **1.** ⟨~(e)s⟩ (*Schicksal*) sort *m*; destin *m*; destinée *f*; **2.** *pl* (*Umstände, Entwicklung*) destin *m*
Ge'schick[2] *n* ⟨~(e)s⟩ (*Geschicklichkeit*) habileté *f*; adresse *f*; (*Eignung*) aptitude *f*; talent *m*; *mit ~* avec habileté, adresse; (*ein*) *~ für etw haben* avoir des aptitudes, du talent pour qc
Ge'schicklichkeit *f* ⟨~⟩ habileté *f*; adresse *f*, savoir-faire *m*; (*Fingerfertigkeit*) dextérité *f*; doigté *m*
Ge'schicklichkeits|fahren *n* ⟨~s⟩ course *f* d'obstacles; **~prüfung** *f* épreuve *f* d'habileté; **~spiel** *n* jeu *m* d'adresse
ge'schickt I *adj* **1.** (*gewandt*) habile, adroit (*im Nähen etc* en couture, *etc*); **2.** *südd Zeitpunkt, Vorschlag etc* bien choisi; **II** *adv* habilement; adroitement; *sich ~ aus der Affäre ziehen* se tirer habilement, adroitement d'affaire
Ge'schicktheit *f* ⟨~⟩ *cf Geschicklichkeit*
geschieden [gəˈʃiːdən] **I** *p/p cf scheiden*; **II** *adjt* **1.** *Eheleute* divorcé; *e-e ~e Frau* une femme divorcée; *ihr ~er Mann* son ex-mari; *s-e ~e Frau* son ex-femme; **2.** *fig wir sind ~e Leute* tout est fini entre nous
Ge'schiedene(r) *f(m)* ⟨→ A⟩ divorcé(e) *m(f)*
geschieht [gəˈʃiːt] *cf geschehen*
geschienen [gəˈʃiːnən] *p/p cf scheinen*
Ge'schimpfe F *péj n* ⟨~s⟩ rouspétance *f*; (*Schimpfreden*) invectives *f/pl*; injures *f/pl*
Geschirr [gəˈʃɪr] *n* ⟨~(e)s; ~e⟩ **1.** (*Tafel~*) vaisselle *f*; (*Küchen~*) batterie *f* de cuisine; (*das*) *~ spülen* faire, laver la vaisselle; **2.** *von Zugtieren* 'harnais *m*; *fig sich* (*mächtig*) *ins ~ legen* donner un coup de collier; F en mettre un coup
Ge'schirr|schrank *m* buffet *m*; **~spüler** *m* ⟨~s; ~⟩ **1.** *Person* plongeur *m*; **2.** F *cf Geschirrspülmaschine*; **~spülmaschine** *f* lave-vaisselle *m*; **~spülmittel** *n* liquide *m*, produit *m* vaisselle; **~tuch** *n* ⟨~(e)s; ~er⟩ torchon *m*
Geschiß [gəˈʃɪs] *n* ⟨-sses⟩ P *ein ~ um etw machen* F faire tout un plat de qc; faire des histoires pour qc
geschissen [gəˈʃɪsən] *p/p cf scheißen*
ge'schlafen *p/p cf schlafen*
ge'schlagen *p/p cf schlagen*; **II** *adjt e-e ~e Stunde* une heure entière
ge'schlängelt *adjt Linie etc* sinueux, -euse; ondulé
ge'schlaucht *adjt* F *~ sein* F être crevé
Geschlecht [gəˈʃlɛçt] *n* ⟨~(e)s; ~er⟩ **1.** BIOL sexe *m*; *plais das schöne ~* le beau sexe; *plais das schwache ~, starke ~* le sexe faible, fort; **2.** GR genre *m*; **3.** (*Familie*) famille *f*; (*Herrscher~*) dy-

Geschlechterfolge – Geschwindigkeit

nastie f; **aus altem ~** d'une vieille famille; **das ~ der Karolinger** la dynastie des Carolingiens; **4.** ⟨Generation⟩ génération f; **vergangene, künftige ~er** les générations passées, à venir; **5.** ⟨pas de pl⟩ ANAT (**~steil**) sexe m; **6.** poét ⟨Gattung⟩ genre m; **das menschliche ~** le genre humain
Ge'schlechter|folge f lignée f; **~rolle** f rôle sexuel; **~trennung** f séparation f des sexes
ge'schlechtlich I adj sexuel, -elle; **~e Aufklärung** éducation sexuelle; BIOL **~e Fortpflanzung** reproduction sexuée; **II** adv sexuellement; **mit j-m ~ verkehren** avoir des rapports sexuels avec qn
Ge'schlechtlichkeit f ⟨~⟩ sexualité f
Ge'schlechts|akt m acte sexuel; **~bestimmung** f détermination f du sexe; **~chromosom** n chromosome sexuel; **~drüse** f gonade f; **~hormon** n hormone sexuelle; **⚲krank** adj atteint d'une maladie vénérienne; **~krankheit** f maladie vénérienne; **~leben** n ⟨~s⟩ vie sexuelle; **⚲los** adj BIOL, fig asexué
Ge'schlechtsmerkmal n ⟨primäres, sekundäres⟩ **~** caractère sexuel (primaire, secondaire)
ge'schlechtsneutral adj qui n'est pas défini par l'appartenance à un sexe
Ge'schlechts|organe n/pl bei der Frau organes génitaux; beim Mann parties génitales; **~partner(in)** m(f) partenaire m,f sexuel, -elle; **⚲reif** adj ayant atteint la maturité sexuelle; **~reife** f maturité sexuelle; **⚲spezifisch** adj propre à un sexe; **~teil** n od m sexe m; pl **~e** parties génitales; **~trieb** m instinct sexuel; **~umwandlung** f changement m de sexe; **~unterschied** m différence f entre les sexes; **~verkehr** m rapports sexuels; relations sexuelles; **~wort** n ⟨(e)s; ⚲er⟩ GR article m; **~zelle** f gamète m
geschlichen [gəˈʃlɪçən] p/p cf **schleichen**
geschliffen [gəˈʃlɪfən] **I** p/p cf **schleifen**[1]; **II** adj Stil etc poli; Manieren affiné; dégrossi; **⚲heit** f ⟨~⟩ des Stils poli m; der Manieren finesse f
geschlossen [gəˈʃlɔsən] **I** p/p cf **schließen**; **II** adj fermé; Reihe, Front etc serré; Widerstand homogène; Vokal fermé; PSYCHIATRIE **~e Abteilung** secteur fermé; pavillon m des agités; **~e Gesellschaft** réunion privée; ADM **~e Ortschaft** localité f; **in sich** (dat) **~** Darstellung, Vortrag etc concis et homogène; Persönlichkeit équilibré; MIL **in ~er Formation** en formation serrée; **III** advt ⟨alle[s] zusammen⟩ en bloc; MIL en formation serrée; ⟨einstimmig⟩ à l'unanimité; **~ für etw stimmen** voter en bloc pour qc; **~ hinter j-m stehen** ne former qu'un bloc derrière qn
Ge'schlossenheit f ⟨~⟩ e-r Reihe etc caractère serré; e-r Darstellung et concision f; homogénéité f; e-r Persönlichkeit équilibre m; ⟨Einstimmigkeit⟩ unanimité f
geschlungen [gəˈʃlʊŋən] p/p cf **schlingen**
Geschmack [gəˈʃmak] m ⟨~(e)s; ⚲e ou F plais ⚲er⟩ **1.** a fig goût m; CUIS saveur f; **e-n bitteren ~ im Munde haben** a avoir la bouche amère; **ohne ~** CUIS sans goût, saveur; insipide; fade; **nach meinem ~** à od de mon goût; **das ist nicht mein ~** ça ne me plaît pas; ⟨e-n guten⟩ **~ haben** Person avoir du goût; Essen avoir bon goût; **keinen od e-n schlechten ~ haben** Person ne pas avoir de goût; Essen ne pas être bon; **an etw** (dat) **~ finden** trouver du goût, prendre goût à qc; **den ~ an etw** (dat) **verlieren** perdre le goût de qc; **auf den ~ kommen** y prendre goût; **gegen den guten ~ verstoßen** Verhalten, Witz, Gegenstand être de mauvais goût; Person avoir une attitude choquante; F plais ⟨die⟩ **Geschmäcker sind verschieden** chacun son goût; tous les goûts sont dans la nature; **über ~ läßt sich nicht streiten** on ne discute pas des goûts et des couleurs; **2.** ⟨pas de pl⟩ (**~ssinn**) goût m
ge'schmacklich I adj ⟨épithète⟩ concernant le goût; **II** adv en ce qui concerne le goût; quant au goût
ge'schmacklos I adj **1.** CUIS sans goût, insipide; **2.** fig Person qui manque de goût; Dinge, Handlung de mauvais goût; **es wäre ~ zu** (+inf) ce serait un manque de goût de (+inf); **3.** fig ⟨taktlos⟩ qui manque de tact; **II** adv sans goût; **~ angezogen sein** être mis avec peu de goût, sans aucun goût
Ge'schmacklosigkeit f ⟨~; ~en⟩ **1.** ⟨pas de pl⟩ ⟨Fadheit⟩ manque m, absence f de goût; insipidité f; **2.** ⟨pas de pl⟩ ⟨Taktlosigkeit⟩ manque m de tact; **3.** Bemerkung, Sache remarque f, chose f de mauvais goût
Ge'schmacks|bildung f formation f du goût; **~empfindung** f sensation gustative; **~frage** f affaire f de goût; **~knospe** f ANAT papille gustative; **~nerv** m nerf gustatif; **⚲neutral** adj sans goût défini
Ge'schmacksrichtung f **1.** von Eis etc parfum m; **2.** ⟨Vorliebe⟩ goût m; **der ~ e-r Epoche entsprechen** correspondre au goût d'une époque
Ge'schmack(s)sache f **das ist ~** c'est une affaire, une question de goût
Ge'schmacks|sinn m ⟨~(e)s⟩ ⟨sens m du⟩ goût m; **~stoff** m agent m de sapidité; **~urteil** n jugement basé sur le goût
Ge'schmacksverirrung f aberration f du goût; faute f de goût; plais **unter ~** (dat) **leiden** faire bzw avoir fait une énorme faute de goût, un mauvais choix
Ge'schmacksverstärker m exhausteur m de goût
ge'schmackvoll I adj de bon goût; **II** adv avec goût
Geschmeide [gəˈʃmaɪdə] st/s n ⟨~s; ~⟩ bijoux m/pl; parure f
ge'schmeidig adj Leder, Haut, Körper, Bewegung souple; ⟨biegbar⟩ flexible; Metall, Teig malléable; **⚲keit** f ⟨~⟩ souplesse f; flexibilité f; malléabilité f
Ge'schmeiß st/s n ⟨~es⟩ a fig vermine f
Ge'schmiere F péj n ⟨~s⟩ ⟨schlecht Geschriebenes⟩ gribouillage m; ⟨schlecht Gemaltes⟩ barbouillage m
geschmissen [gəˈʃmɪsən] p/p cf **schmeißen**
geschmolzen [gəˈʃmɔltsən] p/p cf **schmelzen**

Ge'schnatter n ⟨~s⟩ **1.** e-r Ente nasillement(s) m(pl); e-r Gans cris m/pl; **2.** F péj caquetage m; jacasseries f/pl
Ge'schnetzelte(s) n ⟨→ A⟩ CUIS émincé m de viande
ge'schniegelt F adj tiré à quatre épingles
geschnitten [gəˈʃnɪtən] p/p cf **schneiden**
Ge'schnüffel n F péj ⟨~s⟩ reniflements m/pl
geschoben [gəˈʃoːbən] p/p cf **schieben**
gescholten [gəˈʃɔltən] p/p cf **schelten**
Geschöpf [gəˈʃœpf] n ⟨~(e)s; ~e⟩ créature f
geschoren [gəˈʃoːrən] p/p cf **scheren**[1]
Geschoß[1] [gəˈʃɔs] n ⟨-sses; -sse⟩ MIL, a fig projectile m
Ge'schoß[2] n ⟨-sses; -sse⟩ CONSTR étage m
Ge'schoßbahn f trajectoire f
geschossen [gəˈʃɔsən] p/p cf **schießen**
Ge'schoßhagel m pluie f de projectiles
ge'schraubt adjt fig Stil maniéré; Sprache affecté; **⚲heit** f ⟨~⟩ caractère maniéré; affectation f
Ge'schrei F oft péj n ⟨~s⟩ cris m/pl; p/fort ʻhurlements m/pl; wütendes vociférations f/pl; e-r Menge clameurs f/pl; **mit lautem ~** à grands cris; **ein großes ~ erheben** jeter les 'hauts cris; F fig **ein großes ~ wegen etw machen** F faire tout un plat de qc; **etw mit großem ~ verlangen** réclamer qc à tort et à cri
Geschreibsel [gəˈʃraɪpsəl] F péj n ⟨~s⟩ griffonnage m; gribouillis m/pl
geschrieben [gəˈʃriːbən] p/p cf **schreiben**
geschrie(e)n [gəˈʃriː(ə)n] p/p cf **schreien**
geschritten [gəˈʃrɪtən] p/p cf **schreiten**
geschunden [gəˈʃʊndən] p/p cf **schinden**
Geschütz [gəˈʃʏts] n ⟨~es; ~e⟩ MIL pièce f (d'artillerie); fig **grobes od schweres ~ auffahren** employer les grands moyens
Ge'schütz|donner m bruit m du canon; **~feuer** n feu m d'artillerie; cannonade f; **~stand** m, **~stellung** f MIL emplacement m de pièce
Geschwader [gəˈʃvaːdər] n ⟨~s; ~⟩ MAR, AVIAT escadre f
Ge'schwafel F péj n ⟨~s⟩ blabla(bla) m; verbiage m
Ge'schwätz F péj n ⟨~es⟩ **1.** bavardage(s) m(pl); leeres verbiage m; sich wiederholendes a radotage(s) m(pl); **dummes ~** bêtises f/pl; P conneries f/pl; **2.** ⟨Klatsch⟩ F ragots m/pl; potins m/pl
ge'schwätzig adj péj bavard; volubile; **⚲keit** f ⟨~⟩ péj volubilité f; loquacité f
ge'schweift adjt arrondi; galbé; TYPO **~e Klammer** accolade f
ge'schweige conj **~** (**denn**) et encore moins
geschwiegen [gəˈʃviːgən] p/p cf **schweigen**
geschwind [gəˈʃvɪnt] bes südd **I** adj rapide; **II** adv en vitesse; rapidement; ⟨für e-n bzw in e-m Augenblick⟩ pour bzw en une minute; pour bzw en quelques instants
Ge'schwindigkeit f ⟨~; ~en⟩ der Fortbewegung vitesse f; allure f; ⟨Schnelligkeit⟩ rapidité f; **mit voller ~** à toute

vitesse, allure; *mit großer od hoher ~ à grande vitesse; à vive allure; mit e-r von 50 km/h* à une, à la vitesse de 50 km/h; *mit überhöhter ~ fahren* faire un excès de vitesse
Ge'schwindigkeits|abfall *m* ⟨-(e)s⟩ perte *f* de vitesse; **~begrenzung** *f*, **~beschränkung** *f* limitation *f* de vitesse; **~kontrolle** *f* contrôle *m* de vitesse; **~messer** *m* ⟨-s; ~⟩ compteur *m* de vitesse; tachymètre *m*
Ge'schwindigkeitsrausch *m e-n ~ haben* être grisé par la vitesse
Ge'schwindigkeits|rekord *m* record *m* de vitesse; **~überschreitung** *f* excès *m* de vitesse
Geschwister [gə'ʃvɪstər] *n/pl* frère(s) *m(pl)* et sœur(s) *f(pl)*; *e-s meiner ~* un de mes frères *bzw* une de mes sœurs
ge'schwisterlich *adj* fraternel, -elle
Ge'schwister|liebe *f* **1.** amour fraternel; **2.** (*Inzest*) inceste *m* entre frère(s) et sœur(s); **~paar** *n* frère *m* et sœur *f*
geschwollen [gə'ʃvɔlən] **I** *p/p cf schwellen* II; **II** *adj* **1.** MÉD enflé; **2.** *fig péj Rede, Stil* ampoulé; grandiloquent; pompeux, -euse; **III** *advt fig péj sich ~ ausdrücken* s'exprimer avec grandiloquence
geschwommen [gə'ʃvɔmən] *p/p cf schwimmen*
geschworen [gə'ʃvoːrən] **I** *p/p cf schwören*; **II** *adjt ein ~er Gegner von etw* un ennemi juré de qc
Ge'schworene(r) *f(m)* ⟨~ A⟩ juré *m*; *die ~n* les jurés; le jury
Ge'schworenen|bank *f* ⟨~; -bänke⟩ banc *m* des jurés; **~gericht** *n* cf *Schwurgericht*
Geschwulst [gə'ʃvʊlst] *f* ⟨~; ~e⟩ tumeur *f*
geschwunden [gə'ʃvʊndən] *p/p cf schwinden*
geschwungen [gə'ʃvʊŋən] **I** *p/p cf schwingen*; **II** *adjt* courbe (*a Linie*) *Möbel, Form* galbé; ARCH (*bogenförmig*) cintré
Geschwür [gə'ʃvyːr] *n* ⟨-s; -e⟩ ulcère *m*
ge'sehen *p/p cf sehen*
Ge'selchte(s) *n* ⟨→A⟩ *südd, österr* jambon, lard fumé
Geselle [gə'zɛlə] *m* ⟨~n; ~n⟩ **1.** (*Handwerks*2) ouvrier qualifié; HIST *in Frankreich* compagnon *m*; **2.** *fig* gaillard *m*; *ein lustiger ~ a* un joyeux drille
ge'sellen *v/réfl* ⟨*p/p* gesellt, h⟩ **1.** *sich zu j-m ~* se joindre à qn; joindre qn; *prov gleich und gleich gesellt sich gern* prov qui se ressemble s'assemble; **2.** *fig* (*hinzukommen*) *sich zu etw ~* s'allier à qc
Ge'sellen|brief *m* certificat *m* d'aptitude professionnelle; C.A.P. *m*; **~prüfung** *f* (*examen m du*) C.A.P.; **~stück** *n* ouvrage *m* à exécuter pour l'obtention d'un C.A.P.
ge'sellig **I** *adj* **1.** *Person* sociable; *Beisammensein, Abend etc* convivial; **2.** ZO, BIOL social; **II** *adv ~ zusammensitzen* passer une soirée conviviale
Ge'selligkeit *f* ⟨~⟩ *von Personen* sociabilité *f*; *die ~ lieben* aimer la compagnie
Gesellschaft [gə'zɛlʃaft] *f* ⟨~; ~en⟩ **1.** POL, HIST *etc* société *f*; **2.** (*Vereinigung*) association *f*; *bes* COMM société *f*; *~ mit beschränkter Haftung* (*GmbH*) socié-

té *f* à responsabilité limitée (S.A.R.L.); *~ des bürgerlichen Rechts* société *f* de droit civil; société civile; **3.** ⟨*pas de pl*⟩ (*Oberschicht*) *die vornehme, bessere ~* la haute société; le (grand) monde; *e-e Dame der ~* une femme du monde; *zur* (*besseren*) *~ gehören* faire partie de la haute société; **4.** (*geladener Kreis*) réunion (mondaine); (*Abend*2) soirée *f*; *e-e geschlossene ~* une réunion privée; *e-e ~ geben* donner une soirée; recevoir; **5.** ⟨*pas de pl*⟩ (*Beisammensein*) compagnie *f*; *j-m ~ leisten* tenir compagnie à qn; *sich in schlechter, guter ~ befinden* se trouver en mauvaise, bonne compagnie
Ge'sellschafter(in) *m* ⟨~s; ~⟩ (*f*) ⟨~; ~nen⟩ **1.** COMM (*Teilhaber*[*in*]) associé(e) *m(f)*; sociétaire *m*; **~** *stiller ~* bailleur *m* de fonds; commanditaire *m*; **2.** (*Unterhalter*[*in*]) *ein glänzender ~, e-e glänzende ~in* sein être brillant(e) en société; *sie hat e-e Stelle als ~in* elle est demoiselle, dame de compagnie
ge'sellschaftlich **I** *adj* social; *auf die höhere Gesellschaft bezogen* mondain; **II** *adv ~ anerkannt sein* être reconnu par la société; *~ niedriggestellt sein* être en bas de l'échelle sociale
Ge'sellschaftsanzug *m* tenue *f* de soirée
ge'sellschaftsfähig *adj Person* sortable; *dieser Anzug ist nicht ~, in diesem Anzug bin ich nicht ~* je ne peux pas sortir avec ce costume
Ge'sellschafts|form *f* POL, JUR forme *f* de société; **~kapital** *n* capital social; **~kreis** *m* milieu (fréquenté); **~kritik** *f* ⟨~⟩ critique *f* de la société; **~kritiker**(**-in**) *m(f)* personne *f* faisant une critique de la société; **2kritisch** *adj* qui critique la société; **~lehre** *f* **1.** SCHULE instruction *f* civique; **2.** (*Soziologie*) sociologie *f*; **~ordnung** *f* ordre social; **~politik** *f* politique *f* sociale; **2politisch** *adj* qui concerne la politique sociale; **~raum** *m* cf *Gesellschaftszimmer*; **~recht** *n* ⟨*-(e)s*⟩ législation *f* sur les sociétés; **~reise** *f* voyage collectif; **~schicht** *f* couche sociale; **~spiel** *n* jeu *m* de société; **~stück** *n* THÉ comédie *f* de mœurs; **~system** *n* système social; **~tanz** *m* danse *f* de salon; **~vertrag** *m* **1.** JUR contrat *m* de société; **2.** PHILOS contrat social
Ge'sellschaftswissenschaft *f* sociologie *f*; *die ~en* les sciences sociales
ge'sellschaftswissenschaftlich *adj* des sciences sociales
Ge'sellschaftszimmer *n in Gasthäusern* salon *m*
gesessen [gə'zɛsən] *p/p cf sitzen*
Gesetz [gə'zɛts] *n* ⟨~es; ~e⟩ loi *f*; *fig das ~ der Serie* le principe de la répétition; *fig es ist ein ungeschriebenes ~, daß ...* il est tacitement admis que ...; *vor dem ~* devant la loi; *nach dem ~* selon, d'après la loi; *im Namen des ~es* au nom de la loi; (*zum*) *~ werden* passer en loi; *sich* (*dat*) *etw zum* (*obersten*) *~ machen* ériger qc en principe; *unter das ~ fallen* tomber sous le coup de la loi; *ein ~ verabschieden* voter, adopter une loi; *mit dem ~ in Konflikt geraten* sortir de la légalité

Ge'setzbuch *n* Code *m*; *Bürgerliches ~* Code civil
Ge'setzentwurf *m* projet *m* de loi
Ge'setzes|änderung *f* amendement législatif; **~brecher** *m* personne *f* ne respectant pas la loi; **~hüter** *m* oft iron pandore *m*
Ge'setzeskraft *f* ⟨~⟩ force *f* de loi; *~ erlangen, haben* acquérir, avoir force de loi
ge'setzeskundig *adj ~ sein* connaître bien la loi
Ge'setzes|lücke *f* lacune *f* dans (le texte d')une loi; **~novelle** *f* loi additionnelle; **~sammlung** *f* recueil *m* de lois; **~tafel** *f* BIBL table *f* de la Loi; **2treu** *adj* conforme à la loi; observant la loi; **~treue** *f* respect *m* de la loi *bzw* des lois; **~übertretung** *f* violation *f* de, transgression *f* de, infraction *f* à la loi; **~vorlage** *f* proposition *f*, projet *m* de loi; **~vorschrift** *f* disposition, prescription légale; **~werk** *n* recueil *m* de lois
ge'setz|gebend *adjt Gewalt, Versammlung* législatif, -ive; **2geber** *m* ⟨-s; ~⟩ législateur *m*; **2gebung** *f* ⟨~⟩ législation *f*
ge'setzlich **I** *adj* légal; *Erbe* légitime; *~er Feiertag* fête légale; **II** *adv* légalement; *par la loi*; *~ geschützt* protégé par la loi; *Markenzeichen a* breveté; *~ vorgeschrieben, verboten* prescrit, interdit par la loi
Ge'setzlichkeit *f* ⟨~⟩ **1.** JUR légalité *f*; **2.** (*Gesetzmäßigkeit*) loi *f*; (*Regelmäßigkeit*) régularité *f*
ge'setzlos *adj* sans loi; déréglé; *~er Zustand* état *m* de désordre; anarchie *f*
Ge'setzlosigkeit *f* ⟨~⟩ absence *f* de lois
ge'setzmäßig **I** *adj* **1.** JUR légal; (*rechtmäßig*) légitime; **2.** (*regelmäßig*) régulier, -ière; **II** *adv* **1.** JUR légalement; (*rechtmäßig*) légitimement; **2.** (*regelmäßig*) régulièrement
Ge'setzmäßigkeit *f* ⟨~; ~en⟩ **1.** JUR légalité *f*; (*Rechtmäßigkeit*) légitimité *f*; **2.** (*Regelmäßigkeit*) régularité *f*; *wirtschaftliche ~en* lois *f/pl* économiques
ge'setzt *adjt* (*ruhig, besonnen*) posé; pondéré; sérieux, -ieuse; *Alter* mûr; *ein ~es Wesen haben* être d'un caractère posé; *ein Herr ~en Alters* un homme d'âge mûr
Ge'setztheit *f* ⟨~⟩ pondération *f*
ge'setzwidrig *adj* illégal; contraire à la loi; **2keit** *f* ⟨~; *pas de pl*⟩ illégalité *f*; **2.** (*Rechtsbruch*) action illégale
Ge'seufze *n* ⟨-s⟩ soupirs *m/pl*
ges. gesch. *abr* (*gesetzlich geschützt*) *Markenzeichen* breveté
ge'sichert *adjt* protégé; assuré; *e-e ~e Existenz* une existence assurée
Gesicht [gə'zɪçt] *n* ⟨~(e)s; ~er⟩ **1.** figure *f*; visage *m*; ANAT face *f*; *mitten ins ~* en pleine figure; *ein finsteres ~ machen* avoir l'air sombre; faire grise mine; *ein trauriges ~ machen* avoir l'air triste; *ein machte ein langes ~* son visage s'allongea; il avait l'air déçu; F *er strahlt übers ganze ~* son visage rayonne; *sie ist ihrer Mutter wie aus dem ~ geschnitten* elle est tout le portrait de sa mère; F c'est sa mère toute crachée; *die Enttäuschung stand ihr im ~ geschrieben* la déception se lisait sur son visage; *fig sein wahres ~ zeigen* montrer son vrai visage; jeter le

masque; *viele bekannte ~er sehen* voir beaucoup de figures connues, de connaissance; *j-m (nicht) ins ~ sehen (können)* (ne pas pouvoir) regarder qn en face; *den Tatsachen ins ~ sehen* voir les choses en face; *die Sonne im ~ haben* avoir le soleil dans la figure; *j-m ins ~ lachen* rire au nez de qn; *j-m ins ~ lügen* mentir à qn avec aplomb; *j-m etw ins ~ sagen* dire ouvertement qc à qn; F *fig j-m ins ~ springen* s'en prendre à qn; F tomber sur qn; *j-m (nicht) zu ~ stehen* Kleidung, Farbe etc (ne pas) aller bien à qn; *fig Eigenschaft etc* (ne pas) aller à qn; *fig das war ein Schlag ins ~* c'était la claque; *p/fort* c'était un affront; *fig das ~ verlieren,* wahren perdre, sauver la face; **2.** *(Aussehen)* visage *m*; physionomie *f*; *e-r Stadt, e-s Landes* aspect *m*; *die Sache erhält ein anderes ~* l'affaire prend un autre aspect; **3.** *(Grimasse) ~er schneiden* faire des grimaces; **4.** *st/s* ⟨*pas de pl*⟩ *(Gesichtssinn)* vue *f*; *etw zu ~ bekommen* voir qc; **5.** ⟨*pl ~e*⟩ *(Vision)* vision *f*; *das zweite ~* le don de double vue
Ge'sichts|ausdruck *m* ⟨*~(e)s; -drücke*⟩ expression *f* du visage; air *m*; mine *f*; **~creme** *f* crème *f* pour le visage; **~erker** *m* F plais *(Nase)* F pif *m*; **~farbe** *f* teint *m* (du visage)
Ge'sichtsfeld *n* champ visuel, de vision; *j-n aus dem ~ verlieren* perdre qn de vue
Ge'sichts|form *f* forme *f* du visage; **~hälfte** *f* côté *m* (du visage); **~kontrolle** *f* plais *f* sélection *f* à l'entrée
Ge'sichtskreis *m* **1.** *(Horizont)* horizon *m*; *s-n ~ erweitern* élargir son horizon; **2.** *cf* **Gesichtsfeld**
ge'sichts|los *adj* sans personnalité; **~maske** *f* als Verkleidung, in der Kosmetik, beim Fechten, *(Schutz~)* etc masque *m*; **~muskel** *m* muscle facial; **~nerv** *m* nerf facial; **~partie** *f* partie *f* du visage; **~pflege** *f* soins *m/pl* du visage
Ge'sichtspunkt *m* point *m* de vue; angle *m*; aspect *m*; *unter diesem ~ sous*, de ce point de vue; sous cet angle; *es kommt auf den ~ an* cela dépend du point de vue où l'on se place
Ge'sichtssinn *m* ⟨*~(e)s*⟩ (sens *m* de la) vue
Ge'sichtsverlust *m* ohne *~* sans perdre la face; *das war ein ~ für ihn* il a perdu la face
Ge'sichts|wasser *n* lotion *f* pour le visage; **~winkel** *m* **1.** *(Sehwinkel)* angle visuel; *ANAT* angle facial; **2.** *cf* **Gesichtspunkt**
Ge'sichtszug *m* trait *m* (du visage); *pl Gesichtszüge* à physionomie *f*
Gesims [gə'zɪms] *n* ⟨*~es; ~e*⟩ *CONSTR* corniche *f*
Gesinde [gə'zɪndə] *n* ⟨*~s; ~*⟩ valets *m/pl* et servantes *f/pl*
Gesindel [gə'zɪndəl] *n* ⟨*~s*⟩ *péj* racaille *f*; canaille *f*
ge'sinnt *adj (j-m) gut, schlecht ~ sein* être bien, mal disposé, intentionné *(à l'égard de qn)*; *feindlich ~* hostile; *demokratisch, republikanisch ~ sein* être démocrate, républicain
Ge'sinnung *f* ⟨*~; ~en*⟩ convictions *f/pl*; opinions *f/pl*; sentiments *m/pl*; *niedrige ~ bassesse f; e-e aufrichtige, edle ~ des sentiments* sincères, nobles; *staatsbürgerliche ~* civisme *m*
Ge'sinnungs|freund *m*, **~genosse** *m* personne *f* qui partage les mêmes opinions, idées (politiques); *bes péj* acolyte *m*; **2los** *adj* sans caractère; **~losigkeit** *f* ⟨*~*⟩ manque *m* de caractère; **~schnüffelei** *f péj* recherches indiscrètes sur les opinions (politiques) de qn; **~täter(in)** *m(f)* auteur *m* d'un délit agissant pour des motifs politiques; **2treu** *adj* fidèle à une opinion; *p/fort* loyal; **~treue** *f* fidélité *f* à ses opinions; *p/fort* loyalité *f*
Ge'sinnungs|wandel *m*, **~wechsel** *m* volte-face *f*; *e-n ~ vollziehen* retourner sa veste
ge'sittet I *adj* bien élevé; civilisé; **II** *adv sich ~ benehmen* se comporter en personne bien élevée
Gesocks [gə'zɔks] F *péj n* ⟨*~*⟩ racaille *f*, P tas *m* de salauds
Gesöff [gə'zœf] F *péj n* ⟨*~(e)s; ~e*⟩ bibine *f*; *zu dünn* F lavasse *f*; *(schlechter Wein)* a piquette *f*
gesoffen [gə'zɔfən] *p/p cf* **saufen**
gesogen [gə'zo:gən] *p/p cf* **saugen**
ge'sondert I *adjt* séparé; **II** *advt* à part; séparément
gesonnen [gə'zɔnən] **I** *p/p cf* **sinnen**; **II** *adjt ~ sein, etw zu tun* être disposé à faire qc; avoir l'intention de faire qc
gesotten [gə'zɔtən] *p/p cf* **sieden**
Ge'sottene(s) *n* ⟨*→ A*⟩ *CUIS regional* bouilli *m*
Gespann [gə'ʃpan] *n* ⟨*~(e)s; ~e*⟩ **1.** *(Zugtiere u Wagen)* attelage *m*; **2.** *fig* couple *m*; F tandem *m*
ge'spannt I *adjt* **1.** Atmosphäre, Verhältnis, Beziehungen, Lage tendu; *die ~e Lage auf dem Wirtschaftssektor* a la tension dans le secteur économique; **2.** *(neugierig, erwartungsvoll)* **~e Aufmerksamkeit** attention tendue, soutenue; *~ sein* être curieux, impatient *(auf* [+*acc*] *de savoir, connaître …)*; *ich bin darauf ~* je suis curieux de le savoir; *ich bin ~, ob …* je suis curieux de savoir si …; **II** *advt ~ zuhören* écouter avec une attention soutenue; *etw ~ verfolgen* suivre qc avec grand intérêt; *~ auf etw (acc) warten* attendre qc avec impatience
Ge'spanntheit *f* ⟨*~*⟩ **1.** der Lage, Atmosphäre, Beziehungen tension *f*; **2.** *(Neugier, Erwartung)* vive impatience
Gespenst [gə'ʃpɛnst] *n* ⟨*~(e)s; ~er*⟩ **1.** *(Geist)* fantôme *m*; revenant *m*; spectre *m*; *fig ~er sehen* se faire des idées; **2.** *fig st/s* **~e** spectre *m*; *das (drohende) ~ des Krieges* le spectre (menaçant) de la guerre
Ge'spenster|geschichte *f* histoire *f* de revenants; **~glaube** *m* croyance *f* aux revenants; **2haft** *adj* fantomatique; à l'aspect de fantôme, de spectre; **~stunde** *f* heure *f* des revenants
ge'spenstig, ge'spenstisch *adj* inquiétant; sinistre
ge'sperrt I *adjt* **1.** barré; interdit; *~ für LKW* interdit aux poids lourds; **2.** *TYPO* espacé; **II** *advt TYPO etw ~ drucken* espacer qc
gespie(e)n [gə'ʃpi:(ə)n] *p/p cf* **speien**
Ge'spiel|e *m* ⟨*~n; ~n*⟩, **~in** *f* ⟨*~; ~nen*⟩ **1.** *st/s (Spielgefährte)* compagnon *m*, compagne *f* de jeu; **2.** *péj (Geliebter)* amant *m*; *(Geliebte)* maîtresse *f*
Gespinst [gə'ʃpɪnst] *n* ⟨*~(e)s; ~e*⟩ *(Gespinnenes)* fils *m/pl*; *a fig* tissu *m*; *von Raupen* cocon *m*; coque *f*; *fig ein ~ von Lügen* un tissu de mensonges
gesplissen [gə'ʃplɪsən] *p/p cf* **spleißen**
gesponnen [gə'ʃpɔnən] *p/p cf* **spinnen**
Gespons [gə'ʃpɔns] *st/s* plais *m* ⟨*~es; ~e*⟩, *n* ⟨*~es; ~e*⟩ époux *m*, épouse *f*
Gespött [gə'ʃpœt] *n* ⟨*~(e)s*⟩ risée *f*; *zum ~ (der Leute) werden* devenir la risée, la fable des gens; *j-n zum ~ machen* tourner qn en ridicule; *sich zum ~ machen* se rendre ridicule
Gespräch [gə'ʃprɛːç] *n* ⟨*~(e)s; ~e*⟩ **1.** *(Unterhaltung)* conversation *f*; entretien *m*; *mit j-m a (über etw, j-n) führen* avoir une conversation, un entretien avec qn (à propos de qc, qn); *mit j-m ins ~ kommen* entrer en conversation avec qn; *fig (Kontakt aufnehmen)* prendre contact avec qn; *(mit j-m) im ~ sein* être en pourparlers (avec qn); *das ~ auf etw (acc) bringen* amener la conversation sur qc; *~ unter vier Augen* (conversation *f* en) tête-à-tête *m*; F conversation entre quatre yeux; *sie hat neue Ministerin im ~* elle a de (fortes) chances de devenir ministre; *das ist im ~* ça va se faire; **2.** *(Thema)* sujet *m* de conversation; *das ist das ~ des Tages* tout le monde ne parle que de ça aujourd'hui; *er ist das ~ der ganzen Stadt* toute la ville parle de lui; **3.** *TÉL* communication *f*, conversation *f* (téléphonique); *ein ~ anmelden* demander une communication; *ein ~ für Sie!* un appel pour vous!; on vous demande au téléphone
ge'sprächig *adj* bavard; loquace; *der Alkohol machte ihn ~* l'alcool lui a délié la langue
Ge'sprächigkeit *f* ⟨*~*⟩ loquacité *f*
ge'sprächsbereit *adj* prêt à discuter; *zu Verhandlungen a* disposé à discuter, à négocier; **2schaft** *f* ⟨*~*⟩ bonne volonté *f* (à discuter de qc)
Ge'sprächs|dauer *f TÉL* durée *f* d'une communication; **~fetzen** *m* fragment *m* (d'une conversation); *pl* bribes *f/pl* de conversation
Ge'sprächsform *f* ⟨*~*⟩ *in ~* sous forme dialoguée, de dialogue
Ge'sprächs|gegenstand *m* sujet *m*, thème *m* de conversation; **~kreis** *m* groupe *m* (de discussion); **~leiter(in)** *m(f)* responsable *m,f* dans un groupe de discussion; **~partner(in)** *m(f)* interlocuteur, -trice *m,f*; *am Telefon* correspondant(e) *m(f)*; **~pause** *f* interruption *f*, pause *f* (dans une discussion); **~runde** *f* table ronde; **~stoff** *m* sujet(s) *m(pl)* de conversation; **~teilnehmer(in)** *m(f)* personne *f* participant à une discussion; **~thema** *n* sujet *m* de conversation; thème *m* d'un entretien; **~therapie** *f* psychothérapie *f* par entretien
ge'sprächsweise *adv* (tout) en conversant; *etw ~ erwähnen* mentionner qc au cours d'une conversation
Ge'sprächszeit *f TÉL* durée *f* d'une communication; *die ~ ist abgelaufen* la communication est terminée
ge'spreizt *adjt* **1.** écarté; *mit ~en Bei-*

nen les jambes écartées; **2.** *fig péj* (*geziert*) affecté; recherché
Ge'spreiztheit *f* ⟨~⟩ *péj* affectation *f*; recherche *f*
Ge'spritzte(r) *m* ⟨→ A⟩ *südd, österr*: boisson à base de vin et d'eau minérale gazeuse
gesprochen [gəˈʃprɔxən] *p/p cf* **sprechen**
gesprossen [gəˈʃprɔsən] *p/p cf* **sprießen**
gesprungen [gəˈʃprʊŋən] *p/p cf* **springen**
Ge'spür *n* ⟨~s⟩ flair *m*; *sie hat ein (feines, gutes)* **~** *für Intrigen* intuitivement, elle se rend compte des intrigues
gest. *abr* (*gestorben*) décédé
Gestade [gəˈʃtaːdə] *poét n* ⟨~s; ~⟩ rivage *m*; grève *f*
Gestagen [gɛstaˈgeːn] *n* ⟨~s; ~e⟩ hormone *f* gestagène
Gestalt [gəˈʃtalt] *f* ⟨~; ~en⟩ **1.** (*äußere Form, Erscheinung*) forme *f*; *in* (*der*) ~ *von* sous la forme de; *Personen* à sous les traits de; *der Teufel in* ~ *e-r Schlange* le diable sous les traits d'un serpent; (*feste*) *annehmen* prendre forme, corps; *e-r Sache* (*dat*) **~** *geben od verleihen* donner une forme à qc; *sich in s-r wahren* **~** *zeigen* se montrer sous son vrai jour; **2.** (*Person*), *a in der Literatur, Geschichte etc* personnage *m*; *historische, literarische* **~** personnage *m* historique, littéraire; *e-e dunkle* **~** une sombre silhouette; *zwielichtige* **~en** des personnages louches; **3.** (*Körperbau*) taille *f*; stature *f*; *ein Mann von hagerer* **~** un homme maigre et long; *er ist klein, groß von* **~** il est petit, grand
ge'stalten ⟨-ete, *p/p* gestaltet, h⟩ **I** *v/t Leben, Freizeit etc* organiser; (*anordnen*) arranger; (*e-e konkrete Form geben*) donner une forme à; *Garten, Park, Produkte a* dessiner; *schöpferisch* créer; *réaliser*; (*formen*) former; modeler; *das Menü abwechslungsreich* **~** varier le menu; *e-n Raum geschmackvoll* **~** arranger une pièce avec goût; *ein Schaufenster* **~** décorer une vitrine; *etw künstlerisch* **~** donner une forme artistique à qc; *etw nach eigenen Entwürfen* **~** réaliser qc d'après ses propres plans; **II** *v/réfl sich* **~** (*sich darbieten*) se présenter; *die Sache gestaltet sich anders als ...* l'affaire prend une autre tournure que ...
Ge'stalter(in) *m* ⟨~s; ~⟩ (*f*) ⟨~; ~nen⟩ créateur, -trice *m,f*
ge'stalterisch *adj* ⟨*épithète*⟩ créateur, -trice
Ge'stalt|lehre *f* morphologie *f*; **2los** *adj* informe; sans forme; (*amorph*) amorphe; **~losigkeit** *f* ⟨~⟩ absence *f*, manque *m* de forme; **~psychologie** *f* gestaltisme *m*
Ge'staltung *f* ⟨~; ~en⟩ *des Lebens, der Freizeit, e-s Abends etc* organisation *f*; *e-s Raumes* décoration *f*; professionelle design *m*; *schöpferische* création *f*; réalisation *f*; (*Formung*) modelage *m*; *die architektonische* **~** *liegt in der Hand von ...* la partie architecturale est réalisée par ...
Ge'staltungs|kraft *f* ⟨~⟩ potentiel *m* de créativité; **~wille** *m* volonté créatrice
Ge'stammel *n* ⟨~s⟩ balbutiement *m*

gestand [gəˈʃtant] *cf* **gestehen**
gestanden [gəˈʃtandən] **I** *p/p cf* **stehen, gestehen**; **II** *adjt* ⟨*épithète*⟩ *ein* **~***er Mann plais* un homme, un vrai; **~***er Politiker, Geschäftsmann* un homme politique, un homme d'affaires chevronné
geständig [gəˈʃtɛndɪç] *adj* **~** *sein* avouer; faire des aveux
Geständnis [gəˈʃtɛntnɪs] *n* ⟨~ses; ~se⟩ aveu *m*; JUR aveux *m/pl*; *ein* (*umfassendes, volles*) **~** *ablegen* faire des aveux (complets); *ich muß dir ein* **~** *machen* je dois te faire un aveu
Gestänge [gəˈʃtɛŋə] *n* ⟨~s; ~⟩ TECH (*système m de*) tiges *f/pl*, barres *f/pl*
Gestank [gəˈʃtaŋk] *m* ⟨~(e)s⟩ puanteur *f*; odeur nauséabonde; infection *f*; *ein fürchterlicher* **~** une odeur abominable; *une puanteur pestilentielle*
Gestapo [gəˈʃtaːpo] *f* ⟨~⟩ *im Nationalsozialismus* Gestapo *f*
gestatten [gəˈʃtatən] ⟨-ete, *p/p* gestattet, h⟩ **I** *v/t* permettre; *j-m* **~**, *etw zu tun* permettre à qn de faire qc; autoriser qn à faire qc; *j-m etw nicht* **~** *a* interdire qc à qn; *es ist nicht gestattet zu* (+*inf*) il est interdit de (+*inf*); il n'est pas permis de (+*inf*); *Höflichkeitsformel* **~** *Sie?* vous permettez?; **~** *Sie e-e Frage?* vous permettez que je vous pose une question?; *beim Vorstellen* **~**, (*Maria*) *Müller* permettez que je me présente: Maria Müller; **II** *v/réfl sich* (*dat*) *etw* ~ *od sich* (*dat*) ~, *etw zu tun* se permettre de faire qc; prendre la liberté de faire qc; *wenn ich mir e-e Bemerkung* **~** *darf* si je peux me permettre de faire une réflexion
Geste [ˈɡɛstə *ou* ˈʒɛstə] *f* ⟨~; ~n⟩ geste *m*; *e-e freundliche* **~** un geste aimable
Gesteck [gəˈʃtɛk] *n* ⟨~(e)s; ~e⟩ (*Blumen*2) composition florale
ge'stehen *v/t u v/i* ⟨*irr*, *p/p* gestanden, h⟩ avouer; *ich muß* **~**, *daß ...* j'avoue que ...; *je dois avouer que ...*; *offen gestanden, ...* pour parler franchement ...; à vrai dire ...
Ge'stein *n* ⟨~(e)s; ~e⟩ **1.** (*~sart*) roche *f*; **2.** (*pas de pl*) *coll* roches *f/pl*
Ge'steins|ader *f* veine rocheuse; **~art** *f* espèce *f* de roche; **~brocken** *m* rocher *m*; **~formation** *f* formation *f* de roches; **~kunde** *f* ⟨~⟩ pétrographie *f*; (*Mineralogie*) minéralogie *f*; **~masse** *f* masse rocheuse; **~probe** *f* échantillon *m* de roche; **~schicht** *f* couche rocheuse
Gestell [gəˈʃtɛl] *n* ⟨~(e)s; ~e⟩ **1.** (*Unterbau*) châssis *m*; bâti *m*; (*Gerüst*) carcasse *f*; F *fig zieh dein* **~** *auf!* pousse-toi!; **2.** (*Brillen*2) monture *f*; **3.** (*Regal*) étagère *f*; (*Wäsche*2) étendoir *m*; (*Bock, Stütze*) tréteau *m*; chevalet *m*; **4.** F *fig* (*dürre Person*) échalas *m*
ge'stelzt *adj fig péj Stil* maniéré; *Sprache* affecté
gestern [ˈɡɛstərn] *adv* hier; **~** *morgen, abend* hier matin, soir; **~** *vor e-r Woche* il y a eu, ça fait 'huit jours hier'; **~** *in e-r Woche* dans 'huit jours à partir d'hier'; F *fig ich bin nicht von* **~** je ne suis pas né d'hier; je ne suis pas de la dernière pluie
'Gestern *n* ⟨~⟩ (*Vergangenheit*) passé *m*
ge'stiefelt *adj* botté; *der* **2***e Kater* le Chat botté; F *fig plais* **~** *und gespornt* prêt à partir

gestiegen [gəˈʃtiːɡən] *p/p cf* **steigen**
gestielt [gəˈʃtiːlt] *adj* BOT pédonculé
Gestik [ˈɡeːstɪk *ou* ˈɡɛstɪk] *f* ⟨~⟩ gestes *m/pl*
Gestiku|lation [ɡɛstikulatsiˈoːn] *f* ⟨~; ~en⟩ gesticulation *f*; **2lieren** *v/i* ⟨*pas de ge-*, h⟩ gesticuler; faire des gestes
ge'stimmt *adjt* heiter, traurig **~** *sein* être enjoué, triste
Gestirn [gəˈʃtɪrn] *n* ⟨~(e)s; ~e⟩ astre *m*
ge'stirnt *st/s adj* étoilé; constellé
gestoben [gəˈʃtoːbən] *p/p cf* **stieben**
Ge'stöber *n* ⟨~s; ~⟩ (*Schnee*2) tourmente *f*, rafale *f* (de neige)
gestochen [gəˈʃtɔxən] **I** *p/p cf* **stechen**; **II** *adjt Handschrift etc* très net, nette; calligraphié; **III** *advt wie* **~** *schreiben* avoir une écriture calligraphiée; **~** *scharfe Bilder* des photos très nettes
gestohlen [gəˈʃtoːlən] *p/p cf* **stehlen**
Ge'stöhn(e) F *péj n* ⟨~s⟩ gémissements *m/pl*
gestorben [gəˈʃtɔrbən] *p/p cf* **sterben**
ge'stört *adjt fig ein* **~***es Verhältnis zu j-m haben* ne plus bzw pas s'entendre avec qn; *ein* **~***es Verhältnis zu etw haben* ne rien comprendre à qc; être brouillé avec qc; *geistig* **~** *sein* être dérangé
gestoßen [gəˈʃtoːsən] *p/p cf* **stoßen**
Ge'stotter F *péj n* ⟨~s⟩ bégaiement *m*; *beim Aufsagen von Gedichten etc* ânonnement *m*; *fig e-s Motors* ratés *m/pl*
Ge'strampel F *n* ⟨~s⟩ gigotements *m/pl*
Gesträuch [gəˈʃtrɔyç] *n* ⟨~(e)s; ~e⟩ buissons *m/pl*; taillis *m*
ge'streckt *adjt cf Galopp*
ge'streift *adj* rayé; à raies; à rayures
ge'streng *st/s adj* sévère; strict; austère
gestrichen [gəˈʃtrɪçən] **I** *p/p cf* **streichen**; **II** *adjt ein* **~***er Eßlöffel Zucker* tout juste une cuillère de sucre; **III** *advt* **~** *voll Glas etc* plein à ras bord; plein jusqu'au bord
gestrig [ˈɡɛstrɪç] *adj* ⟨*épithète*⟩ d'hier; *am* **~***en Tage* hier
gestritten [gəˈʃtrɪtən] *p/p cf* **streiten**
Gestrüpp [gəˈʃtrʏp] *n* ⟨~(e)s; ~e⟩ **1.** broussailles *f/pl*; fourré *m*; **2.** *fig der Paragraphen etc* dédale *m*; maquis *m*
Gestühl [gəˈʃtyːl] *n* ⟨~(e)s; ~e⟩ *in Kirchen etc* bancs *m/pl bzw* chaises *f/pl*; (*Chor*2) stalles *f/pl*
gestunken [gəˈʃtʊŋkən] *p/p cf* **stinken**
Gestus [ˈɡɛstʊs] *st/s m* ⟨~⟩ **1.** (*Habitus*) comportement *m*; attitude *f*; **2.** (*Gestik*) gestes *m/pl*
Gestüt [gəˈʃtyːt] *n* ⟨~(e)s; ~e⟩ 'haras *m*
Gesuch [ɡəˈzuːx] *n* ⟨~(e)s; ~e⟩ (*Antrag*) demande *f*; requête *f*; (*Petition*) pétition *f*; *ein* **~** *einreichen* présenter une requête, une pétition
ge'sucht *adj* **1.** (*unnatürlich, geziert*) recherché; affecté; maniéré; précieux, -ieuse; **2.** (*begehrt, gefragt*) recherché; demandé
Ge'sudel *n* ⟨~s⟩ *péj Schrift* gribouillage *m*; *Malerei etc* barbouillage *m*; F *p/fort* cochonnerie *f*
Ge'sülze F *n* ⟨~⟩ *ich bin dein* **~** *leid* F j'en ai marre de t'entendre causer pour ne rien dire
Ge'summ(e) *n* ⟨~s⟩ *von Bienen* bourdonnement *m*; (*leises Singen*) fredonnement *m*; chantonnement *m*

gesund [gə'zʊnt] *adj* ⟨*er ou* ⁓er; ⁓este *ou* ⁓este⟩ **1.** (*nicht krank*) *Personen* en bonne santé; *Organ* en bon état; *fig wirtschaftlich* sain; *körperlich und geistig* ⁓ *sein* être sain de corps et d'esprit; *e-e* ⁓*e Gesichtsfarbe haben* avoir bonne mine; *ein* ⁓*es Herz haben* avoir le cœur solide; ⁓ *und munter sein* être plein de santé; *wieder* ⁓ *werden* guérir; se rétablir; *j-n* ⁓ *machen* guérir qn; *Arzt j-n* ⁓ *schreiben* délivrer un certificat de guérison à qn; *bleib* ⁓*!* fais bien attention à toi!; F *fig aber sonst bist du* ⁓? F tu te sens bien?; **2.** (*der Gesundheit zuträglich*) sain; *Klima a* salubre; *Salat ist sehr* ⁓ la salade, c'est bon pour la santé; *Lehre etc für j-n ganz* ⁓ *sein* faire de la bile à qn; être salutaire à qn; **3.** (*kräftig*) vigoureux, -euse; *e-n* ⁓*en Schlaf haben* avoir un bon sommeil; *e-n* ⁓*en Appetit haben* avoir bon appétit, un solide appétit; **4.** (*richtig, vernünftig*) sain; *der* ⁓*e Menschenverstand* le bon sens; *ein* ⁓*es Urteil haben* juger sainement
ge'sundbeten *v/t* ⟨*sép*, -ge-, h⟩ guérir par des prières, des incantations, *etc*
Ge'sunde(r) *f(m)* ⟨→ A⟩ personne bien portante, en bonne santé
ge'sunden *v/i* ⟨-ete, p/p gesundet, sein⟩ guérir; se rétablir; *fig Wirtschaft etc* se redresser
Ge'sundheit *f* ⟨⁓⟩ santé *f*; *des Klimas* salubrité *f*; *bei bester* ⁓ *sein* être en parfaite santé; se porter comme un charme; *von zarter* ⁓ *sein* être d'une santé délicate; avoir une petite santé; *vor* ⁓ *strotzen* respirer la santé; *auf j-s* ⁓ (*acc*) *trinken* boire à la santé de qn; ⁓*! beim Niesen* à vos souhaits!
ge'sundheitlich *adj* (*épithète*) de santé; *aus* ⁓*en Gründen* pour (des) raisons de santé; *der* ⁓*e Zustand* l'état *m* de santé; **II** *adv sich* ⁓ *nicht auf der Höhe fühlen* ne pas être en bonne forme; *p/fort* avoir une santé ébranlée
Ge'sundheits|amt *n* service *m* de l'hygiène publique; *in Frankreich etwa* direction *f* de l'action sanitaire et sociale; *auf kommunaler Ebene* dispensaire *m*; ⁓**apostel** *m plais* F fana *m* de la santé; ⁓**attest** *n* certificat *m* (sur l'état) de santé; ⁓**behörde** *f* cf *Gesundheitsamt*; ⁓**dienst** *m* service *m* sanitaire, d'hygiène publique; ⁓**fördernd** *adj* salubre; ⁓**fürsorge** *f* santé *f* publique; ⁓**gefährdung** *f* mise *f* en danger de la santé; ⁓**halber** *adv* pour (des) raisons de santé; ⁓**kontrolle** *f* contrôle *m*, inspection *f* sanitaire; ⁓**minister(in)** (*m*)*f* ministre *mf* de la santé; ⁓**pflege** *f* (soins *m/pl* d')hygiène *f*; ⁓**politik** *f* politique *f* en matière de santé publique; ⁓**reform** *f* réforme *f* du système de sécurité sociale allemand
Ge'sundheitsschaden *m* problèmes *m/pl* de santé; atteintes portées à la santé; *Gesundheitsschäden hervorrufen* nuire à la santé
ge'sundheitsschädlich *adj* nuisible à la santé; malsain; insalubre
Ge'sundheits|schuh *m* chaussure *f* orthopédique; ⁓**schutz** *m* protection *f* de la santé; ⁓**wesen** *n* ⟨⁓s⟩ santé, hygiène publique; ⁓**zeugnis** *n* certificat *m* (sur l'état) de santé; ⁓**zustand** *m* ⟨(e)s⟩ état *m* de santé

ge'sundpflegen *v/t* ⟨*sép*, -ge-, h⟩ soigner; guérir
ge'sundschrumpfen F ⟨-(e)st, *sép*, -ge-, h⟩ **I** *v/t* dégraisser les effectifs de; **II** *v/réfl Unternehmen sich* ⁓ procéder à un dégraissage d'effectifs
Ge'sundung *st/s f* ⟨⁓⟩ guérison *f*; rétablissement *m*; *fig wirtschaftliche* assainissement *m*; *finanzielle* ⁓ assainissement des finances
gesungen [gə'zʊŋən] *p/p* cf *singen*
gesunken [gə'zʊŋkən] *p/p* cf *sinken*
getan [gə'ta:n] *p/p* cf *tun*
Ge'tändel *st/s péj n* ⟨⁓s⟩ badinage (amoureux); flirt *m*
Gethsemane [ge'tse:mane] ⟨→ *n/pr*⟩ BIBL Gethsémani
Ge'tier *st/s n* ⟨⁓(e)s⟩ **1.** (*Tiere*) bêtes *f/pl*; **2.** (*Tier*) bête *f*
ge'tigert *adj* tigré
Getöse [gə'tø:zə] *n* ⟨⁓s⟩ **1.** (*Tosen*) grondement *m*; *der Wellen* mugissement *m*; **2.** (*Lärm*) fracas *m*; vacarme *m*; bruit violent; *mit* ⁓ avec fracas
ge'tragen I *p/p* cf *tragen*; **II** *adj Musik, Stimme* solennel, -elle
Ge'trampel F *péj n* ⟨⁓s⟩ piétinement *m*; *vor Freude, Wut* trépignement *m*
Getränk [gə'trɛŋk] *n* ⟨⁓(e)s; ⁓e⟩ boisson *f*
Ge'tränke|ausschank *m* débit *m* de boissons; ⁓**automat** *m* distributeur *m* de boissons; ⁓**industrie** *f* industrie *f* des boissons; ⁓**karte** *f* carte *f* des boissons; ⁓**stand** *m* buvette *f*; ⁓**steuer** *f* taxe *f* sur la consommation de boissons alcoolisées dans les débits de boissons
Ge'tratsch(e) F *péj n* ⟨⁓s⟩ commérages *m/pl*; racontars *m/pl*; ragots *m/pl*; potins *m/pl*; F cancans *m/pl*
ge'trauen *v/réfl* ⟨*p/p getraut, h*⟩ *sich* ⁓, *etw zu tun* oser faire qc
Getreide [gə'traɪdə] *n* ⟨⁓s; ⁓⟩ céréales *f/pl*; (*Korn*) grain(s) *m(pl)*; ⁓**anbau** *m* cultures *f/pl* céréalières; ⁓**art** *f* céréale *f*; ⁓**bau** *m* ⟨-(e)s⟩ cf *Getreideanbau*; ⁓**einfuhr** *f* importation *f* de céréales; ⁓**ernte** *f* moisson *f*; ⁓**feld** *n* champ *m* de céréales; ⁓**handel** *m* commerce *m* des céréales, des grains; ⁓**korn** *n* grain *m*; ⁓**land** *n* ⟨⁓(e)s; ⁓er⟩ **1.** pays (producteur) de céréales; **2.** (*pas de pl*) (*Ackerland*) champs *m/pl* de céréales; ⁓**produkt** *n* produit céréalier; ⁓**produktion** *f* production céréalière; ⁓**silo** *m* silo *m* à grain; ⁓**speicher** *m* grenier *m* (à grain)
ge'trennt I *adj* séparé; **II** *advt* séparément; ⁓ *leben Eheleute* être séparés; *sie lebt von ihrem Mann* ⁓ elle est séparée de son mari; ⁓ *schreiben* écrire en deux mots; ⁓ *zahlen* in e-m Lokal régler séparément l'addition
ge'trenntgeschlechtig *adj* BOT, ZO unisexué; *BOT a* dicline
Ge'trenntschreibung *f die* ⁓ *von* ... l'obligation *f* d'écrire ... en deux mots
ge'treten *p/p* cf *treten*
ge'treu I *adj Bericht, Darstellung, Abbildung, a st/s Person* fidèle; **II** *prép* (*dat*) fidèle à; ⁓ *s-m Motto* fidèle à sa devise
Ge'treue(r) *f(m)* ⟨→ A⟩ fidèle *m,f*; POL *a* partisan *m*
ge'treulich *st/s adv* fidèlement
Getriebe [gə'tri:bə] *n* ⟨⁓s; ⁓⟩ **1.** TECH mécanisme *m*, organes *m/pl* de transmission; (*Räder*⁓) engrenage *m*; *beim*

Auto boîte *f* de vitesses; **2.** *fig der Großstadt etc* agitation *f*
getrieben [gə'tri:bən] **I** *p/p* cf *treiben*; **II** *adj* ⁓*e Arbeit* ouvrage bosselé; bosselage *m*
Ge'triebeöl *n* huile *f* de graissage, lubrifiante
Ge'triebeschaden *m* boîte de vitesses défectueuse; *mein Wagen hat e-n* ⁓ ma boîte de vitesses est cassée
Ge'trippel *n* ⟨⁓s⟩ trottinement *m*
getroffen [gə'trɔfən] *p/p* cf *treffen*
getrogen [gə'tro:gən] *p/p* cf *trügen*
Ge'trommel *n* ⟨⁓s⟩ roulements *m/pl* de tambour(s); *mit den Fingern* tambourinement *m*; pianotage *m*
getrost [gə'tro:st] **I** *st/s adj sei* ⁓! sois tranquille!; **II** *adv* en toute tranquillité; sans crainte; *du kannst dich* ⁓ *auf ihn verlassen* tu peux avoir toute confiance en lui
getrunken [gə'trʊŋkən] *p/p* cf *trinken*
Getto ['gɛto] *n* ⟨⁓s⟩ ghetto *m*
Getue [gə'tu:ə] F *péj n* ⟨⁓s⟩ manières *f/pl*; simagrées *f/pl*; chichis *m/pl*
Getümmel [gə'tʏməl] *n* ⟨⁓s; ⁓⟩ cohue *f*; *im Kampf* mêlée *f*
ge'tupft, getüpfelt [gə'tʏpfəlt] *adj* pointillé; moucheté; *Stoff* à pois
Ge'tuschel F *péj n* ⟨⁓s⟩ chuchotements *m/pl*; F messes basses
ge'übt *adj Auge, Ohr, Fachmann* exercé; (*erfahren*) expérimenté; *in etw* (*dat*) ⁓ *sein* être entraîné à (faire) qc; avoir l'habitude de (faire) qc
Gevatter [gə'fatər] *litt m* ⟨⁓s *ou* ⁓n; ⁓n⟩ *litt* compère *m*
Geviert [gə'fi:rt] *n* ⟨⁓(e)s; ⁓e⟩ **1.** (*Quadrat*) carré *m*; **2.** TYPO cadratin *m*
GEW [ge:?e:'ve:] *f* ⟨⁓⟩ *abr* (*Gewerkschaft Erziehung und Wissenschaft*) syndicat national des enseignants en Allemagne
Gewächs [gə'vɛks] *n* ⟨⁓es; ⁓e⟩ **1.** (*Pflanze*) plante *f*; végétal *m*; **2.** (*Weinsorte*) cru *m*; **3.** MÉD excroissance *f*; tumeur *f*
ge'wachsen I *p/p* cf *wachsen*[1]; **II** *adj* **1.** (*natürlich entstanden*) naturel, -elle; **2.** *fig j-m* ⁓ *sein* être de taille à se mesurer avec, à tenir tête à qn; *e-r Sache* (*dat*) ⁓ *sein* être à la hauteur de qc
Ge'wächshaus *n* serre *f*
ge'wagt *adj* **1.** (*kühn*), *a Bemerkung* risqué; 'hasardeux, -euse; aventuré; **2.** (*freizügig*) osé
ge'wählt I *adj Ausdruck, Geschmack* recherché; **II** *advt sich* ⁓ *ausdrücken* s'exprimer d'une manière recherchée; parler en termes choisis
Ge'wähltheit *f* ⟨⁓⟩ *des Ausdrucks* recherche *f*
gewahr [gə'va:r] *adj j-n, etw ou st/s j-s, e-r Sache* ⁓ *werden* s'apercevoir de qn, qc
Gewähr [gə'vɛ:r] *f* ⟨⁓⟩ garantie *f*; *für etw* ⁓ *leisten, die* ⁓ *für etw übernehmen* garantir qc; *Angabe etc ohne* ⁓ sous toutes réserves
ge'währen ⟨*p/p gewährt, h*⟩ **I** *v/t* **1.** (*zugestehen*) accorder; (*erlauben*) permettre; *Aufschub, Asyl, Kredit etc* accorder; *Vorteile, Vergünstigungen a* octroyer; *Unterhalt, Kredit, Entschädigung a* allouer; *j-m e-e Bitte* ⁓ accéder à la demande de qn; *j-m Einlaß* ⁓ per-

mettre à qn d'entrer; *j-m in etw* (*acc*) **Einsicht** ~ donner à qn un droit de regard dans qc; *j-m Schutz* ~ accorder sa protection à qn; **2.** (*bieten*) offrir; *Vertrag* **Vorteile** ~ *a* présenter des avantages; *j-m Trost* ~ consoler qn; *diese Terrasse gewährt e-n herrlichen Ausblick* on a une vue splendide de cette terrasse; **II** *v/i j-n* ~ *lassen* laisser faire qn
ge'währleist|en *v/t* ⟨-ete, *p/p* gewährleistet, h⟩ garantir; **₂ung** *f* ⟨~⟩ garantie *f*
Gewahrsam [gə'va:rza:m] *m* ⟨~s⟩ **1.** (*Haft*) (*polizeilicher*) ~ garde *f* à vue; *j-n in* (*polizeilichen*) ~ *nehmen* placer qn en garde à vue; **2.** (*Obhut*) garde *f*; *in sicherem* ~ en lieu sûr; *etw in* ~ (*acc*) *nehmen* exercer la garde de qc
Ge'währs|mann *m* ⟨~(e)s; ~er *ou* -leute⟩, ~*person f* informateur, -trice *m,f* bien renseigné(e), fiable
Ge'währung *f* ⟨~⟩ octroi *m*; (*Erlaubnis*) permission *f*
Gewalt [gə'valt] *f* ⟨~; ~en⟩ **1.** ⟨*pas de pl*⟩ (*Kraftanwendung*) force *f*; *meist unrechtmäßige* violence *f*; *nackte* ~ pure violence; *fig mit aller* ~ à tout prix; *mit roher od brutaler* ~ avec brutalité; *mit sanfter* ~ avec une douce violence; *mit* ~ *öffnen Tür etc* forcer; *j-n mit* ~ *zurückhalten* retenir qn de force; ~ *anwenden* employer la force *bzw* la violence; *st/s j-m* ~ *antun* brutaliser qn; *e-r Frau* violenter qn; **2.** (*Machtbefugnis*) weltliche, geistliche, gesetzgebende *etc* pouvoir *m*; JUR *a* puissance *f*; *richterliche* ~ pouvoir judiciaire; *elterliche* ~ autorité, puissance parentale; *j-n, etw in s-e* ~ *bringen* s'emparer de qn, qc; *j-n in s-r* ~ *haben* avoir qn en son pouvoir; *sich in der* ~ *haben* se maîtriser; *in j-s* ~ (*dat*) *stehen od sein* être au pouvoir de qn; *die* ~ *über etw* (*acc*) *verlieren* perdre le contrôle de qc; **3.** *st/s* (*elementare Kraft*) *des Sturms etc* violence *f*; *a* JUR *höhere* ~ (cas *m* de) force majeure
Ge'walt|akt *m* acte *m* de violence; ~**androhung** *f* menace *f* de violence
Ge'waltanwendung *f* emploi *m* de la force; *unter* ~ (*dat*) en employant la force
Ge'walteinwirkung *f* Spuren *f/pl* von ~ *am Tatort* traces *f/pl* de violence; *bei e-r Person* marques *f/pl* de violence
Ge'waltenteilung *f* séparation *f* des pouvoirs
ge'walt|frei *adj* non-violent; POL pacifique; **₂herrschaft** *f* ⟨~⟩ tyrannie *f*; despotisme *m*
ge'waltig I *adj* **1.** (*riesig*) énorme; *Bauwerk a* monumental; **2.** (*eindrucksvoll*) impressionnant; *ein* ~*er Erfolg* F un succès fou; **3.** (*mächtig*) puissant; **II** *F adv* (*sehr*) énormément; extrêmement; terriblement; *da irren Sie sich* ~ *a* F vous vous mettez le doigt dans l'œil jusqu'au coude
Ge'walt|kur F *f* traitement de choc, radical; **₂los I** *adj* non-violent; **II** *adv* sans violence; ~**losigkeit** *f* ⟨~⟩ non-violence *f*; ~**marsch** *m* marche forcée; ~**maßnahme** *f* mesure *f* de force; ~**mensch** *m* personne violente
ge'waltsam I *adj Tod* violent; *Trennung, Vertreibung etc* forcé; ~*e Entführung* enlèvement *m*; *e-s* ~*en Todes sterben* mourir de mort violente; **II** *adv* par la force; de force; ~ *zu Tode kommen* mourir de mort violente; *Tür etc* ~ *öffnen* forcer
Ge'walt|samkeit *f* ⟨~⟩ violence *f*; ~**streich** *m* coup *m* de force; ~**tat** *f* (acte *m* de) violence *f*; JUR voie *f* de fait; ~**täter** *m* auteur *m* de violences; (*Verbrecher*) criminel *m*; **₂tätig** *adj* violent; ~**tätigkeit** *f* violence *f*; ~**verbrechen** *n* crime *m*; (*Bluttat*) crime de sang; ~**verbrecher** *m* criminel *m*; ~**verzicht** *m* engagement *m* à ne pas recourir à la force
Gewand [gə'vant] *st/s n* ⟨~(e)s; ~er⟩ robe *f*; habit *m*; vêtement *m*; *fig im neuen* ~ sous un nouvel aspect
ge'wandet *st/s, plais adj* ⟨*épithète*⟩ accoutré
Ge'wandmeister(in) *m(f)* THÉ costumier, -ière *m,f*
gewandt [gə'vant] **I** *p/p cf* **wenden**; **II** *adj* (*geschickt*) adroit, habile; *körperlich* leste; agile; *Umgangsformen, Stil etc* aisé; *in etw* (*dat*) ~ *sein* être adroit, habile en ce qui concerne qc; **III** *adv* adroitement; agilement; aisément; *sich* ~ *ausdrücken* s'exprimer avec facilité
Ge'wandtheit *f* ⟨~⟩ adresse *f*; habileté *f*; savoir-faire *m*; *körperliche* agilité *f*; *der Umgangsformen etc* aisance *f*
gewann [gə'van] *cf* **gewinnen**
gewärtig [gə'vɛrtɪç] *adj st/s e-r Sache* (*gén*) ~ *sein* s'attendre à qc
Gewäsch [gə'vɛʃ] F *péj n* ⟨~(e)s⟩ bavardage *m*; (*Blödsinn*) P conneries *f/pl*
ge'waschen *p/p cf* **waschen**
Gewässer [gə'vɛsɐ] *n* ⟨~s; ~⟩ eaux *f/pl*; *stehende, fließende* ~ eaux stagnantes, courantes
Ge'wässer|belastung *f* pollution *f* des eaux; ~**kunde** *f* ⟨~⟩ hydrologie *f*; ~**schutz** *m* mesures *f/pl* contre la pollution des eaux
Ge'watschel *n* ⟨~s⟩ dandinement *m*
Gewebe [gə've:bə] *n* ⟨~s; ~⟩ TEXT, BIOL, *fig* tissu *m*; ~**probe** *f* BIOL, MÉD prélèvement *m* (de tissu)
Ge'websflüssigkeit *f* lymphe *f*
Gewehr [gə've:r] *n* ⟨~(e)s; ~e⟩ fusil *m*; MIL ~ *ab!* reposez arme(s)!; MIL *präsentiert das* ~! présentez arme(s)!; MIL *das* ~ *über!* arme sur l'épaule – droite!; *fig bei Fuß stehen* attendre (qn) de pied ferme
Ge'wehr|kolben *m* crosse *f* (d'un fusil); ~**kugel** *f* balle *f* (de fusil); ~**lauf** *m* canon *m* (d'un fusil); ~**mündung** *f* bouche *f* (d'un fusil); ~**schuß** *m* coup *m* de fusil
Geweih [gə'vaɪ] *n* ⟨~(e)s; ~e⟩ bois *m/pl*; ramure *f*; ~**farn** *m* BOT platycerium *m*
ge'wellt *adj* ondulé
Gewerbe [gə'vɛrbə] *n* ⟨~s; ~⟩ **1.** (*berufsmäßige Tätigkeit*) métier *m* (*a fig*); activité professionnelle (indépendante); *ein ehrliches, dunkles* ~ un métier honnête, louche; *ein* ~ *betreiben* exercer un métier; F *plais das horizontale* ~ la prostitution; F *plais das älteste* ~ *der Welt* le plus vieux métier du monde; **2.** ⟨*pas de pl*⟩ (*gewerbliche Wirtschaft*) activité artisanale (et commerciale); P.M.E. *f/pl* (petites et moyennes entreprises)
Ge'werbe|aufsicht *f*, ~**aufsichtsamt** *n* (service *m* de l'inspection *f* du travail; ~**betrieb** *m* établissement commercial; ~**freiheit** *f* libre exercice *m* d'une activité commerciale *bzw* artisanale; ~**lehrer(in)** *m(f)* enseignant(e) *m(f)* dans un établissement d'enseignement professionnel; ~**ordnung** *f* code *m* de législation commerciale et du travail; ~**schein** *m* licence *f*; autorisation *f* d'exercer une activité commerciale; ~**schule** *f* établissement *m* d'enseignement professionnel; ~**steuer** *f* taxe professionnelle; **₂treibend** *adj* qui exerce une activité commerciale
Ge'werbetreibende(r) *f(m)* ⟨→ A⟩ commerçant(e) *m(f)*; *selbständiger* ~*r* travailleur indépendant
Ge'werbezweig *m* secteur *m* d'activité commerciale
ge'werblich I *adj* ⟨*épithète*⟩ industriel, -ielle *bzw* commercial *bzw* professionnel, -elle; ~*er Arbeitnehmer* travailleur *m* (de l'industrie ou du commerce); ouvrier *m*; JUR ~*es Eigentum* propriété industrielle; ~*e Räume m/pl* locaux professionnels *bzw* à usage commercial; *für* ~*e Zwecke* pour usage professionnel; **II** *adv* ~ *tätig sein* exercer une activité commerciale; *etw* ~ *nutzen* utiliser qc pour un usage commercial, professionnel
ge'werbsmäßig I *adj* professionnel, -elle; JUR ~*e Unzucht* prostitution *f*; **II** *adv* ~*e Tätigkeit* ~ *ausüben* exercer une activité à titre professionnel
Ge'werkschaft *f* ⟨~; ~en⟩ syndicat *m*; organisation syndicale
Ge'werkschaft(l)er(in) *m* ⟨~s; ~⟩ (*f*) ⟨~; ~nen⟩ *Funktionär(in)* syndicaliste *m,f*; *Mitglied* syndiqué(e) *m(f)*; *sie ist e-e aktive* ~*in* c'est une militante syndicale
ge'werkschaftlich I *adj* syndical; **II** *adv* ~ *organisiert sein* être syndiqué
Ge'werkschafts|arbeit *f* syndicalisme *m*; ~**beitrag** *m* cotisation syndicale; ~**bund** *m* fédération *f* des syndicats
Ge'werkschaftsebene *f auf* ~ sur le plan syndical
Ge'werkschafts|führer(in) *m(f)* dirigeant(e) *m(f)* d'un syndicat; ~**funktionär(in)** *m(f)* responsable *m(f)* syndical(e), d'un syndicat; ~**haus** *n* centrale syndicale; *in Frankreich* Bourse *f* du travail; ~**kongreß** *m* congrès syndical; ~**mitglied** *n* membre *m* d'un syndicat; syndiqué(e) *m(f)*; ~**politik** *f* politique syndicale; ~**versammlung** *f* réunion syndicale; ~**vertreter(in)** *m(f)* représentant(e) syndical(e); *gewählte(r)* ~ délégué(e) syndical(e); ~**zugehörigkeit** *f* appartenance *f* à un syndicat; syndicalisation *f*
gewesen [gə've:zən] **I** *p/p cf* **sein**; **II** *adjt bes österr* ⟨*épithète*⟩ (*ehemalig*) ancien, -ienne; ex-...
gewichen [gə'vɪçən] *p/p cf* **weichen²**
Gewicht [gə'vɪçt] *n* ⟨~(e)s; ~e⟩ *a fig* poids *m*; *Maße und* ~*e* poids *m/pl* et mesures *f/pl*; *spezifisches* ~ poids spécifique; *ein* ~ *von fünf Kilo haben* peser cinq kilos; *nach* ~ *verkaufen* vendre au poids; *fig* (*großes*) ~ *haben* avoir du poids; *fig e-r Sache* (*dat*) ~ *beimessen* accorder de l'importance à

qc; *fig auf etw* (*acc*) ~ *legen* attacher de l'importance à qc; *fig ins* ~ *fallen* compter; être important; avoir du poids, de l'importance; *fig s-e Meinung fällt nicht ins* ~ a son opinion importe peu *od* ne pèse pas lourd

ge'wichten *v/t* ⟨-ete, *p/p* gewichtet, h⟩ **1.** *statistisch* pondérer; **2.** *schwerpunktmäßig* évaluer

Ge'wicht|heben *n* ⟨~s⟩ SPORT poids et haltères *m/pl*; haltérophilie *f*; **~heber** *m* ⟨~s; ~⟩ haltérophile *m*

ge'wichtig *adj* **1.** *plais* (*dick*) volumineux, -euse; **2.** *fig* (*bedeutsam*) *Frage, Entscheidung, Gründe etc* important; *Argument* de poids; ²**keit** *f* ⟨~⟩ *fig* importance *f*; *e-s Arguments* poids *m*

Ge'wichts|abnahme *f* diminution *f* de poids; **~angabe** *f* déclaration *f* de poids; **~grenze** *f* limite *f* de poids; **~klasse** *f* SPORT, COMM catégorie *f* de poids; **~kontrolle** *f* vérification *f* du poids; **~verlagerung** *f* **1.** déplacement *m* de poids; **2.** *fig* déplacement *m* du centre d'intérêt; **~verlust** *m* perte *f* de poids; **~zunahme** *f* augmentation *f* de poids

gewieft [gəˈviːft] F *adj* F débrouillard; malin, -igne

Ge'wieher *n* ⟨~s⟩ **1.** *e-s Pferdes* 'hennissement(s) *m(pl)*; **2.** F *fig* gros (éclat de) rire

gewiesen [gəˈviːzən] *p/p cf* **weisen**

gewillt [gəˈvɪlt] *adj* ⟨*attribut*⟩ ~ *sein, etw zu tun* être disposé à faire qc; avoir l'intention de faire qc

Ge'wimmel *n* ⟨~s⟩ grouillement *m*; fourmillement *m*; pullulement *m*

Ge'wimmer *n* ⟨~s⟩ gémissement(s) *m(pl)*

Gewinde [gəˈvɪndə] *n* ⟨~s; ~⟩ TECH filet(age) *m*; **~bohrer** *m* taraud *m*; **~gang** *m* filet *m*; spire *f*

Gewinn [gəˈvɪn] *m* ⟨~(e)s; ~e⟩ **1.** COMM bénéfice *m*; profit *m*; gain *m*; BUCHHALTUNG ~ *und Verlust* pertes et profits; ~ *abwerfen, bringen* rapporter un bénéfice, du profit; **~e erzielen** réaliser, faire des bénéfices, du profit; *aus etw* ~ *ziehen od schlagen* tirer profit de qc; *mit* ~ *verkaufen* vendre avec bénéfice; *am* ~ *beteiligt sein* avoir sa part de bénéfices; *auf* ~ (*acc*) *gerichtet sein* avoir un but lucratif; **2.** LOTTERIE *etc* gain *m*; *jedes zweite Los ist ein* ~ il y a un numéro gagnant sur deux; **3.** ⟨*pas de pl*⟩ (*Nutzen*) avantage *m*; profit *m*; *ein Buch mit* ~ *lesen* faire une lecture profitable; *er war ein* ~ *für das Unternehmen* sa collaboration a été bénéfique à l'entreprise

Ge'winn|anteil *m* part *f* de bénéfice; **~ausschüttung** *f* **1.** ÉCON distribution *f*, répartition *f* des bénéfices; **2.** LOTTERIE paiement *m* de la somme gagnée; **~beteiligung** *f* participation *f* aux bénéfices

ge'winnbringend I *adj* **1.** COMM lucratif, -ive; rentable; **2.** *fig* rentable; avantageux, -euse; II *adv Geld* ~ *anlegen* faire un placement avantageux

Ge'winnchance *f* chance *f* de gagner

ge'winnen ⟨gewinnt, gewann, gewonnen, h⟩ I *v/t* **1.** SPORT, *fig, Krieg, Prozeß, Zeit, Menschen, Vertrauen etc* gagner; *Preis a* remporter; (*an*) *Boden* ~ gagner du terrain; *auf j-n Einfluß* ~ prendre de l'ascendant sur qn; *Freunde* ~ se faire des amis; *die Oberhand* ~ prendre le dessus; *die Überzeugung* ~, *daß* ... acquérir la conviction que ...; *j-n für sich, e-e Sache* ~ gagner qn à soi, à une cause; *j-n als Mitarbeiter* ~ réussir à s'adjoindre qn comme collaborateur; *dabei ist nichts gewonnen* on n'y gagne rien; cela ne nous avance pas; *prov wie gewonnen, so zerronnen* à peine gagné déjà dépensé; **2.** TECH, CHIM extraire, tirer (*aus* de); (*erzeugen*) produire; (*erlangen*) obtenir; *Opium wird aus Mohn gewonnen* on extrait l'opium du pavot; II *v/i* **3.** (*in der Lotterie, beim Spiel etc*) ~ gagner (à la loterie, au jeu, etc); *fig bei j-m gewonnen haben* faire une bonne impression sur qn; *fig gewonnenes Spiel haben* avoir gagné la partie d'avance; **4.** (*zunehmen*) gagner (*an* [+*dat*] en); *Flugzeug an Höhe* ~ prendre davantage d'altitude; *Fahrzeug an Geschwindigkeit* ~ rouler plus vite; *die Sache gewinnt dadurch an Klarheit* la chose y gagne en clarté; **5.** (*sich vorteilhaft verändern*) gagner; *sie gewinnt durch ihre neue Frisur* elle a changé à son avantage grâce à sa nouvelle coiffure; *er gewinnt bei näherer Bekanntschaft* il gagne à être mieux connu

ge'winnend *adjt Lächeln* engageant; *Wesen* charmant; avenant

Ge'winner(in) *m* ⟨~s; ~⟩ (*f*) ⟨~; ~nen⟩ gagnant(e) *m(f)*

Ge'winn|ermittlung *f* détermination *f*, calcul *m* des bénéfices; **~klasse** *f* LOTTERIE rang *m* (des gains); **~liste** *f* LOTTERIE liste *f* des numéros gagnants *bzw* des gains; **~los** *n* billet gagnant

Ge'winnsatz *m* TENNIS (*gewonnener Satz*) set gagné; (*entscheidender Satz*) set décisif; *über drei Gewinnsätze spielen* jouer jusqu'à ce qu'un joueur gagne trois sets

Ge'winn|spanne *f* marge *f* bénéficiaire; **~streben** *n* recherche *f* du gain, du bénéfice; **~sucht** *f* ⟨~⟩ avidité *f* de profit, de gain; ²**süchtig** *adj* avide de profit, de gain; âpre au gain

Ge'winnummer *f* numéro gagnant

Ge'winn-und-Ver'lust-Rechnung *f* compte *m* des pertes et profits

Ge'winnung *f* ⟨~⟩ TECH, CHIM extraction *f*; (*Erzeugung*) production *f*; (*Erlangung*) obtention *f*

Ge'winnzahl *f* numéro gagnant

Ge'winsel *n* ⟨~s⟩ *péj* cris plaintifs; *fig* pleurnicheries *f/pl*

Gewirr [gəˈvɪr] *n* ⟨~(e)s; ~e⟩ **1.** *von Zweigen, Wolle etc* enchevêtrement *m*; **2.** *fig von Straßen, Vorschriften* dédale *m*; *von Stimmen* confusion *f*

gewiß [gəˈvɪs] I *adj* ⟨-ss-; -sser, -sseste⟩ **1.** (*épithète*) (*nicht näher bestimmt*) certain (*vorangestellt*); *ein gewisser Herr Bauer* un certain monsieur Bauer; *gewisse Leute* certaines personnes; *ein gewisses Etwas* un je-ne-sais--quoi; *in gewissem Sinne* dans, en un certain sens; *in gewisser Beziehung* d'un certain côté; *bis zu e-m gewissen Grad* jusqu'à un certain point; *unter gewissen Voraussetzungen* sous certaines conditions; **2.** (*sicher*) sûr, certain; *die Strafe ist ihr* ~ elle est sûre d'être punie; *der Erfolg ist uns* ~ notre succès est assuré; *soviel ist* ~, *daß* ... ce qui est sûr, certain c'est que ...; toujours est-il que ...; *s-r Sache* (*gén*) ~ *sein* être sûr de son fait; II *adv* certainement; sûrement; *ganz* ~ sans aucun doute; très certainement; sans faute; à coup sûr; *wissen Sie es ganz* ~? vous en êtes vraiment sûr?; (*aber*) ~*!* certainement!; (mais) bien sûr!; (mais) oui!; *einschränkend er ist* ~ *nicht dumm* (, *aber* ...) il n'est certainement pas bête (, mais ...)

Gewissen [gəˈvɪsən] *n* ⟨~s; ~⟩ conscience *f*; *ein gutes, schlechtes* ~ *haben* avoir bonne, mauvaise conscience; *ein reines* ~ *haben* avoir la conscience nette; *nach bestem Wissen und* ~ en mon, ton, *etc* âme et conscience; *die Stimme des* ~*s* la voix de la conscience; *ruhigen* ~*s, mit gutem* ~ la conscience tranquille; *das kann ich nicht mit meinem* ~ *vereinbaren* ma conscience me l'interdit; *j-m ins* ~ *reden* s'adresser, faire appel à la conscience de qn; *etw auf dem* ~ *haben* avoir qc sur la conscience; *j-n auf dem* ~ *haben* être responsable de la mort, de la ruine, *etc* de qn; *prov ein gutes* ~ *ist ein sanftes Ruhekissen* on dort mieux quand on a la conscience tranquille

ge'wissen|haft I *adj* consciencieux, -ieuse; scrupuleux, -euse; II *adv* consciencieusement; scrupuleusement; ²**haftigkeit** *f* ⟨~⟩ application *f*; sérieux *m*; **~los** *adj u adv* sans scrupules; ²**losigkeit** *f* ⟨~⟩ absence *f* de scrupules

Ge'wissensbisse *m/pl* remords *m/pl*; *sich* (*dat*) *wegen etw* ~ *machen* avoir mauvaise conscience d'avoir fait qc

Ge'wissens|entscheidung *f* choix moral; **~erforschung** *f* examen *m* de conscience; **~frage** *f* cas *m* de conscience; **~freiheit** *f* ⟨~⟩ liberté *f* de conscience

Gewissensgründe [gəˈvɪsənsgrʏndə] *m/pl aus* ~*n* pour des raisons morales

Ge'wissens|konflikt *m* conflit moral; **~not** *f* dilemme moral; **~qualen** *f/pl* tourments *m/pl* de la conscience

ge'wisser'maßen *adv* en quelque sorte; pour ainsi dire

Ge'wißheit *f* ⟨~⟩ certitude *f*; assurance *f*; ~ (*über etw* [*acc*]) *erlangen* obtenir la certitude, l'assurance (de qc); *sich* (*dat*) *über etw* (*acc*) ~ *verschaffen* s'assurer de qc; (*j-m*) *zur* ~ *werden* devenir une certitude (pour qn)

Gewitter [gəˈvɪtər] *n* ⟨~s; ~⟩ *a fig* orage *m*; **~front** *f* front orageux

ge'witterig *cf* **gewittrig**

ge'wittern *v/imp* ⟨-(e)re, *p/p* gewittert, h⟩ *es gewittert* il y a, il fait de l'orage

Ge'witter|neigung *f* tendances orageuses; **~regen** *m* pluie *f* d'orage; **~schauer** *m* averse orageuse; **~stimmung** *f fig* atmosphère orageuse; *es herrscht* ~ il y a de l'orage dans l'air

Ge'witter|wolke *f* nuage *m* d'orage; **~ziege** F *péj f* mégère *f*

gewittrig [gəˈvɪtrɪç] *adj* orageux, -euse

gewitzt [gəˈvɪtst] *adj* rusé; malin, -igne

gewoben [gəˈvoːbən] *p/p cf* **weben**

gewogen [gəˈvoːgən] I *p/p cf* **wiegen**¹, **wägen**; II *adjt st/s j-m* ~ *sein* être bien disposé envers qn; *der Chef ist ihm a*

il est dans les bonnes grâces, F dans les petits papiers du patron
Ge'wogenheit st/s f ⟨~⟩ bienveillance f
gewöhnen [gə'vøːnən] ⟨p/p gewöhnt, h⟩ **I** v/t *j-n an etw* (acc) ~ habituer qn à qc; faire prendre, donner à qn l'habitude de qc; familiariser qn avec qc; *j-n an j-n* ~ habituer qn à qn; *j-n daran* ~, *etw zu tun* habituer qn à faire qc; **II** v/t/réfl *sich an etw* (acc) ~ s'habituer, se faire à qc; prendre l'habitude de qc; *man gewöhnt sich an alles* on s'habitue, se fait à tout; *sich an j-n* ~ s'habituer à qn
Ge'wohnheit f ⟨~; ~en⟩ habitude f; (*Sitte, Brauch*) coutume f; *die Macht der* ~ la force de l'habitude; *aus* ~ par habitude; *die* ~ *haben, etw zu tun* avoir l'habitude, avoir coutume de faire qc; *e-e* ~ *annehmen* prendre une habitude; *sich* (dat) *etw zur* ~ *machen* prendre l'habitude de (faire) qc; *aus der* ~ *kommen* perdre l'habitude; (*j-m*) *zur* ~ *werden* devenir une habitude (chez od pour qn)
Ge'wohnheits|gemäß adv selon, suivant mon, ton, *etc* habitude; ~**mäßig I** adj habituel, -elle; **II** adv par habitude
Ge'wohnheits|mensch m personne f qui tient à ses habitudes; ~**recht** n ⟨~s⟩ JUR droit coutumier; ~**sache** f ⟨~⟩ question f d'habitude
Ge'wohnheitstier n plais personne f qui tient à ses sacro-saintes habitudes; *der Mensch ist ein* ~ prov l'habitude est une seconde nature
Ge'wohnheits|trinker(in) m(f) buveur invétéré; alcoolique m,f; ~**verbrecher(in)** m(f) récidiviste m,f (invétéré[e])
ge'wöhnlich I adj **1.** ⟨épithète⟩ (*normal, durchschnittlich*) ordinaire; (*einfach*) simple; (*gewohnt*) habituel, -elle; **2.** péj (*ordinär*) banal; commun; **II** adv **1.** (*meist, üblicherweise*) (*für*) ~ d'habitude; habituellement; d'ordinaire; *wie* ~ comme d'habitude; comme à l'ordinaire; ~ *etw tun* avoir l'habitude de faire qc; **2.** péj (*ordinär*) d'une façon banale, commune
Ge'wöhnlichkeit f ⟨~⟩ péj caractère commun, banal
gewohnt [gə'voːnt] adj **1.** ⟨épithète⟩ habituel, -elle; *zur* ~*en Stunde* à l'heure habituelle; **2.** ⟨attribut⟩ *etw* (acc) ~ *sein* être habitué à qc; avoir l'habitude de qc; (*es*) ~ *sein, etw zu tun* être habitué à faire qc; avoir l'habitude de faire qc; *wie* ~ comme d'habitude
ge'wöhnt adj *an etw, j-n* ~ *sein* être habitué, fait à qc, qn
Ge'wöhnung f ⟨~⟩ accoutumance f (*an* [+acc] à)
Gewölbe [gə'vœlbə] n ⟨~s; ~⟩ **1.** Decke voûte f; poét *das* ~ *des Himmels* la voûte céleste; **2.** Raum cave (voûtée) f
Ge'wölbe|bogen m arc m de voûte; arceau m; ~**stein** m voussoir m
ge'wölbt adj Oberfläche, Stirn etc bombé; *Decke* etc voûté
ge'wollt I p/p cf wollen¹ II, III; **II** adj voulu
gewonnen [gə'vɔnən] p/p cf gewinnen
geworben [gə'vɔrbən] p/p cf werben
geworden [gə'vɔrdən] p/p cf werden I, II
geworfen [gə'vɔrfən] p/p cf werfen

gewrungen [gə'vrʊŋən] p/p cf wringen
Gewühl [gə'vyːl] n ⟨~(e)s⟩ péj e-r Menschenmenge cohue f; *sich ins* ~ *stürzen* se mêler à la foule
gewunden [gə'vʊndən] **I** p/p cf winden¹; **II** adjt Flußlauf sinueux, -euse; Pfad tortueux, -euse; Säule tors; a fig Stil contourné; *spiralförmig* ~ en spirale; spiralé
gewunken [gə'vʊŋkən] F p/p cf winken
ge'würfelt adjt à carreaux; quadrillé
Gewürm [gə'vʏrm] n ⟨~(e)s; ~e⟩ (toutes sortes de) vers m/pl; st/s péj vermine f
Gewürz [gə'vʏrts] n ⟨~es; ~e⟩ épice f; condiment m; ~**essig** m vinaigre aromatisé; ~**gurke** f cornichon m; ~**mischung** f assortiment m, mélange m d'épices; ~**nelke** f clou m de girofle
ge'würzt adjt épicé; relevé; fig *mit Humor* ~ parsemé de remarques humoristiques
Ge'würztraminer m ⟨~s; ~⟩ Wein gewurztraminer m
Ge'wusel F regional n ⟨~s⟩ cf Gewimmel
gewußt [gə'vʊst] p/p cf wissen
Geysir ['gaɪzɪr] m ⟨~s; ~e⟩ geyser m
gez. abr (*gezeichnet*) signé
ge'zackt adjt denté; dentelé
ge'zahnt, gezähnt [gə'tsɛːnt] adjt BOT denté; dentelé
Gezänk [gə'tsɛŋk] n ⟨~(e)s⟩, **Ge'zanke** n ⟨~s⟩ péj disputes, querelles continuelles
Ge'zappel F péj n ⟨~s⟩ gigotements m/pl
Gezeiten [gə'tsaɪtən] pl marée f; ~**kraftwerk** n usine f marémotrice; ~**strom** m courant m de marée; ~**wechsel** m renversement m de marée
Ge'zeter n ⟨~s⟩ péj vociférations f/pl; 'hurlements m/pl
geziehen [gə'tsiːən] p/p cf zeihen
ge'zielt adjt précis; *II* advt de manière précise; *bes in der Werbung j-n* ~ *ansprechen* cibler qn
geziemen [gə'tsiːmən] st/s v/réfl ⟨p/p geziemt, h⟩ *sich* ~ convenir; être convenable; *es geziemt sich für ihn nicht zu* (+inf) il n'est pas convenable qu'il (+subj); *wie es sich geziemt* comme il faut; convenablement
ge'ziemend st/s **I** adjt convenable; comme il faut; *mit dem ihm* ~*en Gehorsam* avec l'obéissance qu'il lui faut observer; **II** advt convenablement; comme il faut
ge'ziert péj adjt affecté; maniéré; ²**heit** f ⟨~⟩ péj affectation f; préciosité f
Ge'zirp(e) n ⟨~s⟩ péj von Grillen, Zikaden chant m; sc stridulation f
gezogen [gə'tsoːgən] **I** p/p cf ziehen; **II** adjt Lauf e-r Feuerwaffe rayé
Ge'zwitscher n ⟨~s⟩ gazouillement m; gazouillis m
gezwungen [gə'tsvʊŋən] **I** p/p cf zwingen; **II** adjt Lächeln, Fröhlichkeit, Haltung etc forcé; contraint; (*steif*) guindé
ge'zwungener'maßen adv forcément; *etw* ~ *tun* être forcé de faire qc
GG abr cf Grundgesetz
ggf. abr (*gegebenenfalls*) le cas échéant
Ghana ['gaːna] n ⟨→ n/pr⟩ le Ghana
'Ghanaer(in) m ⟨~s; ~⟩ (f) ⟨~; ~en⟩ Ghanéen, -enne m,f

'ghanaisch adj ghanéen, -enne; du Ghana
'Ghetto n cf Getto
Ghostwriter ['goːstraɪtər] m ⟨~s; ~⟩ F nègre m
Gibbon ['gɪbɔn] m ⟨~s; ~s⟩ ZO gibbon m
Gibraltar [giˈbraltar] n ⟨→ n/pr⟩ Gibraltar; *die Straße von* ~ le détroit de Gibraltar
gibt [giːpt] cf geben
Gicht [gɪçt] f ⟨~⟩ MÉD goutte f; ~**knoten** m nodosité goutteuse; ²**krank** adj goutteux, -euse; '~**kranke(r)** f(m) goutteux, -euse m,f
Giebel ['giːbəl] m ⟨~s; ~⟩ e-s Hauses pignon m; *bei Tempeln, über Portalen* etc fronton m; ~**dach** n toit m à pignon; ~**fenster** n fenêtre f de pignon
Gier [giːr] f ⟨~⟩ désir ardent (*nach* de); avidité f; convoitise f; (*Lüsternheit*) lubricité f; *bes nach Geld* rapacité f; cupidité f; *im Essen* gloutonnerie f; voracité f
'gieren v/i ⟨h⟩ st/s *nach etw* ~ convoiter qc; désirer (avidement) qc; être avide de qc
'gierig I adj avide (*nach* de); *bes nach Geld* rapace; cupide; *im Essen* glouton, -onne; vorace; **II** adv avec avidité, cupidité; *essen* avec voracité, gloutonnerie
'Gießbach m torrent m
gießen ['giːsən] ⟨~(e)st, gießt, goß, gegossen, h⟩ **I** v/t **1.** verser; Blumen etc arroser; *etw über etw* (acc) ~ renverser, verser qc sur qc; **2.** MÉTALL couler; a Glocken fondre; Statue etc à mouler; **II** v/imp F *es gießt* (*in Strömen*) il pleut à verse, à torrents, à seaux; il pleut des cordes
'Gießer m ⟨~s; ~⟩ fondeur m; SCULP mouleur m
Gieße'rei f ⟨~; ~en⟩ fonderie f
'Gieß|form f moule m; matrice f; ~**kanne** f arrosoir m; ~**kannenprinzip** n ⟨~s⟩ fig plais saupoudrage m
Gift [gɪft] n ⟨~(e)s; ~e⟩ poison m; tierisches venin m; F fig plais *ein blondes* ~ une blonde platinée sexy; ~ *nehmen* prendre du poison; (*sich vergiften*) s'empoisonner; *du kannst darauf* ~ *nehmen, daß ...* tu peux parier tout ce que tu veux, F ta chemise que ...; fig *das ist* ~ *für ihn* c'est très mauvais pour lui; ce n'est pas bon du tout pour lui; fig ~ *und Galle spucken* od *speien* (*sehr wütend sein*) être fou, folle de rage; (*gehässig reagieren*) cracher son venin
'Gift|blatt F n SCHULE (*Zeugnis*) bulletin m (scolaire); ~**drüse** f ZO glande f à venin
'giften F ⟨-ete, h⟩ **I** v/t agacer; *das giftet mich sehr, schon lange* ça m'agace beaucoup, depuis longtemps; **II** v/i (*gehässig sein*) dire des méchancetés; **III** v/réfl *sich* (*über etw* [acc]) ~ écumer de rage, se fâcher, F être furax (à cause de qc)
'Gift|gas n gaz m toxique; ²**grün** adj vert criard (*inv*)
'giftig I adj **1.** toxique; Tiere venimeux, -euse; Pflanzen vénéneux, -euse; **2.** F fig Blick, Bemerkung venimeux, -euse; 'haineux, -euse; ~ *werden* (*gehässig werden*) devenir mauvais; (*wütend werden*) se fâcher; **II** adv *j-n* ~ *ansehen* jeter à qn des regards 'haineux, venimeux

'**Giftigkeit** *f* ⟨~⟩ **1.** toxicité *f*; *von Tieren* venimosité *f*; **2.** F *fig* venimosité *f*; méchanceté *f*
'**Gift|küche** *f* **1.** *plais* (*Labor*) laboratoire *m*; **2.** *péj* (*Gerüchteküche*) officine *f* d'où partent des bruits, des rumeurs; **~mischer(in)** *F m(f)* **1.** *péj* empoisonneur, -euse *m,f*; **2.** *plais* (*Apotheker[in]*) apothicaire *m*; **~mord** *m* empoisonnement *m*; **~mörder(in)** *m(f)* empoisonneur, -euse *m,f*; **~müll** *m* déchets *m/pl* toxiques; **~mülldeponie** *f* décharge *f* de déchets toxiques; **~mülltransport** *m* transport *m* de déchets toxiques; **~nudel** F *péj f Person* personne médisante; vraie teigne; **~pfeil** *m* flèche empoisonnée; **~pflanze** *f* plante vénéneuse; **~pilz** *m* champignon vénéneux; **~schlange** *f* serpent venimeux; **~schrank** *m* armoire *f* aux poisons; **~spinne** *f* araignée venimeuse; **~stachel** *m* dard venimeux; **~stoff** *m* produit *m*, substance *f* toxique; **~wolke** *f* nuage *m* toxique; **~zahn** *m* **1.** *e-r Schlange* crochet *m* (à venin); **2.** F *péj cf Giftzwerg*; **~zettel** *m cf Giftblatt*
'**Giftzwerg** *m* F *péj* vraie teigne; **er ist ein ~** il est mauvais *od* méchant comme une teigne
Gigant [gi'gant] *m* ⟨~en; ~en⟩ MYTH, *fig* géant *m*; **²isch** *adj Bauwerk etc* gigantesque; colossal; *fig Erfolg etc* fabuleux, -euse
Gigolo ['ʒi:golo *ou* 'ʒɪg-] *m* ⟨~s; ~s⟩ gigolo *m*
Gilde ['gɪldə] *f* ⟨~; ~n⟩ HIST gilde *od* guilde *f*
gilt [gɪlt] *cf gelten*
Gimpel ['gɪmpəl] *m* ⟨~s; ~⟩ **1.** ZO bouvreuil *m*; **2.** *fig péj* (*einfältiger Mensch*) nigaud *m*
Gin [dʒɪn] *m* ⟨~s; ~s⟩ gin *m*
ging [gɪŋ] *cf gehen*
Ginkgo ['gɪŋko] *m* ⟨~s; ~s⟩ BOT ginkgo *m*
Ginseng ['gɪnzɛŋ] *m* ⟨~s; ~s⟩ BOT ginseng *m*
Ginster ['gɪnstər] *m* ⟨~s; ~⟩ BOT genêt *m*
Gipfel ['gɪpfəl] *m* ⟨~s; ~⟩ **1.** (*Berg*) sommet *m*; cime *f*; **2.** *fig* (*Höhepunkt*) sommet *m*; apogée *m*; zénith *m*; **auf dem ~ des Ruhms** au sommet, à l'apogée de la gloire; **auf dem ~ s-s Erfolgs, künstlerischen Schaffens angelangt sein** être au zénith de la réussite, de sa carrière artistique; **3.** *fig péj* comble *m*; **das ist der ~ der Unverschämtheit!** c'est le comble de l'impertinence!; F **das ist (doch) der ~!** c'est le comble, le bouquet!; **4.** POL (**~konferenz**) (conférence *f* au sommet)
'**Gipfel|gespräch** *n* POL entretien(s) *m(pl)* au sommet; **~konferenz** *f* POL conférence *f* au sommet; **~kreuz** *n* croix *f* (au sommet d'une montagne)
'**gipfeln** *v/i* ⟨-(e)le, h⟩ *in etw* (*dat*) **~** se terminer par qc
'**Gipfel|punkt** *m* **1.** (*höchster Punkt*) point culminant; **2.** *fig* (*Höhepunkt*) sommet *m*; apogée *m*; zénith *m*; **~treffen** *n* POL rencontre *f* au sommet
Gips [gɪps] *m* ⟨~es; ~e⟩ MINÉR gypse *m*; TECH, MÉD plâtre *m*; MÉD **in ~ legen** mettre dans le plâtre; plâtrer; MÉD **den Arm in ~ haben** avoir un bras dans le plâtre; avoir un bras plâtré

'**Gips|abdruck** *m* ⟨-(e)s; -drücke⟩, **~abguß** *m* (moulage *m* en) plâtre *m*; **~bein** F *n* jambe *f* dans le plâtre; jambe plâtrée; **~bett** *n* MÉD coquille (plâtrée)
gipsen *v/t* ⟨-(es)t, h⟩ *a* MÉD plâtrer
'**Gipser** *m* ⟨~s; ~⟩ plâtrier *m*
'**Gips|figur** *f* plâtre *m*; **~korsett** *n* MÉD corset plâtré; **~krawatte** *f* MÉD minerve *f*; **~maske** *f* masque *m* en plâtre; **~modell** *n* modèle *m* en plâtre; **~verband** *m* plâtre *m*
Giraffe [gi'rafə] *f* ⟨~; ~n⟩ girafe *f*
Girant [ʒi'rant] *m* ⟨~en; ~en⟩ FIN endosseur *m*
girieren [ʒi'ri:rən] *v/t* ⟨*pas de ge-*, h⟩ endosser (**auf, an** *j-n* au profit de, en faveur de qn)
Girl [gø:rl *ou* gœrl] *n* ⟨~s; ~s⟩ **1.** F (*Mädchen*) F nénette *f*; **2.** *im Varieté etc* girl *f*
Girlande [gɪr'landə] *f* ⟨~; ~n⟩ guirlande *f*; feston *m*
Giro ['ʒi:ro] *n* ⟨~s; ~s, *österr a* -i⟩ FIN endos(sement) *m*; (*Überweisung*) virement *m*; **~bank** *f* ⟨~; ~en⟩ banque *f* de virement; **~konto** *n* compte courant; **~verkehr** *m* opérations *f/pl* de virement
girren ['gɪrən] *v/i* ⟨h⟩ *Tauben*, *a fig* roucouler
Gis, gis [gɪs] *n* ⟨~; ~⟩ MUS sol *m* dièse
Gischt [gɪʃt] *m* ⟨~(e)s; ~e⟩ *od f* ⟨~; ~en⟩ écume *f*; embruns *m/pl*
Gisela ['gi:zəla] *f* ⟨→ *n/pr*⟩ Gisèle *f*
Gitarre [gɪ'tarə] *f* ⟨~; ~n⟩ guitare *f*
Gi'tarren|saite *f* corde *f* de guitare; **~spieler(in)** *m(f)* guitariste *m,f*
Gitar'rist(in) *m* ⟨~en; ~en⟩ (*f* ⟨~; ~nen⟩) guitariste *m,f*
Gitter ['gɪtər] *n* ⟨~s; ~⟩ **1.** grille *f* (*a* MATH, *ÉLECTRON*); *geflochtenes* grillage *m*; treillis *m*; F *fig* **hinter ~n** arg en taule; F *fig* **j-n hinter ~** (*acc*) **bringen** arg envoyer qn en taule; **2.** *auf Landkarten* quadrillage *m*; **3.** CHIM, PHYS, OPT réseau *m*
'**gitterartig** *adj* en forme de grille
'**Gitter|bett(chen)** *n* lit *m* à barreaux; **~fenster** *n* fenêtre grillagée, à barreaux; **²förmig** *adj u adv* en forme de grille, de grillage; **~mast** *m* pylône *m*, poteau *m* en treillis; **~netz** *n* auf Landkarten quadrillage *m*; **~rost** *m* ⟨~(e)s; ~e⟩ grille *f*; **~stab** *m*, **~stange** *f* barreau *m* de grille; **~stoff** *m* canevas *m*; **~tor** *n* porte grillagée, à claire-voie; **~werk** *n* ⟨~(e)s⟩ grillage *m*; treillis *m*; treillage *m*; **~zaun** *m* clôture *f* à claire-voie; treillis *m*; treillage *m*
Glace ['glasə] *f* ⟨~; ~n⟩ *schweiz* (*Speiseeis*) glace *f*
Glacéhandschuh [gla'se:hantʃu:] *m* gant *m* (en chevreau, agneau, *etc* glacé); *fig j-n mit ~en anfassen* prendre des gants avec qn
Gla'céleder *n* peau glacée
glacieren [gla'si:rən] *v/t* ⟨*pas de ge-*, h⟩ CUIS glacer
Gladiator [gladi'a:tɔr] *m* ⟨~s; -'toren⟩ HIST gladiateur *m*
Gladiole [gladi'o:lə] *f* ⟨~; ~n⟩ glaïeul *m*
Glamour ['glɛmər] *m od n* ⟨~s⟩ prestige *m*; fascination *f*; **~girl** *n* beauté *f*
Glanz [glants] *m* ⟨~es⟩ **1.** *a von Perlen*, *Augen* éclat *m*; *vom Haar*, *bes a von Metallen* brillant *m*; *e-s Stoffes a* lustre *m*; *plais iron* **welch ~ in meiner Hütte!** à quoi dois-je l'honneur de ta *bzw* votre visite?; **2.** *st/s fig* splendeur *f*; F **e-e Prüfung mit ~ (und Gloria) bestehen** réussir 'haut la main, avec les félicitations du jury à un examen; F *iron* **er ist mit ~ und Gloria durchgefallen** F il s'est fait étaler dans les grandes largeurs
glänzen ['glɛntsən] *v/i* ⟨-(es)t, h⟩ *a fig* briller; **vor Sauberkeit ~** briller comme un sou neuf; *fig* **mit s-n Kenntnissen ~** briller par ses connaissances; *fig* **in e-r Rolle ~** exceller dans un rôle; *iron* **durch Abwesenheit ~** briller par son absence
'**glänzend** **I** *adj* **1.** brillant; éclatant; resplendissant; **2.** *fig* (très) brillant; *Zeugnis*, *Ergebnis etc a* excellent; *Idee* lumineux, -euse; **in ~er Laune sein** être d'excellente humeur; **II** *adv* **1.** (*mit hervorragendem Ergebnis*) brillamment; **e-e Prüfung ~ bestehen** réussir brillamment à un examen; **2.** (*sehr gut*) très bien; **mir geht es ~** je vais très bien; **du siehst ~ aus** tu as une mine superbe, resplendissante; tu as l'air en pleine forme
'**Glanzgarn** *n* fil glacé, lustré
'**Glanzleistung** *f a iron* brillante performance; **e-e schauspielerische ~** une brillante performance d'acteur
'**Glanzlicht** *n* PEINT rehaut *m*; *fig* **e-r Sache** (*dat*) **~er aufsetzen** rehausser l'effet, l'éclat de qc
'**glanzlos** *adj a fig* sans éclat; terne
'**Glanznummer** *f* **diese Rolle ist ihre ~** ce rôle est son morceau de bravoure
'**Glanzpapier** *n* papier glacé, satiné
'**Glanzpunkt** *m* apogée *m*; **der ~ des Abends** le clou de la soirée; **die ~e ihrer Laufbahn** les instants les plus marquants de sa carrière
'**Glanz|rolle** *f* rôle brillant; (*Glanznummer*) morceau *m* de bravoure; **~stück** *n* **1.** (*Glanzleistung*) brillante performance; **2.** (*wertvolles Stück*) joyau *m*; **²voll I** *adj* brillant; splendide; magnifique; **II** *adv* brillamment; magnifiquement; **~zeit** *f* âge *m* d'or; beaux jours; *e-s Künstlers*, *Sportlers etc* apogée *m* de la carrière de ...
Glarus ['gla:rus] *m* ⟨→ *n/pr*⟩ Glaris
Glas [gla:s] *n* ⟨~es; ~er⟩ **1.** ⟨*pas de pl*⟩ *Material* verre *m*; **farbiges, getöntes ~** verre coloré, teinté; **aus ~** de, en verre; **unter ~** sous verre; *Aufschrift* **Vorsicht, ~!** fragile!; **2.** ⟨*pl* ~er, *mais* 2 ~ *Bier*⟩ (*Trink*²) verre *m*; (*Marmeladen*²) pot *m*; (*Einmach*²) bocal *m*; **aus e-m ~ trinken** boire dans un verre; **ein ~ Bier** un verre de bière; *fig* **zu tief ins ~ geschaut** *od* **geguckt haben** avoir bu un coup, un verre de trop; **3.** (*Brillen*²) verre *m*; *st/s* (*Brille*) *pl* **Gläser** lunettes *f/pl*; **4.** (*Fern*², *Opern*²) jumelles *f/pl*
'**glasartig** *adj* vitreux, -euse
'**Glas|auge** *n* œil *m* de verre; **~baustein** *m* brique *f* de verre; **~bläser** *m* souffleur *m* de verre; **~bläse'rei** *f* ⟨~; ~en⟩ **1.** *Betrieb* verrerie *f* (où l'on pratique le soufflage du verre); **2.** ⟨*pas de pl*⟩ *Gewerbe* fabrication *f* du verre soufflé
Gläschen ['glɛ:sçən] *n* ⟨~s; ~⟩ petit verre; **ein ~ zuviel trinken** boire un verre, un coup de trop

'**Glasdach** *n* toit en verre, vitré; verrière *f*
'**Glas**|**er** *m* ⟨~s; ~⟩, **~erin** *f* ⟨~; ~nen⟩ vitrier *m*; **~e'rei** *f* ⟨~; ~en⟩ vitrerie *f*
Gläserklang ['glɛːzɐklaŋ] *m* ⟨~(e)s *st/s* choc *m* de verres
gläsern ['glɛːzɐrn] *adj* **1.** ⟨*épithète*⟩ en, de verre; **2.** *Blick* vitreux, -euse
'**Glaserwerkstatt** *f* atelier *m* de vitrier
'**Glas**|**faser** *f* *für Isolierungen etc* fibre *f* de verre; *OPT*, *TÉLÉCOMM etc* fibre *f* optique; **~faserkabel** *n* câble *m* optique; **~fenster** *n* fenêtre vitrée; *e-s Schrankes etc* vitre *f*; **~fiberstab** *m* *LEICHTATHLETIK* perche *f* en fibre de verre; **~flasche** *f* bouteille *f* en verre; **~fluß** *m* ⟨-sses⟩ strass *m*; **~gefäß** *n* récipient *m* en verre; **~geschirr** *n* vaisselle *f* en verre; **~glocke** *f* cloche *f* (en verre); *e-r Uhr* globe *m*; ²**hart** *adj* dur comme du verre
'**Glashaus** *n* *JARD* serre *f*; *prov* **wer im ~ sitzt, soll nicht mit Steinen werfen** mieux vaut balayer devant sa porte avant de critiquer
'**Glashütte** *f* verrerie *f*; cristallerie *f*
glasieren [glaˈziːrən] *v/t* ⟨*pas de ge-*, h⟩ *CUIS* glacer; *KERAMIK* vernisser; émailler
'**glasig** *adj a fig Augen*, *Blick* vitreux, -euse; *CUIS* **Zwiebeln ~ werden lassen** faire blondir des oignons
'**Glas**|**industrie** *f* industrie *f* du verre; verrerie *f*; **~keramik** *f* vitrocéramique *f*
'**glasklar** *adj* clair comme du cristal
'**glas**|**klar** *adj fig* (*deutlich*) clair comme de l'eau de roche
'**Glas**|**kolben** *m* *CHIM* ballon *m*; **~körper** *m* *ANAT* corps vitré; **~kugel** *f* boule *f* de verre; *e-r Wahrsagerin* boule *f* de cristal; (*Murmel*) bille *f* de verre; **~male'rei** *f* peinture *f* sur verre
Glasnost ['glasnɔst] *f* ⟨~⟩ glasnost *f*
'**Glas**|**nudel** *f* vermicelle chinois; **~ofen** *m* four *m* de verrerie, à verre; **~palast** *F m* immeuble *m* avec une grande façade de verre; **~papier** *n* papier *m* de verre; **~perle** *f* perle *f* de verre; **~platte** *f* panneau *m*, plaque *f* de verre; **~pulver** *n* poudre *f* de verre; **~rahmen** *m* cadre *m* en verre; **~reiniger** *m* *Mittel* produit *m* pour nettoyage des vitres; **~röhrchen** *n* petit tube de verre; **~scheibe** *f* vitre *f*, carreau *m*; (*Glasplatte*) plaque *f* de verre; **~scherbe** *f* morceau *m*, débris *m* de verre; *e-r Flasche* tesson *m*; **~schere** *f* ciseaux *m/pl* à couper le verre; **~schleifer** *m* tailleur *m* de verre; *für Spiegel* polisseur *f* de verre; **~schliff** *m* polissage *m* du verre; **~schneider** *m* *Instrument* coupe-verre *m*; **~schrank** *m* armoire vitrée, vitrine *f*; **~schüssel** *f* coupe *f*, saladier *m* en verre; **~splitter** *m* éclat *m* de verre; **~tür** *f* porte vitrée
Glasur [glaˈzuːr] *f* ⟨~; ~en⟩ **1.** *von Keramik* vernis *m*; émail *m*; *t/t* glaçure *f*; **2.** *CUIS* glaçage *m*
'**Glas**|**versicherung** *f* assurance *f* contre les bris de vitre; **~vitrine** *f cf Glasschrank*; **~waren** *f/pl* verrerie *f*; **~wolle** *f* laine *f* de verre; **~ziegel** *m* brique *f* de verre
glatt [glat] **I** *adj* **1.** *Oberfläche*, *a Haar*, *Haut etc* lisse; (*poliert*) poli; **2.** *Rechnung*, *Betrag* rond; *Schulnote* **e-e ~e Eins** *etwa* vingt sur vingt; *MÉD* **~er** *Bruch* fracture nette; **3.** *Straße, Pflaster* (*glitschig*) glissant; **es ist ~** ça glisse; c'est glissant; **4.** *péj Person, Art etc* (*allzu gewandt*) mielleux, -euse; *trop* poli; **5.** ⟨*épithète*⟩ (*ohne Zwischenfall*) sans encombre; sans incident; **6.** F ⟨*épithète*⟩ (*eindeutig*) vrai; pur (et simple); **das kostet mich ~e hundert Mark** cela me coûte tout simplement, tout bonnement cent marks; **das ist e-e ~e Lüge** c'est un pur mensonge; **das war ~er Mord** c'était un vrai crime; *fig plais* c'était du suicide; **II** *adv* **1. ~ anliegen** être moulant; (*etw*) **~ rechts stricken** tricoter (qc) tout au point mousse; **2.** (*ohne Komplikationen*) sans problèmes; **3.** F (*rückhaltlos*) carrément; **etw ~ ablehnen**, **leugnen** refuser, nier qc (tout) net, carrément; **j-m etw ~ ins Gesicht sagen** dire ouvertement qc à qn; **4.** F (*eindeutig*) **der Wagen hätte ihn ~ überfahren** il s'en est fallu de peu et il se faisait écraser par cette voiture; un peu plus (et) il se faisait écraser par cette voiture; **er hätte ~ gewonnen** un peu plus (et) il gagnait; **das kostet ~ zweihundert Mark** ça fait tout bonnement deux cents marks; **das habe ich ~ vergessen** je l'ai simplement oublié; *a iron* **das bringt er ~ fertig** il en est bien od tout à fait capable
'**glattbügeln** *v/t* ⟨-(e)le, *sép*, -ge-, h⟩ repasser
Glätte ['glɛtə] *f* ⟨~⟩ **1.** caractère *m* lisse; *cf a Straßenglätte*; **2.** *TECH* lisse *f*; lissoir *m*
'**Glatteis** *n* verglas *m*; *fig* **j-n aufs ~ führen** entraîner qn sur un terrain glissant; *p/fort* induire qn en erreur
'**Glatteisen** *n* **1.** *TECH* polissoir *m*; **2.** *schweiz* (*Bügeleisen*) fer m à repasser
'**Glatteisgefahr** *f* ⟨~⟩ danger *m* de verglas
'**glätten** ⟨-ete, h⟩ **I** *v/t* **1.** lisser (*a TECH*); *Zettel, Geldschein* défroisser; *Falten* faire disparaître; *fig* **die Wogen ~** calmer les esprits; **2.** *schweiz* (*bügeln*) repasser; **II** *v/réfl* **sich ~** *Meer, Wellen* se calmer; *Stirn* se dérider
'**glatt**|**gehen** F *v/i* ⟨*irr, sép*, -ge-, sein⟩ marcher, aller comme sur des roulettes; **~geschoren** *adj* tondu ras, de près; **~hobeln** *v/t* ⟨-(e)le, *sép*, -ge-, h⟩ polir au rabot; **~kämmen** *v/t* ⟨*sép*, -ge-, h⟩ peigner; **~machen** *v/t* ⟨*sép*, -ge-, h⟩ **1.** *cf* **glätten** (**1**.); **2.** F *Rechnung etc* payer; **~rasiert** *adj* rasé de près
'**glattrühren** *v/t* ⟨*sép*, -ge-, h⟩ **den Teig ~** mélanger la farine, les œufs, *etc* pour obtenir une pâte lisse
'**glatt**|**schleifen** *v/t* ⟨*irr, sép*, -ge-, h⟩ polir à la meule; **~streichen** *v/t* ⟨*irr, sép*, -ge-, h⟩ lisser; *Geldschein* défroisser
'**glattweg** F *adv* carrément; **etw ~ ablehnen** *a* refuser qc tout net
'**glattziehen** *v/t* ⟨*irr, sép*, -ge-, h⟩ *Bettuch etc* tirer
Glatze ['glatsə] *f* ⟨~; ~n⟩ calvitie *f*; **e-e ~ haben** être chauve; **er bekommt e-e ~** il se dégarnit; être chauve
'**Glatz**|**kopf** *m* **1.** *Kopf* crâne *m*, tête *f* chauve; **2.** F *Mensch* chauve *m*; ²**köpfig** *adj* chauve
Glaube ['glaʊbə] *m* ⟨~ns⟩ **1.** (*religiöse*) *Überzeugung*) foi *f*, croyance *f* (**an** [+*acc*] en, dans, à); *REL* (*~nsbekenntnis*) religion *f*; **der ~ an Gott** la croyance en Dieu; **2.** (*innere Gewißheit*) foi *f* (**an** [+*acc*] en); **in gutem ~n handeln** agir de bonne foi, en toute bonne foi; **j-m ~n schenken** croire qn; **j-s Worten ~n schenken** croire ce que qn dit; *st/s* ajouter foi aux dires de qn; **den ~n an j-n, etw verlieren** ne plus croire à qn, qc; **in dem ~n leben, daß ...** croire (toute sa vie) que ...; **j-n in s-m ~n lassen** ne pas enlever ses illusions à qn; **j-n im ~n lassen, daß ...** laisser croire à qn que ...
'**glauben** ⟨h⟩ **I** *v/t* croire; **j-n etw ~ machen** faire croire qc à qn; **ich glaube es Ihnen** je vous crois; je le crois; *st/s* **ich glaubte dich in Paris** je te croyais à Paris; **das kannst du mir ~** tu peux me croire, le croire; **das will ich ~ glaube ich gerne** je le crois volontiers; **ich kann es kaum ~!** je n'en reviens pas!; j'ai de la peine à le croire!; **es ist nicht zu ~!** c'est incroyable!; ce n'est pas croyable!; **wer hätte das geglaubt?** qui l'eût cru?; **man sollte es nicht ~!** on ne le dirait pas!; F *iron* **wer's glaubt, wird selig!** à d'autres!; **ich glaube, daß ...** je crois que ...; **~ Sie nur nicht, daß ...!** n'allez pas croire que ...!; **ich möchte fast ~, ...** je suis près de croire ...; je ne suis pas loin de croire ...; **..., ob du es (nun) glaubst oder nicht** tu ne vas pas me croire, mais ...; **du glaubst (gar) nicht, wie ...** tu ne peux pas savoir comme ...; **das glaubst du doch** *od* **ja selbst nicht!** tu ne le crois pas toi-même!; **II** *v/i* croire; **j-m** (**aufs Wort**) **~** croire qn (sur parole); **an j-n, etw ~** croire à *od* en qn, qc; **an Gott ~** croire en Dieu; **ich glaube nicht daran** je n'y crois pas; **ich glaube, ja** je crois que oui; **ich glaube, nein** je crois que non; **ich glaube schon!** je crois bien!; F *fig* **dran müssen** *bei Unangenehmem* F y passer; (*sterben*) y rester; y laisser sa peau
'**Glauben** *m* ⟨~s⟩ *cf* **Glaube**
'**Glaubens**|**artikel** *m* article *m* de foi; **~bekenntnis** *n* *REL, fig* profession *f* de foi; *REL* Credo *m*; *fig* credo *m*; **~bruder** *m* coreligionnaire *m*
'**Glaubensdinge** *n/pl* **in ~n** en matière de religion
'**Glaubens**|**eifer** *m* zèle religieux; **~frage** *f* question *f* de foi; **~freiheit** *f* ⟨~⟩ liberté religieuse, des cultes; **~gemeinschaft** *f* communauté religieuse; **~richtung** *f* tendance religieuse
'**Glaubenssache** *f* question *f*, matière *f* de foi; F **das ist ~** il faut y croire
'**Glaubens**|**satz** *m* dogme *m*; **~streit** *m* controverse, querelle religieuse
Glaubersalz ['glaʊbɐzalts] *n* ⟨~es⟩ *CHIM* sel *m* de Glauber
'**glaub**|**haft** **I** *adj* crédible; croyable; vraisemblable; *Ausrede etc a* valable; (*überzeugend*) convaincant; **II** *adv* avec vraisemblance; (*überzeugend*) d'une façon convaincante; ²**haftigkeit** *f* ⟨~⟩ vraisemblance *f*; crédibilité *f*
'**Glaubhaftmachung** *f* ⟨~⟩ *JUR* établissement *m* de la vraisemblance
gläubig ['glɔʏbɪç] **I** *adj* **1.** *REL* croyant; **~ sein** *a* avoir la foi; **ein ~er Christ** un chrétien convaincu, pratiquant; **2.** (*vertrauensvoll*) confiant; **II** *adv* **1.** *REL* en

Gläubige – gleichrichten

pratiquant sa religion; (*fromm*) avec piété; **2.** (*vertrauensvoll*) avec confiance
'**Gläubige(r)** *f(m)* ⟨→ A⟩ *REL meist pl* **die ~n** les fidèles *m/pl*; les croyants *m/pl*
'**Gläubiger(in)** *m* ⟨~s; ~⟩ *(f)* ⟨~; ~nen⟩ *COMM* créancier, -ière *m,f*
'**Gläubigkeit** *f* ⟨~⟩ foi *f*
'**glaublich** *adj* **das ist kaum ~** c'est à peine croyable
'**glaubwürdig I** *adj* digne de foi; *aus* **~er Quelle** d'une source sûre; **II** *adv* de façon crédible
'**Glaubwürdigkeit** *f* ⟨~⟩ crédibilité *f*
Glaukom [glau'ko:m] *n* ⟨~s; ~e⟩ *MÉD* glaucome *m*
gleich [glaɪç] **I** *adj* **1.** même; *a MATH, sc* égal; (*ähnlich*) pareil, -eille; (*identisch*) identique; (*~wertig*) équivalent; *im* **~en Alter** du même âge; *zu* **~en Teilen** à parts égales; **~es Recht für alle** les mêmes droits pour tous; *alle Menschen sind* **~** tous les hommes sont égaux; *vier mal drei (ist)* **~ zwölf** quatre fois trois égalent douze; **~er Meinung sein** être du même avis; *zur* **~en Zeit** en même temps; simultanément; *prov* **~ und ~ gesellt sich gern** *prov* qui se ressemble s'assemble; *das kommt od läuft aufs od auf das* **~e hinaus** c'est du pareil au même; cela revient au même; *das* **~e gilt für ...** c'est pareil, la même chose pour ...; *er ist nicht mehr der* **~e** il n'est plus le même; il a (beaucoup) changé; **~es mit ~em vergelten** rendre la pareille; *st/s* **ein ~es tun** faire de même; **2.** F (*gleichgültig, egal*) égal; *das ist mir* (*ganz*) **~** cela m'est (complètement) égal; (*ganz*) **~, wann er kommt, ...** peu importe l'heure de son arrivée ...; **II** *adv* **1.** *zeitlich* (*sofort*) tout de suite; immédiatement; (*bald*) bientôt; (*fast*) presque; *bis* **~!** à tout à l'heure!; *ich komme* **~!** (j'arrive) tout de suite!; *sag es doch* **~!** dis-le donc tout de suite!; **~ als** juste comme; juste au moment où; **~ darauf, danach** tout de suite après; aussitôt après; *es ist* **~ zehn Uhr** il est presque dix heures; *das Essen ist* **~ fertig** le repas est tout de suite prêt; *das hört sich* **~ ganz anders an!** je préfère cela!; j'aime mieux ça!; F *warum nicht* **~ so?** pourquoi ne pas l'avoir fait tout de suite?; *nach e-r Drohung etc a* ça aurait été plus simple!; *mit e-r Antwort* **~ bei der Hand sein** avoir la repartie facile; **~ heute** dès aujourd'hui; aujourd'hui même; **~ zu Anfang** dès le début; **2.** *räumlich* juste; **~ daneben, gegenüber** juste à côté, en face; **3.** (*genauso*) de la même façon, manière; (*ähnlich*) pareillement; (*identisch*) identiquement; *vergleichend* aussi; **~ gekleidet sein** être habillé pareil; *es geht uns allen* **~** nous sommes tous dans le même cas; **~ schnell** aussi rapide, vite (*wie* que); à la même vitesse (*wie* que); **~ groß** aussi grand; de (la) même grandeur; **~ weit** (*entfernt*) à égale distance; **III** *st/s prép* ⟨*dat*⟩ semblable à; **e-m König** *od* **e-m König ~** semblable à un roi; *st/s* tel un roi; **IV** *Partikel* **1.** *in Fragesätzen* déjà; *wie heißt er doch* **~?** comment s'appelle-t-il déjà?; **2.** *Unmut ausdrückend* **dann kann ich es ja ~ bleiben lassen** si c'est comme ça, je peux carrément laisser tomber
'**gleich|alt(e)rig** *adj* du même âge; **~artig I** *adj* (*von gleicher Art*) de (la) même espèce, nature, sorte; (*ähnlich*) pareil, -eille; semblable; similaire; *Fall* analogue; *PHYS* homogène; **II** *adv* de la même manière, façon; (*ähnlich*) pareillement; semblablement; **2artigkeit** *f* ⟨~⟩ similitude *f*; similarité *f*; (*Ähnlichkeit*) ressemblance *f*; analogie *f*; *PHYS* homogénéité *f*; **~bedeutend** *adjt* **1.** qui signifie la même chose; **~** (*mit*) qui a le même sens (que); identique, équivalent (à); **2.** *LING* synonyme
'**gleichberechtigt** *adj* ayant les mêmes droits; (*mit j-m*) **~ sein** avoir les mêmes droits (que qn)
'**Gleichberechtigung** *f* ⟨~⟩ égalité *f* des droits; *politische* **~** égalité *f* des droits sur le plan politique; *die* **~ von Mann und Frau** l'égalité *f* des droits des hommes et des femmes
'**gleichbleiben** *v/i* ⟨*irr, sép, -ge-, sein*⟩ rester le *bzw* la même; *Temperatur, Geschwindigkeit, Preise etc* rester constant; F *das bleibt sich gleich* cela revient au même; F c'est tout comme
'**gleichbleibend** *adjt* ⟨épithète⟩ (qui reste) constant; *Barometerstand etc* stationnaire
'**gleichen** ⟨gleicht, glich, geglichen, h⟩ **I** *v/i j-m, e-r Sache* **~** ressembler à qn, qc; *das gleicht e-m Wunder* cela tient du miracle; **II** *v/réfl sich* (*dat*) **~** se ressembler
'**gleicher|'maßen, '~'weise** *adv* de la même manière, façon; de même
'**gleichfalls** *adv* (*in gleicher Weise*) également; pareillement; de même; (*auch*) également; aussi; *danke* **~!** merci, (à) vous aussi!
'**gleich|farbig** *adj* de la même couleur; **~förmig** *adj* (*einheitlich*), *a PHYS* uniforme; (*regelmäßig*) régulier, -ière; (*monoton*) monotone; **2förmigkeit** *f* ⟨~⟩ uniformité *f*; (*Regelmäßigkeit*) régularité *f*; (*Monotonie*) monotonie *f*; **~geartet** *adjt* similaire; **~gelagert** *adjt Fall etc* semblable; similaire; **~geschlechtig** *adj BIOL* du même sexe; **~geschlechtlich** *adj* homosexuel, -elle
'**gleichgesinnt** *adj* **~ sein** avoir les mêmes idées, intérêts, opinions
'**Gleich|gesinnte(r)** *f(m)* ⟨→ A⟩ personne animée des mêmes sentiments, partageant les mêmes idées, opinions; **2gestellt** *adjt* au même rang, niveau
'**Gleichgewicht** *n* ⟨~(e)s⟩ *a fig* équilibre *m*; *das* **~ der Kräfte** l'équilibre des forces; *mangelndes, gestörtes* **~** déséquilibre *m*; *ökologisches* **~** équilibre écologique; *das* **~ verlieren, aus dem ~ kommen** perdre l'équilibre; *das* **~ herstellen, etw ins ~ bringen** mettre qc en équilibre; équilibrer qc; *aus dem* **~ bringen** faire perdre l'équilibre à; déséquilibrer; rompre l'équilibre de; *fig* ébranler; *das* **~ halten** garder l'équilibre; *im* **~ sein** être en équilibre
'**Gleichgewichts|organ** *n ANAT* organe équilibreur; **~sinn** *m* ⟨~(e)s⟩ sens *m* de l'équilibre; **~störung** *f* trouble *m* de l'équilibre; **~übung** *f* exercice *m* d'équilibre
'**gleichgültig I** *adj* **1.** (*teilnahmslos*) indifférent (*gegenüber* à); **2.** (*mitleidslos*) insensible (*gegenüber* à); **3.** ⟨*attribut*⟩ (*unwichtig, egal*) indifférent; égal; *s-e Ansichten sind mir* **~** ses idées me sont indifférentes; *das ist mir* **~** cela m'est égal, indifférent; **~, zu welcher Zeit** à n'importe quelle heure; quelle que soit l'heure (à laquelle ...); **~, ob er kommt oder nicht** (peu importe) qu'il vienne ou non; **~, was du machst** quoi que tu fasses; **II** *adv* **1.** (*teilnahmslos*) avec indifférence; **~ zuschauen** regarder d'un air indifférent; **2.** (*mitleidslos*) avec insensibilité
'**Gleichgültigkeit** *f* ⟨~⟩ **1.** (*Teilnahmslosigkeit, Desinteresse*) indifférence *f* (*gegenüber* envers); **2.** (*Mitleidslosigkeit*) insensibilité *f* (*gegenüber* envers)
'**Gleichheit** *f* ⟨~⟩ égalité *f*
'**Gleichheits|(grund)satz** *m* ⟨~es⟩, **~prinzip** *n* ⟨~s⟩ principe *m* de l'égalité (devant la loi); **~zeichen** *n MATH* signe *m* égal
'**Gleichklang** *m* **1.** *MUS* consonance *f*; **2.** *fig* harmonie *f*
'**gleichkommen** *v/i* ⟨*irr, sép, -ge-, sein*⟩ *j-m* **~** égaler qn; être l'égal de qn; *e-r Sache* (*dat*) **~** égaler qc; équivaloir à qc; *das kommt e-m Verbrechen gleich* cela équivaut à un crime; *im Hochsprung kommt ihm keiner gleich* il n'a pas son égal en saut en 'hauteur; personne ne l'égale au saut en 'hauteur
'**Gleichlauf** *m* ⟨~(e)s⟩ *TECH* synchronisme *m*
'**gleich|laufen** *v/i* ⟨*irr, sép, -ge-, sein*⟩ être parallèle; marcher parallèlement; être synchronisé; **~laufend** *adjt* **1.** parallèle (*mit* à); **2.** *TECH* synchronisé; **~lautend** *adjt* **1.** *Abschrift* conforme; *Nachrichten etc* de la même teneur; identique; similaire; **2.** *LING* homophone
'**gleichmachen** *v/t* ⟨*sép, -ge-, h*⟩ rendre égal; mettre sur un plan d'égalité; *a fig* niveler; *etw dem Erdboden* **~** raser qc
Gleichmache'rei *f* ⟨~⟩ *péj* nivellement *m*
'**Gleich|maß** *n* ⟨~es⟩ *der Bewegung* uniformité *f*; (*Symmetrie*) symétrie *f*; **2mäßig** *adj Bewegung* uniforme; constant; *Verteilung* égal; (*regelmäßig*) régulier, -ière; (*eintönig*) monotone; (*symmetrisch*) symétrique; **~mäßigkeit** *f* ⟨~⟩ *der Bewegung* uniformité *f*; (*Regelmäßigkeit*) régularité *f*; (*Eintönigkeit*) monotonie *f*; (*Symmetrie*) symétrie *f*; **~mut** *m* égalité *f* d'humeur; *meist péj* impassibilité *f*; (*Ausgeglichenheit*) sérénité *f*
gleichmütig ['glaɪçmyːtɪç] *adj u adv* d'humeur égale; avec philosophie; *meist péj* impassible; **~keit** *f* ⟨~⟩ *cf* **Gleichmut**
'**gleichnamig** *adj* du même nom; *PHYS* du même signe; *MATH Brüche* du même dénominateur; *MATH* **~ machen** réduire au même dénominateur
'**Gleichnis** *n* ⟨~ses; ~se⟩ (*Parabel*), *bes BIBL* parabole *f*; (*Sinnbild*) symbole *m*; *in* **~sen sprechen** parler par paraboles, par métaphores, par symboles
'**gleichnishaft** *adj* par paraboles
'**gleich|ordnen** *v/t* ⟨*-ete, sép, -ge-, h*⟩ coordonner; **~rangig I** *adj* de la même importance; **II** *adv* sur le même niveau, plan; **~richten** *v/t* ⟨*-ete, sép, -ge-, h*⟩ *ÉLECT* redresser

1080

'**Gleich**|**richter** m ⟨~s; ~⟩ ÉLECT redresseur m; **~richterröhre** f ÉLECT tube m redresseur; **~richtung** f ⟨~⟩ ÉLECT redressement m

'**gleichsam** st/s adv pour ainsi dire; comme; en quelque sorte; **~, als ob ...** comme si ...

'**gleich**|**schalten** v/t ⟨-ete, sép, -ge-, h⟩ POL, fig mettre au pas; **♀schaltung** f ⟨~⟩ POL, fig mise f au pas; **~schenk(e)lig** adj MATH isocèle

'**Gleichschritt** m ⟨~(e)s⟩ MIL pas cadencé; **im ~ marschieren** marcher au pas cadencé; **im ~, marsch!** en avant, marche!

'**gleichsehen** v/i u v/réfl ⟨irr, sép, -ge-, h⟩ **j-m ~** ressembler à qn; **sich** (dat) **~** se ressembler

'**gleich**|**seitig** adj MATH équilatéral; **~setzen** v/t ⟨-(e)s t, sép, -ge-, h⟩ mettre sur le même plan, au même niveau; identifier (**etw mit etw** qc avec, à qc); **♀setzung** f ⟨~; ~en⟩ mise f sur le même plan, au même niveau; identification f (**mit** à, avec)

'**Gleichstand** m ⟨~(e)s⟩ SPORT égalité f (de points bzw de buts); **den ~ erzielen** égaliser

'**gleichstehen** v/i ⟨irr, sép, -ge-, h⟩ **j-m ~** égaler qn; **sie stehen gleich** SPORT nach Punkten ils sont à égalité

'**gleichstellen** v/t ⟨sép, -ge-, h⟩ **j-n** (**mit**) **j-m ~** mettre qn au même niveau, sur le même plan d'égalité que qn; sozial a assimiler à qn; **etw e-r Sache** (dat) od **mit etw ~** mettre qc au même niveau que qc; Sachen einander **~** a mettre sur un pied d'égalité

'**Gleich**|**stellung** f ⟨~⟩ mise f sur un pied d'égalité; soziale assimilation f; **~strom** m ÉLECT courant continu

'**gleichtun** v/t ⟨irr, sép, -ge-, h⟩ **es j-m ~** faire comme qn; **es j-m an, in etw** (dat) **~** égaler qn en qc

'**Gleichung** f ⟨~; ~en⟩ équation f; fig **diese ~ geht nicht auf** ce calcul est faux

gleich'**viel** adv peu importe; **~, ob ...** peu importe que ... (+ subj) si ...

'**gleichwertig** adj Dinge, Leistung, Angebot etc équivalent; CHIM de la même valence; Gegner, fig de même valeur; Gegner a à force égale; **j-m ~ sein** valoir qn

'**Gleich**|**wertigkeit** f équivalence f; **♀wink**(**e**)**lig** adj MATH équiangle; isogone

gleichwohl [glaɪç'voːl ou 'glaɪçvoːl] st/s adv néanmoins; pourtant

'**gleichzeitig** **I** adj simultané; Bewegungen a synchrone; **II** adv simultanément; en même temps; à la fois; **♀keit** f ⟨~⟩ simultanéité f; synchronisme m

'**gleichziehen** v/i ⟨irr, sép, -ge-, h⟩ combler la différence; **mit j-m ~** SPORT rattraper qn; arriver à la hauteur de qn; fig rattraper qn; sozial atteindre le même niveau que qn

Gleis [glaɪs] n ⟨~es; ~e⟩ **1.** voie (ferrée); rails m/pl; (Bahnsteig) quai m; **~e verlegen** poser des voies ferrées; **der Zug aus München hat Einfahrt auf ~ acht** le train en provenance de Munich entre en gare sur le quai 'huit'; **2.** (Wagenspur) ornière f; **3.** fig Verhandlungen etc **auf ein totes ~ geraten** aboutir à une impasse; fig **aus dem ~ kommen**

Person avoir perdu toute orientation; **j-n aus dem ~ bringen** od **werfen** bouleverser l'existence de qn; **etw wieder ins** (**rechte**) **~ bringen** remettre qc sur la bonne voie; arranger qc; **sich in ausgefahrenen ~en bewegen** suivre les sentiers battus

'**Gleis**|**abschnitt** m tronçon m, section f de voie ferrée; **~anlage** f voies ferrées; **~anschluß** m raccordement m de voie ferrée; **~arbeiten** f/pl travaux m/pl sur la voie ferrée; **~bau** m ⟨~(e)s⟩ construction f de voies ferrées; **~bremse** f frein m de voie; **~kette** f TECH chenille f; **~kettenfahrzeug** n véhicule m à chenilles

gleißen ['glaɪsən] poét v/i ⟨-(es)t, h⟩ étinceler; **~des Licht** lumière aveuglante

'**Gleitboot** n hydroglisseur m

gleiten ['glaɪtən] v/i ⟨gleitet, glitt, geglitten⟩ **1.** ⟨sein⟩ glisser; fliegend planer; **über etw** (acc) **~** glisser sur qc; **mit den Händen ~** passer les mains sur qc; effleurer qc des od avec les mains; **ins Wasser ~** entrer doucement dans l'eau; **j-m aus den Händen ~** glisser des mains de qn; **ein Lächeln glitt über ihr Gesicht** un sourire passa sur son visage; **2.** F ⟨h⟩ **in der Arbeitszeit** prendre un jour bzw plusieurs jours de libre (dans le cadre du capital d'heures accumulées avec un horaire à la carte)

'**gleitend** adj ⟨épithète⟩ fig Preise, Lohnskala etc mobile; **~e Arbeitszeit** horaires m/pl à la carte, mobiles, variables; ADM horaires individualisés

'**Gleiter** m ⟨~s; ~⟩ AVIAT planeur m

'**Gleitfläche** f TECH surface f de glissement

'**Gleitflug** m vol plané; **im ~** en vol plané

'**Gleit**|**flugzeug** n planeur m; **~klausel** f clause f d'un contrat prévoyant le réajustement de paiements; **~kufe** f AVIAT patin m; ski m; **~mittel** n lubrifiant m; **~schiene** f glissière f; **~schirm** m SPORT parapente m; **~schuh** m patin m; **~schutz** m AUTO antidérapant m; **~segeln** n ⟨~⟩ parapente m; **♀sicher** adj antidérapant; **~tag** m jour m de libre (dans le cadre du capital d'heures accumulées avec un horaire à la carte); **~wachs** m für Skier fart m; **~zeit** f ⟨~⟩ **1.** F System f de **gleitend**(**e Arbeitszeit**); **2.** (~spanne) plage f d'horaires flexible

Gletscher ['glɛtʃər] m ⟨~s; ~⟩ glacier m; **~bach** m torrent m glaciaire; **~brand** m coup m de soleil (dû à la réflexion du soleil sur la neige); **~brille** f lunettes f/pl de protection 'haute montagne; **~see** m lac m glaciaire; **~spalte** f crevasse f (d'un glacier); **~tour** f excursion f sur les glaciers; **~zunge** f langue f glaciaire, d'un glacier

glibb(**e**)**rig** ['glɪb(ə)rɪç] adj regional (glitschig) glissant; (schleimig) gluant

glich [glɪç] cf **gleichen**

Glied [gliːt] n ⟨~(e)s; ~er⟩ **1.** ANAT membre m; (Finger♀, Zehen♀) phalange f; ZO e-s Wurms etc article m; segment m; **der Schreck fuhr ihm in alle ~er** la frayeur lui a coupé bras et jambes; **ich kann kein ~ mehr rühren** je ne peux même plus remuer le petit doigt; **2.** (Penis) **das männliche ~** le membre viril; **3.** fig **e-r Gemeinschaft** membre m; **4.** MIL etc rang m; **5.** e-r

Kette maillon m; chaînon m; **6.** MATH **e-r Gleichung** terme m; LING **e-s Satzes** membre m; élément m; **7.** st/s (Generation) génération f

'**Glieder**|**füßer** m ⟨~s; ~⟩ ZO arthropode m; **♀lahm** adj perclus

gliedern ['gliːdərn] ⟨-(e)re, h⟩ **I** v/t (unterteilen) diviser, articuler (**in** [+acc] en); classifier (**nach** d'après); (anordnen) agencer; (strukturieren) structurer; **II** v/réfl **sich ~** se diviser, être divisé (**in** [+acc] en)

'**Glieder**|**puppe** f große mannequin m; Kinderspielzeug poupée articulée; (Marionette) marionnette f; **~reißen** F n, **~schmerz** m douleurs rhumatismales; **~tier** n ZO articulé m

'**Gliederung** f ⟨~; ~en⟩ (Unterteilung) division f; classement m; classification f; (Anordnung) disposition f; agencement m; (Struktur) structure f; e-s Textes, Artikels etc articulation f

'**Glied**|**maßen** ['gliːtmaːsən] f/pl membres m/pl; **~satz** m (proposition) subordonnée f; **~staat** m État m membre (d'une fédération); **♀weise** adv **1.** ANAT membre par membre; **2.** MIL par rangs

glimmen ['glɪmən] v/i ⟨glimmt, glomm ou glimmte, geglommen ou geglimmt, h⟩ rougeoyer; **die Zigarette glimmte in der Dunkelheit** on apercevait la lueur d'une cigarette dans le noir; fig **in ihm glomm noch ein Fünkchen Hoffnung** il avait encore une faible lueur d'espoir

Glimmer ['glɪmər] m ⟨~s; ~⟩ MINÉR mica m

'**glimmern** v/i ⟨-(e)re, h⟩ luire faiblement

'**Glimm**|**lampe** f ÉLECT lampe incandescente (au néon); **~stengel** F m F clope f; F sèche f

glimpflich ['glɪmpflɪç] **I** adj **1.** (nicht schlimm) sans conséquences graves; Folgen pas trop graves; **2.** (nachsichtig, mild) Urteil clément; **II** adv **1.** **~ davonkommen** s'en tirer à bon compte; **~ ausgehen** od **abgehen** se terminer sans trop de dégâts; **2.** (milde) **mit j-m ~ verfahren** se montrer clément, indulgent envers qn

glitschen ['glɪtʃən] F v/i ⟨sein⟩ glisser; **j-m aus der Hand ~** glisser des mains de qn

'**glitschig** adj glissant

glitt [glɪt] cf **gleiten**

glitzern ['glɪtsərn] v/i ⟨-(e)re, h⟩ scintiller; étinceler

'**Glitzern** n ⟨~s⟩ scintillement m

global [gloˈbaːl] **I** adj **1.** (weltweit) mondial; planétaire; universel; **2.** (allgemein, alles umfassend) global; général; **II** adv **1.** (weltweit) mondialement; **2.** (allgemein) globalement; **etw ~ betrachten** globaliser qc

Globetrotter(**in**) ['gloːbətrɔtər(ɪn)] m ⟨~s; ~⟩ (f) ⟨~; ~nen⟩ globe-trotter m,f

Globus ['gloːbʊs] m ⟨~ ou ~ses; -ben ou ~se⟩ globe m; (Erdkugel) globe (terrestre); Modell a mappemonde f

Glöckchen ['glœkçən] n ⟨~s; ~⟩ a BOT clochette f

Glocke ['glɔkə] f ⟨~; ~n⟩ **1.** cloche f; (Tür♀, Tisch♀, Klingel) sonnette f; (Sturm♀, Feuer♀) tocsin m; F fig **etw an die große ~ hängen** crier qc sur les toits; claironner qc; F fig **wissen, was**

Glockenblume – glühend

die ~ *geschlagen hat* savoir à quoi s'en tenir; **2.** (*Käse*♀, *Kuchen*♀, *Taucher*♀) cloche *f*; **3.** BOT *Blüte* clochette *f*; **4.** *Hut* (chapeau *m*) cloche *f*
'**Glocken|blume** *f* campanule *f*; **⚥förmig** adj en forme de cloche; BOT campanulé; **~geläut** *n* ⟨~(e)s⟩ sonnerie *f*, tintement *m* des cloches; *festliches a* carillon *m*; **~gießer** *m* fondeur *m* de cloches; **~gieße'rei** *f* fonderie *f* de cloches; **~guß** *m* fonte *f* de cloches; **⚥hell** adj *Stimme, Lachen* etc cristallin; **~klang** *m* son *m* des cloches; **~läuten** *n* ⟨~s⟩ cf *Glockengeläut*; **~rock** *m* jupe *f* cloche
'**Glockenschlag** *m* F *mit dem* ~ à l'heure tapante, précise
'**Glocken|schwengel** *m* battant *m* (de cloche); **~seil** *n* corde *f* de cloche; **~spiel** *n* **1.** *auf Rathaustürmen etc* carillon *m*; **2.** *Musikinstrument* jeu *m* de cloches; **~stuhl** *m* (partie supérieure d'un) clocher *m*; **~turm** *m* clocher *m*; *freistehender a* campanile *m*; (*Rathaus*♀) beffroi *m*; **~zeichen** *n* signal *m* de la cloche
'**glockig** cf **glockenförmig**
'**Glöckner** ['glœknər] *m* ⟨~s; ~⟩ sonneur *m* (de cloches); carillonneur *m*
glomm [glɔm] cf **glimmen**
Gloria ['glo:ria] *n* ⟨~s; ~s⟩ **1.** ÉGL gloria *m*; **2.** *(pas de pl)* iron (*Ruhm*) gloire *f*; *cf a Glanz 2.*
'**Glorienschein** *m* auréole *f*; gloire *f*
Glorifikation [glorifikatsi'oːn] *f* ⟨~; ~en⟩ cf **Glorifizierung**
glorifizier|en [glorifi'tsiːrən] *v/t* ⟨*pas de ge-, h*⟩ glorifier; **⚥ung** *f* ⟨~; ~en⟩ glorification *f*
Gloriole [glori'oːlə] *f* ⟨~; ~n⟩ auréole *f*; nimbe *m*
glorios [glori'oːs] adj iron glorieux, -ieuse
glorreich ['gloːraɪç] adj glorieux, -ieuse
Glos'sar *n* ⟨~s; ~e⟩ glossaire *m*
'**Glosse** ['glɔsə] *f* ⟨~; ~n⟩ **1.** *in Presse, Rundfunk etc* commentaire *m*; **2.** *in alten Handschriften* glose *f*; **3.** *fig* (*spöttische Bemerkung*) commentaire spirituel, moqueur, *p/fort* caustique
glos'sieren *v/t* ⟨*pas de ge-, h*⟩ **1.** *in Presse, Rundfunk etc* commenter; **2.** *in alten Handschriften* gloser; **3.** *fig* (*spöttisch bemerken*) faire des commentaires spirituels, moqueurs, *p/fort* caustiques sur
'**Glottis** ['glɔtɪs] *f* ⟨~; -ides [-ideːs]⟩ ANAT glotte *f*
'**Glotze** F *f* ⟨~; ~n⟩ F télé *f*; F téloche *f*
glotzen ['glɔtsən] F *péj v/i* ⟨-(es)t, h⟩ F faire des yeux ronds; *glotz nicht so!* F arrête de me, le, *etc* zieuter comme ça!
Gloxinie [glɔ'ksiːniə] *f* ⟨~; ~n⟩ BOT gloxinia *m*
'**Glubschaugen** *n/pl* cf **Glupschaugen**
gluck [glʊk] *int* ~(, ~)! glouglou!; F *plais* ~, ~ *machen* (*trinken*) F siroter; F *plais* ~, ~, *weg war er* Taucher *etc* glouglou, et 'hop! il avait disparu
Glück [glʏk] *n* ⟨~(e)s⟩ (*Glücklichsein*) bonheur *m*; (*Glücksfall*) chance *f*; F veine *f*; (*Zufall*) 'hasard *m*; (*Schicksal*) fortune *f*; *junges* ~ bonheur tout neuf; *eheliches, häusliches* ~ bonheur conjugal, du foyer; *viel* ~*!* bonne chance!; *Bergmannsgruß* ~ *auf!, Fliegergruß* ~ *ab!* bonne chance!; *auf gut* ~ au petit bonheur; à l'aventure; au hasard; *zum* ~ heureusement; par bonheur; *zu meinem* ~ heureusement pour moi; *das* ~ *war auf s-r Seite* la chance était de son côté; *es war sein* ~, *daß …* il a eu de la chance que …; *es ist ein wahres* ~, *daß …* quelle chance que … (+*subj*); *welches* ~, *Sie hier zu treffen!* quelle chance de vous rencontrer ici!; *sie ist mein ganzes* ~ elle est tout pour moi; ~ *bedeuten* être de bon augure; ~ *bringen* porter bonheur; ~ *haben* avoir de la chance, F du pot, F de la veine; ~ *im Unglück haben* avoir de la chance dans la malchance; F *ein unverschämtes* ~ *haben* F avoir une veine de cocu, de pendu; F *mehr* ~ *als Verstand haben* avoir une chance inouïe; *das* ~ *haben zu* (+*inf*) avoir le bonheur de (+*inf*); ~ *bei Frauen haben* avoir du succès auprès des femmes; *sein* ~ *machen* faire fortune; *da kannst du von* ~ *reden od sagen* tu peux t'estimer heureux; *j-s* ~ (*dat*) *im Wege stehen* faire obstacle au bonheur de qn; *das* ~ *hat ihn verlassen* la chance l'a abandonné; *sein* ~ *versuchen* tenter sa chance; *j-m* ~ *wünschen* souhaiter du bonheur à qn; *für ein Vorhaben* souhaiter bonne chance à qn; *iron sie weiß noch nichts von ihrem* ~ elle ne sait pas encore ce qui l'attend; *iron du hast, das hat gerade noch zu meinem* ~ *gefehlt* il ne manquait plus que toi, que ça!; *man kann niemanden zu s-m* ~ *zwingen* on ne peut forcer personne à être heureux; *prov* ~ *und Glas, wie leicht bricht das!* le bonheur est chose fragile; ~ *im Spiel, Unglück in der Liebe* prov heureux au jeu, malheureux en amour
'**glückbringend** adj qui porte bonheur
'**Glucke** *f* ⟨~; ~n⟩ *Henne* mère *f* poule (*a fig*); couveuse *f*
glucken ['glʊkən] *v/i* ⟨h⟩ **1.** *Henne* glousser; (*brüten*) couver; **2.** F *fig* (*herumsitzen*) F glander
'**glücken** *v/i* ⟨sein⟩ réussir; *etw ist mir geglückt* j'ai réussi à faire qc; *ein geglückter Versuch* une tentative réussie
gluckern ['glʊkərn] *v/i* ⟨-(e)re, h⟩ *Flüssigkeit* faire glouglou; glouglouter
'**glücklich I** adj **1.** *Personen* heureux, -euse; *wunschlos* ~ *sein* être comblé; **2.** *Dinge, Lösung, Ende etc* bon, bonne; heureux, -euse; *e-e* ~*e Hand haben* avoir la main heureuse; *durch en* ~*en Zufall* par un heureux 'hasard; ~*e Reise!* bon voyage!; **II** adv **1.** ~ *verheiratet sein* être heureux en ménage; **2.** (*erfolgreich, gut*) bien; *ein* ~ *gewählter Zeitpunkt* un moment bien choisi, opportun; ~ *ans Ziel kommen* arriver bien, à bon port; *etw* ~ *formulieren* bien formuler qc; **3.** (*schließlich*) finalement
'**Glückliche(r)** *f(m)* ⟨→ A⟩ heureux, -euse *m,f*; *Sie* ~*(r)!* vous en avez, de la chance!; *wer ist denn der* ~*?* qui est l'heureux élu?; *prov dem* ~*n schlägt keine Stunde* celui qui est heureux ne voit pas le temps passer
'**glücklicher'weise** adv heureusement; par bonheur; ~ *haben Sie …* heureusement que vous avez …; heureusement, vous avez …
'**glücklos** adj qui n'a pas de chance
'**Glücksbringer** *m* ⟨~s; ~⟩ a *Person* porte-bonheur *m*
glück'selig adj rayonnant (de bonheur); *st/s* bienheureux, -euse; ⚥**keit** *f* ⟨~⟩ félicité *f*; REL béatitude *f*
glucksen ['glʊksən] *v/i* ⟨-(es)t, h⟩ **1.** cf **gluckern**; **2.** (*lachen*) a *Baby* glousser
'**Glücksfall** *m* coup *m* de chance, F de pot; heureux 'hasard
'**Glücksfee** *f im Märchen* bonne fée; *bei e-r Lotterie etc* personne *f* qui fait le tirage au sort; *j-s* ~ *sein* porter bonheur à qn
'**Glücks|gefühl** *n* sentiment *m* du bonheur; **~göttin** *f* ⟨~⟩ Fortune *f*; **~käfer** *m* cf **Marienkäfer**; **~kind** *n* F veinard *m*; chanceux, -euse *m*; **~klee** *m* trèfle *m* porte-bonheur; trèfle *m* à quatre feuilles; **~pfennig** *m* (pièce *f* d'un) pfennig *m* porte-bonheur
'**Glückspilz** F *m* F veinard *m*; chanceux *m*; *ein* ~ *sein* a F avoir du pot
'**Glücks|rad** *n* roue *f* de la Fortune; **~ritter** *m* aventurier *m*
'**Glückssache** *f* ⟨~⟩ question *f* de chance; (*das ist reine*) ~*!* c'est (uniquement) une question de chance!
'**Glücks|schwein(chen)** *n* F (petit) cochon *m* porte-bonheur; **~spiel** *n* jeu *m* de hasard; **~spielautomat** *m* appareil *m* à sous; **~spieler(in)** *m(f)* joueur, -euse *m,f*; **~stern** *m* bonne étoile *f*
'**Glückssträhne** *f e-e* ~ *haben* ne pas s'arrêter de gagner (au jeu, *etc*)
'**Glückstag** *m* jour *m* de chance
'**glückstrahlend** adj rayonnant de bonheur (*a advt*); radieux, -ieuse
'**Glücks|treffer** *m* coup *m* de chance; **~zahl** *f* chiffre *m* porte-bonheur
'**glückverheißend** *st/s* adj propice; de bon augure; *Lächeln* prometteur, -euse
'**Glückwunsch** *m* zu e-m Erfolg félicitations *f/pl* (*zu* pour); *für die Zukunft* vœux *m/pl* de bonheur; *herzlichen* ~ (*zum Geburtstag*)! bon anniversaire!; *j-m s-e Glückwünsche aussprechen, übermitteln* présenter, adresser ses félicitations à qn (*zu* de, pour)
'**Glückwunsch|adresse** *f* adresse *f* de félicitations; **~karte** *f* carte *f* de félicitations; **~telegramm** *n* télégramme *m* de félicitations
Glucose [glu'koːzə] *f* ⟨~⟩ CHIM glucose *m*
'**Glüh|birne** *f* ampoule *f* (électrique); **~draht** *m* ÉLECT filament *m*
glühen ['glyːən] *v/i* ⟨h⟩ **1.** *Metall, Kohlen etc* être rouge, incandescent; **2.** *fig Berge, Himmel etc* être embrasé; rougeoyer; *Sonne* brûler; *Gesicht* être rouge, en feu; *Augen* briller; *st/s* **vor Begeisterung** ~ brûler d'enthousiasme; *st/s* **vor Leidenschaft** ~ être embrasé par la passion
'**glühend I** adj **1.** *Metall, Kohlen, Asche* rouge; incandescent; *st/s* ardent; **2.** *fig Sonne* ardent; *Gesicht* rouge; en feu; ~*e Hitze* fournaise *f*; chaleur *f* torride; **3.** *fig* (*begeistert*) fervent; ardent; *Liebe* passionné; *Haß* violent; *Begeisterung* fervent; *ein* ~*er Verehrer* un fervent adorateur; *mit* ~*er Hingabe* avec ardeur, feu; **II** adv **1.** ~ *heiß* brûlant; *Wetter* torride; ~ *rot* chauffé au rouge; **2.** *fig j-n* ~ *hassen, verehren* 'haïr qn avec violence, adorer qn avec ferveur; *j-n* ~ *beneiden* envier violemment qn

'Glüh|faden *m* ÉLECT filament *m*; ~kerze *f* TECH bougie *f* de préchauffage; ~lampe *f* lampe *f* (électrique) à incandescence; ~strumpf *m* TECH manchon *m* à incandescence; ~wein *m* vin chaud; ~würmchen F *n* ver luisant
Glu'kose *f* cf Glucose
Glupschaugen ['glʊpʃʔaʊɡən] *n/pl* nordd yeux *m/pl* à fleur de tête; *fig* ~ machen, bekommen écarquiller les yeux
Glut [glu:t] *f* ⟨~; ~en⟩ **1.** (Holz~, Kohlen~) braise *f*; *starke* brasier *m*; **2.** *st/s fig e-r Leidenschaft etc* ardeur *f*; ferveur *f*; feu *m*; *des Hasses* violence *f*; **3.** *fig (Hitze) der Sonne* chaleur *f* torride; *(Röte)* rouge *m*
Glutamat [gluta'ma:t] *n* ⟨~(e)s; ~e⟩ CHIM, CUIS glutamate *m* (de sodium)
Glutamin [gluta'mi:n] *n* ⟨~s; ~e⟩ CHIM glutamine *f*
glut|äugig ['glu:tʔɔʏɡɪç] *adj* aux yeux de braise; ²hauch *m* poét *m* souffle brûlant, embrasé; ~'²hitze *f* chaleur *f* torride; fournaise *f*; ~'rot *adj* embrasé; ~voll *adj* Mensch, Wesen ardent; *a* Blick passionné
Glykol [gly'ko:l] *n* ⟨~s; ~e⟩ CHIM glycol *m*
Glyptothek [glypto'te:k] *f* ⟨~; ~en⟩ glyptothèque *f*
Glyzerin [glytse'ri:n] *n* ⟨~s⟩ glycérine *f*
Glyzinie [gly'tsi:niə] *f* ⟨~; ~n⟩ BOT glycine *f*
GmbH [ɡeːʔɛmbeːˈhaː] *f* ⟨~; ~s⟩ *abr (Gesellschaft mit beschränkter Haftung)* S.A.R.L. (société à responsabilité limitée)
'g-Moll *n* MUS sol *m* mineur
Gnade ['gna:də] *f* ⟨~; ~n⟩ *bes* REL grâce *f*; *(Wohlwollen)* bienveillance *f*; *(Milde)* clémence *f*; *(Erbarmen)* pitié *f*; *ohne ~ sans pitié*; *aus ~ (und Barmherzigkeit)* par charité; *Herrscher von Gottes ~n* par la grâce de Dieu; de droit divin; HIST *Anrede Euer ~n* Votre Grâce; *um ~ bitten* demander grâce; *keine ~ kennen* être impitoyable; *vor od bei j-m, vor j-s Augen (dat) ~ finden* trouver grâce devant qn, aux yeux de qn; *st/s bei j-m in (hohen) ~n stehen* être dans les bonnes grâces de qn; *von j-m wieder in ~n aufgenommen werden* rentrer en grâce auprès de qn; ~ *walten lassen, ~ vor od für Recht ergehen lassen* user de clémence; *j-m auf ~ und Ungnade ausgeliefert sein* être à la merci de qn; *iron plais die ~ haben, etw zu tun* avoir la bonté de faire qc
'gnaden *v/i (dann) gnade mir, dir etc Gott!* que Dieu ait pitié de moi, toi, etc!
'Gnaden|akt *m* acte *m*, mesure *f* de clémence; ~beweis *m*, ~bezeigung *f* marque *f* de bienveillance
'Gnadenbrot *n sein* ~ *essen* être nourri dans sa vieillesse en récompense des services rendus
'Gnadenfrist *f* délai *m* de grâce
'Gnadengesuch *n* recours *m* en grâce; *ein ~ einreichen* se pourvoir en grâce
'gnaden|los *adj* sans pitié; ~reich *st/s adj* plein de grâce
'Gnaden|schuß *m*, ~stoß *m* coup *m* de grâce; ~tod *m* mort donnée par pitié; ²voll *st/s adj* plein de grâce
'Gnadenweg *m* ⟨~(e)s⟩ JUR *auf dem ~* par une mesure de clémence

gnädig ['ɡnɛ:dɪç] **I** *adj (wohlwollend)* bienveillant; *(milde)* clément; *(nachsichtig)* indulgent; *Gott sei uns ~!* que Dieu ait pitié de nous!; *Anrede st/s e Frau!, ~es Fräulein!* Madame!, Mademoiselle!; *litt ~er Herr!* Monsieur!; *litt die Gnädig(st)e (die Hausherrin)* Madame; *st/s, plais, iron meine Gnädigste!* ma chère!; **II** *adv* avec bienveillance, clémence, indulgence; *noch einmal ~ davonkommen* en être quitte à bon marché; s'en tirer à bon compte; *plais machen Sie es ~ (mit mir)!* grâce!; soyez indulgent (avec moi)!
Gneis [ɡnaɪs] *m* ⟨~es; ~e⟩ MINÉR gneiss *m*
Gnom [ɡno:m] *m* ⟨~en; ~en⟩ gnome *m*; *fig* nain *m*
'gnomenhaft *adj* de gnome; *fig* de nain
Gnosis ['ɡno:zɪs] *f* ⟨~⟩ REL gnose *f*
Gnu [ɡnu:] *n* ⟨~s; ~s⟩ gnou *m*
Goal [ɡo:l] *n* ⟨~s; ~s⟩ *österr, schweiz* but *m*
Goal|getter ['ɡo:lɡɛtər] *m* ⟨~s; ~⟩ *österr, schweiz* buteur *m*; ~keeper *m österr, schweiz* gardien *m* de but
Gobelin [ɡobəˈlɛ̃:] *m* ⟨~s; ~s⟩ *echter* gobelin *m*; *par ext (Wandteppich)* tapisserie *f*
Gockel ['ɡɔkəl] *m* ⟨~s; ~⟩ *südd* coq *m*; F *plais wie ein verliebter ~* comme une vieille baderne amoureuse
'Gockelhahn *m* cf Gockel
Go-go-Girl ['ɡo:ɡoɡœrl] *n* danseuse *f* dans une boîte de nuit, *etc*
Go-Kart ['ɡo:kart] *m* ⟨~(s); ~s⟩ kart *m*; ~rennen *n* course *f* de karting
Gold [ɡɔlt] *n* ⟨~(e)s⟩ *or m*; *olympisches ~* médaille *f* d'or (aux Jeux olympiques); *aus (reinem) ~* en or (pur); *fig treu wie ~* très fidèle; *fig wert sein* valoir son pesant d'or; *Information, Person* être précieux, -ieuse; *fig das ist mit ~ nicht zu bezahlen* cela n'a pas de prix; *fig ~ in der Kehle haben* avoir une voix exceptionnellement belle; *prov es ist nicht alles ~, was glänzt prov* tout ce qui brille n'est pas or
'Gold|ader *f* filon *m* d'or; ~ammer *f* ZO bruant *m* jaune
'Goldauflage *f mit ~ (en)* plaqué or
'Gold|barren *m* lingot *m* d'or; ~barsch *m* sébaste *m*; ~bestand *m* ÉCON encaisse-or *f*; ~blättchen *n* paillette *f* d'or; ~blech *n* plaqué *m* or (mince); ²blond *adj* blond doré *(inv)*; ~brasse *f* ZO daurade *f* od dorade *f*; ²braun *adj* mordoré; ~brokat *m* brocart *m* d'or; ~bronze *f* bronze *m* d'or; ~deckung *f* ÉCON couverture-or *f*; ~devisen *f/pl* devises-or *f/pl*; ~doublé *n* plaqué *m* or; ~draht *m* fil *m* d'or
'golden *adj* **1.** *(aus Gold)* en or; d'or; BIBL *u fig das ²e Kalb* le veau d'or; **2.** *(goldfarben)* doré; *(couleur)* or *(inv)*; *das ²e Buch e-r Stadt* le livre d'or; **3.** *fig ~e Hochzeit* noces *f/pl* d'or; *die ~e Mitte, der ~e Mittelweg* le juste milieu; *das ²e Zeitalter* l'âge *m* d'or; *die ~en zwanziger Jahre* les années vingt; *die ~en Jahre* les années folles; *ein ~es Herz haben* avoir un cœur d'or
'Goldesel *m im Märchen* âne *m* aux ducats; F *fig* poule *f* aux œufs d'or
'gold|farben, ~farbig *adj* doré; (couleur) or *(inv)*

'Gold|fasan *m* faisan doré; ~feder *f* plume *f* en or; ~fieber *n* ruée *f* vers l'or
'Goldfisch *m* poisson *m* rouge; *fig plais e-n ~ an der Angel haben* avoir trouvé un beau parti
'Gold|folie *f* feuille *f* d'or; ~füllung *f im Zahn* plombage *m*, obturation *f* en or; ²gefaßt *adj* avec une monture en or; ~gehalt *m* ⟨~(e)s⟩ MINÉR teneur *f* en or; *e-s Ringes, e-r Münze etc* titre *m* (d'or); ²gelb *adj* jaune d'or; ²glänzend *adj* brillant comme de l'or; à reflets dorés; ~gräber *m* ⟨~s; ~⟩ chercheur *m* d'or; ~grube *f* a *fig* mine *f* d'or; *fig litt* pactole *m*; ~hähnchen *n* ZO roitelet *m*; ²haltig *adj* qui contient de l'or; MINÉR aurifère; ~hamster *m* 'hamster (doré)'
'goldig *adj fig Kind etc* mignon, -onne; *Erwachsene(r)* charmant
'Gold|junge *m* **1.** Kosewort brave petit *m*; **2.** SPORT sportif ayant cumulé les médailles d'or aux Jeux olympiques; ~kette *f* chaîne *f* en or; ~kind F *n* trésor *m*; bijou *m*; ~klumpen *m* pépite *f*; ~krone *f* a *am Zahn* couronne *f* en or; ~kurs *m* cours *m* de l'or; ~lack *m* BOT giroflée *f* jaune; ~legierung *f* alliage *m* d'or; ~mädchen *n* SPORT sportive ayant cumulé les médailles d'or aux Jeux olympiques; ~mark *f* ⟨~; ~⟩ HIST mark-or *m*; ~medaille *f* médaille *f* d'or; ~medaillengewinner(in) *m(f)* médaille *f* d'or (sportif); ~mine *f* mine *f* d'or; ~münze *f* pièce *f* (de monnaie) en or; ~papier *n* papier doré; ~parität *f* ⟨~⟩ ÉCON parité-or *f*; ~preis *m* prix *m* de l'or; ~rand *m e-r Tasse* filet, *e-r Brille* cercle, bord doré; ~rausch *m* ⟨~es⟩ HIST, *fig* ruée *f* vers l'or; ~regen *m* **1.** BOT cytise *m*; **2.** *beim Feuerwerk etwa* bouquet *m*; **3.** *fig (Reichtum)* manne *f*; ²richtig F **I** *adj* très juste; **II** *int* F impeccable!; absolument!; ~schmied(in) *m(f)* orfèvre *m,f*; ~schmiedearbeit *f* (pièce *f* d')orfèvrerie *f*; ~schmiedekunst *f* ⟨~⟩ orfèvrerie *f*; ~schmuck *m* bijou(x) *m(pl)*
'Goldschnitt *m* dorure *f* sur tranche; *ein Buch mit ~* un livre doré sur tranche
'Gold|staub *m* poussière *f* d'or; ~stück *n* **1.** *(Goldmünze)* pièce *f* d'or; **2.** F *plais Person* perle *f*; ~sucher *m* chercheur *m* d'or; ~ton *m* ⟨~s; -töne⟩ (brun) mordoré; ~vorkommen *n* gisement *m* d'or
'Goldwaage *f* trébuchet *m*; *jedes Wort auf die ~ legen e-s anderen* prendre tout, tous les mots à la lettre; *s-e eigenen Worte* peser ses mots
'Gold|währung *f* monnaie-or *f*; ~wäscher *m* ⟨~s; ~⟩ orpailleur *m*; ~wert *m* ⟨~(e)s⟩ valeur-or *f*; ~zahn *m* dent *f* en or
Golf¹ [ɡɔlf] *m* ⟨~(e)s; ~e⟩ GÉOGR golfe *m*
Golf² *n* ⟨~s⟩ SPORT golf *m*; ~ *spielen* jouer au golf
'Golfball *m* balle *f* de golf
'Golfer(in) *m* ⟨~s; ~⟩ *(f* ⟨~; ~nen⟩) golfeur, -euse *m,f*
'Golf|hose *f* pantalon *m* de golf; ~platz *m* terrain *m* de golf; ~schläger *m* club *m* (de golf); ~spieler(in) *m(f)* joueur, -euse *m,f* de golf; golfeur, -euse *m,f*
'Golfstaat *m* pays *m* du golfe Persique

Golfstrom – graben

'**Golfstrom** m ⟨~(e)s⟩ der ~ le Gulf Stream
Golgatha ['gɔlgata] n ⟨→ n/pr⟩ BIBL le Golgotha
Goliath ['goːliat] m ⟨→ n/pr⟩ BIBL Goliath m
Gomorrha [goˈmɔra] n ⟨→ n/pr⟩ BIBL Gomorrhe; cf a **Sodom**
Gonade [goˈnaːdə] f ⟨~; ~n⟩ BIOL gonade f
Gondel ['gɔndəl] f ⟨~; ~n⟩ **1.** MAR gondole f; **2.** AVIAT nacelle f; e-r Seilbahn cabine f; **~bahn** f **1.** (Seilbahn) funiculaire m; **2.** schweiz (Sessellift) télésiège m
'**gondeln** F fig v/i ⟨-(e)le, sein⟩ aller, voyager (en prenant tout son temps); durch etw ~ a sillonner qc
Gondoliere [gɔndoliˈeːrə] m ⟨~; -ri⟩ gondolier m
Gong [gɔŋ] m ⟨~s; ~s⟩ gong m
'**gongen** v/i ⟨h⟩ Person frapper un coup de gong; es hat gegongt le gong a retenti; zum Essen ~ Butler etc donner un coup de gong pour annoncer le repas
'**Gongschlag** m coup m de gong
gönnen ['gœnən] ⟨h⟩ **I** v/t j-m etw (von Herzen) ~ être content (de tout son cœur) pour qn; ne pas envier qc à qn; ich gönne ihm s-n Erfolg je suis content pour lui qu'il ait réussi; er gönnt niemandem etwas il est jaloux de tout le monde; iron das gönne ich ihm c'est bien fait pour lui; **II** v/réfl sich (dat) etw ~ s'accorder, s'offrir qc; sich (dat) nichts ~ se priver de tout
Gönner|(in) m ⟨~s; ~⟩ (f) ⟨~; ~nen⟩ protecteur, -trice m,f; (Mäzen[in]) mécène m; (Wohltäter[in]) bienfaiteur, -trice m,f; **⌕haft** adj péj protecteur, -trice; **~miene** f péj air protecteur
Gonokokkus [gonoˈkɔkus] m ⟨~; -kken⟩ MÉD gonocoque m
Gonorrhö(e) [gonɔˈrøː] f ⟨~; -öen⟩ MÉD blennorragie f
Goodwill ['gʊdˌvɪl] m ⟨~s⟩ **1.** (Wohlwollen) bonne volonté; **2.** (guter Ruf) bonne réputation; **~reise** f, **~tour** f visite f d'amitié
gor [goːr] v/t gären
Gör ['gøːr] n ⟨~s; ~en⟩ nordd, meist péj **1.** (Kind) F moutard m, F mioche m,f; F gosse m,f; **2.** (freches Mädchen) (petite) chipie f
gordisch ['gɔrdɪʃ] adj HIST der **⌕e** Knoten le nœud gordien; fig den ~n Knoten zerhauen couper, trancher le nœud gordien
'**Göre** f ⟨~; ~n⟩ cf **Gör**; e-e echte Berliner ~ une vraie gamine de Berlin
Gorilla ['goːrɪla] m ⟨~s; ~s⟩ ZO, a F fig (Leibwächter) gorille m
Gosche(n) ['gɔʃə(n)] F südd, österr f ⟨~; Goschen⟩ F gueule f; halt die ~! F la ferme!; p/fort F ta gueule!
Gospel ['gɔspəl] n od m ⟨~s; ~s⟩, **~song** m gospel m
goß [gɔs] cf **gießen**
Gosse ['gɔsə] f ⟨~; ~n⟩ caniveau m; fig péj in der ~ landen od enden finir dans la rue; tomber dans le ruisseau
Gote ['goːtə] m ⟨~n; ~n⟩ HIST pl die ~n les Goths m/pl
Gotik ['goːtɪk] f ⟨~⟩ **1.** Stil gothique m; **2.** Epoche époque f gothique

'**gotisch** adj gothique; **~e Schrift** (écriture f) gothique f
Gott [gɔt] m ⟨~es; ⁓er⟩ **1.** ⟨pas de pl⟩ REL, BIBL Dieu m; der liebe ~ le bon Dieu; ~ Vater Dieu m le Père; ~ der Herr le Seigneur; das Wort ~es la parole de Dieu; F fig in ~es Namen! soit!; e-e Gabe ~es un don du Ciel; an ~ glauben croire en Dieu; ach (du lieber) ~!, mein ~! mon Dieu!; bonté divine!; großer ~!, ~ im Himmel! Dieu du ciel!; um ~es willen! pour l'amour de Dieu; F leider ~es! malheureusement!; 'hélas!; ~ sei Dank! Dieu merci!; heureusement!; st/s bei ~! pardi!; ich schwöre es, so wahr mir ~ helfe je le jure!; gebe ~, daß ... Dieu veuille que ... (+subj); ~ behüte od bewahre!, da sei ~ vor! Dieu m'en garde!; ~ steh' mir bei! que Dieu me vienne en aide!; ~ hab' ihn selig que Dieu ait son âme!; st/s so ~ will si Dieu le veut; weiß ~ wie, wo etc Dieu sait comment, où, etc; er ist weiß ~ nicht dumm! Dieu sait qu'il n'est pas bête!; il n'est pas bête du tout!; F bist du denn ganz von ~ verlassen! F tu es complètement cinglé!; plais wie ihn, sie ~ erschaffen hat tout(e) nu(e); Männer a en costume d'Adam; F leben wie ~ in Frankreich vivre comme un coq en pâte; F den lieben ~ e-n guten Mann sein lassen F se la couler douce; F er kennt ~ und die Welt il connaît tout le monde; prov ~es Mühlen mahlen langsam tout finit par se payer; prov hilf dir selbst, so hilft dir ~! prov aide-toi, le Ciel t'aidera!; prov jeder für sich, ~ für uns alle prov chacun pour soi et Dieu pour tous; **2.** MYTH dieu m; F er tanzt wie ein junger ~ il danse avec une grâce aérienne; F er singt wie ein junger ~ il chante divinement; F es war ein Bild für die Götter c'était un spectacle impayable; F das wissen die Götter Dieu sait
'**gottähnlich** adj qui ressemble à Dieu
'**Gotterbarmen** n zum ~ à faire pitié; à fendre le cœur, l'âme
Götter|bild ['gœtɐbɪlt] n image f, représentation f d'un dieu; **~bote** m MYTH messager m des dieux; **~dämmerung** f MYTH crépuscule m des dieux; **~gatte** F plais m cher époux
'**gottergeben** adj soumis à la volonté divine
'**Götter|geschlecht** n lignée f de dieux; **~glaube** m croyance f aux dieux; **⌕gleich** adj semblable aux dieux; **~sage** f mythe m; **~speise** f **1.** ⟨pas de pl⟩ MYTH ambroisie f; **2.** CUIS entremets m à base de gélatine; fig nectar m; **~trank** m ⟨~(e)s⟩ fig nectar m
'**Gottes|acker** st/s m cimetière m; **~anbeterin** f ⟨~; ~nen⟩ ZO mante religieuse; **~beweis** m preuve f de l'existence de Dieu; **~dienst** m service, office (divin) m; PROT culte m; CATH messe f; **~furcht** f vénération f de Dieu, (Frömmigkeit) piété f; **⌕fürchtig** adj très pieux, pieuse; **~gabe** f don m du Ciel; **~gnadentum** n ⟨~s⟩ HIST royauté f de droit divin; **~haus** st/s m maison f de Dieu; église f; **~lamm** n ⟨~(e)s⟩ (Christus) agneau m de Dieu; **~lästerer** m blasphémateur m; **⌕lästerlich** adj blasphématoire; **~lästerung** f blas-

phème m; **~mann** st/s m ⟨~(e)s; -männer⟩ homme m de Dieu; **~mutter** f ⟨~⟩ mère f de Dieu; **~sohn** m ⟨~(e)s⟩ fils m de Dieu; **~urteil** n HIST jugement m de Dieu; t/t ordalie f
Gottfried ['gɔtfriːt] m ⟨→ n/pr⟩ Geoffroy od Geoffroi m; HIST Godefroy m
'**gott|gefällig** st/s adj agréable à Dieu; **~gegeben** adj inévitable; **~gesandt** adj envoyé de Dieu; **~geweiht** adj consacré à Dieu; **~gewollt** adj voulu par Dieu; **⌕gleich** adj égal à Dieu; divin
'**Gottheit** f ⟨~; ~en⟩ divinité f
Göttin ['gœtɪn] f ⟨~; ~nen⟩ déesse f
'**göttlich** adj a fig divin
gott|lob **I** adv heureusement; **II** int Dieu soit loué!; heureusement!
'**gottlos** adj impie; irréligieux, -ieuse; (atheistisch) athée
'**Gottlose(r)** f(m) ⟨→ A⟩ impie m,f; (Atheist) athée m,f
'**Gottlosigkeit** f ⟨~⟩ impiété f; irréligiosité f; (Atheismus) athéisme m
'**Gottmensch** m ⟨~en⟩ (Christus) Fils m de Dieu fait homme; Homme-Dieu m
'**gotts|erbärmlich** F **I** adj pitoyable; fig Hitze etc insupportable; F à crever; **II** adv pitoyablement; à faire pitié; es war ~ kalt F on se caillait
'**gotts|jämmerlich** F **I** adj lamentable; **II** adv lamentablement; ~ schreien a pousser des cris à fendre le cœur
Gott'vater m ⟨~s⟩ Dieu m le Père
'**gott|verdammt**, **~verflucht** P adj ⟨épithète⟩ maudit; p/fort sacré ⟨vorangestellt⟩; **~vergessen** adj Tat, Person ⟨gottlos⟩ sans scrupules, -ieuse
'**gottverlassen** adj **1.** (von Gott verlassen) abandonné de Dieu; **2.** F Ort perdu; au bout du monde; ein ~es Nest un trou perdu
'**Gottvertrauen** n confiance f en Dieu
Götze ['gœtsə] m ⟨~n; ~n⟩ idole f; faux dieu
'**Götzen|bild** n idole f; **~diener(in)** m(f) idolâtre m,f; **~dienst** m ⟨~(e)s⟩; **~verehrung** f ⟨~⟩ idolâtrie f
Gouvernante [guvɛrˈnantə] f ⟨~; ~n⟩ gouvernante f
Gouverneur [guvɛrˈnøːr] m ⟨~s; ~e⟩ gouverneur m
Grab [graːp] n ⟨~(e)s; ⁓er⟩ tombe f; (Grabmal) tombeau m; ausgehobenes fosse f; das Heilige ~ le Saint-Sépulcre; st/s zu ~e tragen a fig enterrer; st/s sein ~ in den Wellen finden périr en mer; fig mit e-m Fuß im ~(e) stehen avoir un pied dans la tombe; st/s ein Geheimnis mit ins ~ nehmen emporter un secret dans la tombe; st/s er ist s-r Frau ins ~ gefolgt il est mort peu de temps après sa femme; fig (sich [dat]) sein eigenes ~ schaufeln causer sa propre ruine; F sich im ~ (e) herumdrehen se retourner dans sa tombe; F schweigen wie ein ~ être muet, muette comme une tombe; F fig das bringt, du bringst mich noch (mal) ins ~ ça me tuera, tu me tueras
'**Grabbeigaben** f/pl ARCHÄOLOGIE mobilier m funéraire
'**Grabbeltisch** ['grabəltɪʃ] m regional cf **Wühltisch**
'**graben** ⟨gräbt, grub, gegraben, h⟩ **I** v/t u v/i creuser; JARD bêcher; nach Was-

ser ~ (creuser pour) chercher de l'eau; *s-e Zähne in etw* (*acc*) **~** planter ses dents dans qc; **II** *v/réfl* **sich in etw** (*acc*) **~ Hände, Zähne, Baggerschaufel** *etc* s'enfoncer (profondément) dans qc; *st/s* **sich ins Gedächtnis ~** se graver dans la mémoire

'**Graben** *m* ⟨~s; ≈⟩ *a* GÉOL, fig fossé *m*; *im Ozean* fosse *f*; *vorübergehend ausgehobener, a* MIL tranchée *f*; *e-n ~ ausheben* creuser un fossé, une tranchée

'**Graben**|**kampf** *m*, **~krieg** *m a fig* guerre *f* des tranchées

Gräberfeld ['grɛːbərfɛlt] *n* HIST tombes *f/pl* (dans un champ); *angelegtes* cimetière *m*

'**Grabes**|**dunkel** *st/s n* ténèbres *f/pl*; **~kälte** *st/s f* froid glacial venant d'outre-tombe; **~ruhe** *f*, **~stille** *f* silence *m* du tombeau; **~stimme** *f* ⟨~⟩ voix sépulcrale, caverneuse

'**Grab**|**fund** *m* objet(s) trouvé(s) dans un tombeau; **~gabel** *f* JARD fourche *f* (à bêcher); **~gesang** *m* chant *m* funèbre; **~hügel** *m* tertre *m* funéraire, HIST tumulus *m*; **~inschrift** *f* épitaphe *f*; inscription *f* sur une tombe; **~kammer** *f* chambre *f* funéraire; **~kreuz** *n* croix tombale; **~legung** *f* ⟨~⟩ (*~ Christi*) mise *f* au tombeau

'**Grabmal** *n* ⟨~(e)s; -mäler *ou st/s* ~e⟩ tombeau *m*; *das ~ des Unbekannten Soldaten* le tombeau du soldat inconnu

'**Grab**|**pflege** *f* entretien *m* de tombe(s); **~platte** *f* pierre tombale; dalle *f* funéraire; **~rede** *f* discours *m*, oraison *f* funèbre; **~schänder(in)** *m* ⟨~s; ~⟩ (*f*) ⟨~; ~nen⟩ auteur *m* d'une profanation de sépulture; **~schändung** *f* profanation *f*, violation *f* de sépulture

'**grabschen** *cf* **grapschen**

'**Grab**|**schmuck** *m* décoration tombale; **~stätte** *f* (lieu *m* de) sépulture *f*; **~stein** *m* pierre tombale

gräbt [grɛːpt] *cf* **graben**

'**Grabtuch** *n* ⟨~(e)s⟩ REL *das ~ Christi* le saint suaire

'**Grabung** *f* ⟨~; ~en⟩ creusage *od* creusement *m*; ARCHÄOLOGIE fouilles *f/pl*

'**Grabungsfund** *m* objet(s) trouvé(s) lors de fouilles archéologiques

'**Graburne** *f* urne *f* funéraire

Gracht [graxt] *f* ⟨~; ~en⟩ canal *m*

grad. *abr* (*graduiert*) diplômé

Grad [graːt] *m* ⟨~(e)s; ~e, *mais* 3 ~⟩ **1.** *Maßeinheit*, GEOGR, *fig* degré *m*; *in ~e einteilen* graduer; *zehn ~ Celsius* dix degrés Celsius; dix degrés centigrades; *es ist zwanzig ~ im Schatten, in der Sonne* il fait vingt (degrés) à l'ombre, au soleil; *bei (plus) zehn ~* à dix degrés; *bei minus zwanzig ~* à moins vingt degrés; *sich um hundertachtzig ~ drehen* faire demi-tour; *fig* faire volte-face; *Verbrennungen, a* MATH *Gleichung ersten, zweiten ~es du premier, second degré; wir sind Verwandte dritten ~es* nous sommes parents au troisième degré; *in hohem ~e* extrêmement; *im höchsten ~e* au plus haut point, degré; *bis zu e-m gewissen ~e* jusqu'à un certain point, degré; **2.** MIL grade *m*; *akademische ~* grade universitaire

Gradati'on *f* ⟨~; ~en⟩ *t/t* gradation *f*

'**Grad**|**bogen** *m* éclimètre *m*; **~einteilung** *f* graduation *f*

Gradient [gradi'ɛnt] *m* ⟨~en; ~en⟩ PHYS, MATH gradient *m*

gra'dieren *v/t* ⟨*pas de ge-*, h⟩ (*in Grade einteilen, abstufen*) graduer

'**Grad**|**messer** *m fig* indicateur *m*; baromètre *m*; **~netz** *n e-r Karte* quadrillage *m*

gradu'ell [gradu'ɛl] *adj* graduel, -elle

~'ieren *v/t* ⟨*pas de ge-*, h⟩ **1.** *an e-r Hochschule* conférer un titre universitaire à; *an e-r Fachhochschule* diplômer; **2.** *cf* **gradieren**; **~'iert** *adj* qui a un titre universitaire; *an e-r Fachhochschule* diplômé(e) *m*(*f*); **²'ierte(r)** *f*(*m*) personne *f* ayant un titre universitaire; *an e-r Fachhochschule* diplômé(e) *m*(*f*); **²'ierung** *f* ⟨~; ~en⟩ **1.** *an e-r Hochschule* remise *f* d'un titre universitaire; **2.** TECH *etc* graduation *f*

'**Grad**|**unterschied** *m* différence *f* de degrés; **²weise** *adv* par degrés; graduellement

Graecum ['grɛːkʊm] *n* ⟨~s⟩ examen de grec ancien exigé pour les études de théologie, philosophie, etc

Graf [graːf] *m* ⟨~en; ~en⟩ comte *m*

'**Grafenstand** ~ ⟨~(e)s⟩ *Stand from m de comte; j-n in den ~ erheben* décerner à qn le titre de comte; **2.** (*die Grafen*) comtes *m/pl*

Graffiti [gra'fiːti] *pl* graffiti *m/pl*; *in der U-Bahn etc a* tags *m/pl*

'**Grafik** *etc cf* **Graphik** *etc*

Gräfin ['grɛːfɪn] *f* ⟨~; ~nen⟩ comtesse *f*

'**gräflich** *adj* comtal

'**Grafschaft** *f* ⟨~; ~en⟩ comté *m*

Grahambrot ['graːhambroːt] *n* pain *m* Graham (*variété de pain complet*)

Gral [graːl] *m* ⟨~(e)s⟩ *der (Heilige) ~* le (Saint-)Graal

'**Grals**|**hüter** *m* gardien *m* du Graal; **~ritter** *m* chevalier *m* du Graal; **~sage** *f* légende *f* du Graal; **~suche** *f* ⟨~⟩ quête *f* du Graal

gram [graːm] *st/s adj j-m ~ sein* garder rancune à qn

Gram *st/s m* ⟨~(e)s⟩ chagrin *m*; affliction *f*

grämen ['grɛːmən] *st/s v/réfl* ⟨h⟩ *sich ~* s'affliger (*über* [+*acc*] de); *sich zu Tode ~* mourir de chagrin, *fig* se consumer de chagrin

'**gramgebeugt** *st/s adjt* courbé par le chagrin

'**grämlich** *adj* morose; maussade; renfrogné

Gramm [gram] *n* ⟨~s; ~e, *mais* 2 ~⟩ gramme *m*

Grammat|**ik** [gra'matɪk] *f* ⟨~; ~en⟩ *a Buch* grammaire *f*; **²i'kalisch** *adj* grammatical

Gram'matiker(in) *m* ⟨~s; ~⟩ (*f*) ⟨~; ~nen⟩ grammairien, -ienne *m,f*

Gram'matikregel *f* règle grammaticale, de grammaire

gram'matisch I *adj* grammatical; de grammaire; **~es Subjekt** sujet apparent; **II** *adv* grammaticalement; du point de vue grammatical

'**Grammolekül** *n* molécule-gramme *f*

Grammophon [gramo'foːn] *n* ⟨~s; ~e⟩ *Wz* phonographe *m*

'**gramvoll** *st/s adj* tout affligé; plein de chagrin

Granada [gra'naːda] *n* ⟨→ *n/pr*⟩ *Stadt* Grenade

Granat [gra'naːt] *m* ⟨~(e)s; ~e⟩ **1.** MI-NÉR grenat *m*; **2.** ZO crevette grise; **~apfel** *m* BOT *Frucht* grenade *f*; *Baum* grenadier *m*

Granate [gra'naːtə] *f* ⟨~; ~n⟩ obus *m*; (*Hand*²) grenade *f*

gra'naten|**voll** F *adj* F complètement bourré

Gra'nat|**schmuck** *m* bijou(x) *m*(*pl*) en grenat; **~splitter** *m* éclat *m* d'obus; **~trichter** *m* entonnoir *m*; **~werfer** *m* ⟨~s; ~⟩ mortier *m*; lance-grenades *m*

Grand [grãː] *ou* [graː] *m* ⟨~s⟩ *variante de «skat»* où les valets sont atout

Grande ['grandə] *m* ⟨~n; ~n⟩ *spanischer ~* grand *m* d'Espagne

Grandezza [gran'dɛtsa] *st/s f* ⟨~⟩ fière allure

Grandhotel ['grãːhotɛl] *n* palace *m*

grandios [gran'diːoːs] *adj* grandiose

Grand Prix [grãː'priː] *m* ⟨~ [-'priː *ou* -'priːs]; ~ [-'priːs]⟩ Grand prix *m*

Granit [gra'niːt] *m* ⟨~s; ~e⟩ granit(e) *m*; *fig* (*bei j-m*) *auf ~ beißen* se heurter à une opposition totale (de la part de qn)

gra'niten *adj* de granit(e); granitique

Gra'nit|**felsen** *m* rocher *m* de granit(e), granitique; **~gestein** *n* roche *f* de granit(e)

Granne ['granə] *f* ⟨~; ~n⟩ BOT barbe *f*

grantig ['grantɪç] *süddt, österr adj* grincheux, -euse; bourru; 'hargneux, -euse

Granul|**at** [granu'laːt] *n* ⟨~(e)s; ~e⟩ TECH, *bes* CHIM granules *m/pl*; PHARM granulé *m*; **²ieren** ⟨*pas de ge-*⟩ **I** *v/t* ⟨h⟩ TECH, *bes* CHIM granuler; **II** *v/i* ⟨h *ou* sein⟩ MÉD se couvrir de granulations

Grapefruit ['grɛːpfruːt] *f* ⟨~; ~s⟩ grape-fruit *m*; pamplemousse *f*

Graph [graːf] *m* ⟨~en; ~en⟩ MATH graphe *m*

Graphie [gra'fiː] *f* ⟨~; ~n⟩ LING graphie *f*

Graphik ['graːfɪk] *f* ⟨~; ~en⟩ **1.** ⟨*pas de pl*⟩ *Technik, Kunst* arts *m/pl* graphiques; **2.** *Kunstwerk* gravure *f*; estampe *f*; **3.** (*Illustration*) illustration *f*; MATH graphique *m*

'**Graphiker(in)** *m* ⟨~s; ~⟩ (*f*) ⟨~; ~nen⟩ (*Werbe*², *Gebrauchs*²) graphiste *m,f*; dessinateur, -trice *m,f*; *Künstler*(*in*) graveur *m*; dessinateur, -trice *m,f*

'**graphisch I** *adj* graphique; **~e Darstellung** (représentation *f*) graphique *m*; **~er Zeichner** dessinateur *m*; **II** *adv* graphiquement

Graphit [gra'fiːt] *m* ⟨~s; ~e⟩ MINÉR graphite *m*; **²haltig** *adj* graphiteux, -euse

Grapho|**loge** [grafo'loːgə] *m* ⟨~n; ~n⟩, **~login** *f* ⟨~; ~nen⟩ graphologue *m,f*; **~lo'gie** *f* ⟨~⟩ graphologie *f*; **²'logisch** *adj* graphologique

grapschen ['grapʃən] F ⟨-(es)t, h⟩ **I** *v/t* empoigner; prendre; **II** *v/i nach etw ~* (faire un mouvement rapide pour) prendre qc

'**Grapscher** F *m* ⟨~s; ~⟩ F peloteur *m*

Gras [graːs] *n* ⟨~es; ≈er⟩ herbe *f*; *sc* graminée *f*; F *fig* **das ~ wachsen hören** se croire mieux au courant que les autres; F *fig* **über etw** (*acc*) **~ wachsen lassen** passer l'éponge sur qc; F *fig* **darüber ist längst ~ gewachsen** c'est oublié depuis longtemps; F *fig* **wo er hinschlägt, wächst kein ~ mehr** il n'y va pas de main morte; F *fig* **ins ~ beißen** F claquer; F crever; F passer l'arme à gauche

'gras|bedeckt, ~bewachsen *adjt* couvert d'herbe
'Gras|boden *m* sol, terrain couvert d'herbe; ~büschel *n* touffe *f* d'herbe; ~decke *f* couche *f* d'herbe
'grasen *v/i* ⟨-(e)t, h⟩ *Vieh* brouter (l'herbe); paître
'Gras|fleck *m* auf Kleidern tache *f* d'herbe; ~fresser *m* ZO herbivore *m*; ~frosch *m* grenouille rousse; 'ºgrün *adj* vert-pré (*inv*); ~halm *m* brin *m*, tige *f* d'herbe; ~hüpfer F *m* (*Heuschrecke*) sauterelle *f*; ~land *n* ⟨-(e)s⟩ prairie *f*; herbage *m*; ~mücke *f* fauvette *f*; ~narbe *f* couche *f* d'herbe *f*
Grass [gra:s] *n* ⟨-⟩ *Drogenjargon* F marie-jeanne *f*; *par ext* F 'hasch *m*
'Grassamen *m* graine(s) *f(pl)* de graminées
grassieren [gra'si:rən] *v/i* ⟨*pas de ge-*, h⟩ *Krankheit* sévir; *Mode etc* faire fureur; *Gerücht* courir; *Mißstände* régner
gräßlich ['grɛslɪç] *adj* atroce; a F *fig* horrible; affreux, -euse; épouvantable; ºkeit *f* ⟨-; ~en⟩ Eigenschaft, Handlung atrocité *f*; horreur *f*
'Gras|steppe *f* steppe *f*; ~streifen *m* bande *f* de gazon; ~teppich *st/s m* pelouse *f*
Grat [gra:t] *m* ⟨-(e)s; -e⟩ 1. *e-s Bergs, Dachs, Gewölbes* arête *f*; 2. TECH *e-s Werkstücks* bavure *f*; *e-r Schneidfläche* morfil *m*
Gräte ['grɛ:tə] *f* ⟨-; -n⟩ (*Fisch*º) arête *f*
'gräten|los *adj* sans arêtes; ºschritt *m* SKISPORT pas *m* en ciseaux
Gratifikation [gratifikatsi'o:n] *f* ⟨-; ~en⟩ gratification *f*
Gratin [gra'tɛ̃:] *n* ⟨-s; -s⟩ CUIS gratin *m*
gratinieren [grati'ni:rən] *v/t* ⟨*pas de ge-*, h⟩ CUIS gratiner
gratis ['gra:tɪs] *adv* gratuitement; gratis
'Gratis|angebot *n* offre gratuite; ~beilage *f* supplément gratuit; ~exemplar *n* exemplaire gratuit; ~muster *n*, ~probe *f* échantillon gratuit; ~vorstellung *f* représentation *bzw* séance gratuite
Grätsche ['grɛ:tʃə] *f* ⟨-; -n⟩ TURNEN *Stellung* position *f* jambes écartées; *Sprung* saut *m* jambes écartées; *in die ~ gehen* écarter les jambes
'grätschen I *v/t* ⟨h⟩ *die Beine ~* écarter les jambes; II *v/i* ⟨sein⟩ sauter jambes écartées
'Grätsch|sprung *m* saut *m* jambes écartées; ~stellung *f* position *f* jambes écartées
Gratulant(in) [gratu'lant(ɪn)] *m* ⟨-en; -en⟩ *f* ⟨-; ~nen⟩ personne *f* présentant ses félicitations à qn; *sie empfing die ~en* elle a reçu les visiteurs venus la féliciter
Gratulati'on *f* ⟨-; ~en⟩ félicitations *f/pl*
Gratulati'onsschreiben *n* lettre *f* de félicitations
gratu'lieren *v/i* ⟨*pas de ge-*, h⟩ *j-m zu etw* ~ féliciter qn de qc; *j-m zum Geburtstag, Namenstag* ~ souhaiter à qn un bon anniversaire, une bonne fête; *j-m zum Examen, Führerschein* ~ féliciter qn pour sa réussite à l'examen, pour sa réussite à l'examen du permis de conduire; (*ich*) *gratuliere!* (mes) félicitations!; *da kannst du dir ~!* a *iron* tu peux être fier, fière de toi!

'Gratwanderung *f* 1. excursion *f* sur l'arête d'une montagne; 2. *fig sich auf e-r ~ befinden* être sur la corde raide
grau [grau] *adj* gris; *der ~e Alltag* la grisaille (de la vie) quotidienne; ECON *der ~e Markt* le marché gris; *in ~er Vorzeit* dans la nuit des temps; *~ werden Haare, Mensch* grisonner; *Himmel etc* devenir gris; grisailler; *~ färben* teindre en gris; *~ in ~ malen* peindre en grisaille; *fig alles ~ in ~ sehen*, *malen* voir tout en noir; être pessimiste; *der Himmel ist ~ in ~* il fait gris; le temps est gris; *~ ist alle Theorie* tout ça, c'est de la théorie
Grau *n* ⟨-s;-⟩ 1. *Farbe* gris *m*; couleur grise; *in ~ gekleidet* (habillé) en gris; 2. *fig (Trostlosigkeit)* grisaille *f*
grau|äugig ['grauºɔygɪç] *adj* aux yeux gris; ºbart F *m* homme *m* à la barbe grisonnante; ~bärtig *adj* à la barbe grisonnante; ~blau *adj* gris-bleu (*inv*); ºbrot *n* pain bis
Graubünden [grau'byndən] *n* ⟨→ *n/pr*⟩ les Grisons *m/pl*; le canton des Grisons
grauen¹ ['grauən] *v/i* ⟨h⟩ *der Tag, der Morgen graut* le jour commence à poindre, se lève
'grauen² *v/imp* ⟨h⟩ *es graut mir*, *mir graut (vor* [+*dat*]) je frémis d'horreur (devant); *mir graut vor etw a* j'ai horreur de qc; je redoute qc; *davor graut mir a* cela me fait horreur
'Grauen *n* ⟨-s⟩ horreur *f* (*vor* [+*dat*] de); épouvante *f*; *ein Bild des ~s* un spectacle horrible; *von ~ gepackt* saisi d'horreur; *das ~ überkommt mich* l'horreur me saisit
'grauen|erregend *adj* qui fait frémir d'horreur; ~haft, ~voll *adj* a F *fig* horrible; épouvantable; affreux, -euse; atroce
'Grau|gans *f* oie cendrée; ºgrün *adj* gris-vert (*inv*); ºhaarig *adj* aux cheveux gris; gris
graulen ['graulən] F ⟨h⟩ I *v/t j-n aus dem Haus, Zimmer* ~ forcer qn à quitter la maison, la pièce (en le décourageant); II *v/imp es grault mir*, *mich ~* (*vor* [+*dat*]) j'ai peur (de); III *v/réfl sich* (*vor j-m, etw*) ~ avoir peur (de qn, qc)
gräulich ['grɔylɪç] *adj* grisâtre
'grau|meliert *adj* Haare poivre et sel (*inv*); grisonnant; ºpapagei *m* perroquet gris cendré; jacquot *m*
Graupe ['graupə] *f* ⟨-; -n⟩ *meist pl ~n* (*Gersten*º) orge, (*Weizen*º) blé mondé, perlé
Graupel ['graupəl] *f* ⟨-; -n⟩ *meist pl ~n* grésil *m*
'graupeln *v/imp* ⟨-(e)le, h⟩ *es graupelt* il tombe du grésil; il grésille
'Graupelschauer *m* giboulée *f*
'Graupensuppe *f* soupe *f* au blé mondé *bzw* à l'orge mondé
Graus [graus] *m* ⟨-es⟩ 1. *es ist ein ~ mit ihr* avec elle, ce n'est pas une partie de plaisir; F *plais o ~!* horreur!; 2. *poét cf Grausen*
'grausam I *adj* 1. (*brutal, roh*) cruel, -elle; 2. (*schrecklich*), a F *fig* terrible; horrible; atroce; II *adv* 1. cruellement; d'une façon cruelle; *sich ~ rächen* se venger d'une façon cruelle; 2. (*schrecklich*), a F *fig* terriblement; horriblement; atrocement; *~ ums Leben kom-*

men être mort dans des circonstances atroces
'Grausamkeit *f* ⟨-; ~en⟩ 1. ⟨*pas de pl*⟩ *Wesensart* cruauté *f*; 2. *Tat* acte *m* de cruauté
'Grauschimmel *m Pferd* cheval gris
'Grauschleier *m die Wäsche hat e-n ~* (à la lessive) le linge est gris
grausen ['grauzən] *cf* grauen²
'Grausen *n* ⟨-s⟩ horreur *f*; F *das kalte od große ~ kriegen* être saisi d'horreur; *sich mit ~ abwenden* se détourner avec horreur
'grausig *cf* grauenhaft
'Grauspecht *m* pic cendré
'Grauzone *f in der ~ zwischen Legalität und Illegalität* à la limite de la légalité et de l'illégalité
Gra'veur(in) *m* ⟨-s; -e⟩ (*f*) ⟨-; ~nen⟩ graveur, -euse *m,f*
Gra'vier|anstalt *f* atelier *m*, établissement *m* de graveur; ~arbeit *f* 1. *Tätigkeit* travail *m* de graveur; gravure *f*; 2. *cf Gravierung 1.*
gravieren [gra'vi:rən] *v/t* ⟨*pas de ge-*, h⟩ graver (*in* [+*acc*] dans)
gra'vierend *adjt Beweise, Irrtum, Fehler* lourd de conséquences; *Unterschiede* gros, grosse; *Schwierigkeiten* sérieux, -ieuse; grave
Gra'viernadel *f* burin *m*
Gra'vierung *f* ⟨-; ~en⟩ 1. (*eingravierte Verzierung etc*) illustration, date, *etc* gravée; 2. *Tätigkeit* gravure *f*
Gravimeter [gravi'me:tər] *n* ⟨-s; -⟩ PHYS gravimètre *m*
Gravis ['gra:vɪs] *m* ⟨-; -⟩ LING accent *m* grave
Gravitation [gravitatsi'o:n] *f* ⟨-⟩ PHYS gravitation *f*
Gravitati'ons|feld *n* champ *m* de gravitation; ~gesetz *n* loi *f* de la gravitation
gravitätisch [gravi'tɛ:tɪʃ] I *adj* grave; sérieux, -ieuse; II *adv* avec gravité
Gra'vur *f* ⟨-; ~en⟩ *cf Gravierung 1.*
Grazie¹ ['gra:tsiə] *f* ⟨-⟩ (*Anmut*) grâce *f*
'Grazie² *f* ⟨-; -n⟩ MYTH, *fig* plais *od iron die drei ~n* les trois Grâces *f/pl*
grazil [gra'tsi:l] *adj* gracile
graziös [gratsi'ø:s] *adj* gracieux, -ieuse
Gräzist(in) [grɛ'tsɪst(ɪn)] *m* ⟨-en; ~en⟩ (*f*) ⟨-; ~nen⟩ helléniste *m,f*
Gregor ['gre:gɔr] *m* ⟨→ *n/pr*⟩ Grégoire *m*
gregorianisch [gregori'a:nɪʃ] *adj* grégorien, -ienne
Greif [graif] *m* ⟨-(e)s ou -en; -e(n)⟩ *Fabeltier* griffon *m*
'Greif|arm *m* TECH bras *m*; ~bagger *m* excavateur *m* à benne preneuse
'greifbar I *adj* 1. *Ware* disponible; *etw ~ haben* (*zur Hand haben*) avoir qc à portée de la main; *fig in ~er Nähe* à portée de la main; 2. *fig* (*konkret*) tangible; (*deutlich*) concret, -ète; *~e Form annehmen* prendre forme, tournure; II *adv fig ~ nahe sein* être imminent
'Greifbewegung *f* mouvement *m* (pour saisir qc)
greifen ['graifən] ⟨greift, griff, gegriffen, h⟩ I *v/t* 1. (*er~*) saisir; prendre; *fig das ist mit Händen zu ~* c'est évident, cela saute aux yeux; *aus dem Leben gegriffen* pris sur le vif; *fig zum ~ nahe* à portée de la main; 2. *bei e-r Schätzung das ist zu hoch gegriffen* c'est trop ('haut, élevé); 3. MUS *e-n Akkord ~* plaquer un accord; II *v/i* 4. *in die*

Tasche ~ porter la main à la poche; *in die Kasse* ~ prendre de l'argent dans la caisse; *fig tief in den Beutel* ~ *müssen* devoir y mettre le prix; *nach etw* ~ (chercher à) prendre, saisir qc; F *in die Tasten* ~ se mettre au piano; F *in die Saiten* ~ prendre sa guitare, *etc*; *fig um sich* ~ *Feuer, Unsitte etc* se propager; *st/s zu etw* ~ prendre qc; avoir recours à qc; *st/s zu e-r Methode, Maßnahme* ~ recourir à une méthode, à une mesure; *péj* criardes; *st/s zur Feder, zu den Waffen* ~ prendre la plume, les armes; *st/s zur Flasche, zu Drogen, zu Zigaretten* ~ (se mettre à) boire, se droguer, fumer; **5.** *fig Argumentation, Maßnahme etc zu kurz* ~ ne pas avoir assez d'effet; *nicht (mehr)* ~ ne plus avoir d'effet; **6.** TECH avoir prise; *nicht* ~ patiner; **III** *v/réfl sich (dat) etw, j-n* ~ saisir, prendre qc, qn; (*fangen*) a attraper qc, qn

'**Greifer** *m* ⟨~s; ~⟩ TECH griffe *f*; *e-s Baggers* benne preneuse; *e-s Krans* grappin *m*

'**Greif|fuß** *m* ZO pied préhensile; ~**vogel** *m* rapace *m* (diurne); oiseau *m* de proie; ~**zange** *f* pince *f*; ~**zirkel** *m* TECH compas *m* d'épaisseur

greinen ['graɪnən] F *péj v/i* ⟨h⟩ pleurnicher

greis [graɪs] *st/s adj* très âgé; *poét* chenu; ~*es Haupt poét* tête chenue

Greis *m* ⟨~es, ~e⟩ vieillard *m*

'**Greisen|alter** *n* vieillesse *f*; grand âge; 2**haft** *adj Aussehen* de vieillard; *Verhalten* sénile; ~**haupt** *st/s n poét* tête chenue

'**Greisin** *f* ⟨~; ~nen⟩ vieille femme

grell [grɛl] **I** *adj* **1.** *Licht* cru; éblouissant; aveuglant; *Farbe* (*auffallend*) voyant; *péj* (*schrill*) criard; **2.** *Ton* perçant; strident; *Stimme* perçant; **II** *adv* ~ *beleuchten* éclairer crûment

'**grell|bunt**, ~**farbig** *adj* aux couleurs voyantes, *péj* criardes

'**Grell|e** *f* ⟨~⟩, ~**heit** *f* ⟨~⟩ *e-r Farbe, des Lichts* crudité *f*; *e-s Tons, der Stimme* caractère perçant

'**grellrot** *adj* d'un rouge très vif, *péj* criard

Gremium ['greːmiʊm] *n* ⟨~s; -ien⟩ comité *m*; commission *f*; organisme *m*

Grenad|a [gre'naːda] *n* ⟨→ *n/pr*⟩ la Grenade; ~**er(in)** *m* ⟨~s; ~⟩ *f* ⟨~; ~nen⟩ Grenadin(e) *m(f)*

Grenadier [grena'diːr] *m* ⟨~s; ~e⟩ (*Infanteriesoldat*) fantassin *m*; HIST grenadier *m*

Grenadine [grena'diːnə] *f* ⟨~⟩ CUIS, TEXT grenadine *f*

gre'nadisch *adj* grenadin

'**Grenz|abfertigung** *f* accomplissement *m* des formalités à la frontière; ~**bahnhof** *m* gare *f* frontière; ~**beamte(r)** *m*, ~**beamtin** *f* (*Zoll*2) agent *m* des Douanes; ~**befestigung** *f* fortification *f* de frontière; ~**behörde(n)** *f(pl)* autorités frontalières; ~**bereich** *m* **1.** ⟨*pas de pl*⟩ (*Grenzgebiet*) zone frontalière; **2.** *bes* TECH limites *f/pl*; ~**berichtigung** *f* rectification *f* de frontière; ~**bevölkerung** *f* population frontalière; ~**bewohner(in)** *m(f)* frontalier, -ière *m,f*; ~**bezirk** *m* zone frontalière

Grenze ['grɛntsə] *f* ⟨~; ~n⟩ **1.** *e-s Staates, Landes etc* frontière *f*; (*Grenzge-*

biet) confins *m/pl*; *die* ~ *zu Frankreich* la frontière avec la France; *an der* ~ à la frontière; F *über die grüne* ~ *gehen* passer la frontière illégalement; **2.** *e-s Grundstücks, e-r Gemeinde etc*, *fig* (*Trennungslinie*) limite *f*; *die* ~*n zwischen … sind fließend* il y a un glissement insensible entre …; *e-e* ~ *ziehen* tracer une limite; **3.** *fig* frontière *f*; limite(s) *f(pl)*; bornes *f/pl*; *innerhalb bestimmter* ~*n* dans une certaine limite; *an* ~*n, s-e* ~*n stoßen* être confronté à des, ses limites; *die* ~*n des Möglichen, der Wissenschaft* les limites du possible, de la science; *sich in* ~*n halten*, (*nicht besonders gut, groß etc sein*) être, rester limité; *Leistungen a* être moyen; *keine* ~*n kennen* ne pas connaître de bornes, de limites; *s-e* ~*n kennen* connaître ses limites; *j-m (keine)* ~*n setzen* (ne pas) imposer, assigner des limites à qn; *alles hat s-e* ~*n* il y a une limite à tout

'**grenzen** *v/i* ⟨-(es)t, h⟩ *an etw (acc)* ~ toucher (à) qc; *Länder etc* a confiner à qc; *Grundstücke a* être attenant, contigu, -guë à qc; *fig* friser qc; confiner à qc; *fig an Wahnsinn* ~ confiner à, friser la folie; *fig das grenzt ans Wunderbare* cela tient du miracle, du prodige

'**grenzenlos I** *adj* (*uneingeschränkt*) sans limites; illimité; (*sehr groß*) immense; *Macht* illimité; *Zorn, Liebe* sans limites; *Geduld* infini; *Bewunderung* sans bornes; *péj* (*maßlos*) démesuré; **II** *adv* infiniment; ~ *dumm, leichtsinnig etc* d'une bêtise, d'une légèreté, *etc* sans bornes, sans limites

'**Grenzenlosigkeit** *f* ⟨~⟩ immensité *f*

'**Grenzer** F *m* ⟨~s; ~⟩ **1.** (*Grenzsoldat*) garde-frontière *m*; **2.** (*Grenzbewohner*) frontalier *m*

'**Grenz|fall** *m* cas *m* limite; ~**formalitäten** *f/pl* formalités *f/pl* à la frontière; ~**gänger(in)** *m* ⟨~s; ~⟩ *(f)* ⟨~; ~nen⟩ (travailleur, -euse *m,f*) frontalier, -ière *m,f*; ~**gebiet** *n* région frontalière, limitrophe; territoire frontalier; ~**konflikt** *m* conflit frontalier, de frontière; ~**kontrolle** *f* **1.** *Aktion* contrôle *m* à la frontière; **2.** *Person(en)* police *f* des frontières; ~**land** *n* ⟨-(e)s; ⁻er⟩ région frontalière; ~**linie** *f* **1.** (*ligne f formant*) frontière *f*, limite *f*; ligne *f* de la frontière; **2.** SPORT limites *f/pl* (d'un terrain de jeu); 2**nah** *adj* ⟨*épithète*⟩ situé près d'une *bzw* de la frontière; ~**ort** *m* localité *f* frontière; ~**pfahl** *m* poteau *m* frontière; ~**polizei** *f* police *f* des frontières; ~**posten** *m* **1.** *Person* garde-frontière *m*; **2.** *Stelle* poste *m* frontière; ~**schutz** *m* **1.** protection *f* de la frontière; **2.** F *cf Bundesgrenzschutz*; ~**sicherung** *f* sécurité *f* des frontières; ~**situation** *f* situation *f* limite; ~**soldat** *m* garde-frontière *m*; ~**stadt** *f* ville frontière, frontalière; ~**stein** *m* borne *f* (frontière); ~**streife** *f* patrouille *f* de gardes-frontières; ~**streifen** *m* bande *f* frontière; ~**streit(igkeit)** *m(f)* litige *m* à propos de la *bzw* des frontière(s); ~**übergang** *m* **1.** *Stelle* poste *m* frontière; **2.** *Aktion* franchissement *m*, passage *m* de la frontière; 2**überschreitend** *adjt* ⟨*épithète*⟩ au-delà des frontières; ~**überschreitung** *f*, ~**übertritt** *m* fran-

chissement *m*, passage *m* de la frontière

'**Grenzverkehr** *m* (*kleiner*) ~ trafic frontalier

'**Grenz|verlauf** *m* tracé *m* de la frontière; ~**verletzung** *f* violation *f* de frontière; ~**vertrag** *m* traité *m* concernant la *bzw* une frontière; ~**wall** *m* ouvrage *m* de fortification pour défendre une frontière; ~**wert** *m* **1.** (*äußerster Wert*) taux *m* limite; **2.** MATH limite *f*; ~**wissenschaft** *f* discipline apparentée à deux ou plusieurs autres; ~**zwischenfall** *m* incident *m* de frontière

Gretchen ['greːtçən] *n* ⟨→ *n/pr*⟩ *cf Margarete*

'**Gretchenfrage** *st/s f* ⟨~⟩ (*Gewissensfrage*) cas *m* de conscience; (*entscheidende Frage*) question cruciale; *j-m die* ~ *stellen* placer qn devant un cas de conscience; poser à qn la question cruciale

Grete(l) ['greːtə(l)] *f* ⟨→ *n/pr*⟩ *cf Margarete*

Greuel ['grɔʏəl] *st/s m* ⟨~s; ~⟩ **1.** (~*tat*) atrocité *f*; *die* ~ *e-s Krieges* les atrocités *f* d'une guerre; **2.** (*etw Abstoßendes*) horreur *f*; *er ist mir ein* ~ je ne peux pas le sentir; *das ist mir ein* ~ j'ai cela en horreur

'**Greuel|märchen** *n* atrocités inventées; ~**tat** *f* atrocité *f*

greulich ['grɔʏlɪç] *adj* atroce; abominable; horrible

Griebe ['griːbə] *f* ⟨~; ~n⟩ CUIS rillon *m*

'**Griebenschmalz** *n* saindoux *m* contenant des rillons

Griech|e ['griːçə] *m* ⟨~n; ~n⟩, ~**in** *f* ⟨~; ~nen⟩ Grec *m*, Grecque *f*

'**Griechenland** *n* ⟨→ *n/pr*⟩ la Grèce

'**griechisch** *adj* grec, grecque; de (la) Grèce; *in Zssgn* gréco-…

'**Griechisch** *n* ⟨~(s)⟩, ~**e** *n* ⟨~n⟩ (*das*) ~(*e*) *Sprache* le grec

'**griechisch|-katholisch** *adj* grec-uni, grecque-unie; ~**-ortho'dox** *adj* grec-orthodoxe, grecque-orthodoxe; ~**-'römisch** *adj* gréco-romain

Gries|gram ['griːsgraːm] *m* ⟨~(e)s; ~e⟩ grincheux *m*; grognon *m*; 2**grämig** *adj* grincheux, -euse; grognon

Grieß [griːs] *m* ⟨~es; ~e⟩ CUIS semoule *f*

'**Grieß|brei** *m* (bouillie *f* de) semoule *f*; ~**klößchen** *n* quenelle *f* à la semoule; ~**pudding** *m* entremets *m* à base de semoule

griff [grɪf] *cf greifen*

Griff *m* ⟨~(e)s; ~e⟩ **1.** *e-r Tür, e-s Degens, Hebels etc* poignée *f*; *e-s Topfes, e-r Pfanne* queue *f*; *e-s Werkzeugs, Messers, Schirms etc* manche *m*; **2.** (*das Greifen*) manipulation *f*, (*Geste*) geste *m*; SPORT prise *f*; *bei ihr sitzt jeder* ~ elle fait ça très bien, *bes schnell* en un tournemain; F MIL ~ *kloppen* s'exercer au, faire du maniement d'armes; *durch e-n* ~ *in die Kasse* en prenant de l'argent dans la caisse; (*mit j-m, etw*) *e-n guten* ~ *tun* avoir la main heureuse (en choisissant qn, qc); *etw im* ~ *haben* (*etw gut können*) avoir l'habitude de (faire) qc; (*etw unter Kontrolle haben*) maîtriser qc; *etw in den* ~ *bekommen* apprendre à faire qc; *Bewegung a* contrôler qc; *mit e-m* ~ d'un seul coup; *das ist mit e-m* ~ *getan* c'est fait en un tournemain, en un clin

griffbereit – Großaktionärin

d'œil; *mit festem, eisernem* ~ avec de la poigne; **3.** *e-s Stoffes* toucher m
'griff|bereit *adj* à portée de la main; ⒉brett *n e-r Geige etc* touche f
Griffel ['grɪfəl] *m* ⟨~s; ~⟩ **1.** (*Schreib*⒉) crayon m d'ardoise; **2.** *BOT* style m; **3.** F *meist pl* (*Finger*) doigt m; ~kasten m plumier m
'griffig *adj* **1.** (*handlich*) maniable; *fig Wort, Ausdruck etc* facile à utiliser; *Konzept a* maniable; **2.** (*nicht gleitend*) antidérapant; **3.** *Stoff* qui a du toucher; **4.** *österr Mehl* grossièrement moulu
'Griffigkeit *f* ⟨~⟩ maniabilité f
'Griff|loch *n MUS* perce f; ~wechsel *m TURNEN* changement m de prise
Grill [grɪl] *m* ⟨~s; ~s⟩ **1.** *Gerät* gril m; (~*rost*) grille f; barbecue m; **2.** *AUTO* (*Kühler*⒉) calandre f
Grille ['grɪlə] *f* ⟨~; ~n⟩ **1.** *ZO* grillon m; **2.** *st/s* (*wunderlicher Einfall*) lubie f; idée f bizarre
'grillen ⟨h⟩ **I** *v/t* (faire) griller; (faire) cuire, faire rôtir sur le gril *od* au barbecue; **II** *v/i* faire un barbecue; **III** *v/réfl plais sich* (*in der Sonne*) ~ se bronzer; se dorer au soleil
'Grill|fest *n* barbecue m; ~gericht *m* grillade f; ~gut *n* ⟨~(e)s⟩ viande f, poisson m, *etc* qu'on peut faire griller
gril'lieren *schweiz* ⟨*pas de ge-*, h⟩ *cf* grillen
'Grill|party *f cf* Grillfest; ~platz *m* emplacement aménagé pour un barbecue; ~restaurant *n* restaurant spécialisé en grillades; ~rost *m* grille f (d'un gril); ~spieß *m* broche f (d'un gril); rôtissoire f (d'un barbecue); ~zange *f* pincette f (pour barbecue); ~zeit *f* temps m de cuisson
Grimasse [gri'masə] *f* ⟨~; ~n⟩ grimace f; ~n schneiden faire des grimaces
grimas'sieren *v/i* ⟨*pas de ge-*, h⟩ faire des grimaces
Grimm [grɪm] *st/s m* ⟨~(e)s⟩ *st/s* courroux m
'Grimmdarm *m ANAT* côlon m
'Grimmen *st/s n* ⟨~s⟩ colique f; mal m au ventre
'grimmig **I** *adj* **1.** (*zornig*) furieux, -ieuse; *st/s* courroucé; **2.** *fig* (*groß, stark*) terrible; **II** *adv* **1.** furieusement; ~ *lachen* avoir un mauvais rire; **2.** *fig es ist* ~ *kalt* il fait terriblement froid
Grind [grɪnt] *m* ⟨~(e)s; ~e⟩ *MÉD* **1.** F (*Flechte*) dartre f; **2.** *regional* (*Wundschorf*) escarre f
grinsen ['grɪnzən] *v/i* ⟨-(es)t, h⟩ ricaner
'Grinsen *n* ⟨~s⟩ ricanement f
grip'pal *adj* ⟨*épithète*⟩ grippal; ~er Infekt infection grippale
Grippe ['grɪpə] *f* ⟨~; ~n⟩ grippe f; ~epidemie *f* épidémie f de grippe; ~impfung *f* vaccination f contre la grippe; ⒉krank *adj* grippé; ~virus *n od m* virus grippal; ~welle *f* épidémie f de grippe
Grips [grɪps] F *m* ⟨~es⟩ cervelle f; *s-n* ~ *anstrengen* F se creuser les méninges
Grislybär, Grizzlybär ['grɪslibɛːr] *m* grizzly m
grob [groːp] **I** *adj* ⟨~er; ⒉ste⟩ **1.** grossier, -ière; *Feile, Faser, Sand etc* gros, grosse; **2.** (*schwerwiegend*) grossier, -ière; grave; *ein ~er Fehler* une faute grossière; une grosse faute; ~e *Fahrlässigkeit* grave f négligence; ~er Un-

fug (acte m provoquant un) trouble m de l'ordre public; F *wir sind aus dem Gröbsten heraus* on a fait le plus dur, le plus gros; le plus difficile est passé; **3.** *Person* grossier, -ière; rude (*zu* avec; *gegenüber* envers); **4.** (*ungefähr*) *Skizze etc* grossier, -ière; *Schätzung, Einstellung* approximatif, -ive; global; *in ~en Umrissen od Zügen* en gros; grosso modo; dans les grandes lignes; **II** *adv* **1.** grossièrement; *etw* ~ *bearbeiten, behauen, schleifen etc* dégrossir qc; ~ *mahlen* moudre grossièrement; ~ *zerkleinern* concasser; **2.** (*schwerwiegend*) gravement; ~ *fahrlässig* gravement négligent, imprudent; **3.** (*unhöflich*) *mit Worten* grossièrement; *körperlich* avec rudesse; *j-n* ~ *behandeln* traiter qn avec rudesse; rudoyer qn; **4.** (*ungefähr*) en gros; ~ *gerechnet*, *geschätzt* en gros
'Grob|einstellung *f* réglage grossier; ⒉gemahlen *adj* grossièrement moulu
'Grobheit *f* ⟨~; ~en⟩ grossièreté f
Grobian ['groːbiaːn] *m* ⟨~(e)s; ~e⟩ *péj* mufle m; malotru m
'grob|körnig *adj* à gros grain; ~maschig *adj* à grosses mailles; ~schlächtig *adj* Gestalt lourd; maladroit; *Gesichtszüge* grossier, -ière; gros, grosse
'Grob|schliff *m* ⟨~(e)s⟩ dégrossissage m à la meule; ~schnitt *m* ⟨~(e)s⟩ *Tabak* gros tabac
Grog [grɔk] *m* ⟨~s; ~s⟩ grog m
groggy ['grɔgi] *adj* ⟨*attribut*⟩ *BOXEN*, F *fig* groggy
grölen ['grøːlən] F *péj* ⟨h⟩ *v/t u v/i* beugler; brailler
Groll [grɔl] *st/s m* ⟨~(e)s⟩ rancune f; animosité f; *p/fort* rancœur f; (*e-n*) ~ *gegen j-n hegen* garder rancune à qn; *ohne* ~ sans rancune
'grollen *st/s v/i* ⟨h⟩ **1.** bouder; *j-m* ~ garder rancune à qn; **2.** *Donner* gronder
Grönland ['grøːnlant] *n* ⟨→ *n/pr*⟩ le Groenland
Grönländ|er(in) ['grøːnlɛndər(ɪn)] *m* ⟨~s; ~⟩ (f) ⟨~; ~nen⟩ Groenlandais(e) *m(f)*; ⒉isch *adj* groenlandais
Gros¹ [groː] *n* ⟨→ [groː(s)]; ~ [groːs]⟩ (*überwiegender Teil*) gros m; *das* ~ *des Heeres* le gros de l'armée
Gros² [grɔs] *n* ⟨~ses, ~se, mais 2 ~⟩ *Maßangabe* grosse f; douze douzaines f/pl
Groschen ['grɔʃən] *m* ⟨~s; ~⟩ **1.** *österreichische Währung* groschen m; **2.** F (*Zehnpfennigstück*) pièce f de dix pfennigs; **3.** F *meist pl* (*Geld*) F sou(s) *m(pl)*; *der* ~ *ist* (*bei ihm*) *gefallen* il a enfin compris; F il a pigé
'Groschen|heft *n péj* petit illustré; ~roman *m péj* roman m de quatre sous
groß [groːs] **I** *adj* ⟨~er, größte⟩ **1.** *a fig* grand; *dem Volumen nach oft* gros, grosse; *fig ein ~er Augenblick* (*für*) un moment important (pour); ~er *Buchstabe* (*lettre f*) majuscule f, *TYPO* capitale f; ~er *Fehler* grosse faute; *die ~en Ferien* les grandes vacances; ~es *Geld* (*gros*) billet(s) *m(pl)*; *fig er ist meine* ~e *Liebe* mon grand amour, c'est lui; *das* ⒉e *Los* le gros lot; *ein ~er Mann körperlich* ~ un homme grand, de grande taille; *berühmt* un grand homme; *mit ~er Mühe* à grand-

peine; *SCHULE* ~e *Pause* récréation f; ~en *Stils, im* ~en *Stil* de grand style; de grande envergure; en grand; *fig ein* ~er *Tag* un grand jour; *zum* ~en *Teil* en grande partie; *MUS* ~e *Terz* tierce majeure; *in* ~er *Zahl* en grand nombre; *der* ~e *Zeh* le gros orteil; *der* ~e *Zeiger e-r Uhr* la grande aiguille; *in* ~en *Zügen* dans les grandes lignes; *gleich* ~ de même taille, grandeur, grosseur; *wie* ~ *ist ...?* combien mesure ...?; quelle est la grandeur *bzw* la grosseur de ...?; *wie* ~ *sind Sie?* combien mesurez-vous?; quelle est votre taille?; *ich bin ein(en) Meter siebzig* ~ je fais, mesure un mètre soixante-dix; *meine Überraschung war so* ~, *daß ...* ma surprise fut telle, si grande que ...; *im* ⒉en *wie im Kleinen* dans les petites choses comme dans les grandes; *im* ~en (*und*) *ganzen* en somme; somme toute; en gros; dans l'ensemble; F *darin ist er* ~ il est fort dans ce domaine; ~ *im Geschäft sein* faire de très bonnes affaires; ~e *Angst,* ~en *Hunger,* ~en *Durst haben* avoir très peur, faim, soif; avoir grand-peur, grand-faim, grand-soif; *ein* ~er *Fußballfan, Dummkopf sein* être un grand amateur de foot, un grand nigaud; *fig* ~e *Augen machen* ouvrir de grands yeux; écarquiller les yeux; *fig e-e* ~e *Rolle spielen* jouer un grand rôle; ~en *Wert auf etw* (*acc*) *legen* attacher beaucoup d'importance à qc; P *e-e* ~e ~e *Schnauze haben* F avoir une grande gueule; être fort en gueule; **2.** (*älter*) *mein* ~er *Bruder* mon grand frère; *von Kindern* (*der, die Älteste*) *das ist unsere* ⒉e, *unser* ⒉er c'est notre aîné(e); **3.** (*erwachsen*) grand; ~ *und klein* petits et grands; *die* ⒉en les grands; les grandes personnes; *wenn ich* (*erst*) ~ *bin* quand je serai grand; ~ *werden* grandir; *mit Streit, Umzügen etc* ~ *werden* passer son enfance au milieu des disputes, à déménager, *etc*; *mit Musik, Kunst etc* ~ *werden* grandir dans une atmosphère musicale, artistique, *etc*; **4.** *HIST Karl der* ⒉e Charlemagne; *Friedrich der* ⒉e Frédéric le Grand; *Katharina die* ⒉e Catherine la Grande; **II** *adv* **1.** *die Heizung* ~ *stellen* mettre le chauffage au maximum; ~ *schreiben* écrire gros; *RECHTSCHREIBUNG Wort* ~ *schreiben* écrire avec une majuscule; ~ *geschrieben werden* prendre une majuscule; *fig Sport wird heute* ~ *geschrieben* le sport a de l'importance aujourd'hui; *j-n* ~ *ansehen* regarder qn avec de grands yeux; F ~ *in Form sein* être en grande, en pleine forme; F *etw* ~ *herausbringen* mettre qc en vedette; F ~ *ausgehen* sortir sans regarder à la dépense; F *etw* ~ *feiern* faire une grande fête pour qc; *enf* ~ *machen* faire sa grosse commission; F ~ *daherreden* parler beaucoup ne rien dire; **2.** F (*besonders*) beaucoup; *sich nicht* ~ *um etw kümmern* ne pas se soucier beaucoup de qc; *was gibt es da noch* ~ *zu überlegen?* qu'est-ce que tu attends *bzw* vous attendez (pour *bzw* vous décider)?
'Groß|abnehmer *m* acheteur m en gros; ~admiral *m* grand amiral; ~aktion *f* campagne f de grande envergure; ~aktionär(in) *m(f)* gros actionnaire;

Großalarm – grub

~alarm *m* alerte générale; ²angelegt *adjt* ⟨épithète⟩ Plan *etc* de grande envergure; ~angriff *m* attaque *f* de grande envergure; ²artig **I** *adj* grandiose, magnifique; imposant; **II** *adv* de manière grandiose, imposante; ~artigkeit *f* ⟨~⟩ caractère grandiose, imposant; grandeur *f*; magnificence *f*
'**Groß**|**aufnahme** *f* gros plan; *in* ~ en gros plan
'**Groß**|**auftrag** *m* grosse commande; ~**bank** *f* ⟨~; ~en⟩ grande banque; ~**baustelle** *f* grand chantier; ~**betrieb** *m* grande entreprise; ~**brand** *m* grand incendie
Großbritannien [gro:sbri'tanɪən] *n* ⟨→ *n/pr*⟩ la Grande-Bretagne
'**Groß**|**buchstabe** *m* (lettre *f*) majuscule *f*; *TYPO* capitale *f*; ²**bürgerlich** *adj* de la grande bourgeoisie; ~**bürgertum** *n* grande bourgeoisie
Größe ['grø:sə] *f* ⟨~; ~n⟩ **1.** Eigenschaft grandeur *f* (*a fig*); *dem Volumen nach oft* grosseur *f*; (*Ausmaße*) dimensions *f/pl*; taille *f*; (*beim Menschen*) mesures *f/pl*; Abbildung *etc in natürlicher, voller* ~ grandeur nature; *Bälle etc in allen* ~**n** des balles, *etc* de toutes les tailles; *fig innere, wahre* ~ vraie grandeur; grandeur d'âme; **2.** (*Körper²*) *od* Wäsche- *od Kleidungsstücks* taille *f*; (Schuh², Handschuh², Hut²) pointure *f*; (*Format*) format *m*; *welche* ~ *haben Sie?* quelle est votre taille *bzw* pointure?; *bei Schuhen* à vous chaussez du combien?; *ich habe* ~ *42* je fais du 42; *bei Schuhen a* je chausse du 42; **3.** *ASTR* magnitude *f*; grandeur *f*; **4.** *MATH, PHYS* grandeur *f*; *MATH a* quantité *f*; *gegebene, bekannte* ~ donnée *f*; *unbekannte* ~ *a fig* inconnue *f*; **5.** *fig* Person sommité *f*; *im Sport etc* as *m*
'**Großeinkauf** *m* achat *m* en gros; *e-n* ~ *machen* faire tous ses achats, toutes ses courses en même temps
'**Groß**|**einsatz** *m* opération *f* de grande envergure, de grand style; ²**elterlich** *adj* ⟨épithète⟩ des grands-parents; ~**eltern** *pl* grands-parents *m/pl*; ~**enkel** (-in) *m(f) cf Urenkel*(*in*)
'**Größenklasse** *f* **1.** catégorie *f* de grandeur; **2.** *ASTR* magnitude *f*
'**Größenordnung** *f* ordre *m* de grandeur; dimension *f*; *in e-r* ~ *von 30 %* de l'ordre de 30%; dont le taux est de 30%
'**großen**|**teils** *adv* en grande partie
'**Größen**|**unterschied** *m* différence *f* de grandeur, de taille; ~**verhältnis** *n* proportion *f*; ~**wahn** *m* folie *f* des grandeurs; mégalomanie *f*; ²**wahnsinnig** *adj* qui a la folie des grandeurs; mégalomane
größer ['grø:sər] *adj* **1.** plus grand; *der* ~**e Teil** la majeure, la plus grande partie; ~ *machen* Schrift, Kreis, Loch *etc* agrandir; *j-n* ~ *machen od erscheinen lassen* grandir qn; ~ *schreiben* écrire plus gros; ~ *werden* Lebewesen, Unzufriedenheit grandir; Familie, Firma, Stadt s'agrandir; Arbeitslosigkeit, Schulden, Bevölkerung augmenter; **2.** (*ziemlich groß*) assez, relativement grand; *e-e* ~**e Summe** une assez grosse somme
'**Groß**|**fahndung** *f* vaste opération *f* de recherches policières; recherches *f/pl* dans toute une ville, tout un territoire, *etc*; ~**familie** *f* grande famille; ²**flächig** *adj* à grande surface; sur une grande surface; ~**flughafen** *m* aéroport *m* (international); ~**format** *n* grand format; ~**fürst**(**in**) *m*(*f*) grand-duc *m*, grande-duchesse *f*; ²**gemustert** *adjt* à grands motifs; ~**grundbesitz** *m* grande propriété foncière; ~**grundbesitzer** *m* grand propriétaire terrien; *in Lateinamerika a* latifondiste *m*; ~**handel** *m* (commerce *m* de *od* en) gros *m*; ~**handelspreis** *m* prix *m* de gros; ~**händler**(**in**) *m*(*f*) grossiste *m,f*; commerçant *m* en gros; ~**handlung** *f* commerce *m od* magasin *m* de gros; ~**herzig** *st/s adj* généreux, -euse; magnanime; ~**herzigkeit** *st/s f* ⟨~⟩ générosité *f*; magnanimité *f*; ~**herzog**(**in**) *m(f)* grand-duc *m*, grande-duchesse *f*; ~**herzogtum** *n* grand-duché *m*; ~**hirn** *n* cerveau *m*; ~**hirnrinde** *f* écorce cérébrale; ~**industrie** *f* grande, grosse industrie; ~**industrielle**(**r**) *f(m)* grand, gros industriel; ~**inquisitor** *m HIST* Grand Inquisiteur *m*
Grossist(**in**) [grɔ'sɪst(ɪn)] *m* ⟨~en; ~en⟩ (*f*) ⟨~; ~en⟩ *COMM* grossiste *m,f*
großjährig ['gro:sjɛ:rɪç] *litt adj* majeur
'**Groß**|**kampftag** *m* **1.** journée *f* de grande bataille; **2.** F *fig* dure journée; ~**kapital** *n* ⟨~⟩ gros capital; ~**kapitalist** *m* gros capitaliste; ²**kariert** *adj* à grands carreaux; ~**katze** *f* grand félin; ~**kind** *n schweiz* petit-fils *m*, petite-fille *f*; ~**konzern** *m* grand consortium; ²**kotzig** F *péj adj* crâneur, -euse; 'hâbleur, -euse; ~**kotzigkeit** F *f* ⟨~⟩ F façons *f/pl* de crâneur; 'hâblerie *f*; ~**krankenhaus** *n* grand complexe hospitalier; ~**küche** *f* cuisine *f* (dans une cantine, un hôpital, etc); ~**kundgebung** *f* manifestation *f* monstre; ~**macht** *f* grande puissance; ~**machtstellung** *f* position *f* de grande puissance; ~**mama** F *f* mamie *f*; bonne-maman *f*; ~**mannssucht** *f* ⟨~⟩ *péj* folie *f* des grandeurs; ~**markt** *m* e-r Stadt 'halles *f/pl*; ²**maschig** *adj* à grosses mailles; ~**mast** *m MAR* grand mât; ~**maul** P *n* (*Prahler*) F fort en gueule; F grande gueule; ~**meister** *m SCHACH, der* Freimaurer, *e-s Ritterordens etc* grand maître; ~**mut** *f* ⟨~⟩ générosité *f*; grandeur *f* d'âme; magnanimité *f*; ²**mütig** *adj* généreux, -euse; magnanime
'**Groß**|**mutter** *f* grand-mère *f*; F *das kannst du deiner* ~ *erzählen!* à d'autres!; F mon œil!
'**großmütterlich** *adj* ⟨épithète⟩ de (la) grand-mère
'**Groß**|**neffe** *m* petit-neveu *m*; ~**nichte** *f* petite-nièce *f*; ~**offensive** *f MIL* offensive *f* de grande envergure; ~**onkel** *m* grand-oncle *m*; ~**packung** *f* paquet géant; ~**papa** F *m* papie *m*; grand-papa *m*; ²**porig** *adj* Haut aux pores dilatés
'**Großraum** *m im* ~ *Düsseldorf* dans la région urbaine de Düsseldorf
'**Großraum**|**abteil** *n BAHN* voiture *f* à couloir central, sans compartiments; *in Frankreich a* voiture *f* Corail; ~**büro** *n* bureau paysager; ~**flugzeug** *n* gros-porteur *m*
großräumig ['gro:srɔymɪç] *adj* **1.** (*viel Platz bietend*) spacieux, -ieuse; **2.** (*große Gebiete betreffend*) vaste; **II** *adv* sur une grande étendue, *fig* échelle; *die Unfallstelle* ~ *umfahren* faire un grand détour pour éviter le lieu de l'accident
'**Groß**|**raumlimousine** *f* monospace *m od f*; ~**raumwagen** *m* e-r Straßenbahn *etc* voiture *f* à grande capacité; *BAHN cf Großraumabteil*; ~**rechner** *m IN-FORM* gros ordinateur *m*; ~'**reinemachen** *n a fig* nettoyage *m* en grand; ~**schnauze** *f cf Großmaul*; ~**schreibung** *f* ⟨~⟩ emploi *m* des majuscules; ~**segel** *n MAR* grand-voile *f*; ²**spurig** *adj péj* prétentieux, -ieuse; F crâneur, -euse; ~**spurigkeit** *f* ⟨~⟩ *péj* prétention *f*; ~**stadt** *f* grande ville; ~**städter**(-**in**) *m(f)* habitant(e) *f* d'une grande ville; ~**stadtgetriebe** *n* ⟨~s⟩ agitation *f*, effervescence *f* d'une grande ville); ²**städtisch** *adj* d'une grande ville
'**Großstadt**|**luft** *f* ⟨~⟩ air *m* d'une grande ville; ~**mensch** *m* habitant(e) *m(f)* d'une grande ville; ~**verkehr** *m* circulation *f*, trafic *m* d'une grande ville
'**Groß**|**tante** *f* grand-tante *f*; ~**tat** *f* exploit *m*; 'haut fait; *a iron* prouesse *f*
größte(**r**, **-s**) ['grø:stə(r, -s)] *adj* le (la) plus grand(e); *der* ~ *Teil* (*ist ...*) la plupart (sont ...); la majeure, la plus grande partie (est ...); *mit dem* ~**n Vergnügen** avec le plus grand plaisir
'**Großteil** *m* grande partie *f*; *zum* ~ en majeure partie; *zu e-m* ~ en grande partie
'**größten**|**teils** *adv* pour la plupart; en majeure partie
'**Größt**|**maß** *n* maximum *m*; '²**möglich** *adj* ⟨épithète⟩ le plus grand possible
'**Groß**|**unternehmen** *n* grande, grosse entreprise; ~**unternehmer**(**in**) *m(f)* patron, -onne *m,f* d'une grande entreprise; ~**vater** *m* grand-père *m*; ²**väterlich** *adj* ⟨épithète⟩ de *bzw* du grand-père; ~**veranstaltung** *f* grande réunion; Demonstration grande manifestation; ~**verbraucher** *m* gros consommateur, -trice *m,f*; ~**verdiener** *m* gros salaire; ~**versandhaus** *n* grande maison de vente par correspondance; ~**wesir** *m HIST* grand vizir; ~**wetterlage** *f* situation météorologique générale; ~**wild** *n* gros gibier; ~**wildjäger** *m* chasseur *m* (de gros gibier); ²**ziehen** *v/t* ⟨*irr, sép*, -ge-, h⟩ élever
'**großzügig** *adj* **1.** (*nicht kleinlich*) Mensch généreux, -euse; (*tolerant*) large d'esprit, d'idées, de vues; (*liberal*) libéral; Hilfe, Angebot *etc* généreux, -euse; Maßnahmen libéral; Arbeitsbedingungen *etc* non-directif, -ive; **2.** (*spendabel*) généreux, -euse; **3.** (*weiträumig*) vaste; spacieux, -ieuse; ²**keit** *f* ⟨~⟩ **1.** *a e-s* Angebots *etc* générosité *f*; (*Toleranz*) largeur *f* d'esprit, d'idées, de vues; (*Liberalität*) libéralité *f*; **2.** (*Freigebigkeit*) largesse *f*; **3.** (*Weiträumigkeit*) caractère spacieux
grotesk [gro'tɛsk] *adj* grotesque
Gro'tesk *f* ⟨~⟩ *TYPO* antique *f*
Gro'teske *f* ⟨~; ~n⟩ **1.** Ornament grotesque *m od f*; **2.** *LITERATUR* poème *m*, anecdote *f*, comédie *f, etc* grotesque
gro'tesker'weise *adv* aussi grotesque que ce soit
Grotte ['grɔtə] *f* ⟨~; ~n⟩ grotte *f*
grub [gru:p] *cf graben*

Grübchen ['gry:pçən] *n* ⟨~s; ~⟩ *im Gesicht* fossette *f*
Grube ['gru:bə] *f* ⟨~; ~n⟩ **1.** fosse *f*; *prov* **wer andern e-e ~ gräbt, fällt selbst hinein** *prov* tel est pris qui croyait prendre; **2.** BERGBAU mine *f*; *im Tagebau a* minière *f*
Grübe'lei *f* ⟨~; ~en⟩ ruminations *f/pl*; *p/fort (Melancholie)* idées noires
grübeln ['gry:bəln] *v/i* ⟨-(e)le, h⟩ *(über etw [acc])* ~ ruminer (qc); *p/fort (melancholisch sein)* ressasser des idées noires; **ins 2 kommen** se mettre à ruminer, *p/fort* à ressasser des idées noires
'Gruben|arbeiter *m* mineur *m*; **~bahn** *f* chemin de fer minier; **~brand** *m* feu *m* dans une mine; **~gas** *n* grisou *m*; **~lampe** *f* lampe *f* de mineur; **~unglück** *n* accident *m* dans une mine; **~wasser** *n* ⟨~s⟩ eau *f* d'infiltration dans une mine; **~wehr** *f* brigade *f* de sauvetage
'Grübler(in) *m* ⟨~s; ~⟩ *(f)* ⟨~; ~nen⟩ personne *f* qui rumine, *p/fort (Melancholiker[in])* personne *f* qui ressasse des idées noires
'grüblerisch *adj* soucieux, -ieuse; **~ veranlagt** d'une nature à ruminer, *p/fort* à ressasser des idées noires
grüezi ['gry:etsi] *int schweiz (guten Morgen, guten Tag)* bonjour; *(guten Abend)* bonsoir
Gruft [gruft] *f* ⟨~; ~e⟩ *(Gewölbe)* caveau *m*; *(Grab)* tombeau *m*
grummeln ['gruməln] *v/i* ⟨-(e)le, h⟩ *regional* **1.** *Donner, Kanonen etc* gronder; **2.** *(brummen)* grommeler
grün [gry:n] *adj* **1.** *Farbe, Salat, Tee etc, a Obst (unreif)* vert; *fig (unerfahren)* inexpérimenté; novice; **~e Erbsen** *f/pl* petits pois; **~er Hering** 'hareng frais'; *fig* **~er Junge** blanc-bec *m*; *fig* **~es Licht für etw geben** donner le feu vert à qc; **~ werden** devenir vert; *Natur (wieder ~ werden)* reverdir; **~ färben** teindre en vert; *fig* **~ vor Neid sein**, blême d'envie; *fig* **am ~en Tisch** d'un point de vue bureaucratique, abstrait, théorique; F *fig* **sich ~ und blau ärgern** se fâcher tout rouge; F *j-n* **~ und blau schlagen** F tabasser qn; F *fig* **j-m nicht ~ sein** ne pas pouvoir encadrer, sacquer qn; *cf a* **Witwe**; **2.** ÉCOL, POL vert; F écolo; ADM **der ~e Punkt** le point vert *(label sur l'emballage qui en garantit la reprise et le recyclage)*
Grün *n* ⟨~s; ~⟩ **1.** *Farbe* vert *m*; couleur verte; *in ~ gekleidet* (habillé) en vert; **die Ampel steht auf ~** *od* **zeigt ~** le feu est au vert; F *das ist dasselbe in ~* c'est du pareil au même; F c'est kif-kif; **2.** *⟨pas de pl⟩ (Pflanzen)* plantes *f/pl*; verdure *f*; **3.** GOLF green *m*
'Grün|algen *f/pl* BOT algues vertes; *sc* chlorophycées *f/pl*; **~anlage** *f (Park)* parc *m*; *(Grünfläche)* **~n** *pl* espaces verts; **2äugig** *adj* aux yeux verts; **2blau** *adj* bleu-vert *(inv)*
Grund [grunt] *m* ⟨~(e)s; ~e⟩ **1.** *⟨pas de pl⟩ (Unter2, Hinter2)* fond *m*; **schwarz auf weißem ~** noir sur fond blanc; **2.** *⟨pas de pl⟩ e-s Gewässers, Gefäßes etc* fond *m*; MAR **auf ~ laufen** (s')échouer; *fig* **den Dingen**, **e-r Sache auf den ~ gehen** aller au fond des choses, de qc; *fig* **ich will der Sache** *(dat)* **auf den ~ gehen** *a* je veux en avoir le cœur net; *fig* **von ~ aus** *od* **auf de fond en comble**; à fond; entièrement; radicalement; *fig* **von ~ auf verändert** a changé du tout au tout; *st/s* **im ~e s-s Herzens** au fond de son cœur; **im ~e (genommen)** dans le *od* au fond; **3.** *⟨pas de pl⟩ (Grundlage)* **den ~ zu etw legen** établir les bases, poser les fondements de qc; **4.** *⟨pas de pl⟩ (Erdboden)* sol *m*; **auf festem ~** sur un sol ferme; *(Grundbesitz)* **~ und Boden** terres *f/pl*; terrain *m*; propriété foncière; *fig* **sich in ~ und Boden schämen** mourir de honte; *fig* **etw in ~ und Boden verdammen** condamner qc radicalement, absolument; **5.** *(Vernunft2)* raison *f*; *(Beweg2)* motif *m*; mobile *m*; *(Ursache)* cause *f*; **(guten) ~ haben zu** *(+ inf)* avoir de bonnes raisons, des raisons de *(+ inf)*; **allen ~ haben zu** *(+ inf)* avoir (tout) lieu de *(+ inf)*; **zur Klage, Freude, Kritik haben** avoir des raisons de se plaindre, de se réjouir, de formuler des critiques; **~ zur Klage geben** donner matière à des plaintes; **~ zur Freude geben** être une raison de se réjouir; **~ zur Kritik, zum Lachen etc geben** prêter à la critique, à la plaisanterie, *etc*; **es besteht ~ zu der Annahme, daß ...** on a des raisons, il y a lieu de supposer que ...; **dazu ist kein ~ vorhanden** il n'y a aucune raison (à cela); **das ist kein ~ zur Aufregung** *etc* il n'y a pas de quoi s'affoler, *etc*; **und zwar aus gutem ~(e)** et pour cause; **das ist ein ~ mehr (zu** *[+ inf]***)** raison de plus (pour *[+ inf]*); **ich habe meine Gründe** j'ai mes raisons; **ohne ~** sans raison; sans motif; **auf ~ von ~** en raison de; **auf s-s Könnens** en raison de ses compétences; **auf ~ e-s Gesetzes, Urteils** *etc* en vertu d'une loi, d'un jugement, *etc*; **auf ~ von Indizien** sur la base d'indices; sur des indices; **aus welchem ~?** pour quelle raison?; **aus dem einfachen ~(e), weil ...** pour la simple raison que ...; F *plais* **aus diesem kühlen ~e** simplement pour cette raison; **aus gesundheitlichen Gründen** pour raison, pour des raisons de santé; **aus Gründen der Sicherheit** pour des raisons de sécurité; par mesure de sécurité
'Grund|akkord *m* MUS accord fondamental; **~anschauung** *f* convictions *f/pl*, idées *f/pl* de base; **²anständig** *adj* foncièrement honnête; **~anstrich** *m* première couche (de peinture); fond *m*; apprêt *m*
'Grundausbildung *f* MIL instruction *f* militaire (de base); **die ~ machen** faire ses classes
'Grund|ausstattung *f* équipement *m* de base; **~baß** *m* MUS basse fondamentale; **~bedeutung** *f* sens premier, primitif; **~bedingung** *f* condition fondamentale; **~begriff** *m* notion fondamentale; **~besitz** *m* propriété foncier, terrien; **~bestandteil** *m* élément constitutif, de base; **~betrag** *m* montant *m* de base
'Grundbuch *n etwa* registre *m* du bureau des hypothèques; **~amt** *n etwa* bureau *m* (de conservation) des hypothèques; **~auszug** *m etwa* extrait *m* du registre du bureau des hypothèques; **~eintragung** *f etwa* inscription *f* au registre du bureau des hypothèques
'grund'ehrlich *adj* foncièrement honnête
'Grund|eigentum *n cf* **Grundbesitz**; **~eigentümer** *m cf* **Grundbesitzer**; **~einstellung** *f* attitude fondamentale; **~eis** *n* glace *f* de fond
gründeln ['gryndəln] *v/i* ⟨-(e)le, h⟩ *Ente etc* barboter
gründen ['gryndən] ⟨-ete, h⟩ **I** *v/t* fonder; créer; *e-e Familie ~* fonder une famille; *etw auf etw (acc) ~* baser qc sur qc; **II** *v/i, v/r/réfl* **auf etw** *(dat)* **~, sich auf etw (acc) ~** se baser, se fonder sur qc; être basé, fondé sur qc
'Gründer(in) *m* ⟨~s; ~⟩ *(f)* ⟨~; ~nen⟩ fondateur, -trice *m,f*
'Gründerjahre *n/pl* années d'expansion économique en Allemagne après 1870
'Grund|erwerb *m* acquisition *f* de terrain, de terres; **~erwerb(s)steuer** *f* droits *m/pl* de mutation
'Gründerzeit *f cf* **Gründerjahre**
'grund'falsch *adj* absolument *od* entièrement, tout à fait faux, fausse
'Grund|farbe *f* **1.** *Farbenlehre* couleur *f* primaire; **2.** *(Grundierung)* fond *m*; apprêt *m*; **~fehler** *m* erreur foncière, fondamentale
Grundfesten ['gruntfestən] *st/s pl* bases *f/pl*; **etw in s-n ~ erschüttern** ébranler qc jusque dans ses fondations; **j-n in s-n ~ erschüttern** ébranler qn dans ses convictions; **an den ~ von etw rütteln** mettre en cause les bases de qc
'Grund|fläche *f* (surface *f* de) base *f*; **~form** *f* **1.** forme *f* de base; **2.** GR infinitif *m*; **~frage** *f* question fondamentale; **~gebühr** *f* taxe *f* de base; TÉL redevance *f* d'abonnement; *im Taxi* prise *f* en charge; **~gedanke** *m* idée, pensée fondamentale; **~gehalt** *n* salaire *m*, traitement *m* de base; **²ge'scheit** *adj* très, extrêmement judicieux, -ieuse; **~gesetz** *n* loi fondamentale; POL *(Verfassung)* constitution *f*; **²gütig** *adj* très bon, bonne; **~haltung** *f* **1.** geistig attitude fondamentale; **2.** *körperlich* position *f* de base; **~herr** *m* HIST seigneur *m*
grun'dieren *v/t* ⟨*pas de ge-*, h⟩ appliquer, passer la première couche sur; faire le fond de
Grun'dierfarbe *f* peinture *f* de fond; apprêt *m*
Grun'dierung *f* ⟨~; ~en⟩ **1.** *Tätigkeit* application *f* de la première couche, du fond; **2.** *Ergebnis* première couche; fond *m*; apprêt *m*
'Grund|kapital *n* fonds *m*, capital social; **~kenntnisse** *f/pl* connaissances *f/pl* élémentaires, de base; **~kurs** *m* cours *m* de débutants
'Grundlage *f* base *f*; *e-r Theorie etc* fondement *m*; *pl* **~n** *e-r Wissenschaft* a principes *m/pl*; éléments *m/pl*; **auf der ~ von** sur la base de; **etw auf e-e sichere ~ stellen** donner une base solide à qc; **jeder ~ (gén) entbehren** être dénué de tout fondement; F **etw essen, um e-e gute ~ zu haben** manger qc pour se caler l'estomac
'Grund|lagenforschung *f* recherche fondamentale; **~lasten** *f/pl* charges foncières
'grundlegend I *adjt* fondamental; de base; **von ~er Bedeutung** d'une im-

portance fondamentale, capitale; **II** *advt* fondamentalement; essentiellement
gründlich ['gryntlıç] **I** *adj Person* qui fait les choses à fond; minutieux, -ieuse; *Kenntnisse* solide; *Untersuchung* approfondi; *Arbeit etc* bien fait; minutieux, -ieuse; sérieux, -ieuse; **II** *adv* **1.** à fond; minutieusement; soigneusement; **2.** F (*gehörig*) tout à fait; complètement; *sich ~ täuschen* F se tromper dans les grandes largeurs; *j-m ~ die Meinung sagen* dire son fait, ses quatre vérités à qn
'Gründlichkeit *f* ⟨~⟩ *e-r Person* minutie *f*; sérieux *m*; *e-r Tätigkeit* soin (apporté à faire qc); *e-r Arbeit* qualité *f*
'Gründling *m* ⟨~s; ~e⟩ ZO goujon *m*
'Grund|linie *f* **1.** MATH base *f*; **2.** SPORT ligne *f* de fond; **~lohn** *m* salaire *m* de base; **²los I** *adj* **1.** *Beschuldigung etc* dénué de fondement; pas fondé; gratuit; **2.** *Wasser, Tiefe* sans fond; insondable; **II** *adv* sans raison; sans motif; **~mauer** *f* mur *m* de fondation; *pl* **~n** *a* fondations *f/pl*; soubassement *m*; **~muster** *n* schéma *m*; **~nahrungsmittel** *n* aliment *m* de base
Grün'donnerstag *m* jeudi saint
'Grundordnung *f bes* POL ordre fondamental, de base; POL *die freiheitlich--demokratische ~* les principes *m/pl* de la démocratie libérale
'Grund|pfandrecht *n* ⟨~(e)s⟩ droit *m* de gage réel immobilier; **~pfeiler** *m* **1.** CONSTR pilier *m* de fondation; **2.** *fig* pilier *m*, support *m*, soutien *m* (principal); **~preis** *m* prix *m* de base; **~prinzip** *n* principe fondamental; **~rechenart**, **~rechnungsart** *f* opération fondamentale de l'arithmétique; **~recht** *n* droit fondamental; **~regel** *f* règle fondamentale; **~rente** *f* **1.** (*Mindestrente*) retraite *f* minimum (*servant de référence*); **2.** (*Bodenrente*) rente foncière; **~riß** *m* **1.** *plan m* (horizontal); coupe horizontale; **2.** *fig* (*Schema, Grundzug*) grandes lignes *f/pl*; **3.** *als Leitfaden, Lehrbuch* précis *m* (*+ gén de*)
'Grundsatz *m* principe *m*; *ein Mann mit Grundsätzen* un homme à principes; *ich habe meine Grundsätze* j'ai mes principes; (*es*) *sich* (*dat*) *zum ~ machen zu* (+*inf*) se donner comme principe de (+*inf*)
'Grundsatz|debatte *f*, **~diskussion** *f* discussion *f* de principe; **~entscheidung** *f* décision *f* de principe; **~erklärung** *f* déclaration *f* de principe; **~frage** *f* question *f* de principe
grundsätzlich ['gruntzetslıç] **I** *adj* **1.** (*grundlegend*) fondamental; *e-e ~e Einigung* un accord de principe, sur le fond, de base; **2.** (*prinzipiell*) de principe; **II** *adv* **1.** (*grundlegend*) fondamentalement; *e-e Frage ~ erörtern* discuter sur le fond d'une question; **2.** (*aus Prinzip*) par principe; **3.** (*im Prinzip*) en principe
'Grundsatz|programm *n* programme *m* limité à ses grandes lignes; **~rede** *f* discours *m* (exposant des principes); **~urteil** *n* JUR jugement *m* qui fait jurisprudence
'grund'schlecht *adj Person* foncièrement, *Sache* extrêmement mauvais
'Grund|schuld *f* ⟨~; ~en⟩ dette foncière; (*Hypothek*) hypothèque *f*; **~schule** *f* école *f* primaire; **~schüler(in)** *m(f)* écolier, -ière *m,f*; **~schullehrer(in)** *m(f)* instituteur, -trice *m,f*
'Grundstein *m* première pierre; *den ~ zu etw legen a fig* poser la première pierre de qc
'Grund|steinlegung *f* ⟨~; ~en⟩ pose *f* de la première pierre; **~stellung** *f* TURNEN position normale, fixe; FECHTEN position *f* en garde; SCHACH position *f* en début de jeu; **~steuer** *f* impôt foncier; contribution foncière; **~stock** *m* base *f*; **~stoff** *m* **1.** CHIM élément *m*; **2.** *in der Industrie* produit *m* de base; (*Rohstoff*) matière première; **~stoffindustrie** *f* industrie *f* de base; **~stück** *n* (parcelle *f* de) terrain *m*; terre *f*; bien immeuble, foncier; *a bebautes* bien-fonds *m*
'Grundstücks|eigentümer(in) *m(f)* propriétaire *m,f* d'un terrain, *etc*; **~makler(in)** *m(f)* agent immobilier
'Grund|studium *n* premier cycle d'études universitaires; **~stufe** *f* **1.** premier degré; **2.** GR positif *m*; **3.** SCHULE premier cycle de lycée (comprenant la 5ᵉ, 6ᵉ et 7ᵉ année scolaire); **~tarif** *m* tarif *m* de base; **~tendenz** *f* tendance fondamentale; **~ton** *m* ⟨~(e)s; -töne⟩ **1.** MUS son fondamental; **2.** PEINT ton dominant; couleur, teinte dominante; **3.** *fig e-r Rede etc* ton général; **~übel** *n* source *f* de tous les maux; **~überzeugung** *f* conviction fondamentale
'Gründung *f* ⟨~; ~en⟩ fondation *f* (*a* CONSTR); création *f*
'Gründungs|feier *f* cérémonie *f* de fondation; **~jahr** *n* année *f* de fondation; **~kapital** *n* capital initial; **~mitglied** *n* membre fondateur; **~versammlung** *f* assemblée constitutive
'Gründüngung *f* AGR engrais vert
'Grund|unterschied *m* différence fondamentale; **²ver'kehrt** *cf* **grundfalsch**; **~vermögen** *n* FIN capital immobilier, fortune immobilière; **¹²ver'schieden** *adj* tout à fait, radicalement, fondamentalement différent; **~versorgung** *f mit Vorräten* approvisionnement *m*, ravitaillement *m* avec des aliments de base; *mit Strom, Wasser, Gas* distribution *f*; *von Kranken, Kindern* soins *m/pl* élémentaires; (*Alters²*) retraite *f* de base; **~voraussetzung** *f* condition impérative; **~wahrheit** *f* vérité fondamentale; **~wasser** *n* ⟨~s⟩ nappe *f* phréatique; **~wasserspiegel** *m* niveau *m* (de la nappe) phréatique; **~wert** *m* valeur fondamentale; *von Grundstücken* valeur foncière; **~wissen** *n* connaissances *f/pl* de base, élémentaires; **~wissenschaft** *f* science *f* de base; **~wort** *n* ⟨~(e)s; -wörter⟩ GR mot déterminé
'Grundwortschatz *m* vocabulaire *m* de base; *der französische ~* le français fondamental
'Grund|zahl *f* MATH (*Kardinalzahl*) nombre cardinal; *bei Potenzen* nombre *m*; **~zins** *m* ⟨~es; ~e⟩ *früher* redevance foncière; *fig* impôt *m* trait, caractère principal, fondamental; caractéristique *f*
'Grüne(r) *f(m)* ⟨~ → A⟩ **1.** POL membre *m* du parti écologiste allemand; *die ~n* les Verts *m/pl*; **2.** F (*Umweltschützer[in]*) F écolo *m,f*
'Grüne(s) *n* ⟨→ A⟩ **1.** *Farbe* vert *m*; **2.** (*Natur*) nature *f*; *in e-r Landschaft* verdure *f*; *in e-r Stadt* espaces verts; *im ~n* dans la nature; *ins ~ fahren* aller dans la nature; **3.** (*Salat, Gemüse*) salade (verte) *bzw* légumes verts; verdure *f*; F (*Pflanzen*) plantes *f/pl*
'grünen *st/s v/i* (*h*) (re)verdir; verdoyer
'Grün|fink *m* verdier *m*; **~fläche** *f* espace vert; **~futter** *n* fourrage vert; **²gelb** *adj* jaune verdâtre (*inv*); jaune tirant sur le vert; **~gürtel** *m* ceinture *f* d'espaces verts; **~kern** *m* ⟨~(e)s⟩ (grain *m* de) blé vert; **~kohl** *m* chou vert, frisé; **~land** *n* ⟨~(e)s⟩ GÉOGR prairies *f/pl*; AGR pâturages *m/pl*
'grünlich *adj* verdâtre
'Grün|lilie *f* phalangère *f*; plante-araignée *f*; **~ling** *m* ⟨~s; ~e⟩ **1.** *Vogel* verdier *m*; **2.** *Pilz* tricholome *m* équestre; **~pflanze** *f* plante verte; **~schnabel** *m fig péj* blanc-bec *m*; **~span** *m* ⟨~(e)s⟩ vert-de-gris *m*; **~specht** *m* pivert *m*; **²stichig** *adj* tirant sur le vert; **~streifen** *m in der Straßenmitte* bande médiane, *am Straßenrand* bas-côté *m* (planté[e] d'arbustes, *etc*)
grunzen ['gruntsən] *v/i* ⟨-(es)t, h⟩ grogner
'Grünzeug F *n* ⟨~(e)s⟩ *Gemüse etc* verdure *f*; légumes verts *bzw* salade (verte)
'Grüppchen ['grypçən] *n* ⟨~s; ~⟩ petit groupe; *péj*, *meist* POL groupuscule *m*
Gruppe ['grupə] *f* ⟨~; ~n⟩ groupe *m* (*a* ÉCON, MATH, CHIM); (*Kategorie, Klasse*) catégorie *f*; (*Gehalts²*) *a* tranche *f*; *bei der Arbeit* équipe *f*; POL groupement *m*; *in ~n* en col par groupes
'Gruppen|arbeit *f* ⟨~⟩ travail *m* en groupe *bzw* par groupes; **~aufnahme** *f* PHOT photo *f* de groupe; **~bild** *n* PEINT tableau *m* de groupe; PHOT photo *f* de groupe; **~dynamik** *f* PSYCH dynamique *f* de groupe; **²dynamisch** *adj* PSYCH de dynamique de groupe; **~foto** *n* photo *f* de groupe; **~führer(in)** *m(f)*, **~leiter(in)** *m(f)* chef *m* de groupe; **~mitglied** *n* membre *m* d'un groupe, d'une équipe, *etc*; **~psychologie** *f* psychologie *f* de groupe; **~reise** *f* voyage organisé; **~sex** *m* échangisme *m*; **~sieger** *m* SPORT vainqueur *m* d'un groupe; **²spezifisch** *adj* propre à un groupe; **~therapie** *f* thérapie *f* de groupe; **~unterricht** *m* enseignement *m* par groupes; **~versicherung** *f* assurance de groupe, collective; **²weise** *adv* par groupes
grup'pieren *v/t* (*u v/réfl*) (*pas de ge-*, *h*) (*sich*) *~* (se) grouper; **²ung** *f* ⟨~; ~en⟩ groupement *m*
'Grusel|effekt *m* effet *m* qui glace d'horreur, d'épouvante; **~film** *m* film *m* d'épouvante; *als Gattung* (*Horrorfilm*) film d'horreur; **~geschichte** *f*, **~märchen** *n* histoire *f* qui donne frisson, à faire dresser les cheveux
'grus(e)lig *adj* qui donne le frisson; qui donne la chair de poule
gruseln ['gru:zəln] *v/imp* ⟨-(e)le, h⟩ *mir od mich gruselt* je frissonne d'épouvante, je suis terrifié (*bei dem Gedanken zu* [+*inf*] *bzw, daß* ..., à l'idée de [+*inf*])
'Gruseln *n* ⟨~s⟩ épouvante *f*; effroi *m*; *j-n das ~ lehren* terrifier qn; glacer qn d'épouvante, d'horreur

Gruß – gurren

Gruß [gruːs] *m* ⟨-es; ⁓e⟩ **1.** *Wort, Geste* salut *m*; **militärischer** ⁓ salut *m* militaire; **j-m die Hand zum** ⁓ **reichen** serrer la main à qn pour le saluer; **2.** *am Briefschluß* (**mit**) **freundliche**(**n**) **Grüße**(**n**) sincères salutations; *vertrautes* amicalement; (**mit**) **herzliche**(**n**) **Grüße**(**n**) (cordiales) amitiés; je vous *bzw* la t'embrasse; ⁓ *bzw* **Grüße auf Postkarten** amicales pensées; **3.** *aufgetragener* bonjour *m*; *unter Vertrauten* amitiés *f/pl*; *vornehm* compliments *m/pl*; respects *m/pl*; **j-m von j-m Grüße bestellen** *od* **ausrichten** donner le bonjour à qn de la part de qn; transmettre les amitiés, *etc* de qn à qn; (**bestell** *od* **sag ihm**) **e-n schönen** ⁓ **von mir!** donne-lui le bonjour de ma part!; transmets-lui mes amitiés!; *in Briefen* **viele Grüße an Ihre Frau!** transmettez mes amitiés, *distanzierter* mes compliments, mes respects à votre femme!; **viele Grüße von meinem Bruder** mon frère vous adresse ses amitiés
grüßen ['gryːsən] ⟨-(es)t, h⟩ **I** *v/t* **1.** dire bonjour à; *a fig* saluer; *südd, österr* **grüß** (**dich, euch, Sie**) **Gott!** bonjour! *bzw* bonsoir!; F **grüß dich!** salut! *CATH* **Gegrüßet seist du, Maria** Je vous salue, Marie; **2.** (*Grüße übermitteln*) ⁓ **Sie ihn von mir!** dis-lui le bonjour de ma part!; transmettez-lui mes amitiés!; **er läßt Sie** ⁓ il vous donne le bonjour; **II** *v/i* dire bonjour; saluer; *militärisch* ⁓ faire le salut militaire; **meine Mutter läßt** ⁓ (tu as *bzw* vous avez) le bonjour de ma mère
'**Gruß|formel** *f* (formule *f* de) salut *m*; **⁓los** *adv* sans saluer
'**Grützbeutel** *m* MÉD kyste sébacé
'**Grütze** ['grytsə] *f* ⟨-; -n⟩ **1.** gruau *m*; *Süßspeise* **rote** ⁓ gelée *f* à base de fruits rouges; **2.** F *fig* (*pas de pl*) (*Verstand*) cervelle *f*; F jugeote *f*; **nicht viel** ⁓ **im Kopf haben** ne pas avoir beaucoup de cervelle, F jugeote
'**G-Schlüssel** *m* MUS clef *f* de sol
Gspusi ['kʃpuːzi] F *südd, österr* *n* ⟨-s; -⟩ **1.** (*Geliebte*[*r*]) petit(e) ami(e); **2.** (*Liebschaft*) liaison amoureuse
Guano [gu'aːno] *m* ⟨-s⟩ guano *m*
Guatemala [guate'maːla] *f* ⟨→ *n/pr*⟩ le Guatemala
Guatemaltek|e [guatemal'teːkə] *m* ⟨-n; -n⟩, **⁓in** *f* ⟨-; -nen⟩ Guatémaltèque *m,f*; **²isch** *adj* guatémaltèque
Guayana [gua'jaːna] *cf* **Guyana**
gucken ['gukən] F ⟨h⟩ **I** *v/t Fernsehen, e-n Film* ⁓ regarder F la télé, un film; **II** *v/i* **1.** (**nach etw, j-m, auf etw, j-n**) ⁓ regarder, F zieuter, F viser (qc, qn); **guck mal!** regarde!; **nicht** ⁓! ne regarde(z) pas!; **laß** (**mich**) **mal** ⁓! fais voir!; montre!; **2.** (*hervorsehen*) dépasser (*aus* de); *fig* **der Schalk guckt ihm aus den Augen** il a un regard fripon, malin; **3.** (*dreinblicken*) **böse, freundlich, dumm** ⁓ avoir l'air méchant, aimable, bête
'**Guckfenster** *n* vasistas *m*
Gucki ['guki] F *m* ⟨-s; -s⟩ für Dias visionneuse *f*
'**Guck|indieluft** F *m* ⟨-⟩ étourdi *m*; **⁓loch** *n* trou *m* (pour regarder qc); *in e-r Tür* etc judas *m*
Gudrun ['guːdruːn] *f* ⟨→ *n/pr*⟩ prénom

Guerilla[1] [ge'rɪlja] *f* ⟨-; -s⟩ *Krieg, Truppe* guérilla *f*
Gue'rilla[2] *m* ⟨-(s); -s⟩ *Kämpfer* guérillero *m*
Gue'rilla|kämpfer *m* guérillero *m*; **⁓krieg** *m* guérilla *f*
Guerillero [gerɪl'jeːro] *m* ⟨-s; -s⟩ guérillero *m*
Gugelhupf ['guːgəlhupf] *m* ⟨-(e)s; -e⟩ *südd, österr* CUIS kouglof *m*
Güggeli ['gygəli] *n* ⟨-s; -⟩ *schweiz* poulet rôti
Guido ['giːdo *ou* gu'iːdo] *m* ⟨→ *n/pr*⟩ Guy *od* Gui *m*
Guillotine [gɪljo'tiːnə *ou* gijo-] *f* ⟨-; -n⟩ guillotine *f*
guilloti'nieren *v/t* ⟨*pas de ge-*, h⟩ guillotiner
Guinea [gi'neːa] *n* ⟨→ *n/pr*⟩ la Guinée
Guinea-Bissau [gi'neːabɪsaʊ] *n* ⟨→ *n/pr*⟩ la Guinée-Bissau
Gui'ne|er(**in**) *m* ⟨-s; -⟩ (*f*) ⟨-; -nen⟩ Guinéen, -éenne *m,f*; **²isch** *adj* guinéen, -éenne
Gulasch ['gulaʃ *ou* 'guːlaʃ] *n od m* ⟨-(e)s; -e *ou* -s⟩ CUIS goulache *od* goulasch *f od m*; **⁓kanone** *f* MIL plais (cuisine *f*) roulante *f*; **⁓suppe** *f* soupe *f* de goulache
Gulden ['guldən] *m* ⟨-s; -⟩ *Währung* florin *m*; *holländisches* ⁓ florin *m*
gülden ['gyldən] *poét adj* doré
Gülle ['gylə] *f* ⟨-⟩ *südd, schweiz* AGR lisier *m*; purin *m*
Gully ['guli] *m od n* ⟨-s; -s⟩ bouche *f* d'égout
gültig ['gyltɪç] *adj a fig* valable; JUR a valide; *Geld* qui a cours; **für** ⁓ **erklären** déclarer valable; JUR a valider
'**Gültigkeit** *f* ⟨-⟩ validité *f*; ⁓ **haben** être valable
'**Gültigkeits|bereich** *m* domaine *m* de validité; **⁓dauer** *f* durée *f*, période *f* de validité
Gummi[1] ['gumi] *n od m* ⟨-s; -(s)⟩ *Material* caoutchouc *m*; (*Bestandteil der ⁓harze*) gomme *f*; **aus** ⁓ en caoutchouc; **mit** ⁓ **überziehen** caoutchouter
'**Gummi**[2] *m* ⟨-s; -s⟩ **1.** (*Radier²*) gomme *f*; **2.** F (*Präservativ*) F capote anglaise
'**Gummi**[3] F *n* ⟨-s; -s⟩ (⁓*ring*, ⁓*band*) élastique *m*
'**Gummi|adler** F *plais n* poulet rôti (coriace); **²artig** *adj* caoutchouteux, -euse; qui a la consistance du caoutchouc; **⁓ball** *m* balle *f*, *großer* ballon *m* de caoutchouc; **⁓band** *n* ⟨-(e)s; -bänder⟩ élastique *m*; **⁓bärchen** *n* ⟨-s; -⟩ SÜSSWAREN ourson *m* en gomme gélifiée; **⁓baum** *m* **1.** Zimmerpflanze caoutchouc *m*; **2.** (*Kautschukbaum*) hévéa *m*; **⁓boot** *n* canot *m* pneumatique
gum'mier|en *v/t* ⟨*pas de ge-*, h⟩ engommer; **²ung** *f* ⟨-; -en⟩ engommage *m*
'**Gummi|handschuh** *m* gant *m* en *od* de caoutchouc; **⁓harz** *n* gomme-résine *f*; **⁓höschen** *n* ⟨-s; -⟩ F culotte *f* en *od* de caoutchouc; **⁓knüppel** *m* matraque *f* (en *od* de caoutchouc); **⁓mantel** *m* imperméable *m* en caoutchouc; **⁓matte** *f* tapis *m* en *od* de caoutchouc; **⁓paragraph** F *m* article *m*, paragraphe *m*, réglementation *f* dont l'application est élastique; **⁓puppe** *f* poupée *f* en caoutchouc; **⁓reifen** *m* pneu(matique) *m*;

⁓ring *m* auf Einmachgläsern, Flaschen etc caoutchouc *m*; Büroartikel etc élastique *m*; *beim Wurfspiel* rond *m* en caoutchouc; **⁓schlauch** *m* tuyau *m* en *od* de caoutchouc; **⁓schuh** *m* chaussure *f* en caoutchouc; **⁓schürze** *f* tablier *m* en caoutchouc; **⁓sohle** *f* semelle *f* en *od* de caoutchouc; **⁓stiefel** *m* botte *f* en *od* de caoutchouc; **⁓strumpf** *m* (*Stützstrumpf*) bas *m* à varices; **⁓tier** *n* Spielzeug animal *m* en caoutchouc; **⁓überzug** *m* revêtement *m* en *od* de caoutchouc; **⁓zelle** *f* cabanon *m*; **⁓zug** *m* COUT (bande *f*) élastique *m*
Gunst [gʊnst] *f* ⟨-⟩ faveur(s) *f*(*pl*); bonnes grâces; **die** ⁓ **des Augenblicks** le moment propice, favorable; **die** ⁓ **der Stunde nutzen** profiter d'une *bzw* de l'occasion propice; **zu s-n** ⁓**en** en sa faveur; à son profit; **in j-s** ⁓ (*dat*) **stehen** être dans les bonnes grâces de qn; **j-s** ⁓ **erlangen, gewinnen** s'attirer les bonnes grâces de qn; obtenir, gagner les bonnes grâces; **j-m e-e** ⁓ **erweisen, gewähren** faire, accorder une faveur à qn
'**Gunst|bezeigung** *st/s f* (marque *f* de) faveur *f*; **⁓gewerblerin** *f* ⟨-; -nen⟩ *plais* péripatéticienne *f*
günstig ['gynstɪç] **I** *adj* favorable (**für** à); *Zeitpunkt, Wetter* a propice; *Angebot, Preis etc* intéressant; avantageux, -euse; *Vorzeichen* heureux, -euse; **e-e** ⁓**e Gelegenheit** une occasion favorable, propice; **bei** ⁓**em Wetter** si le temps le permet; **Haus in** ⁓**er Lage** bien situé; **ein** ⁓**es Licht auf j-n, etw werfen** montrer qn, qc sous un jour favorable; **im** ⁓**sten Falle** en mettant les choses au mieux; **II** *adv* favorablement; d'une façon propice; **sich** ⁓ **auswirken** avoir des effets, conséquences favorables; **etw** ⁓ **kaufen** acheter qc à un prix intéressant, avantageux; **st/s j-n** ⁓ **stimmen** mettre qn de son côté
'**günstig**(**st**)**en'falls** *adv* en mettant les choses au mieux
'**Günstling** ['gynstlɪŋ] *m* ⟨-s; -e⟩ *péj* favori *m*
'**Gunstlingswirtschaft** *f* ⟨-⟩ *péj* favoritisme *m*
Günt(**h**)**er** ['gyntər] *m* ⟨→ *n/pr*⟩ prénom
Guppy ['gupi] *m* ⟨-s; -s⟩ ZO guppy *m*
Gurgel ['gurgəl] *f* ⟨-; -n⟩ *Inneres* gosier *m*; **j-m die** ⁓ **durchschneiden** couper la gorge à qn; égorger qn; **j-m an die** ⁓ **springen** sauter à la gorge de qn
'**gurgeln** *v/i* ⟨-(e)le, h⟩ **1.** **mit Mundwasser** etc se gargariser; **2.** (*sprudeln, blubbern*) Wasser gargouiller
'**Gurgelwasser** *n* ⟨-s; -wässer⟩ gargarisme *m*
'**Gürkchen** ['gyrkçən] *n* ⟨-s; -⟩ cornichon *m*
Gurke ['gurkə] *f* ⟨-; -n⟩ **1.** BOT concombre *m*; *kleine* cornichon *m*; **saure** ⁓ cornichon au vinaigre; **2.** F *plais* (*Nase*) F pif *m*; **3.** F *péj* (*Auto*) F vieux tacot
'**gurken** F *v/i* ⟨sein⟩ F faire une virée (en bagnole)
'**Gurken|glas** *n* ⟨-es; -gläser⟩ bocal *m* de cornichons; **⁓hobel** *m* râpe *f* (à concombre); **⁓kraut** *n* ⟨-(e)s⟩ (*Dill*) aneth *m*; (*Borretsch*) bourrache officinale; **⁓salat** *m* salade *f* de concombres
gurren ['gurən] *v/i* ⟨h⟩ roucouler

1092

Gurt [gʊrt] *m* ⟨~(e)s; ~e⟩ sangle *f*; (*Gürtel, Sicherheits*⁂) ceinture *f*; (*Riemen*) courroie *f*
'**Gürtel** ['gʏrtəl] *m* ⟨~s; ~⟩ ceinture *f*; F *fig* **den ~ enger schnallen** se mettre à, se serrer la ceinture
'**Gürtellinie** *f* ceinture *f*; *fig* **unterhalb der ~** a F (*unfair*) qui n'est pas fair-play; *Witz etc* douteux, -euse; **ein Schlag unter die ~** a F *fig* un coup bas
'**Gürtel|reifen** *m* pneu *m* à carcasse radiale; pneu radial; **~rose** *f* ⟨~⟩ MÉD zona *m*; **~schlaufe** *f* passant *m* de ceinture; **~schnalle** *f* boucle *f* de ceinture; **~tasche** *f* (*sac m*) banane *f*; **~tier** *n* tatou *m*
gürten ['gʏrtən] *st/s* ⟨-ete, h⟩ **I** *v/t* ceindre; **II** *v/réfl* **sich mit s-m Schwert, e-r Schärpe ~** ceindre son épée, une écharpe
'**Gurtmuffel** F *m* personne qui n'aime pas mettre de ceinture de sécurité en voiture
Guru ['gu:ru] *m* ⟨~s; ~s⟩ REL, *a fig* gourou *m*
GUS [ge:ʔu:ˈʔɛs] *abr* (*Gemeinschaft Unabhängiger Staaten*) **die ~** la C.E.I. (Communauté des États indépendants)
Guß [gʊs] *m* ⟨Gusses; Güsse⟩ **1.** TECH coulage *m*; coulée *f*; MÉTALL *a* fonte *f*; *aus e-m ~, fig wie aus e-m ~* d'un seul jet; **2.** F (*Regen*⁂) ondée *f*; averse *f*; (*Wasser*⁂) douche *f*; **3.** CUIS (*Zucker*⁂, *Schokoladen*⁂) *etc* glaçage *m*
'**Guß|beton** *m* béton coulé; **~eisen** *n* fonte *f*; **⁂eisern** *adj* en fonte; **~form** *f* moule *m*; **~naht** *f* bavure *f*; **~stahl** *m* acier *m* sur le creuset; acier fondu
Gustav ['gʊstaf] *m* ⟨→ n/pr⟩ Gustave *m*
Gusto ['gʊsto] *m* ⟨~s; ~s⟩ (*Neigung, Geschmack*) goût *m*; *je nach ~* comme je, tu, *etc* veux, *etc*
gut [gu:t] **I** *adj* ⟨besser, beste⟩ **1.** bon, bonne; *prädikativ* (*~ gelungen, ~ gemacht etc*) bien; *Wetter* beau, belle; **~er Anzug** beau costume, complet; costume *m* du dimanche; F **~e Butter** du beurre; **zu ~er Letzt** enfin; en définitive; **ein ~er Mensch** un homme, une femme de cœur; **~e Menschen** des gens de bien; **~e Nerven** *m/pl* nerfs *m/pl* solides; **ein ~(er) Teil** une bonne partie; **~e zehn Minuten** dix bonnes minutes; **~e dreißig Prozent** plus de, au moins trente pour cent; **der ~e Ton** le bon ton; **die ~e alte Zeit** le bon vieux temps; **in ~er Anrede ~e Frau!, ~er Mann!** F ma brave dame! F mon brave!; **⁂ und Böse** le bien et le mal; F *iron* **jenseits von ⁂ und Böse sein** F ne plus être dans le coup; F être largué; *der Schauspieler, Film etc* **war ~** l'acteur, le film, *etc* était bien; **zu j-m ~ sein** être bon pour qn; F **j-m ~ sein** aimer (bien) qn; **seien Sie so ~ und ...** veuillez ...; voulez-vous avoir la bonté de ...; *iron* **du bist (aber) ~!** tu es bien bon!; *Mittel etc* **für od zu, gegen etw ~ sein** être bon *od* à, contre qc; **für alles, zu allem ~ sein** être bon à tout; **sich** (*dat*) **zu ~ für etw sein** estimer s'abaisser en faisant qc; **für, zu nichts ~ sein** n'être bon, propre à rien; **wer weiß, wozu das ~ ist** qui sait, cela peut être utile; qui sait à quoi cela peut bien servir; **es wird noch alles ~ werden** tout s'arrangera; **mir ist nicht ~** je ne me sens pas bien; (*mir ist übel*) j'ai mal au cœur; **es ist ~ od wie ~, daß du gekommen bist** heureusement que tu es venu; **es wäre ~, wenn ...** ce serait bien de (+*inf*); **Lob ~ (so)!** bien!; (*also od nun*) **~!** (*ich bin einverstanden*) bon!; bien!; soit!; **schon ~!** allons, allons!; F **jetzt ist es aber ~!** F ça commence à bien faire!; F **lassen wir es ~ sein!** restons-en là!; c'est bon!; n'en parlons plus!; n'insistons pas!; F **lassen wir es für dieses Mal ~ sein** a passe pour cette fois; (*das ist ja*) **alles ~ und schön, aber ...** tout cela est bien beau, mais ...; **2.** *Schulnote* très bien; *in Frankreich* quatorze *m*, *im Zeugnis* a quinze *m* (sur vingt); *e-e ~e Note* une bonne note; **die Note „~" bei e-r Prüfung** la mention «bien»; *Schulnote* **sehr ~** très bien; *in Frankreich* seize *m*, dix-sept *m*, dix-huit *m*, dix-neuf *m*, vingt *m* (sur vingt); **3.** *bei Wünschen etc* **~en Morgen!, ~en Tag!** bonjour (monsieur, madame, mademoiselle, mesdames et messieurs, F *in e-m Restaurant, Geschäft a* messieurs dames)!; **~en Abend!** bonsoir (monsieur, *etc*)!; **~e Nacht!** bonne nuit (monsieur, *etc*)!; **~e Besserung!** meilleure santé!; bon rétablissement!; **~e Reise!** bon voyage!; **ein ~es neues Jahr!** bonne année!; **II** *adv* bien; **~ riechen** sentir bon; **~ schmecken** être bon; avoir un bon goût; *etw* **~ können** savoir bien faire qc; maîtriser qc; **~ schwimmen, singen etc** bien nager, chanter, *etc*; **das fängt ja ~ an!** ça commence bien!; F *etw, j-n* **finden** trouver qc, qn bien; *Speisen* bon; **~ gehen** *Geschäft* bien marcher; **es geht mir ~** je vais bien; je me porte bien; **es ~ haben** avoir de la vie belle; *bes finanziell* ne pas être à plaindre; **es bei j-m ~ haben** être bien chez qn; **du hast ~ lachen** tu peux bien rire; **du hast ~ reden** tu en parles à ton aise; **~ gemacht!** bien!; bravo!; F **mach's ~!** bonne chance!; (*tschüs*) F salut!; **das macht sich ~** cela fait bien; cela a de l'allure; **s-e Sache ~ machen** être compétent; F bien faire son boulot; **es ~ meinen** (*mit j-m*) vouloir du bien (à qn); avoir de bonnes intentions (envers qn); **~ gemeint sein** partir d'une bonne intention; **nicht ~ auf j-n zu sprechen sein** ne pas avoir une bonne opinion de qn; (*mit j-m Streit haben*) en vouloir à qn; avoir une dent contre qn; **mit j-m ~ stehen** être en bons termes avec qn; **sich mit j-m ~ stellen** se mettre bien avec qn; F **sich bei etw ~ stehen** trouver son compte à qc; **~ gestellt sein** avoir une bonne situation; *finanziell* vivre à l'aise; **~ daran tun zu** (+*inf*) faire bien de (+*inf*); **es ~ getroffen haben** être bien tombé; **~ gewachsen sein** être bien fait de sa personne; *fig auf* **~ deutsch** en clair; **das ist ~ möglich** c'est bien possible; **es kann ~ sein, daß ...** il se pourrait bien que ...; **~ zehn Jahre** dix bonnes années; **vor ~ zehn Jahren** il y a, cela fait bien dix ans; F **~ und gern** au moins; **kurz und ~** bref; en un mot; enfin; **so ~ wie alles, nichts** presque tout, rien; **so ~ ich kann** aussi bien que je peux

Gut *n* ⟨~(e)s; ~er⟩ **1.** (*Besitz*), *a* JUR, ÉCON, PHILOS, REL bien *m*; **sein (ganzes) Hab und ~** tous ses biens; tout son avoir; *prov* **unrecht ~ gedeihet nie** *od* **tut selten gut** *prov* bien mal acquis ne profite jamais; **2.** (*Landgut*) domaine *m*; (*Gutshof*) ferme *f*; **3.** (*Transport*⁂) marchandise(s) *f(pl)*
'**Gutachten** *n* ⟨~s; ~⟩ expertise *f*; **ein ~ einholen** demander une expertise
'**Gutachter|(in)** *m* ⟨~s; ~⟩ (*f* ⟨~; ~nen⟩) expert *m*; **⁂lich I** *adj* dans une expertise; **II** *adv* par expertise
'**gut|artig** *adj* **1.** *Tier* pas méchant (de nature); inoffensif, -ive; *Mensch* facile à vivre; accommodant; qui a une nature facile; **2.** MÉD bénin, -igne; **⁂artigkeit** *f* ⟨~⟩ **1.** *e-s Tiers* nature pas méchante; *e-s Menschen* caractère *m* facile; **2.** MÉD bénignité *f*; **~aussehend** *adj* bien de sa personne; beau, bel, belle; **~besetzt** *adj* *Zug, Saal etc* plein; **~betucht** F *adj* F qui a du fric; F friqué; **~bezahlt** *adj* bien payé
'**gut|bürgerlich** *adj* bourgeois; **~e Küche** cuisine bourgeoise
'**gutdotiert** *adj* bien rémunéré
Gutdünken ['gu:tdʏŋkən] *n* ⟨~s⟩ **nach** (*meinem, deinem etc*) **~** comme bon me, te, *etc* semble; à ma, ta, *etc* guise
'**Gute(s)** *n* ⟨→ A⟩ **1.** bien *m*; **etwas ~ Speise** quelque chose de bon; *Material* quelque chose de bonne qualité; *Handlung* quelque chose de bien; *Arbeit* quelque chose de bien fait; **~s mit Bösem vergelten** rendre le mal pour le bien; (*j-m*) **~s tun** faire du bien (à qn); **des ~n zuviel tun** exagérer; *bei Arbeiten etc* vouloir trop bien faire; **das zuviel des ~n** c'en est trop; **sein ~s haben** avoir du bon; **sich zum ~n wenden** bien tourner; prendre bonne tournure; **man hört nur ~s (von ...)** on ne dit que du bien (de ...); **j-m etw im ~n sagen** dire qc à qn en toute amitié, gentiment; **im ~n auseinandergehen** se quitter bons amis; **wir haben uns im ~n wie im bösen bemüht** on a fait tout notre possible; **2.** *bei Wünschen* **alles ~!** zu e-r bevorstehenden Aufgabe bonne chance!; *bes bei Unangenehmem* bon courage!; **zum Geburtstag, Jahreswechsel** meilleurs vœux; **j-m zum Geburtstag alles ~ wünschen** souhaiter un bon anniversaire à qn
Güte ['gy:tə] *f* ⟨~⟩ **1.** *e-r Person* bonté *f*; *st/s* **hätten od haben Sie die ~ zu** (+*inf*) veuillez (+*inf*); *st/s a* ayez la bonté, l'obligeance de (+*inf*); F **ach du meine od liebe ~!** mon Dieu!; **e-n Vorschlag zur ~ machen** proposer un arrangement à l'amiable, un compromis; **2.** *e-r Ware* qualité *f*; **erster ~** de première qualité
'**Güteklasse** *f* COMM catégorie *f* de qualité
Gute'nacht|geschichte *f* histoire (lue bzw racontée à un enfant au moment du coucher); **~kuß** *m* baiser *m* pour dire bonne nuit
'**Güter|abfertigung** *f* **1.** *Stelle* bureau *m* d'expédition des marchandises; **2.** (*das Abfertigen*) (formalités *f/pl*) d'expédition *f* des marchandises; **~austausch** *m* échange *m* de biens économiques; **~bahnhof** *m* gare *f* de marchandises; **~'fernverkehr** *m* trafic *m* de marchan-

dises à grande distance; **~gemeinschaft** f JUR communauté f de biens
'**guterhalten** adjt en bon état
Güter'nahrverkehr m trafic m de marchandises à petite, courte distance
'**Güterrecht** n ⟨~(e)s⟩ JUR droit m concernant les biens; *eheliches* ~ droit concernant les biens matrimoniaux
'**Güter|stand** m JUR régime matrimonial; **~transport** m transport m de(s) marchandises; **~trennung** f JUR séparation f de biens; **~verkehr** m trafic m de marchandises; **~wagen** m wagon m de marchandises; **~zug** m train m de marchandises
'**Güte|siegel** n COMM label m de qualité; **~stelle** f JUR bureau m de conciliation; **~verfahren** n JUR procédure f de conciliation; **~zeichen** n COMM label m de qualité
'**gutgebaut** F adjt *Frau* bien faite, F foutue; *Mann* bien fait, bâti
'**gutgehen** ⟨*irr*, -ge-, sein⟩ I v/i (*gut ausgehen*) se terminer bien; bien finir; *ob das wohl gutgeht?* comment ça va finir?, F tourner?; *es ist noch einmal gutgegangen* ça a failli mal finir, F mal tourner; II v/imp *es geht ihm gut* tout va bien pour lui; *gesundheitlich* il va bien
'**gut|gehend** adjt *Geschäft* qui marche bien; florissant; **~gekleidet** adjt qui est bien habillé; **~gelaunt** adj de bonne humeur; F bien luné; **~gemeint** adjt qui part d'une bonne intention; fait avec les meilleures intentions; **~gläubig I** adj de bonne foi; **II** adv de bonne foi; en toute bonne foi; **2gläubigkeit** f bonne foi
'**guthaben** v/t ⟨*irr*, sép, -ge-, h⟩ *ich habe bei ihm zehn Mark gut* il me doit dix marks
'**Guthaben** n ⟨~s; ~⟩ avoir m
'**gut|heißen** v/t ⟨*irr*, sép, -ge-, h⟩ approuver; **~herzig** adj bon, bonne; qui a bon cœur; **2herzigkeit** f ⟨~⟩ bonté f (du cœur); bon cœur
'**gütig I** adj bon, bonne; st/s, iron *mit Ihrer ~en Erlaubnis* avec votre aimable permission; st/s, iron (*Sie sind*) zu

~! vous êtes trop bon, aimable!; **II** adv avec bonté; st/s *Sie werden mich ~st entschuldigen* vous voudrez bien m'excuser
'**gütlich I** adj ⟨épithète⟩ (à l')amiable; **~e Einigung** arrangement m (à l')amiable; *auf ~em Wege* à l'amiable; **II** adv **1.** à l'amiable; *sich ~ einigen* s'arranger à l'amiable; **2.** *sich an etw* (*dat*) *~ tun* se régaler de qc
'**gutmachen** v/t ⟨sép, -ge-, h⟩ *Fehler, Verschulden* réparer; *Versäumtes, Verlust* rattraper; regagner; *wie kann ich (Ihnen) das ~?* comment pourrais-je vous remercier?; *sie hat an ihm viel gutzumachen* elle a beaucoup de torts (envers lui) à réparer
gutmütig ['guːtmyːtɪç] adj bon, bonne; bon enfant; *er ist ~* il a bon caractère; F c'est une bonne pâte
'**Gutmütigkeit** f ⟨~⟩ bon caractère; bonté f; bonhomie f
'**gut'nachbarlich** adj **~e Beziehungen** f/pl relations f/pl de bon voisinage
'**Gutsbesitzer(in)** m(f) propriétaire m,f d'un domaine, d'une ferme
'**Gutschein** m bon m (*für*, *auf* [+acc] pour)
'**gutschreiben** v/t ⟨*irr*, sép, -ge-, h⟩ FIN *j-m e-n Betrag ~* créditer (le compte de) qn d'une somme; passer, porter une somme au crédit de qn; *e-n Betrag e-m Konto ~* créditer un compte d'une somme
'**Gutschrift** f FIN **1.** *Betrag* crédit m; avoir m; **2.** *Bescheinigung* inscription, écriture (passée) au crédit
'**Guts|haus** n manoir m; maison f d'habitation d'un domaine; **~herr** m **1.** propriétaire m d'un domaine, d'un manoir; **2.** HIST seigneur m; **~herrin** f propriétaire m d'un domaine, d'un manoir; **~hof** m ferme f (d'un domaine)
'**gut|situiert** adjt fortuné; aisé; **~sitzend** adjt *Kleid* etc qui va très bien (à qn)
'**Gutsverwalter** m administrateur m, intendant m d'un domaine
Guttapercha [ɡuta'pɛrtʃa] f ⟨~⟩ od n ⟨~(s)⟩ gutta-percha f

'**guttun** v/i ⟨*irr*, sép, -ge-, h⟩ *Wärme, Arznei* etc faire du bien; fig, a iron *das tut ihm* (*ganz*) *gut* cela lui fait beaucoup de bien
guttural [gutu'raːl] adj PHON guttural
Guttu'ral m ⟨~s; ~e⟩, **~laut** m PHON gutturale f
'**gutunterrichtet** adjt bien informé; *aus ~en Kreisen* de milieux bien informés
'**gutverdienend** adjt qui gagne bien sa vie; qui a un bon salaire
'**gutwillig I** adj (plein) de bonne volonté; **II** adv de bon gré; de bonne grâce; **2keit** f ⟨~⟩ bonne volonté
Guyan|a [gu'jaːna] n ⟨→ n/pr⟩ la Guyana; **~er(in)** m ⟨~s; ~⟩ (f) ⟨~; ~nen⟩ Guyanais(e) m(f); **2isch** adj guyanais
gymnasi'al adj ⟨épithète⟩ *Oberstufe* du lycée; *Unterricht* au lycée
Gymnasi'al|bildung f études f/pl secondaires; **~lehrer(in)** m(f) professeur m de lycée; **~unterricht** m enseignement m secondaire
Gymnasiast(in) [gymnazi'ast(ɪn)] m ⟨~en; ~en⟩ (f) ⟨~; ~nen⟩ lycéen, -éenne m,f; *der unteren Klassen* a collégien, -ienne m,f
Gymnasium [gym'naːzi̯um] n ⟨~s; -ien⟩ **1.** lycée m (avec un cycle d'enseignement de 9 ans); *humanistisches*, *altsprachliches ~* lycée classique (avec dominantes latin et grec); *neusprachliches ~* lycée moderne (avec deux langues vivantes obligatoires); *mathematisch-naturwissenschaftliches ~* lycée m moderne (avec dominantes sciences et mathématiques); **2.** ANTIKE gymnase m
Gymnastik [gym'nastɪk] f ⟨~⟩ gymnastique f; **~anzug** m justaucorps m; **~lehrer(in)** m(f) professeur m de gymnastique; **~stunde** f cours m de gymnastique
gym'nastisch adj (de) gymnastique
Gynäko|loge [gynɛko'loːɡə] m ⟨~n; ~n⟩, **~'login** f ⟨~; ~nen⟩ gynécologue m,f; **~lo'gie** f ⟨~⟩ gynécologie f; **2'logisch** adj gynécologique
Gyroskop [gyro'skoːp] n ⟨~s; ~e⟩ gyroscope m

H

H, h [ha:] *n* ⟨~; ~⟩ **1.** *Buchstabe* H, h *m*; **2.** *MUS* si *m*
h *abr* (*hora*; *Stunde, bei Angabe der Uhrzeit*: *Uhr*) h (heure[s]); *4 h* 4 heures; *um 8ʰ* à 8 h
H *abr* (*Herren*) Messieurs
ha¹ *abr* (*Hektar*) ha (hectare)
ha² [ha] *int* Überraschung, Triumph ah!; 'ha!
Haar [ha:r] *n* ⟨~(e)s; ~e⟩ (*Haupt*℘) cheveu *m*; (*Körper*℘), ZO, BOT, TEXT, *e-s Pinsels etc* poil *m*; *coll das* ~ les cheveux; *volles, langes* la chevelure; *blonde* ~*e od blondes* ~ *haben* avoir les cheveux blonds; *die* ~*e od das* ~ *lang, kurz tragen* avoir les cheveux longs, courts; *sich* (*dat*) *die* ~*e schneiden lassen* se faire couper les cheveux; *sich* (*dat*) *aufs* ~ *gleichen* se ressembler comme deux gouttes d'eau; *um ein* ~ *wäre er ums Leben gekommen* il s'en est fallu d'un cheveu qu'il n'échappe à la mort; un peu plus il était mort, il mourait; *um ein* ~ *wäre es schiefgegangen* il s'en est fallu de peu; F un peu plus, et ça y était; F il était moins une; F *plais j-m die* ~*e vom Kopf fressen* ruiner qn; F *fig ein* ~ *in der Suppe finden* trouver à critiquer, à redire; *j-m kein* ~ *krümmen* ne pas toucher (à) un cheveu de qn; F *bei etw* ~*e lassen* (*müssen*) y laisser des plumes; F *kein gutes* ~ *an j-m, etw lassen* ne dire que du mal de qn, qc; F *démolir qn, qc* (*complètement*); *plais* ~*e auf den Zähnen haben* ne pas se laisser marcher sur les pieds; *sich* (*dat*) *in die* ~*e geraten od* F ~ *kriegen* s'empoigner; F se voler dans les plumes; *Frauen a* F se crêper le chignon; *sich* (*dat*) *in den* ~*en liegen* se battre; F *an den* ~*en herbeigezogen* tiré par les cheveux; *sich* (*dat*) (*vor Verzweiflung*) *die* ~*e raufen* s'arracher les cheveux (de désespoir); F *dabei stehen einem die* ~*e zu Berge* cela (vous) fait dresser les cheveux sur la tête; F *deshalb lasse ich mir keine grauen* ~*e wachsen* je ne m'en fais pas pour ça; je ne me fais pas de souci à ce sujet
Haar|ansatz *m* racine *f* des cheveux; *als Linie* naissance *f* des cheveux; ~**ausfall** *m* chute *f* des cheveux; ~**balg** *m* follicule pileux; ~**band** *n* ⟨~(e)s; -bänder⟩ ruban *m* dans les cheveux; serre-tête *m*
'haarbreit *adv* tout près, à deux doigts (*vor* [+*dat*] de)
'Haarbreit *n* nicht (um) ein ~ pas d'un pouce
'Haar|bürste *f* brosse *f* (à cheveux); ~**büschel** *n* touffe *f* de cheveux *bzw* de poils; ~**creme** *f* crème *f* capillaire;

crème *f* (de soins) pour les cheveux
'haaren *v/i* (*u v/réfl*) ⟨h⟩ (*sich*) ~ *Tiere* perdre ses poils
'Haaresbreite *f um* ~ de peu, de justesse; *um* ~ *dem Tod entgehen* échapper de peu, de justesse à la mort; *nicht um* ~ pas d'un pouce
'Haar|farbe *f* couleur *f* des cheveux; ~**färbemittel** *n* teinture *f* capillaire, pour les cheveux; '℘**fein** *adj* fin comme un cheveu; *Unterschied etc* subtil; *Sprung, Riß* minuscule; très fin; imperceptible; ~**festiger** *m* ⟨~s; ~⟩ fixateur *m*; ~**garn** *n* TEXT fil *m* de poil animal; ~**gefäß** *n* ANAT (vaisseau *m*) capillaire *m*; ~**gel** *n* gel *m* (capillaire); '℘**ge'nau** F **I** *adj* très, extrêmement exact, précis; **II** *adv* très exactement, précisément; avec une précision absolue
'haarig *adj* **1.** *Körperteil* velu; *Mensch* poilu; **2.** F (*schwierig*) difficile; ardu; F *coton* (*inv*); (*heikel*) délicat
'Haar|klammer *f* pince *f* à cheveux; ~**kleid** *st/s n* ZO pelage *m*
'haar|klein *adv* (jusque) dans les moindres détails; par le menu; *j-m etw* ~ *erklären* expliquer qc par le menu à qn; expliquer tout en détail à qn
'Haar|klemme *f cf Haarklammer*; ~**knoten** *m* chignon *m*; ~**kranz** *m* **1.** *um e-e Glatze* couronne *f* de cheveux; **2.** *Zopf* natte *f*, tresse *f* en diadème, en couronne; ~**lack** *m* laque *f*; ℘**los** *adj* glabre; sans cheveu(x) *bzw* poil(s); ~**mode** *f* coiffure *f* (à la mode); ~**nadel** *f* épingle *f* à cheveux; ~**nadelkurve** *f* virage *m* en épingle à cheveux; ~**netz** *n* résille *f*; filet *m*; ~**öl** *n* huile *f* capillaire; ~**pflege** *f* soins *m/pl* capillaires, du cheveu, des cheveux; ~**pinsel** *m* pinceau fin; ~**pracht** *f* chevelure *f* magnifique; ~**riß** *m* TECH fissure très fine; ~**röhrchen** *n* PHYS tube *m* capillaire
'haar'scharf I *adj* (*klar*) très net, nette; (*genau*) très précis; **II** *adv* **1.** (*klar, genau*) très nettement; d'une extrême netteté, précision; **2.** (*ganz dicht, nah*) de justesse; de peu; ~ *danebengehen a fig* manquer, rater de justesse, de peu
'Haar|schleife *f* nœud *m* (dans les cheveux); ~**schmuck** *m* parure *f* pour *bzw* dans les cheveux
'Haarschnitt *m* coupe *f* de cheveux; *j-m e-n kurzen, modernen* ~ *machen* faire à qn une coupe, une coiffure courte, moderne
'Haar|seite *f bei Leder, Fell* côté *m* poil, fleur; ~**sieb** *n* tamis très fin
'Haarspalter *m* ⟨~s; ~⟩ *péj* coupeur *m* de cheveux en quatre; chinois *m*

Haarspalte'rei *f* ⟨~; ~en⟩ *péj* chinoiseries *f/pl*; subtilités *f/pl*; *das ist doch* ~! c'est couper les cheveux en quatre; ce sont des chinoiseries; moi j'appelle ça chercher la petite bête
'haarspalterisch *adj péj* méticuleux, -euse à l'excès; tatillon, -onne; chinois
'Haarspange *f* barrette *f*
'Haar|spitze *f* pointe *f* (d'un cheveu); ~**spray** *n od m* laque *f*; ~**strähne** *f* mèche *f* (de cheveux); ℘**sträubend** *adj* **1.** (*entsetzlich*) effarant; monstrueux, -euse; **2.** (*unerhört*) inouï; (*unglaublich*) invraisemblable; absurde; ~**teil** *n* postiche *m*; ~**tolle** *f* toupet *m*; *bei Herrenfrisuren in den 60er Jahren a* banane *f*; ~**tracht** *f* coiffure *f*; ~**trockner** *m* ⟨~s; ~⟩ séchoir *m* à cheveux; sèche-cheveux *m*; ~**wäsche** *f* lavage *m* des cheveux; *beim Friseur* shampooing *m*; ~**waschmittel** *n* shampooing *m*; ~**wasser** *n* ⟨~s; ~ -wässer⟩ lotion *f* capillaire; ~**wild** *n* gibier *m* à poil; ~**wuchs** *m* **1.** *Vorgang* pousse *f* des cheveux; **2.** (*Haare*) cheveux *m/pl*; *voller Gewächse, bei Tieren, am Körper* poils *m/pl*; pelage *m*; ~**wuchsmittel** *n* produit *m* capillaire (pour la pousse des cheveux)
'Haarwurzel *f* racine *f* d'un *bzw* des cheveu(x), *bei Tieren, am Körper* d'un *bzw* des poil(s); *bis zu den* ~*n erröten* rougir jusqu'à la racine des cheveux, jusqu'au blanc des yeux
Hab [ha:p] *st/s n* ~ *und Gut n* biens *m/pl*; avoir *m*; *sein ganzes* ~ *und Gut verlieren* perdre tous ses biens; tout perdre
Hab'achtstellung *f cf Habtachtstellung*
'Habe *st/s f* ⟨~⟩ biens *m/pl*; *bewegliche* ~ biens mobiliers; *persönliche* ~ effets *m/pl* (personnels)
haben ['ha:bən] ⟨hat, hatte, gehabt, h⟩ **I** *v/t* avoir; (*besitzen*) *a* posséder; *Zeit* ~ avoir le, du temps; *e-e Mark hat hundert Pfennig* un mark vaut cent pfennigs; cent pfennigs font un mark; *e-e Stunde hat sechzig Minuten* il y a soixante minutes dans une heure; une heure fait soixante minutes; *wir* ~ *heute Montag, den 1. April* aujourd'hui nous sommes lundi, le 1ᵉʳ avril; *wir* ~ *März, Sommer* nous sommes en mars, en été; *hier, da hast du Geld* tiens, voilà de l'argent; *st/s* ~ *Sie schönen Dank!* je vous remercie!; *das hat etwas Beruhigendes* c'est rassurant; ça rassure; F *was hast du* (*denn*)? mais qu'est-ce que tu as?; il y a quelque chose qui ne va pas?; ça ne va pas?; F *wie hätten Sie's denn*

Haben – Haft

gern? qu'est-ce que vous voulez?; *beim Friseur etc* qu'est-ce qu'on vous fait?; *Nachricht* **woher ~ Sie das?** d'où tenez-vous cela?; *ich habe es aus guter Quelle* je le tiens de bonne source; *beim Diktieren* **~ Sie „kommen"?** avez-vous écrit, mis »kommen«?; F *das kann ich nicht ~ (ertragen, leiden)* je ne supporte pas ça; F *da ~ wir's! (das war zu erwarten)* ça y est!; (*so ist es also*) nous y voilà!; *ich hab's (gefunden)* j'ai trouvé; je l'ai; *jetzt hab' ich ihn (erwischt)* je le tiens maintenant; F *die ~'s ja (sie sind reich)* ils en ont (de ça); F ils ont du blé; *es gut, schlecht ~* être bien, mal; *es schwer ~* avoir du mal; avoir une vie difficile; *es eilig ~* être pressé; *es gemütlich ~* être bien (installé); F *(alles) wie gehabt* on l'a déjà vu, connu ça; ça n'est pas nouveau; F *das werden wir gleich ~* ça ne sera pas long; il n'y en a pas pour longtemps; *je vous trouve, dis, etc* ça tout de suite; COMM *zu ~ sein* être en vente; s'acheter; se vendre; COMM *das ist nicht mehr zu ~* il n'y en a plus; on n'en trouve plus; *sie, er ist noch zu ~* elle, il est encore à marier; elle, il est encore libre; F *dafür bin ich immer zu ~* pour ça, je suis toujours partant, je ne dis jamais non; F *für so etwas bin ich nicht zu ~* F ça ne me dit rien; c'est pas mon truc; F *man hat jetzt wieder kurze Röcke* la mode est de nouveau aux jupes courtes; c'est de nouveau la mode des jupes courtes; *~ wollen, daß ...* vouloir, désirer que ... (+*subj*); *er will es so ~* il le veut ainsi; c'est son idée (à lui); *du hast es ja so ~ wollen* tu l'as voulu; *plais* **wer hat, der hat** (*besser etwas als gar nichts*) c'est toujours ça de pris; (*wer hat, kann sich vieles leisten*) quand on a les moyens ...; *plais* **was man hat, das hat man** *prov* mieux vaut tenir que courir; *ich habe zu* (+*inf*) j'ai à, je dois, il me faut (+*inf*); *ich habe zu tun* j'ai à faire; *etw zu bedeuten ~* vouloir dire qc; signifier qc; *j-m etw zu verdanken ~* devoir qc à qn; *das hat nichts zu sagen* cela ne veut rien dire; *das hat hier nichts zu suchen* cela n'a rien à faire ici; *du hast zu gehorchen* tu dois obéir; il faut que tu obéisses; *er hat etwas Geheimnisvolles etc an sich* (*dat*) il y a quelque chose de mystérieux, *etc* en lui; *ich habe ich e-e richtige Freundin* c'est vraiment une amie pour moi; c'est une véritable amie; *weißt du überhaupt, was du an mir hast?* tu sais la chance que tu as avec moi?; F *es am Magen ~* avoir des problèmes d'estomac; *was hat es mit diesem Fall auf sich?* quelle est l'importance de cette affaire?; *damit hat es nichts auf sich* c'est sans importance, cela n'a pas d'importance; cela ne tire pas à conséquence; *etwas, viel für sich ~* ne pas être (du tout) à dédaigner; avoir beaucoup, pas mal d'avantages; *Argument* être (très) plausible; *etwas gegen j-n, etw ~* avoir quelque chose contre qn, qc; *alle Kollegen gegen sich ~* avoir tous ses collègues contre soi; *hinter sich (dat) ~ Arbeit, Examen* en avoir fini, terminé avec; *Operation* avoir subi; *fig* **es in**

sich (*dat*) *~* être très difficile; réserver des surprises; F *es mit j-m ~* avoir une liaison, des rapports avec qn; *viel, wenig von etw ~* profiter bien, peu de qc; tirer beaucoup, peu de profit de qc; *viel* (*wenig*) *von j-m ~* (ne pas) profiter (beaucoup) de la présence de qn; *nichts von etw ~* ne pas profiter de qc; ne tirer aucun profit de qc; *er hat wenig vom Leben* il profite peu de la vie; *das hat man nun von s-r Gutmütigkeit!* voilà ce que c'est que d'être bon!; *Eigenschaft etc* **von** *j-m ~* tenir de qn; *er hat das von s-m Vater* il tient cela de son père; *sie hat etwas von e-r Schauspielerin* (*an sich* [*dat*]) elle a quelque chose d'une actrice; *j-n vor sich* (*dat*) *~* avoir qn devant soi; *etw vor sich ~* être à la veille de qc; *weiter entfernt* avoir qc en perspective; *ich habe e-e schwere Aufgabe vor mir* a une tâche difficile m'attend; *er hat das Leben noch vor sich* (*dat*) il a encore la vie devant lui; **II** *v/aux* avoir; *bei reflexiver Konstruktion* être; **III** *v/imp* bes *südd*, *schweiz* **es hat** (*es gibt*) il y a; **IV** F *v/réfl sich ~* faire des façons; *hab dich nicht so!* ne fais pas tant de façons, de manières!; *damit hat sich's* c'est tout; c'est fini

'**Haben** *n* 〈~s〉 COMM avoir *m*; crédit *m*; **Soll und ~** doit et avoir; débit et crédit

'**Habenichts** *m* 〈~(es)〉; ~e〉 va-nu-pieds *m*

'**Haben|seite** *f* 〈~〉 COMM côté *m* avoir, crédit; **~zinsen** *m/pl* intérêts créditeurs

'**Habgier** *f* cupidité *f*, rapacité *f*; **2ig** *adj* cupide; rapace

'**habhaft** *adj* (*attribut*) *j-s, e-r Sache ~ werden* se saisir de, s'emparer de, mettre la main sur qn, qc

Habicht ['ha:bɪçt] *m* 〈~s; ~e〉 autour *m*

'**Habichtsnase** *f* nez en bec d'aigle, busqué

Habilitation [habilitatsi'oːn] *f* 〈~; ~en〉 UNIVERSITÄT *etwa* doctorat *m* d'État

Habilitati'onsschrift *f* UNIVERSITÄT *etwa* thèse *f* d'un doctorat d'État

habili'tieren *v/i* (*u v/réfl*) 〈*pus de ge-*, *h*〉 UNIVERSITÄT (*sich*) *~ etwa* passer un doctorat d'État

Habitat [habi'taːt] *n* 〈~s; ~e〉 BIOL habitat *m*

Habitus ['ha:bitus] *m* 〈~〉 **1.** *st/s* (*Erscheinungsbild*) aspect extérieur; (*Haltung*) attitude *f*; (*Benehmen*) comportement *m*; **2.** MÉD habitus *m*

'**Habseligkeiten** *f/pl* affaires *f/pl*; effets *m/pl*

'**Hab|sucht** *f* 〈~〉 *cf* **Habgier**; **2süchtig** *cf* **habgierig**

Habt'achtstellung *f* MIL, *fig* garde-à-vous *m*; *in ~ stehen* être au garde-à-vous

hach [hax] *int* Überraschung, Begeisterung ah!; oh!; Triumph ah!; Verachtung bof!

Hachse ['haksə] *f* 〈~; ~n〉 **1.** CUIS jarret *m*; **2.** F *plais pl* *~n* F pattes *f/pl*; F quilles *f/pl* F guibol(l)es *f/pl*

Hack [hak] *n* 〈~s〉 *regional* viande 'hachée; **~beil** *n* couperet *m*; **~braten** *m* rôti *m* de viande 'hachée; '**~brett** *n* **1.** CUIS planche *f* à découper, à 'hacher; **2.** MUS tympanon *m*

'**Hacke**[1] *f* 〈~; ~n〉 AGR, JARD 'houe *f* (à bras); (*Kreuz*[2]) pioche *f*; (*Garten*[2]) binette *f*; serfouette *f*

'**Hacke**[2] *f* 〈~; ~n〉 *regional* (*Absatz, Ferse*) talon *m*; F *sich* (*dat*) *die ~n nach etw ablaufen* courir partout pour trouver qc

'**hacken** 〈h〉 **I** *v/t mit dem Messer etc* 'hacher; *mit der Hacke*, JARD, AGR biner; 'houer; *Holz ~* casser du bois; **II** *v/i* **1.** (*mit der Hacke arbeiten*) piocher; biner; **2.** *Vogel* **nach** *j-m, etw ~* donner des coups de bec à qn, qc; *j-m od j-n in den Finger ~* donner des coups de bec dans le doigt de qn

'**Hackepeter** *m* 〈~s; ~〉 CUIS chair *f* à saucisse(s)

'**Hacker** *m* 〈~s; ~〉 Jargon INFORM pirate *m*

'**Hackfleisch** *n* viande 'hachée; F *aus j-m ~ machen* F casser la figure à qn

'**Hack|frucht** *f* AGR plante sarclée; **~klotz** *m* billot *m*; **~messer** *n* 'hachoir *m*; **~ordnung** *f* VERHALTENSFORSCHUNG ordre *m* 'hiérarchique; *fig* (rapports *m/pl* de force dans une) 'hiérarchie *f*

'**Häcksel** ['hɛksəl] *n od m* 〈~s〉 AGR paille *f* 'hachée; foin 'haché; **~maschine** *f* 'hache-paille *m*

'**häckseln** *v/t* 〈-(e)le, h〉 *Heu, Stroh* 'hacher

'**Häcksler** *m* 〈~s; ~〉 'hache-paille *m*

'**Hacksteak** *n* steak 'haché

Hader ['ha:dər] *m* 〈~s〉 (*Streit*) querelle *f*; (*Zwietracht*) dissension *f*; discorde *f*, **~lump** *m österr* voyou *m*; vaurien *m*

'**hadern** *v/i* 〈-(e)re, h〉 **1.** *mit j-m ~* (*streiten*) se quereller, se disputer avec qn; **2.** *mit s-m Schicksal ~* (*unzufrieden sein*) s'en prendre à son destin

Hades ['ha:dɛs] *m* 〈~〉 MYTH enfers *m/pl*

Hafen[1] ['ha:fən] *m* 〈~s; ⸚〉 MAR, *fig* port *m*; *plais* *in den ~ der Ehe einlaufen* se marier; *plais* convoler en justes noces

'**Hafen**[2] *m* 〈~s; ~〉 *südd*, *schweiz*, *österr cf* **Topf**, **Schüssel**

'**Hafen|amt** *n* capitainerie *f*; autorités *f/pl* du port; **~anlagen** *f/pl* installations *f/pl* portuaires; **~arbeiter** *m* docker *m*; **~becken** *n* bassin *m* portuaire, d'un port; **~einfahrt** *f* entrée *f* du port; **~gebühren** *f/pl*, **~geld** *n* taxe *f* portuaire; **~kneipe** *f* bistro(t) d'un port; **~meister** *m* capitaine *m* de port; *e-s Binnenhafens* garde-port *m*; **~polizei** *f* police *f* portuaire, du port; **~rundfahrt** *f* visite *f* du port; tour *m* du port en bateau; **~stadt** *f* ville *f* portuaire; **~viertel** *n* quartier *m* du port

Hafer ['ha:fər] *m* 〈~s〉 avoine *f*; F *fig* **ihn sticht der ~** *vor Freude, Übermut etc* il ne se sent plus

'**Hafer|brei** *m* porridge *m*; bouillie *f* d'avoine, **~flocken** *f/pl* flocons *m/pl* d'avoine, **~mehl** *n* farine *f* d'avoine, **~schleim** *m* crème *f* d'avoine

Haff [haf] *n* 〈~(e)s; ~s ou ~e〉 GÉOGR 'haff *m*

Haflinger ['ha:flɪŋər] *m* 〈~s; ~〉 Pferderasse 'haflinger *m*

Hafner ['ha:fnər] *m* 〈~s; ~〉 *südd*, *österr*, *schweiz* **1.** (*Ofensetzer*) fumiste *m*; **2.** (*Töpfer*) potier *m*

Haft [haft] *f* 〈~〉 détention *f*; emprisonnement *m*; *in ~* en (état de) détention;

aus der ~ entlassen relâcher; remettre en liberté
'**Haft|anstalt** *f* maison *f* d'arrêt; **~aussetzung** *f* suspension *f* de peine
'**haftbar** *adj* responsable; *j-n für etw ~ machen* rendre, tenir qn responsable de qc
'**Haftbefehl** *m* mandat *m* d'arrêt, de dépôt; *gegen j-n ~ erlassen* placer qn sous mandat d'arrêt
'**Haftdauer** *f* durée *f* de la détention
Haftel ['haftəl] *n* ⟨~s; ~(n)⟩ *südd, österr* agrafe *f*
haften¹ ['haftən] *v/i* ⟨-ete, h⟩ (*fest~*) adhérer, tenir (*an* [+*dat*] à); (*kleben*) coller; *Autoreifen* adhérer; *Duft, Parfüm, Geruch etc an j-m, in j-s Haaren ~* être sur qn, dans les cheveux de qn; *Blick auf j-m ~* rester (posé, fixé) sur qn; *Makel an j-m ~* (pour)suivre qn; *im Gedächtnis ~* être gravé dans la mémoire
'**haften²** *v/i* ⟨-ete, h⟩ (*einstehen*), *a JUR für j-n, etw ~* être responsable de qn, qc; répondre, être garant de qn, qc; *COMM mit s-m persönlichen Vermögen ~* être responsable, tenu à concurrence de sa fortune personnelle; *COMM persönlich ~der Gesellschafter* associé personnellement responsable
'**haftenbleiben** *v/i* ⟨*irr, sép, -ge-, sein*⟩ (*an etw* [*dat*]) ~ adhérer, tenir, rester attaché à qc; *Schmutz* coller, rester collé, rester attaché à qc; *Blick* rester fixé (sur qc); ne pas se détacher (de qc); *an j-m ~ Makel* (pour)suivre qn; *im Gedächtnis ~* rester gravé, se graver dans la mémoire
'**Haft|entlassung** *f* mise *f* en liberté; **~erleichterung** *f* adoucissement *m* de la détention
'**haftfähig¹** *adj Material etc* adhésif, -ive
'**haftfähig²** *adj JUR* incarcérable
'**Haftfähigkeit¹** *f* ⟨~⟩ *von Materialien etc* adhérence *f*; pouvoir adhésif
'**Haftfähigkeit²** *f* ⟨~⟩ *JUR die ~ des Angeklagten wurde bestätigt* rien ne s'opposa à l'incarcération de l'accusé
'**Häftling** ['heftliŋ] *m* ⟨~s; ~e⟩ détenu(e) *m(f)*; prisonnier, -ière *m,f*
'**Haftpflicht** *f* responsabilité *f* (civile)
'**haftpflichtig** *adj* responsable
'**haftpflicht|versichert** *adjt* qui a une assurance de responsabilité civile; **⚮versicherung** *f* assurance *f* (de) responsabilité civile
'**Haftprüfung** *f JUR* examen *m* de la validité de la détention
'**Haftreifen** *m* pneu *m* à fort coefficient d'adhérence
'**Haftrichter(in)** *m(f)* juge *m* de l'application des peines
'**Haftschale** *f OPT* verre *m* de contact
'**Haft|strafe** *f* détention *f*; **⚮unfähig** *adj JUR* dont l'état de santé ne permet pas le placement en détention
'**Haftung¹** *f* ⟨~⟩ (*das Haften*) adhérence *f*
'**Haftung²** *f* ⟨~⟩ *JUR* responsabilité *f* (*für* de); *COMM für ... wird keine ~ übernommen* nous déclinons toute responsabilité en cas de ...
'**Haft|urlaub** *m* permission *f* de sortie; **~verschonung** *f* dispense *f* de peine
'**Hage|butte** ['ha:gəbʊtə] *f* ⟨~; ~n⟩ **1.** (*Frucht der Heckenrose*) fruit *m* de l'églantier; gratte-cul *m*; **2.** F (*Heckenrose*) églantier *m*; **~dorn** *m* ⟨~(e)s; ~e⟩ aubépine *f*
Hagel ['ha:gəl] *m* ⟨~s; ~⟩ *a fig* grêle *f*; **~korn** *n* ⟨~(e)s; -körner⟩ **1.** *MÉTÉO* grêlon *m*; **2.** *MÉD* chalazion *m*
'**hageln** *v/imp* ⟨-(e)le, h⟩ *es hagelt* il grêle; il tombe de la grêle; *fig es hagelte Schläge, Vorwürfe, faule Eier* les coups, reproches, œufs pourris pleuvaient, tombaient
'**Hagel|schaden** *m* dommage causé par la grêle; **~schauer** *m* averse *f* de grêle; **~schlag** *m* (chute *f* de) grêle *f*; **~zukker** *m* (gros) sucre cristallisé
hager ['ha:gər] *adj* (grand[e] et) sec, sèche; maigre; *Gesicht* émacié, *Arme, Beine* grêle; **⚮keit** *f* ⟨~⟩ maigreur *f*
Hagestolz ['ha:gəʃtɔlts] *litt m* ⟨~es; ~e⟩ vieux garçon
haha [ha'ha(:)] *int* 'ha, 'ha!
Häher ['hɛ:ər] *m* ⟨~s; ~⟩ *ZO* geai *m*
Hahn ['ha:n] *m* ⟨~(e)s; ⁊e⟩ **1.** *ZO* coq *m*; F *danach, nach ihm kräht kein ~* personne ne s'en soucie, ne se soucie de lui; F *~ im Korb sein* avoir (toute) une cour (autour de soi); *meist péj* être le coq du village; **2.** *TECH* (*Wasser⚮, Gas⚮ etc*) robinet *m*; *e-s Fasses a* cannelle *f*; **3.** *e-r Schußwaffe* chien *m*
Hähnchen ['hɛ:nçən] *n* ⟨~s; ~⟩ **1.** *ZO* petit coq; **2.** *CUIS* poulet *m*
'**Hahnen|fuß** *m BOT* renoncule *f*; **~kamm** *m ZO* crête *f* d'un coq; **~kampf** *m* combat *m* de coqs
'**Hahnenschrei** *m* chant *m* du coq; *beim od mit dem ersten ~* dès le *od* au chant du coq; dès l'aube
'**Hahnentritt** *m im Ei* germe *m* de l'œuf; *sc* cicatricule *f*; **~muster** *n TEXT* pied-de-poule *f*
Hahnrei ['ha:nraɪ] *st/s m* ⟨~(e)s; ~e⟩ cocu *m*
Hai [haɪ] *m* ⟨~(e)s; ~e⟩, '**~fisch** *m* requin *m*; '**~fischflossensuppe** *f* potage *m* aux ailerons de requin
Hain [haɪn] *poét m* ⟨~(e)s; ~e⟩ bosquet *m*; bois *m*; '**~buche** *f* charme *m*
Haiti [ha'i:ti] *n* ⟨→ *n/pr*⟩ Haïti *f*
haiti'anisch [haiti'a:nɪʃ], **ha'itisch** *adj* 'haïtien, -ienne
'**Häkchen** ['hɛ:kçən] *n* ⟨~s; ~⟩ **1.** petit crochet; *COUT* petite agrafe; *prov was ein ~ werden will, krümmt sich beizeiten* il faut commencer à s'exercer de bonne heure; **2.** *auf e-r Liste etc* signe *m*; trait *m*; *ein ~ an (acc) machen* cocher qc; **3.** F (*Auslassungszeichen*) apostrophe *f*; (*Cédille*) cédille *f*
'**Häkel|arbeit** *f* travail *m*, ouvrage *m* au crochet; **~decke** *f* couverture *f* au crochet
Häke'lei *f* ⟨~; ~en⟩ *cf* Häkelarbeit
'**Häkelmuster** *n* point *m* de crochet
'**häkeln** ⟨-(e)le, h⟩ **I** *v/t* faire, exécuter au crochet; **II** *v/i* faire du crochet
'**Häkelnadel** *f* crochet *m*
haken ['ha:kən] ⟨h⟩ **I** *v/t* **1.** (*befestigen*) *etw an etw* (*acc*) ~ accrocher, attacher qc à qc; **2.** *FUSSBALL* faire un croc-en-jambe à; **II** *v/i* (*klemmen*) se coincer, rester accroché, bloqué, coincé
'**Haken** *m* ⟨~s; ~⟩ **1.** *a zum Aufhängen, beim Schreiben* crochet *m*; *TECH für Lasten* croc *m*; (*Kleider⚮*) patère *f*; portemanteau *m*; (*Angel⚮*) hameçon *m*; *COUT* agrafe *f*; *an e-n ~ hängen* accrocher; *vom ~ nehmen* décrocher; *Hase,*
a fig (*e-n*) *~ schlagen* faire un *bzw* des crochet(s); *fig* changer brutalement la direction; **2.** *BOXEN* linker, rechter crochet *m* du gauche, droit; **3.** F *fig* (*Schwierigkeit*) 'hic *m*; F os *m*; *die Sache hat e-n ~* il y a un 'hic, F un os; *der ~ an od bei der Sache ist, daß ...* le hic là-dedans, c'est que ...
'**hakenförmig I** *adj* en forme de crochet; crochu; **II** *adv ~ gebogen* crochu
'**Haken|kreuz** *n* svastika *m*; *im Nationalsozialismus* croix gammée; **~nase** *f* nez crochu
Halali [hala'li:] *n* ⟨~; ~(s)⟩ *JAGD* hallali *m*
halb [halp] **I** *adj* demi; la moitié de; *ein ~er od ~es Liter* un demi-litre; *e-e ~e Stunde* une demi-heure; *ein ~er Tag* une demi-journée; *ein ~es Dutzend* une demi-douzaine; *ein ~es Jahr* six mois; *ein ~es Brot, e-e ~e Flasche* la moitié d'un pain, d'une bouteille; un demi-pain, une demi-bouteille; *Frankreich, die ~e Stadt, die ~e Wahrheit* la moitié de la France, de la ville, de la vérité; *auf ~er Höhe* à mi-'hauteur; *e-r Straße* à mi-côte; *auf ~em Wege* à mi-chemin; à moitié chemin; *zum ~en Preis* à moitié prix; *Kinder zahlen den ~en Preis* les enfants paient demi-place, demi-tarif; *es ist ~ vier* il est trois heures et demie; F *es ist ~* il est la demie; F *fünf Minuten vor, nach ~* (à) vingt-cinq, trente-cinq; *MUS ~e Note* blanche *f*; *fig e-e ~e Ewigkeit* une éternité; *nur mit ~em Ohr zuhören* n'écouter que d'une oreille; *das ist nichts ⚮es und nichts Ganzes* cela n'est ni fait ni à faire; F *ich mache keine ~en Sachen* je ne fais rien, pas les choses à moitié; avec moi, c'est tout ou rien; *sie ist (doch) noch ein ~es Kind* c'est encore presque un(e) enfant; **II** *adv* à moitié; à demi; *etw nur ~ glauben, verstehen* ne croire, comprendre qu'à moitié; *fig das ist ~ geschenkt* c'est pratiquement, quasiment donné; *~ so groß etc* deux fois, moitié moins grand, *etc*; *~ soviel* (*wie*) moitié moins (que); la moitié (de); *nicht ~ soviel* (*wie*) pas la moitié (de); *nicht ~ so groß sein* (*wie*) ne pas faire la moitié (de); *~ so schlimm od F wild* ce n'est pas si grave; il n'y a que demi-mal; *~ und ~ Mischung* moitié, moitié; F *fig* (*mittelmäßig*) moyennement; *~ ..., mi-...; ~ roh, gar, blind, tot, wach, fertig* à moitié cru, cuit, aveugle, mort, réveillé, fini
'**Halb|affe** *m* lémurien *m*; **⚮amtlich** *adj* semi-officiel, -ielle; officieux, -ieuse; **⚮automatisch** *adj* semi-automatique; **~bildung** *f* pseudo-culture *f*; culture superficielle; vernis *m* de culture; **⚮bitter** *adj Schokolade* noir extra fin; **⚮blind** *adj* à demi, à moitié aveugle; **~blut** *n* ⟨~⟩ *Pferd* demi-sang *m*; *Mensch* métis *m*; **~bruder** *m* demi-frère *m*; **~dunkel** *n* demi-obscurité *f*; pénombre *f*; **~edelstein** *m* pierre fine
'**halbe-'halbe** *F adv mit j-m ~ machen* F faire, partager moitié-moitié avec qn
'**halber** *prép* ⟨*gén*⟩ à *od* pour cause de; *der Form ~* pour la forme; *der Ordnung ~* pour être en règle
'**halb|erfroren** *adjt a fig* à moitié gelé; **~erwachsen** *adj* adolescent; presque

adulte; ⌂**fabrikat** *n COMM* demi-produit *m*; semi-produit *m*; produit semi-fini; **~fertig** *adj* à moitié fini; **~fest** *adj* Käse *etc* ferme; **~fett** *adj* Käse, Druck *etc* demi-gras; ⌂**finale** *n* demi-finale *f*; **~gar** *adj* à moitié cuit; **~gebildet** *adj* qui manque de culture; peu cultivé; ⌂**gefrorene(s)** *n* ⟨→ A⟩ *CUIS* parfait *m*; crème glacée; **~geschlossen** *adj* mi-clos; à moitié fermé; ⌂**geschoß** *n CONSTR* entresol *m*; mezzanine *f*; ⌂**geschwister** *pl* demi-frère(s) *m(pl)* et demi-sœur(s) *f(pl)*

'Halbgott *m MYTH* demi-dieu *m*; *F iron* *die Halbgötter in Weiß* les hommes *m/pl* en blanc

'Halbheit *f* ⟨~; ~en⟩ demi-mesure *f*; imperfection *f*; insuffisance *f*; *sich nicht mit ~en abgeben* ne pas se contenter de demi-mesures; *bei der Arbeit etc* ne pas faire les choses à moitié

'**halb**|**herzig I** *adj* sans conviction, enthousiasme; **II** *adv* mollement; sans conviction, enthousiasme; ⌂**herzigkeit** *f* ⟨~⟩ manque *m* de conviction, d'enthousiasme; tiédeur *f*; **~hoch I** *adj* pas très 'haut; **II** *adv* à mi-hauteur

hal'bieren *v/t ⟨pas de ge-, h⟩* partager en deux (parties égales); *GEOMETRIE a* bissecter

'**Halb**|**insel** *f* presqu'île *f*; *große* péninsule *f*; **~jahr** *n* semestre *m*; six mois *m/pl*

Halb'jahres|**bericht** *m* rapport semestriel; **~schrift** *f* publication, revue semestrielle; **~zeugnis** *n* bulletin *m* du premier semestre

'**halbjährig** *adj* de six mois

'**halbjährlich I** *adj* semestriel, -ielle; **II** *adv* semestriellement; par semestre; *bezahlen, erscheinen* tous les six mois

'**Halb**|**kreis** *m* demi-cercle *m*; ⌂**kreisförmig** *adj* demi-circulaire; semi-circulaire; **~kugel** *f* hémisphère *m*; ⌂**kugelförmig** *adj* hémisphérique

'**halblang** *adj* (de)mi-long, -gue; *F* (*nun*) *mach* (*aber*) *mal ~!* n'en rajoute pas!; n'exagère pas!

'**halblaut** *adj u adv* à mi-voix

'**Halbleder** *n* ⟨~s⟩ *Buch in ~ gebunden* en demi-reliure peau

'**halbleer** *adj* à moitié vide

'**Halbleinen** *n* ⟨~s⟩ toile métisse; métis *m*; *Buch in ~ gebunden* en demi-reliure toile

'**Halb**|**leiter** *m ÉLECT* semi-conducteur *m*; **~'linke(r)** *m* ⟨→ A⟩ *SPORT* inter *m* gauche

'**halbmast** *adv* en berne; *~ flaggen* mettre les pavillons, les drapeaux en berne

'**Halb**|**messer** *m* ⟨~s; ~⟩ *MATH* rayon *m*; **~metall** *n CHIM* métalloïde *m*; ⌂**militärisch** *adj* paramilitaire; **~'monatsschrift** *f* publication, revue bimensuelle

'**Halbmond** *m* **1.** *ASTR* premier *bzw* dernier quartier (de lune); *heute ist ~* la lune est aujourd'hui au premier *bzw* dernier quartier; **2.** *fig Form* croissant *m*; *am Fingernagel* lunule *f*

'**halb**|**mondförmig** *adj* en (forme de) croissant; **~nackt** *adj* à moitié, à demi nu; **~offen** *adj* à moitié, à demi ouvert; entrouvert; **~offiziell** *adj* semi-officiel, -ielle; officieux, -ieuse; ⌂**pension** *f* ⟨~⟩ demi-pension *f*; ⌂**'rechte(r)** *m* ⟨→ A⟩, *SPORT* inter *m* droit; **~reif** *adj* à moitié mûr; **~roh** *adj* à moitié cru;

~rund *adj* semi-circulaire; semi-cylindrique

'**Halb**|**rund** *n e-s Theaters etc* hémicycle *m*; **~schatten** *m* pénombre *f*; **~schlaf** *m* demi-sommeil *m*; **~schuh** *m* chaussure basse; **~schürze** *f* (petit) tablier *m*; **~schwergewicht** *n BOXEN* poids mi-lourd; **~schwester** *f* demi-sœur *f*; **~seide** *f* étoffe *f* mi-soie; soie mélangée de coton

'**halbseiden** *adj* **1.** mi-soie; soie et coton; **2.** *fig Methoden, Person* douteux, -euse; *Person, Hotel, Milieu* louche

'**halbseitig I** *adj Anzeige* sur une demi-page; **~e** *Lähmung* hémiplégie *f*; **II** *adv gesperrt etc* d'un côté; *~ gelähmt* hémiplégique

'**Halb**|**starke(r)** *F péj m* ⟨→ A⟩ *F* loubard *m*; blouson-noir *m*; **~stiefel** *m* bottillon *m*; bottine *f*; ⌂**stündig** *adj* d'une demi-heure; ⌂**stündlich I** *adj* qui a lieu toutes les demi-heures; **II** *adv* toutes les demi-heures; **~stürmer** *m SPORT* inter *m*

'**halbtägig I** *adj* d'une demi-journée; **II** *adv j-n ~ beschäftigen* employer qn à mi-temps, *unregelmäßig* à la mi-journée

'**halbtags** *adv* à mi-temps

'**Halbtags**|**arbeit** *f*, **~beschäftigung** *f* emploi *m*, travail *m* à mi-temps; **~kraft** *f* employé(e) *m(f)* à mi-temps

'**Halbton** *m* ⟨~(e)s; -töne⟩ **1.** *MUS* demi-ton *m*; **2.** *PEINT* pénombre *f*; demi-teinte *f*

'**halb**|**tot** *adj* à moitié mort; **~trocken** *adj Wein* demi-sec, demi-sèche; **~verdaut** *adjt a fig* à moitié digéré; **~verfault** *adj* à moitié pourri; **~verhungert** *adjt* à moitié mort de faim; ⌂**vokal** *m* semi-voyelle *f*; **~voll** *adj* à moitié plein; **~wach** *adj* à moitié réveillé; ⌂**wahrheit** *f* demi-vérité *f*; ⌂**waise** *f* orphelin(e) *m(f)* de père *bzw* de mère

'**halbwegs** *adv* passablement; à peu près

'**Halb**|**welt** *f* ⟨~⟩ demi-monde *f*; **~weltdame** *f* demi-mondaine *f*; **~wertszeit** *f NUCL* demi-vie *f*; période *f*; ⌂**wild** *adj CUIS* à demi sauvage; **~wissen** *n* connaissances superficielles; ⌂**wüchsig** *adj* adolescent; **~wüchsige(r)** *f(m)* ⟨→ A⟩ adolescent(e) *m(f)*; **~zeit** *f SPORT* mi-temps *f*; **~zeitpfiff** *m* coup *m* de sifflet de mi-temps; **~zeug** *n* ⟨~(e)s⟩ *INDUSTRIE* demi-produits *m/pl*

Halde ['haldə] *f* ⟨~; ~n⟩ **1.** *BERGBAU* terri(l) *m*; 'halde *f*; *bei Schmelzhütten* crassier *m*; *fig auf ~ liegen* rester invendu; *fig auf ~ produzieren* produire trop; **2.** *st/s* (*Bergabhang*) versant *m*

half [half] *cf* **helfen**

Hälfte ['hɛlftə] *f* ⟨~; ~n⟩ moitié *f*; *zur voll, fertig etc* à moitié plein, terminé, *etc*; *die Bevölkerung besteht zur aus ...* la moitié de la population se compose de ...; *zur ~ an etw (dat) beteiligt sein* être de moitié dans qc; *die Kosten (je) zur ~ tragen* supporter (chacun) la moitié des frais; *um die ~ teurer, billiger* (de) moitié plus cher, meilleur marché de moins cher; *Kinder zahlen die ~* les enfants payent demi-tarif, *bei Bahn, Bus etc a* demi-place; *F fig sie hat die ~ vergessen* elle en a oublié la moitié; *F plais meine bessere ~* ma chère, tendre moitié; *SPORT die*

eigene ~ ma, notre, *etc* moitié de terrain; *die gegnerische ~* la moitié de terrain adverse

Halfter¹ ['halftər] *n od m* ⟨~s; ~⟩ *für Pferde* licou *m*

Halfter² *f* ⟨~; ~n⟩ *od m* ⟨~s; ~⟩ *für Pistolen* gaine *f*; étui *m*

'**halftern** *v/t* ⟨-(e)re, h⟩ mettre le licou à

Hall [hal] *m* ⟨~(e)s; ~e⟩ bruit *m*; son *m*; (*Wider*⌂) écho *m*

Halle ['halə] *f* ⟨~; ~n⟩ (grande) salle;(*Empfangs*⌂, *Bahnhofs*⌂, *Schalter*⌂, *Messe*⌂) 'hall *m*; (*Sport*⌂) stade couvert; piste couverte; (*Turn*⌂) gymnase *m*; (*Tennis*⌂) court couvert; (*Markt*⌂) 'halle *f*; marché couvert; (*Werk*⌂) atelier *m*; bâtiment *m*; 'hall *m*; (*Flugzeug*⌂) 'hangar *m*; *iron in diesen heiligen ~n* dans ces lieux (sacro-saints)

halleluja [hale'lu:ja] *int* **1.** *REL* alléluia *m*; **2.** *fig plais* 'hourra!

'**hallen** *v/i* ⟨h⟩ résonner; faire écho; *p/fort* retentir

'**Hallen**|**bad** *n* piscine couverte; **~handball** *m* 'handball *m* en salle; **~platz** *m TENNIS* court couvert; **~saison** *f RAD-RENNEN etc* saison *f* sur piste couverte; *TENNIS* saison *f* d'hiver; **~sport** *m* sport *m* en salle

Hallig ['haliç] *f* ⟨~⟩ îlot bas sur la côte ouest du Schleswig-Holstein

Hallimasch ['halimaʃ] *m* ⟨~(e)s⟩ *BOT* armillaire *m* de miel

hallo [ha'lo: *ou* 'halo] *int* **1.** *Zuruf* 'hep!; 'hé!; *aus der Ferne* ohé!; **2.** *Ausdruck der Überraschung aber ~!* tiens, tiens!; **3.** *F Gruß* salut!; 'hello!; **4.** *TÉL* allô!

Hal'lo *n* ⟨~s; ~s⟩ cris *m/pl* (de joie); *mit großem ~* à grands cris

Hallodri [ha'lo:dri] *F südd, österr m* ⟨~s; ~(s)⟩ *F* (petit) rigolo *m*

Halluzination [halutsinatsi'o:n] *f* ⟨~; ~en⟩ hallucination *f*

Halm [halm] *m* ⟨~(e)s; ~e⟩ *BOT* tige *f*; chaume *m*; *kleiner brin m*; (*Trink*⌂) paille *f*; chalumeau *f*; *die Ernte auf dem ~ verkaufen* vendre la récolte sur pied

Halma ['halma] *n* ⟨~s⟩ *Brettspiel* 'halma *m*

'**Halmfrucht** *f* céréale *f*

Halo ['ha:lo] *m* ⟨~(s); ~s *ou* -'lonen⟩ *PHYS* 'halo *m*

Halogen [halo'ge:n] *n* ⟨~s; ~e⟩ *CHIM* 'halogène *m*; **~lampe** *f* lampe *f* 'halogène; **~scheinwerfer** *m* phare *m* 'halogène, à iode

Hals [hals] *m* ⟨~(e)s; ⸚e⟩ **1.** *ANAT* cou *m*; (*Kehle*) gorge *f*; *e-s Pferdes* encolure *f*; *Fleisch vom ~* dans le collier; *bei Hammel- u Kalbfleisch a* dans le collet; *F etw in den falschen ~ kriegen* (*sich verschlucken*) avaler qc de travers; *fig* (*falsch verstehen*) prendre qc mal, de travers; *Wort etc im ~e steckenbleiben* rester dans la gorge, en travers (de la gorge); *F e-n langen ~ machen* allonger, tendre le cou; *sich* (*dat*) *den ~ nach j-m, etw verrenken* tendre le cou pour voir qn, qc; *j-m um den ~ fallen* sauter, se jeter au cou de qn; *F sich j-m an den ~ werfen* se jeter à la tête de qn; *F j-m den ~ umdrehen* tordre le cou à qn; *sich* (*dat*) *den ~ brechen* se casser, se rompre le cou; *F fig das wird ihm den ~ brechen* il va se casser la figure; cela va lui casser les reins; F *j-n, etw auf dem* od *am ~ haben* avoir qn, qc sur le dos, sur les bras; F *zuviel am ~ haben* être débordé; avoir trop (de choses) à faire; F *j-m die Polizei* etc *auf den ~ hetzen* lâcher la police, *etc* aux trousses de qn; F *sich* (*dat*) *j-n, etw vom ~(e) schaffen* se débarrasser de qn, qc; *Sache a* se défaire de qc; F *j-m etw, j-n vom ~(e) halten* épargner qc, qn à qn; F *bleib mir damit vom ~(e)!* laisse-moi tranquille, F fiche-moi la paix avec ça!; F *es hängt mir zum ~(e) heraus* F j'en ai plein le dos, ras le bol, marre, ma claque; F *bis zum* od *über den ~ in Schulden stecken* être endetté jusqu'au cou; *aus vollem ~(e) lachen* rire à gorge déployée, aux éclats; *aus vollem ~(e) schreien* crier à tue-tête, à pleine gorge; F *~ über Kopf* précipitamment; en toute 'hâte; à la hâte; F *er hat sich ~ über Kopf in sie verliebt* il a eu le coup de foudre pour elle; F *mir steht das Wasser bis zum ~* j'ai des ennuis par-dessus la tête; je suis à bout; *a finanziell* F je suis dans le pétrin; F *sie kann den ~ nicht voll* (*genug*) *kriegen* elle n'en a jamais assez; elle n'est jamais contente; **2.** *fig* (*Flaschen*2, *Knochen*2 etc) col *m*; (*Flaschen*2) *a* goulot *m*; *e-r Geige* etc manche *m*; *MUS* (*Noten*2) manche *m*; F *plais e-r Flasche den ~ brechen* faire un sort à une bouteille

'**Hals**|**abschneider** F *m* ⟨~s; ~⟩ usurier *m*; voleur *m*; requin *m*; 2**abschneiderisch** *adj Person* âpre au gain; rapace; *Methoden* etc de requin; *~ausschnitt m COUT* encolure *f*; échancrure *f*; décolleté *m*; **~band** *n* ⟨~(e)s; -bänder⟩ *Schmuck*, *für Tiere* collier *m*; 2**brecherisch** *adj* périlleux, -euse; casse-cou (*inv*)

'**Halse** *f* ⟨~; ~n⟩ *MAR* virement *m* lof pour lof

'**halsen** *v/i* ⟨-(es)t, h⟩ *MAR* virer lof pour lof

'**Hals**|**entzündung** *f* inflammation *f* de la gorge; 2**fern** *adj Mode* décolleté; loin du cou; **~kette** *f* collier *m*; *für Medaillons* etc chaîne *f*; **~krause** *f* **1.** *COUT* collerette *f*; fraise *f*; **2.** *ZO bei Vögeln* fraise *f*

'**Halslänge** *f* longueur *f* du cou; *PFERDERENNEN um e-e ~ gewinnen* gagner d'une encolure

'**halsnah** *adj Mode* ras du cou

'**Hals-**'**Nasen-**'**Ohren-**|**Arzt** *m*, **~Ärztin** *f* oto-rhino-laryngologiste *m*,*f*

'**Halsschlagader** *f* carotide *f*

'**Halsschmerzen** *m/pl* mal *m* de gorge; **~ haben** avoir mal à la gorge

'**Hals**|**schmuck** *m* collier *m*; 2**starrig I** *adj* entêté; têtu (comme une mule, un mulet); opiniâtre; obstiné; **II** *adv* avec entêtement, opiniâtreté, obstination; **~starrigkeit** *f* ⟨~⟩ entêtement *m*; opiniâtreté *f*; obstination *f*; **~stück** *n CUIS* collier *m*; *bei Hammel-* u *Kalbfleisch a* collet *m*; **~tuch** *n* ⟨~(e)s, -tücher⟩ foulard *m*; *für Frauen* a fichu *m*

'**Hals- und** '**Beinbruch** *int plais* **~!** bonne chance! F merde puissance treize!

'**Hals**|**weh** F *n* ⟨~(e)s⟩ *cf Halsschmerzen*; **~weite** *f* encolure *f*; **~wirbel** *m ANAT* vertèbre cervicale

halt¹ [halt] *int* stop! (*a auf Verkehrsschildern*) 'halte!; arrête(z)!; **~ mal!** un mo-

ment!; (une) minute!; *das Signal steht auf* 2 le signal est en position d'arrêt

halt² *Partikel südd, österr, schweiz* alors; eh bien; enfin; *das ist ~ so* ma foi od eh bien, c'est comme ça

Halt *m* ⟨~(e)s; ~e ou ~s⟩ **1.** ⟨*pas de pl*⟩ äußerer point *m* d'appui; *keinen ~ haben Gegenstand* ne pas tenir, être soutenu; *e-n ~ suchen* chercher une prise, quelque chose pour se tenir; *~ finden Füße, Hände* etc avoir, trouver un appui; *den ~ verlieren* perdre l'équilibre; *in diesen Schuhen haben deine Füße keinen ~* tes pieds ne sont pas bien maintenus dans ces chaussures; **2.** ⟨*pas de pl*⟩ *fig* appui *m*; soutien *m*; *er hat an s-m Onkel e-n großen ~* son oncle l'aide beaucoup; son oncle lui est d'un grand appui, soutien; *ein Mensch ohne* (*inneren*, *moralischen*) *~* un homme sans soutien, appui moral; **3.** (*Anhalten*) arrêt *m*

'**haltbar** *adj* **1.** *Material, Kleidung* etc solide; résistant; *Lebensmittel* qui se conserve (bien); *mindestens ~ bis ...* à consommer de préférence avant le ...; **2.** *fig These, Behauptung* soutenable; défendable

'**Haltbarkeit** *f* ⟨~⟩ *von Material* solidité *f*; résistance *f*; *von Lebensmitteln* (durée *f* de) conservation *f*

'**Haltbarkeitsdauer** *f* délai *m*, durée *f* de conservation

'**Halte**|**bogen** *m MUS* liaison *f*; **~bucht** *f* an der Straße aire *f* de stationnement; **~griff** *m* poignée *f*; **~gurt** *m* ceinture *f* (de sécurité); **~linie** *f auf der Straße* ligne *f* d'arrêt, de stop

'**halten** ⟨hält, hielt, gehalten, h⟩ **I** *v/t* **1.** (*fest~*) tenir; *etw am Griff, an e-m Ende ~* tenir qc par la poignée, par un bout; *etw in der Hand, gegen das Licht ~* tenir qc dans la main, à contre-jour; *j-n an der Hand, in den Armen ~* tenir qn par la main, dans ses bras; *sich* (*dat*) *den Bauch, Kopf ~* se tenir le ventre, la tête; *haltet den Dieb!* au voleur!; **2.** *SPORT Schuß, Ball* arrêter; (*nicht abgeben*) garder; **~krause** *f* **1.** (*be~*) garder; *fig sein Geschäft ~ können* pouvoir continuer, garder son commerce; **4.** *Tier, Fahrzeug* etc avoir; **5.** (*beibe~*) *Ton, Takt, Vorsprung, Gleichgewicht* garder; *Geschwindigkeit, a Gleichgewicht* maintenir; *Position* conserver; *Rekord* détenir; *Diät ~* faire, suivre un régime, être au régime; *den Kurs ~* maintenir le cap; **6.** (*aufrechter~*) *These, Behauptung, Forderung* etc *sich nicht ~ lassen* ne pas être soutenable, défendable, être insoutenable, indéfendable; *mit j-m Kontakt, Verbindung ~* garder, maintenir le contact avec qn; rester en contact, en relation avec qn; **7.** (*ein~*) *Ordnung, Frieden* maintenir; *Ruhe* garder; *etw in Ordnung ~* tenir qc en ordre; *gute Nachbarschaft ~* entretenir de bonnes relations de voisinage, avec ses voisins; **8.** (*zurück~*) retenir; *dich hält hier niemand* personne ne te retient, ne te dit de rester; *mich hält hier nichts* je n'ai aucune attache ici; je n'ai rien qui me retienne ici; *er war nicht mehr zu ~* on ne pouvait plus le tenir; *es hielt ihn nicht lange in s-r Stellung*

il n'est pas resté longtemps dans cet emploi, à ce poste; *fig da gab es kein* 2 *mehr* rien ne put l'arrêter *bzw* les arrêter, le *bzw* les retenir; **9.** *Wort, Versprechen* tenir; *Gebot* observer; *was man versprochen hat, muß man auch ~* *prov* chose promise, chose due; *fig der Film hielt nicht, was er versprochen hatte* j'attendais *bzw* on attendait plus, davantage de ce film; ce film n'a pas tenu ses promesses; **10.** (*lassen*) maintenir; tenir; *etw in e-m guten Zustand ~* maintenir qc en bon état; *das Essen warm ~* tenir le manger au chaud; *etw versteckt, verschlossen ~* garder qc secret, enfermé; *sich durch Sport fit ~* faire du sport pour rester en forme; *j-n in Atem ~* tenir qn en haleine; *j-n bei Laune ~* n'avoir pas intérêt à contrarier qn; *j-n in Bewegung ~* faire courir qn; *j-n auf dem laufenden ~* tenir qn au courant; **11.** (*verfahren*) faire; procéder; *es mit der Bequemlichkeit ~* ne pas s'en faire; *ich halte es damit so* moi, je fais comme ça; c'est comme ça avec moi; *~ Sie es damit* od *das können Sie ~, wie Sie wollen* faites comme vous voudrez; *ich halte es lieber mit Peter, Eiscreme, Kartenspielen* je préfère Pierre, la glace, jouer aux cartes; *ich halte es da mit Platon, der ...* je pense comme Platon qui ...; je suis l'exemple de Platon qui ...; *wie halten Sie es mit ...?* comment faites-vous avec ...?; qu'en est-il de ...?; **12.** (*behandeln*) traiter; *j-n streng ~* traiter qn sévèrement; **13.** (*ab~, machen*) faire; *Rede, Ansprache* faire; prononcer; *Gottesdienst* célébrer; F faire; *Unterricht, Vorlesung* faire; *s-n Mittagsschlaf ~* faire la sieste; *s-n Winterschlaf ~* hiberner; *Gericht über j-n ~* juger qn; *Hochzeit ~* se marier; *st/s* fêter ses noces; *Wache ~* monter la garde; **14.** (*gestalten*) *das Schreiben ist in e-m höflichen Ton gehalten* la lettre est rédigée en termes polis; *das Zimmer ist in Braun* (*dat*) *gehalten* (c'est) le brun (qui) domine dans cette pièce; cette pièce est entièrement dans les tons bruns; **15.** (*einschätzen*) *etw, j-n für etw, j-n ~* considérer, regarder qc, qn comme qc, qn; tenir qc, qn pour qc, qn; *fälschlicherweise* prendre qc, qn pour qc, qn; *für etw, j-n gehalten werden* a passer pour qc, qn; *ich halte ihn für e-n bedeutenden Künstler* je le considère comme, je le tiens pour un grand artiste; *ich halte ihn für klug* je le crois, juge intelligent; *ich habe sie für Brüder gehalten* je les ai pris pour des frères; *für wie alt ~ Sie mich?* quel âge me donnez-vous?; F *wofür ~ Sie mich eigentlich?* pour qui me prenez-vous?; *es für gut ~, zu* (+*inf*) *bzw daß ...* trouver, juger, croire bon de (+*inf*) *bzw* que ... (+*subj*); *ich halte es für meine Pflicht, zu* (+*inf*) je considère comme mon devoir de (+*inf*); je juge *od* crois de mon devoir de (+*inf*); **16.** (*urteilen*) *viel von j-m, große Stücke auf j-n ~* avoir, tenir en grande, 'haute estime; avoir une 'haute opinion de qn; estimer beaucoup qn; *ich halte wenig, nichts von ihm* je l'estime peu, ne l'estime pas; *viel von etw ~* penser beaucoup de bien de qc;

faire grand cas de qc; ***wenig von etw ~*** ne pas penser beaucoup de bien de qc; faire peu de cas de qc; ***nichts von etw ~*** ne penser aucun bien de qc; ***was ~ Sie davon?*** qu'en pensez-vous?; **II** *v/i* **17.** (*Halt haben*) Seil, Farbe, Haar, Brücke etc tenir; **18.** (*von Dauer sein*) Kleidung, Gerät, Freundschaft, Bündnis etc durer; *Kleidung* ***lange ~*** a faire de l'usage, un bon usage; **19.** (*an~*) s'arrêter; F stopper; F *fig* ***halt (mal)!*** F minute!; un instant!; attends bzw attendez!; ⌂ ***verboten!*** défense de s'arrêter!; **20.** SPORT arrêter, bloquer le ballon; **21.** ***an sich*** (*acc*) **~** se retenir; se contenir; **22.** ***auf sich*** (*acc*) **~** prendre soin de sa personne; ***auf etw*** (*acc*) **~** (*zielen*) viser qc; MAR mettre le cap sur; *fig* (*Wert legen*) tenir à qc; attacher de l'importance à qc; **23.** ***zu j-m ~*** être avec qn; être du côté de qn; **III** *v/réfl* ***sich ~* 24.** (*sich behaupten, bleiben*) Regierung etc se maintenir au pouvoir; Wetter, Preise, Kurse, Theaterstück etc se maintenir; MIL tenir; **25.** *Körperhaltung* ***sich aufrecht ~*** se tenir droit; *stehend* se tenir debout; ***sich schlecht ~*** se tenir mal, voûté; ***sich vor Wut nicht mehr ~ können*** être fou de colère, de rage; être 'hors de soi; ***sich vor Lachen nicht mehr ~ können*** rire à gorge déployée; avoir le fou rire; **26.** (*sich bewähren*) ***sich gut, tapfer ~*** se comporter bien, courageusement; **27.** (*bleiben*) ***sich rechts, links ~*** tenir sa droite, sa gauche; ***sich hinter j-m ~*** rester, être derrière qn; *Bücher, Schlager etc* ***sich an der Spitze ~***, être, rester en tête du palmarès; tenir la vedette; **28.** ***sich an j-n, etw ~*** s'en tenir à qn, qc; **29.** (*nicht verderben*) Lebensmittel se conserver; se garder; *Blumen etc* tenir; F *fig* ***sie hat sich gut gehalten*** (***für ihr Alter***) elle est encore bien (pour son âge); F elle est bien conservée; elle ne fait pas son âge

'**Halte|platz** *m* *für Taxis etc* station *f*; **~punkt** *m* point *m* d'arrêt

'**Halter** *m* ⟨~s; ~⟩ **1.** (*Fahrzeug⌂, Tier⌂*) détenteur *m*; propriétaire *m*; **2.** (*Werkzeug⌂*) porte-outil *m*; (*Kerzen⌂*) bougeoir *m*; (*Handtuch⌂*) porte-serviettes *m*; (*Toilettenpapier⌂*) porte-papier *m*

'**Halterin** *f* ⟨~; ~nen⟩ (*Fahrzeug⌂, Tier⌂*) détentrice *f*; propriétaire *f*

'**Halterung** *f* ⟨~; ~en⟩ TECH support *m*

'**Halte|seil** *n* 'hauban *m*; **~signal** *n* signal *m* d'arrêt; **~stelle** *f* arrêt *m*

'**Halteverbot** *n* **1.** *Verbot* défense *f*, interdiction *f* de s'arrêter; **2.** *Verkehrszeichen* ***absolutes, eingeschränktes ~*** arrêt, stationnement interdit; **3.** *Zone* (zone *f* de) stationnement interdit; ***der Wagen steht im ~*** la voiture est en stationnement interdit

'**Halteverbotsschild** *n* panneau *m* d'interdiction de stationner

'**Haltevorrichtung** *f* TECH dispositif *m* de support, de fixation, d'attache; ***~ für etw*** dispositif pour tenir qc

'**halt|los** *adj* **1.** *Person* (*labil*) sans volonté; sans caractère; mou, molle; **2.** *Verdacht, Behauptung etc* (*unbegründet*) sans fondement; qui ne repose sur rien; injustifié; ⌂**losigkeit** *f* ⟨~⟩ **1.** (*Labilität*) manque *m*, absence *f* de volonté, de caractère, de consistance; inconsistance morale; **2.** (*Unbegründetheit*) absence *f* de fondement; caractère *m* arbitraire; arbitraire *m*

'**haltmachen** *v/i* ⟨*sép*, *-ge-*, *h*⟩ s'arrêter; *um zu rasten* faire (une) 'halte; *fig* ***vor nichts, niemandem ~*** ne reculer devant rien, personne

'**Haltung** *f* ⟨~; ~en⟩ **1.** (*Pose, Einstellung*) attitude *f*; (*Körper⌂*) a tenue *f*; *in Gesellschaft* maintien *m*; vornehme, würdevolle port *m*; ungewöhnliche posture *f*; *e-e* ***aufrechte, gute, schlechte ~ haben*** se tenir droit, bien, mal; ***die aufrechte ~ des Menschen*** la station verticale, debout de l'homme; MIL ***~ annehmen*** se mettre au garde-à-vous; **2.** (*pas de pl*) (*Fassung*) contenance *f*; ***~ bewahren*** garder bonne contenance; **3.** (*Tier⌂*) élevage *m*

'**Haltungs|fehler** *m* mauvaise position, attitude; MÉD attitude vicieuse; **~schaden** *m* MÉD déformation *f* pathologique (du squelette)

Halunke [ha'luŋkə] *m* ⟨~n; ~n⟩ escroc *m*; *plais* canaille *f*; coquin *m*

Hamamelis [hama'me:lɪs] *f* ⟨~⟩ BOT hamamélis *m*

Hämatit [hɛma'tit] *m* ⟨~s; ~e⟩ MINÉR hématite *f*

Hämato|loge [hɛmato'lo:gə] *m* ⟨~n; ~n⟩, **~login** *f* ⟨~; ~nen⟩ MÉD hématologue *m,f*; hématologiste *m,f*; **~lo'gie** *f* ⟨~⟩ hématologie *f*

Hämatom [hɛma'to:m] *n* ⟨~s; ~e⟩ MÉD hématome *m*

Hamburg ['hamburk] *n* ⟨~⟩ *n/pr* 'Hambourg

'**Hamburger** ['hɛmbœrgər] *m* ⟨~s; ~⟩ CUIS 'hamburger *m*

'**Hamburger(in)** ['hambʊrgər(in)] *m* ⟨~s; ~⟩ (*f*) ⟨~; ~nen⟩ habitant(e) *m*(*f*) de Hambourg; 'Hambourgeois(e) *m*(*f*)

Häme ['hɛ:mə] *st/s f* ⟨~⟩ fiel *m*; venin *m*; méchanceté *f*

'**hämisch** *adj* méchant; *Ton, Worte* fielleux, -euse; *Worte* a venimeux, -euse

Hammel ['haməl] *m* ⟨~s; ~⟩ **1.** ZO, CUIS mouton *m*; **2.** P *Schimpfwort* (*blöder*) ~ F (espèce f d')abruti *m*; P connard *m*

'**Hammelbein** *n* F *j-m die* ***~e langziehen*** secouer les puces à qn

'**Hammel|fleisch** *n* mouton *m*; **~herde** *f* **1.** ZO troupeau *m* de moutons; **2.** F *péj* moutons *m/pl* de Panurge; **~keule** *f* gigot *m* de mouton; **~sprung** *m* POL système *m* de scrutin parlementaire où le décompte des voix est fait au moment où les députés entrent par des portes différentes

Hammer ['hamər] *m* ⟨~s; ⌂⟩ **1.** *a* TECH, ANAT, MUS, SPORT etc marteau *m*; ***~ und Sichel*** la faucille et le marteau; *fig* ***unter den ~ kommen*** être vendu aux enchères; passer sous le marteau; **2.** F *fig* ***ein dicker ~*** (*grober Fehler*) une grosse bourde; ***das war vielleicht ein ~!*** *Überraschung* tu parles d'une surprise!; *Unverschämtheit* F quel sale coup!; F quelle saloperie!; ***das ist der ~!*** (*das ist super*) c'est génial, super!; (*das ist das Letzte*) c'est le bouquet!

Hämmerchen ['hɛmərçən] *n* ⟨~s; ~⟩ martelet *m*; petit marteau

'**Hammerhai** *m* requin *m* marteau

'**hämmern** ['hɛmərn] ⟨*-(e)re, h*⟩ **I** *v/t* **1.** MÉTALL marteler; **2.** *fig péj* ***ein Stück auf dem Klavier ~*** jouer un morceau (mal et) fort, F massacrer un morceau au piano; F ***j-m etw in den Schädel ~*** faire rentrer qc à la tête de qn; **II** *v/i* **3.** *mit dem Hammer* donner des coups de marteau; **4.** *fig* (*schlagen*) taper; *Herz* battre (fort); ***mit der Faust gegen die Tür ~*** tambouriner contre la porte; *péj* ***auf dem Klavier ~*** taper sur, marteler les touches du piano

'**Hammer|schlag** *m* **1.** coup *m* de marteau; **2.** (*Abgang beim Schmieden*) battitures *f/pl*; **~stiel** *m* manche *m* du marteau; **~werfen** *n* ⟨~s⟩ SPORT lancer *m*, lancement *m* du marteau; **~werfer** *m* ⟨~s; ~⟩ SPORT lanceur *m* du marteau; **~werk** *n* **1.** (*Hammerschmiede*) martellerie *f*; **2.** *e-s Klaviers* marteaux *m/pl*; **~wurf** *m* ⟨*pas de pl*⟩ *cf* Hammerwerfen; **2.** *einzelner Wurf* lancer *m* du marteau

Hammondorgel ['hɛmənd⁀ɔrgəl] *f* orgue *m* 'Hammond

Hämoglobin [hɛmoglo'bi:n] *n* ⟨~s⟩ MÉD hémoglobine *f*

Hämorrhoiden [hɛmɔro'i:dən] *f/pl* MÉD hémorroïdes *f/pl*

'**Hampelmann** *m* ⟨~(e)s; -männer⟩ *a fig* pantin *m*

'**hampeln** ['hampəln] F *v/i* ⟨*-(e)le, h*⟩ s'agiter; gigoter

'**Hamster** ['hamstər] *m* ⟨~s; ~⟩ 'hamster *m*; **~backen** F *f/pl* bonnes (grosses) joues

'**Hamsterer** F *m* ⟨~s; ~⟩ personne *f* qui aime avoir, se faire des réserves

'**Hamsterkauf** *m* *in Krisenzeiten* (achat *m* de) réserves *f/pl*; *im Krieg etc* (achat *m* de) ravitaillement *m*

'**hamstern** *v/t u v/i* ⟨*-(e)re, h*⟩ faire des réserves (*etw* de qc); stocker

Hand [hant] *f* ⟨~; ⌂⟩ main *f*; ***die flache, hohle ~*** le plat, creux de la main; *fig* ***j-s rechte ~ sein*** être le bras droit de qn; ***linker, rechter od zur linken, rechten ~*** à gauche, à droite; ***die öffentliche ~*** les pouvoirs publics; ***aus erster, zweiter ~*** de première, seconde main; ***aus der ~ zeichnen*** dessiner à main levée; ***bei j-m in guten, schlechten Händen sein*** être en bonnes, mauvaises mains auprès de *od* chez qn; ***in festen Händen sein*** être casé; ***in französischer etc ~ sein*** être entre les *od* aux mains des Français, *etc*; ***mit der ~ schreiben*** écrire à la main; ***mit der linken ~ schreiben, nähen*** écrire, coudre de la *od* avec la *od* avec sa main gauche; ***mit geübter ~*** d'une main experte, exercée; ***mit bewaffneter ~*** à main armée; ***mit starker ~*** fermement; avec fermeté; ***mit vollen Händen ausgeben*** dépenser à pleines mains; ***mit leeren Händen dastehen*** rester là les mains vides; ***etw von ~ bedienen, betätigen*** commander, actionner, manœuvrer qc à la main; ***von langer ~ vorbereitet*** préparé de longue main; ***von zarter ~*** par une main de femme; ***an ~ von*** à l'aide de; au moyen de; en s'appuyant sur; ***unter der ~*** en sous-main; sous le manteau; ***von ~ zu ~*** de main en main; *auf Briefen* ***zu Händen von ...*** à l'attention de ...; ***mit e-m Verbot etc rasch bei der ~ sein*** faire vite pour, se dépêcher d'interdire qc, *etc*; ***mit e-r Antwort rasch bei der***

~ **sein** avoir la repartie prompte, facile; *st/s **mit s-r Hände Arbeit*** en travaillant de ses mains; par son travail; ***Hände hoch!*** 'haut les mains!'; ***Hände weg (von ...)!*** ne touche(z) pas (à …); F pas touche!; F bas les pattes; **~ *aufs Herz!*** dis-moi franchement!; *FUSSBALL* **~!** main!; (***bei j-m***) ***um j-s* ~ *anhalten*** demander la main de qn (à qn); ***mit* ~ *anlegen*** donner un coup de main; mettre la main à la pâte; ***letzte* ~ (*an etw* [*acc*]) *anlegen*** mettre la dernière main (à qc); donner le dernier coup de lime (à qc); ***j-m in die Hände arbeiten*** faire le jeu de qn; **~ *in* ~ *arbeiten*** travailler en se complétant; bien collaborer; **~ *in* ~ *gehen*** aller, marcher la main dans la main; *fig* aller de pair; ne pas aller l'un sans l'autre; se compléter; ***mir sind die Hände gebunden*** j'ai les mains liées; ***e-e starke* ~ *brauchen*** F avoir besoin de la poigne de qn; **~ *geben* od *drücken* od *schütteln*** serrer la main à qn; ***j-m die* ~ *reichen zum Gruß***, *helfend* tendre la main à qn; ***j-m etw in die* ~ *drücken*** mettre qc dans la main de qn; ***die* ~ *gegen j-n erheben*** lever la main sur qn; ***in j-s Hände fallen*** tomber entre od dans les mains de qn; ***j-n an der* ~ *halten*** tenir qn par la main; ***j-n an die* od *st/s bei der* ~ *nehmen*** prendre qn par la main; ***j-m aus der* ~ *fressen*** manger dans la main de qn; *fig* faire tout ce que qn veut; ***j-m die* ~ *darauf geben*** en donner sa parole (d'honneur) à qn; ***etw aus der* ~ *geben*** abandonner qc; lâcher qc; ***j-m etw an die* ~ *geben*** donner qc à qn (pour l'aider à …); ***j-m an die* ~ *gehen*** aider qn; prêter la main à qn; donner un coup de main à qn; mettre la main à la pâte (*abs*); ***durch viele Hände gehen*** passer par beaucoup de mains; ***die Arbeit geht ihr rasch von der* ~** elle travaille vite (et bien); elle va vite à faire son travail; elle est rapide dans son travail; ***e-e sichere* ~ *haben*** avoir la main sûre; ***e-e lockere* od *lose* ~ *haben*** (*gern schlagen*) avoir la main leste; ***sie hat dabei e-e glückliche* ~ *gehabt*** là, elle a eu la main heureuse; ***freie* ~ *haben*** avoir les mains libres; avoir le champ libre; avoir des coudées franches; avoir carte blanche; ***j-m freie* ~ *lassen*** laisser les mains libres, le champ libre à qn; donner carte blanche à qn; ***kalte, schmutzige Hände haben*** avoir les mains froides, sales; F ***zwei linke Hände haben*** être la maladresse en personne; ***j-n in der* ~ *haben*** avoir qn bien en main, sous sa dépendance; ***etw (fest) in der* ~ *haben*** *fig* avoir qc (bien) en main; ***etw an der* ~ *haben*** disposer de qc; avoir qc à (sa) disposition, à portée de main; ***etw bei der* od *zur* ~ *haben*** *Gegenstand, Mittel* avoir qc sous la main; *Ausrede, Antwort* avoir qc tout prêt; ***bei e-r Sache die* ~ *im Spiel haben*** être mêlé à qc; avoir trempé dans qc; **~ *und Fuß haben*** tenir debout; être sensé; reposer sur des bases solides; ***weder* ~ *noch Fuß haben*** n'avoir ni queue ni tête; ***sich mit Händen und Füßen gegen etw wehren*** faire des pieds et des mains pour ne pas faire qc; s'opposer à qc de toutes ses forces;

F ***mit Händen und Füßen reden*** parler avec ses mains; ***alle* od *beide Hände voll zu tun haben*** avoir du travail par-dessus la tête; avoir du pain sur la planche; ***etw in der* ~ *halten*** tenir qc à la main, *umschlossen* dans la main; ***in die Hände klatschen*** taper, frapper dans ses mains; *vor Freude* battre des mains; ***die Hände von etw lassen*** ne pas toucher à qc; *fig* ne pas se mêler de qc; ***von der* ~ *in den Mund leben*** vivre au jour le jour; ***von s-r Hände Arbeit leben*** vivre du travail de ses mains; **~ *an sich* (*acc*) *legen*** attenter à ses jours; ***etw aus der* ~ *legen*** poser, laisser qc; ***dafür lege ich meine* ~ *ins Feuer*** j'en mettrais ma main au feu; ***die Hände in den Schoß legen*** rester les bras croisés; se croiser les bras; (***j-m***) ***aus der* ~ *lesen*** lire dans les lignes de la main (de qn); ***in j-s* ~ *liegen*** être, reposer entre les mains de qn; (***klar***) ***auf der* ~ *liegen*** être évident, manifeste, clair; *fig etw in die* ~ *nehmen* prendre qc en main; ***j-m etw aus der* ~ *schlagen*** faire tomber qc des mains de qn; ***man konnte nicht die* ~ *vor (den) Augen sehen*** on n'y voyait (strictement) rien, goutte; il faisait noir comme dans un four; ***j-m etw in die Hände spielen*** faire parvenir qc à qn; livrer qc à qn; ***j-n auf Händen tragen*** être aux petits soins pour qn; dorloter qn; ***in andere Hände übergehen*** changer de mains; passer en d'autres mains; ***j-m etw zu treuen Händen überlassen*** donner qc en garde à qn; ***j-m etw in die* ~ *versprechen*** promettre qc à qn sur son honneur; ***s-e Hände in Unschuld waschen*** s'en laver les mains; *prov* ***e-e* ~ *wäscht die andere*** *prov* une main lave l'autre; ***etw von der* ~ *weisen*** repousser, rejeter qc; ***das ist nicht von der* ~ *zu weisen*** c'est bien probable, possible; c'est à considérer; ***mit beiden Händen zugreifen*** saisir l'occasion; sauter sur l'occasion; F ***die Hände über dem Kopf zusammenschlagen*** *vor Entrüstung* lever les bras au ciel; *vor Staunen* (en) être tout stupéfait; n'en pas revenir

'**Hand**|**abzug** *m TYPO, PHOT* épreuve *f*; **~apparat** *m* **1.** *TÉL* combiné *m*; **2.** *Bücher* appareil *m* critique

'**Handarbeit** *f* **1.** ⟨*pas de pl*⟩ travail manuel; ***das ist* ~** c'est fait à la main; c'est du fait main; ***etw in* ~** (*dat*) ***herstellen*** faire qc à la main; **2.** *fertiges Werk* ouvrage fait à la main; **3.** (*Nadelarbeit*) travail *m*, ouvrage *m* à l'aiguille; *als Schulfach* couture *f*

'**Handarbeiter(in)** *m*(*f*) travailleur, -euse *m,f* manuel, -elle

'**Handaufheben** *n* ⟨~s⟩ ***durch* ~ *abstimmen*** voter à main levée

'**Handauf**|**legen** *n* ⟨~s⟩, **~legung** *f* ⟨~⟩ imposition *f* des mains

'**Handball** *m* **1.** ⟨*pas de pl*⟩ *Sportart* 'handball *m*; **~ *spielen*** jouer au handball; **2.** *Ball* ballon *m* de handball

'**Handballen** *m ANAT* éminence formée sur la paume de la main; *sc am Daumen* éminence thénar; *am kleinen Finger* éminence hypothénar

'**Handball**|**er(in)** *m* ⟨~s; ~⟩ (*f*) ⟨~; ~nen⟩ cf **Handballspieler(in)**; **~mannschaft** *f* équipe *f* de handball;

~spiel *n Match* match *m* de handball; *Sportart* 'handball *m*; **~spieler(in)** *m*(*f*) 'handballeur *m*; joueur, -euse *m,f* de handball

'**Hand**|**bedienung** *f TECH* commande manuelle, à la main; **~besen** *m* balayette *f*

'**Handbetrieb** *m* ⟨~(e)s⟩ actionnement *m* à la main; ***mit, für* ~** actionné à la main

'**handbetrieben** *adj Gerät* à main; *Anlage* à commande manuelle

'**Hand**|**bewegung** *f* geste *m* de la main; **~bibliothek** *f* appareil *m* critique; *Nachschlagewerke* usuels *m/pl*; **~brause** *f* douchette *f*; ²**breit** *adj* large comme la main; de la largeur de la main

'**Handbreit** *f* ⟨~; ~⟩ largeur *f* de la main; ***e-e, zwei* ~ *über dem Boden*** à une dizaine, vingtaine de centimètres au-dessus du sol

'**Hand**|**bremse** *f* frein *m* à main; **~buch** *n* manuel *m*

Händchen ['hɛntçən] *n* ⟨~s; ~⟩ petite main; *enf* menotte *f*; F **~ *halten*** se tenir par la main; F **~ *für etw haben*** avoir le coup de main pour qc

'**Handcreme** *f* crème *f* pour les mains

Händedruck ['hɛndədrʊk] *m* ⟨~(e)s; -drucke⟩ poignée *f* de main

'**Händeklatschen** *n* ⟨~s⟩ (*Beifallklatschen*) applaudissements *m/pl*; ***s-n Verein durch* ~ *anfeuern*** encourager son club en frappant dans ses mains

Handel ['handəl] *m* ⟨~s⟩ **1.** *ÉCON* commerce *m*, négoce *m* (***mit*** de); *a illegal* trafic *m* (***mit*** de); **~ *und Gewerbe***, *Industrie* le commerce et l'industrie; **~ *treiben*** faire du commerce; commercer; *péj* trafiquer; ***im* ~ *sein*** être, se trouver dans le commerce; ***nicht*** (***mehr***) ***im* ~** 'hors commerce; introuvable; ***in den* ~ *bringen*** introduire, lancer dans le commerce, sur le marché; commercialiser; lancer; **2.** (*Geschäft*) marché *m*; affaire *f*; ***e-n* ~ *abschließen*** conclure un marché; *st/s* **~ *und Wandel*** le mode de vie; les activités (d'un pays, *etc*); **3.** (*Vereinbarung*) marché *m*; accord *m*

Händel ['hɛndəl] *st/s m/pl* querelle *f*; dispute *f*; ***mit j-m* ~ *haben*** se quereller, se disputer avec qn; **~ *suchen*** chercher querelle (à qn)

'**Handelfmeter** *m FUSSBALL* penalty dû à une faute de main

'**handeln** ⟨-(e)le, h⟩ **I** *v/t* ***an der Börse gehandelt werden*** se négocier, être négocié, être traité à la Bourse; ***der Dollar wurde gestern zu 2 Mark gehandelt*** hier le dollar était coté à 2 marks; *fig* ***er wird als Nachfolger für den Präsidenten gehandelt*** il est question de lui pour succéder à la présidence; **II** *v/i* **1.** (*sich verhalten, eingreifen*) agir; ***nicht reden,* ~!** pas de discours, des actes!; **2.** *COMM* (*Handel treiben*) faire du commerce; ***mit* od *ADM in etw*** (*dat*) **~** faire le commerce de qc; ***mit j-m* ~** marchander, négocier avec qn; **3.** (*feilschen*) marchander (***um etw*** qc); ***um jeden Pfennig* ~** marchander sou à sou; ***um den Preis* ~** discuter le prix; ***er läßt*** (***nicht***) ***mit sich*** (*dat*) **~** on (ne) peut (pas) marchander, négocier avec lui; *fig* on (ne) peut (pas) discuter avec lui; il n'est (pas) très accommodant;

4. *Buch etc* **von** *etw* ~ traiter de qc; avoir qc pour sujet; **III** *v/imp* **es handelt sich um ...** il s'agit de ..., il est question de ...; **worum handelt es sich?** de quoi s'agit-il?; de quoi est-il question?; **es handelt sich darum, ob ...** il s'agit de savoir si ...; **es handelt sich darum, daß ...** (*es ist wichtig*) l'important, l'essentiel c'est que ...; il faut (surtout) que ... (+*subj*); (*es geht um*) il s'agit de (+*inf*); **es handelt sich um Folgendes** voici de quoi il s'agit, de quoi il est question; voici ce dont il s'agit; **darum handelt es sich nicht** ce n'est pas de cela qu'il s'agit, qu'il est question

'**Handeln** *n* ⟨~s⟩ **1.** (*Verhalten, Eingreifen*) action *f*; procédés *m/pl*; **gemeinsames ~** action commune; **zum ~ entschlossen** décidé à agir; **2.** *COMM* marchandage *m*

'**Handels|abkommen** *n* accord commercial; **~agent(in)** *m(f)* österr cf **Handelsvertreter**; **~akademie** *f* österr école supérieure de commerce; **~artikel** *m* article *m* de commerce, de vente; **~attaché** *m* attaché commercial; **~bank** *f* ⟨~, ~en⟩ banque commerciale, de commerce; **~beschränkungen** *f/pl* restrictions commerciales; **~beziehungen** *f/pl* relations commerciales

'**Handelsbilanz** *f* **1.** *e-s Landes* balance commerciale; **passive, aktive ~** balance *f* (du commerce) déficitaire *od* en déficit, excédentaire *od* en excédent; **2.** *e-r Firma* bilan commercial

'**Handels|blatt** *n* journal *m*, revue *f* d'économie; **~delegation** *f* délégation commerciale

'**handels|einig, ~eins** *adj* (*mit j-m*) **~ sein** être d'accord (avec qn); (*mit j-m*) **~ werden** tomber, se mettre d'accord (avec qn)

'**Handels|embargo** *n* embargo *m* (économique); **~firma** *f* maison *f* de commerce; **~flagge** *f* pavillon *m* (des navires marchands); **~flotte** *f* flotte marchande, de commerce; **~freiheit** *f* liberté *f* du commerce; **~gericht** *n* tribunal *m* de commerce

'**Handelsgesellschaft** *f* société commerciale, de commerce; **offene ~** société *f* en nom collectif

'**Handels|gesetz** *n* loi commerciale, sur le commerce; **~gesetzbuch** *n* ⟨~(e)s⟩ Code *m* de commerce; **~größe** *f* *e-s Produkts* modèle, format commercial; **~hafen** *m* port *m* de commerce; **~haus** *st/s* *n* maison *f* de commerce; **~kammer** *f* chambre *f* de commerce; **~kette** *f* chaîne *f*, groupe *m* de distribution; **~klasse** *f* catégorie *f*; **~korrespondenz** *f* ⟨~⟩ correspondance commerciale; **~macht** *f* puissance commerciale; **~marine** *f* marine marchande, de commerce; **~marke** *f* marque *f* de commerce; **~messe** *f* foire commerciale; **~minister(in)** *m(f)* ministre *m* du Commerce; **~mission** *f* mission commerciale; **~monopol** *n* monopole commercial; **~name** *m* nom commercial; **~niederlassung** *f* établissement commercial, succursale *f*; **~organisation** *f* organisation commerciale; **~partner** *m* partenaire commercial; **~politik** *f* politique commerciale; ²**politisch** *adj* de la *od* concernant la politique commerciale; politico-économique; **~recht** *n* ⟨~(e)s⟩ législation commerciale; droit commercial; ²**rechtlich** *adj* de droit commercial; **~register** *n* registre *m* du commerce; **~reisende(r)** *f(m)* ⟨→ A⟩ représentant(e) *m(f)*, voyageur *m* de commerce; *früher* commis *m* voyageur; **~richter** *m* juge *m* du *od* au tribunal de commerce; juge *m* consulaire; **~schiff** *n* navire marchand, de commerce; **~schiffahrt** *f* navigation commerciale; **~schranken** *f/pl* barrières commerciales

'**Handelsschule** *f* école commerciale, de commerce; **höhere ~** *etwa* école commerciale du second degré

'**Handels|schüler(in)** *m(f)* élève *m,f*, étudiant(e) *m(f)* d'une école de commerce; **~spanne** *f* marge commerciale; **~sperre** *f* embargo *m*; **~sprache** *f* langue commerciale, du commerce; **~stadt** *f* ville commerçante, marchande; **~straße** *f* *HIST* (grande) route marchande

'**handelsüblich** *adj* en usage dans le commerce; *Format, Bezeichnung etc* commercial

'**Handels|unternehmen** *n* entreprise commerciale; **~verbindungen** *f/pl* relations commerciales; **~vertrag** *m* traité *m* de commerce; **~vertreter(in)** *m(f)* représentant(e) *m(f)* de commerce; V.R.P. *m*; **~vertretung** *f* représentation commerciale; (*Handelsmission*) mission commerciale; **~volumen** *n* ⟨~s⟩ volume *m* des échanges commerciaux; **~ware** *f* article *m* de commerce, de vente; **~weg** *m* voie commerciale; **~wert** *m* valeur marchande, commerciale; **~zentrum** *n* centre d'affaires, commercial (important)

'**handeltreibend** *adj* (*épithète*) qui vit du commerce; qui a une activité commerciale

'**Handeltreibende(r)** *f(m)* ⟨→ A⟩ commerçant(e) *m(f)*

händeringend [ˈhɛndərɪŋənt] **I** *adj* (*épithète*) se tordant les mains; **II** *advt* en se tordant les mains; *fig* désespérément; **~ e-n Nachfolger suchen** chercher désespérément un successeur

'**Händeschütteln** *n* ⟨~s⟩ poignées *f/pl* de main

'**Hand|feger** *m* ⟨~s; ~⟩ petit balai; balayette *f*; **~fertigkeit** *f* ⟨~⟩ dextérité *f*; habileté manuelle; ²**fest** *adj* a *fig* *Beweis etc* solide; *Mahlzeit* solide; *fait* qui tient au ventre; consistant; *Streit* gros, grosse; a *Prügelei* sérieux, -ieuse; *Skandal* gros, grosse; retentissant; F sacré; *Lüge* grossier, -ière; **~feuerlöscher** *m* extincteur *m* (à main); **~feuerwaffe** *f* arme à feu individuelle, portative; **~fläche** *f* intérieur *m*, creux *m* de la main; (*Handteller*) paume *f*

'**hand|gearbeitet, ~gefertigt** *adj* fait (à la) main; **~geknüpft** *adj* noué à la main

'**Handgeld** *n* *bei Vertragsabschluß* arrhes *f/pl*; acompte *m*; provision *f*

'**Handgelenk** *n* poignet *m*; F *fig* **etw aus dem ~ schütteln** (*können*) faire qc sans peine, avec facilité, sans (aucune) difficulté

'**hand|gemacht** *adjt* fait (à la) main; **~gemalt** *adj* peint à la main

'**handgemein** *st/s* *adj* **~ werden** en venir aux mains

'**Handgemenge** *n* ⟨~s; ~⟩ mêlée *f*; **es kam zu e-m ~** ils en vinrent aux mains

'**Handgepäck** *n* bagages *m/pl* à main

'**hand|geschöpft** *adjt Papier* (fabriqué) à la main, à la cuve; **~geschrieben** *adjt* écrit à la main; manuscrit; **~gesteuert** *adjt* à commande manuelle; **~gestrickt** *adjt* tricoté (à la) main; **~gewebt** *adjt* tissé à la main

'**Handgranate** *f* grenade *f* à main

'**handgreiflich I** *adj* **1.** (*Offensichtlich*) tangible; évident; manifeste; **2.** (*tätlich*) **~ werden** en venir aux mains, aux coups; *JUR* passer aux voies de fait; **e-e ~ Auseinandersetzung** un différend au cours duquel on en vient aux mains; **II** *adv* **j-m etw ~ vor Augen führen** faire toucher du doigt qc à qn

'**Handgreiflichkeit** *f* ⟨~; ~en⟩ **1.** (*pas de pl*) (*Offensichtlichkeit*) évidence *f*; **2.** (*Tätlichkeit*) bagarre *f*; *JUR* voie *f* de fait; **es kam zu ~en** on en vint aux mains

'**Handgriff** *m* **1.** (*Bewegung*) geste *m* (précis); *pl* **~e** *oft* manipulations *f/pl*; manœuvres *f/pl*; maniement *m*; **die exakten ~e e-s Chirurgen** la précision des gestes d'un chirurgien; **mit wenigen ~en** en deux temps et trois mouvements; **2.** *an Geräten, Koffern etc* poignée *f*; (*Bedienungs*²) manette *f*

'**handgroß** *adj* grand comme la main

'**Handhabe** *f* ⟨~; ~n⟩ **e-e ~ gegen j-n haben** avoir une raison d'agir contre qn; avoir une preuve, une arme contre qn; **das Gesetz bietet keine ~ dagegen** la loi n'offre aucun recours, ne permet pas d'intervenir dans ce cas

'**hand|haben** *v/t* ⟨*insép*, ge-, h⟩ **1.** *Werkzeug, Gerät etc* manier; manipuler; se servir de; **2.** *Regelung, Vorschrift etc* appliquer; ²**habung** *f* ⟨~; ~en⟩ **1.** *e-s Geräts etc* maniement *m*; manipulation *f*; **2.** *e-r Regelung etc* application *f*

Handicap, Handikap [ˈhɛndikɛp] *n* ⟨~s; ~s⟩ *SPORT, fig* 'handicap *m*

'**handicapen, handikapen** *v/t* ⟨h⟩ *SPORT, fig* 'handicaper

'**Hand|kante** *f* bord *m* de la main; **~kantenschlag** *m* coup porté avec le bord de la main; **~karre** *f*, **~karren** *m* charrette *f* à bras; **~koffer** *m* valise *f*; ²**koloriert** *adj* colorié à la main; **~kurbel** *f* manivelle *f*

'**Handkuß** *m* baise-main *m*; F *plais* **etw mit ~ annehmen, tun** ne pas se faire prier pour faire, accepter qc

'**Handlanger** *m* ⟨~s; ~⟩ **1.** manœuvre *m*; aide *m*; *e-s Maurers* aide-maçon *m*; *péj* larbin *m*; **2.** *fig péj* homme *m* de main (**für** de)

'**Handlangerdienste** *m/pl péj* **j-m ~ leisten** être l'homme de main de qn

'**Handlauf** *m* *am Treppengeländer* main courante

Händler(in) [ˈhɛndlər(ɪn)] *m* ⟨~s; ~⟩ (*f*) ⟨~; ~nen⟩ commerçant(e) *m(f)*; (*Kaufmann*) commerçant(e) *m(f)*

'**Handlesekunst** *f* ⟨~⟩ chiromancie *f*

'**handlich** *adj* a *Format, Auto etc* maniable; commode; pratique; *kleinere Gegenstände* a bien en main; *Buch* d'un format pratique; (*leicht zu handhaben*) d'emploi, d'utilisation facile; facile à manier; ²**keit** *f* ⟨~⟩ maniabilité *f*; facilité *f* d'emploi; maniement *m* facile

Hand|linie f ligne f de la main; **~linien-deutung** ⟨~⟩ f chiromancie f
Handlung ['handluŋ] f ⟨~; ~en⟩ **1.** (Tat) acte m; **strafbare ~** délit m; acte criminel; **2.** e-s Romans, Theaterstücks etc action f; **Ort der ~** lieu m de l'action; **3.** COMM magasin m; boutique f
Handlungs|ablauf m déroulement m de l'action; **~bevollmächtigte(r)** f(m) fondé m de pouvoir; mandataire commercial
handlungsfähig adj capable, à même, en mesure d'agir; JUR ayant la capacité d'exercice; **~ sein** avoir la capacité d'exercice
Handlungs|fähigkeit f ⟨~⟩ capacité f, possibilité f d'agir; JUR capacité f d'exercice; **~freiheit** f ⟨~⟩ liberté f d'action, d'agir; **2reich** adj Geschichte etc riche en événements; **~reisende(r)** f(m) cf **Handelsreisende(r)**; **~schema** n (type m, modèle m d')intrigue f; **~spielraum** m marge f de manœuvre; liberté f d'action; **2unfähig** adj incapable (d'agir); impuissant; JUR incapable; **~unfähigkeit** f JUR incapacité f d'agir; impuissance f; JUR incapacité f; **~verlauf** m déroulement m de l'action; **~vollmacht** f procuration commerciale; **~weise** f façon f, manière f d'agir; (Vorgehen) procédés m/pl
Hand|mixer m mixeur m; **~mühle** f moulin m (à café, à poivre, etc)
Handout ['hɛntʔaʊt] n ⟨~s; ~s⟩ information f; documentation f
Hand|pflege f manucure f; **~presse** f presse f à bras; **~puppe** f marionnette f à gaine; **~rad** n TECH volant m; **~reichung** f ⟨~; ~en⟩ service m; aide f; **~rücken** m dos m, revers m de la main; **~säge** f scie f à main; **~satz** m ⟨~es⟩ TYPO composition manuelle, à la main
Handschelle f menotte f; **j-m ~n anlegen** passer les menottes à qn
Handschlag m (Händedruck) poignée f de main; **j-n mit ~ begrüßen** serrer la main à qn; saluer qn d'une poignée de main; **etw durch ~ bekräftigen** confirmer qc en topant dans la main de qn; F fig **keinen ~ tun** ne pas bouger le petit doigt; F ne pas en ficher(r) (une rame)
Handschrift f **1.** (Schriftzüge) écriture f; **e-e schöne ~ haben** avoir une belle écriture; **2.** fig griffe f; **dieses Bild, Denkmal etc verrät die ~ der Künstlerin** on reconnaît bien là la griffe, le coup de patte de l'artiste; **3.** HIST Schriftwerk manuscrit m
Handschriften|deutung f ⟨~⟩ graphologie f; **~kunde** f ⟨~⟩ paléographie f; **~probe** f lignes, etc manuscrites; bei Tests exemple m, échantillon d'écriture
handschriftlich I adj écrit à la main; manuscrit; **II** adv **etw ~ hinzufügen** (r)ajouter qc à la main
Handschuh m gant m; (Faust2) moufle f; (sich [dat]) **~e anziehen** mettre des, ses gants; se ganter; (sich [dat]) **die ~e ausziehen** enlever, ôter ses gants; se déganter
Handschuhfach n boîte à gants; vide--poches m
Handschuhgröße f pointure f (de gants); **~ sieben haben** avoir du sept comme pointure

Handschuhmacher(in) m ⟨~s; ~⟩ (f) ⟨~; ~nen⟩ gantier, -ière m,f
handsigniert adj signé
Hand|spiegel m miroir m à main; **~spiel** n ⟨~(e)s⟩ FUSSBALL (faute f de) main f; **~stand** m TURNEN appui tendu; **~steuerung** f commande manuelle, à la main
Handstreich m bes MIL coup m de main; **im ~ nehmen** prendre par surprise
Hand|tasche f sac m à main; **~teller** m ANAT paume f (de la main)
Handtuch n ⟨~(e)s, -tücher⟩ serviette f (de toilette); (Küchen2) essuie-main(s) m; F plais **ein schmales ~** (dünne Person) un sac d'os; **das ~ werfen beim Boxen**, a fig jeter l'éponge
Handtuchhalter m porte-serviettes m
Handumdrehen n **im ~** en un tour de main; en un tournemain; F en cinq sec
handverlesen adj trié à la main; fig trié sur le volet
Handvermittlung f TÉL système manuel
Handvoll f ⟨~; ~⟩ poignée f; **e-e ~ Leute** une poignée de gens
Hand|waffe f arme f de main; **~wagen** m petite voiture; petit chariot
handwarm I adj pas trop chaud; à température moyenne, tiède; **II** adv **etw ~ waschen** laver qc à l'eau tiède, à température moyenne
Handwäsche f **1.** Vorgang lessive f, lavage m à la main; **2.** Wäschestücke petite lessive; linge lavé à la main
Handwerk n a fig métier m; coll artisanat m; **sein ~ verstehen** a fig connaître son métier; **j-m ins ~ pfuschen** empiéter sur le domaine de qn; F marcher sur les plates-bandes de qn; **j-m das ~ legen** mettre fin, un terme aux activités, agissements de qn; couper court aux agissements, menées de qn; prov **~ hat goldenen Boden** prov on gagne bien sa vie en étant artisan; F **Klappern gehört zum ~** il faut savoir se vendre, se mettre en avant
Handwerker(in) m ⟨~s; ~⟩ (f) ⟨~; ~nen⟩ selbständige(r) artisan m, femme f artisan; **die ~ im Haus haben** avoir les ouvriers dans la maison
handwerklich I adj ⟨épithète⟩ (das Handwerk betreffend) artisanal; **~e Fähigkeiten** aptitudes manuelles; **II** adv **e-e ~ gute Leistung** un travail de bon ouvrier
Handwerks|betrieb m (petite) entreprise artisanale; **~geselle** m compagnon m artisan; **~kammer** f chambre f des métiers; **~meister** m maître m artisan; **~rolle** f registre m des métiers; **~zeug** n ⟨~(e)s⟩ **1.** outils m/pl; outillage m; **2.** fig outils m/pl de travail
Hand|wörterbuch n dictionnaire m d'un format moyen; **~wurzel** f ANAT carpe m
Handy ['hɛndi] n ⟨~(s); ~s⟩ TÉL portatif m
Handzeichen n signe m de la main; bei Abstimmungen **um ein ~ bitten** demander de lever la main
Hand|zeichnung f dessin m (à la main); **~zettel** m tract m
hanebüchen ['ha:nəby:çən] st/s adj inouï; incroyable
Hanf [hanf] m ⟨~(e)s⟩ chanvre m

Hänfling ['hɛnflɪŋ] m ⟨~s; ~e⟩ ZO linotte f
Hanfseil n corde f, cordage m de chanvre
Hang [haŋ] m ⟨~(e)s; ⁓e⟩ **1.** ⟨pas de pl⟩ (Neigung) penchant m, tendance f, inclination f (**zu** à, pour); propension f (**zu** à); **e-n ~ zum Alkohol haben** avoir un penchant pour l'alcool; **2.** (Ab2) pente f; talus m
Hangar [haŋ'ga:r] m ⟨~s; ~s⟩ AVIAT hangar m
Hänge|backe f joue pendante; bajoue f; **~bauch** m F (grosse) bedaine; **~boden** m soupente f; **~brücke** f pont suspendu; **~brust** f poitrine tombante; **~lampe** f suspension f
hangeln ['haŋəln] v/i ⟨-(e)le, h ou sein⟩ (u v/réfl ⟨sich⟩) ~ avancer, progresser en suspension
Hängematte f hamac m
hangen ['haŋən] schweiz, regional cf **hängen II**; st/s **mit 2 und Bangen** avec angoisse
hängen ['hɛŋən] **I** v/t ⟨régulier, h⟩ **1.** (auf~) suspendre; **den Schal über den Stuhl ~** poser le foulard sur le dossier de la chaise; **die Kleider in den Schrank ~** pendre les vêtements dans l'armoire; **2.** mit Haken, Nagel, Klammer etc accrocher (**an** [+acc] à); **fig sein Herz an etw** (acc) **~** s'attacher à qc; **3.** (**~ lassen**) laisser pendre; **ein Bein aus dem Bett, ins Wasser ~** laisser pendre une jambe 'hors du lit, dans l'eau; **4.** (er~) pendre; **Tod durch 2** mort f par pendaison; F fig **mit 2 und Würgen** de justesse; F ric-rac; **II** v/i ⟨hängt, hing, gehangen, h ou südd, österr, schweiz sein⟩ **5.** (herunter~) pendre; oft être suspendu; **~ lassen** Arme, Flügel etc laisser pendre; **die Hängenden Gärten der Semiramis** les jardins suspendus de Babylone; **mit ~dem Kopf** (la) tête baissée; fig la tête basse; **mit ~der Zunge** hors d'haleine; à bout de souffle; **6.** (befestigt sein) être accroché, suspendu (**an** [+dat] à); **das Bild hängt schief** le tableau n'est pas droit, est penché, est de travers; **der Baum hängt voller Früchte** l'arbre est couvert, chargé de fruits; **der Schrank hängt voller Kleider** l'armoire est pleine, remplie de vêtements; **~ lassen** Wäsche, Bild etc laisser (accroché, suspendu); **7.** (fest~) être, rester accroché; se prendre; **mit etw an etw** (dat) **~** rester accroché avec, par qc à qc; se prendre qc à, dans qc; **an s-n Schuhen hängt Schmutz** il y a de la saleté à, sous ses chaussures; fig **an j-m, etw ~** être attaché, tenir à qn, qc; fig **an e-m Faden ~** ne tenir qu'à un fil; fig **an j-s Lippen ~** être suspendu aux lèvres de qn; **8.** F fig Personen **aus dem Fenster ~** être penché à la fenêtre; (dauernd) **am Telefon ~** être pendu (continuellement) au téléphone; **vor dem Fernseher ~** rester (collé) devant la télé; **im Sessel ~** être affalé, vautré dans le fauteuil; **in der Kneipe ~** traîner au bistro(t); **9.** (erhängt sein) être pendu; **10.** (ab~) dépendre; **es hängt alles an ihm** tout dépend de lui; ça ne tient qu'à lui; **11.** F **bei e-r schwierigen Sache** être arrêté, bloqué, ne pas pouvoir avancer; **III** v/réfl **sich an j-n, etw ~** s'accrocher à qn, qc; F coller qn; im Auto etc suivre

hängenbleiben – hart

qn de très près; *emotional* se raccrocher à qn, qc; *Geruch etc* s'imprégner, s'incruster sur (les vêtements, etc de) qn, dans qc; F fig **sich ans Telefon ~** passer un bzw des coup(s) de fil
'**hängenbleiben** v/i ⟨irr, sép, -ge-, sein⟩ **1.** *an e-m Haken etc* rester accroché (*an* [+dat] à); (*haftenbleiben*) rester fixé, collé, attaché; attacher, coller (*an* [+dat] à); fig *Verdacht* **an j-m ~** poursuivre qn; fig **sein Blick blieb an ihrem Collier hängen** son regard s'arrêta, vint se fixer sur le collier qu'elle portait; fig **davon ist nicht viel hängengeblieben** il n'en est pas resté grand-chose; fig **es bleibt immer etwas ~** il en reste bzw restera toujours quelque chose; **2.** (*stocken, steckenbleiben*) être arrêté, bloqué; ne plus (pouvoir) avancer; **beim Sprechen** avoir un trou
'**hängenlassen** ⟨irr, sép, pas de ge-⟩ **I** v/t **1.** *Hut etc* (*vergessen*) laisser; oublier; **2.** F fig *in e-r schwierigen Lage j-n ~* F laisser qn dans le pétrin; laisser tomber qn; F laisser qn en plan; **II** v/réfl **sich ~** se laisser aller; ne rien faire; baisser les bras
'**Hänge|ohr** *n* oreille pendante; **~partie** f SCHACH partie ajournée; **~pflanze** *f* plante retombante
'**Hänger** *m* ⟨~s; ~⟩ **1.** COUT *Kleid* robe *f*, *Mantel* manteau *m* ample; **2.** F (*An*₂) remorque *f*
'**Hänge|schrank** *m* élément suspendu; **~schultern** *f/pl* épaules tombantes
'**hängig** adj schweiz **1.** (*unerledigt*) *Fragen* en suspens; non résolu; **2.** JUR (*anhängig*) en instance
'**Hanglage** *f e-s Grundstücks* terrain *m* en pente; *Haus mit od in ~* sur (un) terrain en pente
Hanna(h) ['hana], **Hanne** ['hanə] *f* ⟨→ n/pr⟩ Jeanne *f*; BIBL Anne *f*
Hannover [ha'no:fər] *n* ⟨→ n/pr⟩ 'Hanovre
Hans [hans] *m* ⟨→ n/pr⟩ Jean *m*; **~ im Glück** *Märchenfigur* Jeannot la Chance; Jean le Bienheureux; fig veinard *m*; **~ Guckindieluft** étourdi *m*
Hansaplast [hanza'plast] *n* ⟨-(e)s⟩ Wz sparadrap *m*; pansement adhésif; tricostéril *m* (*nom déposé*)
Hänschen ['hɛnsçən] *n* ⟨~s; ~⟩ prov **was ~ nicht lernt, lernt Hans nimmermehr** ce que l'on n'apprend pas étant jeune, on ne l'apprendra jamais
Hans'dampf F *m* ⟨-(e)s; ¨-e⟩ (*ein*) **~ in allen Gassen sein** être partout à la fois; *geschäftlich* être un brasseur d'affaires
Hanse ['hanzə] *f* ⟨~⟩ HIST **die ~** la Hanse
Hanse'at(in) *m* ⟨-en; -en⟩ *f* ⟨~; -nen⟩ 'hanséate *m,f*
hanse'atisch adj 'hanséatique
Hänse'lei *f* ⟨~; -en⟩ taquinerie *f*
'**hänseln** ['hɛnzəln] v/t ⟨-(e)le, h⟩ taquiner; F asticoter; F chiner
'**Hansestadt** *f* ville *f* 'hanséatique
Hans'wurst F *m* ⟨-(e)s; -e ou ¨-würste⟩ **1.** (*Dummkopf*) (pauvre) clown *m*; pantin *m*; **2.** THÉ HIST 'hanswurst *m*
Hantel ['hantəl] *f* ⟨~; -n⟩ SPORT haltère *m*; **~übung** *f* exercice *m* avec des haltères
hantieren [han'ti:rən] v/i ⟨pas de ge-, h⟩

mit etw ~ manier, manipuler qc; s'occuper avec qc
hapern ['ha:pərn] v/imp ⟨-(e)re, h⟩ **1.** (*nicht klappen*) **es hapert mit etw** il y a qc qui cloche, qui ne va *od* marche pas dans qc; **im Französischen hapert es noch bei ihm** il a encore des difficultés, des problèmes en français; **2.** (*mangeln*) **an etw** (dat) **~** manquer; faire défaut; **bei mir hapert es immer an der Zeit** c'est toujours le temps, l'argent qui me manque
haploid [haplo'i:t] adj BIOL haploïde
Häppchen ['hɛpçən] *n* ⟨~s; ~⟩ petite bouchée; (*Canapé*) canapé *m*; (*kleiner Appetithappen*) amuse-gueule *m*
Happen ['hapən] F *m* ⟨~s; ~⟩ bouchée *f*; fig **ein fetter ~** un pactole; **e-n ~ essen** manger un petit morceau, une bricole
Happening ['hɛpəniŋ] *n* ⟨~s; ~s⟩ 'happening *m*
'**happig** F adj exagéré; *Preis a* exorbitant; fantaisiste
happy ['hɛpi] F adj ⟨attribut⟩ heureux, -euse; content
Happy-End ['hɛpi'ʔɛnd] *n* ⟨~(s); ~s⟩ 'happy end *f*
Harakiri [hara'ki:ri] *n* ⟨~(s); ~s⟩ 'hara-kiri *m*; **~ machen** *od* **begehen** se faire hara-kiri
Harald ['ha:ralt] *m* ⟨→ n/pr⟩ prénom
Härchen ['hɛ:rçən] *n* ⟨~s; ~⟩ petit cheveu bzw poil
Hard cover ['hartkavər] *n* ⟨~s; ~s⟩ Buch volume *m*, livre *m* à couverture rigide
Hardtop ['harttɔp] *n od m* ⟨~s; ~s⟩ **1.** *Dach* 'hard-top *m*; **2.** *Wagen* cabriolet *m* avec 'hard-top
Hardware ['hartvɛ:r] *f* ⟨~; ~s⟩ INFORM matériel *m*; 'hardware *m*; **~ingenieur** *m* ingénieur *m* (en) 'hardware
Harem ['ha:rɛm] *m* ⟨~s; ~s⟩ *a* fig plais 'harem *m*
'**Harems|dame** *f* femme *f* du 'harem; *bes in der Kunst* odalisque *f*; **~wächter** *m* gardien *m* de harem
hären ['hɛ:rən] st/s adj ⟨épithète⟩ en poil (de chèvre)
Häresie [hɛrɛ'zi:] *f* ⟨~; -n⟩ hérésie *f*
Häretiker [hɛ're:tikər] *m* ⟨~s; ~⟩ hérétique *m*
hä'retisch adj hérétique
Harfe ['harfə] *f* ⟨~; -n⟩ 'harpe *f*
Harfe'nist(in) *m* ⟨-en; -en⟩ (*f*) ⟨~; -nen⟩ 'harpiste *m,f*
'**Harfen|spiel** *n* 'harpe *f*; **~spieler(in)** *m(f)* joueur, -euse *m,f* de harpe
Harke ['harkə] *f* ⟨~; -n⟩ *nordd* râteau *m*; F **ich werde ihm zeigen, was e-e ~ ist** je vais lui montrer qui je suis, de quel bois je me chauffe
harken v/t ⟨h⟩ *nordd* râtisser
Harlekin ['harleki:n] *m* ⟨~s; -e⟩ arlequin *m*
Harm [harm] *m* poét *m* ⟨-(e)s⟩ peine *f*; affliction *f*; chagrin *m*
'**härmen** ['hɛrmən] st/s v/réfl ⟨h⟩ **sich ~** s'affliger, se chagriner, se tourmenter (*um* de)
'**harmlos I** adj *Tier, Mensch, Medikament* (*ungefährlich*) inoffensif, -ive; *Mensch* (*arglos, naiv*) naïf, -ive; pas méchant; *Miene, Vergnügen* innocent; *Bemerkung, Vorfall* anodin; *Witz, Frage* innocent; anodin; *Witz a* gentil, -ille; F pas (bien) méchant; *Verletzung, Un-*

fall, Operation sans gravité; *Krankheit* bénin, -igne; **II** adv **~ aussehen** *Lebewesen* avoir l'air inoffensif; *Sache* avoir l'air anodin; **~ dreinschauen** regarder innocemment; *Krankheit, Operation* **~ verlaufen** se dérouler d'une façon bénigne, sans gravité
'**Harmlosigkeit** *f* ⟨~⟩ caractère inoffensif, anodin; innocence *f*; *e-s Menschen a* naïveté *f*; *e-s Medikaments* innocuité *f*
Harmonie [harmo'ni:] *f* ⟨~; ~n⟩ MUS, fig harmonie *f*; (*Eintracht*) accord *m*
Harmo'nielehre *f* ⟨~⟩ MUS (théorie *f* de l')harmonie *f*
harmo'nieren v/i ⟨pas de ge-, h⟩ *Personen* s'accorder, s'entendre (*mit* avec); *Farben etc* s'accorder, s'harmoniser (*mit* avec); **miteinander ~** *Menschen* s'accorder; s'entendre; *Farben* s'harmoniser
Har'monika *f* ⟨~; ~s *ou* -ken⟩ harmonica *m*
har'monisch adj MUS, fig harmonieux, -ieuse; HARMONIELEHRE, MATH harmonique
harmoni'sier|en v/t ⟨pas de ge-, h⟩ MUS, fig harmoniser; **⟂ung** *f* ⟨~; -en⟩ harmonisation *f*
Har'monium *n* ⟨~s; -ien⟩ MUS harmonium *m*
Harn [harn] *m* ⟨-(e)s; ¨-e⟩ urine *f*; **~ lassen** uriner
'**Harn|blase** *f* vessie *f*; **~drang** *m* besoin *m* d'uriner
'**harnen** st/s v/i ⟨h⟩ uriner
'**Harn|entleerung** *f* évacuation *f* de l'urine; MÉD miction *f*; **~glas** *n* urinal *m*
Harnisch ['harniʃ] *m* ⟨~es; ~e⟩ HIST (*Brust*₂) cuirasse *f*; (*Rüstung*) armure *f*; 'harnais *m*; fig **j-n in ~ bringen** mettre qn en colère; exaspérer qn; faire sortir qn de ses gonds; fig **in ~** (*über etw, j-n*) **geraten** s'emporter; se mettre en colère (contre qc, qn)
'**Harn|lassen** *n* ⟨~s⟩ MÉD miction *f*; **~leiter** *m* uretère *m*; **~röhre** *f* urètre *m*; **~säure** *f* ⟨~⟩ acide *m* urique; **~stoff** *m* urée *f*
'**harntreibend** adj diurétique; **~es Mittel** diurétique *m*
'**Harn|vergiftung** *f* urémie *f*; **~wege** *m/pl* voies *f/pl* urinaires
Harpune [har'pu:nə] *f* ⟨~; -n⟩ 'harpon *m*
Harpunier [harpu'ni:r] *m* ⟨~s; -e⟩ 'harponneur *m*
harpu'nieren v/t ⟨pas de ge-, h⟩ **I** v/t 'harponner; **II** v/i chasser au harpon
Harpu'nierer *m* ⟨~s; ~⟩ cf **Harpunier**
Harpyie [har'py:jə] *f* ⟨~; -n⟩ MYTH, ZO 'harpie *f*
harren ['harən] st/s v/i ⟨h⟩ *j-s od auf j-n, e-r Sache* (gén) *od* **auf etw** (acc) **~** attendre (avec impatience bzw espoir bzw nostalgie) qn, qc; **ich harre der Dinge, die da kommen sollen** j'attends; je laisse venir les choses
harsch [harʃ] adj **1.** (*vereist*) gelé; (-ver)glacé; *Schnee* tôlé; **2.** fig (*barsch*) dur; sans ménagement
Harsch *m* ⟨-(e)s⟩ neige tôlée; **⟂ig** adj *Schnee* tôlé
hart [hart] **I** adj ⟨¨-er, ¨-este⟩ dur (*a* fig *Arbeit, Droge, Kampf, Wasser, Winter, Worte, Zeiten, Konsonant, Akzent, Realität, Mensch*); fig *Zeiten a* difficile; *Winter a* rigoureux, -euse; rude; *Los,*

Schicksal cruel, -elle; *Maßnahme, Strafe, Urteil* sévère; *Währung* fort; *Kindheit* difficile; *Aufprall, Stoß, Kontrast* violent; *Pornographie* 'hard (*inv*); SPORT **~es Spiel** jeu *m*, match *m* rude; **~ gegen j-n sein** être dur pour, envers qn; **~ werden** durcir; *Person* devenir dur, sévère; **es ist sehr ~ für mich, das zu hören** c'est très dur pour moi d'entendre ça; **II** *adv* **1.** *a fig* durement; avec dureté; *Stoff, Material* **sich ~ anfühlen** être dur au toucher; **ein Ei ~ kochen** faire un œuf dur; **~ machen** durcir; **~ aneinandergeraten** se disputer violemment; **j-n ~ anfassen** *od* **anpacken** traiter qn durement, avec dureté; se montrer dur avec qn; *Arbeit etc* **j-n ~ ankommen** coûter (beaucoup), sembler dur à qn; **es kommt mich ~ an, zu** (+*inf*) il m'en coûte beaucoup, cela me semble dur de (+*inf*); **~ arbeiten** travailler durement; *fig* **~ bleiben** rester inflexible; ne pas céder; **~ durchgreifen** prendre des mesures énergiques, sévères; *Unglück, Krankheit etc* **j-n ~ treffen** éprouver qn durement, cruellement; toucher qn durement; **es geht ~ auf ~** c'est maintenant que tout se joue; **wenn es ~ auf ~ geht** *od* **kommt** en cas de coup dur; **2. ~ an** (*dicht an*) tout près de; **~ an der Grenze des Erlaubten** à la limite du permis, de ce qui est permis; *MAR* **~ am Wind segeln** naviguer au plus près du lis du vent
'**hartbedrängt** *adj* attaqué, assailli de toutes parts *od* de tous côtés; acculé
Härte ['hɛrtə] *f* ⟨~; ~n⟩ **1.** *von festen Stoffen, Wasser, Strahlen; e-s Kontrastes* dureté *f*; *von Metallen a* trempe *f*; **2.** ⟨pas de pl⟩ *fig e-r Strafe, e-s Schicksals etc* dureté *f*; *e-s Urteils, e-r Maßnahme meist* sévérité *f*; rigueur *f*; *e-s Kampfes, im Sport* rudesse *f*; *e-s Kampfes, Aufpralls* violence *f*; **3.** ⟨pas de pl⟩ *e-r Person* dureté *f* (**gegenüber j-m** envers qn); (*Zähigkeit, Ausdauer*) endurance *f*; **4.** unbillige, unsoziale (grave) inégalité *f*; injustice *f*; iniquité *f*; **5.** *Jugendsprache* **das ist die ~!** *positiv* F (c'est) génial, super!; F c'est le pied!; *negativ* F c'est une horreur!; c'est nul!; F c'est dégueulasse
'**Härte|ausgleich** *m* indemnité *f* compensatoire
'**Härtefall** *m a* F *fig Person* cas *m* (difficile); **sozialer ~** cas social
'**Härtegrad** *m* (degré *m* de) dureté *f*, MÉTALL trempe *f*; *des Wassers* degré *m*, titre *m* hydrotimétrique
'**härten** ⟨-ete, h⟩ **I** *v/t* durcir; *Metall* tremper; **II** *v/i* (se) durcir
'**Härter** *m* ⟨~s; ~⟩ durcisseur *m*
'**Härte|skala** *f* MINÉR échelle *f* de Mohs; **~test** *m* **1.** TECH test *m* de dureté; **2.** *fig* épreuve *f*
'**Hart|faserplatte** *f* panneau *m* en, de fibre dure; ²**gefroren** *adj* gelé; ²**gekocht** *adj Ei* dur; **~geld** *n* ⟨~(e)s⟩ pièces *f/pl* de monnaie
'**hartgesotten** *adj*; (*unnachgiebig*) dur; (*abgebrüht*) insensible; F *fig Zu cuire*; **ein ~er Bursche** F un dur à cuire
'**Hartgummi** *n* ⟨~s⟩ ébonite *f*
'**hartherzig I** *adj Person* insensible; sans cœur; qui a le cœur dur *od* sec; dur; *Verhalten* impitoyable; insensible; **~** **sein** avoir le cœur dur, sec; **II** *adv* avec dureté; durement; sans pitié
'**Hartherzigkeit** *f* ⟨~⟩ *e-r Person* dureté *f*, sécheresse *f* de cœur; *des Verhaltens etc* dureté *f*; froideur *f*
'**Hart|holz** *n* bois dur; **~käse** *m* fromage *m* à pâte pressée; ²**löten** *v/t a* ⟨-ete, sép, -ge-, h⟩ braser; **~metall** *n* alliage dur
'**hartnäckig** ['hartnɛkɪç] **I** *adj* opiniâtre; tenace; *péj* entêté; (*eigensinnig*) obstiné; *Schnupfen etc* tenace; *Kälte* persistant; **II** *adv* avec opiniâtreté, ténacité, obstination; *péj* avec entêtement; **~ bei s-r Meinung bleiben** s'obstiner, s'entêter dans son opinion; **~ schweigen** garder un silence obstiné; *Kälte, Gerücht etc* **~ halten** persister
'**Hartnäckigkeit** *f* ⟨~⟩ opiniâtreté *f*; ténacité *f*; *péj* entêtement *m*; (*Eigensinn*) obstination *f*; *e-r Krankheit* ténacité *f*; persistance *f*
'**Hart|platz** *m* SPORT terrain *m* en dur; **~riegel** *m* ⟨~s; ~⟩ BOT cornouiller *m*
'**hartum'kämpft** *adj* qui est l'objet, l'enjeu d'une lutte acharnée
'**Härtung** *f* ⟨~; ~en⟩ durcissement *m*; *von Metall* trempe *f*; trempage *m*
'**Hart|weizen** *m* blé dur; **~weizengrieß** *m* semoule *f* de blé dur; **~wurst** *f* saucisson sec
Harz¹ [haːrts] *n* ⟨~es; ~e⟩ résine *f*
Harz² ⟨→ *n/pr*⟩ GÉOGR **der ~** le Harz
'**harzen** ⟨-(es)t, h⟩ **I** *v/t* **geharztes Wein** vin résiné; **II** *v/i Baum, Holz* perdre de la résine
'**Harzer** *adj* ⟨inv⟩ **~ Käse, Roller** fromage *m* du Harz
'**harzig** *adj* **1.** résineux, -euse; **2.** *regional, schweiz Verkehr* ralenti; *Verhandlung* qui piétine, n'avance pas
Hasardeur [hazar'døːr] *m* ⟨~s; ~e⟩ (*Glücksspieler*) joueur *m*; *a fig* F flambeur *m*; *fig* risque-tout *m*
Hasardspiel [ha'zart'spiːl] *n* jeu *m* de hasard; *fig* entreprise 'hasardeuse
Hasch [haʃ] F *n* ⟨~s⟩ F 'hasch *m*
Haschee [ha'ʃeː] *n* ⟨~s; ~s⟩ CUIS 'hachis *m*
haschen¹ ['haʃən] *st/s* ⟨h⟩ **I** *v/t* attraper, saisir (au vol); **II** *v/i* **nach etw, j-m ~** chercher à attraper, à saisir qc, qn; *fig* **nach Beifall, Ruhm ~** être avide d'applaudissements, de gloire
'**haschen²** F *v/i* ⟨h⟩ (*Haschisch rauchen*) fumer du haschisch
Häschen ['hɛːsçən] *n* ⟨~s; ~⟩ (*junger Feldhase*) levraut *m*; (*kleines Kaninchen*) petit lapin; *Kosewort* **mein ~** mon (petit) lapin; mon chou
'**Hascher(in)** F *m* ⟨~s; ~⟩ (*f* ⟨~; ~nen⟩) fumeur, -euse *m,f* de haschisch
Häscher ['hɛʃər] *litt m* ⟨~s; ~⟩ poursuivant *m*; *péj* sbire *m*
Hascherl ['haʃərl] F *n* ⟨~s; ~n⟩ *südd, österr* **armes ~!** pauvre petit(e)!
Haschisch ['haʃɪʃ] *m od n* ⟨~(s)⟩ 'ha(ʃ)chi(ʃ)ch *m*
'**Haschmich** F *m* **e-n** (**kleinen**) **~ haben** avoir un grain; F être un peu fêlé
Hase [ˈhaːzə] *m* ⟨~; ~n⟩ lièvre *m*; (*Stall~*) *regional* lapin *m*; CUIS **falscher ~** rôti *m* de viande 'hachée; F *fig* **ein alter ~** un vieux routier; un homme d'expérience; F **da liegt der ~ im Pfeffer** voilà le hic; **wissen, wie der ~ läuft** F connaître le truc, la musique; savoir comment cela

marche; F *plais* **mein Name ist ~** (, **ich weiß von nichts**) je n'en sais rien
Hasel ['haːzəl] *f* ⟨~; ~n⟩, **~busch** *m* noisetier *m*; coudrier *m*; **~huhn** *n* gélinotte *f*; **~kätzchen** *n* BOT chaton *m* de noisetier; **~maus** *f* muscardin *m*; **~nuß** *f* **1.** *Nuß* noisette *f*; **2.** *cf* **Hasel(nuß)strauch**; (**nuß**)**strauch** *m* noisetier *m*; coudrier *m*
'**Hasen|braten** *m* lièvre rôti; rôti *m* de lièvre; **~fell** *n* peau *f* de lièvre; **~fuß** *m*, **~herz** *n* *fig péj* poule mouillée; peureux, -euse *m,f*; **~jagd** *f* chasse *f* au lièvre
'**Hasenpanier** *n* **das ~ ergreifen** prendre la poudre d'escampette; se sauver à toutes jambes
'**Hasenpfeffer** *m* CUIS civet *m* de lièvre
'**hasenrein** *adj fig* **nicht (ganz) ~** louche
'**Hasen|rücken** *m* CUIS râble *m* de lièvre; **~scharte** *f* MÉD bec-de-lièvre *m*
Haspel ['haspəl] *f* ⟨~; ~n⟩ *od m* ⟨~s; ~⟩ *für Garn etc* dévidoir *m*; (*Förderwinde*) treuil *m*
'**haspeln** *v/t* ⟨-(e)le, h⟩ dévider; (*hochwinden*) guinder
Haß [has] *m* ⟨-sses⟩ 'haine *f* (**gegen, auf** [+*acc*] de); **auf etw, j-n empfinden** *st/s* avoir qc, qn en 'haine; détester qc, qn
'**hassen** *v/t* ⟨-ßt, h⟩ détester; 'haïr
'**hassenswert** *adj* 'haïssable; odieux, -ieuse
'**haßerfüllt I** *adj* rempli, plein de haine; 'haineux, -euse; **II** *adv* **j-n anblicken** regarder qn avec 'haine
'**Haßgefühle** *n/pl* sentiments *m/pl* de haine
häßlich ['hɛslɪç] *adj* **1.** (*nicht schön*) laid; vilain; F moche; **sehr ~** a 'hideux, -euse; **~ aussehen** être laid; **~ machen** enlaidir; **2.** *fig* (*gemein*) détestable; mauvais; **~ zu j-m sein** être affreux avec qn; **es ist ~ zu lügen** c'est laid *od* vilain de mentir; **3.** *fig* (*unangenehm*) affreux, -euse; *Lage a* atroce; horrible
'**Häßlichkeit** *f* ⟨~⟩ laideur *f*; *fig* atrocité *f*; horreur *f*
'**Haßliebe** *f* 'haine-passion *f*; **~ für j-n empfinden** être partagé entre l'amour et la haine envers, vis-à-vis de qn
'**Haßtirade** *f* tirade 'haineuse
'**haßverzerrt** *adjt Blick, Gesicht* 'haineux, -euse; plein de haine; *Gesicht a* tordu, défiguré par la haine
hast [hast] *cf* **haben**
Hast *f* ⟨~⟩ 'hâte *f*; *des Lebens etc* précipitation *f*; **in wilder ~** en toute 'hâte; précipitamment; **ohne ~** sans 'hâte, précipitation; calmement; tranquillement
haste ['hastə] F **= hast du**; (**was**) **~, was kannste** à toute vitesse; aussi vite qu'il, elle *etc* pouvait
'**hasten** *v/i* ⟨-ete, sein⟩ se hâter; se presser; se dépêcher; **zum Ausgang, nach Hause ~** se hâter vers la sortie, de rentrer chez soi
'**hastig I** *adj* pressé; précipité; *Bewegung* brusque; **II** *adv* à la hâte; en (toute) 'hâte; précipitamment; **~ sprechen** parler avec précipitation; **nicht so ~!** pas si vite!
hat [hat] *cf* **haben**

Hätsche'lei f ⟨~; ~en⟩ câlins m/pl; câlineries f/pl; cajoleries f/pl
'**Hätschelkind** n enfant gâté; F chouchou m; fig enfant chéri
hätscheln ['hɛtʃəln] v/t ⟨-(e)le, h⟩ (liebkosen) caresser; cajoler; (verzärteln) dorloter; choyer; (verwöhnen) gâter; a fig Star, Künstler etc choyer
hatschi ['hatʃi ou ha'tʃi:] int atchoum!
hatte ['hatə] cf haben
Hatz [hats] f ⟨~; ~en⟩ 1. JAGD chasse f à courre; ~ *auf* (+acc) chasse à; 2. fig (Hetzjagd) chasse f (*auf* [+acc] à); campagne f (*auf* [+acc] contre); 3. F fig, bes ÖSTERR (Hast) course f
hatzi ['hatsi ou ha'tsi:] cf hatschi
Hau [hau] F m *e-n* (*weg*) *haben* F être cinglé, givré
Häubchen ['hɔypçən] n ⟨~s; ~⟩ 1. bonnet m; a (Schwestern2, Kellerinnen2) coiffe f; 2. fig (Sahne2) (petit) chapeau m (de chantilly)
Haube ['haubə] f ⟨~; ~n⟩ 1. bonnet m; a (Schwestern2) coiffe f; e-r Ordensschwester cornette f; F plais *j-n unter die ~ bringen* marier, F caser qn; F plais *unter die ~ kommen* se marier; F plais *unter der ~ sein* être marié, F casé m; 2. ZO 'huppe f; 'houppe f; 3. südd, österr (Mütze) bonnet m; 4. (Motor2) capot m; 5. (Trocken2) casque m de coiffeur; séchoir m; 6. (Sahne2) auf Kuchen etc (petit) chapeau m (de chantilly)
'**Hauben|lerche** f alouette 'huppée; cochevis m; **~taucher** m grèbe 'huppé
Haubitze [hau'bitsə] f ⟨~; ~n⟩ MIL obusier m; F *voll wie e-e ~ sein* F être soûl comme un Polonais
Hauch [haux] m ⟨~(e)s; ~e⟩ (Atem2, Luft2), a fig souffle m; (dünne Schicht) fine couche; *ein ~ antiken Geistes* un souffle d'esprit antique; *der ~ e-s Lächelns* l'ombre f d'un sourire; Zartes, Duftiges *ein ~ von ...* un soupçon de ...; *ein ~ Puder* un soupçon de poudre; *ein ~ von Rosenduft* un léger parfum de rose
hauch'dünn I adj Porzellan etc très fin; Gewebe arachnéen, -enne; II adv *etw ~ auftragen* appliquer une couche très fine de qc
'**hauchen** v/t u v/i ⟨h⟩ souffler; fig Worte susurrer; *in die Hände ~* souffler dans ses doigts; PHON *das H ~ od gehaucht aussprechen* prononcer l'h aspiré; faire entendre l'aspiration du h
'**hauch'fein** adj très fin
'**Hauchlaut** m son expiré; *mit ~ (aus-)sprechen* aspirer
'**hauch'zart** adj très fin; Gewebe a st/s arachnéen, -enne
'**Haudegen** m (*alter*) ~ vieux soudard
Haue ['hauə] f ⟨~; pas de pl⟩ (Prügel) *~ kriegen* recevoir une correction, des coups, une raclée; *gleich gibt's ~!* ça va tomber!; 2. südd, österr (Hacke) 'houe f
hauen ['hauən] ⟨haut, haute ou hieb, gehauen ou F gehaut, h⟩ I v/t 1. BERGBAU abattre; SCULP *in Stein, Marmor* (acc) ~ tailler, sculpter dans la pierre, dans le marbre; *Stufen* etc *in den Fels ~* tailler, creuser dans le roc; 2. F (*hinein~*) *die Axt in den Baumstamm ~* enfoncer, planter la hache dans le tronc d'arbre; *Löcher ins Eis ~* faire des trous dans la glace; 3. F (*schlagen*) battre; frapper; F taper; *sich ~* se battre; *haut ihn!* tapez dessus!; F cognez-le!; 4. F (*schleudern, werfen*) *etw irgendwohin ~* F balancer qc quelque part, n'importe où; *ein Steak in die Pfanne ~* mettre un steak dans la poêle; *j-m etw um die Ohren ~* lancer, F balancer qc à la figure de qn; *sich ins Bett ~* F aller au pieu; F se pieuter; fig *das haut mich (glatt) vom Stuhl od Hocker!* F j'en tombe, il y a de quoi tomber à la renverse!; P j'en suis sur le cul!; II F v/i frapper; F cogner; *nach j-m ~* essayer de frapper qn, de donner des coups à qn; *j-m auf die Finger ~* taper, donner un coup sur les doigts de qn
'**Hauer** m ⟨~s; ~⟩ 1. BERGBAU piqueur m; 'haveur m; 2. JAGD *des Keilers* défense f, pl a broches f/pl
Häufchen ['hɔyfçən] n ⟨~s; ~⟩ petit tas; *von Personen* poignée f; petit temps; *wie ein ~ Elend aussehen* avoir l'air malheureux, F tristounet, d'une pauvre petite chose; enf *(s)ein ~ machen* enf faire son caca
häufeln ['hɔyfəln] v/t ⟨-(e)le, h⟩ mettre en tas; JARD, AGR butter
Haufen ['haufən] m ⟨~s; ~⟩ 1. tas m; *meist wirrer* amas m; *sehr großer* monceau m; *auf e-n ~ werfen* jeter, mettre en tas; *auf e-m ~ liegen* être en tas; F *ich habe noch nie so viele Idioten auf e-n ~ gesehen* je n'ai jamais vu tant d'imbéciles réunis, à la fois, F *j-n über den ~ rennen, fahren* renverser, culbuter qn; F *j-n über den ~ schießen* abattre qn (d'un coup de feu); F *über den ~ werfen Pläne* etc bouleverser; bousculer; F chambarder; F chambouler; 2. F (*Kot2*) crotte f; 3. F (*viel*) *ein ~ ...* un od des tas de ...; *ein monceau de ...*; *ein ~ Geschenke* un tas, un monceau de cadeaux; *e-n ~ Bücher besitzen* posséder des tas de livres; *ein ~ Geld* beaucoup d'argent; *ein ~ Arbeit, Unsinn* une quantité, un tas, plein de travail, d'idioties; 4. (*Menschen2*) tas m (de gens); foule f; (*Schar*) troupe f; bande f; MIL détachement; peloton m; *ein ganzer ~ Kinder* a une ribambelle d'enfants
häufen ['hɔyfən] ⟨h⟩ I v/t accumuler; Ämter, Strafen etc cumuler; *zwei gehäufte Teelöffel* deux cuillerées à café bien pleines; II v/réfl *sich ~* 1. (*sich an~, auf~*) s'amasser; s'accumuler; 2. fig Fälle, Vorkommnisse se multiplier
'**haufenweise** F adv F en masse; en quantité; *~ Geld verdienen* F gagner un argent fou; *~ Eis essen* manger des quantités de glace
'**Haufenwolke** f cumulus m
häufig ['hɔyfiç] I adj fréquent; II adv souvent; fréquemment; *~ vorkommen* arriver souvent, fréquemment; *Wort in e-m Text etc* être fréquent; *sehr ~ vorkommen* a abonder; *~ ins Theater gehen* aller souvent au théâtre; fréquenter les théâtres
'**Häufigkeit** f ⟨~; ~en⟩ fréquence f
'**Häuflein** n ⟨~s; ~⟩ cf Häufchen
'**Häufung** f ⟨~; ~en⟩ 1. (*An2*) accumulation f; 2. fig *von Fällen, Vorkommnissen* multiplication f; 3. JUR (*Ämter2*) etc cumul m

Haupt [haupt] st/s n ⟨~(e)s; ⁓er⟩ 1. (*Kopf*) tête f; *erhobenen, gesenkten ~es* tête 'haute, basse; *ein greises ~* une tête chenue; *gekrönte Häupter* des têtes couronnées; 2. fig (*Führer*) chef m
'**Haupt|abnehmer** m COMM premier, principal client; **~aktionär** m actionnaire principal
'**Hauptakzent** m 1. PHON accent principal; 2. fig accent m; *den ~ auf etw* (acc) *legen* mettre l'accent sur qc
'**Hauptaltar** m maître-autel m
'**hauptamtlich** I adj Tätigkeit professionnel, -elle; Person qui exerce sa fonction à titre professionnel; II adv à titre professionnel; *~ tätig sein* exercer sa fonction à titre professionnel
'**Haupt|angeklagte(r)** f(m) principal(e) accusé(e) m(f); **~anliegen** n but, objectif principal; objectif premier; **~anschluß** m TÉL ligne principale; **~anteil** m majeure partie; plus grosse od grande part; **~arbeit** f ⟨~⟩ gros m de l'ouvrage; majeure partie du travail; **~argument** n argument principal; **~attraktion** f principale attraction; clou m
'**Hauptaugenmerk** n *sein ~ auf etw* (acc) *richten* faire principalement attention à qc
'**Haupt|ausgang** m sortie principale; **~bahnhof** m gare centrale; **~belastungszeuge** m principal témoin à charge
'**Hauptberuf** m profession (régulière, principale); métier (régulier, principal); *er ist im ~ Steuerberater* conseiller fiscal, c'est sa profession principale
'**hauptberuflich** I adj professionnel, -elle; II adv à titre professionnel
'**Haupt|beschäftigung** f occupation, activité principale; **~bestandteil** m élément, composant, constituant principal; **~buch** n COMM grand-livre m; **~buchhalter** m chef m comptable; **~darsteller(in)** m(f) FILM, THÉ etc interprète principal(e); FILM a vedette f; **~deck** n MAR pont principal; **~einfahrt** f, **~eingang** m entrée principale; **~einnahmequelle** f source principale de revenus
Häuptel ['hɔyptəl] n ⟨~s; ~(n)⟩ südd, österr CUIS tête f; **~salat** m südd, österr laitue f
'**Haupt|erbe** m, **~erbin** f héritier, -ière m,f principal(e)
'**Haupteslänge** st/s f *j-n um ~ überragen* dépasser qn d'une tête
'**Hauptfach** n STUDIUM, SCHULE matière principale; *Französisch als od im ~ studieren* avoir le français comme matière principale
'**Haupt|fehler** m principal défaut; (*Irrtum*) erreur principale; **~feind** m principal ennemi; **~feld** n SPORT peloton m; **~feldwebel** m sergent-major m; **~figur** f a fig personnage principal; fig a protagoniste m,f; **~film** m *e-s Programms* grand film; film principal; **~forderung** f revendication, exigence; COMM créance principale; **~gang** m 1. CUIS plat principal; plat m de résistance; 2. *in e-m Gebäude* couloir principal; **~gebäude** n bâtiment, édifice principal; *e-s Schlosses* a corps

m de logis; **~gedanke** *m* idée principale, maîtresse; **~gefreite(r)** *m* MIL caporal-chef *m*; brigadier-chef *m*; **~gericht** *n* CUIS plat de résistance, principal; **~geschäft** *n* **1.** *Gebäude* maison *f* mère; magasin, établissement principal; **2.** (*Hauptumsatz*) plus grosses ventes

Hauptge'schäfts|stelle *f* bureau, secrétariat principal; agence principale; **~straße** *f* grande rue commerçante; **~stunden** *f/pl* heures *f/pl* de grande affluence, de pointe

Hauptgewicht *n* 〈~(e)s〉 *fig* **das ~ auf etw** (*acc*) **legen** donner du poids, de l'importance principalement à qc

Haupt|gewinn *m* gros lot; **~grund** *m* raison principale; **~haar** *st/s* 〈~(e)s〉 cheveux *m/pl*; chevelure *f*; **~hahn** *m* TECH robinet principal; **~interesse** *n* principal intérêt; **~kasse** *f* caisse principale, centrale; **~katalog** *m* catalogue principal; **~last** *f a fig* charge principale; **~leitung** *f Rohre* conduite principale; ÉLECT ligne principale; **~leute** *pl* von *Hauptmann*

Häuptling ['hɔyptlɪŋ] *m* 〈~s; ~e〉 chef *m* de tribu

Haupt|mahlzeit *f* repas principal; **~mann** *m* 〈~(e)s; -leute〉 MIL capitaine *m*; (*Räuber♀ etc*) chef *m*; **~masse** *f* gros *m*; **~merkmal** *n* caractère principal; **~mieter(in)** *m(f)* locataire *m/f* principal(e); **~motiv** *n* principal mobile; raison, cause principale; MUS thème dominant; PEINT motif dominant; **~nahrung** *f* nourriture principale; **~nenner** *m* MATH dénominateur commun; **~niederlassung** *f* établissement principal

Hauptperson *f* personnage principal; *fig* **sie will immer die ~ sein** elle veut toujours avoir le premier rôle

Haupt|portal *n* portail central; grand portail; **~post**, **~postamt** *n* poste centrale; **~probe** *f* dernière répétition avant la générale; (*Generalprobe*) générale *f*; **~problem** *n* problème principal, majeur, essentiel; **~punkt** *m* point principal, essentiel; **~quartier** *n* MIL quartier général; **~quelle** *f a fig* source principale; **~redner(in)** *m(f)* principal orateur; **~reisezeit** *f* pleine saison (des voyages, du tourisme)

Hauptrolle *f* premier rôle; rôle principal; **die ~ spielen** *Person*, *a fig* jouer le premier rôle, le rôle principal; *Geld etc* jouer un rôle primordial

Hauptsache *f* 〈~〉 principal *m*; **in der ~** principalement; **das ist die ~** c'est le principal; F **, du bist hier** l'essentiel, c'est que tu sois là

'hauptsächlich I *adj* 〈*épithète*〉 principal; (*wesentlich*) essentiel, -iel- le; **II** *adv* principalement; avant tout; surtout

Haupt|saison *f* pleine saison; **~satz** *m* **1.** GR (proposition) principale *f*; **2.** *e-r Wissenschaft* principe *m*; **3.** MUS thème principal; **~schalter** *m* **1.** ÉLECT commutateur, interrupteur principal; **2.** *am Bahnhof, in der Bank etc* guichet principal; **~schiff** *n e-r Kirche* grande nef; nef principale; **~schlagader** *f* aorte *f*; **~schlüssel** *m* passe- -partout *m*; **~schulabschluß** *m* certificat *m* de fin d'études primaires

'Hauptschuld *f* faute principale; **die ~ an etw** (*dat*) **tragen** être le principal fautif, responsable de qc

'Hauptschuldige(r) *f(m)* principal(e) coupable *m,f*, fautif, -ive *m,f*

'Haupt|schule *f* école de fin de scolarité (cycle court, complément de l'enseignement primaire à caractère essentiellement pratique); **~schüler(in)** *m(f)* élève de la 5ᵉ à la 9ᵉ ou 10ᵉ (österr 8ᵉ) année préparant le certificat de fin d'études primaires; **~schullehrer(in)** *m(f)* professeur enseignant dans le cycle court de fin d'études primaires

'Haupt|schwierigkeit *f* principale difficulté, **~seminar** *n* UNIVERSITÄT séminaire *m* de deuxième cycle; **~sendezeit** *f* heure(s) *f(pl)* de grande écoute; **~sicherung** *f* ÉLECT coupe-circuit principal; **~sitz** *m* siège *m* (principal, central); **~sorge** *f* principal souci; **~stadt** *f* capitale *f*; *fig* métropole *f*; **~städter(in)** *m(f)* habitant(e) *m(f)* de la capitale; **♀städtisch** *adj* d'une *bzw* de la capitale; *fig* métropolitain; **~straße** *f* grand-rue *f*; rue principale; **~strecke** *f* EISENBAHN grande ligne; **~täter(in)** *m(f)* auteur principal; **~tätigkeit** *f* principale occupation, activité; **~teil** *m* (*wichtigster Teil*) partie principale, (*größter Teil*) majeure partie; **~thema** *n* sujet principal; MUS thème principal

'Haupt|ton *m* 〈~(e)s; -töne〉 **1.** MUS tonalité *f*; **2.** 〈*pas de pl*〉 PHON accent principal, primaire; *fig* **den ~ auf etw** (*acc*) **legen** mettre l'accent sur qc

'Haupt|treffer *m* LOTTERIE gros lot; **~tribüne** *f* tribune principale; **~unterschied** *m* principale différence; différence capitale, essentielle; **~ursache** *f* principale cause; **~verantwortliche(r)** *f(m)* responsable *m,f* (principal[e], en chef, p/, de); **~verdiener** *m* 〈~s; ~〉 *in e-r Familie* personne *f* qui a le plus fort salaire, qui gagne le plus; **~verhandlung** *f* JUR débats *m/pl*; **~verkehr** *m* majeure partie de la circulation; **~verkehrsstraße** *f* rue *f bzw* route *f* à grande circulation; **~verkehrszeit** *f* heures *f/pl* d'affluence; **~versammlung** *f e-r AG* assemblée générale; **~verwaltung** *f* administration centrale; **~wache** *f* commissariat principal; **~wachtmeister** *m* brigadier-chef *m*; **~werk** *n* **1.** *e-s Künstlers* ouvrage principal; **2.** *e-r Firma* usine principale, mère; **~wort** *n* 〈-(e)s; -wörter〉 GR nom *m*; substantif *m*; **~zeuge** *m*, **~zeugin** *f* principal témoin; **~ziel** *n* principal but; objectif principal; **~zug** *m* **1.** EISENBAHN train régulier; **2.** *Eigenschaft* trait essentiel, principal, dominant; **~zweck** *m* principal but

hau ruck ['hau'ruk] *int* oh! 'hisse!

Hau'ruckverfahren F *n* **im ~** à la va- -vite

Haus [haus] *n* 〈~es; ~er〉 **1.** maison *f*; **das Weiße ~** la Maison Blanche; *st/s* **das ~ Gottes** *od* **des Herrn** la maison du Seigneur; **der Sohn, die Tochter des ~es** le fils, la fille de la maison; **die Dame, der Herr des ~es** la maîtresse, le maître de maison; **~ und Hof** ferme *f* et terres *f/pl*; **~ und Hof verspielen** perdre toute sa fortune au jeu; **~ an ~** wohnen habiter, être porte à porte (*mit j-m* avec qn); **von ~ zu ~ gehen** *a* faire du porte-à-porte; **aus dem ~ gehen** sortir (de la maison, de chez soi); COMM **frei ~** franco à domicile; **ins ~ liefern** livrer à domicile; **im ~** dans *od* à la maison; ADM **Herrn X, im ~e** Monsieur X, service X; **im ~(e) s-r Eltern** chez ses parents; **nach ~(e), zu ~(e)** à la maison; chez soi; **kommen Sie gut nach ~e!** bon retour!; rentrez bien!; **nach ~e zurückkehren** rentrer à la maison, chez soi; **bei uns zu ~e** chez nous; **sich (wie) zu ~e fühlen** se sentir (comme) chez soi; **er ist bei uns wie zu ~e** il est pour ainsi dire de la famille; **tun Sie so, als ob Sie zu ~e wären!** faites comme chez vous!; **ich bin für niemanden zu ~e** je n'y suis pour personne; **ist Herr X zu ~e?** Monsieur X est-il chez lui?; **unsere Kinder sind schon aus dem ~** (wohnen nicht mehr hier) nos enfants n'habitent déjà plus avec nous, ont déjà quitté la maison; **wo ist er zu ~e?** d'où vient-il, est-il (originaire)?; **in Berlin zu ~e sein** *Person* être de Berlin; *Sitte etc* être originaire de, venir de Berlin; *fig* **in etw** (*dat*) **zu ~e sein** s'y connaître en qc; connaître qc à fond; **von ~ aus** d'origine; de naissance; *fig* dans le fond; **von ~ aus Lehrer sein** être professeur à l'origine, au départ, de formation; **außer ~ essen** dîner, déjeuner, manger en ville; **aus gutem ~e sein** être de bonne famille; **das ~ besorgen** tenir la maison; **ein großes ~ führen** recevoir beaucoup; F **das (ganze) ~ auf den Kopf stellen** F mettre tout sens dessus-dessous; F tout retourner dans la maison; **das ~ hüten** garder la maison; **j-n ins ~ nehmen** prendre qn chez soi; **j-m das ~ verbieten** fermer, refuser sa porte à qn; F **j-m ins ~ stehen** (bientôt) tomber sur qn; *Schlechtes a* menacer qn; F pendre au nez de qn; F **j-m ins ~ schneien** arriver chez qn à l'improviste, sans prévenir; F tomber sur qn; F **j-m das ~ einrennen** F être là toutes les cinq minutes; venir, débarquer chez qn à tout bout de champ; **2.** (*Theater*) théâtre *m*; **das große, kleine ~** la grande, petite salle; **volles, leeres ~** salle comble, vide; **vor ausverkauftem** *od* **vollem ~ spielen** jouer à bureaux fermés; **vor leerem ~ spielen** jouer devant une salle vide; **3.** (*Parlament*) Assemblée *f*; Chambre *f*; **4.** (*Unternehmen, Dynastie*) *a* ASTR maison *f*; **Saturn steht im achten ~** Saturne est en maison 'huit; **5.** (*Hotel, Restaurant, Geschäft etc*) maison *f*; **das erste ~ am Platz(e)** le meilleur restaurant, hôtel, *etc*, la meilleure maison, adresse de l'endroit; **e-e Spezialität des ~es** une spécialité de la maison; **6.** (*Schnecken♀*) coquille *f*; *enf* maison *f*; **7.** F *plais* (*Person*) **fideles ~** rigolo *m*; gai luron; joyeux drille; **na, altes ~!** alors, (mon) vieux!; F alors, vieille branche!

'Haus|altar *m* autel domestique, privé; **~angestellte(r)** *f(m)* employé(e) *m(f)* de maison; **~anschluß** *m* für Gas, Wasser, Telefon etc branchement *m* domestique, d'abonné; **~anzug** *m* cos-

Hausapotheke – Hausmusik

tume *m*, tenue *f* d'intérieur; ~**apotheke** *f* pharmacie (familiale); ~**arbeit** *f* **1.** *im Haushalt* travaux ménagers, domestiques, du ménage; **2.** *für die Schule* devoirs *m/pl*; travail *m* à la maison; *für die Universität* a dissertation *f*; mémoire *m*

'**Hausarrest** *m* résidence surveillée; *j-n unter ~ (acc) stellen* placer qn en résidence surveillée; *unter ~ (dat) stehen* être en résidence surveillée; *Kind ~ haben* être privé de sortie

'**Haus|arzt** *m*, **~ärztin** *f* médecin *m* de famille; **~aufgabe** *f* devoir *m*; **~aufsatz** *m* rédaction faite à la maison; ⁀**backen** *adj péj* terre-à-terre; prosaïque; *Frau* a F pot-au-feu; F popote; **~ball** *m* bal (privé); **~bar** *f* Möbelstück bar *m* de salon; Alkoholvorrat bar *m*; **~bau** *m* 〈~(e)s〉 construction *f* d'une maison; **~besetzer(in)** *m* 〈~s; ~〉 (*f*) 〈~; ~nen〉 squatter *m*; **~besetzung** *f* squat *m*; **~besitzer(in)** *m(f)* propriétaire *m,f* (d'une maison); **~besorger(in)** *m* 〈~s; ~〉 (*f*) 〈~; ~nen〉 österr concierge *m,f*

'**Hausbesuch** *m e-s Arztes* visite *f*; *bei j-m e-n ~ machen* visiter qn

'**Haus|bewohner(in)** *m(f)* habitant(e) *m(f)* de la maison (Mieter[in]) locataire *m,f*; **~boot** *n* péniche *f*, bateau *m* (servant d'habitation)

Häuschen ['hɔʏsçən] *n* 〈~s; ~〉 **1.** (*kleines Haus*) petite maison; maisonnette *f*; (*Bretter*⁀) cabane *f*; F *j-n (ganz) aus dem ~ bringen* mettre qn dans tous ses états; faire perdre la tête à qn; F *(ganz) aus dem ~ kommen od geraten* se mettre dans tous ses états; perdre la tête; F *(ganz) aus dem ~ sein* être dans tous ses états; *vor Freude* ne pas se sentir de joie; **2.** F (*Toilette*) petit coin

'**Haus|dame** *f* gouvernante *f*; (*Gesellschafterin*) dame *f* de compagnie; **~detektiv** *m* surveillant *m* (de magasin); **~diener** *m* garçon *m* de service; homme *m* à tout faire; **~drache(n)** F *péj* mégère *f*; dragon *m*; ⁀**eigen** *adj* Herstellung propre; Parkplatz etc privé; **~eigentümer(in)** *m(f)* propriétaire *m,f* (d'une maison); **~einfahrt** *f* porte cochère; **~eingang** *m* entrée *f* (de la maison); **~einrichtung** *f* installation *f*, aménagement *m*, mobilier *m* (d'une maison)

'**hausen** F *v/i* 〈-(es)t, h〉 **1.** *péj od plais* (*wohnen*) F *péj* zoner; F crécher; habiter; loger; **2.** *péj* (*wüten*) *übel, schlimm ~* se comporter en sauvage(s), en barbare(s); saccager tout

Häuser|block ['hɔʏzərblɔk] *m* 〈~(e)s, ~s *ou* -blöcke〉 pâté *m* de maisons; **~front** *f* front *m*; **~gruppe** *f* groupe *m* de maisons; **~makler(in)** *m(f)* agent immobilier, -ière *m,f*; **~meer** *n* mer *f*, océan *m* de maisons; **~reihe** *f* rangée *f* de maisons

'**Haus|flur** *m* vestibule *m*; entrée *f*; **~frau** *f* **1.** *den Haushalt führend* ménagère *f*; mère *f* de famille; femme *f* au foyer; **2.** (*Frau des Hauses*) maîtresse *f* de maison; **3.** *südd, österr* (*Zimmerwirtin*) logeuse *f*

'**Hausfrauenart** *f* CUIS *nach ~* bonne femme

'**hausfraulich** *adj* de (bonne) ménagère; ménager, -ère

'**Haus|freund** *m* **1.** ami *m* de la maison; **2.** *plais* (*Liebhaber*) amant (attitré); **~friede(n)** *m* **1.** *unter Hausbewohnern* relations *f/pl* de bon voisinage; *in der Familie* paix *f* des ménages; **2.** JUR inviolabilité *f* du domicile; **~friedensbruch** *m* JUR violation *f* de domicile; **~garten** *m* jardin *m* autour de la maison

'**Hausgebrauch** *m für den ~* pour l'usage domestique; *fig* pour mon, ton, *etc* usage personnel

'**Haus|geburt** *f* accouchement *m* à la maison, à domicile; **~gehilfin** *f* aide-ménagère *f*; (*Dienstmädchen*) bonne *f*; Berufsbezeichnung employée *f* de maison; **~geist** *m* **1.** (*Schutzgeist*) ange gardien; **2.** *plais* fée *f* du logis; ⁀**gemacht** *adj* Lebensmittel (fait) maison (*inv*); *fig* Reformen, Entwurf maison (*inv*); **~gemeinschaft** *f* (communauté *f* d')habitants *m/pl* d'un immeuble

'**Haushalt** *m* 〈~(e)s; ~e〉 **1.** *privater* foyer *m*; ménage *m*; *ein ~ mit fünf Personen* une famille de cinq personnes; *e-n eigenen ~ haben* avoir son propre intérieur, foyer; être dans ses meubles; (*j-m*) *den ~ führen* tenir le ménage (de qn); *im ~ mithelfen* aider dans la maison, dans le ménage; *den ~ versorgen* vaquer aux soins du ménage; s'occuper de son ménage, de son intérieur; *im ~ der Eltern leben* vivre chez ses parents; **2.** *öffentlicher* budget *m*

'**haushalten** *v/i* 〈*irr, sép,* -ge-, h〉 a *fig* économiser, ménager (*mit etw* qc); être économe (*mit etw* qc)

Haushälterin ['haʊshɛltərɪn] *f* 〈~; ~nen〉 gouvernante *f*

'**haushälterisch I** *adj* économe; **II** *adv* avec économie, économiquement; *mit etw ~ umgehen* économiser, épargner qc

'**Haushalts|abfälle** *m/pl* ordures ménagères; **~artikel** *m* article *m* de ménage; **~ausgleich** *m* ADM équilibre *m* budgétaire; **~ausschuß** *m* ADM commission *f* du budget; **~buch** *n* carnet *m* de dépenses (ménagères); **~budget** *n* budget *m* de la maison, du ménage; **~debatte** *f* discussion *f* budgétaire

'**Haushaltsführung** *f* gestion *f* de la maison; *finanzielle* gestion *f* budgétaire; *doppelte ~* entretien *m* de deux ménages

'**Haushalts|geld** *n* argent *m* (pour les dépenses) du ménage; **~gerät** *n* appareil ménager; **~gesetz** *n* loi *f* budgétaire; loi *f* de finances; **~hilfe** *f* Person aide-ménagère *f*; **~jahr** *n* ADM exercice *m*; année *f* budgétaire; **~kasse** *f* **1.** caisse *f* (du ménage); **2.** *Geld* argent *m* du ménage; **~mittel** *n/pl* fonds *m/pl* budgétaires; **~packung** *f* paquet familial; boîte familiale; **~plan** *m* budget *m*; **~politik** *f* politique *f* budgétaire

'**haushaltspolitisch** *adj* budgétaire; *Sprecher etc* du budget

'**Haushalts|posten** *m* poste *m* budgétaire; **~volumen** *n* volume *m* budgétaire; **~vorstand** *m* chef *m* de famille; **~waage** *f* balance *f* de ménage; **~waren** *f/pl* articles ménagers, de ménage

'**Haushaltung** *f* 〈~; ~en〉 **1.** 〈*pas de pl*〉 (*Haushaltsführung*) gestion *f* de la maison; **2.** ADM (*Haushalt*) foyer *m*; ménage *m*; famille *f*

'**Haushaltungs|kosten** *pl* dépenses ménagères, du ménage; **~schule** *f* école ménagère

'**Haus|herr** *m* **1.** (*Familienoberhaupt*) maître *m* de (la) maison, de céans; (*Gastgeber*) hôte *m*; **2.** JUR (*Besitzer*) propriétaire *m*; (*Mieter*) locataire *m*; occupant *m*; **3.** *südd, österr* propriétaire *m* (d'une maison); **~herrin** *f* **1.** (*Familienoberhaupt*) maîtresse *f* de maison; (*Gastgeberin*) hôtesse *f*; **2.** *südd, österr* propriétaire *f* (d'une maison)

'**haus'hoch I** *adj* de la hauteur d'une maison; *fig* Niederlage, Sieg immense; **II** *adv fig j-m ~ überlegen sein* être de beaucoup, largement, nettement supérieur à qn; SPORT *j-n ~ schlagen* écraser, enfoncer qn; battre qn à plate couture

'**Haus|huhn** *n* poule *f* domestique; **~hund** *m* chien *m* domestique

hau'sieren *v/i* 〈*pas de ge-*, h〉 *mit etw ~ (gehen)* a *fig péj* colporter qc; ⁀ *verboten!* colportage interdit!

Hau'sierer(in) *m* 〈~s; ~〉 (*f*) 〈~; ~nen〉 démarcheur, -euse *m,f*; colporteur, -euse *m,f*

'**hausintern** *adj* interne; intérieur

'**Haus|jurist(in)** *m(f)*, **~justitiar(in)** *m(f)* juriste employé(e) par une entreprise; **~kaninchen** *n* lapin *m* domestique; **~kapelle**¹ *f* REL chapelle particulière; **~kapelle**² *f* MUS orchestre privé; **~katze** *f* chat *m* domestique; **~kleid** *n* robe-tablier *f*; tenue *f*, robe *f* d'intérieur; **~konzert** *m* matinée, soirée musicale (chez qn); **~korrektur** *f* TYPO correction faite à l'imprimerie même; **~lehrer(in)** *m(f)* précepteur *m*, -trice *f*; instituteur, -trice privé(e)

häuslich ['hɔʏslɪç] **I** *adj* **1.** 〈*épithète*〉 (*im Haus, das Haus betreffend*) domestique; *Arbeiten in, im Haus*; *Angelegenheit* privé; **~es Glück** bonheur *m* domestique, du foyer; *am ~en Herd* au foyer (domestique); **2.** Person qui aime rester à la maison; **~ sein** aimer rester à la maison; aimer son chez-soi; être un homme, une femme d'intérieur; **II** *adv sich ~ einrichten* s'installer; se mettre dans ses meubles; se créer un intérieur agréable; F *sich ~ bei j-m niederlassen* s'installer (confortablement) chez qn

'**Häuslichkeit** *f* 〈~〉 *e-r Person* amour *m* de son chez-soi, de son intérieur, de la vie de famille

'**Hausmacherart** *f* CUIS *nach ~* maison

'**Haus|macherwurst** *f* saucisson *m* maison; **~mädchen** *n* bonne *f*; **~mann** *m* homme *m* au foyer; **~mannskost** *f* cuisine *f* maison, familiale; **~mantel** *m* robe *f* de chambre; peignoir *m*; **~marke** *f* **1.** COMM marque *f* (de la) maison; **2.** (*Eigentumszeichen*) marque *f* du propriétaire; **3.** F (*bevorzugtes Getränk*) boisson préférée; *in e-m Lokal* marque *f* maison; Cocktail etc spécialité *f* de la maison; **~maus** *f* souris commune, domestique; **~meister(in)** *m(f)* concierge *m,f*; **~mitteilung** *f in e-r Firma* note *f* de service; *unter Kollegen* note *f*; *für Kunden* circulaire *f* (d'information); **~mittel** *n* remède *m* de bonne femme; **~müll** *m* ordures ménagères; **~musik** *f*

musique *f* en famille; **~mutter** *f* ⟨~; -mütter⟩ *e-s Heims* directrice *f* d'un foyer; *e-r Jugendherberge* mère *f* aubergiste; **~mütterchen** F *n* *oft péj* petite mère de famille; F bobonne *f*; **~nummer** *f* numéro *m* (de la maison); **~ordnung** *f* règlement intérieur *m* (de la maison); **~personal** *n* personnel *m* (de la maison); gens *m/pl bzw f/pl* de maison
'**Hausputz** *m* nettoyage *m* (de la maison); **~ machen** faire le grand nettoyage; nettoyer (à fond) toute la maison
'**Haus|rat** *m* ⟨~(e)s⟩ mobilier *m* et ustensiles *m/pl* de ménage; **~ratversicherung** *f* assurance mobilière; **~recht** *n* ⟨~(e)s⟩ droit *m* du maître de la maison; **~sammlung** *f* collecte *f*, quête *f* à domicile; **~schlachtung** *f* abattage pratiqué à domicile par un particulier; **~schlüssel** *m* clé *f* de la maison; **~schuh** *m* pantoufle *f*; (*hoher Damen*2) mule *f*; **~schwamm** *m* BOT mérule *m od f*; **~schwein** *n* cochon *m*
'**Hausse** ['hoːs(ə)] *f* ⟨~; ~n⟩ ÉCON 'hausse *f*
'**Haussegen** *m* F *plais bei ihnen hängt der ~ schief* F le torchon brûle; F il y a de l'eau dans le gaz (à la maison)
'**Hausstand** *m* foyer *m*; ménage *m*; *e-n (eigenen)* **~ gründen** fonder un foyer
'**Haussuchung** *f* ⟨~; ~en⟩ JUR perquisition *f*; visite *f* domiciliaire; (*bei j-m*) *e-e* **~ machen** *od* **vornehmen** perquisitionner (chez qn)
'**Haus|suchungsbefehl** *m* JUR mandat *m* de perquisition; **~telefon** *n* téléphone intérieur *m*; **~tier** *n* animal *m* domestique; **~tochter** *f regional bes schweiz:* (*jeune*) *employée de maison qui vit avec la famille*
'**Haustür** *f* porte *f* de la maison; F *fig das Meer, die Berge direkt vor der ~ haben* avoir la mer, la montagne à sa porte; habiter en bord de mer, au pied de la montagne
'**Haus|tyrann** F *m* tyran *m* domestique; **~vater** *m e-s Heims* directeur *m* d'un foyer; *e-r Jugendherberge* père *m* aubergiste
'**Hausverbot** *n* interdiction *f* d'entrer dans une maison, un restaurant, *etc*; **~ haben** ne pas avoir le droit d'entrer (dans la maison, le restaurant, *etc*); *j-m* **~ erteilen** interdire à qn l'entrée (de la maison, du restaurant, *etc*)
'**Haus|verwalter(in)** *m(f)* gérant(e) *m(f)* (d'un immeuble *bzw* d'immeubles); **~verwaltung** *f* gérance *f*, gestion *f* d'un immeuble *bzw* d'immeubles; **~wart** *m* ⟨~(e)s; ~⟩ *regional cf* **Hausmeister**; **~wirt(in)** *m(f)* propriétaire *m,f* (d'une maison); **~wirtschaft** *f* ⟨~⟩ économie *f* domestique; *mit Heimgestaltung* arts ménagers; *Lehrfach* enseignement ménager
'**hauswirtschaftlich** *adj* ménager, -ère
'**Hauswirtschafts|lehrerin** *f* professeur *m* d'enseignement ménager; **~leiterin** *f* intendante *f*; économe *f*; **~meisterin** *f* diplômée *f* d'économie domestique; **~schule** *f* école ménagère
'**Haus|wurz** ['haʊsvʊrts] *f* ⟨~; ~en⟩ BOT joubarbe *f*; **~zeitschrift** *f* journal *m* d'entreprise; **~zelt** *n* (tente *f*) canadienne *f*
'**Haut** [haʊt] *f* ⟨~; ~e⟩ ANAT, *a von Obst, Tomaten etc, auf der Milch* peau *f*; *e-r Zwiebel a* pelure *f*; *e-s Schiffs etc* revêtement *m*; (*abgezogene Tier*2) *a* dépouille *f*; F *fig* **e-e ehrliche ~** un brave homme; une brave femme; un brave type; **meine ~ schält sich** je pèle; *e-m Tier die ~ abziehen* dépouiller, dépiauter un animal; *naß bis auf die ~* trempé jusqu'aux os; F *fig mit ~ und Haar(en)* tout entier; entièrement; corps et âme; **mit ~ und Haar verschlingen** avaler tout entier, tout cru; F **nur noch ~ und Knochen sein** n'avoir plus que la peau et les os; être maigre comme un clou, coucou; F *j-m unter die ~ gehen* donner le frisson à qn; F *fig sich auf die faule ~ legen*, *auf der faulen ~ liegen* paresser; F se la couler douce; F tirer sa flemme; *mit heiler ~ davonkommen* en sortir indemne, sain et sauf; s'en tirer; F *aus der ~ fahren* sortir de ses gonds; se mettre 'hors de soi; *es ist zum Aus--der-Haut-Fahren* c'est à vous faire sortir de vos gonds; c'est à vous mettre 'hors de vous; F *niemand kann aus s-r* **~** (*heraus*) on ne se change, F refait pas; on est comme on est; *prov* chassez le naturel, il revient au galop; *s-e* (*eigene*) **~ retten** sauver sa peau; *ich möchte nicht in s-r ~ stecken* je ne voudrais pas être à sa place; *s-e ~ zu Markte tragen* risquer sa peau; F *plais viel ~ zeigen* ne pas être avare de ses charmes; montrer généreusement ses charmes; *sich s-r* **~ wehren** défendre sa peau; vendre cher sa peau; F *sich in s-r ~ wohl fühlen* être, se trouver bien dans sa peau; F *sich in s-r ~ nicht wohl fühlen* se sentir mal à l'aise; être mal dans sa peau
'**Haut|abschürfung** *f* écorchure *f*; égratignure *f*; **~arzt** *m*, **~ärztin** *f* dermatologue *m,f*; **~atmung** *f* BIOL respiration cutanée; **~ausschlag** *m* éruption cutanée; exanthème *m*
Häutchen ['hɔʏtçən] *n* ⟨~s; ~⟩ pellicule *f*; ANAT, BOT *a* membrane *f*; cuticule *f*
'**Hautcreme** *f* crème *f* pour la peau
häuten ['hɔʏtən] ⟨-ete, h⟩ I *v/t Tier* dépouiller; dépiauter; II *v/réfl* ZO *sich ~ muer*; faire peau neuve; se dépouiller
'**hauteng** *adj* collant; moulant
Hautevolee [(h)oːtvoˈleː] *f* ⟨~⟩ *oft péj* F gratin *m*; F 'haute *f*; haute volée
'**Haut|falte** *f* pli cutané; **~farbe** *f* couleur *f* de (la) peau; **~fetzen** *m* (lambeau *m* de) peau *f*; 2**freundlich** *adj* doux, douce pour la peau; qui n'irrite pas (la peau)
Hautgout [oˈguː] *m* ⟨~s⟩ 1. (*Wildgeschmack*) goût *m* de faisandé; *mit ~ faisandé*; 2. *fig* atmosphère *f* (typique)
'**Haut|jucken** *n* ⟨~s⟩ démangeaison(s) *f(pl)*; *sc* prurit *m*; **~kontakt** *m* contact *m* physique; *allgemein a* présence *f* physique; **~krankheit** *f* maladie *f* de (la) peau; *sc* dermatose *f*
'**hautnah** I *adj* 1. ANAT sous-cutané; 2. *fig* (*sehr nah*) immédiat; 3. F *fig* (*anschaulich, packend*) prenant; saisissant; II *adv* 1. (*sehr nah*) de tout près, très près; *mit etw* **~ in Berührung kommen** être, se trouver en contact étroit, immédiat avec qc; SPORT *j-n* **~ decken** marquer qn de très près; 2. F *fig* (*anschaulich*) de façon prenante, saisissante
'**Haut|öl** *n* huile *f* pour le corps; **~pflege** *f* soins *m/pl* de la peau; **~pilz** *m* MÉD champignon *m*; *sc* dermatophyte *m*; **~reizung** *f* irritation *f* de la peau; **~schere** *f* ciseaux *m/pl* à peau; 2**schonend** *adj* qui protège la peau; dermo-protecteur, -trice; **~transplantation** *f* greffe *f*, transplantation *f* (de la) peau; **~typ** *m* type *m* de peau; **~übertragung** *f cf* **Hauttransplantation**
'**Häutung** *f* ⟨~; ~en⟩ ZO mue *f*
'**Haut|unreinheit** *f* impureté *f* de la peau; 2**verträglich** *adj Seife etc* doux, douce
Havanna[1] [haˈvana] *n* ⟨→ *n/pr*⟩ GÉOGR la Havane
Ha'vanna[2] *f* ⟨~; ~s⟩ *Zigarre* 'havane *m*
Havarie [havaˈriː] *f* ⟨~; ~n⟩ 1. MAR, AVIAT avarie *f*; 2. *an Maschinen etc* dommage *m*; panne *f*; 3. *österr* AUTO (*Unfall*) accident *m*; (*Schaden*) dommage(s) *m(pl)*
hava'rieren *v/i* ⟨*pas de ge-*, h⟩ 1. *Schiff, Flugzeug* avoir une avarie; 2. *österr Auto* avoir un accident; 2. *österr Auto* avoir un accident
Hawaii [haˈvaɪ] *n* ⟨→ *n/pr*⟩ (l'île *f* d')Hawaii
Haxe *f südd cf* **Hachse**
Hbf. *abr* (*Hauptbahnhof*) gare centrale
'**H-Bombe** *f* bombe *f* H, à hydrogène
h. c. [haːˈtseː] *abr* (*honoris causa*) honoris causa
HDTV [haːdeːteːˈfaʊ] *n* ⟨~⟩ *abr* (*High Definition Television*) T.V.H.D. *f*
'**H-Dur** *n* si *m* majeur
he [heː] F *int* 1. *Zuruf* 'hé!; 2. *bei Empörung* 'hé!; *bei Verwunderung* 'holà!; 3. *bei Fragen* 'hein?
Hearing ['hiːrɪŋ] *n* ⟨~(s); ~s⟩ *bes* POL audition *f* d'experts
Hebamme ['heːbamə *ou* 'heːpˀamə] *f* sage-femme *f*
'**Hebe|bühne** *f* TECH plate-forme élévatrice; *in Autoreparaturwerkstätten* pont élévateur; **~figur** *f* SPORT saut porté
Hebel ['heːbəl] *m* ⟨~s; ~⟩ TECH, PHYS levier *m*; *e-n ~ ansetzen* engager un levier; *fig hier muß man den ~ ansetzen* c'est par là qu'il faut attaquer, commencer; F *fig alle ~ in Bewegung setzen* mettre tout en œuvre; remuer ciel et terre; F *fig am längeren ~ sitzen* être en position de force; être le plus fort (par ses relations, son influence, *etc*)
'**Hebel|arm** *m* bras *m* de levier; **~gesetz** *n* loi *f* d'équilibre du levier; **~wirkung** *f* effet *m* de levier
heben ['heːbən] ⟨hebt, hob, gehoben, h⟩ I *v/t* 1. (*hoch*) *Last* soulever; lever; *Brücke, Wasserspiegel etc* (sur)élever; *Arm etc* lever; *die Hand zum Schwur ~* lever la main pour prêter serment; *j-n vom Stuhl ~* descendre qn de sa chaise; *e-n Sack vom Wagen ~* prendre un sac sur la voiture; *j-n in den Sattel ~* mettre qn en selle; *st/s die Stimme ~* élever, 'hausser la voix; *sich (dat) e-n Bruch ~* attraper, se faire une 'hernie; F *einen ~* boire un coup; 2. (*bergen*) *gesunkenes Schiff* relever; *Schatz* déterrer; 3. *fig Niveau, Ansehen etc* améliorer; *Niveau a* relever; *Stimmung* faire monter; II *v/réfl sich ~* 4. *Vorhang, Nebel etc* se lever; GÉOL *Erdboden* se soulever; 5. *fig Niveau, Ansehen, Stimmung etc* s'améliorer; *Niveau a* s'élever

'Heber m ⟨-s; -⟩ (Saug2) siphon m; (Stech2) pipette f
'Hebesatz m STEUERWESEN taux m de perception
Hebräer [heˈbrɛːər] m ⟨-s; -⟩ Hébreu m
he'bräisch adj hébraïque; m a hébreu
'Hebung f ⟨-; -en⟩ 1. e-r Last levage m; GÉOL soulèvement m; 2. (Bergung) e-s Schiffes relevage m; e-s Schatzes déterrement m; 3. ⟨pas de pl⟩ fig des Niveaus élévation f; relèvement m; des Ansehens 'hausse f; der Stimmung, Laune amélioration f; zur ~ unseres Wohlbefindens pour nous remonter (le moral); pour nous sentir mieux; 4. METRIK temps fort; syllabe accentuée
'hecheln[1] ⟨-(e)le, h⟩ I v/t TEXT peigner; sérancer; II v/i péj über j-n, etw ~ jaser sur qn, qc; médire de qn, qc
'hecheln[2] v/i ⟨-(e)le, h⟩ Hund, a fig 'haleter
Hecht [hɛçt] m ⟨-(e)s; -e⟩ ZO brochet m; F fig der ~ im Karpfenteich sein réveiller, dynamiser son entourage; F fig ein toller ~ F un type, mec super; F un crack
'hechten v/i ⟨-ete, sein⟩ plonger; faire un plongeon
'Hecht|rolle f TURNEN saut m boulet; ~sprung m TURNEN saut m de carpe; SCHWIMMEN plongeon m (la tête la première)
'Hechtsuppe f F es zieht wie ~ il y a un bzw des gros courant(s) d'air
Heck [hɛk] n ⟨-(e)s; -e ou -s⟩ arrière m; MAR a poupe f; ~antrieb m traction f arrière
Hecke [ˈhɛkə] f ⟨-; -n⟩ 'haie f
'Hecken|rose f Strauch églantier m; Blüte églantine f; ~schere f sécateur m; ~schütze m péj tireur caché m; embusqué
'Heck|fenster n lunette f arrière; ~flosse f AUTO bé(c)quet m; ~klappe f AUTO 'hayon m; 2lastig adj trop chargé à l'arrière
Heckmeck [ˈhɛkmɛk] F péj m ⟨-s⟩ (Umstände) chichis m/pl; (Gerede) baratin m
'Heck|motor m moteur m arrière; ~scheibe f lunette f, vitre f arrière; ~tür f 'hayon m
heda [ˈheːda] int 'hé! là-bas!; 'holà!
Hedonismus [hedoˈnɪsmʊs] m ⟨-⟩ PHILOS hédonisme m
Hedwig [ˈheːtvɪç] f ⟨→ n/pr⟩ Edwige f; Hedwige f
Heer [heːr] m ⟨-(e)s; -e⟩ MIL, fig armée f
'Heeresbericht m communiqué m des opérations
'Heeresbestände m/pl stocks m/pl de l'armée; aus amerikanischen ~n provenant des surplus américains
'Heeres|dienst m service m dans l'armée; ~leitung f ('haut) commandement m des armées; état-major m
'Heer|führer m chef m d'une armée; général m; ~lager n camp m
'Heerschar f REL die himmlischen ~en l'armée f, la milice céleste; F fig ganze ~en von ... une armée f, une foule, des quantités de ...
'Heerwesen n ⟨-s⟩ armée f; affaires f/pl militaires
Hefe [ˈheːfə] f ⟨-; -n⟩ levure f; zum Backen meist levure f de boulanger; (Bodensatz in Bier, Wein), a st/s péj lie f
'Hefe|brot n pain m à la levure de boulanger; ~gebäck n pâtisseries f/pl, petits gâteaux fait(e)s avec une pâte levée
'Hefekloß m sorte de beignet de pâte levée (cuit à la vapeur ou dans l'eau); F plais aufgehen od auseinandergehen wie ein ~ grossir (à vue d'œil); prendre (rapidement) des kilos; F enfler
'Hefe|kuchen m gâteau fait avec une pâte levée; ~pilz m levure f; ~teig m pâte levée; ~teilchen n regional petit gâteau, pâtisserie f fait(e) avec une pâte levée; ~zopf m genre de brioche en forme de natte tressée
Heft[1] [hɛft] n ⟨-(e)s; -e⟩ 1. (Schreib2) cahier m; kleines carnet m; 2. e-r Zeitschrift numéro m; (Lieferung) fascicule m
Heft[2] st/s n ⟨-(e)s; -e⟩ e-s Messers, Werkzeugs manche m; fig das ~ in der Hand haben tenir les commandes, le gouvernail; mener la barque; fig j-m das ~ aus der Hand nehmen reprendre la direction d'une affaire à qn; reprendre les commandes à qn
'Heftchen n ⟨-s; -⟩ 1. (kleines Heft) petit cahier; carnet m; 2. (Fahrschein2 etc) carnet m; 3. oft péj (Comic2, Roman2 etc) revue f
'heften ⟨-ete, -⟩ I v/t 1. (befestigen) attacher, mit Reißzwecken fixer, mit Heftklammern agrafer (an [+acc] à); 2. COUT bâtir; faufiler; 3. BUCHBINDEREI coudre; Buch geheftet broché; 4. (ab~) classer; agrafer; etw in e-n Ordner ~ mettre, ranger qc dans un classeur; 5. st/s fig den Blick, die Augen auf j-n, etw ~ fixer, attacher son regard, ses yeux sur qn, qc; II v/réfl 6. sich auf j-n, etw ~ Blick, Augen s'arrêter, rester fixé sur qn, qc; 7. sich an j-s Fersen (acc) ~ suivre qn pas à pas; rester sur les talons de qn
'Heft|er m ⟨-s; -⟩ 1. (Heftapparat) agrafeuse f; 2. cf Schnellhefter; ~faden m, ~garn n fil m à bâtir; fil m faufil m
heftig [ˈhɛftɪç] adj Angriff, Schmerzen, Gewitter, Haß, Kritik, Reaktion etc violent; Liebe vif, vive; intense; ardent; Verlangen ardent; Regen fort; Schnupfen gros, grosse; ~er Wortwechsel altercation f; échange m de paroles vives; Person ~ werden s'emporter
'Heftigkeit f ⟨-; -en⟩ violence f
'Heft|klammer f agrafe f; ~maschine f BUCHBINDEREI couseuse f; BÜRO agrafeuse f; ~naht f couture bâtie; faufilure f; ~pflaster n pansement adhésif; sparadrap m; ~zwecke f punaise f
'Hege f ⟨-⟩ FORSTWESEN protection f; conservation f
Hegemonie [hegemoˈniː] f ⟨-; -n⟩ POL hégémonie f
hegen [ˈheːɡən] v/t ⟨h⟩ 1. Wild protéger; conserver; Pferde prendre soin de; Pflanzen soigner; st/s Menschen prendre soin de; etw ~ und pflegen prendre grand soin de qc; j-n ~ und pflegen entourer qn de ses soins, de soins attentifs; 2. fig Zweifel, Verdacht, Haß nourrir; Hoffnung nourrir; caresser; Gedanken, Plan nourrir; caresser; chérir
Hehl [heːl] m od n kein(en) ~ aus etw machen ne pas dissimuler, cacher qc; ne pas faire mystère de qc; er macht kein(en) ~ daraus il ne s'en cache pas; il n'en fait pas mystère
'Hehler(in) m ⟨-s; -⟩ (f) ⟨-; -nen⟩ receleur, -euse m,f
Hehle'rei f ⟨-; -en⟩ recel m
hehr [heːr] st/s adj Augenblick, Ideal, Anblick sublime; Anblick a majestueux, -euse
hei [haɪ] int ah!
heia [ˈhaɪa] enf ~ machen faire dodo
'Heia enf f ⟨-; -s⟩, 'Heiabett enf n enf dodo m; in die Heia gehen aller au dodo
Heide[1] [ˈhaɪdə] m ⟨-n; -n⟩ REL païen m
Heide[2] f ⟨-; -n⟩ 1. GÉOGR lande f; bruyère f; die Lüneburger ~ les Landes f/pl de Lüneburg; 2. BOT bruyère f
'Heide|kraut n ⟨-(e)s⟩ BOT bruyère f; ~landschaft f (paysage m de) landes f/pl
Heidelbeere [ˈhaɪdəlbeːrə] f myrtille f
'Heiden|angst F f ⟨-; -⟩ peur bleue; F frousse f terrible; e-e (vor etw) haben avoir la frousse, la trouille (de qc)
'Heiden|arbeit F f ⟨-⟩ travail m énorme; F boulot m monstre
'Heiden'geld F n ⟨-(e)s⟩ argent fou; ein ~ kosten coûter un argent fou, les yeux de la tête, F la peau des fesses
'Heiden'lärm F m vacarme, tapage infernal, épouvantable, F de tous les diables; F boucan d'enfer
'Heiden'spaß F m ⟨-es⟩ plaisir fou, inouï; e-n ~ machen être très amusant
'Heidenspek'takel m cf Heidenlärm
'Heidentum n ⟨-s⟩ 1. Zustand paganisme m; 2. Personen païens m/pl
heidi [haɪˈdiː] int et 'hop (là)!
Heidi [ˈhaɪdi] cf Adelheid
Heidin [ˈhaɪdɪn] f ⟨-; -nen⟩ REL païenne f
'heidnisch adj païen, -enne
Heidschnucke [ˈhaɪtʃnʊkə] f ⟨-; -n⟩ ZO mouton m des Landes de Lüneburg
Heike [ˈhaɪkə] f ⟨→ n/pr⟩ prénom
heikel [ˈhaɪkəl] adj ⟨-kl-⟩ 1. Sache délicat; in moralischer Hinsicht a scabreux, -euse; 2. Person beim Essen difficile
heil [haɪl] adj Person indemne; sain et sauf, saine et sauve; Sache intact; entier, -ière; fig die ~e Welt un monde intact; fig (noch) in e-r ~en Welt leben vivre dans un monde (encore) intact, préservé; noch ~ sein être indemne bzw intact; verletzter Arm etc wieder ~ sein être guéri; etw ~ überstehen sortir indemne de qc
Heil n ⟨-s⟩ REL, fig salut m; sein ~ in der Flucht, im Alkohol suchen chercher son salut dans la fuite, dans l'alcool; bes HIST ~ dem Sieger, dem Kaiser! vive le vainqueur, l'empereur!
Heiland [ˈhaɪlant] m ⟨-(e)s; -e⟩ 1. ⟨pas de pl⟩ REL Sauveur m; 2. st/s fig sauveur m; messie m
'Heil|anstalt f maison f de santé; ~bad n 1. bain médicinal; 2. Ort ville f d'eaux; station thermale
'heilbar adj guérissable; curable; 2keit f ⟨-⟩ curabilité f
'Heil|behandlung f traitement thérapeutique, curatif; ~beruf m ärztlich profession médicale, nicht ärztlich paramédical; 2bringend adj 1. REL qui apporte le salut; 2. MÉD thérapeutique; ~butt m ZO flétan m

heilen I v/t ⟨h⟩ *a fig* guérir (**von** de); **als geheilt entlassen werden** sortir guéri; *fig* **von s-m Wahn geheilt** guéri de ses illusions; F *fig* **davon bin ich geheilt** j'en suis guéri, revenu; ça m'a passé; **II** v/i (sein) (se) guérir
'Heil|erde f ⟨-; ~n⟩ terre médicamenteuse; **~erfolg** m réussite f, succès m thérapeutique; **~fasten** n jeûne n thérapeutique; **2froh** F adj ⟨attribut⟩ très content, heureux, -euse; **~gymnastik** f gymnastique corrective; kinésithérapie f
heilig ['haɪlɪç] adj **1.** saint; **der ~e Paulus** saint Paul; **die ~e Elisabeth** sainte Elisabeth; **der 2e Abend** la veille de Noël; **die 2e Dreifaltigkeit** la Sainte-Trinité; **die 2e Familie** la Sainte Famille; **der 2e Geist** le Saint-Esprit; l'Esprit-Saint; **die 2en Drei Könige** les Rois mages; **das 2e Land** la Terre sainte; **die 2e Messe** la sainte messe; **die 2e Nacht** la nuit de Noël; HIST **das 2e Römische Reich Deutscher Nation** le Saint-Empire romain germanique; **die 2e Schrift** l'Écriture sainte; **der 2e Stuhl** le Saint-Siège; **der 2e Vater** le Saint-Père; **2.** (geweiht), a st/s fig sacré (nachgestellt); **~e Stille** silence religieux; **~er Zorn** juste colère; **das ist meine ~e Pflicht** c'est un devoir sacré pour moi; **es ist mein ~er Ernst** je suis tout ce qu'il y a de plus sérieux; **mein Urlaub, meine Arbeit ist mir ~** les vacances, le travail, pour moi c'est sacré; **ihm ist nichts ~** il ne respecte rien; **ich schwöre bei allem, was mir ~ ist** je jure par tout ce qui m'est le plus sacré; **etw 2es** qc de sacré; **mein 2stes** ce que j'ai de plus sacré; F **s-e ~e Not mit etw, j-m haben** avoir bien du mal, F avoir du fil à retordre avec qc, qn
Heilig'abend m veille f de Noël
'Heilige(r) f(m) ⟨-n → A⟩ saint(e) m(f); F **er ist nicht gerade ein ~r** ce n'est pas un (petit) saint, un enfant de chœur; *iron* **ein sonderbarer od komischer ~r** un original, F un type, mec bizarre; F un drôle de paroissien, de coco
'heiligen v/t ⟨h⟩ sanctifier; (weihen) consacrer; *Vaterunser* **geheiligt werde Dein Name** que ton nom soit sanctifié
'Heiligen|bild n image sainte, d'un bzw d'une saint(e); **~figur** f Statue statue f d'un bzw d'une saint(e); **~legende** f légende f (d'un saint)
'Heiligenschein m auréole f (a fig); nimbe m; **mit e-m ~ umgeben** auréoler (a fig)
'Heiligen|schrein m châsse f; **~verehrung** f vénération f des saints
'heilighalten v/t ⟨irr, sép, -ge-, h⟩ j-s Andenken etc tenir pour sacré; Brauch, Sitte observer religieusement
'Heiligkeit f ⟨-⟩ sainteté f; e-r Sache caractère sacré; **Seine ~** (der Papst) Sa Sainteté
'heiligmachend adjt CATH **~e Gnade** grâce sanctifiante
'heilig|sprechen v/t ⟨irr, sép, -ge-, h⟩ CATH canoniser; **2sprechung** f ⟨~; ~en⟩ canonisation f
'Heiligtum n ⟨-s; ~er⟩ sanctuaire m; fig **diese Fotos sind ihr ~** elle tient énormément à ces photos
'Heiligung st/s f ⟨~⟩ sanctification f

'Heilkraft f vertu curative, thérapeutique, médicinale
'heilkräftig adj qui a des vertus curatives, thérapeutiques, médicinales; curatif, -ive; *Pflanze* médicinal; **~e Wirkung** vertu f thérapeutique; *fig* effet m salutaire
'Heil|kräuter n/pl herbes médicinales; simples m/pl; **~kunde** f ⟨~⟩ médecine f; **2kundig** adj qui a des connaissances médicales; qui est versé dans la médecine; **~kundige(r)** f(m) ⟨→ A⟩ personne versée dans la médecine
'heillos I adj (gewaltig) terrible; énorme; incroyable; F **ein ~es Durcheinander** un désordre invraisemblable, incroyable; fig une terrible, énorme confusion; **II** adv zerstritten, verworren, verschuldet etc terriblement; énormément; incroyablement
'Heil|methode f méthode curative; thérapie f; **~mittel** n remède m; (Arznei) médicament m; **~pädagoge** m, **~pädagogin** f éducateur, -trice m,f spécialisé(e), in e-r Einrichtung a dans un institut médico-éducatif; **~pädagogik** f éducation spéciale; **~pflanze** f plante médicinale; **~praktiker(in)** m(f) homéopathe m,f; praticien, -ienne m,f de médecines parallèles
'Heilquelle f source f d'eau minérale; pl **~n meist** eaux minérales
'heilsam adj salutaire
'Heils|armee f ⟨~⟩ Armée f du Salut; **~botschaft** f message m de salut
'Heil|schlaf m cure f de sommeil; **~serum** n sérum m thérapeutique
'Heils|geschichte f ⟨~⟩ histoire sacrée; **~lehre** f doctrine f de salut
'Heilsplan m ⟨~(e)s⟩ der (göttliche) ~ le plan divin, providentiel
'Heilstätte f maison f de santé; für Lungenkranke a sanatorium m
'Heilung f ⟨~; -en⟩ guérison f
'Heilungsprozeß m processus m de guérison
'Heil|wasser n ⟨~s; ː⟩ eau minérale; **~wirkung** f effet thérapeutique, curatif
'Heilzweck m **zu ~en** à des fins thérapeutiques, curatives
heim [haɪm] adv à la maison; cf a **heimgehen, heimdürfen** etc
Heim n ⟨-(e)s; ~e⟩ **1.** ⟨pas de pl⟩ (Zuhause) maison f; chez-soi bzw chez-moi, etc m; intérieur m; foyer m; **ein eigenes ~ haben** avoir un chez-soi; **2.** (Kinder2, Studenten2) foyer m; (Alters2) maison f de retraite; (Obdachlosen2) asile m (de nuit)
'Heim|abend m soirée f au foyer (de jeunesse, etc); **~arbeit** f travail m à domicile; **~arbeiter(in)** m(f) travailleur, -euse m,f à domicile
Heimat ['haɪmaːt] f ⟨~⟩ patrie f; ⟨~land⟩ pays (natal); e-r Erfindung etc lieu m d'origine; **in meiner ~** dans mon pays; **Frankreich ist meine zweite ~** la France est ma seconde patrie
'Heimat|adresse f, **~anschrift** f adresse f de l'expéditeur, e-r Sache, Ware du lieu d'origine; **~dichter(in)** m(f) poète m régionaliste, du terroir; **~dichtung** f littérature f, poésie f régionaliste, du terroir; **~dorf** n village natal, d'origine; **~erde** f terre natale; sol natal; **~film** m film m régionaliste (sentimental); **~hafen** m port m d'attache; **~kunde** f ⟨~⟩

Schulfach géographie f et culture f d'une région; **~land** n ⟨-(e)s; ~er⟩ pays natal, d'origine; patrie f
'heimatlich adj de mon, ton, etc pays; Land etc natal; **~e Klänge** des airs de mon, ton, etc pays; **den ~en Boden betreten** mettre pied sur, fouler le sol natal
'heimat|los adj sans patrie; apatride; **2lose(r)** f(m) ⟨→ A⟩ sans-patrie m,f; (Staatenlose[r]) apatride m,f
'Heimat|museum n musée local, régional; écomusée m; **~ort** m **1.** lieu m d'origine; **2.** cf Heimathafen; **~recht** n droit m de domicile; **~roman** m roman m régionaliste; **~stadt** f ville d'origine, natale; patrie f; **~verein** m association f folklorique; **2vertrieben** adjt déplacé; expulsé; **~vertriebene(r)** f(m) personne déplacée, expulsée
'heim|begeben st/s v/réfl ⟨irr, sép, pas de ge-, h⟩ **sich ~** se rentrer chez soi; rentrer (à la maison, chez soi); **~begleiten** v/t ⟨-ete, sép, pas de ge-, h⟩ raccompagner; accompagner, ramener, reconduire chez lui; **~bringen** v/t ⟨irr, sép, -ge-, h⟩ **1.** cf heimbegleiten; **2.** (heimtragen, -befördern) ramener; rapporter (à la maison, chez soi)
'Heimchen n ⟨~s; ~⟩ **1.** ZO grillon m domestique; **2.** F péj **~ (am Herd)** brave (petite) ménagère f
'Heimcomputer m micro-ordinateur m
'heimdürfen v/i ⟨irr, sép, -ge-, h⟩ avoir la permission de, pouvoir, verneint ne pas devoir rentrer (chez soi)
'Heimeinweisung f placement m von Jugendlichen en foyer, von Kranken en maison de santé, von alten Menschen en maison de retraite
'heimelig adj qui rappelle le chez-soi; intime; où l'on est, se sent bien
'Heim|erzieher(in) m(f) éducateur, -trice m,f; **~erziehung** f éducation f en foyer
'heimfahren v/i ⟨irr, sép, -ge-, sein⟩ rentrer chez soi (en voiture, par le train, etc)
'Heimfahrt f (voyage m de) retour m; **auf der ~** au retour, en rentrant; **auf der ~ sein** être sur le chemin du retour
'heimfinden v/i ⟨irr, sép, -ge-, h⟩ trouver le chemin pour rentrer, le chemin de la maison
'heimführen v/t ⟨sép, -ge-, h⟩ reconduire, ramener chez lui, chez elle, etc
'Heim|gang st/s fig st/s décès m; litt trépas m; **~gegangene(r)** st/s fig f(m) ⟨→ A⟩ litt défunt(e) m(f); litt trépassé(e) m(f)
'heimgehen v/i ⟨irr, sép, -ge-, sein⟩ **1.** rentrer (chez soi, à la maison); retourner chez soi, à la maison; **2.** st/s fig (sterben) st/s décéder; litt trépasser
'heimgeschädigt adjt qui a souffert d'un séjour en foyer
'heimholen v/t ⟨sép, -ge-, h⟩ **1.** aller chercher (pour le ramener chez lui, à la maison); faire rentrer (chez lui, à la maison); **2.** st/s fig **Gott hat sie (zu sich heimgeholt)** le Seigneur l'a rappelée à lui
'heimisch adj **1.** (ein~) Industrie, Produkte, Flora etc du pays; indigène; **an e-m Ort ~ sein** Pflanze, Tier habiter (qc); Tier à vivre; **2.** ⟨épithète⟩ (zum Heim gehörend) familier, -ière; **an den**

Heimkehr – heißen

~en Herd zurückkehren revenir chez soi, dans ses foyers; **3.** (*vertraut*) familier, -ière; *sich* ~ *fühlen* se sentir chez soi; ~ *werden* s'acclimater
'**Heimkehr** *f* ⟨~⟩ retour *m* (chez soi, au pays); *bei s-r* ~ en rentrant; à son retour
'**heimkehren** *v/i* ⟨*sép, -ge-, sein*⟩ rentrer; retourner chez soi, à la maison *bzw* au pays, dans son pays
'**Heimkehrer** *m* ⟨~s; ~⟩ **1.** (*Kriegs*⚯) ancien prisonnier de guerre; rapatrié *m*; **2.** (*Urlaubs*⚯) personne *f* qui revient
'**Heim|kind** *n* enfant *m* vivant dans un foyer, (placé) en foyer; ~**kino** *n* **1.** projection privée d'un film; **2.** F *plais* (*Fernsehen*) F télé *f*
'**heim|kommen** *v/i* ⟨*irr, sép, -ge-, sein*⟩ rentrer; revenir; ~**können** *v/i* ⟨*irr, sép, -ge-, h*⟩ pouvoir rentrer (chez soi); ~**laufen** *v/i* ⟨*irr, sép, -ge-, sein*⟩ courir à la maison, chez soi; rentrer (chez soi) en courant; (*heimgehen*) rentrer (chez soi) à pied
'**Heim|leiter(in)** *m(f)* directeur, -trice *m,f* du foyer, de l'asile, *etc*; ~**leitung** *f* direction *f* du foyer, de l'asile, *etc*
'**heimleuchten** *v/i* ⟨*-ete, sép, -ge-, h*⟩ F *fig j-m* ~ dire ses quatre vérités, son fait à qn
'**heimlich I** *adj* secret, -ète; (~ *u illegal*) clandestin; **II** *adv* en secret; secrètement; en cachette; en catimini; (~ *u illegal*) clandestinement; subrepticement; (~ *u schnell*) à la dérobée; furtivement; F ~*,* *still und leise* discrètement; F en douce
'**Heimlichkeit** *f* ⟨~; ~en⟩ **1.** ⟨*pas de pl*⟩ (*Heimlichsein*) secret *m*; clandestinité *f*; *in aller* ~ très secrètement; en grand, dans le plus grand secret; **2.** (*Heimlichtuerei*) secret *m*; cachotterie *f*
'**Heimlich|tuer(in)** *m* ⟨~s; ~⟩ (*f* ⟨~; ~en⟩) cachottier, -ière *m,f*; ~**tue'rei** *f* ⟨~; ~en⟩ cachotterie(s) *f(pl)*; ⚯**tun** *v/i* ⟨*irr, sép, -ge-, h*⟩ faire des cachotteries
'**Heimmannschaft** *f* SPORT équipe *f* jouant sur son terrain, chez elle
'**heimmüssen** *v/i* ⟨*irr, sép, -ge-, h*⟩ devoir rentrer (chez soi); *ich muß heim* il faut que je rentre
'**Heim|niederlage** *f* SPORT défaite *f* sur son propre terrain; ~**ordnung** *f* règlement *m* (intérieur); ~**platz** *m* place *f* en foyer; ~**recht** *n* SPORT droit *m* de jouer sur son propre terrain
'**Heimreise** *f* voyage *m* de retour; *auf der* ~ au retour; en rentrant; *auf der* ~ *sein* être sur le chemin du retour
'**heimschicken** *v/t* ⟨*sép, -ge-, h*⟩ renvoyer chez soi
'**Heim|sieg** *m* SPORT victoire *f* sur son propre terrain; ~**spiel** *n* SPORT match *m* sur son propre terrain; ~**statt** *st/s f* ⟨~⟩, ~**stätte** *f* patrie *f*; refuge *m*; asile *m*
'**heimsuchen** *v/t* ⟨*sép, -ge-, h*⟩ éprouver; *Katastrophe, Seuche etc* frapper; affliger; *Feinde, Ungeziefer etc* infester; *Geister* 'hanter; *plais Verwandte etc* envahir; *e-e schwer heimgesuchte Stadt* une ville très éprouvée, presque entièrement sinistrée
'**Heimsuchung** *f* ⟨~; ~en⟩ épreuve *f*; CATH *Mariä* ~ la Visitation de la Vierge
'**heimtragen** *v/t* ⟨*irr, sép, -ge-, h*⟩ porter chez soi, à la maison
'**Heim|trainer** *m* 'home-trainer *m*; vélo *m* d'appartement; ~**tücke** *f* ⟨~⟩ von *Personen* sournoiserie *f*; *e-r Krankheit etc* caractère insidieux; *pl/fort* traîtrise *f*; perfidie *f*
'**heimtückisch** *adj Person, Handlung* sournois; *pl/fort* traître; perfide; *e-e* ~*e Krankheit* une maladie traître, insidieuse
'**Heimvorteil** *m* SPORT avantage *m* de jouer sur son terrain
'**heimwärts** *adv* (*nach Hause*) chez soi; à la maison; en direction de la maison, de chez soi; (*in die Heimat*) vers son pays; ~ *ziehen* prendre le chemin de la maison
'**Heimweg** *m* chemin *m* du retour; *auf dem* ~ sur le chemin du retour; en retournant à la maison, chez soi; en rentrant; *sich auf den* ~ *machen* prendre le chemin du retour; reprendre le chemin de la maison
'**Heimweh** *n* mal *m* du pays; *fig* nostalgie *f* (*nach de*); ~ *haben* avoir le mal du pays; ~ *nach etw haben* avoir la nostalgie de qc; s'ennuyer de qc; regretter qc
'**heimwehkrank** *adj* qui a le mal du pays
'**Heimwerker(in)** *m* ⟨~s; ~⟩ (*f* ⟨~; ~nen⟩) bricoleur, -euse *m,f*
'**heimwollen** *v/i* ⟨*irr, sép, -ge-, h*⟩ vouloir rentrer (chez soi, à la maison, dans son pays)
'**heimzahlen** *v/t* ⟨*sép, -ge-, h*⟩ *j-m etw* ~ se venger auprès de qn de qc; *es j-m* ~ rendre la pareille à qn; rendre à qn la monnaie de sa pièce
'**heimziehen** ⟨*irr, sép, -ge-, sein*⟩ **I** *v/i* rentrer (chez soi, à la maison, dans son pays); **II** *v/imp es zieht mich heim in die Heimat* j'ai le mal du pays; *nach Hause* j'ai envie de rentrer chez moi
'**Heini** ['haɪni] *F m* ⟨~s; ~s⟩ Schimpfwort imbécile *m*; *Sie* ~*!* (espèce d')imbécile!; F pauvre mec!
Heinrich ['haɪnrɪç] *m* ~ *n/pr* Henri *m*
Heinz [haɪnts] *cf Heinrich*
Heinzelmännchen ['haɪntsəlmɛnçən] *n im Märchen* petit nain (qui fait le travail des humains)
Heirat ['haɪraːt] *f* ⟨~; ~en⟩ mariage *m*
'**heiraten** ⟨*-ete, h*⟩ **I** *v/t* épouser; se marier avec; **II** *v/i* se marier; *sie hat nach Frankreich geheiratet* elle s'est mariée avec un Français (et vit en France)
'**Heiratsabsicht** *f* intention *f* de se marier; (*ernsthafte*) ~**en haben** projeter (sérieusement) de se marier; avoir (vraiment) l'intention de se marier
'**Heirats|alter** *n* ⟨~s⟩ âge *m* où, auquel on se marie; (*Ehemündigkeit*) âge *m* nubile; ~**annonce** *f* annonce matrimoniale
'**Heiratsantrag** *m* demande *f* en mariage; *j-m e-n* ~ *machen* demander qn en mariage
'**Heirats|anzeige** *f* **1.** *cf Heiratsannonce*; **2.** (*Vermählungsanzeige*) faire-part *m* de mariage; ~**erlaubnis** *f* ⟨~⟩ autorisation *f* de mariage
'**heiratsfähig** *adj* en âge de se marier; *sc*, ADM nubile; *im* ~**en Alter** en âge de se marier
'**Heirats|kandidat(in)** *m(f) plais* candidat(e) *m(f)* au mariage; prétendant *m*; ⚯**lustig** *adj plais* qui a envie de se marier; ~**schwindel** *m* escroquerie *f* au mariage; ~**schwindler** *m* escroc *m* au mariage; ~**urkunde** *f* acte *m* de mariage; *als Abschrift* extrait *m*, bulletin *m* de mariage; ~**vermittler(in)** *m(f)* marieur, -ieuse *m,f*; *gewerbsmäßig(e)r* agent matrimonial; ~**vermittlung** *f* **1.** *Tätigkeit* mise *f* en rapport de personnes désirant se marier; **2.** *Büro* agence matrimoniale; ~**versprechen** *n* promesse *f* de mariage
'**heischen** ['haɪʃən] *st/s v/t* ⟨*h*⟩ *Bewunderung, Zustimmung* ~ *Aktionen, Dinge* forcer l'admiration, l'approbation; *Personen* être avide d'admiration, d'approbation
'**heiser** ['haɪzɔr] *adj Person, Stimme, Hals* enroué; *Stimme, Schrei a* rauque; *Stimme durch vieles Schreien* éraillé
'**Heiserkeit** *f* ⟨~⟩ enrouement *m*
heiß [haɪs] **I** *adj* **1.** (*très*) chaud; (*kochend* ~) bouillant; (*glühend* ~) brûlant; *Klima* torride; ~*e Chemie* radiochimie *f*; NUCL ~*e Zelle* cellule chaude; laboratoire *m* de haute activité; *mir ist* ~ j'ai chaud; F *plais* ~*!* (*nahe am gesuchten Gegenstand*) tu brûles!; ~*e Tränen vergießen* pleurer à chaudes larmes; ~ *machen* (faire) chauffer; *prov was ich nicht weiß, macht mich nicht* ~ ce que j'ignore, me laisse froid; je préfère, il vaut mieux ne rien savoir; **2.** *fig Wunsch, Liebe etc* ardent; *Kampf, Diskussion etc* acharné; passionné; F ~*en Dank!* mille fois merci!; **3.** (*aufreizend*) excitant; (*sexy*) a sexy (*inv*); torride; *Musik, Rhythmus* chaud; torride; F d'enfer; **4.** F *fig* (*kritisch*) chaud; délicat; (*gefährlich*) chaud; brûlant; explosif, -ive; *ein* ~*es Thema* un sujet brûlant, explosif; *der Boden wurde ihm zu* ~ il sentit que cela devenait malsain, dangereux pour lui; **5.** F *fig Tip etc* sûr; *ein* ~*er Favorit* F un super favori; *auf e-r* ~*en Spur sein* être sur une piste sûre; **6.** F *Tier* (*brünstig*) en chaleur; F *Personen* (*ganz*) ~ *auf etw* (*acc*) *sein* F être un fan, un mordu de qc; F être accro avec qc; *j-n* ~ *machen* F allumer qn; **II** *adv* **1.** (*très*) chaud; *prov es wird nichts so* ~ *gegessen, wie es gekocht wird* au début les choses apparaissent pires qu'elles ne sont; tout s'arrange avec le temps; *es läuft mir* ~ *und kalt den Rücken hinunter* j'en ai des sueurs froides; j'en ai froid dans le dos; **2.** *fig etw* ~ *ersehnen* désirer qc ardemment; *j-n, etw* ~ (*und innig*) *lieben* aimer profondément qn, aimer beaucoup qc; F *es ging* ~ *her* F ça chauffait, bardait
'**heißblütig** *adj* **1.** (*leicht aufbrausend*) irascible; impétueux, -euse; qui a le sang chaud; **2.** *Liebhaber etc* fougueux, -euse; *ein* ~*er Südländer* un méridional au sang chaud
heißen ['haɪsən] ⟨*-(es)t, heißt, hieß, geheißen, h*⟩ **I** *st/s v/t* **1.** (*nennen*) appeler; *j-n willkommen* ~ souhaiter la bienvenue à qn; *das heiße ich korrekt handeln* voilà ce que j'appelle agir correctement; **2.** (*befehlen*) *j-n etw tun* ~ enjoindre, dire à qn de faire qc; *er hieß mich warten* il me dit d'attendre; **II** *v/i* **3.** (*den Namen haben*) s'appeler; se nommer; *ich heiße Peter* je m'appelle Pierre; *ich heiße mit Nachnamen Merkel* mon nom de famille est Merkel; *wie* ~ *Sie?* comment vous appelez-

1112

-vous?; quel est votre nom?; *wie heißt dieses Buch, diese Straße?* comment s'appelle ce livre, cette rue?; *nach j-m ~* porter le nom de qn; *so wahr ich ... heiße* aussi vrai que je m'appelle ...; *und wie sie alle ~* et ainsi de suite; je ne les citerai pas tous; **4.** (*bedeuten*) signifier; vouloir dire; *soll das ~, daß ...?* est-ce que cela signifie, veut dire que ...?; *was soll das (denn) ~?* qu'est-ce que cela signifie, veut dire?; F *was heißt hier: wir?* F comment ça, nous?; F *das will (et)was ~* ce n'est pas peu dire; c'est quelque chose; *das will nichts ~* cela ne veut rien dire, ne signifie rien, n'a pas d'importance; *das hieße alles vergessen* cela équivaudrait, reviendrait à tout oublier; ce serait tout oublier; *das soll nicht ~, daß ...* cela ne veut pas dire, ne signifie pas que ...; ce n'est pas pour cela que ...; *er weiß, was es heißt ...* il sait ce que c'est que de ...; *was od wie heißt "Haus" auf französisch?* comment dit-on «Haus» en français?; *erklärend, berichtigend das heißt* c'est-à-dire; *das heißt soviel wie ~* cela revient à dire que ...; autant dire que ...; **III** *v/imp* **5.** *es heißt, (daß) ...* on dit que ...; *wie es heißt, kommt sie morgen* il paraît qu'elle vient, arrive demain; *damit es nicht heißt ...* pour *od* afin que l'on ne dise pas que ...; pour *od* afin qu'il ne soit pas dit que ...; **6.** (*gelten*) *nun heißt es, die Zähne zusammenbeißen* il s'agit maintenant de serrer les dents; *da heißt es aufgepaßt* c'est là qu'il s'agit de faire attention; il faut faire attention; **7.** (*geschrieben stehen*) être écrit; *wie es bei Goethe heißt* comme on peut le lire dans Goethe; comme l'a écrit, le dit Goethe; *es heißt an dieser Stelle ...* il est dit, nous lisons à cet endroit ...

'**heiß|ersehnt** *adj* ardemment désiré; **~geliebt** *adj* passionnément, ardemment aimé

'**Heißhunger** *m* faim violente; F fringale *f*; *fig e-n ~ auf etw* (*acc*) *haben* avoir des envies de qc

'**heiß|hungrig** *adj* qui a une faim violente; *par ext* affamé; **~laufen** *v/i* (*irr, sép, -ge-, sein*) TECH chauffer

'**Heißluft** *f* ⟨~⟩ air chaud; **~ballon** *m* ballon *m* à air chaud; montgolfière *f*; **~heizung** *f* chauffage *m* à air chaud; **~herd** *m* four *m* à chaleur tournante

'**Heiß|mangel** *f* machine *f* à repasser, repasseuse *f*; **~sporn** *st/s m* ⟨~(e)s; ~e⟩ tête, cervelle brûlée; **ℒumkämpft** *adj* qui est objet d'une lutte âpre, acharnée; **ℒumstritten** *adj* passionnément, ardemment disputé; très contesté; **~'wasserbereiter** *m* ⟨~s; ~⟩ chauffe-eau *m*; **~'wasserspeicher** *m* chauffe-eau *m* à accumulation

heiter ['haɪtər] *adj* **1.** *Wetter* beau, bel, belle; *Himmel* serein; clair; *~ bis wolkig* clair à nuageux, à couvert; **2.** *Person, Wesen etc* (*lustig*) gai; enjoué; (*abgeklärt*) serein; **3.** *Musik, Muster etc* (*fröhlich*) gai; *Szene, Zwischenfall, Geschichte etc* (*amüsant*) amusant; *iron das kann ja ~ werden!* ça commence bien!; je sens qu'on va s'amuser; voilà un début qui promet!

'**Heiterkeit** *f* ⟨~⟩ **1.** *innere, abgeklärte* sérénité *f*; **2.** (*Fröhlichkeit*) gaîté *od* gaieté *f*; enjouement *m*; *p/fort* hilarité *f*; *allgemeine ~ erregen* déclencher, provoquer l'hilarité générale

'**Heiterkeitsausbruch** *m* accès *m* d'hilarité; (*Gelächter*) éclat(s) *m(pl)* de rire

'**Heiterkeitserfolg** *m* *e-n ~ erzielen* *ein ~ werden* déclencher l'hilarité générale

'**heizbar** *adj* qui peut être chauffé; avec chauffage; **~e Heckscheibe** lunette arrière chauffante

'**Heizdecke** *f* couverture chauffante, électrique

heizen ['haɪtsən] *v/t u v/i* ⟨-(es)t, h⟩ chauffer

'**Heizer** *m* ⟨~s; ~⟩ TECH, *früher a bei Lokomotiven, Schiffen* chauffeur *m*

'**Heiz|fläche** *f* surface *f* de chauffe; **~gerät** *n* appareil *m* de chauffage; radiateur *m*; **~kessel** *m* chaudière *f*; **~kissen** *n* coussin électrique, chauffant; **~körper** *m* radiateur *m*; **~kosten** *pl* frais *m/pl* de chauffage; **~kraftwerk** *n* centrale *f* thermique; **~lüfter** *m* radiateur (électrique) soufflant; **~material** *n* combustible(s) *m(pl)*; **~ofen** *m* radiateur *m*; **~öl** *n* fuel *m*; mazout *m*; **~periode** *f* période *f* de chauffage; **~platte** *f* **1.** (*Kochplatte*) plaque *f* électrique; **2.** (*Warmhalteplatte*) chauffe-plats *m*; **~rohr** *n* tuyau *m* de chauffage; **~sonne** *f* radiateur *m* parabolique; **~strahler** *m* radiateur (électrique) rayonnant

'**Heizung** *f* ⟨~; ~en⟩ chauffage *m*

'**Heizungs|anlage** *f* installation *f* de chauffage; **~keller** *m* chaufferie *f*; **~monteur** *m* monteur *m* en chauffage; **~rohr** *n* tuyau *m* de chauffage; **~tank** *m* réservoir *m*, cuve *f* à mazout; **~technik** *f* ⟨~⟩ technique *f* de chauffage; **~techniker** *m* technicien *m* du chauffage

'**Heizwert** *m* pouvoir *m* calorifique

Hektar [hɛk'taːr *ou* 'hɛk-] *n od m* ⟨~s; ~e, *mais* 3 ~⟩ hectare *m*

Hektik ['hɛktɪk] *f* ⟨~⟩ agitation *f*; effervescence *f*; fièvre *f*; énervement *m*

'**hektisch** *adj Person* énervé; agacé; nerveux, -euse; *Stadtleben etc* trépidant, frénétique; *Bewegung* nerveux, -euse; *Eile* fiévreux, -euse; fébrile; (*nun mal*) *nicht so ~!* doucement!; pas d'énervement!

Hekto|graphie *f* [hɛktogra'fiː] *f* ⟨~; ~n⟩ polycopie *f*; **ℒgra'phieren** *v/t* (*pas de ge-, h*) polycopier; **~'liter** *n od m* hectolitre *m*

helau [he'laʊ] *int im Karneval* 'hourra!

Held [hɛlt] *m* ⟨~en; ~en⟩ *a* (*Roman2*), *fig* 'héros *m*; *in Heldensagen a* preux *m*; HIST DDR *der ~ der Arbeit* 'héros *m* du travail socialiste; THÉ *jugendlicher ~* jeune premier *m*; *fig der ~ des Tages* le héros du jour; F *kein ~ in etw* (*dat*) *sein* ne pas être très fort, très calé en qc; *iron du bist mir ein ~!* bravo, tu as réussi, gagné!; F (on peut dire que) tu es un sacré numéro!

'**Helden|brust** *f iron* noble poitrine; **~dichtung** *f* poésie *f* héroïque; **~epos** *n* épopée *f*; **~gedicht** *n* poème *m* héroïque; **ℒhaft** *adj* héroïque; **~lied** *n* poème *m*, chanson *f* héroïque; *im mittelalterlichen Frankreich* chanson *f* de geste; **~mut** *m* héroïsme *m*; **ℒmütig** *adj* héroïque; **~sage** *f* légende *f* héroïque

'**Heldenstück** *n iron das war kein ~* ce n'était pas très glorieux; ce n'était pas vraiment un exploit

'**Helden|tat** *f* action *f* héroïque, d'éclat; 'haut fait *m*; *a iron* exploit *m*; prouesse *f*; **~tenor** *m* fort ténor *m*

'**Heldentod** *st/s m* mort *f* héroïque; *den ~ sterben* mourir au champ d'honneur

'**Heldentum** *n* ⟨~s⟩ héroïsme *m*

'**Heldin** *f* ⟨~; ~nen⟩ héroïne *f*

Helene [he'leːnə] *f* ⟨→ n/pr⟩ Hélène *f*

helfen ['hɛlfən] *v/i* ⟨hilft, half, geholfen, h⟩ aider, assister, *Notleidenden a* secourir, *durch Mitarbeit a* seconder (*j-m* qn); *Mittel, Maßnahme meist* servir; *j-m bei der Arbeit ~* aider qn dans son travail; *j-m in den, aus dem Mantel ~* aider qn à mettre, ôter son manteau; *j-m über die Straße ~* aider qn à traverser la rue; *j-m aus e-r Verlegenheit ~* tirer qn d'embarras; *sich* (*dat*) *gegenseitig ~* s'entraider; *sich* (*dat*) *zu ~ wissen* savoir se débrouiller; être débrouillard; avoir de la ressource; savoir s'y prendre; *sich* (*dat*) *nicht mehr zu ~ wissen* ne plus savoir quoi *od* que faire, comment s'en sortir, à quel saint se vouer; *wir wußten uns nicht anders zu ~* (*als zu* [+*inf*]) il n'y avait pas d'autre moyen, solution (que de [+*inf*]); *ich kann mir nicht ~, (aber) ich muß lachen* je ne peux pas m'empêcher de rire; *ihm ist nicht mehr zu ~* on ne peut plus rien (faire) pour lui; il est perdu; F *fig ihm ist nicht zu ~* il est incorrigible; il ne changera jamais; *Medikament gegen od bei Zahnschmerzen ~* être bon pour, efficace contre les maux de dents; *was hilft es, wenn man ihn bestraft?* à quoi bon le punir?; *das hilft nichts* cela ne sert à rien; *damit ist mir nicht geholfen* cela ne me sert à rien; *was hilft das Klagen?* à quoi sert de se plaindre?; à quoi bon se plaindre?; *hier hilft kein Schreien* inutile de crier; rien ne sert de crier; *es hilft alles nichts* (*, er tut es trotzdem*) on a beau faire *od* dire, rien n'y fait (, il le fera quand même); *es hilft alles nichts* (*, wir müssen gehen*) il n'y a rien à faire (, il faut s'en aller); *drohend* F *dir werde ich ~!* attends un peu que je t'aide!; tu veux que je t'aide!; *hilf dir selbst, so hilft dir Gott! prov* aide-toi, le Ciel t'aidera

'**Helfer(in)** *m* ⟨~s; ~⟩ (*f*) ⟨~; ~nen⟩ aide *m,f*; auxiliaire *m,f*; assistant(e) *m(f)*; *ein freiwilliger, ehrenamtlicher ~* un aide bénévole; *~ in Steuersachen* conseiller fiscal; conseil fiscal; *ein ~ in der Not* une planche de salut

'**Helfershelfer** *m péj* acolyte *m*; homme *m* de main; (*Komplize*) complice *m*

Helga ['hɛlga] *f* ⟨→ n/pr⟩ prénom

Helikopter [heli'kɔptər] *m* ⟨~s; ~⟩ hélicoptère *m*

Helio|trop[1] [helio'troːp] *n* ⟨~s; ~e⟩ BOT héliotrope *m*; **~'trop**[2] *m* ⟨~s; ~e⟩ MINÉRAL héliotrope *m*; **ℒzentrisch** *adj* ASTR héliocentrique

Helium ['heːliʊm] *n* ⟨~s⟩ CHIM hélium *m*

hell [hɛl] **I** *adj* **1.** (*nicht dunkel, a Farbe, Stimme, Klang, etc*) clair; *Bier, Tabak* blond; (*leuchtend*) lumineux, -euse;

Hellas – herabsetzen

Stern brillant; *es ist schon ~er Tag* il fait déjà grand jour; *es wird (schon) ~* il commence à faire jour, clair; *im Sommer bleibt es lange ~* en été, il fait jour longtemps; **2.** *fig Person* intelligent; *ein ~er Kopf* un esprit lucide, intelligent; *ein ~er Moment* un moment de lucidité; **3.** ⟨épithète⟩ F *fig Begeisterung, Freude etc* (le plus) complet, (la plus) complète; *Freude a* parfait, sans mélange; *in ~en Scharen* en foule; en grand nombre; *s-e ~e Freude an etw* (dat) *haben* être très content de voir qc; éprouver un véritable plaisir à voir, à faire qc; *in ~er Verzweiflung* complètement désespéré; sespéré; *(das wäre) ~er Wahnsinn* ce serait de la pure folie, folie pure; **II** *adv ~ leuchten Lampe etc* éclairer bien; *~ brennen* brûler avec une flamme claire; *~ glänzen* jeter un, briller d'un vif éclat; *~ klingen, tönen* rendre un son clair; *cf a Mond 1*.
Hellas [ˈhɛlas] *n* ⟨→ n/pr⟩ HIST l'Hellade *f*
ˈhellˈauf *adv ~ begeistert sein* être très, complètement enthousiaste; *~ lachen* éclater de rire
ˈhellˈblau *adj* bleu clair (*inv*); *~blond adj* blond pâle (*inv*); blond clair (*inv*); *2dunkel n* PEINT clair-obscur *m*
ˈhelle *adj* ⟨attribut⟩ *regional (aufgeweckt)* F futé
ˈHelle(s) *f* ⟨→ A⟩ verre *m* de bière blonde; *Herr Ober, ein ~s!* garçon! une blonde!
Hellebarde [hɛləˈbardə] *f* ⟨~; ~n⟩ 'hallebarde *f*
Hellen|e [hɛˈleːnə] *m* ⟨~n; ~n⟩, *~in f* ⟨~; ~nen⟩ HIST Hellène *m,f*; *2isch adj* hellénique; *bes Sprache, Kultur etc* hellénique
ˈHelle|nismus *n* ⟨~⟩ HIST hellénisme *m*; *2nistisch adj* hellénistique
Heller [ˈhɛlər] *m* ⟨~s; ~⟩ HIST etwa denier *m*; liard *m*; *fig auf ~ und Pfennig* jusqu'au dernier centime; rubis sur l'ongle; F *keinen (roten) ~ wert sein* ne pas valoir un sou; F *keinen (roten) ~ haben* F n'avoir pas un rond
ˈhelleuchtend *adj* lumineux, -euse; *Lampe* qui éclaire bien
ˈhellˈglänzend *adj* brillant d'un vif éclat; qui jette un vif éclat; *~grün adj* vert clair (*inv*); *~häutig adj* à, qui a la peau claire
ˈhellhörig *adj* **1.** *Gebäude, Wohnung* sonore; **2.** *Person* attentif, -ive; *~ werden* devenir attentif; commencer à avoir des soupçons; *j-n ~ machen* mettre la puce à l'oreille de qn
ˈhellicht [ˈhɛlɪçt] *adj am ~en Tag(e)* en plein jour
ˈHelligkeit *f* ⟨~; ~en⟩ clarté *f*; *e-r Lichtquelle*, TV luminosité *f*; *a* ASTR éclat *m*
ˈHelligkeitsregler *m* ÉLECTRON variateur *m* de lumière
Hel(l)mut(h) [ˈhɛlmuːt] *m* ⟨→ n/pr⟩ prénom
ˈhellrot *adj* rouge clair (*inv*)
ˈhellsehen *v/i* ⟨les temps simples ne s'emploient pas dans une principale; -ge-, h⟩ voir, lire l'avenir; *~ können* avoir le don de seconde, de double vue
ˈHellseher(in) *m(f)* voyant(e) *m(f)*
ˈhellseherisch *adj ~e Fähigkeiten don m* de double *od* seconde vue, de voyance

ˈhell|sichtig *adj* clairvoyant; lucide; *ˈ~wach adj* **1.** tout à fait éveillé; **2.** F *fig (aufgeweckt)* éveillé; malin; vif, vive
Helm [hɛlm] *m* ⟨~(e)s; ~e⟩ **1.** MIL, *(Schutz~)* casque *m*; HIST 'heaume *m*; **2.** CONSTR *(Turm~)* comble *m*; *ˈ~busch m* panache *m*; *kleiner* plumet *m*
hem [h(ə)m] *cf* **hm**
Hemd [hɛmt] *n* ⟨~(e)s; ~en⟩ *(Ober~)* chemise *f*; *(Damen~)* chemisier *m*; *(Herrenunter~) a* maillot *m* de corps; *(Damenunter~)* (petite) chemise *f* (de jour); chemisette *f*; *naß bis aufs ~ sein* être complètement trempé; F être trempé jusqu'aux os; *fig kein ~ auf dem Leibe haben* n'avoir même pas une chemise à se mettre; F *péj s-e Gesinnung wie das od sein ~ wechseln* changer d'opinion comme de chemise; *sein letztes ~ (für j-n) hergeben* donner jusqu'à sa dernière chemise (à, pour qn); F *fig j-n bis aufs ~ ausziehen* mettre qn sur la paille; dépouiller complètement qn; F *das zieht einem ja das ~ aus!* c'est fou!; F c'est dingue!; *péj das ~ ist mir näher als der Rock prov* charité bien ordonnée commence par soi-même
ˈHemd|bluse *f* chemisier *m*; *~blusenkleid n* robe *f* chemisier; *~brust f* plastron *m*
ˈHemden|knopf *m* bouton *m* de chemise; *~matz* F *plais m* ⟨~es; ~e *ou* ~e⟩ petit enfant en chemise
ˈHemdsärmel *m in ~n* en bras, en manches de chemise
ˈhemdsärmelig *adj* **1.** en bras, en manches de chemise; **2.** F *fig (leger, salopp)* décontracté; *péj* cavalier
Hemisphäre [hemiˈsfɛːrə] *f* ⟨~; ~n⟩ hémisphère *m*
hemmen [ˈhɛmən] *v/t* ⟨h⟩ **1.** *(verlangsamen) Bewegung* ralentir; freiner; *Entwicklung a* retarder; *(stoppen)* arrêter; TECH, *fig* enrayer; *j-n in s-r Entwicklung ~* retarder, freiner l'évolution, le développement de qn; retarder, freiner qn dans son évolution, développement; **2.** *(beeinträchtigen) physisch, psychisch* inhiber; *sich gehemmt fühlen* vorübergehend se sentir gêné, paralysé; ständig avoir des complexes
ˈHemmnis *n* ⟨~ses; ~se⟩ obstacle *m*, entrave *f* (*für a, pour*)
ˈHemmschuh *m* **1.** EISENBAHN sabot *m* d'arrêt; **2.** *fig* boulet *m*, frein *m* (*für* pour)
ˈHemmung *f* ⟨~; ~en⟩ **1.** *(Verlangsamung)* ralentissement *m*; freinage *m*; *(Stoppen)* arrêt *m*; *(Blockierung)* blocage *m*; **2.** *physisch, psychisch* inhibition *f*; **3.** *pl ~en (Gehemmtheit)* complexes *m/pl*; *~en haben* avoir des complexes; *sie hatte ~en, danach zu fragen* elle hésitait à, n'osait pas le demander; *(sie hatte Bedenken)* a elle avait des scrupules à le demander; *er kennt keine ~en* il est sans-gêne
ˈhemmungslos I *adj* déchaîné; sans frein; *(skrupellos)* sans scrupules; impudent; **II** *adv* sans retenue; sans gêne; *(skrupellos)* sans scrupules; impudemment; sans vergogne
ˈHemmungslosigkeit *f* ⟨~⟩ manque *m* de retenue; *(Skrupellosigkeit)* absence *f* de scrupules; impudence *f*

Hendl [ˈhɛndl] *n* ⟨~s; ~(n)⟩ *bayrisch, österr* poulet *m*; CUIS poulet rôti
Hengst [hɛŋst] *m* ⟨~es; ~e⟩ étalon *m*
Henkel [ˈhɛŋkəl] *m* ⟨~s; ~⟩ anse *f*; *~korb m* panier *m* à anse(s); *~krug m* cruche *f* à anse(s); *~mann* F *m* ⟨~(e)s; ~er⟩ gamelle *f*; *~topf m* pot *m* à anse(s)
henken [ˈhɛŋkən] *st/s v/t* ⟨h⟩ pendre
ˈHenker *m* ⟨~s; ~⟩ bourreau *m*; P *geh zum ~!* F fous le camp!; F tire-toi!; P va-t'en au diable!; P *weiß der ~!* F j'en sais rien!; F *hol's der ~!* F mince *od* F merde alors!
ˈHenkers|knecht *m* valet *m* du bourreau; *~mahlzeit f* dernier repas d'un condamné; *fig plais* dernier (bon) repas
Henna [ˈhɛna] *f* ⟨~⟩ *od n* ⟨~(s)⟩ 'henné *m*
Henne [ˈhɛnə] *f* ⟨~; ~n⟩ poule *f*
Henriette [hɛnriˈɛta] *f* ⟨→ n/pr⟩ Henriette *f*
Hepatitis [hepaˈtiːtɪs] *f* ⟨~; -ˈtiden⟩ MÉD hépatite *f*; *~ A, B* hépatite (virale) A, B
her [heːr] *adv* **1.** *Richtung ~ zu mir!* (viens *bzw* venez) ici!; *~ damit!* donne(z)-le(-moi)!; *Bier ~!* je veux *bzw* on veut de la bière!; *von ... ~* (du côté) de ...; *von Norden, Süden ~* du nord, sud; *von weit ~* de loin; *ein Wort vom Lateinischen ~ erklären* expliquer un mot en partant du latin; **2.** *Zeit von früher ~* d'autrefois; **3.** *fig (ausgehend von) von der Form, Konzeption ~ sehr interessant* très intéressant du point de vue de, de par la forme, la conception; *von der Sache ~ gerechtfertigt* qui, en fait *od* sur le fond, se justifie *od* est justifié; *cf a hersein u hin 1*.
herab [hɛˈrap] *st/s adv von oben ~* d'en 'haut; *fig sie sah ihn von oben ~ an* elle le regarda de haut, avec dédain; elle le toisa; *cf a herunter*
herˈabblicken *st/s v/i* ⟨sép, -ge-, h⟩ regarder vers le bas; *von etw ~* regarder du haut de qc; *auf die Stadt etc ~* regarder la ville, etc en bas; *fig auf j-n ~* regarder qn de haut; *verächtlich auf j-n ~* regarder qn avec mépris, dédain
herˈabhängen *st/s cf* **herunterhängen**
herˈablassen ⟨*irr*, *sép*, -ge-, h⟩ **I** *st/s v/t* faire *bzw* laisser descendre; *Vorhang, Zugbrücke etc* baisser; **II** *v/réfl* **1.** *st/s sich ~* se laisser descendre; **2.** *fig sich ~, etw zu tun* s'abaisser à faire qc; *auf e-e Bitte hin* condescendre à, daigner faire qc
herˈablassend I *adj* condescendant; dédaigneux, -euse; *ˈhautain*; **II** *advt* avec condescendance, dédain, 'hauteur; *2lassung f* ⟨~⟩ condescendance *f*; dédain *m*; 'hauteur *f*; *~mindern v/t* ⟨-(e)re, *sép*, -ge-, h⟩ **1.** *(verringern)* diminuer; **2.** *fig (herabsetzen)* (r)abaisser; déprécier; *Gefahr* minimiser; *~sehen v/i* ⟨*irr*, *sép*, -ge-, h⟩ *cf* **herabblicken**
herˈabsenken *st/s v/réfl* ⟨*sép*, -ge-, h⟩ *sich ~* tomber; *Nacht, Nebel sich auf etw* (acc) *~* tomber, descendre sur qc
herˈabsetzen *v/t* ⟨-(es)t, *sép*, -ge-, h⟩ **1.** baisser; diminuer; *Geschwindigkeit* réduire; *e-e Ware im Preis ~* baisser le prix d'une marchandise; *zu herabgesetztem Preis* à prix réduit; au rabais; **2.** *fig Ansprüche* rabattre de; *Verdienste, Leistung, Fähigkeiten* minimiser;

déprécier; réduire; *Wert, Bedeutung* minimiser; *Person* déprécier; dénigrer

Her'absetzung *f* ⟨~; ~en⟩ **1.** *der Preise etc* abaissement *m*; diminution *f*; réduction *f*; **2.** *fig von Verdiensten, Fähigkeiten etc* dépréciation *f*; dévalorisation *f*; *von Personen a* dénigrement *m*

her'absinken *v/i* ⟨*irr, sép,* -ge-, *sein*⟩ **1.** *st/s* (*nach unten sinken*) tomber, descendre (*auf* [+*acc*] sur); **2.** *fig* tomber de plus en plus bas; *auf ein niedriges Niveau* ~ tomber à un niveau très bas; baisser; tomber bien bas; *péj zum Alkoholiker etc* ~ devenir alcoolique, *etc*

her'ab|steigen *st/s cf* **hinuntersteigen**; **~stürzen** *st/s cf* **hinunterstürzen**; **~würdigen** *v/t* ⟨*sép,* -ge-, h⟩ déprécier; **2würdigung** *f* ⟨~; ~en⟩ dépréciation *f*; **~ziehen** *st/s cf* **herunterziehen**

Herald|ik [heˈraldɪk] *f* ⟨~⟩ héraldique *f*; **~iker** *m* ⟨~s; ~⟩ héraldiste *m*; **2isch** *adj* héraldique

heran [heˈran] *adv nur* ~! approche(z), avance(z) donc!; (*dicht*) *an etw* (*acc*) ~ tout près de qc; tout contre qc

her'anarbeiten *v/réfl* ⟨*sép,* -ge-, h⟩ *sich* (*an etw, j-n*) ~ s'approcher avec difficulté de qc, qn

her'anbilden *v/t* (*u v/réfl*) ⟨-ete, *sép,* -ge-, h⟩ (*sich*) ~ (se) former

her'anbringen *v/t* ⟨*irr, sép,* -ge-, h⟩ **1.** *j-n, etw* (*an j-n, etw*) ~ approcher, näher rapprocher qn, qc (de qn, qc); **2.** *fig j-n an etw* (*acc*) ~ faire connaître qc à qn; familiariser qn avec qc

her'anfahren *v/i* ⟨*irr, sép,* -ge-, *sein*⟩ *an etw, j-n* ~ s'approcher de qc, qn; *rechts* ~ serrer à droite

her'anführen *v/t* ⟨*sép,* -ge-, h⟩ *j-n an etw* (*acc*) ~ (a)mener, conduire qn à, vers, près de qc; *fig* initier qn à qc

her'angehen *v/i* ⟨*irr, sép,* -ge-, *sein*⟩ **1.** *an etw, j-n* ~ s'approcher de qc, qn; näher ~ se rapprocher; venir plus près; **2.** *fig an ein Problem etc* ~ s'attaquer à, aborder un problème, *etc*

her'anholen *v/t* ⟨*sép,* -ge-, h⟩ aller chercher

her'ankommen *v/i* ⟨*irr, sép,* -ge-, *sein*⟩ **1.** *an etw, j-n* ~ s'approcher de qc, qn; nahe *an etw, j-n* ~ se rapprocher de qc, qn; *j-n an sich* (*acc*) ~ *lassen* laisser qn approcher; *die Dinge an sich* (*acc*) ~ *lassen* attendre les événements, le cours des événements; **2.** *zeitlich* approcher; **3.** *an etw* (*acc*) ~ (*heranreichen*) atteindre qc; *fig* (*bekommen*) avoir accès à qc; **4.** *fig an j-n* ~ *an e-n verschlossenen Menschen* approcher qn; établir le contact avec qn; (*sich mit j-m vergleichen können*) égaler qn

her'anlassen *v/t* ⟨*irr, sép,* -ge-, h⟩ **1.** *j-n, etw an j-n, etw* ~ laisser qn, qc approcher *bzw* toucher qn, qc; **2.** *fig j-n an sich* (*acc*) ~ laisser qn approcher; être accessible à qn; *niemand(en) an sich* (*acc*) ~ être inaccessible (à tous)

her'anmachen F *v/réfl* ⟨*sép,* -ge-, h⟩ *sich an etw* (*acc*) ~ (*anfangen*) aborder qc; se mettre à faire qc; (*in Angriff nehmen*) s'attaquer, s'atteler à qc; *sich an j-n* ~ essayer d'entrer en relation avec qn; *oft péj* entreprendre qn; *in sexueller Absicht* F draguer qn

her'annahen *st/s v/i* ⟨*sép,* -ge-, h⟩ s'approcher

her'annehmen *v/t* ⟨*irr, sép,* -ge-, h⟩ *zu Dienstleistungen etc* mettre à contribution; *j-n* (**hart**) ~ ne pas ménager qn; demander beaucoup (d'efforts) à qn

her'anreichen *v/i* ⟨*sép,* -ge-, h⟩ **1.** *an etw* (*acc*) ~ atteindre qc; **2.** *fig an j-n, etw* ~ égaler qn, qc

her'anreifen *v/i* ⟨*sép,* -ge-, *sein*⟩ *Personen* mûrir; arriver à maturité; *Sachen, Projekt, Plan, Entschluß* mûrir; prendre forme; *zur Künstlerin* ~ devenir une véritable artiste

her'anrücken ⟨*sép,* -ge-⟩ **I** *v/t* ⟨h⟩ *etw an etw, j-n* ~ approcher qc de qc, qn; **II** *v/i* ⟨*sein*⟩ *an etw, j-n* ~ (s')approcher de qc, qn; *er rückte näher an sie heran* il se rapprocha d'elle; *das Osterfest rückt heran* on s'approche de Pâques; Pâques approche

her'anrufen *v/t* ⟨*irr, sép,* -ge-, h⟩ appeler; *Taxi* 'héler; **~schaffen** *v/t* ⟨*sép,* -ge-, h⟩ rapprocher, amener vers soi

her'anschleichen *v/i* ⟨*sép,* -ge-⟩ *v/i* ⟨*sein*⟩ *u v/réfl* ⟨h⟩ (*sich*) *an etw, j-n* ~ se glisser vers qc, qn; (s')approcher à pas de loup de qc, qn

her'antasten *v/réfl* ⟨*sép,* -ge-, h⟩ *sich an etw, j-n* ~ s'approcher en tâtonnant, à tâtons de qc, qn; *fig an e-e Lösung* procéder par tâtonnements, par approches successives pour trouver qc; *an ein Problem* aborder prudemment qc; *an e-e Person* faire prudemment, peu à peu connaissance de qn

her'antragen *v/t* ⟨*irr, sép,* -ge-, h⟩ **1.** (*herbeitragen*) apporter; **2.** *fig etw an j-n* ~ *Anliegen etc* transmettre, communiquer, faire part de qc à qn

her'antreten *v/i* ⟨*irr, sép,* -ge-, *sein*⟩ **1.** (*an j-n, etw*) ~ s'approcher (de qn, qc); **2.** *fig an j-n* (*mit e-r Bitte*) ~ s'adresser à qn (pour demander qc)

her'anwachsen *v/i* ⟨*irr, sép,* -ge-, *sein*⟩ grandir; *Kinder a* devenir des adultes; *zu etw* ~ devenir qc; *die ~de Generation* la jeune génération

Her'anwachsende(r) *f(m)* ⟨→ A⟩ adolescent(e) *m(f)*; JUR personne *f* entre 18 et 21 ans

her'anwagen *v/réfl* ⟨*sép,* -ge-, h⟩ *sich an j-n, etw* ~ oser approcher de qn, qc; *sich an e-e Aufgabe* ~ (oser) se mesurer à une tâche; se risquer à entreprendre une tâche

her'anwinken *v/t* ⟨*sép,* -ge-, h⟩ *j-n* ~ faire signe à qn d'approcher, de s'approcher; *ein Taxi* ~ faire signe à un taxi

her'anziehen ⟨*irr, sép,* -ge-⟩ **I** *v/t* ⟨h⟩ **1.** *zu sich*: *Gegenstand* (r)approcher; attirer à soi; **2.** *Personen zu Zahlungen* mettre à contribution; *zu e-r Arbeit* faire appel à (pour faire qc); *als Fachmann* appeler; consulter; **3.** *Tiere, Kinder* élever; *Pflanzen* faire pousser; **4.** *Belege, Material etc* se servir de; mettre à contribution; faire intervenir; tenir compte de; **II** *v/i* ⟨*sein*⟩ s'approcher

herauf [heˈraʊf] *adv hier, da* ~! par ici!; par là!; *von unten* ~ d'en bas

her'aufarbeiten *cf* **hocharbeiten**

her'aufbemühen *st/s* ⟨*sép, pas de ge-*, h⟩ **I** *v/t j-n* ~ prier qn de monter; faire monter qn; **II** *v/réfl sich* ~ se donner la peine de monter

her'aufbeschwören *v/t* ⟨*irr, sép, pas de ge-*, h⟩ *Erinnerungen, Vorstellungen* évoquer; *Krise, Gefahr* provoquer; causer; susciter

her'aufbitten *v/t* ⟨*irr, sép,* -ge-, h⟩ *j-n* ~ prier qn de monter

her'aufbringen *v/t* ⟨*irr, sép,* -ge-, h⟩ *Dinge* monter; *j-n mit* ~ faire monter qn chez soi

her'aufdämmern *v/i* ⟨-(e)re, *sép,* -ge-, *sein*⟩ *Morgen, Tag* se lever; poindre; *fig Zeitalter* naître

her'aufdringen *v/i* ⟨*irr, sép,* -ge-, *sein*⟩ monter; *der Lärm dringt bis zu uns herauf* le bruit monte, arrive jusqu'à nous

her'auf|fahren ⟨*irr, sép,* -ge-⟩ *v/t* ⟨h⟩ *u v/i* ⟨*sein*⟩ monter; **~führen** *v/t u v/i* ⟨*sép,* -ge-, h⟩ conduire (ici, à cet endroit); **~gehen** *v/i* ⟨*sép,* -ge-, *sein*⟩ monter; **~holen** *v/t* ⟨*sép,* -ge-, h⟩ *Dinge* aller chercher; rapporter; monter; *Personen* faire monter; **~kommen** *v/i* ⟨*irr, sép,* -ge-, *sein*⟩ monter; **~setzen** *v/t* ⟨-(es)t, *sép,* -ge-, h⟩ *Preis* augmenter; majorer; **~steigen** *v/i* ⟨*irr, sép,* -ge-, *sein*⟩ monter (*auf* [+*acc*] sur); **~ziehen** ⟨*irr, sép,* -ge-⟩ **I** *v/t* ⟨h⟩ monter; *Anker* remonter; **II** *v/i* ⟨*sein*⟩ **1.** *in e-e höhere Etage* monter; **2.** *Gewitter, Unheil* etc approcher

heraus [heˈraʊs] *adv* dehors; *unten* ~ par en bas; *von innen* ~ du dedans; de l'intérieur; *aus e-m Gefühl des Mitleids* ~ par pitié; *aus der Überzeugung* ~, *daß ...* convaincu que ...; ~ *aus den Federn!* (allez) debout!; lève-toi *bzw* levez-vous!; ~ *damit!* donne(z)-le!; montre(z)-le!; ~ *mit der Sprache!* di(te)s-le!; parle(z) donc!; *cf a hinaus I*.

her'ausarbeiten ⟨-ete, *sép,* -ge-, h⟩ **I** *v/t* **1.** *aus Stein, Holz* faire naître; **2.** *fig Gedanken, Unterschiede etc* faire ressortir; mettre en relief; **II** *v/réfl sich* ~ se dégager avec effort; *a fig* s'en sortir

her'ausbekommen *v/t* ⟨*irr, sép, pas de ge-*, h⟩ **1.** *Nagel, Splitter etc* arriver, parvenir à enlever, à faire sortir; *Fleck* arriver à enlever, à faire partir; **2.** *Geheimnis, Unbekanntes* découvrir; *Aufgabe* (parvenir à, finir par) résoudre; *Lösung, a* MATH (parvenir à, finir par) trouver; *Sinn* (parvenir, arriver à) comprendre, saisir; *etw aus j-m* ~ arracher qc à qn; (réussir à) faire parler qn de qc; *aus ihm ist nichts herauszubekommen* on ne peut rien tirer de lui; impossible de le faire parler; *ich versuchte herauszubekommen, wo er gestern war* j'essayais de savoir où il était hier; **3.** *als Wechselgeld Sie bekommen zehn Mark heraus* je vous rends dix marks; **4.** *Wort* F (pouvoir) sortir

her'ausbilden *v/réfl* ⟨-ete, *sép,* -ge-, h⟩ *sich* ~ se former

her'ausbitten *v/t* ⟨*irr, sép,* -ge-, h⟩ *j-n* ~ demander à qn, prier qn de sortir, venir

her'ausblicken *v/i* ⟨*sép,* -ge-, h⟩ *aus dem Fenster* ~ regarder par la fenêtre

her'aus|brechen ⟨*irr, sép,* -ge-⟩ **I** *v/t* ⟨h⟩ enlever; **II** *v/i* ⟨*sein*⟩ **1.** se détacher; **2.** *fig Gefühle* exploser

her'ausbringen *v/t* ⟨*irr, sép,* -ge-, h⟩ **1.** (*nach außen bringen*) apporter; *Personen* (*begleiten*) reconduire; raccompagner; **2.** (*veröffentlichen*) sortir; *fig etw, j-n groß ~* mettre qc, qn en vedette; **3.** F *cf* **herausbekommen** *1., 2., 4.*

her'aus|drängen ⟨*sép, -ge-*⟩ *v/i* ⟨*sein*⟩ (*u v/réfl* ⟨*h*⟩ (*sich*) *~* sortir en se pressant, se bousculant; **~drehen** *v/t* ⟨*sép, -ge-, h*⟩ *Verschraubtes* dévisser; **~dringen** *v/i* ⟨*irr, sép, -ge-, sein*⟩ *Flüssigkeit, Rauch etc* sortir; *Lärm etc* venir (jusqu'à nous, *etc*); **~drücken** *v/t* ⟨*sép, -ge-, h*⟩ **1.** (*herauspressen*) faire sortir (*aus* de); **2.** (*vorwölben*) *Körperteil* faire ressortir; *Brust a* bomber; redresser

her'ausfahren ⟨*irr, sép, -ge-*⟩ **I** *v/t* ⟨*h*⟩ **1.** *Fahrzeuge, Personen* sortir; **2.** SPORT *den dritten Platz etc ~* obtenir la troisième place, *etc*; **II** *v/i* ⟨*sein*⟩ **3.** sortir (*aus* de); **4.** F *fig Wort, Bemerkung* échapper; *das ist mir so herausgefahren* cela m'a échappé; **5.** F *fig aus dem Bett ~* se lever en sursaut, précipitamment; *aus dem Mantel ~* enlever précipitamment son manteau

her'aus|fallen *v/i* ⟨*irr, sép, -ge-, sein*⟩ **1.** tomber (*aus* de); **2.** *fig aus dem Rahmen* sortir (*aus* de); **~filtern** *v/t* ⟨-(e)re, *sép, -ge-, h*⟩ **1.** filtrer; **2.** *fig* filtrer; choisir; **~finden** ⟨*irr, sép, -ge-, h*⟩ **I** *v/t* découvrir; **II** *v/i* (*u v/réfl*) (*sich*) *~ aus e-m Raum* trouver la sortie

her'ausfischen F *v/t* ⟨*sép, -ge-, h*⟩ pêcher (*aus* dans); *sich* (*dat*) *das Beste ~* prendre le meilleur

her'aus|fliegen *v/i* ⟨*irr, sép, -ge-, sein*⟩ **1.** s'envoler; sortir (*aus* de); **2.** F *fig cf hinausfliegen*; **~fließen** *v/i* ⟨*irr, sép, -ge-, sein*⟩ couler, sortir (*aus* de)

Her'aus|forderer *m* ⟨*~s; ~*⟩, **~forderin** *f* ⟨*~; ~nen*⟩ personne *f* qui lance un défi; provocateur, -trice *m,f*; SPORT challenger *m*

her'ausfordern ⟨-(e)re, *sép, -ge-, h*⟩ **I** *v/t* **1.** *Personen* défier; lancer un défi à; provoquer; SPORT défier (pour son titre); *er hat mich dazu herausgefordert* il m'a provoqué; il m'y a poussé; *j-n zu etw ~* provoquer, défier qn à qc; **2.** *Kritik, Widerspruch etc* provoquer; susciter; *sein Schicksal ~* braver son destin; **II** *v/i zu etw ~* zum Widerspruch, Protest susciter, provoquer qc; *zur Kritik a* faire naître, entraîner qc; *zum Tanzen etc* inciter à, donner envie de faire qc

her'ausfordernd *adj* provocant; provocateur, -trice; de défi; **2ung** *f* ⟨*~; ~en*⟩ provocation *f*; *a* SPORT défi *m*

her'aus|fühlen *v/t* ⟨*sép, -ge-, h*⟩ sentir; deviner; **~führen** ⟨*sép, -ge-, h*⟩ **I** *v/t* **1.** *aus e-r Krise etc* faire sortir; *Personen a* aider à sortir; **2.** (*herausbegleiten*) (r)accompagner (à la sortie); reconduire; **II** *v/i Weg etc* conduire dehors; *a Tür aus e-m Zimmer* mener à l'extérieur

Her'ausgabe *f* ⟨*~*⟩ **1.** *e-s Besitzes etc* restitution *f*; remise *f*; *e-r Geisel* libération *f*; JUR *Klage auf ~* action *f* en restitution; **2.** *e-r Zeitschrift etc* publication *f*; *e-s Buches a* édition *f*

her'ausgeben ⟨*irr, sép, -ge-, h*⟩ *v/t* **1.** (*herausreichen*) passer au dehors, à l'extérieur; **2.** *Besitz etc* restituer; remettre; *Gefangenen, Verbrecher* livrer; *Geisel* libérer; **3.** *Zeitschrift etc* publier; *Buch, Text a* éditer; **4.** *als Wechselgeld* rendre la monnaie; **II** *v/i als Wechselgeld* rendre la monnaie; *j-m falsch ~* se tromper en rendant la monnaie; *können Sie mir auf zwanzig Mark* (*acc*) *~?* pouvez-vous me rendre la monnaie sur vingt marks?

Her'ausgeber(in) *m* ⟨*~s; ~*⟩ (*f*) ⟨*~; ~nen*⟩ *e-s Buches* éditeur *m*; *e-r Zeitschrift* directeur, -trice *m,f* de la publication

her'ausgehen *v/i* ⟨*irr, sép, -ge-, sein*⟩ **1.** *nach außen* sortir; *fig aus sich* (*dat*) *~* sortir de sa réserve; se laisser aller (à parler); **2.** *Nagel, Korken etc* sortir; *Fleck* partir

her'ausgreifen *v/t* ⟨*irr, sép, -ge-, h*⟩ prendre (au hasard) (*aus* parmi)

her'aushaben F *v/t* ⟨*irr, sép, -ge-, h*⟩ **1.** (*entfernt haben*) *Splitter, Nagel etc* être arrivé à faire sortir; **2.** *Personen j-n aus e-m Verein etc ~ wollen* vouloir faire partir, exclure qn d'une association, *etc*; *er wollte die Mieter aus der Wohnung ~* il voulait se débarrasser des locataires; **3.** (*herausgefunden haben*) savoir; *a Rätsel, Rechenaufgabe etc* avoir trouvé; *was hast du heraus?* qu'est-ce que tu as trouvé?; quel est ton résultat?; **4.** (*beherrschen*) *etw ~* savoir s'y prendre

her'aushalten ⟨*irr, sép, -ge-, h*⟩ **I** *v/t* **1.** *Hand* tendre, *Gegenstand* tendre, tenir à l'extérieur (au dehors); **2.** F *fig* (*nicht verwickeln*) *~* (*aus*) tenir à l'écart (de); ne pas mêler (à); **II** *v/réfl sich aus etw ~* ne pas se mêler de qc; se tenir à l'écart de qc; *halt dich da heraus!* ne t'en mêle pas!

her'aushängen **I** *v/t* ⟨*sép, -ge-, h*⟩ **1.** *Schild etc* suspendre; accrocher; **2.** F *fig den Lehrer, Direktor* (*lassen*) F faire son numéro de prof, directeur; **II** *v/i* ⟨*irr, sép, -ge-, h*⟩ *~* (*aus*) *aus e-m Fenster* pendre (par); *aus der Tasche* sortir (de)

her'aushauen *v/t* ⟨*irr, sép, -ge-, h*⟩ **1.** enlever; **2.** F *fig* (*befreien*) tirer, sortir (de)

her'ausheben ⟨*irr, sép, -ge-, h*⟩ **I** *v/t* **1.** (faire) sortir; **2.** *fig* faire ressortir; mettre en relief; souligner; **II** *v/réfl sich ~* se détacher; *Gegenstände a* ressortir

her'aushelfen *v/t* ⟨*irr, sép, -ge-, h*⟩ *j-m aus etw ~* aider qn à sortir de qc; *fig j-m aus e-r Verlegenheit, Notlage ~* tirer qn d'embarras, d'une mauvaise passe; aider qn à s'en tirer

her'ausholen *v/t* ⟨*sép, -ge-, h*⟩ **1.** *aus e-r Tasche etc* sortir; retirer; *aus dem Bett* tirer; *etw* (*aus e-m Haus etc*) *~* aller chercher qc (dans une maison, *etc*); **2.** F *fig Antwort aus j-m ~* tirer de qn; arracher à qn; *Gewinn aus etw ~* tirer de qc; SPORT *e-n Vorsprung ~* réussir à avoir une avance; *das Letzte aus sich* (*dat*) *~* tirer le maximum de soi-même

her'aushören *v/t* ⟨*sép, -ge-, h*⟩ (*unterscheiden*) percevoir; distinguer; (*erkennen*) percevoir; sentir

her'auskehren *v/t* ⟨*sép, -ge-, h*⟩ *Eigenschaft, Verhalten* montrer; faire voir; *den Vorgesetzten ~* jouer son rôle de chef; *die feine Dame ~* se donner des airs de grande dame

her'ausklettern *v/i* ⟨-(e)re, *sép, -ge-, sein*⟩ se hisser (*aus* 'hors de); sortir (en escaladant, grimpant, se hissant)

her'ausklingeln *v/t* ⟨-(e)le, *sép, -ge-, h*⟩ *j-n ~* (sonner pour) faire sortir qn

her'auskommen *v/i* ⟨*irr, sép, -ge-, sein*⟩ **1.** *aus e-m Raum, Land etc* sortir; *Auto aus e-r Nebenstraße ~* déboucher d'une rue latérale; *aus dem Staunen nicht ~* ne pas revenir de son étonnement; *aus dem Lachen nicht ~* ne plus, pas pouvoir s'arrêter de rire; avoir le fou rire; **2.** *als Resultat bei Verhandlungen etc bei etw ~* résulter de qc; *was kommt* (*bei der Aufgabe*) *heraus?* quel est ton, *etc* résultat?; que trouves-tu *bzw* trouvez-vous?; *fig auf dasselbe ~* revenir au même; *dabei kommt nichts heraus* cela ne mène à rien; *es wird nichts Gutes dabei ~* il n'en sortira rien de bon; *das kommt dabei heraus, wenn man lügt* voilà ce qui arrive quand on ment; **3.** *Verborgenes* se savoir; *wenn es nur nicht herauskommt* pourvu que cela ne se sache pas, ne transpire pas; **4.** F *mit etw ~* (*zur Sprache bringen*) *Wunsch* venir avec qc; *Thema* parler de qc; **5.** *Neuerscheinung etc* sortir; *mit e-m neuen Produkt ~* sortir, lancer un nouveau produit; F *fig Künstler, Produkt etc groß ~* être lancé; **6.** F (*aus der Übung kommen*) perdre l'habitude, la main; (*aus dem Takt kommen*) perdre le rythme, la mesure; **7.** *beim Kartenspiel* jouer sa première carte; commencer à jouer; *mit Herz ~* jouer cœur (en premier); **8.** *schweiz* (*ausgehen*) se terminer

her'aus|kriechen *v/i* ⟨*irr, sép, -ge-, sein*⟩ sortir (*Personen* en rampant); **~kriegen** F *v/t* ⟨*sép, -ge-, h*⟩ *cf* **herausbekommen**; **~kristallisieren** *v/réfl* ⟨*sép, pas de ge-, h*⟩ *sich ~ fig* se cristalliser; ressortir; se former; se préciser; **~lassen** *v/t* ⟨*irr, sép, -ge-, h*⟩ **1.** *nach draußen* faire *bzw* laisser sortir; *Gefangene* relâcher; **2.** (*weglassen*) *Dinge, Farben etc* ne pas prendre, mettre, utiliser; *Überlegungen, Aspekt etc* laisser de côté; négliger; **~laufen** *v/i* ⟨*irr, sép, -ge-, sein*⟩ **1.** sortir (en courant); **2.** (*herausfließen*) sortir, couler (*aus* de); **~legen** *v/t* ⟨*sép, -ge-, h*⟩ sortir

her'auslesen *v/t* ⟨*irr, sép, -ge-, h*⟩ **1.** (*entfernen*) enlever; **2.** *aus e-m Text etw aus, aus e-m Buch* deviner, percevoir qc à la lecture de; *aus e-m Blick* lire qc dans, sur qc; *aus e-m Verhalten* voir qc dans qc

her'aus|locken *v/t* ⟨*sép, -ge-, h*⟩ **1.** attirer; *Personen* faire sortir; *vom Wetter* inciter à sortir; **2.** *Geheimnis* arracher; *Geld* soutirer (-(e)s)t, *sép, -ge-, h*⟩ **I** *v/t* enlever; CHIM éliminer; **II** *v/réfl sich ~* se détacher; **~lügen** *v/réfl* ⟨*irr, sep, -ge-, h*⟩ *sich ~* s'en tirer, se tirer d'affaire par un *bzw* des mensonge(s); **~machen** F ⟨*sép, -ge-, h*⟩ **I** *v/t* enlever; ôter; *Fleck* enlever; faire partir; **II** *v/réfl sich ~* (bien) se développer; *junges Mädchen* devenir une belle (et grande) jeune fille; *nach e-r Krankheit* (bien) se remettre; *a finanziell* se refaire une santé

her'ausmüssen F *v/i* ⟨*irr, sép, -ge-, h*⟩ **1.** *Person er muß heraus* il faut qu'il sorte; (*aufstehen müssen*) *sie muß jeden Morgen früh heraus* elle doit se lever tôt tous les matins; **2.** *der Zahn muß heraus* il faut arracher la dent; **3.**

(*gesagt werden müssen*) *das mußte heraus* F il fallait que ça sorte, que je, *etc* le dise
her'ausnehmen ⟨*irr, sép, -ge-, h*⟩ **I** *v/t etw* (*aus etw*) ~ prendre qc (dans qc); retirer qc (de qc); TECH enlever, ôter qc (de qc); F *j-m den Blinddarm, die Mandeln* ~ enlever l'appendice, les amygdales à qn; AUTO *den Gang* ~ mettre au point mort; enlever la vitesse; *j-n aus der Schule* ~ retirer qn de l'école; **II** F *v/réfl sich* (*dat*) *etw* ~ se permettre de faire qc; *sich* (*dat*) *zuviel* ~ se permettre un peu trop
her'auspauken *v/t* ⟨*sép, -ge-, h*⟩ *j-n* (*aus e-r Sache*) ~ tirer qn de qc
her'ausplatzen F *v/i* ⟨-(es)t, *sép, -ge-*, sein⟩ *vor Lachen* éclater de rire; *mit e-r Neuigkeit* ~ crier une nouvelle
her'auspressen *v/t* ⟨-ßt, *sép, -ge-, h*⟩ **1.** *Flüssigkeit* faire sortir, exprimer (*aus* de); **2.** *fig etw aus j-m* ~ extorquer qc à qn
her'ausputzen *v/t* (*u v/réfl*) ⟨-(es)t, *sép, -ge-, h*⟩ (*sich*) ~ (s')habiller coquettement; *péj* (s')attifer; (s')affubler; (s')accoutrer; *sich* ~ *a* se mettre sur son trente et un
her'ausragen *v/i* ⟨*sép, -ge-, h*⟩ **1.** *aus etw* ~ dépasser (de) qc; *Gebäude a* dominer qc; s'élever au-dessus de qc; **2.** *fig über etw, j-n* ~ être supérieur à qc, qn; être bien au-dessus de qn, qc
her'ausragend *adj fig* excellent; *Forscher* éminent; *von* ~*er Bedeutung* de la plus 'haute importance
her'ausreden *v/réfl* ⟨-ete, *sép, -ge-, h*⟩ *sich* ~ s'en tirer par de belles paroles; trouver des excuses
her'ausreißen *v/t* ⟨*irr, sép, -ge-, h*⟩ *Haare, Pflanze* arracher; *Haare, Fliesen etc* enlever; *j-n aus s-r Arbeit, dem Schlaf* ~ tirer qn de son travail, de son sommeil; arracher qn à son travail, à son sommeil; *j-n aus s-r vertrauten Umgebung* ~ arracher qn à son environnement, entourage habituel; F *fig das hat ihn herausgerissen* cela l'a tiré d'affaire, d'embarras
her'ausrücken ⟨*sép, -ge-*⟩ **I** *v/t* ⟨*h*⟩ F (*hergeben*) donner; *Geld a* F lâcher; *wieder* ~ redonner; rendre; **II** *v/i* ⟨sein⟩ *mit etw* ~ donner qc; sortir qc; *mit der Sprache* ~ parler; raconter; s'expliquer; (*gestehen*) lâcher le morceau; *mit der Wahrheit* ~ dire, avouer la vérité; *mit s-n Bedenken, Fragen* ~ (oser) exprimer ses scrupules, ses questions
her'ausrufen *v/t* ⟨*irr, sép, -ge-, h*⟩ *j-n* ~ appeler qn; dire à qn de venir, de sortir; THÉ rappeler qn; *etw zum Fenster* ~ crier qc par la fenêtre
her'ausrutschen *v/i* ⟨*sép, -ge-, sein*⟩ **1.** glisser, sortir (*aus* de); **2.** F *fig Wort etc* échapper; *das ist mir nur so herausgerutscht* ça m'a échappé
her'ausschälen *v/réfl* ⟨*sép, -ge-, h*⟩ *sich* ~ *als* apparaître comme; *sich* (*aus etw*) ~ se préciser (à partir de qc)
her'ausschauen *v/i* ⟨*sép, -ge-, h*⟩ **1.** *südd. cf heraussehen*; **2.** F *fig als Gewinn etc dabei schaut nicht viel für mich heraus* ça ne va pas me rapporter grand-chose
her'ausschießen *v/i* ⟨*irr, sép, -ge-*⟩ **1.** ⟨*h*⟩ *zum Fenster etc* ~ tirer par la fenêtre, *etc*; **2.** ⟨sein⟩ (*aus etw*) ~ sortir précipitamment (de qc); s'élancer, se précipiter 'hors de qc *bzw* dehors; *Flüssigkeit* jaillir (de qc)
her'ausschinden F *v/t* ⟨*irr, sép, -ge-, h*⟩ *Vorteil, Gewinn* tirer; *Geld, Zeit* gagner
her'ausschlagen ⟨*irr, sép, -ge-*⟩ **I** *v/t* ⟨*h*⟩ **1.** faire sortir; enlever; *aus der Hand* faire tomber (des mains); **2.** *fig Geld, Zeit* gagner; *Vorteil, Gewinn aus, bei etw* ~ tirer de qc; **II** *v/i* ⟨sein⟩ *Flammen* jaillir, sortir (*aus* de)
her'ausschleudern *v/t* ⟨-(e)re, *sép, -ge-, h*⟩ projeter; éjecter; *bei e-m Unfall aus dem Auto herausgeschleudert werden* être projeté 'hors de, être éjecté de la voiture
her'aus|schlüpfen *v/i* ⟨*sép, -ge-, sein*⟩ **1.** sortir (*aus* de); **2.** *fig Bemerkung etc* échapper; ~**schmecken** *v/t* ⟨*sép, -ge-, h*⟩ reconnaître (le goût de); ~**schmuggeln** *cf* hinausschmuggeln; ~**schneiden** *v/t* ⟨*irr, sép, -ge-, h*⟩ couper, *Verzierung, Muster etc* découper (*aus* dans, de); *schlechte, faule Stelle, a* MÉD enlever; ~**schrauben** *v/t* ⟨*sép, -ge-, h*⟩ dévisser; ~**schreiben** *v/t* ⟨*irr, sép, -ge-, h*⟩ extraire (*aus* de); ~**schreien** *v/t* ⟨*irr, sép, -ge-, h*⟩ crier
her'aussehen *v/i* ⟨*irr, sép, -ge-, h*⟩ **1.** *aus dem Fenster etc* ~ regarder par la fenêtre, *etc*; **2.** *fig* (*hervorsehen*) (*aus etw*) ~ dépasser (de qc); *aus e-r Tasche etc* sortir (de qc)
her'aussein F *v/i* ⟨*irr, sép, -ge-, sein*⟩ **1.** (*draußen sein*) être sorti; **2.** (*entfernt sein*) être enlevé; *ihr Blinddarm ist heraus* on lui a enlevé l'appendice; **3.** *Blüten* être sorti; avoir percé; *Sterne* être apparu; **4.** (*überstanden haben*) s'en être sorti; *aus dem Gröbsten* ~ avoir fait, surmonté le plus gros, le plus difficile; *fein* ~ s'en être (bien) sorti, tiré; **5.** *Buch etc* être paru, sorti; *Gesetz* être publié; **6.** (*ausgesprochen sein*) être dit; *nun ist es heraus* maintenant c'est dit; **7.** (*feststehen*) être sûr; ne plus faire de doute
heraußen [hɛˈraʊsən] *adv südd., österr* (*hier draußen*) ici; (*draußen*) dehors; là(-dehors)
her'ausspringen *v/i* ⟨*irr, sép, -ge-, sein*⟩ **1.** (*aus etw, aus dem Fenster*) ~ sauter de qc, par la fenêtre; **2.** (*sich lösen*) sortir; se défaire; *Sicherung* sauter; **3.** F *fig als Gewinn etc* rapporter; *dabei wird für uns nicht viel* ~ cela ne nous rapportera pas grand-chose; on n'y gagnera pas grand-chose
her'aus|spritzen *v/i* ⟨-(es)t, *sép, -ge-, sein*⟩ jaillir; gicler; ~**sprudeln** *v/i* ⟨-(e)he, *sép, -ge-, sein*⟩ sortir à gros bouillons (*aus* de)
her'ausstehen *v/i* ⟨*irr, sép, -ge-, h*⟩ (*vorspringen*) faire saillie; *aus etw* ~ dépasser (de qc)
her'aussteigen *v/i* ⟨*irr, sép, -ge-, sein*⟩ sortir (*aus* de)
her'ausstellen ⟨*sép, -ge-, h*⟩ **I** *v/t* **1.** sortir; mettre dehors; **2.** *fig* (*hervorheben*) mettre en évidence, relief; souligner; *groß* ~ mettre en vedette; **II** *v/réfl sich* ~ s'avérer; apparaître; *das wird sich bald* ~ on le saura, verra bientôt; *sich als wahr, falsch* ~ s'avérer (être) vrai, faux; *die Sache stellte sich als Betrug heraus* il s'est avéré que l'affaire était une escroquerie; l'affaire s'est avérée, révélée être une escroquerie
her'ausstrecken *v/t* ⟨*sép, -ge-, h*⟩ tendre (à travers, par); *j-m die Zunge* ~ tirer la langue à qn
her'aus|streichen *v/t* ⟨*irr, sép, -ge-, h*⟩ **1.** (*wegstreichen*) barrer; **2.** (*hervorheben*) faire valoir; souligner; ~**strömen** *v/i* ⟨*sép, -ge-, sein*⟩ *Luft* sortir; *Wasser* sortir, couler à flots; *Menschen* sortir en foule; déferler
her'ausstürzen *v/i* ⟨-(es)t, *sép, -ge-, sein*⟩ **1.** (*herausfallen*) (*aus etw, aus dem Fenster*) ~ tomber (de qc, par la fenêtre); **2.** (*heraseilen*) sortir précipitamment (*aus* de); se précipiter (au) dehors
her'aus|suchen *v/t* ⟨*sép, -ge-, h*⟩ chercher (*aus* dans, parmi, au milieu de); ~**tragen** *v/t* ⟨*irr, sép, -ge-, h*⟩ sortir
her'austreten *v/i* ⟨*irr, sép, -ge-, sein*⟩ **1.** sortir; *auf den Balkon* ~ sortir sur le balcon; *zu Repräsentationszwecken* apparaître sur le balcon; **2.** *fig* (*hervortreten*) ressortir
her'auswachsen *v/i* ⟨*irr, sép, -ge-, sein*⟩ sortir (*aus* de); *er ist aus s-n Kleidern herausgewachsen* ses vêtements ne lui vont plus, sont devenus trop petits *bzw* trop courts
her'aus|wagen *v/réfl* ⟨*sép, -ge-, h*⟩ *sich* ~ oser sortir; ~**waschen** *v/t* ⟨*irr, sép, -ge-, h*⟩ *Fleck, Schmutz* laver; enlever (avec de l'eau et du savon); ~**werfen** *cf* hinauswerfen; ~**wirtschaften** *v/t* ⟨-ete, *sép, -ge-, h*⟩ *Gewinn* économiser (*aus* sur)
her'auswollen F *v/i* ⟨*irr, sép, -ge-, h*⟩ **1.** vouloir sortir; **2.** *mit der Sprache nicht* (*recht*) ~ hésiter à parler, à s'expliquer; tourner autour du pot
her'ausziehen ⟨*irr, sép, -ge-*⟩ **I** *v/t* ⟨*h*⟩ **1.** *aus dem Wasser etc* sortir, (re)tirer (*aus* de); *Schublade* tirer; *ganz* sortir; *Nagel etc* arracher; enlever; *Zahn* arracher; *t/t* extraire; **2.** *Truppenteil etc* retirer (*aus* de); **II** *v/i* ⟨sein⟩ *aus der Stadt* ~ quitter la ville; *aufs Land* ~ s'installer, se retirer à la campagne
herb [hɛrp] *adj* **1.** *im Geschmack* âpre; *Wein* sec, sèche; **2.** *fig Enttäuschung* amer, -ère; *Schicksal* âpre; sévère; *Schönheit, Charakter, Wesen* austère; *Kritik, Worte* sévère
Herbarium [hɛrˈbaːriʊm] *n* ⟨~s; -ien⟩ herbier *m*
herbei [hɛrˈbaɪ] *adv* ~! venez!; approchez!
her'bei|bringen *v/t* ⟨*irr, sép, -ge-, h*⟩ apporter; ~**eilen** *v/i* ⟨*sép, -ge-, sein*⟩ accourir; ~**führen** *v/t* ⟨*sép, -ge-, h*⟩ *Ereignis, Niederlage, Tod etc* causer; provoquer; entraîner; occasionner; *Begegnung* ménager; *Zusammenarbeit etc* mettre en œuvre; *Entscheidung* entraîner; provoquer
her'beiholen *v/t* ⟨*sép, -ge-, h*⟩ aller chercher; ~ *lassen* envoyer chercher
her'beikommen *v/i* ⟨*sép, -ge-, h*⟩ (s')approcher; venir
her'beilassen *v/réfl* ⟨*irr, sép, -ge-, h*⟩ *sich zu etw* ~ consentir, condescendre à qc
her'bei|laufen *v/i* ⟨*irr, sép, -ge-, sein*⟩

accourir; **~reden** *v/t* ⟨-ete, *sép*, -ge-, h⟩ *Unglück etc* provoquer, susciter par ses paroles; **~rufen** *v/t* ⟨*irr*, *sép*, -ge-, h⟩ appeler; *Taxi* 'héler; **~schaffen** *v/t* ⟨*sép*, -ge-, h⟩ *Gegenstände* apporter; *Beweismaterial, Unterlagen* procurer; fournir; **~sehnen** *v/t* ⟨*sép*, -ge-, h⟩ *cf* **herbeiwünschen**; **~strömen** *v/i* ⟨*sép*, -ge-, sein⟩ affluer; arriver, accourir en foule, en masse

her'beiwinken *v/t* ⟨*sép*, -ge-, h⟩ *j-n ~* faire signe à qn de venir, d'approcher; faire signe pour que qn vienne, (s')approche

her'beiwünschen *v/t* ⟨*sép*, -ge-, h⟩ *etw ~* souhaiter, désirer la venue, l'approche de qc; *j-n ~* souhaiter, désirer voir qn, la venue de qn

her'beizaubern *v/t* ⟨-(e)re, *sép*, -ge-, h⟩ *a fig* faire apparaître, venir par magie; **~zitieren** *v/t* ⟨*sép*, *pas de* ge-, h⟩ convoquer, faire venir

'herbekommen *v/t* ⟨*irr*, *sép*, *pas de* ge-, h⟩ se procurer; *wo soll ich e-n Ersatzmann ~?* où voulez-vous que je me procure, que je trouve un remplaçant?

'herbemühen *st/s* ⟨*sép*, *pas de* ge-, h⟩ **I** *v/t j-n ~* prier qn de venir; faire venir qn; **II** *v/réfl sich ~ st/s* s'imposer, se donner la peine de venir

'herbeordern *v/t* ⟨-(e)re, *sép*, *pas de* ge-, h⟩ *j-n ~* ordonner à qn de venir; donner l'ordre à qn de venir

Herberge ['hɛrbɛrgə] *f* ⟨~; ~n⟩ **1.** (*Jugend2*) auberge *f* de la jeunesse; **2.** (*Wirtshaus*) auberge *f*; **3.** (*Unterkunft*) gîte *m*; asile *m*

'Herbergs|eltern *pl* parents *m/pl* aubergistes; **~mutter** *f* ⟨~; ÷⟩ mère *f* aubergiste; **~vater** *m* père *m* aubergiste

Herbert ['hɛrbɛrt] *f* ⟨→ *n/pr*⟩ prénom

'her|bestellen *v/t* ⟨*sép*, *pas de* ge-, h⟩ donner rendez-vous à; faire venir; **~beten** *v/t* ⟨-ete, *sép*, *pas de* ge-, h⟩ *fig péj* réciter (machinalement); débiter

'Herbheit *f* ⟨~⟩ **1.** *im Geschmack* âpreté *f*; *des Weins* caractère sec; **2.** *fig des Charakters, der Gesichtszüge etc* austérité *f*; *e-r Kritik* sévérité *f*

'herbitten *v/t* ⟨*irr*, *sép*, -ge-, h⟩ *j-n ~* prier qn de venir

Herbizid [hɛrbi'tsiːt] *n* ⟨~s; ~e⟩ herbicide *m*

'herbringen *v/t* ⟨*irr*, *sép*, -ge-, h⟩ apporter; *a Person* amener

Herbst [hɛrpst] *m* ⟨~es, ~e⟩ automne *m*; *im ~* en automne

'Herbst|anfang *m* début *m*, commencement *m* de l'automne; **~blume** *f* fleur *f* d'automne; **~ferien** *pl* vacances *f/pl* d'automne; **~kollektion** *f* MODE collection *f* d'automne; **~laub** *n* feuilles *f/pl* d'automne

'herbstlich I *adj* d'automne; de l'automne; automnal; **II** *adv* comme en automne; *~ kühles Wetter im Herbst* temps frais d'automne; *wie im Herbst* temps frais comme en automne

'Herbst|monat *m* mois *m* d'automne; **~nebel** *m* brouillard *m* d'automne; **~punkt** *m* ASTR point automnal; **~sonne** *f* soleil *m* d'automne; **~tag** *m* jour *m* d'automne; **~wetter** *n* temps *m* d'automne; **~zeitlose** *f* ⟨~; ~n⟩ BOT colchique *m*

Herd [hɛrt] *m* ⟨~(e)s; ~e⟩ **1.** (*Küchen2*) cuisinière *f*; fourneau *m*; *fig am*

häuslichen ~ chez soi; F *fig den ganzen Tag am ~ stehen* passer sa journée dans la cuisine, à cuisiner, au fourneau; *prov eigener ~ ist Goldes wert* rien ne vaut son, un bon chez-soi; **2.** *fig e-r Krankheit, e-s Erdbebens, Brandes etc* foyer *m*

Herde ['hɛːrdə] *f* ⟨~; ~n⟩ **1.** *a fig péj* troupeau *m*; **2.** *st/s (Gemeinde) litt*, *oft plais* ouailles *f/pl*

'Herden|geist *m* ⟨~es⟩ esprit *m* grégaire; **~mensch** *m péj* mouton *m* (de Panurge); **~tier** *n* **1.** animal *m* grégaire, qui vit en troupeaux; **2.** *fig péj* mouton *m* (de Panurge); **~trieb** *m* ⟨~(e)s⟩ instinct *m* grégaire

'Herdplatte *f* plaque (chauffante)

hereditär [heredi'tɛːr] *sc adj* héréditaire

'hereilen *v/i* ⟨*sép*, -ge-, sein⟩ accourir

herein [hɛ'raɪn] *adv* *~!* entrez!; *hier ~!* entrez (par) ici!; *nur ~ (mit euch)!* entrez donc!; *immer ~, meine Herrschaften!* entrez, Mesdames et Messieurs!; *von draußen ~* du dehors; de l'extérieur; *zum Fenster ~* par la fenêtre

her'einbekommen F *v/t* ⟨*irr*, *sép*, *pas de* ge-, h⟩ **1.** RAD, TV *Sender* recevoir; capter; **2.** *Ware etc* recevoir

her'einbemühen *st/s* ⟨*sép*, *pas de* ge-, h⟩ **I** *v/t j-n ~* prier qn d'entrer; faire entrer qn; *darf ich Sie ~? st/s* si vous voulez bien vous donner la peine d'entrer!; **II** *v/réfl sich ~ st/s* prendre, se donner la peine d'entrer

her'einbitten *v/t* ⟨*irr*, *sép*, -ge-, h⟩ *j-n ~* prier qn d'entrer; faire entrer qn

her'einbrechen *v/i* ⟨*irr*, *sép*, -ge-, sein⟩ *Wassermassen etc* faire irruption; *Nacht* tomber; *Unwetter, Unheil (über etw, j-n) ~* s'abattre (sur qc, qn)

her'einbringen *v/t* ⟨*irr*, *sép*, -ge-, h⟩ **1.** apporter; *Person, Tier mit ~* faire entrer; amener; **2.** F (*hereinbekommen*) ⟨r⟩entrer

her'eindrängen *cf* **hineindrängen**

her'eindringen *v/i* ⟨*irr*, *sép*, -ge-, sein⟩ pénétrer; *der Lärm dringt (zu uns) herein* le bruit extérieur nous parvient; on entend le bruit extérieur

her'eindürfen F *v/i* ⟨*irr*, *sép*, -ge-, h⟩ pouvoir, verneint ne pas devoir entrer; avoir la permission d'entrer; *Hunde dürfen hier nicht herein* les chiens ne sont pas admis

her'einfallen *v/i* ⟨*irr*, *sép*, -ge-, sein⟩ **1.** *Licht etc* entrer; *in etw (acc) ~* a tomber dans qc; **2.** F *fig cf* **reinfallen**

her'ein|führen ⟨*sép*, -ge-, h⟩ **I** *v/t* introduire; faire entrer; **II** *v/i Weg etc* conduire à l'intérieur; **~holen** *v/t* ⟨*sép*, -ge-, h⟩ **1.** *Person* faire entrer; amener; aller chercher; *Sache* faire entrer; aller chercher; rentrer; **2.** *fig Aufträge etc* aller prendre; **~kommen** *v/i* ⟨*sép*, -ge-, sein⟩ **1.** entrer; **2.** F *fig Waren* arriver; *Geld* rentrer; **~können** *v/i* ⟨*irr*, *sép*, -ge-, h⟩ pouvoir (r)entrer; **~kriegen** F *v/t* ⟨*sép*, -ge-, h⟩ *cf* **hereinbekommen**; **~lassen** *v/t* ⟨*irr*, *sép*, -ge-, h⟩ faire bzw laisser entrer

her'einlegen *v/t* ⟨*sép*, -ge-, h⟩ **1.** *etw (in etw [acc]) ~* mettre, poser qc (dans qc); **2.** F *fig j-n ~* attraper, F avoir, F rouler qn

her'einnehmen *v/t* ⟨*irr*, *sép*, -ge-, h⟩ *Sache* rentrer; *mit ~ Sache* amener;

Tier, Person a faire entrer; **2.** *fig Aufträge, Teilhaber etc* prendre; *Person in e-e Gruppe a* faire entrer; *Posten in e-e Liste* mettre; prendre

her'einplatzen F *v/i* ⟨*sép*, -ge-, sein⟩ entrer à l'improviste, sans crier gare; faire irruption

her'einregnen *v/imp* ⟨-ete, *sép*, -ge-, h⟩ *es regnet (ins Zimmer) herein* la pluie entre dans la pièce; il pleut dans la pièce

her'einreichen ⟨*sép*, -ge-, h⟩ **I** *v/t* passer (*in* [+*acc*] dans); *Papiere* apporter; *etw zum Fenster ~* passer qc par la fenêtre; **II** *v/i cf* **hineinreichen II**

her'einreiten ⟨*irr*, *sép*, -ge-⟩ **I** F *fig v/t cf* **reinreiten**; **II** *v/i* ⟨sein⟩ entrer à cheval; **~rollen** *v/i* ⟨*sép*, -ge-, sein⟩ rouler

her'einrufen *v/t* ⟨*irr*, *sép*, -ge-, h⟩ **1.** *j-n ~* appeler qn; dire à qn de venir, d'entrer; **2.** *etw zum Fenster ~* crier qc par la fenêtre

her'ein|schaffen *v/t* ⟨*sép*, -ge-, h⟩ rentrer; **~schauen** *v/i* ⟨*sép*, -ge-, h⟩ *bes südd cf* **hereinsehen**; **~scheinen** *v/i* ⟨*irr*, *sép*, -ge-, h⟩ *Sonne, Licht* pénétrer, entrer (*in* [+*acc*] dans); **~schleichen** *v/i* ⟨*sép*, -ge-, sein⟩ (*u v/i/réfl*) ⟨h⟩ (*sich*) *~* se glisser, entrer furtivement (*in* [+*acc*] dans); **~schmuggeln** *v/t* ⟨*sép*, -ge-, h⟩ *cf* **hineinschmuggeln**

her'einschneien ⟨*sép*, -ge-⟩ **I** *v/imp* ⟨h⟩ *es schneit (ins Zimmer) herein* il neige à l'intérieur; la neige entre (dans la pièce); **II** F *fig v/i* ⟨sein⟩ *bei j-m ~* arriver chez qn à l'improviste, sans prévenir; F débarquer chez qn

her'einsehen *v/i* ⟨*irr*, *sép*, -ge-, h⟩ **1.** *ins Zimmer, zum Fenster ~* regarder dans la pièce, par la fenêtre; *die Nachbarn können ~* les voisins peuvent voir chez nous; **2.** F *fig bei j-m ~* passer voir qn

her'einspazieren F *v/i* ⟨*sép*, *pas de* ge-, sein⟩ ⟨r⟩entrer; *er kam hereinspaziert* il est (r)entré (tout simplement), tout tranquillement, sans s'en faire); *nur hereinspaziert, meine Damen und Herren!* par ici, Messieurs Dames!; entrez donc (,je vous en prie)!

her'ein|strömen *v/i* ⟨*sép*, -ge-, sein⟩ *Luft, Gas* entrer; pénétrer; *Wasser* entrer à flots; *Menschen* entrer en masse, en foule; affluer; **~stürzen** *v/i* ⟨-(es)t, *sép*, -ge-, sein⟩ *Person in e-n Raum etc* entrer précipitamment; *a Wasser* faire irruption; **~tragen** *v/t* ⟨*sép*, -ge-, h⟩ rentrer, apporter (*in* [+*acc*] dans)

her'einwagen *v/réfl* ⟨*sép*, -ge-, h⟩ *sich (in etw [acc]) ~* se risquer (à entrer), oser entrer (dans qc)

her'einwinken *v/t* ⟨*sép*, -ge-, h⟩ *j-n ~* faire signe à qn d'entrer

her'einwollen F *v/i* ⟨*irr*, *sép*, -ge-, h⟩ vouloir entrer

'herfahren ⟨*irr*, *sép*, -ge-⟩ **I** F *v/t* ⟨h⟩ apporter, *a Personen* amener (en voiture, en camion, *etc*); **II** *v/i* ⟨sein⟩ **1.** *nach hier* venir (en voiture, *etc*); **2.** *vor j-m ~* précéder qn; aller, rouler devant qn; *hinter j-m ~* suivre qn; *neben j-m ~* aller, rouler à côté, à la hauteur de qn

'Herfahrt *f auf der ~* en venant (ici)

'herfallen *v/i* ⟨*irr*, *sép*, -ge-, sein⟩ *über j-n ~* se jeter, se ruer, fondre sur qn;

assaillir qn; *mit Vorwürfen* accabler qn de reproches; *mit Fragen* assaillir qn de questions; *über etw (acc)* ~ se jeter sur qc; *fig péj* critiquer (férocement), déchirer qc; *über sein Essen* ~ se jeter sur la nourriture

'**herfinden** *v/i ⟨irr, sép, -ge-, h⟩* trouver (qn, qc, le chemin de qc); *wie hast du hergefunden?* comment as-tu fait pour nous trouver?

'**herführen** *⟨sép, -ge-, h⟩* **I** *v/t* amener; *was führt dich her?* qu'est-ce qui t'amène?; *plais* quel bon vent t'amène?; **II** *v/i Weg, Spur* mener, conduire ici

Hergang *m ⟨~(e)s⟩* déroulement *m*, succession *f* des faits; *den ~ erzählen* raconter comment la chose s'est passée

'**hergeben** *v/t ⟨irr, sép, -ge-, h⟩* **1.** *(reichen)* donner; **2.** *(wieder)* ~ redonner; rendre; **3.** *(weggeben)* donner; *fig s-n Namen für etw* ~ prêter, donner son nom à qc; *fig sich für etw* ~ se prêter à qc; consentir à faire qc; **4.** *fig (ergiebig sein) Boden etc* produire; *Material, Unterlagen viel* ~ être utile; *das Thema gibt wenig, viel her* il y a peu, beaucoup à dire sur ce sujet

'**hergebracht** *adj (épithète)* traditionnel, -elle; établi; en *od* d'usage; *am ~en festhalten* tenir à la tradition, à la coutume, à l'usage établi

'**hergehen** *⟨irr, sép, -ge-, sein⟩* **I** *v/i* **1.** *vor j-m* ~ précéder qn; marcher devant qn; *(dicht) hinter j-m* ~ suivre qn (de près); marcher derrière qn; *neben j-m* ~ marcher à côté, à la hauteur de qn; **2.** *F sie ging her und holte ...* elle alla chercher ...; **3.** *österr, südd (herkommen)* venir; *geh her zu mir!* viens là (, près de moi)!; **II** *F v/imp es geht hoch her* la joie bat son plein; *F es ist ein Fest* gestern *ging es hoch her bei e-m Fest* F ça donnait hier soir; *es geht heiß her* F ça chauffe; F ça barde; *bei der Diskussion ging es heiß her* F ça a chauffé pendant la discussion

'**hergehören** *v/i ⟨sép, p/p hergehört, h⟩* cf **hierhergehören**

'**hergelaufen** *adj (épithète)* venu on ne sait d'où

'**herhaben** F *v/t ⟨irr, sép, -ge-, h⟩ wo hat sie das her?* où a-t-elle pris, F péché cela?; *Ideen, Ausdrücke etc* a-t-elle entendu cela?; où est-ce qu'elle va chercher ça?

'**herhalten** *⟨irr, sép, -ge-, h⟩* **I** *v/t* tendre; *halte den Teller her!* tends ton assiette!; **II** *v/i (für etw, j-n)* ~ *müssen* devoir payer (pour qc, qn); faire les frais (de qc); être mis à contribution; *als etw* ~ *müssen Gegenstände* devoir servir de qc; *Personen* devoir faire, jouer qc

'**herholen** *v/t ⟨sép, -ge-, h⟩* aller chercher; *ein weit hergeholter Vergleich* une comparaison tirée par les cheveux

'**herhören** *v/i ⟨sép, -ge-, h⟩* écouter; F *alle mal* ~! écoutez tous!

Hering ['he:rɪŋ] *m ⟨~s; ~e⟩* **1.** ZO 'hareng *m*; F *plais wie die* ~*e serrés* comme des sardines, F comme des 'harengs. **2.** *fig (schmächtige Person) ein* ~ *sein* F être maigre comme un 'hareng saur; **3.** *(Zeltpflock)* piquet *m* (de tente)

'**Herings|fang** *m ⟨~(e)s⟩* pêche *f* au hareng; **~fänger** *m Schiff* 'harenguier *m*; **~salat** *m* salade *f* de harengs (saurs)

herinnen [hɛ'rɪnən] *adv südd, österr (hier drinnen)* ici; *(innen)* dedans; là(-dedans)

'**herjagen** *⟨sép, -ge-⟩* **I** *v/t ⟨h⟩* **1.** *(heranjagen)* faire venir; **2.** *j-n vor sich (dat)* ~ chasser qn devant soi; **II** *v/i ⟨sein⟩ hinter j-m,* ~ *a fig* courir après qn, qc

'**herkommen** *v/i ⟨irr, sép, -ge-, sein⟩* **1.** *(herbeikommen)* venir (ici); *komm her!* viens (ici)!; *von weit* ~ venir de loin; *wo kommst du her?* d'où viens-tu?; **2.** *(abstammen)* ~ *von* venir de; *Dinge a* provenir de; *wo kommt dieses Wort her?* d'où vient ce mot?

herkömmlich ['hɛrˌkœmlɪç] *adj* traditionnel, -elle; classique; établi; en *od* d'usage

Herkules ['hɛrkules] *m ⟨~; -se⟩* **1.** *(pas de pl)* MYTH, ASTR Hercule *m*; **2.** *fig* hercule *m*; **~arbeit** *f fig* travail *m* de Romain

Herkunft ['he:rkʊnft] *f ⟨~⟩* origine *f*; *e-r Ware a* provenance *f*

'**Herkunfts|bezeichnung** *f* COMM appellation *f*, désignation *f* d'origine; **~land** *n ⟨~(e)s; -länder⟩* pays *m* d'origine, COMM *a* de provenance

'**herlaufen** *v/i ⟨irr, sép, -ge-, sein⟩* **1.** *(herbeilaufen)* venir; accourir; **2.** *vor j-m* ~ courir devant; *hinter j-m* ~ courir derrière, *a fig* après qn; *neben j-m* ~ courir à côté, à la hauteur de qn

'**herleiten** *⟨-ete, -ete, h⟩* **I** *v/t etw (aus, von etw)* ~ *Recht etc* tirer, faire découler qc (de qc); *Wort* dériver qc (de qc); *logisch* déduire qc (de qc); **II** *v/réfl sich (aus, von etw)* ~ *Wort* dériver, provenir, découler, être tiré, *Recht etc* découler, provenir (de qc)

'**herlocken** *v/t ⟨sép, -ge-, h⟩* attirer; *durch Geruch* allécher

'**hermachen** F *⟨sép, -ge-, h⟩* **I** *v/t wenig* ~ *Geschenk etc* faire peu d'effet; *Person* être (tout à fait) quelconque; *viel* ~ *Geschenk etc* faire beaucoup d'effet; *Person* avoir de l'allure; F en jeter; *nichts* ~ *Geschenk etc* être (un peu) minable; *Person* avoir l'air minable; faire minable; **II** *v/réfl sich über etw (acc)* ~ se jeter, se précipiter sur qc; *sich über e-e Arbeit* ~ se mettre au travail sans attendre; se lancer dans un travail; *pej sich über j-n* ~ se jeter, se ruer, fondre sur qn

Hermann ['hɛrman] *m ⟨→ n/pr⟩* Armand *m*

Hermaphrodit [hɛrmafro'di:t] *m ⟨~en; ~en⟩* hermaphrodite *m*

Hermelin[1] [hɛrmə'li:n] *n ⟨~s; ~e⟩ Tier* hermine *f*

Herme'lin[2] *m ⟨~s; ~e⟩ Pelz* hermine *f*

Hermeneutik [hɛrmə'nɔʏtɪk] *f ⟨~⟩* herméneutique *f*

Hermes ['hɛrmɛs] *m ⟨→ n/pr⟩* MYTH Hermès *m*

hermetisch [hɛr'me:tɪʃ] **I** *adj* hermétique; **II** *adv* ~ *verschlossen* fermé hermétiquement

'**hermüssen** *v/i ⟨irr, sép, -ge-, h⟩ es muß sofort ein Arzt her* il (nous) faut tout de suite un médecin; *der Schlüssel muß wieder her* il faut retrouver la clé

her'nach *adv regional* après (coup); ensuite; *(später)* plus tard

'**hernehmen** *v/t ⟨irr, sép, -ge-, h⟩* **1.** *(beschaffen)* prendre; *wo soll ich das Geld* ~? où est-ce que je prendrais l'argent?; **2.** *fig regional j-n* ~ *Nachricht, Krankheit* éprouver, secouer, *Sport* épuiser qn; *(tadeln)* F disputer, gronder, réprimander qn

her'nieder *st/s adv* d'en 'haut; en bas

heroben [he'ro:bən] *adv südd, österr (hier oben)* ici; *(droben)* là-haut; en 'haut

Herodes [he'ro:dɛs] *m ⟨→ n/pr⟩* HIST Hérode *m*

Heroe [he'ro:ə] *st/s m ⟨~n; ~n⟩* 'héros *m*

He'roin *f ⟨~; ~nen⟩ (Heldin)*, THÉ héroïne *f*

Heroin [hero'i:n] *n ⟨~s⟩ Droge* héroïne *f*

Heroine [hero'i:nə] *f ⟨~; ~n⟩* THÉ héroïne *f*

hero'insüchtig *adj* héroïnomane

he'roisch *adj* héroïque

heroi'sieren *v/t ⟨pas de ge-, h⟩* héroïser

Herold ['he:rɔlt] *m ⟨~(e)s; ~e⟩* **1.** HIST 'héraut *m*; **2.** *fig* messager *m*

Herpes ['hɛrpɛs] *m ⟨~⟩* MÉD herpès *m*

Herr [hɛr] *m ⟨~(e)n; ~en⟩* **1.** allgemein, *a vor Familiennamen* monsieur *m*; SPORT *die Abfahrt der Herren* la descente hommes; *Alter* ~ SPORT vétéran *m*; *e-r Studentenverbindung* ancien *m*; F *mein alter* ~ F mon vieux; F mon paternel; ~ *X* monsieur X; *Anrede* ~ Monsieur (X); *Doktor!* MÉD docteur!; ~ *Ober!* garçon!; ~ *Hauptmann, Oberst etc* mon capitaine, mon colonel, *etc*; *der* ~ *Direktor, Präsident etc* monsieur le directeur, le président, *etc*; *st/s Ihr* ~ *Vater* monsieur votre père; *in Briefen sehr geehrter* ~ *X!* Monsieur, ...; *Lieber* ~ *X!* Cher Monsieur, ...; *Sehr geehrter* ~ *Direktor!* Monsieur le Directeur, ...; *Sehr geehrte* ~*en!* Messieurs, ...; *die* ~*en ...* messieurs ...; *meine* ~*en* Messieurs; F *fig meine* ~(e)*n!* F ça alors!; F mince!, F nom d'une pipe!; **2.** *(Gebieter), a e-s Tiers* maître *m*; HIST *(Adliger)* seigneur *m*; *ein hoher* ~ un 'haut personnage; *plais die* ~*en der Schöpfung* les hommes; *der* ~ *des Hauses* le maître de maison; ~ *im Hause sein* être (le) maître chez soi; *sein eigener* ~ *sein* être son propre maître; ~ *und Gebieter* seigneur et maître; *st/s aus aller* ~*en Länder* des quatre coins du monde; ~ *über j-n sein* être maître de qc, qn; ~ *über Leben und Tod sein* avoir droit de vie et de mort sur qn; ~ *der Lage sein* être maître de la situation; *e-r Sache, j-s* ~ *werden* se rendre maître de qc, qn; venir à bout de qc, qn; maîtriser qc, qn; *prov wie der* ~, *so's Gescherr* prov tel le maître, tel valet; **3.** REL *(Gott) der* ~ le Seigneur; F ~ *des Himmels!* juste Ciel!; Seigneur!; *plais ein großer Jäger etc vor dem* ~*n* un grand chasseur, *etc* devant l'Éternel; **4.** *Tanzpartner* cavalier *m*

'**Herrchen** F *n ⟨~s; ~⟩ e-s Hundes* maître *m*

'**Herreise** *f auf der* ~ en venant (ici)

'**herreisen** *v/i ⟨-(es)t, sép, -ge-, sein⟩* venir ici

'**Herren|abend** *m* soirée *f* entre hommes; **~artikel** *m/pl* articles *m/pl* pour hommes; **~ausstatter** *m ⟨~s; ~⟩* magasin *m* de prêt-à-porter masculin

'**Herrenbegleitung** *f in* ~ *(dat) sein* être accompagnée (d'un homme)

Herrenbekanntschaft – herüberkommen

'Herrenbekanntschaft f e-e ~ machen rencontrer un homme; faire la connaissance d'un homme; **~en haben** connaître, fréquenter des hommes
'Herren|bekleidung f ⟨~⟩ cf **Herrenkonfektion**; **~besuch** m visite f d'un homme, d'un monsieur bzw d'hommes, de messieurs; **~doppel** n SPORT double m messieurs; **~einzel** n SPORT simple m messieurs; **~fahrrad** n bicyclette f, vélo m d'homme; **~friseur** m coiffeur m pour hommes
'Herrengesellschaft f in ~ (dat) en compagnie masculine
'Herren|haus n manoir m; **~hemd** n chemise f d'homme; **~konfektion** f prêt-à-porter masculin; confection masculine, pour hommes
'herrenlos adj abandonné; Tier a sans maître; JUR **~e Sache** épave f
'Herren|magazin n magazine masculin, pour hommes; **~mannschaft** f équipe masculine; **~mensch** m maître m; **~mode** f mode masculine; **~oberbekleidung** f vêtements m/pl pour, d'hommes; prêt-à-porter m pour hommes; **~rad** n vélo m (d')homme; **~salon** m Friseur salon m de coiffure pour hommes, pour messieurs; **~schneider(in)** m(f) tailleur m pour hommes; **~schnitt** m Damenfrisur coupe f de cheveux très courte; **~schuh** m chaussure f d'homme
'Herrensitz m 1. (Herrenhaus) manoir m; 2. ⟨pas de pl⟩ REITSPORT **im ~** à l'écuyère
'Herren|toilette f toilettes f/pl, W.-C. m/pl pour hommes; **~unterwäsche** f sous-vêtements masculins; **~witz** m histoire grivoise; p/fort histoire f, plaisanterie f de corps de garde
'Herrgott F m ⟨~s⟩ der **~** Dieu m; le Seigneur; **vor s-m ~** devant Dieu; P **~** (**noch mal**)! P bon Dieu!; P nom de Dieu!
'Herrgottsfrühe f **in aller ~** de grand matin
'Herrgottsschnitzer m südd, österr sculpteur m de crucifix
'herrichten v/t ⟨-ete, sép, -ge-, h⟩ (bereitstellen) préparer; (in Ordnung bringen) arranger; gründlicher, umfassender aménager
'Herrin f ⟨~; ~nen⟩ maîtresse f
'herrisch I adj Charakter etc autoritaire; impérieux, -ieuse; **in ~em Ton** a d'un ton cassant; **II** adv **~ auftreten** être, se comporter de façon (très) autoritaire
herrje(mine) [her'je:(mine)] F int mon Dieu!; bonté divine!; grand Dieu!
'herrlich I adj magnifique; splendide; Essen excellent; **II** adv **~ und in Freuden leben** vivre dans l'abondance
'Herrlichkeit f ⟨~; ~en⟩ 1. ⟨pas de pl⟩ (das Herrlichsein) splendeur f; magnificence f; gloire f; **die ~ Gottes** la gloire de Dieu; iron **ist das die ganze ~?** c'est tout?; 2. (herrliche Sache) merveille f
'Herrschaft f ⟨~; ~en⟩ 1. ⟨pas de pl⟩ domination f (**über** [+acc] sur, de); im Staat pouvoir m; (~sform) gouvernement m; fig suprématie f; prééminence f; **die ~ der Vernunft, Mode** l'empire m, le règne de la raison, mode; **die ~ des Volkes** la souveraineté du peuple; 2. ⟨pas de pl⟩ fig (Kontrolle) contrôle

m; **die ~ über sein Fahrzeug verlieren** perdre le contrôle de son véhicule; 3. pl meine **~en**! Mesdames et Messieurs!; F Messieurs Dames!; iron zu Kindern aber meine **~en**! voyons Messieurs bzw Mesdemoiselles!; F plais **meine alten ~en** F mes vieux; **die ~en sind nicht zu Hause** monsieur et madame sont sortis; **darf ich die ~en bitten, mir zu folgen** je vous prie, Mesdames, Messieurs, de bien vouloir me suivre; si ces messieurs et dames veulent bien me suivre?; 4. früher (Dienst♀) maîtres m/pl; **meine ~ ist od meine ~en sind ausgegangen** monsieur et madame sont sortis; 5. F **~** (**noch mal**)! F nom d'un chien!
'herrschaftlich adj **1.** HIST Schloß etc seigneurial; 2. fig Wohnung etc somptueux, -euse; luxueux, -euse
'Herrschafts|anspruch m prétention f à la domination; **~form** f forme f de pouvoir, de domination; **~system** n POL système m de gouvernement
herrschen ['hɛrʃən] v/i ⟨h⟩ 1. POL (**über j-n, etw**) **~** être le(s) maître(s) (de qn, qc); Partei, Person avoir le pouvoir (sur qn, qc); Fürsten régner (sur qn, qc); 2. fig régner; **es herrscht ...** oft il y a ...; **es herrscht Ordnung, Frieden, Schweigen** l'ordre, la paix, le silence règne; **bei uns herrscht** (**große**) **Freude, Trauer** tout le monde, toute la famille, etc est en joie, en deuil; **es herrscht die Ansicht, daß ...** on pense généralement que ...
'herrschend adj 1. POL König régnant; **die ~e Partei** le parti au pouvoir; **die ~en Klassen** les classes dirigeantes; 2. fig die augenblicklich **~e Stimmung** l'atmosphère, l'ambiance qui règne en ce moment, actuellement; **der ~e Geschmack** le goût du jour; **die ~e Meinung** l'opinion courante, la plus répandue; **die ~en Vorurteile** les préjugés habituels, classiques, les plus répandus; **die ~e Wohnungsnot** le manque actuel de logements
'Herrscher(in) m ⟨~.s; ~⟩ (f) ⟨~; ~nen⟩ 1. POL souverain(e) m(f); (Monarch) monarque m; 2. fig maître m
'Herrscher|geschlecht n, **~haus** n dynastie f; **~paar** n (couple m de) souverains m/pl; (Fürsten- bzw Königspaar) couple princier bzw royal
'Herrschsucht f ⟨~⟩ besoin m de domination
'herrschsüchtig adj dominateur, -trice; qui aime dominer; despotique; **er ist ~** a c'est un despote
'herrufen v/t ⟨irr, sép, -ge-, h⟩ 1. **j-n ~** appeler qn; 2. **etw hinter j-m ~** crier qc à qn
'herrühren v/i ⟨sép, -ge-, h⟩ **von j-m, etw ~** (pro)venir de qn, qc
'her|sagen v/t ⟨sép, -ge-, h⟩ dire; réciter; gedankenlos débiter; **~schaffen** v/t ⟨sép, -ge-, h⟩ apporter; F a Person amener; **~schauen** v/i ⟨sép, -ge-, h⟩ bes südd cf **hersehen**; **~schicken** v/t ⟨sép, -ge-, h⟩ envoyer (ici)
'herschleichen v/i ⟨irr, sép, -ge-, sein⟩ 1. (heranschleichen) s'approcher furtivement, à pas de loup; 2. **hinter j-m ~** suivre qn à pas de loup
'hersehen v/i ⟨irr, sép, -ge-, h⟩ 1. re-

garder; 2. **hinter j-m ~** suivre qn des yeux, du regard
'hersein v/i ⟨irr, sép, -ge-, sein⟩ 1. zeitlich **es ist** (**schon**) **lange her** (, **daß ...**) il y a, cela fait (déjà) longtemps (que ...); **wie lange ist es her, daß wir uns gesehen haben?** combien y a-t-il de temps que nous nous sommes vus?; on ne s'est pas vu depuis combien de temps?; **das ist ein Jahr her** cela fait un an; il y a un an; 2. örtlich **wo ist er her?** d'où est-il, vient-il?; **hinter j-m ~ sein** être aux trousses de qn; fig (kontrollieren) contrôler qn en permanence; verliebt courir après qn; **hinter e-r Sache ~ sein** être à la poursuite, recherche de qc; fig **damit ist es nicht weit her** ce n'est pas extraordinaire, F pas terrible, F pas génial; fig **mit s-n Kenntnissen ist es nicht weit her** il ne sait pas grand-chose
'herstammen v/i ⟨sép, -ge-, h⟩ **wo stammt er her?** d'où est-il, vient-il?; **wo stammt dieses Zitat her?** d'où vient cette citation?
'herstellen v/t ⟨sép, -ge-, h⟩ 1. (plazieren) mettre, poser ici; **stell dich her** (**zu mir**)! viens (te mettre) là (près de moi); 2. (produzieren) fabriquer; faire; produire; 3. Verbindung, Gleichgewicht etc établir; Frieden, Gesundheit rétablir; gesundheitlich **sie ist soweit wieder hergestellt** elle est pratiquement remise, rétablie
'Hersteller(in) m ⟨~s; ~⟩ (f) ⟨~; ~nen⟩ 1. COMM fabricant m; (Produzent) producteur, -trice m,f; 2. im Buchverlag technicien, -ienne m,f de la fabrication
'Herstellerfirma f maison, firme productrice
'Herstellung f ⟨~⟩ 1. INDUSTRIE fabrication f; production f; 2. fig e-r Funkverbindung, von Beziehungen etc établissement m; des Friedens, der Gesundheit rétablissement m; 3. im Buchverlag (service m) fabrication f
'Herstellungs|kosten pl frais m/pl de fabrication; coût m de la fabrication; **~land** n pays producteur, qui fabrique qc; **~verfahren** n procédé m de fabrication
'hertragen v/t ⟨irr, sép, -ge-, h⟩ 1. (herantragen) apporter; 2. **etw vor, hinter j-m ~** précéder, suivre qn en portant qc
'hertreiben v/t ⟨irr, sép, -ge-, h⟩ 1. (herantreiben) pousser vers moi, nous, etc; 2. **etw, j-n vor sich** (dat) **~** pousser, chasser qc, qn devant soi
Hertz [hɛrts] n ⟨~; ~⟩ PHYS 'hertz m
herüben [he'ry:bən] adv südd, österr de ce côté-ci; par ici
her'über [he'ry:bər] adv de ce côté-ci; Richtung vers ici
her'überbitten v/t ⟨irr, sép, -ge-, h⟩ **j-n ~** demander à qn de venir
her'überbringen v/t ⟨irr, sép, -ge-, h⟩ Sachen apporter; cf a **hinüberbringen**
her'übergeben v/t ⟨irr, sép, -ge-, h⟩ passer; donner
her'überholen v/t ⟨sép, -ge-, h⟩ aller chercher
her'überkommen v/i ⟨irr, sép, -ge-, sein⟩ 1. hierher venir; F **kommt doch zum Kaffee herüber!** venez donc prendre le café avec nous; 2. **über etw** (acc) **~** passer (par-dessus) qc; **über e-n Fluß, e-e Straße etc a** traverser qc

her'überreichen ⟨sép, -ge-, h⟩ **I** v/t j-m etw ~ passer qc à qn; über etw passer par-dessus; **II** v/i (sich erstrecken) venir, arriver, s'étendre jusqu'ici

her'überretten cf hinüberretten

her'über|schaffen v/t ⟨sép, -ge-, h⟩ transporter, amener de ce côté(-ci), ici; **~schallen** v/i ⟨sép, -ge-, h⟩ (par)venir (jusqu'à nous, etc); **~schicken** v/t ⟨sép, -ge-, h⟩ Personen envoyer

her'übersehen v/t ⟨irr, sép, -ge-, h⟩ **1.** (zu j-m) ~ regarder (en direction de, vers qn); **2.** über etw (acc) ~ regarder par-dessus qc

Herübersetzung ['heːrˀyːbɐzɛtsʊŋ] f traduction f dans sa langue maternelle; in der Schule etc version f

her'über|wehen ⟨sép, -ge-⟩ **I** v/t ⟨h⟩ chasser; apporter; **II** v/i **1.** ⟨h⟩ Wind souffler de ce côté-ci, dans cette direction; **2.** ⟨sein⟩ Geruch, Ton etc être apporté par le vent; **~werfen** v/t ⟨irr, sép, -ge-, h⟩ (re)jeter de ce côté-ci; **~ziehen** ⟨irr, sép, -ge-⟩ **I** v/t ⟨h⟩ tirer de ce côté-ici; **II** v/i ⟨sein⟩ in e-e neue Wohnung s'installer ici

herum [hɛ'rʊm] adv **1.** räumlich um ... ~ autour de; rund, rings ~ tout autour; die Gegend um Paris ~ les environs, les alentours de Paris; la région autour de Paris; um die Ecke ~ au coin de la rue, de la maison, etc; hier ~! par ici!; links ~! (tournez) à gauche!; richtig, verkehrt ~ (tourné) du bon, du mauvais côté; Richtung dans le bon, mauvais sens; im Kreis ~ en rond; en cercle; cf a herumsein; **2.** um ... ~ zeitlich autour de; aux alentours de; vers; **3.** um ... ~ bei Zahlenangaben autour de; environ; à peu près

her'umalbern F v/i ⟨-(e)re, sép, -ge-, h⟩ faire des sottises, âneries; F débloquer; nur im Verhalten F faire l'imbécile

her'umärgern v/réfl ⟨-(e)re, sép, -ge-, h⟩ sich mit etw, j-m ~ avoir du fil à retordre, du mal avec qc, qn

her'umbasteln F v/i ⟨-(e)le, sép, -ge-, h⟩ an etw (dat) ~ bricoler à qc

her'umbekommen v/t ⟨irr, sép, pas de ge-, h⟩ cf herumkriegen

her'umbinden v/t ⟨irr, sép, -ge-, h⟩ etw um etw ~ mettre qc autour de qc

her'umblättern v/i ⟨-(e)re, sép, -ge-, h⟩ in etw (dat) ~ feuilleter qc

her'um|brüllen F v/i ⟨sép, -ge-, h⟩ F gueuler; **~bummeln** F v/i ⟨-(e)le, sép, -ge-⟩ **1.** ⟨sein⟩ (spazieren) flâner; F se balader; péj traîner dans les rues; **2.** ⟨h⟩ (trödeln) traînasser; F lambiner

her'umdoktern F v/i ⟨-(e)re, sép, -ge-, h⟩ **1.** an e-r Krankheit, e-m Kranken ~ essayer de soigner une maladie, un malade tant bien que mal; **2.** fig an e-m Aufsatz ~ peiner sur, essayer de faire une dissertation; an e-r Maschine etc ~ bricoler (sur), essayer de réparer une machine, etc

her'umdrehen ⟨sép, -ge-, h⟩ **I** v/t tourner; Verkehrtliegendes retourner; den Schlüssel zweimal ~ fermer à double tour; F j-m die Worte im Mund ~ faire dire à qn ce qu'il n'a pas dit; **II** F v/i an etw (dat) ~ toucher à qc; tourner qc; **III** v/réfl sich ~ se retourner (zu j-m vers qn); faire volte-face; sich im Kreis ~ tourner en rond

her'umdrücken F v/réfl ⟨sép, -ge-, h⟩ **1.** sich um etw ~ um e-e Aufgabe etc se dérober à qc; **2.** sich in Lokalen, auf der Straße ~ traîner (dans) les cafés, dans la rue

her'umdrucksen F v/i ⟨-(es)t, sép, -ge-, h⟩ hésiter à dire qc; bafouiller

her'umerzählen F v/t ⟨sép, -ge-, h⟩ etw (überall) ~ (aller) raconter qc (partout, à tout le monde)

her'umexperimentieren F v/i ⟨sép, pas de ge-, h⟩ (an etw, j-m) ~ expérimenter, faire des essais, des expériences (sur qc, qn)

her'umfahren ⟨irr, sép, -ge-⟩ **I** v/t ⟨h⟩ promener en voiture, etc; **II** v/i ⟨sein⟩ **1.** um etw ~ contourner qc; ganz herum faire le tour de qc; um die Straßenecke ~ tourner le coin de la rue; **2.** ziellos circuler; in e-m Land, e-r Stadt ~ circuler en voiture, etc dans un pays, dans une ville; sillonner un pays, une ville en voiture, etc; **3.** mit den Händen in der Luft ~ gesticuler; **4.** Person vor Schreck etc se retourner brusquement; erschrocken ~ se retourner terrifié

her'umfragen F v/i ⟨sép, -ge-, h⟩ überall (in der Stadt) ~ demander un peu partout, de tous côtés (dans la ville)

her'umfuchteln F v/i ⟨-(e)le, sép, -ge-, h⟩ mit etw (vor j-s Nase) ~ agiter qc, jouer avec qc (sous le nez de qn); mit den Händen in der Luft ~ gesticuler

her'umführen ⟨sép, -ge-, h⟩ **I** v/t **1.** j-n um etw ~ um ein Hindernis faire contourner qc à qn; ganz herum faire faire le tour de qc à qn; **2.** j-n in e-m Museum, e-r Stadt ~ guider qn dans un musée, une ville; faire visiter un musée, une ville à qn; faire faire le tour à qn d'un musée, d'une ville; **3.** etw um etw ~ (herumlegen) faire contourner qc par qc; **II** v/i Weg etc um etw ~ contourner qc; ganz herum faire le tour de qc

her'umfuhrwerken F v/i ⟨sép, -ge-, h⟩ mit etw an etw (dat) ~ bricoler à, après, sur qc avec qc

her'umfummeln F v/i ⟨-(e)le, sép, -ge-, h⟩ **1.** an etw (dat) ~ tripoter qc; **2.** an j-m ~ F tripoter qn

her'umgammeln F v/i ⟨-(e)le, sép, -ge-, h⟩ Personen traîner; F glander; passer son temps à traîner

her'umgeben v/t ⟨irr, sép, -ge-, h⟩ faire passer, circuler

her'umgehen v/i ⟨irr, sép, -ge-, sein⟩ **1.** um etw ~ um ein Hindernis contourner qc; um e-e Statue etc faire le tour de qc; F Straße, Seil etc faire le tour de qc; hinten, vorne ~ passer par derrière, par devant; **2.** ziellos marcher; se promener; **3.** (die Runde machen) faire le tour; **4.** Gegenstand (herumgereicht werden) circuler; faire le tour; passer de main en main; ~ lassen faire circuler; **5.** Gerücht etc courir; Problem, Melodie das geht mir im Kopf herum cela me trotte dans la tête; **6.** F Zeit passer

her'umgeistern F v/i ⟨-(e)re, sép, -ge-, sein⟩ se promener; apparaître par-ci par-là; F fig Ideen etc être présent; in j-s Kopf (dat) ~ trotter dans la tête de qn

her'umhacken F v/i ⟨sép, -ge-, h⟩ **1.** mit e-r Hacke etc auf etw (dat) ~ piocher qc; **2.** fig auf j-m ~ attaquer, critiquer qn constamment, sans cesse; alle hacken auf ihm herum tout le monde lui tombe dessus

her'umhängen F v/i ⟨irr, sép, -ge-, h⟩ **1.** être pendu un peu partout; **2.** fig (herumlungern) traîner; F glander

her'umhantieren F v/i ⟨sép, pas de ge-, h⟩ an etw (dat) ~ s'affairer, travailler à qc; s'occuper de qc; mit etw ~ manipuler, manier qc

her'umhorchen F v/i ⟨sép, -ge-, h⟩ (überall) ~ écouter (partout); se renseigner

her'umirren v/i ⟨sép, -ge-, sein⟩ errer

her'umkommandieren F v/t ⟨sép, pas de ge-, h⟩ j-n ~ mener qn à la baguette

her'umkommen v/i ⟨irr, sép, -ge-, sein⟩ **1.** um e-e Ecke ~ tourner (le coin de la rue); **2.** F (vorbeikommen können) avoir la place de, pouvoir passer; **3.** F (umfassen können) pouvoir faire le tour de; **4.** F in e-m Land circuler; in der Welt voyager; er kommt viel herum il circule, voyage beaucoup; **5.** F fig um etw ~ um e-e Strafe, Aufgabe réussir à, pouvoir éviter qc; F passer au travers de qc; wir werden nicht darum ~, zu (+ inf) on ne peut pas faire autrement que de (+ inf)

her'umkrabbeln F v/i ⟨-(e)le, sép, -ge-, sein⟩ Kleinkinder marcher à quatre pattes; Ameisen krabbeln an etw (dat) herum il y a plein de fourmis sur qc

her'umkramen F v/i ⟨sép, -ge-, h⟩ in etw (dat) ~ (far)fouiller dans qc

her'umkrebsen F v/i ⟨sép, -ge-, sein⟩ avoir du mal à s'en sortir

her'umkriegen F v/t ⟨sép, -ge-, h⟩ **1.** Zeit passer; tuer; **2.** (überreden) faire céder; sexuell F avoir; F tomber; er hat mich herumgekriegt il est arrivé à ses fins

her'umkritisieren F v/i ⟨sép, pas de ge-, h⟩ an j-m, etw ~ critiquer qn, qc

her'umkurven F v/i ⟨sép, -ge-, sein⟩ in der Gegend ~ sillonner, parcourir la région

her'umkutschieren F ⟨sép, pas de ge-⟩ **I** v/t promener (en voiture, etc); **II** v/i ⟨sein⟩ se promener, F se balader (en voiture, etc)

her'umlaufen v/i ⟨sép, -ge-, sein⟩ **1.** ziellos courir; (gehen) se promener; in der Stadt a flâner; Tiere, Gefangene etc frei ~ être en liberté; **2.** um etw ~ a Zaun se trouver autour de qc; **3.** F fig barfuß, im Bademantel ~ se promener nu-pieds, en peignoir; schlecht gekleidet ~ être mal fringué; wie läufst du wieder herum! F qu'est-ce que c'est que cette allure?

her'umliegen v/i ⟨irr, sép, -ge-, h⟩ **1.** um etw ~ se trouver autour de qc; die um die Stadt ~den Dörfer les villages autour, à l'entour de la ville; **2.** F Gegenstände traîner; Papier a être éparpillé, dispersé; etw ~ lassen laisser traîner qc; **3.** F Personen (faul ~) être paresseusement allongé, couché; se prélasser

her'um|lümmeln F v/réfl ⟨sép, -ge-, h⟩ sich ~ se vautrer; **~lungern** v/i ⟨-(e)re, sép, -ge-, h⟩ traîner; F glander

her'um|mäkeln F v/i ⟨-(e)le, sép, -ge-, h⟩, **~meckern** v/i ⟨-(e)re, sép, -ge-, h⟩, **~nörgeln** v/i ⟨-(e)le, sép, -ge-, h⟩

n'être jamais content; F râler; *an etw*, *j-m* ~ critiquer qc, qn; trouver à redire à qc, qn; F râler sans arrêt contre qc, qn

her'umpfuschen F *v/i* ⟨*sép*, *-ge-*, *h*⟩ *an etw* (*dat*) ~ mal réparer, mal faire, etc qc; saboter qc; mal soigner qn; *Friseur, Arzt etc* F rater qn

her'um|plagen *v/réfl* ⟨*sép*, *-ge-*, *h*⟩, ~**quälen** *v/réfl* ⟨*sép*, *-ge-*, *h*⟩ F *sich mit etw* ~ se donner bien du mal, de la peine avec qc; F *sich mit j-m* ~ avoir du mal avec qn

her'umrätseln F *v/i* ⟨-(e)le, *sép*, *-ge-*, *h*⟩ *an etw* (*dat*) ~ essayer de, chercher à deviner qc; chercher la solution de qc

her'umreden F *v/i* ⟨-ete, *sép*, *-ge-*, *h*⟩ *um etw* ~ faire, prendre, chercher des détours; tourner autour du pot

her'umreichen ⟨*sép*, *-ge-*, *h*⟩ **I** *v/t* faire passer, circuler; F *fig j-n* (*überall*) ~ emmener, présenter qn partout; **II** *v/i Band etc um etw* (*nicht*) ~ (ne pas) faire le tour de qc

her'umreisen *v/i* ⟨-(es)t, *sép*, *-ge-*, *sein*⟩ voyager; *in der Welt* ~ courir le monde

her'umreißen *v/t* ⟨*irr*, *sép*, *-ge-*, *h*⟩ *Reiter sein Pferd* faire changer brusquement de direction à; *das Steuer* ~ *beim Fahrzeug* donner un brusque coup de volant, *beim Schiff* de barre

her'umreiten *v/i* ⟨*irr*, *sép*, *-ge-*, *sein*⟩ **1.** ziellos se promener à cheval; **2.** *um etw* ~ contourner qc à cheval; *ganz* faire le tour de qc à cheval; **3.** F *fig* (*immer*) *auf j-m* (*dat*) ~ insister sur qc, *auf Prinzipien* être à cheval sur qc; **4.** F *fig* (*kritisieren*) (*ständig*) *auf j-m* ~ être (toujours) après qn

her'umrennen F *v/i* ⟨*irr*, *sép*, *-ge-*, *sein*⟩ **1.** ziellos courir; **2.** *um etw* ~ ganz courir autour de qc; *um die Ecke* tourner (le coin de la rue) en courant

her'umscharwenzeln F *péj v/i* ⟨-(e)le, *sép*, *pas de ge-*, *sein*⟩ *um j-n* ~ F faire de la lèche à qn; F lécher les bottes à qn

her'umschlagen ⟨*irr*, *sép*, *-ge-*, *h*⟩ **I** *v/t* (*herumwickeln*) *etw um etw* ~ mettre, enrouler autour de qc; **II** *v/réfl sich mit j-m* ~ se battre avec qn; *sich mit Problemen* ~ se débattre, se colleter avec des problèmes

her'umschleichen *v/i* ⟨*irr*, *sép*, *-ge-*, *sein*⟩ *um etw, j-n* ~ rôder autour de qc, qn

her'umschleppen F *v/t* ⟨*sép*, *-ge-*, *h*⟩ *etw mit sich* (*dat*) ~ traîner qc avec soi; F trimbaler qc; *fig Krankheit, Probleme* traîner

her'umschnüffeln *v/i* ⟨-(e)le, *sép*, *-ge-*, *h*⟩ **1.** *Hund* renifler (partout); **2.** F *fig* fureter; F fouiner; *überall* ~ F fourrer son nez, fureter partout; *in fremden Angelegenheiten* ~ F fourrer son nez dans les affaires d'autrui

her'umsein F *v/i* ⟨*irr*, *sép*, *-ge-*, *sein*⟩ **1.** (*vorbei sein*) être fini, passé, terminé; **2.** *Neuigkeit etc* avoir fait le tour (du voisinage, du village, etc); être connu de tous; **3.** (*immer*) *um j-n* ~ être toujours après qn; s'occuper sans arrêt, sans cesse de qn

her'umsitzen *v/i* ⟨*irr*, *sép*, *-ge-*, *h*⟩ **1.** *um etw* ~ être assis autour de qc, qn; **2.** F (*untätig*) ~ être, rester assis sans rien faire

her'umspazieren F *v/i* ⟨*sép*, *pas de ge-*, *sein*⟩ se promener; F se balader

her'umspielen F *v/i* ⟨*sép*, *-ge-*, *h*⟩ *mit, an etw* (*dat*) ~ jouer avec qc

her'umspionieren F *v/i* ⟨*sép*, *pas de ge-*, *h*⟩ espionner (partout)

her'umsprechen *v/réfl* ⟨*irr*, *sép*, *-ge-*, *h*⟩ *sich* ~ se savoir; s'ébruiter; *es hatte sich herumgesprochen, daß ...* on a su que ...; le bruit s'est répandu que ...

her'umspuken F *v/i* ⟨*sép*, *-ge-*, *h*⟩ *in, auf etw* (*dat*) ~ 'hanter qc; *fig plais die Kinder spuken auf dem Dachboden herum* on entend les enfants qui jouent au grenier; *fig in j-s Kopf* (*dat*) ~ 'hanter l'esprit, les pensées de qn; *ich möchte wissen, was in s-m Kopf herumspukt* j'aimerais bien savoir ce qui lui passe par la tête

her'umstehen *v/i* ⟨*irr*, *sép*, *-ge-*, *h*⟩ **1.** *um etw*, *j-n* ~ faire (le) cercle autour de qc, qn; **2.** F (*untätig*) ~ rester là sans rien faire; **3.** F *Dinge* traîner

her'umstöbern F *v/i* ⟨-(e)re, *sép*, *-ge-*, *h*⟩ *in etw* (*dat*) ~ (far)fouiller dans qc

her'umstochern *v/i* ⟨-(e)re, *sép*, *-ge-*, *h*⟩ *in etw* (*dat*) ~ *mit e-m Stock etc* fouiller dans qc; *im Feuer* tisonner qc; *im Essen* ~ jouer avec sa fourchette; *fig* manger sans appétit; picorer; *in den Zähnen* ~ se curer les dents

her'um|streichen *v/i* ⟨*irr*, *sép*, *-ge-*, *sein*⟩, ~**streifen** *v/i* ⟨*sép*, *-ge-*, *sein*⟩ rôder (*um* autour de)

her'umstreiten F *v/réfl* ⟨*irr*, *sép*, *-ge-*, *h*⟩ *sich mit j-m* ~ se disputer avec qn

her'um|streunen *v/i* ⟨*sép*, *-ge-*, *h*⟩ vagabonder; ~**telefonieren** F *v/i* ⟨*sép*, *pas de ge-*, *h*⟩ téléphoner partout; ~**tollen** *v/i* ⟨*sép*, *-ge-*, *h ou sein*⟩ *Kind*(*er*), *Tier*(*e*) *etc* faire le(s) fou(s)

her'umtragen F *v/t* ⟨*irr*, *sép*, *-ge-*, *h*⟩ **1.** *etw mit sich* (*dat*) ~ porter qc avec soi; *fig Probleme, Ideen etc* traîner qc avec soi; **2.** (*hin und her tragen*) porter, promener dans ses bras; **3.** *fig péj* (*weitererzählen*) raconter; divulguer; colporter

her'umtrampeln *v/i* ⟨-(e)le, *sép*, *-ge-*, *h ou sein*⟩ **1.** *auf etw* (*dat*) ~ piétiner qc; **2.** F *fig auf j-s Gefühlen, Nerven* ~ mettre la sensibilité, les nerfs de qn à rude épreuve; *fig auf j-m* ~ critiquer sans cesse qn; 'harceler qn de ses critiques

her'um|treiben *v/réfl* ⟨*irr*, *sép*, *-ge-*, *h*⟩ *sich* ~ traîner; 2**treiber**(**in**) F *m* ⟨*-s*, ~⟩ (*f*) ⟨~; ~nen⟩ **1.** vagabond(e) *m*(*f*); **2.** *fig* traîneur, -euse *m,f*; *bes abends, auf Partien etc* F noceur, -euse *m,f*; ~**trödeln** *v/i* ⟨-(e)le, *sép*, *-ge-*, *h*⟩ perdre son temps; lanterner; F lambiner

her'umwandern *v/i* ⟨-(e)re, *sép*, *-ge-*, *sein*⟩ **1.** F ziellos se promener; **2.** *um etw* ~ faire le tour de qc à pied

her'umwerfen ⟨*irr*, *sép*, *-ge-*, *h*⟩ **I** *v/t* **1.** F (*umherwerfen*) jeter; *Sachen im Zimmer* jeter partout, n'importe où; **2.** (*drehen*) *den Kopf* ~ tourner la tête brusquement; *das Steuer* ~ *beim Fahrzeug* donner un brusque coup de volant, *beim Schiff* de barre

her'umwickeln *v/t* ⟨-(e)le, *sép*, *-ge-*, *h*⟩ *etw um etw* ~ enrouler, *nachlässig* entortiller qc autour de qc

her'umwirbeln *v/i* ⟨-(e)le, *sép*, *-ge-*, *sein*⟩ tournoyer; tourbillonner

her'umwühlen *v/i* ⟨*sép*, *-ge-*, *h*⟩ *in etw* (*dat*) ~ *a fig* fouiller dans qc; *in e-r Schublade* a tout retourner (dans un tiroir)

her'um|wurschteln, ~**wursteln** F *v/i* ⟨-(e)le, *sép*, *-ge-*, *h*⟩ F bricoler; *an etw* (*dat*) ~ s'affairer à qc tant bien que mal; *mit etw* ~ tripoter qc

her'umzeigen F *v/t* ⟨*sép*, *-ge-*, *h*⟩ montrer partout, à tout le monde

her'umziehen ⟨*irr*, *sép*, *-ge-*⟩ **I** *v/i* ⟨*sein*⟩ **1.** Nomaden etc mener une vie de nomades; F *fig in den Kneipen* ~ faire le tour des cafés; **2.** *um etw* ~ *Prozession etc* passer autour de qc; faire le tour de qc; **II** *v/réfl* ⟨*h*⟩ *sich um etw* ~ *Graben, Mauer etc* faire le tour de qc; entourer qc

herunten [hɛˈrʊntən] *adv* südd, österr (*hier unten*) ici; (*drunten*) en bas

herunter [hɛˈrʊntər] *adv* ~ (*da*)! descends *bzw* descendez (de là)!; ~ *vom Sofa!* descends *bzw* descendez du canapé!; *das ist von oben* ~ *befohlen worden* c'est un ordre venu d'en 'haut; *cf a* hinunter *u* herab

her'unter|bekommen *v/t* ⟨*irr*, *sép*, *pas de ge-*, *h*⟩ **1.** *Essen* arriver à avaler; **2.** *Gegenstand* arriver à faire descendre; **3.** *Fieber etc* arriver à faire baisser; **4.** *Schmutz etc* arriver à enlever; ~**beten** F *péj v/t* ⟨-ete, *sép*, *-ge-*, *h*⟩ débiter; réciter (machinalement)

her'unterbitten *v/t* ⟨*irr*, *sép*, *-ge-*, *h*⟩ *j-n* ~ demander à qn de descendre

her'unterbrennen *v/i* ⟨*irr*, *sép*, *-ge-*, *sein*⟩ **1.** *Feuer* ~ *lassen* laisser presque s'éteindre; *das Feuer ist* (*schon*) *ganz heruntergebrannt* le feu est (déjà) presque éteint; **2.** *Haus* brûler entièrement; *Kerzen* brûler, se consumer complètement, jusqu'au bout; **3.** ⟨*h*⟩ *Sonne* brûler

her'unter|bringen *v/t* ⟨*irr*, *sép*, *-ge-*, *h*⟩ descendre; apporter en bas; ~**drücken** *v/t* ⟨*sép*, *-ge-*, *h*⟩ **1.** *Taste etc* appuyer sur; *Türklinke* baisser; **2.** *Preise, Fieber* faire baisser; ~**fahren** ⟨*sép*, *-ge-*⟩ *v/t* ⟨*sép*, *-ge-*⟩ *v/i* ⟨*sein*⟩ descendre

her'unterfallen *v/i* ⟨*irr*, *sép*, *-ge-*, *sein*⟩ tomber (par terre); *vom Tisch, von der Leiter* ~ tomber (du haut) de la table, de l'échelle; *die Treppe* (*von oben*) ~ tomber du haut, en bas de l'escalier; *mir ist die Gabel heruntergefallen* j'ai laissé tomber ma fourchette

her'unterfliegen *v/i* ⟨*irr*, *sép*, *-ge-*, *sein*⟩ **1.** *Vogel* descendre; **2.** F *fig cf* herunterfallen

her'untergehen *v/i* ⟨*irr*, *sép*, *-ge-*, *sein*⟩ **1.** (*nach unten gehen*) *a aviat* descendre; F *vom Stuhl, Tisch* ~ descendre de la chaise, de la table; **2.** *Preise, Temperatur, Fieber* baisser; **3.** F (*sich lösen*) se détacher; se décoller; se défaire

her'untergekommen *adj* moralisch, beruflich tombé bien bas; *im Aussehen* débraillé; F dépenaillé; *wirtschaftlich* ruiné; *Gebäude* mal entretenu; (laissé) à l'abandon; *p/fort* délabré; *er ist gesundheitlich* (*sehr*) *heruntergekommen* il est (très) marqué par la maladie

her'unterhandeln *v/t* ⟨-(e)le, *sép*, *-ge-*, *h*⟩ *den Preis* (*um 10 Mark*) ~ faire baisser le prix (de 10 marks); *j-n* ~ faire baisser le prix à qn; *ich habe ihn um*

50 Mark ~ *können* j'ai réussi à lui faire baisser le prix de 50 marks
her'unter|hängen *v/i* ⟨*irr*, *sép*, -*ge*-, *h*⟩ pendre; tomber; ~**hauen** *cf* **runterhauen**
her'unterhelfen *v/i* ⟨*irr*, *sép*, -*ge*-, *h*⟩ *j-m* (*von etw*) ~ aider qn à descendre (de qc)
her'unter|holen *v/t* ⟨*sép*, -*ge*-, *h*⟩ *a mit e-m Schuß etc* descendre; ~**klappen** *v/t* ⟨*sép*, -*ge*-, *h*⟩ rabattre
her'unterkommen *v/i* ⟨*irr*, *sép*, -*ge*-, *sein*⟩ **1.** (*nach unten kommen*) descendre; **2.** *fig* (*verkommen*) *Person* se clochardiser; *moralisch*, *beruflich*, *durch Alkohol etc* tomber bien bas; *durch Krankheit* décliner; *Gebäude* se dégrader; *Unternehmen* baisser; décliner; tomber; **3.** F *fig von e-r Droge*, *vom Alkohol* F décrocher; *von e-r schlechten Note* ~ améliorer sa note
her'unterkriegen F *v/t* ⟨*sép*, -*ge*-, *h*⟩ *cf* **herunterbekommen**
her'unterlassen *v/t* ⟨*irr*, *sép*, -*ge*-, *h*⟩ faire *bzw* laisser descendre; *Autofenster*, *Jalousien etc* baisser; *die Hose* ~ baisser sa culotte, son pantalon
her'unterlaufen *cf* **hinunterlaufen**
her'unterleiern F *péj v/t* ⟨-(e)*re*, *sép*, -*ge*-, *h*⟩ *Gedicht etc* débiter, réciter machinalement, d'une façon monotone
her'unternehmen *v/t* ⟨*irr*, *sép*, -*ge*-, *h*⟩ descendre; *etw von etw* ~ *vom Tisch etc* enlever qc de qc; *vom Teller* prendre qc dans qc; *j-n von der Schule* ~ retirer qn de l'école; *die Arme* ~ baisser les bras; laisser retomber ses bras
her'unterpurzeln F *v/i* ⟨-(e)*le*, *sép*, -*ge*-, *sein*⟩ dégringoler; *die Treppe*, *vom Stuhl* ~ tomber, dégringoler dans l'escalier, de la chaise
her'unter|putzen *cf* **runterputzen**; ~**reißen** *v/t* ⟨*irr*, *sép*, -*ge*-, *h*⟩ **1.** (*nach unten reißen*) faire tomber; **2.** (*abreißen*) arracher; retirer; enlever; ~**rutschen** *v/i* ⟨*sép*, -*ge*-, *h*⟩ glisser (jusqu'en bas); *Hose* descendre; ~**schalten** *v/i* ⟨-*ete*, *sép*, -*ge*-, *h*⟩ *beim Fahrzeug* rétrograder; ~**schlagen** *v/t* ⟨*irr*, *sép*, -*ge*-, *h*⟩ **1.** (*abschlagen*) abattre; **2.** *Kragen* baisser; rabattre; ~**schlucken** *cf* **hinunterschlucken**; ~**schrauben** *v/t* ⟨*sép*, -*ge*-, *h*⟩ **1.** *Docht etc* baisser; **2.** *fig Ansprüche etc* rabattre de; ~**sehen** *v/i* ⟨*irr*, *sép*, -*ge*-, *h*⟩ *cf* **herabblicken**
her'untersein F *v/i* ⟨*irr*, *sép*, -*ge*-, *sein*⟩ **1.** *Jalousien*, *Autofenster* être baissé; *Fieber* être tombé; **2.** *fig wirtschaftlich* être ruiné; *gesundheitlich* être dans un sale état; (*völlig*) *mit den Nerven* ~ être à bout de nerfs
her'unter|spielen F *v/t* ⟨*sép*, -*ge*-, *h*⟩ **1.** *Musikstück* jouer d'une traite; **2.** *fig Angelegenheit* dédramatiser; *Risiken etc* minimiser; ~**steigen** *cf* **hinuntersteigen**; ~**stürzen** *cf* **hinunterstürzen**; ~**tragen** *v/t* ⟨*irr*, *sép*, -*ge*-, *h*⟩ descendre; ~**werfen** *cf* **hinunterwerfen**; ~**wirtschaften** *v/t* ⟨-*ete*, *sép*, -*ge*-, *h*⟩ couler; ruiner; ~**würgen** *v/t* ⟨*sép*, -*ge*-, *h*⟩ avaler avec peine; avoir du mal, se forcer à avaler
her'unterziehen ⟨*irr*, *sép*, -*ge*-⟩ **I** *v/t* ⟨*h*⟩ **1.** tirer (vers le bas); *Hose*, *Zugfenster* baisser; **2.** *fig péj Menschen* entraîner sur la mauvaise pente; **II** *v/i* ⟨*sein*⟩ (*e-e Etage tiefer*) ~ descendre d'un étage

hervor [her'fo:r] *st/s adv* ~ *mit euch!* sortez de là!
her'vorblicken *v/i* ⟨*sép*, -*ge*-, *h*⟩ *Gegenstände* dépasser; *Mond*, *Sonne* apparaître; se montrer; *ich sehe*, *wie er hinter etw* (*dat*) *hervorblickt* je le vois passer sa tête derrière qc
her'vorbrechen *st/s v/i* ⟨*irr*, *sép*, -*ge*-, *sein*⟩ *Pflanze* sortir; percer; *Gefühle* apparaître; surgir; se faire jour
her'vorbringen *v/t* ⟨*irr*, *sép*, -*ge*-, *h*⟩ **1.** *Produkt* produire; *Baum*: *Früchte etc* produire; donner; *Land* e-*n großen Schriftsteller*, *Maler* ~ engendrer un grand écrivain, peintre; **2.** *Laut* produire; émettre
her'vorgehen *v/i* ⟨*irr*, *sép*, -*ge*-, *sein*⟩ ~ *aus* sortir de; *als Folge* résulter, s'ensuivre de; *Kinder aus e-r Ehe* naître, être issu de; *aus etw als Sieger* ~ sortir vainqueur de qc; *daraus geht hervor*, *daß* ... il en résulte, il s'ensuit que ...
her'vor|heben *v/t* ⟨*irr*, *sép*, -*ge*-, *h*⟩ faire ressortir; mettre en évidence, en relief; *a Kleidung*, *Farbe* souligner; TYPO *in e-m Text* mettre en relief; ~**holen** *v/t* ⟨*sép*, -*ge*-, *h*⟩; ~**kehren** *v/t* ⟨*irr*, *sép*, -*ge*-, *h*⟩ *Eigenschaften etc* montrer; faire voir; ~**kommen** *v/i* ⟨*sép*, -*ge*-, *sein*⟩ *aus e-m Versteck* sortir (*aus de*); *Sonne*, *Mond* apparaître; se montrer; percer (derrière les nuages); ~**locken** *v/t* ⟨*sép*, -*ge*-, *h*⟩ inciter à sortir; attirer
her'vorquellen *v/i* ⟨*sép*, -*ge*-, *sein*⟩ *Rauch*, *Wasser etc* sortir; *p/fort* jaillir; *Augen* ressortir; *Haare unter der Mütze* ~ dépasser du bonnet
her'vorragen *v/i* ⟨*sép*, -*ge*-, *h*⟩ **1.** *aus dem Wasser etc* émerger, sortir (*aus de*); *aus e-r Menge* dépasser (*aus etw* qc); CONSTR faire saillie; (s')avancer; **2.** *fig Leistung etc aus etw* ~ être supérieur à qc; surpasser qc
her'vorragend I *adjt* excellent; remarquable; extraordinaire; *bes Qualität* supérieur à qc; *er ist an dem Erfolg in* ~*em Maße beteiligt* le succès est dû en grande partie à ses efforts; ~*es leisten* faire des choses extraordinaires, remarquables; **II** *advt* d'une façon extraordinaire, remarquable, excellente
her'vorrufen *v/t* ⟨*irr*, *sép*, -*ge*-, *h*⟩ **1.** (*herausrufen*) appeler; *Schauspieler* rappeler; **2.** *fig* (*verursachen*) faire naître; *bes Gelächter*, *Ärger* provoquer; *bes Bewunderung*, *Ärger*, *Unruhe* susciter; *Eindruck* donner
her'vorspringen *v/i* ⟨*irr*, *sép*, -*ge*-, *sein*⟩ **1.** *hinter etw* (*dat*) ~ s'élancer, bondir de derrière qc; **2.** (*vorspringen*) CONSTR faire saillie; *Nase*, *Kinn* être proéminent
her'vor|sprudeln *v/i* ⟨-(e)*le*, *sép*, -*ge*-, *sein*⟩ jaillir, sortir à gros bouillons (*aus de*); ~**stechen** *v/i* ⟨*sép*, -*ge*-, *h*⟩ *fig* se faire remarquer; sauter aux yeux; ~**stehen** *v/i* ⟨*irr*, *sép*, -*ge*-, *h*⟩ CONSTR faire saillie; (s')avancer; *Augen*, *Wangenknochen*, *Nase*, *Kinn* être saillant; *Nase*, *Kinn a* être proéminent; ~**suchen** *v/t* ⟨*sép*, -*ge*-, *h*⟩ chercher (*aus* au milieu de, parmi, dans le tas de, dans)

her'vortreten *v/i* ⟨*irr*, *sép*, -*ge*-, *sein*⟩ **1.** *hinter etw* (*dat*) ~ sortir de (derrière) qc; apparaître derrière qc; **2.** (*vorspringen*) CONSTR faire saillie; (s')avancer; *Augen etc* être saillant; **3.** *Mond etc* apparaître; **4.** (*sichtbar werden*) se révéler; se dessiner; apparaître; *fig ressortir*; *Linien*, *Umrisse etc* se dessiner; **5.** *fig* (*sich hervortun*) se distinguer
her'vortun *v/réfl* ⟨*irr*, *sép*, -*ge*-, *h*⟩ *sich mit*, *bei*, *als etw* ~ se distinguer, se faire remarquer, se signaler, en faisant, comme qc
her'vor|wagen *v/réfl* ⟨*sép*, -*ge*-, *h*⟩ *sich* ~ oser sortir (*aus de*); se risquer dehors; ~**zaubern** *v/t* ⟨-(e)*re*, *sép*, -*ge*-, *h*⟩ faire apparaître comme par enchantement
her'vorziehen *v/t* ⟨*irr*, *sép*, -*ge*-, *h*⟩ *etw aus*, *hinter*, *unter etw* (*dat*) ~ tirer qc de, de derrière, de dessous qc
'herwagen *v/réfl* ⟨*sép*, -*ge*-, *h*⟩ *sich* ~ oser venir
'Herweg *m auf dem* ~ en venant (ici)
'herwinken *v/t* ⟨*sép*, -*ge*-, *h*⟩ *Person* faire signe à (qn) de venir, d'approcher; *Taxi* 'héler; faire signe à
Herz [herts] *n* ⟨~*ens*, ~*en*⟩ **1.** ANAT, *fig* cœur *m*; *st/s*, *oft plais die Dame s-s* ~*ens* la dame de ses pensées; *mitten ins* ~ *treffen* toucher en plein cœur; *fig* toucher profondément; *das* ~ *klopft mir bis zum Halse* mon cœur bat la chamade, bat à se rompre; *fig ein gutes* ~ *haben* avoir bon cœur; *ein* ~ *für Tiere*, *Kinder haben* aimer les animaux, les enfants; *kein* ~ (*im Leibe*) *haben* n'avoir pas de cœur; manquer de cœur; *das* ~ *auf dem rechten Fleck haben* avoir bon cœur; *das* ~ *auf der Zunge haben* ne rien garder pour soi; se confier facilement; *im Grunde s-s* ~*ens* au fond de son cœur; *aus tiefstem* ~*en* du fond du cœur; du plus profond de mon, son, *etc* cœur; *von* ~*en gern!* de bon, de grand cœur!; de tout mon, son, *etc* cœur; *das kommt von* ~*en* c'est de bon cœur; *mit ganzem* ~*en bei der Sache sein* mettre tout son cœur à l'ouvrage; *etw leichten* ~*ens tun* faire qc d'un cœur léger; *etw schweren* ~*ens tun* faire qc le cœur gros; *es ist ihm schwer ums* ~ il a le cœur gros; *j-m das* ~ *schwermachen* faire de la peine à qn; *j-n an sein* ~ *drücken* presser qn sur, serrer qn contre son cœur; *das schnürt mir das* ~ *zusammen* cela me serre le cœur; *das zerreißt mir das* ~ cela me crève, déchire, fend le cœur; *das* ~ *blutet ihm* son cœur saigne; *j-s* ~ *höher schlagen lassen* enthousiasmer qn; *st/s ihm lacht das* ~ *im Leibe* il a, se sent le cœur en fête; *das liegt mir am* ~*en* cela me tient à cœur; j'ai cela à cœur; *j-m etw ans* ~ *legen* confier qc à qn; *etw auf dem* ~*en haben* avoir qc sur le cœur; *du weißt nicht*, *wie es mir ums* ~ *ist* tu ne connais pas mes ennuis, mes peines; *j-m sein* ~ *ausschütten* dire, confier ses soucis, sa peine à qn; *j-m das* ~ *brechen* briser le cœur à qn; *an gebrochenem* ~*en sterben* mourir de chagrin; *st/s j-m sein* ~ *schenken* offrir son cœur à qn; *st/s sein* ~ *an j-n verlieren* tomber amoureux de qn; *daran hängt mein* ~ j'y suis très atta-

herzallerliebste — Hetze

ché; j'y tiens beaucoup; *st/s mein ~ gehört dem Theater* j'ai la passion du théâtre; ma passion, c'est le théâtre; *etw, j ist mir ans ~ gewachsen* je suis très, profondément attaché à qc, qn; *j-n in sein ~ geschlossen haben* aimer qn de tout cœur; *sich (dat) etw zu ~en nehmen* prendre qc à cœur; *j-n, etw auf ~ und Nieren prüfen* (vouloir) voir ce que vaut qn, qc; *sich (dat) ein ~ fassen* prendre son courage à deux mains; *das ~ zu etw haben* avoir le courage, le cœur de faire qc; *etw (nicht) übers ~ bringen* (ne pas) avoir le cœur, le courage de faire qc; F *plais ihm fiel od rutschte das ~ in die Hose* il a perdu courage; *s-m ~en e-n Stoß geben* faire un effort (sur soi-même); se résoudre à faire qc; *ein ~ und e-e Seele sein* être très unis; ne faire qu'un; être comme les deux doigts de la main; *alles, was das ~ begehrt* tout ce que l'on désire, souhaite; *litt ein Kind unter dem ~en tragen* litt porter un enfant dans son sein; *haben Sie doch ein ~ (mit ihr)!* ayez pitié (d'elle)!; *Hand aufs ~!* dis-moi franchement; *Kosewort mein (liebes) ~!* mon cœur!; *prov wes das ~ voll ist, des geht der Mund über* c'est le trop-plein d'émotions qui me, te, etc fait parler; 2. *Spielkartenfarbe* cœur *m*

'**herzaller**|**lieb**|**ste**(**r**, **-s**) *adj* (*entzükkend*) adorable; (*niedlich*) très mignon, -onne; ♔**ste**(**r**) *f(m)* ⟨→ A⟩ bien-aimé(e) *m(f)*

'**Herz**|**anfall** *m* crise *f* cardiaque; **~as** *n Spielkarte* as *m* de cœur

'**herzaubern** *v/t* ⟨-(e)re, sép, -ge-, h⟩ *a fig* faire apparaître, venir par magie

'**Herzbeschwerden** *f/pl* troubles *m/pl* cardiaques

'**Herzblatt** *n* 1. *e-r Pflanze* feuille centrale; 2. *Kosewort* **mein ~** mon cœur; mon chéri *bzw* ma chérie

'**Herzbube** *m Spielkarte* valet *m* de cœur

'**Herzchen** *n* ⟨~s; ~⟩ 1. (*kleines Herz*) petit cœur; 2. *Kosewort* **mein ~** mon cœur; mon chéri *bzw* ma chérie; *Kind a* mon petit cœur; 3. *péj* (*naive Person*) naïf, -ïve *m*

'**Herz**|**chirurg**(**in**) *m(f)* chirurgien *m* cardiologue; **~chirurgie** *f* chirurgie *f* du cœur, cardiaque; **~dame** *f Spielkarte* dame *f* de cœur

'**herzeigen** F *v/t* ⟨sép, -ge-, h⟩ montrer

'**Herzeleid** *st/s n* affliction *f*

'**herzen** *v/t s v/t* ⟨-(es)t, h⟩ caresser; embrasser

'**Herzens**|**angelegenheit** *f* affaire *f* de cœur; **~bildung** *st/s f* ⟨~⟩ noblesse *f* de cœur; **~brecher** *m* bourreau *m* des cœurs; '♔**gut** *adj* très bon, bonne; qui a un cœur d'or; **~güte** *st/s f* bonté *f* de cœur

'**Herzenslust** *f nach ~* selon l'humeur; comme, quand on veut; autant que l'on désire; *nach ~ schlafen a* dormir tout son soûl; *nach ~ singen a* chanter à cœur joie

'**Herzenswunsch** *m* plus grand, plus cher désir; vœu le plus cher

'**herz**|**erfrischend** *adjt* frais, fraîche; rafraîchissant; *Art, Lachen* spontané; naturel, -elle; **~ergreifend** *st/s adjt* poi-

gnant; émouvant; touchant

'**herz**|**erschütternd** *st/s adjt*, **~erweichend** *adjt* émouvant; poignant; **~ weinen** pleurer à vous déchirer le cœur

'**Herz**|**fehler** *m* vice *m*, défaut *m*, *erworbener a* lésion *f* du cœur, cardiaque; **~flimmern** *n* MÉD fibrillation *f*

'**Herzform** *f in ~* en forme de cœur

'**herzförmig** *adj* en forme de cœur; BOT, ZO cordiforme

'**Herz**|**gegend** *f* ⟨~⟩ région *f* du cœur; **~geräusch** *n* MÉD souffle *m* au cœur, cardiaque

'**herzhaft** I *adj* 1. (*kräftig*) *Händedruck etc* vigoureux, -euse; *Kuß a* chaleureux, -euse; *Lachen, Gähnen* grand; *Entschluß* courageux, -euse; 2. *Essen* (*nahrhaft*) consistant; nourrissant; qui tient au ventre; *im Geschmack* bien épicé; qui a du goût; savoureux, -euse; II *adv* 1. (*kräftig*) vigoureusement; chaleureusement; courageusement; **~ gähnen** bâiller sans retenue; **~ zulangen** se servir copieusement; 2. (*gern*) **~ essen** aimer manger des, les plats nourrissants, consistants

'**herziehen** ⟨*irr, sép, -ge-*⟩ I *v/t* ⟨h⟩ *etw hinter sich* (*dat*) **~** tirer qc derrière soi; *etw zu sich* (*dat*) **~** tirer qc vers soi, à soi; II *v/i* 1. ⟨sein⟩ (*umziehen*) (venir) s'installer (*ici*); 2. ⟨sein⟩ (*mitgehen*) **neben, vor, hinter j-m, etw ~** marcher, aller à côté de, devant, derrière qn, qc; 3. F *fig* ⟨h *ou* sein⟩ **über j-n ~** casser du sucre sur le dos de qn

'**herzig** *adj* mignon, -onne; un amour de ...; gentil, -ille

'**Herz**|**infarkt** *m* infarctus *m* du myocarde; **~insuffizienz** sc *f cf Herzschwäche*; **~kammer** *f* ANAT ventricule *m*; **~kirsche** *f* BOT bigarreau *m*; **~klappe** *f* ANAT valvule *f* (du cœur); **~klappenfehler** *m* MÉD lésion *f*, anomalie *f* valvulaire

'**Herzklopfen** *n* MÉD palpitations *f/pl*; battements *m/pl* de cœur; *mit ~* le cœur battant; *ich habe, bekomme ~* mon cœur bat fort; j'ai le cœur qui bat

'**Herzkönig** *m Spielkarte* roi *m* de cœur

'**herzkrank** *adj* (qui souffre d'une affection) cardiaque; **~ sein** être cardiaque; avoir le cœur malade; être malade du cœur

'**Herz**|**kranke**(**r**) *f(m)* cardiaque *m,f*; **~kranzgefäße** *n/pl* ANAT vaisseaux *m/pl* coronaires; '**~-**'**Kreislauf-Erkrankung** *f* maladie *f* cardio-vasculaire; **~leiden** *n* affection *f*, maladie *f* du cœur, cardiaque

'**herzlich** I *adj* cordial; *inniger* affectueux, -euse; **~e Grüße** (**an** [+*acc*] *am Briefschluß*: *sehr vertraut* bons baisers (à ...); je vous *bzw* t'embrasse (*abs*); *distanzierter* (mes) amitiés (à ...); *mündlich* **~e Grüße an Otto!** vous diras *bzw* vous direz le bonjour à Otto!; F bien le bonjour à Otto!; **~en Dank!** un grand merci (**für** Pour)!; **~en Glückwunsch!** félicitations!; *mein ~(st)es Beileid!* sincères condoléances!; mes condoléances les plus sincères!; II *adv* 1. cordialement; **~ gern** avec (le plus) grand plaisir; très, bien volontiers; *Sie sind ~ eingeladen* vous êtes cordialement invité; **~ willkommen!** soyez le bzw la bienvenu(e)!; *j-m ~ danken* remercier qn

beaucoup, de tout cœur; **~ lachen** rire de bon cœur; bien rire; **~st am Briefschluß** (mes) sincères amitiés; (bien) cordialement; 2. F (*sehr*) très; **~ wenig** très, bien peu; *es geht ihm ~ schlecht* il va très mal

'**Herzlichkeit** *f* ⟨~⟩ cordialité *f*

'**herzlos** *adj* sans cœur; insensible; dur; *ein ~er Mensch* un *bzw* une sans-cœur

'**Herzlosigkeit** *f* ⟨~⟩ manque *m* de cœur; insensibilité *f*; dureté *f*

'**Herz-**'**Lungen-Maschine** *f* cœur-poumon artificiel; **~massage** *f* massage *m* cardiaque; **~mittel** F *n* (remède *m*) tonique *m* pour le cœur; **~muskel** *m* myocarde *m*

'**Herzog**(**in**) [ˈhɛrtsoːk (-oːgɪn)] *m* ⟨~s; ⸚e⟩ (*f*) ⟨~; ~nen⟩ duc *m*, duchesse *f*

'**herzoglich** *adj* (*épithète*) ducal; de duc

'**Herzogtum** *n* ⟨~s; -tümer⟩ duché *m*

'**Herz**|**operation** *f* opération *f* cardiaque, du cœur; **~patient**(**in**) *m(f)* cardiaque *m,f*; malade *m* du cœur; **~rhythmus** *m* rythme *m* cardiaque; **~rhythmusstörungen** *f/pl* arythmie *f* cardiaque; troubles *m/pl* du rythme cardiaque

'**Herzschlag** *m* 1. (*Herzklopfen*) battement(s) *m(pl)* de cœur; *st/s e-n ~ lang* l'espace d'une seconde; *er hat e-n schnellen, verlangsamten ~* son cœur bat vite, au ralenti; 2. MÉD (*Herzversagen*) crise *f* cardiaque

'**Herz**|**schmerzen** *m/pl* douleurs *f/pl* cardiaques; **~schrittmacher** *m* stimulateur *m* cardiaque; pacemaker *m*; **~schwäche** *f* insuffisance *f* cardiaque; **~spezialist**(**in**) *m(f)* cardiologue *m,f*; **~stillstand** *m* arrêt *m* cardiaque, du cœur; **~stück** *n* cœur *m*; **~tätigkeit** *f* ⟨~⟩ fonctionnement *m* du cœur; fonction *f* cardiaque; **~tod** *m* mort *f* par arrêt cardiaque; **~töne** *m/pl* bruits *m/pl* du cœur; **~transplantation** *f* greffe *f* du cœur; transplantation *f* cardiaque

her'**zu** *st/s adv cf herbei*

'**Herz**|**verfettung** *f* dégénérescence graisseuse du cœur; **~verpflanzung** *cf Herztransplantation*; **~versagen** *n* crise *f* cardiaque

'**herzzerreißend** I *adjt* qui déchire le cœur; II *advt* **~ weinen, schreien** pleurer, crier à vous déchirer le cœur

'**Hesse** *m* ⟨~n; ~n⟩ habitant *m* de la Hesse; 'Hessois *m*

'**Hessen** [ˈhɛsən] *n* ⟨→ *n/pr*⟩ la Hesse

'**Hessin** *f* ⟨~; ~nen⟩ habitante *f* de la Hesse; 'Hessoise *f*

'**hessisch** *adj* de (la) Hesse; 'hessois

Hetäre [heˈtɛːrə] *f* ⟨~; ~n⟩ HIST, *fig* hétaïre *f*

Hetero [ˈheːtero] *Jargon m* ⟨~s; ~s⟩ F hétéro *m*

hetero|**gen** [heteroˈgeːn] *adj* hétérogène; ♔**sexuali**'**tät** *f* hétérosexualité *f*; **~sexu**'**ell** *adj* hétérosexuel, -elle

Hethiter [heˈtiːtɐr] *m* ⟨~s; ~⟩ HIST Hittite *m*

'**Hetz**|**artikel** *m péj* article provocateur, polémique, incendiaire; **~blatt** *n péj* journal *m* (politique) de caractère diffamatoire

'**Hetze** *f* ⟨~; ~n⟩ 1. (*Eile*) course (continuelle); bousculade *f*; *bei e-r Arbeit etc* hâte *f*; *das war heute wieder e-e ~!* quelle course aujourd'hui encore!; 2.

⟨*pas de pl*⟩ *péj* propos incendiaires, 'haineux (**gegen** contre); **3.** *Jägersprache cf* **Hetzjagd**
hetzen ['hɛtsən] ⟨-(es)t⟩ **I** *v/t* ⟨h⟩ **1.** *ein Tier zu Tode* ~ forcer un animal; *die Hunde auf ein Tier* ~ lâcher les chiens sur un animal; **2.** *Personen (jagen)* faire courir; *die Hunde auf j-n* ~ lâcher les chiens sur qn; *die Polizei auf j-n* ~ lancer la police à la recherche, poursuite de qn; **3.** *Personen (antreiben)* presser; bousculer; **II** *v/i* ⟨h⟩ *péj gegen j-n* ~ tenir des propos incendiaires contre qn; **5.** ⟨sein⟩ *(eilen)* courir; **III** *v/i* ⟨sein⟩ *(u v/réfl)* ⟨h⟩ *(sich* ~ *(sich beeilen)* se dépêcher; se hâter
'**Hetzer(in)** *m* ⟨~s; ~⟩ (*f*) ⟨~; ~nen⟩ *péj* personne *f* qui tient des propos incendiaires; agitateur, -trice *m,f*; provocateur, -trice *m,f*
Hetze'rei *f* ⟨~; ~en⟩ **1.** ⟨*pas de pl*⟩ *(Eile)* course (continuelle); bousculade *f*; *bei e-r Arbeit etc* 'hâte *f*; F presse *f*; **2.** *péj (Agitation)* attaques répétées, campagne *f* de dénigrement (**gegen** contre); *Äußerung* provocation *f*; propos *m* incendiaire (**gegen** contre)
'**hetzerisch** *adj péj* incendiaire; provocateur, -trice
'**Hetz|hund** *m* chien courant; **~jagd** *f* **1.** chasse *f* à courre; **2.** *fig (Hast)* course *f*; bousculade *f*; **~kampagne** *f* campagne *f* de dénigrement, de diffamation (**contre** gegen); **~schrift** *f* écrit *m* polémique, incendiaire (**gegen** contre)
Heu [hɔy] *n* ⟨~(e)s⟩ **1.** foin *m*; ~ **machen** faire les foins; **2.** F *fig (Geld)* F blé *m*; *Geld wie* ~ *haben* F être plein aux as
'**Heuboden** *m* grenier *m* à foin; fenil *m*
Heuche'lei *f* ⟨~; ~en⟩ hypocrisie *f*
heucheln ['hɔyçəln] ⟨-(e)le, h⟩ **I** *v/t* feindre; affecter; simuler; **II** *v/i* faire l'hypocrite
'**Heuchler(in)** *m* ⟨~s; ~⟩ (*f*) ⟨~; ~nen⟩ hypocrite *m,f*
'**heuchlerisch I** *adj* hypocrite; **II** *adv* avec hypocrisie; hypocritement; en hypocrite
'**heuen** *v/i* ⟨h⟩ *regional* faire les foins
heuer ['hɔyər] *adv südd, österr, schweiz* cette année
Heuer ['hɔyər] *f* ⟨~; ~n⟩ MAR **1.** *(Lohn)* paie *f* de marin; **2.** *(Anstellung)* enrôlement *m*; *auf e-m Schiff* ~ *als Koch nehmen* s'enrôler comme cuisinier sur un bateau
'**Heu|ernte** *f* fenaison *f*; récolte *f* des foins; **~haufen** *m* meule *f*, tas *m* de foin
'**Heulboje** *f* **1.** MAR bouée *f* à sifflet; **2.** F *péj* chanteur, -euse *m,f* qui pleure, qui bêle
heulen ['hɔylən] *v/i* ⟨h⟩ **1.** *Sirene, Sturm, Wolf, Hund, Motor* 'hurler; **2.** F *(weinen)* pleurer; *p/fort* 'hurler; F *es ist zum* ♀ c'est à pleurer; BIBL, *fig es wird* ♀ *und Zähneklappern od Zähneknirschen sein od herrschen* il y aura des pleurs et des grincements de dents
'**Heuler** *m* ⟨~s; ~⟩ **1.** ZO bébé *m* phoque; jeune phoque *m*; **2.** F *(Heulton)* bruit *m* de sirène; 'hurlement *m*; **3.** F *(tolles Ding) das ist der (absolute)* ~! c'est génial, super!; *iron das ist der letzte* ~! Film, Buch etc c'est une horreur!; *Person* c'est le dernier des derniers!

Heule'rei F *péj f* ⟨~⟩ pleurnicheries *f/pl*
'**Heul|suse** F *péj f* ⟨~; ~n⟩ pleurnicheuse *f*; **~ton** *m* 'hurlement *m*
'**Heu|mahd** *f* fenaison *f*; fauchaison *f*; **~pferd** *n* sauterelle *f*
heurig ['hɔyrɪç] *adj* ⟨épithète⟩ *südd, österr, schweiz* de cette année; **~er Wein** vin de l'année, nouveau
'**Heurige(r)** *m* ⟨→ A⟩ *bes österr* **1.** *Wein* vin nouveau; **2.** *Lokal*: auberge où l'on sert le vin nouveau
Heurist|ik [hɔy'rɪstɪk] *f* ⟨~⟩ (h)euristique *f*; **♀isch** *adj* (h)euristique
'**Heu|schnupfen** *m* rhume *m* des foins; **~schober** *m südd, österr* **1.** *Haufen* meule *f* de foin; **2.** *Scheune* fenil *m*; **~schrecke** *f* ⟨~; ~n⟩ sauterelle *f*; **~stadel** *m südd, österr, schweiz* grange *f*; fenil *m*
heute ['hɔytə] *adv* aujourd'hui; ~ *morgen od früh, mittag, nachmittag, abend, nacht* ce matin, ce midi, cet après-midi, ce soir, cette nuit; *bis* ~ *abend!* à ce soir!; *noch* ~ aujourd'hui (+*futur*); *(noch immer)* encore aujourd'hui; ~ *in acht Tagen* aujourd'hui en 'huit; ~ *vor vierzehn Tagen* il y a aujourd'hui quinze jours; *von* ~ *an od ab* à partir d'aujourd'hui; *bis* ~ jusqu'à aujourd'hui od aujourd'hui/par ext jusqu'à maintenant, présent; *das ist genug für* ~ cela suffit, c'est assez pour aujourd'hui; *von* ~ *auf morgen* du jour au lendemain; F *lieber* ~ *als morgen* le plus tôt sera le mieux; *die Frau, die Jugend von* ~ la femme, la jeunesse od les jeunes d'aujourd'hui; *das* ♀ le présent
'**heutig** *adj* ⟨épithète⟩ d'aujourd'hui; *(gegenwärtig)* actuel, -elle; *der* **~e** *Tag Abend* cette journée, ce soir; *die* **~e** *Jugend, Zeit* la jeunesse d'aujourd'hui, l'époque actuelle; *bis auf den* **~en** *Tag* jusqu'à aujourd'hui od jusqu'aujourd'hui
'**heutzutage** *adv* aujourd'hui; de nos jours; actuellement
'**Heu|wagen** *m* chariot *m* à foin *bzw* de foin; **~wender** *m* ⟨~s; ~⟩ faneuse *f*
Hexa|dezimalsystem [hɛksadetsi'ma:l-zyste:m] *n* ⟨~s⟩ MATH, INFORM système hexadécimal; **~'eder** *n* ⟨~s; ~⟩ hexaèdre *m*; **~'gramm** *n* ⟨~s; ~e⟩ polygone étoilé à six pointes
Hexameter [hɛ'ksa:metər] *m* ⟨~s; ~⟩ METRIK hexamètre *m*
Hexe ['hɛksə] *f* ⟨~; ~n⟩ sorcière *f*; *fig péj e-e alte* ~ une vieille sorcière; *oft plais e-e kleine* ~ *frech* une petite garce, peste; *attrakiv* une jolie chipie
'**hexen** *v/i* ⟨-(es)t, h⟩ être sorcier, -ière; faire de la sorcellerie; F *ich kann doch nicht* ~! mais je ne peux pas faire de miracle!
'**Hexen|haus** *n* maison *f* de sorcière; **~häuschen** *n (Knusperhäuschen)* maison *f* de pain d'épices; **~jagd** *f* chasse *f* aux sorcières (*a fig auf* [+*acc*] contre)
'**Hexenkessel** *m fig* enfer *m*; *das Stadion glich e-m* ~ au stade, c'était l'enfer
'**Hexen|meister** *m* sorcier *m*; **~prozeß** *m* procès *m* contre les sorcières; **~sabbat** *m* sabbat *m* (des sorcières); **~schuß** *m* MÉD lumbago *m*; **~stich** *m* COUT point *m* de chausson; **~verbren-**

nung *f* supplice *m* du feu (infligé aux sorcières); **~verfolgung** *f* chasse *f* aux sorcières; **~wahn** *m* croyance *f* aux sorcières
'**Hexer** *m* ⟨~s; ~⟩ sorcier *m*
Hexe'rei *f* ⟨~; ~en⟩ sorcellerie *f*; *das ist doch keine* ~ cela n'est pas sorcier
hfl *abr (holländischer Gulden)* FL (florin des Pays-Bas)
hg. *abr (herausgegeben)* édité
Hg. *abr (Herausgeber)* éditeur
HGB [ha:ge:'be:] *n* ⟨~⟩ *abr (Handelsgesetzbuch)* code *m* de commerce
Hiatus [hi'a:tʊs] *m* ⟨~; ~⟩ LING hiatus *m*
Hibiskus [hi'bɪskʊs] *m* ⟨~; -ken⟩ BOT hibiscus *m*
Hickhack ['hɪkhak] F *n od m* ⟨~s; ~s⟩ histoires *f/pl*, tiraillements *m/pl* (*um* à propos de)
hick(s) [hɪks] F *int* 'hic!; 'hip!
'**hicksen** F *v/i* ⟨h⟩ avoir le hoquet
hie [hi:] *adv* ~ *und da cf* **hier**
hieb [hi:p] *cf* **hauen**
Hieb *m* ⟨~(e)s; ~e⟩ *a beim Fechten* coup *m*; F *pl* **~e** *(Schläge)* coups *m/pl*; **~e** *bekommen* recevoir une correction; *gleich setzt es* **~e**! F ça va barder!
'**hieb- und 'stichfest** *adj Alibi, Beweis etc* solide; à toute épreuve; en béton
'**Hiebwaffe** *f* arme tranchante, de taille
hielt [hi:lt] *cf* **halten**
hienieden [hi:'ni:dən] *poét adv* ici-bas; en ce bas monde
hier [hi:r] *adv* ici; *in bezug auf Ferner- od Zurückliegendes, fig (in diesem Punkt)* là; *Namensaufruf* ~! présent!; ~ (*nimm*)! tiens!; prends!; F *du* ~? tiens, tu es là, toi?; *ich bin nicht von* ~ je ne suis pas d'ici; ~ *entlang (auf diesem Weg)* par ici; par là; ~ **drinnen, oben** etc ici; *von* ~ *an* ~ *räumlich* à partir d'ici; *zeitlich* à partir de là; ~ *und da od dort* par-ci, par-là (*a zeitlich*); çà et là; ici et là; *st/s* ~ *und heute od jetzt* sur-le-champ; *dies Buch* ~ ce livre-ci; le livre que voici; F *der, die, das* ~ celui-ci, celle-ci, ceci; ~ *ist, sind* ... voici, voilà ...; ~ *hast du fünf Mark* voilà cinq marks; ~ *bin ich!* me voilà!; ~ *bin ich, und* ~ *bleibe ich* j'y suis, j'y reste; TÉL ~ *ist Müller* c'est Monsieur Müller qui vous parle, (qui est) à l'appareil; RAD, TÉL ~ **Köln** ici Cologne; *wo ist* ~ *e-e Telefonzelle?* où y a-t-il une cabine téléphonique (ici)?; ~ *täuschen Sie sich* là vous vous trompez; F *es steht mir bis* ~ F j'en ai jusque-là
'**hier'an** *adv* à cela; à ceci; ~ **habe ich** *ihn erkannt* je l'ai reconnu à cela; *im Anschluß* ~ après cela
Hierarchie [hierar'çi:] *f* ⟨~; ~n⟩ 'hiérarchie *f*
hie'rarchisch *adj* 'hiérarchique
'**hier'auf** *adv* **1.** *räumlich* là-dessus; sur cela; **2.** *zeitlich* sur ce; là-dessus; après cela; *(infolgedessen)* après quoi; **3.** *fig* à cela; ~ *kann ich nicht antworten* je ne peux pas répondre à cela
'**hier'aus** *adv* de cela; de là; de ceci; ~ *folgt ...* il en résulte que ...; il résulte de ceci, de cela que ...
'**hierbehalten** *v/t* ⟨*irr, sép, pas de ge-*, h⟩ garder (ici)
'**hier'bei** *adv* **1.** *räumlich* tout près; *(daneben)* à côté, **2.** *(was das angeht)* à ce sujet; **3.** *zeitlich* en faisant, disant, etc

hierbleiben – Himmel 1126

cela; en même temps; (*bei dieser Gelegenheit*) à cette occasion
'**hier**|**bleiben** v/i ⟨*irr*, *sép*, *-ge-*, *sein*⟩ rester ici; *hiergeblieben!* reste(z) ici od là!
'**hier**'**durch** *adv* **1.** *räumlich* par ici; **2.** *ursächlich* par là; ainsi
'**hier**'**ein** *adv* ici; là-dedans
'**hier**'**für** *adv* pour cela; pour ceci
'**hier**'**gegen** *adv* **1.** *räumlich*, *fig* contre cela; contre ceci; **2.** (*im Gegensatz hierzu*) par contre
'**hier**'**her** *adv* ici; par ici; de ce côté-ci; *bis ~ und nicht weiter* jusque-là et pas plus
hier'**hergehören** v/i ⟨*sép*, *p/p* hiergehört, h⟩ *Gegenstand* être à sa place (ici); *zum Thema das gehört nicht hierher* cela n'a rien à faire ici; cela est 'hors de propos ici
hier'**her**|**holen** v/t ⟨*sép*, *-ge-*, h⟩ aller chercher; ~**kommen** v/i ⟨*irr*, *sép*, *-ge-*, *sein*⟩ venir ici; ~**schicken** v/t ⟨*sép*, *-ge-*, h⟩ envoyer ici; ~**stellen** v/t ⟨*sép*, *-ge-*, h⟩ poser, mettre ici, là
'**hierher**'**um** *adv* **1.** (*in diese Richtung*) par ici; **2.** F (*hier irgendwo*) par là; F dans ce coin-ci; F dans le coin
hier'**herziehen** v/i ⟨*irr*, *sép*, *-ge-*, *sein*⟩ (*umziehen*) (venir) s'installer ici
'**hier**'**hin** *adv* ici; ~ *und dorthin* çà et là; *bald ~, bald dorthin* tantôt ici, tantôt là
'**hierhin**'**auf** *adv* par ici; par là; *der Weg geht ~* le chemin monte par ici
'**hier**|**hin**'**aus** *adv* par ici; par là; là-dehors; ~**hin**'**ein** *adv* par ici; par là; là-dedans
'**hierhin**'**unter** *adv* par ici; par là; *der Weg geht ~* le chemin descend par ici
'**hier**'**in** *adv* **1.** *räumlich* là-dedans; dans cela, ceci; **2.** *fig* en cela; *~ hat er recht* en cela il a raison
'**hierlassen** v/t ⟨*irr*, *sép*, *-ge-*, h⟩ laisser ici
'**hier**'**mit** *adv* **1.** avec cela; avec ceci; *~ bin ich einverstanden* je suis d'accord avec cela; là, je suis d'accord; **2.** ADM *teile ich Ihnen mit, daß ...* par la présente je vous fais savoir que ...; *~ wird bescheinigt, daß ...* je certifie que ...; **3.** *par ext ~ erkläre ich die Sitzung für eröffnet* je déclare la séance ouverte; *~ ist der Fall erledigt* de cette façon, maintenant, comme cela le cas est réglé
'**hier**'**nach** *adv* **1.** *zeitlich* après cela; là-dessus; **2.** (*demgemäß*) d'après cela; (*demzufolge*) par conséquent; en conséquence
Hieroglyphe [hiero'gly:fə] *f* ⟨*~*; *~n*⟩ hiéroglyphe *m*
'**hiersein** v/i ⟨*irr*, *sép*, *-ge-*, *sein*⟩ être ici, là, présent
'**hier**'**über** *adv* **1.** *räumlich* là-dessus; par-dessus; *ohne Kontakt* au-dessus; **2.** (*diesbezüglich*) là-dessus; à ce sujet; *~ ist nichts bekannt* de cela, on ne *od* on n'en sait rien; *~ ärgere ich mich* cela me met en colère; **3.** *st/s zeitlich* là-dessus; *~ schlief er ein* là-dessus il s'endormit
'**hier**'**um** *adv* **1.** *räumlich* autour de cela; (*hierherum*) par ici; **2.** *fig ~ handelt es sich jetzt nicht* il ne s'agit pas de cela pour l'instant
'**hier**'**unter** *adv* **1.** *räumlich* là-dessous; dessous; **2.** *unter e-r Menge* parmi eux;

3. *fig was verstehen Sie ~?* qu'entendez-vous par là?
'**hier**'**von** *adv* de ceci; *unbetont* en; *~ weiß ich nichts* de cela, je n'en *od* je ne sais rien; *genug ~!* assez sur ce chapitre!
'**hier**'**vor** *adv* **1.** *räumlich* devant cela, ceci; **2.** *fig* de cela; en; *~ habe ich keine Angst* je n'ai pas peur de cela; cela ne me fait pas peur; *der Himmel bewahre uns ~!* le ciel nous en préserve!
'**hier**'**zu** *adv* **1.** (*zu diesem Zweck*) pour cela; à cet effet; **2.** (*hinzu*) *~ kommt noch ...* ajoutez à cela ...; à cela s'ajoute ...; **3.** (*diesbezüglich*) à ce sujet
'**hierzulande** *adv* ici; dans ce pays
hiesig ['hi:zıç] *adj* ⟨*épithète*⟩ d'ici; *die ~e Gegend* la, cette région
hieß [hi:s] *cf* **heißen**
hieven ['hi:fən] v/t ⟨h⟩ MAR, *fig* 'hisser
Hi-Fi ['haıfi] *abr* (*High Fidelity*) 'hi-fi *f* ('haute-fidélité'); ~**Anlage** *f* chaîne *f* 'hi-fi
high [haı] F *adj* ⟨*attribut*⟩ F défoncé; *~ sein* a F planer
Highlife ['haılaıf] F *n* ⟨*~(s)*⟩ (la) belle, grande vie; *~ machen* faire la fête
Highlight ['haılaıt] *n* ⟨*~(s)*; *~s*⟩ moment, temps fort; *die ~s des Abends waren ...* les moments, temps forts de la soirée étaient ...
High-Society ['haısə'saıətı] *f* ⟨*~*⟩ 'haute société'
High-Tech-... ['haı'tɛk] *in Zssgn* 'high-tech (*inv*)
hihi(**hi**) [(hi)hi'hi:] *int* 'hi, 'hi, 'hi!
Hilde ['hıldə] *f*, **Hildegard** ['hıldəgart] *f* ⟨*→ n/pr*⟩ *prénom*
Hilfe ['hılfə] *f* ⟨*~*; *~n*⟩ **1.** (*Hilfeleistung*), aide *f*; secours *m*; assistance *f*; REITSPORT **~n** aides *f/pl*; *Erste ~ Kenntnis, Technik* secourisme *m*; *am Unfallort* premiers soins; *mit ~ von Sache* à l'aide de; au moyen de; *Person* avec l'aide de; (*j-n*) *um ~ bitten* demander le secours, l'aide, l'assistance (de qn); demander du secours, de l'aide, de l'assistance (à qn); *~ holen* aller chercher de l'aide, du secours; *j-m ~ leisten* prêter assistance à qn; secourir qn; porter secours à qn; *j-m zu ~ kommen* venir en aide à, au secours de, à la rescousse de qn; *etw zu ~ nehmen* s'aider de qc; *j-n zu ~ rufen* appeler qn à son secours, à son aide; *um ~ rufen* appeler, crier au secours; (*zu*) *~!* au secours!; *sie war uns e-e sehr wertvolle ~* elle nous était d'une aide précieuse, d'un secours précieux; **2.** (*Hilfskraft*) aide *m,f*; auxiliaire *m,f*; (*zusätzliche Kraft*) extra *m*
Hilfeleistung *f* aide *f*; secours *m*; assistance *f*; MÉD à soins *m/pl*; JUR *unterlassene ~* non-assistance *f* à personne en danger
'**Hilferuf** *m* appel *m* au secours
'**Hilfestellung** *f beim Turnen* aide *f*; *j-m ~ geben* aider qn
'**hilfesuchend** *advt sich ~ an j-n wenden* s'adresser à qn pour lui demander de l'aide; demander de l'aide (de l')aide à qn
'**hilflos** *adj* **1.** (*ohne Hilfe*, *schutzlos*) sans défense; désarmé; (*ratlos*) désemparé; (*verwirrt*) en désarroi; (*in Not*) en détresse; *Kranker, Greis* impotent; **2.** (*unbeholfen*) maladroit

'**Hilflosigkeit** *f* ⟨*~*⟩ **1.** incapacité *f* de se débrouiller; désarroi *m*; détresse *f*; *in e-m Zustand völliger ~* dans un état d'abandon complet; **2.** (*Unbeholfenheit*) maladresse *f*
'**hilfreich** *st/s* I *adj* **1.** secourable; *e-e ~e Hand* une main secourable; **2.** (*nützlich*) utile; II *adv j-m ~ zur Seite stehen* tendre à qn une main secourable
'**Hilfs**|**aktion** *f* secours *m/pl* (*für* pour, à); ~**arbeiter**(**in**) *m(f)* manœuvre *m*; ouvrier, -ière *m,f* non spécialisé(e), sans qualification
'**hilfsbedürftig** *adj* qui a besoin d'aide, d'être aidé, d'être secouru; défavorisé; démuni; *~e Personen a* des personnes *f/pl* dans le besoin
'**Hilfs**|**bedürftigkeit** *f* besoin *m*; *p/fort* indigence *f*; gêne *f*; dénuement *m*; ~**bereit** *adj* serviable; ~**bereitschaft** *f* serviabilité *f*; ~**dienst** *m* service *m*, association *f* d'aide, d'assistance, de secours; ~**fonds** *m* fonds *m* de secours; ~**gelder** *n/pl* secours *m/pl* (en argent); subsides *m/pl*; ~**komitee** *n* comité *m* de secours; ~**konstruktion** *f* construction *f* provisoire; ~**kraft** *f Person* aide *m,f*; auxiliaire *m,f*; ~**lehrer**(**in**) *m(f) an der Grundschule* instituteur, -trice *m,f* suppléant(e); *am Gymnasium* maître, -esse *m,f* auxiliaire; ~**linie** *f* GEOMETRIE ligne *f* subsidiaire; MUS ligne *f* supplémentaire; ~**maßnahme** *f* mesure *f* d'aide; secours *m*
'**Hilfsmittel** *n materiell* aide *f*; *finanziell* aide (financière); subvention *f*; *zur Arbeit* instrument *m*, outil *m* de travail; (*Hilfsquelle*) ressource *f*; (*Ausweg*) expédient *m*; *e-e Übersetzung ohne ~ machen* faire une traduction sans (l'aide d'un *bzw* de) dictionnaire(s)
'**Hilfs**|**motor** *m* moteur *m* auxiliaire; ~**organisation** *f* organisation *f* d'aide humanitaire; ~**personal** *n* personnel *m* auxiliaire; ~**polizist** *m* contractuel *m*; ~**programm** *n* programme *m* d'aide; ~**schule** *f früher* classes *f/pl* de perfectionnement; ~**schwester** *f* aide soignante; ~**truppen** *f/pl* troupes *f/pl* auxiliaires; ~**verb** *n* GR (verbe *m*) auxiliaire *m*; ~**werk** *n karitatives* œuvre *f* de bienfaisance, d'assistance; ÉGL œuvres *f/pl*
hilft [hılft] *cf* **helfen**
Himbeere ['hımbe:rə] *f* ⟨*~*; *~n*⟩ *Frucht* framboise *f*; *Strauch* framboisier *m*
'**Himbeer**|**geist** *m* ⟨*~(e)s*⟩ eau-de-vie *f* de framboise(s); ~**saft** *m* sirop *m* de framboise(s); ~**strauch** *m* framboisier *m*
Himmel ['hıməl] *m* ⟨*~s*; *~*⟩ *a* REL, *fig* ciel *m*; (*Bett?*) *a* baldaquin *m*; *am ~* dans le ciel; REL *im ~* au ciel; F *aus heiterem ~* sans crier gare; sans prévenir; d'une façon (tout à fait) inattendue; *unter freiem ~* en plein air; *poét unter deutschem ~* en terre allemande; en pays allemand; *zwischen ~ und Hölle* ma *Hüpfspiel*; *~ und Hölle* marelle *f*; *ein Geschenk*, *e-e Strafe des ~s* un don, une punition du ciel; *in den ~ kommen* aller au ciel; REL *in den* od *zum ~ auffahren* monter au ciel; *um ~s willen!* pour l'amour du ciel, de

Dieu!; au nom du ciel!; F (*ach, du lieber*) ~! bonté du ciel!; mon Dieu!; F ~ *noch mal!*, P~, (*Kreuz,*) *Donnerwetter!* P bon Dieu!; P nom de Dieu!; P tonnerre de Dieu!; P ~, *Arsch und Zwirn od Wolkenbruch!* P sacré nom de Dieu, d'un chien!; *dem ~ sei Dank!* grâce au ciel!; F (*das*) *weiß der ~!* Dieu seul le sait!; F *weiß der ~, wann, warum, wie etc* ... Dieu sait quand, pourquoi, comment, *etc* ...; *st/s der ~ auf Erden* le paradis sur terre; F *j-n, etw in den ~ heben* porter qn, qc aux nues; F *im siebten ~ sein* être au septième ciel; *der ~ hängt für ihn voller Geigen* il voit la vie, tout en rose; *~ und Hölle in Bewegung setzen* remuer ciel et terre; mettre tout en œuvre; *das schreit zum ~* c'est révoltant; F *das stinkt zum ~* c'est un véritable scandale; *solche Erfolge fallen nicht (einfach) vom ~* ça ne tombe pas tout rôti dans le bec
'himmel|angst F *adv mir ist ~* j'ai une peur bleue, F une de ces frousses
'Himmel|bett n lit m à baldaquin; ⁓blau *adj* bleu ciel (*inv*); azur(é)
'Himmel|donner'wetter P *int ~ (noch einmal)!* P sacré nom de Dieu!; P tonnerre de Dieu!
'Himmelfahrt f ⟨~⟩ 1. BIBL (*Christi*) *~* ascension f de Jésus-Christ; 2. *als Fest* l'Ascension *f*; *Mariä ~* l'Assomption *f*
'Himmelfahrts|kommando n 1. *Unternehmen* mission f suicide, kamikaze; 2. *Personen* kamikazes m/pl; ⁓nase F plais f nez retroussé, en trompette
'Himmelfahrtstag m (jour m de) l'Ascension *f*; *am ~* à l'Ascension; le jour de l'Ascension
'Himmel|herrgott P *int ~ (noch einmal)!* P (sacré) nom de Dieu!
'himmel|hoch I *adj* (*sehr hoch*) immense; gigantesque; II *adv ~ jauchzend (, zu Tode betrübt)* (tantôt) transporté d'allégresse (, tantôt complètement déprimé); *j-m ~ überlegen sein* être bien, nettement supérieur à qn
'Himmelreich n REL royaume m des cieux; F *ein ~ für e-e Tasse Kaffee etc* je donnerais tout, n'importe quoi pour une tasse de café, *etc*
'Himmels|achse f ⟨~⟩ ASTR axe m du monde; ⁓äquator m ASTR équateur m céleste; ⁓bote *poét* m ange m; ⁓braut *poét* f religieuse f
'Himmel|schlüssel m *od* n, ⁓schlüsselchen n ⟨~s; ~⟩ BOT primevère f
'himmelschreiend *adj* révoltant; criant; *Dummheit, Unsinn* sans nom
'Himmels|erscheinung f phénomène m céleste; ⁓königin f CATH reine f du ciel; ⁓körper m ASTR corps m céleste; ⁓kugel f ASTR sphère f céleste; ⁓kunde f ⟨~⟩ astronomie *f*; ⁓macht *poét* f force divine, céleste
'Himmelsrichtung f point cardinal; *fig aus allen ⁓en* de toutes les directions; de partout; *fig in alle ⁓en verstreut sein* être dispersés aux quatre coins du monde
'Himmels|tor *poét* n porte f du ciel; ⁓zelt *poét* n firmament m
'himmelwärts *st/s adv* vers le ciel
'himmelweit I *adj Unterschied etc* énor-me; II *adv ich bin ~ davon entfernt zu* (+*inf*) je suis bien loin de (+*inf*)
'himmlisch *adj* 1. ⟨épithète⟩ REL céleste; *der ~e Vater* le Père céleste; *die ~en Heerscharen* l'armée céleste; 2. F *fig* (*großartig*) divin; sublime
hin [hɪn] *adv* 1. *räumlich nach Norden, Süden ~* vers le nord, sud; *fig nach außen ~* vu de l'extérieur, du dehors; (*dem äußeren Schein nach*) d'apparence; *vor sich* (*acc*) *~* devant soi; F *nichts wie ~!* qu'est-ce qu'on attend!; *~ und zurück* aller et retour; *zweimal Köln ~ und zurück* deux aller et retour Cologne; *zehn Kilometer ~, zehn Kilometer her* dix kilomètres aller, dix kilomètres retour; dix kilomètres pour (y) aller, dix kilomètres pour (en) revenir; F *fig Gesetz ~, Gesetz her* peu importe la loi; F *fig Regen ~, Regen her* qu'il pleuve ou pas; *auf s-m Stuhl ~ und her rutschen* remuer sur sa chaise; *~ und her reißen, zerren* à *fig* tirailler; *von widerstreitenden Gefühlen ~ und her gerissen werden* être ballotté, tiraillé entre des sentiments contraires; *Schiff von den Wellen ~ und her geworfen werden* être ballotté par les vagues; *~ und her schwanken Schiff, Baum etc* se balancer; *Person* chanceler; (*etw*) *~ und her überlegen* réfléchir (à qc) longtemps, longuement; penser et repenser; considérer et reconsidérer; *~ und her* retourner la question sous tous ses aspects, sur toutes ses faces; *~ und her reden* discuter sans fin; *~ und her raten* faire mille suppositions; se perdre en conjectures; F *das reicht nicht ~ und nicht her* ce n'est pas assez; ça ne suffit pas; on est loin du compte; *dieses ständige od ewige ⁓ und Her* ce va-et-vient perpétuel, continuel, permanent; cet éternel va-et-vient; *fig ⁓ und Her* valse-hésitation *f*; F *fig nach langem ⁓ und Her* après bien des discussions; 2. *zeitlich gegen Abend ~* vers le soir; quand vient le soir; *zum Winter ~* en allant vers l'hiver; *über od durch Jahrzehnte ~* durant des décennies; *~ und wieder* de temps en temps; de temps à autre; par-ci, par-là; 3. *fig auf s-e Bitte, Einladung ~* à la suite de, sur sa demande, son invitation; *auf s-e Annonce ~* en réponse à son annonce; *auf die Gefahr ~ zu* (+*inf*) au risque de (+*inf*); 4. *cf hinsein*
hinab [hɪ'nap] *cf hinunter*
hinan [hɪ'nan] *st/s cf hinauf*
'hinarbeiten *v/i* ⟨-ete, *sép*, -ge-, h⟩ *auf etw* (*acc*) *~* travailler à qc, en vue de qc
hinauf [hɪ'nauf] *adv dort ~!* par là!; monte(z) là!; *~ haben wir drei Stunden gebraucht* en montant, pour monter, à la montée nous avons mis trois heures; *den Fluß ~* en remontant la rivière; *bis zum Gipfel ~* jusqu'au sommet
hin'auf|arbeiten *cf hocharbeiten*; ⁓begleiten *v/t* ⟨-ete, *sép, pas de ge-*, h⟩ accompagner jusqu'en 'haut; ⁓bemühen *cf heraufbemühen*; ⁓blicken ⟨*sép*, -ge-, h⟩ *cf hinaufsehen*; ⁓bringen *cf heraufbringen*; ⁓fahren ⟨*irr, sép*, -ge-⟩ *v/t* ⟨h⟩ u *v/i* ⟨sein⟩ monter; ⁓führen *v/t* u *v/i* ⟨*sép*, -ge-, h⟩ conduire, mener (jusqu')en 'haut; ⁓gehen *v/i* ⟨*irr, sép*, -ge-, sein⟩ monter (*a fig Preis, Temperatur etc*); aller en 'haut
hin'aufhelfen *v/i* ⟨*irr, sép*, -ge-, h⟩ *j-m* (*die Treppe*) *~* aider qn à monter (les escaliers)
hin'aufklettern *v/i* ⟨-(e)re, *sép*, -ge-, sein⟩ *etw* (*acc*) *od auf etw* (*acc*) *~* grimper sur qc
hin'auf|kommen *v/i* ⟨*irr, sép*, -ge-, sein⟩ monter; *mit Mühe* arriver à monter, à grimper (jusqu'en 'haut); ⁓lassen *v/t* ⟨*irr, sép*, -ge-, h⟩ faire *bzw* laisser monter; ⁓laufen *v/i* ⟨*irr, sép*, -ge-, sein⟩ monter (en courant)
hin'aufreichen ⟨*sép*, -ge-, h⟩ I *v/t* tendre; passer; II *v/i bis zu etw ~* atteindre qc
hin'auf|schauen ⟨*sép*, -ge-, h⟩ *bes südd cf hinaufsehen*; ⁓schicken *v/t* ⟨*sép*, -ge-, h⟩ envoyer en 'haut; faire monter
hin'aufschwingen *v/réfl* ⟨*irr, sép*, -ge-, h⟩ *sich* (*auf etw* [*acc*]) *~* s'élancer (sur qc)
hin'aufsehen *v/i* ⟨*irr, sép*, -ge-, h⟩ regarder vers le haut; regarder en 'haut; *zu j-m ~* regarder en 'haut; lever les yeux vers qn; *fig* vénérer qn; regarder qn avec respect et admiration
hin'aufsetzen *v/t* ⟨-(es)t, *sép*, -ge-, h⟩ 1. mettre dessus, là-haut; *etw* (*acc*) *~* mettre qc sur (le haut de) qc; 2. *fig* (*erhöhen*) augmenter; majorer
hin'aufspringen *v/i* ⟨*irr, sép*, -ge-, sein⟩ sauter dessus; *auf etw* (*acc*) *~* sauter sur qc
hin'aufsteigen *v/i* ⟨*irr, sép*, -ge-, sein⟩ (*auf etw* [*acc*]) *~* monter (sur qc)
hin'auftragen *v/t* ⟨*irr, sép*, -ge-, h⟩ monter
hin'aufwagen *v/réfl* ⟨*sép*, -ge-, h⟩ *sich* (*auf etw* [*acc*]) *~* oser monter (sur qc)
hin'aufwerfen *v/t* ⟨*irr, sép*, -ge-, h⟩ jeter, lancer (en 'haut); *j-m etw ~* jeter, lancer qc à qn
hin'aufziehen ⟨*irr, sép*, -ge-⟩ I *v/t* ⟨h⟩ monter; *Rolladen etc* remonter; *Last* 'hisser; guinder; II *v/i* ⟨sein⟩ *a in e-e höhere Etage* monter; III *v/réfl* ⟨h⟩ *Schmerzen bis in die Schulter ~* remonter jusqu'à l'épaule; *sich den Berg ~ Wald* s'étendre jusqu'en 'haut de la montagne; *Straße* monter jusqu'en 'haut de la montagne
hinaus [hɪ'naus] *adv* 1. *räumlich ~!* sors *bzw* sortez (d'ici)!; dehors!; prends *bzw* prenez la porte!; *~ mit ihm!* qu'il sorte!; F flanquez-le dehors, à la porte!; *~ mit den Ruhestörern!* à la porte, dehors, 'hors d'ici les tapageurs!; *hier ~* par ici; par là; sors *bzw* sortez ici; *zum Fenster ~* par la fenêtre; *durch die Tür ~* par la porte; *über die Grenze ~* au-delà de la frontière; *nach vorn, hinten ~ wohnen* être logé sur le devant, sur le derrière; 2. *zeitlich auf Monate ~* pour des mois, pour de longs mois; *über den ersten Mai ~* au-delà du premier mai; *über dieses Alter bin ich ~* j'ai dépassé l'âge, cet âge-là; *fig über solche Kleinigkeiten ist er ~* il ne s'arrête plus à ce genre de détails; 3. *darüber ~* (*außerdem*) de plus; en outre
hin'ausbefördern *v/t* ⟨-(e)re, *sép, pas de ge-*, h⟩ *etw ~* sortir; enlever qc; *fig j-n ~* faire sortir qn; mettre qn à la porte

hin'aus|begeben *st/s v/réfl* ⟨*irr, sép, pas de ge-,* h⟩ **sich ~** sortir; **~begleiten** *v/t* ⟨*-ete, sép, pas de ge-,* h⟩ (r)accompagner, reconduire (jusqu'à ...)
hin'ausbeugen *v/réfl* ⟨*sép,* -ge-, h⟩ **sich ~** se pencher au dehors; **sich zum Fenster ~** se pencher à la fenêtre
hin'ausbitten *v/t* ⟨*irr, sép,* -ge-, h⟩ *j-n ~* demander à qn de sortir (d'une pièce, *etc*)
hin'ausblicken ⟨*sép,* -ge-, h⟩ *cf* **hinaussehen**
hin'ausbringen *v/t* ⟨*irr, sép,* -ge-, h⟩ **1.** *Sache* sortir; mettre dehors; *zu j-m* apporter (dehors); *Person* (r)accompagner (jusqu'à ...); **2.** *fig* (*weiterbringen*) *es über etw* (*acc*) (*nicht*) *~* (ne pas) dépasser qc; (ne pas) aller au-delà de qc
hin'aus|drängen *v/t* ⟨*sép,* -ge-, h⟩ pousser dehors; **II** *v/i* ⟨sein⟩ (*u v/réfl*) ⟨h⟩ (*sich*) *~* sortir en se pressant, se bousculant; se presser, se bousculer pour sortir; **~dringen** *v/i* ⟨*irr, sép,* -ge-, sein⟩ *Geräusch etc* sortir; **~dürfen** *v/i* ⟨*irr, sép,* -ge-, h⟩ pouvoir, *verneint* ne pas devoir sortir; avoir la permission, le droit de sortir; **~eilen** *v/i* ⟨*irr, sép,* -ge-, sein⟩ sortir en courant, en 'hâte
hin'ausekeln F *v/t* ⟨*-*(e)le, *sép,* -ge-, h⟩ *j-n ~* dégoûter, écœurer qn (jusqu'à ce qu'il parte)
hin'ausfahren ⟨*irr, sép,* -ge-⟩ **I** *v/t* ⟨h⟩ sortir, *weiter weg* emmener (en voiture); **II** *v/i* ⟨sein⟩ **1.** (*nach draußen fahren*) sortir (*aus* de); *Schiff* a prendre la mer; **2.** (*wegfahren*) se mettre en route pour ...; *aufs Land ~* aller à la campagne
hin'aus|finden *v/i* ⟨*irr, sép,* -ge-, h⟩ trouver la sortie; **~fliegen** *v/i* ⟨*irr, sép,* -ge-, sein⟩ **1.** *Vogel etc* s'envoler; sortir; **2.** F *aus e-m Auto, bei e-m Unfall etc* être éjecté; **3.** F *fig bes am Arbeitsplatz* être mis, F flanqué, F fichu, P foutu à la porte; *bes aus e-r Wohnung, e-m Lokal etc* se faire jeter, F vider; **4.** F *fig* (*hinausfallen*) tomber, dégringoler (*aus* de)
hin'ausführen ⟨*sép,* -ge-, h⟩ **I** *v/t j-n ~* conduire qn dehors, jusqu'à la porte, *etc*; reconduire qn; **II** *v/i Weg* conduire dehors
hin'ausgehen *v/i* ⟨*irr, sép,* -ge-, sein⟩ **1.** *Person* sortir; aller dehors; *Waren etc in alle Welt ~* aller dans le monde entier; **2.** *Fenster, Tür auf den Hof ~* donner sur la cour; *nach Norden, Süden ~* être exposé au nord, sud; **3.** *fig über etw* (*acc*) *~* dépasser qc; être au-dessus de qc; aller au-delà de qc; *über s-e Befugnisse ~* a outrepasser ses droits, ses pouvoirs
hin'aus|jagen *v/t* ⟨*sép,* -ge-, h⟩ chasser; **~katapultieren** *v/t* ⟨*sép, pas de ge-,* h⟩ **1.** catapulter ('hors de ...); éjecter; **2.** F *fig* F éjecter
hin'auskommen *v/i* ⟨*irr, sép,* -ge-, sein⟩ **1.** sortir; *aus e-m Land* pouvoir quitter (*aus etw* qc); *mit Mühe* arriver à, parvenir à, pouvoir sortir; **2.** *über etw* (*acc*) (*nicht*) *~* (ne pas) dépasser qc
hin'aus|komplimentieren *v/t* ⟨*sép, pas de ge-,* h⟩ éconduire poliment; **~können** F *v/i* ⟨*irr, sép,* -ge-, h⟩ pouvoir sortir; **~lassen** *v/t* ⟨*irr, sép,* -ge-, h⟩ laisser *bzw* faire sortir
hin'auslaufen *v/i* ⟨*irr, sép,* -ge-⟩ **1.** *Person* sortir (en courant); **2.** *fig auf etw* (*acc*) *~* aboutir à qc; *das läuft auf dasselbe hinaus* cela revient au même; *das läuft darauf hinaus, daß ...* cela revient à dire que ...
hin'auslehnen ⟨*sép,* -ge-, h⟩ **sich ~** se pencher au dehors; **sich zum Fenster ~** se pencher à la fenêtre
hin'ausmüssen F *v/i* ⟨*irr, sép,* -ge-, h⟩ devoir sortir
hin'ausragen *v/i* ⟨*sép,* -ge-, h⟩ *über j-n, etw ~* dépasser qn, qc; *a fig* dominer qn, qc; *geistig a* être supérieur à qn, qc; *Gebäude* a s'élever au-dessus de qc
hin'ausreichen ⟨*sép,* -ge-, h⟩ **I** *v/t* passer; **II** *v/i über etw* (*acc*) *~* dépasser qc
hin'aus|schaffen *v/t* ⟨*sép,* -ge-, h⟩ sortir; **~schauen** ⟨*sép,* -ge-, h⟩ *bes südd cf* **hinaussehen**
hin'ausscheren F *v/réfl* ⟨*sép,* -ge-, h⟩ *scher dich hinaus!* F fiche, P fous le camp!; F casse-toi!
hin'aus|schicken *v/t* ⟨*sép,* -ge-, h⟩ **1.** *Briefe etc, Personen für e-n Auftrag* envoyer; **2.** *nach draußen* faire sortir; **~schieben** *v/t* ⟨*irr, sép,* -ge-, h⟩ **1.** *aus e-m Raum* sortir (*aus* de); pousser dehors; **2.** *zeitlich* reporter; remettre (à plus tard); différer; retarder
hin'ausschießen *v/i* ⟨*irr, sép,* -ge-⟩ *v/i* **1.** ⟨h⟩ tirer (*zum Fenster* par la fenêtre); **2.** ⟨sein⟩ *Person* sortir précipitamment; s'élancer, se précipiter dehors; **3.** ⟨sein⟩ *fig über das Ziel ~* aller trop loin; dépasser son objectif
hin'ausschleichen ⟨*irr, sép,* -ge-⟩ *v/i* ⟨sein⟩ (*u v/réfl*) ⟨h⟩ (**sich**) *~* se glisser dehors; sortir furtivement
hin'ausschmeißen F *v/t* ⟨*irr, sép,* -ge-, h⟩ **1.** *Gegenstand* jeter, F balancer (dehors); **2.** *fig j-n ~ bes am Arbeitsplatz* mettre, F flanquer qn, F foutre(r), P foutre qn à la porte; *bes aus e-r Wohnung, e-m Lokal etc* jeter, F vider qn
hin'ausschmuggeln *v/t* ⟨*-*(e)le, *sép,* -ge-, h⟩ *Ware* (faire) sortir, passer en contrebande, *a Dokumente etc* illégalement, en fraude, clandestinement, en cachette; *Personen* faire sortir, passer (la frontière) illégalement, clandestinement
hin'aussehen *v/i* ⟨*sép,* -ge-, h⟩ regarder dehors; *zum Fenster ~* regarder par la fenêtre
hin'aussetzen ⟨*-*(es)t, *sép,* -ge-⟩ **I** *v/t Gegenstand* sortir; mettre dehors; F *Person* faire sortir; mettre dehors; **II** *v/réfl* **sich ~** s'asseoir dehors; *sich auf den Balkon ~* s'asseoir sur le balcon
hin'aus|stehlen *v/t/réfl* ⟨*irr, sép,* -ge-, h⟩ **sich ~** sortir furtivement; s'éclipser; s'esquiver; **~stellen** *v/t* ⟨*sép,* -ge-, h⟩ **1.** *Gegenstand* mettre dehors; sortir; **2.** *SPORT Spieler* expulser; **~strömen** *v/i* ⟨*sép,* -ge-, sein⟩ *Menschen* sortir en foule; déferler; *Wasser* sortir à flots
hin'ausstürzen ⟨*-*(es)t, *sép,* -ge-⟩ **I** *v/i* ⟨sein⟩ **1.** (*hinausfallen*) tomber (au) dehors, à l'extérieur; **2.** (*hinauseilen*) sortir précipitamment (*aus* de); se précipiter (au) dehors; *zur Tür ~* se précipiter vers la porte; **II** *v/réfl* **sich ~** *aus dem Fenster ~* se jeter par la fenêtre
hin'aus|tragen *v/t* ⟨*irr, sép,* -ge-, h⟩ sortir; *Person, Tier* a emmener, *Sache* a emporter (à l'extérieur); **~treiben** *v/t* ⟨*irr, sép,* -ge-, h⟩ chasser (*aus* de); *Vieh auf die Weide* mener au pré; **~treten** *v/i* ⟨*irr, sép,* -ge-, sein⟩ sortir
hin'auswachsen *v/i* ⟨*irr, sép,* -ge-, sein⟩ *über etw* (*acc*) *~* dépasser qc; *fig über j-n* (*acc*) surpasser qn; *über sich* (*acc*) *selbst ~* se surpasser
hin'auswagen *v/réfl* ⟨*sép,* -ge-, h⟩ **sich ~** oser sortir; *sich über etw* (*acc*) *~* se risquer à, oser dépasser, franchir qc; oser aller au-delà de qc
hin'ausweisen ⟨*irr, sép,* -ge-, h⟩ **I** *v/t* éconduire; montrer la porte à; **II** *v/i Symbol etc über sich* (*acc*) *~* signifier, impliquer davantage
hin'auswerfen *v/t* ⟨*irr, sép,* -ge-, h⟩ **1.** *Gegenstand* jeter (dehors); *etw zum Fenster ~ a fig Geld* jeter qc par la fenêtre; **2.** F *fig j-n ~ bes am Arbeitsplatz* mettre, F flanquer qn à la porte; *bes Mieter, Gast etc* jeter, F vider qn; *j-n aus der Schule ~* renvoyer qn de l'école; F *fig e-n Blick ~* jeter un coup d'œil, un regard à l'extérieur, (au) dehors
hin'auswollen *v/i* ⟨*irr, sép,* -ge-, h⟩ **1.** F vouloir sortir; **2.** *fig auf etw* (*acc*) *~* vouloir en venir à qc; *hoch ~* avoir de grandes ambitions; avoir des visées, des vues ambitieuses; *zu hoch ~* viser trop 'haut
Hin'auswurf F *m* renvoi *m*; mise *f* à la porte
hin'ausziehen ⟨*irr, sép,* -ge-⟩ **I** *v/t* ⟨h⟩ **1.** (*nach draußen ziehen*) sortir; tirer; **2.** (*in die Ferne ziehen*) *es zieht ihn in die Natur, aufs Meer hinaus* il est attiré par la nature, par la mer; **3.** (*in die Länge ziehen*) faire traîner (en longueur); (*verzögern*) retarder; **II** *v/i* ⟨sein⟩ **4.** sortir (*aus* de); *zur Stadt ~* sortir de la ville; *in die Natur ~* aller dans la nature; **5.** *beim Wohnungswechsel aufs Land ~* s'installer, se retirer à la campagne; **III** *v/réfl* ⟨h⟩ **sich ~** (*sich hinziehen*) traîner en longueur; se prolonger; (*sich verzögern*) être retardé, repoussé
hin'auszögern ⟨*-*(e)re, *sép,* -ge-, h⟩ **I** *v/t* retarder; **II** *v/réfl* **sich ~** être retardé, repoussé
'hinbegeben *v/réfl* ⟨*irr, sép, pas de ge-,* h⟩ **sich ~** s'y rendre; *sich zu j-m ~* se rendre chez qn
'hinbekommen F *v/t* ⟨*irr, sép,* -ge-, h⟩ **1.** (*schaffen*) *es, die Sache ~* y arriver; **2.** (*in den Ursprungszustand versetzen*) *etw wieder ~* réussir, parvenir à réparer, à arranger qc
'hinbiegen F *v/t* ⟨*irr, sép,* -ge-, h⟩ arranger; *wie hat er das hingebogen?* (je me demande) comment il a fait, comment il s'est débrouillé
'hinblättern F *v/t* ⟨*-*(e)re, *sép,* -ge-, h⟩ F raquer; (*j-m*) *etw ~* F allonger qc (à qn)
'Hinblick *m im od in ~ auf* (+*acc*) (*in Anbetracht*) compte tenu de; en tenant compte de; (*in bezug auf*) en ce qui concerne
'hinblicken ⟨*sép,* -ge-, h⟩ *cf* **hinsehen**
'hinbringen *v/t* ⟨*sép,* -ge-, h⟩ **1.** *Person* (y) emmener; *im Fahrzeug* (y) conduire; *Sache* (ap)porter (à ...); *im Auto etc wo soll ich Sie ~?* où dois-je vous conduire?; où est-ce que je vous emmène?; **2.** *Zeit* passer (*mit etw* à faire qc)
'hindenken *v/i* ⟨*irr, sép,* -ge-, h⟩ *wo denkst du hin!* tu n'y penses pas!; jamais de la vie!

'hinderlich *adj* gênant; embarrassant; *j-m, e-r Sache* ~ *sein* gêner qn, qc; faire obstacle à qn, qc; *e-r Sache (dat)* ~ *sein a* entraver qc
hindern ['hɪndərn] *v/t* ⟨-(e)re, h⟩ **1.** *j-n (daran)* ~, *etw zu tun* empêcher qn de faire qc; **2.** (*behindern*) gêner; déranger; *j-n bei der Arbeit* ~ gêner, déranger qn dans son travail; *meine Verletzung hindert mich beim Schreiben* ma blessure me gêne pour écrire
'Hindernis *n* ⟨~ses; ~se⟩ *a* SPORT obstacle *m*; *a* JUR empêchement *m*; *e-e Reise mit* ~*sen* un voyage riche en péripéties; *fig j-m* ~*se in den Weg legen* mettre des bâtons dans les roues à qn
'Hindernis|lauf *m* LEICHTATHLETIK steeple-chase *m*; ~**rennen** *n* PFERDESPORT course *f* d'obstacles
'Hinderungsgrund *m* (cause *f*, motif *m* d')empêchement *m*; *das ist (für mich) kein* ~ ce n'est pas un problème, une raison (pour moi)
'hindeuten *v/i* ⟨-ete, *sép*, -ge-, h⟩ *auf etw (acc)* ~ montrer qc du doigt; *fig* annoncer, indiquer qc; *alles deutet darauf hin, daß* ... tout donne à penser, permet de croire que ...
'hindrängen ⟨*sép*, -ge-⟩ **I** *v/t* ⟨h⟩ *j-n zu etw* ~ pousser qn vers qc; **II** *v/i* ⟨sein⟩ (*u v/réfl*) ⟨h⟩ (*sich*) *zu j-m, etw* ~ se presser, se pousser, se bousculer vers qn, qc
Hindu ['hɪndu] *m* ⟨~(s); ~(s)⟩ Hindou *m*
Hindu'ismus *m* ⟨~⟩ hindouisme *m*
hindu'istisch *adj* hindou
hin'durch *adv* **1.** *räumlich durch etw* ~ à travers qc; en passant par qc; en traversant qc; *durch ein Hindernis* ~ à travers de qc; *hier* ~ (en passant) par ici, par là; *mitten, quer* ~ à travers (qc); **2.** *zeitlich* durant; pendant; *das ganze Jahr* ~ (pendant, durant) toute l'année; l'année durant; *bei verneintem Satz* de toute l'année; *Jahre* ~ des années durant, entières; pendant des années; *die ganze Zeit* ~ tout le temps
hin'durchführen *v/i* ⟨*sép*, -ge-, h⟩ *Weg etc* passer à travers (*durch* qc)
hin'durchgehen *v/i* ⟨*irr*, *sép*, -ge-, sein⟩ *durch etw* ~ *Schuß, Person, Weg* traverser qc; F (*passen*) passer; rentrer; *unter etw (dat)* ~ passer sous qc
'hindürfen F *v/i* ⟨*irr*, *sép*, -ge-, h⟩ pouvoir y aller; avoir la permission, le droit d'y aller; *nicht* ~ ne pas devoir y aller; ne pas avoir la permission d'y aller
'hineilen *v/i* ⟨*sép*, -ge-, sein⟩ y courir; y voler; *zu j-m* ~ courir vers *bzw* chez qn
hinein [hɪ'naɪn] *adv* **1.** *räumlich nur* ~*!* entre(z) donc!; *hier* ~*!* entre(z) (par) ici, là!; ~ *mit dir!* allez, rentre!; *in etw (acc)* ~ dans qc; *mitten* ~ au beau milieu, en plein milieu (*in etw* [*dat*] de qc); **2.** *zeitlich bis in den Mai* ~ jusqu'en mai; *bis in den Frühling, Morgen* ~ jusqu'au printemps, matin; *bis in die Nacht* ~ jusqu'à tard dans la nuit
hin'einbegeben *st/s v/réfl* ⟨*irr*, *sép*, *pas de ge-*, h⟩ *sich in etw (acc)* ~ entrer dans qc
hin'einbeißen *v/i* ⟨*irr*, *sép*, -ge-, h⟩ mordre dedans; *in etw (acc)* ~ mordre dans qc
hin'einbekommen *v/t* ⟨*irr*, *sép*, *pas de ge-*, h⟩ *etw (in etw* [*acc*]) ~ parvenir, arriver à (faire) rentrer qc (dans qc)

hin'einbemühen *cf* hereinbemühen
hin'einblicken *v/i* ⟨*sép*, -ge-, h⟩ *cf* hineinsehen
hin'einbringen *v/t* ⟨*irr*, *sép*, -ge-, h⟩ *fig Schwung, Ordnung in etw (acc)* ~ mettre de l'entrain, de l'ordre dans qc
hin'eindenken *v/réfl* ⟨*irr*, *sép*, -ge-, h⟩ *sich in j-n, in j-s Lage* ~ se mettre à la place, dans la peau de qn; s'identifier avec qn; *sich in ein Problem* ~ entrer dans un problème; bien s'imaginer un problème
hin'eindrängen ⟨*sép*, -ge-⟩ **I** *v/t* ⟨h⟩ *j-n in etw (acc)* ~ pousser qn dans qc; **II** *v/i* ⟨sein⟩ (*u v/réfl*) ⟨h⟩ (*sich*) (*in etw* [*acc*]) ~ se pousser, se presser, se bousculer pour entrer (dans qc); s'engouffrer (dans qc); entrer en foule (dans qc)
hin'eindürfen *cf* hereindürfen
hin'einfahren ⟨*irr*, *sép*, -ge-⟩ **I** *v/t* ⟨h⟩ *Fahrzeug, Dinge* rentrer (*in* [+*acc*] dans); *j-n in die Stadt* ~ emmener, conduire qn en ville; **II** *v/i* ⟨sein⟩ **1.** *in etw (acc)* ~ entrer dans qc; *in e-e Straße etc* s'engager dans qc; **2.** *in ein anderes Fahrzeug* rentrer dans qc
hin'einfallen *v/i* ⟨*irr*, *sép*, -ge-, sein⟩ tomber (dedans); *in etw (acc)* ~ tomber dans qc
hin'einfinden *v/réfl* ⟨*irr*, *sép*, -ge-, h⟩ *fig sich in etw (acc)* ~ (*sich vertraut machen*) se faire à, se familiariser avec qc; *st/s* (*sich abfinden*) se résigner à qc
hin'einfressen *v/t* ⟨*irr*, *sép*, -ge-, h⟩ *Zorn, Ärger in sich (acc)* ~ ravaler
hin'einführen ⟨*sép*, -ge-, h⟩ **I** *v/t Personen* introduire; faire entrer; **II** *v/i Weg etc in etw (acc)* ~ conduire, mener dans qc
hin'eingeboren *adjt in e-e Zeit, Gesellschaft* ~ *werden* être né, naître à une époque, dans une société
hin'eingeheimnissen F *v/t* ⟨-ßt, *sép*, *p/p* hineingeheimnißt, h⟩ *etw in etw (acc)* ~ voir dans qc des mystères qui n'y sont pas
hin'eingehen *v/i* ⟨*irr*, *sép*, -ge-, sein⟩ **1.** (*eintreten*) entrer; *in etw (acc)* ~ entrer dans qc; *in e-n Gang, e-e Straße* s'engager dans qc; **2.** *Nagel etc* entrer; s'enfoncer; pénétrer; **3.** *fig* (*Platz finden*) tenir; *in den Saal gehen zweihundert Personen hinein* deux cents personnes tiennent dans la salle; la salle peut contenir deux cents personnes
hin'eingeraten *v/i* ⟨*irr*, *sép*, *p/p* hineingeraten, sein⟩ *in etw (acc)* ~ tomber, arriver, se trouver pris, F atterrir dans qc; *in e-n Streit, e-e Schlägerei* ~ être pris dans, se trouver mêlé à une dispute, une rixe
hin'einhelfen *v/i* ⟨*irr*, *sép*, -ge-, h⟩ *j-m* ~ aider qn à entrer; *j-m in den Mantel* ~ aider qn à enfiler, mettre son manteau
hin'eininterpretieren *v/t* ⟨*sép*, *pas de ge-*, h⟩ *etw in e-n Text* ~ voir dans un texte des choses qui n'y sont pas
hin'einklettern *v/i* ⟨-(e)re, *sép*, -ge-, sein⟩ grimper (dedans); *in etw (acc)* ~ grimper dans qc
hin'einknien *v/réfl* ⟨*sép*, -ge-, h⟩ *fig sich in e-e Arbeit* ~ s'atteler à un travail; se plonger dans un travail
hin'ein|kommen *v/i* ⟨*irr*, *sép*, -ge-, sein⟩ **1.** (*hineingelangen*) parvenir, arri-

ver à entrer; **2.** (*eintreten*) entrer; **3.** F (*hineinsollen*) entrer; se mettre; (*hinzugefügt werden*), *bes* CUIS venir s'ajouter; être mis; ~**können** F *v/i* ⟨*sép*, -ge-, h⟩ pouvoir (r)entrer; ~**kriegen** F ⟨*sép*, -ge-, h⟩ *cf* hineinbekommen; ~**lassen** *v/t* ⟨*irr*, *sép*, -ge-, h⟩ laisser *bzw* faire entrer
hin'einlaufen *v/i* ⟨*irr*, *sép*, -ge-, sein⟩ **1.** *Person* entrer (en courant) (*in* [+*acc*] dans); *in ein Auto* ~ se faire accrocher par une voiture; **2.** *Flüssigkeit* couler dedans; *in etw (acc)* ~ couler dans qc
hin'einlegen *v/t* ⟨*sép*, -ge-, h⟩ **1.** mettre dedans; *in etw (acc)* ~ mettre qc dans qc; *sein ganzes Gefühl, s-e ganze Liebe in etw (acc)* ~ mettre toute son âme, tout son amour dans qc; **2.** F *fig cf* hereinlegen 2.
hin'einlesen ⟨*irr*, *sép*, -ge-, h⟩ *cf* hineininterpretieren
hin'einmanövrieren *v/t* ⟨*u v/réfl*⟩⟨*sép*, *pas de ge-*, h⟩ *j-n* (*sich*) *in e-e schwierige Lage* ~ mettre qn (se mettre) dans une situation difficile
hin'einpassen *v/i* ⟨*sép*, -ge-, h⟩ (r)entrer; *fig in etw (acc)* ~ aller avec qc
hin'einpfuschen *v/i* ⟨*sép*, -ge-, h⟩ *j-m in s-e Arbeit* ~ intervenir dans, saboter le travail de qn
hin'einplatzen *cf* hereinplatzen
hin'einpressen *v/t* ⟨-ßt, *sép*, -ge-, h⟩ faire entrer de force (*in* [+*acc*] dans); *etw in ein Schema* ~ faire entrer qc (de force) dans un schéma
hin'einprojizieren *v/t* ⟨*sép*, *pas de ge-*, h⟩ *etw in etw, j-n* ~ projeter qc dans qc, sur qn
hin'einragen *v/i* ⟨*sép*, -ge-, h⟩ avancer, entrer (*in* [+*acc*] dans); dépasser; *fig in e-e Epoche* se prolonger (*in* [+*acc*] jusqu'à)
hin'einreden ⟨-ete, *sép*, -ge-, h⟩ **I** *v/i* **1.** *in j-s Ansprache, in die Stille* ~ interrompre le discours de qn, le silence; **2.** *fig in etw (acc)* ~ se mêler de qc; intervenir dans qc; *j-m in s-e Angelegenheiten* ~ se mêler des affaires de qn; **II** *v/réfl sich in Zorn* ~ s'échauffer en parlant
hin'einregnen *v/imp* ⟨-ete, *sép*, -ge-, h⟩ *es regnet ins Haus, durchs Dach, bei uns hinein* il pleut dans la maison, à travers le toit, chez nous
hin'einreichen ⟨*sép*, -ge-, h⟩ **I** *v/t* passer (*in* [+*acc*] dans, *zum Fenster* par la fenêtre); **II** *v/i in etw (acc)* ~ *räumlich* aller, s'étendre jusqu'à; entrer dans qc; atteindre qc; *zeitlich* se prolonger, durer jusqu'à qc
hin'einreißen *v/t* ⟨*irr*, *sép*, -ge-, h⟩ *fig j-n in etw (acc)* ~ engager, entraîner qn dans qc; *cf a hereinreiten*
hin'einreiten ⟨*irr*, *sép*, -ge-⟩ **I** *fig v/t* ⟨h⟩ *cf* reinreiten; **II** *v/i* ⟨sein⟩ (*in etw* [*acc*]) ~ entrer à cheval (dans qc)
hin'einrennen F *v/i* ⟨*irr*, *sép*, -ge-, sein⟩ entrer (en courant); *in sein Verderben* ~ courir à sa perte
hin'einriechen *cf* reinriechen
hin'einrufen ⟨*u v/t*⟩ ⟨*irr*, *sép*, -ge-, h⟩ (*etw*) *in etw (acc)* ~ crier (qc) dans qc
hin'einschaffen *v/t* ⟨*sép*, -ge-, h⟩ rentrer
hin'einschauen *v/i* ⟨*sép*, -ge-, h⟩ *bes*

südd **1.** cf *hineinsehen;* **2.** (*besuchen*) *bei j-m* ~ passer voir qn
hin'einschießen *v/i* ⟨*irr, sép,* -ge-⟩ **1.** ⟨h⟩ *in etw, in die Menge* ~ tirer dans qc, dans la foule; **2.** ⟨sein⟩ *Person, Fahrzeug* entrer brusquement, en force; *Wasser* entrer avec force
hin'einschleichen *v/i* ⟨*irr, sép,* -ge-, sein⟩ (*u v/réfl*) ⟨h⟩ (*sich*) *in etw* (*acc*) ~ se glisser dans qc; entrer furtivement, se faufiler dans qc
hin'einschleppen ⟨*sép,* -ge-, h⟩ **I** *v/t* rentrer avec peine; traîner (jusque dans la maison, *etc*); **II** *v/réfl sich* ~ entrer tant bien que mal, avec peine; se traîner (jusque dans la maison, *etc*)
hin'einschlittern *v/i* ⟨-(e)re, *sép,* sein⟩ F *fig in etw* (*acc*) ~ glisser dans qc; déraper, sombrer (progressivement) dans qc
hin'einschlüpfen *v/i* ⟨*sép,* -ge-, sein⟩ se glisser dedans; *in etw* (*acc*) ~ se glisser dans qc; *in ein Kleidungsstück* enfiler qc
hin'einschmuggeln *v/t* ⟨-(e)le, *sép,* -ge-, h⟩ *Ware* (faire) (r)entrer, passer en contrebande, *a Dokumente etc* illégalement, en fraude, clandestinement, en cachette; *Personen* faire (r)entrer, passer (la frontière) illégalement, clandestinement
hin'einschreiben *v/t* ⟨*irr, sép,* -ge-, h⟩ *etw in etw* (*acc*) ~ écrire, inscrire qc dans qc
hin'einschütten *v/t* ⟨-ete, *sép,* -ge-, h⟩ *etw in etw* (*acc*) ~ verser qc dans qc; F *etw in sich* (*acc*) ~ avaler, F s'enfiler, F s'envoyer qc
hin'einsehen *v/i* ⟨*irr, sép,* -ge-, h⟩ regarder dedans; *in etw* (*acc*) ~ regarder dans qc; *man kann bei den Nachbarn* ~ on peut voir chez les voisins
hin'einsetzen ⟨-(es)t, *sép,* -ge-, h⟩ **I** *v/t* mettre dedans; *etw in etw* (*acc*) ~ mettre qc dans qc; **II** *v/réfl sich* ~ s'asseoir dedans, *ins Hausinnere* à l'intérieur; *sich in etw* (*acc*) ~ s'asseoir dans qc; *fig Staub in Ecken etc* se loger, se nicher dans qc
hin'einspielen *v/i* ⟨*sép,* -ge-, h⟩ jouer un (certain) rôle; avoir une (certaine) importance; entrer en ligne de compte
hin'einstechen *v/i* ⟨*irr, sép,* -ge-, h⟩ *in etw* (*acc*) ~ piquer dans qc
hin'einstecken *v/t* ⟨*sép,* -ge-, h⟩ **1.** *etw in etw* (*acc*) ~ mettre, fourrer, *tiefer* enfoncer qc dans qc; **2.** F *s-e Nase in etw, alles* ~ mettre, F fourrer son nez dans qc, partout; **3.** F *Geld in etw* (*acc*) ~ engager, mettre, placer de l'argent dans qc; *viel Arbeit in etw* (*acc*) ~ investir beaucoup de travail dans qc
hin'einsteigern *v/réfl* ⟨-(e)re, *sép,* -ge-, h⟩ *sich in s-n Zorn, in große Verzweiflung* ~ s'abandonner, se laisser aller à la colère, au désespoir
hin'einstoßen *v/t* ⟨*irr, sép,* -ge-, h⟩ pousser, *Messer etc* planter dedans; *etw in etw* (*acc*) ~ pousser bzw planter qc dans qc
hin'einstürzen ⟨-(es)t, *sép,* -ge-⟩ **I** *v/i* ⟨sein⟩ **1.** (*hineinfallen*) tomber dedans; *in etw* (*acc*) ~ tomber dans qc; **2.** (*in etw* [*acc*]) ~ *Personen* entrer précipitamment (dans qc); *Wassermassen* faire irruption (dans qc); **II** *v/réfl* ⟨h⟩ *sich in etw* (*acc*) ~ se jeter, se précipiter dans qc

hin'eintragen *v/t* ⟨*irr, sép,* -ge-, h⟩ rentrer; *etw in etw* (*acc*) ~ porter, rentrer qc dans qc; *Schmutz, Unruhe ins Haus* ~ amener de la saleté, du désordre dans la maison
hin'eintreiben *v/t* ⟨*irr, sép,* -ge-, h⟩ *etw in etw* (*acc*) ~ *Vieh etc* faire entrer qc dans qc; *Keil etc* enfoncer, chasser qc dans qc; *fig j-n in etw* (*acc*) ~ acculer, réduire qn à qc
hin'eintun F *v/t* ⟨*irr, sép,* -ge-, h⟩ mettre (dedans); *etw in etw* (*acc*) ~ mettre qc dans qc; *e-n Blick in etw* (*acc*) ~ jeter un coup d'œil dans qc
hin'einversetzen *v/réfl* ⟨-(es)t, *sép, pas de ge-,* h⟩ *sich in j-n, in j-s Lage* ~ se mettre à la place de qn
hin'einwachsen *v/i* ⟨*irr, sép,* -ge-, sein⟩ **1.** *Pflanzen ins Haus* pousser, entrer à l'intérieur; *in etw* (*acc*) ~ pousser dans qc; *Fingernagel ins Fleisch a* rentrer dans qc; **2.** F *er wird in den Mantel* ~ il va grandir et le manteau lui ira; **3.** *fig in e-e Aufgabe* ~ s'adapter peu à peu, se faire à une tâche
hin'einwagen *v/réfl* ⟨*sép,* -ge-, h⟩ *sich* ~ oser entrer à l'intérieur
hin'einwerfen *v/t* ⟨*irr, sép,* -ge-, h⟩ jeter dedans; *etw in etw* (*acc*) ~ jeter qc dans qc; *e-n Blick in etw* (*acc*) ~ jeter un coup d'œil dans qc
hin'einwollen F *v/i* ⟨*irr, sép,* -ge-, h⟩ vouloir (r)entrer; *fig das will mir nicht in den Kopf hinein* je ne comprends pas cela; je n'arrive pas à m'y faire
hin'einwürgen *v/t* ⟨*sép,* -ge-, h⟩ se forcer à avaler qc
hin'einziehen ⟨*irr, sép,* -ge-⟩ **I** *v/t* ⟨h⟩ *etw in etw* (*acc*) ~ tirer qc dans qc; *j-n in etw* (*acc*) ~ faire (r)entrer (de force) qn dans qc; *fig* entraîner qn dans qc; *fig in e-e Sache hineingezogen werden* être mêlé à une affaire; **II** *v/i* ⟨sein⟩ **1.** entrer (*in* [+*acc*] dans); **2.** *beim Wohnungswechsel in die Stadt* ~ s'installer en ville
hin'einzwängen ⟨*sép,* -ge-, h⟩ **I** *v/t* faire entrer de force; **II** *v/réfl sich* ~ entrer de force; *sich in die Hose* ~ essayer de rentrer dans son pantalon
'hinfahren ⟨*irr, sép,* -ge-⟩ **I** *v/t* ⟨h⟩ *Person* (y) conduire, emmener (en voiture, *etc*); *Lasten* transporter, emmener, charrier à un endroit, chez qn, *etc*; *wo soll ich Sie* ~? où dois-je vous conduire?; où est-ce que je vous emmène?; **II** *v/i* ⟨sein⟩ **1.** (y) aller (en voiture, *etc*); *wo fährt der Zug hin?* où va ce train?; *ich würde gern einmal* ~ je voudrais bien y aller; **2.** (*streichen*) *mit der Hand über etw* (*acc*) ~ passer la main sur qc
'Hinfahrt *f* aller *m*; *auf der* ~ à l'aller
'hinfallen *v/i* ⟨*irr, sép,* -ge-, sein⟩ tomber (*Gegenstände* par terre); *mit dem Fahrrad* ~ tomber de vélo, bicyclette
'hinfällig *adj* **1.** (*ungültig*) *Bestimmung etc* annulé; *st/s,* JUR caduc, -uque; (*überholt*) *Methode, Prinzipien etc* qui n'a plus cours; dépassé; **2.** (*gebrechlich*) affaibli; diminué; *Greis* décrépit; *st/s,* JUR caduc; **²keit** *f* ⟨~⟩ **1.** (*Ungültigkeit*) nullité *f*; *st/s,* JUR caducité *f*; **2.** (*Gebrechlichkeit*) faiblesse *f* extrême; fragilité *f*
'hin'finden *v/i* ⟨*irr, sép,* -ge-, h⟩ savoir y aller; trouver son chemin; **~fliegen** *v/i*

⟨*irr, sép,* -ge-, sein⟩ **1.** *Vögel* y aller; *mit dem Flugzeug* prendre l'avion pour y aller; y aller en avion; **2.** F *fig* (*hinfallen*) cf *hinschlagen* **2.**
'Hinflug *m* (vol *m*) aller *m*; *auf dem* ~ à l'aller
hin'fort *st/s adv* dorénavant; désormais
'hinführen ⟨*irr, sép,* -ge-, h⟩ **I** *v/t* (y) conduire; **II** *v/i Weg etc* y mener, conduire; *fig wo soll das* ~? où cela va-t-il nous mener, conduire?; *wo soll das* ~, *wenn* ...? a allons-nous si ...?
hing [hɪŋ] cf *hängen*
'Hingabe *f* ⟨~⟩ **1.** (*Aufopferung*) dévouement *m*; sollicitude *f*; *j-n mit* ~ *pflegen* soigner qn avec dévouement; **2.** (*Leidenschaft*) passion *f*; enthousiasme *m*; ferveur *f*; *mit* ~ *Geige spielen* jouer du violon avec passion
'Hingang *st/s m* ⟨~(e)s⟩ *st/s* trépas *m*
'hingeben ⟨*irr, sép,* -ge-, h⟩ **I** *st/s v/t* donner; *ich würde alles* ~ je donnerais, sacrifierais tout; *sein Leben für etw* ~ donner sa vie pour qc; **II** *v/réfl sich e-r Sache* (*dat*) ~ s'adonner à qc; *e-r Aufgabe, Arbeit etc a* se consacrer à qc; *sexuell sich j-m* ~ se donner à qn; *sich e-r Sache mit Leib und Seele* ~ se donner corps et âme à qc; *er gab sich dem Genuß der Musik hin* il s'adonna, s'abandonna au plaisir de la musique; *sich der Hoffnung* ~, *daß ...* nourrir l'espoir que ...; *sich der Illusion* ~, *daß ...* céder, s'adonner à l'illusion que ...
'Hingebung *f* ⟨~⟩ dévouement *m*
'hingebungsvoll I *adj* **1.** (*aufopfernd*) *Pflege, Person* dévoué; **2.** (*leidenschaftlich*) passionné; **II** *adv* **1.** avec (un grand) dévouement; **2.** avec passion, ferveur; passionnément
hin'gegen *conj* par contre; au contraire; en revanche
'hingegossen *adjt* F *plais wie* ~ *daliegen* être étalé, nonchalamment allongé (sur un divan, *etc*)
'hingehen *v/i* ⟨*irr, sép,* -ge-, sein⟩ **1.** aller, se rendre (*zu* à, vers, *in j-s Haus* chez); *da gehe ich nicht hin* je n'y vais pas; *wo gehst du hin?* où vas-tu?; *hin- und zurückgehen* aller et revenir; *fig sie ging hin und gab ihm e-e Ohrfeige* elle l'a (tout simplement) giflé; **2.** F *fig* (*hinführen*) *wo geht es hin? wo geht der Weg hin?* où mène, va ce chemin, cette rue?; où mène, conduit ce chemin?; **3.** *zeitlich* passer; s'écouler; *Monate gingen darüber hin* des mois passèrent, s'écoulèrent; **4.** (*hingleiten*) *über etw* (*acc*) ~ *Blick etc* passer, glisser sur qc; **5.** *st/s* (*weggehen*) s'en aller; REL *gehet hin in Frieden!* allez en paix!; **6.** (*durchgehen*) *das mag diesmal noch* ~ (cela) passe encore pour cette fois
'hingehören *v/i* ⟨*sép, p/p* hingehört, h⟩ être à sa place; *wo gehört das hin?* où faut-il mettre cela?; F ça va où?; *leg es dahin, wo es hingehört* remets-le à sa place
'hingelangen *v/i* ⟨*sép, p/p* hingelangt, sein⟩ y accéder
'hingeraten *v/i* ⟨*irr, sép, p/p* hingeraten, sein⟩ F passer; *wo ist das* ~? où est-ce que c'est passé?; *wo sind wir denn hier* ~? F mais où est-ce que l'on a atterri?

hin|gerissen adjt ⟨attribut⟩ cf **hinreißen** 2.; **~gezogen** advt cf **hinziehen** 3.

'hingleiten v/i ⟨irr, sép, -ge-, sein⟩ **über etw** (acc) **~** glisser sur qc; **ihre Hand, ihr Blick glitt darüber hin** sa main, son regard glissa par-dessus

'hinhalten v/t ⟨irr, sép, -ge-, h⟩ **1.** **j-m etw ~ Hand** tendre, Sachen a présenter qc à qn; **2.** fig (warten lassen) **j-n ~** faire attendre qn; tenir qn en haleine; **j-n mit Versprechungen ~** payer qn de promesses

'Hinhaltetaktik f temporisation f; tactique f dilatoire; dérobades f/pl

'hinhängen F v/t ⟨sép, -ge-, h⟩ Mantel, Bild etc suspendre; accrocher

'hinhauchen v/t ⟨sép, -ge-, h⟩ Worte souffler; chuchoter; dire dans un souffle; **ein hingehauchter Kuß** un baiser léger

'hinhauen F ⟨irr, sép, -ge-, h⟩ **I** v/t **1.** Arbeit bâcler; torcher; bousiller; F saloper; **2.** (hinschmeißen) F balancer; F ficher, P foutre en l'air; fig **den ganzen Kram ~** F tout envoyer promener, balader; **II** v/i **3.** (schlagen) **mit etw ~** frapper avec qc; **4.** fig (klappen, richtig sein) marcher; F coller; **III** v/réfl **sich ~** s'étendre; s'allonger; (schlafen gehen) F aller au plumard; F aller se pieuter; **IV** v/imp **es hat mich hingehauen** les bras m'en sont tombés; F j'étais scié

'hinhocken v/réfl ⟨sép, -ge-, h⟩ **sich ~** s'asseoir; se poser

'hinhören v/i ⟨sép, -ge-, h⟩ écouter

'Hinkebein F n **1.** Bein jambe raide; **2.** Person boiteux, -euse m,f

Hinkelstein ['hɪŋkəl∫taɪn] m menhir m

hinken ['hɪŋkən] v/i **1.** ⟨h⟩ boiter; clopiner; fig clocher; **leicht ~** boitiller; fig **der Vergleich hinkt** la comparaison est boiteuse, cloche; **2.** ⟨sein⟩ (hinkend gehen) **über die Straße ~** traverser la rue en boitillant

'hinknien v/i ⟨sép, -ge-, sein⟩ (u v/réfl) ⟨h⟩ (**sich**) **~** se mettre à genoux; a zum Beten s'agenouiller

'hinkommen v/i ⟨irr, sép, -ge-, sein⟩ **1.** venir (**zu** à, chez); **wie kommt man hin?** comment peut-on y aller?; **wie ist das da hingekommen?** comment ça a pu arriver là?; comment se fait-il que ce soit là?; fig **ich komme nirgends hin** je ne vais nulle part; je ne sors pas; **wo kämen** od **kommen wir hin, wenn ...?** où allons-nous, où irions-nous si ...?; **2.** fig (wegkommen) F passer; **wo ist meine Brille hingekommen?** F où sont passées mes lunettes?; **3.** F (hingehören) être à sa place; **wo kommt das hin?** où faut-il mettre cela?; où va ça?; **4.** F (auskommen) **mit etw ~** y arriver avec qc; avoir assez de qc; **wir kommen mit der Zeit hin** nous avons assez de temps; **5.** F (stimmen) être, tomber juste; correspondre; **das kommt genau, ungefähr hin** ça correspond exactement, à peu près

'hinkriegen ⟨sép, -ge-, h⟩ cf **hinbekommen**

'hinlänglich I adj suffisant; **II** adv suffisamment; **~ bekannt sein** être assez, relativement connu

'hinlassen F v/t ⟨irr, sép, -ge-, h⟩ **j-n ~** permettre à qn d'aller, d'y aller; (y) laisser aller qn

'hinlaufen v/i ⟨irr, sép, -ge-, sein⟩ courir, (zu Fuß gehen) aller (**zu** à, vers, **in j-s Haus** chez); F péj (andauernd) **zum Anwalt, Arzt ~** être constamment (F fourré) chez l'avocat, le médecin

'hinlegen ⟨sép, -ge-, h⟩ **I** v/t **1.** poser; mettre; **leg es hin, wo es hingehört** remets-le à sa place; **j-m etw ~** poser, mettre qc à od pour qn; **2.** (weglegen) (re)poser; ranger; **3.** (zu Bett bringen) mettre au lit; coucher; **4.** F (bezahlen) allonger; F raquer; **5.** F (mustergültig aufführen) exécuter; faire une démonstration de; **e-e gute Rede ~** faire la démonstration d'un bon discours; **e-n Tango ~** faire une belle démonstration de tango; **II** v/réfl **sich ~ 6.** s'allonger; s'étendre; **ins Bett** se coucher; Kranker a s'aliter; **7.** F (hinfallen) F s'étaler; fig **da legst du dich (lang) hin!** F ça t'en bouche un coin!

'hinlenken v/t ⟨sép, -ge-, h⟩ **1.** diriger, conduire (**zu** vers, sur); Schritte diriger; **2.** fig **das Gespräch auf etw** (acc) **~** amener la conversation sur qc; **die Aufmerksamkeit auf etw** (acc) **~** attirer l'attention sur qc

'hinmachen ⟨sép, -ge-, h⟩ **I** v/t **1.** F (anbringen) mettre; **2.** P (umbringen) supprimer; F zigouiller; **II** F v/i **da hat ein Hund hingemacht** un chien a fait là; **überall ~** faire partout

'hinmüssen F v/i ⟨irr, sép, -ge-, h⟩ devoir y aller; **ich muß unbedingt hin** il faut que j'y aille absolument; je dois absolument y aller

'hinnehmen v/t ⟨irr, sép, -ge-, h⟩ **1.** **j-n, etw mit ~** emmener qn, qc; **2.** fig (dulden) supporter; tolérer; (akzeptieren) accepter; **etw als selbstverständlich ~** accepter qc comme allant de soi od comme naturel

'hinpassen F v/i ⟨-ßt, sép, -ge-, h⟩ être à sa place (a Personen); convenir; **das paßt hier nicht hin** Bild etc cela ne fait pas bien ici; Wort etc cela n'est pas à sa place, ne convient pas ici

'hinpflanzen ⟨-(es)t, sép, -ge-, h⟩ **I** v/t planter; **II** F v/réfl **sich vor j-n ~** (venir) se planter devant qn

'hinreichen ⟨sép, -ge-, h⟩ **I** v/t **j-m etw ~** Gegenstand passer, Hand tendre qc à qn; **II** v/i **1.** (ausreichen) suffire; être suffisant; **2.** (sich erstrecken) venir, arriver, s'étendre (**bis zu etw** jusqu'à qc)

'hinreichend I adj suffisant; **II** advt suffisamment

'Hinreise f aller m; **auf der ~** à l'aller; en y allant

'hinreisen v/i ⟨-(es)t, sép, -ge-, sein⟩ y aller; s'y rendre

'hinreißen v/t ⟨irr, sép, -ge-, h⟩ **1.** (begeistern) enthousiasmer; transporter; **das Publikum zu Beifallsstürmen ~** arracher des applaudissements aux spectateurs; **hingerissen vor Begeisterung** transporté d'enthousiasme; **von etw, j-m hingerissen sein** être enthousiasmé, ravi, F emballé par qc, qn; **2.** (verleiten) **j-n zu etw ~** entraîner qn à (faire) qc; **sich zu e-r Bemerkung ~ lassen** se laisser aller, entraîner à faire une remarque

'hinreißend I adjt superbe; ravissant; Rhythmus, Musik a entraînant; **II** advt à ravir; superbement

'hinrichten v/t ⟨-ete, sép, -ge-, h⟩ **j-n ~** exécuter qn

'Hinrichtung f ⟨~; ~en⟩ exécution (capitale)

'Hinrichtungskommando n peloton m d'exécution

'hinschaffen v/t ⟨sép, -ge-, h⟩ (y) transporter; **wo haben sie es hingeschafft?** où l'ont-ils transporté?

'hin|schauen ⟨sép, -ge-, h⟩ bes südd cf **hinsehen**; **~scheiden** st/s v/i ⟨irr, sép, -ge-, sein⟩ litt passer de vie à trépas; litt trépasser; **~schicken** v/t ⟨sép, -ge-, h⟩ envoyer (**zu** à, chez)

'hinschielen v/i ⟨sép, -ge-, h⟩ **zu j-m ~** regarder qn du coin de l'œil; fig guigner, lorgner qn

'hinschlagen v/i ⟨irr, sép, -ge-⟩ **1.** ⟨h⟩ taper; frapper; donner un coup; **2.** ⟨sein⟩ (hinfallen) tomber (comme une masse); F s'étaler (de tout son long); F ramasser une bûche, pelle

'hinschleichen v/i ⟨sép, -ge-, sein⟩ (u v/réfl) ⟨h⟩ (**sich**) **zu j-m, e-r Sache ~** s'approcher doucement, sans bruit, à pas de loup de qn, qc; se glisser vers qn, qc

'hinschleppen v/t ⟨sép, -ge-, h⟩ **1.** Lasten, Person porter avec peine, traîner (**zu** vers, à); **2.** fig (verzögern) faire traîner, durer; **II** v/réfl **sich ~** a fig se traîner (**zu** vers, à)

'hin|schmeißen F ⟨irr, sép, -ge-, h⟩ cf **hinwerfen**; **~schmelzen** v/i ⟨irr, sép, -ge-, sein⟩ **1.** st/s (schmelzen) fondre; **2.** F plais Person fondre; sentir son cœur se fondre

'hinschreiben ⟨irr, sép, -ge-, h⟩ **I** v/t écrire; **II** F v/i (an j-n schreiben) **da schreiben wir mal hin** on va lui, leur, etc écrire

'hinsegeln v/i ⟨-(e)le, sép, -ge-, sein⟩ **1.** s'y rendre en bateau à voile; **2.** F fig (hinfallen) F faire un vol plané; F (aller) valdinguer; F valser

'hinsehen v/i ⟨irr, sép, -ge-, h⟩ regarder (**zu j-m** qn); **ohne hinzusehen** les yeux fermés; **ich kann (gar) nicht ~** je ne peux pas voir ça; **bei genauerem ~** à y regarder, en regardant de plus près

'hinsein v/i ⟨irr, sép, -ge-, h⟩ **1.** (kaputt sein) être F fichu, F bousillé, F esquinté, P foutu; **2.** (weg sein) Gegenstand avoir disparu; **dann ist unsere Ruhe hin** alors c'en est fini de notre tranquillité; on peut dire adieu à notre tranquillité; finie, la tranquillité; **3.** (erschöpft sein) être F claqué, éreinté, mort; **4.** (hingerissen sein) **von j-m, etw ganz ~** être enthousiasmé, F emballé par qn, qc; **5.** P (tot sein) P être crevé, P clamecé; **6.** (hingegangen, -gefahren sein) **wo ist sie hin?** où est-elle allée?; **7.** zeitlich **es ist noch einige Zeit hin, bis ...** on a encore un peu de temps avant que ... (+subj)

'hinsetzen ⟨-(es)t, sép, -ge-, h⟩ **I** v/t Sache mettre; poser; Person asseoir; **bei der Tischordnung** F **wo setzen wir ihn hin?** où va-t-on le placer; **II** v/réfl **sich ~** s'asseoir; **sich ~ und e-n Brief schreiben** se mettre à écrire une lettre; F fig **sie wird sich ~, wenn du ihr das erzählst!** si tu lui racontes ça, elle va en être baba, P en rester sur le cul

'Hinsicht f **in dieser ~** à cet égard; sur ce point; **in jeder ~** à tous égards; à tout point de vue; **in gewisser ~** dans

hinsichtlich – hinterhersein

un certain sens; d'un certain point de vue; à certains égards; *in e-r ~ (haben Sie recht)* en un sens (vous avez raison); *in politischer ~* du, au point de vue politique; *in ~ auf (+acc)* compte tenu de
'**hinsichtlich** *prép* ⟨*gén*⟩ en ce qui concerne; pour ce qui est de; quant à; au niveau de
'**hinsinken** *st/s v/i* ⟨*irr, sép, -ge-, sein*⟩ s'affaisser; *tot ~* tomber (raide) mort; *ohnmächtig ~* s'évanouir
'**Hinspiel** *n SPORT* match *m* aller
'**hinstellen** ⟨*sép, -ge-, h*⟩ **I** *v/t* **1.** *an e-e Stelle* mettre; poser; *stell die Vase so hin, daß ...* mets, pose le vase de telle façon que ...; (*+subj*) *ich stelle dir das Mittagessen (fertig) hin* je te prépare tout pour toi; **2.** (*abstellen*) poser; **3.** *fig etw, j-n als etw ~* proposer qc, qn comme qc; donner qc, qn en qc; *fälschlich* présenter qc, qn comme qc; faire passer qc, qn pour qc; *etw so ~, als ob ...* présenter qc comme si ...; **II** *v/réfl sich ~* **4.** *an e-e Stelle* se mettre; se planter; *wartend* se poster; *sich gerade ~* (venir) se mettre, se camper bien droit; *sich hinten ~* se mettre derrière; **5.** *fig sich als etw ~* se poser en qc; se faire passer pour qc; se donner pour qc
'**hinstrecken** ⟨*sép, -ge-, h*⟩ **I** *v/t* **1.** *Gegenstand, Hand* tendre; **2.** *st/s j-n ~* étendre qn (par terre); **II** *v/réfl sich ~* **3.** *Personen* s'étendre; s'allonger **4.** (*sich erstrecken*) s'étendre, aller (*bis* jusqu'à)
'**hinströmen** *v/i* ⟨*sép, -ge-, sein*⟩ *Menschen* y aller en masse, en foule; déferler
'**hinstürzen** *v/i* ⟨*-(es)t, sép, -ge-, sein*⟩ **1.** (*hinfallen*) tomber; faire une chute; **2.** (*eilen*) se précipiter (*zu* vers); *die Nachbarn stürzen alle hin* les voisins s'y précipitent tous
hintan|setzen [hɪntˈʔanzɛtsən] *st/s v/t* ⟨*-(es)t, sép, -ge-, h*⟩, **~stellen** *st/s v/t* ⟨*sép, -ge-, h*⟩ (*zurückstellen*) faire passer au second plan, en dernier; (*vernachlässigen*) ne guère tenir compte de, négliger
hinten [ˈhɪntən] *adv* à l'arrière; derrière; *in e-r Reihe* en arrière; (*im Hintergrund*) au fond; (*am Ende*) à la fin; à la queue; (*auf der Rückseite*) *bei Dokumenten, Schriftstücken etc* au dos; au verso; *bei Kleidungsstücken* derrière; dans le dos; *bei Stoffen etc* à l'envers; (*da~*) là-bas; *ein nach ~ gelegenes Zimmer* une pièce sur l'arrière, la cour, etc; *~ im Saal* au fond de la salle; *~ im Auto* à l'arrière, au fond de la voiture; *~ im Zug* en queue du train; *~ im Buch* à la fin du livre; *~ in der Kehle* dans le fond de la gorge; *weiter ~ a in e-m Buch* plus loin; *von ~* par, de derrière; *von weit ~* de très loin; du fin fond de ...; *j-m ~ durch die Brust ins Auge* (*umständlich*) en cherchant midi à quatorze heures; F *j-n am liebsten von ~ sehen* se passer volontiers de (la présence de) qn; *von ~ nach vorn(e)* d'arrière en avant; (*falsch herum*) à l'envers; *~ und vorn ein Loch haben* être troué devant et derrière; F *~ und vorn(e) bedient werden* être servi comme un(e) prince(sse), un roi bzw

une reine; F *~ und vorn(e) nicht stimmen* être entièrement, complètement faux; être archifaux; F *nicht mehr wissen, wo ~ und vorn(e) ist* être (tout) sens dessus dessous; être tout retourné; être (tout) déboussolé; *~ stehen in e-m Raum* se trouver, être au fond; *in e-r Reihe* se trouver, être à la fin *od* à la queue; *im Kino etc ~ sitzen* être assis au fond, à l'arrière, derrière; *von ~ gesehen* vu de derrière, de dos; *von vorn(e) bis ~* du début à la fin; F *fig* complètement; entièrement; (*von*) *~ anfangen* commencer par la fin; *sich ~ anstellen* faire la queue; *~ anstellen!* à la queue!; *sich ~ anschließen* suivre derrière; F *ich habe ~ (doch) keine Augen!* je ne peux pas avoir les yeux partout!
hinten'dran F *adv* à l'arrière; au dos; derrière
hinten'drauf F *adv* à l'arrière; au dos; derrière; *j-m ein paar ~ geben* donner une fessée à qn
'**hintenherum** *adv* **1.** *räumlich* par derrière; *~ gehen* aller par derrière; **2.** F *fig* (*heimlich*) *etw ~ besorgen, kaufen, bekommen* se procurer, acheter, avoir qc en sous-main; *ich habe ~ erfahren, daß ...* j'ai appris d'une façon détournée que ...; **3.** F (*am Gesäß*) aux fesses; *sie ist ~ dick* elle a des grosses fesses bzw des 'hanches fortes
hinten'über *adv* en arrière; à la renverse; *~fallen* *v/i* ⟨*irr, sép, -ge-, sein*⟩ tomber à la renverse
hinter [ˈhɪntər] *prép Lage* ⟨*dat*⟩, *Richtung* ⟨*acc*⟩ derrière; *Reihenfolge* après; *die Tür ~ sich* ⟨*dat*⟩ *zumachen* fermer la porte derrière soi; *~ meinem Rücken a fig* derrière mon dos; *fig* à mon insu; *gleich ~ Köln* tout de suite après Cologne; *e-r ~ dem anderen* l'un derrière l'autre; à la, en file indienne; à la queue leu leu; *~ j-m, etw stehen a fig* être derrière qn, qc; *das hätte ich ~ der Sache nicht vermutet* je n'aurais jamais supposé cela sous, derrière cette affaire; *etw ~ sich* ⟨*acc*⟩ *bringen* venir à bout de qc; *etw ~ sich* ⟨*dat*⟩ *haben Arbeit etc* en avoir fini, terminé avec qc; *Operation etc* avoir subi qc; *das liegt ~ uns* c'est fini, terminé; *das Schlimmste haben wir ~ uns* le plus dur est fait, passé; F *sich ~ etw* ⟨*acc*⟩ *klemmen* s'atteler à qc; prendre l'affaire, etc en main; F *~ etw* ⟨*acc*⟩ *kommen* découvrir qc; s'apercevoir de qc; (*verstehen*) comprendre, saisir qc; *~ der Zeit zurückbleiben* être en retard sur son époque, sur son temps
'**Hinter|achse** *f im Auto* pont *m* arrière; *~ansicht* *f* vue *f* de derrière; *~ausgang* *m* sortie *f*, porte *f* de derrière; *~backe* *f* fesse *f*; *~bänkler* *m* ⟨*~s; ~*⟩ *im Parlament* député des derniers rangs, peu important; F député *m* lambda
'**Hinterbein** *n* patte *f*, bes *e-s Pferdes* jambe *f* de derrière; *sich auf die ~e stellen* se dresser sur les pattes de derrière; F *fig* se cabrer; regimber; ruer dans les brancards; F *fig sich auf die ~e setzen* s'accrocher; F bosser
Hinterbliebene(r) [hɪntərˈbliːbənə(r)] *f(m)* ⟨*→ A*⟩ survivant *m*; *die trauernden ~n* la famille (du défunt)

Hinter'bliebenenrente *f* pension *f* de réversion
hinter'bringen *v/t* ⟨*irr, insép, pas de ge-, h*⟩ *j-m etw ~* rapporter qc à qn
'**hintere(r, -s)** *adj* ⟨*épithète*⟩ de derrière; dernier, -ière; arrière; *bes Körperteile* postérieur; dernier, -ière; *die ~n Reihen* les derniers rangs; *~ Seite* derrière *m*; arrière *m*; dos *m*
hinterein'ander *adv* **1.** *räumlich* l'un(e) derrière l'autre *bzw* les un(e)s derrière les autres; **2.** *zeitlich* l'un(e) après l'autre *bzw* les un(e)s après les autres; à la suite; *viermal ~* quatre fois de suite, consécutives, d'affilée
hinterein'ander|fahren *v/i* ⟨*irr, sép, -ge-, sein*⟩ rouler l'un derrière l'autre; se suivre (en voiture, *etc*); *~gehen* *v/i* ⟨*irr, sép, -ge-, sein*⟩ marcher l'un derrière l'autre; *~'weg* F *adv* à la suite; l'un(e) après l'autre
'**Hinter|eingang** *m* entrée *f*, porte *f* de derrière; ²**fotzig** *f*, *bayrisch* F *adj* sournois; F faux jeton; ²**fragen** *v/t* ⟨*insép, pas de ge-, h*⟩ s'assurer de; (*in Zweifel ziehen*) remettre en question; *~gedanke* *m* arrière-pensée *f*; ²**gehen** *v/t* ⟨*irr, insép, pas de ge-, h*⟩ abuser; tromper; duper; *~'glasmalerei* *f* peinture *f* sur verre
'**Hintergrund** *m a PEINT, THÉ* fond *m*; *Perspektive* arrière-plan *m*; *auf blauem ~* sur fond bleu; *im ~* à l'arrière-plan; *fig in den ~ treten Sache* passer au second plan; *Person* jouer un rôle effacé; *fig sich im ~ halten, im ~ bleiben* rester dans l'ombre; *pl* **Hintergründe** *fig* arrière-plan *m*; tenants *m/pl* et aboutissants *m/pl*; dessous *m/pl* (d'une affaire)
hintergründig [ˈhɪntərɡrʏndɪç] *adj* *Lächeln* énigmatique; *Humor* profond; *Sinn* complexe; profond
'**Hintergrund|information** *f* information *f* sur les dessous, les raisons (*über* [+*acc*] de); tenants *m/pl* et aboutissants *m/pl* (*über* [+*acc*] de); *~musik* *f* musique *f* de fond
'**Hinterhalt** *m* ⟨*~(e)s; ~e*⟩ embuscade *f*; guet-apens *m*; *in e-n ~ locken, geraten* attirer, tomber dans une embuscade
hinterhältig [ˈhɪntərhɛltɪç] *adj* sournois; dissimulé; insidieux, -ieuse; ²**keit** *f* ⟨*~*⟩ sournoiserie *f*
'**Hinterhand** *f* ⟨*~*⟩ **1.** *des Pferdes* arrière-main *f*; **2.** *beim Kartenspiel* *in der ~ sitzen od sein* jouer le dernier; *fig etw in der ~ haben* avoir qc en réserve
'**Hinterhaus** *n* maison *f*, bâtiment *m* (derrière un bâtiment principal au fond d'une cour); *er wohnt im ~ a* il habite au fond de la cour
hinter'her *adv* **1.** *zeitlich* après; **2.** *räumlich* derrière (*a Rangfolge*); après
hinter'hergehen *v/i* ⟨*irr, sép, -ge-, sein*⟩ *j-m ~* suivre qn
hinter'herhinken *v/i* ⟨*sép, -ge-, sein*⟩ *a fig* être à la traîne; *in der Entwicklung ~* se développer, évoluer avec (un certain) retard; être en retard dans son développement, son évolution
hinter'herlaufen *v/i* ⟨*irr, sép, -ge-, sein*⟩ *j-m, e-r Sache ~ a* F *fig* courir après qn, qc
hinter'hersein F *v/i* ⟨*irr, sép, -ge-, sein*⟩ **1.** (*verfolgen*) *j-m ~* être à la poursuite

de qn; **2.** *fig* (*hinterherhinken*) *mit*, *in etw* (*dat*) ~ être en retard, à la traîne dans qc; **3.** *fig* (*bedacht sein*) (**sehr**) ~, *daß* ... être très attentif, faire très attention à ce que ... (+*subj*)
hinter'herspionieren *v/i* ⟨*sép*, *pas de ge-*, *h*⟩ *j-m* ~ espionner qn; surveiller qn; suivre qn pour l'espionner
'**Hinter|hof** *m* arrière-cour *f*; **~indien** *n* l'Indochine *f*; **~keule** *f* cuisse *f*; *vom Hammel*, *Lamm* gigot *m*; *vom Reh* cuissot *m*; *vom Kalb* cuisseau *m*
'**Hinterkopf** *m* ANAT occiput *m*; F *etw im* ~ *haben* avoir qc en tête, présent à l'esprit; F *etw im* ~ *behalten* ne pas perdre de vue qc
'**Hinter|lader** *m* ⟨~s; ~⟩ WAFFENTECHNIK arme *f* se chargeant par la culasse; **~land** *n* ⟨~(e)s⟩ arrière-pays *m*
hinter'lassen *v/t* ⟨*irr*, *insép*, *pas de ge-*, *h*⟩ laisser; JUR *etw testamentarisch* ~ léguer qc (par testament)
Hinter'lassenschaft *f* ⟨~; ~en⟩ héritage *m*; succession *f*
'**hinter|lastig** *adj* trop chargé à l'arrière; **ℒlauf** *m* ZO patte *f* de derrière
hinter'legen *v/t* ⟨*insép*, *pas de ge-*, *h*⟩ *Wertpapiere*, *Geld* déposer; mettre en dépôt; consigner; *etw als Pfand* ~ laisser qc en gage
Hinter'legung *f* ⟨~; ~en⟩ dépôt *m*; consignation *f*; *e-s Pfandes* nantissement *m*; *gegen* ~ *von* moyennant le dépôt de
'**Hinter|leib** *m* ZO abdomen *m*; **~list** *f* perfidie *f*; **ℒlistig** *adj* perfide
hinterm ['hɪntərm] F = *hinter dem*
'**Hintermann** *m* ⟨~(e)s; ~er⟩ **1.** personne *f* qui est derrière qn; *in der Schule*, MIL voisin *m* de derrière; **2.** *fig* (*Drahtzieher*) personne *f* qui tire les ficelles, qui se tient dans la coulisse
'**Hintermannschaft** *f* SPORT arrières *m/pl*; défense *f*
hintern ['hɪntərn] F = *hinter den*
'**Hintern** F *m* ⟨~s; ~⟩ derrière *m*; F postérieur *m*; fesses *f/pl*; *j-m den* ~ *voll hauen* donner une fessée à qn; fesser qn; *j-n od j-m in den* ~ *treten* botter le derrière, les fesses de qn; donner un coup de pied dans le derrière de qn; *fig j-m in den* ~ *kriechen* lécher les bottes de qn; F faire de la lèche à qn; *fig sich auf den* ~ *setzen* (*sich anstrengen*) s'accrocher; F bosser; (*überrascht sein*) en tomber assis, P sur le cul; (*auf den Hintern fallen*) tomber sur les fesses; *Pfeffer od Hummeln im* ~ *haben* (*nicht still sitzen können*) ne pas tenir en place; s'agiter; (*temperamentvoll sein*) F péter le feu; *ich könnte mir vor Wut in den* ~ *beißen* je me donnerais, pourrais me donner des claques
'**Hinterrad** *n* roue *f* arrière, de derrière; **~antrieb** *m* ⟨~(e)s⟩ traction *f* arrière
hinterrücks ['hɪntəryks] *adv* par derrière
hinters ['hɪntərs] F = *hinter das*
'**Hinter|schinken** *m* jambon *m*; **~seite** *f* derrière *m*; arrière *m*; dos *m*; **~sinn** *m* ⟨~(e)s⟩ double sens *m*; *bei Äußerungen etc* sous-entendu *m*; **ℒsinnig** *adj* à double sens; ambigu, -guë; **~sitz** *m* siège *m* arrière; fond *m*
'**hinterste(r**, **-s)** *adj* dernier, -ière; *am* **~n Ende** tout au bout; tout à la fin; *in der* **~n Reihe** au dernier rang

'**Hinter|steven** *m* MAR étambot *m*; **~teil** F *n* (*Gesäß*) derrière *m*; *péj bes von Frauen* croupe *f*; *a von Tieren* arrière--train *m*
'**Hintertreffen** *n ins* ~ *geraten* être mis à l'écart; être distancé, éclipsé
hinter'treiben *v/t* ⟨*irr*, *insép*, *pas de ge-*, *h*⟩ *Reform*, *Gesetz* empêcher; *Pläne* contrecarrer; déjouer; faire échouer
'**Hinter|treppe** *f* escalier(s) *m*(*pl*) de service; **ℒ'tupfingen** F plais *n* ⟨→ *n/pr*⟩ *f* Trifouillis-les-Oies; **~tür** *f* porte *f* de derrière
Hintertürchen ['hɪntərtyːrçən] *n* ⟨~s, ~⟩ *fig sich* (*dat*) *ein* ~ *offenhalten* se ménager une porte de sortie
Hinterwäldler ['hɪntərvɛltlər] *m* ⟨~s; ~⟩ F plouc *m*; rustaud *m*; rustre *m*
hinter'ziehen *v/t* ⟨*irr*, *insép*, *pas de ge-*, *h*⟩ détourner; soustraire; *Steuern* ~ frauder le fisc
Hinter'ziehung *f* ⟨~; ~en⟩ détournement *m*; soustraction *f*; *von Steuern* fraude *f*
'**Hinterzimmer** *n* pièce *f* de derrière
'**hintragen** *v/t* ⟨*irr*, *sép*, -ge-, *h*⟩ (*y*) porter; *etw zu j-m* ~ porter qc à qn
'**hintreiben** ⟨*irr*, *sép*, -ge-⟩ I *v/t* ⟨*h*⟩ *Herde etc* (*y*) mener, pousser; *die Sehnsucht trieb ihn zu ihr hin* la nostalgie l'a poussé vers elle, il est venu vers elle, poussé par la nostalgie; II *v/i* ⟨*sein*⟩ *auf dem Wasser* flotter; *p/fort* dériver
'**hintreten** *v/i* ⟨*irr*, *sép*, -ge-⟩ **1.** ⟨*sein*⟩ *zu j-m* ~ s'avancer vers qn; s'approcher de qn; *vor j-n* ~ se présenter devant qn; **2.** ⟨*h*⟩ poser, mettre le pied; *gegen etw* buter
'**hintun** F *v/t* ⟨*irr*, *sép*, -ge-, *h*⟩ (*y*) mettre; *wo soll ich das* ~? où dois-je mettre cela?; *fig ich weiß nicht, wo ich ihn* ~ *soll* (... *woher ich ihn kenne*) je ne sais pas d'où je le connais; je ne le remets pas
hinüber [hɪ'nyːbər] *adv* de l'autre côté; *über* (+*acc*) ~ par-dessus; *bis zum anderen Ufer* ~ jusqu'à l'autre rive
hin'überblicken *v/i* ⟨*sép*, -ge-, *h*⟩ **1.** *über etw* ~ regarder par-dessus qc, qn; *über e-n Fluß etc* regarder, voir de l'autre côté (du fleuve, etc); **2.** *zu j-m*, *etw* ~ regarder qn, qc
hin'überbringen *v/t* ⟨*irr*, *sép*, -ge-, *h*⟩ *Gegenstände* porter (*zu j-m* à, chez qn); *j-n*, *etw über den Fluß* ~ faire passer le fleuve à qn, qc; *das Boot wird Sie* ~ le bateau va vous conduire, mener, transporter de l'autre côté; *j-n über die Straße* ~ faire traverser la rue à qn
hin'überfahren ⟨*irr*, *sép*, -ge-⟩ I *v/t* ⟨*h*⟩ *j-n*, *etw über den Fluß* ~ transporter, faire passer qn, qc de l'autre côté du fleuve; faire passer qn, qc; II *v/i* ⟨*sein*⟩ (*über e-n Fluß*, *e-e Brücke*) ~ traverser (un fleuve, un pont); ~ *zu*, *nach* ... aller à ...
hin'überführen ⟨*sép*, -ge-, *h*⟩ I *v/t Person* faire traverser (*j-n* qn, *j-n über etw* [*acc*] qc à qn); II *v/i Straße etc* (*über etw* [*acc*]) ~ mener, conduire de l'autre côté (de qc)
hin'übergehen *v/i* ⟨*irr*, *sép*, -ge-, *sein*⟩ **1.** (*über etw* [*acc*]) ~ *über e-e Straße*, *Brücke etc* traverser (qc); *auf die andere Seite* ~ aller de l'autre côté; **2.**

ins Nebenzimmer, *zu Freunden* ~ aller dans la pièce voisine, chez des amis; **3.** *st/s* (*sterben*) *litt* trépasser
hin'überhelfen *v/i* ⟨*irr*, *sép*, -ge-, *h*⟩ *j-m über etw* (*acc*) ~ *über e-e Straße etc* aider qn à traverser qc; *über e-e Mauer etc* aider qn à passer par-dessus qc; *fig über Schwierigkeiten etc* aider qn à surmonter, à résoudre qc
hin'überkommen *v/i* ⟨*irr*, *sép*, -ge-, *sein*⟩ **1.** *auf die andere Seite* passer de l'autre côté. **2.** (*können*) pouvoir passer de l'autre côté; *über ein Hindernis* pouvoir passer par-dessus qc; **3.** F (*besuchen*) *zu j-m* ~ venir chez qn; venir voir qn
hin'überlassen *v/t* ⟨*irr*, *sép*, -ge-, *h*⟩ laisser *bzw* faire passer de l'autre côté; *nach Frankreich* ~ laisser passer en France
hin'überlaufen *v/i* ⟨*irr*, *sép*, -ge-, *sein*⟩ aller, courir, passer de l'autre côté; *über e-e Straße* ~ traverser une rue en courant
hin'überreichen ⟨*sép*, -ge-, *h*⟩ I *v/t j-m etw* ~ passer qc à qn (*über den Tisch etc* par-dessus la table, etc); II *v/i* **1.** (*sich erstrecken*) s'étendre (*bis* jusqu'à); **2.** (*lang genug sein*) aller, venir (*bis* jusqu'à)
hin'überretten ⟨-ete, *sép*, -ge-, *h*⟩ I *v/t Vermögen*, *Gegenstände etc* sauver; mettre à l'abri, en sécurité; *Tradition*, *Werte etc* préserver; sauver; garder intact; II *v/réfl sich* ~ *Personen* trouver refuge; se mettre à l'abri; *Tradition*, *Werte etc* survivre; se maintenir
hin'überschwimmen *v/i* ⟨*irr*, *sép*, -ge-, *sein*⟩ *über e-n Fluß* ~ traverser une rivière à la nage; *zur Insel*, *zum anderen Ufer* ~ nager jusqu'à l'île, jusqu'à l'autre rive
hin'übersehen ⟨*irr*, *sép*, -ge-, *h*⟩ *cf hinüberblicken*
hin'übersein F *v/i* ⟨*irr*, *sép*, -ge-, *sein*⟩ **1.** (*kaputt*, *verdorben sein*) être abîmé, F fichu, P foutu; **2.** (*tot sein*) F avoir passé l'arme à gauche; P être clamsé; **3.** (*bewußtlos sein*) F être dans les vapes; (*betrunken sein*) F avoir sa dose; F être raide
Hinübersetzung ['hɪnʔyːbərzɛtsʊŋ] *f* traduction *f* dans une langue étrangère; *in der Schule* thème *m*
hin'überspielen ⟨*sép*, -ge-, *h*⟩ I *v/t Ball* passer; II *v/i Farben ins Rote* ~ tirer sur le rouge
hin'überspringen *v/i* ⟨*irr*, *sép*, -ge-, *sein*⟩ sauter de l'autre côté; *über etw* (*acc*) ~ franchir qc d'un bond; *über e-n Graben*, *e-e Mauer* ~ sauter par-dessus un fossé, un mur; F *schnell zum Bäcker* ~ courir vite chez le boulanger
hin'übersteigen *v/i* ⟨*irr*, *sép*, -ge-, *sein*⟩ *über etw* (*acc*) ~ passer par-dessus qc; *mit e-m Schritt* enjamber qc
hin'überwechseln *v/i* ⟨-(e)le, *sép*, -ge-, *h ou sein*⟩ passer (*zu* à); *auf die andere Straßenseite* ~ changer de trottoir; *in e-n neuen Beruf* ~ changer de métier; *zu e-r anderen Partei* ~ changer de parti; passer dans un autre parti
hin'überwerfen *v/t* ⟨*irr*, *sép*, -ge-, *h*⟩ jeter, *Ball* lancer de l'autre côté; *etw über etw* (*acc*) ~ jeter qc par-dessus qc; *e-n Blick* ~ jeter un coup d'œil, un

regard de l'autre côté; *hinüber- und herüberwerfen* lancer et relancer
hin'überziehen ⟨*irr, sép, -ge-*⟩ **I** *v/t* ⟨h⟩ tirer de l'autre côté; **II** *v/i* ⟨sein⟩ **1.** passer (*auf die andere Seite* de l'autre côté; *zu, nach* à); **2.** *in e-e andere Wohnung* s'installer de l'autre côté, vis-à-vis, dans une autre ville, *etc*; **III** *v/réfl* ⟨h⟩ *sich ~* s'étendre, *Schmerz etc* aller (*bis zu* jusqu'à)
'**hin- und 'herbewegen** ⟨*sép, pas de ge-*, h⟩ **I** *v/t* faire aller et venir; *schwingend* balancer; (*schütteln*) agiter; **II** *v/réfl sich ~ schwingend, schaukelnd* se balancer; *heftig* s'agiter; *TECH etc* aller et venir
'**hin- und 'herfahren** *v/i* ⟨*irr, sép, -ge-*, sein⟩ aller et revenir; *mit Zug, Schiff, Bus etc* faire l'aller et retour; (*pendeln*) faire la navette
'**hin- und 'hergehen** *v/i* ⟨*irr, sép, -ge-*, sein⟩ *in e-m Zimmer etc* marcher de long en large; aller et venir; *nervös* faire les cent pas
'**hin- und 'herpendeln** *v/i* ⟨-(e)le, *sép, -ge-*, sein⟩ *zwischen zwei Orten* faire la navette
'**Hin- und 'Rück|fahrt** *f* aller (et) retour *m* (*mit dem Schiff etc* par bateau, *etc*); **~flug** *m* aller (et) retour *m* (par avion); vol *m* aller (et) retour; **~reise** *f* aller (et) retour *m*; **~weg** *m* aller (et) retour *m*
hinunter [hɪˈnʊntər] *adv* ~ (**da**)! descends *bzw* descendez (de là)!; *dort* ~! (descends *bzw* descendez) par là!; (*den Fluß*) ~ *ging die Fahrt sehr schnell* en descendant, pour descendre (le fleuve) le voyage a été très rapide; *weiter* ~ plus bas; *bis ins Tal* ~ jusque dans la vallée
hin'unterblicken *v/i* ⟨*sép, -ge-*, h⟩ regarder vers le bas; regarder en bas; *auf etw* (*acc*) ~ regarder qc en bas; *fig auf j-n* ~ regarder qn de haut
hin'unter|bringen *v/t* ⟨*irr, sép, -ge-*, h⟩ *Dinge* descendre; *Personen* (r)accompagner jusqu'en bas; **~fahren** ⟨*irr, sép, -ge-*⟩ *v/t* ⟨h⟩ *u v/i* ⟨sein⟩ descendre; **~fallen** *cf herunterfallen*; **~führen** *v/t u v/i* ⟨*sép, -ge-*, h⟩ conduire, mener (jusqu')en bas; **~gehen** *v/i* ⟨*irr, sép, -ge-*, sein⟩ descendre; **~kippen** F *v/t* ⟨*sép, -ge-*, h⟩ *Getränk* F descendre; siffler; **~kommen** *v/i* ⟨*irr, sép, -ge-*, sein⟩ descendre; *mit Mühe* parvenir à, arriver à, pouvoir descendre; **~lassen** *v/t* ⟨*irr, sép, -ge-*, h⟩ faire *bzw* laisser descendre
hin'unterlaufen *v/i* ⟨*irr, sép, -ge-*, sein⟩ **1.** descendre (en courant); *schnell* dévaler; **2.** *an etw* (*dat*) ~ *Flüssigkeit* couler le long de qc; dévaler qc; *es lief mir eiskalt den Rücken hinunter* j'en avais froid dans le dos; j'en avais des sueurs froides
hin'unterreichen ⟨*sép, -ge-*, h⟩ **I** *v/t* tendre; passer; **II** *v/i Seil etc* aller jusqu'en bas; atteindre le fond
hin'unterrollen ⟨*sép, -ge-*, h⟩ **I** *v/t* ⟨h⟩ (faire) rouler, descendre en bas; **II** *v/i* ⟨sein⟩ rouler (de haut en bas); *den Hang* ~ rouler en bas de la pente
hin'unterrufen *v/t* ⟨*irr, sép, -ge-*, h⟩ *etw* (*zu*) *j-m* ~ crier qc à qn (qui est) en bas
hin'unterrutschen *v/i* ⟨*sép, -ge-*, sein⟩ glisser (jusqu'en bas); *den Hang* ~ glisser le long de la pente
hin'unter|schauen ⟨*sép, -ge-*, h⟩ *bes südd cf hinunterblicken*; **~schicken** *v/t* ⟨*sép, -ge-*, h⟩ envoyer; faire descendre; **~schlingen** *v/t* ⟨*irr, sép, -ge-*, h⟩ avaler; *gierig* F engouffrer; engloutir; ingurgiter; **~schlucken** *v/t* ⟨*sép, -ge-*, h⟩ **1.** avaler; **2.** F *fig Zorn, Ärger* ravaler; *Enttäuschung, Kränkung, Kritik* encaisser; *Tränen* retenir; **~sehen** ⟨*irr, sép, -ge-*, h⟩ *cf hinunterblicken*
hin'unterspringen *v/i* ⟨*irr, sép, -ge-*, sein⟩ sauter en bas; descendre d'un bond; *von etw* ~ sauter du haut de qc
hin'unterspülen *v/t* ⟨*sép, -ge-*, h⟩ **1.** *im Ausguß, WC etc* faire partir; faire descendre; **2.** F *Tablette, Bissen etc* faire descendre, passer; *fig Kummer, Ärger etc* noyer
hin'untersteigen *v/i* ⟨*irr, sép, -ge-*, sein⟩ descendre; *den Berg* ~ descendre de la montagne
hin'unterstoßen *v/t* ⟨*irr, sép, -ge-*, h⟩ *etw, j-n* (*von etw*) ~ faire tomber qc, qn (d'un coup de coude, *etc*) (du haut de qc)
hin'unterstürzen ⟨-(e)st, *sép, -ge-*⟩ **I** *v/t* ⟨h⟩ **1.** *Person von e-m Turm etc* précipiter, faire tomber, *Gegenstand a* lancer (en bas) (*von* du haut de); **2.** F *fig Getränk* F descendre; F siffler; **II** *v/i* ⟨sein⟩ **3.** (*hinunterfallen*) tomber (*von* du haut de); **4.** (*hinuntereilen*) descendre précipitamment; F dégringoler; **III** *v/réfl* ⟨h⟩ *sich* ~ se précipiter, se jeter en bas; *sich von e-m Turm* ~ se jeter, se précipiter du haut d'une tour
hin'unter|tragen *v/t* ⟨*irr, sép, -ge-*, h⟩ descendre; **~wagen** *v/réfl* ⟨*sép, -ge-*, h⟩ *sich* ~ oser descendre
hin'unterwerfen *v/t* ⟨*irr, sép, -ge-*, h⟩ jeter, lancer (en bas); *unabsichtlich* faire tomber; *e-n Blick* ~ jeter un coup d'œil en bas
hin'unter|würgen *cf herunterwürgen*; **~ziehen** ⟨*irr, sép, -ge-*⟩ **I** *v/t* ⟨h⟩ tirer (vers le bas); **II** *v/i* ⟨sein⟩ *a in e-e tiefere Etage* descendre; **III** *v/réfl* ⟨h⟩ *sich* ~ descendre, s'étendre (*bis* jusqu'à)
'**hinwagen** *v/réfl* ⟨*sép, -ge-*, h⟩ *sich* ~ oser, se risquer à y aller
hinweg [hɪnˈvɛk] *adv* **1.** *st/s* ~ (*mit dir*)! va-t-en!; **2.** *räumlich über etw* (*acc*) ~ par-dessus qc; *über Hindernisse a* par-delà qc; *fig über unsere Köpfe od uns* ~ sans s'occuper de nous; **3.** *zeitlich über Jahre* ~ durant des années; des années durant
Hinweg [ˈhɪnveːk] *m* aller *m*; *auf dem* ~ à l'aller; en y allant; *für den* ~ à, pour l'aller
hin'weggehen *v/i* ⟨*irr, sép, -ge-*, sein⟩ (*nicht beachten*) *über etw* (*acc*) ~ ne pas s'arrêter à qc; passer outre à, sur qc
hin'weghelfen *v/i* ⟨*irr, sép, -ge-*, h⟩ *j-m über e-e Schwierigkeit* ~ aider qn à surmonter une difficulté; *j-m über e-e schwere Zeit* ~ aider qn à passer une phase difficile, des heures difficiles
hin'wegkommen *v/i* ⟨*irr, sép, -ge-*, sein⟩ *über etw* (*acc*) ~ *über Enttäuschungen* surmonter qc; *über e-n Verlust* (arriver, parvenir à) se consoler de qc; *ich komme darüber nicht hinweg*

je ne m'en remets pas; je n'arrive pas à m'en consoler
hin'wegraffen *st/s v/t* ⟨*sép, -ge-*, h⟩ *Menschenleben* emporter; *st/s* enlever
hin'wegsehen *v/i* ⟨*irr, sép, -ge-*, h⟩ (*unbeachtet lassen*) *über etw* (*acc*) ~ fermer les yeux, passer sur qc
hin'wegsetzen ⟨-(es)t, *sép, -ge-*⟩ **I** *v/i* ⟨sein *ou* h⟩ *über ein Hindernis* ~ sauter par-dessus un obstacle; **II** *v/réfl* ⟨h⟩ *sich über etw* (*acc*) ~ ne pas tenir compte de qc; ne pas respecter qc
hin'wegtäuschen *v/t* ⟨*sép, -ge-*, h⟩ *j-n über etw* (*acc*) ~ empêcher qn de voir qc; *das täuscht darüber hinweg, daß ... a* cela cache, masque le fait que ...; *das täuscht nicht darüber hinweg, daß ...* on voit bien que ...
hin'wegtrösten *v/t* ⟨-ete, *sép, -ge-*, h⟩ *j-n über ein Hindernis* ~ consoler qn de qc
Hinweis [ˈhɪnvaɪs] *m* ⟨~es, -e⟩ **1.** (*Mitteilung*) indication *f*; précision *f*; (*Auskunft*) renseignement *m* (*auf* [+*acc*] au sujet de); *ein wertvoller* ~ une indication, précision utile; *j-m e-n* ~ *geben* donner un renseignement, une indication à qn; *bei Straftaten* ~*e aus der Bevölkerung* indices, renseignements donnés, fournis par la population; *wenn ich mir den* ~ *erlauben darf* si je peux *od* puis me permettre de vous donner cette précision, ce conseil; **2.** *ADM unter* ~ *auf* (+*acc*) en se référant à; en renvoyant à; **3.** (*Anzeichen*) indication *f* (*auf* [+*acc*] sur); *es gibt nicht den geringsten* ~*, daß ...* rien ne permet de penser, de conclure que ... (+*subj*); **4.** (*Verweis*) renvoi *m* (*auf* +*subj*)
'**hinweisen** ⟨*irr, sép, -ge-*, h⟩ **I** *v/t j-n auf etw* (*acc*) ~ faire observer, faire remarquer qc à qn; signaler, indiquer qc à qn; *ich weise Sie darauf hin, daß ...* je vous fais remarquer, je vous signale que ...; **II** *v/i auf etw* (*acc*) ~ indiquer, signaler qc; *ich weise darauf hin, daß ...* je fais remarquer que ...
'**hinweisend** *adj* GR *Fürwort* démonstratif, -ive
'**Hinweis|schild** *n* ⟨-(e)s; -er⟩ panneau indicateur; **~tafel** *f* tableau indicateur
'**hinwenden** *v/réfl* ⟨*irr, sép, -ge-*, h⟩ *sich zu j-m* ~ *a fig* se tourner vers qn; *fig nicht wissen, wo man sich* ~ *soll* ne pas savoir où aller, quelle direction prendre; *an Personen* ne pas savoir à qui s'adresser
'**Hinwendung** *f* ⟨~⟩ (*Zuneigung*) sollicitude *f*
'**hinwerfen** ⟨*irr, sép, -ge-*, h⟩ **I** *v/t* **1.** jeter (par terre); *den Tieren Futter* ~ jeter de la nourriture aux animaux; **2.** *fig Zeichnung etc* esquisser; *Geschriebenes* griffonner; écrire à la hâte; *Bemerkung* lancer; jeter; *e-e leicht hingeworfene Bemerkung* une remarque lancée, jetée à la légère; **3.** F *Arbeit etc* F envoyer promener, balader; F ficher, P foutre en l'air; *alles, den ganzen Kram* ~ tout envoyer promener, *etc*; F tout plaquer; **II** *v/réfl sich* ~ se jeter par terre
'**hinwirken** *v/i* ⟨*sép, -ge-*, h⟩ *auf etw* (*acc*) ~ tendre, viser à qc; *bei j-m darauf* ~*, daß ...* faire pression sur qn pour que ... (+*subj*); insister auprès de qn pour que ... (+*subj*)

'**hinwollen** F *v/i* ⟨*irr, sép,* -ge-, h⟩ vouloir y aller; *wo willst du hin?* où vas-tu (F comme ça)?

Hinz [hɪnts] *m* F *péj* **~ und Kunz** Pierre et Paul

'**hinzählen** *v/t* ⟨*sép,* -ge-, h⟩ *ich zähle ihm das Geld hin* je compte devant lui l'argent qui lui est dû

'**hinziehen** ⟨*irr, sép,* -ge-⟩ **I** *v/t* ⟨h⟩ **1.** *etw zu sich* (*dat*) **~** rapprocher qc (vers soi); tirer qc vers soi; **2.** *zeitlich* (*hinauszögern*) retarder; (*in die Länge ziehen*) (faire) traîner en longueur; faire durer; **3.** *fig j-n zu sich* (*dat*) **~** *durch s-e Anziehungskraft etc* attirer qn; *ich fühle mich zu ihm hingezogen* je me sens attiré par lui; **II** *v/i* ⟨sein⟩ **4.** *an e-n Ort* aller, se rendre (*zu* à); **5.** (*umziehen*) s'y installer; **III** *v/réfl* ⟨h⟩ *sich* **~ 6.** *zeitlich* (*sich in die Länge ziehen*) traîner en longueur; (*sich verzögern*) être retardé; *etw zieht sich über mehrere Wochen hin* qc s'étend sur plusieurs semaines; **7.** *räumlich* s'étendre (*bis nach* jusqu'à)

'**hinzielen** *v/i* ⟨*sép,* -ge-, h⟩ *auf etw* (*acc*) **~** viser, tendre à qc

hinzu [hɪn'tsuː] *adv* en plus

hin'zubekommen *v/t* ⟨*irr, sép, pas de* ge-, h⟩ avoir, recevoir en plus (*zu* de)

hin'zufügen *v/t* ⟨*sép,* -ge-, h⟩ ajouter (*zu* à); *ich möchte noch* **~**, *daß* ... je voudrais encore ajouter que ...

Hin'zufügung *f* ⟨**~**; -en⟩ addition *f*; *zu e-m Text a* adjonction *f*

hin'zugesellen *v/réfl* ⟨*sép, p/p* hinzugesellt, h⟩ *sich* (*zu*) *j-m* **~** se joindre, s'associer à qn

hin'zukommen *v/i* ⟨*irr, sép,* -ge-, sein⟩ **1.** (*sich anschließen*) s'y ajouter; s'y joindre; **2.** *überraschend* survenir; *ich kam gerade hinzu, als* ... j'arrivai, je survins au moment où ...; **3.** *Dinge* (*hinzutreten*) s'y ajouter; *es kam noch e-e Lungenentzündung hinzu* une pneumonie vint encore s'ajouter à cela; *es kommt noch hinzu, daß* ... ajoutez (à cela) que ...

hin'zu|rechnen *v/t* ⟨-ete, *sép,* -ge-, h⟩ ajouter au compte; compter en plus; **~setzen** *v/t* ⟨-(es)t, *sép,* -ge-, h⟩ ajouter

hin'zuverdienen *v/t* ⟨*sép, pas de* ge-, h⟩ (*etwas*) **~** se faire des à-côtés; *sie hat* (*sich* [*dat*]) *300 Mark hinzuverdient* elle s'est fait 300 marks d'à-côtés

hin'zu|zählen *v/t* ⟨*sép,* -ge-, h⟩ ajouter; **~ziehen** *v/t* ⟨*irr, sép,* -ge-, h⟩ *Arzt, Fachmann etc* avoir recours à; faire appel à; faire venir

Hin'zuziehung *f* ⟨**~**⟩ *unter* **~** *e-s Fachmanns, der einschlägigen Literatur* en ayant recours à un spécialiste, à la littérature spécialisée

Hiob ['hiːɔp] *m* ⟨**~** *n/pr*⟩ Job *m*

'**Hiobsbotschaft** *f* nouvelle désastreuse; très mauvaise nouvelle

Hippe ['hɪpə] *f* ⟨**~**; -n⟩ JARD serpette *f*; *Attribut de Todes* faux *f*

hipp, hipp, hurra ['hɪp'hɪphu'raː] *int* hip, hip, hip! hourra!

Hippie ['hɪpi] *m* ⟨**~**s; -s⟩ 'hippie *od* 'hippy *m,f*

Hippodrom [hɪpo'droːm] *n od m* ⟨**~**s; **~**e⟩ hippodrome *m*

Hirn [hɪrn] *n* ⟨-(e)s; **~**e⟩ **1.** *Substanz, a* CUIS, *fig* cervelle *f*; F *sein* **~** *anstrengen* faire marcher sa cervelle, son cerveau; F *sich* (*dat*) *das* **~** *zermartern* F se casser (la tête); se creuser la tête; F se fatiguer les méninges; F *das kann nur e-m kranken* **~** *entsprungen sein* c'est une idée de fou, F de cinglé; **2.** *Organ* cerveau *m*

'**Hirn|anhang(s)drüse** *f* hypophyse *f*; **~erschütterung** *f schweiz cf* **Gehirnerschütterung**

'**Hirngespinst** *n* ⟨-(e)s; **~**e⟩ chimère *f*; élucubration *f*; *e-m* **~** *nachhängen* caresser une chimère

'**Hirn|hautentzündung** *f* méningite *f*; **⦵los** *adj péj* sans cervelle; écervelé; étourdi; **~rinde** *f* cortex cérébral; écorce cérébrale; **⦵rissig** F *péj adj* F cinglé; F fêlé; *Idee etc* de fou; **~schlag** *m cf* **Gehirnschlag**; **~tumor** *m* tumeur *f* au cerveau; **⦵verbrannt** F *adjt cf hirnrissig*; **~windung** *f* circonvolution cérébrale

Hirsch [hɪrʃ] *m* ⟨-(e)s; **~**e⟩ cerf *m*; **~braten** *m* rôti *m* de cerf; **~fänger** *m* couteau *m* de chasse; **~geweih** *n* bois *m/pl* de *bzw* du cerf; ramure *f* (de cerf); **~hornsalz** *n* ⟨**~**es⟩ carbonate *m* d'ammonium; **~käfer** *m* ZO cerf-volant *m*; **~kalb** *n* faon *m*; **~kuh** *f* biche *f*; **~leder** *n* cuir *m* de cerf; *vom Damhirsch* daim *m*; **~rücken** *m* CUIS râble *m* de cerf

Hirse ['hɪrzə] *f* ⟨**~**; **~**n⟩ mil *m*; millet *m*; **~brei** *m* bouillie *f* de millet

Hirt(in) ['hɪrt(ɪn)] *m* ⟨**~**(e)s; **~**en⟩ (*f*) ⟨**~**; **~**nen⟩ berger, -ère *m,f*; *litt* pâtre *m*

'**Hirte** *m* ⟨**~**n; **~**n⟩ **1.** *st/s cf* **Hirt**; **2.** *fig* REL pasteur *m*; *der Gute* **~** le Bon Pasteur

'**Hirten|amt** *n* CATH fonction pastorale, de pasteur; **~brief** *m* CATH lettre pastorale; mandement *m*; **~dichtung** *f* poésie pastorale, bucolique; **~flöte** *f* pipeau *m*; **~hund** *m* chien *m* de berger; *Rasse* berger *m*; **~junge** *m* (jeune) berger *m*; **~knabe** *m* poét *m* poét jeune pâtre *m*; *poét* pastoureau *m*; **~mädchen** *n* (jeune) bergère *f*; **~stab** *m* **1.** *st/s* houlette *f*; **2.** *e-s Bischofs* crosse *f*

'**Hirtin** *f cf* **Hirt**

His, his [hɪs] *n* ⟨**~**; **~**⟩ MUS si *m* dièse

Hispanist(in) [hɪspa'nɪst(ɪn)] *m* ⟨**~**en; **~**en⟩ (*f*) ⟨**~**; **~**nen⟩ hispaniste *m,f*; hispanisant(e) *m*(*f*)

Hispa'nistik *f* ⟨**~**⟩ études *f/pl* hispaniques

hissen ['hɪsən] *v/t* ⟨-ßt, h⟩ *Fahne, Segel* 'hisser

Histamin [hɪsta'miːn] *n* ⟨**~**s; **~**e⟩ MÉD histamine *f*

Histo|logie [hɪstolo'giː] *f* ⟨**~**⟩ MÉD histologie *f*; **⦵logisch** *adj* histologique

Histörchen [hɪs'tøːrçən] *n* ⟨**~**s; **~**⟩ *plais* historiette *f*; anecdote *f*

Historie [hɪs'toːriə] *f* ⟨**~**; *st/s f* ⟨**~**⟩ histoire *f*

Hi'storien|bild *n* tableau *m* historique; **~malerei** *f* peinture *f* historique

Hi'storiker(in) *m* ⟨**~**s; **~**⟩ (*f*) ⟨**~**; **~**nen⟩ historien, -ienne *m,f*

hi'storisch *adj* historique

Hit [hɪt] F *m* ⟨**~**(s); **~**s⟩ **1.** MUS F tube *m*; **2.** *fig* succès *m*; (*Mode*) mode *f*

'**Hitler|gruß** [ˈhɪtlərgruːs] *m* HIST salut hitlérien; **~jugend** *f* HIST jeunesses hitlériennes; **~junge** *m* HIST membre *m* des jeunesses hitlériennes

'**Hit|liste** *f* (liste *f* du) 'hit-parade *m*; **~parade** *f* palmarès *m*; *a Sendung* 'hit-parade *m*

Hitze ['hɪtsə] *f* ⟨**~**⟩ *a fig,* ZO chaleur *f*; MÉD *fliegende* **~** bouffée *f* de chaleur; *es herrscht große* **~** il fait très chaud; *bei dieser* **~** par cette chaleur; *etw bei schwacher* **~** *kochen* cuire qc à feu doux; mijoter qc; *fig in* **~** *geraten* s'échauffer; *fig sich in* **~** *reden* s'échauffer, s'exciter (en parlant); *in der* **~** *des Gefechts* dans le feu de l'action, du combat

'**hitze|abweisend** *adjt* isolant; **~beständig** *adj* réfractaire; thermostable; résistant à la chaleur; **⦵bläschen** *n* bouton *m* de chaleur; **~empfindlich** *adj* sensible à la chaleur

'**hitzefrei** *adj* ⟨*attribut*⟩ **~** *haben* avoir congé à cause de la chaleur

'**Hitze|periode** *f* période *f* de (grande, grosse) chaleur; *bes im Sommer* canicule *f*; **~schild** *m* ⟨-(e)s; **~**e⟩ RAUMFAHRT bouclier *m* thermique; **~wallung** *f* MÉD bouffée *f* de chaleur; **~welle** *f* **1.** MÉTÉO vague *f* de chaleur; **2.** MÉD bouffée *f* de chaleur

'**hitzig** *adj* **1.** (*jähzornig*) irascible; emporté; (*wütend*) furieux, -ieuse; (*erregt*) excité; *Debatte etc* passionné; 'houleux, -euse; *violent*; *nicht so* **~**! doucement!; du calme!; ne t'emballe pas!; **2.** (*leidenschaftlich*) ardent, fougueux, -euse; *st/s* impétueux, -euse; **3.** *Tier* (*läufig*) en chaleur

'**Hitz|kopf** *m* tête brûlée; cerveau brûlé; **⦵köpfig** *adj* coléreux, -euse; emporté; **~schlag** *m* MÉD coup *m* de chaleur

HIV [haːʔiːˈfaʊ] *n* ⟨**~**(s); **~**(s)⟩ *abr* (*human immune* [*deficiency*] *virus*) H.I.V. *m*; V.I.H. *m* (virus de l'immunodéficience humaine); **~-infiziert** *adjt* infecté par le H.I.V.; **~-'negativ** *adj* séronégatif, -ive; **~-'positiv** *adj* séropositif, -ive; **~-Virus** *m od n* virus *m* H.I.V.

Hiwi ['hiːvi] *m* ⟨**~**s; **~**s⟩ *Universitätsjargon*: étudiant(e) effectuant divers travaux auprès d'un professeur d'université

HJ [haːˈjɔt] *f* ⟨**~**⟩ *abr* HIST (*Hitlerjugend*) jeunesses hitlériennes

hl *abr* (*Hektoliter*) hl (hectolitre)

hl. *abr* (*heilige*[*r*]) S*t* (saint), S*te* (sainte)

hm [hm] *int* 'hem!; *fragend* 'hein?

H-Milch ['haːmɪlç] *f* lait *m* U.H.T., longue conservation

'**h-Moll** *n* MUS si *m* mineur

HNO|-Arzt [haːʔɛnˈʔoːʔartst] *m*, **~-Ärztin** *f* F oto-rhino *m,f*; O.R.L. *m,f*

hob [hoːp] *cf* **heben**

Hobby ['hɔbi] *n* ⟨**~**s; **~**s⟩ 'hobby *m*; passe-temps favori; F dada *m*

'**Hobbygärtner(in)** *m*(*f*) jardinier, -ière *m,f* amateur; **~sein** à aimer (bien) jardiner

'**Hobby|koch** *m*, **~köchin** *f* cuisinier, -ière *m,f* (amateur); **~raum** *m* atelier *m* (de bricolage)

Hobel ['hoːbəl] *m* ⟨**~**s; **~**⟩ (*Holz⦵*) rabot *m*; *Küchengerät* râpe *f*; **~bank** *f* ⟨**~**; -bänke⟩ établi *m* de menuisier

'**hobeln** *v/t u v/i* ⟨-(e)le, h⟩ raboter; *prov wo gehobelt wird, fallen Späne prov* on ne fait pas d'omelette sans casser des œufs

'**Hobelspäne** ['hoːbəlʃpɛːnə] *m/pl* copeaux *m/pl*

hoch [hoːx] **I** *adj* ⟨hohe, höher, höchste⟩ **1.** (*von großer Höhe*) 'haut; **hohe**

Hoch – Hochformat

Schuhe mit hohem Schaft chaussures montantes; *mit hohem Absatz* chaussures *f/pl* à 'haut talon; *Damenschuhe a talons* 'hauts; **hohe Stirn** front 'haut; *st/s von hohem Wuchs, von hoher Gestalt* de haute taille, stature; de grande taille; *auf hoher See* en 'haute, pleine mer; **zwei Meter ~ sein** avoir deux mètres de haut; être 'haut de deux mètres; *ein zwei Meter hoher Zaun* une clôture de deux mètres de haut(eur); une clôture haute de deux mètres; *das Haus ist vier Stockwerke ~* la maison a quatre étages; *der Schnee liegt zwanzig Zentimeter ~* il y a vingt centimètres de neige; *wie ~ ist der Montblanc?* quelle est la hauteur du mont Blanc?; F *fig das ist mir zu ~* c'est trop fort, F trop calé pour moi; ça me dépasse; **2.** (*in großer Höhe*) 'haut; élevé; *fig im hohen Norden* dans le *od* au Grand Nord; **3.** *fig* (*qualitativ, wert- u mengenmäßig groß*) grand; *Preis, Zahl, Geldstrafe, Gehalt, Zinsen, Miete, Gewicht, Standard* élevé; *Preis, Lohn, Niveau, Temperatur a* 'haut; *Gehalt, Konzentration* haut; fort; *Kosten, Verlust, Gehalt, Niederlage, Gewinn, Betrag, Zinsen* gros, grosse; *Geschwindigkeit, Verantwortung, Niederlage, Sieg* grand; *Ansehen* haut; *Fieber, Summe, Spielkarte* fort; *Verlust, Niederlage, Verantwortung, Strafe* lourd; **hohes Alter** grand âge; *im hohen Alter* très âgé; **hoher Blutdruck** hypertension *f*; **hohe Drehzahl** nombre élevé de tours; *mit hoher Geschwindigkeit* à grande vitesse; *in hohem Maße* dans une large mesure; **hohe Ansprüche stellen** avoir de grandes exigences; être très exigeant; **hohe Ziele haben** avoir de grandes ambitions, des visées ambitieuses; *e-e hohe Meinung von j-m haben* avoir une 'haute opinion de qn; *wie ~ ist die Summe?* à combien se monte, s'élève la somme?; **4.** *fig in e-r Rangfolge: Beamter, Würdenträger etc* 'haut; *Posten* a élevé; *Offizier de haut rang;* **hoher Adel** 'haute noblesse; **hoher Feiertag** grande fête; grand jour de fête; **hoher Gast** hôte *m* illustre; **hohes Gericht!** Messieurs de la Cour!; *von hoher Geburt* de haute naissance; *von hohem Rang* de haut rang; F *fig ein hohes Tier* F une huile; F une grosse légume; *es ist mir e-e hohe Ehre (zu ...)* c'est un grand honneur pour moi (de ...); **5.** *MUS Ton* aigu; *Stimme* 'haut; *Note das hohe C* le do six; **6.** *MATH vier ~ fünf* quatre puissance cinq; *vier ~ zwei meist* quatre au carré; *vier ~ drei meist* quatre au cube; **II** *adv* **1.** (*in großer Höhe*) en 'haut; *~ oben* (*auf* [+*dat*]) tout en 'haut (de); *~ über* (+*dat*) très 'haut au-dessus de; *drei Treppen ~ wohnen* habiter au troisième (étage); *st/s ~ zu Roß* à cheval; monté, perché sur son cheval; *REL. st/s vom Himmel ~* du haut des cieux; *~ fliegen* voler 'haut, à 'haute altitude; *~ liegen Ort* être situé en altitude; *der Schnee liegt ~* il y a beaucoup de neige; *Wasser ~ stehen* être 'haut; *die Sonne steht ~ (am Himmel)* le soleil est 'haut (dans le ciel); **2.** (*nach oben*) *Hände ~!* 'haut les mains!; *fig Kopf ~!* du courage!; *beim Turnen Arme ~!* levez les bras!; *ein ~ aufgeschossenes Mädchen* une jeune fille élancée, longue; *sich ~ auftürmen* s'entasser à une grande 'hauteur; *etw ~ in die Luft werfen* lancer qc 'haut dans l'air, très 'haut; *~ emporragen* s'élever très 'haut; **3.** *fig qualitativ, wert- u mengenmäßig* très; 'hautement; grandement; *~ erfreut* très enchanté; *er war darüber ~ erfreut* cela lui a fait un immense plaisir; *~ versichert sein Person* avoir une assurance très élevée; *Sache* être assuré pour une grosse, forte somme; *zu ~ bemessen* fixé, calculé trop haut; *das ist zu ~ gegriffen* c'est trop; *j-m etw ~ anrechnen* être très reconnaissant de qc à qn; savoir beaucoup de gré à qn de qc; *~ gewinnen SPORT* remporter une grande victoire; *~ verlieren SPORT* essuyer une lourde défaite; *~ gewinnen, verlieren beim Glücksspiel* gagner, perdre gros, beaucoup; *~ spielen* jouer gros; *etw ~ und heilig versprechen* promettre qc solennellement; *etw ~ und heilig versichern* jurer ses grands dieux que ...; F *wenn es ~ kommt* tout au plus; au maximum; en mettant les choses au mieux; *wie ~ schätzen Sie das?* à combien évaluez-vous, estimez-vous cela?; *er ist ~ in den Achtzigern* il a quatre-vingts ans largement passés; il a près de quatre-vingt-dix ans; **4.** *MUS ~ singen, spielen* chanter, jouer 'haut

Hoch *n* ⟨~s; ~s⟩ **1.** *MÉTÉO* anticyclone *m*; zone *f* de haute pression; **2.** (*Hochruf*) vivat *m*; *ein ~ auf j-n ausbringen* pousser des vivats en l'honneur de qn; *ein dreifaches ~ auf* (+*acc*) trois vivats pour ...; *ein ~ der od auf die Köchin!* vive la cuisinière!

'**hoch|achtbar** *adj* fort, très estimable; **~achten** *st/s v/t* ⟨-ete, *sép*, -ge-, h⟩ *Personen* avoir beaucoup de considération pour; tenir, avoir en 'haute, en grande estime; *a Dinge* estimer, respecter beaucoup

'**Hochachtung** *f* grande *od* 'haute *od* profonde estime, 'haute considération, profond(s) respect(s) (*vor* [+*dat*] pour); *am Briefschluß st/s mit vorzüglicher ~* veuillez agréer *od* je vous prie de bien vouloir agréer, Monsieur *bzw* Madame, l'assurance de ma respectueuse considération

'**hoch|achtungsvoll** *adv am Briefschluß* veuillez agréer, Monsieur *bzw* Madame, l'expression de mes salutations distinguées; ₂**adel** *m* 'haute noblesse; **~aktuell** *adj* très actuel, -elle; **~alpin** *adj* des 'hautes Alpes; alpin; ₂**altar** *m* maître-autel *m*; ₂**amt** *n CATH* grand-messe *f*; **~angesehen** *adj* très estimé, considéré; **~anständig** *adj* très honnête, loyal; ₂**antenne** *f* antenne aérienne, extérieure; **~arbeiten** *v/réfl* ⟨-ete, *sép*, -ge-, h⟩ *sich ~* réussir, parvenir à force de travail (*zu ...* à devenir ...); s'élever à la force du poignet (*zu ...* au rang de ...); **~auflösend** *adj TV* 'haute définition (*inv*)

'**Hochbau** *m* ⟨~(e)s⟩ *Sektor* bâtiment *m*; *Hoch- und Tiefbau* bâtiment et travaux publics; génie civil

'**hoch|bedeutsam** *adj* de la plus 'haute importance; très important; **~befriedigt** *adj* très, entièrement, pleinement satisfait; **~begabt** *adj* surdoué; ₂**begabte(r)** *f(m)* (→ A) surdoué(e) *m(f)*; ₂**begabtenförderung** *f* bourses accordées aux élèves extrêmement doués; **~beglückt** *adj* très heureux, -euse; comblé; **~berühmt** *adj* très célèbre; illustre; **~betagt** *adj* très vieux, vieil, vieille; très âgé; *poét* chargé d'ans

'**Hochbetrieb** *m* ⟨~(e)s⟩ activité *f* intense; *es herrscht ~* (*es gibt viel zu tun*) il règne une grande, intense activité; il y a beaucoup d'activité; (*es sind viele Leute da*) il y a beaucoup de monde, un monde de fou

'**hoch|bezahlt** *adj* très bien payé; **~binden** *v/t* ⟨*irr, sép*, -ge-, h⟩ relever; **~blicken** *v/i* ⟨*sép*, -ge-, h⟩ lever les yeux, le regard; ₂**blüte** *f fig* apogée *m*; **~bocken** *v/t* ⟨*sép*, -ge-, h⟩ *Auto etc* soulever; **~bringen** *v/t* ⟨*irr, sép*, -ge-, h⟩ **1.** *in e-e höhere Etage etc* monter; **2.** *fig wirtschaftlich etc* relever; faire monter à un niveau élevé; *gesundheitlich* remonter; remettre sur pied; **3.** F *fig* (*aufbringen*) mettre en rage; ₂**burg** *f fig fief m*; **~deutsch** *adj* allemand standard; 'haut allemand (*a LING*); **~dienen** *v/réfl* ⟨*sép*, -ge-, h⟩ *sich ~* gravir les échelons; **~dotiert** *adj* bien rémunéré

'**Hochdruck**[1] *m* ⟨~(e)s⟩ **1.** *TECH, MÉTÉO* 'haute pression; **2.** F *fig mit od unter ~ arbeiten* travailler d'arrache-pied, avec acharnement; *um die Weihnachtszeit herrscht hier ~* au moment de Noël, il y a un travail fou *od* c'est la bousculade; à Noël, c'est le moment de presse; **3.** *MÉD* (*Blut*₂) hypertension *f*; F tension *f*

'**Hochdruck**[2] *m* ⟨~(e)s⟩ *TYPO* impression *f* en relief

'**hochdrücken** *v/t* ⟨*sép*, -ge-, h⟩ pousser vers le haut

'**Hoch|druckgebiet** *n cf Hoch 1.* **~ebene** *f* ('haut) plateau

'**hoch|elegant** *adj* très élégant; **~empfindlich** *adj Meßinstrumente etc* très sensible; ultrasensible; **~entwickelt** *adj Völker, Land etc* (très) développé, évolué; *Technik* a sophistiqué; **~entzückt, ~erfreut** *adj* tout à fait ravi; très enchanté, comblé (*über* [+*acc*] de); **~erhoben** *adj* levé; *mit ~en Händen* les bras levés; les mains en l'air; *~en Hauptes* la tête 'haute

'**hoch|erstaunt** *adj* très étonné; **~explosiv** *adj* très explosif, -ive

'**hochfahren** ⟨*irr, sép*, -ge-⟩ **I** *v/t* ⟨h⟩ *j-n, etw ~* monter qn, qc; **II** *v/i* ⟨sein⟩ **1.** *mit dem Aufzug, e-m Fahrzeug etc* monter; *fig nach Oslo, Hamburg etc ~* monter à Oslo, Hambourg, etc; **2.** *fig erschrocken* se dresser en sursaut; *aufbrausend* s'emporter; monter sur ses grands chevaux; *aus dem Schlaf ~* se réveiller, s'éveiller en sursaut

'**hoch|fahrend** *adj fig* arrogant; 'hautain; **~fein** *adj* extra; ₂**finanz** *f* ⟨~⟩ 'haute finance; **~fliegen** *v/i* ⟨*irr, sép*, -ge-, sein⟩ *Flugzeug etc* monter; *bei Explosionen etc* être projeté en l'air; **~fliegend** *adj fig* ambitieux, -ieuse; qui vise 'haut; *Pläne* a vaste

'**Hochform** *f* ⟨~⟩ pleine forme; *in ~ sein* être en pleine forme

'**Hoch|format** *n* format vertical; *t/t* format *m* à la française; **~frequenz** *f* 'haute fréquence; **~frisur** *f* coiffure *f* aux cheveux relevés; **~garage** *f* parking *m* à étages; **⁁geachtet** *adjt* très estimé; **⁁gebildet** *adjt* très, extrêmement cultivé; **~gebirge** *n* 'haute montagne; **~gebirgsausrüstung** *f* équipement *m* de haute montagne; **~gebirgstour** *f* course *f*, randonnée *f* en 'haute montagne; **⁁geehrt** *adjt* très honoré; **~gefühl** *n* joie *f*; ivresse *f*; délice *m*

'**hochgehen** *v/i* ⟨*irr*, *sép*, -ge-, sein⟩ **1.** Ballon etc monter; Vorhang se lever; **2.** F (nach oben gehen) monter; *die Treppe* ~ monter l'escalier; **3.** F (*explodieren*) sauter; *etw* ~ *lassen* faire sauter qc; **4.** *fig* Preise monter; **5.** F (*wütend werden*) exploser; monter sur ses grands chevaux; **6.** F (*entdeckt werden*) être démantelé, arrêté; s'être fait prendre; *e-e Bande* ~ *lassen* prendre, arrêter un gang

'**hoch**|**geistig** *adj* très abstrait; **~gelehrt** *adj* très savant; érudit; *oft iron* docte; **⁁genuß** *m* délice *m*; F régal *m*; **⁁gesang** *m* REL hymne *f*; **~geschätzt** *adjt* fort, très estimé, considéré; **~geschlossen** *adjt* Kleid montant

'**Hochgeschwindigkeitszug** *m* train *m* à grande vitesse; T.G.V. *m*

'**hochgesteckt** *adjt* **1.** Haar relevé; **2.** *fig* **~e** *Ziele* des visées (trop) ambitieuses; des objectifs (trop) ambitieux

'**hochgestellt** *adjt fig* 'haut placé'; de haut rang; *e-e* **~e** *Persönlichkeit* un personnage 'haut placé

'**hoch**|**gestochen** F *péj adj* prétentieux, -ieuse; Ausdrucksweise *etc a* ampoulé; **~gewachsen** *adjt* de haute taille, stature; de grande taille; **~gezüchtet** *adjt* Tierrasse *etc* sélectionné; F *Motor* poussé

'**Hochglanz** *m* brillant *m*; poli *m*; *ein Foto in* ~ une photo sur papier brillant; *etw auf* ~ *bringen* Auto *etc* polir, faire briller, astiquer qc; *fig die Wohnung auf* ~ *bringen* astiquer toute la maison; faire le grand ménage; *auf* ~ *polieren* Schuhe *etc* faire briller

'**hochgradig I** *adj* fort; intense; **II** *adv* à un 'haut degré

'**hochhackig** *adj* à 'hauts talons; **~e** *Schuhe* des talons 'hauts

'**hochhalten** *v/t* ⟨*irr*, *sép*, -ge-, h⟩ **1.** lever; *im Augenblick* tenir levé; *er hält den Arm hoch* il a *od* tient le bras levé; **2.** *fig j-s Andenken* ~ tenir qn en 'haute, en grande estime

'**Hochhaus** *n* immeuble *m*; building *m*

'**hoch**|**heben** *v/t* ⟨*irr*, *sép*, -ge-, h⟩ Last soulever; Kleid *etc* relever; Hand, Arm lever; '**~heilig** *adj* très saint; *fig iron* sacro-saint

'**hochherrschaftlich I** *adj* Wohnung *etc* somptueux, -euse; luxueux, -euse; **II** *adv in ihrem Haus geht es* ~ *zu* ils mènent grand train, un grand train de vie

'**hoch**|**herzig** *st/s adj* généreux, -euse; magnanime; **⁁herzigkeit** *st/s f* ⟨~⟩ générosité *f*; magnanimité *f*; **~industrialisiert** *adjt* très, 'hautement industrialisé; **~intelligent** *adjt* très, extrêmement intelligent; **~interessant** *adjt* très, tout à fait intéressant; intéressant au plus 'haut point; **~jubeln** F *v/t* ⟨-(e)le, *sép*, -ge-, h⟩ chanter les louanges de

'**hochkant** *adv* de chant; ~ *stellen* mettre, poser *od* de sur chant; F *j-n* ~ *hinauswerfen* F flanquer qn carrément à la porte; F ~ *hinausfliegen* se faire jeter; F être flanqué à la porte

hochkarätig ['ho:xkarɛːtɪç] *adj* **1.** Diamant etc de fort carat; très pur; **2.** F *fig* Person extrêmement compétent; Politiker, Manager etc a d'envergure; de valeur

'**Hochkirche** *f in England* 'Haute Église

'**hoch**|**klappen** *v/t* ⟨*sép*, -ge-, h⟩ relever; **~klettern** F *v/i* ⟨(e)re, *sép*, -ge-, sein⟩ grimper (*an e-m Seil* à une corde, *an e-r Wand* le long d'un mur)

'**hochkommen** F *v/i* ⟨*irr*, *sép*, -ge-, sein⟩ **1.** in e-e höhere Etage etc monter; mit Mühe arriver à monter; **2.** aus dem Magen revenir; *fig es kommt mir hoch, wenn ich das sehe* je suis écœuré, ça m'écœure quand je vois ça; **3.** (sich erheben) se lever; mit Mühe arriver à se lever; **4.** *fig* wirtschaftlich etc prospérer; réussir; faire son chemin; *wieder* ~ se relever; Kranker se remettre; se rétablir; **5.** *fig beruflich* se refaire; remonter la pente

'**Hochkonjunktur** *f* **1.** ÉCON 'haute conjoncture; conjoncture *f* très favorable; boom *m*; *auf dem Immobilienmarkt herrscht* ~ c'est le boom sur le marché de l'immobilier; **2.** *fig* période *f* de grande prospérité

'**hoch**|**konzentriert** *adjt* très concentré; **~krempeln** *v/t* ⟨-(e)le, *sép*, -ge-, h⟩ Ärmel etc retrousser; relever

'**hochkriegen** F *v/t* ⟨*sép*, -ge-, h⟩ Arm etc arriver à, pouvoir lever; Koffer etc arriver à, pouvoir soulever; P *keinen* (*mehr*) ~ P ne plus pouvoir bander

'**Hochlage** *f* 'hauteur *f*; *in den* **~***n der Eifel* sur les 'hauteurs de l'Eifel

'**Hochland** *n* ⟨~(e)s; -länder⟩ 'hauts plateaux; 'hautes terres

'**hochleben** *v/i* ⟨*sép*, -ge-, h⟩ *j-n*, *etw* ~ *lassen* porter un toast à (la santé de) qn, à qc; boire à la santé de qn, à qc; pousser les vivats en l'honneur de qn, à qc; *er lebe hoch!*, *hoch soll er leben!* vive X!

'**hochlegen** *v/t* ⟨*sép*, -ge-, h⟩ **1.** F Buch etc ranger (sur une étagère, *etc*); **2.** Kopf, Bein etc mettre, placer plus 'haut; Beine a surélever

'**Hoch**|**leistungssport** *m* sport *m* de compétition, de haut niveau; **~mittelalter** *n* Moyen Âge (XIe-XIVe siècle); **⁁modern** *adj* ultramoderne; **~moor** *n* marais *m*, tourbière *f* (de montagne)

'**Hochmut** *m* orgueil *m*; morgue *f*; *st/s superbe* f; *prov* ~ *kommt vor dem Fall* il ne faut pas être trop orgueilleux

hochmütig ['ho:xmy:tɪç] *adj* orgueilleux, -euse; 'hautain; plein de morgue

hochnäsig ['ho:xnɛːzɪç] *adj* arrogant; qui prend des airs 'hautains; présomptueux, -euse; **⁁keit** *f* ⟨~⟩ arrogance *f*; présomption *f*

'**Hochnebel** *m* couche, nappe de brouillard élevée; *sc* stratus *m*

'**hochnehmen** *v/t* ⟨*irr*, *sép*, -ge-, h⟩ **1.** (aufnehmen) relever; Kind prendre sur le bras, dans ses bras; **2.** F (*nach oben nehmen*) etw (*mit*) ~ monter qc; *j-n* (*mit*) ~ faire monter qn (chez soi); **3.** F *fig* (*verspotten*) se moquer de; F faire

marcher; **4.** F *fig* (*verhaften*) F épingler; F cueillir

'**Hochofen** *m* 'haut fourneau

'**hoch**|**offiziell** *adj* très officiel, -ielle; **~päppeln** F *v/t* ⟨-(e)le, *sép*, -ge-, h⟩ retaper; refaire une santé à; **⁁parterre** *n* rez-de-chaussée surélevé; **⁁plateau** *n* 'haut plateau; '**~po**|**litisch** *adj* 'hautement, éminemment politique; **~prozentig** *adj* Lösung (très) concentré; à un 'haut pourcentage de ...; Getränk fortement alcoolisé; très fort; **~qualifiziert** *adjt* 'hautement qualifié; **⁁rad** *n* bicycle *m*; '**~radioak**|**tiv** *adj* très, 'hautement, fortement radioactif, -ive; **~ragen** *v/i* ⟨*sép*, -ge-, h⟩ s'élever; se dresser

'**hochranken** ⟨*sép*, -ge-⟩ *v/i* ⟨sein⟩ (*u v/réfl*) ⟨h⟩ (*sich*) (*an etw* [*dat*]) ~ grimper (à qc)

'**hochrappeln** F *v/réfl* ⟨-(e)le, *sép*, -ge-, h⟩ sich (*wieder*) ~ Kranker se refaire une santé; F se retaper; remonter la pente; *im Kampf* Unterlegener reprendre le dessus; F du poil de la bête

'**hoch**|**rechnen** *v/t* ⟨-ete, *sép*, -ge-, h⟩ estimer; faire, établir une estimation de; **⁁rechnung** *f* estimation *f*

'**hochreißen** *v/t* ⟨*irr*, *sép*, -ge-, h⟩ Arme, Gewicht lever brusquement; Flugzeug redresser brusquement

'**hoch**'**rot** *adj* tout rouge; *bes* Gesicht cramoisi; écarlate; *sie wurde* ~ *im Gesicht* elle est devenue écarlate

'**Hochruf** *m* vivat *m*; *pl* **~e** *e-r Menge a* acclamations *f/pl*

'**hoch**|**rutschen** F *v/i* ⟨*sép*, -ge-, sein⟩ remonter; **⁁saison** *f* pleine saison; **⁁schätzung** *f* 'haute estime

'**hochschaukeln** F ⟨-(e)le, *sép*, -ge-, h⟩ **I** *v/t* monter en épingle; **II** *v/réfl* sich (*gegenseitig*) ~ s'exciter, se monter la tête mutuellement

'**hochschieben** F *v/t* ⟨*irr*, *sép*, -ge-, h⟩

'**hochschlagen** ⟨*irr*, *sép*, -ge-, h⟩ **I** *v/t* ⟨h⟩ Kragen etc relever; **II** *v/i* ⟨sein⟩ Flammen s'élever; Wasser, Wellen se soulever; *e-e Welle der Begeisterung*, *Entrüstung schlug hoch* une vague d'enthousiasme, de déception se souleva, s'éleva

'**hoch**|**schnellen** *v/i* ⟨*sép*, -ge-, sein⟩ faire un bond; F *fig* Preise monter en flèche; **⁁schrank** *m* 'haute armoire; **~schrauben** ⟨*sép*, -ge-, h⟩ **I** *v/t* a *fig* faire monter; **II** *v/réfl* sich ~ Flugzeug monter en spirales

'**Hochschulabschluß** *m* diplôme *m* universitaire; *mit* ~ diplômé de l'université

'**Hochschul**|**absolvent(in)** *m(f)* diplômé(e) *m(f)* de l'université; **~bildung** *f* ⟨~⟩ formation *f* universitaire

'**Hochschule** *f* établissement *m* d'enseignement supérieur; (*Universität*) université *f*; *in Eigennamen* école supérieure; *Pädagogische* ~ institut *m* universitaire de formation des professeurs d'école; *cf a Technische Hochschule*

'**Hochschüler(in)** *m(f)* étudiant(e) *m(f)*

'**Hochschul**|**lehrer(in)** *m(f)* professeur *m* de l'enseignement supérieur; professeur *m* d'université; universitaire *m,f*; **~reform** *f* réforme *f* de l'enseignement supérieur; **~reife** *f* niveau *m* du bacca-

lauréat; **~studium** *n* études *f/pl* universitaires
'**hoch**'**schwanger** *adj* en état de grossesse avancée
'**Hochsee** *f* ⟨~⟩ 'haute mer; large *m*; **~fischerei** *f* pêche *f* en 'haute mer, au large; grande pêche; **~flotte** *f* flotte *f* de haute mer; **~jacht** *f* yacht *m* de croisière; **♀tüchtig** *adj* de haute mer
'**Hochseil** *n* corde *f* (raide); **~akt** *m* numéro *m* de funambule; **~artist(in)** *m(f)* funambule *m,f*; danseur, -euse *m,f* de corde
'**Hoch**|**sicherheitstrakt** *m* quartier *m* de haute sécurité; **~sitz** *m* JAGD affût perché; **~sommer** *m* plein été
'**hochsommerlich I** *adj* de plein été; **II** *adv* **es ist ~ warm** il fait chaud comme en plein été
'**Hochspannung** *f* **1.** ÉLECT 'haute tension; **2.** ⟨*pas de pl*⟩ *fig* grande tension; **es herrscht ~** *a* il y a de l'électricité dans l'air
'**Hochspannungs**|**kabel** *n* câble *m* à 'haute tension; **~leitung** *f* ligne *f* à 'haute tension; **~mast** *m* pylône *m*
'**hochspielen** *v/t* ⟨*sép*, -ge-, h⟩ monter en épingle; accorder trop d'importance à
'**Hoch**|**sprache** *f* langue cultivée, standard; **♀sprachlich I** *adj* de la langue cultivée, standard; **II** *adv* en langue cultivée, standard
'**hochspringen** *v/i* ⟨*irr*, *sép*, -ge-, sein⟩ **1.** sauter, bondir (**vor Freude** de joie); **an j-m ~** sauter sur qn; **2.** SPORT sauter en 'hauteur
'**Hoch**|**springer(in)** *m* ⟨~s; ~⟩ (*f*) ⟨~; ~nen⟩ SPORT sauteur, -euse *m,f* en 'hauteur; **~sprung** *m* SPORT saut *m* en 'hauteur
'**höchst** [høːçst] *adv* extrêmement; très; tout à fait; **das war ~ unnötig** c'était on ne peut plus inutile, tout à fait inutile; **~ lächerlich** *a* du dernier ridicule; **~ überrascht** *a* au comble de la surprise
'**Höchstalter** *n* âge *m* maximum, limite
'**Hoch**|**stamm** *m* JARD 'haute tige; **♀stämmig** *adj* JARD à 'haute tige; **~stand** *m* JAGD affût perché; **~stapelei** *f* ⟨~; ~en⟩ escroquerie *f*; *st/s* imposture *f*; **♀stapeln** *v/i* ⟨-(e)le, *sép*, -ge-, h⟩ être un escroc, un imposteur; **~stapler(in)** *m* ⟨~s; ~⟩ (*f*) ⟨~; ~nen⟩ escroc *m*; imposteur *m*
'**Höchstbetrag** *m* (montant *m*, somme *f*) maximum *m*; **bis zu e-m ~ von ...** jusqu'à concurrence de ...
'**Höchstdosis** *f* dose maximum, maxima(le)
'**höchste(r, -s)** *adj* le (la) plus 'haut(e); le (la) plus élevé(e); *fig* a le (la) plus grand(e); souverain; suprême; TECH, PHYS, COMM, ADM maximum (*f u pl* a maxima); maximal; **der ~ Genuß** la plus grande jouissance; **das ~ Glück** le plus grand bonheur; le comble du bonheur; **das ~ Gut** le bien le plus précieux; **das ~ Wesen** l'Être suprême; **die ~ Stufe der Vollendung** le plus 'haut degré de (la) perfection; *fig* **an ~r Stelle** en 'haut lieu; **auf ~r Ebene** au plus 'haut niveau; **im ~n Fall(e)** au pire *bzw* au mieux; tout au plus; **in ~r Gefahr sein** être en très grand danger; **im ~n Grade** *od* **Maße** au plus 'haut point, degré; **mit ~r Eile** en toute 'hâte; **von ~r Wichtigkeit** de la plus 'haute importance; d'une importance capitale; **es ist ~ Zeit** il est grand temps; *cf a* **hoch**
'**hochstecken** *v/t* ⟨*sép*, -ge-, h⟩ **1.** Haar *etc* relever; **2.** *fig* **s-e Ziele ~** avoir de hautes visées
'**hochstehend** *adj fig* d'un 'haut niveau
'**hochsteigen** *v/i* ⟨*irr*, *sép*, -ge-, sein⟩ **1.** Ballon, Raketen, Rauch *etc* monter; s'élever; **2.** Person (**die Leiter**) **~** monter (à, sur, en 'haut de l'échelle); **3.** *fig* Tränen, Emotionen monter
'**hochstellen** *v/t* ⟨*sép*, -ge-, h⟩ **1.** mettre, placer en 'hauteur; **2.** (*hochklappen*) relever; Stühle mettre sur la *bzw* les table(s)
'**hochstemmen** *v/t* ⟨*sép*, -ge-, h⟩ soulever
'**hochstenfalls** *adv* tout au plus
'**höchstens** *adv* **1.** tout au plus; au maximum; **2.** (*bestenfalls*) au mieux; **3.** (*außer*) sauf; excepté; **sie ißt kein Fleisch, ~ im Urlaub** elle ne mange pas de viande, sauf *od* excepté *od* tout au plus en vacances
'**Höchstfall** *m* **im ~** tout au plus; au maximum
'**Höchstgebot** *n* offre *f* maximum; **gegen ~** au plus offrant
'**Höchstgeschwindigkeit** *f* vitesse *f* maximum; vitesse *f* limite; **zulässige ~** vitesse maximum, limite autorisée
'**Höchst**|**gewicht** *n* poids *m* maximum; **~grenze** *f* plafond *m*; maximum *m*
'**hochstilisieren** *v/t* ⟨*sép*, *pas de ge-*, h⟩ *péj* **ein Bild** *etc* **zu e-m Kunstwerk ~** faire d'un tableau *etc* un chef-d'œuvre
'**Hochstimmung** *f* ⟨~⟩ bonne humeur; ambiance extrêmement gaie; euphorie *f*; **in ~ sein** Personen être de très bonne humeur, extrêmement gai; **hier herrscht ~** F il y a de l'ambiance ici *p/fort* on est en pleine euphorie, c'est l'euphorie ici
'**Höchst**|**last** *f* charge maximum, maxima(le); **~leistung** *f* SPORT meilleure performance (*a fig*); record *m*; *e-r* Fabrik *etc* rendement *m* maximum; *e-s* Motors puissance *f* maximum; **~maß** *n* ⟨~es⟩ maximum *m* (**an** [+*dat*] de)
'**höchst**'**möglich** *adj* ⟨*épithète*⟩ le plus 'haut, le plus grand ... possible; maximum; '**~per'sönlich I** *adj* ⟨*épithète*⟩ Entscheidung, Angelegenheit tout, très personnel, -elle; tout à fait privé; **II** *adv* en personne
'**Höchstpreis** *m* prix *m* maximum, plafond
'**hochstreifen** *v/t* ⟨*sép*, -ge-, h⟩ Ärmel *etc* retrousser; relever
'**Höchst**|**satz** *m* taux *m* maximum; **~stand** *m* niveau *m* maximum; **der** Sonne 'hauteur maximum, maxima(le); **~strafe** *f* peine maximum, maxima(le); **♀wahr**'**scheinlich** *adj* ⟨*u adv*⟩ très probable(ment); très vraisemblable(ment); **~wert** *m* valeur *f* maximum; **♀zulässig** *adj* ⟨*épithète*⟩ Geschwindigkeit, Gesamtgewicht, Personenzahl *etc* maximum autorisé
'**Hoch**|**tal** *n* 'haute vallée; **~technologie** *f* haute technologie; technologie *f* de pointe
'**Hochtour** *f* **auf ~en laufen** TECH tourner à plein régime; *fig* Vorbereitungen *etc* battre son plein

'**hoch**|**tourig** *adj* à grande vitesse de régime; **~trabend** *adjt péj* Stil ampoulé; **~treiben** *v/t* ⟨*irr*, *sép*, -ge-, h⟩ F (*hinauftreiben*), *a fig* Preise *etc* faire monter; **~verdient** *adjt* de grand mérite; très méritant
'**hochverehrt** *adjt* très honoré; **unser ~er Präsident** notre très honoré président; **~es Publikum!** très cher public!
'**Hochverrat** *m* 'haute trahison
'**Hochverräter** *m* **ein ~ sein** être coupable de haute trahison
'**hoch**|**verschuldet** *adjt* très, lourdement endetté; surendetté; **~verzinslich** *adj* produisant des intérêts élevés
'**Hochwald** *m* ('haut) futaie
'**Hochwasser** *n* ⟨~s; ~⟩ **1.** *e-s* Flusses crue *f*; (*Überschwemmung*) inondation *f*; **~ führen** être en crue; F *plais* **~ haben** avoir un feu de plancher; **2.** (*höchster Flutstand*) marée 'haute
'**Hochwasser**|**gefahr** *f* danger *m* de crue, d'inondation; **~katastrophe** *f* inondation *f* catastrophique; grave(s) inondation(s) *f(pl)*; **~schaden** *m* dégâts causés par l'inondation; **~stand** *m* niveau *m* de la crue
'**hoch**|**werfen** *v/t* ⟨*irr*, *sép*, -ge-, h⟩ jeter en 'haut, en l'air; *Arme* lever brusquement; **~wertig** *adjt* de qualité supérieure; Erz *etc* de haute teneur; *a* Nahrungsmittel riche; **♀wild** *n* grand gibier; **~willkommen** *adjt* tout à fait bienvenu; **~wirksam** *adj* très efficace; **~wuchten** *v/t* ⟨-ete, *sép*, -ge-, h⟩ 'hisser
'**Hochwürden** Anrede (**Euer** *od* **Eure ~**) mon Père; monsieur le Curé, l'Abbé
'**Hochzahl** *f* MATH exposant *m*
'**Hochzeit**¹ ['hɔxtsaɪt] *f* mariage *m*; noce(s) *f(pl)*; **grüne ~** jour *m* du mariage; **silberne, goldene, diamantene, eiserne ~** noces d'argent, d'or, de diamant, de platine; **~ haben** se marier; *fig* **auf allen ~en tanzen** être partout à la fois; tout faire (en même temps); F *fig* **man kann nicht auf zwei ~en tanzen** on ne peut être à la fois au four et au moulin
'**Hochzeit**² ['hoːxtsaɪt] *st/s f* (*Blütezeit*) apogée *f*
'**Hochzeit**|**er(in)** ['hɔxtsaɪtɐ(ɪn)] *m* ⟨~s; ~⟩ (*f*) ⟨~; ~nen⟩ regional marié(e) *m(f)*; **♀lich** *adj* de mariage; de noce
'**Hochzeits**|**anzeige** *f* faire-part *m* de mariage; **~brauch** *m* coutume *f* de mariage; **~feier** *f*, **~fest** *n* célébration *f* du mariage; noce *f*; **~flug** *m* ZO vol nuptial; **~gast** *m* invité(e) *m(f)* (au mariage, à la noce); **~geschenk** *n* cadeau *m* de mariage; **~gesellschaft** *f* noce *f*; **~kleid** *n* **1.** (*Brautkleid*) robe *f* de mariée; **2.** ZO robe nuptiale; **~kuchen** *m* gâteau *m* de mariage; **~kutsche** *f* calèche *f* des mariés *bzw* pour le mariage; **~marsch** *m* MUS marche nuptiale; **~nacht** *f* nuit *f* de noces; **~paar** *n* mariés *m/pl*; **~reise** *f* voyage *m* de noces; **~tag** *m* **1.** (*Tag der Hochzeit*) jour *m* du mariage, de la noce; **2.** Jahrestag anniversaire *m* de *od* du mariage; **~zug** *m* cortège de mariage, nuptial
'**hochziehen** ⟨*irr*, *sép*, -ge-, h⟩ **I** *v/t* **1.** Last monter; *a* Fahne *etc* 'hisser; Jalousie remonter; Vorhang, Zugbrücke lever; Hose *etc* remonter; relever; Schultern, Augenbrauen 'hausser; **die Nase ~** renifler; **2.** Flugzeug redresser; Segel-

flugzeug faire monter; **3.** *Mauer etc* ériger; construire; **II** *v/réfl* **sich an etw** (*dat*) ~ se hisser à qc; F *fig* se complaire, trouver plaisir à se plaindre de qc, à critiquer qc, *etc*

'**Hochzinspolitik** *f* politique *f* de taux d'intérêts élevés

'**hochzüchten** *v/t* ⟨-ete, *sép*, -ge-, h⟩ *fig* **Gefühl in j-m** ~ encourager, cultiver chez qn; *cf a* **hochgezüchtet**

Hocke ['hɔkə] *f* ⟨~; ~n⟩ position accroupie; (*Hocksprung*) saut groupé; **in die** ~ **gehen** s'accroupir; **e-e** ~ **über etw** (*acc*) **machen** faire un saut groupé par-dessus qc

'**hocken I** *v/i* ⟨h *ou südd* sein⟩ **1.** être, se tenir accroupi; *ängstlich in e-r Ecke etc a* être blotti; **2.** F (*sitzen*) être assis; **die ganze Zeit zu Hause** ~ rester tout le temps à la maison; **am Schreibtisch** ~ être, rester (tout le temps) assis à son bureau; **II** *v/réfl* ⟨h⟩ **sich** ~ **3.** s'accroupir; **sich hinter das Sofa** ~ s'accroupir derrière le canapé; **4.** *südd* (*sich setzen*) s'asseoir

'**Hocker** *m* ⟨~s; ~⟩ tabouret *m*; escabeau *m*

'**Höcker** ['hœkər] *m* ⟨~s; ~⟩ *des Kamels etc*, ANAT, *im Gelände* bosse *f*

'**höckerig** *adj* **1.** (*uneben*) plein de bosses; bosselé; **2.** (*bucklig*) bossu

'**Höckerschwan** *m* cygne tuberculé

Hockey ['hɔki] *n* ⟨~s⟩ 'hockey *m*; ~**platz** *m* terrain *m* de hockey; ~**schläger** *m* crosse *f*; ~**spiel** *n* match *m* de hockey; ~**spieler(in)** *m(f)* 'hockeyeur, -euse *m,f*; joueur, -euse *m,f* de hockey

Hoden ['ho:dən] *m* ⟨~s; ~⟩ testicule *m*; ~**bruch** *m* MÉD 'hernie scrotale; ~**sack** *m* scrotum *m*; bourses *f/pl*

Hof [ho:f] *m* ⟨~(e)s; ~e⟩ **1.** *e-s Hauses* cour *f*; *e-s Klosters, Gefängnisses a* préau *m*; **auf dem** ~ dans la cour; **2.** (*Bauern*⟨2⟩) ferme *f*; *in Südfrankreich a* mas *m*; **3.** (*Fürsten*⟨2⟩) cour *f*; **bei** *od* **am** ~ **a** la cour; **4. e-r Frau den** ~ **machen** faire la cour à, courtiser une femme; **5.** *des Mondes, der Sonne* 'halo *m*

'**Hof|amt** *n* charge *f* à la cour; ~**ball** *m* bal *m* à la cour; ~**dame** *f* dame *f* d'honneur; ⟨2⟩**fähig** *adj* HIST admis à la cour; *fig cf* **gesellschaftsfähig**

Hof|fart ['hɔfart] *litt f* ⟨~⟩ orgueil *m* (*a* REL); *st/s* superbe *f*; morgue *f*; ⟨2⟩**färtig** *litt adj* orgueilleux, -euse; plein de superbe

hoffen ['hɔfən] *v/t u v/i* ⟨h⟩ espérer; **auf etw** (*acc*) ~ espérer qc; ~ **wir das Beste!** ayons bon espoir!; **ich hoffe, daß es euch gut geht** j'espère que vous allez bien; **ich will nicht** ~, **daß** ... j'espère bien que ... ne ...; **ich hoffe es bien**; je l'espère; **ich hoffe nicht!** je l'espère que non!

'**hoffentlich** *adv* j'espère *bzw* espérons que ...; pourvu que ...; ~ **kommt er bald** j'espère *bzw* espérons qu'il va bientôt venir; *Antwort* ~! espérons-le! *bzw* je l'espère!; ~ **nicht!** espérons *bzw* j'espère que non!

'**Hoffnung** *f* ⟨~; ~en⟩ espoir *m*; espérance *f*; ~ **auf etw** (*acc*) espoir de, en qc; ~ **haben** avoir de l'espoir; **die** ~ **haben, zu** ... avoir l'espoir de ...; **wieder** ~ **schöpfen** reprendre espoir; **ich bin in**

meinen ~**en enttäuscht worden** mes espoirs, espérances ont été déçu(e)s; **sich** (*dat*) ~ **machen** espérer; **mach dir keine** ~**en!** ne te fais pas d'illusions!; **j-m** ~**en machen** faire espérer qc à qn; donner l'espoir à qn (de, que); **s-e** ~ **auf etw, j-n setzen** placer, mettre son espoir, ses espérances en qc, qn; **das ist meine einzige, letzte** ~ c'est mon seul, dernier espoir; **zu den schönsten** ~**en berechtigen** donner de grands espoirs, de grandes espérances; **es besteht** ~, **daß er überlebt** il a des chances de survivre, de s'en sortir; **in der** ~ **leben, daß** ... vivre dans, avec l'espoir que ...; *Briefschluß* **in der** ~ **zu** ... dans l'espoir de ...; *st/s* **guter** ~ **sein** (*schwanger sein*) être dans une position intéressante; attendre un enfant

'**hoffnungsfroh** *st/s adj* plein d'espoir; confiant

'**hoffnungslos I** *adj* sans espoir; désespéré; *fig* **ein** ~**er Fall** un cas désespéré; **II** *adv* sans espoir; **sie hat sich** ~ **verrannt** elle est irrémédiablement dans l'impasse; **er ist** ~ **verliebt** il est éperdument amoureux

'**Hoffnungslosigkeit** *f* ⟨~⟩ **die** ~ **s-r Lage** sa situation désespérée

'**Hoffnungs|schimmer** *m* lueur *f* d'espoir, d'espérance; ~**träger(in)** *m(f)* espoir *m* a

'**hoffnungsvoll** *adj* **1.** (*zuversichtlich*) confiant; optimiste; **2.** (*vielversprechend*) qui promet (beaucoup); *Anfang a* prometteur; plein de promesses; **ein** ~**er junger Mann** un jeune homme qui promet, dont on attend beaucoup

'**Hof|gang** *m ím Gefängnis* promenade *f*; ~**gesellschaft** *f* cour *f*

'**hofhalten** *v/i* ⟨*irr, sép*, -ge-, h⟩ résider; séjourner

'**Hofhund** *m* chien *m* de garde

ho'fieren *st/s v/t* ⟨*pas de ge-*, h⟩ flatter; faire sa cour à

'**höfisch** ['hø:fiʃ] *adj* courtois

'**Hofknicks** *m* (profonde) révérence

höflich ['hø:flıç] **I** *adj* poli; courtois; **II** *adv* poliment; courtoisement; **wir bitten Sie** ~, **zu** ... nous vous prions poliment de ...; **wir machen Sie** ~(**st**) **darauf aufmerksam, daß** ... nous vous faisons poliment remarquer que ...

'**Höflichkeit** *f* ⟨~; ~en⟩ **1.** ⟨*pas de pl*⟩ *Verhalten, Eigenschaft* politesse *f*; courtoisie *f*; **aus** ~ par politesse, *etc*; *plais* **darüber schweigt des Sängers** ~ dans ce cas, le tact impose la discrétion; **2.** *Äußerung, Geste* politesse *f*; geste *m* de courtoisie

'**Höflichkeits|besuch** *m* visite *f* de politesse, de courtoisie; ~**bezeigung** *st/s f* ⟨~; ~en⟩ (marque *f* de) politesse *f*; ~**floskel** *f*, ~**formel** *f* formule *f* de politesse

'**Hoflieferant** *m* fournisseur *m* de la cour

'**Höfling** *m* ⟨~s; ~e⟩ *a fig péj* courtisan *m*

'**Hof|marschall** *m* maréchal *m* du palais; ~**meister** *m* intendant *m* de la cour; (*Hauslehrer*) précepteur *m*; ~**narr** *m* bouffon *m* (de la cour); fou *m*; ~**rat** *m* ⟨~; -räte⟩ *st/s* HIST, *noch österr* conseiller *m* de la cour; ~**schranze** *f* ⟨~; ~n⟩ *od m* ⟨~n; ~n⟩ *péj* (vil) courtisan *m*; ~**staat** *m* ⟨~(e)s cour *f*

HO-Geschäft [ha:'ʔo:gəʃɛft] *n* HIST *DDR* magasin géré par l'État

hohe(r, -s) ['ho:ə] *cf* **hoch**

Höhe ['hø:ə] *f* ⟨~; ~n⟩ **1.** Ausdehnung, *Lage* 'hauteur *f*; **über dem Meeresspiegel**, GÉOGR, AVIAT altitude *f*; CONSTR **lichte** ~ 'hauteur *f* libre, de l'ouverture; **in tausend Meter** ~ à une altitude, 'hauteur de mille mètres; à mille mètres d'altitude, de hauteur; **auf gleicher** ~ (**mit**) à la même 'hauteur (que); **auf halber** ~ à mi-hauteur; *e-r Straße etc* à mi-côte; **in die** ~ **sehen, werfen** regarder, jeter en l'air, en 'haut; **in die** ~ **ragen** s'élever, se dresser, s'élancer (vers le ciel); *Pflanzen* **in die** ~ **schießen** monter (en graine); **in die** ~ **steigen** monter, s'élever (dans les airs); **Preise in die** ~ **treiben** faire monter; F **das ist** (**doch**) **die** ~! c'est le comble!; BIBL **Ehre sei Gott in der** ~! gloire à Dieu au plus 'haut des cieux!; **2.** (*Landerhebung*) 'hauteur *f*; *fig* **die** ~**n und Tiefen des Lebens** les 'hauts *m/pl* et les bas *m/pl* de la vie; **3.** GEOMETRIE, ASTR, MUS 'hauteur *f*; AKUSTIK ~**n und Bässe** aigu *m* et grave *m*; **4.** *e-r Summe etc* montant *m*; somme *f*; *e-r Zahl* nombre *m*; *e-r Temperatur* 'hauteur *f*; **Betrag in** ~ **von** se montant à; **Betrag bis zu e-r** ~ **von** jusqu'à concurrence de; **die** ~ **der Strafe festsetzen** fixer la peine (**auf** [+*acc*] à); **5.** (*Linie*) MAR **auf der** ~ **von** à la hauteur de; **auf der** ~ **der Laterne dort** à la hauteur de ce lampadaire là-bas; **auf gleicher** ~ **fahren** rouler à la même 'hauteur; **6.** *fig* (*Gipfel*) sommet *m*; faîte *m*; **auf der** ~ **s-s Ruhms** au faîte, au sommet, à l'apogée de sa gloire; **auf der** ~ **s-s Schaffens** au sommet, au faîte de sa carrière; **auf der** ~ **der Zeit sein** être à la page; F *fig* **ich bin heute nicht ganz auf der** ~ aujourd'hui, je ne me sens pas tout à fait bien, en forme

Hoheit ['ho:haıt] *f* ⟨~; ~en⟩ **1.** ⟨*pas de pl*⟩ (*Souveränität*) souveraineté *f* (**über** [+*acc*] sur); **2.** *Titel* altesse *f*; **Seine** *bzw* **Ihre Königliche, Kaiserliche** ~ Son Altesse royale, impériale; (*Eure*) ~ Votre Altesse; **3.** *st/s* ⟨*pas de pl*⟩ (*Würde*) majesté *f*

'**hoheitlich** *adj* de souveraineté; régalien, -ienne

'**Hoheitsgebiet** *n* territoire national; **auf deutschem** ~ sur le *od* en territoire allemand

'**Hoheits|gewässer** *n/pl* eaux territoriales; ~**rechte** *n/pl* droits *m/pl* de souveraineté; ⟨2⟩**voll I** *adj* majestueux, -euse; **II** *adv* avec majesté; majestueusement; ~**zeichen** *n* emblème *m*, insigne *m* de (la) souveraineté, d'une nation

Hohe'lied *n* ⟨Hohenlied(e)s⟩ BIBL **das** ~ le Cantique des cantiques; *st/s fig* **das** ~ **der Liebe, Freundschaft** l'hymne *m* à, la glorification, la célébration de l'amour, l'amitié

'**Höhen|angabe** *f* indication *f* d'altitude, de hauteur; ~**angst** *f* ⟨~⟩ phobie *f* des 'hauteurs; ~**flug** *m* **1.** AVIAT vol *m* à haute altitude; **2.** *fig* élévation *f*; ~**krankheit** *f* ⟨~⟩ mal *m* d'altitude, des montagnes; ~**lage** *f* altitude *f*; ~**luft** *f* ⟨~⟩ air *m* en altitude; ~**marke** *f* repère *m* de nivellement; ~**messer** *m*

altimètre *m*; ~**messung** *f* mesure *f* de l'altitude; altimétrie *f*; ~**ruder** *n* AVIAT gouvernail *m*, gouverne *f* de profondeur
'**Höhensonne** *f* **1.** MÉTÉO ensoleillement *m* à 'haute altitude, en 'haute montagne; **2.** *Wz Gerät* lampe bronzante, à rayons ultraviolets; ~ **bekommen** être traité aux (rayons) ultra-violets
'**Höhen|strahlung** *f* rayons *m/pl* cosmiques; ~**unterschied** *m* différence *f* de niveau; dénivellement *m*; ~**(wander)weg** *m* sentier *m* de haute montagne; ~**zug** *m* chaîne *f* de collines, de montagnes
Hohe'priester *m* ⟨Hohenpriesters; Hohenpriester⟩ BIBL grand prêtre
'**Höhepunkt** *m* a *e-s Festes* point culminant; *e-r Epoche, des Ruhms etc* apogée *m*; *des Lebens* le plus beau moment; *e-r Krankheit* paroxysme *m*; moment crucial; crise *f*; *e-r Krise* paroxysme *m*; *e-s Dramas* point culminant; péripétie *f*; nœud *m* (*Orgasmus*) orgasme *m*; plaisir *m*; *als die Krise ihren* ~ *erreicht hatte* au plus fort de la crise; *auf dem* ~ *s-r Macht sein* être à l'apogée, au faîte de son pouvoir
'**höher I** *adj* plus 'haut, plus élevé (*als* que); *Stockwerk, Temperatur, Geschwindigkeit* supérieur (*als* à); *fünf Meter* ~ *sein als* avoir cinq mètres de plus que; ~**e Ansprüche stellen** exiger plus; ~**e Beamtenlaufbahn** carrière *f* de haut fonctionnaire; *auf* ~**en Befehl** par ordre supérieur; *fig auf* ~**er Ebene** sur un plan plus élevé; à un niveau supérieur; ~**e Gewalt** cas *m* de force majeure; ~**e Mathematik** mathématiques supérieures; *sich zu* ~**em berufen fühlen** se sentir une vocation plus élevée, plus noble; se sentir appelé à de plus grandes tâches, à des tâches plus nobles; **II** *adv* plus 'haut; *immer* ~ de plus en plus 'haut; ~ **achten** estimer plus; ~ **bewerten** mieux noter, coter; ~ **hängen** (sus)pendre, accrocher plus 'haut; *cf a* **hoch**
'**höher|gestellt** *adjt* plus 'haut placé; d'un rang supérieur, plus élevé; ~**gruppieren** (sép, pas de ge-, h) *cf* **höherstufen**; ~**schrauben** *v/t* ⟨sép, -ge-, h⟩ *Preise* faire monter, F grimper; ~**stufen** *v/t* ⟨sép, -ge-, h⟩ classer dans une catégorie supérieure; *Beamte etc* reclasser
hohl [ho:l] **I** *adj* a *fig Kopf, Klang, Wangen etc* creux, -euse; ~**es Gerede** paroles creuses; propos *m/pl* vides; *die* ~**e Hand** le creux de la main; **II** *adv* ~ **klingen** sonner creux
hohläugig ['ho:lɔʏgɪç] *adj* aux yeux enfoncés
Höhle ['hø:lə] *f* ⟨~; ~n⟩ **1.** GÉOL caverne *f*; (*a Tropfstein*~) grotte *f*; **2.** *wilder Tiere* tanière *f*; *fig sich in die* ~ *des Löwen begeben od wagen* se hasarder dans l'antre du lion; **3.** *péj* (*Haus, Wohnung*) bouge *m*, trou *m*; **4.** (*Augen*~) orbite *f*
'**Hohleisen** *n* TECH gouge *f*
höhlen ['hø:lən] *v/t* ⟨h⟩ creuser; évider
'**Höhlen|bär** *m* ours *m* des cavernes; ~**bewohner(in)** *m(f)* habitant(e) *m(f)* des cavernes; troglodyte *m*; ~**forscher(-in)** *m(f)* spéléologue *m,f*; ~**forschung** *f* spéléologie *f*; ~**malerei** *f*

peinture *f* rupestre, des cavernes; ~**mensch** *m* homme *m* des cavernes; ~**zeichnung** *f* dessin *m* rupestre
'**Hohl|heit** *f* ⟨~⟩ *a fig péj* vide *m*; vacuité *f*; ~**kehle** *f* CONSTR moulure concave, creuse; gorge *f*; ~**kopf** F *péj m* tête *f* sans cervelle; imbécile *m,f*; 2**köpfig** *péj adj* qui est sans cervelle; imbécile; stupide; ~**körper** *m* corps creux; ~**kreuz** *n* MÉD lordose *f*; ~**maß** *n* Maßeinheit, Gefäß mesure *f* de capacité; ~**nadel** *f* MÉD aiguille creuse; ~**raum** *m* espace vide, creux; cavité *f*; vide *m*; creux *m*; ~**raumversiegelung** *f* AUTO injection *f* d'anticorrosif dans les parties creuses; ~**saum** *m* ourlet *m* à jours; ~**schliff** *m* rectification *f* concave, en creux; ~**spiegel** *m* miroir *m* concave; ~**tier** *n pl* ~**e** cœlentérés *m/pl*
'**Hohlung** *f* ⟨~; ~en⟩ **1.** creux *m*, cavité *f*; **2.** (*pas de pl*) (*das Aushöhlen*) creusement *m*; évidage *m*
'**Hohl|vene** *f* veine *f* cave; 2**wangig** *adj Person* qui a des, aux joues creuses; *Gesicht* émacié; ~**weg** *m* chemin creux; ~**ziegel** *m* brique, *Dachziegel* tuile creuse
Hohn [ho:n] *m* ⟨~(e)s⟩ dérision *f*; moquerie méprisante; (*Verachtung*) mépris *m*; (*Spott*) raillerie *f*; *fig das ist der reinste* ~ c'est une pure dérision
höhnen ['hø:nən] *st/s v/i* ⟨h⟩ ... *höhnte er* dit-il d'un ton sarcastique; ironisa-t-il
'**Hohngelächter** *n* rire méprisant, sarcastique, insultant; ricanement *m*
'**höhnisch** *adj Miene, Lächeln, Gesicht* plein de mépris; railleur, -euse; moqueur, -euse; *a Person* méprisant; **II** *adv* ~ **lachen, grinsen** ricaner
hoho [ho'ho:] *int* 'ho! 'ho!; oh! oh!; *erstaunt* a oh là, là!; *verachtend* bof!
Hokuspokus [ho:kus'po:kus] *m* ⟨~⟩ **1.** (*Zauberei*) tour *m* de passe-passe, de magie; **2.** *Zauberformel* abracadabra *m*; *plais* ~ **Fidibus** (**dreimal schwarzer Kater**) abracadabra; **3.** *fig péj* (*Unsinn*) gaminerie *f/pl*; sottises *f/pl*; (*Drum und Dran*) F attirail *m*; F fourbi *m*
hold [hɔlt] *adj* **1.** *st/s j-m* ~ *sein Person* être favorable à qn; *das Glück ist ihm* ~ la fortune lui est favorable, lui est propice, lui sourit; **2.** *poét* (*lieblich*) gracieux, -ieuse
Holder ['hɔldər] *m* ⟨~s; ~⟩ *südd* sureau *m*
Holding ['hɔldɪŋ] *f* ⟨~; ~s⟩, ~**gesellschaft** *f* COMM 'holding *m*
'**holdselig** *poét adj* gracieux, -ieuse; plein de grâce
holen ['ho:lən] ⟨h⟩ **I** *v/t* **1.** (*hingehen u herbringen*) aller chercher; aller prendre; (*ab*~) venir chercher; venir prendre; *zur Bank gehen und Geld* ~ aller chercher de l'argent à la banque; *etw aus der Tasche etc* ~ sortir qc de sa poche, de son sac, *etc*; *j-n aus dem Bett* ~ tirer qn du lit; **2.** F *fig Preis, Medaille etc* F décrocher; *Punkte* reporter; F marquer; *den Sieg* ~ remporter, F décrocher la victoire; *Luft* ~ respirer; *nach e-r Anstrengung* reprendre son souffle, sa respiration; F *fig hier ist nichts zu* ~ on n'aura rien, il n'y a rien à prendre chez lui; **II** *v/réfl sich* (*dat*) *bei j-m Rat* ~ demander conseil à qn; prendre conseil de qn; F *sich* (*dat*)

e-e Erkältung ~ prendre froid; F *sich* (*dat*) *e-n Schnupfen* ~ attraper un rhume; F *fig sich* (*dat*) *den Tod* ~ F attraper la crève
Holger ['hɔlgər] *m* ⟨→ *n/pr*⟩ prénom
holla ['hɔla] *int* 'holà!; 'hé!
Holland ['hɔlant] *n* ⟨→ *n/pr*⟩ la Hollande; *fig* (*nun ist*) ~ *in Not* nous voilà dans de beaux draps
Holländer[1] ['hɔlɛndər] *m* ⟨~s; ~⟩ **1.** *Einwohner* 'Hollandais *m*; *der Fliegende* ~ MYTH le Hollandais volant; *Oper* le Vaisseau fantôme; **2.** (~ *Käse*) 'hollande *m*; **3.** *Kinderfahrzeug* cyclorameur *m*
'**Holländer**[2] *adj* ⟨*épithète, inv*⟩ 'hollandais; de Hollande; ~ *Käse* fromage *m* de Hollande
'**Holländerin** *f* ⟨~; ~nen⟩ 'Hollandaise *f*
'**holländisch** *adj* 'hollandais; de Hollande; CUIS ~**e Soße** sauce hollandaise
'**Holländisch** *n* ⟨~(s)⟩, ~**e** *n* ⟨~n⟩ (*das*) Holländisch(e) *Sprache* le hollandais
'**Hollandrad** *n* bicyclette hollandaise
Hölle ['hœlə] *f* ⟨~; ~n⟩ enfer *m*; *fig die grüne* ~ la forêt vierge; REL *abgestiegen zur* ~ descendu aux enfers; *in die* ~ *kommen* aller en enfer; *zur* ~ *mit ihr!* qu'elle aille au diable!; *zur* ~ *damit!* au diable tout cela!; F *j-m die* ~ *heiß machen* F faire suer qn; miner qn; *j-m das Leben zur* ~ *machen* rendre la vie impossible à qn; faire mener à qn une vie d'enfer; *das ist für sie die* ~ *auf Erden* c'est l'enfer pour elle; elle vit un calvaire; *fig das ist die* (*reinste*) ~ c'est un enfer; F *da war die* ~ *los* c'était l'enfer, F infernal
'**Höllen|angst** *f e-e* ~ *haben* avoir une peur terrible, bleue; F avoir la frousse
'**Höllen|fahrt** *f* REL, MYTH descente *f* aux enfers; ~**fürst** *m* ⟨~en⟩ REL prince *m* des enfers, des ténèbres; ~**hund** *m* MYTH Cerbère *m*
'**Höllen|lärm** F *m* vacarme, tapage infernal; F boucan *m* de tous les diables, du diable; *e-n* ~ *machen a* F faire un barouf, un raffut du diable
'**Höllenmaschine** F *f* machine infernale
'**Höllen|qual** F *f* supplice, martyre infernal; ~**en ausstehen** souffrir mille morts; être à la torture
'**Höllen|spek'takel** *m* *cf* **Höllenlärm**; ~**stein** *m* ⟨~(e)s⟩ PHARM nitrate *m* d'argent
'**Höllentempo** F *n* *in od mit e-m* ~ *fahren* aller, rouler à qn train d'enfer
Holler ['hɔlər] *m* ⟨~s⟩ *südd, österr* sureau *m*
'**höllisch I** *adj* **1.** ⟨*épithète*⟩ de l'enfer; **2.** *fig* (*schrecklich*) *Schmerzen etc* atroce; épouvantable; **3.** F *fig* (*groß*) *Angst* affreux, -euse; atroce; *Lärm, Tempo* F infernal; d'enfer; ~**en Respekt vor j-m haben** craindre qn terriblement; **II** *adv* affreusement; atrocement; F diablement; *man muß dabei* ~ *aufpassen* il faut y faire très, extrêmement attention; ~ *weh tun* faire affreusement, atrocement, horriblement mal
Hollywoodschaukel ['hɔlivutʃaukəl] *f* balancelle *f*
Holm [hɔlm] *m* ⟨~(e)s; ~e⟩ **1.** *e-r Axt, e-s Ruders* manche *m*; **2.** *e-r Leiter* montant *m*; **3.** AVIAT longeron *m*; **4.** *am Barren* barre *f*

Holocaust [holo'kaʊst] *m* ⟨~(s); ~s⟩ holocauste *m*
Holo|gramm [holo'gram] *n* ⟨~s; ~e⟩ PHYS hologramme *m*; **~gra'phie** *f* ⟨~; ~n⟩ holographie *f*
'**holp(e)rig** I *adj* 1. *Weg* cahoteux, -euse; *Straßenpflaster* inégal; 2. *Verse* raboteux, -euse; *Stil* rocailleux, -euse; 'heurté; raboteux, -euse; *Fremdsprache* hésitant; II *adv etw* ~ **vortragen** lire, réciter qc d'une façon 'heurtée, en trébuchant sur les mots
holpern ['hɔlpərn] *v/i* ⟨-(e)re⟩ 1. ⟨sein⟩ *Wagen* cahoter; *Person* trébucher; 2. ⟨h⟩ *beim Sprechen, Lesen* trébucher (sur les mots)
'**Holschuld** *f* JUR créance *f* quérable
holterdiepolter [hɔltərdi'pɔltər] F *adv* précipitamment (et à grand bruit)
hol'über *int zum Fährmann* ohé! passeur!
Holunder [ho'lundər] *m* ⟨~s; ~⟩ 1. *Strauch* sureau *m*; 2. ⟨*pas de pl*⟩ ⟨~*beeren*⟩ baies *f/pl* de sureau; **~beere** *f* baie *f* de sureau; **~tee** *m* infusion *f* de sureau
Holz [hɔlts] *n* ⟨~es; ⁚er⟩ 1. ⟨*pas de pl*⟩ *Material* bois *m*; *aus* ~ de, en bois; *fig Mensch nicht aus* ~ *sein* ne pas être de bois; F *fig viel* ~ *bes Geld* un beau, F sacré paquet; F *plais* **sie hat viel** ~ **vor der Hütte** F il y a du monde au balcon; 2. (~*sorte*) bois *m*; *fig* **aus dem gleichen** ~ **(geschnitzt) sein** être de la même trempe; être tout pareil; **sie ist aus anderem** ~ **(geschnitzt)** elle n'a pas le même tempérament, caractère; elle n'est pas de la même trempe; 3. TENNIS *etc* bois *m*; **den Ball mit dem** ~ **schlagen, treffen** faire un bois; 4. ⟨*pl* ~⟩ KEGELN quille *f*; **gut** ~! bonne chance!; 5. ⟨*pas de pl*⟩ MUS **das** ~ les bois *m/pl*; 6. ⟨*pas de pl*⟩ *Jägersprache (Gehölz)* bois *m*
'**Holz|apfel** *m* pomme *f* sauvage; **~arbeiter** *m* bûcheron *m*; **~art** *f* espèce *f*, sorte *f* de bois; essence *f*
'**Holzauge** *n plais* ~ **sei wachsam!** il s'agit d'ouvrir l'œil (F, et le bon!)
'**Holz|bein** *n* jambe *f* de bois; **~bläser** *m* MUS joueur *m* d'un instrument à vent en bois
'**Holzblasinstrument** *n* MUS instrument *m* à vent en bois; *pl* **~e** bois *m/pl*
'**Holz|block** *m* ⟨~(e)s; -blöcke⟩ bloc *m* de bois; **~bock** *m* 1. ZO Zecke tique *f*; 2. *Gerät* chevalet *m*
Hölzchen ['hœltsçən] *n* ⟨~s; ~⟩ 1. petit bout de bois; *fig* **vom** ~ **aufs Stöckchen kommen** se perdre dans les détails; 2. ⟨*Streichholz*⟩ allumette *f*
'**Holzdübel** *m* cheville *f* de bois
'**holzen** *v/i* ⟨-(e)st, h⟩ *Sportjargon* jouer rudement, brutalement
'**hölzern** *adj* 1. de, en bois; 2. *fig Mensch* raide; gauche
'**Holz|fäller** *m* ⟨~s; ~⟩ bûcheron *m*; **~faserplatte** *f* panneau *m*, plaque *f* de fibres de bois; **~feile** *f* lime *f*, râpe *f* à bois; ⁀**frei** *adj* Papier de bonne qualité; sans fibres de bois; **~fußboden** *m* plancher *m* en bois; ⁀**geschnitzt** *adj* taillé dans le bois; ⁀**getäfelt** *adj* lambrissé; **~hacker** *m bes österr* bûcheron *m*; ⁀**haltig** *adj Papier* fait de pâte de bois; **~hammer** *m* maillet *m*; **~hammermethode** F *plais f* ⟨~⟩ manière forte; **~handel** *m* commerce *m* du bois; **~händler(in)** *m(f)* marchand(e) *m(f)* de, négociant(e) *m(f)* en bois; **~haus** *n* maison *f* de bois
'**holzig** *adj* ligneux, -euse; *Gemüse, Obst* filandreux, -euse
'**Holz|industrie** *f* ⟨~⟩ industrie *f* du bois; **~kitt** *m* futée *f*; **~klotz** *m* 1. bloc *m* de bois; (*Hackklotz*) billot *m*; 2. *Spielzeug* cube *m* en bois; 3. *fig péj* lourdaud *m*; **~kohle** *f* charbon *m* de bois
'**Holzkohlen|grill** *m* barbecue *m* à charbon de bois; **~feuer** *n* feu *m* au charbon de bois
'**Holz|kopf** *m* 1. *e-r Puppe etc* tête *f* de, en bois; 2. F *péj* F taré(e) *m(f)*; F demeuré(e) *m(f)*; **~leim** *m* colle *f* à bois; **~leiste** *f* baguette *f* de bois; **~löffel** *m* cuillère *f* en bois; **~maserung** *f* veines *f/pl* du bois; madrure *f*; **~maß** *n* unité *f* de mesure du bois; **~mehl** *n* farine *f* de bois; *von Holzwürmern* vermoulure *f*; **~ofenbrot** *n* pain cuit au feu de bois; **~pantine** *f regional*, **~pantoffel** *m* sabot *m*; **~pflock** *m* piquet *m* (en, de bois); **~platte** *f* plaque *f* de, en bois; **~scheit** *n* bûche *f*; *kleines* billette *f*; **~schneider** *m* graveur *m* sur bois; **~schnitt** *m* gravure *f* sur bois; ⁀**schnittartig** *adj fig* sans nuance; *p/fort* simpliste; **~schnitzer** *m* sculpteur *m* sur bois; **~schnitzerei** *f* sculpture *f* sur bois; **~schraube** *f* vis *f* à bois; **~schuh** *m* sabot *m*; **~schuppen** *m* bûcher *m*, **~schutzmittel** *n* produit *m* de protection, de traitement du bois; **~spielzeug** *n* jouet(s) *m(pl)* en bois; **~splitter** *m* éclat *m* de bois; *am Holz* picot *m*; *in der Haut* écharde *f*; **~stäbchen** *n* baguette *f* (de bois); *eckiges* bûchette *f*; **~stapel** *m*, **~stoß** *m* pile *f* de bois; **~täfelung** *f* lambris *m*; boiserie *f*; lambrissage *m*; **~teer** *m* goudron *m* de bois; **~treppe** *f* escalier *m* de, en bois
'**holzverarbeitend** *adjt* ⟨épithète⟩ travaillant le bois; **~e Industrie** industrie *f* de transformation du bois
'**Holz|vered(e)lung** *f* traitement *m* du bois; **~verkleidung** *f* revêtement *m* en bois; boiserie *f*; **~waren** *f/pl* articles *m/pl* en bois
'**Holzweg** *m fig* **auf dem** ~ **sein** faire fausse route; se tromper; faire erreur
'**Holz|wirtschaft** *f* ⟨~⟩ industrie forestière, du bois; **~wolle** *f* fibre *f* de bois; **~wurm** *m* vers *m* du bois; perce-bois *m*
Homeland ['hoːmlɛnt] *n* 'homeland *m*; bantoustan *m*
Homer [ho'meːr] *m* ⟨→ *n/pr*⟩ Homère *m*
ho'merisch *adj* homérique; *ein* **~es Gelächter** un rire homérique
Hometrainer ['hoːmtreːnər] *m* 'hometrainer *m*; vélo *m* d'appartement
Hommage [ɔ'maːʒ] *st/s f* ⟨~; ~n⟩ hommage *m* (*an* [+*acc*] à)
Homo ['hoːmo] F *m* ⟨~s; ~s⟩ F homo *m*
homoe'rotisch *st/s adj* homosexuel, -elle
homo|gen [homo'geːn] *adj* homogène; **~geni'sieren** *v/t* ⟨*pas de ge-*, h⟩ homogénéiser; *fig* rendre homogène; harmoniser; ⁀**geni'tät** *f* ⟨~⟩ homogénéité *f*
Homograph [homo'graːf] *m* ⟨~s; ~e⟩ LING homographe *m*
homolog [homo'loːk] *adj* homologue

homonym [homo'nyːm] *adj* LING homonyme
Homo'nym *n* ⟨~s; ~e⟩ LING homonyme *m*
Homony'mie *f* ⟨~⟩ LING homonymie *f*
Homöopath(in) [homøo'paːt(ɪn)] *m* ⟨~en; ~en⟩ *(f)* ⟨~; ~nen⟩ MÉD homéopathe *m,f*
Homöopa'thie *f* ⟨~⟩ MÉD homéopathie *f*
homöo'pathisch MÉD I *adj Mittel* homéopathique; *Arzt* homéopathe; II *adv* ~ **behandeln** traiter par l'homéopathie
homophil [homo'fiːl] *adj* homophile
homophon [homo'foːn] *adj* LING homophone
Homo'phon *n* ⟨~s; ~e⟩ LING homophone *m*
Homopho'nie *f* ⟨~⟩ LING, MUS homophonie *f*
Homo|sexuali'tät *f* homosexualité *f*; ⁀**sexu'ell** *adj* homosexuel, -elle, **~sexu'elle(r)** *f(m)* ⟨→ A⟩ homosexuel, -elle *m,f*
Honduras [hɔn'duːras] *n* ⟨→ *n/pr*⟩ Honduras *m*
Hongkong ['hɔŋkɔŋ] *n* ⟨→ *n/pr*⟩ Hongkong
Honig ['hoːnɪç] *m* ⟨~s; ~e⟩ miel *m*; F *j-m* ~ *um den Bart od Mund od ums Maul schmieren* passer de la pommade à qn
'**Honig|biene** *f* abeille *f* (mellifique); ⁀**farben** *adj* couleur (de) miel; ⁀**gelb** *adj* (jaune comme le) miel; **~kuchen** *m* pain *m* d'épice
'**Honigkuchenpferd** F *plais n* **strahlen** *od* **lachen wie ein** ~ sourire béatement; avoir un sourire béat
'**Honiglecken** F *n* **das ist kein** ~ F ce n'est pas de la tarte, du gâteau
'**Honig|melone** *f* variété de melon très sucrée; **~mond** *m plais* lune *f* de miel
'**honigsüß** *adj* 1. sucré, doux, douce comme le miel; 2. *fig péj Person, Worte, Lächeln etc* mielleux, -euse; *Miene, a Lächeln, Worte etc* doucereux, -euse; *Person* a tout sucre tout miel; II *adv fig* ~ **lächeln** avoir un sourire doucereux, mielleux
'**Honig|wabe** *f* rayon *m* (de miel); **~wein** *m* hydromel *m*
Honneurs [(h)ɔ'nøːrs] *st/s pl* **die** ~ **machen** accueillir les invités; faire les honneurs de la maison
Honorar [hono'raːr] *n* ⟨~s; ~e⟩ honoraires *m/pl*; **~forderung** *f* honoraires demandés, exigés; **~professor(in)** *m(f)* professeur *m* honoraire
Honoratioren [honoratsi'oːrən] *pl* notables *m/pl*; notabilités *f/pl*
hono'rieren *v/t* ⟨*pas de ge-*, h⟩ 1. *etw* ~ verser des honoraires pour qc; rétribuer qc; *e-e Tätigkeit mit tausend Mark* ~ verser des honoraires de mille marks pour un travail; *die Arbeit wird gut honoriert* le travail est bien rétribué; 2. *fig (belohnen)* récompenser (*j-n für etw* qn pour qc); *(würdigen)* apprécier; estimer à sa juste valeur; 3. FIN *Wechsel* honorer
Hono'rierung *f* ⟨~; ~en⟩ 1. versement *m* des honoraires; rétribution *f*; 2. *fig (Belohnung)* récompense *f*; *(Würdigung)* reconnaissance *f*; 3. FIN acceptation *f*
ho'norig *st/s adj* honorable; honnête
Hooligan ['huːlɪgən] *m* ⟨~s; ~s⟩ 'hooligan *m*

hopfen – Hornknopf

hopfen ['hɔpfən] *v/t* ⟨h⟩ *Bier* 'houblonner
'**Hopfen** *m* ⟨~s; ~⟩ 'houblon *m*; F *bei ihm ist ~ und Malz verloren* il est incorrigible; on ne peut rien en tirer
'**Hopfenstange** *f* **1.** perche *f* à 'houblon; **2.** F *fig Frau* F (grande) perche; F grande bringue; *Mann* échalas *m*
hopp [hɔp] **I** *int* 'hop!; ~, ~! allez, 'hop!; ~, ~ ins Bett!* allez, 'hop! au lit!; **II** *adv das geht ~ (,~)* ça ne traîne pas; ça va très vite; F *mach mal ein bißchen ~ (, ~)!* presse-toi un peu!; F et que ça saute!; F allez, active un peu!
'**hoppeln** *v/i* ⟨-(e)le, sein⟩ *Kaninchen* sauter; bondir
hoppla ['hɔpla] *int* 'hop là!; *beim Stolpern* 'holà!
'**hoppnehmen** F *v/t* ⟨*irr, sép,* -ge-, h⟩ (*festnehmen*) F choper; F épingler
hops [hɔps] **I** *int* 'hop!; **II** *adj* ⟨*attribut*⟩ *~ sein* (*verloren sein*) être perdu; (*tot sein*) P être clamsé; (*kaputt sein*) F être fichu
Hops *m* ⟨~es; ~e⟩ saut *m*; gambade *f*
'**hopsa**(**sa**) ['hɔpsa(sa)] *enf int* 'hop là!
'**hopsen** *v/i* ⟨-(es)t, sein⟩ sautiller (*a péj beim Tanzen*); sauter; gambader
'**Hopser** F *m* ⟨~s; ~⟩ saut *m*; gambade *f*
Hopse'rei F *f* ⟨~; ~en⟩ *a péj beim Tanzen* sautillement *m*
'**hops|gehen** F *v/i* ⟨*irr, sép,* -ge-, sein⟩ (*verlorengehen*) se perdre; (*sterben*) P clamser; F claquer; (*kaputtgehen*) se casser; F *claquer*; *~nehmen cf hoppnehmen*
'**Hörapparat** *m* prothèse auditive
Horaz [ho'ra:ts] *m* ⟨→ *n/pr*⟩ Horace *m*
'**hörbar** *adj* audible; perceptible; *kaum ~* presque inaudible
'**hör|behindert** *adjt* malentendant; *~bereich m* zone *f* d'audibilité
'**horchen** *v/i* ⟨h⟩ écouter; prêter l'oreille; *an der Tür, Wand ~* écouter à la porte, coller son oreille au mur; *horch!* écoute!
'**Horcher**(**in**) *m* ⟨~s; ~⟩ (*f*) ⟨~; ~nen⟩ personne *f* qui écoute (aux portes); *prov der ~ an der Wand hört s-e eigene Schand* celui qui écoute aux portes risque d'entendre parler de ses défauts
'**Horchgerät** *n* AVIAT appareil *m* de repérage par le son; MAR hydrophone *m*
'**Horchposten** *m* MIL poste *m* d'écoute; *fig plais auf ~ gehen* se mettre à son poste d'écoute
Horde[1] ['hɔrdə] *f* ⟨~; ~n⟩ (*Schar*) 'horde *f*; bande *f*; *e-e ~ Kinder od von Kindern* une bande d'enfants
'**Horde**[2] *f* ⟨~; ~n⟩ (*Lattengestell*) claie *f*
hören ['høːrən] ⟨h⟩ **I** *v/t* entendre; (*an~*) écouter; *Radio ~* écouter la radio; *die Messe ~* entendre la messe; *e-e Vorlesung ~* suivre un cours (à l'université); *bei Professor B. Geschichte ~* suivre les cours d'histoire du professeur B.; *die Zeugen ~* entendre les témoins; *wenn man ihn hört ...* à l'entendre (parler) ...; *ich habe ihn sagen ~, (daß)* je l'ai entendu dire que ...; *j-n kommen ~* entendre qn venir; *ich habe es von ihm selbst gehört* il me l'a dit lui-même; c'est lui qui me l'a dit; *ich will nichts mehr davon ~* je ne veux plus en entendre parler; *etwas von j-m ~* avoir des nouvelles de qn; *wir haben lange nichts von ihm gehört* nous

n'avons pas eu de ses nouvelles depuis longtemps; cela fait longtemps qu'il ne nous a pas donné signe de vie; *man hörte nie wieder etwas von ihm* on n'a plus jamais eu de ses nouvelles; *laß mal etwas von dir ~!* donne-nous de tes nouvelles à l'occasion; *sie läßt nichts von sich ~* elle ne donne pas, aucun signe de vie; F *das ist das Neueste, was ich höre* première nouvelle; *iron ich höre (ja) schöne Dinge von dir* on en raconte de belles sur ton compte; *das läßt sich ~* voilà qui s'appelle parler; voilà une bonne parole; *das läßt sich schon eher ~* c'est déjà mieux; *laß ~!* raconte!; F *der kriegt was zu ~!* il va m'en entendre!; **II** *v/i* entendre; (*zu~*) écouter; *schlecht ~* entendre mal; être dur d'oreille; *gut ~* avoir l'oreille fine; *auf dem linken Ohr schlecht ~* entendre mal de l'oreille gauche; *nur auf e-m Ohr ~* n'entendre que d'une oreille; *ich habe davon gehört* j'en ai entendu parler; *ich habe gehört, daß ... j*'ai entendu dire que ...; on m'a dit que ...; *ich habe gehört, wie er die Treppe hinunterfiel* je l'ai entendu tomber dans les escaliers; *wie ich höre ...* à ce qu'on dit ...; il paraît que ...; F *nicht ~ wollen* (*ungehorsam sein*) ne pas vouloir écouter, obéir; *prov wer nicht ~ will, muß fühlen* voilà ce qui arrive quand on n'écoute pas (les conseils); F *dabei vergeht einem Ω* and *Sehen* c'est à vous couper le souffle; *auf die Nachrichten ~* (*aufmerksam verfolgen*) écouter les informations; *auf j-s Rat ~* (*acc*) ~ (*befolgen*) écouter, suivre les conseils de qn; *auf j-n ~* écouter qn; *p/fort* obéir à qn; *auf den Namen Felix ~* s'appeler Félix; *von j-m ~* avoir des nouvelles de qn; *laß bald von dir ~* donne-nous bientôt de tes nouvelles; *Sie werden (noch) von mir ~!* a drohend vous aurez de mes nouvelles!; *hörst du?* tu entends?; *hörst du!* entends!; tu m'entends bien!; F *hör mal!* dis donc!; F *hör doch mal!* écoute!; *vorwurfsvoll* F (*na*) *hör mal!* voyons!; Dis donc!; *hört, hört!* tiens! tiens!; *ich höre* j'écoute; je vous *bzw* t'écoute; *man höre und staune* écoutez(-moi) bien; vous n'en croirez pas vos oreilles; vous me croirez si vous voulez
'**Hörensagen** *n etw, j-n (nur) vom ~ kennen* avoir (seulement) entendu parler de qc, qn
'**hörenswert** *adj* qui mérite d'être entendu, écouté
'**Hörer** *m* ⟨~s; ~⟩ **1.** *Person* auditeur *m*; **2.** (*TelefonΩ*) combiné *m*; récepteur *m* (téléphonique)
'**Hörerbrief** *m* lettre *f* d'auditeur; *pl ~e* courrier *m* des auditeurs
'**Hörerin** *f* ⟨~; ~nen⟩ auditrice *f*; *verehrte ~nen und Hörer!* chers auditeurs!
'**Hörer|kreis** *m* public *m*; auditeurs *m/pl*; *~post f* courrier *m* des auditeurs; *~schaft* ⟨~; ~en⟩ RAD auditeurs *m/pl*; *e-r Vorlesung etc* auditeurs *m/pl*; *~wünsche m/pl* souhaits *m/pl*, désirs *m/pl* des auditeurs
'**Hör|fehler** *m* **1.** erreur *f* de compréhension; **2.** MÉD défaut *m* de l'ouïe; *~folge*

f RAD série *f*, feuilleton *m* radiophonique; *~funk m* radio *f*; *~gerät n* prothèse auditive; *~geräteakustiker*(**in**) *m*(*f*) audioprothésiste *m,f*
'**hörgeschädigt** *adj* malentendant
'**Hörgeschädigte**(**r**) *f*(*m*) ⟨→ A⟩ malentendant(e) *m*(*f*)
'**hörig** *adj* **1.** HIST serf, serve; **2.** *fig* esclave; *bes sexuell* dépendant; *er ist ihr ~ a sexuell* il lui est entièrement soumis
'**Hörigkeit** *f* ⟨~⟩ **1.** HIST servage *m*; **2.** *fig* sujétion *f*; esclavage *m*; *sexuell* dépendance *f*; soumission *f*
Horizont [hori'tsɔnt] *m* ⟨~(e)s; ~e⟩ *a fig* horizon *m*; *am ~* à l'horizon; *hinter dem ~* derrière, au-delà de l'horizon; *fig der geistige ~* l'horizon intellectuel; *s-n ~ erweitern* élargir son horizon; *e-n engen ~ haben* être étroit d'esprit; avoir l'esprit étroit, étriqué; être borné; *das geht über s-n ~* cela le dépasse; c'est au-dessus de sa portée
horizon'tal *adj* horizontal; F *plais das ~e Gewerbe* le plus vieux métier du monde; la prostitution
Horizon'tale *f* ⟨~; ~n⟩ (ligne *f*) horizontale *f*; ASTR ligne *f* d'horizon; *plais sich in die ~ begeben* F prendre la position horizontale; se coucher; s'allonger
Hormon [hɔr'moːn] *n* ⟨~s; ~e⟩ hormone *f*
hormo'nal *adj* hormonal
Hor'monbehandlung *f* traitement hormonal
hormo'nell **I** *adj* hormonal; **II** *adv ~ bedingt* hormonal; d'origine hormonale
Hor'mon|haushalt *m* équilibre hormonal; *~präparat n* produit *m* à base d'hormones; *~spiegel m* taux *m* d'hormone(s), hormonal; *~spritze f* piqûre *f* d'hormone(s)
'**Hörmuschel** *f am Telefon* écouteur *m*
Horn [hɔrn] *n* ⟨~(e)s; ~er⟩ **1.** ZO, corne *f*; F *fig sich (dat) die Hörner abstoßen* jeter sa gourme; F *fig s-m Ehemann Hörner aufsetzen* F faire porter des cornes à son mari; F faire son mari cocu; **2.** ⟨*pl ~e*⟩ *Material* corne *f*; **3.** *Trinkgefäß* corne *f* (à boire); **4.** MUS cor *m*; (*Jagd-, Wald-*) cor *m* de chasse; *ins ~ stoßen* sonner du cor; F *fig* (*immer*) *in das gleiche ~ stoßen* être (toujours) du même avis; **5.** *Warngerät* corne *f*, (*Hupe*) avertisseur *m*; klaxon *m*; **6.** F *fig* (*Beule*) bosse *f*
'**Hornberger** *adj* ⟨*inv*⟩ *ausgehen wie das ~ Schießen* n'aboutir à rien; finir en queue de poisson
'**Horn|blende** *f* ⟨~⟩ MINÉR 'hornblende *f*; *~brille f* lunettes *f/pl* d'écaille
Hörnchen *n* ⟨~s; ~⟩ **1.** petite corne; **2.** *Gebäck* croissant *m*; **3.** ZO *pl* sciuridés *m/pl*
hörnen ['hœrnən] F *plais v/t* ⟨h⟩ F faire cocu; F cocufier
'**hörnern** ['hœrnən] *adj* de, en corne
'**Hörnerv** *m* nerf auditif
'**Hornhaut** *f* **1.** callosité *f*; (*Schwiele*) durillon *m*; **2.** *am Auge* cornée *f*
'**hornig** *adj* de, en corne
Hornisse [hɔr'nɪsə] *f* ⟨~; ~n⟩ frelon *m*
Hor'nist(**in**) *m* ⟨~en; ~en⟩ (*f*) ⟨~; ~nen⟩ MUS corniste *m,f*; cornettiste *m,f*
'**Horn|kamm** *m* peigne *m* de, en corne; *~klee m* lotier *m*; *~knopf m* bouton *m* en, de corne

Hornochse F m imbécile m,f; P connard(e) m(f); F (espèce f d')andouille f; **ich ~!** qu'est-ce que je suis bête!
Horntier n cavicorne m
Hörorgan n (organe m de l')ouïe f
Horoskop [horo'sko:p] n ⟨~s; ~e⟩ horoscope m; **j-m das ~ stellen** faire, dresser l'horoscope de qn
horrend [hɔ'rɛnt] F adj énorme; *Preis a* exorbitant
horrido [hɔri'do:] int plais 'hourra!; youpi!
Hörrohr n 1. *Hörgerät* cornet m acoustique; 2. (*Stethoskop*) stéthoscope m
Horror ['hɔrɔr] m ⟨~s⟩ horreur f; PHILOS **~ vacui** horreur du vide; F **e-n ~ vor etw** (dat) **haben** avoir horreur de qc; détester qc
Horrorfilm m film m d'épouvante
Horrortrip F m im Drogenrausch F trip m; F défonce f; fig **das war der reinste ~** c'était l'horreur, l'enfer
Hörsaal m salle f (de conférences, de cours); amphithéâtre m; fig **der ganze ~ applaudierte** tout l'amphithéâtre, toute la salle applaudissait
Hörschwelle f seuil m d'audibilité
Horsd'œuvre [ɔr'dœ:vrə] n ⟨~(s); ~s [-vra]⟩ 'hors-d'œuvre m
Hörspiel n pièce f radiophonique; **~autor(in)** m(f) auteur m de pièces radiophoniques
Horst¹ [hɔrst] m ⟨~(e)s; ~e⟩ 1. (*Vogel2*) aire f; 2. (*Flieger2*) base aérienne
Horst² m ⟨~ n/pr⟩ prénom
horsten v/i ⟨-ete, h⟩ *Raubvögel* faire son aire; airer
Hörsturz m MÉD perte f de l'audition; sc hypoacousie f brusque
Hort [hɔrt] m ⟨~(e)s; ~e⟩ 1. poét (*Schatz*) trésor m; 2. st/s (*sicherer Ort*) refuge m; asile m; (*Stätte*) **~ des Lasters** antre m, repaire m du vice; 3. (*Kinder2*) garderie f (d'enfants)
horten v/t ⟨-ete, h⟩ *Waren* stocker; *Geld* thésauriser
Hortensie [hɔr'tɛnziə] f ⟨~; ~n⟩ hortensia m
Hör|test m test auditif; **~vermögen** n ⟨~s⟩ capacité auditive
Hörweite f ⟨~⟩ portée f de la voix; **in, außer ~** à, 'hors de portée de la voix; **er ist schon außer ~** il ne peut plus nous entendre
Höschen ['hø:sçən] n ⟨~s; ~⟩ 1. (*kleine kurze Hose*) petite culotte; (*kleine lange Hose*) petit pantalon; F plais **heiße ~** mini-short f; short m sexy; 2. (*Schlüpfer*) slip m
Hose ['ho:zə] f ⟨~; ~n⟩ lange pantalon m; *kurze* culotte f; (*kurze Sommer2*) short m; cf a *Unterhose*; **in die ~ machen** faire dans sa culotte; F fig (**sich** [dat]) (*vor Angst*) **in die ~(n) machen** F faire dans sa culotte; F fig **j-m die ~n strammziehen** donner une fessée à qn; F fig (**zu Hause**) **die ~n anhaben** Frau porter la culotte; F **die ~n voll haben** avoir fait dans sa culotte; fig (*Angst haben*) F avoir la trouille, la frousse, les jetons; F **die ~n voll kriegen** F (se) prendre, recevoir une raclée; F fig **die ~n runterlassen** jouer cartes sur tables; F fig **in die ~(n) gehen** F foirer; F **tote ~ sein** F être, faire un bide, un flop; F avoir foiré; F **hier ist tote ~** F c'est mort ici

Hosen|anzug m tailleur m, costume m, ensemble m pantalon; **~aufschlag** m revers m de pantalon; **~bandorden** m ⟨~s⟩ ordre m de la Jarretière; **~bein** n jambe f de pantalon
Hosenboden m fond m de pantalon, de culotte; F fig **j-m den ~ strammziehen** donner une fessée à qn; F fig **sich auf den ~ setzen** s'accrocher; F bosser
Hosen|bügel m cintre m pour pantalon; **~bügler** m ⟨~s; ~⟩ presse-pantalon m; **~bund** m ceinture f de pantalon, de culotte; **~klammer** f pince f (de pantalon); **~knopf** m bouton m de culotte; **~latz** m 1. *e-r Latzhose* bavette f; 2. *regional* (*Hosenschlitz*) braguette f; *e-r Lederhose* pont m; **~matz** F plais m bambin m; F marmot m; **~rock** m jupe-culotte f; **~rolle** f THÉ rôle m d'homme joué par une femme; **~scheißer** P m (*Feigling*) F dégonflé m; P foireux, -euse m,f; **~schlitz** m braguette f; **~tasche** f poche f (de pantalon, de culotte); **~träger** m/pl bretelles f/pl
hosianna [hozi'ana] int REL hosanna!
Hosi'anna n ⟨~; ~s⟩ REL hosanna m
Hospital [hɔspi'ta:l] n ⟨~s; ~e *ou* -täler⟩ *für Kranke* hôpital m
Hospita'lismus m ⟨~⟩ MÉD hospitalisme m
Hospi'tant(in) m ⟨~en; ~en⟩ (f) ⟨~; ~nen⟩ *an Schulen* stagiaire m,f; *an Hochschulen* auditeur m libre
hospi'tieren v/i ⟨*pas de ge-*, h⟩ (**bei j-m**) **~** assister au cours (de qn); **in e-r Schulstunde, Vorlesung ~** assister (comme stagiaire, auditeur libre) à un cours
Hospiz [hɔs'pi:ts] n ⟨~es; ~e⟩ hospice m
Host|eß ['hɔstɛs] f ⟨~; -ssen⟩ hôtesse f
Hostie ['hɔstiə] f ⟨~; ~n⟩ REL hostie f
Hotel [ho'tɛl] n ⟨~s; ~s⟩ hôtel m; **~angestellte(r)** f(m) employé(e) m(f) d'hôtel; **~bar** f bar m d'un *bzw* de l'hôtel
Ho'telbetrieb m 1. (*Hotel*) établissement hôtelier; hôtellerie f; 2. ⟨*pas de pl*⟩ activité hôtelière; **der ~ ruht** l'hôtel est fermé
Ho'tel|boy m ⟨~s; ~s⟩ chasseur m; groom m; **~dieb(in)** m(f) rat m d'hôtel; **~direktor(in)** m(f) directeur, -trice m,f d'hôtel; **~fach** n ⟨~(e)s⟩ hôtellerie f; **~fachschule** f école d'hôtellerie, hôtelière; **~führer** m Buch guide m des hôtels; **~gast** m client m, pensionnaire m, hôte m d'un hôtel; **~gewerbe** n industrie hôtelière; hôtellerie f; **~halle** f 'hall m d'un *bzw* de l'hôtel
Hotelier [hoteli'e:] m ⟨~s; ~s⟩ hôtelier m
Ho'tel|kette f chaîne hôtelière; **~page** m cf **Hotelboy**; **~portier** m portier m d'hôtel bzw de l'hôtel; **~schiff** n péniche-hôtel f; **~- und 'Gaststättengewerbe** n hôtellerie f et restauration f; **~verzeichnis** n liste f des hôtels; **~zimmer** n chambre f d'hôtel
hott [hɔt] int *zu Pferden* (*vorwärts, nach rechts*) 'huhau!; 'hue!; cf a **hü**
Hottentott|e [hɔtən'tɔtə] m ⟨~n; ~n⟩, **~in** f ⟨~; ~nen⟩ Hottentot(e) m/f péj **wie die ~n** comme des, comme une bande de sauvages
HP abr (*Halbpension*) demi-pension
hPa abr (*Hektopascal*) hPa (hectopascal)

HR abr (*Hessischer Rundfunk*) radio et télévision régionales de Hesse (Francfort)
hrsg. abr (*herausgegeben*) édité
Hrsg. abr (*Herausgeber*) éditeur
Hs. abr (*Handschrift*) manuscrit
hu [hu:] int 1. *zum Erschrecken* 'hou!; 2. *bei Angst, Kälte* brrr!; *bei Ekel* F pouah!; berk!
hü [hy:] int *zu Pferden* (*vorwärts*) 'hue!; (*nach links*) dia!; (*halt*) 'halte!; F fig **einmal ~ und einmal hott sagen** changer d'avis comme de chemise; F fig **der eine will ~, der andere hott** l'un tire à 'hue et l'autre à dia
Hub [hu:p] m ⟨~(e)s; ~e⟩ TECH 1. *e-s Kolbens* course f; 2. (*Hebebewegung*) élévation f
Hubbel ['hubəl] m ⟨~s; ~⟩ *regional* bosse f
Hubbrücke f pont levant
hüben ['hy:bən] st/s adv de ce côté-ci; **~ und drüben** des deux côtés; de ce côté-ci et de l'autre; **~ wie drüben** de ce côté-ci comme de l'autre
Hubert ['hu:bɛrt] m ⟨~ n/pr⟩ Hubert m
Hu'bertusjagd f chasse f à la Saint-Hubert
Hub|höhe f hauteur f d'élévation; **~raum** m AUTO, TECH cylindrée f
hübsch [hypʃ] I adj 1. joli; **sich ~ machen** Frau se faire belle; F plais **na, ihr ~en!** *zu Frauen* alors, mes jolies!; iron **da habt ihr (ja) was ~es angerichtet!** eh bien! vous en avez fait de joli!; 2. F (*épithète*) (*ziemlich groß*) F assez conséquent; **ein ~es Stück Arbeit** F un joli travail; **e-e ~e Summe** F une jolie somme; II adv 1. joliment; 2. F **sei ~ artig!** sois bien sage!; **geh ~ nach Hause!** va gentiment à la maison!; **das werde ich ~ bleibenlassen** je m'en garderai bien
Hub|schrauber m ⟨~s; ~⟩ hélicoptère m; **~schrauberlandeplatz** m héliport m; **~stapler** m ⟨~s; ~⟩ chariot élévateur
huch [hux] int *Schrecken* 'hou!
Hucke ['hukə] f ⟨~; ~n⟩ 1. *regional* fardeau m, charge f (*portée sur le dos*); 2. F **j-m die ~ voll lügen** mentir effrontément à qn; F **j-m die ~ voll hauen** F flanquer une volée, une raclée à qn; F **die ~ voll kriegen** F recevoir, se prendre une volée, une raclée; F **sich** (dat) **die ~ voll lachen** F rire comme un bossu
huckepack ['hukəpak] F adv **j-n, etw ~ tragen** *od* **nehmen** porter qn, qc à califourchon sur son dos
Huckepackverkehr m transport multimodal
Hude'lei F *regional* f ⟨~; ~en⟩ bâclage m
hud(e)lig F *regional* I adj bâclé; saboté; II adv sans soin; n'importe comment
hudeln ['hu:dəln] F *regional* v/i ⟨-(e)le, h⟩ bâcler; saboter; **bei etw ~** saboter qc; bâcler qc; **nur nicht ~!** doucement!; pas de précipitation!
Huf [hu:f] m ⟨~(e)s; ~e⟩ sabot m
Huf|eisen n fer m (à cheval); **~eisenförmig** adj en (forme de) fer à cheval; **~lattich** m tussilage m; pas-d'âne m; **~nagel** m clou m à ferrer; **~schlag** m (*bruit m du*) pas d'un cheval; **~schmied** m maréchal-ferrant m
Hüftbein n os m iliaque
Hüfte ['hyftə] f ⟨~; ~n⟩ 'hanche f; **sich in den ~n wiegen** se déhancher; se

Hüftgelenk — Hündchen

dandiner; *die Hände in die ~n gestemmt* les mains sur les 'hanches
'Hüft|gelenk *n* articulation *f* de la hanche; **~gürtel** *m*, **~halter** *m* gaine *f*
'hüfthoch I *adj* qui arrive à 'hauteur de hanches; II *adv* jusqu'aux 'hanches; *~ im Wasser stehen* être dans l'eau jusqu'à la taille
'Huftiere *n/pl* ongulés *m/pl*
'Hüft|knochen *m cf Hüftbein*; **♀lahm** *adj Pferd* déhanché; **~schwung** *m SPORT* tour *m* de hanche; **~umfang** *m*, **~weite** *f* tour *m* de hanches
'Hügel ['hy:gəl] *m* ⟨~s; ~⟩ colline *f*; monticule *m*; coteau *m*; *kleiner* butte *f*; **~grab** *n* tumulus *m*
'hüg(e)lig *adj* vallonné; couvert de collines; accidenté
'Hügel|kette *f* (chaîne *f*, suite *f* de) collines *f/pl*; coteaux *m/pl*; **~land** *n* ⟨~(e)s; -länder⟩ pays de collines, vallonné
Hugenott|e [hugə'nɔtə] *m* ⟨~n; ~n⟩, **~in** *f* ⟨~; ~nen⟩ 'huguenot(e) *m(f)*
Hugo ['hu:go] *m* ⟨→ *n/pr*⟩ Hugues *m*
huh *cf* hu
hüh *cf* hü
Huhn [hu:n] *n* ⟨~(e)s; ⁊er⟩ 1. *ZO* poule *f*; *junges* poulet *m*; *(junge Henne)* poulette *f*; *gemästetes* poularde *f*; poulet *m* de grain; *gebratenes ~* poulet rôti *m*; *gekochtes ~* poule *f* au pot; *plais mit den Hühnern aufstehen, zu Bett od schlafen gehen* se lever, se coucher avec les poules; F *herumlaufen wie ein aufgescheuchtes ~* courir, s'agiter dans tous les sens; F *da lachen ja die Hühner* c'est tout simplement ridicule, risible; *fig das ~, das goldene Eier legt, schlachten* tuer la poule aux œufs d'or; *prov ein blindes ~ findet auch (ein)mal ein Korn* même un imbécile fait parfois des trouvailles; 2. F *fig ein dummes ~* une dinde; une oie; *ein verrücktes ~* un foufou, une fofolle
Hühnchen ['hy:nçən] *n* ⟨~s; ~⟩ poulet *m*; poulette *f*; *fig mit j-m (noch) ein ~ zu rupfen haben* avoir un compte à régler avec qn
Hühnerauge ['hy:nərʔaʊgə] *n MÉD* cor *m*; œil-de-perdrix *m*; F *fig j-m auf die ~n treten* blesser qn; piquer qn au vif
'Hühner|augenpflaster *n* coricide adhésif; **~brühe** *f* bouillon *m* de poule; **~brust** *f MÉD* thorax *m* en carène; **~ei** *n* œuf *m* de poule; **~farm** *f* élevage *m* (industriel) de poules *bzw* de poulets; **~frikassee** *n* fricassée *f* de poulet; **~futter** *n* nourriture *f* pour les poules; **~habicht** *m* autour *m* (des palombes); **~haus** *n* poulailler *m*; **~hof** *m* basse-cour *f*; **~hund** *m* chien *m* d'arrêt; **~klein** *n* ⟨~s⟩ *CUIS* abats *m/pl* de poule(t); **~leiter** *f* échelle *f* de poulailler; **~mist** *m* fiente *f* de poule; **~pest** *f* peste *f* aviaire; **~schenkel** *m CUIS* cuisse *f* de poule(t); **~stall** *m* poulailler *m*; **~stange** *f* perchoir *m*; juchoir *m*; **~suppe** *f* potage *m* à base de bouillon de poule; **~vögel** *m/pl* gallinacés *m/pl*; **~volk** *n* poules *f/pl*; **~zucht** *f* élevage *m* de poules
huhu 1. F ['hu:hu] *Zuruf* 'hou! 'hou!. 2. [hu'hu:] *Erschrecken* 'hou!
hui [hʊi] *int* 1. *bruit du vent*; 2. *schnelle Bewegung* 'hop!; F *in e-m od im ♀ en* un clin d'œil; 3. *F außen ~ und innen*

pfui od oben ~ und unten pfui l'extérieur, c'est tout beau, mais l'intérieur …
Huld [hʊlt] *poét f* ⟨~⟩ bonnes grâces; faveur *f*; *j-m s-e ~ schenken od erweisen* accorder sa faveur à qn; être bien disposé envers qn
'huldigen *st/s v/i* ⟨h⟩ 1. *j-m ~* rendre hommage à qn; 2. *e-r Sache (dat) ~ st/s* professer *qc*; se déclarer en faveur, être partisan de *qc*; *dem Sport, dem Alkohol, Glücksspiel etc* s'adonner à *qc*
'Huldigung *st/s f* ⟨~; ~en⟩ *a HIST* hommage *m*; *j-m s-e ~ darbringen* rendre hommage à qn
'huld|reich, **~voll** *poét adj* gracieux, -ieuse
Hülle ['hylə] *f* ⟨~; ~n⟩ 1. enveloppe *f*; *über Möbeln, Kleidung* 'housse *f*; *(Buch♀)* couvre-livre *m*; liseuse *f*; *(Platten♀)* pochette *f* *(Schirm♀ etc)* étui *m*; gaine *f*; *st/s die sterbliche ~ st/s* la dépouille mortelle; 2. *BOT* involucre *m*; 3. F *plais (Kleidung) die od s-e od alle ~n fallen lassen* se dénuder; se mettre (tout) nu; 4. *fig in ~ und Fülle* en abondance; à profusion; à foison
'hüllen *v/t* ⟨h⟩ *j-n, etw in etw (acc) ~* envelopper qn, qc dans qc; *fig sich in Schweigen ~* s'enfermer dans le silence; garder le silence; *in Wolken etc gehüllt* enveloppé de nuages, *etc*; *in Dunkel gehüllt* plongé dans l'obscurité
'hüllenlos *adj* 1. *(unverhüllt)* sans masque; sans fard; à nu; 2. *plais (nackt)* tout nu; *plais* en costume d'Ève *bzw* d'Adam
Hülse ['hylzə] *f* ⟨~; ~n⟩ 1. *BOT* cosse *f*; gousse *f*; 2. *e-r Patrone, Granate*, *TECH* douille *f*; *TECH a* fourreau *m*; 3. *(Etui)* étui *m*; *(Film♀)* boîte *f*
Hülsenfrüchte ['hylzənfryçtə] *f/pl Früchte* légumes secs; *Pflanzen* légumineuses *f/pl*
human [hu'ma:n] I *adj* humain; *fig a* à visage humain; II *adv* humainement; avec humanité
Hu'man|biologie *f* biologie *f* (appliquée à l'homme); **~genetik** *f* génétique humaine
humani'sieren *v/t* ⟨*pas de ge-*, h⟩ humaniser
Huma'nismus *m* ⟨~⟩ humanisme *m*
Huma'nist *m* ⟨~en; ~en⟩ *HIST, PHILOS, LITERATUR, (Altsprachler), fig* humaniste *m*
huma'nistisch I *adj* humaniste; *Gymnasium, Studium etc* classique; II *adv ~ gebildet* qui a fait ses humanités, des études classiques
humanitär [humani'tɛːr] *adj* humanitaire
Humani'tät *f* ⟨~⟩ humanité *f*
Hu'man|medizin *f* médecine *f*; **~mediziner(in)** *m(f)* médecin *m*; **~versuch** *m* essai *m* clinique (sur un être humain)
Humbug ['humbʊk] *m* ⟨~s⟩ F fumisterie *f*; bluff *m*
Hummel ['hʊməl] *f* ⟨~; ~n⟩ bourdon *m*; *fig plais eine ~ wilde ~ Mädchen* une (petite) fille très vive
Hummer ['hʊmər] *m* ⟨~s; ~⟩ 'homard *m*; **~cocktail** *m* salade *f* de homard; **~gabel** *f* fourchette *f* à 'homard; **~krabbe** *f* bouquet *m*; crevette *f* rose; **~suppe** *f* bisque *f* de homard
Humor [hu'mo:r] *m* ⟨~s⟩ humour *m*; *schwarzer ~* humour noir; *der briti-*

sche, rheinische ~ l'humour britannique, rhénan; *~ haben* avoir (le sens) de l'humour; F *fig du hast vielleicht ~!* tu veux rire!; c'est une plaisanterie!; tu plaisantes!; *etw mit ~ nehmen od tragen* prendre, supporter *qc* avec humour; *mit ~ geht alles besser* avec de l'humour tout va mieux; *prov ~ ist, wenn man trotzdem lacht* l'humour consiste à rire malgré tout
Humoreske [humo'rɛskə] *f* ⟨~; ~n⟩ *LITERATUR* conte *m*, récit *m* humoristique
hu'morig *adj* plein d'humour
Humo'rist(in) *m* ⟨~en; ~en⟩ *(f)* ⟨~; ~nen⟩ humoriste *m,f*
humo'ristisch *adj* humoristique
hu'mor|los *adj* sans humour; qui manque d'humour; **♀losigkeit** *f* ⟨~⟩ manque *m* d'humour; **~voll** *adj* plein d'humour
humpeln ['humpəln] *v/i* ⟨-(e)le, h, *doublé d'une indication de direction* sein⟩ boiter; clopiner; F aller clopin-clopant; *mit Richtungsangabe* aller, entrer, *etc* en boitant, clopinant
Humpen ['humpən] *m* ⟨~s; ~⟩ 'hanap *m*
Humus ['hu:mʊs] *m* ⟨~⟩ humus *m*; **~boden** *m*, **~erde** *f* *AGRO* terreau *m*; **♀reich** *adj* riche en humus
Hund [hʊnt] *m* ⟨~(e)s; ~e⟩ 1. *ZO* chien *m*; *Vorsicht, bissiger ~!* attention au chien!; *sind an der Leine zu führen* les chiens doivent être tenus en laisse; prière de tenir les chiens en laisse; *wie ~ und Katze leben* vivre comme chien et chat; F *bekannt sein wie ein bunter ~* être connu comme le loup blanc; F *mit allen ~en gehetzt sein* être rusé, malin; avoir plus d'un tour dans son sac; F *fig da liegt der ~ begraben* F voilà le hic; F *vor die ~e gehen* F crever; P être foutu; F *plais da wird der ~ in der Pfanne verrückt* c'est incroyable, invraisemblable; F *das ist zum Junge-Hunde-Kriegen!* c'est à, il y a de quoi se taper la tête contre les murs!; il y a de quoi s'arracher les cheveux!; F *auf den ~ gekommen sein wirtschaftlich* être sur la paille; F être fauché, dans la purée, dans la déche; F être mal en point; F être démoli; *moralisch* être tombé bien bas; F *j-n auf den ~ bringen* qn; mettre qn sur la paille; F *das ist ein dicker ~!* grober Fehler F c'est une énorme *od* grosse gaffe *od* boulette!; *Unverschämtheit* quel culot, F toupet!; F je rêve!; F c'est pas vrai!; F *damit kann man keinen ~ hinter dem Ofen hervorlocken* cela n'intéresse, n'attire personne; *es ist ein Wetter, daß man keinen ~ vor die Tür jagen möchte* il fait un temps à ne pas mettre un chien dehors; *fig man soll keine schlafenden ~e wecken* il vaut mieux ne pas y toucher; *prov ~e, die bellen, beißen nicht prov* chien qui aboie ne mord pas; *prov viele ~e sind des Hasen Tod* c'est la loi du nombre; *prov den letzten beißen die ~e* malheur au dernier; 2. F *péj (Person) ein blöder, dummer ~* un imbécile; P un enfoiré; *ein feiger ~* un lâche; F un dégonflé; *une lavette*; *ein gemeiner ~* F une vache; P un salaud; 3. *BERGBAU* berline *f*
Hündchen ['hyntçən] *n* ⟨~s; ~⟩ petit

chien; jeune chien *m*; *zärtlich* chien--chien *m* ⟨*a iron*⟩; toutou *m*
'**Hunde**|**art** espèce *f* canine, de chiens; **~ausstellung** *f* exposition canine, de chiens; **~bandwurm** *m* ténia *m* échinocoque du chien; **~biß** *m* morsure *f* de chien; **~blick** *m fig* regard *m* de chien fidèle; **~dressur** *f* dressage *m* de chiens
'**hunde**'**elend** F *adj* ⟨*attribut*⟩ *u adv* **mir ist ~**, **ich fühle mich ~** je suis malade comme une bête, un chien; je me sens très mal
'**Hunde**|**floh** *m* puce *f* de chien; **~friedhof** *m* cimetière *m* de chiens; **~futter** *n* nourriture *f*, pâtée *f* pour chiens; **~gebell** *n* aboiement(s) *m*(*pl*) (de chien[s]); **~halsband** *n* collier *m* de chien; **~halter** *m* propriétaire *m* de bzw du chien; **~hütte** *f* niche *f* (à chien)
'**hunde**'**kalt** F *adj* ⟨*attribut*⟩ **es ist ~** il fait un froid de canard, de loup
'**Hunde**|**kälte** F *f* froid *m* de canard, de loup; **~klo** F *n* toilettes *f*/*pl* pour chiens; **~korb** *m*, **~körbchen** *n* corbeille *f* de chien; **~kuchen** *m* biscuit(s) *m*(*pl*) pour chiens; **~leben** F *fig n* vie *f* de chien; **~leine** *f* laisse *f*; **~marke** *f* plaque *f* d'identité du chien; *Steuermarke* plaque fiscale
'**hunde**'**müde** F *adj* ⟨*attribut*⟩ F crevé; F claqué; F vanné; éreinté
'**Hunde**|**pfote** *f* patte *f* du chien; **~rasse** *f* race *f* de chiens; **~rennen** *n* course *f* de lévriers
hundert ['hʊndərt] *num*/*c* cent, *etwa*, *rund* **~** (*Personen*) une centaine (de personnes); F *auf* **~** *sein* être en rage; F être furax
'**Hundert**[1] *n* ⟨*~s*; *~e*⟩ cent *m*; centaine *f*; *zu* **~en** par centaines; *es geht in die* **~e** cela se chiffre par centaines; *vom ...* des centaines de ...; *vier etc vom* **~** quatre, *etc* pour cent
'**Hundert**[2] *f* ⟨*~*; *~en*⟩ (chiffre *m*, nombre *m*) cent *m*
hundert'**eins** *num*/*c* cent un
'**Hunderter** *m* ⟨*~s*; *~*⟩ **1.** MATH centaine *f*; **2.** F *Geldschein* billet *m* de cent; **~stelle** *f* centaine *f*
hundert|'**erste(r, -s)** *num*/*o* cent (et) unième; **~fünfzigprozentig** *adj a* F *fig* à plus de cent pour cent; **♀jahrfeier** *f* (fête *f* du) centenaire *m*
'**hundertjährig** *adj* (hundert Jahre alt) (âgé) de cent ans; *Person a* centenaire; *Dinge* séculaires; (hundert Jahre lang) de cent ans; qui dure cent ans; *Jubiläum* centenaire; *der* ♀*e Krieg* la guerre de Cent Ans
'**Hundert**|**jährige(r)** *f*(*m*) ⟨→ A⟩ centenaire *m*,*f*; homme *m* (femme *f*) de cent ans; **~markschein** *m* billet *m* de cent marks; **♀meterlauf** *m* course *f* de cent mètres; **♀prozentig** *adj u adv* F *fig* à cent pour cent; *fig a* absolument; **~schaft** *f* ⟨*~*; *~en*⟩ unité *f*, groupe *m* de cent ... ; centaine *f* (de ...)
'**hundertste(r, -s)** *num*/*o* centième; *vom* ♀*n ins Tausendste kommen* s'éloigner du sujet
'**hundertstel** *adj* ⟨*inv*⟩ centième; *drei* **~** *Millimeter* trois centièmes de millimètre
'**Hundertstel** *n* ⟨*~s*; *~*⟩ centième *m*; **~sekunde** *f* centième *m* de seconde

'**hundert**'**tausend** *num*/*c* cent mille
'**Hundert**'**tausend** *n* cent mille *m*; centaine *f* de mille; **~e von ...** des centaines de milliers de ...
hundertund'**eins** *num*/*c* cent un
'**Hunde**|**salon** *m* salon *m* de toilettage (pour chiens); **~scheiße** P *f* P merde *f* de chien; **~schlitten** *m* traîneau *m* à chiens
'**Hundeschnauze** *f* museau *m* du chien; F *fig* **kalt wie e-e ~ sein** être très froid, dur; F *fig* être (une peau de) vache
'**Hunde**|**sohn** *m péj* P salaud *m*; **~steuer** *f* taxe *f* sur les chiens; **~wetter** F *n* temps *m* de chien; **~zucht** *f* élevage *m* de chiens; **~zwinger** *m* chenil *m*
'**Hündin** ['hʏndɪn] *f* ⟨*~*; *~nen*⟩ chienne *f*
'**hündisch** *adj* **1.** *Ergebenheit etc* servile; rampant; *Person, Gehorsam, Angst* servile; lâche; **2.** (*gemein*) misérable; abject; infâme; **II** *adv* **j-m ~ ergeben sein** être entièrement soumis à qn
'**hundser**'**bärmlich** F *adj* **1.** (*hundeelend*) malade comme un chien, une bête; atrocement mal; **2.** (*sehr schlecht*) F minable; lamentable; en dessous de tout; **3.** (*hundsgemein*) F vache; P dégueulasse; **II** *adv* (*sehr*) affreusement; atrocement; F vachement; **2.** (*sehr schlecht*) atrocement, affreusement mal
Hundsfott ['hʊntsfɔt] P *péj m* ⟨*~*(e)*s*; *~e ou ⸚er*⟩ P salaud *m*
'**hundsge**'**mein** F *adj* F dégoûtant; F vache; P dégueulasse; **♀heit** F *f* F vacherie *f*; F saloperie *f*
'**hundsmise**'**rabel** F *adj* ⟨-bl-⟩ **1.** (*sehr schlecht*) très mauvais; F minable; nul, nulle; **2.** (*hundeelend*) malade comme un chien, une bête
'**Hunds**|**rose** *f* rose *f* sauvage; églantine *f*; **~stern** *m* Sirius *m*; **~tage** *m*/*pl* canicule *f*; jours *m*/*pl* caniculaires, de canicule; **~veilchen** *n* violette *f* inodore
Hüne ['hyːnə] *m* ⟨*~n*; *~n*⟩ géant *m*
'**Hünen**|**grab** *n* tombe *f* mégalithique; **♀haft** *adj* gigantesque
Hunger ['hʊŋər] *m* ⟨*~s*⟩ *a st*/*s fig* faim *f* (*auf* [+*acc*], *fig nach* de); (*Hungersnot*) famine *f*; (*keinen*) **~ haben** (ne pas) avoir faim; *großen* **~ haben** avoir très faim; **~ haben wie ein Bär** *od* **Wolf** avoir une faim de loup; F avoir la dent; **~ bekommen** (commencer à) avoir faim; **~ leiden** souffrir de la faim; *vor* **~**, *st*/*s* **~s sterben** mourir de faim, d'inanition; *s-n* **~ stillen** apaiser, calmer sa faim; F *guten* **~!** bon appétit!; F *plais der* **~ treibt's hinein** quand on a faim on mange de tout; *prov* **~ ist der beste Koch** la faim donne des talents de cuisinier
'**Hunger**|**gefühl** *n* sensation *f* de faim; **~jahr** *n* année *f* de famine, de disette; **~künstler** *m* jeûneur *m*; **~kur** *f* diète *f* absolue; **~leider** F *péj m* ⟨*~s*; *~*⟩ F crève-la-faim; **~lohn** *m* salaire *m* de famine, de misère
'**hungern** ⟨-(e)re, h⟩ **I** *v*/*i* **1.** (*Hunger leiden*) ne pas manger à sa faim; souffrir de la faim; (*ohne Nahrung bleiben*) rester sans manger; *freiwillig* jeûner; *j-n* **~ lassen** donner par ou faire faire à manger à qn; **2.** *fig nach etw* **~** avoir faim, soif de qc; **II** *st*/*s v*/*imp* **mich hungert** j'ai faim; *fig* **mich hungert nach ...** j'ai faim de

... ; j'aspire à ...; **III** *v*/*réfl* **sich schlank ~** jeûner, se priver pour maigrir; **sich zu Tode ~** se laisser mourir de faim
'**Hungersnot** *f* famine *f*; disette *f*
'**Hungerstreik** *m* grève *f* de la faim; *in den ~ treten* faire la grève de la faim
'**Hungertod** *m* mort *f* par inanition; *den ~ sterben* mourir de faim
'**Hungertuch** *n* **am ~ nagen** ne pas manger à sa faim; souffrir de la faim
'**hungrig** *adj* **1.** qui a faim; *p*/*fort* affamé; *ich bin* **~** j'ai faim; **~ machen** donner faim; *auf etw (acc)* **~** *sein* avoir faim de qc; **2.** *st*/*s fig* avide (*nach* de)
Hunne ['hʊnə] *m* ⟨*~n*; *~n*⟩ 'Hun *m*
Hupe ['huːpə] *f* ⟨*~*; *~n*⟩ klaxon *m* (*nom déposé*); avertisseur *m*
'**hupen** *v*/*i* ⟨h⟩ klaxonner; donner un coup de klaxon
hupfen ['hʊpfən] *südd, österr cf* **hüpfen**; F *das ist gehupft wie gesprungen* cela revient au même; c'est bonnet blanc et blanc bonnet
hüpfen ['hʏpfən] *v*/*i* ⟨sein⟩ sauter; *leichtfüßig* sautiller; *fig Herz* bondir, sauter (de joie)
'**Hüpfer** *m* ⟨*~s*; *~*⟩ (*Sprung*) bond *m*; saut *m*
'**Hup**|**konzert** F *plais n* concert *m* de klaxons, d'avertisseurs; **~signal** *n* coup *m* de klaxon; **~verbot** *n* interdiction *f* de klaxonner
Hürde ['hʏrdə] *f* ⟨*~*; *~n*⟩ **1.** SPORT 'haie *f*; *e-e* **~ nehmen** franchir, sauter une 'haie; **2.** *fig* obstacle *m*; *e-e* **~ nehmen** franchir un obstacle; **3.** *für Obst, Vieh* claie *f*
'**Hürden**|**lauf** *m* course *f* de haies; **~läufer(in)** *m*(*f*) coureur, -euse *m*,*f* de haies; **~rennen** *n* course *f* de haies
Hure ['huːrə] *f* ⟨*~*; *~n*⟩ *péj* P putain *f*
'**huren** *v*/*i* ⟨h⟩ *péj* P coucher à droite et à gauche; BIBL forniquer
'**Huren**|**bock** P *m Schimpfwort* F sale coureur *m*; **~kind** *n* TYPO veuve *f*; **~sohn** *m Schimpfwort* P fils *m* de pute
Hure'**rei** *f* ⟨*~*; *~en*⟩ *péj* F coucheries *f*/*pl*; BIBL fornication *f*
hurra [hʊ'raː] *int* 'hourra!; **~ rufen**, **schreien** pousser des 'hourras; crier 'hourra
Hur'**ra** *n* ⟨*~s*; *~s*⟩ 'hourra *m*; *ein dreifaches* **~** un triple 'hourra; *j-n mit lautem* **~ empfangen** accueillir qn par des 'hourras
Hur'**rapatriot** *m péj* chauvin *m*; patriotard *m*; **~patriotismus** *m péj* patriotisme cocardier; chauvinisme *m*; **~ruf** *m* 'hourra *m*
Hurrikan ['hʊrikan] *m* ⟨*~s*; *~e*⟩ 'hurricane *m*
hurtig ['hʊrtɪç] *adj* (*schnell*) rapide; prompt; (*flink u gewandt*) leste; alerte
Husar [huˈzaːr] *m* ⟨*~en*; *~en*⟩ HIST MIL 'hussard *m*
Hu'**sarenstück(chen)** *n* exploit, coup de force audacieux
husch [hʊʃ] **I** *int* **und ~ war sie weg** et 'hop! la voilà partie; **~, ~** (*, ins Bett*) vite! vite! (au lit!); **II** *adv* **das geht immer ~, ~** ça va toujours très vite; c'est toujours fait, expédié en un rien de temps
'**huschen** *v*/*i* ⟨sein⟩ **1.** se glisser rapidement (*ins Zimmer etc* dans la pièce, *etc*); *durch, über etw (acc)* **~** traverser, passer rapidement qc; **2.** *fig Schat-*

hüsteln – Hz

ten, *Licht etc* passer; *ein Lächeln huschte über ihr Gesicht* un sourire passa sur, éclaira brièvement son visage
hüsteln ['hy:stəln] *v/i* ⟨-(e)le, h⟩ toussoter; tousser légèrement
'**Hüsteln** *n* ⟨~s⟩ toussotement *m*
husten ['hu:stən] ⟨-ete, h⟩ **I** *v/t Blut* cracher du *bzw* F *ich werde dir was* ~ F tu peux toujours courir, te fouiller; tu peux attendre longtemps; **II** *v/i* **1.** tousser; **2.** F *fig auf etw* (*acc*) ~ F se moquer, se fiche(r) de qc comme de l'an quarante, du tiers comme du quart
'**Husten** *m* ⟨~s; ~⟩ toux *f*; ~ **haben** tousser
'**Husten|anfall** *m* quinte *f*, accès *m* de toux; ~**bonbon** *n od m* bonbon *m* contre, pour la toux; ~**mittel** *n* remède *m* contre la toux; antitussif *m*; ~**reiz** *m* envie *f* de tousser; ~**saft** *m* sirop *m* (contre, pour la toux); ⚹**stillend** *adj* qui calme la toux; antitussif, -ive; ~**tropfen** *m/pl* gouttes *f/pl* contre, pour la toux
Hut[1] [hu:t] *m* ⟨~(e)s; ~e⟩ *a fig, TECH, BOT* (*Pilz*⚹) chapeau *m*; *e-n* ~ **tragen** porter un chapeau; *ohne* ~ **gehen** sortir sans chapeau; *den* ~ **aufsetzen, abnehmen** mettre, enlever *od* ôter son chapeau; (*vor j-m*) **den** ~ **ziehen** *zum Gruß* se découvrir (devant qn); saluer (qn) d'un coup de chapeau; F *fig vor Bewunderung* tirer son chapeau à qn; F *fig s-n* ~ **nehmen** (**müssen**) (devoir) rendre son tablier; F *fig* ~ *ab* (*vor e-r solchen Leistung*)! chapeau bas! od je tire mon chapeau (devant une telle performance); *zwei Dinge unter e-n* ~ **bringen** concilier deux choses; *alle unter e-n* ~ **bringen** satisfaire tout le monde; F *fig das ist* (*doch*) *ein alter* ~ ce n'est pas nouveau; je connais ça depuis longtemps; F c'est de l'histoire ancienne; F *damit habe ich nichts am* ~ F ce n'est pas ma tasse de thé, mon truc; F *fig das kannst du dir an den* ~ **stecken!** F tu peux te le mettre (là) où je pense!; F *da geht einem* (*ja*) *der* ~ **hoch!** c'est trop fort!; cela dépasse les bornes, les limites!
Hut[2] *st/s f* ⟨~⟩ *auf der* ~ *sein* être, se tenir sur ses gardes (*vor j-m* devant qn); *vor j-m, etw auf der* ~ *sein a* prendre garde à qn, qc
'**Hut|ablage** *f* porte-chapeaux *m*; ~**band** *n* ⟨~(e)s; -bänder⟩ ruban *m* de chapeau
hüten ['hy:tən] ⟨-ete, h⟩ **I** *v/t Tiere, Kinder, Haus etc* garder; *das Bett* ~ *müssen* devoir garder le lit, rester couché; *ein Geheimnis* ~ garder un secret; *etw eifersüchtig, sorgfältig* ~ garder qc jalousement, soigneusement; **II** *v/réfl sich vor j-m, etw* ~ se garder de, prendre garde à qn, qc; se méfier de qn, qc; *sich* ~, *etw zu tun* se garder de faire qc; F *ich werde mich* ~! je m'en garderai bien!
'**Hüter**(**in**) *m* ⟨~s; ~⟩ (*f*) ⟨~; ~nen⟩ gardien, -ienne *m,f*; *von Vieh* gardeur, -euse *m,f*; *plais die* ~ *des Gesetzes* les représentants *m/pl* de l'ordre

'**Hut|feder** *f* plume *f* de chapeau; ~**form** *f* **1.** forme *f* de chapeau; **2.** *TECH* forme *f* à chapeaux; conformateur *m*; *t/t* marotte *f*; ~**geschäft** *n* chapellerie *f*, boutique *f* de chapeaux, de modiste; ~**krempe** *f* bord *m*, passe *f* de chapeau; ~**macher**(**in**) *m* ⟨~s; ~⟩ (*f*) ⟨~; ~nen⟩ chapelier, -ière *m,f*; modiste *m,f*; ~**mode** *f* chapeaux *m/pl*; ~**nadel** *f* épingle *f* à chapeau; ~**schachtel** *f* carton *m* à chapeau(x)
Hutsche ['hutʃə] *f* ⟨~; ~n⟩ *südd, österr* balançoire *f*
'**Hutschnur** F *fig f das geht* (*mir*) *über die* ~! F j'en ai ras le bol!; c'est trop fort!; cela dépasse les bornes, les limites!
Hütte ['hytə] *f* ⟨~; ~n⟩ **1.** cabane *f*; 'hutte *f*; *kleine, elende* cabanon *m*; cahute *f*; *der Eingeborenen* case *f*; *in den Alpen* refuge *m* (de haute montagne); **2.** *fig péj* (*Haus*) F bicoque *f*; F baraque *f*; **3.** *TECH* usine *f* sidérurgique *od* métallurgique; forge *f*; **4.** *MAR* dunette *f*
'**Hütten|abend** *m* soirée *f* en refuge, en chalet; ~**arbeiter** *m* ouvrier *m* métallurgiste; ~**industrie** *f* industrie *f* métallurgique; ~**käse** *m* fromage blanc à gros caillots; cottage *m* (*nom déposé*); ~**kunde** *f* ⟨~⟩ métallurgie *f*; ~**schuh** *m* chausson tricoté à semelle de cuir souple; ~**werk** *n cf* **Hütte** 3.; ~**wesen** *n* ⟨~s⟩ métallurgie *f*
hutz(**e**)**lig** ['huts(ə)lıç] F *adj* ratatiné
'**Hutzel|männchen** *n* petit nain; *fig* petit vieux; ~**weiblein** *n* petite vieille
Hyäne [hy'ɛ:nə] *f* ⟨~; ~n⟩ *a* F *fig* hyène *f*
Hyazinthe [hya'tsıntə] *f* ⟨~; ~n⟩ jacinthe *f*
hybrid [hy'bri:t] *adj sc, bes BIOL* hybride
Hy'brid|**e** [hy'bri:də] *f* ⟨~; ~n⟩ *od m* ⟨~n; ~n⟩ *BIOL* hybride *m*; ~**züchtung** *f* hybridation *f*; *Pflanze, Tier* hybride *m*
Hybris ['hy:brıs] *st/s f* ⟨~⟩ orgueil *m*
Hydra ['hy:dra] *f* ⟨~; -dren⟩ *MYTH, fig* hydre *f*
Hydrant [hy'drant] *m* ⟨~en; ~en⟩ bouche *f* d'eau, d'incendie
Hy'drat *n* ⟨~(e)s; ~e⟩ *CHIM* hydrate *m*
Hydraul|**ik** [hy'draulık] *f* ⟨~⟩ hydraulique *f*; ⚹**isch** *adj* hydraulique
hydrieren [hy'dri:rən] *v/t* ⟨*pas de ge*, h⟩ *CHIM* hydrogéner
Hydro|**biologie** [hydrobiolo'gi:] *f* hydrobiologie *f*; ~**dy'namik** *f* hydrodynamique *f*; ⚹**dy'namisch** *adj* hydrodynamique; ~**gra'phie** *f* ⟨~⟩ hydrographie *f*; ⚹**graphisch** *adj* hydrographique
Hydrokultur ['hy:drokʊltu:r] *f JARD* hydroculture *f*
Hydrologie [hydrolo'gi:] *f* ⟨~⟩ hydrologie *f*
Hydro|**lyse** [hydro'ly:zə] *f* ⟨~; ~n⟩ *CHIM* hydrolyse *f*; ~'**meter** *n* ⟨~s; ~⟩ hydromètre *m*
hydrophil [hydro'fi:l] *adj BIOL, CHIM* hydrophile
hydrophob [hydro'fo:p] *adj BIOL, CHIM* hydrophobe
Hydro|'**sphäre** *f* hydrosphère *f*; ~'**statik** *f* ⟨~⟩ hydrostatique *f*; ⚹'**statisch** *adj* hydrostatique; ~'**technik** *f* ⟨~⟩ hydro-

technique; ~**thera'pie** *f* hydrothérapie *f*
Hydroxid [hydrɔ'ksi:t] *n* ⟨~(e)s; ~e⟩ *CHIM* hydroxyde *m*
Hygien|**e** [hygi'e:nə] *f* ⟨~⟩ hygiène *f*; ⚹**isch** *adj* hygiénique
Hygrometer [hygro'me:tər] *n* ⟨~s; ~⟩ hygromètre *m*
hygroskopisch [hygro'sko:pıʃ] *adj* hygroscopique
Hymen ['hy:mən] *n od m* ⟨~s; ~⟩ *ANAT* hymen *m*
Hymn|**e** ['hymnə] *f* ⟨~; ~n⟩ hymne *m*; *REL* hymne *m od f*; ⚹**isch** *adj* hymnique; ~**us** *st/s m* ⟨~; -nen⟩ *cf* **Hymne**
Hyperbel [hy'pɛrbəl] *f* ⟨~; ~n⟩ *MATH, RHÉT* hyperbole *f*; ~**funktion** *f MATH* fonction *f* hyperbolique
hyperbolisch [hypər'bo:lıʃ] *adj MATH, RHÉT* hyperbolique
hyper|**korrekt** [hypərko'rɛkt] *adj* hypercorrect; ~**mo'dern** *adj* ultramoderne; ~**sen'sibel** *adj* ⟨-bl-⟩ hypersensible
Hyper|**tonie** [hypərto'ni:] *f* ⟨~; ~n⟩ *MÉD* **1.** (*Bluthochdruck*) hypertension *f*; **2.** *der Muskeln, des Auges* hypertonie *f*; ~'**toniker** *m* ⟨~s; ~⟩ *MÉD* hypertendu *m*
Hypertrophie [hypərtro'fi:] *f* ⟨~⟩ *MÉD, fig* hypertrophie *f*
Hypnose [hyp'no:zə] *f* ⟨~; ~n⟩ hypnose *f*; *unter* ~ *stehen* être sous hypnose; *j-n in* ~ (*acc*) *versetzen* hypnotiser qn
hyp'notisch *adj* hypnotique; ⚹**ti'seur** *m* ⟨~s; ~e⟩ hypnotiseur *m*; ~**ti'sieren** *v/t* ⟨*pas de ge-*, h⟩ hypnotiser
Hypo|**chonder** [hypo'xɔndər] *m* ⟨~s; ~⟩ hypocondriaque *m*; ~**chon'drie** *f* ⟨~; ~n⟩ hypocondrie *f*; ⚹'**chondrisch** *adj* hypocondriaque
Hypophyse [hypo'fy:zə] *f* ⟨~; ~n⟩ *ANAT* hypophyse *f*
Hypotenuse [hypote'nu:zə] *f* ⟨~; ~n⟩ *MATH* hypoténuse *f*
Hypothek [hypo'te:k] *f* ⟨~; ~en⟩ *a fig* hypothèque *f*; *e-e* ~ *aufnehmen* prendre une hypothèque; *mit e-r belasten a fig* hypothéquer; grever d'une hypothèque
hypothe'karisch **I** *adj* hypothécaire; **II** *adv* ~ *sichern* garantir par une hypothèque; hypothéquer; ~ *belastet* hypothéqué; grevé d'une hypothèque *bzw* d'hypothèques
Hypo'theken|bank *f* ⟨~; ~en⟩ banque *f* hypothécaire; ⚹**frei** *adj* libre, franc, franche d'hypothèques; ~**gläubiger** *m* créancier *m* hypothécaire; ~**pfandbrief** *m* lettre *f* de gage hypothécaire; ~**schuldner** *m* débiteur *m* hypothécaire; ~**zinsen** *m/pl* intérêts *m/pl* hypothécaires
Hypo|**these** [hypo'te:zə] *f* hypothèse *f*; ⚹'**thetisch** *adj* hypothétique
Hypo|**tonie** [hypoto'ni:] *f* ⟨~; ~n⟩ *MÉD* **1.** (*niedriger Blutdruck*) hypotension *f*; **2.** *der Muskeln, des Auges* hypotonie *f*; ~'**toniker** *m* ⟨~s; ~⟩ *MÉD* hypotendu *m*
Hysterie [hyste'ri:] *f* ⟨~; ~n⟩ hystérie *f*
Hy'steriker(**in**) *m* ⟨~s; ~⟩ (*f*) ⟨~; ~nen⟩ hystérique *m,f*
hy'sterisch *adj* hystérique; ~*er Anfall* crise *f* d'hystérie
Hz *abr* (*Hertz*) Hz (hertz)

I

I, i [i:] *n* ⟨~; ~⟩ *Buchstabe* I, i *m*; *fig* ***das Tüpfelchen auf dem i*** la dernière touche; ***das sitzt wie das Tüpfelchen auf dem i*** ça va parfaitement; (***vollendet***) ***bis auf das Tüpfelchen auf dem i*** parfait jusque dans les moindres détails

i [i:] *int Abscheu* pouah!; ah!; F **~ bewahre!**, F **~ wo!** mais non!; F pensez-vous!; pas du tout!; jamais de la vie!

i. A. *abr* (*im Auftrag*) *COMM* p.o. (par ordre)

iah ['i:'a:] *int Esel* 'hi-han!

iahen ['i:'a:ən] *v/i* ⟨*pas de ge-*, h⟩ *Esel* braire

IATA [i'a:ta] *f* ⟨~⟩ *abr* (*International Air Transport Association, Internationaler Luftverkehrsverband*) A.I.T.A. *f* (Association internationale des transports aériens)

Iberer [i'be:rər] *m* ⟨~s; ~⟩ Ibère *m*

i'berisch *adj* ibérique; ***bes die alte Sprache betreffend*** **die 2e Halbinsel** la péninsule Ibérique

Ibis ['i:bis] *m* ⟨~ses; ~se⟩ *ZO* ibis *m*

IC [i:'tse:] *m* ⟨~(s); ~(s)⟩ *abr* (*Intercity*) train *m* rapide intervilles

ICE [i:tse:'ʔe:] *m* ⟨~(s); ~(s)⟩ *abr* (*Intercity Expreß*) etwa T.G.V. *m* (train à grande vitesse)

ich [ɪç] *pr/pers* je *bzw* j'; *betont* moi; **~ habe es getan** c'est moi qui l'ai fait; **~ bin es!** c'est moi!; **hier bin ~!** me voici!; me voilà!; **wenn ~ nicht gewesen wäre ...** sans moi ...; F **~ Esel!** fou que je suis!; pauvre imbécile que je suis!

Ich *n* ⟨~(s); ~(s)⟩ *a PSYCH* moi *m*

'Ich|bewußtsein *n* conscience *f* du moi; **2bezogen** *adj* égocentrique; **~bezogenheit** *f* ⟨~⟩ égocentrisme *m*; **~-Erzähler** *m* narrateur *m* à la première personne

'Ichform *f* **in der ~ (schreiben)** (écrire) à la première personne

'Ich|gefühl *n* ⟨~s⟩ conscience *f* du moi; **~-Laut** *m* *PHON im Deutschen* prononciation *f* du «ch» après les voyelles «e» et «i» et après l'umlaut; **~sucht** *f* ⟨~⟩ égoïsme *m*; **2süchtig** *adj* égoïste

Ichthyosaurier [ɪçtyoˈzauriər] *m* *ZO* ichtyosaure *m*

ideal [ide'a:l] I *adj* idéal; II *adv* **~ gelegen sein** être situé à un endroit idéal, d'une façon idéale

Ide'al *n* ⟨~s; ~e⟩ idéal *m*; **noch ~e haben** avoir encore des idéaux

ideali'sier|en *v/t* ⟨*pas de ge-*, h⟩ idéaliser; **2ung** *f* ⟨~; ~en⟩ idéalisation *f*

Ide'a'lismus *m* ⟨~⟩ idéalisme *m*; **~ist(in)** *m* ⟨~en; ~en⟩ *f* ⟨~; ~nen⟩ idéaliste *m,f*; **2istisch** *adj* idéaliste

Ide'al|typus *m* type idéal; **~wert** *m* valeur idéale

Idee [i'de:] *f* ⟨~; ~n⟩ **1.** idée *f*; **e-e fixe ~** une idée fixe; **e-e ~ haben** avoir une idée; **wer hat dich auf diese ~ gebracht?** qui t'a donné cette idée?; **er kam auf die ~ zu** (*+inf*) il lui vint à l'idée de (*+inf*); il lui vint l'idée de (*+inf*); il eut l'idée de (*+inf*); **was für e-e ~!** quelle idée!; **2.** ⟨*pas de pl*⟩ (*Kleinigkeit*) rien *m*; soupçon *m*; **e-e ~ Zucker** un soupçon de sucre; **e-e ~ dunkler** un rien plus sombre

ide'ell *adj* idéal

i'deen|arm *adj* Werk etc pauvre en idées; *Person* peu inventif, -ive; **2drama** *n* drame *m*, théâtre *m* d'idées; **~reich** *adj* Werk etc riche en idées; *Person* plein d'idées; inventif, -ive; **2reichtum** *m* ⟨~s⟩ abondance *f* d'idées

Identi|fikation [identifikatsi'o:n] *f* ⟨~; ~en⟩ identification *f*; **2fi'zierbar** *adj* identifiable

identifizieren [identifi'tsi:rən] ⟨*pas de ge-*, h⟩ I *v/t* identifier; II *v/réfl* **sich mit etw, j-m ~** s'identifier à qc, qn

Identifi'zierung *f* ⟨~; ~en⟩ identification *f*

i'dentisch *adj* identique (**mit** à)

Identi'tät *f* ⟨~⟩ identité *f*; **die ~ e-r Person feststellen** établir l'identité d'une personne

Ideo|loge [ideo'lo:gə] *m* ⟨~n; ~n⟩, **~'login** *f* ⟨~; ~nen⟩ idéologue *m,f*; **~lo'gie** *f* ⟨~; ~n⟩ idéologie *f*; **2logisch** *adj* idéologique

Idiom [idi'o:m] *n* ⟨~s; ~e⟩ idiome *m*

Idio'matik *f* ⟨~⟩ locutions *f/pl*, tournures *f/pl*, expressions *f/pl* idiomatiques

idio'matisch *adj* idiomatique; **~e Redewendung** locution *f*, tournure *f*, expression *f* idiomatique

Idiosynkrasie [idiozynkra'zi:] *f* ⟨~; ~n⟩ *PHYSIOL*, *fig* idiosyncrasie *f*

Idiot(in) [idi'o:t(ɪn)] *m* ⟨~en; ~en⟩ (*f* ⟨~; ~nen⟩) *péj*, *MÉD* idiot(e) *m(f)*; F **so ein ~!** quel idiot!

Idi'o|tenhang, **~tenhügel** *F plais m* montagne *f* à vaches; **2tensicher** *F plais adj* (d'utilisation) simple, facile; **~'tie** *f* ⟨~; ~n⟩ F *péj*, *MÉD* idiotie *f*; **2tisch** *adj* F *péj* idiot; **~'tismus** *m* ⟨~; -men⟩ **1.** ⟨*pas de pl*⟩ *MÉD* idiotie *f*; **2.** *LING* idiotisme *m*

Idol [i'do:l] *n* ⟨~s; ~e⟩ idole *f*

i.d.R. *abr* (*in der Regel*) en règle générale

Idyll [i'dyl] *n* ⟨~s; ~e⟩ tableau *m* idyllique

I'dylle *f* ⟨~; ~n⟩ **1.** *Gedicht* idylle *f*; **2.** *fig* tableau *m* idyllique

i'dyllisch I *adj* idyllique; II *adv* **~ gelegen** situé dans un paysage idyllique

IG [i:'ge:] *f* ⟨~⟩ *abr* (*Industriegewerkschaft*) **~ Metall**, **~ Bergbau** syndicat *m* de la métallurgie, des mines

Igel ['i:gəl] *m* ⟨~s; ~⟩ *ZO* 'hérisson *m*; **~schnitt** *F plais m* (coupe *f* en) brosse *f*

igitt(igitt) [i'gɪt(igɪt)] *int* F pouah!; F be(u)rk!

Iglu ['i:glu] *m od n* ⟨~s; ~s⟩ igloo *od* iglou *m*

Igno'r|ant(in) *m* ⟨~en; ~en⟩ (*f* ⟨~; ~nen⟩) ignorant(e) *m(f)*; **~anz** *f* ⟨~⟩ ignorance *f*

ignorieren [ɪgno'ri:rən] *v/t* ⟨*pas de ge-*, h⟩ *j-n ~* ignorer qn; *etw ~* ne pas tenir compte de qc; *Bemerkung* ne pas relever qc

IHK [i:ha:'ka:] *f* ⟨~⟩ *abr* (*Industrie- und Handelskammer*) C.C.I. *f* (Chambre de commerce et d'industrie)

ihm [i:m] *pr/pers* (*dat de er, es*) lui; **ich gebe ~ das Buch** je lui donne le livre; **ich glaube (es) ~** je le crois

ihn [i:n] *pr/pers* (*acc de er*) le, *vor Vokal u „stummem h"* l'; *nach prép, unverbunden, als Antwort* lui; **ich sehe ~** je le vois; **er kämpft gegen ~** il lutte contre lui

ihnen ['i:nən] *pr/pers* (*dat pl de er, sie, es*) leur; *nach prép eux bzw* elles; *unverbunden, als Antwort* à eux *bzw* à elles; **ich gebe ~ das Geld** je leur donne l'argent; **er war bei ~** il était chez eux *bzw* elles

'Ihnen *pr/pers* (*dat de Sie*) vous; *unverbunden, als Antwort* à vous; **ich danke ~!** je vous remercie!

ihr[1] [i:r] *pr/pers* (*dat de sie*) lui; *nach prép* elle; *unverbunden, als Antwort* à elle; **ich habe es ~ gesagt** je le lui ai dit

ihr[2] *pr/pers* (nominatif *pl de du*) vous; *in der Anrede mit folgendem subst* vous autres; **was wollt ~?** que voulez-vous?; **~ Spanier** vous autres Espagnols

ihr[3] *pr/poss* I *adjt* **1.** son *bzw* sa *bzw* ses; *bei mehreren Besitzern* leur(s); **~e Tante** sa *bzw* leur tante; **~e Kinder** ses *bzw* leurs enfants; *betont* **~ Bruder** son frère à elle *bzw* leur frère à eux *bzw* à elles; **meine und ~e Schwester** ma sœur et la sienne *bzw* la leur; **2.** *in der Anrede* **2e Kinder** vos enfants; **2 Herr Vater** Monsieur votre père; **3. 2e Majestät** Sa Majesté; *Briefschluß* **2 Peter Kunz** je vous prie, Peter Kunz; cordialement, Peter Kunz; II *subst* **der, die, das ~e** le sien, la sienne; *bei mehreren Besitzern* le, la leur; *in der Anrede* **der, die, das 2e** le, la vôtre; **tun Sie das 2e** faites ce que vous avez à faire

ihrer1 st/s pr/pers ⟨gén de sie⟩ d'elle; pl d'eux bzw d'elles; **man hat sich ~ bemächtigt** on s'est emparé d'elle bzw d'eux bzw d'elles

ihrer2 pr/poss **1.** de son bzw de sa bzw de ses; bei mehreren Besitzern de leur(s); **e-r ~ Freunde** un de ses bzw de leurs amis; **2.** in der Anrede ⚥ de votre bzw de vos

Ihrer st/s pr/pers ⟨gén de Sie⟩ de bzw à vous

ihrer'seits adv de sa bzw de leur part; de son bzw de leur côté; in der Anrede ⚥ de votre part, côté

ihres'gleichen pr ⟨inv⟩ son bzw sa semblable bzw ses semblables; son pareil bzw sa pareille bzw ses pareil(le)s; pl leur(s) pareil(s) bzw leur(s) pareil(le)s; in der Anrede ⚥ votre bzw vos pareil(le)s; **sie verkehrt nur mit ~** elle ne fréquente que ses semblables

ihret'wegen adv **1.** ⟨wegen ihr⟩ à cause d'elle; ⟨wegen ihnen⟩ à cause d'eux bzw d'elles; in der Anrede ⚥ à cause de vous; **2.** ⟨ihr zuliebe⟩ pour elle; ⟨ihnen zuliebe⟩ pour eux bzw elles; in der Anrede ⚥ pour vous; **3.** ⟨von ihr aus⟩ en ce qui la concerne; quant à elle; ⟨von ihnen aus⟩ en ce qui les concerne; quant à eux bzw elles; in der Anrede ⚥ en ce qui vous concerne; quant à vous

ihret'willen adv **um ~** (par égard) pour elle bzw eux bzw elles

ihrige ['i:rɪgə] st/s pr/poss **der**, **die**, **das ~** le sien, la sienne; bei mehreren Besitzern le, la leur; in der Anrede **der**, **die**, **das** ⚥ le, la vôtre

Ikebana [ike'ba:na] n ⟨~(s)⟩ ikebana m

Ikone [i'ko:nə] f ⟨~; ~n⟩ icône f

ikr abr ⟨isländische Krone⟩ I.S.K. (couronne islandaise)

Ilias ['i:lias] f ⟨~⟩ Iliade f

illegal ['ɪlega:l] adj ⟨u adv⟩ illégal(ement); ⚥**i'tät** f illégalité f

illegitim ['ɪlegiti:m] adj ⟨u adv⟩ illégitime(ment); ⚥**i'tät** f illégitimité f

illoyal ['ɪloaja:l] adj déloyal; ⟨gesetzwidrig⟩ illégal; ⚥**i'tät** f déloyauté f; ⟨Gesetzwidrigkeit⟩ illégalité f

Illuminati'on f ⟨~; ~en⟩ illumination f

illuminier|en [ɪlumi'ni:rən] v/t ⟨pas de ge-, h⟩ illuminer; PEINT enluminer; ⚥**ung** f ⟨~; ~en⟩ illumination f; PEINT enluminure f

Illusion [ɪluzi'o:n] f ⟨~; ~en⟩ illusion f (a PEINT); **sich ~en machen** ⟨über [+acc]⟩ se faire des illusions (sur); **mach dir keine ~en!** ne te fais pas d'illusions!; **j-m s-e ~en nehmen**, **rauben**, **zerstören** désillusionner qn; faire perdre, enlever ses illusions à qn

illusionär [ɪluzio'nɛ:r] st/s adj illusoire

Illusio'nist m ⟨~en; ~en⟩ **1.** st/s rêveur m; utopiste m; **2.** ⟨Zauberkünstler⟩ illusionniste m

illusorisch [ɪlu'zo:rɪʃ] adj illusoire

illuster ['ɪlʊstər] st/s adj ⟨-tr-⟩ illustre

Illustration [ɪlʊstratsi'o:n] f ⟨~; ~en⟩ illustration f; **zur ~** pour illustrer

illustra'tiv adj qui sert d'illustration

Illustr|ator(in) [ɪlʊs'tra:tɔr (-tra'to:rɪn)] m ⟨~s; -'toren⟩ (f) ⟨~; ~nen⟩ illustrateur, -trice m,f; ⚥**ieren** v/t ⟨pas de ge-, h⟩ a fig illustrer; **~ierte** f ⟨→A⟩ revue f; illustré m; magazine m

Iltis ['ɪltɪs] m ⟨~ses, ~se⟩ ZO putois m

im [ɪm] = **in dem**

Image ['ɪmɪtʃ] n ⟨~(s); ~s⟩ image f; **sein ~ pflegen** soigner son image de marque

Image|pflege f ⟨~⟩ fait m de soigner son image de marque; **~verlust** m atteinte f à l'image de marque; **~ p/fort** perte f de prestige

imagin|är [imagi'nɛ:r] adj imaginaire (a MATH); ⚥**ati'on** st/s f ⟨~; ~en⟩ imagination f

Imam [i'ma:m] m ⟨~s; ~s ou ~e⟩ imam od iman m

Imbiß ['ɪmbɪs] m ⟨-sses, -sse⟩ casse-croûte m; vornehmer, in Gesellschaft lunch m; collation f; **~bude** F f, **~halle** f, **~stand** m buvette f, **~stube** f snack (-bar) m; buvette f

Imit|at [imi'ta:t] n ⟨~s; ~e⟩ imitation f; ⚥**ati'on** f ⟨~; ~en⟩ imitation f (a MUS); **~ator** m ⟨~s; -'toren⟩ imitateur m; ⚥**ieren** v/t ⟨pas de ge-, h⟩ imiter

Imker ['ɪmkər] m ⟨~s; ~⟩ apiculteur m

Imke'rei f ⟨~⟩ apiculture f

imman|ent [ɪma'nɛnt] adj immanent; ⚥**enz** f ⟨~⟩ immanence f

immateriell [ɪmateri'ɛl] adj immatériel, -ielle

Immatrikulati'on f ⟨~; ~en⟩ **1.** an der Universität inscription f à l'université; **2.** schweiz e-s Fahrzeugs immatriculation f

immatrikulieren [ɪmatriku'li:rən] ⟨pas de ge-, h⟩ **I** v/t schweiz Fahrzeug immatriculer; **II** v/réfl **sich** ⟨**an der Hochschule**⟩ **~** s'inscrire (à la faculté)

Imme ['ɪmə] poét f ⟨~; ~n⟩ abeille f

immens [ɪ'mɛns] adj Glück, Erfolg immense; Summe, Leistung énorme; Reichtum, Summe a colossal

immer ['ɪmər] adv toujours; vor comp meist de plus en plus; **für ~** pour toujours; **~ noch** toujours; encore; **noch ~ nicht** toujours pas; **wie ~** comme toujours; comme d'habitude; **~ wenn ...** toutes les fois que ...; (à) chaque fois que ...; **~ mal wieder** de temps en temps; **~ wieder** tout le temps; à plusieurs reprises; **ich habe dir ~ wieder gesagt, daß ...** je te l'ai dit et redit que ...; **~ geradeaus** toujours tout droit; **~ besser** de mieux en mieux; **~ besser werden** s'améliorer; **~ mehr** de plus en plus; **~ weniger** de moins en moins; **~ weniger werden** diminuer; **~ schlechter**, **schlimmer** de plus en plus mauvais, mal; de pire en pire; F **das wird ja ~ schöner** c'est de mieux en mieux; **~ vier** (je vier) par quatre; F **~ her damit!** donne bzw donnez toujours!; **wer**, **was**, **wann**, **wo es auch ~ sein mag** qui, quoi, quand, où que ce soit; cf a auch II 3.

immer|dar ['ɪmər'da:r] poét adv toujours; à jamais; '**~ fort** adv continuellement; constamment; toujours; sans arrêt, cesse

immergrün adj BOT à feuilles persistantes

Immergrün n ⟨~s; ~e⟩ BOT pervenche f

immer'hin adv après tout; toujours est-il que; tout compte fait; toutefois; **~ hat er Geld** après tout, il a de l'argent; **das ist ~ etwas** c'est toujours ça de gagné, de pris; einräumend **~!** (er hat es geschafft) tout de même! (il a réussi)

Immersion [ɪmɛrzi'o:n] f ⟨~; ~en⟩ ASTR, OPT immersion f

immer'während adj perpétuel, -elle; éternel, -elle; **~er Kalender** calendrier perpétuel

immer'zu adv toujours; constamment; continuellement; **es klingelt ~** ça n'arrête pas de sonner

Immigr|ant(in) [ɪmi'grant(ɪn)] m ⟨~en; ~en⟩ (f) ⟨~; ~nen⟩ immigré(e) m(f); immigrant(e) m(f); ⚥**ati'on** f ⟨~; ~en⟩ immigration f; ⚥**ieren** v/i ⟨pas de ge-, sein⟩ immigrer

Immission [ɪmɪsi'o:n] f ⟨~; ~en⟩ ÉCOL nuisance f

Immissi'onsschutz m ÉCOL protection f contre les nuisances

Immobilie [ɪmo'bi:liə] f ⟨~; ~n⟩ bien immeuble, immobilier

Immo'bilien|handel m commerce immobilier; **~händler(in)** m(f), **~makler(in)** m(f) agent immobilier

Immortelle [ɪmɔr'tɛlə] f ⟨~; ~n⟩ BOT immortelle f

immun [ɪ'mu:n] adj **1.** POL qui jouit de l'immunité parlementaire bzw diplomatique; **2.** MÉD, a fig **gegen etw ~ sein** être immunisé contre qc; **gegen etw ~ machen** immuniser contre qc

immuni'sier|en v/t ⟨pas de ge-, h⟩ immuniser ⟨**gegen** contre⟩; ⚥**ung** f ⟨~; ~en⟩ immunisation f ⟨**gegen** contre⟩

Immuni'tät f ⟨~⟩ MÉD immunité f ⟨**gegen** contre⟩; POL immunité parlementaire; DIPL immunité diplomatique

Immunolo'gie f ⟨~⟩ MÉD immunologie f

Im'mun|schwäche f MÉD déficience f immunitaire; **~system** n MÉD système m immunitaire

Impedanz [ɪmpe'dants] f ⟨~; ~en⟩ ÉLECT impédance f

Imperativ ['ɪmperati:f] m ⟨~s; ~e⟩ GR (mode m) impératif m; PHILOS **kategorischer ~** impératif catégorique

Imperfekt ['ɪmpɛrfɛkt] n ⟨~s; ~e⟩ GR imparfait m

Imperia'l|ismus m ⟨~⟩ impérialisme m; **~ist** m ⟨~en; ~en⟩ impérialiste m; ⚥**istisch** adj impérialiste

Imperium [ɪm'pe:riʊm] n ⟨~s; ien⟩ HIST, fig empire m

impertin|ent [ɪmpɛrti'nɛnt] adj impertinent; insolent; ⚥**enz** f ⟨~; ~en⟩ impertinence f; insolence f

Impfarzt m médecin qui vaccine

impfen ['ɪmpfən] v/t ⟨h⟩ **j-n ~** vacciner qn ⟨**gegen** contre⟩; inoculer un vaccin (de qc) à qn; **sich ~ lassen** se faire vacciner

Impf|ling m ⟨~s; ~e⟩ vor der Impfung sujet m à vacciner; nach der Impfung sujet tout nouvellement vacciné; **~paß** m carnet m de vaccinations; **~pflicht** f ⟨~⟩ obligation f de se faire vacciner; **~schein** m certificat m de vaccination; **~schutz** m protection assurée par un vaccin; **~stoff** m vaccin m

Impfung f ⟨~; ~en⟩ vaccination f; **zweite**, **dritte ~** premier, deuxième rappel

Implan|tat [ɪmplan'ta:t] n ⟨~(e)s; ~e⟩ MÉD implant m; **~tati'on** f ⟨~; ~en⟩ MÉD implantation f, ⚥**'tieren** v/t ⟨pas de ge-, h⟩ MÉD implanter

Implikation [ɪmplikatsi'o:n] f ⟨~; ~en⟩ bes LOGIK implication f

implizieren [ɪmpli'tsi:rən] v/t ⟨pas de ge-, h⟩ t/t impliquer

implizit [ɪmpli'tsiːt] *adj* implicite
implizite [ɪm'pliːtsɪte] *adv* implicitement
implo|dieren [ɪmplo'diːrən] *v/i* ⟨*pas de ge-*, sein⟩ *Fernsehgerät* imploser; ⟳**si'on** *f* ⟨~; ~en⟩ implosion *f*
Imponderabilien [ɪmpɔndera'biːliən] *st/s pl* impondérables *m/pl*
imponieren [ɪmpo'niːrən] *v/i* ⟨*pas de ge-*, h⟩ *j-m (durch, mit etw)* ~ impressionner qn (par qc); en imposer à qn (par qc); *das imponiert mir nicht* cela ne m'en impose pas
impo'nierend *adj* imposant; *Leistung a* impressionnant
Impo'niergehabe *n* allures *f/pl* de fanfaron; fanfaronnades *f/pl*
Import [ɪm'pɔrt] *m* ⟨~(e)s; ~e⟩ COMM importation *f*
Impor'teur *m* ⟨~s; ~e⟩ importateur *m*
Import-'Export *m* import-export *m*
Im'port|handel *m* (commerce *m* d')importation *f*; ~**händler** *m* importateur *m*
impor'tieren *v/t* ⟨*pas de ge-*, h⟩ importer
Im'port|überschuß *m* excédent *m* d'importation; ~**ware** *f* marchandise *f* d'importation; *(eingeführte Ware)* marchandise importée; *pl* ~**n** *a* importations *f/pl*
imposant [ɪmpo'zant] *adj* imposant; *Schauspiel, Leistung* impressionnant
impot|ent ['ɪmpotɛnt] *adj* PHYSIOL, *fig* impuissant; ⟳**enz** *f* ⟨~⟩ PHYSIOL, *fig* impuissance *f*
imprägnier|en [ɪmprɛ'gniːrən] *v/t* ⟨*pas de ge-*, h⟩ *Stoff* imperméabiliser; *Holz* imprégner (*mit* de); ⟳**ung** *f* ⟨~; ~en⟩ *von Stoff* imperméabilisation *f*; *von Holz* imprégnation *f*
Impresario [ɪmpre'zaːrio] *m* ⟨~s; ~s⟩ THÉ impresario *m*
Impression [ɪmprɛsi'oːn] *f* ⟨~; ~en⟩ impression *f*
Impressio'nismus *m* ⟨~⟩ impressionnisme *m*; ~**ist** *m* ⟨~en; ~en⟩ impressionniste *m*; ⟳**istisch** *adj* impressionniste
Impressum [ɪm'prɛsʊm] *n* ⟨~s; -ssen⟩ TYPO mention *f* des responsables de l'édition et du contenu; *PRESSE* ours *m*; ~**seite** *f* TYPO *e-s Buchs* page *f* de copyright
Imprimatur [ɪmpri'maːtʊr] *n* ⟨~s⟩ **1.** TYPO bon *m* à tirer; **2.** ÉGL imprimatur *m*
Improvisati'on *f* ⟨~; ~en⟩ improvisation *f*
improvisieren [ɪmprovi'ziːrən] *v/t u v/i* ⟨*pas de ge-*, h⟩ improviser; *improvisiert a* impromptu
Impuls [ɪm'pʊls] *m* ⟨~es; ~e⟩ PHYS, PSYCH, *fig* impulsion *f*; *seinen* ~**en** *nachgeben* obéir, céder à ses impulsions; *die Diskussion hat ihr neue* ~**e** *gegeben* la discussion lui a donné une nouvelle impulsion
Im'pulsgenerator *m* ÉLECT générateur *m*, émetteur *m* d'impulsions
impul'siv I *adj* impulsif, -ive; **II** *adv* impulsivement; ~ *handeln* agir impulsivement, de façon impulsive
imstande [ɪm'ʃtandə] *adj* ⟨*attribut*⟩ ~ *sein, etw zu tun* être capable, en état, en mesure de faire qc; *er ist nicht einmal* ~ *zu* (+*inf*) il n'est même pas capable de (+*inf*); F *er ist* ~ *und ...* il est bien capable de (+*inf*)

in¹ [ɪn] *prép* **1.** *Lage* ⟨*dat*⟩ à; (*innerhalb*) dans; en (*a bei weiblichen Ländernamen, Provinzen, Erdteilen*); *bei Straßennamen* unübersetzt; ~ *Rom* à Rome; ~ *Le Mans* au Mans; ~ *Paris spazierengehen* se promener dans Paris; ~ *Dänemark* au Danemark; ~ *Deutschland* en Allemagne; ~ *Europa* en Europe; ~ *ganz Europa* dans toute l'Europe; *im Ausland* à l'étranger; *im Süden* (*von*) au sud (de); ~ *der Kirche* à l'église; ~ *der Schule* à l'école; *im Theater* au théâtre; *im Gefängnis, Exil* en prison, exil; ~ *der Stadt* en ville; ~ *der Stadt wohnen* habiter en ville; ~ *der Beethovenstraße wohnen* habiter rue Beethoven; ~ *e-r großen Firma beschäftigt sein* être employé dans une grande entreprise; *der Beste* ~ *der Klasse* le meilleur de la classe; ~ *meinem Zimmer* dans ma chambre; ~ *der Bibel* dans la Bible; *im Deutschen, Französischen* en allemand, français; *er ist gut* ~ *Mathematik* il est bon, fort en maths. **2.** *Richtung* ⟨*acc*⟩ à; en; ~*s Ausland* à l'étranger; ~ *die Stadt fahren* aller en ville; **3.** *auf die Frage wann?* ⟨*dat*⟩, *auf die Frage bis wann?* ⟨*acc*⟩ en; dans; à; pendant; *od unübersetzt*; ~ *drei Tagen, Minuten* dans trois jours, minutes; *heute* ~ *acht Tagen* d'ici huit jours; d'aujourd'hui en huit; ~ *diesem Jahr* cette année; *im 20. Jahrhundert* au XXᵉ siècle; ~ *den Ferien* pendant les vacances; ~ *meinem ganzen Leben* de toute ma vie; ~ *diesen Tagen* ces jours-ci; *zweihundert Mark* ~ *der Woche verdienen* gagner deux cents marks par semaine. **4.** *Art u Weise* ⟨*dat*⟩ *od* ⟨*acc*⟩ en; à; de; ~ *strengem Ton* d'un ton sévère; ~ *Leder gebunden* relié en peau; ~ *Stein gehauen* taillé dans la pierre; *im Geiste* en esprit; en pensée; par la pensée; ~ *dieser Farbe* dans cette teinte; *im übertragenen Sinn* au sens figuré; ~ *meinen Augen* à mes yeux; **5.** COMM ⟨*dat*⟩ ~ *Geschäften unterwegs sein* être en voyage d'affaires; ~ *Sportartikeln handeln* faire le commerce d'articles de sport; F être dans les articles de sport; **6.** *bei Personen* ⟨*dat*⟩ ~ *j-m e-n guten Mitarbeiter haben* avoir en qn un bon collaborateur
in² F *adj* ⟨*attribut*⟩ ~ *sein* F être branché, «in»
in..., In... *in Zssgn zur Bezeichnung des Gegenteils* in...
'inadäquat *st/s adj* inadéquat
'inaktiv *adj* inactif, -ive; ⟳**ität** *f* ⟨~⟩ inactivité *f*
'inakzeptabel *st/s adj* ⟨-bl-⟩ inacceptable
Inangriffnahme [ɪn'ʔangrɪfnaːmə] *f* ⟨~; ~n⟩ ADM mise *f* en route
Inanspruchnahme [ɪn'ʔanʃprʊxnaːmə] *f* ⟨~; ~n⟩ (*Nutzung*) utilisation *f*; (*Belastung*) exigence *f*; *wir wollen die* ~ *s-r Hilfe vermeiden* nous voulons éviter de lui demander son aide
Inaugenscheinnahme [ɪn'ʔaʊgənʃaɪnnaːmə] *f* ⟨~; ~n⟩ ADM inspection *f*
Inauguraldissertation [ɪn'ʔaʊguraːldɪsɛrtatsjoːn] *f* thèse *f* (de doctorat)
'Inbegriff *m* incarnation *f*; *der* ~ *der Schönheit etc* l'incarnation de la beauté, *etc*
inbegriffen ['ɪnbəgrɪfən] *adj u adv* (y) compris; *Bedienung* ~ service compris; *in dem Preis ist alles* ~ tout est compris, inclus dans le prix
In|besitznahme [ɪnbə'zɪtsnaːmə] *f* ⟨~; ~n⟩ ADM prise *f* de possession; ~**be-'triebnahme** *f* ⟨~; ~n⟩ ADM, ~**be-'triebsetzung** *f* ⟨~; ~n⟩ ADM mise *f* en service; BERGBAU, *e-s landwirtschaftlichen Betriebs a* mise *f* en exploitation
'Inbild *st/s n* incarnation *f*
In|brunst ['ɪnbrʊnst] *st/s f* ⟨~⟩ ferveur *f*; ardeur *f*; ⟳**brünstig** *st/s* **I** *adj* fervent; ardent; **II** *adv* avec ferveur, ardeur
Inbus|schlüssel ['ɪnbʊsʃlʏsəl] *m* TECH *Wz* clé *f* pour vis à six pans creux; clé Allen; ~**schraube** *f* vis *f* à six pans creux
Indefinitpronomen [ɪndefi'niːtpronoːmən] *n* GR pronom, *adjektivisch gebrauchtes* adjectif indéfini
in'dem *conj* **1.** (*während*) pendant que; tandis que; *bei gleichem Subjekt* en (+ *p/pr*); ~ *er dies sagte, zog er sich zurück* (tout) en disant cela, il se retira. **2.** (*dadurch, daß*) en (+*p/pr*); *man erreicht das,* ~ *man ...* on obtient cela en (faisant) ...
'Inder(in) *m* ⟨~s; ~⟩ (*f*) ⟨~; ~nen⟩ Indien, -ienne *m,f*; habitant(e) *m(f)* de l'Inde
in'des(sen) I *adv* **1.** *zeitlich* pendant ce temps; sur ces entrefaites; ~ *war es Herbst geworden* entre-temps l'automne était arrivé; **2.** *einschränkend* pourtant; néanmoins; cependant; *man muß* ~ *zugeben, daß ...* il faut pourtant, néanmoins, cependant admettre que ...; **II** *st/s conj* (*während*) pendant que; tandis que; (*wohingegen*) tandis que; cependant que
Index ['ɪndɛks] *m* ⟨~(es), ~e *ou* -dizes⟩ **1.** ÉCON, MATH, STATISTIK indice *m*; **2.** (*Verzeichnis*) index *m*; HIST CATH *ein Buch auf den* ~ *setzen* mettre un livre à l'index; *auf dem* ~ *stehen* être à l'index
'Index|klausel *f* clause *f* d'indexation; ~**zahl** *f*, ~**ziffer** *f* indice *m*
Indianer|(in) [ɪndi'aːnər(ɪn)] *m* ⟨~s; ~⟩ (*f*) ⟨~; ~nen⟩ Indien, -ienne *m,f* (d'Amérique); Amérindien, -ienne *m, f*; ~**häuptling** *m* chef indien; ~**krapfen** *m österr* CUIS tête *f* de nègre; ~**reservat** *n* réserve *f* d'Indiens; ~**sprache** *f* langue *f* amérindienne; ~**stamm** *m* tribu *f* d'Indiens
indi'anisch *adj* indien, -ienne; amérindien, -ienne
Indien ['ɪndiən] *n* ⟨→n/pr⟩ l'Inde *f*
In'dienststellung *f* ⟨~; ~en⟩ ADM mise *f* en service, *e-r Person* en fonction
indiffer|ent ['ɪndɪfɛrɛnt] *st/s adj a* CHIM, PHYS indifférent (*gegenüber* à); ⟳**enz** *st/s f* ⟨~; ~en⟩ *a* CHIM, PHYS indifférence *f* (*gegenüber* à)
indigniert [ɪndɪ'gniːrt] *st/s adj* indigné; *über j-s Verhalten* ⟨*acc*⟩ ~ *sein* être indigné par le comportement de qn
Indigo ['ɪndɪgo] *m od n* ⟨~s; ~s⟩ *Farbstoff* indigo *m*; ⟳**blau** *adj* bleu indigo (*inv*)
Indikation [ɪndikatsi'oːn] *f* ⟨~; ~en⟩ MÉD indication *f*; *ethische* ~ motif *m* éthique autorisant une interruption de

Indikativ – inflationistisch

grossesse; *eugenische* ~ motif *m* thérapeutique autorisant une interruption de grossesse quand la santé de l'enfant est en danger; *medizinische* ~ motif *m* thérapeutique autorisant une interruption de grossesse quand la santé de la mère est en danger; *soziale* ~ indication *f* autorisant une interruption de grossesse en cas de détresse économique
Indikativ ['ɪndikatiːf] *m* ⟨~s; ~e⟩ GR (mode *m*) indicatif *m*; *im* ~ *stehen* être à l'indicatif
Indikator [ɪndi'kaːtɔr] *m* ⟨~s; -'toren⟩ ÉCON, TECH, CHIM indicateur *m*
Indio ['ɪndio] *m* ⟨~s; ~s⟩ Indien *m* (d'Amérique centrale *bzw* du Sud)
'indirekt I *adj* indirect; GR ~*e Rede* discours, style indirect; GR ~*er Fragesatz* proposition interrogative indirecte; interrogation indirecte; **II** *adv* indirectement; ~ *beeinflussen* influencer indirectement
'indisch *adj* indien, -ienne; de l'Inde; HIST *a* des Indes; *der* ⟨~ *Ozean* l'océan Indien
'indiskret I *adj* indiscret, -ète; **II** *adv* indiscrètement
Indiskreti'on *f* ⟨~; ~en⟩ indiscrétion *f*; *e-e* ~ *begehen* commettre une indiscrétion
'indiskutabel *adj* ⟨-bl-⟩ inadmissible
'indisponiert *st/s adj* indisposé
Individual... [ɪndividu'aːl...] *in Zssgn* individuel, -elle
individuali'sieren *v/t* ⟨*pas de ge-*, h⟩ individualiser
Individua'lismus *m* ⟨~⟩ individualisme *m*; ~*ist*(*in*) *m* ⟨~en; ~en⟩ (*f*) ⟨~; ~nen⟩ individualiste *m,f*; ⟨*istisch adj* individualiste; ~*i'tät* *f* ⟨~; ~en⟩ individualité *f*
Individu'alrecht *n* droit individuel, de l'individu
Individuati'on *f* ⟨~; ~en⟩ PHILOS, PSYCH individuation *f*
individu'ell I *adj* individuel, -elle; **II** *adv* individuellement; *das ist* ~ *verschieden* c'est selon les cas; cela varie en fonction des cas
Indivi'duum [ɪndi'viːduːm] *n* ⟨~s; -duen⟩ individu *m*; *péj ein zweifelhaftes* ~ un individu douteux, louche
Indiz [ɪn'diːts] *n* ⟨~es; ~ien⟩ (*Anzeichen*) indice *m* (*für* de) (*a* JUR)
In'dizienbeweis *m* JUR preuve *f* par indices
indi'ziert *adj* **1.** MÉD indiqué; **2.** HIST CATH mis à l'index
Indo|china [ɪndo'çiːna] *n* l'Indochine *f*; ⟨*chi'nesisch adj* indochinois; ~*euro-'päer*(*in*) *m*(*f*) Indo-Européen, -éenne *m,f*; ⟨*euro'päisch adj* indo-européen, -éenne; ~*ger'mane* *m*, ~*ger'manin* *f* Indo-Européen, -éenne *m,f*; ⟨*ger'manisch adj* indo-européen, -éenne
Indoktrinati'on *f* ⟨~; ~en⟩ endoctrinement *m*
indoktrinieren [ɪndɔktri'niːrən] *v/t* ⟨*pas de ge-*, h⟩ endoctriner (*mit etw* avec qc)
indol|ent ['ɪndolɛnt] *st/s adj a* MÉD indolent; ⟨*enz* *st/s f* ⟨~⟩ *a* MÉD indolence *f*
Indo|nesien [ɪndo'neːziən] *n* ⟨→n/pr⟩ l'Indonésie *f*; ~*'nesier*(*in*) *m* ⟨~s; ~⟩ (*f*) ⟨~; ~nen⟩ Indonésien, -ienne *m,f*; ⟨*nesisch adj* indonésien, -ienne

Indo'nesisch *n* ⟨~(s)⟩, ~*e* *n* ⟨~n⟩ (*das*) *Indonesisch*(*e*) *Sprache* l'indonésien *m*
Indos|sament [ɪndɔsa'mɛnt] *n* ⟨~s; ~e⟩ FIN endos(sement) *m*; ~*'sant* *m* ⟨~en; ~en⟩ FIN endosseur *m*
Indossat(**ar**) [ɪndɔ'saːt(-sa'taːr)] *m* ⟨~en; ~en⟩ (*m*) ⟨~s; ~e⟩ FIN endossataire *m*
indos'sieren *v/t* ⟨*pas de ge-*, h⟩ FIN endosser
Induktion [ɪndʊk'tsioːn] *f* ⟨~; ~en⟩ ÉLECT, BIOL, LOGIK induction *f*
Indukti'ons|maschine *f* ÉLECT machine *f* à induction; ~*ofen* *m* MÉTALL four *m* à induction; ~*spule* *f* ÉLECT bobine *f* d'induction; ~*strom* *m* ÉLECT courant induit
induktiv [ɪndʊk'tiːf] *adj* LOGIK, ÉLECT inductif, -ive; ⟨*i'tät* *f* ⟨~; ~en⟩ inductivité *f*
In'duktor *m* ⟨~s; -'toren⟩ ÉLECT inducteur *m*
industriali'sier|en *v/t* ⟨*pas de ge-*, h⟩ industrialiser; ⟨*ung* *f* ⟨~⟩ industrialisation *f*
Industrie [ɪndʊs'triː] *f* ⟨~; ~n⟩ industrie *f*; *chemische, verarbeitende* ~ industrie chimique, de transformation
Indu'strie... *in Zssgn* industriel, -ielle; ~*aktie* *f* action industrielle; ~*anlage* *f* installation industrielle, usine *f*; ~*ansiedlung* *f* implantation industrielle; ~*arbeiter*(*in*) *m*(*f*) ouvrier, -ière *m,f* de l'industrie; ~*ausstellung* *f* exposition industrielle; ~*berater* *m* conseiller *m* dans une entreprise industrielle; ~*betrieb* *m* exploitation, entreprise industrielle; ~*erzeugnis* *n* produit industriel; ~*gebiet* *n* e-s *Lands* région industrielle; *e-r Stadt* zone industrielle; ~*gesellschaft* *f* société industrielle; ~*gewerkschaft* *f cf* IG; ~*kapitän* *m* capitaine *m* d'industrie; gros industriel; ~*kauffrau* *f*, ~*kaufmann* *m* agent technico-commercial; ~*land* *n* ⟨~(e)s; -länder⟩ pays industriel; ~*landschaft* *f* paysage industriel
industri'ell *adj* industriel, -ielle; ~*e Revolution* révolution industrielle
Industri'elle(**r**) *m* ⟨→A⟩ industriel *m*
Indu'strie|magnat *m* gros industriel; ~*messe* *f* foire industrielle; ~*müll* *m* déchets industriels; ~*norm* *f* norme industrielle; *cf a* DIN; ~*park* *m* zone industrielle; ~*produkt* *m* produit industriel; ~*roboter* *m* robot industriel; ~*spionage* *f* espionnage industriel; ~*staat* *m* État industriel, industrialisé; ~*stadt* *f* ville industrielle; ~*standort* *m* lieu *m* d'implantation industrielle; ~*und 'Handelskammer* *f* ⟨~; ~n⟩ Chambre *f* de commerce et d'industrie; ~*unternehmen* *n* entreprise industrielle; ~*zeitalter* *n* ⟨~s⟩ époque industrielle; ~*zweig* *m* secteur industriel
induzieren [ɪndu'tsiːrən] *v/t* ⟨*pas de ge-*, h⟩ ÉLECT, LOGIK induire
'ineffektiv *adj Maßnahme, Medikament etc* inefficace
inein'ander *adv* l'un(e) dans l'autre *bzw* les un(e)s dans les autres; *Personen* ~ *aufgehen* vivre l'un pour l'autre; *Farben etc* ~ *übergehen* se confondre; ~ *verschlungen sein* être entrelacés, *Menschen* enlacés
inein'ander|fließen *v/i* ⟨*irr, sép*, -ge-, sein⟩ se confondre; *Flüssigkeiten, Farben* se mélanger; ~*fügen* *v/t* ⟨*sép*, -ge-, h⟩ emboîter; assembler; *Rohre a* aboucher
inein'andergreifen *v/i* ⟨*irr, sép*, -ge-, h⟩ *Zahnräder etc* s'engrener; *Falze, Nuten* s'emboîter; *fig* s'enchaîner; *das* ⟨ *der Ereignisse* l'enchaînement *m* des événements
inein'anderpassen ⟨-ßt, *sép*, -ge-, h⟩ *cf* ineinanderfügen
inein'anderschieben ⟨*irr, sép*, -ge-, h⟩ **I** *v/t* faire entrer l'un dans l'autre; emboîter; *mit Gewalt* télescoper; **II** *v/réfl sich* ~ s'emboîter; *mit Gewalt* se télescoper; *bei dem Unfall haben sich die Wagen ineinandergeschoben* dans l'accident les voitures se sont télescopées
inein'anderstecken *v/t* ⟨*sép*, -ge-, h⟩ emboîter; assembler
infa|m [ɪn'faːm] *adj* infâme; ⟨*'mie* *f* ⟨~; ~n⟩ infamie *f*
Infant [ɪn'fant] *m* ⟨~en; ~en⟩ infant *m*
Infanterie [ɪnfantə'riː] *f* ⟨~; ~n⟩ MIL infanterie *f*; ~*regiment* *n* régiment *m* d'infanterie
Infante'rist *m* ⟨~en; ~en⟩ MIL fantassin *m*
infanti|l [ɪnfan'tiːl] *adj a fig* infantile; ⟨*'lismus* *m* ⟨~⟩ infantilisme *m*
In'fantin *f* ⟨~; ~nen⟩ infante *f*
In'farkt *m* ⟨~(e)s; ~e⟩ MÉD infarctus *m*
In'fekt [ɪn'fɛkt] *m* ⟨~(e)s; ~e⟩ MÉD infection *f*; *grippaler* ~ infection grippale
Infekti'on *f* ⟨~; ~en⟩ MÉD **1.** (*Ansteckung*) contagion *f*; **2.** F (*Entzündung*) infection *f*
Infekti'ons|gefahr *f* (*Ansteckungsgefahr*) danger *m* de contagion; ~*herd* *m* foyer *m* d'infection; ~*krankheit* *f* maladie infectieuse
infektiös [ɪnfɛktsi'øːs] *adj* infectieux, -ieuse
Inferiorität [ɪnferiori'tɛːt] *st/s f* ⟨~⟩ infériorité *f*
infer'nalisch *adj* infernal
Inferno [ɪn'fɛrno] *st/s n* ⟨~s⟩ *a fig* enfer *m*
Infiltrati'on *f* ⟨~; ~en⟩ MÉD, POL, *fig* infiltration *f*
infiltrieren [ɪnfɪl'triːrən] ⟨*pas de ge-*⟩ **I** *v/t* ⟨h⟩ *a fig* faire s'infiltrer; **II** *v/i* ⟨sein⟩ *a fig* s'infiltrer
infi'nit *adj* GR ~*e Verbformen* *f/pl* modes impersonnels du verbe
Infinitesimalrechnung *f* [ɪnfinitezi'maːlrɛçnʊŋ] MATH calcul infinitésimal
Infinitiv ['ɪnfinitiːf] *m* ⟨~s; ~e⟩ GR (mode *m*) infinitif *m*; ~*endung* *f* terminaison *f*, désinence *f* de l'infinitif; ~*satz* *m* proposition infinitive
infizieren [ɪnfi'tsiːrən] ⟨*pas de ge-*, h⟩ **I** *v/t* MÉD infecter; contaminer; *er hat mich mit seiner Grippe infiziert* il m'a passé sa grippe; **II** *v/réfl sich* (*mit etw*) ~ attraper qc
Infi'zierung *f* ⟨~; ~en⟩ (*Ansteckung*) contagion *f*
in fla'granti [ɪnfla'granti] *adv* en flagrant délit
Inflation [ɪnflatsi'oːn] *f* ⟨~; ~en⟩ ÉCON inflation *f*; *schleichende* ~ inflation rampante
inflatio|när [ɪnflatsio'nɛːr], ~*'nistisch* *adj* inflationniste

Inflati'onsrate *f* taux *m* d'inflation
Influenz [ɪnfluˈɛnts] *f* ⟨~; ~en⟩ PHYS influence *f*
Info [ˈɪnfo] F *n* ⟨~s; ~s⟩ feuille *f* d'information
infolge [ɪnˈfɔlgə] *prép* ⟨gén⟩ par suite de; en conséquence de; à la suite de; **~ s-r Erkrankung** par suite de sa maladie
infolge'dessen *adv* par conséquent; en conséquence; à la suite de quoi
'Infopost *f* im Postverkehr imprimé *m*
Infor'mant(in) *m* ⟨~en; ~en⟩ *(f)* ⟨~; ~nen⟩ informateur, -trice *m,f*
Informa'tik [ɪnfɔrˈmaːtɪk] *f* ⟨~⟩ informatique *f*; **~tiker(in)** *m* ⟨~s; ~⟩ *(f)* ⟨~; ~nen⟩ informaticien, -ienne *m,f*
Informati'on *f* ⟨~; ~en⟩ **1.** information *f*, renseignement *m* (**über** [+acc] sur); **zu Ihrer ~** pour votre information; **~en einholen** s'informer; se renseigner; **weitere ~en erhalten Sie bei ...** pour de plus amples informations adressez-vous à ...; **nach anderslautenden ~en** selon d'autres informations; **2.** Büro bureau *m* de renseignements; Stand stand *m* d'information
Informati'ons|blatt *n* journal *m* d'information; **~büro** *n* agence *f*, bureau *m* d'information, de renseignements
Informati'onsfluß *m* ⟨-flusses⟩ circulation *f* de l'information; **der ~ stockt** les informations ne passent pas
Informati'ons|material *n* documentation *f*; **~quelle** *f* source *f* (d'une information); **~stand** *m* ⟨~(e)s; -stände⟩ **1.** Stelle stand *m* d'information; **2.** ⟨pas de pl⟩ (Kenntnisstand) niveau *m* d'information; **~system** *n* système *m* d'informations; **~theorie** *f* théorie *f* de l'information; **~verarbeitung** *f* traitement *m* de l'information; **~zentrum** *n* centre *m* d'information
informa|tiv [ɪnfɔrmaˈtiːf] *adj* instructif, -ive; **~'torisch** *adj* à titre d'information
infor'mell *adj* sans cérémonie, protocole, façons; Treffen, Gespräch informel, -elle
informieren [ɪnfɔrˈmiːrən] ⟨pas de ge-, h⟩ **I** *v/t* **~ über** [+acc] informer (de, sur); renseigner (sur) **II** *v/réfl* **sich ~ (über** [+acc]) s'informer (de, sur); se renseigner (sur)
'Infostand F *m* stand *m* d'information
Infothek [ɪnfoˈteːk] *f* ⟨~; ~en⟩ stand *m* d'information (équipé d'un ordinateur à la disposition du public)
infrarot [ˈɪnfraroːt] *adj* infrarouge
'Infrarot|heizung *f* chauffage *m* par, à infrarouge; **~strahler** *m* radiateur *m* à infrarouge
Infra|schall [ˈɪnfraʃal] *m* AKUSTIK infrason *m*; **~struktur** *f* infrastructure *f*
Infusion [ɪnfuˈzi̯oːn] *f* ⟨~; ~en⟩ MÉD perfusion *f*
Ing. *abr cf* **Ingenieur**
Inge [ˈɪŋə] *f* ⟨→n/pr⟩ prénom
Ingenieur [ɪnʒeˈni̯øːr] *m* ⟨~s; ~e⟩ ingénieur *m*; **beratender ~** ingénieur-conseil *m*; **leitender ~** ingénieur en chef
Ingeni'eur|büro *n* bureau *m* d'ingénieurs; **~schule** *f* école *f* d'ingénieurs; **~wesen** *n* ⟨~⟩ génie *m* (civil)
Ingredienzien [ɪngrediˈɛntsi̯ən] *n/pl* bes PHARM ingrédients *m/pl*
Ingrid [ˈɪŋgrɪt] *f* ⟨→n/pr⟩ prénom

Ingrimm [ˈɪngrɪm] *st/s m* fureur, rage contenue
Ingwer [ˈɪŋvər] *m* ⟨~s⟩ gingembre *m*; **~bier** *n* boisson gazeuse au gingembre
Inh. *abr cf* **Inhaber**
Inhaber(in) [ˈɪnhaːbər(ɪn)] *m* ⟨~s; ~⟩ *(f)* ⟨~; ~nen⟩ e-s Geschäfts etc propriétaire *m,f*; e-r Wohnung occupant(e) *m(f)*; e-s Amts, Titels, Passes, Kontos etc titulaire *m,f*; COMM e-s Wechsels, Schecks, von Wertpapieren etc porteur *m*; détenteur, -trice *m,f* (a e-s Rekords)
'Inhaber|papier *n* FIN titre *m* au porteur; **~schuldverschreibung** *f* FIN obligation *f* au porteur
inhaftieren [ɪnhafˈtiːrən] *v/t* ⟨pas de ge-, h⟩ emprisonner; mettre en état de détention
Inhaf'tier|te(r) *f(m)* ⟨→A⟩ détenu(e) *m(f)*; **~ung** *f* ⟨~; ~en⟩ emprisonnement *m*; mise *f* en état de détention
Inhalati'on *f* ⟨~; ~en⟩ MÉD inhalation *f*
inhalieren [ɪnhaˈliːrən] ⟨pas de ge-, h⟩ MÉD **I** *v/t* faire des inhalations de; inhaler; **II** *v/i* faire des inhalations
Inhalt [ˈɪnhalt] *m* ⟨~(e)s; ~e⟩ **1.** e-s Gefäßes etc contenu *m*; **2.** (Gehalt), e-s Begriffs etc contenu *m*; Gegensatz zu Form a fond *m*; (Wortlaut) a teneur *f*; **den ~ e-s Gesprächs, e-s Buchs wiedergeben** rendre le contenu d'une conversation, d'un livre; **~ und Form e-s Gedichts** le fond *od* le contenu et la forme d'une poésie; **der Brief hatte folgenden ~** le contenu de la lettre était le suivant; Schriftstück folgenden **~s** disant que ...; disant ceci: ...; **3.** GEOMETRIE e-r Fläche surface *f*; superficie *f*; aire *f*; e-s Körpers volume *m*; capacité *f*; **4.** (~sverzeichnis) table *f* des matières
'inhaltlich I *adj* qui concerne le contenu; du contenu; **II** *adv* quant au, en ce qui concerne le contenu; **~ abweichen** différer quant au contenu; **formal gut, aber ~ schlecht** bon quant à la forme, mais mauvais quant au fond
'Inhaltsangabe *f* e-r Erzählung résumé *m*; sommaire *m*; FILM synopsis *m od f*; **e-e ~ von etw machen** faire un résumé de qc; résumer qc
'Inhaltserklärung *f* e-r Warensendung déclaration *f* du contenu
'inhalts|leer, ~los *adj* sans fond; creux, creuse; **~ sein** n'avoir aucun fond; être sans fond
'inhalts|reich *adj* substantiel, -ielle; profond; **~schwer** *adj* profond; **²übersicht** *f*, **²verzeichnis** *n* table *f* des matières
inhär|ent [ɪnhɛˈrɛnt] *st/s adj* a PHILOS inhérent (e-r Sache [dat] à qc); **²enz** *f* ⟨~⟩ PHILOS inhérence *f*
'inhomogen *adj* qui manque d'homogénéité; PHYS non-homogène
'inhuman *adj* inhumain; **²i'tät** *f* ⟨~⟩ inhumanité *f*
Initi'albuchstabe *m* lettre initiale
Initiale [ɪnitsiˈaːlə] *f* ⟨~; ~n⟩ initiale *f*
Initi'alzündung *f* TECH amorçage *m*
Initiati'on *f* ⟨~; ~en⟩ VÖLKERKUNDE, SOZIOLOGIE initiation *f*
Initiati'onsritus *m* rite *m* d'initiation
initiativ [ɪnitsiaˈtiːf] *adj* **~ werden** prendre l'initiative
Initiative [ɪnitsiaˈtiːvə] *f* ⟨~; ~n⟩ **1.** initiative *f* (a im Parlament); **auf j-s ~**

(acc) (**hin**) sur *od* à l'initiative de qn; **die ~ ergreifen** prendre l'initiative; **aus eigener ~ handeln** agir de sa propre initiative; **2.** *cf* **Bürgerinitiative**
Initia'tivrecht *n* ⟨~(e)s⟩ droit *m* d'initiative parlementaire
Initiator(in) [initsiˈaːtɔr (-aˈtoːrɪn)] *m* ⟨~s; -'toren⟩ *(f)* ⟨~; ~nen⟩ promoteur, -trice *m,f*
initiieren [initsiˈiːrən] *st/s v/t* ⟨pas de ge-, h⟩ initier
Injektion [ɪnjɛktsiˈoːn] *f* ⟨~; ~en⟩ MÉD injection *f*; **j-m e-e ~ geben** faire une injection à qn
Injekti'ons|nadel *f* aiguille *f* hypodermique; **~spritze** *f* seringue *f* hypodermique, à injections
In'jektor *m* ⟨~s; -'toren⟩ TECH injecteur *m*
injizieren [ɪnjiˈtsiːrən] *v/t* ⟨pas de ge-, h⟩ injecter; **j-m etw ~** injecter qc à qn; faire une injection, une piqûre de qc à qn; **j-m etw in den Arm ~** faire une injection, une piqûre de qc dans le bras de qn
Injurie [ɪnˈjuːri̯ə] *st/s f* ⟨~; ~n⟩ bes JUR injure *f*; outrage *m*
Inka [ˈɪŋka] *m* ⟨~(s); ~(s)⟩ Inca *m*; **~reich** *n* Empire *m* inca
Inkarnation *f* [ɪnkarnatsiˈoːn] ⟨~; ~en⟩ REL, fig incarnation *f*
Inkasso [ɪnˈkaso] *n* ⟨~s; ~s ou -kassi⟩ FIN encaissement *m*; recouvrement *m*; **zum ~** pour encaissement
In'kasso|büro *n* bureau *m* d'encaissement; **~geschäft** *n* opérations *f/pl* d'encaissement, de recouvrement; **~vollmacht** *f* procuration *f* pour encaisser de l'argent
Inkaufnahme [ɪnˈkaʊfnaːmə] *f* ⟨~⟩ ADM **unter ~** *(dat)* **von ...** en acceptant ...
inkl. *abr cf* **inklusive**
Inklination [ɪnklinatsiˈoːn] *f* ⟨~; ~en⟩ ASTR, PHYS, MATH inclinaison *f*
inklusive [ɪnkluˈziːvə] *adv u prép* ⟨gén⟩ y compris; inclusivement; **~ (der) Verpackung** y compris l'emballage; emballage compris
inkognito [ɪnˈkɔgnito] *adv* incognito; **~ reisen** voyager incognito
In'kognito *n* ⟨~s; ~s⟩ incognito *m*; **das ~ wahren** garder l'incognito
'inkompatib|el *adj* ⟨-bl-⟩ a INFORM, JUR, POL incompatible; **²ili'tät** *f* incompatibilité *f*
'inkompet|ent *adj* incompétent; **²enz** *f* incompétence *f*
'inkongru|ent *adj* GEOMETRIE non-coïncident; **²enz** *f* non-coïncidence *f*
'inkonsequ|ent I *adj* inconséquent; **II** *adv* inconséquemment; **²enz** *f* inconséquence *f*
'inkonsistent *adj* inconsistant
'inkonstant *adj* inconstant
Inkontinenz [ˈɪnkɔntinɛnts] *f* ⟨~; ~en⟩ MÉD incontinence *f*
'inkonvertibel *adj* ⟨-bl-⟩ inconvertible
'inkorrekt I *adj* **1.** Auskunft, Übersetzung inexact; Satz incorrect; **2.** Verhalten, Kleidung incorrect; **II** *adv* incorrectement; **²heit** *f* incorrection *f*
In'krafttreten *n* ⟨~s⟩ entrée *f* en vigueur; **am Tag des ~s** le jour d'entrée en vigueur
Inkreis [ˈɪnkraɪs] *m* GEOMETRIE cercle inscrit
inkriminieren [ɪnkrimiˈniːrən] *v/t* ⟨pas

Inkubation – insbes.

de ge-, h⟩ *bes* JUR accuser (d'un crime); incriminer

Inkubation [ɪnkubatsiˈoːn] *f* ⟨~; ~en⟩ MÉD, BIOL incubation *f*

Inkubatiˈonszeit *f* période *f* d'incubation

ˈinkulant *adj* COMM non coulant (en affaires)

Inkunabel [ɪnkuˈnaːbəl] *f* ⟨~; ~n⟩ TYPO incunable *m*

Inland [ˈɪnlant] *n* ⟨~(e)s⟩ intérieur *m* du pays; **im ~** à l'intérieur du pays; **im ~ hergestellt** fabriqué dans le pays; *(gültig)* **im In- und Ausland** (valable) dans le pays et à l'étranger, à l'intérieur du pays et à l'étranger

ˈInlandeis *n* GÉOL glacier continental; inlandsis *m*

Inländer(in) [ˈɪnlɛndər(ɪn)] *m* ⟨~s; ~⟩ *(f)* ⟨~; ~nen⟩ habitant(e) *m(f)* du pays; indigène *m,f*; ~ *pl a* nationaux *m/pl*

ˈInlandflug *m* vol intérieur

ˈinländisch *adj* du pays; intérieur; indigène; national; **~e Erzeugnisse** *n/pl* produits *m/pl* indigènes, du pays

ˈInlands|absatz *m* débouchés *m/pl* sur le marché intérieur; **~markt** *m* marché intérieur, national; **~nachfrage** *f* demande intérieure, du marché intérieur; **~porto** *n* port *m* en régime intérieur; **~verkehr** *m* trafic intérieur

Inlaut [ˈɪnlaut] *m* PHON (lettre *f*) médiale *f*; 2**end** *adjt* PHON à l'intérieur du mot

Inlay [ˈɪnleː] *n* ⟨~s; ~s⟩ Zahnfüllung in-lay *m*

Inlett [ˈɪnlɛt] *n* ⟨~(e)s, ~s *ou* ~e⟩ TEXT 'housse *f*, enveloppe *f* d'édredon *bzw* de couette

inliegend [ˈɪnliːɡənt] *adjt u advt bes* österr ADM ci-joint; ci-inclus

inmitten [ɪnˈmɪtən] *st/s* prép ⟨*gén*⟩ au milieu de

innehaben [ˈɪnəhaːbən] *v/t* ⟨*irr, sép,* -ge-, h⟩ *Stellung, Amt* occuper; *Rekord* détenir

innehalten [ˈɪnəhaltən] *v/i* ⟨*irr, sép,* -ge-, h⟩ s'arrêter; **mitten im Satz ~** s'arrêter au milieu de la phrase; **in der Arbeit ~** s'arrêter dans son travail

innen [ˈɪnən] *adv* dedans; à l'intérieur, intérieurement; SPORT *(auf der Innenbahn)* sur la piste intérieure; LEICHTATHLETIK dans le couloir intérieur; (~ *im Spielfeld*) à l'intérieur; **nach ~** à *od* vers l'intérieur; au *od* en dedans; **von ~** (*heraus*) du dedans; de l'intérieur; **die Tür ist von ~ abgeschlossen** la porte est fermée à clé de l'intérieur; **nach ~ aufgehen** s'ouvrir vers l'intérieur

ˈInnen... *in Zssgn meist* intérieur; **~ansicht** *f* intérieur *m*; vue intérieure; **~antenne** *f* antenne intérieure; **~architekt(in)** *m(f)* architecte *m,f* d'intérieur; **~architektur** *f* architecture *f* d'intérieur; **~aufnahme** *f* PHOT, FILM intérieur *m*; **~ausstattung** *f* aménagement intérieur; **~bahn** *f* SPORT piste intérieure; LEICHTATHLETIK couloir intérieur; **~beleuchtung** *f* éclairage intérieur; **~bezirk** *m* e-r *Stadt* quartier *m* du centre ville

ˈInnendienst *m* service intérieur, interne; **im ~** (*tätig*) *sein* travailler à l'intérieur (d'une entreprise *bzw* d'une administration, *etc*)

ˈInnen|einrichtung *f* aménagement (intérieur); **~fläche** *f* surface intérieu-

re; **~hof** *m* cour intérieure; **~kante** *f* (re)bord intérieur; **~leben** *n* ⟨~s⟩ vie intérieure (*a* PHILOS); sentiments *m/pl*; âme *f*; **~minister(in)** *m(f)* ministre *m* de l'Intérieur; **~ministerium** *n* ministère *m* de l'Intérieur; **~politik** *f* politique intérieure; **~politiker(in)** *m(f)* politicien, -ienne *m,f*, homme *m* politique s'occupant des affaires intérieures d'un pays; 2**politisch** *adj* de (la) politique intérieure; concernant la politique intérieure; **~raum** *m* intérieur *m*; *im Auto* habitacle *m*; **~seite** *f* côté *m*, face *f* interne, intérieur(e); *e-s Stoffs* envers *m*; **~senator** *m* BRD ministre *m* des affaires intérieures (*a* Brême, Hambourg, Berlin); **~spiegel** *m* rétroviseur intérieur; **~stadt** *f* centre *m* (de la) ville; **~stürmer** *m* SPORT inter *m*; intérieur *m*; **~tasche** *f* poche intérieure; **~temperatur** *f* température intérieure; **~wand** *f* cloison *f*; **~welt** *f* ⟨~⟩ monde intérieur; **~winkel** *m* MATH angle *m* interne

ˈinnerbetrieblich *adj* interne (à l'entreprise)

ˈinnerdeutsch *adj* interallemand; **~e Angelegenheiten** *f/pl* affaires *f/pl* internes de l'Allemagne

innere(r, -s) [ˈɪnərə(r, -s)] *adj* ⟨épithète⟩ intérieur; interne; *~r Halt* soutien, appui moral; **~ Krankheiten** *f/pl* maladies *f/pl* internes; **~r Monolog** monologue intérieur; **~ Stimme** voix intérieure; **~ Verletzungen** *f/pl* blessures *f/pl* internes

ˈInnere(s) *n* ⟨→A⟩ intérieur *m*; centre *m*; *fig e-s Menschen* for intérieur; **im Innern** (*des Landes etc*) à l'intérieur (du pays, *etc*); **in meinem Innern** dans mon for intérieur; **Ministerium des Innern** *cf* Innenministerium

ˈInneˈreien *f/pl* abats *m/pl*

ˈinnereuropäisch *adj* intereuropéen, -éenne

innerhalb [ˈɪnərhalp] *prép* ⟨*gén*⟩ *u adv* **1.** *örtlich* à l'intérieur (de); (au-de)dans (de); **2.** *zeitlich* en; **~ kurzer Zeit** en peu de temps; **~ von fünf Minuten war alles aufgegessen** tout a été mangé en (moins de) cinq minutes; **~ von drei Tagen mußt du das Geld zurückzahlen** tu dois rendre cet argent avant trois jours, dans les trois jours qui viennent

ˈinnerlich *adj* (*innen befindlich*) intérieur; interne; *Arznei* **zur ~en Anwendung** pour l'usage interne; **II** *adv* **1.** intérieurement; **2.** *fig* dans mon, ton, *etc* for intérieur

ˈinnerˈörtlich *adj* local; *Verkehr* en agglomération; **~städtisch** *adj* local

innerste(r, -s) *adj* le plus profond; intime; **im ~n** *Winkel s-s Herzens* au plus profond de son cœur; *s-e* **~n Gedanken** ses pensées intimes, les plus cachées; *meiner* **~n Überzeugung nach** selon ma conviction intime

ˈInnerste(s) *n* ⟨→A⟩ partie la plus interne, profonde; âme *f*; cœur *m*; **im ~n des Landes** au cœur du pays; **j-n bis ins ~ treffen** toucher qn au plus profond de lui-même; **in s-m ~n** dans son for intérieur; au fond de lui-même

innert [ˈɪnɛrt] *prép* ⟨*gén*⟩ *schweiz, österr cf* **innerhalb** 2.

innewerden [ˈɪnəveːrdən] *st/s v/i* ⟨*irr, sép,* -ge-, sein⟩ *e-r Sache* ⟨*gén*⟩ **~** se rendre compte de qc; s'apercevoir de qc

innewohnen [ˈɪnəvoːnən] *st/s v/i* ⟨*sép,* -ge-, h⟩ *e-r Sache* ⟨*dat*⟩ **~** être inhérent, immanent à qc; **die dem Menschen ~den Kräfte** les forces inhérentes, immanentes à l'homme

innig [ˈɪnɪç] **I** *adj* **1.** (*tiefempfunden*) cordial; tendre; ardent; **~e Freundschaft** amitié sincère, profonde; *j-m s-n* **~sten Dank sagen** remercier qn de tout son cœur, très cordialement; **mein ~ster Wunsch** mon vœu le plus cher; *p/fort* mon plus ardent désir; **2.** (*sehr eng*) intime (*a* CHIM); **ein ~es Verhältnis zu j-m haben** être très lié avec qn; **II** *adv* **1.** (*tiefempfunden*) cordialement; tendrement; **sich ~ lieben** s'aimer tendrement; **2.** (*sehr eng*) intimement; **~ verbunden sein** être intimement lié

ˈInnigkeit *f* ⟨~⟩ ardeur *f*; chaleur *f*; cordialité *f*; tendresse *f*

ˈinniglich *st/s cf* innig

Innovation [ɪnovatsiˈoːn] *f* ⟨~; ~en⟩ innovation *f*

innovaˈtiv *adj* innovateur, -trice

Innoˈvator *m* ⟨~s; -'toren⟩ innovateur *m*

innovaˈtorisch *adj* innovateur, -trice

Innsbruck [ˈɪnsbrʊk] *n* ⟨→ *n/pr*⟩ Innsbruck

Innung [ˈɪnʊŋ] *f* ⟨~; ~en⟩ corporation *f*; corps *m* de métier; (*Handwerkskammer*) chambre *f* des métiers; F *fig* **du blamierst die ganze ~** tu nous rends tous ridicules

ˈInnungs|krankenkasse *f* caisse *f* maladie d'une corporation; **~meister** *m* chef *m* d'une corporation; **~versammlung** *f* assemblée *f* d'une corporation; **~wesen** *n* ⟨~s⟩ corporatisme *m*

ˈinoffiziell **I** *adj* non officiel, -ielle; (*halbamtlich*) officieux, -ieuse; **II** *adv* de manière non officielle; (*halbamtlich*) officieusement

ˈinoperabel *adj* ⟨-bl-⟩ MÉD inopérable

ˈinopportun *st/s adj* inopportun

in petto [ɪnˈpɛto] F *etw* **~ haben** avoir qc en réserve

in puncto [ɪnˈpʊŋkto] *prép* ⟨*suivi d'un substantif sans article*⟩ en ce qui concerne; quant à; côté; **~ Kleidung** en ce qui concerne l'habillement; quant à l'habillement; F question habillement

Input [ˈɪnpʊt] *m od n* ⟨~s; ~s⟩ INFORM entrée *f*

Inquisition [ɪnkvizitsiˈoːn] *f* ⟨~⟩ HIST Inquisition *f*

Inquisiˈtionsgericht *n* HIST tribunal *m* de l'Inquisition

Inquiˈsitor *m* ⟨~s; -'toren⟩ HIST inquisiteur *m*

ins [ɪns] = **in das**; **~ Kino gehen** aller au cinéma; **~ Stottern kommen** se mettre à bégayer; **~ Französische übersetzen** traduire en français; **es geht ~ zweite Jahr, daß ...** il y a bientôt deux ans que ...

Insass|e [ˈɪnzasə] *m* ⟨~n; ~n⟩, **~in** *f* ⟨~; ~nen⟩ *e-s Autos* occupant(e) *m(f)*; *e-s Zuges* voyageur, -euse *m,f*; *e-s Flugzeuges etc* passager, -ère *m,f*; *e-s Heims* pensionnaire *m,f*; *e-s Gefängnisses* détenu(e) *m(f)*; F pensionnaire *m,f*

ˈInsassenversicherung *f* assurance *f* des personnes transportées

insb(es). *abr cf* **insbesond(e)re**

insbe'sond(e)re *adv* en particulier; spécialement; surtout
Inschrift ['ɪnʃrɪft] *f* inscription *f*; *an Gebäuden a* épigraphe *f*; *auf Grabsteinen a* épitaphe *f*; *auf Münzen a* légende *f*
inseitig ['ɪnzaɪtɪç] *adj u adv* du côté intérieur; à l'intérieur
Insekt [ɪn'zɛkt] *n* ⟨~s; ~en⟩ insecte *m*; **staatenbildende ~en** insectes sociaux
In'sekten|bekämpfung *f* lutte *f* contre les insectes; **~forscher(in)** *m(f)* entomologiste *m,f*; **♀fressend** *adjt* ⟨épithète⟩ insectivore; *Pflanzen a* carnivore; **~fresser** *m/pl* insectivores *m/pl*; **~gift** *n* insecticide *m*; **~kunde** *f* entomologie *f*; **~pulver** *n* poudre *f* insecticide; **~spray** *n od m* bombe *f* insecticide; **~stich** *m* piqûre *f* d'insecte; **~vernichtungsmittel** *n*, **~vertilgungsmittel** *n* insecticide *m*
Insektizid [ɪnzɛkti'tsiːt] *n* ⟨~s; ~e⟩ insecticide *m*
Insel ['ɪnzəl] *f* ⟨~; ~n⟩ GÉOGR île *f*; *kleine* îlot *m* (*a fig Sprach♀ etc*); (*Verkehrs♀*) îlot directionnel; refuge *m*; **die ~ Malta** l'île de Malte
'**Insel|berg** *m* GÉOL inselberg *m*; **~bewohner(in)** *m(f)* insulaire *m,f*; habitant(e) *m(f)* d'une île; **~gruppe** *f* archipel *m*; groupe *m* d'îles; **~kette** *f* en guirlande *f* insulaire; **~lage** *f* insularité *f*; **~meer** *n* archipel *m*; vaste ensemble *m* d'îles
inselreich *adj* riche en îles, en îlots
'**Insel|reich** *n* royaume *m* insulaire; **~staat** *m* État *m* insulaire; **~volk** *n* peuple *m* insulaire; **~welt** *f* monde *m* insulaire
Insemination [ɪnzeminatsi'oːn] *f* ⟨~; ~en⟩ BIOL insémination *f*; **natürliche, künstliche ~** insémination naturelle, artificielle
Inse'rat *n* ⟨~(e)s; ~e⟩ annonce *f*; **ein ~ in die Zeitung setzen** mettre, faire passer une annonce dans le journal
Inse'r|atenteil *m* e-r Zeitung (partie réservée aux) petites annonces; **~ent(in)** *m* ⟨~en; ~en⟩ (*f*) ⟨~; ~nen⟩ annonceur, -euse *m,f*
inserieren [ɪnze'riːrən] *v/i* (*u v/t*) ⟨*pas de ge-*, h⟩ (*etw*) **~** mettre, faire passer une annonce (pour chercher, vendre, etc qc)
Inserti'on *f* ⟨~; ~en⟩ *e-r Anzeige* publication *f*, passage *m* (d'une annonce)
insge'heim *adv* en secret; secrètement
insge'samt *adv* en tout; au total; **~ belaufen sich die Kosten auf** (+*acc*) les frais se montent en tout, au total à
Insider ['ɪnsaɪdər] *m* ⟨~s; ~⟩ initié *m*; **~geschäft** *n*, **~verstoß** *m* délit *m* d'initié
Insignien [ɪn'zɪɡniən] *pl* insignes *m/pl*
insistieren [ɪnzɪs'tiːrən] *v/i* ⟨*pas de ge-*, h⟩ *st/s* **auf etw** (*dat*) **~** insister sur qc
inskribieren [ɪnskri'biːrən] ⟨*pas de ge-*, h⟩ *österr* UNIVERSITÄT **I** *v/t* s'inscrire à un cours de, en; **II** *v/i* s'inscrire
Inskription [ɪnskrɪptsi'oːn] *f* ⟨~; ~en⟩ *österr* UNIVERSITÄT inscription *f* (à l'université)
insofern I [ɪn'zoːfɛrn] *adv* sur ce point; **~ hat er recht** sur ce point il a raison; **~ kann ich ihn verstehen** sur ce point je le comprends; **II** *conj* **1.** [ɪn'zoːfɛrn] **~, als ...** dans la mesure où ...; **er hat ~ unrecht, als ...**

il a tort dans la mesure où ..., pour autant que ...; **2.** [ɪnzo'fɛrn] (*falls*) **~ er nichts dagegen hat** s'il n'a pas d'objection; à moins qu'il (n')ait une objection
'**insolv|ent** *adj* COMM, JUR insolvable; **♀enz** *f* ⟨~; ~en⟩ insolvabilité *f*
insoweit [ɪn'zoːvaɪt *ou* ɪnzo'vaɪt] *cf* **insofern**
in spe [ɪn'speː] *adj* ⟨*inv*, précédé d'un *subst*⟩ futur (*vorangestellt*); **ein Künstler ~** a un artiste en herbe
Inspek'teur *m* ⟨~s; ~e⟩ MIL inspecteur *m*
Inspektion [ɪnspɛktsi'oːn] *f* ⟨~; ~en⟩ inspection *f* (*a Behörde*); TECH révision *f*; **das Auto muß zur ~** il faut faire réviser la voiture
Inspekti'ons|fahrt *f*, **~reise** *f* tournée *f*, voyage *m* d'inspection
Inspektor(in) [ɪn'spɛktɔr (-'toːrɪn)] *m* ⟨~s; -'toren⟩ (*f*) ⟨~; ~nen⟩ **1.** *Beamter* fonctionnaire *m*, des cadres moyens; **2.** *Prüfer* inspecteur, -trice *m,f*
Inspirati'on *f* ⟨~; ~en⟩ inspiration *f*
inspirieren [ɪnspi'riːrən] *v/t* ⟨*pas de ge-*, h⟩ *j-n* **~** inspirer qn; *j-n* **~, etw zu tun** donner à qn l'idée de faire qc; **sich von etw, j-m ~ lassen** s'inspirer de qc, qn
Inspizi'ent(in) *m* ⟨~en; ~en⟩ (*f*) ⟨~; ~nen⟩ THÉ etc régisseur *m*; chef *m* de plateau
inspizier|en [ɪnspi'tsiːrən] *v/t* ⟨*pas de ge-*, h⟩ inspecter; **♀ung** *f* ⟨~; ~en⟩ inspection *f*
'**instabil** *adj* Konstruktion, Atomkern *etc* instable; **♀ität** *f* TECH, NUCL, MÉTÉO *etc* instabilité *f*
Installa'|teur *m* ⟨~s; ~e⟩ **1.** (*Klempner*) plombier *m*; **2.** (*Heizungs♀*) installateur *m* de chauffage; **~ti'on** *f* ⟨~; ~en⟩ installation *f*
installier|en [ɪnsta'liːrən] *v/t* ⟨*pas de ge-*, h⟩ installer; **♀ung** *f* ⟨~⟩ installation *f*
instand [ɪn'ʃtant] *adv* **~ halten** maintenir en bon état, en état de marche; entretenir; **~ setzen** remettre en bon état, à neuf; réparer; *j-n* **~ setzen, etw zu tun** donner à qn la possibilité de faire qc; permettre à qn de faire qc
in'standbesetzen *v/t* ⟨-(es)t, *insép, pas de ge-*, h⟩ squatter *od* squattériser (et rénover)
In'stand|besetzer *m* ⟨~s; ~⟩ squatter *m* (qui rénove un local); **~besetzung** *f* squat *m* (et rénovation *f*); **~haltung** *f* ⟨~⟩ entretien *m*; maintien *m* en bon état, en état de marche; **~haltungskosten** *pl* frais *m/pl* d'entretien
inständig ['ɪnʃtɛndɪç] **I** *adj* ⟨épithète⟩ instant; pressant; **auf sein ~es Bitten hin** sur ses instances; **II** *adv* instamment; avec insistance; *j-n* **~ bitten, etw zu tun** prier qn instamment de faire qc
In'standset|zung *f* ⟨~; ~en⟩ remise *f* en (bon) état, à neuf; réparation *f*; réfection *f*; restauration *f*; **~ungsarbeiten** *f/pl* travaux *m/pl* de réparation, de remise en état, de réfection; **~ungskosten** *pl* frais *m/pl* de remise en état, réparation, de réfection
Instanz [ɪn'stants] *f* ⟨~; ~en⟩ **1.** (*Stelle für Entscheidungen*) autorité *f*; **zuständige ~** service administratif compétent; **2.** JUR instance *f*; **zuständige ~** instance compétente; *in erster* **~** (*zuständig sein*) (être compétent pour juger) en première instance; *in höherer* **~** ins-

tance supérieure; **Urteil** *n* **in letzter ~** jugement *m* en dernière instance, en dernier ressort; *in letzter* **~ entscheiden** juger en dernière instance
In'stanzenweg *m* ADM voie 'hiérarchique'; JUR instances *f/pl*; ADM **auf dem ~** par la voie 'hiérarchique'; **den ~ durchlaufen** ADM passer par la voie 'hiérarchique'; JUR passer par toutes les instances
Instinkt [ɪn'stɪŋkt] *m* ⟨~(e)s; ~e⟩ instinct *m*; **aus ~** instinctivement; (*unwillkürlich*) *a* d'instinct; (*vom Instinkt gesteuert*) *a* par instinct
instink'tiv I *adj* instinctif, -ive; (*unwillkürlich*) *a* spontané; automatique; **II** *adv* instinctivement; (*vom Instinkt gesteuert*) *a* par instinct; (*unwillkürlich*) d'instinct; spontanément; automatiquement
in'stinktlos I *adj* Verhalten qui manque de tact; Äußerung grossier, -ière; **II** *adv* sich äußern sans tact; sich äußern grossièrement; **♀igkeit** *f* ⟨~; ~en⟩ **1.** ⟨*pas de pl*⟩ Verhalten manque *m* de tact; **2.** Äußerung grossièreté *f*
in'stinktmäßig *cf* **instinktiv**
Institut [ɪnsti'tuːt] *n* ⟨~(e)s; ~e⟩ (*Forschungs♀*) institut *m* (*für* de); (*Lehranstalt*) a école *f*; institution *f*
Instituti'on *f* ⟨~; ~en⟩ *a fig* institution *f*; **internationale, politische ~en** institutions internationales, politiques
institutionali'sier|en ⟨*pas de ge-*, h⟩ **I** *v/t* institutionnaliser; **II** *v/réfl* **sich ~** s'institutionnaliser; **♀ung** *f* ⟨~; ~en⟩ institutionnalisation *f*
institutio'nell *adj* institutionnel, -elle
instruieren [ɪnstru'iːrən] *v/t* (*u v/réfl*) ⟨*pas de ge-*, h⟩ (*sich*) **~** (s')instruire, (s')informer (*über* [+*acc*] de)
Instruk'teur *m* ⟨~s; ~e⟩ instructeur *m*
Instruktion [ɪnstrʊktsi'oːn] *f* ⟨~; ~en⟩ instruction *f*; MIL (*formelle Anweisung*) consigne *f*; **~en erhalten** recevoir des instructions
instruk'tiv *adj* instructif, -ive
In'struktor *m* ⟨~s; -'toren⟩ *österr*, *schweiz* instructeur *m*
Instrument [ɪnstru'mɛnt] *n* ⟨~(e)s; ~e⟩ **1.** MUS instrument *m* (de musique); **ein ~ spielen** jouer d'un instrument; **2.** (*Gerät*, *Werkzeug*), *fig* instrument *m*
instrumen'tal *adj* MUS, TECH instrumental; **♀begleitung** *f* MUS accompagnement d'instruments, instrumental
Instrumenta'list(in) *m* ⟨~en; ~en⟩ (*f*) ⟨~; ~nen⟩ MUS instrumentiste *m,f*
Instrumen'talmusik *f* musique instrumentale
Instrumentarium [ɪnstrumɛn'taːrium] *n* ⟨~s; -rien⟩ **1.** TECH instruments *m/pl*; équipement *m*; MUS instruments *m/pl* (de musique); **2.** *st/s* (*sämtliche Mittel*) arsenal *m*; appareil *m*
Instru'menten|bau *m* ⟨~(e)s⟩ fabrication *f* d'instruments de musique; **~brett** *n* TECH tableau *m* de bord; **~flug** *m* AVIAT vol *m* aux instruments; **~macher** *m* fabricant *m* d'instruments de musique; **~tafel** *f* TECH tableau *m* de bord
instrumen'tier|en *v/t* ⟨*pas de ge-*, h⟩ MUS orchestrer; **♀ung** *f* ⟨~; ~en⟩ MUS orchestration *f*
Insubordinati'on *st/s f* ⟨~; ~en⟩ insubordination *f*

Insuffizienz ['ɪnzufitsiɛnts] f ⟨~; ~en⟩ MÉD insuffisance f
Insulaner(in) [ɪnzu'laːnər(ɪn)] m ⟨~s; ~⟩ (f) ⟨~; ~nen⟩ insulaire m,f
insu'lar adj insulaire
Insulin [ɪnzu'liːn] n ⟨~s⟩ BIOCHEMIE, PHARM Wz insuline f; **~schock** m MÉD choc m d'insuline, insulinique
insultieren [ɪnzʊl'tiːrən] v/t ⟨pas de ge-, h⟩ bes österr insulter
inszenier|en [ɪnstse'niːrən] v/t ⟨pas de ge-, h⟩ **1.** THÉ, FILM, fig mettre en scène; THÉ a monter; FILM a réaliser; fig arranger; **2.** péj (anzetteln) manigancer; manœuvrer; **Ձung** f ⟨~; ~en⟩ **1.** THÉ, FILM, fig mise f en scène; FILM a réalisation f; **2.** péj (Anzettelung) manigances f/pl; manœuvres f/pl
intakt [ɪn'takt] adj intact; Landschaft resté intact, vierge; Wirtschaft, Organismus sain; Maschine etc **noch ~ sein** être encore en état de marche; marcher encore
Intarsie [ɪn'tarziə] f ⟨~; ~n⟩ marqueterie f
integer [ɪn'teːgər] adj ⟨-gr-⟩ intègre
inte'gral adj intégral
Inte'gral n ⟨~s; ~e⟩ MATH intégrale f; **~helm** m casque intégral; **~rechnung** f calcul intégral
Integrati'on f ⟨~; ~en⟩ intégration f (a ÉCON, POL, MATH); **die europäische ~** l'intégration de l'Europe, européenne; **soziale ~** intégration sociale
Integrati'ons|politik f politique f d'intégration; **~prozeß** m processus m d'intégration
inte'grierbar adj intégrable
integrieren [ɪnte'griːrən] v/t ⟨pas de ge-, h⟩ intégrer; ÉLECT **integrierte Schaltung, integrierter Schaltkreis** circuit intégré; INFORM **integrierte Datenverarbeitung** traitement intégré de(s) données
inte'grierend adj ⟨épihète⟩ intégrant; **~er Bestandteil** partie intégrante
Integri'tät f ⟨~⟩ intégrité f
Intellekt [ɪnte'lɛkt] m ⟨~(e)s⟩ intellect m; **intel|lek'tu'ell** adj intellectuel, -elle; **II** adv intellectuellement
Intellektu'elle(r) f(m) ⟨→A⟩ intellectuel, -elle m,f
intelligent [ɪntɛli'gɛnt] **I** adj a INFORM intelligent; **~er Roboter** robot intelligent; **II** adv intelligemment; F iron **das hast du (ja) sehr ~ gemacht!** c'est très intelligent de ta part!
Intelli'genz f ⟨~⟩ **1.** intelligence f; **künstliche ~** intelligence artificielle; **2.** (geistig führende Schicht) intellectuels m/pl; intelligentsia f
Intelli'genz|bestie F f F cerveau m; im Studium etc bête f à concours; **~quotient** m quotient m d'intelligence; **~ler** m ⟨~s; ~⟩ péj F intello m; **~schicht** f intelligentsia f; **~test** m test m d'intelligence
Intend|ant(in) [ɪntɛn'dant(ɪn)] m ⟨~en; ~en⟩ (f) ⟨~; ~nen⟩ THÉ directeur, -trice m,f; RAD, TV directeur, -trice m,f général(e); **~anz** f ⟨~; ~en⟩ **1.** Amt fonction f de directeur; **2.** Büro bureau m du directeur
intendieren [ɪntɛn'diːrən] st/s v/t ⟨pas de ge-, h⟩ viser
Intensi'tät f ⟨~⟩ intensité f
intensiv [ɪntɛn'ziːf] **I** adj intensif, -ive; Schmerz, Lärm, Licht, Farbe, Geruch etc a intense; AGR **~e Bewirtschaftung** culture intensive; **~e Wirtschaft** économie intensive, poussée; **II** adv intensivement; intensément; **~ arbeiten** travailler intensivement; **~ nachdenken** réfléchir intensément; **sich ~ mit etw beschäftigen** s'occuper intensivement, intensément de qc
intensi'vier|en v/t ⟨pas de ge-, h⟩ intensifier; rendre intensif, -ive, plus intense; **Ձung** f ⟨~; ~en⟩ intensification f
Inten'sivkurs m cours intensif; **~station** f service m de réanimation
Intenti'on f ⟨~; ~en⟩ intention f
inter..., Inter.. ['ɪntər-] in Zssgn inter...
Inter|akti'on f PSYCH, SOZIOLOGIE interaction f; **Ձak'tiv** adj INFORM interactif, -ive; **~'city** m ⟨~s; ~s⟩ train m rapide intervilles; **~city-Ex'preß-Zug** m etwa T.G.V. m; train m à grande vitesse; **~'city-Zug** m cf Intercity
Interdependenz [ɪntərdepɛn'dɛnts] f/t f ⟨~⟩ interdépendance f
interdisziplinär [ɪntərdɪstsipli'nɛːr] adj interdisciplinaire
interes'sant I adj intéressant; **sich ~ machen** se rendre intéressant; péj faire l'intéressant; **II** adv d'une manière, façon intéressante
interes'santer'weise adv **~ wurde diese Frage ausgeklammert** curieusement, cette question n'a pas été abordée
Interesse [ɪntə'rɛsə] n ⟨~s; ~n⟩ intérêt m; **öffentliche, private ~n** intérêts publics, privés; **mangelndes ~** manque m d'intérêt; **berechtigtes ~** intérêt m légitime; **gemeinsame ~n haben** avoir des intérêts communs; **aus ~** par intérêt; **mit ~** avec intérêt; **für od an etw (dat) ~ haben** s'intéresser à qc; **was für, welche ~n haben Sie?** à quoi vous intéressez-vous?; Sache **bei j-m ~ finden** intéresser qn; **j-s ~n vertreten, wahrnehmen** représenter, défendre les intérêts de qn; **das geschah in deinem ~** cela s'est fait dans ton intérêt; **es liegt in deinem ~ zu** (+inf) il est, c'est dans od de ton intérêt de (+inf)
inter'essehalber adv par curiosité; par simple intérêt
inter'esselos I adj sans intérêt; indifférent; **II** adv sans intérêt; **~ dabeisitzen** rester là indifférent
Inter'esselosigkeit f ⟨~⟩ manque m d'intérêt; indifférence f
Inter'essen|ausgleich m conciliation f d'intérêts contraires; **~bereich** m, **~gebiet** n domaine auquel on s'intéresse; **~gegensatz** m intérêts m/pl contraires; ÉCON conflit m d'intérêts; **~gemeinschaft** f **1.** von Personen communauté f d'intérêts; **2.** ÉCON groupement m d'intérêt économique; **~gruppe** f groupement m d'intérêts; bes POL groupe m de pression; lobby m; **~kollision** f collision f d'intérêts; **~konflikt** m conflit m d'intérêts; **~lage** f intérêts m/pl; **~sphäre** f sphère f d'influence
Interes'sent(in) m ⟨~en; ~en⟩ (f) ⟨~; ~nen⟩ personne f qui s'intéresse à qc; amateur m; **e-n ~en für etw finden** trouver qn qui s'intéresse à qc; trouver un amateur pour qc
Interes'sentenkreis m groupe m de gens intéressés, d'intéressés
Inter'essen|verband m groupement m d'intérêts; cf a **Interessengruppe**; **~vertreter** m représentant m des intérêts, des intéressés; **~vertretung** f représentation f des intérêts
interes'sieren ⟨pas de ge-, h⟩ **I** v/t intéresser; **es interessiert mich, ob ...** je voudrais bien savoir si ...; je suis curieux de savoir si ...; **das interessiert mich nicht!** cela ne m'intéresse pas!; **II** v/réfl **sich für etw, j-n ~** s'intéresser à qc, qn; **sich nicht mehr für etw ~** a se désintéresser de qc
interes'siert I adj **ein ~er Mensch** un homme qui s'intéresse à tout, à beaucoup de choses; **an etw (dat) ~ sein** s'intéresser à qc; **wir wären daran ~ zu** (+inf) cela nous intéresserait de (+inf); **II** adv **~ zuschauen** regarder avec intérêt
Interface ['ɪntərfeːs] n ⟨~; ~s⟩ INFORM interface f
Interferenz [ɪntərfe'rɛnts] f ⟨~; ~en⟩ PHYS, OPT, LING interférence f
Interferon [ɪntərfe'roːn] n ⟨~s; ~e⟩ MÉD interféron m
interfraktio'nell adj POL entre les groupes parlementaires
Interieur [ɛ̃teri'øːr] n ⟨~s; ~s ou ~e⟩ a PEINT intérieur m
Interim ['ɪnterɪm] st/s n ⟨~s; ~s⟩ intérim m
interi'mistisch adj **I** adj intérimaire; provisoire; **II** adv par intérim
'Interims|lösung f solution f provisoire; **~regierung** f gouvernement m provisoire, intérimaire; **~schein** m ÉCON certificat m provisoire; **~trainer** m entraîneur m provisoire
Interjektion [ɪntərjɛkts'io'n] f ⟨~; ~en⟩ GR interjection f
interkonfessio'nell adj interconfessionnel, -elle
interkontinen'tal adj intercontinental
Interkontinen'tal|rakete f missile m intercontinental; **~waffen** f/pl armes intercontinentales
Intermezzo [ɪntər'mɛtso] n ⟨~s; ~s ou -zzi⟩ THÉ, MUS, fig intermède m; MUS a intermezzo m
intern [ɪn'tɛrn] adj interne; **~e Angelegenheiten** f/pl affaires f/pl internes
In'terna pl affaires f/pl internes
internali'sieren v/t ⟨pas de ge-, h⟩ PSYCH intérioriser; Werte assimiler
Inter'nat n ⟨~(e)s; ~e⟩ internat m; pensionnat m; pension f
internatio'nal adj international; **Ձe Atomenergiebehörde** Commission internationale de l'énergie atomique; **Ձer Gerichtshof** Cour internationale de justice; **Ձes Olympisches Komitee** Comité international olympique; **Ձer Währungsfonds** Fonds monétaire international
Internatio'nale f ⟨~; ~n⟩ POL, a Lied Internationale f
internationali'sieren v/t ⟨pas de ge-, h⟩ internationaliser
Internationa'lismus m internationalisme m; **~i'tät** f ⟨~⟩ internationalité f
Inter'nats|schule f internat m; pensionnat m; **~schüler(in)** m(f) élève m,f d'internat
In'terne(r) f(m) ⟨→A⟩ interne m,f; élève m,f d'internat

1154

inter'nieren v/t ⟨pas de ge-, h⟩ MIL interner; MÉD hospitaliser
Inter'nier|te(r) f(m) ⟨→A⟩ interné(e) m(f) (politique); **~ung** f ⟨~; ~en⟩ internement m; **~ungslager** n camp m d'internement
Inter'nist(in) m ⟨~en; ~en⟩ (f) ⟨~; ~nen⟩ MÉD (médecin m) spécialiste m,f des maladies internes
interparlamen'tarisch adj interparlementaire
Interpellati'on f ⟨~; ~en⟩ POL interpellation f
interpellieren [ɪntərpɛ'liːrən] v/i ⟨pas de ge-, h⟩ POL interpeller
interplane'tar(isch) adj interplanétaire
Interpol ['ɪntərpoːl] f ⟨~⟩ abr (Internationale kriminalpolizeiliche Organisation) Interpol m (Organisation internationale de police criminelle)
Interpolati'on f ⟨~; ~en⟩ interpolation f
interpolieren [ɪntərpo'liːrən] v/t ⟨pas de ge-, h⟩ MATH etc interpoler
Interpret|(in) [ɪntər'preːt(ɪn)] m ⟨~en; ~en⟩ (f) ⟨~; ~nen⟩ interprète m,f; **~ati'on** f ⟨~; ~en⟩ bes THÉ, MUS interprétation f; (Text♀) explication f (de texte)
interpre'tieren v/t ⟨pas de ge-, h⟩ bes THÉ, MUS interpréter; SCHULE etc expliquer; commenter
interpunkt|ieren [ɪntərpʊŋk'tiːrən] v/t ⟨pas de ge-, h⟩ ponctuer; abs a mettre la ponctuation; **♀i'on** f ⟨~⟩ ponctuation f; **~i'onszeichen** n signe m de ponctuation
Interrailkarte ['ɪntərreːlkartə] f EISENBAHN carte f Inter-Rail
Interregio [ɪntər'reːgio] m ⟨~s; ~s⟩ in Deutschland train interrégional (rapide desservant régulièrement les grandes gares et circulant toutes les deux heures)
Interregnum [ɪntər'regnʊm] n ⟨~s; -gnen ou -gna⟩ POL interrègne m
interrogativ [ɪntəroga'tiːf] adj GR interrogatif, -ive
Interroga'tiv|pronomen n pronom, adjektivisches adjectif interrogatif; **~satz** m proposition interrogative
interstellar [ɪntərste'laːr] adj ASTR interstellaire; **~e Materie** matière f interstellaire
Intervall [ɪntər'val] n ⟨~s; ~e⟩ a MUS, MATH intervalle m; **~schaltung** f ÉLECT contact m pour balayage intermittent; **~training** n SPORT entraînement fractionné
intervenieren [ɪntərve'niːrən] st/s v/i ⟨pas de ge-, h⟩ bes MIL, POL intervenir; DIPL (protestieren) émettre une protestation diplomatique (**bei j-m gegen etw** auprès de qn contre qc)
Interventi'on f ⟨~; ~en⟩ bes MIL, POL intervention f; DIPL (Protest) protestation f diplomatique; **bewaffnete ~** intervention armée
Interview [ɪntər'vjuː ou 'ɪntər-] n ⟨~s; ~s⟩ interview f; **(j-m) ein ~ geben** donner, accorder une interview (à qn)
inter'viewen v/t ⟨pas de ge-, h⟩ j-n ~ interviewer qn
Inter'viewer(in) m ⟨~s; ~⟩ (f) ⟨~; ~nen⟩ interviewer m; MARKTFORSCHUNG enquêteur, -euse m,f
Inter'zonen|verkehr m früher trafic m interzone; **~zug** m früher train m interzone

Inthronisati'on f ⟨~; ~en⟩ intronisation f
inthronisieren [ɪntroni'ziːrən] v/t ⟨pas de ge-, h⟩ introniser
intim [ɪn'tiːm] adj **1.** (sehr nahe, eng) intime (a behaglich); **~e Beziehungen** f/pl innig, a sexuell relations f/pl intimes; **mit j-m (sehr) ~ sein** eng befreundet être un (ami) intime de qn; **2.** (genau) **er ist ein ~er Kenner der französischen Literatur** il connaît parfaitement la littérature française; il a une connaissance approfondie de la littérature française
In'tim|bereich m **1.** (Intimsphäre) vie privée; intimité f; **2.** (Genitalbereich) sexe m; beim Mann parties f/pl (génitales); bei der Frau organes génitaux; **~hygiene** f hygiène f intime
Intimi'tät f ⟨~; ~en⟩ **1.** (pas de pl) (Innigkeit) intimité f; **2.** (Vertraulichkeit) **~en austauschen** échanger des confidences; **3.** pl **~en** Äußerungen familiarités f/pl; (sexuelle Handlungen) rapports m/pl (intimes)
In'tim|leben n vie f intime; **~pflege** f toilette f intime; **~sphäre** f intimité f; **~spray** m od n déodorant m intime
'Intimus m ⟨~; -mi⟩ plais intime m
'intoler|ant adj intolérant (**gegenüber** envers); **♀anz** f intolérance f (**gegenüber** envers)
Intonation [ɪntonatsi'oːn] f ⟨~; ~en⟩ MUS, PHON intonation f
into'nieren v/t ⟨pas de ge-, h⟩ **1.** MUS (anstimmen) entonner; **2.** PHON placer un accent bzw des accents (de hauteur) sur
Intoxikation [ɪntɔksikatsi'oːn] f ⟨~; ~en⟩ MÉD intoxication f
intramuskulär [ɪntramʊsku'lɛːr] adj MÉD intramusculaire
'intransitiv adj GR intransitif, -ive
intravenös [ɪntrave'nøːs] adj MÉD intraveineux, -euse
intri'gant adj intrigant
Intri'gant(in) m ⟨~en; ~en⟩ (f) ⟨~; ~nen⟩ intrigant(e) m(f)
Intrige [ɪn'triːgə] f ⟨~; ~n⟩ intrigue f; **~n spinnen** intriguer
intri'gieren v/i ⟨pas de ge-, h⟩ intriguer (**gegen** contre)
Introduktion [ɪntrodʊktsi'oːn] st/s f ⟨~; ~en⟩ a MUS introduction f
Introspektion [ɪntrospɛktsi'oːn] f ⟨~; ~en⟩ PSYCH introspection f
introvertiert [ɪntrover'tiːrt] adj introverti; **♀heit** f ⟨~⟩ introversion f
Intuition [ɪntuitsi'oːn] f ⟨~; ~en⟩ intuition f; **sich auf s-e ~ verlassen** se fier à son intuition; **auf e-e ~ warten** attendre l'inspiration
intui'tiv I adj intuitif, -ive; **II** adv intuitivement
intus ['ɪntʊs] F adv **etw ~ haben** (begriffen haben) F avoir pigé qc; (im Gedächtnis haben) savoir, retenir qc; (verzehrt haben) avoir avalé qc; avoir bu bzw mangé qc; **e-n ~ haben** F être éméché, pompette
invalid(e) [ɪnva'liːt (-'liːdə)] adj invalide
Invalide [ɪnva'liːdə] m ⟨~n; ~n⟩ invalide m
Inva'lidenheim n établissement m pour les invalides
Inva'lidenrente f früher, schweiz pension f d'invalidité; **~ beziehen** toucher une pension d'invalidité

Inva'lidenversicherung f früher, schweiz assurance f invalidité
Invalidi'tät f ⟨~⟩ invalidité f
'invariabel adj ⟨-bl-⟩ invariable
Invasion [ɪnvazi'oːn] f ⟨~; ~en⟩ a fig invasion f
Inventar [ɪnvɛn'taːr] n ⟨~s; ~e⟩ **1.** (Einrichtungsgegenstände) mobilier m; équipement m; e-s landwirtschaftlichen Betriebs cheptel m; **lebendes, totes ~** cheptel vif, mort; **2.** Verzeichnis inventaire m; **das ~ aufnehmen** faire, dresser, établir l'inventaire
inventari'sieren v/t ⟨pas de ge-, h⟩ inventorier; dresser, faire, établir l'inventaire de
Inven'tar|recht n ⟨~(e)s⟩ JUR bénéfice m d'inventaire; **~stück** n article, objet inventorié; pièce f d'inventaire; **~verzeichnis** n inventaire m
Inventur [ɪnvɛn'tuːr] f ⟨~; ~en⟩ COMM inventaire m; **~ machen** faire l'inventaire, son inventaire
Inversion [ɪnvɛrzi'oːn] f ⟨~; ~en⟩ t/t inversion f
Inversi'onswetterlage f MÉTÉO inversion f thermique, de température
investieren [ɪnvɛs'tiːrən] v/t ⟨pas de ge-, h⟩ **~ (in** [+acc]) **1.** Geld investir, placer (dans); **Kapital in ein od e-m Unternehmen ~** investir, placer des capitaux dans une entreprise; **2.** Zeit, Energie etc investir (dans)
Investiti'on f ⟨~; ~en⟩ **1.** (Geldanlage) investissement m; **ausländische, öffentliche, private ~en** investissements étrangers, publics, privés; **laufende ~en** investissements en cours; **2.** (Aufwendung) dépense f
Investiti'ons|anleihe f emprunt m d'investissement; **~bereitschaft** f ⟨~⟩ propension f à investir; **~förderung** f incitation f à l'investissement; **mit Geld** aide f à l'investissement; **~gesellschaft** f société f d'investissement; **~güter** n/pl produits m/pl, biens m/pl d'investissement; **~hilfe** f aide f aux investissements; **~kosten** pl frais m/pl d'investissement; **~kredit** m crédit m d'investissement; **~lenkung** f orientation f, direction f des investissements; **~programm** n programme m d'investissement; **~tätigkeit** f ⟨~⟩ activité f dans le secteur des investissements; **~vorhaben** n projet m d'investissement
Investitur [ɪnvɛsti'tuːr] f ⟨~; ~en⟩ POL, HIST REL investiture f
Investment [ɪn'vɛstmənt] n ⟨~s; ~s⟩ FIN investissement m; **~club** m club m d'investissement; **~fonds** m fonds commun de placement; **~gesellschaft** f société f d'investissement; **~papier** n, **~zertifikat** n certificat m d'investissement
In'vestor m ⟨~s; -'toren⟩ ÉCON investisseur m
in vitro [ɪn'viːtro] sc in vitro
In-'vitro-Fertilisation f ⟨~; ~en⟩ MÉD fécondation f in vitro
'inwendig I adj intérieur; **II** adv à l'intérieur; au-dedans; fig intérieurement; F **etw in- und auswendig kennen** connaître qc comme sa poche
inwie|'fern, ~'weit I adv fragend dans quelle mesure; **II** conj jusqu'à quel point; dans quelle mesure; **~ wir damit das Richtige getroffen haben, wissen wir noch nicht** nous ne savons pas

Inzahlungnahme – irritieren

encore jusqu'à quel point *od* dans quelle mesure nous avons pris la bonne décision
Inzahlungnahme [ɪn'tsa:luŋna:mə] *f* ⟨~⟩ COMM reprise *f*
Inzest [ɪn'tsɛst] *m* ⟨~es; ~e⟩ inceste *m*
'Inzucht *f* ⟨~⟩ croisement consanguin; ZO croisement *m* entre individus apparentés; **~ treiben** contracter des unions consanguines; F se marier entre cousins
in'zwischen *adv* **1.** (*seitdem*) entre-temps; depuis; **2.** (*unterdessen*) pendant ce temps(-là); sur ces entrefaites; *wir haben uns ~ erkundigt* entre-temps nous nous sommes renseignés; **3.** (*währenddessen*) pendant ce temps-là; entre-temps; **4.** (*bis dahin*) d'ici-là
IOK [i:ʔo:'ka:] *n* ⟨~(s)⟩ *abr* (*Internationales Olympisches Komitee*) C.I.O. *m* (Comité international olympique)
Ion [i'o:n] *n* ⟨~s; ~en⟩ PHYS, CHIM ion *m*
I'onen|austausch *m* échange *m* d'ions; **~austauscher** *m* ⟨~s; ~⟩ échangeur *m* d'ions; **~beschleuniger** *m* ⟨~s; ~⟩ accélérateur *m* d'ions; **~strahl** *m* faisceau *m* ionique
Ionisati'on *f* ⟨~; ~en⟩ PHYS, CHIM ionisation *f*
ionisch [i'o:nɪʃ] *adj* GÉOGR ionien, -ienne; *Vers, Säule* ionique; *die ~e Sprache, das ♀e* l'ionien *m*
ioni'sier|en *v/t* ⟨*pas de ge-, h*⟩ PHYS, CHIM ioniser; **♀ung** *f* ⟨~; ~en⟩ ionisation *f*
Iono'sphäre *f* ⟨~⟩ ionosphère *f*
'I-Punkt *m* point *m* sur le i
IQ [i:'ku:] *m* ⟨~(s); ~(s)⟩ *abr* (*Intelligenzquotient*) Q.I. *m* (quotient intellectuel)
i. R. *abr* (*im Ruhestand*) en retraite
Irak [i'ra:k] *n* ⟨→n/pr⟩ *od der ~* l'Irak *od* l'Iraq *m*; *im ~* en Irak *od* Iraq
I'raker(in) *m* ⟨~s; ~⟩ (*f*) ⟨~; ~nen⟩ Irakien, -ienne *od* Iraquien, -ienne *m,f*
i'rakisch *adj* irakien, -ienne *od* iraquien, -ienne; de l'Irak *od* l'Iraq
Iran [i'ra:n] *n* ⟨→n/pr⟩ *od der ~* l'Iran *m*; *im ~* en Iran
I'raner(in) *m* ⟨~s; ~⟩ (*f*) ⟨~; ~nen⟩ Iranien, ienne *m,f*
i'ranisch *adj* iranien, -ienne; de l'Iran; **~e Sprachen** *f/pl* langues iraniennes
irden ['ɪrdən] *adj* en terre cuite; en grès; **~es Geschirr** vaisselle *f* en terre cuite, en grès
irdisch ['ɪrdɪʃ] *adj* terrestre; REL de ce monde; (*diesseitig*) d'ici-bas; *alles ♀e* (toutes) les choses terrestres, de ce monde
Ire ['i:rə] *n* ⟨~n; ~n⟩ Irlandais *m*
Irene [i're:nə] *f* ⟨→ n/pr⟩ Irène *f*
irgend ['ɪrɡənt] *adv* **1. ~ etwas** quelque chose; *unverbunden* n'importe quoi; *habt ihr ~ etwas gesehen?* avez-vous vu quelque chose?; *was können wir ihm schenken? ~ etwas* n'importe quoi; *~ jemand* quelqu'un; une personne quelconque; *unverbunden* n'importe qui; une personne quelconque; *kennst du ~ jemanden, der ...?* connais-tu quelqu'un qui ...?; *wen sollen wir hinüberschicken? ~ jemanden* n'importe qui; **~ so ein Dummkopf** un imbécile quelconque; **2.** (*irgendwie*) *wenn du ~ kannst ...* si cela t'est possible ...; si tu as la moindre possibilité ...
'irgend'ein *pr/ind* **I** *adj ~ Buch* n'importe quel livre; un livre quelconque;

ohne ~ Hilfsmittel sans aucune aide; *~e andere* quelqu'une d'autre; F **~ Esel hat behauptet ...** un idiot quelconque a affirmé que ...; **II** *subst* quelqu'un; une personne quelconque; *unverbunden* n'importe qui; n'importe lequel; *~er wird sich schon finden* on trouvera bien quelqu'un; *~es von den Mädchen* n'importe laquelle de filles
'irgendein'mal *adv* un jour; une fois; *wenn ~ kommen sollte* si jamais il s'il vient un jour
'irgend'wann *adv* un jour; *unverbunden* n'importe quand; à n'importe quel moment; *~ werden wir uns wiedersehen* on se reverra un jour ou l'autre
'irgend'was F *pr/ind* n'importe quoi
'irgend'welche *pr/ind pl* quelconques; *bei verneintem Sinn* aucun(e)s; *ohne ~ Kosten* sans aucuns frais; *wenn ~ Komplikationen auftreten sollten* s'il y avait des complications quelconques
'irgend'wer *pr/ind* quelqu'un; *~ wird sich schon dafür interessieren* quelqu'un va bien s'y intéresser; *cf a irgend (jemand)*
'irgend'wie *adv* n'importe comment; de n'importe quelle façon; *~ wird es schon gehen* cela ira d'une façon ou d'une autre; F *ich habe mich ~ gefreut* cela m'a fait plaisir (quelque part)
'irgend'wo *adv* quelque part; *unverbunden* n'importe où; *ich habe ihn ~ schon einmal gesehen* je l'ai déjà vu quelque part
'irgendwo'her *adv* (de) quelque part; *~ kenne ich ihn* je l'ai déjà vu quelque part
'irgendwo'hin *adv* quelque part; *unverbunden* n'importe où; *wir fahren ~, wo es warm ist* nous irons quelque part où il fait chaud
'irgendwo'ran *adv ~ wird sie schon Freude haben* il doit bien y avoir quelque chose qui lui fera plaisir
Iridium [i'ri:diʊm] *n* ⟨~s⟩ CHIM iridium *m*
'Irin *f* ⟨~; ~nen⟩ Irlandaise *f*
Iris¹ ['i:rɪs] *f* ⟨~; ~⟩ ANAT, BOT iris *m*
Iris² *f* ⟨› n/pr⟩ prénom
'irisch *adj* irlandais; d'Irlande
'Irisch *n* ⟨~(s)⟩, *~e* *n* ⟨~n⟩ (*das*) ♀ Sprache l'irlandais *m*
iri'sieren *v/i* ⟨*pas de ge-, h*⟩ s'iriser
IRK [i:'ɛr'ka:] *n* ⟨~(s)⟩ *abr* (*Internationales Rotes Kreuz*) Croix-Rouge internationale
Irland ['ɪrlant] *n* ⟨→ n/pr⟩ l'Irlande *f*
Irländer(in) ['ɪrlɛndər(ɪn)] *m* ⟨~s; ~⟩ (*f*) ⟨~; ~nen⟩ *cf Ire, Irin*
ir'ländisch *adj cf irisch*
Ironie [iro'ni:] *f* ⟨~; ~n⟩ ironie *f*; *~ des Schicksals* ironie du sort
ironisch [i'ro:nɪʃ] **I** *adj* ironique; *~ werden* faire de l'ironie; **II** *adv* ironiquement; d'une façon ironique
ironi'sieren *v/t* ⟨*pas de ge-, h*⟩ ironiser
irr *cf irre*
irrati'onal ['ɪratsiona:l] *adj* PSYCH, MATH irrationnel, -elle; **♀a'lismus** *m* ⟨~; -men⟩ PSYCH, PHILOS irrationalisme *m*
irre ['ɪrə] **I** *adj* **1.** fou, (fol,) folle; MÉD *a* aliéné; dément; (*verwirrt*) dérangé; *~ Gedanken* *m/pl* pensées *f/pl*, idées *f/pl* de fou; *fig an j-m, etw ~ werden* ne plus comprendre qn, qc; être décon-

certé par qn, qc; **2.** F (*groß, toll*) F dément; F dingue; F super (*inv*) *ein ganz ~r Typ* F un type dingue; **II** *adv* F vachement; *~ komisch* F vachement drôle
'Irre *f* ⟨~⟩ *j-n in die ~ führen* égarer qn; *fig cf irreführen*
'Irre(r) *f(m)* ⟨→A⟩ fou *m*, folle *f*; MÉD *a* aliéné(e); *m(f)*; dément(e) *m(f)*; F *ein armer ~r* un pauvre fou
irreal ['ɪrea:l] *adj* irréel, -éelle
Irrealis ['ɪrea:lɪs] *m* ⟨~; -les [-le:s]⟩ GR (mode *m*) irréel *m*
Irreali'tät *f* ⟨~; ~en⟩ irréalité *f*
'irreführen *v/t* ⟨*sép, -ge-, h*⟩ induire en erreur; tromper; abuser; *sich durch etw ~ lassen* se laisser induire en erreur par qc; se laisser prendre à qc
irre|führend *adj* trompeur, -euse; faux, fausse; peu clair; **♀führung** *f* ⟨~⟩ fait *m* d'induire en erreur; **~gehen** *v/i* ⟨*irr, sép, -ge-, sein*⟩ **1.** (*sich verirren*) se perdre; s'égarer; **2.** *fig cf irren* II
irregulär ['ɪrɡulɛ:r] *adj* irrégulier, -ière
'irreleiten *st/s v/t* ⟨*-ete, sép, -ge-, h*⟩ **1.** *Sendung, Waren etc irregeleitet werden* s'égarer; **2.** *fig* (*täuschen*) tromper; abuser; induire en erreur
irrelevant ['ɪrelevant] *adj ~ (für)* insignifiant (pour); sans importance (pour)
'irremachen *v/t* ⟨*sép, -ge-, h*⟩ déconcerter; dérouter; désorienter; *er läßt sich nicht ~* il ne se laisse pas déconcerter, dérouter
'irren *v/i* **1.** ⟨*h*⟩ *v/i* **1.** ⟨*sein*⟩ errer; *er irrt durch die Stadt* il erre à travers la ville; **2.** *geistig* se tromper; faire erreur; se fourvoyer; *prov ♀ ist menschlich prov* l'erreur est humaine; **II** *v/refl* **♀** *~ se* tromper; faire erreur, fausse route; *sich im Datum, in der Straße ~* se tromper de date, de rue; *sich in j-m* se tromper sur le compte de qn; *sich um eine Mark ~* se tromper d'un mark; *wenn ich mich nicht irre* si je ne me trompe, m'abuse; si j'ai bonne mémoire; *sauf erreur de ma part*; F *da irrst du dich gewaltig!* là, tu te trompes drôlement!; F là, tu te fourres le doigt dans l'œil!
'Irren|anstalt *f péj* maison *f* de fous; **~arzt** *m*, **~ärztin** *f péj* psychiatre *m,f*; **'Irrenhaus** *n péj* maison *f* de fous; F *reif fürs ~ sein* F être bon pour l'asile; F *es geht hier zu wie in e-m ~* on se croirait dans une maison de fous
irreparabel ['ɪrepara:bəl] *adj* ⟨*-bl-*⟩ irréparable; MÉD *Schäden* irréversible
'Irresein *n* ⟨~⟩ *manisch-depressives ~* folie maniaco-dépressive; *jugendliches ~* démence *f* précoce, juvénile
irreversibel ['ɪreverzi:bəl] *adj* ⟨*-bl-*⟩ irréversible
'Irrfahrt *f* odyssée *f*; *die ~en des Odysseus* les aventures *f/pl* d'Ulysse
'Irr|garten *m* labyrinthe *m*; dédale *m*; **~glaube(n)** *m* idée fausse; REL hétérodoxie *f*; hérésie *f*; **~gläubige(r)** *f(m)* REL hétérodoxe *m,f*; hérétique *m,f*
'irrig *adj Ansicht* erroné
'irriger'weise *adv* par erreur
Irritati'on *f* ⟨~; ~en⟩ **1.** (*Verwirrung*) confusion *f*; trouble *m*; **2.** (*Reizung*), *a fig, MÉD* irritation *f*
irritieren [ɪri'ti:rən] *v/t* ⟨*pas de ge-, h*⟩ **1.** (*stören, verwirren*) déranger; déconcerter; troubler; **2.** (*reizen, ärgern*) irriter

1156

'Irr|läufer *m* POST envoi égaré; ~lehre *f* doctrine erronée, hétérodoxe; hérésie *f*; ~licht *n* feu follet

'Irrsinn *m* ⟨~(e)s⟩ folie *f*; MÉD aliénation mentale; démence *f*; F *das ist ja* ~*!* c'est de la folie!

'irrsinnig I *adj* 1. (de) fou, folle; MÉD *a* aliéné; dément; *ein* ~*er Gedanke* une idée insensée, de fou; 2. F *fig* terrible; F ~*er Durst* soif *f* terrible; II F *adv* terriblement; F vachement; ~ *komisch* terriblement, F vachement drôle

'Irrsinnige(r) *f* (*m*) ⟨→A⟩ fou *m*, folle *f*; MÉD *a* aliéné(e) *m*(*f*); F *wie ein* ~*r arbeiten* travailler comme un fou

'Irrtum *m* ⟨~s; -tümer⟩ erreur *f*; (*Versehen*) méprise *f*; *ein gewaltiger* ~ une erreur capitale; *im* ~ *sein* être dans l'erreur; se tromper; *e-n* ~ *begehen* faire, commettre une erreur; COMM ~ *vorbehalten* sauf erreur ou omission

irrtümlich ['ɪrty:mlɪç] I *adj* ⟨épithète⟩ erroné; II *adv* par erreur; (*aus Versehen*) *a* par méprise; *j-n* ~ *für j-n halten* prendre qn par méprise, par erreur pour qn

'irrtümlicher'weise *cf* irrtümlich II

'Irrung *poét f* ⟨~; ~en⟩ erreur *f*

'Irr|weg *m* fausse voie; ~wisch *m* ⟨~(e)s; ~e⟩ *a fig Person* feu follet

Ischias ['ɪʃias] *n od m*, *t/t* MÉD *f* ⟨~⟩ sciatique *f*; ~nerv *m* nerf *m* sciatique

ISDN [i:ʔɛsde:ʔɛn] *m* ⟨~⟩ *abr* (*Integrated Services Digital Network, diensteintegrierendes digitales Fernmeldenetz*) R.N.I.S. *m* (réseau numérique à intégration de services)

Isegrim ['iːzəgrɪm] *m* ⟨~s⟩ *in Tierfabeln* Ysengrin *od* Isengrin *m*

Islam [ɪsˈlaːm *ou* 'ɪslam] *m* ⟨~(s)⟩ REL islamisme *m*; islam *m*

is'lamisch *adj* islamique; *die* ~*e Welt*, *die* ~*en Völker* l'Islam *m*

Isla|'mist(in) *m* ⟨~en; ~en⟩ (*f*) ⟨~; ~nen⟩ islamiste *m,f*; ♀'mistisch *adj* islamiste

Island ['iːslant] *n* ⟨→ *n/pr*⟩ l'Islande *f*

Isländer(in) ['iːslɛndər(ɪn)] *m* ⟨~s; ~⟩ (*f*) ⟨~; ~nen⟩ Islandais(e) *m*(*f*)

'isländisch *adj* islandais; d'Islande

'Isländisch *n* ⟨~(s)⟩, ~*e* ⟨~n⟩ (*das*) *Isländisch(e) Sprache* l'islandais *m*

Isobare [izoˈbaːrə] *f* ⟨~; ~n⟩ MÉTÉO isobare *f*

Isolati'on *f* ⟨~; ~en⟩ isolement *m* (*a* ÉLECT, POL); (*Wärme♀, Schall♀*) isolation *f*; (*Isoliermaterial*) isolant *m*; (*Wärme♀*) *a* calorifuge *m*

Isolatio'nismus *m* ⟨~⟩ POL isolationnisme *m*

Isolati'onshaft *f* (régime *m* d')isolement *m* cellulaire

Iso'lator *m* ⟨~s; -toren⟩ isolateur *m*

Iso'lierband *n* ⟨~(e)s; -bänder⟩ ruban isolant; chatterton *m*

isolieren [izoˈliːrən] *v/t* (*pas de ge-*, h) isoler; *gegen Wärmeverlust* calorifuger

Iso'lier|kanne *f* thermos *m* (*nom déposé*); ~material *n* isolant *m*; matière isolante; ~pappe *f* carton isolant; ~schicht *f* couche isolante; ~station *f* MÉD service *m*, pavillon *m* d'isolement

Iso'lierung *f* ⟨~; ~en⟩ isolement *m* (*a fig von Kranken etc*); *cf a* Isolation

Isomatte ['iːzomatə] *f* natte isolante (aluminisée)

iso|mer [izoˈmeːr] *adj* CHIM, NUCL isomère; ♀me'rie *f* ⟨~⟩ CHIM, NUCL isomérie *f*; ~'metrisch *adj* MATH, PHYSIOL isométrique; ♀'therme *f* ⟨~; ~n⟩ MÉTÉO isotherme *f*; ~'tonisch *adj* PHYS, BIOL isotonique

Isotop [izoˈtoːp] *n* ⟨~s; ~e⟩ CHIM, NUCL isotope *m*; *radioaktives* ~ isotope radioactif; radio-isotope *m*

Israel ['ɪsraeːl] *n* ⟨→ *n/pr*⟩ Israël *m*

Israeli [ɪsraˈeːli] *m* ⟨~(s); ~(s)⟩, *f* ⟨~; ~(s)⟩ Israélien, -ienne *m,f*

isra'elisch *adj* israélien, -ienne

Israelit(in) [ɪsraeˈliːt(ɪn)] *m* ⟨~en; ~en⟩ (*f*) ⟨~; ~nen⟩ Israélite *m,f*; ♀isch *adj* israélite

ißt [ɪst] *cf* essen

ist [ɪst] *cf* sein

'Ist-Bestand *m* quantité réelle; stock réel; *von Menschen* effectif *m* (réel)

Isthmus ['ɪstmʊs] *m* ⟨~; -men⟩ isthme *m*

'Ist-Stärke *f* MIL effectif réel

Italia|'nist(in) *m* ⟨~en; ~en⟩ (*f*) ⟨~; ~nen⟩ italianiste *m,f*; italianisant(e) *m*(*f*)

Italien [iˈtaːliən] *n* ⟨→ *n/pr*⟩ l'Italie *f*

Itali'ener(in) *m* ⟨~s; ~⟩ (*f*) ⟨~; ~nen⟩ Italien, -ienne *m,f*

itali'enisch *adj* italien, -ienne; POL in Zssgn italo-...

Itali'enisch *n* ⟨~(s)⟩, ~*e n* ⟨~n⟩ (*das*) *Italienisch(e) Sprache* l'italien *m*

Italowestern ['iːtalovɛstərn] *m* western-spaghetti *m*

iterativ [iteraˈtiːf] *adj* GR, MATH itératif, -ive

i. Tr. *abr* (*in der Trockenmasse*) sur (la) matière sèche

'I-Tüpfel(chen) *n* point *m* sur le i; *bis aufs* ~ (*genau*), *bis aufs* (*letzte*) ~ jusque dans les moindres détails

i. V. *abr* (*in Vertretung*) par intérim

Ivor|er(in) [iˈvoːrər(ɪn)] *m* ⟨~s; ~⟩ (*f*) ⟨~; ~nen⟩ Ivoirien, -ienne *m,f*; ♀isch *adj* ivoirien, -ienne

Iwan [ˈiːvaːn] *m* 1. ⟨→ *n/pr*⟩ Ivan *m*; 2. F *péj* ⟨~s; ~s⟩ Russe *m*

IWF [iːveːʔɛf] *m* ⟨~⟩ *abr* (*Internationaler Währungsfonds*) F.M.I. *m* (Fonds monétaire international)

J

J, j [jɔt] *n* ⟨~; ~⟩ *Buchstabe* J, j *m*
J *abr (Joule)* J (joule)
ja [ja:] *adv u conj* **1.** *als Antwort* oui; *höflich* oui, Monsieur (Madame, *etc*); **~ gewiß!**, **~ freilich!** bien sûr!; mais certainement!; **~ doch!, aber ~!** mais oui!, *widersprechend* a mais si!; **~ sagen** *zustimmend* dire oui; *hypothetisch* dire que oui; *zu etw* **~ sagen** consentir à qc; *nicht* **~** *und nicht nein sagen* ne dire ni oui ni non; *ich glaube* **~** je crois que oui; *wenn* **~** (*, dann*) si oui; **2.** *feststellend das ist* **~** *furchtbar* mais c'est terrible; *da ist od kommt er* **~!** mais le voilà!; *iron das ist* **~** *e-e schöne Geschichte!* en voilà une belle histoire!; *du weißt* **~** tu sais bien; **3.** *verstärkend* **~** *sogar* et même; voire (même); *Hunderte,* **~** *Tausende* des centaines, même des milliers; des centaines, que dis-je, des milliers; *tu das* **~** *nicht!* ne fais surtout pas cela!; *du kommst mit* **~?** tu viens, oui?; **4.** *einleitend* **~**, *da fällt mir noch ein, daß* ... ah oui, il me vient encore à l'idée que ...; mais j'y pense, ...; **~**, *weißt du denn nicht, daß* ... mais tu ne sais donc pas que ...; **~**, *wer kommt denn da!* tiens, qui est-ce qui arrive là!; **5.** *int* F *zum Donnerwetter!* mais sapristi!; *ach* **~!** mais oui!; *ach* **~?** ah bon?; *na* **~!** zögernd eh bien!; *tröstend* allons!; *bedauernd* tant pis!
Ja *n* ⟨-(s); -(s)⟩ oui *m*; *das* **~** le oui; *mit e-m lauten* **~** par un oui bien proféré; *mit* **~** *antworten* répondre affirmativement; *mit* **~** *stimmen* voter pour
Jacht [jaxt] *f* ⟨~; ~en⟩ MAR yacht *m*; **'~hafen** *m* port *m* de plaisance; **'~klub** *m* yacht-club *m*
Jäckchen ['jɛkçən] *n* ⟨-s; ~⟩ (petite) veste; (*Baby*2) brassière *f*
Jacke ['jakə] *f* ⟨~; ~n⟩ **1.** COUT veste *f*; (*Herren*2) a veston *m*; *sportliche* blouson *m*; (*Uniform*2) vareuse *f*; **2.** F fig *j-m die* **~** *vollhauen* F flanquer une raclée à qn; F *das ist* **~** *wie Hose* F c'est kif-kif
'Jacken|kleid *n* tailleur *m* robe; **~tasche** *f* poche *f* de veste
Jackett [ʒa'kɛt] *n* ⟨-s; -e *ou* -s⟩ veston *m*; veste *f*
Jade ['ja:də] *m* ⟨~⟩ MINÉR jade *m*; **2grün** *adj* vert jade (*inv*)
Jagd [ja:kt] *f* ⟨~; ~en⟩ **1.** chasse *f* (*auf* [+*acc*] de, à) (*a coll*); *hohe, niedere* **~** chasse au grand, au menu gibier; *auf die* **~** *gehen* aller à la chasse; **~** *machen auf* (+*acc*) faire la chasse à (*a fig*); *fig* pourchasser; **2.** (*Verfolgung*) **~** *auf Verbrecher machen* faire la chasse aux malfaiteurs; **3.** *fig die* **~** *nach dem Glück* la course au bonheur; MYTH *die Wilde* **~** la chasse infernale
'Jagd|aufseher *m* garde-chasse *m*; **~ausrüstung** *f* équipement *m* pour la chasse; **2bar** *adj* que l'on peut chasser; **~beute** *f* gibier abattu; **~bomber** *m* MIL chasseur *m* bombardier; **~falke** *m* faucon (dressé pour la chasse); **~fieber** *n* excitation *f* fébrile (du chasseur); **~flieger** *m* MIL **1.** *Person* pilote *m* de chasse; **2.** *cf* **Jagdflugzeug**; **~flugzeug** *n* MIL avion *m* de chasse; chasseur *m*; **~frevel** *m* délit *m* de chasse; *Wilderei* braconnage *m*; **~gebiet** *n* territoire *m* de chasse; **~geschwader** *m* MIL escadre *f* de chasse; **~gesellschaft** *f* chasse *f*; **~gewehr** *n* fusil *m* de chasse
'Jagdglück *n* *kein* **~** *haben* revenir bredouille
'Jagdgründe *m/pl cf* **Jagdgebiet**, **Jagdrevier**; *fig u iron in die ewigen* **~** *eingehen* (*sterben*) gagner le pays des chasses heureuses
'Jagd|horn *n* cor *m* de chasse; **~hund** *m* chien *m* de chasse; **~hütte** *f* pavillon *m* de chasse; **~messer** *n* couteau *m* de chasse; **~pächter** *m* locataire *m* de chasse; **~panzer** *m* MIL chasseur *m* de chars; **~recht** *n* droit *m* de chasse(r); **~rennen** *n* PFERDESPORT steeple-chase *m*; **~revier** *n* (terrain *m* de) chasse *f*; chasse gardée; **~saison** *f* saison *f* de la chasse
'Jagdschein *m* permis *m* de chasse; F *fig den od e-n* **~** *haben* (*nicht zurechnungsfähig sein*) F avoir un grain
'Jagd|schloß *n* château *m* (*servant à la chasse*); **~schlößchen** *n* pavillon *m* de chasse; **~springen** *n* ⟨-s; ~⟩ PFERDESPORT jumping *m*; **~staffel** *f* MIL escadron *m* de chasse; **~szene** *f* PEINT scène *f* de chasse; **~waffe** *f* arme *f* de chasse; **~wesen** *n* ⟨-s⟩ (tout ce qui concerne la) chasse *f*; **~wurst** *f* saucisse fumée à l'ail; **~zeit** *f cf* **Jagdsaison**
jagen ['ja:gən] (h) **I** *v/t* **1.** chasser; *Hasen* **~** chasser le lièvre; **2.** (*weg~*) chasser; *j-n aus dem Haus*(**~**) chasser qn de la maison; F *j-n zum Teufel* **~** envoyer qn au diable; *j-n in die Flucht* **~** faire fuir qn; F *fig* (*verfolgen*) poursuivre; pourchasser; *die Polizei jagte den Verbrecher* la police poursuivait, pourchassait le criminel; **4.** *fig* F *sein Vermögen durch die Kehle* **~** boire sa fortune; F SPORT *den Ball, das Leder ins Netz* **~** envoyer le ballon dans le but, dans le filet; **II** *v/i* **5.** chasser; aller à la chasse; **6.** ⟨*sein*⟩ *fig* aller, courir à toute vitesse; F foncer; *nach Glück* **~** ⟨h⟩ courir après le bonheur; **III** *v/réfl* **7.** *fig sich* **~** *Ereignisse, Gedanken* se bousculer; *Nachrichten* se succéder, se suivre rapidement; **8.** *fig sich* (*dat*) *e-e Kugel durch den Kopf* **~** se brûler la cervelle
'Jagen *n* ⟨-s⟩ chasse *f*; **~** *verboten!* chasse interdite!
Jäger ['jɛ:gər] *m* ⟨-s; ~⟩ MIL, AVIAT chasseur *m*; *Flugzeug a* avion *m* de chasse
Jäger(in) *m* ⟨-s; ~⟩ (*f*) ⟨-; -nen⟩ chasseur, -euse *m,f*
'Jägerart *f* CUIS *nach od auf* **~** chasseur (*inv*)
'Jäger|hut *m* chapeau tyrolien; **~latein** *n* gasconnades *f/pl* de chasseur; **~schnitzel** *n* CUIS escalope *f* chasseur; **~sprache** *f* argot *m* des chasseurs
Jaguar ['ja:gua:r] *m* ⟨-s; -e⟩ ZO jaguar *m*
jäh [jɛ:] *st/s* **I** *adj* **1.** (*plötzlich*) subit; soudain; brusque; *ein* **~***er Ruck* une secousse brusque; *ein* **~***er Tod* une mort subite, soudaine; **2.** (*steil*) abrupt; raide; escarpé; à pic; *ein* **~***er Abgrund* un profond précipice; **II** *adv* **3.** (*plötzlich*) subitement; soudain(ement); brusquement; **4.** (*steil*) *Gelände* **~** *abfallen* tomber à pic
'jählings *st/s cf* **jäh** II
Jahr [ja:r] *n* ⟨-(e)s; ~e⟩ **1.** *als Einheit an m*; *im Hinblick auf Dauer od Inhalt* année *f*; *ein halbes* **~** six mois; *anderthalb* **~***e* un an et demi; dix-huit mois; *im* **~**, *pro* **~** par an; *in e-m* **~** *sind wir fertig* dans un an *od* d'ici un an on aura terminé; *in e-m* **~** *haben wir drei Reisen gemacht* nous avons fait trois voyages en un an; **2.** *kalendarisch das* **~** *1945* l'année 1945; *im* **~**(*e*) *1948* en 1948; *bis zum* **~** *2000* jusqu'à l'an 2000; *in den dreißiger* **~***en* dans les années trente; *in diesem* **~**, *dieses* **~** cette année; *im Laufe des* **~***es* dans le courant de l'année; *im Laufe des* **~***es 1990* au cours de l'année 1990; *im letzten* **~**, *letztes* **~** l'année dernière, passée; l'an dernier, passé; *im nächsten* **~**, *nächstes* **~** l'année prochaine; l'an prochain; (*heute*) *vor e-m* **~** il y a un an (aujourd'hui); *der Mann des* **~***es* l'homme de l'année; *j-m ein gutes neues* **~** *wünschen* souhaiter la bonne année à qn; **3.** *in Wendungen das ganze* **~** *hindurch* (pendant) toute l'année; *jedes* **~** chaque année; tous les ans; *alle zwei* **~***e* tous les deux ans; un an sur deux; **~** *für* **~** tous les ans; chaque année; année après année; *mit den* **~***en* avec les années, le temps, l'âge; *seit* **~***en* depuis des années; *seit* **~** *und Tag* depuis bien longtemps; *auf und*

Tag jour pour jour; à pareil jour; *vor ~ und Tag* il y a bien longtemps; BIBL *die sieben fetten und die sieben mageren ~e* les sept années d'abondance et les sept années de famine; **4.** *Alter ein Junge von zehn ~en* un garçon de dix ans; *Kinder ab drei ~en* les enfants à partir de trois ans; *Jugendliche unter 16 ~en* les jeunes de moins de seize ans; *mit fünfzig ~en* à cinquante ans; *zwanzig ~e alt sein* avoir vingt ans; *er ist fünfzig ~e alt geworden* il a atteint la cinquantaine; *das wird sich mit den ~en verlieren* cela disparaîtra avec l'âge; *in den besten ~en sein* être dans la force de l'âge; *in die ~e kommen* vieillir

jahr'aus *adv ~, jahrein* tous les ans; chaque année; année après année

'**Jahrbuch** *n* annuaire *m*

Jährchen ['jɛrçən] *n* ⟨~s; ~⟩ *plais ein paar ~ pl* quelques années; *ein paar ~ auf dem Buckel haben* ne plus être tout jeune, de première jeunesse

jahr'ein *cf* jahraus

'**jahrelang** **I** *adj* ⟨épithète⟩ (qui dure) des années; *~e Erfahrung* des années d'expérience; **II** *adv* pendant des années; *(seit Jahren)* depuis des années; *das kann ~ dauern* ça peut durer des années; *ich habe ihn ~ nicht mehr gesehen* je ne l'ai pas vu depuis des années

jähren ['jɛːrən] *v/réfl* ⟨h⟩ *ihr Todestag jährt sich zum dritten Mal* ça fait trois ans qu'elle est morte; *heute jährt sich der Tag, an dem ... od heute jährt es sich, daß ...* il y a od voilà aujourd'hui un an que ...

'**Jahres|abonnement** *n* abonnement annuel, d'un an; **~abrechnung** *f* compte(s) *m*(*pl*) de fin d'année; **~abschluß** *m* COMM bilan *m* de fin d'année; **~abschlußprämie** *f* prime *f* de fin d'année; **~anfang** *m* commencement *m*, début *m* d'année; **~ausgaben** *f/pl* dépenses annuelles; **~ausgleich** *m* STEUER péréquation annuelle; **~ausklang** *st/s m cf Jahresende*; **~ausstoß** *m* ÉCON rendement annuel; **~beginn** *m cf Jahresanfang*; **~beitrag** *m* cotisation annuelle; **~bestleistung** *f* SPORT record annuel; **~bilanz** *f* bilan annuel

'**Jahresdurchschnitt** *m* moyenne annuelle; *im ~* en moyenne par an

'**Jahres|einkommen** *n* revenu(s) annuel(s); **~einnahme** *f* recette annuelle; **~ende** *n* fin *f* d(e l')année; **~ertrag** *m* rendement annuel; **~etat** *m* ÉCON budget annuel

'**Jahresfrist** *f* ⟨sans article ni pl⟩ délai *m* d'un an; *binnen, in*(*nerhalb*) *~* avant, d'ici un an; *nach ~* au bout d'un an

'**Jahres|gehalt** *n* salaire annuel; *für Beamte* traitement annuel; **~gewinn** *m* bénéfice annuel; **~hälfte** *f* moitié *f* de l'année; **~hauptversammlung** *f* assemblée générale annuelle; **~karte** *f* carte annuelle; **~lohn** *m* salaire annuel

'**Jahresmittel** *n cf Jahresdurchschnitt*

'**Jahres|plan** *m* plan annuel; **~produktion** *f* production annuelle; **~rate** *f* annuité *f*; ÉCON tranche annuelle; **~ring** *m im Holz* cerne *m*; anneau, cercle annuel; **~rückblick** *m* rétrospective *f* (de l'année écoulée); **~tag** *m* (jour *m*) anniversaire *m*; **~tagung** *f* congrès annuel

'**Jahresumsatz** *m* COMM chiffre d'affaires annuel; *e-n ~ von ... haben* réaliser un chiffre d'affaires de ... par an

'**Jahres|urlaub** *m* congé annuel; **~verbrauch** *m* consommation annuelle; **~wagen** *m* voiture achetée au rabais par une personne travaillant dans une usine d'automobiles et revendue au bout d'un an

'**Jahres|wechsel** *m zum ~ kündigen* donner son congé à la fin de l'année; *mit den besten Wünschen zum ~!* avec mes *bzw* nos meilleurs vœux pour le nouvel an, pour la nouvelle année!

'**Jahres|wende** *f* fin *f* d'année; *cf a Jahreswechsel*; **~zahl** *f* année *f*; date *f*; *auf Münzen* a millésime *m*; **~zeit** *f* saison *f*; ²**zeitlich** *adj* saisonnier, -ière *f*; **~zins** *m* intérêts annuels

'**Jahrgang** *m* ⟨~(*e*)s; -gänge⟩ **1.** *von Personen* année *f*; *von Hochschulsolventen* promotion *f*; MIL classe *f*; *ein geburtenschwacher ~* une année à faible natalité; *er ist ~ 1950* il est né en 1950; **2.** *von Wein* année *f*, millésime *m*; *ein guter ~* un bon millésime; **3.** *e-r Zeitschrift* année *f*

Jahr'hundert *n* ⟨~s; ~e⟩ siècle *m*; *das 20. ~* le XXe siècle; *im 17. ~* au XVIIe siècle

jahr'hunderte|alt *adj* séculaire; **~lang I** *adj* ⟨épithète⟩ qui a duré des siècles; séculaire; **II** *adv* pendant des siècles; *(seit Jahrhunderten)* depuis des siècles

Jahr'hundertfeier *f* (fête *f* du) centenaire *m*

Jahr'hundertwende *f* fin *f* de siècle; *bes zum 20. Jahrhundert um die ~* autour de 1900

...jährig [...jɛːrɪç] *in Zssgn Alter de ...* ans; *qui a ... ans; Dauer* de ... années

'**jährlich** ['jɛːrlɪç] **I** *adj* annuel, -elle **II** *adv* par an; tous les ans; *zweimal ~* deux fois par an; *~ bezahlen* payer par an, annuellement

'**Jahr|markt** *m* foire *f*; kermesse *f*; **~marktsbude** *f* stand *m* de foire; baraque *f* de forain; **~marktshändler**(**in**) *m*(*f*) marchand(e) forain(e), de foire; forain(e) *m*(*f*); **~milli'onen** *f/pl* des millions d'années; **~'tausend** *n* ⟨~e⟩ millénaire *m*; **~'tausendfeier** *f* (fête *f* du) millénaire *m*; **~'tausendwende** *f* fin *f* du millénaire

Jahr'zehnt *n* ⟨~(*e*)s; ~e⟩ période *f* de dix ans; décennie *f*; décade *f*; *das erste ~ unseres Jahrhunderts* la première décennie de notre siècle

jahr'zehntelang I *adj* ⟨épithète⟩ qui a duré des dizaines d'années; **II** *adv* pendant des dizaines d'années; *(seit Jahrzehnten)* depuis des dizaines d'années

'**Jähzorn** *m* **1.** *Anfall* colère subite; violent accès de colère; **2.** *als Eigenschaft* irascibilité *f*; humeur *f* colérique; ²**ig** *adj* colérique; coléreux, -euse; irascible

Jakob ['jaːkɔp] *m* ⟨→ n/pr⟩ Jacques *m*; BIBL Jacob *m*; F *das ist auch nicht der wahre ~* ce n'est pas ça qui me, te, *etc* faut, convient; ce n'est pas de mon, ton, *etc* goût

Jakobiner [jakoˈbiːnər] *m/pl* HIST Jacobins *m/pl*; **~mütze** *f* HIST bonnet phrygien; **~tum** *n* ⟨~s⟩ jacobinisme *m*

'**Jakobs|leiter** *f* BIBL échelle *f* de Jacob;

~muschel *f* ZO, CUIS coquille *f* Saint-Jacques

Jalousie [ʒaluˈziː] *f* ⟨~; ~n⟩ store vénitien

Jalta-Konferenz ['jaltakɔnferɛnts] *f* HIST conférence *f* de Yalta

Jamaika [jaˈmaɪka] *n* ⟨→ n/pr⟩ la Jamaïque

Jamai'kaner(**in**) *m* ⟨~s; ~⟩ (*f*) ⟨~; ~nen⟩ Jamaïcain(e) *od* Jamaïquain(e) *m*(*f*)

jamai'kanisch *adj* jamaïcain *od* jamaïquain; de la Jamaïque

Ja'maikarum *m* rhum *m* de la Jamaïque

Jamb|e ['jambə] *f* ⟨~; ~n⟩ *cf Jambus*; ²**isch** *adj* iambique; iambe; **~us** *m* ⟨~; -ben⟩ METRIK iambe *od* iambe *m*

Jammer ['jamər] *m* ⟨~s⟩ **1.** (*Elend*) misère *f*; détresse *f*; *ein Bild des ~s* une image de désolation; *es ist ein ~* c'est une pitié de voir cela; **2.** (*Wehklagen*) *cf Jammern*

'**Jammer|bild** *n* image *f* de désolation; **~gestalt** *f* figure *f* pitoyable; **~lappen** F *m* F chiffe molle; F mollasson *m*

'**jämmerlich** ['jɛmərlɪç] **I** *adj* **1.** (*ärmlich, bedauernswert*) lamentable; pitoyable; *e-e ~e Existenz* une existence misérable, pitoyable; **2.** *péj* (*schlecht*) lamentable; *er gab e-e ~e Vorstellung* la représentation qu'il a donnée a été lamentable; *fig* il s'est couvert de ridicule; **II** *adv* **1.** (*erbärmlich*) *~ aussehen* avoir l'air lamentable; *~ weinen* pleurer lamentablement; **2.** (*übermäßig*) *~ frieren* avoir terriblement froid; **3.** (*schlecht*) *~ abschneiden* avoir des résultats lamentables; *mir ist ~ zumute* je me sens dans un état lamentable

'**Jämmerlichkeit** *f* ⟨~⟩ caractère *m*, état *m* lamentable

'**jammern** ['jamərn] ⟨-(e)re, h⟩ **I** *st/s v/t j-n ~* faire pitié à qn; inspirer de la pitié à qn; *es jammert einen, zu ...* cela fait pitié de ...; **II** *v/i* **1.** (*laut klagen*) gémir; **2.** *~* (*über* [+*acc*], *um*) (*sich beklagen*) se lamenter (sur) se plaindre (de)

'**Jammern** *n* ⟨~s⟩ lamentations *f/pl*; plaintes *f/pl*

'**jammer'schade** *adj* F *es ist ~* c'est vraiment, très dommage (*um* pour)

'**Jammer|tal** *n* REL *u fig* vallée *f* de misère; ²**voll** *cf* jämmerlich

Jam Session ['dʒɛmˈsɛʃən] *f* ⟨~; ~s⟩ MUS séance de jazz improvisée; F bœuf *m*

'**Jamswurzel** ['jamsvʊrtsəl] *f* BOT igname *f*

Jan. *abr* (*Januar*) janv. (janvier)

Janker ['jaŋkər] *m* ⟨~s; ~⟩ veste bavaroise en laine feutrée

Jänner ['jɛnər] *m* ⟨~s; ~⟩ *österr cf Januar*

Januar ['januaːr] *m* ⟨~(s); ~e⟩ (mois *m* de) janvier *m*; *Anfang ~* début janvier; *Mitte ~* mi-janvier; *Ende ~* fin janvier; *im* (*Monat*) *~* en janvier; au mois de janvier; *der 1. ~* le premier janvier; le Jour de l'An; *heute ist der 5. ~* aujourd'hui, c'est le cinq janvier; nous sommes le cinq janvier; *am 14. ~* le quatorze janvier; *Berlin, den 11. ~ 1982* Berlin, le onze janvier 1982

Januskopf ['jaːnʊskɔpf] *m* tête *f* de Janus

Japan ['jaːpan] *n* ⟨→ n/pr⟩ le Japon

Ja'paner(**in**) *m* ⟨~s; ~⟩ (*f*) ⟨~; ~nen⟩ Japonais(e) *m*(*f*)

ja'panisch *adj* japonais; du Japon; nippon, -o(n)ne
Ja'panisch *n* ⟨~(s)⟩, **~e** *n* ⟨~n⟩ (*das*) *Japanisch(e)* Sprache le japonais
'Japanpapier *n* (papier *m*) japon *m*
Japs [japs] F *péj m* ⟨~en *ou* ~es; ~en *ou* ~e⟩ (*Japaner*) F Jap *m*
japsen ['japsən] F *v/i* ⟨-(es)t, h⟩ 'haleter; être 'hors d'haleine, à bout de souffle
'Japser F *m* ⟨~s; ~⟩ 'halètement *m*
Jargon [ʒar'gõ:] *m* ⟨~s; ~s⟩ jargon *m*; *péj a* argot *m*
'Jasager(in) *m* ⟨~s; ~⟩ (*f*) ⟨~; ~nen⟩ homme *m*, femme *f* qui dit toujours oui, qui dit oui à tout
Jasmin [jas'mi:n] *m* ⟨~s; ~e⟩ BOT *echter jasmin m*; *falscher ~ seringa m*
Jas'mintee *m* thé *m* au jasmin
Jaspis ['jaspɪs] *m* ⟨~ *ou* ~ses; ~se⟩ MINÉR jaspe *m*
'Jastimme *f bei Wahlen* voix *f* pour; oui *m*
jäten ['jɛ:tən] *v/t u v/i* ⟨-ete, h⟩ sarcler; désherber; *Unkraut ~* arracher, enlever les mauvaises herbes; sarcler
Jauche ['jauxə] *f* ⟨~; ~n⟩ AGR purin *m*
'jauchen *v/t* ⟨h⟩ fumer (au purin)
'Jauche(n)|faß *n* tonneau *m* à purin; **~grube** *f* fosse *f* à purin
jauchz|en ['jauxtsən] *v/i* ⟨-(es)t, h⟩ pousser des cris de joie, d'allégresse; exulter; **²er** *m* ⟨~s; ~⟩ cri *m* de joie, d'allégresse
jaulen ['jaulən] *v/i* ⟨h⟩ glapir (*a fig*)
Jause ['jauzə] *f* ⟨~; ~n⟩ *österr* (*Zwischenmahlzeit*) casse-croûte *m*; *für Kinder* goûter *m*
jawohl [ja'vo:l], F **jawoll** [ja'vɔl] *adv* oui!; bien!; certainement!; parfaitement!
'Jawort *n* ⟨~(e)s; ~e⟩ consentement *m* au mariage; *j-m sein ~ geben* consentir à épouser qn
Jazz [dʒɛs, jats] *m* ⟨~⟩ MUS jazz *m*; *~ spielen* faire du jazz
'Jazzband *f* orchestre *m* de jazz
'jazzen *v/i* ⟨-(es)t, h⟩ faire du jazz
'Jazz|fan *m* amateur *m* de jazz; **~keller** *m* F boîte *f* de jazz; **~musik** *f* musique *f* de jazz; **~trompete** *f* trompette *f* de jazz
je [je:] **I** *adv* **1.** *zeitlich* jamais; *haben Sie ~ so etwas gehört?* avez-vous jamais entendu une chose pareille?; *ohne ihn ~ gesehen zu haben* sans l'avoir jamais vu; *sollte er ~ kommen* si jamais il venait; *seit eh und ~* depuis toujours; **2.** *vor Mengenangaben ~ zwei und zwei* deux à deux; deux par deux; deux à la fois; *wir haben ~ fünf Mark bekommen* nous avons touché chacun cinq marks; *die kosten ~ e-e Mark* c'est un mark la pièce; *in Schachteln zu ~ zwanzig Stück* par paquets de vingt; **3.** (*pro*) *~ Monat, Einwohner etc* par mois, habitant, *etc*; **4.** *~ nach Größe, Alter etc* selon; suivant; *~ nachdem* c'est selon; ça dépend; *~ nachdem, ob od wie ...* selon que (+*ind*); suivant que (+*ind*); **II** *conj mit comp ~ ..., desto od um so ...* plus ..., plus ...; *~ eher, desto besser* le plus tôt sera le mieux; *~ mehr, desto besser* plus il y en a, mieux ça vaut; **III** *int ach ~!, o ~!* mon Dieu!
Jeans [dʒi:ns] *f*(*pl*) ⟨~; ~⟩ jean *m od* jeans *m/pl*; **'~jacke** *f* veste *f* en jean; **'~stoff** *m* jean *m*
jede(r, -s) ['je:də(r, -s)] *pr/ind* **I** *adj* **1.** ⟨~[r, -s] *einzelne*⟩ *aus e-r Menge* chaque; *~s einzelne Buch* chaque livre en particulier; *~s beliebige Buch* n'importe quel livre; *~s Wort war zu verstehen* on a compris chaque mot; *~s Haus (hier) hat e-n Garten* chaque maison (ici) a un jardin; *prov ~r Tag hat s-e Sorgen* *prov* à chaque jour suffit sa peine; **2.** *verabsolutierend* (*alle*) tout; *~s Haus hat ein Dach* toute maison a un toit; *auf ~n Fall* en tout cas; *de toute façon; in ~r Hinsicht* à tous points de vue; *~r andere* tout autre; *prov ~s Ding hat zwei Seiten prov* toute médaille a son revers; **3.** *mit Zeitangaben* (*immer*) tout; (*häufig, immer wieder*) chaque; (*bald, sofort*) d'un ~ à l'autre; *~n Augenblick* à tout moment; à chaque instant; d'un moment à l'autre; *bei ~r Gelegenheit* à chaque occasion; en toute occasion; *~n Tag, mit ~m Tag* chaque jour; tous les jours; *wir erwarten ~n Tag s-e Rückkehr* nous attendons son retour d'un jour à l'autre; **4.** *mit Zahlenangaben ~s dritte Haus* une maison sur trois; *~r fünfte Einwohner* un habitant sur cinq; **5.** *nach „ohne"* aucun; nul; nulle; *ohne ~n Zweifel* sans aucun doute; sans nul doute; *in Vergleichen mehr als ~r andere* plus que tout autre; plus qu'aucun autre; **II** *subst* **1.** (*der einzelne*) chacun(e); *~r von uns* chacun de nous; *~s dieser Bücher* chacun de ces livres; chaque livre; *prov ~m das Seine prov* à chacun son dû; *~r nach s-m Geschmack* à chacun son goût; *prov ~r ist sich selbst der Nächste prov* charité bien ordonnée commence par soi-même; **2.** *generalisierend ~r, der* (*wer auch immer*) quiconque; tous ceux qui; toute personne qui; *~r spricht davon* tout le monde en parle; *das kann ~m passieren* cela peut arriver à tout le monde; *alles und ~s* absolument tout; tout sans exception
'jedenfalls *adv* en tout cas; de toute façon
'jeder *cf* **jede(r, -s)**
'jeder'lei *adj* ⟨*inv*⟩ de toutes sortes; *auf ~ Weise* de toutes sortes de façons
'jedermann *pr/ind* tout le monde; *das ist nicht ~s Sache* ce n'est pas du goût de tout le monde
'jeder'zeit *adv* à tout moment
'jedes *cf* **jede(r, -s)**
'jedes'mal I *adv* chaque fois; toutes les fois; **II** *conj ~ wenn ...* chaque fois que ...; toutes les fois que ...
je'doch *conj* pourtant; cependant; toutefois; *ich bin ~ gern bereit, ...* je suis cependant prêt à ...
'jed'wede(r, -s) *litt cf* **jede(r, -s)** *I 1. u II 1.*
Jeep [dʒi:p] *m* ⟨~s; ~s⟩ AUTO jeep *f*
jegliche(r, -s) [je:klɪçə(r, -s)] *cf* **jede(r, -s)** *I 1. u II 1.*
jeher ['je:he:r] *adv von ~* de tout temps; depuis toujours
Jehova [je'ho:va] *m* REL *die Zeugen m/pl ~s* les Témoins *m/pl* de Jéhovah
Je'längerje'lieber *n* ⟨~s; ~⟩ BOT (*Geißblatt*) chèvrefeuille *m*
jemals ['je:ma:ls] *adv* jamais; *cf a* **je** *I 1.*

jemand ['je:mant] *pr/ind* ⟨*gén* ~(e)s, *dat* ~(em), *acc* ~(en)⟩ **1.** *affirmativ u in Fragen* quelqu'un; *es kommt ~* quelqu'un vient; *ist ~ hier?* y a-t-il quelqu'un qui parle allemand?; *~ anderes* quelqu'un d'autre; *~ Fremdes* quelqu'un d'étranger; **2.** *bei verneintem Sinn* personne; *ohne ~en zu grüßen* sans saluer personne; *ohne ~en beleidigen zu wollen* sans vouloir offenser personne; *weder er noch sonst ~* ni lui ni personne (d'autre)
'Jemand *m* ⟨~s⟩ *plais ein gewisser ~ ...* il y a quelqu'un qui ...; *plais un quidam ...*
Jemen ['je:mən] *m* ⟨→ *n/pr*⟩ (*der*) *~* le Yémen
Jemenit(in) [jeme'ni:t(ɪn)] *m* ⟨~en⟩ (*f*) ⟨~; ~nen⟩ Yéménite *m,f*
jeme'nitisch *adj* du Yémen; yéménite
jemine ['je:mine] *cf* **je** *III*
Jena ['je:na] *n* ⟨→ *n/pr*⟩ Iéna
'Jenaer *adj* ⟨*inv*⟩ d'Iéna; *~ Glas n Wz* verre *m* à feu; *etwa* pyrex *m* (*nom déposé*)
jene(r, -s) ['je:nə(r, -s)] *pr/dém* **I** *adj* ce ...-là (*vor Vokal u stummem „h"* cet ...-là), cette ...-là, *pl* ces ...-là; *~ Leute pl* ces gens-là; *es war ~r Mann* c'était cet homme-là; *st/s an ~m Tage* en ce jour-là; *st/s in, zu ~r Stunde* à cette heure-là; *st/s in, zu ~r Zeit* en ce temps-là; **II** *subst* celui-là, celle-là *m,f*; *m/pl* ceux-là; *~s* cela; cette chose-là; *bald dieser, bald ~r* tantôt celui-ci, tantôt celui-là; *von diesem und ~m sprechen* parler de choses et d'autres
Jens [jɛns] *m* ⟨→ *n/pr*⟩ prénom *m*
jenseitig ['je:nzaɪtɪç] *st/s adj* (*épithète*) de l'autre côté; du côté opposé; (qui est) au-delà; *das ~e Ufer* la rive opposée
jenseits ['je:nzaɪts] **I** *adv* de l'autre côté; *fig ~ von Gut und Böse* Nietzsche au-delà du bien et du mal; *plais* (*unbeschreiblich*) indescriptible; **II** *prép* ⟨*gén*⟩ au-delà de; de l'autre côté de; par-delà; *~ des Atlantiks* à outre-Atlantique; *~ des Rheins* outre-Rhin
'Jenseits *n* ⟨~⟩ REL *das ~* l'au-delà *m*; l'autre monde *m*; *im ~* dans l'au-delà; dans l'autre monde; F *ins ~ befördern* expédier dans l'autre monde
Jersey¹ ['dʒœrzɪ] *m* ⟨~; ~s⟩ Stoff jersey *m*
'Jersey² *n* ⟨~s; ~s⟩ Sporthemd polo *m*; *für Frauen* jersey *m*
Jerusalem [je'ru:zalɛm] *n* ⟨→ *n/pr*⟩ Jérusalem
Jesuit [jezu'i:t] *m* ⟨~en; ~en⟩ jésuite *m*
Jesu'iten|orden *m* ordre *m* des jésuites; **~pater** *m* père *m* jésuite; **~schule** *f* collège *m* de jésuites; **~tum** *n* ⟨~s⟩ jésuitisme *m*
jesu'itisch *adj* jésuitique (*beide a péj*)
Jesus ['je:zʊs] *m* (*Jesu*) Jésus *m*; *~ Christus* ⟨*gén* Jesu Christi⟩ Jésus-Christ *m*
'Jesuskind *n* enfant *m* Jésus
Jet [dʒɛt] *m* ⟨~s; ~s⟩ (*Düsenflugzeug*) jet *m*
Jeton [ʒə'tõ:] *m* ⟨~s; ~s⟩ jeton *m*
Jet-set ['dʒɛtzɛt] *m* ⟨~s; ~s⟩ jet-society *f*
'jetten F *v/i* ⟨-ete, sein⟩ voyager en jet; *nach New York ~* sauter dans l'avion pour New York

jetzig ['jɛtsɪç] *adj ⟨épithète⟩* actuel, -elle; présent; d'aujourd'hui; *die ~e Generation* la génération d'aujourd'hui; *in der ~en Zeit* à l'heure actuelle

jetzt [jɛtst] *adv* **1.** *zeitlich* maintenant; *~, wo ...* maintenant que ...; *~ oder nie!* maintenant ou jamais!; *eben ~* à l'instant (même); *gleich ~* tout de suite; *noch ~* encore maintenant; *er ist ~ erst angekommen* il vient seulement d'arriver; *bis ~* jusqu'à maintenant; jusqu'à présent; jusqu'ici; *von ~ an, ab ~* à partir de maintenant, dorénavant; désormais; *~ ist es passiert!* ça y est (, c'est arrivé)!; **2.** *F verstärkend wo war das ~ gleich?* F c'était où déjà?; *was willst du denn ~ noch?* F qu'est-ce que tu veux encore?

'**Jetztzeit** *f* ⟨~⟩ (temps *m*) présent *m*; temps actuel

jeweilig ['je:vaɪlɪç] *adj ⟨épithète⟩* **1.** *zeitlich* du moment; de l'époque; *die ~e Witterung* les conditions météorologiques du moment; *den ~en Umständen entsprechend* selon les circonstances du moment; **2.** *(auf jedes der in Frage stehenden Dinge bezogen)* respectif, -ive; *die ~en Rechte der Erben* les droits respectifs des héritiers

jeweils ['je:vaɪls] *adv* **1.** à chaque fois; *er schickte ~ hundert Mark* il a envoyé (à) chaque fois cent marks; *zwei Pausen von ~ zehn Minuten* deux pauses de dix minutes chacune

Jh. *abr (Jahrhundert)* s. (siècle)

JH *abr (Jugendherberge)* A.J. (auberge de jeunesse)

jiddisch ['jɪdɪʃ] *adj* yiddish; *LING, litt* judéo-allemand

'**Jiddisch** *n* ⟨~(s)⟩, *~e n* ⟨~n⟩ *(das) Jiddisch(e) Sprache* le yiddish

Jiu-Jitsu ['dʒiu:'dʒɪtsu] *n* ⟨~(s)⟩ *SPORT* jiu-jitsu *m*

Joachim ['jo:ʔaxɪm] *m* ⟨→ *n/pr*⟩ prénom

Job [dʒɔp] *m* ⟨~s; ~s⟩ **1.** F *vorübergehend, fest* F job *m*; F boulot *m*; **2.** *INFORM* tâche *f*; travail *m*

jobben ['dʒɔbən] *F v/i* (h) *vorübergehend* F faire des petits boulots; *länger* F bosser

'**Jobber** *m* ⟨~s; ~⟩ **1.** *BÖRSE*, F *péj* boursicoteur *m*; **2.** F *(Gelegenheitsarbeiter)* personne *f* qui fait des petits boulots

'**Jobkiller** *Jargon m* installation *f*, mesure *f*, *etc* qui supprime des emplois; *der ~ Computerisierung* l'informatisation mangeuse d'emplois

Job-sharing ['dʒɔpʃɛ:rɪŋ] *n* ⟨~s⟩ partage *m* du travail

'**Jobticket** *n* carte *f* d'abonnement aux transports en commun prise en charge (en partie) par l'employeur

Joch [jɔx] *n* ⟨~(e)s; ~e⟩ **1.** *AGR, fig* joug *m*; *fig unter j-s ~* (dat) *(sein, leben)* (être, vivre) sous le joug de qn; *das ~ abschütteln* secouer le joug; **2.** *HIST zwei ~ Ochsen* deux paires de bœufs; **3.** *österr: mesure de superficie* (30 à 55 ares); **4.** *GÉOGR* col *m*; **5.** *ARCH* palée *f*

'**Jochbein** *n ANAT* os *m* malaire, de la pommette

Jockei, **Jockey** ['dʒɔke *ou* 'dʒɔkaɪ] *m* ⟨~s; ~s⟩ jockey *m*

Jod [jo:t] *n* ⟨~(e)s⟩ *CHIM* iode *m*

jodeln ['jo:dəln] *v/t u v/i* ⟨-(e)le, h⟩ jodler *od* iodler

'**jodhaltig** *adj* iodé

'**Jodler** ['jo:dlər] *m* ⟨~s; ~⟩ **1.** *Gesang* tyrolienne *f*; **2.** *Person* chanteur *m* de tyrolienne; *~in f* ⟨~; ~nen⟩ chanteuse *f* de tyrolienne

'**Jodtinktur** *f PHARM* teinture *f* d'iode

Joga ['jo:ga] *m od n* ⟨~(s)⟩ yoga *m*

joggen ['dʒɔgən] *v/i* (h) faire du jogging; jogger; *er ist zum Büro gejoggt* il est allé au bureau en joggant

'**Jogger(in)** *m* ⟨~s; ~⟩ *(f)* ⟨~; ~nen⟩ joggeur, -euse *m,f*

Jogging ['dʒɔgɪŋ] *n* ⟨~s⟩ jogging *m*; *~anzug m* jogging *m*

Joghurt ['jo:gʊrt] *m od n* ⟨~s; ~(s)⟩ yaourt *od* yog(h)ourt *m*; *~becher m* pot *m* de yaourt *od* yog(h)ourt

Jogi ['jo:gi] *m* ⟨~s; ~s⟩ yogi *m*

Johann ['jo:han] *m* ⟨→ *n/pr*⟩ Jean

Jo'hanna *f* ⟨→ *n/pr*⟩ Jeanne *f*; *HIST die heilige ~* Jeanne d'Arc

Johannes [jo'hanəs] *m* ⟨→ *n/pr*⟩ Jean *m*; *BIBL ~ der Täufer* saint Jean-Baptiste

Jo'hannesevangelium *n* évangile *m* selon saint Jean

Johannis [jo'hanɪs] *n* ⟨~⟩ *REL cf* Johannistag

Jo'hannisbeere *f Rote, Weiße ~* groseille rouge, blanche; *Schwarze ~* cassis *m*

Jo'hannisbeer|likör *m* liqueur *f* de groseilles; *aus schwarzen Beeren* cassis *m*; *~marmelade f* confiture *f* de groseilles *bzw* de cassis; *~saft m* jus *m* de groseilles *bzw* de cassis

Jo'hannisbrot *n BOT* caroube *f*; *~baum m* caroubier *m*

Jo'hannis|feuer *n* feux *m/pl* de la Saint-Jean; *~kraut n BOT* millepertuis (commun); herbe *f* de Saint-Jean; *~tag m der ~* la Saint-Jean; *am ~* à la Saint-Jean

Johanniter [joha'ni:tər] *m* ⟨~s; ~⟩ chevalier hospitalier de Saint-Jean de Jérusalem; *~orden m* ordre *m* de Saint-Jean de Jérusalem

johlen ['jo:lən] *v/i* (h) 'hurler; crier à tue-tête; *(j-n ausbuhen)* 'huer

Joint [dʒɔʏnt] *F m* ⟨~s; ~s⟩ F joint *m*

Joint-venture ['dʒɔʏnt'vɛntʃə] *n* ⟨~s; ~s⟩ *ÉCON* joint-venture *f*

Jo-Jo ['jo:'jo: *ou* 'jo:'jo:] *n* ⟨~s; ~s⟩ *Spiel* yo-yo *m*

Joker ['jo:kər *ou* 'dʒo:kər] *m* ⟨~s; ~⟩ *Spielkarte* joker *m*

Jolle ['jɔlə] *f* ⟨~; ~n⟩ *MAR Segelboot* bateau *m* à voile; *Beiboot* canot *m*

Jongleur [ʒɔ̃:'glø:r] *m* ⟨~s; ~e⟩ jongleur *m*; **²ieren** *v/t u v/i (pas de ge-, h)* jongler *(mit* avec)

Joppe ['jɔpə] *f* ⟨~; ~n⟩ **1.** *(Lodenjacke)* veste *f* de (loden); **2.** *(Hausjacke)* veste *f* (d'intérieur); *gestrickte ~* gilet *m*

Jordan ['jɔrdan] *m* ⟨→ *n/pr*⟩ *der ~* le Jourdain; *fig plais über den ~ gehen* partir pour l'autre monde; faire le grand voyage

Jordanien [jɔr'da:niən] *n* ⟨→ *n/pr*⟩ la Jordanie

Jor'dan|ier(in) *m* ⟨~s; ~⟩ *(f)* ⟨~; ~nen⟩ Jordanien, -ienne *m,f*; **²isch** *adj* jordanien, -ienne

Josef, **Joseph** ['jo:zɛf] *m* ⟨→ *n/pr*⟩ Joseph *m*

Jot [jɔt] *n* ⟨~; ~⟩ *Buchstabe* j *m*; lettre *f* j

Jota ['jo:ta] *n* ⟨~(s); ~s⟩ griechischer Buchstabe iota *m*; *fig kein ~* pas un iota

Joule [dʒu:l *ou* dʒaʊl] *n* ⟨~(s); ~⟩ *PHYS* joule *m*

Journal [ʒʊr'na:l] *n* ⟨~s; ~e⟩ **1.** *COMM* livre-journal *m*; journal *m*; **2.** *st/s (Zeitschrift, Zeitung)* journal *m*

Journa'l|ismus *m* ⟨~⟩ journalisme *m*; *~ist(in) m* ⟨~en; ~en⟩ *(f)* ⟨~; ~nen⟩ journaliste *m,f*; *~istenverband m* association *f* des journalistes; *~istik f* ⟨~⟩ journalisme *m*

journa'listisch I *adj* journalistique; **II** *adv ~ tätig sein* travailler dans le journalisme

jovial [jovi'a:l] *adj (leutselig)* affable, aimable; *([betont] wohlwollend)* bienveillant (et condescendant); **²ität** *f* ⟨~⟩ affabilité *f*; amabilité *f*; *(Wohlwollen)* bienveillance *f*

Joystick ['dʒɔʏstɪk] *m* ⟨~s; ~s⟩ *INFORM* manette *f*; manche *m* à balai

jr. *abr (junior)* fils

Jubel ['ju:bəl] *m* ⟨~s⟩ allégresse *f*; jubilation *f*; *in ~* (acc) *ausbrechen* exulter; déborder de joie

'**Jubeljahr** *n REL* jubilé *m*; *fig alle ~e einmal* très rarement

'**jubeln** *v/i* ⟨-(e)le, h⟩ exulter; *laut* pousser des cris d'allégresse, de joie; *über etw* (acc) *~* se réjouir vivement de qc

'**Jubel|paar** *n* couple *m* qui fête un anniversaire de mariage; *~ruf m* cri *m* d'allégresse, de joie

Jubi'lar(in) *m* ⟨~s; ~e⟩ *(f)* ⟨~; ~nen⟩ celui, celle qui fête un anniversaire important, un jubilé, *etc*

Jubiläum [jubi'lɛ:ʊm] *n* ⟨~s, -äen⟩ anniversaire *m*; *fünfundzwanzigjähriges ~* vingt-cinquième anniversaire; *fünfzigjähriges ~* cinquantième *m*; jubilé *m*; *hundertjähriges ~* centenaire *m*; *sein fünfundzwanzigjähriges ~ feiern* fêter son vingt-cinquième anniversaire

Jubi'läums|ausgabe *f* édition *f* du cinquantenaire, du centenaire, *etc*; *~feier f* fête *f*, cérémonie *f* d'anniversaire

jubilieren [jubi'li:rən] *st/s v/i (pas de ge-, h) freudig ~ Kinder* pousser des cris de joie; *poét Vögel* gazouiller gaiement; *cf a jubeln*

juchhe [jʊx'he:] *int* 'hourra!; F youpi!

Juchten(leder) ['jʊxtən(le:dər)] *m od n* ⟨~s⟩ *(n)* cuir *m* de Russie

juchzen ['jʊxtsən] F *cf jauchzen*

'**Juchzer** F *cf Jauchzer*

jucken ['jʊkən] F **I** *v/t, v/i u v/imp* **1.** *physisch* démanger; F gratter; *es juckt (mich)* cela me démange, F me gratte; *es juckt mich am Ohr* F j'ai l'oreille qui me gratte; *ihn juckt der Mückenstich* sa piqûre de moustique le démange, F le gratte; *ihm juckt der Kopf* il a la tête qui le démange, F le gratte; **2.** *(Jucken hervorrufen) der Stoff juckt sie* le tissu la gratte; **3.** *fig (reizen, interessieren) es juckt mich, das zu probieren* j'ai envie, cela me tente d'essayer; *denkst du, das juckt mich?* F si tu crois que ça m'intéresse!; **II** *v/i/réfl sich ~ (sich kratzen)* se gratter

'**Juck|en** *n* ⟨~s⟩ démangeaison(s) *f(pl)*; *~pulver n* poil *m* à gratter; *~reiz m* démangeaison *f*

Juda|ismus [juda'ɪsmʊs] *m* ⟨~⟩ judaïsme *m*; **~istik** *f* ⟨~⟩ études hébraïques et juives

Judas ['juːdas] *m* ⟨→ n/pr⟩ *BIBL, fig* Judas *m*

Jude ['juːdə] *m* ⟨~n; ~n⟩ Juif *m*

'juden|feindlich *adj* antisémite; **⌂friedhof** *m* cimetière juif; **⌂stern** *m* étoile juive; **⌂tum** *n* ⟨~s⟩ judaïsme *m*; *sc* judéité *f*; *coll* Juifs *m/pl*; **⌂verfolgung** *f* persécution *f* des Juifs; **⌂viertel** *n* quartier juif

Judikative [judika'tiːvə] *f* ⟨~; ~n⟩ *POL, JUR* pouvoir *m* judiciaire

Jüd|in ['jyːdɪn] *f* ⟨~; ~nen⟩ Juive *f*; **⌂isch** *adj* juif, juive; *HIST, REL* judaïque; *in Zssgn* judéo-...

Judo ['juːdo] *n* ⟨~(s)⟩ *SPORT* judo *m*

Jugend ['juːɡənt] *f* ⟨~⟩ **1.** *Lebensalter* jeunesse *f*; *Kindheit und ~* enfance *f* et adolescence *f*; *in meiner ~* dans ma jeunesse; *von ~ an, auf* dès ma, ta, *etc* jeunesse; *frühe ~* première jeunesse; *plais zweite ~* seconde jeunesse; **2.** *coll* jeunesse *f*; (les) adolescents *m/pl*; *die ~ von heute* la jeunesse d'aujourd'hui; *die deutsche ~* la jeunesse allemande; *prov ~ hat keine Tugend etwa prov* il faut que jeunesse se passe

'Jugend|alter *n* jeunesse *f*; **~amt** *n* service *m* d'aide sociale à l'enfance; **~arbeit** *f* ⟨~⟩ **1.** (*Arbeit der Jugendlichen*) travail *m* des enfants mineurs; **2.** (*Jugendpflege*) œuvres *f/pl* pour la jeunesse; **~arbeitslosigkeit** *f* chômage *m* des jeunes; **~arrest** *m* détention spéciale pour délinquants mineurs; **~austausch** *m* échange *m* de jeunes; **~bewegung** *f HIST* mouvement de jeunesse vers 1900; **~bild** *n Foto* photo *f*, Gemälde portrait *m* de jeunesse; **~buch** *n* livre *m* pour la jeunesse; **~bücherei** *f* bibliothèque *f* pour la jeunesse; **~erinnerungen** *f/pl* souvenirs *m/pl* de jeunesse; **⌂frei** *adj Film* permis, autorisé aux mineurs; **~freund(in)** *m(f)* ami(e) *m(f)* d'enfance; **~funk** *m RAD* émission *f* pour les jeunes; **~fürsorge** *f* aide sociale à l'enfance; **⌂gefährdend** *adj* qui représente un danger moral pour la jeunesse; **~gericht** *n* tribunal *m* pour les mineurs; *in Frankreich für Jugendliche bis 16* tribunal *m* pour enfants; **~gruppe** *f* groupe *m* de jeunes; **~heim** *n* foyer *m*, maison *f* de jeunes; **~herberge** *f* auberge *f* de (la) jeunesse; **~herbergsausweis** *m* carte *f* des auberges de jeunesse; **~hilfe** *f* aide *f* à l'enfance; **~jahre** *n/pl* années *f/pl* d'enfance; jeunesse *f*; **~kriminalität** *f* délinquance *f* juvénile; **~lager** *n* camp *m* de jeunesse; **~leiter(in)** *m(f)* moniteur, -trice *m,f* d'enfants

'jugendlich **I** *adj* jeune, juvénile; *ein ~es Aussehen* un air jeune; *ein ~es Kleid* une robe jeune; **II** *adv ~ aussehen* avoir l'air jeune; faire jeune; *sich ~ kleiden* s'habiller jeune

'Jugendliche(r) *f(m)* ⟨→ A⟩ adolescent(e) *m(f)*; *JUR* mineur *m* de 14 à 18 ans; *coll die ~n meist* les jeunes *m/pl*; *~n ist der Zutritt verboten* interdit aux moins de dix-huit ans

'Jugendlichkeit *f* ⟨~⟩ jeunesse *f*; **~liebe** *f* amour *m* de jeunesse; **~literatur** *f* littérature *f* pour la jeunesse; **~mannschaft** *f SPORT* équipe *f* de jeunes; **~organisation** *f* organisation *f* de la jeunesse; **~pfleger(in)** *m(f)* éducateur, -trice *m,f*; **~politik** *f* politique *f* pour la jeunesse; **~psychologie** *f* psychologie *f* de la jeunesse; **~richter** *m* juge *m* pour enfants; **~schutz** *m* protection *f* des mineurs; **~schutzgesetz** *n* loi *f* sur la protection des mineurs; **~sprache** *f* langue *f* des jeunes; **~stadium** *n BIOL* jeunesse *f*; *von Tieren a* phase *f* de croissance; **~stil** *m* ⟨~(e)s⟩ *KUNST, ARCH* art nouveau; **~strafanstalt** *f* centre *m* d'éducation surveillée; **~strafrecht** *n* droit pénal des délinquants mineurs; **~streich** *m* fredaine *f* de jeunesse; **~sünde** *f* (*souvent pl*) péché *m* de jeunesse; **~traum** *m* rêve *m* de jeunesse; **~verband** *m* organisation *f* de la jeunesse; **~weihe** *f bes Ostdeutschland:* introduction solennelle (*des adolescents*) dans le monde des adultes

'Jugendwerk *n* **1.** *e-s Dichters etc* œuvre *f* de jeunesse; **2.** *Deutsch-Französisches ~* Office franco-allemand pour la Jeunesse

'Jugend|zeit *f* (années *f/pl* de) jeunesse *f*; **~zeitschrift** *f* magazine *m* pour la jeunesse; **~zentrum** *n* maison *f* des jeunes

Jugoslawe [jugo'slaːvə] *m* ⟨~n; ~n⟩ Yougoslave *m*

Jugoslawien [jugo'slaːviən] *n* ⟨→ n/pr⟩ *HIST* la Yougoslavie

Jugo'slawin *f* ⟨~; ~nen⟩ Yougoslave *f*

jugo'slawisch *adj* yougoslave; de (la) Yougoslavie

juhu [ju'huː] *int jubelnd* 'hourra!'; *F* youpi!; *auf sich aufmerksam machend* ohé!; 'hé!; 'hep!

Juice [dʒuːs] *m* ⟨~; ~s⟩ (*Fruchtsaft*) jus *m* de fruit; (*Gemüsesaft*) jus *m* de légume(s)

Jukebox ['dʒuːkbɔks] *f* ⟨~; ~es⟩ juke-box *m*

Julei [juːlaɪ] *cf* **Juli**

Juli ['juːli] *m* ⟨~(s); ~s⟩ (mois *m* de) juillet *m*; *cf a* **Januar**

Julia ['juːlia] *f* ⟨→ n/pr⟩ Julie *f*; *Romeo und ~* Roméo et Juliette

Jülich ['jyːlɪç] *n* ⟨→ n/pr⟩ Juliers

'Juli|monarchie *f HIST* monarchie *f* de Juillet; **~revolution** *f HIST* les trois Glorieuses; Révolution *f* de Juillet

Jumbo-Jet ['jʊmbɔdʒɛt] *m* ⟨~(s); ~s⟩ jumbo-jet *m*; gros porteur

Jumper ['dʒʌmpər] *m* ⟨~s; ~⟩ *COUT* pull-over *m*

jun. *abr* (*junior*) junior

jung [jʊŋ] **I** *adj* ⟨~er, ~ste⟩ **1.** *Lebensalter* jeune; *die ~en Leute* les jeunes *m/pl*; *~ und alt* jeunes et vieux; tout le monde; *fig poét der ~e Tag* le jour naissant; **2.** (*mit den Eigenschaften der Jugend*) *er hat noch ~e Beine* il a encore de bonnes jambes; *e-e ~e Stimme* une voix jeune; **3.** (*seit kurzem, neu[gegründet]*) *die ~en Eheleute* les jeunes mariés; *ein ~es Unternehmen* une jeune entreprise; **4.** *CUIS ~e Erbsen* petits pois extra-fins; *~er Wein* un primeur; **5.** *bes Werbesprache ~e Mode* mode *f* jeune; *~e Farben* couleurs *f/pl* jeunes; **II** *adv* **1.** *Lebensalter ~ heiraten* se marier jeune; **2.** (*jugendlich, frisch*) *~ aussehen* avoir l'air jeune; faire jeune; *sich ~ fühlen* se sentir jeune; **3.** (*seit kurzem*) *~ verliebt sein* être amoureux depuis peu

Jung|arbeiter *m* jeune travailleur *m*; **~brunnen** *m poét* fontaine *f* de Jouvence

Junge *m* ⟨~n; ~n, *F a* Jungs⟩ garçon *m*; *F im Kartenspiel* valet *m*; *F alter ~!* mon vieux!; *F* mon pote!; *plais* vieille branche!; *F MAR blaue Jungs F* cols-bleus *m/pl*; *F* gars *m/pl* de la marine; *dummer ~* nigaud *m*; *kleiner ~* petit garçon; *F schwerer ~* mauvais garçon; *F ~, ~!* F bigre!; mes amis!

'Junge(s) *n* ⟨→ A⟩ *e-s Tieres* petit *m*; *~pl werfen* mettre bas; faire des petits; *F ~ haben* avoir des petits

'jungen *v/i* ⟨h⟩ mettre bas

'jungen|haft *adj* gamin; **⌂streich** *m* polissonnerie *f*; farce *f*

jünger ['jʏŋər] *adj* **1.** plus jeune; *bei Verwandtschaftsbezeichnungen* cadet, -ette; *mein ~er Bruder* mon (frère) cadet; *meine Schwester ist ein Jahr ~ als ich* ma sœur a un an de moins que moi; *~ als dreißig (Jahre) sein* avoir moins de trente ans; *sie sieht ~ aus als sie ist* elle paraît, F fait plus jeune qu'elle n'est; elle ne fait pas son âge; *dieses Kleid macht dich ~* cette robe te rajeunit; **2.** (*relativ jung*) *ein ~er Herr* un monsieur assez jeune; **3.** *zeitlich ~en Datums* de date récente

'Jünger(in) *m* ⟨~s; ~⟩ *(f)* ⟨~; ~nen⟩ *REL, fig* disciple *m,f*

'Jüngere(r) *f(m)* ⟨→ A⟩ *die ~n unter uns* les plus jeunes d'entre nous; *bei Eigennamen der ~* le Jeune; *Hans Holbein der ~* Hans Holbein le Jeune

Jungfer ['jʊŋfər] *f* ⟨~; ~n⟩ *péj alte ~* vieille fille

'Jungfern|fahrt *f* voyage inaugural; premier voyage; **~häutchen** *n* ⟨~s; ~⟩ *ANAT* hymen *m*

'Jungferninseln *f/pl die ~* les îles *f/pl* Vierges

'Jungfern|kranz *poét m* couronne virginale; **~rede** *f* premier discours; **~schaft** *litt f* ⟨~⟩ virginité *f*; **~zeugung** *f BIOL* parthénogenèse *f*

'Jungfrau *f* **1.** vierge *f*; *REL die Heilige ~* la (Sainte) Vierge; *HIST die ~ von Orléans* Jeanne d'Arc; la pucelle d'Orléans; **2.** *ASTR* Vierge *f*

'jungfräulich *adj* virginal; *fig* vierge; **⌂keit** *f* ⟨~⟩ virginité *f*

'Junggeselle *m* célibataire *m*; vieux garçon; *eingefleischter ~* célibataire endurci

'Junggesellen|bude F *f* F piaule *f* de vieux garçon; **~dasein** *n* vie *f* de célibataire, de garçon; **~wirtschaft** F *f* désordre *m* (de célibataire); **~wohnung** *f* garçonnière *f*

'Junggesellin *f* célibataire *f*

'Jung|lehrer(in) *m(f)* enseignant(e) *m(f)* stagiaire; professeur *m* stagiaire; **~liberale(r)** *f(m)* jeune libéral(e) *m(f)*

'Jüngling *st/s m* ⟨~s; ~e⟩ adolescent *m*; *iron* jouvenceau *m*

'Jung|sein *n* ⟨~s⟩ jeunesse *f*; **~sozialist(in)** *m(f)* jeune socialiste *m,f*

jüngst [jʏŋst] *st/s adv* (*neulich*) tout dernièrement, récemment

'jüngste(r, -s) *adj* **1.** le (la) plus jeune; *verwandtschaftlich meine ~ Schwester* la plus jeune de mes sœurs; ma

plus jeune sœur; *unser ₰r* notre petit dernier; *altersmäßig sie ist nicht mehr die* ⚲ elle n'est plus toute jeune; **2.** (*letzte*) dernier, -ière; le (la) plus récent(e); *die ~n Ereignisse* les derniers, récents événements; *in ~r Zeit* ces derniers temps; REL *das* ⚲ *Gericht* le Jugement dernier; *der* ⚲ *Tag* le jour du Jugement dernier
'**Jungsteinzeit** *f* néolithique *m*
'**Jung**|**tier** *n* jeune bête *f*; **~unternehmer(in)** *m(f)* jeune chef *m* d'entreprise; ⚲**verheiratet**, *st/s* ⚲**vermählt** *adj* nouvellement marié; **~verheiratete**, *st/s* **~vermählte** *pl* ⟨→ A⟩ jeunes mariés *m/pl*; **~vieh** *n* jeune bétail *m*
Juni ['ju:ni] *m* ⟨~(s); ~s⟩ (mois *m* de) juin *m*; *cf a Januar*, **~käfer** *m* 'hanneton *m* de la Saint-Jean, de juin
junior ['ju:niɔr] *adj im Verhältnis zum Vater* junior; COMM fils; **Palme** ~ Palme junior; *Firma Müller* ~ Müller fils
'**Junior** *m* ⟨~s; -'oren⟩ **1.** (*Sohn*) junior *m*; COMM fils *m* du patron; **2.** SPORT junior *m*; **~chef** *m* COMM fils *m* du patron
Juni|**oren**|**mannschaft** *f* SPORT équipe *f* junior; **~meister** *m* champion *m* des juniors; **~meisterschaft** *f* championnat *m* des juniors
'**Junior**|**partner** *m* COMM (jeune) associé *m* (*non majoritaire dans une affaire*); **~paß** *m* EISENBAHN etwa carte *f* jeune
Junker ['juŋkər] *m* ⟨~s; ~⟩ HIST 'hobereau *m* (*a péj*); preußischer *a* junker *m*
Junkie ['dʒaŋki] *arg m* ⟨~s; ~s⟩ junkie *od* junky *m*
Junktim ['juŋktɪm] *n* ⟨~s; ~s⟩ interdépendance *f*; *von Gesetzesvorlagen* groupement *m*
Juno ['ju:no] **1.** *f* ⟨→ n/pr⟩ MYTH Junon *f*; **2.** *cf Juni*
Junta ['xunta] *f* ⟨~; -ten⟩ POL junte *f*
Jüpchen ['jy:pçən] *n* ⟨~s; ~⟩ *regional* COUT brassière *f*

Jupiter ['ju:pitər] **1.** *m* ⟨→ n/pr⟩ MYTH Jupiter *m*; **2.** ASTR (*der*) ~ Jupiter
jur. *abr* (*juristisch*) juridique
Jura¹ ['ju:ra] ⟨*sans article ni pl*⟩ (le) droit *m*; ~ *studieren* faire des études de droit
'**Jura²** *m* ⟨~s⟩ **1.** GÉOL jurassique *m*; **2.** GÉOGR Jura *m*; *der Schweizer* ~ le Jura suisse
'**Jura**|**student(in)** *m(f)* étudiant(e) *m(f)* en droit; **~studium** *n* études *f/pl* de droit
Jürgen ['jyrgən] *m* ⟨→ n/pr⟩ prénom
Jurisdiktion [jurɪsdɪktsi'o:n] *f* ⟨~; ~en⟩ juridiction *f*
Jurisprudenz [jurɪspru'dɛnts] *st/s f* ⟨~⟩ droit *m*
Jurist(in) [ju'rɪst(ɪn)] *m* ⟨~en; ~en⟩ (*f*) ⟨~; ~nen⟩ juriste *m,f*; (*Rechtsgelehrter*) jurisconsulte *m,f*; *Student* étudiant(e) *m(f)* en droit
Ju'ristendeutsch *n* *péj* langage *m* du Palais
Juriste'rei *f* ⟨~⟩ *plais* droit *m*
ju'ristisch *adj* juridique; de droit; **~e Fakultät** faculté *f* de droit; **~e Person** personne morale, juridique, civile
Juror(in) ['ju:rɔr (ju'ro:rɪn)] *m* ⟨~s; -'roren⟩ (*f*) ⟨~; ~nen⟩ membre *m* du jury
Jurte ['jurtə] *f* ⟨~; ~n⟩ Nomadenhütte yourte *f*
Jury [ʒy'ri:] *f* ⟨~; ~s⟩ jury *m*
Jus¹ [ju:s] *n* ⟨~⟩ *bes österr, schweiz cf Jura¹*
Jus² [ʒy:] *f*, *südd a n, schweiz a m* ⟨~⟩ CUIS jus *m* de viande; *schweiz* jus *m* de fruit *bzw* de légume(s)
Juso ['ju:zo] *m* ⟨~s; ~s⟩ *abr cf Jungsozialist(in)*
just [jʊst] *litt, plais adv* juste(ment)
justieren [jʊs'ti:rən] *v/t* (*pas de ge-*, h) **1.** *Werkstück* ajuster (*a* MÜNZWESEN); **2.** TYPO justifier; **3.** *Meßgerät* régler; mettre au point
Ju'stier|**er** *m* ⟨~s; ~⟩ **1.** TECH ajusteur *m*; **2.** TYPO justificateur *m*; **~ung** *f* ⟨~;

~en⟩ **1.** TECH ajustage *m*; **2.** TYPO justification *f*; **3.** *e-s Meßgeräts* réglage *m*; mise *f* au point; **~waage** *f* MÜNZWESEN ajustoir *m*
Justitia [jʊsti'tsia] *f* ⟨→ n/pr⟩ Göttin la Justice (*a fig*); Standbild statue *f* de la Justice
Justitiar(in) [jʊstitsi'a:r(ɪn)] *m* ⟨~s; ~e⟩ (*f*) ⟨~; ~nen⟩ conseiller *m* juridique
Justiz [jʊs'ti:ts] *f* ⟨~⟩ justice *f*; **~beamte(r)** *m* fonctionnaire *m*, officier *m* de justice; *höherer a* magistrat *m* (judiciaire); **~behörden** *f/pl* autorités *f/pl* judiciaires; **~gebäude** *n* palais *m* de justice; **~irrtum** *m* erreur *f* judiciaire; **~minister** *m* ministre *m* de la Justice; *in Frankreich a* Garde *m* des Sceaux; **~ministerium** *n* ministère *m* de la Justice; **~mord** *m* condamnation *f* (à mort) d'un innocent; **~vollzugsanstalt** *f* ADM établissement *m* pénitentiaire
Jute ['ju:tə] *f* ⟨~⟩ TEXT jute *m*; **~sack** *m* sac *m* de jute
Jutta ['juta] *f* ⟨→ n/pr⟩ prénom
Juwel [ju've:l] *n* ⟨~s; ~en, fig ~e⟩ **1.** joyau *m*; bijou *m*; (*Edelstein*) pierre précieuse; **2.** *fig* joyau *m*; bijou *m*; *von e-r Person* perle *f*
Ju'welen|**diebstahl** *m* vol *m* de bijoux, de pierres précieuses; **~handel** *m* commerce *m* de pierres précieuses; joaillerie *f*; bijouterie *f*; **~händler(in)** *m(f)* joaillier, -ière *m,f*; bijoutier, -ière *m,f*
Juwelier [juve'li:r] *m* ⟨~s; ~e⟩ bijoutier *m*; joaillier *m*; **~geschäft** *n* bijouterie *f*
Jux [jʊks] F *m* ⟨~es; ~e⟩ plaisanterie *f*; F blague *f*; *aus* ~ (*und Tollerei*) par plaisanterie; pour blaguer, rigoler; *sich* (*dat*) *e-n* ~ *machen* faire une bonne plaisanterie, blague; se payer une rigolade
jwd [jɔtve:'de:] F *u plais adv* (*aus berlinerisch „janz (ganz) weit draußen"*) F dans un coin paumé; F au bout du monde

K

K, k [ka:] *n* ⟨~; ~⟩ *Buchstabe* K, k *m*
K *abr* (*Kelvin*) K (Kelvin)
Kabale [ka'ba:lə] *poét f* ⟨~; ~n⟩ intrigue *f*
Kabarett [kaba'rɛt] *n* ⟨~s; ~s *ou* ~e⟩ *od* [kaba're:] *n* ⟨~s; ~s⟩ **1.** Ensemble chansonniers *m/pl*; *Bühne* théâtre *m* de chansonniers *m/pl*; **politisches ~** chansonniers *m/pl*; **2.** *Show* cabaret *m* (de chansonniers)
Kabaret'tist(in) *m* ⟨~en; ~en⟩ (*f*) ⟨~; ~nen⟩ chansonnier, -ière *m,f*
kabaret'tistisch *adj* de cabaret; de chansonniers
Kaba'rettprogramm *n* revue *f* de chansonniers
Kabbala ['kabala] *f* ⟨~⟩ REL kabbale *f*; cabale *f*
Kabbelei [kabə'laɪ] F *f* ⟨~; ~en⟩ F chamaillerie *f(pl)*
'**kabbeln** F *v/réfl* ⟨-(e)le, h⟩ **sich ~** F se chamailler
Kabel ['ka:bəl] *n* ⟨~s; ~⟩ ÉLECT (*Stahltrosse*) *u früher* (*Telegramm*) câble *m*; **~anschluß** *m* connexion *f*, raccordement *m* au réseau de télédistribution; **~brand** *m* incendie *m* d'origine électrique
'**Kabelfernsehen** *n* télévision *f* par câble(s); télédistribution *f*; **~ haben** être abonné à câble
Kabeljau ['ka:bəljau] *m* ⟨~s; ~e *ou* ~s⟩ cabillau(d) *m*; morue fraîche
'**Kabel|länge** *f* MAR *Längenmaß* encablure *f*; **~leger** *m* ⟨~s; ~⟩ MAR câblier *m*; **~mantel** *m* armure *f* d'un câble
'**kabeln** *v/t u v/i* ⟨-(e)le, h⟩ câbler
'**Kabel|nachricht** *f* früher câble *m*; **~rolle** *f* bobine *f* (pour câble); **~schacht** *m* chambre *f*, boîte *f* de raccordement de lignes souterraines; **~schuh** *m* cosse *f* (de câble); **~trommel** *f* tambour *m* de câble
Kabine [ka'bi:nə] *f* ⟨~; ~n⟩ MAR, AVIAT, *in Kaufhäusern, Schwimmbädern, von Seilbahnen* cabine *f*; AVIAT *a* carlingue *f*; habitacle *m*; (*Wahl*2) isoloir *m*
Ka'binen|bahn *f* télécabine *f*; **~koffer** *m* malle-cabine *f*; **~roller** *m* scooter caréné à trois roues
Kabinett [kabi'nɛt] *n* ⟨~s; ~e⟩ **1.** *Raum*, POL cabinet *m*; **2.** *cf* **Kabinettwein**
Kabi'netts|beschluß *m* décision *f* du cabinet; **~bildung** *f* formation *f* d'un cabinet; **~krise** *f* crise *f* au sein du cabinet; crise ministérielle; **~liste** *f* liste *f* des membres du cabinet; **~mitglied** *n* membre *m* du cabinet; **~sitzung** *f* séance *f* du cabinet
Kabi'nett|stück(chen) *n* früher pièce *f* rare, précieuse; *fig* morceaux choisis *m*; perle *f*; **~wein** *m* vin *m* de vendange sélectionnée

Kabis ['ka:bɪs] *m* ⟨~⟩ *südd, schweiz* chou blanc
Kabrio ['ka:brio] *n* ⟨~s; ~s⟩, **Kabriolett** [kabrio'lɛt] *n* ⟨~s; ~s⟩ (voiture *f*) décapotable *f*; cabriolet *m*
Kabuff [ka'bʊf] F, *a péj n* ⟨~s; ~s⟩ F cagibi *m*; réduit *m*
Kachel ['kaxəl] *f* ⟨~; ~n⟩ carreau *m* (de faïence); **mit ~n auslegen** carreler
'**kacheln** *v/t* ⟨-(e)le, h⟩ carreler
'**Kachelofen** *m* poêle *m* de faïence
Kachexie [kaxɛ'ksi:] *f* ⟨~; ~n⟩ MÉD cachexie *f*
'**kack'braun** P *adj* brun, marron sale (*inv*); brunâtre
Kacke ['kakə] P *f* ⟨~⟩ P merde *f*; **jetzt ist die ~ am Dampfen** cette fois, on est dans la merde; P on est dans un foutu merdier
'**kacken** P *v/t u v/i* ⟨h⟩ P chier
'**Kacker** P *m* ⟨~s; ~⟩ F sale type *m*, F mec *m*
Kadaver [ka'da:vər] *m* ⟨~s; ~⟩ cadavre *m*; **~gehorsam** *m* péj obéissance *f* aveugle
Kadenz [ka'dɛnts] *f* ⟨~; ~en⟩ MUS cadence *f*
Kader ['ka:dər] *m*, *schweiz n* ⟨~s; ~⟩ MIL, POL, *in der Wirtschaft* cadre *m*; **~abteilung** *f* HIST DDR service *m* du personnel; **~leiter** *m* HIST DDR chef *m* du service du personnel; **~schmiede** F plais, oft péj *f* grande(s) école(s)
Kadett [ka'dɛt] *m* ⟨~en; ~en⟩ **1.** HIST MIL cadet *m* (de l'armée); **2.** F gars *m*; type *m*
Kadi ['ka:di] *m* ⟨~s; ~s⟩ **1.** ISLAM cadi *m*; **2.** F fig (*Richter*) juge *m*; F **j-n vor den ~ schleppen** traîner qn devant le juge; F **zum ~ laufen** faire un procès
Kadmium ['katmiʊm] *n* ⟨~s⟩ CHIM cadmium *m*
Käfer ['kɛ:fər] *m* ⟨~s; ~⟩ **1.** ZO bête *f*; insecte *m*; *großer a* scarabée *m*; **2.** F **ein flotter ~** *Mädchen* F une belle, une super nana *f*; **3.** F (*VW*) coccinelle *f*
Kaff [kaf] F *péj n* ⟨~s; ~e *ou* ~s⟩ F trou *m*; F bled *m*
Kaffee ['kafe *ou* ka'fe:] *m* ⟨~s; ~s⟩ café *m*; **e-e Tasse ~** une tasse de café; **schwarzer ~** café noir; **~ mit Milch** café au lait; *im Lokal* (café) crème *m*; F fig **das ist kalter ~** c'est de l'histoire ancienne; F c'est du réchauffé; **~ kochen, machen** faire du café; **~ trinken** prendre, boire un café; **am Nachmittag prendre le café**; **j-n zum ~ einladen** inviter qn à prendre le café
'**Kaffee|anbau** *m* ⟨~(e)s⟩ culture *f* du café; **~automat** *m* distributeur *m* de café; **~bohne** *f* grain *m* de café; **2braun** *adj* (couleur) café (*inv*);

~durst *m* envie *f* de café; **~-Ernte** *f* cueillette *f* du café; **~-Ersatz** *m* succédané *m*, ersatz *m* de café; **~-Extrakt** *m* essence *f* de café; **~fahrt** *f* **1.** *Ausflug* excursion *f* avec pause café; **2.** *Werbefahrt* excursion *f* (avec pause café) organisée à des fins publicitaires; **~filter** *m* filtre *m* à café (*a Filterpapier, -tüte*); **~geschirr** *n cf* **Kaffeeservice**
Kaf'feehaus *n bes österr* café *m* typiquement viennois (*établissement*)
'**Kaffee|kanne** *f* cafetière *f*; **~klatsch** F *m* (*commérages lors d'une*) réunion de dames prenant le café ou le thé; **~kränzchen** *n* **1.** *Treffen* réunion *f* d'un petit groupe de femmes se rencontrant régulièrement pour prendre le café et bavarder; **2.** *Frauen*: petit groupe de femmes se rencontrant régulièrement pour prendre le café et bavarder; **~löffel** *m* cuiller *od* cuillère *f* à café; **~maschine** *f* cafetière *f* électrique; *große* percolateur *m*; **~mühle** *f* moulin *m* à café; **~pause** *f* pause *f* café; **~plantage** *f* plantation *f* de café; **~rösterei** *f* établissement *m* de torréfaction; **~sahne** *f* crème *f* à café
'**Kaffeesatz** *m* marc *m* de café; **aus dem ~ lesen** lire l'avenir dans le marc de café
Kaffee|service ['kafezɛrviːs] *n* service *m* à café; **~strauch** *m* caféier *m*; **~tafel** *f cf* **Kaffeetisch**
'**Kaffeetante** F *f* **e-e ~ sein** adorer le café; être un grand buveur, une grande buveuse de café
'**Kaffee|tasse** *f* tasse *f* à café; **~tisch** *m* table mise pour le café; **~wärmer** *m* couvre-théière *m*; cosy *m*; **~wasser** *n* eau *f* pour le café
Kaffer ['kafər] *m* **1.** ⟨~n; ~n⟩ Cafre *m*; **2.** F ⟨~s; ~⟩ *Schimpfwort* imbécile *m*; rustre *m*
Käfig ['kɛ:fɪç] *m* ⟨~s; ~e⟩ cage *f*; fig **in e-m goldenen ~ sitzen** être dans une prison dorée
'**Käfighaltung** *f* élevage industriel
kafkaesk [kafka'ɛsk] *st/s adj* kafkaïen, -ïenne
Kaftan ['kaftan] *m* ⟨~s; ~e⟩ caf(e)tan *m*
kahl [ka:l] *adj Kopf* chauve; *Baum, Landschaft, Wand etc* nu; dénudé; **~ werden** *Mensch* devenir chauve; *Baum* perdre ses feuilles; **Karl der 2e** Charles le Chauve
'**Kahlfraß** *m* ⟨~es⟩ ravages, dégâts (causés aux cultures par les insectes)
'**kahlfressen** *v/t* ⟨*irr, sép, -ge-,* h⟩ dévorer toutes les feuilles de; ravager
'**kahlgeschoren** *adjt* qui a la tête rasée; **~er Kopf** crâne rasé
'**Kahl|heit** *f* ⟨~⟩ *des Kopfes* calvitie *f*; *e-s*

Baumes, e-r Landschaft etc nudité *f*; **~kopf** *m* **1.** *Kopf* tête *f* chauve; **2.** F *Person* chauve *m*; **⚲köpfig** *adj* chauve; **~schlag** *m* FORSTWIRTSCHAFT coupe *f* à blanc(-étoc); *fig* coupe *f* sombre

Kahn [ka:n] *m* ⟨~(e)s; ⸚e⟩ **1.** barque *f*; (*Last⚲*) péniche *f*; chaland *m*; **~ fahren** aller, se promener en barque; faire un tour en barque; **2.** F *péj* (*Schiff*) rafiot *m*; **3.** F *plais* (*Bett*) F pieu *m*; F plumard *m*; **4.** F MIL (*Gefängnis*) *arg* taule *f*; **5.** F *pl* **Kähne** (*große Schuhe*) P péniches *f/pl*

'**Kahn|fahrt** *f*, **~partie** *f* promenade *f*, *m* en barque

Kai [kaɪ] *m* ⟨~s; ~s⟩ quai *m*; **am ~ liegen** être à quai

Kaiman ['kaɪman] *m* ⟨~s; ~e⟩ ZO caïman *m*

'**Kaimauer** *f* mur *m* de *od* du quai

Kainsmal ['kaɪnsma:l] *n* ⟨~(e)s; ~e⟩ signe *m* de Caïn

Kairo ['kaɪro] *n* ⟨→ n/pr⟩ Le Caire

Kaiser ['kaɪzər] *m* ⟨~s; ~⟩ empereur *m*; *fig sich um des ~s Bart streiten* se disputer, se quereller pour des riens, pour des vétilles; BIBL *gebet dem ~, was des ~s ist* rendez à César ce qui est à César

'**Kaiser|adler** *m* ZO aigle impérial; **~fleisch** *n südd, österr* CUIS lard fumé; poitrine fumée

Kaiserin *f* ⟨~; ~nen⟩ impératrice *f*

'**Kaiser|krone** *f* **1.** couronne impériale; **2.** BOT fritillaire impériale; **~krönung** *f* couronnement *m* de l'empereur; **⚲lich** *adj* impérial; **~mantel** *m* ZO tabac *m* d'Espagne; **~reich** *n* empire *m*; **~schmarren** *m österr, südd* plat sucré composé d'une crêpe épaisse coupée en morceaux mélangés à des raisins secs; **~schnitt** *m* MÉD césarienne *f*; **~tum** *n* ⟨~s⟩ empire *m*

'**Kaiserwetter** *n plais* temps, soleil radieux; *es herrscht ~* le soleil est de la fête

Kajak ['ka:jak] *m* ⟨~s; ~s⟩ kayac *od* kayak *m*

Kajüte [ka'jy:tə] *f* ⟨~; ~n⟩ MAR cabine *f*

Kakadu ['kakadu] *m* ⟨~s; ~s⟩ ZO cacatoès *m*

Kakao [ka'kaʊ *ou* ka'ka:o] *m* ⟨~s; ~s⟩ cacao *m*; (*Getränk*) chocolat *m*; F *fig j-n durch den ~ ziehen* F casser du sucre sur le dos de qn

Ka'kao|baum *m* cacaoyer *m*; cacaotier *m*; **~bohne** *f* fève *f* de cacao; **~butter** *f* beurre *m* de cacao; **~pulver** *n* cacao *m* en poudre

kakeln ['ka:kəln] *v/i* ⟨-(e)le, h⟩ *nordd* **1.** (*gackern*) glousser; **2.** F (*schwatzen*) caqueter

Kakerlak ['ka:kərlak] *m* ⟨~s *ou* ~en; ~en⟩ blatte *f*; cafard *m*

Kaktee [kak'te:(ə)] *f* ⟨~; ~n⟩ BOT *cf* **Kaktus**; *pl* **~n** *sc* cact(ac)ées *f/pl*

Kaktus ['kaktus] *m* ⟨~; -'teen⟩ cactus *m*; **~feige** *f* figue *f* de Barbarie

Kalamität [kalami'tɛ:t] *st/s f* ⟨~; ~en⟩ embarras *m*; malchance *f*; *pl/fort* désastre *m*; *st/s* calamité *f*

Kalander [ka'landər] *m* ⟨~s; ~⟩ TECH calandre *f*

Kalauer ['ka:laʊər] *m* ⟨~s; ~⟩ calembour *m*

'**kalauern** *v/i* ⟨-(e)re, h⟩ faire des calembours

Kalb [kalp] *n* ⟨-(e)s; ⸚er⟩ **1.** ZO, CUIS veau *m*; (*Hirsch⚲ etc*) faon *m*; BIBL *fig das Goldene ~ anbeten* adorer le veau d'or; **2.** *fig Schimpfwort* F veau *m*; nigaud *m*

'**kalben** *v/i* ⟨h⟩ vêler; *Gletscher* s'effriter dans la mer

Kalbe'rei F *f* ⟨~; ~en⟩ folâtrerie *f*

'**kalbern** F *v/i* ⟨-(e)re, h⟩ folâtrer; faire le fou, la folle

'**Kalbfleisch** *n* veau *m*

'**Kalbs|braten** *m* rôti *m* de veau; **~bries** *n* ris *m* de veau; **~brust** *f* poitrine *f* de veau; **~filet** *n* filet *m* de veau; **~frikassee** *n* fricassée *f* de veau; **~hachse** *f*, *südd* **~haxe** *f* jarret *m* de veau; **~leber** *f* foie *m* de veau; **~leberwurst** *f* saucisse *f* de foie de veau (à tartiner); **~leder** *n* veau *m*; box *m*; **~medaillon** *n* médaillon *m* de veau; **~milch** *f cf* **Kalbsbries**; **~niere** *f* rognon *m* de veau; **~nierenbraten** *m* rognonnade *f*; **~nuß** *f* noix *f* de veau; **~roulade** *f* paupiette *f* de veau; **~schnitzel** *n* escalope *f* de veau

Kalbsvögerl ['kalpsfø:gərl] *n* ⟨~s; ~(n)⟩ *österr* mets en sauce composé de jarret de veau en morceaux

Kaldaunen [kal'daʊnən] *f/pl* tripes *f/pl*

Kalebasse [kalə'basə] *f* ⟨~; ~n⟩ *Frucht u Gefäß* calebasse *f*

Kaleidoskop [kalaɪdo'sko:p] *n* ⟨~s; ~e⟩ kaléidoscope *m*

kalen'darisch *adj* conforme au calendrier

Kalendarium [kalɛn'da:rium] *n* ⟨~s; -ien⟩ calendrier *m*

Kalender [ka'lɛndər] *m* ⟨~s; ~⟩ calendrier *m*; (*Volks-, Bauern⚲*) almanach *m*; (*Taschen⚲*) agenda *m*; *fig e-n Tag im ~* (*rot*) *anstreichen* marquer un jour d'une pierre blanche

Ka'lender|blatt *n* feuille *f* de calendrier; **~geschichte** *f* histoire *f* d'almanach; **~jahr** *n* année civile; **~monat** *m* mois civil; **~spruch** *m* dicton *m*, maxime *f* de calendrier; **~woche** *f* semaine *f* (de l'année)

Kalesche [ka'lɛʃə] *f* ⟨~; ~n⟩ *früher* calèche *f*

Kalfakter [kal'faktər] *m* ⟨~s; ~⟩, **Kal'faktor** *m* ⟨~s; -'toren⟩ **1.** *oft péj* homme *m*, garçon *m* à tout faire; **2.** *im Gefängnis etwa* homme *m* de corvée

kalfatern [kal'fa:tərn] *v/t* ⟨-(e)re, *pas de ge-*⟩ MAR calfater

Kal'fatern *n* ⟨~s; ~⟩, **Kal'faterung** *f* ⟨~⟩ MAR calfatage *m*

Kali ['ka:li] *n* ⟨~s; ~s⟩ CHIM potasse *f*

Kaliber [ka'li:bər] *n*; *adj* calibre *m*; *fig a* acabit *m*; F *der ist vom gleichen ~* il est du même acabit, F calibre; F *kleineren, größeren ~s sein* F être de petit, de grand calibre; *Person* être de petite, de grande envergure

kalibrieren [kali'bri:rən] *v/t* ⟨*pas de ge-*, h⟩ calibrer

'**Kalidünger** *m* engrais *m* potassique

Kalif [ka'li:f] *m* ⟨~en; ~en⟩ calife *m*

Kalifat [kali'fa:t] *n* ⟨~(e)s; ~e⟩ califat *m*

Kalifornien [kali'fɔrniən] *n* ⟨→ n/pr⟩ la Californie

Kali'forn|ier(in) *m* ⟨~s; ~⟩ (*f* ⟨~; ~nen⟩) Californien, -ienne *m,f*; **⚲isch** *adj* californien, -ienne

Kaliko ['kaliko] *m* ⟨~s; ~s⟩ TEXT calicot *m*

'**Kali|lauge** *f* potasse *f* caustique; **~salz** *n* sel *m* potassique, de potassium

Kalium ['ka:lium] *n* ⟨~s⟩ CHIM potassium *m*; **~karbonat** *n* carbonate *m* de potassium; **~permanganat** *n* permanganate *m* de potassium

'**Kaliwerk** *n* mines *f/pl* de potasse

Kalk [kalk] *m* ⟨~(e)s; ~e⟩ chaux *f*; (*~stein*) calcaire *m*; CHIM, MÉD calcium *m*; *gebrannter od ungelöschter ~* chaux vive; *gelöschter ~* chaux éteinte, hydratée; *mit ~ düngen* chauler; F *bei dir rieselt schon der ~!* F tu commences à devenir gâteux

'**Kalkablagerung** *f* dépôt *m* calcaire

'**kalken** *v/t* ⟨h⟩ **1.** *Wände etc* passer à la chaux; enduire de chaux; blanchir à la chaux; **2.** AGR chauler

'**Kalk|felsen** *m* roche *f*, rocher *m* calcaire; **~grube** *f* fosse *f* à chaux

'**kalkhaltig** *adj* calcaire (*a Wasser*); *stark ~es Wasser* eau *f* très calcaire

'**kalkig** *adj* (*kalkhaltig*) calcaire; (*weiß wie Kalk*) blanc, blanche

'**Kalk|mangel** *m* ⟨~s⟩ MÉD manque *m* de calcium; **~ofen** *m* four *m* à chaux; chaufour *m*; **~sandstein** *m* grès *m* calcaire; **~spat** *m* calcite *f*; **~stein** *m* calcaire *m*; pierre *f* à chaux

Kalkül [kal'ky:l] *n* MATH *m* ⟨~s; ~e⟩, *st/s fig n od m* ⟨~s; ~e⟩ calcul *m*; *etw ins ~ ziehen* tenir compte de qc dans ses calculs

Kalkulation [kalkulatsi'o:n] *f* ⟨~; ~en⟩ COMM, *fig* calcul(s) *m(pl)*; *nach meiner ~* selon mes calculs

Kalku'lator *m* ⟨~s; -'toren⟩ *Beruf* responsable *m* de la comptabilité analytique; (*berechnender Mensch*) calculateur *m*

kalku'lierbar *adj* prévisible

kalku'lieren *v/t u v/i* ⟨*pas de ge-*, h⟩ calculer

Kalkutta [kal'kuta] *n* ⟨→ n/pr⟩ Calcutta

'**kalk'weiß** *adj* blanc, blanche comme (la) neige; *fig* (*kreidebleich*) blanc, blanche comme un linge

Kalorie [kalo'ri:] *f* ⟨~; ~n⟩ calorie *f*

kalo'rienarm I *adj* pauvre en calories; hypocalorique; II *adv* **~ essen, kochen** manger, cuisiner léger

kalo'rienbewußt I *adj* qui tient compte de la valeur calorique des aliments; II *adv* en faisant attention à la valeur calorique des aliments

Kalo'rien|gehalt *m* valeur *f* calorique; **~menge** *f* quantité *f* de calories

kalo'rienreich I *adj* riche en calories; II *adv* **~ essen** manger une nourriture riche; **~ kochen** faire une cuisine riche (en calories)

Kalo'rienverbrauch *m* consommation *f* de calories

kalt [kalt] I *adj* ⟨⸚er, ⸚este⟩ *a fig* froid; *ihn packte ~es Entsetzen* il fut frappé de terreur; **~es Licht** lumière froide; **~er Prunk**, **~e Pracht** faste *m* sévère; **~er Schauer** frisson *m*; **~er Schweiß** sueur froide; **~e Wut** colère froide; *Speisen etc* **~ werden** se refroidir; *es ist ~* (*draußen*) il fait froid (dehors); *mir ist ~* j'ai froid; *mir wird ~* je commence à avoir froid; **~e Füße haben** avoir froid aux pieds; F *fig* **~e Füße bekommen** *od* **kriegen** F avoir la trouille; II *adv* froidement; *j-n ~ ansehen* regarder qn froidement; (*sich*) **~**

kaltbleiben — Kampf

duschen se doucher à l'eau froide; prendre une douche froide; ~ essen manger froid; ~ lächeln avoir un sourire figé; Getränke ~ stellen mettre au frais; es überläuft mich ~ (, wenn) cela me donne le frisson (quand); cela me fait froid dans le dos (quand)

'**kaltbleiben** v/i ⟨irr, sép, -ge-, sein⟩ fig garder son sang-froid; rester impassible, calme

'**Kalt|blut** n cheval m de trait (lourd et puissant); ~**blüter** m ⟨~s; ~⟩ ZO animal m à sang froid; ⌾**blütig I** adj fig (ruhig) qui garde son sang-froid; impassible; péj qui est sans scrupules, sans pitié; **II** adv (ruhig) avec sang-froid; impassiblement; péj froidement; avec sang-froid; ~**blütigkeit** f ⟨~⟩ a péj sang-froid m

Kälte ['kɛltə] f ⟨~⟩ froid m; (Gefühls⌾) froideur f; **wir haben zwanzig Grad ~** il fait moins vingt (degrés); **vor ~ zittern** trembler de froid; **die ~ der Luft** la température froide de l'air; **j-n mit ~ empfangen** recevoir qn avec froideur

'**kältebeständig** adj résistant au froid; '**Kälteeinbruch** m MÉTÉO arrivée subite du froid

'**kälteempfindlich** adj sensible au froid; Person frileux, -euse

'**Kälte|gefühl** n sensation f de froid; ~**grad** m degré m de froid; ~**maschine** f machine f frigorifique; ~**periode** f période f de froid; ~**pol** m pôle m du froid; ~**schauer** m frisson m de froid; ~**starre** f ZO engourdissement m (dû à l'hibernation); ~**sturz** m MÉTÉO refroidissement subit; ~**technik** f ⟨~⟩ technique f du froid; froid industriel, artificiel

'**Kältetod** m **er erlitt den ~** il est mort de froid

'**Kältewelle** f MÉTÉO vague f de froid
'**Kaltfront** f MÉTÉO front froid
'**kaltgeschlagen** adjt Öl pressé à froid
'**Kalthaus** n JARD serre froide
'**kaltherzig** adj insensible; qui n'a pas de cœur

'**Kaltherzigkeit** f ⟨~⟩ insensibilité f; manque m de cœur

'**kalt'lächelnd** F péj adjt (advt) cynique (-ment)

'**kaltlassen** F v/t ⟨irr, sép, -ge-, h⟩ **das läßt mich kalt** cela ne me fait ni chaud ni froid; cela me laisse froid

'**Kalt|leim** m colle f à froid; ~**luft** f ⟨~⟩ air froid; ~**luftfront** f MÉTÉO front froid

'**kaltmachen** F v/t ⟨sép, -ge-, h⟩ **j-n ~** P refroidir qn; F descendre qn

'**Kalt'mamsell** F personne dans un restaurant qui prépare les plats froids, les sandwichs, etc; ~**miete** f loyer m sans charges; ~**nadelradierung** f gravure f à la pointe sèche; Ergebnis e dieser Technik ~**schale** f soupe de fruits servie froide; ⌾**schnäuzig** F **I** adj insensible; froid; **II** adv froidement; ~**schnäuzigkeit** f ⟨~⟩ insensibilité f; froideur f; ~**start** m AUTO démarrage m à froid

'**kaltstellen** F v/t ⟨sép, -ge-, h⟩ **j-n ~** F mettre qn sur une voie de garage; hohe Beamte etc limoger qn; **kaltgestellt werden** être mis sur la touche

'**Kalt'wasserbehandlung** f traitement m hydrothérapique à froid; ~**welle** f beim Friseur permanente f à froid

Kalvarienberg [kal'va:riənbɛrk] m BIBL Calvaire m; Wallfahrtsstätte calvaire m

Kalvin|ismus [kalvi'nɪsmʊs] m ⟨~⟩ calvinisme m; ~**ist(in)** m ⟨~en; ~en⟩ f ⟨~; ~nen⟩ calviniste m, f; ⌾**istisch** adj calviniste; de Calvin

Kalzium ['kaltsiʊm] n ⟨~s⟩ CHIM calcium m

kam [ka:m] cf **kommen**

Kamarilla [kama'rɪlja] st/s f ⟨~; -llen⟩ POL camarilla f

Kambium ['kambiʊm] n ⟨~s; -ien⟩ BOT cambium m

Kambodscha [kam'bɔdʒa] n ⟨→ n/pr⟩ le Cambodge

Kambo'dschan|er(in) m ⟨~s; ~⟩ (f) ⟨~; ~nen⟩ Cambodgien, -ienne m,f; ⌾**isch** adj cambodgien, -ienne

Kambrium ['kambriʊm] n ⟨~s⟩ GÉOL cambrien m

Kamee [ka'me:(ə)] f ⟨~; ~n⟩ camée m

Kamel [ka'me:l] n ⟨~s; ~e⟩ **1.** chameau m; weibliches chamelle f; pl ~**e** ces camélidés m/pl; **2.** F péj (Dummkopf) F bêta m, bêtasse f; F ballot m; ~**haar** n poil m de chameau; ~**haarmantel** m manteau m en poil de chameau

Kamelie [ka'me:liə] f ⟨~; ~n⟩ camélia m

Ka'meltreiber m **1.** chamelier m; **2.** F péj (Araber) F bougnoule m

Kamera ['kamera] f ⟨~; ~s⟩ FILM, TV caméra f; (Fotoapparat) appareil m photo(graphique); **vor der ~ stehen** être devant la caméra

'**Kameraassistent(in)** m(f) assistant(e)-cameraman m(f)

Kamerad [kamə'ra:t] m ⟨~en; ~en⟩ a (Schul⌾), MIL camarade m

Kameraderie [kaməradə'ri:] f ⟨~⟩ meist péj complaisance f; loyauté f servile (j-m gegenüber envers qn); aus falsch verstandener ~ par fausse solidarité

Kame'rad|in f ⟨~; ~nen⟩ (a Schul⌾) camarade f; ~**schaft** f camaraderie f; ⌾**schaftlich I** adj de camarade; **II** adv en camarade; en bon(s) camarade(s); ~**schaftlichkeit** f ⟨~⟩ (bonne) camaraderie f; ~**schaftsgeist** m esprit m de camaraderie

'**Kamera|frau** f cadreuse f; opératrice f; ~**führung** f façon f de diriger, de manier la caméra; ~**mann** m ⟨~(e)s; -männer ou -leute⟩ cadreur m; cameraman m; opérateur m; ⌾**scheu** adj qui fuit, qui craint les photographes; ~**team** n équipe f de cadreurs, de cameramen, d'opérateurs

Kamerun ['kaməru:n] n ⟨→ n/pr⟩ le Cameroun

'**Kamerun|er(in)** m ⟨~s; ~⟩ (f) ⟨~; ~nen⟩ Camerounais(e) m(f); ⌾**isch** adj camerounais

Kamikaze [kami'ka:tsə] m ⟨~; ~⟩ kamikaze m; ~**fahrer** F m kamikaze m du volant; ~**flieger** m kamikaze m

Kamille [ka'mɪlə] f ⟨~; ~n⟩ camomille f; **echte ~** petite camomille; camomille sauvage

Ka'millentee m (infusion f de) camomille f

Kamin [ka'mi:n] m, schweiz n ⟨~s; ~e⟩ cheminée f (a Felsspalte); **offener ~** cheminée f; **am ~** au coin du feu; F **etw in den ~ schreiben** F faire son deuil de qc

Ka'min|bank f chenet m; ~**feger** m ⟨~s; ~⟩ regional ramoneur m; ~**feuer** n feu m de cheminée; ~**gespräch** n bes POL entretien m au coin du feu; ~**kehrer** m ⟨~s; ~⟩ regional cf Kaminfeger; ~**sims** m od n tablette f de cheminée

Kamm [kam] m ⟨~(e)s; ⸚e⟩ **1.** (Haar⌾) peigne m; **alles über e-n ~ scheren** mettre tout dans le même sac; **2.** ZO des Hahns etc crête f; des Pferdes etwa nuque f; bei Schlachtvieh collier m; F fig **ihm schwillt der ~** (er wird zornig) il monte sur ses ergots; (er wird hochmütig) il devient arrogant. **3.** (Gebirgs⌾) crête; arête f; **4.** (Wellen⌾) crête f; **5.** TEXT peigne m

'**Kammacher** m ⟨~s; ~⟩ fabricant m de peignes; peignier m

Kämmchen ['kɛmçən] n ⟨~s; ~⟩ petit peigne; im Haar peigne m

kämmen ['kɛmən] ⟨h⟩ **I** v/t peigner; **II** v/réfl **sich ~** se peigner

Kammer ['kamər] f ⟨~; ~n⟩ **1.** petite pièce; (Dach⌾) mansarde f; **2.** JUR, POL, TECH, berufsständische chambre f; **3.** e-r Schleuse sas m; **4.** MIL magasin m d'habillement; **5.** ANAT ventricule m; ~**chor** m chœur m de musique de chambre; ~**diener** m früher valet m de chambre

Kämmerei [kɛmə'rai] f ⟨~; ~en⟩ ADM administration f des finances municipales

'**Kämmerer** cf **Stadtkämmerer**

'**Kammer|frau** f früher femme f de chambre; ~**gericht** n HIST cour f suprême; ~**herr** m HIST chambellan m; ~**jäger** m spécialiste chargé des opérations de déparasitage; ~**kätzchen** f n cf Kammerzofe; ~**konzert** n concert m de musique de chambre

Kämmerlein ['kɛmərlain] n ⟨~s; ~⟩ plais im stillen ~ dans mon, ton, etc coin

'**Kammer|musik** f musique f de chambre; ~**orchester** n orchestre m de chambre; ~**sänger(in)** m(f) **1.** Titel: titre de distinction accordé à un(e) excellent(e) chanteur (-euse) d'opéra; **2.** (Kammermusiker) chanteur, -euse m(f) de musique de chambre; ~**spiel** n, ~**spiele** pl (petit) théâtre m; ~**ton** m MUS la m normal; diapason m; ~**zofe** f früher femme f de chambre

'**Kammgarn** n Garn laine peignée; Gewebe peigné m

'**Kammuschel** f ZO peigne m

Kampagne [kam'panjə] f ⟨~; ~n⟩ bes POL campagne f; **e-e ~ führen** faire campagne (**für** pour; **gegen** contre)

Kämpe ['kɛmpə] m ⟨~n; ~n⟩ früher bzw plais od iron guerrier m; **ein wackerer ~** un vaillant guerrier

Kampf [kampf] m ⟨~(e)s; ⸚e⟩ MIL, SPORT etc combat m; fig meist lutte f; **innerer ~** lutte intérieure; **der ~ ums Dasein** la lutte pour la vie, pour l'existence; **der ~ zwischen den Geschlechtern** la lutte des sexes; **ein ungleicher ~** un combat inégal; **j-m, e-r Sache (dat) den ~ ansagen** déclarer la guerre à qn, qc; **den ~ bestehen** gagner le combat, la lutte; **sich (dat) e-n erbitterten ~ liefern** se livrer une lutte sans merci, un combat acharné; **der ~ tobt** le combat fait rage; plais **in den ~!** à l'attaque!; **~ dem Alkohol!** à bas l'alcool!; F

war das ein ~ (, *bis* ...+ *ind*)*!* quel mal on a eu (pour +*inf*)*!*
'**Kampf**|**abschnitt** *m* MIL secteur *m* de combat; **~abstimmung** *f* POL vote âprement disputé; **~ansage** *f fig* déclaration *f* de guerre; **~anzug** *m* MIL tenue *f* de combat; **~bahn** *f* (*Stadion*) stade *m*; (*Arena*) arène *f*; **²bereit** *adj* prêt à combattre, au combat; **~einheit** *f* MIL unité *f* de combat
kämpfen ['kɛmpfən] ⟨h⟩ **I** *v/t st/s* **e-n schweren Kampf** ~ livrer un rude, dur combat; **den letzten Kampf** ~ livrer le dernier combat; **II** *v/i* combattre (**gegen** *j-n* qn, contre qn); se battre (*mit* avec; **gegen** contre; *fig* lutter (**gegen** contre; *für*, *um* pour); **für e-e Idee** ~ se battre, militer pour une idée; *miteinander* ~ se (com)battre; *mit sich* ~ lutter avec soi-même; *mit dem Schlaf* ~ lutter contre le sommeil; *mit dem Tode* ~ être au bord des larmes; se retenir de pleurer; *mit großen Schwierigkeiten zu* ~ *haben* avoir à lutter contre de grandes difficultés; *um s-e Existenz* ~ *materiell* lutter pour son existence; **III** *v/réfl* **sich durch den Dschungel** *etc* ~ se frayer un chemin à travers la jungle, *etc*
Kampfer ['kampfər] *m* ⟨~s⟩ camphre *m*
Kämpfer ['kɛmpfər] *m* ⟨~s; ~⟩ CONSTR *e-s Gewölbes* sommier *m*; *e-s Fensters* traverse *f* (de fenêtre)
'**Kämpfer(in)** *m* ⟨~s; ~⟩ (*f*) ⟨~; ~nen⟩ combattant(e) *m*(*f*); *fig* militant(e) *m*(*f*) (*für* de)
'**kämpferisch** *adj a fig* combatif, -ive; *fig militant*
'**Kämpfernatur** *f* ⟨~; ~en⟩ tempérament *m* de lutteur; *e-e* ~ *sein* être un lutteur
'**kampferprobt** *adj t* qui a l'expérience du combat; aguerri; **~fähig** *adj* capable de, en état de combattre, se battre
'**Kampf**|**fähigkeit** *f* ⟨~⟩ capacité *f* de, aptitude *f* à combattre, se battre; **~fisch** *m* ZO combattant *m*; **~flieger** *m* pilote *m* de combat; **~flugzeug** *n* avion *m* de combat; **~gas** *n* gaz *m* de combat; **~gebiet** *n* zone *f* de combat, d'opérations militaires; **~geist** *m* esprit combatif; **~gericht** *n* SPORT jury *m*;
'**Kampfgeschehen** *n* combat *m*; *mitten im* ~ dans le feu de l'action
'**Kampf**|**getümmel** *n* mêlée *f*; **~gruppe** *f* groupement *m* tactique
'**Kampfhahn** *m* **1.** coq *m* de combat; **2.** F *fig* F bagarreur, -euse *m*,*f*
'**Kampf**|**handlung** *f* action *f* militaire; **~hubschrauber** *m* hélicoptère *m* de combat; **~kraft** *f* force combative; potentiel combatif; combativité *f*; **~lärm** *m* bruit *m* du combat; **~lied** *n* chant *m* de combat; chant guerrier; **²los** *adj u adv* sans combat(tre); sans coup férir; **~lust** *f* ardeur *f* au combat; humeur belliqueuse; combativité *f*; **²lustig** *adj* combatif, -ive; belliqueux, -euse; **~maßnahme** *f* mesure *f* de lutte; **~mittel** *n* moyen *m*, engin *m* de combat; **~panzer** *m* char *m* de combat, d'assaut; **~parole** *f* mot *m* d'ordre; **~pause** *f* interruption *f* du combat *od* des combats; **~platz** *m* **1.** MIL lieu *m* du combat; **2.** *fig* théâtre *m* du combat; **~preis** *m* COMM prix compétitif;

~richter *m* SPORT arbitre *m*; juge *m*; **~schrift** *f* texte *m* polémique; (*Flugblatt*) tract *m*; (*Pamphlet*) pamphlet *m*; **~sport** *m* sport *m* de combat; **~stätte** *f* **1.** MIL champ *m* de bataille; **2.** SPORT lieu *m* de la compétition; **~stier** *m* taureau *m* de combat
'**Kampfstoffe** *m/pl* moyens offensifs; *Gase* gaz *m/pl* de combat; *biologische* ~ armes *f/pl* biologiques
'**Kampftruppen** *f/pl* troupes *f/pl* pour le combat
'**kampfunfähig** *adj* incapable de combattre, de se battre; 'hors de combat; ~ *machen* mettre 'hors de combat'
'**Kampf**|**unfähigkeit** *f* inaptitude *f* à, incapacité *f* de combattre, se battre; **~verband** *m* groupement *m*, formation *f* de combat; **~wagen** *m* char *m* de combat
kampieren [kam'pi:rən] *v/i* ⟨*pas de ge-*, h⟩ camper
Kamuffel [ka'mʊfəl] F *n* ⟨~s; ~⟩ *Schimpfwort* nigaud *m*
Kanada ['kanada] *n* ⟨→ *n/pr*⟩ le Canada
Kanadier [ka'na:diər] *m* ⟨~s; ~⟩ **1.** canadien *m*; **2.** SPORT canadienne *f*; **~in** *f* ⟨~; ~nen⟩ Canadienne *f*
ka'nadisch *adj* canadien, -ienne; du Canada
Kanaille [ka'naljə] *f* ⟨~; ~n⟩ *péj* canaille *f*
Kanake [ka'na(:)kə] *m* ⟨~n; ~n⟩ **1.** (*Südseeinsulaner*) Canaque *m*; **2.** P *Schimpfwort* barbare *m*; étranger *m*
Kanal [ka'na:l] *m* ⟨~s; Kanäle⟩ **1.** *a* ANAT, TV, *fig* canal *m*; TV *auf* ~ *zwei umschalten* F passer sur la 2; F *fig den* ~ *voll haben* (*e-r Sache überdrüssig sein*) F en avoir marre; F en avoir plein le dos; (*betrunken sein*) F être plein comme une bourrique; **2.** (*Abwasser²*) égout *m*; **3.** GÉOGR *der* ~ la Manche
Ka'nal|**arbeiter** *m* égoutier *m*; F *fig* POL lampiste *m*; **~bau** *m* ⟨~(e)s; ~ten⟩ construction *f* d'un canal; **~deckel** *m* plaque *f* d'égout; **~gebühr** *f* taxe *f* de déversement à l'égout
Ka'nalinseln *f/pl die* ~ les îles *f/pl* Anglo-Normandes
Kanalisation [kanalizatsi'o:n] *f* ⟨~; ~en⟩ **1.** (*Stadtentwässerung*) égouts *m/pl*; *mit Hausanschlüssen* tout-à-l'égout *m*; *das Haus ist an die* ~ *angeschlossen* la maison a le tout-à-l'égout; **2.** (*pas de ge*⟩ *cf* **Kanalisierung**
Kanalisati'ons|**netz** *n*, **~system** *n* réseau *m* de tout-à-l'égout
kanali'sieren *v/t* ⟨*pas de ge-*, h⟩ *Fluß*, *fig* canaliser; *Stadt etc* établir les égouts de, dans
Kanali'sierung *f* ⟨~; ~en⟩ *e-s Flusses* canalisation *f*; *e-r Stadt etc* établissement *m* des égouts
Ka'nal|**schacht** *m* puits *m* d'accès aux égouts; **~tunnel** *m* tunnel *m* sous la Manche; **~überquerung** *f* traversée *f* de la Manche
Kanapee ['kanape] *n* ⟨~s; ~s⟩ **1.** (*Sofa*) canapé *m*; **2.** CUIS canapé *m*
Kanaren [ka'na:rən] *pl* ⟨→ *n/pr*⟩ *die* ~ les Canaries *f/pl*
Kanari [ka'na:ri] *m* ⟨~s; ~⟩ F *südd*, *österr*, **Ka'narienvogel** *m* canari *m*; serin *m*
ka'narisch *adj* canarien, -ienne; *die* **²*en Inseln*** les (îles *f/pl*) Canaries *f/pl*

Kandare [kan'da:rə] *f* ⟨~; ~n⟩ mors *m*; *fig j-n an die* ~ *nehmen* serrer la bride à qn
Kandelaber [kande'la:bər] *m* ⟨~s; ~⟩ candélabre *m*
Kandidat(in) [kandi'da:t(ɪn)] *m* ⟨~en; ~en⟩ (*f*) ⟨~; ~nen⟩ candidat(e) *m*(*f*); *j-n als Kandidaten aufstellen* présenter qn comme candidat
Kandi'datenliste *f* liste *f* de(s) candidats
Kandidatur [kandida'tu:r] *f* ⟨~; ~en⟩ candidature *f* (*auf* [+*acc*] à)
kandi'dieren *v/i* ⟨*pas de ge-*, h⟩ se porter candidat (*für* à, pour); poser sa candidature (*für* à)
kandieren [kan'di:rən] *v/t* ⟨*pas de ge-*, h⟩ enrober de sucre glace; glacer; confire
kan'diert *adj t* **~*e Früchte*** *f/pl* fruits confits
Kandis ['kandɪs] *m* ⟨~⟩, **~zucker** *m* sucre *m* candi
Kaneel [ka'ne:l] *m* ⟨~s; ~e⟩ (*Zimt*) cannelle *f* (de Ceylan)
Känguruh ['kɛŋguru] *n* ⟨~s; ~s⟩ kangourou *m*
Kanin [ka'ni:n] *n* ⟨~s; ~e⟩ peau *f* de lapin
Kaninchen [ka'ni:nçən] *n* ⟨~s; ~⟩ lapin *m*; *weibliches* lapine *f*; *wildes* (lapin *m* de) garenne *f*; F *sie vermehren sich wie die* ~ F *plais* chez eux, c'est du lapinisme
Ka'ninchen|**bau** *m* ⟨~(e)s; ~e⟩ terrier *m* de lapin; **~fell** *n* peau *f* de lapin; **~stall** *m* clapier *m*; **~züchter** *m* éleveur *m* de lapins
Kanister [ka'nɪstər] *m* ⟨~s; ~⟩ bidon *m*; jerrycan *m*
kann [kan] *cf* **können**
'**Kann-Bestimmung** *f* JUR disposition facultative
Kännchen ['kɛnçən] *n* ⟨~s; ~⟩ petit pot; *ein* ~ *Kaffee im Café* un pot de café
Kanne ['kanə] *f* ⟨~; ~n⟩ pot *m*; broc *m*; (*Milch²*) pot *m* à lait; (*große Milch²*) bidon *m* de lait; (*Gieß²*) arrosoir *m*
Kannelierung [kanə'li:rʊŋ] *f* ⟨~; ~en⟩ cannelure *f*
'**kannenweise** *adv* un pot, *etc* après l'autre; par pots, *etc*
Kanni|**bale** [kani'ba:lə] *m* ⟨~n; ~n⟩, **~'balin** *f* ⟨~; ~nen⟩ cannibale *m*,*f*; **²'balisch I** *adj* de cannibale(s); **II** *adv* en cannibale(s); **~ba'lismus** *m* ⟨~⟩ cannibalisme *m*
kannte ['kantə] *cf* **kennen**
Kanon ['ka:nɔn] *m* ⟨~s; ~s⟩ MUS, CATH, KUNST, (*Richtschnur*) canon *m*
Kanonade [kano'na:də] *f* ⟨~; ~n⟩ **1.** MIL canonnade *f*; **2.** F *fig* (*Flut*) rafale *f*; F flopée *f*; *e-e* ~ *von Flüchen* une bordée d'injures
Kanone [ka'no:nə] *f* ⟨~; ~n⟩ **1.** MIL canon *m*; bouche *f* à feu; *fig mit* ~*n auf Spatzen schießen* prendre un marteau pour écraser une mouche; **2.** *fig* SPORT *etc* as *m*; crack *m*; **3.** F (*Revolver*) F pétard *m*; **4.** F *das ist unter aller* ~ c'est au-dessous de tout
Ka'nonen|**boot** *n* canonnière *f*; **~donner** *m* grondement *m* de canon; **~futter** F *péj n* F chair *f* à canon; **~kugel** *f* boulet *m* de canon; **~ofen** *m* poêle *m* cylindrique en fonte
Ka'nonenrohr *n* canon *m* d'une bouche

Kanonenschlag – kaprizieren

à feu; F *heiliges ~!* F sacré nom d'un chien!

Ka'nonen|schlag *m* **1.** *Feuerwerkskörper* pétard *m*; **2.** *(Knall)* coup *m* de canon; **~schuß** *m* coup *m* de canon

Kanonier [kano'niːr] *m* ⟨~s; ~e⟩ canonnier *m*

Kanoniker [ka'noːnɪkər] *m* ⟨~s; ~⟩, **Ka'nonikus** *m* ⟨~; -ker⟩ ÉGL chanoine *m*

ka'nonisch *adj* canonique; CATH **~es Recht** droit *m* canon

kanoni'sieren *v/t* ⟨*pas de ge-*, h⟩ CATH canoniser

Kantate¹ [kan'taːtə] *f* ⟨~; ~n⟩ MUS cantate *f*

Kan'tate² PROT *der Sonntag ~* le quatrième dimanche après Pâques

Kante¹ ['kantə] *f* ⟨~; ~n⟩ *Rand (a Bett⟨⟩)* bord *m*; *Linie* arête *f*; *(Ski⟨⟩)* carre *f*; COUT (re)bord *m*; *(Web⟨⟩)* lisière *f*; *scharfe ~* arête vive; F fig *etwas auf die hohe ~ legen* mettre de l'argent de côté

'kanten *v/t* ⟨-ete, h⟩ **1.** *(rechtwinklig behauen) Holz* équarrir; *Stein* tailler (à arête vive); **2.** *(auf die Kante stellen)* mettre sur l'arête; SKISPORT *die Skier ~* se mettre sur ses carres

'Kanten *m* ⟨~s; ~⟩ *nordd: des Brotes (Anschnitt)* entame *f*; *(Endstück)* croûton *m*; trognon *m*

'Kantholz *n* bois équarri

'kantig *adj* à arête(s) vive(s); *Gesicht* anguleux, -euse

Kantine [kan'tiːnə] *f* ⟨~; ~n⟩ cantine *f*; *in e-m größeren Betrieb a* restaurant *m* d'entreprise

Kan'tinenessen *n* repas *m* de cantine

Kanton [kan'toːn] *m* ⟨~s; ~e⟩ *in Belgien, Frankreich, in der Schweiz* canton *m*

kanto'nal *adj* cantonal

Kanto'nist F *m* ⟨~en; ~en⟩ *ein unsicherer ~* une personne peu fiable; F un fumiste

Kan'tonsregierung *f schweiz* Conseil *m* d'État

Kantor ['kantɔr] *m* ⟨~s; -'toren⟩ HIST cantor *m*; *heute* organiste *m* et chef *m* de la chorale *(d'une église)*

Kanu ['kaːnu] *n* ⟨~s; ~s⟩ canoë *m*; *~ fahren* faire du canoë

'Kanufahrer(in) *m(f)* canoéiste *m,f*

Kanüle [ka'nyːlə] *f* ⟨~; ~n⟩ canule *f*

'Kanusport *m* canoéisme *m*; sport *m* du canoë

Kanute [ka'nuːtə] *m* ⟨~n; ~n⟩ canoéiste *m*

Kanzel ['kantsəl] *f* ⟨~; ~n⟩ **1.** ÉGL chaire *f*; *die ~ besteigen* monter en chaire; *von der ~ herab verkünden* annoncer en chaire; **2.** AVIAT *(Piloten⟨⟩)* cockpit *m*; **3.** *(Hochsitz)* affût perché

kanzerogen [kantsero'geːn] *adj* cancérigène; cancérogène

kanzerös [kantse'røːs] *adj* cancéreux, -euse

Kanzlei [kants'laɪ] *f* ⟨~; ~en⟩ *e-s Regierungschefs*, DIPL, HIST chancellerie *f*; *e-s Gerichts* greffe *m*; *e-s Anwalts* cabinet *m*; *e-s Notars* étude *f*; ADM bureau *m*; secrétariat *m*

Kanzler ['kantslər] *m* ⟨~s; ~⟩ POL, DIPL chancelier *m*; *e-r Hochschule etwa* directeur administratif; **~amt** *n* **1.** *Posten* fonctions *f/pl* de chancelier; **2.** *Dienst-*

stelle chancellerie *f*; **~kandidat** *m* candidat *m* chancelier

Kanzone [kan'tsoːnə] *f* ⟨~; ~n⟩ MUS canzone *f*

Kaolin [kao'liːn] *n od m* ⟨~s; ~e⟩ MINÉR kaolin *m*

Kap [kap] *n* ⟨~s; ~s⟩ cap *m*; *das ~ der Guten Hoffnung* le cap de Bonne-Espérance; *~ Hoorn* le cap Horn

Kap. *abr (Kapitel)* chap. (chapitre)

Kapaun [ka'paʊn] *m* ⟨~s; ~e⟩ ZO chapon *m*

Kapazität [kapatsi'tɛːt] *f* ⟨~; ~en⟩ **1.** *e-s Behälters, e-r Person* capacité *f*; **2.** *(Könner)* sommité *f*

Kapee [ka'peː] F *schwer von ~ sein* avoir la comprenette difficile *od* lente *od* un peu dure

Kapelle¹ [ka'pɛlə] *f* ⟨~; ~n⟩ ÉGL chapelle *f*

Ka'pelle² *f* ⟨~; ~n⟩ MUS orchestre *m*; *(Blechmusik⟨⟩) u* MIL fanfare *f*; MIL a musique *f*; *(Blas⟨⟩)* harmonie *f*

Ka'pellmeister *m* **1.** *(Dirigent)* chef *m* d'orchestre; **2.** *e-r Kirchenkapelle* maître *m* de chapelle; **3.** MIL chef *m* de musique

Kaper¹ ['kaːpər] *f* ⟨~; ~n⟩ *Gewürz* câpre *f*

'Kaper² *m* ⟨~s; ~⟩ HIST corsaire *m*

'kapern *v/t* ⟨-(e)re, h⟩ **1.** HIST prendre en course; **2.** F fig *j-n, etw ~* F mettre le grappin sur qn, sur qc; F *j-n für e-e Arbeit ~* convaincre qn de faire un travail; F *(sich [dat]) e-e Frau, e-n Mann ~* F (se) décrocher une femme, un homme

'Kapern|soße *f* sauce *f* aux câpres; **~strauch** *m* câprier *m*

'Kaperschiff *n* HIST corsaire *m*; navire armé en course

'Kaperung *f* ⟨~; ~en⟩ HIST MAR prise *f*

Kapetinger ['kapetɪŋər] *m/pl* HIST Capétiens *m/pl*

kapieren [ka'piːrən] F *v/t u v/i* ⟨*pas de ge-*, h⟩ F piger; *kapiert?* c'est bien compris?

kapillar [kapɪ'laːr] *adj* MÉD capillaire

Kapil'lare *f* ⟨~; ~n⟩ PHYS tube *m* capillaire; ANAT *cf* **Kapillargefäß**

Kapil'largefäß *n* (vaisseau *m*) capillaire *m*

kapi'tal *adj* capital; *ein ~er Hirsch* un superbe cerf

Kapital [kapi'taːl] *n* ⟨~s; ~ien *ou* ~e⟩ **1.** *einzelnes, bestimmtes* capital *m*; *als unbestimmte Geldsummen* capitaux *m/pl*; fonds *m/pl*; fig *aus etw ~ schlagen* exploiter qc à son avantage; tirer profit, parti de qc; monnayer qc; **2.** *(pas de pl) das ~ (die Kapitalisten)* les capitalistes *m/pl*

Kapi'tal|abwanderung *f* émigration *f* de capitaux; **~anlage** *f* placement *m*, investissement *m* de capitaux; **~anteil** *m* part *f* du *od* de capital; **~aufstockung** *f* augmentation *f* du *od* de capital; **~ausfuhr** *f* exportation *f* de capitaux; **~besitz** *m* propriété *f* en capitaux; **~beteiligung** *f* participation *f* au *od* en capital; **~bildung** *f* ⟨~⟩ formation *f*, constitution *f* de *od* du capital

Kapitälchen [kapi'tɛːlçən] *n* ⟨~s; ~⟩ TYPO petite capitale

Kapi'tal|eigner *m* propriétaire *m* du capital, de capitaux; **~erhöhung** *f* augmentation *f* de capital; **~ertrag** *m* reve-

nu *m* du capital; **~ertrag(s)steuer** *f* impôt *m* sur le revenu du capital; **~flucht** *f* fuite *f* de capitaux; **~geber** *m* bailleur *m* de fonds; apporteur *m* de capitaux; **~gesellschaft** *f* société *f* de capitaux; **~hilfe** *f* aide *f* en capital, en capitaux; ²**intensiv** *adj* à forte intensité de capital; **~investition** *f* investissement *m* de capital *od* de capitaux

Kapital|isation [kapitalizatsi'oːn] *f* ⟨~; ~en⟩ capitalisation *f*; ²**i'sieren** *v/t* ⟨*pas de ge-*, h⟩ capitaliser; **i'sierung** *f* ⟨~; ~en⟩ capitalisation *f*

Kapita'lismus [kapita'lɪsmus] *m* ⟨~⟩ capitalisme *m*; **~ist(in)** *m* ⟨~en; ~en⟩ (*f*) ⟨~; ~nen⟩ capitaliste *m,f*; ²**istisch** *adj* capitaliste

Kapi'tal|konto *n* compte *m* de capital; ²**kräftig** *adj* disposant de capitaux; ayant de gros moyens; **~markt** *m* marché des capitaux, financier

Kapi'talverbrechen *n* crime capital

Kapi'tal|verflechtung *f* interdépendance *f* des capitaux; **~vermögen** *n* capital *m*; **~zins** *m* intérêts *m/pl* du capital

Kapitän [kapi'tɛːn] *m* ⟨~s; ~e⟩ MAR, SPORT capitaine *m*; MAR MIL commandant *m*; *(Flug⟨⟩)* commandant *m* de bord; *~ zur See* capitaine de vaisseau

Kapi'tänleutnant *m* lieutenant *m* de vaisseau

Kapi'tänspatent *n* brevet *m* de capitaine

Kapitel [ka'pɪtəl] *n* ⟨~s; ~⟩ a ÉGL chapitre *m*; fig *das ist ein ~ für sich* c'est toute une histoire; fig *das ist ein anderes ~* c'est une autre histoire

Kapitell [kapi'tɛl] *n* ⟨~s; ~e⟩ ARCH chapiteau *m*

Ka'pitel|saal *m* CATH salle *f* du chapitre; salle *f* capitulaire; **~überschrift** *f* titre *m* de chapitre

Kapitulation [kapitulatsi'oːn] *f* ⟨~; ~en⟩ *a* fig capitulation *f*

kapitu'lieren *v/i* ⟨*pas de ge-*, h⟩ *a* fig capituler *(vor [+dat]* devant)

Kaplan [ka'plaːn] *m* ⟨~s; Kapläne⟩ vicaire *m*; *(Haus⟨⟩)* chapelain *m*

Kapodaster [kapo'dastər] *m* ⟨~s; ~⟩ MUS capodastre *m*

Kapok ['kapɔk] *m* ⟨~s⟩ Faser kapok *od* capoc *m*

Kapotthut [ka'pɔthuːt] *m* früher capote *f*

Kappe ['kapə] *f* ⟨~; ~n⟩ **1.** *(Mütze)* bonnet *m* (*a Narren⟨⟩*); *(Priester-, Mönchs⟨⟩)* calotte *f*; F *etw auf s-e (eigene) ~ nehmen* prendre qc sous son bonnet; **2.** *am Schuh: vorne* bout dur; *hinten* contrefort *m*; **3.** *(Verschluß⟨⟩)* capuchon *m* (*a e-s Füllers*); *e-r Flasche* bouchon *m*; **4.** BERGBAU flandre *f*; rallonge *f*; **5.** TECH *(Rad⟨⟩ etc* chape *f*

'kappen *v/t* ⟨h⟩ **1.** *(abschneiden)* couper; **2.** ZO *(kastrieren)* castrer; châtrer

'Kappenabend *m* regional soirée *f* de carnaval *(au cours de laquelle les participants portent un bonnet de fou)*

Kappes ['kapəs] *m* ⟨~⟩ regional **1.** *(Weißkohl)* chou blanc; **2.** F *(Unsinn)* âneries *f/pl*

Käppi ['kɛpi] *n* ⟨~s; ~s⟩ casquette *f*; MIL calot *m*

Kapriole [kapri'oːlə] *f* ⟨~; ~n⟩ *a* REITSPORT cabriole *f*

kaprizieren [kapri'tsiːrən] *st/s v/réfl* ⟨*pas de ge-*, h⟩ *sich auf etw (acc) ~* vouloir à tout prix qc

kapriziös [kapritsi'ø:s] *adj* capricieux, -ieuse
Kapsel ['kapsəl] *f* ⟨~; ~n⟩ *a* ANAT, BOT, PHARM, RAUMFAHRT, (Flaschenverschluß) capsule *f*; **~riß** *m* MÉD déchirure *f* d'une capsule articulaire
'Kapstadt *n* ⟨→ *n/pr*⟩ Le Cap
Käpten ['kɛptən] *m* ⟨~s; ~s⟩ *nordd cf* **Kapitän**
kaputt [ka'put] F *adj* **1.** (*entzwei*) F foutu; *e-e ~e Ehe* un couple qui ne s'entend plus; *un mariage brisé*; *ein ~er Fuß* un pied cassé; *was ist denn jetzt ~?* qu'est-ce qui s'est passé?; **2.** (*erschöpft*) F crevé; F claqué; **3.** (*verrückt, krankhaft*) F foutu; *ein ~er Typ* F un mec foutu; une épave
ka'puttgehen F *v/i* ⟨*irr, sép, -ge-, sein*⟩ **1.** *Sachen* s'abîmer; *feste Gegenstände* se casser; **2.** *Tiere u Pflanzen* crever; **3.** *Beziehungen* se détériorer; **4.** *Menschen* se détruire
'ka'puttkriegen F *v/t* ⟨*sép, -ge-, h*⟩ (arriver à) casser; *hast du das auch (schon) kaputtgekriegt!* tu es arrivé à le casser
ka'puttlachen F *v/réfl* ⟨*sép, -ge-, h*⟩ *sich ~* se tordre de rire; F se bidonner
ka'puttmachen F *v/t* ⟨*sép, -ge-, h*⟩ **1.** *Sachen* démolir; casser; **2.** *fig* **das macht einen (ganz) kaputt** cela me, te, *etc* tue
Kapuze [ka'pu:tsə] *f* ⟨~; ~n⟩ capuchon *m*; (*Mönchs*⟨~⟩) *a* capuce *m*
Kapuziner [kapu'tsi:nər] *m* ⟨~s; ~⟩ **1.** REL capucin *m*, **2.** *österr* (*Kaffee mit Milch*) café *m* au lait; **~affe** *m* ZO capucin *m*; sapajou *m*; **~kresse** *f* BOT capucine *f*; **~mönch** *m* capucin *m*; **~orden** *m* ordre *m* des capucins
Kap Verde [kap'vɛrdə] *n* ⟨~⟩ (*das*) ⟨~⟩ le Cap-Vert
Kapverdier(in) [kap'vɛrdiər(ɪn)] *m* ⟨~s; ~⟩ (*f*) ⟨~; ~nen⟩ Capverdien, -ienne *m*,*f*
kap'verdisch *adj* capverdien, -ienne; *die 2en Inseln f/pl* les îles *f/pl* du Cap-Vert
Kar [ka:r] *n* ⟨~(e)s; ~e⟩ GÉOL cirque *m* glaciaire
Karabiner [kara'bi:nər] *m* ⟨~s; ~⟩ carabine *f*; mousqueton *m*; **~haken** *m* (porte-)mousqueton *m*
Karacho [ka'raxo] F *n* ⟨~s⟩ *mit ~* à toute vitesse, allure; AUTO F à fond la caisse; F à pleins tubes
Karaffe [ka'rafə] *f* ⟨~; ~n⟩ carafe *f*; *kleine* carafon *m*
Karambolage [karambo'la:ʒə] *f* ⟨~; ~n⟩ **1.** BILLARD carambolage *m*; **2.** F (*Zusammenstoß*) collision *f*; *mehrerer Fahrzeuge* carambolage *m*
Karam|bole [karam'bo:lə] *f* ⟨~; ~n⟩ BILLARD carambole *f*; **2bo'lieren** *v/i* ⟨*pas de ge-, h*⟩ **1.** BILLARD caramboler; **2.** F (*zusammenstoßen*) entrer en collision (*mit* avec); se heurter (*mit* à)
Karamel [kara'mɛl] *m* ⟨~s⟩ caramel *m*; **~bonbon** *m od n*, **~le** *f* ⟨~; ~n⟩ caramel *m*; **~pudding** *m etwa* crème *f* au caramel; **~zucker** *m* sucre caramélisé
Karat [ka'ra:t] *n* ⟨~(e)s; ~e, mais 24 ~⟩ carat *m*
Karate [ka'ra:tə] *n* ⟨~(s)⟩ karaté *m*; **~schlag** *m* coup *m* de karaté
...karätig [ka'rɛ:tɪç] *adj in Zssgn* à ... carats

Karausche [ka'rauʃə] *f* ⟨~; ~n⟩ ZO carassin *m*
Karavelle [kara'vɛlə] *f* ⟨~; ~n⟩ HIST MAR caravelle *f*
Karawane [kara'va:nə] *f* ⟨~; ~n⟩ caravane *f*
Kara'wanenstraße *f* route *f* de caravanes
Karawanserei [karavanzə'rai] *f* ⟨~; ~en⟩ caravansérail *m*
Karbid [kar'bi:t] *n* ⟨~(e)s; ~e⟩ **1.** carbure *m*; **2.** ⟨*pas de pl*⟩ (*Kalzium2*) carbure *m* de calcium; **~lampe** *f* lampe *f* à acétylène, à carbure
Karbol [kar'bo:l] *n* ⟨~s⟩, **~säure** *f* CHIM phénol *m*
Kar|bonat [karbo'na:t] *n* ⟨~(e)s; ~e⟩ CHIM carbonate *m*; **~'bonsäure** *f* CHIM carboxyle *m*; acide *m* carboxylique
Karbunkel [kar'buŋkəl] *m* ⟨~s; ~⟩ MÉD anthrax *m*
Kardamom [karda'mo:m] *m od n* ⟨~s; ~e(n)⟩ BOT, *Gewürz* cardamome *f*
Kardan|antrieb [kar'da:nʔantri:p] *m* TECH transmission *f* par cardan; **~gelenk** *n* joint *m* de cardan; **~tunnel** *m* AUTO tunnel *m* de cardan; **~welle** *f* arbre *m* de transmission
Kardätsche [kar'dɛ:tʃə] *f* ⟨~; ~n⟩ brosse *f* de panage
kardätschen *v/t* ⟨*pas de ge-, h*⟩ *Pferd* brosser
Karde ['kardə] *f* ⟨~; ~n⟩ **1.** BOT cardère *f*; chardon *m* à foulon; **2.** TEXT carde *f*
Kardinal [kardi'na:l] *m* ⟨~s; -näle⟩ CATH, ZO cardinal *m*; **~bischof** *m* cardinal-évêque *m*
Kardi'nal|fehler *m* erreur fondamentale, grave; **~tugend** *f* vertu cardinale; **~zahl** *f* nombre cardinal
Kardio|gramm [kardio'gram] *n* ⟨~s; ~e⟩ MÉD cardiogramme *m*; **~'loge** *m* ⟨~n; ~n⟩ cardiologue *m*; **~lo'gie** *f* ⟨~⟩ cardiologie *f*; **~'login** *f* ⟨~; ~nen⟩ cardiologue *f*
Karenz [ka'rɛnts] *f* ⟨~; ~en⟩ *cf* **Karenzzeit**; **~tage** *m/pl* les premiers jours d'arrêt de travail pour lesquels les travailleurs ne sont pas payés; **~zeit** *f* délai *m* de carence
Karfiol [karfi'o:l] *m* ⟨~s⟩ *südd, österr* chou-fleur *m*
Karfreitag [ka:r'fraita:k] *m* vendredi saint
Karfunkel [kar'fuŋkəl] *m* ⟨~s; ~⟩ **1.** MINÉR escarboucle *f*; **2.** F *cf* **Karbunkel**
karg [kark] **I** *adj* maigre; *Boden* pauvre; aride; **~es Mahl** repas frugal, chiche; *mit etw ~ sein cf* **kargen**; **II** *adv* **~ bemessen sein** être compté avec parcimonie
'kargen *st/s v/i* ⟨*h*⟩ *mit etw ~* être parcimonieux, -ieuse de qc; *mit Worten ~* être avare de paroles
'Kargheit *st/s f* ⟨~⟩ pauvreté *f*; maigreur *f*; *e-r Mahlzeit* a frugalité *f*; *des Bodens* pauvreté *f*; aridité *f*
kärglich ['kɛrklɪç] **I** *adj* maigre; pauvre; **II** *adv* pauvrement
Kargo ['kargo] *m* ⟨~s; ~s⟩ COMM cargaison *f*
Karibik [ka'ri:bɪk] *f* ⟨→ *n/pr*⟩ *die ~ Meer* la mer des Antilles *od* des Caraïbes; *Inseln* les Antilles *f/pl*; les îles *f/pl* Caraïbes
ka'ribisch *adj* caraïbe; *das 2e Meer* la mer des Antilles *od* des Caraïbes; *die*

2en Inseln f/pl les Antilles *f/pl*; les îles *f/pl* Caraïbes
kariert [ka'ri:rt] **I** *adj* Papier, Heft quadrillé; *Stoff* à carreaux; *blau-weiß ~* à carreaux bleu(s) et blanc(s); **II** *advt* F *péj ~ reden* F raconter n'importe quoi; F *guck nicht so ~!* F prends pas l'air idiot!
Karies ['ka:riɛs] *f* ⟨~⟩ MÉD, *bes* ZAHNMEDIZIN carie *f*
Karik|atur [karika'tu:r] *f* ⟨~; ~en⟩ caricature *f*; **~atu'rist(in)** *m* ⟨~en; ~en⟩ (*f*) ⟨~; ~nen⟩ caricaturiste *m*,*f*
karikatu'ristisch *adj* caricatural
kari'kieren *v/t* ⟨*pas de ge-, h*⟩ caricaturer; faire une caricature de
Karin ['ka:ri(:)n] *f* ⟨→ *n/pr*⟩ prénom *f*
kariös [kari'ø:s] *adj* carié
'Karitas *cf* **Caritas**
karitativ [karita'ti:f] *adj* charitable
Karkasse [kar'kasə] *f* ⟨~; ~n⟩ *von Geflügel*, TECH carcasse *f*
Karl [karl] *m* ⟨→ *n/pr*⟩ Charles *m*; **~ der Große** Charlemagne *m*; **~ V.** Charles Quint; **~ Martell** Charles Martel
Karma ['karma] *n* ⟨~s⟩ REL karma *m*
Karmelit|(in) [karme'li:t(ɪn)] *m* ⟨~en; ~en⟩ (*f*) ⟨~; ~nen⟩, **~er(in)** *m* ⟨~s; ~⟩ (*f*; ~; ~nen⟩ carme *m*, carmélite *f*; **~erorden** *m* ordre *m* des carmes
Karm(es)in [kar'mi:n (karme'zi:n)] *n* ⟨~s⟩ carmin *m*; **2rot** *adj* carmin (*inv*)
Karneol [karne'o:l] *m* ⟨~s; ~e⟩ MINÉR cornaline *f*
Karneval ['karnəval] *m* ⟨~s; ~e ou ~s⟩ carnaval *m*; *im, an, zu ~* pendant le carnaval; **~ feiern** fêter le carnaval
Karneva'list *m* ⟨~en; ~en⟩ animateur *m* du carnaval
karneva'listisch *adj* carnavalesque
'Karnevals|gesellschaft *f* société *f*, réunion *f*, association *f* carnavalesque; **~kostüm** *n* costume *m* de carnaval; **~orden** *m* décoration *f* carnavalesque; **~prinz(essin)** *m(f)* prince *m*, princesse *f* du carnaval; **~sitzung** *f* soirée *f* de carnaval (*avec chansons, danses, etc*); **~verein** *m* association destinée à perpétuer la tradition du carnaval; **~zug** *m* cortège *m* de *od* du carnaval
Karnickel [kar'nɪkəl] *n* ⟨~s; ~⟩ **1.** *regional cf* **Kaninchen**; **2.** F *fig* **so ein ~!** F quel crétin!; quel idiot!; *ich war das ~!* c'est moi qui ai fait la bourde
karnivor [karni'vo:r] *adj sc* carnivore
Kärnten ['kɛrntən] *n* ⟨→ *n/pr*⟩ la Carinthie
'Kärntner|(in) *m* ⟨~s; ~⟩ (*f*) ⟨~; ~nen⟩ habitant(e) *m(f)* de la Carinthie, **2isch** *adj* de la Carinthie
Karo ['ka:ro] *n* ⟨~s; ~s⟩ carreau *m* (*a Spielkartenfarbe*); **~as** *n* Spielkarte as *m* de carreau
Karolinger ['ka:rolɪŋər] *m/pl* HIST Carolingiens *m/pl*
'Karomuster *n mit ~* à carreaux
Karosse [ka'rɔsə] *f* ⟨~; ~n⟩ carrosse *m*
Karosserie [karɔsə'ri:] *f* ⟨~; ~n⟩ carrosserie *f*; **~bau** *m* ⟨~(e)s⟩ carrosserie *f*
Karotin [karo'ti:n] *n* ⟨~s⟩ BIOCHEMIE carotène *m*
Karotte [ka'rɔtə] *f* ⟨~; ~n⟩ carotte *f*
Karpaten [kar'pa:tən] *pl die ~* les Carpates *f/pl*
Karpfen ['karpfən] *m* ⟨~s; ~⟩ carpe *f*; *junger* ~ carpeau *m*; **~teich** *m* étang *m* de carpes; **~zucht** *f* carpiculture *f*

Karre – Kasino

Karre ['karə] f ⟨~; ~n⟩ **1.** charrette f; kleine carriole f; (Gepäck⚘) chariot m; (Schub⚘) brouette f; F fig **die ~, den Karren aus dem Dreck ziehen** remettre les choses en ordre; **die ~, den Karren einfach laufen lassen** laisser aller les choses; **F j-m an die ~, den Karren fahren** F rentrer dans le chou de qn; **2.** F (Fahrrad) F bécane f; clou m; (Auto) F bagnole f; F **die alte ~** F la vieille bagnole

Karree [ka're:] n ⟨~s; ~s⟩ carré m

'**karren** v/t ⟨h⟩ charrier; mit e-r Schubkarre brouetter

'**Karren** n ⟨~s; ~⟩ F **j-n vor s-n ~ spannen** se servir de qn pour arriver à ses fins; cf a **Karre** 1.

Karrette [ka'retə] f ⟨~; ~n⟩ schweiz **1.** (Schubkarre) brouette f; **2.** (Einkaufswagen) caddie m

Karriere [kari'e:rə] f ⟨~; ~n⟩ **1.** carrière f; **~ machen** faire carrière; **2.** PFERDESPORT galop m de course

Karri'ere|frau f femme f qui fait carrière; péj femme f carriériste; **~macher** m ⟨~s; ~⟩, **Karrie'rist** m ⟨~en; ~en⟩ péj carriériste m

Karsamstag [ka:r'zamsta:k] m samedi saint

Karst [karst] m ⟨~(e)s; ~e⟩ GÉOL karst m

'**karstig** adj karstique

kart. abr (kartoniert) cartonné

Kartätsche [kar'tɛ:tʃə] f ⟨~; ~n⟩ **1.** HIST MIL boîte f à mitraille; **2.** CONSTR taloche f

Kartause [kar'tauzə] f ⟨~; ~n⟩ Kloster chartreuse f

Kartäuser [kar'tɔʏzər] m ⟨~s; ~⟩ **1.** chartreux m; **2.** cf **Kartäuserlikör**

Kar'täuserin f ⟨~; ~nen⟩ Nonne chartreuse f

Kar'täuser|likör m chartreuse f; **~mönch** m chartreux m; **~orden** m ordre m des chartreux

Kärtchen ['kɛrtçən] n ⟨~s; ~⟩ petite carte f

Karte ['kartə] f ⟨~; ~n⟩ carte f; (Speise⚘) a menu m; für Zug, Flugzeug billet m; für Bus, U-Bahn ticket m; für Kino, Theater, Oper place f; billet m; AUTO **die grüne ~** la carte verte; FUSSBALL (j-m) **die gelbe, rote ~ (zeigen)** (montrer à qn) le carton jaune, rouge; im Restaurant **die ~ bitte!** la carte, s'il vous plaît!; **nach der ~ essen** manger à la carte; **~n spielen** jouer aux cartes; **gute, schlechte ~n haben** avoir du jeu od un beau jeu, ne pas avoir de jeu; fig **alle ~n in der Hand haben** avoir toutes les cartes en main; **j-m in die ~n sehen** regarder le jeu, les cartes de qn; fig **sich** (dat) **nicht in die ~n sehen lassen** cacher son jeu; fig **mit offenen ~n spielen** jouer cartes sur table; fig **mit verdeckten ~n spielen** cacher, déguiser son jeu; fig **die ~n aufdecken**, (offen) **auf den Tisch legen** mettre cartes sur table; montrer ses cartes; **alles auf e-e ~ setzen** mettre tous les œufs dans le même panier; **j-m die ~n legen**, **j-m aus den ~n wahrsagen** tirer, faire les cartes à qn

Kartei [kar'tai] f ⟨~; ~en⟩ fichier m; **~karte** f fiche f; **~kasten** m fichier m; boîte f à fiches; **~leiche** f plais **1.** Karte: fiche au contenu devenu caduc; **2.** Person: membre enregistré mais qui n'existe que sur le papier

Kartell [kar'tɛl] n ⟨~s; ~e⟩ ÉCON, POL cartel m; **~amt** n office m des cartels; **~gesetz** n loi f sur les cartels; **~recht** n ⟨~(e)s⟩ législation f anti-trusts

'**karten** v/i ⟨h⟩ F taper le carton

'**Karten|brief** m carte-lettre f; **~gruß** m court message de carte postale

'**Kartenhaus** n **1.** MAR chambre f des cartes. **2.** aus Spielkarten château m de cartes; **einstürzen wie ein ~** s'écrouler comme un château de cartes

'**Karten|kunststück** n tour m de cartes; **~legen** n ⟨~s⟩ cartomancie f; **~leger(-in)** m ⟨~s; ~⟩ (f) ⟨~; ~nen⟩ tireur, -euse m,f de cartes; cartomancienne f; **~spiel** n jeu m de cartes; Einzelspiel partie f de cartes; **~spieler(in)** m,f joueur, -euse m,f de cartes; **~ständer** m support m (pour cartes de géographie); **~telefon** n téléphone m à carte; **~verkauf** m vente f de billets; **~vorverkauf** m réservation f, location f des places

Karthag|er(in) [kar'ta:gər(ın)] m ⟨~s; ~⟩ (f) ⟨~; ~nen⟩ HIST Carthaginois(e) m(f); **⚘isch** adj HIST carthaginois

Kar'thago n ⟨→ n/pr⟩ HIST Carthage

Kartoffel [kar'tɔfəl] f ⟨~; ~n⟩ **1.** BOT pomme f de terre; F patate f; F **j-n wie e-e heiße ~ fallenlassen** F laisser tomber qn comme une vieille chaussette; **2.** F fig cf **Kartoffelnase**; **3.** F fig **in den Strümpfen** pomme f de terre

Kar'toffel|acker m cf **Kartoffelfeld**; **~auflauf** m gratin m de pommes de terre; gratin dauphinois; **~brei** m purée f de pommes de terre; **~chips** m/pl chips f/pl; **~ernte** f récolte f de od des pommes de terre; **~feld** n champ m de pommes de terre; **~feuer** n feu m de fanes de pommes de terre; **~gratin** n cf **Kartoffelauflauf**; **~käfer** m doryphore m; **~klöße** m/pl, **~knödel** m/pl südd quenelles f/pl de pommes de terre; **~kraut** n ⟨~(e)s⟩ fanes f/pl de pommes de terre; **~mehl** n fécule f de pomme de terre; **~nase** F f F nez m en patate; **~presse** f presse-purée m; **~puffer** m genre de crêpe de pommes de terre râpées; **~püree** n cf **Kartoffelbrei**; **~salat** m salade f de pommes de terre; **~schale** f pelure f de pommes de terre; **~schälmaschine** f machine f à éplucher les pommes de terre; **~stampfer** m pilon m presse-purée; **~stärke** f ⟨~⟩ fécule f, amidon m de pommes de terre; **~stock** m ⟨~(e)s⟩ schweiz cf **Kartoffelbrei**; **~suppe** f soupe f de pommes de terre

Karto|gramm [karto'gram] n ⟨~s; ~e⟩ cartogramme m; **~'graph(in)** m ⟨~en; ~en⟩ (f) ⟨~; ~nen⟩ cartographe m,f; **~gra'phie** f ⟨~⟩ cartographie f; **⚘'graphisch** adj cartographique

Karton [kar'tɔŋ ou -'to:n] m ⟨~s; ~s⟩ Pappe, Behälter, KUNSTWISSENSCHAFT carton m

Kartonage [karto'na:ʒə] f ⟨~; ~n⟩ cartonnage m

Karto'nagenfabrik f cartonnerie f

karto'niert adjt Buch cartonné

Kartothek [karto'te:k] f ⟨~; ~en⟩ fichier m

Kartusche [kar'tuʃə] f ⟨~; ~n⟩ **1.** ARCH cartouche m; **2.** MIL gargousse f

Karussell [karu'sɛl] n ⟨~s; ~e ou ~s⟩ manège m; **~ fahren** faire un tour de manège; F fig **mit j-m ~ fahren** F passer un savon à qn

Karwoche ['ka:rvɔxə] f semaine sainte

Karzer ['kartsər] n ⟨~s; ~⟩ früher **1.** Raum: pièce dans un lycée ou une université où ont lieu les heures de colles; **2.** Strafe colle f

karzinogen [kartsino'ge:n] adj MÉD sc cancérigène; carcinogène

Karzinom [kartsi'no:m] n ⟨~s; ~e⟩ MÉD sc carcinome m

Kasach|e [ka'zaxə] m ⟨~n; ~n⟩, **~in** f ⟨~; ~nen⟩ Kazakh(e) m(f); **⚘isch** adj kazakh; du Kazakhstan

Kasachstan ['kazaxsta:n] n ⟨→ n/pr⟩ le Kazakhstan

Kasack ['ka:zak] m ⟨~s; ~s⟩, österr ⟨~; ~s⟩ casaque f

Kaschemme [ka'ʃɛmə] F péj f ⟨~; ~n⟩ (Spelunke) bouge m

kaschieren [ka'ʃi:rən] v/t ⟨pas de ge-, h⟩ **1.** (verbergen) cacher; dissimuler; masquer; **2.** Pappe recouvrir, habiller de papier de couleur

Kaschmir[1] ['kaʃmi:r] n ⟨→ n/pr⟩ le Cachemire

'**Kaschmir[2]** m ⟨~s; ~e⟩ TEXT cachemire m; **~schal** m châle m de cachemire; **~ziege** f chèvre f du Cachemire

Käse ['kɛ:zə] m ⟨~s; ~⟩ **1.** fromage m; **2.** F péj (Unsinn) âneries f/pl; **~blatt** F péj n F feuille f de chou; **~brot** n tartine f de fromage; **~brötchen** n sandwich m au fromage; **~ecke** f portion f de fromage fondu; **~fondue** f fondue f

'**Käsefüße** F péj m/pl **~ haben** puer des pieds

'**Käse|gebäck** n petits gâteaux au fromage; **~geschäft** n fromagerie f; **~glocke** f cloche f à fromage

Kasein [kaze'i:n] n ⟨~s⟩ CHIM caséine f

'**Käsekuchen** m gâteau m au fromage blanc

Kasematte [kazə'matə] f ⟨~; ~n⟩ MIL casemate f

'**Käsemesser** n couteau m à fromage

'**käsen** v/i ⟨-(e)s)t, h⟩ faire du fromage

'**Käseplatte** f Platte mit Käse plateau m de fromages; Geschirr plateau m à fromages

Käse'rei ⟨~; ~en⟩ Fabrik fromagerie f

'**Käserinde** f croûte f du fromage

Kaserne [ka'zɛrnə] f ⟨~; ~n⟩ caserne f

Ka'sernenhof m cour f de (la) caserne; **~ton** m ⟨~(e)s, -töne⟩ ton m de commandement

kaser'nieren v/t ⟨pas de ge-, h⟩ caserner

Kaser'nierung f ⟨~; ~en⟩ casernement m

'**Käse|sahnetorte** f cf **Käsetorte**; **~schmiere** f BIOL, MÉD enduit sébacé; sc vernix f caseosa; **~stange** f bâtonnet m au fromage; **~teller** m assiette f de fromage(s); **~torte** f (Käsekuchen) gâteau m au fromage blanc; (Käsesahnetorte) gâteau fourré au fromage blanc et à la crème

'**käse'weiß** F adj pâle; **~ werden** devenir blanc comme un linge

käsig ['kɛ:zıç] adj **1.** semblable au fromage; **2.** F fig (blaß) pâle; (nicht braun) F blanc, blanche comme un cachet d'aspirine

Kasino [ka'zi:no] n ⟨~s; ~s⟩ **1.** (Offiziers⚘) mess m; **2.** (Spiel⚘) casino m; **3.** (Speiseraum) cf **Kantine**

Kaskade [kas'ka:də] *f* ⟨~; ~n⟩ cascade *f* (*a* ZIRKUS, ÉLECT)
kas'kadenförmig *adj u adv* en cascade
Kaskoversicherung ['kaskoferzıçəruŋ] *f* AUTO Vollkasko assurance *f* tous risques; *cf a* **Teilkaskoversicherung**
Kaspar ['kaspar] *m* ⟨→ *n/pr*⟩ Gaspard *m*
Kasper ['kaspər] *m* ⟨~s; ~⟩ 1. (*Puppe*) guignol *m*; 2. F *fig* guignol *m*
Kasperl ['kaspərl] *m* ⟨~s; ~(n)⟩ *österr*, **Kasperle** ['kaspərlə] *n od m* ⟨~s; ~⟩ *südd* guignol *m*
'Kasper(le)|puppe *f* guignol *m*; **~theater** *n* guignol *m*
Kaspisch ['kaspıʃ] *adj das* **~e** *Meer* la mer Caspienne
Kassa ['kasa] *f* ⟨~; -en⟩ *österr cf* **Kasse**
'Kassa|geschäft *n* COMM opération *f* au comptant; **~kurs** *m* cours *m* au comptant; **~markt** *m* marché *m* au comptant
Kassandraruf [ka'sandraru:f] *st/s m* prophétie *f* pessimiste (*à la manière de Cassandre*)
Kassation [kasatsi'o:n] *f* ⟨~; ~en⟩ JUR cassation *f*
Kassati'onshof *m* Cour *f* de cassation
Kasse ['kasə] *f* ⟨~; ~n⟩ caisse *f* (*a* Kino♀, Kranken♀); THÉ a bureau *m* de location; *die* **~** *führen* tenir la caisse; **~** *machen* faire sa caisse, *privat* ses comptes; *gemeinsame* **~** *machen* faire bourse commune; *getrennte* **~** *machen* faire bourse à part; payer chacun sa part; (*gut*) *bei* **~** *sein* être en fonds; *knapp*, *schlecht bei* **~** *sein* ne pas être en fonds; être à court d'argent; F *j-n zur* **~** *bitten* présenter la facture à qn; *gegen* **~** (*verkaufen*) (vendre) au comptant
'Kassen|abschluß *m* arrêté *m* de caisse; **~arzt** *m*, **~ärztin** *f* médecin conventionné; **♀ärztlich** *adj* (*épithète*) concernant les médecins conventionnés; **~beleg** *m* bon *m* de caisse; **~bericht** *m* relevé *m* de caisse; **~bestand** *m* encaisse *f*; avoir *m*, solde *m* en caisse; **~bon** *m* ticket *m* de caisse; **~brille** F *f* lunettes payées par la sécurité sociale; **~buch** *n* livre *m* de caisse
'Kassenerfolg *m* film *m*, pièce *f* à succès; *ein* **~** *sein* a remplir les caisses
'Kassen|führer(in) *m(f)* caissier, -ière *m;f*; **~gestell** F *n e-r Brille* monture de lunettes payée par la sécurité sociale; **~magnet** F *m* 1. *Person* F tête *f* d'affiche; *Sänger* chanteur *m* à succès; 2. *Sache* article-vedette *m*; **~patient(in)** *m(f)* patient(e) *m*, client(e) *m(f)* affilié(e) obligatoirement à une caisse (d'assurance); **~raum** *m* caisse *f*; **~schalter** *m* guichet *m* de la caisse
'Kassenschlager F *m cf* **Kassenmagnet**; *ein* **~** *sein* faire recette
'Kassen|schluß *m* fermeture *f* de caisse; **~stand** *m* état *m* de la caisse; **~stunden** *f/pl* heures *f/pl* d'ouverture de la caisse
'Kassensturz F *m* **~** *machen* faire l'état de sa caisse; *fig* faire ses comptes
Kassen|wart ['kasənvart] *m* ⟨~(e)s; ~e⟩ trésorier *m*; **~zettel** *m* Bon ticket *m* de caisse; Quittung facture *f*
Kasserolle [kasə'rɔlə] *f* ⟨~; ~n⟩ casserole *f*

Kassette [ka'sɛtə] *f* ⟨~; ~n⟩ 1. *Behälter* boîte *f*; coffret *m*; cassette *f*; 2. (*Tonband♀*, *Video♀*) cassette *f*; 3. *für Bücher*, *Schallplatten* coffret *m*; 4. CONSTR caisson *m*; 5. PHOT châssis *m*
Kas'setten|deck *n* platine *f* à cassettes; **~recorder** *m* lecteur *m* de cassettes; magnétophone *m* à cassettes
Kassiber [ka'si:bər] *Jargon m* ⟨~s; ~⟩ *arg* bifton *od* biffeton *m*
Kassier [ka'si:r] *m* ⟨~s; ~e⟩ *südd*, *österr*, *schweiz cf* **Kassierer**
kas'sieren ⟨*pas de ge-*, h⟩ I *v/t* 1. *Geld etc* encaisser; 2. JUR *Urteil* casser; 3. F *fig* (*einstecken müssen*) encaisser; 4. F *fig* (*wegnehmen*) retirer; II *v/i* (*ab~*) encaisser; F *fig er hat ganz schön kassiert* (*bei e-m Geschäft*) F il a fait son beurre
Kas'sierer(in) *m* ⟨~s; ~⟩ (*f*) ⟨~; ~nen⟩ caissier, -ière *m,f*
Kastagnette [kastan'jɛtə] *f* ⟨~; ~n⟩ castagnette *f*
Kastanie [kas'ta:niə] *f* ⟨~; ~n⟩ 1. (*Roß♀*) *Frucht* marron *m* (d'Inde); *Baum* marronnier *m*; 2. (*Edel♀*, *echte* **~**) *Frucht* châtaigne *f*; CUIS marron *m*; *Baum* châtaignier *m*; *geröstete* **~n** marrons grillés, chauds; *kandierte* **~n** marrons glacés; F *für j-n die* **~n** *aus dem Feuer holen* tirer les marrons du feu pour qn
Ka'stanienbaum *m cf* **Kastanie** 1., 2.
ka'stanienbraun *adj* marron (*inv*); *Haare* châtain
Kästchen ['kɛstçən] *n* ⟨~s; ~⟩ coffret *m* (*a* Schmuck♀); *auf Formularen etc* case *f*
Kaste ['kastə] *f* ⟨~; ~n⟩ caste *f*
kasteien [kas'taɪən] *v/réfl* ⟨*pas de ge-*, h⟩ *sich* **~** se mortifier
Ka'steiung *f* ⟨~; ~en⟩ mortification *f*
Kastell [kas'tɛl] *n* ⟨~s; ~e⟩ 1. HIST *römisch* fort romain; place fortifiée romaine; 2. *Burg* château *m*
Kastellan [kastɛ'la:n] *m* ⟨~s; ~e⟩ intendant *m* d'un château
Kasten ['kastən] *m* ⟨~s; ⸚⟩ 1. boîte *f*; *größerer* caisse *f* (*a* Bier♀); coffre *m*; F (*Brief♀*) boîte *f* aux lettres; *Brief in den* **~** *werfen* mettre à la boîte; 2. SPORT plinth *m*; 3. *südd*, *österr*, *schweiz* (*Schrank*) armoire *f*; 4. F *péj* (*Auto*) F caisse *f*; (*Haus*) F baraque *f*; (*Radio*, *Fernseher etc*) F engin *m*; F *etwas auf dem* **~** *haben* être doué, F calé; 5. F PHOT, FILM *wir haben das Foto*, *die Szene im* **~** la photo est faite, la scène est tournée
'Kasten|brot *n* pain cuit dans un moule rectangulaire; *Weißbrot* pain *m* de mie; **~form** *f* CUIS moule *m* à cake; **~wagen** *m* (*Lieferwagen*) camionnette (fermée) *f*; fourgonnette *f*
'Kastenwesen *n* ⟨~s⟩ *bes* REL système *m* de castes
Kastrat [kas'tra:t] *m* ⟨~en; ~en⟩ castrat *m*
Ka'stratenstimme *f* voix *f* de castrat
Kastration *f* ⟨~; ~en⟩ castration *f*
Kastrati'onskomplex *m* complexe *m* de castration
ka'strieren *v/t* ⟨*pas de ge-*, h⟩ castrer; châtrer
Kasuistik [kazu'ıstık] *f* ⟨~⟩ casuistique *f*
kasu'istisch *adj* de casuiste

Kasus ['ka:zus] *m* ⟨~; ~⟩ GR cas *m*; **~endung** *f* terminaison *f*, désinence *f* qui marque le cas
Kat [kat] F *m* ⟨~s; ~s⟩ *abr* (*Katalysator*) catalyseur *m*; pot *m* catalytique
Katafalk [kata'falk] *m* ⟨~s; ~e⟩ catafalque *m*
Kataklysmus [kata'klysmus] *m* ⟨~; -men⟩ GÉOL cataclysme *m*
Katakombe [kata'kɔmbə] *f* ⟨~; ~n⟩ catacombe *f*
Katalan|e [kata'la:nə] *m* ⟨~n; ~n⟩, **~in** *f* ⟨~; ~nen⟩ Catalan(e) *m(f)*; ♀**isch** *adj* catalan
Kata'lanisch *n* ⟨~(s)⟩, **~e** *n* ⟨~⟩ (*das* **Katalanisch(e)** *Sprache*) le catalan
Katalepsie [katalɛ'psi:] *f* ⟨~; ~n⟩ MÉD catalepsie *f*
kata'leptisch *adj* MÉD cataleptique
Katalog [kata'lo:k] *m* ⟨~(e)s; ~e⟩ catalogue *m*; ♀**i'sieren** *v/t* ⟨*pas de ge-*, h⟩ cataloguer; **~i'sierung** *f* ⟨~; ~en⟩ catalogage *m*; **~preis** *m* prix *m* de catalogue
Katalonien [kata'lo:niən] *n* ⟨→ *n/pr*⟩ la Catalogne
Katalysator [kataly'za:tɔr] *m* ⟨~s; -'toren⟩ 1. CHIM catalyseur *m*; 2. AUTO catalyseur *m*; pot *m* catalytique; *geregelter* **~** catalyseur réglé; *ungeregelter* **~** catalyseur non réglé; 3. *st/s fig* catalyseur *m*
Kataly'sator|technik *f* technique *f* catalyseur; **~wagen** *m* voiture *f* à pot catalytique, à catalyseur
Katalyse [kata'ly:zə] *f* ⟨~; ~n⟩ CHIM catalyse *f*
kataly'sieren *v/t* ⟨*pas de ge-*, h⟩ CHIM catalyser
kata'lytisch *adj* CHIM catalytique
Katamaran [katama'ra:n] *m od n* ⟨~s; ~e⟩ catamaran *m*
Kataplexie [kataplɛk'si:] *f* ⟨~; ~n⟩ MÉD cataplexie *f*
Katapult [kata'pult] *m od n* ⟨~(e)s; ~e⟩ catapulte *f*
katapul'tieren *v/t* ⟨*pas de ge-*, h⟩ catapulter
Kata'pultstart *m* AVIAT (décollage *m* par) catapultage *m*
Katar ['katar] *n* ⟨→ *n/pr*⟩ le Qatar
Katarakt[1] [kata'rakt] *m* ⟨~(e)s; ~e⟩ e-s Flusses cataracte *f*
Kata'rakt[2] *f* ⟨~; ~e⟩ MÉD cataracte *f*
Ka'tar|er(in) *m* ⟨~s; ~⟩ (*f*) ⟨~; ~nen⟩ Qatari(e) *m(f)*; ♀**isch** *adj* qatari; du Qatar
Katarrh [ka'tar] *m* ⟨~s; ~e⟩ MÉD catarrhe *m*
Kataster [ka'tastər] *m od n* ⟨~s; ~⟩ cadastre *m*; **~amt** *n* cadastre *m*; **~auszug** *m* extrait cadastral
katastrophal [katastro'fa:l] *adj* catastrophique
Katastrophe [kata'stro:fə] *f* ⟨~; ~n⟩ catastrophe *f*
Kata'strophen|alarm *m* alerte *f* à la catastrophe; **~dienst** *m* organisation *f* des secours en cas de catastrophe; *etwa* plan *m* ORSEC; **~einsatz** *m* intervention *f* des secours en cas de catastrophe; **~gebiet** *n* région touchée par une catastrophe; région sinistrée; **~schutz** *m* 1. *Organisation* organisme chargé des mesures à prendre en cas de catastrophe; 2. *Aktionen* mesures préventives pour empêcher une catastrophe

'**Katauto** F n voiture f à catalyseur, à pot catalytique
Kate ['ka:tə] f 〈~; ~n〉 chaumière f
Katechese [katɛ'çe:zə] f 〈~; ~n〉 REL catéchèse f; *Unterricht* catéchisme m
Katechet(in) [katɛ'çe:t(ɪn)] m 〈~en; ~en〉 (f) 〈~; ~nen〉 catéchiste m, (dame f) catéchiste f; **~ismus** m 〈~; -men〉 (livre m de) catéchisme m; **~ist** m 〈~en; ~en〉 catéchiste m (indigène)
Kategorie [katego'ri:] f 〈~; ~n〉 catégorie f (*a* PHILOS)
kate'gorisch I adj catégorique (*a* PHILOS); II adv catégoriquement
'**Katen|brot** n sorte de pain noir au goût prononcé; **~wurst** f etwa saucisson fumé
Kater ['ka:tər] m 〈~s; ~〉 **1.** ZO matou m; chat m (mâle); *fig* **verliebt sein wie ein ~** être éperdument amoureux; **2.** F *fig* **e-n ~ haben** F avoir la gueule de bois
'**Kater|frühstück** n petit déjeuner à base de hareng mariné que l'on prend lorsqu'on a la gueule de bois; **~stimmung** F f F gueule f de bois
Katharina [kata'ri:na] f 〈→ n/pr〉 Catherine f
Katharsis ['ka:tarzɪs *ou* -'tar-] f 〈~〉 PHILOS catharsis f
Käthe ['kɛ:tə] f 〈→ n/pr〉 cf *Katharina*
Katheder [ka'te:dər] n *od* m 〈~s; ~〉 chaire f
Kathedrale [kate'dra:lə] f 〈~; ~n〉 cathédrale f
Kathete [ka'te:tə] f 〈~; ~n〉 MATH côté m de l'angle droit
Katheter [ka'te:tər] m 〈~s; ~〉 MÉD sonde f
Kat(h)ode [ka'to:də] f 〈~; ~n〉 ÉLECT cathode f
Katholik(in) [kato'li:k(ɪn)] m 〈~en; ~en〉 (f) 〈~; ~nen〉 catholique m,f
Katho'likentag m congrès m des catholiques
ka'tholisch adj catholique; **~er Pfarrer** curé m
Katholizismus [katoli'tsɪsmʊs] m 〈~〉 catholicisme m
Kation ['katio:n *ou* -ion] n 〈~s; -'onen〉 CHIM cation m
Katode cf *Kathode*
Kattun [ka'tu:n] m 〈~s; ~e〉 toile f de coton; cotonnade f; *bedruckter* indienne f
Katz [kats] f F **~ und Maus mit j-m spielen** jouer au chat et à la souris avec qn; F **das ist für die ~** c'est en pure perte, en vain; F c'est pour des prunes
Katzbuckelei f péj 〈~〉 courbettes f/pl
'**katzbuckeln** v/i 〈-(e)le, h〉 péj faire des courbettes (**vor** [+dat] devant)
Kätzchen ['kɛtsçən] n 〈~s; ~〉 **1.** ZO petit(e) chat(e); chaton m (*a* Kosewort); chaton m; **2.** BOT chaton m
Katze ['katsə] f 〈~; ~n〉 **1.** ZO chat m; *weibliche* chatte f; *pl* ~n *sc* félins m/pl; félidés m/pl; F **die ~ im Sack kaufen** acheter les yeux fermés; F **die ~ aus dem Sack lassen** livrer un secret; F abattre son jeu; F **wie die ~ um den heißen Brei herumgehen** F tourner autour du pot; *prov* **bei Nacht sind alle ~n grau** *prov* la nuit, tous les chats sont gris; *prov* **die ~ läßt das Mausen nicht** *prov* qui a bu boira; F chassez le naturel, il revient au galop; *prov*

wenn die ~ nicht im Hause ist, tanzen die Mäuse auf dem Tisch **prov** quand le chat n'est pas là, les souris dansent; **2.** HIST MAR (*Lederpeitsche*) **neunschwänzige ~** chat m à neuf queues
'**Katzenauge** n **1.** ZO œil m de chat; **2.** MINÉR œil-de-chat m; **3.** F (*Rückstrahler*) cataodiopre m; cataphote m
'**Katzenbuckel** m dos m de chat; **e-n ~ machen** faire le gros dos
'**Katzenfell** n peau f de chat
'**katzenfreundlich** F péj adj mielleux, -euse; **~ sein** a faire patte de velours
'**Katzen|gold** n MINÉR **1.** mica m jaune; **2.** pyrite f; **~hai** m roussette f; chat m de mer; **~jammer** F m F gueule f de bois; **~musik** F péj f musique cacophonique, dissonante
'**Katzensprung** F m **es ist nur ein ~** (*von hier*) c'est à deux pas d'ici
'**Katzentisch** F plais m petite table (*où mangent les enfants*)
'**Katzenwäsche** F f toilette f de chat; **~ machen** faire une toilette de chat; se laver le bout du nez
'**Katzenzunge** f *Schokolade* langue-de-chat f en chocolat
'**Kau|apparat** m appareil masticateur; **~bewegung** f mouvement m de mastication
Kauderwelsch ['kaʊdərvɛlʃ] n 〈~(s)〉 *unverständliches* baragouin m; (*Sprachmischung*) sabir m; (*Fach♀*) charabia m; jargon m
kauen ['kaʊən] v/t *u* v/i 〈h〉 mâcher; mastiquer; *langsam* mâchonner; (*die*) **Nägel, an den Nägeln ~** se ronger les ongles; F *fig* **daran** (*dat*) **wirst du zu ~ haben** F cela va te donner du fil à retordre
kauern ['kaʊərn] 〈-(e)re, h〉 I v/i *Zustand* être accroupi, blotti, tapi; II v/réfl **sich ~** s'accroupir; *um sich zu verstecken* se blottir; se tapir
Kauf [kaʊf] m 〈~(e)s; ~̈e〉 **1.** achat m; *etw zum ~ anbieten* mettre qc en vente; **2.** *als Rechtsgeschäft* vente f; **3.** *fig etw in ~ nehmen* prendre son parti de qc
'**Kaufbedingungen** f/pl conditions f/pl d'achat
'**kaufen** v/t *u* v/i 〈h〉 acheter (**von j-m** à qn; **bei j-m** chez qn); **bei j-m ~** a se fournir chez qn; **etw für zehn Mark ~** acheter qc dix marks; (*im Wert von zehn Mark*) acheter qc pour dix marks; *beim Spiel* **Karten ~** piocher; F *fig* **Zeugen etc ~** acheter des témoins, *etc*; F **dafür kann ich mir nichts ~!** F cela ne m'avance à rien!; F **den werde ich mir ~!** il me le paiera!
Käufer(in) ['kɔyfər(ɪn)] m 〈~s; ~〉 (f) 〈~; ~nen〉 (*Kunde*) client(e) m(f); (*Abnehmer*) preneur, -euse m,f; acheteur, -euse m,f; *bei Grundstücken, Kunstgegenständen etc* acquéreur m; preneur, -euse m,f; **e-n ~ finden** trouver preneur, *etc*
'**Käufer|kreis** m groupe m de consommateurs; **~schicht** f catégorie f d'acheteurs
'**Kauf|frau** f (*Händlerin*) commerçante f; marchande f; **2.** (*kaufmännische Angestellte*) employée f de commerce; **~haus** n grand magasin; **~hausdetektiv** m détective m de grand magasin;

~kraft f *des Geldes, Käufers* pouvoir m d'achat; **~laden** m a *Spielzeug* épicerie f; **~leute** pl commerçants m/pl
käuflich ['kɔyflɪç] I adj **1.** *Ware* achetable; **~e Liebe** prostitution f; **2.** péj *Amt, Person* vénal; II adv *etw* **~ erwerben** faire l'acquisition de qc; acheter qc
'**Kauf|lust** f 〈~〉 envie f, désir m d'acheter; **~mann** m 〈~(e)s; -leute〉 **1.** (*Händler*) commerçant m; (*Großhändler*) négociant m; **2.** (*kaufmännischer Angestellter*) employé m de commerce
kaufmännisch ['kaʊfmɛnɪʃ] I adj commercial; **~er Angestellter** employé m de commerce; II adv **~ ausgebildet** qui a reçu une formation commerciale; **~ tätig** qui travaille dans le secteur commercial
'**Kauf|preis** m prix m d'achat; **~rausch** m frénésie f de consommation; **~summe** f cf *Kaufpreis*; **~verhalten** n comportement m du consommateur; **~vertrag** m contrat m de vente; **~wert** m valeur marchande
'**Kaufzwang** m 〈~(e)s〉 obligation f d'acheter; **kein ~** entrée libre
'**Kaugummi** m *od* n 〈~s; ~s〉 chewing-gum m
kau'kasisch adj caucasien, -ienne
Kaukasus ['kaʊkazʊs] m 〈→ n/pr〉 **der ~** le Caucase
Kaulquappe ['kaʊlkvapə] f 〈~; ~n〉 têtard m
kaum [kaʊm] adv à peine; ne ... guère; **es ist ~ zu glauben** c'est à peine croyable; **es besteht ~ Hoffnung** il n'y a guère d'espoir; **~, daß er den Mund aufmachte** il a à peine ouvert la bouche; c'est à peine s'il a ouvert la bouche; **er ist ~ sechs Jahre** (*alt*) il a à peine six ans; **man sieht ~ etwas** *vor Dunkelheit etc* on n'y voit guère; *von e-m Schaden etc* on le *od* la voit à peine; **ich kann es ~ erwarten zu** (+*inf*) j'ai hâte de (+*inf*); *als Antwort* **wohl ~, ich glaube ~** je ne le pense guère; je n'arrive pas à le croire; **~ hatte er es gesagt, als ...** à peine eut-il dit cela que ...
'**Kaumuskel** m ANAT *meist pl* **~n** muscles masticateurs; *sc* **großer ~** *sc* masséter m
kausal [kaʊ'za:l] adj *st/s u* GR causal
Kau'salgesetz n 〈~es〉 *bes* PHILOS loi f de causalité
Kausali'tät f 〈~; ~en〉 causalité f
Kau'sal|kette f PHILOS, LOGIK enchaînement m logique; **~satz** m GR (proposition f) causale f; proposition circonstancielle de cause; **~zusammenhang** m PHILOS, LOGIK relation f de cause à effet; lien causal
Kausativ ['kaʊzati:f] n 〈~s; ~e〉 GR (verbe m) factitif m
Kaustik ['kaʊstɪk] f 〈~〉 OPT caustique f
'**Kautabak** m tabac m à chiquer; (*Priem*) chique f
Kaution [kaʊtsi'o:n] f 〈~; ~en〉 (*Bürgschaftssumme*) caution f (*a* Miet♀); (*Sicherheitsleistung*) cautionnement m; **e-e ~ stellen** verser une caution; **gegen ~ freilassen** mettre en liberté sous caution
Kautschuk ['kaʊtʃʊk] m 〈~s; ~e〉 caoutchouc m; **~baum** m 'hévéa m; **~milch** f latex m

Kauwerkzeuge *n/pl* organes masticateurs, de la mastication
Kauz [kaʊts] *m* ⟨~es; ~e⟩ **1.** *ZO* chouette *f*; (*Wald*⸰2) chat-huant *m*; 'hulotte *f*; (*Stein*⸰2) chevêche *f*; **2.** *fig* F (*Sonderling*) *ein komischer* ~ F un drôle de zèbre
Käuzchen ['kɔʏtsçən] *n* ⟨~s; ~⟩ *ZO* (chouette *f*) chevêche *f*
'**kauzig** *adj* bizarre
Kavalier [kavaˈliːr] *m* ⟨~s; ~e⟩ **1.** (*ritterlicher Mann*) galant homme; gentleman *m*; ~ *sein* être galant; *ein* ~ *der alten Schule* un galant homme; ~ *am Steuer* conducteur courtois; *plais der* ~ *genießt und schweigt* un galant homme sait rester discret; **2.** *früher*, *plais* (*Begleiter e-r Dame*) cavalier *m*; **3.** HIST (*Edelmann*) gentilhomme *m*
Kava'liersdelikt *n* peccadille *f*
Kava'lier(s)start *m* démarrage *m* en trombe od sur les chapeaux de roues
Kavallerie [kavaləˈriː] *f* ⟨~; ~⟩ cavalerie *f*; *schwere* ~ grosse cavalerie; *leichte* ~ cavalerie légère
Kavalle'rist *m* ⟨~en; ~en⟩ MIL cavalier *m*
Kaverne [kaˈvɛrnə] *f* ⟨~; ~n⟩ **1.** *unterirdisch* entrepôt souterrain (*destiné au stockage d'installations techniques, militaires ou de détritus*); **2.** MÉD caverne *f*
kavernös [kavɛrˈnøːs] *adj* MÉD, GÉOL caverneux, -euse
Kaviar [ˈkaːviar] *m* ⟨~s; ~e⟩ caviar *m*
kcal *abr* (*Kilokalorie*) kcal (kilocalorie)
keck [kɛk] *adj* **1.** (*frech*) 'hardi; effronté; **2.** (*flott*) *Hut etc* coquet, -ette; qui a de l'allure
Keeper [ˈkiːpər] *m* ⟨~s; ~⟩ österr gardien *m* de but
Kefir [ˈkeːfɪr] *m* ⟨~s⟩ kéfir od képhir *m*
Kegel [ˈkeːɡəl] *m* ⟨~s; ~⟩ **1.** KEGELSPIEL quille *f*; *die* ~ *aufsetzen*, *aufstellen* redresser les quilles; quiller *f*; **2.** MATH, TECH, (*Berg*⸰2) cône *m*; **3.** TYPO corps *m*; **4.** (*Licht*⸰2) faisceau lumineux; **5.** F *mit Kind und* ~ avec armes et bagages; F avec toute la smala
Kegel|abend *m* soirée *f* de jeu de quilles; **~bahn** *f* piste *f* de quilles; **~bruder** *m* copain *m* au jeu de quilles; **⸰2förmig** *adj* conique; **~klub** *m* club *m* de joueurs de quilles; **~kugel** *f* boule *f* (du jeu de quilles); **~mantel** *m* MATH surface *f* conique; aire latérale du cône
'**kegeln** *v/i* ⟨-(e)le, h⟩ jouer aux quilles
'**Kegeln** *n* ⟨~s⟩ jeu *m* de quilles
'**Kegel|projektion** *f* KARTOGRAPHIE projection *f* conique; **~schieben** *n* ⟨~s⟩ *regional od Kegelspiel*; **~schnitt** *m* MATH (*section f*) conique *f*; **~spiel** *n* jeu *m* de quilles; **~sport** *m cf Kegelspiel*; **~stumpf** *m* MATH tronc *m* de cône; cône tronqué
Kegler(in) [ˈkeːɡlər(ɪn)] *m* ⟨~s; ~⟩ (*f*) ⟨~; ~nen⟩ joueur, -euse *m,f* de quilles
Kehle [ˈkeːlə] *f* ⟨~; ~n⟩ **1.** ANAT gorge *f*; *j-m an die* ~ *springen* sauter à la gorge de qn; *fig es schnürt mir die* ~ *zu* j'en ai la gorge serrée; *e-e trockene* ~ *haben* avoir le gosier en pente; F *sich* (*dat*) *die* ~ *aus dem Hals schreien* crier à pleine gorge; s'époumoner; F *fig etw in die falsche* ~ *bekommen* prendre qc de travers; *aus voller* ~ à pleine gorge; **2.** CONSTR (*Hohl*⸰2) gorge *f*; (*Dach*⸰2) noue *f*

'**kehlig** *adj* guttural
'**Kehlkopf** *m* larynx *m*; **~entzündung** *f*, **~katarrh** *m* laryngite *f*; **~krebs** *m* cancer *m* du larynx; **~mikrophon** *n* laryngophone *m*; **~schnitt** *m* laryngotomie *f*
'**Kehllaut** *m* PHON laryngale *f*
'**Kehraus** *m* ⟨~⟩ fin *f* (d'une fête); *Tanz* dernière danse; *den* ~ *machen* finir la fête
'**Kehrblech** *n* regional pelle *f* (à ordures)
'**Kehre** *f* ⟨~; ~n⟩ **1.** (*Wegbiegung*) tournant *m*; virage *m*; **2.** TURNEN saut latéral dorsal
kehren[1] [ˈkeːrən] *v/t u v/i* ⟨h⟩ (*fegen*) balayer; *fig vor s-r eigenen Tür* ~ balayer devant sa porte
kehren[2] ⟨h⟩ **I** *v/t* (*wenden*) tourner; *j-m den Rücken* ~ tourner le dos à qn; *das Oberste zuunterst* ~ mettre tout sens dessus dessous; (*rechtsum*) *kehrt!* demi-tour (à droite); **II** *v/réfl sich nicht an etw* (*acc*) ~ ne faire nul cas de qc; ne pas faire attention à qc; *fig in sich gekehrt* pensif, -ive; songeur, -euse; plongé dans ses pensées
Kehricht [ˈkeːrɪçt] *m od n* ⟨~s⟩ **1.** (*Zusammengekehrtes*) balayures *f/pl*; F *das geht dich e-n feuchten* ~ *an!* F occupe-toi de tes oignons; **2.** schweiz (*Müll*) ordures *f/pl*
'**Kehrmaschine** *f* balayeuse *f*
'**Kehrreim** *m* refrain *m*
'**Kehrseite** *f* **1.** revers *m*; *e-r Münze a* côté *m* pile; **2.** (*Rückseite*) envers *m*; *fig die* ~ *der Medaille* le revers de la médaille; **3.** *plais* (*Rücken*) dos *m*; (*Gesäß*) F postérieur *m*
kehrt! *cf kehren*[2] *I*
'**kehrtmachen** *v/i* ⟨*sép*, -ge-, h⟩ faire demi-tour; *rasch* faire volte-face (*a* MIL)
'**Kehrtwendung** *f* MIL, *fig* volte-face *f*
'**Kehrwert** *m* MATH nombre *m* inverse
keifen [ˈkaɪfən] *v/i* ⟨h⟩ criailler; F glapir; *e-e* ~*de Frau* une femme criarde; une criailleuse
Keife'rei *f* ⟨~; ~en⟩ *e-r Person* criailleries *f/pl*
Keil [kaɪl] *m* ⟨~(e)s; ~e⟩ **1.** *zum Spalten* coin *m*; *zum Unterlegen* cale *f*; *fig e-n* ~ *zwischen zwei Menschen treiben* semer la zizanie entre deux personnes; **2.** MASCHINENBAU clavette *f*; **3.** COUT soufflet *m*
'**Keilabsatz** *m* semelle compensée
'**Keile** F *regional f* ⟨~⟩ *f* raclée *f*; volée *f*
'**keilen** ⟨h⟩ **I** *v/t* **1.** (*spalten*) enfoncer un coin *m*; (*einschlagen*) enfoncer (*in* [+ *acc*] dans); **2.** F (*anwerben*) racoler; **II** F *v/réfl sich* ~ se battre
'**Keiler** *m* ⟨~s; ~⟩ *ZO* sanglier *m* (mâle)
Keile'rei *f* ⟨~; ~en⟩ bagarre *f*; rixe *f*
'**keilförmig** *adj u adv* en (forme de) coin; ANAT, BOT, *Schrift* cunéiforme
'**Keil|hose** *f* (pantalon *m*) fuseau *m*; **~riemen** *m* AUTO courroie *f* (de ventilateur); **~schrift** *f* écriture *f* cunéiforme
Keim [kaɪm] *m* ⟨~(e)s; ~e⟩ **1.** BIOL, *fig* germe *m*; ~*e treiben* germer; *fig im* ~ *vorhanden sein* se trouver à l'état embryonnaire, latent; *etw im* ~ *ersticken* étouffer qc dans l'œuf; **2.** MÉD *meist pl* ~*e germes m/pl*
'**Keim|blatt** *n* **1.** BOT cotylédon *m*; **2.**

ANAT feuillet *m* embryonnaire; **~drüse** *f* glande sexuelle; gonade *f*; **~drüsenhormon** *n* hormone sexuelle
'**keimen** *v/i* ⟨h⟩ germer; *fig a* naître
'**keim|fähig** *adj* qui peut germer; qui a un pouvoir germinatif; **~frei** *adj* PHARM, CHIM aseptique; *Nahrungsmittel* stérilisé; *Milch*, *Butter a* pasteurisé
'**Keimling** *m* ⟨~s; ~e⟩ BOT, BIOL embryon *m*
'**keimtötend** *adj* stérilisant; antiseptique; ~*e Mittel n/pl* antiseptiques *m/pl*
'**Keimung** *f* ⟨~; ~en⟩ germination *f*
'**Keimzelle** *f* **1.** BIOL gamète *m*; **2.** *fig* foyer *m*; source *f*
kein [kaɪn] *pr/ind* **1.** *adj* ⟨*f* ~e, *pl* ~e⟩ ne ... pas de; *p/fort* ne ... point de; *ohne Verb* pas, point de; *bei „sein"* pas un(e) od des; *hast du* ~ *Taschentuch?* n'as-tu pas de mouchoir?; *bitte*, ~*en Wein!* pas de vin, s'il vous plaît!; ~ *Gedanke!* pas question!; certainement pas!; *ich habe* ~*e Zeit* je n'ai pas le temps; *ich habe* ~*e Ahnung*, *wo er ist* je n'ai aucune idée de l'endroit où il est; j'ignore tout à fait où il est; *das ist* ~ *Schmetterling* ce n'est pas un papillon; *du bist* ~ *Kind mehr* tu n'es plus un enfant; *es ist noch* ~ *fünf Minuten her* il n'y a (même) pas cinq minutes; *das sind* ~*e Deutschen* ce ne sont pas des Allemands; ~ *anderer als X* nul autre que X; X lui-même, en personne; *es verging* ~ *Tag* ... pas un jour ne se passa ...; il ne se passa pas un jour ...; ~ *englisches Buch in s-r Bibliothek!* pas un seul, aucun livre anglais dans sa bibliothèque!; *das Stück hat gar* ~*en Erfolg gehabt* la pièce n'a eu aucun succès; *er hat gar* ~ *Vertrauen* il n'a aucune confiance, pas la moindre confiance; *das ist* ~*e schlechte Idee* ce n'est pas une mauvaise idée; ~ *Mensch* personne, nul ne ...; **2.** *subst* ⟨*m* ~er, *f* ~e, *n* ~[e]s, *pl* ~e⟩ aucun(e) ... ne; *p/fort* nul, nulle ... ne; personne ... ne; pas un(e) ... ne; *es gefällt mir* ~*er* (*von beiden*) aucun des deux ne me plaît; ni l'un ni l'autre ne me plaisent; ~*e auf Fragebogen* néant; *ich habe* ~*en als Antwort* je n'en ai pas; *es war* ~*e von ihnen* ce n'était aucune d'elles *od* d'entre elles; ~*er weiß es* personne ne le sait; *Zeit habe ich* ~*e* je n'ai pas le temps
'**keinerlei** *adj* (*inv*) ne ... aucun; aucun ... ne; *er hat* ~ *Fortschritte gemacht* il n'a fait aucun progrès
'**keines'falls** *adv* en aucun cas; nullement; pas du tout; aucunement; *ich werde* ~ *nachgeben* je ne céderai en aucun cas
'**keines'wegs** *adv* en aucune, d'aucune façon; nullement; *damit bin ich* ~ *einverstanden* je ne suis absolument pas d'accord avec cela
'**keinmal** *adv* pas une (seule) fois
Keks [keːks] *m*, österr *n* ⟨~(es); ~(e)⟩ biscuit *m*; gâteau sec; F *das*, *der geht mir auf den* ~*!* F cela, il me casse les pieds
Kelch [kɛlç] *m* ⟨~(e)s; ~e⟩ BOT, CATH (*Meß*⸰2) calice *m*; CATH (*Speise*⸰2) ciboire *m*; PROT (*Abendmahls*⸰2) coupe *f*; (*Sekt*⸰2) coupe *f* à champagne; *st/s den* (*bitteren*) ~ *bis zur Neige leeren*

(*müssen*) boire le calice jusqu'à la lie; *fig der ~ ist an uns vorübergegangen* nous l'avons échappé belle

'**Kelch|blatt** *n* BOT sépale *m*; **⌀förmig** *adj* en forme de calice, de coupe; BOT caliciforme; **~glas** *n* ⟨~es; ≈er⟩ (verre *m* en forme de) coupe *f*

Kelle ['kɛlə] *f* ⟨~; ~n⟩ **1.** (*Schöpf⌀*) louche *f*; **2.** (*Maurer⌀*) truelle *f*; **3.** *zum Signalisieren* signal *m*

Keller ['kɛlər] *m* ⟨~s; ~⟩ cave *f*; *kleiner* caveau *m*; (*Wein⌀*) cellier *m*; chai *m*; F *Preise etc in den ~ gehen, fallen* dégringoler; *KARTENSPIEL* F *im ~ sein* avoir des points en moins

Keller|assel *f* ZO cloporte *m*; **~bar** *f* cave *f*

Kelle'rei *f* ⟨~; ~en⟩ caves *f/pl*; (*Weingut*) domaine *m* vinicole

Keller|falte *f* COUT pli creux; **~fenster** *n* soupirail *m*; **~geschoß** *n* sous-sol *m*; **~gewölbe** *n* voûtes *f/pl* de la cave; **~kind** F *n* enfant élevé dans des conditions de grande pauvreté; **~lokal** *n* cave *f*; **~meister** *m* maître *m* de chai; **~theater** *n* théâtre *m* en sous-sol; **~treppe** *f* escalier *m* de la cave; **~tür** *f* porte *f* de la cave

'**Kellerwohnung** *f* appartement *m* en sous-sol; *e-e ~ haben* habiter au sous-sol

Kellner ['kɛlnər] *m* ⟨~s; ~⟩ garçon *m* (de café, de restaurant); serveur *m*

'**Kellnerin** *f* ⟨~; ~nen⟩ serveuse *f* (de café, de restaurant)

'**kellnern** *v/i* ⟨h⟩ travailler comme serveur, serveuse

Kelte ['kɛltə] *m* ⟨~n; ~n⟩ Celte *m*

Kelter ['kɛltər] *f* ⟨~; ~n⟩ pressoir *m*

Kelte'rei *f* ⟨~; ~en⟩ pressoir *m*

'**keltern** *v/t* ⟨-(e)re, h⟩ presser; passer au pressoir

'**keltisch** *adj* celtique *od* celte; des Celtes

Kelvin ['kɛlvɪn] ... *Grad ~* ... degré(s) *m(pl)* Kelvin

Kemenate [kemeˈnaːtə] *f* ⟨~; ~n⟩ HIST salle chauffée *od* appartement *m* des femmes (*dans un château fort*)

Kenia ['keːnia] *n* ⟨→ *n/pr*⟩ le Kenya

Kenia|ner(in) [keniˈaːnər(ɪn)] *m* ⟨~s; ~⟩, *f* ⟨~; ~nen⟩ Kenyan(e) *m(f)*; **⌀nisch** *adj* kenyan

'**Kenn|buchstabe** *m* lettre *f* d'identification; **~daten** *pl* code *m* d'identification

kennen ['kɛnən] ⟨kennt, kannte, gekannt, h⟩ **I** *v/t* connaître; *s-n Goethe ~* connaître les œuvres de Goethe; posséder Goethe; *ihre Freude kannte keine Grenzen* sa joie ne connaissait pas de bornes; F *da kennst du mich aber schlecht* F alors là, tu me connais mal; F *da kenne ich nichts* je ne me laisserai pas faire; **II** *v/réfl sich ~* se connaître; *wir ~ uns schon (lange)* nous nous connaissons déjà (depuis longtemps); *sich vor Zorn nicht mehr ~* ne plus se connaître de colère

'**kennenlernen** ⟨sép, -ge-, h⟩ **I** *v/t j-n ~* faire la connaissance de qn; *es freut mich, Sie kennengelernt zu haben* (je suis) enchanté d'avoir fait votre connaissance; *wenn Sie ihn einmal kennengelernt haben* ... une fois que vous le connaîtrez ...; *drohend du wirst mich noch ~!* tu vas voir qui je suis!; tu vas voir de quel bois je me chauffe!; **II** *v/réfl sich ~* faire connaissance; se connaître; *wir haben uns voriges Jahr kennengelernt* nous nous sommes connus, nous avons fait connaissance l'année dernière

'**Kenner** ['kɛnər] *m* ⟨~s; ~⟩ (*f* ⟨~; ~nen⟩ connaisseur, -euse *m,f* (*von* en)

'**Kennerblick** *m* regard *m*, coup d'œil *m* du *od* de connaisseur; *mit ~* en connaisseur

'**Kennermiene** *f* airs *m/pl* de connaisseur; *mit ~* en connaisseur

'**Kennerschaft** *f* ⟨~⟩ connaissances *f/pl*

'**Kenn|farbe** *f* couleur distinctive; **~karte** *früher f* carte *f* d'identité

kenntlich ['kɛntlɪç] *adj ~ sein* être reconnaissable (*an* [+*dat*] à); *etw ~ machen* marquer qc; rendre qc reconnaissable

Kenntnis ['kɛntnɪs] *f* ⟨~; ~se⟩ **1.** connaissance *f* (*in* [+*dat*] de); *einige ~se im Italienischen haben* avoir quelques notions d'italien; connaître un peu l'italien; **2.** ⟨*pas de pl*⟩ *~ von etw haben* avoir connaissance de qc; être informé de qc; *etw zur ~ nehmen, von etw ~ nehmen* prendre connaissance, note, acte de qc; *er hat zur ~ genommen, daß* ... il a pris note, connaissance du fait que ...; *j-n von etw in ~ setzen* informer qn de qc; mettre qn au courant de qc; *st/s das entzieht sich meiner ~* je n'en ai pas connaissance; je l'ignore; *st/s es ist uns zur ~ gelangt, daß* ... nous avons appris que ...; nous avons été informés de ...

'**Kenntnisnahme** *f* ⟨~⟩ ADM *mit der Bitte um ~* pour information; ADM *zu Ihrer ~* pour votre information

'**kenntnisreich** *st/s adj* qui possède de vastes connaissances (en la matière); qui a des connaissances étendues (en la matière); savant

'**Kenntnisstand** *m* ⟨~(e)s⟩ niveau *m* de connaissances

Kenn|ung ['kɛnʊŋ] *f* ⟨~; ~en⟩ **1.** MAR, AVIAT signalisation *f*; **2.** VÉT marque *f*; **~wort** *n* ⟨~(e)s; ~er⟩ für Eingeweihte mot *m* de passe; *bei Rundfunk- u Zeitungseinsendungen* mot *m* code; **~zahl** *f cf* **Kennziffer**

'**Kennzeichen** *n* **1.** (*Merkmal*) marque distinctive; signe particulier, distinctif; caractéristique *f*; (*Erkennungsmerkmal*) signe *m* de reconnaissance; *Paß unveränderliche ~* signes particuliers; **2.** (*Fahrzeug⌀*) *amtliches, polizeiliches ~* numéro *m* d'immatriculation

'**kenn|zeichnen** *v/t* ⟨-ete, h⟩ marquer; indiquer; beschreibend caractériser; **~zeichnend** *adjt* typique (*für* de); caractéristique (*für* de)

'**Kenn|zeichnung** *f* **1.** (*das Kennzeichnen*) marquage *m*; **2.** (*Kennzeichen*) signe distinctif; marque distinctive; **~ziffer** *f* numéro *m* d'identification, distinctif; *e-s Logarithmus* caractéristique *f*

Kenotaph [kenoˈtaːf] *n* ⟨~s; ~e⟩ cénotaphe *m*

Kentaur [kɛnˈtaʊr] *cf* **Zentaur**

kentern ['kɛntərn] *v/i* ⟨-(e)re, sein⟩ *Schiff* chavirer

Keramik [keˈraːmɪk] *f* ⟨~; ~en⟩ céramique *f*; **~motor** *m* moteur *m* céramique

keˈramisch *adj* ⟨*épithète*⟩ céramique

Keratin [keraˈtiːn] *n* ⟨~s; ~e⟩ BIOCHEMIE kératine *f*

Kerbe ['kɛrbə] *f* ⟨~; ~n⟩ entaille *f*; (en)coche *f*; *zum Einrasten* cran *m*; F *fig in dieselbe ~ hauen, schlagen* poursuivre le même but

Kerbel ['kɛrbəl] *m* ⟨~s⟩ cerfeuil *m*

kerben *v/t* ⟨h⟩ entailler; (en)cocher; faire une (en)coche, une entaille à

'**Kerbholz** F *fig n etw auf dem ~ haben* avoir commis un méfait, un mauvais coup

'**Kerbtier** *n* insecte *m*

Kerker ['kɛrkər] *m* ⟨~s; ~⟩ HIST cachot *m*; geôle *f*; **~meister** *m* HIST geôlier *m*; **~strafe** *f* HIST peine *f* du cachot

Kerl [kɛrl] F *m* ⟨~s; ~e, *nordd* ~s⟩ F type *m*; F gars *m*; F gaillard *m*; *armer ~* F pauvre type *m*, bougre *m*; *blöder ~* idiot *m*; P con *m*; *kleiner ~* F petit gosse, bonhomme; petit *m*; *ein lieber ~* un gentil garçon *beziehungsweise* une gentille fille

'**Kerlchen** F *n* ⟨~s; ~⟩ F petit mec *m*; (*kleiner Junge*) F petit bonhomme, gosse

Kern [kɛrn] *m* ⟨~(e)s; ~e⟩ **1.** *von Steinobst* noyau *m*; *von Kernobst* pépin *m*; *von Nüssen* amande *f*; *von Holz* cœur *m*; **2.** *fig* cœur *m*; noyau *m*; *der harte ~* le noyau (dur); *der Getreuen* le noyau des fidèles; *zum ~ der Sache kommen* entrer dans le vif du sujet; en venir au cœur de l'affaire; *das ist der ~ des Problems* c'est le cœur du problème; *in ihm steckt ein guter ~* il a un bon fond; **3.** GIESSEREI, PHYS (*Atom⌀*) noyau *m*; (*Reaktor⌀*) cœur *m*; **4.** MÉTÉO centre *m*; **5.** BIOL noyau *m*; nucléus *m*

'**Kern|brennstoff** *m* combustible *m* nucléaire, atomique; **~chemie** *f* chimie *f* nucléaire; **~energie** *f* énergie *f* nucléaire; **~explosion** *f* explosion *f* nucléaire, atomique; **~forschung** *f* recherche *f* nucléaire; **~frage** *f* question principale, essentielle; **~frucht** *f* fruit *m* à pépins; **~fusion** *f* fusion *f* nucléaire; **~gehäuse** *n* von Äpfeln etc trognon *m*

'**kerngesund** *adj ~ sein* être en parfaite santé; se porter comme un charme

'**Kernholz** *n* ⟨~es⟩ bois parfait; duramen *m*

'**kernig** *adj* **1.** *Obst* à pépins; **2.** *fig Person* fort; vigoureux, -euse; *Gesundheit* robuste; F *Spruch* cru

'**Kern|kraft** *f* énergie *f* nucléaire; **~kraftgegner(in)** *m(f)* antinucléaire *m,f*; **~kraftwerk** *n* centrale *f* nucléaire, atomique; **~ladungszahl** *f* numéro *m*, nombre *m* atomique

'**kernlos** *adj* sans pépins

'**Kern|obst** *n* fruits *m/pl* à pépins; **~physik** *f* physique *f* nucléaire; **~physiker(in)** *m,f* physicien, -ienne *m,f* de l'atome; **~punkt** *m* point essentiel, principal; **~reaktion** *f* réaction *f* nucléaire; **~reaktor** *m* réacteur *m* nucléaire; **~satz** *m* **1.** (*wichtigster Satz*) idée principale, essentielle, de base; **2.** LING proposition principale; **~schatten** *m* OPT, ASTR ombre absolue

'**Kernschmelze** ['kɛrnʃmɛltsə] *f* ⟨~⟩ PHYS NUCL fusion *f* du cœur (du réacteur)

'**Kern|seife** *f* savon *m* de Marseille; **~spaltung** *f* fission *f* nucléaire; **~spintomograph** *m* ⟨~en; ~en⟩ MÉD appa-

reil *m* R.M.N.; **~spintomographie** *f* MÉD R.M.N. *f* (résonance magnétique nucléaire); **~strahlung** *f* ⟨~⟩ radiation *f* nucléaire; **~stück** *n* partie essentielle; cœur *m*; **~technik** *f* technique *f* nucléaire; **~teilung** *f* BIOL division *f* du noyau; **~truppe** *f* MIL troupe *f* d'élite; **~umwandlung** *f* PHYS transmutation *f* nucléaire; **~verschmelzung** *f* **1.** PHYS fusion *f* nucléaire; **2.** BIOL fusion *f* des noyaux; **~waffe** *f* arme *f* nucléaire; '**kernwaffenfrei** *adj* dénucléarisé; **~e Zone** zone dénucléarisée
'**Kern|waffenversuch** *m* essai *m*, expérience *f* nucléaire; **~waffenverzicht** *m* dénucléarisation *f*; **~zeit** *f* ARBEITSRECHT plage *f* d'horaires fixe (*dans le cadre d'horaires individualisés*)
Kerosin [kero'ziːn] *n* ⟨~s⟩ CHIM kérosène *m*
Kerze ['kɛrtsə] *f* ⟨~; ~n⟩ **1.** (*Wachs*2, *Stearin*2 *etc*) bougie *f*; chandelle *f*; *in der Kirche* cierge *m*; **2.** SPORT chandelle *f*; **3.** AUTO (*Zünd*2) bougie *f*
'**kerzenge'rade** *adj u adv* tout droit; *sich ~ halten* se tenir droit comme un i, comme un cierge
'**Kerzen|gießer** *m* ciergier *m*; **~halter** *m* bougeoir *m*; **~leuchter** *m* chandelier *m*
'**Kerzenlicht** *n* éclairage *m* aux bougies, aux chandelles; lumière *f* de bougie(s); *bei ~ essen* dîner aux chandelles; *bei ~ schreiben* écrire à la (lumière d'une) bougie
'**Kerzen|schein** *m* lueur *f* de bougie(s); **~ständer** *m* chandelier *m*; **~stummel** *m* bout *m* de chandelle
'**Kescher** ['kɛʃər] *m* ⟨~s; ~⟩ (*Fangnetz*) *für Fische* truble *f*; *kleiner* épuisette *f*; *für Schmetterlinge* filet *m*
keß [kɛs] *adj* ⟨-ss-; kesser, kesseste⟩ **1.** (*frech*) déluré; polisson, -onne; **2.** (*flott, hübsch*) *ein kesses Mädchen* une fille qui a de l'allure, du chic, du chien
Kessel ['kɛsəl] *m* ⟨~s; ~⟩ **1.** (*Wasser*2) bouilloire *f*; (*Wasch*2) lessiveuse *f*; (*Einmach*2) stérilisateur *m*; **2.** TECH (*Dampf*2, *Heiz*2) chaudière *f*; (*Gas*2) chaudière *f* à gaz; **3.** GÉOGR vallée encaissée, en cuvette; *die Stadt liegt* (*wie*) *in e-m ~* la ville est située (comme) dans une cuvette; **4.** *e-s Fuchs-, Dachsbaues* mère *f*; *e-r Treibjagd* centre *m* (d'une battue); rond *m*
'**Kessel|fleisch** *n regional* CUIS poitrine de porc bouillie (*préparée après l'abattage d'un cochon*); **~flicker** *m* ⟨~s; ~⟩ *früher* rétameur *m*; **~haus** *n* chaufferie *f*; **~jagd** *f cf* **Kesseltreiben**; **~pauke** *f* MUS timbale *f*; **~schmied** *m* chaudronnier *m*; **~schmiede** *f* chaudronnerie *f*; **~stein** *m* ⟨~(e)s⟩ tartre *m*
'**Kesseltreiben** *n* ⟨~s; ~⟩ **1.** JAGD chasse *f* en chaudron; **2.** *fig* poursuite acharnée *f* (*gegen* contre)
'**Kesselwagen** *m* **1.** *Waggon* wagon-citerne *m*; **2.** *Auto* camion-citerne *m*
Ketchup ['kɛtʃap] *m od n* ⟨~(s); ~s⟩ ketchup *m*
Kettcar ['kɛtkaːr] *m* ⟨~s; ~s⟩ *Wz* kart *m* (pour enfants)
Kette ['kɛtə] *f* ⟨~; ~n⟩ **1.** *allgemein*, GÉOGR, TECH, WEBEREI, *fig* chaîne *f*; (*Posten*2) cordon *m*; (*Fessel*) **~n** *pl* fers *m/pl*; *e-e ~ bilden* faire la chaîne; *e-n Hund an die ~ legen* attacher un chien; mettre un chien à la chaîne; *j-n in ~n legen* enchaîner qn; mettre qn aux fers; *e-e ~ von Ereignissen* une suite d'événements; **2.** *Schmuck: aus Metall* chaîne *f*; *aus Perlen, Edelsteinen etc* collier *m*; **3.** (*Laden*2, *Hotel*2 *etc*) chaîne *f*; **4.** JAGD (*Schar*) compagnie *f*; **5.** AVIAT formation *f*, patrouille *f* de trois avions volant en triangle
'**Kettelmaschine** *f* remmailleuse *f*
ketteln ['kɛtəln] *v/t* ⟨-(e)le, h⟩ remmailler
'**ketten** *v/t* ⟨-ete, h⟩ (*anbinden*) attacher (*an* [+*acc*] à); *fig j-n an sich ~* s'attacher qn
'**Ketten|antrieb** *m* transmission *f* par chaîne; **~brief** *m* chaîne *f*; **~fahrzeug** *n* véhicule *m* à chenille; **~gerassel** *n* bruit *m*, cliquetis *m* de chaînes; **~glied** *n* chaînon *m*; maille *f*; maillon *m*; **~hemd** *n* HIST cotte *f* de mailles; **~raucher(in)** *m(f)* fumeur, -euse *m,f* invétéré(e); grand(e) fumeur, -euse *m,f*; **~reaktion** *f* réaction *f* en chaîne (*a fig*); **~reim** *m* rime enchaînée; **~säge** *f* scie *f* à chaîne; **~schluß** *m* LOGIK sorite *m*; **~schutz** *m* FAHRRAD carter *m*; **~stich** *m* COUT point *m* de chaînette
'**Kett|faden** *m*, **~garn** *n* fil *m* de chaîne
Ketzer(in) ['kɛtsər(in)] *m* ⟨~s; ~⟩ ⟨~; ~nen⟩ *a fig* hérétique *m,f*
Ketze'rei *f* ⟨~; ~en⟩ *a fig* hérésie *f*
'**ketzerisch** *adj a fig* hérétique
'**Ketzerverfolgung** *f* persécution *f* des hérétiques
keuchen ['kɔyçən] *v/i* **1.** ⟨h⟩ atmen, *a fig* 'haleter; MÉD anhéler; *er keuchte vor Anstrengung* l'effort le faisait haleter; il haletait d'épuisement; **2.** ⟨sein⟩ *der Zug keuchte den Berg hinauf* le train 'haletait pour gravir la montagne
'**Keuchen** *n* ⟨~s⟩ respiration 'haletante; MÉD anhélation *f*
'**Keuchhusten** *m* coqueluche *f*
Keule ['kɔylə] *f* ⟨~; ~n⟩ **1.** massue *f*; **2.** TURNEN massue *f*; mil *m*; **3.** CUIS *vom Hasen, Huhn etc* cuisse *f*; *vom Rind* culotte *f*; *vom Hammel* gigot *m*; *vom Hochwild* cuissot *m*
'**Keulen|ärmel** *m* manche *f* à gigot; **2förmig** *adj* en (forme de) massue; BOT, ZO *a* claviforme; **~schlag** *m* coup *m* de massue (*a fig*); **~schwingen** *n* TURNEN gymnastique rythmique avec deux massues
keusch [kɔyʃ] *adj* (*züchtig*) chaste; (*schamvoll*) pudique
'**Keusch|heit** *f* ⟨~⟩ (*Züchtigkeit*) chasteté *f*; (*Schamhaftigkeit*) pudicité *f*; **~heitsgelübde** *n* vœu *m* de chasteté; **~heitsgürtel** *m* HIST ceinture *f* de chasteté
Keyboard ['kiːbɔːd] *n* ⟨~s; ~s⟩ MUS clavier *m*; keyboard *m*; INFORM clavier *m*
kfm *abr* (*kaufmännisch*) commercial
Kfm *abr* (*Kaufmann*) commerçant
Kfz [kaː'ʔɛf'tsɛt] *n* ⟨~(s); ~(s)⟩ *abr* (*Kraftfahrzeug*) véhicule *m* automobile
Kfz-... *in Zssgn cf* **Kraftfahrzeug...**; **~Werkstatt** *f* garage *m* auto; atelier *m* de réparation
kg *abr* (*Kilogramm*) kg (kilogramme)

KG [kaː'geː] *f* ⟨~; ~s⟩ *abr* (*Kommanditgesellschaft*) société *f* en commandite
Khaki¹ ['kaːki] *n* ⟨~⟩ *Farbe* kaki *m*
'**Khaki**² *m* ⟨~⟩ *Stoff* toile *f* kaki
'**khakifarben** *adj* kaki ⟨*inv*⟩
Khmer [kmeːr] *m* ⟨~; ~⟩ Khmer *m*; *die roten ~* les Khmers rouges
kHz *abr* (*Kilohertz*) kHz (kilohertz)
KI [kaː'ʔiː] *f* ⟨~⟩ *abr* (*künstliche Intelligenz*) I.A. *f* (intelligence artificielle)
Kibbuz [kɪ'buːts] *m* ⟨~; -'zim *ou* ~e⟩ kibboutz *m*
Kiberer ['kiːbərər] F *péj österr m* ⟨~s; ~⟩ F flic *m* (de la brigade criminelle)
'**Kichererbse** *f* pois *m* chiche
kichern ['kɪçərn] *v/i* ⟨-(e)re, h⟩ *Person* glousser; ricaner; *verstohlen* rire sous cape
'**Kichern** *n* ⟨~s⟩ rires étouffés; *verstohlenes* rire *m* sous cape
Kick [kɪk] F *m* ⟨~s; ~s⟩ **1.** FUSSBALL coup *m*; **2.** (*Nervenkitzel*) grand frisson (*fig*)
kicken ['kɪkən] F ⟨h⟩ **I** *v/t den Ball ~* taper dans le ballon; *den Ball ins Tor ~* envoyer le ballon dans le but; **II** *v/i* jouer au football
'**Kick|er** F *m* ⟨~s; ~(s)⟩ footballeur *m*; **~starter** *m* kick *m*
kidnappen ['kɪdnɛpən] *v/t* ⟨h⟩ kidnapper
'**Kidnapper(in)** *m* ⟨~s; ~⟩ (*f*) ⟨~; ~nen⟩ kidnappeur, -euse *m,f*
Kiebitz ['kiːbɪts] *m* ⟨~es; ~e⟩ ZO vanneau *m*
'**kiebitzen** F *v/i* ⟨-(es)t, h⟩ *beim Kartenspiel etc* faire galerie (autour de joueurs de cartes, *etc*)
Kiefer¹ ['kiːfər] *m* ⟨~s; ~⟩ ANAT mâchoire *f*
'**Kiefer**² *f* ⟨~; ~n⟩ BOT pin *m*
'**Kiefer|chirurgie** *f* chirurgie *f* dentaire; **~höhle** *f* sinus *m* maxillaire; **~höhlenentzündung** *f* inflammation *f* des sinus maxillaires; **~knochen** *m* os *m* maxillaire
'**Kiefern|holz** *n* bois *m* de pin; **~nadel** *f* aiguille *f* de pin; **~zapfen** *m* pomme *f* de pin; cône *m*
'**Kieferorthopädie** *f* orthodontie *f*
kieken ['kiːkən] *v/i* ⟨h⟩ *nordd cf* **gucken**
'**Kieker** F *m j-n auf dem ~ haben* (*argwöhnisch beobachten*) F avoir qn à l'œil; (*wiederholt kritisieren*) avoir qn dans le collimateur
kieksen ['kiːksən] *v/i* ⟨-(es)t, h⟩ *regional* **1.** (*schreien*) pousser un petit cri aigu; **2.** (*stechen*) piquer
Kiel¹ [kiːl] *m* ⟨~(e)s; ~e⟩ MAR (*Grundbalken*) quille *f*; (*Rumpf im Wasser*) carène *f*; *ein Schiff auf ~ legen zum Bauen* commencer la construction d'un navire; *zur Reparatur* mettre un navire en carène
'**Kiel**² *m* ⟨~(e)s; ~e⟩ (*Feder*2) tuyau *m* de plume; *früher* (*Schreibfeder*) plume *f*
'**kielholen** *v/t* ⟨h⟩ MAR mettre, abattre en carène
'**Kiellinie** *f* MAR ligne *f* de file
kiel'oben *adv* la quille en l'air; *~ liegen* avoir la quille en l'air
'**Kielraum** *m* (fond *m* de) cale *f*
'**Kielwasser** *n* ⟨~s; ~⟩ sillage *m*; *fig in j-s ~* (*dat*) *schwimmen, segeln* marcher dans le sillage de qn

Kiemen ['ki:mən] f/pl branchies f/pl; **~atmung** f respiration branchiale; **~deckel** m opercule m; **~spalte** f fente branchiale
Kien [ki:n] m ⟨~(e)s⟩ bois m résineux; (*Kiefernholz*) bois m de pin; '**~apfel** m pomme f de pin; '**~holz** n ⟨~es⟩ bois m de pin; '**~span** m torche f de pin
Kiepe ['ki:pə] f ⟨~; ~n⟩ regional 'hotte f
Kies [ki:s] m ⟨~es; ~e⟩ **1.** gravier(s) m(pl); grober cailloux m/pl; **2.** MINÉR pyrite f; **3.** ⟨pas de pl⟩ F fig (*Geld*) F fric m; F pognon m
Kiesel ['ki:zəl] m ⟨~s; ~⟩ galet m; caillou (roulé); **~alge** f BOT diatomée f; **~erde** f silice f; **~säure** f ⟨~⟩ acide m silicique; **~stein** m galet m; caillou (roulé)
'**Kies|grube** f carrière f de gravier(s); gravière f; **~weg** m chemin recouvert de gravier(s)
Kiew ['ki:ɛf] n ⟨→ n/pr⟩ Kiev
Kiez [ki:ts] m ⟨~es; ~e⟩ **1.** bes berlinerisch quartier m; coin m; **2.** Jargon (*Strich*) F quartier chaud
kiffen ['kɪfən] Jargon v/i ⟨h⟩ fumer du kif
kikeriki [kikəri'ki:] enf int cocorico!
Kiki ['kɪki] m ⟨~s⟩ Jugendsprache péj **1.** (*überflüssiges Zeug*) fanfreluches f/pl; **2.** (*Unsinn*) bêtises f/pl
killekille ['kɪlə'kɪlə] enf int guili-guili
killen ['kɪlən] F v/t ⟨h⟩ F descendre
'**Killer** F m ⟨~s; ~⟩ tueur m; (*bezahlter*) **~** tueur m à gages
'**Killersatellit** F m satellite tueur
Kilo ['ki:lo] n ⟨~s, mais 5 ~⟩ kilo m; **~'bit** n kilobit m; **~'byte** n kilo-octet m; **~'gramm** n kilogramme m; **~'hertz** n kilohertz m; **~'joule** n kilojoule m; **~kalo'rie** f kilocalorie f
Kilometer [kilo'me:tər] m ⟨~s; ~⟩ kilomètre m; **30 ~ in der Stunde** 30 km à l'heure; F **~ fressen** F bouffer du kilomètre
Kilo'meter|fresser F m F personne f qui bouffe du kilomètre; **~geld** n indemnité f kilométrique; **Ωlang** adj **I** adj long, -gue de plusieurs kilomètres; **II** adv sur des kilomètres; **~pauschale** f indemnité f kilométrique; **~stand** m nombre m de kilomètres, kilométrage m au compteur; **~stein** m borne f kilométrique
kilo'meterweit adv à des kilomètres; **~ fahren** faire des kilomètres; **~ gehen** faire des kilomètres (à pied)
Kilo'meterzähler m compteur m kilométrique
Kilo|'volt n kilovolt m; **~'watt** n kilowatt m; **~'wattstunde** f kilowattheure f
Kilt [kɪlt] m ⟨~(e)s; ~s⟩ COUT, a Damenrock kilt m
Kimme ['kɪmə] f ⟨~; ~n⟩ **1.** (*Kerbe*) entaille f; **2.** bei Waffen cran m de mire
'**Kimmung** f ⟨~; ~en⟩ MAR **1.** ligne f d'horizon; **2.** (*Luftspiegelung*) mirage m
Kimono ['ki:mono] m ⟨~s; ~s⟩ kimono m
Kind [kɪnt] n ⟨~(e)s; ~er⟩ enfant m,f; *kleines* **~** das **~** sein; das **~** im *Mann*(e) l'enfant m qui sommeille dans tout homme; *unschuldig wie ein neugeborenes* **~** innocent comme l'enfant qui vient de naître; F j-m ein **~** machen F faire un enfant à qn; j-n an **~es Statt annehmen** adopter qn; kein **~**

mehr sein ne plus être un enfant; F kein **~** von Traurigkeit sein être un gai luron; von **~** auf, an depuis od dès l'enfance; **~er Gottes** enfants m/pl de Dieu; st/s *ein* **~** *der Liebe* un enfant de l'amour; fig ein **~** s-r Zeit sein être de son temps; da sieht man, wes Geistes **~** er ist on voit là quel genre d'esprit c'est, d'où il tient ses idées; er ist ein großes **~** c'est un grand enfant; F sich bei j-m lieb **~** machen s'attirer les grâces de qn; F *lieb* **~** *bei j-m sein* être le chouchou bzw la chouchoute de qn; Anrede F mein (*liebes*) **~**! mon enfant!; ma chère enfant!; F **~er, ~er!** ah, mes (pauvres) enfants!; das **~** beim (rechten) Namen nennen appeler les choses par leur nom; appeler un chat un chat; das **~** mit dem Bade ausschütten jeter le bébé avec l'eau du bain; F wir werden das **~** schon schaukeln F on va goupiller l'affaire; F *wie sag' ich's meinem* **~***e?* comment vais-je faire pour (le) lui dire?; F fig *das* **~** muß e-n Namen haben il faut lui donner un nom; sich freuen wie ein **~** se réjouir comme un enfant; das weiß doch jedes **~** tout le monde sait cela; c'est enfantin; aus **~ern werden Leute** les enfants grandissent; prov *gebranntes* **~** scheut das Feuer prov chat échaudé craint l'eau froide; prov **~er und Narren sagen die Wahrheit** prov la vérité sort de la bouche des enfants; prov kleine **~er** kleine Sorgen, große **~er** große Sorgen prov petits enfants petits soucis, grands enfants grands soucis
'**Kind|bett** n ⟨~(e)s⟩ couches f/pl; **~bettfieber** n fièvre puerpérale; **~chen** n ⟨~s; ~ ou Kinderchen⟩ petit enfant; bébé m; Anrede mon petit, ma petite
'**Kinder|arbeit** f ⟨~⟩ travail m des enfants; **~arm** adj qui a peu d'enfants; **~arzt** m pédiatre m; **~ärztin** f; **~augen** n/pl yeux m/pl d'enfant; **~ausweis** m carte f d'identité d'enfant; **~bekleidung** f vêtements m/pl d'enfant(s); **~besteck** m couvert m d'enfant; **~betreuung** f garderie f; **~bett** n lit m d'enfant; **~buch** n livre m pour enfants; **~chor** m chorale f d'enfants; **~dorf** m village m d'enfants
Kinde'rei f ⟨~; ~en⟩ enfantillage m
'**Kinder|ermäßigung** f réduction f (pour) enfant(s); bei Steuern etc réduction f pour charge de famille; **~erziehung** f éducation f des enfants; **~fahrrad** n vélo m d'enfant; **Ωfeindlich** adj hostile aux enfants; **~fest** m fête f d'enfants; **~film** m film m pour enfants; **~frau, ~fräulein** n bonne f d'enfants; **~freibetrag** m STEUERWESEN part f enfants
'**Kinderfreund(in)** m(f) ami(e) m(f) des enfants; ein **~** sein aimer les enfants
'**kinderfreundlich** adj Mensch qui aime les enfants; Möbel, Hotel etc adapté aux enfants
'**Kinder|funk** m émission f enfantine; **~garten** m jardin m d'enfants; in Frankreich e-r staatlichen Schule angegliedert école maternelle; **~gärtnerin** f jardinière f d'enfants; Frankreich, in der Schule institutrice f d'école maternelle; **~geld** n ⟨~(e)s⟩ allocations fa-

miliales; **~gottesdienst** m PROT culte m, CATH messe f pour les enfants
'**Kinderhand** f main f d'enfant; von **~** (*gezeichnet*) fait par un enfant
'**Kinder|heilkunde** f pédiatrie f; **~heim** n maison f, foyer m d'enfants; **~hort** m garderie f; **~jahre** n/pl (années f/pl d')enfance f; **~karussell** n manège m pour enfants; **~klinik** f, **~krankenhaus** hôpital m, clinique f pour enfants
'**Kinderkrankheit** f maladie f infantile; fig pl **~en** défauts m/pl de jeunesse
'**Kinder|kriminalität** f délinquance f juvénile; **~krippe** f crèche f; **~laden** m **1.** Geschäft magasin m pour enfants; **2.** *Kindergarten* crèche parentale
'**Kinderlähmung** f ⟨~⟩ (*spinale*) **~** poliomyélite f; F polio f
'**kinder|leicht** F adj enfantin; das ist **~** c'est enfantin; c'est simple comme bonjour; c'est un jeu d'enfant
'**kinderlieb** adj qui aime les enfants
'**Kinder|liebe** f amour m pour les enfants, **~lied** n chanson pour enfants, enfantine; Ωlos adj sans enfants; **~losigkeit** f ⟨~⟩ absence f d'enfants; **~mädchen** n bonne f d'enfants; **~märchen** n conte m pour enfants
'**Kindermund** m bouche f d'enfant; fig Ausspruch m aus **~** mot m d'enfant
'**Kinder|nahrung** f aliments m/pl pour enfants; **~narr** m, **~närrin** f personne f qui adore les enfants; **~pflegerin** f assistante maternelle; nurse f; **~popo** m fesses f/pl de bébé; **~psychologie** f psychologie f de l'enfant; **~puder** m talc m, poudre f pour bébés
'**kinderreich** adj qui a beaucoup d'enfants; **~e Familie** famille nombreuse
'**Kinder|reichtum** m ⟨~s⟩ grand nombre d'enfants; **~schar** f bande f d'enfants; **~schreck** m ⟨~s⟩ croque-mitaine m
'**Kinderschuh** m chaussure f d'enfant; fig den **~en** entwachsen sein être sorti de l'enfance; noch in den **~en** stecken être encore à ses débuts, à l'état embryonnaire
'**Kinder|schwester** f puéricultrice f; **~segen** m ⟨~s⟩ grand nombre d'enfants; **~sendung** f émission f pour enfants; Ωsicher adj conforme aux normes de sécurité pour enfants; **~sitz** m AUTO, am Fahrrad siège m pour enfant; **~spiel** n a fig jeu m d'enfant; cf a *kinderleicht*; **~spielplatz** m aire f de jeux pour enfants; emplacement réservé aux enfants pour jouer; **~spielzeug** n jouet m d'enfant; **~sprache** f ⟨~⟩ langage enfantin, des enfants; **~star** m ⟨~s; ~s⟩ bes KINO vedette f enfantine; **~station** f im Krankenhaus service m pour enfants; **~sterblichkeit** f mortalité f infantile
'**Kinderstube** f fig e-e gute, schlechte **~** haben être bien, mal élevé; avoir reçu une bonne, mauvaise éducation
'**Kinder|stunde** f ⟨~⟩ RAD, TV émission enfantine; **~tagesstätte** f garderie f; **~teller** m **1.** *Teller* assiette f d'enfant; **2.** *Portion im Restaurant* portion f enfant; **~wagen** m poussette f (a zusammenklappbar); landau m; **~zahl** f nombre m d'enfants; **~zimmer** n chambre f d'enfant(s)
'**Kindesalter** n ⟨~s⟩ enfance f; im **~** en bas âge
'**Kindesbeine** n/pl von **~n** an dès ma,

ta, *etc* plus tendre enfance; dès mon, ton, *etc* plus jeune âge
'**Kindeskind** *n* **Kinder und ~er** enfants et petits-enfants *m/pl*
'**Kindes|mißhandlung** *f* sévice, mauvais traitement infligé à un enfant; **~mord** *m* infanticide *m*; **~mörder(in)** *m(f)* infanticide *m,f*; **~mutter** ADM *f* mère *f* de l'enfant; **~tötung** *f* infanticide *m*; **~vater** ADM *m* père *m* de l'enfant
'**Kindfrau** *f* **1.** *Frau* femme-enfant *f*; **2.** *(frühreifes Mädchen)* nymphette *f*
'**kindgemäß** *adj* adapté à l'enfant
'**Kindheit** *f* ⟨~⟩ enfance *f*; *von* ~ *an* dès l'enfance; *von frühester* ~ *an* dès ma, ta, *etc* plus tendre enfance
'**Kindheitserinnerung** *f* souvenir *m* d'enfance
'**kindisch** *meist péj* **I** *adj* puéril; naïf, naïve; *im Alter* gâteux, -euse; F gaga; **~es Wesen** puérilité *f*; *sei nicht* ~! ne fais pas l'enfant!; **II** *adv* **sich** ~ **benehmen** faire l'enfant; *péj* être puéril
'**kindlich** *adj* enfantin; d'enfant; d'un enfant; de l'enfant; *im Verhältnis zu den Eltern* filial; **~er Gehorsam** obéissance filiale *bzw* de l'enfant
'**Kinds|bewegung** *f* MÉD mouvement *m* de l'enfant, du fœtus; **~kopf** F *fig m* niais *m*; nigaud *m*; **~lage** *f* MÉD présentation *f* de l'enfant, du fœtus
'**Kind(s)taufe** *f* baptême *m*
'**Kindstod** *m* **plötzlicher** ~ mort subite du nourrisson
Kine|matik [kine'ma:tɪk] *f* ⟨~⟩ PHYS cinématique *f*; **2matisch** *adj* cinématique; **~matogra'phie** *f* ⟨~⟩ cinématographie *f*
Kinetik [ki'ne:tɪk] *f* ⟨~⟩ **1.** PHYS cinétique *f*; **2.** KUNST art *m* cinétique
ki'netisch *adj* cinétique
King [kɪŋ] F *m* ⟨~(s); ~s⟩ F chef *m*
Kinkerlitzchen ['kɪŋkərlɪtsçən] F *pl* *(albernes Zeug)* niaiseries *f/pl*; *(Nichtigkeiten)* futilités *f/pl*
Kinn [kɪn] *n* ⟨~(e)s; ~e⟩ menton *m*; '**~bart** *m* bouc *m*; '**~haken** *m* crochet *m* à la mâchoire; uppercut *m*; '**~lade** *f* mâchoire inférieure; '**~riemen** *m* lanière *f* (d'un casque)
Kino ['ki:no] *n* ⟨~s; ~s⟩ cinéma *m*; **~besuch** *m* fréquentation *f* des cinémas; **~besucher(in)** *m(f)* spectateur, -trice *m,f*; personne *f* qui va au cinéma; **~film** *m* film *m*; **~gänger(in)** *m* ⟨~s; ~⟩ *(f)* ⟨~; ~nen⟩ habitué(e) *m(f)* du cinéma; cinéphile *m,f*; **~karte** *f* billet *m*, place *f* de cinéma; **~kasse** *f* caisse *f* de cinéma; **~programm** *n* programme *m* de cinéma; **~reklame** *f* **1.** *im Kino* publicité *f* au cinéma; **2.** *für Filme* publicité *f* pour un film; **~vorführung** *f* séance *f* de cinéma; **~werbung** *f* ⟨~⟩ publicité *f* au cinéma
Kintopp ['kɪntɔp] F *plais od péj m od n* ⟨~s; ~s *ou* ~e⟩ F ciné *m*; P cinoche *m*
Kiosk ['ki:ɔsk *ou* ki'ɔsk] *m* ⟨~(e)s; ~e⟩ kiosque *m*
Kipfel ['kɪpfəl] *n* ⟨~s; ~⟩, **Kipferl** ['kɪpfərl] *n* ⟨~s; ~n⟩ *südd, österr* croissant *m*
Kippe ['kɪpə] *f* ⟨~; ~n⟩ **1.** *(Müll2)* décharge *f* (publique); **2.** F *auf der* ~ *stehen* *(drohen umzufallen)* être sur le point de tomber; être en porte-à-faux; *(gefährdet sein) Unternehmen* être sur le point de faire faillite; *(ungewiß sein)*

être incertain; F *der Schüler steht auf der* ~ l'élève n'est pas sûr de passer dans la classe supérieure; **3.** TURNEN bascule *f*; **4.** F *(Zigarettenstummel)* F mégot *m*
'**kippeln** F *v/i* ⟨-(e)le, h⟩ *(mit dem Stuhl)* ~ se balancer sur sa chaise
'**kippen I** *v/t* ⟨h⟩ **1.** *(neigen, stürzen)* faire basculer; culbuter; **2.** *(schütten)* verser; F *einen* ~ F s'en jeter un; **3.** F *(abbrechen)* arrêter; stopper; *(zurückziehen)* supprimer; **II** *v/i* ⟨sein⟩ **4.** basculer; *vom Stuhl* ~ basculer et tomber de sa chaise; **5.** *fig (sich wenden) Spiel etc* basculer; *Wetter* changer (brusquement)
'**Kipper** *m* ⟨~s; ~⟩ **1.** *LKW* camion *m* à benne basculante; **2.** *cf* **Kippvorrichtung**
'**Kipp|fenster** *n* fenêtre basculante; **~lore** *f* wagonnet *m* à benne basculante; **~schalter** *m* interrupteur *m* à bascule; **2sicher** *adj* stable; **~vorrichtung** *f* basculeur *m*; culbuteur *m*; **~wagen** *m* *cf* **Kipplore**
Kirche ['kɪrçə] *f* ⟨~; ~n⟩ **1.** *Gebäude* église *f*; PROT *in Frankreich meist* temple *m*; *fig die* ~ *im Dorf lassen* garder tout son bon sens; ne pas exagérer; **2.** *Institution* Église *f*; **3.** *(pas de pl) (Gottesdienst)* service *m* (divin); CATH messe *f*; office *m*; PROT *a* culte *m*; *in die* ~ *gehen* aller à l'église, CATH *a* à la messe; *regelmäßig a* fréquenter l'église
'**Kirchen|älteste(r)** *m* ⟨→ A⟩ ancien *m* d'une paroisse; **~amt** *n Stellung* fonction *f* ecclésiastique; *Behörde* autorité *f* ecclésiastique; **~austritt** *m* retrait *m* de l'Église; **~bank** *f* ⟨~; ~e⟩ banc *m* d'église; **~bann** *m* excommunication *f*; **~buch** *n* registre paroissial; **~chor** *m* chorale paroissiale; **~diener** *m* sacristain *m*; suisse *m*; bedeau *m*; **2feindlich** *adj* anticlérical; **~fenster** *n* vitrail *m*; **~fest** *n* fête religieuse, de l'Église; **~fürst** *st/s m* prince *m* de l'Église; **~gemeinde** *f* paroisse *f*; **~geräte** *n/pl* objets sacrés, du culte; **~geschichte** *f* histoire *f* de l'Église; **~glocke** *f* cloche *f* (d'une église); **~hoheit** *f* ⟨~⟩ des Staates droits *m/pl* de l'État vis-à-vis des Églises; **~jahr** *n* année *f* ecclésiastique; **~konzert** *n* concert spirituel
'**Kirchenlicht** *plais n kein (großes)* ~ *sein* ne pas être une lumière
'**Kirchenlied** *n* cantique *m*
'**Kirchenmaus** F *plais f arm wie e-e* ~ pauvre comme Job
'**Kirchen|musik** *f* ⟨~⟩ musique sacrée, religieuse; **~rat** *m* **1.** PROT *Titel etwa* conseiller *m* ecclésiastique; **2.** *cf* **Kirchenvorstand**; **~recht** *n* ⟨~(e)s⟩ droit *m* ecclésiastique; CATH *a* droit *m* canon(ique); **~schiff** *n* nef *f*; **~spaltung** *f* schisme *m*; **~staat** *m* ⟨~(e)s⟩ HIST États de l'Église, pontificaux; **~steuer** *f* impôt destiné à l'Église; *in Frankreich etwa* denier *m* du culte
'**Kirchentag** *m* **Deutscher Evangelischer** ~ congrès *m* de l'Église protestante allemande
'**Kirchen|ton(art)** *m(f)* MUS mode *m* ecclésiastique; **~tür** *f* porte d'église; **~uhr** *f* horloge *f* de l'église; **~vater** *m* Père *m* de l'Église; **~verfolgung** *f* persécution *f* de l'Église; **~vorstand** *m*

conseil administratif d'une paroisse; CATH *a* conseil curial; conseil *m* de fabrique; **~zeitung** *f* journal religieux
'**Kirchgang** *m beim* ~ en allant à l'église
Kirch|gänger(in) ['kɪrçgɛŋər(ɪn)] *m* ⟨~s; ~⟩ *(f)* ⟨~; ~nen⟩ personne *f* qui va (régulièrement) à l'église; *(Gläubiger)* fidèle *m,f*; *(praktizierender Gläubiger)* pratiquant(e) *m(f)*; **~hof** *m regional* cimetière *m*
'**kirchlich I** *adj* de l'Église; ecclésiastique; **~er Feiertag** fête *f* de l'Église, religieuse; **~e Trauung** mariage *m* religieux; *Trauungsfeier* bénédiction nuptiale; **II** *adv* **sich** ~ **trauen lassen** se marier à l'église
'**Kirch|spiel** *n*, **~sprengel** *m* paroisse *f*; **~turm** *m* clocher *m*; **~turmpolitik** *f* politique *f* de clocher; **~turmuhr** *f* horloge *f* du clocher; **~weih** *f* ⟨~; ~en⟩ *(Kirmes)* kermesse *f*; **~weihe** *f* ÉGL consécration *f* d'une église
Kirgise [kɪr'gi:zə] *m* ⟨~n; ~n⟩ Kirghiz *m*
Kirgisien [kɪr'gi:ziən] *n* ⟨→ *n/pr*⟩ la Kirghizie
Kir'gis|in *f* Kirghize *f*; **2isch** *adj* kirghiz
Kirgistan ['kɪrgɪsta:n] *n* ⟨→ *n/pr*⟩ le Kirghizistan
Kiribati [kiri'ba:ti] *n* ⟨→ *n/pr*⟩ GÉOGR Kiribati *m*
Kirmes ['kɪrməs] *f* ⟨~; ~sen⟩ kermesse *f*; *in Nordfrankreich a* ducasse *f*; *par ext* fête foraine
kirre ['kɪrə] *adj j-n* ~ *machen* amadouer, apprivoiser qn
Kirsch [kɪrʃ] *m* ⟨~(e)s; ~⟩ *cf* **Kirschwasser**; '**~baum** *m* cerisier *m*
'**Kirschblüte** *f* fleur *f* de cerisier; *Zeit* floraison *f* des cerisiers; *das Land der* ~ le pays des cerisiers en fleurs
'**Kirsche** *f* ⟨~; ~n⟩ *Frucht* cerise *f*; *Baum* cerisier *m*; *mit ihm ist nicht gut* ~ *essen* il n'est pas commode; c'est un mauvais coucheur
'**Kirsch|kern** *m* noyau *m* de cerise; **~kuchen** *m* tarte *f* aux cerises; **~likör** *m* liqueur *f* de cerises; **~lorbeer** *m* laurier-cerise *m*; **2rot** *adj* (rouge) cerise (*inv*); **~saft** *m* jus *m* de cerises; **~stein** *m* *cf* **Kirschkern**
'**Kirschtorte** *f* gâteau *m* aux cerises; **Schwarzwälder** ~ gâteau forêt-noire
'**Kirschwasser** *n* ⟨~s; ~⟩ kirsch *m*
Kissen ['kɪsən] *n* ⟨~s; ~⟩ coussin *m*; *(Kopf2)* oreiller *m*; **~bezug** *m* enveloppe *f*, 'housse *f* de coussin; *des Kopfkissens* taie *f* d'oreiller; **~schlacht** *f* F bataille *f* de polochons
Kiste ['kɪstə] *f* ⟨~; ~n⟩ **1.** caisse *f*; *(kleinere, a Zigarren2)* boîte *f*; **2.** F *(Auto)* F bagnole *f*; F caisse *f*; *(Flugzeug)* coucou *m*; F zinc *m*; **3.** F *(Bett)* F pieu *m*
'**kistenweise** *adv* par caisses
Kisuaheli [kizua'he:li] *n* ⟨~(s)⟩ *Sprache* souahéli *m*
Kitsch [kɪtʃ] *m* ⟨~(e)s⟩ kitsch *m*; *einzelnes Stück* objet *m* kitsch, de mauvais goût; *Echtes vortäuschend* toc *m*
'**kitschig** *adj* kitsch (*inv*)
Kitt [kɪt] *m* ⟨~(e)s; ~e⟩ mastic *m*
Kittchen ['kɪtçən] F *n* ⟨~s; ~⟩ *arg* taule *f*; *ins* ~ *kommen, wandern arg* aller en taule; F se faire coffrer
Kittel ['kɪtəl] *m* ⟨~s; ~⟩ **1.** *(Arbeits2)* blouse *f*; *(Bauern2) a* sarrau *m*; **2.** *(Bluse)* chemisier *m*; **3.** *südd (Jackett)* veste *f*; **4.** *österr (Rock)* jupe *f*; **~kleid**

Kittelschürze – Klappfenster 1178

n robe-tablier *f*; **~schürze** *f* blouse *f* sans manches
'**kitten** *v/t* ⟨-ete, h⟩ mastiquer; *fig* surmonter; *ihre Ehe läßt sich nicht mehr ~ leur* mariage est un constat d'échec
Kitz ['kɪts] *n* ⟨~es; ~e⟩ (*Reh*♀) faon *m*; (*Ziegen*♀) chevreau *m*; chevrette *f*
Kitzel ['kɪtsəl] *m* ⟨~s⟩ 1. (*Reiz*) attrait *m*; 2. (*Kitzeln*) chatouillement *m*
'**kitz(e)lig** *adj* chatouilleux, -euse; *fig Frage, Angelegenheit* délicat
'**kitzeln** *v/t u v/i* ⟨-(e)le, h⟩ chatouiller; *fig den Gaumen etc* flatter
'**Kitzler** *m* ⟨~s; ~⟩ ANAT clitoris *m*
'**kitzlig** *cf* **kitzelig**
Kiwi[1] ['kiːvi] *f* ⟨~; ~s⟩ BOT kiwi *m*
'**Kiwi**[2] *m* ⟨~s; ~s⟩ ZO kiwi *m*
kJ *abr* (*Kilojoule*) kJ (kilojoule)
k.k. *abr* (*kaiserlich-königlich*) Monarchie austro-hongrois
KKW [kaːkaːˈveː] *n* ⟨~(s); ~s⟩ *abr* (*Kernkraftwerk*) centrale *f* nucléaire
Klabautermann [klaˈbautərman] *m* ⟨-(e)s; -männer⟩ MAR génie protecteur ou annonciateur de naufrage
klack [klak] *int bei festen Körpern* clac!; *bei Tropfen* flac!
'**klacken** F *v/i* ⟨h⟩ claquer
Klacks [klaks] F *m* ⟨~es; ~e⟩ 1. (*Klecks*) giclée *f*; *ein ~ Sahne* un peu de chantilly; 2. *fig* broutille *f*
Kladde ['kladə] *f* ⟨~; ~n⟩ *regional* 1. (*erste Niederschrift*) brouillon *m*; 2. (*Geschäftsbuch*) main courante; brouillard *m*; 3. (*Heft*) cahier *m* de brouillon
kladderadatsch [kladəraˈda(ː)tʃ] *int* patatras!
Kladdera'datsch F *m* ⟨~(e)s; ~e⟩ (*Zusammenbruch*) débâcle *f*; faillite *f*; (*Skandal*) scandale *m*
klaffen ['klafən] *v/i* ⟨h⟩ être béant; *e-e ~de Wunde* une plaie béante; *in der Wand klafft ein Riß* il y a une fente béante dans le mur; *fig dazwischen klafft ein gewaltiger Unterschied* il y a une différence énorme entre les deux
kläffen ['klɛfən] *v/i* ⟨h⟩ japper; glapir
'**Kläffen** *n* ⟨~s⟩ jappement(s) *m*(*pl*)
'**Kläffer** *m* ⟨~s; ~⟩ *péj* roquet *m*
Klafter ['klaftər] *m od f* ⟨~s; ~⟩ *früher* 1. *Raummaß für Holz etwa* corde *f* (de bois); 2. *Längenmaß* brasse *f*
Klage ['klaːgə] *f* ⟨~; ~n⟩ 1. (*Weh*♀, *Beschwerde*) plainte *f*; *~ führen über* (*+acc*) se plaindre de; *es wurden ~n laut, daß* ... on s'est plaint du fait que ...; *keinen Grund zur ~ haben* ne pas avoir à se plaindre; 2. JUR plainte *f*; action *f*; demande *f* en justice; *gerichtliche ~* action en justice; *e-e ~ einreichen Strafrecht* déposer une plainte; *Zivilrecht* intenter, introduire une action; (*gegen j-n*) *~ erheben* porter plainte (contre qn); *~ auf Schadenersatz* action en dommages-intérêts
'**Klage|abweisung** *f* JUR rejet *m* de la demande; débouté *m*; **~erhebung** *f* JUR introduction *f* de l'action, de l'instance
'**Klagelied** *n* complainte *f*; *fig ein ~ anstimmen* se répandre en lamentations, F en jérémiades
'**Klagemauer** *f in Jerusalem* mur *m* des Lamentations
'**klagen** ⟨h⟩ I *v/t j-m etw ~* se plaindre de qc à qn; *j-m sein Leid ~* confier sa douleur, sa peine à qn; II *v/i* 1. se plaindre (*über* [*+acc*] de); se lamenter; *wir haben keinen Grund zu ~* nous n'avons aucune raison de nous plaindre; *sie klagt über Kopfschmerzen* elle se plaint de maux de tête; 2. JUR *Strafrecht* porter plainte; déposer une plainte (*auf* [*+acc*] en; *gegen* contre; *wegen* pour); *Zivilrecht* intenter une action (*auf* [*+acc*] en; *gegen* contre; *wegen* pour); *par ext a* faire un procès (*gegen* à); *auf Schadenersatz ~* intenter une action en dommages-intérêts
'**klagend** *adj* 1. plaintif, -ive; dolent; 2. JUR *die ~e Partei cf* **Kläger**(*in*)
'**Klagepunkt** *m* JUR chef *m* d'accusation; motif *m* de plainte
Kläger(in) ['klɛːɡər(ɪn)] *m* ⟨~s; ~⟩ (*f*) ⟨~; ~nen⟩ JUR plaignant(e) *m*(*f*); *im Zivilprozeß* demandeur, -eresse *m*,*f*; *prov wo kein ~ ist, ist auch kein Richter* à défaut de plaignant point de juge; point de juge sans plaignant
'**Klage|ruf** *m* cri plaintif; plainte *f*; **~schrift** *f* JUR mémoire *m*; demande, requête (introductive d'instance)
'**Klageweg** *m* JUR *auf dem ~, im ~* par introduction d'action
'**Klageweib** *n* pleureuse *f*
kläglich ['klɛːklɪç] I *adj* (*beklagenswert*) lamentable, déplorable; (*bemitleidenswert*) pitoyable; *ein ~er Rest* de pauvres restes *m*/*pl*; II *adv* lamentablement; pitoyablement; *er hat ~ versagt* il a échoué lamentablement
'**klaglos** *adv* sans se plaindre; sans faire de difficultés
Klamauk [klaˈmauk] F *m* ⟨~s⟩ (*Lärm*) chahut *m*; F boucan *m*; potin *m*; *péj* THÉ plaisanterie *f* de bas étage
klamm [klam] *adj Wäsche* froid et humide; *Finger* engourdi; *st/s* gourd; F *~ sein* (*wenig Geld haben*) être à sec
Klamm *f* ⟨~; ~en⟩ GÉOGR gorge *f*
Klammer ['klamər] *f* ⟨~; ~n⟩ 1. (*Wäsche*♀) pince *f* à linge; (*Haar*♀) pince *f* (à cheveux); (*Zahn*♀) appareil *m* dentaire; (*Wund*♀) agrafe *f* (de chirurgie); (*Hosen*♀) pince *f* (de pantalon); (*Heft*♀) agrafe *f*; (*Büro*♀) attache *f* de bureau; (*Bau*♀) agrafe *f*; 2. TYPO *runde* parenthèse *f*; *eckige ~* crochet *m*; *geschweifte ~* accolade *f*; (*etw*) *in ~* (*setzen*) (mettre qc) entre parenthèses; *auf, zu* (ouvrez la) parenthèse, fermez la parenthèse; 3. MATH parenthèse *f*; *die ~n auflösen* supprimer, effectuer les parenthèses
'**Klammer|affe** *m* ZO atèle *m*; **~ausdruck** *m* ⟨~(e)s; ~e⟩ MATH expression *f* entre parenthèses
'**Klammergriff** *m* SPORT clé *f*; *er hat bei ihm e-n ~ angesetzt* il lui a fait une clé
'**klammern** ⟨-(e)re, h⟩ I *v/t* agrafer; *mit Heftmaschine* agrafer; *mit Büroklammer* attacher; *Wunde* fermer au moyen d'agrafes; *cf a* **anklammern**; II *v/i* BOXEN s'accrocher à qn; III *v/refl sich an j-n ~* se cramponner, s'accrocher à qn; *sich an e-e Hoffnung ~* se cramponner à un espoir
'**klamm'heimlich** F *adj* ⟨*épithète*⟩ secret, -ète; II *adv* secrètement
Klamotte [klaˈmɔtə] F *f* ⟨~; ~n⟩ 1. *pl ~n* (*Kleider*) F fringues *f*/*pl*; (*Kram*) bric-à-brac *m*; 2. *péj* THÉ farce *f*; vaudeville *m*

Kla'mottenkiste F *f* malle *f* de vieux vêtements; *fig etw aus der ~ hervorholen* ressortir qc
Klampfe ['klampfə] *f* ⟨~; ~n⟩ 1. F *plais* MUS guitare *f*; 2. *österr* (*Bauklammer*) agrafe *f*
Klan [klaːn] *m* ⟨~s; ~e⟩ clan *m*
klang [klaŋ] *cf* **klingen**
Klang *m* ⟨~(e)s; ~e⟩ son *m*; *e-s Radios etc* sonorité *f*; *beim ~ der Glocken* au son des cloches; *e-n guten ~ haben* rendre un bon son; *Radio* avoir une bonne sonorité; *fig sein Name hat e-n guten ~* il a une bonne réputation (sur le plan professionnel)
'**Klang|bild** *n* tonalité *f*; **~farbe** *f* sonorité *f*; *e-r Stimme, e-s Instruments* timbre *m*; *e-s Radios* tonalité *f*; **~farberegler** *m* dispositif *m* de réglage de la tonalité; **~fülle** *f* sonorité *f*
'**klang|lich** I *adj* sonore; II *adv* au point de vue (du) son *bzw* (de la) sonorité; **~los** *adj* Stimme sourd; Instrument sans résonance; **~voll** *adj* sonore; Titel, Name qui sonne bien
'**Klapp|bett** *n* lit pliant; **~brücke** *f* pont basculant; **~deckel** *m* couvercle *m* à charnière
Klappe ['klapə] *f* ⟨~; ~n⟩ 1. TECH clapet *m*; abattant *m*, ANAT, BIOL valvule *f*; MUS *e-r Trompete etc* clef *f*; *am Briefkasten* volet *m*; *e-s Briefumschlages* rabat *m*; (*Hosen*♀) pont *m*; (*Taschen*♀) rabat *m*; F *~ zu, Affe tot* l'affaire est close; 2. FILM clap *m*; claquette *f*; 3. P (*Mund*) gueule *f*; *halt die ~!* F ferme-la!; F boucle-la!; *e-e große ~ haben* P avoir une grande gueule
'**klappen** ⟨h⟩ I *v/t nach oben ~* relever; *nach unten ~* rabattre; *zur Seite ~* rabattre sur le côté; II F *v/i* (*gelingen*) F coller; marcher; *na, klappt's?* alors, ça marche?; *es wird schon ~* ça ira; ça va marcher
'**Klappentext** *m* texte *m* du rabat (de la jaquette d'un livre)
Klapper ['klapər] *f* ⟨~; ~n⟩ crécelle *f*; *für Kinder* 'hochet *m*
'**klapper'dürr** F *adj* maigre comme un clou
'**Klappergestell** F *n* F squelette ambulant; *plais Fahrzeug* vieux clou *m*; F vieille bagnole
'**klapp(e)rig** *adj* Tisch etc branlant; F bringuebalant; *fig* (*gebrechlich*) branlant
'**Klapper|kasten** F *m*, **~kiste** F *f* (*altes Fahrzeug*) vieux clou; Auto a guimbarde *f*
'**klappern** *v/i* ⟨-(e)re, h⟩ Geschirr, Schreibmaschine cliqueter; Storch craqueter; claquer du bec; *Mühle* faire tic-tac; *Fensterladen*, *Absätze* claquer; *mit den Zähnen ~* claquer des dents
'**Klappern** *n* ⟨~s⟩ *von Geschirr, der Schreibmaschine etc* cliquetis *m*; *des Storches* craquètement *m*; claquement *m* de bec; *der Mühle* tic-tac *m*; *der Zähne*, *Absätze* claquement *m*
'**Klapperschlange** *f* serpent *m* à sonnettes
'**Klapperstorch** F *enf m* cigogne *f*; *der ~ hat das Kind gebracht* la cigogne a apporté le bébé; *in Frankreich* on a trouvé le bébé *Jungen* dans un chou, *Mädchen* dans une rose
'**Klapp|fenster** *n* vasistas *m*; **~mes-**

ser *n* couteau pliant; **~rad** *n* bicyclette pliante
'**klapprig** *cf* **klapperig**
'**Klapp**|**sitz** *m* siège *m* rabattable; *(Notsitz)* strapontin *m*; **~stuhl** *m* chaise pliante; *ohne Lehne* pliant *m*; **~tisch** *m* table pliante; **~zylinder** *m* chapeau *m* claque
Klaps [klaps] F *m* ⟨~es; ~e⟩ **1.** *(leichter Schlag)* petite tape; **2. e-n ~ haben** F être un peu fêlé
'**Klapsmühle** F *péj f* maison *f* de fous
klar [klaːr] **I** *adj* **1.** clair; *Glas a* transparent; *Wasser, Luft* pur; *fig* **e-n ~en Blick haben** être clairvoyant, lucide; *nicht ganz ~ im Kopf sein* n'avoir pas toute sa tête; **2.** *(deutlich)* net, nette; *(offenbar)* évident; *ein ~er Unterschied* une nette différence; F *das ist ~ wie Klärchen od Kloßbrühe* c'est clair comme de l'eau de roche; **~e Verhältnisse schaffen** mettre les choses au clair; *das ist mir ~* je le sais bien; je le comprends bien; *das ist mir nicht ~* je ne comprends pas très bien; *sich (dat) über etw (acc) im ~en sein* se rendre (bien) compte de qc; F *(na) ~!* bien sûr!; F *alles ~?* tout est clair?; F *drohend ist das ~?* c'est clair?; MAR MIL *~ zum Gefecht!* paré pour le combat!; **II** *adv* clairement; nettement; **~ und deutlich** clairement; **~ siegen** remporter nettement la victoire
Klara ['klaːra] *f* ⟨→ n/pr⟩ Claire *f*
'**Klär**|**anlage** *f* station *f* d'épuration; **~becken** *n* bassin *m* d'épuration
'**Klarblick** *m* clairvoyance *f*
'**klar**|**blickend** *adj* clairvoyant; **~denkend** *adj* qui a les idées claires
'**Klare(r)** *m* ⟨→ A⟩ (verre *m* d')eau-de-vie *f*
klären ['klɛːrən] ⟨h⟩ **I** *v/t* **1.** *Unklarheiten* éclaircir; *Problem* élucider; *Situation* clarifier; *Frage* tirer au clair; **2.** *Flüssigkeiten* épurer; **II** *v/i* SPORT dégager; **III** *v/réfl sich ~* s'éclaircir
'**klargehen** F *v/i* ⟨*irr, sép,* -ge-*, sein*⟩ se passer bien; F *das geht klar* ça ne fait pas de problème
'**Klarheit** *f* ⟨~⟩ clarté *f*; *fig a* netteté *f*; évidence *f*; *in etw (acc) ~ bringen* éclaircir qc; *ich habe mir über etw (acc) ~ verschafft* je suis arrivé à voir clair dans qc; je me suis informé au sujet de qc
Klari|**nette** [klari'nɛtə] *f* ⟨~; ~n⟩ clarinette *f*; **~net'tist(in)** *m* ⟨~en; ~en⟩ *(f)* ⟨~; ~nen⟩ clarinettiste *m,f*
'**klarkommen** *v/i* ⟨*irr, sép,* -ge-*, sein*⟩ F *mit j-m nicht ~* ne pas (bien) s'entendre avec qn; F *kommst du klar?* F tu t'en sors?
'**Klarlack** *m* vernis transparent
'**klarlegen** *v/t* ⟨*sép*, -ge-, *h*⟩ mettre, tirer au clair; *j-m etw ~* expliquer, faire comprendre qc à qn
'**klarmachen** *v/t* ⟨*sép*, -ge-, *h*⟩ **1.** *j-m etw ~* expliquer, faire comprendre qc à qn; *sich (dat) etw ~* se rendre compte de qc; **2.** MAR appareiller
'**Klärschlamm** *m* boues *f/pl* d'épuration
'**klarsehen** *v/i* ⟨*irr, sép,* -ge-, *h*⟩ voir clair
'**Klar**|**sichtfolie** *f* film transparent; **~sichtpackung** *f* emballage transparent; **~spüler** *m*, **~spülmittel** *n* produit *m* (de) vaisselle

'**klarstellen** *v/t* ⟨*sép*, -ge-, *h*⟩ *etw ~* mettre les choses au clair; *das will ich jetzt ~* je veux que ce soit clair
'**Klarstellung** *f* ⟨~; ~en⟩ mise *f* au point
'**Klartext** *m* texte déchiffré *bzw* non chiffré; *fig im ~* en clair
'**Klärung** *f* ⟨~; ~en⟩ **1.** *von Unklarheiten* éclaircissement *m*; *e-s Problems* élucidation *f*; **2.** *von Flüssigkeiten* épuration *f*
'**klarwerden** *v/réfl* ⟨*irr, sép,* -ge-, *sein*⟩ *sich (dat) über etw (acc) ~* commencer à comprendre qc
'**Klärwerk** *n* station *f* d'épuration
klasse ['klasə] F **I** *adj* ⟨*inv*⟩ F chouette; F super ⟨*inv*⟩; **II** *adv* F super bien; **III** *int* F chouette!
'**Klasse** *f* ⟨~; ~n⟩ SCHULE, MATH, BIOL, SOZIOLOGIE *etc* classe *f*; *(Güte2)* qualité *f*; SPORT, *Führerschein* catégorie *f*; LOTTERIE tranche *f*; *Fahrkarte f erster, zweiter ~* billet *m* de première, de seconde (classe); SCHULE *in der ersten ~ sein* être au cours élémentaire première année; BAHN *erster ~ fahren* voyager en première; *etw in ~n einteilen* classer, classifier qc; *die herrschende ~* la classe dirigeante; *die besitzenden ~n* les classes possédantes; *erster ~* de première qualité; F *das ist (ganz große) ~!* F c'est chouette!; F c'est super!; F c'est sensas(s)!
Klassement [klasəˈmãː] *n* ⟨~s; ~s⟩ classement *m* *(a* SPORT*)*
'**Klassenarbeit** *f* contrôle *m*; *früher* composition *f*; F *e-e ~ in Mathe schreiben* faire un contrôle de maths
'**Klassen**|**ausflug** *m* sortie *f* scolaire; **~beste(r)** *f(m)* meilleur(e) *m(f)* (élève) de la classe; **~bewußtsein** *n* conscience *f* de classe; **~buch** *n* journal *m* de classe; **~fahrt** *f* voyage *m* scolaire; **~feind** *m* ennemi *m* de classe; **~gesellschaft** *f* société *f* de classes; **~haß** *m* 'haine *f* de classe; **~justiz** *f* justice *f* de classe; **~kamerad(in)** *m(f)* camarade *m,f* de classe; **~kampf** *m* lutte *f* des classes; **~lehrer(in)** *m(f)* professeur principal; **~los** *adj* sans classes; **~lotterie** *f* loterie *f* par classes; **~spiegel** *m* SCHULE plan *m* de la classe; **~sprecher(in)** *m(f)* délégué(e) *m(f)* de classe; **~treffen** *n* réunion *f* d'anciens élèves; **~unterschied** *m* différence *f* entre les classes
'**Klassenziel** *n er hat das ~ nicht erreicht* il n'a pas réussi à passer (dans la classe supérieure)
'**Klassenzimmer** *n* (salle *f* de) classe *f*
'**Klasseweib** F *n* F femme *f* super
Klass|**ifikation** [klasifikatsi'oːn] *f* ⟨~; ~en⟩ classification *f*; classement *m*; ⟨**ifi'zieren** *v/t* ⟨*pas de ge-*, *h*⟩ *wissenschaftlich a* classifier; **~ifi'zierung** *f* ⟨~; ~en⟩ classification *f*; classement *m*
Klassi|**k** ['klasɪk] *f* ⟨~⟩ classicisme *m*; période *f* classique; **~ker** *m* ⟨~s; ~⟩ (auteur *m*) classique *m*
'**klassisch** *adj* classique
Klassiz|**ismus** [klasi'tsɪsmʊs] *m* ⟨~⟩ néo-classicisme *m*; ⟨**istisch** *adj* (de style) néo-classique
'**klatsch** [klatʃ] *int* flac!
Klatsch F *m* ⟨~(e)s; *(Geschwätz)* commérage(s) *m(pl)*; cancans *m/pl*; F ra-

got(s) *m(pl)*; **~ und Tratsch** F ragots et potins
'**Klatschbase** F *f* commère *f*; concierge *f*
'**Klatsche** *f* ⟨~; ~n⟩ *(Fliegen2)* tapette *f*
'**klatschen** ⟨h⟩ **I** *v/t j-m Beifall ~* applaudir qn; *etw an die Wand ~* faire claquer qc contre le mur; **II** *v/i* **1.** *Geräusch* battre; fouetter; *Segel im Wind* claquer; *der Regen klatscht gegen die Fensterscheiben* la pluie bat contre les vitres; *die Wellen ~ gegen die Ufermauer* les vagues fouettent le quai; *in die Hände ~* battre des mains; **2.** F *(schwätzen)* faire des commérages, F des ragots *(über j-n* sur qn)
'**Klatsch**|**geschichte** F *f* F ragot *m*; **~kolumnist(in)** *péj m(f)* journaliste mondain(e); **~maul** F *n* concierge *m,f*; commère *f*; **~mohn** *m* ⟨~(e)s⟩ coquelicot *m*; ⟨2**naß** *adj* trempé jusqu'aux os; **~spalte** F *f* rubrique *f* des ragots mondains; **~sucht** *f* ⟨~⟩ manie *f* de commérer, de cancaner; ⟨2**süchtig** *adj* qui a la manie de commérer, de cancaner; **~tante** F *péj f*, **~weib** *péj n* F commère *f*
'**klauben** ['klaʊbən] *v/t* ⟨*h*⟩ *regional*, BERGBAU *(aussondern)* trier
Klaue ['klaʊə] *f* ⟨~; ~n⟩ **1.** ZO *(Huf2)* onglon *m*; *(Kralle)* griffe *f*; *der Raubvögel* serre *f*; *fig in j-s ~n (acc) geraten* tomber sous la griffe de qn; *j-n in s-e ~n bekommen* faire tomber qn sous ses griffes; **2.** F *péj (Handschrift)* écriture *f*; *s-e ~ kann niemand lesen* personne ne peut lire ses pattes de mouche; *e-e furchtbare ~ haben* avoir une écriture épouvantable
'**klauen** F *v/t u v/i* ⟨*h*⟩ F faucher; F piquer
Klaus [klaʊs] *m* ⟨→ n/pr⟩ prénom
Klause ['klaʊzə] *f* ⟨~; ~n⟩ **1.** *in e-m Kloster* cellule *f*; *(Einsiedelei)* a fig ermitage *m*; **2.** GÉOGR cluse *f*; défilé *m*
'**Klausel** ['klaʊzəl] *f* ⟨~; ~n⟩ clause *f*
'**Klausner** ['klaʊsnər] *m* ⟨~s; ~⟩ ermite *m*; solitaire *m*
Klaustrophobie [klaʊstrofo'biː] *f* claustrophobie *f*
Klausur [klaʊ'zuːr] *f* ⟨~; ~en⟩ **1.** REL, *fig* clôture *f*; **2.** *(Prüfungsarbeit)* épreuve écrite d'examen (universitaire); **~tagung** *f* réunion *f* à huis clos
Klaviatur [klavia'tuːr] *f* ⟨~; ~en⟩ clavier *m*
Klavichord [klavi'kɔrt] *n* ⟨~(e)s; ~e⟩ clavicorde *m*
Klavier [kla'viːr] *n* ⟨~s; ~e⟩ piano *m*; **~auszug** *m* partition *f* pour piano; **~bauer** *m* ⟨~s; ~⟩ facteur *m* de pianos; **~begleitung** *f* accompagnement *m* au piano; **~hocker** *m* tabouret *m* de piano; **~konzert** *n* *Komposition* concerto *m* pour piano; *Veranstaltung, Solokonzert* récital *m* de piano; **~lehrer(in)** *m(f)* professeur *m* de piano; **~musik** *f* ⟨~⟩ piano *m*; **~spieler(in)** *m(f)* pianiste *m,f*; **~stimmer** *m* ⟨~s; ~⟩ accordeur *m*; **~stück** *n* morceau *m* de piano; **~stunde** *f* leçon *f* de piano; **~unterricht** *m* cours *m/pl* de piano
'**Klebe**|**band** *n* ⟨~(e)s; ~er⟩ ruban adhésif; **~bindung** *f* TYPO reliure *f* sans couture, arraphique; **~folie** *f* film adhésif
kleben ['kleːbən] ⟨h⟩ **I** *v/t* coller *(an [+acc]* sur; *auf [+acc]* sur); *etw mit Tesafilm ~* coller qc avec du scotch;

klebenbleiben – Kleinwild

scotcher qc; F *j-m eine* ~ F en coller, en flanquer une à qn; **II** *v/i* **1.** (*fest*~) coller (*an* [+*dat*] à); **2.** F *für Sozialversicherung* cotiser; **3.** F *an s-m Posten* ~ s'accrocher à son poste

'**klebenbleiben** *v/i* ⟨*irr, sép,* -ge-, sein⟩ **1.** (*hängenbleiben*) rester collé; **2.** F (*in der Schule sitzenbleiben*) (devoir) redoubler

'**Kleber** *m* ⟨~s; ~⟩ **1.** F (*Leim*) colle *f*; **2.** BOT, CHIM gluten *m*; colle végétale

'**Kleb**|**estift** *m* bâton *m* de colle; ~(**e**)**streifen** *m* papier collant

'**klebrig** *adj Sache* poisseux, -euse; *péj Mensch* collant

'**Klebstoff** *m* colle *f*

'**Klecker**|**fritze** F *m* ⟨~n; ~n⟩ petit sale; F petit cochon; ~**kram** F *péj m* broutilles *f/pl*; ~**liese** F *f* ⟨~; ~n⟩ petite sale; F petite cochonne

kleckern ['klɛkərn] F *v/i* ⟨-(e)re⟩ **1.** ⟨h⟩ faire des taches (*auf* [+ *acc*] sur); ⟨sein⟩ (*tropfenweise zu Boden fallen*) goutter; **2.** ⟨h⟩ faire demi-mesure; *nicht* ~, *sondern klotzen* faire les choses à fond, comme il faut

'**kleckerweise** F *adv* petit à petit; au compte-gouttes

Klecks [klɛks] *m* ⟨~es; ~e⟩ tache *f*; (*Tinten*2) à pâté *m*; (*Senf*2, *Mayonnaisen*2) giclée *f*

'**klecksen** *v/i* ⟨-(e)s⟩t, h⟩ faire des taches, des pâtés; *Schreibfeder* cracher

'**Kleks**|**er** *m* ⟨~s; ~⟩ **1.** *cf* **Klecks**; **2.** (*Schmierer*) barbouilleur *m*; ~**e'rei** F *f* ⟨~; ~en⟩ barbouillage *m*

Klee [kle:] *m* ⟨~s⟩ trèfle *m*; F *j-n über den grünen* ~ *loben* porter qn aux nues

'**Kleeblatt** *n* **1.** BOT feuille *f* de trèfle; *vierblättriges* ~ trèfle *m* à quatre feuilles; **2.** *fig* trio *m*; **3.** (*Autobahn*2) échangeur *m*

Kleiber ['klaɪbər] *m* ⟨~s; ~⟩ ZO sittelle *f*

Kleid [klaɪt] *n* ⟨-(e)s; -er⟩ **1.** robe *f*; **2.** *meist pl* ~**er** vêtements *m/pl*; habits *m/pl*; *prov* ~**er machen Leute** *prov* l'habit fait l'homme

kleiden ['klaɪdən] ⟨-ete, h⟩ **I** *v/t* **1.** (*an*~) habiller; vêtir; **2.** (*stehen*) aller à; habiller; *dieser Anzug kleidet ihn gut* ce costume lui va bien; **3.** *etw in Worte* ~ trouver les mots pour exprimer qc; exprimer qc (par des mots, par des paroles); **II** *v/réfl sich* ~ s'habiller

'**Kleider**|**ablage** *f* vestiaire *m*; ~**bad** *n* bain *m* chimique pour le nettoyage des vêtements; ~**bügel** *m* cintre *m*; ~**haken** *m* patère *f*; portemanteau *m*; ~**kammer** *f bes* MIL magasin d'habillement; ~**rock** *m* robe-chasuble *f*; ~**sack** *m* sac *m* de vêtements; ~**sammlung** *f* collecte *f* de vieux vêtements; ~**schrank** *m* **1.** armoire *f* à vêtements; (armoire-)penderie *f*; **2.** F *fig* (*großer, kräftiger Mann*) F armoire *f* à glace; ~**ständer** *m* portemanteau *m*

'**kleidsam** *adj* seyant; qui va, habille bien

'**Kleidung** *f* ⟨~; ~en⟩ vêtements *m/pl*; habillement *m*

'**Kleidungsstück** *n* vêtement *m*

Kleie ['klaɪə] *f* ⟨~; ~n⟩ *von Getreide* son *m*; *grobe* bran *m*

klein [klaɪn] **I** *adj* petit; (~ *u zierlich*) menu; *sehr* ~ *Summe etc* a minime; *Raum* a exigu, -guë; *winzig* ~ minuscule; *verschwindend* ~ infime; MATH *unendlich* ~ infiniment petit; ~**er Buchstabe** (lettre *f*) minuscule *f*; *das* ~**e Einmaleins** la table de multiplication de 1 à 10; *im* ~**en Kreis** dans l'intimité; *fig* ~**e Leute** petites gens; (*Kinder*) petit monde; *fig der* ~**e Mann** l'homme *m* de la rue; MUS ~**e Terz** tierce mineure; *aus* ~**en Verhältnissen stammen** être d'origine modeste; *in* ~**er Zahl** peu nombreux; 2 *Bärbel* la petite Barbara; *von* ~ *auf* dès l'enfance; *im* 2**en wie im Großen** dans les petites choses comme dans les grandes; *e-e Welt im* ~**en** un monde en miniature; F *beim Bezahlen haben Sie es* ~? vous avez de la monnaie?; F ~, *aber oho* petit, mais un peu là; ~, *aber fein* petit, mais raffiné; **II** *adv ein* ~ *wenig* un petit peu; F ~ *anfangen* débuter modestement; ~ *schreiben* écrire petit; RECHTSCHREIBUNG écrire avec une minuscule; ~ *geschrieben werden* prendre une minuscule; *fig* ne venir qu'au second rang; ne pas avoir d'importance; ~ *werden* rapetisser; diminuer; *cf a* **kleinkriegen**, **kleinschneiden** *etc*

Klein *n* ⟨~s⟩ CUIS abat(t)is *m/pl*

'**Klein**|**aktionär** *m* petit actionnaire; ~**anzeige** *f* petite annonce

'**Kleinarbeit** *f* ⟨~⟩ travail de détail, méticuleux; *in mühevoller* ~ en travaillant méticuleusement

'**Klein**|**asien** *n* (l')Asie Mineure

'**Klein**|**betrieb** *m* petite entreprise, exploitation; ~**bildkamera** *f* appareil *m* photo format 24 × 36; ~**buchstabe** *m* (lettre *f*) minuscule *f*; ~**bühne** *f* petit théâtre; ~**bürger(in)** *m(f)* petit(e) bourgeois(e) *m(f)*; 2**bürgerlich** *adj* de la petite bourgeoisie; ~**bürgertum** *n* petite bourgeoisie; ~**bus** *m* minibus *m*; petit car

'**kleiner** *adj* **1.** plus petit; (*geringer*) moindre; *das* ~**e Übel** le moindre mal; ~ *machen, werden* rapetisser; diminuer; **2.** (*ziemlich klein*) assez, relativement petit; pas très grand

'**Klein**|**familie** *f* famille *f* parents-enfants; SOZIOLOGIE famille restreinte; ~**format** *n* petit format; ~**gärtner** *m* jardinier amateur; *in Schrebergärten* locataire *m* d'un jardin ouvrier; 2**gedruckt** *adj* imprimé en petits caractères; ~**gedruckte(s)** *n* ⟨→ A⟩ **1.** TYPO ce qui est imprimé en petits caractères; **2.** *fig das* ~ les petits caractères

'**Kleingeld** *n* ⟨-(e)s⟩ monnaie *f*; F *iron das nötige* ~ *haben* avoir l'argent nécessaire

'**klein**|**gemustert** *adj* à petits motifs; ~**gläubig** *adj* de peu de foi; 2**gläubigkeit** *f* manque *m* de foi

'**kleinhacken** *v/t* ⟨*sép*, -ge-, h⟩ *Fleisch* 'hacher menu; *Holz* ~ faire du petit bois

'**Klein**|**handel** *m* commerce *m* de détail; ~**heit** *f* ⟨~⟩ petitesse *f* (*a fig*); ~**hirn** *n* cervelet *m*

'**Kleinholz** *n* ⟨~es⟩ petit bois; ~ *machen* faire du petit bois; F *aus etw* ~ *machen* mettre qc en pièces; réduire qc en miettes; F *aus j-m* ~ *machen* 'hacher qn comme chair à pâté

'**Kleinigkeit** *f* ⟨~; ~en⟩ **1.** (*bedeutungslose Sache*) (petit) rien; bagatelle *f*; futilité *f*; vétille *f*; F *iron es kostet die* ~ *von e-r Million* cela coûte la bagatelle d'un million; **2.** (*ein wenig*) *e-e* ~ un petit quelque chose; *e-e* ~ *essen, schenken etc* manger, offrir, *etc* un petit quelque chose; **3.** (*leichte Aufgabe*) bagatelle *f*; peu de chose; rien *m*

'**Kleinigkeitskrämer(in)** *m(f)* tatillon, -onne *m,f*; F pinailleur, -euse *m,f*; *ein* ~ *sein a* être tatillon, -onne; chercher la petite bête

'**kleinkariert** *adj* **1.** à petits carreaux; **2.** F *fig péj* (*kleinlich*) mesquin; (*engstirnig*) borné

'**Klein**|**kind** *n* petit enfant; ~**kram** F *m* (*kleine Dinge*) petites choses; babioles *f/pl*; (*Kleinigkeiten*) babioles *f/pl*; broutilles *f/pl*; **1.** POL guérilla *f*; **2.** *fig* (*ständige Reibereien*) petite guerre; F guéguerre *f*

'**kleinkriegen** F *v/t* ⟨*sép*, -ge-, h⟩ *j-n* ~ faire céder qn; venir à bout de qn; *er ist nicht kleinzukriegen* pas moyen d'en venir à bout; *etw* ~ venir à bout de qc; (*auf-, verbrauchen*) manger qc; *Erbschaft etc* dissiper

'**Kleinkunstbühne** *f* petit théâtre de cabaret; *etwa* café-théâtre *m*

'**kleinlaut** *adj u adv* penaud, déconcerté; ~ *werden* baisser le ton; perdre (de) son aplomb; (*zurückstecken*) mettre de l'eau dans son vin; *j-n* ~ *machen* rabattre le caquet à qn; ~ *antworten* répondre d'une petite voix

'**kleinlich I** *adj bei Kleinigkeiten* pointilleux, -euse; (*engstirnig*) borné; (*nicht großzügig*) mesquin; **II** *adv bei Kleinigkeiten* de manière pointilleuse; (*engstirnig*) de manière bornée; avec étroitesse d'esprit; (*nicht großzügig*) avec mesquinerie

'**kleinmachen** ⟨*sép*, -ge-, h⟩ **I** *v/t* **1.** *Holz etc* casser; **2.** F *große Geldscheine* faire la monnaie de; changer; **II** *v/réfl sich* ~ se faire tout petit (*a fig*)

'**Klein**|**mut** *s/s m s/s* pusillanimité *f*; 2**mütig** *s/s adj s/s* pusillanime; ~**mütigkeit** *s/s f cf* **Kleinmut**

Kleinod ['klaɪnʔoːt] *s/s n* ⟨~-(e)s; ~e *ou* -'odien⟩ joyau *m* (*a fig*)

'**kleinschneiden** *v/t* ⟨*irr, sép*, -ge-, h⟩ couper en petits morceaux; CUIS 'hacher

'**Klein**|**schreibung** *f* ⟨~⟩ emploi *m* des minuscules; ~**sparer** *m* petit épargnant; ~**staat** *m* petit État; ~**stadt** *f* petite ville; ville *f* de province; ~**städter(in)** *m(f)* habitant(e) *m(f)* d'une petite ville; provincial(e) *m(f)*; 2**städtisch** *adj* de petite ville; provincial

'**kleinste(r, -s)** *adj* le (la) plus petit(e); (*geringste*) le (la) moindre; *bis ins* 2**e** jusque dans les moindres détails

'**kleinstellen** *v/t* ⟨*sép*, -ge-, h⟩ *Gas etc* baisser

'**Klein**|**tier** *n* petit animal domestique; *pl* ~**e** *a* volaille *f* et lapins *m/pl*; ~**transport** *m* petit transport; ~**transporter** *m* petit camion; camionnette *f*; ~**verbraucher** *m* petit consommateur; ~**verdiener** *m* personne *f* à faible revenu; *coll* les petits salaires

'**Kleinvieh** *n* petit bétail; F ~ *macht auch Mist* il n'y a pas de petit profit

'**Klein**|**wagen** *m* petite voiture, cylindrée; ~**wild** *n* menu gibier

kleinwüchsig ['klaɪnvy:ksɪç] *adj* de petite taille; MÉD anormalement petit
Kleister ['klaɪstər] *m* ⟨~s; ~⟩ colle *f* d'amidon
Klematis [kle'ma:tɪs] *f* ⟨~; ~⟩ BOT clématite *f*
Klemens ['kle:mɛns] *m* ⟨→ *n/pr*⟩ Clément *m*
Klementine [klemɛn'ti:nə] *f* ⟨~; ~n⟩ BOT clémentine *f*
Klemme ['klɛmə] *f* ⟨~; ~n⟩ **1.** TECH pince *f*; **2.** ÉLECT borne *f*. **3.** F *fig in der ~ sein* F être dans le pétrin; être dans l'embarras, dans une mauvaise passe (*a finanziell*); être coincé; *j-m aus der ~ helfen* tirer qn d'embarras; tirer une épine du pied à qn
'klemmen ⟨h⟩ **I** *v/t* serrer; coincer; *die Mappe unter den Arm ~* mettre sa serviette sous le bras; *sich* (*dat*) *die Finger in der Tür ~* se coincer les doigts dans la porte; **II** *v/i* se coincer; rester coincé; *die Schublade klemmt* le tiroir coince; **III** *v/réfl* **1.** *sich ~* se pincer; **2.** F *fig sich hinter etw* (*acc*) *~* s'atteler à qc; prendre l'affaire, etc en main
Klempner ['klɛmpnər] *m* ⟨~s; ~⟩ plombier *m*
Kleopatra [kle'o:patra] *f* ⟨→ *n/pr*⟩ Cléopâtre *f*
Klepper ['klɛpər] *m* ⟨~s; ~⟩ *péj* F canasson *m*
Klepto|mane [klɛpto'ma:nə] *m* ⟨~n; ~n⟩ kleptomane *od* cleptomane *m*; **~ma'nie** *f* ⟨~⟩ kleptomanie *od* cleptomanie *f*; **~'manin** *f* ⟨~; ~nen⟩ kleptomane *od* cleptomane *f*; **'manisch** *adj* atteint de kleptomanie; kleptomane *od* cleptomane
klerikal [kleri'ka:l] *adj* clérical
Kleriker ['kle:rikər] *m* ⟨~s; ~⟩ ecclésiastique *m*
Klerus *m* ⟨~⟩ clergé *m*
Klette ['klɛtə] *f* ⟨~; ~n⟩ **1.** BOT bardane *f*; **2.** F *ig Person* F crampon *m*; F pot *m* de colle; F *wie e-e ~ an j-m hängen* ne pas lâcher, quitter qn d'une semelle; F *wie* (*die*) *~n aneinanderhängen* être inséparables; F être comme cul et chemise
'Klettenwurzelöl *n* huile *f* de racine de bardane
Klette'rei *f* ⟨~; ~en⟩ escalade(s) *f(pl)*
'Kletter|er *m* ⟨~s; ~⟩, **~in** *f* ⟨~; ~nen⟩ *a* RADSPORT grimpeur, -euse *m,f*; **~gerüst** *n* portique *m*; **~maxe** F *plais m* ⟨~s; ~⟩ **1.** *Kind* F (petit) singe *m*; **2.** (*Fassadenkletterer*) monte-en-l'air *m*
klettern ['klɛtərn] *v/i* ⟨-(e)re, *sein*⟩ grimper (*auf* [+*acc*] sur; *an* [+*dat*] à); *geschickt* escalader (*auf etw* [+*acc*] qc); *mühsam* gravir (*auf etw* [+*acc*] qc)
'Kletter|partie *f* exercice *m* d'escalade; F *Wanderung* randonnée *f* en montagne avec escalade; **~pflanze** *f* plante grimpante; **~rose** *f* rosier grimpant; **~seil** *n* TURNEN corde *f* (lisse); BERGSTEIGEN corde *f* d'alpinisme; **~stange** *f* TURNEN perche *f*; **~tau** *n* TURNEN corde *f* (lisse); **~wand** *f* SPORT espaliers *m/pl*
'Klettverschluß *m* fermeture *f*, bande *f* velcro (*nom déposé*)
Kletze ['klɛtsə] *f* ⟨~; ~n⟩ *südd*, *österr* poire séchée
'Kletzenbrot *n südd*, *österr* gâteau *m* aux poires (et aux pommes) séchées

Kleve ['kle:və] *n* ⟨→ *n/pr*⟩ Clèves
klick [klɪk] *int* clic!; clic-clac!; F *fig da machte es bei mir ~* ça a fait tilt
'klicken *v/i* ⟨h⟩ faire clic; INFORM cliquer
'Klicker *m* ⟨~s; ~⟩ *regional* (*Murmel*) bille *f*
Klient [kli'ɛnt] *m* ⟨~en; ~en⟩ client *m*
Klientel [klien'te:l] *f* ⟨~; ~en⟩ clientèle *f*
Kli'entin *f* ⟨~; ~nen⟩ cliente *f*
Kliff [klɪf] *n* ⟨~(e)s; ~e⟩ falaise *f*
Klima ['kli:ma] *n* ⟨~s; ~s *ou* -'mate⟩ *a fig* climat *m*; *soziales ~* climat social
'Klimaanlage *f* climatiseur *m*; climatisation *f*; *mit ~* climatisé; à air conditionné
'Klima|kammer *f* TECH chambre *f* climatique; **~karte** *f* carte *f* climatologique
Klimakterium [klimak'te:riʊm] *n* ⟨~s⟩ MÉD ménopause *f*
'Klima|kunde *f* ⟨~⟩ climatologie *f*; **~technik** *f* ⟨~⟩ technique *f* de climatisation
kli'matisch **I** *adj* ⟨*épithète*⟩ climatique; **II** *adv* du point de vue du climat; en ce qui concerne le climat; **~ti'sieren** *v/t* ⟨*pas de ge-*, h⟩ climatiser
Klimati'sierung *f* ⟨~; ~en⟩ climatisation *f*; conditionnement *m* d'air
Klimatolo'gie [klimatolo'gi:] *f* ⟨~⟩ climatologie *f*
'Klimawechsel *m* changement *m* de climat
Klimax ['kli:maks] *f* ⟨~; ~e⟩ RHÉT climax *m*
Klimbim [klɪm'bɪm] F *m* ⟨~s⟩ F tralala *m*
Klimmzug ['klɪmtsu:k] *m* TURNEN traction *f* (à la barre fixe)
Klimpe'rei F *péj f* ⟨~; ~en⟩ pianotage *m*
'Klimperkasten F *péj m* (mauvais) piano
klimpern ['klɪmpərn] *v/i* ⟨-(e)re, h⟩ **1.** *mit etw ~* faire sonner, tinter qc; **2.** F *péj auf dem Klavier* pianoter; *auf der Gitarre* F gratter (*auf* [+*dat*] de)
kling [klɪŋ] *int* ding!
Klinge ['klɪŋə] *f* ⟨~; ~n⟩ lame *f*; *st/s* (*mit j-m*) *die ~n kreuzen a fig* croiser le fer (avec qn); F *fig j-n über die ~ springen lassen* (*töten*) passer qn au fil de l'épée
Klingel ['klɪŋəl] *f* ⟨~; ~n⟩ sonnette *f*; (*Fahrrad♀ a*) timbre *m*
'Klingelbeutel *m* ÉGL *etwa* corbeille *f* pour faire la quête; *den ~ herumgehen lassen* faire la quête
'Klingeldraht *m* fil *m* de sonnerie
kling(e)ling [klɪŋ(ə)'lɪŋ] *int* drelin, drelin!
'Klingelknopf *m* bouton *m* de sonnette
'klingeln ⟨-(e)le, h⟩ **I** *v/t j-n aus dem Schlaf ~* faire sortir qn du lit (en sonnant); **II** *v/i* sonner; *nach j-m ~* sonner qn; II *v/imp es klingelt* on sonne; F *es hat bei mir geklingelt* (*ich habe es begriffen*) ça a fait tilt
'Klingeln *n* ⟨~s⟩ sonnerie *f*
'Klingelzeichen *n* coup *m* de sonnette
klingen ['klɪŋən] *v/i* ⟨klingt, klang, geklungen, h⟩ *Glocken, Metall, Gläser* tinter; *Stimmen* résonner; *mir ~ die Ohren* mes oreilles me tintent, me sonnent; F *fig die Ohren müssen dir geklungen haben* les oreilles ont dû te tinter; *dieser Vorname klingt gut* ce prénom sonne bien (à l'oreille); *es klingt mir noch in den Ohren* je l'en-

tends encore; *das klingt seltsam* cela paraît étrange; *das klingt schon besser* c'est déjà mieux; *das klingt wie ein Märchen* cela ressemble à un conte de fées; *das klingt, als ob ...* on dirait que ...; *das klingt, als ob du böse auf mich wärest* serais-tu (par hasard) fâché contre moi?; *das klingt, als ob geschossen würde* on dirait qu'on a tiré des coups de feu
'klingend *adj* METRIK féminin; *in ~er Münze bezahlen* payer en espèces sonnantes et trébuchantes
klingling [klɪŋ'lɪŋ] *cf* klingeling
Klini|k ['kli:nɪk] *f* ⟨~; ~en⟩ **1.** *private* clinique *f*; *öffentliche* hôpital *m*; **2.** ⟨*pas de pl*⟩ (*Unterricht*) clinique *f*; **~ker** *m* ⟨~s; ~⟩ **1.** *Arzt* chef *m* de clinique; **2.** *Student* interne *m*; **~kum** ⟨~s, -ka *ou* -ken⟩ **1.** centre hospitalier universitaire; **2.** ⟨*pas de pl*⟩ *im Studium* internat *m*
'klinisch I *adj* clinique; **II** *adv* d'un point de vue clinique; *~ tot* cliniquement mort
Klinke ['klɪŋkə] *f* ⟨~; ~n⟩ **1.** (*Tür♀*) poignée *f* de porte; F *die Bewerber gaben sich* (*dat*) *den ganzen Tag über die ~ in die Hand* F les candidats ont défilé toute la journée; F *péj ~n putzen* faire du porte à porte; **2.** TECH cliquet *m*
'Klinkenputzer F *péj m Verkäufer* colporteur *m*; *Bettler* mendiant *m* (qui sonne aux portes)
Klinker ['klɪŋkər] *m* ⟨~s; ~⟩ CONSTR clinker *m*; **~bau** *m* ⟨~(e)s; ~ten⟩ CONSTR construction *f* en clinker
klinschig ['klɪnʃɪç] *adj nordd cf klitschig*
klipp [klɪp] **I** *int ~, klapp!* tic tac!; **II** *adv* F *~ und klar* très clairement
Klippe ['klɪpə] *f* ⟨~; ~n⟩ *a fig* écueil *m*
'Klipper *m* ⟨~s; ~⟩ MAR clipper *m*
klirren ['klɪrən] *v/i* ⟨h⟩ *Ketten, Waffen* cliqueter; *Fensterscheiben* vibrer; trembler; *Geschirr, Gläser* s'entrechoquer; *~de Kälte*, *~der Frost* froid *m* de canard
'Klirren *n* ⟨~s⟩ *von Ketten, Waffen* cliquetis *m*; *von Fensterscheiben* vibrement *m*; tremblement *m*; *von Geschirr, Gläsern* choc *m*
'Klirrfaktor *m* ÉLECT coefficient *m* de distorsion
Klischee [kli'ʃe:] *n* ⟨~s; ~s⟩ TYPO, *fig* cliché *m*; **~bild** *n* stéréotype *m*; **haft** *adj* stéréotypé; plein de clichés, de lieux communs; **~vorstellung** *f* cliché *m*; image stéréotypée
kli'schieren *v/t* ⟨*pas de ge-*, h⟩ TYPO clicher
Klistier [klɪs'ti:r] *n* ⟨~s; ~e⟩ MÉD lavement *m*; **~spritze** *f* poire *f* à lavement
Klitoris ['kli:torɪs] *f* ⟨~; ~ *ou* -'torides⟩ clitoris *m*
Klitsche ['klɪtʃə] *péj f* ⟨~; ~n⟩ (*ärmliches Landgut*) petit domaine; (*kleiner Betrieb*) F petite boîte; (*Schmierentheater*) théâtre *m* de patronage
'klitsch(e)'naß F *adj* trempé jusqu'aux os, comme une soupe
'klitschig *adj regional Gebäck* pâteux, -euse
'klitsch'naß *cf klitschenaß*
klitzeklein ['klɪtsə'klaɪn] F *adj* tout petit; minuscule

Klo – Knallgas

Klo [klo:] F n ⟨-s; -s⟩ waters m/pl; F petit coin; *aufs ~ müssen* avoir envie d'aller aux toilettes

Kloake [klo'a:kə] f ⟨~; ~n⟩ a ZO, fig cloaque m

Kloben ['klo:bən] m ⟨-s; ~⟩ (Holz2) bûche f

'**klobig** adj *Gegenstand* massif, -ive; grossier, -ière; fig *Person* lourdaud; balourd; (grob) rustre

'**Klo**|**brille** F f lunette f des W.-C.; **~bürste** F f balayette f à W.-C.; **~deckel** F m couvercle m (de la cuvette) des W.-C.; **~frau** F f f dame f pipi

Klon [klo:n] m ⟨-s; -e⟩ BIOL clone m

'**klonen** v/t ⟨h⟩ BIOL cloner

klönen ['klø:nən] F nordd v/i ⟨h⟩ bavarder; causer

'**Klopapier** F n papier m hygiénique

klopfen ['klɔpfən] ⟨h⟩ **I** v/t battre; *Fleisch* attendrir; *Steine* casser; *e-n Nagel in die Wand ~* enfoncer un clou dans le mur; **II** v/i *an die Tür etc* frapper, taper, *stärker* cogner (*an* [+acc] à); *Herz, Puls* battre; *Motor* cogner; *mit ~dem Herzen* le cœur battant; **III** v/imp *es klopft* on frappe

'**klopffest** adj *Kraftstoff* antidétonant

'**Klopf**|**festigkeit** f von *Kraftstoff* pouvoir antidétonant; **~sauger** m aspiro-batteuse f

'**Klopfzeichen** n *~ geben* frapper; taper; *Eingeschlossene etc* donner signe de vie en frappant, en tapant; *~ hören* entendre frapper, taper

Klöppel ['klœpəl] m ⟨-s; ~⟩ **1.** *e-r Klingel* marteau m; *e-r Glocke* battant m; **2.** (*Werkzeug*) batte f; **3.** TEXT baguette f (à dentelle); **~arbeit** f ⟨~⟩ travail m aux fuseaux

'**klöppeln** ⟨-(e)le, h⟩ **I** v/i faire de la dentelle aux fuseaux; **II** v/t *e-e Decke ~* faire une nappe en dentelle

'**Klöppelspitze** f dentelle f aux fuseaux

kloppen ['klɔpən] F v/réfl ⟨h⟩ *sich ~ (mit j-m)* se bagarrer (avec qn)

'**Klöpplerin** f ⟨~; -nen⟩ dentellière f

Klops [klɔps] m ⟨-es; -e⟩ nordd boulette f; *F da hast du dir aber e-n ~ geleistet!* F tu as fait une boulette!

Klosett [klo'zɛt] n ⟨-s; -e ou -s⟩ cabinets m/pl; **~becken** n cuvette f de W.-C.

Kloß [klo:s] m ⟨-es; -e⟩ boulette f; F *e-n ~ im Hals haben* avoir la gorge serrée; avoir un nœud dans la gorge

Kloster ['klo:stər] n ⟨-s; -⟩ monastère m; couvent m; *ins ~ gehen* entrer au couvent, dans les ordres; *Frau a* prendre le voile; *Mann a* prendre l'habit

'**Kloster**|**bruder** m frère lai, convers; **~kirche** f église f du monastère, du couvent

klösterlich ['klø:stərlɪç] adj du monastère; du couvent; *a fig* monastique; monacal

'**Klosterschule** f école conventuelle

Klotz [klɔts] m ⟨-es; -e⟩ **1.** (Holz2) bloc m de bois; bille f; (Hack2) billot m; F *j-m ein ~ am Bein sein* être un fardeau pour qn; *prov auf e-n groben ~ gehört ein grober Keil* à rudesse répond rudesse; **2.** (Bau2) cube m; **3.** fig (*unbeholfene Person*) lourdaud m; balourd m; *ungehobelter ~* rustre m; ours mal léché

'**klotzen** cf **kleckern**

'**klotzig I** adj massif, -ive; grossier, -ière; **II** F adv énormément; F drôlement; *sie verdient ~ (Geld)* elle gagne énormément d'argent

Klub [klup] m ⟨-s; -s⟩ club m; '**²eigen** adj qui appartient à un od au club; '**~garnitur** f fauteuil(s) m(pl) et canapé m; '**~haus** n club m; '**~jacke** f veste f club; '**~kamerad(in)** m(f) camarade m f de club; '**~mitglied** n membre m d'un club; '**~obmann** m österr cf *Fraktionsvorsitzende(r)*; '**~sessel** m fauteuil m club

Kluft¹ [kluft] f ⟨~; -e⟩ (*Spalte*) crevasse f, faille f (*zwischen* [+dat] entre); fig fossé m, clivage m (*zwischen* [+ dat] entre)

Kluft² f ⟨~; -en⟩ **1.** *uniformähnliche* uniforme m; *die ~ der Pfadfinder* l'uniforme des scouts; **2.** F (*Kleidung*) F fringues f/pl

klug [klu:k] ⟨-er, -ste⟩ adj (*intelligent*) intelligent; (*weise*) sage; (*gescheit*) judicieux, -ieuse; *ich bin so ~ wie vorher* je n'en suis pas plus avancé; *er wird nie ~* il n'apprendra jamais rien; il ne s'assagira jamais; *aus ihm werde ich nicht ~* je ne le comprends pas; *ich kann daraus nicht ~ werden* je n'y comprends rien; *prov der ~e Mann baut vor* etwa prudence est mère de sûreté; *prov der Klügere gibt nach* prov c'est le plus sage qui cède

'**kluger**'**weise** adv sagement; *etw gemacht haben* avoir bien fait de, avoir été sage de, avoir eu raison de faire qc

'**Klugheit** f ⟨~; -en⟩ **1.** ⟨pas de pl⟩ intelligence f; (*Weisheit*) sagesse f; **2.** pl en ⟨*kluge Bemerkungen*⟩ sentences f/pl

'**klugreden** F v/i ⟨-ete, sép, -ge-, h⟩ se vouloir plus intelligent, plus savant que les autres

'**Klugscheißer** P m personne f qui se veut plus intelligente que les autres, qui a toujours raison; F donneur m de leçons

Klumpatsch ['klumpatʃ] F m péj ⟨~(e)s⟩ F bazar m; F fourbi m

Klümpchen ['klʏmpçən] n ⟨-s; ~⟩ grumeau m

Klumpen ['klumpən] m ⟨-s; ~⟩ morceau m; *im Pudding, in Soßen etc* grumeau m; *ein ~ Butter, Erde* une motte de beurre, de terre; *ein ~ Gold* une pépite

'**klumpen** v/i ⟨h⟩ *Pudding, Soße etc* faire des grumeaux

'**Klumpfuß** m pied-bot m

'**klumpig** adj qui contient des grumeaux; grumeleux, -euse

Küngel ['klʏŋəl] m ⟨-s; ~⟩ péj clique f

Klünge'lei f ⟨~; -en⟩ péj fait m de former un clan; (*Vetternwirtschaft*) népotisme m

'**küngeln** F v/i ⟨h⟩ former une clique, un clan

Klunker ['klʊŋkər] F f ⟨~; -n⟩ od m ⟨-s; ~⟩ (*Schmuckstein*) bijou m clinquant; pl ⟨n⟩ a quincaillerie f

Klüver ['kly:vər] m ⟨-s; ~⟩ MAR foc m

km abr (*Kilometer*) km (kilomètre)

km² abr (*Quadratkilometer*) km² (kilomètre carré)

km³ abr (*Kubikkilometer*) km³ (kilomètre cube)

km/h ['ka:?ɛm'ha:], **km/st** abr (*Kilometer pro Stunde*) km/h (kilomètre-heure)

kn MAR abr (*Knoten*) nœud

knabbern ['knabərn] v/t u v/i ⟨-(e)re, h⟩ grignoter (*an etw* [dat]) qc

Knabe ['kna:bə] m ⟨-s; -n⟩ (jeune) garçon m; F *alter ~!* mon vieux!

'**Knaben**|**bekleidung** f vêtements m/pl pour garçonnets; **~chor** m chorale f de (jeunes) garçons; **~haft** adj d'adolescent; *von e-m Mädchen* **~e Figur** allure garçonnière; **~stimme** f voix f de jeune garçon

knack [knak] int crac!; clac!

Knäckebrot ['knɛkəbro:t] n etwa pain suédois

'**knacken** ⟨h⟩ **I** v/t **1.** *Nuß* casser; **2.** F *Geldschrank* forcer; *Auto* cambrioler; *den Kode ~* découvrir le code; **II** v/i **3.** craquer; *in den Ohren* claquer; *es knackt im (Telefon)Hörer* on entend un déclic dans l'appareil; **4.** F fig *an etw* (dat) *zu ~ haben* F en baver avec qc; **5.** F (*schlafen*) F pioncer

'**Knacker** m ⟨-s; ~⟩ **1.** F *ein alter ~* un vieux barbon; **2.** regional cf **Knackwurst**

'**knack**'**frisch** F adj frais, fraîche à croquer

Knacki ['knaki] F m ⟨-s; -s⟩ arg taulard m

'**knackig** F adj **1.** *Apfel etc* croquant; **2.** fig *Person* (beau, belle) à croquer; *Körperteil* à croquer

'**Knack**|**laut** m PHON coup m de glotte; **~punkt** F m point crucial

knacks [knaks] int crac!

Knacks F m ⟨-es; -e⟩ (*Riß*) fêlure f; *Geschirr etc e-n ~ haben* être fêlé; *e-n ~ weghaben* gesundheitlich avoir attrapé quelque chose; *e-n ~ haben geistig* F être cinglé, fêlé

'**Knackwurst** f etwa saucisse f de Francfort

Knall [knal] m ⟨-(e)s; -e⟩ **1.** *e-s Reifens, e-r Bombe* éclatement m; *e-s Sprengkörpers* explosion f; *bei Gasen etc* déflagration f; *e-s Schusses* détonation f; *e-r Peitsche, Tür* claquement m; *bei e-m Zusammenstoß* choc m; *der Schallmauer* bang m; **2.** ⟨pas de pl⟩ F *~ und Fall* od *~ auf Fall* brusquement; tout à coup; subitement; **3.** ⟨pas de pl⟩ F *e-n ~ haben* F être cinglé, marteau

'**knall**'**blau** F adj d'un bleu éclatant

'**Knall**|**bonbon** n od m bonbon m à pétard; **~effekt** F m effet m surprise

'**knallen** ⟨h⟩ **I** v/t F *j-m eine ~* F en flanquer une à qn; *die Tür ~* claquer la porte; FUSSBALL *den Ball ins Tor ~* envoyer le ballon dans le but; **II** v/i péter; *Tür, Peitsche etc* claquer; (*platzen*) éclater (avec bruit); (*detonieren*) détoner; *Sonne* taper; F *vor, gegen etw* (acc) *~* se heurter violemment contre qc; *mit dem Gewehr ~* tirer un coup bzw des coups de fusil; *den Pfropfen ~ lassen* faire sauter le bouchon; *es knallte zweimal* il y eut deux détonations; F *setz dich, oder es knallt!* F assieds-toi ou ça va barder!

'**knall**'**eng** F adj F moulant

'**Knall**|**er** F m ⟨-s; ~⟩ **1.** (*Knallkörper*) pétard m; **2.** péj (*Knallkopf*) idiot m; F dingue m; **~erbse** f bombe algérienne; *par ext* pétard m; **~e**'**rei** F f ⟨~; -en⟩ (Gewehr2), *von Feuerwerk* détonations f/pl; *von Türen, Peitschen* claquements m/pl; **~frosch** m pétard m; **~gas** n gaz détonant

'knall|gelb F adj d'un jaune éclatant; '~grün F adj d'un vert éclatant; '~'hart F I adj Bursche, Film brutal; Geschäft très dur; II adv durement; brutalement; '~'heiß F adj brûlant
'knallig F adj Farben éclatant; vif, vive
'Knall|kopf F m idiot m; F dingue m; ~körper m pétard m
'knall'rot F adj d'un rouge éclatant
knapp [knap] adj u adv 1. Lebensmittel, Geld etc rare; Zeit limité; Vorräte etc werden se faire rare; 2. (wenig) juste; Stil concis; mit ~en Worten succinctement; en peu de mots; ein Meter Stoff für e-n Rock ist zu ~ un mètre de tissu est trop juste pour une jupe; ~ hinter der Linie juste derrière la ligne; 3. (eng) trop juste, étroit, serré; 4. (gerade noch) tout juste; de justesse; die ~e Mehrheit la faible majorité; mit ~er Not de justesse; ~ bemessen sein être calculé très juste; Zeit être limité, compté; F ..., und nicht zu ~! F ... et comment!
'Knappe ['knapə] m ⟨~n; ~n⟩ 1. HIST écuyer m; 2. (Bergmann) mineur m
'knapphalten v/t ⟨irr, sép, -ge-, h⟩ j-n ~ user de parcimonie envers qn; er wurde zu Hause sehr knappgehalten chez lui il n'a pas été gâté
'Knappheit f ⟨~⟩ der Vorräte, des Geldes, der Zeit manque m (an [+dat] de); von Lebensmitteln etc a rareté f; pénurie f (an [+dat] de); des Stils concision f
'Knappschaft f ⟨~; ~en⟩ etwa corporation f des mineurs
knapsen ['knapsən] F v/i ⟨-(e)s t, h⟩ économiser (mit sur)
'Knarre ['knarə] f ⟨~; ~n⟩ 1. (Klapper) crécelle f; 2. F (Gewehr) flingue m
'knarren v/i ⟨h⟩ Tür, Bett, Äste grincer; Diele craquer
'Knast [knast] F m ⟨~(e)s; ~e ou ~⟩ (Gefängnis) arg taule f; ~ schieben arg être en taule; F être en cabane
'Knastbruder F m arg taulard m
'Knatsch [knatʃ] F m ⟨~(e)s⟩ dispute f; ~ miteinander haben se disputer; (zerstritten sein) être brouillés; es hat ~ gegeben F il y a eu du grabuge
'knatschen F regional v/i ⟨h⟩ se lamenter; Kinder F pleurnicher
'knatschig regional adj grognon (a f)
'knattern ['knatərn] v/i ⟨-(e)re, h⟩ Motorrad pétarader; Maschinengewehr crépiter; Fahne claquer
'Knattern n ⟨~s⟩ e-s Motorrads pétarade f; e-s Maschinengewehrs crépitement m; e-r Fahne claquement m
'Knäuel ['knɔyəl] m od n ⟨~s; ~⟩ 1. Garn, Wolle pelote f; Papier boule f; 2. fig (Durcheinander) enchevêtrement m; Menschen mêlée f
'Knauf [knauf] m ⟨~(e)s; ~e⟩ e-s Schwertes pommeau m; e-s Stocks pomme f; e-r Tür bouton m
'Knau|ser ['knauzər] m ⟨~s; ~⟩ F radin m; pingre m; ~se'rei F f ⟨~; ~en⟩ pingrerie f; im Kleinen f économie f de bouts de chandelle
'knau|s(e)rig adj F radin; pingre; ~sern F v/i ⟨-(e)re, h⟩ F radiner; compter ses sous; mit etw ~ être avare de qc
'knautschen ['knautʃən] ⟨h⟩ I v/t froisser; II v/i se froisser
'Knautsch|lack(leder) m(n) cuir verni

fripé; ~zone f AUTO zone f rétractable, froissable
Knebel ['kne:bəl] m ⟨~s; ~⟩ 1. bâillon m; 2. e-r Säge garrot m; ~knopf m Knopfart bûche f
'knebeln v/t ⟨-(e)le, h⟩ a fig bâillonner
Knecht [knɛçt] m ⟨~(e)s; ~e⟩ valet m; AGR a garçon m de ferme; BIBL serviteur m
'knecht|en st/s v/t ⟨~-ete, h⟩ asservir; assujettir; ~isch st/s adj servile; bas, basse; 2schaft st/s f ⟨~⟩ st/s servitude f; esclavage m
'kneifen ['knaɪfən] ⟨kneift, kniff, gekniffen, h⟩ I v/t pincer; j-n, a v/i j-m in den Arm ~ pincer le bras de qn; II v/i ⟨sich drücken⟩ F se dégonfler (vor [+dat] devant)
'Kneif|er m ⟨~s; ~⟩ pince-nez m; ~zange f tenailles f/pl (de menuisier)
Kneipe ['knaɪpə] F f ⟨~; ~n⟩ (Wirtschaft) F bistro(t) m; café m; F (mas-) troquet m
'Kneipenwirt m, Kneipier [knaɪp'je:] F m ⟨~s; ~s⟩ patron m de café
kneippen ['knaɪpən] v/i ⟨(h)⟩ faire une cure hydrothérapique Kneipp
'Kneippkur f cure f hydrothérapique Kneipp
'Knete ['kne:tə] F f ⟨~⟩ 1. (Knetmasse) pâte f à modeler; 2. (Geld) F pognon m; F fric m
'kneten v/t ⟨-ete, h⟩ Teig etc pétrir; malaxer; e-e Form aus Ton ~ faire un modelage en terre
'Knet|gummi n od m pâte f à modeler; ~maschine f pétrin m mécanique; ~masse f pâte f à modeler
Knick [knɪk] m ⟨~(e)s; ~e⟩ Papier, Stoff pli m; Straße, Metall coude m; F e-n ~ in der Optik haben F être bigleux, -euse
'Knickebein m ⟨~s⟩ CUIS crème onctueuse utilisée pour remplir les chocolats, les œufs de Pâques, etc
'Knickei n œuf fêlé
'knicken I v/t ⟨h⟩ Papier etc plier; Zweige briser; II v/i ⟨sein⟩ plier; se casser
'Knicker[1] F m ⟨~s; ~⟩ (Geizhals) F radin m; pingre m
'Knicker[2] m ⟨~s; ~⟩ regional (Murmel) bille f
'Knickerbocker ['knɪkərbɔkər] pl pantalon m de golf; knickerbockers m/pl
'knick(e)rig F adj F radin
'Knicks [knɪks] m ⟨~es; ~e⟩ révérence f
'knicksen v/i ⟨-(e)st, h⟩ faire la od une révérence
Knie [kni:] n ⟨~ ['kni:(ə)]⟩ 1. ANAT genou m; auf die ~ fallen (vor j-m) a fig se mettre à genoux (devant qn); auf den ~n liegen être à genoux; bis an, über die ~ im Schlamm stecken être dans la boue jusqu'aux genoux; j-n auf ~n bitten supplier qn à genoux; in die ~ gehen (umfallen) tomber à genoux; (sich knien) se mettre à genoux; s'agenouiller; fig fléchir les genoux; in die ~ sinken tomber à genoux; sich auf die ~ werfen se jeter à genoux; F er bekam, hatte weiche ~ ses genoux se dérobaient sous lui; fig etw übers ~ brechen expédier qc; j-n übers ~ legen donner une fessée à qn; st/s j-n in die ~ zwingen briser la résistance de qn; 2. e-s Flusses, Rohres etc coude m
'Knie|bank f ⟨~; ~e⟩ agenouilloir m;

~beuge f flexion f de genoux; REL génuflexion f; ~bundhose f knicker(s) m(pl)
'Kniefall m e-n ~ machen, tun se mettre à genoux; tomber à genoux
'knie|fällig adv j-n ~ bitten prier qn à genoux; ~frei adj laissant voir le(s) genou(x)
'Kniegelenk n articulation f du genou
'kniehoch adj u adv jusqu'aux genoux; à la hauteur des genoux; der Schnee liegt ~ la neige arrive jusqu'aux genoux
'Kniekehle f jarret m; creux m du genou
'knielang adj descendant jusqu'aux genoux
knien [kni:(ə)n] ⟨kniet, kniete, gekniet, h⟩ I v/i être à genoux; II v/réfl sich ~ s'agenouiller; se mettre à genoux; F sich in die Arbeit ~ se plonger dans son travail
Knies [kni:s] F m ⟨~⟩ 1. (Streit) dispute f; querelle f; mit j-m ~ haben être brouillé avec qn; être en froid avec qn; 2. (Schmutz) crasse f
'Knie|scheibe f rotule f; ~schoner m, ~schützer m genouillère f; ~sehnenreflex m réflexe rotulien; ~strumpf m chaussette (montante); 2tief adj u adv jusqu'aux genoux
kniff [knɪf] cf kneifen
Kniff m ⟨~(e)s; ~e⟩ 1. (Kneifen) pincement m; 2. (Trick) truc m; artifice m; den ~ herausnehmen connaître le truc; 3. im Stoff etc pli m
'kniff(e)lig adj délicat; épineux, -euse
Knigge [knɪɡə] m ⟨~(s)⟩ guide m des bonnes manières
Knilch [knɪlç] F m ⟨~s; ~e⟩ F (sale) mec m; F loustic m
knipsen ['knɪpsən] F v/t ⟨-(e)st, h⟩ I v/t 1. Fahrkarte poinçonner; 2. PHOT photographier; prendre en photo; II v/i 3. PHOT prendre une photo bzw des photos; 4. mit den Fingern ~ claquer des doigts
Knirps [knɪrps] m ⟨~es; ~e⟩ F (kleiner Junge) F marmot m; F môme m; F bout de chou
knirschen ['knɪrʃən] v/i ⟨h⟩ Schnee, Sand crisser; mit den Zähnen ~ grincer des dents
'Knirschen n ⟨~s⟩ von Schnee, Sand crissement m; der Zähne grincement m
knistern ['knɪstərn] v/i ⟨-(e)re, h⟩ Feuer pétiller; Seide froufrouter; Papier produire un froissement
'Knistern n ⟨~s⟩ des Feuers pétillement m; der Seide froufrou(tement) m; des Papiers froissement m
Knittelverse ['knɪtəlfɛrzə] m/pl vers m/pl à quatre temps rimant deux à deux
'Knitterfalte f pli m
'knittern v/i ⟨-(e)re, h⟩ I v/i froisser; II v/t se froisser; se chiffonner; Haut se friper
'Knobelbecher m 1. (Würfelbecher) cornet m à dés; 2. F Soldatensprache botte (courte)
'knobeln ['kno:bəln] v/i ⟨-(e)le, h⟩ 1. mit Würfeln jouer aux dés, mit Streichhölzern, Strohhalmen tirer à la courte paille (um e-e Runde pour savoir qui va payer la tournée); 2. F (überlegen) cogiter (an [+dat] sur)
'Knoblauch ['kno:plaux] m ⟨~(e)s⟩ ail m; mit ~ würzen ailler

Knoblauch|butter f beurre m à l'ail; **~knolle** f tête f d'ail; **~salz** n sel aromatisé à l'ail; **~zehe** f gousse f d'ail

Knöchel ['knœçəl] m ⟨~s; ~⟩ am Fuß cheville f; am Finger jointure f, nœud m du doigt

'knöchel|lang adj Rock, Kleid (descendent) jusqu'à la cheville; **~tief** adj u adv jusqu'aux chevilles

Knochen ['knɔxən] m ⟨~s; ~⟩ os m; F bis auf die **~** complètement; tout à fait; F sich bis auf die **~** blamieren se ridiculiser pour le restant de ses jours; se rendre parfaitement ridicule; F die Nachricht ist ihm in die **~** gefahren la nouvelle lui a coupé bras et jambes; F mir tun alle **~** weh j'ai les membres rompus; F fig j-m alle **~** (einzeln) brechen briser les os à qn

'Knochen|arbeit F f f travail m d'Hercule; **~bau** m ⟨~(e)s⟩ ossature f; charpente (osseuse) f; **²brecherisch** F adj F casse-cou (inv); **~bruch** m fracture f; **~fraß** m ⟨~es⟩ MÉD carie f des os; **~gerüst** n squelette m; **'²hart** F adj F dur comme du bois; **~haut** f ⟨~⟩ périoste m; **~hautentzündung** f périostite f; **~mark** n moelle osseuse, des os; **~mehl** n ⟨~(e)s⟩ poudre f d'os; **~mühle** F f bagne m (fig); **~schinken** m jambon à l'os; **~schwund** m atrophie f des os; **~splitter** m éclat m d'os; **'²trocken** F adj très sec, sèche; **~tuberkulose** f tuberculose osseuse

knöchern ['knœçərn] adj (aus Knochen) en os; (knochig) osseux, -euse

'knochig adj osseux, -euse; Körperbau, Gesicht a anguleux, -euse

knockout [nɔk'ʔaʊt] adj u adv knock-out; j-n **~** schlagen mettre qn knock-out

Knock'out m ⟨~(s); ~s⟩ knock-out m

Knödel ['knøːdəl] m ⟨~s; ~⟩ CUIS bes südd, österr boulette f; quenelle f

Knöllchen ['knœlçən] n ⟨~s; ~⟩ 1. BOT petit tubercule; 2. F fig (Strafzettel) papillon m; F contredanse f

Knolle f ⟨~; ~n⟩ BOT tubercule m; (Zwiebel) bulbe m; oignon m

'Knollen|blätterpilz m amanite f; **~gewächs** n plante f à tubercules; **~nase** f nez m en patate

'knollig adj BOT tubéreux, -euse; tuberculeux, -euse; Nase en patate

Knopf [knɔpf] m ⟨~(e)s; ~e⟩ bouton m; der **~** ist ab(gegangen) le bouton est parti, a sauté, manque; F es sich (dat) an den Knöpfen abzählen (, ob ...) etwa jouer à pile ou face (pour savoir si …); auf den **~** drücken appuyer sur le bouton; presser le bouton; 2. F (Kind) bout m de chou

'Knopfdruck m auf **~** en appuyant sur un bouton; ein **~** genügt il suffit d'appuyer sur le, od allgemeiner un bouton

knöpfen ['knœpfən] v/t ⟨h⟩ boutonner

'Knopf|leiste f boutonnière f; **~loch** n boutonnière f; **~zelle** f ÉLECT pile f bouton

Knorpel ['knɔrpəl] m ⟨~s; ~⟩ ANAT cartilage m (a im Braten etc)

'knorp(e)lig adj cartilagineux, -euse; par ext Braten a nerveux, -euse

Knorren ['knɔrən] m ⟨~s; ~⟩ (Auswuchs an Bäumen) loupe f; (knorriges Stück Holz) morceau m de bois noueux; (Baumstumpf) souche f

'knorrig adj noueux, -euse; fig rude

Knospe ['knɔspə] f ⟨~; ~n⟩ (Baum⁀), ZO bourgeon m; (Blüten⁀) bouton m; SC gemme f; **~n** treiben Baum bourgeonner; Blume faire des boutons

'knospen st/s v/i ⟨h⟩ Baum bourgeonner; Blume st/s boutonner

Knötchen ['knøːtçən] n ⟨~s; ~⟩ petit nœud; MÉD nodule m

knoten ['knoːtən] v/t ⟨-ete, h⟩ (zusammen⁀) nouer; abs faire un nœud

'Knoten m ⟨~s; ~⟩ 1. BOT, ASTR, PHYS, MAR, fig nœud m; MAR zwanzig **~ machen** filer vingt nœuds; 2. Frisur chignon m; 3. MÉD nodosité f; (Nerven⁀, Gefäß⁀) ganglion m; (Gicht⁀) tophus m

'Knotenpunkt m (Verkehrs⁀) carrefour m; (Eisenbahn⁀) nœud m ferroviaire; TOPOGRAPHIE, OPT point nodal

Knöterich ['knøːtərıç] m ⟨~s; ~e⟩ BOT renouée f

'knotig adj allgemein, Finger, Hand, Wurzel, Holz noueux, -euse; BOT, GÉOL noduleux, -euse; MÉD qui présente des nodosités

Know-how ['noːhau] n ⟨~(s)⟩ savoir-faire m

Knubbel ['knubəl] F regional m ⟨~s; ~⟩ grosseur f (au bras, etc)

'knubbeln F regional v/réfl ⟨-(e)le, h⟩ sich **~** F Menschen s'agglutiner; s'entasser

Knuff [knuf] m ⟨~(e)s; ~e⟩ petit coup; bourrade f

'knuffen v/t ⟨h⟩ j-n **~** donner un petit coup, une bourrade à qn

Knülch [knylç] F m ⟨~s; ~e⟩ cf Knilch

knülle ['knylə] F adj (betrunken) F rond; F paf (inv)

'knüllen F I v/t Papier froisser; mettre en boule; etw in den Koffer etc **~** mettre qc en chiffon dans la valise, etc; II v/i se chiffonner; se froisser

Knüller F m ⟨~s; ~⟩ article m, film m, livre m, etc à succès; produit m vedette; JOURNALISMUS 'hit m; article accrocheur

knüpfen ['knʏpfən] v/t ⟨h⟩ 1. TEXT, Krawatte, Schuhbänder nouer; (anknoten) attacher (an [+acc] à); 2. fig, Verbindungen nouer; an Wien **~** sich für mich die schönsten Erinnerungen Vienne est associée, liée à mes meilleurs souvenirs; die Bande enger, fester **~** resserrer les liens; Bedingungen an etw (acc) **~** mettre, rattacher des conditions à qc

Knüppel ['knʏpəl] m ⟨~s; ~⟩ 1. gourdin m; trique f; der Polizei matraque f; F j-m (e-n) **~** zwischen die Beine werfen mettre des bâtons dans les roues de qn; 2. AVIAT (Steuer⁀) manche m (à balai); AUTO (Schalt⁀) levier m de vitesse

'knüppel'dick F adv es kommt immer gleich **~** un malheur n'arrive jamais seul; es kam **~** F on a eu une avalanche de tuiles

'Knüppelschaltung f AUTO vitesses f/pl au plancher

knurren ['knʊrən] v/i ⟨h⟩ 1. Hund, fig gronder; 2. Magen gargouiller; mir knurrt der Magen j'ai l'estomac qui gargouille

'Knurrhahn m Fisch grondin m

'knurrig adj ronchonneur, -euse

'Knusperhäuschen n maisonnette f de pain d'épice

knusp(e)rig ['knʊsp(ə)rıç] adj croustillant

Knute ['knuːtə] f ⟨~; ~n⟩ knout m; j-n unter s-r **~** haben tenir, avoir qn sous sa domination

knutschen ['knuːtʃən] F v/i ⟨h⟩ F se bécoter

Knutsche'rei F f ⟨~; ~en⟩ F fricassée f de museaux

'Knutschfleck F m suçon m

k. o. [kaːʔoː] abr (knockout) adj u adv K.-O.; j-n **~** schlagen mettre qn K.-O.; F fig **~** sein être sur les rotules

K. o. abr (Knockout) m ⟨~; ~⟩ K.-O. m; Sieger m durch **~** vainqueur m par K.-O.

Koala [koˈaːla] m ⟨~s; ~s⟩ ZO koala m

koal|ieren [koʔaˈliːrən] v/i ⟨pas de ge-, h⟩, **~i'sieren** v/i ⟨pas de ge-, h⟩ bes POL se coaliser (mit avec)

Koaliti'on f ⟨~; ~en⟩ bes POL coalition f (mit avec)

Koaliti'ons|freiheit f ⟨~⟩ liberté f de coalition; **~partner** m partenaire m de coalition; **~regierung** f gouvernement m de coalition

Kobalt ['koːbalt] m ⟨~s⟩ CHIM cobalt m (a Farbe); **~blau** n bleu m de cobalt; **~bombe** f bombe f au cobalt

Koben ['koːbən] m ⟨~s; ~⟩ (Schweine⁀) étable f à cochons; porcherie f

Koblenz ['koːblɛnts] n ⟨→ n/pr⟩ Coblence

Kobold ['koːbɔlt] m ⟨~(e)s; ~e⟩ lutin m; in deutschen Märchen kobold m

Kobra ['koːbra] f ⟨~; ~s⟩ cobra m

Koch [kɔx] m ⟨~(e)s; ~e⟩ cuisinier m; prov viele Köche verderben den Brei prov trop de cuisiniers gâtent la sauce

'Kochbeutel m sachet m de cuisson; Reis m im **~** riz m en sachet

'Koch|buch n livre m de cuisine; **²echt** adj cf kochfest; **~ecke** f coin-cuisine m

köcheln ['kœçəln] v/i ⟨-(e)le, h⟩ cuire à petit feu; mijoter; plais Person aimer faire la cuisine

Köchelverzeichnis ['kœçəlfɛrtsaıçnıs] n ⟨~ses⟩ MUS catalogue m Köchel

'kochen ⟨h⟩ I v/t Flüssigkeiten, Wäsche faire bouillir; Speisen faire cuire; (garen) cuire; Tee, Kaffee **~** faire du thé, du café; Essen **~** faire, préparer le repas; was kochst du heute? que fais-tu à manger aujourd'hui?; gekochter Schinken du jambon blanc, cuit; II v/i 1. Flüssigkeiten, fig bouillir; Speisen cuire; er kochte vor Wut il bouillait de rage; das Blut kocht ihm in den Adern le sang lui bout dans les veines; 2. Personen faire la cuisine; cuisiner; **~ können** savoir cuisiner; savoir faire la cuisine; sie kocht gut elle fait bien la cuisine; elle cuisine bien

'Kochen n ⟨~s⟩ von Speisen cuisson f; (Sieden) ébullition f

'kochend'heiß adj bouillant

'Kocher m ⟨~s; ~⟩ réchaud m

Köcher ['kœçər] m ⟨~s; ~⟩ für Pfeile carquois m; (Behälter für Fernglas etc) étui m

'koch|fertig adj prêt à cuire; **~fest** adj Wäsche, Textilien qui peut bouillir

'Koch|gelegenheit f (utilisation f de la) cuisine possible; **~geschirr** n gamelle f

Köchin ['kœçɪn] f ⟨~; ~nen⟩ cuisinière f
'Koch|käse m etwa fromage fondu; **~kiste** f marmite norvégienne; **~kunst** f art m culinaire; cuisine f; **~kurs(us)** m cours m de cuisine; **~löffel** m cuillère f en bois; **~mulde** f table f de cuisson; **~mütze** f toque f (de cuisinier); **~nische** f coin-cuisine m; cuisinette f; **~platte** f e-s Herdes plaque f (électrique); (Kocher) réchaud m (électrique); **~salz** n ⟨~es⟩ CHIM sel m; chlorure m de sodium; **~salzlösung** f solution f de chlorure de sodium; **~topf** m casserole f (a mit Stiel); (Bratentopf) faitout m; aus Gußeisen cocotte f; größer marmite f; **~wäsche** f lessive f à 95°
Kode [ko:t] m ⟨~s; ~s⟩ code m
Kodein [kode'i:n] n ⟨~s⟩ PHARM codéine f
Köder ['kø:dər] m ⟨~s; ~⟩ appât m (a fig); amorce f; künstlicher leurre m
'ködern v/t ⟨-(e)re, h⟩ a fig appâter (mit avec, par); fig attirer, allécher (mit avec)
Kodex ['ko:dɛks] m ⟨~(es), ~e ou Kodizes⟩ 1. (alte Handschrift) manuscrit ancien; 2. JUR code m; (Ehren⚮) code m de l'honneur
ko'd|ieren v/t ⟨pas de ge-, h⟩ coder; **⚮ierung** f ⟨~; ~en⟩ codage m
kodifizieren [kodifi'tsi:rən] v/t ⟨pas de ge-, h⟩ codifier
Koedukation ['ko°edukatsio:n] f ⟨~⟩ éducation f mixte; mixité f
Koeffizient [ko°efitsi'ɛnt] m ⟨~en; ~en⟩ coefficient m
'Koexistenz f ⟨~⟩ coexistence f
Koffein [kɔfe'i:n] n ⟨~s⟩ caféine f
koffe'infrei adj décaféiné; **~haltig** adj qui contient de la caféine
Koffer ['kɔfər] m ⟨~s; ~⟩ (Hand⚮) valise f; (großer Reise⚮) malle f; **s-e ~ packen** faire ses valises; fig plier bagage(s); **aus dem ~ leben** être sans cesse en déplacement; F vivre entre deux trains od deux avions
'Koffer|kuli m caddie m; **~radio** n radio portative f; **~raum** m AUTO coffre m
Kognak ['kɔnjak] m ⟨~s; ~s⟩ cognac m; **~schwenker** m ⟨~s; ~⟩ verre m à cognac
kognitiv [kɔgni'ti:f] adj cognitif, -ive
kohärent [kohɛ'rɛnt] adj cohérent
Kohä'renz f ⟨~⟩ cohérence f; **~si'on** f ⟨~⟩ cohésion f
Kohl [ko:l] m ⟨~(e)s; ~e⟩ 1. BOT chou m; F **das macht den ~ (auch) nicht fett** cela ne m'avance, t'avance, etc pas beaucoup; 2. F péj ⟨pas de pl⟩ bêtises f/pl; âneries f/pl
'Kohldampf F m **~ haben** F avoir la dent; **~ schieben** F se serrer la ceinture; F danser devant le buffet
Kohle ['ko:lə] f ⟨~; ~n⟩ 1. MINÉR, CHIM charbon m; (Stein⚮) 'houille f; (Braun⚮) lignite m; (wie) **auf glühenden ~n sitzen** être sur des charbons ardents; 2. PEINT fusain m; 3. F (Geld) a pl ~n F pognon m; F fric m
'kohlen v/i ⟨h⟩ 1. MAR charbonner; 2. (ohne Flamme brennen) charbonner; 3. F (lügen) raconter des blagues; F frimer; bluffer
'Kohlen|bergbau m exploitation f de la houille, du charbon; **~bergwerk** n mine f de charbon; (Stein⚮) 'houillère f; **~bunker** m soute f à charbon; **~'di-**

oxid n sc, **~'dioxyd** n gaz m carbonique; **~grube** f mine f de charbon; (Stein⚮) 'houillère f; **~grus** m fines f/pl de houille, de charbon; **~händler** m marchand m de charbon; charbonnier m; **~heizung** f chauffage m au charbon; **~hydrat** n hydrate m de carbone; **~kasten** m caisse f à charbon; **~keller** m cave f à charbon; **~meiler** m meule f (de charbonnier); **~'monoxid** n sc, **~'monoxyd** n oxyde m de carbone
'Kohlenpott F der **~** la Ruhr
'Kohlenrevier n région 'houillère
'kohlensauer adj CHIM carbonaté; bei Salzen carbonate m de ...; **kohlensaures Natron** carbonate de soude
'Kohlen|säure f ⟨~⟩ CHIM acide m carbonique; in Getränken gaz m carbonique; Mineralwasser **ohne ~** non gazeuse; Getränk **mit ~ versetzen** gazéifier; **⚮säurehaltig** adj Getränk gazeux, -euse; gazéifié; **~schaufel** f pelle f à charbon; **~staub** m poussière f de charbon; **~stoff** m carbone m; **~wasserstoff** m hydrocarbure m
'Kohle|ofen m poêle m à charbon; (Küchen⚮) fourneau m à charbon; **~papier** n papier m carbone; **~pfennig** m ⟨~s⟩ taxe sur l'électricité prélevée à titre de subvention pour le charbon
Köhler ['kø:lər] m ⟨~s; ~⟩ charbonnier m
'Kohle|stift m fusain m; **~tablette** f pastille f de charbon; **~zeichnung** f (dessin m au) fusain m
'Kohl|kopf m chou m; **~meise** f (mésange f) charbonnière f; **'~'rabenschwarz** F adj noir comme (du) jais, du charbon
Kohl|rabi [ko:l'ra:bi] m ⟨~(s); ~(s)⟩ chou-rave m; **~roulade** f CUIS chou farci; **~rübe** f 1. rutabaga m; 2. österr chou-rave m; **⚮'schwarz** adj noir comme (du) jais, du charbon; **~sprossen** f/pl österr chou m de Bruxelles; **'~weißling** m ⟨~s; ~e⟩ ZO piéride f du chou
Kohorte [ko'hɔrtə] f ⟨~; ~n⟩ HIST cohorte f
Koinzidenz [ko°ɪntsi'dɛnts] f ⟨~; ~en⟩ coïncidence f
Koitus ['ko:itus] st/s m ⟨~; ~⟩ coït m
Koje ['ko:jə] f ⟨~; ~n⟩ 1. MAR cabine f; (Schlafstelle) couchette f; 2. F plais (Bett) F pieu m
Kojote [ko'jo:tə] m ⟨~n; ~n⟩ coyote m
Koka ['ko:ka] f ⟨~; ~⟩ BOT coca m
Kokain [koka'i:n] n ⟨~s⟩ cocaïne f
Kokarde [ko'kardə] f ⟨~; ~n⟩ cocarde f
kokeln ['ko:kəln] v/i ⟨-(e)le, h⟩ jouer avec du feu
kokett [ko'kɛt] adj coquet, -ette
Koketterie [kokɛtə'ri:] f ⟨~; ~n⟩ coquetterie f
koket'tieren v/i ⟨pas de ge-, h⟩ 1. faire la coquette, le coquet; **mit j-m ~** faire du charme à qn; 2. fig **mit etw ~** flirter avec qc; **mit s-m Alter ~** faire tout un plat de son âge
Kokke ['kɔkə] f ⟨~; ~n⟩, **~us** m ⟨~; ~ Kokken⟩ Bakterie coccus od coque m
Kokolores [koko'lo:rəs] F m ⟨~⟩ (Unsinn) idioties f/pl; (Getue) manières f/pl; (Kram) chichis m/pl
Kokon [ko'kõ:] m ⟨~s; ~s⟩ cocon m
Kokosfaser ['ko:kɔsfa:zər] f fibre f de coco; **~fett** n ⟨~(e)s⟩ graisse f de coco; **~flocken** f/pl flocons m/pl de coco; **~matte** f natte f, paillasson m en (fibre

de) coco; **~milch** f lait m de coco; **~nuß** f noix f de coco; coco m; **~öl** n huile f de coco; **~palme** f cocotier m; **~raspel** pl noix f de coco râpée
Kokotte [ko'kɔtə] st/s f ⟨~; ~n⟩ cocotte f
Koks [ko:ks] m ⟨~es; ~e⟩ 1. (Kohlen⚮) coke m; 2. ⟨pas de pl⟩ F (Geld) F fric m; F blé m; 3. ⟨pas de pl⟩ Jargon (Kokain) F coke f
'koksen Jargon v/i ⟨-(e)st, h⟩ F sniffer de la coke
'Koksofen m four m à coke
Kolanuß ['ko:lanus] f noix f de cola
Kolben ['kɔlbən] m ⟨~s; ~⟩ 1. TECH piston m; 2. CHIM rund ballon m; enghalsig cornue f; (Destillier⚮) alambic m; 3. am Gewehr crosse f; 4. BOT Blütenstand panicule f; spadice m; (Mais⚮) épi m; 5. F (dicke Nase) F pif m; **~dichtung** f TECH garniture f de piston; **~fresser** F m AUTO **ich habe e-n ~** F j'ai coulé une bielle; **~hirse** f BOT millet m à grappes; **~hub** m course f du od de piston; **~motor** m moteur m à piston; **~ring** m TECH segment m de piston
Kolchosbauer ['kɔlçɔsbauər] m kolkhozien m
Kolchose [kɔl'ço:zə] f ⟨~; ~n⟩ kolkhoze m
Kolibakterien ['ko:libakte:riən] f/pl colibacilles m/pl
Kolibri ['ko:libri] m ⟨~s; ~s⟩ colibri m
Kolik ['ko:lɪk] f ⟨~; ~en⟩ colique f
Kolkrabe ['kɔlkra:bə] m grand corbeau
kollabieren [kɔla'bi:rən] v/i ⟨pas de ge-, sein⟩ MÉD être victime d'un collapsus
Kollaborateur [kɔlabora'tø:r] m ⟨~s; ~e⟩ bes POL collaborateur m; **~ati'on** f ⟨~⟩ bes POL collaboration f
kollabo'rieren v/i ⟨pas de ge-, h⟩ bes POL collaborer (mit avec)
Kollagen [kɔla'ge:n] n ⟨~s⟩ BIOCHEMIE collagène m
Kollaps ['kɔlaps] m ⟨~es; ~e⟩ MÉD collapsus m
Kolleg [kɔ'le:k] n ⟨~s; ~s⟩ 1. cours m (à l'université); 2. der Jesuiten collège m
Kollege [kɔ'le:gə] m ⟨~n; ~n⟩ (Arbeits⚮) collègue m; (Fach⚮) confrère m; (Amts⚮) homologue m; Herr **~!** cher collègue!
Kol'legenkreis m collègues m/pl
Kol'legheft n classeur m (d'étudiant); cahier m de cours
kollegial [kɔlegi'a:l] I adj de collègue; de confrère; confraternel, -elle; **~es Verhältnis** bons rapports entre collègues; **~ sein** se montrer affable; faire preuve de bonne camaraderie; **mit ~em Gruß** salutations confraternelles; II adv en collègue; en confrère; **~ handeln** faire preuve de bonne camaraderie
Kollegialität f ⟨~⟩ bons rapports entre collègues; confraternité f; e-r Person affabilité f
Kol'legin f ⟨~; ~nen⟩ (Arbeits⚮) collègue f; (Fach⚮) consœur f; (Amts⚮) homologue m
Kollegium [kɔ'le:giʊm] n ⟨~s; -ien⟩ corps m; (Lehrer⚮) enseignants m/pl, professeurs m/pl (d'une école); (Ärzte⚮) (ensemble m des) médecins m/pl (d'un hôpital, etc)
Kol'leg|mappe f porte-documents m; **~stufe** f BRD: modèle d'enseignement du 2e cycle du second degré offrant des

Kollekte – kommen

cours qui préparent aux études universitaires et à la formation professionnelle; etwa classes terminales
Kollek|te [kɔˈlɛktə] f ⟨~; ~n⟩ ÉGL quête f; **~ti'on** f ⟨~; ~en⟩ collection f
kollektiv [kɔlɛkˈtiːf] adj collectif, -ive
Kollek'tiv n ⟨~s; ~e ou ~s⟩ im Zusammenleben collectivité f; (Arbeitsteam) équipe f; STATISTIK collectif m; **~eigentum** n propriété collective
kollekti'v|ieren v/t ⟨pas de ge-, h⟩ collectiviser; **⚥ismus** m ⟨~⟩ collectivisme m; **~istisch** adj collectiviste
Kollek'tivschuld f ⟨~⟩ responsabilité, faute collective
Kollek'tivum n ⟨~s; -va⟩ GR (nom m) collectif m
Kollek'tiv|vertrag m contrat collectif; **~wirtschaft** f économie f collectiviste
Kollektor [kɔˈlɛktɔr] m ⟨~s; -ˈtoren⟩ ÉLECT collecteur m
Koller [ˈkɔlər] F m ⟨~s; ~⟩ crise f de rage; *e-n ~ kriegen* piquer une crise de rage
'kollern ⟨-(e)re⟩ **I** v/t ⟨h⟩ faire rouler, F dégringoler; **II** v/i **1.** ⟨sein⟩ *regional* rouler (*hinunter* [+ *acc*] le long de); F dégringoler (la pente, *etc*); **2.** ⟨h⟩ *Truthahn* glouglouter
kollidieren [kɔliˈdiːrən] st/s v/i ⟨pas de ge-, h ou sein⟩ entrer en collision (*mit* avec); *zeitlich* tomber en même temps (*mit* que); coïncider (*mit* avec); *fig* être incompatible
Kollier [kɔliˈeː] n ⟨~s; ~s⟩ *Schmuck* collier m
Kollision [kɔliˈzjoːn] f ⟨~; ~s⟩ collision f (*a fig*); *fig a* conflit m; *mit dem Gesetz in ~ geraten* entrer en conflit avec la loi
Kollisi'onskurs m *auf ~ gehen* jouer la politique du pire
Kolloquium [kɔˈloːkvium] n ⟨~s; -ien⟩ colloque m
Köln [kœln] n ⟨→ n/pr⟩ Cologne
'Kölner adj ⟨inv⟩ de Cologne; *der ~ Dom* la cathédrale de Cologne
'Kölner(in) m ⟨~s; ~⟩ (f) ⟨~; ~nen⟩ habitant(e) m(f) de Cologne
'kölnisch adj de Cologne; **⚥** *Wasser* n eau f de Cologne
Kolon [ˈkoːlɔn] n ⟨~s; ~s ou Kola⟩ ANAT côlon m
kolonial [koloˈnjaːl] adj colonial
Koloni'al|gebiet n territoire colonial; **~herrschaft** f ⟨~⟩ domination coloniale
kolonial|i'sieren v/t ⟨pas de ge-, h⟩ coloniser; **⚥i'sierung** f ⟨~; ~en⟩ colonisation f
Koloni'a'lismus m ⟨~⟩ colonialisme m; **⚥a'listisch** adj colonialiste
Koloni'al|krieg m guerre coloniale; **~macht** f puissance coloniale; **~politik** f politique coloniale; **~stil** m ⟨~(e)s⟩ ARCH style colonial; **~waren** f/pl épicerie f; *aus überseeischen Ländern* denrées coloniales; **~warengeschäft** f *früher* = épicerie f; **~zeit** f ⟨~⟩ époque coloniale
Kolon|ie [koloˈniː] f ⟨~; ~n⟩ colonie f (*a* BIOL, *Ferien*⚥); **~isati'on** f ⟨~⟩ colonisation f; **⚥i'sieren** v/t ⟨pas de ge-, h⟩ coloniser; **~i'sierung** f ⟨~; ~en⟩ colonisation f; **~ist** m ⟨~en; ~en⟩ colon m
Kolonne [koˈlɔnə] f ⟨~; ~n⟩ colonne f (*a* MIL, TYPO, *Zahlen*⚥); (*Wagen*⚥) file f;

(*Arbeits*⚥) équipe f; groupe m; *~ fahren* rouler au pas
Ko'lonnenspringer F m automobiliste qui, dans un embouteillage, profite d'un intervalle entre deux véhicules pour s'y faufiler
Kolophonium [koloˈfoːnium] n ⟨~s⟩ colophane f
Koloratur [koloraˈtuːr] f ⟨~; ~en⟩ MUS vocalise f; *~ singen* faire des grandes vocalises
Kolora'tursängerin f (chanteuse f) coloratur f
kolorieren [koloˈriːrən] v/t ⟨pas de ge-, h⟩ colorier
Kolorit [koloˈriːt ou -ˈrɪt] n ⟨~(e)s; ~e ou ~s⟩ PEINT, MUS, *fig* coloris m
Koloß [koˈlɔs] m ⟨-sses; -sse⟩ *a fig* colosse m; *fig ~ auf tönernen Füßen* colosse aux pieds d'argile
kolossal [koloˈsaːl] adj **1.** colossal; **2.** F *fig* F monstre; F bœuf (*inv*); F *ein ~er Erfolg* F un succès monstre
Kolos'sal|film m film m à grand spectacle; **~gemälde** n peinture, œuvre monumentale
Kolosseum [koloˈseːum] n ⟨~s⟩ *das ~ in Rom* le Colisée
Kolostrum [koˈlɔstrum] n ⟨~s⟩ PHYSIOL colostrum m
Kolportage [kɔlpɔrˈtaːʒə] f ⟨~; ~n⟩ **1.** *e-s Gerüchts* propagation f (*d'une rumeur*); **2.** (*~literatur*) littérature f de gare; **3.** *péj* (*Bericht*) récit m visant à colporter des faits scandaleux; **~roman** m roman m de quatre sous
Kolpor't|eur st/s m ⟨~s; ~e⟩ *von Gerüchten* st/s colporteur m; **⚥ieren** st/s v/t ⟨pas de ge-, h⟩ *Gerüchte etc* colporter
Kolumbi'an|er(in) m ⟨~s; ~⟩ (f) ⟨~; ~nen⟩ Colombien, -ienne m,f; **⚥isch** adj colombien, -ienne
Kolumbien [koˈlumbiən] n ⟨→ n/pr⟩ la Colombie
Kolumbus [koˈlumbus] m ⟨→ n/pr⟩ (*Christoph*) *~* Christophe Colomb m
Kolumne [koˈlumnə] f ⟨~; ~n⟩ TYPO, (*Zahlenkolonne*) colonne f; *e-r Zeitung* chronique f
Ko'lumnentitel m TYPO titre courant
Kolum'nist(in) m ⟨~en; ~en⟩ (f) ⟨~; ~nen⟩ *e-r Zeitung* chroniqueur, -euse m,f
Koma [ˈkoːma] n ⟨~s; ~s ou ~ta⟩ MÉD coma m; *im ~ liegen* être dans le coma
Kombi [ˈkɔmbi] m ⟨~(s); ~s⟩ (voiture f) commerciale f; break m; **~'nat** n ⟨~(e)s; ~e⟩ *in der Planwirtschaft* combinat m
Kombinati'on f ⟨~; ~en⟩ combinaison f; *Herrenanzug* ensemble m; (*gedankliche Verknüpfung*) déduction f; SKISPORT *alpine, nordische ~* combiné alpin, nordique
Kombinati'ons|gabe f ⟨~⟩ perspicacité f; **~schloß** n cadenas m à combinaisons
Kombinator|ik [kɔmbinaˈtoːrik] f ⟨~⟩ MATH analyse f combinatoire; **⚥isch** adj combinatoire
kombi'nieren v/t ⟨pas de ge-, h⟩ combiner (*a mit* avec); *fig gedanklich* déduire
'Kombi|wagen m (voiture f) commerciale f; break m; **~zange** f pince universelle
Kombüse [kɔmˈbyːzə] f ⟨~; ~n⟩ MAR cuisine f de bord

Komet [koˈmeːt] m ⟨~en; ~en⟩ ASTR comète f
ko'metenhaft adj *fig Aufstieg etc* fulgurant
Ko'metenschweif m queue f de comète
Komfort [kɔmˈfoːr] m ⟨~s⟩ confort m; *mit allem ~* avec tout le confort
komfortabel [kɔmfɔrˈtaːbəl] adj ⟨-bl-⟩ confortable
Kom'fortwohnung f appartement m tout confort, grand standing
Komik [ˈkoːmɪk] f ⟨~⟩ *a* THÉ, KINO comique m; **~er(in)** m ⟨~s; ~⟩ (f) ⟨~; ~nen⟩ **1.** *Schauspieler(in)* (acteur m, actrice f) comique m,f; **2.** (*Unterhalter[in]*) amuseur, -euse m,f; (*Witzbold*) farceur, -euse m,f; F rigolo, -ote m,f
'komisch I adj **1.** (*lustig*) comique; *~e Rolle* rôle m comique; **2.** (*seltsam, sonderbar*) drôle; étrange; bizarre; *ein ~er Einfall* une drôle d'idée; *das kommt mir ~ vor* cela me semble bizarre; **II** adv d'une drôle de façon
'komischer'weise F adv *~ sagt man ...* ce qui est drôle c'est qu'on dit ...
Komitee [komiˈteː] n ⟨~s; ~s⟩ comité m
Komma [ˈkɔma] n ⟨~s; ~s ou ~ta⟩ GR, MATH virgule f; *drei ~ fünf* trois virgule cinq; *dreißig ~ zwei Grad* trente degrés et deux dixièmes; *e-e Stelle hinter dem ~* un chiffre après la virgule; F *in null ~ nix* F en moins de deux; **2.** MUS comma m
'Kommafehler m faute f de virgule
Kommand|ant [kɔmanˈdant] m ⟨~en; ~en⟩ **1.** MIL commandant m (de place); **2.** AVIAT *etc* commandant m de bord; **~an'tur** f ⟨~; ~en⟩ bureau m du commandant; **~eur** m ⟨~s; ~e⟩ MIL commandant m; chef m; **⚥ieren** v/t u v/i ⟨pas de ge-, h⟩ commander
Kommandi't|gesellschaft [kɔmanˈdiːtɡəzɛlʃaft] f société f en commandite (simple); **~'ist** m ⟨~en; ~en⟩ COMM commanditaire m
Kommando [kɔˈmando] n ⟨~s; ~s⟩ **1.** (*Befehl, Befehlsgewalt*) commandement m; *das ~ führen, haben* avoir le commandement (*über* [+*acc*] de); *wie auf ~* comme sur commandement; *das ~ zum Rückzug geben* donner l'ordre de la retraite; *alles hört auf mein ~!* à mon commandement!; **2.** (*Abteilung mit Sonderauftrag*) commando m
Kom'mando|brücke f MAR passerelle f de manœuvre, de commandement; **~kapsel** f RAUMFAHRT module m de commande; **~zentrale** f poste central de commandement
kommen [ˈkɔmən] ⟨kommt, kam, gekommen, sein⟩ **I** v/i **1.** venir; (*an~*) arriver; *ich komme ja schon!* j'arrive!; *da kommt er ja!* le voilà!; *er kam und setzte sich neben uns* il vint s'asseoir près de nous; *plais komm' ich heut' nicht, komm' ich morgen* tu *etc* ne perds rien pour attendre; **2.** (*irgendwohin ~*) *in e-n Laden etc* entrer dans un magasin; *viel unter Leute ~* voir beaucoup de monde; **3.** (*irgendwoher ~*) *aus e-m Haus ~* sortir d'une maison, *etc*; **4.** (*e-n bestimmten Weg nehmen*) *durch e-e Stadt etc ~* passer par, traverser une ville, *etc*; *wie komme ich zum Bahnhof?* quel est le chemin de la gare?; **5.** *mit p/p*: *geritten,*

gelaufen ~ venir, arriver à cheval, en courant; *angefahren, angebraust etc* ~ cf *anfahren 6.*, *anbrausen etc*; **6.** fig *(erreichen)* **wie weit sind wir das letzte Mal gekommen?** où en sommes-nous restés la dernière fois?; **wie weit bist du mit deiner Arbeit gekommen?** où en es-tu de ton travail?; **7.** *(e-n Platz bekommen)* **die Vase kommt auf den Tisch** le vase se met sur la table; **8.** *(geschehen, eintreten)* **das kam für ihn unerwartet** il ne s'y attendait pas; **ich habe es ~ sehen** je l'ai vu venir; **was auch ~ mag** quoi qu'il arrive; F **das mußte ja so ~** F ça n'a pas raté; **komme, was da wolle!** advienne que pourra!; **9.** *(sich benehmen)* F **so darfst du mir nicht ~!** ce n'est pas comme ça qu'on me traite!; **wenn Sie mir so ~ ...** si vous le prenez sur ce ton-là ...; F *j-m dumm ~* être insolent vis-à-vis de qn; F **der soll mir nur ~!** F qu'il vienne s'y frotter!; **10.** F *(lästig werden)* **da könnte ja jeder ~** si tout le monde faisait comme toi bzw vous!; **komm mir** *(bloß)* **nicht mit ...** ne viens pas encore me dire que ...; **11.** *auf etw (acc)* ~ *(den Einfall haben)* trouver qc; avoir l'idée de qc; **ich komme nicht auf s-n Namen** son nom m'échappe; **wie ~ Sie darauf?** qu'est-ce qui vous a donné cette idée?; **auf diese Lösung wäre ich nicht gekommen** je n'aurais pas eu l'idée de cette solution; **auf etw** *(acc)* **zu sprechen ~** en venir à parler de qc; **hinter etw** *(acc)* ~ découvrir qc; *(verstehen)* comprendre qc; **12.** ~ **lassen** faire venir; **e-n Handwerker ~ lassen** faire venir un ouvrier; **13.** fig **auf j-n nichts ~ lassen** ne pas tolérer que l'on dise du mal de qn; **14.** *auf j-n ~ (j-m zufallen)* revenir à qn; **15.** *(stammen)* **aus Berlin ~** être (originaire) de Berlin; **16.** *von etw ~ (herrühren)* venir de qc; provenir de qc; **das kommt davon** voilà ce que c'est!; **das kommt davon, wenn man sich nicht warm genug anzieht!** voilà ce qui arrive quand on ne se couvre pas assez!; **17.** *([wieder]erlangen)* **wieder zu Kräften ~** reprendre des forces; **wie komme ich zu dieser Ehre?** que me vaut cet honneur?; *(wieder)* **zu sich** *(dat)* ~ revenir à soi; reprendre connaissance, ses esprits; **18.** *Unheil etc* **über j-n ~** s'abattre sur qn; frapper qn; **19.** *um etw ~ (etw verlieren)* perdre qc; **20.** *zu etw ~ (Zeit finden)* trouver le temps de faire qc; **ich bin noch nicht dazu gekommen** je n'ai pas encore eu le temps (de m'en occuper); **zu nichts ~** ne pas arriver à faire quoi que ce soit; **21.** *(gebracht werden)* **die Nachrichten ~ um sieben** les nouvelles sont à sept heures; **22.** F *(sein, sich befinden)* **da vorn kommt e-e Tankstelle** tiens, voilà une station d'essence; **23.** F **komm, gib her!** allez, donne!; F **komm, komm** *(Ermahnung)* allons, allons; **24.** F *sexuell* jouir; **25.** F *(kosten)* revenir à; coûter; F faire; **wie teuer ~ die Möbel?** combien coûtent, font les meubles?; **alles zusammen kommt auf 80 Mark** cela revient à 80 marks en tout; **II** v/imp *(sich ergeben)* **daher kommt es, daß ...** de là vient que ...; **wie kommt es, daß ...?** comment se fait-il que ...(+ *subj*)?; **es wird noch so weit** od **dahin ~, daß wir ...** on en viendra là (+ *inf*); on en arrivera encore au point où ...; F **so weit kommt es noch** (, **daß ...**) il ne manquerait plus que ça (que ...); **es kam, wie es ~ mußte** F c'était couru d'avance; **es kam zu e-r Schießerei** il y a eu des coups de feu; **wie es gerade kommt** suivant les cas, les circonstances

'**Kommen** *n* ⟨~s⟩ venue *f*; *(Ankunft)* arrivée *f*; **das ~ und Gehen** les allées et venues *f/pl*; *(Hin und Her)* le va-et-vient

'**kommend** adj qui vient; à venir; futur; prochain; **die ~e Generation** la génération à venir, future; **~e Woche** la semaine qui vient, prochaine; **das 2e** ce qui va arriver, venir

kommensurabel [kɔmɛnzu'raːbəl] adj ⟨-bl-⟩ *st/s*, *a* MATH commensurable

Kommentar [kɔmɛn'taːr] *m* ⟨~s; ~e⟩ commentaire *m*; **kein ~!** sans commentaire!

kommen'tarlos I adj libre de tout commentaire; **II** adv sans commentaire

Kommen|tator(in) [kɔmɛn'taːtɔr (-taˈtoːrɪn)] *m* ⟨~s; -'toren⟩ *(f)* ⟨~; ~nen⟩ commentateur, -trice *m,f*; **2'tieren** v/t ⟨*pas de ge-*, h⟩ commenter

Kommerz [kɔ'mɛrts] *m* ⟨~es⟩ péj commerce *m*; négoce *m*

kommerz|ialisieren [kɔmɛrtsiali'ziːrən] v/t ⟨*pas de ge-*, h⟩ commercialiser; **~i'ell** adj commercial

Kom'merzienrat *m* ⟨~(e)s; -~e⟩ früher: etwa conseiller *m* de commerce

Kommiliton|e [kɔmili'toːnə] *m* ⟨~n; ~n⟩, **~in** ⟨~; ~nen⟩ camarade *m,f* (d'études)

Kommiß [kɔ'mɪs] F *m* ⟨-sses⟩ *(Militärdienst)* F régiment *m*

Kommissar(in) [kɔmɪ'saːr(ɪn)] *m* ⟨~s; ~e⟩ *(f)* ⟨~; ~nen⟩ commissaire *m*

Kommissär [kɔmɪ'sɛːr] *m* ⟨~s; ~e⟩ schweiz, österr cf **Kommissar**

Kommissariat [kɔmɪsari'aːt] *n* ⟨~(e)s; ~e⟩ commissariat *m*; österr *(Polizeirevier)* commissariat *m* de police

kommis'sarisch adj **1.** *(vorübergehend)* provisoire; intérimaire; **2er Direktor** suppléant *m* du directeur; **2.** *(auftragsweise)* par un commissaire

Kom'mißbrot *n* pain noir *(de forme rectangulaire, à base de farine grossière)*

Kommission [kɔmɪsi'oːn] *f* ⟨~; ~en⟩ commission *f*; *COMM* **in ~ nehmen** prendre en commission, en dépôt

Kommissionär [kɔmɪsio'nɛːr] *m* ⟨~s; ~e⟩ *COMM* commissionnaire *m*

Kommissi'ons|buchhandel *m* librairie intermédiaire entre l'édition et la librairie de détail; **~geschäft** *n* COMM commission *f*; **~ware** *f* marchandise *f* en commission

kommod [kɔ'moːt] adj bes österr confortable

Kommode [kɔ'moːdə] *f* ⟨~; ~n⟩ commode *f*

Kommodore [kɔmo'doːrə] *m* ⟨~s; ~n *ou* ~s⟩ *MAR*, *AVIAT MIL* chef *m* d'escadre

kommunal [kɔmu'naːl] adj communal, municipal; **auf ~er Ebene** sur le plan communal

Kommu'nal|beamte(r) *m*, **~beamtin** *f* fonctionnaire *m,f* communal(e), municipal(e); **~behörde** *f* service communal, municipal; *pl* **~n** *a* autorités communales, municipales

kommunali'sieren v/t ⟨*pas de ge-*, h⟩ communaliser; municipaliser

Kommu'nal|politik *f* politique communale; **~verwaltung** *f* administration communale; **~wahl** *f* élection municipale, communale

Kommunarde [kɔmu'nardə] *m* ⟨~n; ~n⟩ **1.** HIST communard *m*; **2.** *e-r Kommune* membre *m* d'une communauté

Kommune [kɔ'muːnə] *f* ⟨~; ~n⟩ **1.** ADM commune *f*; HIST **die** *(Pariser)* **~** la Commune; **2.** *(Wohngemeinschaft)* communauté *f*

Kommuni'kant(in) [kɔmuni'kant(ɪn)] *m* ⟨~en; ~en⟩ *(f)* ⟨~; ~nen⟩ CATH communiant(e) *m(f)*

Kommunikati'on *f* ⟨~⟩ communication *f*

Kommunikati'ons|mittel *n/pl* moyens *m/pl* de communication; **~schwierigkeiten** *f/pl* difficultés *f/pl* de communication; **~wissenschaft** *f* ⟨~⟩ sciences *f/pl* de la communication; **~zentrum** *n* centre *m* de rencontre

kommunikativ [kɔmunika'tiːf] adj *(mitteilsam)* communicatif, -ive; *(der Kommunikation)* de communication

Kommunion [kɔmuni'oːn] *f* ⟨~; ~en⟩ CATH communion *f*; **zur ~ gehen** (aller) communier; **zur ersten** *(heiligen)* **~ gehen** faire sa première communion

Kommuni'on|kind *n* premier, -ière communiant(e) *m(f)*; **~kleid** *n* aube *f* (de communion); **~unterricht** *m* enseignement religieux qui prépare à la communion

Kommuniqué [kɔmyni'keː] *n* ⟨~s; ~s⟩ communiqué *m*

Kommu'n|ismus *m* ⟨~⟩ communisme *m*; **~ist(in)** *m* ⟨~en; ~en⟩ *(f)* ⟨~; ~nen⟩ communiste *m,f*

kommu'nistisch adj communiste; **das 2e Manifest** le Manifeste communiste

kommuni'zieren v/i ⟨*pas de ge-*, h⟩ **1.** *st/s*, *a* PHYS communiquer; **~de Röhren** *f/pl* vases communicants; **2.** CATH communier

Kommutation [kɔmutatsi'oːn] *f* ⟨~; ~en⟩ MATH commutation *f*

kommu'tieren v/t ⟨*pas de ge-*, h⟩ MATH, TECH, LING commuter

Komödi|ant(in) [kɔmødi'ant(m)] *m* ⟨~en; ~en⟩ *(f)* ⟨~; ~nen⟩ meist fig comédien, -ienne *m,f*; péj cabotin(e) *m(f)*; **2'antisch I** adj de comédien, -ienne; péj cabotin; **II** adv en comédien, -ienne

Komödie [ko'møːdiə] *f* ⟨~; ~n⟩ *a* fig comédie *f*; fig **~ spielen** jouer la comédie

Komoren [ko'moːrən] *pl* ⟨→ *n/pr*⟩ **die ~** les Comores *f/pl*

Ko'mor|er(in) *m* ⟨~s; ~⟩ *(f)* ⟨~; ~nen⟩ Comorien, -ienne *m,f*; **2isch** adj comorien, -ienne

Kompagnon ['kɔmpanjõ] *m* ⟨~s; ~s⟩ COMM associé *m*

kompakt [kɔm'pakt] adj compact

Kom'pakt|anlage *f* MUS minichaîne *f*; **~ski** *m* ski compact; **~schallplatte** cf **CD-Platte**

Kompanie [kɔmpa'niː] *f* ⟨~; ~n⟩ MIL, früher a COMM compagnie *f*; **~chef** *m*, **~führer** *m* MIL commandant *m* de (la) compagnie

Komparation [kɔmparatsi'oːn] *f* ⟨~; ~en⟩ GR comparaison *f*

Komparativ ['kɔmparati:f] *m* ⟨~s; ~e⟩ GR comparatif *m*
Kompars|e [kɔm'parzə] *m* ⟨~n; ~n⟩, **~in** *f* ⟨~; ~nen⟩ FILM, THÉ figurant(e) *m(f)*; THÉ a comparse *m,f*
Kompaß ['kɔmpas] *m* ⟨-sses; -sse⟩ boussole *f*; MAR a compas *m*; **~nadel** *f* aiguille *f* de la boussole; aiguille aimantée
kompatibel [kɔmpa'ti:bəl] *adj* ⟨-bl-⟩ MÉD, INFORM, LING, *von Ämtern* compatible (*mit* avec)
Kompendium [kɔm'pɛndiʊm] *st/s n* ⟨~s; -ien⟩ (*Handbuch*) manuel *m*; (*Abriß*) abrégé *m*
Kompen|sation [kɔmpɛnzatsi'o:n] *f* ⟨~; ~en⟩ *a* PSYCH compensation *f*; **~sati'onsgeschäft** *n* ÉCON opération *f* de compensation; **~'sator** *m* ⟨~s; -'toren⟩ OPT, TECH compensateur *m*
kompen'sieren ⟨*pas de ge-, h*⟩ **I** *v/t a* PSYCH compenser (*durch, mit* par); **II** *v/i* PSYCH faire de la compensation; compenser (*abs*)
kompetent [kɔmpe'tɛnt] *adj* compétent; *in dieser Sache bin ich nicht ~* je ne suis pas compétent en la matière
Kompe'tenz *f* ⟨~; ~en⟩ compétence *f*; attributions *f/pl*; **s-e ~(en) überschreiten** outrepasser les limites de sa compétence; *in j-s ~ (acc) fallen* relever de la compétence de qn
Kompe'tenzbereich *m* domaine *m* de compétence; *das fällt nicht in meinen ~* cela n'entre pas dans mes compétences
Kompe'tenz|streit(igkeiten) *m* (*f/pl*) conflit *m* de compétence; **~überschreitung** *f* abus *m* de compétence
Kompi|lation [kɔmpilatsi'o:n] *st/s, oft péj f* ⟨~; ~en⟩ *a péj* compilation *f*; **⁀'lieren** *st/s v/t* ⟨*pas de ge-, h*⟩ *a péj* compiler
Komplement [komple'mɛnt] *n* ⟨~(e)s; ~e⟩ *st/s*, MATH, MÉD complément *m*
komplementär [kɔmplemɛn'tɛ:r] *st/s adj* complémentaire
Komplemen'tär *m* ⟨~s; ~e⟩ COMM commandité *m*
Komplemen'tär|farbe *f* couleur *f* complémentaire; **~winkel** *m* MATH angle *m* complémentaire
Komplet [kõ'ple:] *n* ⟨~s; ~s⟩ COUT ensemble *m*
komplett [kɔm'plɛt] **I** *adj* **1.** complet, -ète; F *wir sind ~* nous sommes au complet; **2.** *österr* (*voll besetzt*) Straßenbahn etc complet, -ète; **3.** F (*absolut*) *das ist ~er Wahnsinn* F c'est absolument dingue; **II** *adv* complètement
komplet'tieren *v/t* ⟨*pas de ge-, h*⟩ compléter
komplex [kɔm'plɛks] *adj* complexe
Kom'plex *m* ⟨~es; ~e⟩ **1.** (*Gebäude⁀, Fragen⁀ etc*) complexe *m*; (*Industrie⁀, Gebäude⁀ a*) complexe *m*; (*Häuser⁀*) pâté *m* de maisons; **2.** PSYCH complexe *m*; **~e haben** avoir, faire des complexes; F être complexé; *da(von) bekomme ich ~e* ça me donne des complexes
Komplikati'on [kɔmplikatsi'o:n] *f* ⟨~; ~en⟩ complication *f*
Kompliment [kɔmpli'mɛnt] *n* ⟨~(e)s; ~e⟩ compliment *m*; *j-m ein ~ machen* faire un compliment à qn (*über* [+*acc*] sur); *mein ~!* mes compliments!
komplimen'tieren *v/t* ⟨*pas de ge-, h*⟩ *st/s j-n in den Sessel ~* inviter poliment qn à s'asseoir; *iron, verhüllend j-n aus dem Zimmer ~* éconduire qn poliment
Komplize [kɔm'pli:tsə] *m* ⟨~n; ~n⟩ complice *m*
kompli'zieren *v/t* (*u v/réfl*) ⟨*pas de ge-, h*⟩ (*sich*) *~* (se) compliquer
kompli'ziert *adj* compliqué; MÉD **~er Bruch** fracture compliquée
Kompli'ziertheit *f* ⟨~⟩ complexité *f*
Kom'plizin *f* ⟨~; ~nen⟩ complice *f*
Komplott [kɔm'plɔt] *n* ⟨~(e)s; ~e⟩ complot *m*; *ein ~ schmieden* tramer un complot
Kompo|nente [kɔmpo'nɛntə] *f* ⟨~; ~n⟩ (*Bestandteil*) composant *m*; PHYS *von Kräften* composante *f*; *fig* (*Aspekt*) composante *f*; **⁀nieren** *v/t u v/i* ⟨*pas de ge-, h*⟩ MUS, *st/s fig* composer; **~'nist(in)** *m* ⟨~en; ~en⟩ (*f*) ⟨~; ~nen⟩ MUS compositeur, -trice *m,f*; **~siti'on** *f* ⟨~; ~en⟩ MUS, *st/s fig* composition *f*
Kompositum [kɔm'po:zitʊm] *n* ⟨~s; -ta⟩ GR mot composé
Kompost [kɔm'pɔst] *m* ⟨~(e)s; ~e⟩ compost *m*; **~haufen** *m* compost *m*
kompo'stieren *v/t* ⟨*pas de ge-, h*⟩ **1.** (*zu Kompost verarbeiten*) mettre en compost; **2.** (*mit Kompost düngen*) composter
Kompott [kɔm'pɔt] *n* ⟨~(e)s; ~e⟩ compote *f*
Kompresse [kɔm'prɛsə] *f* ⟨~; ~n⟩ MÉD compresse *f*
Kom|pressi'on *f* ⟨~; ~en⟩ PHYS, TECH, MÉD compression *f*; **~'pressor** *m* ⟨~s; -s'soren⟩ TECH compresseur *m*
komprimieren [kɔmpri'mi:rən] *v/t* ⟨*pas de ge-, h*⟩ PHYS, TECH, *fig* comprimer
Kompromiß [kɔmpro'mɪs] *m* ⟨-sses; -sse⟩ compromis *m* (*zwischen* [+*dat*] entre); *e-n ~ schließen* faire un compromis; *zu keinem ~ bereit sein* n'être prêt à aucun compromis
kompro'miß|bereit *adj* prêt à (faire) un compromis; **⁀bereitschaft** *f* ⟨~⟩ esprit *m* de compromis; **~los I** *adj* intransigeant; inflexible; **II** *adv* avec intransigeance, inflexibilité
Kompro'miß|lösung *f* solution *f* de compromis; **~vorschlag** *m* proposition *f* de compromis
kompromittieren [kɔmpromɪ'ti:rən] *v/t* (*u v/réfl*) ⟨*pas de ge-, h*⟩ (*sich*) *~* (se) compromettre
Komteß [kɔm'tɛs] *f* ⟨~; -ssen⟩, **Komtesse** *f* ⟨~; ~n⟩ comtesse (non mariée)
Komtur [kɔm'tu:r] *m* ⟨~s; ~e⟩ *e-s Ordens* commandeur *m*
Kondens|at [kɔndɛn'za:t] *n* PHYS ⟨~(e)s; ~e⟩ condensat *m*; **~ati'on** PHYS, CHIM ⟨~; ~en⟩ condensation *f*; **~ati'onspunkt** *m* point *m* de condensation
Konden's|ator [kɔndɛn'za:tɔr] *m* ⟨~s; -'toren⟩ ÉLECT condensateur *m*; TECH condenseur *m*; **⁀ieren** PHYS ⟨*pas de ge-, h*⟩ **I** *v/t* condenser; **II** *v/i* se condenser; **~ierung** *f* ⟨~; ~en⟩ condensation *f*
Kon'dens|milch *f* lait concentré; **~streifen** *m* AVIAT traînée *f* de condensation; **~wasser** *m* ⟨~s⟩ eau *f* de condensation
Kondition [kɔnditsi'o:n] *f* ⟨~; ~en⟩ **1.** ⟨*pas de pl*⟩ *bes* SPORT condition *f*; *keine ~ haben* ne pas être en forme; *fig* ne pas être résistant; **2.** COMM, BANKWESEN *meist pl* **~en** conditions *f/pl*
konditional [kɔnditsio'na:l] *adj bes* GR conditionnel, -elle
Konditio'nal *m* ⟨~s; ~e⟩ GR (mode *m*) conditionnel *m*; **~satz** *m* (proposition *f*) conditionnelle *f*
konditio'nell *adj* qui concerne la forme physique; *in bester ~er Verfassung* en pleine forme (physique)
konditio'nieren *v/t* ⟨*pas de ge-, h*⟩ TECH, PSYCH conditionner
Konditi'ons|schwäche *f* mauvaise forme (physique); **~training** *n* entraînement *m* pour se mettre en forme
Konditor [kɔn'di:tɔr] *m* ⟨~s; -'toren⟩ pâtissier *m*
Kondito'rei *f* ⟨~; ~en⟩ pâtisserie *f*
Kondolenz|besuch [kɔndo'lɛntsbəzu:x] *m* visite *f* de condoléances; **~karte** *f* carte *f* de condoléances
kondo'lieren *v/i* ⟨*pas de ge-, h*⟩ *j-m ~* présenter, faire ses condoléances à qn (*zum Tod von …* pour la mort de …)
Kondom [kɔn'do:m] *m* ⟨~s; ~e⟩ préservatif *m*
Kondor ['kɔndɔr] *m* ⟨~s; ~e⟩ ZO condor *m*
Kondukteur(in) [kɔndʊk'tø:r(ɪn)] *m* ⟨~s; ~e⟩ (*f*) ⟨~; ~nen⟩ *schweiz* (*Schaffner*) receveur, -euse *m,f*
Konfekt [kɔn'fɛkt] *n* ⟨~(e)s; ~e⟩ confiserie *f*; sucreries *f/pl*; (*Pralinen*) chocolats *m/pl*; **~dose** *f* bonbonnière *f*
Konfektion [kɔnfɛktsi'o:n] *f* ⟨~; ~en⟩ Anfertigung *von Kleidung* confection *f*; *Kleidung* prêt-à-porter *m*; vêtements *m/pl* de confection
Konfekti|onär [kɔnfɛktsio'nɛ:r] *m* ⟨~s; ~e⟩ confectionneur *m*; **⁀o'nieren** *v/t* ⟨*pas de ge-, h*⟩ confectionner
Konfekti'ons|anzug *m* costume *m* de confection, de prêt-à-porter; **~artikel** *m/pl* articles *m/pl* de prêt-à-porter; **~geschäft** *n* magasin *m* de prêt-à-porter; **~größe** *f* taille *f* mannequin; **~industrie** *f* industrie *f* du prêt-à-porter
Konferenz [kɔnfe'rɛnts] *f* ⟨~; ~en⟩ conférence *f*; (*Lehrer⁀*) conseil *m* de classe; **~beschluß** *m* décision *f* de (la) conférence; **~dolmetscher(in)** *m(f)* interprète *m,f* de conférence; **~raum** *m* salle *f* de conférence; **~schaltung** *f* RAD, TV, TÉL branchement *m* multiplex; **~teilnehmer(in)** *m(f)* participant(e) *m(f)* à une conférence; **~tisch** *m* table *f* de conférence; **~zimmer** *n* salle *f* de conférence
konferieren [kɔnfe'ri:rən] *v/i* ⟨*pas de ge-, h*⟩ conférer (*mit j-m über etw* [*acc*] avec qn au sujet de qc)
Konfession [kɔnfɛsi'o:n] *f* ⟨~; ~en⟩ religion *f*; confession *f*; *welcher ~ gehören Sie an?* quelle est votre religion?
konfessio'nell *adj* confessionnel, -elle
konfessi'onslos *adj* qui n'appartient à aucune religion; sans religion
Konfetti [kɔn'fɛti] *n* ⟨~(s)⟩ confetti *m*
Konfident [kɔnfi'dɛnt] *m* ⟨~en; ~en⟩ *österr* (*Spitzel*) indicateur *m*
Konfiguration [kɔnfiguratsi'o:n] *f* ⟨~; ~en⟩ configuration *f* (*a* CHIM, INFORM)
Konfirmand [kɔnfɪr'mant] *m* ⟨~en; ~en⟩ PROT confirmand *m*
Konfir'mandenunterricht *m* instruction religieuse des confirmands
Konfir'mandin *f* ⟨~; ~nen⟩ PROT confirmande *f*

Konfirmation – können

Konfirmati|on f ⟨~; ~en⟩ PROT confirmation f; *ich habe Sonntag ~* dimanche, je fais ma confirmation
konfir'mieren v/t ⟨pas de ge-, h⟩ PROT confirmer; donner la confirmation à; *ich werde Ostern konfirmiert* je vais recevoir la confirmation, faire ma confirmation à Pâques
Konfiserie [kɔnfizəˈriː] f ⟨~; ~n⟩ bes schweiz: Pralinen, Teegebäck etc, a Geschäft confiserie f
konfiszieren [kɔnfɪsˈtsiːrən] v/t ⟨pas de ge-, h⟩ bes JUR confisquer
Konfitüre [kɔnfiˈtyːrə] f ⟨~; ~n⟩ confiture f
Konflikt [kɔnˈflɪkt] m ⟨~(e)s; ~e⟩ conflit m; *mit j-m, etw in ~ geraten* entrer en conflit avec qn, qc
kon'flikt|frei adj non conflictuel, -elle; **~geladen** adj conflictuel, -elle; **~scheu** adj qui fuit les conflits
Kon'flikt|situation f situation conflictuelle; **~stoff** m sujet m de conflit(s)
Kon|föderation [kɔnfødəratsiˈoːn] f ⟨~; ~en⟩ confédération f; **~föde'rierte(r)** f(m) ⟨→ A⟩ confédéré(e) m(f)
konform [kɔnˈfɔrm] I adj conforme (*mit* à); II adv conformément; *mit j-m, etw ~ gehen* être d'accord avec qn, qc
Konfor'mismus m ⟨~⟩ conformisme m; **~ist(in)** m ⟨~en; ~en⟩ (f) ⟨~; ~nen⟩ conformiste m,f; **2istisch** adj conformiste; **~i'tät** st/s f ⟨~⟩ conformité f
Konfrontation [kɔnfrɔntatsiˈoːn] f ⟨~; ~en⟩ confrontation f; POL affrontement m
Konfrontati'onskurs m *auf ~ gehen* (être prêt à) risquer la confrontation
konfron'tieren v/t ⟨pas de ge-, h⟩ confronter (*mit j-m* avec qn; *mit etw* à qc)
konfus [kɔnˈfuːs] adj (*verworren*) embrouillé; confus; (*Person (verwirrt)* dérouté; *ich bin ganz ~* j'ai l'esprit confus; mes idées sont confuses, embrouillées
Konfusion [kɔnfuziˈoːn] st/s f ⟨~; ~en⟩ confusion f
kongenial [kɔngeniˈaːl] st/s adj proche du génie (*de qn*); d'un génie égal (à); **2i'tät** st/s f ⟨~⟩ égalité f de génie
Konglomerat [kɔnglomeˈraːt] n ⟨~(e)s; ~e⟩ GÉOL conglomérat m; *fig* mélange confus
Kongo [ˈkɔngo] ⟨→ n/pr⟩ *der ~* le Congo
Kongoles|e [kɔngoˈleːzə] m ⟨~n; ~n⟩, **~in** f ⟨~; ~nen⟩ Congolais(e) m(f); **2isch** adj congolais
Kongregation [kɔngregatsiˈoːn] f ⟨~; ~en⟩ CATH congrégation f
Kongreß [kɔnˈgrɛs] m ⟨-sses; -sse⟩ congrès m; **~halle** f palais m des congrès; **~teilnehmer(in)** m(f) congressiste m,f; **~zentrum** n centre m de congrès
kongru|ent [kɔngruˈɛnt] adj MATH coïncident; **2enz** f ⟨~⟩ MATH, fig coïncidence f; GR accord m; **~'ieren** v/i ⟨pas de ge-, h⟩ MATH, fig coïncider; GR s'accorder
K.-'o.-Niederlage f K.-O. m
Konifere [koniˈfeːrə] f conifère m
König [ˈkøːnɪç] m ⟨~s; ~e⟩ roi m (a Spielkarte, Schachfigur); *der ~ der Tiere* le roi des animaux; *der ~ der Lüfte* (*Adler*) le roi des oiseaux; *die Heiligen Drei ~e* les Rois mages; *das Fest der Heiligen Drei ~e* la fête, le jour des Rois; l'Épiphanie f; *bei uns ist der Kunde ~* chez nous le client est roi
'Königin f ⟨~; ~nen⟩ reine f (a der Bienen); SCHACH dame f; *poét die ~ meines Herzens* la dame de mon cœur; BOT *~ der Nacht* cierge m
'Königin|mutter f reine f mère; **~pastete** f CUIS bouchée f à la reine
'königlich I adj royal; de bzw du roi; **2e Hoheit** altesse royale; II adv royalement; F *sich ~ amüsieren* s'amuser comme un roi bzw des rois; *j-n ~ bewirten* recevoir qn royalement, comme un roi
'Königreich n royaume m
'königsblau adj bleu roi (*inv*)
'Königs|farn m BOT osmonde royale; fougère f à fleurs; **~haus** n maison royale; **~hof** m cour f du roi; **~kerze** f BOT bouillon blanc; **~kind** n Junge fils m de roi; prince m; Mädchen fille f de roi; princesse f; **~kobra** f ZO cobra royal; **~krone** f couronne royale; **~kuchen** m etwa cake m; **~paar** n couple royal; **~palme** f BOT roi m des palmiers; **~schloß** n château royal; **~sohn** m fils m de roi; prince m; **~tiger** m ZO tigre royal; **~tochter** f fille f de roi; princesse f; **~treue(r)** m ⟨→ A⟩ royaliste m; **~wasser** n ⟨~s⟩ CHIM eau régale
'Königtum n ⟨~s; -tümer⟩ royauté f
konisch [ˈkoːnɪʃ] adj conique; en forme de cône
Konjugation [kɔnjugatsiˈoːn] f ⟨~; ~en⟩ GR, BIOL conjugaison f
konju'gieren v/t ⟨pas de ge-, h⟩ GR conjuguer; *konjugiert werden* se conjuguer
Konjunktion [kɔnjuŋktsiˈoːn] f ⟨~; ~en⟩ GR, ASTR conjonction f
Konjunktiv [ˈkɔnjuŋktiːf] m ⟨~s; ~e⟩ GR (mode m) subjonctif m; **2isch** adj u adv au subjonctif; avec le subjonctif
Konjunktur [kɔnjuŋkˈtuːr] f ⟨~; ~en⟩ conjoncture f (économique); *rückläufige ~* récession f
Konjunk'tur|abschwächung f fléchissement m, recul m de l'activité économique; **~aufschwung** m essor m économique; boom m; **2bedingt** I adj déterminé par les fluctuations de la conjoncture; II adv en fonction de la situation économique; **~bericht** m rapport m sur la situation économique, sur la conjoncture
konjunktu'rell adj de la conjoncture; conjoncturel, -elle
Konjunk'tur|lage f situation f de l'économie; conjoncture f; **~politik** f politique f conjoncturelle
konjunk'turpolitisch adj u adv du point de vue de la politique conjoncturelle; *~e Erwägungen* f/pl considérations f/pl (politiques) sur la conjoncture
Konjunk'tur|rückgang m récession f; **~schwankung** f fluctuation f de la conjoncture, des marchés; **~spritze** F f mesure f de relance (économique); **~umschwung** m renversement m de la conjoncture; **~zyklus** m cycle conjoncturel
konkav [kɔnˈkaːf] adj concave
Konklave [kɔnˈklaːvə] n ⟨~s; ~n⟩ CATH conclave m

Konklusion [kɔnkluziˈoːn] f ⟨~; ~en⟩ LOGIK conclusion f
Konkor|danz [kɔnkɔrˈdants] f ⟨~; ~en⟩ sc (a Bibel*2*), GÉOL concordance f; **~'dat** n ⟨~(e)s; ~e⟩ CATH concordat m
konkret [kɔnˈkreːt] adj concret, -ète; *im ~en Fall* le cas échéant; *~e Formen annehmen* prendre forme; se concrétiser
konkreti'sieren v/t ⟨pas de ge-, h⟩ concrétiser; (*näher ausführen*) préciser
Kon'kretum n ⟨~s; -ta⟩ GR terme, mot concret
Konkubi'nat n ⟨~(e)s; ~e⟩ JUR concubinage m; *mit j-m im ~ leben* vivre en concubinage avec qn
Konkubine [kɔnkuˈbiːnə] f ⟨~; ~n⟩ a fig concubine f
Konkurrent(in) [kɔnkuˈrɛnt(ɪn)] m ⟨~en; ~en⟩ (f) ⟨~; ~nen⟩ concurrent(e) m(f); compétiteur, -trice m,f
Konkur'renz f ⟨~; ~en⟩ **1.** concurrence f; *außer ~* 'hors concours'; *j-m ~ machen* faire concurrence à qn; concurrencer qn; **2.** (*Konkurrent*) *das ist unsere ~* c'est notre concurrent; *sonst gehe ich zur ~* sinon j'irai ailleurs
konkur'renz|fähig adj compétitif, -ive; capable de supporter la concurrence; **2kampf** m concurrence f; compétition f; **~los** adj défiant toute concurrence; 'hors concours; *Sportler, Ware a* sans rival; **2unternehmen** n entreprise concurrente
konkur'rieren v/i ⟨pas de ge-, h⟩ *mit j-m (um etw) ~* être en concurrence, rivaliser avec qn (pour obtenir qc); *damit können wir nicht ~* nous ne pouvons pas soutenir, supporter la concurrence
Konkurs [kɔnˈkurs] m ⟨~es; ~e⟩ COMM faillite f; *in ~ gehen, ~ machen* faire faillite; (*den*) *~ anmelden* se déclarer en faillite; déposer son bilan
Kon'kurs|eröffnung f ouverture f de la faillite; **~masse** f actif m de la faillite; **~verfahren** n procédure f de faillite; **~verwalter** m syndic m (d'une faillite)
können [ˈkœnən] ⟨kann, konnte, h⟩ I v/aux de mode ⟨p/p können⟩ **1.** (*vermögen*) pouvoir; *das hätte ich tun ~* j'aurais pu le faire; *ich kann Ihnen nicht sagen, wie ich mich freue* je ne peux pas vous dire à quel point je me réjouis; *~ Sie mir sagen, wie ich zum Bahnhof komme?* pourriez-vous od pouvez-vous m'indiquer le chemin de la gare?; *ich kann es Ihnen nicht sagen* je ne peux, pourrais, saurais (pas) vous le dire; *man kann nie wissen* on ne sait jamais; **2.** (*beherrschen*) savoir; *fahren, schwimmen, nähen, tanzen etc ~* savoir conduire, nager, coudre, danser, etc; **3.** (*dürfen*) pouvoir; *jetzt kannst du kommen* maintenant tu peux venir; P *du kannst mich mal!* F tu peux (toujours) courir, y aller!; *hier kannst du nicht parken* ici tu ne peux pas te garer; **4.** (*möglich sein*) *er kann den Brief verloren haben* il se peut qu'il ait perdu la lettre; *es kann sein, daß ...* il se peut que ...; *das kann nicht sein* c'est impossible; F *kann sein* c'est possible; *ich kann mich auch täuschen* il se peut aussi que je me trompe; je peux aussi me tromper;

Können – Kontinuität

er kann jeden Augenblick kommen il peut arriver d'un moment à l'autre; *du könntest recht haben* il se pourrait que tu aies raison; **5.** (*Grund haben, berechtigt sein*) *das kann man wohl sagen!* ça, on peut le dire; F *ich kann dir sagen!* je t'assure!; F *sie kann einem leid tun* elle (me, *etc*) fait pitié; **6.** *man konnte so laut rufen ...* on avait beau crier ...; **II** *v/t u v/i* ⟨*p/p* gekonnt⟩ **7.** (*vermögen*) *ich kann heute nicht* je ne peux pas aujourd'hui; *ich kann nicht mehr!* je n'en peux plus!; *ich kann nicht anders* je ne peux pas faire autrement; *so gut ich kann de* mon mieux; *er lief, was er konnte* il courut tant qu'il put; F *es (gut) mit j-m ~* bien s'entendre avec qn; **8.** (*beherrschen*) savoir; *er kann etwas* il est capable; *er kann Englisch* il sait l'anglais; (*sprechen*) il parle anglais; *etw auswendig ~ savoir* qc par cœur; *das muß man ~* il faut savoir le faire; **9.** (*für etw ~*) *ich kann nichts dafür* je n'y peux rien; *er kann nichts dafür, daß ...* ce n'est pas sa faute si ...
'Können *n* ⟨~s⟩ savoir(-faire) *m*; capacités *f/pl*; *e-e Probe s-s ~s geben* donner un échantillon de ce que l'on sait faire, *Virtuose etc* de son talent
'Könner(in) *m* ⟨~s; ~⟩ (*f*) ⟨~; ~nen⟩ personne *f* très capable; champion *m*, -onne *f*; as *m*; F crack *m*
Konnotation [kɔnotatsi'oːn] *f* ⟨~; ~en⟩ LOGIK, LING connotation *f*
konnte ['kɔntə] *cf* können
Konrad ['kɔnraːt] *m* ⟨→ *n/pr*⟩ prénom
Konrektor(in) [ˈkɔnrɛktor (-'toːrn)] *m(f)* directeur, -trice adjoint(e), sous-directeur, -trice *m,f* (d'une école primaire)
Konsekration [kɔnzekratsi'oːn] *f* ⟨~; ~en⟩ CATH consécration *f*
konsekutiv [kɔnzeku'tiːf] *adj* GR consécutif, -ive; **⸰dolmetschen** *n* ⟨~s⟩ interprétation consécutive *f*; **⸰satz** *m* GR (proposition) consécutive *f*
Konsens [kɔn'zɛns] *st/s m* ⟨~es; ~e⟩ consensus *m*
konsequent [kɔnzeˈkvɛnt] *adj* **1.** (*folgerichtig*) logique, conséquent; **2.** (*beharrlich*) résolu; ferme
konse'quenter'weise *adv* logiquement
Konse'quenz *f* ⟨~; ~en⟩ **1.** ⟨pas de pl⟩ (*Folgerichtigkeit*) logique *f*; *e-r Person a* esprit *m* de suite; *mit äußerster ~* avec une parfaite logique; **2.** (*Folge*) conséquence *f*; *die ~en tragen* subir les conséquences; *die ~en aus etw ziehen* tirer les conséquences de qc
konserva'tiv [kɔnzerva'tiːf] *adj* conservateur, -trice; **⸰tive(r)** *f(m)* ⟨→ A⟩ conservateur, -trice *m,f*
Konser'vator *m* ⟨~s; -'toren⟩ *von Kunstdenkmälern* conservateur *m*
Konserva'torium *n* ⟨~s; -ien⟩ Conservatoire *m* (*für Musik* de musique)
Konserve [kɔn'zɛrvə] *f* ⟨~; ~n⟩ conserve *f*; *plais Musik f aus der ~* musique *f* en conserve
Kon'serven|büchse *f*, **~dose** *f* boîte *f* de conserve; **~vergiftung** *f* empoisonnement dû à des conserves
konser'vieren *v/t* ⟨pas de ge-, h⟩ conserver; **⸰ierung** *f* ⟨~⟩ conservation *f*; **⸰ierungsmittel** *n*, **⸰ierungsstoff** *m* conservateur *m*; agent *m* de conservation

konsist|ent [kɔnzɪs'tɛnt] *adj* consistant; **⸰enz** *f* ⟨~⟩ consistance *f*
Konsole [kɔn'zoːlə] *f* ⟨~; ~n⟩ console *f*
konsolid|ieren [kɔnzoli'diːrən] *v/t* ⟨pas de ge-, h⟩ consolider; **⸰ierung** *f* ⟨~; ~en⟩ consolidation *f*
Konsonant [kɔnzo'nant] *m* ⟨~en; ~en⟩ consonne *f*; **⸰isch** *adj* consonantique
Konsorten [kɔn'zɔrtən] *m/pl péj* consorts *m/pl*
Konsortium [kɔn'zɔrtsium] *n* ⟨~s; -ien⟩ consortium *m*
Konspiration [kɔnspiratsi'oːn] *f* ⟨~; ~en⟩ conspiration *f*
konspira'tiv *adj* conspirateur, -trice; *e-e ~e Wohnung* un repaire d'agitateurs
konspi'rieren *v/i* ⟨pas de ge-, h⟩ conspirer (*gegen* contre)
konstant [kɔn'stant] **I** *adj* constant; **II** *adv* constamment; (*beharrlich*) avec persistance
Kon'stante *f* ⟨~(n); ~n⟩ MATH, PHYS, constante *f*
Konstantin ['kɔnstantiːn] *m* ⟨→ *n/pr*⟩ Constantin *m*
Konstanz¹ [kɔn'stants] *st/s f* ⟨~⟩ constance *f*
Konstanz² ['kɔnstants] *n* ⟨→ *n/pr*⟩ GÉOGR Constance
Kon'stanze *f* ⟨→ *n/pr*⟩ Constance *f*
konstatieren [kɔnsta'tiːrən] *st/s v/t* ⟨pas de ge-, h⟩ constater
Konstellation [kɔnstelatsi'oːn] *f* ⟨~; ~en⟩ ASTR position *f*; aspect *m*; *fig* situation *f*; conjoncture *f*
konsterniert [kɔnster'niːrt] *adj* interdit; stupéfait; déconcerté
Konstituente [kɔnstitu'ɛntə] *f* ⟨~; ~n⟩ LING constituant *m*
konstitu'ieren *v/t* (*u v/réfl*) ⟨pas de ge-, h⟩ (*sich*) ⟨~ (se) constituer
Konstituti'on *f* ⟨~; ~en⟩ MÉD, CHIM, POL constitution *f*
konstitu'tio'nell *adj* constitutionnel, -elle; **⸰'tiv** *st/s adj* constitutif, -ive
konstru'ieren *v/t* ⟨pas de ge-, h⟩ CONSTR, TECH, MATH, GR construire; *fig* inventer
Kon|strukt [kɔn'strukt] *n* ⟨~(e)s; ~e⟩ LING construction *f*, **~struk'teur(in)** *m* ⟨~s; ~e⟩ (*f*) ⟨~; ~nen⟩ constructeur, -trice *m,f*, **~strukti'on** *f* ⟨~; ~en⟩ CONSTR, GR, MATH, TECH construction *f*
Konstrukti'ons|büro *n* bureau *m* d'études; **~fehler** *m* défaut *m* de construction
konstruk'tiv [kɔnstruk'tiːf] *adj* constructif, -ive; **⸰ti'vismus** *m* ⟨~⟩ KUNST constructivisme *m*
Konsul ['kɔnzul] *m* ⟨~s; ~n⟩ consul *m*
konsu'larisch *adj* consulaire
Konsu'lat *n* ⟨~(e)s; ~e⟩ consulat *m*
Konsul|tation [kɔnzultatsi'oːn] *st/s f* ⟨~; ~en⟩ consultation *f*; **⸰'tieren** *st/s v/t* ⟨pas de ge-, h⟩ consulter
Konsum [kɔn'zuːm] *m* ⟨~s⟩ (*Verbrauch*) consommation *f*; *übermäßiger ~* surconsommation *f*
Kon'sumartikel *m* article *m* de consommation
Konsumati'on *f* ⟨~; ~en⟩ *österr, schweiz* plats et consommations *m/pl* (pris dans un restaurant)
Konsu'ment(in) *m* ⟨~en; ~en⟩ (*f*) ⟨~; ~nen⟩ consommateur, -trice *m,f*

Kon'sum|genossenschaft *f* coopérative *f* de consommation; **~gesellschaft** *f* société *f* de consommation; **~güter** *n/pl* biens *m/pl* de consommation
konsu'mieren *v/t* ⟨pas de ge-, h⟩ consommer; **⸰'mierung** *f* ⟨~; ~en⟩ consommation *f*
Kon'sum|verhalten *n* comportement *m* du consommateur; **~verzicht** *m* ⟨~(e)s⟩ refus *m* de la surconsommation; **~zwang** *m* ⟨~(e)s⟩ incitation *f* à la consommation
Kontakt [kɔn'takt] *m* ⟨~(e)s; ~e⟩ contact *m* (*mit* avec); ÉLECT (*Kontaktstelle*) plot *m*; *fig a* relation *f*, rapport *m* (*mit* avec); *mit j-m ~ aufnehmen* entrer en contact, se mettre en contact, prendre contact avec qn; *mit j-m ~ haben, in ~* (*dat*) *stehen* être en contact avec qn
Kon'takt|abzug *m* PHOT planche *f* de contact; **~adresse** *f* adresse *f* d'une personne à contacter; **~anzeige** *f* annonce *f* pour établir des contacts; **⸰arm** *adj* qui a peu de contact avec le monde extérieur; **~aufnahme** *f* prise *f* de contact; **⸰(bereichs)beamte(r)** *m* îlotier *m*; **⸰freudig** *adj* qui entre facilement en contact avec les gens, avec qn; liant; **~gift** *n* insecticide *m* par contact; **~hof** *m* cour intérieure d'un bordel où les clients peuvent aborder les prostituées
kontak'tieren *st/s v/t* ⟨pas de ge-, h⟩ contacter
Kon'takt|linse *f* lentille *f* de contact; **⸰los** *adj* qui n'a pas de contact avec le monde extérieur; **~mann** *m* ⟨~(e)s; -männer *ou* -leute⟩ agent *m* (de liaison); **~person** *f* PSYCH personne avec laquelle qn est en relation; MÉD personne *f* en contact avec le foyer de contagion; **~sperre** *f* JUR isolement *m*; **~studium** *n* formation *f* complémentaire du troisième cycle
Kontami|nation [kɔntaminatsi'oːn] *f* ⟨~; ~en⟩ *der Umwelt* contamination *f*; **⸰'nieren** *v/t* ⟨pas de ge-, h⟩ contaminer
Kontempla|tion [kɔntɛmplatsi'oːn] *st/s f* ⟨~; ~en⟩ contemplation *f*; **⸰'tiv** *st/s adj* contemplatif, -ive
Konteradmiral ['kɔntər'atmiraːl] *m* MAR MIL vice-amiral *m*
Konterfei ['kɔntərfaɪ] *n* ⟨~s; ~s *ou* ~e⟩ *st/s, plais* portrait *m*
'kontern *v/t u v/i* ⟨-(e)re, h⟩ BOXEN parer; *a fig* riposter (à)
'Konter|revolution *f* contre-révolution *f*; **~schlag** *m* SPORT contre *m*
Kontext ['kɔntɛkst] *m* ⟨~(e)s; ~e⟩ contexte *m*
Kontinent ['kɔntinɛnt] *m* ⟨~(e)s; ~e⟩ continent *m*
kontinental [kɔntinɛn'taːl] *adj* continental
Kontinen'tal|klima *n* ⟨~s⟩ climat continental; **~sockel** *m* plateau continental; **~sperre** *f* ⟨~⟩ HIST Blocus continental; **~verschiebung** *f* dérive *f* des continents
Kontingent [kɔntɪŋ'gɛnt] *n* ⟨~(e)s; ~e⟩ COMM, MIL contingent *m* (*an* [+*dat*] en, de)
kontingen'tieren *v/t* ⟨pas de ge-, h⟩ contingenter
kontinu'ierlich *st/s adj* continu
Kontinui'tät *st/s f* ⟨~⟩ continuité *f*

1190

Kontinuum [kɔn'tiːnuʊm] *n* ⟨~s; -nua *ou* -nuen⟩ *sc* continuum *m*
Konto ['kɔnto] *n* ⟨~s; -ten⟩ compte *m*; *laufendes* ~ compte courant; *überzogenes* ~ compte à découvert; *auf s-m* ~ *haben* Geld avoir sur son compte; *fig* Tat avoir sur la conscience; F *das geht auf mein* ~ c'est moi qui paie; *fig* c'est de ma faute
'**Konto**|**abschluß** *m* arrêté *m* de compte; ~**auszug** *m* relevé *m* de compte; ~**bewegung** *f* mouvement *m* de compte; ~**buch** *n* livre *m* de comptes; ~**führung** *f* ⟨~⟩ tenue *f* de compte; ~**führungsgebühr** *f* frais *m/pl* de tenue de compte; ~**inhaber(in)** *m(f)* titulaire *m,f* d'un compte; ~**kor'rent** *n* ⟨~s; ~e⟩ compte courant; ~**nummer** *f* numéro *m* de compte
Kontor [kɔn'toːr] *n* ⟨~s; ~e⟩ früher bureau *m*; F *das war (für ihn) ein Schlag ins* ~ cela a été un coup dur, F un sale coup (pour lui)
Konto'rist(in) *m* ⟨~en; ~en⟩ *(f)* ⟨~; ~nen⟩ employé(e) *m(f)* de bureau
'**Konto**|**stand** *m* état *m* de compte; ~**überziehung** *f* découvert *m* (de compte) (*von* de)
kontra ['kɔntra] *prép* ⟨*acc*⟩ contre
'**Kontra** *n* ⟨~s; ~s⟩ contre *m*; *(das) Pro und (das)* ~ le pour et le contre; *j-m* ~ *geben* KARTENSPIEL contrer qn; F *fig* riposter vertement à qn; répondre à qn à sa façon; KARTENSPIEL *ich sage* ~ je contre
'**Kontrabaß** *m* contrebasse *f*
Kontrahent(in) [kɔntra'hɛnt(ɪn)] *m* ⟨~en; ~en⟩ *(f)* ⟨~; ~nen⟩ (Gegner) adversaire *m,f*; *e-s Vertrags* contractant(e) *m(f)*
kontra'hieren ⟨*pas de ge-*, h⟩ I *v/t* **1.** GR *(zusammenziehen)* contracter; **2.** JUR, COMM *(vereinbaren)* contracter; **3.** MÉD contracter; II *v/i u v/réfl* MÉD *(sich)* ~ se contracter
'**Kontraindikation** *f* MÉD contre-indication *f*
Kontrakt [kɔn'trakt] *m* ⟨~(e)s; ~e⟩ contrat *m*; *mit j-m e-n* ~ *schließen* passer un contrat avec qn
Kontrakti'on *f* ⟨~; ~en⟩ contraction *f*
'**Kontra**|**punkt** *m* MUS contrepoint *m*; ℒ'**punktisch** *adj* MUS contrapuntique
konträr [kɔn'trɛːr] *st/s adj* contraire
Kontrast [kɔn'trast] *m* ⟨~(e)s; ~e⟩ contraste *m*; *in od im* ~ *stehen zu* contraster avec; faire contraste avec
Kon'trasteinlauf *m* MÉD lavement baryté
kontra'stieren *st/s v/i* ⟨*pas de ge-*, h⟩ contraster *(mit* avec); faire contraste *(mit* avec)
kontra'stiv *adj* contrastif, -ive; ~*e Linguistik* linguistique contrastive
Kon'trast|**mittel** *n* MÉD substance *f* de contraste; ~**programm** *n* RAD, TV programme *m* de rechange; ℒ**reich** *adj* *fig* riche en contrastes; contrasté
Kontra|**zeption** [kɔntratsɛptsi'oːn] *f* ⟨~⟩ MÉD contraception *f*; ~**zep'tivum** *n* ⟨~s; -va⟩ MÉD contraceptif *m*
Kon'trollabschnitt *m* coupon *m* de contrôle
Kon'trollampe *f* lampe *f* témoin
Kon'troll|**apparat** *m* appareil *m* de contrôle; ~**ausschuß** *m* commission *f* de contrôle

Kontrolle [kɔn'trɔlə] *f* ⟨~; ~n⟩ **1.** *(Überwachung, Überprüfung)* contrôle *m*; *scharfe, strenge* ~ contrôle sévère; *unter* ~ *(dat) stehen* être contrôlé; *(die)* ~ *über etw (acc) ausüben* exercer un contrôle sur qc; *in e-e* ~ *kommen* F tomber sur un contrôle; **2.** *(Herrschaft)* contrôle *m*; *etw unter* ~ *(dat) haben* être maître de qc; contrôler qc; *etw unter* ~ *(acc) bringen* se rendre maître de qc; maîtriser qc; *die* ~ *über etw (acc) verlieren* perdre le contrôle de qc; *die* ~ *über sich (acc) verlieren* perdre son contrôle; *außer* ~ *geraten* échapper au contrôle; *etw e-r* ~ *unterziehen* soumettre qc à un contrôle
Kontrol'leur *m* ⟨~s; ~e⟩ contrôleur *m*
Kon'troll|**funktion** *f* fonction *f* de contrôle; ~**gang** *m* e-s Nachtwächters etc ronde *f*; ~**gruppe** *f* MÉD, PSYCH, SOZIOLOGIE groupe *m* témoin
kontrol'lierbar *adj* contrôlable
kontrol'lieren *v/t* ⟨*pas de ge-*, h⟩ contrôler; *etw, j-n auf etw (acc) (hin)* ~ contrôler qc, qn quant à qc
Kon'troll|**kommission** *f* commission *f* de contrôle; ~**nummer** *f* numéro *m* de contrôle; ~**organ** *n* organe *m*, organisme *m* de contrôle; ~**punkt** *m* poste *m*, point *m* de contrôle; ~**schild** *n* AUTO schweiz plaque *f* d'immatriculation; ~**stempel** *m* cachet *m*, marque *f* de contrôle; ~**turm** *m* AVIAT tour *f* de contrôle; ~**vermerk** *m* mention *f* de contrôle
kontrovers [kɔntro'vɛrs] *st/s adj* *(gegensätzlich)* contraire; *(umstritten)* controversé; discuté
Kontro'verse *st/s f* ⟨~; ~n⟩ controverse *f*
Kontur [kɔn'tuːr] *f* ⟨~; ~en⟩ contour *m*; *fig* ~ *gewinnen* prendre forme
Kon'turenstift *m* crayon *m* à lèvres
kontu'rieren *st/s v/t* ⟨*pas de ge-*, h⟩ esquisser
Konvektor [kɔn'vɛktɔr] *m* ⟨~s; -'toren⟩ *Heizkörper* convecteur *m*
konvenieren [kɔnve'niːrən] *st/s, österr v/i* ⟨*pas de ge-*, h⟩ *j-m* ~ convenir à qn
Konvent [kɔn'vɛnt] *m* ⟨~(e)s; ~e⟩ **1.** ÉGL *(Zusammenkunft)* assemblée *f*; **2.** *(Kloster)* couvent *m*; **3.** HIST *(Nationalℒ) der* ~ la Convention (nationale)
Konventi'on *f* ⟨~; ~en⟩ convention *f (a* POL*)*; *(Regeln der Gesellschaft) pl* ~**en** conventions (sociales)
Konventio'nalstrafe *f* JUR peine conventionnelle; dédit *m*
konventio'nell *adj* **1.** conventionnel, -elle; ~*e Waffen f/pl* armes conventionnelles; **2.** *(förmlich)* formel, -elle
konver'gent [kɔnvɛr'gɛnt] *adj st/s*, MATH convergent; ℒ**enz** *f* ⟨~; ~en⟩ *st/s*, MATH, OPT convergence *f*; ~**ieren** *v/i* ⟨*pas de ge-*, h⟩ *st/s*, MATH converger
Konversation [kɔnvɛrzatsi'oːn] *f* ⟨~; ~en⟩ conversation *f*; ~ *machen* faire la conversation
Konversati'onslexikon *n* dictionnaire *m* encyclopédique; encyclopédie *f*
Konversion [kɔnvɛrzi'oːn] *f* ⟨~; ~en⟩ REL, FIN, JUR, PSYCH conversion *f*
Konverter [kɔn'vɛrtɔr] *m* ⟨~s; ~⟩ **1.** MÉTALL convertisseur *m*; **2.** PHOT doubleur *m* de focale; **3.** NUCL réacteur régénérateur *m*; **4.** RAD convertisseur *m* de fréquence

konver'tibel [kɔnvɛr'tiːbəl] *st/s adj* ⟨-bl-⟩, ~'**tierbar** *adj* convertible; ~**tieren** ⟨*pas de ge-*⟩ I *v/t* ⟨h⟩ COMM convertir; II *v/i* ⟨h *ou* sein⟩ REL se convertir *(zu* à)
Konvertit(in) [kɔnvɛr'tiːt(ɪn)] *m* ⟨~en; ~en⟩ *(f)* ⟨~; ~nen⟩ REL converti(e) *m(f)*
konvex [kɔn'vɛks] *adj* convexe
Konvikt [kɔn'vɪkt] *n* ⟨~(e)s; ~e⟩ **1.** ÉGL petit séminaire; **2.** österr *(Internat)* internat religieux
Konvoi ['kɔnvɔy *ou* -'vɔy] *m* ⟨~s; ~s⟩ convoi *m*; *im* ~ *fahren* rouler en convoi
konzedieren [kɔntse'diːrən] *st/s v/t* ⟨*pas de ge-*, h⟩ *(zugestehen, einräumen)* concéder
Konzentrat [kɔntsɛn'traːt] *n* ⟨~(e)s; ~e⟩ *(produit m)* concentré *m*
Konzentrati'on *f* ⟨~; ~en⟩ concentration *f*
Konzentrati'ons|**fähigkeit** *f* capacité *f* de concentration; ~**lager** *n* camp *m* de concentration; ~**schwäche** *f* baisse *f* de concentration
konzen'trieren ⟨*pas de ge-*, h⟩ I *v/t* concentrer *(auf* [+*acc*] sur); II *v/réfl* *sich* ~ se concentrer *(auf* [+*acc*] sur)
konzen'triert I *adjt* concentré; II *advt* avec concentration; d'une façon concentrée
kon'zentrisch *adj* concentrique
Konzept [kɔn'tsɛpt] *n* ⟨~(e)s; ~e⟩ **1.** *(Rohfassung)* brouillon *m*; **2.** *(Plan)* plan *m*; idée *f*; programme *m*; *aus dem* ~ *kommen* perdre le fil (de son discours); s'embrouiller; *j-n aus dem* ~ *bringen* faire perdre le fil à qn; troubler qn; *das paßt ihr nicht ins* ~ cela ne rentre pas dans ses intentions, projets
Konzepti'on *f* ⟨~; ~en⟩ conception *f*
konzepti'onslos *st/s adj* sans concepts
Kon'zeptpapier *n* papier *m* brouillon
Konzern [kɔn'tsɛrn] *m* ⟨~(e)s; ~e⟩ ÉCON groupe *m*; trust *m*; konzern *m*
Konzert [kɔn'tsɛrt] *n* ⟨~(e)s; ~e⟩ Veranstaltung concert *m*; *e-s Solisten* récital *m*; *Musikstück* concerto *m*; *ins* ~ *gehen* aller au concert; *e-s Solisten* à un récital
Kon'zert|**abend** *m* concert *m* (ayant lieu le soir); ~**agentur** *f* agence *f* de concerts
konzer'tant *adj* MUS concertant
Kon'zertflügel *m* piano *m* de concert
konzer'tiert *adjt* ~*e Aktion* action concertée
Kon'zert|**karte** *f* billet *m*, place *f* de concert; ~**meister** *m* premier violon; ~**programm** *n* programme *m* de concert; ~**reise** *f* tournée *f*; ~**saal** *m* salle *f* de concert; ~**sänger(in)** *m(f)* chanteur *m*, cantatrice *f* de concert
Konzession [kɔntsɛsi'oːn] *f* ⟨~; ~en⟩ concession *f*; *für Alkoholausschank* licence *f*; *j-m* ~**en** *machen* faire des concessions à qn
Konzessionär [kɔntsɛsio'nɛːr] ADM *m* ⟨~s; ~e⟩ concessionnaire *m*
konzessio'nieren ADM *v/t* ⟨*pas de ge-*, h⟩ *j-n* ~ donner une concession à qn; *etw* ~ donner qc en concession
konzessi'ons|**bereit** *adj* prêt à faire des concessions; ℒ**inhaber** *m* concessionnaire *m*; titulaire *m* de la *bzw* d'une concession

konzes'siv *adj* GR concessif, -ive; ♀**satz** *m* GR proposition concessive
Konzil [kɔn'tsi:l] *n* ⟨~s; ~e *ou* ~ien⟩ concile *m*
konzili|ant [kɔntsili'ant] *st/s adj* conciliant; ♀**anz** *st/s f* ⟨~⟩ esprit conciliant
konzipieren [kɔntsi'pi:rən] *st/s v/t* ⟨*pas de ge-*, h⟩ *Text* préparer; ébaucher; *Produkt* concevoir
konzis [kɔn'tsi:s] *adj* concis
Kooperation [ko?operatsi'o:n] *f* ⟨~; ~en⟩ coopération *f*
kooperati'onsbereit, koopera'tiv *adj* coopératif, -ive
koope'rieren *v/i* ⟨*pas de ge-*, h⟩ coopérer
Koordinate [ko?ɔrdi'na:tə] *f* ⟨~; ~n⟩ MATH, GÉOGR coordonnée *f*
Koordi'naten|achse *f* MATH axe *m* de coordonnées; ~**kreuz** *n* MATH repère cartésien; ~**system** *n* MATH système *m* de coordonnées
Koordination [ko?ɔrdinatsi'o:n] *f* ⟨~; ~en⟩ coordination *f*
Koordi'nator(in) [ko?ɔrdi'na:tɔr (-na-'to:rɪn)] *m* ⟨~s; -'toren⟩ (f) ⟨~; ~nen⟩ coordinateur, -trice *m,f*; ♀**nieren** *v/t* ⟨*pas de ge-*, h⟩ coordonner; ~'**nierung** *f* ⟨~; ~en⟩ coordination *f*
Kopenhagen [kopən'ha:gən] *n* ⟨→ *n/pr*⟩ Copenhague
Kopf [kɔpf] *m* ⟨~(e)s; ≈e⟩ **1.** ANAT tête *f*; ~ **an** ~ coude à coude; *fig* **über j-s** (*acc*) **hinweg entscheiden** décider sans s'occuper de qn, sans consulter qn; *von* ~ *bis Fuß* de la tête aux pieds; *bis über den* ~ (*in Arbeit, Schulden stecken*) (avoir du travail, des dettes) par-dessus la tête; *aus dem* ~ (*hersagen*) (réciter) de mémoire; *mit klarem* ~ à tête reposée; ~ *hoch!* courage!; F *sie wird dir schon nicht den* ~ *abreißen!* F elle ne te mangera pas!; F *das hältst du im* ~ *nicht aus!* F c'est à devenir dingue!; *e-n klaren* ~ *behalten* garder la tête froide; *e-n roten* ~ *bekommen* rougir; *s-n* ~ *durchsetzen* parvenir à ses fins; F *sich* (*dat*) *die Köpfe einschlagen* F se taper dessus; *nicht auf den* ~ *gefallen sein* avoir du plomb dans la cervelle; *sich* (*dat*) *an den* ~ *fassen* se prendre la tête à deux mains; *das geht mir nicht aus dem* ~ cela ne me sort pas de la tête; *das will mir nicht in den* ~ (*gehen*) je n'arrive pas à comprendre ça; F je n'arrive pas à me mettre ça dans la tête; *sich* (*dat*) *etw durch den* ~ *gehen lassen* réfléchir à *od* sur qc; *es soll immer nach ihrem* ~ *gehen* elle n'en fait qu'à sa tête; *s-n eigenen* ~ *haben* avoir ses idées bien à soi; *etw im* ~ *haben* avoir qc en tête; F *er hat nur das im* ~ il n'a que ça en tête; *den* ~ *hängen lassen* être découragé, déprimé; *den* ~ *hinhalten müssen* devoir pâtir (*für* pour); F *sein ganzes Geld auf den* ~ *hauen* F claquer tout son fric; *den* ~ *kosten* coûter la vie; F *j-n* (*um*) *e-n* ~ *kürzer machen* couper la tête à qn; *mit dem* ~ *nicken* faire (signe que) oui de la tête; acquiescer de la tête; *im* ~ *rechnen* calculer de tête, mentalement; *Gedanke durch den* ~ *schießen* venir à, traverser l'esprit; *sich* (*dat*) *etw aus dem* ~ *schlagen* s'ôter qc de la tête, de l'esprit; *ich bin wie vor dem* ~ *geschlagen* les bras m'en tombent; *den* ~ *schütteln* mißbilligend secouer la tête (en signe de désapprobation); *verneinend* faire non de la tête; dire non en 'hochant la tête; (*um*) *e-n* ~ *größer sein als j* avoir une tête de plus que qn; dépasser qn d'une tête; (*um*) *e-n* ~ *kleiner sein als j* avoir une tête de moins que qn; *mir raucht der* ~ j'ai la tête qui fume; *nicht* (*ganz*) *richtig im* ~ *sein* F avoir un grain; *sich* (*dat*) *etw in den* ~ *setzen* se mettre qc dans la tête; *auf dem* ~ *stehen Mensch* avoir la tête en bas; *Bild etc* être à l'envers; *ich weiß nicht, wo mir der* ~ *steht* je ne sais pas où donner de la tête; *mir steht nicht der* ~ *danach* je n'ai pas la tête à ça; *in den od zu* ~ *steigen a fig* monter à la tête; *alles auf den* ~ *stellen* mettre tout sens dessus dessous; F *und wenn du dich auf den* ~ *stellst* quoi que tu fasses; *j-n vor den* ~ *stoßen* choquer, brusquer qn; *j-m den* ~ *verdrehen* tourner la tête à qn; *den* ~ *verlieren* perdre la tête; *gleich den* ~ *verlieren a* se noyer dans un verre d'eau; *die Arbeit wächst mir über den* ~ je suis débordé de travail; *die Schwierigkeiten wachsen mir über den* ~ je suis noyé par, submergé par les difficultés; *j-m den* ~ *waschen* laver la tête à qn; F *fig* passer un savon à qn; *j-m etw an den* ~ *werfen a* F *fig* jeter qc à la tête de qn; *s-n* ~ *wetten* (, *daß* ...) donner, mettre sa tête à couper (que ...); *sich* (*dat*) *den* ~ (*über etw* [*acc*]) *zerbrechen* se casser la tête (sur qc); se creuser la cervelle (sur qc); *j-m etw auf den* ~ *zusagen* dire qc sans détours à qn; *die Köpfe zusammenstecken* comploter; *es geht um* ~ *und Kragen* il y va de ma, ta, sa, *etc* vie; ~ *und Kragen riskieren* risquer sa vie; *den* ~ *in den Sand stecken* adopter la politique de l'autruche; *den* ~ *aus der Schlinge ziehen* se tirer d'affaire; *mit dem* ~ *durch die Wand wollen* vouloir l'impossible; *prov was man nicht im* ~ *hat, muß man in den Beinen haben prov* quand on n'a pas de tête, il faut avoir des jambes; **2.** *fig* (*Person*) esprit *m*; personne *f*; *ein kluger* ~ une personne intelligente; *pro* ~ par personne; par tête; **3.** *e-s Briefs etc* en-tête *m*; *e-s Nagels etc* tête *f*; *e-s Tisches* 'haut *m*; *e-r Münze* face *f*; *e-r Pfeife* tête *f*; *innen* fourneau *m*; ~ *oder Zahl?* pile ou face?; **4.** (*Kohl*♀) chou *m*; (*Salat*♀) salade *f*
'**Kopf-an-'Kopf-Rennen** *n* course *f* (au) coude à coude; ~**arbeit** *f* ⟨~⟩ travail intellectuel; ~**arbeiter** *m* travailleur intellectuel; ~**bahnhof** *m* gare *f* terminus, de tête de ligne; ~**ball** *m* FUSSBALL tête *f*; ~**balltor** *n* but (marqué) de la tête; ~**bedeckung** *f* coiffure *f*; chapeau *m*; *plais* couvre-chef *m*; ~**bewegung** *f* mouvement *m* de la tête
Köpfchen ['kœpfçən] *n* ⟨~s; ~⟩ petite tête; F ~ *haben* être intelligent, ingénieux, -ieuse; être malin
köpfen ['kœpfn] *v/t* ⟨h⟩ **1.** décapiter; couper la tête à; *mit dem Fallbeil* guillotiner; *fig plais Flasche* (*öffnen*) ouvrir; *sie haben drei Flaschen geköpft* F ils ont descendu trois bouteilles. **2.** SPORT (*den Ball*) ~ faire une tête

'**Kopf|ende** *n* tête *f*; *des Bettes* tête *f* du lit; chevet *m*; ~**füßer** *m* ⟨~s; ~⟩ ZO céphalopode *m*; ~**geld** *n* prime *f*; ~**geldjäger** *m* chasseur *m* de primes; ~**haar** *n* cheveux *m/pl*; chevelure *f*; ~**haut** *f* ⟨~⟩ cuir chevelu
'**Kopfhöhe** *f in* ~ à 'hauteur de tête
'**Kopfhörer** *m* écouteurs *m/pl*
...**köpfig** [...kœpfɪç] *adj in Zssgn* à ... têtes; *ein fünfköpfiger Ausschuß* une commission de cinq membres; *e-e vierköpfige Familie* une famille de quatre personnes
'**Kopf|kissen** *n* oreiller *m*; ~**kissenbezug** *m* taie *f* d'oreiller; ~**lage** *f* MÉD présentation *f* de la tête
'**Kopflänge** *f* tête *f*; *um e-e* ~ d'une tête
'**kopflastig** *adj Fahrzeug* trop chargé à l'avant; *fig péj* (trop) intellectuel, -elle
'**Kopflaus** *f* pou *m*
'**kopflos I** *adj fig* (*unüberlegt*) irréfléchi; (*vergeßlich*) étourdi; (*in Panik*) affolé; *j-n* ~ *machen* faire perdre la tête à qn; ~ *werden* s'affoler; **II** *adv* ~ *handeln* agir de manière irréfléchie
'**Kopf|losigkeit** *f* ⟨~⟩ (*Unüberlegtheit*) étourderie *f*; (*Verwirrung*) affolement *m*; ~**nicken** *n* ⟨~s⟩ 'hochement *m* de tête (*zustimmend* en signe d'approbation); ~**nuß** F *f* **1.** (*Schlag*) petit coup contre la tête; *etwa* chiquenaude *f*; **2.** (*Denkaufgabe*) casse-tête *m*; ♀**rechnen** *v/i* ⟨*seulement inf*⟩ calculer de tête; ~**rechnen** *n* calcul mental; ~**salat** *m* laitue *f*
'**kopfscheu** *adj j-n* ~ *machen* effaroucher qn
'**Kopfschmerzen** *m/pl* mal *m* de *od* à la tête; maux *m/pl* de la tête; ~ *haben* avoir mal à la tête; *fig* (*j-m*) ~ *machen od bereiten* causer des soucis (à qn)
'**Kopfschmuck** *m* parure *f* de la tête
'**Kopfschuß** *m* balle *f* dans la tête; F *fig e-n* ~ *haben* F être un peu fêlé
'**Kopf|schütteln** *n* ⟨~s⟩ 'hochement *m* de tête (*mißbilligend* en signe de désapprobation, *verneinend* en signe de refus); ♀**schüttelnd** *advt* en 'hochant, en secouant la tête; ~**schutz** *m* (*Helm*) casque *m*; (*Mütze*) bonnet *m*; ~**sprung** *m* plongeon *m*; ~**stand** *m* ⟨~(e)s; -stände⟩ TURNEN poirier *m*; *e-n* ~ *machen* faire le poirier
'**kopfstehen** *v/i* ⟨*irr*, *sép*, *-ge-*, h⟩ *Zustand* avoir la tête en bas; *Vorgang* capoter; *fig* être sens dessus dessous; *ganz Paris stand kopf* tout Paris était sens dessus dessous
'**Kopf|steinpflaster** *n* pavé *m*; ~**steuer** *f* impôt *m* par tête; ~**stimme** *f* MUS voix *f* de tête; fausset *m*; ~**stoß** *m* FUSSBALL tête *f*; BOXEN coup *m* de tête; ~**stück** *n* TECH tête *f*; CUIS moitié *f* qui touche la tête; ~**stütze** *f* AUTO repose-tête *m*; ~**tuch** *n* ⟨~(e)s; -tücher⟩ foulard *m*; ♀**über** *adv* la tête la première; ~**verband** *m* bandage *m* de la tête
'**Kopfverletzung** *f* blessure *f* à la tête; *e-e* ~ *haben* être blessé à la tête
'**Kopf|wäsche** *f* **1.** shampooing *m*; **2.** *fig* F savon *m*; ~**weh** F *n* ⟨~(e)s⟩ *cf* Kopfschmerzen
'**Kopfzerbrechen** *n* ⟨~s⟩ souci *m*; tracas *m*; *j-m* (*viel*) ~ *machen* donner du souci (beaucoup de soucis) à qn; *sich* (*dat*) *über etw* (*acc*) *kein* ~ *machen* ne pas se faire de soucis pour qc

Kopie [koˈpiː] *f* ⟨~; ~n⟩ **1.** (*Abschrift, Nachbildung*), KINO copie *f*; **2.** (*Fotokopie*) (photo)copie *f*; **3.** PHOT (*Abzug*) épreuve *f*; **4.** *fig* imitation *f*

Koˈpieranstalt *f* PHOT laboratoire *m* photographique; KINO laboratoire *m* cinématographique

koˈpieren *v/t* ⟨*pas de ge-*, h⟩ *a fig* copier; PHOT *a* tirer une épreuve *bzw* des épreuves de

Koˈpier|er F *m* ⟨~s; ~⟩, **~gerät** *n* photocopieur *m*; photocopieuse *f*

Koˈpierpapier *n* **1.** *zum Fotokopieren* papier *m* pour photocopieur; **2.** PHOT papier *m* photographique

Kopilot(in) [ˈkoːpiloːt(ɪn)] *m(f)* copilote *m,f*

Kopist [koˈpɪst] *m* ⟨~en; ~en⟩ copiste *m*

Koppel[1] [ˈkɔpəl] *f* ⟨~; ~n⟩ **1.** (*Tiere*) chiens *bzw* chevaux couplés; (*Hunde*[2]) *a* meute *f* (à la couple); **2.** (*Weide*) pâturage *m*; **3.** MUS accouplement *m*

Koppel[2] *n* ⟨~s; ~⟩ MIL ceinturon *m*

koppeln *v/t* ⟨-(e)le, h⟩ **1.** *Tiere*, TECH, ÉLECT coupler; ÉLECT *a* accoupler; RAUMFAHRT amarrer; **2.** *fig* associer (*an* [+*acc*] à)

Koppelschloß *n* MIL boucle *f* de ceinturon

Kopp(e)lung *f* ⟨~; ~en⟩ **1.** TECH, ÉLECT couplage *m*; RAUMFAHRT amarrage *m*; **2.** *fig* association *f* (*an* [+*acc*] à)

Kopplungsmanöver *n* RAUMFAHRT manœuvre *f* d'amarrage

Koproduktion [ˈkoːproduktsioːn] *f* coproduction *f*; **~zent(in)** *m(f)* coproducteur, -trice *m,f*

Kopt|e [ˈkɔptə] *m* ⟨~n; ~n⟩ Copte *m*; [2]**isch** *adj* copte

Kopu|la [ˈkoːpula] *f* ⟨~; ~s *ou* -lae⟩ GR copule *f*; **~lati'on** *f* ⟨~; ~en⟩ BIOL copulation *f*; [2]**lieren** *v/i* ⟨*pas de ge-*, h⟩ BIOL copuler

Koralle [koˈralə] *f* ⟨~; ~n⟩ corail *m*

Koˈrallen|bank *f* ⟨~; -bänke⟩ banc *m* de coraux; **~fischer** *m* pêcheur *m* de corail; corailleur *m*; **~insel** *f* île corallienne; **~kette** *f* collier *m* de corail; **~riff** *n* récif corallien, de corail; [2]**rot** *adj* (de) corail (*inv*)

Koran [koˈraːn] *m* ⟨~s; ~e⟩ Coran *m*

Korb [kɔrp] *m* ⟨~(e)s; ⸚e⟩ **1.** corbeille *f*; (*Einkaufs*[2], *Henkel*[2], *Basketball*[2]) panier *m*; (*Trag*[2]) 'hotte *f*; (*Ballon*[2]) nacelle *f*; (*Bienen*[2]) ruche *f*; *cf a* Förderkorb; **2.** *fig* refus *m*; *j-m e-n* **~** *geben* éconduire qn; *e-n* **~** *bekommen* essuyer un refus; être éconduit

Korb|ball *m* ⟨~(e)s⟩ sport proche du basket-ball; **~blütler** *m* ⟨~s; ~⟩ BOT compos(acé)e *f*

Körbchen [ˈkœrpçən] *n* ⟨~s; ~⟩ **1.** petite corbeille *f*; petit panier; **2.** BOT capitule *m*; **3.** (*Hunde*[2]) corbeille *f*; F *fig* husch, husch ins **~**! F allez, au plumard!; **4.** *beim BH* bonnet *m*

Korb|flasche *f* bouteille clissée; *große* bonbonne *od* bombonne *f*; **~macher** *m* vannier *m*; **~möbel** *n/pl* meubles *m/pl* en rotin, *aus Weidengeflecht* en osier; **~sessel** *m* fauteuil *m* en rotin, en osier; **~wagen** *m* voiture *f* d'enfant en rotin, en osier; **~waren** *f/pl* (articles *m/pl* de) vannerie *f*; **~weide** *f* saule *m* des vanniers; saule *m* osier; [2]**weise** *adv* par paniers; **~wurf** *m* SPORT tir *m* au panier

Kord *cf* Cord

Kordel [ˈkɔrdəl] *f* ⟨~; ~n⟩ (*Schnur*) cordon *m*

Kordon [kɔrˈdõː] *st/s m* ⟨~s; ~s⟩ MIL, POLIZEI cordon *m*

Korea [koˈreːa] *n* ⟨→ *n/pr*⟩ la Corée; *die Republik* **~** (*Süd*[2]) la République de Corée; *die Demokratische Volksrepublik* **~** (*Nord*[2]) la République populaire démocratique de Corée

Ko'reakrieg *m* ⟨~(e)s⟩ HIST guerre *f* de Corée

Kore'an|er(in) *m* ⟨~s; ~⟩ (*f*) ⟨~; ~nen⟩ Coréen, -éenne *m,f*; [2]**isch** *adj* coréen, -éenne; de (la) Corée

Korfu [ˈkɔrfu] *n* ⟨→ *n/pr*⟩ Corfou

Koriander [koriˈandər] *m* ⟨~s; ~⟩ coriandre *f*

Koriandoli [koriˈandoli] *n* ⟨~(s); ~⟩ *österr* confetti *m*

Korinthe [koˈrɪntə] *f* ⟨~; ~n⟩ raisin *m* de Corinthe

Ko'rinthenkacker P *m* tatillon *m*

ko'rinthisch *adj* corinthien, -ienne

Kork [kɔrk] *m* ⟨~(e)s; ~e⟩ liège *m*; **'~eiche** *f* chêne-liège *m*

Korken [ˈkɔrkən] *m* ⟨~s; ~⟩ bouchon *m*; **~zieher** *m* ⟨~s; ~⟩ tire-bouchon *m*; **~zieherlocke** *f* anglaise *f*

Kormoran [kɔrmoˈraːn] *m* ⟨~s; ~e⟩ ZO cormoran *m*

Korn[1] [kɔrn] *n* ⟨~(e)s; ⸚er⟩ **1.** ⟨*pl* ~⟩ (*Getreide*) céréales *f/pl*; *gedroschenes* grain(s) *m*(*pl*); **2.** (*einzelnes Getreide*[2], *Reis*[2], *Pfeffer*[2], *Sand*[2], *Salz*[2] *etc*) grain *m*; **3.** (*Samen*[2]) graine *f*; **4.** ⟨*pas de pl*⟩ PHOT, TYPO *etc* grain *m*; **5.** ⟨*pas de pl*⟩ *an Handfeuerwaffen* guidon *m*; *j-n aufs* **~** *nehmen* avoir qn dans le collimateur; *etw aufs* **~** *nehmen* attaquer, critiquer qc

Korn[2] F *m* ⟨~(e)s; ~⟩ eau-de-vie *f* de grain

Korn|blume *f* bleuet *m*; [2]**blumenblau** *adj* bleu bleuet (*inv*); F (*betrunken*) F complètement noir; **~branntwein** *m* eau-de-vie *f* de grain

Körnchen [ˈkœrnçən] *n* ⟨~s; ~⟩ petit grain; PHARM granule *m*; *fig ein* **~** *Wahrheit* un brin de vérité

körnen [ˈkœrnən] *v/t* ⟨h⟩ **1.** (*zerkleinern*) grener; *Metall* grenailler; **2.** (*körnig machen*) grener; *Leder* greneler; *gekörntes Leder* cuir grené

Körner|fresser *m* **1.** ZO granivore *m*; **2.** F *plais péj*: personne qui se nourrit essentiellement de céréales; **~futter** *n* grain(s) *m*(*pl*)

Kornett [kɔrˈnɛt] *n* ⟨~(e)s; ~e *ou* ~s⟩ MUS cornet *m* à pistons

'Kornfeld *n* champ *m* de blé

'körnig *adj* (*aus Körnern*) granuleux, -euse; (*rauh*) *a* grenu

'Korn|kammer *f fig* grenier *m* (à blé); **~speicher** *m* grenier *m* (à grain); silo *m* à céréales

'Körnung *f* ⟨~; ~en⟩ **1.** (*Struktur des Gesteins*) grenu *m*; **2.** TECH grenage *m*

Korona [koˈroːna] *f* ⟨~; -nen⟩ **1.** *der Sonne* couronne *f* solaire; **2.** F *fig* (*Schar*) bande *f*; clique *f*

Koro'nargefäß *n* ANAT vaisseau *m* coronaire

Körper [ˈkœrpər] *m* ⟨~s; ~⟩ ANAT, PHYS corps *m* (*a fig u vom Wein*); GEOMETRIE solide *m*; *am ganzen* **~** *zittern* trembler de tout son corps

'Körper|bau *m* ⟨~(e)s⟩ constitution *f*; stature *f*; **~beherrschung** *f* maîtrise *f* du corps; [2]**behindert** *adj* 'handicapé (physique); **~behinderte(r)** *f(m)* 'handicapé(e) *m(f)* (physique); **~ertüchtigung** *f* éducation *f* physique; **~funktion** *f* fonction (corporelle, physiologique); **~geruch** *m* odeur corporelle; **~gewicht** *n* ⟨~(e)s⟩ poids *m* (du corps); **~größe** *f* taille *f*; **~haar** *n* poil *m*; **~haltung** *f* maintien *m*; tenue *f*; **~kontakt** *m* contact corporel; **~kraft** *f* force *f* physique

'körper|lich *adj a* PHILOS corporel, -elle; *den menschlichen Körper betreffend meist* physique; MÉD somatique; **~los** *adj* sans corps; incorporel, -elle

'Körper|maße *n/pl* mesures *f/pl*; **~öffnung** *f* orifice *m* du corps; **~pflege** *f* soins corporels, du corps; **~puder** *m* talc *m*

'Körperschaft *f* ⟨~; ~en⟩ corps *m*; organisme *m*; *des öffentlichen Rechts, öffentlich-rechtliche* **~** personne morale de droit public

'Körper|schaft(s)steuer *f* impôt *m* sur les bénéfices des sociétés, des personnes morales; **~schwäche** *f* faiblesse *f* physique; **~sprache** *f* ⟨~⟩ langage *m* du corps; **~teil** *m* partie *f* du corps; **~temperatur** *f* température *f* du corps; **~verletzung** *f* JUR coups et blessures *m/pl*; **~wärme** *f* chaleur *f* du corps

Korporation [kɔrporatsi'oːn] *st/s f* ⟨~; ~en⟩ **1.** JUR *cf* Körperschaft; **2.** *studentische etwa* corporation *f* (d'étudiants)

Korps [koːr] *n* ⟨~(s); ~⟩ MIL, DIPL corps *m*; *das diplomatische* **~** le corps diplomatique

'Korps|geist *st/s m* ⟨~(e)s⟩ esprit *m* de corps; **~student** *m* étudiant *m* membre d'une corporation

korpu|lent [kɔrpuˈlɛnt] *adj* corpulent; [2]**lenz** *f* ⟨~⟩ corpulence *f*; embonpoint *m*

Korpus[1] [ˈkɔrpus] *m* ⟨~; ~se⟩ **1.** F *plais* (*Körper*) corps *m*; **2.** (*Christusfigur*) christ *m*; **3.** ⟨*pas de pl*⟩ (*Möbel*[2] *etc*) corps *m*

'Korpus[2] *f* ⟨~; -pora⟩ LING corpus *m*

Korpuskel [kɔrˈpuskəl] *n* ⟨~s; ~n⟩ *od f* ⟨~; ~n⟩ PHYS corpuscule *m*

Kor'referat [ˈkɔrrefera:t] *n* compte rendu *m* du second rapporteur; **~referent(in)** *m(f)* second rapporteur; co-rapporteur *m*

korrekt [kɔˈrɛkt] *adj* **1.** (*richtig*) *Auskunft etc* exact; *Satz* correct; **2.** (*angemessen*) *Verhalten*, *Kleidung* correct

korˈrekter'weise *adv* correctement

Kor'rektheit *f* ⟨~⟩ (*Genauigkeit*) exactitude *f*; (*korrektes Verhalten*) correction *f*

Korrek'tiv *st/s n* ⟨~s; ~e⟩ correctif *m*

Korrektor(in) [kɔˈrɛktɔr (-rɛkˈtoːrɪn)] *m(f)* TYPO, *bei Prüfungen* correcteur, -trice *m,f*

Korrektur [kɔrɛkˈtuːr] *f* ⟨~; ~en⟩ **1.** correction *f*; **2.** TYPO *Vorgang* correction *f* (*des Epreuves*); (*fahne*) épreuve *f*; **~** *lesen* corriger les épreuves

Korrek'tur|abzug *m* TYPO épreuve *f*; **~band** *n* ⟨~(e)s; -bänder⟩ *der Schreibmaschine* ruban correcteur; **~fahne** *f* TYPO épreuve *f*; **~lesen** *n* correction *f* des épreuves; **~taste** *f der Schreib-*

Korrekturzeichen — Kotze

maschine touche *f* de correction; **~zeichen** *n* TYPO signe *m* de correction
Korre'lat [kɔre'laːt] *st/s n* ⟨~(e)s; ~e⟩ corrélatif *m*; **~lati'on** *st/s f* ⟨~; ~en⟩ corrélation *f*; ²**'lieren** *st/s v/i* ⟨*pas de ge-, h*⟩ être en corrélation (*mit* avec)
Korrepetitor(in) [kɔrepe'tiːtɔr (-ti'toːrin)] *m* ⟨~s; -'toren⟩ (*f*) ⟨~; ~nen⟩ MUS répétiteur, -trice *m,f*
Korrespondent(in) [kɔrɛspɔn'dɛnt(ɪn)] *m* ⟨~en; ~en⟩ (*f*) ⟨~; ~nen⟩ **1.** *e-r Zeitung etc* correspondant(e) *m(f)*; **2.** *in e-r Firma* correspondancier, -ière *m,f*; **3.** *Geschäftspartner* correspondant(e) *m(f)*
Korrespon'denz *f* ⟨~; ~en⟩ correspondance *f*; *mit j-m in* **~** (*dat*) *stehen* correspondre avec qn; entretenir une correspondance avec qn; *die* **~** *führen* faire la correspondance
Korrespon'denzbüro *n* agence *f* de presse
korrespon'dieren *v/i* ⟨*pas de ge-, h*⟩ **1.** correspondre (*mit* avec); **2.** *st/s* (*entsprechen*) correspondre (*mit* à)
Korridor ['kɔridoːr] *m* ⟨~s; ~e⟩ *a fig* couloir *m*; corridor *m*
Korrigenda [kɔri'gɛnda] *pl* Verzeichnis errata *m*
korri'gieren ⟨*pas de ge-, h*⟩ **I** *v/t* corriger; **II** *v/réfl sich* **~** se corriger
korrodieren [kɔro'diːrən] ⟨*pas de ge-*⟩ **I** *v/t* (*h*) corroder; **II** *v/i* (*sein*) se corroder
Korrosi'on *f* ⟨~; ~en⟩ corrosion *f*
korrosi'ons|beständig *adj* résistant à la corrosion; **²schutz** *m* anticorrosif *m*
korro'siv *adj* corrosif, -ive
korrumpieren [kɔrʊm'piːrən] *v/t* ⟨*pas de ge-, h*⟩ corrompre
korrupt [kɔ'rʊpt] *adj* corrompu
Korrupti'on *f* ⟨~; ~en⟩ corruption *f*
Korsage [kɔr'zaːʒə] *f* ⟨~; ~n⟩ bustier *m*
Korsar [kɔr'zaːr] *m* ⟨~en; ~en⟩ HIST MAR corsaire *m*
Korse ['kɔrzə] *m* ⟨~n; ~n⟩ Corse *m*
Korsett [kɔr'zɛt] *n* ⟨~s; ~s *ou* ~e⟩ TEXT, MÉD corset *m*; **~stange** *f* baleine *f* de corset
Korsika ['kɔrzika] *n* ⟨→ *n/pr*⟩ la Corse
'Kors|in *f* ⟨~; ~nen⟩ Corse *f*; ²**isch** *adj* corse; de la Corse
'Korso *m* ⟨~s; ~s⟩ **1.** (*Umzug*) corso *m*; **2.** (*Straße*) promenade *f*; cours *m*
Kortison [kɔrti'zoːn] *n* ⟨~s⟩ cortisone *f*
Korvette [kɔr'vɛtə] *f* ⟨~; ~n⟩ MAR corvette *f*
Kor'vettenkapitän *m* capitaine *m* de corvette
Koryphäe [kory'fɛːə] *f* ⟨~; ~n⟩ génie *m*; sommité *f*
Kosak [ko'zak] *m* ⟨~en; ~en⟩ Cosaque *m*
Ko'sakenmütze *f* chapka *f*
Koschenille [kɔʃəˈnɪljə] *f* ⟨~; ~n⟩ **1.** ZO cochenille *f*; **2.** *Farbstoff* carmin *m*
koscher ['kɔʃər] *adj* CUIS kascher *od* casher (*inv*); F *fig nicht* **~** louche
K.-'o.-Schlag *m* K.-O. *m*; knock-out *m*
'Koseform *f* diminutif *m*
kosen ['koːzən] *poét* ⟨-(e)s, h⟩ **I** *v/t* câliner; **II** *v/i mit j-m* **~** câliner qn
'Kose|name *m* petit nom; diminutif *m*; **~wort** *n* ⟨~(e)s, -wörter⟩ mot *m* tendre; terme *m* d'affection
K.-'o.-Sieg *m* victoire *f* par knock-out
Kosinus ['koːzinʊs] *m* ⟨~; ~ *ou* ~se⟩ MATH cosinus *m*

Kosmetik [kɔs'meːtɪk] *f* ⟨~⟩ soins *m/pl* de beauté; **~abteilung** *f* rayon *m* (des) cosmétiques
Kos'metikerin *f* ⟨~; ~nen⟩ esthéticienne *f*
Kos'metik|industrie *f* industrie *f* des cosmétiques; **~koffer** *m* vanity-case *m*; **~salon** *m* institut *m* de beauté; **~tasche** *f* trousse *f* de maquillage
Kos'metikum *n* ⟨~s; -ka⟩ produit *m* de beauté; cosmétique *m*
kos'metisch *adj* cosmétique; **~e** *Chirurgie* chirurgie *f* esthétique; **~es** *Mittel* cf *Kosmetikum*; **~e** *Operation* opération *f* de chirurgie esthétique
kosmisch ['kɔsmɪʃ] *adj* cosmique
Kosmolo'gie *f* ⟨~; ~n⟩ cosmologie *f*; ²**logisch** *adj* cosmologique
Kosmonaut(in) [kɔsmoˈnaʊt(ɪn)] *m* ⟨~en; ~en⟩ (*f*) ⟨~; ~nen⟩ cosmonaute *m,f*
Kosmopolit [kɔsmopo'liːt] *m* ⟨~en; ~en⟩ cosmopolite *m*; ²**isch** *adj* cosmopolite
Kosmos ['kɔsmɔs] *m* ⟨~⟩ cosmos *m*
Kost [kɔst] *f* ⟨~⟩ nourriture *f*; aliments *m/pl*; *fig das ist leichte* **~** c'est facile à digérer; *deutsche* **~** cuisine allemande; (*freie*) **~** *und Logis haben* être logé et nourri
'**kostbar** *adj a fig* précieux, -ieuse; *Schmuck, Möbel* de valeur
'**Kostbarkeit** *f* ⟨~; ~en⟩ **1.** ⟨*pas de pl*⟩ grande valeur; **2.** *Gegenstand* objet précieux, de (grande) valeur; *dieses Buch ist e-e* **~** ce livre a une grande valeur
kosten[1] ['kɔstən] ⟨-ete, h⟩ **I** *v/t* (*probieren*) goûter; *Wein etc* à déguster; **~** *Sie* (*ein*)*mal!* goûtez en un peu!; **~** *Sie mal diese Soße!* goûtez-moi cette sauce!; **II** *v/i von etw* **~** goûter à, de qc
'**kosten**[2] *v/t* ⟨-ete, h⟩ coûter; *viel* **~** coûter cher; *wenig* **~** ne pas coûter cher; être bon marché; *wieviel, was kostet das?* combien cela coûte-t-il?; F combien ça coûte?; *das hat ihn viel gekostet* cela lui a coûté cher; *fig* cela lui a beaucoup coûté; *fig es kostete ihn viel Überwindung, zu* (+*inf*) *st/s* il lui en a coûté de (+*inf*); *viel Mühe* **~** donner beaucoup de peine; *das wird ihn seine Karriere* **~** cela va lui coûter sa carrière; *es sich* (*dat od acc*) *etwas* **~** *lassen* ne reculer devant aucune dépense; *das lasse ich mir etwas* **~** je suis prêt à y mettre le prix; *koste es od es koste, was es wolle* à tout prix; coûte que coûte
'**Kosten** *pl* frais *m/pl*; coût *m*; (*Ausgaben*) dépenses *f/pl*; *fixe* **~** charges *f/pl* fixes; *auf* **~** *von* aux frais de; à la charge de; *fig* aux dépens de; *mit* **~** *verbunden sein* entraîner des frais, des dépenses; *auf s-e* **~** *kommen* trouver son compte (*bei j-m* auprès de, chez qn; *bei etw* à qc)
'**Kosten|aufwand** *m* frais *m/pl*; **~berechnung** *f* calcul *m* des frais; **~dämpfung** *f* réduction *f* des coûts, des frais; **~dämpfungsgesetz** *n* loi visant à réduire les frais des assurances; ²**deckend** *adj* couvrant les coûts; rentable; **~deckung** *f* couverture *f* des coûts, frais; **~ersparnis** *f* économie *f* (de frais); **~erstattung** *f* remboursement *m* des frais; **~explosion** *f* explo-

sion *f* des coûts; **~faktor** *m* facteur *f* de coût(s); **~frage** *f* question *f* de prix
'**kosten|günstig I** *adj* avantageux, -euse; **II** *adv* à peu de frais; **~intensiv** *adj* très coûteux, -euse; **~los** *adj* (*adv*) gratuit(ement); à titre gratuit
'**Kosten-'Nutzen-Analyse** *f* analyse *f* coûts-avantages
'**kostenpflichtig** *adj* ADM payant; *advt*: *widerrechtlich abgestellte Fahrzeuge werden* **~** *abgeschleppt* ... seront emmenés à la fourrière contre paiement; *etw ist für j-n* **~** qn est tenu de payer les frais de qc
'**Kosten|punkt** *m* coût *m*; prix *m*; **~rechnung** *f* calcul *m* des frais; **~senkung** *f* diminution *f* des frais, coûts, ²**sparend** *adjt* qui épargne des dépenses; qui fait faire des économies; **~stelle** *f* centre *m* d'imputation des charges; section *f* des frais
'**Kostenvoranschlag** *m* devis *m*; *e-n* **~** *machen* établir un devis
'**kostenwirksam** *adj* rentable
Kost|gänger ['kɔstgɛŋər] *m* ⟨~s; ~⟩ pensionnaire *m*; **~geld** *n* ⟨~(e)s⟩ pension *f*
köstlich ['kœstlɪç] *adj* Speise etc délicieux, -ieuse; exquis; *a fig* Anekdote, Witz savoureux, -euse; **II** *adv sich* **~** *amüsieren* s'amuser merveilleusement bien; *das schmeckt* **~** c'est délicieux
'**Köstlichkeit** *f* ⟨~; ~en⟩ **1.** ⟨*pas de pl*⟩ caractère délicieux, savoureux; **2.** *Sache* délice *m*
'**Kost|probe** *f* **1.** morceau *m*, petit bout, un petit peu (pour y goûter); **2.** *fig des Könnens* échantillon *m*; ²**spielig** *adj* coûteux, -euse; **~spieligkeit** *f* ⟨~⟩ coût *m*, prix élevé
Kostüm [kɔs'tyːm] *n* ⟨~s; ~e⟩ COUT tailleur *m*; *a* THÉ, *Verkleidung* costume *m*; **~ball** *m* bal costumé; **~bildner(in)** *m* ⟨~s; ~⟩ (*f*) ⟨~; ~nen⟩ costumier, -ière *m,f*; **~fest** *n* bal costumé
kostü'mieren *v/t* (*u v/réfl*) ⟨*pas de ge-, h*⟩ (*sich*) **~** (se) costumer, (*verkleiden*) *a* (*se*) déguiser (*als* en)
Kostü'mierung *f* ⟨~; ~en⟩ déguisement *m*
Ko'stüm|jacke *f* veste *f* de tailleur; **~probe** *f* THÉ répétition *f* en costume; **~rock** *m* jupe *f* (d'un tailleur); **~verleih** *m* location *f* de costumes
'**Kostverächter** *m* kein **~** sein apprécier la bonne chère; *fig* être un bon vivant
K.-'o.-System *n* SPORT (système *m* d')élimination directe
Kot [koːt] *m* ⟨~(e)s; ~e *ou* ~s⟩ **1.** excréments *m/pl*; *von Tieren* a crotte *f*; **2.** *litt* (*Straßenschmutz*) boue *f*
Kotangens ['koːtaŋɡɛns] *m* ⟨~; ~⟩ MATH cotangente *f*
Kotau [ko'taʊ] *m* ⟨~s; ~s⟩ (*vor j-m*) *s-n bzw e-n* **~** *machen* faire des courbettes (à qn)
Kotelett [kɔt(ə)'lɛt] *n* ⟨~s; ~s⟩ CUIS côtelette *f*; *größeres* a côte *f*
Kote'letten *pl* (*Backenbart*) favoris *m/pl*; pattes *f/pl*
Köter ['køːtər] F *péj m* ⟨~s; ~⟩ F cabot *m*
'**Kotflügel** *m* AUTO aile *f*
Kotten ['kɔtən] *m* ⟨~s; ~⟩ nordd baraque *f*
'**Kotzbrocken** P *m* P bâton merdeux
Kotze[1] ['kɔtsə] P *f* ⟨~⟩ P dégueulis *m*
'**Kotze**[2] *f* ⟨~; ~n⟩ südd, österr (*Decke*)

couverture f en bure; (*Umhang*) cape f en bure
'**kotz'elend** P *adj cf* **kotzübel**
'**kotzen** P *v/i* ⟨-(es)t, h⟩ F dégobiller; P dégueuler; *es ist zum 2! F merde alors!*
'**Kotzen** *m* ⟨~s; ~⟩ *cf* **Kotze²**
'**kotz'langweilig** P *adj* F rasoir (*inv*)
'**kotz'übel** *adj* P *mir ist* ~ F j'ai envie de dégueuler
KP [kaːˈpeː] f ⟨~⟩ *abr* (*Kommunistische Partei*) P.C. *m* (Parti communiste)
KPÖ [kaːpeːˈʔøː] f ⟨~⟩ *abr* (*Kommunistische Partei Österreichs*) Parti communiste autrichien
kr *abr* (*Krone*) Währung couronne
Kr. *abr* (*Kreis*) district
Krabbe [ˈkrabə] f ⟨~; ~n⟩ **1.** ZO crabe *m*; F (*Garnele*) crevette f; **2.** F *plais* (*Kind*) *e-e süße* ~ une gamine adorable
'**Krabbel|alter** *n* âge *m* où un enfant marche à quatre pattes; ~**gruppe** f garderie parentale pour les enfants (entre six et quinze mois); ~**kind** F *n* enfant *m* qui marche à quatre pattes
krabbeln [ˈkrabəln] ⟨-(e)le⟩ **I** F *v/t* ⟨h⟩ (*kitzeln*) F gratter; **II** *v/i* ⟨sein⟩ *Kinder* marcher à quatre pattes; *Insekten* courir; *durcheinander* grouiller; *da krabbelt e-e Ameise* il y a une fourmi
krach [krax] *int* ~ (*bum*)! patatras!
Krach *m* ⟨~(e)s; ~e⟩ **1.** (*pas de pl*) (*Lärm*) bruit *m*; *von Personen a* vacarme *m*; F boucan *m*; F tapage *m*; F raffut *m*; *plötzlicher, starker* fracas *m*; *mit e-m lauten* ~ lauten ~ fracas; ~ **machen** faire du bruit; ~ **schlagen** faire un esclandre; **2.** F (*Streit*) dispute f; querelle f; *mit j-m* ~ **haben** être en brouille avec qn; *mit j-m* ~ **anfangen** se brouiller avec qn; *das gibt* ~ F il va y avoir du grabuge; F cela va faire du pétard; **3.** *COMM* (*Börsen2*) krach *m*; débâcle (financière)
'**krachen** *v/i* **1.** ⟨*a v/imp*; h⟩ faire du bruit; *Eis, Balken etc* craquer; *er schlug die Tür zu, daß es krachte* il claqua la porte avec fracas; *plötzlich krachte ein Schuß* on entendit soudain un coup de feu; *F ..., daß es nur so kracht* ... avec rage; F *auf der Autobahn hat es wieder gekracht* F ça a encore cartonné sur l'autoroute; F *..., sonst kracht's!* F ... sinon, ça va barder!; **2.** ⟨sein⟩ (*zusammenstürzen*) *Eis, Balken* s'effondrer (avec fracas); **3.** ⟨sein⟩ F *Fahrzeug gegen, in etw* (*acc*) ~ s'écraser contre qc
'**Kracher** F *m* ⟨~s; ~⟩ (*Knallkörper*) pétard *m*
'**Kracherl** *n* ⟨~s; ~n⟩ *südd, österr* limonade f
'**krachledern** F *adj* en peau *od* cuir
krächzen [ˈkrɛçtsən] *v/i* ⟨-(es)t, h⟩ *Rabe* croasser; *Papagei* crier; *Person* parler d'une voix rauque; *Stimme* grailloner
kracken [ˈkrakən] *v/t* ⟨h⟩ CHIM craquer
Krad [kraːt] *n* ⟨~(e)s; ~er⟩ *bes* MIL moto f; '~**fahrer(in)** *m(f)* motocycliste *m,f*
kraft [kraft] *prep* ⟨gén⟩ en vertu de; par; ~ *s-s Amtes* en vertu de sa charge, de ses fonctions; ~ (*des*) *Gesetzes* en vertu de la loi
Kraft f ⟨~; ~e⟩ **1.** *seelische, moralische, physische,* PHYS force f; (*Lebens2*) vigueur f; *fig* puissance f; *fig* **treibende** ~ moteur *m*; *Person a* animateur, -trice

m,f; instigateur, -trice *m,f*; *aus eigener* ~ tout seul; *mit aller* ~ de toutes mes, tes, *etc* forces; *mit letzter* ~ avec mes, tes, *etc* dernières forces; *mit vereinten Kräften* tous ensemble; *wieder zu Kräften kommen* reprendre des forces; *das geht über meine Kräfte* c'est au-dessus de mes forces; *was in meinen Kräften steht* ce qui est en mon pouvoir; **2.** JUR, POL *in* ~ *treten, sein, bleiben* entrer, être, rester en vigueur; *etw in* ~ *setzen* mettre qc en vigueur; *außer* ~ *setzen* déclarer sans effet; *ein Gesetz außer* ~ *setzen* abroger, annuler une loi; *außer* ~ *treten* cesser d'être en vigueur; **3.** (*Arbeits2*) collaborateur, -trice *m,f*
'**Kraft|akt** *m* grand effort physique; *fig* tour *m* de force; ~**anstrengung** f (grand) effort; ~**arm** *m* PHYS bras *m* de la force motrice; ~**aufwand** *m* efforts *m/pl*; dépense f, déploiement *m* de forces; ~**ausdruck** *m* ⟨~(e)s; -drücke⟩ gros mot; ~**brühe** f consommé *m*; bouillon *m*
'**Kräfte|ausgleich** *m* ⟨~(e)s⟩ équilibre *m* des forces; ~**parallelogramm** *n* PHYS parallélogramme des forces
'**Kräftespiel** *n* action f des forces; *Politik im* ~ *wirtschaftlicher Interessen* la politique au carrefour des intérêts économiques; *das politische* ~ l'échiquier *m* des forces politiques
'**Kräfte|verhältnis** *n* proportion f des forces; ~**verschleiß** *m* usure f des forces
'**Kraftfahrer(in)** *m(f)* conducteur, -trice *m,f* (d'un véhicule automobile); (*Lkw-Fahrer*) camionneur *m*; (*Fernfahrer*) routier, -ière *m,f*; (*Autofahrer*) automobiliste *m,f*
'**Kraftfahrzeug** *n* véhicule *m* automobile; ~**brief** *m* document établi lors de la mise en circulation d'un véhicule et qui suit ses propriétaires successifs; ~**händler** *m* négociant *m* en (véhicules) automobiles; ~**industrie** f industrie f automobile; ~**kennzeichen** *n* numéro *m* d'immatriculation (d'un véhicule automobile); ~**mechaniker** *m* mécanicien *m* de véhicules automobiles; ~**schein** *m in Frankreich* carte grise; *in Deutschland* titre *m* de propriété d'un véhicule automobile
'**Kraftfahrzeugsteuer** f impôt *m* sur les véhicules automobiles; *in Frankreich* vignette f (automobile); *ich habe die* ~ *noch nicht bezahlt* je n'ai pas encore payé l'impôt pour ma voiture *bzw* acheté la vignette auto
'**Kraftfahrzeug|versicherung** f assurance f automobile; ~**zulassungsstelle** f *in Frankreich* Service *m* des cartes grises; *in Deutschland* service *m* d'immatriculation des véhicules automobiles
'**Kraftfeld** *n* PHYS champ *m* de force; ~**futter** *n* AGR aliments concentrés
kräftig [ˈkrɛftɪç] **I** *adj Person* fort; vigoureux, -euse; *Nahrung* substantiel, -ielle; *Mahlzeit* F solide; *Farbton* vif, vive; *ein* ~*er Schluck* une grande gorgée; **II** *adv* fortement; vigoureusement; *Körper* ~ *gebaut sein* être robuste; F *j-n* ~ *verhauen* administrer une bonne raclée à qn; *beim Essen* ~ *zulangen* se servir largement
'**kräftigen** ⟨h⟩ **I** *v/t* fortifier; *a abs don-*

ner des forces (*j-n* à qn); *das kräftigt die Muskeln* cela fortifie les muscles; **II** *v/réfl sich* ~ se fortifier
'**kräftigend** *adjt* fortifiant; revigorant
'**kraftlos** *adj* sans force; faible
'**Kraft|losigkeit** f ⟨~⟩ manque *m* de force; faiblesse f; ~**maschine** f machine motrice; moteur *m*; F ~**meier** F *péj m* ⟨~s; ~⟩ personne f qui vante sa force; ~**meie'rei** F *péj* f ⟨~⟩ fait *m*, manie f de vanter sa force; ~**mensch** *m* athlète *m*; hercule *m*; ~**messer** *m* dynamomètre *m*; ~**paket** F *n* athlète *m*; ~**probe** f épreuve f de force; ~**protz** F *m* ⟨~es; ~e⟩ *cf* **Kraftmeier**; ~**rad** *n* ADM motocyclette f ⟨~**reserven** ADM f/pl de puissance; *von Personen* de forces; ~**sport** *m cf* **Schwerathletik**; ~**stoff** *m* carburant *m*; (*Benzin*) essence f; ~**stoffanzeiger** *m* ⟨~s; ~⟩ indicateur *m* de carburant, d'essence; 2**strotzend** *adj* plein de vigueur; vigoureux, -euse; ~**übertragung** f transmission f d'énergie, de force motrice; ~**verkehr** *m* ADM circulation f automobile; ~**verschwendung** f gaspillage *m* d'énergie; 2**voll** *adj* vigoureux, -euse; ~**wagen** *m* ADM (voiture f) automobile f; ~**werk** *n* centrale f électrique; (*Kern2*) centrale f atomique; (*Wasser2*) centrale f hydro-électrique; ~**wort** *n* ⟨~(e)s; ~e *ou* ~er⟩ gros mot
Kragen [ˈkraːɡən] *m* ⟨~s; ~⟩ col *m*; *j-n beim* ~ *packen* saisir qn au collet; *es geht ihm an den* ~ ça va aller mal pour lui; F *mir platzt der* ~ je vais éclater; F je vais faire un malheur
'**Kragenbär** *m* ZO ours *m* à collier, de l'Himalaya
'**Kragenweite** f encolure f; F *fig das ist meine* ~ c'est mon genre, F mon type
Kragstein [ˈkraːkʃtaɪn] *m* CONSTR console f; corbeau *m*
Krähe [ˈkrɛː] f ⟨~; ~n⟩ corneille f; *prov e-e* ~ *hackt der anderen kein Auge aus prov* les loups ne se mangent pas entre eux
'**krähen** *v/i* ⟨h⟩ *Hahn* chanter; *der kleine Kerl krähte vor Vergnügen* le petit poussait des cris de joie
'**Krähen** *n* ⟨~s⟩ chant *m* (du coq); ~**füße** F *m/pl* **1.** *an den Augen* pattes-d'oie f/pl; **2.** (*schlechte Schrift*) pattes f/pl de mouche; ~**nest** *n* **1.** nid *m* de corneille; **2.** MAR nid *m* de pie
Krakau [ˈkraːkau] *n* ⟨→ *n/pr*⟩ Cracovie
Krake [ˈkraːkə] *m* ⟨~n; ~n⟩ pieuvre f; poulpe *m*
Krakeel [kraˈkeːl] F *m* ⟨~s⟩ F raffut *m*; F boucan *m*
kra'keelen F *péj v/i* ⟨*pas de ge*-, h⟩ F faire du raffut, du boucan
Kra'keeler F *péj m* ⟨~s; ~⟩ tapageur *m*
Krakelei F *péj* [kraːkəˈlaɪ] f ⟨~; ~en⟩ griffonnage *m*
'**krak(e)lig** F *péj adj* griffonné; ~*e Schrift* écriture tremblée
'**krakeln** F *péj v/i* ⟨-(e)le, h⟩ griffonner
'**kraklig** *cf* **krakelig**
Kral [kraːl] *m* ⟨~s; ~e *ou* ~s⟩ kraal *m*
Kralle [ˈkralə] f ⟨~; ~n⟩ ANAT, *fig*, *péj* griffe f; *der Raubvögel* serre f; *die* ~*n zeigen a fig* montrer ses griffes; *die* ~*n einziehen* rentrer ses griffes; *poét in den* ~*n des Todes* dans les griffes de la mort
'**krallen** ⟨h⟩ **I** *v/t* **1.** (*mit den Krallen*

Kram – Kraut

packen) saisir avec les griffes; **2.** (*krümmen*) *s-e Finger um etw* ~ serrer qc de ses doigts; **3.** F (*klauen*) F faucher; **4.** F (*packen*) empoigner; *den werde ich mir ~!* F je vais lui faire son compte!; **II** *v/réfl sich an j-n, etw* ~ s'agripper à qn, à qc; *ihre Nägel krallten sich ins Kissen* elle enfonça ses ongles dans l'oreiller; *s-e Hand krallte sich um den Revolver* sa main s'accrochait au revolver
Kram ['kra:m] F *m* ⟨~(e)s⟩ **1.** (*Habseligkeiten*) F fourbi *m*; F bataclan *m*; *alter* ~ F bric-à-brac *m*; **2.** (*Angelegenheit*) choses *f/pl* (à régler); affaires *f/pl*; *das paßt mir nicht in den* ~ cela ne m'arrange pas; *den ganzen* ~ *hinschmeißen, hinwerfen* F envoyer tout promener; *mach doch deinen* ~ *alleine!* débrouille-toi tout seul!
'**kramen** *v/i* ⟨h⟩ **1.** F *in etw* (*dat*) ~ fouiller dans qc; **2.** *schweiz* (*einkaufen*) faire des emplettes
Krämer|(in) ['krɛːmər(ɪn)] *m* ⟨~s; ~⟩ (*f*) ⟨~; ~nen⟩ (petit) épicier *m*, (petite) épicière *f*; ~**seele** *péj f* esprit mesquin; *Person a pingre m*
'**Kramladen** F *péj m* petite épicerie (où l'on trouve de tout)
Krampe ['krampə] *f* ⟨~; ~n⟩ TECH cavalier *m*; crampon *m*
Krampf [krampf] *m* ⟨~(e)s; ~e⟩ **1.** MÉD crampe *f*; spasme *m*; *er bekam e-n* ~ il fut pris d'une crampe; *sich in Krämpfen winden* être en proie à d'horribles crampes; **2.** F ⟨*pas de pl*⟩ (*Unsinn*) F foutaise *f*; P connerie *f*; *das ist doch* (*alles*) ~*!* F c'est de la foutaise!
'**Krampfader** *f* varice *f*
'**krampfartig** *adj* spasmodique; comme une crampe *bzw* des crampes
'**krampfen** *v/t* (*u v/réfl*) ⟨h⟩ (*sich*) ~ (se) crisper; *sich um, in etw* (*acc*) ~ s'agripper à qc
'**krampfhaft I** *adj* **1.** MÉD spasmodique; convulsif, -ive; **2.** *fig* (*verbissen*) crispé; **II** *adv* **1.** MÉD spasmodiquement; convulsivement; **2.** *fig* désespérément; avec acharnement; *sich* ~ *bemühen* se donner un mal fou, faire des efforts désespérés (*zu* [+ *inf*] pour [+ *inf*]); *a fig sich* ~ *an etw* (*acc*) *klammern* s'accrocher désespérément à qc
'**krampf|lösend, ~stillend** *adjt* antispasmodique
Kran [kra:n] *m* ⟨~(e)s; ~e⟩ **1.** TECH grue *f*; **2.** *regional* (*Wasserhahn*) robinet *m*; (*Zapfhahn*) robinet *m* de tonneau; chantepleure *f*; '~**führer(in)** *m(f)* conducteur, -trice *m,f* de grue; grutier *m*
krängen ['krɛŋən] *v/i* ⟨h⟩ MAR giter; donner de la bande
Kranich ['kra:nɪç] *m* ⟨~s; ~e⟩ ZO grue *f*
krank [kraŋk] *adj u adv* ⟨~er, ~ste⟩ **1.** malade; ~ *vor Eifersucht* malade de jalousie; ~ *werden* tomber malade; *sich* ~ *melden* se faire porter malade; *j-n* ~ *schreiben* mettre qn en arrêt de travail; *sich* ~ *schreiben lassen* se faire mettre en arrêt de travail; **2.** JAGD blessé
Kranke(r) *f(m)* ⟨→ A⟩ malade *m,f*
'**kränkeln** ['krɛŋkəln] *v/i* ⟨-(e)le, h⟩ être maladif, -ive; être de santé délicate
'**kranken** *v/i* ⟨h⟩ *fig an etw* (*dat*) ~ souffrir de qc
'**kränken** ['krɛŋkən] ⟨h⟩ **I** *v/t* blesser;

vexer; *j-n in s-r Ehre* ~ blesser qn dans son honneur; **II** *v/imp es kränkt mich, daß ...* cela me blesse, me vexe que ...
'**Kranken|anstalt** *f* ADM hôpital *m*; ~**bericht** *m* feuille *f* d'observation; bulletin *m* de santé; ~**besuch** *m* visite *f* à un malade; *e-s Arztes* visite *f*; ~**bett** *n* lit *m* de malade; ~**blatt** *n* dossier *m* médical; ~**geld** *n* indemnité(s) *f(pl)* de maladie (de l'assurance maladie); ~**geschichte** *f* dossier médical; (*Krankheitsvorgeschichte*) anamnèse *f*; ~**gymnast(in)** *m* ⟨~en; ~en⟩ (*f*) ⟨~; ~nen⟩ kinésithérapeute *m,f*; ~**gymnastik** *f* gymnastique médicale; kinésithérapie *f*
'**Krankenhaus** *n* hôpital *m*; *j-n in ein* ~ *einliefern* hospitaliser qn; *im* ~ *liegen* être à l'hôpital; être hospitalisé; *j-n aus dem* ~ *entlassen* autoriser qn à sortir de l'hôpital
'**Krankenhausaufenthalt** *m* séjour *m* à l'hôpital; hospitalisation *f*
'**krankenhausreif** F *adj j-n* ~ *schlagen* F démolir qn; envoyer qn à l'hôpital
'**Kranken|kasse** *f* caisse *f* (de) maladie; ~**lager** *st/s n* **1.** (*Bett*) lit *m* de malade; **2.** (*Zeit*) alitement *m*; ~**pflege** *f* soins infirmiers; ~**pfleger** *m* infirmier *m*; ~**pflegerin** *f* aide soignante; ~**schein** *m in Deutschland*: formulaire délivré par la caisse de maladie permettant à l'assuré de se faire soigner par un médecin agréé auprès de ladite caisse; *in Frankreich etwa* feuille *f* de maladie; ~**schwester** *f* infirmière *f*
'**Krankenstand** *m* taux *m* de malades; *österr im* ~ *sein* être en congé de maladie
'**Kranken|transport** *m* transport *m* d'un malade *bzw* de malades; ~**versicherung** *f* assurance *f* maladie; ~**wagen** *m* ambulance *f*; ~**zimmer** *m* chambre *f* de malade *bzw* de malades
'**krank|feiern** F *v/i* ⟨-(e)re, *sép*, -ge-, h⟩ se faire passer pour malade; pratiquer l'absentéisme; ~**haft** *adj a fig* maladif, -ive
'**Krankheit** *f* ⟨~; ~en⟩ maladie *f*; affection *f*; *an e-r* ~ *leiden* souffrir d'une maladie; *an e-r* ~ *sterben* mourir d'une maladie; *nach schwerer* ~ après une grave maladie
'**Krankheits|bild** *n* tableau *m* clinique; ~**erreger** *m* agent *m* pathogène; 2**halber** *adv* pour cause de maladie; ~**keim** *m* germe *m* pathogène; ~**verlauf** *m* déroulement *m* de la maladie
'**kranklachen** F *v/réfl* ⟨*sép*, -ge-, h⟩ *sich* ~ mourir, se tordre de rire (*über* [+ *acc*] à propos de; au sujet de)
kränklich ['krɛŋklɪç] *adj* maladif, -ive
'**krankmachen** F *v/i* ⟨*sép*, -ge-, h⟩ *cf krankfeiern*
'**Krankmeldung** *f* avis *m* d'arrêt (de travail pour) maladie
'**Kränkung** *f* ⟨~; ~en⟩ vexation *f*
'**Kranwagen** *m* camion-grue *m*
Kranz [krants] *m* ⟨~es; ~e⟩ couronne *f* (*a* TECH *u fig*); *e-n* ~ *niederlegen* déposer une couronne
Kränzchen ['krɛntsçən] *n* ⟨~s; ~⟩ **1.** petite couronne; **2.** *fig* (*Damen*2 *etc*) (petit) cercle (de dames)
'**Kranzspende** *f bei Beerdigungen* don *m* de couronne(s)
Krapfen ['krapfən] *m* ⟨~s; ~⟩ *Gebäck etwa* beignet *m*

kraß [kras] **I** *adj* ⟨-ss-⟩ *Unterschied* gros, grosse; marquant; prononcé; *Gegensatz* vif, vive; *Unrecht* grave; *Irrtum, Widerspruch* flagrant; *das ist etwas* ~ c'est un peu fort; **II** *adv sich* ~ *ausdrücken* s'exprimer crûment
Krater ['kra:tər] *m* ⟨~s; ~⟩ cratère *m*; 2**förmig** *adj* en forme de cratère; ~**landschaft** *f* paysage *m* volcanique; ~**see** *m* lac *m* de cratère
'**Kratz|bürste** F *f* personne *f* revêche; 2**bürstig** F *adj* revêche; ~**bürstigkeit** F *f* ⟨~⟩ caractère *m* revêche
'**Kratze** *f* ⟨~; ~n⟩ grattoir *m*
Krätze ['krɛtsə] *f* ⟨~⟩ MÉD, VÉT gale *f*
'**kratzen** ['kratsən] ⟨-(es)t, h⟩ **I** *v/t* **1.** gratter; racler; *mit Krallen, Fingernägeln* griffer; **2.** (*hinein*~) graver; **3.** (*weg*~) gratter; *stärker* racler; **4.** F ⟨*stören*⟩ déranger; *das kratzt mich nicht* ça me laisse froid; **II** *v/i* **5.** (*jucken*) gratter; **6.** (*brennen*) irriter; gratter; *dieser Pullover kratzt* (*auf der Haut*) ce pull gratte; **III** *v/réfl sich* ~ se gratter; *sich am Kopf* ~ se gratter la tête; *sich blutig* ~ se gratter jusqu'au sang; **IV** *v/imp es kratzt* (*mir od mich*) *im Hals* j'ai la voix enrouée
'**Kratzer** *m* ⟨~s; ~⟩ **1.** *auf der Haut* égratignure *f*; *an Möbeln etc* rayure *f*; éraflure *f*; **2.** TECH racloir *m*
'**Kratzfuß** *m früher* (profonde) révérence; *plais e-n* ~ *machen* F faire des salamalecs
'**kratzig** *adj Stoff* rêche; *Stimme* rauque
'**Kratz|spur** *f* rayure *f*; éraflure *f*; ~**wunde** *f* égratignure *f*
Kraul [kraʊl] *n* ⟨~s⟩ *Schwimmstil* crawl *m*; *bei Wettkämpfen* **hundert Meter** ~ cent mètres nage *f* libre
'**kraulen**¹ *v/t* ⟨h⟩ gratter doucement
'**kraulen**² *v/i* ⟨h *ou* sein⟩ SCHWIMMSPORT crawler; nager le crawl
'**Kraul|en** *n* ⟨~s⟩ ~**schwimmen** *n* crawl *m*; ~**stil** *m* style crawlé; crawl *m*
kraus [kraʊs] *adj Haar* crépu; (*gelockt*) *a* BOT frisé; *Gewebe* froncé; *die Stirn ziehen* froncer les sourcils; *péj* ~**e Vorstellungen** *f/pl* des idées *f/pl* bizarres
'**Krause** *f* ⟨~; ~n⟩ **1.** (*Halskrause*) collerette *f*; HIST fraise *f*; **2.** *im Haar* chevelure crépue
'**kräuseln** ['krɔʏzəln] ⟨-(e)le, h⟩ **I** *v/t Haar* friser; *Stoff durch Kräuselfalten* froncer; *kreppartig* crêper; *Wasserfläche* rider; **II** *v/réfl sich* ~ *Haar, Faser* friser; *Blatt, Gewebe* se cloquer; *Stoff a* (se) froncer; *Wasserfläche* se rider; onduler
'**Kraus|haar** *n starkes* cheveux crépus; *leichtes* cheveux frisés; 2**haarig** *adj* qui a des cheveux crépus, *leicht* frisés; *Hund etc* qui a le poil frisé; ~**kopf** *m* **1.** (personne *f* qui a la) tête crépue; **2.** TECH fraise *f* conique à bois
Kraut [kraʊt] *n* ⟨~(e)s; ~er⟩ **1.** herbe *f*; plante herbacée; *pl* **Kräuter** herbes *f/pl*; (*Küchenkräuter*) fines herbes; (*Heilkräuter*) herbes, plantes médicinales; *dagegen ist kein* ~ *gewachsen* il n'y a pas de remède à cela; **2.** ⟨*pas de pl*⟩ *von Kartoffeln etc* fanes *f/pl*; *ins* ~ *schießen* pousser tout en feuilles; *fig Unsitten etc* se propager rapidement; se généraliser; *fig hier sieht es aus wie* ~ *und Rüben* une chatte n'y retrouverait

pas ses petits; **3.** ⟨*pas de pl*⟩ *bes südd, österr* chou *m*
Kräuter|butter ['krɔytərbutər] *f* beurre *m* aux fines herbes; **~essig** *m* vinaigre *m* aux fines herbes; **~käse** *m* fromage *m* aux fines herbes; **~likör** *m* liqueur *f* aux herbes; **~sammler(in)** *m(f)* herboriateur, -trice *m,f*; **~tee** *m* tisane *f*; infusion *f*
'**krautig** *adj* herbacé
'**Kraut|junker** *früher iron m* 'hobereau *m*; gentilhomme campagnard; **~salat** *m* salade *f* de chou; **~wickel** *m südd, österr cf* **Kohlroulade**
Krawall [kra'val] *m* ⟨~s; ~e⟩ **1.** (*Aufruhr*) bagarre *f*; *stärker* émeute *f*; **2.** ⟨*pas de pl*⟩ F (*Lärm*) tapage *m*; chahut *m*; **~macher** F *m* ⟨~s; ~⟩ casseur *m*
Krawatte [kra'vatə] *f* ⟨~; ~n⟩ cravate *f*
Kra'watten|knoten *m* nœud *m* de cravate; **~muffel** F *m* personne qui n'aime pas les cravates; **~nadel** *f* épingle *f* de cravate
Kra'wattenzwang *m* obligation *f* de porter une cravate; *in diesem Restaurant herrscht ~* dans ce restaurant la cravate est de rigueur
kraxeln ['kraksəln] F *bes südd, österr v/i* ⟨-(e)le, sein⟩ grimper
Krea|tion [kreatsi'oːn] *f* ⟨~; ~en⟩ MODE création *f*; **2̱'tiv I** *adj* créatif, -ive; **II** *adv* en faisant preuve de créativité; **~ti̱vi'tät** *f* ⟨~⟩ créativité *f*; **~'tur** *f* ⟨~; ~en⟩ créature *f*; *fig péj* courtisan *m*
kreatürlich [krea'tyːrlɪç] *st/s adj* de la créature; propre à la créature
Krebs [kreːps] *m* ⟨~es; ~e⟩ **1.** ZO (*Krebstier*) crustacé *m*; (*Fluß2̱*) écrevisse *f*; (*Krabbe*) crabe *m*; **2.** MÉD cancer *m*; **3.** ASTR Cancer *m*
'**krebsartig** *adj* cancéreux, -euse; *ohne Krebs zu sein* cancériforme
'**krebsen** *v/i* ⟨-(e)s t, h⟩ **1.** (*Krebse fangen*) pêcher des écrevisses; **2.** F *fig* ne pas avancer; *mit etw zu ~ haben* ne pas avancer dans qc
'**Krebs|erkrankung** *f* maladie cancéreuse; **2̱erregend, 2̱erzeugend** *adjt* cancérigène; **~forschung** *f* cancérologie *f*; recherche *f* sur le cancer; **~forschungszentrum** *n* centre *m* de recherche(s) contre le cancer; **~früherkennung** *f* dépistage *m* précoce du cancer
'**Krebsgang** *m* ⟨~(e)s⟩ marche *f* à reculons; *fig den ~ gehen* progresser à reculons
'**Krebs|geschwulst** *f* tumeur cancéreuse; **~geschwür** *n* ulcère cancéreux; *fig* chancre *m* (*fig*); **2̱krank** *adj* cancéreux, -euse *m,f*; **~kranke(r)** *f(m)* cancéreux, -euse *m,f*; **~leiden** *n* cancer *m*; **2̱rot** *adj* rouge comme une écrevisse; **~tiere** *n/pl* crustacés *m/pl*; **~vorsorge** *f* dépistage *m* du cancer; **~vorsorgeuntersuchung** *f* examen *m* de dépistage du cancer; **~zelle** *f* cellule cancéreuse
kredenzen [kre'dɛntsən] *st/s, plais v/t* ⟨-(es)t, pas de ge-, h⟩ *Getränk* verser; offrir
Kredit¹ [kre'diːt] *m* ⟨~(e)s; ~e⟩ **1.** (*Darlehen*) crédit *m*; *auf ~* à crédit; *~ geben* faire crédit; *e-n ~ gewähren* accorder un crédit; *e-n ~ aufnehmen* avoir recours à un crédit; recourir à un crédit; **2.** ⟨*pas de pl*⟩ *fig* crédit *m*; *~ haben, genießen* avoir du crédit (*bei j-m* auprès de qn)

Kredit² ['kreːdɪt] *n* ⟨~s; ~s⟩ FIN crédit *m*
Kre'dit|abteilung *f* service *m* des crédits; **~anstalt** *f* établissement *m* de crédit; **~antrag** *m* demande *f* de crédit; **~auftrag** *m* ordre *m* de crédit; **~bank** *f* ⟨~; ~en⟩ banque *f* de crédit; **~brief** *m* lettre *f* de crédit; accréditif *m*; **~büro** *n* bureau *m* de crédit; **2̱fähig** *adj cf* **kreditwürdig**; **~'fähigkeit** *f* ⟨~⟩ *cf* **Kreditwürdigkeit**; **~geber** *m* ⟨~s; ~⟩ prêteur *m*; bailleur *m* de fonds; **~geschäft** *n* opération *f* de crédit; **~hai** F *péj* requin *m* de la finance (spécialisé dans les crédits)
kredi'tieren *v/t* ⟨*pas de ge-*, h⟩ COMM, FIN créditer; *j-m e-n Betrag ~, j-n für e-n Betrag ~* créditer qn d'une somme; porter une somme au crédit de qn
Kre'ditinstitut *n* établissement *m* de crédit
Kre'ditkarte *f* carte *f* de crédit; *mit ~ bezahlen* payer avec une carte de crédit
Kre'dit|kauf *m* achat *m* à crédit; **~markt** *m* marché *m* du crédit; **~nehmer** *m* ⟨~s; ~⟩ emprunteur *m*; **~wesen** *n* crédit *m*; **2̱würdig** *adj* à qui l'on peut faire crédit; solvable; **~würdigkeit** *f* ⟨~⟩ solvabilité *f*; **~zinsen** *m/pl* taux *m* d'intérêts de l'emprunt
Kredo ['kreːdo] *n* ⟨~s; ~s⟩ CATH Credo *m*; *st/s fig* credo *m*
kregel ['kreːgəl] *adj* ⟨-gl-⟩ *regional* alerte; *geistig a* éveillé
Kreide ['kraɪdə] *f* ⟨~; ~n⟩ **1.** GÉOL, (*Tafel2̱, Schneider2̱*) craie *f*; *für Kreidezeichnungen* pastel *m*; *mit ~ zeichnen* dessiner au pastel *bzw* à la craie; *bei j-m in der ~ stehen* devoir de l'argent à qn; *mit hundert Mark in der ~ stehen* devoir cent marks; **2.** ⟨*pas de pl*⟩ (*~zeit*) crétacé *m*
'**kreide'bleich** *adj* blanc, blanche comme un linge
'**Kreide|felsen** *m* falaise *f* de craie; **~stift** *m* (crayon *m*) pastel *m*; **2̱'weiß** *adj* blanc, blanche comme un linge; **~zeichnung** *f* dessin *m* au pastel; **~zeit** *f* ⟨~⟩ crétacé *m*; période crétacée
kreieren [kre'iːrən] *v/t* ⟨*pas de ge-*, h⟩ *Mode, Stil,* THÉ *Rolle* créer
Kreis [kraɪs] *m* ⟨~es; ~e⟩ **1.** *a* MATH, *fig* cercle *m*; (*Runde*) rond *m*; *von Dichtern, Künstlern* cercle *m*; *im ~(e) der Familie, s-r Freunde* dans le cercle de la famille, de ses amis; *im kleinen ~(e)* dans l'intimité; *im engsten ~e* dans la plus stricte intimité; *in politischen, gebildeten etc ~en* dans les milieux politiques, cultivés, *etc*; *weite ~e der Bevölkerung* une grande partie de la population; *Vogel, Flugzeug ~e ziehen* décrire des cercles; *fig die Affäre zieht immer weitere ~e* l'affaire prend des proportions; *fig den ~ schließen* fermer le cercle; *sich im ~(e) setzen* s'asseoir en rond, en cercle; *im ~ herumgehen, herumrennen* tourner en rond; *sich im ~ drehen a fig* tourner en rond; **2.** ADM district *m*; *in Frankreich etwa* canton *m*; **3.** ÉLECT circuit *m*
'**Kreis|abschnitt** *m* GEOMETRIE segment *m* de cercle; **~arzt** *m*, **~ärztin** *f* médecin de district (attaché aux services de la santé publique); **~ausschnitt** *m* GEOMETRIE secteur *m* circulaire;

~bahn *f* ASTR, RAUMFAHRT orbite *f*; **~bewegung** *f* mouvement *m* circulaire; **~bogen** *m* GEOMETRIE arc *m* de cercle
kreischen ['kraɪʃən] *v/i* ⟨h⟩ *Mensch, Möwe etc* pousser des cris perçants; *Möwe, Papagei* crier; *Mensch bei Streit* criailler; *Säge* grincer; *Reifen* crisser
'**Kreischen** *n* ⟨~s⟩ *von Menschen, Möwen etc* cris perçants; *von Menschen bei Streit* criaillement(s) *m(pl)*; *von Sägen* grincement *m*; *von Reifen* crissement *m*
'**Kreisdurchmesser** *m* diamètre *m* du cercle
Kreisel ['kraɪzəl] *m* ⟨~s; ~⟩ **1.** *Kinderspielzeug* toupie *f*; **2.** PHYS gyrostat *m*; **~kompaß** *m* compas *m* gyroscopique; gyrocompas *m*; **~pumpe** *f* TECH pompe *f* centrifuge
'**kreisen** ⟨-(es)t⟩ **I** *v/t* ⟨h⟩ *die Arme* décrire des cercles avec les bras; **II** *v/i* ⟨h *ou* sein⟩ tourner (*um* autour de); *Raubvogel, Flugzeug* décrire des cercles; *Flasche, Becher* circuler à la ronde; *Blut* circuler; *fig um etw ~ Diskussion etc* tourner autour de qc; *Gedanken* revenir sans cesse à qc
'**Kreisfläche** *f* superficie *f* du cercle
'**kreisförmig I** *adj* circulaire; **II** *adv sich ~ aufstellen* former un cercle; *~ gebogen* formant un cercle
'**kreisfrei** *adj* ADM BRD *~e Stadt* ville indépendante
'**Kreislauf** *m* **1.** ÉCON, TECH circuit *m*; *in der Natur, des Wassers etc* cycle *m*; **2.** (*Blut2̱*) circulation (sanguine); **~kollaps** *m* MÉD collapsus *m*; **~störungen** *f/pl* MÉD troubles *m/pl* de la circulation, circulatoires; **~versagen** *n* MÉD arrêt *m* circulatoire
'**Kreis|linie** *f* ligne *f* circulaire; MATH circonférence *f*; **~ring** *m* MATH couronne *f* (circulaire); **2̱rund** *adj* rond; en forme de cercle; **~säge** *f* **1.** TECH scie *f* circulaire; **2.** F *plais* (*Strohhut*) canotier *m*
kreißen ['kraɪsən] *st/s v/i* ⟨-(es)t, h⟩ MÉD être en travail
'**Kreißsaal** *m* salle *f* d'accouchement
'**Kreis|stadt** *f* chef-lieu *m* de district; **~tag** *m* POL conseil *m* de district; **~umfang** *m* circonférence *f*; **~verkehr** *m* VERKEHRSWESEN sens *m* giratoire; **~verwaltung** *f* administration *f* du district; **~wehrersatzamt** *n* bureau *m* du service national
Krem [kreːm] *f* ⟨~; ~s⟩ *cf* **Creme**
Krematorium [krema'toːrium] *n* ⟨~s; -ien⟩ four *m* crématoire; *Gebäude* crématorium *m*
Kreml ['kreːməl *ou* 'krɛməl] *m* ⟨~s⟩ *der ~* le Kremlin
Krempe ['krɛmpə] *f* ⟨~; ~n⟩ *e-s Hutes* bord *m*
Krempel ['krɛmpəl] F, *oft péj m* ⟨~s⟩ F fourbi *m*; F bataclan *m*; *alter a* bric-à-brac *m*
'**krempeln** *v/t* ⟨-(e)le, h⟩ *die Ärmel nach oben ~* retrousser ses manches
Kren [kreːn] *m* ⟨~(e)s⟩ *österr* raifort *m*
Kreol|e [kre'oːlə] *m* ⟨~n; ~n⟩, **~in** *f* ⟨~; ~nen⟩ Créole *m,f*; **2̱isch** *adj* créole
krepieren [kre'piːrən] *v/i* ⟨*pas de ge-*, sein⟩ **1.** *Geschoß* éclater; exploser; **2.** F *Tier* crever, P *Mensch* P crever (*an* [+ *dat*] de)
Krepp [krɛp] *m* ⟨~s; ~s *ou* ~e⟩ TEXT crêpe *m*

Kreppapier *n* papier *m* crépon
Kreppsohle *f* semelle *f* en crêpe
Kresse ['krɛsə] *f* ⟨~; ~n⟩ cresson *m*
Kreta ['kreːta] *n* ⟨→ n/pr⟩ la Crète
Krethi und Plethi ['kreːtiʔʊnt'pleːti] F *péj pl* Pierre et Paul; toutes sortes de gens
Kretin [kre'tɛ̃ː] *m* ⟨~s; ~s⟩ *a fig péj* crétin *m*
Kretinismus [kreti'nɪsmʊs] *m* ⟨~⟩ MÉD crétinisme *m*
kretisch ['kreːtɪʃ] *adj* crétois; de Crète
kreucht ['krɔyçt] *alles, was da* ~ *und fleucht* tout ce qui rampe, tout ce qui vole
kreuz [krɔyts] *adv* ~ *und quer* dans tous les sens
Kreuz [krɔyts] *n* ⟨~es; ~e⟩ **1.** croix *f*; *das Rote* ~ la Croix-Rouge; *das Eiserne* ~ la Croix de fer; *ans* ~ *schlagen* mettre en croix; crucifier; REL *das* ~ *machen* faire le signe de (la) croix; F *drei* ~*e hinter j-m machen* être content d'être débarrassé de qn; F *es ist ein* ~ *mit ihm* c'est la croix et la bannière avec lui; *st/s zu* ~*e kriechen* courber l'échine (*fig*); *über* ~ en croix; *mit j-m über* ~ *sein od stehen* être fâché avec qn; **2.** ⟨*pas de pl*⟩ ANAT reins *m/pl*; *beim Pferd* croupe *f*; F *j-n aufs* ~ *legen* F avoir qn; F *Frau* P baiser qn; **3.** Spielkartenfarbe trèfle *m*; **4.** MUS dièse *m*
Kreuz|abnahme *f* PEINT descente *f* de croix; ~**as** *n* Spielkarte as *m* de trèfle; ~**bein** *n* ANAT sacrum *m*; ~**blütler** *m* ⟨~s; ~⟩ BOT crucifère *f*; crucifèracée *f*; ⚑**brav** *adj* sage comme une image
kreuzen ⟨-(es)t⟩ I *v/t* **1.** *die Klingen* ~ croiser le fer; *e-e Straße* ~ croiser une rue; **2.** BIOL croiser; *e-e Rasse mit e-r anderen* ~ croiser une race avec une autre; II *v/i* ⟨h *ou* sein⟩ MAR croiser; *Segelschiff* (*gegen den Wind*) ~ louvoyer; III *v/réfl* ⟨h⟩ *sich* ~ se croiser
Kreuzer *m* ⟨~s; ~⟩ **1.** MAR yacht *m* (de croisière); MIL croiseur *m*; **2.** HIST Münze kreuzer *m*
Kreuzestod *st/s m* mort *f* sur la croix
Kreuz|fahrer *m* HIST croisé *m*; ~**fahrt** *f* **1.** MAR croisière *f*; **2.** *cf* Kreuzzug
Kreuzfeuer *n fig* feux croisés; *im* ~ *der Fragen* sous les feux croisés des questions; *ins* ~ (*der Kritik*) *geraten* être pris sous les feux de la critique
kreuzfi|del F *adj* gai comme un pinson; *ein* ~*er Bursche* un gai luron
kreuzförmig *adj* cruciforme; *a adv* en (forme de) croix
Kreuz|gang *m* cloître *m*; ~**gegend** *f* région *f* lombaire, des reins; ~**gewölbe** *n* voûte *f* d'arêtes; ~**hacke** *f* pioche *f*
kreuz|igen *v/t* ⟨h⟩ crucifier; ⚑**igung** *f* ⟨~; ~en⟩ *a* PEINT crucifixion *f*; mise *f* en croix; Hinrichtungsart supplice *m* de la croix; crucifiement *m*
kreuzlahm F *adj* éreinté
Kreuz|mast *m* MAR mât *m* d'artimon; dernier mât à gréement carré; ~**otter** *f* vipère (commune); ~**reim** *m* rimes croisées, alternées; ~**rippengewölbe** *n* ARCH voûte *f* sur croisée d'ogives; ~**ritter** *m* HIST **1.** beim Kreuzzug croisé *m*; **2.** (*Deutschordensritter*) chevalier *m* teutonique; ~**schlitzschraube** *f* vis *f* cruciforme; ~**schlitzschraubenzie-**

her *m* tournevis *m* cruciforme; ~**schlüssel** *m* clé *f* en croix
Kreuzschmerzen *m/pl* mal *m* de reins; douleurs *f/pl* dans les reins; ~ *haben* avoir mal aux reins
Kreuz|schnabel *m* ZO bec-croisé *m*; ~**spinne** *f* ZO épeire *f* diadème; ~**stich** *m* COUT point *m* de croix
Kreuzung *f* ⟨~; ~en⟩ **1.** croisement *m*; *von Verkehrswegen a* carrefour *m*; *von Straßen* intersection *f*; **2.** BIOL croisement *m*; *als Ergebnis, von Tieren u Pflanzen a* hybride *m*
kreuz'unglücklich F *adj* malheureux, -euse comme une pierre
Kreuzungspunkt *m* croisement *m*; intersection *f*
Kreuzverband *m* MÉD bandage croisé
Kreuzverhör *n* JUR interrogatoire *m* d'un témoin, d'un expert, etc *par* les deux parties; *allgemein* interrogatoire serré; *j-n ins* ~ *nehmen* soumettre qn à un interrogatoire serré, à un feu roulant de questions
Kreuzweg *m* **1.** (*Wegkreuzung*) croisée *f* des chemins; carrefour *m*; **2.** REL chemin *m* de croix; ~**station** *f* REL station *f* du chemin de croix
kreuzweise *adv* en (forme de) croix; en se croisant; P *er kann mich* (*mal*) ~*!* P je lui dis merde!; P qu'il me foute la paix!
Kreuz|worträtsel *n* mots croisés; ~**zeichen** *n* ÉGL signe *m* de (la) croix; ~**zug** *m* HIST *u fig* croisade *f*
Krevette [kre'vɛtə] *f* ⟨~; ~n⟩ crevette *f*
kribb(e)lig ['krɪb(ə)lɪç] F *adj* **1.** (*gereizt, nervös*) nerveux, -euse; énervé; ~ *werden* devenir nerveux, -euse, impatient; **2.** (*kribbelnd*) qui picote, démange
kribbeln *v/i u v/imp* ⟨-(e)le, h⟩ **1.** (*jucken*) picoter; *es kribbelt mir in der Nase* j'ai des picotements dans le nez; j'ai le nez qui me chatouille; *es kribbelt mir in den Füßen* j'ai des fourmillements dans les pieds; *fig es kribbelt mir in den Fingern, es zu tun* j'ai très envie de le faire; **2.** (*wimmeln*) fourmiller; grouiller
Kribbeln *n* ⟨~s⟩ **1.** (*Jucken*) picotement *m*; chatouillement *m*; **2.** (*Wimmeln*) fourmillement *m*; grouillement *m*
kribblig *cf* kribbelig
krickeln ['krɪkəln] F *v/t* ⟨-(e)le, h⟩ griffonner
Kricket ['krɪkət] *n* ⟨~s⟩ SPORT cricket *m*
kriechen ['kriːçən] *v/i* ⟨kriecht, kroch, gekrochen, sein⟩ ramper, F (*langsam fahren*) avancer comme une tortue *od* des tortues; traîner; *auf allen vieren* ~ ramper; *fig vor j-m* ~ être à plat ventre devant qn
Kriecher F *péj m* ⟨~s; ~⟩ F lèche-bottes *m*; *ein* ~ *sein* a ramper
kriecherisch *adj péj* servile; obséquieux, -ieuse
Kriech|spur *f* AUTOBAHN voie lente; ~**strom** *m* ÉLECT courant *m* de fuite superficielle
Kriechtempo *n péj im* ~ *fahren* rouler au pas
Kriechtier *n* reptile *m*
Krieg [kriːk] *m* ⟨~(e)s; ~e⟩ guerre *f* (*gegen* contre); *kalter* ~ guerre froide; ~ *der Sterne* guerre des étoiles; *im* ~ *gewesen sein* avoir fait la guerre;

avoir été à la guerre; *im* ~ pendant la guerre; ~ *führen* faire la guerre (*gegen* à); *e-m Land den* ~ *erklären* déclarer la guerre à un pays; *in den* ~ *ziehen* partir à la guerre
kriegen ['kriːɡən] F ⟨h⟩ I *v/t* (*bekommen*) avoir; recevoir; *Geld a* toucher; *Flüchtende, Krankheit* attraper; *wir werden sie schon* ~ on les aura; on les attrapera; *davon kriegst du nichts* tu n'en auras pas; *sie kriegt ein Kind* elle attend un bébé; *sie hat ein Kind gekriegt* elle a eu un bébé; *Hunger* ~ commencer à avoir faim; *Schläge* ~ recevoir des coups; *e-n Schnupfen* ~ attraper un rhume; *da kriegte ich es mit der Angst* j'ai commencé alors à avoir peur; *er kriegt es mit mir zu tun* il aura affaire à moi; *du kriegst gleich eine, ein paar!* tu veux une claque, une paire de claques?; *cf a* bekommen I; II *v/réfl sich* ~ *Liebespaar* être réunis; *am Ende* ~ *sie sich dann* cela finit par un mariage
Krieger *m* ⟨~s; ~⟩ guerrier *m*; *fig die alten* ~ les vétérans; F les vieux de la vieille; F *fig ein müder* ~ *energielos* F un mou
Kriegerdenkmal *n* monument *m* aux morts
kriegerisch *adj* belliqueux, -euse; guerrier, -ière
Kriegerwitwe *f* veuve *f* de guerre
kriegführend *adj†* belligérant
Kriegführung *f* manière *f* de faire la guerre; (*Leitung*) conduite *f* de la guerre; *psychologische* ~ guerre *f* psychologique
Kriegs|anleihe *f* emprunt *m* de guerre; ~**ausbruch** *m* ⟨~(e)s⟩ commencement *m* de la guerre; ~**auszeichnung** *f* décoration *f* militaire, de guerre; ⚑**bedingt** *adj†* dû à, lié à la guerre; ~**beginn** *m* commencement *m* de la guerre
Kriegsbeil *n* hache *f* de guerre; *plais das* ~ *begraben, ausgraben* enterrer, déterrer la hache de guerre
Kriegsbemalung *f in voller* ~ Indianer qui a mis toutes ses peintures de guerre; *fig plais von e-r Frau* un vrai pot de peinture
Kriegs|berichterstatter *m* correspondant *m* de guerre, aux armées; ⚑**beschädigt** *adj†* mutilé de guerre; ~**beschädigte(r)** *m* ⟨→ A⟩ mutilé *m* de guerre; (*Schwer*⚑) *a* invalide *m* de guerre; *abus* grand mutilé de guerre; ~**beute** *f* butin *m* (*pendant une guerre*); ~**blinde(r)** *m* aveugle *m* de guerre; ~**dienst** *m* service *m* militaire; ~**dienstverweigerer** *m* ⟨~s; ~⟩ objecteur *m* de conscience; ~**dienstverweigerung** *f* objection *f* de conscience; ~**eintritt** *m* ⟨~(e)s⟩ entrée *f* en guerre; ~**ende** *n* ⟨~s⟩ fin *f* de la guerre; ~**entschädigung** *f* indemnité(s) *f(pl)* de guerre; ~**erklärung** *f* déclaration *f* de guerre (*an* [+*acc*] à)
Kriegsfall *im* ~ en cas de guerre
Kriegs|film *m* film *m* de guerre; ~**flagge** *f* pavillon *m* de guerre; ~**flotte** *f* flotte *f* de guerre; ~**flugzeug** *n* avion *m* de l'armée de l'air, de guerre; ~**folgen** *f/pl* conséquences *f/pl*, séquelles *f/pl* de la guerre; ~**führung** *f cf* Kriegführung
Kriegsfuß *m plais mit j-m auf* (*dem*) ~ *stehen* être en froid, F en bisbille avec

qn; *plais mit etw auf (dem)* ~ *stehen* être fâché avec qc
'**Kriegs|gebiet** *n* zone *f* d'action (militaire); ~**gefahr** *f* danger *m* de guerre; ~**gefangene(r)** *m* prisonnier *m* de guerre; ~**gefangenenlager** *n* camp *m* de prisonniers de guerre
'**Kriegsgefangenschaft** *f* captivité *f*; *in* ~ *sein* être prisonnier de guerre; *in* ~ *geraten* être fait prisonnier (de guerre); *aus der* ~ *entlassen werden* être libéré
'**Kriegsgegner** *m* **1.** (*Feind*) adversaire *m*; **2.** (*Pazifist*) pacifiste *m*
'**Kriegsgericht** *n* conseil *m* de guerre; *j-n vor ein* ~ *stellen* traduire, faire passer qn en conseil de guerre
'**Kriegs|geschrei** *n* cris *m/pl* de guerre; ~**gewinnler** *m* ⟨~s; ~⟩ péj profiteur *m* de guerre; ~**gott** *m* dieu *m* de la guerre; ~**gräber** *n/pl* tombes *f/pl* de soldats, militaires; ~**gräberfürsorge** *f* œuvres *f/pl* de cimetières militaires; ~**greuel** *m/pl* horreurs *f/pl* de la guerre; ~**hafen** *m* port *m* de guerre, militaire; ~**handlung** *f* fait *m*, opération *f* de guerre; ~**hinterbliebene(n)** *pl* veuves *f/pl* et orphelins *m/pl* de guerre; ~**industrie** *f* industrie *f* de guerre; ~**jahr** *n* année *f* de guerre; ~**kamerad** *m* compagnon *m* d'armes; ~**list** *f* ⟨~⟩ *a fig* ruse *f* de guerre; stratagème *m*; ~**marine** *f* marine *f* de guerre; ~**maschinerie** *f* péj potentiel *m* de guerre; ~**material** *n* matériel *m* de guerre; ~**minister** *m* früher ministre *m* de la Guerre; ~**ministerium** *n* früher ministère *m* de la Guerre; **müde** *adj* las, lasse de la guerre; ~**opfer** *n* victime *f* de (la) guerre
'**Kriegspfad** *m* plais *auf dem* ~ *sein* être sur le sentier de la guerre
'**Kriegsrat** *m* ⟨~(e)s⟩ plais ~ *halten* tenir (un) conseil de guerre
'**Kriegs|recht** *n* ⟨~(e)s⟩ droit *m* de la guerre; ~**schäden** *m/pl* dommages *m/pl* de guerre; ~**schauplatz** *m* théâtre *m* des opérations (militaires), des hostilités; ~**schiff** *n* navire *m* de guerre; ~**schuld** *f* ⟨~⟩ responsabilité *f* de la guerre; ~**schulden** *f/pl* dettes *f/pl* de guerre
'**Kriegsspiel** *n* **1.** MIL exercice *m*, manœuvre *f* militaire; **2.** *Kinderspiel sie hat ihrem Sohn das* ~ *verboten* elle a interdit à son fils de jouer à la guerre
'**Kriegs|spielzeug** *n* jouet(s) guerrier(s); ~**stärke** *f* ⟨~⟩ effectif *m* de guerre; ~**tanz** *m* danse *f* de guerre; ~**teilnehmer** *m* Soldat militaire *m*; *Land* belligérant *m*; ~**trauung** *f* mariage contracté en temps de guerre; ~**treiber** *st/s* péj m fauteur *m* de guerre; **untauglich** *adj* inapte au service militaire; ~**verbrechen** *n* crime *m* de guerre; ~**verbrecher** *m* criminel *m* de guerre; ~**verletzung** *f* blessure *f* de guerre; **versehrt** *adjt* mutilé de guerre; ~**versehrte(r)** *m* invalide *m*, mutilé *m* de guerre; ~**veteran** *m* ancien combattant; ~**vorbereitungen** *f/pl* préparatifs *m/pl* de guerre; ~**waise** *f* orphelin(e) *m(f)* de guerre; *in Frankreich* pupille *m,f* de la Nation; ~**wirren** *pl* désordres *m/pl*, troubles *m/pl* de la guerre; ~**wirtschaft** *f* économie *f* de guerre; ~**zeit** *f* temps *m* de guerre
'**Kriegszustand** *m* ⟨~(e)s⟩ état *m* de guerre; *sich im* ~ *befinden* être en guerre

Krill [krɪl] *m* ⟨~(e)s; ~e⟩ ZO krill *m*
Krim [krɪm] ⟨→ *n/pr*⟩ *die* ~ la Crimée
Krimi ['kri:mi *ou* 'krɪmi] F *m* ⟨~(s); ~(s)⟩ *Film, Roman* F policier *m*; F polar *m*
Kriminal|beamte(r) [krimi'na:lbeʔamtə(r)] *m* fonctionnaire *m*, agent *m* de la police judiciaire; ~**fall** *m* affaire criminelle; ~**film** *m* film policier
kriminali'sieren *v/t* ⟨*pas de ge-*, h⟩ **1.** (*kriminell erscheinen lassen*) criminaliser; **2.** (*kriminell machen*) pousser à des actes criminels
Krimi|na'list(in) *m* ⟨~en; ~en⟩ *(f)* ⟨~; ~nen⟩ criminaliste *m,f*; **na'listik** *f* ⟨~⟩ criminalistique *f*; **na'listisch** *adj* criminalistique; ~**nali'tät** *f* ⟨~⟩ criminalité *f*; *bes in sozialer Hinsicht* délinquance *f*
Krimi'nal|kommissar(in) *m(f)* commissaire *m* de la police judiciaire; ~**polizei** *f* police *f* judiciaire; ~**roman** *m* roman policier
krimi'nell [krimi'nɛl] *adj* criminel, -elle; F *sein Fahrstil ist wirklich* ~ il a un style de conduite meurtrier; *übertreibend es ist* ~, *dies wegzuwerfen* c'est criminel de jeter ça
Krimi'nelle(r) *f(m)* ⟨→ A⟩ criminel, -elle *m,f*
'**Krim|krieg** *m* HIST guerre *f* de Crimée; ~**sekt** *m* (vin *m*) mousseux *m* de Crimée
Krimskrams ['krɪmskrams] F *m* ⟨~(es)⟩ babioles *f/pl*; bricoles *f/pl*
Kringel ['krɪŋəl] *m* ⟨~s; ~⟩ **1.** (*Kreis*) petit rond, cercle; (*Schnörkel*) fioriture *f*; **2.** *Gebäck etc*: pâtisserie de forme ronde
'**kringelig** *adj Haar* crépu; *Zeichnung* plein de fioritures; F *sich* ~ *lachen* se tordre de rire
'**kringeln** *v/réfl* ⟨-(e)le, h⟩ *sich* ~ *Haare etc* boucler; frisotter; F *sich* ~ *vor Lachen* se tordre de rire
Krinoline [krino'li:nə] *f* ⟨~; ~n⟩ HIST COUT crinoline *f*
Kripo ['kri:po] *f* ⟨~⟩ *abr* (*Kriminalpolizei*) P.J. *f* (police judiciaire)
Krippe ['krɪpə] *f* ⟨~; ~n⟩ **1.** (*Futter*) mangeoire *f*; **2.** (*Weihnachts*) crèche *f* (de Noël); **3.** *cf* **Kinderkrippe**
'**Krippen|figur** *f* personnage *m* de crèche; *aus der Provence* santon *m*; ~**spiel** *n* crèche vivante
Krise ['kri:zə] *f* ⟨~; ~n⟩ *a* MÉD, ÉCON crise *f*; ÉCON *a* malaise *m*; *e-e* ~ *durchmachen* traverser, subir une crise
'**kriseln** *v/imp* ⟨-(e)le, h⟩ *es kriselt* il y a des problèmes; une crise se prépare
'**krisenanfällig** *adj* sensible aux crises; fragile
'**Krisen|gebiet** *n* région *f* en crise; ~**herd** *m* foyer *m* de crise; ~**management** *n* gestion *f* de crise; ~**stab** *m* état-major *m* de crise
Kristall[1] [krɪs'tal] *m* ⟨~s; ~e⟩ MINÉR, PHYS, CHIM cristal *m*
Kri'stall[2] *n* ⟨~s⟩ *Glas* cristal *m*; (*Gegenstände aus* ~) cristaux *m/pl*
Kri'stallbildung *f* cristallisation *f*
kri'stallen *adj* en cristal
Kri'stalleuchter *m* lustre *m* en cristal
kri'stallförmig *adj* en forme de, qui a la forme d'un cristal
Kri'stallglas *n* ⟨~es; ≈er⟩ **1.** *Trinkgefäß* verre *m* en cristal; **2.** ⟨*pas de pl*⟩ *Material* cristal *m*

kristal'lin(isch) *adj bes* MINÉR cristallin
Kristallisati'on *f* ⟨~; ~en⟩ cristallisation *f*
kristalli'sieren *v/i* ⟨*pas de ge-*, h⟩ cristalliser
kri'stallklar *adj* clair comme le cristal; limpide; *Stimme, Ton* cristallin
Kri'stall|kugel *f* boule *f* de cristal; ~**nacht** *f* HIST (*Reichs*) Nuit *f* de Cristal; ~**schale** *f* coupe *f* de cristal; ~**schleiferei** *f* cristallerie *f*; ~**waren** *f/pl* cristaux *m/pl*; ~**zucker** *m* sucre cristallisé
Kriterium [kri'te:riʊm] *n* ⟨~s; -ien⟩ critère *m* (*für* de); SPORT critérium *m*
Kritik [kri'ti:k *ou* -'tɪk] *f* ⟨~; ~en⟩ critique *f* (*an* [+dat] de); F *unter aller* ~ au-dessous de tout; *der Film hat e-e gute* ~ la critique du film est bonne; *an etw* (*dat*), *j-m* ~ *üben* faire la critique de qc, de qn; critiquer qc, qn
Kritikaster [kriti'kastər] *st/s* péj *m* ⟨~s; ~⟩ ergoteur *m*
'**Kritiker(in)** *m* ⟨~s; ~⟩ *(f)* ⟨~; ~nen⟩ critique *m,f*
kri'tik|fähig *adj* qui a le sens critique; **fähigkeit** *f* ⟨~⟩ sens *m* critique; ~**los** **I** *adj* qui manque d'esprit critique; **II** *adv* sans critiquer; **losigkeit** *f* ⟨~⟩ manque *m* d'esprit critique
'**kritisch I** *adj* **1.** *a* MÉD, NUCL, *Lage* etc critique; **2.** *Bemerkung, Urteil* etc critique; *Person* ~ *sein* avoir l'esprit critique; **II** *adv* *etw* ~ *betrachten* considérer qc d'un œil critique
kriti'sieren *v/t* ⟨*pas de ge-*, h⟩ **1.** critiquer; *er hat immer etwas zu* ~ il trouve toujours qc à redire, à critiquer; **2.** (*als Kritiker besprechen*) *ein Theaterstück* ~ faire la critique d'une pièce de théâtre
Kriti'zismus *m* ⟨~⟩ PHILOS criticisme *m*
Kritte'lei *f* ⟨~; ~en⟩ péj ergotage *m*
'**kritteln** ['krɪtəln] *v/i* ⟨-(e)le, h⟩ péj ergoter; chercher la petite bête
Kritze'lei *f* ⟨~; ~en⟩ griffonnage *m*
'**kritzeln** ['krɪtsəln] F *v/t u v/i* ⟨-(e)le, h⟩ griffonner; gribouiller
Kroate [kro'a:tə] *m* ⟨~n; ~n⟩ Croate *m*
Kroatien [kro'a:tsiən] *n* ⟨→ *n/pr*⟩ la Croatie
Kro'at|in *f* ⟨~; ~nen⟩ Croate *f*; **isch** *adj* croate
Kro'atisch *n* ⟨~(s)⟩, ~**e** *n* ⟨~⟩ (*das*) *Kroatisch(e) Sprache* le croate
Kroatzbeere [kro'atsbe:rə] *f regional* mûre *f*
kroch [krɔx] *cf* **kriechen**
Krocket ['krɔkət] *n* ⟨~s⟩ *Spiel* croquet *m*
Krokant [kro'kant] *m* ⟨~s⟩ nougatine *f*
Krokette [kro'kɛtə] *f* ⟨~; ~n⟩ croquette *f*
Kroko ['kro:ko] F *n* ⟨~(s); ~s⟩ F croco *m*
Krokodil [kroko'di:l] *n* ⟨~s; ~e⟩ crocodile *m*
Kroko'dilleder *n* cuir *m*, peau *f* de crocodile; *aus* ~ en crocodile
Kroko'dilstränen F *f/pl* larmes *f/pl* de crocodile
'**Krokotasche** F *f* F sac *m* en croco
Krokus ['kro:kʊs] *m* ⟨~; ~ *ou* ~se⟩ BOT crocus *m*
Krone ['kro:nə] *f* ⟨~; ~n⟩ **1.** (*Königs*, *Zahn*, *Herrscherhaus*), TECH, *fig* couronne *f*; *die* ~ *der Schöpfung* le couronnement de la création; *das setzt*

allem die ~ auf c'est le comble; iron c'est le bouquet; F *einen in der ~ haben* F avoir un petit verre dans le nez; F *was ist dir in die ~ gefahren?* quelle mouche t'a piqué?; **2.** (*Wellen♀*) crête *f*; (*Baum♀*) cime *f*; (*Blumen♀*) corolle *f*; **3.** *des Hirschgeweihs* couronnure *f*; **4.** *Währung* couronne *f*; *schwedische ~* couronne suédoise

krönen ['krø:nən] *v/t* ⟨h⟩ *a fig* couronner; *j-n zum Kaiser ~* couronner qn empereur; *von Erfolg gekrönt* couronné de succès; *der ~de Abschluß* le bouquet final

'**Kron(en)korken** *m cf Kronkorken*

'**Kron|erbe** *m*, **~erbin** *f* héritier, -ière *m,f* de la couronne; **~juwelen** *n/pl* joyaux *m/pl* de la couronne; **~kolonie** *f* colonie *f* de la Couronne; **~korken** *m* capsule *f* (d'une bouteille); **~leuchter** *m* lustre *m*; **~prinz** *m* prince héritier, royal; HIST: *in Deutschland a* Kronprinz *m*; *in Frankreich a* dauphin *m*; **~prinzessin** *f* femme *f* du prince héritier; HIST: *in Deutschland a* femme *f* du Kronprinz; *in Frankreich a* dauphine *f*; **~schatz** *m* trésor *m* de la couronne

'**Krönung** *f* ⟨~; ~en⟩ *a fig* couronnement *m*

'**Kron|zeuge** *m*, **~zeugin** *f* **1.** témoin principal (à charge); **2.** personne *qui* témoigne contre ses complices en échange d'une remission de peine; repenti *m*

Kropf [krɔpf] *m* ⟨~(e)s; ≈e⟩ MÉD goitre *m*; **2.** *bei Vögeln* jabot *m*

kröpfen ['krœpfən] *v/t* ⟨h⟩ **1.** JAGD (fressen) déglutir; **2.** TECH, CONSTR couder (en angle droit)

'**Kröpfung** *f* ⟨~; ~en⟩ **1.** JAGD déglutition *f*; **2.** TECH coude *m*

'**Kroppzeug** ['krɔptsɔyk] F *péj n* ⟨~(e)s⟩ **1.** (*Kinder*) F marmaille *f*; **2.** (*Zeug*) bricoles *f/pl*; babioles *f/pl*

kroß [krɔs] *adj* ⟨-ss-⟩ *nordd* croustillant

Krösus ['krø:zus] *m* ⟨~ *ou* ~ses; ~se⟩ *plais ein ~ sein* être riche comme Crésus

Kröte ['krø:tə] *f* ⟨~; ~n⟩ **1.** ZO crapaud *m*; **2.** F *fig e-e kleine, freche ~* une petite effrontée; **3.** F *fig pl* F fric *m*; F pognon *m*; *péj die paar ~n* (*das bißchen Geld*) F ces quelques sous

'**Krötenwanderung** *f* migration *f* de crapauds

Krs. *abr* (*Kreis*) district

Krücke ['krykə] *f* ⟨~; ~n⟩ **1.** béquille *f*; *auf ou an ~n* (*dat*) *gehen* marcher avec des béquilles; **2.** (*Griff an Stock, Schirm*) poignée *f*; **3.** F *péj* (*Versager*) F minable *m*; F nul *m*; **4.** (*schlecht funktionierendes Ding*) F camelote *f*; F *diese ~ von Wecker* F cette saleté de réveil

'**Krückstock** *m* canne *f*

krud(e) [kru:t ('kru:də)] *st/s adj* grossier, -ière

Krug [kru:k] *m* ⟨~(e)s; ≈e⟩ **1.** cruche *f*; *kleiner* pichet *m*; (*großer Ton♀*) jarre *f*; (*Bier♀*) chope *f*; *prov der ~ geht solange zum Brunnen, bis er bricht prov* tant va la cruche à l'eau (qu'à la fin elle se casse); **2.** *regional* (*Wirtshaus*) café *m*

Krume ['kru:mə] *f* ⟨~; ~n⟩ **1.** (*Acker♀*) terre *f* arable; **2.** (*Brot♀*) mie *f* de pain

Krümel ['kry:məl] *m* ⟨~s; ~⟩ miette *f*

'**krüm(e)lig** *adj* qui s'émiette; (*bröcke-lig*) friable; (*voller Krümel*) couvert de miettes

'**krümeln** ⟨-(e)le, h⟩ **I** *v/t* (*zer~*) émietter; **II** *v/i Brot etc* s'émietter; *Person* faire des miettes

'**krümlig** *cf krümelig*

krumm [krum] **I** *adj* **1.** pas droit; (*gebogen*) courbé; (*alters~*) courbé; *bes in den Schultern* voûté; (*verbogen*) tordu; *de travers*; *Wirbelsäule* dévié; **~*e* Beine** *n/pl* jambes torses, O-förmig arquées; **~*e* Nase** nez tordu, de travers; **~*er* Rücken** dos courbé, voûté; **2.** F *fig ein ~es Ding drehen* faire qc de louche, de suspect; F *auf die ~e Tour* de manière illégale, malhonnête; F **~*e* Touren machen** F monter des coups tordus; **II** *adv etw ~ biegen* tordre qc; **~ gewachsen sein** *Baum etc* avoir poussé de travers; F *sich ~ und schief lachen* se tordre de rire; F *j-n ~ und lahm schlagen* réduire qn en miettes

'**krummbeinig** *adj ~ sein* avoir les jambes torses, O-förmig arquées

krümmen ['krymən] ⟨h⟩ **I** *v/t* courber; *fig keinen Finger ~* ne pas remuer le petit doigt; **II** *v/réfl sich ~* se tordre; se (re)courber; *Holz a* gauchir; *sich vor Schmerzen, Lachen ~* se tordre de douleur, de rire

'**Krümmer** *m* ⟨~s; ~⟩ TECH coude *m*

'**Krummhorn** *n* MUS cromorne *m*

'**krummlachen** F *v/réfl* ⟨sép, -ge-, h⟩ *sich* (*über etw* [*acc*]) ~ se tordre de rire (à propos de qc)

'**krummlegen** F *v/réfl* ⟨sép, -ge-, h⟩ *sich ~* s'imposer des privations

'**krummnehmen** F *v/t* ⟨*irr, sép*, -ge-, h⟩ *j-m etw ~* prendre de travers ce que dit *bzw* fait qn; *nimm es mir nicht krumm* ne le prends pas de travers

'**Krumm|säbel** *m* cimeterre *m*; **~stab** *m* ÉGL crosse *f*

'**Krümmung** *f* ⟨~; ~en⟩ courbure *f* (*a* GEOMETRIE); incurvation *f*; *e-s Weges, Flusses* coude *m*; ANAT **~ *der* Rückgrat(e)s** courbe *f* de la colonne vertébrale

krumpf|echt ['krumpf?ɛçt] *adj*, **~frei** *adj* TEXT irrétrécissable

Krupp [krup] *m* ⟨~s⟩ MÉD croup *m*

Kruppe ['krupə] *f* ⟨~; ~n⟩ croupe *f*

Krüppel ['krypəl] *m* ⟨~s; ~⟩ estropié *m*; *fig j-n zum ~ schlagen* estropier qn

'**krüpp(e)lig** *adj Mensch* estropié; *Baum* tordu

Krustazeen [krusta'tse:ən] *f/pl t/t* crustacés *m/pl*

Kruste ['krustə] *f* ⟨~; ~n⟩ croûte *f* (*a* MÉD)

'**Krustentiere** *n/pl* ZO crustacés *m/pl*

'**krustig** *adj* couvert d'une croûte

Kruzifix ['kru:tsifiks] *n* ⟨~es; ~e⟩ crucifix *m*

Kryp|ta ['krypta] *f* ⟨~; -ten⟩ crypte *f*; **♀tisch** *st/s adj st/s* abscons

Krypton ['krypton] *n* ⟨~s⟩ CHIM krypton *m*

KSZE [ka:?ɛstsɛt?'e:] *f abr* (*Konferenz über Sicherheit und Zusammenarbeit in Europa*) C.S.C.E. *f* (Conférence sur la sécurité et la coopération en Europe)

Kt. *abr* (*Kanton*) canton

Kto. *abr* (*Konto*) compte

Kuba ['ku:ba] *n* ⟨→ *n/pr*⟩ Cuba

Ku'ba|ner(in) *m* ⟨~s; ~⟩ (*f*) ⟨~; ~nen⟩ Cubain(e) *m(f)*; **♀nisch** *adj* cubain; de Cuba

Kübel ['ky:bəl] *m* ⟨~s; ~⟩ baquet *m*; (*Förder♀*), *e-r Lore etc* benne *f*; (*Blumen♀*) caisse *f*; *F es gießt wie aus ~n* il pleut à seaux

Kubik... [ku'bi:k-] *in Zssgn* ... cube; **~meter** *m od n* mètre *m* cube; *Holzmaß* stère *m*; **~wurzel** *f* racine *f* cubique; **~zahl** *f* cube *m* (d'un nombre); **~zentimeter** *m od n* centimètre *m* cube

kubisch ['ku:bɪʃ] *adj* cubique

Ku'b|ismus *m* ⟨~⟩ PEINT cubisme *m*; **~ist** *m* ⟨~en; ~en⟩ PEINT cubiste *m*; **♀istisch** *adj* PEINT cubiste

'**Kubus** *m* ⟨~; Kuben⟩ MATH *u* Würfel cube *m*

Küche ['kyçə] *f* ⟨~; ~n⟩ cuisine *f* (*a Einrichtung u Kochkunst*); *kalte ~* repas froids; *warme ~* plats chauds; *gutbürgerliche, französische ~* cuisine bourgeoise, française

Kuchen ['ku:xən] *m* ⟨~s; ~⟩ gâteau *m*; (*Obst♀*) tarte *f*

'**Küchenabfälle** *m/pl* ordures ménagères

'**Kuchen|bäcker** *m* pâtissier *m*; **~blech** *n* plaque *f* (à pâtisserie)

'**Küchen|chef** *m* chef *m* de cuisine; chef *m* cuisinier; **~dienst** *m* corvée *f* de cuisine; **~fee** *f* *plais* F *plais* cordon-bleu *m*

'**Kuchen|form** *f* moule *m* à gâteau; **~gabel** *f* fourchette *f* à gâteau; **~glocke** *f* cloche *f* (à gâteau)

'**Küchen|handtuch** *n* essuie-mains *m*; **~hilfe** *f* aide-cuisinière *f*; **~junge** *m* marmiton *m*; **~latein** *n* iron latin *m* de cuisine; **~maschine** *f* robot *m* (ménager)

'**Küchenmeister** *m* chef *m* cuisinier; *cf Schmalhans*

'**Küchen|messer** *n* couteau *m* de cuisine; **~möbel** *n/pl* meubles *m/pl* de cuisine; **~personal** *n* personnel *m* de cuisine

'**Kuchen|platte** *f* Geschirr plat *m* à gâteau; assiette *f* à gâteaux; CUIS assiette *f* de gâteaux; **~rad** *n*, **~rädchen** *n* roulette *f* à pâtisserie

'**Küchen|schabe** *f* ZO blatte *f*; cafard *m*; **~schelle** *f* BOT pulsatille *f*; **~schrank** *m* placard *m* de cuisine; (*Büfett*) buffet *m* de cuisine; **~schürze** *f* tablier *m* de cuisine

'**Kuchen|teig** *m* pâte *f* (à gâteau); **~teller** *m Geschirr* assiette *f* à dessert; CUIS assiette *f* de gâteaux

'**Küchen|tisch** *m* table *f* de cuisine; **~uhr** *f* pendule *f* de cuisine; **~waage** *f* balance *f* de cuisine

'**Kuchenzange** *f* pince *f* à gâteau(x)

'**Küchen|zeile** *f* cuisine intégrée; **~zettel** *m* menu *m* (pour la semaine)

Küchlein ['ky:çlaɪn] *n* ⟨~s; ~⟩ **1.** *cf Küken*; **2.** CUIS petit gâteau

kucken ['kukən] *v/i* ⟨h⟩ *regional cf gucken*

kuckuck ['kukuk] *int* coucou!

'**Kuckuck** *m* ⟨~s; ~e⟩ **1.** ZO coucou *m*; *zum ~* (*noch mal*)! F nom d'une pipe!; F *hol's der ~!* que le diable l'emporte!; F *geh zum ~!* va-t'en au diable!; F (*das*) *weiß der ~!* va savoir!; F *mein ganzes Gehalt ist zum ~* tout mon salaire y est passé; F *warum, wie, wo etc, zum ~, ist ...?* F pourquoi, com-

ment, où, *etc* est ..., nom d'une pipe!;
2. F *fig* (*Siegel des Gerichtsvollziehers*)
scellés *m/pl* (de l'huissier de justice)
'**Kuckucksei** *n* œuf *m* de coucou; *fig*
cadeau empoisonné; *j-m ein ~ ins
Nest legen* faire un cadeau empoisonné à qn
'**Kuckucksuhr** *f* (pendule *f* à) coucou *m*
Kuddelmuddel ['kʊdəlmʊdəl] F *m od n*
⟨~s⟩ F embrouillamini *m*
Kufe ['ku:fə] *f* ⟨~; ~n⟩ (*Schlitten♀, Flugzeug♀*) patin *m*; (*Schlittschuh♀*) lame *f*
Küfer ['ky:fər] *m* ⟨~s; ~⟩ **1.** *südd,
schweiz* tonnelier *m*; **2.** (*Wein♀*) caviste *m*; maître *m* de chai
Kugel ['ku:gəl] *f* ⟨~; ~n⟩ **1.** boule *f*; F
e-e ruhige ~ schieben F se la couler
douce; **2.** *e-s Kugellagers, Kugelschreibers etc* bille *f*; **3.** MATH sphère *f*; **4.**
SPORT *beim Kugelstoßen* poids *m*; **5.**
(*Gewehr♀, Pistolen♀*) balle *f*; (*Kanonen♀*) boulet *m*
'**Kugel|abschnitt** *m* MATH segment *m*
sphérique (à une base); **~ausschnitt**
m MATH secteur *m* sphérique; **~blitz** *m*
MÉTÉO boule *f* de feu
'**Kügelchen** ['ky:gəlçən] *n* ⟨~s; ~⟩ petite
boule; *aus Papier, Brot* boulette *f*
'**Kugel|durchmesser** *m* diamètre *m* de
la sphère; **~fang** *m* pare-balles *m*; *als
Erdwall* butte *f* de tir; **♀förmig** *adj* (de
forme) sphérique; en forme de boule;
~gelenk *n* **1.** ANAT énarthrose *f*; **2.**
TECH joint *m* à rotule; **~hagel** *m* mitraille *f*
'**kug(e)lig** *adj* rond comme une boule
'**Kugel|kopf** *m* boule *f*; **~kopfmaschine** *f* machine *f* (à écrire) à boule; **~lager** *n* TECH roulement *m* à billes
'**kugeln** ⟨-(e)le⟩ **I** *v/t* ⟨h⟩ faire rouler; **II**
v/i (sein) rouler comme une boule; **III**
v/réfl ⟨h⟩ se rouler; F *sich vor Lachen
~* se tordre de rire
'**kugelrund** *adj* rond comme une boule;
tout rond; *plais Person a* boulot, -otte
'**Kugel|schreiber** *m* stylo *m* à bille; stylo(-)bille *m*; **~segment** *n* cf *Kugelabschnitt*; **~sektor** *m* cf *Kugelausschnitt*; **♀sicher** *adj* à l'épreuve des
balles; *Weste* pare-balles (*inv*); *Fahrzeug* blindé; **~stoßen** *n* ⟨~s⟩ SPORT
lancer *m* du poids; **~stoßer(in)** *m* ⟨~s;
~⟩ (*f*) ⟨~; ~nen⟩ SPORT lanceur, -euse
m,f de poids
'**kuglig** cf *kugelig*
Kuh [ku:] *f* ⟨~; ~e⟩ **1.** ZO vache *f*; **2.** F
heilige ~ vache sacrée; P *dumme ~* P
conasse *f*
'**Kuh|augen** F *n/pl* F yeux bovins; **~dorf**
F *péj n* F bled *m*; F trou *m*; **~fladen** F
péj m bouse *f* de vache; **~glocke** *f* cloche *f* de
vache; clarine *f*; **~handel** F *péj m* marchandage *m*
'**Kuhhaut** *f* F *das geht auf keine ~!*
c'est inouï, incroyable!
'**Kuh|herde** *f* troupeau *m* de vaches;
~hirt(in) *m(f)* vacher, -ère *m f*
kühl [ky:l] **I** *adj* frais, fraîche; *fig meist*
froid; *~ werden* se rafraîchir; *fig ein
~er Empfang* un accueil froid; *e-n ~en
Kopf bewahren* garder la tête froide;
II *adv* (*abweisend*) froidement; *etw ~
lagern* conserver qc au frais
'**Kühl|abteil** *n e-s Kühlschranks* compartiment *m* (d'un réfrigérateur); **~aggregat** *n* groupe *m* frigorifique; **~anlage** *f*

installation *f* frigorifique, de réfrigération; **~box** *f* glacière *f*
Kuhle ['ku:lə] F *f* ⟨~; ~n⟩ (*Mulde*) creux *m*
'**Kühle** *f* ⟨~⟩ fraîcheur *f*; *fig* a froideur *f*;
in der ~ au frais
'**kühlen** *v/t* ⟨h⟩ TECH refroidir; *Lebensmittel* réfrigérer; *Sekt* frapper; (*ab~*) rafraîchir
'**Kühler** *m* ⟨~s; ~⟩ **1.** TECH refroidisseur
m; AUTO radiateur *m*; CHIM réfrigérant
m; **2.** (*Sekt♀*) seau *m* à glace; **~figur** *f*
mascotte *f* qui orne le bouchon de radiateur (d'une voiture); **~grill** *m* AUTO
calandre *f*; **~haube** *f* AUTO capot *m*
'**Kühl|flüssigkeit** *f* liquide de refroidissement, réfrigérant; **~gut** *n* marchandises *f/pl* à réfrigérer; **~haus** *n* entrepôt
m frigorifique; **~kette** *f* COMM chaîne *f*
frigorifique; **~mittel** *n* produit réfrigérant; **~raum** *m* chambre froide, frigorifique; **~rippe** *f* ailette *f* de refroidissement, de réfrigération; **~schlange** *f*
serpentin *m* de refroidissement, de réfrigération; **~schrank** *m* réfrigérateur
m; frigidaire *m*; **~tasche** *f* sac isotherme; **~theke** *f* vitrine *f* frigorifique;
~truhe *f* congélateur-bahut *m*; **~turm**
m TECH tour *f* de refroidissement
'**Kühlung** *f* ⟨~; ~en⟩ TECH refroidissement *m*; *von Lebensmitteln* réfrigération *f*; *sich* (*dat*) *~ verschaffen* se rafraîchir
'**Kühl|wagen** *m* (*Eisenbahn♀*) wagon *m*
frigorifique; *Lastwagen* camion *m* frigorifique; **~wasser** *n* ⟨~s; ⚊⟩ eau *f* de
refroidissement
'**Kuh|milch** *f* lait *m* de vache; **~mist** *m*
fumier *m* de vache
kühn [ky:n] *adj* 'hardi'; *p/fort* audacieux,
-ieuse; (*verwegen*) téméraire; (*unerschrocken*) intrépide; *ein ~er Entschluß* une décision 'hardie'; *das übertrifft meine ~sten Träume* cela dépasse mes plus beaux rêves
'**Kühnheit** *f* ⟨~; ~en⟩ 'hardiesse *f*; *p/fort*
audace *f*; (*Verwegenheit*) témérité *f*;
(*Unerschrockenheit*) intrépidité *f*
'**Kuh|pocken** *f/pl* VÉT *u* Impfstoff vaccine
f; **~stall** *m* étable *f* (à vaches)
'**kuhwarm** *adj ~e Milch* lait fraîchement
trait
kujonieren [kujo'ni:rən] F *péj v/t* ⟨pas
de ge-, h⟩ tracasser; *Vorgesetzter* brimer
k.u.k. ['ka:ʔʊnt'ka:] *österr* HIST *abr* (*kaiserlich und königlich*) impérial et royal;
die ~ Monarchie l'empire austro-hongrois
'**Küken** ['ky:kən] *n* ⟨~s; ~⟩ **1.** ZO poussin
m; **2.** F *fig* (*kleines Kind*) F mioche *m*;
Mädchen oie blanche; enfant *f*; **3.** TECH
clé *od* clef *f*; noix *f*
Kukuruz ['kukuruts] *m* ⟨~(es)⟩ *österr*
maïs *m*
ku|lant [ku'lant] *adj* arrangeant, accommodant; *Preis* avantageux, -euse;
♀lanz *f* ⟨~⟩ COMM souplesse *f* en affaires; bonne volonté; *auf ~* sans faire
payer (le client)
Kuli¹ ['ku:li] *m* ⟨~s; ~s⟩ (*Arbeiter*) *a fig*
coolie *m*
'**Kuli**² F *m* ⟨~s; ~s⟩ (*Kugelschreiber*) stylo *m*
kulinarisch [kuli'na:rɪʃ] *adj* culinaire
Kulisse [ku'lɪsə] *f* ⟨~; ~n⟩ **1.** THÉ Bühnendekoration décors *m/pl*; *Raum* cou-

lisse(s) *f*(*pl*); *fig hinter den ~n* dans les
coulisses; *hinter die ~n schauen* regarder en coulisse; **2.** TECH, FIN coulisse *f*
Ku'lissen|schieber F *m* THÉ machiniste
m; **~wechsel** *m* THÉ changement *m* de
décors; *fig* changement *m* de décor
'**Kulleraugen** F *plais n/pl* grands yeux
vifs
'**kullern** ['kʊlərn] F *v/i* ⟨-(e)re, sein⟩
rouler
Kulmi|nation [kʊlmɪnatsi'o:n] *f* ⟨~;
~en⟩ ASTR, *fig* culmination *f*; **~nati'onspunkt** *m* ASTR, *fig* point culminant; **♀'nieren** *v/i* ⟨pas de ge-, h⟩ culminer (*in* [+ *dat*] dans)
Kult [kʊlt] *m* ⟨~(e)s; ~e⟩ culte *m*; *mit
etw, j-m e-n ~ treiben* rendre un culte
à qc, à qn; idolâtrer qc, qn
'**Kult|bild** *n* idole *f*; **~buch** *n* livre *m*
culte; **~figur** *f* idole *f*; **~film** *m* film *m*
culte; **~handlung** *f* cérémonie cultuelle
'**kultisch** *adj* du culte; cultuel, -elle
Kultivator [kʊlti'va:tɔr] *m* ⟨~s; -'toren⟩
AGR *Gerät* cultivateur *m*
kulti'vieren *v/t* ⟨pas de ge-, h⟩ *a fig* cultiver
kulti'viert *adj* cultivé; (*gepflegt*) soigné; **II** *advt ~ speisen* faire un repas
gastronomique; *sich ~ benehmen*
avoir de bonnes manières
'**Kultstätte** *f* lieu *m* de culte; lieu sacré
Kultur [kʊl'tu:r] *f* ⟨~; ~en⟩ **1.** *e-s Volkes, e-r Gesellschaft* civilisation *f*; (*persönliche Bildung, verfeinerte Lebensweise*) culture *f*; (*Lebensart*) savoir-vivre *m*; *die ~ des Abendlandes* la civilisation occidentale; *ein Mensch ohne
~* un homme dépourvu de culture, inculte; **2.** AGR, FORSTWIRTSCHAFT,
BIOL, *von Bakterien etc* culture *f*
Kul'tur|abkommen *n* accord culturel;
~amt *n* *e-r Stadt etc* service culturel; **~attaché** *m* attaché culturel; **~austausch** *m* échange(s) culturel(s); **~banause** *m* *péj plais* personne *f* sans culture générale; ignorant *m*; **~beilage** *f*
e-r Zeitung supplément culturel; **~betrieb** *m* ⟨~(e)s⟩ vie culturelle; **~beutel**
m trousse *f* de toilette; **~boden** *m* **1.**
AGR sol cultivé; **2.** *Land* pays culturel;
pays *m* qui a un passé culturel; **~denkmal** *n* monument *m* historique
kultu'rell **I** *adj* culturel, -elle; **II** *adv* du
point de vue culturel; *~ hochstehend*
d'un 'haut niveau culturel
Kul'tur|epoche *f* époque culturelle;
~erbe *n* héritage, patrimoine culturel;
♀feindlich *adj* ennemi de la civilisation; **~film** *m* (film *m*) documentaire *m*; **~fonds** *m* fonds culturel; **~geschichte** *f* histoire *f* de la civilisation
bzw des civilisations; **♀geschichtlich**
adj qui se rapporte à l'histoire de la
civilisation; **~gut** *n* patrimoine culturel;
♀historisch *adj* cf *kulturgeschichtlich*; **~hoheit** *f* souveraineté culturelle; **~kreis** *m* sphère culturelle; culture *f*; **~kritik** *f* critique *f* de la civilisation; **~landschaft** *f* **1.** *Landschaft*
paysage domestique; **2.** (*pas de pl*) *fig*
(*Kulturleben*) vie culturelle; **~leben** *n*
⟨~s⟩ vie culturelle; **♀los** *adj* inculte;
~losigkeit *f* ⟨~⟩ absence *f* de culture;
~magazin *n* magazine culturel; **~pessimismus** *m* pessimisme *m* à l'égard

de la civilisation; ~**pflanze** *f* plante cultivée; ~**politik** *f* ⟨~⟩ politique culturelle; ²**politisch** *adj* relatif, -ive à la politique culturelle; ~**raum** *m* aire culturelle; ~**revolution** *f* révolution culturelle; ~**schaffende(r)** *m* (→ A) HIST DDR créateur *m*; artiste *m*; ~**schande** *f* péj atteinte *f* à la civilisation; ~**schock** *m* SOZIOLOGIE choc *m* des cultures; ~**soziologie** *f* sociologie *f* de la culture; ~**sprache** *f* langue culturelle; ~**stufe** *f* degré *m* de civilisation; ~**szene** *f* ⟨~⟩ scène culturelle; ~**tasche** *f* trousse *f* de toilette; ~**träger** *m* personne ou institution contribuant à la diffusion de la culture; ~**volk** *n* peuple civilisé; ~**zentrum** *n* centre culturel

Kultus|gemeinde [ˈkʊltusɡəmaɪndə] *f* communauté religieuse (de Prague); ~**minister** *m* in Deutschland ministre *m* des Affaires culturelles; in Frankreich ministre *m* de l'Éducation nationale; ~**ministerium** *n* in Deutschland ministère *m* des Affaires culturelles; in Frankreich ministère *m* de l'Éducation nationale

Kumarin [kumaˈriːn] *n* ⟨~s⟩ coumarine *f*
Kumaron [kumaˈroːn] *n* ⟨~s⟩ CHIM coumarone *f*
Kümmel [ˈkʏməl] *m* ⟨~s; ~⟩ **1.** *Pflanze, Gewürz* cumin *m*; **2.** *Branntwein* kummel *m*; ~**branntwein** *m* kummel *m*; ~**käse** *m* fromage *m* au cumin
Kummer [ˈkʊmɐ] *m* ⟨~s⟩ chagrin *m*; souci(s) *m(pl)*; **j-m ~ machen** donner du souci à qn; F **ich bin ~ gewohnt** F je n'en suis pas à une déception près
'**Kummer|bund** *m* ⟨~(e)s; ~e⟩ COUT ceinture *f* de smoking; ~**kasten** F *m* boîte aux lettres où l'on dépose, dans une école, une entreprise, ses suggestions, ses réclamations, etc
'**kümmerlich** *adj* **1.** (*schwächlich u klein*) chétif, -ive; malingre; **2.** (*arm*) pauvre; misérable; **3.** *péj* (*nicht ausreichend*) maigre
kümmern [ˈkʏmɐn] ⟨-(e)re, h⟩ **I** *v/t* **das kümmert mich nicht** je ne m'en soucie pas; **was kümmert ihn das?** en quoi cela le regarde-t-il?; **was kümmert dich das?** qu'est-ce que cela peut te faire?; **II** *st/s v/i* (*nicht gedeihen*) dépérir; **III** *v/refl* **sich um j-n, etw ~** (*sorgen für*) s'occuper de qn, de qc; (*beachten*) se soucier de qn, de qc; **sich darum ..., daß ...** faire en sorte que ... (+*subj*); veiller à ce que ... (+*subj*); **sich nicht um das Gerede ~** ne pas se soucier du qu'en dira-t-on; **~ Sie sich um Ihre (eigenen) Angelegenheiten!** occupez-vous de vos affaires!; mêlez-vous, occupez-vous de ce qui vous regarde!
'**Kummernis** *st/s f* ⟨~; ~se⟩ chagrin *m*
'**Kummerspeck** *m* F **~ ansetzen** F faire du lard parce qu'on a des soucis
'**kummervoll** *adj* plein de chagrin
Kumpan [kʊmˈpaːn] F, *oft péj m* ⟨~s; ~e⟩ (*Kamerad*) F copain *m*; (*Mittäter*) complice *m*; comparse *m*; acolyte *m*
Kumpel [ˈkʊmpəl] *m* ⟨~s; ~ ou F ~s⟩ **1.** BERGWERK mineur *m*; **2.** F (*Kamerad*) F copain *m*; F pote *m*
'**kumpelhaft** *adj* familier, -ière
Kumu|lation [kumulatsiˈoːn] *f* ⟨~; ~en⟩ *cf* **Kumulierung**; ²**la'tiv** *adj* (*Anhäufung*) -ive; ~'**lierung** *f* ⟨~; ~en⟩ (*Anhäufung*) accumulation *f*; *von Ämtern, Strafen etc* cumul *m*

Kumulus [ˈkuːmulʊs] *m* ⟨~; -li⟩ MÉTÉO cumulus *m*
'**kündbar** *adj Vertrag* résiliable; qui peut être dénoncé; *Stellung* dont le contrat peut être résilié; *Wohnung* dont le bail peut être résilié; *Arbeitnehmer, Mieter* congédiable
Kunde¹ [ˈkʊndə] *m* ⟨~n; ~n⟩ COMM client *m*; **Dienst** *m* **am ~n** service *m* du client
Kunde² *st/s f* ⟨~; ~n⟩ (*Nachricht*) nouvelle *f*; (*Kenntnis*) connaissance *f*; **~ von etw haben** avoir connaissance de qc; **j-m von etw ~ geben** donner des nouvelles de qc à qn
Kunde³ *f* ⟨~; ~n⟩ österr clientèle *f*
künden [ˈkʏndən] *st/s* ⟨-ete, h⟩ **I** *v/t* (*auf etw hindeuten*) **etw ~** annoncer qc; **II** *v/i* (*von etw zeugen*) **von etw ~** témoigner de qc
'**Kundenberatung** *f* conseil *m* au client
'**Kundenbesuch** *m* **~e machen** visiter les clients
'**Kunden|dienst** *m* service *m* après-vente; ~**fang** *m* ⟨~(e)s⟩ *péj* racolage commercial; chasse *f* au client; ~**karte** *f* e-s Geschäfts carte *f* de fidélité; e-r Bank carte *f* badge; ~**kartei** *f* fichier *m* clients; ~**kredit** *m* crédit *m* au client; ~**kreis** *m* clientèle *f*; ~**stamm** *m* clientèle fixe, habituelle; ~**werbung** *f* prospection *f* de la clientèle
'**kund|geben** [ˈkʊntɡeːbən] *st/s v/t* ⟨irr, sép, -ge-, h⟩ faire connaître; manifester; révéler; ²**gebung** *f* ⟨~; ~en⟩ Veranstaltung manifestation *f*; réunion *f* politique
'**kundig** *adj* connaisseur; expert; *st/s* **e-r Sache** (gén) **~ sein** connaître qc; *st/s* **des Lesens und Schreibens ~** qui sait lire et écrire; *st/s* **sich über etw** (*acc*) **~ machen** se renseigner sur qc; **mit ~em Blick** d'un air connaisseur
kündigen [ˈkʏndɪɡən] ⟨h⟩ **I** *v/t Vertrag, Abkommen etc* résilier; dénoncer; *s-e Stellung, Wohnung* ~ donner son congé à son patron *bzw* à son propriétaire; *fig* **j-m die Freundschaft ~** rompre avec qn; **II** *v/i* **j-m ~** *Arbeitgeber* licencier qn; *a Hausbesitzer* donner congé à qn (**zum Quartalsende** pour la fin du trimestre); **der Angestellte, der Mieter hat gekündigt** l'employé a donné son congé, sa démission, le locataire a donné son congé (**zum 31. Dezember** pour le 31 décembre); **e-m Arbeitnehmer a ihm wurde gekündigt**, F *a v/t* **er wurde gekündigt** il a été licencié, F renvoyé
'**Kündigung** *f* ⟨~; ~en⟩ e-s Vertrags résiliation *f*; dénonciation *f*; ARBEITSRECHT licenciement *m*; MIETRECHT bei Geldern préavis *m*; MIETRECHT *a* congé *m*; **ordentliche ~** ARBEITSRECHT licenciement *m*, MIETRECHT congé *m* en règle; **fristlose ~** ARBEITSRECHT licenciement *m*, MIETRECHT congé *m* sans préavis
'**Kündigungs|frist** *f* ARBEITSRECHT délai *m* de préavis; MIETRECHT congé-préavis *m*; *bei Geldern* délai-congé *m*; *bei Verträgen* délai *m* de résiliation; ~**grund** *m* motif *m* du congé, du préavis; ~**schreiben** *n* lettre *f* de congé, de préavis; ~**schutz** *m* ARBEITSRECHT protection *f* contre les licenciements abusifs; MIETRECHT protection *f* du locataire; ~**termin** *m* date *f* limite, échéance *f* du préavis, du congé, *bei Verträgen* de la résiliation
'**Kundin** *f* ⟨~; ~nen⟩ cliente *f*
'**Kundschaft** *f* ⟨~⟩ clientèle *f*; **ich habe ~ im Laden** j'ai des clients (dans le magasin)
'**Kundschafter** *m* ⟨~s; ~⟩ éclaireur *m*
'**kundtun** *st/s v/t* ⟨irr, sép, -ge-, h⟩ *cf* **kundgeben**
künftig [ˈkʏnftɪç] **I** *adj* futur; à venir; **II** *adv* à l'avenir; dorénavant; désormais; ~**hin** *st/s adv* désormais
Kunge'lei F *péj f* ⟨~; ~en⟩ manigance *f*
kungeln [ˈkʊŋəln] F *péj v/i* ⟨-(e)le, h⟩ manigancer (**um etw** qc)
Kunst [kʊnst] *f* ⟨~; ~e⟩ art *m*; **die bildenden Künste, die bildende ~** les arts plastiques; *oft* les beaux-arts; **die schönen Künste** les beaux-arts; **die Schwarze ~** (*Magie*) la magie; (*Buchdruck*) l'imprimerie *f*; **e-e brotlose ~** un métier qui ne nourrit pas son homme; une profession peu lucrative; *fig* **das ist keine ~** ce n'est pas difficile; F ce n'est pas sorcier; **mit s-r ~ am Ende sein** être au bout de son latin; F **was macht die ~?** comment ça marche?
'**Kunst|akademie** *f* académie *f* des beaux-arts; *in Frankreich* école *f* des beaux-arts; ~**auktion** *f* vente *f* aux enchères d'objets d'art; ~**ausstellung** *f* exposition *f* d'œuvres d'art; ~**banause** *m* *péj* ignorant *m* en matière d'art; béotien, -ienne *m,f*; ~**band** *m* livre *m* d'art
'**Kunstbesitz** *m* **~ der Stadt München** propriété (culturelle) de la ville de Munich
'**Kunst|betrachtung** *f* interprétation *f* d'œuvres d'art; ~**darm** *m* peau *f* (de saucisson) artificielle; ~**denkmal** *n* monument (classé); ~**diebstahl** *m* vol *m* d'œuvres d'art; ~**druck** *m* ⟨~(e)s; ~e⟩ impression *f* d'art; ~**dünger** *m* engrais *m* chimique; ~**eis** *n* glace artificielle; ~**eisbahn** *f* patinoire *f*; ~**erziehung** *f* éducation *f* artistique; Schulfach dessin *m*; ~**experte** *m*, ~**expertin** *f* expert(e) *m(f)* en matière d'art; ~**fälschung** *f* falsification *f* d'objets d'art; Ergebnis faux *m* (en matière d'art); ~**faser** *f* fibre *f* synthétique; ~**fehler** *m* MÉD faute médicale; ²**fertig** *adj* habile; adroit; ~**fertigkeit** *f* ⟨~⟩ habileté *f*; adresse *f*; ~**flieger(in)** *m(f)* pilote *m* d'acrobatie aérienne; ~**flug** *m* ⟨~(e)s; ~e⟩ acrobatie aérienne; voltige *f*; ~**form** *f* forme *f* artistique; ~**führer** *m* guide *m* de tourisme culturel; ~**galerie** *f* galerie *f* d'art; ~**gegenstand** *m* objet *m* d'art; ²**gerecht I** *adj* conforme aux règles de l'art; **II** *adv* conformément aux, selon les règles de l'art; ~**geschichte** *f* histoire *f* de l'art
'**kunstgeschichtlich I** *adj* d'histoire de l'art; **II** *adv* du point de vue de l'histoire de l'art; **~ interessiert sein** s'intéresser à l'histoire de l'art
'**Kunst|gewerbe** *n* ⟨~s⟩ arts décoratifs, appliqués; ²**gewerblich** *adj* des arts décoratifs, appliqués; ~**griff** *m* artifice *m*; procédé *m*; truc *m*; *pl* ~**e** ficelles *f/pl* (du métier); ~**halle** *f* salle d'exposition (d'œuvres d'art) municipale; ~**handel** *m* commerce *m* d'art;

Kunsthändler – Kurort

~**händler(in)** *m(f)* marchand(e) *m(f)* d'art; ~**handlung** *f* magasin *m* d'objets d'art; ~**handwerk** *n* artisanat *m* d'art; ~**handwerker(in)** *m(f)* artisan *m* d'art; ~**harz** *n* résine artificielle, synthétique; ~**herz** *n* cœur artificiel; ~**historiker(in)** *m(f)* historien, -ienne *m,f* d'art; ~**honig** *m* miel artificiel; ~**kalender** *m* calendrier *m* d'art; ~**kenner(in)** *m(f)* connaisseur, -euse *m,f* en matière d'art; ~**kritik** *f* critique *f* d'art; ~**kritiker(in)** *m(f)* critique *m,f* d'art; ~**leder** *n* cuir artificiel

Künstler(in) ['kʏnstlər(ɪn)] *m* ⟨~s; ~⟩ *(f)* ⟨~; ~nen⟩ artiste *m,f*; F fig (*Meister*) *er ist ein ~ im Vordrängeln* F c'est un champion de la resquille; F iron *du bist mir aber ein ~!* F t'es vraiment champion!

'**Künstlerhand** *f von ~* de la main d'un artiste

'**künstlerisch I** *adj Person* artiste; *Sache* artistique; **II** *adv* artistiquement; du point de vue artistique; *~ wertvoll sein* avoir une valeur artistique; *etw ~ gestalten* donner une forme artistique à qc

'**Künstler|kolonie** *f* colonie *f* d'artistes; ~**kreise** *m/pl* milieux *m/pl* d'artistes; ~**name** *m* pseudonyme *m*; ~**pech** F plais *n* ⟨~(e)s⟩ petit malheur; ~**tum** *n* ⟨~s⟩ génie *m* artistique

'**künstlich I** *adj* artificiel, -ielle; **II** *adv* artificiellement; F *sich ~ aufregen* s'énerver inutilement

'**Künstlichkeit** *f* ⟨~⟩ caractère artificiel

'**Kunst|licht** *n* ⟨~(e)s⟩ lumière *f* artificielle; ~**liebhaber(in)** *m(f)* amateur *m* d'art; ⁀**los** *adj* dépourvu d'art; simple; ~**maler(in)** *m(f)* artiste *m,f* peintre; ~**markt** *m* marché *m* de l'art; ~**museum** *n* musée *m* d'art; ~**pause** *f* silence expressif; ~**postkarte** *f* carte postale d'art; ~**rasen** *m* gazon artificiel; ⁀**reich** *adj* (*kunstvoll*) fait avec art; (*geschickt*) ingénieux, -ieuse; ~**reiter(in)** *m(f)* écuyer, -ère *m,f*; ~**richtung** *f* tendance *f* de l'art; ~**sachverständige(r)** *f(m) cf* **Kunstexperte**; ~**sammler(in)** *m(f)* collectionneur, -euse *m,f* d'art; ~**sammlung** *f* collection *f* d'objets d'art

'**Kunstschätze** *m/pl* trésors *m/pl* (artistiques); *die ~ Italiens* les trésors de l'art italien

'**Kunst|schmied** *m* ferronnier *m* (d'art); ~**schütze** *m*, ~**schützin** *f* artiste *m,f* de tir; ~**schwimmen** *n* ballet *m* nautique; ~**schwimmer(in)** *m(f)* nageur, -euse *m,f* pratiquant le ballet nautique; ~**seide** *f* rayonne *f*; soie artificielle; ~**sinn** *m* ⟨~(e)s⟩ sens *m*, goût *m* artistique; ~**sprache** *f* langue artificielle; ~**springen** *n* ⟨~s⟩ plongeons *m/pl* de tremplin; ~**springer(in)** *m(f)* plongeur, -euse *m,f* au tremplin; ~**stoff** *m* matière *f* plastique; plastique *m*

'**kunststopfen** *v/t u v/i* F (*les formes séparées des temps simples ne s'emploient pas*, -ge-, h) COUT stopper

'**Kunststück** *n* (*Glanzleistung*) tour *m* de force; (*Geschicklichkeits*⁀) tour *m* d'adresse; (*Zauber*⁀) tour *m* de prestidigitation, de passe-passe; (*Karten*⁀) tour *m* de cartes; *das ist kein ~* ce n'est pas difficile; F ce n'est pas sorcier; F iron *~!* ce n'est pas étonnant!

'**Kunst|student(in)** *m(f)* étudiant(e) *m(f)* des beaux-arts; ~**tischler** *m* ébéniste *m*; ~**turnen** *n* gymnastique *f* artistique; ~**turner(in)** *m(f)* gymnaste *m,f* artistique; ~**verstand** *m* connaissances *f/pl* en matière d'art; ⁀**voll I** *adj* fait avec (beaucoup d')art; **II** *adv* avec art; ~**werk** *n* œuvre *f* d'art; ~**wissenschaft** *f* sciences *f/pl* de l'art; ~**wort** *n* ⟨~(e)s; -wörter⟩ mot formé artificiellement

kunterbunt ['kʊntərbʊnt] **I** *adj* **1.** (*bunt*) bariolé; **2.** (*abwechslungsreich*) (très) varié; **II** *adv* (*durcheinander*) pêle-mêle

Kupfer ['kʊpfər] *n* ⟨~s⟩ **1.** *Metall* cuivre *m*; *etw in ~ (acc) stechen* graver qc sur cuivre; **2.** (~*geschirr*) cuivres *m/pl*

'**Kupfer|blech** *n* feuille *f* de cuivre; cuivre laminé; ~**draht** *m* fil *m* de cuivre; ~**druck** *m* ⟨~(e)s; -e⟩ impression *f* en taille-douce; ~**farben** *adj* cuivré; ~**geld** *n* ⟨~(e)s⟩ monnaie *f* de cuivre; ⁀**haltig** *adj* qui contient du cuivre; cuprifère; ~**kessel** *m* chaudron *m* en cuivre; ~**legierung** *f* alliage *m* de cuivre; ~**münze** *f* pièce *f* de cuivre

'**kupfern** *adj (aus Kupfer)* de, en cuivre; (*wie Kupfer*) cuivré

'**Kupfer|rohr** *n* tuyau *m* en cuivre; ⁀**rot** *adj* cuivré; ~**schmied** *m* chaudronnier *m*

'**Kupferstecher** *m* ⟨~s; ~⟩ graveur *m* sur cuivre; F *plais mein (lieber) Freund und ~!* F mon vieux pote!

'**Kupfer|stich** *m* gravure *f* sur cuivre; ~**sulfat** *n* ⟨~(e)s⟩ CHIM sulfate *m* de cuivre; ~**vitriol** *n* ⟨~s⟩ CHIM vitriol *m* de cuivre, bleu; ~**zeit** *f* ⟨~⟩ âge *m* du cuivre

kupieren [ku'piːrən] *v/t* ⟨*pas de ge-*, h⟩ **1.** *Hunde-, Pferdeschwanz* écourter; *Hundeohren, Pflanzen* tailler; **2.** MÉD juguler; enrayer

Kuppe ['kʊpə] *f* ⟨~; ~n⟩ **1.** (*Finger*⁀ *etc*) bout *m*; **2.** (*Berg*⁀) sommet *m* (arrondi); *Überholen verboten vor e-r ~* 'haut de côte

Kuppel ['kʊpəl] *f* ⟨~; ~n⟩ *innere* coupole *f*; *äußere* dôme *m*; ⁀**artig** *adj* semblable à, comme un dôme, une coupole; ~**bau** *m* ⟨~(e)s; -ten⟩ bâtiment *m* à dôme, à coupole; ~**dach** *n* dôme *m*; toit *m* en coupole

Kuppe'lei *f* ⟨~; -en⟩ (*Zuhälterei*) proxénétisme *m*; *früher u* F (*Eheanbahnung*): *fait d'arranger des rencontres en vue de mariages*; *~ betreiben als Zuhälter* faire le proxénète; faire du proxénétisme; *Eheanbahnung* faire l'entremetteur, -euse

'**Kuppelgrab** *n* tombeau *m* à coupole

'**kuppeln** ⟨-(e)le, h⟩ **I** *v/t* TECH (ac)coupler; ÉLECT accoupler; *etw an etw (acc) ~ Anhänger etc* atteler qc à qc; **II** *v/i* AUTO embrayer; (*aus*) *(ein)~* débrayer

'**Kuppler(in)** *m* ⟨~s; ~⟩ *f* ⟨~; -nen⟩ entremetteur, -euse *m,f*

'**Kupplung** *f* ⟨~; -en⟩ TECH, ÉLECT accouplement *m*; *von Anhängern etc* attelage *m*; AUTO embrayage *m*; (*auf*) *die ~ treten, beim Motorrad die ~ ziehen* débrayer; *die ~ kommen lassen* embrayer

'**Kupplungs|hebel** *m* poignée *f* d'embrayage; ~**pedal** *n* AUTO pédale *f* d'embrayage

Kur [kuːr] *f* ⟨~; -en⟩ cure *f*; *e-e ~ machen* faire une cure

Kür [kyːr] *f* ⟨~; -en⟩ TURNEN exercices *m/pl* libres; EISKUNSTLAUF etc figures *f/pl* libres; *die ~ gewinnen* EISKUNSTLAUF remporter l'épreuve des figures libres

'**Kurarzt** *m* médecin *m* curiste

Kuratel [kura'teːl] *f* ⟨~; -en⟩ JUR curatelle *f*; *j-n unter ~ (acc) stellen* mettre qn en, placer qn sous curatelle, tutelle

Kura|tor [ku'raːtɔr] *m* ⟨~s, -'toren⟩ administrateur *m* (d'une fondation, etc); ~'**torium** *n* ⟨~s, -ien⟩ conseil *m* d'administration; comité *m*

'**Kur|aufenthalt** *m* séjour *m* dans une station thermale, etc; ~**bad** *n* station thermale; ville *f* d'eaux

Kurbel ['kʊrbəl] *f* ⟨~; -n⟩ manivelle *f*

'**kurbeln** *v/i* ⟨-(e)le, h⟩ tourner la manivelle; F fig (*das Lenkrad drehen*) manœuvrer

'**Kurbelwelle** *f* TECH arbre-manivelle *m*; arbre *m* à vilebrequin

Kürbis ['kʏrbɪs] *m* ⟨~ses, -se⟩ **1.** BOT courge *f*; *großer* potiron *m*; (*Flaschen*⁀) calebasse *f*; **2.** F fig (*Kopf*) F citron *m*; F cafetière *f*; ~**flasche** *f* calebasse *f*; ~**kern** *m* graine *f* de courge

Kurd|e ['kʊrdə] *m* ⟨~n; ~n⟩, ~**in** *f* ⟨~; ~nen⟩ Kurde *m,f*; ⁀**isch** *adj* kurde

'**Kurdisch** *n* ⟨~(s)⟩, ~**e** *n* ⟨~n⟩ (*das*) *Kurdisch(e)* Sprache le kurde

'**kuren** F *v/i* ⟨h⟩ faire une cure

küren ['kyːrən] *st/s v/t* ⟨h⟩ élire (*zur Königin* reine)

Kürettage [kyreˈtaːʒə] *f* ⟨~; -n⟩ MÉD curetage *m*

'**Kur|fürst** *m* HIST prince électeur; Électeur *m*; ~**fürstin** *f* HIST femme *f* d'un prince électeur; ⁀**fürstlich** *adj* HIST du prince électeur

'**Kur|gast** *m* curiste *m,f*; ~**haus** *n* établissement thermal; ~**heim** *n* établissement (*municipal*) destiné au logement des curistes; ~**hotel** *n* hôtel thermal

Kurie ['kuːriə] *f* ⟨~; -n⟩ CATH curie *f*

Kurier [ku'riːr] *m* ⟨~s; -e⟩ courrier *m*; messager *m*; ~**dienst** *m* service *m* de transport par courrier

ku'rieren *v/t* ⟨*pas de ge-*, h⟩ *Person, Krankheit* guérir; *j-n ~* guérir qn (*von etw* de qc); F fig *davon bin ich (gründlich) kuriert* j'en suis (complètement) guéri

kurios [kuri'oːs] *adj* curieux, -ieuse; bizarre

kuri'oser'weise *adv* curieusement

Kuriosi'tät *f* ⟨~; -en⟩ **1.** ⟨*pas de pl*⟩ *Eigenschaft* singularité *f*; bizarrerie *f*; **2.** *Gegenstand* curiosité *f*

Kuri'osum *st/s n* ⟨~s; -sa⟩ *Gegenstand* curiosité *f*; *Sachverhalt* fait curieux; phénomène *m*; aspect *m* insolite de la situation

'**Kur|kapelle** *f* orchestre *m* d'une station thermale, etc; ~**karte** *f* carte *f* de curiste; ~**klinik** *f* clinique *f* d'une station thermale, etc; ~**konzert** *n* concert *m* pour les curistes

Kurkuma ['kʊrkuːma] *f* ⟨~; -'kumen⟩ BOT curcuma *m*

Kurlaub ['kuːrlaʊp] *m* ⟨~(e)s; -e⟩ vacances combinées avec une cure

'**Kürlauf** *m* EISKUNSTLAUF figures *f/pl* libres

'**Kur|ort** *m mit Heilquellen* station ther-

Kurpackung – Kurzsichtiger

male; ville *f* d'eaux; (*Klima*&) station *f* climatique; **~packung** *f für die Haare* masque *m* capillaire; **~park** *m* parc *m* d'une station thermale, *etc*; **~pfuscher(-in)** *m(f)* péj charlatan *m*; **~pfusche'rei** *f* péj charlatanisme *m*; **~promenade** *f* promenade *f* d'une station thermale, *etc*

Kurs [kʊrs] *m* ⟨~es; ~e⟩ **1.** *MAR* route *f*; *AVIAT meist* cap *m* (*a fig*); *e-r Rennstrecke* parcours *m*; *fig* orientation *f*; **~ nehmen auf** (+*acc*) faire route pour, vers; mettre le cap sur; **den ~ halten** maintenir sa route, *a fig* son cap; **den ~ ändern** changer de route, de cap; *fig der neue ~* la nouvelle orientation; *fig ein harter, weicher ~* une orientation rigoureuse, souple; **2.** (*Lehrgang*) cours *m*; *an e-m ~ teilnehmen* suivre un cours; **3.** *BÖRSE* cours *m*; *von Geld a* circulation *f*; *zum ~ von* au cours de; *hoch im ~ stehen* être bien coté (en bourse); *fig* avoir la cote (*bei* chez).

'Kursaal *m* casino *m*

'Kurs|abweichung *f MAR* déviation *f* de la route, *AVIAT* du cap; **~änderung** *f* **1.** *MAR* changement *m* de route, *AVIAT* de cap; *cf a 3.*; **2.** *COMM* changement *m*, variation *f* du *od* des cours; **3.** *fig* changement *m* de cap *od* d'orientation; **~anstieg** *m* 'hausse *f* des cours; **~bericht** *m cf Kurszettel*; **~buch** *n EISENBAHN* indicateur *m* des chemins de fer

'Kurschatten F *plais m: personne de l'autre sexe avec qui on sympathise pendant la durée d'une cure*

Kürsch|ner(in) [ˈkʏrʃnər(ɪn)] *m* ⟨~s; ~⟩ (*f*) ⟨~; ~nen⟩ fourreur, -euse *m,f*; **~ne'rei** *f* ⟨~; ~en⟩ **1.** ⟨*pas de pl*⟩ *Handwerk* pelleterie *f*; **2.** *Werkstatt* atelier *m* de fourreur

'Kursgewinn *m Wertpapiere* bénéfice *m* sur le cours; *Devisen* bénéfice *m* de change

kur'sieren *v/i* ⟨*pas de ge-, h ou sein*⟩ *Geld* circuler; être en circulation; *Gerücht* courir

kur'siv **I** *adj TYPO* italique; **II** *adv* en italique; en caractères italiques

Kur'sivschrift *f TYPO* italique *m*; caractères *m/pl* italiques

'Kurs|korrektur *f* changement *m* d'orientation (*a fig*), de trajectoire; **~leiter(in)** *m(f)* professeur *m*; **~notierung** *f* cotation *f*

kursorisch [kʊrˈzoːrɪʃ] **I** *adj* cursif, -ive; **II** *adv etw ~ durchsehen* voir qc rapidement

'Kurs|rückgang *m BÖRSE* recul *m*, fléchissement *m* des cours; **~schwankung** *f BÖRSE* fluctuation *f* des cours; **~system** *n SCHULE* système *m* de cours; **~teilnehmer(in)** *m(f)* élève *m,f* d'un cours; participant(e) *m(f)* à un cours

'Kursus *m* ⟨~; Kurse⟩ *cf Kurs 2*.

'Kurs|verlust *m Wertpapiere* perte *f* sur le(s) cours; *Devisen* perte *f* au change; **~wagen** *m EISENBAHN* voiture directe; **~wechsel** *m* changement *m* d'orientation, de cap; **~wert** *m e-r Aktie* cote *f* (d'une action); **~zettel** *m* cote *f* (de la bourse)

'Kurtaxe *f* taxe *f* de séjour

Kurtisane [kʊrtiˈzaːnə] *f* ⟨~; ~n⟩ *früher* courtisane *f*

Kurve [ˈkʊrvə] *f* ⟨~; ~n⟩ **1.** *MATH, MÉD,*

fig courbe *f*; *Flugzeug e-e ~ beschreiben, ziehen* décrire une courbe; **2.** *e-r Straße* virage *m*; tournant *m*; *gefährliche ~* virage dangereux; *e-e ~ machen* décrire une courbe; *hier macht die Straße e-e scharfe ~* il y a un virage serré; *in der ~* dans le virage; *die ~ nehmen, in die ~ gehen* prendre le virage; *sich in die ~ legen* se pencher en prenant le virage; F *fig die ~ nicht kriegen* F ne pas y arriver; F *fig die ~ kratzen* se sauver; F filer; *unbemerkt* s'éclipser; **3.** F (*weibliche Rundungen*) *pl ~n* rondeurs *f/pl*

'kurven *v/i* ⟨sein⟩ **1.** (*in Kurven fahren*) *um die Ecke ~* prendre le prochain tournant; **2.** F (*umherfahren*) *durch etw ~* sillonner qc; parcourir qc

'Kurven|diskussion *f MATH* étude *f* de courbes; **~lage** *f AUTO* tenue *f* en virage; **~lineal** *n* pistolet *m* (à dessin)

'kurvenreich *adj* **1.** *Straße* sinueux, -euse; avec de, aux nombreux virages; *~e Strecke!* virages!; **2.** F *plais Frau* aux formes rondes

'Kurverwaltung *f* service administratif d'une station thermale, *etc*

kurz [kʊrts] **I** *adj* ⟨~er, ~este⟩ **1.** *räumlich* court; **2.** *zeitlich* court; bref, brève; (*von kurzer Dauer*) *auf ~e Sicht* à court terme; *in ~en Worten* en peu de mots; *~e Zeit* peu de temps; *in ~er Zeit* en peu de temps; (*bald*) bientôt; dans peu de temps; *seit ~em* depuis peu; *vor ~er Zeit, vor ~em* il y a peu de temps, quelques jours; récemment; *in n'y a pas longtemps; *bis vor ~em* il n'y a pas une date récente; il y a encore peu de temps; *binnen ~em* d'ici peu; sous peu; dans peu de temps; prochainement; **II** *adv* brièvement; *vorher* peu de temps avant; *~ darauf, danach* peu après; *es ist ~ vor drei (Uhr)* il va bientôt être trois heures; *es ist ~ nach fünf (Uhr)* il est cinq heures passées; *~ vor dem Bankrott stehen* être près de, sur le point de faire faillite; *~ hinter Paris* un peu après Paris; *über ~ oder lang* tôt ou tard; un jour ou l'autre; *~ und bündig, ~ gesagt* sans détours; clairement; *~ (und gut)* bref; en un mot; enfin; F *~ und schmerzlos* d'un seul coup; sans ménagement; sans histoires; *fig ~ angebunden sein* être peu aimable; *das hat nur ~ gedauert* cela n'a pas duré longtemps; *~ entschlossen* vite décidé; sans réfléchir longtemps; *sich ~ fassen* être bref, brève; *sich ~ in peu de mots; *fasse dich ~!* sois bref, brève!; *~ bei j-m hereinschauen, vorbeikommen* passer chez qn dire un petit bonjour; *bei etw zu ~ kommen* ne pas avoir son compte de qc; *um es ~ zu machen* pour abréger; F *mach's ~!* fais vite!; sois bref, brève!; F *etw ~ und klein schlagen* réduire qc en miettes; mettre qc en pièces, en morceaux

'Kurz|arbeit *f* ⟨~⟩ chômage partiel; **&arbeiten** *v/i* ⟨-ete, *sép*, -ge-, h⟩ être en chômage partiel; **~arbeiter** *m* en chômage partiel; personne *f* en chômage partiel

'kurz|ärm(e)lig *adj* à manches courtes; **~atmig** *adj* qui a le souffle court; *MÉD* dyspnéique; **&atmigkeit** *f* ⟨~⟩ *MÉD*

dyspnée *f*; **~beinig** *adj Person* qui a les jambes courtes; *Tier* court sur pattes; **&bericht** *m* bref compte rendu; **&biographie** *f* biographie *f* succinte

Kürze [ˈkʏrtsə] *f* ⟨~⟩ **1.** *zeitlich* brièveté *f*; *in ~* (*dat*) sous peu; *in aller ~* en peu de mots; *prov in der ~ liegt die Würze* les plaisanteries les plus courtes sont les meilleures; **2.** *räumlich* peu *m* de longueur

'Kürzel *n* ⟨~s; ~⟩ *STENOGRAPHIE* signe *m*; (*Abkürzung*) abréviation *f*; *von Großbuchstaben* sigle *m*

'kürzen *v/t* ⟨-(es)t, h⟩ **1.** raccourcir (*um* de); *Ausgaben, Löhne etc* réduire, diminuer (*um* de); *Text* abréger; *adjt gekürzte Ausgabe, Fassung* édition, version abrégée; **2.** *MATH* simplifier

'kürzer *adj u adv* plus court; **~ machen** raccourcir; **~ werden** (se) raccourcir; **den ~en ziehen** ne pas s'en tirer à son avantage

'kurzer'hand *adv* sans hésiter; sans autre forme de procès

'kürzertreten *v/i* ⟨*irr*, *sép*, -ge-, h *ou* sein⟩ (*sich einschränken*) réduire ses dépenses; *in bezug auf s-e Kräfte* se ménager; ménager ses forces

'kürzeste(r, -s) *adj* le (la) plus court(e); *in ~r Zeit* dans les plus brefs délais; le plus vite possible

'Kurz|fassung *f* version abrégée; **~film** *m* (film *m* de) court métrage; **~form** *f* abréviation *f*; *e-s Namens* diminutif *m*

kurzfristig *adj u adv* à court terme; *Wechsel* à échéance courte; *etw ~ absagen* décommander qc peu de temps avant; **~ lieferbar** livrable dans un court délai

'kurz|gebraten *adjt CUIS* saisi; **&geschichte** *f* nouvelle *f*; conte *m*; **~geschoren** *adjt* tondu

'Kurzhaarfrisur *f eine ~ haben* avoir les cheveux courts

'kurzhaarig *adj Mensch* qui a les cheveux courts; *Tier* à poils ras

'kurzhalten *v/t* ⟨*irr*, *sép*, -ge-, h⟩ *fig j-n ~* donner peu d'argent à qn

'kurzlebig *adj a fig* éphémère; *fig* de courte durée; **&keit** *f* ⟨~⟩ caractère *m* éphémère

'kürzlich *adv* récemment; dernièrement; *erst ~* tout récemment, dernièrement

'Kurz|meldung *f* flash *m* (d'information); **~nachrichten** *f/pl* flash *m* (d'information); **~parker** *m* ⟨~s; ~⟩ personne *f* qui stationne pour une courte durée; **~parkzone** *f* zone bleue; **~referat** *n* exposé *m* bref

'kurzschließen ⟨*irr*, *sép*, -ge- h⟩ **I** *v/t ÉLECT* mettre en court-circuit; court-circuiter; **II** *v/réfl* F *fig sich mit j-m ~* contacter qn

'Kurzschluß *m ÉLECT* court-circuit *m*

'Kurzschlußhandlung *f* action irréfléchie; *e-e ~ begehen* agir sur un coup de tête

'Kurz|schrift *f* sténographie *f*; **~schuljahr** *n* année scolaire raccourcie

'kurzsichtig *adj MÉD* myope; *fig* qui a la vue courte; *~e Politik* politique à courte vue; *Person fig ~ sein* manquer de perspicacité

'Kurzsichtige(r) *f(m)* ⟨→ A⟩ *MÉD* myope *m,f*; *fig* personne *f* qui a la vue courte

Kurzsichtigkeit f ⟨~⟩ MÉD myopie f; fig manque m de perspicacité; fig **infolge s-r ~** parce qu'il ne voit pas plus loin que le bout de son nez

'kurzstielig adj **1.** Geräte à manche court; **2.** BOT à tige courte

'Kurz|strecke f SPORT petite, courte distance; **~streckenflug** m vol m court-courrier; **~streckenlauf** m SPORT sprint m; course f de vitesse sur petite distance; **~streckenläufer(in)** m(f) SPORT sprinter m; coureur, -euse m,f de vitesse sur petite distance; **~streckenrakete** f fusée f à faible portée; **~stunde** f SCHULE heure de cours raccourcie; ⚹**treten** v/i ⟨irr, sép, -ge-, h ou sein⟩ cf kürzertreten

'kurz|um adv bref; enfin; en un mot

'Kürzung f ⟨~; ~en⟩ raccourcissement m; der Ausgaben, des Budgets réduction f; diminution f; MATH simplification f

'Kurz|urlaub m petites vacances; **~waren** f/pl (articles m/pl de) mercerie f; **~warenhändler(in)** m(f) mercier, -ière m,f; **~warenhandlung** f mercerie f

'Kurzweil f ⟨~⟩ divertissement m; amusement m; passe-temps m; **zur ~** pour notre, etc divertissement, amusement

'kurzweilig adj divertissant; plaisant; amusant

'Kurz|welle f PHYS, RAD onde courte; **~wellenbereich** m ⟨~(e)s⟩ gamme f des ondes courtes; **~wellensender** m (poste) émetteur m à ondes courtes; **~wort** n ⟨~(e)s; -wörter⟩ LING abréviation f; **~zeitgedächtnis** n ⟨~ses⟩ mémoire f à court terme; ⚹**zeitig I** adj momentané; passager, -ère; **II** adv momentanément; passagèrement

kusch [kʊʃ] int **1.** **~!** zum Hund couché!; **2.** **~!** P bes österr (halt's Maul) P ta gueule!

'kusch(e)lig adj Stoff doux, douce; Kissen, Wolle moelleux, -euse

kuscheln ['kʊʃəln] ⟨-(e)le, h⟩ **I** v/i se blottir l'un contre l'autre; **II** v/réfl **sich ~** se blottir (**an** [+acc] contre; **in** [+acc] dans)

'Kuschel|tier n animal m en peluche; peluche f; ⚹**weich** adj doux, douce; moelleux, -euse

'kuschen v/i u v/réfl ⟨h⟩ (**sich**) **~** Hund se coucher; **kusch dich!** zum Hund couché!; F fig (**vor j-m**) **~** F ramper (devant qn); s'aplatir (devant qn)

'kuschlig cf kuschelig

Ku'sine cf Cousine

Kuß [kʊs] m ⟨-sses; Küsse⟩ baiser m; **j-m e-n ~ geben** donner un baiser à qn; embrasser qn; Briefschluß **viele Küsse** je vous, t'embrasse; **Gruß und ~ (Deine)** ... salut et grosses bises ...

Küßchen ['kʏsçən] n ⟨~s; ~⟩ petit baiser; F bise f

'kußecht adj Lippenstift qui tient; tenace

küssen ['kʏsən] ⟨-ßt, h⟩ **I** v/t embrasser; **die Erde, das Kruzifix ~** baiser la terre, le crucifix; **j-n auf den Mund, die Wange ~** embrasser qn sur la bouche, sur la joue; **j-m die Hand ~** baiser la main de qn; südd, österr **küss' die Hand!** mes hommages, Madame!; **II** v/réfl **sich ~** s'embrasser

'Kußhand f **j-m e-e ~ zuwerfen** envoyer un baiser de la main à qn; F fig **mit ~** avec le plus grand plaisir

Küste ['kʏstə] f ⟨~; ~n⟩ côte f; littoral m; **die bretonische ~** la côte bretonne

'Küsten|bewohner(in) m(f) habitant(e) m(f) de la côte; **~dampfer** m caboteur m; **~fischerei** f pêche côtière; **~gewässer** n/pl eaux territoriales; **~schiff** n (bateau m) côtier m; **~schiffahrt** f cabotage m; navigation côtière; **~stadt** f ville côtière, du littoral; **~straße** f route côtière; **~strich** m littoral m; **~wacht** f (service m de) surveillance f des côtes

Küster ['kʏstər] m ⟨~s; ~⟩ sacristain m; bedeau m

Kustos ['kʊstɔs] m ⟨~; -'toden⟩ e-r Bibliothek etc conservateur m

'Kutschbock m siège m du cocher

Kutsche ['kʊtʃə] f ⟨~; ~n⟩ **1.** HIST geschlossene diligence f (a Post⚹); offene calèche f; prächtige carrosse m; (Miet⚹) fiacre m; **2.** F plais (altes Auto) F bagnole f; F caisse f

'Kutschenschlag m porte f, portière f de diligence, calèche, carrosse

'Kutscher m ⟨~s; ~⟩ cocher m

kut'schieren ⟨pas de ge-⟩ **I** v/t ⟨h⟩ **j-n ~** mit e-r Kutsche conduire qn en calèche, etc; F irgendwohin fahren: im Auto conduire, promener qn; im Kinderwagen promener qn; **II** v/i **1.** ⟨h⟩ conduire une diligence, une calèche, un carrosse; **2.** ⟨sein⟩ rouler en diligence, en calèche, en carrosse; **3.** F ⟨sein⟩ **mit e-m Wohnmobil durch Frankreich ~** parcourir, sillonner la France en camping-car

Kutte ['kʊtə] f ⟨~; ~n⟩ froc m

Kutteln ['kʊtəln] f/pl bes südd, österr, schweiz CUIS tripes f/pl

Kutter ['kʊtər] m ⟨~s; ~⟩ MAR cotre m; (Fisch⚹) chalutier m

Kuvert [ku'veːr] n ⟨~s; ~s⟩ **1.** regional (Briefumschlag) enveloppe f; **2.** st/s (Gedeck) couvert m

Kuvertüre [kuvɛr'tyːrə] f ⟨~; ~n⟩ CUIS couverture f

Kuwait [ku'vaɪt] n ⟨→ n/pr⟩ le Koweït

Ku'wait|er(in) m ⟨~s; ~⟩ (f) ⟨~; ~nen⟩ **~i** m ⟨~s; ~s⟩, f ⟨~; ~s⟩ Koweïtien, -ienne m,f; ⚹**isch** adj koweïtien, -ienne

kV abr (Kilovolt) kV (kilovolt)

kW abr (Kilowatt) kW (kilowatt)

KW abr (Kurzwelle) O.C. f/pl (ondes courtes)

kWh abr (Kilowattstunde) kWh (kilowattheure)

Kyberne|tik [kybɛr'neːtɪk] f ⟨~⟩ cybernétique f; ⚹**tisch** adj cybernétique

kyrillisch [ky'rɪlɪʃ] adj cyrillique

KZ [kaː'tsɛt] n ⟨~(s); ~(s)⟩ abr (Konzentrationslager) camp m de concentration; **~-Häftling** m prisonnier, -ière m,f d'un camp de concentration

L

L, l [ɛl] *n* ⟨-; -⟩ *Buchstabe* L, l *m*
l *abr* **1.** (*Liter*) l (litre); **2.** (*Leu*) leu
l. *abr* (*links*) à gauche
L. *abr* (*Lira*) LIT (lire)
Lab [la:p] *n* ⟨-(e)s; -e⟩ présure *f*
labb(e)rig ['lab(ə)rıç] F *péj adj* (*fade*) fade; (*weichlich*) gélatineux, -euse; flasque; *cf a* **schlabberig**
Label ['le:bəl] *n* ⟨-s; -s⟩ **1.** (*Warenetikett*) label *m*; **2.** (*Schallplattenetikett*) étiquette *f* de disque; (*Schallplattenfirma*) marque *f* de disque
Labello [la'bɛlo] *m* ⟨-(s); -s⟩ *Wz* stick labial
laben ['la:bən] *st/s* ⟨h⟩ **I** *v/t* (*erquicken*) rafraîchir; **II** *v/réfl sich an etw* (*dat*) ~ se rafraîchir (en buvant, en mangeant qc); *fig* (*weiden*) se délecter *à od* de qc; savourer qc
labern ['la:bərn] F *péj* ⟨-(e)re, h⟩ **I** *v/t dummes Zeug* ~ débiter des âneries; **II** *v/i* F jacter; causer
labial [labi'a:l] *adj* labial
Labi'al *m* ⟨-s; -e⟩, **~laut** *m* PHON (consonne) labiale *f*
labil [la'bi:l] *adj* PHYS instable; MÉD, *Gesundheitszustand a* fragile; variable; chancelant; *Charakter* inconstant; **≈i'tät** *f* ⟨-⟩ PHYS instabilité *f*; MÉD *a* fragilité *f*
labiodental [labioden'ta:l] *adj* PHON labiodental
Labioden'tal *m* PHON (consonne) labiodentale *f*
Lab|kraut *n* BOT gaillet *m*; **~magen** *m* caillette *f*
Labor [la'bo:r] *n* ⟨-s; -s *ou* -e⟩ *Kurzwort* laboratoire *m*
Labor|ant(in) [labo'rant(ın)] *m* ⟨-en; -en⟩ (*f*) ⟨-; -nen⟩ préparateur, -trice *m,f*; laborantin(e) *m(f)*; **~a'torium** *n* ⟨-s; -ien⟩ laboratoire *m*
labo'rieren *v/i* ⟨*pas de ge-*, h⟩ F *an etw* (*dat*) ~ travailler à qc; F *an e-r Krankheit* ~ être travaillé par une maladie
La'borversuch *m* expérience *f*, Test essai *m* de laboratoire
'Labsal *st/s n* ⟨-(e)s; -e⟩ (*Erquickung*) rafraîchissement *m*; (*Genuß*) délectation *f*
Labskaus ['lapskaus] *n* ⟨-⟩ CUIS plat composé de viande salée, de pommes de terre, de poisson, de concombres et d'oignons
'Labung *st/s f* ⟨-; -en⟩ *cf* **Labsal**
Labyrinth [laby'rınt] *n* ⟨-(e)s; -e⟩ labyrinthe *m*; dédale *m* (*beide a fig*); **≈isch** *adj* labyrinthique; dédaléen, -éenne
'Lachanfall *m* accès *m* de (fou) rire; *er bekam e-n* ~ un fou rire l'a pris
Lache¹ ['laxə] F *f* ⟨-; -n⟩ (*Gelächter*) (façon *f* de) rire *m*

Lache² ['la(:)xə] *f* ⟨-; -n⟩ (*Pfütze*) flaque *f* (d'eau)
lächeln ['lɛçəln] *v/i* ⟨-(e)le, h⟩ sourire (*über etw* [*acc*] de qc; *zu etw* à qc); *über etw* [*acc*] ~ a se moquer un peu de qc; *freundlich* ~ sourire aimablement; *gezwungen* ~ avoir un sourire contraint, gêné
'Lächeln *n* ⟨-s⟩ sourire(s) *m(pl)*; *mit e-m kleinen* ~ en esquissant un sourire
lachen ['laxən] ⟨h⟩ **I** *v/t Tränen* ~ rire aux larmes; *er hat nichts zu* ~ pour lui la vie est dure, difficile; il n'est pas couché sur des roses; F *das wäre doch gelacht, wenn* ... F ce serait la meilleure, si ...; ce serait bien le diable, si ...; **II** *v/i* rire (*über* [+*acc*] de); *über j-n, etw* ~ a se moquer de qn, qc; *aus vollem Halse* ~ rire à pleine gorge, à gorge déployée; *schallend* ~ éclater, pouffer de rire; rire aux éclats; *albern, höhnisch* ~ ricaner; *daß ich nicht lache!* ne me fait rire!; vous me faites rire!; *du hast gut* ~ tu peux rire; *der ~de Dritte* le troisième larron; *prov wer zuletzt lacht, lacht am besten prov* rira bien qui rira le dernier; **III** *v/réfl sich* (*dat*) *ins Fäustchen* ~ se réjouir du malheur d'autrui; F *sich krank, halb tot, kaputt,* (*krumm und*) *schief* ~ se pâmer, mourir de rire; F rire, F se marrer comme un fou
'Lachen *n* ⟨-s⟩ rire *m*; *höhnisches* ~ ricanement *m*; *in lautes* ~ *ausbrechen* éclater, pouffer de rire; *sich vor* ~ *nicht halten können* se pâmer de rire; F *sich* (*dat*) *den Bauch halten vor* ~ se tenir les côtes de rire; *sich vor* ~ *biegen* se tordre de rire; F *vor* ~ *platzen* pouffer de rire
'Lacher *m* ⟨-s; -⟩ **1.** *Person* rieur *m*; *die* ~ *auf s-r Seite haben* avoir les rieurs de son côté; **2.** (*kurzes Lachen*) petit rire; (*bref*) éclat de rire
'Lacherfolg *m ein* ~ *sein, e-n* ~ *haben* faire rire (tout le monde)
lächerlich ['lɛçərlıç] **I** *adj* ridicule; *par ext* risible; *das ist* ~! (*unsinnig*) c'est absurde!; *sich* ~ *machen* se rendre ridicule; se couvrir de ridicule; *j-n* ~ *machen* tourner qn en ridicule; ridiculiser qn; rendre qn ridicule; *sich* (*dat*) ~ *vorkommen* se sentir ridicule; *etw ins* ≈*e ziehen* tourner qc en ridicule; **II** *adv* (*sehr*) ~ *billig* ridiculement bon marché
'Lächerlichkeit *f* ⟨-; -en⟩ ridicule *m*; (*Kleinkeit*) bagatelle *f*; *der* ~ *preisgeben* tourner en ridicule; ridiculiser
Lachfältchen ['laxfɛltçən] *n* ⟨-s; -⟩ patte-d'oie *f*
'Lach|gas *n* gaz hilarant; **≈haft** *adj* (*nicht ernst zu nehmen*) ridicule; risible;

~krampf *m* rire convulsif; fou rire; **~möwe** *f* mouette rieuse
Lachs [laks] *m* ⟨-es; -e⟩ saumon *m*
'Lachsalve *f* éclat *m* de rire
'Lachs|ersatz *m* succédané *m* de saumon; **~fang** *m* pêche *f* au saumon; **≈farben, ≈rot** *adj* saumon (*inv*) *f*; F fig *fertig ist der* ~! F l'affaire est liquidée!; **2.** (*Siegel*≈) cire *f* à cacheter
'Lack|affe F *m* F gommeux *m*; **~arbeit** *f* ouvrage verni; laque *f*
Lackel ['lakəl] *m* ⟨-s; -⟩ *péj südd, österr* lourdaud *m*; goujat *m*; *so ein* ~! quel maladroit!; *p/fort* quel goujat!
'Lackfarbe *f* laque *f*; peinture laquée, brillante; émail *m*
lac'kieren *v/t* ⟨*pas de ge-*, h⟩ **1.** TECH laquer; vernir; *Auto* peindre; (*sich* [*dat*]) *die Nägel* ~ se vernir les ongles; *ein Auto neu* ~ repeindre (la carrosserie d')une voiture; **2.** F *fig j-n* ~ (*hereinlegen*) F rouler qn
Lac'kier|er *m* ⟨-s; -⟩ vernisseur *m*; (*Auto*≈) peintre *m* au pistolet; **~e'rei** *f* ⟨-; -en⟩ atelier *m* de peinture, de laquage (au pistolet); **~ung** *f* ⟨-; -en⟩ *Schicht* enduit *m*, couche *f* de vernis; (*Lackieren*) laquage *m*
'Lack|leder *n* (cuir *m*) verni; **≈meiern** F *f cf* **gelackmeiert**
Lackmus ['lakmus] *n* ⟨-⟩ CHIM tournesol *m*; **~papier** *n* CHIM papier *m* de tournesol
'Lack|reiniger *m* ⟨-s; -⟩ polish *m*; **~schaden** *m* peinture abîmée; **~schicht** *f cf* **Lackierung**; **~schuhe** *m/pl* chaussures vernies
Lac'tose *f cf* **Laktose**
Lade ['la:də] *f* ⟨-; -n⟩ (*Truhe*) coffre *m*; bahut *m*; **~baum** *m auf e-m Schiff* mât *m*, corne *f* de charge; *auf dem Kai* mât de charge; derrick *m*; **~bühne** *f* plate-forme *f*, quai *m* de chargement; **~fläche** *f* surface *f* de chargement; **~gerät** *n* ÉLECT chargeur *m* de batterie; **~gewicht** *n e-s Wagens etc* (*Höchstgewicht*) charge *f* limite
'Ladehemmung *f* TECH enrayage *m*; *fig plais* ~ *haben* être dur à la détente; avoir la comprenette difficile
'Lade|kran *m* grue *f* de chargement; **~luke** *f* AVIAT portes *f/pl* des soutes à fret; MAR écoutille *f*; **~mast** *m cf* **Ladebaum**
laden¹ ['la:dən] *v/t* ⟨*lädt* (2ᵉ *personne pl ladet*), lud, geladen, lad(e)!, h⟩ **1.** MIL, ÉLECT, EDV charger; *scharf* ~ charger à balle; **2.** *Wagen, Schiff etc* (*befrach-*

laden – Laientheater

ten) charger; *Waren etc (ver~)* charger *(auf [+acc]* sur); *auf ein Schiff* embarquer; **3.** *fig e-e Schuld auf sich (acc) ~* se rendre coupable d'une faute; commettre une faute; *die Verantwortung auf sich ~* assumer, endosser la responsabilité; F *auf j-n geladen (wütend) sein cf geladen*; F *plais er hat schwer geladen* F il a un bon coup dans le nez, dans l'aile

'**laden²** *v/t* ⟨lädt *ou* ladet, lud, geladen, lad(e)!, h⟩ **1.** *(einladen)* inviter; convier; *Vorstellung f vor geladenen Gästen* représentation *f* pour invités, sur invitation; **2.** JUR *vor Gericht ~* citer, convoquer en justice

Laden ['la:dən] *m* ⟨~s; ≈⟩ **1.** boutique *f*; *größerer* magasin *m*; **2.** *fig* F *den ~ dichtmachen* F fermer boutique; F *wir werden den ~ schon schmeißen* nous arrangerons ça; nous allons nous débrouiller; **3.** *(Fenster2)* volet *m*
'**Laden|besitzer(in)** *m(f)* propriétaire *m,f*, patron, -onne *f* d'un magasin; **~dieb(in)** *m(f)* voleur, -euse *m,f* (à l'étalage); **~diebstahl** *m* vol *m* à l'étalage; **~galerie** *f* galerie marchande; **~hüter** F *m* F rossignol *m*; **~inhaber(in)** *m(f) cf* **Ladenbesitzer(in)**; **~kasse** *f* caisse enregistreuse; **~kette** *f* chaîne *f* de magasins; **~miete** *f* loyer *m* de magasin; **~passage** *f* galerie marchande; **~preis** *m* prix *m* de vente; **~schild** *n* enseigne *f*; **~schluß** *m* fermeture *f* des magasins; **~schlußgesetz** *n* BRD loi fixant l'heure de fermeture des magasins; **~schlußzeit** *f* heure *f* de fermeture des magasins; **~straße** *f* rue commerçante; **~tisch** *m* comptoir *m*

'**Lade|platz** *m* MAR embarcadère *m*; débarcadère *m*; **~rampe** *f* rampe *f* de chargement; quai découvert; **~raum** *m* **1.** capacité *f* de chargement; **2.** MAR cale *f*

lädieren [lɛ'di:rən] *v/t* ⟨pas de ge-, h⟩ *Lack, Politur etc a* abîmer; *Haut* blesser légèrement; égratigner; érafler; écorcher

Ladung ['la:duŋ] *f* ⟨~; ~en⟩ **1.** *(zu befördernde Güter)* charge *f*; *(Wagen2)* chargement *m*; *e-s Schiffes* cargaison *f*; fret *m*; *e-e ~ Bananen* un chargement de bananes; *die ~ verstauen* arrimer le chargement; **2.** *e-r Feuerwaffe,* ÉLECT charge *f*; *geballte ~* charge massive, concentrée; **3.** JUR *(Vor2)* citation *f*; assignation *f*; **4.** F *(Menge)* tas *m*; montagne *f*; *e-e volle ~ Dreck* un monceau de saletés, d'ordures

Lafette [la'fɛtə] *f* ⟨~; ~n⟩ MIL affût *m*
Laffe ['lafə] *m* ⟨~n; ~n⟩ F *(Geck)* (jeune) fat *m*; dandy *m*
lag [la:k] *cf* **liegen**
Lage ['la:gə] *f* ⟨~; ~n⟩ **1.** *(räumliches Verhältnis)* situation *f*; position *f*; emplacement *m*; *e-s Gebäudes nach Wind u Sonne* exposition *f*; orientation *f*; *in Hinsicht auf die Umgebung* site *m*; **2.** *fig (Umstände, augenblickliche Verhältnisse)* situation *f*; position *f*; état *m*; circonstances *f/pl*; conditions *f/pl*; conjoncture *f*; *neue politische ~ donne politique* F; *die ~ peilen* tâter le terrain; *bei der augenblicklichen ~* dans la conjoncture présente; *in e-r kritischen ~ sein* être dans une situation critique; être dans une position,

une posture délicate; *versetzen Sie sich in meine ~* mettez-vous à ma place; *in der ~ sein, zu* (+*inf*) être en état, à même, en mesure de (+*inf*); *j-n in die ~ versetzen, zu* (+*inf*) mettre qn à même de (+*inf*); *nach ~ der Dinge* selon *od* suivant les circonstances; **3.** *meist pl* SCHWIMMSPORT *4×100 m ~n* 4×100 m quatre nages; *200 m ~n* 200 m quatre nages; **4.** MUS *die hohen ~n* les notes élevées; **5.** *(Schicht)* assise *f*; couche *f*; lit *m*; GÉOL strate *f*; **6.** F *~ (Runde) Bier* tournée *f* de bière; F *e-e neue ~ ausgeben* F remettre ça

'**Lagebericht** *m* rapport *m* sur la situation; *e-n kurzen ~ geben* donner un aperçu de la situation
'**Lagebesprechung** *f* analyse *f* de la situation; *klärende* mise *f* au point
'**Lagen|schwimmen** *n* quatre nages *f/pl*; **~staffel** *f* Wettbewerb relais *m* quatre nages; Mannschaft équipe *f* de relais quatre nages

'**Lageplan** *m* plan topographique; topographie *f*

Lager ['la:gɐr] *n* ⟨~s; ~⟩ **1.** *(Bett)* couche *f*; lit *m*; *(Schlafstätte)* gîte *m*; **2.** *mil (Feld2)* camp *m*; campement *m*; **3.** *für Flüchtlinge, Jugendliche etc* camp *m* (*a* POL, *fig*); *das gegnerische ~* le camp adverse, ennemi; **4.** ⟨*pl a* ≈⟩ *(Waren2)* magasin *m*; dépôt *m*; entrepôt *m*; *am Hafen* dock *m*; *(Vorrat)* stock *m*; réserve *f*; provisions *f/pl*; fonds *m*; *auf ~ haben, nehmen* avoir, prendre en stock; *ein ~ wieder auffüllen, ergänzen* réapprovisionner, compléter un stock; F *fig etw auf ~ haben* avoir qc en réserve; F *e-n Witz auf ~ haben* a en connaître une bien bonne; **5.** GÉOL gisement *m*; *sc* gîte *m*; **6.** TECH coussinet *m*; palier *m*

'**Lageraufseher** *m* garde-magasin *m*
'**Lagerbestand** *m* marchandises *f/pl* en stock, en magasin; stock *m*; *den ~ aufnehmen* faire, dresser, établir l'inventaire (des marchandises en stock)
'**Lager|bier** *n* bière *f* de garde; **~2fähig** *adj* qui se conserve; **~feuer** *n* feu *m* de camp(ement), de bivouac; **~gebühr** *f*, **~geld** *n* droits *m/pl* de magasinage, d'emmagasinage; **~halle** *f* entrepôt *m*; dépôt *m*; magasin *m*; *am Hafen* dock *m*; **~haltung** *f* stockage *m*; magasinage *m*; entreposage *m*; **~haus** *n cf* **Lagerhalle**
Lage'rist *m* ⟨~en; ~en⟩ magasinier *m*
'**Lager|kosten** *pl* frais *m/pl* de stockage; **~leben** *n* vie *f* des camps; **~leiter** *m* chef *m* de camp

'**lagern** ⟨-(e)re, h⟩ I *v/t* **1.** *(hinlegen)* coucher; étendre (par terre); *der Kopf des Kranken soll hoch, niedrig gelagert werden* la tête du malade doit être tenue surélevée, baissée; **2.** COMM *Waren* emmagasiner; stocker; entreposer; *Wein* mettre en cave; **3.** TECH monter; loger; II *v/i* **4.** *(ruhen)* reposer; être couché, étendu; **5.** COMM *Waren* être en magasin; **6.** *Wein* être en cave; *Holz* être au *od* en chantier; **7.** TECH être logé, monté; **8.** *fig*, *Wolken über etw (dat) ~* recouvrir qc; **9.** MIL camper; bivouaquer; **10.** *fig dieser Fall ist anders gelagert* c'est un cas différent; III *v/réfl sich ~* se coucher; reposer

'**Lagern** *n* ⟨~s⟩ **1.** couchage *m*; **2.** COMM (em)magasinage *m*; stockage *m*; **3.** *von Wein* mise *f* en cave; *von Holz* mise *f* en *od* sur chantier; **4.** TECH montage *m*; logement *m*

'**Lager|obst** *n* fruits *m/pl* de garde; **~platz** *m (Rastplatz)* gîte *m*; lieu *m* de repos; *für Waren* aire *f* de stockage; **~raum** *m cf* **Lager 4.**; **~schein** *m* warrant *m*; **~statt** *st/s f* lit *m*; *litt* couche *f*; **~stätte** *f* **1.** *cf* **Lagerstatt**; **2.** MINÉR, GÉOL gisement *m*; dépôt *m*; **~ung** *f* ⟨~⟩ **1.** COMM *(Einlagern)* (em)magasinage *m*; stockage *m*; *von Wein* mise *f* en cave; conservation *f*; *des Kopfes etc* position *f*; **3.** TECH *e-r Maschine* logement *m*; **~verwalter** *m cf* **Lagerist**

Lagune [la'gu:nə] *f* ⟨~; ~n⟩ lagune *f*

lahm [la:m] *adj* **1.** MÉD *(gelähmt)* paralysé; perclus; **2.** F paralysé *(kraftlos)* sans force; faible; *(schleppend)* languissant; *~er Typ* mou *m*; *~er Witz* plaisanterie ennuyeuse; *~e Entschuldigung* mauvaise excuse

'**Lahmarsch** P *m* F mollasson, -onne *m,f*; **2ig** P *adj* F mollasson, -onne
'**Lahme(r)** *f(m)* ⟨→ A⟩ paralytique *m,f*, perclus(e) *m(f)*

'**lahmen** *v/i* ⟨h⟩ être boiteux, -euse; boiter; traîner la jambe

'**lähmen** ['lɛ:mən] *v/t* ⟨h⟩ **1.** MÉD paralyser; frapper de paralysie; rendre perclus; *auf e-r Seite gelähmt sc* hémiplégique; *an den Beinen gelähmt* paralysé, perclus des jambes; **2.** *fig* paralyser; *(erstarren lassen)* glacer *(par exemple les esprits)*; *vor Schreck wie gelähmt* comme paralysé, perclus de terreur

'**lahm|legen** I *v/t* ⟨*sép*, *-ge-*, *h*⟩ paralyser; II **2legen** *n* ⟨~s⟩, **2legung** *f* ⟨~⟩ paralysie *f*

'**Lähmung** ['lɛ:muŋ] *f* ⟨~; ~en⟩ MÉD paralysie *f* *(a fig)*; perclusion *f*; *einseitige ~ sc* hémiplégie *f*; *~ der unteren Körperhälfte sc* paraplégie *f*

'**Lähmungserscheinungen** *f/pl* signes *m/pl* avant-coureurs de la paralysie

Laib [laɪp] *m* ⟨~(e)s; ~e⟩ *~ Brot* miche *f* de pain; *~ Käse* meule *f* de fromage
Laich [laɪç] *m* ⟨~(e)s; ~e⟩ frai *m*
'**laichen** *v/i* ⟨h⟩ frayer
'**Laichen** *n* ⟨~s⟩ frai *m*; *der Heringe* relouage *m*
'**Laich|platz** *m* frayère *f*; **~zeit** *f* (saison *f*, époque *f* du) frai *m*; *der Heringe* relouage *m*; *der Lachse* montaison *f*

Laie ['laɪə] *m* ⟨~n; ~n⟩ **1.** REL laïque *od* laïc *m*; séculier *m*; **2.** *(Uneingeweihter)* profane *m*; ignorant *m*; *(Neuling)* novice *m*; *péj (Dilettant)* amateur *m*; *ein blutiger ~* un parfait profane; F *da staunt der ~ und der Fachmann wundert sich* c'est complètement inexplicable

'**laienhaft** I *adj* de profane; de novice; d'amateur; II *adv* en profane; en novice; en amateur
'**Laien|prediger** *m* REL prédicateur *m* laïque; **~priester** *m* REL prêtre séculier; **~richter** *m* JUR *(Geschworener)* juré *m*; *(Beisitzer)* etwa assesseur *m* non juriste; **~schauspieler** *m* comédien *m* amateur; **~spiel** *n* pièce jouée par des amateurs; **~stand** *m* statut *m* laïque; **~theater** *n* théâtre *m* de comédiens amateurs

Laizismus [laiˈtsɪsmʊs] *m* ⟨~; -men⟩ laïcisme *m*
Lakai [laˈkaɪ] *m* ⟨~en; ~en⟩ HIST laquais *m*; valet *m* de pied; *fig* laquais *m*; valet *m*; **2enhaft I** *adj* de laquais; servile; **II** *adv* en (vrai) laquais; servilement
Lake [ˈlaːkə] *f* ⟨~; ~n⟩ saumure *f*
Laken [ˈlaːkən] *n* ⟨~s; ~⟩ drap *m* de lit
lakonisch [laˈkoːnɪʃ] *adj* laconique
Lakritze [laˈkrɪtsə] *f* ⟨~; ~n⟩ réglisse *f*
Laktation [laktatsiˈoːn] *f* ⟨~⟩ PHYSIOL lactation *f*
Laktose [lakˈtoːzə] *f* ⟨~⟩ CHIM lactose *m*
lala [laˈla] F *so* ~ (*einigermaßen*) F comme ci, comme ça; F couci-couça
lallen [ˈlalən] *v/t u v/i* ⟨h⟩ bégayer; balbutier
Lallen *n* ⟨~s⟩ bégaiement *m*; balbutiement *m*
Lama¹ [ˈlaːma] *n* ⟨~s; ~s⟩ ZO lama *m*
Lama² *m* ⟨~(s); ~s⟩ REL lama *m*; **~ismus** *m* ⟨~⟩ REL lamaïsme *m*
Lambdasonde [ˈlampdazɔndə] *f* AUTO sonde *f* lambda
Lamelle [laˈmɛlə] *f* ⟨~; ~n⟩ ÉLECT, TECH lame *f*; lamelle *f* (*a* BOT)
lamenˈtieren F *péj v/i* ⟨*pas de ge-*, h⟩ se lamenter; gémir
Lamenˈtieren F *péj n* ⟨~s⟩ lamentations *f/pl*; F jérémiades *f/pl*
Lamento [laˈmɛnto] F *péj n* ⟨~s; ~s⟩ *cf* **Lamentieren**
Lametta [laˈmɛta] *n* ⟨~s⟩ lamelles *f/pl* d'argent *bzw* d'or
Lamm [lam] *n* ⟨~(e)s; ~er⟩ **1.** ZO agneau *m*; *weibliches* agnelle *f*; *fig sanft, geduldig wie ein ~* doux, douce comme un agneau; *st/s sich wie ein ~ zur Schlachtbank führen lassen* accepter son sort avec résignation; **2.** REL *das ~ Gottes* l'Agneau de Dieu
Lammbraten *m* rôti *m* d'agneau
lammen *v/i* ⟨h⟩ agneler
Lamm|fell *n* peau *f*, toison *f* d'agneau; **~fleisch** *n* (viande *f* d')agneau *m*; **2fromm** *adj* doux, douce comme un agneau; **~keule** *f* gigot *m* d'agneau; **~kotelett** *n* côtelette *f*, *im Restaurant a* côte *f* d'agneau
Lämpchen [ˈlɛmpçən] *n* ⟨~s; ~⟩ petite lampe
Lampe¹ [ˈlampə] *f* ⟨~; ~n⟩ lampe *f*; (*Taschen*2) lampe de poche; *die ~ brennt* la lampe est allumée; F (*sich* [*dat*]) *e-n auf die ~ gießen* F s'humecter le gosier
Lampe² *m* F *Meister ~* (*Hase*) lièvre *m*
Lampenfieber *n* F trac *m*; *~ haben* F avoir le trac
Lampenlicht *n* ⟨~(e)s⟩ *bei ~ arbeiten* travailler à la lumière artificielle, à la lampe
Lampenschirm *m* abat-jour *m*
Lampion [lampiˈɔ̃ː] *m* ⟨~s; ~s⟩ lanterne vénitienne; lampion *m*
lanˈcieren [lãˈsiːrən, laŋ-] *st/s v/t* ⟨*pas de ge-*, h⟩ lancer (*a* COMM)
Land [lant] *n* ⟨(e)s⟩ **1.** *im Gegensatz zum Meer* terre *f*; *~ (in Sicht)!* (la) terre!; *zu ~e und zu Wasser, zu Wasser und zu ~e* sur terre et sur mer; *e-e Stadt zu Wasser und zu ~e angreifen* attaquer une ville par terre et par mer; *an ~ gehen* débarquer; descendre à terre; *Matrosen* (*Landgang haben*) *aller à terre*; F *fig* (*sich* [*dat*]) *etw an ~ ziehen* F décrocher qc; F *fig* (*sich* [*dat*]) *j-n an ~ ziehen* F mettre le grappin sur qn; *fig ~ sehen* (*dem Ziel nahe sein*) avoir le but en vue; voir la fin (de qc); se rapprocher, (s')approcher du but, de la fin; *fig kein ~ mehr sehen* ne plus savoir comment s'en sortir; être sans espoir; **2.** (*Boden*) terre *f*; sol *m*; *unbebautes ~* terre inculte; **3.** (*einzelnes Grundstück*) terre *f*; champ *m*; terrain *m*; *ein Stück ~* un lopin, une pièce de terre; **4.** *flaches, F plattes ~* pays plat; pays de plaines; plaine *f*; **5.** *im Gegensatz zur Stadt* campagne *f*; *auf dem ~ wohnen* habiter (à) la campagne; *aufs ~ ziehen* aller vivre à la campagne; **6.** ⟨*pl ~er*⟩ POL pays *m*; *Bundes2 der BRD, Österreichs* land *m*; *außer ~es sein* être 'hors du pays'; F *wieder im ~e sein* F être de retour au pays; *~ und Leute kennen* connaître les choses et les gens; avoir vu du pays; *j-n des ~es verweisen* expulser qn du pays; JUR bannir qn; *fig viele Jahre gingen ins ~* bien des années s'écoulèrent; *andere Länder, andere Sitten* autres pays, autres mœurs; **7.** BIBL *das Heilige ~* la Terre sainte; *das Gelobte ~* la Terre promise
landˈab *cf* **landauf**
Land|adel *m* aristocratie terrienne; **~ammann** *m schweiz* président *m* du Conseil d'État; **~arbeit** *f* travaux *m/pl* agricoles, des champs; **~arbeiter(in)** *m(f)* ouvrier, -ière *m,f* agricole; **~arzt** *m* médecin *m* de campagne
Landauer [ˈlandaʊər] *m* ⟨~s; ~⟩ HIST *Gefährt* landau *m*
landˈauf *adv ~, landab* en parcourant le pays de long en large
landˈaus *adv ~, landein* partout; *mit e-m Verb der Bewegung* dans tous les sens
Land|bau *m* ⟨~s⟩ agriculture *f*; **~besitz** *m* propriété foncière, territoriale; bien-fonds *m*; **~bevölkerung** *f* population rurale, des campagnes; **~brot** *n* pain de campagne; **~brücke** *f* isthme *m*; **~butter** *f* beurre fermier
Lande|anflug *m* approche *f* d'atterrissage; **~bahn** *f* piste *f* d'atterrissage; **~erlaubnis** *f* permission *f* d'atterrir; **~fähre** *f* RAUMFAHRT (*Mond*2) module *m* lunaire; LEM
landˈein *cf* **landaus**; **~wärts** *adv* vers l'intérieur du pays, des terres
Lande|klappe *f* AVIAT volet *m*; **~manöver** *n* manœuvre *f* d'atterrissage
landen [ˈlandən] ⟨-ete⟩ **I** *v/t* ⟨h⟩ **1.** MIL *Truppen* mettre à terre; débarquer; **2.** F *e-n Treffer ~* réussir un coup; BOXEN *e-n Kinnhaken bei s-m Gegner ~* décocher un crochet au menton, à la mâchoire de son adversaire; **II** *v/i* ⟨sein⟩ **3.** MAR (*anlegen*) toucher terre; aborder; accoster; **4.** AVIAT atterrir, (*aufsetzen*) se poser; *auf dem Mond ~* atterrir sur la Lune; alunir; **5.** F (*ankommen*) arriver; *bei j-m nicht ~ können* ne pas avoir de chance, de crédit, d'autorité auprès de qn; *im Gefängnis, in e-r Kneipe ~* F échouer en prison, dans un bistrot
Landen *n* ⟨~s⟩ MAR (*Anlegen*) accostage *m*; *von Truppen* mise *f* à terre; débarquement *m*; AVIAT, RAUMFAHRT atterrissage *m*
Landenge *f* isthme *m*

Lande|piste *f* AVIAT *cf* **Landebahn**; **~platz** *m* AVIAT terrain *m* d'atterrissage; MAR débarcadère *m*
Länder [ˈlɛndər] *cf* **Land 6.**
Ländereien [lɛndəˈraɪən] *pl* terres *f/pl*
Länder|kammer *f* BRD chambre *f* des länder; **~kampf** *m* SPORT compétition internationale; FUSSBALL *etc* match international; **~kunde** *f* ⟨~⟩ géographie *f*; **~mannschaft** *f* SPORT équipe nationale; **~spiel** *n* FUSSBALL match international
Landes|behörde *f* BRD autorité *f* du land; **~brauch** *m* coutume *f*, usage *m* du pays
Landesebene *f auf ~* à l'échelon, au niveau du land
Landes|farben *f/pl* couleurs nationales; **~fürst(in)** *m(f)* prince (princesse) régnant(e); souverain(e) *m(f)*; **~gericht** *n österr* cour fédérale (de grande instance); **~grenze** *f* frontière nationale, du pays; *innerhalb der BRD* frontière *f* du land, d'un land; **~hauptmann** *m* ⟨*pl* -hauptmänner *ou* -hauptleute⟩ *österr* chef *m* de l'administration d'une province; **~hauptstadt** *f* capitale *f*; **~hoheit** *f* ⟨~⟩ souveraineté *f*; **~innere(s)** *n* ⟨→A⟩ intérieur *m* du pays; **~kirche** *f* PROT *etwa* église régionale; **~kunde** *f* géographie *f* et civilisation *f* d'un pays; **2kundig** *adj* connaissant tout le pays; **2kundlich** *adj* qui concerne la géographie et la civilisation d'un pays; civilisationnel, -elle; **~liste** *f* POL liste électorale du land; **~regierung** *f* gouvernement *m* (du pays), BRD du land; **~rekord** *m* SPORT record national; **~sprache** *f* langue nationale, du pays
Landesteg *m* passerelle *f* de débarquement
Landes|tracht *f* costume régional, local, national; **2üblich** *adj* usité, en usage, d'usage dans le pays; **~vater** *st/s m* prince, monarque, roi *m*; souverain *m*; **~verrat** *m* (crime *m* de) trahison *f*; **~verteidigung** *f* défense nationale, du territoire; **~verweisung** *f bes österr* bannissement *m*; proscription *f*; *e-s Landfremden* expulsion *f*
Landeswährung *f* unité *f* monétaire du pays; *in ~* en monnaie nationale, du pays
Landeswappen *n* armoiries nationales
landesweit *adj* à l'échelon du land *bzw* du pays, national
Land|flucht *f* exode rural; **~fracht** *f* COMM (prix *m* de) transport *m* par terre; roulage *m*; **~frau** *f* fermière *f*, paysanne *f*; **~friedensbruch** *m* JUR troubles apportés à la paix publique; **~funk** *m* RAD radio *f*, émission *f* agricole
Landgang *m* ⟨~(e)s⟩ MAR *~ erhalten* avoir permission de descendre à terre
Land|gericht *n* tribunal *m* de grande instance; **2gestützt** *adj* MIL basé à terre; **~gewinnung** *f* conquête *f* des terrains sur la mer; **~graf** *m* HIST landgrave *m*; **~gut** *n* terre *f*, propriété rurale; **~haus** *n* maison *f* de campagne; **~jäger** *m* **1.** HIST gendarme *m* à pied; **2.** *Art Wurst* F gendarme *m*; **~karte** *f* carte *f* (géographique); **~kreis** *m* ADM *etwa* district *m*; **2läufig** *adj* courant; **~leben** *n* vie *f* à la campagne
Ländler [ˈlɛntlər] *m* ⟨~s; ~⟩ ländler *m*

(*danse populaire allemande et autrichienne très proche de la valse*)
'**Landleute** *pl* **1.** gens *m/pl* de la campagne; campagnards *m/pl*; **2.** *st/s pl von* **Landmann**
ländlich ['lɛntlɪç] *adj* rural; *st/s* champêtre; de la campagne; (*dörflich*) villageois; (*einfach, bäurisch*) campagnard; ⁓**es Gebiet** zone rurale
'**Land**|**luft** *f* air *m* de la campagne; grand air; ⁓**mann** *st/s m* ⟨⁓(e)s; -leute⟩ fermier *m*; paysan *m*; ⁓**messer** *m* ⟨⁓s; ⁓⟩ arpenteur *m*; géomètre *m*; ⁓**pfarrer** *m* curé *m* de campagne, de village; ⁓**plage** *f* calamité publique; fléau *m*; ⁓**pomeranze** F péj *f* campagnarde *f*; villageoise *f*; ⁓**rat** *m* ⟨⁓(e)s; ⁓e⟩ **1.** BRD *etwa* Conseil *m* général; **2.** *schweiz* Grand Conseil; ⁓**ratsamt** *n etwa* sous-préfecture *f*; ⁓**ratte** F *f Person* F terrien *m*; ⁓**regen** *m* pluie persistante; ⁓**rücken** *m* 'hauteurs *f/pl*; 'hauts *m/pl*
'**Landschaft** *f* ⟨⁓; ⁓en⟩ paysage *m*; contrée *f*; site *m*; *fig* **die politische** ⁓ le paysage politique
'**landschaftlich** *adv* ⁓ **sehr schöne Gegend** contrée *f* pittoresque
'**Landschafts**|**bild** *n* panorama *m*; PEINT paysage *m*; ⁓**gärtner** *m* jardinier *m* paysagiste; ⁓**maler** *m* (peintre *m*) paysagiste *m*; ⁓**male'rei** *f* (peinture *f* de) paysage *m*; ⁓**pflege** *f* conservation *f* et aménagement *m* des espaces naturels; ⁓**schutz** *m* sauvegarde *f* des paysages; ⁓**schutzgebiet** *n* zone naturelle protégée
Landser ['lantsər] *m* ⟨⁓s; ⁓⟩ HIST (simple) soldat *m*
'**Landsitz** *m cf* **Landhaus**; (*Herrensitz*) manoir *m*; **sich auf s-n** ⁓ **zurückziehen** se retirer sur ses terres
'**Lands**|**knecht** *m* HIST lansquenet *m*; ⁓**leute** *pl von* **Landsmann**
'**Lands**|**mann** *m* ⟨⁓(e)s; -leute⟩, ⁓**männin** *f* ⟨⁓; ⁓nen⟩ compatriote *m.f*; **was ist er für ein** ⁓**?** de quel pays est-il?; **was für ein** ⁓ **sind Sie?** quelle est votre nationalité?; **wir sind Landsleute** nous sommes du même pays, *aus derselben Gegend* de la même région
'**Landsmannschaft** *f* BRD organisation *des* expulsés, *des* réfugiés allemands (*des territoires annexés*)
'**Land**|**spitze** *f* pointe *f* de terre; (*Vorgebirge*) cap *m*; ⁓**straße** *f* route départementale; grand-route *f*; ⁓**streicher** (**-in**) *m* ⟨⁓s; ⁓⟩ (*f*) ⟨⁓; ⁓nen⟩ vagabond(e) *m(f)*; chemineau *m*; ⁓**strei'che'rei** *f* ⟨⁓⟩ vagabondage *m*; ⁓**streitkräfte** *f/pl* MIL forces *f/pl* terrestres, de terre; ⁓**strich** *m* étendue *f* de pays; contrée *f*; région *f*; ⁓**sturm** *m* HIST landsturm *m*; *in Frankreich etwa* réserve *f* de l'armée territoriale; ⁓**tag** *m* BRD *u österr* parlement *m* d'un land; ⁓**tagsabgeordnete(r)** *f(m)* BRD *u österr* député *m* d'un parlement de land
'**Landung** ['landʊŋ] *f* ⟨⁓; ⁓en⟩ *cf* **Landen**
'**Landungs**|**boot** *n* MIL canot *m* de débarquement; ⁓**brücke** *f* MAR débarcadère *m*; appontement *m*; ⁓**platz** *m* MAR lieu *m* de débarquement; ⁓**steg** *m cf* **Landesteg**; ⁓**stelle** *f cf* **Landungsplatz**
'**Land**|**urlaub** *m* MAR permission *f* de (descendre à) terre; ⁓**vermessung** *f* arpentage *m*; *als Wissenschaft* géodésie *f*; ⁓**vogt** *m* HIST *etwa* bailli *m*
'**Landweg** *m* **1.** chemin vicinal; **2.** voie *f* de terre, terrestre; **auf dem** ⁓(**e**) par voie de terre
'**Land**|**wehr** *f* HIST landwehr *f*; *in Frankreich etwa cf* **Landsturm**; ⁓**wein** *m* vin *m* de pays; ⁓**wind** *m* vent *m* de terre; ⁓**wirt** *m* agriculteur *m*; exploitant *m* agricole; ⁓**wirtschaft** *f* **1.** agriculture *f*; **2.** (*Landgut*) exploitation *f* agricole
'**landwirtschaftlich** *adj* agricole; *wissenschaftlich* agronome; ⁓**e Erzeugnisse** produits *m/pl* agricoles; ⁓**e Genossenschaft** coopérative *f* agricole; ⁓**er Betrieb** exploitation *f* agricole; ⁓**e Hochschule** *etwa* école supérieure d'agriculture
'**Landwirtschafts**|**ministerium** *n* ministère *m* de l'Agriculture; ⁓**schule** *f* école *f* d'agriculture; ⁓**wissenschaft** *f* agronomie *f*
'**Landzunge** *f* langue *f* de terre; presqu'île *f*
lang [laŋ] **I** *adj* ⟨⁓er, ⁓ste(r, -s)⟩ **1.** *räumlich* long, longue; **zwanzig Meter** ⁓ long, longue *od* d'une longueur de vingt mètres; de vingt mètres de long; ⁓**e-n Finger** ⁓ de la longueur d'un doigt; **gleich** ⁓ **sein** être de (la) même longueur; avoir la même longueur; ⁓**e Beine** grandes jambes; F **in** ⁓ **gekleidet** en robe longue; *etw von* ⁓**er Hand vorbereiten** préparer qc de longue main, de longue date; *fig* ⁓ **und breit, des** ⁓**en und breiten** (*ausführlich*) longuement; en détail; de façon détaillée; en long et en large; F *fig* ⁓**e Finger machen** F piquer; F **ein** ⁓**es Gesicht machen** F faire une mine de dix pieds de long; F ⁓**e Zähne machen** (*nicht essen mögen*) F manger qc du bout des dents; **2.** *zeitlich* ⁓**e Zeit** longtemps; **vor** ⁓**er Zeit** il y a bien longtemps; **auf** ⁓**e Sicht** à longue portée; ⁓**er Rede kurzer Sinn** (enfin) bref; en un mot; pour résumer; **II** *adv* longuement; **ein Jahr** ⁓ pendant, durant une année; (pendant) une année entière; **den ganzen Tag** ⁓ toute la journée; **sein Leben** ⁓ toute sa vie; sa vie durant; **einige Zeit** ⁓ pendant quelque temps; ⁓ **anhaltender Regen** pluie *f* de longue durée, persistante; *cf a* **lange**
'**lang**|**ärm(e)lig** *adj* à manches longues; ⁓**atmig** *adj* qui a des longueurs; *Geschichte* plein de digressions; *Rede a* prolixe; verbeux, -euse; ⁓**beinig** *adj* qui a de grandes jambes, les jambes longues
'**lange** *adv* ⟨länger, am längsten⟩ **1.** *zeitlich* longtemps; **wie** ⁓ **wollen Sie bleiben?** combien de temps pensez-vous rester?; **wie** ⁓ **sind Sie schon hier?** depuis quand êtes-vous ici?; **er hat mir** ⁓ **nicht geschrieben** il ne m'a pas écrit de(puis) longtemps; **ich habe ihn** ⁓ **nicht gesehen** il y a longtemps que je ne l'ai vu; **er braucht** ⁓, **um zu** (+*inf*) il est long, lent à (+*inf*); il lui faut longtemps pour (+*inf*); ⁓ **depuis** longtemps; **das ist schon** ⁓ **her** il y a beau temps, bien longtemps de cela; **wie** ⁓ **soll ich denn warten?** jusqu'à quand voulez-vous que j'attende?; **warten Sie schon** ⁓**?** y a-t-il longtemps que vous attendez?; F **da kannst du** ⁓ **warten!** F tu peux toujours attendre!; **so** ⁓**, wie ...** tant que ...; aussi longtemps que ...; **er ist noch** ⁓ **nicht fertig mit e-r Arbeit** il n'est pas près de finir; il est loin d'avoir terminé; **zum Ausgehen** il est loin d'être prêt; ⁓ **bevor** ... longtemps, bien avant que ... (+*subj*); **nicht** ⁓ **darauf** peu (de temps) après; **nicht erst** ⁓ **fragen** ne pas poser trop de questions; aller droit au but; *prov* **was** ⁓ **währt, wird endlich gut** *prov* tout vient à point à qui sait attendre; **2.** (*bei weitem*) **das ist (noch)** ⁓ **nicht alles** (et) ce n'est pas tout; **er ist** ⁓ **nicht so klug wie sie** il est loin d'être aussi intelligent qu'elle; ⁓ **nicht so schön** beaucoup moins beau; **er ist noch** ⁓ **kein Künstler** il est loin d'être un artiste
'**Länge** ['lɛŋə] *f* ⟨⁓; ⁓n⟩ **1.** *räumlich* longueur *f*; long *m*; **drei Meter in der** ⁓ trois mètres de long(ueur); **der** ⁓ **nach** en longueur; dans le sens de la longueur; **der** ⁓ **nach hinfallen** tomber de tout son long, de toute sa hauteur; **2.** (*Körpergröße*) taille *f*; grandeur *f*; 'haute stature; **3.** *zeitlich* durée *f*; **in die** ⁓ **ziehen** (faire) traîner en longueur; *Roman, Theaterstück etc* ⁓ **n haben** avoir des longueurs; **4.** GÉOGR longitude *f*; **bei 10° östlicher** ⁓ à dix degrés de longitude est; **5.** SPORT **mit e-r (halben)** ⁓ **Vorsprung siegen** gagner avec une (demi-)longueur d'avance; F **um** ⁓**n gewinnen** gagner avec plusieurs longueurs d'avance; *fig* gagner haut-la-main; F **um** ⁓**n verlieren** être loin derrière; *fig* être battu à plate(s) couture(s)
langen ['laŋən] F ⟨h⟩ **I** *v/t* (*darreichen*) (faire) passer; présenter *qc* tendre; **er langte ihm e-e Ohrfeige** F il lui flanqua une gifle; **II** *v/i* **1.** (*ausreichen*) ohne genaue Zeitangabe aller (loin); *mit genauer Angabe der Zeit od des Zwecks* aller (jusque); suffire (pour qc, pour une durée); **das langt bis morgen** *Vorrat* avec ça on ira jusqu'à demain; *Arbeit* ça suffit pour aujourd'hui; **das langt für zwei Wochen** ça suffit pour deux semaines; **der Vorrat langt nicht** les réserves ne suffisent pas; **jetzt langt es mir aber!** j'en ai assez maintenant!; **2.** ([*er*]*reichen*) atteindre; **ich kann nicht so weit** ⁓ je ne peux pas y accéder; **3. nach etw** ⁓ (*greifen*) prendre, saisir, F attraper qc
'**Längen**|**einheit** *f* unité *f* de longueur; ⁓**grad** *m* GÉOGR degré *m* de longitude; ⁓**kreis** *m* GÉOGR méridien *m*; ⁓**maß** *n* mesure *f* de longueur
'**länger** *adj u adv* **1.** *räumlich* plus long, longue; ⁓ **machen** allonger; COUT rallonger; ⁓ **werden** (s')allonger; **2.** *zeitlich* plus longtemps; (*ziemlich lang*) assez longtemps; ⁓**e Zeit** quelque temps; pendant un certain temps; **tausend Jahre und** ⁓ mille ans et plus; **ein Tag** ⁓ un jour de plus; **je** ⁓, **je** *od* **desto lieber** le plus longtemps sera le mieux; plus cela durera, mieux cela vaudra; **werden Sie** ⁓ **hierbleiben?** resterez-vous ici quelque temps?; **es ist schon** ⁓ **her, daß ...** il y a déjà un certain temps que ...
'**langersehnt** *adjt* (qu'on a) longuement désiré
'**Lang(e)weile** *f* ⟨gén ⁓ *ou* Langenwei-

le⟩ ennui m; ~ haben s'ennuyer; aus Lange(r)weile par ennui; vor Lange(r)weile mourir d'ennui
'Lang|finger m plais (Dieb) voleur m; F chapardeur m; ~form f forme intégrale, complète; e-s Namens nom m en entier
'lang|fristig adj u adv à long terme; Kredit, Wechsel à longue échéance; ~gestreckt I adjt allongé; long, longue; II advt étendu de tout son long; ~gezogen adjt Ton prolongé; soutenu; de longue durée; ♀haardackel m basset m à poil long; ~haarig adj qui a les cheveux longs; aux cheveux longs; Tier à poil long
'langjährig adj qui existe depuis des années; Freundschaft a de longue date; ~e Erfahrung f longue expérience; ~er Freund vieil ami
'Lang|lauf m (Ski♀) ski m de fond; ~läufer(in) m(f) (Ski♀) skieur, skieuse m,f de fond; ~laufloipe f piste f de ski de fond; ~laufski m ski m de fond; ♀lebig adj qui vit longtemps; de longue vie; ~lebigkeit f ⟨~⟩ longévité f
'länglich adj oblong, oblongue; de forme allongée
'langmähnig adj Tier qui a une longue crinière; Person péj (langhaarig) F chevelu
'Lang|mut st/s f ⟨~⟩ st/s longanimité f; patience f; ♀mütig adj st/s qui a de la longanimité; patient
Langobard|en [laŋgo'bardən] m/pl Lombards m/pl; ♀isch adj lombard
'Langohr n plais (Esel) âne m; Meister ~ maître Aliboron
längs [lɛŋs] I prép ⟨gén ou dat⟩ le long de; ~ dem Flusse od des Flusses le long de la rivière, du fleuve; II adv dans le sens de la longueur; en longueur; das Bett ~ an die Wand stellen placer le lit contre le mur dans le sens de la longueur
'Längsachse f axe longitudinal
'langsam I adj 1. lent; nur von Personen long, longue; Gang, Trott etc petit; ~er werden ralentir; (sich verlangsamen) se ralentir; 2. (allmählich) graduel, -elle; progressif, -ive; II adv 1. lentement; avec lenteur; doucement; ~ aber sicher lentement mais sûrement; immer ~! doucement!; F tout doux!; F mollo!; ~ fahren! au pas!; ~er fahren ralentir; réduire la vitesse; ~er gehen ralentir sa marche; als j marcher moins vite (que qn); prov wer ~ geht, kommt auch zum Ziel prov petit train va loin; 2. (allmählich) petit à petit; peu à peu; ~ merkte sie, was er wollte elle comprit peu à peu, elle commença à comprendre ce qu'il voulait
'Langsamkeit f ⟨~⟩ lenteur f; longueur f
'Langschläfer(in) m(f) lève-tard m,f; F grand(e) dormeur (dormeuse)
'längs|gestreift adj rayé dans le sens de la longueur; Stoff à rayures longitudinales; ♀linie f ligne longitudinale
'Langspielplatte f trente-trois tours m; disque m microsillon de longue durée
'Längs|richtung f sens de la longueur, longitudinal; ~schnitt m section, coupe longitudinale; ~streifen m bande, raie, rayure longitudinale
längst [lɛŋst] adv 1. zeitlich (schon lange) depuis longtemps; il y a longtemps; 2. (bei weitem) er ist ~ nicht so klug wie ... il est loin d'être aussi intelligent que ...; ~ nicht so schön beaucoup moins beau; das ist (noch) ~ nicht alles c'est loin d'être tout
'längste(r, -s) adj le (la) plus long(ue); Sie sind die ~ Zeit hiergewesen vous ne resterez pas plus longtemps ici
'längstens adv au plus tard
'langstielig adj 1. Geräte à manche long; ~es Glas verre m à pied; 2. Blume etc à tige longue
'Lang|strecke f SPORT course f de fond; ~streckenflug m vol m à longue distance; ~streckenlauf m course f de fond; ~streckenläufer(in) m(f) coureur, -euse m,f de fond; ~streckenrakete f fusée f à longue portée
Languste [laŋ'gustə] f ⟨~; ~n⟩ langouste f
Langweile f cf Langeweile
'langweilen ⟨h⟩ I v/t j-n ~ ennuyer qn; II v/réfl sich ~ s'ennuyer; sich zu Tode ~ s'ennuyer à mourir; F crever d'ennui; F s'emmerder
'Langweiler(in) F m ⟨~s; ~⟩, (f) ⟨~; ~nen⟩ F raseur, -euse m,f
'langweilig adj ennuyeux, -euse; ennuyant; Personen pesant; F so was ♀es! F quelle barbe!; hier ist es ~ ici on s'ennuie; mir ist es ~ je m'ennuie
'Lang|welle f RAD grande onde; PHYS onde longue; ~wellenbereich m gamme f des grandes ondes; ~wellensender m (poste) émetteur m à grandes ondes; ♀wierig adj qui dure (depuis) longtemps; long, longue; de longue haleine; Arbeit a pénible; de patience; Verhandlungen laborieux, -ieuse; ~wierigkeit f ⟨~⟩ longue durée; longueur f
'Langzeit|arbeitslose(r) f(m) chômeur, -euse m,f de longue durée; ~arbeitslosigkeit f chômage m de longue durée; ~gedächtnis n mémoire f à long terme; ~studie f observation f de longue durée; ~wirkung f effet m à long terme
Lanolin [lano'liːn] n ⟨~s⟩ CHIM lanoline f
Lanze ['lantsə] f ⟨~; ~n⟩ lance f; fig e-e ~ für j-n brechen rompre des lances pour qn; se faire le champion de qn
Lanzett|e [lan'tsɛtə] f ⟨~; ~n⟩ MÉD lancette f; ~fisch(chen) m(n) ZO sc amphioxus m
Laos ['laːɔs] n ⟨→ n/pr⟩ le Laos
Laot|e [la'oːtə] m ⟨~n; ~n⟩ Laotien m; ~in f ⟨~; ~nen⟩ Laotienne f; ♀isch adj laotien, -ienne; du Laos
Laotse [la'oːtsə] m ⟨→ n/pr⟩ Lao Tseu od Laozi m
lapidar [lapi'daːr] st/s adj laconique; st/s lapidaire
Lapislazuli [lapɪs'laːtsuli] m ⟨~; ~⟩ MINÉR lapis(-lazuli) m
Lappalie [la'paːliə] f ⟨~; ~n⟩ bagatelle f; vétille f; détail m; F broutille f; p/fort (un) rien
Lappe ['lapə] m ⟨~n; ~n⟩ Lapon m
Lappen ['lapən] m ⟨~s; ~⟩ 1. (Wisch♀) chiffon m; torchon m; F fig das ist mir durch die ~ gegangen F cela m'est passé sous le nez; 2. ANAT, BOT lobe m; 3. F (Geldschein) ein brauner ~ un billet de 50 DM

läppern ['lɛpərn] v/réfl ⟨-(e)re, h⟩ F das läppert sich cela s'accumule; F cela finit par faire
'lappig adj 1. BOT, ANAT lobé; 2. F (schlaff) lâche; flasque; Stoff fatigué
'Lappin f ⟨~; ~nen⟩ Lapon(n)e f
läppisch ['lɛpɪʃ] F adj niais; sot, sotte; inepte; puéril
'Lapp|land n ⟨→ n/pr⟩ la Laponie; ~länder(in) m ⟨~s; ~⟩ (f) ⟨~; ~nen⟩ cf Lappe, Lappin; ♀ländisch adj lapon
Lapsus ['lapsʊs] m ⟨~; ~⟩ lapsus m
Laptop ['lɛptɔp] m ⟨~s; ~s⟩ INFORM (ordinateur m) portable m
Lärche ['lɛrçə] f ⟨~; ~n⟩ BOT mélèze m
Largo ['largo] n ⟨~(s); ~s ou -ghi⟩ MUS largo m
larifari [lari'faːri] F int F chansons que tout cela!
Lari'fari F n ⟨~s; ~s⟩ sottises f/pl; billevesées f/pl
Lärm [lɛrm] m ⟨~s⟩ bruit m; (Gepolter, Getöse) vacarme m; von Menschen tapage m; chahut m; fig viel ~ um nichts beaucoup de bruit pour rien; um j-n, etw ~ machen faire du bruit, du tapage autour de qn, qc; ~ schlagen (alarmieren) donner l'alerte, l'alarme
'Lärm|bekämpfung f lutte f contre le bruit; ~belästigung f pollution f sonore; nuisances f/pl acoustiques; ~belastung f exposition f aux bruits; ♀empfindlich adj sensible au(x) bruit(s)
'lärmen v/i ⟨h⟩ faire du bruit, du vacarme
'lärmend adjt bruyant; turbulent; tapageur, -euse; fracassant; ~e Menge cohue f
'Lärm|pegel m niveau m sonore; niveau m de puissance acoustique; ~schutz m protection f, dispositions f/pl contre le bruit; ~schutzwand f mur m anti-bruit, de protection acoustique
Larve ['larfə] f ⟨~; ~n⟩ 1. ZO larve f; 2. (Maske) masque m
las [laːs] cf lesen
lasch [laʃ] I adj 1. (kraftlos) Händedruck, Bewegung mou, molle; 2. (wirkungslos) Maßnahmen inefficace; 3. (nicht streng) Erziehung laxiste; II adv etw ~ handhaben traiter qc, s'occuper de qc avec laxisme; ~ gewürzt fade
Lasche ['laʃə] f ⟨~; ~n⟩ an Schuhen etc languette f; COUT patte f; languette f; TECH, e-r Eisenbahnschiene éclisse f
'Laschheit f ⟨~⟩ (Kraftlosigkeit) mollesse f; (Wirkungslosigkeit) inefficacité f; (fehlende Strenge) laxisme m
Laser ['leːzər] m ⟨~s; ~⟩ TECH, MÉD, INFORM laser m; ~druck m INFORM impression f laser; ~drucker m INFORM imprimante f laser; ~kanone f canon m laser; ~medizin f ⟨~⟩ médecine f au laser; ~strahl m faisceau m, rayon m laser; ~technik f technique f au laser; ~waffe f arme f laser
lasier|en [la'ziːrən] v/t ⟨pas de ge-, h⟩ PEINT vernir; ♀ung f ⟨~⟩ cf Lasur
lassen ['lasən] ⟨läßt, ließ, lasse ou laß!, h⟩ I v/aux de mode ⟨p/p lassen⟩ 1. (zu~) laisser; (nicht hindern) ne pas empêcher de ... ne ... (+subj); tolérer, admettre, accepter, souffrir que (+subj); permettre de (+inf) od que ... (+subj); j-n etw tun ~ laisser faire qc à qn; das Licht brennen ~ laisser la lumière allumée; 2. (veran~) faire;

wenn ein Gang damit verbunden ist envoyer; **j-n etw tun ~** faire faire qc à qn; **den Arzt holen ~** envoyer chercher le médecin; **j-n etw wissen ~** informer qn de qc; faire savoir qc à qn; **ich lasse ihn grüßen** transmettez-lui mes salutations; saluez-le de ma part; **3.** ⟨Ire personne du pl de l'impératif⟩ **laß, laßt uns gehen!** partons!; **II** v/t ⟨p/p gelassen⟩ **4.** (*über~*) laisser; céder; abandonner; **j-m etw ~** laisser, céder, abandonner qc à qn; **5.** (*zubilligen*) **sie ist bescheiden, das muß man ihr ~** elle est modeste, il faut le reconnaître; **6.** (*geben*) **j-m Zeit ~** laisser, donner, accorder du temps à qn; **~ Sie mir Zeit zu** (+*acc*) od **um ... zu** (+*inf*) laissez-moi, *etc* le temps de (+*inf*); **7.** (*unter~*) ne pas faire; renoncer à; s'abstenir de; se passer de; **~ Sie das** (*sein*)! laissez cela!; assez!; **laß das Weinen!** cesse de pleurer!; **~ wir das!** (*reden wir nicht mehr darüber*) laissons cela!; passons!; n'en parlons plus!; *cf a* **tun** 1., **bleibenlassen**; **8. laß ihn erst so alt sein wie du ...** attends qu'il ait ton âge ...; **9.** (*verlieren*) quitter; **sein Leben für das Vaterland ~** donner sa vie, se sacrifier pour la patrie; **etw nicht aus den Augen ~** ne pas quitter des yeux qc; **10.** (*unterbringen*) *von Sachen* placer; *von Personen* loger; **11.** (*be~*) **~ wir alles beim alten!** laissons les choses comme par le passé!; **j-n in dem Glauben ~, daß ...** laisser qn croire (faussement) que ...; **12.** (*zurück~*) abandonner; *fig* **j-n weit hinter sich** (*dat*) **~** laisser qn loin derrière soi; distancer qn; surclasser qn; **er läßt viel Geld in der Kneipe** il laisse beaucoup d'argent au café; **13.** (*herein~*) **niemand zu sich** (*dat*) **~** ne recevoir personne; n'être là pour personne; **j-n ins Haus ~** laisser entrer qn; **III** v/i ⟨p/p gelassen⟩ (*ab~*) **von etw ~** renoncer à qc; **ich kann nicht von ihm ~** je ne puis me séparer de lui; **er läßt nicht von ihr** il ne la quitte pas; **IV** v/réfl ⟨p/p gelassen⟩ *Stoff* **sich gut waschen ~** se laver bien, être facile à laver; **das läßt sich nicht beschreiben** cela est indescriptible, indicible; cela défie toute description; **da läßt sich nichts machen** on n'y peut rien faire; il n'y a rien à faire; **es läßt sich nicht leugnen, daß ...** on ne peut nier que ... (ne) (+*subj*); **ich habe mir sagen ~ ...** j'ai appris ...; on m'a dit ...; je me suis laissé dire ...; **~ Sie sich** (*dat*) **Zeit!** prenez votre temps!

lässig ['lɛsɪç] **I** *adj* (*sorglos*) insouciant, nonchalant; qui en prend à son aise; (*gleichgültig*) indifférent; *Kleidung* décontracté; *Haltung* désinvolte; **II** *adv* **1.** (*sorglos*) avec insouciance; (*gleichgültig*) avec indifférence; **~ gekleidet** habillé de manière décontractée; F habillé décontracté; **2.** F (*mühelos*) facilement; sans peine; **das schaffst du ~ tu** y arriveras sans peine

'**Lässigkeit** *f* ⟨~⟩ (*Sorglosigkeit*) insouciance *f*; nonchalance *f*; (*Gleichgültigkeit*) indifférence *f*; laisser-aller *m*; *in der Haltung* désinvolture *f*

läßlich ['lɛslɪç] *adj* CATH véniel, -ielle

'**Lasso** ['laso] *m* od *n* ⟨~s; ~⟩ lasso *m*

Last [last] *f* ⟨~; ~en⟩ **1.** (*Trag~*) charge *f*; fardeau *m* (*a fig*); *fig* poids *m*; **j-m zur ~ fallen** importuner qn; être à charge à qn; **j-m etw zur ~ legen** accuser qn de qc; attribuer, imputer, reprocher qc à qn; **zu j-s ~en gehen** incomber à qn; être à la charge de qn; **zu ~en er Sache gehen** être, se faire au détriment de qc; *COMM* **etw zu j-s ~en buchen** porter qc au débit de qn; **zu ~en des Versicherten** à la charge de l'assuré; **2.** MAR *e-s Schiffes* cargaison *f*; fret *m*; **3. ~en** *pl* (*Abgaben*) impôts *m/pl*; charges publiques

'**Lastauto** *n* camion *m*; poids lourd

'**lasten** v/i ⟨-ete, h⟩ peser; **auf etw** (*dat*) **schwer ~** peser d'un grand poids sur qc; *fig* **diese Schuld lastet auf mir** cette dette me pèse; **auf dem Unternehmen ~ schwere Schulden** la firme est grevée de lourdes dettes; **auf dem Haus ~ große Hypotheken** la maison est fortement hypothéquée; **~de Schwüle** chaleur lourde, écrasante

'**Lasten|aufzug** *m* monte-charge(s) *m*; élévateur *m*; **~ausgleich** *m* péréquation *f*, répartition *f* des charges

Laster[1] ['lastər] *n* ⟨~s; ~⟩ (*schlechte Neigung, Charakterfehler*) vice *m*; (*Untugend*) mauvaise habitude; **e-m ~ frönen** être l'esclave d'un vice

'**Laster**[2] F *m* ⟨~s; ~⟩ *cf* **Lastwagen**

'**Lästerer** ['lɛstərər] *m* ⟨~s; ~⟩ **1.** médisant *m*; calomniateur *m*; dénigreur *m*; **2.** (*Gottes~*) blasphémateur *m*

'**laster|haft** *adj* vicieux, -ieuse; (*verderbt*) dépravé; (*unsittlich*) immoral; **~haftigkeit** *f* ⟨~⟩ dépravation *f*; immoralité *f*; **~höhle** *f* *péj* lieu *m* de perdition, de débauche

läster|lich ['lɛstərlɪç] **I** *adj* médisant; (*gottes~*) blasphématoire (*gottlos*) impie; (*schändlich*) infâme; **II** *adv* **~ fluchen** jurer comme un charretier; **~maul** F *n* F mauvaise langue; langue *f* de vipère; *cf a* **Lästerer**

lästern ['lɛstərn] v/t u v/i ⟨-(e)re, h⟩ *péj* **über j-n ~** dire du mal de, médire de qn; dénigrer qn; casser du sucre sur le dos de qn; (*wider*) **Gott ~** blasphémer, jurer Dieu

'**Lästerung** *f* ⟨~; ~en⟩ **1.** dénigrement *m*; médisance *f*; **~en Worte** à propos médisants; **2.** (*Gottes~*) blasphème *m*

'**lästig** ['lɛstɪç] *adj* importun; embarrassant; (*unbequem*) incommode; (*hinderlich*) gênant; (*ermüdend, störend*) fatigant; *Person* pénible; *p/fort* assommant; **j-m ~ werden, fallen** importuner, incommoder, gêner qn

'**Last|kahn** *m* chaland *m*; péniche *f*; **~kraftwagen** *m* ADM *cf* **Lastwagen**, **~kraftwagenfahrer** *m* ADM *cf* **Lastwagenfahrer**, **~schrift** *f* FIN note *f* de débit; poste débiteur; **~schriftanzeige** *f* FIN avis *m* de prélèvement; **~schriftverfahren** *n* FIN système *m* de prélèvement automatique; **~tier** *n* bête *f* de somme; **~wagen** *m* camion *m*; poids lourd; **~wagenfahrer** *m* chauffeur *m*, conducteur *m* de poids lourd; camionneur *m*; routier *m*; **~zug** *m* camion *m* à remorque

Lasur [la'zu:r] *f* ⟨~; ~en⟩ vernis *m*; PEINT a glacis *m*

lasziv [las'tsi:f] *adj* lascif, -ive; **~ität** *f* ⟨~; ~en⟩ lascivité *f*

Latein [la'taɪn] *n* ⟨~s⟩ le latin; la langue latine; *fig* **mit s-m ~ am Ende sein** ne plus savoir quoi faire

La'tein|amerika *n* l'Amérique latine; **~amerikanisch** *adj* latino-américain

La'teiner *m* ⟨~s; ~⟩ latiniste *m*

la'teinisch *adj* latin; **~e Schrift** caractères romains

La'teinisch *n* ⟨~(s)⟩, **~e** *n* ⟨~n⟩ (**das**) **Lateinisch(e)** le latin

La'tein|schule *f* HIST etwa collège *m*; **~unterricht** *m* cours *m* de latin

latent [la'tɛnt] *adj* BIOL, MÉD, PSYCH latent

La'tenz *f* ⟨~⟩ MÉD, PSYCH latence *f*

Laterne [la'tɛrnə] *f* ⟨~; ~n⟩ (*Straßen~*) réverbère *m*; lampadaire *m*; (*Hand~*) lanterne *f*; (*Schiffs~*) fanal *m*; SPORT, *fig* **die rote ~** la lanterne rouge

La'ternenpfahl *m* (poteau *m* de) réverbère *m*, lampadaire *m*

Latex ['la:tɛks] *m* ⟨~; Latizes⟩ latex *m*

Latinum [la'ti:nʊm] *n* ⟨~s⟩ **das große** (**kleine**) **~** niveau de connaissances du latin correspondant à 6 (4) ans d'études

Latrine [la'tri:nə] *f* ⟨~; ~n⟩ latrines *f/pl*; MIL *im Freien* feuillées *f/pl*

La'trinenparole F *péj f* F canard *m*; F bobard *m*

Latsche[1] ['latʃə] *f* ⟨~; ~n⟩ BOT pin nain de montagne

Latsche[2] ['la:tʃə] F *f* ⟨~; ~n⟩ *cf* **Latschen**

'**latschen** F **I** v/i ⟨sein⟩ (*marschieren, spazieren*) marcher; (*nachlässig gehen*) F traîner la jambe, la patte; **II** v/t ⟨h⟩ (*ohrfeigen*) **j-m e-e ~** donner une gifle, F une claque à qn

'**Latschen** F *m* ⟨~s; ~⟩ (*ausgetretener Schuh*) F savate *f*; (*Hausschuh, Pantoffel*) pantoufle *f*; babouche *f*

'**Latschenkiefer** *f cf* **Latsche**[1]

Latte ['latə] *f* ⟨~; ~n⟩ (*Holzstange*) latte *f*; SPORT barre *f*; F *fig* **lange ~** F asperge *f*; F *fig* **e-e lange ~ Schulden** une quantité, F un tas de dettes

'**Latten|kiste** *f* caisse *f* à claire-voie; cageot *m*; **~rost** *m* claie *f*; **~zaun** *m* clôture *f* en lattes, à claire-voie

Lattich ['latɪç] *m* ⟨~(e)s; ~e⟩ BOT laitue *f*

Latz [lats] *m* ⟨~es; ~e⟩ **1.** *e-r Schürze, e-s Rocks etc* bavette *f*; P **j-m e-e vor den ~ knallen** (*j-m e-n Schlag versetzen*) F flanquer un coup, un jeton à qn; (*j-n scharf zurechtweisen*) remettre qn vertement à sa place; **2. für Kinder** bavoir *m*; bavette *f*; **3.** (*Hosen~*) pont *m* (de pantalon)

'**Lätzchen** ['lɛtsçən] *n* ⟨~s; ~⟩ *cf* **Latz** 2.

'**Latzhose** *f* **modische, Kinder~** salopette *f*; (*Arbeits~*) bleu *m* de travail

lau [lau] *adj* tiède; attiédi (*beide a fig*); *fig* sans flamme; indifférent; *Luft, Wetter* doux, douce; **ein ~er Wind** un vent tiède, doux; un zéphir

Laub [laup] *n* ⟨~(e)s⟩ feuillage *m*; feuilles *f/pl*; *st/s* frondaison *f*; '**~baum** *m* (arbre *m*) feuillu *m*

Laube ['laubə] *f* ⟨~; ~n⟩ **1.** (*Gartenhäuschen*) cabane *f*, maisonnette *f* de jardin; *gewölbte, aus grünen Zweigen* tonnelle *f*; **2.** CONSTR arcades *f/pl*; **3.** F *fig* **fertig ist die ~!** (*das wäre geschafft*) c'est fini!; F c'est liquidé!

'**Laub|frosch** *m* grenouille verte; rainette *f*; **~gehölze** *n/pl*, **~hölzer** *n/pl* arbres *m/pl*, arbrisseaux *m/pl* et arbustes *m/pl* feuillus; **~hüttenfest** *n der Juden fête f des Cabanes*; **~säge** *f* scie *f* à découper, à chantourner; **~sänger** *m* ZO pouillot *m*, **~wald** *m* bois *m*, forêt *f* de feuillus; **~werk** *st/s n* feuillage *m*; *st/s* frondaison *f*; CONSTR rinceaux *m/pl*

Lauch [laux] *m* ⟨-(e)s; ~e⟩ poireau *m*; *als Gattung* ail *m*

Laudatio [lau'da:tsio] *f* ⟨~; -ti'ones⟩ discours *m* à la louange d'une personnalité importante; *die ~ auf j-n halten* prononcer un discours à la louange de qn

Lauer ['lauər] *f* ⟨~⟩ F *auf der ~ sein, liegen* être, se tenir aux aguets; *sich auf die ~ legen* se mettre aux aguets

lauern F *v/i* ⟨-(e)re, h⟩ *auf etw (acc) ~* guetter qc; *hinterhältig* épier qc; être à l'affût de; *j-n ~* guetter qn

Lauf [lauf] *m* ⟨-(e)s; ~e⟩ **1.** (*Laufen*) course *f* (*a* SPORT); *im vollen ~* en pleine course; **2.** ⟨*pas de pl*⟩ *fig* (*Fortgang*) cours *m*; courant *m*; marche *f*; train *m*; *im ~e der Zeit* avec le temps; à la longue; *den Dingen ihren ~ lassen* laisser aller les choses; laisser les choses suivre leur cours; *das ist der ~ der Welt* ainsi va le monde; *s-n Leidenschaften freien ~ lassen* donner libre cours à ses passions; *im ~e des Monats* dans le courant du mois; **3.** (*Fluß*²) cours *m*; **4.** *e-s Gewehrs* canon *m*; *etw vor den ~ bekommen* F avoir qc à portée de fusil, au bout du canon; **5.** *der Jagdtiere u Hunde* (*Bein*) jambe *f*; patte *f*; **6.** MUS (*schnelle Tonfolge*) roulade *f*

Laufbahn *f* **1.** (*Berufsweg*) carrière *f*; *e-e ~ einschlagen* commencer, embrasser une carrière; **2.** *für Wettrennen* piste *f* de course

Laufbursche *m* garçon *m* de courses, de magasin

laufen ⟨läuft, lief, gelaufen, lauf(e)!⟩ I *v/t* ⟨sein⟩ courir; aller; faire; *er ist vier Kilometer in e-r Stunde ge~* il a fait quatre kilomètres en une heure; *Schlittschuh ~* patiner; *Ski ~* faire du ski; II *v/i* ⟨sein⟩ **1.** (*rennen*) courir; (*gehen*) aller (à pied); *hin und her ~* (*auf und ab gehen*) aller et venir; faire les cent pas; *in ein Auto ~* heurter une voiture; *j-m in die Arme ~* tomber sur qn; *das Kind lernt ~* l'enfant apprend à marcher; *in jeden Film ~* courir les cinémas; **2.** *von Empfindungen ein Schauer lief mir über den Rücken* j'en eus un frisson dans le dos; *es lief mir dabei kalt über den Rücken* cela m'a fait froid dans le dos; **3.** *ins Geld ~* être coûteux, -euse, onéreux, -euse; *unter j-s Namen* (*dat*) *~* marcher, être sous le nom de qn; F *die Sache ist ge~* (*entschieden*) l'affaire est décidée; les jeux sont faits; **4.** (*gültig sein*) être valable, valide; *die Versicherung läuft noch bis Jahresende* l'assurance vient à expiration à la fin de l'année; *die Zinsen ~ ab ersten Januar* les intérêts courent à partir du premier janvier; **5.** MAR *ein Schiff vom Stapel ~ lassen* lancer un navire; *auf Grund ~* échouer; *auf e-e Mine ~* heurter une mine; **6.** *Rad* tourner; *Maschinen, Motor* fonctionner; marcher; *auf Hochtouren ~* tourner à un régime élevé; *a fig* tourner à plein régime; F *das Geschäft läuft gut, schlecht* les affaires vont bien, mal; **7.** *Film* (*gezeigt werden*) passer; *Verhandlungen* (*im Gang sein*) être en cours; **8.** (*fließen*) couler; *mir läuft die Nase* j'ai le nez qui coule; *das Wasser ~ lassen* faire couler l'eau; **9.** (*ver~*) *durch, über etw* (*acc*) *~* passer par qc; *die Straße läuft über den Berg* la route passe par la montagne; *mit etw parallel ~* être parallèle à qc; III *v/imp* ⟨h⟩ *es läuft sich hier gut* on marche sans peine ici; IV *v/réfl* ⟨h⟩ *sich müde ~* se fatiguer à force de marcher; *sich* (*dat*) *die Füße wund ge~ haben* avoir les pieds écorchés à force de marcher

Laufen *n* ⟨~s⟩ (*Rennen*) course *f*; (*Gehen*) marche *f*

laufend I *adj* courant; *~e Ausgaben f/pl* dépenses courantes; *im ~en Monat* dans le courant, au cours du mois; *~er* (COMM *a* ~es) *Meter* mètre courant; *~e Nummer* numéro *m* d'ordre, de série; *~e Arbeiten f/pl* travaux *m/pl* en cours; *am ~en Band* (*unaufhörlich*) sans arrêt; sans interruption; *auf dem ~en sein* être au courant; *j-n* (*über etw* [*acc*]) *auf dem ~en halten* tenir qn au courant (de qc); II *adv* (*regelmäßig*) régulièrement; constamment; en permanence

laufenlassen *v/t* ⟨*irr, sép, pas de ge-*, h⟩ *e-n Täter absichtlich* relâcher, *unabsichtlich* F laisser filer

Läufer ['lɔyfər] *m* ⟨~s; ~⟩ **1.** SPORT coureur *m*; FUSSBALL demi *m*; **2.** SCHACH fou *m*; **3.** (*schmaler Teppich*) passage *m*; (*Tisch*²) chemin *m* de table; (*Treppen*²) tapis *m* d'escalier; **4.** TECH curseur *m*; ÉLECT induit *m*; rotor *m*

Lauferei [laufə'rai] F *f* ⟨~; ~en⟩ *viel ~ mit etw haben* avoir à faire beaucoup d'allées et venues, de démarches pour qc; F devoir galoper beaucoup pour qc

Läufer|in *f* ⟨~; ~nen⟩ SPORT coureuse *f*; **²isch** I *adj* Talent, Können pour la course; II *adv* en ce qui concerne la technique de la course

Lauffeuer *n fig die Nachricht verbreitete sich wie ein ~* la nouvelle se répandit comme une traînée de poudre

lauf|freudig *adj* SPORT qui aime courir; **²gewicht** *n* poids-curseur *m*; poids *m* mobile; **²gitter** *n für Kinder* parc *m*; **²graben** *m* MIL boyau *m*

läufig ['lɔyfiç] *adj Hündin ~ sein* être en chaleur

Lauf|junge *m cf Laufbursche*; **~katze** *f* TECH palan *m*, chariot *m*, treuil *m* roulant; **~kran** *m* grue roulante; pont roulant; **~kundschaft** *f* COMM clientèle *f* de passage

Laufmasche *f* maille filée, qui file; *e-e ~ im Strumpf haben* avoir filé son bas

Laufpaß *m* F *j-m den ~ geben* renvoyer qn; *bei e-m Liebesverhältnis a* laisser tomber qn

Lauf|planke *f* planche *f*; MAR traversine *f*; **~rad** *n e-r Turbine* roue *f* (à aubes); *bei Lokomotiven* roue *f* porteuse; **~schiene** *f* glissière *f*

Laufschritt *m* pas *m* (de) gymnastique, de course; *im ~* au pas de course

Lauf|stall *m*, **~ställchen** *n cf Laufgitter*; **~steg** *m für Mannequins* podium *m*; MAR passerelle *f*; passavant *m*; **~vogel** *m* (oiseau *m*) coureur *m*; **~werk** *n* TECH, *der Uhr* mécanisme *m*; INFORM dérouleur *m*; *des Eisenbahnwagens* mécanisme *m* de roulement

Lauf|zeit *f* **1.** FIN, JUR (*Dauer*) terme *m*; durée *f* (de validité); validité *f*; *aufs Ende bezogen* échéance *f*; *ein Kredit mit dreimonatiger ~* un crédit à 3 mois d'échéance; **2.** SPORT temps chronométré, du parcours; **3.** *von Postsendungen* temps *m* d'acheminement; **4.** *e-s Films* (*Vorführzeit*) durée *f* de projection; (*Spieldauer*) passage *m* à l'affiche

Laufzettel *m* note *f*, fiche *f* de marche à suivre

Lauge ['laugə] *f* ⟨~; ~n⟩ **1.** CHIM solution alcaline; **2.** *für die Wäsche* lessive *f*

Laugenbrezel *f* bretzel *m*

Lauheit *f* ⟨~⟩ tiédeur *f* (*a fig*); *fig* indifférence *f*

Laune ['launə] *f* ⟨~; ~n⟩ (*Stimmung*) humeur *f*; (*Vergnügtheit*) enjouement *m*; (*Einfall, Grille*) caprice *m*; fantaisie *f*; lubie *f*; *guter, schlechter ~ sein, gute, schlechte ~ haben* être de bonne, mauvaise humeur; *bei ~* de bonne humeur; *~ des Schicksals* caprice du sort, du destin; *~n haben* avoir des humeurs, des caprices; être lunatique

laun|enhaft *adj* capricieux, -ieuse; *Mensch a* lunatique; *Schicksal a* changeant; *Wetter* instable; **²enhaftigkeit** *f* ⟨~⟩ humeur capricieuse, changeante; caprices *m/pl*; bizarrerie(s) *f(pl)*; **~ig** *adj* enjoué; d'un caractère gai; (*witzig*) plein d'humour; amusant; divertissant; drôle; **~isch** *adj* *nur von Menschen* (*mürrisch*) de mauvaise humeur; (*wechselhaft*) capricieux, -ieuse; lunatique

Laus [laus] *f* ⟨~; ~e⟩ pou *m*; F *fig ihm ist e-e ~ über die Leber gelaufen* F il est de mauvais poil; *j-m Läuse in den Pelz setzen* donner du fil à retordre à qn

Laus|bube F *m* espiègle *m*; galopin *m*; garnement *m*; (*petit*) coquin *m*; **~bubenstreich** *m* espièglerie *f*; (*mauvais*) tour *m*; farce *f*; **²bübisch** F *adj* espiègle; F farceur; *mit weiblichem subst* de farceur

Lauschangriff *m* opération *f* d'écoute

lauschen ['lauʃən] *v/i* ⟨h⟩ **1.** *j-m, j-s Worten etc* (*zuhören*) écouter attentivement; prêter l'oreille (à); **2.** (*horchen*) tendre l'oreille; être aux écoutes; *an der Tür ~* écouter aux portes

Lauscher *m* ⟨~s; ~⟩ *pl* JAGD (*Ohren*) oreilles *f/pl*

Lauscher(in) *m* (*f*) ⟨~; ~nen⟩ celui, celle qui écoute aux portes; *pl/fort* espion, -ionne *m,f*

lauschig *adj* retiré; intime; discret, -ète; *~es Plätzchen* charmant petit coin; coin retiré et discret

Lause|bengel F ['lauzəbɛŋəl] F *m*, **~junge** F *m* (*mauvais*) garnement *m*; vaurien *m*; petit voyou

lausen ['lauzən] *v/t* (*u v/réfl*) ⟨-(es)t, h⟩ (*sich*) ⟨s'⟩épouiller; F *fig ich denk', mich laust der Affe* F j'en suis baba

lausig F I *adj* (*schäbig*) F minable; (*widerwärtig*) rebutant; F sale; *e-e ~e Arbeit* un sale travail; *das kostet ein ~es Geld* (*sehr viel*) cela coûte les yeux de la tête; II *adv* F bougrement; *es ist ~ kalt* F il fait bougrement froid; il fait un froid de canard

laut¹ [laut] I *adj Stimme*, MUS fort; *Ge-*

räusch, Kinder etc bruyant; **mit ~er Stimme** d'une voix forte; **~es Gelächter** éclats *m/pl* de rire; **~ werden** *Stimmen* s'élever; *fig Nachricht, Gerücht* se répandre; s'ébruiter; **II** *adv* fort; 'haut; à voix 'haute; à 'haute voix; (*geräuschvoll*) bruyamment; **~ denken** penser tout 'haut; **~ aufschreien** pousser un (des) cri(s); **~ lachen** rire aux éclats; **~ lesen** lire à voix 'haute; *das kann man* (*aber*) **~ sagen** on peut le dire tout 'haut

laut² *prép* (*gén ou dat*) *ADM* conformément à; d'après; selon

Laut [laut] *m* ⟨-(e)s; -e⟩ son *m*; **keinen ~ von sich geben** ne pas émettre le moindre son; *JAGD* **~ geben** donner de la voix

'**Lautbildung** *f PHON* articulation *f*

Laute ['lautə] *f* ⟨-; -n⟩ *MUS* luth *m*

lauten ['lautən] *v/i* ⟨-ete, h⟩ être; s'énoncer; *wie lautet die Antwort?* quelle est la réponse?; *JUR das Urteil lautet auf drei Jahre Gefängnis* il a été condamné à, le tribunal a prononcé une peine de trois ans de prison; *der Vertrag lautet also: ...* le contrat s'énonce comme suit: ...; *st/s auf j-s Namen* (*acc*) **~** être au nom de qn

läuten ['lɔytən] *v/t, v/i, v/imp* ⟨-ete, h⟩ sonner; *die Glocke läutet* la cloche sonne; *es, j läutet an der Tür* on sonne; *es läutet zur Messe* on sonne la messe; *es läutet Mittag* midi sonne; *es läutet drei Uhr* trois heures sonnent; *fig ich habe ~ hören, daß ...* j'ai entendu dire que ...

lauter¹ ['lautər] *st/s adj Metalle* (*rein*) pur; sans alliage; *fig* (*ohne Falsch*) pur; sincère; intègre

lauter² *adv* (*nichts als, nur*) ne ... que; rien que; *das sind* **~ Lügen** c'est un tissu de mensonges; *das ist* **~ dummes Zeug** cela ne tient pas debout; *vor* **~ Freude sprang sie in die Luft** elle a sauté, bondi de joie

'**Lauterkeit** *f* ⟨-⟩ pureté *f*; *fig, POL* intégrité *f*

läuter|n ['lɔytərn] *st/s v/t* (*u v/réfl*) ⟨-(e)re, h⟩ **1.** purifier; épurer; *Glas, Metalle* affiner; *Flüssigkeit* clarifier; décanter; filtrer; **2.** *fig* (*sich*) **~** (se) purifier; (s')épurer; (s')affiner; **ung** *f* ⟨-⟩ **1.** purification *f*; épuration *f*; *von Glas, Metallen* affinage *m od* affinement *m*; *e-r Flüssigkeit* clarification *f*; décantage *m*; décantation *f*; **2.** *st/s fig* purification *f*; affinement *m*

'**Läut(e)werk** *n* sonnerie *f* (électrique); timbre *m* électrique

'**Lautgesetz** *n LING* loi *f* phonétique

'**lauthals** *adv* **~ protestieren** protester bruyamment; **~ singen** chanter à tue-tête, à pleine gorge, à pleine voix

'**Laut|lehre** *f* phonétique *f*; **²lich** *adj* phonétique

'**lautlos I** *adj* silencieux, -ieuse; **~e Stille** silence profond, religieux; **II** *adv* silencieusement; sans bruit; en silence

'**Lautlosigkeit** *f* ⟨-⟩ silence *m* (absolu, profond)

'**lautmalend** *adjt* onomatopéique; **~er Ausdruck** onomatopée *f*

'**Laut|schrift** *f* transcription *f*, écriture *f* phonétique; **~sprecher** *m* 'haut-parleur *m*; **~sprecheranlage** *f* enceinte *f* acoustique; **~sprecherbox** *f* baffle *m*

'**Lautstärke** *f* intensité *f*, volume *m* (sonore); *der Stimme* puissance vocale; *mit voller* **~** *Musik, Radio* à plein volume; *F* à pleins tubes

'**Laut|stärkeregler** *m* régulateur *m* du volume (sonore); **~verschiebung** *f LING* mutation *f* consonantique; **~verzerrung** *f* distorsion *f* (du son); **~wandel** *m LING* changement *m* phonétique

'**Läutwerk** *n cf* **Läutewerk**

'**lauwarm** *adj cf* **lau**

Lava ['la:va] *f* ⟨-; Laven⟩ lave *f*; **~strom** *m* coulée *f* de lave

Lavendel [la'vɛndəl] *m* ⟨-s; -⟩ *BOT* lavande *f*; **~öl** *n* huile *f*, essence *f* de lavande

lavieren [la'vi:rən] *v/i* ⟨*pas de ge-*, h⟩ *MAR* louvoyer (*a fig*); *fig* biaiser

Lawine [la'vi:nə] *f* ⟨-; -n⟩ avalanche *f* (de neige); *fig e-e* **~ von Reklamationen** une avalanche de réclamations

la'winenartig *adj u adv* en avalanche, comme une avalanche (*a fig*); *fig* **~ zunehmen, anwachsen** faire boule de neige

La'winengefahr *f* danger *m* d'avalanche

lax [laks] *adj* relâché; laxiste; *Stil* lâche; **~e Moral** morale facile, relâchée

'**Laxheit** *f* ⟨-⟩ relâchement *m*; laxisme *m*; permissivité *f*

Layout ['le:ʔaut] *n* ⟨-s; -s⟩ *TYPO* maquette *f*; *ÉLECTRON* schéma *m* de montage; agencement *m*; **~er(in)** *m* ⟨-s; -⟩ (*f*) ⟨-; -nen⟩ maquettiste *m,f*

Lazarett [latsa'rɛt] *n* ⟨-(e)s; -e⟩ *MIL* hôpital *m* militaire; **~schiff** *n* navire-hôpital *m*

l.c. *abr* (*loco citato*) loc. cit. (à l'endroit cité)

LCD [ɛltseː'deː] *abr* (*liquid crystal display*, *Flüssigkristallanzeige*) affichage *m* à cristaux liquides

leasen ['li:zən] *v/t* ⟨-(es)t, h⟩ financer en crédit-bail, en location-vente

Leasing ['li:zɪŋ] *n* ⟨-s; -s⟩ leasing *m*; crédit-bail *m*; location-vente *f*

'**Lebe|dame** *f* demi-mondaine *f*; cocotte *f*; **~mann** *m* ⟨-(e)s; -̈er⟩ viveur *m*; *F* fêtard *m*; *F* noceur *m*

leben ['le:bən] *⟨h⟩* **I** *v/t* vivre; *sein eigenes Leben* **~** vivre sa vie; *sie lebt ein unbeschwertes Leben* elle mène une vie insouciante; **II** *v/i* **1.** vivre; être en vie; être vivant; vivre; *er wird nicht mehr lange* **~** il n'en a plus pour longtemps (à vivre); (*genug*) *zu* **~ haben** avoir de quoi vivre; *flott, auf großem Fuße* **~** mener (un) grand train; vivre sur un grand pied; *zu* **~ verstehen** savoir vivre; *noch* **~** être encore de ce monde; *solange ich lebe ...* tant que je vivrai ...; *von s-r Hände Arbeit* **~** vivre de son travail, de ses mains; *auf Kosten anderer* **~** vivre aux dépens, *F* aux crochets des autres; **~ und** **~ lassen** il faut vivre et laisser vivre; *Sie wohl!* adieu!; *es lebe der König!* vive le roi!; **2.** (*wohnen*) *er lebt in Paris* (*dat*) il vit, il habite (à) Paris; **3.** *nur für j-n, etw* **~** ne vivre que pour qn, qc; *er lebt nur dafür* c'est sa raison de vivre; **4.** (*fortbestehen*) *s-e Dichtungen werden ewig* **~** ses poèmes sont impérissables; **5.** (*Leben zeigen*) être animé, exister; s'agiter; se mouvoir; **III** *v/réfl u v/imp* *hier lebt es sich gut* il fait bon vivre ici

'**Leben** *n* ⟨-s; -⟩ **1.** vie *f*; *das tägliche* **~** la vie quotidienne; *sein* **~ fristen** vivoter; *péj* végéter; *sein* **~ lassen** donner sa vie (*für j-n* pour qn); *sein* **~ wagen** risquer sa vie; *das nackte* **~ retten** *cf* **nackt**; *sich* (*dat*) *das* **~ nehmen** se suicider; mettre fin à ses jours; *j-n das* **~ kosten** coûter la vie à qn; *j-m das* **~ retten**, *j-n am* **~ erhalten** sauver la vie à qn; *st/s e-m Kind das* **~ schenken** donner la vie, le jour à un enfant; *j-m das* **~ schwermachen** *od* *sauer machen* rendre la vie dure à qn; *sich* (*dat*) *das* **~ schwermachen** se compliquer la vie; *das ist kein* **~!** ce n'est pas une vie!; *am* **~ sein** être en vie; vivre; *keiner blieb am* **~** aucun n'échappa à la mort; personne n'en réchappa; *st/s aus dem* **~ scheiden** quitter la vie; *sich durchs* **~ schlagen** lutter (pour vivre); *er spielt für sein* **~ gern** il aime le jeu par-dessus tout; *etw ins* **~ rufen** donner naissance à, créer, fonder qc; mettre qc sur pied; *ins* **~ zurückrufen** ramener à la vie; *wieder ins* **~ rufen** faire renaître; *mit dem* **~ davonkommen** s'en tirer la vie sauve; survivre; échapper à la mort; *etw mit s-m* **~ büßen, bezahlen** expier qc par sa mort; *j-m nach dem* **~ trachten** en vouloir à la vie de qn; *ums* **~ kommen**, *sein* **~ verlieren** (*durch etw*) périr (par qc), *F* **nie im** **~!** *F* jamais de la vie!; *zeit meines* **~s**, *mein ganzes* **~ lang** durant toute ma vie; ma vie durant; de ma vie; **2.** *in Wendungen mit Tod*: *Kampf auf* **~ und Tod** à mort; *es geht um* **~ und Tod** il y va de la vie; *zwischen* **~ und Tod schweben** être entre la vie et la mort; **3.** (*Lebenskraft*) vie *f*; vigueur *f*; (*Lebhaftigkeit*) vivacité *f*; entrain *m*; (*Geschäftigkeit*) mouvement *m*; animation *f*; *voller* **~** plein de vigueur, de vie, de vivacité, d'entrain; **~ in die Gesellschaft bringen** animer l'assistance; faire le boute-en-train; *neues* **~ bekommen** se ranimer; *etw zu neuem* **~ erwecken** faire revivre qc; ressusciter qc; **4.** (*Lebensbeschreibung*) vie *f*; biographie *f*; **5.** (*die Wirklichkeit*) nature *f*, vie *f*; *aus dem* **~ gegriffen** pris sur le vif; **6.** *coll* (les) êtres vivants; *die Erhaltung des menschlichen* **~s** la protection de la vie humaine; **7.** (*Lebewesen*) être vivant; créature (vivante); *das werdende* **~** l'enfant à naître; *cf a* **Menschenleben**

'**lebend** *adj* vivant; *von Sachen* vif, vive; *die wild* **~en Tiere** les animaux vivant en liberté; *die* **~en Sprachen** les langues vivantes

'**Lebende(r)** *f(m)* (→ **A**) vivant(e) *m(f)*

'**lebend|gebärend** *adjt ZO* vivipare; **²gewicht** *n FLEISCHEREI* poids vif

lebendig [le'bɛndɪç] *adj u adv* **1.** (*lebend*) vivant; vif, vive; *bei* **~em Leibe begraben werden** être enterré vivant; *bei* **~em Leibe verbrannt werden** être brûlé vif; *j-n tot oder* **~ ausliefern** livrer qn mort ou vif; *in j-m* **~ werden** *Gefühle* naître, apparaître chez qn; *Erinnerungen* remonter, ressurgir en qn; **2.** (*lebhaft*) vivant; vif, vive; plein de vie,

Lebendigkeit – Leckerbissen

de vivacité; **~er Vortrag e-s Gedichts** façon vivante de réciter des vers
'Le**bendigkeit** *f* ⟨~⟩ vivacité *f*; entrain *m*
'**Lebens|abend** *m* vieux jours; **~abschnitt** *m* période *f* de la vie; **~alter** *n* âge *m*; **~angst** *f* peur *f* de vivre; **~anschauung** *f* conception *f* de la vie, de l'existence; **~arbeit** *f* cf **Lebenswerk**; **~arbeitszeit** *f* activité *f*; (durée *f* de la) vie active; **~art** *f* **1.** (*Lebensweise*) manière *f* de vivre; (genre *m*, train *m* de) vie *f*; **2.** (*Benehmen*) savoir-vivre *m*; (bonnes) manières *f/pl*
'**Lebensaufgabe** *f* tâche *f* de toute une vie; **sich** (*dat*) **etw zur ~ machen** se consacrer tout entier, -ière à qc
'**Lebens|baum** *m* **1.** *BOT* thuya *m*; **2.** *REL* arbre *m* de vie; **~bedingungen** *f/pl* conditions *f/pl* de vie; ²**bedrohend** *adj* qui menace, met en danger la vie; ²**bejahend** *adj* optimiste; **~bereich** *m* environnement *m*; milieu *m* (social); sphère *f*; **~beschreibung** *f* biographie *f*
'**Lebensdauer** *f* durée *f* de la vie; *STATISTIK* longévité *f*; *PHYS, CHIM e-s Elements* durée *f* de vie; **lange ~** longévité *f*
'**Lebenselixier** *n* élixir *m* de longue vie
'**Lebensende** *n* ⟨~s⟩ terme *m* de la vie; **bis an mein ~** jusqu'à ma mort, mon dernier jour
'**Lebens|erfahrung** *f* expérience *f* de la vie, du monde; ²**erhaltend** *adj* vital; **~erinnerungen** *f/pl* mémoires *f/pl*; **~erwartung** *f* espérance *f* de vie; ²**fähig** *adj* *MÉD, BIOL* viable; **~fähigkeit** *f* ⟨~⟩ *MÉD, BIOL* viabilité *f*; **~form** *f* forme *f* de vie; mode *m* d'existence; ²**fremd** *adj* qui ne connaît rien de la vie; **~freude** *f* joie *f* de vivre; ²**froh** *adj* heureux, -euse de vivre; plein de joie de vivre; gai; **~führung** *f* manière *f* de vivre; vie *f*
'**Lebensgefahr** *f* danger *m* de mort; **unter ~** au péril de ma (sa, *etc*) vie; **für j-n besteht** (**keine**) **~** qn (n')est (pas) en danger de mort
'**lebensgefährlich** *adj* très dangereux, -euse; **~e Krankheit** grave maladie *f*
'**Lebens|gefährte**, **~gefährtin** *m,f* compagnon, compagne *m,f*; **~gefühl** *n* conscience *f* de vivre; (*Daseinsfreude*) joie *f* de vivre
'**Lebensgeister** *m/pl* **j-s ~ wecken** faire reprendre ses esprits à qn
'**Lebens|gemeinschaft** *f* communauté *f* de vie; **~geschichte** *f* cf **Lebensbeschreibung**; **~gewohnheiten** *f/pl* mode *m* de vie; (*Gewohnheiten*) habitudes *f/pl*; ²**groß** *adj* grandeur nature
'**Lebensgröße** *f* grandeur *f* nature; **in voller ~** grandeur nature; *plais* en chair et en os
'**Lebens|haltung** *f*, **~haltungskosten** *pl* coût *m* de la vie; **~hilfe** *f* assistance *f*
'**Lebensinhalt** *m* sens *m* de la vie; **Sport ist sein ganzer ~** le sport est toute sa vie
'**Lebensjahr** *n* année *f*; **im** *od* **in s-m dreißigsten ~** à l'âge de trente ans; dans sa trentième année
'**Lebens|kraft** *f* force vitale; vigueur *f*; énergie *f*; **~künstler** *m* personne *f* qui sait vivre, se débrouiller
'**Lebenslage** *f* situation *f* (de la vie); **in allen ~n** quelle que soit la situation

'**lebenslang I** *adj* qui dure toute une vie; **II** *adv* la vie durant; jusqu'à la mort
'**lebenslänglich** *adj* *JUR* à perpétuité; à vie; perpétuel, -elle; *von Renten etc* viager, -ère; F "**~**" **bekommen** être condamné à perpétuité, P à perpète
'**Lebens|lauf** *m* vie *f*; schriftlicher curriculum vitae *m*; C.V. *m*; **~lust** *f* ⟨~⟩ joie *f* de vivre; *par ext* gaieté *f*; ²**lustig** *adj* qui aime vivre; heureux, -euse de vivre; *par ext* gai; **~mitte** *f* *poét* midi *m* de la vie
'**Lebensmittel** *n/pl* aliments *m/pl*; produits *m/pl*, denrées *f/pl* alimentaires; (*Verpflegung*) vivres *m/pl*; **leichtverderbliche ~** denrées périssables
'**Lebensmittel|abteilung** *f* rayon *m* (d')alimentation; **~chemie** *f* chimie *f* alimentaire; **~folie** *f* film *m* plastique pour contact alimentaire; **~geschäft** *n* épicerie *f*; magasin *m* d'alimentation; **~händler** *m* épicier *m*; **~industrie** *f* industrie *f* agro-alimentaire; **~knappheit** *f* pénurie *f* alimentaire, de vivres; **~vergiftung** *f* intoxication *f* alimentaire; (*Verpflegung*) vivres *m/pl*; **~versorgung** *f* ravitaillement *m*; approvisionnement *m* (en vivres); **~vorräte** *m/pl* stocks *m/pl* de produits alimentaires
'**lebensmüde** *adj* dégoûté de la vie; *st/s* las, lasse de vivre; fatigué de l'existence; *plais* **du bist wohl ~!** (ce que tu fais, c'est du suicide!)
'**Lebensmut** *m* courage *m* de vivre; **keinen ~ mehr haben** être las, lasse de vivre; n'avoir plus le courage de vivre
'**lebensnah** *adj* proche de la réalité; concret, -ète; ²**nerv** *m* centre *m* vital; **~notwendig** *adj* nécessaire, indispensable à l'existence, à la vie; vital; **~partner(in)** *m(f)* compagnon, compagne *m,f*; ²**qualität** *f* qualité *f* de la vie; ²**raum** *m* espace vital; ²**retter(in)** *m(f)* sauveteur *m*; ²**standard** *m* niveau *m* de vie; ²**stellung** *f* (*lebenslängliche Berufsstellung*) situation pour la vie, définitive; ²**stil** *m* style *m*, genre *m* de vie; ²**tüchtig** *adj* capable de s'organiser; pratique; ²**überdruß** *m* dégoût *m* de la vie; ²**umstände** *pl* conditions *f/pl* de vie; **~unfähig** *adj* *MÉD, BIOL* non viable
'**Lebensunterhalt** *m* subsistance *f*; entretien *m*; **s-n ~ verdienen** gagner sa vie
'**lebensuntüchtig** *adj* incapable de s'organiser; ²**versicherung** *f* assurance-vie *f*; assurance *f* sur la vie
'**Lebenswandel** *m* vie *f*; conduite *f*; mœurs *f/pl*; **lockerer ~** mœurs légères; **untadeliger ~** conduite irréprochable
'**Lebensweise** *f* **1.** *cf* **Lebensart** *1.*; **2.** (*Gewohnheiten*) habitudes *f/pl*; mœurs *f/pl*
'**Lebenswerk** *n* œuvre *f* (de toute une vie); **es war sein, ihr ~** ce fut l'œuvre de sa vie
'**lebens|wert** *adj* digne d'être vécu; **~wichtig** *adj* vital; de première nécessité; d'intérêt vital; d'importance vitale
'**Lebenszeichen** **kein ~ von sich geben** ne pas donner signe de vie (*a fig*: *nichts von sich hören lassen*)
'**Lebenszeit** *f* durée *f* de la vie; **auf ~** pour (toute) la vie; **Haft** à perpétuité; **Berufung, Amt** à vie; **von Renten** viager, -ère

Leber ['leːbər] *f* ⟨~; ~n⟩ foie *m* (*a CUIS*); F *fig* **frei, frisch von der ~ weg reden** parler franchement, à cœur ouvert; F **sich** (*dat*) **etw von der ~ reden** F dire ce qu'on a sur le cœur
'**Leber|entzündung** *f* hépatite *f*; **~fleck** *m* grain de beauté; *MÉD* nævus *m*; **~käse** *m* pâté à base de foie et de viande 'hachés; **~knödel** *m* *südd, österr* etwa quenelle *f* de foie; ²**krank** *adj* malade du foie; **~krankheit** *f* maladie *f* du foie; troubles *m/pl* hépatiques; **~krebs** *m* cancer *m* du foie; **~pastete** *f* pâté *m* de foie; **~tran** *m* huile *f* de foie de morue
'**Leberwurst** *f* pâté *m* de foie (*sous forme de saucisson*); F *fig* **die gekränkte** *od* **beleidigte ~ spielen** F prendre la mouche
'**Leberzirrhose** *f* *MÉD* cirrhose *f*
'**Lebewesen** *n* être vivant; *BIOL* organisme *m*
Lebe'wohl *st/s* *n* ⟨~(e)s; ~e *ou* ~s⟩ adieu *m*; **j-m ~ sagen** dire adieu à qn
'**lebhaft I** *adj* vif, vive (*a Farbe*); plein de vie, de vivacité; alerte; *Kind* vivant; éveillé; *Unterhaltung, Streit* animé; *Verkehr* intense; *Handel* actif, -ive; **~er Beifall** vifs applaudissements; **~es Interesse** vif intérêt; **~e Phantasie** imagination débordante; **j-n, etw in ~er Erinnerung haben** garder de qn, de qc un souvenir vivant; **~ werden** s'animer; *COMM* **die Nachfrage nach Kaffee war sehr ~** les demandes de café ont été très actives; **II** *adv* avec vivacité, animation; vivement; de façon vivante; **sich** (*dat*) **etw ~ vorstellen können** se représenter qc comme si on le voyait, de façon vivante; **sich ~ an etw** (*acc*) **erinnern können** bien se souvenir de qc
'**Lebhaftigkeit** *f* ⟨~⟩ vivacité *f*; entrain *m*; animation *f*; *COMM* activité *f*
'**Lebkuchen** *m* pain *m* d'épice
'**leblos** *adj* sans vie; inanimé; ²**igkeit** *f* ⟨~⟩ absence *f* de vie; froideur *f*
'**Lebzeit** *f* **zu s-n ~en** de son vivant; **zu ~en meines Vaters** du vivant de mon père
'**lechzen** ['lɛçtsən] *st/s v/i* ⟨-(es)t, *n*⟩ **nach Wasser ~** mourir de soif; *fig* **nach etw ~** (*verlangen*) désirer ardemment qc; être avide de qc; **danach ~, etw zu tun** brûler de faire qc
leck [lɛk] *adj* **das Faß ist ~** le tonneau coule, a une fuite; **das Schiff ist ~** le navire fait eau
Leck [lɛk] *n* ⟨~(e)s; ~e⟩ in Fässern etc fuite *f*; *e-s Schiffs* voie *f* d'eau
'**lecken**[1] ['lɛkən] *v/i* ⟨h⟩ (*undicht sein*) *Faß etc* avoir une fuite; couler; fuir; suinter; *Schiff* faire eau
'**lecken**[2] *v/t, v/i* (*v/réfl*) ⟨h⟩ lécher; *Hund etc* **sich ~** se lécher; **an etw** (*dat*) **~** lécher qc; F **sie sieht immer wie geleckt aus** elle est toujours tirée à quatre épingles; P **leck mich!** P fous--moi la paix!
'**lecker** ['lɛkər] *adj* (*wohlschmeckend*) délicieux, -ieuse; exquis; (*appetitanregend*) appétissant (*a fig von Personen*)
'**Leckerbissen** *m* gourmandise *f*; friandise *f*, morceau *m* de choix; régal *m* (*a fig*); **ein musikalischer ~** un régal musical

Lecke'rei f ⟨~; ~en⟩ **1.** cf **Leckerbissen**; **2.** ~**en** pl (*Süßigkeiten*) sucreries f/pl; friandises f/pl; **3.** F (*Gelecke*) lèchement od léchage m (continuel)

'Lecker|maul F n, ~**mäulchen** F n ⟨~s; ~⟩ (*Feinschmecker*) fine bouche f; F fine gueule f; (*Schlemmer*) gourmand m; (*Süßschnabel*) qui est friand, gourmand de sucreries

'leckschlagen v/i ⟨*irr, sép, -ge-, sein*⟩ MAR avoir une voie f d'eau

led. abr (*ledig*) célibataire

Leder ['leːdər] n ⟨~s; ~⟩ **1.** cuir m; *weiches, für Handschuhe etc* peau f; **aus ~** de od en cuir; **in ~ gebunden** relié (en) cuir; **2.** F (*Fußball*) ballon m; **3.** F **gegen j-n, etw vom ~ ziehen** fulminer contre qn, qc; F déblatérer contre qn, qc; F **j-m ans ~ gehen** F taper sur qn

'Leder|(ein)band m reliure f (en) cuir, (en) peau; ~**haut** f ANAT derme m; *des menschlichen Auges* sclérotique f; ~**hose** f culotte f de od en peau; ~**jacke** f blouson m, veste f de od en cuir; ~**mantel** m manteau m de cuir

ledern¹ ['leːdərn] v/t ⟨-(e)re, h⟩ passer à la peau de chamois

ledern² adj de od en cuir; *Haut* comme du cuir; tanné; *Fleisch* dur (F comme de la semelle); coriace

'Leder|riemen m courroie f de cuir; *langer, schmaler* lanière f de cuir; ~**schuh** m chaussure f de cuir; ~**sessel** m fauteuil m de cuir; ~**sohle** f semelle f de cuir, ~**waren** f/pl articles m/pl de cuir, de maroquinerie m; ~**warengeschäft** n maroquinerie f

ledig ['leːdıç] adj **1.** (*unverheiratet*) célibataire; ~ **bleiben** rester célibataire; ~**e Mutter** mère f célibataire; **sie ist noch ~** elle n'est pas encore mariée; **2.** st/s e-r *Pflicht, Aufgabe* ~ **sein** être dégagé, libéré, débarrassé d'une obligation, d'une tâche

'Ledige(r) f(m) ⟨→ A⟩ célibataire m,f

'lediglich adv (*nur, nichts als*) purement; uniquement; p/fort purement et simplement

Lee [leː] f ⟨~⟩ MAR côté abrité du, sous le vent

leer [leːr] I adj **1.** vide; (*geleert*) vidé; (*unbesetzt*) inoccupé; libre; vacant; *Blatt, Seite* (*unbeschrieben*) blanc; vierge; ~**er Raum** eсpace m vide m; F ~ **machen** vider; **2.** fig (*inhaltslos*) creux, creuse; vide de sens; (*eitel*) vain; (*unbegründet*) sans fondement; ~**er Blick** regard vide, inexpressif; F ~**es Geschwätz** F blablabla m; F du vent; F ~**es Gerede** verbiage m; vain bavardage; ~**e Worte** n/pl rien que des paroles; (des) paroles f/pl en l'air; ~**e Versprechungen** f/pl promesses vaines; F promesses en l'air; II adv ~ **ausgehen** rester, revenir les mains vides; F rester chocolat; ~ **stehen** être vacant, libre, vide; *Maschine* ~ **laufen** marcher, tourner à vide

'Leere f ⟨~⟩ vide m (*a fig*); *fig* **die innere ~** le vide intérieur, de l'âme

'Leere(s) n ⟨→ A⟩ vide m; **ein Schlag ins ~** un coup d'épée dans l'eau

'leeren ⟨h⟩ I v/t vider; *Grube etc* vidanger; fais la vidange de; *der Briefkasten wird täglich fünfmal geleert* il y a cinq levées par jour; II v/réfl **sich ~** se vider; *Behälter* être en vidange

'Leeren n ⟨~s⟩ vidage m; *e-r Grube etc* vidange f; *des Briefkastens* levée f

'leergefegt adj désert; **die Straßen waren plötzlich (wie) ~** les rues s'étaient vidées brusquement, en un clin d'œil

'Leer|gewicht n poids m à vide; tare f; ~**gut** n emballages m/pl destinés au recyclage; (*leere Flaschen*) bouteilles consignées

'Leerlauf m **1.** *e-r Maschine* marche f à vide; *fig* phase improductive; piétinement m; ~ **haben** tourner à vide; **2.** *e-s Getriebes* point mort; **im ~ hinunterfahren** descendre moteur débrayé

'leerlaufen v/i ⟨*irr, sép, -ge-, sein*⟩ *Gefäß* se vider; être en vidange, ~**stehend** adj *Zimmer, Haus etc* inoccupé; *Betten, Zimmer a* libre; ²**taste** f e-r *Tastatur* barre f d'espacement; ²**ung** f ⟨~; ~en⟩ cf **Leeren**

'leewärts adv MAR sous le vent

Lefze ['lɛftsə] f ⟨~; ~n⟩ babine f

legal [le'gaːl] adj légal; ~**i'sieren** v/t ⟨*pas de ge-, h*⟩ légaliser; ²**i'tät** f ⟨~⟩ légalité f

Legasthenie [legaste'niː] f ⟨~; ~n⟩ dyslexie f

Legastheniker(in) [legas'teːnikər(ın)] m ⟨~s; ~⟩ (f) ⟨~; ~nen⟩ dyslexique m,f

Legat¹ [le'gaːt] m ⟨~en; ~en⟩ CATH légat m

Le'gat² n ⟨~(e)s; ~e⟩ JUR legs m

Legati'onsrat m ⟨~(e)s; ~e⟩ conseiller m de légation

'Lege|batterie f batterie f de ponte; ~**henne** f poule pondeuse

legen ['leːgən] ⟨h⟩ I v/t mettre; poser; placer; *Leitung, Rohre, Fußboden, Minen etc* poser; *Eier* pondre; *Wäsche* plier; FUSSBALL *Gegner* plaquer; **Gas, Wasser, elektrisches Licht ~** installer le gaz, l'eau, l'électricité; **etw auf die Erde ~** mettre qc, poser qc par terre; **etw beiseite ~** mettre qc de côté; **etw an s-n Ort, an den richtigen Platz ~** remettre qc à sa place; **(großen) Wert auf etw (acc) ~** attacher une grande importance à qc; II v/réfl **sich ~** se mettre; se coucher; s'étendre; *Wind* tomber; se calmer; *Zorn, Aufregung etc* se calmer; s'apaiser; tomber; **sich ins Bett, sich schlafen ~** (aller) se coucher; aller au lit; **sich aufs Bett ~** s'allonger, s'étendre sur le lit; *Schiff* **sich auf die Seite ~** donner de la bande; **der Qualm legt sich mir auf die Brust** la fumée m'étouffe; **das legt sich mir schwer auf die Seele** cela m'accable

'Legen n ⟨~s⟩ *von Leitungen, Rohren, Minen* pose f; *von Gas, Licht* installation f; *von Eiern* ponte f

legen'där [legɛn'dɛːr] adj légendaire

Legende [le'gɛndə] f ⟨~; ~n⟩ *von Heiligen* légende f (a *Bildunterschrift, Zeichenerklärung, falsche Behauptung*)

leger [le'ʒeːr] I adj (*ungezwungen, lässig*) *Benehmen, Person, Ton* naturel, -elle; décontracté; (*betont lässig*) désinvolte; *Kleidung a* (*inv*) II adv d'une manière décontracté

Leggings ['lɛgıŋs] pl COUT caleçon m

'Leghenne f cf **Legehenne**

legier|en [le'giːrən] v/t ⟨*pas de ge-, h*⟩ **1.** *Metalle* allier; **2.** CUIS lier; ²**ung** f ⟨~; ~en⟩ alliage m

Legio|n [legi'oːn] f ⟨~; ~en⟩ légion f (a *fig für Masse, Menge*); ~**'när** m ⟨~s; ~e⟩ légionnaire m, ~**'närskrankheit** f maladie f du légionnaire

legisla|tiv [legisla'tiːf] adj POL législatif, -ive; ²**tive** f ⟨~; ~n⟩ POL pouvoir législatif; ²**'tur** f ⟨~; ~en⟩, ²**turperiode** f POL législature f

legiti|m [legi'tiːm] adj légitime; ²**mati'on** f ⟨~; ~en⟩ légitimation f; ²**mati'onspapier** n pièce justificative; ~**'mieren** ⟨*pas de ge-, h*⟩ I v/t légitimer; II v/réfl **sich ~** prouver son identité; produire une pièce d'identité; ²**mi'tät** f ⟨~⟩ légitimité f

Leguan [legu'aːn] m ⟨~s; ~e⟩ ZO iguane m

Legwarmer ['lɛkvɔrmər] m ⟨~s; ⟩ (s *meist pl*⟩ jambière f

Lehen ['leːən] n ⟨~s; ~⟩ HIST fief m

Lehm [leːm] m ⟨~(e)s; ~e⟩ (terre f) glaise f; CONSTR torchis m; ~**boden** m sol glaiseux; *als Fußboden* terre battue; ~**grube** f glaisière f; ²**haltig** adj glaiseux, -euse; ~**hütte** f cabane f en torchis; ²**ig** adj glaiseux, -euse

Lehne ['leːnə] f ⟨~; ~n⟩ **1.** *e-r Bank, e-s Stuhls* dos m; dossier m; (*Seiten²*) bras m; accoudoir m; **2.** *südd, österr* (*Berghang*) pente (douce); versant m

'lehnen ⟨h⟩ I v/t appuyer, adosser (*an etw [acc] od gegen etw* à, contre qc); II v/i u v/réfl *an etw (dat)* ~, **sich an etw** (acc) ~ s'appuyer, s'adosser contre od à qc; **sich aus dem Fenster ~** se pencher par, à la fenêtre

Lehnsessel m fauteuil m

Lehns|gut ['leːnsguːt] n HIST fief m; ~**herr** m HIST suzerain m; ~**mann** m ⟨~(e)s; ²er *ou* -leute⟩ HIST vassal m; homme m lige

Lehnstuhl m fauteuil m

'Lehnswesen n ⟨~s⟩ HIST régime féodal; féodalité f

'Lehnwort n ⟨~(e)s; ²er⟩ LING emprunt m; **ein ~ aus dem Mongolischen** un mot emprunté au mongol

Lehramt ['leːr?amt] n poste m d'enseignant, d'enseignement (primaire od secondaire); professorat m

'Lehramtskandidat(in) m(f) ADM professeur m stagiaire; candidat(e) m(f) à un poste dans l'enseignement secondaire

'Lehranstalt f ADM établissement m scolaire; école f; **höhere ~** lycée m; collège m

'Lehr|beauftragte(r) m(f) chargé m de cours; ~**betrieb** m e-r *Universität* cours m/pl

'Lehrbuch n manuel m; cours m; traité m; (*Abriß*) précis m; abrégé m; **~ für Physik** manuel, traité, *etc* de physique

Lehre¹ ['leːrə] f ⟨~; ~n⟩ **1.** (*Lehrmeinung, Anschauung*) doctrine f; théorie f; **2.** (*Belehrung*) enseignement m; leçon f; *e-r Fabel* (*Lehrsatz*) morale f; **lassen Sie sich das e-e ~ sein!** que cela vous serve de leçon!; **das ist mir e-e heilsame ~ gewesen** cela m'aura servi de leçon; **3.** (*Lehrzeit*) apprentissage m; **in die ~ gehen** faire son apprentissage

'Lehre² f ⟨~; ~n⟩ TECH (*Kaliber*) calibre m; jauge f; gabarit m

'lehren v/t ⟨h⟩ enseigner; **j-n etw ~** apprendre qc à qn; **j-n lesen ~** apprendre à lire à qn; **die Erfahrung lehrt, daß ...** l'expérience nous apprend que ...

Lehrer – leichtsinnig

Lehrer(in) m ⟨~s; ~⟩ (f) ⟨~; ~nen⟩ enseignant(e) m(f); e-r Grundschule instituteur, -trice m,f; F maître, -esse m,f (d'école); e-r höheren Schule professeur m; F prof m,f

Lehrer|ausbildung f formation f d'enseignant, des enseignants; ²**haft** adj péj pédant; sentencieux, -ieuse; **~handbuch** n livre m du maître; **~kollegium** n personnel enseignant (d'un établissement scolaire); **~konferenz** f etwa conseil m de classe; **~mangel** m ⟨~s⟩ pénurie f d'enseignants; **~schaft** f ⟨~⟩ coll corps enseignant; **~schwemme** F f pléthore f d'enseignants; **~zimmer** n salle f des professeurs

Lehr|fach n **1.** cf Lehramt; **2.** matière f; discipline f; **~film** m (film m) documentaire m; film éducatif; **~gang** m cours m; kurzer stage m; (Fach²) séminaire m; **~gebäude** n fig système m didactique

Lehrgeld n **~ zahlen** apprendre qc à ses dépens

lehrhaft adj didactique

Lehr|herr(in) m(f) früher maître m d'apprentissage; **~jahr** n année f d'apprentissage; **~junge** m cf Lehrling; **~kraft** f cf Lehrer(in); **~ling** m ⟨~s, ~e⟩ apprenti(e) m(f); **~lingsausbildung** f formation f des apprentis; **~mädchen** n apprentie f; **~meister** (-in) m(f) **1.** cf Lehrherr(in); **2.** fig maître m à penser; **~methode** f méthode f d'enseignement; **~mittel** n/pl matériel m scolaire, d'enseignement; fournitures f/pl scolaires; **~pfad** m circuit éducatif; **~plan** m plan m d'études; programme m d'études; **~probe** f etwa leçon f test; ²**reich** adj instructif, -ive; (erbaulich) édifiant; **~satz** m thèse f; MATH théorème m; REL dogme m; **~stelle** f place f d'apprenti; **~stoff** m matière f d'enseignement

Lehrstuhl m chaire f (de professeur); **~ für Chemie** chaire de chimie

Lehr|tätigkeit f enseignement m; professorat m; **~tochter** f schweiz apprentie f; **~veranstaltung** f cours m (d'université); **~vertrag** m contrat m d'apprentissage; **~werk** n ouvrage m pédagogique; traité m; **~zeit** f apprentissage m

Lei [leɪ] pl von Leu²

Leib [laɪp] m ⟨~(e)s, ~er⟩ st/s (Körper) corps m; st/s (Bauch, Unter²) ventre m; MÉD, ANAT abdomen m; **etw am eigenen ~ erfahren, spüren** apprendre qc à ses dépens; **am ganzen ~e zittern** trembler de tous ses membres, comme une feuille; F **j-m zu ~e rücken** harceler qn; **e-r Sache zu ~e rücken** attaquer qc; **bei lebendigem ~e verbrennen** brûler vif, vive; **die Rolle ist ihm (wie) auf den ~ geschrieben** od **geschnitten** ce rôle est fait pour lui; **mit ~ und Seele** corps et âme; de toute mon (ton, etc) âme; de tout mon (ton, etc) cœur; F **sich (dat) j-n vom ~e halten** tenir qn à distance; F **er hält sich (dat) alle Unannehmlichkeiten vom ~e** il se soustrait à tous les désagréments; F **bleib mir damit vom ~e!** laisse-moi tranquille, en paix avec ça!

Leib|arzt m e-s Königs, Papstes du médecin personnel; ²**eigen** adj HIST serf, serve; **~eigene(r)** m(f) ⟨→ A⟩ serf, serve m,f; **~eigenschaft** f ⟨~⟩ servage m

leiben v/i **das ist er, wie er leibt und lebt** on le reconnaît bien là; F c'est lui tout craché

Leibes|erziehung f éducation f physique; **~frucht** f MÉD embryon m; fœtus m; REL fruit m des entrailles; **~fülle** f corpulence f; embonpoint m

Leibeskraft f **aus Leibeskräften** de toutes mes (tes, etc) forces; **aus Leibeskräften schreien** crier de toutes ses forces

Leibes|übungen f/pl Unterricht éducation f physique; Übungen exercices m/pl physiques; **~visitation** f fouille corporelle

Leib|garde f gardes m/pl du corps; **~gericht** n plat préféré

leib'haftig adj (zu Fleisch geworden) incarné; (selbst) lui-même, elle-même, etc; en personne; en chair et en os; **ich sehe ihn ~ vor mir** je le vois devant moi en chair et en os; **der ²e** le diable

leiblich adj **1.** (körperlich) corporel, -elle; du corps; **~e Wohl** bien-être m (physique); **~e Genüsse, Freuden** jouissances, joies matérielles, physiques; **2.** (blutsverwandt) **~e Eltern** parents m/pl du sang; **sein ~er Sohn** son propre fils; JUR **~e Brüder** frères germains

Leibrente f rente viagère

Leibschmerzen m/pl **~ haben** avoir mal au ventre; souffrir de douleurs abdominales

Leib|wache f cf Leibgarde; **~wächter** m garde m du corps; F gorille m; **~wäsche** f linge m (de corps)

Leiche ['laɪçə] f ⟨~; ~n⟩ cadavre m; corps m; fig **über ~n gehen** être sans scrupules; passer sur des cadavres; F **nur über meine ~!** F il faudrait me passer sur le corps!

Leichenbeschauer m médecin m légiste; **~bestatter** m ⟨~s; ~⟩ employé m des pompes funèbres; F croque-mort m

Leichenbittermiene f F **e-e ~ machen** faire une mine, tête d'enterrement

leichen'blaß adj pâle comme un mort; blême; livide; blanc, blanche comme un linge

Leichen|fledderei f ⟨~; ~en⟩ pillage m de cadavres; **~fledderer** m ⟨~s; ~⟩ auteur m d'un pillage de cadavres; **~halle** f chapelle f mortuaire; funérarium m; in e-m Krankenhaus morgue f; **~öffnung** f autopsie f; **~rede** f oraison f funèbre; **~schändung** f **1.** cf Grabschändung; **2.** sexuelles Vergehen viol commis sur un cadavre; **~schau** f constatation f de décès; e-s durch gewaltsamen Tod Verstorbenen examen médico-légal; **~schauhaus** n morgue f; **~schmaus** m plais repas m d'enterrement; **~starre** f rigidité f cadavérique; **~verbrennung** f crémation f; incinération f (des morts); **~wagen** m corbillard m; fourgon m funéraire, mortuaire; **~zug** st/s m convoi m, cortège m funèbre

Leichnam ['laɪçnaːm] st/s m ⟨~(e)s; ~e⟩ corps m; cadavre m

leicht [laɪçt] **I** adj **1.** im Gewicht, a fig léger, -ère; (bekömmlich) digeste, facile à digérer; **~es Fieber** un peu de fièvre; **~es Mädchen** fille légère; **2.** (einfach, keine Schwierigkeiten bietend) facile; aisé; **~ zu** (+inf) facile à (+inf); **es ist ganz ~** c'est tout simple; **das ist ihm ein ~es** ce n'est qu'un jeu pour lui; **II** adv légèrement; (einfach) facilement; aisément; (schnell) vite; (gut) fort; bien; **~ gekleidet** vêtu légèrement; **~er machen** alléger; soulager (beide a fig); nur fig faciliter; **es ~ haben** l'avoir belle; **das ist ~ gesagt** cela est facile à dire; c'est vite dit; loc **das ist ~er gesagt als getan** c'est plus facile à dire qu'à faire; **er wird ~ böse** il se fâche facilement; il a vite fait de se fâcher; **es kann ~ anders kommen** il se peut bien que les choses tournent autrement; **es ist ~ möglich, daß er nicht kommt** il est fort possible qu'il ne vienne pas; **es könnte ~ sein, daß ...** il se pourrait bien que ... (+subj)

Leicht|athlet(in) m(f) athlète m,f; **~athletik** f athlétisme m; ²**athletisch** adj athlétique; **~bauweise** f construction légère; ²**bekleidet** adjt légèrement vêtu; ²**bewaffnet** adj équipé d'armes légères; ²**entzündlich** adj (facilement) inflammable

Leichter m ⟨~s; ~⟩ MAR allège f

leichtern v/t ⟨-(e)re, h⟩ MAR alléger

leichtfallen v/i ⟨irr, sép, -ge-, sein⟩ **es fällt mir leicht, zu** (+inf) je n'ai pas de peine à (+inf); **das fällt ihm leicht** cela n'est pas difficile pour lui; **es fällt ihm alles leicht** il réussit tout sans peine; il a beaucoup de facilités

leicht|fertig I adj **1.** (unüberlegt) irréfléchi, inconsidéré; **2.** (leichtsinnig) étourdi; écervelé, léger, -ère; **3.** (oberflächlich) superficiel, -ielle; frivole; **II** adv à la légère; ²**fertigkeit** f ⟨~⟩ étourderie f; légèreté f; frivolité f; **~flüssig** adj CHIM fusible; **~füßig** adj leste; agile; ²**gewicht** n, ²**gewichtler** m ⟨~s; ~⟩ SPORT poids léger; ²**gläubig** adj crédule; naïf, naïve; ²**gläubigkeit** f crédulité f; naïveté f; **~'hin** adv à la légère; sans réfléchir

Leichtigkeit f ⟨~⟩ **1.** légèreté f; **2.** fig facilité f; **mit ~** aisément; p/fort 'haut la main; **3.** (Behendigkeit) agilité f; aisance f; souplesse f

Leicht|industrie f industrie des biens de consommation, légère; ²**lebig** adj insouciant; superficiel, -ielle; F qui ne s'en fait pas; **~lebigkeit** f ⟨~⟩ insouciance f; **~lohngruppe** f salariés (rémunérés) au tarif minimum

leichtmachen ⟨sép, -ge-, h⟩ **I** v/t **j-m etw ~** Entscheidung faciliter qc à qn; **j-m ~** rendre les choses faciles à qn; **II** v/réfl **sich (dat) die Arbeit ~** se faciliter la tâche; **sich (dat) e-e Entscheidung nicht ~** ne pas prendre une décision à la légère; **es sich (dat) ~** ne pas se compliquer la vie

Leicht|matrose m matelot léger; **~metall** n métal léger

leichtnehmen v/t ⟨irr, sép, -ge-, h⟩ prendre à la légère; **nehmen Sie es leicht!** F ne vous en faites pas!

Leicht|öl n huile légère; **~sinn** m ⟨~(e)s⟩ **1.** cf Leichtfertigkeit; **2.** (Unvorsichtigkeit) imprudence f; insouciance f; p/fort inconscience f; ²**sinnig I** adj **1.** cf leichtfertig 2; **2.** (unvorsichtig) imprudent; insouciant; p/fort inconscient; **II** *adv* imprudemment; avec insouciance; à la légère; **~sinnigkeit** *f* ⟨~⟩ *cf* **Leichtsinn; ~sinnsfehler** *m* faute *f* d'étourderie, d'inattention; ⸸**verdaulich** *adj* digeste; facile à digérer; léger, -ère; ⸸**verderblich** *adj* périssable; **~verletzt** *adj* légèrement blessé; **~verletzte(r)** *f(m)* blessé(e) léger (légère); personne légèrement blessée; ⸸**verständlich** *adj* facile à comprendre; ⸸**verwundet** *adj* légèrement blessé; **~verwundete(r)** *cf* **Leichtverletzte(r)**

leid [laɪt] *adj* ⟨*inv*⟩ *etw* **~ werden** se lasser de qc; *ich bin es* **~**, *das immer wieder zu sagen* je suis las, lasse de (devoir) toujours répéter la même chose; *es tut mir* **~**, *daß ... od zu* (+*inf*) je suis désolé que ... (+*subj*) *od* de ce que ... (+*ind od subj*) *od* de (+*inf*); je regrette que ... (+*subj*) *od* de (+*inf*); *das tut mir (sehr)* **~** (*ich bedaure es*) j'en suis (très) désolé; je le regrette (beaucoup); F *tut mir* **~** (*ich kann es nicht ändern*) je regrette; tant pis (pour toi, vous); *er tut mir* **~**, *es tut mir* **~** *um ihn* je le plains

Leid *n* ⟨~(e)s⟩ mal *m*; (*Unrecht*) tort *m*; (*Unglück*) malheurs *m/pl*; (*Kummer*) chagrin(s) *m(pl)*; (*Schmerz*) douleur *f*; *j-m ein* **~** *antun, zufügen* faire du mal, du tort à qn; *j-m sein* **~** *klagen* confier ses peines, ses malheurs à qn; *prov geteiltes* **~** *ist halbes* **~** peine partagée mieux se supporte

Leideform *f* GR forme, voix passive; passif *m*

leiden ['laɪdən] ⟨leidet, litt, gelitten, h⟩ **I** *v/t* **1.** (*ertragen*) souffrir; subir; supporter; endurer; *Schaden* **~** subir des dommages; souffrir; **2.** *s/s* (*zulassen*) *die Sache leidet keinen Aufschub* l'affaire ne souffre point de retard, de délai; **3.** (*gern haben*) *j-n, etw* **~** *können* aimer assez qn, qc; *ich kann ihn gut* **~** je l'aime bien; F je le trouve sympa; *j-n nicht* **~** *können* ne pas pouvoir supporter, voir qn; (*bei j-m*) *wohl gelitten sein* être dans les bonnes grâces (de qn); **II** *v/i* *an e-r Krankheit* **~** souffrir, être atteint d'une maladie; *er leidet darunter* il en souffre; *sie leidet darunter, daß sie von den anderen nicht akzeptiert wird* elle souffre de ne pas être acceptée par les autres

Leiden *n* ⟨~s; ~⟩ (*Schmerzen, Qual*) souffrance *f*; douleur *f*; peines *f/pl*; (*Krankheit*) mal *m*; MÉD affection *f*; **~ Christi** passion *f* de Jésus-Christ

leidend *adj* souffrant

Leidenschaft *f* ⟨~; ~en⟩ passion *f*; (*glühende* **~**) *s/s* ardeur *f*; (*inbrünstige* **~**) ferveur *f*; *Spielen ist s-e* **~** il a la passion du jeu

leidenschaftlich I *adj* passionné; (*feurig*) fougueux, -euse; (*glühend*) *s/s* ardent; brûlant; fervent; **II** *adv* passionnément; *s/s* ardemment; avec passion, ferveur; *j-n* **~** *lieben* aimer qn passionnément, à la folie; *etw* **~** *gern tun* adorer faire qc

Leidenschaftlichkeit *f* ⟨~⟩ ferveur *f*; *s/s* ardeur *f*, chaleur *f*; feu *m*; *litt* flamme *f*; (*Heftigkeit*) fougue *f*; violence *f*

leidenschafts|los *adj* sans passion (*a adv*); (*gleichmütig*) détaché, impassible; indifférent; froid; ⸸**losigkeit** *f* ⟨~⟩

absence *f* de passion; impassibilité *f*; détachement *m*; indifférence *f*

Leidens|gefährte *m*, **~gefährtin** *f*, **~genosse** *m*, **~genossin** *f* compagnon *m*, compagne *f* d'infortune; **~n sein** être logé à la même enseigne

Leidensgeschichte *f* REL Passion *f*; *fig er hat mir s-e ganze* **~** *erzählt* il m'a raconté toutes ses misères, peines, tous ses malheurs

Leidensweg *m* REL chemin *m* de croix; *fig* calvaire *m*

leider ['laɪdər] *adv* malheureusement; **~!** 'hélas!; **~ Gottes!** à mon grand regret!; **~ muß ich Sie verlassen** je regrette de (devoir) vous quitter

leidgeprüft *adj* éprouvé (par la souffrance, le chagrin, *etc*)

leidig ['laɪdɪç] *adj* fâcheux, -euse; déplaisant; désagréable; (*verwünscht*) maudit

leidlich I *adj* (*erträglich*) supportable; (*halbwegs gut*) passable; **II** *adv* passablement; F pas trop mal; *wie geht es? so* **~** tout doucement; F comme ci, comme ça

Leidtragende(r) *f(m)* ⟨→ A⟩ personne *f* qui est en deuil; *die* **~n** la famille du défunt; *fig der* **~ bei etw sein** faire les frais de qc; être la victime dans qc

leidvoll *st/s adj* douloureux, -euse

Leidwesen *n* ⟨~s⟩ *zu meinem (großen)* **~** à mon grand regret

Leier ['laɪər] *f* ⟨~; ~n⟩ MUS lyre *f*; (*Dreh*⸸) vielle *f*; ASTR Lyre *f*; F *péj es ist immer die alte* **~** (*dasselbe*) c'est toujours la même chanson, rengaine, le même refrain

Leierkasten *m* orgue *m* de Barbarie

leiern ['laɪərn] *v/t u v/i* ⟨-(e)re, h⟩ F **1.** (*kurbeln*) *nach oben, unten* **~** lever, baisser (qn au moyen d'une manivelle); **2.** (*herunter~*) débiter (d'une voix monotone); psalmodier

Leih|arbeit ['laɪʔarbaɪt] *f* travail intérimaire; **~arbeiter(in)** *m(f)* intérimaire *m,f*; **~bibliothek** *f*, **~bücherei** *f* bibliothèque *f* de prêt

leihen ['laɪən] *v/t* ⟨leiht, lieh, geliehen, h⟩ **1.** (*verleihen*) prêter; *gegen Entgelt* louer; **2.** (*entleihen*) emprunter; *gegen Entgelt* louer; *etw von j-m* **~** emprunter qc à qn; *j-m s/s fig* **~ Sie mir für e-n Augenblick Ihre Aufmerksamkeit** accordez-moi un moment d'attention

Leihgebühr *f bei e-r Leihbibliothek* droits *m/pl* de prêt; (*Mietgebühr*) prix *m* de location

Leihhaus *n* mont-de-piété *m*; städtisches crédit municipal; *meine Uhr ist im* **~** j'ai mis ma montre en gage

Leih|mutter *f* ⟨~; ⸸⟩ mère porteuse; **~mutterschaft** *f* statut *m* de mère porteuse; **~schein** *m* bulletin *m* de prêt; récépissé *m*; reçu *m*; **~wagen** *m* voiture *f* de location; ⸸**weise** *adv* à titre de prêt; en prêt; *gegen Entgelt* en location

Leim [laɪm] *m* ⟨~(e)s; ~e⟩ colle (forte) *f*; glu *f*; *aus dem* **~** *gehen* se décoller; se démancher; se disloquer (*a fig*); F *fig j-m auf den* **~** *gehen* F se faire avoir, F rouler par qn

leimen *v/t* ⟨h⟩ coller; enduire de colle; encoller; F *fig j-n* **~** duper, F rouler, F avoir qn

Leimfarbe *f* peinture *f* à la colle; détrempe *f*

Lein [laɪn] *m* ⟨~(e)s; ~e⟩ *Pflanze* lin *m*; *Samen* graines *f/pl* de lin

Leine ['laɪnə] *f* ⟨~; ~n⟩ corde *f*; (*Zügel*) guide *f*; *für Hunde* laisse *f*; MAR (*dünnes Tau*) ligne *f*; *Hund an der* **~** *führen, an die* **~** *nehmen* tenir en laisse; F *fig j-n an der* **~** *haben* tenir qn en laisse; F mener qn par le bout du nez; F *fig* **~** *ziehen* (*ausreißen*) F ficher, P foutre le camp

Leinen ['laɪnən] *n* ⟨~s; ~⟩ *Faser* lin *m*; *Gewebe* toile *f* (de lin); *Buch in* **~ *gebunden*** relié (en) toile

Leinen|(ein)band *m* ⟨~(e)s; ⸸e⟩ reliure *f* (en) toile; **~tuch** *n* ⟨~(e)s; ⸸er⟩ drap *m*; toile *f*

Lein|kraut *n* ⟨~(e)s⟩ BOT linaire *f*; **~öl** *n* huile *f* de lin; **~samen** *m* graine *f* de lin; linette *f*; **~tuch** *n* ⟨~(e)s; ⸸er⟩ drap *m* de lit

Leinwand *f* ⟨~⟩ **1.** *Gewebe* toile *f* (*a* PEINT); **2.** (*Kino*⸸) écran *m*; *auf die* **~ bringen** porter à l'écran

Leipzig ['laɪptsɪç] ⟨→ *n/pr*⟩ Leipzig

Leipziger *adj* ⟨*inv*⟩ CUIS **~ Allerlei** *etwa* macédoine *f* (de légumes)

leise ['laɪzə] **I** *adj* (*kaum hörbar*) bas, basse; (*leicht*) doux, douce; *Geräusch*, *fig Zweifel* léger, -ère; *mit* **~** *r Stimme* à voix basse; tout bas; **~ Musik** musique douce; *fig nicht die* **~ste Ahnung von etw haben** ne pas avoir la moindre idée de qc; **II** *adv* sans bruit; tout bas; *etw* **~** *sagen* dire qc à voix basse; **~ sprechen** parler doucement; *Radio etc* **~r stellen** baisser; *fig nicht im* **~sten** pas le moins du monde

Leisetreter *m* ⟨~s; ~⟩ *péj* personne *f* qui n'a pas le courage de ses opinions; *litt* couard *m*

Leiste ['laɪstə] *f* ⟨~; ~n⟩ **1.** CONSTR, TISCHLEREI *etc* (*Fuß*⸸) plinthe *f*; (*schmale Holz*⸸) baguette *f*; (*Gardinen*⸸) tringle *f* à glissière; **2.** *bei Geweben* lisière *f*; **3.** ANAT aine *f*

leisten ['laɪstən] ⟨-ete, h⟩ **I** *v/t* **1.** (*bieten, gewähren*) faire; *j-m Gesellschaft* **~** tenir compagnie à qn; *Abbitte*, *Beistand 1. etc*; **2.** (*vollbringen*) faire; accomplir; *gute Arbeit* **~** faire du bon travail; **3.** (*schaffen, liefern*) produire; rendre; *die Maschine leistet 60 PS* la machine, le moteur a une puissance de 60 ch (chevaux); **II** *F v/réfl sich* (*dat*) *etw* **~** (*gönnen*) se payer, s'offrir qc; (*erlauben*) se permettre qc; *da haben sie sich* (*dat*) *wieder etw geleistet!* F ils en ont encore fait de belles!

Leisten ['laɪstən] *m* ⟨~s; ~⟩ SCHUHMACHEREI forme *f*; *F alles über e-n* **~** *schlagen* mettre tout sur le même pied, *péj* dans le même sac

Leisten|bruch *m* MÉD 'hernie (inguinale); **~gegend** *f* ANAT région inguinale; **~zerrung** *f* MÉD claquage *m* dans la région de l'aine

Leistung *f* ⟨~; ~en⟩ **1.** (*das Geleistete*) performance *f*; exploit *m* (*beide a* SPORT); travail (exécuté, accompli); (*Ergebnis*) résultat *m*; *die schulischen* **~en** les résultats *m/pl* scolaires; *das war e-e* **~!** c'était une belle performance!; **2.** (*wirtschaftlicher Erfolg, Ertrag*) *e-s Unternehmens, Arbeiters, e-r Maschine* rendement *m*; production *f*; *e-r Maschine a* performances *f/pl*; travail *m*; *e-s Motors*, RAD puissance *f*;

Leistungs|bilanz *f* COMM balance *f* des opérations courantes; ⟨~(e)s⟩ *bei der Arbeit* contrainte *f* du rendement; SPORT, SCHULE obligation *f* d'obtenir de bons résultats; *p/fort* stress *m*; **~empfänger(in)** *m(f)* bénéficiaire *m,f* d'une prestation; **~erbringer** *m* ⟨-s; ~⟩ prestataire *m*

'leistungsfähig *adj Person* efficace; efficient; productif, -ive; capable de haut rendement; *Motor* puissant; *Maschine* a productif, -ive; à 'haut rendement; **finanziell** ~ *a* financièrement solide

'Leistungs|fähigkeit *f* ⟨~⟩ **1.** *allgemein* capacité productive, de production, de rendement; productivité *f*; rendement *m*; *e-s Motors* puissance *f*; *e-r Maschine* a efficacité *f*; performances *f/pl* **2.** *körperliche* forme *f*; condition *f* physique; **²fördernd** *adj* qui stimule le rendement, la productivité; *Maßnahme* incitatif, -ive; **²gerecht** *adj* proportionnel, -elle au rendement; SCHULE *a* aux résultats obtenus; *Bezahlung* adéquat; **~gesellschaft** *f* société compétitive, fondée sur le principe de la réussite; **~grenze** *f* ⟨~⟩ rendement maximal; *e-r Maschine* puissance *f* limite; *e-r Person* les limites *f/pl* de qn; **~kontrolle** *f* SCHULE contrôle *m* des connaissances, des résultats; **~kurs** *m* SCHULE matière *f* à option à programme renforcé; **~kurve** *f* courbe *f* de puissance; **~lohn** *m* salaire *m* au rendement; **~nachweis** *m* attestation *f* des résultats (obtenus); **²orientiert** *adj* fondé sur le principe de la réussite; **~prinzip** *n* ⟨~s⟩ principe *m* de compétitivité, d'efficacité; *in der Ausbildung* sélection *f*; **~prüfung** *f* SCHULE contrôle *m* des connaissances, examen *m*; *für Maschinen* contrôle *m* de rendement; *für Fahrzeuge* épreuve *f* d'endurance; **²schwach** *adj* peu performant; *Schüler* faible; **~sport** *m* sport *m* de compétition *f*; **~stand** *m* niveau *m* de productivité; **²stark** *adj* (très) performant; *Schüler* fort; **~steigerung** *f e-s Arbeiters, Unternehmens* accroissement *m* du rendement; *e-r Maschine* a augmentation *f* de puissance; **~test** *m* test *m*; **~träger** *m*, pilier *m* d'une équipe; **~vergleich** *m* comparaison *f* des résultats; *(Wettbewerb)* concours *m*; SPORT *a* compétition *f*; **~vermögen** *n* cf **Leistungsfähigkeit**; **~verweigerung** *f* gesellschaftliche contestation *f*, rejet *m* de la sélection; SCHULE *a* refus *m* de travailler; **~zentrum** *n* SPORT centre *m* d'entraînement pour sportifs de haut niveau; **~zulage** *f* prime *f* de rendement

'Leit|artikel *m* éditorial *m*; article *m* de fond; **~bild** *n* modèle *m*

Leite ['laɪtə] *f* ⟨~; ~n⟩ *südd, österr* pente *f*

leiten ['laɪtn̩] *v/t* ⟨-ete, h⟩ **1.** *(führen)* conduire; *sich von etw lassen* se laisser guider, influencer par qc; **2.** *Amt, Unternehmen, Geschäft* diriger; gérer; *Schule, Orchester* diriger; *Versammlung, Verhandlung* présider; *Staatsgeschäfte* régir; administrer; *etw* ~ *a* être à la tête de qc; *die Aussprache* ~ diriger, animer les débats; **3.** *Wasser* amener; **4.** ÉLECT, PHYS Strom, Wärme conduire

'leitend *adj* **1.** *(führend)* directeur, -trice; dirigeant; *bei Berufen* en chef; *fig* **~er Gedanke** idée directrice, générale; **~e Stellung** position dirigeante; **~er Angestellter** cadre supérieur; **2.** ÉLECT, PHYS conducteur, -trice; **nicht ~** non-conducteur, -trice

Leiter¹ ['laɪtɐ] *m* ⟨-s; ~⟩ PHYS conducteur *m*

'Leiter² *f* ⟨~; ~n⟩ échelle *f* (*a fig*); *e-s Leiterwagens* ridelle *f*

Leiter(in) *m(f)* ⟨~; ~nen⟩ *e-s Unternehmens, e-r Abteilung* chef *m*; directeur, -trice *m,f*; *e-r Filiale* gérant(e) *m(f)*; *e-s Orchesters* chef *m* d'orchestre; *e-r Versammlung* président(e) *m(f)*; *e-r Schule* chef *m* d'établissement; **kaufmännischer ~** directeur commercial

'Leiter|sprosse *f* échelon *m*; **~wagen** *m* chariot *m* à ridelles

'Leit|faden *m* *(Lehrbuch)* guide *m*; précis *m*; *(roter Faden)* fil conducteur; **²fähig** *adj* ÉLECT, PHYS conducteur, -trice; **~fähigkeit** *f* ⟨~⟩ ÉLECT conductivité *f*; conductibilité *f (a PHYS)*; **~gedanke** *m* idée directrice, générale; **~hammel** *m e-r Schafherde* bélier conducteur; *fig péj* meneur *m*; **~kegel** *m an Fahrbahnen* cône *m* de chantier; **~linie** *f auf Straßen* bande, ligne blanche; MATH, fig ligne directrice; *fig für das Vorgehen* a ligne *f* de conduite; **~motiv** *n* MUS, *e-s Buchs*, *fig* leitmotiv *m*; **~planke** *f an Straßen* glissière *f* de sécurité; **~satz** *m* principe (directeur) directive *f*; **~spruch** *m* maxime *f*; devise *f*; **~stern** *m* étoile conductrice; *st/s fig* guide *m*

Leitung ['laɪtʊŋ] *f* ⟨~; ~en⟩ **1.** *e-s Betriebs* direction *f*; conduite *f*; *e-r Filiale (Verwaltung)* gestion *f*; administration *f*; *e-r Sportveranstaltung* organisation *f*; *e-r Versammlung (Vorsitz)* présidence *f*; *e-r Veranstaltung, als Einrichtung* comité directeur; *Orchester* **unter der ~ von** sous la direction, baguette de qn; **~ von etw haben** être à la tête de qc; **2.** *(pas de pl)* PHYS conduction *f*; **3.** *für Wasser, Gas* conduite *f*; conduit *m*; *(~snetz)* canalisation *f*; **4.** ÉLECT, TÉL ligne *f* (électrique, téléphonique); ÉLECT conduite *f*; *(Kabel)* câble *m*; *(Stromkreis)* circuit *m*; *unter der Erde* canalisation *f*; **direkte ~** ligne directe; **~en legen** poser, installer des lignes; TÉL **es ist j in der ~** il y a qn sur la od en ligne; **die ~ ist besetzt** la ligne est occupée; F fig **e-e lange ~ haben** F avoir la comprenette difficile

'Leitungs|draht *m* TÉL, ÉLECT fil *m* (téléphonique, électrique); ligne *f*; **~kabel** *n* AUTO câble, fil conducteur; **~mast** *m* poteau *m* électrique; pylône *m*; **~netz** *n* für Gas, Wasser, ÉLECT canalisation *f*; ÉLECT réseau *m*; secteur *m*; TÉL réseau *m* téléphonique; **~rohr** *n* conduite *f*; conduit *m*; **~wasser** *n* ⟨~s⟩ eau *f* du robinet

'Leit|währung *f* monnaie *f*, devise *f* de référence; **~zins** *m* taux directeur

Lek [lɛk] *m* ⟨~; ~⟩ *Währung* lek *m*

Lektion [lɛktsi'oːn] *f* ⟨~; ~en⟩ *(Lehrstunde)* leçon *f*; *fig* **j-m e-e ~ erteilen** faire la leçon à qn

Lektor(in) ['lɛktɔr, (-'toːrɪn)] *m* ⟨~s; -'toren⟩ *(f)* ⟨~; ~nen⟩ *e-s Verlages, an e-r Universität* lecteur, -trice *m,f*

Lekto|rat [lɛkto'raːt] *n* ⟨~(e)s; ~e⟩ *im Verlag* comité *m* de lecture; *an e-r Universität* poste *m* de lecteur, -trice; **²rieren** *v/t* ⟨*pas de ge-*, h⟩ VERLAGSWESEN *(begutachten)* lire et juger; *(für die Veröffentlichung vorbereiten)* éditer

Lektüre [lɛk'tyːrə] *f* ⟨~; ~n⟩ lecture *f* *(a Lesestoff)*

Lemming ['lɛmɪŋ] *m* ⟨~s; ~e⟩ ZO lemming *m*

Lende ['lɛndə] *f* ⟨~; ~n⟩ **1.** *st/s*, ANAT **~n** *pl* reins *m/pl*; lombes *m/pl*; *par ext (Hüfte)* 'hanche *f*. **2.** *cf* **Lendenstück**

'Lenden|braten *m* CUIS *cf* **Lendenstück**; **~gegend** *f* ANAT région *f* lombaire; reins *m/pl*; **²lahm** *adj* brisé; rompu; *fig* faible; qui manque de nerf; sans énergie; **~schurz** *m* pagne *m*; **~stück** *n* CUIS filet *m*; *vom Rind* aloyau *m*; *vom Kalb* longe *f*; **~wirbel** *m* ANAT vertèbre *f* lombaire

Lenin ['leːnin] *m* ⟨~ → n/pr⟩ Lénine *m*

Leni|nismus [leni'nɪsmʊs] *m* ⟨~⟩ POL léninisme *m*; **~nist** *m* ⟨~en; ~en⟩ léniniste *m*; **²nistisch** *adj* léniniste

'lenkbar *adj* TECH maniable; manœuvrable; *Rakete* téléguidé; *Person* docile; maniable

lenken ['lɛŋkən] *v/t* ⟨h⟩ *Auto* conduire; *Rennwagen, Flugzeug* piloter; *Rakete* téléguider; *Menschen (leiten)* guider; diriger; *Staat (regieren)* diriger; gouverner; **gelenkte Wirtschaft** économie dirigée; **die Blicke, Aufmerksamkeit auf sich** *(acc)* **~** attirer les regards, l'attention sur soi; **den Verdacht auf j-n ~** attirer, faire porter les soupçons sur qn; **das Gespräch auf etw** *(acc)* **~** amener la conversation sur qc; **sich ~ lassen** se laisser conduire, guider, *etc*; *Person (gefügig sein)* être docile, maniable

'Lenk|er *m* ⟨~s; ~⟩ **1.** *(Fahrer)* conducteur *m*; chauffeur *m*; *st/s e-s Staates* celui qui tient les rênes de l'État; **2.** *am Fahrrad* guidon *m*; *e-s Autos* volant *m*; **~flugkörper** *m* MIL engin téléguidé; **~rad** *n* volant *m*; **~radschaltung** *f* AUTO changement de vitesse au volant; **~radschloß** *n* AUTO antivol *m*; **~säule** *f* AUTO colonne *f* de direction; **~stange** *f am Fahr-, Motorrad* guidon *m*; **~ung** *f* ⟨~; ~en⟩ **1.** *(pas de pl) (das Lenken)* direction *f*; *e-s Autos* conduite *f*; *e-s Rennwagens, Flugzeugs* pilotage *m*; *e-s Staates* gouvernement *m*; **2.** *bei Fahrzeugen* (organes *m/pl* de) direction *f*

Lenz [lɛnts] *poét m* ⟨~es; ~e⟩ printemps *m*; *poét* renouveau *m*; *fig* **~e des Lebens** printemps de la vie; jeunesse *f*; **zwanzig ~e** *(Jahre)* **zählen** litt avoir vingt printemps

Leopard [leo'part] *m* ⟨~en; ~en⟩ léopard *m*

Leo'pardenfell *n* peau *f* de léopard

Lepra ['leːpra] *f* ⟨~⟩ lèpre *f*; **~kranke(r)** *f(m)* lépreux, -euse *m,f*

Lerche ['lɛrçə] *f* ⟨~; ~n⟩ alouette *f*

'lern|bar *adj* qui s'apprend; qu'on peut apprendre; **²begier(de)** *f* avidité *f* d'apprendre; **~begierig** *adj* désireux, -euse, *p/fort* avide d'apprendre; **~be-**

hindert *adj* PÉD inadapté (mental); **♂behinderte(r)** *f(m)* PÉD inadapté(e) mental(e); enfant inadapté; **♂eifer** *m* zèle *m*, application *f* à l'étude
lernen ['lɛrnən] *v/t u v/i* ⟨h⟩ apprendre; étudier; *abs a* travailler; *(in der Lehre sein)* être en apprentissage; *(auswendig)* ~ apprendre qc par cœur; *lesen* ~ apprendre à lire; *Französisch* ~ apprendre le français; *e-n Beruf* ~ apprendre un métier; *etw von j-m gelernt haben* a tenir qc de qn; *aus etw* ~ *(e-e Lehre ziehen)* faire son profit de qc; tirer une leçon de qc; *daraus* ~ *wir, daß …* cela nous apprend que …
'**Lernen** *n* ⟨~s⟩ étude *f*; *e-s Handwerkers* apprentissage *m*; *das* ~ *fällt ihm schwer* il apprend avec difficulté
'**Lern|er** *m* ⟨~s; ~⟩ LING apprenant *m*; **♂fähig** *adj* capable d'apprendre; **~mittel** *n* matériel *m* scolaire; **~mittelfreiheit** *f* ⟨~⟩ gratuité *f* du matériel scolaire; **~prozeß** *m* PSYCH, PÉD processus *m* d'acquisition, d'assimilation des connaissances; *allgemein* apprentissage *m*
'**Lernschwäche** *f e-e* ~ *haben* avoir du mal à apprendre
'**Lern|software** *f* didacticiel *m*; logiciel éducatif; **~spiel** *n* jeu éducatif; **~stoff** *m* programme *m* (d'étude); **~ziel** *n* objectif *m* pédagogique
'**Lesart** *f (Fassung)* variante *f*; version *f*; *(Deutung)* interprétation *f*
'**lesbar** *adj (leserlich)* lisible; *(zu entziffern)* déchiffrable; *Buch* facile à lire; facilement accessible
Lesbe ['lɛsbə] *f* ⟨~; ~n⟩, '**Lesbierin** ['lɛsbiərɪn] *f* ⟨~; ~nen⟩ lesbienne *f*; *péj* P gouine *f*
'**lesbisch** *adj* lesbien, -ienne
Lese ['le:zə] *f* ⟨~; ~n⟩ *(Wein♂)* vendange *f*; **~brille** *f* lunettes *f/pl* pour lire; **~buch** *n* (recueil *m* de) morceaux choisis; *für Anfänger a* livre *m* de lecture; **~gerät** *n* INFORM lecteur *m*; **♂hungrig** *adj* avide de lecture
lesen¹ ['le:zən] ⟨liest, las, gelesen, h⟩ I *v/t* lire; *(entziffern)* déchiffrer; *(deuten)* interpréter; expliquer; UNIVERSITÄT *(Vorlesung halten)* faire un cours (de, sur); *haben Sie etwas zu* ~? avez-vous de quoi lire?; *genau* ~ lire de près; *flüchtig* ~ parcourir; *Brecht mit s-n Schülern* ~ interpréter Brecht avec ses élèves; REL *die Messe* ~ dire, célébrer la messe; *j-s Gedanken* ~ lire dans les pensées de qn; *aus der Hand* ~ lire les lignes de la main; *zwischen den Zeilen* ~ lire entre les lignes; II *v/réfl sich nicht* ~ *lassen* être facile à lire; être d'une lecture agréable, facile; *das liest sich wie ein Roman* cela se lit comme un roman
'**lesen²** *v/t* ⟨liest, las, gelesen, h⟩ **1.** *(sammeln) Ähren* ~ glaner; *Reisig* ~ ramasser du bois mort; *Trauben* ~ vendanger; **2.** *Erbsen (verlesen)* trier
'**Lesen** *n* ⟨~s⟩ *e-s Texts* lecture *f*; *(Entziffern)* déchiffrement *m*; *beim* ~ *Ihres Namens* en lisant votre nom
'**lesenswert** *adj* qui mérite d'être lu
'**Lese|probe** *f e-s Buches* extrait *m* de texte; échantillon *m* de lecture; *in der Werbung* spécimen *m*; THÉ lecture *f*; **~pult** *n* pupitre *m*; *in der Kirche* lutrin *m*
'**Leser(in)** *m* ⟨~s; ~⟩ *(f)* ⟨~; ~nen⟩ lecteur, -trice *m,f*; *coll die* ~ le public (de lecteurs)
'**Leseratte** *f* plais *f* liseur, -euse *m,f*; F rat *m* de bibliothèque; *sie ist e-e* ~ elle aime bouquiner
'**Leserbrief** *m* **1.** *cf Leserzuschrift*; **2.** *pl* **~e** *Zeitungsrubrik* courrier *m* des lecteurs
'**leserlich** I *adj* lisible; II *adv* lisiblement
'**Leser|schaft** *f* ⟨~⟩ (cercle *m* de) lecteurs *m/pl*; public *m*; **~zuschrift** *f* lettre *f* de lecteur (d'un journal, *etc*)
'**Lese|saal** *m* salle *f* de lecture; **~stoff** *m* lecture *f*; **~zeichen** *n* signet *m*
Lesotho [le'zo:to] *n* ⟨→ *n/pr*⟩ le Lesotho
'**Lesung** *f* ⟨~; ~en⟩ lecture *f*; *Gesetzesentwurf in erster* ~ *angenommen* voté en première lecture
Lethargie [letar'gi:] *f* ⟨~⟩ léthargie *f (a fig)*
le'thargisch *adj* léthargique *(a fig)*
Lett|e ['lɛtə] *m* ⟨~n; ~n⟩, **~in** *f* ⟨~; ~nen⟩ Letton, -onne *m,f*
Letter ['lɛtər] *f* ⟨~; ~n⟩ TYPO *(Druckbuchstabe)* lettre *f* d'imprimerie; caractère *m* (d'imprimerie)
Lett|land ['lɛtlant] *n* ⟨→ *n/pr*⟩ la Lettonie; **♂isch** *adj* letton, -onne
Letzt *adv* **zu guter** ~ pour terminer; en définitive; finalement; en fin de, au bout du compte
letzte(r, -s) ['lɛtstə(r, -s)] I *adj* ⟨épithète⟩ dernier, -ière; *(endgültig)* définitif, -ive; *(vorig)* passé; REL ♂ *Ölung* extrême-onction *f*; ♂*r Wille cf Wille*; *das* ~ *Wort haben* avoir le dernier mot; *die* ~ *Hand an etw (acc) legen* mettre la dernière main à qc; *~n Endes* en fin de, au bout du compte; finalement; *in ~r Zeit* ces derniers temps; *in den ~n Jahren* ces dernières années; *~n Sonntag* dimanche dernier, passé; *zum dritten und ~n Male* pour la troisième et dernière fois; *bis auf den ~n Mann kämpfen* lutter, combattre jusqu'au dernier; II *subst der, die* ♂ le dernier, la dernière; *das* ♂ la dernière chose; la fin; *j-n zum ♂n treiben* pousser qn à la dernière extrémité; *der* ♂ *des Monats* le dernier jour du mois; *er war der* ~, *der kam* il a été le dernier à venir; *er ist der* ~, *dem ich mich anvertrauen würde* c'est le dernier à qui je me confierais; *bis aufs* ~ totalement; *bis zum* ~*n* jusqu'à la dernière limite; jusqu'au bout; *sein ♂s hergeben* F donner jusqu'à sa dernière chemise; *(alles aufbieten)* faire l'impossible; F *péj das ist doch das ♂!* c'est la fin de tout!; c'est en dessous de tout!; *prov den ♂n beißen die Hunde* etwa malheur au dernier
'**letztenmal** *adv zum* ~ pour la dernière fois
'**letztens** *adv* **1.** *(vor kurzem)* dernièrement; récemment; l'autre jour; **2.** *in Aufzählungen* en dernier (lieu); pour finir
'**letztere(r, -s)** *adj, subst* ce (cette) dernier(-ière) *m*
'**letztgenannt** *adj* mentionné, cité en dernier; *der ♂e* le dernier nommé, mentionné, cité
'**letzt|hin** *adv cf letztens 1.*; **~lich** *adv* au bout de, en fin de compte
'**letztwillig** I *adj* testamentaire; **~e Verfügung** disposition *f* testamentaire; II *adv* ~ *über etw (acc)* **verfügen** prendre des dispositions testamentaires au sujet de qc
Leu¹ [lɔy] *poét m* ⟨~en; ~en⟩ lion *m*
Leu² [leu] *m* ⟨~; Lei⟩ *Währung* leu *m*
'**Leucht|boje** *f* MAR bouée lumineuse; **~bombe** *f* bombe éclairante
'**Leuchte** *f* ⟨~; ~n⟩ lampe *f*; (appareil *m* d'éclairage *m*; F *fig er ist keine große* ~ F ce n'est pas une lumière
'**leuchten** ['lɔyçtən] *v/i* ⟨-ete, h⟩ luire; donner de la lumière; être lumineux, -euse; *(glänzen)* reluire; briller; resplendir; *(strahlen)* rayonner; *(funkeln)* étinceler; *j-m* ~ éclairer qn; *j-m ins Gesicht* ~ éclairer le visage de qn; *fig ihre Augen leuchteten vor Freude* elle rayonnait de joie
'**leuchtend** *adj* lumineux, -euse *(a fig)*; *Farben* vif, vive; éclatant *(a fig)*; *ein ~es Beispiel* un exemple éclatant
'**Leuchter** *m* ⟨~s; ~⟩ *(Kerzen♂)* chandelier *m*; bougeoir *m*; *großer, mehrarmiger* candélabre *m*; *(Kron♂)* lustre *m*
'**Leucht|farbe** *f* couleur phosphorescente, fluorescente; **~feuer** *n* MAR phare *m (a* AVIAT*)*; fanal *m*; feu *m* (de signalisation) *(a* AVIAT*)*; **~gas** *n* gaz *m* d'éclairage; **~käfer** *m* ver luisant; luciole *f*; **~kraft** *f* ⟨~⟩ luminosité *f (a* ASTR*)*; intensité lumineuse; **~kugel** *f* balle traçante; **~pistole** *f* pistolet *m* lance-fusées; **~rakete** *f* fusée éclairante; **~reklame** *f* publicité lumineuse; **~röhre** *f* tube luminescent, fluorescent; **~schrift** *f* inscription lumineuse; *bewegliche, mit Tagesnachrichten* journal lumineux; **~spurgeschoß** *n* balle traçante; **~stift** *m* surligneur *m*; **~stofflampe** *f* tube fluorescent; **~turm** *m* phare *m*; **~turmwärter** *m* gardien de phare; **~ziffer** *f* chiffre lumineux; **~zifferblatt** *n* cadran lumineux
leugnen ['lɔygnən] *v/t* ⟨-ete, h⟩ nier; dénier; *(bestreiten)* contester; *es ist nicht zu* ~, *es läßt sich nicht* ~, *daß …* on ne saurait nier que … (+*subj*); il est incontestable que … (+*ind*); *ich leugne es nicht* je ne dis pas le contraire; *alles ♂ half ihm nichts* toutes ses dénégations ne lui servirent à rien
'**Leugnung** *f* contestation *f*; dénégation *f*
Leukämie [lɔykɛ'mi:] *f* ⟨~; ~n⟩ MÉD leucémie *f*
Leukoplast [lɔyko'plast] *n* ⟨~(e)s⟩ Wz sparadrap *m*
Leukozyt [lɔyko'tsy:t] *m* ⟨~en; ~en⟩ MÉD leucocyte *m*; globule blanc
'**Leumund** *st/s m* ⟨~(e)s⟩ réputation *f*; *e-n guten, schlechten* ~ *haben* avoir une bonne, mauvaise réputation
Leute ['lɔytə] *pl gens m/pl bzw f/pl*; monde *m*; personnes *f/pl*; *alle* ~ tout le monde; tous les gens; *es waren viele* ~ *da* il y avait beaucoup de monde; *gewisse* ~ certaines personnes; *20* ~ 20 personnes; *die jungen* ~ les jeunes; *die kleinen* ~ les petites gens; *die feinen* ~ les gens bien; *fremde* ~ des étrangers *m/pl*; *die armen* ~ *(nichtreichen)* les gens pauvres; les pauvres; *(bemitleidenswerten)* les pauvres gens; F *meine, deine etc* ~ *(Angehörigen)* ma, ta, *etc* famille; les miens, tiens, *etc*; *was werden die* ~ *dazu sagen?* qu'en dira-t-on?; qu'en

Leuteschinder – Liebe

diront les gens?; *unter die ~ gehen* voir du monde; F *unter die ~ bringen* divulguer; faire circuler
'**Leuteschinder** *m péj* exploiteur *m*
Leutnant ['lɔʏtnant] *m* ⟨~s; ~s *ou* -e⟩ *MIL* sous-lieutenant *m*; *MAR zur See* enseigne *m* (de vaisseau) de deuxième classe
'**leutselig** *adj* affable; bienveillant; **2keit** *f* ⟨~⟩ affabilité *f*; bienveillance *f*
Leviten [le'vi:tən] *pl* F *j-m die ~ lesen* F faire la morale à qn; *p/fort* dire ses quatre vérités à qn
Levkoje [lɛf'ko:jə] *f* ⟨~; ~n⟩ *BOT* giroflée *f*
Lew [lɛf] *m* ⟨~(s); ~a⟩ *Währung* lev *m*
lexi|kalisch [lɛksi'ka:lɪʃ] *adj* lexical; **2kogra'phie** *f* ⟨~⟩ lexicographie *f*
Lexikon ['lɛksikɔn] *n* ⟨~s; -ka⟩ dictionnaire *m* encyclopédique, (*Konversations*2) encyclopédie *f*, (*kleineres, Fach*2) lexique *m*; cf a *wandelnd* II; **2.** F (*Wörterbuch*) dictionnaire *m*; **3.** *LING* (*Wortschatz*) lexique *m*
Lezithin [letsi'ti:n] *n* ⟨~s⟩ *CHIM* lécithine *f*
lfd. *abr* (*laufend*) courant
lfr *abr* (*luxemburgischer Franc*) LUF (franc luxembourgeois)
LG [ɛl'ge:] *n* ⟨~⟩ *abr* (*Landgericht*) *etwa* tribunal *m* de grande instance
Liane [li'a:nə] *f* ⟨~; ~n⟩ *BOT* liane *f*
Libanes|e [liba'ne:zə] *m* ⟨~n; ~n⟩, **~in** *f* ⟨~; ~nen⟩ Libanais(e) *m(f)*; **2isch** *adj* libanais
Libanon ['li:banɔn] *m* ⟨→ *n/pr*⟩ **1.** *Staat der ~ od ~* le Liban; **2.** *Gebirge der ~* le Liban
Libelle [li'bɛlə] *f* ⟨~; ~n⟩ **1.** *ZO* libellule *f*; **2.** *TECH* niveau *m* d'eau, à bulle
liberal [libe'ra:l] *adj* libéral; **~i'sieren** *v/t* (*pas de ge-*, h) libéraliser; **2'lismus** *m* ⟨~⟩ libéralisme *m*; **2li'tät** *f* ⟨~⟩ libéralité *f*
Liber|ia [li'be:ria] *n* ⟨→ *n/pr*⟩ le Libéria; **~i'aner(in)** *m* ⟨~s; ~⟩ (*f*) ⟨~; ~nen⟩ Libérien, -ienne *m,f*; **2i'anisch** *adj* libérien, -ienne
Libero ['li:bəro] *m* ⟨~s; ~s⟩ *FUSSBALL* libero *m*
libidinös [libidi'nø:s] *adj* *PSYCH* libidineux, -euse
Libido ['li:bido] *f* ⟨~⟩ *PSYCH* libido *f*
Librettist [librɛ'tɪst] *m* ⟨~en; ~en⟩ *MUS* librettiste *m*
Libretto [li'brɛto] *n* ⟨~s; ~s *ou* -tti⟩ *MUS* livret *m*
Liby|en ['li:byən] *n* ⟨→ *n/pr*⟩ la Libye; **~er(in)** *m* ⟨~s; ~⟩ (*f*) ⟨~; ~nen⟩ Libyen, -enne *m,f*; **2sch** *adj* libyen, -enne
licht [lɪçt] *adj* **1.** *st/s* (*hell*) lumineux, -euse; *von Farben* clair; **2.** (*dünn*) *~es Haar* chevelure *f* rare; cheveux clairsemés; **3.** *CONSTR ~e Höhe* 'hauteur *f* de l'ouverture; 'hauteur *f* libre; *CONSTR, TECH ~e Weite e-s Rohres* diamètre intérieur; calibre *m*; *e-r Tür, e-s Fensters* écartement *m*
Licht *n* ⟨~(e)s; ~er⟩ **1.** lumière *f*, (*Helle*) clarté *f*, (*Tages*2) jour *m*; *elektrisches ~* lumière, éclairage *m* électrique; *gedämpftes, mildes ~* lumière tamisée, douce; *~ machen, das ~ anmachen* allumer (la lumière); faire de la lumière; *das ~ ausmachen* éteindre la lumière; *etw gegen das ~ halten* tenir qc à contre-jour; *st/s das ~ der*

Welt erblicken st/s voir le jour; *prov wo ~ ist, da ist auch Schatten prov* toute médaille a son revers; **2.** *fig* lumière *f*; F *da ging mir ein ~ auf* tout à coup, j'ai vu clair *od* j'ai réalisé; ça a fait tilt; *~ in etw* (*acc*) *bringen* éclaircir qc; tirer qc au clair; *das ~ scheuen* redouter, fuir la lumière; *ein (un)günstiges ~ auf j-n, etw werfen* montrer, présenter qn, qc sous un jour (dé)favorable; *etw ans ~ bringen* mettre qc au (grand) jour; dévoiler qc; *ans ~ kommen* apparaître; *p/fort* éclater au grand jour; *j-n hinters ~ führen* tromper qn; donner le change à qn; *sich hinters ~ führen lassen* se laisser abuser, leurrer; *etw ins rechte ~ rücken* montrer qc sous son vrai jour; *das wirft ein schlechtes ~ auf Sie* cela vous discrédite; cela fait tort à votre réputation; *bei ~ besehen* en y regardant de près; en examinant l'affaire de près; (*wenn ich es mir recht überlege*) à tout prendre; **3.** (*Kerze*) bougie *f*; (*Talg*2) chandelle *f*; (*Kirchen*2) cierge *m*; F *j-m ein ~ aufstecken* ouvrir les yeux à qn; éclairer la lanterne de qn; *BIBL sein ~ nicht unter den Scheffel stellen* ne pas mettre la lumière sous le boisseau; F *fig er ist kein großes ~* cf *Leuchte*, **4.** *JAGD* (*Auge*) œil *m*
'**Lichtanlage** *f* installation *f* d'éclairage; *automatische ~* minuterie *f*
'**lichtbeständig** *adj* résistant à la lumière; *Stoffarben* grand teint (*inv*)
'**Licht|bild** *n* (*Paßbild*) photo *f* (d'identité); (*Dia*) diapositive *f*, **~bildervortrag** *m* conférence *f* avec projection de diapositives; **~blick** *m fig* lueur *f* d'espoir; rayon *m* de lumière; **~brechung** *f PHYS* réfraction *f*; **~bündel** *n* faisceau lumineux; **2durchlässig** *adj* translucide; diaphane, (*durchsichtig*) transparent; cf a *lichtbeständig*; **2echt** *adj Stoffarben* grand teint (*inv*); cf a *lichtbeständig*; **~effekt** *m* effet lumineux; **~einwirkung** *f* action *f* de la lumière; **2elektrisch** *adj PHYS* photo-électrique; **2empfindlich** *adj PHOT* sensible à la lumière; photosensible; **~empfindlichkeit** *f PHOT* sensibilité *f* à la lumière; photosensibilité *f*
'**lichten**[1] ⟨-ete, h⟩ *v/t Wald* éclaircir, *fig* a décimer; II *v/réfl sich ~* s'éclaircir (*a fig*)
'**lichten**[2] *v/t* ⟨-ete, h⟩ *MAR den Anker ~* lever l'ancre
lichterloh ['lɪçtɐ'lo:] *adv ~ brennen* être en flammes; *p/fort* flamber (clair)
'**Lichtermeer** *n* océan *m* de lumières
'**Lichtfilter** *m PHOT* filtre (coloré)
'**Lichtgeschwindigkeit** *f* vitesse *f* de la lumière; vitesse-lumière *f*; *mit ~* à la vitesse-lumière
'**Licht|griffel** *m* crayon *m* optique; **~hof** *m* **1.** cour vitrée; **2.** *PHOT* 'halo *m*
'**Lichthupe** *f* avertissement lumineux; *die ~ betätigen* faire un appel de phare
'**Licht|jahr** *n* année-lumière *f*; **~kegel** *m PHYS* faisceau lumineux; pinceau *m* de lumière; **~maschine** *f* dynamo *f*; **~mast** *m* lampadaire *m*; pylône *m*
Lichtmeß ['lɪçtmɛs] *CATH Mariä ~* la Chandeleur
'**Licht|nelke** *f BOT* lychnis *m*; *rote, weiße ~* compagnon *m*; **~orgel** *f* batterie *f* de projecteurs (réglée sur la musique);

~pause *f* copie *f* héliographique; photocalque *m*; **~punkt** *m* point lumineux; *TV* spot *m*; **~quelle** *f* source *f* lumineuse, lumineuse; **~reklame** *f* cf *Leuchtreklame*, **~satz** *m TYPO* photocomposition *f*, **~schacht** *m* puits *m* de jour, de lumière; *im Keller* soupirail *m*; **~schalter** *m* commutateur *m*; interrupteur *m*; **~schein** *m* lueur *f*, reflet *m*; **2scheu** *adj* qui craint, fuit la lumière, le jour; **~schranke** *f* barrage *m* photo-électrique; œil *m* électrique; **~schutzfaktor** *m* indice *m* de protection (solaire); **~seite** *f fig* jour *m* favorable; bon côté
'**Lichtspiel|e** *n/pl*, **~haus** *n*, **~theater** *n* cinéma *m*
'**Licht|stärke** *f* puissance *f*, intensité lumineuse, *OPT* luminosité *f*; *PHYS* luminance *f*; **~strahl** *m* rayon *m* de lumière; *PHYS* rayon lumineux; **2undurchlässig** *adj* opaque
'**Lichtung** *f* ⟨~; ~en⟩ *im Wald* clairière *f*
'**Licht|verhältnisse** *n/pl* (conditions *f/pl* d')éclairage *m*; **~welle** *f PHYS* onde lumineuse
Lid [li:t] *n* ⟨~(e)s; ~er⟩ paupière *f*; '**~schatten** *m* fard *m* à paupières; '**~strich** *m* (trait *m* d')eye-liner *m*
lieb [li:p] *adj* (*teuer*) cher, chère; (*zärtlich geliebt*) chéri; (*angenehm, willkommen*) agréable; (*freundlich*) gentil, -ille; *p/fort* charmant; (*artig*) gentil, -ille; *mein ~er Freund* plais, mahnend cher ami!; mon cher!; *iron* mon vieux!; *iron das ~e Geld* le maudit argent; *der ~e Gott* le bon Dieu; F (*du*) *~er Gott!* mon Dieu!; F *ach, du ~e Güte!* bonté du ciel!; F *den ~en langen Tag* toute la sainte journée; *Unsere 2e Frau* la Sainte Vierge; Notre-Dame; *im Brief 2er Herr X, ...* Cher Monsieur, ...; *ein ~er Junge* un gentil garçon; F *péj sich bei j-m ~ Kind machen* se faire bien voir de qn; s'insinuer dans les bonnes grâces de qn; *das ist ~ von dir!* c'est gentil à toi; *seien Sie so ~ und geben Sie mir das Buch* auriez-vous l'amabilité de me passer le livre; *es wäre mir ~, wenn ...* j'aimerais que … (+ *subj*); *wenn Ihnen Ihr Leben ~ ist ...* si vous tenez à la vie ...
lieb|äugeln ['li:pˀɔʏgəln] *v/i* ⟨-(e)le, insép, ge-, h⟩ *mit etw ~* convoiter secrètement qc; F *fig* lorgner qc; *mit e-r Reise ~* caresser l'idée de faire un voyage
'**liebbehalten** *v/t* ⟨*irr*, *sép*, *pas de ge-*, h⟩ *j-n ~* continuer d'aimer qn; garder de l'affection pour qn
'**Liebchen** *n* ⟨~s; ~⟩ bien-aimée *f*; amoureuse *f*; *péj* maîtresse *f*
'**Liebe** ['li:bə] *f* ⟨~⟩ **1.** amour *m* (*pl* a *f*); (*Zuneigung*) affection *f*; *heftige, leidenschaftliche ~* amour passionné; passion *f*; *zärtliche ~* tendresse *f*; *christliche ~* charité (chrétienne); *~ zu j-m, zu etw* amour *m* de qn, pour qc; *aus ~ zu s-r Mutter* par amour pour sa mère; *bei aller ~, aber ...* je t'aime, l'aime, etc bien, mais …; *in ~* affectueusement; *auf den ersten Blick ~* coup *m* de foudre; *bei Dingen* a coup de cœur; *plais ~ geht durch den Magen etwa* on s'attache en lui mijotant de bons petits plats; *prov ~ macht blind* l'amour rend aveugle; *prov alte ~ rostet nicht prov* on revient toujours à

ses premières amours; **2.** (*geliebte Person*) amour *m*; *er war ihre große ~ il a été l'amour de sa vie*
'liebe|bedürftig *adj* qui a besoin d'amour, d'affection; ²**diene'rei** *f* ⟨~⟩ *péj* basse, vile complaisance; empressement *m* servile; ²**'lei** *f* ⟨~; ~en⟩ petite intrigue amoureuse; passade *f*; amourette *f*; F béguin *m*
'lieben ⟨h⟩ **I** *v/t* aimer; (*mögen*) bien aimer; avoir de l'affection pour; *j-n sexuell* faire l'amour avec qn; *j-n zärtlich ~* aimer tendrement qn; être plein de tendresse pour qn; *j-n heiß und innig ~* aimer passionnément qn; aimer qn à la folie; *j-n abgöttisch ~* adorer, *péj* idolâtrer qn; *es ~, etw zu tun* aimer faire qc; **II** *v/réfl sich* (*sich selbst od einander*) *~* s'aimer; *zärtlich* se chérir; *sexuell* faire l'amour; *prov was sich liebt, das neckt sich* qui s'aime, se chamaille
'liebend I *adjt* aimant; affectueux, -euse; *die* ²**en** les amants; les amoureux; **II** *advt ich möchte ~ gern ...* j'aimerais beaucoup ...
'liebenswert *adj* charmant; (d'un naturel) agréable
'liebenswürdig *adj* aimable; affable; gentil, -ille; *das ist sehr ~ von Ihnen* c'est très aimable *od* gentil à vous; vous êtes très gentil
'liebens|würdiger'weise *adv* par amabilité, gentillesse; ²**würdigkeit** *f* ⟨~; ~en⟩ amabilité *f*; gentillesse *f*; affabilité *f*
lieber ['li:bɐr] *adv* plus volontiers; (*eher*) plutôt; mieux; de préférence; *ich trinke ~ Wein als Bier* j'aime mieux le vin que la bière; je préfère le vin à la bière; *~ sterben als leiden* plutôt mourir que souffrir; *ich sähe es ~, wenn ...* je préférerais, j'aimerais mieux que ... (+*subj*); *das ist mir ~* j'aime mieux cela; *bleiben wir ~ hier!* restons plutôt ici; *nichts od ich wüßte nicht, was ich ~ täte!* je ne demande pas mieux!
'Liebe(r) *f(m)* ⟨→ A⟩ *mein ~r!* mon cher!; *meine ~!* ma chère!; *meine ~n* ceux que j'aime; ma famille; *als Anrede*, je nach den Personen mes chers frères (et sœurs), *etc*
'Liebes|abenteuer *n*, *~affäre* *f* aventure amoureuse; *flüchtiges* passade *f*; *cf a Liebelei*; *~beziehung* *f* liaison (amoureuse); *~brief* *m* lettre *f* d'amour; *kurzer a st/s* billet doux; *~dienst* *m* obligeance *f*; complaisance *f*; service *m* d'ami; *aus Mildtätigkeit* œuvre *f* de charité; *~erklärung* *f* déclaration *f* (d'amour); *~gedicht* *n* poème *m* d'amour; *~geschichte* *f* histoire *f* d'amour; *~gott* *m* MYTH Amour *m*; Cupidon *m*; *~göttin* *f* MYTH déesse *f* de l'amour; Vénus *f*; *~heirat* *f* mariage *m* d'amour, st/s d'inclination; *~kummer* *m* chagrin *m* d'amour; *~leben* *n* ⟨~s⟩ vie amoureuse; *~lied* *n* chanson *f* d'amour
'Liebesmüh(e) *f verlorene ~* peine perdue
'Liebes|nest *n* nid *m* d'amoureux; *~paar* *n* couple *m* d'amoureux; *~pärchen* *n* (couple *m* d')amoureux *m/pl*; *iron* tourtereaux *m/pl*; *~roman* *m* roman *m* d'amour; *~spiel* *n* jeu *m* érotique; *~szene* *f* scène *f* d'amour; ²**toll** *adj* fou, folle d'amour; *~trank* *m* phil-

tre *m* d'amour; aphrodisiaque *m*; *~verhältnis* *n* liaison (amoureuse)
'liebevoll *adj* aimant; tendre; affectueux, -euse
'liebgewinnen *v/t* ⟨*irr, sép*, liebgewonnen, h⟩ *j-n ~* prendre qn en affection; se prendre d'amitié, d'affection pour qn; *einander ~* s'attacher l'un à l'autre
'liebgeworden *adjt e-e ~e Gewohnheit* une bonne vieille habitude
'liebhaben *v/t* ⟨*irr, sép*, -ge-, h⟩ *j-n, etw ~* (bien) aimer qn, qc
Liebhaber ['li:pha:bɐr] *m* ⟨~s; ~⟩ **1.** e-r Frau (*Verehrer*) amoureux *m*; (*Anbeter*) soupirant *m*; (*Geliebter*) amant *m*; von e-r Frau unterhaltener gigolo *m*; **2.** THÉ *jugendliche ~* jeune premier; **3.** e-r Sache amateur *m*
Liebhabe'rei *f* ⟨~; ~en⟩ goût, intérêt particulier; violon *m* d'Ingres; *aus ~* en amateur, dilettante
'Liebhaberin *f* ⟨~; ~nen⟩ **1.** THÉ *jugendliche ~* jeune première; **2.** e-r Sache amateur *m*
'Liebhaber|preis *m* prix *m* d'amateur; *~stück* *n* pièce *f* de collection; *~wert* *m* ⟨~(e)s⟩ valeur affective
lieb'kosen *v/t* ⟨-(es)t, *insép*, ge'liebkost *ou* lieb'kost, h⟩ caresser; câliner; cajoler; ²**'kosung** *st/s f* ⟨~; ~en⟩ caresse *f*; câlinerie *f*; cajolerie *f*
'lieblich *adj* Menschen, Gesicht etc gracieux, -ieuse; plein de grâce; mignon, -onne; Düfte, Geschmack (*köstlich*) délicieux, -ieuse; exquis; suave; Wein moelleux; Gegend charmant; riant
'Liebling *m* ⟨~s; ~e⟩ **1.** préféré(e) *m(f)*; e-s Publikums F coqueluche *f*; e-s Lehrers F chouchou, -oute *m,f*; **2.** Kosename chéri(e) *m(f)*; *mein ~!* la mon Mann mon chéri; mon trésor; *zu e-r Frau* ma chérie; mon trésor
'Lieblings... *in Zssgn* favori, -ite; préféré; de prédilection; *~thema* *n* sujet favori, de prédilection
'lieblos I *adj* sans amour; (*hartherzig*) sec, sèche; dur; (*gefühllos*) sans cœur, insensible; froid; indifférent; **II** *adv* sans amour; sans cœur; avec indifférence; *j-n ~ behandeln* (*gefühllos*) traiter qn avec indifférence; *etw ~ behandeln* traiter qc sans soin
'Liebreiz *st/s m* ⟨~es⟩ charme(s) *m(pl)*; attraits *m/pl*; (*Anmut*) grâces *f/pl*
'Liebschaft *f* ⟨~; ~en⟩ liaison *f*; flirt *m*; *flüchtige* passade *f*, amourette *f*; *cf a Liebelei*; *~en pl* amours *f/pl od m/pl*; affaires *f/pl* de cœur
'liebste(r, -s) I *adj* qui est le plus cher, la plus chère; qu'on aime le mieux; qu'on préfère, favori, -ite; **II** *adv am ~n würde ich* (+*inf*) je préférerais (+*inf*)
'Liebste(r) *f(m)* ⟨→ A⟩ *cf Geliebte(r)*; *als Anrede cf Liebe(r)*, Liebling 2.
Liebstöckel ['li:pʃtœkəl] *n od m* ⟨~s; ~⟩ BOT ache *f* de montagne; livèche *f*
Liechtenstein ['lɪçtənʃtaɪn] *n* ⟨→ *n/pr*⟩ le Liechtenstein; *~er(in)* *m* ⟨~s; ~⟩ *(f)* ⟨~; ~nen⟩ habitant(e) *m(f)* du Liechtenstein; ²**isch** *adj* du Liechtenstein
Lied [li:t] *n* ⟨~(e)s; ~er⟩ chanson *f*; chant *m*; poème *m* lyrique; (*vertontes Gedicht*) chant *m*; romance *f*; (*deutsches Kunst*²) lied *m*; (*Kirchen*²) chant *m* d'église; cantique *m*; F *das ist das Ende vom ~* voilà la fin de l'histoire;

cela devait finir ainsi; F *es ist immer dasselbe ~* c'est toujours la même chanson, rengaine, le même refrain; *davon kann ich ein ~ singen* j'en sais qc; je suis bien payé pour le savoir
'Lieder|abend *m* récital *m* de chant; *~buch* *n* recueil *m* de chansons
'liederlich I *adj* **1.** (*unordentlich*) désordonné; (*nachlässig*) négligent; *~e Arbeit* travail mal fait, bâclé; **2.** Leben(*swandel*) dissolu, déréglé; *~es Frauenzimmer* femme de mauvaise vie, de mœurs légères; dévergondée *f*; *~er Kerl* débauché *m*; F noceur *m*; F fêtard *m*; **II** *adv ~ angezogen sein* être débraillé, négligé
'Liederlichkeit *f* ⟨~⟩ **1.** (*Unordnung*) désordre *m*; (*Nachlässigkeit*) négligence *f*; manque *m* de soin; **2.** (*ausschweifendes Leben*) libertinage *m*; légèreté *f* de mœurs; dévergondage *m*
'Liedermacher(in) *m* ⟨~s; ~⟩ *(f)* ⟨~; ~nen⟩ auteur-compositeur *m*, auteur-compositrice *f*
lief [li:f] *cf laufen*
Lieferant(in) [lifə'rant(ɪn)] *m* ⟨~en; ~en⟩ *(f)* ⟨~; ~nen⟩ fournisseur *m*
'lieferbar *adj* livrable; *sofort ~* disponible; en magasin; en stock; immédiatement livrable
'Liefer|bedingungen *pl* conditions *f/pl* de livraison; *~firma* *f* fournisseur *m*
'Lieferfrist *f* délai *m* de livraison; *die ~ einhalten, überschreiten* respecter, dépasser les délais de livraison
liefern ['li:fɐrn] *v/t* ⟨-(e)re, h⟩ **1.** fournir; livrer; *ins Haus ~* livrer à domicile; *frei Haus ~* livrer franco à domicile; *j-m etw ~* fournir, livrer qc à qn; **2.** *sich* (*dat*) *ein spannenden Kampf ~* se livrer un combat passionnant; F *er ist geliefert* F il est foutu; c'est un homme fini
'Liefer|schein *m* bon *m*, bulletin *m* de livraison; *~termin* *m* date *f* de livraison
'Lieferung *f* ⟨~; ~en⟩ **1.** (*das Liefern*) livraison *f*; fourniture *f*; *zahlbar bei ~* payable à la livraison; *~ frei Haus* livraison franco (à) domicile; *~ gegen Barzahlung* livraison contre paiement comptant; *~ gegen Nachnahme* livraison contre remboursement; **2.** (*das Gelieferte*) livraison *f*; (*Sendung*) envoi *m*; *die Annahme e-r ~ verweigern* refuser de prendre livraison; **3.** BUCHHANDEL (*Teil e-s Buches*) livraison *f*; fascicule *m*; *das Werk erscheint in ~en* l'ouvrage paraît par livraisons
'Liefer|vertrag *m* contrat *m* de livraison; *~verzug* *m* retard *m* de livraison; *~wagen* *m* voiture *f* de livraison; camionnette *f*; fourgonnette *f*; *~zeit* *cf Lieferfrist*
Liege ['li:gə] *f* ⟨~; ~n⟩ (*Sofa*) divan *m*; (*Klappbett*) lit pliant; (*Garten*²) chaise longue
liegen ['li:gən] ⟨liegt, lag, gelegen, h *ou südd, österr, schweiz sein*⟩ *v/i* **1.** (*in der Horizontalen sein*) *von Menschen* être couché, étendu, allongé; *von Sachen* être placé, situé; *er liegt mit Grippe im Bett* il est au lit avec la grippe; *auf dem Boden ~* être couché sur le plancher; *être étendu sur le sol*; **2.** (*sich befinden*) Menschen u Sachen se trouver; être; *das Buch liegt hier* voilà le livre; *hier liegt*

es le voici; *es ~ viele Bücher auf dem Tisch* il y a beaucoup de livres sur la table; *fig die Entscheidung liegt bei ihm* la décision dépend de lui; c'est à lui de décider; *fig der Gewinn liegt bei zwei Millionen* le gain s'élève à environ deux millions; *der Ton liegt auf der letzten Silbe* l'accent est sur la dernière syllabe; *fig die ganze Last liegt auf mir, auf meinen Schultern* c'est moi qui porte toute la charge; *fig das liegt nicht in Ihrem Interesse* ce n'est pas dans votre intérêt; *fig das lag nicht in meiner Absicht* cela n'était pas dans mes intentions; *fig wie die Dinge ~* dans ces conditions; dans cet état de choses; *Fahrzeug gut auf der Straße ~* avoir une bonne tenue de route; *das Wort liegt mir auf der Zunge* j'ai le mot sur le bout de la langue; **3.** (*gelegen sein*) être situé; *Stadt am Fluß ~* être sur le fleuve; *die Stadt liegt nördlich von Berlin* la ville est située au nord de Berlin; *zwei Kilometer von der Stadt entfernt ~* être à deux kilomètres de la ville; *nach Süden ~* être exposé au sud, au midi; *das Zimmer liegt zur Straße, nach dem Hof zu* la chambre donne sur la rue, sur la cour; *dicht neben etw* (*dat*) *~* être attenant, contigu à qc; *das liegt nicht auf meinem Weg* cela n'est pas sur mon chemin; **4.** (*vorhanden sein*) *es liegt Schnee* il y a de la neige; *es ~ 30 cm Schnee* il y a 30 cm de neige; **5.** (*wichtig sein*) *mir liegt daran, daß od mir ist daran gelegen, daß ...* je tiens à ce que ... (+ *subj*); *es liegt mir daran, Sie zu überzeugen* je tiens à vous convaincre; *es ist ihr viel daran gelegen* elle y tient beaucoup; elle y attache une grande importance; **6.** (*zurückzuführen sein*) *woran liegt es?* à quoi est-ce dû?; à quoi cela tient-il?; *an wem liegt das?* à qui la faute?; *an mir soll es nicht ~* je ne m'y opposerai pas; *daran soll es nicht ~!* qu'à cela ne tienne!; *die Schuld liegt nicht bei mir* ce n'est pas (de) ma faute; *der Unterschied liegt darin, daß ...* la différence consiste en ce que ...; *die Ursache liegt anderswo* cela est à autre chose; il faut chercher la cause ailleurs; **7.** MIL *vor e-r Stadt ~* camper devant une ville

'**liegenbleiben** *v/i* ⟨*irr, sép*, -ge-, *sein*⟩ rester couché, étendu (*par terre, au lit*); *nach e-m Fall* ne pas se relever; *Waren* (*nicht abgehen*) ne pas se vendre; (*nicht abgeholt werden*) rester en souffrance (*a Briefe*); *unterwegs ~* rester en chemin; *Auto* tomber en panne; *die Arbeit bleibt liegen* le travail ne se fait pas, reste en suspens

'**liegend** *adjt* qui se trouve ...; étant; *von Häusern* a situé; *tief in den Höhlen ~e Augen* yeux enfoncés dans les orbites; *im Hafen ~e Schiffe* navires mouillés dans le port

'**liegenlassen** *v/t* ⟨*irr, sép, pas de ge-, h*⟩ *etw ~* laisser qc (dans un endroit); (*vergessen*) oublier (d'emporter) qc; (*aufgeben*) laisser qc de côté, F en plan; *p/fort* abandonner qc

'**Liegenschaften** *f/pl* immeubles *m/pl*; biens fonciers, immobiliers

'**Liege|platz** *m im Liegewagen* couchette *f*; MAR mouillage *m*; **~sitz** *m im Auto* siège-couchette *m*; **~stuhl** *m* chaise longue; fauteuil *m* de relaxation

'**Liegestütz** *m* ⟨-(e)s; -e⟩ traction *f*; **~e machen** faire des tractions, F des pompes

'**Liege|wagen** *m im Zug* wagon-couchettes *m*; voiture-couchettes *f*; **~wiese** *f* pelouse autorisée pour le repos

lieh [li:] *cf* leihen
lies! [li:s] *cf* lesen
ließ [li:s] *cf* lassen

Lift [lıft] *m* ⟨-(e)s; -e *ou* -s⟩ **1.** (*Fahrstuhl*) ascenseur *m*; (*Lastenaufzug*) monte-charge *m*; **2.** (*Sessel2*) télésiège *m*; (*Schlepp2*) remonte-pente *m*; téléski *m*; F tire-fesses *m*; '**~boy** *m* liftier *m*; garçon *m* d'ascenseur

'**liften** *v/t* ⟨*h*⟩ (*straffen*) *Gesicht* faire un lifting (de); F *sich ~ lassen* se faire faire un lifting

Liga ['li:ga] *f* ⟨-; -gen⟩ ligue *f*; SPORT division *f*; *~ für Menschenrechte* Ligue des droits de l'homme (et du citoyen)

Ligatur [liga'tu:r] *f* ⟨-; -en⟩ MUS liaison *f*; MÉD, TYPO ligature *f*

light [laıt] *adj* ⟨*postposé*⟩ allégé

Liguster [li'gustər] *m* ⟨-s; -⟩ BOT troène *m*

liieren [li'i:rən] *v/t, v/réfl* ⟨*pas de ge-, h*⟩ *er ist mit ihr liiert* il a une liaison avec elle; *diese drei Firmen haben sich liiert* ces trois firmes se sont associées

Likör [li'kø:r] *m* ⟨-s; -e⟩ liqueur *f*

lila ['li:la] *adj* ⟨*inv*⟩ lilas; (*dunkel~*) violet, -ette; (*hell~*) mauve *adj*; *~ färben* teindre en lilas, *etc*

'**Lila** *n* ⟨-s; -⟩ lilas *m*; couleur *f* lilas; (*Dunkel2*) violet *m*; (*Hell2*) mauve *m*; *in ~ gekleidet* (habillé) en lilas, *etc*

'**lila|farben, ~farbig** *adj cf* lila

Lilie ['li:liə] *f* ⟨-; -n⟩ BOT lys *od* lis *m*

Liliputaner(in) [lilipu'ta:nər(ın)] *m* ⟨-s; -⟩ (*f*) ⟨-; -nen⟩ (*Zwerg*) lilliputien, -ienne *m,f*

Limburg ['lımburk] *n* ⟨-s *n/pr*⟩ **1.** *in der BRD* Limburg; **2.** *in Belgien u Holland* le Limbourg; **~er** *m* ⟨-s; -⟩; **~er Käse** *m* limbourg *m* (*fromage belge à pâte molle*)

Limette [li'mɛtə] *f* citron vert

Limit ['lımıt] *n* ⟨-s; -s⟩ limite *f*

Limite ['limi:tə] *f* ⟨-; -n⟩ *schweiz cf* Limit

limitieren [limi'ti:rən] *v/t* ⟨*pas de ge-, h*⟩ limiter (*auf* [+*acc*] à)

Limo ['li:mo] F *f* ⟨-; -s⟩ *abr* (*Limonade*) limonade *f*

Limonade [limo'na:də] *f* ⟨-; -n⟩ limonade *f*

Limone [li'mo:nə] *f* ⟨-; -n⟩ **1.** BOT limon *m*; **2.** *cf* Limette

Limousine [limu'zi:nə] *f* ⟨-; -n⟩ berline *f*; conduite intérieure

lind [lınt] *poét adj* doux, douce

Linde ['lındə] *f* ⟨-; -n⟩ tilleul *m*

'**Lindenblütentee** *m* infusion *f* de tilleul

lindern ['lındərn] *v/t* ⟨-(e)re, h⟩ *Schmerz* calmer; apaiser; soulager; *Not, Armut* soulager

'**Linderung** *f* ⟨-⟩ soulagement *m*; apaisement *m*; *j-m* (*rasche, augenblickliche*) *~ bringen* apporter un soulagement (immédiat) à qn

'**Lindwurm** *m* MYTH dragon *m*

Lineal [line'a:l] *n* ⟨-s; -e⟩ règle *f*

linear [line'a:r] *adj* linéaire

Lingu|ist(in) [lıŋgu'ıst(ın)] *m* ⟨-en; -en⟩ (*f*) ⟨-; -nen⟩ linguiste *m,f*; **~istik** *f* ⟨-⟩ linguistique *f*; **2istisch** *adj* linguistique

Linie ['li:niə] *f* ⟨-; -n⟩ **1.** ligne *f* (*a Bus2, Straßenbahn2*, EISENBAHN, MAR, AVIAT, MIL, *fig*); F *auf die* (*schlanke*) *~ achten* surveiller sa ligne; *fig auf der ganzen ~* sur toute la ligne; *fig in erster, zweiter ~* en premier, deuxième lieu; MIL *in vorderster ~* en première ligne; **2.** (*Familienzweig*) ligne *f*, branche *f*; *absteigende, aufsteigende ~* ligne descendante, ascendante; *in direkter ~* en ligne directe; *die ältere, jüngere ~* la branche aînée, cadette

'**Linien|blatt** *n* feuille *f* de papier réglé; transparent *m*; **~flug** *m* vol régulier; **~flugzeug** *n* avion *m* de ligne; **~führung** *f* tracé *m*; **~netz** *n* réseau *m*; **~papier** *n* papier réglé; **~richter** *m* FUSSBALL juge *m* de touche; TENNIS juge *m* de ligne; **~schiff** *n* paquebot *m* de grande ligne; **2treu** *adj péj* fidèle à la ligne (du parti); de stricte observance (politique); *fig a* F pur et dur; **~verkehr** *m* service régulier (de transport)

lin(i)ier|en [li'ni:rən, -ni'i:-] *v/t* ⟨*pas de ge-, h*⟩ régler; ligner; **2ung** *f* ⟨-; -en⟩ réglage *m*

link [lıŋk] F *adj* louche; douteux, -euse; **~e Touren** manœuvres *f/pl* louches; *ein ~er Vogel* un drôle d'oiseau, F de coco

'**linke(r, -s)** *adj* ⟨*épithète*⟩ gauche (*a fig*, POL); **~r Hand** à gauche; **~ Seite** côté *m* gauche; gauche *f*; *e-s Stoffes etc* envers *m*; **~ Masche** maille *f* à l'envers; *der ~ Flügel e-r Partei* l'aile gauchisante; *auf der ~n Seite* à gauche; du côté gauche; *fig mit dem ~n Bein, Fuß zuerst aufstehen* se lever du pied gauche

'**Linke** *f* ⟨→ A⟩ **1.** (*linke Seite, Hand*) gauche *f*; *zur ~n* à gauche; *zu meiner ~n* à ma gauche; **2.** BOXEN gauche *f*; **3.** POL *die ~* la gauche

'**Linke(r)** *f(m)* ⟨→ A⟩ POL homme *m*, femme *f* de gauche; *p/fort* gauchiste *m,f*

'**linken** F *v/t* ⟨*h*⟩ F rouler

'**linkisch** *adj* gauche; maladroit; embarrassé; emprunté; **~es Wesen** gaucherie *f*; maladresse *f*

links [lıŋks] *adv* à gauche; *von Stoffen* à l'envers; *~ von ...* à (la) gauche de ...; *~ von ihm* à sa gauche; *~ abbiegen* tourner à gauche; *~ fahren* rouler à gauche; tenir sa gauche; *~ schreiben* écrire de la main gauche; POL *~ stehen* être de gauche; *~ überholen* doubler à gauche; F *j-n ~ liegenlassen* F ignorer qn; F *etw mit ~ machen* F faire qc facilement, comme de rien, F les doigts dans le nez

'**Links|abbieger** *m* ⟨-s; -⟩ véhicule *m* tournant à gauche; **~abbiegerspur** *f* couloir *m* de gauche; **~außen** *m* ⟨-; -⟩ FUSSBALL *etc* ailier *m* gauche

'**linksbündig I** *adj* TYPO justifié à gauche; **II** *adv* *e-n Text ~ schreiben* écrire à gauche

'**Links|drall** *m* TECH torsion *f* à gauche; *fig* tendance *f* à gauche; **~drehung** *f* rotation *f* à gauche; **~extremismus** *m* POL extrémisme *m* de gauche; **~extre**-

mist(in) *m(f)* POL extrémiste *m,f* de gauche; ²**extremistisch** *adj* POL d'extrême gauche; **~händer(in)** *m* ⟨~s; ~⟩ (f) ⟨~; ~nen⟩ gaucher, -ère *m,f*; ²**händig I** *adj* gaucher, -ère; **II** *adv* de la main gauche; ²**herum** *adv* à gauche; **~kurve** *f* virage *m* à gauche; **~partei** *f* parti *m* de gauche; ²**radikal** *adj* d'extrême-gauche; ²**rheinisch** *adj* de la rive gauche du Rhin; **~ruck** *m* POL glissement *m*, poussée *f* à gauche; ²**seitig** *adj* du côté gauche; ²**'um** *adv* à gauche; MIL **~!** à gauche, gauche!; **~verkehr** *m* circulation *f* à gauche
Linnen ['lɪnən] *litt n* ⟨~s; ~⟩ *cf* **Leinen**
Linoleum [li'no:leʊm] *n* ⟨~s⟩ linoléum *m*
Linse ['lɪnzə] *f* ⟨~; ~n⟩ BOT, OPT lentille *f*; *des Auges* cristallin *m*
'**linsen** F *v/i* ⟨h⟩ regarder furtivement; *nach j-m* ~ F mater qn
Linsen|gericht *n* plat *m* de lentilles (*a* BIBL, *fig*); **~suppe** *f* soupe *f* aux lentilles
Lippe ['lɪpə] *f* ⟨~; ~n⟩ lèvre *f*; *sich (dat) auf die ~n beißen* se mordre les lèvres; *nicht ein Wort über die ~n bringen* rester sans voix; *das soll nicht über meine ~n kommen* cela ne sortira pas de ma bouche; *fig an j-s ~n hängen* être suspendu aux lèvres de qn; *j-m etw von den ~n ablesen* lire qc sur les lèvres de qn; F *fig e-e ~ riskieren* lâcher une impertinence
'**Lippen|bekenntnis** *n péj* déclaration *f* peu sincère; **~stift** *m* (bâton *m* de) rouge *m* à lèvres
liquid [li'kviːt] *adj* FIN liquide; disponible; (*solvent*) solvable; **~e Mittel** *pl* liquidités *f/pl*
Liquidati'on *f* ⟨~; ~en⟩ FIN, JUR liquidation *f*; *e-s Arztes (Rechnung)* note *f* d'honoraires
liqui|dieren [likvi'diːrən] *v/t* ⟨*pas de ge-*, h⟩ COMM liquider (*a fig* [*töten*]); ²**dierung** *f* ⟨~; ~en⟩ COMM liquidation *f* (*a fig* [*Tötung*]); ²**di'tät** *f* ⟨~⟩ COMM liquidité(s) *f(pl)*; disponibilités *f/pl*
Lira ['liːra] *f* ⟨~; Lire⟩ Währung lire *f*; *italienische ~* lire italienne
lispeln ['lɪspəln] *v/i* ⟨-(e)le, h⟩ zézayer; *fig* murmurer; chuchoter
Lissabon ['lɪsabɔn] *n* ⟨→ *n/pr*⟩ Lisbonne
List [lɪst] *f* ⟨~; ~en⟩ ruse *f*; astuce *f*; artifice *m*; F *mit ~ und Tücke* à grand renfort d'astuce; *e-e ~ anwenden*, *zu e-r ~ greifen* recourir à une ruse
Liste ['lɪstə] *f* ⟨~; ~n⟩ liste *f*; *e-e ~ aufstellen* dresser, établir une liste; *auf e-r ~ stehen* figurer sur une liste; *in e-e ~ eintragen* inscrire, porter sur une liste; *auf die schwarze ~ setzen* mettre sur la liste noire
'**Listen|preis** *m* prix *m* de catalogue; **~wahl** *f* POL (élection *f* au) scrutin *m* de liste
listig ['lɪstɪç] **I** *adj* rusé; astucieux, -ieuse; (*bauernschlau*) finaud; F roublard; **II** *adv* astucieusement
Litanei [lita'naɪ] *f* ⟨~; ~en⟩ **1.** REL litanies *f/pl*; **2.** F *fig* litanie *f*
Litau|en ['liːtaʊən] *n* ⟨→ *n/pr*⟩ la Lituanie; **~er(in)** *m* ⟨~s; ~⟩ (f) ⟨~; ~nen⟩ Lituanien, -ienne *m,f*; ²**isch** *adj* lituanien, -ienne
Liter ['liːtɐ] *m od n* ⟨~s; ~⟩ litre *m*; *ein ~ Wein* un litre de vin

literarisch [lɪtəˈraːrɪʃ] *adj* littéraire; **~ gebildeter Mensch** personne lettrée; lettré *m*
Literat(in) [lɪtəˈraːt(ɪn)] *m* ⟨~en; ~en⟩ (f) ⟨~; ~nen⟩ homme *m*, femme *f* de lettres; *péj* littérateur *m*; *die ~en* en gens *m/pl* de lettres
Litera'tur *f* ⟨~; ~en⟩ littérature *f*; *schöne ~* belles-lettres *f/pl*; *einschlägige ~* ouvrages *m/pl* de référence
Litera'turangabe *f* indication *f* bibliographique; **~n** bibliographie *f*
Litera'tur|gattung *f* genre *m* littéraire; **~geschichte** *f* histoire *f* de la littérature; **~kritik** *f* critique *f* littéraire; **~kritiker** *m* critique *m* littéraire; **~preis** *m* prix *m* littéraire, de littérature; **~verzeichnis** *n* bibliographie *f*; **~wissenschaft** *f* lettres *f/pl*
'**literweise** *adv* par litres; au litre; *sie trinkt ~ Milch* elle boit des litres de lait
Litfaßsäule ['lɪtfasˌzɔʏlə] *f* colonne *f* d'affichage; colonne *f* Morris
Litho|graphie [litogra'fiː] *f* ⟨~; ~n⟩ lithographie *f*; ²**graphisch** *adj* lithographique
Litho|tripsie [litotrɪ'psiː] *f* ⟨~; ~n⟩ MÉD lithotritie *f*; **~'tripter** *m* ⟨~s; ~⟩ MÉD lithotriteur *m*
Litschi ['lɪtʃi] *f* ⟨~; ~s⟩ BOT litchi *m*; letchi *m*
litt [lɪt] *cf* **leiden**
Liturgie [lɪtʊr'giː] *f* ⟨~; ~n⟩ REL liturgie *f*
li'turgisch *adj* liturgique
Litze ['lɪtsə] *f* ⟨~; ~n⟩ (*Kordel*) cordon *m*; (*Tresse*) galon *m*; (*Borte*) liseré *m*; ÉLECT câble *m* (torsadé)
live [laɪf] *adv*, *adj* (*attribut*) TV, RAD en direct; (*etw*) ~ *senden* retransmettre (qc) en direct; ~ *singen* chanter en direct
'**Live-Sendung** *f* émission *f* en direct
Livree [li'vreː] *f* ⟨~; ~n⟩ livrée *f*
livriert [li'vriːrt] *adj* en livrée
Lizentiat[1] [lɪtsɛntsi'aːt] *m* ⟨~en; ~en⟩ *schweiz* licencié *m*
Lizenti'at[2] *n* ⟨~s; ~e⟩ *schweiz* licence *f*
Lizenz [li'tsɛnts] *f* ⟨~; ~en⟩ licence *f* (*a* JUR); COMM concession *f*; VERLAGSWESEN *a* cession *f* de droits; (*Genehmigung*) autorisation *f*; *in ~* sous licence; *e-e ~ erteilen, zurückziehen* accorder, retirer une licence
Li'zenz|ausgabe *f* édition publiée avec l'autorisation de ...; **~inhaber** *m* détenteur *m*, titulaire *m* d'une licence; COMM *a* concessionnaire *m*; **~nehmer** *m* ⟨~s; ~⟩ cessionnaire *m*; **~vertrag** *m* contrat *m* de licence; VERLAGSWESEN *a* contrat *m* de cession de droits
Lkw, LKW ['ɛlkaːveː *ou* ɛlkaː'veː] *m* ⟨~(s); ~s⟩ *abr cf* **Lastwagen**
'**Lkw-Fahrer** *m cf* **Lastwagenfahrer**
Ln. *abr* [*in*] *Leinen*) BUCHWESEN relié pleine toile
Lob[1] [loːp] *f* ⟨~(e)s⟩ louange *f*; éloge *m*; *j-m ~ spenden* louer qn; *j-s/s des voll sein für j-n, etw* dire le plus grand bien de qn, qc; *für etw ~ ernten* recevoir des éloges pour qc; (*ein*) ~ *für etw verdienen* mériter des éloges pour qc
Lob[2] [lɔp] *m* ⟨~(s); ~s⟩ *bes* TENNIS lob *m*
Lobby ['lɔbi] *f* ⟨~; ~s *ou* Lobbies⟩ POL lobby *m*; groupe *m* de pression; **~'ist(in)** *m* ⟨~en; ~en⟩ (f) ⟨~; ~nen⟩ membre *m,f* d'un lobby
loben ['loːbən] *v/t (u v/réfl)* ⟨h⟩ (se) louer

(*für etw* de, pour qc); faire des compliments à (*für etw* sur qc); faire l'éloge de; *j-n überschwenglich*, F *über den grünen Klee ~* couvrir qn de fleurs; *da lobe ich mir ...* parlez-moi de ...
'**lobend I** *adj* élogieux, -ieuse; **II** *advt j-n, etw ~ erwähnen* mentionner, citer qn, qc en termes élogieux
'**lobenswert** *adj* louable; méritoire
'**Lob|gesang** *m* REL hymne *f* (à la gloire de Dieu); **~hude'lei** *f* ⟨~; ~en⟩ *péj* adulation *f*, encensement *m* (*auf* [+*acc*] de)
löblich ['løːplɪç] *adj cf* **lobenswert**
'**Loblied** *n* panégyrique *m*; *cf a* **Lobgesang**; *fig ein ~ auf j-n, etw singen*, *anstimmen* chanter les louanges, faire le panégyrique de qn, qc
'**lob|preisen** *poét v/t* ⟨-(es)t, lobpreist, lobpreiste *ou* lobpries, gelobpreist *ou* lobgepriesen, *zu* lobpreisen, lobpreise!, h⟩ glorifier; ²**preisung** *f* ⟨~; ~en⟩ louanges *f/pl*; *p/fort* glorification *f*; ²**rede** *f* éloge *m*
Loch [lɔx] *n* ⟨~(e)s; ¨er⟩ **1.** trou *m*; (*Öffnung*) ouverture *f*; ASTR *schwarzes ~* trou noir; *ein ~ bohren* percer un trou (*in die Wand* dans le mur); *Löcher im Strumpf haben* avoir des chaussettes trouées; F *j-m ein ~ in den Bauch fragen* cribler qn de questions; F *auf od aus dem letzten ~ pfeifen* être au bout du rouleau; *trinken*, P *saufen wie ein ~* F boire comme un trou; P se soûler (comme un cochon); **2.** F *péj (Behausung)* taudis *m*; bouge *m*; **3.** F (*pas de pl*) (*Gefängnis*) F trou *m*; *arg* taule *f*; *ins ~ stecken* arg mettre en taule; F coffrer
lochen ['lɔxən] *v/t* ⟨h⟩ TECH Blech poinçonner; *Fahrkarte* composter; poinçonner; *Akte, Lochstreifen* perforer; *Nadel* percer
'**Locher** *m* ⟨~s; ~⟩ **1.** *für Akten* perforateur *m*; *für Lochkarten* perforatrice *f*; perforeuse *f*; **2.** *Arbeiter* poinçonneur *m*
löch(e)rig ['lœç(ə)rɪç] *adj* troué; *p/fort* plein, criblé de trous
löchern ['lœçɐn] F *v/t* ⟨-(e)re, h⟩ *j-n ~* (, *etw zu tun*) F tanner qn (pour qu'il fasse qc); *j-n mit Fragen ~* cribler, 'harceler qn de questions
'**Loch|karte** *f* carte perforée; **~maschine** *f* poinçonneuse *f*; **~stickerei** *f* broderie anglaise; **~streifen** *m* bande perforée; **~zange** *f* TECH emporte-pièce *m*; *früher für Fahrscheine* pince *f* (à poinçonner)
Locke ['lɔkə] *f* ⟨~; ~n⟩ boucle *f*; *in ~n legen* boucler; friser
locken[1] ['lɔkən] *v/t u v/réfl* ⟨h⟩ (*sich*) boucler; *p/fort* friser
'**locken**[2] *v/t* ⟨h⟩ **1.** *durch Lockspeise* appâter; amorcer; *Vögel durch Rufe* piper; ~ *aus* faire sortir de; ~ *in* (+*acc*) attirer dans; **2.** *fig (an~)* attirer; (*ver~*) séduire; *es lockte sie, das Angebot anzunehmen* cette offre la tentait
löcken ['lœkən] *v/i* ⟨h⟩ *st/s wider den Stachel ~* regimber; se rebeller
'**lockend** *adjt (ver~)* attrayant; attirant; séduisant
'**Locken|kopf** *m* tête bouclée; **~wickler** *m* rouleau *m*, bigoudi *m*
locker ['lɔkɐ] **I** *adj* **1.** lâche; relâché; *Seil (nicht gespannt)* lâche; mou, molle; mal tendu; *Schraube* desserré; *Griff*,

Stuhlbein etc (*wackelnd*) branlant; *Brot* léger, -ère; *Gewebe* lâche; **~er Boden** terre meuble; *GYMNASTIK* **ganz ~** (tout) en souplesse; **~ sein** (*wackeln*) branler (*a Zahn*); **~ werden** cf **lockern** II; **~ machen** cf **lockern** I; *Seil etc* **~ lassen** relâcher; donner du mou; **2.** *Person* (*entspannt*) décontracté; **3.** *fig Sitten* léger, -ère; dissolu; relâché; mauvais; *Leben* déréglé; dissolu; **ein ~es Leben führen** avoir des mœurs légères; mener joyeuse vie; F **~er Vogel** personne (de mœurs) légère(s); débauché(e) *m(f)*; **II** *adv Schraube* **~ sitzen** être desserré; avoir du jeu; *fig das Geld sitzt ihm ~* (*er gibt viel Geld aus*) il est dépensier; (*er ist freigebig*) il est généreux; *etw* **~ handhaben** manier, appliquer qc de façon libérale; ne pas appliquer qc avec trop de rigueur; F **~ vom Hocker** F cool; relax(e)
'**lockerlassen** *v/i* ⟨*irr, sép, -ge-, h*⟩ F **er läßt nicht locker** il s'obstine; il persiste; il n'en démord pas
'**lockermachen** F *v/t* ⟨*sép, -ge-, h*⟩ *Geld* F lâcher
'**lockern** ⟨-(e)re, h⟩ **I** *v/t Zügel, Seil* relâcher; *Seil a* détendre; *Schraube, Knoten* desserrer; *Boden* ameublir; *Muskeln* assouplir; détendre; *scharfe Bestimmungen* assouplir; *s-n Griff ~* relâcher son étreinte; **II** *v/réfl sich ~ Griff, Seil* se relâcher (*a Disziplin*); *Seil a* se détendre; *Schraube* se desserrer
'**Lockerung** *f* ⟨*~; ~en*⟩ relâchement *m*; *e-r Schraube, e-s Knotens* desserrage *m*; *von scharfen Bestimmungen* assouplissement *m*; *der Muskeln* assouplissement *m*; détente *f*
'**Lockerungsübung** *f* exercice *m* d'assouplissement
'**lockig** ['lɔkɪç] *adj* bouclé; *p/fort* frisé
'**Lock|mittel** *n* appât *m*; amorce *f* (*beide a fig*); **~ruf** *m* appel *m*; **~ung** *st/s f* ⟨*~; ~en*⟩ séduction *f*; (*Versuchung*) tentation *f*; (*Reiz*) attrait *m*; attirance *f*; **~vogel** *m* **1.** *JAGD* appeau *m*; **2.** *fig* personne *f* qui attire qn dans un piège
'**Loden** ['loːdən] *m* ⟨*~s; ~*⟩ loden *m*; **~mantel** *m* manteau *m* en loden
'**lodern** ['loːdərn] *v/i* ⟨-(e)re, h⟩ *Flammen* monter; s'élever; *Feuer u fig* brûler; lancer des flammes; flamboyer; *nur fig* étinceler
'**Löffel** ['lœfəl] *m* ⟨*~s; ~*⟩ **1.** cuiller *f*; cuillère *f*; *Maßangabe* cuillerée *f*; F *fig* **j-n über den ~ barbieren** *od* **balbieren** F rouler, feinter qn; **2.** *JAGD des Hasen*, F *des Menschen* (*Ohr*) oreille *f*; F *fig* **die ~ spitzen** tendre l'oreille; F ouvrir ses esgourdes
'**Löffel|bagger** *m* pelle *f* mécanique; **~biskuit** *n* biscuit *m* à la cuillère; boudoir *m*
'**löffeln** *v/t* ⟨-(e)le, h⟩ manger à la cuiller
'**löffelweise** *adv* par cuillerées
log [loːk] cf **lügen**
Log [lɔk] *n* ⟨*~s; ~e*⟩ *MAR* loch *m*
Logarith|mentafel [logaˈrɪtmənta(ː)fəl] *f* *MATH* table *f* de logarithmes; **~mus** *m* ⟨*~; -men*⟩ *MATH* logarithme *m*
'**Logbuch** *n* *MAR* journal *m*, livre *m* de bord
Loge ['loːʒə] *f* ⟨*~; ~n*⟩ (*Pförtner*⟨*2*⟩), *THÉ*, *FREIMAUEREI* loge *f*
'**Logenmeister** *m* *FREIMAUEREI* vénérable *m*

Loggia ['lɔdʒia] *f* ⟨*~; -ien*⟩ loggia *f*
logieren [loˈʒiːrən] *v/t u v/i* ⟨*pas de ge-, h*⟩ loger (*bei j-m* chez qn); **in e-m Hotel ~** loger dans un hôtel
Logik ['loːgɪk] *f* ⟨*~*⟩ logique *f*
Logis [loˈʒiː] *n* ⟨*~; ~*⟩ **1.** logement *m*; **2.** *MAR* poste *m* d'équipage
logisch ['loːgɪʃ] **I** *adj* logique; F **ist doch ~** (*klar, selbstverständlich*) c'est clair; évidemment; **II** *adv* (*nicht*) **~ denken können** (ne pas) avoir l'esprit logique
'**logischerweise** *adv* logiquement
Lo'gist|ik [-] *f* *PHILOS, COMM, MIL* logistique *f*; ⟨*2*⟩**isch** *adj* logistique
logo ['loːgo] F *adj* ⟨*attribut*⟩ (**ist doch**) **~!** évidemment!
Logo ['loːgo] *m od n* ⟨*~s; ~s*⟩ logo *m*
Logo|päde [logoˈpɛːdə] *m* ⟨*~n; ~n*⟩, **~'pädin** *f* ⟨*~; ~nen*⟩ orthophoniste *m,f*; **~pä'die** *f* ⟨*~*⟩ orthophonie *f*
Lohe[1] ['loːə] *f* ⟨*~; ~n*⟩ (*Gerber*⟨*2*⟩) tan *m*
'**Lohe**[2] *poét* ⟨*~; ~n*⟩ flamme *f(pl)*; flambée *f*; embrasement *m*; brasier *m*
lohen[1] ['loːən] *v/t* ⟨*h*⟩ *GERBEREI* tanner
'**lohen**[2] *poét v/i* ⟨*h*⟩ flamboyer; flamber
'**Lohgerber** ['loːgɛrbər] *m* tanneur *m*
Lohn [loːn] *m* ⟨*~(e)s; ~e*⟩ **1.** (*Arbeits*⟨*2*⟩) salaire *m*; paie *od* paye *f*; rémunération *f*; rétribution *f*; **gleiche Arbeit, gleicher ~** à travail égal, salaire égal; **e-n ~ von ... bekommen** toucher un salaire de ...; **vom ~ einbehalten** retenir sur le salaire; **2.** ⟨*pas de pl*⟩ (*Belohnung*) récompense *f*; **zum ~** pour récompense; **zum ~ für** en récompense de
'**Lohn|abbau** *m* réduction *f* des salaires; ⟨*2*⟩**abhängig** *adj* salarié; **~abhängige(r)** *f(m)* ⟨→ *A*⟩ salarié(e) *m(f)*; **~abrechnung** *f* feuille *f* de paie; **~arbeit** *f* travail *m* salarié; **~ausfall** *m* perte *f* de salaire
'**Lohnausgleich** *m* *Ausgleichszahlung* compensation *f*; *Arbeitszeitverkürzung* **bei vollem ~** en conservant le même salaire
'**Lohn|buchhaltung** *f* comptabilité *f* des salaires; **~büro** *n* bureau *m* de paie; **~empfänger(in)** *m(f)* salarié(e) *m(f)*
'**lohnen** ⟨*h*⟩ **I** *v/t* **1.** *j-m etw* **~** récompenser, payer qn de qc (*mit, durch etw* par qc); **er hat es mir schlecht gelohnt** il m'en a mal récompensé; **2.** **es lohnt die Mühe, Arbeit** cela vaut la peine; **II** *v/réfl* **sich ~** (*einbringlich sein*) être profitable, rentable, payant; **das lohnt sich** cela (en) vaut la peine; F ça vaut le coup; **das lohnt sich nicht** cela n'en vaut pas la peine; F le jeu n'en vaut pas la chandelle; **lohnt es sich wirklich, zu** (+*inf*)**?** est-ce bien la peine de (+*inf*)?
löhnen ['løːnən] *v/t* ⟨*h*⟩ **1.** *litt j-n* **~** payer qn; **2.** F (*zahlen*) **hundert Mark ~** F allonger cent marks
'**lohnend** *adj* qui vaut la peine; profitable; (*einträglich*) rentable; payant; (*bereichernd*) enrichissant; intéressant; **~e Beschäftigung** emploi lucratif
'**Lohnerhöhung** *f* augmentation *f* de salaire
'**Lohnforderung** *f* (*Forderung auf Lohnerhöhung*) revendication salariale; **~en durchsetzen** faire aboutir des revendications salariales
'**Lohnfortzahlung** *f* **~ im Krankheits-**

fall maintien *m* du paiement du salaire en cas de maladie
'**Lohn|gruppe** *f* catégorie salariale; ⟨*2*⟩**intensiv** *adj* à fort coût de main-d'œuvre; **~kampf** *m* lutte *f* pour l'augmentation des salaires; **~kosten** *pl* coûts salariaux, de la main-d'œuvre; charges salariales; **~kürzung** *f* réduction *f* de(s) salaire(s); **~liste** *f* bordereau *m* des salaires; **~nebenkosten** *pl* charges sociales sur salaire; **~pfändung** *f* saisie-arrêt *f* sur le salaire; **~politik** *f* politique salariale, des salaires; '**~-'Preis-Spirale** *f* spirale *f* des prix et des salaires; **~skala** *f* éventail *m* des salaires; **~steuer** *f* impôt *m* sur le(s) salaire(s); **~steuerjahresausgleich** *m* remboursement annuel du trop-perçu (fiscal); **~steuerkarte** *f* *BRD* carte *f* (établie par la mairie) avec la catégorie d'imposition du contribuable salarié; **~stopp** *m* blocage *m* des salaires; **~streifen** *m* bulletin *m* de paie; **~stückkosten** *pl* coût *m* de la main-d'œuvre à l'unité; coût *m* unitaire des salaires; **~tarif** *m* barème *m* des salaires; **~tüte** *f* enveloppe *f* de paie
'**Löhnung** *f* ⟨*~; ~en*⟩ *MIL* solde *f*; *für Offiziere* paie *f*
'**Lohnverzicht** *m* *ohne* **~** à salaire égal; sans réduction des salaires
'**Lohnzahlung** *f Handlung* paiement *m* des salaires; *Tag* (*a Lohn*); **~zettel** *m* bulletin *m* de paie
Loipe ['lɔypə] *f* ⟨*~; ~n*⟩ piste *f* de ski de fond
Lok [lɔk] *f* ⟨*~; ~s*⟩ *Kurzform von* **Lokomotive**
lokal [loˈkaːl] *adj* local
Lo'kal *n* ⟨*~(e)s; ~e*⟩ (*Gaststätte*) restaurant *m*; café *m*; bar *m*
Lo'kal|anästhesie *f* *MÉD* anesthésie locale; **~anzeiger** *m*, **~blatt** *n* journal, courrier local; **~derby** *n* *SPORT* rencontre *f* de deux équipes voisines; *FUSSBALL* derby *m* F; **~fernsehen** *n* télévision (privée) locale
lokali'sieren *v/t* ⟨*pas de ge-, h*⟩ localiser (*a MÉD*); ⟨*2*⟩**i'sierung** *f* ⟨*~; ~en*⟩ localisation *f* (*a MÉD*)
Lokali'tät *f* (*Raum*) local *m*; **die ~en** les lieux *m/pl*; la disposition des lieux
Lo'kal|kolorit *n* couleur locale; **~matador** *m* célébrité locale; 'héros local; **~patriotismus** *m* patriotisme *m* de clocher; **~radio** *n* radio locale; **~redakteur** *m* correspondant local; **~sender** *m* *RAD* radio locale; *TV* télévision (privée) locale; **~teil** *m* *e-r Zeitung* chronique locale; **~termin** *m* *JUR* descente *f* sur les lieux; reconstitution *f*
Lo'kalverbot *n* **~ haben, bekommen** se voir interdire l'accès d'un établissement
Lo'kalzeitung *f* cf **Lokalanzeiger**
'**Lokführer** *m* mécanicien *m*
Lokomotiv|e [lokomoˈtiːvə] *f* ⟨*~; ~n*⟩ locomotive *f*; **~führer** *m* mécanicien *m*
Lokus ['loːkʊs] F *m* ⟨*~; ~ ou ~se*⟩ W.C. *m/pl*; waters *m/pl*; F petit coin
Lombardsatz ['lɔmbartzats] *m* *FIN* taux *m* des avances sur titres, sur gages
London ['lɔndən] *n* ⟨→ *n/pr*⟩ Londres; **~er I** *m* ⟨*~; ~*⟩ Londonien *m*; **II** *adj* ⟨*inv*⟩ londonien, -ienne; de Londres; **~erin** *f* ⟨*~; ~nen*⟩ Londonienne *f*

Longdrink ['lɔŋdriŋk] *m* ⟨~s; ~s⟩ long drink *m*
Longe ['lõːʒə] *f* ⟨~; ~n⟩ REITEN longe *f*
Look [luk] *m* ⟨~s; ~s⟩ look *m*
Looping ['luːpiŋ] *m* ⟨~s; ~s⟩ AVIAT looping *m*
Lorbeer ['lɔrbeːr] *m* ⟨~s; ~en⟩ Baum, Gewürz laurier *m*; fig **~en ernten** cueillir des lauriers; F fig **sich auf s-n ~en ausruhen** se reposer, s'endormir sur ses lauriers
Lorbeer|baum *m* laurier *m*; **~blatt** *n* feuille *f* de laurier; **~kranz** *m* couronne *f* de laurier
Lord [lɔrt] *m* ⟨~s; ~s⟩ lord *m*
Lore ['loːrə] *f* ⟨~; ~n⟩ wagonnet *m* (à bascule)
Lorgnette [lɔrn'jɛtə] *f* ⟨~; ~n⟩ face-à-main *f*
los [loːs] **I** *adj* ⟨attribut⟩ *u adv* **1.** (ab) détaché; (locker) qui ne tient pas od plus; **der Hund ist von der Kette ~** le chien s'est détaché (de sa chaîne); fig **der Teufel, die Hölle ist ~** il y a du grabuge, du chambard; **2. etw ~ sein,** st/s **e-r Sache** (gén) **~ und ledig sein** être débarrassé de qc; **mein Geld bin ich ~** j'en suis pour mon argent; **3. es ist etw ~** il se passe qc; **was ist ~?** qu'est-ce qu'il y a?; qu'est-ce qui se passe?; F **da ist was ~!** Il y a du sport!; **was ist denn mit dir ~?** F qu'est-ce qui t'arrive?; F **es ist nicht viel ~ mit ihm** il n'est pas très fort; on ne peut pas attendre grand-chose de lui; F ce n'est pas un as; **II** *int* **~!** (ab) allons!; allez!; partons!; partez!; **~, ~!** (schnell, schnell) vite, vite!; cf a **Platz** 5.
Los [loːs] *n* ⟨~es; ~e⟩ **1.** (Losen) sort *m*; **etw durchs ~ entscheiden** tirer qc au sort; **das ~ über etw** (acc) **entscheiden lassen** s'en remettre au sort pour qc; **2.** (Lotterie2) billet *m* de loterie; (Gewinn) lot *m*; **das Große ~ ziehen, gewinnen** gagner le gros lot (a fig); **3.** st/s (Schicksal) sort *m*; destinée *f*; destin *m*; **ein schweres ~ haben** avoir une vie difficile; passer par de dures, rudes épreuves; **4.** (Warenposten) lot *m*
losballern F *v/i* ⟨-(e)re, sép, -ge-, h⟩ F se mettre à tirailler, à pétarader, arg MIL à péter
lösbar ['løːsbaːr] *adj* Problem, CHIM soluble; MATH (ré)soluble
los|bekommen *v/t* ⟨irr, sép, pas de ge-, h⟩ parvenir à détacher; **~binden** ⟨irr, sép, -ge-, h⟩ détacher; Hände, Knoten a délier; **~brechen** ⟨irr, sép, -ge-⟩ **I** *v/t* ⟨h⟩ détacher (en rompant); rompre; **II** *v/i* ⟨sein⟩ se détacher; se rompre; Gewitter éclater; Sturm, Jubel se déchaîner
Lösch|arbeit *f* extinction *f* du feu; **~blatt** *n* (papier) buvard *m*; **~boot** *n* bateau-pompe *m*; **~eimer** *m* seau *m* à incendie
löschen[1] ['lœʃən] *v/t* ⟨h⟩ **1.** Licht, Feuer, Kalk éteindre; Feuer a étouffer; fig Durst apaiser; étancher; **s-n Durst ~ a** se désaltérer; **2.** Geschriebenes, Bandaufnahme effacer; (streichen) rayer; biffer; Eintrag in e-m Register, e-r Liste radier; Hypothek purger
löschen[2] *v/t* ⟨h⟩ MAR Ladung débarquer; décharger
Löschen[1] *n* ⟨~s⟩ **1.** von Feuer, Licht extinction *f*; **2.** von Geschriebenem, e-r Bandaufnahme effacement *m*; e-r Eintragung in e-m Register radiation *f*; e-r Hypothek purge *f*
Löschen[2] *n* ⟨~s⟩ MAR der Ladung débarquement *m*; déchargement *m*
Lösch|fahrzeug *n* autopompe *f*; **~kalk** *m* chaux éteinte; **~kopf** *m* ELECTRON tête *f* d'effacement; **~mannschaft** *f* pompiers *m/pl*; **~papier** *n* (papier) buvard *m*; **~taste** *f* touche *f* d'effacement; **~trupp** *m* cf Löschmannschaft; **~ung** *f* ⟨~; ~en⟩ cf Löschen[1], Löschen[2]; **~zug** *m* autopompes *f/pl*
losdonnern F *v/i* ⟨-(e)re, sép, -ge-⟩ **1.** ⟨sein⟩ (schnell losfahren) partir comme un bolide; **2.** ⟨h⟩ fig im Zorn exploser; éclater
lose ['loːzə] **I** *adj* **1.** (locker) cf locker 1.; **2.** (beweglich, einzeln) mobile; volant; von Waren en vrac; non emballé; (einzeln) **~ Blätter** feuilles volantes; **3.** F (leichtfertig) **ein ~s Mädchen** une fille légère; (frech) **ein ~s Mundwerk,** F **Maul haben** od **habēn, Maul** 2.; **II** *adv* **befestigt** légèrement attaché; **~ binden** nouer sans serrer
Lose'blattsammlung *f* édition *f* à feuille(t)s mobiles
Lösegeld *n* rançon *f*; **von j-m ~ fordern** exiger une rançon de qn
loseisen F ⟨-(es)t, sép, -ge-, h⟩ **I** *v/t* **1.** (freimachen) **j-n von j-m ~** détacher, libérer qn de qn; **j-n von etw ~** dégager, libérer qn de qc; **2. etw bei j-m ~** soutirer qc à qn; **II** *v/réfl* **sich von j-m ~** se libérer; se détacher de qn; **sich von etw ~** se dégager, se libérer de qc
losen ['loːzən] *v/i* ⟨-(es)t, h⟩ (**um etw**) tirer (qc) au sort
lösen ['løːzən] ⟨-(es)t, h⟩ **I** *v/t* **1.** (los-, trennen) détacher; enlever; Geleimtes décoller; **das Fleisch** (**des Huhns** etc) **von den Knochen ~** désosser le poulet, etc; **2.** Geschnürtes défaire; délier; dénouer; (lockern) desserrer (a fig Bindungen); Griff a relâcher; Bremse débloquer; desserrer; fig **j-m die Zunge ~** délier la langue à qn; **3.** Aufgabe, Widerspruch, Rätsel résoudre; **4.** Vertrag annuler; résilier; Verlobung rompre; **5.** CHIM (**auf~**) dissoudre (**in** [+ dat] dans); **6.** MÉD Husten, Krampf faire disparaître; faire passer; **7.** Fahrkarte prendre; **8.** fig **gelöste Stimmung** atmosphère détendue; **II** *v/réfl* **sich ~ 9.** (sich los~, trennen) se détacher; se séparer; Geschnürtes se défaire; se délier; se dénouer; Geleimtes se décoller; **10.** (sich lockern) se desserrer (a Bremse, fig); RAD-, RENNSPORT se détacher de; **11.** CHIM se dissoudre (**in** [+ dat] dans); **12.** MÉD Husten, Krampf disparaître; passer
Losentscheid *m* (décision *f* par) tirage *m* au sort
losfahren *v/i* ⟨irr, sép, -ge-, sein⟩ (abfahren) partir (en voiture, train, etc); nur von Fahrzeugen (anfahren) démarrer; **auf etw** (acc) **~** (zufahren) foncer sur qc
losgehen *v/i* ⟨irr, sép, -ge-, sein⟩ **1.** F (abgehen) cf **lösen** II, 9., 10.; **2.** Gewehr, Schuß partir; **3. gerade auf sein Ziel ~** aller droit à son but; **auf j-n ~** tomber sur qn à bras raccourcis; se jeter, se précipiter sur qn; **aufeinander ~** se ruer l'un sur l'autre; en venir aux mains; **4.** F (anfangen) commencer; F démarrer; Streit, Krieg etc éclater; **ich glaub', es geht los!** F c'est pas sérieux!; F **p/fort** ça va pas la tête?; **5.** (weggehen) partir; s'en aller
loshaben F *v/t* ⟨irr, sép, -ge-, h⟩ (**in e-r Sache**) **etw ~** être fort, F calé en qc)
loskaufen *v/t u v/réfl* ⟨sép, -ge-, h⟩ REL racheter (a Sklaven); Geiseln faire libérer contre rançon
loskommen *v/i* ⟨irr, sép, -ge-, sein⟩ **1.** F (wegkommen) partir; s'en aller; **2. von etw ~** (frei werden) parvenir à se dégager, se libérer de qc; **von j-m ~** se détacher de qn; **für immer** se libérer de qn; **ich komme nicht davon los** von dem Gedanken je n'arrive pas à m'en défaire
loskriegen F *v/t* ⟨sép, -ge-, h⟩ cf **losbekommen**
loslassen *v/t* ⟨irr, sép, -ge-, h⟩ **1.** laisser échapper; lâcher; Hund lâcher; **lassen Sie los!** lâchez tout!; **2.** Häftling relâcher; **3.** F péj (ansetzen) **j-n auf j-n, etw ~** lâcher qn sur qn, qc
loslaufen *v/i* ⟨irr, sép, -ge-, sein⟩ **1.** (weglaufen) partir en courant; **2.** (zu laufen beginnen) se mettre à courir; **in e-r Gruppe** prendre le départ
loslegen F *v/i* ⟨sép, -ge-, h⟩ (beginnen) se lancer (dans des explications, un travail, etc); F démarrer (sur les chapeaux de roues); **leg los!** vas-y, raconte!
löslich ['løːsliç] *adj* CHIM, Kaffee soluble (**in** [+ dat] dans); **nicht ~** non soluble, insoluble; **leicht ~** qui se dissout facilement; **schwer ~** peu soluble
loslösen ⟨sép, -ge-, h⟩ *v/t* cf **lösen** I, 1.; **II** *v/réfl* **sich ~** cf **lösen** II, 9., 10.
losmachen *v/t* ⟨u v/réfl⟩ ⟨sép, -ge-, h⟩ (se) défaire; (se) détacher; MAR Segel, Taue larguer; fig **sich ~** (frei machen) **von e-r Verpflichtung** se dégager, se libérer de
los|platzen *v/i* ⟨-(es)t, sép, -ge-, sein⟩ (**in Lachen ausbrechen**) éclater, F pouffer de rire; **~rasen** *v/i* ⟨-(es)t, sép, -ge-, sein⟩ partir à toute vitesse, F à fond de train; Fahrzeug a partir sur les chapeaux de roues
losreißen *v/t* ⟨u v/réfl⟩ ⟨irr, sép, -ge-, h⟩ (**sich**) **~ von** (s')arracher de; fig (se) détacher de; (s')arracher à
Löß [løːs] *m* ⟨~es; ~e⟩ GÉOL lœss *m*
lossagen *v/réfl* ⟨sép, -ge-, h⟩ **sich von j-m, etw ~** se désolidariser de qn, qc; renoncer à qn, qc
losschießen *v/i* ⟨irr, sép, -ge-⟩ **1.** ⟨sein⟩ F **auf j-n ~** (losstürzen) se précipiter, se jeter sur qn; **2.** ⟨h⟩ F fig **na, schieß mal los!** (erzähle) F vas-y, raconte!
losschlagen ⟨irr, sép, -ge-, h⟩ **I** *v/t* **1.** Brett détacher, enlever (à coups de hache, etc); **2.** F Waren vendre à bas prix; brader; **II** *v/i* MIL lancer une attaque; attaquer par surprise; **auf j-n ~** taper, F cogner sur qn; **blind auf j-n ~** frapper qn à bras raccourcis; taper sur qn comme un sourd
losschnallen *v/t* ⟨u v/réfl⟩ ⟨sép, -ge-, h⟩ (**sich**) **~** (se) déboutonner
lossprechen *v/t* ⟨irr, sép, -ge-, h⟩ REL absoudre; donner l'absolution à; **j-n**

lossteuern *von e-r Verpflichtung* déclarer qn quitte de
'**lossteuern** *v/i* ⟨-(e)re, *sép*, -ge-, sein⟩ **~** (*auf* [+ *acc*]) mettre le cap (sur); faire route (vers); *fig auf j-n* **~** se diriger vers qn; *im Gespräch aufs Ziel* **~** aller droit au but
'**losstürzen** F *v/i* ⟨-(es)t, *sép*, -ge-, sein⟩ **1.** *auf j-n* **~** *cf losschießen* 1.; **2.** (*davonrennen*) *cf losrasen*
'**lostrennen** *v/t* ⟨*u v/réfl*⟩ ⟨*sép*, -ge-, h⟩ (*sich*) **~** (se) détacher; (se) défaire; *Genähtes* (se) découdre
'**Losung**[1] [ˈloːzʊŋ] *f* ⟨**~**; **~**en⟩ MIL (*Erkennungswort*) mot *m* de passe; (*Parole*) mot *m* d'ordre; (*Motto*) devise *f*
'**Losung**[2] *f* ⟨**~**⟩ JAGD *von Rotwild* fumées *f/pl*; *von Schwarzwild* laissées *f/pl*
'**Lösung** [ˈløːzʊŋ] *f* ⟨**~**; **~**en⟩ **1.** CHIM solution *f*; **2.** MATH, *fig, e-s Rätsels* solution *f* (*für* de); (**~***svorschlag*) *a* formule *f* (*für* de); **3.** *e-s Vertrags* annulation *f*; résiliation *f*; *e-r Verbindung, Verlobung* rupture *f*
'**Lösungsmittel** *n* CHIM (dis)solvant *m*
'**Losverkäufer(in)** *m(f)* vendeur, -euse *m,f* de billets de loterie
'**loswerden** *v/t* ⟨*irr*, *sép*, -ge-, sein⟩ se débarrasser de; F *durch Verkauf* se défaire de; F *sein Geld* **~** (y) laisser son argent; *j-n nicht* **~** *können* ne pas pouvoir se débarrasser, se dépêtrer de qn
'**losziehen** F *v/i* ⟨*irr*, *sép*, -ge-, sein⟩ **1.** *gegen j-n* **~** déblatérer contre qn; F taper sur qn; **2.** (*weggehen*) *cf losgehen* 5.
Lot [loːt] *n* ⟨**~**(e)s, **~**e⟩ CONSTR fil *m* à plomb; MAR sonde *f*; MATH verticale *f*; perpendiculaire *f*; *das* **~** *fällen* abaisser la perpendiculaire; *fig e-e Sache wieder ins* **~** *bringen* remettre une affaire en ordre; *nicht im* **~** pas d'aplomb (*a fig*)
loten [ˈloːtən] *v/t* ⟨-ete, h⟩ **1.** CONSTR prendre l'aplomb de; plomber; **2.** MAR sonder
löten [ˈløːtən] *v/t* ⟨-ete, h⟩ souder; *t/t* braser
Lothar [ˈloːtar] *m* ⟨→ *n/pr*⟩ prénom
Lothring|en [ˈloːtrɪŋən] *n* ⟨→ *n/pr*⟩ la Lorraine; **~er(in)** *m(f)* ⟨**~**s; **~**⟩ (*f*) ⟨**~**, **~**nen⟩ Lorrain(e) *m(f)*; **²isch** *adj* de la Lorraine; lorrain
Lotion [lotsiˈoːn] *f* ⟨**~**; **~**en⟩ lotion *f*
'**Löt|kolben** *m* fer *m* à souder; **~lampe** *f* lampe *f* à braser
'**Lotos** [ˈloːtɔs] *m* ⟨**~**; **~**⟩ lotus *m*; **~blume** *f* (fleur *f* de) lotus *m*
'**lotrecht** **I** *adj* vertical; perpendiculaire; **II** *adv* à plomb; d'aplomb; verticalement; perpendiculairement; CONSTR *nicht* **~** *stehen* porter à faux
Lotse [ˈloːtsə] *m* ⟨**~**n; **~**n⟩ MAR pilote *m* (*a fig*)
'**lotsen** *v/t* ⟨-(es)t, h⟩ MAR piloter (*a fig*)
'**Lotsen|boot** *n* bateau *m* pilote; **~dienst** *m* MAR pilotage *m*
'**Lötstelle** *f* soudure *f*; brasure *f*
Lotterie [lɔtəˈriː] *f* ⟨**~**; **~**n⟩ loterie *f*; (*in der*) **~** *spielen* jouer à la loterie
Lotte'rie|gewinn *m* lot *m*; gain *m* à la loterie; **~los** *n* billet *m* de loterie; numéro *m*; **~spiel** *n* loterie *f*; *fig a* entreprise f hasardeuse, risquée
'**Lotterleben** *n péj ein* **~** *führen* mener une vie déréglée, de bohème; *p/fort*

mener une vie dissolue, de débauche
'**Lotterwirtschaft** *f* ⟨**~**⟩ *péj* incurie *f*; F pagaille *f*
Lotto [ˈlɔto] *n* ⟨**~**s; **~**s⟩ *Lotterie*, *Gesellschaftsspiel* loto *m*; **~** *spielen* jouer au loto
'**Lottozahlen** *f/pl bei der Ziehung* numéros gagnants, sortants (du loto)
Lotung [ˈloːtʊŋ] *f* ⟨**~**; **~**en⟩ CONSTR prise *f* d'aplomb; MAR sondage *m*
'**Lötzinn** *m* étain *m* (à souder)
Löwe [ˈløːvə] *m* ⟨**~**n; **~**n⟩ lion *m* (*a fig*); ASTR Lion *m*; *junger* **~** lionceau *m*; *fig wie ein* **~** *kämpfen* se battre comme un lion
'**Löwen...** *in Zssgn oft* léonin; **~anteil** *m* part *f* du lion; **~bändiger(in)** *m* ⟨**~**s; **~**⟩ (*f*) ⟨**~**, **~**nen⟩ dompteur, -euse *m,f* de lions; **~mähne** *f* crinière *f* (*a fig*); **~maul** *n* ⟨**~**(e)s, **~**⟩, **~mäulchen** *n* ⟨**~**s, **~**⟩ BOT gueule-de-loup *f*; muflier *m*; **~zahn** *m* ⟨**~**(e)s BOT pissenlit *m*; dent-de-lion *f*
Löwin [ˈløːvɪn] *f* ⟨**~**; **~**nen⟩ lionne *f*
loyal [loaˈjaːl] *adj* loyal; POL loyaliste; **²i'tät** *f* ⟨**~**⟩ loyauté *f*; POL loyalisme *m*
LP [ɛlˈpeː] *f* ⟨**~**; **~**s⟩ *abr* (*Langspielplatte*) trente-trois tours *m*
LPG [ɛlpeːˈgeː] *f* ⟨**~**; **~**s⟩ HIST DDR *abr* (*landwirtschaftliche Produktionsgenossenschaft*) coopérative *f* de production agricole
LSD [ɛlʔɛsˈdeː] *n* ⟨**~**(s)⟩ *Droge* L.S.D. *m*
lt. *abr* (*laut*) *cf laut*[2]
Luchs [lʊks] *m* ⟨**~**es; **~**e⟩ lynx *m*; (*Nord*²) loup-cervier *m*; *fig Augen wie ein* **~** *haben* avoir des yeux de lynx; *er paßt auf wie ein* **~** rien ne lui échappe
'**Luchsauge** *n fig* **~n** *haben* avoir des yeux de lynx
Lücke [ˈlʏkə] *f* ⟨**~**; **~**n⟩ lacune *f*; vide *m* (*beide a fig*); (*Zahn*²) dent manquante; *in e-r Mauer*, MIL brèche *f*; (*Park*²) créneau *m*; *fig* trou *m*; *e-e* **~** *ausfüllen* combler une lacune; boucher un trou; *sein Tod hat e-e große* **~** *hinterlassen* sa mort a laissé un grand vide
'**Lücken|büßer** F *m* F bouche-trou *m*; **²haft** *adj* plein de lacunes; (*unvollständig*) défectueux, -euse; incomplet, -ète; **²los** *adj* sans lacunes; (*vollständig*) complet, -ète; **~text** *m* texte *m* à trous
lud [luːt] *cf laden*
Luder [ˈluːdər] *n* ⟨**~**s; **~**⟩ F *Schimpfwort für e-e Frau* F garce *f*; P salope *f*; *für e-n Mann* F saligaud *m*; F salaud *m*; *armes* **~** pauvre diable, -esse, bougre, -esse; *dummes* **~** niais(e) *m(f)*; imbécile *m,f*; *falsches* **~** F faux jeton *f*; *faules* **~** flemmard(e) *m(f)*; *sie ist ein kleines* **~** c'est une coquine
Ludwig [ˈluːtvɪç] *m* ⟨→ *n/pr*⟩ Louis *m*
Luft [lʊft] *f* ⟨**~**e⟩ **1.** air *m*; atmosphère *f*; *gute, frische* **~** bon air; air frais; *schlechte, verbrauchte* **~** air vicié, irrespirable; *stickige* **~** air confiné; F *die* **~** *verpesten* empester l'atmosphère; *in die* **~** *sprengen* faire sauter; *in die* **~** *fliegen* sauter. **2.** (*Atem*) souffle *m*; **~** *holen* respirer; *tief* **~** *holen* respirer à fond; *keine* **~** *bekommen* avoir la respiration coupée, étouffer; manquer d'air, F (*frische*) **~** *schnappen* prendre l'air, le frais; F *fig nach* **~** *schnappen* en être à bout de souffle; F *ihr blieb die* **~** *weg* elle en avait le souffle coupé. **3.** *fig von* **~** *und Liebe leben* vivre

d'amour et d'eau fraîche; *sich in* **~** *auflösen* se volatiliser; F tomber à l'eau; *das ist aus der* **~** *gegriffen* cela est inventé de toutes pièces; c'est pure invention; F *das hängt alles noch in der* **~** tout est encore en suspens; rien n'est moins sûr; *das liegt in der* **~** c'est dans l'air; *es liegt etw in der* **~** il y a qc dans l'air, qc qui se prépare; *von Gefühlen sich* **~** *machen* se manifester; F *s-m Ärger etc* **~** *machen* laisser libre cours à sa colère, *etc*; *s-m Herzen, sich* (*dat*) **~** *machen* dire ce qu'on a sur le cœur; *die* **~** *ist rein* le champ est libre; on peut y aller; il n'y a pas de danger; F *es ist dicke* **~** il y a de l'orage dans l'air; F *er ist* **~** *für mich* il n'existe pas pour moi; F *er geht immer gleich in die* **~** il a la tête près du bonnet; F *j-n an die* (*frische*) **~** *setzen* mettre, F flanquer qn à la porte; F *halt die* **~** *an!* (*sei still*) F ferme-la!; F boucle-la!
'**Luft...** *in Zssgn oft* aérien, -ienne; **~abwehr** *f* MIL défense *f* contre avions (*abr* D.C.A.); défense antiaérienne; **~angriff** *m* MIL raid *m* (aérien); attaque aérienne; **~aufnahme** *f* (prise *f* de) vue aérienne; **~ballon** *m* *für Kinder* ballon *m* (gonflable); AVIAT ballon *m*; *t/t* aérostat *m*; **~befeuchter** *m* ⟨**~**s; **~**s⟩ *Behälter* saturateur *m*; *Gerät* humidificateur *m*; **~belastung** *f* pollution *f* (de l'air); **~bewegung** *f* déplacement *m* d'air; MÉTÉO vents *m/pl*; **~bild** *n cf Luftaufnahme*; **~blase** *f* bulle *f* d'air; *im Guß* soufflure *f*; **~-'Boden-Rakete** *f* missile *m* air-sol; **~brücke** *f* pont aérien
'**Lüftchen** [ˈlʏftçən] *n* ⟨**~**s; **~**⟩ souffle *m* (d'air); *es weht kein* **~** il n'y a pas un souffle d'air
'**luft|dicht** **I** *adj* hermétique; étanche, imperméable à l'air; **II** *adv* hermétiquement; **²dichte** *f* PHYS densité *f* atmosphérique, de l'air; **²druck** *m* ⟨**~**(e)s⟩ PHYS pression *f* atmosphérique; *nach e-r Explosion* souffle *m*; **²druckmesser** *m* ⟨**~**s; **~**⟩ *cf Barometer, Manometer*; **~durchlässig** *adj* perméable à l'air; **~durchlässigkeit** *f* perméabilité *f* à l'air
lüften [ˈlʏftən] *v/t* ⟨-ete, h⟩ *Zimmer, Kleider, Betten* aérer; *Hut, Schleier* soulever; *fig ein Geheimnis* **~** dévoiler, révéler un secret
'**Lüfter** *m* ⟨**~**s; **~**⟩ ventilateur *m*
'**Luftfahrt** *f* ⟨**~**⟩ navigation aérienne; (**~***technik*) aéronautique *f*; **Luft- und Raumfahrt** navigation aérospatiale
'**Luft|fahrtgesellschaft** *f* compagnie aérienne, de transports aériens; **~fahrzeug** *n* ADM aéronef *m*; **~feuchtigkeit** *f* humidité *f* de l'air, atmosphérique; **~filter** *m od n* filtre *m* à air; **~fracht** *f* fret aérien; **²gekühlt** *adj* refroidi par air; à refroidissement par air; **~getrocknet** *adj* séché à l'air; **~gewehr** *n* carabine *f* à air comprimé; **~hauch** *st/s* *m* souffle *m*; **~hoheit** *f* souveraineté aérienne; **~hülle** *f* atmosphère *f*
luftig [ˈlʊftɪç] *adj Raum* bien aéré; *Kleidung* (*leicht*) léger, -ère
Luftikus [ˈlʊftikʊs] F *péj m* ⟨**~**(ses); **~**se⟩ évaporé *m*
'**Luft|kissen** *n* coussin *m* pneumatique; *e-s Fahrzeugs* coussin *m* d'air;

~**kissenfahrzeug** *n* aéroglisseur *m*; ~**klappe** *f* clapet *m* de ventilation; *AUTO* volet *m* d'air; *e-r Heizung* volet *m* d'aération; ~**korridor** *m* AVIAT couloir aérien; ~**krieg** *m* guerre aérienne; ~**kühlung** *f* ⟨~⟩ TECH refroidissement *m* par air; ~**kurort** *m* station *f* climatique; ~**landetruppe** *f* MIL troupe aéroportée, (*Hubschrauber*Ω) héliportée
'**luftleer** *adj* vide *m*; évacué; ~**er Raum** vide *m*; *fig Politik im* ~**en Raum** politique *f* irréaliste
'**Luft|linie** *f* ligne aérienne; ~ *1500 km bzw 1500 km* ~ 1500 km en ligne droite, à vol d'oiseau
'**Luft|loch** *n* CONSTR bouche *f* d'aération; soupirail *m*; TECH évent *m*; AVIAT trou *m* d'air; ~-'**Luft-Rakete** *f* missile *m* air--air; ~**mangel** *m* ⟨~s⟩ manque *m* d'air; ~**masche** *f* maille *f* en l'air; ~**massen** *f/pl* MÉTÉO masses *f/pl* d'air; ~**matratze** *f* matelas *m* pneumatique; ~**mine** *f* mine aérienne; ~**pirat** *m* pirate *m* de l'air; ~**piraterie** *f* piraterie *f* de l'air
'**Luftpost** *f* poste aérienne; *mit, per* ~ par avion
'**Luft|postbrief** *m* lettre *f* par avion; ~**pumpe** *f* pompe *f* à air; *für Fahrrad* pompe *f* à bicyclette; ~**raum** *m* espace aérien; ~**reinhaltung** *f* protection *f* (de la pureté) de l'air; ~**reinigung** *f* désinfection *f*, épuration *f* de l'air; ~**rettungsdienst** *m* secours *m* d'urgence par hélicoptère; ~**röhre** *f* ANAT trachée(-artère) *f*; ~**röhrenschnitt** *m* trachéotomie *f*; ~**sack** *m* AUTO *cf Airbag*, ZO sac aérien; ~**schacht** *m* BERGBAU puits *m* d'aérage, d'aération; CONSTR gaine *f* d'aération, de ventilation; ~**schicht** *f* couche *f* d'air; ~**schiff** *n* t/t aérostat *m*; lenkbares dirigeable *m*; ~**schiffahrt** *f* t/t aérostation *f*; ~**schlacht** *f* bataille aérienne *f*; ~**schlange** *f* serpentin *m*; ~**schleuse** *f* TECH sas *m*; RAUMFAHRT module--écluse *m*
'**Luftschlösser** *n/pl* ~ *bauen* bâtir des châteaux en Espagne
'**Luftschraube** *f* AVIAT hélice *f*
'**Luftschutz** *m* défense passive; ~**bunker** *m*, ~**keller** *m*, ~**raum** *m* abri antiaérien; ~**übung** *f* exercice *m* de défense passive
'**Luft|sicherheitsgebühr** *f auf Flughäfen* taxe *f* de sûreté; ~**sog** *m* remous *m*, appel *m* d'air; ~**spieg(e)lung** *f* mirage *m*; ~**sprung** *m* gambade *f*; ~**streitkräfte** *f/pl*, ~**streitmacht** *f* forces aériennes; ~**strom** *m*, ~**strömung** *f* courant *m* (d'air, atmosphérique); ~**taxe** *f*, ~**taxi** *n* avion-taxi *m*; ~**temperatur** *f* température *f* de l'air; ~**überlegenheit** *f* MIL suprématie aérienne
'**Lüftung** *f* ⟨~; ~en⟩ *von Betten, Kleidern, Zimmern* aération *f*; TECH ventilation *f*; aérage *m*; *cf a Lüftungsanlage*
'**Lüftungs|anlage** *f* installation *f* d'aérage, d'aération; ~**klappe** *f* clapet *m* de ventilation; *cf a Luftklappe*
'**Luftveränderung** *f* ⟨~⟩ changement *m* d'air
'**Luftverkehr** *m* trafic aérien; *ziviler* ~ aviation civile
'**Luft|verpestung** *f péj*, ~**verschmutzung** *f* pollution *f* atmosphérique *od* de l'air; ~**verteidigung** *f* défense aérienne; ~**verunreinigung** *f cf Luftverschmutzung*; ~**waffe** *f* ⟨~⟩ armée *f* de l'air; ~**waffenstützpunkt** *m* base aérienne

'**Luftweg** *m auf dem* ~ par avion
'**Luft|wege** *m/pl* ANAT voies *f/pl* respiratoires; ~**widerstand** *m* PHYS résistance *f* de l'air; ~**zufuhr** *f* ⟨~⟩ amenée *f*, adduction *f* d'air; ~**zug** *m* courant *m* d'air

Lug [luːk] *m* ⟨~(e)s⟩ ~ *und Trug* (*purs*) mensonges; fraude *f*

Lüge ['lyːgə] *f* ⟨~; ~n⟩ mensonge *m*; *j-n der* ~ *bezichtigen* accuser qn d'avoir menti; *j-n* ~**n** *strafen* convaincre qn de mensonge; *prov* ~**n haben kurze Beine** *etwa* la vérité finit toujours par se savoir *od* par éclater

lugen ['luːgən] *v/i* ⟨h⟩ *regional, bes schweiz* guetter; (*herausgucken*) *aus etw* ~ dépasser qc; sortir de qc

'**lügen** *v/i* ⟨lügt, log, gelogen, h⟩ mentir; F *er lügt wie gedruckt* il ment comme un arracheur de dents; il ment comme il respire; *prov wer einmal lügt, dem glaubt man nicht, und wenn er auch die Wahrheit spricht* on ne croit plus aux menteurs

'**Lügen|detektor** *m* détecteur *f* de mensonge; Ω**haft** *adj péj von Personen* menteur, -euse; *von Sachen* mensonger, -ère; ~**maul** F *n cf Lügner(in)*

'**Lügner|(in)** *m* ⟨~s; ~⟩ (*f*) ⟨~; ~nen⟩ menteur, -euse *m,f*; Ω**isch** *adj cf lügenhaft*

Luise ['luːizə] *f* ⟨→ *n/pr*⟩ Louise *f*
Lukas¹ ['luːkas] *m* ⟨→ *n/pr*⟩ **1.** *Vorname* Luc *m*; **2.** *Evangelist* Luc *m*
'**Lukas²** *m* ⟨~; ~⟩ *Kräftemesser* tête *f* de Turc; *hau den* ~*!* vas-y, frappe!
Lukasevangelium *n* Évangile *m* selon saint Luc
Luke ['luːkə] *f* ⟨~; ~⟩ (*Dach*Ω) lucarne *f*; MAR écoutille *f*
lukrativ [lukraˈtiːf] *adj* lucratif, -ive
lukullisch [luˈkʊlɪʃ] *st/s adj* somptueux, -euse; ~**es Essen** festin *m*
Lulatsch ['luːlatʃ] *m* ⟨~(e)s; ~e⟩ F *langer* ~ F (grande) perche; asperge *f*
lullen ['lʊlən] *v/t* ⟨h⟩ *ein Kind in den Schlaf* ~ endormir un enfant en chantonnant
Lumbago [lʊmˈbaːgo] *f* ⟨~⟩ MÉD lumbago *m*
Lumberjack ['lambərdʒɛk] *m* ⟨~s; ~s⟩ blouson *m*
Lümmel ['lʏməl] *m* ⟨~s; ~⟩ **1.** *péj* (*Grobian*) mufle *m*; F goujat *m*; **2.** F (*Schelm*) F fripon *m*
Lümme'lei *f* ⟨~; ~en⟩ muflerie *f*; F goujaterie *f*
'**lümmelhaft** *adj péj* grossier, -ière; malpoli; comme un mufle
'**lümmeln** F *péj v/réfl* ⟨-(e)le, h⟩ *sie lümmelte sich aufs Bett od auf dem Bett* elle s'est étalée, avachie sur le lit
Lump [lʊmp] *m* ⟨~en; ~en⟩ *péj* canaille *f*; crapule *f*; *kleiner* ~ F petite fripouille
lumpen ['lʊmpən] F ⟨h⟩ **I** *v/i* F faire la bombe; **II** *v/réfl sich nicht* ~ *lassen* bien faire les choses
Lumpen ['lʊmpən] *m* ⟨~s; ~⟩ **1.** (*Lappen*) chiffon *m*; **2.** *pl* (*zerlumpte Kleider*) guenilles *f/pl*; 'haillons *m/pl*; ~**gesindel** *n péj* racaille *f*; ~**händler** *m* chiffonnier *m*; ~**kerl** *m péj cf Lump*; ~**pack** *n cf Lumpengesindel*; ~**prole-**

tariat *n* sous-prolétariat *m*; ~**sammler** *m* **1.** chiffonnier *m*; **2.** *plais* (*letzte Fahrgelegenheit*) F balai *m*
Lumpe'rei *f* ⟨~; ~en⟩ *péj* **1.** (*Gemeinheit*) canaillerie *f*; F saloperie *f*; crasse *f*; tour *m* de cochon; **2.** (*Kleinigkeit*) misère *f*; affaire *f* de rien
'**lumpig** *adj péj* (*erbärmlich*) misérable; minable; (*niederträchtig*) sordide; *um ein paar* ~**e Pfennige** pour quelques misérables sous
Lunch [lanʃ] *m* ⟨~(e)s; ~(e)s⟩ lunch *m*; Ω**en** *v/i* F prendre un lunch; '~**paket** *n* repas froid; panier-repas *m*
Lunge ['lʊŋə] *f* ⟨~; ~n⟩ ANAT poumon *m* (*oft pl*); FLEISCHEREI mou *m*; MÉD *eiserne* ~ poumon d'acier; *fig grüne* ~ *e-r Stadt* poumon *m* (d'une ville); *auf od über die* ~ *rauchen* avaler la fumée; F *er hat es auf der* ~ il a des ennuis pulmonaires; F *fig sich* (*dat*) *die* ~ *aus dem Halse, Leibe schreien* s'époumoner
'**Lungen...** *in Zssgn oft* pulmonaire; ~**bläschen** *n* ANAT vésicule *f* pulmonaire; ~**braten** *m österr* filet *m* de bœuf; ~**embolie** *f* MÉD embolie *f* pulmonaire; ~**entzündung** *f* pneumonie *f*; ~**flügel** *m* poumon *m*; ~**haschee** *n* CUIS 'hachis *m* de mou; Ω**krank** *adj* malade des poumons; ~**kranke(r)** *f(m)* personne atteinte d'une affection pulmonaire; ~**krebs** *m* cancer *m* du poumon; ~**tuberkulose** *f* tuberculose *f* pulmonaire
'**Lungenzug** *m e-n* ~ *machen* avaler la fumée
Lunte ['lʊntə] *f* ⟨~; ~n⟩ **1.** *zum Anzünden* mèche *f*; F *fig* ~ *riechen* découvrir, éventer la mèche; **2.** JAGD (*Schwanz*) queue *f*
Lupe ['luːpə] *f* ⟨~; ~n⟩ loupe *f*; *mit der* ~ *betrachten* regarder à la loupe; F *fig etw unter die* ~ *nehmen* F examiner qc de près
'**lupenrein** *adj Edelstein* de la plus belle eau; sans la moindre impureté; *fig* irréprochable
lupfen ['lʊpfən] *südd, schweiz, österr*, **lüpfen** ['lʏpfən] *v/t* ⟨h⟩ soulever
Lupine [luˈpiːnə] *f* ⟨~; ~n⟩ BOT lupin *m*
Lurch [lʊrç] *m* ⟨~(e)s; ~e⟩ amphibien *m*
Lurex ['luːrɛks] *n* ⟨~⟩ Wz lurex *m*
Lust [lʊst] *f* **1.** ⟨~⟩ (*Neigung*) envie *f*; *ich bekomme* ~, *zu* (+*inf*) l'envie me prend de (+*inf*); ~ *haben, zu* (+*inf*) avoir envie de (+*inf*); *er hat zu nichts* ~ rien ne le tente; ~ *auf etw* (*acc*) *haben* avoir envie de qc; *ganz nach* ~ *und Laune machen* faire qc à sa guise; *die* ~ *wird ihm vergangen sein* il en aura perdu l'envie; *die* ~ *zu etw verlieren* perdre toute envie de faire qc; **2.** ⟨~⟩ (*Freude*) plaisir *m*; joie *f*; (*sinnlicher Genuß*) jouissance *f*; *pl/fort* volupté *f*; ~ *an etw* (*dat*) *haben* prendre plaisir à qc; *er arbeitet, das es e-e* ~ *ist* c'est un plaisir de le voir travailler; ~ *der Sinne* plaisir des sens; *mit* ~ *und Liebe arbeiten* faire qc de cœur à l'ouvrage; **3.** ⟨~; ːe⟩ (*sinnliche Begierde*) convoitise *f*; *fleischliche Lüste* concupiscence *f*; désirs charnels
'**Lustbarkeit** *st/s f* ⟨~; ~en⟩ divertissement *m*; ~**en** réjouissances *f/pl*
Lüster ['lʏstər] *m* ⟨~s; ~⟩ (*Kronleuchter*), TECH (*Glasur*) lustre *m*; ~**klemme** *f* ELECT domino *m*

lüstern ['lʏstərn] *adj* (*gierig*) plein de convoitise (**nach, auf** [+*acc*] pour); (*geil*) lubrique; *st/s* concupiscent

'**Lustgefühl** *n* sentiment *m* de plaisir

'**lustig I** *adj* **1.** (*fröhlich*) *von Personen u Sachen* gai; joyeux, -euse; *nur von Personen a* plein d'entrain; jovial; **2.** (*komisch, witzig*) amusant; drôle; comique; F rigolo, -ote; F marrant; F *iron das kann ja ~ werden!* F ça promet!; **3.** *sich über j-n, etw ~ machen* se moquer, rire de qn, qc; *nur über Personen* rire aux dépens de qn; F se payer la tête de qn; *alles macht sich über ihn ~* il est la risée de tout le monde; **II** *adv* gaiement; joyeusement; *es geht ~ zu* on s'amuse bien

'**Lustigkeit** *f* ⟨~⟩ gaieté *f*; humeur joyeuse

'**Lüstling** ['lʏstlɪŋ] *m* ⟨~s; ~e⟩ *péj, plais* satyre *m*; F chaud lapin

'**lust|los** *adj* sans envie, entrain, ressort; apathique; *Börse, fig* terne; **²losigkeit** *f* ⟨~⟩ manque *m* d'entrain; apathie *f*; **²molch** F *plais m cf Lüstling*; **²mord** *m* meurtre *m* avec viol; **²mörder** *m* auteur *m* d'un meurtre avec viol

'**Lustprinzip** *n* ⟨~s⟩ *PSYCH* principe *m* de plaisir; *nach dem ~ leben* vivre selon le principe de plaisir

'**Lust|schloß** *n* château *m* de plaisance; **~spiel** *n* comédie *f*; **~spieldichter** *m* auteur *m* de comédies; **²voll I** *adj* voluptueux, -euse; F jouissif, -ive; **II** *adv* avec volupté; **²wandeln** *st/s v/i* ⟨-(e)le, *insép*, ge-, sein⟩ se promener; déambuler

Lutheraner(in) [lutə'ra:nər(ɪn)] *m* ⟨~s; ~⟩ (*f*) ⟨~; ~nen⟩ luthérien, -ienne *m,f*

'**luther|isch** *adj* luthérien, -ienne; **²tum** *n* ⟨~s⟩ luthéranisme *m*

lutschen ['lʊtʃən] *v/t u v/i* ⟨h⟩ sucer (*an etw* [*dat*] qc)

'**Lutscher** *m* ⟨~s; ~⟩ sucette *f*

lütt [lʏt] *adj nordd* petit

Lüttich ['lʏtɪç] *n* ⟨→ *n/pr*⟩ Liège

Luv [lu:f] *f* ⟨~⟩ *MAR* côté *m* du vent; lof *m*

luven ['lu:fən *ou* 'lu:vən] *v/i* ⟨h⟩ *MAR* aller au lof; lofer

'**luvwärts** *adv MAR* au vent

Lux [lʊks] *n* ⟨~; ~⟩ *PHYS* lux *m*

Luxemburg ['lʊksəmbʊrk] *n* ⟨→ *n/pr*⟩ **1.** *Staat, belgische Provinz* le Luxembourg; **2.** *Stadt* Luxembourg

'**Luxemburg|er(in)** *m* ⟨~s; ~⟩ (*f*) ⟨~; ~nen⟩ Luxembourgeois(e) *m(f)*; **²isch** *adj* luxembourgeois

luxuriös [lʊksuri'ø:s] *adj* luxueux, -euse, somptueux, -euse

Luxus ['lʊksʊs] *m* ⟨~⟩ luxe *m*; somptuosité *f*; *im ~ leben* vivre dans le luxe; *ich kann mir diesen ~ nicht leisten* je ne peux pas m'offrir ce luxe

'**Luxus...** *in Zssgn oft* de luxe; **~artikel** *m* article *m* de luxe; **~ausführung** *f* modèle *m* de luxe; **~ausgabe** *f* édition *f* de luxe; **~dampfer** *m* paquebot *m* de luxe; **~hotel** *n* hôtel *m* de luxe; palace *m*; **~kabine** *f* cabine *f* de luxe; **~steuer** *f* taxe *f* de luxe

Luzern [lu'tsɛrn] *n* ⟨→ *n/pr*⟩ Lucerne

Luzerne [lu'tsɛrnə] *f* ⟨~; ~n⟩ *BOT* luzerne *f*

Lw *abr* (*Lew[a]*) Währung LVA (lev[a])

LW *abr* (*Langwelle*) GO (grandes ondes)

Lycra ['laɪkra *ou* 'lyːkra] *n* ⟨~(s)⟩ *Wz* lycra *m*

lymphatisch [lʏm'fa:tɪʃ] *adj PHYSIOL* lymphatique

'**Lymphdrüse** *f cf Lymphknoten*

'**Lymph|e** ⟨~; ~n⟩ *PHYSIOL* lymphe *f*; **~gefäß** *n* vaisseau *m* lymphatique; **~knoten** *m* ganglion *m* lymphatique

lynch|en ['lʏnçən] *v/t* ⟨h⟩ lyncher; **²justiz** *f* lynchage *m*

Lyoner [li'oːnər] *f* ⟨~; ~⟩ **~** (*Wurst*) *etwa* cervelas *m* (haché fin et cuit)

Lyra ['ly:ra] *f* ⟨~; -ren⟩ *MUS* lyre *f*; *ASTR* Lyre *f*

Lyr|ik ['ly:rɪk] *f* ⟨~⟩ poésie *f* (lyrique); **~iker(in)** *m* ⟨~s; ~⟩ (*f*) ⟨~; ~nen⟩ poète *m*; **²isch I** *adj* (*die Lyrik betreffend*) poétique; (*gefühlvoll*) lyrique; **II** *adv* sur le mode lyrique

Lyzeum [ly'tse:ʊm] *n* ⟨~s; -een⟩ *früher* lycée *m* de jeunes filles; *schweiz* lycée *m* classique

M

M, m [ɛm] *n* ⟨~; ~⟩ Buchstabe M, m *m*
m *abr* (*Meter*) m (mètre)
m² *abr* (*Quadratmeter*) m² (mètre carré)
m³ *abr* (*Kubikmeter*) m³ (mètre cube)
mA *abr* (*Milliampere*) mA (milliampère)
MA *abr* (*Mittelalter*) M.A. (Moyen Âge)
M. A. [ɛmˈʔaː] *abr* (*Magister Artium*) etwa maîtrise *f*
Mäander [mɛˈandər] *m* ⟨-s; ~⟩ méandre *m*
Maar [maːr] *n* ⟨-(e)s; -e⟩ cratère *m* d'un volcan éteint; *sc* maar *m*
Maas [maːs] ⟨→ *n/pr*⟩ die ~ la Meuse
Maat [maːt] *m* ⟨-(e)s; -e(n)⟩ **1.** *MAR* matelot *m*; **2.** *MAR MIL* (second) maître
Mach [max] *n* ⟨-s; ~⟩ *PHYS* Mach *m*
'Mach|art *f COUT* façon *f*; coupe *f*; genre *m*; **2̱bar** *adj* réalisable; faisable
'Mache F *f* ⟨~⟩ **1.** (*Anfertigung*) fabrication *f*; *COUT* façon *f*; etw in der ~ haben être occupé à réaliser, à faire qc; **2.** (*Vortäuschung*) F frime *f*
machen [ˈmaxən] ⟨h⟩ **I** *v/t* **1.** (*herstellen, erledigen, ausführen*) faire; Examen a passer; Fehler a commettre; Komma, Punkt etc mettre; **noch einmal** ~ refaire; (**sich** [*dat*]) **etw** ~ **lassen** (se) faire faire qc; **e-n Besuch** (**bei j-m**) ~ rendre visite à qn; aller voir qn; **Feuer** ~ faire du feu; **j-m ein Geschenk** ~ faire un cadeau à qn; **ein lautes Geschrei** ~ jeter, pousser les 'hauts cris; **Hochzeit** ~ F se marier; **e-r Frau ein Kind** ~ F faire un enfant à une femme; **Licht** ~ faire de la, allumer la lumière; **Schulden** ~ contracter des dettes; **Spaß** ~ plaisanter; **ein Vermögen** ~ faire fortune; **was macht er?** beruflich que fait-il dans la vie?; (**wie geht es ihm**) comment va-t-il?; **wie geht es ihm** comment va-t-il?; **was macht die Arbeit, Gesundheit?** comment va le travail, la santé?; **was machst du morgen zum Mittagessen?** qu'est-ce que tu fais (à manger) demain pour le déjeuner?; **sie macht es nicht unter 200 DM** (*dat*) elle prend au moins 200 marks; **was soll ich nur** ~? qu'est-ce que je pourrais bien faire?; F ~ **wir!** entendu!; d'accord!; F (**da ist**) **nichts zu** ~ (il n'y a) rien à faire; **dagegen ist nichts zu** ~ on ne peut rien y faire; **es so** ~**, daß ...** faire en sorte que ... (+*subj*); **das macht man so** voilà comment il faut faire; F **on fait comme ça; so etwas macht man nicht** cela ne se fait pas; F **mit mir könnt ihr es ja** ~**!** F vous me prenez pour un idiot!; **er läßt alles mit sich** ~ on fait de lui ce qu'on veut; **von sich reden** ~ faire parler de soi; F **er wird es nicht mehr lange** ~ il n'en a plus pour longtemps. **2.** (*Zu-stand verändern*) *mit Adjektiv* rendre; *mit Verb* faire; **j-n gesund** ~ guérir, rétablir qn; rendre la santé à qn; **j-n glücklich** ~ rendre qn heureux; **mach es dir bequem!** mets-toi à l'aise!; F **mach's gut!** (*auf Wiedersehen*) F salut!; (*alles Gute*) bonne chance!; **diese Frisur macht dich älter, jünger** cette coiffure te vieillit, rajeunit; **j-n glauben** ~ faire croire à qn. **3.** (*ergeben*) **was od wieviel macht das?** combien cela fait-il?; F ça fait combien?; **das macht zusammen zehn Mark** le tout fait dix marks; F ça fait dix marks en tout; **2 mal 2 macht 4** 2 fois 2 font 4; **4.** (*verursachen*) donner; **j-m Arbeit** ~ donner, faire du travail à qn; **Appetit, Durst** ~ donner de l'appétit, soif; **es macht mir viel Mühe, zu** (+*inf*) j'ai bien du mal, de la peine à (+*inf*); **j-m Sorgen** ~ causer des soucis à qn; **5.** F (*spielen*) jouer; *fig* **den Nikolaus** ~ F jouer les père Noël; **6.** F (*in Ordnung bringen*) **das Zimmer** ~ faire la chambre; **7.** (*schaden*) **das macht nichts!** cela ne fait rien!; **das macht ihm nichts** cela ne lui importe guère; cela ne lui fait rien; **8.** *mit Präposition* **etw aus bzw mit etw** ~ faire de bzw avec qc; **das ist wie für Sie gemacht** on dirait que c'est fait exprès pour vous; **etw zu Geld** ~ faire argent de qc; vendre qc; **j-n zu s-m Freund** ~ faire de qn son ami; **j-n zum General** ~ faire qn général; **II** *v/i* **9.** faire; **j-n** ~ **lassen** laisser faire qn; F **laß mich nur** ~ laissez-moi donc faire; **10.** F (*sich beeilen*) **schnell** ~ se dépêcher; se presser; **ich muß** ~**, daß ich nach Hause komme** je dois me dépêcher de rentrer à la maison; **mach, daß du wegkommst!** F tire-toi!; (**nun**) **mach schon!** dépêche-toi!; **11.** (*ändern*) **das macht müde, hungrig, dick** ça fatigue, ça donne faim, ça fait grossir; **12.** F *COMM* **er macht in Küchengeräten** il est dans les appareils ménagers; **13.** F (*s-e Notdurft verrichten*) **ins Bett, in die Hose** ~ F faire au lit, dans sa culotte; **14.** F **auf vornehm** ~ faire l'élégant; **auf feine Dame** ~ jouer la grande dame; **auf alt gemacht** Möbel, Lampe etc à l'ancienne; **III** *v/réfl* **15.** **von Personen sich** ~ se faire; se rendre; F (*sich entwickeln*) progresser; faire des progrès; **sich nützlich** ~ se rendre utile; **sich schön** ~ se faire beau; **sich verständlich** ~ se faire comprendre; **ein gemachter Mann** un homme arrivé; **16.** **von Sachen sich bezahlt** ~ en valoir la peine; **sich gut** ~ faire un bon effet; faire une bonne impression; **dieser Hut macht sich gut** ce chapeau fait bien, bel effet; **wenn es sich** ~ **läßt** si c'est possible; **17.** *mit Präposition* **sich an etw** (*acc*) ~ se mettre à qc; entreprendre qc; **sich daran zu** (+*inf*) se mettre en devoir de (+*inf*); **sich** (*dat*) **nichts aus j-m, etw** ~ ne pas faire grand cas de qn, qc; n'avoir que faire de qn, qc; **ich mache mir nicht viel** *bzw* **gar nichts daraus** *a* cela me laisse froid; ça ne m'intéresse pas du tout; F **mach dir nichts draus!** ne t'en fais pas!; **sich** (*dat*) **etw zur Aufgabe** ~ se donner pour tâche de faire qc; **sich** (*dat*) **j-n zum Freund, Feind** ~ se faire un ami, un ennemi de qn; **18.** **sich** (*dat*) **Feinde** ~ se faire des ennemis; **sich** (*dat*) (**wegen etw, um j-n**) **Sorgen** ~ se faire du souci (à cause de qc, au sujet de qn); s'inquiéter de qc, qn; **sich** (*dat*) **ein paar schöne Stunden, e-n schönen Abend** ~ passer un bon moment, une bonne soirée
'Machenschaften *f/pl péj* machinations *f/pl*; intrigues *f/pl*
'Macher *m* ⟨-s; ~⟩ décideur *m*; battant *m*
Machete [maˈxeːtə] *f* ⟨~; -n⟩ machette *f*
Macho [ˈmatʃo] F *m* ⟨-(s); -s⟩ macho *m*
Macht [maxt] *f* ⟨~; ⁻e⟩ pouvoir *m*; *bes POL, fig* puissance *f*; gesetzmäßige autorité *f*; geistige ascendant *m*; (*Kraft*) force *f*; (*Voll2*) faculté *f*; **geistliche, weltliche** ~ pouvoir spirituel, temporel; **über Leben und Tod** droit *m* de vie et de mort; **die** ~ **der Gewohnheit** la force de l'habitude; **die** ~ **des Stärkeren** la loi du plus fort; **die** ~ **ergreifen** s'emparer du pouvoir; **an der** ~ **sein** être au pouvoir; **mit aller** ~ de toute ma, ta, sa, etc force; **über j-n** ~ **haben** avoir de l'ascendant, de l'autorité sur qn; *prov* ~ **geht vor Recht** *prov* la force prime le droit; ~ **haben zu** (+*inf*) avoir le pouvoir de (+*inf*); **es steht nicht mehr in s-r** ~**, zu** (+*inf*) il n'a plus le pouvoir de, il n'est plus en mesure de (+*inf*); **sie tut alles, was in ihrer** ~ **steht** elle fait tout son possible
'Machtanspruch *m* **Machtansprüche erheben** réclamer le pouvoir
'Macht|befugnis *f* pouvoir *m*; autorité *f*; **~bereich** *m* ressort *m*; compétence *f*; **~block** *m* ⟨-(e)s; -blöcke⟩ *POL* bloc *m* de puissances; **~ergreifung** *f* prise *f* du, accession *f* au pouvoir; **~fülle** *f* plénitude *f* de la puissance; **~gefüge** *n* structures *f/pl* du pouvoir; **~gier** *f* soif *m* de pouvoir; **~haber** *m* ⟨-s; ~⟩ homme *m* au pouvoir; dirigeant *m*; **~hunger** *m* soif *f* de pouvoir; **2̱hungrig** *adj* avide de pouvoir

mächtig ['mɛçtɪç] **I** adj **1.** bes POL puissant; *die ~en* les (hommes) puissants; **2.** (*sehr groß*) immense; énorme; colossal; F *~en Bammel haben* F avoir une frousse, trouille terrible; F *~en Hunger haben* F crever de faim; **3.** *e-r Sprache* (*gén*) *~ sein* posséder, maîtriser une langue; *s-r Sinne ~ sein* être en possession de toutes ses facultés mentales; *s-r* (*gén*) *nicht ~ sein* ne pas se dominer, se maîtriser; ne pas être maître de soi-même; **II** adv F (*sehr*) F formidablement; énormément; *~ schreien* crier très fort

'**Mächtigkeit** f ⟨~⟩ **1.** (*Macht*) puissance f (*a* POL); **2.** (*Größe, Dicke*) ampleur f; *e-r Schicht* largeur f; épaisseur f

'**Machtkampf** m lutte f pour le pouvoir

'**machtlos** adj impuissant; faible; sans autorité; *dagegen ist man ~* on ne peut rien y faire

'**Macht|losigkeit** f ⟨~⟩ impuissance f; faiblesse f; manque m d'autorité; **~mißbrauch** m ⟨~(e)s⟩ abus m de pouvoir; **~mittel** n instrument m du pouvoir; **~politik** f politique f de force

'**Machtposition** f puissance f; *e-e ~ innehaben* avoir de la puissance

'**Macht|probe** f épreuve f de force; partie f de bras de fer; **~stellung** f cf *Machtposition*; **~streben** n aspirations f/pl à la puissance; recherche f du pouvoir; course f au pouvoir; **~übernahme** f prise f de bzw du pouvoir; **~verhältnisse** n/pl structures f/pl du pouvoir; rapports m/pl de force; **~verteilung** f répartition f des pouvoirs; **²voll** adj puissant; imposant; **~vollkommenheit** f omnipotence f; pouvoir absolu, discrétionnaire; **~wechsel** m changement m de pouvoir

'**Machtwort** n ⟨~(e)s; ~e⟩ parole f énergique; *ein ~ sprechen* faire acte, preuve d'autorité

'**Machtzuwachs** m accroissement m, augmentation f de pouvoir; renforcement m de pouvoir

'**Machwerk** n péj ouvrage minable, bâclé; *übles ~ Buch etc* ouvrage abject, ignoble

Macke ['makə] F f ⟨~; ~n⟩ **1.** (*Tick*) tic m; manie f; **2.** (*Fehler*) défaut m

Macker ['makər] F m ⟨~s; ~⟩ **1.** (*Freund*) F pote m; **2.** péj F mec m

MAD [ɛmʔaˈdeː] m ⟨~(s)⟩ abr (*Militärischer Abschirmdienst*) service m de sécurité militaire en Allemagne; *in Frankreich etwa D.S.T.* f (Direction de la surveillance du territoire)

Madagaskar [madaˈgaskar] n ⟨→ n/pr⟩ Madagascar m

Madagass|e [madaˈgasə] m ⟨~n; ~n⟩, **~in** f ⟨~; ~nen⟩ Malgache m,f

madaˈgassisch adj malgache

Madam [maˈdam] F plais f ⟨~; ~s ou ~en⟩ **1.** (*rundliche Frau*) F matrone f; *die ~ vom ersten Stock* a la dame du premier; **2.** *regional* (*Ehefrau*) F bonne femme

Mädchen ['mɛːtçən] n ⟨~s; ~⟩ **1.** fille f; F *plais für kleine ~ müssen* F aller au petit coin; **2.** (*Liebste*) *sein ~* son (sa petite) amie; F **3.** (*Dienst ²*) bonne f; *fig ~ für alles Mann* homme m, *Frau* femme f à tout faire

'**mädchenhaft I** adj de jeune fille; de petite fille; **II** adv en, comme une jeune fille

'**Mädchen|handel** m traite f des blanches; **~händler** m personne f qui fait la traite des blanches; **~heim** n foyer m de jeunes filles; **~name** m **1.** *Vorname* nom m de fille; prénom féminin; **2.** *von verheirateten Frauen* nom m de (jeune) fille; **~pensionat** n pensionnat m, institution f de jeunes filles; **~schule** f école f de (jeunes) filles; **~zimmer** n **1.** chambre f de jeune fille; **2.** *des Dienstmädchens* chambre f de bonne

Made ['maːdə] f ⟨~; ~n⟩ asticot m; ver m; F *wie die ~ im Speck leben* vivre comme un coq en pâte

Madeira [maˈdeːra] **1.** n ⟨→ n/pr⟩ *Insel* Madère; **2.** m ⟨~s; ~s⟩ *Wein* madère m; vin m de Madère

Maˈdeirawein m cf *Madeira 2.*

Mädel ['mɛːdəl] n, *regional* n ⟨~s; ~, ~s⟩ cf *Mädchen 1, 2*

Mädesüß ['mɛːdəzyːs] n ⟨~; ~⟩ BOT reine f des prés

'**madig** adj véreux, rempli de vers; *Obst* véreux, -euse; F *etw, j-n ~ machen* dénigrer, F débiner qc, qn; F *j-m etw ~ machen* dégoûter qn de qc

Madonna [maˈdɔna] f ⟨~; -nnen⟩ Vierge f; *Bild, Statue* à madone f; *die Sixtinische ~* la Vierge de saint Sixte

Maˈdonnen|bild n (image f de la) madone f; **~haft** adj und adv qui ressemble à une madone; comme une madone; *Lächeln etc* virginal

Madrid [maˈdrɪt] n ⟨→ n/pr⟩ Madrid

Madrigal [madriˈgaːl] n ⟨~s; ~e⟩ madrigal m

Maestro [maˈɛstro] m ⟨~s; ~s *ou* -stri⟩ MUS maestro m

Mafia ['mafia] f ⟨~; ~s⟩ maf(f)ia f; **~methoden** f/pl méthodes mafieuses

mafios [mafiˈoːs] adj maf(f)ieux, -ieuse

Mafioso [mafiˈoːzo] m ⟨~s; -si⟩ membre m de la maf(f)ia; maf(f)ieux m

mag [maːk] cf *mögen*

Mag. österr abr (*Magister*) diplômé d'un grade universitaire

Magazin [magaˈtsiːn] n ⟨~s; ~e⟩ **1.** (*Lager*) entrepôt m; dépôt m; **2.** *Zeitschrift* magazine m; **3.** *e-r Waffe, für Filme, Dias etc* magasin m

Magd [maːkt] f ⟨~; ~e⟩ servante f; BIBL a vierge f

Magda ['makda], **Magdalena** [makdaˈleːna] f ⟨→ n/pr⟩ Madeleine f

Magen ['maːgən] m ⟨~s; ≈ *ou* ~⟩ estomac m; *den ~ auspumpen* faire un lavage d'estomac (*j-m* à qn); *auf nüchternen ~* à jeun; *schwer im ~ liegen* rester sur l'estomac; F *diese Geschichte liegt mir im ~* je n'ai toujours pas digéré cette histoire; *sich* (*dat*) *den ~ verderben* se donner une indigestion; F se détraquer l'estomac; F *mir knurrt der ~* F j'ai des gargouillis dans l'estomac; *vor Hunger* F j'ai une fringale; F *bei diesem Anblick drehte sich mir der ~ um* à cette vue, en voyant ça, je me suis trouvé mal

'**Magenbeschwerden** f/pl indigestion f; troubles m/pl d'estomac, gastriques; *~ haben* avoir l'estomac dérangé

'**Magen|bitter** m ⟨~s; ~⟩ liqueur f amère, digestif m; **~blutung** f gastrorragie f

'**Magen-'Darm-Kanal** m estomac m et intestin m; tube digestif m; **~Katarrh** m gastro-entérite f

'**Magen|drücken** n lourdeur f, pesanteur f d'estomac; **~fahrplan** F plais m régime m alimentaire; **²freundlich** adj bon, bonne pour l'estomac; (très) digeste; **~gegend** f ⟨~⟩ région f épigastrique; sc épigastre m; **~geschwür** n ulcère m d'estomac; **~grube** f creux m de l'estomac; **~inhalt** m ⟨~(e)s⟩ contenu m de l'estomac; **~katarrh** m gastrite f

'**Magenknurren** n ⟨~s⟩ *Geräusch* gargouillement m, F gargouillis m (de l'estomac); borborygmes m/pl; *~ haben* (*Hunger haben*) avoir l'estomac creux

'**Magenkrampf** m crampe f d'estomac

'**magenkrank** adj qui souffre de l'estomac; *~ sein* avoir des problèmes d'estomac; souffrir de maux d'estomac

'**Magen|krankheit** f maladie f de l'estomac; **~krebs** m ⟨~es⟩ cancer m de l'estomac; **~leiden** n maux m/pl d'estomac; **~saft** m suc m gastrique; **~säure** f acide m chlorhydrique (*contenu dans le suc gastrique*); **~schleimhaut** f muqueuse f de l'estomac; **~schleimhautentzündung** f gastrite f

'**Magenschmerzen** m/pl mal m d'estomac; *~ haben* avoir mal au ventre

'**Magen|sonde** f sonde f pour l'estomac; **~spiegelung** f gastroscopie f; **~spülung** f lavage m d'estomac; **~verstimmung** f embarras m gastrique; **~wand** f paroi stomacale

mager ['maːgər] adj maigre (*a* TYPO); (*dünn*) fluet, -ette; *Kost* maigre; frugal; *fig Ergebnis, Programm* era pauvre; piètre; *~(er) werden* maigrir; *~es Fleisch* maigre m; *fig*, BIBL *die sieben ~en Jahre* les années de vaches maigres

'**Mager|käse** m fromage m maigre; **~keit** f ⟨~⟩ maigreur f; *fig* pauvreté f; **~milch** f lait écrémé; **~quark** m fromage blanc maigre; **~sucht** f anorexie f

Magie [maˈgiː] f ⟨~⟩ magie f; *Schwarze, Weiße ~* magie noire, blanche

Magier ['maːgiər] m ⟨~s; ~⟩ magicien m

'**magisch** adj magique

Magister [maˈgɪstər] m ⟨~s; ~⟩ **1.** *Titel* maîtrise f; **2.** *Titelinhaber* titulaire m,f d'une maîtrise

Magistrat [magɪsˈtraːt] m ⟨~(e)s; ~e⟩ municipalité f; autorités municipales

Magiˈstrats|beamte(r) m, **~beamtin** f fonctionnaire municipal; **~beschluß** m décision f de la municipalité, des autorités municipales

Magma ['magma] n ⟨~s; -men⟩ magma m

Magnat [maˈgnaːt] m ⟨~en; ~en⟩ magnat m

Magnesia [maˈgneːzia] f ⟨~⟩ magnésie f; oxyde m de magnésium

Maˈgnesium n ⟨~s⟩ magnésium m

Magnet [maˈgneːt] m ⟨~(e)s *ou* ~en; ~(e)n⟩ *a fig* aimant m; **~aufzeichnung** f enregistrement m au magnétophone; INFORM enregistrement m magnétique; **~bahn** f train m à sustentation magnétique; **~band** n ⟨~(e)s; -bänder⟩ INFORM bande f magnétique; **~bandgerät** n INFORM enregistreur m magnétique; **~bildverfahren** n technique f magnétoscopique; **~eisenstein** m aimant naturel; magnétite f; **~feld** n champ m magnétique

ma'gneti|sch *adj* magnétique (*a fig*); **~'sieren** *v/t* ⟨*pas de ge-*, h⟩ aimanter; *Personen* magnétiser; **₂'sierung** *f* ⟨~; ~en⟩ aimantation *f*; *von Personen* magnétisation *f*
Magne'tismus *m* ⟨~⟩ magnétisme *m*
Magnetit [magne'ti:t *ou* -'tɪt] *m* ⟨~s; ~e⟩ GÉOL magnétite *f*
Ma'gnet|karte *f* carte magnétique; **~kern** *m* noyau *m* magnétique; **~nadel** *f* aiguille aimantée
Magnetophon [magneto'fo:n] *n* ⟨~s; ~e⟩ Wz magnétophone *m*
Ma'gnet|platte *f* disque *m* magnétique; **~pol** *m* pôle *m* d'aimant; *der Erde* pôle *m* magnétique (terrestre)
Magnetron ['magnetrɔn] *n* ⟨~s; ~e⟩ PHYS magnétron *m*
Ma'gnet|schalter *m* interrupteur *m* magnétique; **~spule** *f* bobine *f* d'électro-aimant; **~zündung** *f* allumage *m* par magnéto
Magnifikat [ma'gni:fikat] *n* ⟨~(s); ~s⟩ CATH, MUS magnificat *m*
Magnifizenz [magnifi'tsɛnts] *f* ⟨~; ~en⟩ *Anrede* **Eure ~** *etwa* Monsieur le Recteur (de l'Université)
Magnolie [ma'gno:liə] *f* ⟨~; ~n⟩ magnolia *m*; *Baum* magnolier *m*
mäh [mɛ:] *int* bê!
Mahagoni [maha'go:ni] *n* ⟨~s⟩ (bois *m* d')acajou *m*
Maharadscha [maha'ratʃa] *m* ⟨~s; ~s⟩ mahara(d)jah *m*
Maharani [maha'ra:ni] *f* ⟨~; ~s⟩ maharani *f*
Mahd¹ [ma:t] *f* ⟨~; ~en⟩ *regional* **1.** (*Mähen*) coupe *f*; fauche *f*; **2.** (*Heu*) foin *m*
Mahd² *n* ⟨~(e)s; Mähder⟩ *österr*, *schweiz* (*Bergwiese*) alpage *m*
'Mähdrescher *m* AGR moissonneuse-batteuse *f*
mähen¹ ['mɛ:ən] *v/t* ⟨h⟩ *Gras* faucher; *Rasen* tondre; *Getreide a* moissonner
'mähen² *v/i* ⟨h⟩ *Schafe* bêler
'Mäher(in) *m* ⟨~s; ~⟩ (*f* ⟨~; ~nen⟩ (*Gras₂*) faucheur, -euse *m,f*; (*Getreide₂*) moissonneur, -euse *m,f*
Mahlzeit [ma:l] *st/s n* ⟨~(e)s; ~er *ou* ~e⟩ repas *m*; *feierliches* festin *m*; banquet *m*
mahlen ['ma:lən] *v/t* ⟨*p/p* gemahlen, h⟩ moudre; (*zerkleinern*) broyer; écraser; *zu Pulver* pulvériser; triturer; *prov* **wer zuerst kommt, mahlt zuerst** les premiers arrivés sont les premiers *od* les mieux servis
'Mahl|gut *n* ⟨~(e)s⟩ blé *m*, avoine *f*, *etc* à moudre; (*das Gemahlene*) mouture *f*; (*das*) **~stein** *m* meule *f*; **~trommel** *f* tambour *m* de broyage; **~werk** *n* rouage *m* (d'un moulin); **~zahn** *m* ANAT molaire *f*
Mahlzeit *f* repas *m*; **gesegnete ~!** bon appétit!; F **Gruß ~!** F salut!; F *iron* **prost ~!** F ça promet!; F nous voilà bien!
'Mähmaschine *f* *für Gras* faucheuse *f*; *für Getreide* moissonneuse *f*
'Mahn|bescheid *m* sommation *f* de paiement; **~brief** *m* (lettre *f* d')exhortation *f*; COMM (lettre *f* de) rappel *m*; (lettre *f* d')avertissement *m*
Mähne ['mɛ:nə] *f* ⟨~; ~n⟩ crinière *f* (*a fig plais*)
mahnen ['ma:nən] ⟨h⟩ **I** *v/t* **1.** *j-n ~* (*, etw zu tun*) exhorter qn à faire qc; sommer qn à *od* de faire qc; *j-n an etw* (*acc*), **wegen etw ~** rappeler qc à qn; faire souvenir de qc à qn; **2.** COMM *j-n* **wegen etw ~** réclamer qc à qn; *j-n* **wegen e-r Schuld ~** rappeler une dette à qn; réclamer le paiement d'une dette à qn; **II** *st/s v/i* **an etw** (*acc*) **~** rappeler qc

'Mahn|gebühr *f* frais *m/pl* de sommation; **~mal** *n* ⟨~(e)s; ~e⟩ monument *m*; **~schreiben** *n cf* **Mahnbrief**
'Mahnung *f* ⟨~; ~en⟩ **1.** (*Er₂*) exhortation *f*; (*Warnung*) avertissement *m*; **2.** (*Erinnerung*) rappel *m*; COMM sommation *f*; JUR mise *f* en demeure
'Mahn|verfahren *n* JUR procédure *f* d'avertissement, de mise en demeure, de sommation; **~wache** *f* (manifestation *f* de) protestation silencieuse
Mähre ['mɛ:rə] *f* ⟨~; ~n⟩ 'haridelle *f*; *péj* rosse *f*; canasson *m*
Mai [maɪ] *m* ⟨~(e)s *ou* ~⟩ (mois *m* de) mai *m*; *der Erste* **~** le Premier mai; *fig* **wie einst im ~** comme au bon vieux temps; *cf a* **Januar**
'Mai|baum *m* (arbre *m* de) mai *m*; **~bowle** *f* punch froid aromatisé (*à la reine des bois*)
Maid [maɪt] *poét f* ⟨~; ~en⟩ jouvencelle *f*
'Mai|feier *f* fête *f* du Premier mai; **~glöckchen** *n* BOT muguet *m*; **~käfer** *m* 'hanneton *m*; **~kundgebung** *f* manifestation *f* du Premier mai
Mailand ['maɪlant] *n* ⟨→ *n/pr*⟩ Milan
Mailbox ['me:lbɔks] *f* INFORM boîte *f* aux lettres
Mailing ['me:lɪŋ] *n* ⟨~s; ~s⟩ COMM mailing *m*
Main [maɪn] ⟨→ *n/pr*⟩ **der ~** le Main
Mainz [maɪnts] *n* ⟨→ *n/pr*⟩ Mayence
'Mairitterling *m* BOT mousseron *m*
Mais [maɪs] *m* ⟨~; ~⟩ maïs *m*; **~brei** *m* bouillie *f* de maïs
Maische ['maɪʃə] *f* ⟨~; ~n⟩ trempe *f*; moût *m*
'maischen *v/t* ⟨h⟩ pressurer; passer au pressoir
'maisgelb *adj* jaune maïs (*inv*)
'Mais|kolben *m* épi *m* de maïs; **~korn** *n* grain *m* de maïs; **~mehl** *n* farine *f* de maïs
Maison(n)ette [mɛzɔ'nɛt] *f* ⟨~; ~s⟩, **~wohnung** *f* duplex *m*
'Maisstärke *f* amidon *m* de maïs
Majestät [majɛs'tɛ:t] *f* ⟨~; ~en⟩ **1.** ⟨*pas de pl*⟩ (*Erhabenheit*) majesté *f*; **2.** *Titel* majesté *f*; (*Eure*) *Anrede für den König od Kaiser* Sire, *für die Königin od Kaiserin* Madame; **Seine ~ der Kaiser** Sa Majesté l'empereur
maje'stätisch *adj* majestueux, -euse
Maje'stätsbeleidigung *f* crime *m* de lèse-majesté
Majolika [ma'jo:lika] *f* ⟨~; -ken *ou* ~s⟩ majolique *f*
Majo'näse *cf* **Mayonnaise**
Major [ma'jo:r] *m* ⟨~s; ~e⟩ *der Infanterie, Luftwaffe* commandant *m*; *der Kavallerie, Artillerie* chef *m* d'escadron; *in nichtfranzösischen Armeen a* major *m*
Majoran [ma'jo:ran] *m* ⟨~s; ~e⟩ marjolaine *f*
Majordomus [ma:jɔr'do:mʊs] *m* ⟨~; ~⟩ HIST maire *m* du palais; majordome *m*
Majorität [majori'tɛ:t] *f* ⟨~; ~en⟩ bes POL majorité *f*
Majori'tätsbeschluß *m* décision *f* majoritaire, à *od* de la majorité

Majuskel [ma'jʊskəl] *f* ⟨~; ~n⟩ (lettre *f*) majuscule *f*; TYPO capitale *f*
makaber [ma'ka:bər] *adj* ⟨-br-⟩ macabre
Makadam [maka'dam] *m od n* ⟨~s; ~e⟩ macadam *m*
Makak ['ma:kak *ou* -'ka(:)k] *m* ⟨~s *ou* -'kaken; -'kaken⟩ ZO macaque *m*
Makedonien [make'do:niən] *cf* **Mazedonien**
Makel ['ma:kəl] *st/s m* ⟨~s; ~⟩ tache *f*; tare *f*
Mäke'lei *f* ⟨~; ~en⟩ *péj* critique mesquine; ergotage *m*
'mäkelig *adj péj* qui critique tout; *im Essen etc* difficile
'makel|los *adj* immaculé; sans tache, défaut; (*tadellos*) impeccable; **₂losigkeit** *f* ⟨~⟩ caractère immaculé; perfection *f*
makeln ['ma:kəln] *v/t* ⟨*u v/i*⟩ ⟨-(e)le, h⟩ (*mit*) *etw* **~** faire le courtier, le courtage de qc
mäkeln ['mɛ:kəln] *v/i* ⟨-(e)le, h⟩ *péj* **an** *etw* (*dat*) **~** critiquer mesquinement qc; **an allem ~** trouver à redire à tout
Make-up [me:k'ʔap] *n* ⟨~s; ~s⟩ maquillage *m*
Maki ['ma:ki] *m* ⟨~s; ~s⟩ ZO maki *m*
Makkaroni [maka'ro:ni] *pl* macaronis *m/pl*
'Makler(in) *m* ⟨~s; ~⟩ (*f* ⟨~; ~nen⟩ courtier *m*; (*Börsen₂*) agent *m* de change; (*Immobilien₂*) agent immobilier; **~büro** *n*, **~firma** *f* firme *f*, maison *f* de courtage; *für Immobilien* agence immobilière; **~gebühr** *f*, **~provision** *f* courtage *m*
Mako ['mako] *f* ⟨~; ~s⟩ *od m od n* ⟨~(s); ~s⟩ coton égyptien
Makramee [makra'me:] *n* ⟨~(s)⟩ macramé *m*
Makrele [ma'kre:lə] *f* ⟨~; ~n⟩ ZO maquereau *m*
makro..., **Makro...** [makro...] *in Zssgn* macro...
Makro|biotik [makrobi'o:tɪk] *f* ⟨~⟩ macrobiotique *f*; **~'biotisch** *adj* macrobiotique; **~'kosmos** *m* macrocosme *m*; **~mole'kül** *n* macromolécule *f*
Makrone [ma'kro:nə] *f* ⟨~; ~n⟩ CUIS macaron *m*
'Makrostruktur *f* t/t macrostructure *f*
Makulatur [makula'tu:r] *f* ⟨~; ~en⟩ TYPO papier *m* de rebut; F **~ reden** débiter des bêtises, des âneries
mal [ma:l] *adv* **1.** MATH **zwei ~ fünf ist zehn** deux fois cinq (font) dix; *im Format* **neun ~ neun** dans le format neuf sur neuf; **2.** F (*einmal*) **denken Sie ~ ...** pensez donc ...; **sie ist nicht ~ hübsch** elle n'est même pas jolie; **3.** F *als Verstärkung* **Augenblick ~!** attends *bzw* attendez un instant!; **guck ~!** regarde!; **zeig ~!** fais voir!
Mal¹ *n* ⟨~(e)s; ~e *ou* ~er⟩ **1.** (*Fleck*) tache *f*; marque *f*; (*Mutter₂*) tache *f* de vin; envie *f*; **2.** (*Zeichen*) signe *m*; marque *f*; **3.** SPORT terme *m*; but *m*
Mal² *n* ⟨~(e)s; ~e⟩ fois *f*; **das erste, letzte ~** la première, dernière fois; **zum ersten, letzten ~** pour la première, dernière fois; **dieses ~** cette fois; **mit e-m ~** (*plötzlich*) tout à d'un coup; **manches ~** mainte(s) fois; **bien des fois**; **voriges, das vorige ~** la dernière fois; **von ~ zu ~** de plus en plus

Malachit [mala'xi:t ou -'xɪt] m ⟨~s; ~e⟩ malachite f

malad(e) [ma'la:t (ma'la:də)] adj regional F patraque

Malai|e [ma'laɪə] m ⟨~n; ~n⟩, **~in** f ⟨~; ~nen⟩ Malais(e) m(f); **2isch** adj malais

Malaria [ma'la:ria] f ⟨~⟩ malaria f; paludisme m; **~mücke** f anophèle m

Malawi [ma'la:vi] n ⟨→ n/pr⟩ le Malawi

Ma'law|ier(in) m ⟨~s; ~⟩ (f) ⟨~; ~nen⟩ Malawien, -ienne m,f; **2isch** adj malawien, -ienne

Malays|ia [ma'laɪzia] n ⟨→ n/pr⟩ la Malaisie; la Malaysia; **~ier(in)** m ⟨~s; ~⟩ (f) ⟨~; ~nen⟩ Malaysien, -ienne m,f

ma'laysisch adj malaysien, -ienne

'Malbuch n cahier m de coloriages

Malediven [male'di:vən] pl **die ~** les îles f/pl Maldives

Male'div|er(in) m ⟨~s; ~⟩ (f) ⟨~; ~nen⟩ Maldivien, -ienne m,f; **2isch** adj maldivien, -ienne

malen ['ma:lən] ⟨h⟩ I v/t u v/i peindre; **j-n ~** faire le portrait de qn; **wie gemalt** beau comme une image; **sich ~ lassen** se faire peindre; faire faire son portrait; II v/réfl **sich (selbst) ~** se peindre; st/s **auf s-m Antlitz malt sich Entsetzen** la terreur se reflète, se dépeint sur son visage

'Maler m ⟨~s; ~⟩ a (Anstreicher) peintre m; nur Künstler artiste m peintre; **~arbeiten** f/pl peintures f/pl; **~atelier** n atelier m, studio m de peinture

Male'rei f ⟨~; ~en⟩ 1. (pas de pl) (Malen) peinture f; (Malkunst) a art m de peindre; 2. (Gemälde) tableau m; toile f

'Maler|in f ⟨~; ~nen⟩ femme f peintre; **2isch** adj pittoresque

'Maler|pinsel m e-s Anstreichers brosse f (à peindre); **~werkstatt** f Handwerksbetrieb atelier m de peinture

Malheur [ma'lø:r] F n ⟨~s; ~e ou ~s⟩ (petit) malheur; **mir ist ein ~ passiert** j'ai fait une bêtise

Mal|i ['ma:li] n ⟨→ n/pr⟩ le Mali; **~ier(-in)** m ⟨~s; ~⟩ (f) ⟨~; ~nen⟩ Malien, -ienne m,f; **2isch** adj malien, -ienne; du Mali

maliziös [malitsi'ø:s] st/s adj malicieux, -ieuse

'Malkasten m boîte f de couleurs

Mallorca [ma'jɔrka] n ⟨→ n/pr⟩ (île f de) Majorque

'malnehmen v/t u v/i ⟨irr, sép, -ge-, h⟩ multiplier (**mit** avec)

Malo|che [ma'lo:xə] F f ⟨~⟩ F boulot (dur); **2chen** v/i ⟨pas de ge-, h⟩ F boulonner; F bosser; F trimer

Malta ['malta] n ⟨→ n/pr⟩ (l'île f de) Malte

'Maltechnik f manière f de peindre; procédé m de peinture

Malteser(in) [mal'te:zər(ɪn)] m ⟨~s; ~⟩ (f) ⟨~; ~nen⟩ Maltais(e) m(f)

Mal'teser|hilfsdienst m œuvres hospitalières de l'ordre de Malte; **~kreuz** m croix f de Malte; **~orden** m ⟨~s⟩ ordre m de Malte; **~ritter** m chevalier m de Malte

mal'tesisch adj maltais; de Malte

malträtieren [maltre'ti:rən] v/t ⟨pas de ge-, h⟩ maltraiter

Malus ['ma:lus] m ⟨~ ou ~ses; ~ ou ~se⟩ VERSICHERUNG malus m

Malve ['malvə] f ⟨~; ~n⟩ mauve f

Malz [malts] n ⟨~es⟩ malt m; **'~bier** n bière f de malt; **'~bonbon** m bonbon m à l'extrait de malt

'Malzeichen n signe m de multiplication

mälzen ['mɛltsən] v/t ⟨-(es)t, h⟩ malter

Mälze'rei f ⟨~; ~en⟩ Fabrik malterie f

'Malz|extrakt m extrait m de malt; **~kaffee** m (café m de) malt m; **~zucker** m maltose m

Mama F enf ['mama], st/s [ma'ma:] f ⟨~; ~s; a → n/pr⟩ maman f; st/s **die Frau ~** Madame votre mère

Mamba ['mamba] f ⟨~; ~s⟩ ZO mamba m

Mambo ['mambo] m ⟨~(s); ~s⟩ od f ⟨~; ~s⟩ Tanz mambo m

Mami ['mami] F enf f ⟨~; ~s; a → n/pr⟩ maman f

Mammographie [mamogra'fi:] f mammographie f

Mammon ['mamɔn] m ⟨~s⟩ **der schnöde ~** le vil argent; **dem ~ dienen** adorer le veau d'or

Mammut ['mamʊt] n ⟨~s; ~e ou ~s⟩ ZO mammouth m; **~baum** m sequoia m; **~sitzung** f séance f interminable, F marathon; **~unternehmen** n entreprise f gigantesque; géant m; **~veranstaltung** f Konzert concert m gigantesque; Demonstration manifestation f monstre

mampfen ['mampfən] F v/t u v/i ⟨h⟩ F bouffer; F s'empiffrer (**etw** de qc)

Mamsell [mam'zɛl] f ⟨~; ~en ou ~s⟩ früher (Fräulein) mademoiselle f

man¹ [man] pr/ind **on**; nach si, ou, où, et, que oft l'on; **wenn ~ will** si l'on veut; **~ muß es glauben** il faut le croire; **~ sagt ou meint, ~ hört, sollte ~ glauben ...** à l'entendre, à croirait ...; **~ kann nie wissen** on ne sait jamais; **wie soll ~ wissen ...** et le moyen de savoir ...; comment savoir ...; **hat ~ es Ihnen nicht ausgerichtet?** vous n'avez pas été informé?; on ne vous l'a pas dit?; **so etwas tut ~ nicht** ça ne se fait pas; **~ versteht sein eigenes Wort nicht** on ne s'entend pas; CUIS **~ nehme ...** prendre ...

man² F, bes nordd adv **(nur) ~ zu!** F vas-y!; allons-y!; **denn ~ los!** allons!; partons!

Management ['mɛnɪdʒmənt] n ⟨~s; ~⟩ direction f

managen ['mɛnɪdʒən] v/t ⟨h⟩ 1. e-n Sportler être manager de; e-n Künstler être impresario de; 2. F (zustande bringen) Geschäft etc arranger; (bewältigen) Krise etc gérer

'Manager(in) m ⟨~s; ~⟩ (f) ⟨~; ~nen⟩ manager m; **~krankheit** f troubles m/pl circulatoires dus au stress

manch [manç] pr/ind I adjt ⟨a ~er, ~e, ~es⟩ maint(e); plus d'un(e); **~e** pl nombre de; beaucoup de; bien des; maints, maintes; **~ einer** maint homme; **~es Mal** mainte(s) fois; bien des fois; **~er reiche Mann, ~ ein reicher Mann** plus d'un riche; **so ~es Buch** tant de livres; II subst ⟨~er, ~e, ~es⟩ tel, telle; il en est qui; **~e** pl plusieurs; **~es** mainte(s) chose(s); **man sagt so ~es** il s'en dit bien des choses

'mancher'lei pr/ind ⟨inv⟩ I adjt divers, différents; II subst toutes sortes de choses

'mancher'orts st/s adv en divers endroits, lieux, pays, etc

'manchmal adv quelquefois; parfois

Mandant(in) [man'dant(ɪn)] m ⟨~en; ~en⟩ (f) ⟨~; ~nen⟩ e-s Rechtsanwalts client(e) m(f)

Mandarin [manda'ri:n] m ⟨~s; ~e⟩ mandarin m

Mandarin|e [manda'ri:nə] f ⟨~; ~n⟩ mandarine f; **~ente** f canard mandarin

Manda|t [man'da:t] n ⟨~(e)s; ~e⟩ mandat m; **~'tar** m ⟨~s; ~e⟩ mandataire m

Man'datsgebiet n (territoire m sous) mandat m

Mandel ['mandəl] f ⟨~; ~n⟩ 1. BOT amande f; 2. ANAT amygdale f

'Mandel|augen n/pl yeux m/pl en amande; **~baum** m amandier m; **~blüte** f fleur f d'amandier; Blütezeit floraison f des amandiers; **~entzündung** f angine f tonsillaire; sc amygdalite f; **2förmig** adj qui a la forme d'une amande; en amande; sc amygdaloïde; **~kern** m amande f; **~kleie** f son m d'amandes; **~milch** f lait m d'amandes; CUIS a orgeat m; **~operation** f ablation f des amygdales; sc amygdalectomie f; **~splitter** m/pl amandes effilées

Mandoline [mando'li:nə] f ⟨~; ~n⟩ mandoline f

Mandrill [man'drɪl] m ⟨~s; ~e⟩ ZO mandrill m

Manege [ma'ne:ʒə] f ⟨~; ~n⟩ in e-r Reitschule manège m; im Zirkus piste f

Manfred ['manfre:t] m ⟨→ n/pr⟩ prénom

Mangan [maŋ'ga:n] n ⟨~s⟩ manganèse m; **~erz** n minerai m de manganèse; **~säure** f acide m manganique

Mangel¹ ['maŋəl] f ⟨~; ~n⟩ (Wäsche2) machine f à repasser; repasseuse f; F fig **j-n in die ~ nehmen, in der ~ haben** F cuisiner qn

Mangel² m ⟨~s; ⸚⟩ 1. (pas de pl) (Fehlen) manque m, insuffisance f (**an** [+dat] de); **an Lebensmitteln** a pénurie (**an** [+dat] de); **aus ~ an Gelegenheit** faute d'occasion; (par) manque d'occasion; **wegen** od **aus ~ an Beweisen** par manque, en l'absence de preuves; **daran ist kein ~** il y en a assez; ce n'est pas ce qui manque; 2. (pas de pl) (Not) besoin m; **~ leiden** être dans l'indigence, le dénuement; 3. meist pl (Fehler) e-s Menschen défaut m; e-r Sache a vice m; imperfection f

'Mangel|beruf m profession où on manque de personnel qualifié; **~erscheinung** f MÉD trouble m, symptôme m de carence

'mangelhaft I adj 1. (fehlerhaft) défectueux, -euse; (unvollkommen) imparfait; (unzureichend) insuffisant; déficient; 2. Schulnote cf **Fünf** 2.; II adv **~ vorbereitet sein** être préparé insuffisamment

Mängelhaftung ['mɛŋəlhaftʊŋ] f responsabilité f des vices, des défauts de fabrication, de la marchandise

'Mangelkrankheit f maladie f de carence

'mangeln¹ v/t ⟨-(e)le, h⟩ Wäsche repasser (avec une machine)

'mangeln² v/i u v/imp ⟨-(e)le, h⟩ manquer; faire défaut; **es mangelt an Geld** etc (dat) l'argent, etc manque; on manque d'argent, etc; **es mangelt mir an nichts** je ne manque de rien; rien ne me manque, ne me fait défaut; **~ de Sorgfalt** négligence f; **~ de Einsicht** manque m de jugement; **wegen ~ der Nachfrage** la demande faisant défaut

'Mängelrüge ['mɛŋəlry:gə] f réclamation f (pour vice ou défaut de fabrication)

'**mangels** *prép* ⟨*gén*⟩ à défaut de; faute de; en l'absence de
'**Mangelware** *f* marchandise *f* rare; *fig ... ist, sind* ~ on manque de ...; *gute Lexikographen sind* ~ les bons lexicographes sont une denrée rare
'**Mangelwäsche** *f* linge *m* à repasser
Mango ['maŋgo] *f* ⟨~; ~s⟩ BOT mangue *f*; ~**baum** *m* manguier *m*
Mangold ['maŋgɔlt] *m* ⟨~(e)s; ~e⟩ BOT b(l)ette *f*
Mangrove [maŋ'gro:və] *f* ⟨~; ~n⟩ mangrove *f*
Manie [ma'ni:] *f* ⟨~; ~n⟩ manie *f*; *bei j-m zur* ~ *werden* devenir une manie chez qn
Manier [ma'ni:r] *f* ⟨~; ~en⟩ **1.** ⟨*pas de pl*⟩ (*Art u Weise*) manière *f*; façon *f*; KUNST a style *m*; **2.** (*Benehmen*) ~**en** *pl* manières *f/pl*; façons *f/pl*; *keine* ~**en haben** être impoli; n'avoir pas, manquer de savoir-vivre; *j-m* ~**en beibringen** enseigner la politesse à qn
manieriert [mani'ri:rt] *adj* maniéré; affecté; ♀**heit** *f* ⟨~; ~en⟩ maniérisme *m*; affectation *f*
Manie'rismus *m* ⟨~⟩ maniérisme *m*
ma'nierlich *adj* **1.** qui a de bonnes manières; qui se tient bien; poli; **2.** *F fig* convenable
manifest [mani'fɛst] *adj* évident; visible
Mani'fest *n* ⟨~(e)s; ~e⟩ manifeste *m*
Manife'st|ant *m* ⟨~en; ~en⟩ österr, schweiz manifestant *m*; ~**ati'on** *f* ⟨~; ~en⟩ manifestation *f*; ♀**ieren** *v/t* (*u v/réfl*) ⟨*pas de ge-*, h⟩ (*sich*) ~ (se) manifester
Maniküre [mani'ky:rə] *f* ⟨~; ~n⟩ **1.** ⟨*pas de pl*⟩ (*Handpflege*) soins *m/pl* (esthétiques) des mains et des ongles; **2.** (*Handpflegerin*) manucure *f*
mani'küren *v/t* ⟨*pas de ge-*, h⟩ *Hände* soigner; *j-n* ~ faire les mains de qn; *F* manucurer qn
Maniok [mani'ɔk] *m* ⟨~s; ~s⟩ BOT manioc *m*
Manipulation [manipulatsi'o:n] *f* ⟨~; ~en⟩ manipulation *f*
manipu'lier|bar *adj* manipulable; ~**en** *v/t* ⟨*pas de ge-*, h⟩ manipuler; ♀**ung** *f* ⟨~; ~en⟩ manipulation *f*
manisch ['ma:nɪʃ] *adj* maniaque; ~-**depres'siv** *adj* maniaco-dépressif, -ive
Manko ['maŋko] *n* ⟨~s; ~s⟩ **1.** (*Fehlendes*) manque *m*; **2.** (*Nachteil*) lacune *f*; inconvénient *m*; **3.** COMM déficit *m*
Mann [man] *m* ⟨~(e)s; ⸚er⟩ **1.** homme *m*; *ein* ~ *der Tat* un homme d'action; *alter* ~ vieillard *m*; vieux *m*; *Anrede guter* ~*!* mon brave!; *ein ganzer* ~ *sein* être (vraiment) un homme; être un vrai homme; *ein gemachter* ~ *sein* être un homme arrivé; ~*s genug sein, etw zu tun* être homme à faire qc; *s-n* ~ *stehen* faire ses preuves; *sie standen zusammen wie ein* ~ ils se serraient les coudes; ils faisaient bloc; *an den rechten* ~ *kommen* trouver l'homme qu'il faut; *s-e Ware an den* ~ *bringen* placer sa marchandise; ~ *gegen* ~ *kämpfen* combattre corps à corps; *von* ~ *zu* ~ d'homme à homme; *prov ein* ~, *ein Wort* etwa *prov* chose promise, chose due; *pro selbst ist der* ~*! Aufforderung* prends-toi en mains et fais-le toi-même!; F *los*, ~*!* allons, dépêche-toi!; F (*mein lieber*) ~*!* F eh

bien, mon vieux!; F ~ *Gottes!* mon Dieu!; grand Dieu!; **2.** (*Ehe♀*) mari *m*; ~ *und Frau werden* se marier; s'épouser; **3.** ⟨*pas de pl*⟩ (*Mensch*) homme *m*; *der* ~ *auf der Straße* l'homme de la rue; **4.** MYTH *der* ~ *im Mond* l'homme *m* de la lune; *der schwarze, wilde* ~ le croque-mitaine; F *den wilden* ~ *spielen* (*toben*) se déchaîner; se démener; **5.** ⟨*pl* ~⟩ *als Zählgröße*, *a* MAR tête *f*; personne *f*; *pro* ~ par tête; *alle* ~ *an Deck!* tout le monde sur le pont!; ~ *über Bord!* un homme à la mer!; *mit* ~ *und Maus untergehen* périr corps et biens; **6.** LEHNSWESEN ~**en** *pl* hommes *m/pl* de guerre; vassaux *m/pl*
Manna ['mana] *n* ⟨~(s)⟩ *od f* ⟨~⟩ BIBL manne *f*
'**mannbar** *st/s adj* en âge de se marier; *Mädchen* nubile; *Jungen* pubère
Männchen ['mɛnçən] *n* ⟨~s; ~⟩ **1.** (*Männlein*) petit homme; (petit) bonhomme; **2.** ZO mâle *m*; **3.** *Hunde etc* ~ *machen* faire le beau
'**Manndeckung** *f* SPORT marquage *m*; ~ *spielen* marquer son adversaire
Mannequin ['manəkɛ̃] *n* ⟨~s; ~s⟩ mannequin *m*
'**Männer|beruf** ['mɛnərbəru:f] *m* métier *m* d'homme; ~**chor** *m* chœur *m* d'hommes
'**Männerfang** F *m auf* ~ (*aus*)*gehen* F draguer (dans les boîtes)
'**Männer|feindin** *f* femme *f* qui déteste les hommes; ♀**feindlich** *adj sc* androphobe; ~**freundschaft** *f* amitié *f* entre hommes; ~**gesangverein** *m* orphéon *m*; chorale *f* d'hommes; ~**gesellschaft** *f* société dominée par les hommes; ~**herrschaft** *f* ⟨~⟩ domination *f* des hommes sur les femmes; (*Patriarchat*) patriarcat *m*
'**Männerkleider** *n/pl* vêtements *m/pl* d'homme; *in* ~**n** *verkleidet* déguisé en homme
'**männermordend** F *plais adjt* F qui est croqueuse d'hommes
'**Männer|sache** *f* affaire *f* d'homme; ~**station** *f im Krankenhaus* service hospitalier réservé aux hommes; ~**stimme** *f* voix *f* d'homme, mâle; ~**treu** *f* ⟨~; ~⟩ BOT véronique *f* ~**welt** *f* ⟨~⟩ *plais* monde masculin
'**Männerwirtschaft** *f plais das ist ja e-e richtige* ~*!* ça fait bien intérieur de célibataire!
'**Mannesalter** *st/s n* âge *m* adulte; virilité *f*; *im besten* ~ *stehen* être dans la force, la fleur de l'âge
'**mann|haft** *adj* (*entschlossen*) résolu; (*tatkräftig*) énergique; (*mutig*) vaillant; brave; digne d'un homme; ♀**haftigkeit** *f* ⟨~⟩ virilité *f*; qualités viriles
'**mannig|fach**, ~**faltig I** *adj* varié; multiple; divers; diversifié; **II** *adv* diversement, de différentes manières; ♀**faltigkeit** *f* ⟨~; ~en⟩ diversité *f*
'**Mannjahr** *n* COMM homme-année *f*
Männlein ['mɛnlaɪn] *n* ⟨~s; ~⟩ petit homme; (petit) bonhomme; F *plais* ~ *und Weiblein* hommes et femmes
männlich ['mɛnlɪç] *adj* **1.** BOT, ZO mâle; **2.** GR, METRIK, *Vorname*, *Bevölkerung etc* masculin; **3.** (*zum Mann geworden*) viril; ♀**keit** *f* ⟨~⟩ virilité *f* (*a fig*); masculinité *f*

'**Männlichkeits|kult** *m* ⟨~(e)s⟩, ~**wahn** *m* ⟨~(e)s⟩ machisme *m*
'**Mannloch** *n* TECH trou *m* d'homme
Mannomann ['mano'man] F *int* F ben alors!; *bei Entsetzen* F aïe!
'**Mannsbild** F *n bes südd*, *österr* F gaillard *m*
'**Mannschaft** *f* ⟨~; ~en⟩ **1.** SPORT équipe *f*; **2.** AVIAT, MAR équipage *m*; **3.** MIL hommes *m/pl* (de troupe); soldats *m/pl*; *Offiziere und* ~**en** officiers et soldats; *vor versammelter* ~ en présence de la troupe rassemblée; *fig der Lehrer hat ihn vor versammelter* ~ *gelobt* le professeur l'a félicité devant toute la classe; **4.** F (*Arbeits♀*) équipe *f*
'**mannschaftlich** *adj* ⟨*épithète*⟩ SPORT d'équipe
'**Mannschafts|aufstellung** *f* SPORT composition *f* de l'équipe; ~**führer** *m* SPORT capitaine *m* (de l'équipe); ~**geist** *m* ⟨~(e)s⟩ SPORT esprit *m* d'équipe; ~**kampf** *m* SPORT épreuve *f* par équipes; ~**kapitän** *m* SPORT capitaine *m* (de l'équipe); ~**raum** *m* MAR local réservé à l'équipage; ~**rennen** *n* RADSPORT course *f* par équipes; ~**spiel** *n* SPORT jeu *m* d'équipe; ~**sport** *m* sport *m* d'équipe; ~**wagen** *m* camion *m* pour le transport des troupes *bzw* des policiers; ~**wertung** *f* SPORT classement *m* de l'équipe
'**manns|hoch** *adj* de la hauteur, taille d'un homme; ~**toll** F *péj adj* nymphomane
'**Mannweib** *péj n péj* femme *f* hommasse; virago *f*
Manometer [mano'me:tər] *n* ⟨~s; ~⟩ **1.** PHYS manomètre *m*; **2.** F ~*!* F ben alors!; *bei Entsetzen* F aïe!
Manöver [ma'nø:vər] *n* ⟨~s; ~⟩ *a fig* manœuvre *f*; ~**kritik** *f* ⟨~⟩ MIL analyse *f* critique de manœuvres; *fig* bilan *m* critique
manö'vrier|en *v/t u v/i* ⟨*pas de ge-*, h⟩ manœuvrer; ~**fähig** *adj* manœuvrable; ~**unfähig** *adj* non manœuvrable
Mansarde [man'zardə] *f* ⟨~; ~n⟩ mansarde *f*
Man'sarden|fenster *n* mansarde *f*; lucarne *f*; ~**wohnung** *f* logement mansardé; ~**zimmer** *n* mansarde *f*
manschen ['manʃən] F *v/i* ⟨h⟩ *im Dreck* ~ tripoter (dans) la boue; *im Essen* ~ jouer avec son manger
Manschette [man'ʃɛtə] *f* ⟨~; ~n⟩ **1.** *am Hemd* manchette *f*; **2.** *für Blumentöpfe* cache-pot *m* (en papier); **3.** TECH manchon *m*; collier *m* de serrage; *zum Abdichten* (anneau-)joint *m*; garniture *f*; **4.** F *fig* ~**n** *haben* F avoir la frousse, la trouille
Man'schettenknopf *m* bouton *m* de manchette
Mantel ['mantəl] *m* ⟨~s; ⸚⟩ **1.** *Kleidung* manteau *m*; **2.** *fig* (*Deck♀*) manteau *m*; voile *m*; *der* ~ *des Schweigens, Vergessens* le voile du silence, de l'oubli; **3.** MATH *e-s Zylinders, Kegels* surface convexe latérale; TECH *e-s Maschinenteils* revêtement *m*; enveloppe *f*; *e-s Kabels* gaine *f*; *e-s Reifens* bandage *m* (pneumatique); pneu *m*; *e-s Geschosses* chemise *f*; enveloppe *f*
Mäntelchen ['mɛntəlçən] *n* ⟨~s; ~⟩ petit manteau; mantelet *m*; *fig e-r Sache* (*dat*) *ein* ~ *umhängen* pallier, dégui-

ser, enrober qc; *fig* **sein ~ nach dem Wind hängen** être opportuniste
Mantel|futter *n* COUT doublure *f*; **~gesetz** *n* loi-cadre *f*; **~kleid** *n* robe-manteau *f*; **~tarif** *m*, **~tarifvertrag** *m* ARBEITSRECHT convention collective *(réglant les conditions de travail, la durée de travail, les congés, etc)*; **~tasche** *f* poche *f* de manteau
Mantille [man'tɪljə *ou* -'tɪlə] *f* ⟨~; ~n⟩ mantille *f*
Manual [manu'a:l] *n* ⟨~s; ~e⟩, **Manu'ale** *n* ⟨~(s); ~(n)⟩ MUS clavier *m*
Manuela [manu'e:la] *f* ⟨→ *n/pr*⟩ *prénom*
manuell [manu'ɛl] **I** *adj* manuel, -elle; **II** *adv* manuellement
Manufaktur [manufak'tu:r] *f* ⟨~; ~en⟩ manufacture *f*
Manuskript [manu'skrɪpt] *n* ⟨~(e)s; ~e⟩ manuscrit *m*; *e-r Rede etc* texte *m*
Mäppchen ['mɛpçən] *n* ⟨~s; ~⟩ *(Schreib~)* trousse *f* (d'écolier)
Mappe ['mapə] *f* ⟨~; ~n⟩ **1.** *(Aktensache)* serviette *f*; *(Schul~)* cartable *m*; sac *m* (d'écolier); **2.** *(Sammel~)* dossier *m*; chemise *f*; *für Zeichnungen* carton *m*
Mär [mɛːr] *f* ⟨~; ~en⟩ **1.** *(Kunde)* nouvelle *f*; **2.** *(überlieferte Erzählung)* fable *f*; conte *m*
Marabu ['ma:rabu] *m* ⟨~s; ~s⟩ ZO marabout *m*
Marathon ['ma(:)ratɔn] *m* ⟨~s; ~s⟩, **~lauf** *m* marathon *m*; **~läufer(in)** *m(f)* coureur, -euse *m,f* de marathon; **~sitzung** *f* séance-marathon *f*; **~veranstaltung** *f* (grande) réunion interminable
Märchen ['mɛːrçən] *n* ⟨~s; ~⟩ **1.** conte *m* (de fées); *a fig* histoire *f*; légende *f*; **2.** *fig (Lüge)* histoire *f*; *stl/s* fable *f*; **~buch** *n* livre *m*, recueil *m* de contes; **~erzähler(in)** *m(f)* conteur, -euse *m,f*; **~fee** *f* fée *f* d'un conte; **~forschung** *f* étude *f* des contes de fées; **~gestalt** *f* personnage *m* d'un conte de fées; **~haft** *adj* **1.** qui ressemble à un conte; que l'on dirait tiré d'un conte de fées; *(feenhaft)* féerique; **2.** *(wunderbar)* fabuleux, -euse; *(sagenhaft)* a incroyable; fantastique; **~land** *n* ⟨~(e)s; *pays m ou se jouent les contes de fées; fig* pays enchanteur, de rêve; **~prinz** *m fig* prince charmant; **~schloß** *n* château *m* féerique; **~stunde** *f* TV émission *f* de contes de fées; **~welt** *f* ⟨~⟩ monde fabuleux, féerique; *fig* monde irréel
Marder ['mardər] *m* ⟨~s; ~⟩ mart(r)e *f*
Margarete [marga're:tə] *f* ⟨→ *n/pr*⟩ Marguerite *f*
Margarine [marga'ri:nə] *f* ⟨~⟩ margarine *f*
Marge ['marʒə] *f* ⟨~; ~n⟩ *bes* COMM marge *f*
Margerite [margə'ri:tə] *f* ⟨~; ~n⟩ BOT marguerite *f*
marginal [margi'na:l] *adj a* SOZIOLOGIE marginal
Marginalie [margi'na:liə] *f* ⟨~; ~n⟩ annotation *f*; *fig* problème *m* accessoire
Margit ['margɪt] *f* ⟨→ *n/pr*⟩, **Margot** ['margɔt] *f* ⟨→ *n/pr*⟩ Margot *f*
Margret ['margre:t] *cf* **Margarete**
Maria [ma'ri:a] *f* ⟨→ *n/pr*⟩ Marie *f*; REL *(die Jungfrau)* **~** la (Sainte) Vierge; la Vierge Marie; **Mariä Verkündigung** *f* l'Annonciation *f*

Marianne [mari'anə] *f* ⟨→ *n/pr*⟩ Marianne *f*
Marie [ma'riː] *cf* **Maria**
Ma'rien|bild *n* (image *f* de la) madone *f*; **~dichtung** *f* poésie *f* à la gloire de la Vierge Marie; **~käfer** *m* coccinelle *f*; **~kult** *m* culte marial; marianisme *m*; **~verehrung** *f* adoration *f* de la Vierge
Marihuana [marihu'a:na] *n* ⟨~s⟩ marijuana *f*; F marie-jeanne *f*
Marille [ma'rɪlə] *f* ⟨~; ~n⟩ *österr (Aprikose)* abricot *m*
Marinade [mari'na:də] *f* ⟨~; ~n⟩ marinade *f*
Marine [ma'ri:nə] *f* ⟨~; ~n⟩ marine *f*; **~attaché** *m* MIL attaché naval; **~blau** *adj* bleu marine *(inv)*; **~infanterie** *f* infanterie *f* de marine; **~infanterist** *m* fusilier marin; marine *m*; **~offizier** *m* officier *m* de marine; **~stützpunkt** *m* base navale
mari'nieren *v/t (pas de ge-, h)* CUIS mariner
Marion [ma'riɔn] *f* ⟨→ *n/pr*⟩ Marion *f*
Marionette [mario'nɛtə] *f* ⟨~; ~n⟩ marionnette *f* (à fils); *fig* fantoche *m*; marionnette *f*
Mario'netten|regierung *f* gouvernement *m* fantoche; **~spieler(in)** *m(f)* marionnettiste *m,f*; montreur *m* de marionnettes; **~theater** *n* (théâtre *m* de) marionnettes *f/pl*
maritim [mari'ti:m] *adj* maritime
Mark¹ [mark] *f* ⟨~; ~ *ou* F *plais* ~er⟩ *Währung* mark *m*; **Deutsche ~** mark allemand; deutsche mark *m*; F **keine müde ~** pas le moindre sou; F **die schnelle ~ machen** F (se) faire facilement du fric; F **jede ~ (dreimal) umdrehen** F être près de ses sous
Mark² *n* ⟨~(e)s⟩ **1.** ANAT, BOT moelle *f*; *(Frucht~)* pulpe *f*; *fig* **j-n bis ins ~ treffen** glacer qn jusqu'à la moelle; *Geräusch* **j-m durch ~ und Bein gehen** faire frissonner qn; faire grincer qn des dents; F *fig* **j-m das ~ aus den Knochen saugen** exploiter qn d'une façon éhontée; sucer qn jusqu'à la moelle; **2.** CUIS coulis *m*; *cf a* **Tomatenmark**
Mark³ *f* ⟨~; ~en⟩ HIST marche *f*; **~ Brandenburg** Marche de Brandebourg
markant [mar'kant] *adj* marquant; *Gesichtszug* prononcé; **~es Gesicht** *a* visage *m* dont on se souvient; **~e Persönlichkeit** forte personnalité
Marke ['markə] *f* ⟨~; ~n⟩ **1.** *(Markierung)* marque *f*; repère *m*; **2.** *(Brief~)* timbre(-poste) *m*; *(Spiel~)* jeton *m*; *(Essens~, Wert~ etc)* ticket *m*; *(Gebühren~)* timbre *m*; **3.** COMM *(Warenzeichen)* marque *f* de fabrique; **4.** SPORT jalon *m*; **5.** F *das ist vielleicht e-e ~!* c'est un (drôle de) numéro!
'Marken|artikel *m* article *m*, produit *m* de marque; **~butter** *f* beurre *m* de qualité; **~fabrikat** *n* produit *m* de marque; **~name** *m* nom *m* d'une marque; **~schutz** *m* protection *f* des marques de fabrique; **~ware** *f* produits *m/pl* de marque; **~zeichen** *n* **1.** COMM insigne *m*; griffe *f*; **2.** *fig* trait *m* caractéristique
'Marker *m* ⟨~s; ~⟩ *Stift* marqueur *m*
'Märker *pl cf* **Mark¹**
'markerschütternd *adj Schrei* déchirant; perçant
Marketender(in) [markə'tɛndər(ɪn)] *m*

⟨~s; ~⟩ *(f)* ⟨~; ~nen⟩ HIST vivandier, -ière *m,f*
Marketing ['markətɪŋ] *n* ⟨~s⟩ marketing *m*
'Mark|graf *m*, **~gräfin** *f* HIST margrave *m,f*; **~gräflich** *adj* ⟨*épithète*⟩ de margrave
mar'kieren *v/t (pas de ge-, h)* **1.** *(kennzeichnen)* marquer; **2.** F *(vortäuschen)* simuler; feindre; faire semblant de (+*inf*); **den starken Mann ~** F jouer les gros durs; *abs* **sie markiert nur** elle fait semblant
Mar'kierung *f* ⟨~; ~en⟩ **1.** ⟨*pas de pl*⟩ *(das Markieren)* marquage *m*; repérage *m*; **2.** *(Kennzeichen)* marque *f*; repère *m*
Mar'kierungs|fähnchen *n* fanion *m* de jalonnement; **~linie** *f* marquage *m*; tracé *m*
'markig *adj fig* énergique; vigoureux, -euse; *p/fort* truculent
märkisch ['mɛrkɪʃ] *adj* de la Marche (de Brandebourg)
Markise [mar'ki:zə] *f* ⟨~; ~n⟩ store *m*
'Mark|klößchen *n* boulette *f* de moelle; **~klößchensuppe** *f* soupe *f* aux boulettes de moelle; **~knochen** *m* os *m* à moelle
'Markstein *m* borne *f*; *fig* date *f* historique; événement marquant; **ein ~ in der Geschichte sein** faire date dans l'histoire
'Markstück *n* ⟨~(e)s; ~e⟩ *(pièce f de un)* mark *m*; **~groß** *adj* de la taille d'un mark
Markt [markt] *m* ⟨~(e)s; ~e⟩ **1.** *(Wochen~)* marché *m*; *(Jahr~, Vieh~)* foire *f*; **heute ist ~ in ...** aujourd'hui, il y a *od* c'est jour de marché à ...; **auf den ~ gehen** aller au marché; **2.** *(~platz)* (place *f* du) marché *m*; **3.** *(Handel, Geldverkehr)* marché *m*; *(Absatz~)* débouché *m*; **der Gemeinsame ~** le Marché commun; **ein Erzeugnis auf den ~ bringen** commercialiser, lancer un produit; mettre un produit sur le marché
'Markt|absprache *f* entente *f* (illicite) de producteurs; **~analyse** *f* analyse *f* du *(bzw des)* marché(s); **~anteil** *m* part *f* de marché; **~bedürfnisse** *n/pl* nécessités *f/pl*, besoins *m/pl* du marché; demande *f* sur le marché; **~beherrschend** *adjt* dominant le marché; ayant une position-clé sur le marché; **~beherrschung** *f* domination *f* du marché; **~beobachtung** *f* observation *f* des tendances du marché; **~bericht** *m* cours *m* du marché; **~entwicklung** *f* évolution *f* du marché; **~erschließung** *f* ouverture *f* du *bzw* d'un marché; **~fähig** *adj* vendable; négociable
'Marktflecken *m* bourg *m*; kleiner bourgade *f*
'Markt|forschung *f* étude *f* des techniques commerciales, des marchés; **~frau** *f* marchande *f*; **~führend** *adj* qui domine le marché; **~führer** *m* leader *m* sur le marché; **~gängig** *adj* COMM qui se vend bien; **~gerecht** *adj* approprié au marché; **~halle** *f* marché couvert; **~konform** *cf* **marktgerecht**; **~korb** *m* panier *m* à provisions; **~lage** *f* ⟨~⟩ situation *f*, condition *f* du marché; **~lücke** *f* créneau *m* (a *fig*); **~ordnung** *f* **1.** ÉCON organisation *f*, réglementation *f* du marché; **2.** *auf dem Marktplatz* organisation *f* des mar-

chés et foires; ~**platz** *m* place *f* du marché; ~**recht** *n* HIST droit *m* de tenir marché; ~**schreier** *m* vendeur *m* à la criée; bonimenteur *m*; vendeur baratineur; **schreierisch** *adj* tapageur, -euse; ~**schwankungen** *f/pl* fluctuations *f/pl* du marché; ~**stand** *m* étal *m*; ~**studie** *f* étude *f* du marché; ~**tag** *m* jour *m* de marché; ~**weib** F *n* matrone *f*; ~**wert** *m* ⟨~(e)s⟩ valeur marchande; prix courant

'**Marktwirtschaft** *f* ⟨~⟩ économie *f* de marché; *freie* ~ (économie *f* de) libre concurrence *f*; économie libérale; *soziale* ~ économie sociale de marché

'**marktwirtschaftlich** *adj* d'économie de marché

Markus ['markʊs] *m* ⟨→ *n*/*pr*⟩ Marc *m*; ~**evangelium** *n* Évangile *m* selon saint Marc

Marlene [mar'leːnə] *f* ⟨→ *n*/*pr*⟩ Marlène *f*

Marmelade [marmə'laːdə] *f* ⟨~; ~n⟩ confiture *f*

Marme'laden|brot *n* tartine *f* de confiture; ~**glas** *n* pot *m* de confiture

Marmor ['marmɔr] *m* ⟨~s; -e⟩ marbre *m*; ~**ader** *f* veine *f* de marbre; ~**block** *m* ⟨~(e)s; -blöcke⟩ bloc *m* de marbre

marmo'rier|en *v/t* ⟨*pas de ge-*, h⟩ marbrer; **ung** *f* ⟨~; ~en⟩ marbrure *f*

Marmorkuchen *m* gâteau marbré

'**marmorn** *adj* de od en marbre; *fig* a marmoréen, -éenne

'**Marmor|säule** *f* colonne *f* de marbre; ~**statue** *f* statue *f* de od en marbre; marbre *m*

marode [ma'roːdə] *adj* pourri

Marodeur [maro'døːr] *m* ⟨~s; -e⟩ maraudeur *m*

Marokkaner(in) [marɔ'kaːnər(ɪn)] *m* ⟨~s; ~⟩ (*f*) ⟨~; ~nen⟩ Marocain(e) *m*(*f*)

marok'kanisch *adj* marocain

Marokko [ma'rɔko] *n* ⟨→ *n*/*pr*⟩ le Maroc

Marone [ma'roːnə] *f* ⟨~; ~n⟩ **1.** (*Eßkastanie*) marron *m*; **2.** *Pilz* bolet *m* fauve

Ma'roni *pl* südd, österr marrons *m*/*pl*

Marotte [ma'rɔtə] *f* ⟨~; ~n⟩ marotte *f*; manie *f*

Mars[1] [mars] *m* ⟨→*n*/*pr*⟩ ASTR (*der*) ~ Mars

Mars[2] *m* ⟨~; -e⟩ MAR 'hune *f*

'**Marsbewohner** *m* Martien *m*

marsch [marʃ] *int* *vorwärts* ~! en avant marche!; F ~ *hinaus*! 'hors d'ici!; dehors!; F *an die Arbeit*, ~! et maintenant, au travail!

Marsch[1] [marʃ] *m* ⟨~(e)s; -e⟩ MUS, MIL, *fig* marche *f*; F *fig j-m den* ~ *blasen* F sonner les cloches à qn

Marsch[2] *f* ⟨~; ~en⟩ GÉOGR terre basse et fertile (conquise sur la mer)

Marschall ['marʃal] *m* ⟨~s; -schälle⟩ maréchal *m*

'**Marschall(s)stab** *m* bâton *m* de maréchal

'**Marsch|befehl** *m* ordre *m* de marche; **bereit** *adj* prêt à partir; MIL à prêt à, capable d'entrer en campagne; ~**flugkörper** *m* MIL missile *m* de croisière; ~**gepäck** *n* bagages *m*/*pl* de route

mar'schieren *v/i* ⟨*pas de ge-*, sein⟩ marcher

'**Marschkolonne** *f* colonne *f*, groupe *m* de marche

'**Marschland** *n* ⟨~(e)s⟩ *cf* **Marsch**[2]

Marsch|musik *f* musique *f* militaire; marches *f*/*pl*; ~**ordnung** *f* ordre *m* de marche; ~**richtung** *f* direction *f* (de marche); *fig* ligne *f* de conduite; ~**route** *f* itinéraire *m*; tracé *m* de route; *fig* ligne *f* de conduite; ~**tempo** *n* ⟨~s⟩ allure *f*, cadence *f*, vitesse *f* (de marche); ~**verpflegung** *f* approvisionnement *m*, vivres *m*/*pl* de route; ~**ziel** *n* but *m*, MIL objectif *m* de marche

'**Marsmensch** *m* Martien *m*

'**Mars|rahe** *f* MAR vergue *f* de hune; ~**segel** *n* MAR 'hunier *m*; ~**stenge** *f* MAR mât *m* de hune

Marstall ['marʃtal] *m* HIST écuries *f*/*pl* (d'un prince)

Marter ['martər] *st/s f* ⟨~; ~n⟩ torture *f*; martyre *m*

'**Marterl** ⟨~s; ~n⟩ *bayrisch, österr* calvaire *m*

'**martern** *v/t* ⟨-(e)re, h⟩ torturer; martyriser; *seelisch* tourmenter

'**Marter|pfahl** *m* poteau *m* de torture(s); ~**tod** *st/s m* martyre *m*; ~**werkzeug** *n* instruments *m*/*pl* de torture

Martha ['marta] *f* ⟨→ *n*/*pr*⟩ Marthe *f*

martialisch [martsi'aːlɪʃ] *st/s adj* martial

Martin ['martiːn] *m* ⟨→ *n*/*pr*⟩ Martin *m*

Martina [mar'tiːna] *f* ⟨→ *n*/*pr*⟩ Martine *f*

Martinique [marti'niːk] *n* ⟨→ *n*/*pr*⟩ la Martinique

'**Martins|gans** *f* CUIS oie *f* de la Saint-Martin; ~**horn** *n* avertisseur *m* à deux tons (*des voitures de pompiers, de la police, etc*); ~**tag** *m* (la) Saint-Martin

Märtyrer|(in) ['mɛrtyrər(ɪn)] *m* ⟨~s; ~⟩ (*f*) ⟨~; ~nen⟩ martyr(e) *m*(*f*); ~**tod** *m* martyre *m*; ~**tum** *n* ⟨~s⟩ martyre *m*

Martyrium [mar'tyːrium] *n* ⟨~s; -ien⟩ martyre *m*

Marx|ismus [mar'ksɪsmʊs] *m* ⟨~⟩ marxisme *m*; ~**ist(in)** *m* ⟨~en; ~en⟩ (*f*) ⟨~; ~nen⟩ marxiste *m*,*f*; **istisch** *adj* marxiste

März [mɛrts] *m* ⟨~(es); -e⟩ (mois *m* de) mars *m*; *cf a* **Januar**

'**Märzenbecher** *m* BOT nivéole *f*

Marzipan [martsi'paːn] *n*, *österr m* ⟨~s; -e⟩ pâte *f* d'amandes; ~**brot** *n* sucrerie à la pâte d'amandes en forme de petit pain; ~**kartoffel** *f* sucrerie à la pâte d'amandes en forme de petite pomme de terre

Mascara [mas'kaːra] *f* ⟨~; ~s⟩ mascara *m*; fard *m* pour cils

Masche ['maʃə] *f* ⟨~; ~n⟩ **1.** maille *f*; *feste* ~ maille serrée; *fig durch die* ~*n des Gesetzes schlüpfen* passer à travers les mailles de la justice; **2.** *österr* (*Schleife*) nœud *m*; **3.** F (*Trick*) F combine *f*; truc *m*; *s-e neueste* ~ *a* son nouveau dada

'**Maschen|draht** *m* grillage *m*; treillis *m* métallique; ~**reihe** *f* rangée *f* de mailles; ~**zahl** *f* ⟨~⟩ nombre *m* de mailles

Maschine [ma'ʃiːnə] *f* ⟨~; ~n⟩ **1.** machine *f*; **2.** (*Schreib*) machine *f* (à écrire); *etw mit der* ~ *schreiben* taper qc à la machine; **3.** F (*Motor, Motorrad*) F machine *f*, (*Auto*) F grosse bagnole, (*Flugzeug*) appareil *m*; **4.** F (*dicke Frau*) F grosse dondon

ma'schinegeschrieben *adjt* tapé à la machine; dactylographié

maschi'nell I *adj* (*épithète*) mécanique; ~**e Einrichtung** machinerie *f*; **II** *adv* à la machine; mécaniquement; ~ *hergestellt* fait à la machine

Ma'schinen|bau *m* ⟨~(e)s⟩ construction *f* mécanique; *Lehrfach* études *f*/*pl* d'ingénieur mécanicien; ~**bauer** *m* ⟨~s; ~⟩ constructeur *m* de machines; ~**bauingenieur(in)** *m*(*f*) ingénieur mécanicien; ~**fabrik** *f* atelier *m* de constructions mécaniques; **geschrieben** *cf* **maschinegeschrieben**; **gestrickt** *adjt* tricoté à la machine; ~**gewehr** *n* mitrailleuse *f*; ~**haus** *n* salle *f* des machines; ~**lärm** *m* vacarme *m* des machines; ~**laufzeit** *f* durée *m* d'utilisation des équipements; **lesbar** *adj* INFORM lisible, exploitable par (un) ordinateur; ~**meister** *m* chef mécanicien; THÉ (chef *m*) machiniste *m*; ~**öl** *n* huile *f* à machine; ~**park** *m* parc *m* de machines; ~**pistole** *f* mitraillette *f*; pistolet mitrailleur; ~**raum** *m*, ~**saal** *m* salle *f* des machines; ~**satz** *m* ⟨~es⟩ TYPO composition *f* mécanique; ~**schaden** *m* avarie *f* de machine; ~**schlosser** *m* ajusteur *m*; ~**schreiben** *n* ⟨~s⟩ dactylographie *f*

Ma'schinenschrift *f* dactylographie *f*; *in* ~ dactylographié; tapé à la machine

Ma'schinen|wärter *m* mécanicien *m* d'entretien; ~**zeitalter** *n* âge *m*, ère *f* de la machine

Maschinerie [maʃinə'riː] *f* ⟨~; ~n⟩ machinerie *f*; *fig* machine *f*

ma'schineschreiben *v/i* ⟨schreibt Maschine, schrieb Maschine, maschinegeschrieben, h⟩ taper à la machine

Maschi'nist *m* ⟨~en; ~en⟩ chef mécanicien; mécanicien *m* d'entretien

Maser ['maːzər] *f* ⟨~; ~n⟩ veine *f*

'**maserig** *adj* veiné; madré

'**Masern** *f*/*pl* MÉD rougeole *f*

'**Maserung** *f* ⟨~; ~en⟩ veines *f*/*pl*; nervures *f*/*pl* de bois

Maske ['maskə] *f* ⟨~; ~n⟩ **1.** *a fig*, MÉD, *Person* masque *m*; (*Halb*) loup *m*; *die* ~ *abnehmen, fallen lassen* se démasquer; lever, jeter le masque (*beide a fig*); *j-m die* ~ *abreißen* arracher le masque à qn; démasquer qn (*beide a fig*); **2.** THÉ maquillage *m*; **3.** PHOT, TYPO cache *m*; **4.** INFORM *auf dem Bildschirm* grille *f* d'écran

'**Masken|ball** *m* bal masqué, costumé; ~**bildner(in)** *m* ⟨~s; ~⟩ (*f*) ⟨~; ~nen⟩ maquilleur, -euse *m*,*f*

Maskerade [maskə'raːdə] *f* ⟨~; ~n⟩ mascarade *f*

mas'kier|en ⟨*pas de ge-*, h⟩ **I** *v/t* **1.** *j-n* ~ masquer, (*schminken*) maquiller qn; (*verkleiden*) déguiser qn (*als* en); **2.** *fig* (*tarnen*) *etw* ~ masquer qc; **II** *v/réfl sich* ~ **3.** se masquer; (*sich schminken*) se maquiller; **4.** (*sich verkleiden*) se déguiser (*als* en)

Mas'kierung *f* ⟨~; ~en⟩ (*Verkleidung*) déguisement *m*; (*Kostüm*) costume *m*

Maskottchen [mas'kɔtçən] *n* ⟨~s; ~⟩ mascotte *f*; porte-bonheur *m*

maskulin [masku'liːn *ou* 'mas-] *adj* masculin

'**Maskulinform** *f* GR forme masculine

'**Maskulinum** *n* ⟨~s; -na⟩ (genre, nom) masculin *m*

Masoch|ismus [mazɔ'xɪsmʊs] *m* ⟨~⟩ masochisme *m*; ~**ist(in)** *m* ⟨~en; ~en⟩ (*f*) ⟨~; ~nen⟩ masochiste *m*,*f*; **istisch** *adj* masochiste

maß [ma:s] *cf* **messen**
Maß¹ *n* ⟨~es; ~e⟩ **1.** (~*einheit, Größe*) mesure *f*; ~ **nehmen** prendre les mesures (*bei* de); **nach ~** sur mesure; *fig* **mit zweierlei ~ messen** avoir *od* faire deux poids, deux mesures; *st/s* **in gerüttelt ~ an** (+*dat*) une bonne dose de; **das ~ ist voll!** la coupe est pleine!; ça dépasse les bornes!; **2.** (*Verhältnis*) proportions *f/pl*; **3.** (*Aus*2) dimension *f*; étendue *f*; **ein hohes ~ an Vollkommenheit erreichen** atteindre un 'haut degré de perfection; **in begrenztem, beschränktem ~(e)** dans une moindre mesure; **in gewissem ~(e)** dans une certaine mesure; **in hohem ~(e)** à un 'haut degré; dans une large mesure; **in höchstem ~(e)** au plus 'haut point, degré; **in stärkerem ~(e)** dans une plus forte proportion; **in vollem ~(e)** pleinement; **in zunehmendem ~(e)** de plus en plus; **in dem ~(e) wie ...** (au fur et) à mesure que ...; dans la mesure où ...; **in e-m ~(e), daß ...** au point de (+*inf*); au point que ... (+*subj*); **4.** *fig* (*Grenzen*) bornes *f/pl*; limite(s) *f(pl)*; (*Mäßigung*) modération *f*; **alles mit, in ~en** n'abusez pas; pas d'excès!; avec mesure; *st/s* **über alle, die ~en** (*sehr*) extrêmement; excessivement; (*maßlos*) à l'excès; *st/s* à outrance; **das übersteigt alles ~** cela dépasse toute mesure; **ohne ~ und Ziel** sans mesure; à l'excès; **weder ~ noch Ziel kennen** être sans mesure; n'avoir pas, manquer de mesure; **jedes ~ verlieren** perdre toute mesure
Maß² *f* ⟨~; ~(e), mais 2 ~⟩ *südd, österr* litre *m* (de bière)
Massage [ma'sa:ʒə] *f* ⟨~; ~n⟩ massage *m*; ~**behandlung** *f* massages *m/pl*; ~**gerät** *n* appareil *m* pour masser; ~**institut** *n* cabinet *m* de travail d'un masseur; ~**öl** *n* huile *f* de massage; ~**salon** *m verhüllend* établissement *m* de massage thaïlandais; ~**stab** *m* vibro-masseur *m*
Massa|ker [ma'sa:kər] *n* ⟨~s; ~⟩ massacre *m*; carnage *m*; 2**krieren** *v/t* ⟨*pas de ge-*, h⟩ massacrer
Maß|analyse *f* CHIM analyse *f* volumétrique; titrage *m*; ~**angabe** *f* indication *f* d'unité de mesure; ~**anzug** *m* costume *m*, complet *m* (fait) sur mesure(s)
Maßarbeit *f* travail *m* (fait) sur mesure; F *fig* **das war ~** c'était du sur mesure
Masse ['masə] *f* ⟨~; ~n⟩ **1.** (*formloser Stoff*) masse *f*; TECH (*Guß*2) coulée *f*; **e-e klebrige ~** une pâte gluante; **e-e undefinierbare ~** une substance indéfinissable; **2.** (*Menge*) masse *f*, quantité *f* (*an* [+*dat*], *von* de); F **er hat e-e** (*ganze*) ~ **Bücher** il a un tas de livres; **sie kamen in ~n** (*dat*) ils accoururent en foule, en masse, en grand nombre; F **die ~ macht's** c'est la quantité qui compte; **2.** (*Menschenmenge*) masse *f*, foule *f*; **die breite ~** le grand public; **4.** PHYS masse *f*; **5.** ÉLECT masse *f*; terre *f*; **6.** JUR (*Konkurs*2) masse *f*; **mangels ~** *fig plais ausfallen etc* faute de participants, spectateurs, *etc*
Maß|einheit *f* unité *f* de mesure; ~**einteilung** *f* graduation *f*
Massel¹ ['masəl] *f* ⟨~; ~n⟩ TECH gueuse *f*

Massel² F *m* ⟨~s⟩ ~ **haben** F avoir la baraka
'**Massenabfertigung** *f péj* **das ist die reinste ~** *beim Arzt* c'est soigner les malades en série; *in der Mensa* c'est de la restauration en série
'**Massen|absatz** *m* vente *f* en grandes quantités; ~**andrang** *m* affluence *f*; ~**anziehung** *f* PHYS gravitation *f*; ~**arbeitslosigkeit** *f* chômage généralisé; ~**artikel** *m* article *m* de série; ~**aufgebot** *n* mise en action massive (*an* [+*dat*] de); ~**auflage** *f* TYPO gros tirage; ~**bewegung** *f* mouvement *m* de masse; ~**demonstration** *f* manifestation *f* de masse; ~**entlassung** *f* licenciement collectif, massif; ~**fabrikation** *f* fabrication *f* en grande(s) série(s); ~**flucht** *f* ⟨~⟩ exode massif; ~**gesellschaft** *f* civilisation *f* de masse; ~**grab** *n* fosse commune; ~**güter** *n/pl* marchandises *f/pl* en vrac, de gros tonnage; 2**haft** *adj* ⟨*épithète*⟩ *u* F *adv* en masse(s); ~**herstellung** *f cf* **Massenfabrikation**; ~**hinrichtung** *f* exécutions *f/pl* en masse; ~**hysterie** *f* hystérie collective; ~**karambolage** *f* collision *f* en chaîne; carambolage *m*; ~**kundgebung** *f* manifestation *f* de masse; ~**medien** *n/pl* mass media *m/pl*; ~**mord** *m* massacre *m*; *p/fort* hécatombe *f*; ~**mörder(in)** *m(f)* criminel, -elle *m,f* qui a commis plusieurs meurtres; ~**organisation** *f* organisation *f* de masse; ~**produktion** *f* production *f* en grande(s) série(s); ~**psychologie** *f* psychologie *f* des foules; ~**psychose** *f* psychose collective; ~**quartier** *n* (centre *m* d')hébergement *m* de masse; ~**sport** *m* sport *m* populaire; ~**sterben** *n* hécatombe *f*; ~**streik** *m* grève massive, *p/fort* générale; ~**tierhaltung** *f* élevage industriel; ~**tourismus** *m* tourisme *m* de masse; ~**transport** *m* transport collectif, de masse; ~**veranstaltung** *f* manifestation *f*, concert *m*, spectacle *m*, *etc* qui attire une foule de participants *bzw* spectateurs; ~**verhaftung** *f* arrestation massive, en masse; ~**verkehrsmittel** *n* moyen *m* de transport de masse; ~**vernichtungswaffen** *f/pl* armes *f/pl* de destruction massive; ~**versammlung** *f* rassemblement *m* de masse, populaire; ~**wahn** *m cf* **Massenhysterie**; ~**ware** *f* marchandise *f* fabriquée en série; 2**weise** *adv* massivement; en masse, en foule; 2**wirksam** *adj* qui a de l'effet, qui agit sur les masses; ~**wirkung** *f* effet *m* sur les masses
Mas'seur(in) *m* ⟨~s; ~e⟩ (*f*) ⟨~; ~nen⟩ masseur, -euse *m,f*
Masseuse [ma'sø:zə] *f* femme qui pratique le massage thaïlandais
'**Maßgabe** *f* **mit der ~, etw zu tun** avec l'ordre de faire qc; *st/s* **nach ~** (+*gén*) en raison de; suivant; conformément à
'**maßgearbeitet** *adj* sur mesure
'**maßgebend** *adj* Faktor *etc* déterminant; (*entscheidend*) décisif, -ive; *Urteil, Einfluß, Buch* qui fait autorité; *Person a* compétent; *Meinung* qui a de l'influence
'**maßgeblich I** *adj* décisif, ive; *Person a* compétent; **ich erfahre von ~er Seite** j'apprends de source autorisée; **II** *adv* de manière décisive; valablement; **~ an**

etw (*dat*) **beteiligt sein** participer à qc de façon déterminante; jouer un rôle de premier plan dans qc
'**maß|gerecht** *adj* qui a les mesures, les dimensions prescrites; ~**geschneidert** *adjt* sur mesure; *fig* adapté; qui convient
'**maßhalten** *v/i* ⟨*irr, sép*, -ge-, h⟩ garder la mesure; éviter les excès; **im Essen ~** manger avec modération
mas'sieren *v/t* ⟨*pas de ge-*, h⟩ **1.** MÉD masser; **2.** SPORT, MIL (*verstärken*) masser; *Truppen a* concentrer; *fig* **massiert auftreten** se multiplier
'**massig I** *adj* massif, -ive; compact; **II** F *adv* (*viel*) F en masse; **er hat ~ Geld** F il a plein de fric; **wir haben ~ Zeit** on a tout le temps
mäßig ['mɛ:sɪç] *adj* **1.** (*maßhaltend*) modéré; mesuré; *im Essen a* frugal; *im Essen u Trinken, Genuß a* sobre; tempérant; **2.** (*gering*) moyen, -enne; modéré (*a Interesse, Preis*); Einkommen modeste; **schwache bis ~e Winde** vents faibles et modérés; **3.** (*mittel~*) médiocre
'**mäßigen** *st/s* ⟨h⟩ **I** *v/t* modérer; (*mildern*) tempérer; *Ansprüche a* rabaisser; diminuer; **das Tempo ~** ralentir; **II** *v/réfl* **sich ~** se modérer; **~ Sie sich!** a calmez-vous!
'**Mäßigkeit** *f* ⟨~⟩ **1.** (*Mäßigung*) modération *f*; *im Essen a* frugalité *f*; *im Genuß, Essen u Trinken a* sobriété *f*; tempérance *f*; **2.** (*Mittel*2) médiocrité *f*
'**Mäßigung** *f* ⟨~⟩ modération *f*
mas'siv I *adj* **1.** Metalle, Holz massif, -ive; *Holz a* plein; TECH (*aus e-m Stück*) monobloc (*inv*); **2.** (*heftig*) Kritik, Drohungen *etc* violent; *Forderung* extrême; *Druck* énorme; F ~ **werden** devenir grossier; se laisser aller à des injures; **II** *adv* massivement; solidement; **~ gebaut** construit en dur
Mas'siv *n* ⟨~s; ~e⟩ GÉOGR massif *m*; ~**bau** *m* ⟨~(e)s; ~ten⟩, ~**bauweise** *f* construction en dur, massive
'**Maßkrug** *m* chope *f* (d'un litre de bière)
'**Maßliebchen** *n* ⟨~(e)s; ~⟩ BOT pâquerette *f*
'**maßlos I** *adj* extrême; *Übertreibung, Ansprüche* démesuré; *Ehrgeiz* sans bornes; **im Essen, Trinken ~ sein** manger, boire excessivement; **er hat ~e Ansprüche** ses prétentions dépassent toute mesure; **II** *adv* extrêmement; **er ist ~ eitel** il est d'une vanité sans bornes, limites; **er ist ~ erregt** il est complètement, absolument 'hors de lui; **sie übertreibt ~** elle exagère terriblement
'**Maßlosigkeit** *f* ⟨~⟩ démesure *f*; absence *f* de modération; caractère excessif
Maßnahme ['ma:sna:mə] *f* ⟨~; ~n⟩ mesure *f*; disposition *f*; **~n treffen, ergreifen** prendre des mesures, dispositions; **einschneidende ~n ergreifen** trancher dans le vif; **~n zur Verhütung von ...** mesures préventives contre ...
'**Maß|regel** *f* directive *f*; instruction *f*; 2**regeln** *v/t* ⟨-(e)le, *insép*, ge-, h⟩ *j-n ~* (*ermahnen*) rappeler qn à l'ordre; (*bestrafen*) infliger une punition à qn; sévir contre qn; ~**reg(e)lung** *f* (*Ermahnung*) rappel *m* à l'ordre; (*Bestrafung*) punition *f*; ~**schneider(in)** *m(f)* tailleur *m*, couturière *f* (travaillant sur mesure)

Maßstab *m* **1.** (*Norm*) norme *f*; règle *f*; critère *m*; **e-n ~ an etw** (*acc*) **legen** appliquer une norme, un critère à qc; **e-n anderen ~ anlegen** appliquer un autre critère; **j-n, etw zum ~ nehmen** prendre qn, qc pour modèle; *das ist für mich kein ~* ce n'est pas un critère pour moi; **2.** *auf Landkarten etc* échelle *f*; *im ~ 1:100000* à l'échelle de 1/100000ᵉ; *in verkleinertem ~* à échelle réduite; en réduction; **3.** *fig* échelle *f*; mesure *f*; *in großem ~* sur une grande échelle
'**maßstab(s)|gerecht**, **~getreu** *adj u adv* à l'échelle
'**maßvoll** *adj Mensch, Forderungen* modéré; *Urteil* mesuré; *Mensch a* sobre; plein de modération
Mast¹ [mast] *m* ⟨~(e)s; ~e(n)⟩ **1.** MAR mât *m*; *die ~en a* la mâture; **2.** (*Fahnen*♀, *Zelt*♀) mât *m*; (*Hochspannungs*♀) pylône *m*
Mast² *f* ⟨~; ~en⟩ AGR engraissement *od* engraissage *m*; *von Geflügel a* gavage *m*
'**Mastbaum** *m* MAR mât *m*
'**Mastdarm** *m* ANAT rectum *m*
mästen ['mɛstən] *v/t* ⟨-ete, h⟩ engraisser; *Geflügel a* gaver
'**Mastgans** *f* oie engraissée, gavée
Mastix ['mastɪks] *m* ⟨~(es)⟩ mastic *m*
'**Mastkorb** *m* MAR 'hune *f*
'**Mast|kur** *f* cure *f* d'engraissement; **~ochse** *m* bœuf engraissé
'**Mästung** *f* ⟨~⟩ *cf* Mast²
Mastur|bation [masturbatsi'oːn] *f* ⟨~; ~en⟩ masturbation *f*; ♀'**bieren** *v/i* ⟨*pas de ge-*, h⟩ (se) masturber
Matador [mata'doːr] *m* ⟨~s; ~e⟩ matador *m*
Match [mɛtʃ] *n, schweiz m* ⟨~(e)s; ~s *ou* ~e⟩ match *m*; '**~ball** *m* balle *f* de match; '**~sack** *m* sacoche *f*
Mate ['maːtə] *m* ⟨~⟩ maté *m*
Material [materi'aːl] *n* ⟨~s; ~ien⟩ **1.** (*Stoff*) matière *f*; (*Werkstoff*) matériau(x) *m(pl)*; (*Roh*♀) matière première; (*Büro*♀, *schulisches* ~) fournitures *f/pl*; **2.** (*Ausrüstung*) matériel *m*; équipement *m*; (*Werkzeug*) outillage *m*; **3.** (*Unterlagen, Beweis*♀) matériel *m*; matériaux *m/pl*; **~anforderung** *f* demande *f* de matériel *bzw* de fournitures; **~aufwand** *m* dépenses *f/pl* en matières (premières) et fournitures; **~ausgabe** *f* ⟨~⟩ distribution *f* de matériel; **~bedarf** *m* besoin *m* de matériel; **~ermüdung** *f* fatigue *f*, usure *f* du matériel; **~fehler** *m* défectuosité due au matériel; défaut *m* technique
Materia|'lismus *m* ⟨~⟩ matérialisme *m*; **~'list(in)** *m* ⟨~en; ~en⟩ (*f*) ⟨~; ~nen⟩ matérialiste *m,f*; ♀'**listisch** *adj* matérialiste
Materi'al|kosten *pl* frais *m/pl* de matériel; frais *m/pl* de fournitures; **~lager** *n* dépôt *m* de matériel; **~probe** *f* prélèvement *m* de matière; **~prüfung** *f* essai *m*, contrôle *m*, examen *m* des matériaux; **~schaden** *m* dégât matériel
Materi'alschlacht *f* MIL bataille *f* de matériel; *fig das war e-e richtige ~* ils ont employé les grands moyens
Materi'alverbrauch *m* consommation *f* des matériaux
Materie [ma'teːriə] *sc f* ⟨~; ~n⟩ matière *f*
materi'ell I *adj* **1.** PHYS, PHILOS, FIN,

COMM matériel, -ielle; **2.** *péj* (*materialistisch*) matérialiste; II *adv* **1.** matériellement; **2.** *péj* d'une façon matérialiste; **~ eingestellt sein** avoir des idées matérialistes; être matérialiste
Mathe ['matə] F *f* ⟨~⟩ F maths *f/pl*
Mathematik [matəma'tiːk *ou* -'matɪk] *f* ⟨~⟩ mathématiques *f/pl*; *reine, angewandte, höhere ~* mathématiques pures, appliquées, transcendantes
Mathe'mat|iker(in) *m* ⟨~s; ~⟩ (*f*) ⟨~; ~nen⟩ mathématicien, -ienne *m,f*; ♀**isch** *adj* mathématique
Mathilde [ma'tɪldə] *f* ⟨→ *n/pr*⟩ Mathilde *f*
Matinee [mati'neː] *f* ⟨~; ~n⟩ séance théâtrale, musicale, *etc* ayant lieu la matinée
Matjes ['matjəs] *m* ⟨~⟩, **~hering** *m* (jeune) 'hareng mariné dans du sel
Matratze [ma'tratsə] *f* ⟨~; ~n⟩ matelas *m*
Ma'tratzen|lager *n* matelas *m(pl)* à même le sol; **~schoner** *m* protège-matelas *m*; *als Auflage a* couvre-matelas *m*
Mätresse [mɛ'trɛsə] *f* ⟨~; ~n⟩ HIST favorite *f*
matriar|chalisch [matriar'çaːlɪʃ] *adj* matriarcal; ♀'**chat** *n* ⟨~(e)s; ~e⟩ matriarcat *m*
Matrikel [ma'triːkəl] *f* ⟨~; ~n⟩ matricule *f*; registre *m*; **~nummer** *f* numéro *m* d'immatriculation; matricule *f*
Matrix ['matrɪks] *f* ⟨~; -izes⟩ sc matrice *f*; **~drucker** *m* INFORM imprimante matricielle
Matrize [ma'triːtsə] *f* ⟨~; ~n⟩ **1.** TYPO, MATH matrice *f*; **2.** *für die Schreibmaschine* stencil *m*
Matrone [ma'troːnə] *f* ⟨~; ~n⟩ matrone *f*
Matrose [ma'troːzə] *m* ⟨~n; ~n⟩ matelot *m* (*a* MIL); marin *m*
Ma'trosen|anzug *m* costume marin; **~kragen** *m* col marin; **~mütze** *f* béret marin
Matsch [matʃ] F *m* ⟨~(e)s⟩ **1.** (*breiige Masse*) bouillie *f*; **2.** (*Dreck*) boue *f*; gadoue *f*
'**matschen** F *v/i* ⟨h⟩ (*im Dreck*) ~ jouer avec la boue
'**matschig** F *adj* **1.** (*breiig*) F en marmelade; *Früchte* blet, blette; **2.** (*schlammig*) boueux, -euse; bourbeux, -euse
matt [mat] *adj* **1.** *Personen* (*erschöpft*) épuisé; exténué; (*schwach*) faible (*a fig*) *Lächeln, Stimme, Entschuldigung etc*); *Angriff a* qui manque de vigueur, de force; **2.** (*glanzlos*) mat; (*trübe*) terne; *Farben a* pâle; *Licht* tamisé; *Blick* mourant; languissant; **3.** *Foto, Papier, Gold* mat; *Glas* dépoli; **4.** SCHACHSPIEL mat; *j-n ~ setzen* faire qn mat
Matte¹ ['matə] *f* ⟨~; ~n⟩ (*Flechtwerk*) natte *f*; *aus Stroh* paillasson *m*; SPORT tapis *m*; F *fig auf der ~ stehen* être à pied d'œuvre; (*fertig sein*) être fin prêt
'**Matte**² *f* ⟨~; ~n⟩ *schweiz, poét* (*Gebirgswiese*) alpage *m*; pâturage *m* de haute montagne
Matterhorn ['matərhorn] ⟨→ *n/pr*⟩ *das ~ le* (mont) Cervin
'**Matt|glas** *n* verre mat, dépoli; **~gold** *n* or mat
Matthäus [ma'tɛːus] *m* ⟨→ *n/pr*⟩ Matthieu *m*; **~evangelium** *n* Évangile *m* selon saint Matthieu

Matthias [ma'tiːas] *m* ⟨→ *n/pr*⟩ Mat(t)hias *m*
mat'tieren *v/t* ⟨*pas de ge-*, h⟩ dépolir; TECH *Glas a* mater; *Silber, Gold etc* matir
'**Mattigkeit** *f* ⟨~⟩ (*Schwäche*) fatigue *f*; lassitude *f*; faiblesse *f*; (*Erschöpfung*) épuisement *m*; abattement *m*
'**Mattscheibe** *f* TV petit écran; PHOT verre dépoli; F *fig* **~ haben** F avoir un (passage à) vide
Matura [ma'tuːra] *f* ⟨~⟩ österr, schweiz baccalauréat *m*
Matu'rand(in) *m* schweiz, **Matu'rant(in)** österr *m* ⟨~en; ~en⟩ (*f*) ⟨~; ~nen⟩ bachelier, -ière *m,f*
Matz [mats] F *m* ⟨~es; ~e *ou* ~e⟩ *kleiner ~* petit bonhomme
Mätzchen ['mɛtsçən] F *n* ⟨~s; ~⟩ **1.** (*Unsinn*) drôlerie *f*; bêtise *f*; (*Kinder*,) *laßt die ~!* arrêtez vos bêtises!; **2.** (*Tricks*) blague *f*; farce *f*; *... und keine ~!* ... et pas de blague!; ... et pas d'histoires!
Matze ['matsə] *f* ⟨~; ~n⟩, **~n** *m* ⟨~s; ~⟩ pain *m* azyme
Mauer ['mauər] *f* ⟨~; ~n⟩ mur *m*; *coll* muraille *f*; *die Berliner ~* le mur de Berlin; *die Chinesische ~* la Muraille de Chine; *stls* **e-e ~ des Schweigens** un mur de silence
'**Mauerbau** *m* ⟨~(e)s⟩ construction *f* d'un mur; HIST *der* (*Berliner*) *~* la construction du Mur de Berlin
'**Mauer|blümchen** *n* jeune fille *f*, femme *f* qui fait tapisserie; **~brecher** *m* HIST MIL bélier *m*
'**mauern** *v/i* ⟨-(e)re, h⟩ I *v/t* maçonner; II *v/i* SPORT faire le mur; KARTENSPIEL garder ses cartes maîtresses
'**Mauer|pfeffer** *m* BOT poivre *m* de la muraille; orpin *m* âcre; **~schau** *f* THÉ récit synchrone d'un événement hors scène; **~segler** *m* ZO (grand) martinet *m*; **~stein** *m* pierre taillée, de taille; **~vorsprung** *m* encorbellement *m*; saillie *f*, rebord *m* (d'un mur); **~werk** *n* maçonnerie *f*
Maul [maul] *n* ⟨~(e)s; ~̈er⟩ **1.** *bei Tieren* gueule *f*; *der Pferde* bouche *f*; **2.** P *péj* (*Mund*) F gueule *f*; F bec *m*; *ein freches, loses ~ haben* F n'avoir pas sa langue dans sa poche; *das ~* (*weit*) *aufreißen, ein großes ~ haben* F être fort en gueule; F avoir une grande gueule; *halt's ~!* F (ferme) ta gueule!; F ferme-la!; *j-m das ~ stopfen* F rabattre le caquet de qn; F clouer le bec à qn; *j-m Honig ums ~ schmieren, j-m ums ~ gehen* F faire du plat à qn; *er hat vier hungrige Mäuler zu stopfen* il a quatre ventres creux à nourrir
'**Maulaffe** *m* péj **~n feilhalten** rester bouche bée; faire le badaud
'**Maul|beerbaum** *m* mûrier *m*; **~beere** *f* mûre *f*
'**maulen** F péj *v/i* ⟨h⟩ grogner; (*schmollen*) bouder; F faire la gueule; (*schimpfen*) F rouspéter; F râler
'**Maul|esel** *m* mulet *m*; mule *f*; ♀**faul** *adj peu loquace*; **~held** F *m* F grande gueule; F fort *m* en gueule
'**Maulkorb** *m* muselière *f*; *e-m Hund e-n ~ anlegen* mettre une muselière à un chien; *fig der Presse, Opposition etc e-n ~ anlegen* museler la presse, l'opposition, *etc*

Maultier – Meerblick

'Maul|tier *n* mulet *m*; mule *f*; ~trommel *f MUS* guimbarde *f*; '~- und 'Klauenseuche *f VÉT* fièvre aphteuse; ~wurf *m ZO* taupe *f* (*a fig*: *Spion*); ~wurfshügel *m* taupinière *f*
maunzen ['maʊntsən] *F v/i* ⟨h⟩ miauler
Maure ['maʊrə] *m* ⟨~n; ~n⟩ Maure *od* More *m*
'Maurer(in) *m* ⟨~s; ~⟩ (*f*) ⟨~; ~nen⟩ maçon *m*; *F plais* **pünktlich wie die ~** ponctuel, -elle comme un train de banlieue
'Maurer|arbeit *f* maçonnage *m*; maçonnerie *f*; ~geselle *m* compagnon *m*, ouvrier *m* maçon; ~handwerk *n* ⟨~(e)s⟩ métier *m* de maçon; ~kelle *f* truelle *f*; ~lehrling *m* apprenti *m* maçon
Mauretanien [maʊreˈtaːniən] *n* ⟨→ *n/pr*⟩ la Mauritanie
Maure'tanier(in) *m* ⟨~s; ~⟩ (*f*) ⟨~; ~nen⟩ Mauritanien, -ienne *m,f*
maure'tanisch *adj* mauritanien, -ienne
'maurisch *adj* maure *od* more; mauresque *od* moresque
Mauri'tier(in) [maʊˈriːtsiər(in)] *m* ⟨~s; ~⟩ (*f*) ⟨~; ~nen⟩ Mauricien, -ienne *m,f*; ℒtisch *adj* mauricien, -ienne
Mauritius [maʊˈriːtsiʊs] *n* ⟨→ *n/pr*⟩ (l'île *f*) Maurice
Maus [maʊs] *f* ⟨~; ⸚e⟩ **1.** *ZO* souris *f* (*a INFORM*); F *plais* **weiße Mäuse** (*Verkehrspolizei*) motards *m/pl*; F *fig* **weiße Mäuse sehen** F avoir des hallucinations; F **e-e graue ~** un personnage falot, insignifiant; F *fig* **da beißt die ~ keinen Faden ab** il n'y a rien à faire; on ne peut rien y changer; **2.** F *Kosewort* F petit rat; **3.** F *pl* **Mäuse** (*Geld*) F pépètes *f/pl*; F fric *m*; **hundert Mäuse** F cent balles *f/pl*
Mausche'lei F *péj f* ⟨~; ~en⟩ F magouille *f*; F magouillage *m*
mauscheln ['maʊʃəln] F *v/i* ⟨-(e)le, h⟩ F magouiller; (*mogeln*) tricher
Mäuschen ['mɔʏsçən] *n* ⟨~s⟩ **1.** petite souris; souriceau *m*; F **da hätte ich ~ sein wollen** j'aurais aimé être une petite souris (pour voir, entendre); **2.** *fig Kosewort* F petit chou
'mäuschen'still F **I** *adj* **es ist ~** on entendrait voler une mouche; **II** *adv* **sich ~ verhalten** F ne (pas) piper mot; ne pas dire (un) mot; (*sich nicht bewegen*) ne pas bouger
'Mäusebussard *m* buse *f* variable
'Mause|falle *f* souricière *f*; ~loch *n* trou *m* de souris
'Mäusemelken F *plais* **es ist zum ~!** c'est à s'arracher les cheveux!
'mausen **I** *F v/t* ⟨-(es)t, h⟩ (*stehlen*) F chiper; F faucher; **II** *v/i regional von Katzen* prendre, attraper des souris
Mauser ['maʊzər] *f* ⟨~⟩ *ZO* mue *f*; **in der ~ sein** être en mue; muer
Mäuserich ['mɔʏzərɪç] F *m* ⟨~s; ~e⟩ souris *f* mâle
'mausern *v/réfl* ⟨-(e)re, h⟩ **sich ~ 1.** *ZO* muer; être en mue; **2.** F *fig* faire peau neuve; **sich zum Schriftsteller ~** se transformer en écrivain
'mause'tot *adj* raide mort
'mausgrau *adj* gris souris (*inv*)
'mausig *adj* **sich ~ machen** devenir insolent
Mausoleum [maʊzoˈleːʊm] *n* ⟨~s; -een⟩ mausolée *m*

'maus'tot *österr cf* mausetot
Maut [maʊt] *f* ⟨~; ~en⟩ *bes österr* péage *m*; '~gebühr *f* péage *m*; '~straße *f* route *f* à péage
m. a. W. *abr* (*mit anderen Worten*) en d'autres termes
Max [maks] *m* **1.** ⟨→ *n/pr*⟩ Max *m*; **2.** F *CUIS* **strammer ~** œuf sur le plat sur du jambon et du pain
maxi ['maksi] *adj* ⟨*inv*⟩ **~ tragen** porter une maxijupe, *etc*
maxi'mal **I** *adj* maximum, *f od pl a* maxima; maximal; **II** *adv* au maximum; **das reicht für ~ zehn Personen** cela suffit pour dix personnes au maximum
Maxi'malforderung *f* exigence *f* maximum; ~wert *m* valeur *f* maximum
Maxime [maˈksiːmə] *f* ⟨~; ~n⟩ maxime *f*
maxi'mier|en *v/t* ⟨*pas de ge-*, h⟩ *t/t* maxim(al)iser; ℒung *f* ⟨~; ~en⟩ *t/t* maximisation *f*
Maximilian [maksiˈmiːliaːn] *m* ⟨→ *n/pr*⟩ Maximilien *m*
Maximum ['maksimʊm] *n* ⟨~s; -ma⟩ maximum *m* (**an** [+*dat*] de)
'Maxisingle *f* 45 tours *m* double durée
Mayonnaise [majɔˈnɛːzə] *f* ⟨~; ~n⟩ mayonnaise *f*
MAZ [mats] *f* ⟨~⟩ *TV abr* (*magnetische Bildaufzeichnung*) enregistrement *m* sur bande magnétique
Mazedo|nien [matseˈdoːniən] *n* ⟨→ *n/pr*⟩ la Macédoine; ~nier(in) *m* ⟨~s; ~⟩ (*f*) ⟨~; ~nen⟩ Macédonien, -ienne *m,f*; ℒnisch *adj* macédonien, -ienne
Mäzen(in) *m* ⟨~s; ~e⟩ (*f*) mécène *m,f*
Mäze'natentum *n* ⟨~s⟩ mécénat *m*; protection *f*
Mazurka [maˈzʊrka] *f* ⟨~; -ken *ou* ~s⟩ mazurka *f*
mb *abr* (*Millibar*) mb (millibar)
MB *INFORM abr* (*Megabyte*) Mo *m* (méga-octet)
mbH [ɛmbeːˈhaː] *abr* (*mit beschränkter Haftung*) à responsabilité limitée
MdB, M. d. B. *abr* (*Mitglied des Bundestags*) membre *m* du Bundestag
MdL, M. d. L. *abr* (*Mitglied des Landtags*) membre *m* du Landtag
MdNR *österr abr* (*Mitglied des Nationalrats*) membre *m* du Nationalrat
MDR [ɛmdeːˈʔer] *m* ⟨~⟩ (*Mitteldeutscher Rundfunk*) radio et télévision régionales allemandes (*Leipzig*)
m. E. *abr* (*meines Erachtens*) à mon avis
Mechanik [meˈçaːnɪk] *f* ⟨~; ~en⟩ *PHYS, TECH* mécanique *f*; (*Mechanismus*) mécanisme *m*
Me'chan|iker(in) *m* ⟨~s; ~⟩ (*f*) ⟨~; ~nen⟩ mécanicien, -ienne *m,f*; ℒisch *adj* mécanique; *fig* machinal
mechani'sier|en *v/t* ⟨*pas de ge-*, h⟩ mécaniser; ℒung *f* ⟨~⟩ mécanisation *f*
Mecha'nismus *m* ⟨~; -men⟩ mécanisme *m*
'Meckerecke F *f* rubrique *f* des critiques des lecteurs
Mecke'rei F *f* ⟨~; ~en⟩ F rouspétance *f*
'Mecker|er F *m* ⟨~s; ~⟩, ~fritze F *m* ⟨~n; ~n⟩ F rouspéteur *m*; F râleur *m*; **ein ~ sein** chercher la petite bête
'Meckerliese F *f* ⟨~; ~n⟩ F râleuse *f*; F (vieille) ronchon
meckern ['mɛkərn] *v/i* ⟨-(e)re, h⟩ **1.** *Ziege* bêler; **2.** F *fig* (*nörgeln*) F râler; F rouspéter; F ronchonner

'Meckerziege *f cf* Meckerliese
Mecki|frisur ['mɛkifriːzuːr] F *f*, ~schnitt F *m* cheveux *m/pl* en brosse
Mecklenburg-Vorpommern ['mɛklənbʊrkˈfoːrpɔmərn] *n* ⟨→ *n/pr*⟩ le Mecklembourg et la Poméranie occidentale
med. *abr* (*medizinisch*) médical
Medaille [meˈdaljə] *f* ⟨~; ~n⟩ médaille *f*; **j-n mit e-r ~ auszeichnen** décerner une médaille à qn
Medaillon [medalˈjõː] *n* ⟨~s; ~s⟩ médaillon *m* (*a CUIS*)
medi'al *adj* médiumnique
Medien ['meːdiən] *pl cf* Medium
'Medien|ereignis *n* événement *m* médiatique; ~forschung *f* recherches *f/pl* sur les médias; ~gewerkschaft *f* syndicat *m* des médias; ~landschaft *f* paysage audiovisuel; ~politik *f* politique *f* des médias; ~verbund *m* ⟨~(e)s⟩ **1.** *beim Unterrichten* combinaison *f* de plusieurs supports pédagogiques; **2.** *COMM* groupe *m* de communication; ℒwirksam *adj* médiatique
Medikament [medikaˈment] *n* ⟨~(e)s; ~e⟩ médicament *m*, remède *m* (**gegen** contre)
medikamentös [medikamɛnˈtøːs] **I** *adj* médicamenteux, -euse; **II** *adv* **~ behandeln** soigner avec des médicaments
Meditati'on *f* ⟨~; ~en⟩ méditation *f*
Meditati'onsübung *f* exercice *m* de méditation
medita'tiv *adj* méditatif, -ive
mediterran [mediteˈraːn] *adj* méditerranéen, -éenne
meditieren [mediˈtiːrən] *v/i* ⟨*pas de ge-*, h⟩ méditer (**über** [+*acc*] sur)
medium ['meːdiʊm] *adj* ⟨*inv*⟩ *CUIS* à point
'Medium *n* ⟨~s; -ien⟩ **1.** *st/s* véhicule *m*; **2.** *ESOTERIK* médium *m*; **3.** *GR* voix moyenne; **4.** *PHYS* milieu *m*; **5.** média *m*; **elektronische Medien** médias électroniques; **die neuen Medien** les nouveaux médias; **6.** (*Unterrichtsmittel*) support(s) *m(pl)* pédagogique(s)
Medizin [mediˈtsiːn] *f* ⟨~; ~en⟩ **1.** ⟨*pas de pl*⟩ (*Heilkunde*) médecine *f*; **2.** (*Arznei*) médicament *m*, remède *m* (**gegen** contre); ~ball *m* médecine-ball *m*
Medi'ziner(in) *m* ⟨~s; ~⟩ (*f*) ⟨~; ~nen⟩ **1.** (*Arzt*) médecin *m*; (*Ärztin*) femme *f* médecin; **2.** (*Medizinstudent[in]*) étudiant(e) *m(f)* en médecine
medi'zinisch *adj* de médecine; (*ärztlich*) médical, (*arzneilich*) médicinal; ~e Fakultät faculté *f* de médecine; ~-technische Assistentin assistante, auxiliaire médicale
Medi'zin|mann *m* ⟨~(e)s; ⸚er⟩ **1.** *bei Naturvölkern* sorcier *m*; guérisseur *m*; **2.** F *plais* F toubib *m*; ~student(in) *m(f)* étudiant(e) *m(f)* en médecine
Meduse [meˈduːzə] *f* ⟨~; ~n⟩ *ZO* méduse *f*
Me'dusenhaupt *n* tête *f* de Méduse
Meer [meːr] *n* ⟨~(e)s; ~e⟩ mer *f*; *fig a* océan *m*; **das Kaspische ~** la (mer) Caspienne; **das Tote ~** la mer Morte; **am ~** au bord de la mer; **aufs offene ~ hinausfahren** gagner la haute mer
'Meerbarbe ⟨~; ~n⟩ *f ZO sc* mullidé *m*; **Rote ~** *m* rouget *m* barbet
'Meerblick *m* **ein Haus, Zimmer mit ~** une maison, chambre *bzw* pièce avec vue sur la mer

'Meer|busen *m* golfe *m*; ~enge *f* détroit *m*; canal *m*
'Meeres|biologie *f* océanographie *f* biologique; ~boden *m* fond marin, de la mer; ~forschung *f* recherche *f* océanographique; océanographie *f*; ~früchte *f/pl* fruits *m/pl* de mer; ~grund *m* ⟨~(e)s⟩ fond marin, de la mer; ~höhe *f* ⟨~⟩ niveau *m* de la mer; ~kunde *f* ⟨~⟩ océanographie *f*; ~rauschen *n* bruit *m* des vagues
'Meeresspiegel *m* surface *f*, niveau *m* de la mer; *über*, *unter dem ~* au-dessus, au-dessous du niveau de la mer
'Meeres|strömung *f* courant *m*; ~verschmutzung *f* pollution *f* de la mer
'Meer|gott *m* dieu marin, de la mer; ²grün *adj* vert d'eau (*inv*); glauque; ~jungfrau *f* sirène *f*; ~katze *f* guenon *f*; *sc* cercopithèque *m*; ~rettich *m* raifort *m* (sauvage); ~salz *n* ⟨~es⟩ sel marin; ~schaum *m* ⟨~(e)s⟩ MINÉR écume *f* de mer; *sc* magnésite *f*; ~schaumpfeife *f* pipe *f* d'écume (de mer); ~schweinchen *n* ⟨~s; ~⟩ cochon *m* d'Inde; *Versuchstier* cobaye *m*; ~ungeheuer *n* monstre marin; ~wasser *n* ⟨~s⟩ eau *f* de mer; eau salée
Meeting ['mi:tɪŋ] *n* ⟨~s; ~s⟩ assemblée *f*; réunion *f*; meeting *m*
mega..., Mega... ['me:ga] *in Zssgn* méga(-)...
'Mega|bit *n* mégabit *m*; ~byte *n* méga-octet *m*; ~hertz *n* mégahertz *m*
Megalith [mega'li:t *ou* -'lɪt] *m* ⟨~s *ou* ~en; ~e(n)⟩ mégalithe *m*; ~grab *n* tombe *f* mégalithique; ²isch *adj* mégalithique
Megaphon [mega'fo:n] *n* ⟨~s; ~e⟩ mégaphone *m*
Megäre [me'gɛ:rə] *st/s f* ⟨~; ~n⟩ mégère *f*
'Mega|star ['me:gasta:r] *m* ⟨~s; ~s⟩ mégastar *f*; ~tonne *f* mégatonne *f*; ~watt *n* mégawatt *m*
Mehl [me:l] *n* ⟨~(e)s; ~e⟩ 1. farine *f*; 2. (*pulverförmiger Stoff*) poudre *f*; substance pulvérisée
'mehlig *adj* 1. (*mit Mehl*) farineux, -euse; 2. (*wie Mehl*) farinacé; *Früchte* farineux, -euse
'Mehlsack *m* sac *m* à farine; *umfallen wie ein ~* tomber comme une masse
'Mehl|schwitze *f* CUIS roux *m*; ~speise *f* entremets *m* (à base de farine, semoule, *etc*); *österr a* gâteau *m*; ~tau *m* Pflanzenkrankheit mildiou *m*; ~wurm *m* ver *m* de farine
mehr [me:r] I *pr/ind* 1. plus; *vor Substantiven* plus de; *etwas ~* un peu plus; *immer ~ ... und ~* de plus en plus; *noch ~ (...)* encore plus (de ...); *er will noch ~ a* il en veut encore, davantage; *~ oder weniger* plus ou moins; *nicht ~ und nicht weniger* ni plus ni moins; *die einen ~, die anderen weniger* les uns davantage, les autres moins; plus ou moins, selon les gens; *je ~ ... desto ... plus ..., plus ...*; *je ~ man ihm gibt, desto ~ will er* plus on lui en donne, plus il en demande; F *das schmeckt nach ~* cela a un goût de revenez-y; 2. *in Vergleichen* plus; *vor Substantiven* plus de; *~ als vor Zahlen* plus que; *~ als zwanzig Mark* plus de vingt marks; *~ Autos als Leute* plus de voitures que de gens; *~ als genug* plus qu'assez; *das war ~ als großzügig* c'était plus que généreux; *~ als nötig* plus qu'il ne faut *bzw* fallait, *etc*; *das ist ~ als ich sagen kann* c'est plus que je ne puis dire; *um so ~, als* d'autant plus que; 3. *nachgestellt* de plus; *fünf Mark ~* cinq marks de plus; (*dies ist*) *ein Grund ~, zu* (+ *inf*) raison de plus pour (+ *inf*); *und anderes ~* et d'autres choses encore; *und dergleichen ~* et autres choses semblables; II *adv* 1. (*in größerem Maß*, eher) plus; davantage; *nicht?*, *nicht ~?* pas plus *od* davantage?; c'est tout?; *er ist ~ Schauspieler als Politiker* il est plus acteur qu'homme politique; *~ schlecht als recht* tant bien que mal; 2. *verneint zur Bezeichnung e-s Endes nicht ~* ne ... plus; *nichts ~ plus rien*; *ich nehme nichts ~ beim Essen* je n'en veux plus; ça suffit pour moi; *es war keiner, niemand ~ da* il n'y avait plus personne; *du bist doch kein Kind ~* tu n'es plus un enfant; *sie lebt, st/s ist nicht ~* elle n'est plus de ce monde
Mehr *m* ⟨~(s)⟩ plus *m* (*an* [+ *dat*] de); (*Zuwachs*) augmentation *f* (*an* [+ *dat*] de); (*Überschuß*) surplus *m* (*an* [+ *dat*] de); excédent *m* (*an* [+ *dat*] de)
'Mehr|arbeit *f* travail *m* supplémentaire; surcroît *m* de travail; ~aufwand *m* surcroît *m* de dépenses; ~ausgaben *f/pl* supplément *m* de dépenses; dépenses *f/pl* excédentaires; ²bändig *adj* en plusieurs volumes; ~bedarf *m* besoins *m/pl* supplémentaires; ~belastung *f* surcharge *f*, charge *f* supplémentaire; ²deutig *adj* ambigu, -uë; *péj* équivoque; ~deutigkeit *f* ⟨~; ~en⟩ ambiguïté *f*; *péj* équivoque *f*; ²dimensional *adj* à plusieurs dimensions; ~einnahme *f* excédent *m* de recettes
'mehren *st/s v/t* (*u v/réfl*) ⟨h⟩ (*sich*) ~ (se) multiplier; augmenter; (s')accroître; BIBL *seid fruchtbar und mehret euch* croissez et multipliez-vous
'mehrere *pr/ind* plusieurs; (*verschiedene*) divers; différents; *zu ~n sein* être plusieurs
'mehrer|es *pr/ind* diverses choses; ~lei *adj* (*inv*) de plusieurs, de diverses espèces, sortes
'Mehr|erlös *m*, ~ertrag *m* surplus *m*, excédent *m* de bénéfices, de recettes
'mehrfach I *adj* (*épithète*) multiple; *in ~er Hinsicht* sous plusieurs rapports; II à différentes reprises; de façon réitérée, répétée
'Mehrfach|e(s) *n* (→A) multiple *m* (*an* [+ *dat*] de); ~steckdose *f* ÉLECT prise *f* multiple; multiprise *f*; ~stecker *m* ÉLECT fiche *f* multiple
'Mehr|familienhaus *n* maison *f* où habitent plusieurs familles; ~farbendruck *m* ⟨~(e)s; ~e⟩ impression *f* polychrome; polychromie *f*; ²farbig *adj* à plusieurs couleurs; *t/t* polychrome; ²geschossig *adj* à plusieurs étages
'mehrgleisig I *adj* a *fig* à plusieurs voies; II *adv* ~ vorgehen s'engager sur plusieurs voies, suivre plusieurs pistes (en même temps)
'Mehrheit *f* ⟨~; ~en⟩ majorité *f*; *die große ~ der Franzosen* la grande majorité des Français; *mit einfacher ~* à la majorité simple; *mit großer, knapper ~* avec une large, courte majorité; *in der ~ sein* être en majorité
'mehrheitlich I *adj* (*épithète*) majoritaire; II *adv* en majorité
'Mehrheitsbeschluß *m* décision *f* majoritaire, à la majorité (des voix); *durch ~* à la majorité (des voix)
'mehrheitsfähig *adj* susceptible d'obtenir la majorité
'Mehrheits|aktionär(in) *m(f)* actionnaire *m,f* majoritaire; ~regierung *f* gouvernement *m* majoritaire, de la majorité; ~verhältnisse *n/pl* positions *f/pl* majoritaires; ~wahlrecht *n* scrutin *m* majoritaire
'mehr|jährig *adj* de plusieurs années; *sc*, BOT pluriannuel, -elle; ²kosten *pl* frais *m/pl* supplémentaires; surcoût *m*; ~malig *adj* (*épithète*) répété; réitéré; (*häufig*) fréquent; ~mals *adv* plusieurs fois; à plusieurs reprises; ~motorig *adj* à plusieurs moteurs
'Mehr|parteiensystem *n* pluripartisme *m*; ~phasenstrom *m* courant (alternatif) polyphasé; ²phasig *adj* ÉLECT polyphasé; ²polig *adj* ÉLECT multipolaire; ~preis *m* supplément *m* (de prix)
'mehr|schichtig *adj* à plusieurs couches; *fig* complexe; ~seitig *adj* Vertrag multilatéral; *Brief*, *Schriftstück* de plusieurs pages; ~silbig *adj* à *od* de plusieurs syllabes; polysyllabique; ~sprachig *adj* polyglotte; ²sprachigkeit *f* ⟨~⟩ capacité *f* de parler plusieurs langues; *sc* plurilinguisme *m*; ~stellig *adj* Zahl à plusieurs chiffres; ~stimmig *adj* MUS à plusieurs voix; polyphonique; ~stöckig *adj* à plusieurs étages; ²stufenrakete *f* fusée *f* à plusieurs étages; fusée-gigogne *f*; ~stündig *adj* de plusieurs heures; ~tägig *adj* de plusieurs jours
'Mehr|teiler *m* TV feuilleton *m*; ²teilig *adj* en plusieurs parties; ~wegflasche *f* bouteille *f* consignée; ~wegverpackung *f* emballage *m* consigné; ~wert *m* ⟨~(e)s⟩ plus-value *f*, STEUERWESEN valeur ajoutée; ~wertsteuer *f* taxe *f* à la valeur ajoutée (*abr* T.V.A.); ²wöchig *adj* de plusieurs semaines; ²zahl *f* ⟨~⟩ 1. (*Mehrheit*) la plupart; majeure partie; 2. GR pluriel *m*; ²zellig *adj* BIOL pluricellulaire; polycellulaire
'Mehrzweck... *in Zssgn* polyvalent; à usages multiples; ~halle *f* salle *f* polyvalente
meiden ['maɪdn] *v/t* ⟨meidet, mied, gemieden, h⟩ éviter; fuir
Meierei [maɪə'raɪ] *f* ⟨~; ~en⟩ *regional* (*Molkerei*) laiterie *f*
Meile ['maɪlə] *f* ⟨~; ~n⟩ HIST mille *m*; HIST *in Frankreich a* lieue *f*; *englische ~* mille anglais; F *das riecht man drei ~n gegen den Wind* on le sent à cent lieues à la ronde
'Meilenstein *m* pierre *f*, borne *f* milliaire; *fig* tournant *m*
'meilenweit *adj u adv* à plusieurs lieues de distance; F *fig ~ davon entfernt sein, zu* (+ *inf*) être à cent lieues de (+ *inf*)
Meiler ['maɪlər] *m* ⟨~s; ~⟩ (*Kohlen*²) meule *f*; (*Atom*²) pile *f* atomique; réacteur *m* nucléaire
mein [maɪn] *pr/poss* I *adjt* mon *bzw* ma; *~ Fuß tut mir weh* j'ai mal au pied; *~e Damen und Herren* Mesdames, Messieurs; *st/s dieser ~ Sohn* mon fils que voici; *e-r ~er Freunde* un de mes amis; *das ist ~ Buch* c'est mon livre (à moi);

Meineid — Meldepflicht

II *subst der, die, das* ~e le mien *bzw* la mienne; *das ist* ~s, ~er c'est à moi; c'est le mien *bzw* la mienne; *st/s die* ⌐en les miens; ma famille; *st/s er ist* ~ il est à moi; il m'appartient

Meineid ['maɪn?aɪt] *m* ⟨-(e)s, ~e⟩ parjure *m*; faux serment; *e-n* ~ *leisten, schwören* faire un parjure; se parjurer

'**meineidig** *adj* parjure; ~ *werden* se parjurer

meinen ['maɪnən] ⟨h⟩ **I** *v/t* **1.** (*glauben*) croire; s'imaginer; (*der Meinung sein*) ~, *daß* ... être d'avis que ... (*+ind*); penser que ... (*+ind*); *was meinst du dazu?* quel est ton avis?; qu'en penses-tu?; *das will ich* ~ je le crois bien; j'en suis sûr; *man sollte* ~, ... on dirait que ...; on croirait que ...; *Sie das ernst?* vous parlez sérieusement?; **2.** (*als Ziel im Auge haben*) entendre; vouloir dire; *damit sind Sie gemeint* c'est à vous que cela s'adresse; *das habe ich nicht so gemeint* je n'ai pas voulu te *bzw* vous vexer; *wie* ~ *Sie das?, was* ~ *Sie damit?* que voulez-vous dire par là?; qu'entendez-vous par là?; *ich meine damit ...* je veux dire par cela ...; **3.** (*gesinnt sein*) *es gut mit j-m* ~ vouloir du bien à qn; *ich habe es gut gemeint* je croyais bien faire; c'était avec *od* dans une bonne intention; *es war nicht böse gemeint* c'était sans mauvaise intention; ce n'était pas méchant; F *die Sonne meint es gut mit uns* il fait agréablement chaud; **II** *v/i* **4.** (*denken*) penser; *ich meine nur* (*so*) ce n'est qu'une supposition; *wie* ~ *Sie?* vous disiez, Monsieur (Madame)?; *plais wie* ~? plaît-il?; ~ *Sie?* croyez-vous?; *wie du meinst* comme tu veux; **5.** *bes vor, nach direkter Rede* (*sagen*) dire

'**meiner** *st/s pr/pers* (*gén de* ich) de moi; *gedenke* ~ souviens-toi de moi; *als sie* ~ *ansichtig wurde* à ma vue; lorsqu'elle me vit

'**meiner'seits** *adv* de ma part; de mon côté; *als Kompliment ganz* ~ tout le plaisir est pour moi

meines'gleichen *pr* ⟨*inv*⟩ mon *bzw* ma pareil(le), semblable *bzw* mes semblables *bzw* pareil(le)s

'**meinet'wegen** *adv* **1.** (*wegen mir*) à cause de moi; (*mir zuliebe*) pour moi; *er hat es* ~ *gemacht* il l'a fait pour moi, par égard pour moi, pour me faire plaisir; **2.** (*von mir aus*) quant à moi; en ce qui me concerne; ~! soit!; je veux bien!; d'accord!

'**meinet'willen** *adv um* ~ (par égard) pour moi

meinige ['maɪnɪɡə] *st/s pr/poss der, die, das* ~ le mien *bzw* la mienne; *die* ⌐n les miens; ma famille

'**Meinung** *f* ⟨~; ~en⟩ opinion *f*; avis *m*; *die öffentliche* ~ l'opinion (publique); *vorgefaßte* ~ préjugé *m*; prévention *f*; *meiner* ~ *nach* à mon avis; selon moi; *ich bin der* ~, *daß ...* je suis d'avis que ...; mon opinion est que ...; *sich* ⟨*dat*⟩ *e-e* ~ *bilden* se faire une opinion; *s-e* ~ *sagen* exprimer, manifester son opinion; *j-m s-e* ~ *od die* ~ *sagen* dire à qn ses quatre vérités; *s-e* ~ *ändern* changer d'avis, d'opinion; *anderer* ~ *sein* être d'un autre avis; *geteilter, verschiedener* ~ *sein* avoir des avis différents, des opinions divergentes; *darüber kann man verschiedener* ~ *sein* c'est une affaire d'opinion; *j-s* (*gén*) ~ *sein* être de l'avis de qn; *mit j-m einer* ~ *sein* être du même avis que qn; *ich werde niemand um s-e* ~ *fragen* je ne prendrai l'avis de personne; *entgegen e-r weitverbreiteten* ~ contrairement à ce que pensent beaucoup

'**Meinungsäußerung** *f* manifestation *f*, expression *f* d'une opinion; *freie* ~ liberté *f* d'opinion

'**Meinungs|austausch** *m* échange *m* d'opinions, de vues; ⌐bildend *adj* qui influence l'opinion; ~**bildung** *f* prise *f* de position; *von außen* formation *f* de l'opinion *f*; ~**forscher**(**in**) *m*(*f*) sondeur *m*; ~**forschung** *f* étude *f* de l'opinion publique; ~**forschungsinstitut** *n* institut *m* d(e sondage de l')opinion publique; ~**freiheit** *f* ⟨~⟩ liberté *f* d'opinion; ~**streit** *m* différend *m*; dispute *f*; ~**umfrage** *f* sondage *m* d'opinion; ~**umschwung** *m* revirement *m* (d'opinion); ~**verschiedenheit** *f* divergence *f* d'opinions; désaccord *m*

Meise ['maɪzə] *f* ⟨~; ~n⟩ mésange *f*; F *fig e-e* ~ (*unterm Pony*) *haben* F être dingue, toqué; F débloquer

Meißel ['maɪsəl] *m* ⟨-s; ~⟩ ciseau *m*; burin *m*

'**meißeln** *v/t* ⟨-(e)le, h⟩ ciseler; travailler au ciseau, au burin

Meiß(e)ner ['maɪs(ə)nər] *adj* ⟨*inv*⟩ *Porzellan n* porcelaine *f* de Saxe; saxe *m*

meist [maɪst] *adv* la plupart du temps; *p/fort* le plus souvent; (*gewöhnlich*) d'ordinaire; *es waren* ~ *ältere Männer, die ...* il s'agissait le plus souvent *od* surtout d'hommes âgés qui ...

'**meistbietend I** *adjt* ⟨*épithète*⟩ qui offre le plus; **II** *advt* ~ *verkaufen* vendre au plus offrant

'**Meistbietende**(**r**) *f*(*m*) ⟨→A⟩ le plus offrant; dernier enchérisseur

'**meiste**(**r, -s**) *adj u pr/ind* la plupart de(s); *bei Abstrakta* a le plus de; le (la) plus grand(e); *die* ⌐n la plupart; le plus grand nombre; la majorité; *das* ~ le plus; la plus grande partie; *er hat das* ~ *Geld* c'est lui qui a le plus d'argent; *am* ~*n* le plus

meistens ['maɪstəns] *adv* la plupart du temps; *p/fort* le plus souvent; (*gewöhnlich*) d'ordinaire

'**meisten'teils** *cf meist*

Meister ['maɪstər] *m* ⟨-s; ~⟩ **1.** *im Handwerk* maître *m*; patron *m*; *in der Fabrik etwa* chef *m* d'équipe; contremaître *m*; ~ *werden*, F *s-n* ~ *machen* passer son brevet de maîtrise; **2.** SPORT champion *m*; **3.** *fig* (*Könner*) as *m*; champion *m*; *er ist ein* ~ *s-s Fachs* il est maître en son art; *er ist ein großer* ~ *im Schachspiel* c'est un excellent joueur d'échecs; *ein* ~ *auf dem Klavier* un (pianiste) virtuose; *prov es ist noch kein* ~ *vom Himmel gefallen prov* c'est en forgeant qu'on devient forgeron; **4.** *Künstler die alten* ~ les maîtres anciens; **5.** F *Anrede* F patron *m*; F chef *m*

'**Meister|brief** *m* brevet *m* de maîtrise; ~**dieb** *m* roi *m* des voleurs; ⌐**haft I** *adj* (de main) de maître; en maître; magistral; **II** *adv fig* à la perfection; avec art

'**Meisterhand** *f von* ~ de main de maître

'**Meisterin** *f* ⟨~; ~nen⟩ **1.** *im Handwerk* patronne *f*; *als Diplom sie ist* ~ elle a passé son brevet de maîtrise; **2.** SPORT championne *f*; **3.** *fig* (*Könnerin*) F championne *f*

'**Meister|leistung** *f* SPORT performance *f* de champion; *fig* performance *f*; exploit *m*; *in der Schule etc* résultat *m* remarquable; ⌐**lich** *cf meisterhaft*

'**meistern** *v/t* ⟨-(e)re, h⟩ maîtriser; être à la hauteur de; *Schwierigkeiten a* vaincre; surmonter

'**Meister|prüfung** *f im Handwerk* examen *m* de maîtrise; ~**schaft** *f* ⟨~; ~en⟩ **1.** (*pas de pl*) maîtrise *f*; perfection *f*; supériorité *f*; **2.** SPORT championnat *m*; ~**schaftsspiel** *n* match *m* de championnat; ~**schüler**(**in**) *m*(*f*) élève *m,f* d'un professeur, d'un artiste célèbre; ~**singer** *m* ⟨-s; ~⟩ HIST maître-chanteur *m*; ~**stück** *n* **1.** travail que le compagnon présente pour obtenir son brevet de maîtrise; **2.** *fig* chef-d'œuvre *m*; ~**titel** *m* SPORT titre *m* de champion; ~**werk** *n* chef-d'œuvre *m* (*a fig*)

'**Meistgebot** *cf Höchstgebot*

'**meist|gekauft** *adj* qui se vend le mieux; ~**gelesen** *adj* le (la) plus lu(e); ~**genannt** *adj* cité le plus souvent

Mekka ['mɛka] *n* **1.** ⟨→ *n/pr*⟩ La Mecque; **2.** ⟨~s⟩ *fig* la Mecque (*für* de)

Melancholie [melaŋko'liː] *f* ⟨~; ~n⟩ mélancolie *f*

Melan'chol|iker(**in**) *m* ⟨~s; ~⟩ (*f*) ⟨~; ~nen⟩ mélancolique *m,f*; ⌐**isch** *adj* mélancolique

Melange [me'lãːʒ(ə)] *f* ⟨~; ~n⟩ **1.** (*Mischung*) mélange *m*; **2.** *österr* café *m* au lait

Melanom [mela'noːm] *n* ⟨-s; ~e⟩ MÉD mélanome *m*

Melanzani [melan'tsaːni] *pl österr* aubergines *f/pl*

Melasse [me'lasə] *f* ⟨~; ~n⟩ mélasse *f*

Melde ['mɛldə] *f* ⟨~; ~n⟩ BOT arroche *f*; belle-dame *f* (des jardins)

'**Melde|amt** *cf Einwohnermeldeamt*; ~**frist** *f* délai *m* de déclaration, *zur Einschreibung* d'inscription; ~**gänger** *m* ⟨~s; ~⟩ MIL agent *m* de liaison; estafette *f*

melden ['mɛldən] ⟨-ete, h⟩ **I** *v/t j-m etw* ~ annoncer qc à qn; informer qn de qc; *förmlich* notifier qc à qn; *amtlich* rapporter qc à qn; MIL faire rapport de qc à qn; *j-n* ~ *Besuch* annoncer qn; (*anzeigen*) dénoncer qn (*bei* à); *er ist als vermißt gemeldet* il est porté disparu; *in Zeitung, Rundfunk aus Berlin wird gemeldet ...* on annonce de Berlin ...; F *du hast hier nichts zu* ~ tu n'as rien à dire dans cette affaire; **II** *v/réfl sich* ~ *a fig* s'annoncer; *für etw* a se présenter; *zum Examen* etc se faire inscrire; MIL se présenter; TÉL répondre; SCHULE lever la main; demander à répondre; *sich krank* ~ se faire porter malade; *sich bei der Polizei* ~ se présenter à la police; *sich auf ein Inserat* ~ répondre à une annonce; *wenn es dir zu kalt wird, melde dich* si tu as trop froid, dis-le; *meldet euch mal wieder!* faites-nous *bzw* faites-moi signe!

'**Melde|pflicht** *f* déclaration *f* obligatoire (d'arrivée, de maladies contagieuses, *etc*); MIL obligation *f* de se présenter; *polizeiliche* obligation *f* de déclarer son lieu de résidence; ²**pflichtig** *adj* soumis à déclaration

'**Meldeschein** *m* *polizeilicher* ~ fiche *f* de déclaration à la police

'**Meldeschluß** *m* clôture *f* des déclarations, SPORT des inscriptions, des engagements

'**Meldestelle** *f* (*polizeiliche*) ~ *cf* Einwohnermeldeamt

'**Meldezettel** *m* *für Hotelgäste* fiche *f* de voyageurs, d'arrivées

'**Meldung** *f* ⟨~; ~en⟩ **1.** (*Information*) annonce *f*; MIL rapport *m*; (*Zeitungs*²*, Radio*²) information *f*; (*Nachricht*) nouvelle *f*; message *m* (*a* MIL, TÉL); *Zeitungsrubrik* **Letzte ~en** Dernière Heure; *über etw* (*acc*) ~ *machen*, *erstatten* rendre compte de qc; MIL faire (un) rapport de qc; **2.** (*An*²) inscription *f*; **3.** (*Wort*²) (demande *f* d')intervention *f*

meliert [me'liːrt] *adjt Stoff, Wolle* chiné *f*; *Haar* (*grau*) ~ grisonnant; poivre et sel (*inv*)

Melisse [me'lɪsə] *f* ⟨~; ~n⟩ mélisse *f*

Me'lissengeist *m* ⟨~(e)s⟩ Wz eau *f* de mélisse

melken ['mɛlkən] *v/t* ⟨*régulier ou* molk, gemolken, h⟩ *Kuh* traire; **frisch gemolkene Milch** lait cru tout frais

'**Melk**|**er**(**in**) *m* ⟨~s; ~⟩ (*f*) ⟨~; ~nen⟩ trayeur, -euse *m,f*; ~**maschine** *f* trayeuse *f*

Melodie [melo'diː] *f* ⟨~; ~n⟩ air *m*; mélodie *f*

melodiös [melodi'øːs], **me'lodisch** *adj* (*klangvoll*) mélodieux, -ieuse; (*e-e Melodie enthaltend*) mélodique

Melo|**dram**(**a**) [melo'draːm(a)] *n* ⟨~s; -men⟩ mélodrame *m*; ²**dra'matisch** *adj* mélodramatique

Melone [me'loːnə] *f* ⟨~; ~n⟩ **1.** BOT melon *m*; (*Wasser*²) pastèque *f*; **2.** F *Hut* (chapeau *m*) melon *m*

Membran [mɛm'braːn] *f* ⟨~; ~en⟩ ANAT, TECH membrane *f*; PHYS, CHIM a diaphragme *m*

Memme ['mɛmə] *litt f* ⟨~; ~n⟩ lâche *m,f*; poltron, -onne *m,f*

Memoiren [memo'aːrən] *pl* mémoires *m/pl*

Memo|**randum** [memo'randʊm] *n* ⟨~s; -den *ou* -da⟩ mémoire *m*; mémorandum *m*; ²**rieren** *v/t* ⟨*pas de ge-*, h⟩ apprendre par cœur; mémoriser

Menage [me'naːʒə] *f* ⟨~; ~n⟩ *für Essig, Öl etc* huilier *m*

Menagerie [menaʒə'riː] *f* ⟨~; ~n⟩ ménagerie *f*

Menetekel [mene'teːkəl] *n* ⟨~s; ~⟩ BIBL, *fig* avertissement *m* fatidique

Menge ['mɛŋə] *f* ⟨~; ~n⟩ **1.** (*Anzahl*) quantité *f*; grand nombre; (*Haufen*) masse *f*; foule *f*; F tas *m*; *e-e ganze ~ ...* beaucoup de ...; F pas mal de ...; *in ~n* (*dat*) en quantité; F *in rauhen ~n* F en masse; F *jede ~ ...* F des masses de ...; **2.** (*Menschen*²) foule *f*; multitude *f*; **3.** MATH ensemble *m*

'**mengen** *v/t* ⟨h⟩ mêler; (*ver*~) *Zutaten etc* mélanger

'**Mengen**|**angabe** *f* indication *f* de quantités; ~**lehre** *f* ⟨~⟩ MATH théorie *f* des ensembles; ²**mäßig I** *adj* (*épithète*) quantitatif, -ive; **II** *adv* du point de vue quantitatif; en ce qui concerne la quantité; ~**rabatt** *m* rabais *m* d'achat en grande quantité

Menhir ['mɛnhɪr] *m* ⟨~s; ~e⟩ menhir *m*

Meningitis [menɪŋ'giːtɪs] *f* ⟨~; -i'tiden⟩ MÉD méningite *f*

Meniskus [me'nɪskʊs] *m* ⟨~; -ken⟩ ANAT, PHYS ménisque *m*

Mennige ['mɛnɪɡə] *f* ⟨~⟩ minium *m*

Mennonit(**in**) [mɛno'niːt(ɪn)] *m* ⟨~en; ~en⟩ (*f*) ⟨~; ~nen⟩ REL mennonite *m,f*

Menopause [meno'paʊzə] *f* ménopause *f*

Menorca [me'nɔrka] *n* ⟨→ n/pr⟩ (île *f* de) Minorque

Mensa ['mɛnza] *f* ⟨~; ~s *ou* -sen⟩ restaurant *m* universitaire; F resto-U *m*

Mensch [mɛnʃ] *m* ⟨~en; ~en⟩ *Gattung* homme *m*; *einzelner a* individu *m*, personne *f*; *jeder* ~ chacun; tout le monde; *kein* ~ personne; *er ist auch nur ein* ~ c'est un homme comme nous; *fig ein neuer* ~ *werden* faire peau neuve; *fig nur noch ein halber* ~ *sein* n'avoir plus figure humaine; F *fig wie die ersten* ~*en, wie der erste* ~ F empoté; *F godiche*; *Spiel* ~ *ärgere dich nicht* (jeu *m* des) petits chevaux; F ~, *das gibt's doch nicht!* F c'est pas vrai!; F ~ *Meier!* F ça alors!; *prov der* ~ *denkt, Gott lenkt prov* l'homme propose, Dieu dispose

'**Menschen**|**affe** *m* singe *m* anthropoïde; ²**ähnlich** *adj* qui ressemble à l'homme; sc anthropoïde

'**Menschenalter** *n* âge *m* d'homme; *vor e-m* ~ *etwa* il y a deux générations

'**Menschen**|**ansammlung** *f*, ~**auflauf** *m* attroupement *m*; ~**bild** *n* conception *f* de l'homme; ~**feind**(**in**) *m*(*f*) misanthrope *m,f*; ²**feindlich** *adj* misanthrope; misanthropique; (*unmenschlich*) inhumain; ~**feindlichkeit** *f* ⟨~⟩ misanthropie *f*; (*Unmenschlichkeit*) inhumanité *f*

'**Menschenfresser**(**in**) *m*(*f*) cannibale *m,f*; *im Märchen, fig* ogre *m*, ogresse *f*; *plais ich bin doch kein* ~*!* je ne suis pas un ogre!

'**Menschen**|**freund**(**in**) *m*(*f*) philanthrope *m,f*; altruiste *m,f*; ²**freundlich** *adj a fig* humain; PHILOS philanthropique; (*humanitär*) humanitariste; ~**freundlichkeit** *f* ⟨~⟩ philanthropie *f*; altruisme *m*; ~**führung** *f* ⟨~⟩ conduite *f* des hommes; art *m* de diriger les hommes

'**Menschenge'denken** *in seit* ~ de mémoire d'homme; de temps immémorial

'**Menschengeschlecht** *st/s n* ⟨~(e)s⟩ *das* ~ le genre humain

'**Menschengestalt** *f* forme humaine; *der Teufel in* ~ le diable sous une forme humaine

'**Menschenhai** *m* requin bleu

'**Menschenhand** *f von* ~ *geschaffen* fait par l'homme; *par ext* artificiel, -ielle

'**Menschen**|**handel** *m* trafic *m* des hommes; ~**jagd** *f* chasse *f* à l'homme

'**Menschenkenner**(**in**) *m*(*f*) *ein* ~, *e-e* ~ *in sein* connaître bien la nature humaine

'**Menschen**|**kenntnis** *f* ⟨~⟩ expérience *f* de la nature humaine, des hommes; ~**kette** *f* chaîne humaine; ~**kind** *n* être humain

'**Menschenleben** *n* vie humaine; *es sind keine* ~ *zu beklagen* il n'y a pas eu de morts, de victimes; *es hat viele* ~ *gekostet* cela a coûté beaucoup de vies (humaines)

'**menschenleer** *adj Straße* dépeuplé; *Land etc* désert

'**Menschen**|**liebe** *f* philanthropie *f*; amour *m* des hommes; ~**masse** *f*, ~**menge** *f* foule *f* (de gens)

'**menschen**'**möglich** *adj* ⟨*attribut*⟩ humainement possible; *ich werde alles* ~ *e tun* je ferai tout mon possible

'**Menschen**|**opfer** *n* victime *f*; *Handlung* sacrifice humain; ~**potential** *n* potentiel humain; ~**raub** *m* rapt *m*; ~**rechte** *n/pl* droits *m/pl* de l'homme; ~**rechtsverletzung** *f* atteinte *f* aux droits de l'homme; ²**scheu** *adj* peu sociable; *st/s* insociable; *p/fort* misanthrope; ~**scheu** *f* misanthropie *f*; *st/s* insociabilité *f*; ~**schinder** *m* exploiteur *m*; vautour *m*

'**Menschenschlag** *m* ⟨~(e)s⟩ (sorte *f* de) gens *m/pl*; race *f*; *das ist ein ganz anderer* ~ c'est une tout autre sorte de gens; ce sont des gens complètement différents

'**Menschen**'**seele** *f* âme humaine; *es war keine* ~ *da* il n'y avait pas âme qui vive; F il n'y avait pas un chat

'**Menschens**'**kind** F *int* ~(*er*)*!* F ça alors!; F Nom d'un chien, d'une pipe!

'**Menschen**|**sohn** *m* ⟨~(e)s⟩ BIBL Fils *m* de l'homme; ²**unwürdig** *adj* inhumain; indigne (de l'homme)

'**Menschenverstand** *m der gesunde* ~ le bon sens; le sens commun

'**Menschen**|**würde** *f* dignité humaine, d'homme; ²**würdig** *adj* humain; digne (de l'homme)

'**Menschheit** *f* ⟨~⟩ humanité *f*; genre humain

'**Menschheits**|**entwicklung** *f* ⟨~⟩ évolution *f*, développement *m* de l'humanité; ~**geschichte** *f* ⟨~⟩ histoire *f* de l'humanité; ~**traum** *m* rêve *m* de l'humanité

'**menschlich** *adj* **1.** humain; (*human*) *a* tolérant; indulgent; **2.** F *fig* (*annehmbar*) acceptable; convenable; ²**keit** *f* ⟨~⟩ humanité *f*

'**Menschwerdung** *f* ⟨~⟩ BIBL incarnation *f*

Menstru|**ation** [mɛnstruatsi'oːn] *f* ⟨~; ~en⟩ MÉD règles *f/pl*; *sc* menstrues *f/pl*; ²**ieren** *v/i* ⟨*pas de ge-*, h⟩ MÉD avoir ses règles

Mensur [mɛn'zuːr] *f* ⟨~; ~en⟩ **1.** FECHTEN mesure *f*; distance *f*; **2.** MUS étalon *m* (des tuyaux d'orgue, *etc*)

mental [mɛn'taːl] *adj* mental; ²**i'tät** *f* ⟨~; ~en⟩ mentalité *f*

Menthol [mɛn'toːl] *n* ⟨~s⟩ menthol *m*

Mentor ['mɛntɔr] *m* ⟨~s; -'toren⟩ **1.** *litt* mentor *m*; guide *m*; **2.** *im Referendariat* conseiller *m* pédagogique

Menu [me'nyː] *schweiz*, **Menü** [me'nyː] *n* ⟨~s; ~s⟩ CUIS, INFORM menu *m*

Menuett [menu'ɛt] *n* ⟨~s; ~e *ou* ~s⟩ menuet *m*

Mergel ['mɛrɡəl] *m* ⟨~s; ~⟩ GÉOL marne *f*

Meri|**dian** [meridi'aːn] *m* ⟨~s; ~e⟩ méridien *m*; ²**dio'nal** *adj* méridional

Meringe [me'rɪŋə] *f* ⟨~; ~n⟩ meringue *f*

Merino [me'riːno] *m* ⟨~s; ~s⟩, ~**schaf** *n* mérinos *m*; ~**wolle** *f* laine *f* mérinos

merkanti|**l** [mɛrkan'tiːl] *adj* mercantile; ²**lismus** *m* ⟨~⟩ mercantilisme *m*; ~'**listisch** *adj* mercantiliste

'**Merkblatt** *n* notice *f*; aide-mémoire *m*

merken ['mɛrkən] ⟨h⟩ **I** v/t etw ~ apercevoir qc; s'apercevoir de qc; remarquer qc; *davon habe ich nichts gemerkt* je ne me suis rendu compte de rien; *der Fehler ist kaum zu ~* le défaut est à peine perceptible, se voit à peine; F *merkst du was?* F tu ne remarques rien?; *er ließ mich ~, daß ...* il m'a fait sentir que ...; *ich ließ sie nicht ~, daß ...* je leur ai laissé ignorer que ...; je ne leur ai pas fait voir que ...; F iron *du merkst aber auch alles!* F (enfin!) c'est pas trop tôt!; F tu as enfin pigé!; **II** v/réfl *sich* ⟨*dat*⟩ etw ~ retenir, (bien) remarquer qc; *Sie sich* ⟨*dat*⟩ *die Autonummer!* prenez, relevez le numéro de la voiture!; *das werde ich mir ~ um es heimzuzahlen* je m'en souviendrai; j'en prends bonne note; ~ *Sie sich* ⟨*dat*⟩, *daß ...* sachez que ...; ~ *Sie sich das* (*genau*)! tenez-le-vous pour dit!; prenez-en bonne note!

'**merklich I** adj sensible; perceptible; (*sichtbar*) visible; (*deutlich*) notable; *kaum ~* à peine sensible, imperceptible; **II** adv sensiblement; *kaum ~* imperceptiblement

'**Merkmal** n ⟨-s; ~e⟩ (*Kennzeichen*) marque (distinctive); signe m; (*Anzeichen*) indice m; *e-r Krankheit* symptôme m; (*Eigentümlichkeit*) caractère (distinctif) attribut m; *allgemeine ~e* caractéristiques f/pl; *besondere ~e* signes particuliers

'**Merk**|**satz** m, **~spruch** m vers m mnémotechnique; (*Sentenz*) proverbe m; dicton m

Merkur [mɛr'ku:r] m ⟨→n/pr⟩ ASTR (*der*) ~ Mercure; **~stab** m MYTH caducée m

'**merkwürdig** adj curieux, -ieuse; bizarre; étrange; **~!** c'est bien curieux!

'**merkwürdiger**'**weise** adv *~ hat er ...* chose curieuse, bizarre, remarquable, il a ...; *er ist ~ nicht gekommen* il est étonnant qu'il ne soit pas venu

'**Merk**|**würdigkeit** f ⟨~; ~en⟩ curiosité f; singularité f; particularité f; **~zettel** m feuille f de notes

Merowinger ['me:roviŋər] m ⟨-s; ~⟩ HIST Mérovingien m

Merzeri|**sation** [mɛrtsorizatsi'o:n] f ⟨~; ~en⟩ mercerisation f; mercerisage m; **²'sieren** v/t ⟨*pas de ge-*, h⟩ merceriser

meschugge [me'ʃugə] F adj ⟨*attribut*⟩ F piqué; F barjo; F barjo(t)

Mesolithikum [mezo'li:tikum] n ⟨~s⟩ mésolithique m

Mesozoikum [mezo'tso:ikum] n ⟨~s⟩ ère f secondaire

'**meßbar** adj mesurable

'**Meß**|**becher** m gobelet gradué; **~bild** n GÉOGR photogramme m

'**Meß**|**buch** n CATH livre m de messe; missel m; **~diener** m CATH servant m

Messe[1] ['mɛsə] f ⟨~; ~n⟩ CATH, MUS messe f

'**Messe**[2] f ⟨~; ~n⟩ (*Waren*²) foire f; *par ext* exposition f; *in Namen a* salon m

'**Messe**[3] f ⟨~; ~n⟩ MAR carré m (des officiers); bar m

'**Messe**|**besucher(in)** m(f) visiteur, -euse m,f de la foire; **~gelände** n terrain m de la foire; **~halle** f palais m, 'hall m de la foire; **~katalog** m catalogue m de la foire *od* de l'exposition; **~leitung** f direction f de la foire

messen ['mɛsən] ⟨du mißt, er mißt, maß, gemessen, h⟩ **I** v/t mesurer; prendre la mesure de; *VERMESSUNGSWESEN* arpenter; *Winkel* relever; TECH jauger; *Fieber ~* a prendre la température; *st/s j-n mit geringschätzigen Blicken ~* dévisager, toiser qn; *gemessen an* (+*dat*) comparé à; **II** v/i avoir; *Personen a* mesurer; faire; *zwei Meter in der Breite ~* avoir deux mètres de large; *er mißt 1,50 m* il mesure 1,50 m; il a 1,50 m de haut; **III** v/réfl *sich mit j-m ~* se mesurer à *od* avec qn; *er kann sich mit ihr nicht ~* il ne peut se mesurer avec elle; il ne l'égale pas; *ihre Produkte können sich mit den unsrigen nicht ~* on ne peut pas comparer leurs produits avec les nôtres

'**Messeneuheit** f nouveauté présentée à la foire

Messer[1] ['mɛsər] n ⟨-s; ~⟩ couteau m; (*Taschen*²) a canif m; (*Rasier*²) rasoir m; (*Klinge*) lame f; *mit ~ und Gabel essen* manger avec un couteau et une fourchette; *ein Kampf bis aufs ~* un combat à outrance, à mort; fig *j-m das ~ an die Kehle, auf die Brust setzen* mettre le couteau sur *od* sous la gorge à *od* de qn; fig *j-n ans ~ liefern* livrer qn au bourreau; fig *auf des ~s Schneide stehen* ne tenir qu'à un fil; fig *j-m ins* (*offene*) *~ laufen* tomber dans le piège de qn; F MÉD *unters ~ müssen* F devoir passer sur le billard

'**Messer**[2] m ⟨-s; ~⟩ cf *Meßgerät*

'**Messerbänkchen** n ⟨-s; ~⟩ porte-couteau m

'**Meßergebnis** n mesure f

'**Messer**|**griff** m, **~heft** n manche de couteau; **~held** m cf *Messerstecher*; **~klinge** f lame f de couteau; **~rücken** m dos m d'un couteau; **²'scharf** adj tranchant (comme un couteau); fig vif, vive; incisif, -ive; **~schmied** m coutelier m

'**Messerspitze** f pointe f de couteau; *e-e ~ Zimt* une pincée de cannelle

'**Messer**|**stecher** m ⟨-s; ~⟩ voyou m qui se le couteau facile; **~steche'rei** f ⟨~; ~en⟩ rixe f, bataille f au couteau; **~stich** m coup m de couteau; **~werfer(in)** m (f) lanceur, -euse m,f de couteaux

'**Messe**|**stadt** f ville f de foires *bzw* d'expositions; **~stand** m stand m; **~teilnehmer(in)** m(f) participant m à une foire *bzw* une exposition; (*Aussteller*) exposant m

'**Messezeit** f *zur ~* pendant la durée de la foire

'**Meß**|**fehler** m erreur f de mesure; **~fühler** m TECH capteur m; **~genauigkeit** f précision f de mesure; **~gerät** n instrument m de mesure

'**Meßgewand** n CATH chasuble f

Messias [mɛ'si:as] m ⟨~⟩ REL *der ~* le Messie m

Messing ['mɛsiŋ] n ⟨-s⟩ laiton m; cuivre m jaune; **~draht** m fil m de laiton; **~hahn** m robinet m en laiton; **~schild** n plaque f en cuivre (jaune)

'**Meß**|**instrument** n instrument m de mesure; **~kelch** m CATH calice m; **~latte** f mire f; règle graduée; fig critère m; **~opfer** n CATH sacrifice m de la messe; **~stab** m jalon m; **~technik** f ⟨~⟩ métrologie f; **~tisch** m GÉOGR

planchette f; **~tischblatt** n carte f topographique à l'échelle de 1/25 000ᵉ

'**Messung** f ⟨~; ~en⟩ mesurage m; mensuration f; *VERMESSUNGSWESEN* arpentage m; *e-s Winkels* relevé m; TECH jaugeage m

'**Meß**|**verfahren** n procédé m, méthode f de mesure; **~wein** m ⟨-(e)s⟩ CATH vin m de messe; **~wert** m valeur mesurée; **~zylinder** m éprouvette graduée

Mesti|**ze** [mɛs'ti:tsə] m ⟨~n; ~n⟩, **~in** f ⟨~; ~nen⟩ métis, -isse m,f

MESZ [ɛmʔeːʔɛs'tsɛt] *abr* (*mitteleuropäische Sommerzeit*) heure f d'été de l'Europe centrale

Met [me:t] m ⟨-(e)s⟩ hydromel m

Metabolismus [metabo'lismus] m ⟨~⟩ BIOL métabolisme m

Metall [me'tal] n ⟨-s; ~e⟩ métal m; **~arbeiter** m (ouvrier m) métallurgiste m; **~bearbeitung** f travail m des métaux; **~beschlag** m garniture f, ornement m en métal

me'tallen adj (*épithète*) de métal; (*metallisch*) métallique

Me'taller F m ⟨-s; ~⟩ F métallo m

me'tallhaltig adj métallifère

metallic [me'talik] adj ⟨*inv*⟩ métallisé; **²lackierung** f peinture métallisée

Me'tallindustrie f industrie f métallurgique; métallurgie f

me'tallisch adj métallique; **~i'sieren** v/t ⟨*pas de ge-*, h⟩ métalliser

Me'tall|**kunde** f ⟨~⟩ métallographie f; **~säge** f scie f à métaux

Metallurgie [metalʊr'gi:] f ⟨~⟩ métallurgie f

me'tallverarbeitend adjt *~e Industrie* industrie f métallurgique; métallurgie f

Metamorphose [metamɔr'fo:zə] f ⟨~; ~n⟩ métamorphose f

Meta|**pher** [me'tafɐ] f ⟨~; ~n⟩ métaphore f; **²'phorisch** adj métaphorique

Meta|**physik** [metafy'zi:k] f métaphysique f; **²'physisch** adj métaphysique

Metasprache ['meːtaʃpra:xə] f ⟨~⟩ LING métalangage m; métalangue f

Metastase [meta'staːzə] f ⟨~; ~n⟩ MÉD métastase f

Meteor [mete'o:r] m ⟨-s; ~e⟩ météore m (iène); **²isch** adj météorique

Meteorit [meteo'ri:t ou -'rit] m ⟨~en ou ~s; ~e(n)⟩ météorite m od f

Meteoro|**loge** [meteoro'lo:gə] m ⟨~n; ~n⟩, **~'login** f ⟨~; ~nen⟩ météorologue m,f; météorologiste m,f; **~'logie** f ⟨~⟩ météorologie f; **²'logisch** adj météorologique

Mete'orstein m pierre f météorique; météorite m od f

Meter ['me:tɐ] m od n ⟨-s; ~⟩ mètre m; *vier ~ breit*, *hoch*, *lang* quatre mètres de large, de haut, de long; *nach ~n messen* métrer

'**meter**|**dick** adj (de plus) d'un mètre d'épaisseur; **~hoch** adj (de plus) d'un mètre de hauteur; **~lang** adj (de plus) d'un mètre de longueur; **²maß** n mètre m (à ruban); **²ware** f marchandise f au mètre; **~weise** adv par mètres

Methadon [meta'do:n] n ⟨-s⟩ PHARM méthadone f

Methan [me'ta:n] n ⟨-s⟩, **~gas** n ⟨-es⟩ méthane m

Methanol [meta'no:l] n ⟨-s⟩ méthanol m

Metho|de [me'to:də] f ⟨~; ~n⟩ méthode f; **~dik** f ⟨~; ~en⟩ méthodologie f; ☉**disch** adj méthodique; **~'dist(in)** m ⟨~en; ~en⟩ (f) ⟨~; ~nen⟩ REL méthodiste m,f; ☉**'distisch** adj REL méthodiste
Methodologie [metodolo'gi:] f ⟨~; ~n⟩ méthodologie f
Methusalem [me'tu:zalɛm] m ⟨→ n/pr⟩ (so) alt wie ~ vieux comme Mathusalem
Methyl [me'ty:l] n ⟨~s⟩ méthyle m; **~alkohol** m ⟨~s⟩ alcool m méthylique
Methylen [mety'le:n] n ⟨~s⟩ méthylène m
Metier [meti'e:] n ⟨~s; ~s⟩ profession f; métier m; das ist nicht mein ~ je ne suis pas du métier
Metonymie [metony'mi:] f ⟨~; ~n⟩ métonymie f
Metr|ik ['me:trɪk] f ⟨~; ~en⟩ métrique f; ☉**isch** adj métrique
Metro ['me:tro] f ⟨~; ~s⟩ métro m
Metronom [metro'no:m] n ⟨~s; ~e⟩ métronome m
Metropole [metro'po:lə] f ⟨~; ~n⟩ métropole f
Metropolit [metropo'li:t] m ⟨~en; ~en⟩ REL métropolite m
Metrum ['me:trʊm] n ⟨~s; -tren⟩ Versmaß m mètre m
Mett [mɛt] n ⟨~(e)s⟩ regional viande hachée (de porc)
Mette ['mɛtə] f ⟨~; ~n⟩ CATH matines f/pl
Metteur(in) [mɛ'tœ:r(ɪn)] m ⟨~s; ~e⟩ (f) ⟨~; ~nen⟩ TYPO metteur, -euse m,f (en pages)
'Mettwurst f saucisse (fumée) de porc ou de bœuf
Metze'lei [~] f ⟨~; ~en⟩ carnage m; tuerie f; boucherie f
Metzger(in) ['mɛtsgər(ɪn)] m ⟨~s; ~⟩ (f) ⟨~; ~nen⟩ boucher, -ère m,f; (Schweiz☉) charcutier, -ière m,f
Metzge'rei f ⟨~; ~en⟩ boucherie f; (Schweiz☉) charcuterie f
Meuchel|mord m assassinat m; **~mörder(in)** m(f) assassin m; femme f assassin
meucheln ['mɔyçəln] st/s v/t ⟨-(e)le, h⟩ assassiner
meuchlings ['mɔyçlɪŋs] st/s péj adv traîtreusement; perfidement
Meute ['mɔytə] f ⟨~; ~n⟩ meute f (a fig)
Meute'rei f ⟨~; ~en⟩ mutinerie f; par ext émeute f
'Meuterer m ⟨~s; ~⟩ mutin m
meutern ['mɔytərn] v/i ⟨-(e)re, h⟩ **1.** se mutiner, se révolter (gegen contre); **2.** F fig F râler (gegen contre)
Mexikan|er(in) [mɛksi'ka:nər(ɪn)] m ⟨~s; ~⟩ (f) ⟨~; ~nen⟩ Mexicain(e) m(f); ☉**isch** adj mexicain
Mexiko ['mɛksiko] n ⟨→ n/pr⟩ **1.** Land le Mexique; **2.** Stadt ~ (Stadt) Mexico
MEZ [ɛmʔe:'tsɛt] abr (mitteleuropäische Zeit) heure f de l'Europe centrale
Mezzosopran ['mɛtsozopra:n] m mezzo-soprano m
MFG, Mfg. [ɛmʔɛf'ge:] abr cf **Mitfahrgelegenheit**
mg abr (Milligramm) mg (milligramme)
MG [ɛm'ge:] n ⟨~(s); ~(s)⟩ abr (Maschinengewehr) mitrailleuse f
mhd. abr (mittelhochdeutsch) moyen 'haut allemand

MHz abr (Megahertz) MHz (mégahertz)
Mi abr (Mittwoch) mer (mercredi)
Miasma [mi'asma] n ⟨~s; -men⟩ miasme m
miau [mi'aʊ] int miaou!
mi'auen v/i ⟨pas de ge-, h⟩ miauler
mich [mɪç] pr/pers (acc de ich) me; unverbunden moi; ich kenne ~ je me connais; für ~ pour moi
Michael ['mɪçae:l] m ⟨→ n/pr⟩ Michel m
Michel ['mɪçəl] m ⟨~s; ~⟩ péj der deutsche ~ l'Allemand moyen petit-bourgeois
mick(e)rig ['mɪk(ə)rɪç] F adj F riquiqui (inv); minable
Mickymaus ['mɪkimaʊs] f ⟨~⟩ Mickey m
Midlife-crisis ['mɪtlaɪfkraɪzɪs] f ⟨~⟩ die ~ durchleben avoir le démon de midi
mied [mi:t] cf **meiden**
Mieder ['mi:dər] n ⟨~s; ~⟩ Oberbekleidung corselet m; Unterbekleidung corset m; gaine f; **~höschen** n gaine-culotte f; **~waren** f/pl gaines f/pl et corsets m/pl
Mief [mi:f] F m ⟨~(e)s⟩ air vicié, renfermé; fig der ~ der Kleinstadt l'atmosphère étriquée des petites villes
'miefen F v/i ⟨h⟩ F schlinguer od chelinguer
Miene ['mi:nə] f ⟨~; ~n⟩ mine f; (Ausdruck) air m; ohne e-e ~ zu verziehen sans broncher; gute ~ zum bösen Spiel machen faire contre mauvaise fortune bon cœur; ~ machen, etw zu tun s'apprêter à faire qc
'Mienenspiel n ⟨~(e)s⟩ jeu m de physionomie; mimique f
mies [mi:s] F adj F minable; P dégueulasse; Mensch (fies) F moche; sich ~ fühlen se sentir mal
'Miese F pl ⟨→A⟩ beim Kartenspiel points m/pl en moins; auf dem Konto in den ~n sein être dans le rouge
'Miese|peter F m ⟨~s; ~⟩ F (vieux) bougon m; (vieux) grincheux m; ☉**pet(e)rig** F adj F bougon, -onne; grincheux, -euse
'miesmachen F v/t ⟨sép, -ge-, h⟩ **1.** (schlechtmachen) F esquinter; Person m taper sur; **2.** j-m etw ~ dégoûter qn de qc; j-m den Urlaub ~ F bousiller les vacances de qn
'Miesmacher F m défaitiste m,f; (Spielverderber) rabat-joie m
Miesmuschel ['mi:smʊʃəl] f moule f
'Miet|ausfall m perte f de loyer; **~auto** n voiture f de location; (Taxi) taxi m; voiture f de place; **~beihilfe** f allocations f/pl de logement; **~dauer** f durée f de la location bzw du bail
Miete[1] ['mi:tə] f ⟨~; ~n⟩ **1.** (Mietzins von Wohnungen etc) loyer m; von Autos, Maschinen etc (prix m de) location f; s-e ~ bezahlen payer son loyer; F das ist schon die halbe ~ c'est presque gagné; **2.** (Mietverhältnis) location f; louage m; zur ~ haben avoir en location; zur ~ wohnen être locataire (bei j-m de qn)
'Miete[2] f ⟨~; ~n⟩ AGR meule f; im Boden silo m (souterrain)
'mieten v/t ⟨-ete, h⟩ louer
'Miet|er(in) m ⟨~s; ~⟩ (f) ⟨~; ~nen⟩ locataire m,f; **~erhöhung** f augmentation f, majoration f de loyer
'Mieterschutz m défense f des locataires

'mietfrei adv (avec logement) gratuit; sans payer de loyer
'Miet|kauf m location-vente f; **~partei** f colocataire m,f; **~preis** m (prix m de) location f; loyer m; **~recht** n ⟨~(e)s⟩ législation f des baux
'Miets|haus n maison f, immeuble m de rapport; **~kaserne** f péj caserne f
'Miet|spiegel m barème m des loyers; **~verhältnis** n location f; **~vertrag** m bail m; contrat m de location; **~wagen** m voiture f de location; **~wert** m valeur locative; **~wohnung** f appartement loué bzw à louer; **~wucher** m 'hausse abusive, illicite des loyers; **~zins** m ⟨~es; ~e⟩ ADM, regional loyer m
Mieze ['mi:tsə] f ⟨~; ~n⟩ **1.** F (Katze) minet, -ette m,f; F minou m; **2.** F (Mädchen) F nana f; F nénette f; **~katze** en f cf **Mieze 1.**
Migräne [mi'grɛ:nə] f ⟨~; ~n⟩ migraine f
Mikado [mi'ka:do] n ⟨~s; ~s⟩ mikado m
Mikro ['mi:kro] F n ⟨~s; ~s⟩ micro m
mikro..., Mikro... [mikro... ou 'mi:kro...] in Zssgn micro(-)...
Mikrobe [mi'kro:bə] f ⟨~; ~n⟩ microbe m
Mikro|biolo'gie f microbiologie f; **~che'mie** f microchimie f
Mikro|chip ['mi:krotʃɪp] m INFORM puce f; **~computer** m micro-ordinateur m; **~elektronik** f micro-électronique f
Mikro|fiche ['mi:krofiʃ] m od n ⟨~s; ~s⟩ microfiche f; **~film** m microfilm m
Mikro'fon cf **Mikrophon**
Mikro|gramm n microgramme m; **~'kosmos** m microcosme m; **~'meter** m ou n micromètre m
Mikrones|ien [mikro'ne:ziən] n ⟨→ n/pr⟩ la Micronésie; **~ier(in)** m ⟨~s; ~⟩ (f) ⟨~; ~nen⟩ Micronésien, -ienne m,f; ☉**isch** adj micronésien, -ienne
'Mikroorganismus m micro-organisme m
Mikro|phon [mikro'fo:n] n ⟨~s; ~e⟩ microphone m; **~pro'zessor** m microprocesseur m
Mikro|skop [mikro'sko:p] n ⟨~s; ~e⟩ microscope m; **~sko'pie** f ⟨~⟩ microscopie f; **~sko'pieren** v/t ⟨pas de ge-, h⟩ étudier au microscope; ☉**'skopisch** adj microscopique
'Mikro|struktur f/t microstructure f; **~welle** f **1.** ÉLECT micro-onde f; **2.** F Gerät micro-ondes m; **~wellenherd** m four m à micro-ondes; **~zensus** m ⟨~⟩ STATISTIK recensement trimestriel
Milan [mi'la:n ou 'mi:lan] m ⟨~s; ~e⟩ ZO milan m
Milbe ['mɪlbə] f ⟨~; ~n⟩ mite f; sc acarien m
Milch [mɪlç] f ⟨~⟩ **1.** lait m (a BOT); ~ geben Kuh etc donner du lait; wie ~ und Blut aussehen avoir un teint de lis; das Land, wo ~ und Honig fließt BIBL une contrée où ruisselle lait et miel; fig la terre d'abondance; **2.** CHIM émulsion f; **3.** der Fische laitance f; laite f
'Milch|bar f milk-bar m; **~bart** F m blanc-bec m; **~brei** m bouillie f au lait; **~brötchen** n petit pain au lait; **~drüse** f glande f mammaire; **~eiweiß** n protéine f du lait; **~flasche** f bouteille f à lait; für den Säugling biberon m; **~gebiß** n dents f/pl de lait; **~geschäft** n laiterie f; crémerie f; **~gesicht** n cf **Milchbart**; **~glas** n **1.** zum Trinken

Milchhändler(in) – mindestens

verre *m* à lait; **2.** ⟨*pas de pl*⟩ TECH verre dépoli, opalin; **~händler(in)** *m(f)* crémier, -ière *m,f*

'milchig *adj* laiteux, -euse

'Milch|kaffee *m* café *m* au lait; *im Lokal a* café *m* crème; F crème *m*; **~kalb** *n* veau *m* de lait; **~ännchen** *n* petit pot à lait; **~kanne** *f* pot *m*, *große aus Metall* bidon *m* à lait; **~kuh** *f* vache *f* à lait; (vache) laitière *f*; **~laden** *m* laiterie *f*; crémerie *f*

Milchling ['mɪlçlɪŋ] *m* ⟨~s; ~e⟩ BOT lactaire *m*

'Milchmädchenrechnung *f* F *das ist doch e-e ~* c'est tirer des plans sur la comète

'Milch|mann F *m* ⟨~(e)s; ~er⟩ laitier *m*; **~mixgetränk** *n* milk-shake *m*; **~produkte** *n/pl* produits laitiers; laitages *m/pl*; **~pulver** *n* lait *m* en poudre; **~pumpe** *f* tire-lait *m*; **~reis** *m* riz *m* au lait; **~säure** *f* acide *m* lactique; **~säuregärung** *f* fermentation *f* lactique; **~schokolade** *f* chocolat *m* au lait; **~schorf** *m* MÉD croûtes *f/pl* de lait; gourme *f*; **~straße** *f* ASTR Voie lactée; **~straßensystem** *n* galaxie *f*; **~suppe** *f* soupe *f* au lait; **~topf** *m* pot *m* à od au lait; **~tüte** *f* brique *f* de lait; **~wirtschaft** *f* laiterie *f*; **~zahn** *m* dent *f* de lait; **~zucker** *m* lactose *m*

mild [mɪlt] **I** *adj* **1.** *Licht, Luft, Seife etc* doux, douce; *Kaffee, Tabak* léger, -ère; *Klima, Wetter* a tempéré; clément; *Essen* peu épicé; *das Wetter ist ~er geworden* le temps s'est (r)adouci; **2.** *Worte, Kritik* peu sévère; *Richter etc* a clément, indulgent; *Strafe* léger, -ère; *Blick* indulgent; **~e Gabe** don *m* charitable; aumône *f*; **II** *adv* **~ gewürzt** peu épicé; **~(e) lächeln** sourire d'un air indulgent

milde ['mɪldə] *cf* **mild**

'Milde *f* ⟨~⟩ douceur *f*; clémence *f*; (*Nachsicht*) a indulgence *f*; *st/s* mansuétude *f*; **~ walten lassen** exercer sa clémence; se montrer clément

'mildern *v/t* ⟨-(e)re; h⟩ *Schmerzen* (r)adoucir; *Worte, Kritik* modérer; *st/s* tempérer; *Strafe* atténuer; alléger; JUR **~de Umstände** *m/pl* circonstances atténuantes

'Milderung *f* ⟨~⟩ (r)adoucissement *m*; (*Mäßigung*) modération *f*; *e-r Strafe* atténuation *f*; réduction *f*

'mildherzig *adj* qui a le cœur tendre

'mildtätig *adj* charitable; bienfaisant; *für ~e Zwecke* pour des œuvres de charité, de bienfaisance

'Mildtätigkeit *f* ⟨~⟩ charité *f*; bienfaisance *f*

Milieu [mili'ø:] *n* ⟨~s; ~s⟩ *a* BIOL, fig milieu *m*; BIOL, SOZIOLOGIE *a* environnement *m*; **⌾bedingt** *adj* conditionné, déterminé par le milieu; **⌾geschädigt** *adj* victime *f* de son environnement, milieu; **~studie** *f* étude *f* d'un milieu

militant [mili'tant] *adj* militant

Militär¹ [mili'tɛ:r] *n* ⟨~s⟩ armée *f*; *zum ~ gehen* entrer dans l'armée

Militär² [mili'tɛ:r] *m* ⟨~s; ~s⟩ officier supérieur *m*; ('haut) militaire

Militär|akademie *f* École *f* militaire; **~arzt** *m*, **~ärztin** *f* médecin *m* des armées; **~attaché** *m* attaché *m* militaire; **~behörde** *f* autorité *f* militaire; **~bündnis** *n* alliance *f* militaire; **~dienst** *m* ⟨~(e)s⟩ service *m* (militaire); **~diktatur** *f* dictature *f* militaire; **~experte** *m* expert *m* en *od* des questions militaires; **~flugzeug** *n* avion *m* militaire; **~gefängnis** *n* prison *f* militaire; **~geistliche(r)** *m* aumônier *m* (militaire); **~gericht** *n* tribunal *m* militaire

Militaria [mili'ta:ria] *pl* décorations *f/pl*, armes *f/pl*, objets *m/pl*, *etc* militaires

mili'tärisch *adj* militaire; *fig* martial

militarisier|en [militari'zi:rən] *v/t* ⟨*pas de ge-*, h⟩ militariser; **⌾ung** *f* ⟨~⟩ militarisation *f*

Milita'rismus *m* ⟨~⟩ militarisme *m*; *péj* a caporalisme *m*; **⌾istisch** *adj* militariste (*a fig péj*)

Militär|junta *f* junte *f* militaire; **~kapelle** *f* musique *f* militaire; **~macht** *f* puissance *f* militaire; **~marsch** *m* marche *f* (militaire); **~musik** *f* musique *f* militaire; **~polizei** *f* police *f* militaire; **~putsch** *m* putsch *m*; coup *m* d'État militaire; **~regierung** *f* gouvernement *m* militaire; **~seelsorge** *f* aumônerie *f* aux armées; **~stützpunkt** *m* base *f* militaire; **~transport** *m* convoi *m*, transport *m* militaire; **~wesen** *n* ⟨~s⟩ questions *f/pl*, affaires *f/pl* militaires

Military ['mɪlɪtəri] *f* ⟨~; ~s⟩ REITSPORT concours complet

Mili'tärzeit *f* ⟨~⟩ (temps *m* de) service *m* militaire

Miliz [mi'lɪts] *f* ⟨~; ~en⟩ milice *f*; **~soldat(in)** *m(f)* milicien, -ienne *m,f*

Mill. *abr* (*Million[en]*) million(s)

Mille ['mɪlə] F *n* ⟨~; ~⟩ mille marks *m/pl*; *drei ~* trois mille marks

Milliampere [mili?am'pe:r] *n* milliampère *m*

Milliardär(in) [miliar'dɛ:r(ɪn)] *m* ⟨~s; ~e⟩ (*f*) ⟨~; ~nen⟩ milliardaire *m,f*

Milliarde [mili'ardə] *f* ⟨~; ~n⟩ milliard *m*

Milli'ardenhöhe *f* *in ~* qui se chiffre par milliards; de plusieurs milliards

Milli'ardenkredit *m* crédit *m* d'un milliard *bzw* de plusieurs milliards

Milli|bar [mili'ba:r] *n* milibar *m*; **~'gramm** *n* milligramme *m*; **~'liter** *n od* millilitre *m*

Millimeter [mili'me:tər] *n od m* millimètre *m*; **~arbeit** F *f* ⟨~⟩ travail *m* au millimètre près; travail *m* de précision; **~papier** *n* ⟨~s⟩ papier millimétré *od* millimétrique

Million [mɪli'o:n] *f* ⟨~; ~en⟩ million *m*

Millionär(in) [milio'nɛ:r(ɪn)] *m* ⟨~s; ~e⟩ (*f*) ⟨~; ~nen⟩ millionnaire *m,f*; **mehrfacher ~** multimillionnaire *m*

Milli'onenauflage *f* *in ~* en un million *bzw* en plusieurs millions d'exemplaires

milli'onenfach I *adj Auflage etc* de plusieurs millions; **II** *adv* par millions; en millions

Milli'onen|geschäft *n* affaire *f* d'un million *bzw* de plusieurs millions; **~gewinn** *m* **1.** *Ertrag* profit *m* d'un million *bzw* de plusieurs millions; **2.** *im Lotto* lot *m* d'un million *bzw* de plusieurs millions

Milli'onenheer *n* *ein ~ von …* un million *bzw* des millions de …

Milli'onenhöhe *f* *in ~* qui se chiffre par millions; de plusieurs millions

Milli'onen|kredit *m* crédit *m* d'un million *bzw* de plusieurs millions; **~schaden** *m* dommage *m* d'un million *bzw* de plusieurs millions; **⌾schwer** F *adj* F qui pèse des millions; *Person a* multimillionnaire; **~stadt** *f* ville *f* d'un million *bzw* de plusieurs millions d'habitants

milli'onste(r, -s) *adj* millionième

Milli'onstel *n* ⟨~s; ~⟩ millionième *m*

Milz [mɪlts] *f* ⟨~; ~en⟩ ANAT rate *f*; **~brand** *m* ⟨~(e)s⟩ VÉT charbon *m*

Mime ['mi:mə] *m* ⟨~n; ~n⟩ acteur *m*

'mimen *v/t* ⟨h⟩ **1.** (*darstellen*) mimer; **2.** (*vortäuschen*) *Gefühl etc* feindre; faire semblant de (+*inf*); *Person a* simuler; **3.** *THÉ* jouer; interpréter

Mimik *f* ⟨~⟩ mimique *f*

Mimikry ['mɪmɪkri] *f* ⟨~⟩ ZO mimétisme *m*; *fig* camouflage *m*

'mimisch I *adj* ⟨*épithète*⟩ mimique; **II** *adv* *etw ~ darstellen* représenter qc en mimant

Mimose [mi'mo:zə] *f* ⟨~; ~n⟩ **1.** BOT mimosa *m*; **2.** *fig* sensitif, -ive *m*; *er ist e-e ~* il a une sensibilité d'écorché vif; il prend facilement la mouche

mi'mosenhaft *adj* hypersensible; hypersensitif, -ive

min., Min. *abr* (*Minute[n]*) mn (minute[s])

Minarett [mina'rɛt] *n* ⟨~s; ~s *ou* ~e⟩ minaret *m*

mind. *abr* (*mindestens*) au moins

minder ['mɪndər] *st/s adv* moins; *nicht ~* ne pas moins; *mehr oder ~* plus ou moins

'minderbegabt *adj* peu doué

'minderbemittelt *adj* qui a de petits moyens; peu fortuné; *p/fort* indigent; F *péj* *er ist geistig ~* F il lui manque une case; F c'est un débile

'mindere(r, -s) *adj* moindre; plus petit; (*weniger wert*) inférieur

'Minderheit *f* ⟨~; ~en⟩ minorité *f*; *in der ~ sein* être en minorité

'Minder|heitsregierung *f* gouvernement *m* de (la) minorité; **⌾jährig** *adj* mineur; **~jährige(r)** *f(m)* ⟨→A⟩ mineur(e) *m(f)*; **~jährigkeit** *f* ⟨~⟩ minorité *f*

'minder|n *v/t* (*u v/réfl*) ⟨-(e)re, h⟩ (*sich*) **~** diminuer; (s')amoindrir; (se) réduire; *Preis* rabaisser; *Wert* (se) déprécier; **⌾ung** *f* ⟨~; ~en⟩ diminution *f*; amoindrissement *m*; *der Preise* réduction *f*; *des Wertes* dépréciation *f*

'minderwertig *adj* inférieur; d'une valeur inférieure; COMM de mauvaise qualité; **⌾keit** *f* ⟨~⟩ infériorité *f*; COMM mauvaise qualité; médiocrité *f*

'Minderwertigkeits|gefühl *n* sentiment *m* d'infériorité; **~komplex** *m* complexe *m* d'infériorité

'Minderzahl *f* ⟨~⟩ *cf* **Minderheit**

'Mindest|alter *n* âge *m* minimum (requis); **~anforderung** *f* exigence *f* minimum; **~betrag** *m* (montant *m*, somme *f*) minimum *m*

mindeste(r, -s) ['mɪndəstə(r, -s)] *adj* le (la) moindre; *das ~* le moins; la moindre chose; le minimum; *zum ~n* au moins; pour le moins; (*wenigstens*) au minimum; *nicht im ~n* pas le moins du monde; nullement

'Mindesteinkommen *n* revenu *m* minimum

mindestens ['mɪndəstəns] *adv* au moins; pour le moins; (*wenigstens*) au minimum

Mindest|gebot *n* enchère *f* minimum; **~geschwindigkeit** *f* vitesse *f* minimum; **~gewicht** *n* poids *m* minimum; **~lohn** *m* salaire *m* minimum; **~maß** *n* (strict) minimum *m* (**an** [+*dat*] de); **~preis** *m* prix *m* minimum, plancher; **~strafe** *f* peine *f* minimum; **~wert** *m* valeur *f* minimum
Mine ['mi:nə] *f* ⟨~; ~n⟩ **1.** (*Bergwerk*) mine *f*; **2.** MIL mine *f*; **3.** (*Bleistift*2) mine *f* (de crayon); (*Kugelschreiber*2) recharge *f*
Minen|feld *n* terrain miné, truffé de mines; *im Wasser* eaux minées; **~leger** *m* ⟨~s; ~⟩ *Schiff* mouilleur *m* de mines; *Panzer* char *m* poseur de mines; **~räumboot** *n*, **~suchboot** *n* dragueur *m* de mines; **~suchgerät** *n* (appareil) détecteur *m* de mines
Mineral [mine'ra:l] *n* ⟨~s; ~e *ou* ~ien⟩ minéral *m*; **~bad** *n* station thermale; **~brunnen** *m* source *f* d'eau minérale; **~dünger** *m* engrais minéraux
Minera'loge *m* ⟨~n; ~n⟩, **~login** *f* ⟨~; ~nen⟩ minéralogiste *m,f*; **~lo'gie** *f* ⟨~⟩ minéralogie *f*; 2**logisch** *adj* minéralogique
Mine'ralöl *n* huile minérale; *par ext* pétrole *m*; **~gesellschaft** *f* société pétrolière; **~industrie** *f* industrie pétrolière; **~steuer** *f* impôt *m* sur les huiles minérales
Mine'ral|quelle *f* source *f* d'eau minérale; **~salz** *n* sel minéral; **~stoff** *m* substance minérale; **~wasser** *n* ⟨~s; -wasser *respectivement* -wässer⟩ eau minérale (*mit Kohlensäure* gazeuse)
mini ['mɪni] *adj* ⟨*inv*⟩ mini (*inv*)
Mini F *m* ⟨~s; ~s⟩ (~*rock*) mini *m*
mini..., **Mini...** [mɪni...] *in Zssgn* mini...
Miniatur [minia'tu:r] *f* ⟨~; ~en⟩ miniature *f*; *in* ~ en miniature
Minia'turausgabe *f* édition *f* (en) miniature; F *Max ist die* ~ *meines Mannes* Max, c'est le portrait de mon mari en plus petit
Minia'turmalerei *f* miniature *f*
'Mini|golf *n* ⟨~s⟩ golf *m* miniature; **~kleid** *n* minirobe *f*
mini'mal I *adj* minime; insignifiant; minimal; **II** *adv* au minimum
Mini'mal|forderung *f* exigence *f* minimum; **~konsens** *m* accord *m* minimum; **~wert** *m* valeur *f* minimum
mini'mieren *v/t* ⟨*pas de ge-*, h⟩ *t/t* minimiser; 2**ung** *f* ⟨~; ~en⟩ *t/t* minimisation *f*
Minimum ['mi:nimʊm] *n* ⟨~s; -ma⟩ minimum *m* (**an** [+*dat*] de); **auf ein** ~ **beschränken** restreindre au minimum; minimiser
'Minimumthermometer *n* thermomètre *m* à minima
'Mini|pille F *f* minipilule *f*; pilule minidosée; **~rock** *m* minijupe *f*; **~slip** *m* cache-sexe *m*
Minister(in) [mi'nɪstər(ɪn)] *m* ⟨~s; ~⟩ (*f* ⟨~; ~nen⟩ ministre *m* (**für** de); femme *f* ministre; *Frau* ~! Madame le ministre!
Mi'nisteramt *n* poste ministériel
Ministeri'al|beamte(r) *m*, **~beamtin** *f* fonctionnaire *m,f* de *od* dans un ministère; **~direktor(in)** *m(f)* chef *m* de section dans un ministère; *in Frankreich etwa* directeur général; **~dirigent(in)**

m(f) in Frankreich etwa sous-directeur *m* d'un bureau; **~rat** *m* ⟨~(e)s; -räte⟩, **~rätin** *f* ⟨~; ~nen⟩ *in Frankreich etwa* administrateur civil
ministeri'ell *adj* ministériel, -ielle
Mini'sterium *n* ⟨~s; -ien⟩ ministère *m*
Mi'nister|konferenz *f* conférence interministérielle; **~präsident(in)** *m(f)* **1.** Premier ministre; **2.** *e-s deutschen Bundeslandes* président(e) *m(f)* du Conseil (des ministres); **~rat** *m* ⟨~(e)s⟩ Conseil *m* des ministres; **~wechsel** *m* changement *m* de ministre; remaniement *m* (dans le gouvernement)
Ministrant(in) [minɪs'trant(ɪn)] *m* ⟨~en; ~en⟩ (*f* ⟨~; ~nen⟩ CATH enfant *m* de chœur; servant *m*
Minna ['mɪna] *f* ⟨~→*n/pr*⟩ prénom; **2.** ⟨~; ~s⟩ F fig *die grüne* ~ F le panier à salade; *j-n zur* ~ *machen* mettre qn plus bas que terre
Minne ['mɪnə] *f* ⟨~⟩ HIST amour *m* (courtois); **~dienst** *m* hommage *m* (du chevalier servant); **~lied** *n* chanson *f* d'amour; **~sang** *m* ⟨~(e)s⟩ LITERATUR poésie *f* de troubadour; **~sänger** *m* ménestrel *m*; *in Nordfrankreich a* trouvère *m*; *in Südfrankreich a* troubadour *m*
Minorität [minori'tɛ:t] *f* ⟨~; ~en⟩ minorité *f*
minus ['mi:nʊs] *adv bes* MATH, *bei Temperaturangaben* moins; *cf a* **plus**
'Minus *n* ⟨~; ~⟩ **1.** COMM déficit *m*; *im* ~ *sein* être dans le rouge; ~ *machen* perdre de l'argent; **2.** MATH Zeichen moins *m*; **3.** (*Nachteil*) 'handicap *m*
'Minusbetrag *m* déficit *m*
Minuskel [mi'nʊskəl] *f* ⟨~; ~n⟩ (lettre *f*) minuscule *f*
'Minus|pol *m* ÉLECT pôle négatif; **~punkt** *m* **1.** SPORT etc point *m* en moins; **2.** (*Nachteil*) 'handicap *m*; **~zeichen** *n* signe *m* moins
Minute [mi'nu:tə] *f* ⟨~; ~n⟩ minute *f* (*a* MATH *Bogen*2); **auf die** ~ à la minute; ponctuellement; *in letzter* ~ à la dernière minute; au dernier moment; *keine ruhige* ~ *haben* n'avoir pas une minute de repos
mi'nutenlang I *adj* ⟨*épithète*⟩ qui dure une minute *bzw* plusieurs minutes; *es entstand e-e* ~*e Pause* il y a eu une interruption de plusieurs minutes; **II** *adv* pendant plusieurs minutes
Mi'nutenzeiger *m* aiguille *f* des minutes; grande aiguille
minütlich [mi'ny:tlɪç] **I** *adj in* ~*en Abständen* à une minute d'intervalle; **II** *adv* toutes les minutes
minuziös [minutsi'ø:s] **I** *adj* minutieux, -ieuse; méticuleux, -euse; **II** *adv* minutieusement; méticuleusement
Minze ['mɪntsə] *f* ⟨~; ~n⟩ menthe *f*
Mio. *abr* (*Million[en]*) million(s)
mir [mi:r] *pr/pers* (*dat de ich*) me; *nach prép* moi; *betont* à moi; *ein Freund von* ~ un de mes amis; F *von* ~ *aus* de ma part; *als Ausruf* soit!; je veux bien!; F *nichts, dir nichts* de but en blanc; F tout de go; *der* ~ *rühr* ~ *das nicht an!* ne touche pas à ça!; *prov wie du* ~*, so ich dir prov* œil pour œil, dent pour dent
Mirabelle [mira'bɛlə] *f* ⟨~; ~n⟩ mirabelle *f*
Misanthrop [mizan'tro:p] *st/s m* ⟨~en; ~en⟩ misanthrope *m*

Misch|batterie *f* robinet mélangeur; **~brot** *n* pain bis; **~ehe** *f* mariage *m* mixte
mischen ['mɪʃən] ⟨h⟩ **I** *v/t* **1.** (*ver*~) mêler; mélanger; faire un mélange de; *Flüssigkeiten a* couper; *mit Wasser* ~ couper d'eau; *fig mit gemischten Gefühlen* avec des sentiments mitigés, contradictoires; **2.** RAD, TV mixer; combiner; **3.** *Karten* battre; mêler; ~ *und geben* faire les cartes; **II** *v/réfl* **4.** (*sich ver*~) *sich* ~ se mélanger; se mêler; **5.** (*sich ein*~) *sich in fremde Angelegenheiten* ~ se mêler dans, s'immiscer dans les affaires d'autrui; **6.** *sich ins Gespräch, unters Volk* ~ se mêler à la conversation, à la foule
'Mischer *m* ⟨~s; ~⟩ *Maschine* tambour mélangeur
'Misch|farbe *f* couleur composée; **~form** *f* mélange *m*; **~futter** *n* fourrage *m* mixte; **~gemüse** *n* jardinière *f*; macédoine *f* de légumes; **~gewebe** *n* tissu mélangé; **~kalkulation** *f* calcul *m* de rentabilité mixte; **~kost** *f* alimentation équilibrée; **~kultur** *f* AGR polyculture *f*; **~ling** *m* ⟨~s; ~e⟩ métis *m*; BIOL hybride *m*
Mischmasch ['mɪʃmaʃ] F *m* ⟨~(e)s; ~e⟩ F salade *f*; F méli-mélo *m*
'Misch|maschine *f* tambour mélangeur; **~pult** *n* pupitre *m*, console *f* de mixage; **~sprache** *f* langue *f* mixte; *par ext mit Französisch, Spanisch, Portugiesisch* créole *m*; **~trommel** *f* tambour mélangeur
'Mischung *f* ⟨~; ~en⟩ *a fig* mélange *m*; (*Pralinen*2) etc assortiment *m*
'Mischungsverhältnis *n* proportions *f/pl* de mélange; dosage *m*
'Mischwald *m* forêt *f* (à peuplement) mixte
miserabel [mizə'ra:bəl] *adj* ⟨-bl-⟩ **1.** (*elend, unglücklich*) malheureux, -euse; *ich fühle mich* ~ je suis dans un état lamentable; F je suis mal fichu; **2.** *péj* (*schlecht*) F minable; *Wetter a* affreux, -euse; *Essen a* abominable; *Film, Buch a* atroce
Misere [mi'ze:rə] *f* ⟨~; ~n⟩ situation *f* déplorable; *finanzielle* détresse *f*; misère *f*
miso|gyn [mizo'gy:n] *st/s adj* misogyne; 2**gy'nie** *f* ⟨~⟩ misogynie *f*
Mispel ['mɪspəl] *f* ⟨~; ~n⟩ *Frucht* nèfle *f*; *Baum* néflier *m*
Miß, Miss [mɪs] *f* ⟨~; Misses⟩ (*Schönheitskönigin*) miss *f*; *die amtierende* ~ *Germany* l'actuelle Miss Allemagne
miß'achten *v/t* ⟨-ete, *pas de ge-*, h⟩ **1.** (*geringschätzen*) estimer peu; *p/fort* dédaigner; mépriser; mésestimer; **2.** (*nicht beachten*) ne pas respecter; ignorer
'Mißachtung *f* **1.** (*Geringschätzung*) peu *m* d'estime; *p/fort* dédain *m*; mépris *m*; mésestime *f*; **2.** (*Nichtbeachtung*) non-respect *m*; *unter* ~ (+*gén*) au mépris de
'mißbehagen *st/s v/i* ⟨*pas de ge-*, h⟩ *j-m* ~ déplaire à qn
'Mißbehagen *n* malaise *m*; déplaisir *m*
'Mißbildung *f* malformation *f*; *p/fort* difformité *f*
miß'billigen *v/t* ⟨*pas de ge-*, h⟩ ne pas approuver; désapprouver; (*tadeln*) blâmer

'**Mißbilligung** f désapprobation f; réprobation f; (*Tadel*) blâme m
'**Mißbrauch** m **1.** (*übermäßiger Gebrauch*) abus m; (*falscher Gebrauch*) mauvais usage; **2.** (*Entweihung*) profanation f
miß'brauchen v/t ⟨*pas de ge-*, h⟩ **1.** (*übermäßig gebrauchen*) abuser de; (*falsch gebrauchen*) faire mauvais usage de; **2.** (*entweihen*) profaner; **3.** *Personen für die eigenen Zwecke* profiter de; **4.** *st/s* (*vergewaltigen*) abuser de
mißbräuchlich ['mɪsbrɔʏçlɪç] adj abusif, -ive
miß'deuten v/t ⟨-ete, *pas de ge-*, h⟩ mal interpréter, comprendre; se méprendre sur
'**Mißdeutung** f fausse, mauvaise interprétation; méprise f
missen ['mɪsən] *st/s* v/t ⟨-ßt, h⟩ (*entbehren*) se passer de; *etw nicht ~ mögen* ne pas vouloir se passer de qc
'**Mißerfolg** m échec m; *SPORT a* contre--performance f; *e-n ~ haben* ne pas réussir; subir, essuyer un échec
'**Mißernte** f mauvaise récolte
Misse|tat ['mɪsəta:t] *st/s* f méfait m; délit m; **~täter(in)** *st/s* m(f) malfaiteur m; *st/s* scélérat(e) m(f)
miß'fallen *st/s* v/i ⟨*irr, pas de ge-*, h⟩ *j-m ~* déplaire à qn
'**Mißfallen** n ⟨~s⟩ déplaisir m, mécontentement m (*über* [+*acc*] au sujet de); *j-s ~ erregen* provoquer le mécontement de qn; *sein ~ über etw* (*acc*) *ausdrücken* manifester, exprimer son mécontement au sujet de qc
'**Mißfallens|äußerung** f, **~kundgebung** f manifestation f, expression f de mécontement
mißfällig *litt* adv *sich ~ über j-n, etw äußern* critiquer, blâmer qn, qc
miß|gebildet adjt déformé; **⌗geburt** f enfant anormal, difforme; *p/fort* monstre m; **~gelaunt** *st/s* adj de mauvaise humeur; **⌗geschick** n **1.** (*Unglück*) malchance f; malheur m; **2.** (*ärgerlicher Vorfall*) ennui m; mésaventure f; **⌗gestalt** f **1.** difformité f; *p/fort* monstruosité f; **2.** (*mißgestaltetes Wesen*) être m difforme; avorton m; monstre m; **~gestaltet** adjt déformé; **~gestimmt** *st/s* adjt de mauvaise humeur
miß'glücken v/i ⟨*pas de ge-*, sein⟩ *Versuch etc* ne pas réussir; *Plan* échouer; *Kuchen etc* rater; *es ist ihm mißglückt* il n'a pas réussi; il a échoué
miß'gönnen v/t ⟨*pas de ge-*, h⟩ *j-m etw ~* envier qc à qn; *j-m sein Glück ~* être jaloux du bonheur de qn
'**Miß|griff** m erreur f; faute f; **~gunst** *st/s* f envie f; jalousie f; **⌗günstig** *st/s* adj envieux, -euse; jaloux, -ouse
miß'hand|eln v/t ⟨-(e)le, *pas de ge-*, h⟩ maltraiter; *p/fort* brutaliser; **⌗lung** f mauvais traitements; sévices m/pl; brutalités f/pl
Mission [mɪsi'o:n] f ⟨~; ~en⟩ mission f; *REL* **äußere, innere ~** missions étrangères, intérieures; *in geheimer ~* en mission secrète
Missio'nar|(in) m ⟨~s; ~e⟩ (f) ⟨~; ~nen⟩ missionaire m,f; **⌗isch I** adj missionaire; **II** adv comme (un *bzw* une) missionaire
missio'nier|en v/t ⟨*pas de ge-*, h⟩ évangéliser; **⌗ung** f ⟨~⟩ évangélisation f

Missi'ons|chef m *DIPL* chef m de mission; **~gesellschaft** f société f des missions (étrangères); **~schwester** f sœur f missionnaire; **~station** f mission f
'**Mißklang** m **1.** *MUS* dissonance f; **2.** *fig* discordance f
'**Mißkredit** m *j-n in ~ bringen* discréditer qn; jeter le discrédit sur qn; *in ~ geraten* tomber en discrédit
miß'lang cf *mißlingen*
miß|lich adj déplaisant; fâcheux, -euse; contrariant; **~liebig** *st/s* adj qui n'est pas bien vu; impopulaire
mißlingen [mɪs'lɪŋən] v/i ⟨mißlingt, mißlang, mißlungen, sein⟩ cf *mißglücken*
'**Mißmanagement** n mauvais management; mauvaise gestion
'**Mißmut** m mauvaise humeur; morosité f; **⌗ig** adj de mauvaise humeur; morose
miß'raten v/i ⟨*irr, pas de ge-*, sein⟩ cf *mißglücken*
'**Mißstand** m abus m; *p/fort* situation f intenable; *bes in der Verwaltung* irrégularité f; *soziale Mißstände* inégalités sociales choquantes
'**Mißstimmung** f mauvaise ambiance
mißt [mɪst] cf *messen*
'**Mißton** m ⟨-(e)s; ⌣e⟩ son faux, discordant; dissonance f; *fig* discordance f; fausse note
miß'trauen v/i ⟨*pas de ge-*, h⟩ *j-m, e-r Sache ~* se méfier, *st/s* se défier de qn, de qc; ne pas avoir confiance en qn, qc
'**Mißtrauen** n ⟨~s⟩ méfiance f, défiance f (*gegen* à l'égard de); manque m de confiance; *j-s ~ erregen* éveiller la méfiance de qn; *gegen j-n, etw ~ haben, hegen* avoir, éprouver de la méfiance à l'égard de qn, qc
'**Mißtrauens|antrag** m motion f de censure; **~votum** n vote m de défiance
'**mißtrauisch** adj méfiant, défiant (*gegenüber* à l'égard de); (*argwöhnisch*) soupçonneux, -euse (*gegenüber* à l'égard de)
'**Mißverhältnis** n disproportion f; (*Ungleichheit*) disparité f; décalage m; différence f; *... stehen in e-m ~* (*zueinander*) il y a une disproportion entre ...
miß|verständlich adj qui prête à (des) malentendus; **⌗verständnis** n ⟨~ses; ~se⟩ **1.** malentendu m; **2.** (*Streitigkeit*) désaccord m; **~verstehen** v/t ⟨*irr, pas de ge-*, h⟩ mal comprendre
'**Mißwahl** f élection f d'une miss
'**Mißwirtschaft** f ⟨~⟩ mauvaise gestion, administration; gabegie f
Mist [mɪst] m ⟨~(e)s⟩ **1.** *AGR* fumier m; F *das ist nicht auf s-m ~ gewachsen* ce n'est pas de son crû; ça ne vient pas de lui; **2.** F (*Unsinn*) âneries f/pl; F conneries f/pl; F *~ bauen* P faire des conneries; *mach doch deinen ~ alleine!* tu n'as qu'à te débrouiller!; décbrouille-toi!; **3.** F (*Schund*) F saloperie f; *fig so ein ~!* F zut alors!; P merde alors!
'**Mistbeet** n *JARD* couche f
Mistel ['mɪstəl] f ⟨~; ~n⟩ gui m
'**misten** ⟨-ete, h⟩ **I** v/t **1.** (*düngen*) fumer; **2.** (*aus~*) nettoyer; ranger; **II** v/i *Tiere* fienter
'**Mist|fink** F m **1.** (*Schmutzfink*) F cochon, -onne m,f; **2.** (*Mistkerl*) P salaud m; **~gabel** f fourche f à fumier; **~hau-**

fen m (tas m de) fumier m; **~käfer** m bousier m; **~kerl** P m P salaud m; **~stück** P n F ordure f; *Frau* P salope f; **~vieh** P n **1.** *Tier* F foutue, sale bête; **2.** *Mensch* F ordure f; *Mann a* F fumier m; **~wetter** F n ⟨~s⟩ F temps m de chien, de cochon
mit [mɪt] **I** prép ⟨*dat*⟩ **1.** (*zusammen mit*) avec; (*in Begleitung von*) accompagné de; *komm ~ mir* viens avec moi; *j-m gehen* accompagner qn; *ich fühle ~ Ihnen* je vous comprends très bien; *bei e-m traurigen Anlaß* je suis de tout cœur avec vous; *sich ~ j-m schlagen* se battre contre *od* avec qn; F *nicht ~ mir!* F on ne m'aura *od* ne me la fait pas!; F je ne marche pas!; **2.** *Inhalt* de; *ein Teller ~ Obst* une assiette de fruits; **3.** *Mittel* avec; de; par; à; en; *j-m ~ den Augen folgen* suivre qn des yeux; *~ Bleistift schreiben* écrire au crayon; *~ dem Finger berühren* toucher du doigt; *~ Gold bezahlen* payer en or; *e-m Tritt, Stich etc* d'un coup de pied, de couteau, etc; *~ der Post* par la poste; **4.** *Verkehrsmittel* en; *~ der Bahn, dem Schiff, dem Auto* en train, bateau, voiture; *~ dem Rad* à bicyclette; à *od* en vélo; **5.** *begleitender Umstand*; *Art u Weise* avec; en; à; par; *das Kind ~ den blauen Augen* l'enfant aux yeux bleus; *Zimmer ~ zwei Betten* chambre f à deux lits; *~ dem Glas in der Hand* le verre à la main; *~ Tränen in den Augen* les larmes aux yeux; *~ Absicht* avec intention; à dessein; *~ Gewalt* de force; *~ Muße* à loisir; *~ Recht* à juste titre; à bon droit; *~ Vergnügen* avec plaisir; *~ lauter Stimme* à haute voix; *~ gutem Gewissen* en toute conscience; *e-r Mehrheit von ...* à une majorité de ...; *~ zwölf zu fünf Stimmen* par douze voix à cinq; *~ e-m Wort* en un mot; *~ anderen Worten* en d'autres termes; *~ Butter kochen* faire la cuisine au beurre; *~ Verlust verkaufen* vendre à perte; **6.** *zeitlich*: *~ jedem Tag* chaque jour; *~ der Zeit* peu à peu; à la longue; *~ e-m Mal* tout d'un coup; *~ zwanzig Jahren* à l'âge de/ vingt ans; **7.** *sonstige Bezüge* *es ~ dem Schreiben eilig haben* être pressé d'écrire; *wie weit sind Sie ~ Ihrer Arbeit?* où en êtes-vous de votre travail?; *Böses ~ Gutem vergelten* rendre le bien pour le mal; *was ist ~ ihm?* que lui est-il arrivé?; *es ist aus ~ ihm* c'en est fait de lui; *~ diesen Dingen geht es nie ~ ...* il en est de ces choses comme de ...; F *raus ~ dir!* F fous le camp!; **II** adv **1.** (*neben anderen*) en; y; **~ dabeisein** en être; y assister; **~ enthalten** y compris; **~ dazu gehören** en faire partie; F *~ zu den besten Schülern zählen* figurer parmi les, être un des meilleurs élèves; **2.** *Beteiligung* *~ anpacken* aider (*bei etw* à qc); F mettre la main à la pâte; *etw nicht ~ ansehen können* ne pas supporter le spectacle, la vue de qc; *ich werde für dich ~ bezahlen* je payerai pour nous deux; **3.** F *da ~ ~* avec ça
'**Mitangeklagte(r)** f(m) coaccusé(e) m(f)
'**Mitarbeit** f ⟨~⟩ collaboration f; coopération f; assistance f; *unter ~ von ...* en collaboration avec ...

'mitarbeiten v/i ⟨-ete, sép, -ge-, h⟩ **1. an etw** (dat) **~** s'associer au travail (de); contribuer à qc; *an e-m literarischen Werk etc* collaborer à qc; **2.** *im Unterricht etc* participer; **3.** F (*ebenfalls arbeiten*) travailler aussi
'Mit|arbeiter(in) *m(f)* collaborateur, -trice *m,f*; **~arbeiterstab** *m* cercle *m*, équipe *f* de collaborateurs; **~begründer(in)** *m(f)* cofondateur, -trice *m,f*
'mit|bekommen v/t ⟨*irr*, *sép*, *pas de ge-*, h⟩ **1.** recevoir; (*mitnehmen*) emporter; *als Mitgift* avoir en dot; **2.** F (*verstehen*) F piger; **~benutzen** v/t ⟨-(es)t, sép, pas de ge-, h⟩ jouir de, utiliser en commun
'Mit|benutzung f jouissance, utilisation commune; **~besitz** *m* possession commune, indivise; copropriété *f*; **~besitzer(in)** *m(f)* copossesseur *m*; codétenteur *m*; *e-s Hauses etc* copropriétaire *m,f*
'mitbestimm|en ⟨sép, pas de ge-, h⟩ **I** v/t influencer; **II** v/i *bei e-r Entscheidung* participer, prendre part à une décision; *im Betrieb* prendre part à la gestion; **2ung** *f* ⟨~⟩ participation *f*; *im Betrieb* cogestion *f*
'Mitbestimmungsrecht *n* droit *m* de participation; *im Betrieb* droit *m* de cogestion (du personnel)
'Mitbewerber(in) *m(f)* concurrent(e) *m(f)*; *POL* a colistier *m*
'Mitbewohner(in) *m(f)* *e-s Hauses* voisin(e) *m(f)*; colocataire *m,f*; *e-r Wohnung* **mein, dein** *etc* **~** la personne avec qui je partage, tu partages *etc* l'appartement
'mitbringen v/t ⟨irr, sép, -ge-, h⟩ **1.** *Personen, Tiere* amener; *Dinge* (r)apporter (avec soi); *Unterlagen, Zeugen* fournir; *etw aus der Stadt, von der Reise* **~** rapporter qc de la ville, du voyage; **2.** *fig Fähigkeiten* être doué de; *Voraussetzungen, Zeit* avoir; *plais gutes Wetter* apporter; amener
Mitbringsel ['mɪtbrɪŋzəl] *n* ⟨~s; ~⟩ petit cadeau; (*Andenken*) souvenir *m*
'Mitbürger(in) *m(f)* concitoyen, -enne *m,f*; **liebe ~innen und ~!** chers concitoyens!
'mitdenken v/i ⟨irr, sép, -ge-, h⟩ (**bei etw**) **~** *beim Zuhören* suivre qc attentivement; *bei der Arbeit* participer activement (à qc); **er denkt nie mit** il ne fait aucun effort intellectuel
'mitdürfen v/i ⟨irr, sép, -ge-, h⟩ F (**mit j-m**) **~** pouvoir aller, partir, sortir avec qn, accompagner qn
'Miteigentümer(in) *m(f)* copropriétaire *m,f*
mitein'ander *adv* l'un avec l'autre *bzw* les uns avec les autres; (*gemeinsam*) ensemble; F **ihr seid Betrüger, alle ~!** vous êtes une bande de gangsters!; F **~ gehen** (*befreundet sein*) sortir ensemble
Miteinander *n* ⟨~(s)⟩ vie commune; cohabitation *f*
'Miterb|e *m*, **~in** *f* cohéritier, -ière *m,f*
'miterleben v/t ⟨sép, pas de ge-, h⟩ **1.** (*mitmachen*) participer à; vivre; **2.** (*sehen*) assister à; voir
'mitessen ⟨irr, sép, mitgegessen, h⟩ **I** v/t manger ... avec; **II** v/i (**bei j-m**) **~** déjeuner, dîner avec qn; **die Augen essen mit** la présentation des plats compte beaucoup

'Mitesser *m* MÉD comédon *m*; point noir
'mitfahren v/i ⟨irr, sép, -ge-, sein⟩ (**mit j-m**) **~** partir avec qn (en voiture, en bateau, *etc*); accompagner qn
'Mitfahrgelegenheit f place *f* dans une voiture (*pour un certain trajet*); **biete ~ nach ...** offre place pour aller à ...; **suche ~ nach ...** cherche voiture allant à ...
'Mitfahrzentrale *f* organisme *m* d'auto--stop
'mit|fühlen ⟨sép, -ge- h⟩ **I** v/t compatir à; **II** v/i **mit j-m ~** partager la tristesse, la peine, *etc* de qn; **~fühlend** *adj* compatissant
'mitführen v/t ⟨sép, -ge-, h⟩ *Gepäck, Güter etc* porter; transporter; *von Flüssen* charrier; *Zug* **e-n Schlafwagen ~** comporter, comprendre un waggon-lit
'mitgeben v/t ⟨irr, sép, -ge-, h⟩ **j-m etw ~** donner qc (à emporter) à qn; **j-m Wissen fürs Leben ~** pourvoir, munir qn de connaissances pour la vie
'mitgefangen *adj* (*mitgegangen,*) **~, mitgehangen** *etwa* tu ne vas pas te *bzw* vous n'allez pas vous tirer comme ça
'Mit|gefangene(r) *f(m)* compagnon *m*, compagne *f* de captivité, *in e-r Zelle de cellule*; *JUR* codétenu(e) *m(f)*; **~gefühl** *n* ⟨~s⟩ sympathie *f*; (*Mitleid*) compassion *f*; **2gehangen** *cf mitgefangen*
'mitgehen v/i ⟨irr, sép, -ge-, sein⟩ **1.** (**mit j-m**) **~** aller avec qn; accompagner qn; F **etw ~ lassen** F faucher qc; **2.** *Zuhörer* (**mit dem Vortragenden**) **~** être enthousiasmé (par le conférencier); *cf a mitgefangen*
'mitgenommen F *adj Möbel* F esquinté; *Bücher, Kleider etc* F bousillé; *Menschen* (*erschöpft*) F vanné; F crevé
Mitgift ['mɪtɡɪft] *f* ⟨~, -en⟩ dot *f*; **~jäger** *m* coureur *m* de dot
'Mitglied *n* membre *m*; affilié(e) *m(f)*; adhérent(e) *m(f)*; **neues ~** recrue *f*; nouveau membre; nouvel(le) inscrit(e)
'Mitgliederversammlung *f* assemblée générale
'Mitglieds|ausweis *m* carte *f* (de membre); **~beitrag** *m* cotisation *f*
'Mitgliedschaft *f* ⟨~⟩ affiliation *f*
'Mitglieds|karte *f* carte *f* (de membre); **~land** *n* ⟨~(e)s; -länder⟩, **~staat** *m* pays *m*, État *m* membre
'mithaben F v/t ⟨irr, sép, -ge-, h⟩ avoir apporté, emporté
'mithalten v/i ⟨irr, sép, -ge-, h⟩ *im Tempo* suivre le rythme (**mit** de); *bei e-r Diskussion* participer (**mit** à); *bei e-m Wettbewerb etc* **~ können** tenir le coup
'mithelfen v/i ⟨irr, sép, -ge-, h⟩ coopérer (**bei** à); prêter son concours, son assistance (**bei** à)
'Mit|helfer(in) *m(f)* aide *m,f*; *péj* complice *m,f*; **~herausgeber(in)** *m(f)* coéditeur, -trice *m,f*; **~hilfe** *f* ⟨~⟩ concours *m*; coopération *f*; assistance *f*
mit'hin *adv* donc; par conséquent
'mithören v/t ⟨sép, -ge-, h⟩ **1.** *zufällig* entendre par hasard; **2.** (*auch anhören*) écouter; **3.** (*abhören*) *Funk-*, *Telefongespräch* intercepter; *plais* **Feind hört mit!** De oreilles ennemies nous écoutent!
'Mit|inhaber(in) *m(f)* copropriétaire *m,f*; associé(e) *m(f)*; **2kämpfen** v/i ⟨sép, -ge-, h⟩ prendre part, participer au combat, à la lutte; **~kämpfer(in)**

m(f) compagnon *m*, compagne *f* d'armes, de lutte; **~kläger(in)** *m(f)* JUR codemandeur, -eresse *m,f*
'mitklingen v/i ⟨irr, sép, -ge-, h⟩ sonner en même temps; *PHYS* résonner; *fig* vibrer; **in ihrer Stimme klang Trauer mit** il y avait de la tristesse dans sa voix
'mitkommen v/i ⟨irr, sép, -ge-, sein⟩ **1.** (**mit j-m**) **~** venir avec qn; accompagner qn; **2.** *fig geistig* suivre; *in der Schule* pouvoir suivre; F **da komme ich nicht mit** F je ne pige pas; (*das verstehe ich nicht*) cela me dépasse; c'est trop fort pour moi
'mitkönnen v/i ⟨irr, sép, -ge-, h⟩ F (**mit j-m**) **~** (*mitgehen können*) pouvoir aller, partir, sortir *bzw* venir avec qn; pouvoir accompagner qn
'mitkriegen F v/t ⟨sép, -ge-, h⟩ *cf mitbekommen*
'Mit|läufer(in) *m(f)* *péj* suiveur *m*; *péj* mouton *m*; **~laut** *m* consonne *f*
'Mitleid *n* ⟨~(e)s⟩ pitié *f*; compassion *f*; (*Erbarmen*) apitoiement *m*; **mit j-m ~ haben** avoir pitié de qn; avoir de la compassion pour qn; **mit j-m ~ bekommen** prendre qn en pitié; **~ erregen** faire pitié; **j-s ~ erregen** apitoyer qn; **aus ~ mit** par pitié pour
'Mitleidenschaft *f* ⟨~⟩ **etw in ~ ziehen** (*beschädigen*) endommager qc; *Medikament etc* affecter, toucher qc; **j-n in ~ ziehen** affecter qn; porter atteinte à qn
'mitleiderregend *adj* qui fait pitié; pitoyable
'mitleidig **I** *adj* compatissant; charitable; **II** *adv* avec pitié
'mitleid(s)|los *adj* impitoyable; sans pitié; **~voll** *adj* compatissant; plein de pitié
'mitliefern v/t ⟨-(e)re, sép, -ge-, h⟩ *COMM* livrer ... avec; **sie lieferte den Grund dafür gleich mit** elle a en tout de suite donné la raison
'mitmachen ⟨sép, -ge-, h⟩ **I** v/t **1.** (*dabeisein, teilnehmen*) prendre part, participer à; *Mode, Lehrgang etc* suivre; **2.** F (*miterledigen*) s'envoyer, F se farcir aussi; **3.** F (*erleiden*) subir; passer par; F se taper; **er hat viel mitgemacht im Leben** F il en a vu de toutes les couleurs; *Kummer etc* a il a subi, traversé bien des épreuves dans sa vie; F **das mache ich nicht mit** F je ne marche pas; **II** v/i **4.** être de la partie; y être; **bei etw ~** prendre part, participer à qc; **5.** (*dem Beispiel der anderen folgen*) faire comme les autres; **6.** F (*funktionieren*) **nicht mehr ~** F flancher; **meine Beine machen nicht mehr mit** F mes jambes n'en peuvent plus; **heute macht das Wetter nicht mit** aujourd'hui le temps n'est pas de la partie
'Mitmensch *m* prochain *m*
'mitmischen F v/i ⟨sép, -ge-, h⟩ **bei etw ~** participer, prendre part à qc; *péj* se mêler de qc; **überall ~** être (présent) partout
'mitmüssen v/i ⟨irr, sép, -ge-, h⟩ F (**mit j-m**) **~** être obligé, forcé d'aller avec qn
Mitnahme ['mɪtnaːmə] *f* ⟨~⟩ **unter ~ von ...** en emportant ...; **die ~ von Hunden ist nicht gestattet** les chiens ne sont pas admis
'Mitnahmepreis *m* prix emporté, à emporter; **zum ~ von ...** au prix emporté de ...

mitnehmen v/t ⟨irr, sép, -ge-, h⟩ **1.** prendre avec soi; *Personen* emmener; *Sachen* emporter; emmener; **2.** F *fig auf der Reise e-e Stadt* ~ (profiter de l'occasion pour) visiter une ville; *e-n Verdienst nebenbei* ~ profiter de l'occasion pour faire un bénéfice; **3.** (*in Mitleidenschaft ziehen*) *Menschen* malmener; éprouver; (*erschöpfen*) épuiser; exténuer; *Dinge* endommager; *p/fort* abîmer; F bousiller
mit'nichten *st/s adv* nullement; pas du tout; *litt* point du tout
Mitra ['mi:tra] f ⟨~; -tren⟩ mitre f
mitrauchen ⟨sép, -ge-, h⟩ **I** v/t *eine* ~ fumer aussi une cigarette; **II** v/i *passiv* inhaler la fumée des fumeurs
mitrechnen ⟨-ete, sép, -ge-, h⟩ **I** v/t (*hinzurechnen*) inclure, comprendre dans le compte; ajouter; (*nicht*) *mitgerechnet* y compris (non compris); *die Kinder nicht mitgerechnet* sans compter les enfants; **II** v/i **1.** *mit j-m* calculer avec qn; **2.** (*mitzählen*) compter
mitreden ⟨-ete, sép, -ge-, h⟩ **I** v/t *fig auch ein Wort od Wörtchen mitzureden haben* avoir son mot à dire; avoir voix au chapitre; *Sie haben hier nichts mitzureden* cela ne vous regarde pas; **II** v/i prendre part à la conversation, à la discussion; *du kannst* (*hier*) *doch gar nicht* ~ tu n'en sais rien; tu n'as rien à dire
mitreisen v/i ⟨-(es)t, sép, -ge-, sein⟩ (*mit j-m*) ~ voyager avec qn
Mitreisende(r) f(m) (*Begleiter[in]*) compagnon m, compagne f de voyage; *im selben Zug, Abteil etc* voyageur, -euse m,f dans le même train, compartiment, etc
mit|reißen v/t ⟨irr, sép, -ge-, h⟩ emporter; *fig* (*begeistern*) entraîner; enthousiasmer; **~reißend** adj*t* captivant; passionnant; fascinant
mitsammen [mɪt'zamən] adv regional, österr ensemble
mit'samt prép ⟨dat⟩ avec
mitschicken v/t ⟨sép, -ge-, h⟩ *etw* (*mit etw*) ~ envoyer qc avec (qc), en même temps (que qc); *im Brief etc* (*beilegen*) joindre (à qc); inclure (dans qc)
mit|schleppen F v/t ⟨sép, -ge-, h⟩ *etw Schweres* F trimbal(l)er; (*tragen, mitnehmen*) F traîner; **~schneiden** v/t ⟨irr, sép, -ge-, h⟩ enregistrer; **2schnitt** m enregistrement m
mitschreiben ⟨irr, sép, -ge-, h⟩ **I** v/t *etw* ~ noter qc; prendre note de qc; **II** v/i prendre des notes
Mit|schuld f ⟨~⟩ complicité f (*an* [+dat] dans); **2schuldig** adj complice (*an* [+dat] de); **~schuldige(r)** f(m) complice m,f (*an* [+dat] de); **~schüler(in)** m(f) camarade m,f d'école, de classe, d'études
mitschwingen v/i ⟨sép, -ge-, h⟩ **1.** PHYS *Saite* vibrer en même temps; *Töne* résonner; *fig cf* ***mitklingen***
mitsein F v/i ⟨irr, sép, -ge-, sein⟩ y être (aussi); être de la partie; *warst du gestern nicht mit?* tu n'y étais pas hier?
mitsingen ⟨irr, sép, -ge-, h⟩ **I** v/t *etw* ~ chanter aussi qc; **II** v/i (*mit j-m*) ~ chanter avec qn
mitsollen v/i ⟨sép, -ge-, h⟩ F (*mit j-m*) ~ devoir aller, partir, sortir avec qn

mitspielen ⟨sép, -ge-⟩ **I** v/t *ein Spiel* jouer aussi à; **II** v/i **1.** prendre part, participer au jeu; être de la partie; THÉ jouer; figurer; **2.** *Gründe etc* entrer en jeu; **3.** *fig j-m übel* ~ jouer un mauvais sale tour à qn; F *wenn das Wetter mitspielt* si le temps le permet, est de la partie
Mit|spieler(in) m(f) partenaire m,f; *e-r Mannschaft* membre m de l'équipe; (*Gegner*) adversaire m,f; **~spracherecht** n ⟨~(e)s⟩ droit m d'intervention; **~streiter(in)** *st/s* m(f) compagnon m, compagne f d'armes, de lutte
mittag ['mɪta:k] adv **1.** *heute, morgen, gestern, Montag* ~ aujourd'hui, demain, hier, lundi à midi; **2.** *regional cf* ***nachmittag***
Mittag m ⟨~s; ~e⟩ **1.** midi m; *am* ~ à midi; *über* ~ à midi; pendant l'heure de midi; (*zu*) ~ *essen* déjeuner; F *machen* faire la pause de midi; aller déjeuner; **2.** *regional cf* ***Nachmittag***
Mittagessen n déjeuner m
mittäglich ['mɪtɛ:klɪç] adj de midi
mittags adv **1.** à midi; *es ist 12 Uhr* ~ il est midi; **2.** *regional cf* ***nachmittags***
Mittags|ausgabe f *e-r Zeitung* édition f de midi; **~glut** f, **~hitze** f chaleur f de midi
Mittags|linie f ASTR (ligne f) méridienne f; **~mahl** *st/s* n repas m de midi; déjeuner m
Mittagspause f pause f de midi; *par ext* à heure f du déjeuner; *sie hat* (*jetzt*) ~ elle est allée déjeuner
Mittags|ruhe f, **~schlaf** m sieste f; ~ *halten* faire la sieste
Mittags|stunde f heure f de midi; **~tisch** m table f du déjeuner; *im Restaurant etc* (*Mittagessen*) table f d'hôte
Mittagszeit f (heure f de) midi m; *um die* ~ vers midi
mittanzen v/i ⟨-(es)t, sép, -ge-, h⟩ se mêler à la danse; danser avec les autres
Mittäter(in) m(f) complice m,f; **~schaft** f ⟨~⟩ complicité f
Mitte ['mɪtə] f ⟨~; ~n⟩ milieu m; (*Mittelpunkt*) centre m (*a* POL); *in der* ~ au milieu; *in die* ~ *nehmen* mettre, placer entre (nous, eux, etc); ~ *Januar* (à la) mi-janvier; *sie ist* ~ *Dreißig* elle a dans les 35 ans; ~ *des 19. Jahrhunderts* au milieu du XIXe siècle; *die goldene* ~ le juste milieu; *e-r aus unserer* ~ l'un des nôtres, d'entre nous; *in unserer* ~ parmi nous; *das Reich der* ~ le Céleste Empire; la Chine; F *fig ab durch die* ~! F débarrasse-moi bzw débarrassez-moi le plancher!; F dégage bzw dégagez!; F du large!
mitteilbar adj communicable
mitteilen ⟨sép, -ge-, h⟩ **I** v/t *j-m etw* ~ communiquer, faire savoir qc à qn; informer qn de qc; **II** *st/s v/réfl sich j-m* ~ *Personen* s'ouvrir à qn; s'épancher auprès de qn; *vertraulich* faire ses confidences à qn; *Freude, Erregung etc* se communiquer à, gagner qn
mitteilsam adj communicatif, -ive; expansif, -ive; **2keit** f ⟨~⟩ expansivité f; épanchement m
Mitteilung f ⟨~; ~en⟩ communication f; information f; *amtliche* notification f; avis m; *vertrauliche* confidence f; aveu m
Mitteilungsbedürfnis n ⟨~ses⟩ besoin m de s'épancher

Mittel ['mɪtəl] n ⟨~s; ~⟩ **1.** (*Hilfs2*) moyen m; (*Ausweg*) expédient m; *mit allen* ~*n versuchen, etw zu tun* essayer de faire qc par tous les moyens; ~ *pl und Wege finden* trouver le(s) moyen(s) (*etw zu tun* de faire qc); (*nur*) ~ *zum Zweck sein* (ne) servir (que) de moyen pour atteindre le but; **2.** *pl* (*Geld2*) moyens m/pl; *öffentliche* ~ fonds publics; **3.** *zur Reinigung, Pflege etc* produit m; (*Heil2*) remède m (*gegen* à); **4.** MATH (*~wert, Durchschnitt*) moyenne f; *im* ~ en moyenne
Mittel|alter n ⟨~s⟩ Moyen Âge *od* Moyen-Âge m; **2alterlich** adj **1.** HIST médiéval; du Moyen-Âge; *péj* moyenâgeux, -euse; **2.** *Personen* d'un certain âge; **~a'merika** n l'Amérique centrale; **~ameri'kaner(in)** m(f) habitant(e) m(f) d'Amérique centrale; **2ameri'kanisch** adj centraméricain
mittelbar adj indirect; JUR médiat
mittel|deutsch adj d'Allemagne *od* de l'Allemagne centrale; **2deutsche(r)** f(m) habitant(e) m(f) du centre de l'Allemagne; Allemand(e) m(f) du centre; **2deutschland** n l'Allemagne centrale
Mittelding F n ⟨~s; ~e⟩ chose f intermédiaire (*zwischen* [+dat] entre); *ein* ~ *gibt es nicht* c'est à prendre ou à laisser
Mittel|europa n l'Europe centrale; **~euro'päer(in)** m(f) habitant(e) m(f) d'Europe centrale
mitteleuro'päisch adj du centre de l'Europe; d'Europe *od* de l'Europe centrale; ~*e Zeit cf* MEZ
mittelfein adj mi-fin
Mittel|feld n FUSSBALL milieu m du terrain; **~feldspieler** m FUSSBALL milieu m de terrain; **~finger** m doigt m du milieu; majeur m; **2fristig** adj *Kredit, Planung* à moyen terme; **~gang** m *im Zug* couloir central, du milieu; *im Flugzeug* allée centrale; **~gebirge** n chaîne f de montagnes de hauteur moyenne; **~gewicht** n, **~gewichtler** m ⟨~s; ~⟩ SPORT poids moyen
mittel|groß adj de taille moyenne; **~hochdeutsch** adj moyen haut allemand
Mittel|klasse f COMM, SOZIOLOGIE classe moyenne; **~klassewagen** m voiture f de classe moyenne; **~läufer** m SPORT demi-centre m; **~linie** f ligne médiane; *auf der Straße* ligne blanche; TENNIS ligne médiane de service; FUSSBALL ligne f de *od* du milieu; **2los** adj dépourvu de *od* sans moyens, ressources; **~losigkeit** f ⟨~⟩ absence f de ressources; dénuement m; **~maß** n taille moyenne, (*Durchschnitt*) moyenne f; *péj* médiocrité f; **2mäßig** adj *péj* médiocre; **~mäßigkeit** f *péj* médiocrité f
Mittelmeer *das* ~ la (mer) Méditerranée
Mittelmeer|klima n climat méditerranéen; **~länder** n/pl pays méditerranéens; **~raum** m ⟨~(e)s⟩ bassin m de la Méditerranée
Mittelohrentzündung f otite f
Mittelpunkt m *a fig* centre m; *im* ~ *stehen* être au centre de l'intérêt
mittels *st/s prép* ⟨gén⟩ grâce à; *st/s* moyennant
Mittel|scheitel m raie f au milieu; **~schicht** f ⟨~⟩ SOZIOLOGIE classes

moyennes (de la société); ~**schiff** *n* ARCH nef centrale; ~**schule** *f* **1.** (*Realschule*) collège *m*; **2.** *österr, schweiz* lycée *m*
'**Mittelsmann** *m* ⟨~(e)s; -leute *ou* -männer⟩ médiateur, -trice *m,f*; intermédiaire *m,f*
'**Mittelstand** *m* ⟨~(e)s⟩ classe moyenne
mittelständisch ['mɪtəlʃtɛndɪʃ] *adj* de (la) classe moyenne; ~**e Betriebe** *m/pl* petites et moyennes entreprises (*abr* P.M.E. *f/pl*)
'**Mittel|stellung** *f* ⟨~⟩ position *f* intermédiaire; ~**strecke** *f* SPORT demi-fond *m*
'**Mittelstrecken|lauf** *m* (course *f* de) demi-fond *m*; ~**läufer(in)** *m(f)* coureur, -euse *m,f* de demi-fond; ~**rakete** *f* MIL fusée *f* de portée moyenne
'**Mittel|streifen** *m auf der Autobahn* bande médiane; ~**stück** *n* morceau *m* du milieu; ~**stufe** *f* SCHULE premier cycle (*comprenant la 8ᵉ, 9ᵉ, 10ᵉ année scolaire*); *bei Sprachkursen etc* cours moyen; ~**stürmer** *m* FUSSBALL avant-centre *m*
'**Mittelweg** *m fig* moyen terme; compromis *m*; *der goldene* ~ le juste milieu
'**Mittelwelle** *f* RAD, PHYS onde moyenne
'**Mittelwellen|bereich** *m* gamme *f* des ondes moyennes; ~**sender** *m* (poste) émetteur *m* à ondes moyennes
'**Mittel|wert** *m* MATH, STATISTIK (valeur) moyenne *f*; ~**wort** *n* ⟨~(e)s; -wörter⟩ GR participe *m*
'**mitten** *adv* **1.** *räumlich* ~ *in, auf, unter* (+*dat, mouvement* +*acc*) au (beau) milieu de; ~ *durch* à travers; ~ *auf der Straße* au beau milieu de la rue; *er hielt* ~ *im Satz inne* il s'arrêta au beau milieu de la phrase; ~ *unter ihnen* parmi eux; ~ *entzwei- od durchbrechen* se casser en deux; **2.** *zeitlich* ~ *am Tag, in der Nacht, im Winter* en plein jour, en pleine nuit, en plein hiver
mitten'drin *adv* juste au milieu; au (beau) milieu; en plein milieu
mitten'durch *adv* tout au travers; *er schnitt den Apfel* ~ il coupa la pomme en deux
mittenmang [mɪtən'maŋ] F *nordd adv* au (beau) milieu
'**Mitternacht** *f* ⟨~⟩ minuit *m*
'**mitternächtlich** *adj* ⟨épithète⟩ de minuit; *zu* ~*er Stunde* à, vers minuit
'**Mitternachts|messe** *f* messe *f* de minuit; ~**sonne** *f* soleil *m* de minuit
Mittfasten ['mɪtfastən] *pl* CATH mi--carême *f*
'**Mittler(in)** ['mɪtlər(ɪn)] *m* ⟨~s; ~⟩ *(f)* ⟨~, ~nen⟩ médiateur, -trice *m,f*
mittlere(r, -s) ['mɪtlərə(r, -s)] *adj* **1.** (*in der Mitte befindlich*) du milieu; TECH, GEOGR médian; (*im Mittelpunkt gelegen*) central; **2.** (*dazwischenliegend*) du milieu; *fig* intermédiaire; **3.** (*durchschnittlich*) moyen, -enne; ~*n Alters* entre deux âges; *d'un certain âge*
'**Mittlerrolle** *f* rôle *m* de médiateur
'**mittler'weile** *adv* (*in der Zwischenzeit*) en attendant; *a* (*seitdem*) entre-temps
'**Mittsommer** *m* (période *f* du) solstice *m* d'été; ~**nacht** *f* (*Sommernacht*) nuit *f* de plein été; (*Nacht der Sommersonnenwende*) nuit *f* du solstice d'été
'**mittun** *v/t* ⟨*irr, sép,* -ge-, h⟩ *regional cf mitmachen*

Mittwoch ['mɪtvɔx] *m* ⟨~(e)s; ~e⟩ mercredi *m*; *cf a Montag*
'**mittwochs** *adv* le mercredi; tous les mercredis
mit'unter *adv* de temps en temps; parfois
'**mit|verantwortlich** *adj* coresponsable (*für* de); ²**verantwortung** *f* coresponsabilité *f*, responsabilité partagée (*für* de); ²**verfasser(in)** *m(f)* coauteur *m*
'**mitversichern** *v/t* ⟨-(e)re, *sép, pas de ge-*, h⟩ coassurer; *bei den Eltern mitversichert sein* être assuré avec les parents; *Sache* ~ *sein* être compris dans l'assurance
'**Mit|versicherung** *f* coassurance *f*; ~**welt** *f* ⟨~⟩ contemporains *m/pl*
'**mitwirken** *v/i* ⟨*sép,* -ge-, h⟩ **1.** *bei, an etw* (*dat*) ~ collaborer, participer, prendre part, contribuer à qc; **2.** THÉ jouer
'**Mitwirkende(r)** *f(m)* ⟨→A⟩ coopérateur, -trice *m,f*; THÉ acteur, -trice *m,f*
'**Mitwirkung** *f* ⟨~⟩ concours *m*; collaboration *f*; assistance *f*; *unter* (*der*) ~ *von* avec le concours de; en collaboration avec
'**Mitwisser|(in)** *m* ⟨~s; ~⟩ *(f)* ⟨~, ~nen⟩ complice *m,f*; *e-s Geheimnisses* dépositaire *m,f*; ~**schaft** *f* ⟨~⟩ complicité *f*
'**mitwollen** F *v/i* ⟨*irr, sép,* -ge-, h⟩ (*mit j-m*) ~ vouloir aller, partir, sortir avec qn
'**mitzählen** ⟨*sép,* -ge-, h⟩ **I** *v/t* inclure; ajouter; **II** *v/i* compter (aussi)
'**mitziehen** ⟨*irr, sép,* -ge-⟩ **I** *v/t* ⟨h⟩ entraîner; **II** *v/i* **1.** ⟨sein⟩ (*mit j-m*) ~ partir avec qn; **2.** ⟨h⟩ F *fig* suivre
Mix [mɪks] F *m* ⟨~; ~e⟩ mélange *m*
'**Mixbecher** *m* shaker *m*
'**mixen** *v/t* ⟨-(es)t, h⟩ *Getränk etc* mélanger; TV, RAD mixer
'**Mix|er** *m* ⟨~s; ~⟩ **1.** *Person* barman *m*; **2.** *Küchenmaschine* mixer *m*; ~**getränk** *n* boisson (mélangée); (*Cocktail*) cocktail *m*
Mix'tur *f* ⟨~; ~en⟩ **1.** PHARM composition *f*; mixture *f*; **2.** MUS e-r Orgel fourniture *f*
ml *abr* (*Milliliter*) ml (millilitre)
mm *abr* (*Millimeter*) mm (millimètre)
mm² *abr* (*Quadratmillimeter*) mm² (millimètre carré)
mm³ *abr* (*Kubikmillimeter*) mm³ (millimètre cube)
Mnemotechn|ik [mnemo'tɛçnɪk] *f* mnémotechnique *f*; ²**isch** *adj* mnémotechnique
Mo *abr* (*Montag*) lun (lundi)
Mob [mɔp] *m* ⟨~s⟩ *péj* populace *f*; racaille *f*
Möbel ['mø:bəl] *n* ⟨~s; ~⟩ meuble *m*; ~**ausstellung** *f* exposition *f* de meubles; *Messe a* salon *m* de l'ameublement; ~**fabrik** *f* fabrique *f* de meubles; ~**geschäft** *n* magasin *m* d'ameublement; ~**händler** *m* marchand *m* de meubles; ~**industrie** *f* industrie *f* du meuble, de l'ameublement; ~**lager** *n* entrepôt *m* de meubles; ~**packer** *m* déménageur *m*; ~**politur** *f* produit *m* d'entretien pour meubles; ~**schreiner** *m* menuisier *m* en meubles; ébéniste *m*; ~**spedition** *f* entreprise *f* de déménagement et de transport de meubles; ~**stoff** *m* tissu *m* d'ameublement; ~**stück** *n* meuble *m*; ~**tischler** *m cf*

Möbelschreiner; ~**wagen** *m* camion *m* de déménagement
mobil [mo'bi:l] *adj* **1.** (*beweglich*) mobile; MIL ~ *machen* mobiliser; **2.** F (*rüstig*) dispos; alerte
Mobile ['mo:bilə] *n* ⟨~s; ~s⟩ mobile *m*
Mo'bilfunk *m* radiotéléphonie *f*; téléphonie *f* sans fil
Mobiliar [mobili'a:r] *n* ⟨~s⟩ mobilier *m*; ameublement *m*
Mobil|isation [mobilizatsi'o:n] *f* ⟨~; ~en⟩ mobilisation *f*; ²**i'sieren** *v/t* ⟨*pas de ge-*, h⟩ *a fig*, MIL mobiliser; ~**i'sierung** *f* ⟨~; ~en⟩ mobilisation *f*
Mobili'tät *f* ⟨~⟩ mobilité *f*; *geistige* ~ agilité *f* d'esprit
Mo'bil|machung *f* ⟨~; ~en⟩ MIL mobilisation *f*; ~**telefon** *n* téléphone *m* mobile; radiotéléphone *m*
mö'blieren *v/t* ⟨*pas de ge-*, h⟩ meubler; *möbliertes Zimmer* chambre meublée; F *plais möblierter Herr* locataire *m* en garni, en meublé; *möbliert wohnen* habiter une chambre meublée *bzw* un appartement meublé
Mö'blierung *f* ⟨~; ~en⟩ ameublement *m*
Moçambique [mosam'bi:k] *cf Mosambik*
mochte, möchte ['mɔxtə, 'mœçtə] *cf mögen*
'**Möchtegern...** *plais in Zssgn* qui se prétend ...; soi-disant ...; ~**künstler(in)** *m(f)* soi-disant artiste *m,f*
modal [mo'da:l] *adj* modal; ²**i'tät** *f* ⟨~; ~en⟩ modalité *f*
Mo'dal|satz *m* proposition adverbiale de manière; ~**verb** *n* (verbe *m*) auxiliaire *m* de mode; verbe *m* de modalité
Mode ['mo:də] *f* ⟨~; ~n⟩ mode *f*; (*in*) ~ *sein* être à la mode, F dans le vent; *in* ~ *kommen* devenir à la mode; F monter; *aus der* ~ *kommen* passer de mode; *sich nach der* ~ *kleiden* s'habiller à la mode; *mit der* ~ *gehen* suivre la mode
'**Mode|artikel** *m* article *m* de mode; nouveauté *f*; ~**arzt** *m* médecin *m* à la mode; ~**ausdruck** *m* ⟨~(e)s; -drücke⟩ expression *f* à la mode, F branchée; ~**beruf** *m* métier *m* à la mode, très demandé, prisé; ²**bewußt** *adj* qui suit la mode; F branché; ~**branche** *f* mode *f*; ~**designer(in)** *m(f)* styliste *m,f* de mode; ~**farbe** *f* couleur *f*, coloris *m* (à la) mode; ~**geschäft** *n* magasin *m* de modes
'**Modehaus** *n* **1.** *cf Modegeschäft*; **2.** atelier *m* de couture; *die großen Modehäuser* la haute couture; les grands couturiers
'**Mode|journal** *n* journal *m* de mode; ~**krankheit** *f* maladie *f* à la mode
Model¹ ['mo:dəl] *m* ⟨~s; ~⟩ *Form* moule *m*; *für Stoffdruck* gaufrure *f*
Model² ['mɔdəl] *n* ⟨~s; ~s⟩ (*Fotomodell*) mannequin *m*
Modell [mo'dɛl] *n* ⟨~s; ~e⟩ **1.** COMM, TECH modèle *m*; (*Waren*²) type *m*; (*Muster*) prototype *m*; (*verkleinerte Nachbildung*) maquette *f*; modèle réduit *m*; **2.** (*Foto*²), PEINT *etc* modèle *m*; mannequin *m*; (*j-m*) ~ *stehen* servir de modèle (à qn); poser comme modèle (pour qn); **3.** *fig* (*Vorbild*) modèle *m*
Mo'dellbau *m* ⟨~(e)s⟩ TECH modélisme *m*; ~**er** *m* ⟨~s; ~⟩ modéliste *m*; ~**kasten** *m* boîte *f* de construction métallique, de modèles réduits

Mo'dellcharakter *m* ~ **haben** (pouvoir) servir de modèle
Mo'delleisenbahn *f* modèle réduit de chemin de fer; chemin *m* de fer (en) miniature
Model'leur *m* ⟨~s; ~e⟩ modeleur *m*
Mo'dellflugzeug *n* maquette *f* d'avion
model'lieren *v/t* ⟨pas de ge-, h⟩ modeler
Model'liermasse *f* pâte *f* à modeler
Mo'dell|kleid *n* modèle *m*; **~versuch** *m* essai *m* sur modèle réduit; expérience *f* sur maquette; **~vertrag** *m* traité-type *m*; **~zeichner(in)** *m(f)* modéliste *m,f*
Modem ['mo:dɛm] *n* ⟨~s; ~s⟩ INFORM modem *m*
'Modemacher(in) *m(f)* grand couturier; créateur, -trice *m,f* de mode
'Mode|narr *m*, **~närrin** *f* esclave *m,f* de la mode
'Modenschau *f* défilé *m* de mode
Moder ['mo:dər] *m* ⟨~s⟩ 1. (*Fäulnis*) pourriture *f*; pourri *m*; 2. *regional* (*Schlamm*) bourbe *f*; vase *f*
moderat [mode'ra:t] *adj* modéré
Moderati'on *f* ⟨~; ~en⟩ présentation *f*
Moderator(in) [mode'ra:tɔr (-'to:rɪn)] *m* ⟨~s; -'toren⟩ *(f)* ⟨~; ~nen⟩ présentateur, -trice *m,f*
'Modergeruch *m* ⟨~(e)s⟩ odeur *f* de pourri, de moisi
moderieren [mode'ri:rən] *v/t* ⟨pas de ge-, h⟩ *Sendung, Show etc* présenter; *Diskussion* diriger; *abs* **heute moderiert ...** aujourd'hui, c'est ... qui présente l'émission
'mod(e)rig *adj* pourri; moisi; *Geruch* putride
modern[1] ['mo:dərn] *v/i* ⟨-(e)re, sein⟩ pourrir
modern[2] [mo'dɛrn] *adj* moderne; (*nach der neuesten Mode*) à la mode
Mo'der|ne *f* ⟨~⟩ *Epoche* temps *m/pl* modernes; époque *f* moderne; *Kunstrichtung* moderne *m*; ²**ni'sieren** *v/t* ⟨pas de ge-, h⟩ moderniser; mettre au goût du jour; **~ni'sierung** *f* ⟨~; ~en⟩ modernisation *f*; **~'nismus** *m* ⟨~⟩ modernisme *m*; **~ni'tät** *f* ⟨~⟩ modernité *f*
'Mode|schau *f* *cf* **Modenschau**; **~schmuck** *m* bijoux *m/pl* (de) fantaisie; **~schöpfer(in)** *m(f)* grand couturier; créateur, -trice *m,f* de mode; **~schriftsteller(in)** *m(f)* auteur *m* à la mode; **~tanz** *m* danse *f* à la mode; **~trend** *m* tendance *f* de la mode; **~waren** *f/pl* articles *m/pl* de mode; **~welt** *f* ⟨~⟩ monde *m* de la mode, de la haute couture; **~wort** *n* ⟨~(e)s; -wörter⟩ mot *m* à la mode, du jour; **~zar** *m* plais pape *m* de la mode; **~zeichner(in)** *m(f)* modéliste *m,f*; **~zeitschrift** *f* journal *m* de mode
Modifi|kation [modifikatsi'o:n] *f* ⟨~; ~en⟩ modification *f*; ²**zieren** *v/t* ⟨pas de ge-, h⟩ modifier; **~'zierung** *f* ⟨~; ~en⟩ modification *f*
'modisch *adj* à la mode; F dans le vent
Modistin [mo'dɪstɪn] *f* ⟨~; ~nen⟩ modiste *f*
'modrig *cf* **moderig**
Modul[1] [mo'du:l] *n* ⟨~s; ~e⟩ INFORM, TECH module *m*
Modul[2] [mo'du:l] *m* ⟨~s; ~n⟩ MATH, PHYS module *m*

Modu|lati'on *f* ⟨~; ~en⟩ modulation *f*; **~'lator** *m* ⟨~s; -'toren⟩ modulateur *m*; ²**lieren** *v/t* ⟨pas de ge-, h⟩ moduler
Modus ['mo:dʊs *ou* 'mɔ-] *m* ⟨~; -di⟩ 1. GR mode *m*; 2. *fig* (*Art u Weise*) mode *m*; méthode *f*; manière *f*
Mofa [mo:fa] *n* ⟨~s; ~s⟩ cyclomoteur *m*; F cyclo *m*; mobylette *f* (*nom déposé*); F mob *f*; **~fahrer(in)** *m(f)* cyclomotoriste *m,f*
Moge'lei F *f* ⟨~; ~en⟩ tricherie *f*
mogeln ['mo:gəln] F *v/i* ⟨-(e)le, h⟩ tricher
'Mogelpackung *f* emballage trompeur
mögen ['mø:gən] ⟨h⟩ I *v/aux de mode* ⟨mag *ou* möchte; mochte; *p/p* mögen⟩ 1. *Möglichkeit* (se) pouvoir; être possible; *das mag sein* cela se peut; c'est possible; *als Antwort* peut-être; *sie mochte zwölf Jahre alt sein* elle pouvait avoir douze ans; *mag sein, daß ...* il se peut que ... (+*subj*); *wo er wohl sein mag, wo mag er wohl sein?* où peut-il bien être?; *wie mag es ihr wohl gehen?* je me demande comment elle va; *... und wie sie alle heißen* ~ ... ou autres; 2. *einräumend, verallgemeinernd* **was man auch immer sagen mag** quoi que l'on dise; *er mag es nun zugestehen oder leugnen ...* qu'il le nie ou (qu'il l')avoue; *wie sie auch sein ~ ...* quels qu'ils soient ...; *mag er auch noch so reich sein ...* si riche qu'il soit ...; *er mochte noch so viel bitten* il eut beau prier, supplier; 3. *st/s Optativ, Imperativ* **möge dieser Tag ...** puisse ce jour ...; ~ *sich sich darüber beklagen!* qu'ils s'en plaignent!; 4. (*Lust haben*) avoir envie de; (*gern* ~, *lieben*) aimer (*st/s* à); prendre plaisir à; (*wünschen*) vouloir; désirer; *lieber* ~ aimer mieux; préférer; *was möchten Sie trinken?* qu'est-ce que vous prenez?; *ich möchte gern etwas essen* je voudrais bien manger qc; *ich möchte so gern* (+*inf*) j'aimerais tant (+*inf*); *da hätte ich dabeisein* ~ j'aurais bien voulu être là; *ich möchte nicht stören, aber ...* je ne voudrais pas déranger, mais ...; *ich mag ihn nicht sehen* je ne veux pas le voir; II *v/t* ⟨mag *ou* möchte; mochte; gemocht⟩ *j-n, etw* ~ aimer qn, qc; *was möchten Sie?* que désirez-vous?; *vous désirez?*; *ich mag so etwas nicht* je n'aime pas ces choses-là; *er mag mich nicht* il ne m'aime pas (beaucoup); III *v/i* ⟨mag *ou* möchte; mochte; gemocht⟩ *ich mag heute nicht* aujourd'hui, je n'ai pas envie; *ich möchte nach Hause* je voudrais rentrer à la maison
'Mogler(in) F *m* ⟨~s; ~⟩ *(f)* ⟨~; ~nen⟩ tricheur, -euse *m,f*
möglich ['mø:klɪç] *adj* possible; (*ausführbar*) faisable; praticable; (*etwaig*) éventuel, -elle; *er macht alle* ~**en Geschäfte** il fait toutes sortes d'affaires; *er verkauft alles* ~**e** il vend de tout, *péj* n'importe quoi; *alles* ~**e tun, um zu** (+*inf*) employer toutes sortes de moyens pour (+*inf*); *ich halte es für* ~ je crois que c'est possible; *... wo* ~ *...* si possible; *wie war so etwas* ~*?* comment cela a-t-il pu se faire?; comment est-ce possible?; *nicht* ~*!* pas possible!; *es war mir nicht* ~, *eher zu*

kommen il ne m'a pas été possible de venir plus tôt; *so bald wie* ~ dès que possible; *so schnell, gut etc wie* ~ *od als* ~ le plus vite, le mieux, *etc* possible; aussi vite, bien, *etc* que possible; *so wenig Fehler wie* ~ le moins de fautes possible
'möglicher'weise *adv* (*vielleicht*) peut-être; il se peut que ... (+*subj*); il est possible que ... (+*subj*); (*eventuell*) éventuellement; (*wahrscheinlich*) probablement
'Möglichkeit *f* ⟨~; ~en⟩ possibilité *f*; (*möglicher Fall*) éventualité *f*; (*Gelegenheit*) chance *f*; occasion *f*; *nach* ~ autant que possible; si possible; *es gab keine* ~, *zu* (+*inf*) il n'y avait pas moyen de (+*inf*); *es besteht die* ~, *daß ...* il est possible, il se peut que ... (+*subj*); F *ist denn das die* ~*!* F c'est pas possible!
'Möglichkeitsform *f* GR subjonctif *m*
'möglichst I *adv* 1. (*soviel wie möglich*) autant que possible; 2. (*wenn möglich*) si possible; 3. (*so ... wie möglich*) le plus, moins ... possible; ~ *schnell, wenig* le plus vite, le moins possible; II *subst* **ich werde mein ~es tun** je ferai de mon mieux, (tout) mon possible
Mogul ['mo:gʊl *ou* mo'gu:l] *m* ⟨~s; ~n⟩ HIST Mog(h)ol *m*; *fig* roi *m*
Mohair [mo'hɛ:r] *m* ⟨~s⟩ mohair *m*
Mohammed ['mo:hamɛt] *m* ⟨→ *n/pr*⟩ 1. *Prophet* Mahomet *m*; 2. *Vorname* Mohammed *m*
Mohammedan|er(in) [mohame'da:nər(ɪn)] *m* ⟨~s; ~⟩ *(f)* ⟨~; ~nen⟩ musulman(e) *m(f)*; ²**isch** *adj* musulman
Mohn [mo:n] *m* ⟨~(e)s; ~e⟩ 1. BOT pavot *m*; (*Klatsch*²) coquelicot *m*; 2. *auf Gebäck etc* graines *f/pl* de pavot
'Mohn|blume *f* *cf* **Mohn** 1.; **~brötchen** *n* petit pain aux graines de pavot; **~kapsel** *f* capsule *f* de pavot; **~kuchen** *m* gâteau *m* aux graines de pavot; **~zopf** *m* gâteau en forme de tresse fourré aux graines de pavot
Mohr [mo:r] *litt m* ⟨~en; ~en⟩ Maure *od* More *m*
Möhre ['mø:rə] *f* ⟨~; ~n⟩ carotte *f*
'Mohrenkopf *m* CUIS (*Negerkuß*) tête *f* de nègre
'Möhrensaft *m* jus *m* de carotte
Mohrrübe ['mo:rry:bə] *f* *nordd* carotte *f*
Moiré [moa're:] *m od n* ⟨~s; ~s⟩ moire *f*
mo'kant I *adj* moqueur, -euse; railleur, -euse; II *adv* ~ *lächeln* sourire d'un air moqueur
Mokassin ['mɔkasi:n] *m* ⟨~s; ~s *ou* ~e⟩ mocassin *m*
Mokick ['mo:kɪk] *n* ⟨~s; ~s⟩ vélomoteur *m*
mokieren [mo'ki:rən] *v/réfl* ⟨pas de ge-, h⟩ *sich über j-n, etw* ~ se moquer de qn, qc
Mokka ['mɔka] *m* ⟨~s; ~s⟩ (*café m*) moka *m*; **~löffel** *m* cuillère *f* à moka; **~tasse** *f* tasse *f* à moka
Mol [mo:l] *n* ⟨~(e)s; ~e⟩ CHIM mole *f*
Molch [mɔlç] *m* ⟨~(e)s; ~e⟩ ZO triton *m*
Moldaw|ien [mɔl'da:viən] *m* ⟨→ *n/pr*⟩ la Moldavie; **~ier(in)** *m(f)* ⟨~s; ~; ~; ~nen⟩ Moldave *m,f*; ²**isch** *adj* moldave
Mole ['mo:lə] *f* ⟨~; ~n⟩ môle *m*; jetée *f*
Molekül [mole'ky:l] *n* ⟨~s; ~e⟩ molécule *f*

moleku'lar *adj* moléculaire; ⩙**biologie** *f* biologie *f* moléculaire; ⩙**gewicht** *n* poids *m* moléculaire
molk [mɔlk] *cf* **melken**
Molke ['mɔlkə] *f* ⟨~; ~n⟩ petit-lait *m*
Molke'rei ⟨~; ~en⟩ laiterie *f*; **~butter** *f* beurre laitier; **~produkt** *n* produit laitier
Moll [mɔl] *n* ⟨~⟩ mode, ton mineur
mollig ['mɔlɪç] *f* **I** *adj* **1.** (*weich*) douillet, -ette; *Zimmer* (*angenehm warm*) à bonne température; à température agréable; bien chaud; *Wärme* agréable; **2.** (*rundlich*) rondelet, -ette; grassouillet, -ette; **II** *adv* ~ **warm** bien chaud
Molluske [mɔ'lʊskə] *f* ⟨~; ~n⟩ *ZO* mollusque *m*
Moloch ['mo:lɔx *ou* 'mɔ-] *st/s m* ⟨~s; ~e⟩ *der* ~ *Krieg* etwa le fléau de la guerre
Molotowcocktail ['mɔlotɔfkɔkte:l] *m* cocktail *m* Molotov
Molton ['mɔltɔn] *m* ⟨~s; ~s⟩ *TEXT* molleton *m*
Molukken [mɔ'lʊkən] *pl die* ~ les Moluques *f/pl*
Moment¹ [mo'mɛnt] *m* ⟨~(e)s; ~e⟩ (*Augenblick*) moment *m*; instant *m*; *im* ~ en ce moment; pour l'instant; *im* ~ *braucht sie nichts* pour le moment *od* pour l'instant, elle n'a besoin de rien; *in diesem* ~ à ce moment-là; à cet instant; *im nächsten* ~ l'instant d'après; *im ersten* ~ tout d'abord; *im letzten* ~ au dernier moment; *bis zum letzten* ~ *warten* attendre la dernière minute; *der richtige* ~ le (bon) moment; *sie muß jeden* ~ *kommen* elle doit arriver d'un moment à l'autre; (*e-n*) ~, *bitte!* un moment, s'il vous plaît!; F ~ *mal!* attends *bzw* attendez un peu!
Mo'ment² *n* ⟨~(e)s; ~e⟩ **1.** (*ausschlaggebender Umstand*) facteur *m*; élément *m*; (*Gesichtspunkt*) point *m* de vue; **2.** *PHYS* moment *m*
momentan [momɛn'ta:n] **I** *adj* instantané; momentané; (*gegenwärtig*) actuel, -elle; présent; **II** *adv* momentanément; pour l'instant; en ce moment; (*gegenwärtig*) actuellement
Mo'mentaufnahme *f* instantané *m*
Monaco [mo'nako *ou* 'mo:nako] *n* ⟨→ *n/pr*⟩ Monaco
Monade [mo'na:də] *f* ⟨~; ~n⟩ monade *f*
Monarch(in) [mo'narç(ɪn)] *m* ⟨~en; ~en⟩ (*f*) ⟨~; ~nen⟩ monarque *m*
Monarchie [monar'çi:] *f* ⟨~; ~n⟩ monarchie *f*
mon'ar|chisch *adj* monarchique; ⩙**chist(in)** *m* ⟨~en; ~en⟩ (*f*) ⟨~; ~nen⟩ monarchiste *m,f*; **~'chistisch** *adj* monarchiste
Monat ['mo:nat] *m* ⟨~s; ~e⟩ mois *m*; *am 12. dieses* ~s le 12 de ce mois; *Ende dieses* ~*s* à la fin du mois; de ce mois; *COMM* fin courant; *im* ~ *Mai* au mois de mai; *pro* ~, *im* ~ par mois; *sie ist im fünften* ~ elle est enceinte de quatre mois; F elle est dans son *od* au cinquième mois
'monatelang *adj* ⟨*épithète*⟩ *u adv* (pendant) des mois entiers; des mois durant
'monatlich I *adj* mensuel, -elle; **~e Zahlung** paiement *m* par mensualité *f*; **II** *adv* (*jeden Monat*) tous les mois, mensuellement; (*im Monat*) par mois; ~ **zahlen** payer par mensualités

'Monats|abschluß *m* bilan mensuel; **~anfang** *m* début *m* de mois; **~aufstellung** *f* état mensuel; **~beitrag** *m* cotisation mensuelle; **~bericht** *m* rapport mensuel, du mois; **~bezüge** *pl* traitement mensuel; appointements mensuels; **~binde** *f* serviette *f* hygiénique; **~blutung** *f* règles *f/pl*; **~durchschnitt** *m* moyenne mensuelle; **~einkommen** *n* revenu mensuel; **~ende** *n* fin *f* de mois; **~erste(r)** *m* premier *m* du mois

'Monatsfrist *f in, binnen* ~ dans l'espace, dans le délai d'un mois

'Monats|gehalt *n* salaire mensuel; **~karte** *f* carte (d'abonnement) mensuelle; **~letzte(r)** *m* dernier *m* du mois; **~lohn** *m* salaire mensuel; **~miete** *f* loyer mensuel; **~rate** *f* mensualité *f*; **~schrift** *f* revue mensuelle; périodique mensuel; **~umsatz** *m* chiffre *m* d'affaires mensuel; **~verdienst** *m* revenu mensuel; **~zeitschrift** *cf* **Monatsschrift**

Mönch [mœnç] *m* ⟨~(e)s; ~e⟩ moine *m*; ⩙**isch** *adj* de moine; monacal; (*klösterlich*) monastique

'Mönchs|kloster *n* monastère *m* (d'hommes); **~kutte** *f* froc *m*; habit monacal; **~orden** *m* ordre religieux, monastique; **~zelle** *f* cellule *f*

Mond [mo:nt] *m* ⟨~(e)s; ~e⟩ **1.** lune *f*; *ASTR* Lune *f*; *der* ~ *scheint* (*hell*) il fait (un beau) clair de lune; *zum* ~ *fahren, fliegen* aller sur la Lune; F *fig hinter auf dem* ~ *leben* vivre en dehors du temps; F *ich könnte ihn auf den* ~ *schießen* qu'il aille au diable!; F *in den* ~ *gucken* F être chocolat; F l'avoir dans le baba, dos; F *fig meine Uhr geht nach dem* ~ F ma montre bat la breloque; **2.** *poét* (*Monat*) mois *m*; lune *f*

Mondamin [mɔnda'mi:n] *n* ⟨~s⟩ *Wz* etwa maïzena *f* (*nom déposé*)
mondän [mɔn'dɛ:n] *adj* mondain

'Mond|aufgang *m* lever *m* de la lune; **~auto** *n* voiture *f* lunaire; **~bahn** *f* *ASTR* orbite *f* de la Lune; ⩙**beschienen** *adjt* éclairé par la, *poét* baigné de lune; **~fähre** *f cf* **Mondlandefähre**; **~finsternis** *f* éclipse *f* de Lune; **~gesicht** *n* ⟨~; ~er⟩ *plais* visage tout rond; F bouille ronde

'mondhell *adj* éclairé par la lune; *es ist* ~ il fait clair de lune

'Mond|jahr *n* année *f* lunaire; **~kalb** F *n* F ballot *m*; F taré *m*; **~krater** *m* cratère *m* lunaire; **~landefähre** *f* module *m* lunaire; **~landschaft** *f* paysage *m* lunaire; **~landung** *f* alunissage *m*; atterrissage *m* sur la Lune; **~licht** *n* ⟨~(e)s⟩ clair *m* de lune; lumière *f* de la lune; **~nacht** *f* nuit *f* de lune, éclairée par la lune; **~oberfläche** *f* ⟨~⟩ surface *f* lunaire, de la Lune; **~phase** *f* phase *f* de la Lune; **~rakete** *f* fusée *f* lunaire

'Mondschein *m* ⟨~(e)s⟩ clair *m* de lune; *bei(m)* ~ au clair de (la) lune; F *du kannst mir mal im* ~ *begegnen* F fiche-moi la paix!

'Mond|sichel *f* croissant *m* (de lune); **~sonde** *f* sonde *f* lunaire; ⩙**süchtig** *adj* somnambule; **~süchtige(r)** *f(m)* somnambule *m,f*; **~umlaufbahn** *f* orbite *f* lunaire; **~untergang** *m* coucher *m* de la lune

Monegass|e [mone'gasə] *m* ⟨~n; ~n⟩, **~in** *f* ⟨~; ~nen⟩ Monégasque *m,f*; ⩙**isch** *adj* monégasque; de Monaco
Monem [mo'ne:m] *n* ⟨~s; ~e⟩ *LING* monème *m*
monetär [mone'tɛ:r] *adj* ⟨*épithète*⟩ monétaire
Moneten [mo'ne:tən] F *pl* F fric *m*; F sous *m/pl*; F pognon *m*
Mongol|e [mɔŋ'go:lə] *m* ⟨~n; ~n⟩, **~in** *f* ⟨~; ~nen⟩ Mongol(e) *m(f)*
Mongo'lei [→ *n/pr*] *die* ~ la Mongolie
mon'golisch *adj* mongol(ique)
Mongo'lismus *m* ⟨~⟩ *MÉD* mongolisme *m*; ⩙**o'id** *adj MÉD* mongolien, -ienne
monieren [mo'ni:rən] *v/t* ⟨*pas de ge-*, h⟩ blâmer; critiquer
Monika ['mo:nika] *f* ⟨→ *n/pr*⟩ Monique *f*
Monitor ['mo:nitɔr] *m* ⟨~s; ~e *ou* -'toren⟩ *PHYS, MÉD* moniteur *m*; *INFORM* écran *m*
mono [mo:no] F *adv* F en mono; ~ *und stereo abspielbar* Platte, Kassette à gravure universelle
mono..., **Mono...** *in Zssgn* mono...
monochrom [mono'kro:m] *adj* monochrome
mono|gam [mono'ga:m] *adj* monogame; ⩙**ga'mie** *f* ⟨~⟩ monogamie *f*
Mono|'gramm *n* ⟨~s; ~e⟩ monogramme *m*; **~gra'phie** *f* monographie *f*
Monokel [mo'nɔkəl] *n* ⟨~s; ~⟩ monocle *m*
'Monokultur *f AGR* monoculture *f*
Monolith [mono'li:t] *m* ⟨~s *ou* ~en; ~e(n)⟩ monolithe *m*
Monolog [mono'lo:k] *m* ⟨~(e)s; ~e⟩ monologue *m*; *e-n* ~ *halten* tenir un monologue
mono'log|isch *adj u adv* en forme de, sous la forme d'un monologue; **~i'sieren** *v/i* ⟨*pas de ge-*, h⟩ monologuer
mono|man [mono'ma:n] *adj* monomane; monomaniaque; ⩙**ma'nie** *f* monomanie *f*
Monopol [mono'po:l] *n* ⟨~s; ~e⟩ monopole *m* (*auf* [+*acc*] de); ⩙**i'sieren** *v/t* ⟨*pas de ge-*, h⟩ monopoliser; **~i'sierung** *f* ⟨~⟩ monopolisation *f*; **~stellung** *f* position *f*, situation *f* de monopole
Monopoly [mo'no:poli] *n* ⟨~⟩ *Wz* monopoly *m* (*nom déposé*)
Mono|the'ismus *m* ⟨~⟩ monothéisme *m*; **~the'ist** *m* ⟨~en; ~en⟩ monothéiste *m*; ⩙**the'istisch** *adj* monothéiste
mono|ton [mono'to:n] *adj* monotone; ⩙**to'nie** *f* ⟨~; ~n⟩ monotonie *f*
Monotype ['mɔnotaɪp] *f* ⟨~; ~s⟩ *Wz TYPO* monotype *f*
Mon|oxid ['mo:nɔksi:t], **~oxyd** *n* monoxyde *m*
Monster ['mɔnstər] *n* ⟨~s; ~⟩ monstre *m*
Monstranz [mɔn'strants] *f* ⟨~; ~en⟩ ostensoir *m*
monstr|ös [mɔn'strø:s] *adj* monstrueux, -euse; ⩙**osi'tät** *f* ⟨~; ~en⟩ monstruosité *f*
Monstrum ['mɔnstrum] *n* ⟨~s; -ren⟩ monstre *m*
Monsun [mɔn'zu:n] *m* ⟨~s; ~e⟩ mousson *f*
Montag ['mo:nta:k] *m* lundi *m*; *am* ~ le lundi; *jeden* ~ tous les lundis; *letzten* ~ lundi dernier; *e-s* ~*s* un lundi; *den ganzen* ~ (*über*) lundi, toute la

journée; ~ **abend**, **morgen**, **nachmittag** lundi soir, matin, après-midi; ~ **abends**, **morgens**, **nachmittags** les lundis soir, matin, après-midi; ~ **in 14 Tagen** lundi en quinze; ~ **vor 8 Tagen** il y a 8 jours, lundi dernier; **heute ist ~, der 5. Oktober** nous sommes le lundi 5 octobre; F (**e-n**) **blauen ~ machen** F se faire porter pâle le lundi
Montag'abend m lundi m soir
Montage [mɔn'ta:ʒə] f ⟨~; ~n⟩ TECH, PHOT, FILM etc montage m; (Einrichten) installation f; (Zusammenbauen) assemblage m; F **auf ~ sein** être parti en chantier
Mon'tage|band n ⟨~(e)s; -bänder⟩ chaîne f de montage; **~halle** f 'hall m de montage; **~kosten** pl frais m/pl de montage
montäg|ig ['mo:ntɛ:gɪç] adj ⟨épithète⟩ du lundi; **~lich** adj ⟨épithète⟩ de tous les lundis
Montag'|mittag m lundi m à midi; **~'morgen** m lundi m matin; **~'nachmittag** m lundi m après-midi
'**montags** adv le lundi; tous les lundis
Montag'vormittag m lundi m matin
Montan|industrie [mɔn'ta:nɪndustri:] f industrie minière; industrie f du charbon et de l'acier; **~union** f ⟨~⟩ Communauté européenne du charbon et de l'acier; C.E.C.A. f
Montblanc [mõ'blã:] ⟨→ n/pr⟩ **der ~** le mont Blanc
Mont'eur [mɔn'tœ:r] m ⟨~s; ~e⟩ monteur m; installateur m; ²**ieren** v/t ⟨pas de ge-, h⟩ monter; (einrichten, aufstellen, anschließen) installer; (zusammenbauen) assembler
Montur [mɔn'tu:r] F f ⟨~; ~en⟩ F attirail m; **in voller ~** 'harnaché de pied en cap
Monument [monu'mɛnt] n ⟨~(e)s; ~e⟩ monument m
monumen'tal adj monumental
Monumen'tal|bau m ⟨~(e)s; ~ten⟩ construction monumentale; **~film** m film m à grande mise en scène
Moonboots ['mu:nbu:ts] m/pl moonboots m/pl
Moor [mo:r] n ⟨~(e)s; ~e⟩ (Sumpf) marais m; marécage m; (Torf²) tourbière f; **~bad** n bain m de boue; **~huhn** n foulque f
'**moorig** adj marécageux, -euse
'**Moor|land** n ⟨~(e)s⟩ terrain marécageux; marécages m/pl; **~leiche** f cadavre momifié (par le marais)
Moos [mo:s] n ⟨~es; ~e⟩ 1. BOT mousse f; **Isländisches ~** lichen m d'Islande; F **fig ~ ansetzen** prendre de la bouteille; 2. F ⟨pas de pl⟩ (Geld) F fric m; 3. südd, österr, schweiz (Moor) marais m; marécage m
'**moos|artig** adj mousseux, -euse; **~bewachsen** adjt couvert de mousse f; moussu; ²**farn** m sélaginelle f; **~grün** adj vert mousse (inv)
'**moosig** adj moussu
'**Moosrose** f Blume etwa rose pompon; Strauch etwa rosier pompon
Mop [mɔp] m ⟨~s; ~s⟩ balai m à franges
Moped ['mo:pɛt] n ⟨~s; ~s⟩ vélomoteur m
moppen ['mɔpən] v/t u v/i ⟨h⟩ nettoyer (avec le balai à franges)
Mops [mɔps] m ⟨~es; ~e⟩ 1. Hund carlin m; 2. F fig F petit(e) gros, grosse

'**mops|en** F ⟨-(es)t, h⟩ I v/t F chiper; F faucher; F piquer; II v/réfl **sich ~** F se raser; F se barber; '**~fi|del** F adj Person gai comme un pinson; Gruppe, Gesellschaft très gai
Moral [mo'ra:l] f ⟨~⟩ 1. (Sittenlehre) morale f; (Sittlichkeit) moralité f; bonnes mœurs; **doppelte ~** morale f jésuite, casuiste, par ext bourgeoise; 2. e-r Fabel etc morale f; moralité f; **das ist die ~ von der Geschichte** voilà la morale de l'histoire!; 3. (seelische Verfassung) moral m
Mo'ral|apostel m péj moralisateur m; **~begriff** m conception f de la morale
mo'ralisch adj moral; F **den od e-n ²en haben** F avoir un coup de déprime; F avoir le cafard
mora|li'sieren v/i ⟨pas de ge-, h⟩ moraliser; faire la morale; ²**list(in)** m ⟨~en; ~en⟩ (f) ⟨~; ~nen⟩ moraliste m,f; péj moralisateur, -trice m,f; **~'listisch** adj moraliste; péj moralisateur, -trice
Mo'ral|philosophie f philosophie morale; **~prediger(in)** m(f) péj moralisateur, -trice m,f; sermonneur, -euse m,f
Mo'ralpredigt f sermon m; (j-m) **e-e ~ halten** faire, prêcher la morale (à qn)
Mo'ralvorstellung f idée f, conception f de la morale
Moräne [mo're:nə] f ⟨~; ~n⟩ GÉOL moraine f
Morast [mo'rast] m ⟨~(e)s; ~e ou Moräste⟩ bourbe f
mo'rastig adj bourbeux, -euse
Moratorium [mora'to:rium] n ⟨~s; -ien⟩ moratoire m; délai m
morbid [mɔr'bi:t] adj morbide; ²**i'tät** f ⟨~⟩ morbidité f
Morchel ['mɔrçəl] f ⟨~; ~n⟩ morille f
Mord [mɔrt] m ⟨~(e)s; ~e⟩ meurtre m, assassinat m (**an** [+dat] de); crime m (**an** [+dat] sur); **e-n ~ begehen** commettre un meurtre; F **das gibt ~ und Totschlag** F ça va barder; F ça va chauffer; F fig **das ist** (**der reinste** od **glatter**) ~! F c'est terriblement dangereux!; c'est du suicide!
'**Mordanklage** f **unter ~ stehen** être inculpé, sous l'inculpation de meurtre
'**Mord|anschlag** m attentat m (**auf** [+acc] contre, à la vie de); **~drohung** f menace f de mort
'**morden** ⟨-ete, h⟩ I v/t assassiner; tuer; II v/i commettre un meurtre
Mörder(in) ['mœrdər(ɪn)] m ⟨~s; ~⟩ (f) ⟨~; ~nen⟩ meurtrier, -ière m,f; assassin m; criminel, -elle m,f
'**Mördergrube** f **aus s-m Herzen keine ~ machen** parler franchement, à cœur ouvert
'**mörderisch** F adj terrible; F d'enfer; F dingue; Klima, Temperatur a mortel, -elle; Hitze accablant, torride; Kälte F de chien, de canard; Geschwindigkeit infernal
'**Mordfall** m affaire criminelle, de meurtre; **im ~ ...** dans l'affaire criminelle ...
'**Mord|gedanke** m pensée meurtrière, criminelle, de meurtre; **~kommission** f etwa brigade criminelle; **~nacht** f nuit f du meurtre, du crime; **~prozeß** m procès m du crime, du meurtre
'**mords...** F in Zssgn (sehr) F vachement; F rudement
'**Mords...** F in Zssgn F extraordinaire; péj F monstre; F d'enfer

'**Mordsache** f affaire criminelle, de meurtre
'**Mords|angst** F f F frousse f, trouille f monstre; '**~'arbeit** F f ⟨~⟩ travail fou; '**~'glück** F n chance f extraordinaire; F bol m d'enfer; F veine f de cocu; ²**ge'fährlich** adj F vachement dangereux, -euse; '**~'hunger** F m F fringale f; '**~'kälte** F f F froid m de canard, de chien; '**~'lärm** F m F boucan m (d'enfer); F tapage infernal; ²**mäßig** F adj F épouvantable; F énorme; F dingue; '**~'schreck** F m F trouille f épouvantable
'**Mords'spaß** F m ⟨~es⟩ plaisir fou; **das war ein ~** F c'était le pied
'**Mords'stimmung** F f F ambiance f d'enfer, dingue, du tonnerre
'**Mords'wut** F f F rogne f terrible; **e-e ~ haben** a F avoir la haine
'**Mordverdacht** m **unter ~ stehen** être soupçonné de meurtre
'**Mord|versuch** m tentative f d'assassinat, de meurtre; **~waffe** f arme f du crime
Mores ['mo:rɛs] pl F **ich werde ihn ~ lehren!** F il va m'entendre!
morgen ['mɔrgən] adv 1. (am nächsten Tag) demain; **~ früh, mittag, abend** demain matin, à midi, soir; **~ in acht Tagen** demain en huit; **~ ist Montag** demain, c'est lundi; c'est demain lundi; fig **die Technik von ~** la technique de demain, de l'avenir; **bis ~!** à demain!; F **~ ist auch noch ein Tag** ça peut attendre demain; prov **~, ~, nur nicht heute, sagen alle faulen Leute** prov il ne faut pas remettre au lendemain ce qu'on peut faire le jour même; 2. (am Morgen, früh) **heute ~** ce matin; **gestern ~, Freitag ~** hier, vendredi matin
'**Morgen**[1] m ⟨~s; ~⟩ 1. matin m; (Vormittag) matinée f; **am ~**, st/s **des ~s** le matin; **e-s** (**schönen**) **~s** un (beau) matin; **am anderen**, **nächsten ~** le lendemain matin; **guten ~!** bonjour!; **j-m e-n guten ~ wünschen** souhaiter le bonjour à qn; st/s **der ~ des Lebens** st/s l'aube f de la vie; 2. (pas de pl) poét (Osten) poét levant m
'**Morgen**[2] m ⟨~s; ~⟩ Feldmaß arpent m; acre m
'**Morgen**[3] n ⟨~⟩ lendemain m; futur m
'**Morgen|andacht** f prières f/pl du matin; **~ausgabe** f édition f du matin; **~dämmerung** f aube f; petit jour
'**morgendlich** adj ⟨épithète⟩ du matin; matinal
'**Morgen|essen** n schweiz petit déjeuner; **~gabe** f cadeau m de noce (du mari à sa femme); **~gebet** n prière f du matin
'**Morgengrauen** n ⟨~s⟩ aube f; **im ~** à l'aube; au petit jour
'**Morgen|gymnastik** f gymnastique matinale; **~kaffee** m regional petit déjeuner; **~land** n ⟨~(e)s⟩ Orient m; Levant m; ²**ländisch** adj oriental; levantin
'**Morgenluft** f air m du matin; fig **~ wittern** avoir le vent en poupe
'**Morgen|mantel** m cf **Morgenrock**; **~muffel** F m personne f qui est de mauvaise humeur le matin; **~post** f distribution f, courrier m du matin; **~rock** m peignoir m; robe f de chambre; **~rot** n aurore f

'**morgens** *adv* le matin; *um acht Uhr ~* à huit heures du matin; *früh ~* le matin, de bonne heure; *von ~ bis abends* du matin au soir

'**Morgen|sonne** *f* ⟨~⟩ soleil *m* du matin, levant; **~stern** *m* ⟨~s⟩ étoile *f* du matin, du berger

'**Morgenstunde** *f* heure matinale; *zu früher ~* de grand matin; *prov Morgenstund' hat Gold im Mund* le monde appartient à ceux qui se lèvent tôt

'**Morgen|tau** *m* rosée *f* (du matin); **~toilette** *f* toilette *f* du matin; **~zeitung** *f* journal *m* du matin; **~zug** *m* train *m* du matin

'**morgig** *adj* ⟨épithète⟩ de demain; *der ~e Tag* le lendemain

Moritat ['mo:rita:t] *f* ⟨~; ~en⟩ ballade *f* populaire

Moritz ['mo:rɪts] *m* ⟨→ n/pr⟩ Maurice *m*

Mormon|e [mɔr'mo:nə] *m* ⟨~n; ~n⟩, **~in** *f* ⟨~; ~nen⟩ mormon(e) *m(f)*

Morphem [mɔr'fe:m] *n* ⟨~s; ~e⟩ LING morphème *m*

Morphin|ismus [mɔrfi'nɪsmʊs] *m* ⟨~⟩ morphinomanie *f*; **~ist(in)** *m* ⟨~en; ~en⟩ (*f* ⟨~; ~nen⟩ morphinomane *m,f*

Morphium ['mɔrfiʊm] *n* ⟨~s⟩ morphine *f*; ♀**süchtig** *adj* morphinomane

Morpho|logie [mɔrfolo'gi:] *f* ⟨~⟩ BIOL, MÉD, LING, GÉOL morphologie *f*; ♀**logisch** *adj sc* morphologique

morsch [mɔrʃ] *adj* (*verfault*) pourri; (*wurmstichig*) vermoulu; *fig a* caduc, caduque

'**Morse|alphabet** *n* alphabet *m* morse; **~apparat** *m* télégraphe *m* morse

morsen ['mɔrzən] *v/t* ⟨-(es)t, h⟩ télégraphier, émettre en morse

Mörser ['mœrzər] *m* ⟨~s; ~⟩ *a* MIL mortier *m*

'**Morsezeichen** *n* akustisches signal *m*, geschriebenes caractère *m* morse

Mörtel ['mœrtəl] *m* ⟨~s; ~⟩ mortier *m*; gâchis *m*

Mosaik [moza'i:k] *n* ⟨~s; ~e(n)⟩ *a fig* mosaïque *f*; **~(fuß)boden** *m* carrelage *m* de mosaïque; **~stein** *m a fig* pièce *f* de mosaïque

Mosambi|k [mozam'bi:k] *n* ⟨→ n/pr⟩ Mozambique; **~kaner(in)** *m* ⟨~s; ~⟩ (*f* ⟨~; ~nen⟩ Mozambicain(e) *m(f)*; ♀**kanisch** *adj* mozambicain

Moschee [mɔ'ʃe:] *f* ⟨~; ~n⟩ mosquée *f*

Moschus ['mɔʃʊs] *m* ⟨~⟩ musc *m*; **~ochse** *m* ovibos *m*

Möse ['mø:zə] *vulgär* *f* ⟨~; ~n⟩ vulgär con *m*

Mosel ['mo:zəl] ⟨→ n/pr⟩ *die ~* la Moselle

mosern ['mo:zərn] F *v/i* ⟨-(e)re, h⟩ F criticailler; F râler

Moses ['mo:zəs] *m* ⟨→ n/pr⟩ Moïse *m*

Moskau ['mɔskaʊ] *n* ⟨→ n/pr⟩ Moscou

Moskito [mɔs'ki:to] *m* ⟨~s; ~s⟩ moustique *m*; **~netz** *n* moustiquaire *f*

Mos|lem ['mɔslɛm] *m* ⟨~s; ~s⟩ musulman *m*; ♀**lemisch** *adj* musulman

Moslime [mɔs'li:mə] *f* ⟨~; ~n⟩ musulmane *f*

Most [mɔst] *m* ⟨~(e)s; ~e⟩ **1.** *für Wein* moût *m*; **2.** *südd* (*junger Wein*) vin nouveau; (*Obstsaft*) jus *m* de fruit (trouble); *südd, österr, schweiz* (*Apfelwein*) cidre *m*; (*Birnen♀*) poiré *m*

Mostrich ['mɔstrɪç] *m* ⟨~s⟩ *regional* moutarde *f*

Motel ['mo:təl *ou* mo'tɛl] *n* ⟨~s; ~s⟩ motel *m*

Motette [mo'tɛtə] *f* ⟨~; ~n⟩ MUS motet *m*

Motiv [mo'ti:f] *n* ⟨~s; ~e⟩ **1.** (*Beweggrund*) motif *m*; *für Verbrechen* mobile *m*; **2.** MUS, PEINT, *auf Stoffen, Porzellan etc* motif *m*; *in der Kunst a* thème *m*

Motivati'on *f* ⟨~; ~en⟩ motivation *f*

Mo'tivforschung *f bes* PSYCH études *f/pl* de motivation

moti'vier|en *v/t* ⟨*pas de ge-*, h⟩ motiver; ♀**ung** *f* ⟨~; ~en⟩ motivation *f*

Moto-Cross [moto'krɔs] *n* ⟨~; ~e⟩ motocross *m*

Motor ['mo:tɔr *ou* mo'to:r] *m* ⟨~s; -toren⟩ AUTO, TECH, *fig* moteur *m*; **~block** *m* ⟨~s; -blöcke⟩ AUTO bloc moteur; **~boot** *n* bateau *m* à moteur; **~bremse** *f* frein *m* (au) moteur

Mo'toren|bau *m* ⟨~(e)s⟩ construction *f* de moteurs; **~gebrumm** *n*, **~lärm** *m* ronflement *m* de moteur

'**Motor|fahrzeug** *n* véhicule *m* à moteur; **~geräusch** *n* bruit *m*, ronflement *m* de moteur; **~haube** *f* capot *m* (de moteur)

Mo'tor|ik *f* ⟨~⟩ PHYSIOL motricité *f*; ♀**isch** *adj* PHYSIOL moteur, -trice

motori'sieren *v/t* ⟨*pas de ge-*, h⟩ motoriser; *sind Sie motorisiert?* F êtes-vous motorisé?

Motori'sierung *f* ⟨~⟩ motorisation *f*

'**Motor|jacht** *f* yacht *m* à moteur; **~leistung** *f* puissance motrice, du moteur; **~öl** *n* huile *f* à moteur; **~pumpe** *f* motopompe *f*; pompe *f* à moteur

'**Motorrad** *n* motocyclette *f*; moto *f*; **~fahrer(in)** *m(f)* motocycliste *m,f*; **~rennen** *n* course *f* motocycliste; **~sport** *m* sport *m* motocycliste; motocyclisme *m*

'**Motor|raum** *m* compartiment moteur; **~roller** *m* scooter *m*; **~säge** *f* scie *f* à moteur; **~schaden** *m* avarie *f* de moteur; **~schiff** *n* bateau *m* à moteur; **~sport** *m* sport automobile, motocycliste, *etc*; **~wäsche** *f* nettoyage *m* du moteur

Motte ['mɔtə] *f* ⟨~; ~n⟩ mite *f*; F *du kriegst die ~n!* F c'est pas croyable quand même!; F on croit rêver!

'**Mottenfraß** *m* ravages causés par les mites

'**Mottenkiste** *f* F fig *etw aus der ~ hervorholen* ressortir qc de vieux, d'ancien

'**Motten|kugel** *f* boule *f* de naphtaline; **~loch** *n* trou *m* de mite; **~pulver** *n* (poudre *f*) antimite *m*; ♀**zerfressen** *adj* mité

Motto ['mɔto] *n* ⟨~s; ~s⟩ devise *f*; *e-s Buches, Kapitels* épigraphe *f*; *unter e-m ~ stehen* avoir comme thème, leitmotiv; *das Fest steht unter dem ~ ...* le leitmotiv de cette fête est ...

motzen ['mɔtsən] F *v/i* ⟨-(es)t, h⟩ F râler; F ronchonner

Mountainbike ['maʊntənbaɪk] *n* ⟨~s⟩ vélo *m* tout terrain; V.T.T. *m*

moussieren [mu'si:rən] *v/i* ⟨*pas de ge-*, h⟩ mousser

Möwe ['mø:və] *f* ⟨~; ~n⟩ mouette *f*; *großes* goéland *m*

Mozam'bique *cf* **Mosambik**

Mozart|kugel ['mo:tsartkuːgəl] *f* bouchée *f* de cholocat fourrée de praliné et de pâte d'amandes; **~zopf** *m* catogan *m*

MP [ɛm'pi:] *f* ⟨~; ~s⟩ *abr* (*Maschinenpistole*) mitraillette *f*

Mrd. *abr* (*Milliarde[n]*) milliard(s)

MS [ɛm'ʔɛs] *f* **1.** *abr* (*multiple Sklerose*) sclérose *f* en plaques; **2.** *abr* (*Motorschiff*) bateau *m* à moteur

Ms. *abr* (*Manuskript*) ms. (manuscrit)

M'S-Kranke(r) *f(m)* personne atteinte de sclérose en plaques

M+S-Reifen [ɛmˀʔʊntˀʔɛsraɪfən] *m* pneu-neige *m*

MTA [ɛmteː'ʔa:] *f* ⟨~; ~s⟩ *abr* (*medizinisch-technische Assistentin*) assistante, auxiliaire médicale

mtl. *abr* (*monatlich*) mensuel(lement)

Mücke ['mʏkə] *f* ⟨~; ~n⟩ moustique *m*; cousin *m*; F *aus e-r ~ e-n Elefanten machen* faire une montagne de qc; F *die e-e ~ machen* F ficher le camp; F se tirer

Muckefuck ['mʊkəfʊk] F *m* ⟨~s⟩ ersatz *m* de café

mucken ['mʊkən] F *v/i* ⟨h⟩ F rouspéter

'**Mückenstich** *m* piqûre *f* de moustique

Mucks [mʊks] *m* ⟨~es; ~e⟩ F *keinen ~ sagen, von sich geben* F ne pas ouvrir le bec; ne (pas) piper mot

'**mucksen** F ⟨-(es)t, h⟩ **I** *v/i* **1.** (*sprechen*) *nicht ~* ne (pas) piper mot; **2.** (*sich bewegen*) bouger; **3.** (*murren*) râler; *ohne zu ~* sans broncher, rechigner; **II** *v/réfl sich nicht ~* (*nicht sprechen*) ne (pas) piper mot; (*sich nicht bewegen*) ne pas bouger

'**mucks'mäuschen'still** *cf* **mäuschenstill**

müde ['myːdə] *adj* **1.** (*erschöpft*) fatigué; **~** *sein* être fatigué; (*schläfrig sein*) avoir sommeil; *zum Umfallen ~ sein* tomber de fatigue; *fig ein ~s Lächeln* un faible sourire; *st/s* un sourire las; **~** *machen* fatiguer; **~** *werden* se fatiguer; **2.** (*überdrüssig*) *e-r Sache (gén) ~ sein od es ~ sein, etw zu tun* être dégoûté, las de (faire) qc; *er wird (es) nicht, zu* (+*inf*) il ne se lasse pas de (+*inf*); **3.** F *keine ~ Mark* pas un seul mark; F pas un sou

'**Müdigkeit** *f* ⟨~⟩ fatigue *f*; (*Schläfrigkeit*) sommeil *m*; *nur keine ~ vorschützen!* inutile de prétexter la fatigue!

Müesli ['myːɛsli] *schweiz cf* **Müsli**

Muff [mʊf] *m* ⟨~(e)s; ~e⟩ manchon *m*

Muffe ['mʊfə] *f* ⟨~; ~n⟩ TECH manchon *m*; raccord *m*; F (*vor etw, j-m*) **~(n)** *haben* F avoir la trouille (de qn, qc)

Muffel ['mʊfəl] F *m* ⟨~s; ~⟩ grincheux, -euse *m,f*

'**muff(e)lig** F *adj* grincheux, -euse; F bougon, -onne

'**muffeln** F *v/imp* ⟨-(e)le, h⟩ *es muffelt* ça sent le renfermé, le moisi

'**Muffelwild** *n cf* **Mufflon**

'**Muffensausen** P *n* ⟨~s⟩ F trouille *f*; **~** *haben* F avoir la trouille

'**muffig I** *adj* **1.** (*dumpf, moderig riechend*) qui sent le renfermé, le moisi; **~er Geruch** odeur *f* de renfermé, de moisi; **2.** F *cf* **muffelig**; **II** *adv* **~** *riechen* sentir le renfermé, le moisi

'**mufflig** *cf* **muffelig**

Mufflon ['mʊflɔn] *m* ⟨~s; ~s⟩ mouflon *m*

muh [muː] *int* meuh!

Mühe ['myːə] *f* ⟨~; ~n⟩ peine *f*; mal *m*; (*Anstrengung*) effort *m*; *mit Müh(e)*

und *Not* à grand-peine; ~ *machen* donner de la peine; *viel* ~ *kosten* demander beaucoup de peine; *sich* (*dat*) ~ *geben, zu* (+*inf*) s'efforcer de *od* à (+*inf*); *sich* (*dat*) (*bei od mit etw*) ~ *geben* se donner de la peine *od* du mal (pour qc); *SCHULE a* faire des efforts; *sich* (*dat*) *die* ~ *machen, zu* (+*inf*) se donner, prendre la peine de (+*inf*); *es macht mir* ~, *ich habe* ~ *zu* (+*inf*) j'ai de la peine, du mal à (+*inf*); F *gib dir keine* ~! ne te fatigue pas!; F laisse tomber!; *machen Sie sich* (*dat*) (*meinetwegen*) *keine* ~! ne vous dérangez pas (pour moi)!; *keine* ~ *scheuen* ne reculer devant aucune peine; *verlorene* ~ peine perdue; *die Sache ist die od der* ~ (*gén*) *wert, lohnt die* ~ la chose en vaut la peine
'**mühe**|**los** *adv* sans peine; facilement; **²losigkeit** *f* ⟨~⟩ facilité *f*
muhen *v/i* (h) meugler
'**mühen** *v/réfl* (h) *sich* ~ (, *etw zu tun*) se donner de la peine, du mal (pour faire qc); s'efforcer (de faire qc)
'**mühevoll** *adj* pénible; plein de difficultés
'**Mühewaltung** *f* ⟨~⟩ *ADM* peine *f*; bons soins
'**Muhkuh** *en f* *vache f*
'**Mühlbach** *m* bief *m*; chenal *m*
Mühle ['my:lə] *f* ⟨~; ~n⟩ **1.** moulin *m*; *Fabrik* minoterie *f*; *fig das ist Wasser auf s-e* ~ c'est de l'eau à son moulin; **2.** (*Brettspiel*) marelle *f*; *Figur* trois pions *m/pl* en ligne; **3.** F *fig alte* ~ *Auto* F vieille bagnole, F vieux tacot, clou; *Flugzeug* F vieux coucou
'**Mühlespiel** *n* jeu *m* de la marelle
Mühlhausen [myːl'haʊzən] *n* ⟨→ *n/pr*⟩ Mulhouse
'**Mühl**|**rad** *n* roue *f* de moulin; **~stein** *m* meule *f* (de moulin)
'**Mühsal** *st/s f* ⟨~; ~e⟩ fatigues *f/pl*; peines *f/pl*
'**müh**|**sam** *adj*, **~selig** *st/s adj* pénible; laborieux, -ieuse; (*schwierig*) ardu; (*ermüdend*) fatigant
Mulatt|**e** ['mulatə] *m* ⟨~n; ~n⟩, **~in** *f* ⟨~; ~nen⟩ mulâtre, -esse *m,f*
Mulch [mʊlç] *m* ⟨~(e)s; ~e⟩ *JARD* couverture *f* (d'herbe sèche, *etc*); *aus Rinde* écorce *f* de pin broyée; *aus Stroh* paillis *m*
'**mulchen** *v/i u v/t* (h) *JARD* (*den Boden*) ~ couvrir le sol d'herbe sèche, *etc*; *mit Stroh* pailler
Mulde ['mʊldə] *f* ⟨~; ~n⟩ **1.** (*Vertiefung*) dépression *f* de terrain; creux *m*; **2.** *regional* (*Trog*) bac *m*; auge *f*; *zum Backen* pétrin *m*
Muli ['muːli] *n* ⟨~s; ~s⟩ mulet *m*; mule *f*
Mull [mʊl] *m* ⟨~(e)s⟩ mousseline *f*; (*Verband²*) gaze *f*
Müll [myl] *m* ⟨~s⟩ détritus *m/pl*; (*Haus²*) ordures (ménagères); (*Industrie²*) déchets (industriels); *etw in den* ~ *werfen* jeter qc à la poubelle
'**Müll**|**abfuhr** *f Unternehmen* service *m* de voirie, de nettoiement; **~auto** *n* benne *f* à ordures; **~beutel** *m* sac *m* poubelle
'**Mullbinde** *f* bande *f* de gaze
'**Müll**|**container** *m* conteneur *m* pour ordures ménagères *bzw* déchets industriels; **~deponie** *f* décharge (publique); **~eimer** *m* poubelle *f*; **~entsor-**

gung *f* élimination *f* des ordures *bzw* des déchets
Müller(**in**) ['mylər(in)] *m* ⟨~s; ~⟩ (*f* ⟨~; ~nen⟩) meunier, -ière *m,f*
'**Müll**|**fahrer** *m* éboueur *m*; **~halde** *f* décharge *f*
'**Müllkippe** *f* décharge (municipale); *wilde* ~ décharge *f* sauvage
'**Müll**|**kutscher** *m cf Müllfahrer*; **~mann** *m* ⟨~(e)s; -männer⟩ éboueur *m*; F boueux *m*; **~sack** *m* sac *m* poubelle; **~sammelstelle** *f* déchetterie *f*; **~schlucker** *m* vide-ordures *m*; **~tonne** *f* poubelle *f*; **~tüte** *f cf Müllsack*; **~verbrennung** *f* incinération *f* des ordures ménagères; **~verbrennungsanlage** *f* usine *f*, unité *f* d'incinération des ordures ménagères; **~wagen** *m cf Müllauto*; **~werker** *t/t m* ⟨~s; ~⟩ éboueur *m*
'**Mullwindel** *f* lange *m*
mulmig ['mʊlmɪç] F *adj Situation* qui sent le roussi; *mir ist* ~ je me sens mal
Multi ['mʊlti] F *m* ⟨~s; ~s⟩ *ÉCON* multinationale *f*
multi..., **Multi**... [mʊlti...] *in Zssgn* multi...
multi|**funktio'nal** *adj* polyvalent; **~kultu'rell** *adj* multiculturel, -elle; **~late'ral** *adj* multilatéral; **~medi'al** *adj* multimédia (*inv*)
Multimedia-Show [mʊlti'meːdiaʃoː] *f* spectacle *m* multimédia
'**Multi**|**millionär**(**in**) *m*(*f*) multimillionnaire *m,f*; **²natio'nal** *adj* multinational
multipel [mʊl'tiːpəl] *adj* ⟨-pl-, *épithète*⟩ multiple; *cf a MS*
Multiple-choice|-**Frage** ['mʌltɪpəl'tʃɔɪsfraːgə] *f* question *f* à choix multiple; **~Fragebogen** *m* questionnaire *m* à choix multiple; Q.C.M. *m*; **~Test** *m* test *m* avec des questions à choix multiple
Multipli|**kand** [mʊltipli'kant] *m* ⟨~en; ~en⟩ *MATH* multiplicande *f*; **~kati'on** *f* ⟨~; ~en⟩ multiplication *f*; **~kati'onszeichen** *n* signe *m* de (la) multiplication; **~'kator** *m* ⟨~s; -'toren⟩ multiplicateur *m*; *fig* propagateur, -trice *m,f*; **²'zieren** *v/t* ⟨pas de *ge*-, h⟩ multiplier (*mit* par)
Mumi|**e** ['muːmiə] *f* ⟨~; ~n⟩ momie *f* (*a fig*); **~fi'zierung** *f* ⟨~; ~en⟩ momification *f*
Mumm [mʊm] F *m* ⟨~s⟩ (*Mut*) F cran *m*; (*Kraft*) punch *m*
Mummelgreis ['mʊməlɡraɪs] F *m* F vieux gaga
Mümmelmann ['mymalman] F *plais m* ⟨~(e)s; -männer⟩ lièvre *m*
Mummenschanz ['mʊmənʃants] *m* ⟨~es⟩ mascarade *f*
Mumpf [mʊmpf] *m* ⟨~s⟩ *schweiz cf Mumps*
Mumpitz ['mʊmpɪts] F *m* ⟨~es⟩ F foutaise *f*
Mumps [mʊmps] *m* ⟨~⟩ oreillons *m/pl*
München ['mʏnçən] *n* ⟨→ *n/pr*⟩ Munich
Münch(**e**)**ner** ['mʏnçnər] *adj* ⟨*inv*⟩ de Munich; munichois
'**Münch**(**e**)**ner**(**in**) *m* ⟨~s; ~⟩ (*f* ⟨~; ~nen⟩) Munichois(e) *m,f*
Mund [mʊnt] *m* ⟨~(e)s; ~er⟩ **1.** bouche *f*; F ~ *und Nase aufsperren* F en être baba; F *den* ~ *halten* F la fermer; F la boucler; F *fig den* ~ *nicht aufkriegen* F ne pas desserrer les dents; F *fig e-n*

großen ~ *haben*, F *den* ~ *voll nehmen* faire l'important; F se faire mousser; *j-m den* ~ *verbieten* défendre, interdire à qn de parler; F *j-m den* ~ *wäßrig machen* faire venir l'eau à la bouche de qn; *fig sich* (*dat*) *den* ~ *verbrennen* s'attirer des ennuis par ses indiscrétions; *j-n auf den* ~ *küssen* embrasser qn sur la bouche; F *nicht auf den* ~ *gefallen sein* F n'avoir pas la langue dans sa poche; *das habe ich aus ihrem* ~ *noch nie gehört* elle ne m'en a jamais parlé; *Schimpfwort etc* je ne lui ai jamais entendu ce mot-là dans la bouche; *Sie nehmen mir das Wort aus dem* ~ c'est justement ce que j'allais dire; *wie aus einem* ~(*e*) comme un seul homme; *st/s aus berufenem* ~*e sein* être de source autorisée; *in aller* ~ *sein* être dans toutes les bouches, sur toutes les lèvres; F *j-m die Worte im* ~ *verdrehen* déformer les paroles de qn; F *fig Worte etc in den* ~ *nehmen* F utiliser qc; *j-m etw in den* ~ *legen* faire dire qc à qn; (*manipulieren*) suggérer qc à qn; *mit vollem* ~ *sprechen* parler la bouche pleine; *j-m nach dem* ~(*e*) *reden* parler selon les désirs de qn; complaire à qn; F *j-m über den* ~ *fahren* rabrouer qn; *von* ~ *zu* ~ *de bouche à oreille*; *j-n von* ~ *zu* ~ *beatmen* faire du bouche-à-bouche à qn; *zum* ~(*e*) *führen* porter à la bouche; **2.** (*Öffnung*) ouverture *f*; orifice *m*
'**Mundart** *f* dialecte *m*; patois *m*; **~dichter**(**in**) *m*(*f*) poète, poétesse *f* écrivant en dialecte, en patois; **~dichtung** *f* littérature dialectale; **~forschung** *f* ⟨~⟩ dialectologie *f*; **²lich** *adj* dialectal
'**Munddusche** *f* hydropulseur *m*
Mündel ['mʏndəl] *n od m* ⟨~s; ~⟩ pupille *m,f*; **²sicher** *adj Anlage, Wertpapier* de père de famille; de tout repos
'**munden** *st/s v/i* ⟨-ete, h⟩ *j-m* ~ être au goût de qn; plaire à qn; *sich* (*dat*) *etw* ~ *lassen* manger, boire qc de bon cœur
münden ['mʏndən] *v/i* ⟨-ete, h *ou* sein⟩ *in etw* (*acc*) ~ *Fluß* se jeter dans qc; *Weg, Gespräch* aboutir sur qc
'**mund**|**faul** F *adj* F pas très bavard; peu loquace; **²fäule** *f MÉD sc* stomatite ulcéreuse; **~geblasen** *adj* *Glas* soufflé **mundgerecht** *adj* **1.** *etw in Stücke schneiden* couper qc en petits morceaux (pour le manger plus facilement); **2.** *fig j-m etw* ~ *machen* F mâcher le travail à qn
'**Mundgeruch** *m* ~ (*haben*) (avoir) mauvaise haleine
'**Mund**|**harmonika** *f* harmonica *m*; **~höhle** *f* cavité buccale
'**mündig** *adj* **1.** majeur; ~ *werden* atteindre sa majorité; devenir majeur; **2.** *fig* responsable
'**Mündigkeit** *f* ⟨~⟩ **1.** majorité *f*; **2.** *fig* responsabilité *f*
mündlich ['mʏntlɪç] **I** *adj* verbal; *a Examen* oral; **II** *adv* de vive voix; oralement; *alles weitere* ~! le reste lors de notre prochaine rencontre!
'**Mund**|**partie** *f* partie buccale; **~pflege** *f* hygiène *f* buccale *bzw* dentaire; **~propaganda** *f* bouche à oreille; **~raub** *m JUR* vol *m* de denrées alimentaires; **~schenk** *m* ⟨~en; ~en⟩ *HIST* échanson *m*; **~schutz** *m MÉD* masque *m*; *SPORT* protège-dents *m*

M-und-'S-Reifen cf *M+S-Reifen*
'**Mund|stellung** f position f de la bouche; **~stück** n e-r *Pfeife* bec m; e-r *Zigarette* bout m; e-s *Blasinstruments* embouchure f; e-r *Oboe*, e-s *Saxophons* bec m
'**mundtot** adj *j-n ~ machen* condamner qn au silence
'**Mündung** f ⟨~; ~en⟩ **1.** e-s *Flusses* embouchure f; **2.** fig bouche f; e-s *Rohres* orifice m; e-r *Feuerwaffe* gueule f
'**Mündungs|arm** m bras m d'une embouchure; **~feuer** n lueur f (d'une bouche à feu); **~gebiet** n embouchure f
'**Mund|voll** m ⟨~; ~⟩ bouchée f; **~wasser** n ⟨~s; -wässer⟩ eau f dentifrice; PHARM collutoire m; gargarisme m
'**Mundwerk** F n *ein freches od loses ~ haben* F n'avoir pas la langue dans sa poche; *péj a* être mauvaise langue; *ein großes ~ haben* F avoir une grande gueule
'**Mundwinkel** m commissure f des lèvres
'**Mund-zu-'Mund-Beatmung** f bouche-à-bouche m
Munition [munitsi'o:n] f ⟨~⟩ munitions f/pl
Muniti'ons|fabrik f fabrique f de munitions; **~lager** n dépôt m de munitions
munkeln ['muŋkəln] F v/t u v/i ⟨-(e)le, h⟩ faire courir un bruit que; *man munkelt, daß ...* on fait courir le bruit que ...
Münster ['mynstər] n **1.** ⟨~; ~⟩ cathédrale f; **2.** ⟨→ n/pr⟩ *Stadt* Münster
munter ['muntər] adj **1.** (*fröhlich*) gai; de bonne humeur; (*lebhaft*) vif, vive; plein d'entrain; (*flink*) alerte; **2.** (*wach*) éveillé
'**Munter|keit** f ⟨~⟩ (*Fröhlichkeit*) gaieté f; enjouement m; (*Lebhaftigkeit*) vivacité f; entrain m; **~macher** F m excitant m; remontant m
'**Münz|amt** n, **~anstalt** f hôtel m de la Monnaie; **~automat** m distributeur m (automatique) (**für** *Getränke, Zigaretten etc* de boissons, cigarettes, *etc*)
Münze ['myntsə] f ⟨~; ~n⟩ **1.** pièce f (de monnaie); *pl a* monnaie f; *bare, stl klingende ~* argent comptant; espèces sonnantes et trébuchantes; *fig etw für bare ~ nehmen* prendre qc pour argent comptant; *fig j-m etw mit gleicher ~ heimzahlen* rendre à qn la monnaie de sa pièce; **2.** (*Münzstätte*) Monnaie f; **3.** (*Gedenk*2, *Schau*2) médaille f
'**Münzeinwurf** m fente f pour les jetons, pièces
'**münzen** v/t ⟨-(es)t, h⟩ battre, frapper; *fig das ist auf mich gemünzt* c'est moi qui suis visé
'**Münzensammlung** f collection f de pièces de monnaie *bzw* de médailles; collection f numismatique
'**Münz|fälscher(in)** m(f) faux-monnayeur m; **~fälschung** f fabrication f de fausse monnaie; **~fernsprecher** m appareil m de téléphone fonctionnant avec des pièces; **~hoheit** f monopole m de la frappe des monnaies; **~kunde** f ⟨~⟩ numismatique f; **~prägung** f frappe f des monnaies; **~recht** n ⟨~(e)s⟩ droit m de battre monnaie; **~sammlung** cf *Münzensammlung*; **~stätte** f hôtel m de la Monnaie; **~tankstelle** f distributeur m automatique d'essence;

~wechsler m ⟨~s; ~⟩ changeur m de monnaie
Muräne [mu'rɛ:nə] f ⟨~; ~n⟩ ZO murène f
mürbe ['myrbə] adj **1.** *Fleisch* tendre; *Gebäck* friable; *Apfel etc* farineux, -euse; **2.** *Gewebe* mûr; usé; *Holz* cassant; **3.** fig (*zermürbt*) épuisé; brisé; *j-n ~ machen* mater qn; F avoir qn à l'usure
'**Mürb(e)teig** m CUIS pâte brisée
'**Mürbheit** f ⟨~⟩ *des Fleischs* tendreté f; *des Gebäcks* friabilité f
Murks [murks] F m ⟨~es⟩ F bousillage m; travail bâclé; *~ machen* a bâcler son travail
'**murksen** F v/i ⟨-(es)t, h⟩ F bousiller, bâcler son travail
Murmel ['murməl] f ⟨~; ~n⟩ bille f
murmeln ['murməln] v/t u v/i ⟨-(e)le, h⟩ murmurer; susurrer
'**Murmeltier** n marmotte f; F *schlafen wie ein ~* F dormir comme un loir
murren ['murən] v/i ⟨h⟩ grogner; grommeler
mürrisch ['myrɪʃ] adj de mauvaise humeur; (*brummig*) grognon, -onne; (*unfreundlich*) revêche; renfrogné; **~er Mensch** grognon m
Mus [mu:s] n ⟨~es; ~e⟩ *aus Obst* compote f; marmelade f; *aus Kartoffeln* purée f; *j-n zu ~ schlagen* F casser la gueule à qn; F *etw zu ~ schlagen* F réduire qc en bouillie
Muschel ['muʃəl] f ⟨~; ~n⟩ **1.** ZO coquillage m; (*Mies*2) moule f; *Schale allein* coquille f; *große a* conque f; **2.** TÉL (*Hör*2) écouteur m; (*Sprech*2) microphone m; **3.** ANAT (*Ohr*2) pavillon m auriculaire; **~bank** f ⟨~; -bänke⟩ MAR banc m de moules; **2förmig** adj en forme de coquille; **~kalk** m ⟨~(e)s⟩ sc calcaire coquillier; **~schale** f coquille f; coquillage m
Muschi ['muʃi] f ⟨~; ~s⟩ **1.** *enf* (*Katze*) minou m; **2.** F (*Vulva*) F chatte f
Muse ['mu:zə] f ⟨~; ~n⟩ MYTH Muse f; *fig* (*Person, die j-n inspiriert*) muse f; *die leichte ~* la poésie *bzw* musique légère; *aus von der ~ geküßt werden* être inspiré par la Muse
muse'al adj de musée
Muselman(in) ['mu:zəlman (-ma:nɪn)] m ⟨~; ~⟩ (f) ⟨~; ~nen⟩ plais musulman(e) m(f)
'**Musen|sohn** m litt, plais (*Dichter*) poète m; **~tempel** m plais théâtre m
Museum [mu'ze:um] n ⟨~s; -een⟩ musée m
Mu'seums|führer m *Buch* guide m du musée; **~führer(in)** m(f) guide m,f de musée; **~pädagoge** m, **~pädagogin** f responsable m,f des activités pédagogiques dans un musée; **2reif** F *iron adj* qui a valeur d'antiquité; **~stück** n pièce f de musée; antiquité f; **~wärter(in)** m(f) gardien, -ienne m,f de musée
Mu'seumswert m F *diese Lampe hat (schon) ~* cette lampe est (déjà) une pièce de musée, une antiquité
Musical ['mju:zɪkəl] n ⟨~s; ~s⟩ comédie f musicale
Mu'sicassette f cf *Musikkassette*
Musicbox ['mju:zɪkbɔks] f ⟨~; ~es⟩ cf *Musikautomat*
Musik [mu'zi:k] f ⟨~; ~en⟩ musique f; *~ machen* faire de la musique; *mit ~ geht alles besser* avec de la musi-

que, tout est plus facile; F *das ist ~ in meinen Ohren* j'aime à te *bzw* vous l'entendre dire; F je bois du petit-lait
Musikalien [muzi'ka:liən] pl partitions f/pl; **~händler** m marchand m de musique; **~handlung** f magasin m de musique
musi'kalisch adj **1.** (*die Musik betreffend*) musical; de musique; **2.** (*begabt, empfänglich für Musik*) doué pour la musique; musicien, -ienne; *~ sein* a avoir de l'oreille
Musikali'tät f ⟨~⟩ **1.** e-r *Person* sens m de la musique; **2.** e-r *Sache* musicalité f
Musi'kant(in) m ⟨~; ~en⟩ (f) ⟨~; ~nen⟩ musicien, -ienne (ambulant[e])
Musi'kantenknochen F m ANAT petit juif
Mu'sikautomat m juke-box m
Mu'sikbegleitung f *mit ~* avec de la musique; *fig* sur un fonds de musique
Mu'sik|box f cf *Musikautomat*; **~direktor** m chef m de musique, d'orchestre; **~drama** n drame musical
'**Musiker(in)** m ⟨~s; ~⟩ (f) ⟨~; ~nen⟩ musicien, -ienne m,f; pl *die ~ a* les exécutants m/pl
Mu'sik|erziehung f éducation musicale; **~festspiele** n/pl festival m de musique; **~geschichte** f histoire f de la musique; **~hochschule** f conservatoire m (de musique); **~instrument** n instrument m de musique; **~kapelle** f orchestre m; **~kassette** f cassette f de musique; **~kenner** m(f) mélomane m,f; **~korps** n MIL musique f; orchestre m; **~lehrer(in)** m(f) professeur m de musique; **~liebhaber(in)** m(f) amateur m de musique; **~pädagoge** m, **~pädagogin** f professeur m de musique; **~schule** f école f de musique; **~stück** n morceau m de musique; **~stunde** f leçon f de musique; **~theorie** f théorie f de la musique; **~therapie** f musicothérapie f; **~truhe** f meuble m radio-phono; **~unterricht** m leçons f/pl; cours m/pl de musique
'**Musikus** F m ⟨~; ~se⟩ musicien m
Mu'sik|verlag m maison f d'édition musicale; éditeur m de musique; **~wissenschaft** f *Studienfach* musicologie f; **~wissenschaftler(in)** m(f) musicologue m,f; **~zimmer** n salon m de musique
'**musisch** adj artiste; *a advt Menschen ~ (veranlagt) sein* avoir des dons d'artiste; *die ~en Fächer* la musique et les beaux-arts
musizieren [muzi'tsi:rən] v/i ⟨pas de ge-⟩, h⟩ faire de la musique
Muskat [mus'ka:t] m ⟨~(e)s; ~e⟩ (**~nuß**) (noix f) muscade f; (**~blüte**) macis m; **~blüte** f ⟨~⟩ macis m
Muskateller [muska'tɛlər] m ⟨~s; ~⟩ *Rebensorte*, *Wein* muscat m
Mus'katnuß f noix f muscade
Muskel ['muskəl] m ⟨~s; ~n⟩ muscle m; *fig mit den ~n spielen* jouer des biceps
'**Muskel|anstrengung** f effort m musculaire; **~faser** f fibre f musculaire; **~fleisch** n tissu m musculaire; **~kater** F m courbature(s) f(pl); **~kraft** f force f musculaire; **~krampf** m crampe f (musculaire); sc myotonie f; **~mann** F m ⟨~(e)s; -männer⟩ F balèze m; **~paket** F n **1.** *Muskeln* muscles très développés; **2.** *Mensch* F balèze m; **~protz**

Muskelriß — Muttermal

F *m* F balèze *m*; F tarzan *m*; **~riß** *m* déchirure *m* musculaire; **~schmerzen** *m/pl* douleurs *f/pl* musculaires; **~schwäche** *f* faiblesse *f* musculaire; **~schwund** *m* atrophie *f* musculaire; **~training** *n* exercices *m/pl* de musculation; **~zerrung** *f* claquage *m* musculaire, -euse
Muskete [mʊs'keːtə] *f* ⟨~; ~n⟩ HIST mousquet *m*
Musketier [mʊske'tiːr] *m* ⟨~s; ~e⟩ HIST mousquetaire *m*
Musku|latur [mʊskula'tuːr] *f* ⟨~; ~en⟩ musculature *f*; **2'lös** *adj* musclé; *selten* musculeux, -euse
Müsli ['myːsli] *n* ⟨~s; ~s⟩ mu(e)sli *m*
Muslim ['mʊslɪm], **mus'limisch** *cf Moslem, moslemisch*
muß [mʊs] *cf müssen*
Muß *n* ⟨~⟩ nécessité *f* (absolue); must *m*; **es ist ein ~** *a* c'est de rigueur; c'est un must
'Muß-Bestimmung *f* JUR, ADM disposition impérative
Muße ['muːsə] *st/s f* ⟨~⟩ loisir *m*; temps *m* (libre); **mit ~** à loisir; **die ~ haben, zu** (+*inf*) avoir le temps de (+*inf*)
'Mußehe F *f* mariage forcé
Musselin [mʊsə'liːn] *m* ⟨~s; ~e⟩ mousseline *f*
müssen ['mʏsən] ⟨muß; mußte; h⟩ **I** *v/aux de mode* ⟨*p/p* müssen⟩ **1.** *von Personen* devoir; (*gezwungen sein*) être forcé à *od* de, obligé de *faire qc*; **ich muß es tun** je dois le faire; **sie muß schlafen** il faut qu'elle dorme; *plais* **kein Mensch muß ~** on ne peut forcer, contraindre personne; l'homme est libre; **er muß schon sehr krank sein, um nicht zu kommen** il faut qu'il soit bien malade pour ne pas venir; **ich weiß schon, was ich tun muß** je sais ce que j'ai à faire; **er muß es nicht wissen** il est inutile qu'il le sache; il n'a pas besoin de le savoir; **wir ~ Ihnen leider mitteilen, daß ...** nous avons le regret de vous faire savoir que ...; **man muß sich nur wundern, wie er noch so arbeiten kann** on se demande comment il peut encore travailler ainsi; **er muß bald kommen** il ne peut, ne va pas tarder à venir; **ich mußte lachen, als ich ihn sah** je n'ai pu m'empêcher de rire en le voyant; **der Zug müßte längst hier sein** le train devrait être là depuis longtemps; **Urlaub müßte man haben!** ce qu'il nous faut, ce sont des vacances!; **was muß ich hören?** qu'est-ce que j'entends?; **2.** *von Sachen* **sein ~** (*nötig sein*) être nécessaire; **es muß sein** c'est nécessaire, inévitable; il le faut; **wenn es sein muß** s'il le faut; **muß das sein?** est-ce (absolument, bien) nécessaire?; **II** *v/i* ⟨*p/p* gemußt⟩ **3.** (*gehen ~*) devoir aller; **ich muß nach Hause, in die Schule** je dois aller, il faut que j'aille à la maison, à l'école; **er hat fort gemußt** il a dû partir; **4.** F *zur Toilette* **ich muß mal** F il faut que j'aille au petit coin; j'ai une envie pressante
'Mußestunde *f* (heure *f* de) loisir *m*; **in e-r ~ werde ich ...** quand j'aurai le temps, je ...
müßig ['myːsɪç] *adj* **1.** (*tatenlos*) oisif, -ive; **2.** (*überflüssig, zwecklos*) inutile, vain

'Müßiggang *st/s m* ⟨~(e)s⟩ oisiveté *f*; *prov* **~ ist aller Laster Anfang** *prov* l'oisiveté est la mère de tous les vices
Müßiggänger(in) ['myːsɪçgɛŋər(ɪn)] *m* ⟨~s; ~⟩ (*f* ⟨~; ~nen⟩) oisif, -ive *m,f*; F traîne-savates *m*
mußte ['mʊstə] *cf* **müssen**
Mustang ['mʊstaŋ] *m* ⟨~s; ~s⟩ mustang *m*
Muster ['mʊstər] *n* ⟨~s; ~⟩ **1.** (*Vorlage*) modèle *m* (*für* de); (*Urbild*) type *m*; (*Schnitt2*) patron *m*; **2.** (*Verzierung*) décoration *f*; *e-s Stoffs etc* dessin *m*; (*Strick2*) point *m*; **3.** (*Waren2*) échantillon *m*; *e-s Buchs* a spécimen *m*; **4.** *fig* (*Vorbild*) modèle *m*; exemple *m*; **er ist ein ~ an Pünktlichkeit** il est d'une ponctualité exemplaire; c'est la ponctualité en personne
'Musterbeispiel *n* exemple *m* type *od* typique (**für** de)
'Musterbetrieb *m* entreprise *f* modèle; **landwirtschaftlicher ~** ferme *f* modèle; exploitation *f* pilote
'Musterexemplar *n* modèle *m*; exemple *m*; **ein ~ von** (*e-m*) **Ehemann** un mari modèle
'Muster|gatte *m* mari *m* modèle; **2gültig, 2haft** *adj* exemplaire; parfait; **~gültigkeit** *f* caractère *m* exemplaire; perfection *f*; **~haus** *n* maison *f* témoin; **~karte** *f* carte *f* d'échantillons, **~knabe** *m péj* garçon *m* trop comme il faut; **~koffer** *m* boîte *f* à échantillons; **~kollektion** *f* collection *f* (de modèles); **~messe** *f* foire commerciale
'mustern¹ *v/t* ⟨-(e)re, h⟩ **1.** (*untersuchen*) examiner (*genau* de près, attentivement); inspecter; **2.** (*betrachten*) *j-n ~* dévisager, toiser qn; *j-n neugierig ~* regarder qn d'un œil curieux; **2.** MIL *Truppen* passer en revue; inspecter; *Rekruten* faire passer le conseil de révision à
'mustern² *v/t* ⟨-(e)re, h⟩ (*mit Mustern versehen*) décorer; TEXT appliquer des dessins sur; *cf a* **gemustert**
'Muster|schüler(in) *m(f)* élève *m,f* modèle; **~sendung** *f* envoi *m* d'échantillons
'Musterung *f* ⟨~; ~en⟩ **1.** (*prüfende Betrachtung*) examen *m*; inspection *f*; **2.** MIL *von Truppen* revue *f*; inspection *f*; *von Rekruten* révision *f*; **3.** (*Stoffmuster etc*) dessin *m*; (*Verzierung*) décoration *f*
'Musterungsbescheid *m* MIL convocation *f* au conseil de révision
'Musterzeichner(in) *m(f)* dessinateur, -trice *m,f* (industriel, -ielle)
Mut [muːt] *m* ⟨~(e)s⟩ courage *m*; (*Tapferkeit*) bravoure *f*; *st/s* vaillance *f*; **guten ~es sein** avoir bon courage; y aller de bon cœur; **mit dem ~ der Verzweiflung** avec l'énergie du désespoir; *j-m ~ machen, zusprechen* encourager qn; *j-m den ~ nehmen* décourager qn; (*wieder*) **~ fassen** (re)prendre courage; **den ~ verlieren, sinken lassen** perdre courage; se décourager; *s-n ganzen ~ zusammennehmen* prendre son courage à deux mains; **sich** (*dat*) **~ antrinken** boire (un coup *od* un verre) pour se donner du courage; **nur ~!** courage!
Mutation [mutatsi'oːn] *f* ⟨~; ~en⟩ **1.** BIOL mutation *f*; **2.** (*Stimmbruch*) mue *f*

mu'tieren *v/i* ⟨*pas de ge-*, h⟩ **1.** BIOL subir une *bzw* des mutation(s); **2.** (*im Stimmbruch sein*) muer
'mutig *adj* courageux, -euse; (*tapfer*) brave; *st/s* vaillant; *prov* **dem 2en gehört die Welt** *prov* la fortune sourit aux audacieux
'mut|los *adj* sans courage; découragé; **2losigkeit** *f* ⟨~⟩ manque *m* de courage; découragement *m*
mutmaßen ['muːtmaːsən] *v/t* ⟨-(es)t, h⟩ présumer; supposer; conjecturer; **darüber ist einiges gemutmaßt worden** on s'est perdu en conjectures à ce propos; on s'est posé beaucoup de questions à ce sujet
'mutmaß|lich I *adj* ⟨*épithète*⟩ présumé, probable; supposé; **II** *adv* JUR présomptif, -ive; probablement; **2ung** *f* ⟨~; ~en⟩ présomption *f*, supposition *f*, conjecture *f* (**über** [+*acc*] sur)
'Mutprobe *f* test *m*, épreuve *f* de courage
Mutter¹ ['mʊtər] *f* ⟨~; ⸚; *a* →*n/pr*⟩ mère *f*; **sie wird ~** elle attend un bébé; **e-e werdende ~** une future mère; **~ Gottes** mère de Dieu; Notre-Dame *f*; *poét* **~ Erde, Natur** la Terre, Nature, notre mère commune; **~s Geburtstag** l'anniversaire de maman; F **wie bei ~n** comme chez nous
'Mutter² *f* ⟨~; ~n⟩ (*Schrauben2*) écrou *m*
Mütter|beratung ['mʏtərbəra:tʊŋ] *f*, **~beratungsstelle** *f* service *m* de consultation pour femmes enceintes et jeunes mères; *in Frankreich etwa* centre *m* de P.M.I. (protection maternelle et infantile)
'Mutter|bindung *f* attachement *m* à la mère; PSYCH fixation *f* à la mère; **~boden** *m* ⟨~s⟩ terreau *m*; terre *f* arable; **~brust** *f* sein *m* de la mère
Mütterchen ['mʏtərçən] *n* ⟨~s; ~⟩ **ein altes ~** une petite, bonne vieille
'Muttererde *f cf* **Mutterboden**
'Mutterfreuden *st/s f/pl* **~** (*dat*) **entgegensehen** attendre un heureux événement
'Müttergenesungs|heim *n* maison de repos pour mères de famille; **~werk** *n* fondation pour l'aide aux mères de famille
'Mutter|gesellschaft *f* ÉCON société *f* mère; **~gottes** *f* Vierge *f*; Notre-Dame *f*; **~haus** *n* COMM maison *f* mère; **~instinkt** *m* instinct maternel; **~komplex** *m* **1.** (*Bedürfnis j-n zu bemuttern*) besoin *m* de materner; **2.** *cf* **Mutterbindung**; **~korn** *n* ⟨~(e)s; ~e⟩ BOT ergot *m*; **~kuchen** *m* MÉD placenta *m*
'Mutterland *n* ⟨~(e)s; -länder⟩ **1.** (*Kolonialstaat*) mère patrie *f*; métropole *f*; **das französische ~** la France métropolitaine; **2.** *fig* (*Ursprungsland*) patrie *f*
'Mutterleib *m* ventre *m* de la mère
mütterlich ['mʏtərlɪç] *adj* maternel, -elle (*a fig liebevoll*)
'mütterlicher'seits *adv* Verwandte du côté maternel; *Großvater, Großmutter* maternel, -elle
'Mütterlichkeit *f* ⟨~⟩ sentiments maternels
'Mutter|liebe *f* amour maternel; **2los** *adj* sans mère; orphelin de mère; **~mal** *n* tache *f* de vin; envie *f*

'**Muttermilch** f lait maternel, de la mère; fig etw mit der ~ eingesogen haben avoir grandi avec qc
'**Mutter|mord** m parricide m; **~mörder(in)** m(f) parricide m,f; **~mund** m ANAT (partie saillante du) col m de l'utérus; t/t museau m de tanche; **~paß** m carnet m de maternité f; **~schaf** n brebis f; **~schaft** f ⟨~⟩ maternité f
'**Mutterschafts|geld** n allocations f/pl (de) maternité; **~urlaub** m congé m (de) maternité
'**Mutterschiff** n MAR (navire) ravitailleur m
'**Mutterschutz** m 1. protection f de la maternité; F sie ist im ~ elle est en congé (de) maternité; 2. JUR législation f en matière de protection maternelle
'**Mutterschutzgesetz** n cf **Mutterschutz** 2.
'**mutter'seelenal'lein** adj ⟨attribut⟩ absolument, tout seul; esseulé; ich war ~ il n'y avait âme qui vive
'**Mutter|söhnchen** n péj fils m, petit chéri à sa maman; **~sprache** f langue maternelle

'**Muttersprachler(in)** m ⟨~s; ~⟩ (f) ⟨~; ~nen⟩ LING locuteur natif; französischer ~ personne f dont la langue maternelle est le français
'**Mutterstelle** f ~ bei j-m vertreten tenir lieu de, servir de mère à qn
'**Mutter|tag** m fête f des mères; **~tier** n mère f; **~witz** m ⟨~es⟩ bon sens
Mutti ['muti] enf f ⟨~; ~s; a →n/pr⟩ maman f
'**Mut|wille** m (absichtlicher Leichtsinn) espièglerie f; (Bosheit) malice f; ²**willig** I adj (frech, leichtsinnig) espiègle; (boshaft) malicieux, -ieuse; II adv intentionnellement; par malice
Mütze ['mytsə] f ⟨~; ~n⟩ mit Schirm casquette f; ohne Schirm bonnet m
MW 1. abr (Megawatt) MW (mégawatt); 2. abr (Mittelwelle) PO (petites ondes)
MwSt., MWSt. abr (Mehrwertsteuer) T.V.A. f (taxe sur la valeur ajoutée)
Myanmar [myan'ma:r] n ⟨→ n/pr⟩ offizieller Name von Birma le Myanmar
Myom [my'o:m] n ⟨~s; ~e⟩ MÉD myome m
Myrrhe ['myrə] f ⟨~; ~n⟩ myrrhe f

Myrte ['myrtə] f ⟨~; ~n⟩ myrte m
My'sterienspiel n im Mittelalter mystère m
mysteriös [mysteri'ø:s] adj mystérieux, -ieuse
Mysterium [mys'te:rium] n ⟨~s; -ien⟩ mystère m
Mystifikation [mystifikatsi'o:n] f ⟨~; ~en⟩ sc mythification f
mystifi'zieren v/t ⟨pas de ge-, h⟩ etw ~ instaurer qc en tant que mythe
Mystifi'zierung st/s f ⟨~; ~en⟩ cf **Mystifikation**
Myst|ik ['mystık] f ⟨~⟩ mystique f; **~iker(in)** m ⟨~s; ~⟩ (f) ⟨~; ~en⟩ mystique m,f; ²**isch** adj mystique
Mystizismus [mysti'tsısmus] m ⟨~⟩ mysticisme m
'**mythisch** adj mythique
Mytho|lo'gie f ⟨~; ~n⟩ mythologie f; ²**logisch** adj mythologique
Mythos ['my:tɔs] m, '**Mythus** m ⟨~; -then⟩ mythe m
Myxomatose [myksoma'to:zə] f ⟨~⟩ VÉT myxomatose f
Myzel(ium) [my'tse:l(ium)] n ⟨~s; -lien⟩ BOT mycélium m

N

N, n [ɛn] n ⟨-; -⟩ Buchstabe N, n m
n abr (Nano…) n (nano…)
N abr **1.** (Nord[en]) N. (nord); **2.** (Newton) N (newton)
na [na] F int in Aufforderungen u beschwichtigend allons!; neugierig eh bien!; eh alors!; ~, **mach doch!** allons, dépêche-toi!; ~, **wird's bald?** alors, ça vient(, oui)?; ~ **dann!** eh bien, alors!; bon, eh bien; … alors, dans ce cas …!; als Anrede ~, **ihr?** alors, les enfants, les jeunes gens, etc; beschwichtigend ~, **werden Sie nur nicht gleich böse!** allez, ne vous fâchez pas!; zögernd, nachgebend ~ **gut,** ~ **schön** bon, si tu veux od si vous voulez; puisque tu insistes od vous insistez; ~, **ich will mal sehen, was ich für Sie tun kann** je vais voir ce que je peux faire pour vous; neugierig ~, **was hat er gesagt?** eh bien, alors, qu'est-ce qu'il a dit?; erstaunt ~ **so was!** par exemple!; qui l'aurait cru!; ça alors!; herausfordernd ~ **und?** et alors? (qu'est-ce que ça peut faire?); et alors? (qu'est-ce qu'il y a?); iron ~, **der wird sich wundern!** il va voir un peu; resignierend ~, **dann nicht!** tant pis!; triumphierend ~, **habe ich nicht recht gehabt?** alors, je n'avais pas raison?; freundschaftlich ~, **wie geht's?** eh bien, alors, comment ça va?; drohend ~ **warte!** attends un peu!; bestätigend ~ **und ob!** et comment!; F un peu!; F et pas qu'un peu!; ~ **also!** tu vois od vous voyez bien!; je te od vous l'avais bien dit!; ~ **eben!** c'est bien ce que je disais; ~ **endlich!** ah, enfin!; ce n'est pas trop tôt!
Nabe ['na:bə] f ⟨-; -n⟩ moyeu m
Nabel ['na:bəl] m ⟨-s; -⟩ nombril m; sc ombilic m; **~binde** f bandage ombilical; **~bruch** m 'hernie ombilicale'; **~schau** f **1.** (Narzißmus) nombrilisme m; **2.** F (Zurschaustellung) exhibitionnisme m; **~schnur** f cordon ombilical
Nabob ['na:bɔp] m ⟨-s; -s⟩ nabab m
nach [na:x] **I** prép ⟨dat⟩ **1.** zur Bezeichnung der Richtung à; vers; pour; vor Ländernamen en, bei näherer Bestimmung dans; vor maskulinen Ländernamen au; **e-e Reise ~ Frankreich, ~ Kanada** un voyage en France, au Canada; ~ **Berlin** Postsendungen etc à (destination de) Berlin; Zug, Flugzeug à destination de Berlin; pour Berlin; **e-e Fahrkarte ~ Paris** un billet pour Paris; **die Überfahrt von Calais ~ Dover** la traversée de Calais à Douvres; ~ **allen Richtungen** dans toutes les directions; en tout sens; F toutes directions; **~ dieser Seite** de ce côté; **~ der Straße zu,** hin du côté de la rue; ~ **Süden** (zu) liegen être exposé au sud; ~ **Osten** (zu) vers l'est; dans la, en direction de l'est; ~ **Frankreich zurückkehren** rentrer en France; ~ **Hause zurückkehren** rentrer à la maison, chez soi; ~ **dem Arzt schikken** envoyer chercher le médecin; **sich ~ etw bücken** se baisser pour ramasser qc; ~ **links, rechts** à gauche, à droite; vers la gauche, vers la droite; ~ **oben, unten** vers le haut, le bas; ~ **vorn, hinten** vers, sur le devant, l'arrière; ~ **innen, außen** vers, à l'intérieur, l'extérieur; **2.** zeitlich après; au bout de; ~ **getaner Arbeit** le travail fini; après le travail; **noch ~ Jahrhunderten** après des siècles; dans des siècles; des siècles plus tard; ~ **e-r halben Stunde** dans une, au bout d'une demi-heure; une demi-heure après, plus tard; ~ **Tisch** après le repas; ~ **dieser Zeit** passé ce temps; ~ **langer Zeit** longtemps après; **es ist zwanzig (Minuten) ~ zehn** il est dix heures vingt; **am Tag(e) ~ s-r Ankunft** le lendemain de son arrivée; **3.** zur Bezeichnung der Reihenfolge, Ordnung après; **der Größe ~** par rang de taille; **der Reihe ~** à tour de rôle; chacun à son tour; **der Reihe ~ erzählen** raconter dans l'ordre; **zahlbar ~ Empfang** payable après réception; **bitte, ~ Ihnen!** après vous, je vous prie!; **4.** zur Bezeichnung der Art u Weise, Übereinstimmung (gemäß) à; d'après; selon; suivant; a JUR conformément à; sur; de; ~ **Art** (+gén) à la façon, à la manière de; ~ **allem, was man sagt …** d'après ce qu'on dit …; à en croire les gens, la rumeur …; **wenn es ~ dem Verfasser ginge …** à en croire l'auteur …; si l'on en croit l'auteur …; ~ **altem Brauch** selon une vieille tradition; selon l'ancienne coutume; ~ **meiner Meinung, meiner Meinung ~** d'après od selon moi; à mon avis; d'après, à ma montre il est …; ~ **Gehör spielen** jouer d'oreille; ~ **dem Gesetz, dem Gesetz ~** aux termes de la loi; **jeder ~ s-n Kräften** chacun selon od suivant ses forces; **das ist nicht ~ meinem Geschmack** ce n'est pas à od de mon goût; ~ **Gas riechen** sentir le gaz; **das schmeckt ~ …** cela a un goût de …; **allem Anschein, aller Wahrscheinlichkeit ~** selon toute apparence, probabilité; (frei) ~ **Schiller** d'après, librement adapté de Schiller; **s-n Jahren ~ noch ein Kind, s-m Charakter ~ schon ein Mann** un enfant quant à od par l'âge, un homme quant au od par le caractère; **ganz ~ Wunsch** selon tes, vos désirs; comme tu veux, vous voulez; **man hat ihn ~ mir genannt** il porte mon nom; on lui a donné mon nom; **II** adv ~ **und ~** (nacheinander) successivement; (schrittweise) progressivement; peu à peu; petit à petit; par degrés; ~ **wie vor** encore; toujours; **mir ~!** suivez-moi!
nachäffen ['na:xˀɛfən] v/t ⟨sép, -ge-, h⟩ péj singer
nach|ahmen ['na:xˀa:mən] v/t ⟨sép, -ge-, h⟩ imiter; contrefaire; a KUNST, LITERATUR copier; péj plagier; **~ahmenswert** adj digne d'être imité, d'imitation; imitable
'Nachahm|er(in) m ⟨-s; -⟩ (f) ⟨-; -nen⟩ imitateur, -trice m,f; **~ung** f ⟨-; -en⟩ imitation f; Produkt contrefaçon f; KUNST, LITERATUR péj plagiat m
'Nachahmungstrieb m ⟨-(e)s⟩ der Tiere instinct m, der Menschen a esprit m d'imitation
'Nach|arbeit f zur Verbesserung retouche f; letzte finition f; **²arbeiten** ⟨-ete, sép, -ge-, h⟩ **1.** (nachbilden) copier; imiter; **2.** Versäumtes (travailler à) rattraper; **3.** um es zu verbessern retoucher
Nachbar ['naxba:r] m ⟨-n; -n⟩ voisin m
'Nachbar… in Zssgn meist voisin; **~dorf** n village voisin; **~grundstück** n terrain attenant, adjacent; **~haus** n maison voisine
'Nachbar|in f ⟨-; -nen⟩ voisine f; **~land** n pays voisin
'nachbarlich adj **1.** (benachbart) voisin; **2.** ⟨épithète⟩ (dem Nachbarn gehörend) du voisin, de la voisine; **3.** gut~e Beziehungen f/pl rapports m/pl de bon voisinage
'Nachbarort m ⟨-(e)s; -e⟩ localité voisine
'Nachbarschaft f ⟨-⟩ **1.** (Nähe) voisinage m; proximité f; **in der ~** près d'ici; **2.** (die Nachbarn) voisinage m; voisins m/pl; **3.** (nachbarliche Beziehungen) rapports m/pl entre voisins; **gute ~ halten** fréquenter ses voisins; avoir, entretenir des rapports de bon voisinage
'nachbarschaftlich adj de bon voisinage
'Nachbar|schaftshilfe f aide f, solidarité f entre voisins; als Institution association f de quartier; **~staat** m État voisin; **~stadt** f ville voisine; **~tisch** m table voisine
'Nachbau m ⟨-(e)s; -ten⟩ réplique f; imitation f, copie f
'nachbauen v/t ⟨sép, -ge-, h⟩ etw imiter, copier qc

ˈNach|beben *n* dernières secousses; ⎵behandeln *v/t* ⟨-(e)le, *sép, pas de -ge-*, h⟩ **1.** *TECH* traiter à nouveau; retraiter; **2.** *MÉD* suivre; ⎵**behandlung** *f* traitement consécutif; *MÉD a* suivi (médical); ⎵**bekommen** *v/t* ⟨*irr, sép, pas de -ge-*, h⟩ recevoir encore, en plus, en supplément; (*nachkaufen können*) (pouvoir) racheter

ˈnach|bereiten *v/t* ⟨-ete, *sép, pas de -ge-*, h⟩ *Lernstoff* revoir; approfondir; ⎵**bereitung** *f des Lernstoffs* approfondissement *m*; ⎵**bessern** *v/t* ⟨-ssere *ou* -ßre, *sép*, -ge-, h⟩ retoucher; améliorer; ⎵**besserung** *f* ⟨~; ~en⟩ retouche *f*; amélioration *f*; ⎵**bestellen** *v/t u v/i* ⟨*sép, pas de -ge-*, h⟩ faire, passer une nouvelle commande (*etw* de qc); ⎵**bestellung** *f* nouvelle commande; commande *f*, ordre *m* supplémentaire

ˈnachbeten *F v/t* ⟨-ete, *sép, -ge-,* h⟩ *etw* ~ répéter machinalement qc

ˈnachbezahlen *v/i* ⟨*sép, pas de -ge-*, h⟩ **1.** (*später bezahlen*) payer plus tard; **2.** (*zuzahlen*) *etw* ~ payer qc en supplément; *Restliches* payer le reste de qc

ˈnachbild|en *v/t* ⟨*sép, -ge-,* h⟩ reproduire; copier; faire une copie de; *historisch getreu* reconstituer; ⎵**ung** *f* réplique *f*; reproduction *f*; double *m*; *in verkleinertem Maßstab* maquette *f*

ˈnachblicken *v/i* ⟨*sép,* -ge-, h⟩ *j-m* ~ suivre qn des yeux

ˈNach|blutung *f* hémorragie *f* secondaire; ⎵**bohren** ⟨*sép,* -ge-, h⟩ **I** *v/t TECH* agrandir en forant; *t/t* réaléser; **II** *F* fig *v/i* insister; revenir à la charge; ⎵**börse** *f ÉCON* marché *m* libre; ⎵**börslich** *adj Kurs* du marché libre

ˈnachbringen *v/t* ⟨*irr, sép, -ge-,* h⟩ *j-m etw* ~ rapporter qc à qn

ˈnachdatieren *v/t* ⟨*sép, pas de -ge-*, h⟩ antidater

nachˈdem *conj* **1.** *zeitlich* après que … (+ *ind, meist passé antérieur*); *bei gleichem Subjekt im Haupt- u Nebensatz* après (+*inf passé*); ~ **er gesprochen hatte, verließen die Zuhörer den Saal** après qu'il eut parlé, l'auditoire quitta la salle; ~ **er gesprochen hatte, setzte er sich** après avoir parlé, il s'assit; **2.** *je* ~ (**wie**) selon que …, suivant que … (+*ind, meist Futur*); *je* ~*!* F c'est selon!; ça dépend!

ˈnachdenken *v/i* ⟨*irr, sép, -ge-,* h⟩ (*über etw* [*acc*]) ~ réfléchir (à *od* sur qc); *über j-n* ~ reconsidérer sa relation avec qn; songer à qn

ˈnachdenklich *adj* pensif, -ive; songeur, -euse; méditatif, -ive; *das stimmte od machte mich sehr* ~ cela m'a donné à, m'a fait réfléchir

ˈNach|dichtung *f* adaptation *f*; ⎵**drängen** ⟨*sép,* -ge-⟩ *v/i* (sein) *u v/réfl* (*sich*) ~ pousser par derrière; *in e-n Raum* chercher à entrer après qn

ˈNachdruck¹ *m* ⟨~(e)s⟩ énergie *f*; vigueur *f*; fermeté *f*; insistance *f*; *RHÉT* emphase *f*; *auf etw* (*acc*) ~ *legen* insister, mettre l'accent sur qc; *er wies mit* ~ *darauf hin, daß …* il a fait remarquer avec énergie, fermeté, *etc* que …

ˈNachdruck² *m* ⟨~(e)s, ~e⟩ *TYPO* reproduction *f*

ˈnachdrucken *v/t* ⟨*sép,* -ge-, h⟩ *TYPO* reproduire

ˈnachdrücklich **I** *adj* ⟨*épithète*⟩ énergique; ferme; insistant; *RHÉT* emphatique; **II** *adv* *etw* ~ *verlangen* exiger qc expressément, énergiquement, avec énergie, avec force

ˈNach|drucksrecht *n TYPO* droit *m* de reproduction; copyright *m*; ⎵**dunkeln** *v/i* ⟨-(e)le, *sép,* -ge-, sein⟩ devenir plus foncé; foncer

ˈNachdurst F *m* soif *f*, envie *f* de boire (après la consommation d'alcool)

ˈnacheifern *v/i* ⟨-(e)re, *sép,* -ge-, h⟩ *j-m* ~ être l'émule de qn; chercher à égaler qn; prendre qn pour modèle

ˈnacheilen *v/i* ⟨*sép,* -ge-, sein⟩ *j-m* ~ poursuivre qn; se dépêcher de, pour suivre qn

nacheinˈander *adv* **1.** (*hintereinander*) l'un après l'autre; *zweimal* ~ deux fois de suite; **2.** *reflexiv sich* ~ *sehnen* avoir envie de se revoir; avoir la nostalgie l'un de l'autre

ˈnachempfinden *v/t* ⟨*irr, sép, pas de -ge-*, h⟩ **1.** *cf nachfühlen*; **2.** *KUNST etc* être inspiré par; s'inspirer de

Nachen [ˈnaxən] *poét m* ⟨~s; ~⟩ nacelle *f*; *litt* esquif *m*

ˈnacherzähl|en *v/t* ⟨*sép, pas de -ge-*, h⟩ répéter (en d'autres termes); *SCHULE* raconter; reformuler; paraphraser; ⎵**ung** *f* récit *m*; *SCHULE* compte rendu d'audition

Nachf. *abr* (*Nachfolger*[*in*]) successeur

Nachfahr(e) [ˈnaːxfaːr(ə)] *m* ⟨~(e)n; ~(e)n⟩ descendant *m*

ˈnachfahren *v/i* ⟨*irr, sép,* -ge-, sein⟩ *j-m* ~ suivre qn (en voiture, *etc*)

ˈnach|färben *v/t* ⟨*sép,* -ge-, h⟩ reteindre; ⎵**fassen** F *v/i* ⟨*sép,* -ge-, h⟩ (re-)demander des précisions; ⎵**feier** *f* célébration *f* d'une fête après coup; ⎵**feiern** *v/t* ⟨-(e)re, *sép,* -ge-, h⟩ célébrer plus tard, après coup; ⎵**folge** *f* ⟨~⟩ succession *f*; (*Nachstreben*) imitation *f*

ˈnachfolgen *v/i* ⟨*sép,* -ge-, sein⟩ *j-m* ~ suivre qn; (*nachstreben*) imiter qn; suivre l'exemple de qn; *j-m im Amt* ~ succéder à qn; remplacer qn

ˈnachfolgend *adj* ⟨*épithète*⟩ suivant; *Sachen st/s* subséquent; *im* ~**en** dans la suite; dans ce qui suit; *das* ⎵**e** la suite

ˈNach|folgeorganisation *f* organisation *f* ayant pris la succession, la suite; ⎵**folger(in)** *m* ⟨~s; ~⟩ (*f*) ⟨~; ~nen⟩ successeur *m*

ˈnachforder|n *v/t* ⟨-(e)re, *sép,* -ge-, h⟩ demander encore, en sus, en plus; ⎵**ung** *f* demande *f* en sus, en plus

ˈnachforschen *v/i* ⟨*sép,* -ge-, h⟩ (*e-r Sache* [*dat*]) ~ faire des recherches, prendre des informations (sur qc); ~ *wann …* chercher à savoir quand …; s'informer du moment, de la date où …

ˈNachforschung *f* recherche *f*; enquête *f*; information *f*; ⎵**en über j-n anstellen** prendre des informations, renseignements sur (le compte de) qn; *alle* ⎵**en nach den Vermißten waren erfolglos** toutes les recherches faites pour retrouver les disparus sont restées sans résultat, ont été vaines

ˈNachfrage *f* **1.** *COMM* demande *f* (*nach* de); *nach diesem Artikel herrscht e-e große* ~ cet article est très demandé, est très recherché; *die* ~ *hält an, geht zurück, ist lebhaft, steigt, übersteigt das Angebot* la demande est soutenue, diminue, est vive, augmente, excède l'offre; **2.** *plais danke der* (*gütigen*) ~*!* c'est gentil à vous de vous en inquiéter

ˈnachfragen *v/i* ⟨*sép,* -ge-, h⟩ **1.** (*sich erkundigen*) s'informer (*nach* de); **2.** (*wiederholt fragen*) insister (pour savoir); *mehrmals* ~ poser plusieurs fois la question; **3.** *st/s um etw* ~ demander qc; requérir qc

ˈNachfrist *f* prolongation *f* du délai

ˈnachfühlen *v/t* ⟨*sép,* -ge-, h⟩ *j-m etw* ~ *können* comprendre (par sympathie) les sentiments de qn; *ich kann es ihm* (*lebhaft*) ~ je le comprends; j'imagine ce qu'il a dû ressentir

ˈnachfüllen *v/t* ⟨*sép,* -ge-, h⟩ *Behälter* remplir; *Inhalt* compléter; *Benzin* ~ refaire le plein; remettre de l'essence

ˈNachfüllpackung *f* recharge *f*

ˈnachgaffen *v/i* ⟨*sép,* -ge-, h⟩ *péj j-m* ~ regarder (avec une curiosité stupide, bouche bée) qn qui s'en va

ˈNachgang *m ADM im* ~ *zu unserem Schreiben vom …* en nous référant à notre lettre du …

ˈnachgeben *v/i* ⟨*irr, sép,* -ge-, h⟩ **1.** *e-m Druck, unter Belastung etc* céder; (*sich dehnen*) *Leder, Stoff* se prêter; **2.** *fig* céder (*j-m* à qn); se rendre (aux désirs de qn); s'incliner (devant qn); capituler; *nicht* ~ ne pas en démordre; tenir bon; *j-m nichts* ~ *an* (+*dat*) … ne le céder en rien à qn en ce qui concerne …; **3.** *Börsenkurse* fléchir

ˈnachgeboren *adj* **1.** *nach des Vaters Tod* posthume; **2.** *später als die Geschwister* cadet, -ette

ˈNach|gebühr *f* surtaxe *f*; taxe *f* à percevoir (pour affranchissement insuffisant); ⎵**geburt** *f* arrière-faix *m*; délivre *m*

ˈnachgehen *v/i* ⟨*irr, sép,* -ge-, sein⟩ **1.** *j-m* ~ suivre qn; **2.** *s-n Geschäften, s-r Tätigkeit* vaquer à; *e-r Sache, e-m Vorfall* s'occuper de; s'informer de; *e-m Problem* s'occuper de; s'efforcer de résoudre; *e-m Beruf* exercer; *diese Worte gingen ihr nach* elle n'a pas pu oublier ces paroles; **3.** *Uhr* retarder; être en retard

ˈnach|gelassen *adj* ⟨*épithète*⟩ posthume; ⎵**gemacht** *adj* imité; (*unecht*) faux, fausse; postiche; (*künstlich*) artificiel, -ielle; factice; (*gefälscht*) contrefait; ⎵**geordnet** *adj ADM* subordonné

ˈnachgeˈrade *adv* **1.** (*geradezu*) vraiment; *sie wurde* ~ *unverschämt* est devenue carrément insolente; **2.** (*allmählich*) peu à peu; (*schließlich*) enfin; finalement

ˈnachgeraten *v/i* ⟨*irr, sép, pas de -ge-*, sein⟩ *j-m* ~ tenir de qn; ressembler à qn

ˈNachgeschmack *m* ⟨~(e)s⟩ arrière-goût *m*; *fig e-n bitteren od schlechten* ~ *hinterlassen* laisser un mauvais souvenir, un goût amer

ˈnachgewieseneˈmaßen *adv* comme il a été démontré

nachgiebig [ˈnaːxɡiːbɪç] *adj* **1.** *Material etc* flexible; élastique; souple; **2.** *fig* (*zum Nachgeben bereit*) souple; arrangeant; facile; malléable; (*nicht streng*) indulgent; *p/fort* laxiste; ⎵**keit** *f* ⟨~⟩ **1.** flexibilité *f*; élasticité *f*; souplesse *f*; **2.** *fig* souplesse *f*; (*Fügsamkeit*) malléabilité *f*; (*fehlende Strenge*) indulgence *f*; *p/fort* laxisme *m*

'nachgießen ⟨*irr, sép,* -ge-, h⟩ **I** *v/t* ajouter (en versant); *j-m Wein* ~ resservir du vin à qn; **II** *v/i j-m* ~ verser un autre verre, une autre tasse à qn; resservir à boire à qn

'nachgrübeln *v/i* ⟨-(e)le, *sép,* -ge-, h⟩ (*über etw* [*acc*]) ~ se creuser la tête (au sujet de qc)

'nach|gucken F *v/i* ⟨*sép,* -ge-, h⟩ *cf* **nachsehen**; **~haken** F *v/i* ⟨*sép,* -ge-, h⟩ (re)demander des précisions; **ℒhall** *m* a fig retentissement *m*; écho *m*; résonance *f*; **~hallen** *v/i* ⟨*sép,* -ge-, h⟩ retentir; faire écho; se répercuter; résonner

'nachhaltig *adj* durable; *Geruch* persistant; (*wirkungsvoll*) efficace; **ℒkeit** *f* ⟨~⟩ durée *f*; persistance *f*; persévérance *f*

'nachhängen *v/i* ⟨*irr, sép,* -ge-, h⟩ *Gedanken, Träumen etc e-r Sache* (*dat*) ~ s'abandonner à qc; se livrer, se laisser aller à qc; donner libre cours à qc; *trüben Gedanken* ~ broyer du noir

Nach'hauseweg *m auf dem* ~ sur le chemin du retour; en rentrant à la maison

'nachhelfen *v/i* ⟨*irr, sép,* -ge-, h⟩ *e-r Sache* (*dat*) ~ (faire) avancer qc; *j-m* ~ aider qn à avancer; venir en aide à qn; *da wird man etwas* ~ *müssen* il faudra faire activer les choses

nachher [naːxˈheːr *ou* ˈnaːxher] *adv* **1.** *zeitlich* plus tard; après (cela); ensuite; *bis* ~! à tout à l'heure!; à tantôt!; **2.** F (*womöglich*) et (puis) après; et alors; et comme ça

nach'herig *adj* ⟨*épithète*⟩ postérieur; ultérieur; (*folgend*) suivant; *st/s* subséquent

'Nachhilfe *f* aide *f* (qu'on donne à qn pour l'avancer); assistance *f*; **~lehrer** (**-in**) *m(f)* professeur particulier; répétiteur, -trice *m,f*; **~schüler**(**in**) *m(f)* élève *m,f* particulier, -ière; **~stunden** *f/pl*, **~unterricht** *m* cours particuliers; leçons particulières, de rattrapage (données à un élève)

'nachhinein *adv im* ~ après coup; ultérieurement; avec le recul

'nachhinken *v/i* ⟨*sép,* -ge-, sein⟩ *cf* **hinterherhinken**

'Nachholbedarf *m* retard *m*, manque *m* à combler; *den* ~ *decken* combler le retard, le manque

'nachholen *v/t* ⟨*sép,* -ge-, h⟩ *Versäumtes* rattraper; *Zeit a* regagner; *Unterlassung etc* réparer

'Nach|hut *f* ⟨~; ~en⟩ *a fig* arrière-garde *f*; **ℒimpfen** *v/t* ⟨*sép,* -ge-, h⟩ revacciner; *abs* faire un rappel; **~impfung** *f* rappel *m* (de vaccination); revaccination *f*

'nachjagen *v/i* ⟨*sép,* -ge-, sein⟩ *Ruhm, Gewinn, Geld e-r Sache* (*dat*) ~ rechercher qc; F courir après qc; *j-m* ~ courir pour rattraper qn; poursuivre qn à toute vitesse; donner la chasse à qn

'nachkaufen *v/t* ⟨*sép,* -ge-, h⟩ racheter

'Nach|klang *m* résonance *f*; *fig* souvenir *m*; écho *m*; réminiscence *f*; **ℒklingen** *v/i* ⟨*irr, sép,* -ge-, h⟩ résonner; continuer à *od* de tinter; vibrer

'Nachkomme *m* ⟨~n; ~n⟩ descendant *m*; *ohne* **~n** *sterben* mourir sans descendance, descendants, *st/s* postérité

'nachkommen *v/i* ⟨*irr, sép,* -ge-, sein⟩ **1.** (*folgen*) suivre (*j-m* qn); (*später kommen*) arriver, venir plus tard (*j-m* que qn); *j-m* ~ *a* rejoindre qn; **2.** (*folgen können*) suivre (*a fig*); *mit der Arbeit etc* suivre (le rythme, la cadence); **3.** *st/s e-m Befehl* se conformer, obéir, obtempérer à; suivre; *e-m Aufruf* répondre à; *e-r Forderung* faire droit à; *e-m Wunsch* accéder, consentir, donner suite à; *s-n Verpflichtungen* s'acquitter de; faire honneur à; faire face à; remplir; tenir; ne pas manquer à

'Nachkommenschaft *f* ⟨~⟩ descendants *m/pl*

Nach|kömmling *m* [ˈnaːxkœmlɪŋ] ⟨~s; ~e⟩ petit dernier; **~kriegs...** *in Zssgn* d'après-guerre; **~kriegsjahre** *n/pl* années *f/pl* d'après-guerre; **~kriegszeit** *f* (époque *f* d')après-guerre *m*; **~kur** *f* postcure *f*

Nachlaß [ˈnaːxlas] *m* ⟨-lasses; -lasse *ou* -lässe⟩ **1.** (*Hinterlassenschaft*) succession *f*; *literarischer* œuvres *f/pl* posthumes; *e-n* ~ *verwalten* administrer, gérer une succession; **2.** (*Ermäßigung*) remise *f*; réduction *f*; rabais *m*

'nachlassen ⟨*irr, sép,* -ge-, h⟩ **I** *v/t* (*vom Preis*) *etw* ~ faire, accorder un rabais, une remise sur le prix; **II** *v/i* (*abnehmen*) diminuer; *Lärm* décroître; aller décroissant; s'apaiser; *Zorn, Sturm* se calmer; s'apaiser; *Zorn, Wind a* tomber; *Geschwindigkeit* (se) ralentir; *Nachfrage* faiblir; *Gedächtnis etc* faiblir; *Sehvermögen* baisser; *in s-n Anstrengungen* ~ relâcher, ralentir, diminuer ses efforts; *der Regen hat nachgelassen* il pleut moins (fort)

'Nachlaßgericht *n* tribunal *m* des successions

'nachlässig *adj* négligent; nonchalant; **ℒkeit** *f* ⟨~; ~en⟩ **1.** *Handlung* négligence *f*; **2.** ⟨*pas de pl*⟩ *Wesen* négligence *f*; manque *m* d'application; laisser-aller *m*

'Nachlaß|pfleger *m* JUR curateur, administrateur légal; **~verwalter** *m* exécuteur *m* testamentaire

'nachlaufen *v/i* ⟨*irr, sép,* -ge-, sein⟩ *j-m, e-r Sache* ~ courir après qn, qc; F *er läuft den Weibern nach* il est coureur; c'est un coureur de jupons; *er läuft mir auf Schritt und Tritt nach* il me suit pas à pas; il ne me quitte *od* lâche pas d'une semelle

'nach|legen *v/t* ⟨*sép,* -ge-, h⟩ ajouter; remettre; *bei Tisch* resservir; **ℒlese** *f* **1.** (*Wein* ℒ) grappillage *m*; **2.** *fig* sélection *f*; *von Gedichten etc* recueil *m* complémentaire; **~lesen** *v/t* ⟨*irr, sép,* -ge-, h⟩ **1.** (*noch einmal lesen*) relire; revoir; **2.** *zur Information* lire, voir (*in e-m Text, e-m Buch* dans un texte, un livre)

'nachliefer|n *v/t* ⟨-(e)re, *sép,* -ge-, h⟩ *nachträglich* livrer, fournir plus tard; *ergänzend* livrer, fournir en complément; **ℒung** *f* complément *m* de livraison, de fourniture; livraison *f*, fourniture *f* complémentaire

'nachlösen *v/t u v/i* ⟨-(es)t, *sép,* -ge-, h⟩ se faire délivrer (un supplément); faire supplémenter (un billet)

'nachmachen *v/t* ⟨*sép,* -ge-, h⟩ **1.** (*nachahmen*) imiter; copier; *j-m etw* ~ imiter qc de qn; faire qc comme qn; *das macht ihr so schnell keiner nach* on n'est pas près d'en faire autant, de faire aussi bien qu'elle; F *das soll mir* (*erst mal*) *einer* ~*!* fais-en, faites-en donc autant!; **2.** (*später machen*) *Arbeit* faire, *Prüfung* passer plus tard, ultérieurement

'nach|malen *v/t* ⟨*sép,* -ge-, h⟩ copier; **~messen** *v/t* ⟨*irr, sép,* -ge-, h⟩ mesurer une seconde fois; *abs* (*eichen*) vérifier la *od* une mesure; **ℒmieter**(**in**) *m(f)* nouveau, nouvelle locataire *m,f*

'nachmittag *adv heute* ~ cet après-midi; *morgen, gestern, Freitag* ~ demain, hier, vendredi après-midi

'Nachmittag *m* après-midi *m od f*; *am* ~ (dans) l'après-midi; *im Laufe des* ~*s* dans l'après-midi; *am späten* ~ vers la fin de l'après-midi; en fin d'après-midi

'nachmittags *adv* (dans) l'après-midi; *mit Uhrzeit* de l'après-midi

'Nachmittags|kaffee *m* goûter *m*; collation *f*; **~unterricht** *m* classes *f/pl*, cours *m/pl* de l'après-midi; **~vorstellung** *f* THÉ, MUS, FILM matinée *f*

'nachnähen *v/t* ⟨*sép,* -ge-, h⟩ recoudre

Nachnahme [ˈnaːxnaːmə] *f* ⟨~; ~n⟩ remboursement *m*; *per* ~ contre remboursement

'Nachnahme|gebühr *f* droit *m*, frais *m/pl* de remboursement; **~sendung** *f* envoi *m* contre remboursement

'Nachname *m* nom *m* de famille

'nachnehmen *v/t* ⟨*irr, sép,* -ge-, h⟩ *bei Tisch* prendre encore; reprendre

'nachplappern *v/t* ⟨-(e)re, *sép,* -ge-, h⟩ *etw* ~ répéter sans réfléchir qc; *Kind alles* ~ répéter tout (ce qu'il entend)

'nachpolieren *v/t* ⟨*sép, pas de ge-,* h⟩ polir (de nouveau); repolir

'Nachporto *n* POST surtaxe *f*

'nach|prüfbar *adj* contrôlable; vérifiable; **~prüfen** *v/t* ⟨*sép,* -ge-, h⟩ **1.** (*überprüfen*) examiner; contrôler; vérifier; réviser; **2.** SCHULE (*später prüfen*) faire passer la session de rattrapage à; **ℒprüfung** *f* **1.** (*Überprüfung*) examen *m*; contrôle *m*; vérification *f*; révision *f*; **2.** SCHULE (*spätere Prüfung*) session *f* de rattrapage, de replacement

'nachrechnen *v/t* ⟨-ete, *sép,* -ge-, h⟩ **1.** *Rechnung etc* recompter; calculer de nouveau; *abs* vérifier, revoir un compte, un calcul; **2.** (*zurückverfolgen*) *Zeit, Jahre* calculer; (re)compter

'Nachrede *f* **1.** *üble* ~ propos malveillants; médisance *f*; diffamation *f*; *j-n in üble* ~ *bringen* diffamer qn; **2.** (*Nachwort*) épilogue *m*; postface *f*

'nachreden *v/t* ⟨-ete, *sép,* -ge-, h⟩ répéter; *er redet ihr alles nach* il répète tout ce qu'elle dit; *j-m übel* ~ dire du mal de qn

'nach|reichen *v/t* ⟨*sép,* -ge-, h⟩ *Unterlagen etc* présenter, fournir plus tard, après; **~reifen** *v/i* ⟨-(es)t, *sép,* -ge-, sein⟩ mûrir après la cueillette; finir de mûrir

'nachreisen *v/i* ⟨-(es)t, *sép,* -ge-, sein⟩ *j-m* ~ partir (en voyage pour) rejoindre qn

'nachrennen *v/i* ⟨*irr, sép,* -ge-, sein⟩ F *j-m* ~ courir pour rattraper qn; courir après qn

Nachricht [ˈnaːxrɪçt] *f* ⟨~; ~en⟩ **1.** nouvelle *f*; (*Mitteilung*) information *f*; communication *f*; (*Benachrichtigung*) avis *m*; avertissement *m*; (*Botschaft*) message *m*; (*kurze Zeitungsnotiz*) notice *f*; ~

von etw erhalten avoir, recevoir des nouvelles de qc; *j-m von etw ~ geben* instruire, informer, aviser qn de qc; apporter à qn la nouvelle de qc; *ich habe endlich ~ von ihm* j'ai enfin de ses nouvelles; **2.** *RAD, TV pl* **~en** journal *m*; informations *f/pl*; actualités *f/pl*; *in den ~en kommen* être dit, annoncé dans le journal, aux informations; passer aux informations

'**Nachrichten|agentur** *f* agence *f* de presse; **~dienst** *m* **1.** (*Agentur*) agence *f* d'informations; **2.** (*Geheimdienst*) service *m* de renseignements; *in Frankreich etwa* Renseignements généraux; **~magazin** *n* magazine *m* d'actualités; **~satellit** *m* satellite *m* de télécommunications; **~sendung** *f* informations *f/pl*; **~sperre** *f* censure *f*; **~sprecher(-in)** *m* (*f*) speaker *m*, speakerine *f*; *TV a* présentateur, -trice *m,f*; **~technik** *f* (*~*) technique *f* des communications; **~übermittlung** *f* transmission *f* des nouvelles, des informations, des renseignements; **~wesen** *n* (*~s*) service *m* de(s) renseignements

'**nachrichtlich** *adv* ADM à titre d'information

'**nachrücken** *v/i* (*sép*, -ge-, sein) *a fig* avancer; *MIL* suivre; progresser

'**Nachruf** *m* éloge *m*, *religiöser* oraison *f* funèbre (*auf* [+*acc*] de); *in e-r Zeitung a* article *m* nécrologique (*auf* [+*acc*] sur)

'**nachrufen** *v/t* (*irr, sép*, -ge-, h) *j-m etw ~* crier qc après qn; crier qc à qn (qui s'en va)

'**Nachruhm** *m* gloire *f* posthume

'**nachrühmen** *v/t* (*sép*, -ge-, h) *j-m etw ~* dire, prétendre qc à la louange, à l'éloge de qn

'**nachrüst|en** (*sép*, -ge-, h) **I** *v/t* TECH équiper ultérieurement (*mit* de); compléter l'équipement (*mit* avec); **II** *v/i* MIL augmenter, renforcer le potentiel militaire; **2ung** *f* **1.** MIL renforcement *m*, augmentation *f* du potentiel militaire; **2.** TECH complément *m* d'équipement; équipement *m* supplémentaire (*mit* en, avec)

'**nachsagen** *v/t* (*sép*, -ge-, h) **1.** (*wiederholen*) répéter; **2.** *j-m etw ~* dire qc de qn; *man sagt ihm nach, daß er ...* on raconte qu'il ...; *das kann man ihm nicht ~* ça, on ne peut pas le lui reprocher; *ich lasse mir nichts ~* je ne tolère pas qu'on dise du mal à mon égard, sur mon compte

'**Nachsaison** *f* arrière-saison *f*; *TOURISMUS in der ~* 'hors saison; *in der ~ sind die Preise niedriger* les prix 'hors saison sont plus bas

'**Nachsatz** *m* **1.** GR second membre (de la proposition); **2.** *in Briefen* post-scriptum *m*

'**nach|schauen** *v/i* (*sép*, -ge-, h) *bes südd, österr, schweiz cf* **nachsehen** I 1., 2. *u* II; **~schicken** (*sép*, -ge-, h) *Briefe etc* réexpédier; faire suivre; *Personen* faire partir plus tard

'**nachschießen** *v/t* (*sép*, -ge-, h) *Geld ~* verser une nouvelle somme; compléter une somme

'**Nachschlag** *m* **1.** *beim Essen* deuxième portion *f*; supplément *m*; **2.** MUS contretemps *m*

'**nachschlagen** (*irr, sép*, -ge-) **I** *v/t u v/i*

(h) *in e-m Buch ~* consulter un, voir dans, chercher dans un livre; *ein Wort, e-e Stelle ~* chercher un mot, un passage; **II** *v/i* (sein) *j-m ~* tenir de qn

'**Nachschlagewerk** *n* ouvrage *m* de référence

'**nachschleichen** *v/i* (*irr, sép*, -ge-, sein) *j-m ~* suivre qn furtivement, à pas de loup, en cachette; (*beschatten*) filer, guetter qn

'**nachschleifen**¹ *v/t* (*irr, sép*, -ge-, h) *Messer, Werkzeug* repasser; réaffûter; affûter de nouveau; TECH *Werkstück* roder (à l'émeri); rectifier

'**nachschleifen**² (*sép*, -ge-, h) **I** *v/t* (*schleifend nachziehen*) traîner après soi; **II** *v/i* traîner

'**Nachschlüssel** *m* fausse clé; (*Dietrich*) rossignol *m*; passe-partout *m*

'**nachschreien** *v/t* (*irr, sép*, -ge-, h) *j-m etw ~* crier qc après qn; crier qc à qn (qui s'éloigne)

'**Nach|schrift** *f e-s Vortrags etc* notes *f/pl*; *in Briefen* post-scriptum *m*; **~schub** *m* MIL ravitaillement *m*; **~schubweg** *m* voie *f* de ravitaillement; **~schuß** *m* **1.** *von Geldern* nouveau versement *m*; versement *m* supplémentaire, complémentaire; **2.** SPORT reprise *f*

'**nach|schütten** *v/t* (-ete, *sép*, -ge-, h) ajouter; **~schwatzen**, *regional* **~schwätzen** *v/t* (-(e)s)t, *sép*, -ge-, h) *péj* répéter

'**nachsehen** (*irr, sép*, -ge-, h) **I** *v/t* **1.** (*prüfen*) contrôler; vérifier; examiner; *Hefte* corriger; *Maschine* réviser; **2.** *a v/i in e-m Buch ~* chercher, vérifier dans un livre (*etw* qc); consulter un livre; **3.** *j-m etw ~* (*durchgehen lassen*) passer qc à qn; pardonner qc à qn; fermer les yeux sur qc; avoir de l'indulgence pour qn; **II** *v/i* **4.** *j-m ~* (*hinterhersehen*) suivre qn des yeux; **5.** *~, ob ...* (aller) voir si ...

'**Nachsehen** *n das ~ haben* en être pour ses frais

'**nachsenden** *v/t* (*irr ou régulier, sép*, -ge-, h) *Briefe etc* faire suivre; réexpédier; *bitte ~!* faire suivre s.v.p.!; prière de faire suivre!

'**Nachsendung** *f* réexpédition *f* (par « faire suivre »)

'**nachsetzen** *v/i* (-(e)st, *sép*, -ge-, h *ou* sein) *j-m ~* se mettre à la poursuite de qn; poursuivre qn

'**Nachsicht** *f* (*~*) indulgence *f*; tolérance *f*; patience *f*; *~ haben, üben* montrer de l'indulgence, faire preuve, user d'indulgence (*mit j-m* pour *od* envers qn; *mit etw* pour qc); *ohne ~* sévèrement

'**nach|sichtig** *adj* indulgent (*mit* pour *od* envers); tolérant, patient (*mit* envers); **²silbe** *f* suffixe *m*

'**nachsinnen** *v/i* (*irr, sép*, -ge-, h) (*über etw* [*acc*]) *~* réfléchir (à qc); méditer (sur qc)

'**nachsitzen** *v/i* (*irr, sép*, -ge-, h) *in der Schule* être en retenue; F avoir une colle; F être collé

'**Nachsitzen** *n* (*~s*) retenue *f*; F colle *f*

'**Nach|sommer** *m* fin *f* de l'été; été *m* de la Saint-Martin; **~sorge** *f* (*~*) MÉD suivi médical

'**nachspähen** *v/i* (*sép*, -ge-, h) *j-m ~* suivre qn des yeux

'**Nach|spann** *m* (*~*(e)s; *~*e) FILM générique *m* de fin; **~speise** *f* dessert *m*

'**Nachspiel** *n* **1.** THÉ épilogue *m*; MUS postlude *m*; **2.** *fig* épilogue *m*; suite *f*; prolongement *m*; (*Konsequenzen*) conséquences *f/pl*; *die Sache wird noch ein gerichtliches ~ haben* l'affaire se terminera devant les tribunaux

'**nachspielen** (*sép*, -ge-, h) **I** *v/t* **1.** THÉ, *fig* représenter; MUS jouer; rejouer; **2.** KARTENSPIEL rejouer (*après avoir gagné une levée*); **II** *v/i* SPORT jouer les arrêts de jeu

'**Nachspielzeit** *f* SPORT arrêts *m/pl* de jeu

'**nachspionieren** *v/i* (*sép*, pas de -ge-, h) *j-m ~* épier, espionner qn

'**nachsprechen** *v/t u v/i* (*irr, sép*, -ge-, h) *etw ~* répéter, redire qc

'**nachspülen** (*sép*, -ge-, h) **I** *v/t* *Geschirr, Haare* rincer; **II** F *v/i* *mit e-m Whisky etc ~* boire, avaler un whisky (pour faire passer le goût de qc)

'**nachspüren** *v/i* (*sép*, -ge-, h) *e-m Wild ~* flairer une trace *od* la trace d'un gibier; *j-m ~* être sur la piste de qn; *den Geheimnissen der Natur ~* chercher à pénétrer les secrets de la nature

'**nächst'beste(r, -s)** *adj der, die, das ~ in der Qualität* le, la meilleur(e) ... après; (*beliebig*) le premier ... venu, la première ... venue; n'importe quel, quelle ...

nächste(r, -s) ['nɛːçstə(r, -s)] **I** *adj der, die, das ~ Entfernung, Beziehung* le, la plus proche; *Weg* le, la plus court(e); *Zeit, Reihenfolge* le, la prochain(e); *die ~n Verwandten* les (plus) proches (parents); *meine ~n Freunde* mes amis les plus intimes, mes plus proches amis; *aus ~r Nähe* de tout près; *er schoß aus ~r Nähe* il a tiré à bout portant; *die ~ Umgebung e-r Stadt* la proche banlieue; *das ~ Mal, ~s Mal* la prochaine fois; *in ~r Zeit* prochainement; sous peu; bientôt; *im ~n Augenblick* l'instant d'après; un moment après; *bei ~r Gelegenheit* à la première occasion; *die ~ Straße rechts* la première rue à droite; *er wohnt im ~n Haus* il habite dans la prochaine maison, dans la maison voisine, d'à côté; *~ Woche* la semaine prochaine; *am ~n Tag* le lendemain; le jour suivant; *der ~, bitte!* le suivant, s.v.p.!; **II** *adv am ~n* le plus près, proche; *j-m, e-r Sache am ~n kommen* s'approcher le plus de qn, qc (*in etw* [*dat*] par qc); *fig er steht mir am ~n* c'est lui qui me touche le plus près; c'est lui qui m'est le plus cher

Nächste(r) ['nɛːçstə(r)] *st/s m* ⟨→A⟩ (*Mitmensch*) prochain *m*; *prov jeder ist sich* (*dat*) *selbst der ~* prov charité bien ordonnée commence par soi-même; BIBL *du sollst deinen ~n lieben wie dich selbst* tu aimeras ton prochain comme toi-même

'**nachstehen** *v/i* (*irr, sép*, -ge-, h) *j-m an od in nichts ~* ne rien avoir à céder en rien à qn; *sie steht ihm an Geschicklichkeit nicht nach* elle est tout aussi adroite que lui

'**nachstehend** *adj* suivant; *im ~en* ci-dessous; ci-après; dans ce qui suit; *das ²e* ce qui suit

nachsteigen v/i ⟨irr, sép, -ge-, sein⟩ F e-m Mädchen ~ F courir, cavaler après une fille
nachstellbar adj TECH réglable; rajustable
nachstellen ⟨sép, -ge-, h⟩ I v/t 1. placer après; postposer; 2. Uhr retarder; 3. TECH (regulieren) régler; rajuster; II v/i j-m ~ a fig poursuivre qn; hinterhältig tendre des pièges à qn; **den Mädchen ~** courir le jupon
Nach|stellschraube f TECH vis f de réglage; **~stellung** f 1. GR postposition f; 2. TECH nouveau réglage; 3. fig (Verfolgung) poursuite f
Nächstenliebe f amour m du prochain; charité f
nächstens ['nɛːçstəns] adv prochainement; bientôt; sous peu; (beim nächsten Mal) la prochaine fois
nächstfolgend adjt ⟨épithète⟩ prochain; suivant
nächst'höher adj ⟨épithète⟩ **die ~e Klasse** la classe supérieure; **~er Vorgesetzter** supérieur immédiat
nächstliegend adjt ⟨épithète⟩ 1. qui est situé le plus près; le plus proche; 2. fig le plus tangible, simple, évident; **an das ²e habe ich nicht gedacht** c'était le plus simple et je n'y ai pas pensé; je n'ai pas pensé à la plus simple, évidente des choses
nächst'möglich adj ⟨épithète⟩ **der ~e Termin** la première date possible; **zum ~en Termin** le plus tôt possible
nach|stoßen v/i ⟨irr, sép, -ge-, sein⟩ MIL serrer de près; **~strömen** v/i ⟨sép, -ge-, sein⟩ fig suivre en foule
nachstürzen v/i ⟨-(es)t, sép, -ge-, sein⟩ j-m ~ se précipiter sur les pas de, à la suite de qn
nachsuchen v/i ⟨sép, -ge-, h⟩ 1. (nachsehen) chercher; faire des recherches; **in der Tasche ~** fouiller, chercher dans son sac; 2. st/s **um etw ~** solliciter, demander qc
nacht [naxt] adv **heute ~** cette nuit; **morgen, gestern, Freitag ~** dans la nuit de demain, d'hier, de vendredi
Nacht f ⟨~; ⸚e⟩ nuit f; **schwarz wie die ~** noir comme un corbeau, du cirage, de l'ébène, du charbon; **häßlich wie die ~** laid à faire peur; F laid comme un pou; **bei ~, in der ~,** st/s **des ~s** pendant la nuit; de nuit; la nuit; st/s nuitamment; **bei Einbruch der ~** à la nuit tombante; à la tombée de la nuit; **mitten in der ~** en pleine nuit; **im Schutze der ~** à la faveur de la nuit; **bei ~ und Nebel** (heimlich) secrètement; en secret, cachette; **bis tief in die ~** (hinein) jusque tard dans la nuit; **in der ~ auf Samstag** dans la nuit de vendredi à samedi; **in der ~ vom 4. auf den 5. Oktober** dans la nuit du 4 au 5 octobre; **über ~** pendant la nuit; fig du jour au lendemain; **bei j-m über ~ bleiben** passer la nuit, coucher chez qn; **(ich wünsche Ihnen e-e) gute ~!** (je vous souhaite une) bonne nuit!; iron (**na**), **dann gute ~!** (ce cas-là,) il n'y a plus qu'à tirer l'échelle; **es ist ~** il fait nuit; **es wird ~, die ~ bricht herein** il commence à faire nuit, la nuit tombe; **e-e schlaflose ~ haben** passer une nuit blanche; **ich habe die ganze ~ nicht geschla-**

fen je n'ai pas dormi de (toute) la nuit; **die ~ zum Tage machen** vivre la nuit; **die ~ hindurch lesen** passer la nuit à lire; prov **bei ~ sind alle Katzen grau** prov la nuit, tous les chats sont gris
Nacht|arbeit f ⟨~⟩ travail m de nuit; **~asyl** n asile m de nuit; **~aufnahme** f photo f de nuit; **~ausgabe** f e-r Zeitung édition f de la nuit; **~bar** f boîte f de nuit; **~beleuchtung** f éclairage m de nuit; **²blind** adj sc héméralope; **~blindheit** f sc héméralopie f; **~creme** f crème f de nuit
Nachtdienst m service m de nuit; **~ haben** être de nuit; Krankenschwester a assurer la garde de nuit
Nachteil m désavantage m; inconvénient m; (Schaden) préjudice m; dommage m; tort m; **er hat sich zu s-m ~ verändert** il a changé à son désavantage; **er ist, befindet sich im ~** il est, se trouve désavantagé; **die Sache hat e-n ~** cette affaire a, présente un inconvénient; st/s **das würde ihm zum ~ gereichen** cela lui porterait préjudice; cela lui ferait du tort; **zum ~ von** au détriment de
nachteilig adj désavantageux, -euse; préjudiciable; contraire aux intérêts; qui présente des inconvénients; (ungünstig) défavorable; **sich ~ auswirken für** être préjudiciable à; causer un tort à; porter préjudice à; **es ist nichts ²es über ihn bekannt** on ne sait rien de défavorable à son sujet
nächtelang ['nɛçtəlaŋ] adj ⟨épithète⟩ u adv (pendant) des nuits entières
Nacht|essen n südd, schweiz cf **Abendessen**; **~eule** f F plais couche-tard m,f; (Nachtschwärmer) noctambule m,f; **~falter** m papillon m de nuit; **~flug** m vol m de nuit; **~frost** m gelée f nocturne; **~gespenst** n fantôme m; **~glocke** f sonnette f de nuit; **~hemd** n chemise f de nuit
Nachtigall ['naxtɪɡal] f ⟨~, ~en⟩ rossignol m; F plais **~, ick hör' dir trapsen!** je te vois venir avec tes gros sabots
Nachtigallenschlag m ⟨~(e)s⟩ chant m du rossignol
nächtigen ['nɛçtɪɡən] v/i ⟨h⟩ passer la nuit
Nachtisch m ⟨~(e)s⟩ dessert m
Nacht|klub m boîte f de nuit; club (privé); **~lager** n ⟨~s; ~⟩ coucher m; lit m; **~landung** f atterrissage m de nuit
Nachtleben n ⟨~s⟩ vie f nocturne; **Pariser ~** Paris la nuit
nächtlich ['nɛçtlɪç] adj ⟨épithète⟩ nocturne
Nacht|licht n veilleuse f; **~lokal** n boîte f de nuit; **~luft** f ⟨~⟩ air m, fraîcheur f de la nuit; **~mahl** n südd, österr cf **Abendessen**; **~musik** f sérénade f nocturne m; **~mütze** f bonnet m de nuit; **~portier** m veilleur m (de nuit); concierge m de nuit; **~quartier** n coucher m; lit m; MIL a campement m pour la nuit; étape f
Nachtrag ['naːxtraːk] m ⟨~(e)s, -träge⟩ zu e-m Buch supplément m; zum Staatshaushalt, zu e-m Vertrag additif m; zu e-m Versicherungsvertrag avenant m; zu e-m Testament codicille m; zu e-m Brief post-scriptum m; **Nachträge** pl zu e-m Buch a addenda m

nachtragen v/t ⟨irr, sép, -ge-, h⟩ 1. (hinterhertragen) j-m etw ~ porter qc derrière qn; 2. (später eintragen) ajouter; COMM e-n Posten insérer; 3. fig j-m etw ~ garder rancune à qn de qc; en vouloir à qn; éprouver du ressentiment contre qn; tenir rigueur à qn de qc
nachtragend adj rancunier, -ière
nachträglich ['naːxtrɛːklɪç] I adj ⟨épithète⟩ (später folgend) ultérieur; postérieur; (ergänzend) supplémentaire; additionnel, -elle; II adv plus tard; a posteriori; après coup; ultérieurement; postérieurement
Nachtrags... in Zssgn supplémentaire; additionnel, -elle; **~haushalt** m complément m, rallonge f budgétaire; budget m supplémentaire
nachtrauern v/i ⟨-(e)re, sép, -ge-, h⟩ j-m, e-r Sache ~ déplorer la perte de qn, qc
Nachtruhe f repos m nocturne, de nuit
nachts [naxts] adv pendant od dans la nuit; de nuit; la nuit
Nachtschattengewächs n solanacée od solanée f
Nachtschicht f Arbeit poste m de nuit; Arbeiter équipe f de nuit; **~ haben** être de nuit
nachtschlafend adj **zu ~er Zeit** quand tout le monde dort, est couché; à une heure indue
Nacht|schränkchen n table f de nuit, de chevet; **~schwärmer(in)** m(f) plais noctambule m,f; F noceur m; F fêtard(e) m(f); **~schwester** f infirmière f de nuit; **~sitzung** f séance f de nuit; **~speicherofen** m accumulateur m; **~start** m départ m de nuit; **~strom** m ⟨~(e)s⟩ courant m de nuit; **~stück** n PEINT, MUS nocturne m; **~stuhl** m chaise se percée
Nachtstunde f **zu später ~** tard dans la nuit
nachtsüber cf **nachts**
Nacht|tarif m tarif m de nuit; **~tisch** m table f de nuit, de chevet; **~tischlampe** f lampe f de chevet; **~topf** m pot m de chambre; **~tresor** m dépôt m de nuit; **~übung** f MIL exercices m/pl de nuit
nachtun v/t ⟨irr, sép, -ge-, h⟩ **es j-m ~** faire autant que qn; en faire autant
Nacht-und-'Nebel-Aktion f action, opération, intervention brutale (et arbitraire); der Polizei etc a descente f surprise
Nacht|vogel m oiseau m de nuit, nocturne; **~vorstellung** f représentation f, séance f de nuit; im Kino dernière séance
Nachtwache f 1. (Dienst) veille f, garde f de nuit; bei e-m Kranken a veillée f; **bei j-m ~ halten** veiller qn; 2. (Person) garde m,f; veilleur, -euse m,f; vigile m
Nacht|wächter m garde m, gardien m de nuit; veilleur m; **²wandeln** v/i ⟨-(e)le, sein ou h⟩ être somnambule; avoir une crise de somnambulisme; **~wandeln** n ⟨~s⟩ somnambulisme m; **~wanderung** f promenade f nocturne; **~wandler(in)** m ⟨~s; ~⟩ (f) ⟨~; ~nen⟩ somnambule m,f; **²wanderlisch** adj cf **schlafwandlerisch**
Nacht|wind m brise f nocturne; **~zeug** F n ⟨~(e)s⟩ vêtements m/pl de nuit; **~zug** m train m de nuit; **~zuschlag** m supplément m de nuit

Nach|untersuchung f examen m, visite f médical(e) postopératoire, de contrôle; ⁀**verlangen** v/t ⟨sép, pas de ge-, h⟩ demander encore, en plus, en supplément

nachversichern v/t ⟨-(e)re, sép, pas de ge-, h⟩ abs modifier, compléter son assurance; **etw ~** augmenter la somme assurée pour qc; **j-n ~** contracter un complément d'assurance pour qn

Nachversicherung f modification f, complément m d'assurance

nachvollziehbar adj concevable; compréhensible; **leicht, schwer ~** facilement, difficilement concevable; facile, difficile à concevoir, à suivre

nachvollziehen v/t ⟨irr, sép, pas de ge-, h⟩ Gedanken etc suivre; comprendre; concevoir

nachwachsen v/i ⟨irr, sép, -ge-, sein⟩ (*wieder*) **~** repousser; se reproduire

nachwachsend adjt ⟨épithète⟩ Rohstoff renouvelable

Nach|wahl f élection f complémentaire; **~wehen** f/pl MÉD tranchées utérines, douleurs f/pl après l'accouchement; fig (tristes) suites f/pl; séquelles f/pl, conséquences f/pl (fâcheuses)

Nachweis ['na:xvaɪs] m ⟨~es; ~e⟩ (Beweis) preuve f, démonstration f, mise f en évidence, justification f (**über** [+acc] de); urkundlicher documentation f; (Beleg) pièce justificative; certificat m; **den ~ für etw führen, erbringen** fournir, donner la preuve de qc; justifier de qc

nachweisbar I adj démontrable; qui peut être démontré, prouvé, mis en évidence; CHIM décelable; II adv comme on peut le démontrer, en apporter la preuve

nachweisen v/t ⟨irr, sép, -ge-, h⟩ 1. (beweisen) prouver; démontrer; justifier; urkundlich documenter; Fehler etc montrer; JUR **e-n Anspruch ~** prouver le bien-fondé d'une prétention; **j-m Irrtümer ~** montrer, signaler à qn ses erreurs; 2. ADM (vermitteln) indiquer; (informieren über) fournir des renseignements, donner des informations (**etw** sur qc); 3. CHIM déceler; mettre en évidence; constater

nachweislich I adj ⟨épithète⟩ prouvé; démontré; incontestable; II adv manifestement; incontestablement

Nach|welt f ⟨~⟩ postérité f; ⁀**wiegen** v/t ⟨irr, sép, -ge-, h⟩ repeser; vérifier le poids de

nachwirken v/i ⟨sép, -ge-, h⟩ (lange) ~ avoir, produire un effet durable, prolongé; fig avoir des répercussions, des retentissements; retentir

Nachwirkung f Folgen séquelles f/pl; suites f/pl; répercussions f/pl; retentissements m/pl; contrecoup m; **unter der ~ von etw leiden** se ressentir de qc; subir les répercussions, le contrecoup de qc

nachwollen F v/i ⟨irr, sép, -ge-, h⟩ **j-m ~** vouloir suivre qn

Nachwort n ⟨~(e)s; ~e⟩ épilogue m; postface f

Nachwuchs m ⟨~es⟩ 1. (junge Generation) jeune génération f; génération nouvelle, montante; jeunes m/pl; jeunesse f; **wissenschaftlicher ~** relève f scientifique; 2. F (Kinder) progéniture f; enfant(s) m(pl)

Nachwuchsförderung f ⟨~⟩ encouragement m des jeunes talents

Nachwuchskraft f nouvelle recrue (dans une entreprise); **die Nachwuchskräfte** coll la relève

Nachwuchs|mangel m ⟨~s⟩ manque m de jeune main-d'œuvre bzw de jeunes chercheurs, joueurs, etc; **~spieler** (**-in**) m(f) jeune joueur m, jeune joueuse f; meist pl a jeunes espoirs m/pl

nach|zahlen v/t ⟨sép, -ge-, h⟩ 1. (später zahlen) payer plus tard; 2. a abs (zuzahlen) payer le supplément (de); Restliches payer le reste (de); **~zählen** v/t ⟨sép, -ge-, h⟩ (re)compter; ⁀**zahlung** f paiement ultérieur, complémentaire, supplémentaire; supplément m; **~zeichnen** v/t ⟨-ete, sép, -ge-, h⟩ dessiner d'après modèle; (abzeichnen) copier; (durchzeichnen) calquer

nachziehen ⟨irr, sép, -ge-⟩ I v/t ⟨h⟩ 1. (hinterherziehen) tirer après od à soi; traîner après soi; Fuß traîner; 2. (nachzeichnen) retracer; surcharger; renforcer; dessiner; Augenbrauen refaire od (re)dessiner au crayon; 3. Schraube resserrer; rebloquer; II v/i 4. ⟨sein⟩ (hinterherziehen) **j-m ~** suivre qn; 5. ⟨h⟩ F (mithalten) suivre; en faire autant; être à la hauteur

Nachzug m train m supplémentaire

Nach|zügler(in) ['na:xtsy:klɐr(ɪn)] m ⟨~s; ~⟩ (f) ⟨~; ~nen⟩ retardataire m,f; (spätes Kind) benjamin(e) m(f); **~zündung** f AUTO retard m à l'allumage

Nackedei ['nakədaɪ] F ⟨~s; ~s⟩ nudité f; homme, femme nu(e); Kind enfant nu

Nacken ['nakən] m ⟨~s; ~⟩ nuque f; **den Kopf in den ~ werfen** redresser la tête; **den Feind im ~ haben** être talonné, poursuivi, 'harcelé par l'ennemi; **die Angst saß ihm im ~** il était en proie à la peur; cf a Schalk

nackend ['nakənt] adjt regional cf nackt

Nacken|haar n cheveux m/pl de la nuque; **~muskel** m muscle cervical, de la nuque; **~rolle** f traversin m

Nackenschlag m coup m sur la nuque; fig Nackenschläge bekommen subir, essuyer des revers

Nacken|schutz m couvre-nuque m; **~stütze** f repose-tête m; **~wirbel** m vertèbre cervicale

nackert ['nakɐt], **nackig** ['nakɪç] regional cf nackt

nackt [nakt] adj nu; Vogel déplumé; **mit ~en Füßen** (les) pieds nus; nu-pieds; fig **die ~e Wahrheit** la vérité toute nue, toute pure; **sich ~ ausziehen** se mettre nu; **~ baden** se baigner nu; **das ~e Leben retten, mit dem ~en Leben davonkommen** (perdre tout mais) s'en tirer la vie sauve

Nackt|badestrand m plage f de nudiste(s); **~foto** n photo f de nu; nu m photographique; **~frosch** m F plais cf Nackedei

Nackt|heit f ⟨~⟩ nudité f; **~kultur** f ⟨~⟩ nudisme m; naturisme m

Nackt|samer ['naktsa:mɐr] m ⟨~s; ~⟩ BOT gymnosperme f; **~schnecke** f; **~tänzerin** f danseuse nue

Nadel ['na:dəl] f ⟨~; ~n⟩ (Näh⁀, Kom-paß⁀), BOT, MINÉR, MÉD etc aiguille f; (Steck⁀, Haar⁀, Schmuck⁀) épingle f; (Tonnehmer⁀) saphir m; Jargon **an der ~ hängen** F être un junkie; Jargon se shooter; F fig **das ist mit heißer ~ genäht** od **gestrickt** c'est fait à la va-vite; **es war so still, daß man e-e ~ hätte fallen hören** on aurait entendu une mouche voler

Nadel|arbeit f ouvrage m à l'aiguille; travaux m/pl d'aiguille; **~baum** m conifère m; **~drucker** m INFORM imprimante matricielle; ⁀**förmig** adj en forme d'aiguille; BOT, MINÉR aciculaire; **~holz** n bois m résineux; Baum conifère m; **~hölzer** n/pl conifères m/pl; **~kissen** n pelote f (à épingles, à aiguilles)

nadeln v/i ⟨-(e)le, h⟩ BOT perdre ses aiguilles

Nadel|öhr n trou m d'aiguille; chas m; **~spitze** f 1. pointe f d'aiguille, d'(une) épingle; 2. e-e Spitzenart dentelle f à l'aiguille; **~stich** m 1. piqûre f (d'épingle, d'aiguille); fig coup m d'épingle; 2. e-r Näharbeit point m de couture; **~streifen** m rayure f; **~streifenanzug** m costume m à rayures; **~wald** m forêt f de conifères

Nadir [na'di:r] m ⟨~s⟩ ASTR nadir m

Nagel ['na:gəl] m ⟨~s; ⁀⟩ 1. (Finger⁀, Zehen⁀) ongle m; **sich (dat) die Nägel schneiden** se couper les ongles; **die Sache brennt mir auf** od **unter den Nägeln** l'affaire presse, est urgente; j'ai 'hâte d'en finir; F **sich (dat) etw unter den ~ reißen** s'approprier, F rafler qc; 2. (Metall⁀) clou m; pointe f; **e-n ~ einschlagen** enfoncer, planter un clou; F **etw an den ~ hängen** (aufgeben) renoncer à qc; ne plus s'occuper de qc; Studium, Beruf abandonner qc; F fig **den ~ auf den Kopf treffen** deviner, toucher juste; fig **Nägel mit Köpfen machen** ne pas faire les choses à moitié; F fig **er ist ein ~ zu meinem Sarg** il me fera mourir de chagrin

Nagel|bett n lit m de l'ongle; **~bettentzündung** f panaris m; **~brett** n planche f à clous; **~bürste** f brosse f à ongles; **~feile** f lime f à ongles; **~haut** f peau f de l'ongle; **~hautferner** m ⟨~s; ~⟩ émollient m (pour cuticule)

Nägelkauen n ⟨~s⟩ habitude f de se ronger les ongles

Nagel|kopf m tête f de clou; **~lack** m vernis m à ongle; **~lackentferner** m ⟨~s; ~⟩ dissolvant m

nageln ⟨-(e)le, h⟩ I v/t clouer; fixer avec un clou, une cheville; II v/i Dieselmotor cogner

nagelneu F adj flambant neuf, neuve

Nagelpflege f soins m/pl des ongles

Nagelprobe f **die ~ machen** faire le test; vérifier

Nagel|reiniger m ⟨~s; ~⟩ cure-ongles m; **~schere** f ciseaux m/pl à ongles; **~schuh** m soulier m, chaussure f à clous; **~wurzel** f racine f de l'ongle; **~zange** f pince f à ongles

nagen ['na:gən] v/i ⟨h⟩ a fig ronger (**an etw** [dat] qc); GÉOL **an etw ~** éroder qc

nagend adj ⟨épithète⟩ rongeur, -euse; corrosif, -ive; fig Zweifel etc rongeant

Nage|r m ⟨~s; ~⟩, **~tier** n (animal) rongeur m; **~zahn** m incisive f

nah cf nahe

Nahangriff – nahtlos

'**Nahangriff** *m* attaque rapprochée
'**Näharbeit** *f* ouvrage *m* de couture, à l'aiguille; travail *m* de couture
'**Nahaufnahme** *f* (photo *f*) gros-plan *m*
nah(e) ['na:(ə)] **I** *adj* ⟨näher, nächste⟩ *a Verwandte* proche; (*benachbart*) voisin; *in* ~*er Zukunft* dans un proche avenir; *nous avons un avenir prochain*; *die Berge schienen zum Greifen* ~ les montagnes semblaient à portée de la main; *das Hotel ist* ~ *am od beim Bahnhof* l'hôtel est près de, à proximité de la gare; *das ist ganz* ~*!* c'est tout près, F à deux pas d'ici!; **II** *adv* ⟨näher, am nächsten⟩ *von* ~*em de près*; *von* ~ *und fern* de près et de loin; *sie saßen* ~ *beieinander* ils étaient assis tout près l'un de l'autre; ~ *bevorstehen* être imminent; ~ *verwandt sein mit* être proche parent de; *j-m zu* ~ *treten* froisser qn; *ich möchte Ihnen nicht zu* ~*e treten* je ne voudrais pas vous vexer; *der Wirklichkeit* ~ *kommen* se rapprocher de la réalité; être près de la réalité; ~ *daran sein, zu* (+*inf*) être tout près, sur le point de (+*inf*); *ich war* ~ *daran, aufzugeben* j'ai failli abandonner; *komm mir nicht zu* ~*!* ne viens pas trop près!; ne t'approche pas (trop); **III** *prep* ⟨*dat*⟩ *st/s er war e-r Ohnmacht* ~ il était près, sur le point de s'évanouir; il a failli s'évanouir

Nähe ['nɛ:ə] *f* ⟨~⟩ *von Ort, Zeit, Verwandtschaft* proximité *f*; *von Ort a* voisinage *m*; *e-r Gefahr* imminence *f*; (*Umgebung*) environs *m/pl*; *hier in der* ~ près d'ici; *ganz in der* ~ tout près d'ici; *es muß hier in der* ~ *sein* ça doit être par ici; *in s-r* ~ près de lui; *in unmittelbarer* ~ *von* à proximité immédiate de; *tout*, *très près de*; *etw aus der* ~ *betrachten* observer, regarder qc de près

'**nahe'bei** *adv* tout près
'**nahebringen** *v/t* ⟨*irr, sép, -ge-, h*⟩ *j-m etw* ~ faire comprendre qc à qn
'**nahegehen** *v/i* ⟨*irr, sép, -ge-, sein*⟩ *j-m* ~ toucher qn très près; *das geht mir sehr nahe* j'en suis très peiné, touché; cela m'afflige, me peine, me touche beaucoup
'**Naheinstellung** *f* PHOT mise *f* au point pour prise de près, sur des sujets rapprochés
'**nahekommen** ⟨*irr, sép, -ge-, sein*⟩ **I** *v/i der Wahrheit* ⟨*dat*⟩ *etc* ~ s'approcher de la vérité, *etc*; **II** *v/réfl sich* ~ se rapprocher (l'un de l'autre); *wir sind uns (menschlich) nahegekommen* nous avons appris à nous connaître, à nous apprécier
'**nahelegen** *v/t* ⟨*sép, -ge-, h*⟩ *j-m etw* ~ donner à entendre qc à qn; faire sentir, comprendre qc à qn; suggérer, recommander qc à qn
'**naheliegen** *v/i* ⟨*irr, sép, -ge-, h*⟩ *das liegt nahe* c'est facile à comprendre, concevoir; ça se comprend; *es liegt sehr nahe zu glauben ...* on est tenté de, est amené à croire que ...
'**naheliegend** *adjt* ⟨*épithète*⟩ *Gedanke etc* concevable; *aus* ~*en Gründen* pour des raisons faciles, aisées à concevoir, à comprendre, à deviner
'**nahen** *st/s v/i* ⟨*sein*⟩ *u v/réfl* ⟨*sich*⟩ ~ (s')approcher

nähen ['nɛ:ən] *v/t* ⟨*h*⟩ coudre (*a abs*); *Kleid etc* (*schneidern*) faire; MÉD *Wunde* coudre; suturer; F *Patienten* recoudre; *mit der Hand, Maschine* ~ coudre à la main, à la machine

näher ['nɛ:ər] **I** *adj* plus proche; plus voisin; *Weg* plus court; ~*e Einzelheiten*, ~*e Umstände* plus amples détails *m/pl*; précisions *f/pl*; *bei* ~*er Betrachtung* en y regardant, à y regarder de plus près; **II** *adv* plus près; *mit j-m* ~ *bekannt werden* faire plus ample connaissance avec qn; *kennen Sie ihn* ~*?* est-ce que vous le connaissez bien?; ~ *kommen* s'approcher; *treten Sie* ~*!* approchez!; *sich mit etw* ~ *vertraut machen* se familiariser avec qc; ~ *bestimmen* qualifier; *etw* ~ *ausführen* expliquer qc en détail
'**näherbringen** *v/t* ⟨*irr, sép, -ge-, h*⟩ *a fig* rapprocher; (*verstehen lassen*) *j-m etw* ~ faire mieux comprendre qc à qn
'**Nähere(s)** *n* ⟨→A⟩ précisions *f/pl*; plus amples détails *m/pl*; *st/s des* ~*n* en détail; plus précisément; ~*s siehe ...* pour plus amples détails voir ...; ~*s* (*erfahren Sie*) *bei ...* pour plus amples, pour plus de détails, de renseignements s'adresser à ...; *ich bin gespannt,* ~*s zu erfahren* je suis très curieux, -ieuse d'en savoir davantage

Näherei [nɛ:ə'raɪ] *f* ⟨~; ~en⟩ (*das Nähen, Näharbeit*) couture *f*
'**Naherholungsgebiet** *n* zone *f* d'excursion, de promenade à proximité d'une grande ville
'**Näherin** *f* ⟨~; ~nen⟩ couturière *f*; *junge* midinette *f*
'**näherkommen** *v/i u v/réfl* ⟨*irr, sép, -ge-, sein*⟩ *jetzt kommen wir der Sache* (*dat*) *schon näher* ça se précise; les choses se précisent; on approche; *durch dieses Ereignis sind sie sich nähergekommen* cet événement les a rapprochés
'**näherliegen** *v/i* ⟨*irr, sép, -ge-, h*⟩ *fig* être (plus) évident
'**nähern** *v/t* ⟨*u v/réfl*⟩ ⟨*seulement* -ere, *h*⟩ (*sich*) ~ (s')approcher; sich ~ rapprocher (*e-r Sache, Person* [*dat*] de qc, qn)
'**näherstehen** *v/i* ⟨*irr, sép, -ge-, h*⟩ *j-m* ~ (*als*) être plus intime avec qn (qu'avec); être plus proche de qn (que); *er stand mir damals näher als heute* à l'époque nous étions beaucoup plus proches (l'un de l'autre) qu'aujourd'hui
'**nähertreten** *v/i* ⟨*irr, sép, -ge-, h*⟩ *e-r Frage* (*dat*) ~ aborder une question; *ich werde der Sache* ~ je m'occuperai de cette affaire, de cette question
'**Näherung** *f* ⟨~; ~en⟩ approximation *f*
'**Näherungswert** *m* valeur approchée, approximative
'**nahestehen** *v/i* ⟨*irr, sép, -ge-, h*⟩ *j-m* ~ être lié avec qn; être l'intime de qn; être intime avec qn; *sie steht ihm sehr nahe* elle lui est très chère
'**nahestehend** *adjt* ⟨*épithète*⟩ proche; intime
'**nahe'zu** *adv* à peu près; presque; peu s'en faut
'**Näh|faden** *m*, ~**garn** *n* fil *m* à coudre; *e-e Rolle Nähgarn* une bobine de fil
'**Nahkampf** *m* MIL lutte *f* rapprochée; combat rapproché, de près, à courte distance; BOXSPORT corps-à-corps *m*; clinch *m*; ~**mittel** *n/pl* engins *m/pl* de combat rapproché; ~**waffe** *f* arme *f* de combat rapproché
'**Nähkästchen** *n cf* Nähkasten; F *plaudern aus dem* ~ *plaudern über ihr bzw s-e Familie* raconter sa vie; (*Privates, Geheimnisse ausplaudern*) bavarder; commettre des indiscrétions
'**Näh|kasten** *m* coffret *m*, boîte *f* à ouvrage; travailleuse *f*; ~**korb** *m* corbeille *f* à ouvrage

nahm [na:m] *cf* nehmen
'**Näh|maschine** *f* machine *f* à coudre; *industrielle* couseuse *f*; ~**nadel** *f* aiguille *f*
'**Nah'ost** *m* ⟨*sans article*⟩ le Proche-Orient *m*; *par ext* le Moyen-Orient *m*; *in, nach* ~ au Moyen-Orient
'**Nah'ostkonflikt** *m* conflit *m* du Moyen-Orient
'**Nährboden** *m a fig* bouillon *m* de culture
nähren ['nɛ:rən] ⟨*h*⟩ **I** *v/t* nourrir; alimenter; *fig* nourrir; entretenir; *Hoffnung* caresser; **II** *v/i* (*nahrhaft sein*) nourrir; être nutritif, -ive; être nourrissant
'**nahrhaft** *adj* nutritif, -ive; nourrissant; (*kräftig*) substantiel, -ielle
'**Nähr|lösung** *f* *für Hydrokultur* engrais *m* liquide; MÉD liquide *m* de renutrition; *zur Bakterienzucht* bouillon *m* de culture; ~**mittel** *n/pl* (*Teigwaren*) pâtes *f/pl* alimentaires; *par ext* produits *m/pl* alimentaires; ~**salz** *n* sel nutritif, nourricier; ~**stoff** *m* substance nutritive, alimentaire

Nahrung ['na:rʊŋ] *f* ⟨~⟩ **1.** nourriture *f*; aliment *m*; *flüssige* ~ aliment liquide; liquides *m/pl*; ~ *geben* (+*dat*) nourrir; alimenter; ~ *zu sich nehmen* prendre de la nourriture; se nourrir; **2.** *fig* geistige ~ nourriture intellectuelle; *j-s Zorn, Argwohn, Unzufriedenheit e-r Sache* (*dat*) *neue* ~ *geben* apporter un nouvel aliment à qc; nourrir qc
'**Nahrungs|aufnahme** *f* alimentation *f*; absorption *f*, ingestion *f* d'aliments; ~**kette** *f* chaîne *f* alimentaire; ~**mittel** *n* produit *m*, denrée *f* alimentaire; aliment *m*; ~**mittelchemie** *f* chimie *f* alimentaire; ~**mittelchemiker(in)** *m(f)* chimiste *m,f* en produits alimentaires
'**Nahrungsmittelindustrie** *f* industrie *f* alimentaire; *die Nahrungs- und Genußmittelindustrie* l'industrie *f* agro-alimentaire
'**Nahrungsmittelvergiftung** *f* intoxication *f* alimentaire
'**Nährwert** *m* valeur nutritive, alimentaire; F *das hat keinen* (*geistigen*) ~ (*intellectuellement*), c'est nul, pauvre; c'est sans grande portée intellectuelle
'**Nähseide** *f* soie *f* à coudre; soie torse
Naht [na:t] *f* ⟨~; ~e⟩ (*Kleider* ⟨2⟩) couture *f*; TECH (*Schweiß-, Lötstelle*) soudure *f*; ANAT, BOT, MÉD suture *f*; *die Nähte sind geplatzt* les coutures ont craqué; F *fig aus den od allen Nähten platzen Person* être énorme; être très gros, grosse; *Raum* être plein à craquer; *Institution* craquer; exploser
'**Nähtisch** *m* table *f* à ouvrage, travailleuse *f*
'**nahtlos** *adj u adv* sans couture; TECH sans soudure; *fig* facile(ment); sans problème; sans transition; *zeitlich* sans interruption

'Nahtstelle f 1. cf Naht; 2. fig frontière f; intersection f; croisement m
'Nahverkehr m trafic local, de banlieue; transports m/pl, trafic m à courte, petite distance; Züge m/pl im ~ trains m/pl de petites lignes, de banlieue
'Nahverkehrs|mittel n/pl transports m/pl de banlieue; ~zug m train m de banlieue
'Nahverteidigung f MIL défense rapprochée
'Nähzeug n ⟨~(e)s⟩ nécessaire m à couture
'Nahziel n première étape; fig but, objectif immédiat
naiv [na'iːf] adj naïf, naïve; ingénu
Na'ive f ⟨→A⟩ THÉ die ~ spielen jouer les ingénues; F fig sie spielt die ~ elle fait l'ingénue, la sainte nitouche
Naivi'tät f ⟨~⟩ naïveté f; ingénuité f
Na'ivling F m ⟨~s; ~e⟩ naïf m, naïve f; F gogo m
Name ['naːmə] m ⟨~ns; ~n⟩ 1. nom m; (Benennung) dénomination f; appellation f; wie ist Ihr ~? quel est votre nom?; comment vous appelez-vous?; mein ~ ist ... mon nom est ...; je m'appelle ...; auf den ~n ... lautend au nom de ...; Tier hört auf den ~n ... répond au nom de ...; ~ und Anschrift les nom et adresse; der Letzte s-s ~ns le dernier de son nom, de sa lignée; j-n bei od mit ~n nennen nommer qn par son nom; ich will keinen ~n nennen je ne veux nommer personne; je ne veux citer de nom(s); die Dinge, F das Kind beim ~n nennen nommer, appeler les choses par leur nom; appeler un chat un chat; nennen wir das Ding beim (rechten) ~n! disons le mot!; appelons les choses par leur nom; dem ~n nach kennen connaître de nom; j-s ~n (acc) tragen porter le nom de qn; s-n ~n hergeben prêter son nom (für pour); in Gottes ~n! au nom de Dieu; fig (wenn es sein muß) eh bien! (puisqu'il le faut); im ~n des Königs au nom du roi; de par le roi; im ~n des Gesetzes au nom de la loi; in meinem ~n de ma part; en mon nom; in Teufels ~n! par le diable!; unter falschem ~n sous un nom d'emprunt; 2. (Ruf) nom m; renom m; réputation f; sich (dat) e-n ~n machen se faire un nom
'Namen m ⟨~s; ~⟩ cf Name
'Namen|forschung f ⟨~⟩ onomastique f; ~gebung f ⟨~; ~en⟩ désignation f; ~gedächtnis n ⟨~ses⟩ mémoire f des noms; ~kunde f ⟨~⟩ cf Namenforschung; ~liste f liste nominale, des noms; tableau m
'namenlos adj 1. sans nom; anonyme; 2. (unsagbar) indicible; inexprimable; ineffable; ein ~es Elend une misère sans nom, sans pareille
'Namenlose(r) f(m) ⟨→A⟩ anonyme m,f
namens ['naːməns] I adv du nom de; nommé; dénommé; II prép ⟨gén⟩ ADM au nom de
'Namens|änderung f changement m de nom; ~aufruf m appel nominal; ~nennung f mention f (ou en bzw de son nom); ~patron m (saint) patron; ~schild n 1. an Haus- u Wohnungstüren plaque f; 2. an Kleidung badge m, macaron m, auf Tischen écriteau m (portant le nom de la personne)

'Namenstag m sie hat heute ~ c'est sa fête aujourd'hui
'Namensvetter m homonyme m; er ist sein ~ ils ont, portent le même nom; c'est son homonyme
'Namenszug m paraphe od parafe m; signature f
'namentlich I adj Aufruf, Abstimmung etc nominal; (auf e-n bestimmten Namen lautend) nominatif, -ive; II adv 1. nominalement; par son nom (mon, etc) nom; 2. fig (besonders) spécialement; notamment; surtout; nommément
'Namenverzeichnis n nomenclature f; registre m des noms; alphabetisches index m
'namhaft adj 1. ⟨épithète⟩ (bedeutend) notable; considérable; (berühmt) célèbre; renommé; de renom; réputé; 2. ADM j-n ~ machen nommer qn
Namibia [na'miːbia] n ⟨→n/pr⟩ la Namibie
Na'mib|ier(in) m ⟨~s; ~⟩ (f) ⟨~; ~nen⟩ Namibien, -ienne m,f; 2isch adj namibien, -ienne
nämlich ['nɛːmlɪç] I adv 1. (und zwar) soit; à savoir; c'est-à-dire; pour préciser; je veux dire; 2. begründend er war ~ krank c'est que, il faut dire qu'il était malade; ich möchte ~ gern wissen ... je voudrais bien savoir, en effet ...; II adj ⟨épithète⟩ st/s der, die, das ~e ... le, la même ...; das ~e la même chose
Nandu [nandu] m ⟨~s; ~s⟩ ZO nandou m
nannte ['nantə] cf nennen
Nano|meter [nano'meːtər] m od n nanomètre m; ~se'kunde f nanoseconde f
nanu [na'nuː] int eh bien!; par exemple!; ça alors!
Napalm ['naːpalm] n ⟨~s⟩ napalm m; ~bombe f bombe f au napalm
Napf [napf] m ⟨~(e)s; ~e⟩ jatte f; écuelle f; bol m; '~kuchen m kouglof od kougelhof m
Naphtha ['nafta] n ⟨~s⟩ MINÉR, CHIM naphte m
Naphthalin [nafta'liːn] n ⟨~s⟩ CHIM, COMM naphtaline f
napoleonisch, Napoleonisch [napole'oːnɪʃ] adj napoléonien, -ienne; de Napoléon
Nappa ['napa] n ⟨~(s); ~s⟩, ~leder n cuir m, peausserie f souple; t/t nappa m
Narbe ['narbə] f ⟨~; ~n⟩ 1. e-r Wunde cicatrice f; (Pocken2) marque f; 2. BOT stigmate m; 3. (Gras2) couche herbeuse; gazon m; 4. im Leder grain m
'narben v/t ⟨h⟩ Leder greneler; chagriner; genarbtes Leder cuir grenu; chagrin m
'Narbenbildung f cicatrisation f
'narbig adj cicatrisé (a BOT); marqué de cicatrices; (pocken~) grêlé; Leder grenu; chagriné
'Narbung f ⟨~; ~en⟩ des Leders grain m
Narkose [nar'koːzə] f ⟨~; ~n⟩ narcose f; anesthésie f; in od unter ~ (dat) sous anesthésie; aus der ~ aufwachen se réveiller, sortir de l'anesthésie
Nar'kose|arzt m, ~ärztin f anesthésiste m,f; ~mittel n (substance f) anesthésique m; narcotique m; ~schwester f infirmière f anesthésiste
Narkotikum [nar'koːtikum] n ⟨~s; -ka⟩ narcotique m

nar'koti|sch adj narcotique; ~'sieren v/t ⟨pas de ge-, h⟩ anesthésier
Narr [nar] m ⟨~en; ~en⟩ fou m (a HIST Hof2); (Spaßmacher) bouffon m; pitre m; den ~en spielen faire le fou, le bouffon, le pitre; F sie hat e-n ~en an ihm gefressen elle s'est entichée de lui; von Liebenden s'est amourachée de lui; j-n zum ~en halten, st/s haben se jouer, se moquer de qn; mystifier, berner qn
'narren v/t ⟨h⟩ j-n ~ ridiculiser qn; (täuschen) tromper, duper, abuser qn
'Narrenfreiheit f sie hat bei ihm ~ avec lui, elle peut faire bzw dire ce qu'elle veut; il lui passe absolument tout
'Narrenhände f/pl prov ~ beschmieren Tisch und Wände les noms des fous se trouvent partout; les murailles sont le papier des fous
'Narren|haus n maison f de fous; ~kappe f bonnet m de fou, de bouffon; 2sicher F adj Handhabung simple; facile; Gerät d'utilisation simple, facile; ~streich m bouffonnerie f; extravagance f; ~zepter m marotte f
Narretei [narə'taɪ] st/s f ⟨~; ~en⟩ (Scherz) farce f; (Torheit) folie f
'Narrheit st/s f ⟨~; ~en⟩ folie f; extravagance f; manie f
Närrin ['nɛrɪn] f ⟨~; ~nen⟩ folle f; (Spaßmacherin) bouffonne f
'närrisch adj 1. (verrückt) fou, fol, follet; extravagant; auf (+acc), nach etw (ganz) ~ sein être fou, folle, fanatique, F mordu de qc; 2. F (sehr groß) Freude etc énorme; 3. (karnevalistisch) carnavalesque; du carnaval; ~es Treiben liesse f, folie f carnavalesque; par ext festivités f/pl, fêtes f/pl du carnaval
Narwal ['narvaː)l] m narval m
Narziß [nar'tsɪs] f ⟨~ ou -isses, -isse⟩ MYTH Narcisse m; fig narcisse m
Narzisse [nar'tsɪsə] f ⟨~; ~n⟩ narcisse m; gelbe jonquille f; weiße narcisse m des poètes
Nar'zißmus m ⟨~⟩ narcissisme m; ~'zißt m ⟨~en; ~en⟩ narcissique m; 2'zißtisch adj narcissique
NASA ['naːza] f ⟨~⟩ abr (National Aeronautics and Space Administration, Nationale Luft- und Raumfahrtbehörde [der USA]) NASA f (Administration nationale pour la navigation aérienne et l'espace)
nasal [na'zaːl] adj nasal
Na'sal m ⟨~s; ~e⟩ nasale f
nasa'l|ieren v/t ⟨pas de ge-, h⟩ nasaliser; 2ierung f ⟨~⟩ nasalisation f
Na'sal|laut m nasale f; ~vokal m voyelle nasale
naschen ['naʃən] v/t u v/i ⟨h⟩ (von) etw ~ manger qc par gourmandise; heimlich goûter secrètement de qc; abs gern ~ aimer les friandises; être gourmand
'Nasche'rei f ⟨~; ~en⟩ 1. ⟨pas de pl⟩ gourmandise f; 2. (Süßigkeit) meist pl ~en friandises f/pl; sucreries f/pl
'nasch|haft adj friand; gourmand; 2haftigkeit f ⟨~⟩ gourmandise f
'Naschkatze f gourmand(e) m(f); sie ist e-e ~ elle adore les friandises; elle est gourmande comme un chat
'Nasch|sucht f ⟨~⟩ gourmandise f; ~werk st/s n ⟨~(e)s⟩ friandises f/pl; sucreries f/pl; douceurs f/pl

Nase ['naːzə] *f* ⟨~; ~n⟩ **1.** ANAT, fig (*Flugzeug♀ etc*) nez *m*; (*Geruchssinn*) nez *m*; odorat *m*; *vom Hund, fig* flair *m*; F (*direkt*) *vor deiner* ~ devant, sous ton nez; F *immer der* ~ *nach* tout droit devant soi; *durch die* ~ *sprechen* parler du nez; nasiller; *in die* ~ *steigen* prendre, monter au nez; *sich* (*dat*) *die* ~ *zuhalten* se boucher le nez; *fig e-e feine* ~ *haben* avoir le nez fin, creux; avoir du nez, du flair; *er blutet aus der* ~, *s-e* ~ *blutet, die* ~ *blutet ihm* il saigne du nez; *mir läuft die* ~ j'ai le nez qui coule; mon nez coule; F *fig auf die* ~ *fallen* F se casser la gueule; F *auf der* ~ *liegen* être malade; être mal fichu, patraque; F *j-m etw auf die* ~ *binden* (*glauben machen*) faire croire qc à qn; en faire accroire à qn; (*erzählen*) faire savoir qc à qn; mettre qn au courant de qc; F *faß dich doch an die eigene* ~! mêle-toi de tes affaires!; occupe-toi de ce qui te regarde; *j-n an der* ~ *herumführen* duper qn; jouer un tour à qn; *j-m auf der* ~ *herumtanzen* se moquer, se jouer de qn; F *sich* (*dat*) *nicht auf der* ~ *herumtanzen lassen* ne pas se laisser marcher sur les pieds; ne pas se laisser faire; F *j-m etw unter die* ~ *reiben* jeter qc à la figure de qn; F balancer qc dans les gencives à qn; reprocher qc à qn; F *j-n mit der* ~ *auf etw* (*acc*) *stoßen* attirer l'attention de qn sur qc; F *man muß ihm alles, jedes Wort aus der* ~ *ziehen* il faut lui tirer les vers du nez; on doit lui arracher les mots; F *er hat mir die Tür vor der* ~ *zugemacht* il m'a fermé la porte au nez; F *der Zug ist mir vor der* ~ *weggefahren* j'ai juste eu le temps de voir le train partir; le train partait juste comme j'arrivais; F *j-m etw vor der* ~ *wegschnappen* enlever, souffler qc au nez, à la barbe de qn; F *die* ~ (*gestrichen*) *voll haben* en avoir par-dessus la tête; F plein le dos, ras le bol; en avoir marre, sa claque; *die* ~ *hoch tragen* prendre de grands airs; se donner des airs; *j-m e-e lange* ~ *machen* faire un pied de nez à qn; F *s-e* ~ *in alles stecken* F fourrer son nez partout; F *die* ~ *in die Bücher stecken* mettre le nez dans les livres; **2.** F (*Person*) *pro* ~ par tête de pipe; **3.** F (*Farbtropfen*) goutte *f*; coulure *f*

'**nas(e)lang** *adv* F *alle* ~ à tout bout de champ

näseln ['nɛːzəln] *v/i* ⟨-(e)le, h⟩ parler du nez; nasiller

'**näselnd** *adj* nasillard

'**Nasen|affe** *m* ZO nasique *m*; ~**bär** *m* ZO coati *m*; ~**bein** *n* os nasal

'**Nasenbluten** *n* ⟨~s⟩ saignement *m* de nez; ~ hémorragie nasale; ~ *haben* saigner du nez

'**Nasen|flügel** *m* aile *f* du nez; ~**heilkunde** *f* rhinologie *f*; ~**höhle** *f* fosse nasale; **lang** *cf naselang*

'**Nasenlänge** *f* PFERDERENNEN (longueur *f* d'une) tête *f*; *um e-e* ~ *gewinnen* gagner, l'emporter d'une tête; *fig sie ist mir immer um e-e* ~ *voraus* elle a toujours une longueur d'avance sur moi

'**Nasen|loch** *n* narine *f*; *bei Tieren* naseau *m*; ~**nebenhöhle** *f* ANAT sinus *m*; ~**-'Rachen-Raum** *m* cavité naso-pharyngienne; ~**ring** *m* anneau *m* (passé par le nez); ~**rücken** *m* dos *m* du nez; ~**scheidewand** *f* cloison nasale; ~**schleim** *m* mucosité(s) *f(pl)* (du nez); morve *f*; ~**schleimhaut** *f* muqueuse *f* pituitaire, nasale

'**Nasenspitze** *f* bout *m* du nez; F *ich habe es ihm an der* ~ *angesehen* j'ai vu ça à son nez, à son air; F *nicht weiter sehen als s-e* ~ ne pas voir plus loin que le bout de son nez

'**Nasenspray** *m od n* spray nasal

'**Nasenstüber** ['naːzənʃtyːbər] *m* ⟨~s; ~⟩ chiquenaude *f* (sur le nez); pichenette *f*; *j-m e-n* ~ *geben* faire une pichenette à qn; donner une chiquenaude à qn

'**Nasen|tropfen** *m/pl* gouttes nasales; ~**wurzel** *f* racine *f*, sommet *m* du nez

'**naseweis** *adj* (trop) curieux, -ieuse; qui se mêle de ce qui ne le regarde pas; qui met son grain de sel partout

'**Naseweis** *m* ⟨~es; ~e⟩ curieux, -ieuse *m,f*; indiscret, -ète *m,f*

'**nas|führen** *st/s v/t* ⟨h⟩ duper; jouer un tour à; ♀**horn** *n* rhinocéros *m*; ~**lang** *cf naselang*

naß [nas] *adj* ⟨-ss-; nässer *ou* nasser, nässeste *ou* nasseste⟩ mouillé; (*feucht*) humide; (*ganz durchnäßt*) trempé; baigné; (*regenreich*) *Wetter, Jahreszeit* pluvieux, -ieuse; ~ *machen* mouiller; *sich* ~ *machen,* ~ *werden* se mouiller; F *in* ~ *machen* battre qn à plate(s) couture(s); *ich habe nasse Füße* j'ai les pieds trempés, mouillés

Naß *poét n* ⟨Nasses⟩ eau *f*; (*Regen*) pluie *f*; (*Wein*) vin *m*

Nassauer ['nasauər] F *m* ⟨~s; ~⟩ **1.** pique-assiette(s) *m*; **2.** (*Regenschauer*) ondée *f*

'**nassauern** F *v/i* ⟨-(e)re, h⟩ être pique-assiette(s)

Nässe ['nɛsə] *f* ⟨~⟩ humidité *f*; *vor* ~ *schützen!* conserver à l'abri de l'humidité!; conserver dans un endroit sec, au sec

'**nässen** *v/i* ⟨-ßt, h⟩ *Wunde etc* suinter

'**naßgeschwitzt** *adj* trempé, couvert de sueur; tout en sueur

'**naßkalt** *adj* froid et humide; *es ist* ~ il fait un froid humide

'**Naßrasierer** *m* ⟨~s; ~⟩ *Gerät* rasoir *m* mécanique; *Person* ~ *sein* se raser avec un rasoir mécanique

'**Naß|rasur** *f* rasage *m* au rasoir mécanique; ~**zelle** *f* salle *f* d'eau

'**Nastuch** *n* ⟨-(e)s; -tücher⟩ *schweiz, südd* mouchoir *m*

Nation [natsi'oːn] *f* ⟨~; ~en⟩ nation *f*; *die Vereinten* ~**en** les Nations Unies

natio'nal *adj* national; *auf* ~**er und internationaler Ebene** au plan national et international

Natio'nal|bewußtsein *n* conscience nationale; ~**bibliothek** *f* bibliothèque nationale; ~**charakter** *m* caractère national; ~**china** *n* la Chine nationaliste; ~**denkmal** *n* monument national

Natio'nale *n* ⟨~s; ~⟩ *österr* ADM noms, titres et qualités *m/pl*; *Formular* fiche *f* de renseignements

Natio'nal|elf *f* équipe nationale de football; ~**farben** *f/pl* couleurs nationales; ~**feiertag** *m* fête nationale; ~**flagge** *f* drapeau, MAR pavillon national; ~**garde** *f* HIST *u* USA garde nationale; ~**ge-**
fühl *n* sentiment national; ~**gericht** *n* plat national; ~**getränk** *n* boisson nationale; ~**held(in)** *m(f)* 'héros national, 'héroïne nationale; ~**hymne** *f* chant, hymne national

nationali'sier|en *v/t* ⟨*pas de ge-*, h⟩ nationaliser; ♀**ung** *f* ⟨~; ~en⟩ nationalisation *f*

Natio'nal|ismus *m* ⟨~⟩ nationalisme *m*; ~**ist(in)** *m* ⟨~en; ~en⟩ *(f)* ⟨~; ~nen⟩ nationaliste *m,f*; ♀**istisch** *adj* nationaliste

Nationali'tät *f* ⟨~; ~en⟩ nationalité *f*

Nationali'tätenstaat *m* État formé de plusieurs nationalités

Nationali'tätskennzeichen *n am Kraftwagen* plaque *f* de nationalité

Natio'nal|liga *f österr, schweiz* FUSSBALL première division; ~**literatur** *f* littérature nationale; ~**mannschaft** *f* équipe nationale; ~**ökonom** *m* économiste *m*; ~**ökonomie** *f* économie *f* politique; ~**park** *m* parc national; ~**preis** *m* prix national; ~**rat** *m* ⟨~(e)s; -räte⟩ *schweiz, österr* **1.** ⟨*pas de pl*⟩ Gremium Conseil national; **2.** *Mitglied* Membre *m* du Conseil national

Natio'nal|sozialismus *m* national-socialisme *m*; ~**sozialist(in)** *m(f)* national-socialiste *m,f*; ♀**sozialistisch** *adj* national-socialiste

Natio'nal|spieler(in) *m(f)* joueur *m* de l'équipe nationale; ~**staat** *m* État national; ~**stolz** *m* fierté nationale; ~**tanz** *m* danse nationale; ~**tracht** *f* costume national; ~**versammlung** *f* assemblée nationale

NATO, Nato ['naːto] *f* ⟨~⟩ *abr* (*North Atlantic Treaty Organization*) OTAN *f* (Organisation du Traité de l'Atlantique Nord)

Nato-'Doppelbeschluß *m* double décision *f* de l'OTAN

'**Natostaat** *m* État *m* membre de l'OTAN

Natrium ['naːtrium] *n* ⟨~s⟩ CHIM sodium *m*

Natron ['naːtrɔn] *n* ⟨~s⟩ CHIM soude *f*; ~**lauge** *f* (solution *f* de) soude *f* caustique

Natter ['natər] *f* ⟨~; ~n⟩ **1.** couleuvre *f*; *st/s e-e* ~ *am Busen nähren* réchauffer un serpent dans son sein; **2.** *fig* (*heimtückische Person*) vipère *f*

Natur [na'tuːr] *f* ⟨~; ~en⟩ **1.** ⟨*pas de pl*⟩ (*den Menschen umgebende Welt*) nature *f*; *in der freien* ~ en pleine nature; *nach der* ~ *zeichnen* dessiner d'après nature; *die Rückkehr zur* ~ le retour à la nature. **2.** (*Wesen, Beschaffenheit*) nature *f*; naturel *m*; tempérament *m*; constitution *f*; (*Charakter*) caractère *m*; *die menschliche* ~ la nature humaine; *es liegt in der* ~ *der Sache* c'est dans la nature des choses; *s-r* ~ *nach* de (sa) nature; de son naturel; par nature; naturellement; *von* ~ *aus* de par sa nature; naturellement; *er ist von* ~ (*aus*) *sehr friedfertig* il est d'une nature très paisible; *das geht gegen meine* ~ cela va à l'encontre de ma nature; *es ist ihm zur zweiten* ~ *geworden* il lui est devenu naturel (*zu* [+*inf*] de [+*inf*]); c'est devenu chez lui une seconde nature (*zu* [+*inf*] de [+*inf*])

na'tura in ~ (*leibhaftig*) en réalité; au naturel; (*nicht in Geld*) en nature

Naturalien [natu'ra:liən] *pl* produits *m/pl* du sol; denrées *f/pl*; **in ~** ⟨*dat*⟩ (*be*)**zahlen** payer en nature
naturali'sier|en *v/t* ⟨*pas de ge-*, h⟩ naturaliser; **⟨ung** ⟨*~*; *~en*⟩ naturalisation *f*
Natura'l|ismus *m* ⟨*~*⟩ naturalisme *m*; **~ist(in)** *m* ⟨*~en*; *~en*⟩ (*f*) ⟨*~*; *~nen*⟩ naturaliste *m,f*; **⟨istisch** *adj* naturaliste
Natu'ral|lohn *m* salaire *m*, rémunération *f*, paiement *m* en nature; **~wirtschaft** *f* (économie basée sur le) troc *m*
Na'tur|apostel *m* plais adepte *m,f*, F fana *m,f* d'une vie saine; F écolo *m,f*; **⟨belassen** *adj* brut; naturel, -elle; non traité; **~beobachtung** *f* étude *f* de la nature; **~beschreibung** *f* description *f* (des phénomènes et des productions) de la nature; **~bursche** *m* homme plein de naturel, pas compliqué; **~denkmal** *n* site classé; **~dünger** *m* engrais *m* organique
Natu'rell *n* ⟨*~s*; *~e*⟩ naturel *m*; *ein glückliches ~ haben* avoir un bon naturel; être une heureuse nature
Na'tur|ereignis *n*, **~erscheinung** *f* phénomène naturel; **⟨farben** *adj* de couleur naturelle; **~faser** *f* fibre naturelle; **~film** *m* documentaire *m* sur la nature; **~forscher(in)** *m(f)* naturaliste *m,f*; **~forschung** *f* ⟨*~*⟩ études *f/pl* de la nature; **~freund(in)** *m(f)* ami(e) *m(f)* de la nature; **~gas** *n* ⟨*~es*⟩ gaz naturel
na'tur|gegeben *adj* naturel, -elle; (*unabwendbar*) inéluctable; **~gemäß** *adj* (*u adv*) conforme (conformément) à la nature; naturel, -elle(ment); normal (-ement)
Na'tur|geschichte *f* ⟨*~*⟩ histoire naturelle; **⟨geschichtlich** *adj* d'histoire naturelle; **~gesetz** *n* loi *f* de la nature; loi naturelle; **⟨getreu I** *adj* d'après nature; très ressemblant, naturel, -elle; **II** *adv* fidèlement; **~gewalt** *f* force *f* naturelle; élément *m* naturel; **~heilkunde** *f* naturopathie *f*; médecines naturelles; physiothérapie *f*; **~heilmittel** *n* remède naturel; **~heilverfahren** *n* physiothérapie *f*
Na'turkatastrophe *f* cataclysme naturel; catastrophe naturelle; *von e-r betroffen*, *heimgesucht* sinistré
Na'tur|kind *n* enfant *m* qui a beaucoup de naturel, spontané, plein de spontanéité; **~kraft** *f* force *f* de la nature; force naturelle; **~krause** *f* cheveux frisés, crépus; **~kunde** *f* ⟨*~*⟩ science *f* de la nature; *Unterrichtsfach* sciences naturelles; **~lehrpfad** *m* sentier (forestier) donnant des renseignements sur la végétation environnante
natürlich [na'ty:rlɪç] **I** *adj* naturel, -elle; (*echt*) authentique; (*angeboren*) inné; (*unbefangen*) ingénu; (*ungekünstelt*) naïf, naïve; simple; *e-s ~en Todes sterben* mourir de sa belle mort, d'une *od* de mort naturelle; *MATH ~e Zahlen* nombres naturels; *JUR ~e Person* personne physique; **II** *adv* naturellement; *~!* bien sûr!; sans doute!; bien entendu!; (*zwar*) *das ist ~ möglich, aber ...* bien sûr, évidemment c'est possible, mais ...; c'est possible, certes, mais ...
na'türlich|er'weise *adv* naturellement; **⟨keit** *f* ⟨*~*⟩ naturel *m*; ingénuité *f*; naïveté *f*; simplicité *f*

Na'tur|liebhaber *m* amoureux *m* de la nature; **~mensch** *m* ami *m* de la nature; **~park** *m* parc naturel; **~philosophie** *f* philosophie *f* naturaliste; naturalisme *m*; **~produkt** *n* produit naturel; **~recht** *n* ⟨*~(e)s*⟩ droit naturel; **~reich** *n* règne *m* de la nature; **⟨rein** *adj* (purement) naturel, -elle; *Saft, Honig etc* pur; **~religion** *f* religion naturelle; **~schätze** *m/pl* richesses naturelles; **~schauspiel** *n* spectacle *m* de la nature; **~schönheit** *f* beauté naturelle
Na'turschutz *m* protection *f* des sites, du paysage, de la nature; *unter ~* ⟨*acc*⟩ *stellen* protéger; *unter ~* ⟨*dat*⟩ *stehen* être protégé; être un site protégé
Na'tur|schützer *m* ⟨*~s*; *~*⟩ écologiste *m*; **~schutzgebiet** *n* réserve naturelle; **~seide** *f* soie naturelle; **~stein** *m* pierre naturelle; (*unbehauener*) pierre *f* de taille
Na'turtalent *n* don, talent inné; *sie ist ein ~* elle est très douée, naturellement douée
na'tur|trüb *adj* non filtré; **~verbunden** *adj* près, proche de la nature; **⟨volk** *n* peuple *m* à l'état de nature; peuple primitif; **⟨wein** *m* vin naturel; **~widrig** *adj* qui n'est pas naturel, -elle; contre nature
Na'turwissenschaft|en *f/pl* sciences physiques et naturelles; **~ler(in)** *m(f)* scientifique *m,f*; **⟨lich** *adj* des *od* qui appartient aux sciences physiques et naturelles
na'tur|wüchsig *adj* naturel, -elle; sans apprêt; original; cru; **⟨wunder** *n* merveille *f* de la nature
Na'turzustand *m* état *m* de nature; état naturel; *im ~* à l'état naturel, de nature
Nauru [na'ʔu:ru] *n* ⟨*~*; *n/pr*⟩ Nauru
Naut|ik ['nautɪk] *f* ⟨*~*⟩ art *m* nautique, de la navigation; **⟨isch** *adj* nautique
Navelorange ['na:vəlʔorã:ʒə *ou* -orãʒə] *f* ⟨*~*⟩ (orange *f*) navel *f*
Navigation [navigatsi'o:n] *f* ⟨*~*⟩ navigation *f*
Navigati'ons|fehler *m* erreur *f* de navigation; **~karte** *f* carte *f* de navigation; **~raum** *m* chambre *f* des cartes, de navigation
Navi'gator *m* ⟨*~s*; -'toren⟩ navigateur *m*; **⟨ieren** *v/i* ⟨*pas de ge-*, h⟩ naviguer
Nazareth ['na:tsarɛt] *n* ⟨*→ n/pr*⟩ Nazareth
Nazi ['na:tsi] *m* ⟨*~s*; *~s*⟩ péj nazi *m*; **~deutschland** *n* l'Allemagne nazie
na'zistisch *adj* péj nazi
'Nazizeit *f* ⟨*~*⟩ *während der od zur ~* durant la période nazie; sous le nazisme; au temps du nazisme
NB *abr* (*notabene*) N.B. (nota bene)
n. Br. *abr* (*nördliche[r] Breite*) lat. N. (de latitude nord)
NC [ɛn'tse:] *m* ⟨*~*⟩ *abr* (*Numerus clausus*) numerus clausus *m*; sélection *f*
n. Chr. *abr* (*nach Christus*) apr. J.-C. (après Jésus-Christ)
NDR [ɛndeː'ʔɛr] *m* ⟨*~*⟩ *abr* (*Norddeutscher Rundfunk*) chaîne de radio et de télévision dans le nord
'ne [nə] F *bef* (*eine*) *cf* ein[1] I
Neandertaler [ne'andərta:lər] *m* ⟨*~s*; *~*⟩ homme *m* de Neandertal
Neapel [ne'a:pəl] *n* ⟨*→ n/pr*⟩ Naples
Nebel ['ne:bəl] *m* ⟨*~s*; *~*⟩ brouillard *m*; *dichter, es über dem Wasser* brume *f*;

ASTR nébuleuse *f*; *bei ~* par temps de brouillard; *es herrscht ~* il fait, il y a du brouillard; F *plais wegen ~(s) ausfallen* tomber à l'eau sans raison
'Nebel|bank *f* ⟨*~*; *-̈e*⟩ nappe *f* de brouillard, de brume; **~fetzen** *m* restes *m/pl*, lambeaux *m/pl* de brume *od* de brouillard; **~horn** *n* corne *f*, trompe *f* de brume
'neb(e)lig *cf* neblig
'Nebel|kammer *f* chambre *f* à brouillard; **~krähe** *f* corneille mantelée, grise, cendrée; **~scheinwerfer** *m* (phare *m*) antibrouillard *m*; **~schleier** *poét m* poét voile *m* de brume; **~schlußleuchte** *f* (feu *m* arrière) antibrouillard *m*; **~schwaden** *m/pl* nappes *f/pl* de brouillard, de brume; **~wand** *f* rideau *m* de brouillard, de brume; **~wetter** *n* temps *m* de brouillard
neben ['ne:bən] *prép* **1.** *Lage* ⟨*dat*⟩, *Richtung* ⟨*acc*⟩ à côté de; (au)près de; contre; *~ mir* à côté de moi; à mon côté; à mes côtés; *rechts ~ der Tür* à droite de la porte; *sein Haus steht dicht ~ dem meinen* sa maison est tout contre la mienne; **2.** ⟨*dat*⟩ (*verglichen mit*) par rapport à; comparé à; en comparaison de; auprès, au regard de; **3.** ⟨*dat*⟩ (*sowie*) avec; outre; (*außer*) sans compter; indépendamment de; *~ anderen Dingen* entre autres choses
'Neben|absicht *f* but *m*, objectif *m* secondaire; (*Hintergedanke*) arrière-pensée *f*; **~akzent** *m* PHON accent *m* secondaire
'Nebenamt *n* emploi *m*, fonction *f* annexe; *im ~ Kassiererin* accessoirement, en plus (de son métier) caissière
'nebenamtlich *adv* accessoirement; comme emploi, fonction annexe
neben'an *adv* à côté; d'à côté; *das Haus ~* la maison d'à côté; *~ wohnen* habiter à côté, porte à porte
'Neben|anschluß *m* TÉL ligne *f* téléphonique secondaire; raccordement *m* (téléphonique) secondaire, auxiliaire; **~arbeit** *f* travail *m* accessoire; **~arm** *e-s Flusses* bras *m* secondaire; ramification *f*; **~ausgaben** *f/pl* dépenses *f/pl*, frais *m/pl* accessoires; frais *m/pl* supplémentaires; extras *m/pl*; **~ausgang** *m* sortie latérale; issue *f* (de secours); porte *f* de dégagement; **~bedeutung** *f* signification *f* secondaire, accessoire; sens second
neben'bei *adv* **1.** (*beiläufig*) accessoirement; *~ gesagt* (soit dit) en passant, entre parenthèses; *so ganz ~* sans avoir l'air d'y toucher; *fig* entre la poire et le fromage; **2.** (*außerdem*) en outre, de plus
'Neben|beruf *m* seconde activité professionnelle; activité *f*, profession *f* annexe; **⟨beruflich I** *adj* extra-professionnel, -elle; **II** *adv* en dehors de sa *od* de la profession (régulière); **~beschäftigung** *f* occupation *f*, activité *f* annexe
Neben|buhler(in) ['ne:bənbu:lər(ɪn)] *m* ⟨*~s*; *~*⟩ (*f*) ⟨*~*; *~nen*⟩ rival(e) *m(f)*; **~buhlerschaft** *f* ⟨*~*⟩ rivalité *f*; **~effekt** *m* effet *m* secondaire
nebenein'ander *adv* **1.** *örtlich* l'un à côté de l'autre; l'un près de l'autre; côte à côte; *~ hergehen* marcher, aller de

front; ~ **bestehen** coexister; **2.** *zeitlich* simultanément; en même temps
Nebenein'ander *n* ⟨~s⟩ coexistence *f*; présence (simultanée) *f*; *von Farben* juxtaposition *f*; *verschiedener Standpunkte* présence *f*; rencontre *f*; confrontation *f*
nebenein'ander|legen *v/t* ⟨*sép,* -ge-, h⟩, **~setzen** *v/t* ⟨-(es)t, *sép,* -ge-, h⟩, **~stellen** *v/t* ⟨*sép,* -ge-, h⟩ placer, mettre, poser l'un à côté de l'autre; rapprocher l'un de l'autre; juxtaposer
'**Neben|eingang** *m* entrée *f* latérale; **~einkünfte** *pl,* **~einnahmen** *f/pl* revenus *m/pl* accessoires; à-côté *m*; **~erscheinung** *f* phénomène *m* accessoire, secondaire
'**Nebenfach** *n* matière *f* secondaire; *für Lehrer* a seconde matière; **Philosophie im ~ studieren** avoir la philosophie comme matière secondaire
'**Neben|figur** *f* personne insignifiante; FILM, LITERATUR, THÉ personnage *m* secondaire; FILM, THÉ a second rôle; PEINT figure *f* de remplissage; **~fluß** *m* affluent *m*; **~frau** *f* deuxième (troisième, etc) épouse *f*; (*Konkubine*) concubine *f*; **~gebäude** *n* annexe *f*; bâtiment attenant; dépendance *f*; **~geräusch** *n* RAD bruit *m* parasite; a TÉL friture *f*; **~gewinn** *m* profit *m* accessoire; à-côté *m*; gain *m* d'appoint
'**Nebengleis** *n* voie *f* secondaire; (*paralleles Gleis*) voie latérale, parallèle; *fig* **sich auf ein ~ begeben** s'écarter du sujet
'**Neben|handlung** *f* épisode *m*; **~haus** *n* maison voisine, d'à côté
neben|'her *adv* à côté; (*außerdem*) en outre; de plus; **~'hin** *adv* (*beiläufig*) accessoirement; *gesagt* en passant; entre parenthèses; **²hoden** *m* épididyme *m*
'**Nebenkläger(in)** *m(f)* partie civile; **als ~ auftreten** se porter partie civile
'**Neben|kosten** *pl* faux frais; frais *m/pl* accessoires; extras *m/pl*; **~kriegsschauplatz** *m* théâtre *m* de guerre, d'opérations (militaires) secondaires; **~linie** *f* **1.** GENEALOGIE ligne collatérale; branche cadette, collatérale; **2.** EISENBAHN ligne *f*, voie *f* secondaire; (*Zweigbahn*) embranchement *m*; **~mann** *m* ⟨-(e)s; -männer *od* -leute⟩ voisin *m*; **~niere** *f* capsule surrénale; **~nierenrinde** *f* cortex surrénalien; **²ordnen** *v/t* (*seulement inf et p/p* nebengeordnet⟩ GR coordonner; **~ordnung** *f* coordination *f*; **~produkt** *n* sous-produit *m*; dérivé *m*; **~raum** *m* pièce voisine, contiguë, d'à côté, attenante; **~rechte** *n/pl* JUR droits dérivés
'**Nebenrolle** *f* rôle *m* secondaire, de second plan; petit, second rôle; rôle *m* de figurant; THÉ **die ~n spielen** jouer les utilités
'**Nebensache** *f* accessoire *m*; chose *f* secondaire, de moindre importance; à-côté *m*; bagatelle *f*; **das ist ~** cela ne compte pas; c'est sans importance; ce n'est qu'un détail (sans importance)
'**nebensächlich** *adj* accessoire; secondaire; subsidiaire; **²keit** *f* ⟨~; -en⟩ **1.** ⟨*pas de pl*⟩ caractère *m* accessoire; contingence *f*; **2.** détail *m* (sans importance); contingence *f*
'**Neben|saison** *f* période creuse; **~satz** *m* (proposition) subordonnée *f*; **~stehend** *adj* ⟨*épithète*⟩ *u adv* ci-contre; en marge; **~stelle** *f* **1.** (*Filiale*) succursale *f*; comptoir *m*; **2.** TÉL poste *m* (téléphonique) supplémentaire; **~stellennummer** *f* TÉL numéro *m* (d'un poste) supplémentaire; **~straße** *f* rue *f* secondaire; (*Seitenstraße*) rue latérale, parallèle; (*Querstraße*) rue transversale, adjacente; **~strecke** *f* ligne *f*, voie *f* secondaire; **~tätigkeit** *cf* Nebenbeschäftigung; **~tisch** *m* table voisine, d'à côté; **~ton** *m* ⟨-(e)s⟩ PHON accent *m* secondaire; **~tür** *f* porte voisine, (d'à) côté; *im Gegensatz zur Haupttür* petite porte; **~verdienst** *m* gain *m*, revenu *m* supplémentaire; **~winkel** *m* angle adjacent, supplémentaire
'**Nebenwirkung** *f* effet *m* accessoire; action *f* secondaire; PHARM *meist pl* **~en** effets *m/pl* secondaires
'**Neben|zimmer** *n* pièce voisine, d'à côté; **~zweck** *m* but *m*, objectif *m* secondaire
neblig *adj* brumeux, -euse; nébuleux, -euse; MAR gras, grasse
nebst [ne:pst] *litt prép* ⟨*dat*⟩ (conjointement) avec; plus; outre
nebulös [nebu'lo:s], **nebulös** [nebu'lø:s] *adj Ideen etc* nébuleux, -euse; vague
Necessaire [nesɛ'sɛ:r] *n* ⟨~s; ~s⟩ nécessaire *m*; trousse *f*
necken ['nɛkən] *v/t* ⟨*u v/réfl*⟩ ⟨h⟩ (*sich*) ~ (se) taquiner; (s')agacer
Necke'rei *f* ⟨~; -en⟩ taquinerie *f*
'**neckisch** *adj* taquin; (*drollig*) drôle; (*schelmisch*) espiègle
nee [ne:] F *cf* nein
Neffe ['nɛfə] *m* ⟨-n; -n⟩ neveu *m*
Negation [negatsi'o:n] *f* ⟨~; -en⟩ *allgemein,* GR négation *f*
negativ ['ne:gati:f] *adj* négatif, -ive (a ÉLECT, MÉD, MATH); **das ²e an etw** (*dat*) le côté *od* l'aspect négatif de qc
Negativ *n* ⟨~s; -e⟩ PHOT négatif *m*; **~film** *m* PHOT négatif *m*
Negativi'tät *f* ⟨~⟩ négativisme *m*
Negativsaldo *m* solde négatif
'**Neger** ['ne:gər] *m* ⟨~s; ~⟩ **1.** (*Schwarzer*) Noir *m*; *péj* nègre *m*; **2.** TV Jargon (*schwarze Tafel*) nègre *m* F; (*Texttafel*) prompteur *m*; **~häuptling** *m* chef *m* de tribu, roi *m* nègre
'**Negerin** *f* ⟨~; -nen⟩ Noire *f*; *péj* négresse *f*
'**Neger|kind** *n* petit(e) *m(f)* Noir(e); enfant *m* noir; **~krause** *f* cheveux crépus; **~kunst** *f* ⟨~⟩ art *m* nègre, des Noirs; **~kuß** *m* CUIS tête *f* de nègre; **~maske** *f* masque *m* nègre, des Noirs; **~musik** *f* ⟨~⟩ musique *f* nègre; **~puppe** *f* poupée *f* nègre, noire
'**Neger|sklave** *m*, **~sklavin** *f* esclave *m,f* nègre; HIST **Handel** *m* **mit Negersklaven** traite *f* des nègres, des Noirs
'**Neger|stamm** *m* tribu *f* nègre; **~volk** *n* peuplade *f* nègre
negier|en [ne'gi:rən] *v/t* (*pas de ge-,* h⟩ nier; GR mettre à la négative; transformer en négative (*e-n Satz*) une phrase); **²ung** *f* ⟨~; -en⟩ *a* GR négation *f*
Negligé [negli'ʒe:], *schweiz* **Négli'gé** *n* ⟨~s; ~s⟩ négligé *m*; déshabillé *m*
negroid [negro'i:t] *adj* négroïde
nehmen ['ne:mən] ⟨*nimmt, nahm, genommen,* h⟩ **I** *v/t a fig* prendre (*von etw* de qc; *aus etw* dans qc); (*an-*) recevoir; accepter; (*weg~*) ôter; retirer; (*entwenden*) dérober; (*sich aneignen*) s'approprier; *Hindernis* sauter; **j-m die Hoffnung,** *s-e* **Illusionen ~** enlever à qn ses espoirs, ses illusions; **wir doch mal den Fall, daß ...** admettons que ...; supposons le cas où ...; supposons que ... (+*subj*); **zur Frau ~** prendre pour femme; **e-r Frage** (*dat*) **etwas von ihrer Schärfe ~** faire perdre à une question de son acuité; **j-n zu ~ verstehen** savoir prendre qn; **da, ~ Sie!** tenez!; *Rezept* **man nehme ...** prendre ...; *plais* **woher ~ und nicht stehlen?** où voulez-vous que je trouve ça?; F **wie man's nimmt** c'est selon; **streng genommen** à vrai dire; **etw an sich** (*acc*) ~ prendre, garder qc (jusqu'à nouvel ordre); *Gefundenes* empocher, ramasser qc; **etw auf sich** (*acc*) ~ assumer qc; prendre qc sur soi; endosser qc; se charger de qc; **aus s-r Tasche ~** prendre dans, tirer de sa poche; *Kind* **aus der Schule ~** retirer de l'école; **in Dienst ~** engager; prendre à son service; **j-n mit sich** (*dat*) **~** emmener qn; **etw mit sich** (*dat*) **~** emporter qc; **etw vom Tisch ~** prendre qc sur la table; **j-n zu sich** (*dat*) **~** recueillir qn chez soi; **ein Kind** se charger de qn; **Gott hat ihn zu sich genommen** Dieu l'a rappelé à lui; **etw zu sich** (*dat*) **~** *Essen, Trinken* prendre, manger *bzw* boire qc; *prov* **Geben ist seliger denn ²** mieux vaut donner que recevoir; **er ist hart im ²** BOXEN il encaisse bien (les coups); *fig* il encaisse bien; il tient bien le choc; F **il est blindé; II** *v/réfl* **sich** (*dat*) **etw ~** prendre; s'emparer de qc; **sich** (*dat*) **die Freiheit ~, zu** (+*inf*) se permettre de (+*inf*); **sich** (*dat*) **das Leben ~** se tuer; se suicider; mettre fin à ses jours; **sich** (*dat*) **Zeit ~** prendre son temps; **das lasse ich mir nicht ~** on ne m'en dissuadera pas; on ne m'ôtera pas cela de l'esprit; **je n'en démords pas; er ließ es sich nicht ~, zu** (+*inf*) il a insisté pour (+*inf*)
'**Nehmerqualitäten** *f/pl* BOXEN **er hat gute** *od* **große ~** il encaisse bien
'**Nehrung** ['ne:ruŋ] *f* ⟨~; -en⟩ GÉOGR langue *f* de terre (fermant une lagune)
Neid [naɪt] *m* ⟨-(e)s⟩ envie *f*; jalousie *f*; **j-s ~ erregen** exciter l'envie, la jalousie de qn; F **vor ~ platzen** crever d'envie, de jalousie; **aus** (*purem*) **~** (uniquement) par jalousie, envie; **grün** *od* **gelb werden vor ~** être dévoré, rongé d'envie; F **das muß ihm der ~ lassen** on ne peut pas lui contester, enlever, ôter cela, *ou* même (*doch nur*) **der ~** c'est l'envie qui le fait parler
'**neiden** *st/s v/t* ⟨-ete, h⟩ **j-m etw ~** envier qc à qn
'**Neider** *m* ⟨~s; ~⟩ envieux *m*; jaloux *m*; **sie hat viele ~** elle fait bien des, beaucoup d'envieux
'**neid|erfüllt** *adj* plein d'envie; **²hammel** F *m* envieux *m*, -ieuse *m,f*; jaloux, -ouse *m,f*
'**neidisch** *adj* jaloux, -ouse; envieux, -ieuse (*auf* [+*acc*] de); **mit ~em Blick** avec *od* d'un œil, avec *ou* regard d'envie
'**neidlos** *adv* sans envie
Neige ['naɪgə] *st/s f* ⟨~; -n⟩ *von Flüssigkeiten* reste *m*; (*letzte Tropfen*) fond *m* de bouteille; **zur ~ gehen** tirer, tou-

cher à sa fin; *Tag* décliner; *fig den Kelch bis zur bitteren ~ leeren* boire le calice, la coupe jusqu'à la lie
'**neigen** ⟨h⟩ **I** *v/t* pencher; incliner; faire pencher; *Kopf a* baisser; *geneigte Fläche* plan incliné; **II** *v/i zu etw ~* incliner, tendre, pencher à qc; être porté à qc; avoir un penchant pour qc; avoir tendance à qc; *er neigt zu Erkältungen* il est prédisposé, sujet à s'enrhumer; *er neigt zu Übergewicht* il a tendance à grossir, à l'embonpoint; *zu der Ansicht ~, daß ...* avoir tendance à, être tenté de, être disposé, porté à croire que ...; **III** *v/réfl sich ~* (s')incliner; (se) pencher; *Ebene* aller en pente; *sich nach rechts, zur Seite ~* pencher vers la, à droite, sur le, de côté; *st/s der Tag neigt sich dem Ende zu* le jour baisse, décline; *st/s* le jour (se) meurt; *das Fest neigt sich dem Ende zu* la fête touche, tire à sa fin
'**Neigung** *f* ⟨~; ~en⟩ **1.** *Lage* déclivité *f*; inclinaison *f*; pente *f*; **2.** *fig* (*Hang, Vorliebe*) inclination *f* (*zu* pour, à); disposition *f* (*zu* à), (*Veranlagung*) prédisposition *f*, disposition *f*, propension *f*, tendance *f* (*zu* à); *oft péj* penchant *m* (*zu* pour, à); *die ~ haben, zu* (+*inf*) tendre, avoir tendance à (+*inf*); **3.** (*Zuneigung*) inclination *f*, sympathie *f* (*für* pour)
'**Neigungs|ehe** *f*, **~heirat** *f* mariage *m* d'amour; **~messer** *m* inclinomètre *m*; boussole *f* d'inclinaison; **~waage** *f* balance *f* automatique; **~winkel** *m* angle *m* d'inclinaison
nein [naɪn] *adv* non; *als Antwort* non, monsieur (madame, *etc*); *~ danke!* non, merci!; *aber ~! ah!* non!; mais non!; *~, so etwas!* non, par exemple!; quelle idée!; *ach ~!* pas possible!; *mit ~ stimmen* voter non; *~ sagen* dire non; refuser; *sie kann nicht ~ sagen aus Gutmütigkeit etc* elle ne sait pas dire non, refuser; *weil sie keine andere Wahl hat* elle ne peut pas dire non, refuser; *da sage ich nicht ~* je ne dis pas non; j'accepte volontiers; F ce n'est pas de refus; *du gibst ihr das doch nicht, ~?* tu ne vas tout de même pas lui donner ça (, si?)
Nein *n* ⟨~(s); ~(s)⟩ non *m*; refus *m*; réponse négative; *mit (e-m) ~ antworten* répondre non, négativement; *mit (e-m) ~ stimmen* voter non
'**Neinstimme** *f* non *m*
Neiße ['naɪsə] ⟨→ *n/pr*⟩ *die ~* la Nysa; la Neisse
Nekrolog [nekro'lo:k] *st/s m* ⟨~(e)s; ~e⟩ (*Nachruf*) nécrologie *f*; ÉGL nécrologe *m*
Nekroman|t(in) [nekro'mant(ɪn)] *m* ⟨~en; ~en⟩ (*f*) ⟨~; ~nen⟩ *bes ALTERTUM* nécromancien, -ienne *m,f*; ~'**tie** *f* ⟨~⟩ nécromancie *f*
nekro|phil [nekro'fi:l] *adj* nécrophile; ⚥**phi'lie** *f* ⟨~⟩ nécrophilie *f*
Nektar ['nɛktar] *m* ⟨~s; ~e⟩ **1.** Göttertrank nectar *m*; **2.** *Fruchtgetränk etwa* boisson *f* aux fruits; boisson *f* à base de jus de fruits
Nektarine [nɛkta'ri:nə] *f* ⟨~; ~n⟩ nectarine *f*; brugnon *m*
Nelke ['nɛlkə] *f* ⟨~; ~n⟩ **1.** BOT œillet *m*; **2.** (*Gewürz⚥*) (clou *m* de) girofle *m*

'**Nelkenöl** *n* essence *f* de girofle
NE-Metalle [ɛn'ʔe:metalə] *n/pl* (*Nichteisenmetalle*) métaux *m/pl* non-ferreux
'**nen** [nən] F *abr* (*einen*) *cf* **ein**[1] **I**
nennen ['nɛnən] ⟨nennt, nannte, genannt, h⟩ **I** *v/t* **1.** nommer; appeler; (*be~*) dénommer; (*bezeichnen als*) qualifier de; *spottend* traiter de; *ein Kind nach s-m Vater ~* donner à un enfant le nom de son père; *nach j-m genannt werden* porter le nom de qn; *das nenne ich e-n Helden!* voilà ce qui s'appelle un 'héros!; *Karl, genannt der Kühne* Charles, dit le Téméraire; *die oben genannten Waren* les marchandises mentionnées ci-dessus; *cf a Name 1.*; **2.** (*angeben*) *Namen, Grund* donner; *Grund, Arzt, Preis* indiquer; (*anführen*) citer; mentionner; **II** *v/réfl sich ~* se nommer; s'appeler; F *und so was nennt sich mein Freund!* et ça se dit mon ami!; F *und Sie nennen sich Liebe!* et vous appelez ça de l'amour, vous!
'**nennenswert** *adj* notable; considérable; *nicht ~* minime
'**Nenner** *m* ⟨~s; ~⟩ MATH dénominateur *m*; *a fig auf e-n* (*gemeinsamen*) *~ bringen* réduire au même dénominateur
'**Nenn|form** *f* GR infinitif *m*; **~leistung** *f* puissance nominale
'**Nennung** *f* ⟨~; ~en⟩ indication *f*; mention *f*
'**Nennwert** *m* valeur nominale; *Aktien zum ~ ausgeben* émettre au pair; *über, unter dem ~ stehen* être au--dessus, au-dessous du pair
'**Nennwort** *n* ⟨~(e)s; ~er⟩ GR nom *m*
neo..., Neo... [neo-] *in Zssgn oft* néo...
Neolithikum [neo'li:tikum] *n* ⟨~s⟩ (âge *m*, époque *f*) néolithique *m*
Neologismus [neolo'gɪsmʊs] *m* ⟨~; -men⟩ LING néologisme *m*
Neon ['ne:ɔn] *n* ⟨~s⟩ néon *m*
Neo|'nazi *m* néonazi *m*; **~na'zismus** *m* ⟨~⟩ néonazisme *m*; **~na'zist** *m* ⟨~en; ~en⟩ néonazi *m*; ⚥**na'zistisch** *adj* néonazi
'**Neon|beleuchtung** *f* éclairage *m* au néon; **~licht** *n* lumière *f* au néon; **~reklame** *f* publicité *f* au néon; F néon *m*; **~röhre** *f* tube *m* au néon
Neopren [neo'pre:n] *n* ⟨~s⟩ Wz néoprène *m* (*nom déposé*)
Nepal ['ne:pal] *n* ⟨→ *n/pr*⟩ le Népal
Nepales|e [nepa'le:zə] *m* ⟨~n; ~n⟩, **~in** *f* ⟨~; ~nen⟩ Népalais(e) *m(f)*; ⚥**isch** *adj* népalais
Nepp [nɛp] F *m* ⟨~s⟩ F arnaque *f*; escroquerie *f*; F coup *m* de fusil
'**neppen** F *v/t* ⟨h⟩ F arnaquer; escroquer; F rouler
Neppe'rei F *f* ⟨~; ~en⟩ *cf* **Nepp**
Neptun [nɛp'tu:n] *m* ⟨~s⟩ **1.** MYTH Neptune *m*; **2.** ASTR (*der*) *~* Neptune
Nerv [nɛrf] *m* ⟨~s; ~en⟩ nerf *m*; BOT nervure *f*; *fig der ~ der Zeit* l'essence *f*, le caractère, l'esprit *m* de l'époque; *schwache, starke ~en haben* avoir les nerfs fragiles, solides; *die ~en verlieren* perdre le contrôle de ses nerfs, la maîtrise de soi; *mit den ~en am Ende, F fertig sein* être à bout de nerfs; *die ~en behalten* garder ses nerfs, son calme, son sang-froid; *F den ~ haben, etw zu tun* oser faire qc; avoir le culot, F le toupet

de faire qc; F *sie geht mir auf die ~en, sie tötet mir den ~* elle me tape sur les nerfs, F sur le système; F *~en wie Drahtseile haben* avoir des nerfs d'acier; F *der hat* (*vielleicht*) *~en!* F il ne manque pas d'air!
'**nerven** F *v/t* ⟨h⟩ *j-n* taper sur les nerfs à qn; *abs das nervt!* F ça m'énerve!; ça me tue!
'**Nerven|arzt** *m*, **~ärztin** *f* neurologue *od* neurologiste *m,f*
'**nerven|aufreibend** *adj* irritant; fatigant; énervant; **~beruhigend** *adj* calmant; apaisant
'**Nervenbündel** F *fig n* paquet *m* de nerfs; *ein ~ sein* avoir les nerfs à vif, en boule, en pelote; être un vrai paquet de nerfs
'**Nerven|entzündung** *f* névrite *f*; **~faser** *f* fibre nerveuse; **~gas** *n* gaz *m*, substance *f* neuroplégique; **~heilanstalt** *f* hôpital *m* psychiatrique
'**Nervenkitzel** F *m* sensations fortes; *iron* frissons *m/pl*; *sie liebt den ~* elle aime les sensations fortes
'**Nerven|klinik** *f* clinique *f* neurologique; F *par ext* maison *f* de santé; **~knoten** *m* ganglion nerveux
'**Nervenkostüm** *n* plais F *n* ⟨~s⟩ résistance nerveuse; nerfs *m/pl*; *ein starkes, schwaches ~ haben* avoir les nerfs solides, fragiles; être solide, fragile
'**nervenkrank** *adj* malade des nerfs; (*geisteskrank*) atteint de maladie mentale; ⚥**kranke(r)** *f(m)* personne *f* qui souffre d'une maladie nerveuse; (*Geisteskranke*[*r*]) malade *m,f* mental(e); ⚥**krankheit** *f* (*Krankheit des Nervensystems*) maladie nerveuse; (*Geisteskrankheit*) maladie mentale
'**Nerven|krieg** F *m* guerre *f* des nerfs; F petite guerre; **~krise** *f* **1.** crise *f* de nerfs; **2.** MÉD névralgie *f*; **~leiden** *n* maladie nerveuse; **~probe** *f* mise *f* à l'épreuve des nerfs; épreuve *f* pour les nerfs; **~säge** F *f* scie *f*; F casse-pieds *m*; **~schmerz** *m* névralgie *f*; **~schock** *m* choc nerveux; ⚥**schwach** *adj* nerveux, -euse; qui a les nerfs fragiles, irritables; **~schwäche** *f* faiblesse *f* des nerfs; nervosité *f*; ⚥**stärkend** *adj* qui fortifie les nerfs; **~strang** *m* cordon nerveux
'**Nervensystem** *n* système nerveux; *vegetatives ~* système neurovégétatif
'**Nerven|zelle** *f* cellule nerveuse; neurone *m*; **~zentrum** *n* centre nerveux; **~zusammenbruch** *m* crise *m* de nerfs
'**nervig** *adj* nerveux, -euse; vigoureux, -euse; BOT nervé
nervlich ['nɛrflɪç] **I** *adj* nerveux, -euse; **II** *adv* nerveusement; *~ völlig am Ende sein* être épuisé nerveusement; être à bout (de nerfs)
nervös [nɛr'vø:s] *adj* nerveux, -euse; *~ sein* être nerveux, -euse, *p/fort* énervé; *~ machen* rendre nerveux, -euse; *p/fort* énerver; *Sie machen mich ~* vous me rendez nerveux, -euse; vous me troublez; *p/fort* vous m'énervez
Nervosität [nɛrvozi'tɛːt] *f* ⟨~⟩ nervosité *f*
'**nervtötend** *adj* énervant; tuant
Nervus rerum ['nɛrvʊs 'reːrʊm] *m* ⟨~⟩ F (*Geld*) nerf *m* de la guerre
Nerz [nɛrts] *m* ⟨~es; ~e⟩ ZO *u Pelz* vison

m; '~**fell** *n* vison *m*; '~**mantel** *m* manteau *m* de vison; '~**pelz** *m* vison *m*; '~**stola** *f* étole *f* de vison

Nessel[1] ['nɛsəl] *f* ⟨~; ~n⟩ BOT ortie *f*; F *fig sich in die* ~**n setzen** se faire des ennuis; (*sich unbeliebt machen*) se faire mal vu

Nessel[2] *m* ⟨~s; ~⟩ TEXT toile *f* d'ortie

'**Nessel|fieber** *n*, ~**sucht** *f* ⟨~⟩ urticaire *f*

Nest [nɛst] *n* ⟨~(e)s; ~er⟩ 1. (*Vogel*2, *Diebes*2) nid *m*; *fig* toit familial; maison (paternelle); *das eigene* ~ *beschmutzen* F cracher dans la soupe; F *sich ins gemachte* ~ *setzen durch Heirat* faire un mariage riche; *geschäftlich* F n'avoir pas à faire son trou; 2. F *péj* (*Dorf*) F trou *m*; F patelin *m*; F bled *m*

'**Nest|bau** *m* ⟨~(e)s⟩ nidification *f*; ~**beschmutzer** *m* ⟨~s; ~⟩ *péj* personne *f* qui crache dans la soupe

nesteln ['nɛstəln] *v/i* ⟨-(e)le, h⟩ *an etw* (*dat*) ~ *aus Nervosität*, *a ungeschickt* tripoter qc

'**Nest|flüchter** ⟨~s; ~⟩ *m* oiseau *m* nidifuge; ~**häkchen** *n* benjamin *m*; petit dernier; ~**hocker** *m* oiseau *m* nidicole; ~**wärme** *f* chaleur *f* du foyer familial

nett [nɛt] *adj* 1. (*freundlich*) gentil, -ille; *ein* ~*er Kerl* F un chic type; un gentil garçon; *das war nicht* ~ *von dir* ce n'était pas très gentil, très chic de ta part; *sei so* ~ *und mach die Tür zu!* sois gentil, -ille, ferme la porte; tu ne veux pas fermer la porte, s'il te plaît; 2. (*reizend*) charmant; mignon, -onne; *ein* ~*er Abend* une agréable soirée; 3. (*hübsch*) joli; 4. F ⟨*épithète*⟩ (*beträchtlich*) considérable; joli; coquet, -ette; F *iron* joli; beau, bel, belle; *das ist ja eine* ~*e Bescherung!* me, nous, *etc* voilà bien, dans de beaux draps!; *Vorwurf* F c'est du joli, *iron* du propre!

'**netter'weise** *adv* gentiment; aimablement; *würden Sie mir* ~ *die Tür öffnen?* pourriez-vous avoir la gentillesse de m'ouvrir la porte?

'**Nettigkeit** *f* ⟨~; ~en⟩ gentillesse *f*

netto ['nɛto] *adv* net

'**Netto|betrag** *m* montant net; somme nette; ~**einkommen** *n* revenu net; ~**einnahme** *f* recette nette; ~**ertrag** *m* produit, revenu net; ~**gewicht** *n* poids net; ~**lohn** *m* salaire net; ~**preis** *m* prix net; ~**verdienst** *m* gain net

Netz [nɛts] *n* ⟨~es; ~e⟩ 1. (*Fischer*2, *Einkaufs*2, *Haar*2, *Tennis*2, *Tor*2) filet *m*; (*Haar*2) *a* réticule *m*; (*Spinnen*2) toile *f* (d'araignée); *zum Vogelfang* réseau *m*; *ein* ~ *knüpfen* faire un filet; FISCHFANG *die* ~*e auswerfen* jeter les filets; TENNIS *ans* ~ *gehen* monter au filet; *j-m ins* ~ *gehen a fig* donner, tomber dans le piège de qn; 2. (*Straßen*2, *Eisenbahn*2, *Telefon* *etc*) réseau *m*; ÉLECT *a* secteur *m*; RAD chaîne *f*; GÉOGR (*Karten*2) canevas *m*; *fig* **soziales** ~ protection sociale; aides sociales

'**Netz|anschluß** *m* ÉLECT raccordement *m*; alimentation *f* (par le) secteur; 2**artig** *adj sc* réticulé; ~**auge** *n* ZO œil *m* à facettes; ~**ball** *m* TENNIS balle *f* au filet, qui a touché le filet; ~**betrieb** *m* ⟨~(e)s⟩ ÉLECT branchement *m* sur le secteur; alimentation *f* secteur; 2**betrieben** *adj* ÉLECT branché sur le secteur

'**netzen** *poét v/t* ⟨-(e)s)t, h⟩ mouiller; *mit Tränen a* baigner

'**Netz|flügler** ['nɛtsfly:glər] *m* ⟨~s; ~⟩ *sc* névroptère *m*; 2**förmig** *adj sc* réticulé; réticulaire; ~**frequenz** *f* fréquence *f* du secteur; ~**gerät** *n* 1. *im Gegensatz zum Batteriegerät* appareil alimenté par (le) secteur; 2. TECH adaptateur *m* secteur; ~**haut** *f* rétine *f*; ~**hautablösung** *f* décollement *m* de la rétine; ~**hautentzündung** *f* MÉD inflammation *f* de la rétine; *sc* rétinite *f*; ~**hemd** *n* maillot *m* de corps, chemise *f* en cellular; ~**karte** *f* carte *f*, billet *m* d'abonnement *od* abonnement *m* (*pour une zone, une région, etc*); ~**magen** *m* ZO bonnet *m*; ~**melone** *f* melon brodé; ~**spannung** *f* tension *f* (du) réseau, (du) secteur; ~**stecker** *m* fiche *f* de prise de courant; ~**strumpf(hose)** *m(f)* bas *m(pl)* résille *m*; ~**werk** *n a* ÉLECT network *m*

neu [nɔy] **I** *adj* nouveau, nouvel, nouvelle; (~ *gemacht*) neuf, neuve; (*kürzlich geschehen*) récent; *a Nachrichten* frais, fraîche; (*im Entstehen begriffen*) naissant; *die* 2*e Welt* le Nouveau Monde; *das* 2*e Testament* le Nouveau Testament; *das* ~*e Jahr* la nouvelle année; *l'année nouvelle*; *j-m ein gutes* ~*es Jahr wünschen* souhaiter à qn la bonne année; *die* ~*este Mode* la dernière mode; le dernier cri; ~*ere Geschichte* histoire *f* moderne; *die* ~*eren Sprachen f/pl* les langues modernes, vivantes; *unsere* ~*esten Muster n/pl* nos derniers échantillons; ~*en Mut schöpfen* reprendre courage; *in Zeitungen* ~*este Nachrichten* dernières nouvelles; dernière heure; 2*es vom Tage* les actualités *f/pl*; *in* ~*erer Zeit* ces derniers temps; *in* ~*ester Zeit* ces tout derniers temps; tout récemment; ~*eren Datums* de fraîche date; ~*er Ausdruck* néologisme *m*; *das ist mir* ~ c'est nouveau pour moi; je ne savais pas; *e-e* ~*e Zeile anfangen* aller à la ligne; *von* ~*em beginnen* recommencer; *aufs* ~, *von* ~*em* à nouveau; de nouveau; de plus belle; *das beweist aufs* ~*e die solide Konstruktion unserer Apparate* cela prouve une fois de plus la solidité de nos appareils; *seit* ~*estem* depuis peu; depuis quelque temps; F *der*, *die* 2*e* le nouveau, la nouvelle; *was gibt es* 2*es?* qu'y a-t-il de nouveau, de neuf?; quoi de nouveau, de neuf?; *weißt du schon das* 2*este?* tu connais la (dernière) nouvelle?; tu connais la nouvelle dernière?; **II** *adv* nouvellement; récemment; fraîchement; dernièrement; à *od* de neuf; *etw* ~ *machen* refaire qc à neuf; ~ *bearbeiten* remanier; *ein Restaurant* ~ *eröffnen* ouvrir un nouveau restaurant; ~ *einkleiden* habiller de neuf; ~ *beleben* réanimer; ~ *ordnen* réorganiser

'**Neuankömmling** *m* nouveau venu, nouvelle venue

'**Neuanschaffung** *f* nouvelle acquisition; *die* ~ *von Möbeln* l'acquisition de meubles neufs

'**neu|artig** *adj* nouveau, nouvel, nouvelle; moderne; d'un nouveau genre; 2**auflage** *f* nouvelle édition; réédition *f*; (*a fig*) *unveränderte* réimpression *f*

'**Neubau** *m* ⟨~(e)s, ~ten⟩ nouvelle construction; (*im Bau befindliches Haus*) maison *f*, bâtiment *m*, édifice *m* en construction; (*eben fertiggestelltes Haus*) immeuble neuf; maison neuve; ~**gebiet** *n* nouveaux quartiers; ~**wohnung** *f* logement, appartement neuf

'**neubearbeit|et** *adj* ⟨*épithète*⟩ remanié; refondu; 2**ung** *f* nouvelle édition refondue

'**Neu|beginn** *m* nouveau départ; recommencement *m*; ~**besetzung** *f e-s Postens* nouvelle nomination; changement *m* de titulaire; ~**bildung** *f* 1. formation (nouvelle); *des Gewebes* régénération *f*; *sc* néoformation *f*; 2. (*neues Wort*) mot *m* de formation récente; néologisme *m*

Neu-Delhi [nɔy'de:li] *n* ⟨→ *n/pr*⟩ New Delhi; la Nouvelle-Delhi

'**Neu|druck** *m* ⟨~(e)s; ~e⟩ réimpression *f*; ~**einstellung** *f* embauche *f*; nouvel engagement

'**Neuenburg** *n* ⟨→ *n/pr*⟩ Neuchâtel

'**neu|entdeckt** *adj* ⟨*épithète*⟩ nouvellement découvert; 2**entwicklung** *f* innovation *f*; nouveauté *f*

'**neuerdings** [nɔyər'dɪŋs] *adv* 1. (*seit kurzem*) depuis peu; 2. *bes österr*, *schweiz* (*aufs neue*) de *od* à nouveau

'**Neuerer** *m* ⟨~s; ~⟩ (in)novateur *m*

'**neuerlich** *adv* à nouveau

'**Neu|eröffnung** *f* inauguration *f*; (ré-)ouverture *f*; ~**erscheinung** *f* nouvelle, dernière publication; nouveauté *f*; *als Reklame* vient de paraître

'**Neuerung** *f* ⟨~; ~en⟩ innovation *f*; *das daraus Entstandene* nouveauté *f*; *technische* ~ innovation technique

'**Neu|erwerbung** *f* nouvelle acquisition; ~**fassung** *f e-s Texts* nouvelle version; 2**französisch** *adj* en *bzw* de français moderne

Neufundland [nɔy'fʊntlant] *n* ⟨→ *n/pr*⟩ Terre-Neuve *f*

Neufundländer [nɔy'fʊntlɛndər] *m* ⟨~s; ~⟩ *Hunderasse* terre-neuve *m*

'**neugeboren** *adj* nouveau-né; *sich wie* ~ *fühlen* se sentir tout ragaillardi, frais et dispos

'**Neu|geborene(s)** *n* ⟨→A⟩ nouveau-né *m*; ~**gestaltung** *f* réorganisation *f*; transformation *f*; refonte *f*; remaniement *m*

'**Neu|gier** *f*, ~**gierde** *f* ⟨~⟩ curiosité *f*; *j-s* ~ *erregen* exciter, éveiller, piquer la curiosité de qn; intriguer qn

'**neugierig** *adj* curieux, -ieuse (*auf* [+*acc*] de); *ich bin* ~, *ob er kommen wird* je suis curieux, -ieuse de voir s'il viendra

'**Neugierige(r)** *f(m)* ⟨→A⟩ curieux, -ieuse *m,f*

'**Neugliederung** *f* réorganisation *f*; restructuration *f*

'**neugriechisch** *adj* en *bzw* de grec moderne

'**Neu|gründung** *f* (nouvelle) fondation; ~**gruppierung** *f* regroupement *m*

Neugui'nea *n* ⟨→ *n/pr*⟩ la Nouvelle-Guinée

'**Neu|heit** *f* ⟨~; ~en⟩ fraîcheur *f*; (*a Gegenstand*) nouveauté *f*; (*Ursprünglichkeit*) originalité *f*; 2**hochdeutsch** *adj* en *bzw* de 'haut allemand moderne

'**Neuigkeit** *f* ⟨~; ~en⟩ nouvelle *f*

'**Neuinszenierung** *f* THÉ nouvelle mise en scène

Neujahr *n* jour *m* de l'an; nouvel an; **pros(i)t ~!** (buvons) à la nouvelle année!; bonne année!
Neujahrs|abend *m* soir *m* de la Saint-Sylvestre; **~botschaft** *f* message *m* de nouvel an; **~gruß** *m* vœux *m*/*pl* (de bonne année); **~nacht** *f* nuit *f* de la Saint-Sylvestre; **~tag** *m* jour *m* de l'an
Neuland *n* ⟨~(e)s⟩ **1.** *AGR* terre nouvellement défrichée, mise en valeur; **2.** *fig* nouveau domaine; domaine inconnu; **~ betreten** défricher un domaine (scientifique); s'aventurer en terrain vierge, inconnu
neulich *adv* dernièrement; récemment; l'autre jour; *st/s* naguère; F *die Frau von ~* la dame de l'autre jour
Neuling *m* ⟨~s; ~e⟩ novice *m,f*; débutant(e) *m(f)*
neu|modisch *adj* à *od* de la dernière mode; à la mode moderne; **⚹mond** *m* ⟨~(e)s⟩ nouvelle lune
neun [nɔyn] *num/c* neuf; *beim Kegeln alle ~e!* strike!; *cf a* **acht**
Neun *f* ⟨~; ~en⟩ (chiffre *m*, nombre *m*) neuf *m*; F *ach, du grüne ~!* F il ne manquait plus que ça!; *cf a* **Acht**
neun.., Neun... *cf a* **acht..., Acht...**
Neun|auge *n* ZO lamproie *f* fluviatile, de mer; **~eck** *n* ⟨~(e)s; ~e⟩ nonagone *m*; **⚹eckig** *adj* nonagone; nonagonal
neunein'halb *num/c* neuf et demi
Neuner *m* ⟨~s; ~⟩ südd, österr, schweiz (Neun) neuf *m*
'neuner'lei *adj* ⟨inv⟩ neuf sortes, espèces de ...; neuf ... différent(e)s; de neuf sortes, espèces différentes
neunfach *c adj* neuf fois; *die ~e Menge* neuf fois plus; neuf fois la quantité (donnée); *in ~er Ausfertigung* en neuf exemplaires; **II** *adv* neuf fois (plus); *~ vergrößert* agrandi neuf fois
'Neun|fache(s) *n* ⟨→A⟩ neuf fois la quantité, la somme, *etc*; **'⚹hundert** *num/c* neuf cent(s); **⚹jährig** *adj* (neun Jahre alt) (âgé) de neuf ans; (neun Jahre lang) de neuf ans; qui dure neuf ans; **~jährige(r)** *f(m)* ⟨→A⟩ enfant *m,f* de neuf ans; **⚹jährlich** *adv* (adj) (qui revient) tous les neuf ans; **⚹mal** *adv* neuf fois; **⚹malig** *adj* ⟨épithète⟩ répété, recommencé neuf fois; **⚹malklug** *adj iron* qui se croit toujours très malin, maligne; qui sait toujours tout; **~silb(l)er** *m* ⟨~s; ~⟩ vers *m* de neuf pieds; **⚹stellig** *adj* Zahl, Betrag de neuf chiffres
neunt [nɔynt] *adv* zu ~ à neuf; *zu ~ sein* être neuf
'neun'tausend *num/c* neuf mille
'neunte(r, -s) *num/o* neuvième; *cf a* **achte(r, -s)**
Neuntel ['nɔyntəl] *n* ⟨~s; ~⟩ neuvième *m*
neuntens ['nɔyntəns] *adv* neuvièmement; en neuvième lieu
'neun|zehn *num/c* dix-neuf; *cf a* **acht**; **⚹zeiler** *m* ⟨~s; ~⟩ poème *m* de neuf vers; **⚹zeilig** *adj* à *od* de neuf lignes
neunzig ['nɔyntsɪç] *num/c* quatre-vingt-dix; Belgien, schweiz nonante; *cf a* **achtzig**
'Neunzig *f* ⟨~⟩ (chiffre *m*, nombre *m*) quatre-vingt-dix *m*
'neunziger *adj* ⟨inv⟩ *die ~ Jahre* *n/pl* les années *f/pl* quatre-vingt-dix
'Neunzig|er(in) *m* ⟨~s; ~⟩ *f* ⟨~; ~nen⟩ *cf* **Neunzigjährige(r)**; **⚹jährig**

adj (neunzig Jahre alt) (âgé) de quatre-vingt-dix ans; Personen *a* nonagénaire; (neunzig Jahre lang) de quatre-vingt-dix ans; **~jährige(r)** *f(m)* ⟨→A⟩ nonagénaire *m,f*; homme *m*, femme *f* de quatre-vingt-dix ans
Neu|ordnung *f* réorganisation *f*; **~orientierung** *f* orientation nouvelle; **~philologe** *m*, **~philologin** *f* spécialiste *m,f*, Student étudiant(e) *m(f)* en langues modernes, vivantes; *in Frankreich* étudiant(e) *m(f)* en lettres modernes; **⚹philologisch** *adj* de(s) langues modernes, vivantes
Neuralgie [nɔyral'giː] *f* ⟨~; ~n⟩ névralgie *f*
neur'algisch *adj* névralgique; *st/s fig ~er Punkt* point *m* névralgique, sensible, vulnérable
Neuras|thenie [nɔyraste'niː] *f* ⟨~; ~n⟩ *MÉD* neurasthénie *f*; **~'theniker(in)** *m* ⟨~s; ~⟩ *f* ⟨~; ~nen⟩ neurasthénique *m,f*; **⚹thenisch** *adj* neurasthénique
'Neu|reg(e)lung *f* nouveau règlement; nouvelle réglementation; *(Neuordnung)* réorganisation *f*; **⚹reich** *adj* nouveau riche, nouvelle riche *f*; **~reiche(r)** *f(m)* nouveau riche *m*, nouvelle riche *f*; parvenu(e) *m(f)*
Neurochirurgie [nɔyroçirur'giː] *f* neurochirurgie *f*
Neurodermitis [nɔyrɔdɛr'miːtɪs] *f* ⟨~⟩ *MÉD* névrodermite *f*
Neuro|loge [nɔyro'loːgə] *m* ⟨~n; ~n⟩, **~'login** *f* ⟨~; ~nen⟩ neurologue *m,f*; neurologiste *m,f*; **~lo'gie** *f* ⟨~⟩ neurologie *f*; **⚹logisch** *adj* neurologique
Neuron [nɔy'roːn] *n* ⟨~s; -'ronen *ou* -'rone⟩ *PHYSIOL* neurone *m*
Neuro|se [nɔy'roːzə] *f* ⟨~; ~n⟩ névrose *f*; **~tiker(in)** *m* ⟨~s; ~⟩ *f* ⟨~; ~nen⟩ névrosé(e) *m(f)*; névrotique *m,f*; **⚹tisch** *adj* névrosé; névrotique
'Neuschnee *m* neige fraîche; nouvelle neige
Neu'seeland *n* ⟨→ *n/pr*⟩ la Nouvelle-Zélande
Neuseeländer(in) [nɔy'zeːlɛndər(ɪn)] *m* ⟨~s; ~⟩ *f* ⟨~; ~nen⟩ Néo-Zélandais(e) *m(f)*
neu'seeländisch *adj* néo-zélandais
'Neusilber *n* maillechort *m*; argentan *m*
'neusprachlich *adj* langues modernes, vivantes; *cf a* **Gymnasium**
neutral [nɔy'traːl] *adj a CHIM* neutre; indifférent
Neutrali|sati'on *f* ⟨~; ~en⟩ neutralisation *f*; **⚹sieren** *v/t* ⟨pas de ge-, h⟩ *a CHIM* neutraliser; **~'sierung** *f* ⟨~; ~en⟩ neutralisation *f*; **~'tät** *f* ⟨~⟩ neutralité *f*
Neutron ['nɔytrɔn] *n* ⟨~s; -'tronen⟩ *PHYS* neutron *m*
Neu'tronen|bombe *f* bombe *f* à neutrons; **~zahl** *f* nombre *m* de neutrons
Neutrum ['nɔytrʊm] *n* ⟨~s; -tra *ou* -tren⟩ *GR* (sächliches Geschlecht) (genre *m*) neutre *m*; (sächliches Substantiv) substantif *m* neutre
'Neu|veranlagung *f FIN* nouvelle assiette (de l'impôt); **~vermählte(r)** *f(m)* ⟨→A⟩ nouveau, nouvelle marié(e) *m(f)*; jeune marié(e) *m(f)*; **~verschuldung** *f POL* endettement *m* budgétaire supplémentaire; **~verteilung** *f* redistribution *f*; **~wagen** *m* voiture neuve; **~wahl** *f* nouvelle élection
'Neuwert *m* prix *m* du neuf; prix *m* d'un objet neuf; *der ~ des Autos beträgt ...* neuve, la voiture coûte ...; le prix de la voiture neuve est de ...
'neu|wertig *adj* à l'état (de) neuf; **⚹zeit** *f* ⟨~⟩ temps *m/pl* modernes; **~zeitlich** *adj* moderne; **⚹zugang** *m* **1.** (Hinzukommen) arrivée *f*; venue *f*; **2.** (Hinzugekommenes) nouvel arrivage; nouvelles arrivées; **3.** (Hinzugekommener) nouvel arrivant; nouveau venu; **⚹zulassung** *f* von Kraftfahrzeugen première immatriculation
Newcomer ['njuːkamər] *m* ⟨~s; ~⟩ Firma etc *ein ~ auf dem Gebiet der Elektronik* un nouveau venu dans le secteur de l'électronique
Newton ['njuːtən] *n* ⟨~s; ~⟩ *PHYS* Maßeinheit newton *m*
Nicara|gua [nika'raːgua] *n* ⟨→ *n/pr*⟩ le Nicaragua; **~gu'aner(in)** *m* ⟨~s; ~⟩ *(f)* ⟨~; ~nen⟩ Nicaraguayen, -enne *m,f*; **⚹gu'anisch** *adj* nicaraguayen, -enne
nicht [nɪçt] *adv* ne ... pas; *st/s* ne ... point; F pas; point; *bei einfachem Infinitiv* ne pas *ungetrennt vor dem Verb*; *ohne Verb*: pas; *zur Verneinung e-s einzelnen Worts od e-s ganzen nicht wiederholten Satzes* non; *p/fort* non pas; *~ antworten wäre e-e Grobheit* ce serait grossier de ne pas répondre; ne pas répondre serait une grossièreté; *ohne Verb: haben Sie Geld? ~ viel* pas beaucoup; pas trop; guère; *warum ~?* pourquoi pas?; *~ zu gut* pas trop fort!; *~ ein einziger* pas un seul; *~, daß ...* ce n'est pas que ..., non (pas) que ... (+*subj*); *~, daß ich wüßte*, *soviel ich weiß*, *~* non (pas) que je sache; *~?*, *~ wahr?* n'est-ce pas?; *~ besonders*, *~ viel* ne ... guère; *~ lange darauf* peu de temps après; *~ mehr* ne ... plus; *er reist ~ mehr* il a cessé de voyager; il ne voyage plus; *~ so schön wie ...* moins beau que ...; *auch ~ ne ... pas non plus; ich auch ~* moi non plus; *auch ~ ein einziger!* pas même un seul!; *durchaus ~*, *gar ~* pas du tout; nullement; (non, ne ...) en rien; *ganz und gar ~* absolument pas; *ist es ~ schön heute?* il fait beau, n'est-ce pas?; vous ne trouvez pas qu'il fait beau?; *was er ~ alles weiß!* il en sait des choses!; *was du ~ sagst!* tu m'en diras tant!; allons bon!; *wo ~ ...* sinon ...; *das ~* ce n'est pas cela; F pas (de) cela; F pas (de) ça; *~ doch!* mais non!; non pas!; *tadelnd* laisse cela!; reste tranquille!; *noch ~* (ne ...) pas encore
'Nicht... *in Zssgn* oft non *od* non-...; **⚹abzugsfähig** *adj* ⟨épithète⟩ non déductible; **~achtung** *f* manque *m* d'égard; irrespect *m*; irrévérence *f*; **⚹amtlich** *adj* ⟨épithète⟩ non officiel, -ielle; officieux, -euse; **~anerkennung** *f* ⟨~⟩ e-r Forderung, e-s Landes non-reconnaissance *f*; *JUR* désaveu *m*; **~angriffspakt** *m* pacte *m* de non-agression; **~beachtung** *f*, **~befolgung** *f* non-respect *m*; inobservation *od* inobservance *f*; non-observation *od* non-observation *f*; *(Vernachlässigung)* négligence *f*; **~berufstätige(r)** *f(m)* personne *f* n'exerçant pas d'activité professionnelle; *in Statistiken etc pl* non-actifs *m/pl*; **~bestehen** *n* inexistence *f*; **~bezahlung** *f* non-paiement *m*

Nichte ['nɪçtə] *f* ⟨~; ~n⟩ nièce *f*
'**Nicht-EG-...** *in Zssgn* non-communautaire
'**Nicht|einhaltung** *f e-s Vertrages* violation *f*; **~einmischung** *f* ⟨~⟩ POL non--intervention *f*; non-ingérence *f*; **~eisenmetalle** *n/pl* métaux *m/pl* non-ferreux; **~erfüllung** *f* non-exécution *f*; non-accomplissement *m*; manquement *m*; JUR défaillance *f*
'**Nichterscheinen** *n* absence *f*; **~ vor Gericht** non-comparution *f*; contumace *f*; défaut *m*
'**nicht|existent** *adj* ⟨épithète⟩ non existant; **⸗fachmann** *m* profane *m*; non--expert *m*; **⸗gebrauch** *m* ⟨~(e)s⟩ JUR non-usage *m*
'**Nichtgefallen** *n* **bei ~** en cas de non--satisfaction
'**nichtig** *adj* **1.** JUR nul, nulle; de nulle valeur; sans valeur; sans effet; caduc, -uque; **2.** *fig (nichtssagend)* futile, frivole; vain
'**Nichtigkeit** *f* ⟨~; ~en⟩ **1.** ⟨pas de pl⟩ JUR nullité *f*; invalidité *f*; caducité *f*; **2.** ⟨pas de pl⟩ *fig* inanité *f*; futilité *f*; frivolité *f*; *st/s* vanité *f*; **3.** *(Bagatelle)* rien *m*; bagatelle *f*; **sich mit ~en abgeben** s'amuser à des riens, à des bagatelles; s'occuper de choses sans importance
'**Nichtigkeits|erklärung** *f* JUR annulation *f*; **~klage** *f* JUR action *f*, instance *f* en nullité
'**nicht|leitend** *adj* ⟨épithète⟩ PHYS isolant; non-conducteur, -trice; diélectrique; **⸗leiter** *m* PHYS isolant *m*; non--conducteur *m*; diélectrique *m*
'**Nicht|metall** *n* métalloïde *m*; **~mitglied** *n* non-adhérent *m*; non-membre *m*
'**nichtöffentlich** *adj* ⟨épithète⟩ non public, -ique; privé; JUR, **in ~er Sitzung** à 'huis clos
'**nichtorganisiert** *adjt* ⟨épithète⟩ *Arbeitnehmer* non syndiqué
'**Nichtraucher(in)** *m(f)* non-fumeur *m*; *auf Schildern* défense de fumer; **ich bin ~** je ne fume pas
'**Nicht|raucherabteil** *n* (compartiment *m*) non-fumeurs *m*; **~raucherzone** *f* zone *f* non-fumeurs; **⸗rostend** *adjt* ⟨épithète⟩ inoxydable; antirouille
nichts [nɪçts] *pr/ind* ⟨*inv*⟩ rien *ne ... rien*; *ohne Verb* rien; **~ and(e)res** rien d'autre; **~ Neues** rien de nouveau, de neuf; **~ mehr** ne ... plus rien; **es wird ~ daraus** cela ne se fera pas; il n'en sera rien; **das ist ~ für mich** cela ne me convient pas; ce n'est pas pour moi, ça; F ce n'est pas mon truc; F **~ da!** jamais!; **~ davon!** n'en parlons pas!; pas un mot de (tout) cela!; F **~ wie hin!** vite, allons-y!; F **~ wie weg!** F tirons--nous!; F filons!; F **mir ~, dir ~** sans plus de façons; F tout de go; de but en blanc; F **für ~ und wieder ~** (et tout ça) pour rien; absolument pour rien; **gar ~ wissen** ne savoir rien de rien; ne rien savoir du tout; **überhaupt ~**, **gar ~** rien du tout; absolument rien; **weiter ~?** c'est tout?; **weiter ~** rien de plus; voilà tout; rien d'autre; **wenn's weiter ~ ist!** si ce n'est que ça!; **das macht ~ als Antwort auf e-e Entschuldigung** cela ne fait rien; il n'y a pas de mal, pas de quoi; **ich hatte ~ als Scherereien** je n'ai eu que des ennuis; **sich in ~ von**

j-m unterscheiden ne se distinguer, ne différer, n'être différent en rien de qn; **da ist ~ zu machen** il n'y a rien à faire (à cela); **da gibt es ~ zu lachen** il n'y a pas de quoi rire; **als ob ~ (vorgefallen) wäre** comme si de rien n'était; **er macht sich** (*dat*) **~ daraus** il n'en fait aucun cas; F **das war wohl ~!** ça ne convenait pas; ça ne faisait pas l'affaire; **das hat ~ zu sagen** cela ne veut rien dire; *prov* **von ~ kommt ~** *prov* il n'y a pas de fumée sans feu
Nichts *n* ⟨~⟩ **1.** rien *m*; (*das Nichtsein*) néant *m*; (*Leere*) vide *m*; (*Geringfügigkeit*) insignifiance *f*, bagatelle *f*; (*wie*) **aus dem ~ auftauchen** surgir, apparaître tout à coup; surgir du néant; **er steht vor dem ~** il se retrouve devant rien, sans avenir; il n'a plus rien; **2.** *péj* (*Mensch*) minable *m,f*
'**nichtsahnend** *adjt* ignorant; qui ne se doute de rien
'**Nichtschwimmer(in)** *m(f)* non-nageur, -euse *m,f*
nichtsdesto'trotz F *plais cf* **nichtsdestoweniger**
nichtsdesto'weniger *adv* néanmoins; (ce) nonobstant; malgré cela; pourtant; cependant; quand même; toutefois
'**Nicht|sein** *n* néant *m*; **⸗selbständig** *adj* ⟨épithète⟩ dépendant; *Arbeit, Arbeiter* salarié; **~seßhafte(r)** *f(m)* ⟨→A⟩ ADM personne *f* sans domicile fixe
'**Nichts|könner** *m* propre *m* à rien; F zéro *m*; **~nutz** *m* ⟨~es; ~e⟩ *péj* bon *m* à rien, propre *m* à rien; vaurien *m*; **⸗nutzig** *adj* *péj* effronté; qui ne vaut rien; **⸗sagend** *adjt* insignifiant; futile; anodin; (*farblos*) incolore
Nichts|tuer(in) ['nɪçtstuːər(ɪn)] *m* ⟨~s; ~⟩ (*f*) ⟨~; ~nen⟩ *péj* fainéant(e) *m(f)*; désœuvré(e) *m(f)*; oisif, -ive *m,f*; **~tue'rei** *f* ⟨~⟩ *péj* fainéantise *f*; désœuvrement *m*; oisiveté *f*
'**Nichtstun** *n* inaction *f*; oisiveté *f*; **das süße ~** le douce oisiveté; le farniente
'**nichtswürdig** *adj* bas, basse et vil; infâme; misérable; indigne; abject
'**Nichtteilnahme** *f* non-participation *f*
'**Nichtübereinstimmung** *f* ⟨~⟩ non--conformité *f*; divergence *f*; **bei ~** en cas de non-conformité, de divergence
'**Nicht|vollstreckung** *f* ⟨~⟩, **~vollziehung** *f* ⟨~⟩ non-exécution *f*
'**Nicht|vorhandensein** *n* absence *f*; **~wähler** *m der nicht wählen darf* non--électeur *m*; *der nicht wählen will* abstentionniste *m*; **~wissen** *n* ignorance *f*; **~zahlung** *f* défaut *m* de paiement; non-paiement *m*
'**Nichtzustandekommen** *n* ⟨~s⟩ *e-s Vertrags* non-conclusion *f*; **das ~ e-r Einigung** le fait de ne pas parvenir à un accord; la non-conclusion d'un accord; **das ~ e-r Konferenz, e-r Reise** pour une conférence, un voyage, le fait de ne pas avoir lieu; **das ~ e-s Gesetzes** l'échec *m* d'un projet de loi
'**Nichtzutreffende(s)** *n* ⟨→A⟩ **~s bitte streichen** rayer, biffer la mention inutile
Nickel ['nɪkəl] *n* ⟨~s⟩ nickel *m*; **~brille** *f* lunettes *f/pl* à monture de métal; **⸗haltig** *adj* qui contient du nickel; *sc* nickélifère; **~legierung** *f* alliage *m* de nickel
nicken ['nɪkən] *v/i* ⟨h⟩ **1.** (**mit dem Kopf**) **als Gruß** saluer d'un signe de

tête; **als Wink** faire signe de la tête; **zustimmend** faire un signe de tête affirmatif, approbatif; *plais* opiner du bonnet, de la tête; **2.** F (*schlummern*) faire un (petit) somme
'**Nickerchen** F *n* ⟨~s; ~⟩ **ein ~ machen** faire un petit somme; F piquer un roupillon
Nicki ['nɪki] *m* ⟨~(s); ~s⟩ pull *m* en velours
nie [niː] *adv mit Verb* ne ... jamais; *ohne Verb* jamais; **ich habe ihn ~ gesehen** je ne l'ai jamais vu; **~ und nimmer!** jamais!; **~ im Leben!** jamais de la vie!; **~ wieder**, **~ mehr** jamais plus; plus jamais; **noch ~ dagewesen** sans précédent
nieder ['niːdər] *adv* en bas; à bas; **~ mit den Verrätern!** à bas les traîtres!; mort aux traîtres!; *cf a* **auf II 4**.
'**Niederbayern** *n* la Basse-Bavière
'**nieder|brennen** ⟨*irr, sép, -ge-*⟩ **I** *v/t* ⟨h⟩ incendier; réduire en cendres; **II** *v/i* ⟨sein⟩ être détruit par un incendie; **~brüllen** *v/t* ⟨*sép, -ge-*, h⟩ conspuer; 'huer; **~deutsch** *adj* de l'Allemagne du Nord; **⸗druck** *m* ⟨~(e)s; ⸗e⟩ basse pression; **~drücken** *v/t* ⟨*sép, -ge-*, h⟩ **1.** *Taste, Knopf* presser; appuyer sur; *Hebel* abaisser; **2.** *fig* accabler; déprimer; abattre; affliger; **~drückend** *adj* accablant; déprimant; décourageant
'**niedere(r, -s)** *adj* ⟨épithète⟩ **1.** *im Rang, Wert* bas, basse; petit; inférieur; *in der Gesinnung* ignoble; bas, basse; vil; **der ~ Adel** la petite noblesse; **von ~r Geburt** d'humble naissance, origine; d'origine humble; **2.** BIOL **~ Pflanzen** *f/pl* plantes inférieures; **~ Tiere** *n/pl* animaux inférieurs
'**niederfallen** *st/s v/i* ⟨*irr, sép, -ge-*, sein⟩ tomber (en bas, par terre); **vor j-m ~** se jeter aux pieds de qn; se prosterner devant qn
'**Nieder|frequenz** *f* basse fréquence; **~gang** *st/s m* ⟨~(e)s⟩ abaissement *m*; déclin *m*; (*Verfall*) décadence *f*
'**nieder|gedrückt** *adj* abattu; accablé; **~gehen** *v/i* ⟨*irr, sép, -ge-*, sein⟩ *Gewitter, Regenguß* s'abattre; *Flugzeug* descendre; **~geschlagen** *adj* abattu; accablé; (*entmutigt*) découragé; **⸗geschlagenheit** *f* ⟨~⟩ abattement *m*; accablement *m*; découragement *m*; **~halten** *v/t* ⟨*irr, sép, -ge-*, h⟩ (*unten halten*) tenir en bas; tenir baissé; *Aufstand etc* réprimer; tenir en échec; **~holen** *v/t* ⟨*sép, -ge-*, h⟩ *Fahne* amener; baisser; descendre; **~kämpfen** *v/t* ⟨*sép, -ge-*, h⟩ abattre; MIL *Gegner* anéantir; écraser; *fig* vaincre; réprimer; étouffer; **~knallen** F *v/t* ⟨*sép, -ge-*, h⟩ abattre; F descendre
'**niederknien** *v/i* ⟨*sép, -ge-*, sein⟩ s'agenouiller; **vor j-m ~** tomber, se mettre à genoux devant qn
'**niederknüppeln** *v/t* ⟨*-(e)n, sép, -ge-*, h⟩ assommer à coups de matraque
'**niederkommen** *st/s v/i* ⟨*irr, sép, -ge-*, sein⟩ accoucher (**mit** de)
'**Nieder|kunft** ['niːdərkʊnft] *st/s f* ⟨~; ⸗e⟩ accouchement *m*; **~lage** *f* défaite *f*; déconfiture *f*; *p/fort* déroute *f*
'**Niederlande** *n/pl* ⟨→ *n/pr*⟩ **die ~** les Pays-Bas *m/pl*
'**Nieder|länder(in)** ['niːdərlɛndər(ɪn)]

m ⟨-s; ~⟩ (*f*) ⟨~; ~nen⟩ Néerlandais(e) *m*(*f*); **2ländisch** *adj* des Pays-Bas; néerlandais
'**Niederländisch** *n* ⟨~(s)⟩, **~e** *n* ⟨~n⟩ (*das*) *Niederländisch*(*e*) *Sprache* le néerlandais
'**niederlassen** *v/réfl* ⟨*irr, sép, -ge-, h*⟩ *sich* **~ 1. ~** (*sich setzen*) s'asseoir; prendre place; *Vögel* se poser; se percher; **2.** (*ansässig werden*) s'installer; élire domicile; se fixer; *geschäftlich* s'installer; s'établir; **2ung** *f* ⟨~; ~en⟩ **1.** (*pas de pl*) (*das Sichniederlassen*) installation *f*; établissement *m*; **2.** (*Siedlung*) colonie *f*; *COMM* établissement *m*; comptoir *m*; succursale *f*; filiale *f*; *e-r Bank* agence *f*
'**niederlegen** ⟨*sép, -ge-, h*⟩ **I** *v/t* **1.** (*auf den Boden etc legen*) poser; déposer; poser par terre; **2.** *fig sein Amt* **~** résilier ses fonctions; donner sa démission; démissionner; *die Arbeit* **~** (*streiken*) se mettre en grève; *die Waffen* **~** mettre bas, déposer les armes; **3.** *etw schriftlich* **~** coucher, consigner, mettre qc par écrit; **II** *st/s v/réfl sich* **~** se coucher; se mettre au lit
'**Niederlegung** *f* ⟨~; ~en⟩ *e-s Kranzes etc* dépôt *m*; *e-s Amts* résiliation *f*; démission *f*
'**niedermachen** *v/t* ⟨*sép, -ge-, h*⟩ massacrer; **~mähen** *v/t* ⟨*sép, -ge-, h*⟩ (*reihenweise erschießen*) faucher; abattre; **~metzeln** *v/t* ⟨*-(e)le, sép, -ge-, h*⟩ massacrer; abattre; tuer
'**Niederösterreich** *n* la Basse-Autriche
'**niederprasseln** *v/i* ⟨*-ßle ou -ssele, sép, -ge-, sein*⟩ *Regen* crépiter; *fig Kritik etc auf j-n* **~** pleuvoir sur qn
'**niederreißen** *v/t* ⟨*irr, sép, -ge-, h*⟩ renverser; *Gebäude* (*abreißen*) démolir; abattre; raser
'**Niederrhein** *der* **~** *Fluß* le Rhin inférieur; *Gebiet* la région du Rhin inférieur
'**niederringen** *v/t* ⟨*irr, sép, -ge-, h*⟩ *Gegner* tomber; *a Feind, fig* vaincre
'**Niedersachsen** *n* la Basse-Saxe
'**niederschießen** *v/t* ⟨*irr, sép, -ge-, h*⟩ abattre; *v/i* descendre
'**Niederschlag** *m* **1.** *MÉTÉO meist pl Niederschläge* précipitations *f/pl*; *radioaktiver* **~** retombée radioactive; dépôt radioactif; **2.** *fig s-n* **~** *finden in* (+*dat*) se manifester, se refléter, s'exprimer dans; **3.** *CHIM* dépôt *m*; sédiment *m*; précipité *m*
'**niederschlagen** ⟨*irr, sép, -ge-, h*⟩ **I** *v/t* **1.** (*zu Boden schlagen*) abattre; assommer; terrasser; **2.** *Aufstand etc* réprimer; **3.** *JUR Verfahren* classer; arrêter; **4.** *die Augen* **~** baisser les yeux; **II** *v/réfl sich* **~ 5.** *CHIM* (se) déposer; se précipiter; **6.** *fig* (*sichtbar werden*) se manifester, s'exprimer (*in* [+*dat*] dans)
'**niederschlagsarm** *adj* pauvre en eau; peu pluvieux, -ieuse; **~frei** *adj* sans pluie; sans précipitations; **2menge** *f* régime *m* des pluies; pluviosité *f*; **~reich** *adj* pluvieux, -ieuse
'**Niederschlagung** *f* ⟨~; ~en⟩ **1.** *e-s Aufstands* répression *f*; écrasement *m*; **2.** *e-s Verfahrens* non-lieu *m*
'**niederschmettern** *v/t* ⟨*-(e)re, sép, -ge-, h*⟩ **1.** fracasser (en jetant à terre); *Person* terrasser; *fig* accabler; affliger; *p/fort* bouleverser; terrasser; foudroyer; **~schmetternd** *adjt* bouleversant; foudroyant; **~schreiben** *v/t* ⟨*irr, sép, -ge-, h*⟩ coucher, consigner, mettre par écrit; écrire; **~schreien** *v/t* ⟨*irr, sép, -ge-, h*⟩ conspuer; **2schrift** *f* *Vorgang* rédaction *f*; consignation *f* par écrit; (*Geschriebenes*) manuscrit *m*; exposé *m*; texte *m*; *JUR* procès-verbal *m*; **~setzen** *st/s* ⟨*-(e)t, sép, -ge-, h*⟩ **I** *v/t* (dé)poser; mettre par *od* à terre; **II** *v/réfl sich* **~** s'asseoir; *Vögel* se poser; se percher; **~sinken** *st/s v/i* ⟨*irr, sép, -ge-, sein*⟩ descendre lentement; *vor Schwäche* (*zusammenbrechen*) s'affaisser; se laisser tomber; s'affaler; s'effondrer; **2spannung** *f* basse tension; **~stechen** *v/t* ⟨*irr, sép, -ge-, h*⟩ blesser, (*erstechen*) tuer d'un coup de couteau; **~stimmen** *v/t* ⟨*sép, -ge-, h*⟩ *Antrag etc* rejeter (par le vote); *Person* mettre en minorité; **~stoßen** *v/t* ⟨*irr, sép, -ge-, h*⟩ renverser; **~strecken** *st/s v/t* ⟨*sép, -ge-, h*⟩ abattre; **~stürzen** *v/i* ⟨*-(es)t, sép, -ge-, sein*⟩ tomber (avec violence); s'abattre; se précipiter; **~tourig** *adjt TECH* à faible régime
'**Niedertracht** *f* ⟨~⟩ *cf Niederträchtigkeit* **2**.; **2trächtig** *adj* bas, basse; vil; **~trächtigkeit** *f* ⟨~; ~en⟩ **1.** *Handlung* bassesse *f*; *litt* vilenie *f*; *st/s* infamie *f*; **2.** (*pas de pl*) *Gesinnung* bassesse *f*; *litt* vilénie *f*
'**niedertrampeln** F *v/t* ⟨*-(e)le, sép, -ge-, h*⟩, **~treten** *v/t* ⟨*irr, sép, -ge-, h*⟩ piétiner
'**Niederung** *f* ⟨~; ~en⟩ terrain bas; (*Tal*) vallon *m*; bas-fond *m*; *fig pl* **~en** bas-fonds *m/pl*; *sumpfige* **~en** terrains *m/pl* marécageux
'**Niederwald** *m* taillis *m*; sous-bois *m*; **2walzen** *v/t* ⟨*-(es)t, sép, -ge-, h*⟩ aplanir; aplatir; *fig* écraser
'**niederwerfen** *st/s* ⟨*irr, sép, -ge-, h*⟩ **I** *v/t* **1.** *Gegner* terrasser; abattre; jeter (à bas); *fig* (*besiegen*) vaincre; défaire; *Aufstand* écraser; réprimer; **2.** (*erschüttern*) bouleverser; *cf a niederschmettern* **2**.; **II** *v/réfl sich* **~** se jeter à terre; se plaquer au sol; *sich vor j-m* **~** se jeter aux pieds de qn; se prosterner devant qn
'**Niederwerfung** *f* ⟨~⟩ (*Besiegung*) défaite *f*; *e-s Aufstands* écrasement *m*; répression *f*; **~wild** *n* petit, menu gibier
niedlich ['ni:tlɪç] *adj* gentil, -ille; mignon, -onne; (*hübsch*) joli; (*zierlich*) gracieux, -ieuse; coquet, -ette
niedrig ['ni:drɪç] **I** *adj* bas, basse; peu élevé; *sozial a* inférieur; humble; obscur; *Gesinnung* (*gemein*) vil; abject; *Preis* bas, basse; modéré; modique; **~e Zahl** petit nombre; **II** *adv* **1. ~er hängen, setzen, stellen** descendre; abaisser; mettre plus bas; **2.** *KARTENSPIEL* **~ spielen** jouer petit jeu; **~ ausspielen** jouer une basse carte
'**Niedrigkeit** *f* ⟨~⟩ bassesse *f* (*a der Gesinnung*); *des Preises* modicité *f*; petitesse *f*; **~lohn** *m* bas salaire; **~lohnland** *n* pays *m* à faibles revenus, à bas salaires; **~preis** *m* bas prix; **~wasser** *n* ⟨~s⟩ *des Meeres* marée basse; *e-s Flusses* (régime *m* de) basses eaux
'**niemals** *cf nie*
niemand ['ni:mant] *pr/ind Subjekt* personne; aucun; ne ... ; *beim Verb* personne ... ne; aucun ... ne; *Objekt* ne ... personne; *ich sehe* **~(en)** je ne vois personne; *gib es* **~(em)!** ne le donne à personne!; *es war* **~** *da* il n'y avait personne; **~ anderes** personne d'autre; nul autre; **~ (ander[e]s) als er hat ...** il n'y a que lui qui ait ...; **~ Fremdes** personne d'étranger; **~ mehr** plus personne; *er ist ein* **~** il est tout à fait insignifiant
'**Niemandsland** *n* ⟨~(e)s⟩ no man's land *m*
Niere ['ni:rə] *f* ⟨~; ~n⟩ **1.** *ANAT* rein *m*; F *fig das geht mir an die* **~n** ça me bouleverse; **2.** *CUIS* rognon *m*
'**Nierenbecken** *n* bassinet *m*; **~beckenentzündung** *f* pyélite *f*; **~entzündung** *f* néphrite *f*; **2förmig** *adj* qui a la forme du *bzw* d'un rein; *sc* réniforme; *Tisch, Schale etc* 'haricot (*inv*); rognon (*inv*); **~gegend** *f* région rénale; **~kolik** *f* colique *f* néphrétique
'**nierenkrank** *adj er ist* **~** il souffre des reins
'**Nierenleiden** *n* maladie *f* des reins, rénale; **~schale** *f* *MÉD* 'haricot *m*; **~stein** *m* calcul rénal; **~steintrümmerer** *m* ⟨~s; ~⟩ lithotri(p)teur *m*; **~tisch** *m* table *f* 'haricot, rognon; **~transplantation** *f* greffe *f* de *bzw* du rein
nieseln ['ni:zəln] *v/imp* ⟨*-(e)le, h*⟩ bruiner; **2regen** *m* bruine *f*; crachin *m*
niesen ['ni:zən] *v/i* ⟨*-(es)t, h*⟩ éternuer; **2pulver** *n* poudre *f* à éternuer, sternutatoire
Nießbrauch ['ni:sbraux] *m* ⟨~(e)s⟩ *JUR* usufruit *m*
Nieswurz ['ni:svʊrts] *f* ⟨~; ~en⟩ *BOT* ellébore *m*
Niet [ni:t] *m od n* ⟨~(e)s; ~e⟩ rivet *m*
Niete[1] ['ni:tə] *f* ⟨~; ~n⟩ **1.** *LOTTERIE* billet perdant, non gagnant; mauvais numéro; **2.** F (*Versager*) F minable *m*; F tocard *m*; nullité *f*; F zéro *m*
'**Niete**[2] *f* ⟨~; ~n⟩ *TECH* rivet *m*
'**nieten** *v/t* ⟨*-ete, h*⟩ river; riveter; **2hammer** *m* rivoir *m*; marteau rivoir
'**niet- und 'nagelfest** *adj* F *alles, was nicht* **~** *ist stehlen, mitnehmen* tout ce qu'on peut; tout ce qui tombe sous la main
Niger ['ni:gər] *n* ⟨→ *n/pr*⟩ *Staat* **~** *u Fluß der* **~** le Niger
Nigeria [ni'ge:ria] *n* ⟨→ *n/pr*⟩ le *od* la Nigeria; **~rianer(in)** *m* ⟨~s; ~⟩ (*f*) ⟨~; ~nen⟩ Nigérian(e) *m*(*f*); **2ri'anisch** *adj* nigérian
Nigger ['nɪgər] P *péj m* ⟨~s; ~⟩ *péj* nègre *m*; *péj* F négro *m*
Nigrer(in) ['ni:grər(ɪn)] *m* ⟨~s; ~⟩ (*f*) ⟨~; ~nen⟩ Nigérien, -ienne *m,f*; **2isch** *adj* nigérien, -ienne
Nihilismus [nihi'lɪsmʊs] *m* ⟨~⟩ nihilisme *m*; **~ist(in)** *m* ⟨~en; ~en⟩ (*f*) ⟨~; ~nen⟩ nihiliste *m, f*; **2istisch** *adj* nihiliste
Nikolaus ['ni:kolaus *ou* 'nɪk-] *m* **1.** ⟨→ *n/pr*⟩ *Name* Nicolas *m*; **2.** ⟨~; ~e *ou* F *plais* -läuse⟩ *Gestalt* Saint-Nicolas *m*; **3.** (*pas de pl*) *Tag* la Saint-Nicolas
Nikotin [niko'ti:n] *n* ⟨~s⟩ nicotine *f*
niko'tinarm *adj* qui contient peu de nicotine; pauvre en nicotine; **~frei** *adj* exempt de, sans nicotine; dénicotinisé; **2gehalt** *m* teneur *f* en nicotine; **~haltig** *adj* nicotineux, -euse; **2vergiftung** *f* intoxication *f* par la nicotine; nicotinisme *m*; tabagisme *m*
Nilpferd ['ni:lpfe:rt] *n* hippopotame *m*

Nimbus ['nɪmbʊs] *m* ⟨~; ~se⟩ nimbe *m*; *a fig* auréole *f*; **s-n ~ einbüßen** perdre son auréole, son prestige; *mit e-m ~ umgeben* entourer, parer d'une auréole

nimmer ['nɪmər] *adv* **1.** *veraltet cf* **nie**; *nie und ~* jamais; **2.** *österr, südd* jamais plus; plus jamais

'Nimmerleinstag *m* F *plais* semaine *f* des quatre jeudis; *das bekommst du am ~* tu l'auras quand les poules auront des dents, F à la saint-glinglin; *etw auf den ~ verschieben* renvoyer qc aux calendes grecques

'nimmer|mehr *cf* **nimmer**; **'~'müde** *st/s adj* infatigable; **⚛satt** *m* ⟨~ *ou* ~(e)s; ~e⟩ insatiable *m*; glouton *m*

Nimmer'wiedersehen F *n* **auf ~!** adieu pour toujours!; **auf ~ verschwinden** F disparaître de la circulation

nimmt [nɪmt] *cf* **nehmen**

Nippel ['nɪpəl] *m* ⟨~s; ~⟩ **1.** TECH raccord fileté, à vis; (*Schmier*⚛) graisseur *m*; **2.** F (*Brustwarze*) F téton *m*

nippen ['nɪpən] *v/i* ⟨h⟩ (**an etw** [*dat*]) **~** boire à petits coups (qc); F siroter (qc)

Nipp|es ['nɪpəs] *pl*, **~sachen** *f/pl* bibelots *m/pl*; colifichets *m/pl*

nirgend|s ['nɪrgənts], **~wo** *adv* nulle part; en aucun lieu; *beim Verb* ne … nulle part; ne … en aucun lieu

Nirwana [nɪr'va:na] *n* ⟨~(s)⟩ nirvâna *m*

Nische ['ni:ʃə] *f* ⟨~; ~n⟩ niche *f*

Nisse ['nɪsə] *f* ⟨~; ~n⟩ ZO lente *f*

nisten ['nɪstən] *v/i* ⟨-ete, h⟩ nicher; faire son nid; nidifier

'Nist|kasten *m* nichoir *m*; **~platz** *m* endroit *m*, lieu *m* où l'oiseau fait son nid

Nitrat [ni'tra:t] *n* ⟨~(e)s; ~e⟩ CHIM nitrate *m*

Nitrid [ni'tri:t] *n* ⟨~s; ~e⟩ CHIM nitrure *m*

nitrier|en [ni'tri:rən] *v/t* ⟨*pas de ge-*, h⟩ nitrer; *Stahl* nitrurer; **⚛ung** *f* ⟨~⟩ CHIM nitrification *f*; MÉTALL nitruration *f*

Nitrit [ni'tri:t *ou* ni'trɪt] *n* ⟨~s; ~e⟩ CHIM nitrite *m*

Nitroglyzerin [nitroglytse'ri:n] *n* CHIM nitroglycérine *f*

Niveau [ni'vo:] *n* ⟨~s; ~s⟩ niveau *m*; *auf hohem geistigem ~* d'un 'haut niveau intellectuel; *mit etw auf gleichem ~* de niveau avec qc; au niveau de qc; *~ haben* avoir un certain niveau; *kein ~ haben* *Artikel, Film* être d'un niveau médiocre; *Person* n'être pas très intéressant; être nul, nulle; *das ist unter meinem ~* ce n'est pas de mon niveau; je suis au-dessus de cela

ni'veaulos *adj* sans niveau, sans valeur (intellectuelle)

nivellieren [nive'li:rən] *v/t* ⟨*pas de ge-*, h⟩ VERMESSUNG, *fig* niveler; (*einebnen*) aplanir

Nivel'lier|gerät *n*, **~instrument** *n* niveau *m*; **~ung** *f* ⟨~; ~en⟩ *a fig* nivellement *m*

nix [nɪks] F *cf* **nichts**

Nix *m* ⟨~es; ~e⟩ MYTH ondin *m*; esprit *m* des eaux

Nixe ['nɪksə] *f* ⟨~; ~n⟩ MYTH ondine *f*; nixe *f*; *a plais* naïade *f*

Nizza ['nɪtsa] *n* ⟨→ *n/pr*⟩ Nice *f*

n. J. *abr* (*nächsten Jahres*) de l'année prochaine

nkr *abr* (*norwegische Krone*) krn (couronne norvégienne)

n. M. *abr* (*nächsten Monats*) du mois prochain

NN *abr* (*Normalnull*) niveau moyen de la mer

N. N. *abr* (*nomen nescio, nomen nominandum*) N

NNO *abr* (*Nordnordost*[*en*]) N.-N.-E. (nord-nord-est)

NNW *abr* (*Nordnordwest*[*en*]) N.-N.-O. (nord-nord-ouest)

NO *abr* (*Nordost*[*en*]) N.-E. (nord-est)

Noah ['no:a] *m* ⟨→ *n/pr*⟩ Noé *m*

nobel ['no:bəl] *adj* ⟨-bl-⟩ **1.** *st/s* noble; **2.** F (*freigebig*) généreux, -euse; libéral *f*; **3.** F (*luxuriös*) de luxe; *Haus, Einrichtung etc* élégant; chic (*inv*); *iron plais ~ geht die Welt zugrunde* F pas *od* plus de fric, mais on garde la classe!

'Nobel|herberge *f iron* hôtel *m* de luxe; *e-e ~* un quatre étoiles; **~karosse** F *f cf* **Nobelschlitten**; **~marke** *f* (grande) marque

Nobelpreis [no'bɛlpraɪs] *m* prix *m* Nobel; **~träger**(in) *m(f)* lauréat *m* du prix Nobel; Prix *m* Nobel

'Nobelschlitten F *m* bagnole *f* de luxe; F super voiture *f*

noch [nɔx] **I** *adv* encore; **~ nicht** (ne …) pas encore; *sind Sie immer ~ krank?* êtes-vous encore malade?; êtes-vous toujours malade?; *gestern war sie ~ kerngesund* hier encore, elle était en pleine forme; *er war gerade ~ hier* il était encore là il y a un instant; *~ einmal* encore (une fois); *~ einmal soviel* le double; deux fois autant; *heute ~, ~ heute* aujourd'hui même, encore; *~ am Tage s-r Ankunft* le jour même de son arrivée; *er hat ~ Gefühl, aber sein Bruder …* lui, du moins, sent les choses, mais son frère …; *kaum ~* à peine; *er kommt ~* il va venir; il nous rejoindra; *er wird schon ~ kommen* il finira bien, va bien finir par arriver; *~ wird ~ krank* (*werden*), *wenn er …* il finira par tomber malade, s'il …; *zwölf oder ~ mehr* douze ou même plus; *er ist ~ lange nicht so reich wie seine Schwester* il s'en faut de beaucoup qu'il soit aussi riche que sa sœur; il est loin d'être aussi riche que sa sœur; *das ist ~ schöner, wichtiger etc* c'est encore plus beau, plus important, *etc*; *das fehlte gerade ~* il ne manqu(er)ait plus que cela; F *du wirst dich ~ wundern!* tu n'as pas fini de t'étonner; F tu vas voir ce que tu vas voir; *~ dazu* en outre; *was gab es ~ zu essen?* qu'est-ce qu'il y avait (encore) d'autre à manger?; *weil er mein Nachbar ist, ist er ~* (*lange*) *nicht mein Freund* ce n'est pas parce que c'est mon voisin, que nous sommes amis; *es sind nur ~ fünf Minuten* il n'y a, il ne reste plus que cinq minutes; *der Bus fährt nur ~ werktags* le bus ne circule plus que en semaine; *ich habe nur ~ drei Mark* il ne me reste plus que trois marks; *sie will* (*nur*) *~ schnell einkaufen* elle veut juste, seulement faire encore quelques courses; *~ nie* (ne …) jamais encore; *jede ~ so kleine Freude* toute joie si petite qu'elle soit *od* si petite soit-elle; *man kann ~ so vorsichtig sein …* on a beau être prudent …; *wäre er ~ so reich, wenn er auch ~ so reich wäre* quelque *od* si riche qu'il soit; F *~ und ~, plais ~ und nöcher* tant et plus; **II** *conj* **weder … ~ …** ni … ni …; *wir sind weder reich ~ arm* nous ne sommes ni riches ni pauvres

'nochmalig *adj* ⟨*épithète*⟩ nouveau, nouvel, nouvelle; *nach ~er Durchsicht* après un nouvel examen

nochmals ['nɔxma:ls] *adv* encore (une fois); de nouveau; *~ schreiben etc* récrire; recopier, *etc*

Nocken ['nɔkən] *m* ⟨~s; ~⟩ TECH came *f*; **~welle** *f* arbre *m* à cames

Nockerl ['nɔkərl] *n* ⟨~s; ~(n)⟩ CUIS *südd, österr etwa* quenelle *f*; **2.** *Salzburger ~*(*n*) *etwa* soufflé *m* à la vanille

Nofretete [nofre'te:tə] *f* ⟨→ *n/pr*⟩ Néfertiti *f*

NOK [ɛnʔoː'kaː] *n* ⟨~(s)⟩ *abr* (*Nationales Olympisches Komitee*) Comité national olympique

nolens volens ['no:lɛns'vo:lɛns] *st/s adv* bon gré mal gré; de gré ou de force

Nomade [no'ma:də] *m* ⟨~n; ~n⟩ nomade *m*

no'maden|haft *adj* nomade; **⚛leben** *n* ⟨~s⟩ vie *f* nomade; **⚛stamm** *m* tribu *f* nomade; **⚛tum** *n* ⟨~(e)s⟩ nomadisme *m*; **⚛volk** *n* peuple *m* nomade

No'madin *f* ⟨~; ~nen⟩ nomade *f*

nomadi'sieren *v/i* ⟨*pas de ge-*, h⟩ mener une vie de nomade

Nomen ['no:mən] *n* ⟨~s; Nomina⟩ GR nom *m*; substantif *m*

Nomenklatur [nomɛnkla'tu:r] *f* ⟨~; ~en⟩ nomenclature *f*

nominal [nomi'na:l] *adj* ÉCON, GR nominal

Nomi'nal|betrag *m* montant nominal; valeur nominale; **~einkommen** *n*, **~lohn** *m* salaire nominal; **~stil** *m* ⟨~(e)s⟩ style nominal (*privilégiant l'utilisation de verbes substantivés*); **~wert** *m* valeur nominale

'Nominativ *m* ⟨~s; ~e⟩ GR nominatif *m*; cas *m* sujet; *im ~ stehen* être au nominatif

nomi'nell *adj* ⟨*épithète*⟩ nominal; de nom

nomi'nier|en *v/t* ⟨*pas de ge-*, h⟩ nommer; désigner; SPORT sélectionner; **⚛ung** *f* ⟨~; ~en⟩ nomination *f*; désignation *f*; POL investiture *f*; SPORT sélection *f*

No-name-Produkt ['no:'ne:mprodʊkt] *n* article *m* sans marque

Nonchalance [nõʃa'lã:s] *f* ⟨~⟩ nonchalance *f*

nonchalant [nõʃa'lã:] **I** *adj* nonchalant; **II** *adv* nonchalamment

None ['no:nə] *f* ⟨~; ~n⟩ **1.** CATH none *f*; **2.** MUS neuvième *f*

Nonius ['no:niʊs] *m* ⟨~; -ien *ou* ~se⟩ TECH vernier *m*

Nonkonform|ismus [nɔnkɔnfɔr'mɪsmʊs] *m* non-conformisme *m*; **~ist**(**in**) *m(f)* non-conformiste *m,f*; **⚛istisch** *adj* non conformiste

Nonne ['nɔnə] *f* ⟨~; ~n⟩ **1.** ÉGL religieuse *f*; *mit Ordensbezeichnung* sœur *f*; **2.** ZO *Nachtschmetterling* moine *m*

'Nonnen|haube *f* coiffe *f*; **~kloster** *n* couvent *m* de femmes

Nonplusultra [nɔnplus'ʔʊltra] *n* ⟨~⟩ nec plus ultra *m* (*an* [+*dat*] de)

Nonsens ['nɔnzɛns] *m* ⟨~(es)⟩ non-sens *m*

nonstop [nɔn'stɔp] *adv* non-stop; de façon continue, ininterrompue; ²**flug** *m* vol *m* sans escale
Noppe ['nɔpə] *f* ⟨~; ~n⟩ *TEXT* nope *f*; *pl* **~n des Tischtennisschlägers** picots *m/pl*
'**noppen** *v/t* ⟨h⟩ noper; épincer
Norbert ['nɔrbərt] *m* ⟨→ *n/pr*⟩ Norbert *m*
Nord [nɔrt] *m* **1.** ⟨*sans article ni pl*⟩ (*Norden*) nord *m*; **2.** ⟨~(e)s; ~e⟩ (*~wind*) vent *m* du nord; bise *f*; *poét* aquilon *m*
'**Nord**|'**afrika** *n* l'Afrique *f* du Nord; '**~afri**'**kaner(in)** *m(f)* Nord-Africain(e) *m(f)*; '**~a**'**merikanisch** *adj* nord-africain(e); '**~a**'**merika** *n* l'Amérique *f* du Nord; '**~ameri**'**kaner(in)** *m(f)* Américain(e) *m(f)* du Nord; ²**ameri**'**kanisch** *adj* de l'Amérique du Nord; '**~at**'**lantikpakt** *m* Pacte *m* atlantique; ²**deutsch** *adj* de l'Allemagne du Nord; **~deutsche(r)** *f(m)* Allemand(e) *m(f)* du Nord; **~deutschland** *n* l'Allemagne *f* du Nord
Norden ['nɔrdən] *m* ⟨~s⟩ nord *m*; *der hohe* **~** le Grand Nord; *im* **~** (*von*) au nord (de); *nach* **~** vers le nord; *von* **~** (venant, en provenance) du nord
'**Nord**|**eu**'**ropa** *n* l'Europe septentrionale, du Nord; '**~euro**'**päer(in)** *m(f)* Européen, -éenne *m,f* du Nord; ²**euro**'**päisch** *adj* de l'Europe septentrionale, du Nord; **~hang** *m* versant *m* nord
'**Nord**|**irland** *n* l'Irlande *f* du Nord
'**nordisch** *adj* nordique; (*alt~*) norois; *SPORT* **~e Kombination** combiné *m* nordique
'**Nordkap** *n* ⟨~s⟩ cap *m* Nord
'**Nord**|**ko**'**rea** *n* la Corée du Nord; '**~ko**-**re**'**aner(in)** *m(f)* Nord-Coréen, -éenne *m,f*; ²**kore**'**anisch** *adj* nord-coréen, -éenne
'**Nord**|**küste** *f* côte septentrionale; **~lage** *f* exposition *f* au nord
Nordländ|**er(in)** ['nɔrtlɛndər(in)] *m* ⟨~s; ~⟩ *(f)* ⟨~; ~nen⟩ habitant(e) *m(f)* (d'un pays) du Nord; ²**isch** *adj* nordique; du Nord
nördlich ['nœrtliç] **I** *adj* du nord; septentrional; **~e Halbkugel** hémisphère *m* Nord, boréal; **~e Breite** latitude boréale; **II** *adv* au nord; **~ von** au nord de
'**Nord**|**licht** *n* **1.** (*Polarlicht*) aurore boréale; **2.** *fig u plais* (*Norddeutsche[r]*) Allemand(e) *m(f)* du Nord; **~meer** *n* ⟨~(e)s⟩ océan *m* Arctique; **~**'**ost(en)** *m* nord-est *m*
'**nord**'**östlich** **I** *adj* du nord-est; **II** *adv* au nord-est; **~ von** au nord-est de
'**Nord**|**pol** *m* pôle *m* Nord; **~po**'**largebiet** *n* terres *f/pl* arctiques; **~po**'**larmeer** *n* océan Arctique
'**Nordrhein-Westfalen** ['nɔrtrainvest-'fa:lən] *n* ⟨→ *n/pr*⟩ la Rhénanie-(du-Nord-)Westphalie
'**Nord**|**see** *f* ⟨~⟩ mer *f* du Nord; **~seite** *f* (côté *m* du) nord *m*; côté *m*, *e-s Gebirges* versant *m* nord; **~stern** *m* ⟨~(e)s⟩ étoile *f* polaire; '**~-**'**Süd-Gefälle** *n* ⟨~s⟩ *POL* écart *m* entre nations riches et nations pauvres; conflit *m* Nord-Sud; '**~-**'**Süd-Konflikt** *m* ⟨~(e)s⟩ *POL* conflit *m* Nord-Sud; **~wand** *f e-s Bergs* face *f* nord
'**nordwärts** ['nɔrtvɛrts] *adv* vers le nord; au nord
'**Nord**'**west(en)** *m* nord-ouest *m*

nord'**westlich** **I** *adj* du nord-ouest; **II** *adv* au nord-ouest; **~ von** au nord-ouest de
'**Nordwind** *m* vent *m* du nord; bise *f*; *bes am Mittelmeer* mistral *m*
Nörge'**lei** *f* ⟨~; ~en⟩ critiques importunes et incessantes
'**Nörgelfritze** F *m* ⟨~n; ~n⟩ *cf* **Nörgler**
'**nörg(e)lig** *adj* F râleur, -euse; chicanier, -ière; (*pingelig*) pointilleux, -euse; pénible
nörgeln ['nœrgəln] *v/i* ⟨-(e)le, h⟩ F râler; chicaner; ergoter; trouver à redire à tout; chercher la petite bête
'**Nörgler(in)** *m* ⟨~s; ~⟩ *(f)* ⟨~; ~nen⟩ F râleur, -euse *m,f*; ergoteur, -euse *m,f*; chicanier, -ière *m,f*
Norm [nɔrm] *f* ⟨~; ~en⟩ **1.** (*Richtschnur*) norme *f*; règle *f*; loi *f*; (*Standard*) standard *m*; étalon *m*; *als* **~ gelten** faire autorité; servir de norme; **2.** *TECH* norme *f*; standard *m*; **3.** *TYPO* signature *f*
nor'**mal** *adj* normal, (*üblich*) régulier, -ière; (*gewöhnlich*) ordinaire; de régime; *unter* **~en Verhältnissen** dans des circonstances, conditions normales; normalement; F *er ist nicht* (*ganz*) **~** il a un grain; F il est piqué, cinglé
Nor'**malausführung** *f COMM* modèle *m*, type *m* standard; *in* **~** de série
Nor'**mal**|**ausstattung** *f* équipement normal, standard, de base; **~benzin** *n* essence *f* ordinaire
Nor'**male** *f* ⟨~(n); ~n⟩ *MATH* normale *f*
nor'**malerweise** *adv* normalement; dans des conditions normales, habituelles
Nor'**malfall** *m* cas normal; *im* **~** normalement
Nor'**mal**|**geschwindigkeit** *f* vitesse normale; **~gewicht** *n* poids normal; **~größe** *f* taille normale
normali'**sier**|**en** *⟨pas de ge-, h⟩* **I** *v/t* normaliser; standardiser; **II** *v/réfl sich* **~** se normaliser; revenir à la normale; ²**ung** *f* ⟨~; ~en⟩ normalisation *f*; standardisation *f*
Normali'**tät** *f* ⟨~⟩ normalité *f*
Nor'**mal**|**maß** *n* (mesure *f*) étalon *m*; **~null** *n* ⟨~s⟩ niveau moyen de la mer; **~spur** *f EISENBAHN* voie normale; **~uhr** *f* **1.** (*Hauptuhr*) horloge régulatrice, centrale; **2.** *öffentliche* horloge *f*; **~verbrauch** *m* consommation normale; **~verbraucher** *m* consommateur moyen; **~wert** *m* valeur *f* standard; **~zeit** *f* heure légale; **~zustand** *m* état normal
Normandie [nɔrman'di:] *f* ⟨→ *n/pr*⟩ *die* **~** la Normandie
Normann|**e** [nɔr'manə] *m* ⟨~n; ~n⟩, **~in** *f* ⟨~; ~nen⟩ Normand(e) *m(f)*; ²**isch** *adj* **1.** *HIST* des Normands; normand; **2.** (*der Provinz Normandie*) normand
norma'**tiv** *adj* normatif, -ive
'**Normblatt** *n* (feuille *f* de) normes *f/pl*; tableau *m* de normalisation
'**normen** *v/t* ⟨h⟩ normaliser; standardiser; uniformiser; unifier
'**Normen**|**ausschuß** *m* comité *m* de normalisation, d'unification, de standardisation; **~kontrolle** *f* ⟨~⟩ contrôle *m* des normes
nor'**mier**|**en** *v/t* ⟨pas de ge-, h⟩ normaliser; standardiser; ²**ung** *f* ⟨~; ~en⟩ normalisation *f*; standardisation *f*

'**Normung** *f* ⟨~; ~en⟩ normalisation *f*; standardisation *f*
Norwegen ['nɔrve:gən] *n* ⟨→ *n/pr*⟩ la Norvège
'**Norweger(in)** *m* ⟨~s; ~⟩ *(f)* ⟨~; ~nen⟩ Norvégien, -ienne *m,f*
'**norwegisch** *adj* norvégien, -ienne; de (la) Norvège
'**Norwegisch** *n* ⟨~(s)⟩, **~e** *n* ⟨~n⟩ (*das*) *Norwegisch(e)* Sprache *f* norvégien
Nostalgie [nɔstal'gi:] *f* ⟨~⟩ nostalgie *f*, regret *m*, goût *m* du passé; rétro *m*
nos'**talgisch** **I** *adj* nostalgique; *Mode*, *Musik* rétro (*inv*); **II** *adv* avec nostalgie
not [no:t] *st/s* **~ tun** être nécessaire; *es tut* **~**, *daß* ... il faut que ... (+*subj*); *das tut* **~** c'est une nécessité
Not *f* ⟨~; ⁓e⟩ (*Notwendigkeit*) nécessité *f*, besoin *m*; (*Dringlichkeit*) urgence *f*; (*Mühe*) peine *f*; (*Schwierigkeit*) difficulté *f*, (*Kummer*) chagrins *m/pl*; (*Sorge*) soucis *m/pl*; malheurs *m/pl*; (*Mangel*) besoin *m*; pénurie *f*; indigence *f*, *p/l fort* dénûment *m*; *an Lebensmitteln* disette *f*; (*Elend*) misère *f*; **finanzielle** **~** embarras financiers; difficultés financières; *wenn* **~ am Mann ist** en cas de nécessité; s'il y a urgence; en cas de besoin; si besoin est; *aus der* **~ e-e Tugend machen** faire de nécessité vertu; *aus* **~** par nécessité; *ohne* **~** sans nécessité; sans raison; *mit Mühe und* **~**, *mit* **~ und Mühe** à grand-peine; *mit knapper* **~** à grand-peine; tant bien que mal; de justesse; *zur* **~** à la rigueur; *s-e liebe* **~ mit etw**, *j-m haben* avoir bien du mal, beaucoup de difficultés avec qc, qn; *Schiff in* **~** navire en détresse; *in* **~** (*acc*) *geraten* tomber dans la misère, le besoin; **~ leiden**, *in* **~** (*dat*) *sein* être, se trouver dans la misère, le besoin; *j-m aus der* **~ helfen** tirer qn d'embarras, d'affaire; *prov* **~ macht erfinderisch** *prov* nécessité est mère d'industrie; *prov* **~ kennt kein Gebot** *prov* nécessité n'a pas de loi; *st/s* **damit hat es keine** **~** (*das eilt nicht*) rien ne presse
'**Notanker** *m MAR* ancre *f* de rechange, de secours; *fig* planche *f* de salut
Notar|**(in)** [no'ta:r(in)] *m* ⟨~s; ⁓e⟩ *(f)* ⟨~; ~nen⟩ notaire *m*; **~i**'**at** *n* ⟨~(e)s; ⁓e⟩ **1.** *Amt* notariat *m*; charge *f* de notaire; **2.** *Büro* étude *f* de notaire
Notari'**atsgehilfe** *m* clerc *m* (de notaire)
notari'**ell** *adj* (*épithète*) *u adv* notarié; **~ beglaubigt** notarié; passé par-devant notaire
'**Not**|**arzt** *m*, **~ärztin** *f* médecin *m* d'urgence; **~arztwagen** *m* ambulance *f*; véhicule sanitaire léger
Notation [notatsi'o:n] *f* ⟨~; ~en⟩ *MUS* notation (musicale); *SCHACH* notation *f*
'**Not**|**aufnahme** *f* **1.** *von Flüchtlingen* hébergement *m*, accueil *m* d'urgence; **2.** *im Krankenhaus* service *m* des urgences; **~aufnahmelager** *n* camp *m*, centre *m* d'accueil; **~ausgang** *m* sortie *f* de secours; **~ausstieg** *m AVIAT* sortie *f* de secours; **~behelf** *m* pis-aller *m*; expédient *m*; moyen *m* de fortune; **~beleuchtung** *f* éclairage *m* de secours, *im Theater, Kino etc* de sûreté; veilleuse *f*
'**Notbremse** *f* signal *m* d'alarme; frein *m* de secours; *die* **~ ziehen** tirer le signal d'alarme; *fig* donner, sonner l'alarme

Notbrücke — N.T.

'**Notbrücke** *f* pont *m* provisoire
'**Notdienst** *m* (service *m* de) garde *f*; **~haben** être de garde
Notdurft ['noːtdʊrft] *st/s f* ⟨~⟩ besoin *m*; *s-e ~ verrichten* faire ses besoins
'**notdürftig I** *adj* (*knapp*) à peine suffisant; (*behelfsmäßig*) provisoire; sommaire; de fortune; **II** *adv* provisoirement; sommairement; de façon sommaire; *~ bekleidet* à peine vêtu; *etw ~ ausbessern* réparer qc sommairement; faire une réparation provisoire de qc
Note ['noːtə] *f* ⟨~; ~n⟩ **1.** *COMM, DIPL, MUS* note *f*; *ganze ~* ronde *f*; *halbe ~* blanche *f*; *in ~n setzen* noter; *nach ~n singen, spielen* chanter, jouer sur partition; F *fig nach ~n* (*gehörig*) comme il faut; **2.** *SCHULE, SPORT* note *f*; point *m*; (*Prädikats~*) mention *f*; **3.** (*Bank~*) billet *m* (de banque); **4.** *fig* (*Eigenart*) cachet *m*; (*Gepräge*) note *f*; *e-e persönliche ~ haben* avoir un cachet personnel; *e-e heitere ~ in etw* (*acc*) *bringen* mettre une note gaie, de gaieté dans qc
'**Noten|ausgabe** *f* ⟨~⟩ émission *f* de billets; **~austausch** *m* *DIPL* échange *m* de notes; **~bank** *f* ⟨~; ~en⟩ banque *f* d'émission; **~blatt** *n* *MUS* partition *f*; **~druck** *m* ⟨~(e)s⟩ **1.** *von Banknoten* impression *f* de billets (de banque); *von Musikalien* impression *f* de musique, de partitions musicales; **2.** *SCHULE* obligation *f* d'obtenir de bonnes notes; **~durchschnitt** *m* moyenne *f* (des notes); **~gebung** *f* ⟨~; ~en⟩ notation *f*; évaluation *f*; **~hals** *m* *MUS* queue *f*; **~heft** *n* cahier *m* de musique; **~kopf** *m* *MUS* tête *f* d'une note; **~linie** *f* *MUS* ligne *f*; **~papier** *n* papier *m* à musique; **~presse** *f* presse *f* à billets de banque; **~pult** *n* pupitre *m* (à musique); *in der Kirche* lutrin *m*; **~schlüssel** *m* *MUS* clef *f*; **~schrift** *f* notation musicale; **~ständer** *m* pupitre *m* (à musique); **~system** *n* **1.** *MUS* portée *f*; **2.** *SCHULE* système *m* de notation, d'évaluation
'**Notfall** *m* urgence *f*; cas *m* de besoin; *im ~ en* cas de besoin, de nécessité, d'urgence; si besoin est; (*wenn es nicht anders geht*) à la rigueur; *für den ~* en cas de besoin
'**notfalls** *adv cf* (*im*) *Notfall*; (*schlimmstenfalls*) au pire
'**notgedrungen** *adv* contraint et forcé; par la force des choses; *ich muß mich ~ damit zufriedengeben* je me vois et je suis contraint, forcé, obligé de m'en contenter
'**Not|gemeinschaft** *f* **1.** *durch gemeinsame Not entstandene* communauté *f* solidaire; **2.** *humanitäre* organisme *m*, organisation *f* de secours; **~groschen** *m* réserve *f* (petites) économies
no'tieren ⟨*pas de ge-*, h⟩ **I** *v/t* **1.** (*aufschreiben*) noter; marquer; prendre note de; **2.** *COMM* (*buchen*) inscrire; **3.** *BÖRSE* coter; *mit ... notiert werden* se coter, être coté à ...; *zum notierten Kurs* au cours indiqué; **II** *v/i BÖRSE zum Kurs von ... ~* être coté au cours de ...; **III** *v/réfl sich* (*dat*) *etw ~* noter qc
No'tierung *f* ⟨~; ~en⟩ notation *f*; *BÖRSE* cote *f*; cotation *f*; cours *m*
nötig ['nøːtɪç] *I adj* nécessaire; *es ist ~ zu* (+*inf*) il faut (+*inf*); *es ist ~, daß*

... il faut que ... (+*subj*); *das ist nicht ~* c'est inutile; *wenn ~* si besoin est; au besoin; *wie es das eschéant; alle ~en Vorsichtsmaßnahmen f/pl* toutes les précautions voulues, nécessaires; *die ~sten Dinge n/pl* les choses *f/pl* indispensables; l'indispensable *m*; *etw ~ haben* avoir besoin de qc; *ich habe mehr als ~* j'en ai tant et plus; j'en ai plus qu'il ne faut; *fig das habe ich* (*doch*) *nicht ~* je n'ai pas besoin de ça; je peux m'en passer; F *du hast es gerade ~* qu'est-ce que tu te permets!; F tu ne manques pas d'air!; c'est bien à toi de dire bzw faire ça; *es nicht für ~ halten zu* (+*inf*) ne pas croire, juger, estimer nécessaire de (+*inf*); *das wäre doch nicht ~ gewesen!* Geschenke etc vous n'auriez pas dû!; *das 2e veranlassen* donner les ordres nécessaires; faire le nécessaire; **II** *adv* absolument; F *ich muß mal ~* (*aufs Klo*) F il faut que j'aille au petit coin
'**nötigen** *v/t* ⟨h⟩ **1.** (*zwingen*) *j-n ~, etw zu tun* engager, *p/fort* obliger, forcer, contraindre, astreindre qn à faire qc; *ich sehe mich genötigt zu* (+*inf*) je me vois obligé, dans l'obligation de (+*inf*); **2.** *st/s* (*dringend bitten*) inviter; prier; *lassen Sie sich nicht ~!* ne vous dérangez pas qu'on vous invite!; *sich ~ lassen* se faire prier
'**nötigen|falls** *adv* si besoin est; en cas de besoin, de nécessité; au besoin
'**Nötigung** *f* ⟨~; ~en⟩ **1.** coercition *f*; pression *f*; *a JUR* contrainte *f*; *JUR* atteinte *f*, *p/fort* attentat *m* à la liberté individuelle; **2.** *st/s* invitation pressante; prière *f*; instances *f/pl*
Notiz [no'tiːts] *f* ⟨~; ~en⟩ **1.** (*schriftlicher Vermerk*) note *f*; *sich* (*dat*) *~en machen* prendre des notes; **2.** (*Zeitungs~*) notice *f*; **3.** *COMM, BÖRSE* cote *f*; cotation *f*; **4.** *von etw ~ nehmen* prendre note, connaissance de qc; faire, prêter attention à qc; *keine ~ von etw nehmen* ne tenir nul compte, aucun compte de qc
No'tiz|block *m* ⟨~(e)s; ~s ou -blöcke⟩ bloc-notes *m*; **~buch** *n* carnet *m*; calepin *m*; **~zettel** *m* fiche *f*
'**Notlage** *f* situation *f* difficile, *p/fort* désespérée; détresse *f*; besoin *m*; difficulté *f*; *in e-r ~ sein, sich in e-r ~ befinden* se (re)trouver dans l'embarras, dans une situation difficile
'**notland|en** *v/i* ⟨-ete, *insép*, -ge-, sein⟩ faire un atterrissage forcé; se poser en catastrophe; **2ung** *f* atterrissage forcé
'**notleidend** *adj* nécessiteux, -euse indigent; qui est dans le besoin, la gêne; *p/fort* miséreux, -euse
'**Not|leine** *f* corde *f* de secours; **~lösung** *f* expédient *m*; pis-aller *m*; solution *f* de fortune; **~lüge** *f* pieux mensonge *m*; mensonge *m* de circonstance, exigé, imposé par les circonstances; **~maßnahme** *f* mesure *f* d'urgence; **~opfer** *n* impôt exceptionnel
notorisch [no'toːrɪʃ] *adj* notoire (*a Lügner*); reconnu
'**Not|pfennig** *m cf Notgroschen*; **~quartier** *n* logement *m*, abri *m* de secours, de fortune, provisoire; refuge *m*; **~ruf** *m* appel *m* d'urgence; **~rufnummer** *f* numéro *m* d'urgence; **~ruf-**

säule *f* poste *m* d'appel d'urgence; borne *f* d'appel; **2schlachten** *v/t* ⟨-ete, *insép*, -ge-, h⟩ abattre (*un animal malade, blessé*); **~schlachtung** *f* abattage forcé, d'urgence; **~signal** *n* signal *m* de détresse, d'alarme; **~situation** *f* situation *f* difficile, de détresse; **~sitz** *m* strapontin *m*; **~stand** *m* état *m* d'urgence; *p/fort* détresse *f*; **~standsgebiet** *n* région sinistrée *f*; **~standsgesetz** *n* loi *f* d'urgence, d'exception; **~stromaggregat** *n* groupe *m* (électrogène), génératrice *f* de secours; **~taufe** *f* *CATH* ondoiement *m*; *PROT* baptême *m* d'urgence; **~treppe** *f* escalier *m* de secours; **~unterkunft** *f cf Notquartier*; **~verband** *m* premier pansement *m*; pansement *m* provisoire; **~verkauf** *m* vente forcée, d'urgence; **~verordnung** *f* décret-loi *m*; **2wassern** *v/i* ⟨-ssere *ou* -ßre, *insép*, -ge-, sein⟩ faire un amérissage forcé; **~wasserung** *f* ⟨~; ~en⟩ amérissage forcé
'**Notwehr** *f* ⟨~⟩ légitime défense *f*; *aus ~* à mon (ton, *etc*) corps défendant
'**notwendig** *adj* (*nötig*) nécessaire; (*unvermeidlich*) inévitable; (*unerläßlich*) indispensable; (*dringlich*) urgent; *~ sein* s'imposer; *das 2ste* le strict nécessaire; l'indispensable *m*; *das 2e veranlassen* prendre toutes dispositions utiles; faire le nécessaire
'**notwendiger'weise** *adv* nécessairement; forcément; absolument
'**Notwendigkeit** *f* ⟨~; ~en⟩ nécessité *f*; *unumgängliche ~* nécessité absolue, impérieuse
'**Notzeichen** *n* signal *m* de détresse
'**Notzeit** *f* in *~en* (*dat*) en temps de crise
'**Notzucht** *f* ⟨~⟩ *JUR* viol *m*
N(o)ugat ['nuːgat] *m od n* ⟨~s; ~s⟩ praliné *m*
Nov. *abr* (*November*) nov. (novembre)
Nova ['noːva] *f* ⟨~; -vä⟩ *ASTR* nova *f*
Novelle [no'vɛlə] *f* ⟨~; ~n⟩ **1.** (*Erzählung*) nouvelle *f*; **2.** *POL, JUR* loi *f* dérogatoire; amendement *m* (à une loi)
No'vellen|dichter *m*, **~schreiber** *m cf Novellist*
novel'lieren *v/t* ⟨*pas de ge-*, h⟩ *bes POL Gesetz* amender; modifier; réviser
Novellist|(in) [nɔvɛ'lɪst(ɪn)] *m* ⟨~en; ~en⟩ *f* ⟨~; ~nen⟩ nouvelliste *m,f*; **2isch** *adj* en forme de nouvelle(s)
November [no'vɛmbər] *m* ⟨~(s); ~⟩ (mois *m* de) novembre *m*; *cf a Januar*
Novi'tät *f* ⟨~; ~en⟩ nouveauté *f*
Noviz|e [no'viːtsə] *m* ⟨~n; ~n⟩, *f* ⟨~; ~n⟩ *od* **~in** *f* ⟨~; ~nen⟩ *CATH u fig* novice *m,f*; **~i'at** *n* ⟨~(e)s; ~e⟩ noviciat *m*
Novum ['noːvʊm] *n* ⟨~s; -va⟩ nouveauté *f*; fait nouveau
NPD [ɛnpeː'deː] *f* ⟨~⟩ *abr* (*Nationaldemokratische Partei Deutschlands*) parti nationaliste allemand d'extrême-droite
Nr. *abr* (*Nummer*) N° (numéro)
NRW [ɛnɛrˈveː] *n abr* (*Nordrhein-Westfalen*) Rhénanie-(du-Nord-)Westphalie
NS- [ɛnˈʔɛs...] *abr in Zssgn* (*nationalsozialistisch*) national-socialiste
NSDAP [ɛnʔɛsdeːaːˈpeː] *f* ⟨~⟩ *HIST abr* (*Nationalsozialistische Deutsche Arbeiterpartei*) Parti national-socialiste
N'S-Verbrecher *m* criminel nazi
N.T. *abr* (*Neues Testament*) N.T. (Nouveau Testament)

nu [nu:] F *regional adv cf* **nun**
Nu *m* ⟨~⟩ *im* ~ en un rien de temps; en un tournemain; en un clin d'œil
Nuance [ny'ã:sə] *f* ⟨~; ~n⟩ *a fig* nuance *f*; *KUNST* teinte *f*
nu'an|cenreich I *adj* riche en, plein de nuances; II *adv* avec de nombreuses nuances; de façon (très) nuancée; **~'cieren** *v/t (pas de ge-,* h) nuancer; **~'cierung** *f* ⟨~; ~en⟩ nuancement *m*
nüchtern ['nʏçtərn] I *adj* **1.** (*mit leerem Magen*) à jeun; **2.** (*nicht betrunken*) qui n'est pas gris; qui n'a pas bu; *wieder* ~ dégrisé; F dessoûlé; ~ *machen* dégriser; ~ *werden* se dégriser; F dessoûler; **3.** *fig Mensch* objectif, -ive; réaliste; prosaïque; *Kritik* serein; objectif, -ive; *Stil* sobre; **~es** *Urteil* jugement sain; II *adv* ~ *urteilen* juger avec objectivité, objectivement
'Nüchternheit *f* ⟨~⟩ **1.** dégrisement *m*; **2.** *fig* esprit objectif; *des Stils* sobriété *f*; prosaïsme *m*
nuckeln ['nʊkəln] F ⟨-(e)le, h⟩ I *v/t* F siroter; boire à petites gorgées; II *v/i an etw* (*dat*) ~ sucer, suçoter qc
'Nuckelpinne F *f* ⟨~; ~n⟩ F tacot *m*; guimbarde *f*
Nudel ['nu:dəl] *f* ⟨~; ~n⟩ **1.** *CUIS* nouille *f*; (*Faden2*) vermicelle *m*; **~n** *pl a* pâtes *f/pl*; **2.** *fig e-e komische, ulkige* ~ un drôle de numéro; F une fille marrante; *e-e dicke* ~ F un gros patapouf; un tonneau
'Nudel|brett *n* planche *f* à pâtisserie; **~holz** *n* rouleau *m* à pâte
'nudeln *v/t* ⟨-(e)le, h⟩ *Geflügel, a* F *fig Personen* gaver
'Nudel|salat *m* salade *f* de pâtes, de nouilles; **~suppe** *f* potage *m* au(x) vermicelle(s); **~teig** *m* pâte *f* à nouilles
Nud|ismus ['nu:dɪsmʊs] *m* ⟨~⟩ nudisme *m*; **~ist(in)** *m* ⟨~en; ~en⟩ (*f*) ⟨~; ~nen⟩ nudiste *m,f*; **~i'tät** *f* ⟨~; ~en⟩ nudité *f*
'Nugat *cf* **Nougat**
nuklear [nukle'a:r] *adj* nucléaire; **~er** *Winter* hiver *m* nucléaire
Nukle'ar|energie *f f* **~krieg** *m cf* *Atomkrieg*, **~medizin** *f* ⟨~⟩ médecine *f* nucléaire; **~physik** *f cf* *Kernphysik*, **~waffe** *f* arme *f* nucléaire
Nukleon ['nu:kleɔn] *n* ⟨~s; -'onen⟩ *NUCL* nucléon *m*
Nukleus ['nu:kleʊs] *m* ⟨~; -ei⟩ *BIOL*, *PHYSIOL*, *LING* nucléus *m*
null [nʊl] I *num/c* nul, nulle; zéro (*inv*); ~ *Komma zwei* zéro virgule deux; *TENNIS vierzig* ~ quarante zéro; *für* ~ *und nichtig erklären* déclarer nul et non avenu; ~ *Grad* zéro degré; *ADM* ~ *Uhr zehn* zéro heure dix minutes; ~ *Fehler im Diktat etc* zéro faute; II F *adj* ⟨*inv*⟩ ~ *Ahnung* (*von*) aucune idée (de); F *ich habe* ~ *Bock* (*auf Schule*) F ça me fait suer, *p/fort* F ça me fait chier (d'aller en classe)
Null *f* ⟨~; ~en⟩ zéro *m*; *5 Grad über, unter* ~ 5 degrés au-dessus, en dessous de zéro; *die Stunde* ~ l'année *f* zéro; F *fig Ergebnis gleich* ~ (au) résultat: zéro; F *in* ~ *Komma nichts* en un rien de temps; F en deux coups de cuillère à pot; en deux temps, trois mouvements; *bei* ~ *anfangen* commencer à zéro; F (*unfähiger Mensch*) *er ist e-e* ~ F c'est un zéro, un minable, un pauvre type

Nullacht'fünfzehn-... F *péj in Zssgn* quelconque; ordinaire; commun
'Null-'Bock-Generation F *f* F bof-génération *f*
'Nulldiät *f* régime *m* sans calories; jeûne complet
'Nulleiter *m* *ÉLECT* conducteur *m* neutre
'Null|menge *f MATH* ensemble *m* vide; **~meridian** *m GÉOGR* méridien *m* d'origine
'Null-'Null F *n* ⟨~; ~(s)⟩ toilettes *f/pl*; W.C. *m/pl*; waters *m/pl*
'Nullösung *f* option *f* zéro; *dritte* ~ troisième option zéro
'Nullpunkt *m* zéro *m*; *Thermometer a* point *m* de congélation; *des Koordinatensystems* origine *f*; *absoluter* ~ (*0°K*) zéro absolu; F *fig auf dem* ~ *sein* avoir le moral à zéro; F être au 36ᵉ dessous
'Null|serie *f TECH, COMM* présérie *f*; **~stellung** *f* position *f* zéro, de repos; **~strich** *m* trait *m* de zéro
'Nulltarif *m* tarif gratuit; *zum* ~ à titre gratuit; F gratis; F à l'œil
'Nullwachstum *n* croissance *f* zéro
Nulpe ['nʊlpə] F *f* ⟨~; ~n⟩ F crétin *m*; idiot *m*; (*Langweiler*) F raseur *m*
Numer|ale [nume'ra:lə] *n* ⟨~s; -lien -lia⟩ *GR* adjectif numéral; **~ieren** *v/t* ⟨*pas de ge-,* h⟩ numéroter; **~ierung** *f* ⟨~; ~en⟩ numérotage *m*; numérotation *f*
numerisch [nu'me:rɪʃ] *adj* numérique
Numerus ['nu:mərʊs] *m* ⟨~; -ri⟩ *GR* nombre *m*
Numerus clausus ['nu:mərʊs'klaʊzʊs] *m* ⟨~⟩ numerus clausus *m*; sélection *f*
Numismat|ik [numɪs'ma:tɪk] *f* ⟨~⟩ numismatique *f*; **~iker(in)** *m* ⟨~s; ~⟩ (*f*) ⟨~; ~nen⟩ numismate *m*...
Nummer ['nʊmər] *f* ⟨~; ~n⟩ numéro *m* (*a Zeitungs2 etc*); *SPORT* (*Rücken2*) dossard *m*; *in e-m Katalog* cote *f*; référence *f*; (*Größe*) numéro *m*; (*Vorführung*) numéro *m*; F (*Musikstück*) morceau *m*; *laufende* ~ numéro d'ordre, de série; F *er ist e-e* ~ (*für sich*) F c'est un type à part; F c'est un (drôle de) numéro; F c'est un drôle de type; P *eine* ~ *schieben* (*den Geschlechtsakt vollziehen*) P tirer un coup
'Nummernschild *n* plaque *f* minéralogique, d'immatriculation
nun [nu:n] I *adv* (*jetzt*) maintenant; à présent; à l'heure qu'il est; (*a darauf*) alors; ~ *erst gestand er* ce n'est qu'alors, c'est à ce moment-là seulement qu'il avoua; *von* ~ *an* dorénavant; dès à présent; désormais; II *Partikel* bien; enfin; *zur Fortsetzung der Rede* ~ *... eh bien ...;* *bei Folgerungen* ~ (*aber*) or; ~*, ich gestehe, daß ...* ma foi, j'avoue que ...; ~*?* (*wie steht's*) eh bien?; alors?; ~ *denn!* soit!; d'accord!; eh bien!; ~ *gut!* eh bien!; soit!; *ja, aber ... oui, bien sûr, mais ...;* ~ *los!* allons!; *kommst du* ~ (*oder nicht*)? alors, tu viens (, oui ou non)?; *das ist* ~ *einmal so* c'est comme ça, il n'y a rien à faire; il en est ainsi, on n'y peut rien; *er will es* ~ *einmal so haben* mais puisqu'il le veut ainsi; puisque c'est son idée; *so schlimm ist es* ~ *auch wieder nicht* ce n'est tout de même pas si grave que ça

'nun'mehr *st/s adv* à présent; maintenant; (*von jetzt an*) désormais
Nuntiatur [nʊntsia'tu:r] *f* ⟨~; ~en⟩ *CATH* nonciature *f*
Nuntius ['nʊntsiʊs] *m* ⟨~; -ien⟩ *CATH* nonce *m*
nur [nu:r] I *adv* ausschließend, in ganzen Sätzen ne ...; *ohne Verb meist* seul; seulement; (*einzig u allein*) seulement; *er spielt* ~ (*immerfort*) il n'arrête pas de jouer; il ne fait que jouer; il ne cesse de jouer; ~ *aus Eitelkeit* par pure vanité; ~ *noch* ne ... plus que; ~ *etwa* ne ... guère que; *er ißt fast* ~ *noch Brot* il ne mange pratiquement plus que du pain; ~ *ein wenig* (un) tant soit peu; *nicht* ~ *..., sondern auch* non seulement ..., mais aussi *od* encore; ~ *er* (c'est) lui seul (qui ...); ~ *gut, daß ...* (+*ind*) heureusement que ... (+*ind*); encore heureux que ... (+*subj*); ~ *aus Freude am Lügen* pour le seul plaisir de mentir; ~ *um ihn unglücklich zu machen* à seule fin de, rien que pour le rendre malheureux; *e-e und* ~ *e-e Lösung* une solution, une seule *od* et seulement une; *wenn ich* ~ *daran denke, läuft mir das Wasser im Munde zusammen* rien que d'y penser l'eau me vient à la bouche; *alle,* ~ *er nicht* tous excepté *od* sauf lui; *mit* ~ *wenigen Ausnahmen* à peu d'exceptions près; *...* ~*, daß ...* sauf que ...; excepté que ...; à cela près que ...; II *Partikel* **1.** *in Wunschsätzen wäre ich an s-r Stelle!* ah, si (seulement) j'étais à sa place!; *alles,* ~ *das nicht!* tout sauf ça; *das mag* ~ *nicht kommt!* mais qu'il ne vienne pas!; il n'a pas intérêt à venir!; **2.** *bewilligend, ermunternd er mag* ~ *gehen!* qu'il parte!; il n'a qu'à partir!; ~ *zu!* vas-y, allez-y!; ~ *keine Angst!* n'aie *bzw* n'ayez pas peur!; *laß* ~*!* laisse donc!; mais laisse!; F laisse tomber!; **3.** *warnend* ~ *nicht lügen!* surtout ne me mens *bzw* mentez pas!; surtout pas de mensonge(s)!; *er soll* ~ *kommen!* qu'il (y) vienne!; *warte,* ~ *wenn ich dich erwische!* attends un peu, que je t'y reprenne!; **4.** *verstärkend dadurch machst du es* ~ (*noch*) *schlimmer* comme ça, en agissant ainsi, tu ne fais qu'aggraver les choses; *geh* ~*!* pars, va donc!; *sehen Sie* ~*, was Sie gemacht haben!* regardez, vous voyez ce que vous avez fait!; *laßt mich* ~ *machen!* laissez-moi faire!; *wage es* ~*!* ose un peu (, pour voir)!; **5.** *fragend, zweifelnd* donc; *wie kommt er* ~ *hierher?* mais comment donc a-t-il pu venir ici?; comment est-ce qu'il a fait pour venir ici?; *was soll ich* ~ *sagen?* qu'est-ce que vous voulez que je vous dise?; *wozu das* ~*?* à quoi bon, pour quoi faire, dites-moi?; **6.** *verallgemeinernd so viel ich* ~ *kann* (au)tant que je peux; autant que possible; *sie sprang ins Wasser, daß es* ~ *so spritzte* elle plongea en éclaboussant tout autour d'elle; *es wimmelte* ~ *so von Ameisen* cela, l'endroit, le sol, *etc* grouillait de fourmis; **7.** *in Verbindung mit „zu", steigernd ich weiß es* ~ *zu gut* je ne le sais que trop (bien); ~ *zu sehr* que trop; ~ *nicht zu sehr* mais pas trop

Nürnberg ['nʏrnbɛrk] *n* ⟨→ *n/pr*⟩ Nuremberg

nuscheln ['nuʃəln] F *v/i* ⟨-(e)le, h⟩ parler indistinctement; manger ses mots

Nuß [nʊs] *f* ⟨~; Nüsse⟩ **1.** *BOT* (Wal♀) noix *f*; (Hasel♀) noisette *f*; **taube ~** noix creuse; *fig* **e-e taube ~** (*Versager*) un raté; F un nullard; *fig* **das ist e-e harte ~** c'est une chose, tâche difficile; c'est un casse-tête, problème ardu; *fig* **j-m e-e harte ~ zu knacken geben** donner du fil à retordre à qn; F **e-e doofe ~** un(e) imbécile; F une nouille; F un corniaud; **2.** *CUIS* (*Fleischstück*), *TECH* noix *f*

Nuß|baum *m* noyer *m*; ♀**braun** *adj* brun (noyer [*inv*]); (*hasel~*) noisette (*inv*); **~knacker** *m* casse-noix *m*; *für Haselnüsse* casse-noisettes *m*; **~öl** *n* huile *f* de noix; **~schale** *f* coquille *f* de noix *bzw* de noisette; *fig* (*kleines Boot*) coquille *f* de noix; **~schinken** *m* jambon *m* (de noix); **~schokolade** *f* chocolat *m* aux noisettes; **~torte** *f* CUIS gâteau *m* aux noix *bzw* noisettes

Nüster ['nʏstər] *f* ⟨~; ~n⟩ narine *f*; naseau *m*

Nut(e) ['nu:t(ə)] *f* ⟨~; ~(e)n⟩ rainure *f*

nuten *v/t* ⟨-ete, h⟩ rain(ur)er; *abs* faire des rainures

Nutenfräser *m* fraise *f* pour rainures, à surfacer

Nuthobel *m* bouvet *m*; guillaume *m*

Nutria[1] ['nu:tria] *f* ⟨~; ~s⟩ *ZO* ragondin *m*

Nutria[2] *m* ⟨~s; ~s⟩ *Pelz* ragondin *m*

Nutte ['nʊtə] P *f* ⟨~; ~n⟩ P putain *f*; P pute *f*

nutz [nʊts] *cf* **nütze**

Nutzanwendung *f* utilisation *f*; application *f*; utilité *f* pratique

nutzbar *adj* (*brauchbar*) utilisable; utile; (*gewinnbringend*) productif, -ive; lucratif, -ive; *etw* (*für etw*) **~ machen** faire servir qc (à qc); mettre qc à profit (pour qc); rendre qc utile (à qc)

Nutzbarmachung *f* ⟨~⟩ utilisation *f*; exploitation *f*; mise *f* en valeur

nutzbringend *adj* profitable; utile; fructueux, -euse; lucratif, -ive; *FIN* productif, -ive; **~ anwenden** employer à qc d'utile, de profitable; mettre à profit

nütze ['nʏtsə] *adj* **zu etw**, **nichts ~ sein** servir à qc, ne servir à rien

Nutzeffekt *m* rendement *m*; travail *m* utile; *TECH* efficacité *f*; efficience *f*

nutzen *cf* **nützen**

Nutzen *m* ⟨~s⟩ utilité *f*; (*Gewinn*) profit *m*; bénéfice *m*; (*Vorteil*) avantage *m*; intérêt *m*; (*Ertrag*) rapport *m*; **zum ~ von** dans l'intérêt de; au profit, bénéfice de; en faveur de; **~ aus etw ziehen** tirer profit, parti, profiter de qc; exploiter qc; **~ bringen** profiter; être profitable; **von ~ sein** rendre service; être utile; servir

nützen ⟨-(e)s)t, h⟩ **I** *v/t* **1.** *AGR*, *TECH etc* utiliser; exploiter; mettre à profit; faire valoir; **2.** *Gelegenheit etc* profiter de; **II** *v/i* (*j-m* [*zu etw*]) **~** servir, être utile (à qn [pour qc]); rendre service (à qn); être bon, bonne (à qc); profiter (à qn); **was nützt es, daß ...?** à quoi bon (+*inf*)?; à quoi sert-il de (+*inf*)?; **nichts ~** ne servir à *od* de rien; **die Vorwürfe nützten nichts** les reproches n'y faisaient rien; **die Entschuldigungen ~** (*dir*) **jetzt auch nichts mehr** ce n'est plus la peine de, il est trop tard pour t'excuser; F **es nützt alles nichts, da müssen wir jetzt durch** tant pis, il faut y aller; on ne peut plus reculer

Nutzer(in) *m* ⟨~s; ~⟩ (*f*) ⟨~; ~nen⟩ *ADM* usager *m*; *INFORM* utilisateur, -trice *m,f*

Nutzfahrzeug *n* véhicule *m* utilitaire

Nutzfläche *f* surface *f* utile; *landwirtschaftliche ~* surface cultivable, exploitable

Nutz|garten *m* jardin potager, de rapport; **~holz** *n* bois *m* de construction, de charpente, d'ouvrage, d'œuvre; **~last** *f* charge *f*, poids *m* utile; **~leistung** *f* puissance *f* utile

nützlich *adj* utile; *sich ~ machen* se rendre utile; *j-m ~ sein* être utile à qn; rendre service à qn

Nützlichkeit *f* ⟨~⟩ utilité *f*

Nützlichkeitsprinzip *n* principe *m* de l'utilité, d'utilité

nutz|los *adj* inutile; infructueux, -euse; vain; ♀**losigkeit** *f* ⟨~⟩ inutilité *f*

Nutz|nießer(in) ['nʊtsni:sər(ɪn)] *m* ⟨~s; ~⟩ (*f*) ⟨~; ~nen⟩ bénéficiaire *m,f*; *péj* profiteur, -euse *m,f*; -ière *m,f*; **~nießung** *f* ⟨~⟩ *JUR* jouissance *f*; usufruit *m*; **~pflanze** *f* plante *f* utile; **~tier** *n* animal *m* de rapport, d'utilité

Nutzung *f* ⟨~; ~en⟩ (*Benutzung*) utilisation *f*; usage *m*; *des Bodens* exploitation *f*; *friedliche ~ der Atomenergie* utilisation pacifique de l'énergie atomique

Nutzungsdauer *f* durée *f* d'utilisation

Nutzungsrecht *n* das **~** (*an etw* [*dat*]) le droit *m* de jouissance (sur qc); le droit usufructuaire (de qc); le droit d'usage (de qc)

Nutzwert *m* valeur *f* d'usage

NVA [ɛnfaʊ'ʔa:] ⟨~⟩ *HIST DDR abr* (*Nationale Volksarmee*) die **~** l'Armée nationale populaire

NW *abr* (*Nordwest*[*en*]) N.-O. (nord-ouest)

Nylon ['naɪlɔn] *n* ⟨~s⟩ *Wz* nylon *m* (*nom déposé*); **~strumpf** *m* bas *m* nylon

Nymphe ['nʏmfə] *f* ⟨~; ~n⟩ *MYTH*, *fig* nymphe *f*

nymphoman [nʏmfo'ma:n] *adj* nymphomane

Nympho|ma'nie *f* ⟨~⟩ nymphomanie *f*; **~'manin** *f* ⟨~; ~nen⟩ nymphomane *f*; ♀**'manisch** *cf* **nymphoman**

O

O, o [oː] *n* ⟨~; ~⟩ *Buchstabe* O, o *m*
o [oː] *int* **1.** oh!; ah!; **~ ja, nein!** oh oui, non!; **~ doch!** mais si!; **~ Gott!** mon Dieu!; **2.** *poét* ô; **~ Himmel!** ô ciel!; **~ daß sie doch kämen!** s'tś plût à Dieu qu'ils viennent!
O *abr* (*Ost[en]*) E. (est)
o. a. *abr* (*oben angeführt*) ci-dessus
o. ä. *abr* (*oder ähnliche[s]*) etwa etc.
ÖAMTC [øːʔaːʔɛmteːˈtseː] *m* ⟨~⟩ *abr* (*Österreichischer Automobil-, Motorrad- und Touring-Club*) automobile-club autrichien
OAS [oːʔaːˈʔɛs] *f* ⟨~⟩ *abr* (*Organisation Amerikanischer Staaten*) O.E.A. *f* (Organisation des États américains)
Oase [oˈaːzə] *f* ⟨~; ~n⟩ *a fig* oasis *f*
ob [ɔp] **I** *conj* si; **ich weiß nicht, ~ ... ich** ne sais pas si ...; **~ er noch da ist?** je me demande s'il est encore là *bzw* croyez-vous qu'il soit encore là?; **~ er kommt, interessiert mich nicht** qu'il vienne ou non, cela m'est égal; **als ~** comme si; **er tat, als ~ er mich nicht sähe** il fit semblant de ne pas me voir; **mir ist, als ~ ...** il me semble que ...; **es ist, als ~ ...** on dirait que ...; **~ ... oder ... que ...** (+*subj*) ou que ... (+*subj*); **~ er will oder nicht** qu'il le veuille ou non; **~ jung, ~ alt (, alle kamen)** (tous sont venus), jeunes et vieux; **und ~!** et comment!; **II** *prép* **1.** ⟨*gén, rarement dat*⟩ s/s (*über, wegen*) à cause de; au sujet de; **2.** ⟨*dat*⟩ *schweiz* (*oberhalb*) au-delà de; au-dessus de; **bei Flußnamen** sur
o. B. *abr* MÉD (*ohne Befund*) aucune anomalie
OB [oːˈbeː] *m* ⟨~(s); ~s⟩ *abr* (*Oberbürgermeister*) *in Deutschland* premier bourgmestre; *in Frankreich* maire *m*
Obacht [ˈoːbaxt] *f* ⟨~⟩ *regional* attention *f*: **~ auf etw** (*acc*) **geben** faire attention, prendre garde à qc; **~!** attention!
Obb. *abr* (*Oberbayern*) 'Haute-Bavière
ÖBB [øːbeːˈbeː] *f*/*pl* ⟨~⟩ *abr* (*Österreichische Bundesbahnen*) chemins de fer autrichiens
Obdach [ˈɔpdax] s/s *n* ⟨~(e)s⟩ abri *m*; asile *m*; refuge *m*; **j-m ~ gewähren** héberger qn
obdachlos *adj* sans abri; (*nicht seßhaft*) sans domicile fixe
'Obdach|lose(r) *f(m)* ⟨→ A⟩ sans-abri *m*,*f*; sans-logis *m*,*f*; (*Nichtseßhafte[r]*) personne *f* sans domicile fixe; **~losenasyl** *n* foyer *m*, centre *m* d'accueil pour sans-abris; **~losigkeit** *f* ⟨~⟩ manque *m* d'abri
Obdukti|on *f* ⟨~; ~en⟩ autopsie *f*
obduzieren [ɔpduˈtsiːrən] *v/t* ⟨*pas de ge-, h*⟩ **e-e Leiche ~** pratiquer, faire une autopsie
'O-Beine F *n/pl* jambes arquées; **~ haben** avoir les jambes arquées
Obelisk [obeˈlɪsk] *m* ⟨~en; ~en⟩ obélisque *m*
oben [ˈoːbən] *adv* (*hoch ~*) en 'haut; (*auf der Oberfläche*) à la surface; *auf e-r Liste* en tête; *am Tisch* au haut bout; *auf Kisten* **~!** 'haut; **~ auf dem Berg** au sommet de la montagne; **da, dort ~** là--haut; **links, rechts ~** en 'haut à gauche, à droite; **nach ~** vers le haut; **nach ~ gehen** monter; **von ~** (*herab*) d'en 'haut; **par en 'haut**; *fig* **j-n von ~ herab behandeln** traiter qn avec mépris; **siehe ~** voir ci-dessus; **weiter ~** ci-dessus; plus 'haut; **auf Seite 10 ~** en 'haut de la page 10; F **von ~** (*von vorgesetzter Stelle*) F d'en 'haut; **von ~ nach od bis unten** de haut en bas; **j-n von ~ bis unten ansehen** regarder qn de haut en bas, de la tête aux pieds; F **mir steht es bis hier ~** F j'en ai jusque-là; F **~ ohne** seins nus
'oben'an *adv* tout en 'haut; *auf e-r Liste* en tête; (*an erster Stelle*) en première position
'oben'auf *adv* **1.** dessus; (*an der Oberfläche*) à la surface; **2.** *fig* **~ sein** F être en pleine forme
'oben|'drauf F *adv* dessus; **'~'drein** *adv* de plus; **'~'drüber** F *adv* F par-dessus; **~erwähnt** *adj* ⟨*épithète*⟩ susmentionné; ²**erwähnte(r)** *f(m)* ⟨→ A⟩ susmentionné(e) *m(f)*; **~genannt** *adjt* ⟨*épithète*⟩ susnommé; ²**genannte(r)** *f(m)* ⟨→ A⟩ susnommé(e) *m(f)*
'Oben-'ohne-Bedienung *f* serveuse *f* aux seins nus
'obenstehend *adjt* ⟨*épithète*⟩ ci-dessus; susmentionné; susnommé
Ober [ˈoːbər] *m* ⟨~s; ~⟩ **1.** (*Kellner*) garçon *m*; **Herr ~!** Garçon!; Monsieur!; **2.** *Spielkarte* dame *f*
'Ober... *in Zssgn* supérieur; de dessus; *bei geographischen Bezeichnungen* 'haut; *bei Ämtern, Titeln* premier, -ière; général; (*an der Spitze stehend*) (en) chef; **~arm** *m* bras *m*; **~arzt** *m*, **~ärztin** *f* médecin *m* chef; **~aufseher(in)** *m(f) im Gefängnis* gardien, -ienne *m*,*f* chef; **~aufsicht** *f* inspection, surveillance générale; (*Leitung*) direction *f* (*über* [+*acc*] de)
'Oberbau *m* ⟨~s; ~ten⟩ superstructure *f*; *e-r Straße* (*Decke*) revêtement *m*
'Oberbayern *n* la Haute-Bavière
'Oberbefehl *m* commandement *m* suprême (*über* [+*acc*] de); **den ~ haben** avoir le commandement suprême; commander en chef
'Ober|befehlshaber *m* commandant *m* en chef; **~begriff** *m* terme *m* générique; **~bekleidung** *f* vêtements *m/pl*; **~bett** *n* couette *f*; *in französischen Betten a* édredon *m*; **~bürgermeister** *m in Deutschland* premier bourgmestre; *in Frankreich* maire *m*; **~deck** *n* MAR pont supérieur; ²**deutsch** *adj* de l'Allemagne du Sud
'obere(r, -s) *adj* ⟨*épithète*⟩ supérieur; örtlich d'en 'haut; rangmäßig élevé; (*darüberliegend*) de dessus; d'en 'haut; **die ~n Klassen** *e-r Schule* les classes supérieures; **das ~ Zimmer** la chambre du 'haut
'Obere(r) *m* ⟨→ A⟩ **1. die ~n e-s Landes** les gens 'haut placés, en 'haut lieu; (*Vorgesetzte*) les supérieurs *m/pl*; **2. e-s Klosters** Père supérieur
'ober|faul F *adj Sache, Angelegenheit* très louche; véreux, -euse; ²**feldwebel** *m* adjudant-chef *m*
'Oberfläche *f* (*Außenseite*) surface *f*; (*Flächenausdehnung*) superficie *f*; **auf der ~** (*des Wassers*) à la surface (de l'eau); **wieder an die ~ kommen** remonter à la surface; *fig* **an der ~ bleiben** rester à la surface des choses
'oberflächenaktiv *adj* tensio-actif, -ive
'Oberflächen|behandlung *f* TECH traitement *m* de surface; **~spannung** *f* tension superficielle
'oberflächlich *adj* (*äußerlich*) *a fig* superficiel, -ielle; **ein ~es Wissen** des connaissances superficielles; **II** *adv* **etw ~ behandeln** traiter qc superficiellement; effleurer qc; **ich kenne ihn nur ~** je ne le connais que vaguement
'Oberflächlichkeit *f* ⟨~⟩ **1.** caractère *m* superficiel; superficialité *f*; **2.** (*Leichtfertigkeit*) légèreté *f*; **~förster** *m* garde forestier d'un district; **~gärig** *adj* à fermentation 'haute; **~gefreite(r)** *m* MIL caporal *m*; **~geschoß** *n* étage supérieur; **~grenze** *f* limite supérieure; plafond *m*
'oberhalb *prép* ⟨*gén*⟩ au-dessus de; (*stromaufwärts*) en amont de
'Oberhand *f* ⟨~⟩ dessus *m*; **die ~** (*über etw, j-n*) **haben** avoir le dessus (sur qc, qn); *im Kampf, in der Diskussion* **die ~** (*über j-n*) **gewinnen** prendre l'avantage, le dessus (sur qn); **die ~** (*über etw, j-n*) **behalten** l'emporter (sur qc, qn)
'Ober|haupt *n* chef *m*; *e-r Partei a* leader *m*; **~haus** *n* ⟨~es⟩ POL *in England das ~* la Chambre des lords; **~haut** *f* épiderme *m*; **~hemd** *n* chemise *f*; **~herrschaft** *f* ⟨~⟩ (*bestimmende Gewalt*) souveraineté *f*; (*Überlegenheit*) suprématie *f*; domination *f* (**zur See** de la mer)

Oberhirte — och

'**Ober**|**hirte** m CATH (Bischof) évêque m; (Papst) pape m; **~hoheit** f souveraineté f; autorité f, pouvoir m suprême
'**Oberin** f ⟨~; ~nen⟩ 1. cf Oberschwester; 2. CATH (Mère f) supérieure f
'**oberirdisch** adj au-dessus du sol; ÉLECT aérien, -ienne
'**Oberkante** f bord supérieur
'**Ober**|**kellner** m maître m d'hôtel; **~kiefer** m mâchoire supérieure; **~kommandierende(r)** m ⟨→ A⟩ MIL cf Oberbefehlshaber
'**Oberkommando** n 'haut commandement, commandement m suprême (über [+acc] de)
'**Oberkörper** m buste m; torse m; **den ~ frei machen** se mettre torse nu; beim Arzt se déshabiller jusqu'à la ceinture
'**Oberland** n ⟨~(e)s⟩ ('hauts) plateaux; **das Berner ~** l'Oberland bernois
'**Ober**|**landesgericht** n etwa Cour f d'appel; **~lauf** m e-s Flusses cours supérieur; **~leder** n empeigne f; **~lehrer** m fig péj pédant m; st/s cuistre m; **~lehrerhaft** adj péj pédant; st/s cuistre; **~leitung** f 1. (oberste Leitung) surveillance générale; direction f; 2. ÉLECT ligne aérienne; für elektrische Züge caténaire f; **~leitungs(omni)bus** m trolleybus m; **~leutnant** m lieutenant m; **~licht** n 1. Licht lumière f d'en 'haut; 2. Fenster vasistas m; lucarne f; **~liga** f FUSSBALL première division; **~lippe** f lèvre supérieure
'**Obermaterial** n ~ Leder dessus m cuir
'**Ober**|**österreich** n la Haute-Autriche; **~postdirektion** f direction régionale des postes
Ober|**prima** [o:bər'pri:ma] f ⟨~; -men⟩ in Deutschland regional neuvième année f de l'enseignement secondaire; **~pri'maner(in)** m ⟨~s; ~⟩ (f) ⟨~; ~nen⟩ in Deutschland regional élève m,f de neuvième année de l'enseignement secondaire
'**Oberrhein** m cours supérieur du Rhin
'**Obers** n ⟨~⟩ österr CUIS crème f Chantilly
'**Ober**|**schenkel** m cuisse f; **~schenkelhalsbruch** m fracture f du col du fémur; **~schicht** f couche supérieure; SOZIOLOGIE classes supérieures (de la société)
'**Oberschule** f 1. F (höhere Schule) lycée m; 2. HIST DDR **polytechnische ~** école générale et polytechnique de dix classes; **erweiterte ~** école élargie de douze classes
'**Ober**|**schüler(in)** m(f) lycéen, -éenne m,f; **~schulrat** m inspecteur m d'Académie; **~schwester** f infirmière f chef; **~seite** f côté supérieur; face supérieure; **~se'kunda** f in Deutschland regional septième année f de l'enseignement secondaire; **~sekun'daner(in)** m(f) in Deutschland regional élève m,f de septième année de l'enseignement secondaire
'**Oberst** m ⟨~en ou ~s; ~en ou ~e⟩ MIL colonel m
Ober'staatsanwalt m procureur général
'**Ober**|**stadt** f ville 'haute; **~stadtdirektor** m chef m des services de l'administration municipale
'**oberste(r, -s)** adj le (la) plus 'haut(e); le (la) plus élevé(e); premier, -ière supérieur; (höchste) suprême; **~r Grundsatz** principe directeur; **~ Stelle** première place; F **das ~ zuunterst kehren** mettre tout sens dessus dessous
'**Oberstleutnant** m MIL lieutenant-colonel m
'**Oberstübchen** n ⟨~s⟩ F **er ist nicht ganz richtig im ~** F il travaille du chapeau
Ober|**studien**|**direktor** m etwa proviseur m; **~rat** m, **~rätin** f professeur m de lycée (échelon de carrière au-dessus de Studienrat)
'**Ober**|**stufe** f SCHULE second cycle (comprenant la 11ème, la 12ème, la 13ème année scolaire); bei Sprachkursen etc cours supérieur; **~teil** n od m partie supérieure; dessus m; TECH partie supérieure; (Kopf) tête f; von Kleidungsstücken 'haut m; **~'tertia** f in Deutschland regional cinquième année f de l'enseignement secondaire; **~terti'aner(-in)** m(f) in Deutschland regional élève m,f de cinquième année de l'enseignement secondaire; **~ton** m (son m) harmonique m
'**Oberwasser** n Schleuse bief m d'amont; fig **~ bekommen** prendre le dessus, l'avantage; fig **~ haben** avoir le dessus
'**Oberweite** f tour m de poitrine; **sie hat e-e beachtliche ~** elle a beaucoup de poitrine, une forte poitrine
Ob'frau f cf Obmännin
ob'gleich st/s cf obwohl
Obhut ['ɔphu:t] st/s f ⟨~⟩ garde f; (Schutz) protection f; soins m/pl; **j-n in s-e ~ nehmen** prendre qn sous sa protection, sa garde; **j-n in s-r ~ haben** avoir qn sous sa garde; **j-s ~ (dat) anvertrauen** confier aux (bons) soins de qn
obig ['o:bɪç] adj ⟨épithète⟩ mentionné ci--dessus
Objekt [ɔp'jɛkt] n ⟨~s; ~e⟩ 1. objet m; 2. COMM (Immobilie) bien immobilier; 3. GR complément m (d'objet)
objek'tiv adj objectif, -ive
Objek'tiv n ⟨~s⟩ OPT objectif m
objektivieren [ɔpjɛkti'vi:rən] v/t ⟨pas de ge-, h⟩ objectiver
Objek|**ti'vismus** m ⟨~⟩ objectivisme m; **~tivi'tät** f objectivité f
Ob'jekt|**satz** m GR proposition complétive; **~schutz** m protection f militaire des bâtiments, installations, etc; **~träger** m des Mikroskops porte-objet m; lame f
Oblate [o'bla:tə] f ⟨~; ~n⟩ 1. ÉGL hostie f; 2. CUIS etwa gaufrette f
obliegen [ɔp'li:gən] st/s v/i ⟨irr, insép, pas de ge- ou sép, -ge-, h⟩ **j-m ~** être du devoir de qn; incomber à qn; **die Pflichten, die uns ~** les devoirs que nous avons à remplir, qui nous incombent
Ob'liegenheit st/s f ⟨~; ~en⟩ obligation f
oblig|**at** [obli'ga:t] st/s adj 1. a iron indispensable; inévitable; 2. MUS obligé; **~ati'on** ⟨~; ~en⟩ COMM obligation f; **~a'torisch** adj obligatoire
Obligo ['o:bligo ou 'ɔbligo] n ⟨~s; ~s⟩ COMM engagement m; obligation f; (Haftung) garantie f; responsabilité f
Ob|**mann** ['ɔpman] m ⟨~(e)s; ⁓er ou -leute⟩, **~männin** ['ɔpmɛnɪn] f ⟨~;

~nen⟩ 1. POL chef m; président(e) m(f); 2. (Schiedsmann) tiers(-)arbitre m; 3. in e-m Betrieb délégué(e) m(f) du personnel; 4. österr e-s Vereins etc président(e) m(f)
Obo|**e** [o'bo:ə] f ⟨~; ~n⟩ 'hautbois m; **~'ist(in)** m ⟨~en; ~en⟩ (f) ⟨~; ~nen⟩ 'hautboïste m,f
Obolus ['o:bolus] st/s plais m ⟨~; ~ ou ~se⟩ obole f; **s-n ~ entrichten** donner son obole; **s-n ~ beisteuern** apporter son obole (zu à)
Obrigkeit ['o:brɪçkaɪt] f ⟨~; ~en⟩ autorité(s) f(pl)
'**Obrigkeits**|**denken** n respect inconditionnel de l'autorité; **~staat** m État m autoritaire
ob'schon st/s cf obwohl
Observanz [ɔpzɛr'vants] f ⟨~; ~en⟩ 1. REL observance f; 2. st/s (Ausprägung) **Marxist m strikter ~** marxiste m de stricte observance
Observatorium [ɔpzɛrva'to:riʊm] n ⟨~s; -ien⟩ observatoire m
obser'vieren v/t ⟨pas de ge-, h⟩ 1. (überwachen) surveiller; 2. wissenschaftlich observer
Obsession [ɔpzɛsi'o:n] f ⟨~; ~en⟩ PSYCH obsession f
obses'siv adj PSYCH obsessif, -ive
obsiegen [ɔp'zi:gən] st/s v/i ⟨insép, pas de ge- ou sép, -ge-, h⟩ triompher; l'emporter
obskur [ɔps'ku:r] adj obscur
Obst [o:pst] n ⟨~(e)s⟩ fruit(s) m(pl); '**~(an)bau** m ⟨~⟩ culture fruitière; production fruitière; '**~baum** m arbre fruitier; '**~darre** f four m à sécher les fruits; '**~ernte** f als Handlung récolte f, cueillette f (des fruits); (Zeit der ~) cueillaison f; (Ertrag) récolte f de(s) fruits; '**~essig** m vinaigre m de fruits; '**~garten** m verger m; (jardin m) fruitier m; '**~handel** m commerce m de(s) fruits; '**~händler(in)** m(f) marchand(e) m(f) de fruits; fruitier, -ière; f; **Obst- und Gemüsehändler(in)** marchand(e) de fruits et légumes, des quatre saisons
'**Obstkuchen** m tarte f aux fruits
'**Obstler** ['o:pstlər] m ⟨~s; ~⟩ bes südd eau-de-vie f (de fruits)
'**Obst**|**messer** n couteau m à dessert; **~pflücker** m Person cueilleur m; Gerät cueilloir m; **~presse** f pressoir m à fruits
Obstruk|**tion** [ɔpstruktsi'o:n] f ⟨~; ~en⟩ obstruction f; **~ti'onspolitik** f obstructionnisme m; politique f d'obstruction
'**Obst**|**saft** m jus m de fruits; **~salat** m salade f de fruits; **~schale** f 1. (Haut) peau f; 2. (Schüssel) coupe f à fruits; **~sorte** f variété f de fruits; **~stand** m étalage m de fruits; fahrbarer voiture f à bras d'un(e) marchand(e) des quatre saisons; **~teller** m assiette f à dessert; **~torte** f cf Obstkuchen; **~wasser** n eau-de-vie f (de fruits)
obszön [ɔps'tsø:n] adj obscène; **~i'tät** f ⟨~; ~en⟩ obscénité f
Obus ['o:bus] m ⟨~ses; ~se⟩ trolleybus m
obwalten [ɔp'valtən] st/s v/i ⟨-ete, insép, pas de ge- ou sép, -ge-, h⟩ exister; avoir lieu; **unter den ~den Umständen** dans les circonstances actuelles; compte tenu des circonstances
ob'wohl conj quoique, bien que (+subj)
och [ɔx] F int gleichgültig oh!; F ben!

Ochse ['ɔksə] *m* ⟨~n; ~n⟩ *a* F *fig* bœuf *m*; F *dastehen wie der Ochs vorm Berg, vorm Scheunentor* F être comme une poule qui a trouvé un couteau
'**ochsen** F *v/i* ⟨-(es)t, h⟩ F potasser; F bûcher
'**Ochsen|brust** *f* ⟨~⟩ CUIS poitrine *f* de bœuf; **~gespann** *n* attelage *m* de bœufs; **~maulsalat** *m* CUIS salade *f* de museau de bœuf; **~schwanz** *m* queue *f* de bœuf; **~schwanzsuppe** *f* oxtail *m*; **~tour** F *plais* F travail *m* de Romain; **~treiber** *m* bouvier *m*; **~zunge** *f* langue *f* de bœuf
Öchslegrad ['œkslɔgra:t] *m* WEINKUNDE degré *m* Baumé (60° ~ = 8,2° Baumé)
ocker ['ɔkər] *adj* ⟨*attribut*⟩ ocre (*inv*)
'**Ocker** *m od n* ⟨~s; ~⟩ ocre *f*
'**ocker|braun, ~farben** *adj* ocre (*inv*); **~gelb** *adj* (jaune) ocre (*inv*)
öd [ø:t] *st/s cf* **öde**
Ode ['o:də] *f* ⟨~; ~n⟩ ode *f* (*an, auf* [+*acc*] à)
öde [ø:də] *adj* **1.** (*menschenleer*) désert, désertique; **2.** (*unbebaut*) inculte, aride; **3.** *fig* (*eintönig*) monotone; (*langweilig*) ennuyeux, -euse; aride
'**Öde** *f* ⟨~; ~n⟩ **1.** (*Einsamkeit*) désert *m*; solitude *f*; **2.** (*unfruchtbares Land*) terre *f* inculte; **3.** *fig* (*Eintönigkeit*) monotonie *f*; (*innere Leere*) vide *m*
Odem ['o:dəm] *poét m* ⟨~s⟩ souffle *m*
Ödem [ø'de:m] *m* ⟨~s; ~e⟩ MÉD œdème *m*
oder ['o:dər] *conj* **1.** ou; (*sonst*) sinon, autrement; ~ *aber* ou bien; *entweder ... ~ ...* ou ... ou ...; soit ... soit ...; **2.** *in Fragen* n'est-ce pas?; *er ist doch Arzt, ~?* il est (bien) médecin, n'est-ce pas?
'**Oder** ⟨→ *n/pr*⟩ *die ~* l'Oder *m*
ödipal [ødi'pa:l] *adj* PSYCH *die ~e Phase* la phase œdipienne
Ödipuskomplex ['ø:dipυskɔmplɛks] *m* PSYCH complexe *m* d'Œdipe
Odium ['o:diυm] *st/s n* ⟨~s⟩ relent(s) *m*(*pl*)
'**Ödland** *n* ⟨~(e)s⟩ terrain *m*, terre *f* inculte
Odyssee [odʏ'se:] *st/s f* ⟨~; ~n⟩ odyssée *f*
Odysseus [o'dʏsɔυs] *m* ⟨→ *n/pr*⟩ Ulysse *m*
OECD [o:ʔe:tse:'de:] *f* ⟨~⟩ *abr* (Organization for Economic Cooperation and Development, Organisation für wirtschaftliche Zusammenarbeit und Entwicklung) O.C.D.E. *f* (Organisation de coopération et de développement économiques)
OEZ [o:ʔe:'tsɛt] *abr* (*osteuropäische Zeit*) heure *f* de l'Europe orientale
Ofen ['o:fən] *m* ⟨~s; ⁀⟩ (*Heiz⁂*) poêle *m*; (*Back⁂*) four *m*; (*Herd, Fabrik⁂, Schmelz⁂*) fourneau *m*; F *ein heißer ~ Motorrad* F un gros cube; *Frau* F une super-nénette; F *jetzt ist der ~ aus* F c'est foutu
'**Ofen|bank** *f* ⟨~; ⁀e⟩ banquette *f* du poêle; **⁂frisch** *adj* tout chaud; qui sort du four; **~heizung** *f* chauffage *m* à od par poêle; **~kachel** *f* carreau *m* de poêle; **~klappe** *f* clé *f* (d'un tuyau de poêle); **~rohr** *n* tuyau *m* de poêle; **~rost** *m* ⟨~(s); ~e⟩ grille *f*; **~schirm** *m* écran *m* (de poêle); **~setzer** *m* fumiste *m*; poêlier *m*

offen ['ɔfən] **I** *adj* **1.** (*geöffnet*) ouvert; *Verdeck* baissé; rabattu; *Knopf* ouvert; *Schuh* découvert; (*unbedeckt*) découvert; *Wagen* décapotable; *halb ~ Tür* entrebâillé; entrouvert; *~e Anstalt Strafanstalt* centre de détention ouvert; *Heilanstalt* service psychiatrique ouvert; *~es Feuer* feu nu; *~es Gelände* terrain découvert; *in ~er Schlacht* en bataille rangée; *auf ~er See* haute mer; large *m*; *auf ~er See* en pleine mer; *~er Wein* vin *m* en carafe; *auf ~er Straße* en pleine rue; THÉ *auf ~er Szene* en pleine scène; *ein ~es Geheimnis* un secret de polichinelle; *mit ~em Mund* (*erstaunt*) bouche bée; *etw ~ liegen lassen* laisser qc à la vue, à découvert; *das Geschäft hat, ist ~* le magasin est ouvert; *ein ~es Haus haben* avoir une maison hospitalière; tenir table ouverte; *cf a Tag* 5.; **2.** *fig* (*freimütig*) ouvert; franc, franche; *~er Brief* lettre ouverte; *~es Wesen* ouverture *f* d'esprit; franchise *f*; **3.** *Stelle* vacant; **4.** (*unentschieden*) *Rechnung* ouvert; en suspens; **5.** *Rechnung etc* non réglé; pas encore payé; *ein Posten steht in unseren Büchern noch ~* un article est encore à découvert dans nos livres; **II** *adv* **1.** (*sichtbar*) ouvertement; *~ zutage liegen* être évident, manifeste; **2.** (*freimütig*) franchement; *~ gesagt, gestanden* à vrai dire; pour parler franchement; *~ heraus* sans détour; sans ambages; *~ reden* parler sans ambages, à cœur ouvert
offenbar ['ɔfənba:r *ou* ɔfən'ba:r] **I** *adj* manifeste; évident; apparent; *~ werden* se manifester; se révéler; **II** *adv* **1.** (*anscheinend*) apparemment; **2.** (*offensichtlich*) visiblement
offen'baren *st/s v/t* (*u v/refl*) ⟨*insép, p/p* offen'bart, REL *a* ge'offenbart, h⟩ (*sich*) *~* (se) manifester; (se) révéler (*a* REL); *Geheimnis* (se) découvrir; (se) dévoiler; *sich j-m ~* ouvrir son cœur à qn; s'ouvrir à qn; *er offenbarte sich s-r Mutter* il s'en ouvrit à sa mère
Offen'barung *f* ⟨~; ~en⟩ REL, *fig* révélation *f*; *die göttliche ~* la Révélation *f*; *die ~ des Johannes* l'Apocalypse *f*; *das war eine ~ für mich* ce fut pour moi une révélation
Offen'barungseid *m* JUR serment *m* déclaratoire (d'indigence); *fig den ~ leisten* faire un constat d'échec
'**offenbleiben** *v/i* ⟨*irr, sép,* -ge-, sein⟩ **1.** *Tür etc* rester ouvert; **2.** *Frage* demeurer, rester posé; rester en suspens; *Wünsche* ne pas être réalisé
'**offenhalten** *v/t* ⟨*irr, sép,* -ge-, h⟩ *Tür* laisser ouvert; *fig* laisser en suspens; *sich* (*dat*) (*die Möglichkeit*) *~ zu* (+*inf*) se réserver (la possibilité de) (+*inf*)
'**Offenheit** *f* ⟨~⟩ franchise *f*; sincérité *f*; *~ für, gegenüber etw zeigen* être sensible à qc
'**offenherzig** **I** *adj* **1.** franc, franche; ouvert; (*aufrichtig*) sincère; (*mitteilsam*) expansif, -ive; **2.** F *fig* très décolleté; **II** *adv* franchement; sincèrement; à cœur ouvert; **⁂keit** *f* ⟨~⟩ franchise *f*; sincérité *f*; (*Mitteilsamkeit*) expansivité *f*
offenkundig ['ɔfənkυndɪç *ou* ɔfən-'kυndɪç] **I** *adj* manifeste; évident; apparent; (*öffentlich bekannt*) notoire; *Irrtum* flagrant; **II** *adv* visiblement

'**offen|lassen** *v/t* ⟨*irr, sép,* -ge-, h⟩ **1.** *Tür etc* laisser ouvert; **2.** *fig Frage* laisser en suspens; **3.** (*unbeschrieben lassen*) laisser en blanc; **~legen** *v/t* ⟨*sép,* -ge-, h⟩ découvrir; exposer; (*bekanntmachen*) divulguer
offensichtlich ['ɔfənzɪçtlɪç *ou* ɔfən-'zɪçtlɪç] **I** *adj* manifeste; évident; apparent; **II** *adv* visiblement
offensiv [ɔfɛn'zi:f] *adj* offensif, -ive
Offen'sive *f* ⟨~; ~n⟩ offensive *f*; SPORT *a* attaque *f*; *die ~ ergreifen, in die ~ gehen* MIL, SPORT, *fig* passer à, prendre l'offensive
Offen'siv|krieg *m* guerre offensive; **~spiel** *n* SPORT jeu offensif; **~spieler** (-**in**) *m*(*f*) attaquant(e) *m*(*f*); **~waffe** *f* arme offensive
'**offenstehen** *v/i* ⟨*irr, sép,* -ge-, h⟩ **1.** *Tür etc* être ouvert; **2.** *Stelle* être vacant; **3.** *Rechnung* ne pas être payé, réglé; **4.** *fig j-m ~* être ouvert à qn; (*zugänglich sein*) être accessible à qn; *es steht ihr offen zu* (+*inf*) elle est libre de (+*inf*); libre à elle de (+*inf*)
öffentlich ['œfəntlɪç] **I** *adj* public, -ique; *~e Ausschreibung* appel *m* d'offres; *~e Bekanntmachung* avis officiel; *die ~e Hand* les collectivités publiques; le fisc; *e-e Persönlichkeit des ~en Lebens* une personnalité de la vie publique; *~e Meinung* opinion publique; *~es Mittel* *n/pl* fonds publics; *~es Recht* droit public; *~e Verkehrsmittel* *n/pl* transports publics; *cf a Dienst* 2.; **II** *adv* en public; *~ bekanntmachen* rendre public; proclamer; *~ versteigern* vendre aux enchères
'**Öffentlichkeit** *f* ⟨~⟩ (*Publikum*) public *m*; (*Öffentlichsein*) publicité *f*; *an die ~ bringen* divulguer; *an die ~ dringen* tomber dans le domaine public; *mit etw an die ~ gehen, treten* publier qc; *unter Ausschluß der ~* à huis clos
'**Öffentlichkeitsarbeit** *f* ⟨~⟩ relations publiques
'**öffentlich-'rechtlich** *adj* de droit public; *~e Anstalt* établissement *m* de droit public
offerieren [ɔfə'ri:rən] *v/t* ⟨*pas de ge-,* h⟩ COMM offrir
Offerte [ɔ'fɛrtə] *f* ⟨~; ~n⟩ COMM offre *f*
offiziell [ɔfitsi'ɛl] *adj* officiel, -ielle
Offizier [ɔfi'tsi:r] *m* ⟨~s; ~e⟩ officier *m*; *vom Dienst* officier de service; *~ auf Zeit* officier engagé
Offi'ziers|anwärter *m* aspirant(-officier) *m*; **~kasino** *n* mess *m* des officiers; **~korps** *n* corps *m* des officiers; **~messe** *f* MAR carré *m* des officiers; **~rang** *m* rang *m* d'officier; **~schule** *f* école *f* d'officiers
offiziös [ɔfitsi'ø:s] *st/s adj* officieux, -ieuse
off line ['ɔflaɪn] INFORM déconnecté
öffnen ['œfnən] ⟨-ete, h⟩ *v/t u v/i* ouvrir; *Flasche mit Kronenverschluß* décapsuler; *Zugekorktes* déboucher; *ein wenig ~* entrouvrir; *j-m ~* ouvrir à qn; **II** *v/refl sich ~* s'ouvrir (*j-m, e-r Sache* à qn, qc)
'**Öffner** *m* ⟨~s; ~⟩ (*Büchsen⁂*) ouvre-boîte *m*; (*Flaschen⁂*) ouvre-bouteille *m*; décapsuleur *m*; *Tür⁂* **Türöffner**; **~ung** *f* ⟨~; ~en⟩ **1.** (*das Öffnen*) ouverture *f*; *e-r Flasche mit Korken* débouchage *m*; *e-r Leiche* autopsie *f*; **2.** (*offene*

Öffnungszeiten – okzidentalisch

Stelle) ouverture *f*; orifice *m*; (*Loch*) trou *m*; (*Eingang*) entrée *f*; (*Mündung*) embouchure *f*; (*Ritze*, *Spalte*) fente *f*; **~ungszeiten** *f*/*pl* heures *f*/*pl* d'ouverture
Offsetdruck ['ɔfsetdrʊk] *m* ⟨~(e)s; ~e⟩ *TECH* (impression *f*) offset *m*
oft [ɔft] *adv* ⟨~er, am ~esten⟩ souvent; fréquemment; *wie ~?* combien de fois?; *als Ausruf wie ~ ...!* que de fois ...!
öfter ['œftər] *adv* **1.** *comp abs* (*häufig*) *~ od st/s des ~en* assez souvent; **2.** *comp relatif ~ als* plus souvent que; *ich sehe ihn ~ als dich* je le vois plus souvent que toi; *je ~ ich ihn sehe, desto ...* plus je le vois, plus ...
'**öfters** *adv regional* assez souvent
'**oftmals** *adv* souvent; maintes fois; de nombreuses fois
o. g. *abr* (*obengenannt*) susnommé
OG *abr* (*Obergeschoß*) étage supérieur
ÖGB [ø:ge:'be:] *m* ⟨~(s)⟩ *abr* (*Österreichischer Gewerkschaftsbund*) fédération *f* des syndicats autrichiens
oh [o:] *int* oh!; ah!
Oheim ['o:haɪm] *litt m* ⟨~s; ~e⟩ oncle *m*
OHG [o:ha:'ge:] *f* ⟨~; ~s⟩ *abr* (*Offene Handelsgesellschaft*) société *f* en nom collectif
Ohm [o:m] *n* ⟨~(s); ~⟩ *ÉLECT* ohm *m*
ohmsch *adj ÉLECT ~er Widerstand* résistance *f* ohmique; *das ²e Gesetz* la loi d'Ohm
ohne ['o:nə] **I** *prép* ⟨*acc*⟩ sans; *~ allen Zweifel*, *~ Frage* sans aucun doute; *zwölf, ~ die Kinder* douze, sans (compter) les enfants; *~ Geist* dépourvu d'esprit; *~ mich!* sans moi!; *~ mein Wissen* à mon insu; *~ weiteres* (*ohne Umschweife*) sans plus de façons; *das ist ~ weiteres möglich* c'est tout à fait possible; *das geht nicht so ~ weiteres* cela ne va pas aussi facilement; *er ist ~ jedes Verständnis dafür* il manque totalement de compréhension pour cela; F *das ist nicht (ganz) ~* (*nicht schlecht*) cela n'est pas mal; *nicht (ohne Schwierigkeit etc)* cela n'est pas sans difficulté, *etc*; **II** *conj ~ daß* sans que ... (+*subj*); *bei gleichem Subjekt a ~ zu* (+*inf*) sans (+*inf*); *~ etw zu nehmen* sans rien prendre; *~ j-n gesehen zu haben* sans avoir vu personne
ohne|'**dies** *st/s adv* de toute façon; *~*'**gleichen** *adj* sans pareil, -eille; sans égal; *~*'**hin** *adv* de toute façon
Ohnmacht ['o:nmaxt] *f* ⟨~; ~en⟩ **1.** *MÉD* (*Bewußtlosigkeit*) évanouissement *m*; *in ~* (*acc*) *fallen* s'évanouir; perdre connaissance; **2.** ⟨*pas de pl*⟩ (*Machtlosigkeit*) impuissance *f*
'**ohnmächtig I** *adj* **1.** *MÉD* évanoui; sans connaissance; *~ werden* s'évanouir; **2.** (*machtlos*) impuissant; **II** *adv sie mußte ~ zusehen, wie ...* impuissante, elle vit ...
oho [o'ho:] *int* 'ho! 'ho!; F *klein, aber ~!* F petit, mais un peu là!
Ohr [o:r] *n* ⟨~(e)s, ~en⟩ **1.** oreille *f*; *abstehende ~en haben* avoir les oreilles décollées; *ein feines ~* (*Gehör*) haben avoir l'oreille fine; *gute, schlechte ~en haben* bien, mal entendre; *j-m etw ins ~ sagen, flüstern* dire, souffler qc à l'oreille de qn; *sich* (*dat*) *die ~en zuhalten* se boucher les oreilles;

diese Musik geht (*leicht*) *ins ~* c'est une musique facile; *ich habe deine Worte noch im ~* j'entends encore tes paroles; *ich habe es mit eigenen ~en gehört* je l'ai entendu de mes propres oreilles; *auf diesem ~ höre ich nicht gut* je n'entends pas bien de cette oreille; *es ist mir zu ~en gekommen, daß ...* j'ai appris que ...; *auf dem rechten ~ bin ich taub* je suis sourd de l'oreille droite; **2.** *fig st/s tauben ~en predigen* prêcher dans le désert; F *auf diesem ~ bin ich taub* je ne l'entends pas de cette oreille; F *j-m die ~en langziehen* F tirer l'oreille, les oreilles à qn; *st/s j-m sein ~ leihen* prêter l'oreille à qn; *die ~en spitzen Tiere* dresser les oreilles; F *Person* dresser l'oreille; F *sich aufs ~ legen* (aller) se coucher; (aller) faire une petite sieste; F piquer un somme; F *j-m eins, ein paar hinter die ~en geben* F frotter les oreilles à qn; F *er ist noch nicht trocken hinter den ~en* il est encore trop jeune; F *schreib dir das hinter die ~en!* tiens-le-toi pour dit!; *j-m* (*mit etw*) *in den ~en liegen* casser la tête à qn (avec qc); rebattre, casser les oreilles à qn (avec qc); F *mit den ~en schlackern* être renversé; F *da schlackerst du aber mit den ~en* F ça te la coupe!; F *j-n übers ~ hauen* F rouler qn; F *bis über beide ~en rot werden* F rougir jusqu'aux oreilles; *bis über beide ~en in Schulden* (*dat*) *stecken* F être endetté jusqu'au cou; *bis über beide ~en* (*in j-n*) *verliebt sein* être follement amoureux (de qn); F *viel um die ~en haben* F être débordé; F *j-m etw um die ~en hauen* F lancer, F balancer qc à la figure de qn; F *sich* (*dat*) *die ~e Nacht um die ~en schlagen* passer une nuit blanche; *ich bin ganz ~* je t'écoute; je suis tout ouïe; *ich fand bei ihm ein offenes ~* il m'a écouté avec bienveillance; F *das geht bei ihm zum e-n ~ rein, zum andern wieder raus* cela lui (r)entre par une oreille et lui (res)sort par l'autre; F *halt die ~en steif!* F courage!; ne te laisse pas abattre!; F *mir kommt es* (*schon*) *zu den ~en* (*r*)*aus* F j'en ai marre d'entendre parler de ça; F *sitzt du auf den ~en?* F t'es sourd ou quoi?; F *wasch dir mal die ~en!* F les oreilles, ça se lave!
Öhr [ø:r] *n* ⟨~(e)s; ~e⟩ (*Nadel²*) chas *m*
'**Ohren**|**arzt** *m*, **~ärztin** *f* oto-rhino-laryngologiste *m*,*f*; F oto-rhino *m*,*f*; **~beichte** *f CATH* confession *f* auriculaire; **²betäubend** *adj* assourdissant; **~entzündung** *f* otite *f*; **~heilkunde** *f* otologie *f*; **~klappe** *f COUT* oreillette *f*; **~sausen** *n* bourdonnement *m* d'oreille(s); **~schmalz** *n* cérumen *m*; **~schmaus** *m* régal *m* pour les oreilles
'**Ohrenschmerzen** *m*/*pl* douleurs *f*/*pl* d'oreille; *ich habe ~* j'ai mal aux oreilles
'**Ohren**|**schützer** *m*/*pl* starre protège-oreilles *m*; *flexible* serre-tête *m*; **~sessel** *m* fauteuil *m* à oreilles; **~zeuge** *m*, **~zeugin** *f* témoin *m* auriculaire
Ohrfeige ['o:rfaɪɡə] *f* a *fig* gifle *f*
'**ohrfeigen** *v/t* ⟨*h*⟩ gifler; F *ich könnte mich ~!* je me giflerais!
'**Ohrfeigengesicht** F *n* F tête *f* à claques

'**Ohr**|**klipp** *m* ⟨~s; ~s⟩ clip *m*; **~läppchen** *n* ⟨~s; ~⟩ lobe *m* de l'oreille; **~muschel** *f ANAT* pavillon *m* de l'oreille
Ohropax ['o:rɔpaks] *n* ⟨~⟩ *Wz* boules *f*/*pl* Quiès (nom déposé)
'**Ohr**|**ring** *m* boucle *f* d'oreille; **~stekker** *m* boucle *f* d'oreille (pour oreilles percées); **~trompete** *f ANAT* trompe *f* d'Eustache; **~wurm** *m* **1.** *ZO* perce-oreille *m*; **2.** F *fig* air connu, facile à retenir; rengaine *f*
oje [o'je:], **ojemine** [o'je:minə] *int* oh! là là!
o. k., O. K. [o'ke:] F *abr cf okay, Okay*
Okarina [oka'ri:na] *f* ⟨~; ~s *ou* -nen⟩ *MUS* ocarina *m*
okay [o'ke:] F *int* d'accord!; O. K.! *advt das geht ~* c'est O.K.; c'est d'accord
O'**kay** F *n* ⟨~(s); ~s⟩ accord *m*; *sein ~ zu etw geben* donner son accord pour qc
okkult [ɔ'kʊlt] *adj* occulte
Okkul'**tis**|**mus** *m* ⟨~⟩ occultisme *m*; **~t(in)** *m* ⟨~en; ~en⟩ (*f*) ⟨~; ~nen⟩ occultiste *m*,*f*; **²tisch** *adj* occultiste
Okku|**pation** [ɔkupatsi'o:n] *f* ⟨~; ~en⟩ occupation *f*; **²**'**pieren** *v/t* ⟨*pas de ge-*, *h*⟩ occuper
Öko... [øko...] *in Zssgn* écologique; *Nahrungsmittel* biologique; F bio
'**Öko**|**bauer** *m* ⟨~n; ~n⟩ agriculteur *m* biologique; **~haus** *n* maison *f* écologique; **~laden** *m* magasin *m* de produits biologiques, F de produits bio
Öko|'**loge** *m* ⟨~n; ~n⟩, **~**'**login** *f* ⟨~; ~nen⟩ écologiste *m*,*f*; **~lo**'**gie** *f* ⟨~⟩ écologie *f*; **²**'**logisch** *adj* écologique
Ökono|**m(in)** [øko'no:m(ɪn)] *m* ⟨~en; ~en⟩ (*f*) ⟨~; ~nen⟩ (*Wirtschaftswissenschaftler*) économiste *m*,*f*; **~**'**mie** *f* ⟨~⟩ (*Wirtschaft*[*lichkeit*]) économie *f*; **²misch** *adj* économique
'**Öko**|**partei** *f* parti *m* écologique; **~system** *n* écosystème *m*
Ökotrophologie [økotrofolo'gi:] *f* ⟨~⟩ *Fach* enseignement ménager et diététique *f*
Okt. *abr* (*Oktober*) oct. (octobre)
Oktaeder [ɔkta'e:dər] *n* ⟨~s; ~⟩ *MATH* octaèdre *m*
Oktan [ɔk'ta:n] *n* ⟨~s; ~e, *mais* 90 ~⟩ *CHIM* octane *m*; **~zahl** *f* indice *m* d'octane
Oktav [ɔk'ta:f] *n* ⟨~s⟩ *TYPO* in-octavo *m*
Oktava [ɔk'ta:va] *f* ⟨~; -ven⟩ *österr* 'huitième année *f* de l'enseignement secondaire
Ok'**tavband** *m* ⟨~(e)s; -bände⟩ (volume *m*) in-octavo *m*
Oktave [ɔk'ta:və] *f* ⟨~; ~n⟩ *MUS* octave *f*
Ok'**tavformat** *n cf Oktav*
Oktett [ɔk'tɛt] *n* ⟨~(e)s; ~e⟩ *MUS* octuor *m*
Oktober [ɔk'to:bər] *m* ⟨~(s); ~⟩ (mois *m* d')octobre *m*; *cf a Januar*; **~fest** *n* Fête *f* de la bière; **~revolution** *f HIST* révolution *f* d'Octobre
Okular [oku'la:r] *n* ⟨~s; ~e⟩ *OPT* oculaire *m*
oku'**lier**|**en** *v/t* ⟨*pas de ge-*, *h*⟩ *Baum* greffer; écussonner; **²messer** *n* greffoir *m*; écussonnoir *m*
Ökumen|**e** [øku'me:nə] *f* ⟨~⟩ *REL* (*Gesamtheit der Christen*) communauté *f* œcuménique; *Bewegung* œcuménisme *m*; **²isch** *adj* œcuménique
Okziden|**t** ['ɔktsident] *st/s m* ⟨~s⟩ occident *m*; **²**'**tal**(**isch**) *st/s adj* occidental

Öl [ø:l] *n* ⟨~(e)s; ~e⟩ huile *f*; (*Heizℒ*) mazout *m*; fuel *m*; (*Erdℒ*) pétrole *m*; *KUNST* **in ~ malen** peindre à l'huile; *AUTO* **~ wechseln** faire la vidange; *fig* **~ ins Feuer gießen** jeter de l'huile sur le feu; *fig* **~ auf die Wogen gießen** mettre de l'huile dans les rouages; calmer les esprits

Öl|anzeiger *m cf* **Ölstandanzeiger**; **~baum** *m* olivier *m*; **~behälter** *m* réservoir *m* à *od* d'huile, **für Heizöl** à *od* de mazout; **~berg** *m* **der ~** le mont des Oliviers; **~bild** *n* peinture *f* à l'huile; **~bohrung** *f* forage *m* de pétrole; **~brenner** *m bei Ölheizung* brûleur *m* à mazout

Oldie ['ouldi] F *m* ⟨~s; ~s⟩ **1.** vieux succès (*Film* de l'écran, *Lied* de la chanson); **2.** (*alte Person*) F croulant *m*

'**Öldruck** *m* ⟨~(e)s⟩ *AUTO* pression *f* d'huile; **~anzeige** *f* indicateur *m* de pression d'huile; **~bremse** *f TECH* frein *m* hydraulique

Oldtimer ['ouldtaɪmər] *m* ⟨~s; ~⟩ voiture ancienne

Oleander [ole'andər] *m* ⟨~s; ~⟩ *BOT* laurier-rose *m*

'**ölen** *v/t* ⟨h⟩ huiler; graisser; *TECH* lubrifier

'**ölexportierend** *adj* exportateur, -trice de pétrole

olfaktorisch [ɔlfak'to:rɪʃ] *adj MÉD* olfactif, -ive

'**Öl|farbe** *f* peinture *f* à l'huile; **~feld** *n* gisement *m*, champ *m* pétrolifère; **~film** *m* film *m* d'huile; **~filter** *m* filtre *m* à huile; **~förderland** *n* pays producteur de pétrole; **~förderung** *f* production *f* de pétrole

OLG [o:ʔɛl'ge:] *n* ⟨~⟩ *abr* (*Oberlandesgericht*) *etwa* Cour *f* d'appel

'**Öl|gemälde** *n* peinture *f*, tableau *m* à l'huile; **~gesellschaft** *f* compagnie pétrolière

'**Ölgötze** F *péj m* (*dastehen*) **wie ein ~** (rester planté là) comme une souche

'**Ölhafen** *m* port pétrolier

'**Ölhahn** *m* F *fig* **den ~ zudrehen** stopper la vente de la production pétrolière

'**ölhaltig** *adj Pflanze etc* oléagineux, -euse

'**Ölheizung** *f* chauffage *m* au fuel, au mazout

'**ölig** *adj* **1.** huileux, -euse; **2.** *fig péj* mielleux, -euse

Oli|garch [oli'garç] *m* ⟨~en; ~en⟩ oligarque *m*; **~gar'chie** *f* ⟨~; ~n⟩ oligarchie *f*; ℒ'**garchisch** *adj* oligarchique

Oligopol [oligo'po:l] *n* ⟨~s; ~e⟩ *ÉCON* oligopole *m*

'**Ölindustrie** *f* industrie pétrolière

oliv [o'li:f] *adj* ⟨*inv*⟩ olive (*inv*); *bes Hautfarbe* olivâtre

O'liv *n* ⟨~s; ~⟩ (vert *m*) olive *m*

Olive [o'li:və] *f* ⟨~; ~n⟩ olive *f*

O'liven|baum *m* olivier *m*; **~ernte** *f* récolte *f* des olives; **~hain** *m* oliveraie *f*; **~öl** *n* huile *f* d'olive

o'livgrün *adj* vert olive (*inv*)

'**Öl|jacke** *f* ciré *m*; **~kanister** *m* bidon *m* d'huile; **~kännchen** *n* burette *f*; **~krise** *f* crise *f* du pétrole

oll [ɔl] F *regional adj* vieux, vieil, vieille; *plais* **je ~er, je doller** plus on est vieux, plus on fait des excès

'**Öl|lampe** *f* lampe *f* à huile; **~leitung** *f* pipe-line *m*; oléoduc *m*; **~malerei** *f* peinture *f* à l'huile; **~meßstab** *m* jauge *f* d'huile; **~mühle** *f* moulin *m*, pressoir *m* à huile; **~multi** F *m* multinationale pétrolière; **~ofen** *m im Zimmer* poêle *m* à mazout; **~palme** *f* palmier *m* à huile; **~papier** *n* papier huilé, (*Packpapier*) paraffiné; **~pest** *f* marée noire; **~pflanzen** *f/pl* plantes *f/pl* oléifères; **~pumpe** *f* pompe *f* à huile; **~quelle** *f* puits *m* de pétrole; **~raffinerie** *f* raffinerie *f* de pétrole; **~sardine** *f* sardine *f* à l'huile; **~scheich** F *m* magnat *m* du pétrole; F émir *m*; **~schicht** *f* couche *f* d'huile; **~schiefer** *m MINÉR* schiste bitumineux; **~spur** *f* traces *f/pl* d'huile; **~stand** *m* niveau *m* d'huile; **~standanzeiger** *m* indicateur *m* du niveau d'huile; **~tank** *m* cuve *f* à mazout; **~tanker** *m* pétrolier *m*; **~teppich** *m* nappe *f* de pétrole

'**Ölung** *f* ⟨~; ~en⟩ huilage *m*; graissage *m*; *CATH* **Letzte ~** extrême-onction *f*

'**Öl|vorkommen** *n* gisement *m* de pétrole; **~wanne** *f AUTO* carter *m* inférieur

'**Ölwechsel** *m* vidange *f*; **e-n ~ machen** (*lassen*) faire (faire) une vidange

Olymp [o'lymp] *m* ⟨~s⟩ **1.** *MYTH* Olympe *m*; **2.** F *THÉ* paradis *m*; F poulailler *m*

Olympiade [olympi'a:də] *f* ⟨~; ~n⟩ **1.** *SPORT im Altertum* olympiade *f*; *heute* Jeux *m/pl* olympiques; **2.** *auf e-m Wissensgebiet* concours *m*

Olympia|dorf [o'lympiadɔrf] *n* village *m* olympique; **~mannschaft** *f* équipe *f* olympique; **~sieg** *m* victoire *f* olympique; **~sieger(in)** *m(f)* champion, -ionne *m/f* olympique; **~stadion** *n* stade *m* olympique; **~teilnehmer(in)** *m(f)* athlète *m,f* olympique

Olympioni|ke [olympio'ni:kə] *m* ⟨~n; ~n⟩, **~kin** *f* ⟨~; ~nen⟩ athlète *m,f* olympique

o'lympisch *adj* **1.** *MYTH* olympien, -ienne; d'Olympe; **2.** *SPORT* olympique, ℒ**e Spiele** *n/pl* Jeux *m/pl* olympiques

'**Öl|zeug** *n* ciré *m* (de marin); **~zweig** *m* branche *f* d'olivier; *BIBL*, *fig* rameau *m* d'olivier

Oma [o:ma] F *f* ⟨~; ~s; *a → n/pr*⟩ **1.** *enf* (*Großmutter*) F mémé *f*; F mamie *f*; **2.** (*alte Frau*) F mémé *f*

Omelett [ɔm(ə)'lɛt] *n* ⟨~(e)s; ~e *ou* ~s⟩, *österr, schweiz* **Omelette** [ɔm(ə)'lɛt] *f* ⟨~; ~n⟩ *CUIS* omelette *f*

Omen ['o:mən] *n* ⟨~s; ~ *ou* Omina⟩ présage *m*; augure *m*; **ein schlechtes ~** un mauvais augure

Omi ['o:mi] F *enf f* ⟨~; ~s; *a → n/pr*⟩ mémé *f*; F mamie *f*

ominös [omi'nø:s] *adj* de mauvais augure; (*anrüchig*, *bedenklich*) suspect; douteux, -euse

Omnibus ['ɔmnibʊs] *m* ⟨~ses; ~se⟩ autobus *m*; (*Reisebus*) autocar *m*

'**Omnibus...** *in Zssgn cf* **Bus...**

omnipotent [ɔmnipo'tɛnt] *st/s adj* omnipotent

Ona|nie [ona'ni:] *f* ⟨~⟩ masturbation *f*; onanisme *m*; ℒ'**nieren** *v/i* ⟨*pas de ge-*, h⟩ se masturber

Ondu|lation [ɔndulatsi'o:n] *f* ⟨~; ~en⟩ ondulation *f*; ℒ'**lieren** *v/t* ⟨*pas de ge-*, h⟩ onduler

Onkel ['ɔŋkəl] *m* ⟨~s; ~ *ou* F ~s⟩ oncle *m*; *enf* **der ~ Doktor** le docteur

'**Onkel|ehe** F *f* concubinage *m* (avec une veuve qui ne se marie pas pour conserver sa pension); ℒ**haft** *adj meist péj* comme un vieux (monsieur)

Onko|loge [ɔŋko'lo:gə] *m* ⟨~n; ~n⟩, **~login** *f* ⟨~; ~nen⟩ cancérologue *m,f*; **~lo'gie** *f* ⟨~⟩ cancérologie *f*

on line ['ɔnlaɪn] *INFORM* connecté

onomatopoetisch [onomatopo'e:tɪʃ] *adj LING* onomatopéique

Onto|genese [ɔntoge'ne:zə] *f BIOL* ontogenèse *f*; ℒ**ge'netisch** *adj BIOL* ontogén(ét)ique; **~lo'gie** *f* ⟨~⟩ *PHILOS* ontologie *f*; ℒ'**logisch** *adj PHILOS* ontologique

Onyx ['o:nyks] *m* ⟨~(es); ~e⟩ *MINÉR* onyx *m*

Op. *abr* (*Opus*) op. (opus)

OP [o'pe:] *m* ⟨~(s); ~(s)⟩ *abr cf* **Operationssaal**

Opa ['o:pa] F *m* ⟨~s; ~s; *a → n/pr*⟩ **1.** *enf* (*Großvater*) F pépé *m*; F papi *od* papy *m*; **2.** (*alter Mann*) F pépé *m*

opak [o'pa:k] *adj* opaque

Opal [o'pa:l] *m* ⟨~s; ~e⟩ *MINÉR* opale *f*; **~glas** *n* ⟨~es⟩ verre opalin, opaline *f*

OPEC [o:pɛk] *f* ⟨~⟩ *abr* (*Organization of the Petroleum Exporting Countries*, *Organisation der erdölexportierenden Länder*) OPEP *f* (Organisation des pays exportateurs de pétrole)

Open-air-Festival ['o:pən'ʔɛ:rfɛstivəl] *n* festival *m* en plein air

Open-end-Diskussion ['o:pən'ʔɛntdiskusio:n] *f* libre débat *m*

Oper ['o:pər] *f* ⟨~; ~n⟩ opéra *m*; (*Opernhaus*) Opéra *m*; **komische ~** opéra-comique *m*; opéra *m* bouffe; **in die ~ gehen** aller à l'Opéra

operabel [opə'ra:bəl] *adj* ⟨-bl-⟩ **1.** *MÉD* opérable; **2.** (*funktionierend*) opérationnel, -elle

Operateur [opəra'tø:r] *m* ⟨~s; ~e⟩ **1.** *Arzt* chirurgien *m*; **2.** (*Filmvorführer*) projectionniste *m*

Operation [opəratsi'o:n] *f* ⟨~; ~en⟩ *MÉD*, *MIL*, *MATH* opération *f*; **sich e-r ~** (*dat*) **unterziehen** se faire opérer; subir une opération

Operati'ons|basis *f* base *f* d'opérations; **~gebiet** *n MIL* zone *f* d'opérations; **~narbe** *f* cicatrice *f* d'opération; **~saal** *m* bloc *m* opératoire; salle *f* d'opération; **~schwester** *f* infirmière *f* (de la salle) d'opération; **~tisch** *m* table *f* d'opération

operativ [opəra'ti:f] **I** *adj* (*épithète*) **1.** *MÉD* opératoire; *Eingriff etc* chirurgical; **~e Entfernung** ablation *f*; **2.** *MIL* opérationnel, -elle; **II** *adv MÉD* **~ entfernen** pratiquer l'ablation de; enlever

Operator(in) [opə'ra:tɔr (-'to:rɪn)] *m* ⟨~s; -'toren⟩ (*f*) ⟨~; ~nen⟩ *INFORM* opérateur, -trice *m,f*

Operette [opə'rɛta] *f* ⟨~; ~n⟩ opérette *f*

ope'rettenhaft *adj* d'opérette

operieren [opə'ri:rən] ⟨*pas de ge-*, h⟩ **I** *v/t MÉD* opérer; **sich ~ lassen** se faire opérer; **j-n am Blinddarm ~** opérer qn de l'appendicite; **II** *v/i a MIL* opérer; manœuvrer; *fig* a procéder; agir

'**Opern|arie** *f* air *m* de l'Opéra; **~ball** *m* bal *m* de l'Opéra; **~führer** *m* guide *m* d'opéra; **~glas** *n* jumelles *f/pl* de spectacle; ℒ**haft** *adj* d'opéra; **~haus** *n* Opéra *m*; **~komponist** *m* compositeur *m* d'opéras; **~sänger(in)** *m(f)* chanteur, -euse *m,f* d'opéra; cantatrice *f*

Opfer – ordnen

Opfer [ˈɔpfər] *n* ⟨~s; ~⟩ **1.** *REL* sacrifice *m*; (*~gabe*) offrande *f*; (*Menschen☊, Tier☊*) victime *f*; **ein ~ darbringen** offrir, faire un sacrifice; **2.** (*Verzicht*) sacrifice *m*; **große ~ für etw bringen** faire de grands sacrifices pour qc; **3.** (*Geschädigter*) victime *f*; *j-m, e-r Sache zum ~ fallen* être la victime de qn, de qc; *e-m Unfall zum ~ fallen* mourir victime d'un accident; *das Erdbeben hat zahlreiche ~ gefordert* le tremblement de terre a fait de nombreuses victimes; *st/s ein ~ der Flammen werden* être la proie des flammes

ˈ**opferbereit** *adj* prêt à se sacrifier, (*hilfsbereit*) à se dévouer; **☊schaft** *f* ⟨~⟩ disposition *f* au sacrifice; (*Hilfsbereitschaft*) dévouement *m*; *pl*/fort abnégation *f*

ˈ**Opfer|gabe** *f* offrande *f*; **~gang** *m* sacrifice *m*; **~lamm** *n* **1.** *REL* agneau offert en sacrifice; *fig* (*Christus*) agneau divin, de Dieu; **2.** *F fig* victime (innocente)

ˈ**opfern** ⟨-(e)re, h⟩ **I** *v/t REL* sacrifier (*a fig*); offrir en sacrifice; *st/s* immoler (*a fig*); *fig sein Leben für j-n, etw ~* sacrifier sa vie pour qn, à qc; **II** *v/réfl fig* **sich** (*für j-n, etw*) *~* se sacrifier (pour qn, à qc); *F plais ich opfere mich und wasche ab* je me sacrifie pour faire la vaisselle

ˈ**Opfer|stock** *m* in Kirchen tronc *m*; **~tier** *n* animal offert en sacrifice, immolé; **~tod** *st/s m* sacrifice *m* de sa vie

ˈ**Opferung** *f* ⟨~; ~en⟩ sacrifice *m*; *CATH* oblation *f*

ˈ**opferwillig** *adj* prêt à se sacrifier

Ophthalmo|loge [ɔftalmoˈloːgə] *m* ⟨~n; ~n⟩, **~ˈlogin** *f* ⟨~; ~nen⟩ ophtalmologiste *od* ophtalmologue *m,f*; **~loˈgie** *f* ⟨~⟩ ophtalmologie *f*

Opi [ˈoːpi] *F m* ⟨~s; ~s; *a* → *n/pr*⟩ *enf F* pépé *m*; *F* papi *od* papy *m*

Opiat [opiˈaːt] *n* ⟨~(e)s; ~e⟩ *PHARM* opiacé *m*

Opium [ˈoːpium] *n* ⟨~s⟩ opium *m*; *fig Religion ist ~ für das Volk* la religion, c'est l'opium du peuple

ˈ**Opium|höhle** *f* fumerie *f* d'opium; **~krieg** *m* guerre *f* de l'opium; **~pfeife** *f* pipe *f* à opium; **~raucher** *m* fumeur *m* d'opium; **~sucht** *f* ⟨~⟩ opiomanie *f*; **☊süchtig** *adj* opiomane; **~süchtige(r)** *f(m)* opiomane *m,f*

Opossum [oˈpɔsum] *n* ⟨~s; ~s⟩ *ZO, Pelz* opossum *m*

Oppon|ent(in) [ɔpoˈnɛnt(in)] *m* ⟨~en; ~en⟩ (*f* ⟨~; ~nen⟩) opposant(e) *m(f)*; **☊ieren** *v/i* ⟨*pas de ge-*, h⟩ s'opposer (*gegen* à)

opportun [ɔpɔrˈtuːn] *st/s adj* opportun

Opportuˈnismus *m* ⟨~⟩ opportunisme *m*; **~ist(in)** *m* ⟨~en; ~en⟩ (*f* ⟨~; ~nen⟩) opportuniste *m,f*; **☊istisch** *adj* opportuniste

Oppositio|n [ɔpoziˈtsi̯oːn] *f* ⟨~; ~en⟩ opposition *f*; **☊ˈnell** *adj* opposant; *POL* a de l'opposition

Oppositi|ons|führer(in) *m(f)* chef *m*, leader *m* de l'opposition; **~partei** (*parti m* d')opposition *f*; *parti* opposant

Optant [ɔpˈtant] *m* ⟨~en; ~en⟩ *BÖRSE* optant *m*

Optativ [ˈɔptatiːf] *m* ⟨~s; ~e⟩ *GR* (mode *m*) optatif *m*

optieren [ɔpˈtiːrən] *v/i* ⟨*pas de ge-*, h⟩ opter (*für* pour); *JUR* prendre une option (*auf* [+*acc*] sur)

Optik [ˈɔptik] *f* ⟨~⟩ **1.** *Lehre* optique *f*; **2.** *e-s Geräts* système *m* optique; **3.** (*optischer Eindruck*) aspect *m*; **~er(in)** *m* ⟨~s; ~⟩ (*f* ⟨~; ~nen⟩) opticien, -ienne *m,f*

opti|mal [ɔptiˈmaːl] *adj* optimal; optimum (*inv*); **II** *adv* de manière optimale; **~ieren** *v/t* ⟨*pas de ge-*, h⟩ optim(al)iser; **☊ierung** *f* ⟨~; ~en⟩ optim(al)isation *f*

Opti|mismus [ɔptiˈmismus] *m* ⟨~⟩ optimisme *m*; **~ˈmist(in)** *m* ⟨~en; ~en⟩ (*f* ⟨~; ~nen⟩) optimiste *m,f*; **☊ˈmistisch I** *adj* optimiste; **II** *adv* avec optimisme

Optimum [ˈɔptimum] *n* ⟨~s; -ima⟩ optimum *m*

Opti|ˈon *f* ⟨~; ~en⟩ *JUR, COMM* option *f* (*für* pour; *auf* [+*acc*] sur); *e-e ~ auf ein Grundstück erhalten, erwerben* obtenir, prendre une option sur un terrain

Opti|ons|markt *m* marché *m* d'options; **~recht** *n* droit *m* d'option

ˈ**optisch** *adj* optique; **~e Geräte** *n/pl* appareils *m/pl* d'optique; **~e Industrie** industrie *f* de l'optique; **~e Täuschung** illusion *f* d'optique

opul|ent [opuˈlɛnt] *adj* opulent; somptueux, -euse; **☊enz** *f* ⟨~⟩ opulence *f*; somptuosité *f*

Opus [ˈoːpus] *n* ⟨~; Opera⟩ œuvre *f*; *MUS* opus *m*; *iron* chef-d'œuvre *m*

Orakel [oˈraːkəl] *n* ⟨~s; ~⟩ oracle *m* (*a fig*); *in ~n sprechen* parler d'une façon mystérieuse, incompréhensible

oˈ**rakelhaft** *adj* comme un oracle; (*rätselhaft*) énigmatique; mystérieux, -ieuse

oˈ**rakeln** *v/i* ⟨-(e)le, *pas de ge-*, h⟩ faire de mystérieuses prophéties

Oˈ**rakelspruch** *m* oracle *m*

oral [oˈraːl] *adj* oral

orange [oˈrãːʒ(ə) *ou* oˈrãʒ(ə)] *adj* ⟨*inv*⟩ orange (*inv*); orangé; *~ färben* teindre en orange

Oˈ**range**[1] *f* ⟨~; ~⟩ *Farbe* orange *m*; couleur *f* orange; *in ~ gekleidet* (habillé) en orange

Oˈ**range**[2] *f* ⟨~; ~n⟩ *BOT* orange *f*

Orangeade [orãˈʒaːdə] *f* ⟨~; ~n⟩ orangeade *f*

Orangeat [orãˈʒaːt] *n* ⟨~s; ~e⟩ écorce *f* d'orange confite

Oˈ**rangen|baum** *m* oranger *m*; **~blüte** *f* fleur *f* d'oranger

oˈ**range(n)|farben**, **~farbig** *adj* orange (*inv*); orangé

Oˈ**rangen|saft** *m* jus *m* d'orange; **~schale** *f* pelure *f*, écorce *f* d'orange; *CUIS* zeste *m* d'orange

Orangerie [orãʒəˈriː] *f* ⟨~; ~n⟩ orangerie *f*

Orang-Utan [ˈoːraŋˈʔuːtan] *m* ⟨~s; ~s⟩ orang-outan(g) *m*

Oratorium [oraˈtoːrium] *n* ⟨~s; -ien⟩ **1.** *MUS* oratorio *m*; **2.** *ARCH* oratoire *m*

ORB [oːˈʔɛrˈbeː] *m* ⟨~⟩ *abr* (*Ostdeutscher Rundfunk Brandenburg*) radio et télévision régionales allemandes (Potsdam)

Orbitalstation [ɔrbiˈtaːlʃtatsioːn] *f* station orbitale

Orchester [ɔrˈkɛstər] *n* ⟨~s; ~⟩ orchestre *m*; **~graben** *m* fosse *f* d'orchestre; **~mitglied** *n* membre *m* d'un orchestre; **~musik** *f* musique orchestrale; **~musiker(in)** *m(f)* musicien, -ienne *m,f* d'orchestre

orchestr|al [ɔrkɛsˈtraːl] *adj* orchestral; **~ieren** *v/t* ⟨*pas de ge-*, h⟩ orchestrer; **☊ierung** *f* ⟨~; ~en⟩ orchestration *f*

Orchidee [ɔrçiˈdeː(ə)] *f* ⟨~; ~n⟩ orchidée *f*

Orden [ˈɔrdən] *m* ⟨~s; ~⟩ **1.** (*Mönchs☊, Frauen☊, Ritter☊*) ordre *m*; *in e-n ~ eintreten* entrer en religion; prendre l'habit, *Frauen* le voile; **2.** (*Auszeichnung*) décoration *f*; ordre *m*; *e-n ~ (für etw) bekommen* recevoir une décoration (pour qc); *j-m e-n ~ verleihen* décorer qn

ˈ**ordengeschmückt** *adjt* couvert de décorations

ˈ**Ordens|band** *n* ⟨~(e)s; ~er⟩ ruban *m* (d'une décoration); **~bruder** *m* religieux *m*; frère *m*; **~geistliche(r)** *m* membre *m* du clergé régulier; **~regel** *f* règle *f* (d'un ordre); observance *f*; **~ritter** *m* chevalier *m* d'un ordre; **~schwester** *f* religieuse *f*; sœur *f*; **~tracht** *f* habit (religieux); **~verleihung** *f* distribution *f*, remise *f* d'un ordre; décoration *f*

ordentlich [ˈɔrdəntlɪç] **I** *adj* **1.** *Person* (*ordnungsliebend*) ordonné; qui a de l'ordre; **2.** *Person* (*anständig*) convenable; *~e Leute* *pl F* des gens *m/pl* bien; **3.** (*regelrecht*) *~er Professor* professeur *m* titulaire d'une chaire; *~es Mitglied* membre adhérent, titulaire; *~es Gericht* tribunal *m* de droit commun; *~er Ausschuß* commission régulière; **4.** *Sache F* (*ganz gut*) convenable; satisfaisant; *e-e ~e Leistung* un bon travail; **5.** *F* (*reichlich*) abondant; *ein ~er Schluck F* un bon coup; *e-e ~e Tracht Prügel F* une bonne raclée; *e-e ~e Portion Essen* une portion copieuse; **II** *adv* **1.** (*geordnet*) de manière ordonnée; (*sorgfältig*) soigneusement; **2.** (*anständig*) convenablement; *sich ~ benehmen* se conduire convenablement; **3.** *F* (*tüchtig, ganz gut*) bien; **4.** *F* (*regelrecht*) vraiment; *er war ~ erstaunt* il a été vraiment surpris

ˈ**Ordentlichkeit** *f* ⟨~⟩ ordre *m*; *als Veranlagung* (esprit *m* d')ordre *m*; (*Sorgfalt*) soin *m*

Order [ˈɔrdər] *f* ⟨~; ~n, *COMM* ~s⟩ *COMM, MIL* ordre *m*; **~buch** *n COMM* livre *m* des commandes; carnet *m* de commandes

ˈ**ordern** *v/t u v/i* ⟨h⟩ *COMM* commander

ˈ**Orderscheck** *m COMM* chèque *m* à ordre

Ordinalzahl [ɔrdiˈnaːltsaːl] *f* nombre ordinal

ordinär [ɔrdiˈnɛːr] *adj péj* vulgaire

Ordi|nariat [ɔrdinariˈaːt] *n* ⟨~(e)s; ~e⟩ **1.** *CATH* ordinariat *m*; **2.** *an Hochschulen* charge *f* de professeur titulaire; **~ˈnarius** *m* ⟨~; -ien⟩ *an Hochschulen* professeur *m* titulaire d'une chaire (*für* de)

Ordinate [ɔrdiˈnaːtə] *f* ⟨~; ~n⟩ *MATH* ordonnée *f*

Ordi|nation [ɔrdinatsi̯oːn] *f* ⟨~; ~en⟩ **1.** *CATH* ordination *f*; **2.** *MÉD* prescription médicale; (*Rezept*) ordonnance *f*; **☊ˈnieren** *v/t* ⟨*pas de ge-*, h⟩ **1.** *CATH* ordonner (*j-n* qn); **2.** *MÉD* ordonner; prescrire

ˈ**ordnen** [ˈɔrdnən] ⟨-ete, h⟩ **I** *v/t* mettre en ordre; mettre de l'ordre dans; ranger; *nach Größe, Farbe etc* classer (*nach* par); (*regeln, einrichten*) régler; mettre en règle; ordonner; **alphabetisch, chronologisch** ~ ranger, classer par ordre alphabétique, chronologique; *s-e Geschäfte, e-e Hinterlassenschaft* ~ régler ses affaires, une succession; *in geordneten Verhältnissen leben* mener une vie réglée; **II** *v/réfl sich* ~ se ranger

'**Ordner** *m* ⟨~s; ~⟩ **1.** *Person* ordonnateur *m*; *in e-r Versammlung* membre *m* du service d'ordre; **2.** (*Akten*2) classeur *m*

'**Ordnung** *f* ⟨~; ~en⟩ **1.** ordre *m*; (*vorgeschriebene* ~) règle *f*; règlement *m*; *die öffentliche* ~ l'ordre public; *in* ~ *halten* tenir en ordre; *in* ~ *bringen* (*aufräumen*) ranger; *fig* (*regeln*) régler; mettre en ordre; *in etw* (*acc*) ~ *bringen* mettre ordre à qc; *Papiere etc in* ~ *sein* être en règle; *es ist alles wieder in* ~ tout s'est arrangé; F (*das geht*) *in* ~! parfait!; d'accord!; entendu!; F *ça marche*!; F *alles in bester, schönster* ~ tout va pour le mieux; tout est en ordre; F tout baigne; *ich finde es nicht in* ~, *daß* je ne trouve pas ça bien que (+*subj*); *ich finde das ganz in* ~ je trouve cela parfaitement normal, en règle; F *er ist in* ~ F il est bien; F *er ist nicht in* ~ *gesundheitlich* il ne se sent pas bien; *j-n zur* ~ *rufen* rappeler qn à l'ordre; *der* ~ *halber* pour la bonne forme, règle; *prov* ~ *ist das halbe Leben* une place pour chaque chose, chaque chose à sa place; **2.** (*Reihenfolge*) suite *f*; (*Grad*) rang *m*; F *e-e Pleite erster* ~ un échec cuisant

'**Ordnungs|amt** *n* services municipaux chargés de délivrer les passeports et les déclarations de séjour, d'autoriser les manifestations, *etc*; ~**dienst** *m* service *m* d'ordre

'**ordnungs|gemäß I** *adj* réglementaire; **II** *adv* en bonne et due forme; ~**halber** *adv* pour la bonne forme, règle

'**Ordnungs|hüter** *m* (*Polizist*) agent *m* de police; gardien *m* de la paix; *plais* gendarme *m*; ~**liebe** *f* amour *m*, goût *m* de l'ordre

'**ordnungsliebend** *adj* ordonné; qui a de l'ordre; ~**er Mensch** homme *m* d'ordre

'**Ordnungsruf** *m* rappel *m* à l'ordre; *j-m e-n* ~ *erteilen* rappeler qn à l'ordre

'**Ordnungs|sinn** *m* esprit *m* d'ordre; ~**strafe** *f* peine *f* disciplinaire; 2**widrig** *adj* contraire à l'ordre; irrégulier, -ière; contre les règles; ~**widrigkeit** *f* infraction *f* au règlement, *im Straßenverkehr* au code de la route; contravention *f* (*a im Straßenverkehr*); ~**zahl** *f* **1.** *MATH* nombre ordinal; **2.** *CHIM* nombre *m*, numéro *m* atomique

Ordonnanz [ɔrdɔ'nants] *f* ⟨~; ~en⟩ *MIL* planton *m*; ~**offizier** *m* officier *m* d'ordonnance

Oregano [o're:gano] *m* ⟨~⟩ origan *m*

ORF [o:ʔɛrʔɛf] *m* ⟨~⟩ *abr* (*Österreichischer Rundfunk*) radio et télévision autrichiennes

Organ [ɔr'ga:n] *n* ⟨~s; ~e⟩ **1.** *ANAT* organe *m*; **2.** F (*Stimme*) voix *f*; *sie hat ein lautes* ~ elle parle fort; **3.** (*Nachrichten*2) organe *m*; (*Instrument*) organe *m*; organisme *m*; institution *f*; *ausführendes* ~ organe d'exécution; organisme exécutif

Or'gan|bank *f* ⟨~; ~en⟩ *MÉD* banque *f* d'organes; ~**empfänger(in)** *m(f)* *MÉD* receveur, -euse *m,f* (d'organe)

Organisati'on *f* ⟨~; ~en⟩ organisation *f*

Organisati'ons|form *f* forme *f* d'organisation; ~**komitee** *n* comité organisateur; ~**plan** *m* plan *m* d'organisation; organigramme *m*; ~**talent** *n* qualités *f/pl*, talents *m/pl* d'organisateur *bzw* d'organisatrice

Organi|sator [ɔrgani'za:tɔr] *m* ⟨~s; -'to-ren⟩, ~**sa'torin** *f* ⟨~; ~nen⟩ organisateur, -trice *m,f*; 2**sa'torisch I** *adj* organisateur, -trice; d'organisation; **II** *adv* sur le plan de l'organisation

or'ganisch *adj* organique

organisieren [ɔrgani'zi:rən] ⟨*pas de ge-*, h⟩ **I** *v/t* **1.** organiser; *gewerkschaftlich organisiert* syndiqué; **2.** F (*beschaffen*) *etw* ~ se procurer qc; se débrouiller pour obtenir qc; **II** *v/réfl sich* ~ s'organiser

Organismus [ɔrga'nɪsmʊs] *m* ⟨~; -men⟩ *BIOL*, *fig* organisme *m*

Organist(in) [ɔrga'nɪst(ɪn)] *m* ⟨~en; ~en⟩ (*f*) ⟨~; ~nen⟩ *MUS* organiste *m,f*

Or'gan|spende *f* *MÉD* don *m* (d'organe); ~**spender(in)** *m(f)* donneur, -euse *m,f* (d'organe); ~**spenderausweis** *m* carte *f* de don (d'organe); ~**transplantation** *f* transplantation *f* d'un organe *bzw* d'organes

Orgasmus [ɔr'gasmʊs] *m* ⟨~; -men⟩ orgasme *m*; 2**tisch** *adj* orgastique

Orgel [ˈɔrɡəl] *f* ⟨~; ~n⟩ orgue *m*; ~ *spielen* jouer de l'orgue

'**Orgel|bauer** *m* ⟨~s; ~⟩ facteur *m* d'orgues; ~**konzert** *n* récital *m* d'orgue; ~**musik** *f* musique *f* d'orgue

'**Orgelpfeife** *f* tuyau *m* d'orgue; *plais wie die* ~**n** par rang de taille

orgiastisch [ɔrgi'astɪʃ] *adj* orgiaque

Orgie [ˈɔrgiə] *f* ⟨~; ~n⟩ orgie *f*; *e-e* ~ *feiern* faire une orgie

Orient [ˈoːriɛnt] *m* ⟨~s⟩ *der* ~ l'Orient *m*; *der Vordere* ~ le Proche-Orient

Orien'tale *m* ⟨~n; ~n⟩, ~'**talin** *f* ⟨~; ~nen⟩ Oriental(e) *m(f)*; 2'**talisch** *adj* oriental; ~**ta'list(in)** *m* ⟨~en; ~en⟩ (*f*) ⟨~; ~nen⟩ orientaliste *m,f*; ~**ta'listik** *f* ⟨~⟩ études *f/pl* des langues (et des civilisations) orientales

orientieren [ɔriɛn'tiːrən] ⟨*pas de ge-*, h⟩ **I** *v/t* orienter; (*in Kenntnis setzen*) renseigner, informer, mettre au courant (*über* [+*acc*] sur); **II** *v/réfl sich* ~ **1.** *räumlich* s'orienter; *sich mit Hilfe des Kompasses* ~ se diriger à la boussole; **2.** (*sich informieren*) se renseigner, s'informer, se mettre au courant (*über* [+*acc*] sur); **3.** *sich an etw, j-m* ~ prendre qc, qn comme modèle

Orien'tierung *f* ⟨~⟩ **1.** orientation *f*; *die* ~ *verlieren* perdre l'orientation; **2.** (*Information*) *zur* ~ à titre d'information; à titre documentaire, indicatif; **3.** (*Ausrichtung*) orientation *f*

Orien'tierungs|hilfe *f* point *m* de repère; ~**lauf** *m* *SPORT* course *f* d'orientation; 2**los** *adj* désorienté; ~**punkt** *m* (point *m* de) repère *m*; ~**sinn** *m* ⟨~(e)s⟩ sens *m* de l'orientation; ~**stufe** *f* *SCHULE* classes *f/pl* d'orientation

'**Orientteppich** *m* tapis *m* d'Orient

Origano [o'ri:gano] *cf* **Oregano**

original [origi'naːl] **I** *adj* original; d'origine; (*ursprünglich*) originel, -elle; **II** *adv* ~ *französische Spitze* véritable dentelle française; *RAD*, *TV etw* ~ *übertragen* diffuser qc en direct

Origi'nal *n* ⟨~s; ~e⟩ **1.** original *m*; (*Urtext*) texte *m*; (*Urschrift*) autographe *m*; manuscrit *m* (d'auteur); (~*urkunde*) minute *f*; *e-n Schriftsteller im* ~ *lesen* lire dans le texte; **2.** (*Sonderling*) original *m*

Origi'nal|ausgabe *f* édition originale; première édition; ~**beleg** *m* pièce originale; original *m*; ~**fassung** *f* version originale; 2**getreu** *adj* fidèle, conforme à l'original

Originali'tät *f* ⟨~⟩ originalité *f*

Origi'naltext *m* texte original

Origi'nalton *m* ⟨~(e)s⟩ *die Reden f/pl von X im* ~ l'enregistrement original des discours de X; *fig plais* ~ *Christine* dixit Christine

Origi'nal|übertragung *f* émission *f* en direct; ~**verpackung** *f* emballage *m* d'origine

origi'nell *adj* original

Orkan [ɔr'kaːn] *m* ⟨~(e)s; ~e⟩ ouragan *m*

or'kanartig *adj* tempétueux, -euse; *Sturm* violent; ~**er Beifall** tempête *f* d'applaudissements

Orkus [ˈɔrkʊs] *st/s*, *MYTH m* ⟨~⟩ enfers *m/pl*

Ornament [ɔrna'mɛnt] *n* ⟨~(e)s; ~e⟩ ornement *m*; 2**'tal** *adj* ornemental

Ornat [ɔr'naːt] *m* ⟨~(e)s; ~e⟩ robe *f*; (*Priester*2) habit sacerdotal; *Priester m im vollen* ~ prêtre revêtu de ses ornements (sacerdotaux); F *plais in vollem* ~ avec tout mon, ton, *etc* attirail

Ornitho|loge [ɔrnito'loːgə] *m* ⟨~n; ~n⟩, ~'**login** *f* ⟨~; ~nen⟩ ornithologiste *od* ornithologue *m,f*; ~**lo'gie** *f* ⟨~⟩ ornithologie *f*; 2'**logisch** *adj* ornithologique

Ort [ɔrt] *m* ⟨~(e)s; ~e, *MATH et MAR* ~er⟩ lieu *m*; endroit *m*; (*Ortschaft*) endroit *m*; localité *f*; *an allen* ~**en** en tous lieux; partout; *an* ~ *und Stelle* sur place; (*sofort*) sur-le-champ; *an* ~ *und Stelle sein* être à l'endroit convenu; *hier am* ~ dans cette ville; sur place; ~ *der Handlung ist Rom* la scène, l'action se déroule à Rome; *in Büchern am angegebenen* ~ à l'endroit déjà cité; *das beste Hotel am* ~ le meilleur hôtel de l'endroit; *von* ~ *zu* ~ *ziehen* aller de place en place; *BERGBAU vor* ~ *arbeiten* abattre à front *od* au front de taille; *fig vor* ~ (*an* ~ *und Stelle*) sur place

Örtchen [ˈœrtçən] *n* ⟨~s; ~⟩ (*stilles* ~) (*WC*) *f* petit coin

'**orten** *v/t* ⟨-ete, h⟩ *a AVIAT* repérer; *MAR* relever

orthodo|x [ɔrto'dɔks] *adj* orthodoxe; 2'**xie** *f* orthodoxie *f*

Orthographie [ɔrtoɡra'fiː] *f* ⟨~; ~n⟩ orthographe *f*

ortho'graphisch I *adj* orthographique; ~**er Fehler** faute *f* d'orthographe; **II** *adv* ~ *richtig schreiben* orthographier correctement

Orthopä|de [ɔrto'pɛːdə] *m* ⟨~n; ~n⟩, ~**din** *f* ⟨~; ~nen⟩ orthopédiste *m,f*; ~**'die** *f* ⟨~⟩ orthopédie *f*; 2**disch** *adj* orthopédique

örtlich [ˈœrtlɪç] **I** *adj* local; *MÉD Schmerz* localisé; ~**e Betäubung** anesthésie locale; **II** *adv* localement; ~ *begrenzen*

Örtlichkeit – Ozonschicht

localiser; MÉD ~ **betäuben** pratiquer une anesthésie locale; ~ **angewandtes Mittel** topique m
'**Örtlichkeit** f ⟨~; ~en⟩ meist pl ~**en** lieux m/pl
Ortolan [ɔrto'laːn] m ⟨~s; ~e⟩ ZO ortolan m
'**Orts|angabe** f indication f du lieu; ⸰**ansässig** adj local; ~**ansässige(r)** f(m) ⟨→A⟩ résident(e) m(f); habitant(e) m(f); celui, celle qui habite la localité; ~**ausgang** m sortie f de la od d'une localité; ~**beschreibung** f topographie f; ~**bestimmung** f **1.** GR complément (circonstanciel) de lieu; **2.** (Lokalisierung) localisation f; ~**bezeichnung** f nom m de od du lieu
'**Ortschaft** f ⟨~; ~en⟩ endroit m; localité f; (Dorf) village m; **geschlossene** ~ agglomération f
'**Ortseingang** m entrée f de la od d'une localité
'**orts|fremd** adj étranger, -ère (à la localité, etc); ~**gebunden** adjt lié, attaché au lieu; stationnaire
'**Orts|gespräch** n TÉL communication urbaine; ~**gruppe** f section locale
'**Ortskenntnis** f connaissance f des lieux; ~ **haben** connaître les lieux
'**Orts|krankenkasse** f caisse régionale d'assurance maladie; ⸰**kundig** adj connaissant les lieux; ~**name** m nom m de lieu; ~**netz** n TÉL réseau, circuit téléphonique local, urbain; ~**netzkennzahl** f TÉL indicatif régional
'**Ortsrand** m **am ~ von** en bordure de
'**Orts|schild** n panneau m (d'entrée bzw de sortie) d'agglomération; ~**sinn** m ⟨~(e)s⟩ mémoire f des lieux; ~**tarif** m TÉL tarif urbain; ~**teil** m quartier m; ⸰**üblich** adj d'après od selon l'usage local; ~**verkehr** m trafic local; TÉL a trafic, service urbain; POST service local; ~**wechsel** m changement m de lieu; ~**zeit** f heure locale; ~**zulage** f, ~**zuschlag** m indemnité f de résidence
'**Ortung** f ⟨~; ~en⟩ repérage m
Öse ['øːzə] f ⟨~; ~n⟩ COUT œillet m
Oskar ['ɔskar] m ⟨→ n/pr⟩ Oscar m; F **frech wie ~** très insolent
osmanisch [ɔs'maːnɪʃ] adj ottoman
Osmo|se [ɔs'moːzə] f ⟨~⟩ BIOL, PHYS osmose f; ⸰**tisch** adj osmotique
Ossi ['ɔsi] F m ⟨~s; ~s⟩ surnom des Allemands de l'Est
Ost [ɔst] m **1.** ⟨sans article ni pl⟩ (Osten) est m; **2.** ⟨~(e)s; ~e⟩ (~**wind**) vent m d'est; '~**agent(in)** m(f) agent m de l'Est; ⸰**asiatisch** adj d(e l')Asie orientale; '~**berlin** n Berlin-Est m (a HIST); '~**block** m ⟨~(e)s⟩ HIST bloc m de l'Est; '~**blockstaat** m HIST pays m de l'Est; ⸰**deutsch** adj d'Allemagne de l'Est; ~**deutschland** n bes HIST l'Allemagne f de l'Est
'**Osten** m ⟨~s⟩ est m; (Asien) orient m; POL **der ~** l'Est; **der Ferne ~** l'Extrême-Orient; **der Mittlere ~** le Moyen-Orient; **der Nahe ~** le Proche-Orient; **im ~** (**von**) à l'est (de); **nach ~** vers l'est; **von ~** de l'est
ostentativ [ɔstɛnta'tiːf] st/s **I** adj ostensible; st/s ostentatoire; **II** adv ostensiblement, avec ostentation
'**Oster|ei** n œuf m de Pâques; ~**feiertag** m jour m de Pâques; ~**ferien** pl vacances f/pl de Pâques; ~**fest** n Pâques m od f/pl; ~**glocke** f BOT jonquille f; ~**hase** m lapin m de Pâques; ~**lamm** n agneau pascal
österlich ['øːstɐlɪç] adj pascal
'**Oster|montag** m lundi m de Pâques
'**Ostern** ['oːstɐn] n ⟨~; ~⟩ od pl Pâques m od f/pl; **an** od **zu ~** à Pâques; **frohe** od **fröhliche ~!** joyeuses Pâques!
'**Österreich** ['øːstəraɪç] n ⟨→ n/pr⟩ l'Autriche f
'**Österreicher(in)** m ⟨~s; ~⟩ (f) ⟨~; ~nen⟩ Autrichien, -ienne m,f
'**österreichisch** adj autrichien, -ienne; d(e l')Autriche f; POL in Zssgn austro-...
'**Oster|sonntag** m dimanche m de Pâques; ~**woche** f (Karwoche) semaine sainte; **nach Ostern** semaine de Pâques; ~**zeit** f ⟨~⟩ (période f de) Pâques m od f/pl
'**Ost|europa** n l'Europe de l'Est, orientale; '~**europäer(in)** m(f) Européen, -éenne m,f de l'Est; '⸰**europäisch** adj européen, -éenne de l'Est; **de l'Europe de l'Est**, orientale
'**Ostgebiet** n **die ehemaligen deutschen** ~**e** les anciens territoires allemands à l'est de la ligne Oder-Neisse
'**Ost|goten** m/pl HIST Ostrogot(h)s m/pl; ~**handel** m commerce m avec les pays de l'Est; ~**hang** m e-s Gebirges versant m est; ~**jude** m Juif m d'Europe orientale; ~**küste** f côte orientale
östlich ['œstlɪç] **I** adj d(e l')est; oriental; **II** adv à l'est; ~ **von** à l'est de
'**Ost|mark** f HIST Währung mark-Est m; ~**politik** f politique f envers les États de l'Europe de l'Est; ~**preußen** n la Prusse orientale
Östrogen [østro'geːn] n ⟨~s; ~e⟩ œstrogène od estrogène m
'**oströmisch** adj HIST **das** ⸰**e Reich** l'Empire romain d'Orient; l'Empire byzantin
'**Ost|see** f ⟨~⟩ (mer f) Baltique f; ~**seite** f (côté m de l')est m; côté m est; e-s Gebirges versant m est; ~**sektor** m HIST secteur m est; ~**verträge** m/pl traités m/pl avec l'Est; ⸰**wärts** adv vers l'est; ~'**West-Gespräche** n/pl POL entretiens m/pl Est-Ouest; ~'**West-Konflikt** m POL conflit m Est-Ouest; ~**wind** m vent m d'est; ~**zone** f ⟨~⟩ HIST zone f d'occupation soviétique
Oszil|lation [ɔstsɪlatsi'oːn] f ⟨~; ~en⟩ PHYS oscillation f; ⸰**lieren** v/i (pas de ge-, h) osciller; ~**lo'gramm** n ⟨~s; ~e⟩ oscillogramme m; ~**lo'graph** m ⟨~en; ~en⟩ oscillographe m

'**O-Ton** m cf **Originalton**
Otter[1] ['ɔtɐ] f ⟨~; ~n⟩ ZO (Viper) vipère f; aspic m
'**Otter**[2] m ⟨~s; ~⟩ ZO (Fisch⸰) loutre f
Otto ['ɔto] m ⟨→ n/pr⟩ prénom; Königsname Otton m; F ~ **Normalverbraucher** le consommateur moyen; par ext l'homme de la rue
Ottomane [ɔto'maːnə] f ⟨~; ~n⟩ Möbelstück ottomane f
'**Ottomotor** m moteur m à essence, à explosion
ÖTV [øːteː'faʊ] f ⟨~⟩ abr (Öffentliche Dienste, Transport und Verkehr) Syndicat m des services et transports publics
out [aʊt] F adj ⟨attribut⟩ ~ **sein** être passé de mode
Outfit ['aʊtfɪt] Jargon n ⟨~(s); ~s⟩ (Kleidung) F fringues f/pl; (Ausrüstung) équipement m
Output ['aʊtpʊt] m od n ⟨~s; ~s⟩ **1.** ÉCON production totale d'une entreprise; **2.** INFORM output m; (produit m de) sortie f
Outsider ['aʊtsaɪdɐr] m ⟨~s; ~⟩ bes SPORT outsider m
Ouvertüre [uvɛr'tyːrə] f ⟨~; ~n⟩ MUS ouverture f
oval [o'vaːl] **I** adj ovale; **II** adv en ovale
O'val n ⟨~s; ~e⟩ ovale m
Ovarium [o'vaːrium] n ⟨~s; -ien⟩ ANAT ovaire m
Ovation [ovatsi'oːn] st/s f ⟨~; ~en⟩ ovation f; **j-m** (**stehende**) ~ **en darbringen** (se lever pour) faire une ovation à qn
Overall ['oːvəroːl] m ⟨~s; ~s⟩ ohne Ärmel salopette f; mit Ärmeln combinaison f; (Arbeits⸰) bleu m (de travail)
Overheadprojektor ['oːvɐhɛtprojɛktɔr] m rétroprojecteur m
ÖVP [øːfaʊ'peː] f ⟨~⟩ abr (Österreichische Volkspartei) parti populaire autrichien
Ovulation [ovulatsi'oːn] f ⟨~; ~en⟩ PHYSIOL ovulation f
Ovulationshemmer m ⟨~s; ~⟩ PHARM inhibiteur m d'ovulation; par ext contraceptif oral
Oxi|d [ɔ'ksiːt], **Oxy|d** [ɔ'ksyːt] n ⟨~(e)s; ~e⟩ oxyde m; ~**dati'on** f ⟨~; ~en⟩ oxydation f; ⸰**dieren** (pas de ge-) **I** v/t ⟨h⟩ oxyder; **II** v/i ⟨h ou sein⟩ s'oxyder
Ozean ['oːtsean] m ⟨~s; ~e⟩ océan m; ~**dampfer** m transatlantique m
Ozean|ien [otse'aːniən] n ⟨→ n/pr⟩ l'Océanie f; ⸰**isch** adj (des Ozeans) océanique; (Ozeaniens) océanien, -ienne
Ozeanogra'phie f ⟨~⟩ océanographie f
Ozelot ['oːtselɔt] m ⟨~s; ~e⟩ ZO, Pelz ocelot m
Ozon [o'tsoːn] m od n ⟨~s⟩ ozone m; ⸰**arm** adj pauvre en ozone; ⸰**haltig** adj ozoné; ~**loch** n ⟨~(e)s⟩ trou m dans la couche d'ozone; ⸰**reich** adj riche en ozone; ~**schicht** f ⟨~⟩ couche f d'ozone

P

P, p [pe:] *n* ⟨~; ~⟩ *Buchstabe* P, p *m*
Pa *abr* (*Pascal*) Pa (pascal)
p. a. *abr* (*pro anno*) par an
p. A. *abr* (*per Adresse*) c/o (care of); chez
paar [pa:r] *pr/ind* ⟨*inv*⟩ *ein ~* (*einige*) quelques; *ein ~ hundert Bücher* quelques centaines de livres; *ein ~ verließen den Saal* quelques-uns ont quitté la salle; *die ~ Groschen, die er verdient* F les quelques sous qu'il gagne
Paar *n* ⟨~(e)s; ~e⟩ **1.** (*zwei zusammengehörige Dinge*) paire *f*; *ein ~ Schuhe* une paire de souliers; **2.** *Personen, Tiere* couple *m*; *die beiden werden wohl ein ~ werden* il est probable qu'ils se marieront; *in*, *litt zu ~en* deux par deux; par couples
'paaren ⟨h⟩ **I** *v/t ~* (*mit*) *Tiere* apparier, accoupler (avec); (*passend zusammenstellen*) appareiller (avec); *fig* (*vereinigen*) joindre, associer (à); (ré)unir (avec, à); *Bosheit gepaart mit Tücke* la méchanceté jointe à la perfidie; **II** *v/réfl sich ~ Tiere* s'accoupler, s'apparier (*mit* avec); *fig* s'allier, s'associer (*mit* à, avec)
'Paarhufer *m* ⟨~s; ~⟩ *ZO* artiodactyle *m*
'paarig I *adj ANAT*, *BOT* géminé; **II** *adv BOT ~ gefiedert* paripenné
'Paarlauf *m* patinage *m* par couple(s)
'paarmal *adv ein ~* quelques fois; plusieurs fois
'Paarreim *m METRIK* rime plate
'Paarung *f* ⟨~; ~en⟩ *der Tiere* accouplement *m*; *fig* accouplement *m*; association *f*
'Paarungszeit *f der Säugetiere* rut *m*; *der Vögel* pariade *f*
'paarweise *adj u adv* par paires; par couples; *~ anordnen* jumeler; *~ gehen* marcher deux par deux, deux à deux; *~ legen, zusammenstellen* apparier
Pacht [paxt] *f* ⟨~; ~en⟩ bail *m*; *e-s Geschäfts* (location-)gérance *f*; *AGR* bail *m* à ferme; *in ~ geben* donner à bail; *Geschäft* donner en gérance; *in ~ nehmen cf pachten*
'pachten *v/t* ⟨-ete, h⟩ prendre à bail; *Landgut* affermer; *Geschäft* prendre en gérance libre, en location-gérance; *gepachtet haben* à avoir loué; F *er tut, als hätte er die Weisheit für sich gepachtet* il se comporte comme s'il avait, possédait la science infuse
'Pächter(in) ['pɛçtər(ɪn)] *m* ⟨~s; ~⟩ (*f* ⟨~; ~nen⟩) gérant; locataire *m,f*; *AGR* preneur, -euse *m,f* à bail, à ferme
'Pacht|geld *n cf Pachtzins*; **~recht** *n* ⟨~(e)s⟩ législation *f* sur les baux
'Pachtung *f* ⟨~; ~en⟩ (prise *f*) ferme *f*; bail *m*

'Pachtvertrag *m* (contrat *m* de) bail *m*; *e-n ~ abschließen* passer un bail
'Pachtzins *m* prix *m* du bail; loyer *m*; *AGR* a fermage *m*
Pack[1] [pak] *m* ⟨~(e)s; ~e *ou* ~e⟩ paquet *m*; (*petit*) tas; *Bücher, Papiere* pile *f*; (*Bündel*) liasse *f*
Pack[2] F *péj* ⟨~(e)s⟩ racaille *f*; *gemeines ~* tas *m* de canailles; *prov ~ schlägt sich, ~ verträgt sich* la canaille se raccommode aussi vite qu'elle se chamaille
Päckchen ['pɛkçən] *n* ⟨~s; ~⟩ petit paquet; *bei der Post* a petit colis (postal); *ein ~ Zigaretten* un paquet de cigarettes; *fig jeder hat sein ~ zu tragen* chacun porte sa croix
'Packeis *n* banquise *f*
'packen ⟨h⟩ **I** *v/t* **1.** *als Paket* mettre en paquet(s); (*hinein~*) faire entrer (*in* [+ *acc*] dans); (*ein~*) empaqueter; *bes Waren* emballer; (*legen, stecken*) mettre; *in Kisten* (*acc*) *~* mettre en caisses; *s-e Koffer ~* a *fig* faire ses valises, bagages; F *fig* plier bagage; **2.** (*fassen, ergreifen*) a *fig* saisir; *p/fort* empoigner; *j-n bei s-r Ehre ~* faire appel à l'honneur de qn; *j-n beim, am Kragen ~* F attraper qn par la peau du cou, au collet; F *mich hat's gepackt* Leidenschaft ça m'a pris; *Krankheit* F je n'y ai pas coupé; **3.** *fig* (*fesseln*) captiver; **4.** F *in der Schule* réussir (*abs*); *Examen* F décrocher; *Bus etc* F attraper; **5.** F (*begreifen*) F piger; **II** *v/i* (*Koffer ~*) faire ses valises, bagages; **III** *v/réfl sich ~* F filer; déguerpir; *pack dich!* F file!; F tire-toi!
'Packen *m* ⟨~s; ~⟩ gros paquet *m*; *Bücher* pile *f*
'packend *adjt Erzählung, Vortrag etc* captivant; prenant
'Packer(in) *m* ⟨~s; ~⟩ (*f*) ⟨~; ~nen⟩ **1.** *im Versand* emballeur, -euse *m,f*; **2.** (*Möbel*♀) déménageur *m*
Packe'rei *f* ⟨~; ~en⟩ **1.** F *péj* ⟨*sans pl*⟩ (*lästiges Packen*) F corvée *f* des bagages, des valises; **2.** (*Versandabteilung*) service *m* d'emballage
'Pack|esel *m* âne *m* de bât; F *fig* bête *f* de somme; **~material** *n* (matériel *m* d')emballage *m*; **~papier** *n* papier *m* d'emballage; (papier *m*) kraft *m*
'Packung *f* ⟨~; ~en⟩ **1.** *COMM* paquet *m*; (*Ver*♀) emballage *m*; conditionnement *m*; **2.** *TECH* garniture *f* (d'étanchéité); joint *m*; **3.** *MÉD* enveloppement *m*; **4.** F *SPORT* (*Niederlage*) F pile *f*; *e-e ~ bekommen* F se faire piler
'Pack|wagen *m Waggon* fourgon *m* (à bagages); **~zettel** *m* bordereau *m* d'envoi; fiche *f* d'emballage

Pädagog|e [pɛda'go:gə] *m* ⟨~n; ~n⟩, **~in** *f* ⟨~; ~nen⟩ pédagogue *m,f*; **~ik** *f* ⟨~⟩ pédagogie *f*
päda'gogisch *adj* pédagogique; *♀e Hochschule etwa* institut *m* universitaire de formation des professeurs d'école
Paddel ['padəl] *n* ⟨~s; ~⟩ pagaie *f*; **~boot** *n* (*Kanu*) canoë *m*; (*Kajak*) kayak *m*
'paddeln *v/i* ⟨-(e)le, h *ou* sein⟩ pagayer
'Paddler(in) *m* ⟨~s; ~⟩ (*f*) ⟨~; ~nen⟩ pagayeur, -euse *m,f*
Pädera|st [pede'rast] *m* ⟨~en; ~en⟩ pédéraste *m*; **~'stie** *f* ⟨~⟩ pédérastie *f*
paff [paf] *int* paf!; pouf!
paffen ['pafən] F ⟨h⟩ **I** *v/t* fumer; **II** *v/i* fumer; F cloper
Page ['pa:ʒə] *m* ⟨~n; ~n⟩ page *m*; *im Hotel* chasseur *m*; groom *m*
'Pagenkopf *m* cheveux coupés à la Jeanne d'Arc
pagi'nier|en [pagi'ni:rən] *v/t* ⟨*pas de ge-*, h⟩ *TYPO* paginer; folioter; *abs* numéroter les pages; **♀ung** *f* ⟨~; ~en⟩ *TYPO* pagination *f*; foliotage *m*
Pagode [pa'go:də] *f* ⟨~; ~n⟩ pagode *f*
pah [pa:] *int* bah!; bof!; peuh!
Paillette [paɪ'jɛta] *f* ⟨~; ~n⟩ *COUT* paillette *f*
pail'lettenbesetzt *adjt* pailleté
Paket [pa'ke:t] *n* ⟨~(e)s; ~e⟩ **1.** paquet *m* (a *Aktien*♀); **2.** (*Post*♀) colis postal; *ein ~ packen* faire un colis; **3.** *fig von Maßnahmen etc* ensemble *m*; train *m*; gamme *f*
Pa'ket|annahme *f* réception *f* (des colis postaux); **~ausgabe** *f* délivrance *f*, remise *f* (des colis postaux); **~karte** *f* bulletin *m* d'expédition; **~post** *f* service *m* des colis postaux; **~schalter** *m* guichet *m* des colis postaux; **~sendung** *f* colis (postal); **~zustellung** *f* distribution *f* des colis
Pakistan ['pa:kɪsta:n] *n* ⟨→ n/pr⟩ le Pakistan
Paki'staner(in) *m* ⟨~s; ~⟩ (*f*) ⟨~; ~nen⟩, **Pakistani** [pakɪs'ta:ni] *m* ⟨~(s); ~(s)⟩, *f* ⟨~; ~(s)⟩ Pakistanais(e) *m(f)*
paki'stanisch *adj* pakistanais
Pakt [pakt] *m* ⟨~(e)s; ~e⟩ pacte *m*; accord *m*; convention *f*; *e-n ~* (*mit j-m*) *schließen* faire, conclure un pacte (avec qn)
pak'tieren *v/i* ⟨*pas de ge-*, h⟩ pactiser (*mit* avec)
Paladin [pala'di:n *ou* 'paladi:n] *m* ⟨~s; ~e⟩ **1.** *HIST* paladin *m*; **2.** *st/s* (*treuer Anhänger*) homme lige *m*
Palais [pa'lɛ:] *n* ⟨~; ~⟩ palais *m*

Paläolithikum [palɛoˈliːtikʊm] *n* ⟨-s⟩ paléolithique *m*
Paläozoikum [palɛoˈtsoːikʊm] *n* ⟨-s⟩ paléozoïque *m*
Palast [paˈlast] *m* ⟨-(e)s; Paläste⟩ palais *m*; *fig* hôtel *m*; palace *m*
Palästina [palɛsˈtiːna] *n* ⟨→ n/pr⟩ la Palestine
Palästinens|er(in) [palɛstiˈnɛnzər(ɪn)] *m* ⟨-s; -⟩ (*f*) ⟨-; -nen⟩ Palestinien, -ienne *m,f*; **₂isch** *adj* palestinien, -ienne
Pa'lastrevolution *f a fig* révolution *f* de palais
palatal [palaˈtaːl] *adj PHON* palatal
Pala'tal *m* ⟨-s; -e⟩, **~laut** *m PHON* palatale *f*
Palatschinke [palaˈtʃɪŋkə] *f* ⟨-; -n⟩ *österr* crêpe *f*
Palau [ˈpaːlaʊ] *n* ⟨→ n/pr⟩ (les îles *f/pl*) Palau
Pala'ver [paˈlaːvər] F *n* ⟨-s; -⟩ palabres *f/pl*; **₂vern** F *v/i* ⟨-(e)re, *pas de ge-*, h⟩ palabrer; tenir des palabres
Paletot [ˈpalɔto] *m* ⟨-s; -s⟩ pardessus *m*
Palette [paˈlɛtə] *f* ⟨-; -n⟩ *a TECH* palette *f*; *fig* (*Vielfalt*) gamme *f*; éventail *m*
paletti [paˈlɛti] *adj* F **alles ~** F tout baigne
Palisade [paliˈzaːdə] *f* ⟨-; -n⟩ palissade *f*
Palisander [paliˈzandər] *m* ⟨-s; -⟩, **~holz** *n* palissandre *m*
Palme [ˈpalmə] *f* ⟨-; -n⟩ **1.** palmier *m*; F *fig j-n auf die* **~** *bringen* mettre qn en rage; pousser qn à bout; F *fig auf die* **~** *gehen* sortir de ses gonds; **2.** (*Palmzweig*) palme *f*
'Palmenhain *m* palmeraie *f*
'Palm|herzen *n/pl CUIS* cœurs *m/pl* de palmier; **~öl** *n* huile *f* de palme
'Palm|'sonntag *m* dimanche *m* des Rameaux; **'~wedel** *m*, **'~zweig** *m* palme *f*
Pampa [ˈpampa] *f* ⟨-; -s⟩ pampa *f*; F *fig in der* **~** (*weitab von jeglicher Zivilisation*) en pleine brousse
Pampe [ˈpampə] *f* ⟨-⟩ **1.** (*Brei*) bouillie *f*; magma *m*; **2.** (*Matsch*) gadoue *f*
Pampelmuse [pampəlˈmuːzə] *f* ⟨-; -n⟩ pamplemousse *f*; grape-fruit *m*
Pamphlet [pamˈfleːt] *n* ⟨-(e)s; -e⟩ pamphlet *m*
'pampig F *adj* (*dreist*) F gonflé; (*unfreundlich*) désagréable; (*widerspenstig*) réfractaire
Panade [paˈnaːdə] *f* ⟨-; -n⟩ *CUIS* panure *f*
Panama [ˈpanama] *n* ⟨→ n/pr⟩ le Panama
Pana'maer(in) *m* ⟨-s; -⟩ (*f*) ⟨-; -nen⟩ Panaméen, -éenne *m,f*
'Panamahut *m* panama *m*
pana'maisch *adj* panaméen, -éenne
'Panamakanal *m* canal *m* de Panama
panaschieren [panaˈʃiːrən] *v/i* ⟨*pas de ge-*, h⟩ *POL bei der Wahl* panacher
Panda [ˈpanda] *m* ⟨-s; -s⟩ *ZO* panda *m*
Paneel [paˈneːl] *n* ⟨-s; -e⟩ lambris *m*; panneau *m*
Panflöte [ˈpaːnfløːtə] *f* flûte *f* de Pan
panier|en [paˈniːrən] *v/t* ⟨*pas de ge-*, h⟩ *CUIS* paner; **₂mehl** *n* panure *f*; chapelure *f*
Panik [ˈpaːnɪk] *f* ⟨-; -en⟩ panique *f*; *in* **~** (*acc*) *geraten od verfallen* F paniquer; *es brach e-e* **~** *aus* il y a eu panique; F *nur keine* **~**! surtout, pas de panique!

'Panik|mache F *péj f* alarmisme *m*; **~stimmung** *f* (climat *m* de) panique *f*; affolement *m*
'panisch *adj* panique; *in* **~er Angst leben, ermordet zu werden** vivre dans la terreur d'être assassiné
Panne [ˈpanə] *f* ⟨-; -n⟩ panne *f* (*a fig*); *e-e* **~** *haben* avoir une, tomber en panne; *e-e* **~** (*am Wagen*) *beheben* dépanner la voiture
'Pannen|dienst *m* service *m* de dépannage *m*; **~hilfe** *f* (service *m* de) dépannage *m*
Panoptikum [paˈnɔptikʊm] *n* ⟨-s; -ken⟩ musée *m* de figures de cire; cabinet *m* de curiosités
Panorama [panoˈraːma] *n* ⟨-s; -men⟩ panorama *m*; **~aufnahme** *f* vue *f* panoramique; *KINO, TV* panoramique *m*; **~bus** *m* car *m* panoramique; **~spiegel** *m AUTO* rétroviseur *m* panoramique; **~straße** *f* route *f* panoramique
pansch|en [ˈpanʃən] F *péj* ⟨h⟩ **I** *v/t Wein etc* frelater; F trafiquer; **II** *v/i* **1.** *von Wein etc* trafiquer; **2.** F (*planschen*) barboter; **₂er** F *péj m* ⟨-s; -⟩ falsificateur *m*
Pansen [ˈpanzən] *m* ⟨-s; -⟩ *ZO* panse *f*
Panthe|ismus [panteˈɪsmʊs] *m* ⟨-⟩ panthéisme *m*; **~ist** *m* ⟨-en; -en⟩ panthéiste *m*; **₂istisch** *adj* panthéiste
Panther [ˈpantər] *m* ⟨-s; -⟩ panthère *f*; *Graue* **~** Panthères Grises (*association de défense du troisième âge*)
Pantine [panˈtiːnə] *f* ⟨-; -n⟩ *nordd* sabot *m*; galoche *f*
Pantoffel [panˈtɔfəl] *m* ⟨-s; -n⟩ pantoufle *f*; mule *f*; F *fig er steht unter dem* **~** c'est sa femme qui porte la culotte
Pan'toffel|blume *f* calcéolaire *f*; **~held** F *péj m* mari gouverné, mené par sa femme; **~kino** F *plais n* petit écran; **~tierchen** *n* ⟨-s; -⟩ *BIOL* paramécie *f*
Pantomime¹ [pantoˈmiːmə] *n* ⟨-n; -n⟩ mime *m*
Panto'mi|me² *f* ⟨-; -n⟩, **~mik** *f* ⟨-⟩ pantomime *f*
panto'mimisch I *adj* pantomimique; **II** *adv* **~** *darstellen* mimer
Pantry [ˈpɛntri] *f* ⟨-; -s⟩ *MAR* office *m*
pantschen [ˈpantʃən] *cf* **panschen**
Panzer [ˈpantsər] *m* ⟨-s; -⟩ **1.** *HIST* (*Rüstung*) cuirasse *f*; **2.** *ZO* cuirasse *f*; carapace *f*; **3.** (*Panzerung*) blindage *m*; cuirasse *f*; **4.** *MIL* char *m* d'assaut; (engin *m*) blindé *m*; **~abwehr** *f* défense *f* antichars; **~abwehrkanone** *f* canon *m* antichars; **~division** *f* division blindée; **~faust** *f* lance-roquettes *m* antichar; bazooka *m*; **~geschoß** *n* projectile perforant, de rupture; **~glas** *n* ⟨-es⟩ verre *m* pare-balles
'Panzergrenadier *m* dragon, fantassin porté; *pl* **~e** infanterie (de division) blindée
'Panzer|hemd *n* cotte *f* de mailles; **~kette** *f* chenille *f* (à patins d'acier); **~kreuzer** *m MAR* (croiseur *m*) cuirassé *m*
'panzern *v/t* (*u v/réfl*) ⟨-(e)re, h⟩ (*sich*) **~** (s')armer d'une cuirasse, (se) cuirasser; blinder
'Panzer|schrank *m* coffre-fort *m*; **~spähwagen** *m* engin blindé de reconnaissance; **~sperre** *f* barrage *m* antichars; **~truppe** *f* unité blindée

'Panzerung *f* ⟨-; -en⟩ blindage *m*; cuirasse *f*
'Panzerwagen *m* véhicule, engin blindé
Papa [ˈpapa, *st/s* paˈpaː] F *enf m* ⟨-s; -s; *a* → *n/pr*⟩ papa *m*
Papagallo [papaˈgalo] *m* ⟨-(s); -s *ou* -galli⟩ (jeune) dragueur italien
Papagei [papaˈgaɪ] *m* ⟨-s *ou* -en; -e(n)⟩ perroquet *m*
Papa'geien|krankheit *f MÉD* psittacose *f*; **~weibchen** *n* perroquet *m* femelle; perruche *f*
Paperback [ˈpeːpɐbɛk] *n* ⟨-s; -s⟩ livre (de poche) cartonné
Papeterie [papetəˈriː] *f* ⟨-; -n⟩ *schweiz* papeterie *f*
Papi [ˈpapi] F *enf m* ⟨-s; -s; *a* → *n/pr*⟩ papa *m*
Papier [paˈpiːr] *n* ⟨-s; -e⟩ **1.** papier *m*; *zu* **~** *bringen* mettre, jeter sur le papier; écrire; *das steht nur auf dem* **~** cela n'existe que sur le papier; *prov* **~** *ist geduldig* le papier souffre tout; **2.** *pl* **~e** (*Schriftstücke, Ausweise*) papiers *m/pl*; **3.** (*Wert₂*) titre *m*; valeur *f*; effet *m*
Pa'pier|blume *f* fleur *f* en papier; **~deutsch** *n* style administratif
pa'pieren *adj* de *od* en papier; *fig Stil* sec, sèche
Pa'pier|fabrik *f* papeterie *f*; **~fetzen** *m* chiffon *m* de papier; **~geld** *n* ⟨-(e)s⟩ papier-monnaie *m*; billets *m/pl* de banque; **~handtuch** *n* serviette *f* jetable, en papier; **~industrie** *f* industrie du papier; **~korb** *m* corbeille *f* à papier; **~kram** F *m* F paperasses *f/pl*; **~krieg** F *m* paperasserie administrative
Papiermaché [papiemaˈʃeː] *n* ⟨-s; -s⟩ carton-pâte *m*; papier mâché
Pa'pier|messer *n* coupe-papier *m*; **~rolle** *f* rouleau *m* de papier; **~schere** *f* ciseaux *m/pl* (à papier); **~schlange** *f* serpentin *m*; **~schneidemaschine** *f* massicot *m*; **~schnitzel** *n od m* rognure *f* de papier; **~serviette** *f* serviette *f* en papier; **~taschentuch** *n* mouchoir *m* en papier; kleenex *m* (*nom déposé*); **~tiger** *m fig* tigre *m* de papier; **~tüte** *f* kleinere sachet *m*, größere sac *m*, dreieckige cornet *m* en papier; **₂verarbeitend** *adjt* ⟨épithète⟩ de transformation du papier; **~waren** *f/pl* (articles *m/pl* de) papeterie *f*; **~warenhandlung** *f* papeterie *f*
Papille [paˈpɪlə] *f* ⟨-; -n⟩ *ANAT* papille *f*
papp [pap] F *int nicht mehr* **~** *sagen können* être gavé (comme une oie)
Papp *m* ⟨-s; -s⟩ *regional* bouillie *f*
'Papp|band *m* volume cartonné; **~becher** *m* gobelet *m* en carton; **~deckel** *m* carton *m*
Pappe [ˈpapə] *f* ⟨-; -n⟩ carton *m*; *dünne* carte *f*; F *das ist nicht von* **~** F ce n'est pas de la petite bière; F ce n'est pas piqué des vers; ce n'est pas rien; *er ist nicht von* **~** F c'est un as, un crack, un champion; il ne faut pas le sous-estimer
'Pappeinband *m* reliure cartonnée; *im* **~** cartonné
Pappel [ˈpapəl] *f* ⟨-; -n⟩ peuplier *m*; **~allee** *f* allée *f* de peupliers
päppeln [ˈpɛpəln] F *v/t* ⟨-(e)le, h⟩ remonter, F requinquer (*avec des aliments substantiels*)
'pappen *v/t u v/i* ⟨h⟩ coller (*an, auf* [*v/t:* + *acc bzw v/i:* + *dat*] à, sur)

'**Pappenheimer** *m* ⟨~s; ~⟩ F *s-e ~ kennen* connaître son monde
'**Pappenstiel** *m* F *das ist kein ~ ce* n'est pas une bagatelle
papperlapapp [papərla'pap] *int* taratata!; à d'autres!
'**pappig** *adj* (*breiig*) pâteux, -euse; (*klebrig*) poisseux, -euse; collant; (*weich*) mou, mol, molle
'**Papp|kamerad** F *m* cible *f* (à silhouette humaine); **~karton** *m* carton *m*; boîte *f* en carton
Papp|maché ['papmaʃe:] *n* ⟨~s; ~s⟩ carton-pâte *m*; papier mâché; **~nase** *f* nez *m* en carton; faux nez; **~schachtel** *f* carton *m*; boîte *f* en carton; **~schnee** *m* neige collante; **~teller** *m* plat *m*, assiette *f* en carton
Paprika ['paprika] *m* ⟨~s; ~(s)⟩ **1.** BOT piment *m*; *Schote* poivron *m*; **2.** ⟨*sans pl*⟩ *Gewürz* piment *m*; paprika *m*; **~schnitzel** *n* escalope *f* au paprika; **~schote** *f* poivron *m*
Papst [pa:pst] *m* ⟨~(e)s; ~e⟩ *a fig* pape *m*; '**~krone** *f* tiare *f*
päpstlich ['pɛ:pstlɪç] *adj* du pape; *a Thron* pontifical; *a Schreiben* apostolique; **~er Segen** bénédiction *f* apostolique; **~er Nuntius** nonce *m* apostolique; *fig* **~er sein als der Papst** être plus royaliste que le roi
'**Papst|tum** *n* ⟨~s⟩ papauté *f*; **~würde** *f* ⟨~; ~n⟩ papauté *f*; pontificat *m*; dignité pontificale
Papua-Neuguinea ['pa:puanɔygi'ne:a] *n* ⟨→ n/pr⟩ la Papouasie-Nouvelle-Guinée
Papyrus [pa'py:rʊs] *m* ⟨~; -ri⟩ papyrus *m*; **~rolle** *f* rouleau *m* de papyrus; **~staude** *f* papyrus *m*
Parabel [pa'ra:bəl] *f* ⟨~; ~n⟩ parabole *f*
Parabol|antenne [para'bo:l?antɛn] *f* TV antenne *f* parabolique; **~spiegel** *m* miroir *m*, réflecteur *m* parabolique
Parade [pa'ra:də] *f* ⟨~; ~n⟩ **1.** MIL défilé *m*, parade *f* (militaire); revue *f*; *die ~ abnehmen* passer les troupes en revue; **2.** SPORT parade *f*; *fig j-m in die ~ fahren* contrer qn
Pa'radebeispiel *n* exemple éclatant
Paradeiser [para'daɪzər] *m* ⟨~s; ~⟩ *österr* tomate *f*
Pa'rade|schritt *m* MIL pas *m* de parade; (*Stechschritt*) pas *m* de l'oie; **~stück** *n* *a fig* joyau *m*; MUS, LITERATUR morceau *m* de bravoure
Pa'radeuniform *f in ~* en grande tenue
para'dieren *v/i* ⟨*pas de ge-*, h⟩ parader; *st/s mit etw ~* faire parade, étalage de qc
Paradies [para'di:s] *n* ⟨~es; ~e⟩ *a fig* paradis *m*; *das ~ auf Erden* le paradis sur terre
Para'dies|apfel *m* BOT pomme *f* de paradis; **⚥isch** *adj* du paradis; *a fig* paradisiaque; *fig* enchanteur, -teresse; **~vogel** *m* **1.** ZO paradisier *m*; oiseau *m* de paradis; **2.** *fig* oiseau *m* exotique
Paradigma [para'dɪgma] *n* ⟨~s; -men *ou* -mata⟩ paradigme *m*; **⚥matisch** *adj* comme, à la manière de; *a Paradigme*(*s*)
paradox [para'dɔks] *adj* paradoxal
Para'dox *n* ⟨~es; ~e⟩ paradoxe *m*
para'doxer'weise *adv* paradoxalement
Parado'xie *f* ⟨~⟩ caractère paradoxal
Paradoxon [pa'ra:dɔksɔn] *n* ⟨~s; -xa⟩ paradoxe *m*

Paraffin [para'fi:n] *n* ⟨~s; ~e⟩ paraffine *f*; **~kerze** *f* bougie *f* de paraffine; **~öl** *n* huile *f* de paraffine
Paragliding ['pa:raglaɪdɪŋ] *n* ⟨~s⟩ parapente *m*
Paragraph [para'gra:f] *m* ⟨~en; ~en⟩ paragraphe *m*; JUR article *m*; titre *m*
Para'graphen|dickicht *n*, **~dschungel** *m* jungle *f* de réglementations, de prescriptions (administratives); **~reiter** *péj m* personne *f* à cheval sur le règlement; personne pointilleuse, formaliste
Para'graph(en)zeichen *n* paragraphe *m*
Paraguay [paragu'a:i] *n* ⟨→ n/pr⟩ le Paraguay
Paragu'ayer(in) *m* ⟨~s; ~⟩ (*f*) ⟨~; ~nen⟩ Paraguayen, -enne *m*,*f*
paragu'ayisch *adj* paraguayen, -enne
parallel [para'le:l] **I** *adj* parallèle (*mit, zu* à); **II** *adv* parallèlement; *~ laufen* être parallèle; ÉLECT *~ schalten* coupler, monter, brancher en parallèle
Paral'lele *f* ⟨~; ~n⟩ **1.** MATH parallèle *f*; **2.** *fig* parallèle *m*; *e-e ~ zu etw, j-m ziehen* établir, faire un parallèle avec qc, qn
Paral'lelfall *m* cas *m* parallèle
Paralleli'tät *f* ⟨~; ~en⟩ parallélisme *m*
Paral'lel|klasse *f* SCHULE classe *f* parallèle; **⚥laufend** *adj* parallèle
Parallelogramm [paralelo'gram] *n* ⟨~s; ~e⟩ parallélogramme *m*
Paral'lel|schaltung *f* ÉLECT montage *m* en parallèle; **~straße** *f* rue *f* parallèle
Paraly|se [para'ly:zə] *f* ⟨~; ~n⟩ MÉD paralysie *f* (*a fig*); **⚥sieren** *v/t* ⟨*pas de ge-*, h⟩ paralyser (*a fig*); **⚥tisch** *adj* MÉD paralytique
Parameter [pa'ra:metər] *m* ⟨~s; ~⟩ MATH paramètre *m* (*a fig*)
paramilitärisch ['pa:ramilitɛ:rɪʃ] *adj* paramilitaire
Para|noia [para'nɔya] *f* ⟨~⟩ MÉD paranoïa *f*; **⚥no'id** *adj* paranoïde
Para'noiker(in) [para'no:ɪkər(ɪn)] *m* ⟨~s; ~⟩ (*f*) ⟨~; ~nen⟩ paranoïaque *m*,*f*; **⚥noisch** *adj* paranoïaque
Paranuß ['pa:ranʊs] *f* noix *f*, châtaigne *f* du Brésil
paraphieren [para'fi:rən] *v/t* ⟨*pas de ge-*, h⟩ POL, JUR parapher *od* parafer
Para|phrase [para'fra:zə] *f* paraphrase *f*; **⚥phra'sieren** *v/t* ⟨*pas de ge-*, h⟩ paraphraser; faire une paraphrase de
Parapsycho|loge [parapsyço'lo:gə] *m*, **~login** *f* parapsychologue *m*,*f*; **~logie** *f* parapsychologie *f*; **⚥logisch** *adj* parapsychologique
Parasit [para'zi:t] *m* ⟨~en; ~en⟩ BIOL parasite *m* (*a fig péj*)
parasitär [parazi'tɛ:r] *adj* parasitaire
parat [pa'ra:t] *adj* prêt; *ein Beispiel, e-e Antwort ~ haben* avoir un exemple tout prêt, une réponse toute prête; avoir un exemple, une réponse sous la main
Paratyphus ['pa:raty:fʊs] *m* MÉD paratyphoïde *f*
Paravent [para'vɑ̃:] *m od n* ⟨~s; ~s⟩ paravent *m*
Pärchen ['pɛ:rçən] *n* ⟨~s; ~⟩ von Menschen u Tieren couple *m*
Parcours [par'ku:r] *m* ⟨~; ~⟩ PFERDESPORT parcours *m*
Pardon [par'dõ:] *m od n* ⟨~s⟩ (*Verzeihung*) pardon *m*; (*Begnadigung*) grâce

f; *kein(en) ~ kennen* être impitoyable, implacable
Parenthe|se [parɛn'te:zə] *f* GR, TYPO parenthèse *f*; **⚥tisch** *adj* GR, *fig* entre parenthèses
par excellence [parɛkse'lɑ̃:s] *st/s adjt* par excellence
Parforce|jagd [par'fɔrsja:kt] *f* chasse *f* à courre; **~ritt** *m* *fig* tour *m* de force; exploit *m*
Parfum [par'fœ̃:], **Parfüm** [par'fy:m] *n* ⟨~s; ~s⟩ parfum *m*
Parfümerie [parfymə'ri:] *f* ⟨~; ~n⟩ parfumerie *f*
Par'fümfläschchen *n* flacon *m* de parfum
parfü'mieren ⟨*pas de ge-*, h⟩ **I** *v/t* parfumer; **II** *v/réfl sich ~* se mettre du parfum
Par'fümzerstäuber *m* vaporisateur *m* (à parfum)
pari ['pa:ri] *adv ~ stehen* être au pair; BÖRSE *über ~ stehen* être au-dessus du pair
Paria ['pa:ria] *m* ⟨~s; ~s⟩ paria *m* (*a fig*)
parieren [pa'ri:rən] ⟨*pas de ge-*, h⟩ **I** *v/t* SPORT parer; *Pferd* arrêter court; *e-n Torschuß ~* sauver un but; **II** F *v/i* (*gehorchen*) obéir; s'exécuter
Paris [pa'ri:s] *n* ⟨→ n/pr⟩ Paris *m*
Pa'riser I *m* ⟨~s; ~⟩ **1.** (*Einwohner von Paris*) Parisien *m*; **2.** F (*Kondom*) F capote (anglaise); **II** *adj* ⟨*inv*⟩ de Paris; parisien, -ienne
Pa'riserin *f* ⟨~; ~nen⟩ Parisienne *f*
pa'riserisch *adj cf* **Pariser II**
Parität [pari'tɛ:t] *f* ⟨~; ~en⟩ bes ÉCON parité *f*; (*Gleichheit*) égalité *f*
pari'tätisch **I** *adj* paritaire; à parité; à égalité; **II** *adv* **~ zusammengesetzt** paritaire
Park [park] *m* ⟨~s; ~s⟩ parc *m*
Parka ['parka] *m* ⟨~s; ~s⟩ parka *f od m*
Park-and-ride-Platz ['pa:kənd'raɪdplats] *m* parc *m* de liaison
'**Park|anlagen** *f/pl* parc *m*; espace vert; **~bank** *f* ⟨~; -bänke⟩ banc public; **~bucht** *f* emplacement *m* (pour voitures); **~deck** *n* niveau *m* (dans un parking couvert)
'**parken** ⟨h⟩ **I** *v/t* parquer; garer; (*hinstellen*) ranger; **II** *v/i* stationner; parquer; **⚥** *verboten!* stationnement interdit!; défense de stationner!
'**parkend** *adj* en stationnement
Parkett [par'kɛt] *n* ⟨~(e)s; ~e⟩ *Fußboden*, BÖRSE parquet *m*; THÉ orchestre *m*; parterre *m*; *sich auf internationalem ~ sicher bewegen können* se sentir à l'aise, évoluer avec aisance dans le monde des relations internationales; F *e-n Tango aufs ~ legen* exécuter brillamment un tango
Par'kett(fuß)boden *m* parquet *m*; parquetage *m*
parket'tieren *v/t* ⟨*pas de ge-*, h⟩ parqueter
Par'kett|leger *m* ⟨~s; ~⟩ parqueteur *m*; **~sitz** *m* THÉ place *f* de parterre; *vordere Reihen* fauteuil *m* d'orchestre
'**Park|gebühr** *f* droit *m*, taxe *f* de stationnement; **~gelegenheit** *f* parking *m*; **~haus** *n* parking couvert
par'kieren ⟨*pas de ge-*, h⟩ schweiz cf **parken**
'**Parkingmeter** *m* schweiz cf **Parkuhr**
Parkinsonsche Krankheit ['parkɪn-

Parkkralle – Passage 1290

zɔnʃə'kraŋkhaɪt] *die* ~ la maladie de Parkinson
'Park|kralle *f* sabot *m* de Denver; ~leuchte *f*, ~licht *n* feu *m* de stationnement; ~lücke *f* créneau *m*
'Parkplatz *m* 1. *für viele Autos* parking *m*; parc *m*, aire *f* de stationnement; 2. (*Parkmöglichkeit*) *e-n* ~ *finden, suchen* trouver, chercher une place pour se garer
'Park|scheibe *f* disque *m* (de stationnement); ~schein *m* ticket *m* de stationnement; ~streifen *m* bande *f* de stationnement; ~studium F *n* études universitaires faites en attendant d'être admis à l'option de son choix; ~sünder F *m* contrevenant(e) *m(f)* aux règles du stationnement; ~uhr *f* parc(o)mètre *m*
'Parkverbot *n* interdiction *f*, défense *f* de stationner; *im* ~ *stehen* être en stationnement interdit
'Parkwächter *m* 1. *im Park* gardien *m* de parc; 2. *im Parkhaus etc* gardien *m* de parking
Parlament [parla'mɛnt] *n* ⟨~(e)s; ~e⟩ parlement *m*
Parlamentarier(in) [parlamɛn'taːrɪər(-ɪn)] *m* ⟨~s; ~⟩ *(f)* ⟨~; ~nen⟩ parlementaire *m,f*
parlamen'tarisch *adj* parlementaire; ~**er Ausschuß** commission *f* parlementaire
Parlamenta'rismus *m* ⟨~⟩ parlementarisme *m*
Parla'ments|beschluß *m* vote *m* du parlement; ~ferien *pl* vacances *f/pl* parlementaires; ~gebäude *n* parlement *m*; ~mitglied *n* membre *m* du parlement; ~sitzung *f* séance *f* du parlement; ~wahl *f* élection législative
parlieren [par'liːrən] *v/i* ⟨*pas de ge-*, h⟩ *st/s*, *oft iron* bavarder; faire la conversation
Parmesankäse [parme'zaːnkɛːzə] *m* parmesan *m*
Parod|ie [paroˈdiː] *f* ⟨~; ~n⟩ parodie *f* (*auf* [+*acc*] de); ℒieren *v/t* ⟨*pas de ge-*, h⟩ parodier; faire une parodie de; ~ist(in) *m* ⟨~en; ~en⟩ *(f)* ⟨~; ~nen⟩ parodiste *m,f*; ℒistisch *adj* parodique
Parodontose [parodɔn'toːzə] *f* ⟨~; ~n⟩ MÉD parodontose *f*
Parole [pa'roːlə] *f* ⟨~; ~n⟩ 1. slogan *m*; mot *m* d'ordre; (*Leitspruch, Motto*) devise *f*; 2. MIL mot *m* de passe
Paroli [pa'roːli] *n j-m* ~ *bieten* tenir tête à qn
Part [part] *m* ⟨~s; ~s *ou* ~e⟩ MUS partie *f*; THÉ, FILM etc rôle *m*
Partei [par'taɪ] *f* ⟨~; ~en⟩ 1. POL parti *m*; *e-r* ~ (*dat*) *beitreten, in e-e* ~ *eintreten* adhérer à un parti; entrer dans un parti; *zwischen zwei* ~*en stehen* F nager entre deux eaux; 2. JUR partie *f*; *die vertragschließenden* ~*en* les parties contractantes; 3. *in e-m Streit etc für j-n* ~ *ergreifen* prendre parti pour qn; prendre le parti de qn; prendre fait et cause pour qn; *gegen j-n* ~ *ergreifen* prendre parti contre qn; 4. (*Mietsℒ*) locataire *m,f*
Par'teiabzeichen *n* insigne *m* de parti
par'teiamtlich *adj* ~*e Zeitung* organe officiel du parti
Par'tei|anhänger *m* partisan *m*, sympathisant *m*, *als Mitglied* membre *m*, adhérent *m* (d'un parti); ~apparat *m* appareil *m* du parti; ~bonze *m péj* F bonze *m* d'un *bzw* du parti; ~buch *n* in Frankreich carte *f*, *in Deutschland* livret *m* de membre (d'un parti politique); ~chef(in) *m(f)* chef *m* d'un *bzw* du parti; leader *m*; ~chinesisch *péj n* jargon *m* politique; langue *f* de bois
Par'teienlandschaft *f* éventail *m* des partis; *par ext* paysage *m* politique
Par'tei|flügel *m* aile *f* du parti; ~freund(in) *m(f)* camarade *m,f* de parti; ~führer(in) *m(f)* chef *m*, leader *m* de parti; ~führung *f* direction *f* d'un *bzw* du parti; ~funktionär(in) *m(f)* permanent *m*
par'teiisch I *adj* partial; II *adv* partialement; avec partialité
Par'tei|lich *m péj* faction *f*, clique *f*; ℒlich *adj* 1. POL d'un *bzw* du parti; 2. (*parteiisch*) partial; ~lichkeit *f* ⟨~⟩ partialité *f*; ~linie *f* ligne *f* du parti; ℒlos *adj* sans parti; sans appartenance politique; ~lose(r) *f(m)* ⟨→A⟩ sans-parti *m,f*; *im Parlament* non-inscrit(e) *m(f)*; ~losigkeit *f* ⟨~⟩ indépendance *f*; neutralité *f*; ~mitglied *n* membre *m*, adhérent *m* (d'un *bzw* du parti); ~nahme *f* ⟨~; ~n⟩ prise *f* de parti; ~organ *n* organe *m* d'un *bzw* du parti; ~politik *f* politique *f* de parti; ℒpolitisch *adj* qui concerne la politique du parti; inspiré par les intérêts du parti; ~programm *n* programme *m* d'un *bzw* du parti; ~spende *f* somme *f* d'argent destinée au financement d'un parti; ~tag *m* congrès *m* d'un *bzw* du parti; ~vorsitzende(r) *f(m)* ⟨→A⟩ président(e) *m(f)* d'un *bzw* du parti; ~vorstand *m* comité directeur d'un *bzw* du parti; ~zugehörigkeit *f* appartenance *f* à un *bzw* au parti
parterre [par'tɛr] *adv* au rez-de-chaussée
Par'terre [par'tɛr] *n* ⟨~s; ~s⟩ 1. (*Erdgeschoß*) rez-de-chaussée *m*; 2. THÉ parterre *m*
Partie [par'tiː] *f* ⟨~; ~n⟩ 1. *beim Spiel*, MUS partie *f*; *e-e* ~ *Schach* une partie d'échecs; 2. (*Heiratsmöglichkeit*) parti *m*; *e-e gute* ~ *machen* un beau parti; *sie ist e-e gute* ~ a elle une belle dot; elle a de la fortune; 3. (*Ausflug*) partie *f* (de plaisir); excursion *f*; randonnée *f*; *par ext* F *mit von der* ~ *sein* être de la partie; *sind Sie auch mit von der* ~? serez-vous?; 4. COMM lot *m*
partiell [parˈtsi̯ɛl] *adj* partiel, -ielle
Partikel[1] [parˈtiːkəl] *f* ⟨~; ~n⟩ GR particule *f*
Par'tikel[2] *n* ⟨~s; ~⟩ *od f* ⟨~; ~n⟩ (*Teilchen*) particule *f*
partikular [partikuˈlaːr], partikulär [partikuˈlɛːr] *st/s adj* particulier, -ière
Partikula'rismus *m* ⟨~⟩ particularisme *m*; ~ist *m* ⟨~en; ~en⟩ particulariste *m*; ℒistisch *adj* particulariste
Partisan(in) [partiˈzaːn(ɪn)] *m* ⟨~s *ou* ~en; ~en⟩ *(f)* ⟨~; ~nen⟩ partisan *m*
Parti'sanenkrieg *m* guerre *f* de partisans; guérilla *f*
partitiv [parˈtiːtɪf] *adj* GR partitif, -ive
Partitur [parti'tuːr] *f* ⟨~; ~en⟩ MUS partition *f*
Partizip [parti'tsiːp] *n* ⟨~s; ~ien⟩ GR participe *m*; ~ *Präsens, Perfekt* participe *m*
Partizipi'alkonstruktion *f* GR construction participiale

partizi'pieren *st/s v/i* ⟨*pas de ge-*, h⟩ participer (*an* [+*dat*] à)
Partner(in) ['partnər(ɪn)] *m* ⟨~s; ~⟩ *(f)* ⟨~; ~nen⟩ partenaire *m,f*; (*Lebensgefährte*) compagnon *m*, compagne *f*; (*Tanzℒ*) cavalier, -ière *m,f*; (*Gesprächsℒ*) interlocuteur, -trice *m,f*; COMM (*Teilhaber*) partenaire *m,f*, associé(e) *m(f)*; (*Vertragsℒ*) contractant(e) *m(f)*
'Partnerlook *m* vêtements assortis (homme et femme); *im* ~ en vêtements assortis (homme et femme)
'Partnerschaft *f* ⟨~; ~en⟩ association *f*; partenariat *m*; COMM participation *f*; (*Städteℒ*) jumelage *m*; (*Schulℒ*) appariement *m*
'partnerschaftlich I *adj Verhalten, Beziehung* d'égal à égal; *Zusammenarbeit* de bonnes relations de partenaire à partenaire *bzw* de collègue à collègue; *auf* ~*er Basis* sur un pied d'égalité; *sie haben ein gutes* ~*es Verhältnis* ils ont une bonne relation de partenaire à partenaire; II *adv sich* ~ *verhalten* adopter une attitude d'égal à égal
'Partnerstadt *f* ville jumelée (*von od* [+*gén*] à); *zwei Partnerstädte* deux villes jumelées
'Partner|tausch *m* échange *m* de partenaires; échangisme *m*; partie carrée *f*; ~wahl *f* choix *m* d'un(e) partenaire
partout [parˈtuː] F *adv* à tout prix; absolument
Party ['paːrti] *f* ⟨~; ~s *ou* -ties⟩ fête *f*; *bei jungen Leuten* F boum *f*; *e-e* ~ *geben* faire une fête (chez soi) *bzw* F une boum; *auf e-e* ~ *gehen* aller à une fête *bzw* F boum
'Party|keller *m* cave *f* (aménagée pour les soirées dansantes); ~löwe *m* habitué *m* des soirées; play-boy *m* qui fréquente les soirées dansantes; ~service *m* traiteur *m* (livrant à domicile)
Parvenü, *österr* Parvenu [parvəˈnyː] *m* ⟨~s; ~s⟩ parvenu *m*
Parzelle [parˈtsɛlə] *f* ⟨~; ~n⟩ parcelle *f*, lot *m* de terrain
parzel'lier|en *v/t* ⟨*pas de ge-*, h⟩ lotir; diviser en parcelles; ℒung *f* ⟨~; ~en⟩ lotissement *m*; parcellisation *f*
Parzival ['partsifal] *m* ⟨→ *n/pr*⟩ Perceval *m*
Pascal [pasˈkal] *n* ⟨~s; ~⟩ PHYS pascal *m*
Pasch [paʃ] *m* ⟨~(e)s; ~e *ou* ~e⟩ 1. WÜRFELSPIEL (*Zweierℒ*) doublet *m*; (*Dreierℒ*) rafle *f*; 2. DOMINO doublet *m*
Pascha ['paʃa] *m* ⟨~s; ~s⟩ *a fig péj* pacha *m*; *wie ein* ~ *leben* F mener une vie de pacha; *den* ~ *spielen* F faire le pacha; F jouer les pachas; se faire servir
Paspel ['paspəl] *f* ⟨~; ~n⟩ COUT passepoil *m*, liséré *m*; ℒlieren *v/t* ⟨*pas de ge-*, h⟩ passepoiler; liséré; ~'lierung *f* ⟨~; ~en⟩ passepoil *m*; lisérage *m*
Paß [pas] *m* ⟨Passes; Pässe⟩ 1. (*Bergℒ*) col *m*; 2. (*Reiseℒ*) passeport *m*; 3. (*~gang*) amble *m*; 4. SPORT passe *f*; 5. JAGD passage *m*
passabel [paˈsaːbəl] *adj* ⟨-bl-⟩ acceptable; passable
Passage [paˈsaːʒə] *f* ⟨~; ~n⟩ 1. (*Durchgang, -fahrt*) passage *m*; (*überdachte Straße*) galerie *f*; passage couvert; 2. (*Überfahrt*) traversée *f*; passage *m*; 3. (*Abschnitt*) passage *m*; 4. MUS roulade *f*; 5. REITEN passage *m*

Passagier [pasa'ʒiːr] m ⟨~s; ~e⟩ passager m; **blinder ~** passager clandestin
Passa'gier|dampfer m paquebot m; *für Übersee* transatlantique m; **~flugzeug** n avion m (de ligne) commercial(e); **~liste** f liste f des passagers; **~schiff** n cf *Passagierdampfer*
Passah(fest) ['pasa(fεst)] n ⟨~s⟩ (n) pâque (juive)
Paßamt n bureau m, service m des passeports
Passant(in) [pa'sant(ɪn)] m ⟨~en; ~en⟩ (f) ⟨~; ~nen⟩ passant(e) m(f); piéton, -onne m,f
Passat [pa'saːt] m ⟨~(e)s; ~e⟩ (vent) alizé m
Paßbild n photo f d'identité, de passeport
Passe ['pasə] f ⟨~; ~n⟩ COUT empiècement m
passé [pa'seː] adj ⟨attribut⟩ *das ist ~* (vorbei, vergangen) c'est passé; (überlebt) c'est démodé, dépassé
passen ['pasən] ⟨-ßt, h⟩ I v/t *bes FUSSBALL den Ball zu j-m ~* passer le ballon à qn; II v/i **1.** *Ersatzteil, Schlüssel etc* **an**, *auf etw (acc)* **zu etw ~** aller avec qc; *in etw (acc)* **~** aller dans qc; **2.** *Kleidung* aller bien (*j-m* à qn); (*sitzen*) être seyant; *j-m ~ a* être à la taille de qn; *diese Schuhe ~ mir nicht* (sind zu klein bzw zu groß) ces chaussures sont trop petites bzw trop grandes pour moi; **3.** (*harmonieren mit, in Einklang stehen mit*) **~ zu** convenir à; s'accorder avec; être assorti à; *auf j-n, etw* **~** s'appliquer à qn, qc; *Farben, Möbel etc* **gut zueinander ~** aller bien ensemble; *Grün und Blau ~ schlecht zueinander* le vert jure avec le bleu; *diese Eitelkeit paßt schlecht zur Frömmigkeit* cette vanité s'accorde mal avec la piété; *der Stil paßt nicht zum Thema* le style ne convient pas, est mal adapté au sujet; *die beiden ~ nicht zusammen, zueinander* ils ne vont pas bien ensemble; ils sont mal assortis; *das paßt nicht hierher* cela n'a pas sa place ici; c'est déplacé; **4.** (*genehm sein*) convenir; arranger; aller; *dieser Termin paßt mir nicht* cette date ne me convient, ne m'arrange, ne me va pas; *es paßt ihm gar nicht, so viel zu arbeiten* cela ne lui dit rien du tout de tant travailler; F *das könnte dir so ~!* F c'est ça, et quoi encore?!; *et ta sœur!*; **5.** KARTENSPIEL passer; FUSSBALL **zu j-m ~** faire une passe à qn
'passend adjt *Ersatzteil, Schlüssel etc* bon, bonne; *Kleidung* qui va bien; juste; seyant; (*harmonierend*) assorti; propre; à propos; approprié, convenable; *Zeitpunkt, Gelegenheit* opportun; *er trug e-n hellen Anzug und e-e ~e Krawatte dazu* il portait un costume clair et une cravate assortie; *das ~e Wort* le mot propre; *sie gab ihm e-e ~e Antwort* elle lui a répondu avec à propos; *er hielt es für ~, zu* (+*inf*) il a jugé bon de, à propos de (+*inf*); F *zu jeder ~en und unpassenden Gelegenheit* à tout propos et 'hors de propos; *haben Sie schon etw ~es gefunden?* avez-vous déjà trouvé qc qui vous plaise, vous convienne?; F *haben*

Sie es ~? vous avez le compte (juste), la monnaie?; pouvez-vous faire l'appoint?
Passepartout [paspar'tuː] n, *schweiz* m ⟨~s; ~s⟩ passe-partout m
'Paß|foto n photo f d'identité; **~gang** m amble m
pas'sierbar adj *Straße* praticable
passieren [pa'siːrən] ⟨pas de ge-⟩ I v/t ⟨h⟩ **1.** (*hindurchgehen, durchlaufen*) passer; *den Zoll ~* passer en od la douane; *e-n Ort ~* passer par un endroit; **2.** CUIS passer; II v/i (*sein*) (*geschehen*) se passer; arriver; *was ist passiert?* qu'est-il arrivé?; que s'est-il passé?; F qu'est-ce qu'il y a?; *das kann jedem ~* cela peut arriver à tout le monde; *bei dem Unfall ist mir nichts passiert* je suis sorti indemne de, je n'ai rien eu, je n'ai pas été blessé dans cet accident; F *laß das sein, sonst passiert was!* arrête, ou tu vas voir!; arrête, ou gare à toi!
Pas'sier|schein m laissez-passer m; permis m; **~schlag** m TENNIS passing-shot m
Passio|n [pasi'oːn] f ⟨~; ~en⟩ passion f; REL Passion f; **²niert** adj ⟨épithète⟩ passionné
Passi'ons|blume f fleur f de la Passion; passiflore f; **~spiele** n/pl mystères m/pl de la Passion (de Notre-Seigneur); **~zeit** f temps m de la Passion; carême m
passiv ['pasiːf] adj passif, -ive; **~es Wahlrecht** éligibilité f; **~e Handelsbilanz** balance commerciale déficitaire
'Passiv n ⟨~s; ~e⟩ GR passif m; voix, forme passive; *im ~ stehen* être au passif
Passiva [pa'siːva] pl COMM passif m
pas'sivisch GR I adj passif, -ive; II adv au passif
Passivi'tät f ⟨~⟩ passivité f
'Passiv|posten m COMM poste débiteur; élément m de passif; **~saldo** m COMM solde passif, débiteur m; **~seite** f COMM passif m
'Paß|kontrolle f contrôle m des passeports; **~straße** f col m; **~stück** n TECH pièce adaptée, ajustée
'Passung f ⟨~; ~en⟩ TECH ajustement m
Passus ['pasus] m ⟨~; ~⟩ passage m
Paste ['pastə] f ⟨~; ~n⟩ **1.** CUIS beurre m (d'anchois, etc); **2.** PHARM pâte f
Pastell [pas'tεl] n ⟨~(e)s; ~e⟩ PEINT pastel m; **~bild** n pastel m; **~farbe** f (couleur f à) pastel m; **~malerei** f dessin m au pastel; **~ton** m ton m (de) pastel
Pastete [pas'teːtə] f ⟨~; ~n⟩ (*Blätterteig*²) vol-au-vent m; bouchée f à la reine; (*Leber*², *Fisch*² etc) pâté m
pasteurisier|en [pastøri'ziːrən] v/t *pas de ge-*, h⟩ pasteuriser; **²ung** f ⟨~; ~en⟩ pasteurisation f
Pastille [pas'tɪlə] f ⟨~; ~n⟩ pastille f
Pastinak(e) ['pastinak (-'naːkə)] m ⟨~s; ~e⟩ (f) ⟨~; ~n⟩ BOT panais m
Pastmilch ['pastmɪlç] f *schweiz* lait pasteurisé
Pastor ['pastɔr *ou* pas'toːr] m ⟨~s; -'toren⟩ PROT pasteur m; CATH curé m
pasto'ral adj pastoral
Pastorale [pasto'raːlə] f ⟨~; ~n⟩ od ⟨~s; ~s⟩ MUS, THÉ, PEINT pastorale f
Pa'storin f ⟨~; ~nen⟩ PROT **1.** femme f

pasteur; **2.** F (*Ehefrau des Pfarrers*) femme f du pasteur
Pate ['paːtə] m ⟨~n; ~n⟩ parrain m; *bei e-m Kind ~ stehen* être parrain d'un enfant; *fig bei etw ~ stehen* marquer qc de son empreinte; exercer une influence déterminante sur qc
'Paten|kind n filleul(e) m(f); **~onkel** m parrain m
'Patenschaft f ⟨~; ~en⟩ parrainage m; *die ~ für etw übernehmen* parrainer qc
'Patensohn m filleul m
patent [pa'tεnt] F adj **1.** *Mensch* F formidable; F épatant; **2.** *Sache* F formidable; astucieux, -ieuse
Pa'tent n ⟨~(e)s; ~e⟩ **1.** (*Erfindungsschutz*) brevet m (d'invention); *ein ~ anmelden* déposer un brevet d'invention; *e-e Erfindung zum ~ anmelden* déposer une demande de brevet pour une invention; *ein ~ erteilen* décerner un brevet; *ein ~ auf etw* (*acc*) *haben* être titulaire d'un brevet pour qc; **2.** MAR brevet m
Pa'tentamt n office m des brevets (d'invention); *in Frankreich* Institut national de la propriété industrielle; *das Europäische ~* l'Office européen des brevets
Pa'tentanmeldung f demande f de brevet
'Patentante f marraine f
Pa'tent|anwalt m ingénieur-conseil m (en propriété industrielle); **²fähig** adj brevetable
paten'tierbar adj brevetable
paten'tieren v/t ⟨pas de ge-, h⟩ breveter
Pa'tent|inhaber(in) m(f) titulaire m,f de brevet; breveté(e) m(f); **~lösung** f solution f passe-partout; panacée (universelle)
'Patentochter f filleule f
Pa'tent|recht n législation f sur les brevets; **~register** n, **~rolle** f registre m des brevets; **~schutz** m protection f des inventions, de la propriété industrielle; **~urkunde** f brevet m d'invention; **~verschluß** m fermeture brevetée, de sûreté
Pater ['paːtər] m ⟨~s; ~ *ou* Patres⟩ (révérend) père m
Paternoster¹ [patər'nɔstər] n ⟨~s; ~⟩ REL Pater m; Notre Père m
Pater'noster² m ⟨~s; ~⟩ *Aufzug* ascenseur m (continu)
pathetisch [pa'teːtɪʃ] adj emphatique; pompeux, -euse; grandiloquent; *Geste* théâtral
Patholo|ge [pato'loːgə] m ⟨~n; ~n⟩, **~gin** f ⟨~; ~nen⟩ pathologiste m,f; **~'gie** f ⟨~⟩ pathologie f; **²gisch** adj pathologique
Pathos ['paːtɔs] n ⟨~⟩ pathos m; emphase f
Patience [pasi'ãːs] f ⟨~; ~n⟩ patience f; réussite f; *e-e ~ legen* faire une patience, une réussite
Patient(in) [patsi'εnt(ɪn)] m ⟨~en; ~en⟩ (f) ⟨~; ~nen⟩ malade m,f; patient(e) m(f); client(e) m(f)
Patin ['paːtɪn] f ⟨~; ~nen⟩ marraine f
Patina ['paːtina] f ⟨~⟩ patine f; **~ ansetzen** prendre de la patine; se patiner; *fig* perdre sa fraîcheur; se ternir
Patisserie [patɪsə'riː] f ⟨~; ~n⟩ *schweiz* pâtisserie f
Patriar|ch [patri'arç] m ⟨~en; ~en⟩

patriarchalisch – peinigen

REL, fig patriarche m; ♀**'chalisch** REL, SOZIOLOGIE, fig I adj patriarcal; II adv en partriarche; **~'chat** n ⟨~(e)s; ~e⟩ REL, SOZIOLOGIE patriarcat m
Patrio|**t(in)** [patri'o:t(ɪn)] m ⟨~en; ~en⟩ (f) ⟨~; ~nen⟩ patriote m,f; ♀**tisch** adj patriotique; **~'tismus** m ⟨~⟩ patriotisme m
Patrize [pa'tri:tsə] f ⟨~; ~n⟩ TYPO poinçon m
Patrizier(in) [pa'tri:tsiər(ɪn)] m ⟨~s; ~⟩ (f) ⟨~; ~nen⟩ HIST patricien, -ienne m,f
Patron [pa'tro:n] m ⟨~s; ~e⟩ **1.** (Schutzheiliger) patron m; **2.** F fig F type m; F mec m; péj individu m; **ein übler ~** une canaille, F fripouille
Patro'nat n ⟨~(e)s; ~e⟩ patronage m
Patrone [pa'tro:nə] f ⟨~; ~n⟩ **1.** Munition cartouche f; **2.** (Füller♀) cartouche f; recharge f; **3.** TEXT damier m; **4.** PHOT chargeur m
Pa'tronen|**füller** m, **~füllhalter** m stylo m à cartouche, à recharge; **~gurt** m bande f de cartouches, de mitrailleuse; **~gürtel** m cartouchière f; **~hülse** f douille f (de cartouche); **~tasche** f cartouchière f
Pa'tronin f ⟨~; ~nen⟩ (Schutzheilige) patronne f
Patrouille [pa'trʊljə] f ⟨~; ~n⟩ MIL patrouille f; **auf ~ gehen** patrouiller; aller en patrouille
Pa'trouillenboot n bes MIL, ZOLL patrouilleur m
patrouil'lieren v/i ⟨pas de ge-, h ou sein⟩ patrouiller; (auf und ab gehen) faire les cent pas
patsch [patʃ] int flac!; **auf Wasser ~** floc!; plouf!
'**Patsche** F f ⟨~; ~n⟩ **1.** (Hand) F patte f; F paluche f; **2.** (Fliegen♀) tapette f (à mouches); **3.** (Klemme) **in der ~ sitzen** F être dans le pétrin, la mélasse, le caca; **j-m aus der ~ helfen** tirer qn d'affaire; **da sind wir schön in der ~** F nous voilà dans de beaux draps; nous voilà propres
'**patschen** F v/i F ~ F claquer; F faire floc; **im Dreck ~** patauger, barboter dans la boue
'**patsch(e)'naß** F adj F trempé comme une soupe
'**Patschhändchen** enf F n menotte f
Patschuli ['patʃuli] n ⟨~s; ~s⟩ Duftstoff (essence f de) patchouli m
patt [pat] adj SCHACH **~ sein** être pat
Patt ⟨~s; ~s⟩ SCHACH pat m; fig cf **Pattsituation**
Patte ['patə] f ⟨~; ~n⟩ COUT patte f
'**Pattsituation** f situation bloquée
patzen ['patsən] v/i ⟨-(es)t, h⟩ **1.** F (Fehler machen) faire une faute, F une gaffe; F gaffer; **2.** österr (klecksen) faire des taches, des pâtés
'**Patzer** F m ⟨~s; ~⟩ faute f; F gaffe f; F bavure f
'**patzig** F adj impoli; F mal embouché; grossier, -ière; (frech) insolent
Pauke ['paʊkə] f ⟨~; ~n⟩ grosse caisse; timbale f; F **mit ~n und Trompeten durchfallen** F (se) ramasser une veste; F fig **auf die ~ hauen** (angeben) frimer; fanfaronner; (feiern) F faire la bombe, la noce, la bringue, la java
'**pauken** F F v/t F bosser; F bûcher; **II** v/i **1.** MUS jouer de la grosse caisse, des timbales; **2.** F (intensiv lernen) F bosser;

F bûcher; **vor einer Prüfung** bachoter; **3.** HIST Studentensprache se battre en duel
'**Pauken**|**höhle** f ANAT caisse f du tympan; **~schlag** m coup m de timbale; **~schlegel** m MUS mailloche f
'**Pauker** m ⟨~s; ~⟩ **1.** MUS timbalier m; **2.** F (Lehrer) F prof m
Paukerei F f ⟨~⟩ (intensives Lernen) bachotage m
Paul [paʊl] m ⟨→ n/pr⟩ Paul m
Paula ['paʊla] f ⟨→ n/pr⟩ Paule f
Paus|**backen** ['paʊsbakən] f/pl joues rebondies; ♀**backig**, ♀**bäckig** adj joufflu
pauschal [paʊ'ʃa:l] **I** adj forfaitaire; a fig global; **II** adv à forfait; a fig globalement; fig en bloc; **etw ~ verurteilen** condamner qc globalement
Pau'schal... in Zssgn forfaitaire; à forfait; global; **~betrag** m montant global, forfaitaire; **Zahlung** paiement m unique
Pau'schale f ⟨~; ~n⟩ somme globale, forfaitaire; forfait m
pauscha'lieren v/t ⟨pas de ge-, h⟩ calculer forfaitairement; globaliser
pauschali'sieren v/i u v/t ⟨pas de ge-, h⟩ (trop) généraliser; mettre dans la même catégorie
Pau'schal|**preis** m prix global, à forfait; forfait m; **~reise** f voyage organisé; **~summe** f cf **Pauschale**; **~urlaub** m vacances organisées; **~urteil** péj n jugement global, sans nuances, indifférencié
'**Pauschbetrag** m cf **Pauschalbetrag**
Pause¹ ['paʊzə] f ⟨~; ~n⟩ **1.** (Ruhe♀, Sprech♀, Sende♀, Arbeits♀), MUS pause f; **e-e ~ machen, einlegen** faire une pause; **beim Sprechen** marquer une pause; (jetzt) **~ haben, in der ~ sein, ~ machen** faire la pause; **ohne ~ a** sans interruption; **2.** SCHULE récréation f; **kurze** interclasse m; **es klingelt zur ~** ça sonne pour la récré(ation); **3.** THÉ entracte m
'**Pause²** f ⟨~; ~n⟩ (Durchzeichnung) calque m
'**pausen** v/t ⟨-(es)t, h⟩ (dé)calquer
'**Pausen**|**brot** n casse-croûte m; **in der Schule, nachmittags** goûter m; **~füller** F m intermède m; interlude m
'**pausenlos** adj ⟨épithète⟩ u adv sans arrêt, interruption, cesse; continuel, -elle (-ment); constamment
'**Pausen**|**stand** m SPORT score m à la mi-temps; **~zeichen** n **1.** MUS pause f; **2.** RAD indicatif m
pau'sieren v/i ⟨pas de ge-, h⟩ faire une pause
'**Pauspapier** n papier-calque m; (Kohlepapier) papier m carbone
Pavian ['pa:via:n] m ⟨~s; ~e⟩ ZO babouin m
Pavillon ['pavɪljɔn ou -jõ:] m ⟨~s; ~s⟩ ARCH pavillon m
Pay-TV ['pe:ti:vi:] n ⟨~; ~s⟩ chaîne cryptée
Pazifik [pa'tsi:fɪk] m ⟨→ n/pr⟩ **der ~** le Pacifique
pa'zifisch adj du Pacifique; **der ♀e Ozean** l'océan m Pacifique
Pazif|**ismus** [patsi'fɪsmʊs] m ⟨~⟩ pacifisme m; **~ist(in)** m ⟨~; ~nen⟩ pacifiste m,f; ♀**istisch** adj pacifiste; pacificateur, -trice

PC [pe:'tse:] m ⟨~(s); ~(s)⟩ abr (Personalcomputer) micro-ordinateur m; micro m; P.C. m; ordinateur personnel; **am ~ arbeiten** travailler sur P.C.
PdA [pe:de:'ʔa:] f ⟨~⟩ abr (Partei der Arbeit) P.S.T. m (Parti suisse du travail)
PDS [pe:de:'ʔɛs] f ⟨~⟩ abr (Partei des Demokratischen Sozialismus[der BRD]) P.D.S. m (Parti du socialisme démocratique)
Pech [pɛç] n ⟨~(e)s; ~e⟩ **1.** poix f; **schwarz wie ~** noir comme (du) jais; F **wie ~ und Schwefel zusammenhalten** s'entendre comme larrons en foire; être comme les deux doigts de la main, F comme cul et chemise; **2.** ⟨sans pl⟩ (Unglück) malchance f; F guigne f; déveine f; **mit etw ~ haben** avoir de la malchance, F avoir des déboires, mal tomber avec qc; F n'avoir pas de veine avec qc; **in der Liebe haben** être malheureux en amour; **vom ~ verfolgt sein** être poursuivi par la malchance, F la guigne; jouer de malchance; F **dein ~** (, **wenn ...**) tant pis pour toi (si ...); F **~ für dich!** F tu repasseras!
'**Pech**|**blende** f MINÉR pechblende f; **~fackel** f torche f (de résine); **~nase** f FORTIF mâchicoulis m; '♀('**raben**)-'**schwarz** F adj noir comme (du) jais; F du cirage; **~stein** m MINÉR rétinite f; **~strähne** f série noire; **~vogel** m malchanceux m
Pedal [pe'da:l] n ⟨~s; ~e⟩ **im Auto, am Fahrrad, am Klavier** pédale f
Pedant|**(in)** [pe'dant(ɪn)] m ⟨~en; ~en⟩ (f) ⟨~; ~nen⟩ (esprit m) mesquin m, tatillon m; formaliste m,f; F pinailleur, -euse m,f; **~e'rie** f ⟨~; ~n⟩ mesquinerie f; formalisme m; ♀**isch** adj tatillon, -onne; mesquin; pointilleux, -euse; formaliste; F pinailleur, -euse
Peddigrohr ['pɛdɪçro:r] n ⟨~(e)s⟩ rotin m
Pedell [pe'dɛl] m ⟨~s; ~e⟩ **an der Schule** concierge m; **an der Universität** appariteur m
Pediküre [pedi'ky:rə] f ⟨~; ~n⟩ **1.** ⟨sans pl⟩ (Fußpflege) soins m/pl des pieds; **2.** (Fußpflegerin) pédicure f
pedi'küren v/t u v/i ⟨pas de ge-, h⟩ soigner les pieds (de); **sich ~ lassen** se faire soigner les pieds
Peeling ['pi:lɪŋ] n ⟨~s; ~s⟩ peeling m; gommage m
Peep-Show ['pi:pʃo:] f peep-show m
Pegel ['pe:gəl] m ⟨~s; ~⟩ **1.** (Wasserstandsmesser) échelle f d'étiage; sc fluviomètre m; **2.** fig niveau m; degré m; **3.** (Pegelstand) niveau m des eaux; **~stand** m cf **Pegel 3**.
'**Peilanlage** f MAR, AVIAT radiogoniomètre m
peilen ['paɪlən] v/t ⟨h⟩ Wassertiefe sonder; mesurer; Richtung relever; cf a **Daumen**
'**Peil**|**funk** m radiogoniométrie f; **~(funk)gerät** n radiogoniomètre m; **~ung** f ⟨~; ~en⟩ der Wassertiefe sondage m, mesurage m (d'un fond); der Richtung (prise f de) relèvement m; (Winkelmessung) goniométrie f; (Funk♀) radiogoniométrie f
Pein [paɪn] st/s f ⟨~⟩ douleur f; tourment m; supplice m
peinigen ['paɪnɪgən] st/s v/t ⟨h⟩ mettre

au supplice; tourmenter; *Hunger, Durst, Gewissensbisse j-n ~ a* tenailler qn

'**Peinig|er** *st/s m* ⟨~s; ~⟩ bourreau *m*; (*Folterknecht*) tortionnaire *m*; **~ung** *st/s f* ⟨~; ~en⟩ tourment *m*, torture *f* (infligé(e) à qn)

'**peinlich** I *adj* **1.** (*unangenehm*) embarrassant; gênant; fâcheux, -euse; désagréable; *es ist mir ~, Ihnen sagen zu müssen ...* il m'est pénible, désagréable d'avoir à vous dire ...; *es ist mir ~, daß ich zu spät komme* je suis confus d'arriver en retard; **2.** (*épithète*) (*übergenau*) méticuleux, -euse; scrupuleux, -euse; minutieux, -ieuse; II *adv* **1. ~ berührt werden* être gêné, embarrassé (*von* par); **2. ~ genau** scrupuleusement exact

'**Peinlichkeit** *f* ⟨~; ~en⟩ **1.** ⟨*sans pl*⟩ *Eigenschaft* caractère *m* pénible, désagréable, *etc* (*d'une chose*); **2.** *Sache* chose, situation gênante; ce qu'il y a de pénible, désagréable, *etc* (+*gén* dans); **3.** ⟨*sans pl*⟩ (*Genauigkeit*) méticulosité *f*; minutie *f*

Peitsche ['paɪtʃə] *f* ⟨~; ~n⟩ *a fig* fouet *m*; (*Reit2*) cravache *f*

'**peitschen I** *v/t* ⟨h⟩ fouetter; *REL* flageller; *REITSPORT* cravacher; *bes als Strafe* donner des coups de fouet (*j-n* à qn); *Wind, Regen: Bäume etc* fouetter; cingler; **II** *v/i* ⟨sein⟩ *Schüsse* claquer; éclater; *der Regen peitscht gegen die Fensterscheiben* la pluie fouette les vitres

'**Peitschen|hieb** *m* coup *m* de fouet (*a fig*); **~knall** *m* claquement *m* du od de fouet

pejorativ [pejoraˈtiːf] *adj Ausdruck, Bedeutung* péjoratif, -ive

Pekinese [pekiˈneːzə] *m* ⟨~n; ~n⟩ *Hunderasse* pékinois *m*

Peking ['peːkɪŋ] *n* ⟨~⟩ *n/pr*⟩ Pékin *m*; **~ente** *f CUIS* canard laqué

Pektin [pɛkˈtiːn] *n* ⟨~s; ~e⟩ *BIOL* pectine *f*

pekuniär [pekuˈniɛːr] *adj* ⟨*épithète*⟩ pécuniaire

Pelargonie [pelarˈɡoːniə] *f* ⟨~; ~n⟩ *BOT* pelargonium *m*

Pelerine [peləˈriːnə] *f* ⟨~; ~n⟩ pèlerine *f*; cape *f*

Pelikan ['peːlikaːn] *m* ⟨~s; ~e⟩ *ZO* pélican *m*

Pelle ['pɛlə] *f* ⟨~; ~n⟩ *regional* **1.** *von Kartoffeln, Obst* pelure *f*; F *j-m auf der ~ sitzen od liegen, j-m nicht von der ~ gehen* F être pendu aux basques de qn; être sans arrêt sur le dos de qn; F coller qn; F *j-m auf die ~ rücken* F se coller contre qn; (*bedrängen*) 'harceler qn; assaillir qn; (*handgreiflich werden*) attaquer, assaillir qn; **2.** (*Wurst2*) peau *f*

'**pellen** *regional* ⟨h⟩ **I** *v/t* peler; *Kartoffeln, Eier* éplucher; **II** *v/réfl Haut sich ~* peler

'**Pellkartoffel** *f* pomme *f* de terre en robe des champs, de chambre

Pelz [pɛlts] *m* ⟨~es; ~e⟩ **1.** *der Tiere* peau *f*; pelage *m*; poil *m*; **2.** (*Haut des Menschen*) *j-m eins auf den ~ brennen* tirer sur qn; *j-m auf den ~ rücken* 'harceler, *p/fort* bousculer qn; *sich* ⟨*dat*⟩ *die Sonne auf den ~ scheinen lassen* F se rôtir au soleil; **3.** *Bekleidungsstück* fourrure *f*; *mit ~ besetzen* garnir de fourrure; *mit ~ füttern* doubler de fourrure

'**Pelz|besatz** *m* garniture *f* de fourrure; **2besetzt** *adj* garni de fourrure; **2gefüttert** *adj* fourré; doublé de fourrure; **~geschäft** *n Handel* pelleterie *f*; **~laden** magasin *m* de fourrures; **~händler(in)** *m(f)* pelletier, -ière *m,f*; fourreur, -euse *m,f*; **~handlung** *f* magasin *m* de fourrures

'**pelzig** *adj Pfirsich, Blatt* duveté; velouté; *Zunge, Haut* pâteux, -euse; *Rettich, Radieschen* fibreux, -euse

'**Pelz|jacke** *f* veste *f* de fourrure; **~kragen** *m* col *m* de fourrure; **~mantel** *m* manteau *m* de fourrure; **~mütze** *f* bonnet *m* de fourrure; **~stiefel** *m* botte fourrée; **~tier** *n* animal *m* à fourrure; **~tierfarm** *f* ferme *f* d'élevage d'animaux à fourrure; **~tierjäger** *m* chasseur *m* de fourrures; (*Trapper*) trappeur *m*

PEN-Club ['pɛnklʊp] *m* PEN-Club *m*

Pendant [pãˈdãː] *n* ⟨~s; ~s⟩ pendant *m* (*zu* de)

Pendel ['pɛndəl] *n* ⟨~s; ~⟩ *PHYS, im Okkultismus* pendule *m*; *e-r Uhr* balancier *m*; **~bewegung** *f PHYS* mouvement pendulaire, oscillant; **~diplomatie** *f* intense activité *f* diplomatique; **~lampe** *f* suspension *f*

'**pendeln** *v/i* ⟨-(e)le⟩ **1.** ⟨h⟩ *PHYS* osciller; *Gegenstand, Beine* se balancer; **2.** ⟨sein⟩ *Zug, Personen* faire la navette

'**Pendel|tür** *f* porte battante; **~uhr** *f* pendule *f*; **~verkehr** *m* mit dem Zug *etc* (service *m* de) navette *f*; (*das Pendeln*) trafic *m* de va-et-vient; **~zug** *m* navette *f*

'**Pendler(in)** *m(f)* ⟨~s; ~⟩ (*f* ⟨~; ~nen⟩) *aus e-m Vorort* banlieusard(e) *m(f)*; (*Grenzgänger[in]*) travailleur frontalier, travailleuse frontalière; *ADM* migrant(e) *m(f)*; *in Belgien* navetteur, -euse *m,f*; *~ sein* faire la navette

penetr|ant [peneˈtrant] *adj Geruch etc* pénétrant; fort; *péj Person* gênant; *p/fort* P chiant; **~anz** *f* intensité *f*; *fig* insistance *f*; outrance *f*

Pene|tration [peneˈtratsi̯oːn] *f* ⟨~; ~en⟩ *PHYSIOL, MÉD* pénétration *f*; **2trieren** *v/t* ⟨h⟩ *PHYSIOL, MÉD* pénétrer

peng [pɛŋ] *int* pif!; paf!; vlan!

penibel [peˈniːbəl] *adj* ⟨-bl-⟩ méticuleux, -euse (à l'excès); mesquin; F pinailleur, -euse

Penis ['peːnɪs] *m* ⟨~; ~se ou Penes⟩ pénis *m*; **~neid** *m PSYCH* envie *f* du pénis

Penizillin [penitsɪˈliːn] *n* ⟨~s; ~e⟩ pénicilline *f*

Pennäler [pɛˈnɛːlər] F *m* ⟨~s; ~⟩ F potache *m*

'**Pennbruder** F *m* vagabond *m*; *in e-r Stadt* clochard *m*; F clodo *m*; F cloche *f*

Penne ['pɛnə] F *f* ⟨~; ~n⟩ F bahut *m*; F boîte *f*

'**pennen** ['pɛnən] F *v/i* ⟨h⟩ F roupiller, F pioncer

'**Penner(in)** F *péj m* ⟨~s; ~⟩ (*f* ⟨~; ~nen⟩) **1.** (*Stadtstreicher*) clochard, -arde *m,f*; F clodo *m*; **2.** (*j, der viel schläft*) F roupilleur, -euse *m,f*; **3.** (*j, der nicht aufpaßt*) endormi(e) *m(f)*

Pension [pãzi̯oːn] *f* ⟨~; ~en⟩ **1.** (*Ruhegehalt*) retraite *f*; pension *f*; **2.** ⟨*sans pl*⟩ (*Ruhestand*) retraite *f*; *in ~ gehen* prendre sa retraite; **3.** ⟨*sans pl*⟩ (*Unterkunft u Verpflegung*) pension *f*; *bei j-m in ~ sein* être en od prendre pension chez qn; **4.** (*Ferien2*) pension *f* (de famille)

Pensionär(in) [pãzi̯oˈnɛːr(ɪn)] *m* ⟨~s; ~e⟩ (*f* ⟨~; ~nen⟩) **1.** (*Ruheständler*) pensionné(e) *m(f)*; retraité(e) *m(f)*; **2.** *schweiz* (*Pensionsgast*) pensionnaire *m,f*

Pensio'nat *n* ⟨~(e)s; ~e⟩ pensionnat *m* (de jeunes filles)

pensio'nieren *v/t* ⟨*pas de ge-*, h⟩ mettre à la retraite; *sich ~ lassen* prendre sa retraite; *pensioniert werden* être mis à la retraite; *pensioniert* à la, en retraite; retraité; pensionné

Pensio'nierung *f* ⟨~; ~en⟩ (mise *f* à la) retraite *f*

Pensionist(in) [pãzi̯oˈnɪst(ɪn)] *m* ⟨~en; ~en⟩ (*f* ⟨~; ~nen⟩ *südd, österr cf* **Pensionär(in)** 1.

Pensi'ons|alter *n* âge *m* de la retraite; **~anspruch** *m* droit *m* à une pension, à la retraite

pensi'onsberechtigt *adj* ayant droit à une pension, à la retraite

Pensi'ons|berechtigung *f* droit *m* à une pension, à la retraite; **~gast** *m* pensionnaire *m*; **~kasse** *f* caisse *f* de retraite; **2reif** F *adj* mûr pour la pension, la retraite

Pensum ['pɛnzʊm] *n* ⟨~s; -sen *ou* -sa⟩ **1.** tâche *f*, devoir *m* (à faire dans un temps limité); **2.** (*Lehrstoff*) programme *m* (scolaire)

Pentagon[1] ['pɛntaɡoːn] *n* ⟨~s; ~e⟩ *MATH* pentagone *m*

Pentagon[2] ['pɛntaɡɔn] *das ~ in den USA* le Pentagone *m*

Pentagramm [pɛntaˈɡram] *n* ⟨~s; ~e⟩ pentacle *m*

Penthaus *n* ⟨~es; ~er⟩, **Penthouse** ['pɛnthaʊs] *n* ⟨~; ~s⟩ (étage *m*) attique *m*

Penunse [peˈnʊnzə], **Penunze** [peˈnʊntsə] F *f* ⟨~; ~n⟩ F fric *m*; F pèze *m*

Pep [pɛp] F *m* ⟨~(s)⟩ pep *m*; entrain *m*

Peperoni [pepeˈroːni] *f* ⟨~; ~⟩ piment *m*; *grüne, rote ~* piment vert, rouge

Pepita [peˈpiːta] *m od n* ⟨~s; ~s⟩ pied-de-poule *m*

Pepsin [pɛpˈsiːn] *n* ⟨~s; ~e⟩ *PHYSIOL, CHIM* pepsine *f*

per [pɛr] *prép* ⟨*acc sans article*⟩ par; *~ Schiff* par bateau; *~ Auto* en voiture; par la route; *~ Adresse* chez; c/o; *~ Post* par la poste; *j-n ~ Sie anreden* dire vous à qn; vouvoyer qn; *j-n ~ du anreden* tutoyer qn; *COMM ~ Stück* la pièce; *COMM ~ sofort* à livrer immédiatement

Per *n* ⟨~s⟩ *abr* (*Perchloräthylen*) tétrachloréthylène *m*

perfekt [pɛrˈfɛkt] *adj* **1.** parfait; accompli; complet, -ète; **2.** ⟨*attribut*⟩ (*abgemacht*) conclu; réglé

Perfekt ['pɛrfɛkt] *n* ⟨~(e)s; ~e⟩ *GR* passé composé, indéfini; *in den alten Sprachen im Deutschen* parfait *m*; *historisches ~* passé simple

Perfekti'o|n *f* ⟨~⟩ perfection *f*; **2nieren** *v/t* ⟨*pas de ge-*, h⟩ perfectionner; **~'nismus** *m* perfectionnisme *m*; **~'nist(in)** *m* ⟨~en; ~en⟩ (*f* ⟨~; ~nen⟩) perfectionniste *m,f*; **2'nistisch** *adj* perfectionniste

perfi|d(e) [pɛrˈfiːt (-ˈfiːdə)] *st/s adj st/s* perfide; **2'die** *st/s f* ⟨~; ~n⟩ perfidie *f*

Perfo|ration [pɛrforatsi̯oːn] *f* ⟨~; ~en⟩

perforieren – Peruanerin

perforation f; ⩔**'rieren** v/t ⟨pas de ge-, h⟩ perforer; **~'rierung** f ⟨~; ~en⟩ perforation f
Pergament [pɛrgaˈmɛnt] n ⟨~(e)s; ~e⟩ Schreibmaterial u Schriftstück parchemin m; **~band** m ⟨~(e)s; ~e⟩ livre relié en parchemin
perga'menten adj **1.** (aus Pergament) de parchemin; **2.** (wie Pergament) parcheminé
Perga'mentpapier n papier-parchemin m; papier sulfurisé
Pergola [ˈpɛrgola] f ⟨~; -len⟩ pergola f
Perikarp [periˈkarp] n ⟨~(e)s; ~e⟩ BOT péricarpe m
Periode [periˈoːdə] f ⟨~; ~n⟩ **1.** (Zeitabschnitt), CHIM, ASTR, MATH, MUS, GR période f; **2.** PHYSIOL règles f/pl; menstruation f
Peri'odensystem n CHIM classification f périodique
Periodikum [periˈoːdɪkʊm] n ⟨~s; -ka⟩ meist pl périodique m
peri'odisch I adj périodique; cyclique; MATH **~e Funktion** fonction f périodique; PHYS **~e Schwingung** oscillation f périodique; **II** adv **~ erscheinende Zeitschrift** périodique m
peripher [periˈfeːr] **I** adj a INFORM périphérique, fig secondaire; accessoire; **II** adv à la périphérie; fig accessoirement
Peripherie [perifeˈriː] f ⟨~; ~n⟩ e-r Stadt etc périphérie f; GEOMETRIE a circonférence f; INFORM matériel m périphérique
Periphe'riegerät n INFORM périphérique m; **~e** pl matériel m périphérique
Periphrase [periˈfraːzə] f RHÉT périphrase f
Periskop [periˈskoːp] n ⟨~s; ~e⟩ OPT périscope m
Peristaltik [periˈstaltɪk] f ⟨~⟩ PHYSIOL péristaltisme m
Perkussion [pɛrkʊsiˈoːn] f ⟨~; ~en⟩ MIL, MUS, MÉD percussion f
perkutan [pɛrkuˈtaːn] adj MÉD percutané
Perle [ˈpɛrlə] f ⟨~; ~n⟩ **1.** perle f; **echte ~** perle fine, naturelle; F fig **~n vor die Säue werfen** jeter des perles aux cochons, pourceaux; **2.** (Sekt⩔) bulle f; (Schweiß⩔) goutte(lette) f; **3.** F plais (Hausangestellte) perle f
'perlen v/i **1.** ⟨h⟩ Sekt etc pétiller; **2.** ⟨h ou sein⟩ Tränen, Schweiß etc perler
'Perlen|fischer m pêcheur m de perles; **~fischerei** f pêche f des perles; als Unternehmen pêcherie f de perles; **~kette** f collier m de perles; **~schnur** f rang m de perles; **~taucher** m pêcheur m de perles
'perl|förmig adj perlé; ⩔**garn** n fil mercerisé; coton perlé; **~grau** adj gris (de) perle
'Perl|huhn n pintade f; **~muschel** f huître perlière
Perl|mutt [ˈpɛrlmʊt] n ⟨~s⟩, **~'mutter** f ⟨~⟩ od n ⟨~s⟩ nacre f; ⩔**'muttern** adj de nacre; nacré
Perlon [ˈpɛrlɔn] n ⟨~s⟩ Wz perlon m
'Perlschrift f TYPO perle f; (corps m) cinq m
perlustrieren [pɛrlʊsˈtriːrən] v/t ⟨pas de ge-, h⟩ ADM österr contrôler
'Perl|wein n vin mousseux; ⩔**weiß** adj blanc, blanche nacré(e); **~zwiebel** f petit oignon blanc

permanent [pɛrmaˈnɛnt] adj permanent; ⩔**enz** f ⟨~⟩ permanence f
Permanganat [pɛrmaŋgaˈnaːt] n ⟨~; ~e⟩ CHIM permanganate m
Permu|tati'on f MATH permutation f; ⩔**'tieren** v/t ⟨h⟩ MATH permuter
per pedes [pɛrˈpeːdəs] F adv F pedibus (cum jambis)
Perpendikel [pɛrpɛnˈdiːkəl] m od n ⟨~s; ~⟩ (Uhrpendel) balancier m
Perpetuum mobile [pɛrˈpeːtuʊm ˈmoːbilə] n ⟨~(s); ~(s) ou -tua moˈbiːlia⟩ mouvement perpétuel
perplex [pɛrˈplɛks] F **I** adj (verwirrt) confus; perplexe; (verblüfft) F soufflé, F sidéré; **II** adv **~ dastehen** rester bouche bée
Perron [pɛˈrõː] m ⟨~s; ~s⟩ schweiz quai m (de gare)
per saldo [pɛrˈzaldo] adv COMM pour solde (de tout compte)
per se [pɛrˈzeː] st/s adv (für sich gesehen) en soi; **das versteht sich ~** cela va de soi
Persenning [pɛrˈzɛnɪŋ] f ⟨~; ~e(n) ou ~s⟩ MAR prélart m
Perser [ˈpɛrzər] m ⟨~s; ~⟩ **1.** (Neu⩔) Persan m; (Alt⩔) Perse m; **2.** cf **Perserteppich**; **~in** f ⟨~; ~nen⟩ (Neu⩔) Persane f; (Alt⩔) Perse f; **~katze** f (chat m) persan m; **~teppich** m tapis m de Perse
Persianer [pɛrziˈaːnər] m ⟨~s; ~⟩ astrakan m; **~mantel** m (manteau m d')astrakan m
Persien [ˈpɛrziən] n ⟨~ n/pr⟩ la Perse
Persi|flage [pɛrziˈflaːʒə] f ⟨~; ~n⟩ persiflage m (auf [+acc] de); ⩔**'flieren** v/t ⟨pas de ge-, h⟩ persifler
'persisch adj (neu~) persan; (alt~) perse; **der** ⩔**e Golf** le golfe Persique
'Persisch n ⟨~(s)⟩, **~e** n ⟨~(n)⟩ (das) Persisch(e) Sprache le persan
Person [pɛrˈzoːn] f ⟨~; ~en⟩ **1.** a GR personne f; (Einzelwesen) individu m; **ich für meine ~** quant à moi; pour ma part; **pro ~** par personne, tête; **e-e dritte ~** un tiers; **juristische ~** personne civile, juridique, morale; **natürliche ~** personne physique; **in (eigener) ~** en personne; **der Geiz in ~** l'avarice en personne, personnifiée; **er ist Gärtner und Chauffeur in e-r ~** il est jardinier et chauffeur à la fois; **2.** THÉ, in Romanen etc personnage m; **3.** péj (Frau) **e-e arme ~** une malheureuse créature; **e-e freche ~** une insolente
Perso'nal n ⟨~s⟩ personnel m; (Angestellte) employés m/pl; **~abbau** m réduction, compression f de personnel; **~abteilung** f service m du personnel; **~akte** f dossier personnel; **~ausweis** m carte f d'identité; **~bestand** m effectif m (du personnel); **~büro** n bureau m du personnel; **~chef(in)** m(f) chef m du personnel; directeur, -trice m,f des ressources humaines; **~computer** m ordinateur personnel; cf a **PC**
Personalien [pɛrzoˈnaːliən] pl identité f; **j-s ~ (acc) feststellen** établir l'identité de qn; **s-e ~ angeben** décliner son identité
Perso'nal|kosten pl coûts salariaux; frais m/pl de personnel; **~mangel** m manque m de personnel; pénurie f de main-d'œuvre; **~politik** f politique f, gestion f du personnel; **~pronomen** n GR pronom personnel; **~rat(smitglied)** m(n) etwa (membre m d'une) commission administrative paritaire
Perso'nalunion f **zwei Funktionen in ~ ausüben** cumuler deux fonctions
Persona non grata [pɛrˈzoːnanɔnˈgraːta] f ⟨~⟩ DIPL persona non grata f; a fig **j-n zur ~ erklären** déclarer qn persona non grata
Persönchen [pɛrˈzøːnçən] n ⟨~s; ~⟩ petit bout de femme
perso'nell adj (épithète) (das Personal betreffend) de bzw du personnel
Per'sonen|aufzug m ascenseur m; **~beförderung** f transport m des voyageurs; **~beschreibung** f signalement m; **~gedächtnis** m mémoire f des personnes, des visages; **~kraftwagen** m ADM voiture particulière, de tourisme; **~kreis** m ADM catégorie f (de personnes); (un) certain public; **~kult** m culte m de la personnalité; **~name** m nom m de personne; **~register** n index m des noms de personnes; **~schaden** m dommage corporel; **~stand** m état civil; situation f de famille; **~standsregister** n registre m d'état civil; **~verkehr** m trafic m, service m (des) voyageurs; **~waage** f balance f; pèse-personne m; **~wagen** m **1.** AUTO voiture particulière, de tourisme; **2.** EISENBAHN wagon m de voyageurs; voiture f; **~zug** m im Gegensatz zum Güterzug train m de voyageurs
Personifikation [pɛrzonifikatsiˈoːn] f ⟨~; ~en⟩ personnification f; incarnation f
personifizieren [pɛrzonifiˈtsiːrən] v/t ⟨pas de ge-, h⟩ personnifier; **personifiziert** personnifié; en personne; incarné
Personifi'zierung f ⟨~; ~en⟩ personnification f
persönlich [pɛrˈzøːnlɪç] **I** adj personnel, -elle; individuel, -elle; Anspielung, Bemerkung, Frage indiscret, -ète; désobligeant; auf Briefen **~!** personnel; **(j-m gegenüber) ~ werden** faire des remarques désobligeantes à qn; GR **~es Fürwort** pronom personnel; **II** adv en personne; personnellement; à titre personnel; **~ übergeben** remettre en main propre; **~ erscheinen** venir en personne; JUR comparaître en personne; **~ (für etw) haften** être personnellement responsable, répondre personnellement (de qc); **ich ~ ...** quant à moi, je ...; **etw ~ nehmen** prendre qc pour soi; se sentir visé par qc
Per'sönlichkeit f ⟨~; ~en⟩ personnalité f; **e-e historische, zwielichtige ~** un personnage historique, louche
Per'sönlichkeits|bildung f développement m de la personnalité; **~recht** n JUR droits m/pl de la personnalité; **~spaltung** f PSYCH dédoublement m de la personnalité; **~test** m test m de personnalité; **~wahl** f scrutin uninominal
Perspektive [pɛrspɛkˈtiːvə] f ⟨~; ~n⟩ a fig perspective f; **aus der ~ des Arztes, aus ärztlicher ~** du point de vue médical
perspek'tivisch I adj perspectif, -ive; **II** adv en perspective
Peru [peˈruː] n ⟨→ n/pr⟩ le Pérou
Peruaner(in) [peruˈaːnər(ɪn)] m ⟨~s; ~⟩ (f) ⟨~; ~nen⟩ Péruvien, -ienne m,f

peru'anisch *adj* du Pérou; péruvien, -ienne
Perücke [peˈrykə] *f* ⟨~; ~n⟩ perruque *f*; *e-e ~ tragen* porter (une) perruque
Pe'rückenmacher(in) *m* ⟨~s; ~⟩ *(f)* ⟨~; ~nen⟩ perruquier, -ière *m,f*
pervers [perˈvɛrs] *adj* pervers; *Person a* vicieux, -ieuse
Perversi|'on *f* ⟨~; ~en⟩ perversion *f*; **~'tät** *f* ⟨~; ~en⟩ perversité *f*
perver'tieren ⟨*pas de ge-*⟩ **I** *v/t* ⟨h⟩ pervertir; **II** *v/i* ⟨sein⟩ ⟨*ausarten*⟩ dégénérer ⟨*zu* en⟩
pesen [ˈpeːzən] F *v/i* ⟨-(es)t, sein⟩ F galoper
Peseta [peˈzeːta] *f* ⟨~; -ten⟩ *Währung* peseta *f*
Peso [ˈpeːzo] *m* ⟨~(s); ~(s)⟩ *Währung* peso *m*
Pessar [pɛˈsaːr] *n* ⟨~s; ~e⟩ MÉD pessaire *m*
Pessim|ismus [pɛsiˈmɪsmʊs] *m* ⟨~⟩ pessimisme *m*; **~ist(in)** *m* ⟨~en; ~en⟩ *(f)* ⟨~; ~nen⟩ pessimiste *m,f*; **²istisch I** *adj* pessimiste; **II** *adv* avec pessimisme
Pest [pɛst] *f* ⟨~⟩ *a fig* peste *f*; F *j-n wie die ~ meiden, hassen* fuir, ˈhaïr qn comme la peste; F *wie die ~ stinken* empester
'Pest|beule *f* bubon (pesteux); *fig* plaie *f*; **~hauch** *m* souffle pestilentiel
Pesti'lenz *litt* ⟨~; ~en⟩ peste *f*
Pestizid [pɛstiˈtsiːt] *n* ⟨~s; ~e⟩ pesticide *m*
'pest|krank *adj* pestiféré; **²kranke(r)** *f(m)* pestiféré(e) *m(f)*
Peter [ˈpeːtər] *m* ⟨~ → *n/pr*⟩ Pierre *m*; *Schwarzer ~ Kartenspiel* pouilleux *m*; *fig j-m den Schwarzen ~ zuspielen od zuschieben* faire porter la responsabilité, F le chapeau à qn; F *ein langweiliger ~* F un empoté
Petersilie [petərˈziːliə] *f* ⟨~; ~n⟩ persil *m*; *cf a verhagelt*
'Peterwagen F *m* voiture-radio *f* (de la police)
Petition [petitsiˈoːn] *f* ⟨~; ~en⟩ pétition *f*; requête *f*; *e-e ~ einreichen bei* adresser une pétition à
Petiti'ons|ausschuß *m* commission *f* (parlementaire) d'examen des requêtes et pétitions; **~recht** *n* ⟨~(e)s⟩ droit *m* de pétition
Petra [ˈpeːtra] *f* ⟨→ *n/pr*⟩ Pierrette *f*
Petri Heil [ˈpeːtri haɪl] *int* bonne pêche!
'Petrijünger F *m* fanatique *m,f* de la canne à pêche
Petro|chemie [petroçeˈmiː] *f* pétrochimie *f*; **~'chemiker** *m* pétrochimiste *m*; **²'chemisch** *adj* pétrochimique
'Petrodollar *m* pétrodollar *m*
Petrol [peˈtroːl] *n* ⟨~s⟩ *schweiz*, **Petroleum** [peˈtroːleʊm] *n* ⟨~s⟩ pétrole *m*
Peˈtroleum|kocher *m* réchaud *m* à pétrole; **~lampe** *f* lampe *f* à pétrole
Petrus [ˈpeːtrʊs] *m* ⟨→ *n/pr*⟩ saint Pierre; *plais wenn ~ mitspielt* si le beau temps est de la partie
Petticoat [ˈpɛtikoːt] *m* ⟨~s; ~s⟩ jupon (amidonné)
Petunie [peˈtuːniə] *f* ⟨~; ~n⟩ BOT pétunia *m*
Petz [pɛts] *m Meister ~* l'ours Martin
Petze [ˈpɛtsə] *f Schülersprache péj* ⟨~; ~n⟩ F rapporteur, -euse *m,f*; cafard(e) *m(f)*

'petzen *Schülersprache péj v/i* ⟨-(es)t, h⟩ rapporter; cafarder; F cafter
'Petzer *m* ⟨~s; ~⟩ *cf Petze*
peu à peu [pøaˈpø] *adv* peu à peu
Pf *abr (Pfennig)* pfennig *m*
Pfad [pfaːt] *m* ⟨~(e)s; ~e⟩ sentier *m*; chemin étroit; voie *f*; *fig die ausgetretenen ~e verlassen* sortir des sentiers battus; *st/s fig auf dem ~ der Tugend wandeln st/s fig* suivre le chemin de la vertu; suivre le droit chemin; *st/s fig vom ~ der Tugend abweichen* s'écarter du droit chemin
'Pfadfinder *m* ⟨~s; ~⟩ scout *m*; éclaireur *m*; **~in** ⟨~; ~nen⟩ éclaireuse *f*; guide *f*
Pfaffe [ˈpfafə] F *péj m* ⟨~n; ~n⟩ F curaillon *m*; F cureton *m*; *die ~n* les curés *m/pl*
Pfahl [pfaːl] *m* ⟨~(e)s; ~e⟩ pieu *m*; *(Pfosten)* poteau *m*; *für Weinstöcke* échalas *m*; *(Zaun²)* palis *m*; pal *m*; CONSTR (*Ramm-, Grund²*) pilot *m*; pilotis *m*; **'~bau** *m* ⟨~(e)s; ~ten⟩ CONSTR construction *f* sur pilotis; HIST **Pfahlbauten** cités *f/pl*, habitations *f/pl* lacustres
pfählen [ˈpfɛːlən] *v/t* ⟨h⟩ **1.** *Bäume* tuteurer; *Reben* échalasser; **2.** HIST *als Todesstrafe* empaler
'Pfahl|muschel *f* moule *f*, **~werk** *n* CONSTR (ouvrage *m* de) pilotis *m*; **~wurzel** *f* racine pivotante; **~zaun** *m* palissade *f*
Pfalz [pfalts] *f* ⟨~; ~en⟩ **1.** ⟨*sans pl*⟩ GÉOGR *die ~* le Palatinat; **2.** HIST (*Gebiet e-s Pfalzgrafen*) palatinat *m*
'Pfalz|graf *m* HIST comte palatin; **~gräfin** *f* HIST comtesse palatine; **²gräflich** *adj* HIST palatin
Pfand [pfant] *n* ⟨~(e)s; ~er⟩ gage *m*; nantissement *m*; *(Flaschen²)* consigne *f*; *als ~ geben, hinterlassen* donner, mettre en gage; *als ~ nehmen* prendre en gage; *auf od gegen ~ leihen* prêter sur *od* à gage, sur nantissement; *auf dieser Flasche ist (kein) ~, diese Flasche kostet (kein) ~* cette bouteille (n')est (pas) consignée
'pfändbar *adj* saisissable; *nicht ~* insaisissable
'Pfandbrief *m* obligation *f* hypothécaire
pfänden [ˈpfɛndən] ⟨-ete, h⟩ **I** *v/t* saisir; *j-m die Möbel ~ (lassen)* (faire) saisir les meubles de qn; **II** *v/i* procéder à une saisie
'Pfänderspiel *n* jeu *m* des gages
'Pfand|flasche *f* bouteille consignée; **~leihe** *f* prêt *m* sur gage(s); *(Leihhaus)* établissement *m* de prêt sur gage; mont-de-piété *m*; **~leiher(in)** *m* ⟨~s; ~⟩ *(f)* ⟨~; ~nen⟩ prêteur, -euse *m,f* sur gage, sur nantissement; **~recht** *n* droit *m* de gage; **~schein** *m* reçu *m*, reconnaissance *f* de gage, de nantissement
'Pfändung *f* ⟨~; ~en⟩ saisie *f*
Pfanne [ˈpfanə] *f* ⟨~; ~n⟩ **1.** *(Brat²)* poêle *f*, F *fig j-n in die ~ hauen (scharf zurechtweisen)* F engueuler, F éreinter qn; *(heruntermachen)* F démolir, F esquinter qn; F *fig etw auf der ~ haben* avoir qc en réserve; **2.** TECH *zum Sieden* chaudière *f*; *zum Gießen* poche *f* de coulée; BIERBRAUEREI brassin *m*; **3.** TECH *von Lagern* crapaudine *f*; **4.** ANAT *(Gelenk²)* cavité *f* glénoïdale, glénoïde *f*; **5.** *Dachziegel* tuile creuse

'Pfannkuchen *m (Eierkuchen)* crêpe *f*; *(Krapfen)* beignet *m*
'Pfarr|amt *n* **1.** *Amt* CATH cure *f*; PROT pastorat *m*; **2.** *Gebäude* CATH cure *f*; presbytère *m*; PROT maison *f* du pasteur; **~bezirk** *m* paroisse *f*
Pfarre [ˈpfarə] *f* ⟨~; ~n⟩, **Pfar'rei** *f* ⟨~; ~en⟩ paroisse *f*
'Pfarrer *m* ⟨~s; ~⟩ CATH curé *m*; PROT pasteur *m*; ministre *m*; **~in** *f* ⟨~; ~nen⟩ PROT pasteur *m*
'Pfarrersfrau *f* femme *f* de *od* du pasteur
'Pfarr|gemeinde *f* CATH paroisse *f* (catholique); **~gemeinderat** *m* CATH conseil paroissial; **~haus** *n cf Pfarramt* **2.**; **~helfer(in)** *m(f)* auxiliaire *m,f* paroissial(e); **~kirche** *f* église paroissiale
Pfau [pfaʊ] *m* ⟨~(e)s; ~en⟩ paon *m*; *einherstolzieren wie ein ~* se pavaner; faire la roue
'Pfauen|auge *n* ZO *(Nacht²)* paon *m* de nuit; *(Tag²)* paon *m* de jour; **~feder** *f* plume *f* de paon
'Pfauhenne *f* paonne *f*
Pfd. *abr (Pfund)* livre(s) *f(pl)*
Pfeffer [ˈpfɛfər] *m* ⟨~s; ~⟩ *Gewürz* poivre *m*; BOT poivrier *m*; *schwarzer ~* poivre gris; *weißer ~* poivre blanc; *gestoßener, gemahlener ~* poivre concassé, moulu; *mit ~ würzen* poivrer; TEXT *und Salz* poivre et sel; F *~ im Hintern (od P Arsch) haben* F péter le feu; avoir du tempérament; F *er soll hingehen od bleiben, wo der ~ wächst!* qu'il aille au diable!
'Pfeffer|fresser *m* ZO toucan *m*; **~gurke** *f* cornichon *m*; **~korn** *n* ⟨~(e)s; ~er⟩ grain *m* de poivre; **~kuchen** *m* pain *m* d'épice
'Pfefferminz¹ [ˈpfɛfərmɪnts *ou* pfɛfərˈmɪnts] ⟨*sans article, inv*⟩ menthe *f*
Pfefferminz² *n* ⟨~es; ~e⟩, **~bonbon** *m od n* bonbon *m* à la menthe
'Pfefferminze *f* ⟨~⟩ BOT menthe *f*
'Pfefferminz|likör *m* (liqueur *f* de) menthe *f*; **~tee** *m* (infusion *f* de) menthe *f*
'Pfeffermühle *f* moulin *m* à poivre
'pfeffern *v/t* ⟨-(e)re, h⟩ **1.** CUIS, *fig* poivrer; pimenter; **2.** F *(werfen)* F balancer; F flanquer; F *j-m eine ~* F flanquer une tarte, une beigne à qn
'Pfeffer|nuß *f* petit pain d'épice; **~schote** *f* poivron *m*; **~steak** *n* steak *m* au poivre; **~strauch** *m* poivrier *m*; **~streuer** *m* poivrier *m*; poivrière *f*
Pfeife [ˈpfaɪfə] *f* ⟨~; ~n⟩ **1.** *(Triller²)* sifflet *m*; MUS fifre *m*; *(Orgel²)* tuyau *m* (d'orgue); *fig nach j-s tanzen* être à la botte de qn; faire les quatre volontés de qn; *fig alles tanzt nach s-r ~* tous lui obéissent à la baguette; **2.** *(Tabaks²)* pipe *f*; *~ rauchen* fumer la pipe; *sich (dat) die ~ stopfen* bourrer sa pipe; **3.** F *péj* zéro *m*; F nullard(e) *m(f)*
'pfeifen ⟨pfeift, pfiff, gepfiffen, h⟩ **I** *v/t Lied etc* siffler; *leise* siffloter; F *fig ich pfeif' dir was!* F tu peux (toujours) courir!; F *einen ~ (trinken)* F siffler un verre; **II** *v/i a* MÉD, *Wind, Geschosse, Tiere etc* siffler; *Schiedsrichter* donner le coup de sifflet; *(nach)* e-m Hund *~* siffler un chien; *sein Atem pfeift, geht ~d* il a la respiration sifflante; F *auf etw (acc) ~* F se ficher de qc

Pfeifendeckel – pflegen

'Pfeifen|deckel F *fig cf* **Pustekuchen**; **~kopf** *m* **1.** tête *f*, fourneau *m* de pipe; **2.** F *péj* zéro *m*; F nullard(e) *m(f)*; **~raucher** *m* fumeur *m* de pipe; **~reiniger** *m* ⟨~s; ~⟩ cure-pipe *m*; **~stopfer** *m* bourre-pipe *m*; **~tabak** *m* tabac *m* pour la pipe
'Pfeif|kessel *m* bouilloire *f* à sifflet; **~konzert** *n* concert *m* de (coups de) sifflets; **~ton** *m* sifflement *m*
Pfeil [pfaɪl] *m* ⟨~(e)s; ~e⟩ Geschoß trait *m*; *a (Richtungs*2*)* flèche *f*; *fig* trait *m*; **~ und Bogen** arc et flèche; **e-n ~ abschießen** décocher une flèche, un trait; **wie ein ~ losschnellen, davonschießen** filer, partir comme une flèche; *fig* **alle (s-e) ~e verschossen haben** avoir épuisé toutes ses munitions
'Pfeiler *m* ⟨~s; ~⟩ *a fig* pilier *m*; *(Brücken*2*)* pile *f*; *(viereckiger Wand*2*)* pilastre *m*; *(Fenster*2*, Tür*2*)* montant *m*; jambage *m*
pfeil|förmig ['pfaɪlfœrmɪç] *adj* en forme de flèche; *sc* sagittal; sagitté; **'~ge'rade** *adj u adv* (tout) droit comme une flèche; **'Pfeil|gift** *n* poison *m* de flèches; **~richtung** *f* sens *m* de la flèche; **'**2**schnell** *adj* rapide comme une flèche; **~schuß** *m* coup *m* de flèche; **~spitze** *f* pointe *f* de la flèche
Pfennig ['pfɛnɪç] *m* ⟨~s; ~e, mais souvent 5 ~⟩ Währung pfennig *m*; **bis auf den letzten** ~, centime; **auf den ~ genau** au (à un) sou, centime près; **ohne e-n ~ auszugeben** sans bourse délier; **das ist keinen ~ wert** cela ne vaut pas un sou, centime; F *fig* **keinen ~ haben** n'avoir pas, être sans le sou; F *fig* **jeden ~ umdrehen, auf den ~ sehen** être près de ses sous; F **nicht für fünf ~** pour rien au monde; *prov* **wer den ~ nicht ehrt, ist des Talers nicht wert** *prov* les petits ruisseaux font les grandes rivières
'Pfennig|absatz *m* talon *m* aiguille; **~artikel** *m* article *m* de bazar
'Pfennigbetrag *m* **ein ~** quatre sous *m/pl*; une misère
'Pfennig|fuchser F *m* ⟨~s; ~⟩ grippe-sou *m*; F pingre *m*; F radin *m*; **~fuchse'rei** F *f* ⟨~; ⟩ F pingrerie *f*; F radinerie *f*; **~ware** *f* articles *m/pl* de bazar
Pferch [pfɛrç] *m* ⟨~(e)s; ~e⟩ parc *m*; enclos *m*
'pferchen *v/t* ⟨h⟩ *a fig* parquer
Pferd [pfe:rt] *n* ⟨~(e)s; ~e⟩ **1.** ZO cheval *m*; **aufs ~ steigen** monter à cheval; **vom ~ steigen** descendre de cheval; **ein ~ reiten** monter un cheval; **zu ~** (*sitzen* être) à cheval; F **wie ein ~ arbeiten** travailler comme un cheval, un nègre; F *fig* **das ~ beim Schwanz aufzäumen** mettre la charrue devant, avant les bœufs; F *fig* **die ~e scheu machen** insécuriser les gens; faire peur aux gens; F **immer sachte mit den jungen ~en!** F doucement les basses!; F *fig* **aufs falsche ~ setzen** miser sur le mauvais cheval; F *fig* **mit ihm kann man ~e stehlen** avec lui on peut aller jusqu'au bout du monde; F **keine zehn ~e ...** il n'y a rien, pas de puissance au monde qui ... (+*subj*) *od* capable de ... (+*inf*); F *fig* **das beste ~ im Stall** le meilleur élément; F **ich denk', mich tritt ein ~!** F ça me scie!; F j'en suis sur

le cul; **2.** *Schachfigur* cavalier *m*; **3.** *Turngerät* cheval *m* de saut; (*Seitpferd*) cheval *m* d'arçons
'Pferde|apfel *m* crottin *m* de cheval; **~decke** *f* couverture *f* de laine grossière; **~dieb** *m* voleur *m* de chevaux; **~fleisch** *n* (viande *f* de) cheval *m*; **~fuhrwerk** *n* voiture *f* hippomobile, à chevaux
'Pferdefuß *m* (*Klumpfuß*) pied bot; *des Teufels* pied fourchu; *fig* **die Sache hat e-n ~** l'affaire présente un inconvénient; F il y a un os
'Pferde|gebiß *n* dents *f/pl* de cheval; **~geschirr** *n* 'harnachement *m*; 'harnais *m*; **~gesicht** F *n* visage chevalin; **~getrappel** *n* bruit *m* des sabots; **~haar** *n* von Mähne u Schweif crin *m* (de cheval); **~händler** *m* marchand *m* de chevaux; **~knecht** *m* garçon *m*, valet *m* d'écurie; palefrenier *m*; **~koppel** *f* parc *m* à chevaux
'Pferdelänge *f* **um zwei ~n siegen** gagner, triompher de deux longueurs (*vor* [+*dat*] sur)
'Pferde|mähne *f* crinière *f* de cheval; **~markt** *m* foire *f*, marché *m* aux chevaux; **~metzger** *m* boucher *m* hippophagique; **~metzgerei** *f* boucherie chevaline; **~mist** *m* fumier *m* de cheval
'Pferdenatur *f* F *fig* **er hat e-e ~** c'est un vrai cheval
Pferde|rasse *f* race chevaline; **~rennbahn** *f* hippodrome *m*; turf *m*; **~rennen** *n* course *f* de chevaux; **~schlitten** *m* traîneau tiré par des chevaux; **~schwanz** *m a Frisur* queue *f* de cheval; **~sport** *m* sport *m* équestre; **~stall** *m* écurie *f*
'Pferdestärke *f* TECH cheval-vapeur *m*; **dreißig ~n** trente chevaux
'Pferde|wagen *m* voiture *f* hippomobile; **~zucht** *f* élevage *m* de(s) chevaux; **~züchter(in)** *m(f)* éleveur, -euse *m,f* de chevaux
pfiff [pfɪf] *cf* **pfeifen**
Pfiff *m* ⟨~(e)s; ~e⟩ **1.** (*das Pfeifen*) sifflement *m*; *auf e-r Pfeife* coup *m* de sifflet; **2.** F (*Reiz*) chic *m*; pep *m*; **das hat ~** ça a du chic, F de la gueule; **e-r Sache den richtigen ~ geben** donner à qc tout son charme; **mit ~** avec un petit je-ne-sais-quoi; **3.** F *fig* (*Kunstgriff*) truc *m*
Pfifferling ['pfɪfɐrlɪŋ] *m* ⟨~s; ~⟩ BOT chanterelle *f*; girolle *f*; **das ist keinen ~ wert** F cela ne vaut pas un radis, pas un clou
'pfiffig *adj* astucieux, -ieuse; futé; malin, maligne
Pfiffikus ['pfɪfikʊs] F *m* ⟨~(ses); ~se⟩ (petit) malin; F débrouillard(e) *m(f)*; F finaud *m*
Pfingsten ['pfɪŋstən] *n* ⟨~; ~⟩ *od pl* la Pentecôte; **an** *od* **zu ~** à la Pentecôte
'Pfingst|ferien *pl* vacances *f/pl* de la Pentecôte; **~fest** *n* (fête *f* de) la Pentecôte
'Pfingstochse F *m* **herausgeputzt wie ein ~** attifé; accoutré
'Pfingstrose *f* pivoine *f*
Pfirsich ['pfɪrzɪç] *m* ⟨~s; ~e⟩ *Frucht* pêche *f*; *Baum* pêcher *m*; **~baum** *m* pêcher *m*; **²farben** *adj* couleur pêche; **~haut** *f* **1.** BOT peau *f* de pêche; **2.** *fig* teint *m*, peau *f* de pêche

Pflanze ['pflantsə] *f* ⟨~; ~n⟩ plante *f*
'pflanzen *v/t* ⟨-(es)t, h⟩ planter (*in* [+*acc*] dans)
'Pflanzen|faser *f* fibre végétale; **~fett** *n* graisse végétale; **²fressend** *adj* ⟨épithète⟩ *sc* herbivore; phytophage; **~fresser** *m sc* herbivore *m*; **~gift** *n* **1.** (*pflanzliches Gift*) poison végétal; **2.** *gegen Unkraut* herbicide *m*; **~kunde** *f* botanique *f*; **~margarine** *f* margarine végétale; **~öl** *n* huile végétale; **~reich** *n* règne végétal; **~schutz** *m* protection *f* des végétaux, des plantes; **~schutzmittel** *n* insecticide *m*; pesticide *m*; produit *m* phytosanitaire; **~welt** *f* végétation *f*; flore *f*
'Pflanzer *m* ⟨~s; ~⟩ planteur *m*
'pflanzlich *adj* végétal; *Heilmittel* **auf ~er Basis** à base de plantes
'Pflänzling ['pflɛntslɪŋ] *m* ⟨~s; ~e⟩ plant *m*
'Pflanzung *f* ⟨~; ~en⟩ plantation *f*
Pflaster ['pflastɐr] *n* ⟨~s; ~⟩ **1.** PHARM pansement (adhésif); (*Leukoplast*) sparadrap *m*; **2.** (*Straßen*2) pavé *m*; F *fig* **Paris ist ein teures, gefährliches ~** la vie est chère, dangereuse à Paris
'Pflaster|er *m* ⟨~s; ~⟩ paveur *m*; **~maler(in)** *m(f)* artiste *m,f* qui fait des dessins à la craie sur les trottoirs
'pflastern *v/t* ⟨-(e)re, h⟩ paver
'Pflasterstein *m* pavé *m*
'Pflasterung *f* ⟨~; ~en⟩ **1.** ⟨*sans pl*⟩ (*das Pflastern*) pavage *m*; **2.** (*Pflaster*) pavé *m*
Pflaume ['pflaʊmə] *f* ⟨~; ~n⟩ **1.** *Frucht* prune *f*; *Baum* prunier *m*; **gedörrte, getrocknete ~** pruneau *m*; **2.** F *péj* (*Mensch*) F nouille *f*
'Pflaumen|baum *m* prunier *m*; **~kuchen** *m* gâteau *m*, tarte *f* aux prunes; **~mus** *n* marmelade *f* de prunes; **~schnaps** *m* eau-de-vie *f* de prunes; **²weich** F *péj adj* mou, molle comme une chique
Pflege ['pfle:gə] *f* ⟨~; ~n⟩ *e-r Person, des Körpers* soins *m/pl*; *von Gebäuden, Straßen, Autos* entretien *m*; TECH entretien *m*; maintenance *f*; *von Daten* mise à jour; **in ~ nehmen** se charger de; *Kind a* nourrir; élever; prendre en nourrice
'Pflege|anweisung *f* conseil *m* d'entretien; **²bedürftig** *adj* qui exige, réclame des soins; *ältere Person a* dépendant; **~eltern** *pl* parents d'accueil; parents nourriciers; **~fall** *m* personne dépendante, grabataire; **~geld** *n* frais *m/pl*, allocation *f* d'entretien; **~heim** *n* (*Alten*2) maison de retraite médicalisée; hospice *m*; *im Altersheim* pavillon *m* des grabataires; *für Behinderte* foyer *m* d'handicapés; **~kind** *n* enfant *m* en nourrice, en garde; **²leicht** *adj* d'entretien facile; *plais Person* facile; **~mittel** *n* produit *m* d'entretien; **~mutter** *f* nourrice *f*; mère nourricière
'pflegen ⟨h⟩ **I** *v/t* **1.** soigner; *Kranke, alte Menschen a* donner des soins à; *Garten, Maschinen, Gesundheit* entretenir; **sie pflegte ihn gesund** elle l'a soigné, lui a donné des soins jusqu'à sa guérison; **2.** *Wissenschaften, Künste, Freundschaft* cultiver; *Daten* mettre à jour; (*sich abgeben mit*) s'adonner à; se livrer à; **Umgang mit j-m ~** entretenir des relations avec qn; **3.** (*die Gewohn-*

Pflegenotstand – Phase

heit haben) *etw zu tun* ~ avoir l'habitude, avoir coutume de faire qc; *wie man zu sagen pflegt* comme on dit; **II** *v/réfl sich* ~ se soigner; prendre soin de sa personne
'**Pflege**|**notstand** *m* manque *m* de personnel soignant; ~**personal** *n* im *Krankenhaus* personnel soignant
'**Pfleger(in)** *m* ⟨~s; ~⟩ (*f*) ⟨~; ~nen⟩ **1.** (*Kranken*⸗) garde-malade *m,f*; infirmier, -ière *m,f*; **2.** JUR curateur, -trice *m,f*; *gerichtlich bestellter* ~ mandataire *m* judiciaire
'**pflegerisch** *adj* qui concerne les soins; *Beruf* paramédical
'**Pflege**|**satz** *m* tarif *m* d'hospitalisation; ~**sohn** *m*, ~**tochter** *f* enfant *m* en nourrice, en garde; ~**vater** *m* père nourricier; ~**versicherung** *f* assurance couvrant les risques de soins de longue durée pour personnes dépendantes
'**pfleglich I** *adj* ⟨épithète⟩ soigneux, -euse; **II** *adv* soigneusement
'**Pflegling** *m* ⟨~s; ~e⟩ personne assistée; *Kind* enfant *m* en nourrice, en garde; ~**schaft** *f* ⟨~; ~en⟩ JUR curatelle *f*
Pflicht [pflɪçt] *f* ⟨~; ~en⟩ **1.** devoir *m*; (*Verpflichtung*) obligation *f*; *s-e* ~ *tun, erfüllen* faire, remplir, accomplir son devoir; *s-e* ~**en** *verletzen, versäumen, vernachlässigen, nicht erfüllen, s-n* ~**en** *nicht nachkommen* manquer à son devoir; *es ist meine* ~ *zu* (+*inf*) il est de mon devoir de (+*inf*); *ich mache es mir zur* ~ je m'en fais un devoir; *die* ~ *ruft* le devoir nous appelle; *er hat s-e* ~ *und Schuldigkeit getan* il n'a fait que son devoir; *st/s j-n in die* ~ *nehmen* engager qn; **2.** ⟨*sans pl*⟩ SPORT exercices imposés; *beim Eiskunstlauf* figures imposées
'**Pflicht**|**beitrag** *m* cotisation *f* obligatoire; ~**besuch** *m* visite *f* de politesse; ⸗**bewußt** *adj* conscient de son devoir; conscencieux, -ieuse; ~**bewußtsein** *n* conscience *f* du devoir; ~**eifer** *m* zèle *m*; ⸗**eifrig** *adj* zélé; ~**erfüllung** *f* accomplissement *m* de son *od* du devoir; ~**exemplar** *n* exemplaire *m* (remis à titre) de dépôt légal; ~**fach** *n* matière *f* obligatoire; ~**gefühl** *n* sentiment *m* du devoir
'**pflicht**|**gemäß** *adj* conforme au(x) devoir(s); ~**getreu** *adj* fidèle à son devoir; ~**schuldig I** *adj* dû, due; **II** *adv* dûment
'**Pflichtteil** *m od n* JUR réserve (légale, héréditaire)
'**pflichttreu** *cf* **pflichtgetreu**
'**Pflicht**|**übung** *f* **1.** SPORT exercice imposé; **2.** *fig* obligation *f*; *p/fort* corvée *f*; ~**umtausch** *m* change *m* obligatoire
'**pflichtvergessen I** *adj* oublieux, -ieuse de son devoir; **II** *adv* ~ *handeln* manquer à son devoir
'**Pflicht**|**vergessenheit** *f* oubli *m* de ses devoirs; ~**verletzung** *f* violation *f* des devoirs, des obligations; *im Amt* prévarication *f*; forfaiture *f*; ⸗**versichert** *adj* soumis à l'assurance obligatoire; ~**versicherung** *f* assurance *f* obligatoire; ~**verteidiger(in)** *m(f)* JUR avocat(e) commis(e) d'office; ⸗**widrig** *adj* contraire au(x) devoir(s)
'**Pflock** [pflɔk] *m* ⟨~s; ⸗e⟩ piquet *m*
'**pflücken** ['pflʏkən] *v/t* ⟨h⟩ cueillir

'**Pflücker** *m* ⟨~s; ~⟩ **1.** *Person* cueilleur *m*; **2.** *Gerät* cueilloir *m*; ~**in** *f* ⟨~; ~nen⟩ cueilleuse *f*
Pflug [pfluːk] *m* ⟨~(e)s; ⸗e⟩ charrue *f*
pflügen ['pflyːgən] *v/t* ⟨h⟩ **1.** AGR labourer (*a abs*); **2.** *fig Wasser* fendre
'**Pflugschar** *f soc m* (de charrue)
Pfortader ['pfɔrtʔaːdər] *f* ANAT veine *f* porte
'**Pforte** ['pfɔrtə] *f* ⟨~; ~n⟩ *a fig* porte *f*
'**Pförtner** ['pfœrtnər] *m* ⟨~s; ~⟩ **1.** concierge *m*; portier *m*; *in Klöstern* (frère) portier *m*; *in Gefängnissen* guichetier *m*; **2.** ANAT pylore *m*; ~**haus** *n* loge *f*; *in Schlössern, Ministerien* conciergerie *f*
'**Pförtnerin** *f* ⟨~; ~nen⟩ concierge *f*; *in Klöstern* sœur portière
'**Pförtnerloge** *f* loge *f* de concierge
'**Pfosten** ['pfɔstən] *m* ⟨~s; ~⟩ poteau *m* (*a* SPORT); montant *m*; (*Fenster*⸗, *Tür*⸗) jambage *m*
'**Pfötchen** ['pføːtçən] *n* ⟨~s; ~⟩ petite patte *f*; *gib* ~*!* donne la patte!
'**Pfote** ['pfoːtə] *f* ⟨~; ~n⟩ *a* F *fig* patte *f*
Pfriem [pfriːm] *m* ⟨~(e)s; ~e⟩ poinçon *m*; alêne *f*
Pfropf [pfrɔpf] *m* ⟨~(e)s; ~e⟩ bouchon *m*; (*Blut*⸗) caillot *m*
'**pfropfen** *v/t* ⟨h⟩ **1.** F (*hineinstopfen*) fourrer, bourrer (*in* [+*acc*] dans); *gepfropft voll* bondé; **2.** *Baum* greffer
'**Pfropfen** *m* ⟨~s; ~⟩ bouchon *m*
Pfröpfling ['pfrœpflɪŋ] *m* ⟨~s; ~e⟩ greffon *m*
'**Propfmesser** *n* greffoir *m*; ~**reis** *n* greffon *m*; greffe *f*
Pfründe ['pfrʏndə] *f* ⟨~; ~n⟩ *a fig* prébende *f*; *fig a* sinécure *f*
Pfuhl [pfuːl] *m* ⟨~(e)s; ~e *ou* ⸗e⟩ mare *f*; *a fig* bourbier *m*
pfui [pfui] *int* ~ (F *Teufel od Spinne*)! pouah!; be(u)rk!; ~*, schäm dich!* tu devrais avoir honte!; ~ *rufen* 'huer; conspuer
'**Pfuiruf** *m* 'huée *f*
Pfund [pfʊnt] *n* ⟨~(e)s; ~e, *mais 4* ~⟩ **1.** *Gewicht* livre *f*; demi-kilo *m* **2.** *Währung* livre *f*; ~ *Sterling* livre sterling; **3.** *st/s mit s-m* ~ *wuchern* faire valoir son talent
'**pfundig** F *adj* F chic (*inv*); F épatant; F chouette
'**Pfundnote** *f* billet *m* d'une livre (sterling)
'**Pfunds'kerl** F *m* F type épatant; F chic type
'**pfundweise** *adv* à la livre; par livres
Pfusch [pfʊʃ] F *m* ⟨~(e)s⟩ **1.** *cf* **Pfuscharbeit**; **2.** *österr* (*Schwarzarbeit*) travail *m* (au) noir; ~**arbeit** F *f* bâclage *m*; F bousillage *m*; travail bâclé
'**pfuschen** F *v/i* ⟨h⟩ **1.** F bâcler; F bousiller; **2.** *österr* (*Schwarzarbeit*) travailler au noir; **3.** *regional* (*mogeln*) tricher
'**Pfuscher** F *m* ⟨~s; ~⟩ **1.** F bousilleur *m*; **2.** *österr* (*Schwarzarbeiter*) travailleur *m* au noir; **3.** *regional* (*Mogler*) tricheur *m*
Pfusche'rei F *f* ⟨~; ~en⟩ **1.** (*Pfuschen*) bâclage *m*; F bousillage *m*; massacre *m*; **2.** (*Mogeln*) tricherie *f*
'**Pfütze** ['pfʏtsə] *f* ⟨~; ~n⟩ flaque *f* (d'eau); *größere* mare *f*
PGiroA *abr* (*Postgiroamt*) service *m* de virement postal
PH [peː'haː] *f* ⟨~; ~s⟩ *abr* (*Pädagogische*

Hochschule) institut *m* universitaire de formation des professeurs d'école
Phalanx ['faːlaŋks] *f* ⟨~; -'langen⟩ *a st/s fig* phalange *f*
'**phallisch** *st/s adj* phallique
Phallus ['falʊs] *st/s m* ⟨~; -lli *ou* -llen *ou* ~se⟩ phallus *m*; ~**kult** *m* culte *m* phallique; ~**symbol** *n* symbole *m* phallique
Phäno|**men** [fɛnoˈmeːn] *n* ⟨~s; ~e⟩ phénomène *m*; ⸗**me'nal** *adj* phénoménal; ~**menolo'gie** *f* ⟨~; ~n⟩ PHILOS phénoménologie *f*; ~'**typ(us)** *m* BIOL phénotype *m*
Phantasie [fantaˈziː] *f* ⟨~; ~n⟩ **1.** ⟨*sans pl*⟩ (*Einbildungskraft*) imagination *f*; (*Einfallsreichtum*) fantaisie *f*; **2.** *meist pl* (*Vorstellung, Träumerei*) ~**n** visions *f/pl*; rêveries *f/pl*; **3.** MUS fantaisie *f*; ~**gebilde** *n* chimère *f*; vision(s) *f(pl)*; ⸗**los** *adj* dépourvu d'imagination; ~**losigkeit** *f* ⟨~⟩ manque *m* d'imagination; ~**preis** *m* prix exorbitant; ⸗**reich** *adj* plein d'imagination; *Person a* imaginatif, -ive
phanta'sieren *v/i* ⟨*pas de ge*-, h⟩ **1.** rêver (*von* de); *abs* fantasmer; s'abandonner à son imagination; **2.** *im Fieber* divaguer; délirer; **3.** (*Unsinn reden*) radoter; F dérailler; **4.** MUS improviser
phanta'sievoll *adj* plein d'imagination; *Person a* imaginatif, -ive
Phantasma [fan'tasma] *n* ⟨~s; -men⟩ PSYCH vision *f*; chimère *f*; fantasme *m*
Phantast(in) [fan'tast(ɪn)] *m* ⟨~en; ~en⟩ (*f*) ⟨~; ~nen⟩ (homme *m*, femme *f*) fantasque *m,f*, fantaisiste *m,f*; esprit *m* romanesque, chimérique, extravagant
Phantaste'rei *f* ⟨~; ~en⟩ visions *f/pl*; chimères *f/pl*
phan'tastisch I *adj* **1.** fantastique; romanesque; fantaisiste; **2.** (*unwirklich*) invraisemblable; incroyable; rocambolesque; **3.** F (*großartig*) F formidable; fantastique; **II** F *adv* F formidablement
Phantom [fan'toːm] *n* ⟨~s; ~e⟩ (*Trugbild*) chimère *f*; vision *f*; (*Gespenst*) fantôme *m*; *e-m* ~ *nachjagen* courir après une ombre
Phan'tom|**bild** *n* portrait *m* robot; ~**schmerz** *m* douleur *f* (dans un membre) fantôme
Pharao ['faːrao] *m* ⟨~s; -'onen⟩ HIST pharaon *m*
Pharisäer [fariˈzɛːər] *m* ⟨~s; ~⟩ BIBL, *fig* pharisien *m*; ⸗**haft** *st/s adj* pharisaïque; *fig* hypocrite; ~**tum** *st/s n* ⟨~s⟩ *a fig* pharisaïsme *m*; (*Scheinheiligkeit*) hypocrisie *f*
Pharmaindustrie [ˈfarmaʔɪndʊstriː] *f* industrie *f* pharmaceutique
Pharmako|**loge** [farmakoˈloːgə] *m* ⟨~n; ~n⟩, ~'**login** *f* ⟨~; ~nen⟩ pharmacologiste *od* pharmacologue *m,f*; ~**lo'gie** *f* ⟨~⟩ pharmacologie *f*; ⸗'**logisch** *adj* pharmacologique
'**Pharmareferent(in)** *m(f)* visiteur, -euse médical(e)
Pharmazeut|(**in**) [farmaˈtsɔʏt(ɪn)] *m* ⟨~en; ~en⟩ (*f*) ⟨~; ~nen⟩ pharmacien, -ienne *m,f*; ~**ik** *f* ⟨~⟩ pharmacologie *f*; ~**ikum** *n* ⟨~s; -ka⟩ produit *m* pharmaceutique; ⸗**isch** *adj* pharmaceutique
Pharmazie [farmaˈtsiː] *f* ⟨~⟩ pharmacie *f*
Phase ['faːzə] *f* ⟨~; ~n⟩ ASTR, ÉLECT, PHYS etc phase *f*; *fig a* stade *m*; degré *m*;

phasengleich – pikant

kritische ~ *phase*, stade critique; *PSYCHOANALYSE* **anale, genitale, orale** ~ phase anale, génitale, orale
'**phasen|gleich** *adj* ÉLECT en phase; 2**messer** *m* ⟨~s; ~⟩ ÉLECT phasemètre *m*; 2**verschiebung** *f* PHYS déphasage *m*; décalage *m*; ~**verschoben** *adj* ÉLECT déphasé
Phenol [fe'no:l] *n* ⟨~s; ~e⟩ CHIM phénol *m*
Philanthro|p [filan'tro:p] *m* ⟨~en; ~en⟩ philanthrope *m*; ~'**pie** *f* ⟨~⟩ philanthropie *f*; 2**pisch** *adj* philanthrope; philanthropique
Philate|lie [filate'li:] *f* ⟨~⟩ philatélie *f*; ~'**list(in)** *m* ⟨~en; ~en⟩ (*f*) ⟨~; ~nen⟩ philatéliste *m,f*
Philharmonie [filharmo'ni:] *f* philharmonie *f*; *Gebäude* salle *f* de concert (de l'orchestre philharmonique)
Philhar'moniker *m* ⟨~s; ~⟩ membre *m* d'un orchestre philharmonique; *die Wiener* ~ l'orchestre philharmonique de Vienne
philhar'monisch *adj* philharmonique
Philipp ['fi:lɪp] *m* ⟨→ *n/pr*⟩ Philippe *m*
Philippika [fi'lɪpika] *st/s f* ⟨~; -ken⟩ diatribe *f*; *litt* philippique *f*
Philippinen [filɪ'pi:nən] *pl die* ~ les Philippines *f/pl*
Philip'pin|er(in) *m* ⟨~s; ~⟩ (*f*) ⟨~; ~nen⟩ Philippin(e) *m*(*f*); 2**isch** *adj* philippin
Philister [fi'lɪstər] *st/s m* ⟨~s; ~⟩ (*Spießbürger*) bourgeois *m*; béotien *m*; 2**haft** *adj* bourgeois, béotien, -ienne
Philodendron [filo'dɛndrɔn] *m od n* ⟨~s; -dren⟩ BOT philodendron *m*
Philolo|ge [filo'lo:gə] *m* ⟨~n; ~n⟩, ~**gin** *f* ⟨~; ~nen⟩ philologue *m,f*; ~**gie** *f* ⟨~⟩ philologie *f*; 2**gisch** *adj* philologique
Philoso|ph(in) [filo'zo:f(ɪn)] *m* ⟨~en; ~en⟩ (*f*) ⟨~; ~nen⟩ philosophe *m,f*; ~'**phie** *f* ⟨~⟩ philosophie *f*
philoso'phieren *v/i* ⟨*pas de ge-*, h⟩ faire de la philosophie; philosopher (*über* [+*acc*] sur)
philo'sophisch I *adj* philosophique; *cf a Fakultät;* **II** *adv* en philosophe
Phiole [fi'o:lə] *f* ⟨~; ~n⟩ PHARM fiole *f*
Phlegma ['flɛgma] *n* ⟨~s⟩ flegme *m*
Phleg'mat|iker(in) *m* ⟨~s; ~⟩ (*f*) ⟨~; ~nen⟩ (homme *m*, femme *f*) flegmatique *m,f*; 2**isch** *adj* flegmatique
Phobie [fo'bi:] *f* ⟨~; ~n⟩ phobie *f*
Phon [fo:n] *n* ⟨~s; ~s, *mais 50* ~⟩ PHYS phone *m*
Phone|m [fo'ne:m] *n* ⟨~s; ~e⟩ LING phonème *m*; ~**tik** *f* ⟨~⟩ LING phonétique *f*; ~**tiker(in)** *m* ⟨~s; ~⟩ (*f*) ⟨~; ~nen⟩ LING phonéticien, -ienne *m,f*; 2**tisch** *adj* LING phonétique
Phönix ['fø:nɪks] *m* ⟨~; ~e⟩ MYTH phénix *m*; *st/s wie ein* ~ *aus der Asche steigen* renaître de ses cendres
Phönizier(in) [fø'ni:tsiər(ɪn)] *m* ⟨~s; ~⟩ (*f*) ⟨~; ~nen⟩ Phénicien, -ienne *m,f*
phö'nizisch *adj* phénicien, -ienne
Phono|gerät ['fo:nogərɛ:t] *n* appareil *m* de reproduction et *bzw* ou de prise de son; ~**koffer** *m* électrophone *m*; tourne-disque portatif
Phono|logie [fonolo'gi:] *f* ⟨~⟩ LING phonologie *f*; 2**logisch** *adj* LING phonologique
Phonotypistin [fonoty'pɪstɪn] *f* ⟨~;

~nen⟩ dactylo *f* qui travaille avec un dictaphone; audiotypiste *f*
'**phon|stark** *adj* bruyant; 2**zahl** *f* puissance sonore (*exprimée en phones*)
Phosphat [fɔs'fa:t] *n* ⟨~(e)s; ~e⟩ CHIM phosphate *m*; 2**haltig** *adj* phosphaté
Phosphor ['fɔsfɔr] *m* ⟨~s⟩ CHIM phosphore *m*
Phosphoresz|enz [fɔsfɔrɛs'tsɛnts] *f* ⟨~⟩ PHYS phosphorescence *f*; 2**ieren** *v/i* ⟨*pas de ge-*, h⟩ PHYS être phosphorescent
'**phosphor|haltig** *adj* phosphoré; 2**säure** *f* acide *m* phosphorique
'**Photo** *cf Foto*
photo..., Photo... *in Zssgn cf a* **foto..., Foto...**
Photo|che'mie *f* photochimie *f*; 2**e'lektrisch** *adj* photo-électrique
'**Photo|element** *n* ÉLECT photocellule *f*; photopile *f*; 2**me'chanisch** *adj* photo-mécanique; ~'**meter** *n* ⟨~s; ~⟩ PHYS photomètre *m*; ~**me'trie** *f* ⟨~⟩ photométrie *f*
Photon ['fo:tɔn] *n* ⟨~s; -'tonen⟩ PHYS photon *m*
Photo'**sphäre** *f* ⟨~⟩ ASTR photosphère *f*; ~**syn'these** *f* ⟨~⟩ BIOCHEMIE photosynthèse *f*; ~**thera'pie** *f* MÉD photothérapie *f*; ~**tro'pismus** *m* ⟨~⟩ BOT phototropisme *m*
'**Photozelle** *f* cellule *f* photo-électrique
Phrase ['fra:zə] *f* ⟨~; ~n⟩ GR, MUS phrase *f*; *fig leere* ~**n** phrases ronflantes; *F* ~**n dreschen** faire des phrases
'**Phrasen|drescher** *F péj m* phraseur *m*; ~**dresche'rei** *F péj f* ⟨~⟩ verbiage *m*
Phraseo|lo'gie *f* ⟨~; ~n⟩ LING phraséologie *f*; 2'**logisch** *adj* LING phraséologique
phra'sier|en *v/t* ⟨*pas de ge-*, h⟩ MUS phraser; ~**ung** *f* ⟨~; ~en⟩ MUS phrasé *m*
pH-Wert [pe:'ha:vɛrt] *m* CHIM pH *m*
Phyloge|nese [fyloge'ne:zə] *f* ⟨~⟩ BIOL phylogenèse *f*; 2'**netisch** *adj* BIOL phylogénétique; phylogénique
Physik [fy'zi:k] *f* ⟨~⟩ physique *f*
physi'kalisch *adj* physique
'**Physik|er(in)** *m* ⟨~s; ~⟩ (*f*) ⟨~; ~nen⟩ physicien, -ienne *m,f*; ~**um** *n* ⟨~s; -ka⟩ examen *m* de physique, chimie et biologie (*après deux ans d'études de médecine en Allemagne*)
Physio|gnomie [fyziogno'mi:] *f* ⟨~; ~n⟩ physionomie *f*; 2'**gnomisch** *adj* physionomique
Physio'lo|ge *m* ⟨~n; ~n⟩, ~**gin** *f* ⟨~; ~nen⟩ physiologiste *m,f*; ~'**gie** *f* ⟨~⟩ physiologie *f*; 2**gisch** *adj* physiologique
Physiothera'peut(in) *m* ⟨~en; ~en⟩ (*f*) ⟨~; ~nen⟩ physiothérapeute *m,f*; ~'**pie** *f* physiothérapie *f*
physisch [fy:zɪʃ] *adj* physique
Pi [pi:] *n* ⟨~(s); ~s⟩ MATH pi *m*; *F* ~ *mal Daumen F* au pifomètre
Pia'nist(in) *m* ⟨~en; ~en⟩ (*f*) ⟨~; ~nen⟩ pianiste *m,f*; 2**isch** *adj* pianistique
piano [pi'a:no] *adv* MUS piano
Pi'ano *n* ⟨~s; ~s ou -ni⟩ MUS piano *m*
picheln ['pɪçəln] *F v/i* ⟨-(e)le, h⟩ *F* picoler
Picke ['pɪkə] *f* ⟨~; ~n⟩ pic *m*
Pickel ['pɪkəl] *m* ⟨~s; ~⟩ **1.** (*Spitzhacke*) pioche *f*; pic *m*; (*Eis*2) piolet *m*; **2.**

PHYSIOL (petit) bouton; pustule *f*; ~**haube** *f* casque *m* à pointe
'**pick(e)lig** *adj* couvert de boutons, de pustules; boutonneux, -euse
'**picken** *v/t u v/i* ⟨h⟩ **1.** *Vögel, Hühner* donner des coups de bec (à); picorer; picoter; **2.** *F österr* (*kleben*) coller
Picknick ['pɪknɪk] *n* ⟨~s; ~s *ou* ~e⟩ pique-nique *m*
'**picknicken** *v/i* ⟨h⟩ pique-niquer
'**Picknickkorb** *m* panier *m* à pique-nique
picobello ['pi:ko'bɛlo] *F adj* ⟨*inv*⟩ *F* impec; *F* nickel
Piedestal [pie:dɛs'ta:l] *n* ⟨~s; ~e⟩ piédestal *m*
piek|en ['pi:kən] *F v/t u v/i* ⟨h⟩ piquer; '~'**fein** *F adj* *F* chic; (*elegant angezogen*) *a* tiré à quatre épingles; *F* bien sapé
piep [pi:p] *int* **1.** *Vogel* piau!; piou!; **2.** *bei technischen Geräten* bip
Piep *m* ⟨~s; ~e⟩ *F keinen* ~ *sagen F* ne pas ouvrir le bec; *F* ne pas moufter; *F e-n* ~ *haben F* avoir une araignée dans le plafond; avoir un grain
piepe ['pi:pə], '**piepe'gal** *adj* *F das ist mir* ~ *F* je m'en balance; *F* je m'en fiche
'**piepen** *v/i* ⟨h⟩ *Küken* piauler; piailler; *kleine Vögel* pépier; *F bei dir piept's wohl?* *F* ça ne va pas la tête?; *F* tu (ne) serais pas un peu dingue, siphonné (par hasard)?; *F das ist zum* 2 *F* c'est tordant, à se tordre (de rire)
'**Piepen** *F pl* (*Geld*) *F* fric *m*; *P* flouse *od* flouze *m*; *30* ~ *30 marks*
'**Piepmatz** *enf m* ⟨~es; ~e *ou* 2**e**⟩ oiseau *m*
piepsen ['pi:psən] *v/i* ⟨-(es)t, h⟩ *Maus* chicoter; *Person* parler d'une petite voix grêle; *cf a* **piepen**
'**Piepser** *F m* ⟨~s; ~⟩ **1.** *der Küken* piaulement *m*; piaillement *m*; *kleiner Vögel* pépiement *m*; **2.** (*Kleinempfänger*) *F* bip-bip *m*
'**piepsig** *F adj Person, Tier* chétif, -ive; de rien du tout; *e-e* ~**e *Stimme*** une petite voix grêle
'**Piepton** *m* bip *m* sonore
Pier [pi:r] *m* ⟨~s; ~s⟩ *od f* ⟨~; ~s⟩ MAR môle *m*; appontement *m*
piesacken ['pi:zakən] *F v/t* ⟨h⟩ (*quälen*) brimer; *F* asticoter; *j-n mit Fragen* ~ 'harceler qn de questions
pieseln ['pi:zəln] *F* ⟨h⟩ **I** *v/imp* (*nieseln*) bruiner; **II** *v/i* (*urinieren*) *F* faire pipi
Pietät [pie'tɛ:t] *f* ⟨~; ~en⟩ **1.** ⟨*sans pl*⟩ (*Achtung*) respect *m*; **2.** *regional* (*Bestattungsunternehmen*) (entreprise *f* de) pompes *f/pl* funèbres; 2**los** *adj* sans respect; ~**losigkeit** *f* ⟨~⟩ manque *m* de respect; 2**voll** *adj* plein de respect
Piet|ismus [pie'tɪsmʊs] *m* ⟨~⟩ REL piétisme *m*; ~**ist(in)** *m* ⟨~en; ~en⟩ (*f*) ⟨~; ~nen⟩ piétiste *m,f*; 2**istisch** *adj* piétiste
Pigment [pɪ'gmɛnt] *n* ⟨~(e)s; ~e⟩ BIOL *u Farbmittel* pigment *m*; ~**ati'on** *f* ⟨~⟩ pigmentation *f*; ~**fleck** *m* tache *f* pigmentée
pigmen'tier|en *v/t* ⟨*pas de ge-*, h⟩ pigmenter; 2**ung** *f* ⟨~⟩ pigmentation *f*
Pik[1] [pi:k] *m* ⟨~s; ~s⟩ *Spielkartenfarbe* pique *m*
Pik[2] *m* ⟨~s; ~e⟩ *F e-n* ~ *auf j-n haben* avoir une dent contre qn
pikant [pi'kant] **I** *adj* épicé; *a fig* piquant; (*frivol*) épicé; salé; *Sauce a* rele-

Pikanterie – Plan

vé; **II** adv ~ **gewürzt** piquant; épicé; relevé

Pikante'rie f ⟨~; ~n⟩ piquant m; (pikante Geschichte) histoire salée, épicée

'**Pikas** n Spielkarte as m de pique

Pike ['pi:kə] f ⟨~; ~n⟩ pique f; **von der ~ auf dienen, lernen** passer par tous les grades; commencer en bas de l'échelle

Pikee [pi'ke:] m ⟨~s; ~s⟩ TEXT piqué m

'**piken** F v/t u v/i ⟨h⟩ piquer

pi'kieren v/t (pas de ge-, h) JARD repiquer; COUT piquer

pi'kiert I adj ~ **sein** (beleidigt) être vexé; être piqué au vif (**über etw** [acc] par qc); **II** advt d'un air vexé

Pikkolo[1] ['pɪkolo] m ⟨~s; ~s⟩ (Kellnerlehrling) apprenti serveur

'**Pikkolo**[2] f ⟨~; ~(s)⟩ Sekt mini-bouteille f de mousseux

'**Pikkolo**[3] n ⟨~s; ~s⟩, **~flöte** f piccolo m

piksen ['pi:ksən] F v/t u v/i ⟨-(es)t, h⟩ piquer

Piktogramm [pɪkto'gram] n ⟨~s; ~e⟩ pictogramme m

Pilger|(**in**) ['pɪlgər(ɪn)] m ⟨~s; ~⟩ (f) ⟨~nen⟩ pèlerin m, femme f pèlerin; **~fahrt** f pèlerinage m

'**pilgern** v/i ⟨-(e)re, sein⟩ **1.** aller-, faire un pèlerinage; **nach** ..., faire le pèlerinage de ...; **2.** F fig marcher; faire une randonnée

'**Pilgerschaft** f ⟨~; ~⟩ pèlerinage m

Pille ['pɪlə] f ⟨~; ~n⟩ pilule f; **sie nimmt die ~** elle prend la pilule; F **die ~ danach** la pilule du lendemain; fig j-m **die bittere ~ versüßen** dorer la pilule à qn; fig **das war e-e bittere ~ für ihn** il a dû avaler la pilule

'**Pillen**|**dreher** m **1.** ZO bousier m; scarabée m; **2.** F plais (Apotheker) apothicaire m; ♀**förmig** adj en forme de pilule; **~knick** F m dénatalité, chute de la natalité (due à l'emploi de la pilule)

Pilot(**in**) [pi'lo:t(ɪn)] m ⟨~s; ~en⟩ (f) ⟨~; ~nen⟩ pilote m; aviateur, -trice m,f

Pi'loten|**kanzel** f cabine f de pilotage; cockpit m; **~schein** m brevet m de pilote

Pi'lot|**film** m film-pilote m; **~projekt** n projet-pilote m; **~sendung** f émission-pilote f; **~studie** f étude f préalable

Pils [pɪls] n ⟨~; ~⟩, '**Pils**(**e**)**ner** n ⟨~s; ~⟩ pils f

Pilz [pɪlts] m ⟨~es; ~e⟩ **1.** BOT champignon m; **wie ~e aus der Erde schießen** pousser comme des champignons; **2.** ⟨sans pl⟩ F (**~infektion**) mycose f

'**pilzartig** adj de la nature du champignon; sc fongueux, -euse

'**Pilz**|**infektion** f, **~krankheit** f mycose f; **~kultur** f culture f de champignons; **~vergiftung** f empoisonnement m, intoxication f par les champignons

Piment [pi'mɛnt] m od n ⟨~(e)s; ~e⟩ CUIS piment m

Pimmel ['pɪməl] P m ⟨~s; ~⟩ P bit(t)e f; P queue f

Pinakothek [pinako'te:k] f ⟨~; ~en⟩ pinacothèque f

pingelig ['pɪŋəlɪç] F adj F pinailleur, -euse

Pingpong ['pɪŋpɔŋ] n ⟨~s⟩ ping-pong m

Pinguin ['pɪŋguːiːn] m ⟨~s; ~e⟩ manchot m; pingouin m

Pinie ['piːnjə] f ⟨~; ~n⟩ pin m pignon; pin m parasol

'**Pinienkern** m pignon m

pink [pɪŋk] adj ⟨inv⟩ rose

Pink n ⟨~s; ~s⟩ rose m

Pinke ['pɪŋkə] F f ⟨~⟩ F fric m; F pognon m

Pinkel ['pɪŋkəl] m ⟨~s; ~⟩ F **ein feiner ~** un dandy

'**pinkeln** F v/i ⟨-(e)le, h⟩ F faire pipi

'**Pinkelpause** F f F arrêt-pipi m; F 'halte-pipi f

'**Pinke**'**pinke** cf **Pinke**

Pinne ['pɪnə] f ⟨~; ~n⟩ am Steuerruder barre f (du gouvernail)

'**pinnen** v/t ⟨h⟩ fixer à l'aide de punaises, de broquettes (**an**, **auf** [+acc] à)

'**Pinnwand** f panneau m d'affichage (en liège, etc)

Pinscher ['pɪnʃər] m ⟨~s; ~⟩ pinscher m

Pinsel ['pɪnzəl] m ⟨~s; ~⟩ **1.** PEINT pinceau m; (Anstreicher ♀) brosse f; **2.** F fig (Einfalts ♀) niais m; benêt m; **eingebildeter ~** prétentieux m; F crâneur m

'**Pinselführung** f touche f; brosse f

'**pinseln** v/t ⟨-(e)le, h⟩ peindre; péj, MÉD badigeonner; péj a barbouiller

'**Pinselstrich** m coup m de pinceau, de brosse; (Kunst der Strichführung) touche f; brosse f

Pinte ['pɪntə] F f ⟨~; ~n⟩ F bistro(t) m

Pin-up-Girl [pɪn'ʔapgøːrl] n ⟨~s; ~s⟩ pin-up f

Pinzette [pɪn'tsɛtə] f ⟨~; ~n⟩ a MÉD, KOSMETIK pince f; des Uhrmachers pincettes f/pl

Pionier [pio'niːr] m ⟨~s; ~e⟩ MIL soldat m du génie; sapeur(-mineur) m; a fig, HIST DDR pionnier m; **~arbeit** f travail m de pionnier; **~bataillon** n MIL bataillon m du génie; **~truppe** f MIL génie m

Pipapo [pipa'poː] n ⟨~s⟩ F **mit allem ~** F avec tout le tralala

Pipeline ['paɪplaɪn] f ⟨~; ~s⟩ pipe-line od pipeline m

Pipette [pi'pɛtə] f ⟨~; ~n⟩ pipette f

Pipi [pi'piː] enf n ⟨~s⟩ pipi m; **~ machen** faire pipi

Pipifax ['pipifaks] F m péj ⟨~⟩ futilités f/pl; broutille f; rien m

Pips [pɪps] m ⟨~es⟩ VÉT pépie f

Pirat [pi'raːt] m ⟨~en; ~en⟩ pirate m

Pi'raten|**flagge** f pavillon noir, à tête de mort; **~schiff** n (bateau m) pirate m; **~sender** m radio-pirate f

Pirate'rie f ⟨~; ~n⟩ piraterie f

Pirol [pi'roːl] m ⟨~s; ~e⟩ ZO loriot m

Pirouette [piru'ɛtə] f ⟨~; ~n⟩ pirouette f

Pirsch [pɪrʃ] f ⟨~⟩ chasse f (à l'approche); **auf die ~ gehen** aller chasser

'**pirschen** v/i ⟨h⟩ **1.** chasser (à l'approche) (**auf etw** [acc] qc); **2.** fig se glisser

'**Pirschgang** m chasse f (à l'approche)

Pisse ['pɪsə] P f ⟨~⟩ P pisse f

'**pissen** P v/i ⟨-ßt, h⟩ P pisser

Pissoir [pɪs'vaːr] n ⟨~s; ~e ou ~s⟩ urinoir m

'**Piß**|**pott** P m pot m de chambre; ♀'**warm** P adj F tiédasse

Pistazie [pɪs'taːtsjə] f ⟨~; ~n⟩ Frucht pistache f; Baum pistachier m

Piste ['pɪstə] f ⟨~; ~n⟩ AVIAT, SKI-, RADSPORT piste f

'**Pistenraupe** f ratrac m (nom déposé)

Pistole [pɪs'toːlə] f ⟨~; ~n⟩ pistolet m; abus revolver m; **mit vorgehaltener ~** revolver au poing; fig **j-m die ~ auf die Brust setzen** mettre le couteau sur, sous la gorge à qn; **wie aus der ~ geschossen** sans hésitation

Pi'stolentasche f étui m, gaine f de pistolet

pitschnaß ['pɪtʃ'nas] F adj F trempé (comme une soupe)

pittoresk [pɪto'rɛsk] adj pittoresque

Pizza ['pɪtsa] f ⟨~; ~s ou Pizzen⟩ pizza f; **~bäcker** m personne f qui fait les pizzas

Pizzeria [pɪtse'riːa] f ⟨~; ~s ou -ien⟩ pizzeria f

Pkt. abr (Punkt) point

Pkw, PKW ['peːkaːveː ou peːkaː'veː] m ⟨~(s); ~(s)⟩ abr (Personenkraftwagen) voiture particulière, de tourisme; **~Fahrer**(**in**) m(f) automobiliste m,f

Placebo [pla'tseːbo] n ⟨~s; ~s⟩ PHARM placebo m; **~effekt** m effet m placebo

placieren [pla'tsiːrən] cf **plazieren**

placken ['plakən] F v/réfl ⟨h⟩ **sich ~** s'esquinter; F galérer; F trimer

Placke'rei F f ⟨~; ~en⟩ corvée f; F galère f

plä'dieren v/i (pas de ge-, h) JUR plaider (une cause) (**a** fig; **für** pour; **gegen** contre); **auf Freispruch ~** demander l'acquittement

Plädoyer [plɛdva'jeː] n ⟨~s; ~s⟩ JUR plaidoirie f; des Verteidigers, fig plaidoyer m; des Staatsanwalts réquisitoire m; **sein ~ halten** Verteidiger faire son plaidoyer; Staatsanwalt faire son réquisitoire; fig **ein ~ halten** plaider (**für** pour)

Plafond [pla'fõː] m ⟨~s; ~s⟩ österr, südd, COMM plafond m

Plage ['plaːgə] f ⟨~; ~n⟩ **1.** tourment m; peine f; (Übel) mal m; **2.** (Land♀) fléau m; calamité f; plaie f; **~geist** F m F casse-pieds m; F crampon m; F plaie f

'**plagen** ⟨h⟩ **I** v/t (quälen) tourmenter; tracasser; Krankheit, Sorge, Zweifel tourmenter; Gedanke, Furcht, Träume 'hanter; obséder; (belästigen) importuner; **II** v/réfl **sich** (**mit etw**) ~ peiner (sur qc); s'esquinter (à faire qc)

Plagi|**at** [plagi'aːt] n ⟨~(e)s; ~e⟩ plagiat m; **~ator** m ⟨~s; -toren⟩ plagiaire m; ♀**ieren** (pas de ge-, h) **I** v/t plagier; **II** v/i faire un plagiat

Plakat [pla'kaːt] n ⟨~(e)s; ~e⟩ affiche f; **~e** (**an**)**kleben** coller, poser des affiches; **~e ankleben verboten** défense d'afficher

plaka'tieren (pas de ge-, h) **I** v/t faire connaître par voie d'affiches; **II** v/i afficher; poser, coller des affiches

plaka'tiv adj (wie ein Plakat wirkend) comme (sur) une affiche; (einprägsam) voyant

Pla'kat|**kleber** m colleur m, poseur m d'affiches; **~maler** m affichiste m; **~malerei** f art m de peindre les affiches; **~werbung** f publicité f par (voie d')affiches

Plakette [pla'kɛtə] f ⟨~; ~n⟩ (kleines Schild) plaquette f; (Abzeichen) insigne m; F macaron m

plan [plaːn] adj (eben) plan; (flach) plat

Plan m ⟨~(e)s; ~e⟩ a Karte, ÉCON, CONSTR plan m; (Maßnahmen) a dispositions f/pl; (Absicht) dessein m; vue f; (Vorhaben) a projet m; (Stunden♀, Fahr♀) horaire m; **diese Ereignisse haben meinen ~ durchkreuzt** ces événements ont contrecarré, contrarié mes projets; *Pläne schmieden* former des projets; *alles läuft nach* ~ tout se déroule comme prévu; *auf dem* ~ *stehen* être prévu, programmé, au programme; *j-n auf den* ~ *rufen* provoquer l'intervention de qn; *auf den* ~ *treten* entrer en jeu, en scène

Plane ['plaːnə] *f* ⟨~; ~n⟩ bâche *f*; MIL, MAR prélart *m*

'**planen** *v/t* ⟨h⟩ *abs* faire des projets; *Reise, Ausflug, Arbeit* projeter; *(erwägen)* envisager; *Produktion* planifier; *Verbrechen* préméditer; *(vorsehen)* prévoir; *wie geplant* comme prévu; *wir hatten ein baldiges Wiedersehen geplant* nous avions projeté, prévu de nous revoir bientôt

'**Plan|er** *m* ⟨~s; ~⟩ ÉCON planificateur *m*; ~**erfüllung** *f* ÉCON, *bes* HIST DDR réalisation *f* du plan

Pläneschmied ['plɛːnəʃmiːt] *m* faiseur *m* de projets

Plane|t [pla'neːt] *m* ⟨~en; ~en⟩ planète *f*; ⟨~**tarisch** *adj* planétaire; ~'**tarium** *n* ⟨~s; -ien⟩ planétarium *m*

Pla'neten|bahn *f* orbite *f* planétaire; ~**stand** *m* position *f* des planètes; ~**system** *n* système *m* planétaire

Planeto'id *m* ⟨~en; ~en⟩ planétoïde *m*

'**plangemäß** *cf* **planmäßig**

pla'nieren *v/t* ⟨*pas de ge-*, h⟩ aplanir; égaliser; niveler

Pla'nier|raupe *f* bulldozer *m*; niveleuse *f*; ~**ung** *f* ⟨~; ~en⟩ aplanissement *m*; égalisation *f*; nivellement *m*

Planke ['plaŋkə] *f* ⟨~; ~n⟩ planche *f*; *(Bretterwand)* cloison *f* en planches; MAR ~**n** *pl* e-s *Holzschiffs* bordages *m/pl*

Plänke'lei *f* ⟨~; ~en⟩ *a fig* escarmouche *f*

'**plänkeln** ['plɛŋkəln] *v/i* ⟨-(e)le, h⟩ se livrer à des escarmouches

Plankton ['plaŋktɔn] *n* ⟨~s⟩ BIOL plancton *m*

'**plan|los** *adj u adv* sans ordre; sans méthode; *(aufs Geratewohl)* au hasard; ⟨~**losigkeit** *f* ⟨~⟩ absence *f*, manque *m* de méthode; irrégularité *f*; ~**mäßig** *adj u adv* selon le plan établi; comme prévu; méthodique(ment); systématique (-ment); *Abfahrt, Ankunft* prévu; *Zug* régulier, -ière; *ankommen etc* régulièrement; selon l'horaire fixé; ⟨~**mäßigkeit** *f* ⟨~⟩ ordre *m*; méthode *f*; régularité *f*

'**Planquadrat** *n* carré *m* du plan directeur

'**Planschbecken** *n* pataugeoire *f*; bassin *m* pour enfant(s)

planschen ['planʃən] F *v/i* ⟨h⟩ barboter; jouer dans l'eau

'**Plansoll** *n* ÉCON, *bes* HIST DDR objectif *m* du plan; norme *f* de production; *das* ~ *erfüllen* réaliser les objectifs du plan

'**Plan|spiel** *n* simulation *f*; jeu *m* de rôles; ~**stelle** *f* poste *m* budgétaire

Plantage [plan'taːʒə] *f* ⟨~; ~n⟩ plantation *f*

Plan'tagenbesitzer *m* propriétaire *m* d'une plantation; *(Pflanzer)* planteur *m*

'**Planung** *f* ⟨~; ~en⟩ ÉCON planification *f*; *bes* RAD, TV, POL programmation *f*; *im Betrieb* planning *m*; *(Plan)* plan *m*; *in der* ~ *sein* être en projet

'**Planungs|abteilung** *f* e-s *Betriebes* service *m* de (la) planification; ~**kommission** *f* commission *f* de planification;

~**stadium** *n im* ~ à l'état d'ébauche, de projet

'**planvoll** *adj u adv* méthodique(ment); systématique(ment)

'**Planwagen** *m* voiture à bâche, bâchée

'**Planwirtschaft** *f* économie dirigée, planifiée

Plappe'rei F *f* ⟨~; ~en⟩ bavardage *m*; babillage *m*

'**Plapper|maul** *n* ⟨~, ~**mäulchen** ['plapərmɔʏlçən] F *n* ⟨~s; ~⟩ jacasseur, -euse *m,f*; moulin *m* à paroles

plappern ['plapərn] F *v/t u v/i* ⟨-(e)re, h⟩ *Kind* babiller; *péj* jacasser

plärren ['plɛrən] F ⟨h⟩ **I** *v/t* F brailler; **II** *v/i a Radio* F brailler; *Kleinkind* F piailler

'**Plärren** F *n* ⟨~s⟩ *a e-s Radios* F braillement *m*; *e-s Kleinkinds* F piaillements *m/pl*

Pläsier [plɛ'ziːr] *plais n* ⟨~s; ~e⟩ plaisir *m*; amusement *m*

Plasma ['plasma] *n* ⟨~s; -men⟩ PHYSIOL, PHYS plasma *m*

Plast [plast] *m* ⟨~es; ~e⟩ *ostdeutsch*,
'**Plaste** F *ostdeutsch f* ⟨~; ~n⟩ plastique *m*

Plastik[1] ['plastɪk] *f* ⟨~; ~en⟩ **1.** ⟨*sans pl*⟩ *Kunst* plastique *f*; **2.** *Werk* sculpture *f*; **3.** ⟨*sans pl*⟩ *(Anschaulichkeit)* plastique *f*; **4.** MÉD intervention *f* plastique; plastie *f*

'**Plastik**[2] *n* ⟨~s⟩ plastique *m*; matière *f* plastique; ~**becher** *m* gobelet *m* en plastique; ~**beutel** *m* sac *m*, sachet *m* de, en plastique; ~**bombe** *f* bombe *f* au plastic *m*; ~**flasche** *f* bouteille *f* en plastique; ~**folie** *f* feuille *f* de plastique; ~**geld** *n* ⟨~(e)s⟩ monnaie *f* électronique; ~**geschoß** *n* balle *f* de plastique; ~**sprengstoff** *m* plastic *m*; ~**tasche** *f*, ~**tüte** *f* sac *m*, sachet *m* de, en plastique

Plastilin [plasti'liːn] *n* ⟨~s⟩ pâte *f* à modeler

'**plasti|sch** *adj* **1.** plastique; *Film* en relief; **2.** *fig* qui a du relief; évocateur, -trice; ⟨~**zi'tät** *f* ⟨~⟩ **1.** plasticité *f*; **2.** *fig* relief *m*

Platane [pla'taːnə] *f* ⟨~; ~n⟩ platane *m*

Plateau [pla'toː] *n* ⟨~s; ~s⟩ plateau *m*

Platin ['plaːtiːn] *n* ⟨~s⟩ platine *m*; ⟨~**blond** *adj* (blond) platine

Platitüde [plati'tyːdə] *st/s f* ⟨~; ~n⟩ platitude *f*

platonisch [pla'toːnɪʃ] *adj* **1.** de Platon; **2.** *fig Liebe etc* platonique

platsch [platʃ] *int* flac!; paf!

'**platschen** *v/i* **1.** ⟨h⟩ faire flac; claquer; **2.** ⟨*doublé d'une indication de direction sein*⟩ battre, fouetter *(an, auf, gegen etw [acc] qc)*

plätschern ['plɛtʃərn] *v/i* ⟨-(e)re, h⟩ *bes Wasser, Springbrunnen* gargouiller; *kleine Wellen* clapoter; *Personen im Wasser* ~ barboter dans l'eau

platt [plat] *adj* **1.** *(flach)* plat; *(abgeplattet)* aplati; *Gegend* peu accidenté; *Reifen* à plat; *Nase* épaté; camus; *das* ~ *Land im Gegensatz zur Stadt* la rase campagne; ~ *drücken* aplatir; écraser; F *e-n* ~ *haben* avoir un pneu à plat, crevé; F avoir crevé. **2.** *(geistlos)* plat; banal; insipide. **3.** F *(attribut)* *vor Staunen* ébahi; F épaté; F sidéré

Platt *n* ⟨~(s)⟩ **1.** ⟨.~*deutsch*⟩ bas allemand; **2.** *regional (Dialekt)* dialecte *m*; patois *m*

Plättchen ['plɛtçən] *n* ⟨~s; ~⟩ petite plaque

'**plattdeutsch** *adj* bas allemand; 2, *das* 2e le bas allemand

'**Platte** *f* ⟨~; ~n⟩ **1.** *aus Metall, Glas etc* plaque *f*; *aus Stein etc (Fliese)* dalle *f*; carreau *m*; *aus Blech* lame *f*; CONSTR ~**n legen** *(fliesen)* carreler; daller; **2.** *zum Servieren* plat *m*; *kalte* ~ plat de viande froide, de charcuterie; assiette anglaise; **3.** *(Schall*2*)* disque *m*; *e-e auflegen, spielen* mettre un disque; F *leg doch mal e-e andere, neue* ~ *auf!* F change de disque!; **4.** TYPO planche *f* (d'imprimerie); **5.** PHOT plaque *f* sensible (photographique); **6.** *(Tisch*2*)* plateau *m*; dessus *m* (de table); **7.** *(Koch*2*)* plaque *f* (électrique); **8.** F *(Glatze)* *e-e* ~ *haben* F être tout déplumé; **9.** *(Fels*2*)* plaque rocheuse; *Gipfel* sommet plat et nu

'**Plätteisen** *n regional* fer *m* à repasser

plätten ['plɛtən] *v/t* ⟨-ete, h⟩ *regional* repasser; F *ich bin geplättet* je n'en reviens pas; les bras m'en tombent

'**Platten|album** *n* album *m* de disques; ~**cover** *n* couverture *f* de disque; ~**firma** *f* maison *f* de disques; ~**hülle** *f* pochette *f* de disque; ~**leger** *m* ⟨~s; ~⟩ carreleur *m*; ~**spieler** *m* tourne-disque *m*; *e-r Stereoanlage* platine *f* (tourne-disque); table *f* de lecture; ~**teller** *m* platine *f*; ~**wechsler** *m* ⟨~s; ~⟩ changeur *m* (automatique) de disques

'**Plätterin** *f* ⟨~; ~nen⟩ *regional* repasseuse *f*

'**Platt|fisch** *m* poisson plat; ~**form** *f a fig* plate-forme *f*; ~**fuß** *m* **1.** pied plat; **2.** F *fig am Reifen* crevaison *f*; pneu à plat, crevé; 2**füßig** *adj* qui a les pieds plats

'**Plattheit** *f* ⟨~; ~en⟩ **1.** ⟨*sans pl*⟩ *(das Plattsein)* aplatissement *m*; **2.** *(Platitüde)* platitude *f*; banalité *f*

plat'tier|en *v/t* ⟨*pas de ge-*, h⟩ TECH plaquer; 2**ung** *f* ⟨~; ~en⟩ TECH plaqué *m*; placage *m*

'**Plattstich** *m* COUT point plat

Platz [plats] *m* ⟨~es; ~e⟩ **1.** *(Sitz*2*)* place *f*; ~ **nehmen** prendre place, s'asseoir; *st/s* ~ **behalten** rester assis; *j-m e-n* ~ **anweisen** placer qn; *ist dieser* ~ *belegt, besetzt?* cette place est-elle retenue, occupée?; *zu e-m Hund* ~*!* assis!; couché!; **2.** *(Sport*2*)* terrain *m* (de sport); *(Tennis*2*)* court *m*; *auf gegnerischem* ~ **spielen** jouer à l'extérieur; *vom* ~ **stellen, verweisen** expulser, renvoyer (du terrain); **3.** *in e-r Stadt* place *f*; *mit Grünanlagen* square *m*; *runder* rond-point *m*; **4.** *(Bau*2*)* terrain *m*; **5.** *(Ort)* endroit *m*; lieu *m*; *(Stelle)* emplacement *m*; *(nicht) an s-m* ~ *sein* (ne pas) être à sa place; *fig fehl am* ~**e** *sein* être déplacé; *das beste Hotel am* ~(e) le meilleur hôtel de l'endroit; *fig ein* ~ *an der Sonne* une place au soleil; *auf die Plätze – fertig – los!* à vos marques – prêts? – partez!; **6.** *(Stellung)* place *f*; poste *m*; *(Position)* situation *f*; *j-s* ~ **einnehmen** prendre la place de qn; *auf* ~ **zwei**, *auf dem zweiten* ~ en deuxième, seconde position; *den zweiten* ~ **belegen** prendre, obtenir la deuxième place; **7.** ⟨*sans pl*⟩ *(Raum)* place *f*; espace *m*; ~ **lassen** *(für)* laisser place (à, pour); *in etw (dat)* ~ **haben**

tenir dans qc; ***j-m ~ machen*** faire place à qn; ***der Koffer nimmt viel ~ weg*** cette valise prend beaucoup de place, est encombrante; **~ *da!*** faites de la place!; reculez-vous!; **8.** (*Teilnahmemöglichkeit*) place *f* (disponible)
'**Platz|angst** *f* **1.** F (*Klaustrophobie*) claustrophobie *f*; **2.** *sc* agoraphobie *f*; **~anweiser(in)** *m* 〈~s; ~〉 (*f*) 〈~; ~nen〉 placeur *m*; ouvreuse *f*
Plätzchen ['plɛtsçən] *n* 〈~s; ~〉 **1.** (*Stelle*) ***ein nettes ~*** F un endroit chouette, sympa; F un bon coin; **2.** *Gebäck* gâteau sec; biscuit *m*
platzen ['platsən] *v/i* 〈-(es)t, sein〉 **1.** *Luftballon etc* crever; *mit Getöse* éclater; exploser; *Reifen* éclater; F ***zum 2 voll*** plein à craquer; **2.** F *fig Vorhaben etc* échouer; tomber à l'eau; F avorter; *Versammlung* se disloquer; **~ *lassen* *Plan*** détruire; contrecarrer; contrarier; *Freundschaft* briser; *Hehlerring etc* briser; détruire; *FIN Wechsel* protester; **3.** ***vor Lachen ~*** éclater, F crever de rire; ***vor Neugier ~*** F crever de curiosité; ***vor Neid ~*** F crever de jalousie, d'envie; ***vor Wut ~*** exploser (de colère); **4.** F *fig* ***ins Haus ~*** faire irruption; arriver, entrer brusquement
'**Platz|hirsch** *m* **1.** *JAGD* chef *m* de horde; **2.** F *fig péj* caïd *m*; **~karte** *f* billet *m* de réservation, de location; **~konzert** *n* concert *m* en plein air; **~mangel** *m* manque *m* de place, d'espace; **~miete** *f MARKT, MESSE* location *f* (d'un emplacement); *THÉ etc* abonnement *m*
'**Platzpatrone** *f* cartouche *f* à blanc; ***mit ~n schießen*** tirer à blanc
'**platz|raubend** *adjt* encombrant; **2regen** *m* averse *f*; ondée *f*; **2reservierung** *f* réservation *f* de place; **~sparend** *adjt* peu encombrant; **2verweis** *m SPORT* expulsion *f*; **2vorteil** *m* avantage *m* du terrain; **2wart** *m* 〈~(e)s; ~e〉 gardien *m* de stade; **2wechsel** *m* changement *m* de place; **2wette** *f* pari (mutuel) sur un cheval placé; **2wunde** *f* plaie (ouverte); déchirure *f*
Plaude'rei *f* 〈~; ~en〉 causerie *f*; bavardage *m*; papotage *m*
'**Plauder|er** *m* 〈~s; ~〉, **~in** *f* 〈~; ~nen〉 causeur, -euse *m,f*; (*Aus2*) bavard(e) *m(f)*
plaudern ['plaʊdərn] *v/i* 〈-(e)re, h〉 causer; bavarder (*a über Vertrauliches*)
'**Plauderstündchen** *n* causette *f*; ***ein ~ halten*** F tailler une bavette
'**Plauderton** *m* ***im ~*** sur un ton de conversation léger, familier
Plausch [plaʊʃ] *m* 〈~(e)s; ~e〉 *regional* (brin *m* de) causette *f*
'**plauschen** *v/i* 〈h〉 *regional* bavarder
plausibel [plaʊˈziːbəl] *adj* 〈-bl-〉 plausible; vraisemblable; ***j-m etw ~ machen*** faire comprendre qc à qn
Playback ['pleːbɛk] *n* 〈~s; ~s〉 play-back *m*; présonorisation *f*
Playboy ['pleːbɔɪ] *m* play-boy *m*
Plazenta [plaˈtsɛnta] *f* 〈~; ~s *ou* -ten〉 *PHYSIOL* placenta *m*
Plazet ['plaːtsɛt] *st/s* *n* 〈~s; ~s〉 approbation *f*; accord *m*; ***sein ~ zu etw geben*** donner son approbation à qc
plazieren [plaˈtsiːrən] 〈*pas de ge-*, h〉 I *v/t a COMM, SPORT* placer; II *v/réfl* ***sich ~*** se placer; *SPORT* ***sich als Vierter ~*** se classer quatrième, *etc*

Pla'zierung *f* 〈~; ~en〉 placement *m*; *SPORT* classement *m*
Plebej|er(in) [pleˈbeːjər(in)] *m* 〈~s; ~〉 (*f*) 〈~; ~nen〉 **1.** *HIST* plébéien, -ienne *m,f*; **2.** *st/s fig* rustre *m*; malotru *m*; **2isch** *adj* **1.** *HIST* plébéien, -ienne; **2.** *st/s fig* vulgaire
Plebiszit [plebɪsˈtsiːt] *n* 〈~(e)s; ~e〉 plébiscite *m*
Plebs¹ [pleːps] *f* 〈~〉 *HIST* plèbe *f*
Plebs² *péj m* 〈~es〉 *od österr f* 〈~〉 plèbe *f*; populace *f*
'**pleite** ['plaɪtə] F *adj* 〈*attribut*〉 en faillite; ***er ist ~*** il a fait faillite; il est en faillite; *fig ich bin ~* (*habe kein Geld mehr*) F je suis fauché, à sec; **~ *gehen*** faire faillite, F se casser la figure
'**Pleite** F *f* 〈~; ~n〉 **1.** *FIN* faillite *f*; banqueroute *f*; F déconfiture *f*; F culbute *f*; **~ *machen*** faire faillite, banqueroute; **2.** *fig* (*Reinfall*) échec *m*; fiasco *m*; F bide *m*
'**Pleitegeier** F *m* (*drohende Pleite*) menace *f* de banqueroute; ***über diesem Unternehmen schwebt schon der ~*** cette entreprise est au bord de la faillite
Plektron ['plɛktrɔn] *n* 〈~s; -tren *ou* -tra〉 *MUS* médiator *m*; plectre *m*
plemplem [plɛmˈplɛm] F *adj* 〈*attribut*〉 F zinzin (*inv*); F cinglé
Plenar|saal [pleˈnaːrzaːl] *m* (grande) salle de séances; **~sitzung** *f* séance plénière
Plenum ['pleːnʊm] *n* 〈~s〉 assemblée plénière; plénum *m*
Pleonas|mus [pleoˈnasmʊs] *m* 〈~; -men〉 *RHÉT* pléonasme *m*; **2tisch** *adj RHÉT* pléonastique
Pleuelstange ['plɔʏəlʃtaŋə] *f TECH* bielle *f*
Plissee [plɪˈseː] *n* 〈~s; ~s〉 plissé *f*; **~rock** *m* jupe plissée
plis'sieren *v/t* 〈*pas de ge-*, h〉 *COUT* plisser
PLO [peːʔɔlˈʔoː] *f* 〈~〉 *abr* (*Palestine Liberation Organization, Palästinensische Befreiungsorganisation*) O.L.P. *f* (Organisation de libération de la Palestine)
Plockwurst [ˈplɔkvʊrst] *f* saucisson sec (à base de viande de porc et de bœuf hachée)
Plom|be ['plɔmbə] *f* 〈~; ~n〉 **1.** (*Bleisiegel*) plomb *m*; **2.** (*Zahnfüllung*) plombage *m*; obturation *f*; **2bieren** *v/t* 〈*pas de ge-*, h〉 plomber; *Zahn* a obturer
plott|en ['plɔtən] *v/t u v/i* 〈h〉 tracer; **2er** *m* 〈~s; ~〉 traceur *m* (de courbes); *INFORM* table traçante
plötzlich ['plœtslɪç] I *adj* subit; (*blitzschnell*) soudain; (*unerwartet*) imprévu; inattendu; (*unvermittelt heftig*) brusque; II *adv* subitement; soudain; brusquement; tout à coup; **~ *aufhören*** s'arrêter net; ***aber etwas od ein bißchen ~!*** et vite!; F et que ça saute!
'**Plötzlichkeit** *f* 〈~〉 soudaineté *f*
Pluderhose ['pluːdərhoːzə] *f* pantalon bouffant
Plumeau [plyˈmoː] *n* 〈~s; ~s〉 *regional* édredon *m*
plump [plʊmp] *adj* **1.** (*dick*) grossier, -ière; **2.** (*schwerfällig*) lourd; balourd; pesant; massif, -ive; **3.** (*ungeschickt*) gauche; maladroit; *Lüge, Schmeichelei, Anspielung, Fälschung* grossier, -ière; '**2heit** *f* 〈~; ~en〉 grossièreté *f*; (*Schwerfälligkeit*) lourdeur *f*; balourdi-

se *f*; (*Ungeschicklichkeit*) gaucherie *f*; maladresse *f*
plumps [plʊmps] *int auf den Boden* pouf!; paf!; patatras!; *ins Wasser* plouf!; ploc!; floc!
Plumps F *m* 〈~es; ~e〉 *auf den Boden* F bûche *f*; *ins Wasser* plouf *m*; ploc *m*; floc *m*
'**plumpsen** F *v/i* 〈-(es)t, sein〉 *auf den Boden* faire pouf; F ramasser une bûche; *ins Wasser* faire plouf, ploc, floc
'**Plumpsklo(sett)** F *n* cabinets *m/pl* rudimentaires (avec fosse d'aisances)
'**plump-ver'traulich** I *adj* exagérément familier, -ière; II *adv* avec une familiarité exagérée, de mauvais aloi
Plunder ['plʊndər] *m* 〈~s〉 (*alter Kram*) F bric-à-brac *m*; vieilleries *f/pl*; bazar *m*
'**Plünd(e)rer** *m* 〈~s; ~〉 pillard *m*; pilleur *m*; *bes MIL* maraudeur *m*
'**Plundergebäck** *n* variété de pâtisserie feuilletée
plünder|n ['plʏndərn] *v/t* 〈-(e)re, h〉 piller; (*berauben*) dépouiller; (*verwüsten*) saccager; mettre à sac; *plais* (*leeren*) vider; **2ung** *f* 〈~; ~en〉 pillage *m*; (*Verwüstung*) (mise *f* à) sac *m*; saccage *m*
Plural ['pluːraːl] *m* 〈~s; ~e〉 *GR* pluriel *m*; ***in den ~ setzen*** mettre au pluriel; ***die erste Person ~*** la première personne du pluriel
'**Plural|bildung** *f* formation *f* du pluriel; **~endung** *f* terminaison *f* du pluriel
Pluraletantum [pluraːlɛˈtantʊm] *n* 〈~s; Pluraliatantum〉 *GR* substantif *m* ne s'employant qu'au pluriel
plu'ralisch *adj GR* pluriel, -ielle; du *od* au pluriel
Plura'lis|mus *m* 〈~〉 pluralisme *m*; **2tisch** *adj* pluraliste
Plurali'tät *f* 〈~〉 pluralité *f*
plus [plʊs] *adv* plus; ***~/minus fünf Minuten*** à cinq minutes près; ***mit ~/minus Null abschließen*** *Unternehmen* rentrer dans ses frais; *Person* équilibrer son budget
Plus *n* 〈~〉 **1.** (*Überschuß*) surplus *m*; excédent *m*; **2.** *MATH* Zeichen plus *m*; **3.** *fig* (*Vorteil*) avantage *m*; plus *m*; élément positif
Plüsch [plyːʃ *ou* plyʃ] *m* 〈~(e)s; ~e〉 peluche *f*; '**~tier** *n* animal *m* en peluche
'**Plus|pol** *m* pôle positif; **~punkt** *m* bon point
Plusquamperfekt ['plʊskvamperfɛkt] *n GR* plus-que-parfait *m*
plustern ['pluːstərn] *v/réfl* 〈-(e)re, h〉 *Vögel* ***sich ~*** gonfler ses plumes
'**Pluszeichen** *n* signe *m* plus
Pluto ['pluːto] 〈~〉 *ASTR* (*der*) ~ Pluton *m*
Plutonium [pluˈtoːnɪʊm] *n* 〈~s〉 *CHIM* plutonium *m*
PLZ *abr* (*Postleitzahl*) code postal
Pneu [pnɔʏ] *m* 〈~s; ~s〉 *bes österr, schweiz* pneu *m*
Pneu'matik¹ *f* 〈~〉 *PHYS* pneumatique *f*; *e-r Orgel* soufflerie *f*
Pneu'matik² *f* 〈~; ~en〉 *österr* (*Hohlgummibereifung*) pneus *m/pl*
pneu'matisch *adj* pneumatique
Po [poː] F *m* 〈~s; ~s〉 derrière *m*; F postérieur *m*
Pöbel [ˈpøːbəl] *péj m* 〈~s〉 populace *f*; **2haft** *péj adj* populacier, -ière; vulgaire; grossier, -ière

pöbeln F *v/i* ⟨-(e)le, h⟩ lancer des provocations; faire de la provocation
pochen ['pɔxən] *st/s v/i* ⟨h⟩ **1.** (*klopfen*) frapper (*an* [+*acc*], *gegen* à, contre); *Herz* battre; palpiter; **2.** *fig* **auf etw** (*acc*) ~ faire valoir qc; exiger le respect de qc
pochieren [pɔˈʃiːrən] *v/t* ⟨*pas de ge-*, h⟩ *CUIS* pocher
Pocke ['pɔkə] *f* ⟨~; ~n⟩ pustule *f*
'**Pocken** *pl* variole *f*; petite vérole; ~**impfung** *f* vaccination *f* antivariolique; ~**narbe** *f* marque *f* de petite vérole; cicatrice *f* de variole; ℒ**narbig** *adj* grêlé; ~**schutzimpfung** *f* cf *Pockenimpfung*
'**pockig** *adj* grêlé
Podest [poˈdɛst] *m od n* ⟨~(e)s; ~e⟩ **1.** (*Podium*) estrade *f*; *fig* **j-n auf ein** ~ **erheben** mettre qn sur un piédestal; **2.** (*Treppenabsatz*) palier *m* (de communication)
Podex ['poːdɛks] F *m* ⟨~(es); ~e⟩ derrière *m*; F postérieur *m*
Podium ['poːdiʊm] *n* ⟨~s; -ien⟩ *für Veranstaltungen* estrade *f*; (*Redner*ℒ) tribune *f*; (*Dirigenten*ℒ) pupitre *m*; *ARCH* soubassement *m*; podium *m*
'**Podiumsdiskussion** *f* table ronde
Poem [poˈeːm] *n* ⟨~s; ~e⟩ *oft plais* poème *m*
Poesie [poeˈziː] *f* ⟨~; ~n⟩ poésie *f*; ~**album** *n* album *m* de poésies; ℒ**los** *adj* sans poésie; prosaïque; ~**losigkeit** *f* ⟨~⟩ absence *f* de poésie; *st/s* prosaïsme *m*
Poet [poˈeːt] *st/s*, *plais m* ⟨~en; ~en⟩ poète *m*; ~**ik** *f* ⟨~; ~en⟩ (art *m*) poétique *f*; ℒ**isch I** *adj* poétique; **II** *adv* poétiquement; sous forme poétique
pofen ['poːfən] F *v/i* ⟨h⟩ F pioncer; F roupiller
Pogrom [poˈgroːm] *m od n* ⟨~(s); ~e⟩ pogrom(e) *m*; ~**hetze** *f* appel *m* au pogrom(e)
Pointe [poˈɛ̃ːtə] *f* ⟨~; ~n⟩ bon mot, trait *m* de la fin
point'ieren ⟨*pas de ge-*, h⟩ **I** *v/t Gedanken etc* (savoir) faire ressortir; **II** *v/i* (savoir) mettre les accents; ~**iert** *adj* pointu; aiguisé
Pokal [poˈkaːl] *m* ⟨~s; ~e⟩ *SPORT*, *Trinkgefäß* coupe *f*; ~**endspiel** *n* finale *f* de la coupe; ~**sieger(in)** *m(f)* vainqueur *m* de coupe; ~**spiel** *n* match *m* de coupe
'**Pökel**|**fleisch** *n* viande salée, saumurée; ~**hering** *m* 'hareng salé, saumuré
pökeln ['pøːkəln] *v/t* ⟨-(e)le, h⟩ saler; saumurer
Poker ['poːkər] *n od m* ⟨~s⟩ *a fig* poker *m*
Pokerface ['poːkərfeːs] *n* ⟨~; ~s⟩ visage *m*, personne *f* impassible
'**pokern** *v/i* ⟨-(e)re, h⟩ jouer au poker; *fig* **um etw** ~ risquer gros pour qc; risquer un coup de poker pour qc
'**Pokerspiel** *n* poker *m*
Pol [poːl] *m* ⟨~s; ~e⟩ *GÉOGR*, *ÉLECT*, *e-s Magneten* pôle *m*; *fig* **der ruhende** ~ la source d'équilibre, la personne qui garde son calme en toutes circonstances
Polack(e) [poˈlak(ə)] F *péj m* ⟨~(e)n⟩ F polaque *m*
po'lar *adj*, *fig* ~**e Gegensätze** *m/pl* des pôles contraires, opposés
Po'lar|**eis** *n* glaces *f/pl* polaires; ~**expedition** *f* expédition *f* polaire; ~**forscher** *m* explorateur *m* des régions polaires; ~**forschung** *f* exploration *f* des régions polaires; ~**front** *f MÉTÉO* front *m* polaire; ~**fuchs** *m* renard bleu; ~**gebiet** *n* région *f* polaire; ~**hund** *m* chien *m* polaire
Polari|**sati'on** *f* ⟨~; ~en⟩ polarisation *f*; ~**sati'onsfilter** *m PHOT* filtre polarisant; ℒ**sieren** ⟨*pas de ge-*, h⟩ **I** *v/t* polariser; **II** *v/réfl* **sich** ~ diverger (de plus en plus); évoluer en sens contraire(s); ~'**sierung** *f* ⟨~; ~en⟩ polarisation *f*; ~'**tät** *f* ⟨~; ~en⟩ polarité *f*
Po'larkreis *m* cercle *m* polaire; *nördlicher*, *südlicher* ~ cercle polaire arctique, antarctique
Po'lar|**licht** *n* ⟨~(e)s; ~er⟩ aurore *f* polaire; *am Nordpol* aurore boréale; *am Südpol* aurore australe; ~**meer** *n* océan glacial; ~**nacht** *f* nuit *f* polaire
Polaroidkamera [polaˈrɔytkameːra] *f Wz* appareil *m* (photographique) polaroïd; polaroïd *m* (*nom déposé*)
Po'larstern *m* Étoile *f* polaire; ~**zone** *f* zone *f* polaire, glaciale
Polder ['pɔldər] *m* ⟨~s; ~⟩ polder *m*
Pole ['poːlə] *m* ⟨~n; ~n⟩ Polonais *m*
Polemik [poˈleːmɪk] *f* ⟨~; ~en⟩ polémique *f*; ~**er** *m* ⟨~s; ~⟩ polémiste *m*
po'lemisch *adj* polémique
polemi'sieren *v/i* ⟨*pas de ge-*, h⟩ polémiquer (*gegen j-n* contre qn; *gegen etw* au sujet de qc)
'**polen** *v/t* ⟨h⟩ *ÉLECT* polariser
'**Polen** *n* ⟨→ *n/pr*⟩ la Pologne
Polente [poˈlɛntə] F *f* ⟨~⟩ F poulets *m/pl*; F flics *m/pl*
Police [poˈliːsə] *f* ⟨~; ~n⟩ police *f* (d'assurance)
Polier [poˈliːr] *m* ⟨~s; ~e⟩ *CONSTR* contremaître *m*
po'lieren *v/t* ⟨*pas de ge-*, h⟩ *Möbel etc* faire briller, reluire; *Metalle* fourbir; *Gold*, *Silber* brunir; *TECH* (*glätten*) polir; poncer
Po'lier|**mittel** *n* produit *m* de nettoyage et polissage; ~**tuch** *n* ⟨~(e)s; ~er⟩ chiffon *m* à lustrer
Poliklinik ['poːlikliːnɪk] *f* policlinique *f*
'**Polin** *f* ⟨~; ~nen⟩ Polonaise *f*
Polio ['poːlio] *f* ⟨~⟩ *MÉD* polio *f*
Politbüro [poˈlɪtbyroː] *n* bureau *m* politique
Politesse [poliˈtɛsə] *f* ⟨~; ~n⟩ contractuelle *f*; *in Paris* F pervenche *f*
Politik [poliˈtiːk] *f* ⟨~⟩ politique *f*; *in die* ~ *gehen* embrasser une carrière politique; se lancer dans la politique; ~ *machen* faire de la politique; *über* ~ *sprechen* parler, causer politique
Po'litiker(in) *m* ⟨~s; ~⟩ (*f*) ⟨~; ~nen⟩ homme *m*, femme *f* politique; politique *m*
Po'litikum *n* ⟨~s; -ka⟩ fait *m* politique; *ein* ~ *sein*, *zum* ~ *werden* être politisé
Poli'tikwissenschaft *f* sciences *f/pl* politiques; politologie *f*; ~**ler(in)** *m(f)* politologue *m*,*f*
po'litisch I *adj* politique; **II** *adv* ~ *unklug* maladroit du point de vue politique
politi'sieren ⟨*pas de ge-*, h⟩ **I** *v/t* politiser; **II** *v/i* parler politique
Politi'sier|**en** *n* ⟨~s⟩ raisonnements *m/pl*, discussions *f/pl* politiques; ~**ung** *f* ⟨~⟩ politisation *f*
Polito'lo|**ge** *m* ⟨~n; ~n⟩, ~**gin** *f* ⟨~; ~nen⟩ politologue *m*,*f*; ~'**gie** *f* ⟨~⟩ politologie *f*; sciences *f/pl* politiques
Politur [poliˈtuːr] *f* ⟨~; ~en⟩ **1.** (*Glanz*) poli *m*; (*Schutzschicht*) vernis *m*; *von Metallen* brunissure *f*; **2.** *Mittel* vernis *m*; enduit *m*
Polizei [poliˈtsai] *f* ⟨~; ~en⟩ police *f*
Poli'zeiaufgebot *n* déploiement *m* de (forces de) police
Poli'zeiaufsicht *f unter* ~ *stellen* mettre, placer sous la surveillance de la police
Poli'zei|**auto** *n* voiture *f* de (la) police; ~**beamte(r)** *m*, ~**beamtin** *f* fonctionnaire *m*,*f* de (la) police; policier *m*; ~**behörde** *f* police *f*; ~**chef** *m* chef *m* de la police; ~**dienst** *m* service *m* de police; ~**dienststelle** *f* commissariat *m* (de police); ~**direktion** *f* direction *f* de la police; ~**einheiten** *f/pl* forces *f/pl* de police; ~**einsatz** *m* intervention *f* de la police; ~**eskorte** *f* escorte policière; ~**funk** *m* radio *f* de la police
Poli'zeigewahrsam *m* garde *f* à vue; *in* ~ *halten* garder à vue
Poli'zei|**gewalt** *f* pouvoir *m* de police; ~**hund** *m* chien policier; ~**kommissar** *m* commissaire *m* de police; ~**kontrolle** *f* contrôle *m* de (la) police
poli'zeilich I *adj* de (la) police; policier, -ière; **II** *adv* par la police
Poli'zei|**präsident** *m* préfet *m* de police; ~**präsidium** *n* préfecture *f* de police; ~**revier** *n* poste *m*, commissariat *m* de police; *Bezirk* district *m* d'un *bzw* du commissariat
Poli'zeischutz *m* protection policière; *unter* ~ (*acc*) *stellen* mettre sous protection policière
Poli'zei|**spitzel** *m* indicateur *m*; ~**staat** *m* État, régime policier; ~**streife** *f* patrouille *f* de police; ~**stunde** *f* heure *f* de clôture (des cafés, des restaurants, *etc*); ~**wache** *f* poste *m* de police; ℒ**widrig** *adj* contraire aux règlements de police
Polizist(in) [poliˈtsɪst(ɪn)] *m* ⟨~en; ~en⟩ (*f*) ⟨~; ~nen⟩ agent *m* de police; gardien *m* de la paix
Polizze [poˈlɪtsə] *f* ⟨~; ~n⟩ *österr cf Police*
Polka ['pɔlka] *f* ⟨~; ~s⟩ polka *f*
Pollen ['pɔlən] *m* ⟨~s; ~⟩ *BOT* pollen *m*
Poller ['pɔlər] *m* ⟨~s; ~⟩ *MAR* bollard *m*; bitte *f*
Pollution [pɔluˈtsioːn] *f* ⟨~; ~en⟩ *PHYSIOL* pollution *f*
polnisch ['pɔlnɪʃ] *adj* polonais; de Pologne
'**Polnisch** *n* ⟨~(s)⟩, ~**e** *n* ⟨~n⟩ (*das*) *Polnisch(e) Sprache* le polonais
Polo ['poːlo] *n* ⟨~s⟩ *SPORT* polo *m*; ~**hemd** *n* polo *m*
Polonaise, **Polonäse** [poloˈnɛːzə] *f* ⟨~; ~n⟩ polonaise *f*
'**Poloschläger** *m* maillet *m* de polo
Polster ['pɔlstər] *n* ⟨~s; ~⟩ **1.** (~**ung**) rembourrage *m*; capitonnage *m*; **2.** (~**auflage**) garniture *f*; *TECH*, (*Kissen*) coussin *m*; (*Schulter*ℒ) épaulette *f*; **3.** *BOT* tapis *m*; **4.** *fig* réserves *f/pl*
'**Polsterer** *m* ⟨~s; ~⟩ tapissier *m*; matelassier *m*
'**Polster**|**garnitur** *f* salon (capitonné); ~**möbel** *n/pl* meubles capitonnés
'**polstern** *v/t* ⟨-(e)re, h⟩ rembourrer; ca-

pitonner; matelasser; F *plais gut gepolstert sein* (*dick sein*) être bien rembourré; (*finanziell abgesichert sein*) avoir un portefeuille bien garni; avoir des réserves
'Polster|sessel *m* siège rembourré, capitonné; ~tür *f* porte capitonnée, matelassée
'Polsterung *f* ⟨~; ~en⟩ 1. rembourrage *m*; capitonnage *m*; 2. *Auflage* garniture *f*; coussin *m*
'Polter|abend *m* joyeuse fête où l'on casse de la vaisselle à la veille des noces; ~geist *m* esprit frappeur
poltern ['pɔltərn] *v/i* ⟨-(e)re, h⟩ 1. *Sachen* faire du bruit (en tombant, en roulant); *Personen* faire du tapage; 2. (*schelten*) tonner; tempêter; 3. F (*Polterabend feiern*) fêter la veille des noces
Polyäthylen [poly'?ɛty'le:n] *n* ⟨~s; ~e⟩ CHIM polyéthylène *m*
Polyeder [poly'?e:dər] *n* ⟨~s; ~⟩ MATH polyèdre *m*
Polyester [poly'?ɛstər] *m* ⟨~s; ~⟩ CHIM polyester *m*
polyga|m [poly'ga:m] *adj* polygame; ²mie *f* ⟨~⟩ polygamie *f*
polyglott [poly'glɔt] *adj* polyglotte
polymer [poly'me:r] *adj* CHIM polymère
Poly'mer *n* ⟨~s; ~e⟩ CHIM polymère *m*
polymorph [poly'mɔrf] *adj* polymorphe
Polynesien [poly'ne:ziən] *n* ⟨→ n/pr⟩ la Polynésie
Poly'nesier(in) *m* ⟨~s; ~⟩ (*f*) ⟨~; ~nen⟩ Polynésien, -ienne *m,f*
poly'nesisch *adj* polynésien, -ienne
Polyp [po'ly:p] *m* ⟨~en; ~en⟩ 1. ZO, MÉD polype *m*; 2. F (*Polizist*) F flic *m*; F poulet *m*
polypho|n [poly'fo:n] *adj* MUS polyphonique; ²nie *f* ⟨~⟩ MUS polyphonie *f*
Polytechnikum [poly'tɛçnikum] *n* grande école formant des techniciens supérieurs
poly'technisch *adj* qui embrasse plusieurs techniques; polytechnique
Poma|de [po'ma:də] *f* ⟨~; ~n⟩ pommade *f*; ²dig *adj* 1. *Haar* pommadé; brillantiné; 2. F *fig* (*träge*) flegmatique
Pomeranze [pomə'rantsə] *f* ⟨~; ~n⟩ BOT *Frucht* bigarade *f*; orange amère; *Baum* bigaradier *m*
Pommern ['pɔmərn] *n* ⟨→ n/pr⟩ la Poméranie
Pommes ['pɔməs] F *pl* frites *f*/*pl*
Pommes frites [pɔm'frɪt] *pl* (pommes) frites *f*/*pl*
Pomp [pɔmp] *m* ⟨~(e)s⟩ pompe *f*; faste *m*
Pompon [põ'põ: *ou* pɔm'põ:] *m* ⟨~s; ~s⟩ pompon *m*
pompös [pɔm'pø:s] *adj* pompeux, -euse
Poncho ['pɔntʃo] *m* ⟨~; ~s⟩ poncho *m*
Pontifex ['pɔntifɛks] *m* ⟨~; -'tifizes⟩ *im alten Rom* pontife *m*; ~ *maximus* (*Papst*) souverain *m* pontife
pontifi'kal *adj* CATH pontifical
Pontifi'kal|amt *n*, ~messe *f* CATH messe pontificale
Pontifi'kat *n od m* ⟨~(e)s; ~e⟩ CATH pontificat *m*
Pontius Pilatus ['pɔntsius pi'la:tus] *m* ⟨→ n/pr⟩ HIST Ponce Pilate *m*; F *j-n von Pontius zu Pilatus schicken* renvoyer qn à qn sans cesse; F promener qn d'un organisme *bzw* d'un service à un autre

Ponton [põ'tõ:] *m* ⟨~s; ~s⟩ ponton *m*; ~brücke *f* pont *m* de bateaux
Pony¹ ['pɔni] *n* ⟨~s; ~s⟩ ZO poney *m*
'Pony² *m* ⟨~s; ~s⟩ frange *f*; ~frisur *f* coiffure *f* à frange
Pool [pu:l] *m* ⟨~s; ~s⟩ ÉCON pool *m*; '~billard *n* billard américain
Pop [pɔp] *m* ⟨~(s)⟩ 1. cf *Popmusik*; 2. KUNST pop'art *m*
Popanz ['po:pants] *st/s* péj *m* ⟨~es; ~e⟩ (*Schreckgespenst*) épouvantail *m*
Pop-art ['pɔp'?a:rt] *f* ⟨~⟩ pop'art *m*
Popcorn ['pɔpkɔrn] *n* ⟨~s⟩ pop-corn *m*
Pope ['po:pə] *m* ⟨~n; ~n⟩ ÉGL pope *m*; péj cureton *m*
Popel ['po:pəl] F *m* ⟨~s; ~⟩ 1. F crotte *f* (de nez); morve (séchée); 2. péj *regional* (*Kind*) F morveux, -euse *m,f*; (*unbedeutender Mensch*) F minable *m*; ²ig *adj* (*armselig*) pitoyable; F minable; (*gewöhnlich*) petit ... de rien du tout
Popelin [popə'li:n] *m* ⟨~s; ~e⟩, Popeline [popə'li:n(ə)] *m* ⟨~s; ~⟩ *od f* ⟨~; ~⟩ TEXT popeline *f*
'popeln F *v/i* ⟨-(e)le, h⟩ (*in der Nase*) ~ fourrer les doigts dans son nez; se fourrer les doigts dans le nez
'Pop|festival *n* festival *m* pop; ~gruppe *f* groupe *m* pop; ~konzert *n* concert *m* pop
'poplig *cf popelig*
'Popmusik *f* musique *f* pop; pop-music *f*
Popo [po'po:] F *m* ⟨~s; ~s⟩ derrière *m*; F postérieur *m*
populär [popu'lɛ:r] *adj* populaire; ~ *machen* populariser
popu'lari'sieren *v/t* ⟨*pas de ge-*, h⟩ populariser; (*gemeinverständlich machen*) vulgariser; (*wissenschaftlich*) faire de la vulgarisation scientifique; ²lari'tät *f* ⟨~⟩ popularité *f*; ~'lärwissenschaftlich *adj* de vulgarisation scientifique; ²lismus *m* ⟨~⟩ POL, LITERATUR populisme *m*; ²'list *m* ⟨~en; ~en⟩ populiste *m*; ~'listisch *adj* populiste
Pore ['po:rə] *f* ⟨~; ~n⟩ pore *m*
'porentief *adj* en profondeur
Porno ['pɔrno] F *m* ⟨~s; ~s⟩ F porno *m*; ~film *m* porno *m*; ~'gra'phie *f* ⟨~⟩ pornographie *f*; ²'graphisch *adj* pornographique; ~heft *n* revue *f* porno
porös [po'rø:s] *adj* poreux, -euse
Porphyr ['pɔrfyr *ou* -'fy:r] *m* ⟨~s; ~e⟩ MINÉR porphyre *m*
Porree ['pɔre] *m* ⟨~s; ~s⟩ BOT poireau *m*
Portal [pɔr'ta:l] *n* ⟨~s; ~e⟩ portail *m*
Portefeuille [pɔrt(ə)'fø:j] *n* ⟨~s; ~s⟩ *e-s Ministers* portefeuille *m*
Portemonnaie [pɔrtmɔ'ne:] *n* ⟨~s; ~s⟩ porte-monnaie *m*
Portier [pɔr'tie:] *m* ⟨~s; ~s⟩, *österr* [pɔr'tiːr] *m* ⟨~s; ~e⟩ concierge *m*; portier *m*
portieren [pɔr'tiːrən] *v/t schweiz* présenter (aux élections)
Portion [pɔrtsi'o:n] *f* ⟨~; ~en⟩ portion *f*; F *fig e-e halbe* ~ une demi-portion; F *e-e gehörige* ~ *Dummheit* F une fameuse couche (de bêtise)
portio'nieren *v/t* ⟨*pas de ge-*, h⟩ diviser en parts, en portions
porti'onsweise *adv* par portions
Porto ['pɔrto] *n* ⟨~s; ~s *ou* -ti⟩ port *m*; taxe postale; ²frei I *adj* franc, franche de port; II *adv* franco (de port); port payé; ~kasse *f* caisse *f* pour frais de port; ~kosten *pl* frais *m*/*pl* de port;

²pflichtig *adj* soumis à la taxe postale; port dû
Porträt [pɔr'trɛ:] *n* ⟨~s; ~s⟩ portrait *m*; *j-m* ~ *sitzen* poser pour qn
Por'trät|aufnahme *f* portrait *m* (photographique); ~fotograf(in) *m*(*f*) photographe *m,f* spécialisé(e) dans le portrait
porträ'tieren *v/t* ⟨*pas de ge-*, h⟩ *a fig* portraiturer; faire le portrait de
Por'trät|maler(in) *m*(*f*) portraitiste *m,f*; ~malerei *f* (art *m* du) portrait *m*
Portugal ['pɔrtugal] *n* ⟨→ n/pr⟩ le Portugal
Portugies|e [pɔrtu'giːzə] *m* ⟨~n; ~n⟩, ~in *f* ⟨~; ~nen⟩ Portugais(e) *m*(*f*)
portu'giesisch *adj* portugais; du Portugal
Portu'giesisch *n* ⟨~(s)⟩, ~e *n* ⟨~n⟩ (*das*) Portugiesisch(e) *Sprache* le portugais
Portwein ['pɔrtvain] *m* porto *m*
Porzellan [pɔrtsɛ'la:n] *n* ⟨~s; ~e⟩ porcelaine *f*
Porzel'lan|erde *f* terre *f* à porcelaine; kaolin *m*; ~figur *f* figurine *f*, petite statue de porcelaine; ~geschirr *n* porcelaine *f*; ~manufaktur *f* manufacture *f* de porcelaine
POS [pe:?o:'?ɛs] *f* ⟨~; ~⟩ *abr cf* (*polytechnische*) Oberschule
Posaune [po'zaunə] *f* ⟨~; ~n⟩ trombone *m*
po'saunen *v/i* ⟨*pas de ge-*, h⟩ jouer du trombone
Po'saunenengel F *plais m* (*Person, bes Kind mit Pausbacken*) (enfant *m*) joufflu *m*
Posau'nist *m* ⟨~en; ~en⟩ (joueur *m* de) trombone *m*
Po|se ['po:zə] *f* ⟨~; ~n⟩ pose *f*; ²'sieren *v/i* ⟨*pas de ge-*, h⟩ poser; prendre une pose
Position [pozitsi'o:n] *f* ⟨~; ~en⟩ 1. (*Stellung, Lage*) position *f*; (*berufliche Stellung*) a poste *m*; situation *f*; *gesicherte* ~ *im Beruf* situation stable; *gegenüber j-m, etw* ~ *beziehen od e-e* ~ *einnehmen* se situer par rapport à qn, à qc; 2. COMM poste *m* budgétaire
Positi'onslicht *n* MAR, AVIAT feu *m* de position
positiv ['po:ziti:f] *adj* positif, -ive (*a* ÉLECT, MÉD, MATH); (*bejahend*) a affirmatif, -ive; *e-e* ~e *Antwort* une réponse affirmative; *e-e* ~e *Einstellung zu etw haben* être favorable à qc; être partisan de qc; *das* ²e *le côté, l'aspect positif*
'Positiv¹ *m* ⟨~s; ~e⟩ GR positif *m*
'Positiv² *n* ⟨~s; ~e⟩ PHOT épreuve positive; *a* MUS positif *m*
Positi'v|ismus *m* ⟨~⟩ PHILOS positivisme *m*; ~ist *m* ⟨~en; ~en⟩ positiviste *m*; ²istisch *adj* positiviste
Positron ['po:zitro:n] *n* ⟨~s; -'tronen⟩ PHYS positr(on) *m*
Positur [pozi'tu:r] *f* ⟨~; ~en⟩ 1. (*Pose*) posture *f*; pose *f*; *sich in* ~ *setzen*, *werfen* prendre la, une pose; 2. SPORT garde *f*; *in* ~ *gehen* se mettre en garde
Posse ['pɔsə] *f* ⟨~; ~n⟩ THÉ farce *f*; ~n *reißen* faire de grosses farces
'Possenreißer *m* farceur *m*; bouffon *m*
possessiv ['pɔsɛsi:f] *adj* GR possessif, -ive
'Possessiv *n* ⟨~s; ~e⟩, ~pronomen *n*

possierlich – Prägnanz

GR (adjectif *m bzw* pronom *m*) possessif *m*
possierlich [pɔˈsiːrlɪç] *adj* drôle
Post [pɔst] *f* ⟨~⟩ **1.** poste *f*; (**~amt**) (bureau *m* de) poste *f*; *mit der ~ od per ~* par voie postale; par la poste; *bei der ~ aufgeben* poster; mettre à la poste; F *ab (geht) die ~!* c'est parti!; **2.** (ankommende, abgehende Postsendung) courrier *m*; *mit gleicher, getrennter ~* par le même courrier, par courrier séparé
poˈstalisch *adj* postal
Postament [pɔstaˈmɛnt] *n* ⟨~(e)s; ~e⟩ piédestal *m*; socle *m*
ˈPost|amt *n* (bureau *m* de) poste *f*; **~anschrift** *f* adresse postale; **~anweisung** *f* mandat postal; *mit Abschnitt für Mitteilungen* mandat-carte *m*; **~ausgang** *m* expédition *f* (du courrier); courrier *m* à expédier; **~auto** *n* voiture *f* des postes; **~bank** *f* ⟨~⟩ service *m* bancaire de la poste; **~beamte(r)** *m*, **~beamtin** *f* employé(e) *m(f)* des postes; postier, -ière *m,f*; **~bote** *m*, **~botin** *f* facteur, -trice *m,f*; *ADM* préposé(e) *m(f)*; **~dienst** *m* service postal, des postes; **~direktion** *f* direction *f* des postes; **~eingang** *m* courrier *m* arrivé, reçu
posten [ˈpɔstən] ⟨-ete, h⟩ *schweiz* **I** *v/t* (*einkaufen*) acheter; **II** *v/i* (*Botengänge machen*) faire des courses, (des commissions
ˈPosten *m* ⟨~s; ~⟩ **1.** (*Stellung, Amt*) poste *m*; emploi *m*; (*ehrenvolles Amt*) fonction(s) *f(pl)*; **2.** *COMM* (*Waren2*) lot *m*; (*Rechnungs2*) article *m*, poste *m* (d'un compte); **3.** *MIL* (*Wacht2*) factionnaire *m*; sentinelle *f*; (*auf*) ~ *stehen* être en sentinelle, en faction; monter la garde; *e-n ~ ablösen* relever une sentinelle; *vorgeschobener ~* avant-poste *m*; *fig auf verlorenem ~ kämpfen, stehen* défendre une position perdue, une cause perdue; lutter en vain; *auf dem ~ sein* (*aufpassen*) faire attention; F faire gaffe; *gesundheitlich* être d'aplomb, en (pleine) forme, F d'attaque; F *nicht auf dem ~ sein* ne pas être dans son assiette; F ne pas être d'attaque
ˈPostenjäger *péj m* carriériste *m*
Poster [ˈpoːstər] *n od m* ⟨~s; ~(s)⟩ poster *m*
POS-Terminal [ˈpɔstœːrmɪnəl] *n* (*Point of sale-*) terminal *m* (au) point de vente
ˈPost|fach *n* in Büros case *f* à courrier; *bei der Post* boîte postale; **~flugzeug** *n* avion postal
Postgebühr *f* tarif *m* d'affranchissement; **~en** *pl* tarifs postaux
ˈPost|geheimnis *n* secret postal; **~giroamt** *n* service *m* de virement postal; **~girokonto** *n* compte courant postal; **~horn** *n* cor *m* de postillon
posthum [pɔstˈhuːm] **I** *adj* ⟨épithète⟩ posthume; **II** *adv* après la mort
poˈstieren *v/t* (*u v/réfl*) ⟨*pas de ge-*, h⟩ (*sich*) (se) poster
Postille [pɔsˈtɪlə] *f* ⟨~; ~n⟩ **1.** *REL* ouvrage édifiant; sermonnaire *m*; **2.** *péj* (*Zeitung*) F torchon *m*; (*Provinzblatt*) F feuille *f* de chou
Postillion [pɔstɪlˈjoːn *ou* ˈpɔs-] *m* ⟨~s; ~e⟩ *HIST* postillon *m*
ˈPostkarte *f* carte postale; *~ mit Rückantwort* carte-réponse *f*

ˈPost|kartengröße *f* format *m* carte postale; **~kasten** *m bes nordd* boîte *f* aux lettres; **~kuˈrierdienst** *m* post-express *m*; **~kutsche** *f* diligence *f*; **²lagernd** *adj u adv* poste restante; **~leitzahl** *f* code postal; **~minister** *m* ministre *m* de la Poste et des Télécommunications *od* des P.T.T.
postmodern [ˈpɔstmɔdɛrn] *adj* postmoderne; **²moderne** *f* époque *f* postmoderne
ˈPostnebenstelle *f* (bureau *m* de) poste *f* auxiliaire
postoperativ *MÉD* **I** *adj* postopératoire; **II** *adv* après (l')opération
ˈPost|paket *n* colis postal; **~sack** *m* sac postal; **~schalter** *m* guichet *m* (de la poste); **~scheck** *m* früher chèque postal; **~scheckamt** *n* früher centre *m* de chèques postaux; **~scheckkonto** *n* früher compte-chèques postal; **~schiff** *n* bateau postal; **~schließfach** *n cf Postfach*; **~sendung** *f* envoi postal
Postskript(um) [pɔstˈskrɪpt(um)] *n* ⟨~(e)s; ~e⟩ (*n*) ⟨~s; -ta⟩ post-scriptum *m*
ˈPost|sparbuch *n* livret *m* de caisse d'épargne postale; **~sparkasse** *f* caisse d'épargne postale; *in Frankreich* Caisse nationale d'épargne; **~stelle** *f* recette rurale
ˈPoststempel *m* cachet *m* de la poste; *das Datum des ~s ist maßgebend* le cachet de la poste fait foi
ˈPostüberweisung *f* virement postal
Postulat [pɔstuˈlaːt] *n* ⟨~(e)s; ~e⟩ postulat *m*; **²lieren** *v/t* ⟨*pas de ge-*, h⟩ postuler
postum [pɔstˈuːm] *cf posthum*
ˈPost|vermerk *m* indication *f* de service; **~wagen** *m der Bahn* wagon-poste *m*; wagon postal
ˈPostweg *auf dem ~* par la poste; par voie postale
ˈpostwendend *advt* **1.** par retour du courrier; **2.** *fig* tout de suite; immédiatement
ˈPost|wertzeichen *n ADM* timbre-poste *m*; **~wesen** *n* postes *f/pl*; **~wurfsendung** *f* envoi *m* en nombre; **~zug** *m* train postal; **~zustellung** *f* distribution *f* du courrier
potent [poˈtɛnt] *adj* **1.** *Liebhaber* viril; **2.** (*finanzstark*) qui a de gros moyens
Potenˈtat *m* ⟨~en; ~en⟩ potentat *m*
Potential [potɛntsiˈaːl] *n* ⟨~s; ~e⟩ *PHYS, fig* potentiel *m* (*an* [+*dat*] de); **²ell** *PHYS* potentiel, -ielle; *fig* virtuel, -elle; **~oˈmeter** *n* ⟨~; ~⟩ *ÉLECT* potentiomètre *m*
Poˈtenz *f* ⟨~; ~en⟩ **1.** *MATH* puissance *f*; *e-e Zahl in die dritte ~ erheben* élever un nombre au cube, à la troisième puissance; *fig Unsinn in höchster ~* le comble de l'absurdité; **2.** ⟨*sans pl*⟩ (*Manneskraft*) virilité *f*; puissance sexuelle
potenˈzieren *v/t* ⟨*pas de ge-*, h⟩ **1.** *MATH* élever à la n[ième] puissance; **2.** *fig* rendre plus fort, plus puissant
Potpourri [ˈpɔtpuri] *n* ⟨~s; ~s⟩ *MUS* pot-pourri *m*
Pott [pɔt] F *regional m* ⟨~(e)s; ~e⟩ **1.** (*Topf*) pot *m*; (*Nachttopf*) pot *m* (de chambre); *mit etw zu ~(e) kommen* venir à bout de qc; **2.** (*Schiff*) rafiot *m*
ˈPottasche *f* (carbonate *m* de) potasse *f*; **²häßlich** F *adj* F laid, moche comme un pou; **~sau** P *f* ⟨~; -säue⟩ P dégueulasse *m,f*; **~wal** *m* cachalot *m*
potztausend [ˈpɔtsˈtauzənt] *int* peste!; diable!; sacrebleu!
Poularde [puˈlardə] *f* ⟨~; ~n⟩ poularde *f*; *über 1200 g a* poulet *m*
poussieren [puˈsiːrən] F *v/i* ⟨*pas de ge-*, h⟩ flirter (*mit* avec)
pp., ppa. *abr* (*per procura*) p.p. (par procuration)
PR [peːˈʔɛr] *abr* (*Public Relations*) relations publiques
Präambel [prɛˈambəl] *f* ⟨~; ~n⟩ préambule *m*
Pracht [praxt] *f* ⟨~⟩ magnificence *f*; (*Aufwand*) somptuosité *f*; luxe *m*; feierliche faste *m*; (*Glanz*) éclat *m*; splendeur *f*; F *es war e-e wahre ~* F c'était génial
ˈPracht|ausgabe *f* édition *f* de luxe; **~bau** *m* ⟨~(e)s; ~ten⟩ édifice *m* magnifique; palais *m*; **~exemplar** F *n* superbe exemplaire *m*
prächtig [ˈprɛçtɪç] *adj* (*prunkvoll*) magnifique; somptueux, -euse; fastueux, -euse; splendide; (*vortrefflich*) excellent; *Wetter* superbe; (*großartig*) F formidable; F épatant
ˈPrachtkerl F *m* F type épatant, formidable; **~straße** *f* avenue *f* magnifique, de luxe; **~stück** F *n* superbe exemplaire *m*; **²voll** *cf* **prächtig**
Prädestination [prɛdɛstinatsiˈoːn] *f* ⟨~⟩ *a REL* prédestination *f*; **²nieren** *v/t* ⟨*pas de ge-*, h⟩ prédestiner (*für, zu* à); **~ˈnierung** *f* ⟨~⟩ prédestination *f*
Prädikat [prɛdiˈkaːt] *n* ⟨~(e)s; ~e⟩ **1.** *GR* verbe *m*; **2.** (*Rangbezeichnung*) titre *m*; **3.** (*Zensur*) mention *f*
prädikaˈtiv *GR* **I** *adj* **~es Adjektiv** adjectif *m* attribut; **~e Ergänzung** attribut *m*; **II** *adv* comme attribut
Prädiˈkats|nomen *n GR* attribut *m* du sujet; prédicat *m*; **~wein** *m* vin naturel (de qualité)
prädispoˈnieren [prɛdispoˈniːrən] *v/t* ⟨*pas de ge-*, h⟩ *bes MÉD* prédisposer (*für* à); **²siˈtion** *f* ⟨~; ~en⟩ *bes MÉD* prédisposition *f*
Präferenz [prɛfeˈrɛnts] *f* ⟨~; ~en⟩ préférence *f*; traitement préférentiel
Präfix [prɛˈfɪks] *n* ⟨~es; ~e⟩ *LING* préfixe *m*
Prag [praːk] *n* (→ *n/pr*) Prague
Präge [ˈprɛːgə] *f* ⟨~; ~n⟩, **~anstalt** *f* Monnaie *f*; hôtel *m* des Monnaies; **~bild** *n* figure *f* en relief; **~druck** *m* ⟨~(e)s⟩ *TYPO* impression *f* en relief; *TEXT* gaufrure *f*; **~form** *f* matrice *f*
prägen [ˈprɛːgən] *v/t MÉTALL* estamper; *TEXT, Papier* gaufrer; *fig* donner son empreinte à; former; marquer (de son empreinte); *Wort* créer; *Münzen ~* battre monnaie
ˈPrägestempel *m MÜNZWESEN* coin *m*; *MÉTALL* étampe *f*; estampe *f*
Pragmatik [praˈgmaːtɪk] *f* ⟨~⟩ pragmatisme *m*; **~er(in)** *f* ⟨~⟩ (*f*) ⟨~; ~nen⟩ pragmatiste *m,f*
pragˈmatisch *adj* pragmatique; **²tismus** *m* ⟨~⟩ pragmatisme *m*
prägnant [prɛˈgnant] *adj* significatif, -ive; (*typisch*) typique; (*klar*) net, nette; clair; (*treffend*) frappant; (*knapp*) concis; dense; **²anz** *f* ⟨~⟩ vigueur *f* (expressive); (*Kürze*) concision *f*; densité *f*; (*Genauigkeit*) netteté *f*; clarté *f*

'**Prägung** f ⟨~; ~en⟩ *von Münzen* frappe f; MÉTALL estampage m; TEXT, *von Papier* gaufrage m; *fig* empreinte f; marque f; (*Gepräge*) caractère m; *e-s Worts* création f
Prähistor|**ie** [prɛhɪs'toːriə] f ⟨~⟩ préhistoire f; **~iker** m ⟨~s; ~⟩ préhistorien m; **²isch** adj préhistorique
prahlen ['praːlən] v/i ⟨h⟩ se vanter; fanfaronner; *mit etw* **~** se vanter de qc; (*etw zur Schau tragen*) afficher qc
'**Prahl**|**er(in)** m ⟨~s; ~⟩ (f) ⟨~; ~nen⟩ frimeur, -euse m,f; fanfaron, -onne m,f; 'hâbleur, -euse m,f; vantard(e) m(f); **~e'rei** f ⟨~; ~en⟩ frime f; vantardise f; fanfaronnade f; 'hâblerie f; **~hans** F m ⟨~es; -hänse⟩ frimeur m; fanfaron m; F crâneur m; F esbroufeur m
Präjudi|**z** [prɛju'diːts] n ⟨~es; ~e⟩ JUR, *fig* précédent m; **²zieren** v/t ⟨*pas de ge-*, h⟩ préjuger
Praktik ['praktɪk] f ⟨~; ~en⟩ pratique f; *unmenschliche* **~en** *pl* pratiques inhumaines
prakti'kabel adj ⟨-bl-⟩ praticable
Prakti'kant(in) m ⟨~en; ~en⟩ (f) ⟨~; ~nen⟩ stagiaire m,f
'**Prakti**|**ker(in)** m ⟨~s; ~⟩ (f) ⟨~; ~nen⟩ homme m, femme f de sens pratique; **~kum** ⟨~s; -ka⟩ stage m
'**praktisch** I adj pratique; **~er Arzt, ~e Ärztin** généraliste m,f; omnipracticien, -ienne m,f; **~e Anwendung** application f pratique; **~e Erfahrung in etw** (*dat*) *haben* avoir la pratique de qc; avoir de la pratique en qc; II *adv* 1. pratiquement; dans la *od* en pratique; **~ anwendbar** praticable, utilisable; 2. *fig* (*quasi*) pratiquement; pour ainsi dire
prakti'zieren ⟨*pas de ge-*, h⟩ I v/t pratiquer; **~der Katholik** catholique pratiquant; II v/i *als Rechtsanwalt* **~** exercer la profession d'avocat; *als Arzt* **~** exercer, pratiquer la médecine; **~der Arzt** (médecin) praticien m
Prälat [prɛ'laːt] m ⟨~en; ~en⟩ CATH prélat m
Präliminarien [prɛlimi'naːriən] *pl* préliminaires m/pl
Praline [pra'liːnə] f ⟨~; ~n⟩, österr, schweiz **Praliné, Pralinee** [~] *n* ou '**praline**) n ⟨~s; ~⟩ chocolat m; crotte f de, en chocolat; *e-e Schachtel Pralinen* une boîte de chocolats
prall [pral] I adj ⟨*straff*⟩ ferme et élastique; *Körperteile* rebondi; dodu; *in der* **~en Sonne** en plein soleil; II *adv* **~ gefüllt** *cf* **prallvoll**
'**prallen** v/i ⟨*sein*⟩ cogner, 'heurter ⟨*gegen, auf, an etw* [*acc*] qc⟩; *Sonne* **~** (*auf* [+*acc*]) ⟨h⟩ donner, taper (à, en plein) (sur)
'**prall'voll** F adj archiplein; *Saal etc* bondé
Präludium [prɛ'luːdiʊm] n ⟨~s; -ien⟩ MUS prélude m
Prämie ['prɛːmiə] f ⟨~; ~n⟩ (*Belohnung*) prix m; prime f; (*Versicherungs-, Spar*²) prime f; *bei e-r Lotterie* lot m
'**prämienbegünstigt** adj assorti d'une prime; **~es Sparen** épargne f à primes
'**Prämien**|**los** n bon m à lot; **~sparen** n épargne f à primes
prämieren [prɛ'miːrən], **prämiieren** [prɛmi'iːrən] v/t ⟨*pas de ge-*, h⟩ accorder un prix, une récompense, une

prime à; *Aussteller* primer; **präm(i)iert** couronné
Prä'mierung, Prämi'ierung f ⟨~; ~en⟩ attribution f (d'un prix, d'une prime)
Prämisse [prɛ'mɪsə] f ⟨~; ~n⟩ prémisse f; *unter der* **~**, *daß* à (la) condition que (+*subj od Futur*)
Prämonstratenser(in) [prɛmɔnstra'tɛnzɐ(r)m] m ⟨~s; ~⟩ (f) ⟨~; ~nen⟩ CATH prémontré(e) m(f)
pränatal [prɛna'taːl] adj MÉD prénatal
prangen ['praŋən] v/i ⟨h⟩ 1. (*auffallen*) *Schlagzeile etc* attirer, p/*fort* accrocher le(s) regard(s); *Einzelgegenstand* trôner; 2. *st/s* (*glänzen*) *Schmuck, Sterne etc* resplendir; briller d'un vif éclat
'**Pranger** m ⟨~s; ~⟩ pilori m; *j-n an den* **~ stellen** a fig mettre, clouer qn au pilori
Pranke ['praŋkə] f ⟨~; ~n⟩ 1. ZO (*Tatze*) patte f; (*Klaue*) griffe f; 2. F (*große Hand*) F grosse patte; F battoir m
Präpar|**at** [prɛpa'raːt] n ⟨~(e)s; ~e⟩ préparation f (pharmaceutique); **~ator** m ⟨~s; -'toren⟩ préparateur m; **²ieren** v/t ⟨*pas de ge-*, h⟩ préparer; *Skipiste* damer
Präposition [prɛpozitsi'oːn] f ⟨~; ~en⟩ GR préposition f
präpositio'nal adj GR prépositionnel, -elle; prépositif, -ive; **²ausdruck** m locution prépositive
präpotent [prɛpo'tɛnt] adj *péj österr* (*frech*) impertinent
Präraffaelit [prɛrafae'liːt] m ⟨~en; ~en⟩ PEINT préraphaélite m
Prärie [prɛ'riː] f ⟨~; ~n⟩ prairie f; **~hund** m chien m des prairies; **~wolf** m coyote m
Präsens ['prɛːzəns] n ⟨~; -'sentia *ou* -'senzien⟩ GR présent m
präsent [prɛ'zɛnt] adj présent; *etw* (*nicht*) **~ haben** (n')avoir (pas) qc présent à l'esprit
Prä'sent n ⟨~(e)s; ~e⟩ présent m; cadeau m
Präsentati'on f ⟨~; ~en⟩ présentation f
präsen'tieren ⟨*pas de ge-*, h⟩ v/t présenter; *präsentiert das Gewehr!* présentez armes!; II v/*réfl* *sich* **~** se présenter
Präsen'tierteller m F *auf dem* **~ sitzen** être exposé aux regards de tous
Prä'sentkorb m panier-cadeaux m
Prä'senz f ⟨~⟩ présence f; **~bibliothek** f bibliothèque f de consultation sur place; **~liste** f feuille f de présence
Präservativ [prɛzɛrva'tiːf] n ⟨~s; ~e⟩ préservatif m
Präses ['prɛːzɛs] m ⟨~; -sides *ou* -'siden⟩ ÉGL président m (de synode)
Präsident(in) [prɛzi'dɛnt(ɪn)] m ⟨~en; ~en⟩ (f) ⟨~; ~nen⟩ président(e) m(f)
Präsi'dentenwahl f élection f du président; POL (élections) présidentielles f/pl
Präsi'dentschaft f ⟨~; ~en⟩ présidence f; **~skandidat(in)** m(f) candidat(e) m(f) à la présidence
Präsidi'algewalt f pouvoirs présidentiels
präsi'dieren v/i ⟨*pas de ge-*, h⟩ présider ([*in*] *e-r Versammlung* [*dat*] une assemblée); *abs* assurer la présidence
Prä'sidium n ⟨~s; -ien⟩ 1. (*Vorsitz*) présidence f; 2. (*Vorstand*) directoire m; bureau m; comité directeur 3. (*Polizei*²) préfecture f (de police)

prasseln ['prasəln] v/i ⟨-ßle *ou* -ssele, h, doublé d'une indication de direction sein⟩ crépiter; *Feuer* a pétiller; **~der Beifall** tonnerre m d'applaudissements; *Steine prasselten gegen die Wand* une grêle de pierres heurta le mur, vint s'abattre sur le mur
prassen ['prasən] *st/s* v/i ⟨-ßt, h⟩ mener joyeuse vie; (*schlemmen*) F faire la bombe; F gueuletonner; F faire ripaille
'**Prass**|**er(in)** m ⟨~s; ~⟩ (f) ⟨~; ~nen⟩ homme m, femme f qui aime mener *od* qui mène joyeuse vie, qui aime dépenser; (*Schlemmer*) F ripailleur, -euse m,f; F noceur, -euse m,f; **~e'rei** f ⟨~; ~en⟩ joyeuse vie; dissipation f; F bringue f; (*Gelage*) F gueuleton m; (*Schlemmerei*) F bombe f; F ripaille f
präsumtiv [prɛzʊm'tiːf] adj présomptif, -ive
Präten|**dent** [prɛtɛn'dɛnt] m ⟨~en; ~en⟩ prétendant m (*auf* [+*acc*] à); **²ti'on** f ⟨~; ~en⟩ prétention f
prätenti'ös [prɛtɛntsi'øːs] adj prétentieux, -ieuse
Präteritum [prɛ'teːritʊm] n ⟨~s; -ta⟩ GR prétérit m
präventiv [prɛvɛn'tiːf] adj préventif, -ive
Präven'tiv|**krieg** m guerre préventive; **~maßnahme** f mesure préventive; **~medizin** f médecine préventive
Praxis ['praksɪs] f ⟨~; -xen⟩ 1. ⟨*sans pl*⟩ (*nicht Theorie*) pratique f; (*Ausübung*) exercice m; (*Erfahrung*) expérience f; *in die* **~ umsetzen** mettre en pratique; 2. (*Arzt*²) cabinet médical *od* de consultation; (*Anwalts*² *etc*) cabinet m
'**praxis**|**bezogen** adj fondé sur la pratique; **~fern, ~fremd** adj purement théorique; loin des réalités; **~nah** cf praxisbezogen; **~orientiert** adjt axé sur la pratique
Präzedenzfall [prɛtse'dɛntsfal] m précédent m; *e-n* **~ schaffen** créer un précédent
präzis [prɛ'tsiːs], **präzise** [prɛ'tsiːzə] I adj précis; exact; II *adv* exactement; avec précision
präzi'sieren v/t ⟨*pas de ge-*, h⟩ préciser
Präzisi'on f ⟨~⟩ précision f
Präzisi'ons|**arbeit** f travail m de précision; **~instrument** n instrument m de précision; **~waage** f balance f de précision
predigen ['preːdɪɡən] v/t u v/i ⟨h⟩ prêcher; *fig Haß, Geduld* **~** prêcher la haine, la patience; *j-m Moral* **~** prêcher (la morale) à qn
'**Prediger** m ⟨~s; ~⟩ prédicateur m
Predigt [preːdɪçt] f ⟨~; ~en⟩ sermon m (*a fig*); PROT a prêche m; *e-e* **~ halten** prononcer un sermon; PROT faire un prêche
Preis [praɪs] m ⟨~es; ~e⟩ 1. COMM prix m; *der* **~ spielt keine Rolle!** coûtera ce que ça coûtera!; *für etw jeden* **~ zahlen** (être prêt à) payer n'importe quel prix pour qc; *j-m e-n guten* **~ machen** faire un prix à qn; *hoch im* **~ stehen** atteindre des prix élevés; se vendre bien; *im* **~ steigen, fallen** être en 'hausse, baisse; *um jeden* **~** à tout prix; coûte que coûte; *um keinen* **~** à aucun prix; pour rien au monde; *unter(m)* **~ verkaufen** vendre à vil prix, au-dessous du prix; *mit dem* **~ heruntergehen, vom* **~ nachlassen** baisser son prix;

Preisabschlag – prickeln

zum ~(e) von ... au prix de, au taux de ...; *zum halben ~* à moitié prix; *fig Gerechtigkeit hat ihren ~* la justice a son prix; **2.** *Auszeichnung* prix *m*; prime *f*; (*Belohnung*) récompense *f*; *der Große ~ von ...* le Grand Prix de ...; *e-n ~ auf j-s Kopf* (*acc*) *aussetzen* mettre à prix la tête de qn; **3.** *st/s* (*Lob, Ruhm*) louange *f*; gloire *f*

'**Preis|abschlag** *m* rabais *m*, remise *f*; réduction *f*; **~absprache** *f* entente *f* sur les prix; **~änderung** *f* modification *f* du *bzw* des prix; **~angabe** *f* indication *f* de *bzw* du prix; **~anhebung** *f* majoration *f*; augmentation *f* des prix; **~anstieg** *m* 'hausse *f*, montée *f* des prix; **~aufgabe** *f* sujet *m* de concours; **~aufschlag** *m* majoration *f*; supplément *m*; **~auftrieb** *m* 'hausse *f* des prix; **~ausschreiben** *n* concours *m*; **~auszeichnung** *f* affichage *m* (du prix); marquage *m* (des prix); **~behörde** *f* service *m* du contrôle des prix; **~bewegung** *f* mouvement *m*, fluctuation *f* des prix; ⚥**bewußt I** *adj* qui a conscience des prix; **II** *adv* en consommateur averti; **~bildung** *f* formation *f* des prix; **~bindung** *f* prix imposés; fixation *f*, imposition *f* des prix; **~brecher** *m* casseur *m* de prix; **~differenz** *f* écart *m*, différence *f* de prix

Preiselbeere ['praezəlbe:rə] *f* airelle *f* rouge

'**Preisempfehlung** *f* prix recommandé; recommandation *f* de prix

'**preisen** *st/s v/t* ⟨-(es)t, preist, pries, gepriesen, h⟩ vanter; louer; faire l'éloge de; *p/fort* célébrer; glorifier; *sich glücklich ~ (können)* (pouvoir) s'estimer heureux

'**Preis|entwicklung** *f* évolution *f* des prix; **~erhöhung** *f* augmentation *f* des prix; **~ermäßigung** *f* réduction *f*; rabais *m*; **~explosion** *f* flambée *f*, explosion *f* des prix; **~festsetzung** *f* fixation *f*, établissement *m* du prix

'**Preisfrage** *f* **1.** (*Preisaufgabe*) question *f* de concours; **2.** F *fig das ist e-e ~* c'est une question difficile; **3.** (*Geldfrage*) question *f* de prix

'**Preisgabe** *st/s f* abandon *m*; *von Geheimnissen* révélation *f*; divulgation *f*

'**preisgeben** *st/s v/t* ⟨*irr, sép*, -ge-, h⟩ **1.** (*verzichten auf*) abandonner; **2.** *Geheimnis* (*enthüllen*) révéler; (*verraten*) trahir; **3.** (*ausliefern*) livrer (+ *dat* à); *j-m etw ~* abandonner qc à qn; *j-s Willkür* (*dat*) *preisgegeben sein* être à la merci de qn

'**preisgebunden** *adjt* à prix imposé

'**Preis|gefälle** *n* disparité *f* des prix; **~gefüge** *n* structure *f* des prix; ⚥**gekrönt** *adjt Buch, Film etc* couronné; *AGR etc* primé; **~gericht** *n* jury *m*; **~gestaltung** *f* fixation *f* des prix

'**Preisgrenze** *f obere ~* limite supérieure des prix; prix *m* plafond; *untere ~* limite inférieure des prix; prix *m* plancher

'**preisgünstig** *adj* avantageux, -euse; (à) bon marché (*a adv*)

'**Preis|index** *m* indice *m* des prix; **~klasse** *f* catégorie *f* de prix; **~kontrolle** *f* contrôle *m* des prix

'**Preislage** *f* catégorie *f* de prix; *in welcher ~?* dans quels prix?; *in dieser ~* dans ces prix; *in jeder ~* à tous prix

'**Preis|lawine** *f* 'hausse *f* irrésistible, flambée *f* des prix; **~'Leistungs-Verhältnis** *n* rapport *m* qualité-prix; ⚥**lich** *adv* en ce qui concerne le(s) prix; **~liste** *f* prix courants; liste *f* des prix; tarif *m*; **~'Lohn-Spirale** *f* spirale *f* des prix et des salaires; **~nachlaß** *m* remise *f*; rabais *m*; réduction *f*; **~niveau** *n* niveau *m* des prix; **~politik** *f* politique *f* des prix; **~rätsel** *n* jeu-concours *m*; **~richter(in)** *m(f)* juge *m* (de concours); **~rückgang** *m* recul *m*, baisse *f* des prix; **~schießen** *n* concours *m* de tir; **~schild** *n* étiquette *f*; **~schlager** F *m* offre spéciale; prix-choc *m*; **~schwankung** *f* fluctuation *f* des prix; **~senkung** *f* réduction *f*, abaissement *m* des prix; **~skala** *f* échelle *f* des prix; **~spanne** *f* marge *f*, différence *f* de prix; **~spiegel** *m* tableau comparatif des prix; **~steigerung** *f* 'hausse *f*, augmentation *f* des prix; **~steigerungsrate** *f* taux *m* de la 'hausse des prix; **~stopp** *m* blocage *m* des prix; **~sturz** *m* chute *f*, effondrement *m* des prix; **~tafel** *f* tableau *m* (d'affichage) des prix; **~träger(in)** *m* ⟨~s; ~⟩ (*f*) ⟨~; ~nen⟩ lauréat(e) *m(f)*; **~treiber** *m* accapareur *m*, fauteur *m* de 'hausse; **~treibe'rei** *f* ⟨~; ~en⟩ 'hausse illicite, abusive des prix; **~überwachung** *f* contrôle *m* des prix; **~unterschied** *m* écart *m* de prix; **~vergleich** *m* comparaison *f* des prix; **~verleihung** *f* remise *f* d'un prix; **~vorteil** *m* avantages *m/pl* de prix; ⚥**wert** *adj* (à) bon marché; avantageux, -euse

prekär [pre'kɛ:r] *st/s adj* précaire; *Lage* a délicat

'**Prellbock** *m* EISENBAHN butoir *m*; 'heurtoir *m*; *fig* tampon *m*; *als ~ dienen, herhalten* servir de tampon

prellen ['prɛlən] *v/t* ⟨h⟩ **1.** *Ball etc* faire rebondir; **2.** MÉD meurtrir; contusionner; **3.** *fig* (*betrügen*) tromper; duper; escroquer; *j-n um etw ~* frustrer qn de qc

'**Prellung** *f* ⟨~; ~en⟩ MÉD meurtrissure *f*; contusion *f*

Premier [prəmi'e:] *m* ⟨~s; ~s⟩ premier *m* (ministre)

Premiere [prəmi'e:rə] *f* ⟨~; ~n⟩ première *f*; *das Stück hat heute abend ~* la première (de la pièce) a lieu ce soir

Premi'eren|abend *m* soirée *f* de première; **~kino** *n* cinéma *m* présentant des films en exclusivité; **~publikum** *n* public *m* de première

Premi'erminister(in) *m(f)* premier ministre

Presbyter ['prɛsbytər] *m* ⟨~s; ~⟩ PROT membre *m* du consistoire

Presbyterian|er(in) [prɛsbyteri'a:nər (-ɪn)] *m* ⟨~s; ~⟩ (*f*) ⟨~; ~nen⟩ presbytérien, -ienne *m,f*; ⚥**isch** *adj* presbytérien, -ienne

Presby'terium *n* ⟨~s; -ien⟩ PROT (*Kirchenvorstand*) consistoire *m*

preschen ['prɛʃən] *v/i* ⟨sein⟩ F foncer; *nach vorne ~* se précipiter en avant; *sie preschte an mir vorbei* elle est passée à côté de moi à toute allure; *ins Zimmer ~* entrer en coup de vent dans la salle; faire irruption dans la salle

Presse ['prɛsə] *f* ⟨~; ~n⟩ **1.** ⟨*sans pl*⟩ (*Zeitungswesen*) presse *f*; *e-e gute, schlechte ~ haben* avoir bonne, mauvaise presse; **2.** TYPO presse *f*; **3.** TECH presse *f*; (*Kelter*) pressoir *m*

'**Presse|agentur** *f* agence *f* de presse; **~amt** *n* service *m* de presse; **~attaché** *m* attaché *m* de presse; **~ausweis** *m* carte *f* de presse; **~ball** *m* bal *m* de la presse; **~bericht** *m* reportage *m*; **~chef** *m* chef *m* du service de presse; **~erklärung** *f* déclaration *f* à la presse; **~fotograf(in)** *m(f)* reporter *m* photographe; photographe *m,f* de presse; **~freiheit** *f* liberté *f* de la presse; **~gesetz** *n* loi *f* sur la presse; **~kampagne** *f* campagne *f* de presse; **~konferenz** *f* conférence *f* de presse; **~meldung** *f* information *f* par la presse

'**pressen** *v/t* ⟨-ßt, h⟩ **1.** (*drücken*) presser; serrer; *fig mit gepreßter Stimme* d'une voix étranglée; *j-n an sich* (*acc*) *~* serrer qn contre soi; **2.** (*zusammen~*) comprimer; *Metall* emboutir; *Glas* mouler; *Stoff* gaufrer; *Schallplatten* presser; **3.** (*aus~*) *Frucht etc* presser; pressurer; *Saft* extraire

'**Presse|notiz** *f* entrefilet *m*; **~organ** *n* organe *m*; **~referent(in)** *m(f)* attaché(e) *m(f)* de presse; **~schau** *f* revue *f* de (la) presse; **~sprecher(in)** *m(f)* attaché(e) *m(f)* de presse; porte-parole *m*; **~stelle** *f* bureau *m* de la presse; **~stimmen** *f/pl* commentaires *m/pl* de presse; revue *f* de (la) presse; **~tribüne** *f* tribune *f* de la presse; **~vertreter** *m* représentant *m* de la presse; **~zensur** *f* censure *f* de la presse; **~zentrum** *n* centre *m* de presse et d'information

'**Preß|form** *f* matrice *f*; **~glas** *n* ⟨~es; ⟩ verre moulé, pressé; **~holz** *n* contreplaqué *m*

pressieren [prɛ'si:rən] *v/i* ⟨*pas de ge-*, h⟩ *bes südd, österr, schweiz* presser; être urgent, pressant; *es pressiert nicht* rien ne presse

Pression [prɛsi'o:n] *st/s f* ⟨~; ~en⟩ pression *f*; contrainte *f*; *~en auf j-n ausüben* faire pression sur qn

'**Preß|kohle** *f* briquette *f*; **~kopf** *m* ⟨~(e)s⟩ CUIS fromage *m* de tête; **~luft** *f* air comprimé; **~luftbohrer** *m* perforatrice *f* à air comprimé; **~lufthammer** *m* marteau *m* pneumatique, piqueur; **~sack** *m cf Preßkopf*; **~spanplatte** *f* panneau stratifié; stratifié *m*; **~stück** *n* pièce moulée, emboutie, estampée, pressée

'**Pressung** *f* ⟨~; ~en⟩ pressage *m*

'**Preßwehen** *f/pl* MÉD douleurs *f/pl* d'expulsion

Prestige [prɛs'ti:ʒə] *n* ⟨~s⟩ prestige *m*; **~denken** *n* (mentalité axée sur la) recherche *f* du prestige; **~frage** *f* question *f* de prestige; **~verlust** *m* perte *f* de prestige

'**Preuß|e** *m* ⟨~n; ~n⟩, **~in** *f* ⟨~; ~nen⟩ Prussien, -ienne *m,f*; *fig so schnell schießen die ~n nicht!* F ne nous emballons pas!

'**Preußen** ['prɔysən] *n* ⟨→ *n/pr*⟩ HIST la Prusse

'**preußisch** *adj* prussien, -ienne; de (la) Prusse; ⚥**blau** *n* bleu *m* de Prusse

preziös [prɛtsi'ø:s] *adj Stil, Gebaren, Literatur* précieux, -ieuse

'**prick(e)lig** *adj* picotant; *p/fort* piquant; *Sekt* pétillant

prickeln ['prɪkəln] *v/i* ⟨-(e)le, h⟩ picoter; *p/fort* piquer; *Sekt* pétiller; *das*

prickelt in der Nase cela monte, pique, prend au nez
'**Prickeln** *n* ⟨~s⟩ picotement *m*; pétillement *m*
'**prickelnd** *adj* (*kribbelnd*) picotant; *p*/*fort* piquant; *Getränk* pétillant; *fig* excitant; qui donne le frisson
Priel [priːl] *m* ⟨~(e)s; ~e⟩ filet *m* d'eau (*dans les fonds sablonneux*)
Priem [priːm] *m* ⟨~(e)s; ~e⟩ chique *f*
'**priemen** *v/i* ⟨h⟩ chiquer
pries [priːs] *cf* **preisen**
Priester|(in) ['priːstər(in)] *m* ⟨~s; ~⟩ (*f*) ⟨~; ~nen⟩ prêtre, -esse *m,f*; **~amt** *n* sacerdoce *m*; fonctions sacerdotales; **~gewand** *n* habit sacerdotal; **2lich** *adj* sacerdotal; **~schaft** *f* ⟨~⟩ clergé *m*; prêtres *m/pl*; **~seminar** *n* (grand) séminaire; **~tum** *n* ⟨~s⟩ sacerdoce *m*; dignité sacerdotale; CATH prêtrise *f*
'**Priesterweihe** *f* ordination *f*; prêtrise *f*; *die ~ empfangen, erhalten* être ordonné prêtre
Prim [priːm] *f* ⟨~; ~en⟩ 1. FECHTEN, CATH prime *f*; 2. MUS premier degré
prima ['priːma] I *adj* ⟨*inv*⟩ 1. ⟨*épithète*⟩ COMM de première qualité; F (*wunderbar*) F formidable; *Person a* F épatant; *ein ~ Kerl* F un chic type; *das ist ~!* c'est parfait, F super; II F *adv* parfaitement; superbement; *das hast du ~ gemacht* F tu as fait ça, tu t'es débrouillé(e) comme un chef
'**Prima** *f* ⟨~; -men⟩ österr première année de l'enseignement secondaire; *cf a* **Oberprima**, **Unterprima**
Prima|balle'rina *f* première danseuse; danseuse étoile; **~'donna** *f* ⟨~; -donnen⟩ prima donna *f*
primär [priːˈmɛːr] I *adj* primaire; (*wesentlich*) capital; II *adv* en priorité; en premier lieu
Pri'märenergie *f* énergie *f* primaire
Pri'marlehrer(in) *m(f)* schweiz instituteur, -trice *m,f*
Pri'märliteratur *f* œuvres *f/pl* (littéraires, philosophiques)
Pri'marschule *f* schweiz école *f* primaire; **~stufe** *f* (enseignement *m*) primaire *m*
Primas ['priːmas] *m* 1. ⟨~; ~se *ou* -'maten⟩ REL primat *m*; 2. ⟨~; ~se⟩ MUS premier violon (d'un orchestre tzigane)
Primat [priːˈmaːt] *n od m* ⟨~(e)s; ~e⟩ 1. *st/s* primat *m*, primauté *f* (*über* [+*acc*], *vor* [+*dat*] sur); 2. REL primatie *f*; primauté *f*
Pri'maten *m/pl* ZO primates *m/pl*
'**Prime** *f* ⟨~; ~n⟩ MUS premier degré
Primel ['priːməl] *f* ⟨~; ~n⟩ primevère *f*; F *eingehen wie e-e ~* s'étioler
primitiv [primiˈtiːf] *adj a péj* primitif, -ive
Primiti'vismus *m* ⟨~⟩ primitivisme *m*; **~vi'tät** *f* ⟨~⟩ primitivité *f*
Primiz [priːˈmits] *f* ⟨~; ~en⟩ CATH première messe
'**Primus** *m* ⟨~; ~se *ou* -mi⟩ premier *m* (d'une classe)
'**Primzahl** *f* nombre premier
Printe ['printə] *f* ⟨~; ~n⟩ CUIS (langue *f* de) pain *m* d'épices
Prinz [prints] *m* ⟨~en; ~en⟩ prince *m*
'**Prinzen|garde** *f* garde *f* du prince et de la princesse (de carnaval); **~paar** *n* prince *m* et princesse *f* (de carnaval)

Prin'zeßbohne *f* ('haricot *m*) princesse *m*
Prinzessin [prinˈtsɛsin] *f* ⟨~; ~nen⟩ princesse *f*
'**Prinzgemahl** *m* prince *m* consort
Prinzip [prinˈtsiːp] *n* ⟨~s; ~ien⟩ principe *m*; *im ~* en principe; *aus ~* par principe; *e-e Frau mit ~ien* une femme à principes
prinzipi'ell I *adj* ⟨*épithète*⟩ (*auf e-m Prinzip beruhend*) de principe; (*gewichtig*) fondamental; II *adv* par principe; en principe
prin'zipien|fest *adj* ferme dans ses principes; **~los** *adj* sans principes; **2rei-ter(in)** *m(f)* doctrinaire *m,f*; personne *f* à cheval sur les principes; **~treu** *adj* fidèle à ses principes
'**prinz|lich** *adj* ⟨*épithète*⟩ princier, -ière; de prince; **2regent** *m* prince régent
Prior(in) ['priːɔr (priˈoːrin)] *m* ⟨~s; -'oren⟩ (*f*) ⟨~; ~nen⟩ CATH prieur(e) *m(f)*; supérieur(e) *m(f)*
Priorität [prioriˈtɛːt] *f* ⟨~; ~en⟩ 1. (*Vorrang, Stellenwert*) *a* JUR priorité *f*; *~ vor etw* (*dat*) *haben* avoir priorité sur qc; **~en setzen** fixer des priorités; 2. ÉCON **~en** *pl* actions de priorité, de préférence, privilégiées
Prise ['priːzə] *f* ⟨~; ~n⟩ 1. MAR prise *f*; 2. *e-e ~ Salz* une pincée de sel; *e-e ~* (*Tabak*) une prise (de tabac)
Pris|ma ['prisma] *n* ⟨~s; -men⟩ MATH, OPT prisme *m*; **2'matisch** *adj* prismatique; MINÉR prismé
Pritsche ['pritʃə] *f* ⟨~; ~n⟩ 1. (*hölzerne Lagerstatt*) lit *m* de camp; *im Gefängnis* bat-flanc *m*; 2. (*Ladefläche*) plateau *m* à ridelles; 3. *regional* (*Narren2*) batte *f* (d'arlequin)
'**Pritschenwagen** *m* camion *m* à ridelles
privat [priˈvaːt] I *adj* privé; particulier, -ière; (*persönlich*) personnel, -elle; *p*/*fort*intim; *im Anzeigen von 2 an 2* de particulier à particulier; II *adv* à titre privé, personnel; *~ liegen im Krankenhaus* occuper un lit privé (dans un hôpital); *j-n ~ sprechen* parler à qn en privé; avoir un entretien personnel avec qn; *mit j-m ~ verkehren* avoir des relations personnelles avec qn; *~ wohnen* être logé chez les particuliers; *ich bin ~ hier* je suis ici à titre privé
Pri'vat|adresse *f* adresse privée, personnelle; **~angelegenheit** *f* affaire personnelle, particulière, privée; **~audienz** *f* audience particulière; **~auto** *n* voiture particulière
Pri'vatbesitz *m* propriété privée; *sich in ~ befinden* se trouver entre les mains de particuliers
Pri'vat|besuch *m* visite privée; **~detektiv** *m* détective *m* (privé); **~dozent** *m in Deutschland* privat-docent *od* privatdozent *m*; *etwa* chargé *m* de cours; **~eigentum** *n* propriété privée; **~fahrzeug** *n* véhicule particulier; **~fernsehen** *n* chaîne (de télévision) privée; **~flugzeug** *n* avion particulier; **~gebrauch** *m* ⟨~(e)s⟩ usage personnel, privé; **~gelehrte(r)** *m* chercheur *m*, savant *m* indépendant; **~gespräch** *n* conversation privée; TÉL communication privée; **~haus** *n* maison particulière; **~haushalt** *m* ménage *m*

Privatier [privaˈtieː] *m* ⟨~s; ~s⟩ rentier *m*
Pri'vat|initiative *f* initiative privée; **~interesse** *n* intérêt privé
privati'sier|en ⟨*pas de ge-*, h⟩ I *v/t* privatiser; transférer au secteur privé; dénationaliser; II *v/i* vivre de ses rentes; **2ung** *f* ⟨~; ~en⟩ privatisation *f*; transfert *m* au secteur privé; dénationalisation *f*
Pri'vat|klage *f* JUR action civile; **~kläger** *m* JUR partie civile; **~klinik** *f* clinique (privée); **~korrespondenz** *f* correspondance personnelle, privée; **~leben** *n* vie privée; **~lehrer(in)** *m(f)* personne *f* qui donne des cours particuliers; **~mann** *m* ⟨~(e)s; *-*er *ou* -leute⟩ *ohne offizielle Funktion* particulier *m*; (*Privatier*) rentier *m*; **~patient(in)** *m(f)* MÉD client(e) privé(e); **~person** *f* personne privée; **~quartier** *n* chambre *f* d'hôte; logement *m* chez des particuliers, chez l'habitant; **~recht** *n* droit privé; **2rechtlich** I *adj* de droit privé; II *adv* d'après, selon, suivant le droit privé
Pri'vatsache *f* affaire personnelle; *das ist meine ~* cela ne regarde que moi; ça, c'est mon affaire
Pri'vat|schule *f* école privée, konfessionelle libre; **~sekretär(in)** *m(f)* secrétaire privé(e), particulier (-ière)
Pri'vatsektor *m* (secteur *m*) privé *m*; *auf dem ~* dans le (secteur) privé
Pri'vat|sender *m* 1. chaîne (de télévision) privée; 2. (station *f* de) radio privée, libre; **~sphäre** *f* vie privée; intimité *f*; **~station** *f im Krankenhaus* service privé; **~stunde** *f* leçon particulière; cours particulier; **~unternehmen** *n* entreprise privée; **~unterricht** *m* enseignement *m* à domicile; leçons particulières; cours particuliers; **~vergnügen** F *n* plaisir (particulier); **~vermögen** *n* fortune personnelle; **2versichert** *adj* couvert par une assurance privée; **~versicherung** *f* assurance privée; **~wagen** *m* voiture particulière; **~weg** *m* chemin privé; **~wirtschaft** *f* économie privée; **~wohnung** *f* domicile personnel, particulier, privé
Privileg [priviˈleːk] *n* ⟨~(e)s; ~ien⟩ privilège *m*; **2'gieren** *v/t* ⟨*pas de ge-*, h⟩ privilégier; accorder un privilège à
pro [proː] *prép* ⟨*acc sans article*⟩ (*für*) pour; (*je*) par; *~ Kopf, Person* par tête, personne; *1000 Stück ~ Stunde* 1000 unités à l'heure
Pro *n* ⟨~⟩ *(das) ~ und (das) Kontra* le pour et le contre
Proband [proˈbant] *m* ⟨~en; ~en⟩ 1. (*Testperson*) sujet *m* d'expérience, de test; 2. (*auf Bewährung Entlassener*) personne *f* en liberté surveillée
probat [proˈbaːt] *adj* (*bewährt*) éprouvé; (*tauglich*) valable
Probe ['proːbə] *f* ⟨~; ~n⟩ 1. (*Prüfung*) test *m*; essai *m*; *fig* à épreuve *f*; (*Beweis*) MATH preuve *f*; *zur od auf ~* à l'essai; *j-n auf die ~ stellen* mettre qn à l'épreuve; *auf e-e harte ~ stellen* soumettre à une rude épreuve; *die ~ aufs Exempel machen* faire la preuve par l'exemple; *cf a* **Können**; 2. THÉ répétition *f*; 3. (*kleine Menge*) échantillon *m*; spécimen *m*; prélèvement *m*; *e-e ~ entnehmen* faire un prélèvement; prélever un échantillon

Probeabzug – Prokura

'Probe|abzug *m* TYPO épreuve *f*; ~alarm *m* exercice *m* d'alerte; ~aufnahme *f* prise *f* d'essai; ~bohrung *f* forage *m* d'exploration; *Ergebnis* carotte *f*; ~exemplar *n* spécimen *m*; ⚘fahren *v/t* ⟨*irr, les temps simples ne s'emploient pas dans une principale*, -ge-, h⟩ *Auto* essayer *f*; ~fahrt *f* essai *m*; ~flug *m* vol *m* d'essai; ⚘halber *adv* à titre d'essai; ~heft *n* (numéro *m*) spécimen *m*; ~jahr *n* année *f* probatoire; stage *m*; ~lauf *m* test *m*; essai *m*
'proben *v/t u v/i* ⟨h⟩ THÉ répéter
'Probenarbeit *f* THÉ répétitions *f/pl* ⟨*zu de*⟩
'Probe|nummer *f* (numéro *m*) spécimen *m*; ~sendung *f* envoi *m* d'échantillon(s); ⚘weise *adj* ⟨*épithète*⟩ *u adv* à l'essai; à titre d'essai
'Probezeit *f* **1.** période *f* d'essai; (*noch*) *in der* ~ *sein* être (encore) en période d'essai; **2.** *schweiz* JUR délai *m* d'épreuve
pro'bieren *v/t u v/i* ⟨*pas de ge-*, h⟩ **1.** (*versuchen*) essayer; *prov* ⚘ *geht über Studieren* rien ne vaut l'expérience; **2.** *Speisen* goûter; *Wein* déguster
Proble|m [pro'ble:m] *n* ⟨~s; ~e⟩ problème *m*; ~'matik *f* ⟨~⟩ caractère *m* problématique; problèmes *m/pl*
proble'matisch *adj* problématique; ~mati'sieren *v/t* ⟨*pas de ge-*, h⟩ poser les problèmes de; (*komplizieren*) compliquer
Pro'blem|bewußtsein *n* conscience *f* de l'existence d'un problème, de problèmes; ~fall *m* cas *m* (problématique); ~kind *n* enfant *m* difficile, à problèmes; ⚘los **I** *adj* qui ne pose pas de problème(s); *Kind* facile; **II** *adv* verlaufen fen etc sans encrer, accroc, anicroche
Produkt [pro'dukt] *n* ⟨~(e)s; ~e⟩ (*Erzeugnis*), MATH produit *m*; (*Ergebnis*) résultat *m*
Pro'duktenhandel *m* commerce *m* de produits naturels, de denrées
Pro'dukthaftung *f* JUR responsabilité *f* du fabricant, du producteur
Produkti'on *f* ⟨~; ~en⟩ production *f*; fabrication *f*; (*Leistung*) rendement *m*; *die* ~ *einschränken, drosseln* (*steigern*) ralentir, freiner (augmenter) la production
Produkti'ons|ablauf *m* processus *m*, rythme *m* de production; ~abteilung *f* e-r *Firma* production *f*; fabrication *f*; ~anstieg *m* augmentation *f* de la production; ~ausfall *m* perte *f* de production; ~bereich *m* secteur *m* de (la) production; ~betrieb *m* entreprise *f* de production
Produkti'onsgenossenschaft *f* coopérative *f* de production; HIST DDR *landwirtschaftliche* ~ coopérative *f* de production agricole
Produkti'ons|güter *n/pl* biens *m/pl* de production; ~kapazität *f* capacité *f* de production; ~kosten *pl* coût *m* de la production; ~leistung *f* rendement *m*; ~leiter *m* chef *m* de production; ~mittel *n/pl* moyens *m/pl* de production; ~palette *f* gamme *f*, assortiment *m* de produits; ~prozeß *m* processus *m* de production; ~rückgang *m* ralentissement *m*, recul *m*, baisse *f* de la production; ~stand *m* niveau *m* de (la) production; ~steigerung *f* augmentation *f* de la production; ~überschuß *m* excédent *m* de production; surproduction *f*; ~verhältnisse *n/pl* rapports *m/pl* de production; ~volumen *n* volume *m* de la production; ~zentrum *n* centre producteur *m*; ~ziffer *f* chiffre *m* de la production; ~zweig *m* branche *f* de (la) production
produk'tiv *adj* productif, -ive; *Schriftsteller* prolifique; ⚘i'tät *f* ⟨~⟩ productivité *f*; *des Bodens* fertilité *f*
Produktivi'tätssteigerung *f* accroissement *m* de la productivité
Pro'duktivkräfte *f/pl* forces productives
Pro'duktmanager *m* chef *m* de produit
Produzent(in) [produ'tsɛnt(ɪn)] *m* ⟨~en; ~en⟩ (*f*) ⟨~; ~nen⟩ producteur, -trice *m,f*
produ'zieren ⟨*pas de ge-*, h⟩ **I** *v/t* **1.** (*herstellen*) produire; **2.** F (*hervorbringen*) faire; **II** *v/réfl sich* ~ se produire; *péj* s'exhiber
Prof. *abr* (*Professor*) professeur (d'université)
profan [pro'fa:n] *adj* profane; ⚘bau *m* ⟨~(e)s; -(e)en⟩ construction *f* profane
profa'nier|en *v/t v/t* ⟨*pas de ge-*, h⟩ profaner; ⚘ung *st/s f* ⟨~⟩ profanation *f*
Professio|n [profɛsi'o:n] *f* ⟨~; ~en⟩ *bes österr* profession *f*; (*Handwerk*) métier *m*; ⚘nell *adj* professionnel, -elle
Professor(in) [prɔ'fɛsor, (-fe'so:rɪn)] *m* ⟨~s; -'soren⟩ (*f*) ⟨~; ~nen⟩ (femme *f*) professeur *m* (d'université); ~ *der Philosophie* professeur de philosophie; *Herr* ~ *Müller* le professeur Müller; *Frau* ~ *Schmitz* le professeur Schmitz; *Herr, Frau* ~! Monsieur, Madame le professeur!; *fig plais ein zerstreuter* ~ un distrait
profes'soral *adj* professoral
Profes'sorentitel *m* titre *m* de professeur
Profes'sur *f* ⟨~; ~en⟩ chaire *f* (de professeur) (*für* de)
Profi ['pro:fi] F *m* ⟨~s; ~s⟩ F pro *m*
'Profi... *in Zssgn* professionnel, -elle; ~fußball *m* football professionnel
Profil [pro'fi:l] *n* ⟨~s; ~e⟩ **1.** *e-s Gesichts*, GÉOL, GÉOGR, PSYCH profil *m*; (*Reifen*⚘) sculptures *f/pl*; (*senkrechter Schnitt*) coupe *f* (perpendiculaire); *im* ~ de profil; *im* ~ *darstellen* profiler; **2.** *fig* caractère *m*, (forte) personnalité; ~ *haben* avoir du caractère
profi'l|ieren ⟨*pas de ge-*, h⟩ **I** *v/t a* TECH profiler; **II** *v/réfl sich* ~ s'imposer; ~iert *adj* **1.** *Persönlichkeit* marquant; **2.** (*scharf umrissen*) nettement défini; ⚘ierung *f* ⟨~; ~en⟩ *Handlung* profilage *m*; *Resultat* profil *m*
Pro'filneurose *f* obsession *f* de la réussite (professionnelle); *e-e* ~ *haben, unter e-r* ~ *leiden* être obsédé par son image de marque
Pro'fil|reifen *m* pneu *m* à sculptures; ~sohle *f* semelle crantée, à relief antidérapant; ~stahl *m* (acier) profilé *m*
Profit [pro'fi:t *ou* pro'fɪt] *m* ⟨~(e)s; ~e⟩ profit *m*; gain *m*; bénéfice *m*; ⚘bringend *adj* profitable; rentable; ~gier *f* avidité *f*; âpreté *f* au gain; ⚘gierig *adj* avide; âpre au gain
profi'tieren *v/i* ⟨*pas de ge-*, h⟩ ~ *bei, von* profiter de; retirer un profit de
Pro'fitjäger *m* profiteur *m*
pro forma [pro:'fɔrma] pour la forme; pro forma
Pro-'forma-Rechnung *f* facture *f* pro forma
profund [pro'funt] *st/s adj* profond
Prognose [prɔg'no:zə] *f* ⟨~; ~n⟩ pronostic *m* (*a* MÉD); prévision *f*; ~n (*auf-*)*stellen* faire des prévisions, pronostics
prog'nosti|sch *adj* pronostique; ~'zieren *v/t* ⟨*pas de ge-*, h⟩ pronostiquer
Programm [pro'gram] *n* ⟨~s; ~e⟩ *a* INFORM programme *m*; TV, RAD (*Sender*) chaîne *f*; COMM (*Sortiment*) gamme *f*; *ein* ~ *aufstellen* arrêter, fixer un programme; (*politisches*) ~ *e-r Partei* programme; *fig auf dem* ~ *stehen* être au programme; être programmé, prévu
Pro'grammänderung *f* changement *m* de programme
program'matisch *adj* programmatique; directeur, -trice; ~*e Rede* discours-programme *m*
pro'grammgemäß *adj u adv* suivant le programme; comme prévu
Pro'gramm|gestaltung *f* programmation *f*; ~heft *n* programme *m*; ~hinweis *m* annonce *f* du, concernant le programme
program'mierbar *adj* programmable
program'mieren *v/t* ⟨*pas de ge-*, h⟩ programmer
Program'mier|er(in) *m* ⟨~s; ~⟩ (*f*) ⟨~; ~nen⟩ INFORM programmeur, -euse *m,f*; ~sprache *f* langage *m* de programmation; ~ung *f* ⟨~; ~en⟩ programmation *f*
Pro'gramm|kino *n etwa* ciné-club *m*; ~vorschau *f* prochain programme; THÉ prochains spectacles; KINO prochains films; RAD, TV prochaines émissions; programme *m* radio, télé; ~zeitschrift *f* magazine *m* de radiotélévision
Progression [progrɛsi'o:n] *f* ⟨~; ~en⟩ progression *f*
progres'siv *adj* progressif, -ive; ⚘steuer *f* impôt progressif
Prohibi|tion [prohibitsi'o:n] *f* ⟨~⟩ prohibition *f*; ⚘'tiv *adj* prohibitif, -ive
Projekt [pro'jɛkt] *n* ⟨~(e)s; ~e⟩ projet *m*; ~gruppe *f* équipe chargée d'élaborer un projet
projek'tier|en *v/t* ⟨*pas de ge-*, h⟩ projeter; ⚘ung *f* ⟨~; ~en⟩ projection *f*
Projektil [projɛk'ti:l] *n* ⟨~s; ~e⟩ projectile *m*
Projekti'on *f* ⟨~; ~en⟩ OPT, MATH, PSYCH projection *f*
Projekti'ons|apparat *m* projecteur *m*; appareil *m* de projection; ~fläche *f*, ~wand *f* écran *m*
Pro'jektleiter(in) *m*(*f*) chef *m* de projet
Pro'jektor *m* ⟨~s; -'toren⟩ projecteur *m*
Pro'jekt|planung *f* ingénierie *f*; ~woche *f* SCHULE semaine *f* d'activités éducatives interdisciplinaires
projizieren [proji'tsi:rən] *v/t* ⟨*pas de ge-*, h⟩ OPT, MATH, PSYCH projeter (*auf* [+*acc*] sur)
Prokla|mation [proklamatsi'o:n] *f* ⟨~; ~en⟩ proclamation *f*; ⚘'mieren *v/t* ⟨*pas de ge-*, h⟩ proclamer
Pro-'Kopf-Einkommen *n* revenu *m* par tête; ~Verbrauch *m* consommation individuelle
Prokura [pro'ku:ra] *f* ⟨~; -ren⟩ procuration *f*; *j-m* ~ *geben, erteilen* donner, délivrer (une) procuration à qn; *per* ~ par procuration

Proku'rist(in) m ⟨~en; ~en⟩ (f) ⟨~; ~nen⟩ fondé(e) m(f) de pouvoir
Prole|t [pro'le:t] m ⟨~en; ~en⟩ **1.** péj (ungebildeter Mensch) rustre m; **2.** F (Proletarier) F prolo m; **~tari'at** n ⟨~(e)s; ~e⟩ prolétariat m; **~'tarier(in)** m ⟨~s; ~⟩ (f) ⟨~; ~nen⟩ prolétaire m,f; **²'tarisch** adj prolétarien, -ienne
pro'letenhaft adj péj grossier, -ière; *das ist ~* F ça fait prolo
Prolog [pro'lo:k] m ⟨~(e)s; ~e⟩ prologue m
prolongieren [proloŋ'gi:rən] v/t ⟨pas de ge-, h⟩ *Frist, Vertrag* proroger
Promenade [promə'na:də] f ⟨~; ~n⟩ promenade f
Prome'naden|deck n pont-promenade m; **~konzert** n concert-promenade m; concert m en plein air; **~mischung** f plais Hund bâtard m
prome'nieren st/s v/i ⟨pas de ge-, sein⟩ se promener; flâner
pro mille [pro:'mɪlə] pour mille
Promille [pro'mɪlə] n ⟨~(s); ~⟩ **1.** (Tausendstel) pour mille; **2.** F (Alkohol im Blut) alcoolémie f; *2,5 ~* 2 grammes 5 d'alcoolémie; F *ohne ~ fahren* rouler sans avoir bu
Pro'millegrenze f taux légal d'alcoolémie
prominent [promi'nɛnt] adj Persönlichkeit éminent; de premier plan; Rolle etc important
Promi'n|ente(r) f(m) ⟨→A⟩ personnalité f de premier plan; (Berühmtheit) célébrité f; V.I.P. m; **~enz** ⟨~⟩ **1.** coll personnalités marquantes; notables m/pl; (Berühmtheiten) célébrités f/pl; **2.** (das Prominentsein) célébrité f
Promotion¹ [promotsi'o:n] f ⟨~; ~en⟩ promotion f (au grade de docteur)
Promotion² [prə'mo:ʃən] f ⟨~⟩ COMM promotion f; *für etw ~ machen* faire de la publicité pour qc
promovieren [promo'vi:rən] ⟨pas de ge-, h⟩ **I** v/t *j-n ~* recevoir qn docteur; **II** v/i passer son doctorat, soutenir sa thèse (*über* [+acc] sur)
prompt [prɔmpt] **I** adj prompt; immédiat; **II** adv promptement; (sofort) immédiatement; F (erwartungsgemäß) (comme de) bien entendu
Pronom|en [pro'no:mən] n ⟨~s; ~ ou -mina⟩ GR pronom m; **adjektivisch gebrauchtes** adjectif m (possessif, démonstratif, etc); **²i'nal** adj pronominal
prononciert [pronõ'si:rt] st/s adjt prononcé
Propädeut|ik [prope'dɔytɪk] f ⟨~⟩ propédeutique f; **²isch** adj propédeutique
Propaganda [propa'ganda] f ⟨~⟩ POL, fig propagande f; COMM réclame f; publicité f; *für etw ~ machen* POL faire de la propagande pour qc; COMM faire de la publicité pour qc
Propa'ganda|feldzug m campagne f de propagande; **~film** m film m de propagande; **~ministerium** n HIST ministère m de la Propagande
Propagan'dist(in) m ⟨~en; ~en⟩ (f) ⟨~; ~nen⟩ propagandiste m,f; **²isch** adj propagandiste
propa'gier|en v/t ⟨pas de ge-, h⟩ faire de la propagande pour; (verbreiten) propager; **²ung** f ⟨~; ~en⟩ propagande f; (Verbreitung) propagation f

Propan(gas) [pro'pa:n(ga:s)] n ⟨~s⟩ (n) ⟨~es⟩ propane m
Propeller [pro'pɛlər] m ⟨~s; ~⟩ hélice f; **~flugzeug** n avion m à hélice
proper ['prɔpər] F adj propre; net, nette; propret, -ette
Prophet(in) [pro'fe:t(ɪn)] m ⟨~en; ~en⟩ (f) ⟨~; ~nen⟩ REL, fig prophète m, prophétesse f; *falsche ~en* faux prophètes; F *ich bin doch kein ~!* je ne suis pas prophète!; *man braucht gar kein ~ zu sein, um zu* (+inf) F pas besoin d'être prophète pour (+inf); prov *der ~ gilt nichts in s-m Vaterland* prov nul n'est prophète en son pays
pro'phetisch adj prophétique
prophezeien [profe'tsaɪən] v/t ⟨pas de ge-, h⟩ prophétiser; (voraussagen) prédire; drohend *das kann ich dir ~!* je te le promets!
Prophe'zeiung f ⟨~; ~en⟩ prophétie f; (Voraussage) prédiction f
prophy|laktisch [profy'laktɪʃ] adj préventif, -ive; prophylactique; **²'laxe** f ⟨~; ~n⟩ prophylaxie f
Proportion [proportsi'o:n] f ⟨~; ~en⟩ a MATH proportion f; pl **~en** e-s Bauwerks, des Körpers proportions f/pl
proportio'nal adj proportionnel, -elle (*zu* à); *umgekehrt ~* inversement proportionnel, -elle
proportio'niert adjt proportionné
Proporz [pro'pɔrts] m ⟨~es; ~e⟩ représentation proportionnelle; **~wahl** f bes österr, schweiz scrutin proportionnel; proportionnelle f
proppenvoll ['prɔpən'fɔl] F adj F plein à craquer
Prop|st [pro:pst] m ⟨~(e)s; ~e⟩ ÉGL doyen m; **~'stei** f ⟨~; ~en⟩ doyenné m
'Prorektor m vice-recteur m
Prosa ['pro:za] f ⟨~⟩ prose f; *~ schreiben* écrire de la prose
'Prosagedicht n poème m en prose
pro'saisch adj **1.** en prose; **2.** st/s fig prosaïque; terre à terre
'Prosa|schriftsteller m prosateur m; **~text** m texte m en prose
'Proseminar n cours m, séminaire m de premier cycle
prosit ['pro:zɪt] int à votre santé!; *~ Neujahr!* (je vous souhaite une) bonne année!
'Prosit n ⟨~s; ~s⟩ toast m; *ein ~ der* (dat) od *auf die Gastgeberin!* à la santé de la maîtresse de maison!
Pros|odie [prozo'di:] f ⟨~; ~n⟩ METRIK prosodie f; **²'odisch** adj prosodique
Prospekt [pro'spɛkt] m od bes österr n ⟨~(e)s; ~e⟩ **1.** (Werbeschrift) prospectus m; *gefalteter* dépliant m; *e-r Zeitung beigelegt* encart m; **2.** KUNST (Ansicht) perspective f; **3.** *der Orgel* buffet m (d'orgue); **4.** THÉ fond m de scène; **5.** JUR prospectus m d'émission
prosper|ieren [prospe'ri:rən] st/s v/i ⟨pas de ge-, h⟩ prospérer; **²i'tät** st/s f ⟨~⟩ prospérité f
prost [pro:st] F **1.** cf prosit; **2.** iron *na dann ~!* F ça promet!; F nous voilà bien!
Prostata ['prɔstata] f ⟨~; -tae⟩ ANAT prostate f
prostituieren [prostitu'i:rən] v/réfl ⟨pas de ge-, h⟩ *sich ~* se prostituer
Prostitu|'ierte f ⟨→A⟩ prostituée f; **~ti'on** f ⟨~⟩ prostitution f

Protagonist(in) [protago'nɪst(ɪn)] m ⟨~en; ~en⟩ (f) ⟨~; ~nen⟩ a fig protagoniste m,f
Proteg|é [prote'ʒe:] st/s m ⟨~s; ~s⟩ protégé m; **²ieren** v/t ⟨pas de ge-, h⟩ protéger; patronner
Protein [prote'i:n] n ⟨~s; ~e⟩ BIOCHEMIE protéine f
Protektio|n [protɛktsi'o:n] f ⟨~; ~en⟩ protection f; patronage m; **~'nismus** m ⟨~⟩ protectionnisme m; **²'nistisch** adj protectionniste
Protekto'rat n ⟨~(e)s; ~e⟩ **1.** (Schutzherrschaft) protectorat m; Gebiet (pays m de) protectorat m; **2.** st/s (Schirmherrschaft) patronage m; égide f; früher présidence f d'honneur
Protest [pro'tɛst] m ⟨~(e)s; ~e⟩ **1.** (Widerspruch) protestation f; *aus ~* (*gegen*) en signe de protestation (contre); *lauter, stürmischer ~* protestation bruyante, véhémente; *scharfer, stummer ~* protestation énergique, muette; *~ gegen etw einlegen* od *erheben* protester, élever une (des) protestation(s) contre qc; *~e auslösen* soulever des protestations; **2.** COMM (Wechsel²) protêt m; *zu ~ gehen lassen* faire dresser protêt
Pro'testaktion f campagne f de protestation
Protes'tan|t(in) m ⟨~en; ~en⟩ (f) ⟨~; ~nen⟩ protestant(e) m(f); **²tisch** adj protestant; **~'tismus** m ⟨~⟩ protestantisme m
prote'stieren ⟨pas de ge-, h⟩ **I** v/t COMM Wechsel protester; **II** v/i protester (*gegen* contre)
Pro'test|kundgebung f meeting m de protestation; **~marsch** m marche f de protestation; **~note** f note f de protestation; **~ruf** m protestation f; **~schreiben** n protestation écrite; **~versammlung** f meeting m de protestation; **~welle** f vague f de protestation
Prothese [pro'te:zə] f ⟨~; ~n⟩ prothèse f (orthopédique); (Zahn²) prothèse f dentaire; dentier m
Protokoll [proto'kɔl] n ⟨~s; ~e⟩ **1.** procès-verbal m; *ein ~ aufnehmen* dresser, établir un procès-verbal; Polizei dresser procès-verbal; verbaliser; (*das*) *~ führen* rédiger le procès-verbal; *etw zu ~ geben* faire inscrire, faire figurer qc au procès-verbal; *etw zu ~ nehmen* inscrire, consigner qc au procès-verbal; **2.** ⟨sans pl⟩ DIPL protocole m; **3.** regional (Strafzettel) contravention f
Protokol'la|nt(in) m ⟨~en; ~en⟩ (f) ⟨~; ~nen⟩ cf *Protokollführer(in)*; **²risch I** adj DIPL protocolaire; Aussage consigné au procès-verbal; **II** adv DIPL conformément au protocole; festgehalten selon le procès-verbal
Proto'koll|chef(in) m(f) chef m du protocole; **~führer(in)** m(f) rédacteur, -trice m,f du procès-verbal; beim Gericht greffier, -ière f
protokoll'ieren v/t ⟨pas de ge-, h⟩ dresser, rédiger le procès-verbal (*etw de* qc); enregistrer au procès-verbal
Proton ['pro:tɔn] n ⟨~s; -'tonen⟩ PHYS NUCL proton m
Protoplasma [proto'plasma] n BIOL protoplasme od protoplasma m
Prototyp ['pro:toty:p] m ⟨~s; ~en⟩ TECH, fig prototype m

Protozoon [proto'tso:ɔn] *n* ⟨~s; -zoen⟩ BIOL protozoaire *m*
Protuberanzen [protube'rantsən] *f/pl* ASTR protubérances *f/pl* solaires
Protz [prɔts] F *m* ⟨~en *ou* ~es; ~e(n)⟩ **1.** (*Angeber*) F frimeur *m*; F m'as-tu vu *m*; nouveau riche; **2.** ⟨*sans pl*⟩ *cf* **Protzerei**
'**protzen** F *v/i* ⟨-(es)t, h⟩ faire étalage (**mit etw** de qc); F frimer; F faire de l'épate
Protze'rei F *f* ⟨~; ~en⟩ ostentation *f*; F esbroufe *f*; F frime *f*
'**protzig** F **I** *adj* plein d'ostentation; (*luxuriös*) d'un luxe provocant; **II** *adv* avec ostentation
Provenienz [proveni'ɛnts] *st/s f* ⟨~; ~en⟩ provenance *f*
provenzalisch [proνɛn'tsa:lɪʃ] *adj* provençal
Proviant [provi'ant] *m* ⟨~s; ~e⟩ provisions *f/pl* (de voyage)
Provinz [pro'vɪnts] *f* ⟨~; ~en⟩ province *f*; **in der ~** en province; F **tiefste, hinterste, finsterste ~** le fin fond de la province; F un bled; F un trou
Pro'vinzblatt *péj n* feuille *f* de province
Provinzi'a'lismus [~'~; -men] LING u *péj* provincialisme *m*; ²**ell** *adj* provincial
Pro'vinzler|(in) F *péj m* ⟨~s; ~⟩ (*f*) ⟨~; ~nen⟩ provincial(e) *m(f)*; ²**isch** F *péj* **I** *adj* provincial; **II** *adv* d'une manière provinciale
Pro'vinz|nest *péj n* F bled *m*; F trou *m*; ~**stadt** *f* ville *f* de province; ~**theater** *n* théâtre *m* de province
Provision [provizi'o:n] *f* ⟨~; ~en⟩ COMM commission *f*
Provisi'onsbasis *f* **auf ~ arbeiten** travailler à la commission
provisorisch [provi'zo:rɪʃ] *adj* provisoire; *Lösung, Maßnahme a* intérimaire
Provi'sorium *n* ⟨~s; -ien⟩ **1.** provisoire *m*; solution *f* de fortune, provisoire; **2.** ZAHNMEDIZIN pansement *m*
provokant [provo'kant] *adj* provocant; provocateur, -trice
Provoka'teur(in) *m* ⟨~s; ~e⟩ (*f*) ⟨~; ~nen⟩ provocateur, -trice *m,f*; ~**ti'on** *f* ⟨~; ~en⟩ provocation *f*; ²**tiv**, ²**torisch** *adj* provocant; provocateur, -trice
provozieren [provo'tsi:rən] ⟨*pas de ge*-, h⟩ **I** *v/t* provoquer; **II** *v/i* faire de la provocation
Prozedur [protse'du:r] *f* ⟨~; ~en⟩ **1.** opération *f* (de longue haleine); *das war e-e langwierige ~* ça a été toute une affaire, toute une histoire; **2.** INFORM procédure *f*
Prozent [pro'tsɛnt] *n* ⟨~(e)s; ~e, *mais* 5 ~⟩ **1.** (*Hundertstel*) pour cent *m*; *zu fünf ~ in ~en* en pour cent; *zu hohen ~en* à un taux (d'intérêts) élevé; **2.** F *pl* ~**e** (*Gewinnanteil*) pourcentage *m*; tant *m* pour cent; (*Rabatt*) réduction *f*; remise *f*; *er bekommt ~e als Provision* il travaille au pourcentage, à tant pour cent; *auf alle Waren bekommen Sie ~e* vous aurez une réduction sur tous les articles
...prozentig *in Zssgn mit num/c* à, de ... pour cent; *sechzigprozentiger Alkohol* alcool *m* à soixante degrés
Pro'zentrechnung *f* ⟨~⟩ calcul *m* des pourcentages

Pro'zentsatz *m* pourcentage *m*; taux *m*; *zum ~ von ...* au taux de ... pour cent
prozentu'al I *adj* ⟨*épithète*⟩ (exprimé) en, au pourcentage; proportionnel, -elle; **II** *adv* selon un pourcentage; proportionnellement; *an etw ~ beteiligt sein* avoir un pourcentage sur qc
Prozeß [pro'tsɛs] *m* ⟨-sses; -sse⟩ **1.** JUR procès *m*; *e-n ~ gegen j-n anstrengen* intenter un procès à qn; *e-n ~ führen* être en procès (*gegen j-n* avec qn); *e-n ~ gewinnen* (*verlieren*) gagner (perdre) un procès; *j-m den ~ machen* traduire qn en justice; *e-n ~ wiederaufnehmen* réviser un procès; F *kurzen ~ machen* ne pas y aller par quatre chemins; F ne pas prendre de gants; F *mit etw kurzen ~ machen* trancher (net) qc; en finir vivement avec qc; F *mit j-m kurzen ~ machen* régler promptement son affaire à qn; en finir vivement, vite avec qn; **2.** (*Vorgang*) processus *m*; (*Verfahren*), *a* CHIM procédé *m*
Pro'zeß|akten *f/pl* pièces *f/pl*, dossier *m* d'un procès; ~**bevollmächtigte(r)** *f(m)* mandataire *m,f* ad litem; ²**fähig** *adj* capable d'ester en justice; ~**gegner** *m* partie *f* adverse
prozes'sieren *v/i* ⟨*pas de ge*-, h⟩ intenter, faire un procès (*mit, gegen* à)
Prozessi'on *f* ⟨~; ~en⟩ REL procession *f*
Pro'zeßkosten *pl* frais *m/pl* de procès; dépens *m/pl*
Pro'zessor *m* ⟨~s; -s'soren⟩ INFORM processeur *m*
Pro'zeß|ordnung *f* (code *m* de) procédure *f*; ~**rechner** *m* INFORM calculateur industriel; ~**recht** *n* procédure *f*; ~**vollmacht** *f* mandat *m* ad litem; ~**wärme** *f* TECH chaleur industrielle
prüde ['pry:də] *adj* prude; ²**'rie** *f* ⟨~; ~n⟩ pruderie *f*
prüfen ['pry:fən] ⟨h⟩ **I** *v/t* examiner; soumettre à un examen; TECH essayer; contrôler; (*erproben*) mettre à l'épreuve; soumettre à une épreuve; (*über~*) inspecter; passer en revue; (*nach~*) vérifier; *Rechnung a* apurer; *Frage, Plan* (*studieren*) étudier; *j-n ~ in* [+*dat*] faire passer à qn un examen (en, de); *etw auf s-e Genauigkeit ~* vérifier, contrôler l'exactitude de qc; *sein Gewissen ~* faire son examen de conscience; *geprüft* diplômé; breveté; (*erprobt*) éprouvé; *prov drum prüfe, wer sich ewig bindet* il ne faut pas se marier à la légère; **II** *v/réfl sich ~* s'examiner
'**Prüfer(in)** *m* ⟨~s; ~⟩ (*f*) ⟨~; ~nen⟩ examinateur, -trice *m,f*; TECH, COMM contrôleur, -euse *m,f*; inspecteur, -trice *m,f*; vérificateur, -trice *m,f*; ~**gerät** *n* appareil *m* de contrôle; ~**ling** *m* ⟨~s; ~e⟩ candidat(e) *m(f)* (à un examen); TECH pièce *f* d'essai
'**Prüfstand** *m* banc *m* d'essai; *fig* **auf dem ~ stehen** être au banc d'essai
'**Prüfstein** *m fig* pierre *f* de touche (**für** de)
'**Prüfung** *f* ⟨~; ~en⟩ examen *m*; TECH contrôle *m*; essai *m*; test *m*; (*Inspektion*) inspection *f*; (*Nach²*) vérification *f*; *e-r Rechnung a* apurement *m*; *e-r Frage, e-s Vorschlags* étude *f*; examen *m*; SPORT épreuve *f*; (*Examen*) examen *m*; *nach ~ der Sachlage* en connaissance de cause; *nach ~* vérification faite; après vérification; *mündliche ~* (examen) oral *m*; épreuve orale; *schriftliche ~* (examen) écrit *m*; épreuve écrite; *e-e ~ bestehen* réussir, être reçu à un examen; *e-e ~ machen, ablegen* subir, passer un examen; *in der ~ durchfallen* échouer, être refusé à un examen; F rater l'examen
'**Prüfungs|amt** *n* office *m*, service *m* des examens; ~**angst** *f* peur *f* (d'un examen); F trac *m*; ~**arbeit** *f* épreuve écrite; *Hausarbeit etwa* dissertation *f*; ~**aufgabe** *f* sujet *m* d'examen; ~**ausschuß** *m bei Examen* jury *m*; commission *f* d'examen; COMM, TECH etc commission *f* de contrôle, de vérification; ~**ergebnis** *n* résultat *m* de l'examen; ~**fach** *n* matière *f* d'examen; ~**kandidat(in)** *m(f)* candidat(e) *m(f)* (à un examen); ~**kommission** *f* cf **Prüfungsausschuß**; ~**ordnung** *f* règlement *m* des examens; ~**termin** *m* jour *m*, date *f* de l'examen
'**Prüfvermerk** *m* mention *f* de contrôle, de vérification
'**Prügel** ['pry:gəl] *m* ⟨~s; ~⟩ **1.** *regional* (*Knüppel*) (gros) bâton *m*; gourdin *m*; **2.** *pl* ~ **bekommen** recevoir une volée, F raclée *f*
Prüge'lei *f* ⟨~; ~en⟩ bagarre *f*; rixe *f*
'**Prügelknabe** *m* bouc *m* émissaire; tête *f* de Turc
'**prügeln** ⟨~(e)le, h⟩ **I** *v/t j-n ~* donner des coups (de bâton) à qn; *pl/fort* rosser qn; F donner une raclée à qn; **II** *v/réfl sich ~* se battre; en venir aux mains, aux coups
'**Prügelstrafe** *f* (peine *f* de la) bastonnade *od* bâtonnade *f*
Prunk [prʊŋk] *m* ⟨~(e)s⟩ pompe *f*; apparat *m*; faste *m*; (*Aufwand*) luxe *m*; '~**bau** *m* ⟨~(e)s; ~ten⟩ édifice pompeux; palais *m*
'**prunken** *v/i* ⟨h⟩ étaler un grand faste; briller; *mit etw ~* faire parade de qc
'**Prunk|saal** *m* grande salle (de réception); ~**stück** *n* (le plus) bel objet; (la plus) belle pièce; fleuron *m*; *fig* joyau *m*; ~**sucht** *f* goûts *m/pl* princiers, de grand seigneur; ²**süchtig** *adj* fastueux, -euse; qui a des goûts princiers, de grand seigneur; ²**voll** *adj* fastueux, -euse; pompeux, -euse
prusten ['pru:stən] F *v/i* ⟨-ete, h⟩ s'ébrouer; *vor Lachen ~* pouffer (de rire)
PS [peː'ʔɛs] *n* ⟨~; ~⟩ **1.** *abr* (*Pferdestärke*) ch (cheval-vapeur); **2.** *abr* (*Postskript[um]*) P.-S. (post-scriptum)
Psalm [psalm] *m* ⟨~s; ~en⟩ psaume *m*; '~**ist** *m* ⟨~en; ~en⟩ psalmiste *m*
Psalter ['psaltər] *m* ⟨~s; ~⟩ **1.** MUS psaltérion *m*; **2.** BIBL psautier *m*
pscht [pʃt] *cf* **pst 1.**
Pseudo... ['psɔydo...] *in Zssgn* pseudo...
Pseudokrupp ['psɔydokrʊp] *m* ⟨~s⟩ MÉD faux croup
Pseudonym [psɔydo'nyːm] *n* ⟨~s; ~e⟩ pseudonyme *m*; nom *m* d'emprunt; *e-s Schriftstellers a* nom *m* de plume
pst [pst] *int* **1.** (*Ruhe!*) chut!; **2.** (*he!*) psitt!; pst!
Psyche ['psy:çə] *f* ⟨~; ~n⟩ **1.** MYTH psyché *f*; **2.** PSYCH psychisme *m*; psyché *f*
psychedelisch [psyçe'deːlɪʃ] *adj* psychédélique
Psychia|ter(in) [psyçi'aːtər(ɪn)] *m* ⟨~s;

~) (f) ⟨~; ~nen⟩ psychiatre m,f; ~'trie f ⟨~⟩ psychiatrie f; ℒtrisch adj ⟨épithète⟩ psychiatrique
'psychisch adj psychique
Psycho|analyse [psyçoˀanaˈly:zə] f psychanalyse f; ~anaˈlytiker(in) m(f) psychanaliste m,f; ℒanaˈlytisch adj psychanalytique; ~'drama n psychodrame m; ~'gramm n psychogramme m; ~'loge m ⟨~n; ~n⟩, ~'login f ⟨~; ~nen⟩ psychologue m,f; ~lo'gie f ⟨~⟩ psychologie f; ℒ'logisch adj psychologique; ~'path(in) m ⟨~en; ~en⟩ (f) ⟨~; ~nen⟩ déséquilibré(e) m(f); désaxé(e) m(f); sc psychopathe m,f; ℒ'pathisch adj psychopathique; ~patholo'gie f psychopathologie f; ~'pharmakon n ⟨~s; -ka⟩ psychotrope m
Psychose [psyˈço:zə] f ⟨~; ~n⟩ psychose f
psychoso'matisch adj psychosomatique
'Psycho|terror m terrorisme m psychologique; ~thera'peut(in) m(f) psychothérapeute m,f; ~thera'pie f psychothérapie f; ~thriller m thriller m
Pta abr (Peseta) PTA (peseta)
PTA [peːteːˀaː] f ⟨~; ~s⟩ abr (pharmazeutisch-technische Assistentin) préparatrice f en pharmacie; laborantine f
PTT [ˈpeːteːteː] abr pl (Schweizerische Post-, Telefon- und Telegrafenbetriebe) die ~ les P.T.T. m/pl
pubertär [puberˈtɛːr] adj pubertaire
Pubertät [puberˈtɛːt] f ⟨~⟩ puberté f; in der ~ sein faire sa puberté; être en pleine puberté
Publicity [paˈblɪsɪti] f ⟨~⟩ publicité f (faite autour de qn)
pu'blicityscheu adj qui fuit la publicité
Public Relations [ˈpablɪk rɪˈleːʃəns] pl relations publiques
publik [puˈbliːk] adj public, -ique; ~ machen rendre public; publier
Publikati'on f ⟨~; ~en⟩ publication f
'Publikum n ⟨~s⟩ public m
'Publikums|erfolg m succès m auprès du public; ~liebling m personne très populaire, en vogue, aimée du public; coqueluche f; pl/fort idole f; ~magnet m grosse attraction
'Publikumsverkehr m nachmittags kein ~ fermé au public l'après-midi
'publikumswirksam adj qui plaît au public; qui accroche
publizieren [publiˈtsiːrən] v/t ⟨pas de ge-, h⟩ publier
Publi'zist|(in) m ⟨~en; ~en⟩ (f) ⟨~; ~nen⟩ journaliste m,f; ~ik f ⟨~⟩ journalisme m; ℒisch I adj (de) journaliste(s); II adv comme od en journaliste
Publizi'tät f ⟨~⟩ publicité f
Puck [puk] m ⟨~s; ~s⟩ 1. (Kobold) lutin m; 2. EISHOCKEY palet m
Pudding [ˈpudɪŋ] m ⟨~s; ~e ou ~s⟩ flan m; ~pulver n flan m en poudre
Pudel [ˈpuːdəl] m ⟨~s; ~⟩ 1. Hunderasse caniche m; das also ist des ~s Kern! voilà l'explication, le fin mot (de l'histoire)!; F wie ein begossener ~ F la queue entre les jambes; les oreilles basses; 2. beim Kegeln e-n ~ machen, werfen F faire chou blanc
'Pudelmütze f bonnet m de laine
'pudel|'nackt F adj nu comme un ver; ~'naß F adj trempé comme une soupe, jusqu'aux os

'pudel'wohl adj F sich ~ fühlen se sentir bien dans sa peau
Puder [ˈpuːdər] m ⟨~s; ~⟩ poudre f; ~dose f boîte f de od à poudre; poudrier m
'pudern v/t ⟨-(e)re, h⟩ poudrer
'Puder|quaste f houppette f; ~zucker m sucre m glace
Puff¹ [puf] F m ⟨~(e)s; ~e⟩ (Stoß) coup m; tape f; bourrade f
Puff² m ⟨~(e)s; ~e ou ~s⟩ 1. (Wäsche℔) panier m à linge; 2. (Sitz℔) pouf m
Puff³ P m od n ⟨~s; ~s⟩ (Bordell) P bordel m
'Puff|ärmel m manche bouffante; ~bohne f fève f des marais
'puffen F v/t ⟨h⟩ donner une tape, une bourrade à
'Puffer m ⟨~s; ~⟩ 1. TECH amortisseur m; EISENBAHN tampon m; 2. CUIS (Kartoffel℔) galette f de pommes de terre; ~staat m État m tampon; ~zone f zone f tampon
'Puff|mutter P f F maquerelle f; ~reis m riz soufflé
puh [puː] int bei Ekel pouah!; be(u)rk!; bei Erleichterung ouf!
pulen [ˈpuːlən] F nordd ⟨h⟩ I v/t défaire; Erbsen etc écosser; II v/i tripoter; in der Nase ~ F se fourrer les doigts dans le nez
Pulk [pulk] m ⟨~(e)s; ~s ou ~e⟩ 1. MIL colonne f de véhicules militaires; AVIAT formation d'avions serrée; 2. (Menge) groupe m; rassemblement m; 3. SPORT peloton m
Pulle [ˈpulə] F f ⟨~; ~n⟩ bouteille f; fig volle ~ fahren F rouler à tout va caisse; F foncer à pleins tubes; das Radio volle ~ aufdrehen faire marcher la radio à pleins tubes
Pulli [ˈpuli] F m ⟨~s; ~s⟩ F pull m
Pullover [puˈloːvər] m ⟨~s; ~⟩ pull-over m; dicker chandail m
Pullunder [puˈlʊndər] m ⟨~s; ~⟩ COUT débardeur m
Puls [puls] m ⟨~es; ~e⟩ pouls m; j-m den ~ fühlen a fig tâter, prendre le pouls à qn
'Pulsader f artère f; sich (dat) die ~n aufschneiden s'ouvrir les veines
pul'sieren v/i ⟨pas de ge-, h⟩ (schlagen) battre; Blut circuler; ~des Leben vie f, animation f intense
'Puls|schlag m pouls m; pulsation f; ~wärmer m ⟨~s; ~⟩ bande tricotée portée autour du poignet; ~zahl f pouls m; rythme m cardiaque
Pult [pult] n ⟨~(e)s; ~e⟩ pupitre m
Pulver [ˈpulfər ou -vər] n ⟨~s; ~⟩ poudre f; F er hat das ~ (auch) nicht (gerade) erfunden il n'a pas inventé la poudre, l'eau chaude, le fil à couper le beurre; F fig sein ~ verschossen haben avoir épuisé ses ressources; avoir brûlé toutes ses cartouches
'Pulverdampf m fumée f de la poudre
'Pulverfaß n baril m de poudre; fig auf e-m ~ sitzen être assis sur un baril de poudre, sur un volcan; e-m ~ gleichen être une (vraie) poudrière
'pulv(e)rig adj pulvérulent; a Schnee poudreux, -euse
pulveri'sieren v/t ⟨pas de ge-, h⟩ pulvériser; réduire en poudre; PHARM, CHIM, TECH broyer

'Pulver|kaffee m café soluble (instantané); ~magazin n poudrière f; MAR soute f à munitions; ~schnee m neige poudreuse
'pulvrig cf pulverig
Puma [ˈpuːma] m ⟨~s; ~s⟩ ZO puma m
Pummel [ˈpuməl] F m ⟨~s; ~⟩, ~chen F n ⟨~s; ~⟩ enfant potelé, dodu; a Frau F petite boulotte
'pumm(e)lig F adj potelé; grassouillet, -ette
Pump [pump] F m ⟨~s⟩ crédit m; auf ~ kaufen acheter à crédit; auf ~ leben vivre d'emprunts
Pumpe [ˈpumpə] f ⟨~; ~n⟩ 1. pompe f; 2. F (Herz) F palpitant m
'pumpen v/t ⟨h⟩ 1. Wasser etc pomper; 2. F (borgen) j-m etw ~ prêter qc à qn; etw von j-m ~ emprunter qc à qn; Geld a F taper qn de qc
'Pumpen|haus n salle f, bâtiment m des pompes; ~schwengel m bras m, balancier m de pompe
Pumpernickel [ˈpumpərnɪkəl] m ⟨~s; ~⟩ pumpernickel m (pain noir d'origine westphalienne)
'Pumphose f pantalon bouffant
Pumps [pœmps] m ⟨~; ~⟩ escarpin m
'Pump|station f, ~werk n station f de pompage
Punchingball [ˈpantʃɪŋbal] m punching-ball m
Punk [paŋk] m ⟨~(s); ~s⟩ 1. Person punk m,f; 2. ⟨sans pl⟩ Bewegung punk m
'Punk|er(in) m ⟨~s; ~⟩ (f) ⟨~; ~nen⟩ (rocker) punk m,f; ~rock m ⟨~(s)⟩ (rock m) punk m
Punkt [puŋkt] m ⟨~(e)s; ~e⟩ in der Interpunktion, im Raum, MATH, RHÉT, MUS, TYPO, SPORT, fig point m; TV spot m; e-s Vertrags article m; e-r Tagesordnung point m; ~ für ~ point par point; in e-m ~ einig d'accord sur un point; in vielen ~en sur de nombreux points; bis zu e-m gewissen ~ jusqu'à un certain point; der ~ auf dem i le point sur l'i; fig le cachet final; la dernière (petite) touche; der springende ~ le point décisif; (Hauptschwierigkeit) F le hic; der schwache, wunde, neuralgische ~ le point faible, sensible, névralgique; toter ~ point mort; bei Verhandlungen a impasse f; den toten ~ überwinden passer le point mort; bei Verhandlungen a sortir de l'impasse; fig ich war an e-m ~, wo ... j'en étais (arrivé) au point où ...; etw auf den ~ bringen formuler, dégager l'essentiel de qc; auf den ~ kommen en venir à l'essentiel; nach ~en führen, siegen mener, triompher aux points; wir kommen zu ~ 3 der Tagesordnung passons à la discussion du point 3 de l'ordre du jour; ~ ein Uhr (à) une heure précise; ~ zwölf (à) midi juste; F ohne ~ und Komma reden parler sans s'arrêter, sans discontinuer; F nun mach aber e-n ~! ça va!; ça suffit!; (en voilà) assez!
punktförmig [ˈpuŋktfœrmɪç] adj ponctuel, -elle
'Punktgewinn m bes SPORT points marqués; zu e-m ~ kommen marquer un point bzw des points
'punktgleich SPORT I adj à égalité de points; II adv ex æquo; ℒheit f SPORT égalité f de points

punk'tieren v/t ⟨pas de ge-, h⟩ **1.** pointiller; TECH, MUS pointer; **punktierte Linie** ligne pointillée od en pointillé; pointillé m; **2.** MÉD ponctionner; a abs faire une ponction (à)
Punk'tierung f ⟨~; ~en⟩ e-r Linie, Fläche pointillé m; MÉD ponction f
Punkti'on f ⟨~; ~en⟩ MÉD ponction f
pünktlich ['pyŋktlıç] **I** adj ponctuel, -elle; exact; **~ sein** être à l'heure; **immer ~ sein** être ponctuel, -elle; **II** adv ponctuellement; **~ kommen** venir à l'heure; **~ fertigstellen** terminer à temps; **~ liefern** respecter les délais de livraison
'Pünktlichkeit f ⟨~⟩ ponctualité f; exactitude f
'Punkt|niederlage f SPORT défaite f aux points; **~richter(in)** m(f) SPORT pointeur, -euse m,f; **⚲schweißen** v/t u v/i ⟨les temps simples ne s'emploient pas dans une principale, -ge-, h⟩ souder par points; **~sieg** m SPORT victoire f aux points; **~sieger** m SPORT vainqueur m aux points; **~spiel** n SPORT match m aux points; **~system** n système m par points
punktuell [puŋktu'ɛl] adj ponctuel, -elle
'Punktum int st/s (**und damit**) **~!** c'est tout!
'Punkt|verlust m SPORT perte f de points; **~vorsprung** m SPORT avantage m aux points; **~wertung** f SPORT pointage m; classement m par points; **~zahl** f nombre m de(s) points; SPORT score m
Punsch [pʊnʃ] m ⟨~(e)s; ~e ou ~e⟩ punch m
Punze ['puntsə] f ⟨~; ~n⟩ poinçon m
Pup [pu:p] F m ⟨~(e)s; ~e⟩ F pet m
'pupen F v/i ⟨h⟩ F lâcher un pet; F péter
Pupille [pu'pılə] f ⟨~; ~n⟩ pupille f
Püppchen ['pʏpçən] n ⟨~s; ~⟩ petite poupée f; fig (Mädchen) poupée f
Puppe ['pʊpə] f ⟨~; ~n⟩ **1.** Spielzeug poupée f; **mit der ~ spielen** jouer à la poupée; **2.** (Marionette) marionnette f; pantin m; fig **die ~n tanzen lassen** (rücksichtslos Einfluß nehmen) tirer les ficelles; (feiern) F faire la noce, la foire; **3.** (Schaufenster⚲, Schneider⚲) mannequin m; **4.** ZO chrysalide f; nymphe f; **der Seidenraupe** cocon m; **5.** F (Mädchen) F poupée f; F nana f; **6.** F **bis in die ~n** très longtemps; jusqu'à une heure avancée; **bis in die ~n schlafen** faire la grasse matinée
'Puppen|doktor F m réparateur m de poupées; **~haus** n maison f de poupée; **~küche** f cuisine f de poupée; **~möbel** n/pl meubles m/pl de poupée; **~mutter** F f maman f (de poupée); **~spiel** n (jeu m de) marionnettes f/pl; (Kasperletheater) guignol m; **~spieler** m montreur m de marionnettes, marionnettiste m; **~stube** f chambre f de poupée; **~theater** n théâtre m de marionnettes (Kasperletheater) guignol m; **~wagen** n voiture f de poupée

'puppig F adj (niedlich) mignon, -onne; Gesicht poupin
Pups [pu:ps] F m ⟨~es; ~e⟩ cf Pup
'pupsen F v/i ⟨-(e)s,t, h⟩ cf pupen
pur [pu:r] adj a fig pur; **aus ~er Neugier(de)** par pure curiosité; **Whisky ~** whisky pur, nature; **s-n Whisky ~ trinken** boire son whisky sec
Püree [py're:] n ⟨~s; ~s⟩ purée f
pü'rieren v/t ⟨pas de ge-, h⟩ réduire en purée
Pur|ismus [pu'rısmʊs] m ⟨~⟩ KUNST, SPRACHPFLEGE purisme m; **~ist(in)** m ⟨~en; ~en⟩ (f) ⟨~; ~nen⟩ puriste m,f; **⚲istisch** adj puriste
Purita|ner(in) [puri'ta:nər(ın)] m ⟨~s; ~⟩ (f) ⟨~; ~nen⟩ REL, fig puritain(e) m(f); **⚲nisch** adj puritain; **~'nismus** m ⟨~⟩ puritanisme m
Purpur ['pʊrpʊr] m ⟨~s⟩ Farbstoff pourpre f; Farbton pourpre m
'purpur|farben, ~farbig, ~n, ~rot adj pourpre; pourpré; purpurin
'Purzelbaum m culbute f; roulade f; galipette f; **e-n ~ machen, schlagen** faire une culbute, etc
purzeln ['pʊrtsəln] F v/i ⟨-(e)le, sein⟩ tomber; F dégringoler
pusseln ['pʊsəln] F v/i ⟨-ßle ou -ssele, h⟩ bricoler
Pußta ['pusta] f ⟨~; -ten⟩ Puszta f
Puste ['pu:stə] F f ⟨~⟩ souffle m; haleine f; **mir geht die ~ aus, ich bin (ganz) aus der od außer ~** je suis 'hors d'haleine; je suis essoufflé; fig **ihm ist die ~ ausgegangen** il est à bout de souffle
'Pusteblume F f dent-de-lion f; pissenlit m
'Pustekuchen m F (**ja**) **~!** F tintin!
Pustel ['pʊstəl] f ⟨~; ~n⟩ MÉD pustule f; bouton m
'pusten F ⟨-ete, h⟩ **I** v/t souffler; F fig **ich werde dir was ~!** F tu peux toujours courir!; **II** v/i **1.** (blasen) souffler; F **bei e-r Verkehrskontrolle** F souffler dans le ballon; **2.** (außer Atem sein) souffler, 'haleter; être essoufflé
putativ [puta'ti:f] adj JUR putatif, -ive
Puta'tiv|ehe f JUR mariage putatif; **~notwehr** f JUR (état m de) légitime défense putative
Pute ['pu:tə] f ⟨~; ~n⟩ **1.** ZO dinde f; **junge ~** dindonneau m; CUIS **gebratene ~** dinde rôtie; **2.** F péj (Mädchen, Frau) **dumme ~** dinde f
'Puten|schinken m jambon m de dindonneau; **~schnitzel** n escalope f de dinde
'Puter m ⟨~s; ~⟩ ZO dindon m
'puter'rot adj cramoisi
Putsch [pʊtʃ] m ⟨~(e)s; ~e⟩ POL putsch m
'putschen v/i ⟨h⟩ POL faire un putsch
Put'schist m ⟨~en; ~en⟩ POL putschiste m
Putt [put ou pat] m ⟨~s; ~s⟩ GOLF putt m
Putte ['pʊtə] f ⟨~; ~n⟩ PEINT, SCULP putto m; angelot m
putten ['pʊtən ou 'patən] v/t u v/i ⟨-ete, h⟩ GOLF putter

Putz [pʊts] m ⟨~es⟩ **1.** CONSTR enduit m; crépi m; **mit ~ bewerfen** crépir; **unter ~** (acc) **legen** noyer; F fig **auf den ~ hauen** (feiern) faire la fête, F la nouba; (angeben) F crâner; frimer; P (se) la ramener. **2.** (schmückende Kleidung) parure f; **3.** F (Streit) bagarre f; **~ machen** chercher la bagarre, F des crosses
'putzen ⟨-(es)t, h⟩ **I** v/t **1.** (reinigen) nettoyer; (blank machen) astiquer; Schuhe, Silber a faire; Brille essuyer; Kerze moucher; Gemüse, Salat éplucher; Pferde (striegeln) étriller; **sich** (dat) **die Nase ~** se moucher; **sich** (dat) **die Zähne ~** se laver, se brosser les dents; F **~ gehen als Putzfrau** faire des ménages; F **sie hat den Teller blank od leer geputzt** F elle a nettoyé son assiette. **2.** (schmücken) orner, parer; **3.** österr (chemisch reinigen) nettoyer à sec; **II** v/réfl **sich ~** Katze, Vogel (sich reinigen) faire sa toilette; Personen (sich schmücken) se faire beau, se parer
'Putz|fimmel F m manie f de la propreté; **~frau** f femme f de ménage
'putzig adj mignon, -onne; F croquignolet, -ette; (seltsam) drôle
'Putz|lappen m chiffon m, torchon m (à nettoyer); **~macherin** f ⟨~; ~nen⟩ modiste f; **~mittel** n produit m de nettoyage, d'entretien; **'⚲munter** F adj plein d'entrain; F en pleine forme; **~sucht** f ⟨~⟩ coquetterie f; **⚲süchtig** adj coquet, -ette; **~teufel** F m maniaque f du ménage; **~wolle** f (bourre f de) laine f à nettoyer, à polir
puzzeln ['pazəln ou 'puzəln] v/i ⟨h⟩ faire un puzzle
Puzzle ['pazəl ou 'puzəl] n ⟨~s; ~s⟩ a fig puzzle m
PVC [pe:faʊ'tse:] n ⟨~(s)⟩ abr (Polyvinylchlorid) P.V.C. m
Pygmäe [pʏ'gmɛ:ə] m ⟨~n; ~n⟩ pygmée m
Pyjama [py'(d)ʒa:ma] m od n ⟨~s; ~s⟩ pyjama m
Pylon [py'lo:n] m ⟨~en; ~en⟩, **Py'lone** f ⟨~; ~n⟩ ARCH pylône m
Pyramide [pyra'mi:də] f ⟨~; ~n⟩ MATH, ARCH, STATISTIK, fig pyramide f
pyramidenförmig [pyra'mi:dənfœrmıç] adj pyramidal
Pyrenäen [pyre'nɛ:ən] pl **die ~** les Pyrénées f/pl
Pyre'näenhalbinsel f péninsule f Ibérique
Pyro|lyse [pyro'ly:zə] f ⟨~; ~n⟩ CHIM pyrolyse f; **~'mane** m f ⟨~n; ~n⟩ pyromane m,f; **~ma'nie** f ⟨~; ~n⟩ pyromanie f; **~'technik** f pyrotechnie f; **~'techniker** m pyrotechnicien m; artificier m; **⚲'technisch** adj pyrotechnique
Pyrrhussieg ['pyrʊsziːk] m victoire f à la Pyrrhus
Pythagoras [py'ta:goras] m ⟨→ n/pr⟩ Pythagore m
Python ['py:tɔn] m ⟨~s; ~s⟩, **~schlange** f python m

Q

Q, q [kuː] *n* ⟨~; ~⟩ Q, q *m*
QbA *abr* (*Qualitätswein bestimmter Anbaugebiete*) V.D.Q.S. (vins délimités de qualité supérieure)
qcm, qkm, qm, qmm *cf* cm^2, km^2, m^2, mm^2
Quack|salber ['kvakzalbər] *m* ⟨~s; ~⟩ *péj* charlatan *m*; **~salbe'rei** *f* ⟨~; ~en⟩ *péj* charlatanisme *m*
Quaddel ['kvadəl] *f* ⟨~; ~n⟩ enflure *f*
Quader ['kvaːdər] *m* ⟨~s; ~ *ou österr* ~s; ~n⟩ **1.** *MATH* parallélépipède *m* rectangle; **2.** *CONSTR cf* **Quaderstein**; **~stein** *m* pierre *f* de taille (équarrie)
Quadrant [kva'drant] *m* ⟨~s; ~en⟩ *MATH* quart *m* de cercle; quadrant *m*
Quadrat [kva'draːt] *n* **1.** ⟨~(e)s; ~e⟩ *GEOMETRIE* carré *m*; **drei Meter im ~** carré de trois mètres de côté; *MATH* **ins ~ erheben** élever au carré; **2.** ⟨~(e)s; ~en⟩ *TYPO* cadrat *m*
qua'dratisch *adj* carré; *MATH* (*im Quadrat*) quadratique; **~e Gleichung** équation *f* du second degré
Qua'drat|kilometer *m* kilomètre carré; **~latschen** F *pl* **1.** (*große Füße*) F grands panards, **2.** (*große Schuhe*) F croquenots *m/pl*; F godillots *m/pl*; **~meter** *m od n* mètre carré; **~schädel** F *m* **1.** *Kopf* F caboche carrée; **2.** *Mensch* F tête *f* de mule
Quadra'tur *f* ⟨~; ~en⟩ *ASTR*, *MATH* quadrature *f*; *st/s fig* **die ~ des Kreises** la quadrature du cercle
Qua'drat|wurzel *f* *MATH* racine carrée (*aus* de); **~zahl** *f* nombre carré; **~zentimeter** *m od n* centimètre carré
qua'drieren *v/t* ⟨*pas de ge-*, h⟩ *MATH* élever au carré
Quadriga [kva'driːga] *f* ⟨~; -gen⟩ quadrige *m*
Quadrille [ka'drɪljə] *f* ⟨~; ~n⟩ quadrille *m*
quadro ['kvadro] F, **quadro|phon** [kvadro'foːn] *adj* tétraphonique; **♀pho'nie** *f* ⟨~⟩ tétraphonie *f*
quak [kvaːk] *int Frosch* coa!; *Ente* couin!
'quaken *v/i* ⟨h⟩ *Frosch* coasser; *Ente* cancaner; faire couin, couin
quäken ['kvɛːkən] *v/i* ⟨h⟩ *Stimme* glapir; *Kleinkind* F piailler; *klagend* couiner; *dauernd* criailler; *Radio etc* glapir
Quäker(in) ['kvɛːkər(ɪn)] *m* ⟨~s; ~⟩ (*f*) ⟨~; ~nen⟩ quaker, -keresse *m,f*
Qual [kvaːl] *f* ⟨~; ~en⟩ tourment *m*; torture *f*; supplice *m*; (*Leidensweg*) calvaire *m*; **die ~ der Wahl** l'embarras *m* du choix; **die Reise war eine (einzige) ~ (für mich)** ce voyage a été un (vrai) supplice (pour moi)
quälen ['kvɛːlən] **I** *v/t a fig* tourmenter; (*foltern*) torturer; *Sorgen etc* obséder; tracasser; (*belästigen*) 'harceler; **II** *v/réfl* **sich ~** (*Schmerzen haben*) souffrir le martyre; être au supplice; (*sich abmühen*) se donner bien du mal, de la peine; (*mühsam vorankommen*) avancer péniblement; peiner
'quälend *adj* qui tourmente; *Sorgen*, *Reue etc* obsédant; lancinant; *Schmerz* atroce; **~er Schmerz** *a* supplice *m*
Quäle'rei *f* ⟨~; ~en⟩ supplice *m*; torture *f*
'Quälgeist F *m* F casse-pieds *m*
Qualifi|kation [kvalifikatsi'oːn] *f* ⟨~; ~en⟩ qualification *f*; (*Befähigung*) aptitude *f*; compétence *f*; **~kati'onsspiel** *m* match *m* de qualification
qualifizieren [kvalifi'tsiːrən] *v/t* ⟨*u v/réfl*⟩ (*pas de ge-*, h) **(sich) (für etw) ~** (se) qualifier (pour qc)
Qualität [kvali'tɛːt] *f* ⟨~; ~en⟩ qualité *f*
qualita'tiv I *adj* qualitatif, -ive; **II** *adv* qualitativement
Quali'täts|arbeit *f* travail *m* de qualité; **♀bewußt** *adj* conscient de la qualité; **~kontrolle** *f* contrôle *m* de (la) qualité; **~minderung** *f* baisse *f* de la qualité; **~unterschied** *m* différence *f* de qualité; **~ware** *f* marchandise *f* de choix; **~wein** *m* vin *m* de qualité
Qualle ['kvalə] *f* ⟨~; ~n⟩ méduse *f*
Qualm [kvalm] *m* ⟨~(e)s; ~⟩ fumée épaisse; bouffées *f/pl* de fumée
'qualmen ⟨h⟩ **I** F *v/t* (*rauchen*) F griller; **II** *v/i* **1.** répandre une fumée épaisse; *Fackel* fumer; **2.** F (*rauchen*) F fumer comme un sapeur, une locomotive
'qualvoll *adj* très douloureux, -euse; *p/fort* cruel, -elle; atroce
Quant [kvant] *n* ⟨~s; ~en⟩ *PHYS* quantum *m*
'Quanten F *pl* (*Füße*) F (grands) panards *m/pl*; (*Schuhe*) F godasses *f/pl*; *große* F croquenots *m/pl*; F godillots *m/pl*
'Quanten|mechanik *f* *PHYS* mécanique *f* quantique; **~sprung** *m* saut *m* quantique; **~theorie** *f* ⟨~⟩ théorie *f* quantique, des quanta
Quanti'tät *f* ⟨~; ~en⟩ quantité *f*
quantita'tiv I *adj* quantitatif, -ive; **II** *adv* quantitativement
'Quantum *n* ⟨~s; -ten⟩ (*Anteil*) portion *f*, part *f* (**an** [+ *dat*] de)
Quappe ['kvapə] *f* ⟨~; ~n⟩ **1.** (*Aal♀*) lotte *f*; **2.** (*Kaul♀*) têtard *m*
Quarantäne [karan'tɛːnə] *f* ⟨~; ~n⟩ quarantaine *f*; **unter ~** (*acc*) **stellen** mettre en quarantaine; **unter ~** (*dat*) **stehen** être en quarantaine
Quaran'tänestation *f* lazaret *m*
Quargel ['kvargəl] *m* ⟨~s; ~⟩ *österr* petit fromage maigre à odeur forte
Quark¹ [kvark] *m* ⟨~s⟩ **1.** *CUIS* fromage blanc; **2.** F *fig cf* **Quatsch**
Quark² *n* ⟨~s; ~s⟩ *PHYS* quark *m*
'Quarkspeise *f* dessert *m* à base de fromage blanc
Quart¹ [kvart] *n* ⟨~(e)s⟩ *TYPO* in-quarto *m*
Quart² *f* ⟨~; ~en⟩ *MUS*, *SPORT* quarte *f*
Quarta ['kvarta] *f* ⟨~; -ten⟩ *in Deutschland regional* troisième, *österr* quatrième année de l'enseignement secondaire
Quartal [kvar'taːl] *n* ⟨~s; ~e⟩ trimestre *m*
Quar'tals... *in Zssgn* trimestriel, -ielle; **~säufer** F *m personne qui a des crises d'ivrognerie*
quar'tal(s)weise *adv* par trimestre
Quar'taner(in) *m* ⟨~s; ~⟩ (*f*) ⟨~; ~nen⟩ *in Deutschland regional* élève *m,f* de troisième, *österr* de quatrième année de l'enseignement secondaire
Quartär [kvar'tɛːr] *n* ⟨~s⟩ *GEOL* quaternaire *m*
'Quartband *m* (volume *m*) in-quarto
'Quarte *f* ⟨~; ~n⟩ *MUS* quarte *f*
Quartett [kvar'tɛt] *n* ⟨~(e)s; ~e⟩ **1.** *MUS* quatuor *m*; **2.** *fig* bande *f* des quatre; **3.** *METRIK* quatrain *m*; **4.** *KARTENSPIEL* jeu de cartes qui consiste à réunir des carrés; *vier gleiche Karten* carré *m*
'Quartformat *n* ⟨~(e)s⟩ format *m* in-quarto
Quartier [kvar'tiːr] *n* ⟨~s; ~e⟩ **1.** (*Unterkunft*) logement *m*; *MIL a* quartiers *m/pl*; cantonnement *m*; **~ nehmen** *od* **beziehen** loger (**bei j-m** chez qn; **im Hotel** *a* descendre (à l'hôtel); **2.** *schweiz, österr* (*Stadtviertel*) quartier *m*
Quarz [kvarts] *m* ⟨~s; ~e⟩ quartz *m*; **~gestein** *n* roche quartzeuse; **~glas** *n* ⟨~es⟩ verre quartzeux; **♀haltig** *adj* quartzifère; quartzeux, -euse
Quarzit [kvar'tsiːt] *m* ⟨~s; ~e⟩ quartzite *m*
'Quarz|lampe *f* lampe *f* à (tube de) quartz; **~steuerung** *f* *ÉLECT*, *e-r Uhr* commande *f* (de fréquence) par quartz; **~uhr** *f* montre *f* à quartz
quasi ['kvaːzi] *adv* pour ainsi dire; F quasiment
quasseln ['kvasəln] F *v/i u v/t* ⟨-ßle *ou* -ssele, h⟩ jacasser
'Quasselstrippe F *f* **1.** *péj Person* moulin *m* à paroles; **2.** *plais* (*Telefon*) F bigophone *m*
Quaste ['kvastə] *f* ⟨~; ~n⟩ **1.** (*Puder♀*) 'houppe(tte) *f*; **2.** (*Troddel*) gland *m*; pompon *m*
Quästor ['kvɛ(ː)stor] *m* ⟨~s; -'toren⟩ **1.** *HIST* questeur *m*; **2.** *schweiz* trésorier *m* (d'une association)
Quatsch [kvatʃ] F *m* ⟨~(e)s⟩ *Handlung*, *Äußerung* bêtise(s) *f/pl*; F connerie(s)

f(pl); **~ reden** F dire une connerie, des conneries; **das ist ~!** F c'est du flan!; **mach keinen ~!** ne fais pas de bêtise, F de connerie!

'**quatschen** F ⟨h⟩ **I** *v/t* F sortir; *Unsinn* **~** F sortir des âneries; **II** *v/i* **1.** (*klatschen*) papoter; cancaner; **2.** (*dummes Zeug reden*) dire des sottises, âneries; F déconner

'**Quatschkopf** F *m* (*Schwätzer*) F moulin *m* à paroles; (*Dummkopf*) crétin(e) *m(f)*

Quebec [kvi'bɛk] *n* ⟨→ n/pr⟩ *Land* le Québec; *Stadt* Québec

Quecke ['kvɛkə] *f* ⟨~; ~n⟩ BOT chiendent *m*

Quecksilber ['kvɛkzɪlbər] *n* mercure *m*; *a fig* vif-argent *m*; **₂haltig** *adj* qui contient du mercure; *sc* mercuriel, -ielle; **~säule** *f* colonne *f* de mercure; **~vergiftung** *f* intoxication *f* par le mercure

'**quecksilb(e)rig** *adj* **1.** mercuriel, -ielle; **2.** *fig* vif, vive

Quell *poét m* ⟨~(e)s, ~e⟩ source *f*; *ein ~ der Jugend* une fontaine de jouvence

'**Quellbewölkung** *f* (amoncellement *m* de) cumulus *m/pl*

Quelle ['kvɛlə] *f* ⟨~; ~n⟩ source *f* (*a fig*); fontaine *f*; (*Öl~*) puits *m*; (*Ursprung*) origine *f*; F *fig an der ~ sitzen* être bien placé (pour obtenir, savoir, *etc* qc); *wie aus zuverlässiger ~ verlautet, ...* comme nous l'apprenons de source sûre, autorisée ...; F *für Jeans habe ich e-e gute ~* j'ai une bonne adresse pour les jeans

quellen[1] *v/i* ⟨quillt, quoll, gequollen, sein⟩ *Wasser etc* jaillir; *in großer Menge* couler, s'écouler à gros bouillons; *ihm quollen die Augen* (*fast*) *aus dem Kopf* les yeux lui sortaient de la tête

quellen[2] **I** *v/t* ⟨quellt, quellte, gequellt, h⟩ *Erbsen, Bohnen etc* faire gonfler; **II** *v/i* ⟨quillt, quoll, gequollen, sein⟩ *Erbsen, Bohnen, Holz* gonfler; *Karton, Holz etc* (se) gondoler; *Wolken* s'amonceler; *Erbsen etc* **~ lassen** faire tremper

'**Quellen|angabe** *f* indication *f* des sources; références *f/pl*; **~forschung** *f* recherche *f* des sources; **~nachweis** *m cf* **Quellenangabe**, **~steuer** *f* impôt prélevé à la source; **~studium** *n* étude *f* des sources

'**Quell|fluß** *m* source *f*; **~gebiet** *n* région *f* des sources; **~wasser** *n* ⟨~s; ~⟩ eau *f* de source

Quendel ['kvɛndəl] *m* ⟨~s; ~⟩ BOT serpolet *m*

Quenge'lei F *f* ⟨~; ~en⟩ F pleurnicheries *f/pl*; (*Nörgelei*) F ronchonnements *m/pl*

'**queng(e)lig** F *adj* F pleurnichard; F grognon, -onne; (*nörgelnd*) F ronchonneur, -euse

quengeln ['kvɛŋəln] F *v/i* ⟨-(e)le, h⟩ F pleurnicher; *Kind* a F grogner; (*nörgeln*) F ronchonner

Quentchen ['kvɛntçən] *st/s n* ⟨~s; ~⟩ a *fig* soupçon *m*; *fig ein ~ Hoffnung* une lueur d'espoir

quer [kve:r] *adv* (*schief*) de travers; (*von e-r Längsachse abweichend*) en travers (de); (*diagonal*) en diagonale; **~ durch**, **~ über** (+*acc*) à travers, *cf* a *Garten*

'**Quer|achse** *f* axe transversal; **~balken** *m* **1.** CONSTR poutre transversale; traverse *f*; **2.** HERALDIK barre *f*

quer'beet *adv* sans but; pêle-mêle

quer'durch *adv* à travers

'**Quere** *f* ⟨~⟩ *der ~ nach* transversalement; (*schräg*) en biais; F *j-m in die ~ kommen* a *fig* être sur le chemin de qn; *fig* contrecarrer, contrarier les projets, desseins de qn; F *es ist ihm etwas in die ~ gekommen* il a eu un contretemps, un empêchement

'**Quer|einsteiger(in)** *m* ⟨~s; ~⟩ (*f* ⟨~; ~nen⟩) *im Studium, beruflich* personne *f* qui change de cap; **~einstieg** *m im Studium, Beruf* changement *m* de cap

Querele [kve're:lə] *st/s f* ⟨~; ~n⟩ divergence *f* (*um* au sujet, à propos de)

'**querfeld'ein** *adv* à travers champs

'**Querfeld'ein|lauf** *m* cross-country *m*; **~rennen** *n* cyclo-cross *m*

'**Quer|flöte** *f* flûte traversière; **~format** *n* format *m* oblong; *t/t* format *m* à l'italienne; **₂gestreift** *adj* à rayures transversales; **~kopf** F *m* forte tête; **₂köpfig** F *adj* qui a l'esprit de travers; **~latte** *f* barre transversale; SPORT barre *f*; transversale *f*; **₂legen** F *v/réfl* ⟨*sép*, -ge-, *sich* **~** se buter; se braquer; **~linie** *f* ligne transversale; **~paß** *m* SPORT transversale *f*; **~richtung** *f* sens *m* de la largeur; **₂schießen** F *v/i* ⟨*irr, sép*, -ge-, h⟩ F mettre des bâtons dans les roues; **~schiff** *n* ARCH transept *m*; **~schläger** *m* MIL ricochet *m*

'**Querschnitt** *m* **1.** section *f*, coupe *f* (transversale); profil *m*; **2.** SPORT vue *f* en coupe; profil *m*; **3.** *fig* (*Überblick*) aperçu *m*; *ein repräsentativer ~ durch die Bevölkerung* un échantillon représentatif de la population

'**querschnitt(s)|gelähmt** *adj* paraplégique; **₂gelähmte(r)** *f(m)* ⟨→ A⟩ paraplégique *m,f*; **₂lähmung** *f* paraplégie *f*

'**Quer|straße** *f* rue transversale; **~streifen** *m* bande, raie transversale; **~strich** *m* barre *f*; **~summe** *f* somme *f* des chiffres d'un nombre; **~treiber** F *m* intrigant *m(f)*; empêcheur, -euse *m,f* de danser en rond

Querulant(in) [kveru'lant(in)] *m* ⟨~en; ~en⟩ (*f* ⟨~; ~nen⟩ *péj* râleur, -euse *m,f*; F rouspéteur, -euse *m,f*

'**Quer|verbindung** *f* TECH *etc* liaison transversale; *fig* lien *m*; **~verweis** *m in e-m Text* renvoi *m* (*auf* [+*acc*] à)

Quetsche[1] ['kvɛtʃə] *f* ⟨~; ~n⟩ *regional* presse *f*; (*Kartoffel~*) presse-purée *m*

'**Quetsche**[2] *f* ⟨~; ~n⟩ *regional* (*Zwetsche*) quetsche *f*

'**quetschen** ⟨h⟩ **I** *v/t* **1.** (*pressen*) presser; pressurer; *zu Brei* écraser; *Kartoffeln* mettre en purée; **2.** MÉD meurtrir; contusionner; **3.** (*unterbringen*) tasser; F fourrer; F *etw in die hinterste Ecke* **~** F caser qc tout au fond; *sich* (*dat*) *die Finger in der Tür* **~** se coincer les doigts dans la porte; **II** *v/réfl* **sich in, durch etw** (*acc*) **~** entrer de force dans, se frayer un passage à travers qc

'**Quetsch|falte** *f* pli plat; **~kartoffeln** *f/pl regional* purée *f* de pommes de terre; **~kommode** F *f* accordéon *m*

'**Quetschung** *f* ⟨~; ~en⟩ MÉD contusion *f*; meurtrissure *f*

Queue [kø:] *n* ⟨~s; ~s⟩ BILLARD queue *f* (de billard)

quicklebendig ['kvɪklə'bɛndɪç] F *adj* vif, vive; alerte

quiek [kvi:k] *int* cuic!

'**quiek(s)en** *v/i* ⟨h⟩ pousser de petits cris aigus; F couiner; *vor Vergnügen* **~** glousser de plaisir

Quietis|mus [kvie'tɪsmʊs] *m* ⟨~⟩ REL quiétisme *m*; **₂tisch** *adj* quiétiste

quietsch|en ['kvi:tʃən] *v/i* ⟨h⟩ *Tür, Bremse etc* grincer; **~ver'gnügt** F, **-fi'del** F *adj* gai comme un pinson; plein d'entrain

quillt [kvɪlt] *cf* **quellen**[1]

Quint [kvɪnt] *f* ⟨~; ~en⟩ *cf* **Quinte**

Quinta ['kvɪnta] *f* ⟨~; -ten⟩ *in Deutschland regional* deuxième, *österr* cinquième année de l'enseignement secondaire

Quin'taner(in) *m* ⟨~s; ~⟩ (*f* ⟨~; ~nen⟩ *in Deutschland regional* élève *m,f* de deuxième, *österr* de cinquième année de l'enseignement secondaire

'**Quinte** *f* ⟨~; ~n⟩ MUS, SPORT quinte *f*

Quintessenz *st/s f* quintessence *f*

Quintett [kvɪn'tɛt] *n* ⟨~(e)s; ~e⟩ MUS quintette *m*

Quirl [kvɪrl] *m* ⟨~(e)s; ~e⟩ **1.** CUIS batteur *m*; **2.** F *fig* tourbillon *m*

'**quirlen** *v/t* ⟨h⟩ battre

'**quirlig** *adj Person* qui ne tient pas en place; remuant; *p/fort* turbulent

quitt [kvɪt] F *adj* (*attribut*) quitte; *nun sind wir* **~** nous voilà quittes; *mit j-m* **~** *sein* être quitte envers qn

Quitte ['kvɪtə] *f* ⟨~; ~n⟩ *Frucht* coing *m*; *Baum* cognassier *m*

'**quittengelb** *adj* jaune comme un coing

quit'tieren *v/t* ⟨*pas de ge-*, h⟩ *e-e Rechnung* **~** (*schriftlich bestätigen*) acquitter une facture; *fig e-e Beleidigung mit e-m Lächeln* **~** répondre à une offense par un sourire; *den Dienst* **~** quitter, abandonner le service, sa fonction

'**Quittung** *f* ⟨~; ~en⟩ **1.** quittance *f*, reçu *m* (*über* [+*acc*]) pour); *e-e* **~** *ausstellen* (*lassen*) (se faire) établir une quittance, un reçu (*über* [+*acc*] pour); **2.** *fig* réponse *f*; *das ist die* **~** *für deine Unverschämtheit* c'est la récompense de, pour ton insolence

'**Quittungsblock** *m* ⟨~s; ~s *ou* -blöcke⟩ carnet *m* de quittances

Quiz [kvɪs] *n* ⟨~; ~⟩ quiz *m*; RAD *a* jeu *m* (radiophonique); TV *a* jeu (télévisé)

'**Quiz|master** F ['kvɪsmaːstər] *m* ⟨~s; ~⟩ animateur, -trice *m,f*; **~sendung** *f* émission *f* de jeux (radiophoniques *bzw* télévisés); quiz *m*

quoll [kvɔl] *cf* **quellen**[1]

Quote ['kvoːtə] *f* ⟨~; ~n⟩ (*Teilbetrag*) quote-part *f*; (*festgesetzte Menge*) quota *m*; contingent *m*; (*Prozentsatz*) taux *m*; pourcentage *m*

'**Quotenregelung** *f* contingentement *m* des postes réservés aux femmes

Quotient [kvotsi'ent] *m* ⟨~en; ~en⟩ quotient *m*

quo'tieren *v/t* ⟨*pas de ge-*, h⟩ coter; indiquer le cours de

R

R, r [ɛr] *n* ⟨~; ~⟩ R, r *m*
r. *abr* (*rechts*) à droite
RA *abr* (*Rechtsanwalt*) avocat *m*; *mit Namen* M^e (Maître)
Rabatt [ra'bat] *m* ⟨~(e)s; ~e⟩ COMM rabais *m*; remise *f*; réduction *f* (de prix); *e-n ~ (auf etw [acc]) geben* faire un rabais, une remise sur qc; *mit ~ verkaufen* vendre au rabais
Rabatte [ra'batə] *f* ⟨~; ~n⟩ JARD plate-bande *f*; bordure *f*
rabat'tieren *v/t* ⟨*pas de ge-*, h⟩ COMM *etw mit 20 Prozent ~* accorder un rabais, une remise de 20 pour cent sur qc; rabattre 20 pour cent du prix de qc
Ra'battmarke *f früher* timbre *m* d'escompte
Rabatz [ra'bats] F *m* ⟨~es⟩ (*Krach*) F boucan *m*; tapage *m*; (*heftiger Protest*) ~ *machen* F faire du foin
Rabauke [ra'baukə] F *m* ⟨~n; ~n⟩ vandale *m*; *cf* **Radaubruder**
Rabbi ['rabi] *m* ⟨~(s); Rab'binen *ou* ~s⟩ rabbin *m*; ~'nat *n* ⟨~(e)s; ~e⟩ rabbinat *m*
Rabbin|er [ra'bi:nər] *m* ⟨~s; ~⟩ rabbin *m*; ⁓**isch** *adj* rabbinique
Rabe ['ra:bə] *m* ⟨~n; ~n⟩ corbeau *m*; *fig weißer ~* merle blanc; *stehlen wie ein ~* être voleur comme une pie; F *schwarz wie die ~n* (*schmutzig*) crotté
'Raben|aas P *n* ⟨~es; ~äser⟩ *Schimpfwort* ordure *f*; charogne *f*; Mann a fumier *m*; ~**eltern** *pl* parents dénaturés; ~**mutter** *f* ⟨~; -mütter⟩ mère dénaturée; mauvaise mère; *p*/*fort* marâtre *f*
'raben'schwarz *adj* noir comme un corbeau, comme (du) jais; ~**er Tag** mauvais jour; jour bien triste
'Rabenvater *m* père dénaturé; mauvais père
rabiat [rabi'a:t] *adj* **1.** (*gewalttätig*) violent; (*roh*) brutal; ~ *werden* devenir agressif, violent; **2.** (*wütend*) furieux, -ieuse
Rache ['raxə] *f* ⟨~⟩ vengeance *f*; *fürchterliche ~* vengeance atroce; *aus ~ für etw* pour se venger de qc; *~ üben* se venger; (*an j-m*) *~ nehmen* se venger (de qn); *exercer sa vengeance sur qn; ~ für etw nehmen* tirer vengeance, se venger de qc; *an j-m für etw ~ nehmen* se venger de qc sur qn; *st*/*s auf (acc) sinnen* méditer une vengeance; ~ *schwören* jurer de se venger; *nach ~ schreien* crier vengeance; F *plais das ist die ~ des kleinen Mannes* c'est la revanche des faibles; *~ ist süß* il est doux de se venger
'Rache|akt *m* acte *m* de vengeance; ~**durst** *st*/*s* soif *f* de vengeance; ⁓**durstig** *st*/*s adj* assoiffé de vengeance;

~**engel** *m* ange vengeur; ~**gedanke** *f* idée vengeresse; ~**gefühl** *n* sentiment *m* de vengeance; rancune *f*; ~**göttin** *f* déesse *f* de la vengeance
Rachen ['raxən] *m* ⟨~s; ~⟩ **1.** ANAT arrière-bouche *f*; sc pharynx *m*; *par ext* gorge *f*; gosier *m*; **2.** ZO (*Maul*) gueule *f*; F *j-m den ~ stopfen* F clouer le bec à qn; F *j-m etw in den ~ werfen* jeter qc en pâture à qn; **3.** *fig* (*Abgrund*) gouffre *m*; gueule *f*
rächen ['rɛçən] ⟨h⟩ I *v/t* venger; II *v/t*/*réfl* **1.** *sich ~* se venger; *sich an j-m ~* se venger, tirer vengeance de qn; *sich für etw ~* se venger de qc; *sich für etw an j-m ~* se venger de qc sur qn; **2.** *fig das wird sich ~* cela se payera; cela aura des conséquences fâcheuses
'Rachen|entzündung *f* MÉD pharyngite *f*; ~**höhle** *f* ANAT pharynx *m*; ~**katarrh** *m* MÉD pharyngite *f*; ~**laut** *m* PHON (consonne *f*) pharyngale *f*; ~**mandel** *f* ANAT amygdale *f*; ~**putzer** F *m* ⟨~s; ~⟩ *Wein* piquette *f*; *Schnaps* tord-boyaux *m*
'Rächer(in) *m* ⟨~s; ~⟩ (*f*) ⟨~; -nen⟩ vengeur *m*, vengeresse *f*
'Rach|gier *f* soif *f* de vengeance; ⁓**gierig** *adj* vindicatif, -ive
Rachitis [ra'xi:tɪs] *f* ⟨~⟩ ⟨~; -'tiden⟩ rachitisme *m*; ⁓**isch** *adj* rachitique
'Rach|sucht *f* cf **Rachgier**, ⁓**süchtig** *cf* **rachgierig**
Racker ['rakər] *m* ⟨~s; ~⟩ *Junge* (petit) polisson *m*, garnement *m*; *Mädchen* (petite) polissonne *f*, chipie *f*
'rackern F *v/i* ⟨-(e)re, h⟩ F trimer; F se crever au boulot
Racket ['rɛkət] *n* ⟨~s; ~s⟩ raquette *f* (de tennis)
Rad [ra:t] *n* ⟨~(e)s; ~er⟩ **1.** roue *f*; *das ~ der Geschichte* la roue du temps; *fig das fünfte ~ am Wagen sein* être la cinquième roue du carrosse; HIST *aufs ~ flechten* rouer; *unter die Räder kommen e-s Autos* se faire écraser; F *fig* aller à sa perte; sombrer; *finanziell* F faire la culbute; *moralisch* mal tourner; **2.** (*Fahrrad*) bicyclette *f*; vélo *m*; *mit dem ~ fahren* aller à bicyclette, en vélo; **3.** SPORT, *a Pfau ein ~ schlagen* faire la roue
Rad... *cf a* **Fahrrad...**
'Rad|abstand *m* écartement *m* des roues; ~**achse** *f* essieu *m*
Radar [ra'da:r] *n od m* ⟨~s; ~s *ou* ~e⟩ radar *m*; ~**anlage** *f* (installation *f* de) radar *m*; ~**falle** *f* contrôle-radar (non signalé); ⁓**gelenkt** *adj* guidé par radar; ~**gerät** *n* (appareil *m*) radar *m*; ~**kontrolle** *f* contrôle-radar *m*; ~**netz** *n* chaîne *f* de radars; ~**schirm** *m* écran

m radar; ~**station** *f* station *f* radar; ~**steuerung** *f* pilotage *m* par *od* au radar; ~**system** *n* système *m* radar; ~**technik** *f* ⟨~⟩ technique *f* (du) radar; ~**techniker** *m* radariste *m*; ~**wagen** *m* voiture-radar *f*
Radau [ra'dau] F *m* ⟨~s⟩ F boucan *m*; F raffut *m*; chahut *m*; potin *m*; *~ machen* F faire du boucan, *etc*
Ra'daubruder F *m* (*Krachmacher*) chahuteur *m*; (*Raufbold*) bagarreur *m*
'Radaufhängung *f* AUTO suspension *f*
Ra'daumacher *m* cf **Radaubruder**
'Radball *m* ⟨~(e)s⟩ polo-vélo *m*
Rädchen ['rɛːtçən] *n* ⟨~s; ~⟩ petite roue; roulette *f* (*a Teig*⟨⟩); F *fig nur ein ~ im Getriebe sein* n'être qu'un simple rouage (de la machine)
'Raddampfer *m* bateau *m* (à vapeur) à aubes
radebrechen ['ra:dəbrɛçən] *v/i* ⟨*u v/t*⟩ ⟨radebrecht, radebrechte, geradebrecht, h⟩ (*e-e Sprache*) *~* écorcher, baragouiner une langue; parler petit nègre; (*in*) *Französisch ~* parler français comme une vache espagnole
'radeln F *v/i* ⟨-(e)le, sein⟩ (*mit dem Rad fahren*) faire du vélo; *in e-e bestimmte Richtung* aller en vélo, à bicyclette
Rädelsführer(in) ['rɛːdəlsfyːrər(m)] *m*(*f*) *e-r* Verschwörung instigateur, -trice *m*,*f*; *e-r Bande* chef *m*; *e-s Streiks etc* meneur, -euse *m*,*f*
rädern ['rɛːdərn] *v/t* ⟨-(e)re, h⟩ **1.** HIST rouer; **2.** *fig wie gerädert sein* être rompu (de fatigue), F vanné, F crevé
'Räderwerk *n a fig* rouage *m*; engrenage *m*; *fig ins ~ der Justiz geraten* être pris dans les mailles de la justice
'radfahren *v/i* ⟨*irr, sép* (er fährt Rad), -ge-, sein⟩ **1.** (*mit dem Rad fahren*) faire du vélo; *in e-e bestimmte Richtung* aller à bicyclette, en vélo; **2.** F péj faire de la lèche; F fayoter
'Rad|fahrer(in) *m*(*f*) **1.** cycliste *m*,*f*; **2.** F péj lèche-bottes *m*; ~**fahrweg** *m* piste *f* cyclable; ~**felge** *f* jante *f* (de bicyclette)
Radi ['raːdi] *m* ⟨~s; ~⟩ österr, südd radis blanc
radi'al *adj* radial
Radi'alreifen *m* pneu *m* à carcasse radiale
Radiant [radi'ant] *m* ⟨~en; ~en⟩ MATH radian *m*
Radiator [radi'a:tɔr] *m* ⟨~s; -'toren⟩ radiateur *m*
Radicchio [ra'dɪkio] *m* ⟨~s⟩ salade *f* de Trévise
radieren [ra'di:rən] *v/t* ⟨*pas de ge-*, h⟩ **1.** (*aus~*) effacer (à la gomme); gommer; **2.** KUNST graver à l'eau-forte

Ra'dier|gummi *m* gomme *f*; **~messer** *n* grattoir *m*; **~nadel** *f* échoppe *f*; pointe *f* (de graveur)
Ra'dierung *f* ⟨~; ~en⟩ (gravure *f* à l')eau-forte *f*
Radieschen [ra'di:sçən] *n* ⟨~s; ~⟩ (petit) radis *m*; F fig (*sich* [*dat*]) *die ~ von unten betrachten* F manger les pissenlits par la racine
radikal [radi'ka:l] *adj* (*durchgreifend*) radical; *Maßnahme a* draconien, -ienne; *POL* extrémiste
Radikal [radi'ka:l] *n* ⟨~s; ~e⟩ *CHIM* radical *m*
Radi'kale(r) *f(m)* ⟨→A⟩ *POL* extrémiste *m,f*
Radi'kalenerlaß *m* ⟨-sses⟩ DEUTSCHLAND décret excluant de la fonction publique toute personne ayant des opinions extrémistes
Radikalinski [radika'lınski] F péj *m* ⟨~s; ~s⟩ extrémiste *m,f*; (*Linksradikale[r]*) F gaucho *m*; (*Rechtsradikale[r]*) F facho *m*
radikali'sieren *v/t* ⟨*pas de ge-*, h⟩ radicaliser
Radika'l|ismus *m* ⟨~; -men⟩ extrémisme *m*; **~i'tät** *f* ⟨~⟩ caractère radical
Radi'kalkur *f* MÉD, fig cure radicale
Radikand [radi'kant] *m* ⟨~en; ~en⟩ MATH nombre *m*, quantité *f* sous le radical
Radio ['ra:dio] *n* ⟨~s; ~s⟩ **1.** (*pas de pl*) (*Rundfunk*) radiodiffusion *f*; radio *f*; *~ hören* écouter la radio; *etw im ~ hören* entendre qc à la radio; *im ~ übertragen* radiodiffuser; **2.** (*Gerät*) radio *f*
radioaktiv [radio?ak'ti:f] *adj* radioactif, -ive; **²i'tät** *f* ⟨~⟩ radioactivité *f*
'Radioapparat *m* (poste *m* de) radio *f*
Radio|astronomie [radio?astrono'mi:] *f* radioastronomie *f*; **~che'mie** *f* radiochimie *f*
'Radio|durchsage *f* communiqué radiophonique, radiodiffusé; **~gerät** *n* récepteur *m* radio; (poste *m* de) radio *f*
Radio|gramm [radio'gram] *n* OPT, PHYS radiogramme *m*; **~'loge** *m* ⟨~n; ~n⟩, **~'login** *f* ⟨~; ~nen⟩ MÉD radiologue *od* radiologiste *m,f*; **~lo'gie** *f* ⟨~⟩ MÉD radiologie *f*; **²'logisch** *adj* MÉD radiologique; **~'meter** *n* ⟨~s; ~⟩ PHYS radiomètre *m*
'Radio|recorder *m* radiocassette *m od f*; **~röhre** *f* lampe *f*, tube *m* de T.S.F., de radio; **~sender** *m* station *f* de radio; **~sendung** *f* émission *f* radiophonique
'Radiosonde *f* MÉTÉO radiosonde *f*
'Radio|tele'skop *n* ASTR radiotélescope *m*; **~thera'pie** *f* MÉD radiothérapie *f*
'Radio|wecker *m* radioréveil *m*; **~welle** *f* onde *f* radio-électrique, de radiodiffusion; onde 'hertzienne
Radium ['ra:diʊm] *n* ⟨~s⟩ CHIM radium *m*
Radius ['ra:diʊs] *m* ⟨~; -ien⟩ MATH rayon *m*
'Rad|kappe *f* chapeau *m* de roue; *zur Verzierung* enjoliveur *m*; **~kasten** *m* carter *m* (de la roue); **~kranz** *m* jante *f*
'Radler F *m* ⟨~s; ~⟩ **1.** (*Radfahrer*) cycliste *m*; **2.** *cf* **Radlermaß**
'Radler|in *f* ⟨~; ~nen⟩ cycliste *f*; **~hose** *f* COUT cycliste *m*; **~maß** *f* bes südd Getränk panaché *m*
'Rad|mantel *m* pneu *m*; **~nabe** *f* moyeu *m* (de roue)

Radon ['ra:dɔn] *n* ⟨~s⟩ CHIM radon *m*
'Rad|rennbahn *f* vélodrome *m*; piste *f*; **~rennen** *n* course *f* cycliste; **~rennfahrer(in)** *m(f)* coureur *m* cycliste; **²schlagen** *v/i* ⟨*irr*, *sép*⟩ (er schlägt Rad), -ge-, h⟩ faire la roue; **~sport** *m* cyclisme *m*; **~sportler(in)** *m(f)* cycliste *m,f*; **~stand** *m* beim Auto empattement *m*; **~tour** *f* excursion *f*, kleinere tour *m* à bicyclette; **~wanderer** *m* cyclotouriste *m*; **~wanderung** *f* randonnée *f* à bicyclette; cyclotourisme *m*; **~wechsel** *m* changement *m* de roue; **~weg** *m* piste *f* cyclable
RAF [ɛrʔa:'ʔɛf] ⟨~⟩ *abr* (*Rote-Armee-Fraktion*) *POL* *die* ~ la Fraction Armée Rouge
raffen ['rafən] *v/t* ⟨h⟩ **1.** (*weg-*) (*an sich* [*acc*]) ~ ramasser en vitesse; emporter; enlever; **2.** *Kleid* relever; retrousser; COUT draper; **3.** *Zeit*, *Text* raccourcir; *Handlung* comprimer; **4.** F (*verstehen*) ⓅF piger
'Raff|gier *f* cupidité *f*; *pl/fort* rapacité *f*; **²gierig** *adj* cupide; *pl/fort* rapace
Raffinade [rafi'na:də] *f* ⟨~; ~n⟩ sucre *m* raffiné
Raffinerie [rafinə'ri:] *f* ⟨~; ~n⟩ raffinerie *f*
Raffinesse [rafi'nɛsə] *f* ⟨~; ~n⟩ **1.** (*Durchtriebenheit*) ruse *f*, astuce *f*; **2.** ⟨*souvent pl*⟩ *in der Ausstattung* raffinement *m*; subtilités *f/pl*
raffi'nieren *v/t* ⟨*pas de ge-*, h⟩ raffiner
raffi'niert *adj* **1.** *Plan etc* ingénieux, -ieuse; astucieux, -ieuse; *Mensch* rusé; malin, -igne; *~!* (*gekonnt*) F génial!; **2.** (*fein*) *Speise*, *Einrichtung etc* fin; subtil; *Kleidung* d'une élégance raffinée; **²heit** *f* ⟨~; ~⟩ **1.** (*Schlauheit*) ruse *f*; astuce *f*; **2.** (*Feinheit*) subtilité *f*
'Raffung *f* ⟨~⟩ **1.** COUT drapé *m*. **2.** *der Zeit*, *e-s Textes* raccourcissement *m*; *der Handlung* compression *f*
Rage ['ra:ʒə] F *f* ⟨~⟩ colère *f*; rage *f*; *in ~ sein* être furieux, -ieuse; *j-n in ~ bringen* mettre qn en rage; *in ~ kommen* se mettre en rage
ragen ['ra:gən] *v/i* ⟨h⟩ *aus dem Wasser ~* surgir de l'eau; *in etw* (*acc*) ~ vertikal se dresser, s'élever dans qc; *über etw* (*acc*) ~ surplomber qc
Raglan|ärmel ['raglan?ɛrməl] *m* manche *f* raglan; **~mantel** *m* raglan *m*
Ragout [ra'gu:] *n* ⟨~s; ~s⟩ CUIS ragoût *m*
Rah(e) ['ra:(ə)] *f* ⟨~; ~(e)n⟩ MAR vergue *f*
Rahm [ra:m] *m* ⟨~(e)s⟩ südd, österr, schweiz crème *f* (du lait); (*von etw*) *den ~ abschöpfen* écrémer qc; fig faire son beurre, se sucrer (avec qc)
rahmen ['ra:mən] *v/t* ⟨h⟩ *Bild*, *Foto etc* encadrer
Rahmen ['ra:mən] *m* ⟨~s; ~⟩ **1.** (*Bilder²*) etc cadre *m*; encadrement *m*; (*Fenster²*) etc châssis *m*; **2.** (*Fahrrad²*, *Motorrad²*) cadre *m*; (*Auto²*) châssis *m*; **3.** TECH socle *m*; bâti *m*; **4.** (*Stick²*) métier *m* (à broder); tambour *m*; TUCHWEBEREI rame *f*, **5.** fig cadre *m*; *e-r Veranstaltung e-n geeigneten ~ bieten* offrir le cadre approprié à un spectacle; *in großem, kleinem ~* sur une grande, petite échelle; *im ~ dieser Veranstaltung* dans le cadre de cette manifestation; *im ~ des Möglichen* dans le cadre des possibilités; dans la mesure du possible; *im ~ bleiben* ne pas sortir du cadre; *den ~ des Üblichen sprengen* briser, rompre, faire sauter le cadre des usages établis; *aus dem ~ fallen* sortir de l'ordinaire; (*unpassend sein*) être déplacé
'Rahmen|abkommen *n* accord-cadre *m*; contrat-cadre *m*; convention-type *f*; **~antenne** *f* antenne-cadre *f*; **~bedingung** *f* ⟨*souvent pl*⟩ condition *f* de base; **~bestimmung** *f* disposition *f* type, de base; **~erzählung** *f* récit-cadre *m*; **~gesetz** *n* loi-cadre *f*; **~handlung** *f* action *f* d'un récit-cadre; **~plan** *m* plan général, de base; **~programm** *n* programme *m* parallèle *od* supplémentaire; **~richtlinie** *f* directive générale
'Rahm|käse *m* fromage *m* à pâte molle (à forte teneur en matières grasses); **~soße** *f* sauce *f* à la crème
'Rahsegel *n* MAR voile carrée
Raimund ['raɪmʊnt] *m* ⟨→ *n/pr*⟩ Raymond *m*
Rain [raɪn] *m* ⟨~(e)s; ~e⟩ **1.** (*Feld²*) lisière *f* d'un champ; *par ext* (*Grenze*) limite *f*; bord *m*; **2.** südd, schweiz (*Abhang*) pente *f*; versant *m*
Rainer ['raɪnər] *m* ⟨→ *n/pr*⟩ Rainier *m*
räkeln ['rɛ:kəln] *cf* **rekeln**
Rakete [ra'ke:tə] *f* ⟨~; ~n⟩ fusée *f*; MIL missile *m*; roquette *f*; *e-e ~ abschießen* lancer une fusée; F fig *wie e-e ~* comme un bolide
Ra'keten|abschußbasis *f* base *f*, aire *f* de lancement (de fusées); **~abschußrampe** *f* rampe *f* de lancement (de fusées)
Ra'ketenantrieb *m* propulsion *f* *od* par fusée(s); *mit ~* propulsé par fusée
Ra'keten|flugzeug *n* avion-fusée *m*; **~stufe** *f* étage *m* d'une fusée; **~träger** *m* porteur *m* de missiles; **~triebwerk** *n* réacteur *m* à fusée; propulseur *m* à réaction; moteur-fusée *m*; **~werfer** *m* lance-roquettes *m*; lance-fusées *m*
Ralf [ralf] *m* ⟨→ *n/pr*⟩ Ralph *m*
Ralle ['ralə] *f* ⟨~; ~n⟩ ZO râle *m*
Rallye ['rali *ou* 'rɛli] *f* ⟨~; ~s⟩, schweiz *n* ⟨~s, ~s⟩ rallye *m*; *e-e ~ fahren* faire un rallye; participer à un rallye
'Rallyefahrer(in) *m(f)* pilote *m* de rallye
RAM [ram] *n* ⟨~(s); ~(s)⟩ INFORM *abr* (*random access memory*) mémoire vive
'Ramm|bock *m* CONSTR mouton *m*; HIST bélier *m*; **²dösig** F *adj* **1.** (*benommen*) abasourdi; étourdi; (*überreizt*) surexcité; **2.** (*blöd*) stupide; F abruti
Ramme ['ramə] *f* ⟨~; ~n⟩ CONSTR mouton *m*; *für Pfähle* sonnette *f*; pilon *m*; *zum Pflastern* 'hie *f*; demoiselle *f*; dame *f*
rammeln ['raməln] *v/i* ⟨-(e)le, h⟩ **1.** *Jägersprache* être en rut; s'accoupler; **2.** P (*koitieren*) P baiser
'rammen *v/t* ⟨h⟩ **1.** *etw in etw* (*acc*) ~ enfoncer qc dans qc; **2.** *Fahrzeuge* rentrer dans; tamponner; *von hinten* emboutir; *von der Seite* prendre en écharpe
'Ramm|ler *m* ⟨~s; ~⟩ lapin *m*, lièvre *m* mâle; **~sporn** *m* ⟨~(e)s; ~e⟩ *e-s Kriegsschiffs* éperon *m*
Rampe ['rampə] *f* ⟨~; ~n⟩ rampe *f*; (*Plattform*) plate-forme *f*
'Rampenlicht *n* ⟨~(e)s⟩ feux *m/pl* de la

rampe; *fig das ~ der Öffentlichkeit scheuen* fuir la publicité; *im ~ (der Öffentlichkeit) stehen* être en vedette, au premier plan
ramponieren [rampo'niːrən] F *v/t* ‹*pas de ge-*, h› endommager; abîmer; F esquinter
Ramsch [ramʃ] *m* ‹~(e)s; ~e› **1.** *péj (Plunder)* F camelote *f*; F saloperie *f*; **2.** *COMM* (marchandise *f* de) rebut *m*
'**ramschen** *v/t* ‹h› *péj* acheter (en bloc et) à vil prix
'**Ramsch**|**laden** F *péj m* bazar *m*; magasin *m* de pacotilles; **~ware** F *f cf Ramsch* 2.
ran [ran] F *adv* (*jetzt aber*) ~! (*beginnen wir*) on y va!; allez!; vas-y!; *~ an die Arbeit!* au boulot!; *~ an den Feind!* sus à l'ennemi!; *cf a* **heran**
Rand [rant] *m* ‹~(e)s; ~er› **1.** (*Grenze*) bord *m*; *e-s Walds* lisière *f*; *e-r Stadt* périphérie *f*; abords *m/pl*; banlieue *f*; *e-r Wunde, e-s Trichters* bords *m/pl*; lèvres *f/pl*; (*erhöhter ~*) rebord *m*; *bis an den od zum ~* à ras bord(s); jusqu'au(x) bord(s); au *od* à ras; *Glas bis zum ~ gefüllt* plein à ras bord(s); *am ~e erwähnen* faire remarquer, observer en passant; *am ~e der Verzweiflung sein* être au (bord du) désespoir; **2.** (*Einfassung*) bordure *f*; *der Brille* bord *m*; *in Büchern, Schriftstücken* marge *f*; *um die Augen* cerne *m*; *Papier mit schwarzem ~* bordé de noir; *etw an den ~ schreiben* écrire qc dans la marge; *er hat dunkle Ränder um die Augen* il a les yeux cernés; F *außer ~ und Band sein Kinder* en être déchaîné; F *vor Freude etc außer ~ und Band sein* exulter, ne plus se sentir de joie, *etc*; **3.** *fig mit etw zu ~e kommen* venir à bout de qc; **4.** F (*Mund*) *halt deinen ~!* F ferme-la!; F la ferme!; F boucle-la!
Randale [ran'daːlə] F *f* ‹~› bagarre *f*; *mit Sachbeschädigung* F casse *f*; *~ machen cf* **randalieren**
randa'lieren *v/i* ‹*pas de ge-*, h› **1.** (*lärmen*) faire du chahut; **2.** (*streiten*) provoquer une bagarre; **3.** (*zerstören*) faire de la casse; **⌂ierer** *m* ‹~s; ~› (*Schläger*) F bagarreur *m*; (*Zerstörer*) casseur *m*
'**Randausgleich** *m der Schreibmaschine* justification *f*
'**Randbemerkung** *f* note marginale, en marge; annotation *f* (en marge); *fig* remarque *f*; commentaire *m*; *etw mit ~en versehen* annoter qc; faire des annotations dans qc
Rande [ˈrandə] *f* ‹~; ~n› *schweiz* betterave *f* (rouge)
'**Rändel** [ˈrɛndəl] *n* ‹~s; ~› *TECH* molette *f*
'**rändeln** *v/t* ‹(-e)le, h› *TECH* faire un bord, mettre des bords à; *Schrauben* moleter; *Münzen* cordonner; créneler; **⌂rad** *n* (roue *f* à) molette *f*
'**Rand**|**erscheinung** *f* phénomène *m* secondaire, de second plan; **~figur** *f* personnage *m* secondaire, de second plan; **~gebiet** *n* **1.** *e-r Stadt* banlieue *f*; périphérie *f*; abords *m/pl*; *e-s Landes* région *f* limitrophe; **2.** *e-r Wissenschaft etc* domaine *m* annexe
'**Randgruppe** *f* groupe marginal; *bes POL* frange *f*; (*soziale*) **~n** marginaux *m/pl*

'**randlos** *adj Brille* avec monture non cerclée, invisible; *Papier* sans marge
'**Rand**|**stein** *m* bordure *f*, rebord *m* du trottoir; **~steller** *m* ‹~s; ~› *der Schreibmaschine* margeur *m*; **~streifen** *m e-r Straße* accotement *m*; *des Papiers* marge *f*; **~stück** *n* (*Anschnitt*) entame *f*; *bei Brot* croûton *m*; **~vermerk** *m* mention *f* en marge
'**randvoll** *adj* plein à ras bord(s), jusqu'au(x) bord(s)
'**Randzone** *f e-s Territoriums* zone *f* limitrophe; *e-r Großstadt* banlieue *f*; *der Gesellschaft etc* marge *f*
rang [raŋ] *cf* **ringen**
Rang [raŋ] *m* ‹~(e)s; ~e› **1.** (*Stellung*) rang *m*; (*Stand*) classe *f*; condition *f* (sociale); *MIL* grade *m*; *ersten ~es Künstler, Politiker etc* de premier ordre; éminent; *Hotel, Ereignis* de premier ordre; *Problem, Frage* **zweiten ~es** secondaire; *den ersten ~ einnehmen unter* (+*dat*) se placer au premier rang, se ranger en première ligne parmi; *e-e Persönlichkeit von hohem ~* une personnalité 'haut placée, éminente; *MIL* *e-n hohen ~ bekleiden* avoir un grade élevé; *alles, was ~ und Namen hatte* tous les gens très connus; *j-m den ~ ablaufen* supplanter, évincer, surpasser, éclipser qn; *j-m den ~ streitig machen* disputer la préséance à qn; *den ~ e-s ... haben* avoir rang de ...; *im ~ e rang de ...*; **2.** *THE* balcon *m*; *oberster* galerie *f*; **3.** *pl* **Ränge** *e-s Stadions* gradins *m/pl*
'**Rang**|**abzeichen** *n* insignes *m/pl* (de grade); **~älteste(r)** ‹→A› *der, die ~* le, la plus élevé(e) en grade
Range [ˈraŋə] *f* ‹~; ~n› *regional* (petit) polisson *m*, garnement *m*
'**rangehen** F *v/i* ‹*irr, sép*, -gé-, sein› F avoir du toupet; ne pas avoir froid aux yeux; *bei der Arbeit* F abattre du boulot; *in der Liebe* être un rapide; ne pas perdre de temps
'**rangeln** [ˈraŋəln] F *v/i* ‹h› (*miteinander*) *~* se bagarrer; *um etw ~* s'arracher qc
'**Rang**|**folge** *f* 'hiérarchie *f*; **~höchste(r)** ‹→A› *der, die ~* le, la plus 'haut placé(e) (dans une hiérarchie)
Ran'gierbahnhof *m* gare *f* de triage
rangieren [raŋˈʒiːrən] ‹*pas de ge-*, h› **I** *v/t Eisenbahnwagen* manœuvrer; faire changer de voie; trier; **II** *v/i* (*e-n Rang innehaben*) prendre rang, se placer (*vor* [+*dat*]) devant; *hinter* [+*dat*]) derrière; *an erster Stelle ~* avoir, tenir, occuper le premier rang; *Thema etc* être en première place
Ran'gier|**er** *m* ‹~s; ~› employé *m* du (service de) triage; **~gleis** *n* voie *f* de triage, de garage; **~lok(omotive)** *f* locomotive *f* de triage
'**Rang**|**liste** *f* classement *m* (*a SPORT*); *MIL* annuaire *m* militaire; **⌂mäßig** *adj u adv* selon, d'après, suivant le rang; **~ordnung** *f* 'hiérarchie *f*; ordre *m* hiérarchique; rang *m*; **~stufe** *f* degré *m*; échelon *m*; rang *m*; *MIL* grade *m*
'**ranhalten** *v/réfl* ‹*irr, sép*, -ge-, h› F *sich ~* (*sich beeilen*) se dépêcher; F se grouiller; (*nicht aufgeben*) F s'accrocher
rank [raŋk] *adj ~ und schlank* souple et agile

Ranke [ˈraŋkə] *f* ‹~; ~n› *BOT* vrille *f*; *der Weinrebe* sarment *m*
Ränke [ˈrɛŋkə] *st/s pl* intrigues *f/pl*; machinations *f/pl*; manigances *f/pl*; *~ schmieden* intriguer; se livrer à des machinations
'**ranken I** *v/i* ‹h *ou* sein› donner des vrilles, *Reben* des sarments; **II** *v/réfl* ‹h› *sich ~* grimper; *sich um etw ~* grimper le long de qc; s'entortiller autour de qc; *fig Legende etc* être tissé autour de qc
'**Ranken**|**gewächs** *n* plante grimpante; **~werk** *n ARCH* ornements *m/pl*
'**Ränke**|**schmied** *st/s m* intrigant *m*; **~spiel** *st/s n* intrigues *f/pl*
'**ranklotzen** F *v/i* ‹*sép*, -(e)t, -ge-, h› s'y mettre (sérieusement); y aller à bras raccourcis
'**rankommen** F *v/i* ‹*irr, sép*, -ge-, sein› **1.** (*näherkommen*) s'approcher (*an* [+*acc*] de); **2.** *fig an etw* (*acc*) *~* avoir qc; *an j-n ~* approcher qn
'**rankriegen** F *v/t* ‹*sép*, -ge-, h› *j-n mit etw ~ mit e-r Arbeit* (arriver à) refiler qc à qn; *j-n ~* (*j-n verantwortlich machen*) (arriver à) rejeter la responsabilité sur qn; (*j-n dazu bringen, für den Schaden aufzukommen*) (arriver à) faire payer à qn les pots cassés
'**ranlassen** F *v/t* ‹*irr, sép*, -ge-, h› *j-n ~* (*heranlassen*) laisser qn (s')approcher; *fachlich* laisser qn faire ses preuves; *sexuell* (accepter de) coucher avec qn
'**ranmachen** F *v/réfl* ‹*sép*, -ge-, h› *sich an e-e Frau ~* F faire du plat à une femme
rann [ran] *cf* **rinnen**
rannte [ˈrantə] *cf* **rennen**
Ranunkel [raˈnʊŋkəl] *f* ‹~; ~n› *BOT* renoncule *f*
Ranzen [ˈrantsən] *m* ‹~s; ~› **1.** (*Schul⌂*) sac *m* d'écolier; cartable *m*; **2.** F (*Bauch*) ventre *m*; F bedaine *f*
'**ranzig** [ˈrantsɪç] *adj* rance; ranci; *~ werden* rancir; **II** *adv ~ riechen* sentir le rance; *~ schmecken* avoir le goût de rance
Rap [rɛp] *m* ‹~(s); ~s› *MUS* rap *m*
rapid(e) [raˈpiːt (raˈpiːdə)] *adj* rapide
'**Rapmusik** *f* ‹~› musique *f* rap
Rappe [ˈrapə] *m* ‹~n; ~n› cheval noir; moreau *m*; *auf Schusters ~ reiten* F prendre le train onze; aller à pied
Rappel [ˈrapəl] F *m* ‹~s; ~› caprice *m*; lubie *f*; F toquade *f*; *e-n ~ haben* avoir *bzw* des lubie(s)
'**rapp(e)lig** F *adj* **1.** (*verrückt*) F cinglé; F piqué; **2.** (*nervös*) nerveux, -euse
'**rappeln** *v/i u v/imp* ‹-(e)le, h› (*klappern*) claquer; *Wecker* sonner; *bei ihm rappelt's* F il lui manque une case; F il est cinglé, piqué, toqué, marteau
'**rappelvoll** F *adj* F plein à craquer
Rappen [ˈrapən] *m* ‹~s; ~› *schweiz Währung* centime *m*
'**Rapper** [ˈrɛpər] *m* ‹~s; ~› *MUS* rappeur *m*
Rapport [raˈpɔrt] *m* ‹~(e)s; ~e› (*Bericht*), *a MIL* rapport *m*
Raps [raps] *m* ‹~es; ~e› colza *m*; '**~öl** *n* huile *f* de colza
Rapunzel [raˈpʊntsəl] *f* ‹~; ~n› *BOT* mâche *f*; doucette *f*
rar [raːr] *adj* rare; *COMM oft* recherché; *~ werden* se raréfier; F *sich ~ machen* se faire rare (comme les beaux jours)

Rari'tät *f* ⟨~; ~en⟩ rareté *f*; (objet *m* de) curiosité *f*
Rari'täten|kabinett *n* cabinet *m* de curiosités, de raretés; **~sammler** *m* collectionneur *m* de pièces rares; **~sammlung** *f* collection *f* de curiosités
rasant [ra'zant] **I** *adj* **1.** F *Tempo* vertigineux, -euse; F dingue; *Wagen, Frau qui a de la classe*; **2.** *BALLISTIK* rasant; **II** F *adv* à une vitesse folle, vertigineuse; **~ fahren** F rouler à fond la caisse; *die Bevölkerung nimmt ~ zu* la population s'accroît à une vitesse vertigineuse
Ra'sanz *f* ⟨~⟩ **1.** F *fig* (*Schnelligkeit*) vitesse vertigineuse; (*Anziehungskraft*) classe *f*; **2.** *BALLISTIK* rasance *f*
rasch [raʃ] **I** *adj* prompt; rapide; *Bewegung* preste; *e-e ~e Auffassungsgabe* une intelligence vive; **II** *adv* vite; rapidement
rascheln ['raʃəln] *v/i* ⟨-(e)le, h⟩ *Papier, Stoff etc* faire un (léger) bruit; *Seide* froufrouter; *mit Papier, Stoff etc* ~ faire un (léger) bruit de papier, d'étoffe, *etc*
'**Rascheln** *n* ⟨~s⟩ bruissement *m*; *von Seide* froufroutement *m*; froufrou *m*
rasen ['ra:zən] *v/i* ⟨-(es)t, sein⟩ **1.** (*eilen*) aller à toute vitesse, à une vitesse folle, à fond de train; *Auto, Zug* à passer en trombe; F foncer; *das Auto raste gegen e-n Baum, in die Kurve* la voiture s'est écrasée contre un arbre, s'est lancée dans le virage; **2.** ⟨h⟩ (*wüten*) tempêter; être en rage, hors de soi; être furieux, -ieuse; se déchaîner; *vor Begeisterung ~* être déchaîné
Rasen ['ra:zən] *m* ⟨~s; ~⟩ gazon *m*; (*~platz*) pelouse *f* (*a SPORT*)
'**rasend I** *adj* **1.** *Geschwindigkeit* fou, folle; vertigineux, -euse; **2.** (*wütend*) fou, folle; furieux, -ieuse; (*fou furieux*) furibond; (*besessen*) démoniaque; (*wahnsinnig*) forcéné; frénétique; **~ werden** enrager; se mettre dans une colère noire; *ich könnte ~ werden!* je suis furieux, -ieuse!; *man könnte ~ werden* c'est à devenir enragé; F c'est enrageant; *j-m ~ machen Schmerzen, Verhalten etc* rendre qn fou, F dingue; **3.** *Schmerz* violent; *Beifall* frénétique; **~e Zahnschmerzen** *m/pl* rage *f* de dents; **II** F *advt* (*überaus*) très; excessivement; follement; **~ verliebt sein** être follement amoureux; *etw ~ gern tun* adorer faire qc; être passionné de qc; avoir une passion pour qc
'**Rasen|fläche** *f* pelouse *f*; **~mäher** *m* ⟨~s; ~⟩ tondeuse *f* à gazon; **~platz** *m* pelouse *f* (*a SPORT*); **~schere** *f* ciseaux *m/pl* à gazon; **~sport** *m* sport *m* sur gazon; **~sprenger** *m* ⟨~s; ~⟩ arroseur *m* automatique; **~stück** *n* pelouse *f*; **~tennis** *n* tennis *m* sur gazon
'**Raser** F *m* ⟨~s; ~⟩ F mordu *m* de la vitesse; *Autofahrer a* fou *m* du volant
Rase'rei *f* ⟨~; ~en⟩ **1.** ⟨*pas de pl*⟩ (*das Wüten*) rage *f*; colère folle; fureur *f*; *das bringt mich zur ~* ça me rend fou de rage; **2.** F (*schnelles Fahren*) vitesse folle
Ra'sierapparat *m* rasoir *m* mécanique; *elektrischer ~* rasoir électrique
Ra'siercreme *f* crème à raser
rasieren [ra'zi:rən] ⟨*pas de ge-*, h⟩ **I** *v/t* raser (*a fig zerstören*); **II** *v/réfl sich ~* se raser
Ra'sier|klinge *f* lame *f* de rasoir; **~messer** *n* rasoir *m*; **~pinsel** *m* blaireau *m*; **~schaum** *m* ⟨~(e)s⟩ mousse *f* à raser; **~seife** *f* savon *m* à barbe; **~wasser** *n* ⟨~s; -wässer *ou* -wässer⟩ lotion *f* après *bzw* avant rasage; **~zeug** *n* ⟨~(e)s⟩ nécessaire *m* à raser
Räson [rɛ'zɔŋ] *f* ⟨~⟩ *j-n zur ~ bringen* faire entendre raison à qn; mettre qn à la raison
räsonieren [rɛzo'ni:rən] *v/i* ⟨*pas de ge-*, h⟩ **~** (*über* [+*acc*]) **1.** *stls* (*sich auslassen*) disserter, *péj* discourir (sur); s'étendre sur; **2.** F (*nörgeln*) F **~** rouspéter (contre); ergoter (sur)
Raspel ['raspəl] *f* ⟨~; ~n⟩ (*Reibe*) râpe *f*; *für Holz, Leder etc* rifloir *m*
'**raspeln** *v/t* ⟨-(e)le, h⟩ *CUIS* râper
raß [ras], **räß** [rɛ:s] *adj* südd, österr, *schweiz* (*scharf*) épicé; fort; *Wind* vif, vive
Rasse ['rasə] *f* ⟨~; ~n⟩ race *f*; *~ haben Frau, Pferd, Wein* être racé
'**Rassehund** *m* chien *m* de race
Rassel ['rasəl] *f* ⟨~; ~n⟩ (*Klapper*) crécelle *f*; *für Kinder* 'hochet *m*; **~bande** F *plais f* marmaille *f*; troupe bruyante de gosses, de gamins
'**rasseln** *v/i* ⟨-ßle *ou* -ssele, h⟩ **1.** faire entendre un bruit de ferraille, d'armes, *etc*; (*klirren*) cliqueter; *mit der Kette ~* faire un bruit de chaînes; **2.** ⟨sein⟩ *Fahrzeuge* (*lärmend fahren*) rouler avec un grand bruit; **3.** F ⟨sein⟩ *durchs Examen ~* échouer; F se faire étendre (à un examen); **4.** *MÉD* râler
'**Rasseln** *n* ⟨~s⟩ bruit *m* de ferraille, de chaînes, *etc*; (*Klirren*) cliquetis *m*; *MÉD* râle *m*
'**Rassen|diskriminierung** *f* discrimination raciale; **~frage** *f* ⟨~⟩ question raciale; **~gesetze** *n/pl* lois *f/pl* racistes; **~haß** *m* 'haine raciale; racisme *m*; **~hetze** *f* racisme *m*; **~konflikt** *m* conflit racial; **~krawalle** *m/pl* émeutes raciales; **~politik** *f* politique raciale, *péj* raciste; **~schranken** *f/pl* barrières raciales, entre les races; **~trennung** *f* ⟨~⟩ ségrégation raciale; **~unruhen** *f/pl* émeutes raciales; **~vorurteil** *n* préjugé racial; **~wahn** *m* racisme *m*
'**Rassepferd** *n* cheval *m* de race
'**rasserein** *adj* de race pure
'**Rasseweib** F *n* sie ist ein ~ F elle est vachement belle; elle a de la classe
'**rass|ig** *adj* de race; racé; *fig* (*feurig*) fougueux, -euse; qui a de la classe; *Pferd* a fringant; *Wein* qui a du caractère; **~isch** *adj* racial
Ras's|ismus *m* ⟨~⟩ racisme *m*; **~ist(in)** *m* ⟨~; ~en⟩ (*f*) ⟨~; ~nen⟩ raciste *m,f*; **ℒistisch** *adj* raciste
Rast [rast] *f* ⟨~; ~en⟩ repos *m*; pause *f*; répit *m*; *bes MIL* 'halte *f*; *st/s ohne ~ und Ruh* sans trêve ni repos; *~ machen* faire une 'halte; *MIL* faire 'halte
Raste ['rastə] *f* ⟨~; ~n⟩ cran *m* (d'arrêt); encoche *f*
'**rasten** *v/i* ⟨-ete, h⟩ se reposer; se détendre; faire une 'halte; *prov wer rastet, der rostet* faute d'entraînement on rouille
Raster¹ ['rastər] *m* ⟨~s; ~⟩ quadrillage *m*; *TYPO* trame *f*
'**Raster**² *n* ⟨~s; ~⟩ **1.** *TV* mire *f*; grille *f*; réseau *m*; **2.** *fig* schéma *m*; trame *f*
'**Raster|ätzung** *f* *TYPO* autotypie *f*; **~fahndung** *f* der Polizei: recherches assistées par ordinateur établissant une trame afin de cerner le cercle des suspects; **~mikroskop** *n* microscope *m* à émission ionique; **~punkt** *m* pixel *m*
'**Rast|haus** *n cf Raststätte*. **ℒlos** *adj* sans relâche; sans répit; sans trêve ni repos; (*unablässig*) incessant; (*unermüdlich*) infatigable; **~losigkeit** *f* ⟨~⟩ activité *f* infatigable; agitation continuelle; **~platz** *m* étape *f*; 'halte *f*; *an Autobahnen* aire *m* de repos; **~stätte** *f* *an Autobahnen* restaurant *m*, relais *m* (d'autoroute); restoroute *m* (*nom déposé*)
Ra'sur *f* ⟨~; ~en⟩ rasage *m*
Rat [ra:t] *m* ⟨~(e)s ; **1.** ⟨*pl* Ratschläge⟩ (*Ratschlag*) conseil *m*; avis *m*; *auf j-s ~* (*acc*) (*hin*) sur le(s) conseil(s) de qn; *j-m e-n ~ geben* donner (un) conseil à qn; conseiller qn; *j-n um ~ fragen, sich* (*dat*) *bei j-m ~ holen* demander conseil à qn; consulter qn; *j-s ~ befolgen* suivre, écouter le conseil de qn; *mein ~ ist der: ...* voici mon avis: ...; *hier ist guter ~ teuer* la situation semble sans issue, inextricable; c'est un cas bien difficile; *er weiß immer ~* c'est un homme de bon conseil; *j-m mit ~ und Tat zur Seite stehen* donner à qn tout l'appui possible; aider, assister qn par tous les moyens; (*sich* [*dat*]) *keinen ~ mehr wissen* ne plus savoir que faire, quoi faire; **2.** ⟨*pas de pl*⟩ (*Beratung*) délibération *f*; *j-n zu ~e ziehen* consulter qn; prendre l'avis de qn; *mit sich* (*dat*) *zu ~e gehen* s'interroger dans son for intérieur; (*bien*) réfléchir; **3.** ⟨*pl* ~e⟩ *Gremium* conseil *m*; *Mitglied, Titel* conseiller *m*; *Akademischer ~ etwa* maître *m* de conférences
Rate ['ra:tə] *f* ⟨~; ~n⟩ **1.** (*Verhältnisanteil*) quote-part *f*; **2.** (*Teilzahlung*) acompte *m*; *erste ~* premier versement; *monatliche ~* mensualité *f*; *auf od in ~n* (*dat*) à tempérament; par acomptes; *monatlich por mensualités*; *auf ~n kaufen* acheter à tempérament, à crédit; *in ~n zahlen* payer par acomptes, en versements échelonnés
'**raten** *v/t u v/i* ⟨rät, riet, geraten, h⟩ **1.** (*empfehlen*) conseiller; donner un (bon) conseil (à); *j-m etw od zu e-r Sache ~* conseiller, recommander qc à qn; *j-m ~, etw zu tun* conseiller à qn de faire qc; *er läßt sich* (*dat*) *von niemand(em) ~* il n'accepte aucun conseil de personne; *lassen Sie sich* (*dat*) *von erfahrenen Leuten ~* prenez conseil des gens d'expérience; *wozu ~ Sie mir?* que me conseillez-vous de faire?; d'après vous, qu'est-ce que je dois faire?; F *das möchte ich dir auch geraten haben!* c'est la dernière fois que je te le dis!; je t'aurais prévenu!; *es für geraten halten, zu* (+*inf*) trouver bon, indiqué de (+*inf*); **2.** (*erraten*) deviner; *Rätsel ~* deviner des énigmes; jouer aux devinettes; *rate mal!* devine!; F *dreimal darfst du ~* devine! je te donne trois chances; *fig* tu sais très bien de qui *od* de quoi il s'agit; F *das rätst du nie!* je te le donne en mille!
'**Raten|kauf** *m* achat *m* à tempérament, à crédit; **ℒweise** *adv* par acomptes; à tempérament; **~zahlung** *f* paiement *m* par acomptes, à tempérament, échelonné

Räterepublik ['rɛ:tərepubli:k] *f* république *f* des conseils ouvriers
'**Rate**|**spiel** *n* devinette *f*; énigme *f*; **~team** *n beim Fernsehquiz etc* équipe *f* de jeux
'**Ratgeber** *m* ⟨~s; ~⟩ **1.** *Person* conseiller *m*; *ein guter* ~ un homme de bon conseil; **2.** *Buchtitel* guide *m* pratique
'**Ratgeberin** *f* ⟨~; ~nen⟩ conseillère *f*
'**Rathaus** *n* hôtel *m* de ville; *in kleineren Orten* mairie *f*
Ratifikati'on *f* ⟨~; ~en⟩ ratification *f*
ratifizier|**en** [ratifi'tsi:rən] *v/t* ⟨*pas de ge-*, *h*⟩ ratifier; ⩘**ung** *f* ⟨~; ~en⟩ ratification *f*
Rätin ['rɛ:tɪn] *f* ⟨~; ~nen⟩ conseillère *f*; *Akademische* ~ *etwa* maître *f* de conférences
Ratio ['ra:tsio] *st/s f* ⟨~⟩ raison *f*
Ration [ratsi'oːn] *f* ⟨~; ~en⟩ ration *f*; portion *f*; *eiserne* ~ ration *f*, vivres *m/pl* de réserve
ratio'nal *adj* rationnel, -elle; ~*e Zahl* nombre rationnel; ~*es Denken* pensée rationnelle
rationali'sier|**en** *v/t* ⟨*pas de ge-*, *h*⟩ rationaliser; ⩘**ung** *f* ⟨~; ~en⟩ rationalisation *f*
Rationali'sierungsmaßnahme *f* mesure *f* de rationalisation
Ratona'lis|**mus** *m* ⟨~⟩ rationalisme *m*; **~t(in)** *m* ⟨~en; ~en⟩ (*f*) ⟨~; ~nen⟩ rationaliste *m,f*; ⩘**tisch** *adj* rationaliste
Rationali'tät *f* ⟨~⟩ rationalité *f*; *e-r Sache* caractère rationnel
ratio'nell *adj* rationnel, -elle; efficace
ratio'nier|**en** *v/t* ⟨*pas de ge-*, *h*⟩ rationner; ⩘**ung** *f* ⟨~; ~en⟩ rationnement *m*
'**ratlos** *adj* embarrassé; perplexe; *da bin ich* ~ là, je ne sais plus que faire, comment faire, comment m'y prendre
'**Ratlosigkeit** *f* ⟨~⟩ embarras *m*; perplexité *f*
Rätoro'man|**e** [rɛtoro'maːnə] *m* ⟨~n; ~n⟩, **~in** *f* ⟨~; ~nen⟩ Rhétien, -ienne *m,f*
rätoro'manisch *adj* GÉOGR rhétique; *die* ~*e Sprache*, *das* ⩘*e* le rhéto-roman; le romanche
'**ratsam** *adj* ⟨*attribut*⟩ opportun; indiqué; conseillé; recommandé; *ist das* ~? convient-il de le faire?
'**Ratsbeschluß** *m* décision *f*, décret *m*, arrêt *m* du conseil
ratsch [ratʃ] *int* cric, crac!
ratschen ['ra:tʃən] *F bes südd*, *österr v/i* ⟨*h*⟩ bavarder; papoter
'**Ratschlag** *m* conseil *m*
'**Ratschluß** *st/s m* décision *f*; décret *m*; arrêt *m*; *Gottes Ratschlüsse* les décrets *m/pl* de la Providence
Rätsel ['rɛːtsəl] *n* ⟨~s; ~⟩ énigme *f* (*a fig*); (~*spiel*) devinette *f*; *in* ~*n sprechen* parler par énigmes; *j-m ein* ~ *aufgeben* poser une énigme à qn; ~ *raten* jouer aux devinettes; *ein* ~ *lösen* résoudre une énigme; *vor e-m* ~ *stehen* se trouver devant une énigme; *das ist*, *bleibt mir ein* ~ c'est pour moi une énigme; *es ist mir ein* ~, *wie* ... je me demande comment ...; *fig das* ~*s Lösung* le mot de l'énigme; le fin mot de l'histoire; *fig das ist des* ~*s Lösung! a* voilà l'explication!
'**Rätselecke** *f in e-r Zeitung* rubrique *f* devinettes, mots croisés, *etc*

'**rätselhaft** *adj* énigmatique; mystérieux, -ieuse; (*unerklärlich*) incompréhensible; *es ist mir* ~, *wie das geschehen konnte* je me demande comment cela a pu arriver
'**Rätsel**|**haftigkeit** *f* ⟨~⟩ sens *m*, caractère *m* énigmatique, mystérieux; mystère *m*; (*Unerklärlichkeit*) incompréhensibilité *f*; **~heft** *n* magazine *m* de jeux, devinettes, mots croisés, *etc*
'**rätseln** *v/i* ⟨-(e)le, *h*⟩ (*über etw* [*acc*]) ~ se creuser la tête (sur qc)
'**Rätselraten** *n* ⟨~s⟩ **1.** résolution *f* d'une énigme; **2.** *fig* hypothèses *f/pl*, conjectures *f/pl* (*um* sur)
'**Rats**|**herr** *m* membre *m* du conseil municipal; conseiller municipal; **~keller** *m* restaurant *m* de l'hôtel de ville; **~sitzung** *f*, **~versammlung** *f* conseil *m*; séance *f*
Rattan ['ratan] *n* ⟨~s⟩ rotin *m*; **~möbel** *n/pl* meubles *m/pl* en rotin
Ratte ['ratə] *f* ⟨~; ~n⟩ rat *m*; F *péj diese fiese* ~! F quelle ordure!; *prov die* ~*n verlassen das sinkende Schiff prov* les rats quittent le navire
'**Ratten**|**bekämpfung** *f* dératisation *f*; **~falle** *f* piège *m* à rats
'**Rattenfänger** *m* ⟨~s; ~⟩ *fig* enjôleur *m*; *der* ~ *von Hameln* Märchenfigur le Charmeur de rats de Hamelin
'**Ratten**|**gift** *n* raticide *m*; mort-aux-rats *f*; **~loch** F *péj n Wohnung* taudis *m*
'**Rattenschwanz** *m* **1.** queue *f* de rat; **2.** *fig plais* (*kurzer Zopf*) fine tresse; **3.** F *fig* (*endlose Folge*) *ein* ~ *von* ... une suite, série, cascade de ...
rattern ['ratərn] *v/i* ⟨-(e)re, *h*⟩ **1.** *Maschinengewehr* crépiter; *Motor* pétarader; TECH brouter; **2.** *Wagen* ⟨sein⟩ rouler avec fracas
'**Rattern** *n* ⟨~s⟩ *e-s Maschinengewehrs* crépitement *m*; *e-s Wagens* bruit *m* de ferraille; *e-s Motors* pétarade *f*; TECH broutage *od* broutement *m*
Ratzefummel ['ratsəfuməl] F *plais m* ⟨~s; ~⟩ gomme *f*
ratzekahl ['ratsə'kaːl] F *adv alles* ~ *aufessen* F liquider les restes; ne pas faire de restes
ratzen ['ratsən] F *v/i* ⟨*h*⟩ dormir comme un loir; F pioncer
Raub [raup] *m* ⟨~(e)s⟩ **1.** (*das Rauben*) vol *m*; (*Straßen*⩘) brigandage *m*; pillage *m*; (*Menschen*⩘) enlèvement *m*; JUR *bewaffneter* ~ vol *m* à main armée; *auf* ~ *ausgehen* aller piller; aller à la recherche du butin; **2.** (*Beute*) proie *f*; butin *m*; *st/s ein* ~ *der Flammen werden* être la proie des flammes
'**Raubbau** *m* ⟨~(e)s⟩ exploitation abusive; gaspillage *m*; déprédation *f*; *st/s mit od an s-n Kräften* ~ *treiben* abuser de ses forces; se surmener; *st/s er treibt* ~ *mit od an s-r Gesundheit* il ruine sa santé
'**Raubdruck** *m* ⟨~s; ~e⟩ édition *f* pirate
'**rauben** ⟨*h*⟩ I *v/t etw* ~ voler qc; faire main basse sur qc; *durch List* dérober qc; *j-n* ~ enlever qn; *fig j-m etw* ~ *Schlaf*, *Hoffnung etc* priver qn de qc; II *v/i* voler, commettre un vol à main armée
Räuber ['rɔybər] *m* ⟨~s; ~⟩ **1.** voleur *m*; (*Straßen*⩘) brigand *m*; *p/fort* bandit *m* (de grand chemin); pillard *m*; ~ *und Gendarm spielen* jouer au(x) gendar-

me(s) et au(x) voleur(s); **2.** *fig plais* (*Racker*) garnement *m*
'**Räuber**|**bande** *f* bande *f* de brigands, de voleurs; **~geschichte** *f* histoire *f* de brigands (*a fig*); F *fig* histoire *f* à dormir debout; **~hauptmann** *m* chef *m* de brigands; **~höhle** *f* repaire *m* de brigands; coupe-gorge *m* (*a fig*)
'**räuberisch** I *adj* de brigand; II *adv* BIOL ~ *lebend* prédateur, -trice
'**Räuberleiter** *f e-e* ~ *machen* faire la courte échelle
'**räubern** *v/i* ⟨-(e)re, *h*⟩ voler
'**Räuberzivil** F *plais n* ⟨~s⟩ tenue (vestimentaire) inadéquate, négligée
'**Raub**|**fisch** *m* poisson carnassier, vorace; **~gier** *f* rapacité *f*; voracité *f*; ⩘**gierig** *adj* avide de proie; rapace; vorace; **~katze** *f* félidé *m*; **~kopie** *f* copie *f* pirate; **~mord** *m* vol et meurtre *m*; crime crapuleux; **~mörder(in)** *m(f)* auteur *m* d'un vol et meurtre; auteur *m* d'un crime crapuleux; **~pressung** *f* édition *f* pirate de disques; **~ritter** *m* chevalier pillard; **~tier** *n* prédateur *m*; carnassier *m*; *großes* bête *f* féroce; fauve *m*; **~tierhaus** *n* ménagerie *f* de fauves; **~tierkäfig** *m* cage *f* aux fauves; **~überfall** *m* attaque *f*, agression *f* à main armée; 'hold-up *m*; **~vogel** *m* oiseau *m* de proie; rapace *m*; **~wild** *n* bêtes *f/pl* et oiseaux *m/pl* de proie; **~zug** *m* expédition *f* de pillage; razzia *f*
Rauch [raux] *m* ⟨~(e)s⟩ fumée *f*; *in* ~ *aufgehen* être la proie des flammes, être consumé par le feu; *fig sich in* ~ *auflösen* se dissiper, s'évanouir en fumée
'**Rauch**|**abzug** *m* conduit *m*, conduite *f* de fumée; **~bombe** *f* bombe *f* fumigène
'**rauchen** *v/t*, *v/i*, *v/imp* ⟨*h*⟩ fumer; F *mir raucht der Kopf* j'ai la tête qui bourdonne; ⩘ *verboten!* défense de fumer!
'**Rauchentwicklung** *f* ⟨~⟩ dégagement *m*, production *f* de fumée
'**Raucher(in)** *m* ⟨~s; ~⟩ (*f*) ⟨~; ~nen⟩ fumeur, -euse *m,f*; *starker* ~ gros fumeur
'**Räucheraal** *m* anguille fumée
'**Raucher**|**abteil** *n* compartiment *m* (pour) fumeurs; **~bein** *n* artérite *f* des membres inférieurs
'**Räucherhering** *m* 'hareng fumé
'**Raucherhusten** *m* toux *f*, bronchite *f* (chronique) du fumeur
'**Räucher**|**kammer** *f* TECH fumoir *m*; **~kerze** *f* parfum *m* à brûler; **~lachs** *m* saumon fumé
räuchern ['rɔyçərn] *v/t* ⟨-(e)re, *h*⟩ exposer à la fumée; *Fisch*, *Fleisch* fumer
'**Räucher**|**speck** *m* lard fumé; **~stäbchen** *n* bâtonnet *m* d'encens
'**Rauch**|**fahne** *f* panache *m*, traînée *f* de fumée; **~fang** *m* **1.** 'hotte *f* de cheminée; **2.** *österr* (*Schornstein*) cheminée *f*; **~fangkehrer** *m* ⟨~s; ~⟩ *österr* ramoneur *m*; **~faß** *n* CATH encensoir *m*; **~fleisch** *n* viande fumée
'**rauchfrei** *adj* sans fumée; *auf Schildern* ~*e Zone für Nichtraucher* non fumeurs
'**rauch**|**geschwärzt** *adj* noirci par la fumée; ⩘**glas** *n* verre fumé
'**rauchig** *adj* fumeux, -euse; (*voller Rauch*) enfumé; *Stimme* rauque; *p/fort* enroué
'**Rauch**|**melder** *m* ⟨~s; ~⟩ détecteur *m* de fumée; **~opfer** *n* offrande *f* de par-

Rauchpilz – Rausschmiß

fums; ~**pilz** *m* champignon *m* atomique; ~**quarz** *m* MINÉR quartz enfumé; ~**säule** *f* colonne *f* de fumée; ~**schwaden** *m/pl* nuages *m/pl* de fumée; ~**verbot** *n* défense *f*, interdiction *f* de fumer; ~**vergiftung** *f* intoxication *f* par la fumée; ~**verzehrer** *m* ⟨~s; ~⟩ lampe *f* Berger (*nom déposé*); ~**waren** *f/pl* **1.** (*Tabakwaren*) tabacs *m/pl* **2.** (*Pelzwaren*) fourrures *f/pl*; pelleterie *f*; ~**wolke** *f* nuage *m* de fumée; ~**zeichen** *n* signal *m* de *od* par fumée

Räude ['rɔʏdə] *f* ⟨~; ~n⟩ VÉT gale *f*; teigne *f*; *der Pferde, Hunde* rouvieux *m*

räudig *adj* galeux, -euse; teigneux, -euse; *Pferde, Hunde* rouvieux, -ieuse; *ein ~es Schaf a fig* une brebis galeuse

rauf [rauf] F *cf* **herauf, hinauf**

Raufbold ['raufbɔlt] *m* ⟨~(e)s; ~e⟩ bagarreur *m*; batailleur *m*

Raufe ['raufə] *f* ⟨~; ~n⟩ (*Futter2*) râtelier *m*; mangeoire *f*

raufen ['raufn̩] ⟨h⟩ **I** *v/t Flachs, Unkraut* arracher; tirer; **II** *v/i u v/réfl* (*sich*) ~ se bagarrer; se battre; F se chamailler; *sich* (*dat*) *die Haare* ~ s'arracher les cheveux

Raufe'rei *f* ⟨~; ~en⟩ rixe *f*; bagarre *f*

rauflustig *adj* bagarreur, -euse; batailleur, -euse

rauh [rau] *adj* **1.** (*uneben*) rude; *Wolle, Stoff* rêche; bourru; *Fläche, Holz* rugueux, -euse; raboteux, -euse; âpre; *Haut* très sec, sèche; rêche; *Hände* (*aufgesprungen*) gercé; **2.** *Klima, Wind* rude; âpre; *Winter* rigoureux, -euse; **3.** *Stimme* rauque; enroué; *Kehle* sec, sèche; enflammé; **4.** *Gegend* (*wild*) sauvage; (*öde*) désert; **5.** *fig Ton, Mensch* (*unfreundlich*) bourru; revêche; (*grob*) dur; rude; *Sitten* rude; *p/fort* grossier, -ière; *ein ~e Wirklichkeit* dure réalité; *ein ~er, aber herzlicher Ton* une rudesse pleine de cordialité; **6.** F *in ~en Mengen* F en masse; en grandes quantités

Rauh|bein F *n* homme bourru; F dur *m*; ~**beinig** F *adj* bourru; dur; rude

Rauheit *f* ⟨~⟩ **1.** (*Unebenheit*) rudesse *f*; âpreté *f*; aspérités *f/pl*; rugosité *f*; **2.** *des Klimas* rigueur *f*; dureté *f*; rudesse *f*; **3.** *der Sitten, des Wesens* rudesse *f*; grossièreté *f*

Rauh|fasertapete *f* papier ingrain (*sorte de papier mural*); ~**haardackel** *m* teckel *m* à poil dur; ~**putz** *m* crépi *m*; ~**reif** *m* ⟨~(e)s⟩ givre *m*

Raum [raum] *m* ⟨~(e)s; ~e⟩ **1.** PHYS, PHILOS, MATH, ASTR espace *m*; (*Ausdehnung*) étendue *f*; (*Rauminhalt*) volume *m*; capacité *f*; cubage *m*; **luftleerer ~** vide *m*; *fig im ~ stehen* être dans l'air; *fig etw im ~ stehen lassen* laisser qc en suspens; **2.** ⟨*pas de pl*⟩ (*Platz*) place *f*; **3.** (*Abstand, Zwischen2*) intervalle *m*; **4.** (*Räumlichkeit*) local *m*; *e-r Wohnung* pièce *f*; *gewerbliche Räume* locaux *m/pl* à usage commercial; **5.** GÉOGR région *f*; *im ~ Köln, Kölner ~* dans la région de Cologne; *im mitteleuropäischen ~* en Europe centrale

Raum|akustik *f* acoustique *f* (d'une salle); ~**anzug** *m* combinaison spatiale; ~**aufteilung** *f* e-r *Wohnung* disposition *f* des pièces; ~**ausstatter(in)** *m* ⟨~s; ~⟩ (*f*) ⟨~; ~nen⟩ décorateur, -trice *m,f*; ~**bild** *n* OPT image *f* stéréoscopique, en relief; PHOT photo *f* stéréoscopique; ~**deckung** *f* ⟨~⟩ SPORT défense *f* de zone

räumen ['rɔʏmən] *v/t* ⟨h⟩ **1.** (*wegschaffen*) ôter; enlever; *Schutt* déblayer; *Minen* enlever; relever; déterrer; MAR draguer; *Kanal, Brunnen* (*reinigen*) curer; nettoyer; COMM *Lager* liquider; solder; *etw beiseite ~* mettre qc de côté; *Hindernisse aus dem Weg ~* écarter, lever des obstacles; *j-n aus dem Weg ~* (*loswerden*) se défaire, se débarrasser de qn; (*umbringen*) liquider qn; **2.** (*an e-n Ort schaffen*) ranger; placer; mettre; *etw in e-n Schrank, nach hinten ~* mettre qc dans une armoire, derrière; **3.** (*leeren, frei machen*) vider; débarrasser; (*verlassen*) *Wohnung etc* quitter; abandonner; MIL, *Polizei* (*leer machen*) évacuer; *den Saal ~ lassen* faire évacuer la salle

Raumersparnis *f* ⟨~⟩ *der ~ wegen, zwecks ~* pour gagner de la place

Raum|fähre *f* navette spatiale; ~**fahrer(in)** *m*(*f*) astronaute *m,f*; cosmonaute *m,f*

Raumfahrt *f* ⟨~⟩ astronautique *f*; navigation spatiale; ~**behörde** *f* agence spatiale; ~**programm** *n* programme spatial; ~**technik** *f* ⟨~⟩ technique *f* de navigation spatiale; ~**zeitalter** *n* ⟨~⟩ âge *m*, ère *f* de l'exploration spatiale

Raumfahrzeug *n* engin, vaisseau spatial

Räumfahrzeug *n* engin *m* de déblaiement

Raum|flug *m* vol spatial; mission spatiale; ~**forschung** *f* ⟨~⟩ recherche(s) spatiale(s); ~**gestalter(in)** *m*(*f*) décorateur, -trice *m,f*; ~**gestaltung** *f* décoration intérieure; ~**gleiter** *m* navette spatiale; 2**greifend** *adj* SPORT en longueur; ~**inhalt** *m* volume *m*, cubage *m*; ~**kapsel** *f* capsule spatiale; ~**klang** *m* audition *f* stéréophonique; ~**labor** *n* laboratoire spatial, orbital

räumlich ['rɔʏmlɪç] **I** *adj* de *od* dans l'espace; qui concerne l'espace, la place, l'étendue; sc, PHILOS spatial; OPT stéréoscopique; (*dreidimensional*) à trois dimensions, ~**e Nähe** proximité *f*; **II** *adv wir sind ~ sehr beschränkt* nous disposons de très peu de place; ~ *getrennt* séparé

Räumlichkeit *f* ⟨~; ~en⟩ local *m*; ~**en** *pl* (*Räume*) locaux *m/pl*

Raum|mangel *m* ⟨~s⟩ manque *m* de place; ~**maß** *n* mesure *f* de volume; ~**meter** *n od m* stère *m*; ~**ordnung** *f* ⟨~⟩, ~**planung** *f* ⟨~⟩ aménagement *m* du territoire; ~**pfleger(in)** *m*(*f*) agent *m* d'entretien; femme *f* de ménage; *in Schulen a* femme *f* de service; ~**schiff** *n* vaisseau, véhicule spatial; ~**sonde** *f* sonde spatiale; 2**sparend** *adj* peu encombrant; de faible encombrement; ~**station** *f* station spatiale, orbitale; ~**teiler** *m* séparation *f* d'une pièce; ~**temperatur** *f* température ambiante; ~**transporter** *m* navette spatiale

Räumtrupp *m* équipe *f* de déblaiement, *für Minen* de déminage

Räumung *f* ⟨~; ~en⟩ **1.** (*Wegschaffen*) enlèvement *m*; *von Schutt etc* déblaiement *m*; **2.** COMM *e-s Lagers* liquidation *f*; **3.** MIL, *der Polizei* évacuation *f*; *e-r Wohnung* déménagement *m*; JUR *zwangsweise ~* expulsion *f*

Räumungs|arbeiten *f/pl* travaux *m/pl* de déblaiement, ~**befehl** *m* MIL ordre *m* d'évacuation; JUR arrêté *m* d'expulsion; ~**frist** *f* JUR délai *m* d'expulsion; ~**klage** *f* JUR demande *f* d'expulsion; ~**verkauf** *m* liquidation totale des stocks

raunen ['raunən] *v/t* ⟨h⟩ murmurer; chuchoter; *poét Wind, Blätter* bruire

Raunen *n* ⟨~s⟩ murmure *m*; chuchotement *m*; *poét von Wind, Blättern* bruissement *m*; *ein ~ ging durch die Menge* un murmure parcourut la foule

Raupe ['raupə] *f* ⟨~; ~n⟩ ZO, TECH chenille *f*

Raupen|fahrzeug *n* véhicule, engin à chenilles, chenillé; ~**kette** *f* chenille *f*; ~**schlepper** *m* tracteur *m* à chenilles

raus [raus] F *cf* **heraus, hinaus**; ~ (*mit dir*)! dehors!; F tire-toi!; *Nazis ~!* les nazis dehors!

Rausch [rauʃ] *m* ⟨~(e)s; ~e⟩ **1.** (*Betrunkenheit*) ivresse *f*; cuite *f*; état *m* ivre, soûl; *sich* (*dat*) *e-n ~ antrinken* se soûler; *s-n ~ ausschlafen* cuver son vin; **2.** *fig der Liebe, Freude etc* ivresse *f*; *litt* enivrement *m*; *litt* transport *m*

rauscharm *adj* TECH avec réducteur de bruit

Rauschebart F *m* **1.** *Bart* barbe *f*; **2.** *Person* barbu *m*

rauschen *v/i* ⟨h⟩ **1.** *Blätter* bruire; frémir; *Wind* bruire; *Brandung* mugir; *Bach etc* murmurer; *Tongeräte* faire un bruit de fond; **2.** ⟨sein⟩ (*sich schnell bewegen*) passer en trombe; *sie rauschte aus dem Laden* elle sortit en trombe du magasin

Rauschen *n* ⟨~s⟩ *der Blätter* bruissement *m*; frémissement *m*; *des Winds* bruissement *m*; *der Brandung* mugissement *m*; *e-s Bachs etc* murmure *m*; *von Tongeräten* bruit *m* de fond

rauschend *adj* ⟨épithète⟩ *Beifall* retentissant; *Fest* magnifique

Rauschgift *n* stupéfiant *m*; drogue *f*; ~ *nehmen* se droguer

Rauschgift... *in Zssgn cf a* **Drogen...**

Rauschgift|handel *m* trafic *m* de stupéfiants, de (la) drogue; ~**händler** *m* trafiquant *m* de stupéfiants, de drogue; ~**kriminalität** *f* criminalité liée à la toxicomanie; ~**ring** *m* réseau *m* organisant un trafic de drogue; ~**sucht** *f* ⟨~⟩ toxicomanie *f*; 2**süchtig** *adj* toxicomane; ~**süchtige(r)** *f*(*m*) toxicomane *m,f*; drogué(e) *m,f*; ~**tote(r)** *f*(*m*) victime *f* d'une overdose

Rauschgold *n* clinquant *m*; oripeau *m*; ~**engel** *m* ange *m* (décoratif en faux or)

Rauschmittel *n* stupéfiant *m*

rausfliegen F *v/i* ⟨*irr, sép*, -ge-, sein⟩ F être flanqué dehors, à la porte; *a beruflich* F se faire virer

rauskriegen F *v/t* ⟨*sép*, -ge-, h⟩ **1.** (*erfahren*) apprendre; **2.** *Rätsel etc* trouver

räuspern ['rɔʏspɐn] *v/réfl* ⟨-(e)re, h⟩ *sich ~* se racler la gorge; (*tousser pour*) s'éclaircir la voix

rausschmeißen F *v/t* ⟨*irr, sép*, -ge-, h⟩ F virer; F flanquer à la porte, dehors

Raus|schmeißer F *m* ⟨~s; ~⟩ **1.** *Person in Lokalen* F videur *m*; **2.** *Tanz* dernier tour de danse; ~**schmiß** F *m* ⟨-sses, -sse⟩ F vidage *m*

Raute ['rautə] f ⟨~; ~n⟩ **1.** BOT rue f; **2.** GEOMETRIE losange m
rautenförmig ['rautənfœrmiç] adj en losange; sc rhombique
Ravioli [ravi'o:li] pl CUIS ravioli m/pl
Razzia ['ratsia] f ⟨~; ~s ou -ien⟩ rafle f; descente f de police; *e-e ~ veranstalten, durchführen* procéder à une rafle; faire une descente
RB abr (Radio Bremen) radio et télévision régionales allemandes (Brême)
Rbl abr (Rubel) RBL (rouble)
rd. abr (rund) env. (environ); dans les ...
Reagens [re'a:gɛns] n ⟨~; -'genzien⟩,
Reagenz [rea'gɛnts] n ⟨~es; ~ien⟩ CHIM réactif m
Rea'genzglas n éprouvette f
reagieren [rea'gi:rən] v/i ⟨pas de ge-, h⟩ réagir; *auf etw (acc) ~* réagir, répondre à qc
Reaktanz [reak'tants] f ⟨~; ~en⟩ ÉLECT réactance f
Reaktion [reaktsi'o:n] f ⟨~; ~en⟩ réaction f (a CHIM, POL); réflexe m; fig réponse f (*auf* [+acc] à); *e-e ~ auf etw (acc) sein* être une réaction à od contre qc
reaktionär [reaktsio'nɛ:r] adj réactionnaire
Reaktio'när(in) m ⟨~s; ~e⟩ (f) ⟨~; ~nen⟩ réactionnaire m,f
reakti'onsfähig adj Person en mesure de réagir; CHIM réactif, -ive; ℒ**keit** f ⟨~⟩ PSYCH réactivité f; par ext réflexes m/pl
Reakti'ons|geschwindigkeit f vitesse f de réaction; ℒ**schnell** adj qui réagit rapidement; par ext qui a de bons réflexes; **~vermögen** n ⟨~s⟩ PSYCH réactivité f; par ext réflexes m/pl; **~zeit** f a MÉD temps m de réaction
reaktivier|en [reakti'vi:rən] v/t ⟨pas de ge-, h⟩ réactiver; ℒ**ung** f réactivation f
Reaktor [re'aktor] m ⟨~s; -'toren⟩ PHYS, CHIM réacteur m nucléaire; NUCL (Kern℞) réacteur m nucléaire; pile f atomique; **~kern** m cœur m du réacteur; **~physik** f physique f atomique; **~technik** f ⟨~⟩ technique f du nucléaire; **~unfall** m accident m nucléaire
real [re'a:l] adj (wirklich) effectif, -ive; réel, réelle; (sachlich) qui a rapport aux choses; de fait; (konkret) concret, -ète; ℒ**einkommen** n revenus réels
Realien [re'a:liən] pl (Tatsachen) choses réelles; faits m/pl
Re'alinjurie f JUR voies f/pl de fait
Real|isati'on f ⟨~; ~en⟩ réalisation f; ℒ**i'sierbar** adj réalisable; ℒ**i'sieren** v/t ⟨pas de ge-, h⟩ a fig réaliser; **~i'sierung** f ⟨~; ~en⟩ réalisation f
Rea'l|ismus m ⟨~⟩ réalisme m; **~ist(in)** m ⟨~en; ~en⟩ (f) ⟨~; ~nen⟩ réaliste m,f; ℒ**istisch** adj réaliste; **~i'tät** f ⟨~; ~en⟩ réalité f
reali'täts|bezogen adjt réaliste; pragmatique; **~fern** adj Mensch peu réaliste; rêveur, -euse; Plan utopique; **~nah** adj réaliste; ℒ**sinn** m ⟨~(e)s; ~⟩ sens m des réalités
realiter [re'a:litər] st/s adv en réalité
Re'al|katalog m BIBLIOTHEKSWESEN catalogue répertorié par matières; **~lexikon** n encyclopédie f; **~lohn** m salaire réel, effectif
Realo [re'a:lo] F m ⟨~s; ~s⟩ BRD homme m politique pragmatique des Verts

Re'al|politik f politique f réaliste, pragmatique; **~politiker** m homme m politique pragmatique; **~schule** f collège m; **~steuer** f impôt réel; **~wert** m valeur réelle; **~zeit** f ⟨~⟩ INFORM temps réel
Reanimation [re?animatsi'o:n] f ⟨~; ~en⟩ MÉD réanimation f
Rebe ['re:bə] f ⟨~; ~n⟩ (cep m, pied m de) vigne f
Rebell(in) [re'bɛl(in)] m ⟨~en; ~en⟩ (f) ⟨~; ~nen⟩ rebelle m,f
rebel'lieren v/i ⟨pas de ge-, h⟩ (gegen j-n, etw) ~ se rebeller, se révolter (contre qn, qc)
Rebelli'on f ⟨~; ~en⟩ rébellion f, révolte f (gegen contre)
re'bellisch adj rebelle (gegen à); ~ werden F se rebiffer
'Rebensaft m (Wein) jus m de la treille
Rebhuhn ['re:phu:n] n perdrix f
'Reb|laus f ZO phylloxéra m; **~stock** m cep m, pied m de vigne
Rebus ['re:bus] m od n ⟨~; ~se⟩ rébus m
Receiver [ri'si:vər] m ⟨~s; ~⟩ RAD récepteur m
Rechaud [re'ʃo:] m od n ⟨~s; ~s⟩ zum Warmhalten chauffe-plats m; südd, österr, schweiz zum Kochen réchaud m
rechen ['rɛçən] v/t ⟨h⟩ râteler; ratisser
'Rechen m ⟨~s; ~⟩ râteau m
Rechen|anlage ['rɛçən?anla:gə] f calculateur m automatique; (Computer) ordinateur m; **~art** f type m d'opération arithmétique; **~aufgabe** f problème m d'arithmétique; calcul m arithmétique; Hausaufgabe devoir m de calcul, d'arithmétique; **~brett** n boulier m; **~buch** n livre m d'arithmétique; **~exempel** n cf Rechenaufgabe; fig problème m de calcul; **~fehler** m erreur f, faute f de calcul; **~heft** n cahier m d'arithmétique; **~künstler(in)** m(f) calculateur, -trice m,f prodige; **~maschine** f machine f à calculer; **~operation** f opération f arithmétique
Rechenschaft ['rɛçənʃaft] f ⟨~⟩ *j-m (über etw [acc]) ~ schuldig sein* être obligé de rendre compte, raison à qn (de qc); *(j-m) ~ über etw (acc) ablegen* rendre compte, raison de qc (à qn); *j-n (für etw) zur ~ ziehen* exiger des explications de qn (sur qc); demander compte, raison à qn (de qc); F fig demander des comptes à qn (sur qc)
Rechenschaftsbericht m compte rendu
'Rechen|schieber m, **~stab** m règle f à calcul(er); **~stunde** f leçon f d'arithmétique; **~unterricht** m enseignement m du calcul, de l'arithmétique; **~zentrum** n centre m de calcul; Abteilung a centre m ordinateurs; salle f informatique
Recherche [re'ʃɛrʃə] f ⟨~; ~n⟩ recherches f/pl; *~n über e-n Fall, über j-n anstellen* faire des recherches sur un cas, sur qn
recher'chieren ⟨pas de ge-, h⟩ **I** v/t faire des recherches sur; **II** v/i faire des recherches; se documenter
rechnen ['rɛçnən] v/t u v/i ⟨-ete, h⟩ **1.** MATH calculer; faire un calcul; (zählen) compter; faire le compte (de); *richtig ~* calculer juste; *falsch ~* se tromper dans son calcul; **2.** (veranschlagen, berücksichtigen) *er rechnet 50 Mark (für) die*

Stunde il compte 50 marks de l'heure; *nach Stunden ~* compter en heures; *von heute an gerechnet* à compter, à dater, à partir d'aujourd'hui; *alles in allem gerechnet* tout compte fait; somme toute; à tout prendre; **3.** (einbeziehen) compter; classer; *er rechnet mich zu seinen Freunden* il me range, compte, classe parmi ses amis; **4.** (erwarten) *mit etw ~* s'attendre à qc; tabler sur qc; *ich rechne damit* j'y compte; **5.** (sich verlassen) *auf j-n ~* compter, tabler sur qn; **6.** (sparsam sein) compter
'Rechnen n ⟨~s⟩ calcul m (a SCHULE)
'Rechner m ⟨~s; ~⟩ TECH, Mensch calculateur m; (Computer) ordinateur m; ℒ**gesteuert** adjt assisté, contrôlé par ordinateur
'rechnerisch adj u adv par voie de calcul; *etw ~ ermitteln* arriver à un résultat par le calcul
'rechnerunterstützt adjt assisté par ordinateur
'Rechnung f ⟨~; ~en⟩ **1.** (das Rechnen) calcul m; **2.** (Abrechnung) compte m; *an Handelsfirmen* facture f; *an Privatleute* note f; im Restaurant addition f; *offene, unbezahlte ~* facture non payée, non réglée; *e-e ~ über 100 Mark* une addition, note, etc de 100 marks; *die ~ stimmt nicht* le compte n'y est pas, n'est pas exact; il n'y a pas le compte; *auf eigene ~ arbeiten* travailler à son compte, pour son (propre) compte; *e-e ~ aufmachen* dresser, établir un compte; *e-e ~ ausstellen* établir une facture; *e-e ~ bezahlen, begleichen* régler Handelsfirma une facture, Privatleute une note; *das geht auf meine ~* c'est moi qui règle la note; *etw (mit) auf die ~ setzen* faire figurer qc sur la facture bzw la note; *etw in ~ stellen* facturer qc; fig faire entrer qc en ligne de compte; **3.** fig *die ~ ohne den Wirt machen* se tromper dans ses prévisions, dans ses calculs; *Ihre ~ geht nicht auf* votre calcul est faux; *den Umständen ~ tragen* tenir compte, faire la part des circonstances; *etw in ~ ziehen* prendre qc en considération; faire entrer qc en ligne de compte; tenir compte de qc
'Rechnungs|abschluß m clôture f, arrêté m des comptes; **~beleg** m pièce justificative, comptable; **~betrag** m montant m de la facture bzw note; **~block** m ⟨~s; ~s ou -blöcke⟩ bloc m à factures; **~buch** n livre m de comptes, de comptabilité; **~datum** n date f de la facture; **~einheit** f unité f de compte; **~führer(in)** m(f) (agent m,f) comptable m,f; **~führung** f ⟨~⟩ comptabilité f; gestion f comptable; **~hof** m cour f des comptes; **~jahr** n exercice m; année financière; **~posten** m article m de compte, de facture; **~prüfer(in)** m(f) commissaire m aux comptes; vérificateur, -trice m,f des comptes; **~prüfung** f vérification f des comptes; **~stelle** f service m de comptabilité; **~wesen** n ⟨~s⟩ comptabilité f
recht¹ [rɛçt] **I** adj (richtig) juste; (wirklich) vrai; (schicklich) convenable; (geeignet) propre; (gelegen) opportun; *bin ich hier ~?* c'est bien ici?; *am ~en Ort* au bon endroit; fig en temps et lieu; fig

der ~*e Weg* le droit chemin; *zur* ~*en Zeit* au bon moment; à propos; en temps utile; *das geht nicht mit* ~*en Dingen zu* cela ne me paraît pas catholique; cela paraît louche; *alles, was* ~ *ist, aber …* tout ce que vous voulez, mais …; *mehr als* ~ *ist* plus que de raison; *das ist nicht mehr als* ~ *und billig* ce n'est que justice; ce n'est que juste; *prov was dem einen* ~ *ist, ist dem andern billig* il ne doit pas y avoir deux poids et deux mesures; *schlecht und* ~ tant bien que mal; *so ist es* ~*!, so!* très bien!; bravo!; à la bonne heure!; *mir ist's* ~, *mir kann od soll es* ~ *sein* je (le) veux bien; pourquoi pas; *mir kann das nur* ~ *sein* je ne demande pas mieux; *das ist mir* ~ d'accord; cela m'arrange; *das ist mir nicht* ~ je ne suis pas pour *od* d'accord; cela ne m'arrange pas; *wenn es Ihnen* ~ *ist* si cela vous arrange, convient; *das ist mir gerade* ~ je ne demande pas mieux; **II** *adv* (*richtig*) bien; (*anständig, angebracht*) comme il faut; (*gelegen*) à point; à propos; (*sehr*) *vor adj u adv* très; fort; bien; *vor Verben* beaucoup; bien; ~ *herzliche Grüße* (*an* [+*acc*] …)*!* bien des choses (à …)!; (mes) amitiés (à …)!; *es geschieht ihnen ganz* ~ ils l'ont bien mérité; c'est bien fait pour eux; F ils ne l'ont pas volé; *man kann es nicht allen* ~ *machen* on ne peut contenter tout le monde; *wenn ich Sie* ~ *verstehe …* si j'ai bien entendu *od* compris …; *ich glaube, ich höre nicht* ~*!* je n'en reviens pas!; *das kommt mir gerade* ~*!* ça fait mon affaire; *iron* il ne manquait plus que ça!; *Sie kommen gerade* ~ vous venez fort à propos, à point; vous tombez, arrivez bien, F à pic; *nicht* ~ *bei Trost sein* n'avoir pas tout son bon sens; *ganz* ~*!* c'est bien cela!; très bien!; parfaitement!; (*jetzt*) *erst* ~ plus que jamais; à plus forte raison; *jetzt tu ich es erst* ~ maintenant je le ferai de plus belle; *wenn ihr immer stehenbleibt, werdet ihr erst* ~ *müde* si vous vous arrêtez à tout bout de champ, vous vous fatiguerez d'autant plus; *erst* ~ *nicht* bien moins encore; *nun erst* ~ *nicht!* moins que jamais!

recht[2] *subst* ~ *haben* avoir raison; ~ *behalten* avoir finalement raison; *j-m* ~ *geben* donner raison à qn

Recht *n* 〈~(e)s, ~e〉 **1.** (*Anspruch*) droit *m* (*auf* [+*acc*] à); (*Befugnis*) faculté *f*; *das* ~ *des Stärkeren* le droit, la raison du plus fort; *ein, das* ~ *auf etw* (+*acc*) *haben* avoir droit à qc; *das* ~ *haben, etw zu tun* avoir le droit, être en droit de faire qc; *mit welchem* ~*?* de quel droit?; à quel titre?; *mit vollem od gutem* ~, *zu* ~ à bon droit; à juste titre; *mit* ~ avec raison; *das ist mein gutes* ~ c'est mon droit; *zu* ~ *bestehen* être fondé en droit; *mit dem gleichen* ~ … pour la même raison …; au même titre …; *prov gleiche* ~*e, gleiche Pflichten* égalité de droits entraîne égalité d'obligations; *im* ~ *sein* être dans son droit; *alle* ~*e vorbehalten* tous droits réservés; *wir müssen uns das* ~ *vorbehalten, zu* (+*inf*) nous devons nous réserver le droit, la faculté de (+*inf*); **2.** (*Gerechtigkeit*) justice *f*; *j-m zu s-m* ~ *verhelfen* faire rendre, faire obtenir justice à qn; *sich* (*dat*) *selbst* ~ *verschaffen* se faire justice (à soi-même); *sein* ~ *bekommen* obtenir justice; ~ *auf s-r Seite haben* avoir le droit, la justice de son côté; ~ *muß bleiben* force doit rester à la loi; *gleiches* ~ *für alle!* égalité des droits pour tous!; **3.** (*Gesamtheit der Gesetze*) droit *m*; *geltendes* ~ législation *f*, lois *f/pl* en vigueur; *Anstalt des öffentlichen* ~*s* établissement *m* de droit public; ~ *sprechen* rendre la justice; *das* ~ *beugen* contourner la loi; *von* ~*s wegen* de par la loi; ~ *veraltet pl* ~*e* (*Rechtswissenschaft*) jurisprudence *f*; droit *m*; *Doktor der* ~*e* docteur en droit

'**Recht**|**e** *f* 〈→A〉 **1.** (*rechte Hand, Seite*) droite *f*; *zur* ~ à droite; *zu meiner* ~ à ma droite; **2.** *BOXEN* droit *m*; **3.** *POL die* ~ la droite

'**Recht**|**eck** *n* rectangle *m*; 2**eckig** *adj* rectangulaire

'**rechten** *v/i* 〈-ete, h〉 *st/s* (*mit j-m über etw* [*acc*]) ~ se disputer (avec qn à propos de qc)

Rechtens ['rɛçtəns] *es ist* ~ c'est de droit

'**rechte(r, -s)** *adj* droit; ~ *Seite* côté droit; droite *f*; *e-s Stoffes* endroit *m*; *auf der* ~*n Seite* à droite; du côté droit; ~ *Masche* maille *f* à l'endroit; ~*r Winkel* angle droit; ~*r Hand* à (main) droite; *j-s* ~ *Hand sein* être le bras droit de qn

'**Rechte(r)** *f(m)* 〈→A〉 **1.** (*Richtige[r]*) homme *m*, femme *f* qu'il faut, de la situation; *an den* ~*n kommen* trouver à qui parler; *iron das ist mir der* ~*!* ils n'auraient pas pu trouver mieux!; **2.** *POL* personne *f* ayant des opinions de droite

'**Rechte(s)** *n* 〈→A〉 *etwas* ~*s* qc de propre; *nichts* ~*s zustande bringen* ne rien faire qui vaille, F de potable; *nach dem* ~*n sehen* veiller à ce que tout soit en ordre *bzw* tout se passe bien

'**rechtfertigen** *v/t* (*u v/réfl*) 〈h〉 (*sich*) ~ (se) justifier, (se) défendre; (se) disculper; *sich vor j-m wegen etw* ~ se justifier de qc auprès de qn

'**Rechtfertigung** *f* justification *f*; défense *f*; disculpation *f*; *zu meiner* ~ pour me justifier

'**rechtgläubig** *adj* orthodoxe

'**Recht**|**haber** *m* 〈~s; ~〉 personne *f* qui veut toujours avoir raison, le dernier mot; ergoteur *m*; ~**habe'rei** *f* 〈~〉 prétention *f*, manie *f* de vouloir toujours avoir raison; 2**haberisch** *adj* qui veut toujours avoir raison; ergoteur, -euse

'**rechtlich I** *adj* légal; juridique; **II** *adv* juridiquement (parlant); au *od* du point de vue juridique; ~ *begründet sein* être fondé en droit

'**recht**|**los** *adj* sans droits; privé de ses droits; 2**losigkeit** *f* 〈~〉 absence *f* de droits

'**rechtmäßig** *adj* légal; légitime; (*billig*) juste; *für* ~ *erklären* légitimer

'**Rechtmäßigkeit** *f* 〈~〉 légalité *f*; légitimité *f*

rechts [rɛçts] *adv* à droite; *von Stoffen* à l'endroit; ~ *von …* à droite de …; ~ *von ihm* à sa droite; ~ *vor links im Straßenverkehr* priorité *f* à droite; ~ *abbiegen* tourner à droite; ~ *gehen, fahren* prendre, tenir sa *od* la droite; *POL* ~ *sein od stehen* être de droite; ~ *schreiben* écrire de la main droite; ~ *überholen* doubler à droite

'**Rechtsabbieger** *m* 〈~s; ~〉 personne *f* tournant à droite; ~**spur** *f* file *f* de droite

'**Rechts**|**abteilung** *f JUR* service *m*, section *f* juridique; bureau *m* du contentieux; ~**angelegenheit** *f* affaire *f* (judiciaire); *par ext* procès *m*; ~**anspruch** *m* (prétention fondée en) droit *m* (*auf* [+*acc*] à); droit *m* légitime; ~**anwalt** *m*, ~**anwältin** *f* avocat(e) *m(f)*; *Anrede* Maître *m*; ~**anwaltsbüro** *n cf* **Anwaltsbüro**; ~**auffassung** *f* conception *f* juridique; ~**auskunft** *f* renseignement *m* juridique; ~**auslegung** *f* interprétation *f* du droit; ~**ausschuß** *m* comité *m* juridique

Rechts'außen *m* 〈~; ~〉 *FUSSBALL etc* ailier droit

'**Rechts**|**behelf** *m JUR* recours *m*; ~**beistand** *m* avocat-conseil; conseil *m* juridique; ~**belehrung** *f* informations *f/pl* sur les recours; ~**berater(in)** *m(f)* conseil *m* juridique; *e-s Politikers etc* conseiller, -ère *m,f* juridique; ~**beugung** *f* contournement *m* de la loi, de la législation; ~**brecher(in)** *m* 〈~s; ~〉 (*f*) 〈~; ~nen〉 délinquant(e) *m(f)*; ~**bruch** *m* infraction *f*; violation *f* du droit

'**rechtsbündig** *adj TYPO* justifié à droite

'**rechtschaffen I** *adj* **1.** honnête; loyal; probe; intègre; **2.** *fig* (*gehörig, tüchtig*) convenable; correct; *e-n* ~*en Hunger haben* avoir une faim de loup; **II** *adv* comme il faut; convenablement; *fig* ~ *müde* très fatigué

'**Rechtschaffenheit** *f* 〈~〉 honnêteté *f*; loyauté *f*; probité *f*, intégrité *f*

'**rechtschreiben** *v/i* 〈*seulement inf*〉 bien orthographier

'**Rechtschreib**|**fehler** *m* faute *f* d'orthographe; ~**reform** *f* réforme *f* de l'orthographe; ~**schwäche** *f* dysorthographie *f*; *par ext* dyslexie *f*

'**Rechtschreibung** *f* orthographe *f*

'**Rechts**|**drall** *m TECH* torsion *f* à droite; *fig* tendance *f* à droite; *POL* tendance *f* à être de droite; ~**drehung** *f* rotation *f* à droite; ~**extremismus** *m* extrémisme *m* de droite; ~**extremist(in)** *m(f)* extrémiste *m,f* de droite; 2**extremistisch** *adj* d'extrême droite

'**rechtsfähig** *adj* ayant la capacité juridique; ~ *sein* jouir de (ses) droits civils

'**Rechts**|**fähigkeit** *f* 〈~〉 capacité *f* juridique; ~**fall** *m* cas *m* juridique, de droit; ~**frage** *f* question *f* de droit; ~**gelehrte(r)** *f(m)* jurisconsulte *m*; juriste *m,f*; légiste *m,f*; ~**gleichheit** *f* égalité *f* devant la loi; ~**grund** *m* motif *m*, titre *m* juridique; ~**grundlage** *f* base *f*, fondement *m* juridique; ~**grundsatz** *m* maxime *f* de droit; 2**gültig** *adj* valide; *Schriftstück* authentique; ~**gültigkeit** *f* validité *f* juridique; *e-s Schriftstücks* authenticité *f*

Rechts|**händer(in)** ['rɛçtshɛndər(ɪn)] *m* 〈~s; ~〉 (*f*) 〈~; ~nen〉 droitier, -ère *m,f*; 2**händig I** *adj* droitier, -ière **II** *adv* de la main droite

'**Rechtshandlung** *f* action légale; acte *m* juridique

'**rechtsherum** *adv* à droite

Rechtshilfe f ⟨~⟩ aide f judiciaire
Rechtskraft f ⟨~⟩ e-s Gesetzes force f de loi; e-s Urteils force f de chose jugée; ~ **erlangen** prendre force de loi bzw de chose jugée
rechtskräftig I adj qui a force de chose jugée; (vollstreckbar) exécutoire; ~**es Urteil** jugement définitif; **II** adv ~ **verurteilt werden** subir une condamnation exécutoire
rechtskundig adj qui connaît le droit
Rechtskurve f virage m à droite
Rechtslage f ⟨~⟩ situation f juridique
Rechtsmittel n JUR recours m; **ein ~ einlegen** former un recours
Rechts|mittelbelehrung f indication f des possibilités de recours; ~**nachfolge** f succession f juridique; ~**nachfolger** m ayant cause m; ~**ordnung** f ordre établi par les institutions
Rechtspartei f parti m de droite
Rechtspfleger(in) m(f) greffier, -ière m,f à attributions juridictionnelles
Rechtsprechung f ⟨~; ~en⟩ jurisprudence f; juridiction f
rechts|radikal adj POL d'extrême droite; ~**rheinisch** adj de la rive droite du Rhin; ⟨ruck m POL glissement m à droite
Rechts|sache f procès m; cause f, affaire f (judiciaire); ~**schutz** m protection f juridique; ~**schutzversicherung** f assurance f (garantie défense-) recours
rechtsseitig adj du côté droit
Rechts|spruch m décision f d'un tribunal; arrêt m (de justice); in Zivilsachen jugement m; in Strafsachen sentence f; der Geschworenen verdict m; ~**staat** m État m de droit; ~**streit** m litige m; par ext procès m
rechts'um adv à droite; MIL ~! à droite, droite!
rechts|verbindlich adj juridiquement obligatoire; valide; ⟨**verdreher(in)** m ⟨~s; ~⟩ (f) ⟨~; ~nen⟩ personne f détournant à son profit les dispositions légales; F plais (Anwalt) avocat marron
Rechtsverkehr m circulation f à droite
Rechts|verletzung f violation f du droit, de la loi; ~**verordnung** f JUR ordonnance f; ~**vertreter** m représentant légal; mandataire m; ~**vertretung** f représentation légale
Rechtsweg m ⟨~(e)s⟩ voie f de droit, judiciaire; **auf dem ~** par voie de droit; par la voie judiciaire; **den ~ beschreiten** avoir recours à la justice, aux tribunaux; **unter Ausschluß des ~s** sans possibilité de recours aux tribunaux
rechts|widrig adj illégal; illicite; contraire au droit; ⟨**widrigkeit** f illégalité f; ~**wirksam** adj valide; ⟨**wissenschaft** f ⟨~⟩ (science f du) droit m
rechtwink(e)lig I adj rectangulaire; GEOMETRIE rectangle; ~**es Dreieck** triangle m rectangle; **II** adv à angle droit
rechtzeitig I adj ponctuel, -elle; opportun; **II** adv à temps; en temps voulu; (pünktlich) ponctuellement; ~ **genug, um** (+inf) assez longtemps à l'avance pour (+inf)
Reck [rɛk] n ⟨~(e)s; ~e ou ~s⟩ TURNEN barre f fixe
Recke [ˈrɛkə] st/s m ⟨~n; ~n⟩ 'héros m; bes HIST preux m

recken [ˈrɛkən] ⟨h⟩ **I** v/t Glieder étirer; allonger; **den Hals ~** allonger, tendre le cou; **den Kopf in die Höhe ~** relever la tête; **II** v/réfl **sich ~** (**und strecken**) s'étirer
'Reck|stange f TURNEN barre f (fixe); ~**übung** f exercice m à la barre fixe
Recorder [reˈkɔrdər] m ⟨~s; ~⟩ appareil m d'enregistrement; (Kassetten⟨) lecteur m de cassettes
recyceln [riˈsaikəln] v/t ⟨-(e)le, pas de ge-, h⟩ ÉCOL recycler
Re'cycling n ⟨~s⟩ ÉCOL recyclage m; réutilisation f; ~**papier** n papier recyclé
Redak'teur(in) m ⟨~s; ~e⟩ (f) ⟨~; ~nen⟩ rédacteur, -trice m,f; e-r Zeitung a journaliste m à la barre fixe ~ **für Kultur, Sport** journaliste littéraire, sportif
Redakti̯on [redaktsi̯oːn] f ⟨~; ~en⟩ rédaction f; ⟨**nell** adj rédactionnel, -elle
Redakti'onsschluß m date f od heure f limite (de bouclage d'une édition); **nach ~** après bouclage de l'édition
Re'daktor m ⟨~s; -'toren⟩ schweiz rédacteur m
Rede [ˈreːdə] f ⟨~; ~n⟩ **1.** (das Reden) parole f; propos m; (~**weise**) langage m; (Gespräch) discours m; (~**inhalt**) ce que l'on veut bzw voulait dire; (Unterhaltung) conversation f; entretien m; (Gerücht) bruit m; **gebundene ~** poésie f; **ungebundene ~** prose f; GR (in)**direkte ~** discours (in)direct; **lose ~n führen** tenir des propos scabreux; **etw in freier ~ vortragen** parler en public sans notes; **danach kam die ~ auf** (+acc) ... on aborda ensuite ...; on en vint ensuite à parler de ...; **wenn die ~ darauf kommt** si l'on aborde ce sujet; si l'on vient à en parler; **die ~ auf Politik bringen** commencer à parler de politique; **das ist** (**gar**) **nicht der ~ wert** cela ne vaut pas la peine d'en parler; **wovon ist die ~?** de quoi est-il question?; de quoi s'agit-il?; **es ist die ~ davon, daß** ... il est question que ... (+subj); **es ist die ~ von ...** il est question de ...; on parle de ...; **davon kann keine ~ sein** il ne peut en être question; F (das war schon immer) **meine ~!** c'est bien ce que j'ai (toujours) dit!; st/s **es geht die ~, daß ...** le bruit court que ...; on dit que ...; **j-m** (**für etw**) **~ und Antwort stehen** répondre (de qc), donner des explications (sur qc) à qn; **j-n** (**wegen etw**) **zur ~ stellen** demander une explication à qn (de qc); **langer od der langen ~ kurzer Sinn** pour résumer; en un mot; **2.** (Ansprache) discours m; kürzere allocution f; RHÉT oraison f; **e-e ~ halten** prononcer, faire un discours; F (**große**) ~**n schwingen** pérorer; employer des grands mots
'Rede|duell n duel m oratoire; ~**figur** f figure f de rhétorique; ~**fluß** m ⟨-sses⟩ flot m, flux m de paroles; ~**freiheit** f ⟨~⟩ liberté f de parole; ⟨**gewandt** adj éloquent; qui s'exprime facilement; qui a la parole facile; ~**gewandtheit** f éloquence f; élocution aisée; facilité f d'expression (orale); ~**kunst** f rhétorique f; art m oratoire
'reden ⟨-ete, h⟩ **I** v/t u v/i (sprechen) parler (**über** [+acc], **von** de; **mit** à, avec); (sagen) dire; (e-e Rede halten)

faire, prononcer un discours; **jetzt redet er ganz anders** il tient maintenant un tout autre langage; **Sie haben gut ~** vous en parlez (bien) à votre aise; **mit sich** (dat) ~ **lassen** ne pas être intransigeant; **er läßt mit sich** (dat) ~ **a** il y a moyen de s'entendre, s'arranger avec lui; **er läßt nicht mit sich** (dat) ~ **a** il est bzw reste intraitable; **über Politik** (acc) ~ parler de politique; F parler politique; **Gutes, Schlechtes über j-n ~** dire du bien, du mal de qn; **darüber läßt sich ~** on peut en discuter; c'est à voir; **viel von sich** (dat) ~ **machen** faire parler beaucoup de soi; **von diesem und jenem ~** parler de choses et d'autres; **von etw anderem ~** changer de sujet; **sie ~ nicht mehr miteinander** ils ne se parlent plus; **er redet kein Wort** il ne dit pas un mot; **laß sie ~!** laisse-les dire!; ~ **wir nicht mehr darüber od davon!** n'en parlons plus!; **gar nicht zu ~ davon, daß ...** sans compter que ...; **II** v/réfl **sich heiser ~** s'enrouer (à force de parler)
'Reden ⟨~s⟩ prov **~ ist Silber, Schweigen ist Gold** prov la parole est d'argent, mais le silence est d'or; **das ~ fällt ihm schwer** il parle difficilement; il a de la peine à parler; **all Ihr ~ ist umsonst** vous prêchez dans le désert
'Redensart f tournure f; façon f de parler; **leere ~en** phrases toutes faites; **sprichwörtliche ~** dicton m; **das ist nur so e-e ~** c'est une façon de parler
Rede'rei F f ⟨~; ~en⟩ **1.** péj bavardage(s) m(pl); **2.** ⟨meist pl⟩ (Gerücht) bruit m qui court (**über** [+acc] sur)
'Rede|schwall m déluge m, flot m de paroles; verbosité f; ~**verbot** n défense f de parler; ~**weise** f (Ausdrucksweise) manière f, façon f de parler; (Stil) style m; (Artikulation) diction f; élocution f
'Redewendung f expression f; tournure f; LING locution f; **feste, stehende ~** locution (figée)
'Redezeit f temps m de parole
redigieren [rediˈgiːrən] v/t ⟨pas de ge-, h⟩ rédiger
redlich [ˈreːtlɪç] **I** adj (rechtschaffen) honnête; intègre; (aufrichtig) sincère; de bonne foi; **II** adv **sich ~ bemühen** faire des efforts sincères
'Redlichkeit f ⟨~⟩ (Rechtschaffenheit) honnêteté f; intégrité f; (Aufrichtigkeit) sincérité f; bonne foi
'Redner(in) m ⟨~s; ~⟩ (f) ⟨~; ~nen⟩ orateur m; (Vortrags⟨) conférencier, -ière m,f; **sie ist e-e gute ~in** elle est bon orateur
'Redner|bühne f tribune f; ⟨**isch** adj d'orateur; oratoire; ~**pult** n pupitre m
'redselig adj loquace; causeur, -euse; volubile; p/fort bavard; ⟨**keit** f loquacité f; volubilité f
Reduktion [reduktsiˈoːn] f ⟨~; ~en⟩ a CHIM, LING, ASTR réduction f (**auf** [+acc] à)
Redukti'onsmittel n CHIM réducteur m
redund|ant [redunˈdant] adj LING, INFORM, sc redondant; ⟨**anz** f ⟨~; ~en⟩ redondance f
Reduplikation [reduplikatsiˈoːn] f ⟨~; ~en⟩ LING réduplication f
redu'zierbar adj réductible (**auf** [+acc] à)

reduzier|en [redu'tsi:rən] v/t (u v/réfl) (sich) ~ ⟨pas de ge-, h⟩ (se) réduire (auf [+acc] à); ℒ**ung** f ⟨~; ~en⟩ réduction f (auf [+acc] à)
Reede ['re:də] f ⟨~; ~n⟩ MAR rade f; **auf der ~ liegen** être en rade
Reeder m ⟨~s; ~⟩ armateur m
Reede'rei f ⟨~; ~en⟩ compagnie f de navigation; société f, compagnie f de transports maritimes
reell [re'ɛl] adj **1.** Preis, Bedienung honnête; convenable; correct; Preis a abordable; Firma honnête; respectable; de confiance; Ware de qualité; **2.** (wirklich) réel, réelle; **~e Chance** chance réelle; **3.** MATH **~e Zahlen** f/pl nombres réels
Reep [re:p] n ⟨~(e)s; ~e⟩ MAR cordage m
Reet [re:t] n ⟨~s⟩ nordd roseau m; '**~dach** n toit couvert de roseau, de chaume; 'ℒ**gedeckt** adj couvert de roseau, de chaume
Refektorium [refɛk'to:rium] n ⟨~s; -ien⟩ réfectoire m
Refe'rat n ⟨~(e)s; ~e⟩ **1.** (Vortrag) conférence f; UNIVERSITÄT, SCHULE exposé m; (Bericht) rapport m; **ein ~** (**über etw** [acc]) **halten** faire une conférence, un exposé, un rapport (sur qc); **2.** (Abteilung) section f; service m
Referendar(in) [referɛn'da:r(ɪn)] m ⟨~s; ~e⟩ (f) ⟨~; ~nen⟩ nach Studienabschluß stagiaire m,f (Lehramts ℒ) professeur m,f stagiaire; JUR juriste m,f stagiaire
Referendari'at n ⟨~(e)s; ~e⟩ stage m (préparant au deuxième examen d'État en Allemagne)
Referendum [refɛ'rɛndʊm] n ⟨~s; -den ou ~a⟩ référendum m
Refe'rent(in) m ⟨~en; ~en⟩ (f) ⟨~; ~nen⟩ **1.** (Vortragende[r]) conférencier, -ière m,f; (Berichterstatter) rapporteur m; **2.** e-r Abteilung responsable m,f d'un service, d'une section; POL e-s Ministers conseiller, -ère m,f; (Gutachter[in]) expert(e) m(f)
Refe'renz f ⟨~; ~en⟩ (Empfehlung) référence f; recommandation f; **gute ~en haben** avoir de bonnes références; **j-n als ~ angeben** se réclamer, se recommander de qn
referieren [refɛ'ri:rən] v/t u v/i ⟨pas de ge-, h⟩ **etw**, **über etw** (acc) **~** faire une conférence, un exposé sur qc
Reff [rɛf] n ⟨~s; ~s⟩ MAR ris m
'**reffen** v/t ⟨h⟩ MAR prendre un od des ris; **die Segel ~** a(r)riser les voiles
reflektieren [reflɛk'ti:rən] ⟨pas de ge-, h⟩ **I** v/t Licht etc réfléchir; refléter; **II** st/s v/i **1.** (nachsinnen) (**über etw** [acc]) **~** réfléchir (sur od à qc); **2.** (haben wollen) **auf etw** (acc) **~** avoir qc en vue; s'intéresser à qc
Re'flektor m ⟨~s; -'toren⟩ OPT, PHYS, AUTO, am Fahrrad etc réflecteur m
reflek'torisch adj PHYSIOL réflexe
Reflex [re'flɛks] m ⟨~es; ~e⟩ PHYS reflet m; fig, PHYSIOL réflexe m; ℒ**artig** adj automatique; par ext naturel, -elle; **~bewegung** f (mouvement m) réflexe m; **~handlung** f automatisme m
Reflexi'on f ⟨~; ~en⟩ PHYS réfléchissement m; a fig réflexion f
Reflexi'onswinkel m angle m de réflexion
refle'xiv adj GR réfléchi; pronominal; ℒ**pronomen** n GR pronom réfléchi
Reform [re'fɔrm] f ⟨~; ~en⟩ réforme f
Reformati'on f ⟨~⟩ HIST REL **die ~** la Réforme; la Réformation
Reformati'ons|fest n ⟨~(e)s⟩ PROT fête f de la Réformation; **~zeit** f ⟨~⟩ HIST époque f de la Réforme, de la Réformation
Refor'mator m ⟨~s; -'toren⟩ a HIST REL réformateur m; ℒ**torisch** adj réformateur, -trice
re'form|bedürftig adj qui nécessite une réforme bzw des réformes; ℒ**bestrebungen** f/pl tendances réformatrices
Re'former(in) m ⟨~s; ~⟩ (f) ⟨~; ~nen⟩ réformateur, -trice m,f; POL a réformiste m,f
re'formerisch adj réformateur, -trice
Re'formhaus n magasin m de produits diététiques
refor'mieren v/t ⟨pas de ge-, h⟩ réformer
Refor'mier|te(r) f(m) ⟨~→A⟩ réformé(e) m(f); **~ung** f ⟨~⟩ réformation f
Refor'mismus m ⟨~⟩ POL réformisme m; **~ist(in)** m ⟨~en; ~en⟩ (f) ⟨~; ~nen⟩ réformiste m,f; ℒ**istisch** adj réformiste
Re'form|kost f aliments m/pl, produits m/pl diététiques; **~kurs** m tendances réformatrices; **~politik** f politique f de réformes, réformatrice
Refrain [rə'frɛ:] m ⟨~s; ~s⟩ refrain m
Refraktion [refraktsi'o:n] f ⟨~; ~en⟩ OPT réfraction f
Re'fraktor m ⟨~s; -'toren⟩ OPT télescope m dioptrique; réfracteur m
Refugium [re'fu:giʊm] st/s n ⟨~s; -ien⟩ refuge m
Regal [re'ga:l] n ⟨~s; ~e⟩ **1.** étagère f; rayon m; rayonnage m; **2.** MUS der Orgel régale m; **~brett** n rayon m; planche f (pour étagère), étagère f; **~wand** f (grande) étagère
Regatta [re'gata] f ⟨~; -tten⟩ régates f/pl
Reg.-Bez. abr cf Regierungsbezirk
rege ['re:gə] adj (in Bewegung) en mouvement; (aktiv, rüstig) actif, -ive; (lebhaft) vif, vive; (munter) alerte; a geistig agile; Verkehr intense; Nachfrage fort; grand; Phantasie vif, vive; Gespräch animé; **e-e Tätigkeit entfalten** développer une grande activité
Regel ['re:gəl] f ⟨~; ~n⟩ **1.** (Vorschrift) règle f; règlement m; (Norm) norme f; **in der ~** (gewöhnlich) normalement; habituellement; d'habitude; en règle générale; **es sich** (dat) **zur ~ machen**, **zu** (+inf) se faire une règle, une loi de (+inf); **es ist die**, **daß** ... il est de règle que ... (+subj); **als ~ gelten** faire autorité; **den ~n entsprechen** être conforme aux règles; **das ist gegen die ~** c'est contraire à la règle; c'est irrégulier; F **nach allen ~n der Kunst** dans, selon (toutes) les règles de l'art; **2.** PHYSIOL règles f/pl
'**regel|bar** adj réglable; ℒ**fall** m cas normal; **~los** adj sans règle; (unregelmäßig) irrégulier, -ière; (unordentlich) déréglé; désordonné; à tort à travers; ℒ**losigkeit** f ⟨~⟩ (Unregelmäßigkeit) irrégularité f; (Unordentlichkeit) dérèglement m
'**regelmäßig I** adj régulier, -ière; (geregelt) réglé; rangé; Besucher assidu; Briefwechsel suivi; **in ~en Zeitabständen** à intervalles réguliers; **II** adv **~ wiederkehrend** se répétant à intervalles réguliers
'**Regelmäßigkeit** f régularité f
'**regeln** ⟨-(e)le, n⟩ **I** v/t régler; durch Verordnungen réglementer; JUR régir; finanzielle Verhältnisse régulariser; Angelegenheit liquider; régler; **den Verkehr ~** régler la circulation; **II** v/réfl **sich ~** se régler
'**regelrecht I** adj (épithète) **1.** conforme aux règles; dans les règles; correct; **2.** fig (wirklich) véritable; vrai; **II** adv vraiment; **Sie haben mich ~ betrogen** vous m'avez bel et bien trompé
'**Regelstudienzeit** f ⟨~⟩ durée maximale autorisée des études universitaires
'**Regelung** f ⟨~; ~en⟩ e-r Angelegenheit, Frage règlement m; gesetzliche régime m; réglementation f; TECH réglage m; régulation f
'**Regel|verstoß** m SPORT etc infraction f aux règles; **~werk** n ensemble m de règles, de dispositions; ℒ**widrig** adj contraire à la règle; irrégulier, -ière; **~widrigkeit** f irrégularité f; SPORT etc (Regelverstoß) infraction f aux règles
regen ['re:gən] st/s ⟨h⟩ **I** v/t remuer; mouvoir; **II** v/réfl **sich ~ 1.** (sich bewegen) se remuer; bouger; se mouvoir; **es regte sich kein Lüftchen** il n'y avait pas un souffle de vent; **2.** Gefühle s'éveiller; naître; Verdacht surgir; Gewissen se manifester; se faire sentir
Regen ['re:gən] m ⟨~s; ~⟩ pluie f; **anhaltender ~** pluie continue; **feiner ~** bruine f; pluie fine; **saurer ~** pluies f/pl acides; **starker ~** forte, grosse pluie; F **ein warmer ~** une aubaine; **strichweise ~** pluies éparses et passagères; **bei ~** par temps de pluie; **im ~** sous la pluie; **in den ~ kommen** recevoir la pluie; F fig **j-n im ~ stehen lassen** F planter qn; faire faux bond à qn; **es sieht nach ~ aus** le temps est à la pluie; **es wird ~ geben** il va pleuvoir; nous aurons de la pluie; **auf ~ folgt Sonnenschein** après la pluie le beau temps; cf a Traufe
'**regenarm** adj avec peu de pluie
'**Regenbogen** m arc-en-ciel m; ℒ**farben**, ℒ**farbig** adj qui a les couleurs de l'arc-en-ciel; sc irisé; **~haut** f ANAT iris m; **~presse** f presse f du cœur
'**Regen|cape** n cape f de pluie; **~dach** n auvent m; ℒ**dicht** adj Stoff imperméabilisé
Regeneration [regenɛratsi'o:n] f ⟨~⟩ BIOL régénération f; **~'rator** m ⟨~s; -'toren⟩ TECH régénérateur m; ℒ**'rierbar** adj Energie renouvelable; ℒ**'rieren** ⟨pas de ge-, h⟩ **I** v/t BIOL régénérer; **II** v/réfl **sich ~** se régénérer; Kranker se rétablir
'**Regen|fall** m chute f de pluie; **~guß** m ondée f, averse f; **~haut** f imperméable très fin; K-Way m (nom déposé); **~jakke** f (veste f) imperméable m; **~kleidung** f vêtements m/pl de pluie; **~macher** m sorcier m capable de provoquer la pluie; **~mantel** m imperméable m; **~pfeifer** m ⟨~s; ~⟩ ZO pluvier m; ℒ**reich** adj pluvieux, -ieuse; **~rinne** f gouttière f; **~schauer** m averse f; ondée f; giboulée f; **~schirm** m parapluie m; ℒ**schwer** adj Wolken chargé de pluie
Regensburg ['re:gənsbʊrk] n ⟨→ n/pr⟩ Ratisbonne

Re'gent(in) *m* ⟨~en; ~en⟩ (*f*) ⟨~; ~nen⟩ (*Herrscher[in]*) souverain(e) *m(f)*; (*Stellvertreter[in]*) régent *m*, (princesse) régente *f*
'**Regen|tag** *m* jour pluvieux, de pluie; **~tonne** *f* citerne *f* d'eau de pluie; **~tropfen** *m* goutte *f* de pluie
Re'gentschaft *f* ⟨~; ~en⟩ régence *f*
'**Regenumhang** *m* cape *f* de pluie
'**Regenwald** *m* (*tropischer*) ~ forêt tropicale
'**Regenwasser** *n* ⟨~s⟩ eau *f* de pluie
'**Regenwetter** *n* ⟨~s⟩ temps pluvieux, de pluie; *bei* ~ par temps de pluie; F *ein Gesicht machen wie drei Tage* ~ faire une tête d'enterrement
'**Regen|wolke** *f* nuage *m* de pluie; **~wurm** *m* ver *m* de terre; lombric *m*; **~zeit** *f* saison *f* des pluies
Regie [re'ʒi:] *f* ⟨~⟩ **1.** (*Verwaltung*) régie *f*; *in eigener* ~ à son propre compte; *etw in eigener* ~ *tun od machen* faire qc tout seul; **2.** THÉ, FILM mise *f* en scène, RAD en ondes; FILM, TV a réalisation *f*; ~ *führen* faire la mise en scène; *bei etw* ~ *führen* mettre qc en scène; faire la mise en scène de qc; *unter der* ~ *von* ... sous la direction (artistique et technique) de ...
Re'gie|anweisung *f* directives *f/pl* de mise en scène, RAD en ondes; **~assistent(in)** *m(f)* assistant(e) *m(f)* (du réalisateur, du metteur en scène); **~buch** *n* livre *m* de régie, de conduite; **~fehler** *m* THÉ faute *f* de mise en scène; *fig* faute *f* (due à une mauvaise organisation); **~pult** *n* pupitre *m* de contrôle; mélangeur *m*
regieren [re'gi:rən] ⟨*pas de ge-*, h⟩ **I** *v/t* **1.** gouverner; (*lenken*) conduire; diriger; **2.** GR régir; **II** *v/i* (*herrschen*) Minister gouverner; *Regierung*, *Partei* être au pouvoir; *König etc* régner; *über j-n*, *etw* ~ régner sur qn, qc; gouverner qn, qc
Re'gierung *f* ⟨~; ~en⟩ gouvernement *m*; (*~szeit e-s Monarchen*) règne *m*; *unter der* ~ *von* ... *Monarchie* sous le règne de ...; sous ...; *Demokratie etc* quand ... était au pouvoir; *an die* ~ *kommen* arriver, parvenir au pouvoir; *Monarch* monter sur le trône; *die* ~ *bilden* former, constituer le gouvernement
Re'gierungs|abkommen *n* accord intergouvernemental; **~antritt** *m* avènement *m* au pouvoir, *e-s Monarchen* au trône; **~bank** *f* ⟨~; ~e⟩ banc *m* des ministres; **~beamte(r)** *m*, **~beamtin** *f* fonctionnaire *m,f* du gouvernement; **~beschluß** *m* décision gouvernementale; **~bezirk** *m* division administrative la plus importante d'un land; **~bildung** *f* formation *f* du gouvernement; **~bündnis** *n* coalition gouvernementale; **~chef** *m* chef *m* du gouvernement
Re'gierungsebene *f* *auf* ~ à l'échelon gouvernemental
Re'gierungs|erklärung *f* déclaration gouvernementale, ministérielle; ⚘**fähig** *adj* capable de gouverner; ⚘**feindlich** *adj* antigouvernemental; contre le gouvernement; **~form** *f* POL régime *m*; ⚘**freundlich** *adj* (pro)gouvernemental; **~gewalt** *f* ⟨~⟩ pouvoir *m*, autorité *f* suprême; **~koalition** *f* coalition gouvernementale; **~kreise** *m/pl* milieux gouvernementaux; **~krise** *f* crise gouvernementale, ministérielle; **~mehrheit** *f* majorité gouvernementale; **~mitglied** *n* membre *m* du gouvernement; ⚘**nah** *adj* proche du gouvernement; **~partei** *f* parti au pouvoir, gouvernant; **~präsident(in)** *m(f)* BRD chef *m* d'un „Regierungsbezirk"; **~rat** *m* ⟨~(e)s; ~e⟩ **1.** titre de haut fonctionnaire dans l'administration allemande; **2.** schweiz (membre *m* du) Conseil *m* d'État; **~sitz** *m* siège *m* du gouvernement; **~sprecher(in)** *m(f)* porte-parole *m* du gouvernement; ⚘**treu** *adj* loyal (envers le gouvernement); **~umbildung** *f* remaniement ministériel
Re'gierungsverantwortung *f* *die* ~ *übernehmen* former le gouvernement
Re'gierungs|vorlage *f* projet gouvernemental; **~wechsel** *m* changement *m* de gouvernement; **~zeit** *f* gouvernement *m*; *e-s Monarchen* règne *m*
Re'giestuhl *m* fauteuil *m* de metteur en scène
Regime [re'ʒi:m] *n* ⟨~s; ~ [-mə] *ou* ~ [-ms]⟩ POL régime *m*; système *m* politique; **~kritiker(in)** *m(f)* dissident(e) *m(f)*
Regiment [regi'mɛnt] *n* ⟨~(e)s; ~e, MIL ~er⟩ **1.** (*Herrschaft*) gouvernement *m*; autorité *f*; (*Leitung*) direction *f*; *das* ~ *haben od führen* commander; tenir les rênes; **2.** MIL régiment *m*
Regi'mentskommandeur *m* MIL chef *m* de régiment, de corps
Regina [re'gi:na], **Regine** [re'gi:nə] *f* ⟨→ *n/pr*⟩ Régine *f*
Region [regi'o:n] *f* ⟨~; ~en⟩ région *f*; *fig plais in höheren* ~en *schweben* planer; F être dans les nuages
regio'nal *adj* régional; ⚘'**lismus** *m* ⟨~; -men⟩ régionalisme *m*
Regio'nal|liga *f* FUSSBALL troisième division *f*; **~programm** *n* TV, RAD programme régional
Regisseur(in) [reʒi'sø:r(in)] *m* ⟨~s; ~e⟩ (*f*) ⟨~; ~nen⟩ THÉ, FILM metteur *m* en scène, RAD en ondes; FILM, TV a réalisateur, -trice *m,f*; RAD a réalisateur, -trice *m,f* d'émissions radiophoniques
Register [re'gɪstər] *n* ⟨~s; ~⟩ **1.** (*amtliches Verzeichnis*) registre *m*; (*Liste*) liste *f*; (*Katalog*) catalogue *m*; (*Steuer* ⚘) rôle *m*; *ins* ~ *eintragen* enregistrer; **2.** *e-s Buches* index *m*; répertoire *m*; **3.** MUS registre *m*; *fig alle* ~ *ziehen* mettre tout en œuvre; employer tous les moyens
Re'gistertonne *f* tonneau *m* de jauge
Registra'tur *f* ⟨~; ~en⟩ **1.** (*das Registrieren*) classement *m*; enregistrement *m*; **2.** (*Aufbewahrungsstelle*) greffe *m*; dépôt *m*; archives *f/pl*
registrieren [regɪs'triːrən] *v/t* ⟨*pas de ge-*, h⟩ **1.** (*eintragen*), a TECH enregistrer; **2.** *fig* saisir; retenir; constater
Regi'strier|kasse *f* caisse enregistreuse; **~ung** *f* ⟨~; ~en⟩ **1.** enregistrement *m*; **2.** *fig* constatation *f*
Reglement [reglə'mã] *n* ⟨~s; ~s⟩ règlement *m*
reglementieren [reglǝmɛn'ti:rən] *v/t* ⟨*pas de ge-*, h⟩ réglementer; **~ung** *f* ⟨~; ~en⟩ réglementation *f*
'**Regler** *m* ⟨~s; ~⟩ TECH régulateur *m*
'**reg|los** *cf* **regungslos**; ⚘**losigkeit** *f cf* **Regungslosigkeit**
'**regnen** *v/imp* ⟨-ete, h⟩ pleuvoir; *es regnet* il pleut; *es hat aufgehört zu* ~ la pluie a cessé; F *es regnet Ohrfeigen, Beschwerden* les gifles, les réclamations pleuvent
'**Regner** *m* ⟨~s; ~⟩ *Gerät* arroseur *m*; ⚘**isch** *adj* pluvieux, -ieuse
Regreß [re'grɛs] *m* ⟨-sses; -sse⟩ JUR recours *m*; **~anspruch** *m* droit *m* de recours; **~forderung** *f* demande *od* revendication basée sur un droit de recours
Regressi'on *f* ⟨~; ~en⟩ a ÉCON, PSYCH *etc* régression *f*
regres'siv *adj* régressif, -ive; ~ *sein* a régresser
re'greßpflichtig *adj* astreint à une obligation née d'un recours; *par ext* a civilement responsable
'**regsam** *st/s adj* actif, -ive; *geistig* vif, vive; ⚘**keit** *st/s f* ⟨~⟩ activité *f*; *geistige* vivacité *f*
regulär [regu'lɛːr] *adj* (*vorschriftsmäßig*) régulier, -ière; (*normal, üblich*) habituel, -elle; ordinaire
Regulati'on *f* ⟨~; ~en⟩ a PHYSIOL régulation *f*
regula'tiv *adj* régulateur, -trice
Regula'tiv *n* ⟨~s; ~e⟩ **1.** (*regulierendes Element*) régulateur *m*; **2.** (*Vorschrift, Verfügung*) règlement *m*
Regu'lator *m* ⟨~s; -'toren⟩ TECH, *fig* régulateur *m*
regu'lierbar *adj* réglable; ajustable
regulier|en [regu'li:rən] *v/t* ⟨*pas de ge-*, h⟩ TECH régler; *Verkehr, Fluß* régulariser; (*steuern*) contrôler; (*einstellen*) ajuster; ⚘**ung** *f* ⟨~; ~en⟩ TECH réglage *m*; régulation *f*; *e-s Flusses*, *des Verkehrs* régularisation *f*; (*Einstellung*) ajustage *m*
'**Regung** *f* ⟨~; ~en⟩ (*Bewegung*) mouvement *m*; (*Gefühls* ⚘) sentiment *m* (naissant); élan *m*; (*Gemüts* ⚘) émotion *f*; *er folgte e-r inneren* ~ il suivit son impulsion
'**regungs|los** *adj* immobile; inerte; ⚘**losigkeit** *f* ⟨~⟩ immobilité *f*; inertie *f*
Reh [reː] *n* ⟨~(e)s; ~e⟩ chevreuil *m*
Rehabilitati'on *f* ⟨~; ~en⟩ **1.** JUR, *fig* réhabilitation *f*; **2.** MÉD rééducation *f*; *berufliche, soziale* réinsertion *f*
Rehabilitati'onszentrum *n* centre *m* de rééducation
rehabilitier|en [rehabili'ti:rən] *v/t* ⟨*u v/réfl*⟩ ⟨*pas de ge-*, h⟩ **1.** (*sich*) ~ JUR, *fig* (se) réhabiliter; **2.** *beruflich, sozial* réinsérer; ⚘**ung** *f* ⟨~; ~en⟩ *cf* **Rehabilitation**
Reha-Zentrum ['reːhaːtsɛntrʊm] F *n* centre *m* de rééducation
'**Reh|bock** *m* chevreuil *m*; **~braten** *m* rôti *m* de chevreuil; ⚘**braun** *adj* de la couleur du chevreuil; fauve; **~keule** *f* cuissot *m* de chevreuil; **~kitz** *n* faon *m*; **~rücken** *m* selle *f* de chevreuil; **~wild** *n* chevreuils *m/pl*
Reibach ['raɪbax] F *m* ⟨~s⟩ profit excessif; *bei etw (e-n)* ~ *machen* F se sucrer dans qc
Reibe ['raɪbə] *f* ⟨~; ~n⟩ TECH, CUIS, '**Reibeisen** *n* râpe *f*; *wie ein Reibeisen Stimme* rauque; râpeux, -euse; *Hände* rugueux, -euse
'**Reibe|kuchen** *m* regional *cf* **Kartoffelpuffer**; **~laut** *m* PHON fricative *f*
'**reiben** (reibt, rieb, gerieben, h) **I** *v/t* frotter; frictionner; *Kartoffeln etc* râper; TECH aléser; *etw blank, sauber* ~

briquer qc; *e-n Fleck aus etw ~* enlever une tache de qc en frottant; *etw zu Pulver ~* pulvériser, PHARM triturer qc; **II** *v/réfl sich ~* se frotter; se frictionner; *sich wund ~* s'écorcher; se faire une écorchure; *sich (dat) die Hände ~* se frotter les mains; *fig vor Freude, Schadenfreude etc* se réjouir; *sich (dat) die Augen ~* se frotter les yeux; *fig vor Erstaunen, Verwunderung etc* ne pas arriver à y croire; *fig sich an, mit j-n ~* se frotter à qn; chercher querelle à qn; **III** *v/i* (se) frotter; (se) frictionner
Reibe'reien *f/pl* frictions *f/pl (mit* avec*)*
'Reibung *f* ⟨*~*; *~en*⟩ **1.** *(das Reiben)* frottement *m*; frottage *m*; *a* PHYS friction *f*; **2.** *fig pl ~en* frictions *f/pl*
'Reibungs|elektrizität *f* électricité *f* statique; **~fläche** *f* surface *f* de friction; *fig* cause *f*, point *m* de friction; **²los** *adj u adv* sans difficultés, accrocs, anicroches; F comme sur des roulettes; **~verlust** *m* perte *f* par frottement; **~wärme** *f* chaleur produite par frottement; **~widerstand** *m* résistance due au frottement
reich [raiç] **I** *adj* riche (*an* [+*dat*] en); *(vermögend) a* fortuné; *(ziemlich ~)* aisé; *Ernte* abondant; *Mahl* plantureux, -euse; copieux, -ieuse; *fig Wissen* étendu; *in ~em Maße* abondamment; *arm und ~* riches et pauvres; tout le monde; *e-e ~e Auswahl* un grand choix; *~ machen* enrichir; *~ werden* s'enrichir; faire fortune; **II** *adv* **1.** *(sehr)* très; *~ geschmückt* avec beaucoup de décorations; *~ illustriert* avec beaucoup d'illustrations; **2.** *~ heiraten* épouser un bon parti
Reich [raiç] *n* ⟨*~*(e)s; *~e*⟩ **1.** POL, HIST, *fig* empire *m*; règne *m*; *das Deutsche ~* le Reich; *das Dritte ~* le IIIe Reich; *das Römische ~* l'Empire romain; *das ~ der Mitte (China)* l'Empire *m* du Milieu; **2.** *fig* REL, *der Träume*, *der Schatten* royaume *m*; *das ~ Gottes* le royaume de Dieu; *das ~ der Tiere, Pflanzen* le règne animal, végétal; *das ~ der Natur* le monde de la nature
'reichbe'bildert *adj* abondamment illustré; avec beaucoup d'illustrations
'Reiche(r) *f(m)* ⟨*~*; *~*A⟩ (homme *m*) riche *m*; femme *f* riche; *die ~n* les riches
reichen ['raiçən] ⟨*h*⟩ **I** *v/t* **1.** *(geben)* donner; tendre; *(herüber~)* passer; **2.** *(darbieten)* offrir; présenter; *j-m die Hand ~* tendre la main à qn; **3.** *st/s (servieren)* servir; **II** *v/i* **4.** *(sich erstrecken) ~ (bis)* aller (jusqu'à); *in der Fläche* s'étendre (jusqu'à); *in die Höhe* monter, s'élever (jusqu'à); *in die Tiefe* descendre (jusqu'à); *soweit das Auge reicht* à perte de vue; *er reicht mir nicht bis ans Kinn* il ne m'arrive pas au menton; *mit der Hand bis an die Decke ~* atteindre, toucher le plafond de la main; **5.** *(langen)* être suffisant; suffire; *der Stoff reicht für e-n Rock* il y a assez de tissu pour faire une jupe; *solange der Vorrat reicht* jusqu'à épuisement du stock; *die Milch reicht noch bis morgen* il y a assez de lait jusqu'à demain; *das reicht* cela suffit; c'est assez; *jetzt reicht's (mir) aber!* j'en ai assez!; F j'en ai marre, ras le bol!

'reichhaltig *adj* riche; abondant; *Mahlzeit* riche; *Angebot etc* varié; **²keit** *f* ⟨*~*⟩ richesse *f*; abondance *f*; *(Vielfalt)* variété *f*
'reichlich I *adj* copieux, -ieuse; abondant; *(mehr als genügend)* plus que suffisant; *bei Zeit-, Entfernungs-, Gewichts-, Mengenangaben* bon, bonne; *e-e ~e Stunde* une bonne heure; **II** *adv* **1.** copieusement; largement; abondamment; amplement; à profusion; en abondance; *Sie haben noch ~ Zeit* vous avez largement le temps; *mehr als ~* un peu beaucoup, F à gogo; **2.** F *(ziemlich)* très; *bei Mengenangaben* assez, beaucoup, plus (de)
'Reichs|acht *f* HIST ban *m* de l'Empire; **~adel** *m* noblesse immédiate; **~adler** *m* ⟨*~*⟩ aigle impérial; **~apfel** *m* ⟨*~*⟩ globe (impérial); **~'arbeitsdienst** *m* ⟨*~*(e)s⟩ während des 3. Reiches: service national de travail obligatoire; **~bahn** *f* ⟨*~*⟩ HIST chemins de fer allemands; **~hauptstadt** *f* ⟨*~*⟩ capitale *f* du Reich; **~insignien** *n/pl* insignes impériaux; **~kanzler** *m* chancelier *m* de l'Empire *bzw* du Reich; **~mark** *f* ⟨*~*⟩ mark *m*; **~präsident** *m* président *m* de la république allemande de Weimar *bzw* du Reich; **~stadt** *f* HIST ville impériale; **~stände** *m/pl* HIST états *m/pl* de l'Empire; **~tag** *m* 1867–1945 Reichstag *m*; *bis 1806* Diète *f* d'Empire; **~tagsabgeordnete(r)** *m* député *m* au Reichstag; **~tagsbrand** *m* incendie *m* du Reichstag; **~versicherungsordnung** *f* ⟨*~*⟩ *cf* RVO
'Reichtum *m* ⟨*~*; *~*er⟩ richesse *f (an* [+*dat*] en); *(Vermögen)* fortune *f*; *großer* opulence *f*; *(Fülle)* abondance *f*; *(Vielfalt)* (grande) variété *f*; *den ~ e-s Landes ausmachen* faire la richesse d'un pays
'Reichweite *f a fig* portée *f*; AVIAT rayon *m* d'action; autonomie *f* de vol; *von geringer, mittlerer, großer ~* à petite, moyenne, grande portée; *außer ~* hors de portée, d'atteinte; *in meiner ~* à ma portée; à portée de ma main; *etw in ~ haben* avoir qc à portée de main

reif [raif] *adj a fig* mûr; *(voll entwickelt) a Käse* fait; *geistig* mûr; *Person in ~en Jahren* d'âge mûr; *~ werden* mûrir; F *e-e ~e Leistung* une belle performance; F *er ist ~ (fällig)* F il est cuit; F *er ist ~ für die Klapsmühle* il est bon pour l'asile; *die Zeit ist ~ für Investitionen* c'est le moment d'investir; *die Zeit ist noch nicht ~* c'est encore trop tôt
Reif¹ [raif] *poét m* ⟨*~*(e)s; *~e*⟩ *(Finger²)* bague *f*; anneau *m*; *(Arm²)* bracelet *m*; *(Haar²)* serre-tête *m*; *(Diadem)* diadème *m*
Reif² *m* ⟨*~*(e)s⟩ *(gefrorener Tau)* gelée blanche; *(Rauh²)* givre *m*
'Reife *f* ⟨*~*⟩ *a fig* maturité *f*; SCHULE *mittlere ~* etwa B.E.P.C. *m* (brevet d'études du premier cycle); *es fehlt ihm an ~* il manque de maturité
'Reifegrad *m* degré *m* de maturité
'reifen¹ *v/i* (sein) mûrir; *st/s zum Manne ~* atteindre l'âge mûr; *in ihm reifte der Plan, zu* (+*inf*) l'idée mûrit en lui de (+*inf*)

'reifen² *v/imp* ⟨*h*⟩ *es hat gereift* il y a de la gelée blanche, du givre
'Reifen *m* ⟨*~*s; *~*⟩ **1.** *a Spielzeug, Sportgerät, im Zirkus* cerceau *m*; *(Arm²)* bracelet *m*; *(Haar²)* serre-tête *m*; *am Faß* cercle *m*; **2.** *(Auto², Fahrrad²)* pneu *m*; *die ~ wechseln* changer les pneus
'Reifendruck *m* ⟨*~*(e)s⟩ pression *f* du pneu *bzw* des pneus; *den ~ prüfen* vérifier la pression des pneus
'Reifen|panne *f* crevaison *f*; éclatement *m* (de pneu); **~profil** *n* profil *m* du pneu; **~schaden** *m* pneu endommagé; **~wechsel** *m* changement *m* de pneu
'Reife|prüfung *f* baccalauréat *m*; **~zeugnis** *n* diplôme *m* du baccalauréat
'Reifglätte *f* (léger) verglas
'reiflich I *(épithète) adj* mûr; approfondi; *nach ~er Überlegung* après mûre réflexion; tout bien considéré; **II** *adv* *das würde ich mir ~ überlegen* j'y réfléchirais à deux fois
'Reifrock *m* robe *f* à paniers
'Reifung *f* ⟨*~*⟩ maturation *f*
Reigen ['raigən] *m* ⟨*~*s; *~*⟩ ronde *f*; branle *m*; *den ~ eröffnen* ouvrir le bal; *fig* mener la danse; *den ~ der Redner eröffnen* être le premier à prononcer un discours; *ein (bunter) ~ von Melodien* un pot-pourri de mélodies
Reihe ['raiə] *f* ⟨*~*; *~n*⟩ **1.** *hintereinander* file *f*; *nebeneinander geordnete Dinge* rangée *f*; *a Personen* rang *m*; *(Folge, Anzahl)* suite *f*; série *f*; succession *f*; *e-e ~ von Jahren* plusieurs années; *e-e ~ von Zwischenfällen* une suite d'incidents; *e-e ~ von Unfällen* une série d'accidents; *sich in e-r ~ aufstellen* se mettre en rang; *in der ersten ~ sitzen, stehen* être au premier rang; *die ~n schließen a fig* serrer les rangs; *fig die ~n lichten sich* la foule s'éclaircit; *die Kritik am Plan des Ministers kam aus den eigenen ~n* la critique du projet du ministre est venue de son propre parti; *fig j-n in s-n ~n aufnehmen* admettre qn dans ses rangs; *fig aus der ~ tanzen* ne pas faire comme les autres; faire bande à part; *in Reih und Glied* en rangs; ÉLECT *in ~ schalten* monter, coupler en série; *in zweiter ~ parken* être garé en double file; **2.** *(Reihenfolge)* tour *m*; *Thema etc an der ~ sein* être abordé, traité; *wer ist an der ~?* à qui le tour?; *die ~ ist an mir, ich bin an der ~* (à) mon tour; *jeder kommt einmal an die ~* (à) chacun son tour; *außer der ~* avant son tour; *nach der ~, der ~ nach* l'un après l'autre; à tour de rôle; un par un; *der ~ nach erzählen* raconter dans l'ordre, point par point; commencer par le commencement; **3.** MATH série *f (a TECH)*; progression *f*; *unendliche ~* série infinie; *arithmetische ~* progression *f* arithmétique
'reihen I *v/t* ⟨*h*⟩ **1.** *Perlen auf e-e Schnur ~* enfiler des perles; *Zahl an Zahl ~* aligner des chiffres; **2.** ⟨*a rieh, geriehen*⟩ COUT *(heften)* faufiler et froncer; **II** *v/réfl sich an etw (acc) ~* suivre qc (immédiatement); *ein Regentag reihte sich an den anderen* les jours de pluie se succédaient
'Reihenfolge *f* suite *f*; *(Ordnung)* ordre *m*; *der ~ nach* à tour de rôle; l'un après

l'autre; chacun à son tour; *in alphabetischer* ~ par ordre alphabétique; *in zeitlicher* ~ chronologiquement
'**Reihenhaus** *n* maison, habitation individuelle standard; maison *f* dans un lotissement (avec murs mitoyens); *Reihenhäuser pl* maisons individuelles groupées
'**Reihen**|**schaltung** *f* ÉLECT couplage *m*, montage *m* en série; ~**untersuchung** *f* MÉD examen *m* de dépistage (collectif et obligatoire); **2weise** *adv* par rangs, files, séries
Reiher ['raɪɐ] *m* ⟨~s; ~⟩ 'héron *m*
'**reihern** F *v/i* ⟨-(e)re, h⟩ P gerber
'**Reihgarn** *n* fil *m* à faufiler
reih'um *adv* en cercle; en faisant le tour; *es geht* ~ chacun à son tour
'**Reihung** *f* ⟨~; ~en⟩ succession *f*; *schnurgerade, von Zahlen etc* alignement *m*
Reim [raɪm] *m* ⟨~(e)s; ~e⟩ rime *f* (*auf* [+*acc*] en); (*Vers*) vers *m*; *fig darauf kann ich mir keinen* ~ *machen* je n'y comprends rien
'**reimen** *v/t* (*u v/réfl*) ⟨h⟩ (*sich*) ~ rimer (*auf* [+*acc*] en; *mit avec*)
'**reimlos** *adj* sans rimes; ~*e Verse* vers blancs
'**Reimpaar** *n* couple *m* de rimes
Reimpor|t ['re:ʔɪmpɔrt] *m* COMM réimportation *f*; **2tieren** *v/t* ⟨*pas de ge-*, h⟩ réimporter
'**Reim**|**schema** *n* agencement *m* des rimes; ~**schmied** F *péj* rimeur *m*; rimailleur *m*
'**Reimund** *cf Raimund*
'**Reim**|**wort** *n* ⟨~(e)s; ~er⟩ rime *f*; ~**wörterbuch** *n* dictionnaire *m* des rimes
rein[1] [raɪn] I *adj* **1.** (*unvermischt*) pur; sans mélange; *Wein, Saft* naturel, -elle; non traité; ~*e Seide, Wolle* pure soie, laine; **2.** (*sauber*) propre; net, nette; *Teint* clair; **3.** (*klar*) clair; *Wasser a* limpide; *Aussprache* correct; *Klang* clair; net, nette; *Gewissen* pur; net, nette; **4.** (*keusch*) chaste; pur; **5.** *fig verstärkend e-e* ~ *Freude* une grande joie; une joie sans mélange; ~*er Wahnsinn* pure folie; ~*er Zufall* pur hasard; ~*e Erfindung sein* être inventé de toutes pièces; *fig ... ~sten Wassers* ... dans toute la force du terme; F *das ist ja der* ~*ste Saustall!* F c'est le vrai souk ici!; II *adv* **1.** (*ausschließlich*) purement; uniquement; *zeitlich* au point de vue du temps; **2.** *f* (*ganz, völlig*) absolument; tout à fait; complètement; ~ *gar nichts* absolument rien; rien de rien
rein[2] F *cf herein, hinein*; ~ (*mit dir*)! allez, entre!; entre donc!
'**reinbeißen** F *cf hineinbeißen*
'**reine** *subst* **1.** ~ *machen* nettoyer; *etw ins* ~ *schreiben* mettre qc au propre; **2.** *fig e-e Sache ins* ~ *bringen* tirer qc au clair; régler qc; *damit will ich ins* ~ *kommen* je veux régler cela; *mit j-m ins* ~ *kommen* régler ses problèmes avec qn; *mit j-m im* ~*n sein* être, tomber d'accord avec qn
Reineclaude [rɛːnəˈkloːdə] *f* ⟨~; ~n⟩ BOT reine-claude *f*
Reineke ['raɪnəkə] *in der Literatur* ~ *Fuchs* *m* maître *m* Renard
'**Reine**|**machefrau** *f* femme *f* de ména-
ge; ~**machen** *n* ⟨~s⟩ *regional* nettoyage *m*
Reiner ['raɪnɐ] *m* ⟨→ *n/pr*⟩ Rainier *m*
'**Rein**|**erlös** *m*, ~**ertrag** *m* produit net
'**reine**|**weg** F *adv* **1.** (*geradezu*) vraiment; absolument; *das ist* ~ *zum Verzweifeln* c'est absolument désespérant; F c'est à se taper la tête contre les murs; **2.** (*völlig*) tout à fait; totalement
'**Reinfall** F *m* échec *m*; fiasco *m*; déception *f*; *Theaterstück* four *m*; F bide *m*; *Film, Reise etc* F bide *m*; *glatter* ~ fiasco complet
'**reinfallen** F *fig v/i* ⟨*irr, sép, -ge-*, sein⟩ F tomber dans le panneau; F se faire avoir (*mit etw* avec qc; *auf j-n* par qn); *reingefallen sein* être refait, F roulé, F couillonné; *ich bin auf ihn reingefallen* F il m'a bien eu
'**Rein**|**gewicht** *n* poids net; ~**gewinn** *m* bénéfice net; ~**haltung** *f* ⟨~⟩ *der Umwelt* protection *f*; *der Sprache* défense *f*
'**reinhauen** F ⟨*irr, sép, -ge-*, h⟩ I *v/t j-m e-e* ~ F casser la gueule à qn; *das haut vielleicht rein!* (*das hat e-e starke Wirkung*) F c'est vachement fort!; II *v/i beim Essen* dévorer
'**Reinheit** *f* ⟨~⟩ **1.** pureté *f*; (*Sauberkeit*) netteté *f*; propreté *f*; (*Klarheit*) clarté *f*; limpidité *f*; **2.** (*Keuschheit*) chasteté *f*; innocence *f*
'**Reinheitsgebot** *n* ⟨~(e)s⟩ LEBENSMITTELRECHT loi *f* de pureté
'**reinigen** F ⟨h⟩ I *v/t a fig* nettoyer; *bes* TECH épurer; *fig* (*läutern*) purifier (*a Luft, Wasser, Gas etc*); *von Schmutz* décrasser; *Schuhe* décrotter; *von Flecken* nettoyer; *Wunde* nettoyer; *Blut, Säfte* (d)épurer; *chemisch* ~ nettoyer à sec; *die Kleider* ~ *lassen* faire nettoyer les vêtements; II *v/réfl sich* ~ se nettoyer
'**Reinigung** *f* ⟨~; ~en⟩ **1.** nettoyage *m*; nettoiement *m*; *a fig* épuration *f*; purification *f*; **2.** *Betrieb* pressing *m*; *chemische* ~ nettoyage *m* à sec
'**Reinigungs**|**creme** *f* crème démaquillante; ~**firma** *f* entreprise *f* de nettoyage; ~**milch** *f* lait démaquillant; ~**mittel** *n* produit *m* de nettoyage et d'entretien; nettoyant *m*
Reinkarnation [reːʔɪnkarnatsiˈoːn] *f* réincarnation *f*
'**Reinkultur** *f* bouillon *m* de culture; *fig in* ~ par excellence; cent pour cent
'**reinlegen** F *v/t* ⟨*sép, -ge-*, h⟩ (*hereinlegen*) F rouler; F *p/fort* baiser
'**reinleinen** *adj* (en) pure toile
'**reinlich** *adj* propre; **2keit** *f* ⟨~⟩ propreté *f*
'**Rein**|**machefrau** *f cf Reinemachefrau*; ~**machen** *n cf Reinemachen*
'**reinrassig** *adj* de race pure; *Pferd, Hund* de (pure) race; *Pferd a* (de) pur sang
'**rein**|**reißen**, ~**reiten** F *v/t* ⟨*irr, sép, -ge-*, h⟩ *j-n* ~ entraîner qn dans sa ruine; *finanziell von e-r Sache* faire un (gros) trou dans le budget de qn; *von e-r Person* mettre qn sur la paille
'**reinriechen** *v/i* ⟨*irr, sép, -ge-*, h⟩ F *in etw* (*acc*) ~ se faire une idée de qc; se familiariser avec qc
'**Rein**|**schrift** *f* copie *f* au net, au propre; **2seiden** *adj* (de) pure soie; ~**verdienst** *m* gain net; ~**verlust** *m* perte nette, sèche
reinvestieren [reːʔɪnvɛsˈtiːrən] *v/t* ⟨*pas de -ge-*, h⟩ FIN réinvestir
'**reinwaschen** *v/t* ⟨*u v/réfl*⟩ ⟨*irr, sép, -ge-*, h⟩ (*sich*) ~ (se) blanchir
'**reinweg** *cf reineweg*
'**reinwürgen** F *v/t* ⟨*sép, -ge-*, h⟩ *sich* (*dat*) *etw* ~ se forcer à avaler qc; *fig j-m e-n od eins* ~ tracasser qn; mettre à qn des bâtons dans les roues
'**reinziehen** *v/t* ⟨*irr, sép, -ge-*, h⟩ *sich* (*dat*) *etw* ~ *Essen, Getränk* F s'enfiler, s'envoyer qc; *Film, Roman, Vortrag* F se taper qc; *sich* (*dat*) *e-n Film* ~ *a* F se faire une toile
Reis[1] [raɪs] *m* ⟨~es⟩ BOT, CUIS riz *m*; ~ *im Kochbeutel* riz *m* en sachet
Reis[2] *n* ⟨~es; ~er⟩ BOT, AGR **1.** *st/s* (*junger Trieb*) pousse *f*, rejeton *m*; (*kleiner Zweig*) rameau *m* **2.** (*Propf2*) greffe *f*
'**Reis**|**anbau** *m* ⟨~(e)s⟩ culture *f* du riz; riziculture *f*; ~**bauer** *m* riziculteur *m*; ~**brei** *m* riz *m* au lait
Reise ['raɪzə] *f* ⟨~; ~n⟩ voyage *m*; (*Geschäfts2*) déplacement *m*; *e-e* ~ *um die Welt* un tour du monde; un voyage autour du monde; *e-e* ~ *machen* faire un voyage; *auf e-e* ~ *gehen, auf* ~*n gehen, e-e* ~ *antreten* partir en voyage; *auf* ~*n sein* être en voyage; *viel auf* ~*n gehen od sein* voyager beaucoup; *Geschäftsleute a* se déplacer beaucoup; *sich auf die* ~ *machen* se mettre en route; *auf ihren* ~*n* au cours de ses voyages; *e-e* ~ *wert sein* valoir le voyage; *die* ~ *mitmachen* être du voyage; *gute* ~! bon voyage!; *wo geht die* ~ *hin?* où allez-vous?
'**Reise**|**andenken** *n* souvenir *m* (de voyage); ~**apotheke** *f* pharmacie *f* de voyage; ~**artikel** *m/pl*, ~**bedarf** *m* articles *m/pl* de voyage; ~**begleiter**(**in**) *m*(*f*) compagnon *m*, compagne *f* de voyage; ~**bekanntschaft** *f* personne rencontrée au cours d'un voyage; ~**bericht** *m* **1.** reportage *m* (sur un voyage); **2.** (*Reisebeschreibung*) récit *m* de voyage; ~**beschreibung** *f* récit *m* de voyage; ~**büro** *n* agence *f* de voyages; ~**bus** *m* car *m* de tourisme; ~**decke** *f* plaid *m*; **2fertig** *adj* prêt à partir (en voyage); ~**fieber** *n* fièvre *f* du départ; ~**führer** *m Buch, Mensch* guide *m*; ~**führerin** *f* guide *m*; ~**geld** *n* argent *m* (pour le voyage); ~**gepäck** *n* bagages *m/pl*; ~**gepäckversicherung** *f* assurance-bagages *f* (disparus); ~**geschwindigkeit** *f* vitesse *f* de croisière
'**Reisegesellschaft** *f* **1.** (*Reisegruppe*) groupe *m* d'un voyage (organisé); **2.** (*Reiseveranstalter*) agence *f* qui organise des voyages; voyagiste *m*; *mit e-r* ~ *fahren* faire un voyage organisé
'**Reise**|**gruppe** *f* groupe *m* d'un voyage (organisé), ~**kasse** *f* budget *m* voyage(s); ~**koffer** *m* malle *f*; *kleiner* valise *f*; ~**kosten** *pl* frais *m/pl* de voyage, COMM de déplacement; ~**kostenabrechnung** *f* remboursement *m* des frais de déplacement; ~**krankheit** *f* ⟨~⟩ mal *m* des transports; ~**land** *n* ⟨~(e)s; ~er⟩ pays *m* touristique; ~**leiter**(**in**) *m*(*f*) guide *m*; responsable *m,f* de *bzw* du groupe
'**Reiseleitung** *f* **1.** *Tätigkeit* organisation *f* du *bzw* d'un voyage; *die* ~ *übernehmen* organiser le voyage; **2.** *Person cf Reiseleiter*(**in**)

'Reise|lektüre f lecture f que l'on emporte pour un voyage; ~literatur f ⟨~⟩ 1. récits m/pl de voyage; 2. cf Reiselektüre; ²lustig adj qui aime beaucoup les voyages; qui voyage beaucoup; ²müde adj fatigué de voyager

'reisen v/i ⟨-(e)t, sein⟩ mit Angabe des Ziels, sein; mit Angabe des Ziels etw aller, faire un voyage, se rendre (nach à bzw en); (ab~) partir (nach pour); ~ über e-n Ort passer par; durch ein Land traverser un pays; mit der Bahn, dem Auto, dem Flugzeug ~ voyager en chemin de fer, en voiture, en avion; nach Frankreich, Paris ~ aller en France, à Paris; in Frankreich ~ voyager en France; in der ersten Klasse, erster Klasse ~ voyager en première; COMM in etw (dat) ~ être représentant(e) en qc; geschäftlich ~ faire un voyage d'affaires

'Reisende(r) f(m) ⟨→A⟩ voyageur, -euse m,f; (Fahrgast) passager, -ère m,f; (Vergnügungs²) touriste m,f; (Handlungs²) voyageur m de commerce

'Reise|necessaire n trousse f de toilette; ~paß m passeport m; ~plan m 1. Vorhaben projet m de voyage; 2. (Reiseablauf) itinéraire m; ~prospekt m prospectus m, dépliant m touristique; ~route f itinéraire m; ~rücktrittsversicherung f assurance f annulation; ~ruf m message personnel radio en période de vacances; ~scheck m chèque m de voyage; traveller's check od chèque m; ~schreibmaschine f machine f à écrire portative; ~spesen pl frais m/pl de voyage, COMM de déplacement; ~tasche f sac m de voyage; ~veranstalter m tour m operator; voyagiste m; ~verkehr m trafic m (des) voyageurs; durch Urlaubsreisen circulation f de départs en vacances; starker ~ grand rush des vacances

'Reise|vorbereitung f préparatifs m/pl de voyage; ~wecker m réveil m de voyage; ~welle f grands départs en vacances

'Reisewetter n ⟨~s⟩ gutes ~ beau temps pour voyager

'Reise|wetterbericht m bulletin m météo pour les vacanciers; ~wetterversicherung f assurance f pluie; ~zeit f période f pour voyager; (Urlaubszeit) période f de vacances, de grands départs

'Reiseziel n destination f; Venedig ist ein beliebtes ~ Venise est un lieu de séjour touristique très recherché

'Reisezug m train m de voyageurs

'Reisfeld n rizière f

'Reisig n ⟨~s⟩ menu bois; brindilles f/pl; ~besen m balai m de bouleau, de brindilles; ~bündel n fagot m

'Reis|korn n grain m de riz; ~mehl n farine f de riz; ~papier n papier m de riz; ~schüssel f bol m de riz

Reiß'aus m ~ nehmen s'enfuir; prendre ses jambes à son cou; F détaler

'Reißbrett n planche à dessin; ~stift m punaise f

reißen ['raɪsən] ⟨-(es)t, reißt, riß, gerissen, h⟩ I v/t 1. (weg~) tirer (fortement); entraîner; arracher; etw an sich (acc) ~ tirer qc à soi; fig s'emparer de qc; j-m etw aus den Händen ~ arracher qc des mains de qn; Geräusch j-n aus dem Schlaf ~ tirer qn de son sommeil; das riß ihn aus s-n Gedanken cela l'arracha à ses pensées; j-n, etw zu Boden ~ terrasser qn; renverser (violemment) qn, qc; sich (dat) die Kleider vom Leibe ~ arracher ses vêtements; etw aus dem Zusammenhang ~ enlever, ôter qc de son contexte; sie riß den Wagen nach rechts elle donna un brusque coup de volant à droite; hin und her gerissen sein être très partagé, tiraillé; 2. (zer~) in Stücke ~ mettre en pièces; déchirer; Löcher in die Strümpfe ~ trouver ses bas; 3. GEWICHTHEBEN arracher; Hochsprunglatte, Hürde accrocher; 4. fig Witze ~ se livrer à, faire des plaisanteries; 5. Raubtiere (töten) (chasser et) tuer; II v/i 6. (zerren) an etw (dat) ~ tirer violemment sur qc; 7. (sein) (zer~) Schnur (se) rompre; Stoff, Papier se déchirer; (Löcher bekommen) se trouer; Fäden (se) casser; III v/réfl 8. (sich verletzen) sich an etw (dat) ~ se blesser, s'égratigner, s'érafler à qc; 9. (sich los~) sich aus j-s Armen ~ s'arracher des bras de qn; 10. fig sich um etw, j-n ~ s'arracher qc, qn; se disputer qc, qn; man reißt sich um ihn on se l'arrache; sich nicht um etw ~ Auftrag etc ne pas se battre pour qc; IV v/imp es reißt mir in allen Gliedern j'ai des tiraillements dans tous les membres

'Reißen n ⟨~s⟩ 1. (Zer²) déchirement m; rupture f; 2. GEWICHTHEBEN arraché m; 3. MÉD tiraillements m/pl

'reißend adj Tiere féroce; carnassier, -ière m; Strom impétueux, -euse; rapide; Schmerz qui donne des tiraillements; COMM (e-n) ~en Absatz finden se vendre comme des petits pains

'Reißer F m ⟨~s; ~⟩ 1. (Thriller) livre m, film m à suspense; 2. (Erfolgsbuch, -film) livre m, film m à succès; grand succès; Buch a best-seller m; Ware marchandise f qu'on s'arrache; ²isch adj qui fait sensation; Werbung tapageur, -euse

'Reiß|feder f tire-ligne m; ²fest adj résistant (à la déchirure); Gewebe indéchirable; ~festigkeit f résistance f à la déchirure; ~leine f am Fallschirm corde f de décrochage; ~nadel f pointe f (à tracer); ~nagel m punaise f; ~schiene f équerre f en T, té m; ~stift m punaise f

'Reis|stroh n paille f de riz; ~suppe f potage m au riz

'Reißverschluß m fermeture f éclair (nom déposé), à glissière; breiter zip m (nom déposé); mit ~ à fermeture éclair; zippé

'Reiß|wolf m déchiqueteur m; ~wolle f laine f de récupération; ~zahn m canine f; ~zeug n ⟨~(e)s, -e⟩ boîte f, pochette f de compas; ~zwecke f ⟨~; ~n⟩ punaise f

'Reistafel f CUIS (indonesische) ~ plat complet indonésien composé de riz servi avec divers caris, etc

'Reiswein m saké m

'Reit|anzug m cf Reitdreß; ~bahn f manège m; offene carrière f; ~dreß m tenue f d'équitation; für Damen a (habit m d')amazone f

reiten ['raɪtən] ⟨reitet, ritt, geritten⟩ I v/t ⟨h⟩ 1. Pferd, Esel etc monter; ein Turnier ~ participer à une compétition hippique; 2. fig Prinzipien ~ être à cheval sur les principes; F was hat dich denn geritten? F qu'est-ce qui t'a pris?; der Teufel reitet ihn il a le diable au corps; II v/i ⟨sein⟩ monter à cheval; als Sport faire du cheval, de l'équitation; irgendwohin aller à cheval; spazieren ~ se promener à cheval; gut, schlecht ~ (können) être bon (-ne), mauvais(e) cavalier (cavalière); ohne Sattel ~ monter à cru; im Schritt, Trab, Galopp ~ aller au pas, au trot, au galop; auf e-m Pferd ~ être monté sur un cheval; ich bin zwei Stunden geritten als Training j'ai fait deux heures de cheval; als Entfernungsangabe j'ai mis deux heures à cheval; gern ~ aimer le cheval, l'équitation; auf j-s Rücken (dat) ~ être à califourchon sur le dos de qn; auf e-m Besen ~ chevaucher un manche à balai

'Reiten ['raɪtən] n ⟨~s⟩ équitation f; das ~ macht ihr Spaß elle aime le cheval, l'équitation

'Reiter m ⟨~s; ~⟩ a MIL, TECH, für Karteikarten cavalier m; (Kunst²) écuyer m; spanischer ~ cheval m de frise

Reite'rei f ⟨~; ~en⟩ 1. MIL cavalerie f; die schwere ~ la grosse cavalerie; 2. F cf Reiten

'Reiter|in f ⟨~; ~nen⟩ cavalière f; amazone f; (Kunst²) écuyère f; ~regiment n régiment m de cavalerie

'Reitersmann litt m ⟨~(e)s; ²er⟩ cavalier m

'Reiterstandbild n statue f équestre

'Reit|gerte f badine f; ~hose f culotte f de cheval; ~kappe f bombe f; ~knecht m palefrenier m; ~kunst f équitation f; ~lehrer(in) m(f) professeur m d'équitation; ~peitsche f cravache f; ~pferd n cheval m de selle; monture f; ~sattel m selle f; ~schule f école f d'équitation; manège m

'Reitsitz m im ~ à califourchon

'Reit|sport m sport m hippique; hippisme m; ~stall m écurie f; ~stiefel m botte f d'équitation; ~stunde f heure f, cours m d'équitation; ~tier n animal m de selle; ~turnier n compétition f, concours m hippique; ~unterricht m cours m/pl d'équitation; ~weg m allée f, piste cavalière

Reiz [raɪts] m ⟨~es; ~e⟩ 1. MÉD, PHYSIOL excitation f; p/fort irritation f; sc stimulus m; stimulation f; 2. (Anziehungskraft) attrait m; e-r Sache intérêt m; charme m; verborgener ~ charme secret; weibliche ~e charmes féminins; der ~ des Neuen le charme, l'attrait de la nouveauté; e-n (großen) ~ auf j-n ausüben attirer, intéresser (beaucoup) qn; s-n ~ verlieren perdre tout attrait, tout intérêt; (auch) s-e ~e, s-n ~ haben avoir (aussi) son charme; ne pas manquer de charme; F das hat wenig ~ ça ne présente pas de grand intérêt; worin liegt eigentlich der ~ dieses Films? en quoi ce film est-il intéressant?

'reizbar adj (erregbar) irritable; excitable; (empfindlich) sensible; susceptible; leicht ~ sein F prendre facilement la mouche; être chatouilleux, -euse

'Reizbarkeit f ⟨~⟩ (Erregbarkeit) irritabilité *f*; excitabilité *f*; (*Empfindlichkeit*) sensibilité *f*; susceptibilité *f*

'**reizen** *v/t* ⟨-(es)t, h⟩ **1.** (*erregen*) exciter; *p/fort* irriter; (*ärgern*) agacer; (*anregen*) stimuler; (*wecken*) susciter; réveiller; *Neugierde* piquer; (*herausfordern*) provoquer; *Tier* exciter; *j-n zu etw* ~ pousser qn à (faire) qc; *in gereiztem Ton* d'un ton irrité; ~ *Sie mich nicht!* ne m'agacez, ne m'énervez pas!; *j-n bis aufs äußerste* ~ pousser qn à bout; *j-n bis aufs Blut* ~ F faire bouillir qn; *zum Widerspruch* ~ provoquer, appeler, susciter la contradiction; **2.** *MÉD, PHYSIOL* exciter; *p/fort bes Haut* irriter; **3.** (*anziehen*) attirer; (*hinreißen*) ravir; séduire; (*bezaubern*) charmer; enchanter; (*locken*) tenter; *diese Arbeit reizt mich* ce travail m'intéresse; *das kann mich nicht* ~ cela ne me tente, ne m'attire pas; F cela ne me dit rien; **4.** *beim Skat* demander

'**reizend** *adjt* (*anziehend*) ravissant; séduisant; charmant; (*allerliebst*) mignon, -onne; *iron das ist ja* ~! c'est charmant!

'**Reiz|gas** *n* gaz irritant; ~**husten** *m* toux sèche

Reizker ['raɪtskər] *m* ⟨~s; ~⟩ *BOT* lactaire *m*

'**Reiz|klima** *n* climat stimulant; ⁀**los** *adj* sans attrait, charme; fade; ~**losigkeit** *f* ⟨~⟩ absence *f* de charmes; fadeur *f*; ~**mittel** *n* excitant *m*; stimulant *m*; ~**schwelle** *f* seuil *m* d'excitation; ~**stoff** *m* stimulant *m*; störender irritant *m*; ~**thema** *n* ⟨~s; -men⟩ sujet délicat à aborder, explosif; ~**überflutung** *f* ⟨~⟩ *durch Massenmedien, Werbung etc* sollicitation excessive; matraquage *m*

'**Reizung** *f* ⟨~; ~en⟩ **1.** *MÉD, PHYSIOL* excitation *f*; *bes* (*Haut⁀*) irritation *f*; **2.** (*Herausforderung*) provocation *f*

'**reizvoll** *adj* **1.** plein de charme, d'attrait; charmant; **2.** (*interessant*) intéressant; *p/fort* passionnant

'**Reiz|wäsche** *f* ⟨~⟩ dessous affriolants, F sexy; ~**wort** *n* ⟨~(e)s; ⁀er⟩ *PSYCH* mot *m* stimulus; *fig* expression *f*, mot *m* déclenchant de vives réactions

Rekapitulation [rekapitulatsi'o:n] *f* récapitulation *f*

rekapitu'lieren *v/t* ⟨*pas de ge-*, h⟩ récapituler; *ich rekapituliere ...* récapitulons, ...

rekeln ['re:kəln] *v/réfl* ⟨-(e)le, h⟩ *sich* ~ s'étirer; *behaglich* se prélasser; (*sich lümmeln*) se vautrer; *sich im Sessel* ~ se prélasser dans le fauteuil

Reklamati'on *f* ⟨~; ~en⟩ réclamation *f*

Reklame [re'kla:mə] *f* ⟨~; ~n⟩ COMM publicité *f*; réclame *f*; *fig* propagande *f*; *für etw, j-n* ~ *machen* faire de la publicité pour qc, qn

Re'klame|rummel *m* tam-tam *m*, battage *m* publicitaire; ~**schild** *n* panneau *m* publicitaire, de publicité; enseigne *f* publicitaire

reklamieren [rekla'mi:rən] ⟨*pas de ge-*, h⟩ **I** *v/t* **1.** (*fordern*) revendiquer; *die Spieler reklamierten Abseits* les joueurs ont réclamé un 'hors-jeu'; **2.** (*beanstanden*) *etw wegen etw* ~ faire une réclamation concernant qc; **II** *v/i* faire des réclamations

rekonstruier|en [rekɔnstru'i:rən] *v/t* ⟨*pas de ge-*, h⟩ *a fig* reconstituer; ⁀**ung** *f* ⟨~; ~en⟩ *a fig* reconstitution *f*

Rekonstruktion [rekɔnstrʊktsi'o:n] *f* ⟨~; ~en⟩ *a fig* reconstitution *f*

Rekonvalesz|ent(in) [rekɔnvalɛs'tsɛnt(in)] *m* ⟨~en; ~en⟩ *(f)* ⟨~; ~nen⟩ convalescent(e) *m(f)*; ~**enz** *f* ⟨~⟩ convalescence *f*

Rekord [re'kɔrt] *m* ⟨~(e)s; ~e⟩ *a fig* record *m* (*in* [+*dat*] de); *olympischer* ~ record *m* olympique; *e-n* ~ *verbessern, aufstellen, einstellen, halten, brechen, anerkennen* améliorer, établir, égaler, détenir, battre, homologuer un record

Re'kord|besuch *m* chiffre *m* record de visiteurs; ~**ergebnis** *n* résultat *m* record; ~**ernte** *f* récolte *f* record; ~**geschwindigkeit** *f* vitesse *f* record; ~**halter(in)** *m* (*f*), ~**inhaber(in)** *m(f)* détenteur, -trice *m,f* du *bzw* d'un record; recordman *m*, recordwoman *f*; ~**jahr** *n* année *f* record; ~**marke** *f* record *m*; ~**zeit** *f* temps *m* record

Rekrut [re'kru:t] *m* ⟨~en; ~en⟩ MIL conscrit *m*; recrue *f*

rekru'tier|en *v/t* (*u v/réfl*) ⟨*pas de ge-*, h⟩ (*sich*) ~ MIL, *fig* (se) recruter (*aus* dans, parmi); ⁀**ung** *f* ⟨~; ~en⟩ recrutement *m*

rek'tal *adj* MÉD rectal

Rektion [rɛktsi'o:n] *f* ⟨~; ~en⟩ GR régime *m*

Rektor(in) ['rɛktɔr (-'to:rɪn)] *m* ⟨~s; -'toren⟩ (*f*) ⟨~; ~nen⟩ *e-r Hochschule* président(e) *m(f)*; *schweiz* recteur *m*; *e-r Schule* directeur, -trice *m,f*

Rekto'rat *n* ⟨~(e)s; ~e⟩ **1.** (*Amt an e-r Hochschule*) rectorat *m*; *an e-r Schule* direction *f*; **2.** (*Räume in e-r Hochschule*) rectorat *m*; *in e-r Schule* bureau *m* du directeur *bzw* de la directrice

Rekto|skop [rɛktoˈsko:p] *n* ⟨~s; ~e⟩ MÉD rectoscope *m*; ~**sko'pie** *f* ⟨~; ~n⟩ rectoscopie *f*

Rektum ['rɛktʊm] *n* ⟨~s; -ta⟩ ANAT rectum *m*

rekultivieren [rekʊlti'vi:rən] *v/t* ⟨*pas de ge-*, h⟩ AGR remettre en culture

rekurrieren [reku'ri:rən] *v/i* ⟨*pas de ge-*, h⟩ *st/s* (*Bezug nehmen*) *auf etw* (*acc*) ~ se référer à qc

Rekurs [re'kʊrs] *m* ⟨~es; ~e⟩ **1.** *st/s* (*Bezugnahme*) référence *f* (*auf* [+*acc*] à); **2.** JUR recours *m* (*gegen* contre)

Relais [rə'lɛ:] *n* ⟨~ [rə'lɛ:(s)]; ~ [rə'lɛ:s]⟩ ÉLECT relais *m*; ~**station** *f* TÉLÉCOMM station *f* (de) relais

Relati'on *f* ⟨~; ~en⟩ **1.** *st/s* (*Verhältnis*) rapport *m*; **2.** MATH relation *f*

relati|v [rela'ti:f] *adj* relatif, -ive; ~'**vieren** *v/t* ⟨*pas de ge-*, h⟩ donner une valeur relative à; relativiser

Relati'vismus *m* ⟨~⟩ PHILOS relativisme *m*; ⁀**istisch** *adj* PHYS, PHILOS relativiste; ~**i'tät** *f* ⟨~; ~en⟩ *a* PHYS relativité *f*

Relativi'tätstheorie *f* PHYS théorie *f* de la relativité

Rela'tiv|pronomen *n* GR pronom relatif; ~**satz** *m* GR (proposition *f*) relative *f*

relaxen [ri'lɛksən] F *v/i* ⟨*pas de ge-*, h⟩ (*entspannen*) se détendre; *relaxed* décontracté

relev|ant [rele'vant] *adj* essentiel, -ielle; significatif, -ive; important, d'importan-

ce (*für* pour); *Argument, Bemerkung* pertinent (*für* pour); *Information* utile; ⁀**anz** *f* ⟨~⟩ importance *f* (*für* pour)

Relief [reli'ɛf] *n* ⟨~s; ~s *ou* ~e⟩ KUNST, GÉOGR, GÉOL relief *m*; ⁀**artig** *adj* en relief; ~**druck** *m* ⟨~(e)s; ~e⟩ impression *f* en relief; ~**karte** *f* carte *f*, plan *m* en relief

Religion [religi'o:n] *f* ⟨~; ~en⟩ religion *f*; (*Konfession*) confession *f*; *Schulfach* instruction religieuse

Religi'onsausübung *f* culte *m*; *freie* ~ liberté *f* du culte

Religi'ons|bekenntnis *n* confession *f* (de foi); ~**freiheit** *f* ⟨~⟩ liberté religieuse, du culte; ~**friede** *m* paix religieuse; ~**gemeinschaft** *f* communauté religieuse; ~**geschichte** *f* histoire *f* des religions; ~**krieg** *m* guerre *f* de religion; ~**lehre** *f* ⟨~⟩ *cf Religionsunterricht*; ~**lehrer(in)** *m(f)* professeur *m* d'instruction religieuse; ⁀**los** *adj* sans confession; ~**stifter** *m* fondateur *m* d'une religion; ~**streit** *m* querelle(s) religieuse(s); ~**stunde** *f* cours *m* d'instruction religieuse; ~**unterricht** *m* instruction religieuse; ~**wissenschaft** *f* ⟨~⟩ science *f* des religions; théologie *f*; ~**zugehörigkeit** *f* (appartenance *f* à une) confession *f*

religiös [religi'ø:s] *adj* religieux, -ieuse; (*fromm*) pieux, pieuse; (*gläubig*) croyant; ~**e Kunst** art sacré

Religiosität [religiozi'tɛ:t] *f* ⟨~⟩ religiosité *f*; sentiments religieux; (*Frömmigkeit*) piété *f*; dévotion *f*

Relikt [re'lɪkt] *n* ⟨~(e)s; ~e⟩ vestige *m* (*aus* de)

Reling ['re:lɪŋ] *f* ⟨~; ~s *ou* ~e⟩ MAR bastingage *m*; garde-corps *m*

Reliqui'ar *n* ⟨~s; ~e⟩ reliquaire *m*

Reliquie [re'li:kviə] *f* ⟨~; ~n⟩ relique *f*

Re'liquienschrein *m* reliquaire *m*; châsse *f*

rem, Rem [rɛm] *n* ⟨~s; Rems, mais 5 rem⟩ PHYS, BIOL rem *m*

REM [rɛm] *abr* (*rapid eye movement*) SCHLAFFORSCHUNG mouvements *m/pl* rapides des yeux

Remake ['ri:meɪk] *n* ⟨~s; ~s⟩ FILM remake *m*

Rembours [rãˈbuːr] *m* ⟨~[rãˈbuːr(s); ~[rãˈbuːrs]⟩ COMM règlement *m* par crédit documentaire; ~**geschäft** *n* opération *f*, transaction *f* par crédit documentaire

remilitarisier|en [remilitari'zi:rən] *v/t* ⟨*pas de ge-*, h⟩ remilitariser; ⁀**ung** *f* remilitarisation *f*

Reminiszenz [reminɪs'tsɛnts] *st/s f* ⟨~; ~en⟩ réminiscence *f* (*an* [+*acc*] de)

remis [rə'mi:] *adj* (*attribut*) *das Spiel endete* ~ ils ont fait match nul, SCHACH partie nulle

Re'mis *n* ⟨~ [rə'mi:(s)]; ~ [rə'mi:s] *ou* ~en⟩ match nul; SCHACH partie nulle

Remission [remɪsi'o:n] *f* BUCHHANDEL renvoi *m* des invendus

Remissi'onsrecht *n* ⟨~(e)s⟩ droit *m* de renvoyer les invendus

Remitt|ende [remɪ'tɛndə] *f* ⟨~; ~n⟩ BUCHHANDEL (exemplaire *m*) invendu *m*; ZEITUNGSHANDEL ~**n** bouillons *m/pl*; ~**ent** *m* ⟨~en; ~en⟩ FIN bénéficiaire *m* d'une lettre de change; ⁀**ieren** *v/t* ⟨*pas de ge-*, h⟩ BUCHHANDEL renvoyer comme invendu

Remmidemmi [rɛmi'dɛmi] F n ⟨~s⟩ F raffut m; F boucan m; F ramdam m
Remoulade [remu'laːdə] f ⟨~; ~n⟩, **Remou'ladensoße** f rémoulade f
Rempe'lei F f ⟨~; ~en⟩ bousculade f; FUSSBALL etc charge f
rempeln ['rɛmpəln] F v/t ⟨-(e)le, h⟩ bousculer; FUSSBALL etc charger
'REM-Phase f SCHLAFFORSCHUNG sommeil paradoxal
Ren [rɛn ou reːn] n ⟨~s; ~s [rɛns] ou ~e ['reːnə]⟩ ZO renne m
Renaissance [rənɛ'sɑ̃ːs] f ⟨~; ~n⟩ Stil, Epoche Renaissance f; fig renaissance f; renouveau m; e-e ~ erleben connaître un renouveau
Renais'sancestil m style m Renaissance
Renate [re'naːtə] f ⟨→ n/pr⟩ Renée f
Rendezvous [rãde'vuː] n ⟨~ [-'vuː(s)]; ~ [-'vuːs]⟩ 1. rendez-vous m (amoureux); 2. RAUMFAHRT ~ im Weltraum rendez-vous spatial
Rendite [rɛn'diːtə] f ⟨~; ~n⟩ taux m de capitalisation, de rendement
Renegat(in) [rene'gaːt(in)] st/s m ⟨~en; ~en⟩ (f) ⟨~; ~nen⟩ renégat(e) m(f)
Reneklode [reːnə'kloːdə] f ⟨~; ~n⟩ BOT reine-claude f
renit|ent [reni'tɛnt] st/s adj réfractaire; récalcitrant; insoumis; indocile; **⌾enz** st/s f ⟨~⟩ insoumission f; attitude f réfractaire
Renke ['rɛŋkə] f ⟨~; ~n⟩ ZO corégone f; lavaret m
'Renn|auto n voiture f de course; bolide m; **~bahn** f (Pferde⌾) champ m de course; hippodrome m; turf m; (Rad⌾) vélodrome; piste f; (Auto⌾) autodrome m; **~boot** n mit Motor 'hors-bord m; racer m
rennen ['rɛnən] v/i ⟨rennt, rannte, gerannt, sein⟩ courir; (vorwärts stürzen) se précipiter; s'élancer; **gegen etw ~** se heurter contre qc; 'heurter, cogner qc; se cogner contre od à qc; **mit dem Kopf gegen die Wand ~** se cogner la tête au mur; fig **in sein Verderben ~** courir à sa perte; F péj **dauernd zum Arzt ~** F être toujours fourré chez le docteur; F péj **sie rennt dauernd ins Kino** elle passe sa vie au cinéma; F **er muß dauernd aufs Klo** F il a la courante
'Rennen n ⟨~s; ~⟩ (Wett⌾) course f; **totes ~** course f ex æquo, ex aequo; beim Pferderennen dead-heat m; **das ~ machen** a fig gagner (la course); **das ~ aufgeben** a fig renoncer à la course; abandonner la partie; **fig gut im ~ liegen** être en bonne position, en tête; F fig **das ~ ist gelaufen** c'est trop tard; F c'est foutu
'Renner m ⟨~s; ~⟩ 1. Pferd coureur m; 2. F (Verkaufsschlager) succès m
Renne'rei f ⟨~; ~en⟩ **ich habe die dauernde ~ satt** F j'en ai marre de toujours courir
'Rennfahrer(in) m(f) coureur m (automobile, motocycliste, cycliste); **~jacht** f yacht m de course; racer m; **~leitung** f direction f de la course; **~pferd** n cheval m de course; **~platz** m champ m de course; hippodrome m; turf m; **~rad** n vélo m, bicyclette f de course; **~reiter** m jockey m; **~schuhe** m/pl chaussures f/pl à pointes, de cross; **~sport**

course f; (Pferde⌾) sport m hippique; turf m; **~stall** m a bei Auto-, Radrennen écurie f (de courses); **~stallbesitzer(in)** m(f) propriétaire m,f d'une écurie de course; **~strecke** f parcours m; (Rundstrecke) circuit m; **~wagen** m voiture f de course; bolide m
Renommee [reno'meː] n ⟨~s; ~s⟩ réputation f; renom m; renommée f
renom'mieren v/i ⟨pas de ge-, h⟩ **mit etw ~** se vanter de qc; étaler qc
Renom'mierstück n e-r Sammlung etc joyau m; pièce f remarquable
renom'miert adj renommé, fameux, -euse (wegen pour)
renovier|en [reno'viːrən] v/t ⟨pas de ge-, h⟩ rénover; remettre à neuf; **⌾ung** f ⟨~; ~en⟩ rénovation f; remise f à neuf
rentabel [rɛn'taːbəl] adj ⟨-bl-⟩ rentable; lucratif, -ive; de bon rapport
Rentabili'tät f ⟨~⟩ rentabilité f; bon rendement, rapport
Rentabili'tätsrechnung f calcul m de rentabilité, du rapport
Rente ['rɛntə] f ⟨~; ~n⟩ (gesetzliche Alters⌾) assurance f, pension f vieillesse; Geldbetrag, Zustand retraite f; (Versorgungs⌾) pension f; (Kapital⌾) rente f; F **in ~ gehen, sein** prendre sa retraite, être à la retraite
'Renten|alter n ⟨~s⟩ âge m de la retraite; **~anpassung** f revalorisation f des retraites, pensions; **~anspruch** m droit m à une (pension de) retraite, à une pension
'Rentenantrag m s-n **stellen** demander sa retraite
'Renten|empfänger(in) m(f) (Alters⌾) retraité(e) m(f); (Versorgungs⌾) pensionné(e) m(f); e-r Kapitalrente rentier, -ière m,f; bénéficiaire m,f d'une rente; **~erhöhung** f augmentation f des retraites, des pensions de retraite; **~markt** m marché m des rentes (d'État); **~papier** n titre m de rente; **~reform** f réforme f (du régime) des retraites; **~versicherung** f assurance f vieillesse; **~zahlung** f paiement m d'une retraite, pension, rente
Rentier[1] ['rɛntiːr ou 'reːntiːr] n ZO renne m
Rentier[2] [rɑ̃'tieː] m ⟨~s; ~s⟩ (Privatier) rentier m; (Rentner) retraité m
ren'tieren v/réfl ⟨pas de ge-, h⟩ **sich ~** COMM rapporter; être bien payé, rentable; fig (sich lohnen) valoir la peine
'Rentner(in) m ⟨~s; ~⟩ (f) ⟨~; ~nen⟩ retraité(e) m(f)
Reorgani'sation [reɔrganizatsi'oːn] f ⟨~⟩ réorganisation f; **⌾sieren** v/t ⟨pas de ge-, h⟩ réorganiser
reparabel [repa'raːbəl] adj ⟨-bl-⟩ réparable
Reparati'onen f/pl POL réparations f/pl
Reparati'onszahlung f POL paiement m de(s) réparation(s)
Repa'ratur f ⟨~; ~en⟩ réparation f (**an** [+dat] de); für Autos a dépannage m; **in ~ geben** donner à réparer
repa'raturanfällig adj peu fiable; fragile
Repa'ratur|arbeiten f/pl travaux m/pl de réparation; **⌾bedürftig** adj qui a besoin d'être réparé; **~kosten** pl frais m/pl de réparation; **~werkstatt** f atelier m de réparation; für Autos a service m de dépannage; garage m

repa'rieren v/t ⟨pas de ge-, h⟩ réparer; remettre en état; Auto a dépanner; **dieser Schaden läßt sich nicht mehr ~** ce dégât est irréparable
repatriier|en [repatri'iːrən] v/t ⟨pas de ge-, h⟩ rapatrier; **⌾ung** f ⟨~; ~en⟩ rapatriement m
Repertoire [repɛrto'aːr] n ⟨~s; ~s⟩ a fig répertoire m
Repe'titor [repe'tiːtɔr] m ⟨~s; -'toren⟩ personne qualifiée préparant les étudiants aux examens; **~ti'torium** n ⟨~; -ien⟩ cours particuliers assurant une préparation aux examens
Replik [re'pliːk] f ⟨~; ~en⟩ st/s (Erwiderung), KUNST réplique f
Report [re'pɔrt] m ⟨~(e)s; ~e⟩ 1. (Bericht) rapport m; 2. BÖRSE report m
Reportage [repɔr'taːʒə] f ⟨~; ~n⟩ reportage m; **e-e ~ über j-n, etw machen** faire un reportage sur qn, qc
Re'porter(in) m ⟨~s; ~⟩ (f) ⟨~; ~nen⟩ reporter m; (femme f) reporter m
Repräsen'tant(in) m ⟨~en; ~en⟩ (f) ⟨~; ~nen⟩ représentant(e) m(f)
Repräsen'tantenhaus n in den USA Chambre f des députés
Repräsentati'on f ⟨~⟩ représentation f
Repräsentati'onspflichten f/pl obligations officielles
repräsenta'tiv adj représentatif, -ive (**für** pour); (ansehnlich) qui présente bien; **⌾umfrage** f sondage représentatif
repräsentieren [reprɛzɛn'tiːrən] ⟨pas de ge-, h⟩ I v/t représenter; II v/i in der Öffentlichkeit remplir ses obligations officielles
Repressalie [reprɛ'saːliə] f ⟨~; ~n⟩ représaille f; **~n anwenden, ergreifen** exercer, user de représailles (**gegen j-n** contre qn)
Repression [reprɛsi'oːn] f ⟨~; ~en⟩ répression f
repres'siv adj répressif, -ive
Reprise [re'priːzə] f ⟨~; ~n⟩ MUS, THÉ, BÖRSE reprise f
reprivatisier|en [reprivati'ziːrən] v/t ⟨pas de ge-, h⟩ dénationaliser; **⌾ung** f ⟨~; ~en⟩ dénationalisation f
Repro|duktion [reprodʊktsi'oːn] f reproduction f; **⌾du'zieren** v/t ⟨pas de ge-, h⟩ reproduire; **~gra'phie** f ⟨~; ~n⟩ reprographie f
Reprotechnik ['reːprotɛçnɪk] f ⟨~⟩ technique f de reproduction
Reps [rɛps] F pl BRD Républicains m/pl
Reptil [rɛp'tiːl] n ⟨~s; -ien⟩ ZO reptile m
Republik [repu'bliːk] f ⟨~; ~en⟩ république f
Republi'kaner(in) m ⟨~s; ~⟩ (f) ⟨~; ~nen⟩ 1. (Republikanhänger) républicain(e) m(f); 2. BRD membre m du parti républicain; Républicain(e) m(f); **die ~ pl** le parti républicain (parti d'extrême droite); 3. USA Républicain(e) m(f)
republi'kanisch adj républicain
Repu'blik|flucht f HIST DDR passage illégal à l'Ouest; **~flüchtling** m HIST DDR personne passée illégalement à l'Ouest
repulsiv [repʊl'ziːf] adj PHYS répulsif, -ive
Repunze [re'pʊntsə] f ⟨~; ~n⟩ TECH poinçon m (pour métaux précieux)
Reputation [reputatsi'oːn] st/s f ⟨~; ~en⟩ réputation f

Requiem ['re:kviεm] *n* ⟨~s; ~s⟩ requiem *m*
requirieren [rekvi'ri:rən] *v/t* ⟨*pas de ge-, h*⟩ réquisitionner
Requisit [rekvi'zi:t] *n* ⟨~(e)s; ~en⟩ **1.** *THÉ* accessoire *m*; **2.** *fig* chose *f* nécessaire
Requi'sitenkammer *f THÉ* salle *f* des accessoires
Requisi'teur(in) *m(f)* ⟨~s; ~e⟩ (*f*) ⟨~; ~en⟩ *THÉ* accessoiriste *m,f*
Requisition [rekvizitsi'o:n] *f* ⟨~; ~en⟩ réquisition *f*
resch [rεʃ] *adj* südd, österr **1.** Brot croustillant; **2.** F (*lebhaft*) fringant
Reseda [re'ze:da] *f* ⟨-; -en⟩ *BOT* réséda *m*
Reser'vat *n* ⟨~(e)s; ~e⟩ réserve *f*
Reserve [re'zεrvə] *f* ⟨~; ~n⟩ **1.** ⟨*pas de pl*⟩ (*Zurückhaltung*) réserve *f*; retenue *f*; F *j-n aus der ~ locken* faire sortir qn de sa réserve; F dégeler qn; **2.** (*Ersatz, Vorrat*) réserve *f* (*an* [+*dat*] de); *eiserne ~* dernières réserves; *stille ~n* réserves latentes, occultes; *etw in ~ haben* a *fig* avoir qc en réserve; **3.** *MIL* réserve *f*; *Hauptmann der ~* capitaine *m* de réserve; **4.** *SPORT* réserve *f*
Re'serve|bank *f* ⟨~; -bänke⟩ *SPORT* banc *m* des remplaçants; **~kanister** *m für Benzin* jerrycan *m*; *für Wasser etc* nourrice *f*, bidon *m* de réserve; **~mann** *m* ⟨~(e)s; -männer *ou* -leute⟩ remplaçant *m*; **~offizier** *m* officier *m* de réserve; **~rad** *n* roue *f* de rechange, de secours; **~reifen** *m* pneu *m* de rechange; **~spieler(in)** *m(f)* remplaçant(e) *m(f)*; **~tank** *m* réservoir *m* de secours; **~truppe** *f* troupe *f* de réserve; réserve *f*; **~übung** *f MIL* période *f* (d'instruction)
reser'vieren *v/t* ⟨*pas de ge-, h*⟩ réserver; *Platz etc* retenir; *e-n Platz, ein Zimmer ~ a* faire une réservation
reser'viert *adjt a fig* réservé (*für j-n* à qn); *fig ~ bleiben* se tenir sur la réserve; observer, garder une certaine réserve
Reser'viertheit *f* ⟨~⟩ attitude réservée
Reser'vierung *f* ⟨~; ~en⟩ réservation *f*
Reser'vist *m* ⟨~en; ~en⟩ *MIL* réserviste *m*
Reservoir [rezεrvo'a:r] *n* ⟨~s; ~e⟩ *a fig* réservoir *m*
Residenz [rezi'dεnts] *f* ⟨~; ~en⟩ résidence *f*; **~pflicht** *f* ⟨~⟩ obligation *f* de résidence; **~stadt** *f* résidence *f*; (*Hauptstadt*) capitale *f*
resi'dieren *v/i* ⟨*pas de ge-, h*⟩ résider
Resignati'on *f* ⟨~; ~en⟩ résignation *f*
resignieren [rezı'gni:rən] *v/i* ⟨*pas de ge-, h*⟩ se résigner
resist|ent [rezıs'tεnt] *adj BIOL, MÉD, fig* résistant (*gegen* contre); **⸮enz** *f* ⟨~; ~en⟩ *BIOL, MÉD, fig* résistance *f* (*gegen* contre)
resolut [rezo'lu:t] *adj* résolu; déterminé; décidé
Resolution [rezolutsi'o:n] *f* ⟨~; ~en⟩ résolution *f*
Resonanz [rezo'nants] *f* ⟨~; ~en⟩ **1.** *PHYS, ÉLECT, MUS* résonance *f*; **2.** *fig* écho *m* (*auf* [+*acc*] à); *keine ~ finden* rester sans écho
Reso'nanz|boden *m MUS* table *f* d'harmonie; **~kasten** *m*, **~körper** *m* caisse *f* de résonance

Resopal [rezo'pa:l] *n* ⟨~s⟩ *Wz* formica *m* (*nom déposé*)
resorbieren [rezɔr'bi:rən] *v/t* ⟨*pas de ge-, h*⟩ *PHYSIOL* résorber
Resorption [rezɔrptsi'o:n] *f* ⟨~; ~en⟩ *PHYSIOL* résorption *f*
resoziali'sier|en *v/t* ⟨*pas de ge-, h*⟩ réinsérer; *beruflich* a réadapter; **⸮ung** *f* ⟨~; ~en⟩ réinsertion sociale
Respekt [re'spεkt] *m* ⟨~(e)s⟩ respect *m*; *vor j-m, etw ~ haben* avoir du respect pour qn, qc; *sich* (*dat*) *~ verschaffen* se faire respecter; *bei allem ~ vor Ihrem Vater ...* sans vouloir contredire votre père ...; *sauf le respect que je dois à votre père ...*; *~* (*, ~*)*!* bravo!; félicitations!; F chapeau!
respektabel [rεspεk'ta:bəl] *adj* ⟨-bl-⟩ respectable; *fig a* important
re'spekteinflößend *adjt* qui inspire le respect
respek'tieren *v/t* ⟨*pas de ge-, h*⟩ **1.** respecter; **2.** *Wechsel* honorer
respektive [rεspεk'ti:və] *st/s adv* respectivement; ou plutôt; et; c'est-à-dire
re'spekt|los *adj* sans respect; irrespectueux, -euse; irrévérencieux, -ieuse; **⸮losigkeit** *f* ⟨~⟩ manque *m* de respect; irrévérence *f*
Re'spektsperson *f* personnage *m* respectable; personne *f* qui inspire le respect
re'spektvoll *adj* plein de respect; respectueux, -euse
Respiration [rεspiratsi'o:n] *f* ⟨~⟩ *MÉD* respiration *f*
Ressentiment [rεsãti'mã:] *st/s n* ⟨~s; ~s⟩ ressentiment *m* (*gegenüber* à l'égard de)
Ressort [rε'so:r] *n* ⟨~s; ~s⟩ (*Geschäftsbereich*) ressort *m*; service *m*; département *m*; domaine *m*; *JUR* juridiction *f*; *das fällt nicht in mein ~* cela n'est pas de ma compétence, de mon domaine, de mon ressort
Res'sort|chef *m*, **~leiter** *m* chef *m* de service, *ZEITUNGSWESEN* de rubrique; **~minister** *m* ministre compétent
Ressource [rε'sursə] *f* ⟨~; ~n⟩ *ÉCON, FIN* ressources *f/pl*
Rest [rεst] *m* ⟨~(e)s; ~e⟩ **1.** reste *m* (*a MATH*); restant *m*; *fig* (*Spur*) reste *m*; *st/s ihre sterblichen ~e* sa dépouille mortelle; F *fig j-m den ~ geben* donner le coup de grâce à qn; *das gab ihm den ~* cela l'a achevé; *plais das ist der ~ vom Schützenfest* c'est tout ce qu'il reste; *nordd* (*mit etw*) *~ machen* (*alles aufessen*) finir (qc); **2.** (*Zahlungs⸮*) reste *m*; restant *m*; **3.** *von Schnittwaren* coupon *m*; **4.** *CHIM* radical *m*; **5.** *pl ~e* (*Speise⸮*) restes *m/pl*
'Rest|alkohol *m* résidu *m* d'alcool (dans le sang); **~auflage** *f TYPO* reste *m* d'un tirage
Restaurant [rεsto'rã:] *n* ⟨~s; ~s⟩ restaurant *m*
Restauration[1] [rεstauratsi'o:n] *f* ⟨~; ~en⟩ **1.** (*Wiederherstellung*) restauration *f*; **2.** *HIST die ~* la Restauration
Restauration[2] [rεstoratsi'o:n] *f* ⟨~; ~en⟩, **Restaurationsbetrieb** *m bes österr* (*Restaurant*) restaurant *m*
Restaurator(in) [rεstau'ra:tɔr] (-ra-'to:rın)] *m* ⟨~s; -'toren⟩ (*f*) ⟨~; ~nen⟩ *von Kunstwerken* restaurateur, -trice *m,f*

restaurier|en [rεstau'ri:rən] *v/t* ⟨*pas de ge-, h*⟩ restaurer; **⸮ung** *f* ⟨~; ~en⟩ restauration *f*
'Rest|bestand *m an Waren* reste *m* du stock; **~betrag** *m* restant *m*; reliquat *m*
'Reste|essen F *n* repas composé de restes; **~verkauf** *m von Auslaufmodellen* vente *f* de fins de séries; *bei Saisonende* soldes *m/pl* de fin de saison; *bei Geschäftsaufgabe* liquidation *f*; **~verwertung** *f* utilisation *f* des restes
restitu|ieren [rεstitu'i:rən] *v/t* ⟨*pas de ge-, h*⟩ *bes JUR* (*erstatten*) restituer; (*wiederherstellen*) a rétablir; **⸮ti'on** *f* ⟨~; ~en⟩ a *POL* restitution *f*
'restlich *adj* (*épithète*) (qui est) de reste; qui reste; restant
'restlos I *adj* (*épithète*) total; complet, -ète; intégral, entier, -ière; *fig* Hingabe *etc* sans bornes; **II** *adv* complètement; entièrement; F *~ glücklich* comblé; parfaitement heureux; *~ ausverkauft* Ware épuisé
'Restposten *m* **1.** *BUCHFÜHRUNG* reliquat *m*; **2.** *pl von Waren* soldes *m/pl*; invendus *m/pl*
Restrik|tion [rεstrıktsi'o:n] *f* ⟨~; ~en⟩ restriction *f*; **⸮'tiv** *adj* restrictif, -ive
'Rest|risiko *n* risque *m* non évaluable; **~strafe** *f* reliquat *m* d'une *bzw* de la peine; **~summe** *f* somme *f* restante; reste *m*
'Resturlaub *m ich habe noch drei Tage ~* il me reste encore trois jours de vacances
'Restzahlung *f* acquittement *m* d'un reste de compte; règlement *m* du solde
Resultante [rezul'tantə] *f* ⟨~; ~n⟩ *MATH* résultante *f*
Resul'tat *n* ⟨~(e)s; ~e⟩ résultat *m*; *ein gutes, schlechtes ~ erzielen* obtenir un bon, mauvais résultat; *zum ~ kommen, daß ...* (en) arriver à la conclusion que ...
resultieren [rezul'ti:rən] *v/i* ⟨*pas de ge-, h*⟩ *aus etw ~* résulter de qc; *daraus resultiert, daß ...* il en résulte, il s'ensuit que ...
Resümee [rezy'me:] *n* ⟨~s; ~s⟩ résumé *m*; *das ~ aus etw ziehen* tirer une conclusion de qc
resü'mieren *v/t* ⟨*pas de ge-, h*⟩ résumer
retardieren [retar'di:rən] *v/t* ⟨*pas de ge-, h*⟩ retarder; ralentir
Retorte [re'tɔrtə] *f* ⟨~; ~n⟩ *CHIM* cornue *f*; alambic *m*; F *aus der ~* factice
Re'tortenbaby F *n* bébé-éprouvette *m*
retour [re'tu:r] *regional cf zurück*; *Sie bekommen zwei Mark ~* je vous rends deux marks
Re'tourkutsche F *f in Worten* réponse *f*, *a Handlung* riposte *f* du tac au tac
retour'nieren *v/t* ⟨*pas de ge-, h*⟩ *COMM, SPORT* renvoyer; retourner
Retrospektive [retrospεk'ti:və] *f* ⟨~; ~n⟩ rétrospective *f*; *in der ~* rétrospectivement
retten ['rεtən] ⟨-ete, h⟩ **I** *v/t* sauver (*aus, vor* [+*dat*] de); (*befreien*) délivrer; (*herausreißen*) tirer; *p/fort* arracher; *j-m das Leben ~* sauver la vie à qn; *j-n aus Seenot ~* sauver qn du naufrage; *fig Ihre Entscheidung kann alles ~* votre décision peut tout sauver; F *er ist nicht mehr zu ~* (*verrückt*) il est cinglé; F *bist du noch zu ~?* F ça va pas la tête?; *sie rettete die Situation*

durch ein charmantes Lächeln c'est son charmant sourire qui sauva la situation; **II** v/réfl **sich ~** (fliehen) échapper (**aus, vor** [+dat] à); **sich ans Ufer ~** (réussir à) regagner la rive; **sich ins Haus ~** (réussir à) se réfugier dans la maison; **rette sich, wer kann!** sauve qui peut!; **sich vor Arbeit** (dat) **nicht ~ können** avoir du travail par-dessus la tête; F crouler sous le boulot
'**rettend** adj ⟨épithète⟩ qui sauve; *Einfall* salutaire; fig **~er Engel** sauveur m
'**Retter(in)** m ⟨~s; ~⟩ (f) ⟨~; ~nen⟩ sauveur m; (Befreier) libérateur, -trice m,f; (Lebens2) sauveteur m; REL Sauveur m; **ein ~ in der Not** mon, ton, etc sauveur
Rettich ['rɛtɪç] m ⟨~s; ~e⟩ radis (blanc); (Meer2) raifort m; **schwarzer ~** radis noir
'**Rettung** f ⟨~; ~en⟩ **1.** a fig sauvetage m; (Heil), a REL salut m; (Befreiung) délivrance f; **j-m ~ bringen** sauver qn; **es gibt keine ~** c'est sans espoir; F **du bist meine (letzte) ~** tu es ma (dernière) planche de salut; **2.** österr cf **Rettungsdienst, Rettungswagen**
'**Rettungs|aktion** f opération f de sauvetage; **~anker** m fig planche f de salut; **~boje** f bouée (lumineuse); **~boot** n bateau m, canot m de sauvetage; **~dienst** m service m de sauvetage; **~hubschrauber** m hélicoptère m de sauvetage; **~insel** f MAR radeau m pneumatique
'**rettungslos** adv irrémédiablement; F **~ verliebt** éperdument amoureux
'**Rettungs|mannschaft** f équipe f de sauvetage, de sauveteurs; **~medaille** f médaille f de sauvetage; **~ring** m **1.** bouée f de sauvetage; **2.** F plais (Fettwulst) bourrelet(s) m(pl) autour de la taille; **~schwimmen** n natation f de sauvetage; **~schwimmer(in)** m(f) sauveteur m; **~station** f poste m de secours; **~versuch** m tentative f de sauvetage; **~wagen** m ambulance f; **~weste** f gilet m de sauvetage
Retu|sche [re'tuʃə] f ⟨~; ~n⟩ PHOT, TYPO etc retouche f; **~'scheur(in)** m ⟨~s; ~e⟩ (f) ⟨~; ~nen⟩ retoucheur, -euse m,f (photographe); **2'schieren** v/t ⟨pas de ge-, h⟩ retoucher
Reue ['rɔyə] f ⟨~⟩ repentir m (**über** [+acc] de); (Gewissensbisse) remords m/pl; (Zerknirschung) contrition f; (Bußfertigkeit) pénitence f; JUR **tätige ~** repentir actif; **~ zeigen** témoigner du repentir; (**über etw** [acc]) **~ empfinden** se repentir (de qc)
'**reuen** st/s v/t, v/imp ⟨h⟩ **es reut mich, das getan zu haben** je regrette d'avoir fait cela; **in moralischer Hinsicht a** je me repens d'avoir fait cela; **das Geld reut mich** cela me fait mal au cœur d'avoir dépensé cet argent
'**reuevoll** st/s, '**reuig** st/s, **reumütig** ['rɔymy:tɪç] **I** adj repentant; (zerknirscht), a REL contrit; (bußfertig) pénitent; **II** adv le cœur contrit
Reuse ['rɔyzə] f ⟨~; ~n⟩ FISCHFANG nasse f
Revanche [re'vã:ʃ(ə)] f ⟨~; ~n⟩ revanche f (a SPORT u SPIEL); (**für etw an j-m**) **~ nehmen** prendre sa revanche (pour qc sur qn); **dem Gegner ~ geben** donner sa revanche à l'adversaire

revan'chieren v/réfl ⟨pas de ge-, h⟩ **sich ~ positiv u negativ abs** rendre la pareille; *negativ* prendre sa revanche (**bei j-m** sur qn); **sich bei j-m für etw ~ positiv u negativ** revaloir qc à qn
Reverenz [reve'rɛnts] f ⟨~; ~en⟩ révérence f (**vor** [+dat] devant); **j-m s-e ~ erweisen** présenter ses hommages à qn
Revers[1] [rə'vɛ:r] n, österr m ⟨~ [-'vɛ:r(s)]; ~ [-'vɛ:rs]⟩ COUT revers m
Revers[2] [re'vɛrs] m ⟨~es; ~e⟩ COMM (lettre f, déclaration f de) garantie f
reversibel [revɛr'zi:bəl] adj ⟨-bl-⟩ sc, TECH, CHIM réversible
revidieren [revi'di:rən] v/t ⟨pas de ge-, h⟩ revoir; réviser (a fig); examiner de nouveau; COMM vérifier; **sein Urteil ~** réviser son jugement
Revier [re'vi:r] n ⟨~s; ~e⟩ **1.** (Bezirk) district m; quartier m; arrondissement m; fig (Bereich) domaine m; **plais die Küche, der Garten ist ihr ~** la cuisine, le jardin, c'est son domaine; **2.** MIL infirmerie f; **3.** (Jagd2) chasse f; (Forst2) district m; **4.** (Polizei2) commissariat m, poste m (de police); Bezirk quartier m; **5.** BERGBAU bassin m houiller; **6.** ZO territoire m; **~förster** m garde forestier d'un district
Revirement [revirə'mã:] n ⟨~s; ~s⟩ POL remaniement m
Revision [revizi'o:n] f COMM, TYPO etc (Überprüfung) révision f; JUR (Berufung) pourvoi m en cassation; TYPO a tierce f; POL, e-s Vertrages (Abänderung) a modification f; amendement m; COMM a vérification f comptable, des comptes; JUR **~ einlegen, in die ~ gehen** se pourvoir, aller en cassation
Revisi'ons|gericht n cour f de cassation; **~verfahren** n procédure f de révision
Re'visor m ⟨~s; -'soren⟩ **1.** (Buchprüfer) expert m comptable; **2.** (Korrektor) correcteur-réviseur m
Revolte [re'vɔltə] f ⟨~; ~n⟩ révolte f
revol'tieren v/i ⟨pas de ge-, h⟩ (**gegen j-n, etw**) **~** se révolter (contre qn, qc)
Revolution [revolutsi'o:n] f ⟨~; ~en⟩ révolution f; **die Französische ~** la Révolution (française); **die industrielle ~** la révolution industrielle
revolutionär [revolutsio'nɛ:r] adj révolutionnaire
Revolutio'när(in) m ⟨~s; ~e⟩ (f) ⟨~; ~nen⟩ révolutionnaire m,f
revolutio'nieren v/t ⟨pas de ge-, h⟩ révolutionner; **2ung** f ⟨~; ~en⟩ transformation f, bouleversement m révolutionnaire
Revoluzzer [revo'lutsər] m ⟨~s; ~⟩ péj révolutionnaire m; F anar m
Revolver [re'vɔlvər] m ⟨~s; ~⟩ **1.** Waffe revolver m; **2.** TECH cf **Revolverkopf**. **~blatt** F n journal m bzw revue f à sensation, à scandale; **~held** m péj individu m toujours prêt à dégainer; **~kopf** m TECH tête f revolver; tourelle f (revolver); **~tasche** f étui m à revolver
Revue [re'vy:] f ou rə-] f ⟨~; ~n⟩ Zeitschrift, THÉ revue f; fig **~ passieren lassen** passer en revue
Re'vuefilm m film m de music-hall
Revue|girl [re'vy:gø:rl] n girl f; **~theater** n théâtre m de variétés; music-hall m

Rezens|ent(in) [retsɛn'zɛnt(ɪn)] m ⟨~en; ~en⟩ (f) ⟨~; ~nen⟩ critique m; auteur m d'une critique littéraire, de cinéma, etc; **2ieren** v/t ⟨pas de ge-, h⟩ faire la critique de; **~i'on** f ⟨~; ~en⟩ critique f (littéraire, de cinéma, etc); compte rendu; commentaire m; **~i'onsexemplar** n etwa exemplaire m de presse
Rezept [re'tsɛpt] n ⟨~(e)s; ~e⟩ **1.** CUIS recette f; **nach e-m ~** d'après une recette de ...; **2.** MÉD ordonnance f (du médecin); **ein ~ ausstellen** délivrer une ordonnance; **nur auf ~** seulement sur ordonnance; **3.** F fig (Mittel) remède m (**gegen** pour)
Re'zept|block m bloc m d'ordonnances; **2frei** adj u adv sans ordonnance; en vente libre
rezep'tieren v/t ⟨pas de ge-, h⟩ MÉD prescrire
Rezep|tion [retsɛpstsi'o:n] f ⟨~; ~en⟩ **1.** in e-m Hotel réception f; **2.** e-s Buchs etc accueil m; **2'tiv** adj réceptif, -ive
re'zeptpflichtig adj délivré seulement sur ordonnance
Rezep'tur f ⟨~; ~en⟩ PHARM préparation f (de médicaments) sur ordonnance
Rezession [retsɛsi'o:n] f ⟨~; ~en⟩ ÉCON récession (conjoncturelle)
rezes'siv adj BIOL récessif, -ive
rezidiv [retsi'di:f] adj MÉD récidivant
rezipieren [retsi'pi:rən] v/t ⟨pas de ge-, h⟩ Werk, Gedankengut accueillir
reziprok [retsi'pro:k] adj bes LOGIK, GR réciproque
Rezit|ation [retsitatsi'o:n] f ⟨~; ~en⟩ récitation f; **~a'tiv** n ⟨~s; ~e⟩ MUS récitatif m
Rezit|ator(in) [retsi'ta:tɔr (-ta'to:rɪn)] m ⟨~s; -'toren⟩ (f) ⟨~; ~nen⟩ personne f qui récite (un texte, etc) devant un public; **2ieren** v/t ⟨pas de ge-, h⟩ réciter
'**R-Gespräch** n TÉL communication f en P.C.V.
rh [ɛr'ha:] abr (Rhesusfaktor negativ) Rh− facteur rhésus négatif)
Rh [ɛr'ha:] abr (Rhesusfaktor positiv) Rh+ facteur rhésus positif)
Rhabarber [ra'barbər] m ⟨~s⟩ rhubarbe f
Rhapsodie [rapso'di:] f ⟨~; ~n⟩ MUS r(h)apsodie f
Rhein [raɪn] ⟨~ → n/pr⟩ **der ~** le Rhin
rhein'abwärts adv **~ fahren** descendre le (cours du) Rhin
rhein'aufwärts adv **~ fahren** remonter le (cours du) Rhin
'**Rhein|brücke** f pont m du, sur le Rhin; **~fahrt** f remontée f bzw descente f du Rhin en bateau; **~fall** m ⟨~(e)s⟩ chutes f/pl du Rhin
'**rheinisch** adj rhénan; du Rhin
'**Rheinland** das **~** la Rhénanie
Rheinländer(in) ['raɪnlɛndər] m ⟨~s; ~⟩ (f) **1.** Bewohner originaire m de la région rhénane; **2.** Tanz etwa polka f
'**Rheinländerin** f ⟨~; ~nen⟩ originaire f de la région rhénane
'**Rheinland-'Pfalz** n ⟨→ n/pr⟩ la Rhénanie-Palatinat
'**Rhein|schiffahrt** f navigation rhénane, sur le Rhin; **~schiffer** m batelier m du Rhin; **~tal** n vallée f du Rhin; **~wein** m vin m du Rhin
Rhesus|affe ['re:zʊs'afə] m ZO rhésus m; **~faktor** m ⟨~s⟩ MÉD facteur m rhésus

Rhetor|ik [re'to:rɪk] *f* ⟨~; ~en⟩ rhétorique *f*; **~iker** *m* ⟨~s; ~⟩ Lehrer professeur *m* de rhétorique; (*guter Redner*) orateur *m* maîtrisant la rhétorique; *ein guter ~ sein* être un bon orateur
rhe'torisch *adj* de rhétorique; rhétorique; *~e Frage* question *f* pour la forme bzw pour le principe
Rheuma ['rɔʏma] *n* ⟨~s⟩ rhumatisme *m*; **~schmerzen** *m/pl* douleurs rhumatismales
Rheuma|tiker(in) *m* ⟨~s; ~⟩ (*f*) ⟨~; ~nen⟩ rhumatisant(e) *m(f)*; **~tisch** *adj* rhumatismal; **~'tismus** *m* ⟨~; -men⟩ rhumatisme *m*
Rheumato|loge *m* ⟨~; ~n⟩, **~'login** *f* ⟨~; ~nen⟩ rhumatologue *m,f*; **~lo'gie** *f* ⟨~⟩ rhumatologie *f*
Rheumawäsche *f* sous-vêtements *m/pl* en thermolactyl *m* (*nom déposé*)
Rhinozeros [ri'no:tseros] *n* ⟨~(ses); ~se⟩ **1.** zo rhinocéros *m*; **2.** F (*Dummkopf*) imbécile *m,f*; F andouille *f*
Rhizom [ri'tso:m] *n* ⟨~s; ~e⟩ BOT rhizome *m*
Rhododendron [rodo'dɛndrɔn] *m od n* ⟨~s; -dren⟩ BOT rhododendron *m*
Rhodos ['ro:dɔs *ou* 'rɔdɔs] *n* ⟨→ n/pr⟩ Rhodes
'rhombisch *adj* MATH rhombique
Rhomb|oeder [rɔmbo'ʔe:dɐ] *n* ⟨~s; ~⟩ MATH rhomboèdre *m*; **~o'id** *n* ⟨~(e)s; ~e⟩ MATH rhomboïde *m*
Rhombus ['rɔmbʊs] *m* ⟨~; -ben⟩ MATH losange *m*
Rhone ['ro:nə] *f* ⟨→n/pr⟩ *die ~* le Rhône
Rhönrad ['rø:nra:t] *n* SPORT roue vivante
'Rhythmik *f* ⟨~⟩ rythmique *f*
'rhythmisch *adj* rythmique; *Bewegung a* rythmé; *~e Gymnastik* gymnastique *f* rythmique
Rhythmus ['rʏtmʊs] *m* ⟨~; -men⟩ rythme *m*; *im ~ von* (*od* +*gén*) au rythme de
'Rhythmus|gitarre *f* guitare *f* rythmique; **~gruppe** *f* section *f* rythmique; **~instrument** *n* instrument *m* rythmique
RIAS ['ri:as] *m* ⟨~⟩ *abr* (*Rundfunk im amerikanischen Sektor*) station de radiodiffusion à Berlin
ribbeln ['rɪbəln] *v/t* ⟨-(e)le, h⟩ *regional* frotter
Ribisel ['ri:bi:zəl] *f* ⟨~; ~(n)⟩ *österr* groseille *f*
Richard ['rɪçart] *m* ⟨→ n/pr⟩ Richard *m*; *~ Löwenherz* Richard Cœur de Lion
'Richt|antenne *f* antenne directionnelle; **~beil** *n* 'hache *f* (du bourreau); **~blei** *n* CONSTR fil *m* à plomb; **~block** *m* ⟨~(e)s; ~e⟩ *für Hinrichtungen* billot *m*
richten ['rɪçtən] ⟨-ete, h⟩ **I** *v/t* **1.** (*in die erforderliche Lage, Stellung od Form bringen*) disposer; (ar)ranger; (*anpassen*) ajuster; mettre d'aplomb; (*geradebiegen*) (re)dresser; (*aus~*) aligner; (*einstellen*) régler; **2.** (*lenken, wenden*) diriger, orienter (*auf* [+*acc*], *gegen* sur, vers); *Blicke* porter, tourner (*auf* [+*acc*] sur); (*zielen mit*) Fernrohr, Gewehr etc braquer (*auf* [+*acc*] sur); *Geschütz* pointer; *Bitte, Brief, Frage, das Wort etc* adresser (*an* [+*acc*] à); *Aufmerksamkeit* diriger, porter, fixer, concentrer (*auf* [+*acc*] sur); *Wut, Anklage* diriger (*gegen* contre); *Gedanken* tourner, diriger (*auf* [+*acc*] vers); *Bemühungen* concentrer, porter (*auf* [+*acc*] sur); **3.** (*in Ordnung bringen*) mettre en ordre; ranger; (*instand setzen*) (re)mettre en état; (*ausbessern*) réparer; **4.** *Mahlzeit* préparer; *Tisch* mettre; **5.** JUR *j-n ~* juger qn; (*verurteilen*) condamner qn; **6.** (*anpassen*) *nach etw ~* proportionner à, régler d'après qc; **II** *v/réfl* **7.** *sich ~* MIL s'aligner; *richt euch!* à droite, alignement!; **8.** *sich nach etw ~* s'adapter à qc; se régler sur *od* d'après qc; (*abhängen von*) dépendre de qc; être déterminé par qc; *sich nach j-m ~* se régler sur qn; *sich nach den Umständen ~* tenir compte des circonstances; *ich werde mich danach ~* je prendrai mes dispositions, j'agirai en conséquence; *das Prädikat richtet sich nach dem Subjekt* l'attribut s'accorde avec le sujet; **9.** *sich auf etw (acc) ~* Blicke, Aufmerksamkeit se fixer, se concentrer sur qc; *sich gegen j-n ~* Wut, Haß etc se porter contre qn; Worte, Kritik viser qn; **10.** *bes südd sich ~* (*für, zu*) se préparer (pour, à); **III** *v/i* JUR *über j-n ~* juger qn
'Richter(in) *m* ⟨~s; ~⟩ (*f*) ⟨~; ~nen⟩ juge *m*; femme *f* juge; magistrat *m* du siège; *Herr ~!* Anrede Monsieur le Juge; *vor den ~ bringen* déférer, traduire devant un tribunal; *vor dem ~ erscheinen* se présenter devant le juge
'Richteramt *n* fonctions *f/pl* de juge
'richterlich *adj* de juge; (*gerichtlich*) judiciaire; *~e Entscheidung* décision *f* du tribunal; *~e Gewalt* pouvoir *m* judiciaire
'Richter-Skala *f* ⟨~⟩ échelle *f* de Richter
'Richterspruch *m* sentence *f*; verdict *m*
'Richt|fest *n* CONSTR petite fête célébrant la fin du gros œuvre; **~funk** *m* radio *f* relais; **~geschwindigkeit** *f* vitesse maximale conseillée
richtig ['rɪçtɪç] **I** *adj* (*nicht falsch*) juste; correct; bon, bonne; (*genau*) exact; (*gehörig*) comme il faut; (*angemessen*) adéquat, convenable; (*geeignet*) propre; opportun; approprié; (*echt, wirklich*) bon, bonne; vrai, vraie; véritable; authentique; *der ~e Weg* le bon chemin; *~e Antwort* (*nicht falsche*) réponse exacte, (*passende*) adéquate; *~e Übersetzung* a traduction *f* fidèle; *der ~e Mann am ~en Platz* l'homme qu'il faut; *den ~en Zeitpunkt wählen* choisir le bon moment, le moment opportun; *er ist ein ~er Intellektueller* c'est l'intellectuel par excellence; *er ist ein ~er Idiot* c'est un parfait imbécile; F *er ist nicht ganz ~ im Kopf* F il a un grain; F il est cinglé, marteau; *die Dinge beim ~en Namen nennen* appeler les choses par leur nom; F appeler un chat un chat; *~!* c'est ça!; *ganz ~!* parfaitement!; exactement!; **II** *adv ~ rechnen* calculer juste; *Uhr ~ gehen* être à l'heure; donner l'heure exacte; (*es*) *für ~ halten zu* (+*inf*) juger bon, à propos de (+*inf*); *fig es ~ anpacken* savoir s'y prendre; *und Sie liefern kostenlos, sehe ich das ~?* si j'ai bien compris, ...; *Gerät nicht mehr ~ funktionieren* ne pas marcher très bien; *er war ~ verlegen, als ...* il était vraiment embarrassé quand ...; *... und ~, da kam er auch schon ...* et en effet, ...
'Richtige(r) *f(m)* ⟨→A⟩ homme *m*, femme *f* qu'il faut, idéal(e); (*Lebenspartner*) homme *m*, femme *f* de ma, ta, etc vie; *du bist mir gerade der ~ dafür* il ne me manquait plus que toi; *iron an den ~n geraten* bien tomber; *drei ~* (*im Lotto*) *haben* avoir gagné au loto (*gain minimal*)
'Richtige(s) *n* ⟨→A⟩ *das ist nicht ganz das ~ für uns* ce n'est pas tout à fait ce qu'il nous faut; *nichts ~s gegessen, gelernt haben* ne pas avoir mangé, appris grand-chose
'richtiggehend I *adj* ⟨*épithète*⟩ **1.** *Uhr* à l'heure; donnant l'heure exacte; **2.** (*wirklich*) vrai; véritable; **II** *advt* (*wirklich*) vraiment
'Richtigkeit *f* ⟨~⟩ justesse *f*; (*Genauigkeit*) exactitude *f*; e-r *Übersetzung* fidélité *f*; ADM *für die ~ der Abschrift* pour copie conforme; *damit hat es s-e ~* c'est exact, vrai; ce n'est pas sans fondement
'richtigliegen F *v/i* ⟨*irr, sép, -ge-, h*⟩ avoir raison; être dans le vrai; (*auf der richtigen Spur sein*) être sur la bonne piste
'richtigstell|en *v/t* ⟨*sép, -ge-, h*⟩ corriger; rectifier; mettre au point; **~ung** *f* correction *f*; rectification *f*; mise *f* au point
'Richt|kranz *m* CONSTR couronne placée sur la charpente pour la petite fête célébrant la fin du gros œuvre; **~linie** *f* directive *f*; ligne *f* de conduite; MIL a instruction générale; **~mikrophon** *n* microphone directionnel; **~platz** *m* lieu *m* d'exécution
'Richtpreis *m* prix indicatif; *empfohlener ~* prix conseillé
'Richt|scheit *n* CONSTR règle *f*; équerre *f*; **~schnur** *f* ⟨~; ~en⟩ **1.** CONSTR cordeau *m*; **2.** *fig* norme *f*; principe directeur; **~schwert** *n* glaive *m* de la justice; **~spruch** *m* **1.** JUR sentence *f*; **2.** formule de circonstance lors de la célébration de la fin du gros œuvre; **~strahler** *m* TÉLÉCOMM antenne directionnelle
'Richtung *f* ⟨~; ~en⟩ **1.** direction *f*; sens *m*; *die richtige, falsche ~* la bonne, mauvaise direction; le bon, mauvais sens; *in ~ auf* (+*acc*), *nach ... in* direction, dans la direction de ...; *die ~ verlieren* être désorienté; *nach allen ~en* en tous sens; dans toutes les directions; *in umgekehrter ~* en sens inverse; *die ~ nach ... einschlagen* prendre la direction de ...; *die ~ ändern* changer de direction; *aus welcher ~ kommt ...?* de quelle direction vient ...?; *in welcher ~ liegt ...?* dans quelle direction se trouve ...?; *die Züge aus ~ ...* les trains en provenance de ..., (*pro*)*venant de ..., die Züge in ~ ...* les trains en direction de ...; *die Straße (in) ~ ...* la route (en) direction (de) ...; F *sie ist in ~ Garten verschwunden* elle a disparu dans la direction du jardin; *e-m Gespräch e-e bestimmte ~ geben* donner une certaine tournure à une conversation; *ein erster Schritt in ~ (auf den) Frieden* un premier pas vers la paix; *fig das ist die erste Aktion in*

richtunggebend — ringen 1334

dieser ~ c'est la première action dans ce sens; *fig* **etwas in dieser ~** quelque chose de similaire, dans le même goût; F *fig* **die ~ stimmt** on est, ils sont, *etc* sur la bonne voie; **2.** *fig* (*Weg*) voie *f*; (*Tendenz*) tendance *f*; (*Strömung*) courant *m*; (*Einstellung*) orientation *f*
'**richtunggebend** *cf* **richtungweisend**
'**Richtungs|änderung** *f* changement *m* de direction; *fig* changement *m* de cap, d'orientation; **²los** *adj u adv* sans but; **~pfeil** *m* flèche *f* d'orientation; **~wechsel** *m cf* **Richtungsänderung**
'**richtungweisend** *adjt* qui ouvre, montre la voie; qui peut servir d'exemple, pilote; *p*/*fort* révolutionnaire
'**Richt|waage** *f* TECH niveau *m*; **~wert** *m* valeur indicative, de base, de référence
Ricke ['rɪkə] *f* ⟨~; ~n⟩ ZO chevrette *f*
rieb [ri:p] *cf* **reiben**
riechen ['ri:çən] ⟨riecht, roch, gerochen, h⟩ **I** *v/t* sentir; (*wittern*) flairer; F *fig* **etw nicht ~ können** ne pas pouvoir prévoir, deviner qc; F *fig* **j-n nicht ~ können** ne pas pouvoir sentir, supporter, F piffer, F blairer qn; F avoir qn dans le nez; **II** *v/i* **1.** (*e-n Geruch von sich geben*) sentir; **gut, schlecht ~** sentir bon, mauvais; **nach etw ~** sentir qc; avoir l'odeur de qc; **es riecht nach Gas** ça sent le gaz; F *fig* **das riecht nach Wucher** F il y a de l'arnaque dans l'air; **der Ofen riecht** le poêle dégage une odeur; **2. an etw** (*dat*) **~** respirer qc, sentir, F humer le parfum de qc; *riech mal* (*daran*)*!* sens (cela)*!*
'**Riecher** F *m* ⟨~s; ~⟩ (*Nase*) F pif *m*; F blair *m*; *fig* **e-n guten ~** (**für etw**) **haben** avoir du flair (pour qc)
'**Riech|fläschchen** *n* flacon *m* de senteur, *für Riechsalz* de sels; **~kolben** F *m* F (gros) pif *m*; **~nerv** *m* nerf olfactif; **~salz** *n* sels *m/pl*
Ried [ri:t] *n* ⟨~(e)s; ~e⟩ **1.** (*Sumpfgegend*) marécage *m* (couvert de roseaux); **2.** (*Schilf*) roseau *m*; **~gras** *n* BOT cypéracée *f*
rief [ri:f] *cf* **rufen**
Riefe ['ri:fə] *f* ⟨~; ~n⟩ rainure *f*; cannelure *f*
'**riefeln** ['ri:fəln] *v/t* ⟨-(e)le, h⟩ canneler; strier
Riege ['ri:gə] *f* ⟨~; ~n⟩ SPORT section *f*; *fig* équipe *f*
Riegel ['ri:gəl] *m* ⟨~s; ~⟩ **1.** verrou *m*; (*Schiebe²*) targette *f*; (*Querholz*) barre *f*; (*Fenster²*) espagnolette *f*; *in e-m Schloß* pêne *m*; **mit e-m ~ verschließen** verrouiller; fermer au verrou; **den ~ vorschieben** mettre le verrou; **den ~ zurückschieben** ouvrir, tirer le verrou; *fig* **e-r Sache** (*dat*) **e-n ~ vorschieben** mettre un terme, le holà à qc; **2.** (*Schokoladen²*) barre *f*; **3.** COUT bride *f*; **4.** *bes* FUSSBALL verrou *m*
'**Riegelstellung** *f* MIL verrou *m*
'**Riegen|führer** *m* SPORT chef *m* de section; **~turnen** *n* exercices *m/pl* par sections
'**Riemchen** *n* ⟨~s; ~⟩ *an Sandaletten etc* lanière *f*
Riemen ['ri:mən] *m* ⟨~s; ~⟩ **1.** *a* TECH courroie *f*; (*Schuh²*) lacet *m* en cuir; (*Trag²*, *Gewehr²*) bretelle *f*; (*Gürtel*) ceinture *f*; F *fig* **den ~ enger schnallen** se serrer, se mettre la ceinture; F *fig* **sich am ~ reißen** F se prendre par la main; **2.** (*Ruder*) rame *f*, aviron *m*; **sich in die ~ legen** ramer à tour de bras; F *fig* F en mettre un coup
'**Riemen|antrieb** *m* TECH transmission *f* par courroie; **~scheibe** *f* TECH poulie *f*
Ries [ri:s] *n* ⟨~es; ~e, *mais* 4 ~⟩ **~ Papier** rame *f* de papier
Riese ['ri:zə] *m* ⟨~n; ~n⟩ **1.** géant *m*; **2.** F (*Tausendmarkschein*) billet *m* de mille marks
'**Rieselfeld** *n* champ *m* d'épandage
rieseln ['ri:zəln] *v/i* ⟨-(e)le, sein⟩ *Sand, Tränen, Tropfen* couler; *Kalk* s'effriter; *Wasser* ruisseler
'**Riesen...** *in Zssgn* gigantesque; géant; énorme; colossal; F monstre; **~baby** *n* F gros patapouf; '**~dummheit** F *f* grosse bêtise
'**Riesener'folg** F *m* succès fou, F bœuf; énorme succès *m*; **e-n ~ haben** F faire un tabac
'**Riesen|gebirge** *n* GÉOGR monts *m/pl* des Géants; '**²groß**, **²haft** *cf* **riesig**; '**~hunger** F *m* F faim *f* de loup; **~rad** *n auf e-m Jahrmarkt etc* grande roue *f*; **~schildkröte** *f* tortue géante; **~schlange** *f* boa *m*; python *m*
Riesen'schritt *m* **mit ~en** à pas de géant
'**Riesenslalom** *m* slalom géant
'**Riesen'spaß** F *m* F rigolade *f*; **e-n ~ haben** F bien se marrer; F prendre son pied
'**Riesen|stern** *m* étoile géante; **~wuchs** *m* MÉD gigantisme *m*
'**riesig I** *adj* **1.** (*riesengroß*) géant; colossal; gigantesque; (*gewaltig*) énorme; *Kraft, Stärke* herculéen, -éenne; *Ausmaß* immense; fantastique; *Lärm* monstrueux, -euse; *beim Substantiv a oft* F monstre; **2.** F (*hervorragend*) super; F génial; **II** *adv* F (*sehr*) F super (bien); F terriblement; prodigieusement; énormément; **ich habe mich ~ amüsiert** F je me suis super bien amusé; **ich habe mich ~ gefreut** ça m'a fait terriblement plaisir
'**Riesin** *f* ⟨~; ~nen⟩ géante *f*
Riesling ['ri:slɪŋ] *m* ⟨~s; ~e⟩ *Wein* riesling *m*
riet [ri:t] *cf* **raten**
Riff¹ [rɪf] *n* ⟨~(e)s; ~e⟩ GÉOGR récif *m*
Riff² *m* ⟨~s; ~s⟩ MUS riff *m*
Riffel ['rɪfəl] *f* ⟨~; ~n⟩ **1.** (*Flachs²*) drège *f*; **2.** *Struktur* cannelure *f*; **~kamm** *m* drège *f*
'**riffeln** *v/t* ⟨-(e)le, h⟩ TECH canneler
'**Riffelung** *f* ⟨~; ~en⟩ (*Rillenstruktur*) cannelure(s) *f*(*pl*)
Rigg [rɪk] *n* ⟨~s; ~s⟩ MAR gréement *m*
rigid(**e**) [ri'gi:t (-'gi:də)] *st/s adj* Normen, Verbote etc strict; sévère
rigoros [rigo'ro:s] *adj* rigoureux, -euse; (*streng*) sévère; (*hart*) dur; (*unerbittlich*) sans pitié; impitoyable; *Maßnahmen* draconien, -ienne
Rigo'rosum *n* ⟨~s; -sa⟩ oral *m* du doctorat
Rikscha ['rɪkʃa] *f* ⟨~; ~⟩ pousse-pousse *m*
Rille ['rɪlə] *f* ⟨~; ~n⟩ rainure *f*, strie *f*; TECH *a* gorge *f*; cannelure *f*; *der Schallplatte,* AGR sillon *m*
Rind [rɪnt] *n* ⟨~(e)s; ~er⟩ **1.** ZO bœuf *m*; (*Kuh*) vache *f*; (*junge Kuh*) génisse *f*; *pl* **~er** bovins *m/pl*; (gros) bétail *m*; *Gattung* espèce bovine; **2.** F (**~fleisch**) bœuf *m*
Rinde ['rɪndə] *f* ⟨~; ~n⟩ (*Baum²*) écorce *f*; (*Brot²*, *Käse²*) croûte *f*
'**Rindenmulch** *m* écorce de pin broyée
'**Rinder|bestand** *m* cheptel bovin; **~braten** *m* rôti *m* de bœuf; **~brust** *f* ⟨~⟩ poitrine *f* de bœuf; **~filet** *m* filet *m* de bœuf; **~gulasch** *n* goulasch *od* goulache *m od f* (de bœuf); **~herde** *f* troupeau *m* de bœufs; **~hirt** *m* bouvier *m*; vacher *m*; **~leber** *f* foie *m* de génisse; **~lende** *f* aloyau *m*; **~pest** *f* peste bovine; **~schmorbraten** *m* bœuf braisé, en daube; **~talg** *m* suif *m* (de bœuf); **~zucht** *f* élevage bovin, des bovins; **~zunge** *f* langue *f* de bœuf
'**Rindfleisch** *n* bœuf *m*; **gekochtes ~** (bœuf) bouilli *m*
'**Rindfleisch|brühe** *f* bouillon *m* (à base de viande de bœuf); **~suppe** *f* consommé *m* (à base de viande de bœuf)
Rinds... *in Zssgn cf* **Rinder...**
'**Rindsleder** *n* cuir *m* de bœuf
'**Rindvieh** *n* **1.** *cf* **Rind**; **2.** F *fig* (*Dummkopf*) imbécile *m,f*; F andouille *f*; idiot(e) *m*(*f*); **ich ~!** quel(le) imbécile je fais!; que je suis idiot(e)!
Ring [rɪŋ] *m* ⟨~(e)s; ~e⟩ **1.** (*Finger²*) anneau *m*; *bes mit Schmuckstein* bague *f*; (*Trau²*) alliance *f*; **2.** (*Jahres²*) couche annuelle; cerne *m*; **um die Augen** cerne *m*; (**dunkle**) **~e um die Augen haben** avoir les yeux cernés, battus; **3.** BOXEN ring *m*; TURNEN **~e** *pl* anneaux *m/pl*; **4.** *e-s Schlüssels, e-r Kette* anneau *m*; MAR *zum Festmachen* boucle *f*; (*Kettenglied*) maillon *m*; **5.** (*Straße*) boulevards extérieurs; périphérique *m*; **6.** *von Dealern* groupe *m*; (*Verbrecher²*) bande *f*; (*Agenten²*) réseau *m*; **7.** COMM pool *m*
'**Ring|bahn** *f* ligne *f*, chemin *m* de fer de ceinture; **~buch** *n* classeur *m* (à anneaux)
Ringel ['rɪŋəl] *m* ⟨~s; ~⟩ rond *m*; (*Haar²*) boucle *f*; **~blume** *f* BOT souci *m*
'**ringel|ig** *adj* bouclé; **²locke** *f* boucle *f* de cheveux
'**ringeln** ⟨-(e)le, h⟩ **I** *v/t in Streifen* boucler; anneler; **II** *v/réfl* **sich ~** se rouler; *Haare* boucler; (*sich schlingen*) s'enrouler (**um etw** autour de qc); *Schlange a* se tortiller
'**Ringelnatter** *f* couleuvre *f* à collier
'**Ringelpiez** ['rɪŋəlpi:ts] F *m* F plais *m* ⟨~(e)s; ~e⟩, F (**mit Anfassen**) F sauterie *f*
'**Ringel|reihen** *m* ⟨~s; ~⟩ ronde *f* (enfantine); **~schwanz** *m* queue *f* en tire-bouchon; **~söckchen** *n* chaussette courte rayée (dans le sens de la largeur); **~spiel** *n österr cf* **Karussell**; **~taube** *f* (pigeon *m*) ramier *m*; palombe *f*; **~würmer** *m/pl sc* annélides *m/pl*
'**ringen** ⟨ringt, rang, gerungen, h⟩ **I** *v/t* **1.** (*winden*) tordre; (**vor Verzweiflung**) **die Hände ~** se tordre les mains (de désespoir); **2. j-n zu Boden ~** terrasser qn à la lutte; **II** *v/i* **3.** (*kämpfen*) a *fig,* SPORT lutter (**mit** contre); **4.** *fig* se débattre (**mit** contre); **mit dem Tode ~** lutter contre la mort; être à l'agonie; **um den Sieg ~** se battre pour gagner; **nach Worten** *od* **um Worte ~** chercher ses mots; **nach Atem ~** respirer avec peine; *p*/*fort* suffoquer; **mit j-m um etw ~** disputer qc à qn; **ich habe lange**

mit mir gerungen, ob ... j'ai bataillé longtemps avant de décider si ...
'**Ringen** *n* ⟨~s⟩ *SPORT, fig* lutte *f*; *das ~ um die Macht* la lutte pour le pouvoir; *nach hartem ~* de haute, vive lutte; *SPORT ~ im griechisch-römischen Stil* lutte gréco-romaine
'**Ringer** *m* ⟨~s; ~⟩ *SPORT* lutteur *m*; *im Altertum* athlète *m*
'**Ring**|**fahndung** *f* chasse *f* à l'homme (sur un vaste territoire); **~finger** *m* annulaire *m*; **⚛förmig** *adj* annulaire; (*kreisförmig*) en forme de cercle; *sc* orbiculaire; *CHIM* cyclique; **~heft** *n cf Ringbuch*; **~kampf** *m SPORT* lutte *f*; **~kämpfer** *m* lutteur *m*; **~mauer** *f* (mur *m* d')enceinte *f*; **~muskel** *m* muscle *m* orbiculaire; **~richter** *m BOXEN* arbitre *m*
rings [rɪŋs] *adv* (tout) autour (*um* de); **~her**'**um** *adv* tout autour; à la ronde; (*überall*) partout (à la ronde); (*von allen Seiten*) de tous côtés
'**Ringstraße** *f* boulevard extérieur
ringsum(**her**) ['rɪŋsˀʊm] ('rɪŋsˀʊm-'heːr)] *cf ringsherum*
'**Ringwechsel** *m* échange *m* des anneaux, des alliances
Rinne ['rɪnə] *f* ⟨~; ~n⟩ **1.** rigole *f*; *in der Straße* caniveau *m*; (*Dach⚛*) gouttière *f*; (*Wasser⚛*) chantepleure *f*; (*Fahr⚛*) chenal *m*; **2.** *im Meeresboden* dépression *f* (de fond marin)
'**rinnen** *v/i* ⟨rinnt, rann, geronnen, sein⟩ **1.** (*langsam fließen*) couler (lentement); *Regen, Tränen, Blut a* ruisseler; **2.** *fig Zeit, Geld etc* filer; *das Geld rinnt ihm durch die Finger* l'argent lui file entre les doigts
'**Rinnsal** *n* ⟨~(e)s; ~e⟩ ruisselet *m*; filet *m* d'eau
'**Rinnstein** *m* caniveau *m*; *fig im ~ enden* tomber bien bas
'**Rippchen** *n* ⟨~s; ~⟩ *CUIS* côtelette *f*
'**Rippe** ['rɪpə] *f* ⟨~; ~n⟩ **1.** *ANAT* côte *f*; **geprellte ~** côte froissée; F *j-m die ~n brechen* F rompre les côtes à qn; F *bei ihm kann man alle ~n zählen*; F *er hat nichts auf den ~n* il est maigre comme un clou; F *ich kann mir das nicht aus den ~n schneiden* je ne peux pas faire l'impossible; **2.** *CONSTR, BOT, AVIAT* nervure *f*; *TECH* cannelure *f*; (*Kühl⚛, Heiz⚛*) ailette *f*; (*Schokoladen⚛*) barre *f*
'**rippen** *v/t* ⟨h⟩ *TECH* nervurer; *Stoff* gaufrer
'**Rippen**|**bogen** *m ANAT* arc costal; **~bruch** *m MÉD* fracture *f* des côtes; **~fell** *n ANAT* plèvre *f*; **~fellentzündung** *f MÉD* pleurésie *f*
'**Rippenspeer** *m od n* ⟨~(e)s⟩ (*Kasseler*) ~ côtelette *f* de porc salée et fumée
'**Rippen**|**stoß** *m* coup *m* dans les côtes; bourrade *f*; **~stück** *n FLEISCHEREI* entrecôte *f*
Rips [rɪps] *m* ⟨~es; ~e⟩ *TEXT* reps *m*
Risiko ['riːziko] *n* ⟨~s; ~ken *ou* ~s *ou österr* Risken⟩ risque *m* (*a COMM, VERSICHERUNGSWESEN*); *auf eigenes ~* à mes, tes risques et périls; *das ~ übernehmen* assumer, prendre le risque; *ein ~ eingehen* courir un risque; *ein ~* (*ab*)*decken* couvrir un risque; *das ~ streuen* répartir les risques; *mit gewissen Risiken verbunden sein* comporter certains risques; être risqué

'**Risiko**|**bereitschaft** *f* ⟨~⟩ goût *m* du risque; **~faktor** *m* facteur *m* de risque; **~gruppe** *f* groupe *m* à risque(s); **⚛los** *adj* sans risque(s); sans aucun risque; **~prämie** *f COMM* prime *f* de risque; **⚛reich** *adj* risqué; plein de risques; **~schwangerschaft** *f* grossesse *f* à risque(s); **~zuschlag** *m VERSICHERUNGSWESEN* surprime *f*
ris'**kant** *adj* risqué; osé; **II** *adv* d'une manière risquée, *par ext* dangereuse; *sie fährt zu ~* elle prend trop de risques en conduisant
riskieren [rɪsˈkiːrən] *v/t* ⟨*pas de ge-*, h⟩ risquer; *es ~* risquer le coup; *viel ~* F jouer gros (jeu); *alles ~* risquer le tout pour le tout; F risquer le paquet; *~, daß* ... risquer que ... (+*subj*); *e-e Gefängnisstrafe ~* risquer la prison; *sein Leben ~ a* mettre sa vie en jeu
Rispe ['rɪspə] *f* ⟨~; ~n⟩ *BOT* panicule *f*
riß [rɪs] *cf reißen*
Riß *m* ⟨Risses; Risse⟩ **1.** *im Gewebe, Papier* déchirure *f*; *durch Hängenbleiben* accroc *m*; *in der Haut durch Verletzung* déchirure *f*; *tiefer* crevasse *f*; fissure *f*; *durch Kälteeinwirkung* gerçure *f*; *in e-m Muskel* déchirure *f*; *in Holz, Eis* fente *f*, fissure *f*; *in Porzellan, Ton* fêlure *f*; *in Lack, Putz* craquelure *f*; *in Eisen* fissure *f*; fêlure *f*; *in e-r Mauer* lézarde *f*; *Risse bekommen* entsprechend dem Substantiv se déchirer; se fendre; se fissurer; se fêler; se lézarder; **2.** *fig* fissure *f*; *POL* scission *f*; *Risse bekommen Freundschaft* en prendre un coup; **3.** *CONSTR* (*Zeichnung*) tracé *m*; épure *f*; plan *m*
'**rissig** *adj* crevassé; *Haut a* gercé; *Porzellan, Ton, Eisen etc* fêlé; fissuré; fendillé; *Lack, Putz* craquelé; *Mauer* lézardé
Rist [rɪst] *m* ⟨~es; ~e⟩ (*Fußrücken*) cou-de-pied *m*; (*Handrücken*) dos *m* de la main
ritsch [rɪtʃ] *int ~, ratsch!* cric, crac!
ritt [rɪt] *cf reiten*
Ritt *m* ⟨~(e)s; ~e⟩ tour *m*, promenade *f* à cheval; *st/s* chevauchée *f*
Ritter ['rɪtɐr] *m* ⟨~s; ~⟩ **1.** chevalier *m* (*a der Ehrenlegion, e-s Ordens*); *fig litt* (*Kavalier*) chevalier servant; *litt* gentilhomme *m*; *fahrender ~* chevalier errant; paladin *m*; *der, ein ~ ohne Furcht und Tadel* le, un chevalier sans peur et sans reproche; *der ~ von der traurigen Gestalt* le chevalier de la Triste Figure; *j-n zum ~ schlagen* donner l'accolade à qn; armer qn chevalier; *HIST a* adouber qn; **2.** *CUIS pl arme ~* pain perdu
'**Ritter**|**burg** *f* château fort; **~gut** *n* domaine seigneurial; **~kreuz** *n* Ordenskreuz *f* de chevalier; **⚛lich** *adj* chevaleresque; *fig* galant; courtois; **~lichkeit** *f* ⟨~⟩ caractère *m*, âme *f*, sentiments *m/pl* chevaleresque(s); *fig* courtoisie *f*; *Frauen gegenüber a* galanterie *f*; **~ling** *m* ⟨~s; ~e⟩ *BOT* tricholome *m*; **~orden** *m* ordre *m* de chevalerie; **~roman** *m* roman *m* de chevalerie; **~rüstung** *f* armure *f*; **~saal** *m* salle *f* des chevaliers; **~schaft** *f* ⟨~⟩ chevalerie *f*; **~schlag** *m* accolade *f*; *HIST a* adoubement *m*
'**Rittersmann** *m* ⟨~(e)s; -leute⟩ *litt* chevalier *m*

'**Rittersporn** *m* ⟨~(e)s; ~e⟩ *BOT* pied-d'alouette *m*
'**Ritterstand** *m* ⟨~(e)s⟩ chevalerie *f*; *in den ~ erhoben werden* être élevé à la dignité de chevalier
'**Ritter**|**tum** *n* ⟨~(e)s⟩ chevalerie *f*; **~zeit** *f* ⟨~⟩ époque *f* de la chevalerie
'**rittlings** *adv ~ sitzen* être à califourchon, à cheval
'**Rittmeister** *m HIST MIL* capitaine *m* de cavalerie
Ritu'**al** *n* ⟨~s; ~e *ou* ~ien⟩ *a REL* rituel *m*; **~mord** *m* meurtre rituel
ritu'**ell** *adj* rituel, -elle
Ritus ['riːtus] *m* ⟨~; -ten⟩ *REL u fig* rite *m*
Ritz [rɪts] *m* ⟨~es; ~e⟩ **1.** (*Schramme*) rayure *f*; *in der Haut* égratignure *f*; éraflure *f*; **2.** *cf Ritze*
'**Ritze** *f* ⟨~; ~n⟩ (petite) fente *f*; fissure *f*; *im Stein* (petit) sillon *m*; *in e-m Faß etc* fuite *f*
Ritzel ['rɪtsəl] *m* ⟨~s; ~⟩ *TECH* pignon *m*
'**ritzen** ⟨-(es)t, h⟩ **I** *v/t* **1.** rayer; *Haut* égratigner; érafler; **2.** *s-n Namen in die Rinde ~* graver son nom dans l'écorce; **II** *v/réfl sich ~* s'égratigner; s'érafler
Rival|**e** [riˈvaːlə] *m* ⟨~n; ~n⟩, **~in** ⟨~; ~nen⟩ rival(e) *m(f)*; *e-n ~n verdrängen, ausstechen* supplanter un rival
rivali'**sieren** *v/i* ⟨*pas de ge-*, h⟩ (*mit j-m um etw*) ~ rivaliser (avec qn pour obtenir *bzw* faire qc)
Rivali'**tät** *f* ⟨~; ~en⟩ rivalité *f*; *heimliche ~* rivalité sourde
Riviera [riviˈeːra] *f* ⟨→ *n/pr*⟩ *die (französische)* ~ la Côte d'Azur; *die (italienische)* ~ la Riviera
Rizinus [ˈriːtsinus] *m* ⟨~; ~ *ou* ~se⟩ *BOT* ricin *m*; **~öl** *n* huile *f* de ricin
r.-k. *abr* (*römisch-katholisch*) catholique romain
rm *abr* (*Raummeter*) st (stère)
Roastbeef ['roːstbiːf] *n* ⟨~s; ~s⟩ *CUIS* rosbif *m*
Robbe ['rɔbə] *f* ⟨~; ~n⟩ *ZO* phoque *m*
'**robben** *v/i* ⟨sein⟩ ramper
'**Robben**|**fang** *m* ⟨~(e)s⟩ chasse *f* aux phoques; **~fänger** *m* ⟨~s; ~⟩ chasseur *m* de phoques
Robe ['roːbə] *f* ⟨~; ~n⟩ (*festliches Kleid*) robe *f* de soirée; (*Richter⚛*) robe *f* de magistrat
Robert ['roːbɛrt] *m* ⟨→ *n/pr*⟩ Robert *m*
Robinie [roˈbiːnjə] *f* ⟨~; ~n⟩ *BOT* robinier *m*
Roboter ['rɔbɔtɐr *ou* roˈbɔtɐr] *m* ⟨~s; ~⟩ robot *m*; **~technik** *f* ⟨~⟩ robotique *f*
robust [roˈbʊst] *adj Person* robuste; fort; vigoureux, -euse; *Gesundheit, Material, Auto* robuste; solide; **⚛heit** *f* ⟨~⟩ *e-r Person* robustesse *f*; force *f*; vigueur *f*; *e-s Materials, Autos* solidité *f*; robustesse *f*
roch [rɔx] *cf riechen*
Rochade [rɔˈxaːdə *ou* rɔˈʃaːdə] *f* ⟨~; ~n⟩ *SCHACH* roque *m*; *kurze, lange ~* petit, grand roque
röcheln [ˈrœçəln] *v/i* ⟨-(e)le, h⟩ râler; **⚛** *n* ⟨~s⟩ râle *m*
Rochen [ˈrɔxən] *m* ⟨~s; ~⟩ *ZO* raie *f*
rochieren [rɔˈxiːrən *ou* rɔˈʃiːrən] *v/i* ⟨*pas de ge-*, h⟩ *SCHACH* roquer
Rock¹ [rɔk] *m* ⟨~(e)s; ⸚e⟩ **1.** *für Frauen* jupe *f*; *weiter, enger, geschürzter ~* jupe ample *od* large, étroite, retrous-

sée; F *hinter jedem ~ herlaufen* être très coureur; être un coureur de jupons; **2.** *regional für Männer* (*Sakko*) veston *m*; veste *f*; (*Geh2*) redingote *f*
Rock² *m* ⟨~(s)⟩ MUS rock *m*
Rock and Roll [ˈrɔkənˈroːl] *m* ⟨~; ~s⟩ *Musik u Tanz* rock (and roll) *m*
'**Rockaufschlag** *m* COUT revers *m*
'**rocken** *v/i* ⟨h⟩ **1.** *Musik machen* jouer du rock; **2.** *tanzen* danser le rock
'**Rocker** *m* ⟨~s; ~⟩ F loubard *m*; F loulou *m*; *in den 60er Jahren a* blouson noir; **~bande** *f* F bande *f* de loubards; **~braut** F *f* F copine *f* d'un loubard
'**Rockfalte** *f* pli *m* de jupe
'**Rock**|**gruppe** *f* groupe *m* de rock; **~musik** *f* ⟨~⟩ musique *f* rock; **~musiker(in)** *m(f)* musicien, -ienne *m,f* rock
Rock 'n' Roll *m* *cf* **Rock and Roll**
'**Rocksänger(in)** *m(f)* chanteur, -euse *m,f* rock
'**Rockzipfel** *m* pan *m* d'habit; basque *f*; *an Mutters ~ hängen* être toujours pendu aux basques de sa mère
Rodel [ˈroːdəl] *m* ⟨~s; ~⟩ *südd, österr* luge *f*; **~bahn** *f* piste *f* de luge
'**rodeln** *v/i* ⟨-(e)le, sein *ou* h⟩ faire de la luge
'**Rodelschlitten** *m* luge *f*
roden [ˈroːdən] *v/t* ⟨-ete, h⟩ défricher; AGR a essarter
'**Rodler(in)** *m* ⟨~s; ~⟩ (*f*) ⟨~; ~nen⟩ lugeur, -euse *m,f*
'**Rodung** *f* ⟨~; ~en⟩ **1.** défrichement *m*; défrichage *m*; AGR a essartement *m*; essartage *m*; **2.** (*gerodetes Land*) défrichement *m*; essart *m*
Rogen [ˈroːɡən] *m* ⟨~s; ~⟩ rogue *f*; œufs *m/pl* de poissons
Roggen [ˈrɔɡən] *m* ⟨~s⟩ seigle *m*; **~brot** *n* pain *m* de seigle
roh [roː] *adj* **1.** *Fleisch, Schinken, Ei, Gemüse etc* cru; (*ungekocht*) pas cuit; **2.** (*noch nicht künstlich verarbeitet*) brut; non façonné; (*grob bearbeitet*) grossièrement travaillé; ébauché; *Garn, Seide etc* écru; **3.** *fig Person* (*ungeschliffen*) frustre; inculte; (*grob*) grossier, -ière; (*brutal*) brutal; sauvage; *Sitten, Behandlung* barbare; brutal; *mit ~er Gewalt* brutalement; *~er Kerl* brute *f*
'**Rohbau** *m* ⟨~(e)s; ~ten⟩ maçonnerie brute; *e-s Hauses* gros œuvre; *das Haus ist im ~ fertig* la maison est finie de l'extérieur
'**Roh**|**diamant** *m* diamant brut; **~eisen** *n* fer brut; fonte (brute)
'**Roheit** *f* ⟨~; ~en⟩ **1.** ⟨*pas de pl*⟩ *Benehmen* rudesse *f*; **2.** (*Grobheit*) grossièreté *f*; (*Brutalität*), *a Handlung* brutalité *f*; sauvagerie *f*; barbarie *f*
'**Roh**|**ertrag** *m* produit, rendement brut; **~fassung** *f e-s Textes* premier jet; *e-s Films* copie *f* de travail; **~kost** *f* (fruits *m/pl* et) crudités *f/pl*
Roh|**köstler(in)** [ˈroːkœstlər(ɪn)] *m* ⟨~s; ~⟩ (*f*) ⟨~; ~nen⟩ personne *f* qui se nourrit (presque exclusivement) de (fruits et de) crudités; **~kostplatte** *f* (assiette *f* de) crudités *f/pl*
'**Rohling** *m* ⟨~s; ~e⟩ **1.** TECH pièce brute; **2.** *Person* brute *f*; sauvage *m*
'**Roh**|**material** *n* matière brute, première; **~öl** *n* pétrole brut; **~produkt** *n* produit brut, non manufacturé

Rohr [roːr] *n* ⟨~(e)s; ~e⟩ **1.** TECH tuyau *m*; tube *m*; (*Leitungs2*) conduite *f*; conduit *m*; (*Geschütz2*) canon *m*; *gebogenes ~* tuyau coudé; *f volles ~* à pleins tubes; *~e* (*ver*)*legen* poser des tuyaux; **2.** ⟨*pas de pl*⟩ BOT roseau *m*; (*Bambus2, Zucker2*) canne *f*; *spanisches ~* rotin *m*; (*canne f* de) jonc *m*; **3.** *südd, österr* (*Back2*) four *m*
'**Rohr**|**ammer** *f* ZO bruant *m* des roseaux; **~bruch** *m* rupture *f* de tuyau
'**Röhrchen** *n* ⟨~s; ~⟩ (*Leitung*) petit tuyau; (*Behälter*) petit tube; (*Reagenz2*) petite éprouvette; *beim Alkoholtest ins ~ blasen* F souffler dans le ballon
Rohrdommel [ˈroːrdɔməl] *f* ⟨~; ~n⟩ ZO butor *m*
Röhre [ˈrøːrə] *f* ⟨~; ~n⟩ **1.** TECH (*Leitungs2*) conduite *f*; conduit *m*; tuyau *m*; (*Behälter*) tube *m*; (*Elektronen2*) tube *m* électronique; (*Leucht2*) tube fluorescent; **2.** (*Brat2, Back2*) four *m*; F *fig in die ~ gucken* F être de la revue; F faire tintin; **3.** RAD lampe *f*; **4.** PHYS kommunizierende ~*n* vases communicants; **5.** F (*Fernseher*) F télé *f*; F téloche *f*; *in die ~ gucken, vor der ~ sitzen* regarder la télé
röhren [ˈrøːrən] *v/i* ⟨h⟩ **1.** *Hirsch* bramer; **2.** *Motor etc* 'hurler; *dumpf* vrombir
'**röhren**|**förmig** *adj* tubulaire; BOT tubulé; **~hose** *f* pantalon *m* cigarette; *Jeans* jean *m* tube; **2knochen** *m* os long; **2pilz** *m* bolet *m*
'**Rohr**|**flöte** *f* MUS chalumeau *m*; **~geflecht** *n* cannage *m*
Röhricht [ˈrøːrɪçt] *n* ⟨~s; ~e⟩ cannaie *f*; roseaux *m/pl*
'**Rohrkolben** *m* BOT typha *m*
'**Rohrkrepierer** *m* ⟨~s; ~⟩ MIL obus *m* éclatant dans le corps; *fig ein ~ sein* F être fichu d'avance
'**Rohr**|**leger** *m* ⟨~s; ~⟩ poseur *m* de conduites (d'eau, de gaz); plombier *m*; **~leitung** *f* tuyau *m*; conduit *m*; conduite *f*; **~en** *pl a* tuyauterie *f*; (*Fernleitung*) pipe-line *m*; (*Versorgungsnetz*) canalisation *f*; *für Öl* oléoduc *m*
'**Röhrling** *m* ⟨~s; ~e⟩ BOT bolet *m*
'**Rohr**|**post** *f* système *m* de courrier acheminé par pneumatique; **~postsendung** *f* pneumatique *m*; **~sänger** *m* ZO rousserolle *f*; **~schelle** *f* TECH collier *m* (de serrage); étrier *m*
'**Rohrspatz** *m* bruant *m* des roseaux; F *schimpfen wie ein ~* pester; fulminer; tempêter
'**Rohr**|**stock** *m* canne *f* de jonc; *zur Züchtigung* baguette *f*; **~zange** *f* pince *f* multiprises; **~zucker** *m* sucre *m* de canne
'**Roh**|**seide** *f* soie écrue; soie *f* grège; **~stahl** *m* acier brut
'**Rohstoff** *m* matière première; **~land** *n* ⟨~(e)s, -länder⟩ pays producteur de matières premières; **~mangel** *m* ⟨~s⟩ pénurie *f* de matières premières; **~preis** *m* prix *m* des matières premières; **~reserven** *f/pl* réserves *f/pl* en matières premières
'**Roh**|**zucker** *m* sucre brut, roux; cassonade *f*; **~zustand** *m* état brut
Rokoko [ˈrɔkoko] *n* ⟨~(s)⟩ rococo *m*; **~stil** *m* ⟨~(e)s⟩ (style *m*) rococo *m*
Roland [ˈroːlant] *m* ⟨→ *n/pr*⟩ Roland *m*
Rolf [rɔlf] *m* ⟨→ *n/pr*⟩ *cf* **Rudolf**

Rolladen [ˈrɔlaːdən] *m* volet roulant; store *m*
'**Roll**|**bahn** *f* AVIAT voie *f* de circulation; taxiway *m*; **~braten** *m* CUIS épaule roulée; **~brett** *n* planche *f* à roulettes; skate-board *m*
'**Röllchen** [ˈrœlçən] *n* ⟨~s; ~⟩ petit rouleau; (*Garn2*) bobine *f*
Rolle [ˈrɔlə] *f* ⟨~; ~n⟩ **1.** (*Scheibe, Walze*) rouleau *m*; cylindre *m*; TECH, *beim Flaschenzug* poulie *f*; (*Lauf2*) galet *m*; *unter Möbeln* roulette *f*; **2.** (*Gewickeltes, Zusammengerolltes, Schrift2*) rouleau *m*; (*Spule, Garn2*) bobine *f*; *an der Angel* (*Film2*) bobine *f* de film; *Verpackungsart* rouleau *m*; *für Kekse a* paquet *m*; **3.** THÉ rôle *m*; *e-e ~ spielen* jouer un rôle; *fig aus der ~ fallen* avoir une réaction déplacée; F gaffer; **4.** *fig* rôle *m*; *die ~ der Presse* le rôle de la presse; *e-e* (*große*) *~* (*bei etw*) *spielen* entrer (fortement) en ligne de compte; jouer un (grand) rôle (dans qc); *Geld spielt keine ~* l'argent ne joue aucun rôle; *es war um 1848, das Datum spielt keine ~* c'était vers 1848, peu importe la date; *die ~n tauschen* renverser, inverser les rôles; **5.** TURNEN roulade *f*; AVIAT tonneau *m*
'**rollen I** *v/t* ⟨h⟩ **1.** (*wickeln*) rouler; *das R ~* rouler les r; **II** *v/i* ⟨sein⟩ rouler; *Räder* tourner; *etw ins 2 bringen* faire rouler, *fig* démarrer qc; *ins 2 kommen* commencer à rouler; *fig* démarrer; *Tränen rollten über ihre Wangen* des larmes roulaient sur ses joues; **III** *v/réfl sich ~* **1.** (*sich wälzen*) se rouler; **2.** *Papier etc* s'enrouler
'**Rollen**|**besetzung** *f* distribution *f* des rôles; **~fach** *n* THÉ emploi *m*; **2förmig** *adj* en forme de rouleau; cylindrique; **~konflikt** *m* conflit *m* de rôles; **~lager** *n* TECH palier *m* à rouleaux; **~spiel** *n* jeu *m* de rôles; **~studium** *n* ⟨~s⟩ THÉ étude *f* d'un rôle; **~tausch** *m* échange *m* de rôles; **~verhalten** *n* SOZIOLOGIE comportement spécifique lié à un rôle; **~verteilung** *f* **1.** THÉ distribution *f* des rôles; **2.** SOZIOLOGIE attribution *f* de rôles spécifiques; **~zwang** *m* SOZIOLOGIE contrainte(s) *f(pl)* liée(s) à des rôles spécifiques
'**Roller** *m* ⟨~s; ~⟩ **1.** *für Kinder* trottinette *f*; patinette *f*; (*Motor2*) scooter *m*; **2.** MAR lame longue
'**Roll**|**feld** *n* AVIAT aire *f* d'atterrissage et de décollage; **~film** *m* PHOT pellicule *f* (en bobine); **~geld** *n* COMM (frais *m/pl* de) camionnage *m*; factage *m*; **~gut** *n* COMM marchandise transportée, à transporter
'**Rolli** F *m* ⟨~s; ~s⟩ pull *m* à col roulé
'**Roll**|**kommando** *n* commando *m* surprise; **~kragen** *m* col roulé; **~kragenpullover** *m* pull-over *m* à col roulé; **~kur** *f* traitement *m* par pansement gastrique; **~mops** *m* CUIS rollmops *m*
'**Rollo** *n* ⟨~s; ~s⟩ store *m* (enrouleur)
'**Roll**|**schinken** *m* jambon fumé roulé; **~schrank** *m* classeur *m*, meuble *m* à rideau
'**Rollschuh** *m* patin *m* à roulettes; **~ laufen** faire du patin à roulettes, skating
'**Rollschuh**|**bahn** *f* piste *f* de patinage à roulettes; skating *m*; **~laufen** *n* patinage *m* à roulettes; skating *m*; **~läu-**

fer(in) *m(f)* patineur, -euse *m,f* à roulettes
'**Roll**|**splitt** *m* gravillons *m/pl*; gravier *m*; **~stuhl** *m* fauteuil roulant; **~stuhlfahrer(in)** *m(f)* handicapé(e) *m(f)* (dans un fauteuil roulant); **~treppe** *f* escalier roulant, mécanique; escalator *m*
Rom [roːm] *n* ⟨→ *n/pr*⟩ Rome; *prov* **alle Wege führen nach ~** *prov* tous les chemins mènent à Rome; *prov* **~ ist (auch) nicht an e-m Tag erbaut worden** *prov* Paris ne s'est pas fait en un jour
ROM [rɔm] *n* ⟨~(s); ~(s)⟩ INFORM *abr* (read-only memory) mémoire morte
Roma ['roːma] *m/pl* Tsiganes *m/pl*; *t/t* Rom *m/pl*
Roman [ro'maːn] *m* ⟨~s; ~e⟩ roman *m*; *historischer* **~** roman historique; F *fig* **e-n ganzen ~ erzählen** raconter toute une histoire; **erzähl keine ~e!** (*Unwahres*) ne raconte pas d'histoires!; (*faß dich kürzer*) sois bref!; **sein Leben ist wie ein ~** sa vie est un vrai roman
Romancier [romãsi'eː] *m* ⟨~s; ~s⟩ romancier *m*
Romane [ro'maːnə] *m* ⟨~n; ~n⟩ Latin *m*; *pl* **die ~n** les peuples latins; les Latins *m/pl*
Ro'man|**figur** *f* personnage *m* de roman
Ro'manform *f* forme *f* de roman; *in* **~** romancé
Ro'man|**heft** *n* périodique spécialisé dans les histoires à l'eau de rose; **~held(in)** *m(f)* 'héros *m*, héroïne *f* de bzw d'un roman
Ro'manik *f* ⟨~⟩ *Kunststil* (art *m*) roman *m*
Ro'manin *f* ⟨~; ~nen⟩ Latine *f*
ro'manisch *adj* ARCH, *Sprache* roman; *Land, Volk, Kultur* latin; **~'sieren** *v/t* (*pas de ge-*, *h*) romaniser
Roma'nist(in) *m* ⟨~en; ~en⟩ (*f*) ⟨~; ~nen⟩ *Student(in)* étudiant(e) *m(f)* en langues romanes; *Wissenschaftler(in)* romaniste *m,f*
Roma'nistik *f* ⟨~⟩ (études *f/pl* des) langues, (des) littératures et (des) civilisations romanes; **~ studieren** faire des études romanes
roma'nistisch *adj* ⟨*épithète*⟩ des langues, littératures et civilisations romanes; d'études romanes
Ro'manschriftsteller(in) *m(f)* romancier, -ière *m,f*
Romant|**ik** [ro'mantɪk] *f* ⟨~⟩ KUNST, LITERATUR romantisme *m*; *Wesen* (genre *m*) romantique *m*; **~iker(in)** *m* (*f*) ⟨~; ~nen⟩ *a fig* romantique *m,f*; **2isch** *adj a fig* romantique
Romanze [ro'mantsə] *f* ⟨~; ~n⟩ **1.** (*Liebesverhältnis*) idylle *f*; aventure amoureuse; **2.** LITERATUR, MUS romance *f*
Ro'manzyklus *m* roman-fleuve *m*
Romeo ['roːmeo] *m* ⟨→ *n/pr*⟩ Roméo *m*
Römer ['røːmər] *m* ⟨~s; ~⟩ **1.** GÉOGR Romain *m*; **2.** (*Weinglas*) verre *m* à pied (réservé au vin blanc); **~brief** *m* BIBL Épître *f* aux Romains
'**Römer**|**in** *f* ⟨~; ~nen⟩ Romaine *f*; **~topf** *m* Wz cocotte *f* en terre allant au four
'**römisch** *adj* romain; de Rome; **~e Zahl, Ziffer** chiffre romain
'**römisch-ka'tholisch** *adj* catholique romain
röm.-kath. *abr* (*römisch-katholisch*) catholique romain

Rommé ['rɔme] *n* ⟨~s; ~s⟩ *Kartenspiel* rami *m*
Rondell [rɔn'dɛl] *n* ⟨~s; ~e⟩ **1.** (*runder Platz*) rond-point *m*; **2.** JARD corbeille *f*
Rondo ['rɔndo] *n* ⟨~s; ~s⟩ MUS rondo *m*
röntgen ['rœntɡən] *v/t* ⟨h⟩ radiographier; **sich** (*dat*) **den Magen ~ lassen** se faire faire une radio de l'estomac
'**Röntgen**|**apparat** *m* appareil *m* de radiographie; **~arzt** *m*, **~ärztin** *f* radiologue *od* radiologiste *m,f*; **~aufnahme** *f*, **~bild** *n* radio(graphie) *f*; **~blick** *m* plais regard perçant; **~diagnostik** *f* radiodiagnostic *m*; **~film** *m* film *m* radiographique; **~o'loge** *m* ⟨~n; ~n⟩ *cf* **Röntgenarzt**, **~olo'gie** *f* ⟨~⟩ radiologie *f*; **2o'logisch** *adj* radiologique; **~reihenuntersuchung** *f* examen *m* radiologique obligatoire; **~schirm** *m* écran *m* (d'un appareil de radiographie); **~strahlen** *m/pl* rayons *m/pl* X; **~therapie** *f* radiothérapie *f*; **~untersuchung** *f* examen *m* radiographique; radioscopie *f*
Rooming-in [ruːmɪŋ'ɪn] *n* ⟨~(s); ~s⟩ dans un service de maternité, système d'hospitalisation dans lequel la mère et le nouveau-né ne sont pas séparés
rosa ['roːza] *adj* ⟨*inv*⟩ rose; **~ werden** devenir rose; **~ färben** teindre en rose
'**Rosa** *n* ⟨~s; ~⟩ rose *m*; couleur *f* rose; *in* **~ gekleidet** (habillé) en rose
'**rosa**|**farben**, **~farbig**, **~rot** *adj* rose
rösch [rœʃ *ou* røːʃ] *adj südd* croustillant
Röschen ['røːsçən] *n* ⟨~s; ~⟩ petite rose
Rose ['roːzə] *f* ⟨~; ~n⟩ **1.** BOT rose *f*, (*Rosenstock*) rosier *m*; *fig* **nicht auf ~n gebettet sein** ne pas avoir une vie facile; *prov* **keine ~ ohne Dornen** *prov* (il n'y a pas de roses sans épines; **2.** MÉD érysipèle *m*; **3.** (*Wind2*) rose *f* des vents; **4.** (*Fenster2*) rosace *f*; rose *f*
rosé [roˈzeː] *adj* ⟨*inv*⟩ *cf* **rosa**
Ro'sé¹ *n* ⟨~s; ~⟩ *cf* **Rosa**
Ro'sé² *m* ⟨~s; ~s⟩ *Wein* rosé *m*
Rosemarie ['roːzəmari:] *f* ⟨→ *n/pr*⟩ Rose-Marie *f od* Rosemarie *f*
'**Rosen**|**blatt** *n* pétale *m* de rose; **~busch** *m* rosier *m* (buisson); **~duft** *m* parfum *m*, odeur *f* de(s) rose(s); **~garten** *m* roseraie *f*; **~gewächs** *n* rosacée *f*; **~holz** *n* bois *m* de rose
'**Rosenkavalier** *m* MUS *Der* **~** Le Chevalier à la rose
'**Rosenkohl** *m* chou *m* de Bruxelles
'**Rosenkranz** *m* REL rosaire *m*; **den ~ beten** dire, réciter son rosaire
'**Rosen**|**kreuzer** *m* frère *m* de la Rose-Croix; rose-croix *m*; **~'montag** *m* lundi *m* avant le Mardi gras; **~'montagszug** *m* défilé de chars lors du carnaval le lundi avant le Mardi gras; **~öl** *n* huile *f*, essence *f* de roses; **~paprika** *f* paprika (fort); **~quarz** *m* quartz *m* hyalin rose; **2rot** *adj* rose; **~stock** *m* rosier *m*; **~strauß** *m* bouquet *m* de roses; **~wasser** *n* ⟨~s; -wässer⟩ eau *f* de rose; **~zucht** *f* culture *f* des rosiers; **~züchter** *m* rosiériste *m*
Rosette [roˈzɛtə] *f* ⟨~; ~n⟩ (*Bandschleife*), BOT rosette *f*; ARCH rosace *f*
Ro'séwein *m* rosé *m*
'**rosig** *adj* **1.** (*rosa*) (de) rose; rosé; *Teint* frais comme une rose; **2.** *fig Zukunft, Lage* brillant; *iron* **~e Aussichten** *f/pl* belles, charmantes perspecti-

ves; **II** *adv* **uns geht es nicht gerade ~** ça n'est pas vraiment tout rose
Rosine [roˈziːnə] *f* ⟨~; ~n⟩ raisin sec; F (*große*) **~n im Kopf haben** voir trop grand; F **sich** (*dat*) **die** (*größten od dicksten*) **~n aus dem Kuchen picken** s'attribuer le dessus du panier
Ro'sinen|**brot** *n* pain *m* aux raisins secs; **~kuchen** *m* gâteau *m* aux raisins secs
Rosmarin ['roːsmariːn] *m* ⟨~s⟩ BOT romarin *m*
Roß [rɔs] *n* ⟨Rosses; Rosse *ou* Rösser⟩ *südd, österr, schweiz od stls* cheval *m*; **hoch zu ~** monté à cheval; *fig* **sich aufs hohe ~ setzen** se donner, prendre des grands airs; faire l'important; *fig* **von s-m hohen ~ heruntersteigen** abandonner ses grands airs
Roß... *in Zssgn cf a* **Pferde...**
Rössel ['rœsəl] *n* ⟨~s; ~⟩ SCHACH cavalier *m*; **~sprung** *m* SCHACH saut *m* du cavalier; *Rätsel* mots cassés
'**Roß**|**haar** *n* crin *m* (de cheval); **~haarmatratze** *f* matelas *m* de crin; **~kastanie** *f* Baum marronnier *m* d'Inde; *Frucht* marron *m* d'Inde; **~kur** F *f* remède *m* de cheval; **~täuscher** *m* ⟨~s; ~⟩ *péj* maquignon *m*; **~täuschertrick** *m* maquignonnage *m*
Rost¹ [rɔst] *m* ⟨~(e)s⟩ (*Eisenoxyd*), BOT rouille *f*; **~ ansetzen** (se) rouiller
Rost² *m* ⟨~(e)s; ~e⟩ **1.** (*Brat2*) gril *m*; **vom ~** grillé; **Fleisch vom ~** grillade *f*; **2.** (*Gitter*) grille *f*; (*Latten2*) claie *f*; **3.** *regional* (*Bett2*) sommier *m*
'**rost**|**beständig** *adj* inoxydable; **2bildung** *f* formation *f* de rouille
'**Rost**|**braten** *m* grillade *f*; **~bratwurst** *f* saucisse grillée
'**rostbraun** *adj* (couleur) rouille (*inv*); (brun) rouille (*inv*)
'**rosten** *v/i* (-ete, h) (se) rouiller
rösten ['rœstən *ou* 'røːstən] *v/t* (-ete, h) *Kaffee* torréfier; *Brot, Kastanien etc* griller; *Kartoffeln* rissoler; faire sauter; *Mehl* roussir; *Erz* griller; calciner
Röste'rei *f* ⟨~; ~en⟩ (*Kaffee2*) (usine *f* de) torréfaction *f*
'**rost**|**farben**, **~farbig** *cf* **rostbraun**; **2fleck** *m* tache *f* de rouille; **~frei** *adj* sans rouille; (*nicht rostend*) inoxydable
Rösti ['røːsti] *pl schweiz* CUIS pommes de terre râpées et sautées
'**rostig** *adj* rouillé
'**Röst**|**kaffee** *m* café *m* torréfié; **~kartoffeln** *f/pl* pommes de terre rissolées, sautées
'**Rost**|**laube** F *plais f* F bagnole toute rouillée; **2rot** *cf* **rostbraun**; **~schutz** *m* protection *f* contre la rouille; **~schutzfarbe** *f* enduit *m*, peinture *f*, vernis *m* antirouille; **~schutzmittel** *n* (agent *m*) antirouille *m*
Roswitha [rɔsˈviːta] *f* ⟨→ *n/pr*⟩ prénom *f*
rot [roːt] **I** *adj* ⟨~er *ou* ~er, ~este *ou* ~este⟩ *Farbe*, POL rouge; *Bart, Haar* roux, rousse; *Gesicht* rubicond; (*hoch~*) vermeil, -eille; *Tier* (*fahl~*) fauve; **die 2e Armee** l'Armée *f* Rouge; *fig* **der ~e Faden** le fil conducteur; l'idée directrice; **das 2e Kreuz** la Croix-Rouge; **das 2e Meer** la mer Rouge; **~ werden** devenir rouge; *a* (*erröten*) rougir; **vor Wut** (*dat*) **~ werden** devenir rouge de colère; F **ein ~es Tuch für j-n sein** faire voir rouge à qn; **in den ~en Zahlen sein, ~e Zahlen schreiben**

Person être à découvert; *Betrieb* être en déficit; être dans le rouge; **II** *adv* ~ **färben** teindre en rouge; ***e-n Tag im Kalender ~ anstreichen*** marquer une journée d'une pierre blanche; *cf a* ***rotsehen***

Rot *n* ⟨~s; ~⟩ rouge *m*; couleur *f* rouge; *in ~ gekleidet* (habillé) en rouge; *die Ampel steht auf, zeigt ~* le feu est au rouge; *Auto bei ~ durchfahren* passer au rouge; brûler un feu rouge

Rotarier [ro'taːriər] *m* ⟨~s; ~⟩ membre *m* du Rotary Club

Rotati|on *f* ⟨~; ~en⟩ rotation *f*

Rotati|ons|achse *f* axe *m* de rotation; **~druck** *m* ⟨~(e)s; ~e⟩ TYPO impression *f* sur roto; tirage *m* (en) roto; **~maschine** *f* TYPO rotative *f*; **~prinzip** *n* POL principe *m* de rotation (*tous les deux ans répartition des sièges des députés*)

'**Rot|auge** *n* ZO gardon *m*; **²backig** *adj* aux joues rouges; **~barsch** *m* sébaste *m*

'**Rotbart** *m* homme *m* à (la) barbe rousse; *Kaiser ~* l'empereur *m* Barberousse

'**rot|blond** *adj* blond roux (*inv*); blond vénitien (*inv*); **~braun** *adj* rouge brun (*inv*); *Haar* auburn (*inv*)

'**Rot|buche** *f* hêtre *m* rouge, à feuilles pourpres; '**~china** *n* ⟨→ *n/pr*⟩ la Chine communiste; **~dorn** *m* ⟨~(e)s; ~e⟩ BOT aubépine *f* aux fleurs rouges

Röte ['røːtə] *f* ⟨~; ~⟩ **1.** ⟨*pas de pl*⟩ rougeur *f*; rouge *m*; *leuchtende* vermillon *m*; incarnat *m*; *des Haars* rousseur *f*; **2.** BOT garance *f*

Rote-Ar'mee-Fraktion POL *die ~* la Fraction Armée Rouge

Rote-'Kreuz-Schwester *f* infirmière *f* de la Croix-Rouge

Röteln ['røːtəln] *pl* MÉD rubéole *f*

'**Rötel|stift** *m* crayon *m* rouge; sanguine *f*; **~zeichnung** *f* sanguine *f*

'**röten** ⟨-ete, h⟩ **I** *v/t* rougir; **II** *v/réfl sich ~* rougir; devenir rouge; *Gesicht a* se colorer

'**Rot|filter** *m* filtre *m* rouge; **~fuchs** *m* **1.** *Fuchs* renard *m* (commun); **2.** *Pferd* (cheval) alezan *m*; **3.** F *péj Mensch* poil *m* de carotte

'**Rot|gardist** *m* ⟨~en; ~en⟩ *in China* garde *m* rouge; **²glühend** *adj* rouge; porté, chauffé au rouge; **~gold** *n* or *m* rouge; **²-'grün** POL ~**e Koalition** coalition *f* entre les verts et les sociaux-démocrates (allemands)

Rot|'grünblindheit *f* daltonisme *m*; '**~guß** *m* MÉTALL laiton *m*, bronze *m* rouge; '**²haarig** *adj* (aux cheveux) roux; rousse; F rouquin; '**~haut** *f* Peau-Rouge *m*; '**~hirsch** *m* cerf (commun)

rotieren [ro'tiːrən] *v/i* ⟨*pas de ge-*, h⟩ **1.** tourner, pivoter (*sur son axe*); **2.** F *fig* (*hektisch sein*) F paniquer

'**Rot|käppchen** *n* ⟨~s⟩ Petit Chaperon rouge; **~kehlchen** *n* ⟨~s; ~⟩ ZO rouge-gorge *m*; **~kohl** *m*, *südd*, *österr* **~kraut** *n* ⟨~(e)s⟩ chou *m* rouge; **~'kreuzschwester** *cf* **Rote-Kreuz-Schwester**; **~lauf** *m* ⟨~(e)s⟩ VÉT rouget *m*

'**rötlich** *adj* rougeâtre; tirant sur le rouge; *Haar* roussâtre

'**Rotlicht** *n* ⟨~(e)s⟩ lumière *f* rouge; *der Ampel* feu *m* rouge; **~bezirk** F *m*, **~viertel** F *n* quartier *m* des prostituées

Rotor ['roːtɔr] *m* ⟨~s; -'toren⟩ ÉLECT, *e-s Hubschraubers* rotor *m*; **~blatt** *n* pale *f* de rotor

'**Rot|schwanz** *m*, **~schwänzchen** *n* ⟨~s; ~⟩ ZO rouge-queue *m*

'**rot|stichig** *adj* tirant sur le rouge

'**Rotstift** *m* crayon *m* rouge; *fig* ***den ~ ansetzen*** faire des coupes (dans un budget, *etc*); ***dem ~ zum Opfer fallen*** être supprimé

Rotte ['rɔtə] *f* ⟨~; ~n⟩ **1.** troupe *f*; attroupement *m*; *péj* bande *f*; clique *f*; *von Arbeitern, bes bei der Eisenbahn* équipe *f*; brigade *f*; **2.** (*Häufigen*) peloton *m*; **3.** AVIAT patrouille aérienne. **4.** (*Rudel*) *Wildschweine* compagnie *f*; *Wölfe* bande *f*; 'horde *f*

Rotunde [ro'tundə] *f* ⟨~; ~n⟩ rotonde *f*

'**Rötung** *f* ⟨~; ~en⟩ rougeur *f*

'**rotwangig** *st/s* *cf* **rotbackig**

'**Rot|wein** *m* vin *m* rouge; **~weinglas** *n* verre à vin rouge; **~welsch** *n* ⟨~(s)⟩ argot *m* du milieu (*en Allemagne*); **~wild** *n* cerfs *m/pl* et chevreuils *m/pl*; **~wurst** *f regional* boudin (noir)

Rotz [rɔts] *m* ⟨~es⟩ P (*Nasenschleim*), *a* VÉT morve *f*; F ***und Wasser heulen*** F pleurer comme un veau, comme une madeleine

'**Rotzbengel** F *m* F petit morveux; galopin *m*; *Schimpfwort* F espèce *f* de morveux

'**rotzen** P *v/i* ⟨h⟩ (*Schleim hochziehen*) renifler; (*sich schneuzen*) se moucher bruyamment; (*ausspucken*) cracher

'**Rotz|fahne** P *f* P tire-jus *m*; '**²frech** *adj* F gonflé; culotté; **~göre** F *f* F petite morveuse

'**rotz|ig** *adj* **1.** P *Nase etc* morveux, -euse; **2.** F *fig* (*frech*) culotté; F gonflé; **²nase** *f* **1.** F *fig* P nez morveux; **2.** F *fig* morveux, -euse *m,f*

'**Rotzunge** *f* ZO limande *f*

Rouge [ruːʒ] *f* ⟨~; ~s⟩ rouge *m* (à joues); ***~ auftragen, auflegen*** mettre du rouge (à joues)

Roulade [ruˈlaːdə] *f* ⟨~; ~n⟩ CUIS *vom Kalb* paupiette *f*; *vom Rind*: tranche de bœuf roulée et farcie

Rouleau [ruˈloː] *n* ⟨~s; ~s⟩ store *m* (enrouleur)

Roulett [ruˈlɛt] *n* ⟨~(e)s; ~e⟩, **Roulette** [ruˈlɛt(ə)] *n* ⟨~s; ~s⟩ roulette *f*; ***russisches ~*** roulette *f* russe; ***~ spielen*** jouer à la roulette

Route ['ruːtə] *f* ⟨~; ~n⟩ itinéraire *m*; route *f*

Routine [ruˈtiːnə] *f* ⟨~⟩ **1.** (*Erfahrung*) expérience *f*, habitude *f* (*in etw* [*dat*] de qc); *ihr fehlt noch die* (*nötige*) *~* elle manque encore d'expérience. **2.** (*Gewohnheit*) routine *f*; ***~ bekommen*** acquérir de la routine

Rou'tine|arbeit *f* travail habituel, de routine; **²mäßig I** *adj* *Eingriff*, *Angelegenheit* habituel, -elle; de routine; **II** *adv* habituellement; **~sache** *f* ⟨~⟩ affaire *f* d'habitude, de routine; **~untersuchung** *f* contrôle habituel, automatique

Routinier [rutiniˈeː] *m* ⟨~s; ~s⟩ *~* (*in* [+*dat*]) expert *m* (en); *ein alter ~* un vieux routier

routi'niert *adjt* qui a de la routine, expérimenté; habile; (*geschäftskundig*) rompu aux affaires

Rowdy ['raʊdi] *m* ⟨~s; ~s⟩ vandale *m*; casseur *m*; **~tum** *n* ⟨~s⟩ vandalisme *m*

Royalist|(**in**) [roajaˈlɪst(ɪn)] *m* ⟨~en; ~en⟩ (*f*) ⟨~; ~nen⟩ royaliste *m,f*; **²isch** *adj* royaliste

RTL [ɛrtɛˈʔɛl] *n* ⟨~⟩ (*Radio Télé Luxembourg*) R.T.L. (Radio-Télé-Luxembourg)

Ru'anda *cf* **Rwanda**

'**rubb**(**e**)**lig** *adj* *regional* (*rauh*) rugueux, -euse; (*uneben*) inégal

'**Rubbellos** F *n* billet *m* de loterie avec grattage

rubbeln ['rʊbəln] *v/i* u *v/t* ⟨-(e)le, h⟩ frotter; *beim Glücksspiel* gratter

Rübe ['ryːbə] *f* ⟨~; ~n⟩ **1.** BOT betterave *f*; *weiße ~* navet *m*; *rote ~* betterave *f* rouge; *südd gelbe ~* carotte *f*; **2.** F (*Kopf*) F caboche *f*; F cafetière *f*; ***eins auf die ~ kriegen*** recevoir un gnon, F un coup sur la cafetière; ***j-m die ~ abhacken*** couper la tête à qn

Rubel ['ruːbəl] *m* ⟨~s; ~⟩ *Währung* rouble *m*; F ***der ~ rollt*** F le fric rentre

'**Rüben|kraut** *n* ⟨~(e)s⟩ *regional* marmelade *f* de mélasse; **~zucker** *m* sucre *m* de betterave

rüber ['ryːbər] F *adv* *cf* **herüber**, **hinüber**

'**rüberbringen** F *v/t* ⟨*irr*, *sép*, -ge-, h⟩ (*vermitteln können*) *etw ~* faire passer qc

'**rüberkommen** F *v/i* ⟨*irr*, *sép*, -ge-, sein⟩ (*verstanden werden*) passer

'**Rübezahl** *m* ⟨→ *n/pr*⟩ ogre célèbre dans les contes allemands

Rubin [ruˈbiːn] *m* ⟨~s; ~e⟩ MINÉR rubis *m*; **²rot** *adj* (couleur de) rubis

'**Rübkohl** *m* *schweiz* chou-rave *m*

Rubrik [ruˈbriːk] *f* ⟨~; ~en⟩ *e-r Zeitung*, *fig* rubrique *f*; (*Klasse*) classe *f*; catégorie *f*; *unter der ~ ...* sous la rubrique …

Ruch [ruːx] *st/s* *m* ⟨~(e)s⟩ *im ~ der Korruption etc stehen* avoir la réputation d'être corrompu, *etc*

'**ruchbar** *st/s* *adj* *~ werden* devenir public, -ique

'**ruchlos** *st/s* *adj* sans scrupules; vil; infâme; **²igkeit** *f* ⟨~; ~en⟩ **1.** ⟨*pas de pl*⟩ *Verhalten litt* vilenie *f*; *st/s* infamie *f*; **2.** *Handlung litt* vilenie *f*; *st/s* infamie *f*

ruck *cf* **ruck, zuck** u **hau ruck**

Ruck [rʊk] *m* ⟨~(e)s; ~e⟩ saccade *f*; (*Stoß*) secousse *f*; (à-)coup *m*; *jäher ~* soubresaut *m*; *mit, in e-m* d'un (seul) coup; d'un bond; F *fig* *sich* (*dat*) *e-n ~ geben* faire un effort; POL *~ nach links, rechts* glissement *m* à gauche, droite *od* vers la gauche, droite

'**Rückansicht** *f* vue arrière *od* de derrière

'**Rückantwort** *f* réponse *f*; *Postkarte mit ~* carte-réponse *f*

'**ruckartig I** *adj* saccadé; **II** *adv* par saccades, secousses; (*plötzlich*) tout d'un coup

'**Rückbesinnung** *f* retour *m* (*auf* [+*acc*] à)

'**rückbezüglich** *adj* GR réfléchi; **~es Fürwort** pronom *m* réfléchi

'**Rück|bildung** *f* MÉD atrophie *f*; **~blende** *f* FILM retour *m* en arrière; flash-back *m*

'**Rückblick** *m* rétrospective *f* (*auf* [+*acc*] sur, de); regard *m* en arrière (dans le passé); *im ~ auf das vergangene Jahr* en considérant l'année passée

'rück|blickend *advt* rétrospectivement; ~buchen *v/t* ⟨les temps simples ne s'emploient pas dans une principale, -ge-, h⟩ annuler; *COMM a* contre-passer; ²buchung *f* annulation *f*; *COMM a* contre-passation *f*; ~datieren *v/t* ⟨les temps simples ne s'emploient pas dans une principale, pas de ge-, h⟩ antidater
ruckeln ['rʊkəln] F *v/i* ⟨-(e)le, h⟩ *Fahrzeug* donner des secousses, des saccades; *an der Tür* essayer d'ouvrir une porte en la secouant
'rucken *v/i* ⟨h⟩ donner une secousse; *nach vorn* avancer par à-coups
rücken ['rʏkən] I *v/t* ⟨h⟩ (*ver~*) déplacer; (*bewegen*) remuer; bouger; (*weg-schieben*) pousser; *näher ~* approcher; *den Tisch ans Fenster ~* approcher la table de la fenêtre; *fig etw in ein günstiges Licht ~* présenter qc sous un jour favorable; II *v/i* ⟨sein⟩ se porter en avant *bzw* en arrière; *vorwärts ~* avancer; *rückwärts* reculer; *näher (s')approcher*; *rück mal!* pousse-toi!; *~ Sie bitte etwas nach links!* poussez-vous un peu à gauche, s'il vous plaît!; *er rückte mir immer näher* il se rapprochait de plus en plus de moi; *MIL ins Feld ~* entrer en campagne; *fig in weite Ferne ~ Vorhaben etc* devenir de moins en moins réalisable; *an j-s Stelle (acc) ~* prendre la place de qn; *dicht aneinander ~* se serrer les uns contre les autres
Rücken ['rʏkən] *m* ⟨~s; ~⟩ ANAT, *fig* (*Hand², Messer², Buch² etc*) dos *m*; *von Sitzmöbeln a* dossier *m*; *von Gebirges* crête *f*; *CONSTR e-s Bogens* extrados *m*; *CUIS von Rind, Lamm etc* selle *f*; *von Wild* râble *m*; *plais verlängerter ~* postérieur *m*; *~ an ~* dos à dos; *fig e-n breiten ~ haben* avoir bon dos; *e-n krummen ~ machen a fig* courber le dos; *auf den ~ fallen* tomber à la renverse; F *fig erstaunt* F être sidéré, baba, estomaqué; *den Wind im ~ haben* avoir le vent arrière, derrière, dans le dos, *MAR* en poupe; *j-n, etw im ~ haben zur Unterstützung* avoir qn, qc derrière soi; *es lief mir eiskalt über den ~ od den ~ hinunter* cela me donna froid dans le dos; *j-m den ~ steifen od stärken* encourager, épauler, appuyer, soutenir qn; *j-m, e-r Sache den ~ kehren a fig* tourner le dos à qn, qc; *j-m den ~ decken* protéger les arrières de qn; *sich (dat) den ~ freihalten* assurer ses arrières; *sobald ich den ~ wende, ...* dès que je tourne le dos, mes talons ...; *hinter j-s ~ (dat)* derrière le dos, à l'insu de qn; en cachette de qn; *j-m in den ~ fallen* tirer dans le dos de qn; *fig mit dem ~ zur Wand kämpfen od stehen* être acculé au pied du mur; lutter désespérément
'Rückendeckung *f* ⟨~⟩ 1. MIL couverture *f* de l'arrière; 2. *fig* appui *m*; soutien *m*; *j-m ~ geben* aider, soutenir qn
'Rücken|flosse *f* nageoire dorsale; ²frei *adj* décolleté dans le dos
'Rückenlage *f* position couchée sur le dos; *beim Schwimmen* planche *f*; *ein-nehmen* se coucher sur le dos
'Rücken|lehne *f* dossier *m*; dos *m*; ~mark *n* moelle épinière
'Rückenmark(s)|entzündung *f* inflammation *f* de la moelle (épinière); *sc-*

myélite *f*; ~punktion *f* ponction *f* lombaire
'Rücken|muskulatur *f* muscles du dos, dorsaux; ~nummer *f* dossard *m*; ~schmerzen *m/pl* mal *m* au dos; ~schwimmen *n* nage *f* sur le dos; ~stärkung *f* ⟨~⟩ soutien (moral); encouragement *m*; ~stück *n* CUIS *vom Rind* aloyau *m*; *vom Schwein* échine *f*; *von Wild* râble *m*; ~trage *f* 'hotte *f*
'Rückentwicklung *f* régression *f*; *MÉD a* atrophie *f*
'Rückenwind *m* ⟨~(e)s⟩ vent *m* dans le dos; vent *m* arrière; *~ haben cf (den Wind im) Rücken (haben)*
'Rückenwirbel *m* vertèbre dorsale
'rückerstatt|en *v/t* ⟨-ete, *les temps simples ne s'emploient pas dans une principale, pas de ge-*, h⟩ restituer; *Geld a* rembourser; ²ung *f* restitution *f*; *von Geld a* remboursement *m*
'Rück|fahrkarte *f*, ~fahrschein *m* billet *m* de retour; *Hin- u Rückfahrt* (billet *m* d')aller et retour *m*; ~fahrscheinwerfer *m/pl* AUTO feux *m/pl* de recul
'Rückfahrt *f* retour *m*; *auf der ~* au retour
'Rückfall *m* 1. MÉD, *a von Suchtkranken* rechute *f*; *e-n ~ bekommen od erleiden* rechuter; 2. (*Zurückfallen*) retour *m* (*in* [+*acc*] à); 3. JUR récidive *f*
'rückfällig *adj Straftäter* récidiviste; *Suchtkranker* qui rechute; *~ werden Straftäter* récidiver; *Suchtkranker* rechuter
'Rückfall|quote *f von Straftätern* taux *m* de récidive; *von Suchtkranken* taux *m* de rechute; ~täter *m* JUR récidiviste *m*
'Rück|fenster *n* glace *f* arrière; ~flug *m* vol *m* (de) retour; ~fluß *m* ⟨-sses⟩ reflux *m*; ~frage *f* demande *f* de précisions, de plus amples informations; ²fragen *v/i* ⟨*les temps simples ne s'emploient pas dans une principale, -ge-*, h⟩ demander des précisions, un supplément d'information; ~front *f* arrière *m*; *e-s Gebäudes a* derrière *m*; ~führung *f von Flüchtlingen* rapatriement *m*; *MIL von Truppen* évacuation *f* sur l'arrière
'Rückgabe *f* restitution *f*; remise *f*; *von Leergut* retour *m*; *beim Fußball etc* passe *f* en arrière; *bei der ~* en restituant, rendant; *gegen ~ von ...* contre remise de ...
'Rück|gaberecht *n* ⟨~(e)s⟩ droit *m* (de l'acheteur) de rompre *bzw* de rapporter l'objet acheté; ~gang *m* recul *m*; baisse *f*; *der Geschäfte etc* récession *f*; régression *f*; (*Langsamerwerden*) ralentissement *m*; (*Abnahme*) diminution *f*
'rückgängig *adj Entwicklung etc* rétrograde; *~ machen Entscheidung* revenir sur; *Auftrag, Bestellung, Buchung, Kauf* annuler; *Vertrag* résilier; *Verlobung* rompre
'Rück|geld *n* ⟨~(e)s⟩ monnaie à rendre *bzw* rendue; ~gewinnung *f von Altmaterial, Abwärme* récupération *f*
'Rückgrat *n* ⟨~(e)s; ~e⟩ ANAT épine *f* dorsale; colonne vertébrale; échine *f*; *fig a* haben être ferme; (*Mut haben*) F avoir du cran; *fig kein ~ haben* ne rien avoir dans le ventre; *j-m das ~ brechen* briser l'énergie, la volonté, *etc* de qn; *wirtschaftlich* ruiner qn
'Rück|grat(s)verkrümmung *f* scoliose *f*; ~griff *m* 1. (*Wiederaufgreifen*) retour

m (*auf* [+*acc*] à); réemploi *m* (*auf* [+*acc*] de); 2. JUR recours *m* (*auf* [+*acc*] à)
'Rückhalt *m* ⟨~(e)s⟩ (*Stütze*) soutien *m*; appui *m*; *ohne ~ Vorbehalt* sans réserve; *finanzieller* réserves (financières)
'rückhaltlos *adv* sans réserve
'Rück|hand *f* ⟨~⟩ SPORT revers *m*; ~kauf *m* rachat *m*; ~kaufsrecht *n* ⟨~(e)s⟩ droit *m* de rachat; JUR *a* clause *f* de réméré
'Rückkehr *f* ⟨~⟩ retour *m*; *ins Haus* rentrée *f*; *bei meiner ~ ...* de retour, à mon retour ...
'Rück|kehrer(in) *m* ⟨~s; ~⟩ (*f* ⟨~; ~nen⟩) (*Urlaubs²*) personne *f* rentrant de vacances; POL rapatrié(e) *m*(*f*); ²koppeln *v/t* ⟨-(e)le, *les temps simples ne s'emploient pas dans une principale, -ge-*, h⟩ ÉLECT coupler rétroactivement; ~kopp(e)lung *f* ÉLECT rétroaction *f*; feed-back *m*; ~lage *f* 1. ÉCON réserve *f*; fonds *m* de réserve; (*Ersparnisse*) économies *f/pl*; 2. SPORT position penchée en arrière; ~lauf *m* retour *m*; *von Flüssigkeiten* reflux *m*; *e-r Maschine* marche *f* arrière; *beim Tonband etc* retour *m* rapide (arrière); ~lauftaste *f beim Tonband etc* touche *f* retour rapide
'rückläufig *adj Entwicklung etc* rétrograde; (*sinkend*) en baisse; *~e Tendenz zeigen* être en régression
'Rücklicht *n* AUTO feu *m* arrière
'rücklings *adv* en arrière; (*von hinten*) par derrière; (*mit dem Rücken nach vorn*) en tournant le dos; *fallen* à la renverse; *liegen* sur le dos
'Rück|marsch *m* retour *m*; rentrée *f*; *MIL* repli *m*; retraite *f*; ~meldung *f* 1. *an der Universität* réinscription *f*; 2. (*Feedback*) feed-back *m*; ~nahme *f* ⟨~⟩ 1. reprise *f*; retrait *m*; 2. *fig e-s Verbots* levée *f*; *e-r Behauptung, e-r Beleidigung* rétractation *f*; ~paß *m* FUSSBALL *etc* passe *f* en arrière; ~porto *n* port *m* de retour, pour la réponse; ~prall *m* rebondissement *m*; contre-coup *m*; choc *m* en retour
'Rückreise *f* (voyage *m* de) retour *m*; *auf der ~* au retour; *auf der ~ sein* être sur la route du retour
'Rückreiseverkehr *m* retour *m* des vacanciers; grands retours (de vacances)
'Rückruf *m* 1. TÉL rappel *m*; 2. COMM mise *f* 'hors circuit de produits; ~aktion *f* campagne *f* de mise 'hors circuit (de produits)
Rucksack ['rʊkzak] *m* sac *m* à dos; ~tourist(in) *m*(*f*) F routard(e) *m*(*f*)
'Rückschau *f* ⟨~⟩ rétrospective *f*; *~ halten* faire une rétrospective
'Rückschein *m* für eingeschriebene *Postsendungen* accusé *m*, avis *m* de réception
'Rückschlag *m* 1. TECH recul *m*; 2. SPORT renvoi *m* de la balle; 3. *fig* revers *m*; échec *m*; *e-n ~ erleiden* essuyer un échec
'Rückschluß *m* conclusion *f* (a posteriori); déduction *f*; *aus etw Rückschlüsse auf etw (acc) ziehen* déduire qc de qc
'Rückschritt *m* pas *m* en arrière; régression *f*; ²lich *adj Politik, Einstellung* réactionnaire; rétrograde
'Rückseite *f a fig* revers *m*; (*das Hintenliegende*) derrière *m* (*a e-s Gebäudes*);

Rücksendung – Ruf

face f arrière; dos m; *e-s Blattes* verso m; *e-s Stoffes* envers m; *siehe* ~ voir au verso
'**Rücksendung** f renvoi m; retour m
'**Rücksicht** f ⟨~⟩ **1.** (*Achtung*) prévenance f; égards m/pl; considération f; (*keine*) ~ *auf j-n, etw nehmen* (*beachten*) (ne pas) tenir compte de qn, qc; (*schonen*) (ne pas) ménager qn, qc; *keine* ~ *nehmen* ne tenir compte de rien; ne se laisser arrêter par aucune considération; *er nimmt wenig* ~ *auf sie* a il fait peu de cas d'elle; *mit* ~ *auf* (+*acc*) eu égard à; (*in Anbetracht*) étant donné ...; en considération de; (*wegen*) en raison de; *mit* ~ *darauf, daß* ... vu que ...; considérant que ...; attendu que ...; *ohne* ~ *auf* (+*acc*) ... sans égard, considération pour ...; F *ohne* ~ *auf Verluste* sans se soucier des conséquences. **2.** (*Sicht nach hinten*) visibilité f arrière
'**Rücksichtnahme** f ⟨~⟩ égards m/pl; considération f; *gegenseitige* ~ considération mutuelle; *mit od unter* ~ *auf j-n, etw* en tenant compte de qn, qc
'**rücksichtslos I** *adj* **1.** (*verantwortungslos*) *Mensch* sans égards; sans ménagements; *p/pfort Verhalten* brutal; ~*er Fahrer* chauffard m; **2.** (*schonungslos*) radical; impitoyable; **II** *adv* brutalement; sans égards; sans ménagements
'**Rücksichtslosigkeit** f ⟨~; ~en⟩ manque m d'égards; *p/pfort* brutalité f
'**rücksichtsvoll** *adj* plein d'égards, prévenant (*gegenüber* envers)
'**Rück**|**sitz** m *beim Auto, Motorrad* siège m arrière; *beim Motorrad a* tan-sad m; ~*spiegel* m rétroviseur m; ~*spiel* n SPORT match m retour
'**Rücksprache** f entretien m; pourparler m; *mit j-m* ~ *halten, nehmen* s'entretenir, conférer avec qn; *nach* ~ *mit* ... après entente avec ...; après (en) avoir discuté avec ...
'**Rückstand** m **1.** *von Geldzahlungen* arriéré m; reste m; *Rückstände eintreiben* faire rentrer des arriérés; **2.** (*Rest*), *a* CHIM résidu m; **3.** ⟨*pas de pl*⟩ (*Zurückbleiben*) retard m; (*mit etw*) *im* ~ *sein* être en retard (dans qc); *mit s-r Arbeit im* ~ *sein* avoir du travail en retard; *er ist mit seiner Miete zwei Monate im* ~ il doit deux mois de loyer; SPORT *mit e-m Tor im* ~ *liegen* avoir (marqué) un but en moins
'**rückständig** *adj* **1.** (*rückschrittlich*) rétrograde; arriéré; **2.** (*unterentwickelt*) sous-développé; *wirtschaftlich* en retard; **3.** *Steuerzahler etc* retardataire; redevable; *Gelder* arriéré; ²*keit* f ⟨~⟩ **1.** caractère m rétrograde; **2.** sous-développement m
'**Rückstau** m **1.** TECH retenue f; **2.** *im Straßenverkehr* bouchon m (*von 5 km sur od de 5 km*)
'**Rückstelltaste** f *cf* **Rücktaste**
'**Rück**|**stellung** f COMM provision f; ~*stoß* m PHYS, AVIAT réaction f; *von Waffen* (choc m de) recul m; ~*stoßantrieb* m AVIAT propulsion f par od à réaction; ~*strahler* m réflecteur m; *bei Fahrzeugen* cataddioptre m; ~*stufung* f *von Beamten* m/pl rétrogradation f; ~*taste* f *der Schreibmaschine* touche f de rappel
'**Rücktritt** m **1.** *von e-m Amt* démission f;

départ m; retraite f; *e-s Wahlkandidaten* désistement m; *von e-m Vertrag* résiliation f; dénonciation f; *s-n* ~ *erklären* donner sa démission; démissionner; *j-s* ~ *annehmen* accepter la démission de qn; **2.** *beim Fahrrad* rétropédalage m
'**Rücktrittbremse** f frein m à rétropédalage
'**Rücktritts**|**erklärung** f *vom Amt* annonce f d'une démission; ~*gesuch* n offre f de démission; ~*klausel* f JUR clause f de sauvegarde; ~*recht* n ⟨~(e)s⟩ *von e-m Vertrag* droit m de résiliation
'**rück**|**übersetzen** *v/t* ⟨-(es)t, *les temps simples ne s'emploient pas dans une principale, pas de ge-*, h⟩ retraduire (dans la langue de départ); ²*übersetzung* f retraduction f (dans la langue de départ); ~*vergüten* *v/t* ⟨-ete, *les temps simples ne s'emploient pas dans une principale, pas de ge-*, h⟩ rembourser; ristourner; ²*vergütung* f remboursement m; ristourne f; ~*versichern* ⟨-(e)re, *les temps simples ne s'emploient pas dans une principale, pas de ge-*, h⟩ **I** *v/t* VERSICHERUNGSWESEN réassurer; **II** *v/réfl* sich ~ (sich vergewissern) vérifier; ²*versicherung* f **1.** *fig* vérification f; **2.** VERSICHERUNGSWESEN réassurance f
'**Rück**|**wand** f paroi f, partie f arrière; ~*wanderer* m rapatrié m; émigrant m rentrant dans son pays natal; ~*wanderung* f retour m des émigrants au pays natal; ²*wärtig* *adj* arrière; de od à l'arrière
rückwärts ['rʏkvɛrts] *adv* **1.** *Richtung* en arrière; *in Verbindung mit Verben* à reculons; TURNEN *Rolle* ~ roulade f arrière; ~ *fahren* faire marche arrière; ~ *gehen* marcher à reculons; reculer; **2.** *südd, österr* (*hinten*) derrière
'**Rückwärts**|**bewegung** f mouvement m en arrière, rétrograde; ~*gang* m AUTO marche f arrière
'**Rückweg** m (chemin m de) retour m; *auf dem* ~ au retour; sur le chemin du retour; *sich auf den* ~ *machen* prendre le chemin du retour; (se mettre en route pour) rentrer; *j-m den* ~ *abschneiden* couper la retraite à qn
'**ruckweise** *adv* par saccades; par secousses; par à-coups
'**rückwirkend** *adj* PHYS réactif, -ive; *Gesetz* rétroactif, -ive; **II** *advt* rétroactivement; ~ *vom ...* à dater du ...
'**Rückwirkung** f **1.** PHYS réaction f; (*Auswirkung*) répercussion f (*auf* [+*acc*] sur); **2.** (*Gültigkeit*) effet m rétroactif; *e-s Gesetzes* rétroactivité f; effet rétroactif; rétroaction f; *mit* ~ *vom ...* à dater du ...
'**rückzahlbar** *adj* remboursable
'**Rückzahlung** f remboursement m
'**Rückzahlungsbedingungen** f/pl conditions f/pl, modalités f/pl de remboursement
'**Rückzieher** m ⟨~s; ~⟩ **1.** F *fig e-n* ~ *machen* revenir sur sa décision; F faire machine arrière; F se dégonfler; **2.** FUSSBALL retourné m
ruck, zuck [rʊkˈtsʊk] F *adv* en deux temps et trois mouvements; F en cinq sec; (*aber*) ~*!* F et que ça saute!
'**Rückzug** m MIL retraite f; *den* ~ *antreten* *fig* battre en retraite

'**Rückzugs**|**gefecht** n combat m de retraite, de repli; ~*manöver* n manœuvre f de repli
rüde ['ryːdə] *adj péj Benehmen etc* grossier, -ière; brutal; *Ton* 'hargneux, -euse; sec, sèche; *Person* brutal
Rüde ['ryːdə] m ⟨~n; ~n⟩ **1.** (chien m, renard m, loup m, *etc*) mâle m; **2.** *Jägersprache* chien m de meute, de chasse
Rudel ['ruːdəl] n ⟨~s; ~⟩ **1.** *von Wölfen, Hunden* bande f; 'horde f; *von Hirschen* 'harde f; *von Wildschweinen* compagnie f; **2.** *fig von Menschen* 'horde f; bande f
Ruder ['ruːdər] n ⟨~s; ~⟩ **1.** MAR (*Riemen*) rame f, aviron m; (*Steuer*) gouvernail m; timon m; *bei Ruderbooten* barre f; *fig am* ~ *sein* être à, tenir la barre; *fig ans* ~ *kommen* prendre la barre, le pouvoir; *fig das* ~ *herumwerfen* changer de cap; *fig aus dem* ~ *laufen* ne plus être contrôlable; **2.** AVIAT gouverne f
'**Ruder**|**bank** f ⟨~; -bänke⟩ banc m de rameurs, MAR de nage; ~*blatt* n *des Riemens* pale f, pelle f d'aviron); *des Steuerruders* safran m; ~*boot* n canot m; barque f
'**Ruder**|**er** m ⟨~s; ~⟩, ~*in* f ⟨~; ~nen⟩ rameur, -euse m,f; ~*haus* n timonerie f; ~*klub* m société f de canotage; club m nautique
rudern *v/t u v/i* ⟨-(e)re, h *ou* sein⟩ ramer; SPORT faire de l'aviron; *fig mit den Armen* ~ agiter les bras; (*beim Gehen mit den Armen schlenkern*) aller les bras ballants
'**Rudern** n ⟨~s⟩ canotage m; SPORT aviron m
'**Ruder**|**pinne** f barre f (du gouvernail); timon m; ~*regatta* f régate f (à l'aviron); ~*schlag* m coup m d'aviron, de rame; ~*sport* m aviron m
Rudi ['ruːdi] m ⟨~⟩ n/pr *cf* **Rudolf**
Rudiment [rudiˈmɛnt] n ⟨~(e)s; ~e⟩ **1.** *st/s* (*Überbleibsel*) vestige m; **2.** BIOL rudiment m; ²*tär* *adj st/s* (*nicht voll ausgebildet*), BIOL rudimentaire
Rudolf ['ruːdɔlf] m ⟨→ n/pr⟩ Rodolphe m
'**Rudrer(in)** m(f) *cf* **Rudere**r
Ruf [ruːf] m ⟨~(e)s; ~e⟩ **1.** (*Schrei*) cri m; *e-s Vogels* a chant m; **2.** ⟨*pas de pl*⟩ (*Forderung, Aufforderung*) demande f (*nach* de); *fig des Herzens* voix f; *der* ~ *nach Freiheit, Gerechtigkeit* l'appel m à la liberté, à la justice; **3.** (*Ernennung*) nomination f; *e-n* ~ *an die Universität* ... *erhalten* recevoir une offre de nomination à l'université de ..; **4.** ⟨*pas de pl*⟩ (*Leumund*) réputation f; renom m; renommée f; *angeschlagener* ~ renommée f ébréchée; *e-n guten, hervorragenden* ~ *genießen* jouir d'une bonne, excellente réputation; *in e-m schlechten* ~ *stehen, e-n schlechten* ~ *haben* avoir (une) mauvaise réputation; *j-n in schlechten* ~ *bringen* ruiner la réputation de qn; décrier, dénigrer, diffamer, calomnier qn; *sein* ~, *geizig zu sein* sa réputation d'avarice; *in dem* ~ *stehen, geizig zu sein* avoir la réputation d'être avare; *j-s* ~ *Schaden* porter atteinte au renom, à la réputation de qn; *sie ist besser als ihr* ~ elle vaut mieux que sa réputation; *von gutem, schlechtem* ~ ayant (une) bonne, (une) mauvaise réputation; *ein Künstler von internationalem* ~ un

artiste de renom international; *ein Gelehrter von ~* un savant célèbre, illustre, en renom; *j-s guten ~ begründen* faire la renommée de qn; *ihr geht der ~ e-r ausgezeichneten Skifahrerin voraus* on lui fait une réputation d'excellente skieuse; **5.** ⟨*pas de pl*⟩ ADM (*~nummer*) numéro *m* de téléphone

'**rufen** ⟨ruft, rief, gerufen, h⟩ **I** *v/t* **1.** (*aus~*) crier; **2.** (*herbei~*) appeler; *zum Essen ~* appeler pour (le) dîner, pour manger; *s-e Geschäfte ~ ihn nach B.* ses affaires l'appellent à B.; *j-n ~ lassen* faire venir qn; *wie gerufen kommen* arriver à point (nommé); tomber bien; **3.** (*nennen*) *j-n mit od bei s-m Namen ~* appeler qn par son nom; **II** *v/i* crier; *Vögel a* chanter; *Pflicht, Vaterland etc* appeler; *bei Protest, Erstaunen, Bewunderung* (*aus~*) s'écrier; s'exclamer; *nach j-m ~* appeler qn; *um Hilfe ~* crier, appeler au secours; *zu Gott ~* invoquer Dieu

Rüffel ['ryfəl] F *m* ⟨~s; ~⟩ semonce *f*; réprimande *f*; F savon *m*; *j-m e-n ~ erteilen* attraper qn; F passer un savon à qn; F secouer les puces à qn

'**Ruf|mord** *m* atteinte calomnieuse à la réputation de qn; *~name m* prénom usuel; *~nummer* f numéro *m* de téléphone; *~säule* f borne f d'appel

'**Rufweite** f *in, außer ~* à, 'hors de portée de la voix

'**Rufzeichen** *n* **1.** TÉL tonalité signalisant que la ligne est libre; **2.** österr (*Ausrufezeichen*) point *m* d'exclamation

Rugby ['rakbi] *n* ⟨~(s)⟩ SPORT rugby *m*; *~spieler m* rugbyman *m*

Rüge ['ry:gə] *f* ⟨~; ~n⟩ réprimande *f*; admonestation *f*; (*Tadel*) blâme *m*; *scharfe ~* verte semence; *j-m e-e ~ erteilen* réprimander qn

'**rügen** *v/t* ⟨h⟩ *j-n ~* réprimander, admonester qn; *etw an j-m ~* critiquer qc chez qn; COMM *Mängel ~* faire une réclamation pour vice de fabrication

Ruhe ['ru:ə] *f* ⟨~⟩ **1.** *bes innere* tranquillité *f*; (*Stille, Gelassenheit*) calme *m*; (*Friede*) paix *f*; (*Unbewegtheit*) repos *m*; immobilité *f*; (*Entspannung*) délassement *m*; (*Erholung*) repos *m*; *unerschütterliche ~* calme *m* imperturbable; *völlige ~* repos complet; *wohlverdiente ~* repos bien gagné; *fig die ewige ~* le repos éternel; *die öffentliche ~* l'ordre public; *die öffentliche ~ stören* troubler l'ordre public; *die ~ vor dem Sturm* le calme avant la tempête; *~ ist die erste Bürgerpflicht* le respect de l'ordre public est le premier devoir des citoyens; *laß mich in ~!* laisse-moi tranquille!; *lassen Sie mich damit in ~!* ne m'en parlez pas!; *angenehme ~!* repose-toi *bzw* reposez-vous bien!; (*gute Nacht!*) bonne nuit!; *er läßt sich nicht aus der ~ bringen* il ne perd jamais son sang-froid; il reste calme; *die ~ weghaben* être imperturbable; F être cool; (*trödeln*) prendre son temps; *sie ist die ~ selbst, F sie hat die ~ weg* c'est le calme en personne; F elle est super cool; (*die*) *~ bewahren* garder son calme, son sang-froid; *zur ~ bringen* calmer; *j-n nicht zur ~ kommen lassen* 'harceler qn; *in ~ arbeiten* travailler dans le, au calme; F *immer mit der ~!* du calme!; doucement!; F cool!; *machen Sie das in aller ~!* prenez votre temps!; faites cela tranquillement!; ne vous bousculez pas!; *ich will mir das in ~ überlegen* je prendrai ma décision à tête reposée; *die ~ stören* troubler le calme; *ich möchte jetzt meine ~ haben* maintenant j'aimerais bien qu'on me laisse tranquille; *ich habe keine ~, bis ich ...* je n'aurai (pas) de cesse que je ne ... (+*subj*); **2.** (*Schweigen*) silence *m*; *~!* silence!; la paix!; du calme!; *zu j-m, der stört jetzt gib endlich ~!* arrête!; m'embête plus!; **3.** (*Ruhestand*) retraite *f*; *sich zur ~ setzen* se retirer (des affaires); *Beamte* prendre sa retraite

'**ruhebedürftig** *adj* qui a besoin de repos

'**Ruhe|gehalt** *n*, *~geld n* (pension *f* de) retraite *f*; pension *f*; *~lage f* ⟨~⟩ position *f* de repos; *²los adj* sans repos; toujours en mouvement; (*unruhig*) inquiet, -ète; (*aufgeregt*) agité; *~losigkeit f* ⟨~⟩ agitation continuelle; inquiétude *f*

'**ruhen** *v/i* ⟨h⟩ **1.** (*aus~*) se reposer; prendre du repos; se tenir en *od* au repos; *ich werde nicht eher ~, als bis ...* je n'aurai de cesse que ... ne .. (+*subj*); **2.** *st/s* (*schlafen*) dormir; faire un somme; *ich wünsche wohl zu ~!* je vous souhaite une bonne nuit!; *ich wünsche wohl geruht zu haben* j'espère que vous avez bien dormi; **3.** *st/s von Toten* **hier ruht ...** ici repose ...; ci-gît ...; *ruhe in Frieden!* repose en paix; *laßt die Toten ~* laissez les morts en paix; **4.** *fig Verhandlung, Arbeit, Versicherung* être suspendu, arrêté; *Waffen* se taire; *Acker* être en jachère; *Kapital* être immobilisé; *e-e Arbeit ~ lassen* arrêter, cesser une activité, un travail; **5.** (*liegen*) *~ auf* (+*dat*) reposer, être posé sur; être porté, soutenu par; *fig, Verantwortung* reposer sur; *Fluch, Verdacht* peser sur; *Blicke* s'arrêter, se fixer, se poser sur

'**Ruhe|pause** *f* pause *f*; moment *m* de repos; *~raum m* pièce *f* où on peut se reposer; *~sitz m* endroit choisi pour prendre sa retraite

'**Ruhestand** *m* ⟨~(e)s⟩ retraite *f*; MIL inactivité *f*; *vorzeitiger ~* retraite anticipée; *im ~* à la retraite; *im ~ sein* être à la, en retraite; *in den ~ versetzen* mettre à la retraite; *in den ~ treten, gehen* prendre sa retraite; se retirer

Ruheständler(in) ['ru:əʃtɛntlər(ɪn)] *m* ⟨~s; ~⟩ (*f*; ⟨~; ~nen⟩) retraité(e) *m(f)*

'**Ruhe|statt** *st/s f*, *~stätte st/s f* lieu *m* de repos; *fig letzte ~* dernière demeure; *~stellung f* **1.** position *f* de repos; **2.** MIL cantonnement *m* (de repos); *~störer(in) m(f)* personne *f* perturbant l'ordre public; POL *a* fauteur *m* de trouble; *durch Lärm* personne *f* faisant du tapage

'**Ruhestörung** *f* perturbation *f* (de l'ordre public); trouble *m*; *nächtliche ~* tapage *m* nocturne

'**Ruhe|tag** *m* jour *m* de repos; *~zeit f* temps *m* d'arrêt, de repos

'**Ruhezustand** *m* ⟨~(e)s⟩ état *m* de repos; *im ~* au repos

'**ruhig** *I adj* **1.** tranquille; *a See, Börse* calme; (*leidenschaftslos, gelassen*) calme; (*beruhigt*) rassuré; (*friedlich*) paisible; (*gleichmäßig*) *Atmung* régulier, -ière; *Hand* sûr; *ein ~es Gewissen haben* avoir la conscience tranquille; *~(er) werden* se calmer; se tranquilliser; *in letzter Zeit ist es ~ um sie geworden* ces derniers temps elle ne fait pas beaucoup parler d'elle; **2.** (*still*) silencieux, -ieuse; **II** *adv* **1.** tranquillement; calmement; (*ohne Zwischenfälle*) sans incidents; (*gelassen*) avec calme; *~ schlafen* dormir d'un bon sommeil; **2.** F (*getrost*) sans problèmes; *du kannst ~ hierbleiben* tu peux rester sans problèmes; *man kann ~ sagen, daß ...* on peut dire sans crainte de se tromper que ...; *du kannst es ~ tun* tu peux le faire tranquillement, sans hésitation; *sprich sie ~ einmal an* tu n'as qu'à lui (en) parler; *du könntest (ein)mal* (+*inf*) tu ferais bien de (+*inf*); *du könntest dich ~ entschuldigen* tu ferais bien de t'excuser; tu pourrais t'excuser

'**ruhigstellen** *v/t* ⟨*sép*, *-ge-*, *h*⟩ MÉD *Arm, Bein etc* immobiliser

Ruhm [ru:m] *m* ⟨~(e)s⟩ gloire *f*; célébrité *f*; *zum ~e von* (*od* +*gén*) à la gloire de; *auf der Höhe des ~s* au sommet, faîte de la gloire; *~ ernten, erlangen,* F *plais sich mit ~ bekleckern* se couvrir de gloire; *nach ~ streben* viser à la célébrité; aspirer à la gloire; *großen ~ genießen* jouir d'une grande célébrité; *dieses Werk begründet s-n ~* cette œuvre l'a rendu célèbre

'**rühmen** ['ry:mən] ⟨h⟩ **I** *v/t* (*loben*) faire l'éloge de; (*preisen*) célébrer; glorifier; vanter; *j-n wegen etw ~* faire l'éloge de qn pour qc; **II** *v/réfl sich* (*e-r Sache* [*gén*]) *~* se vanter, se glorifier (de qc); *ohne mich damit ~ zu wollen* sans vouloir m'en vanter

'**rühmenswert** *adj* digne d'éloges; glorieux, -ieuse; louable

'**Ruhmesblatt** *n* ⟨~(e)s⟩ *fig es war kein ~ für ihn* cela n'était pas à son honneur

'**Ruhmestat** *st/s f* exploit glorieux

'**rühmlich** *adj* glorieux, -ieuse; louable; honorable; *Ausnahme* heureux, -euse; *kein ~es Ende nehmen* finir mal

'**ruhm|los** *adj* sans gloire; *~reich, ~voll adj* glorieux, -ieuse; *²sucht f* ⟨~⟩ désir *m* de gloire; gloriole *f*

Ruhr[1] [ru:r] *f* ⟨~⟩ MÉD dysenterie *f*

Ruhr[2] ⟨→ *n/pr*⟩ GÉOGR *die ~* la Ruhr

'**Rührei** *n* œufs brouillés

rühren ['ry:rən] ⟨h⟩ **I** *v/t* **1.** (*bewegen*) mouvoir; remuer; bouger; *kein Glied ~ können* ne pas pouvoir bouger, se remuer; **2.** CUIS (*um~*) remuer; *etw unter, in etw* (*acc*) *~* mélanger qc à qc in remuant; **3.** (*in Rührung versetzen*) toucher; attendrir; émouvoir; remuer; *das alles rührt ihn nicht* tout cela lui est indifférent, égal; *durch etw gerührt werden* être touché par qc; *j-n zu Tränen ~* toucher, émouvoir qn (jusqu')aux larmes; *ein menschliches ² verspüren* ressentir de la compassion; *fig plais* avoir un besoin pressant; **4.** *die Trommel ~* battre le tambour; **II** *v/i* **5.** (*um~*) remuer; **6.** *fig an etw* (*acc*) *~* parler de qc; **7.** *das rührt daher, daß ...* cela vient de ce que ...; **III** *v/réfl sich ~* se remuer; bouger; *fig* (*sich melden*) se manifester; *rühr dich nicht* (*von der Stelle, vom Fleck*)*!* ne bouge pas

(de ta place)!; *MIL* **rührt euch!** repos!; *er rührte sich nicht mehr* il ne bougeait plus; *es rührt sich kein Lüftchen* il n'y a pas un souffle d'air; *es rührt sich nichts* rien ne bouge; *fig* il ne se passe rien; *sein Gewissen rührt sich* sa conscience parle
'**rührend** *adj* touchant (*a iron*); émouvant
'**Ruhrgebiet** *n* ⟨-(e)s⟩ (bassin *m*, district *m* de) la Ruhr; *im ~* dans la Ruhr
'**rührig** *adj* actif, -ive (*flink*) agile; dégourdi; (*unternehmend*) dynamique; 2**keit** *f* ⟨~⟩ activité *f*; dynamisme *m*
'**Rührlöffel** *m* mouvette *f*; *aus Holz* cuillère *f* en bois
'**Rührmichnichtan** *n* ⟨~; ~⟩ *BOT* balsamine *f* des bois; impatiente *f*
'**rühr|selig** *adj* sentimental; *péj* larmoyant; 2**seligkeit** *f* ⟨~⟩ sentimentalité *f*; *péj von Personen* sensiblerie *f*; 2**stück** *n THÉ* mélodrame *m*; F mélo *m*
'**Rührteig** *m CUIS* pâte à gâteau de consistance molle
'**Rührung** *f* ⟨~⟩ émotion *f*; attendrissement *m*; *ohne* (*sichtbare*) ~ sans émotion (apparente); *s-e* ~ *nicht verbergen können* ne pas pouvoir cacher son émotion; *keinerlei* ~ *verspüren* ne ressentir aucune émotion
Ruin [ruˈiːn] *m* ⟨~s⟩ ruine *f*; perte *f*; F déconfiture *f*; *er steht vor dem* ~ il est au bord de la ruine; *dem od s-m* ~ *entgegengehen* aller, courir à sa ruine
Ruine *f* ⟨~; ~n⟩ **1.** ruine *f*; (*Trümmer*) ruines *f/pl*; **2.** *fig Mensch* épave *f*
ruiˈnieren (*pas de ge-*, h) **I** *v/t* **1.** ruiner; *ruiniert sein* être ruiné; **2.** *fig* (*beschädigen*) gâter; abîmer; **II** *v/réfl* *sich ~* se ruiner
ruinös [ruiˈnøːs] *adj* ruineux, -euse
rülpsen [ˈrʏlpsən] F *v/i* ⟨-(es)t, h⟩ F roter
'**Rülpser** F *m* ⟨~s; ~⟩ F rot *m*
rum [rum] F *cf* **herum**
Rum [rum] *m* ⟨~s; ~s⟩ rhum *m*
Ruˈmän|e *m* ⟨~n; ~n⟩, **~in** *f* ⟨~; ~nen⟩ Roumain(e) *m (f)*
Ruˈmänien [ruˈmɛːniən] *n* ⟨→ *n/pr*⟩ la Roumanie; 2**isch** *adj* roumain; de (la) Roumanie
Ruˈmänisch *n* ⟨~(s)⟩, **~e** *n* ⟨~n⟩ (*das*) *Rumänisch*(*e*) *Sprache* le roumain
Rumba [ˈrumba] *m* ⟨~s; ~s⟩ *od f* ⟨~; ~s⟩ *Tanz* rumba *f*
'**rumgammeln** F *v/i* ⟨-(e)le, *sép*, h⟩ traîner; F glander
'**rumhängen** F *v/i* ⟨*irr*, *sép*, -ge-, h⟩ traîner; *immer bei j-m* ~ F être toujours fourré chez qn
'**rumkommen** F *v/i* ⟨*irr*, *sép*, -ge-, sein⟩ voyager; *viel* ~ beaucoup voyager; F bourlinguer
'**rumkriegen** F *v/t* ⟨*sép*, -ge-, h⟩ **1.** *Zeit* tuer; **2.** (*überreden*) persuader; F manœuvrer
'**Rumkugel** *f* chocolat fourré au rhum
'**rumlungern** F *v/i* ⟨-(e)re, *sép*, -ge-, h⟩ traîner; *p/fort* F ne rien foutre
'**rummachen** F *v/i* ⟨*sép*, -ge-, h⟩ *an etw* ~ F tripoter qc; *an j-m* ~ F peloter qn
'**Rummel** [ˈruməl] F *m* ⟨~s⟩ **1.** (*Betrieb*) F foire *f*; (*Durcheinander*) remue-ménage *m*; tohu-bohu *m*; (*Lärm, Reklame*2) F boucan *m*; *das ist ein* ~ *hier* F c'est la foire ici; *e-n großen* ~ *um etw machen* F faire tout un plat de qc; **2.** *regional* (*Jahrmarkt*) foire *f*; fête foraine
'**Rummelplatz** *m regional* champ *m* de foire; parc *m* d'attractions
rumoren [ruˈmoːrən] *v/i* ⟨*pas de ge-*, h⟩ faire du tapage, du bruit; F *es rumort in meinem Bauch* F mon ventre gargouille
'**Rumpelkammer** F *f* débarras *m*; F cagibi *m*
rumpeln [ˈrʊmpəln] F *v/i* ⟨-(e)le, h⟩ **1.** (*poltern*) faire du tapage; **2.** ⟨sein⟩ (*sich rumpelnd fortbewegen*) rouler avec fracas
Rumpelstilzchen [ˈrʊmpəlʃtɪltsçən] *n* ⟨~s⟩ personnage d'un conte de fées allemand (dont le nom doit rester secret afin de garder son pouvoir magique)
Rumpf [rumpf] *m* ⟨~(e)s; ⸚e⟩ *ANAT* tronc *m*; *von Geflügel* carcasse *f*; *e-r Statue* torse *m*; *e-s Schiffs* coque *f*; carcasse *f*; carène *f*; *e-s Flugzeugs* fuselage *m*; carlingue *f*; *den* ~ *beugen* fléchir le tronc
'**Rumpfbeuge** *f GYMNASTIK* flexion *f* du tronc
rümpfen [ˈrʏmpfən] *v/t* ⟨h⟩ *die Nase* ~ faire la moue, la grimace; (*über etw* [*acc*]) *die Nase* ~ faire le *bzw* la dégoûté(e) (à propos de qc); froncer le nez (devant qc)
'**Rumpsteak** [ˈrumpsteːk] *n CUIS* romsteck *m*
rums [rums] F *int* boum!
'**rumsen** F *v/i* ⟨h *ou* sein⟩ *er ist gegen den Schrank gerumst* il s'est cogné contre l'armoire; *fig dort hat es heute morgen gerumst* ce matin il y a eu un accident, il y a eu du dégât là-bas
'**Rumtopf** *m CUIS* fruits (marinés) dans du rhum
'**rumtreiben** F *v/réfl* ⟨*irr*, *sép*, -ge-, h⟩ *sich* ~ traîner
'**Rumtreiber(in)** F *m* ⟨~s; ~⟩ (*f*) ⟨~; ~nen⟩ personne *f* qui traîne dans les rues, les cafés, *etc*; (*Streuner*[*in*]) vagabond(e) *m(f)*
'**Rumverschnitt** *m* rhum *m* de coupage
Run [ran] *m* ⟨~s; ~s⟩ ruée *f* (*auf* [+*acc*] sur)
rund [runt] **I** *adj a Zahl* rond; (*abgerundet*) arrondi; (*kreisförmig*) circulaire; *sc* orbiculaire; (*kugelförmig*) sphérique; (*dicklich*) rondelet, -ette; *bes Kind* potelé; *Gesicht* plein; joufflu; *Backen* rebondi; *e-r Platz* rond-point *m*; **~es Beet** corbeille *f*; *e-e* **~e Summe** un compte rond; *fig* 2**er Tisch** table ronde; *fig e-e* **~e Sache sein** F être impeccable; ~ *werden* s'arrondir; ~ *machen* arrondir; **II** *adv* **1.** ~ *um etw herum* tout autour de qc; F ~ *um die Uhr* vingt-quatre heures sur vingt-quatre; **2.** *fig alles* **~s Haus, Kochen** tout ce qui concerne la maison, la cuisine; **3.** F (*etwa*) environ; en chiffres ronds; *bei e-r Summe* a dans les ...
Rund *st/n n* ⟨~s; ~e⟩ rond *m*
'**Rund|bau** *m* ⟨~(e)s, ~ten⟩ rotonde *f*; **~beet** *n JARD* corbeille *f*; **~blick** *m* panorama *m*; **~bogen** *m ARCH* arc *m* en plein; cintre *m*; **~brief** *m* circulaire *f*; **~dorf** *n* village *m* à plan circulaire
'**Runde** *f* ⟨~; ~n⟩ **1.** (*Umkreis*) ronde *f*; rond *m*; *in die* ~ *blicken* regarder à la ronde; (*Rundgang*) ronde *f*; *s-e* ~ *machen Wächter etc* faire sa ronde; *Briefträger* faire sa tournée; *fig die* ~ *machen Gerücht, Becher* faire le tour; **3.** (*Gesellschaft*) compagnie *f*; cercle *m*; (*Tisch*2) tablée *f*; *e-e fröhliche* ~ une joyeuse compagnie, tablée; **4.** *bei Getränken* tournée *f*; *e-e* ~ *zahlen*, *spendieren*, *ausgeben* offrir, payer une tournée; **5.** *beim Laufen, Rennen* tour *m*; *beim Spielen* partie *f*; manche *f*; *BOXEN* round *m*; reprise *f*; *RADSPORT* **~n drehen** faire des tours de piste; *fig* (*mit etw*) *über die* **~n kommen** F s'en tirer, F s'en sortir (avec qc); F *etw über die* **~n bringen** terminer, finir qc; en finir avec qc
'**runden** *v/t* ⟨u *v/réfl* -ete, h⟩ (*sich*) ~ (s')arrondir
'**Rund|erlaß** *m* circulaire *f*; 2**erneuern** *v/t* ⟨-(e)re, *les temps simples ne s'emploient pas dans une principale*, *pas de ge-*, h⟩ *Reifen* rechaper; **~erneuerung** *f von Reifen* rechapage *m*
'**Rundfahrt** *f* circuit *m* (touristique); tour *m*; *mit Führung* visite guidée, commentée; *e-e kleine* ~ *auf dem Meer* une promenade en mer; *e-e* ~ *durch die Stadt machen* faire le tour de la ville; *e-e* ~ *auf dem See machen* faire une promenade en bateau sur le lac; *e-e* ~ *um den See machen* faire le tour du lac
'**Rund|flug** *m* circuit aérien; **~frage** *f* enquête *f* (petite)
'**Rundfunk** *m* **1.** *Technik* radiodiffusion *f*; **2.** *Einrichtung, Gebäude* station *f* de radiodiffusion; radio *f*; *im* ~ à la radio; *im* ~ *übertragen* radiodiffuser; *im* ~ *übertragen werden a* passer à la radio; *er arbeitet beim* ~ il travaille à la radio
'**Rundfunk|anstalt** *f* station *f* de radiodiffusion; **~apparat** *m* poste *m*, appareil *m* de radio; **~durchsage** *f* message radiodiffusé, radio; **~empfang** *m* ⟨~(e)s⟩ audition *f*, réception *f* radiophonique; **~empfänger** *m* récepteur *m* radio; **~gebühr** *f* redevance *f* radio; **~gerät** *n* poste *m*, appareil *m* de radio; **~hörer(in)** *m(f)* auditeur, -trice *m,f* (de la radio); **~programm** *n Sendung, Ankündigung* programme *m* des émissions radio (phoniques); **~redakteur(in)** *m(f)* journaliste *m,f* travaillant à la radio; **~reportage** *f* radioreportage *m*; **~reporter(in)** *m(f)* radioreporter *m,f*; **~satellit** *m* satellite *m* de radiodiffusion; **~sender** *m* (poste *m*) émetteur *m* de radio; *cf a* **Rundfunkstation**; **~sendung** *f* émission *f* radiophonique, de radio; **~sprecher(in)** *m(f)* speaker *m*, speakerine *f* à la radio; **~station** *f* station *f* radiophonique; station émettrice de radiodiffusion; **~technik** *f* ⟨~⟩ radiotechnique *f*; **~techniker** *m* radiotechnicien *m*; technicien *m* radio; **~teilnehmer(in)** *m(f)* possesseur *m* d'un récepteur radio; (*Rundfunkhörer*[*in*]) auditeur, -trice *m,f* (de la radio); **~übertragung** *f* retransmission *f* radiophonique; **~werbung** *f* publicité *f* radiophonique
'**Rundgang** *m* **1.** tour *m*; *MIL*, *e-s Wächters* ronde *f*; **2.** *ARCH* galerie *f*
'**rundgehen** F *v/imp* ⟨*irr*, *sép*, -ge-, sein⟩ *es geht rund* (*es ist viel los*) F c'est le coup de feu; (*es geht hoch her*) il y a de l'ambiance

'rundher'aus *adv* franchement; tout net
'rundher'um *adv* **1.** (*ringsum*) tout autour (**um** de); à la ronde; **2.** (*völlig*) parfaitement; F **sie ist ~ glücklich** elle est parfaitement heureuse
'Rund|holz *n* bois rond; **~kurs** *m* circuit *m*; **⎔lich** *adj* arrondi; *Person* rondelet, -ette; *bes Kind* potelé; **~reise** *f* tour *m*; circuit *m*; périple *m*; **~ruf** *m durch Telefon, Funk* message *m*; **~schau** *f* ⟨~⟩ **1.** *st/s* (*Rundblick*) panorama *m*; **2.** *Zeitungsname* revue *f*; **3.** *RAD* chronique *f*; **~schlag** *m SPORT* swing *m*; *fig* attaque générale (**gegen** contre); **~schreiben** *n* circulaire *f*; **~strecke** *f* circuit *m*; **~stricknadel** *f* aiguille *f* à tricoter circulaire; **~stück** *n nordd* petit pain *m*; **~tanz** *m* ronde *f*
'rund'um *cf* rundherum; **⎔schlag** *cf* **Rundschlag**
'Rundung *f* ⟨~; ~en⟩ rondeur *f*; rond *m*; *an e-m Werkstück* arrondi *m*; *e-r Säule, Vase* galbe *m*; (**weibliche**) **~en** F rondeurs *f/pl*
'Rundwanderweg *m* circuit *m* pédestre (qui ramène au point de départ)
'rund'weg F *adv* tout net; F carrément
'Rundweg *cf* **Rundwanderweg**
Rune ['ru:nə] *f* ⟨~; ~n⟩ rune *f*
'Runen|schrift *f* caractères *m/pl* runiques; **~stein** *m* pierre *f* runique
Runkelrübe ['rʊŋkəlry:bə] *f* betterave fourragère
runter ['rʊntər] F *cf* **herunter, hinunter**; **~ da!** descends de là!
'runterhauen *v/t* ⟨*irr, sép, -ge-, h*⟩ F *j-m e-e od* **ein paar ~** F flanquer une gifle, une paire de gifles à qn
'runterholen ⟨*sép, -ge-, h*⟩ **I** *v/t* descendre; **II** *v/réfl* P **sich** (*dat*) **e-n ~** P se branler
'runterkriegen F *v/t* ⟨*sép, -ge-, h*⟩ **1.** *Gegenstand* (arriver à) descendre; **2.** *Essen, Trinken* (arriver à) avaler; **3.** (*wegkriegen*) (arriver à) enlever; se débarrasser de
'runterputzen *v/t* ⟨*sép, -ge-, h*⟩ F *j-n ~* F descendre qn en flèche; F incendier qn
Runzel ['rʊntsəl] *f* ⟨~; ~n⟩ ride *f*; **~n bekommen** se rider
'runz(e)lig *adj* ridé; (*zusammengeschrumpft*) ratatiné; **~ werden** se rider
'runzeln *v/t* ⟨*u v/réfl*⟩ ⟨*-(e)le, h*⟩ (**sich**) **~** (se) rider; froncer; **die Stirn ~** froncer le sourcil; se renfrogner
Rüpel ['ry:pəl] *m* ⟨~s; ~⟩ mufle *m*; malotru *m*; goujat *m*; butor *m*
Rüpe'lei *f* ⟨~; ~en⟩ grossièreté *f*; muflerie *f*; goujaterie *f*

'rüpelhaft *adj* grossier, -ière; mufle
rupfen ['rʊpfən] *v/t* ⟨h⟩ *Unkraut etc* arracher; *Geflügel* plumer; F *fig j-n ~* F plumer, tondre qn
'Rupfen *m* ⟨~s; ~⟩ *TEXT* jute *m*
Rupie ['ru:piə] *f* ⟨~; ~n⟩ *Währung* roupie *f*
ruppig ['rʊpɪç] *adj Person, Benehmen* grossier, -ière; *Ton* brusque; (*gewalttätig*) brutal (*a SPORT*); **⎔keit** *f* ⟨~; ~en⟩ *e-r Person, des Benehmens* grossièreté *f*; *meist pl* **~en** (*Gewalttätigkeit*) brutalité(s) *f(pl)*
Ruprecht ['ru:prɛçt] *m regional* **Knecht ~** Père Fouettard
Rüsche ['ry:ʃə] *f* ⟨~; ~n⟩ *COUT* ruche *f*
'rüschen *v/t* ⟨h⟩ *COUT* rucher
Ruß [ru:s] *m* ⟨~es⟩ suie *f*
Russe ['rʊsə] *m* ⟨~n; ~n⟩ Russe *m*
Rüssel ['rysəl] *m* ⟨~s; ~⟩ **1.** *ZO* (*Elefanten⎔, Insekten⎔*) trompe *f*; *des Schweins* groin *m*; **2.** F *fig* (*Nase*) F pif *m*; **~tier** *n sc* proboscidien *m*
'rußen ⟨*-(es)t, h*⟩ **I** *v/t* noircir de suie; **II** *v/i Kerze etc* filer; fumer
'Ruß|fleck *m* tache *f* de suie; **⎔geschwärzt** *adjt* noirci par la suie
'rußig *adj* couvert de suie; noirci par la suie
'Russin *f* ⟨~; ~nen⟩ Russe *f*
'russisch *adj* russe; de Russie; *POL in Zssgn* russo-...; *CUIS* **~e Eier** *n/pl* œufs *m/pl* à la russe
'Russisch *n* ⟨~(s)⟩, **~e n** ⟨~n⟩ (*das*) **Russisch**(e) *Sprache* le russe
Rußland ['rʊslant] *n* ⟨→ *n/pr*⟩ la Russie
rüsten ['rystən] ⟨*-ete, h*⟩ **I** *v/t* (*u v/réfl*) (**sich**) **~** (**zu**) (se) préparer (à, pour); (s'apprêter; se disposer (à); faire ses préparatifs (pour)); **II** *v/i MIL* armer; **zum Krieg ~** faire des préparatifs de guerre
Rüster ['rystər] *f* ⟨~; ~n⟩ *BOT* orme *m*
'rüstig *adj* robuste; solide; (*noch ~*) vert; (*regsam*) alerte
rustikal [rʊsti'ka:l] *adj Möbel, Haus* de style rustique; *Essen* campagnard; simple
'Rüstung *f* ⟨~; ~en⟩ **1.** *MIL* (*Auf⎔*) armements *m/pl*; **2.** *HIST* (*Ritter⎔*) armure *f*
'Rüstungs|ausgaben *f/pl* dépenses *f/pl* militaires (consacrées à l'armement); **~begrenzung** *f* limitation *f*, réduction *f* des armements; **~betrieb** *m* usine *f* d'armement; **~export** *m* exportation *f* d'armes; **~haushalt** *m* budget *m* de la Défense; **~industrie** *f* industrie *f* d'armement; **~kontrolle** *f* contrôle *m* des armements; **~politik** *f* politique *f* d'armement; **~produktion** *f* production *f* d'armement; **~stopp** *m* arrêt *m* du processus *f* d'armement; **~wettlauf** *m* course *f* aux armements
'Rüstzeug *n* matériel *m*; outillage *m*; (**geistiges**) **~** connaissances *f/pl*
Rute ['ru:tə] *f* ⟨~; ~n⟩ **1.** (*Stock, Zweig*) verge *f*; baguette *f*; **2.** *zur Züchtigung* baguette *f*; férule *f*; **3.** *Jägersprache* (*Schwanz*) queue *f*; **4.** (*Angel⎔*) canne *f* à pêche; (*Wünschel⎔*) baguette *f* de sourcier; **5.** P (*Penis*) verge *f*; P queue *f*; **6.** *altes Maß* perche *f*
'Rutenbündel *n* paquet *m* de verges
Rutengänger ['ru:təŋgɛŋər] *m* ⟨~s; ~⟩ sourcier *m*; radiesthésiste *m*
Ruth [ru:t] *f* ⟨→ *n/pr*⟩ Ruth *f*
Rutsch [rʊtʃ] *m* ⟨~(e)s; ~e⟩ **1.** *von Erdmassen* glissement *m*; éboulement *m*; F *fig* **in e-m ~** (*auf einmal*) d'un (seul) coup; (*aufeinanderfolgend*) dans la foulée; **2.** F (*Spritztour*) F virée *f*; petit tour; F **guten ~** (**ins neue Jahr**)! bonne année!
'Rutschbahn *f* glissoire *f*; toboggan *m*; *fig* **die Straße ist die reinste ~** la route est une vraie patinoire
'Rutsche *f* ⟨~; ~n⟩ toboggan *m*
'rutschen *v/i* ⟨*sein*⟩ glisser; *Fahrzeug a.* déraper; *Erdreich* s'ébouler; *Kupplung* patiner; (*herunter⎔*) *Personen* se laisser glisser; faire une glissade; *Essen* descendre; passer; **ins ⎔ kommen** *Person* glisser; *Fahrzeug* déraper; **auf der Bank hin und her ~** bouger (à droite et à gauche) sur le banc; **das Glas ist mir aus der Hand gerutscht** le verre m'a glissé des mains; F **rutsch mal ein Stück!** pousse-toi!
'rutschfest *adj* antidérapant
'Rutschgefahr *f* ⟨~⟩ **Vorsicht, ~!** attention, ça glisse!
'rutschig *adj* glissant; **es ist ~** a ça glisse
'Rutschpartie F *f* glissades *f/pl*
rütteln ['rytəln] ⟨*-(e)le, h*⟩ **I** *v/t* secouer; *j-n aus dem Schlaf ~* secouer qn pour le réveiller; *j-m ins Gewissen ~* une bonne dose de; **II** *v/i Fahrzeug* cahoter; *Maschine* vibrer; **an etw** (*dat*) **~** secouer qc; *fig* **daran ist nicht zu ~** c'est définitif
'Rüttler *m* ⟨~s; ~⟩ *CONSTR* vibrateur *m*
RVO [ɛrfau'ʔo:] *f* ⟨~⟩ *abr* (*Reichsversicherungsordnung*) code *m* de la Sécurité Sociale allemande
Rwanda [ru'anda] *n* ⟨→ *n/pr*⟩ le Ruanda *od* Rwanda
Rw'and|er(in) *m* ⟨~s; ~⟩ (*f*) ⟨~; ~nen⟩ Rwandais(e) *m(f)*; **⎔isch** *adj* rwandais

S

S, s [ɛs] *n* ⟨~; ~⟩ *Buchstabe* S, s *m*
s *abr* (*Sekunde*) s (seconde)
S *abr* **1.** (*Süd*[*en*]) S. (sud); **2.** (*Schilling*) SCH (schilling)
s. *abr* (*siehe*) v. (voir, voyez)
S. *abr* (*Seite*) p. (page)
's [s] *cf es*
s.a. *abr* (*siehe auch*) voir aussi; cf aussi
Sa *abr* (*Samstag*) sam (samedi)
SA [ɛsˈʔaː] *f* ⟨~⟩ HIST *abr* (*Sturmabteilung*) S.A. *f* (*formation paramilitaire nazie*)
Saal [zaːl] *m* ⟨~(e)s; Säle⟩ salle *f*; **'~bau** *m* ⟨~(e)s; ~ten⟩ 'hall *m*; grande salle; **'~ordner** *m* membre *m* du service d'ordre; **'~schlacht** *f* bagarre *f* (dans la salle); **'~tochter** *f schweiz* serveuse *f*
Saar [zaːr] ⟨~ n/pr⟩ *die* ~ la Sarre
Saar'brücken *n* ⟨~ n/pr⟩ Sarrebruck
'Saar|gebiet *n* ⟨~(e)s⟩ HIST, **~land** *n* ⟨~(e)s⟩ Sarre *f*; **~länder(in)** *m* ⟨~s; ~⟩ (*f*) ⟨~, ~nen⟩ Sarrois(e) *m*(*f*); **⚲ländisch** *adj* sarrois
Saat [zaːt] *f* ⟨~; ~en⟩ **1.** ⟨*pas de pl*⟩ (*das Säen*) semailles *f*/*pl*; **2.** (*~gut*) semence(s) *f*(*pl*); (*sprossende Pflanzen*) semis *m*; AGR (*Getreide*) blé *m* en herbe; *die* ~ *geht auf* les semences lèvent; **3.** *fig st/s* germe *m*; *die* ~ *der Gewalt* la graine de violence
'Saat|getreide *n* céréales *f*/*pl* de semence; (*Weizen*) a blé *m* de semence; **~gut** *n* ⟨~(e)s⟩ semences *f*/*pl*; graine *f* de semence; **~kartoffel** *f* pomme *f* de terre de semence; **~korn** *n* ⟨~(e)s; -körner⟩ **1.** (*Samenkorn*) grain *m*; **2.** ⟨*pas de pl*⟩ (*Saatgetreide*) blé *m* de semence; **~krähe** *f* ZO freux *m*; **~zeit** *f* (époque *f* des) semailles *f*/*pl*
Sabbat [ˈzabat] *m* ⟨~s; ~e⟩ sabbat *m*; **~jahr** *n* année *f* sabbatique; **~ruhe** *f* repos *m* du sabbat
sabbeln [ˈzabəln] F *nordd v/i* ⟨-(e)le, h⟩ *cf sabbern*
Sabber [ˈzabər] F *m* ⟨~s⟩ bave *f*
'sabbern F *v/i* ⟨-(e)re, h⟩ **1.** (*speicheln*) baver; **2.** (*schwatzen*) bavarder
Säbel [ˈzɛːbəl] *m* ⟨~s; ~⟩ sabre *m*; *fig mit dem ~ rasseln* brandir la menace de guerre
'Säbel|beine F *plais n/pl* jambes arquées, en cerceau; **~fechten** (*escrime m au*) sabre *m*; **⚲förmig** *adj* en forme de sabre; **~gerassel** *n fig* chantage *m* à la guerre; **~hieb** *m* coup *m* de sabre
'säbeln F *péj v/i* ⟨-(e)le, h⟩ (*ungeschickt schneiden*) (*mal*) couper
'Säbelrasseln *n cf Säbelgerassel*
Sabine [zaˈbiːnə] *f* ⟨~ n/pr⟩ Sabine *f*
Sabotage [zaboˈtaːʒə] *f* ⟨~; ~n⟩ sabotage *m*; ~ *treiben* faire du sabotage

Sabo'tageakt *m* acte *m* de sabotage
Sabo't|eur(in) *m* ⟨~s; ~e⟩ (*f*) ⟨~; ~nen⟩ saboteur, -euse *m,f*; **⚲ieren** *v/t* ⟨*pas de ge-*, h⟩ saboter
Saccharin [zaxaˈriːn] *n* ⟨~s⟩ saccharine *f*
'Sach|bearbeiter(in) *m*(*f*) responsable *m,f* (d'un dossier); *als Berufsbezeichnung etwa* adjoint(e) administratif, -ive; **~bereich** *m* domaine *m*; **~beschädigung** *f* détérioration causée à des biens matériels; *Delikt* déprédation *f*; **⚲bezogen I** *adj* approprié; pertinent; **II** *adv* à propos; **~bezüge** *m*/*pl* rétribution *f*, salaire *m*, rémunération *f* en nature; **~buch** *n* ouvrage *m* pratique; **⚲dienlich** *adj* ADM pertinent; à propos; (*nützlich*) utile; **~dienlichkeit** *f* ⟨~⟩ ADM pertinence *f*; à-propos *m*; utilité *f*
Sache [ˈzaxə] *f* ⟨~; ~n⟩ **1.** (*Ding*) chose *f*; *fig ~n pl* (*Kleider, Habseligkeiten*) affaires *f*/*pl*; *er weiß noch ganz andere ~n* il en connaît bien d'autres; F *~n gibt's* (*, die gibt's gar nicht*)*!* en voilà de belles!; *c'est du propre!*; *c'est la meilleure!*; F *mach keine ~n!* ne fais pas d'histoires!; F *was sind denn das für ~n?* qu'est-ce que c'est que cette histoire-là? **2.** (*Angelegenheit*) affaire *f*; question *f*; (*Begebenheit*) événement *m*; (*Umstand*) circonstance *f*; *abgekartete* ~ F coup monté; *es ist beschlossene* ~*, daß ...* il est convenu, il a été décidé que ... (+*ind*); *die* ~ *ist die ...* c'est que ...; l'affaire est la suivante: ...; *das ist Ihre* ~ c'est votre affaire; *das ist e-e andere* ~ c'est autre chose; c'est une autre affaire; *das ist e-e* ~ *für sich* c'est une chose à part; c'est un cas spécial; *das ist so e-e* ~ c'est délicat; c'est difficile à dire; *das ist die einfachste* ~ (*von*) *der Welt* c'est la chose la plus simple du monde; *das ist nicht jedermanns* ~ (*gefällt nicht jedem*) ce n'est pas du goût de tout le monde; (*versteht nicht jeder*) ce n'est pas à la portée de tout le monde; *ich muß wissen, was an der* ~ *wirklich dran ist* je tiens à savoir exactement ce qu'il en est; *ganz bei der* ~ *sein* être tout à son affaire; *nicht bei der* ~ *sein* être distrait; *zur* ~ *kommen* (*konkret werden*) (en) venir au fait; *s-r* ~ (*gén*) *sicher sein* être sûr de son fait, de son affaire; *s-e* ~ *verstehen* connaître son métier; *etw von der* ~ *verstehen* être du métier; s'y connaître; *es ist* ~ *des Parlaments, zu* (+*inf*) il appartient au parlement de (+*inf*); *das tut nichts zur* ~ cela ne change rien à l'affaire, à la question; *Fragen zur* ~ *stellen* poser des questions pertinentes, précises; *das trifft den Kern der* ~ *nicht* la question n'est pas là; *mit j-m gemeinsame* ~ *machen* faire cause commune avec qn; F *jetzt sag mir mal, was* ~ *ist!* et maintenant, dis-moi vraiment ce qu'il en est; **3.** ⟨*pas de pl*⟩ (*Anliegen*) cause *f*; *j-n für s-e* ~ *gewinnen* gagner qn à sa cause; *e-e schlechte* ~ *verteidigen* plaider une mauvaise cause; *in eigener* ~ pro domo; en son propre nom; **4.** JUR affaire *f*; cause *f*; *in* ~*n Galler gegen ...* en bzw dans l'affaire Galler contre ...; *fig in* ~*n Umweltschutz* en matière de protection de l'environnement; **5.** F (*Stundenkilometer*) *mit hundert* ~*n* à cent à l'heure
'Sacheinlage *f* COMM apport *m* en nature
'Sachenrecht *n* ⟨~(e)s⟩ JUR droit *m* des choses; droit réel
Sachertorte [ˈzaxərtɔrtə] *f* CUIS gâteau viennois au chocolat
'Sach|frage *f* question *f* de fond, de fait; **⚲fremd** *adj* impropre; inadéquat; **~gebiet** *n* domaine *m*; matière *f*; (*Ressort*) ressort *m*; **⚲gemäß**, **⚲gerecht I** *adj Verpackung, Behandlung* adéquat; convenable; approprié; *Darstellung, Bericht* objectif, -ive; conforme aux faits; **II** *adv* convenablement; d'une façon appropriée; **~katalog** *m* e-r Bibliothek catalogue-matières *m*; **~kenner(in)** *m*(*f*) connaisseur, -euse *m,f*; expert *m*; spécialiste *m,f*; **~kenntnis** *f* connaissance *f* de la matière, des faits; compétence *f*; **~kunde** *f* ⟨~⟩ **1.** (*Sachkenntnis*) compétence *f*; **2.** *Schulfach* etwa activités *f*/*pl* d'éveil; **⚲kundig** *adj* expert; compétent
'Sachlage *f* ⟨~⟩ état *m* de choses, de fait; situation *f*; circonstances *f*/*pl*; *in völliger Verkennung der* ~ *st/s* dans une totale méconnaissance des faits od de la situation; *bei der gegenwärtigen* ~ dans cet état de choses; au point où en sont les choses
'Sachleistungen *f*/*pl* prestations *f*/*pl* en nature
'sachlich I *adj* **1.** (*épithète*) (*dinglich*) matériel, -ielle; **2.** (*nüchtern*) réaliste; (*prosaisch*) prosaïque; (*ohne Verzierungen*) sobre; CONSTR fonctionnel, -elle; **3.** (*objektiv*) objectif, -ive; concret, -ète; ~ *bleiben* rester objectif, -ive; ~ *sein* s'en tenir aux faits; **II** *adv* objectivement; concrètement; ~ *richtig* irréprochable quant au fond, sur le fond
sächlich [ˈzɛçlɪç] *adj* GR neutre
'Sachlichkeit *f* ⟨~⟩ **1.** (*Objektivität*) objectivité *f*; **2.** (*Nüchternheit*) réalisme *m*; caractère *m* pratique; *des Stils* préci-

sion *f*; sobriété *f*; KUNST **die Neue ~** le néo-réalisme
'**Sach|register** *n* table *f* des matières; répertoire *m*; **~schaden** *m* dégât, dommage matériel
Sachse ['zaksə] *m* ⟨~n; ~n⟩ Saxon *m*
sächseln ['zɛksəln] *v/i* ⟨-(e)le, h⟩ avoir l'accent saxon; parler le dialecte saxon
'**Sachsen** *n* ⟨→ n/pr⟩ la Saxe
Sachsen-Anhalt ['zaksən'ʔanhalt] *n* ⟨→ n/pr⟩ la Saxe-Anhalt
Sächsin ['zɛksɪn] *f* ⟨~; ~nen⟩ Saxonne *f*
'**sächsisch** *adj* saxon, -onne; de Saxe
'**Sachspende** *f* don *m* (en nature)
sacht(e) ['zaxt(ə)] *adv* (*vorsichtig*) avec précaution; en douceur; doucement; (*unmerklich*) insensiblement; imperceptiblement; (*allmählich*) pas à pas; peu à peu
'**Sachverhalt** *m* ⟨~(e)s; ~e⟩ faits *m/pl*; circonstances *f/pl*; situation *f*; état *m* de(s) choses; *der wahre*, *wirkliche* ~ la vérité des faits; *den ~ darlegen* exposer les faits
'**Sach|versicherung** *f* assurance *f* contre les dégâts matériels; **~verstand** *m* compétence *f*; **2verständig** *adj* compétent; expert; **~verständige(r)** *f(m)* ⟨→ A⟩ expert *m*; **~verständigengutachten** *n* expertise *f*; rapport *m* d'expert(s); **~walter(in)** *m* ⟨~s; ~⟩ *(f)* ⟨~; ~nen⟩ **1.** JUR (*Vertreter[in]*) agent *m*; mandataire *m,f*; (*Verwalter[in]*) administrateur, -trice *m,f*; **2.** st/s fig (*Fürsprecher[in]*) avocat(e) *m(f)*
'**Sachwert** *m* valeur réelle; **~e** *pl* biens réels
'**Sach|wissen** *n* connaissances *f/pl*; savoir *m*; **~wörterbuch** *n* dictionnaire *m* encyclopédique; **~zwang** *m* contrainte *f* (due aux circonstances)
Sack [zak] *m* ⟨~(e)s; ~e⟩ **1.** sac *m*; MÉD a poche *f*; *ein ~ Korn* un sac de blé; *in Säcke füllen* mettre en sacs; ensacher; F *mit ~ und Pack* avec armes et bagages; F avec ses cliques et ses claques; st/s *in ~ und Asche gehen* faire pénitence; F *j-n in den ~ stecken* mettre qn dans sa poche; P *~ Zement!* F sacrebleu!; F sapristi!; **2.** bes südd, österr, schweiz (*Hosentasche*) poche *f* (de pantalon); **3.** vulgär (*Hoden2*) couilles *f/pl*; *er geht mir auf den ~* F il me les casse; **4.** P *alter, geiler ~!* F vieux vicelard, cochon!; *fauler ~* F sacré cossard, fainéant
Säckel ['zɛkəl] *m* ⟨~s; ~⟩ regional, bes südd, österr (*Geldbeutel*) bourse *f*
'**sacken** *v/i* (sein) *mit Richtungsangabe* s'affaisser
'**sack|förmig** *adj* en forme de sac; **2garn** *n* gros fil
'**Sackgasse** *f* voie *f* sans issue; cul-de-sac *m*; a fig impasse *f*; *in e-e ~ geraten* a fig s'engager dans une impasse
'**Sack|hüpfen** *n* ⟨~s⟩ Spiel course *f* en sac; **~karre** *f* diable *m*; **~kleid** *n* robe-sac *f*; **~leinen** *n*, **~leinwand** *f* toile *f* à sac, de jute; grosse toile; **~pfeife** *f* MUS cornemuse *f*; Bretagne biniou *m*; **~tuch** *n* ⟨~(e)s⟩ *(pl ~e)* ⟨*cf Sackleinen*⟩ **2.** (*pl -tücher*) südd, österr, schweiz mouchoir *m*; **2weise** *adv* par sacs
Sad|ismus [za'dɪsmʊs] *m* ⟨~⟩ sadisme *m*; **~ist(in)** *m* ⟨~en; ~en⟩ *(f)* ⟨~; ~nen⟩ sadique *m,f*; **2istisch** *adj* sadique

Sadomasoch|ismus [zadomazɔ'xɪsmʊs] *m* sadomasochisme *m*; **~ist(in)** *m(f)* sadomasochiste *m,f*; **2istisch** *adj* sadomasochiste
säen ['zɛ:ən] *v/t* ⟨h⟩ semer; *dünn gesät* clairsemé; fig rare; st/s *Zwietracht ~ semer* la discorde
'**Säer(in)** *m* ⟨~s; ~⟩ *(f)* ⟨~; ~nen⟩ semeur, -euse *m,f*
Safari [za'fa:ri] *f* ⟨~; ~s⟩ safari *m*; **~park** *m* réserve *f* d'animaux sauvages; parc *m* safari
Safe [se:f] *m* od *n* ⟨~s; ~s⟩ coffre-fort *m*; *e-r Bank* a coffre *m*
Saffian ['zafia(:)n] *m* ⟨~s⟩, **~leder** *n* maroquin *m*
Safran ['zafra(:)n] *m* ⟨~s; ~e⟩ safran *m*; **2gelb** *adj* jaune safran; safrané
Saft [zaft] *m* ⟨~(e)s; ~e⟩ **1.** *Getränk*, *von Früchten* jus *m*; **2.** BOT sève *f*; *die Bäume stehen im ~* les arbres sont en sève; *fig ohne ~ und Kraft sein* manquer de force, de vigueur; **3.** PHYSIOL *Säfte pl* humeurs *f/pl*; **4.** CUIS (*Fleisch2*) jus *m*; *im eigenen ~ schmoren* (cuire, mijoter) dans son jus; F fig *j-n im eigenen ~ schmoren lassen* laisser qn mijoter dans son jus; **5.** PHARM sirop *m*; **6.** F (*Strom, Energie etc*) F jus *m*
'**Saftbraten** *m* rôti *m* de bœuf (braisé)
'**saftig** *adj* **1.** juteux, -euse; plein de jus, de sève; AGR *Früchte* a fondant; *Wiese* gras, grasse; *Grün* intense; éclatant; **2.** F fig *Witz* salé; corsé; épicé; *Preis, Rechnung* F salé; *Ohrfeige* magistral; **2keit** *f* ⟨~; ~en⟩ **1.** (*pas de pl*) abondance *f* de jus, de sève; **2.** fig (*derbe Äußerung*) gauloiserie *f*; grivoiserie *f*
'**Saftladen** F péj *m* F sale boîte *f*, boutique *f*
'**saftlos** *adj* sans jus, sève; fig péj *saft- und kraftlos* sans vigueur
'**Saft|presse** *f* presse-fruits *m*; **~sack** P *m* P salaud *m*; P salopard *m*
Saga ['za(:)ga] *f* ⟨~; ~s⟩ saga *f*
Sage ['za:gə] *f* ⟨~; ~n⟩ légende *f*; (*Überlieferung*) tradition *f* (orale); *fig es geht die ~, daß* on dit, raconte que
Säge ['zɛ:gə] *f* ⟨~; ~n⟩ scie *f*; **~blatt** *n* lame *f* de scie; **~bock** *m* chevalet *m*; **~fisch** *m* poisson-scie *m*; **~mehl** *n* sciure *f* (de bois); **~mühle** *f* scierie *f*
sagen ['za:gən] ⟨h⟩ **I** *v/t* **1.** (*äußern, mitteilen*) dire; *j-m etw ~, etw zu j-m ~* dire qc à qn; *etw von j-m od über j-n ~* dire qc de qn; *kein Wort ~* ne pas dire un mot; ne pas piper, souffler mot; *gute Nacht ~* souhaiter bonne nuit; *Sie können von Glück ~* vous pouvez dire que vous avez eu de la chance; *so etwas sagt man nicht* cela ne se dit pas; *das sagt sie nur so* F c'est comme ça, elle ne le pense pas sérieusement; *was ich (noch) ~ wollte* à propos, pour en revenir à notre question; *was Sie nicht ~!* pas possible!; F vous m'en direz tant!; *das kann man wohl ~!*, *das kannst du laut ~!*, *F du sagst es!* c'est (bien) le cas de le dire!; F tu l'as dit!; *das hab ich dir ~!* c'est moi qui te le dis!; F *wem ~ Sie das?*, *das brauchen Sie mir nicht zu ~* à qui le dites-vous?; *dagegen ist nichts zu ~*, *läßt sich nichts ~* il n'y a rien à redire *od* à redire à cela; F *ich zahlte, sage und schreibe, hundert Mark*

dafür figurez-vous que j'ai payé cent marks pour ça; F *wir laden, ~ wir (mal), zwanzig Leute ein* nous invitons, disons, vingt personnes; *wie gesagt* comme je l'ai dit; je le répète; *besser gesagt* pour mieux dire; plus exactement; *gesagt, getan* aussitôt dit, aussitôt fait; *es ist wohl nicht zuviel gesagt ...* ce n'est pas trop dire ...; *damit ist alles gesagt* c'est tout dire; *das ist nicht gesagt* ce n'est pas dit; *habe ich es nicht gesagt!*, F *ich hab's ja gleich gesagt!* je l'avais bien dit!; *quand je le disais!*; *das ~ Sie so leicht, das ist leicht gesagt* c'est vous qui le dites; c'est facile à dire; *das ist leichter gesagt als getan* c'est plus facile à dire qu'à faire; F *ich will dir mal was ~* je vais te dire qc; *da sage noch einer, daß ...* qu'on vienne encore prétendre que ...; F *na, wer sagt's denn!* alors, tu vois!; F *sag bloß, du kannst nicht kommen!* ne va pas me dire que tu ne peux pas venir!; **2.** (*befehlen*) commander; *Sie haben mir nichts zu ~* je n'ai pas d'ordres à recevoir de vous; vous n'avez pas d'ordres à me donner; *er hat hier nichts zu ~* il n'a pas d'ordre à donner ici; ce n'est pas lui qui commande ici; *sie hat das 2* c'est elle qui commande; elle fait la pluie et le beau temps; *lassen Sie sich (dat) das gesagt sein!* tenez-le-vous pour dit!; **3.** (*bedeuten*) signifier; *das hat nichts zu ~* ça ne veut rien dire; **4.** (*meinen*) dire; *man möchte fast ~, (daß) ...* on dirait que ...; *was sagst du dazu?* qu'est-ce que tu en dis?; *was wollen Sie damit ~?* qu'entendez-vous par là?; **II** *v/i* dire; *... wie man so sagt ...* comme on dit; *wenn ich so ~ darf* si je puis m'exprimer ainsi; *unter uns gesagt* soit dit entre nous; de vous à moi; *wie soll ich ~?* comment dirais-je?; *sag mal, hast du Reiner gesehen?* dis-moi (F un peu), tu as vu Reiner?; F *sag bloß!* ce n'est pas vrai!; **III** *v/réfl sich (dat) etw ~* se dire qc; *das sagt sich so leicht* c'est facile à dire
'**sägen** ⟨h⟩ **I** *v/t* scier; **II** *v/i* F *plais (schnarchen)* ronfler
'**sagenhaft I** *adj* légendaire (*a fig*); fig (*toll*) fabuleux, -euse; formidable; F fig *das ist (ja) ~!* c'est incroyable!; **II** *adv* (*sehr*) terriblement; *sie gibt ~ an* F elle frime un max; F elle frime vachement; F c'est fou ce qu'elle peut frimer
'**sagenumwoben** *adj* légendaire
Säge|späne ['zɛ:gəʃpɛ:nə] *m/pl* copeaux *m/pl*; **~werk** *n* scierie *f*; **~zahn** *m* dent *f* de scie
Sago ['za:go] *m*, österr *n* ⟨~s⟩ sagou *m*
sah [za:] *cf sehen*
Sahara [za'ha:ra *ou* 'za:hara] ⟨→ n/pr⟩ *die ~* le Sahara
Sahelzone ['za:hɛltso:nə] *die ~* le Sahel
Sahne ['za:nə] *f* ⟨~⟩ crème *f*; *saure ~* crème *f* aigre; *süße ~* crème fraîche (*sans ferments lactiques*); *~ schlagen* fouetter de la crème
'**Sahne|bonbon** *m od n* caramel *m*; *~eis n* glace *f* à la crème
'**Sahnehäubchen** *n Kaffee, Kuchen etc mit ~* avec un peu de Chantilly
'**Sahne|gießer** *m*, **~kännchen** *n* petit

pot à crème; **~löffel** m cuiller f à crème; **~quark** m fromage blanc avec 40% de matières grasses; **~soße** f sauce f à la crème; **~torte** f gâteau m à la crème

'**sahnig** adj crémeux, -euse

Saibling ['zaɪplɪŋ] m ⟨~s; ~e⟩ ZO omble m

Saint Kitts und Nevis [səntkɪtsʔʊnt-'niːvɪs] n ⟨→ n/pr⟩ Saint Christopher et Nevis

Saint Lucia [sənt'luːʃə] n ⟨→ n/pr⟩ (l'île f de) Sainte-Lucie

Saint Vincent und die Grenadinen [səntˈvɪntsəntʔʊntdigrənaˈdiːnən] n ⟨→ n/pr⟩ Saint-Vincent et Grenadines

Saison [zɛˈzõː ou zɛˈzɔŋ] f ⟨~; ~s⟩ saison f; ... hat ~ Urlaubsort c'est la pleine saison à ...; F **~ haben** (gefragt sein) être très demandé; être à la mode, F dans le vent

saisoˈnal I adj saisonnier, -ière; **II** adv selon la saison

Saiˈson|arbeit f travaux saisonniers; **~arbeiter(in)** m(f) (travailleur) saisonnier m; travailleuse saisonnière; **~ausverkauf** m soldes m/pl de fin de saison; ⚿**bedingt** adj saisonnier, -ière; ⚿**bereinigt** adj ADM corrigé des variations saisonnières; **~betrieb** m **1.** Unternehmen entreprise saisonnière; **2.** ⟨pas de pl⟩ (Andrang) afflux saisonnier; **~geschäft** n activité saisonnière

Saite ['zaɪtə] f ⟨~; ~n⟩ MUS corde f; fig andere **~n aufziehen** changer de ton, de gamme

'**Saiten|halter** m MUS cordier m; **~instrument** n instrument m à cordes; **~spiel** st/s n ⟨~(e)s⟩ sons m/pl, jeu m (d'un instrument à cordes)

Sakko ['zako] m od n ⟨~s; ~s⟩ veston m

sakral [zaˈkraːl] adj sacré

Sakrament [zakraˈmɛnt] n ⟨~(e)s; ~e⟩ sacrement m

Sakrileg [zakriˈleːk] n ⟨~s; ~e⟩ sacrilège m

Sakri|stan [zakrɪsˈtaːn] m ⟨~s; ~e⟩ sacristain m; **~ˈstei** f ⟨~; ~en⟩ sacristie f

sakrosankt [zakroˈzaŋkt] adj oft iron sacro-saint

säkular [zɛkuˈlaːr] adj st/s **1.** (alle hundert Jahre) séculaire; **2.** st/s (weltlich) séculier, -ière; **3.** st/s (einmalig) unique; 'hors classe'; **4.** GÉOL, ASTR séculaire; **~iˈsieren** v/t ⟨pas de ge-, h⟩ séculariser

Salamander [zalaˈmandər] m ⟨~s; ~⟩ salamandre f

Salami [zaˈlaːmi] f ⟨~; ~(s)⟩ salami m

Salär [zaˈlɛːr] n ⟨~s; ~e⟩ schweiz salaire m

Salat [zaˈlaːt] m ⟨~(e)s; ~e⟩ CUIS salade f; **gemischter ~** salade mixte, composée; **grüner ~** salade verte; (Kopf⚿) laitue f; **ein Kopf ~** une (tête de) salade; F fig **da haben wir den ~!** c'est le bouquet!; nous voilà dans de beaux draps!

Saˈlat|besteck n couvert m, service m à salade; **~blatt** n feuille f de salade; **~gurke** f concombre m; **~kopf** m (tête f de) salade f; **~platte** f salades variées, crudités f/pl; **~schleuder** f essoreuse f à salade; **~schüssel** f saladier m; **~soße** f sauce f de (la) salade; **mit Essig u Öl ~** (sauce f) vinaigrette f

Salbe ['zalbə] f ⟨~; ~n⟩ pommade f; onguent m

Salbei ['zalbaɪ ou zalˈbaɪ] m ⟨~s⟩ od f ⟨~⟩ sauge f

'**salben** v/t ⟨h⟩ bes CATH oindre; HIST, CATH (weihen) sacrer

'**Salböl** n saintes huiles; (saint) chrême m

'**Salbung** f ⟨~; ~en⟩ onction f

'**salbungsvoll** adj péj onctueux, -euse; mielleux, -euse

salˈdieren v/t ⟨pas de ge-, h⟩ COMM e-e Rechnung ~ solder un compte

Saldo ['zaldo] m ⟨~s; -den ou ~s ou -di⟩ COMM solde m (de compte); **per ~** pour solde; **positiver, negativer ~** solde m excédentaire, déficitaire

'**Saldo|übertrag** m, **~vortrag** m report m du solde (à nouveau)

Säle ['zɛːlə] cf Saal

Salier ['zaːliər] m ⟨~s; ~⟩ HIST Salien m

Saline [zaˈliːnə] f ⟨~; ~n⟩ saline f

salisch ['zaːlɪʃ] adj HIST salien, -ienne; salique; **die ~en Franken** les Francs Saliens; **~es Gesetz** loi f salique

Salizylsäure [zaliˈtsyːlzɔʏrə] f ⟨~⟩ CHIM acide m salicylique

Salm [zalm] m ⟨~(e)s; ~e⟩ ZO saumon m

Salmiak [zalmiˈak ou ˈzalmiak] m od n ⟨~s⟩ CHIM sel ammoniac; sc chlorure m d'ammonium; **~geist** m CHIM ammoniaque f; alcali volatil

Salmonelle [zalmoˈnɛlə] f ⟨~; ~n⟩ salmonelle f

Salome ['zaːlome] f ⟨→ n/pr⟩ Salomé f

Salomo ['zaːlomo], **Salomon** ['zaːlomɔn] m ⟨→ n/pr⟩ Salomon m

Salomonen [zaloˈmoːnən] pl **die ~** les îles f/pl Salomon

saloˈmonisch st/s adj **~es Urteil** jugement m de Salomon, sage

Salon [zaˈlõː ou zaˈlɔŋ] m ⟨~s; ~s⟩ salon m; **für Schönheitspflege a** institut m

saˈlonfähig adj présentable; sortable; **Witz nicht ~** inconvenant; indécent

Saˈlon|löwe F m péj salonnard m; **~musik** f musique f de divertissement; **~wagen** m EISENBAHN wagon-salon m

salopp [zaˈlɔp] **I** adj **1.** (nachlässig) décontracté; péj négligé; (lässig) libre; désinvolte; **2.** Ausdruck familier, -ière; **II** adv **sich ~ kleiden** s'habiller décontracté

Salpeter [zalˈpeːtər] m ⟨~s⟩ CHIM salpêtre m; sc nitrate m de potassium; **~säure** f acide m nitrique

salˈpetrig adj **~e Säure** acide nitreux

Salsa ['zalza] m od f MUS salsa f

Salt, SALT [sɔːlt] abr (Strategic Arms Limitation Talks) négociations f/pl SALT

Salto ['zalto] m ⟨~s; ~s ou -ti⟩ saut périlleux; **~ mortale** saut m de la mort; **ein ~ vorwärts, rückwärts** un saut périlleux (en) avant, (en) arrière

salü ['saly ou sa'ly] F bes schweiz int **~!** salut!

Salut [zaˈluːt] m ⟨~(e)s; ~e⟩ MIL salut m; **~ schießen** saluer par des coups de canon; MAR a tirer une salve d'honneur

saluˈtieren v/i ⟨pas de ge-, h⟩ saluer; faire le salut militaire

Salutschüsse [zaˈluːtʃʏsə] m/pl salut m; MAR salve f d'honneur

Salvadorian|er(in) [zalvadoriˈaːnər(ɪn)] m ⟨~s; ~⟩ (f) ⟨~; ~nen⟩ Salvadorien, -ienne m, f; ⚿**isch** adj salvadorien, -ienne

Salve ['zalvə] f ⟨~; ~n⟩ MIL salve f (a fig); MAR bordée f; **e-e ~ abgeben** tirer une salve; MAR lâcher une bordée

Salweide ['zaːlvaɪdə] f BOT marsault m

Salz [zalts] n ⟨~es; ~e⟩ m a (CHIM); **feines ~** sel fin; **grobes ~** gros sel; **in ~** (acc) **legen** saler; fig **~ auf od in die Wunde streuen** enfoncer, remuer, re-

tourner le couteau dans la plaie; F j-m **nicht das ~ in der Suppe gönnen** F crever de jalousie à l'égard de qn

'**Salz|ader** f veine f, filon m de sel; ⚿**arm I** adj pauvre en sel; **II** adv avec peu de sel; peu salé; **~bergwerk** n mine f de sel (gemme); saline f; **~brezel** f bretzel m

'**Salzburg** n ⟨→ n/pr⟩ Salzbourg

'**salzen** v/t ⟨-(e)s⟩t, p/p gesalzen, h⟩ saler

'**Salzen** n ⟨~s⟩ salage m

'**Salz|fäßchen** n salière f; **~garten** m marais salant; **~gebäck** n petits gâteaux salés; **~gehalt** m teneur f en sel; salinité f; **~gewinnung** f saliculture f; **von Meersalz a** saunage m; **~gurke** f cornichon m au sel; ⚿**haltig** adj salé; salin; **~hering** m 'hareng saumuré

'**salzig** adj **1.** (gesalzen) salé; **2.** (Salz enthaltend)** salin

'**Salzkammergut** ⟨→ n/pr⟩ **das ~** le Salzkammergut

'**Salz|kartoffel** f pomme f de terre à l'anglaise; **~korn** n grain m de sel; **~lake** f saumure f; **~lecke** f ⟨~; ~n⟩ JAGD **1.** natürliche efflorescence f d'une couche de sel; **2.** künstliche: endroit où l'on pose un bloc de sel pour le gibier; ⚿**los** adj u adv sans sel; **~lösung** f solution saline; **~mandel** f amande salée

'**Salzsäule** f BIBL, fig **zur ~ erstarren** être changé en statue de sel

'**Salz|säure** f ⟨~⟩ CHIM acide m chlorhydrique; **~see** m lac salé; im Salzbergwerk lac salant; **~stange** f Gebäck baguette salée; **~steuer** f impôt m sur le sel; HIST gabelle f; **~streuer** m ⟨~; ~⟩ salière f; **~teig** m pâte à modeler composée d'eau, de farine et de sel; **~wasser** n ⟨~s; -wässer⟩ eau salée; (Salzlake) saumure f; **~wüste** f désert salé; désert de sel

Samariter [zamaˈriːtər] m ⟨~s; ~⟩ HIST, BIBL Samaritain m; **der Barmherzige ~** le bon Samaritain

Samaˈriterdienst m service m de Samaritain; **j-m e-n ~ erweisen** être le bon Samaritain de qn

'**Sämaschine** f semeuse f; semoir m (à grains)

Samba ['zamba] m ⟨~s; ~s⟩ od f ⟨~; ~s⟩ samba f

Sambia ['zambia] n ⟨→ n/pr⟩ la Zambie

'**Sambier(in)** m ⟨~s; ~⟩ (f) ⟨~; ~nen⟩ Zambien, -ienne m, f

'**sambisch** adj zambien, -ienne

Same ['zaːmə] st/s m ⟨~ns; ~n⟩, **Samen** ['zaːmən] m ⟨~s; ~⟩ **1.** BOT semence f; AGR graine f; **2.** ⟨pas de pl⟩ PHYSIOL sperme m; **3.** ⟨pas de pl⟩ fig (Keim) germe m

'**Samen|anlage** f BOT ovule m; **~bank** f ⟨~; ~en⟩ banque f du sperme; **~erguß** m PHYSIOL éjaculation f; **~faden** m PHYSIOL spermatozoïde m; **~flüssigkeit** f PHYSIOL liquide séminal; sperme m; **~handlung** f commerce m de graines; grainetrie f; **~kapsel** f BOT capsule séminale; **~korn** n grain m; graine f; **~leiter** m ANAT canal déférent; **~spende** f don m de sperme; **~spender** m donneur m de sperme; **~strang** m ANAT cordon m spermatique; **~zelle** f PHYSIOL spermatozoïde m

Sämereien [zɛːməˈraɪən] f/pl semences f/pl; graines f/pl

sämig ['zɛːmɪç] adj Soße, Suppe lié; épais, épaisse

Sämisch|gerbung ['zɛ:mɪʃgɛrbʊŋ] f chamoisage m; **~leder** n (peau f de) chamois m
Sämling ['zɛ:mlɪŋ] m ⟨~s; ~e⟩ plante venue de semis; élève m
'Sammel|aktion f collecte f; **~album** n album m; **~anschluß** m TÉL lignes groupées; raccordement collectif; **~auftrag** m POST virement collectif; **~band** m ⟨~(e)s, -bände⟩ recueil m (en un volume); **~becken** n bassin collecteur; a fig réservoir m; fig réceptacle m; **~begriff** m notion collective; terme m générique; **~behälter** m RECYCLING collecteur m; **~bestellung** f commande groupée, collective; **~bezeichnung** f terme m générique; **~büchse** f boîte f à collecte(s); **~fahrschein** n billet collectif; **~lager** n centre m de rassemblement; für Flüchtlinge centre m d'accueil; **~leidenschaft** f passion f de collectionneur; **~linse** f OPT lentille convergente; **~mappe** f chemise f
sammeln ['zaməln] ⟨-(e)le, h⟩ I v/t **1.** Pilze, Holz etc ramasser; **2.** (anhäufen) amasser; accumuler; (vereinigen) réunir; a Kräfte rassembler; Erfahrungen ~ acquérir de l'expérience; **3.** (e-e Sammlung von etw anlegen) collectionner; faire collection de; Pflanzen herboriser; **4.** für Arme etc, Geld quêter; a Kleider etc collecter; II v/i **5.** (Geld, Spenden ~) faire une quête, collecte (für pour); III v/réfl sich ~ **6.** (zusammenkommen) s'assembler; se réunir; (sich anhäufen) s'amasser; s'accumuler; **7.** fig (sich konzentrieren) se recueillir; se concentrer
'Sammel|name m nom collectif; **~platz** m, **~punkt** m lieu m de rassemblement; rendez-vous m; MIL a point m de ralliement; für Sachen dépôt (central); **~stelle** f cf Sammelplatz
Sammelsurium [zaməl'zu:rium] F péj n ⟨~s; -rien⟩ ramassis m; F caphamaüm m
'Sammel|tasse f tasse f de collection; **~transport** m transport collectif; **~werk** n recueil m; **~wut** f rage f de collectionneur; manie f de collection
Sammet ['zamət] m ⟨~s; ~e⟩ schweiz, litt velours m
'Sammler ['zamlər] m ⟨~s; ~⟩ ÉLECT accumulateur m; TECH collecteur m
'Sammler(in) m ⟨~s; ~⟩ (f) ⟨~; ~nen⟩ von Kunstwerken, Briefmarken, Münzen etc collectionneur, -euse m,f; von Spenden quêteur, -euse m,f
'Sammler|stück n pièce f de collection; **~wert** m ⟨~(e)s⟩ valeur f de collection
'Sammlung f ⟨~; ~en⟩ **1.** wohltätige collecte f; quête f; **2.** von Kunstwerken, Briefmarken, Münzen etc collection f; staatliche a musée m; e-e ~ von etw anlegen faire collection de qc; **3.** (Zusammenstellung) rassemblement m; réunion f; von Aufsätzen, Gesetzen etc recueil m; von Gedichten anthologie f; **4.** fig (Konzentration) recueillement m; concentration f
Samoa [za'mo:a] n ⟨→ n/pr⟩, **~inseln** die ~ f/pl l'archipel m des Samoa
Samo'an|er(in) m ⟨~s; ~⟩ (f) ⟨~; ~nen⟩ Samoan(e) m(f); **≈isch** adj samoan
Samowar [zamo'va:r] m ⟨~s; ~e⟩ samovar m
Sample ['sa:mpəl] n ⟨~(s); ~s⟩ COMM, STATISTIK échantillon m

Sampler ['sa:mplər] m ⟨~s; ~⟩ etwa compilation f multichanteurs
Samstag ['zamsta:k] m samedi m; langer ~ samedi où les magasins restent ouverts l'après-midi; cf a Montag
samstag|ig ['zamste:gɪç] adj ⟨épithète⟩ du samedi; **~lich** adj ⟨épithète⟩ de tous les samedis
'samstags adv le samedi; tous les samedis
samt [zamt] I adv **~ und sonders** tous sans exception; tous ensemble; II prép ⟨dat⟩ accompagné de
Samt m ⟨~(e)s; ~e⟩ velours m; sie hat e-e Haut wie ~ elle a une peau, un teint de pêche; st/s in ~ und Seide gehen être paré de ses plus beaux atours
'samt|artig adj velouté; **≈band** n ⟨~(e)s; -bänder⟩ ruban m de velours
'samten adj ⟨épithète⟩ **1.** (aus Samt) de velours; **2.** (wie Samt) velouté
'Samthandschuh m gant m de velours; fig j-n mit **~en anfassen** prendre des gants avec qn
'samtig adj velouté; BOT peluché; e-e ~e Stimme une voix de velours
'Samtkleid n robe f de velours
sämtlich ['zɛmtlɪç] pr/ind tout; p/fort (tout[e]) entier, -ière; (vollständig) complet, -ète; ~e pl (tous, toutes) ensemble; Goethes ~e Werke n/pl les œuvres complètes de Goethe
'Samtpfötchen n/pl pattes f/pl de velours; wie auf ~ gehen marcher à pas feutrés, à pas de loup
'samtweich adj velouté
Samurai [zamu'raɪ] m ⟨~(s); ~(s)⟩ samouraï od samurai m
Sanatorium [zana'to:rium] n ⟨~s; -ien⟩ maison f de santé; (Lungen≈) sanatorium m
Sand [zant] m ⟨~(e)s; ~e ou ~e⟩ sable m; MAR auf ⟨acc⟩ laufen échouer (sur un banc de sable); im ~ versinken s'ensabler; MAR a s'engraver, fig auf ~ bauen bâtir sur le sable; fig j-m ~ in die Augen streuen jeter de la poudre aux yeux de qn; fig im ~e verlaufen finir en queue de poisson; F s'en aller en eau de boudin; F fig ~ im Getriebe (du) sable dans les rouages, l'engrenage; F fig etw in den ~ setzen rater, F louper qc; F ... gibt es wie ~ am Meer ce ne sont pas les ... qui manquent
Sandale [zan'da:lə] f ⟨~; ~n⟩ sandale f
Sandalette [zanda'lɛtə] f ⟨~; ~n⟩ sandalette f
'Sand|bahn f RENNSPORT piste f de sable; **~bahnrennen** n course f sur piste de sable; **~bank** f ⟨~; -bänke⟩ MAR banc m de sable; in e-m Fluß ensablement m; **~boden** m sol, terrain sablonneux; **~burg** f am Strand château m de sable; **~dorn** m BOT hippophaé m; argousier m
Sandelholz ['zandəlhɔlts] n (bois m de) santal m
'sand|farben, **~farbig** adj (couleur) sable
'Sand|floh m chique f; **~förmchen** n ⟨~s; ~⟩ für Kinder moule m à sable; **~grube** f sablière f; sablonnière f; **~haufen** m tas m de sable; **~hose** f tornade f de sable
'sandig adj (Sand enthaltend) sableux, -euse; sablonneux, -euse; (mit Sand überzogen) couvert de sable

Sandinist|(in) [zandi'nɪst(ɪn)] m ⟨~en; ~en⟩ (f) ⟨~; ~nen⟩ sandiniste m,f; **≈isch** adj sandiniste
'Sand|kasten m bac m à sable; **~kastenspiel** n fig MIL jeu m de sable; **~korn** n grain m de sable; **~kuchen** m CUIS etwa biscuit m de Savoie
'Sand|mann m ⟨~(e)s⟩, **~männchen** n ⟨~s⟩ marchand m de sable; der Sandmann kommt le marchand de sable est passé
'Sand|papier n papier m de verre; papier m émeri; **~sack** m sac m de sable; BOXEN punching-bag m; sac m de sable; **~stein** m MINÉR grès m; **≈strahlen** v/t ⟨h⟩ TECH sabler; nettoyer au jet de sable; **~strahlgebläse** n TECH sableuse f; **~strand** m plage f de sable; **~sturm** m tempête f de sable
sandte ['zantə] cf senden
'Sand|uhr f sablier m; **~verwehung** f ensablement m
Sandwich ['zɛntvɪtʃ] m od n ⟨~(e)s ou ~; ~(e)s ou ~e⟩ sandwich m; **~bauweise** f construction f sandwich
'Sandwüste f désert m de sable
sanft [zanft] I adj **1.** doux, douce; **~e Energie, Technik** énergie, technique douce; **~e Geburt** accouchement m sans violence; **~er Tod** mort douce; F auf die **~e Tour versuchen, etw zu tun** employer la manière douce pour faire qc; **2.** Hand, Wind, Lüftchen etc (leicht) léger, -ère; **3.** Personen tendre; gentil, -ille; (ruhig) tranquille; II adv doucement; avec douceur; ruhe ~! repose en paix!
Sänfte ['zɛnftə] f ⟨~; ~n⟩ chaise f à porteurs; litière f
'Sanft|heit f ⟨~⟩ douceur f; gentillesse f; **~mut** f ⟨~⟩ douceur f (de caractère); (Gleichmut) égalité f d'humeur; **≈mütig** adj doux, douce; gentil, -ille
sang [zaŋ] cf singen
Sang m ⟨~(e)s; ~e⟩ mit ~ und Klang tambour battant; musique en tête; F fig mit ~ und Klang durchfallen F se faire étaler dans les règles de l'art, en beauté
Sänger ['zɛŋər] m ⟨~s; ~⟩ chanteur m; (Kantor) chantre m; (Singvogel) oiseau m chanteur; **~bund** m groupe(ment) m de sociétés chorales, d'orphéons; **~fest** n festival m de chant
'Sängerin f ⟨~; ~nen⟩ chanteuse f; (Opern≈) cantatrice f
'Sanges|bruder st/s m membre m de la même chorale; **≈freudig** st/s adj qui aime (à) chanter
'sanglos adv F sang- und klanglos sans tambour ni trompette
Sanguin|iker(in) [zaŋgu'i:nɪkər(ɪn)] m ⟨~s; ~⟩ (f) ⟨~; ~nen⟩ tempérament sanguin; **≈isch** adj de tempérament sanguin
sanier|en [za'ni:rən] v/t ⟨pas de ge-, h⟩ **1.** MÉD, Fluß assainir; Zähne traiter; **2.** COMM assainir; redresser; **3.** Altbauten rénover; réhabiliter; **4.** (umgestalten) réformer; réorganiser; **≈ung** f ⟨~; ~en⟩ **1.** MÉD von Flüssen assainissement m; von Zähnen traitement m; **2.** COMM assainissement m; redressement m; remise f sur pied; **3.** von Altbauten réhabilitation f; **4.** (Umgestaltung) réorganisation f
sa'nierungs|bedürftig adj Gebäude qui a besoin d'être réhabilité; Firma en

difficultés (financières); 2gebiet *n* zone *f* d'assainissement, de réhabilitation; 2maßnahmen *f/pl* mesures *f/pl* d'assainissement, COMM *a* de redressement; 2plan *m* plan *m*, projet *m* d'assainissement, COMM *a* de redressement
sanitär [zani'tɛːr] *adj* ⟨*épithète*⟩ sanitaire; 2bereich *m* (secteur *m* [du]) sanitaire *m*
Sanität [zani'tɛːt] *f* ⟨~; ~en⟩ **1.** ⟨*pas de pl*⟩ MIL (~struppe) österr Service *m* de santé (des armées); *schweiz* **Bundesamt** *n* **für ~** Office fédéral des affaires sanitaires de l'armée; **2.** *österr, schweiz* F MIL (*Krankenwagen*) sanitaire *f*
Sani'täter *m* ⟨~s; ~⟩ secouriste *m*; MIL infirmier *m* militaire; brancardier *m* militaire
Sani'täts|dienst *m* service *m* de santé; ~korps *n* MIL corps *m* sanitaire; ~offizier *m* MIL officier *m* du Service de santé; ~personal *n* personnel *m* sanitaire; ~truppe *f* militaires *m/pl* du Service de santé; ~wache *f* poste *m* de secours; ~wagen *m* ambulance *f*; ~wesen *n* ⟨~s⟩ Service *m* de santé (des armées); ~zelt *n* tente *f* de premiers secours
sank [zaŋk] *cf* sinken
Sankt [zaŋkt] *adj* ⟨*inv*⟩ saint
Sankt Gallen [zaŋkt'galən] *n* ⟨→ *n/pr*⟩ Saint-Gall
Sankt Gotthard [zaŋkt'gɔthart] ⟨→ *n/pr*⟩ **der ~** le Saint-Gothard
Sanktion [zaŋktsi'oːn] *f* ⟨~; ~en⟩ **1.** (*Billigung*) sanction *f*; **2.** ⟨*souvent pl*⟩ JUR (*Zwangsmaßnahmen*) sanction *f*; **~en gegen j-n verhängen** prendre des sanctions à l'encontre de qn, contre qn
sanktio'nier|en *v/t* ⟨*pas de ge-*, h⟩ sanctionner; 2ung *f* ⟨~; ~en⟩ sanction *f*
Sankt-Lorenz-Strom [zaŋkt'loːrentsʃtroːm] ⟨~(e)s⟩ **der ~** le Saint-Laurent
Sankt Moritz [zaŋkt'moːrɪts *ou* zaŋkt'mɔrɪts] *n* ⟨→ *n/pr*⟩ Saint-Moritz
Sankt-'Nimmerleins-Tag *m cf* **Nimmerleinstag**
Sanktuarium [zaŋktu'aːriʊm] *n* ⟨~s; -ien⟩ sanctuaire *m*
San Marino [zanma'riːno] *n* ⟨→ *n/pr*⟩ (république *f* de) Saint-Marin
sann [zan] *cf* sinnen
Sansibar ['zanzibaːr] *n* ⟨→ *n/pr*⟩ Zanzibar
Sanskrit ['zanskrɪt] *n* ⟨~s⟩ sanscrit *od* sanskrit *m*
São Tomé und Principe ['saːotoˈmeːʔʊnt'prɪntsipə] *n* ⟨→ *n/pr*⟩ São Tomé et Príncipe
Saphir ['zaːfɪr *ou* za'fiːr] *m* ⟨~s; ~e⟩ saphir *m*; ~nadel *f* saphir *m*
sapperlot [zapər'loːt] F *regional int* F saperlotte!; saperlipopette!
Sarazen|e [zara'tseːnə] *m* ⟨~n; ~n⟩, ~in *f* ⟨~; ~nen⟩ Sarrasin(e) *m(f)*
Sarde ['zardə] *m* ⟨~n; ~n⟩ Sarde *m*
Sardelle [zar'dɛlə] *f* ⟨~; ~n⟩ CUIS anchois *m*
Sar'dellen|butter *f* beurre *m* d'anchois; ~filet *n* filet *m* d'anchois; ~paste *f* pâte *f* d'anchois
Sardin ['zardɪn] *f* ⟨~; ~nen⟩ Sarde *f*
Sardine [zar'diːnə] *f* ⟨~; ~n⟩ sardine *f*
Sar'dinenbüchse *f* boîte *f* de sardines; *leere* à sardines
Sardinien [zar'diːniən] *n* ⟨→ *n/pr*⟩ la Sardaigne

Sar'dinier(in) *m* ⟨~s; ~⟩ *(f)* ⟨~; ~nen⟩ Sarde *m,f*
sar'dinisch *adj* de la Sardaigne; sarde
'sardisch *adj* sarde
'Sardisch *n* ⟨~(s)⟩, **~e** *n* ⟨~n⟩ *(das)* Sardisch(e) Sprache le sarde
sardonisch [zar'doːnɪʃ] *st/s adj* sardonique
Sarg [zark] *m* ⟨~(e)s; ̈e⟩ cercueil *m*; bière *f*; '~deckel *m* couvercle *m* de cercueil; '~nagel *m* **1.** clou *m* de cercueil; **2.** F *plais (Zigarette)* F clope *f*; F sèche *f*; '~träger *m* porteur *m*
Sari ['zaːri] *m* ⟨~s⟩ sari *m*
Sarkas|mus [zar'kasmʊs] *m* ⟨~; -men⟩ sarcasme *m*; 2tisch *adj* sarcastique
Sarkom [zar'koːm] *n* ⟨~s; ~e⟩ MÉD sarcome *m*
Sarkophag [zarko'faːk] *m* ⟨~s; ~e⟩ sarcophage *m*
saß [zaːs] *cf* sitzen
Sat 1 [zat'ʔaɪns] *n* ⟨~⟩ chaîne de télévision privée *(Mayence)*
Satan ['zaːtan] *m* ⟨~s; ~e⟩ **1.** ⟨*pas de pl*⟩ BIBL Satan *m*; **2.** F *péj fig* diable *m*
sa'tanisch *adj* de Satan; satanique; *(teuflisch)* diabolique; démoniaque
'Satansbraten *cf* Teufelsbraten
Satellit [zatɛ'liːt *ou* -'lɪt] *m* ⟨~en; ~en⟩ satellite *m*
Satel'liten|bahn *f* orbite *f* de satellite; ~bild *n* photo *f* (retransmise par) satellite; ~fernsehen *n* (programme[s] *m*[*pl*] de) télévision *f* (relayé[s]) par satellite; ~foto *n* photo *f* (retransmise par) satellite; ~staat *m* État *m* satellite; ~stadt *f* ville *f* satellite; ~übertragung *f* diffusion *f*, retransmission *f* par satellite
Satin [za'tɛ̃ː] *m* ⟨~s; ~s⟩ satin *m*
satinieren [zati'niːrən] *v/t* ⟨*pas de ge-*, h⟩ TECH satiner
Satir|e [za'tiːrə] *f* ⟨~; ~n⟩ satire *f*; ~iker(-in) *m* ⟨~s; ~⟩ *(f)* ⟨~; ~nen⟩ auteur *m* satirique; 2isch *adj* satirique
Satsuma [zat'tsuːma] *f* ⟨~; ~s⟩ satsuma *f*
satt [zat] **I** *adj* **1.** rassasié, *fig* **ich bin es ~** j'en ai assez; *fig* **ich bin es ~, zu** (+*inf*) j'en ai assez de (+*inf*); **von einem Stück Brot werde ich nicht ~** un morceau de pain, ça ne me suffit pas; **danke, ich bin ~** non merci, je n'ai plus faim; non merci, sans façon; **2.** *fig* Farben intense; soutenu; *Klang* plein; F **ein ~er Preis** un prix salé; F **~e 500 Mark** 500 marks, pas moins; rien moins que 500 marks; F 500 marks, rien que ça!; **II** *adv* **1.** **sich ~ essen** se rassasier; manger à sa faim, à satiété; **~ machen** rassasier; *fig* **ich kann mich daran nicht ~ sehen** je ne me lasse pas de voir cela, de ce spectacle; F *etw*, *j-n* **~ bekommen, haben** en avoir assez de qc, qn; F **ich habe es satt!** j'en ai assez!; F j'en ai marre! **2.** F *regional* **es gab Kaviar, Sonne ~** il y avait du caviar F à gogo, du soleil à volonté; **3.** *schweiz* **~ anliegend** serré; tendu; collant
Sattel ['zatəl] *m* ⟨~s; ̈⟩ **1.** *(Reit2)* selle *f*; *sich in den ~ schwingen* monter, sauter en selle; *j-m in den ~ helfen*, *j-n in den ~ heben* mettre qn en selle; mettre à qn le pied à l'étrier; *j-n aus dem ~ heben* *a fig* désarçonner, démonter qn; *fest im ~ sitzen* se tenir, *a fig* être bien en selle; **2.** GÉOL crête *f* (entre deux sommets); col *m*; **3.** MUS sillet *m*; **4.** COUT empiècement *m*

'Sattel|dach *n* toit *m* en bâtière; ~decke *f* housse *f*; chabraque *f*
'sattelfest *adj* **~ sein** être imbattable, F incollable, F calé (*in* [+*dat*] en)
'Sattelgurt *m* sangle *f* (de selle)
'satteln *v/t* ⟨-(e)le, h⟩ seller
'Sattel|nase *f* nez *m* en pied de marmite; ~schlepper *m* tracteur *m* de semi-remorque; ~tasche *f* *beim Pferd*, *Fahrrad* sacoche *f*; ~zeug *n* ⟨~(e)s⟩ sellerie *f*; ~zug *m* semi-remorque *m od f*
'sattgrün *adj* vert intense, soutenu
'Sattheit *f* ⟨~⟩ *a fig* satiété *f*
sättig|en ['zɛtɪgən] ⟨h⟩ **I** *v/t* **1.** *(u v/réfl)* *st/s a fig* *(sich)* **~** *(se)* rassasier *(mit, an* [+*dat*] de); **2.** *(tränken)* imprégner *(mit* de); **3.** CHIM, PHYS saturer *(mit* de); **II** *v/i* Nahrungsmittel être nourrissant, substantiel, -ielle; ~end *adjt* nourrissant; substantiel, -ielle; 2ung *f* ⟨~; ~en⟩ CHIM, *fig* saturation *f* (*mit* de)
'Sättigungs|gefühl *n* ⟨~s⟩ impression *f*, sensation *f* de satiété; ~grad *m* CHIM degré *m* de saturation; ~punkt *m* CHIM point *m* de saturation
'Sattler *m* ⟨~s; ~⟩ sellier *m*
Sattle'rei *f* ⟨~; ~en⟩ sellerie *f*
'sattsam *st/s adv* amplement; plus qu'assez; à satiété; **das ist ~ bekannt** ce n'est que trop connu; c'est amplement connu
Satu|ration [zaturatsi'oːn] *f* ⟨~⟩ CHIM saturation *f*; 2'rieren *st/s v/t* ⟨*pas de ge-*, h⟩ satisfaire pleinement, amplement
Saturn [za'tʊrn] *m* ⟨~s⟩ ASTR *(der)* **~** Saturne
Satyr ['zaːtyr] *m* ⟨~s *ou* ~n; ~n⟩ satyre *m*; ~spiel *n* drame *m* satyrique
Satz [zats] *m* ⟨~es; ̈e⟩ **1.** GR phrase *f*; *(Haupt2, Neben2)* proposition *f*; **2.** PHILOS proposition *f*; *(Lehr2)* thèse *f*; **3.** MATH théorème *m*; proposition *f*; **4.** MUS *Teil e-s Musikstücks* mouvement *m*; *(Periode)* période *f*; phrase *f* (musicale); *(Setzweise)* composition *f*; **5.** TYPO composition *f*; *in (den) ~ gehen* partir à la composition; **6.** *(zusammengehörige Gegenstände, Serie)* jeu *m*; série *f*; *Töpfe* batterie *f*; INFORM (*Daten2*) ensemble *m*, jeu *m* (de données); **7.** TENNIS, VOLLEYBALL, TISCHTENNIS set *m*; **8.** *(Sprung)* saut *m*; bond *m*; enjambée *f*; *mit e-m ~* d'un bond; **9.** *(Boden2)* dépôt *m*; lie *f*; *(Kaffee2)* marc *m*; **10.** *(fester Preis, Tarif)* tarif *m*; taux *m*
'Satz|akzent *m* GR accent *m* (de la phrase); ~anweisung *f* TYPO indication *f* pour la composition; ~aussage *f* GR verbe *m* (d'une proposition); ~ball *m* balle *f* de set; ~bau *m* ⟨~(e)s⟩ GR construction *f* (de la phrase); ~ergänzung *f* GR complément *m* d'objet; ~fehler *m* TYPO coquille *f*
'satzfertig *adj* TYPO **~es Manuskript** copie préparée, mise au point
'Satz|fetzen *m* bribe *f* de phrase; ~gefüge *n* GR phrase *f* complexe; ~gegenstand *m* GR sujet *m*; ~glied *n* GR élément *m*, membre *m* de phrase; ~konstruktion *f* GR construction *f* de la phrase; ~lehre *f* ⟨~⟩ **1.** GR syntaxe *f*; **2.** MUS théorie musicale; ~melodie *f* mélodie *f*, intonation *f* de la phrase; ~spiegel *m* TYPO e-r Seite format *m* utile d'une page; 2tech-

nisch *adj* typographique; **~teil** *m cf* **Satzglied**
Satzung ['zatsʊŋ] *f* ⟨~; ~en⟩ *e-r Partei, e-s Vereins etc* statuts *m/pl*; règlement *m*
'Satzungs|änderung *f* modification *f* des *od* aux statuts; **²gemäß** *adj* statutaire; conforme aux statuts; **²widrig** *adj* contraire aux statuts
'Satz|vorlage *f* TYPO copie *f*; **²weise** *adv* GR phrase par phrase; **~zeichen** *n/pl* GR (signes *m/pl* de) ponctuation *f*; **~zusammenhang** *m* GR contexte *m*; gedanklicher lien *m*, corrélation *f* entre les phrases
Sau [zaʊ] *f* ⟨~; ~e⟩ **1.** ZO truie *f*; *regional (Schwein)* cochon *m*; P *das ist unter aller* ~ c'est au-dessous de tout; P *j-n zur* ~ *machen* F engueuler qn comme du poisson pourri; P *es war keine* ~ *da* il n'y avait pas un chat; F il n'y avait pas la queue d'un; P *er fährt wie e-e gesengte* ~ *schnell* il fonce comme une brute; *schlecht* F il conduit comme un pied; F *die* ~ *rauslassen* s'éclater; **2.** ⟨*pl* ~en⟩ (*Wild²*) laie *f*; (*Wildschwein*) sanglier *m*; **3.** P *fig (schmutziger Mensch)* F cochon, -onne *m,f*; (*gemeiner Mensch*) F salaud *m*; F salopard *m*; F garce *f*; F salope *f*; *Schimpfwort du dumme, fette* ~*!* espèce de gros porc, cochon!
'Sau|arbeit P *f* ⟨~⟩ (*schwierige Arbeit*) travail *m*, F boulot *m* terrible, F dingue; **~bande** P *f* P bande *f* de salopards, saligauds
sauber ['zaʊbər] I *adj* **1.** (*rein*) propre; net, nette; *Wäsche* blanc, blanche; *Fluß, Umwelt etc* non pollué; *das Kind ist schon* ~ F l'enfant est déjà propre; **2.** *fig* (*anständig*) honnête; F *prov ein* ~*es Früchtchen* F un drôle de coco, de pistolet; F *iron ein* ~*er Herr* F un joli monsieur; F ~ *sein (sich nichts zuschulden kommen lassen)* F être rangé des voitures; **3.** *Schrift, Arbeit etc (ordentlich)* soigné; impeccable; *iron* ~*e Arbeit* beau travail; F du propre; **4.** (*gut, alles berücksichtigend*) Lösung, Plan *etc* bon, bonne; pertinent; sensé; F *du bist ja nicht (ganz)* ~*!* F tu es complètement dingue!; **5.** *südd, österr, schweiz (beachtlich)* F joli; ~*! bravo!*; II *adv* **~** *abschreiben* mettre au net, au propre
'sauber|halten *v/t* ⟨*irr, sép, -ge-*, h⟩ maintenir en état de propreté; **²keit** *f* ⟨~⟩ propreté *f* (*a fig*); netteté *f*; *fig e-s Menschen* honnêteté *f*; *e-s Texts, e-r Arbeit etc* correction *f*; (*Sorgfalt*) soin *m*
'säuberlich *adv* (*fein*) ⟨~⟩ soigneusement; avec soin
'saubermachen ⟨*sép, -ge-*, h⟩ I *v/t* nettoyer; II *v/i bei j-m* ~ faire le ménage chez qn
'Saubermann *m* ⟨~(e)s; -männer⟩ *meist iron* (*Moralapostel*) frère prêcheur; moraliste *m*; père *m* la vertu
säuber|n ['zɔʏbərn] *v/t* ⟨*-(e)re*, h⟩ **1.** nettoyer; **2.** *fig* débarrasser (*von* de); MIL, *Polizei a* nettoyer (*von* de); POL épurer; purger; **²ung** *f* ⟨~; ~en⟩ *a fig* nettoyage *m*; POL épuration *f*, purge *f*
'Säuberungsaktion *f* POL épuration *f*, purge *f*; MIL, *der Polizei* (opération *f* de) nettoyage *m*
'sau'blöd(e) P *péj adj* P archicon, -conne

'Saubohne *f* fève *f*
'Sauce *f cf* **Soße**
Sauciere [zosi'e:rə] *f* ⟨~; ~n⟩ saucière *f*
Saudi ['zaʊdi] *m* ⟨~s; ~s⟩, **Saudi-** **'araber(in)** *m(f)* Saoudien, -ienne *m,f*
Saudi-A'rabien *n* ⟨→ *n/pr*⟩ l'Arabie Saoudite; **²a'rabisch** *adj* de l'Arabie Saoudite; saoudien, -ienne
'sau'doof, 'sau'dumm *cf* **saublöd**(e)
'sauen F *v/i* **1.** F faire des saletés, F cochonneries, P saloperies
sauer ['zaʊər] I *adj* ⟨*saurer, sauerste*⟩ **1.** acide; *unangenehm* aigre; *Früchte a* sur; *Wein* vert; *Milch* tourné; *Speisen (verdorben)* aigri; *saure Gurken f/pl* cornichons *m/pl* au vinaigre; *saure Drops m/pl od n/pl* bonbons acidulés; *saurer Regen* pluies *f/pl* acides; F *gib ihm Saures* F flanque-lui une trempe, une raclée!; **2.** CHIM acide; **3.** F (*verärgert*) fâché; *ein saures Gesicht machen* F faire la gueule; ~ *sein* être en rogne, F être furax; *auf j-n* ~ *sein* être fâché contre qn; II *adv* **1.** CUIS ~ *einlegen* mariner dans du vinaigre; **2.** ~ *verdientes Geld* argent gagné péniblement, durement, à la sueur de son front; **3.** F ~ *reagieren* F se mettre en rogne (*auf* [+ *acc*] à cause de); **4.** *fig das wird ihm noch* ~ *aufstoßen* il le payera cher; **5.** CHIM ~ *reagieren* avoir une réaction acide
Sauer|ampfer ['zaʊər²ampfər] *m* ⟨~s; ~⟩ oseille *f*; **~braten** *m* (rôti *m* de) viande marinée; **~brunnen** *m* **1.** *Quelle* source *f* d'eau minérale gazeuse; **2.** *Wasser* eau minérale gazeuse
Saue'rei P *péj f* ⟨~; ~en⟩ P saloperie *f*; cochonnerie *f*; *das ist e-e (echte)* ~*! a* c'est scandaleux, un scandale!
'Sauerkirsche *f Frucht* griotte *f*, *Baum* griottier *m*
'Sauerklee *m sc* oxalide *f*, oxalis *m*
'Sauer|kohl *m regional,* **~kraut** *n* ⟨~(e)s⟩ choucroute *f*
säuerlich ['zɔʏɐ̯lɪç] *adj* **1.** acidulé; *Wein* aigrelet, -ette; *Obst* a suret, -ette; **2.** (*mißmutig*) renfrogné; maussade
'Sauermilch *f* lait caillé
säuern ['zɔʏərn] ⟨*-(e)re*, h⟩ I *v/t* laisser, faire fermenter; *Brot, Teig* mettre du levain dans; II *v/i* ⟨*gären*⟩ fermenter
'Sauerrahm *m etwa* crème *f* aigre (avec 10% de matières grasses)
'Sauerstoff *m* ⟨~(e)s⟩ CHIM oxygène *m*; **~behälter** *m* ballon *m* d'oxygène; **~flasche** *f* bouteille *f* d'oxygène; **~gerät** *n* inhalateur *m* d'oxygène; **²haltig** *adj* oxygéné; **~mangel** *m* ⟨~s⟩ manque *m* d'oxygène; **~maske** *f* masque *m* à oxygène; **~zelt** *n* tente *f* à oxygène; **~zufuhr** *f* oxygénation *f*; alimentation *f* en oxygène
'sauersüß *adj* aigre-doux, -douce; *fig* ~ *lächeln* rire jaune
'Sauer|teig *m* levain *m*; **²töpfisch** *péj adj* renfrogné; maussade; revêche
'Säuerung *f* ⟨~⟩ CHIM fermentation *f*
'Saufbruder P *péj m* F poivrot *m* soûlard *m*
saufen ['zaʊfən] ⟨*säuft, soff, gesoffen*, h⟩ I *v/t* **1.** *Tiere* boire; **2.** P *Menschen* F pinter; F pomper; II *v/i* **3.** *Tiere* boire; s'abreuver; *dem Vieh zu* ~ *geben* abreuver le bétail; **4.** P *Menschen abs* F picoler; F pinter; ~ *wie ein Loch* P boire comme un trou; F picoler sec,

dur; **III** P *v/réfl sich arm* ~ boire jusqu'à son dernier sou; *sich zu Tode* ~ boire, F pinter et en mourir
Säufer ['zɔʏfər] P *péj m* ⟨~s; ~⟩ P soûlard *m*; F poivrot *m*; F soiffard *m*
Saufe'rei *f* ⟨~; ~en⟩ F ivrognerie *f*; F soûlographie *f*; (*Saufgelage*) beuverie *f*; F soûlerie *f*
'Säuferin P *péj f* ⟨~; ~nen⟩ P soûlarde *f*
'Säufer|leber *f* F cirrhose *f* (alcoolique); **~nase** F *f* F nez *m* de poivrot; **~stimme** F *f* voix *f* de rogomme; **~wahn** *m sc* delirium *m* tremens
'Sauf|gelage P *n* beuverie *f*; F soûlerie *f*; **~kumpan** *m* compagnon *m* de beuverie
'Saufraß P *m* F tambouille *f*; F ragougnasse *f*
säuft [zɔʏft] *cf* **saufen**
saugen ['zaʊgən] ⟨*saugt, sog ou régulier, gesogen ou régulier*, h⟩ I *v/t u v/i* **1.** *an etw (dat)* ~ sucer qc; (*lutschen*) suçoter qc; *den Saft aus e-r Orange* ~ sucer une orange; *Wasser aus dem Boden* ~ aspirer de l'eau du sol; **2.** ⟨*régulier*⟩ *Säugling, Tierjunge* téter; **3.** ⟨*régulier*⟩ *mit dem Staubsauger Staub* ~ passer l'aspirateur; *cf a* **staubsaugen**; **4.** ⟨*régulier*⟩ TECH aspirer; II *v/réfl sich voll Wasser* ~ s'imbiber, s'imprégner d'eau
säugen ['zɔʏgən] *v/t* ⟨h⟩ *Säugetiere, Säuglinge* donner à téter à; allaiter; *Säuglinge a* donner le sein à
'Sauger *m* ⟨~s; ~⟩ **1.** (*Schnuller*) sucette *f*; *an der Milchflasche* tétine *f*; **2.** TECH (*Saugheber*) siphon *m*; **3.** F (*Staub²*) aspirateur *m*
'Säuge|r *m* ⟨~s; ~⟩, **~tier** *n* ZO mammifère *m*
'saugfähig *adj* absorbant; **²keit** *f* ⟨~⟩ capacité *f* d'absorption; pouvoir absorbant
'Saug|glocke *f* MÉD ventouse obstétricale; **~heber** *m* ⟨~s; ~⟩ siphon *m*
'Säugling *m* ⟨~s; ~e⟩ nourrisson *m*; poupon *m*
'Säuglingsalter *n* ⟨~s⟩ *im* ~ bébé (*inv*)
'Säuglings|heim *n* pouponnière *f*; **~nahrung** *f* nourriture *f*, aliments *m/pl* pour bébés; **~pflege** *f* puériculture *f*; **~schwester** *f* puéricultrice *f*; **~station** *f* service *m* des nouveaux-nés; **~sterblichkeit** *f* mortalité *f* des nouveaux-nés, postnatale
'Saug|luft *f* ⟨~⟩ TECH air aspiré; **~napf** *m* ZO ventouse *f*
'Saugpumpe *f* TECH pompe aspirante; *Saug- und Druckpumpe* pompe aspirante et foulante
'Saugreflex *m* MÉD réflexe *m* de succion
'sau'grob P *adj* très grossier, -ière
'Saug|rohr *n* tuyau *m* d'aspiration; **~rüssel** *m* ZO suçoir *m*; trompe *f*
'sau'gut F *adj* F super
'Sau|hatz *f* JAGD chasse *f* au sanglier; **~haufen** P *m* P bande *f* de cons; **~hund** P *m* P salaud *m*; P ordure *f*; P fumier *m*; P salopard *m*
säuisch ['zɔʏɪʃ] P *adj* **1.** *péj* ordurier, -ière; **2.** (*groß, stark*) ~*e Kälte* F froid terrible, de chien
'sau'kalt F *adj* glacial; polaire; *es ist* ~ il fait un froid de canard, de chien
'Sau|'kälte F *f* froid *m* de canard, de chien; **~kerl** P *m cf* **Sauhund**; **~klaue** P *f* ⟨~⟩ F écriture *f* de cochon; **'²ko'misch** P *adj* F crevant; F bidonnant

Säule – schade 1350

Säule ['zɔʏlə] f ⟨~; ~n⟩ **1.** CONSTR colonne f; **2.** fig pilier m; **3.** (Zapf2) pompe f (à essence)
'**Säulen|bau** m ⟨~(e)s; ~ten⟩ bâtiment m à colonnade(s); **2förmig** adj en forme de colonne; **~fuß** m CONSTR base f de colonne; **~gang** m CONSTR colonnade f; péristyle m; **~halle** f CONSTR salle f hypostyle; **~heilige(r)** m stylite m; **~kaktus** m BOT cierge m; **~portal** n portail m à colonnes; **~tempel** m temple m périptère
Saum [zaum] m ⟨~(e)s; ~e⟩ **1.** COUT ourlet m; **2.** (Rand) bord m; e-s Waldes lisière f; orée f
'**Saumagen** m CUIS (**Pfälzer**) **~** panse f de porc farcie (à la palatine)
'**saumäßig** P **I** adj **1.** péj F cochonné; F salopé; **2.** (sehr groß) **ein ~es Glück haben** F avoir une veine de pendu, de cocu; **II** adv **1.** péj F comme un cochon; **2.** (sehr) F drôlement; F vachement
säumen¹ ['zɔʏmən] v/t ⟨h⟩ COUT ourler; a st/s fig border
'**säumen**² st/s v/i ⟨h⟩ tarder; (zögern) hésiter; **säume nicht!** hâte-toi!; dépêche-toi!
'**säumig** st/s adj lent; traînard; **Zahler** mauvais; retardataire
'**Saumnaht** f COUT ourlet m
'**Säumnis** ['zɔʏmnɪs] f ⟨~; ~se⟩ od n ⟨~ses; ~se⟩ JUR (Verzug) retard m; **~zuschlag** m majoration f de retard
'**Saumpfad** m sentier muletier
'**saumselig** st/s adj lent; traînard; **2keit** st/s f ⟨~⟩ lenteur f
'**Saumstich** m COUT point m de côté
'**Saumtier** n bête f de somme
Sauna ['zauna] f ⟨~; ~s ou -nen⟩ sauna m; **in die ~ gehen** aller au sauna
'**saunen** v/i ⟨h⟩, **sau'nieren** v/i ⟨pas de ge-, h⟩ prendre un sauna
Säure ['zɔʏrə] f ⟨~; ~n⟩ **1.** ⟨pas de pl⟩ (das Sauersein) acidité f; unangenehme aigreur f; des Weins, der unreifen Früchte verdeur f; **2.** CHIM acide m
'**säure|arm** adj pauvre en acide; **~beständig** adj résistant aux acides; anti-acide; **~empfindlich** adj sensible aux acides; **~fest** adj cf säurebeständig; **~frei** adj sans acide; exempt d'acide; **2gehalt** m teneur f en acide; acidité f
Saure'gurkenzeit F f morte-saison f; saison creuse
'**säure|haltig** adj acide; sc acidifère; **2mantel** m film m acide (de l'épiderme)
Saurier ['zauriɐ] m ⟨~s; ~⟩ dinosaure m; dinosaurien m
Saus [zaus] m **in ~ und Braus leben** verschwenderisch vivre sur un grand pied; mener la grande vie; **herrlich u in Freuden** mener joyeuse vie
'**Sause** F f ⟨~; ~n⟩ beuverie f; F soûlerie f; **e-e ~ machen** F faire une bringue à tout casser
'**säuseln** ['zɔʏzəln] ⟨(-e)le, h⟩ **I** v/t fig susurrer; **II** v/i Blätter bruire; frémir; Wind murmurer; chuchoter
'**sausen** ['zauzən] v/i ⟨-(es)t⟩ **1.** ⟨sein⟩ Geschoß siffler; **der Pfeil sauste durch die Luft** la flèche traversa, fendit l'air en sifflant; **2.** ⟨h⟩ Wind souffler avec violence; **die Ohren ~ mir, es saust mir in den Ohren** les oreilles me tintent; j'ai des bourdonnements (d'oreille); **3.** ⟨sein⟩ Mensch filer; foncer;

courir à fond de train; Auto, Zug etc passer en trombe; foncer
'**sausenlassen** F v/t ⟨irr, sép, -ge- ou pas de ge-, h⟩ **etw ~** laisser tomber qc; F laisser qc en rade; **j-n ~** F larguer qn
'**Sauser** m ⟨~s; ~⟩ regional vin nouveau
'**Sauseschritt** m F plais **im ~** au pas de charge; en coup de vent
'**Sausewind** m plais f personne agitée; tourbillon m
'**Saustall** m porcherie f (a F péj Zimmer etc)
'**sau'teuer** P adj F vachement cher, chère; **~ sein** a F coûter la peau des fesses
sautieren [zo'ti:rən] v/t ⟨pas de ge-, h⟩ CUIS faire sauter
'**Sauwetter** P n ⟨~s⟩ temps m de chien
'**sau'wohl** adv **P sich ~ fühlen** se sentir vachement bien (dans sa peau)
Savanne [za'vanə] f ⟨~; ~n⟩ savane f
Savoyen [za'vɔyən] n ⟨→ n/pr⟩ la Savoie
Saxopho|n [zakso'fo:n] n ⟨~s; ~e⟩ saxophone m; **~'nist(in)** m ⟨~en; ~en⟩ (f) ⟨~; ~nen⟩ saxophoniste m.f
'**Säzeit** f (période f des) semailles f/pl
SB-... [ɛs'be:] in Zssgn abr (Selbstbedienung) libre-service; bes Restaurant self-service
S-Bahn ['ɛsba:n] f etwa R.E.R. m (réseau express régional)
'**S-Bahnhof** m etwa gare f de R.E.R.
'**S-Bahn-Station** f etwa station f de R.E.R.
SBB [ɛsbe:'be:] abr (Schweizerische Bundesbahnen) C.F.F. m/pl (Chemins de fer fédéraux)
S'B-Laden m, **S'B-Markt** m (magasin m) self-service m; libre-service m
s. Br. abr (südliche[r] Breite) lat. S. (de latitude sud)
S'B-Restaurant n (restaurant m) self-service m; F self m
S'B-Tankstelle f station f self-service, libre-service
SC [ɛs'tse:] abr (Sportclub) club sportif
Scampi ['skampi] pl langoustines f/pl; CUIS a scampi m/pl
scannen ['skɛnən] v/i u v/t explorer au scanner, INFORM scanner
'**Scanner** m ⟨~s; ~⟩ TECH, INFORM, MÉD scanner m; TECH a lecteur m optique; MÉD a tomodensitomètre m; **für Strichkode** crayon-lecteur m
sch [ʃ] int **1.** (pst) chut!; **2.** (weg da) (allez,) oust(e)!
Schabe ['ʃa:bə] f ⟨~; ~n⟩ **1.** ZO (Käkerlak) blatte f; cafard m; schweiz, südd (Motte) mite f; **2.** cf Schabeisen
'**Schabefleisch** n regional CUIS viande 'hachée de bœuf
'**Schabeisen** n grattoir m; racloir m
'**Schabemesser** n cf Schabmesser
'**schaben** v/t ⟨h⟩ racler; gratter; auf dem Reibeisen râper; (scheuern) érafler; (entfernen) gratter; F plais **sich (dat) den Bart ~** se raser
'**Schaber** m ⟨~s; ~⟩ grattoir m; racloir m
Schabernack ['ʃa:bɐnak] m ⟨~(e)s; ~e⟩ tour m; niche f; farce f; **j-m e-n ~ spielen** jouer un tour à qn; faire une niche, une farce à qn
schäbig ['ʃɛ:bɪç] adj **1.** (abgenutzt) usé; râpé; élimé; (ärmlich) minable; miteux, -euse; **2.** (gering, jämmerlich) minable; lamentable; **3.** (geizig) radin; chiche; pingre; **4.** (gemein, kleinlich) mesquin;

sordide; **2keit** f ⟨~⟩ (Geiz) radinerie f; pingrerie f; (Kleinlichkeit) mesquinerie f
Schablone [ʃa'blo:nə] f ⟨~; ~n⟩ **1.** modèle m; (Mal2) pochoir m; (Stanz2, Guß2) matrice f; (Bohr2) calibre m; **2.** fig cliché m; stéréotype m; poncif m; **alles nach der ~ machen** F tout faire sur le même topo
Scha'blonen|denken n manière de penser stéréotype od stéréotypée; opinions toutes faites; **2haft I** adj fig stéréotype od stéréotypé; figé; **II** adv de façon stéréotypée; sur le même schéma
'**Schabmesser** n grattoir m; racloir m
Schabracke [ʃa'brakə] f ⟨~; ~n⟩ **1.** (Pferdedecke) 'housse f; caparaçon m; **2.** F péj (häßliche Frau) F vieille bique, rombière
Schach [ʃax] n ⟨~s; ~s⟩ (jeu m d') échecs m/pl; **~ spielen** jouer aux échecs; **~ (dem König)!** échec au roi!; **~ (dem König)!** bieten faire échec (au roi); **der König steht im ~** le roi est en échec; F fig **in ~ halten** tenir en échec, en respect
'**Schach|brett** n échiquier m; **2brettartig** adj en échiquier; en damier; **~brettmuster** n (décoration f en) damier m; **~computer** m jeu m d'échecs électronique
Schacher ['ʃaxɐ] péj m ⟨~s⟩ marchandage m; maquignonnage m
Schächer ['ʃɛçɐ] m ⟨~s; ~⟩ BIBL larron m
'**schachern** péj v/i ⟨-(e)re, h⟩ (feilschen) marchander (**um etw** qc)
'**Schachfeld** n case f d'échiquier
'**Schachfigur** f pièce f (d'un jeu d'échecs); Satz **~en** pl échecs m/pl
'**schach'matt** adj **1.** a fig échec et mat; **2.** F fig (erschöpft) F vanné; F crevé
'**Schach|meister** m champion m d'échecs; **~meisterschaft** f championnat m d'échecs; **~partie** f partie f d'échecs; **~spiel** n **1.** ⟨pas de pl⟩ (jeu m d'échecs m/pl; **2.** (Schachpartie) partie f d'échecs; **~spieler(in)** m(f) joueur, -euse m.f d'échecs
Schacht [ʃaxt] m ⟨~(e)s; ~e⟩ **1.** BERGBAU puits m; fosse f; **2.** CONSTR (Aufzug2) cage f; (Luft2) gaine f d'aération; (Kanalisations2) regard m
Schachtel ['ʃaxtəl] f ⟨~; ~n⟩ **1.** boîte f; **für Hüte, Kleider** carton m; **e-e ~ Zigaretten** un paquet de cigarettes; **e-e ~ Pralinen, Streichhölzer** une boîte de chocolats, d'allumettes; **2.** F péj **alte ~** F vieille toupie; F vieux tableau
'**Schachtel|halm** m BOT prêle f; **~satz** m GR phrase f à tiroirs
schächten ['ʃɛçtən] v/t ⟨-ete, h⟩ égorger (d'après le rite juif)
'**Schächt|er** m ⟨~s; ~⟩ boucher juif; **~ung** f ⟨~; ~en⟩ égorgement m (d'après le rite juif)
'**Schachturnier** n tournoi m d'échecs
'**Schachzug** m coup m; trait m; fig **das war ein geschickter ~** c'était une manœuvre, un coup habile; c'était bien joué
schade ['ʃa:də] adj ⟨attribut⟩ (**das ist [sehr]**) **~!** c'est (bien) dommage!; **wie ~ (, daß ...)!** quel dommage (que ... +subj)!; **es ist um ihn ~** dommage qu'il soit mort, disparu, etc; **um den ist es nicht ~** ce

n'est pas une perte, un mal; ~ **drum!** tant pis!; *Dinge zu ~ für etw sein* être trop bon, bonne *od* beau, belle pour qc; *sie ist sich wohl zu ~ dafür* elle ne va pas s'abaisser à faire cela

Schädel [ˈʃɛːdəl] *m* ⟨~s; ~⟩ **1.** ANAT crâne *m*; *j-m den ~ einschlagen* fendre le crâne à qn; **2.** F (*Kopf*) F cigare *m*; *fig sich* (*dat*) *den ~ einrennen* se casser les dents, F la gueule (*an etw* [*dat*] sur qc)

Schädel|basisbruch *m* MÉD fracture *f* de la base du crâne; **~bruch** *m* MÉD fracture *f* du crâne; **~decke** *f* ANAT boîte crânienne; **~form** *f* forme *f* du crâne; **~höhle** *f* cavité crânienne; **~lage** *f* MÉD présentation *f* céphalique; **~naht** *f* suture *f* (du crâne)

schaden [ˈʃaːdən] *v/i* ⟨-ete, h⟩ *j-m, e-r Sache* ~ nuire à qn, qc; (*nachteilig sein*) porter préjudice, être préjudiciable, dommageable à qn, à qc; *s-m Ruf ~* compromettre sa réputation; *es könnte nicht ~, wenn ...* cela ne ferait pas de mal si ...; F *e-e Diät würde ihm nicht ~* un régime ne lui ferait pas de mal; F *das schadet* (*gar*) *nichts* ça ne fait rien (du tout); ce n'est pas grave (du tout); F *das schadet ihm* (*gar*) *nichts* (*geschieht ihm recht*) il l'a bien mérité; c'est bien fait pour lui

Schaden *m* ⟨~s; ⁀⟩ **1.** *an Sachen* dommage *m*; *durch Unwetter, Feuer etc* dégâts *m/pl*; VERSICHERUNGSWESEN a sinistre *m*; COMM perte *f*; *~ anrichten* causer du dommage, des dégâts; *e-n ~ melden* déclarer un sinistre; *das Dach weist einige Schäden auf* le toit a subi quelques dommages; COMM *mit ~ verkaufen* vendre à perte; **2.** *für Personen fig* (*Nachteil*) préjudice *m*; JUR *materieller, ideeller ~* dommage matériel, moral; *zum ~ von j-m* au détriment, au préjudice de qn; *zu ~ kommen* se faire du mal; se blesser; *es ist niemand zu ~ gekommen* il n'y a pas eu de blessés; personne n'a été blessé; *j-m ~ zufügen* porter préjudice à qn; faire du tort à qn; *st/s* *er hat an seiner Gesundheit ~ genommen* sa santé a (beaucoup) souffert; *es soll dein ~ nicht sein* tu n'auras pas à le regretter; F *weg mit ~!* ça suffit comme ça!; *prov durch ~ wird man klug* on s'instruit à ses dépens; *prov wer den ~ hat, braucht für den Spott nicht zu sorgen* il se trouve toujours qn pour rire du malheur d'autrui *od* de votre malheur

ˈSchadenbericht *m* JUR déclaration *f* de sinistre

ˈSchadenersatz *m* JUR dommages-intérêts *m/pl*; réparation civile; indemnité *od* indemnisation *f*; *~ fordern* réclamer des dommages-intérêts; (*j-m für etw*) *~ leisten* indemniser (qn de qc); *dédommager* (qn de qc); *j-n auf ~ verklagen* poursuivre qn en dommages-intérêts

ˈSchadenersatz|anspruch *m* droit *m* à dédommagement, aux *od* à des dommages-intérêts; **~forderung** *f* demande *f* d'indemnisation, de dommages-intérêts; ⁀**pflichtig** *adj* contraint à payer des dommages-intérêts

ˈSchaden|freiheitsrabatt *m* VERSICHERUNGSWESEN bonus *m*; **~freude** *f* ⟨~⟩ joie maligne; malin plaisir; ⁀**froh** *adj* qui se réjouit du malheur des autres; **~meldung** *f* déclaration *f* de sinistre

ˈSchadens|begrenzung *f* ⟨~⟩ limitation *f* des dommages; **~bericht** *cf* **Schadenbericht**; **~ersatz** *cf* **Schadenersatz**

ˈSchadensfall *m* sinistre *m*; *im ~* en cas de dommage *od* sinistre

ˈSchadensmeldung *cf* **Schadenmeldung**

ˈschad|haft *adj* (*beschädigt*) endommagé; détérioré, abîmé; (*fehlerhaft*) défectueux, -euse; ⁀**haftigkeit** *f* ⟨~⟩ mauvais état; (*état m de*) détérioration *f*; défectuosité *f*

schädigen [ˈʃɛːdɪɡən] *v/t* ⟨h⟩ nuire à; faire du tort à; *Interessen* léser

ˈSchädigung *f* ⟨~; ~en⟩ (*das Schädigen*) atteinte *f* (+ *gén* à); (*Schaden*) préjudice *m*; dommage *m*; MÉD lésion *f*; JUR *~ Dritter* dommage *m* aux tiers

ˈschädlich *adj a Tiere* nuisible; *für die Gesundheit* malsain; nocif, -ive; (*gefährlich*) dangereux, -euse; ⁀**keit** *f* ⟨~⟩ caractère *m* nuisible; nocivité *f*

ˈSchädling *m* ⟨~s; ~e⟩ plante *f*, insecte *m* nuisible; AGR a parasite *m*

ˈSchädlings|bekämpfung *f* lutte *f* antiparasitaire; **~bekämpfungsmittel** *n* pesticide *m*

ˈschadlos *adj sich an j-m, etw ~ halten* se rattraper, se rabattre sur qn, qc

ˈSchadstoff *m* polluant *m*; (*Giftstoff*) (substance *f*) toxique *m*; ⁀**arm** *adj* peu polluant; **~ausstoß** *m* émissions polluantes; **~belastung** *f* taux *m*, degré *m* de pollution; ⁀**frei** *adj* non polluant

Schaf [ʃaːf] *n* ⟨~(e)s; ~e⟩ mouton *m*; (*Mutter*⁀), *fig*, BIBL brebis *f*; *~e coll* ovins *m/pl*; F *fig* (*dummes*) *~* F andouille *f*; F bêta *m*, bêtasse *f*; *fig das schwarze ~ sein* être la brebis galeuse

ˈSchafbock *m* bélier *m*

Schäfchen [ˈʃɛːfçən] *n* ⟨~s; ~⟩ **1.** (*kleines Schaf*) petit mouton; (*Lamm*) agneau *m*; F *zum Einschlafen ~ zählen* compter les moutons; F *sein*(*e*) *~ ins trockene bringen* F faire son beurre; **2.** *pl* (*~wolken*) moutons *m/pl*; **3.** F (*Schutzbefohlene*[*r*]) ⟨*meist pl*⟩ *die od s-e ~* les *od* ses ouailles *f/pl*; **4.** (*naiver Mensch*) F bêta *m*, bêtasse *f*

ˈSchäfchenwolke *f* mouton *m*

Schäfer [ˈʃɛːfər] *m* ⟨~s; ~⟩ berger *m*; BIBL, *litt* pasteur *m*; **~dichtung** *f* poésie *f* pastorale, bucolique

Schäfeˈrei *f* ⟨~; ~en⟩ bergerie *f*

ˈSchäferhund *m* chien *m* (de) berger; *deutscher ~* berger allemand

ˈSchäferin *f* ⟨~; ~nen⟩ bergère *f*

ˈSchäfer|roman *m* roman pastoral; **~spiel** *n* pastorale *f*; **~stündchen** *n* ⟨~s; ~⟩ rendez-vous amoureux, galant

ˈSchaffell *n* peau *f* de mouton

schaffen [ˈʃafən] ⟨h⟩ **I** *v/t* ⟨schafft, schuf, geschaffen *ou* régulier⟩ **1.** (*schöpferisch hervorbringen*) créer; engendrer; produire; (*ins Leben rufen*) faire naître; donner le jour à; (*zustande bringen*) établir; mettre sur pied; *für etw wie geschaffen sein* être fait pour qc; *er stand da, wie Gott ihn geschaffen hat* il était nu (comme un ver); **2.** (*herstellen*) faire; *Ordnung ~* mettre de l'ordre (*in* [*dat*] dans); *Raum ~* faire de la place; **3.** ⟨*régulier*⟩ (*befördern*) transporter; **4.** ⟨*régulier*⟩ (*vollbringen*) *er hat es geschafft* (*beendet*) il l'a terminé; (*erreicht*) il y est arrivé; *im Leben* il a fait son chemin; *das hätten wir geschafft!* voilà une bonne chose de faite!; ça y est!; *das schafft sie nie* elle n'y arrivera jamais; F *ich schaffe den ersten Bus nicht mehr* je ne peux plus avoir le premier bus; **5.** ⟨*régulier*⟩ (*tun*) faire; *er hat hier nichts zu ~* il n'a rien à faire ici; *damit habe ich nichts zu ~* je n'ai rien à voir avec cela; *ich habe nichts mit ihm zu ~* je n'ai rien à faire avec lui; **6.** ⟨*régulier*⟩ F (*erschöpfen*) F crever; F claquer; F *er schafft mich* il est usant, F crevant; F il me pompe; **II** *v/i* ⟨*régulier*⟩ **7.** *j-m zu ~ machen* donner bien du mal à qn; donner du fil à retordre à qn; *meine Migräne macht mir sehr zu ~* ma migraine me fait beaucoup souffrir; *sich* (*dat*) *zu ~ machen* s'affairer; *sich* (*dat*) (*unbefugt*) *an etw* (*dat*) *zu ~ machen* toucher à qc; **8.** *südd* (*arbeiten*) F bosser; *als Maurer ~* être maçon

ˈSchaffen *n* ⟨~s⟩ création *f*; *das geistige ~* le travail intellectuel; *das gesamte ~ e-s Künstlers* l'œuvre *m*; *plais frohes ~!* bon courage!

ˈSchaffens|drang *m* ⟨~(e)s⟩ désir ardent de créer *od* de faire qc; élan créateur; **~freude** *f* ⟨~⟩ joie créatrice; **~kraft** *f* ⟨~⟩ puissance, énergie créatrice; (*Arbeitskraft*) capacité *f*, puissance *f* de travail

Schaffhausen [ʃafˈhauzən] *n* ⟨~ → n/pr⟩ Schaffhouse

ˈSchafffleisch *n* viande *f* de mouton

ˈSchaffner(**in**) [ˈʃafnər(ɪn)] *m* ⟨~s; ~⟩ (*f* ⟨~; ~nen⟩) (*Bahn*⁀) contrôleur, -euse *m,f*; *früher im Bus, in der Straßenbahn* receveur, -euse *m,f*

ˈSchaffung *f* ⟨~⟩ création *f*; (*Bildung*) formation *f*; (*Errichtung*) établissement *m*; mise *f* sur pied; (*Einführung*) instauration *f*

ˈSchaf|garbe *f* BOT mille-feuille *f*; achillée *f*; (*Schafherde*) troupe *m* de moutons; **~hirt**(**in**) *m*(*f*) berger, -ère *m,f*; **~herde** *f* troupeau *m* de moutons; **~kälte** *f* période de mauvais temps, souvent à la mi-juin; **~käse** *cf* **Schafskäse**; **~kopf** *cf* **Schafskopf**; **~leder** *n* peau *f* de mouton; basane *f*

Schafott [ʃaˈfɔt] *n* ⟨~(e)s; ~e⟩ HIST échafaud *m*

ˈSchaf|pelz *m* fourrure *f*, peau *f* de mouton; *cf a* **Wolf**; **~schur** *f* tonte *f* (des moutons)

ˈSchafs|käse *m* fromage *m* de brebis; **~kopf 1.** (*pas de pl*) jeu *m* de cartes; **2.** F *fig* F ballot *m*; F cruche *f*; F andouille *f*

ˈSchafspelz *cf* **Schafpelz**; *cf a* **Wolf**

ˈSchafstall *m* bergerie *f*

Schaft [ʃaft] *m* ⟨~(e)s; ⁀e⟩ *e-r Lanze, Fahne etc* bois *m*; 'hampe *f*; *e-s Stiefels, Schlüssels* tige *f*; *e-s Gewehrs, e-r Säule* fût *m*; *e-s Werkzeugs* manche *m*; **~stiefel** *m* botte *f* à tige 'haute

ˈSchaf|wolle *f* laine *f* de mouton; **~zucht** *f* élevage *m* de moutons; **~züchter** *m* éleveur *m* de moutons

Schah [ʃaː] *m* ⟨~s; ~s⟩ schah *od* chah *m*

Schakal [ʃaˈkaːl] *m* ⟨~s; ~e⟩ ZO chacal *m*

Schäker [ˈʃɛːkər] F *m* ⟨~s; ~⟩ (*Witzbold*) espiègle *m*; taquin *m*; (*Flirtender*) flirteur *m*

Schäkerei – schänden

Schäke'rei F f ⟨~; ~en⟩ (Spaß) espièglerie f; badinage m; (Flirt) flirt m
'**schäkern** v/i ⟨-(e)re, h⟩ **1.** (scherzen) plaisanter; (mit j-m) ~ taquiner (qn); **2.** (flirten) plais batifoler; mit j-m ~ lutiner qn; flirter avec qn
schal [ʃa:l] adj a fig fade; insipide; (abgestanden) éventé
Schal m ⟨~s; ~s ou ~e⟩ **1.** écharpe f; für Kinder cache-nez m; (Seidentuch) foulard m; **2.** (der Übergardine) pan m de doubles rideaux
'**Schalbrett** n CONSTR planche f de coffrage
Schälchen ['ʃɛːlçən] n ⟨~s; ~⟩ (Schüsselchen) (petite) coupe; petit bol
Schale ['ʃaːlə] f ⟨~; ~n⟩ **1.** von Früchten, Gemüse peau f; von Orangen, Zitronen écorce f; abgeschält épluchure f; pelure f; von Hülsenfrüchten écale f; von Nüssen, Mandeln (harte ~) coque f; (grüne ~) brou m; écale f; (Eier♀) coquille f; prov in e-r rauhen ~ steckt oft ein weicher Kern sous une écorce ou enveloppe rude se cache souvent un cœur sensible; **2.** der Krebse, Krabben etc carapace f; der Muscheln coquille f; valve f; **3.** (Gefäß) coupe f; bol m; (Napf) écuelle f; jatte f (Sekt♀) coupe f; bes österr (Tasse) tasse f; e-r Waage plateau m; **4.** F sich in ~ werfen se mettre sur son trente et un
schälen ['ʃɛːlən] ⟨h⟩ **I** v/t **1.** Obst, Kartoffeln peler; éplucher; Nüsse, Hülsenfrüchte, Eier écaler; Reis décortiquer; **2.** Baumstämme décortiquer; écorcer; **II** v/réfl **sich** ~ Haut peler; er schält sich il pèle
'**Schalen|bauweise** f ⟨~⟩ construction f monocoque; ~**obst** n fruits m/pl à coques, à écales; ~**sitz** m im Auto baquet m; ~**tier** n coquillage m; ~**wild** n JAGD grand gibier
'**Schalheit** f ⟨~⟩ fadeur f; fig insipidité f
Schalk [ʃalk] m ⟨~(e)s; ~e ou ≈e⟩ espiègle m; farceur m; plaisantin m; er hat den od ihm sitzt der ~ im Nacken c'est un farceur; il est très malicieux; il est plein d'espièglerie
'**schalkhaft** st/s adj espiègle; malicieux, -ieuse
'**Schalkragen** m col m châle
Schall [ʃal] m ⟨~(e)s; ~e ou ≈e⟩ son m; (Geräusch) bruit m; schneller als der ~ supersonique; st/s Name ist ~ und Rauch le nom n'a pas d'importance, ne signifie rien
'**schalldämm|end** adj insonorisant; ♀**ung** f insonorisation f
'**Schalldämpfer** m PHYS amortisseur m de son; AUTO, Feuerwaffe silencieux m; AUTO t/t pot m d'échappement; MUS sourdine f; am Klavier étouffoir m
'**schalldicht** adj insonore; insonorisé; ~ machen insonoriser
'**Schallehre** f ⟨~⟩ acoustique f
'**Schalleiter** m conducteur m du son
'**schallen** v/i ⟨schallt, scholl, geschallt ou régulier, h⟩ retentir; résonner
'**schallend** adj retentissant; Ohrfeige, Stimme etc sonore; p/fort éclatant; ~es Gelächter (bruyants) éclats de rire
'**Schallgeschwindigkeit** f (mit) ~ (à la) vitesse f du son
'**Schallisolierung** f insonorisation f; isolation f acoustique
'**Schallmauer** f mur m du son; die ~ durchbrechen passer, franchir le mur du son
'**Schallmessung** f phonométrie f
'**Schalloch** n **1.** an Glockentürmen abat-son m; **2.** MUS ouïe f; esse f
'**Schallplatte** f disque m
'**Schallplatten...** in Zssgn de disque(s); sur disque(s); cf a **Platten...**; ~**aufnahme** f enregistrement m sur disque(s); ~**industrie** f industrie f du disque
'**Schall|quelle** f source f sonore; ♀**schluckend** adj insonore; absorbant le son; ~**schutz** m isolation f acoustique; insonorisation f; ♀**tot** adj insonorisé; sourd; ~**trichter** m MUS pavillon m; ~**welle** f onde f sonore; ~**wort** n ⟨~(e)s; -wörter⟩ LING onomatopée f
Schalmei [ʃalˈmai] f ⟨~; ~en⟩ chalumeau m; pipeau m
'**Schälmesser** n épluche-légumes m; couteau m d'éplucheur
Schalotte [ʃaˈlɔtə] f ⟨~; ~n⟩ échalote f
schalt [ʃalt] cf **schelten**
'**Schalt|anlage** f ÉLECT installation f, poste m de distribution; ~**brett** n ÉLECT tableau m de commande; ~**element** n ÉLECT élément m de circuit
schalten ['ʃaltən] ⟨-ete-, h⟩ **I** v/t ÉLECT mettre en circuit; brancher; connecter; in Reihe ~ monter en série; **II** v/i **1.** (den Schalter betätigen) tourner le commutateur, le bouton; auf „aus", „ein" ~ mettre sur «arrêt», «marche»; F fig auf stur ~ se braquer; se buter; **2.** AUTO changer de vitesse; in den ersten Gang ~ passer en première; **3.** st/s (mit etw) frei ~ und walten (können) disposer librement (de qc); n'en faire qu'à sa guise; j-n ~ und walten lassen laisser faire qn à son gré, à sa guise; **4.** F fig (begreifen) F piger
'**Schalter** m ⟨~s; ~⟩ **1.** ÉLECT commutateur m; interrupteur m; **2.** (Post♀, Fahrkarten♀, Bank♀ etc) guichet m; ~**beamte(r)** m, ~**beamtin** f employé(e) m(f) du guichet; guichetier, -ière m,f; ~**dienst** m ⟨~(e)s⟩ service m des guichets; ~**halle** f, ~**raum** m 'hall m des guichets; ~**schluß** m fermeture f du (od des) guichet(s); ~**stunden** f/pl ouverture f du (od des) guichet(s)
'**Schaltgetriebe** n engrenage m de manœuvre; AUTO boîte f de vitesses mécanique
'**Schalthebel** m levier m, manette f de commande; AUTO levier m (de changement) de vitesse; fig POL an den ~n der Macht sitzen être aux leviers de commande
'**Schaltjahr** n année f bissextile; F plais alle ~e (ein)mal tous les trente-six du mois
'**Schalt|knüppel** m AUTO levier m (de changement) de vitesse (au plancher); ~**kreis** m ÉLECT circuit m; ~**plan** m ÉLECT schéma m de montage, de circuit; ~**pult** n pupitre m de commande; ~**satz** m GR phrase, proposition intercalée; ~**stelle** f poste m de commande; ~**tafel** f tableau m de commande; ~**tag** m jour m intercalaire; ~**uhr** f minuterie f
'**Schaltung** f ⟨~; ~en⟩ **1.** ÉLECT (das Schalten) mise f en circuit; branchement m; Anordnung der Verbindungen montage m; couplage m; integrierte ~ circuit intégré; **2.** AUTO (Gang♀) changement m de vitesse; **3.** RAD, TÉL communication f, liaison f (nach avec)
'**Schaltzentrale** f salle f d'appareillage, de distribution; fig poste m de commande; MIL a centre m de commandement
Schaluppe [ʃaˈlupə] f ⟨~; ~n⟩ MAR chaloupe f
Scham [ʃa:m] f ⟨~⟩ **1.** honte f; (Schamhaftigkeit) pudeur f; vor ~ erröten rougir de honte; keine ~ im Leibe haben être sans vergogne; nur keine falsche ~! surtout pas de fausse pudeur od 'honte!; **2.** st/s région pubienne
Schama|ne [ʃaˈmaːnə] m ⟨~n; ~n⟩ chaman m; ~**nismus** m ⟨~⟩ chamanisme m
'**Scham|behaarung** f poils m/pl du pubis; ~**bein** n ANAT (os m) pubis m; ~**dreieck** n (poils m/pl du) pubis m
schämen ['ʃɛːmən] v/réfl ⟨h⟩ sich (für od wegen etw) ~ avoir 'honte, être 'honteux, -euse (de qc); ich brauche mich deshalb nicht zu ~ je n'ai pas à en rougir; sich vor j-m ~ avoir 'honte devant, vis-à-vis de qn; sich für j-n ~ avoir 'honte de qn; ich schäme mich für dich j'ai honte pour toi; tu me fais 'honte; sich zu Tode ~ mourir de honte; du solltest dich (F was) ~! tu devrais avoir 'honte!; schämst du dich (denn) nicht? tu n'as pas 'honte?
'**Scham|gefühl** n ⟨~s⟩ (sentiment m de) honte f, pudeur f; ~**gegend** f ⟨~⟩ région pubienne; ~**haar** n poil m du pubis; coll poils m du pubis
'**schamhaft I** adj pudique; **II** adv de od par pudeur; iron, plais etwas ~ verschweigen taire pudiquement qc
'**Scham|haftigkeit** f ⟨~⟩ pudeur f; ~**lippen** f/pl ANAT lèvres f/pl (de la vulve); ♀**los** adj **1.** sans pudeur; (unanständig) impudique; **2.** (unverschämt) impudent; éhonté; ~**losigkeit** f ⟨~; ~en⟩ **1.** manque m de pudeur; impudeur f; (Unanständigkeit) impudicité f; **2.** (Unverschämtheit) impudence f
Schamotte [ʃaˈmɔt(ə)] f ⟨~⟩ argile f, terre f réfractaire; ~**stein** m, ~**ziegel** m brique f (d'argile) réfractaire
Schampon ['ʃampɔn] n ⟨~s; ~s⟩ cf **Shampoo**
schampo'nieren, **schampu'nieren** v/t ⟨pas de ge-, h⟩ shampouiner od shampooiner
Schampus ['ʃampus] F m ⟨~⟩ champagne m
'**schamrot** adj rouge de honte; ~ werden rougir de honte
'**Schamröte** f rouge m (de la honte); j-m die ~ ins Gesicht treiben faire rougir qn de honte
'**schamverletzend** adj impudique
'**schandbar** cf **schändlich**
Schande ['ʃandə] f ⟨~⟩ 'honte f; st/s ignominie f; st/s infamie f; j-m (keine) ~ machen (ne pas) faire 'honte à qn; zu meiner ~ muß ich gestehen, daß ... à ma grande 'honte, à ma grande confusion je dois avouer que ...; ~ über dich! 'honte à toi!; es ist e-e (wahre) ~ c'est une (véritable) 'honte; es ist e-e ~, zu (+inf) c'est une 'honte (que) de (+inf); es ist keine ~, wenn ... ce n'est pas une 'honte si ...
schänden ['ʃɛndən] v/t ⟨-ete-, h⟩ **1.** Ruf etc déshonorer; (besudeln) souiller; st/s

Schandfleck – Schattenseite

flétrir; *Grab etc* violer; (*entweihen*) profaner; **2.** *st/s* (*vergewaltigen*) violenter
'**Schandfleck** *m* souillure *f*; tare *f*; *st/s* flétrissure *f*; 'honte *f*
'**schändlich** *adj* **1.** (*verwerflich*) 'honteux, -euse; déshonorant; (*erniedrigend*) avilissant; *st/s* infamant; *Verbrechen etc* odieux, -ieuse; abominable; (*empörend*) scandaleux, -euse; **das ist ~ von ihm** c'est une 'honte de sa part; **2.** F *fig* (*scheußlich*) abominable; épouvantable; **in e-m ~en Zustand sein** être dans un état pitoyable
'**Schändlichkeit** *f* 〈~; ~en〉 'honte *f*; *a Handlung st/s* ignominie *f*; *st/s* infamie *f*
'**Schand|mal** *n* HIST marque *f* d'infamie; stigmate *m*; (*Schandfleck*) tare *f*; *st/s* flétrissure *f*; **~maul** F *n* mauvaise, méchante langue
'**Schandtat** *f* action *f* infâme; acte odieux, *st/s* infamie *f*; F *plais zu jeder ~ od zu allen ~en bereit sein* être prêt (à participer) à tout, à toutes les bêtises
'**Schändung** *f* 〈~; ~en〉 **1.** *e-r Kirche, e-s Grabes etc* violation *f*; profanation *f*; **2.** *st/s* (*Vergewaltigung*) viol *m*
Schanghai ['ʃaŋhai *ou* ʃaŋ'hai] *n* 〈→ *n*/*pr*〉 Chang-haï *od* Shanghai
Schank|bier ['ʃaŋkbiːr] *n* bière *f* à la pression; **~erlaubnis** *f*, **~konzession** *f* licence *f* de débit de boissons; **~tisch** *m* comptoir *m*; F zinc *m*; **~wirt(in)** *m(f)* débitant(e) *m(f)* de boissons; **~wirtschaft** *f* débit *m* de boissons; café *m*
Schanze ['ʃantsə] *f* 〈~; ~n〉 **1.** MIL ouvrage *m* de campagne; retranchement *m*; **2.** SKISPORT tremplin *m*; **3.** MAR gaillard *m* d'arrière
Schanzenrekord *m* SKISPORT record *m* de saut au tremplin
Schar [ʃaːr] *f* 〈~; ~en〉 groupe *m*; bande *f*; foule *f*; *von Kindern a* ribambelle *f*; *von Vögeln* vol *m*; volée *f*; **in ~en** (*dat*) en masse; en foule; **~en von Menschen** une multitude, une foule (de gens); **die Käufer kamen in hellen ~en in das neue Geschäft** une foule d'acheteurs se pressèrent vers le nouveau magasin
Scharade [ʃaˈraːdə] *f* 〈~; ~n〉 charade *f*
Schäre ['ʃɛːrə] *f* 〈~; ~n〉 îlot rocheux
'**scharen** 〈h〉 I *v/t* réunir; grouper; **um sich ~** rassembler autour de soi; rallier; II *v/réfl* **sich um j-n ~** se rallier autour de qn
'**scharenweise** *adv* en grande quantité; en foule; en masse; par *od* en bandes
scharf [ʃarf] I *adj* 〈~er, ~ste〉 **1.** (*schneidend*) tranchant; coupant; aiguisé; *Zähne, Nägel, Krallen* acéré; *Kurve* brusque; *Ecke* saillant; **~e Kante** arête vive; **2.** (*ausgeprägt*) *Linien, Gesichtszüge* marqué, accusé; *Gegensätze* (bien) tranché; *Umrisse* net, nette; précis; *Foto* net, nette; **3.** *Brille, Fernglas* fort; **4.** *Speisen* épicé; *Gewürz, Senf* fort; (*gepfeffert*) poivré; *Geruch* pénétrant; *Tabakrauch* âcre; *Lauge, Säure* caustique; corrosif, -ive; **5.** *Kontrolle, Urteil, Maßnahmen etc* sévère; rigoureux, -euse; *Bewachung* étroit; *Verhör* serré; *Protest* énergique; violent; vif, vive; *Worte, Entgegnung* (*schroff*) sec, sèche; cassant; tranchant; (*beißend*) cinglant; mordant; acerbe; *fig Zunge* bien affilé; acéré; **~er Verweis** réprimande *f* sévère; verte réprimande; **schärfsten Widerstand leisten** opposer la plus vive résistance *od* une résistance acharnée (+ *dat* à); **6.** *Gehör* fin; *Verstand* pénétrant; subtil; *Gedächtnis* sûr; fidèle; *Auge* perçant; *Blick* pénétrant; *Stimme* affiné; aigu, aiguë; **7.** *Trab, Galopp* rapide; *Wind* cinglant; violent; **8.** *Munition* pour tir réel; *Minen, Sprengkörper etc* amorcé; armé; **9.** *Aussprache* précis; bien articulé; *das ~e S* (*Eszett*) le «ß» (en allemand); **10.** F (*geil*) F allumé; excité; **auf etw** (*acc*) **~ sein** avoir très envie de qc; **auf j-n ~ sein** F en pincer pour qn; F avoir envie de se taper qn; **11.** *Hund* méchant; **12.** F (*beeindruckend*) F dingue; II *adv* **13.** (*genau*) **~ umreißen** délimiter nettement, avec précision; *Kamera, Bild* (*ein*)*stellen* mettre au point; **~ bewachen** surveiller, observer de près, étroitement; **~ aufpassen** faire bien attention; **~ nachdenken** se concentrer; *j-n* **~ ansehen** regarder qn d'un œil sévère; dévisager qn; **14.** (*heftig, stark*) **~ bremsen** freiner brutalement; piler; **~ würzen** épicer fortement; *etw aufs* **schärfste verurteilen** condamner qc très sévèrement, avec la dernière rigueur; *st/s* stigmatiser qc; **15.** (*dicht*) **an etw** (*acc*) **heranfahren** s'approcher tout près de qc; **~ rechts fahren** serrer à droite; **16.** MIL **~ schießen** tirer à balle; procéder à des tirs réels
'**Scharfblick** *m* 〈~(e)s〉 pénétration *f* (d'esprit); clairvoyance *f*; *p/fort* perspicacité *f*
Schärfe ['ʃɛrfə] *f* 〈~; ~n〉 **1.** 〈*pas de pl*〉 *a fig* acuité *f*; **2.** 〈*pas de pl*〉 *e-r Säure etc* (*Ätzkraft*) causticité *f*; *von Speisen etc* goût relevé, épicé; **3.** 〈*pas de pl*〉 (*Deutlichkeit*) netteté *f*; précision *f*; (*Genauigkeit*) exactitude *f*; **4.** PHOT netteté *f*; **5.** 〈*pas de pl*〉 *des Verstandes* pénétration *f*; *p/fort* perspicacité *f*; *des Gehörs, der Augen* acuité *f* (auditive, visuelle); **6.** 〈*pas de pl*〉 *fig* (*Strenge*) sévérité *f*; rigueur *f*; (*Schroffheit*) sécheresse *f*; caractère tranchant; *e-r Diskussion* âpreté *f*; **7.** (*Bissigkeit*) causticité *f*; acrimonie *f*
'**Scharfeinstellung** *f* PHOT mise *f* au point
'**schärfen** *v/t* 〈h〉 **1.** *Messer etc* aiguiser; affûter; affiler; **2.** *Minen, Bomben etc* amorcer; **3.** *fig Sinne, Verstand, Blick* aiguiser
'**Schärfentiefe** *f* 〈~〉 PHOT profondeur *f* de champ
'**scharf|kantig** *adj* à arête(s) vive(s) (à angle(s) vif(s)); **~machen** *v/t* 〈*sép*, -ge-, h〉 *a Hund* exciter (*gegen* contre)
'**Scharf|macher** F *m* 〈~s; ~〉 agitateur *m*; provocateur *m*; **~mache'rei** *f* 〈~〉 provocation *f*; excitation *f*; **~richter** *m* bourreau *m*; **~schütze** *m* tireur *m* d'élite; **2sichtig** *adj* clairvoyant; *p/fort* perspicace; **2sichtigkeit** *f* 〈~〉 clairvoyance *f*; *p/fort* perspicacité *f*; **~sinn** *m* 〈~(e)s〉 esprit pénétrant; pénétration *f* d'esprit; finesse *f*; subtilité *f*; **2sinnig** *adj* fin; subtile
'**Schärfung** *f* 〈~〉 **1.** *e-s Messers etc* aiguisage *f*; affûtage *f*; affilage *f*; **2.** *von Minen, Bomben etc* amorçage *m*
scharfzüngig ['ʃarftsʏŋɪç] *adj* caustique; acerbe; *Bemerkung* à incisif, -ive; **2keit** *f* 〈~〉 causticité *f*

Scharlach ['ʃarlax] *m* 〈~s〉 MÉD scarlatine *f*; **2färben**, **2rot** *adj* écarlate
Scharlatan ['ʃarlatan] *m* 〈~s; ~e〉 charlatan *m*; **~e'rie** *f* 〈~; ~n〉 charlatanerie *f*; charlatanisme *m*
Scharmützel [ʃarˈmʏtsəl] *n* 〈~s; ~〉 MIL escarmouche *f* (*a fig*)
Scharnier [ʃarˈniːr] *n* 〈~s; ~e〉 charnière *f*
Schärpe ['ʃɛrpə] *f* 〈~; ~n〉 écharpe *f* (portée en ceinture, en bandoulière)
scharren ['ʃarən] 〈h〉 I *v/t* **ein Loch in die Erde ~** creuser un trou dans la terre (en grattant); II *v/i* gratter; *an der Tür* **~** gratter à la porte; **in der Erde ~** *Huhn, Hund* gratter la terre, le sol; *ungeduldig, nervös* **mit den Füßen ~** *Mensch, Pferd* piaffer d'impatience
Scharte ['ʃartə] *f* 〈~; ~n〉 **1.** *in e-m Schneidewerkzeug etc* brèche *f*; dent *f*; *fig e-e* **~ auswetzen** réparer un échec, une faute; **2.** (*Schieß2*) embrasure *f*; meurtrière *f*
Scharteke [ʃarˈteːkə] *f* 〈~; ~n〉 **1.** *péj* vieux bouquin; **2.** F *fig péj* (*alte*) **~** F vieux tableau; F vieille toupie
'**schartig** *adj* ébréché; **~ werden** s'ébrécher
scharwenzeln [ʃarˈvɛntsəln] F *péj v/i* 〈-(e)le, *pas de ge-*, h *ou* sein〉 F faire de la lèche, du lèche-bottes; **um j-n ~** se montrer complaisant, obséquieux, -ieuse envers qn; s'empresser auprès de qn, autour de qn; F cirer les bottes de qn
Schaschlik ['ʃaʃlik] *m od n* 〈~s; ~s〉 CUIS chachlik *m*; brochette *f* (*avec de la viande, du poivron, du lard et des oignons*)
schassen ['ʃasən] F *v/t* 〈-ßt, h〉 F virer; **geschaßt werden** F se faire virer
Schatten ['ʃatən] *m* 〈~s; ~〉 **1.** *a fig* ombre *f*; *von Bäumen etc a st/s* ombrage *m*; **im ~** à l'ombre; **e-n ~ werfen** faire de l'ombre (**auf** [+ *acc*] à); projeter une *od* son ombre (**an** [+ *acc*] contre); **~ spenden** donner de l'ombre; **das Haus lag im ~** la maison était à l'ombre; **j-m wie sein ~ folgen** suivre qn comme son ombre; *fig* **j-n in den ~ stellen** éclipser qn; *fig* **etw in den ~ stellen** éclipser (largement) qc; *fig* **in j-s ~** (*dat*) **stehen** vivre dans l'ombre de qn; *fig* **dunkle ~ unter den Augen haben** avoir les yeux cernés; *fig* **er ist nur noch ein ~ s-r selbst** il n'est plus que l'ombre de lui-même; *fig* **niemand kann über s-n ~ springen** personne ne peut sortir de sa peau; on ne se refait pas; *cf a Ereignis*; **2.** *fig* (*Makel*) tache *f*; *st/s* flétrissure *f*; **der ~ e-s Verdachtes** l'ombre *f* d'un soupçon
'**Schatten|bild** *n* silhouette *f*; **~boxen** *n* shadow-boxing *m*
'**Schattendasein** *n* **ein ~ führen** vivre dans l'ombre
'**schattenhaft** *adj* vague; (*unwirklich*) fantomatique
'**Schatten|kabinett** *n* POL cabinet *m* fantôme; **2los** *adj* sans ombre
Schatten|morelle [ʃatənmɔˈrɛlə] *f* 〈~; ~n〉 BOT griotte *f*; **~reich** *n* 〈~(e)s〉 royaume *m* des ombres; **~riß** *m* silhouette *f*
'**Schattenseite** *f* côté *m* de l'ombre; *fig* (*Nachteil*) revers *m* de la médaille; ombre *f* au tableau; inconvénient *m*;

Schattenspiel – schauspielern

auf der ~ *des Lebens stehen* n'avoir pas de chance dans la vie
'Schatten|spiel *n* ombres chinoises; théâtre *m* d'ombres; ~wirtschaft *f* ⟨~⟩ économie *f* souterraine
schat'tieren *v/t* ⟨*pas de ge-*, h⟩ PEINT ombrer; nuancer; dégrader
Schat'tierung *f* ⟨~; ~en⟩ **1.** PEINT répartition *f*, distribution *f* des ombres; dégradé *m*; **2.** *fig* (*Nuance*) nuance *f*; ton *m*; *Politiker m/pl aller* ~**en** (des) hommes *m/pl* politiques de tous bords *od* de toutes tendances
'schattig *adj* ombragé; *st/s* ombreux, -euse
'Schattseite *österr*, *schweiz cf* **Schattenseite**
Schatulle [ʃa'tʊlə] *f* ⟨~; ~n⟩ *für Geld* cassette *f*; (*Schmuck*2) coffret *m*; écrin *m*
Schatz [ʃats] *m* ⟨~es; ~e⟩ **1.** *a fig* trésor *m*; richesses *f/pl*; *verborgener* magot *m*; **2.** F *Kosewort* (mon) trésor *m*; **3.** (*hilfsbereiter Mensch*) *du bist ein* ~! tu es un ange!; *sei ein* ~ *und hol mir meinen Koffer* sois un ange et va chercher ma valise
'Schatz|amt *n* trésorerie *f*; Trésor *m*; ~anweisung *f* FIN bon *m* du Trésor
Schätzchen ['ʃɛtsçən] *n* ⟨~s; ~⟩ *Kosewort* (mon) petit trésor, bijou
schätzen ['ʃɛtsən] *v/t* ⟨-(es)t, h⟩ **1.** (*ab*~) estimer; apprécier; *Preis etc* évaluer; *wie alt* ~ *Sie ihn?* quel âge lui donnez-vous?; *ich hätte ihn* (*für*) *älter geschätzt* je lui aurais donné plus; je l'aurais cru plus âgé; *schätz mal!* devine un peu!; **2.** (*achten*) estimer; apprécier; priser; *etw zu* ~ *wissen* (savoir) apprécier qc; *sich glücklich* ~ s'estimer heureux, -euse; *wir* ~ *sie sehr* nous la tenons en 'haute estime; *ich schätze das nicht* je n'apprécie pas du tout cela; **3.** F (*annehmen*) penser; *ich schätze, daß* j'estime, je pense que
'schätzenswert *adj* estimable
Schatz|gräber ['ʃatsgrɛːbər] *m* ⟨~s; ~⟩ chercheur *m* de trésors; ~insel *f* île *f* au trésor; ~kammer *f* trésor *m*; POL Trésor *m*; ~kanzler *m in England* chancelier *m* de l'Échiquier; ~kästchen *n* cassette *f*; coffret *m*; ~meister *m* trésorier *m*
'Schatzpreis *m* prix estimatif
'Schatzsuche *f* chasse *f* au(x) trésor(s)
'Schätzung *f* ⟨~; ~en⟩ estimation *f*; appréciation *f*; évaluation *f*; (*Veranlagung*) taxation *f*; *bei vorsichtiger* ~ au bas mot
'schätzungsweise *adv* approximativement; à peu près
'Schätzwert *m* valeur estimative
Schau [ʃaʊ] *f* ⟨~; ~en⟩ **1.** (*Ausstellung*) exposition *f*; (*Zurschaustellung*) exhibition *f*; étalage *m*; *etw zur* ~ *stellen* (*ausstellen*) exposer qc; *fig* (*offen zeigen*) faire étalage, montre de qc; *fig zur* ~ *tragen* faire étalage de; afficher; **2.** (*Vorführung*) grande mise en scène; (grand) spectacle, revue *f*; *j-m die* ~ *stehlen* voler la vedette à qn; F *e-e* ~ *abziehen* (*sich in Szene setzen*) faire l'intéressant, son cinéma; (*sich aufspielen*) F (*einen*) *auf* ~ *machen* F frimer; F faire du chiqué, de l'esbroufe; **3.** *st/s* (*Betrachtungsweise*) point *m* de vue; aspect *m*; perspective *f*

'Schau|bild *n* (représentation *f*) graphique *m*; schéma *m*; (*Diagramm*) diagramme *m*; ~bühne *f* théâtre *m*
Schauder ['ʃaʊdər] *st/s m* ⟨~s; ~⟩ frisson *m*; *fig* (*Entsetzen*) horreur *f*; 2haft F *péj adj* horrible; affreux, -euse; *p/fort* épouvantable
'schaudern *v/i* ⟨-(e)re, h⟩ frissonner (*vor* [+*dat*] de); (*beben*) frémir; tressaillir; *mir od mich schaudert od* (*v/imp*) *es schaudert mich* je frémis, frissonne; *mich schaudert bei dem Gedanken, daß* ... je frémis, frissonne à la pensée que ...
'schauen *v/i* ⟨h⟩ *bes südd, österr, schweiz* **1.** (*sehen*) regarder; *auf j-n, etw* ~ *als Vorbild* prendre qn, qc pour modèle; *schau, schau!* tiens, tiens!; *da schau her!* *verwundert* tiens, par exemple!; *empört* ça, alors!; **2.** (*dreinblicken*) *traurig* ~ avoir le regard *od* un air triste; (*sich kümmern um*) *nach j-m, etw* ~ s'occuper de qn, qc; **4.** (*achtgeben auf*) *auf etw* (*acc*) ~ veiller à qc; **5.** F (*sich bemühen*) *schau, daß* tâche de (+*inf*); fais attention à ce que (+*subj*)
Schauer ['ʃaʊər] *m* ⟨~s; ~⟩ **1.** (*Schauder*) frisson *m*; *ihn überlief ein* ~ un frisson le parcourut (tout entier); **2.** (*Regen*2) averse *f*; ondée *f*; *mit Hagel od Schnee* giboulée *f*
'schauerartig *adj* ~*e Regenfälle m/pl* averses *f/pl*
'Schauergeschichte *f* histoire *f* à faire frémir, à donner la chair de poule
'schauerlich *adj* **1.** épouvantable; effroyable; terrifiant; **2.** F *fig* (*furchtbar schlecht*) abominable; affreux, -euse
'Schauermärchen *n j-m* ~ *erzählen* raconter des horreurs à qn
'schauern *cf* **schaudern**
'Schauernähe *f in* ~ *auffrischender Wind* averses accompagnées de vent(s) fort(s)
'Schauer|roman *m* roman *m* d'épouvante; ~wetter *n* temps *m* d'averses, de giboulées
Schaufel ['ʃaʊfəl] *f* ⟨~; ~n⟩ **1.** pelle *f*; (*Rad*2) pale *f*; aube *f* (*a e-r Turbine*); **2.** (*Geweih*2) andouillers palmés; ~bagger *cf* **Schaufelradbagger**; 2förmig *adj* en forme de pelle; ~lader *m* ⟨~s; ~⟩ TECH pelleteuse *f*
'schaufeln *v/i* ⟨-(e)le, h⟩ I *v/t* pelleter; *ein Grab* ~ creuser une fosse, un tombeau; *Schnee* ~ enlever la neige (avec une pelle); II *v/i* travailler à la pelle
'Schaufelrad *n* TECH roue-pelle *f*; *beim Dampfer* roue *f* à aubes; ~bagger *m* excavateur *m* à roue-pelle; ~dampfer *m* bateau *m* (à vapeur) à aubes
'Schaufenster *n* vitrine *f*; devanture *f*; étalage *m*, ~auslage *f* étalage *m*
'Schaufensterbummel *m* lèche-vitrines *m*; *e-n* ~ *machen* faire du lèche-vitrines
'Schaufenster|dekorateur(in) *m(f)* étalagiste *m,f*; ~dekoration *f* décoration *f* d'étalage; ~gestalter(in) *m(f)* étalagiste *m,f*; ~gestaltung *f* composition *f* d'étalage; décoration *f* de vitrine; ~puppe *f* mannequin *m*; ~scheibe *f* glace *f* de (la) vitrine
'Schau|fliegen *n*, ~flug *m* vol *m* de démonstration; ~geschäft *n* ⟨~(e)s⟩ show-business *m*; F show-biz *m*; industrie *f* du spectacle; ~kampf *m* BOXEN démonstration *f*; ~kasten *m* vitrine *f*
Schaukel ['ʃaʊkəl] *f* ⟨~; ~n⟩ balançoire *f*
'schaukeln ⟨-(e)le, h⟩ I *v/t* balancer; *ein Kind auf den Knien* ~ bercer un enfant sur ses genoux; F *der Bus schaukelte uns durch die Stadt* le bus, car nous a bringuebalés *od* bringuebalés à travers la ville; *cf a Kind*; II *v/i* **1.** se balancer; jouer à la balançoire; **2.** *Schiff* rouler; (*stampfen*) tanguer
'Schaukel|pferd *n* cheval *m* (de bois) à bascule; ~politik *f* politique *f* de bascule; ~stuhl *m* fauteuil *m* à bascule; rocking-chair *m*
'Schau|lauf *m*, ~laufen *n* EISLAUF gala *m* de patinage artistique, de danse sur glace; ~lust *f* ⟨~⟩ curiosité *f*; 2lustig *adj* curieux, -ieuse; avide de voir; ~lustige(r) *f(m)* ⟨→ A⟩ curieux, -ieuse *m,f*; badaud *m*
Schaum [ʃaʊm] *m* ⟨~(e)s; ~e⟩ écume *f*; *auf Bier, von Seife etc* mousse *f*; *Eiweiß zu* ~ *schlagen* battre en neige; F *fig* ~ *schlagen fig* F se faire mousser; F faire du vent; *ihm stand der* ~ *vor dem Mund* il avait de l'écume à la bouche; *ihm lief der* ~ *aus der Bouche*
'Schaumbad *n* bain *m* (de) mousse
'schäumen ['ʃɔymən] ⟨h⟩ I *v/t* TECH faire mousser; II *v/i a fig* écumer; *Bier, Sekt, Seife etc* mousser; *fig vor Wut* ~ écumer de rage
'Schaum|gebäck *n* meringue *f*; ~geborene *f* ⟨→ A⟩ MYTH (Aphrodite *f*) Anadyomène *f*; ~gummi *m a* ⟨~(s)⟩ caoutchouc *m* mousse (*nom déposé*)
'schaumig *adj* écumeux, -euse; *Meer* couvert d'écume; *Getränk, Speise* mousseux, -euse; CUIS *Butter und Zucker* ~ *rühren* travailler le beurre et le sucre au fouet (*pour obtenir une consistence mousseuse*)
'Schaumkelle *f* écumoire *f*
'Schaumkrone *f das Meer hat* ~*n* la mer moutonne
'Schaum|löffel *m* écumoire *f*; ~reiniger *m* mousse *f* de nettoyage; ~schläger *m* *péj* F frimeur, -euse *m,f*; ~schläge'rei *f* *péj* F frime *f*; F esbroufe *f*; F chiqué *m*; F épate *f*; ~speise *f* mousse *f*; ~stoff *m* mousse *f*; ~wein *m* (vin) mousseux *m*
'Schau|platz *m* scène *f*; (*Kriegs*2) théâtre *m*; *e-s Verbrechens* lieu *m*; ~prozeß *m péj* grand procès politique; *st/s* simulacre *m* de procès
schaurig ['ʃaʊrɪç] I *adj* **1.** (*unheimlich*) à faire frémir; épouvantable; macabre; **2.** F (*gräßlich*) abominable; affreux, -euse; II *adv* F ~ *schlecht* terriblement mauvais; ~ *schön Bild, Theaterstück etc* beau et macabre (à la fois)
'Schauspiel *n* **1.** (*Bühnenstück*) pièce *f* de théâtre; **2.** ⟨*pas de pl*⟩ (*Gattung*) drame *m*; **3.** *st/s fig* spectacle *m*
'Schauspieler(in) *m(f)* acteur, -trice *m,f*; *a fig* comédien, -ienne *m,f*
Schauspiele'rei *f* ⟨~⟩ **1.** Beruf métier *m* d'acteur; **2.** F *péj* comédie *f*
'schauspielerisch *adj* (*épithète*) de comédien, -ienne; d'acteur, -trice; *beste* ~*e Leistung* meilleure interprétation
'schauspielern *v/i* ⟨-(e)re, h⟩ **1.** F THÉ *etc* faire du théâtre; **2.** *fig péj* jouer la comédie

Schauspiel|führer *m* guide *m* de pièces de théâtre; **~haus** *n* théâtre *m*; salle *f* de spectacle; **~kunst** *f* ⟨~⟩ art *m* dramatique; **~schule** *f* école *f* d'art dramatique

'Schau|steller(in) *m* ⟨~s; ~⟩ *(f)* ⟨~; ~nen⟩ forain(e) *m(f)*; marchand forain; **~stück** *n* objet précieux; pièce *f* de collection; **~tafel** *f* tableau, panneau explicatif; **~tanz** *m* spectacle *m*, démonstration *f* de danse; **~turnen** *n* démonstration *f* de gymnastique

Scheck [ʃɛk] *m* ⟨~s; ~s⟩ chèque *m* (**über** [+*acc*] de); **e-n ~ ausstellen** émettre, faire un chèque; **e-n ~ einlösen** encaisser un chèque; **ungedeckter ~** chèque sans provision, F en bois; **mit ~ bezahlen** payer par chèque

'Scheck|betrüger(in) *m(f)* émetteur, -trice *m/f* de chèque(s) sans provision *bzw* falsifié(s); **~buch** *n* chéquier *m*; carnet *m* de chèques

Schecke¹ [ʃɛkə] *m* ⟨~n; ~n⟩ *Pferd* cheval *m* pie; *Rind* bœuf tacheté

'Schecke² *f* ⟨~; ~n⟩ *Stute* jument *f* pie; *Kuh* vache tachetée

'Scheckheft *n* cf *Scheckbuch*

'scheckig *adj* tacheté; *Pferd* pie; F **sich ~ lachen** F se gondoler; se tordre de rire

'Scheck|karte *f* carte *f* bancaire; **~verkehr** *m* opérations *f/pl*, transactions *f/pl* par chèques

scheel [ʃeːl] F *adj* **1.** *regional* (*schielend*) qui louche; F bigleux, -euse; **2.** *fig* (*neidisch*) envieux, -ieuse; jaloux, -ouse; (*mißtrauisch*) méfiant; suspicieux, -ieuse; *etw mit ~en Blicken ansehen* regarder qc d'un œil jaloux, envieux; *j-n ~ ansehen* regarder qn de travers

Scheffel [ˈʃɛfəl] *m* ⟨~s; ~⟩ *früher* boisseau *m*; *cf a* **Licht** *3*.

'scheffeln F *péj v/t* ⟨-(e)lt, h⟩ **Geld ~** ramasser, faire, F rafler beaucoup d'argent

'scheffelweise *adv* F à la pelle

'Scheibchen *n* ⟨~s; ~⟩ rondelle *f*

Scheibe [ˈʃaɪbə] *f* ⟨~; ~n⟩ **1.** (*runder Gegenstand*) disque *m*; *kleine* rondelle *f*; (*Dichtungs*2) (rondelle *f* de)joint *m*; (*Schieß*2) cible *f*; *SPORT Jargon* (*Puck*) palet *m*; puck *m*; (*Wähl*2) disque *m*; **2.** *von Brot, Wurst etc* tranche *f*; (*Apfel*2, *Zitronen*2) a rondelle *f*; *etw in ~n* (*acc*) *schneiden* couper en tranches, *kleinere* en rondelles; F *fig davon kannst du dir e-e ~ abschneiden* là tu peux encore apprendre qc; **3.** (*Fenster*2) vitre *f*; carreau *m*; *vom Auto, Schaufenster, Spiegel* glace *f*; **4.** (*Töpfer*2) tour *m*; **5.** F (*Schallplatte, CD*) disque *m*

'Scheiben|bremse *f* AUTO frein *m* à disque; **2förmig** *adj* en forme de disque; *sc* discoïde; **~gardine** *f* (rideau *m* de) vitrage *m*

'Scheibenhonig F m miel m en rayons; **2.** F ⟨*pas de pl*⟩ ~! F mince!; P merde!

'Scheibenkleister F *m* ⟨*pas de pl*⟩ ~! F mince!; P merde!

'Scheiben|wischen *m* tir *m* à la cible; **~waschanlage** *f* lave-glace *m*; **~wischer** *m* ⟨~s; ~⟩ essuie-glace *m*

Scheich [ʃaɪç] *m* ⟨~(e)s; ~s *ou* ~e⟩ **1.** cheik *oc* cheikh; F (*Freund*) F mec *m*; **'tum** *n* ⟨~s; -tümer⟩ *etwa* émirat *m*

Scheide [ˈʃaɪdə] *f* ⟨~; ~n⟩ **1.** (*Futteral*) gaine *f*; *e-s Degens* fourreau *m*; *aus der ~ ziehen* dégainer; **2.** ANAT vagin *m*; **3.** (*Grenze*) ligne *f* de séparation; limite *f*

'scheiden ⟨scheidet, schied, geschieden⟩ **I** *v/t* ⟨h⟩ **1.** (*trennen*) séparer; *Erz* a trier; **2. e-e Ehe ~** prononcer un divorce; *geschieden werden* être divorcé; *sich* (*von j-m*) **~ lassen** divorcer (de, d'avec qn); **II** *v/i* ⟨sein⟩ *st/s* (*weggehen*) s'en aller; partir; *voneinander ~* se quitter; se séparer; *aus dem Dienst, Amt ~* quitter le service, son poste; démissionner; *aus dem Leben ~* mourir; *freiwillig* mettre fin à ses jours; **2 tut weh** la séparation est toujours douloureuse; **III** *v/réfl* ⟨h⟩ *fig* **in dieser Frage ~ sich die Geister** sur cette question les avis diffèrent, sont partagés; *hier ~ sich unsere Wege* ici nos chemins se séparent *od* bifurquent

'Scheiden|entzündung *f* MÉD vaginite *f*; **~spülung** *f* MÉD injection vaginale

'Scheide|wand *f* **1.** cloison *f*; paroi *f*; *Mauer* a mur *m* de refend; **2.** BOT diaphragme *m*; **4.** *fig* barrière *f*; **~wasser** *n* ⟨~s; ~⟩ CHIM eau-forte *f*; acide *m* nitrique

'Scheideweg *m fig* **am ~ stehen** être à la croisée des chemins

'Scheidung *f* ⟨~; ~en⟩ **1.** (*Ehe*2) divorce *m*; *die ~ einreichen* demander le divorce; **2.** *st/s* (*Unter*2) différenciation *f*; dissociation *f*

'Scheidungs|anwalt *m*, **~anwältin** *f* avocat(e) *m(f)* spécialisé(e) dans les affaires de divorce

'Scheidungsgrund *m* cause *f bzw* motif *m* du divorce; *er war ihr ~* c'est pour lui qu'elle a divorcé

'Scheidungs|klage *f* demande *f*, action *f* en divorce; **~prozeß** *m* instance *f* en divorce; **~urteil** *n* jugement *m* de divorce

Schein¹ [ʃaɪn] *m* ⟨~(e)s; ~e⟩ **1.** (*Bescheinigung*) certificat *m*; attestation *f*; (*Urkunde*) a acte *m*; (*Begleit*2) acquit-à-caution *m*; (*Bestell*2) bon *m*; (*Waffen*2, *Führer*2) permis *m*; (*Empfangs*2) reçu *m*; récépissé *m*; **2.** (*Geld*2) billet *m*; **3.** HOCHSCHULE (*Seminar*2) *etwa* unité *f* de valeur; **e-n ~ in etw** (*dat*) *machen* obtenir une unité de valeur en qc

Schein² ⟨~(e)s⟩ **1.** *e-r Lampe, Kerze etc* lumière *f*; *p/fort* clarté *f*; (*mattes Licht*) lueur *f*; *beim ~ des Mondes* au clair de (la) lune; **2.** (*Anschein*) apparence *f*; semblant *m*, trompe-l'œil *m*; (*Trugbild*) *st/s* simulacre *m*; *den* (*äußeren*) *~ wahren* sauver les apparences; (*nur*) *zum ~* pour la forme; pour sauver les apparences; *etw zum ~ tun* feindre, faire semblant de faire qc; *nach dem ~ urteilen* juger sur les apparences; *der ~ spricht gegen ihn* les apparences sont contre lui; *der ~ trügt* les apparences sont trompeuses; il ne faut pas se fier aux apparences

'Schein|angriff *m* attaque simulée; feinte *f*; diversion *f*; **~argument** *n st/s* argument fallacieux, spécieux; **~asylant(in)** F *péj m(f)* faux demandeur, fausse demandeuse d'asile

'scheinbar I *adj* apparent; **~e Widersprüche** *m/pl* contradictions apparentes; **II** *adv* **1.** (*nicht wirklich*) en apparence; apparemment; **2.** F *cf* **anscheinend** *II*

'Schein|blüte *f* COMM fausse prospérité; **~ehe** *f* mariage fictif, blanc

'scheinen *v/i* ⟨scheint, schien, geschienen, h⟩ **1.** (*Licht verbreiten*) luire; briller; *die Sonne scheint* le soleil brille; il fait du soleil; il y a du soleil; *Sonne ins Zimmer ~* donner dans la chambre; *der Mond scheint* la lune brille; il fait clair de lune; **2.** (*den Anschein haben*) sembler; avoir l'air de; paraître; *Sie ~ Angst zu haben, es scheint, Sie haben Angst* vous semblez avoir peur; vous avez l'air d'avoir peur; on dirait que vous avez peur; *mir scheint,* (*daß*) *...* il me semble que ... (+*ind od subj*); j'ai l'impression que ... (+*ind od subj*); *er ist reicher, als es scheint* il est plus riche qu'on ne croit; *wie es scheint* à ce qu'il semble, paraît; *das scheint nur so* ce n'est qu'une apparence

'Schein|firma *f* société fictive; **~frucht** *f* BOT pseudo-fruit *m*; **~gefecht** *n st/s* simulacre *m* de combat; **~geschäft** *n* transaction, opération fictive; **~gesellschaft** *f* société fictive; **2heilig** F *péj adj* hypocrite; **~heiligkeit** F *péj f* hypocrisie *f*; tartuf(f)erie *f*; **~kauf** *m* achat fictif; **~schwangerschaft** *f* grossesse nerveuse; **~tod** *m* mort apparente; léthargie *f*; **2tot** *adj* **1.** MÉD mort en apparence; qui est en léthargie; **2.** F (*ziemlich alt*) F croulant; **~vertrag** *m* contrat fictif; **~welt** *f* monde irréel, imaginaire; **~werfer** *m* ⟨~s; ~⟩ projecteur *m*; AUTO phare *m*

'Scheinwerferlicht *n* ⟨~s⟩ lumière *f*, feux *m/pl* des projecteurs *bzw* des phares; *im ~* (*der Öffentlichkeit*) *stehen* être sous le(s) feu(x) des projecteurs

Scheiß [ʃaɪs] P *m* ⟨~⟩ P connerie(s) *f(pl)*; *erzähl keinen ~!* F tu déconnes!

'scheiß..., **'Scheiß...** P *in Zssgn* P de merde; P putain de ...

'Scheißdreck P *m* P merde *f*; *das geht ihn e-n ~ an* P qu'est-ce que ça peut lui foutre?

'Scheiße [ˈʃaɪsə] P *f* ⟨~⟩ P merde *f*; *dieses Buch ist* (*große*) *~* P ce livre est une vraie merde, F est complètement nul; *e-e schöne ~ ist das!* P quelle merde!; F quel pétrin!; *verfluchte ~!* P sale merde!; P putain!; *~ bauen* P merder; F se planter (complètement)

'scheiße'gal P *adj* (*attribut*) *das ist mir ~* F je m'en (contre)balance, (contre-)fous; F j'en ai rien à foutre, à cirer

'scheißen P *v/i* ⟨-(e)st, schiß, schiß, geschissen, h⟩ P chier; *fig auf etw* (*acc*) *~* F se foutre complètement de qc

'Scheißer P *m* ⟨~s; ~⟩ (*Dreckskerl*) P salaud *m*; P ordure *f*; P fumier *m*; (*kleiner*) *~* F (*petit*) merdeux

'scheiß'freundlich P *adj* mielleux, -euse; *Person* **~ sein** être tout sucre, tout miel

'Scheiß|haufen P *m* P tas *m* de merde; **~haus** P *n* P chiottes *f/pl*; **~kerl** P *m* P salaud *m*; P ordure *f*; P fumier *m*; **2vornehm** P *adj* F hypersnob; F superguindé

Scheit [ʃaɪt] *n* ⟨~(e)s; ~e *ou* ~er⟩ (*Holz*2) bûche *f*

Scheitel [ˈʃaɪtəl] *m* ⟨~s; ~⟩ **1.** *der Frisur* raie *f*; *e-n ~ ziehen* faire une raie; **2.** (*höchster Punkt*) sommet *m*; *sc* apex *m*;

ANAT sc vertex *m*; *vom ~ bis zur Sohle* jusqu'au bout des ongles; de pied en cap
'**Scheitelbein** *n* ANAT pariétal *m*
'**scheiteln** *v/t* ⟨-(e)le, h⟩ *das Haar ~* faire la raie
'**Scheitel**|**punkt** *m* point culminant; sommet *m*; *sc* apex *m*; ASTR zénith *m*; **~winkel** *m* MATH angle opposé par le sommet
'**Scheiterhaufen** *m* bûcher *m*
scheitern ['ʃaɪtərn] *v/i* ⟨-(e)re, sein⟩ échouer; *Person* subir un échec; *Projekt, Plan* a avorter
'**Scheitern** *n* ⟨~s⟩ échec *m*; insuccès *m*; *zum ~ verurteilt* voué, condamné à l'échec; *zum ~ bringen* faire échouer
Schelde ['ʃɛldə] ⟨→ *n/pr*⟩ *die ~* l'Escaut *m*
Schellack ['ʃɛlak] *m* ⟨~s; ~e⟩ gomme-laque *f*
Schelle ['ʃɛlə] *f* ⟨~; ~n⟩ **1.** (*Glöckchen*) grelot *m*; clochette *f*; **2.** *regional* (*Klingel*) sonnette *f*; **3.** *~n pl Spielkartenfarbe etwa* carreau *m*; **4.** TECH bride *f*; étrier *m*
'**schellen** *v/i u v/imp* ⟨h⟩ *regional* sonner; *es schellt* on sonne
'**Schellen**|**baum** *m* MUS chapeau chinois; **~kappe** *f* bonnet *m* de fou, à grelots; **~trommel** *f* tambour *m* de basque; tambourin *m*
'**Schellfisch** *m* aiglefin *od* églefin *m*
Schelm [ʃɛlm] *m* ⟨~(e)s; ~e⟩ (*Schalk*) farceur, -euse *m,f*; espiègle *m,f*; *Kind kleiner ~* petit(e) fripon(ne), coquin(e); *prov ein ~, wer Arges od Böses dabei denkt prov* honni soit qui mal y pense
'**Schelmen**|**roman** *m* roman *m* picaresque; **~streich** *m*, **~stück** *n* espièglerie *f*; niche *f*; farce *f*
'**schelmisch** *adj* farceur, -euse; espiègle; malicieux, -ieuse
Schelte ['ʃɛltə] *st/s f* ⟨~; ~n⟩ réprimande *f*; *~ bekommen* être réprimandé, grondé
'**schelten** (schilt, schalt, gescholten, h⟩ **I** *v/t* **1.** *st/s od regional j-n wegen etw ~* réprimander, *st/s* tancer qn à cause de qc; *ein Kind ~* gronder un enfant; **2.** *st/s* (*nennen*) *j-n Dummkopf ~* traiter qn d'imbécile, *st/s* de sot; **II** *v/i st/s od regional* pester; *mit j-m ~* réprimander qn; gronder qn
Schema ['ʃeːma] *n* ⟨~s; ~s *ou* ~ta *ou* -men⟩ **1.** (*Muster*) modèle *m*; (*Entwurf*) esquisse *f*; F *péj nach ~ F* sur le même moule, modèle; uniformément; *j-n in ein ~ pressen* faire entrer qn dans une catégorie; *sie läßt sich in kein ~ pressen* elle n'entre dans aucune catégorie; **2.** (*graphische Darstellung*) schéma *m*; TECH a diagramme *m*
sche'ma|**tisch** *adj* schématique; **~ti'sieren** *v/t* ⟨*pas de ge-*, h⟩ schématiser; **~'tismus** *m* ⟨~; -men⟩ schématisme *m*
Schemel ['ʃeːməl] *m* ⟨~s; ~⟩ tabouret *m*
Schemen ['ʃeːmən] *st/s m* ⟨~s; ~⟩ fantôme *m*; ombre *f*; **~haft** *st/s adj* vague; flou
Schenke ['ʃɛŋkə] *f* ⟨~; ~n⟩ débit *m* de boissons
Schenkel ['ʃɛŋkəl] *m* ⟨~s; ~⟩ **1.** ANAT (*Ober~*) cuisse *f*; **2.** *e-s Zirkels, e-r Zange etc* branche *f*; **3.** MATH *e-s Winkels* côté *m*; **~bruch** *m* MÉD fracture *f* du

fémur; **~druck** *m* ⟨~(e)s⟩ REITEN pression *f* de la jambe; **~hals** *m* ANAT col *m* du fémur; **~halsbruch** *m* MÉD fracture *f* du col du fémur; **~hilfe** *f cf* Schenkeldruck; **~knochen** *m* fémur *m*
schenken ['ʃɛŋkən] ⟨h⟩ **I** *v/t* **1.** *als Geschenk j-m etw ~* donner qc (en cadeau) à qn; faire cadeau de qc à qn; offrir qc à qn; *etw zu Weihnachten geschenkt bekommen* recevoir qc pour Noël, F pour son noël; F *das möchte ich nicht geschenkt haben* je n'en voudrais pour rien au monde; *fig mir ist im Leben nichts geschenkt worden* la vie ne m'a pas fait de cadeaux; *geschenkt ist geschenkt* donner, c'est donner (, reprendre, c'est voler); on ne reprend pas un cadeau; *billige Ware* F *das ist ja geschenkt!* c'est donné!; **2.** *st/s j-m Vertrauen ~* faire confiance à qn; *j-m, e-r Sache Aufmerksamkeit ~* prêter (son) attention à qn, qc; *j-m die Freiheit ~* donner sa liberté à qn; *st/s e-m Kind das Leben ~* donner la vie à un enfant; *st/s sie schenkte ihm sechs Kinder* elle lui a donné six enfants; **3.** *st/s* (*ein~*) verser; **II** *v/réfl fig das kann ich mir ~* (*brauche ich nicht zu tun*) je peux m'en dispenser
'**Schenk**|**er(in)** *m* ⟨~s; ~⟩ (*f*) ⟨~; ~nen⟩ JUR donateur, -trice *m,f*; **~ung** *f* ⟨~; ~en⟩ JUR donation *f*; *gemeinnützige* dotation *f*
scheppern ['ʃɛpərn] F *v/i* ⟨-(e)re, h⟩ cliqueter; *auf der Kreuzung hat es wieder gescheppert* il y a encore eu de la casse au carrefour
Scherbe ['ʃɛrbə] *f* ⟨~; ~n⟩ morceau *m* (d'un verre, pot cassé); *nur von Glas, Ton* tesson *m*; **~n** *pl* a débris *m/pl* (a *fig*); *in ~n gehen* se casser; se briser; voler en éclats; *fig sie stand vor den ~n ihrer Ehe* elle s'est (re)trouvée face à son ménage brisé; *prov ~n bringen Glück etwa* à quelque chose, malheur est bon
'**Scherben**|**gericht** *n* HIST ostracisme *m*; **~haufen** *m* tas *m* de débris, de décombres; *fig* ruines *f/pl*
'**Schere** ['ʃeːrə] *f* ⟨~; ~n⟩ **1.** ciseaux *m/pl*; *für Metalle, Draht etc* cisailles *f/pl*; AGR sécateur *m*; TECH *a* forces *f/pl*; *e-e ~* une paire de ciseaux; **2.** *der Krebse etc* pince *f*; **3.** TURNEN ciseaux *m/pl*; RINGEN ciseau *m*
'**scheren**¹ *v/t* ⟨schert, schor, geschoren, h⟩ *Schafe*, TEXT tondre; *Bart* raser; *Haare* tondre; couper à ras; *Hecke* tailler; WEBEREI ourdir
'**scheren**² ⟨*régulier*, h⟩ **I** *v/imp* (*angehen*) regarder; toucher; *das schert mich nicht* ça ne me regarde, ne me touche pas; **II** *v/réfl* **1.** *sich (nicht) um etw, j-n ~* (*kümmern*) (ne pas) s'occuper, se soucier de qc, de qn; (ne pas) se mêler de qc; **2.** F *sich ~* (*weg~*) s'en aller; F filer; *scher dich ins Bett, in dein Zimmer!* F file au lit, dans ta chambre!
'**Scheren**|**schleifer** *m* ⟨~s; ~⟩ rémouleur *m*; repasseur *m*; **~schnitt** *m* silhouette *f*
Scherereien [ʃeːrə'raɪən] F *f/pl* ennuis *m/pl*; contrariétés *f/pl*; tracasseries *f/pl*; (*j-m*) *~ machen* donner de la peine, du tracas (à qn)

'**Scherflein** ['ʃɛrflaɪn] *st/s n* ⟨~s; ~⟩ obole *f*; denier *m*; *sein ~* (*zu etw*) *beitragen od beisteuern* apporter sa modeste contribution, son obole (à qc)
Scherge ['ʃɛrɡə] *st/s m* ⟨~n; ~n⟩ sbire *m*
'**Scher**|**kopf** *m am Rasierapparat* tête (rasante); **~messer** *n* couteau *m*
'**Scherung** *f* ⟨~; ~en⟩ TECH cisaillement *m*
Scherz [ʃɛrts] *m* ⟨~es; ~e⟩ plaisanterie *f*; farce *f*; blague *f*; *schlechter ~* mauvaise plaisanterie; *~ beiseite!* blague à part!; trêve de plaisanterie!; *ohne ~!* sans blague!; *aus, im, zum ~* pour rire, pour plaisanter; *s-n ~ mit j-m treiben* faire marcher qn; se jouer, s'amuser, se moquer de qn; F *es ging um ... und solche od ähnliche ~e* il s'agissait de ... et plaisanteries du même genre
'**Scherzartikel** *m* attrape *f*; *pl* farces et attrapes *f/pl*
'**scherzen** *v/i* ⟨-(es)t, h⟩ plaisanter; badiner; *st/s Sie* (*belieben zu*) *~!* vous voulez rire!; vous plaisantez!; *damit ist nicht zu ~* on ne plaisante pas avec ça; *immer zum ~ aufgelegt sein* avoir toujours le mot pour rire
'**Scherz**|**frage** *f* devinette *f* (pour rire, plaisanter); **~haft** *adj* plaisant; facétieux, -ieuse; drôle
Scherzo ['skɛrtso] *n* ⟨~s; ~s *ou* -zi⟩ MUS scherzo *m*
'**Scherzwort** *n* ⟨~s; ~e⟩ plaisanterie *f*; mot *m* pour rire; bon mot
scheu [ʃɔy] *adj* timide; peureux, -euse; craintif, -ive; (*menschenscheu*) a *Tier* farouche; sauvage; *Pferd* ombrageux, -euse; *~ werden* s'effrayer; s'effaroucher; *Pferd ~ machen* effaroucher
Scheu *f* ⟨~; ⟩ *scheues Wesen* timidité *f*; **2.** (*Furcht, Ehrfurcht*) crainte *f*, appréhension *f* (*vor* [+*dat*] de); respect *m* (*vor* [+*dat*] devant)
'**scheuchen** *v/t* ⟨h⟩ chasser; (*auf~*) effaroucher; F *j-n aus dem Haus ~* chasser qn de la maison; F *j-n zur Schule ~* expédier qn à l'école
'**scheuen** ⟨h⟩ **I** *v/t* craindre; redouter; avoir peur de; appréhender; (*vor etw zurückschrecken*) reculer devant; *keine Arbeit ~* ne refuser aucun travail; *das Licht ~* craindre, fuir la lumière; *keine Kosten ~* ne pas regarder à la dépense; *keine Mühe ~* ne reculer devant aucun effort, aucune peine; **II** *v/i Pferd* s'effaroucher; faire un écart; **III** *v/réfl ~, etw zu tun* hésiter à faire qc; appréhender, craindre de faire qc; *sich vor etw* (*dat*) *~* appréhender, craindre, redouter qc; avoir peur de qc
Scheuer ['ʃɔyər] *f* ⟨~; ~n⟩ *bes südd* grange *f*
'**Scheuer**|**bürste** *f* brosse *f* (à récurer); (*Schrubber*) balai-brosse *m*; **~lappen** *m* serpillière *f*; **~leiste** *f* plinthe *f*; MAR liston *m* de défense; **~mittel** *n* (produit *m*) abrasif *m*
'**scheuern** ⟨-(e)re, h⟩ **I** *v/t* **1.** (*reinigen*) *Töpfe etc* récurer; *Fußboden* laver (en frottant); nettoyer; *mit Sand ~* sablonner; nettoyer au sablon; **2.** F *j-m eine ~* donner une claque, une gifle, F une baffe à qn; gifler qn; **II** *v/i* (*reiben*) frotter; gratter; **III** *v/réfl sich ~* se frotter; se gratter; *sich wund ~* s'écorcher (*par frottement*); *sich* (*dat*) *etw wund ~* s'écorcher qc (*par frottement*)

'**Scheuer|pulver** *n* poudre *f* à récurer; **~sand** *m* sablon *m*; **~tuch** *n* ⟨~(e)s; ~er⟩ serpillière *f*
'**Scheuklappe** *f a fig* œillère *f*
Scheune ['ʃɔynə] *f* ⟨~; ~n⟩ grange *f*; *in die* **~** *bringen* engranger
'**Scheunendrescher** *m* ⟨~s; ~⟩ F *er frißt wie ein* **~** F il bouffe comme quatre, comme un ogre
Scheusal ['ʃɔyza:l] *n* ⟨~s; ~e, F ~er⟩ monstre *m*
scheußlich ['ʃɔyslɪç] *adj* **1.** (*häßlich*) hideux, -euse; horrible; affreux, -euse; **2.** (*schrecklich*) horrible; *Verbrechen a* atroce; abominable; *Kälte, Wetter a* épouvantable; ⟨²⟩**keit** *f* ⟨~; ~en⟩ *Eigenschaft, Handlung* horreur *f* (*a Äußerung*); atrocité *f* (*a Äußerung*); abomination *f*; monstruosité *f* (*a Äußerung*)
Schi [ʃi:] *cf* **Ski**
Schicht [ʃɪçt] *f* ⟨~; ~en⟩ **1.** couche *f* (*a Luft²*); (*Schutz²*) couche protectrice; *aufgetragene* enduit *m*; *dünne* film *m*; pellicule *f*; **2.** BERGBAU lit *m*; GÉOL strate *f*; CONSTR, *von Steinen* assise *f*; **3.** (*Gesellschafts²*) couche sociale; **4.** (*Arbeitszeit*) poste *m*; équipe *f*; **~** *arbeiten* faire les trois-huit; travailler par roulement; **~** *haben, auf* **~** *sein* être de service; *zur* **~** *gehen* aller au travail
'**Schicht|arbeit** *f* ⟨~⟩ travail posté, par par roulement; **~arbeiter(in)** *m(f)* ouvrier, -ière *m,f* travaillant par roulement
'**Schichtdienst** *m* ⟨~(e)s⟩ *cf* **Schichtarbeit**; *im* **~** *arbeiten* travailler par roulement; *in drei Schichten* faire les trois-huit
'**schichten** *v/t* ⟨-ete, h⟩ disposer par couches; (*auf~*) empiler
'**Schicht|gestein** *n* GÉOL roches stratifiées; **~käse** *m etwa* fromage blanc; **~lohn** *m* salaire *m* à la journée *od* de poste; **~preßstoff** *m* TECH stratifié *m*
'**Schichtung** *f* ⟨~; ~en⟩ **1.** (*das Schichten*) superposition *f*; disposition *f* par couches; (*Auf²*) empilement *m*; **2.** GÉOL stratification *f*; **3.** *soziale* **~** répartition *f* des couches sociales
'**Schicht|unterricht** *m* enseignement *m* par roulement; **~wechsel** *m* relève *f* (des équipes); ⟨²⟩**weise** *adv* **1.** par couches; **2.** *bei der Arbeit* par roulement; **~wolke** *f sc* stratus *m*
schick [ʃɪk] **I** *adj* chic; élégant; **~** *sein* être chic; avoir du chic; **II** *adv* avec chic; F **~** *essen gehen* aller (manger) dans un restaurant chic
'**Schick** *m* ⟨~(e)s⟩ chic *m*
'**schicken** ⟨h⟩ **I** *v/t* envoyer; *bes* COMM expédier; *j-m etw od j-m etw* **~** *a* adresser qc à qn; faire parvenir qc à qn; *j-n nach Hause* **~** renvoyer qn chez lui; *j-n zur Arbeit* **~** envoyer qn au travail; *j-n zur Kur, auf die Universität* **~** envoyer qn en cure, à l'université; **II** *v/i nach j-m* **~** envoyer chercher qn; faire venir, appeler qn; **III** *v/réfl* **1.** *sich in etw* (*acc*) **~** se résigner, se faire à qc; *sich ins Unvermeidliche* **~** se faire une raison; **2.** *a v/imp* (*geziemen*) *sich* **~** (*für*) convenir (à); *das schickt sich nicht* cela ne se fait pas; *st/s* c'est inconvenant; ce n'est pas de bon ton; *es schickt sich nicht zu* (*+inf*) il ne convient pas de (*+inf*); il n'est pas convenable, il est inconvenant de (*+inf*); **3.** *a v/imp sich* **~** (*sich fügen*) s'arranger; venir à propos; *es hat sich gerade so geschickt* le hasard en a disposé ainsi
Schickeria [ʃɪkə'riːa] F *f* ⟨~⟩ F gratin *m*; F crème *f*; F milieux branchés; *die Münchner* **~** *a* le Tout-Munich
Schickimicki ['ʃɪkɪ'mɪkɪ] F *péj m* ⟨~s; ~s⟩ **1.** *Mensch* minet, -ette *m,f*; **2.** (*modischer Kram*) accessoires *m/pl* (de) mode, F dans le vent; F branchés
'**schicklich** *st/s adj* convenable; décent; de bon ton; bienséant; ⟨²⟩**keit** *st/s f* ⟨~⟩ convenance(s) *f(pl)*; décence *f*; bon ton; bienséance *f*
Schicksal ['ʃɪkzaːl] *n* ⟨~s; ~e⟩ **1.** (*Los*) sort *m*; *e-s einzelnen* destinée *f*; *j-n s-m* **~** *überlassen* abandonner qn à son sort; (*das ist*) **~** c'est le destin; *niemand entgeht s-m* **~** personne n'échappe à son destin; on ne peut fuir sa destinée; **2.** (*höhere Macht*) destin *m*; sort *m*; *dem* **~** *herausfordern* défier le destin, le sort; *e-e Ironie des* **~s** une ironie du sort; **~** *spielen* jouer au bon Dieu; se prendre pour la Providence; *das* **~** *hat es gut mit mir gemeint* la vie m'a souri, comblé
'**schicksalhaft** *adj* fatal; fatidique
'**Schicksals|frage** *f* question cruciale, décisive (*für …* pour le sort de …), vitale; **~gefährte** *m* compagnon *m* d'infortune; **~gemeinschaft** *f* communauté *f* de gens logés à la même enseigne; **~genosse** *m* compagnon *m* d'infortune; **~glaube** *m* fatalisme *m*; **~göttin** *f* MYTH Parque *f*; **~prüfung** *f* épreuve *f* (du sort); **~schlag** *m* revers *m* de fortune; ⟨²⟩**schwer** *st/s adj* fatal; fatidique; **~stunde** *f* date *f*, heure *f* fatidique
Schickse ['ʃɪksə] P *péj f* ⟨~; ~n⟩ F poule *f*; P gonzesse *f*
'**Schiebe|bühne** *f* **1.** EISENBAHN pont roulant; (chariot *m*) transbordeur *m*; **2.** THÉ scène *f* à décors coulissants; **~dach** *n* toit ouvrant; **~deckel** *m* couvercle *m* à coulisse; **~fenster** *n seitlich zu verschieben* fenêtre coulissante; *vertikal zu verschieben* fenêtre *f* à guillotine
schieben ['ʃiːbən] ⟨schiebt, schob, geschoben, h⟩ **I** *v/t* **1.** pousser; *in den Mund, in die Tasche* mettre; glisser; *fourrer*; *beiseite* **~** écarter; mettre de côté; *das Brot in den Ofen* **~** enfourner le pain; *fig die Schuld auf j-n* **~** rejeter la faute sur qn; *e-n Gedanken von sich* (*dat*) **~** écarter, repousser une idée; **2.** F *illegal Devisen* **~** faire le trafic de devises; **II** *v/i* **3.** F *mit Lebensmitteln, Waren* **~** trafiquer; faire du trafic; F fricoter; *mit etw* **~** faire le trafic de qc; **4.** AUTO pousser; **III** *v/réfl Menschenmenge etc sich vorwärts* **~** avancer (lentement); F se propulser; *sich zwischen etw* (*acc*) (*und etw* [*acc*]) **~** se glisser entre qc (et qc); *sich in den Vordergrund* **~** se glisser, se pousser au premier rang; *Kleidungsstücke sich in die Höhe* **~** remonter
'**Schieber** *m* ⟨~s; ~⟩ **1.** TECH coulisseau *m*; *a* ÉLECT curseur *m*; *an e-r Tür* (*Riegel*) targette *f*; verrou *m*; **2.** *Eßgerät für Kinder* raclette *f*; **3.** F *péj* (*Schwarzhändler*) trafiquant *m*; F fricoteur *m*; **4.** F *Tanz* one-step *m*
'**Schiebermütze** F *f* casquette *f* (à) large (calotte)
'**Schiebe|tür** *f* porte coulissante, à coulisse; **~wand** *f* cloison coulissante
'**Schieblehre** *f* pied *m* à coulisse
'**Schiebung** F *f* ⟨~; ~en⟩ **1.** *mit Waren* trafic *m* illicite (*mit* de); **2.** ⟨*pas de pl*⟩ (*Machenschaften*) F combine *f*; F magouille *f*; F triche *f*; (*ungerechte Bevorzugung*) passe-droit *m*; (*das ist*) **~**! F combine!; F magouille!; F il y a de la triche!
schied [ʃiːt] *cf* **scheiden**
'**Schiedsgericht** *n* JUR tribunal arbitral; SPORT comité *m* d'arbitrage; *durch ein* **~** *entschieden werden* être tranché par arbitrage
'**schiedsgerichtlich** *adj* ⟨épithète⟩ arbitral
'**Schieds|klausel** *f* clause *f* d'arbitrage, JUR compromissoire; **~kommission** *f* JUR tribunal arbitral; commission *f* d'arbitrage; **~mann** *m* ⟨~(e)s; ~er *ou* -leute⟩ arbitre *m*
'**Schiedsrichter(in)** *m(f)* arbitre *m* (*a* SPORT); juge-arbitre *m*; *als* **~** *entscheiden* arbitrer
'**Schiedsrichter|ball** *m* SPORT entre-deux *m*; **~beleidigung** *f* injure *f* à l'encontre d'un arbitre; **~entscheidung** *f* décision *f* de l'arbitre
'**schieds|richterlich** **I** *adj* ⟨épithète⟩ arbitral; d'arbitre; **II** *adv* par arbitrage; **~richtern** *v/i* ⟨-(e)re, h⟩ arbitrer; faire l'arbitre
'**Schiedsspruch** *m* décision *f* d'arbitrage; JUR sentence arbitrale; *e-n* **~** *fällen* rendre un jugement arbitral; *durch* **~** par arbitrage; *durch* **~** *entscheiden* arbitrer
'**Schieds|stelle** *f* autorité *f* d'arbitrage; **~urteil** *n* sentence arbitrale; **~verfahren** *n* procédure *f* d'arbitrage
schief [ʃiːf] **I** *adj* **1.** de travers; (*schräg*) oblique; (*geneigt*) incliné; penché; **~e Ebene** plan incliné; *der* ⟨²⟩ *Turm von Pisa* la tour penchée de Pise; *diese Mauer ist* **~** ce mur penche, n'est pas d'aplomb; **2.** *fig Urteil* faux, fausse; erroné; *Vergleich a.* boiteux, -euse; impropre; **II** *adv* **1.** de travers; obliquement; en *od* de biais; **~** *hängen* pencher d'un côté; pendre, être de travers; **~** *stehen* pencher; être incliné, penché; *Hut etc* **~** *aufsetzen* mettre de travers, de côté; **~** *halten* pencher; incliner; **~** *gewachsen sein* être contrefait, difforme; **2.** *fig j-n* **~** *ansehen* regarder qn de travers, d'un mauvais œil; *etw* **~** *darstellen* déformer, dénaturer qc
Schiefer ['ʃiːfər] *m* ⟨~s; ~⟩ **1.** MINÉR schiste *m*; *zum Dachdecken* (*blauer*) **~** ardoise *f*; *mit* **~** *decken* ardoiser; **2.** *bes österr* (*Holzsplitter*) écharde *f*
'**Schiefer|bruch** *m* carrière *f* d'ardoises; ardoisière *f*; **~dach** *n* toit *m* d'ardoise; **~gebirge** *n* montagnes schisteuses; ⟨²⟩**grau** *adj* gris ardoise; ardoisé; **~platte** *f* CONSTR ardoise *f*; **~tafel** *f früher* SCHULE ardoise *f*
'**schiefgehen** F *v/i* ⟨*irr, sép*, -ge-, sein⟩ aller de travers; tourner mal; prendre une mauvaise tournure; *iron es wird schon* **~**! ça va (sûrement) marcher!; *es ist schiefgegangen* c'est raté
'**schiefgewickelt** *adj* F *fig* **~** *sein* se mettre, se fourrer le doigt dans l'œil; F être à côté de la plaque

schieflachen – schillern

'schief|lachen v/réfl ⟨sép, -ge-, h⟩ F sich ~ F se fendre la pêche, la pipe; F s'en payer une tranche; ~laufen ⟨irr, sép, -ge-⟩ I v/t ⟨h⟩ cf schieftreten; II F v/i (sein) cf schiefgehen; ~liegen v/i ⟨irr, sép, -ge-, h⟩ F être à côté de la plaque; ~treten v/t ⟨irr, sép, -ge-, h⟩ Absätze éculer

schielen ['ʃiːlən] v/i ⟨h⟩ loucher; sc être atteint de strabisme; mit dem rechten Auge ~ loucher de l'œil droit; F fig nach etw ~ jeter des regards furtifs sur qc; begehrlich lorgner, guigner qc; loucher sur qc

schien [ʃiːn] cf scheinen

'Schienbein n tibia m; des Pferdes canon m; ~schützer m ⟨-s; -⟩ protège-tibia m

Schiene ['ʃiːnə] f ⟨-; -n⟩ 1. BAHN rail m; aus den ~n springen sortir des rails; 2. TECH (Gleit2, Lauf2) glissière f; 3. MÉD éclisse f; attelle f; 4. HIST e-r Rüstung (Arm2) brassard m (Bein2) jambière f

'schienen v/t ⟨h⟩ MÉD éclisser; mettre une éclisse, une attelle à

'Schienen|bus m automotrice f; autorail m; ~fahrzeug n véhicule m sur rails

'schienengleich adj ADM ~er Bahnübergang passage m à niveau

'Schienen|netz n réseau m ferroviaire; ~räumer m ⟨-s; -⟩ chasse-pierres m; ~strang m voie ferrée; ligne f de chemin de fer; ~verkehr m trafic m ferroviaire

schier [ʃiːr] I adj regional pur; Fleisch sans os; II adv (fast) presque; à peu près; es war ~ unmöglich c'était quasiment, pratiquement impossible

Schierling ['ʃiːrlɪŋ] m ⟨-s; -e⟩ BOT ciguë f

'Schierlingsbecher m (coupe remplie de) ciguë f

'Schieß|befehl m ordre m de tirer; ~bude f (stand m de) tir m

'Schießbudenfigur F fig f wie e-e ~ aussehen avoir l'air grotesque, l'air d'un clown

'Schießeisen F n (Pistole, Revolver) F feu m; (Revolver) F pétard m; a (Gewehr) F flingue m

schießen ['ʃiːsən] ⟨-(es)t, schießt, schoß, geschossen, -⟩ I v/t ⟨h⟩ 1. mit e-r Schußwaffe tirer; sich (dat) e-e Kugel durch den Kopf ~ se tirer une balle dans la tête; F se brûler, se faire sauter la cervelle; j-n zum Krüppel ~ estropier qn d'un coup de feu; 2. FUSSBALL tirer; lancer; ein Tor ~ marquer un but; das 1:0 ~ marquer le premier but; 3. F PHOT ein paar Aufnahmen ~ faire quelques photos; II v/i 4. mit e-r Schußwaffe tirer; (Feuer geben) faire feu; gut ~ être bon tireur; scharf ~ tirer à balles; auf j-n ~ tirer sur qn; F das ist zum 2 F c'est bidonnant, tordant; F c'est à s'en taper le derrière par terre; 5. FUSSBALL tirer; shooter; 6. (sein) fig (sich schnell bewegen) se précipiter; s'élancer; bondir; aus etw ~ Blut, Wasser jaillir de qc; Pflanzen aus dem Boden ~ sortir de la terre; Boot durch die Wellen ~ fendre les flots; Flugzeug durch die Luft ~ fendre les airs; in die Höhe ~ vom Stuhl etc se lever brusquement (von dc); Preise flamber; monter en flèche; die Tränen schossen ihr in die Augen ses yeux se remplirent de larmes; das Blut schoß ihm ins Gesicht le sang lui monta au visage; 7. (sein) (schnell wachsen) Pflanzen, Kinder pousser rapidement

'schießenlassen v/t ⟨irr, sép, -ge-, h⟩ F fig etw ~ Plan etc laisser tomber qc

Schieße'rei f ⟨-; -en⟩ échange m de coups de feu; fusillade f

'Schießgewehr enf n fusil m

'Schießhund m F aufpassen wie ein ~ être aux aguets

'Schieß|platz m (champ m de) tir m; ~pulver n poudre f (à canon); ~scharte f meurtrière f; ~scheibe f cible f; ~sport m tir m (sportif); ~stand m tir m; stand m (de tir); ~übung f exercice m de tir

Schiet [ʃiːt] P nordd m ⟨-s⟩ P merde f

Schiff [ʃɪf] n ⟨-(e)s; -e⟩ 1. MAR bateau m; embarcation f; großes (Handels2) navire m; (Kriegs2) vaisseau m; beide a bâtiment m; COMM per ~ par eau; klar ~ machen MAR nettoyer, mettre en ordre le bateau; F fig régler l'affaire; 2. CONSTR (Kirchen2) nef f

'Schiffahrt f ⟨-; -⟩ navigation f

'Schiffahrts|gesellschaft f compagnie f maritime, de navigation; ~linie f route f maritime; ~(gesellschaft) compagnie f maritime, de navigation; ~straße f, ~weg m voie f navigable; (Route) route f maritime

'schiffbar adj navigable; 2machung f ⟨-⟩ canalisation f

'Schiff|bau m ⟨-(e)s⟩ construction navale; ~bauer m ⟨-s; -⟩ etwa technicien m de la construction navale; (Konstrukteur) architecte naval; ~bauingenieur m ingénieur m en construction navale

'Schiffbruch m naufrage m; ~ erleiden a fig faire naufrage

'schiff|brüchig adj naufragé; 2brüchige(r) f(m) ⟨→ A⟩ naufragé(e) m(f)

'Schiffbrücke f pont m de bateaux; pont flottant

'Schiffchen n ⟨-s; -⟩ 1. (kleines Schiff) petit bateau m; 2. WEBEREI, e-r Nähmaschine navette f; 3. BOT carène f; 4. F bes MIL (Käppi) calot m

'schiffen I v/i ⟨-s⟩ (sein) (mit dem Schiff fahren) naviguer; 2. P ⟨h⟩ (urinieren) P pisser; II v/imp 3. P ⟨h⟩ (regnen) es schifft F il pleut comme vache qui pisse

'Schiffer m ⟨-s; -⟩ capitaine m d'un navire; patron m; (Binnen2) batelier m; marinier m; ~klavier n accordéon m; F piano m à bretelles; ~knoten m nœud m de marin; ~mütze f casquette f de marin

'Schiffs|arzt m médecin m de bord; ~bau cf Schiffbau; ~bauch F m cale f; ~besatzung f équipage m (d'un bzw du navire); ~brücke f cf Schiffbrücke

'Schiffschaukel f balançoire f (en forme de nacelle)

'Schiffs|eigentümer m, ~eigner m armateur m; propriétaire m d'un bzw du navire; ~fahrt f traversée f; Ausflug tour m en bateau; ~flagge f pavillon m (d'un bateau); ~fracht f fret m (d'un bateau); ~glocke f cloche f (d'un bateau); ~hebewerk n élévateur m de bateaux; ~junge m mousse m; ~kapitän m capitaine m d'un bzw du bateau; ~katastrophe f catastrophe f maritime; ~koch m cuisinier m de bord; coq m; ~küche f cuisine f de bord; ~ladung f cargaison f; fret m; ~laterne f fanal m; ~makler m agent m, courtier m maritime; ~mannschaft f équipage m (d'un bzw du navire); ~modell n modèle m de bateau; ~name m nom m de od du bateau; ~papiere n/pl papiers m/pl, documents m/pl de bord; ~passage f traversée f; ~register n registre m maritime, des navires; ~reise f voyage m en bateau; (Kreuzfahrt) croisière f; ~rumpf m coque f; ~schraube f hélice f; ~tagebuch n journal m de bord; livre m de loch; ~tau n câble m; ~taufe f baptême m d'un bzw du navire; ~verkehr m auf Flüssen trafic m fluvial; auf See trafic m maritime; ~zimmermann m charpentier m de marine; ~zwieback m biscuit m de marin

Schi|ismus [ʃiˈɪsmʊs] m ⟨-⟩ REL chiisme m; ~it(in) m ⟨-en; -en⟩ (f) ⟨-; -nen⟩ chiite m,f; 2itisch adj chiite

Schikane [ʃiˈkaːnə] f ⟨-; -n⟩ 1. (Quälerei) chicane f; tracasserie f; brimade f; 2. F fig (Raffinesse) mit allen ~n avec tous les extras, perfectionnements, raffinements; 3. SPORT chicane f

schika'nieren v/t ⟨pas de ge-, h⟩ chicaner; tracasser; p/fort brimer

schikanös [ʃikaˈnøːs] adj chicaneur, -euse; Behandlung, Maßnahme vexatoire

Schild¹ [ʃɪlt] m ⟨-(e)s; -e⟩ 1. Schutzwaffe bouclier m; st/s fig j-n auf den ~ (er)heben élever qn sur le pavois; 2. WAPPENKUNDE écu m; écusson m; fig etw im ~e führen méditer un coup; F mijoter qc; 3. der Schildkröte, Krebse etc carapace f; 4. e-r Mütze etc visière f

Schild² n ⟨-(e)s; -er⟩ panneau m; écriteau m; pancarte f; an Geschäftshäusern, Läden etc enseigne f; (Verkehrs2) panneau m de signalisation; (Namens2, Nummern2) plaque f; auf Flaschen, Heften étiquette f

'Schildbürger m péj hurluberlu m; tête folle m; ~streich m péj acte saugrenu, farfelu

'Schilddrüse f ANAT glande f thyroïde

'Schilddrüsen|hormon n thyroxine f; ~überfunktion f hyperthyroïdie f; ~unterfunktion f hypothyroïdie f

'Schilder|haus n, ~häuschen n MIL guérite f

'Schildermaler m peintre m d'enseignes

schilder|n ['ʃɪldərn] v/t ⟨-(e)re, h⟩ décrire; (dé)peindre; 2ung f ⟨-; -en⟩ description f; tableau m; peinture f

'Schilderwald F péj m ⟨-(e)s⟩ forêt f de panneaux

'Schild|knappe m HIST écuyer m; ~kröte f tortue f; ~laus f cochenille f; ~patt n ⟨-(e)s⟩ écaille f; ~wache f sentinelle f; coll poste m de garde

Schilf [ʃɪlf] m ⟨-s; -e⟩ roseau m; coll roseaux m/pl; '~dach n toit m de chaume; '~gras n, '~rohr n cf Schilf

Schiller|kragen m ⟨-s; -⟩ col m Danton; ~locke f CUIS 1. Gebäck cornet m de crème (en pâte feuilletée); 2. Fisch filet de roussette fumé (et enroulé)

schillern ['ʃɪlərn] v/i ⟨-(e)re, h⟩ chatoyer; miroiter; in allen Farben (dat) ~

1358

avoir mille reflets; *in den Regenbogenfarben* ~ s'iriser; *fig ein ~der Begriff* une notion floue, ambiguë; *fig ein ~der Charakter* un caractère insaisissable; *Person* un personnage ambigu
Schilling [ˈʃɪlɪŋ] *m* ⟨~s; ~e⟩ *Währung* schilling *m*
schilpen [ˈʃɪlpən] *v/i* ⟨h⟩ pépier
schilt [ʃɪlt] *cf* **schelten**
Schimär|e [ʃiˈmɛːrə] *st/s f* ⟨~; ~n⟩ chimère *f*; **⊙isch** *st/s adj* chimérique
Schimmel¹ [ˈʃɪməl] *m* ⟨~s⟩ moisi *m*; moisissure *f*
'**Schimmel²** *m* ⟨~s; ~⟩ (*weißes Pferd*) cheval blanc
'**Schimmelbildung** *f* formation *f* de moisissure
'**schimmelig** *adj* moisi; couvert de moisissure
'**schimmeln** *v/i* ⟨-(e)le, h *ou* sein⟩ moisir; se couvrir de moisissure
'**Schimmelpilz** *m* (champignon *m* de) moisissure *f*
'**Schimmer** [ˈʃɪmər] *m* ⟨~s; ~⟩ (*Schein*) lueur *f*; (faible) lumière *f*; (*Glanz*) *von Gold etc* éclat *m*; reflets *m/pl*; F *fig* **keinen blassen ~ von etw haben** n'avoir pas la moindre idée de qc
'**schimmern** *v/i* ⟨-(e)re, h⟩ jeter une (faible) lueur, des reflets; (re)luire; *Gold etc* briller; miroiter
'**schimmlig** *cf* **schimmelig**
Schimpanse [ʃɪmˈpanzə] *m* ⟨~n; ~n⟩ chimpanzé *m*
Schimpf [ʃɪmpf] *st/s m* ⟨~(e)s⟩ outrage *m*; (*Schmach*) *st/s* ignominie *f*; opprobre *m*; **j-m e-n ~ antun** faire un affront à qn; **mit ~ und Schande davonjagen** *etc* 'honteusement; *st/s* ignominieusement
'**Schimpfe** F *f* ⟨~⟩ réprimande *f*; **~ bekommen, kriegen** se faire gronder, réprimander
'**schimpfen** ⟨h⟩ **I** *v/t* **j-n e-n Dummkopf ~** traiter qn d'imbécile; **II** *v/i* pester, F rouspéter; *vor sich* (*acc*) *hin ~* maugréer; *auf od über etw, j-n ~* pester, récriminer contre qc, qn; *p/fort* déblatérer sur *od* contre qc, qn; *mit j-m ~* gronder, réprimander qn; **III** *v/réfl* F *péj* *... und so was schimpft sich Baron, Arzt etc!* ... et il se dit, F et ça se prétend baron, médecin, *etc*!
Schimpfe'rei *f* ⟨~; ~en⟩ *péj* récriminations *f/pl*; *p/fort* invectives *f/pl*; F rouspétance *f*
'**Schimpf|kanonade** F *f* bordée *f* d'injures, d'insultes; **⊙lich** *st/s adj* 'honteux, -euse; (*Schande bringend*) *st/s* ignominieux, -ieuse; *st/s* infamant; **~name** *n* nom injurieux; **~wort** *n* ⟨~(e)s; ~e *ou* ⋮er⟩ injure *f*; (*derbes Wort*) mot, terme injurieux; gros mot
Schindel [ˈʃɪndəl] *f* ⟨~; ~n⟩ bardeau *m*; **~dach** *n* toit couvert de bardeaux
schinden [ˈʃɪndən] ⟨*schindet, schindete, geschunden, h*⟩ **I** *v/t* **1.** HIST *Vieh* écorcher; équarrir; **2.** *fig* (*quälen*) 'harasser; éreinter; *Pferd* a crever; **3.** F *Eindruck ~* F faire de l'épate, de l'esbroufe; F *Zeit ~* gagner du temps; tirer des heures; **II** *v/réfl* **sich ~** s'éreinter, s'esquinter, F se crever
'**Schind|er** [ˈʃɪndər] *m* ⟨~s; ~⟩ **1.** HIST équarrisseur *m*; écorcheur *m*; **2.** *fig* (*Ausbeuter*) exploiteur *m*; (*Quäler*) bourreau *m*;

~e'**rei** *péj f* ⟨~; ~en⟩ (*Quälerei*) travail *m* de chien; corvée *f*; (*Qual*) supplice *m*; *st/s* tourment *m*
'**Schindluder** *n* F *mit j-m ~ treiben* F en faire baver à qn; F *mit s-r Gesundheit ~ treiben* mettre en jeu sa santé
'**Schindmähre** *péj f* 'haridelle *f*; rosse *f*; F carne *f*
Schinken [ˈʃɪŋkən] *m* ⟨~s; ~⟩ **1.** CUIS jambon *m*; *roher ~* jambon cru; *gekochter ~* jambon cuit, blanc; **2.** F *fig Buch* F bouquin *m*; *Film, Theaterstück etc* F navet *m*; *Gemälde* a F croûte *f*; **3.** F *fig* (*Popo*) fesses *f/pl*; F pétard *m*; *pl* (*Oberschenkel*) F jambons *m/pl*
Schinken|brot *n* tartine (garnie) de jambon; **~brötchen** *n* sandwich *m* au jambon; **~röllchen** *n etwa* cornet *m* de jambon; **~speck** *m* lard *m* maigre; lard *m* de poitrine (fumé); **~wurst** *f* grosse saucisse avec des petits morceaux de jambon
Schippe [ˈʃɪpə] *f* ⟨~; ~n⟩ **1.** *regional* (*Schaufel*) pelle *f*; F *fig j-n auf die ~ nehmen* mettre qn en boîte; F monter un bateau à qn; F *dem Tod von der ~ springen* échapper de justesse à la mort; **2.** **~n** (*sans article*) *Spielkartenfarbe* pique *m*; **3.** F *fig* (*Schmollmund*) lippe *f*; moue *f*
'**schippen** *regional* ⟨h⟩ **I** *v/t* pelleter; *Schnee ~* enlever la neige à la pelle; **II** *v/i* travailler à la pelle
schippern [ˈʃɪpərn] F *v/i* ⟨-(e)re, sein⟩ naviguer
Schiri [ˈʃiːri] *m* ⟨~s; ~s⟩ SPORT *Jargon* arbitre *m*
Schirm [ʃɪrm] *m* ⟨~(e)s; ~e⟩ **1.** (*Regen⊙*) parapluie *m*; (*Sonnen⊙*) parasol *m*; **2.** (*Lampen⊙*) abat-jour *m*; (*Mützen⊙*) visière *f*; **3.** (*Schutz⊙*) *beim Schweißen etc* masque de protection; *atomarer ~* bouclier *m* atomique; **4.** (*Bild⊙, Radar⊙, Röntgen⊙*) écran *m*; **5.** *fig* (*Schutz*) protection *f*; abri *m*
'**Schirm|dach** *n* auvent *m*; appentis *m*; **⊙förmig** *adj* en parapluie; BOT ombellé; *sc* ombelliforme; **~futteral** *n cf* **Schirmhülle**
'**Schirmherr(in)** *m(f)* protecteur, -trice *m,f*; *der Bundeskanzler war der ~ dieser Festspiele* ce festival était placé sous le patronage du chancelier fédéral
'**Schirmherrschaft** *f unter der ~ von ... Veranstaltung etc* sous le patronage, l'égide, les auspices de ...
'**Schirm|hülle** *f* fourreau *m*, gaine *f* de parapluie; **~mütze** *f* casquette *f*; **~pilz** *m* lépiote *f*; **~ständer** *m* porte-parapluies *m*
Schirokko [ʃiˈrɔko] *m* ⟨~s; ~s⟩ *Wind* sirocco *m*
Schisma [ˈʃɪsma] *m* ⟨~s; -men *ou* ~ta⟩ schisme *m*
schiß [ʃɪs] *cf* **scheißen**
Schiß [ʃɪs] *m* ⟨-sses⟩ **1.** P (*Kot*) merde *f*; **2.** F (*Angst*) *~ haben* F avoir la trouille, la frousse, les jetons; *ich habe ~ vor dem Fliegen* F j'ai la trouille en avion
schizoid [ʃitsoˈiːt] *adj* schizoïde
schizo|phren [ʃitsoˈfreːn] *adj* schizophrène; **⊙phre'nie** *f* ⟨~; ~n⟩ schizophrénie *f*
'**schlabberig** F *adj* **1.** *Stoff etc* flasque; sans consistance; (*trop*) lâche; *Kleider* ample; flottant; **2.** *péj Suppe etc* fade;

insipide; **~e Brühe** F lavasse *f*; F eau *f* de vaisselle
'**Schlabber|latz** F *m*, **~lätzchen** F *n* bavoir *m*; **~look** *m Jargon* mode *f* ample
schlabbern [ˈʃlabərn] F ⟨-(e)re, h⟩ **I** *v/t* (*schlürfen*) laper; **II** *v/i* **1.** *beim Essen* se salir (en mangeant); baver; **2.** *Kleider etc* flotter; F pendouiller
'**schlabbrig** *cf* **schlabberig**
Schlacht [ʃlaxt] *f* ⟨~; ~en⟩ bataille *f*; *die ~ bei, um ...* la bataille de ...; *e-e ~ schlagen* livrer bataille; *sich* (*dat*) *e-e ~ liefern* se livrer bataille; *in die ~ ziehen* partir au combat
'**Schlachtabfälle** *m/pl* abats *m/pl*
'**Schlachtbank** *f* ⟨~; -bänke⟩ billot *m*, bloc *m* pour l'abattage des animaux de boucherie; *st/s fig zur ~ führen* mener à l'abattoir
'**schlachten** *v/t* ⟨-ete, h⟩ *Vieh* tuer; abattre; (*abstechen*) saigner; *plais sein Sparschwein ~* casser sa tirelire
'**Schlachtenbummler** *m* ⟨~s; ~⟩ SPORT supporter *m*
'**Schlachter** *m* ⟨~s; ~⟩, **Schlächter** [ˈʃlɛçtər] *m* ⟨~s; ~⟩ **1.** *auf dem Schlachthof* tueur *m*; **2.** *nordd* (*Fleischer*) boucher *m*; *cf a* **Metzger**; **3.** *fig nur* **Schlächter** bourreau *m*
Schlachte'rei *f* ⟨~; ~en⟩ *nordd* boucherie *f*; *cf a* **Metzgerei**
Schlächte'rei *f* ⟨~; ~en⟩ **1.** *nordd* boucherie *f*; *cf a* **Metzgerei**; **2.** *fig* (*Gemetzel*) massacre *m*; carnage *m*
'**Schlachtfeld** *n* champ *m* de bataille; *e-m ~ gleichen* ressembler à un champ de bataille
'**Schlacht|fest** *n* jour *m* où l'on tue le porc; **~gewicht** *n* poids abattu; **~haus** *n*, **~hof** *m* abattoir(s) *m(pl)*; **~opfer** *n* sacrifice *m*, *st/s* immolation *f* (d'un animal)
'**Schlachtordnung** *f* HIST ordre *m*, formation *f* de bataille; (*sich*) *in ~ aufstellen* (se) ranger en ordre de bataille
'**Schlacht|plan** *m* MIL, *fig* plan *m* de combat, de bataille; **~platte** *f* plat à base de boudins et de poitrine de porc (*souvent garni de choucroute*); **⊙reif** *adj* bon, bonne pour la boucherie; **~reihe** *f* HIST rang *m* de bataille
'**Schlachtroß** *n* HIST cheval de bataille; destrier *m*; *fig ein altes ~* un vieux routier; un vétéran
'**Schlacht|ruf** *m* cri *m* de guerre; **~schiff** *n* MIL cuirassé *m* d'escadre; **~tier** *n* animal *m* de boucherie
'**Schlachtung** *f* ⟨~; ~en⟩ abattage *m*
'**Schlachtvieh** *n* animaux *m/pl* de boucherie
Schlacke [ˈʃlakə] *f* ⟨~; ~n⟩ **(~n *pl*)** scories *f/pl*; MÉTALL a laitier *m*; *von Kohle a* mâchefer *m*; MÉD ~*n pl* résidus *m/pl*
'**schlacken|frei** *adj* exempt de scories; **~reich** *adj* riche en scories
schlackern [ˈʃlakərn] *v/i* ⟨-(e)re, h⟩ *regional* (*hin und her*) être ballant; brinquebaler *od* bringuebaler; balloter; *cf a* **Ohr** 2.
'**Schlackwurst** *f etwa* cervelas *m*
Schlaf [ʃlaːf] *m* ⟨~(e)s⟩ sommeil *m*; *kurzer* somme *m*; *e-n gesunden ~ haben* dormir d'un bon sommeil; *aus dem ~ auffahren* s'éveiller en sursaut; *aus dem ~ reißen* tirer du sommeil; *im ~* en dormant; *im tiefsten ~ liegen* être plongé dans un profond sommeil;

Schlafanzug – schlagen

fig etw im ~ *können* pouvoir faire qc les yeux fermés; *in den* ~ *singen* endormir en chantant; *ein Kind in den* ~ *wiegen* bercer un enfant pour le faire dormir; *st/s j-m den* ~ *rauben*, *st/s j-n um s-n* ~ *bringen* priver qn de son sommeil; *sich (dat) den* ~ *aus den Augen reiben* se frotter les yeux pour se réveiller; *BIBL den Seinen gibt's der Herr im* ~*(e) prov* la fortune vient en dormant; *plais den* ~ *des Gerechten schlafen* dormir du sommeil du juste

'**Schlafanzug** *m* pyjama *m*; ~**hose** *f* pantalon *m* de pyjama; ~**jacke** *f* veste *f* de pyjama

'**Schlafauge** *n e-e Puppe mit* ~*n* une poupée dormeuse

Schläfchen ['ʃlɛːfçən] *n* ⟨~*s*; ~⟩ petit somme; F roupillon *m*; *enf* dodo *m*; *nach Tisch* sieste *f*; *ein* ~ *halten, machen* faire un petit somme; F piquer un roupillon; *enf* faire dodo

'**Schlafcouch** *f* divan-lit *m*; canapé-lit *m*

Schläfe ['ʃlɛːfə] *f* ⟨~; ~*n*⟩ *ANAT* tempe *f*; *mit grauen* ~*n* aux tempes grisonnantes

'**schlafen** *v/i* ⟨schläft, schlief, geschlafen, h⟩ **1.** dormir; *lange, bis in den Tag hinein* ~ faire la grasse matinée; *tief und fest* ~ dormir profondément, à poings fermés; *ruhig* ~ *(können)* unbesorgt dormir sur ses deux oreilles; *bei j-m* ~ *(übernachten)* coucher chez qn; *mit j-m* ~ coucher avec qn; ~ *gehen, sich* ~ *legen* aller ⟨se⟩ coucher; aller, se mettre au lit; *nicht zu Hause* ~ découcher; *getrennt* ~ faire chambre à part; ~ *Sie noch einmal darüber!* attendez jusqu'à demain (pour vous décider)!; la nuit porte conseil; **2.** F *fig (nicht aufpassen)* dormir; être distrait, inattentif, -ive

'**Schläfen**|**bein** *n ANAT* os temporal; ~**gegend** *f* région temporale

'**Schlafengehen** *n* ⟨~*s*⟩ coucher *m*; *beim, vor dem* ~ au moment de, avant de se coucher

'**Schlafenszeit** *f es ist* ~ il est l'heure de ⟨*od* d'aller⟩ se coucher

Schläfer(in) ['ʃlɛːfɐ(ɪn)] *m* ⟨~*s*; ~⟩ *f* ⟨~; ~*nen*⟩ dormeur, -euse *m*

schlaff [ʃlaf] I *adj* **1.** *Seil etc* lâche, détendu; *Haut* flasque; *(weich)* mou ⟨mol⟩, molle; *MÉD* atone; ~ *werden* se relâcher; se détendre; *Haut* devenir flasque; s'affaisser; **2.** *fig* Moral relâché; *im Wesen, in der Haltung* sans énergie, vigueur, ressort; amorphe; *ein* ~*er Typ* F un mou; F un mollasson; II *adv* sans force, vigueur; *s-e Hand hing* ~ *herab* sa main pendait, inerte

'**Schlaffheit** *f* ⟨~⟩ relâchement *m*; mollesse *f*; *fig* manque m d'énergie, de vigueur, de ressort; avachissement *m*

Schlaffi ['ʃlafi] F *m* ⟨~*s*; ~*s*⟩ F mou *m*; F mollasson *m*

'**Schlaf**|**gast** *m* hôte *m* pour la nuit; ~**gelegenheit** *f* lit *m*, sofa *m*, etc; *(Bleibe für die Nacht)* hébergement *m*; ~**gemach** *litt n cf Schlafzimmer*; ~**gewohnheiten** *f/pl* habitudes *f/pl* pour dormir

Schlafittchen [ʃla'fɪtçən] *n* ⟨~*s*⟩ F *j-n am od beim* ~ *packen* saisir qn au collet

'**Schlaf**|**krankheit** *f* maladie *f* du sommeil; ~**lied** *n* berceuse *f*

'**schlaflos** I *adj* privé de, sans sommeil; *e-e* ~*e Nacht verbringen* passer une nuit blanche; ~*e Nächte haben* avoir des insomnies; II *adv* ~ *sich* ~ *herumwälzen* se tourner et retourner sans trouver le sommeil

'**Schlaflosigkeit** *f* ⟨~⟩ insomnie *f*; *an* ~ *leiden* souffrir d'insomnie

'**Schlaf**|**mittel** *n PHARM* somnifère *m*; ~**mohn** *m* pavot *m* somnifère; ~**mütze** F *f* **1.** *(Langschläfer)* lève-tard *m*; gros dormeur; **2.** *(Tranfunzel)* endormi(e) *m(f)*; F empoté(e) *m(f)*; ⸗**mützig** F *adj (unaufmerksam, träge)* endormi; dans la lune; ~**puppe** *f* poupée dormeuse; ~**raum** *m (Schlafzimmer)* chambre *f* à coucher; *(Schlafsaal)* dortoir *m*

schläfrig ['ʃlɛːfrɪç] *adj* somnolent; qui a envie de dormir; ~ *sein* avoir sommeil; ~ *machen* donner sommeil, envie de dormir

'**Schläfrigkeit** *f* ⟨~⟩ somnolence *f*; envie *f* de dormir

'**Schlafrock** *m* robe *f* de chambre; *CUIS Apfel m, Würstchen n im* ~ pomme, saucisse enrobée de pâte (feuilletée)

'**Schlaf**|**saal** *m* dortoir *m*; ~**sack** *m* sac *m* de couchage; ~**stadt** *f* cité-dortoir *f*; ville-dortoir *f*; ~**stelle** *f st/s* gîte *m*; *(Bett)* lit *m*; ~**störungen** *f/pl MÉD* troubles *m/pl* du sommeil; ~**sucht** *f* ⟨~⟩ somnolence *f*; *p/fort* léthargie *f*; ⸗**süchtig** *adj* somnolent; *p/fort* léthargique

schläft [ʃlɛːft] *cf schlafen*

'**Schlaf**|**tablette** *f* comprimé *m* pour dormir; somnifère *m*; ~**trunk** *m* potion *f* soporifique; F *(Schnäpschen)* F petit coup *m* pour dormir; ⸗**trunken** *st/s adj (encore)* tout endormi; ensommeillé; mal réveillé; ~**wagen** *m EISENBAHN* wagon-lit *m*; ~**wagenschaffner** *m* contrôleur *m* de *od* du wagon-lit; ⸗**wandeln** *v/i* ⟨-(e)le, h *ou* sein⟩ être somnambule; *a* avoir une crise de somnambulisme; ~**wandler(in)** *m* ⟨~*s*; ~⟩ *(f)* ⟨~; ~*nen*⟩ somnambule *m,f*

'**schlafwandlerisch** *adj* (de) somnambule; *fig mit* ~*er Sicherheit* avec une *od* d'une sûreté de somnambule

'**Schlafzimmer** *n* chambre *f* à coucher; ~**blick** F *plais m* regard de vamp, aguichant

Schlag [ʃlaːk] *m* ⟨~(e)s; ⸗e⟩ **1.** *(Hieb) a fig* coup *m*; *(Klaps)* tape *f*; *j-m e-n* ~ *versetzen* donner, porter un coup à qn; *Schläge bekommen* recevoir des coups; *fig* ~ *auf* coup sur coup; *fig ein* ~ *ins Gesicht* un affront, outrage, *st/s* camouflet; F *fig ein* ~ *ins Kontor* F un coup dur; *fig ein* ~ *ins Wasser* un coup d'épée dans l'eau; F *fig mit e-m* ~, *auf e-n* ~ d'un (seul) coup; tout d'un coup; F *fig keinen* ~ *tun* rester les bras croisés; se tourner les pouces; *fig zum entscheidenden* ~ *ausholen* s'apprêter à porter le coup décisif; **2.** *(Schicksals*⸗*) etc* coup *m*; *ein harter od schwerer* ~ un rude coup, choc; *er hat sich von dem* ~ *noch nicht erholt* il ne s'est pas encore remis du choc; **3.** *(Geräusch e-s* ~*s)* coup *m*; bruit *m*; *(Aufprall)* boum *m*; bang *m*; **dumpfer** ~ bruit sourd; *Uhr* ~ *zehn Uhr* sur le coup de dix heures; F à dix heures sonnant(es), tapant(es); **4.** *(Blitz*⸗*)* foudre *f*; *(Donner*⸗*)* coup *m* de tonnerre; *fig ein* ~ *aus heiterem Himmel* un coup de tonnerre dans un ciel bleu, sans nuages; un coup de théâtre; **5.** *(Strom*⸗*)* décharge *f*; *e-n* ~ *bekommen* recevoir une décharge (électrique); **6.** F *MÉD* (~*anfall)* attaque *f* (d'apoplexie); *wie vom* ~ *gerührt sein vor Entsetzen* être comme paralysé; *vor Erstaunen* F être estomaqué, complètement baba, sidéré; *ich dachte, mich trifft der* ~! F j'en suis resté estomaqué, baba!; **7.** *(rhythmische Bewegung) des Herzens* battement *m*; *des Pulses* pulsation *f*; **8.** *TENNIS, BOXEN* coup *m*; *RUDERN* coup *m* de rame; *SCHWIMMEN* brassée *f*; **9.** *(Menschen*⸗*)* espèce *f* (humaine); type *m*; *vom alten* ~ de la vieille école; F comme on n'en fait plus; *sie sind vom gleichen* ~ ils sont du même acabit; **10.** *e-r Kutsche* portière *f*; **11.** *(Tauben*⸗*)* pigeonnier *m*; **12.** *(Portion)* portion *f*; **13.** ⟨pas de pl⟩ österr (~*sahne)* crème fouettée

'**Schlag**|**abtausch** *m SPORT* échange *m* de coups; *fig* joute *f* oratoire; ~**ader** *f* artère *f*; ~**anfall** *m* attaque *f* d'apoplexie; ⸗**artig** I *adj (épithète)* subit; soudain; *Bewegung* brusque; II *adv* tout à coup; tout d'un coup; subitement; *sich bewegen* brusquement; ~**baum** *m bes an der Grenze* barrière *f*; ~**bohrer** *m* perceuse *f* à percussion; ~**bolzen** *m am Gewehr* percuteur *m*

Schlägel ['ʃlɛːgəl] *m* ⟨~*s*; ~⟩ *BERGBAU* masse(tte) *f*

'**schlagen** ⟨schlägt, schlug, geschlagen, h⟩ I *v/t* **1.** *einmal* frapper; *mehrmals* battre; frapper; *(klapsen)* taper; *mit e-r Peitsche* fouetter; *j-n* ~ a donner des coups à qn; rosser qn; *j-m Wunden* ~ blesser qn; *ans Kreuz* ~ mettre en croix; crucifier; *j-m etw aus der Hand* ~ faire tomber qc des mains de qn; *e-n Nagel in die Wand* ~ planter, enfoncer un clou dans le mur; *Adler etc s-e Fänge in etw (acc)* ~ enfoncer ses serres dans qc; *die Hände vors Gesicht* ~ enfoncer sa tête dans ses mains; *j-n zum Krüppel* ~ estropier qn; *zu Boden* ~ assommer; terrasser; **2.** *Holz* couper; abattre; *Brücke* jeter; *Takt* battre; *Funken* faire jaillir; *Alarm, Lärm* ~ donner l'alarme, l'alerte; *Holz* ~ a faire une coupe (de bois); *Wurzeln* ~ prendre racine; **3.** *CUIS Sahne, Eier* fouetter; battre; *durch ein Sieb* passer; *Eier in die Suppe* ~ délayer des œufs dans la soupe; **4.** *(machen, ausführen) Falten, Rad* faire; *Kreis, mit dem Zirkel* décrire; *ein Kreuz* ~ faire le signe de la croix; *cf a Welle 1*; **5.** *(einwickeln) etw in Papier (acc)* ~ envelopper qc dans du papier; **6.** *(legen) ein Bein übers andere* ~ croiser les jambes; *Schal etc um die Schultern* ~ jeter, mettre sur ses épaules; **7.** *MIL, SPORT etc (besiegen)* battre; triompher de; *MIL a* défaire; *SCHACHSPIEL* prendre; *fig j-n mit s-n eigenen Waffen* ~ retourner contre qn ses propres arguments; *j-n nach Punkten* ~ battre qn aux points; *beim Raten ich gebe mich geschlagen* je donne ma langue au chat; **8.** *st/s (strafen)* frapper; *fig mit Blindheit geschlagen sein* être frappé de cécité, d'aveuglement; *ein geschlagener Mann* un homme accablé par les coups du sort; un homme fini; **9.** *Uhr* sonner; *es hat (gerade) zwölf Uhr geschlagen* midi vient de sonner; *fig e-e geschlagene Stunde* une heure entière; **10.** *(auf. ..) die Unkosten auf den Preis ~* augmenter, majorer le prix de la marchandise du montant des frais; **II** *v/i* **11.** *(hauen)* battre; frapper; *mit der Faust auf den Tisch ~* frapper, taper du poing sur la table; *nach j-m ~* porter un coup à qn; *mit Händen und Füßen um sich ~* se défendre à coups de poings et à coups de pieds; *mit den Flügeln ~* battre des ailes; **12.** *(pulsieren) Herz, Puls* battre; *Herz a* palpiter; **13.** *(ertönen, Laut geben) Uhr, Glocke* sonner; *Nachtigall* chanter; *cf a Stunde 1., Stündlein;* **14.** ⟨sein⟩ *(aufprallen)* cogner; 'heurter; *an od gegen etw (acc) ~* cogner contre qc; *Regen* fouetter (contre) qc; *Wellen* battre qc; *mit dem Kopf auf etw (acc) ~* donner de, se cogner la tête sur qc; *auf den Boden ~* tomber à *od* par terre; **15.** ⟨sein⟩ *Töne, Stimmen ~ an sein Ohr* il entend des sons, des voix; *Flammen aus etw ~* jaillir de qc; *Blitz* ⟨a h⟩ *in etw (acc) ~* tomber sur qc; **16.** ⟨h ou sein⟩ *in j-s Fach (acc) ~* toucher à la spécialité de qn; être du ressort, du domaine de qn; **17.** ⟨sein⟩ *nach j-m ~ (j-m ähneln)* ressembler à qn; *sie schlägt ganz nach ihrer Mutter* a elle tient beaucoup de sa mère; **18.** ⟨sein⟩ *(schädigen) j-m auf den Magen ~* se porter sur l'estomac de qn; **III** *v/réfl* **19.** *(sich prügeln) sich mit j-m (um etw) ~* se battre, se colleter avec qn (pour [avoir] qc); *fig sich um etw ~* se battre pour (avoir) qc; *(kämpfen) sich (tapfer) ~* se battre (vaillamment); *a fig sich geschlagen geben* s'avouer vaincu; **20.** *sich durch den Urwald ~* se frayer un chemin à travers la forêt vierge; *sich ins Gebüsch etc ~* disparaître dans les buissons, *etc; fig sich auf j-s Seite (acc) ~* prendre le parti de qn; se ranger du parti, du côté de qn

'**schlagend** *adjt (überzeugend)* convaincant; *Beweis* pertinent; concluant; *Argument a* probant; irrésistible; sans réplique

Schlager ['ʃlaːɡɐr] *m* ⟨~s; ~⟩ **1.** *MUS* chanson *f* à succès; *F* tube *m; a Film etc F* 'hit *m;* **2.** *COMM (Verkaufs⟨2⟩)* succès *m; Buch* succès *m* de librairie; best-seller *m*

Schläger ['ʃlɛːɡɐr] *m* ⟨~s; ~⟩ **1.** *péj* brute *f; F* dur *m; (Raufbold)* bagarreur *m; junger a F* loubard *m; F* loulou *m;* **2.** *SPORT (Tischtennis⟨2⟩, Tennis⟨2⟩)* raquette *f; (Hockey⟨2⟩)* crosse *f;* stick *m; (Golf⟨2⟩)* club *m;* crosse *f;* **3.** *Spieler* batteur *m*

Schläge'**rei** *f* ⟨~; ~en⟩ rixe *f;* bagarre *f*

'**Schlager**|**festival** *n* festival *m* de la chanson; **~komponist** *m* compositeur *m* de chansons à succès; **~melodie** *f* air *m* à la mode; **~musik** *f* musique *f* de variété; musique *f* pop

'**Schlägermütze** *F f* casquette *f* (de voyou, de mauvais garçon)

'**Schlager**|**sänger(in)** *m(f)* interprète *m,f* de chansons à succès; chanteur, -euse *m,f* à succès; **~spiel** *n SPORT* rencontre capitale, de première importance; **~star** *m* vedette *f* de la chanson; **~text** *m* texte *m* de chanson; **~texter(in)** *m(f)* parolier, -ière *m,f;* auteur *m* de chansons

'**Schläger**|**trupp** *m* bande *f,* straff organisierter commando *m* de casseurs; **~typ** *m* brute *f;* bagarreur *m*

'**Schlagerwettbewerb** *m* concours *m* de chansons

'**schlagfertig I** *adj* prompt à la riposte, à la repartie; qui a l'esprit d'à-propos; **~e Antwort** riposte *f;* repartie *f;* **II** *adv* **~ antworten** riposter; répondre du tac au tac

'**Schlag**|**fertigkeit** *f* ⟨~⟩ don *m,* vivacité *f* de repartie; vivacité *f* d'esprit; esprit *m* d'à-propos; ⟨2⟩**fest** *adj TECH* résistant au choc; **~holz** *n SPORT* batte *f;* **~instrument** *n MUS* instrument *m* à percussion; **~kraft** *f* ⟨~⟩ *MIL* combativité *f; TECH, SPORT* puissance *f* de choc, de frappe; *fig* efficacité *f; p/fort* caractère percutant; force *f* d'impact; ⟨2⟩**kräftig** *adj MIL* puissant; *fig Argument* massue *(inv); Beispiel a* percutant; **~licht** *n PEINT* échappée *f* de lumière; *fig* trait *m* de lumière; **~loch** *n* trou *m;* nid-de-poule *m;* **~mann** *m* ⟨~(e)s; -männer⟩ *RUDERN* chef *m* de nage; **~obers** *n* ⟨~⟩ *österr,* **~rahm** *m bes südd., österr, schweiz* crème fouettée, Chantilly; Chantilly *f;* **~ring** *m* coup-de-poing *m* (américain)

'**Schlagsahne** *f* crème fouettée, Chantilly; Chantilly *f; mit ~* à la crème Chantilly

'**Schlagschatten** *m* ombre portée

'**Schlagseite** *f* ⟨~⟩ *MAR* bande *f;* gîte *f; ~ haben* donner de la bande, de la gîte; *F plais (torkeln)* F avoir du vent dans les voiles

'**Schlag**|**stock** *m* matraque *f;* **~werk** *n e-r Uhr* sonnerie *f;* **~wetter** *pl BERGBAU* grisou *m;* **~wetterexplosion** *f BERGBAU* coup *m* de grisou; **~wort** *n* ⟨~(e)s; -wörter *ou* -e⟩ **1.** *(Parole)* slogan *m;* mot *m* d'ordre; *(hohle Formel, Gemeinplatz)* cliché *m;* **2.** *(pl* -wörter⟩ *e-s Verzeichnisses* mot-clé *m;* **~wortkatalog** *m* catalogue-matières *m*

'**Schlagzeile** *f e-r Zeitung* manchette *f;* gros titre; **~n machen** faire la une (des journaux); défrayer la chronique

'**Schlag**|**zeug** *n MUS* batterie *f;* **~zeuger(in)** *m* ⟨~s; ~⟩ *(f)* ⟨~; ~nen⟩ batteur, -euse *m/f*

schlaksig ['ʃlaːksɪç] *f adj F* dégingandé

Schlamassel [ʃla'masəl] *F m od n* ⟨~s⟩ **1.** *(Mißgeschick)* embarras *m;* **2.** *(Durcheinander) was für ein ~!* quelle pagaille *od* pagaïe!; *p/fort F* quel bordel!

Schlamm [ʃlam] *m* ⟨~(e)s; ~e *ou* ≈e⟩ *(Ablagerung in Gewässern)* vase *f;* bourbe *f;* limon *m; (aufgeweichte Erde)* boue *f;* **~bad** *n MÉD* bain *m* de boue

schlämmen ['ʃlɛmən] *v/t* ⟨h⟩ **1.** *Teich etc* curer; **2.** *Erz, Kreide* laver; *CHIM* léviger

'**schlammig** *adj (Schlamm enthaltend)* limoneux, -euse; *(morastig)* boueux, -euse; bourbeux, -euse

'**Schlämmkreide** *f* craie lévigée; blanc *m* de Meudon

'**Schlammpackung** *f MÉD* application *f* de boue

'**Schlämmputz** *m* blanchiment *m*

Schlampe ['ʃlampə] *F péj f* ⟨~; ~n⟩ *(ungepflegte Frau)* F cochonne *f; (Flittchen)* F traînée *f*

'**schlampen** *F péj v/i* ⟨h⟩ *(schlampig sein)* être désordonné, P bordélique; *(schlampig arbeiten)* bâcler, bousiller, P saloper son travail, devoir, *etc*

Schlampe'**rei** *F péj f* ⟨~; ~en⟩ *(Nachlässigkeit)* négligence *f;* bâclage *m;* bousillage *m; (Unordentlichkeit)* désordre *m;* F pagaille *od* pagaïe *f*

'**schlampig** *F péj adj (ungepflegt)* négligé; débraillé; *p/fort* P bordélique; *Arbeit* bâclé; bousillé; P salopé; **⟨2⟩keit** *F péj f* ⟨~; ~en⟩ *cf* **Schlamperei**

schlang [ʃlaŋ] *cf* **schlingen**

Schlange ['ʃlaŋə] *f* ⟨~; ~n⟩ **1.** *ZO* serpent *m; (Gift⟨2⟩)* vipère *f (a fig péj); st/s e-e ~ am Busen nähren* réchauffer un serpent dans son sein; **2.** *(Reihe) von Menschen* queue *f; von Autos* file *f;* **~ stehen** faire la queue

schlängeln ['ʃlɛŋəln] *v/réfl* ⟨-(e)le, h⟩ *sich ~ Weg, Fluß* serpenter; faire des lacets; *Fluß a* fluer, décrire des méandres; *Schlange, fig* se glisser; *sich um etw ~* s'enrouler, s'enlacer autour de qc

'**Schlangen**|**beschwörer(in)** *m* ⟨~s; ~⟩ *(f)* ⟨~; ~nen⟩ charmeur, -euse *m,f* de serpents; **~biß** *m* morsure *f* de serpent; **~brut** *st/s péj f* nid *m* de vipères; *péj* engeance *f;* **~ei** *n* œuf *m* de serpent; **⟨2⟩förmig** *adj* en forme de serpent; **~fraß** *péj m* F ragougnasse *f;* F tambouille *f;* **~gift** *n* venin *m* de serpent; **~haut** *f COMM,* **~leder** *n* (peau *f* de) serpent *m*

'**Schlangenlinie** *f* ligne serpentine; **~n fahren** faire des zigzags, des s; zigzaguer

'**Schlangenmensch** *m Artist* homme *m* serpent; contorsionniste *m*

schlank [ʃlaŋk] *adj* mince; *Taille* fin; *(zierlich u. ~)* svelte; gracile; *groß und ~* élancé; *~ machen* amincir; *~(er) werden* maigrir; *cf a* **rank**

'**Schlank**|**heit** *f* ⟨~⟩ minceur *f;* formes sveltes, élancées; *(Zierlichkeit)* sveltesse *f; nur von Personen* taille *f* svelte; **~heitskur** *f* cure *f* d'amaigrissement; **~macher** F *m* produit amincissant

schlankweg ['ʃlaŋkvɛk] *F adv* carrément; purement et simplement

schlapp [ʃlap] *adj* **1.** *(schlaff)* lâche; mou (mol), molle; *Person a* avachi; **2.** *(abgespannt)* fatigué; fourbu; F flagada, F flapi; *SPORT* F pompé; *die Hitze macht mich ganz ~* je suis complètement avachi à cause de la chaleur; **3.** *péj (ohne Energie)* sans ressort; amorphe; *ein ~er Kerl* F un légume; F une chiffe molle

'**Schlappe** *f* ⟨~; ~n⟩ échec *m;* revers *m;* défaite *f; e-e ~ einstecken od erleiden* subir, essuyer un échec, un revers

'**schlappen** F *v/i* ⟨h⟩ **1.** *Schuh* ne pas tenir au pied; **2.** *Tiere* laper

'**Schlappen** F *m* ⟨~s; ~⟩ pantoufle *f;* babouche *f*

'**Schlapp**|**heit** *f* ⟨~⟩ mollesse *f; (Erschöpfung)* fatigue *f; p/fort* épuisement *m;* **~hut** *m* chapeau mou (à large bord); **⟨2⟩machen** F *v/i* ⟨sép, -ge-, h⟩ **1.** *(aufgeben)* F flancher; **2.** *(zusammenbrechen)* caler; **~ohr** *n* oreille pendante; **~schwanz** P *péj m* F dégonflé *m;* F lavette *f*

Schlaraffenland [ʃlaˈrafənlant] *n* ⟨~(e)s⟩ Pays *m* de cocagne
schlau [ʃlau] *adj* **1.** (*gewitzt*) astucieux, -ieuse; avisé; (*listig*) rusé, malin, maligne; futé; (*geschickt*) habile; **ein ~er Fuchs**, F **ein ganz er** un fin renard; un rusé; un futé; **2.** F **aus etw, j-m nicht ~ werden** ne pas comprendre, saisir qc, qn
Schlauberger [ˈʃlaubɛrɡər] F *m* ⟨~s; ~⟩ finaud *m*; fine mouche; F roublard(e) *m(f)*
Schlauch [ʃlaux] *m* ⟨~(e)s; Schläuche⟩ **1.** tuyau *m* souple, flexible; boyau *m*; (*Fahrrad, Auto*) chambre *f* à air; (*Wein*) outre *f*; **2.** F (*schmaler, langer Raum*) boyau *m*; couloir *m*; **3.** F *das war ein ganz schöner ~!* ça a été tuant, F crevant; F *auf dem ~ stehen* F ne rien piger
Schlauchboot *n* canot *m* pneumatique
schlauchen F *v/t* (h) **1.** (*schinden*) faire trimer; F en faire baver à; MIL a dresser; **2.** (*erschöpfen*) éreinter; épuiser; esquinter; F crever
Schlauchhaspel *f cf* **Schlauchrolle**
schlauchlos *adj Reifen* sans chambre à air; **~er Reifen** a tubeless *m*; *e-s Rennrades* boyau *m*
Schlauch|rolle *f*, **~trommel** *f* dévidoir-enrouleur *m*; **~wagen** *m* dévidoir *m* sur chariot, à roues
Schläue [ˈʃlɔyə] *f* ⟨~⟩ (*Klugheit*) astuce *f*; habileté *f*; (*Gerissenheit*) ruse *f*; rouerie *f*; F roublardise *f*
schlauerweise *adv* astucieusement; *sie hat ~ den Zug genommen* elle a (vraiment) bien fait de prendre le train; *iron er hat ~ den Schlüssel steckenlassen* il n'a rien trouvé de mieux que de laisser la clé sur la porte
Schlaufe [ˈʃlaufə] *f* ⟨~; ~n⟩ boucle *f*; *am Gürtel* passant *m*; *am Skistock, Schirm etc* dragonne *f*; *an Kleidungsstücken* anse *f*; ganse *f*; bride *f*; (*Schlinge*) nœud coulant
Schlau|fuchs F *m cf* **Schlauberger**, **~heit** *f* ⟨~⟩ *cf* **Schläue**; **~kopf** F *m*, **~meier** F *m* ⟨~s; ~⟩ *cf* **Schlauberger**
Schlawiner [ʃlaˈviːnər] F *m* ⟨~s; ~⟩ **1.** (*Gauner*) F roublard *m*; **2.** (*Schlingel*) (petit) coquin; garnement *m*
schlecht [ʃlɛçt] **I** *adj* **1.** mauvais; (*erbärmlich*) piètre; *Arbeit* mal fait; *Luft* pollué; *st/s* vicié; (*das ist nicht ~!* ce n'est pas mal!; **2.** (*unzulänglich*) *Ware* inférieur; de mauvaise qualité; **~e Augen haben** avoir (une) mauvaise vue; **3.** (*ungünstig, schlimm*) *Zeiten* dur; difficile; *das e an der Sache ist, daß …* l'inconvénient, c'est que …; **4.** (*ungenießbar*) **~ werden** se gâter; **5.** (*böse*) méchant; *das e im Menschen, in der Welt* la méchanceté en l'homme, sur terre; *nur es von j-m reden* dire tout le mal possible de qn; **6.** (*unwohl*) *mir ist ~* je me sens mal; j'ai mal au cœur; F *fig dabei kann einem ~ werden* cela donne la nausée; cela soulève le cœur; il y a de quoi se sentir mal; **II** *adv* **1.** mal; **~ riechen** sentir mauvais; **2.** (*unzulänglich*) *sie hört ~* elle entend mal; *er sieht ~* il a de mauvais yeux; il y voit mal; **3.** (*ungünstig, schlimm*) *es sieht ~ aus* c'est inquiétant; *es steht ~ mit ihm* il file un mauvais coton; *Geschäft a* ses affaires vont mal; *j-m*

anstehen ne pas aller, convenir à qn; *auf j-n ~ zu sprechen sein* ne pas porter qn dans son cœur; *das ist mir ~ bekommen* cela ne m'a pas réussi; *das wird ihm ~ bekommen* il s'en trouvera mal; ça ne lui profitera pas; *iron* il ne s'en tirera pas à bon compte; *von j-m ~ denken* avoir une mauvaise opinion de qn; **~er werden** (*sich verschlimmern*) se détériorer; empirer; **immer ~er** de mal en pis; **4.** (*schwer, kaum*) *das kann ich ~ sagen* je suis incapable de le dire *od* de l'affirmer; *morgen paßt es mir ~ od geht es ~* demain ça ne me convient pas *od* ne m'arrange pas; F *ich staunte nicht ~, als ich das sah* F j'ai été sidéré, soufflé de voir ça; je n'en croyais pas mes yeux; je n'en revenais pas; **5.** (*unwohl*) *~ aussehen* avoir mauvaise mine; **6.** *~ und recht, mehr ~ als recht* tant bien que mal
schlecht'beraten *adj* ⟨*épithète*⟩ mal conseillé; **~bezahlt** *adj* ⟨*épithète*⟩ mal payé
schlechterdings *adv* absolument; tout simplement
schlechtgehen *v/imp* ⟨*irr, sép, -ge-, sein*⟩ *es geht ihm schlecht gesundheitlich* il ne va pas bien; *p/fort* il va mal; *geschäftlich* ses affaires vont mal
schlechtgelaunt *adj* ⟨*épithète*⟩ de mauvaise humeur; maussade; mal disposé
schlechthin *adv* **1.** *cf* **schlechterdings**; **2.** *sie ist die Karrierefrau ~* elle est le type même de la femme ambitieuse, de carrière; *er ist der Philosoph ~* il est le philosophe par excellence
Schlechtigkeit *f* ⟨~; ~en⟩ **1.** ⟨*pas de pl*⟩ *Eigenschaft* méchanceté *f*; malignité *f*; bassesse *f*; **2.** *Handlung* méchanceté *f*; bassesse *f*
schlechtmachen *v/t* ⟨*sép, -ge-, h*⟩ *j-n, etw ~* médire de, dire du mal de qn, qc; dénigrer qn, qc
schlecht'weg *cf* **schlechterdings**
Schlecht'wetter *n* ⟨~s⟩ mauvais temps; intempéries *f/pl*; **~front** *f* front *m* des intempéries; **~geld** *n* indemnité *f* de mauvais temps; **~periode** *f* période *f* de mauvais temps
schlecken [ˈʃlɛkən] *bes südd, österr* ⟨h⟩ **I** *v/t* (*lecken*) *Eis etc* lécher; sucer; **II** *v/i* **1.** *an etw* (*dat*) *~* (*lecken*) lécher qc; **2.** (*naschen*) manger des sucreries; *sie schleckt gerne* elle aime les gourmandises
Schlecke'rei *f* ⟨~; ~en⟩ *bes südd, österr* (*Süßigkeit*) friandise *f*; sucrerie *f*
Schleckermaul F *plais n* gourmand(e) *m(f)*
Schlegel [ˈʃleːɡəl] *m* ⟨~s; ~⟩ **1.** (*Schlagholz*) battoir *m*; (*Holzhammer*) maillet *m*; **2.** *für Schlaginstrumente* baguette *f*; *für die Pauke* mailloche *f*; **3.** *bes südd, österr* (*Hühner*) cuisse *f* (de poulet); pilon *m*; *vom Kalb* cuisseau *m*; *vom Reh* cuissot *m*
Schlehdorn *m* ⟨~(e)s; ~e⟩ BOT prunellier *m*
Schlehe [ˈʃleːə] *f* ⟨~; ~n⟩ *Frucht* prunelle *f*; *Strauch* prunellier *m*
schleichen [ˈʃlaɪçən] ⟨*schleicht, schlich, geschlichen*⟩ **I** *v/i* **1.** ⟨*sein*⟩ *heimlich* se glisser; se faufiler; se couler; *leise* aller, marcher à pas de loup, à pas feutrés; *heimlich aus dem Zimmer ~* sortir furtivement à la dérobée

de la chambre; *heimlich ins Haus ~* s'introduire furtivement dans la maison; *um das Haus ~* rôder autour de la maison; **2.** *langsam* aller tout doucement; F *Auto* se traîner; F **geschlichen kommen** s'approcher très lentement; **II** *v/réfl* ⟨h⟩ *sich ~* se glisser; se faufiler; se couler; *sich heimlich aus etw ~* sortir furtivement de qc; *sich heimlich in etw* (*acc*) *~* s'introduire furtivement dans qc; *sich in j-s Vertrauen* (*acc*) *~* capter la confiance de qn; F *bes südd, österr* **schleich dich!** F file!; F tire-toi!; F casse-toi!
'**schleichend** *adj Schritt* furtif, -ive; *Gift* lent; *Krankheit* insidieux, -ieuse; *Inflation* rampant; larvé
'**Schleicher** *péj m* ⟨~s; ~⟩ sournois *m*; hypocrite *m*
'**Schleichhandel** *m* trafic *m*; commerce clandestin
'**Schleichweg** *m* petit chemin *m*; (*Abkürzung*) raccourci *m*; F *fig* **auf ~en** par des voies détournées
'**Schleichwerbung** *f* publicité clandestine
Schleie [ˈʃlaɪə] *f* ⟨~; ~n⟩ ZO tanche *f*
Schleier [ˈʃlaɪər] *m* ⟨~s; ~⟩ *a fig,* PHOT *etc* voile *m*; *st/s* **den ~ nehmen** prendre le voile; *st/s* **den ~ des Vergessens über etw** (*acc*) **breiten** jeter le voile de l'oubli sur qc; *st/s* **den ~ des Geheimnisses lüften** lever, soulever le voile du mystère
'**Schleiereule** *f* effraie *od* orfraie *f*
'**schleierhaft** F *adj* (*rätselhaft*) mystérieux, -ieuse; (*unbegreiflich*) incompréhensible; *das ist mir ~* c'est un mystère pour moi
'**Schleier|kraut** *n* BOT gypsophile *f*; **~schwanz** *m* ZO cyprin *m* à queue de voile; **~stoff** *m* voile *m*; **~tanz** *m* danse *f* du voile
'**Schleif|band** *n* ⟨~(e)s; ~er⟩ TECH bande abrasive *od* de toile (d'émeri); **~bank** *f* ⟨~; ~e⟩ TECH rectifieuse *f*
Schleife [ˈʃlaɪfə] *f* ⟨~; ~n⟩ **1.** nœud *m*; boucle *f*; (*Haar*) a catogan *od* cadogan *m*; (*Kranz*) ruban *m*; **2.** *e-s Flusses* boucle *f*; méandre *m*; *e-s Weges* lacet *m*; AVIAT boucle *f*; **3.** ÉLECT boucle *f*; circuit *m* (fermé)
schleifen[1] [ˈʃlaɪfən] *v/t* ⟨*schleift, schliff, geschliffen, h*⟩ **1.** *Messer, Scheren etc* (*schärfen*) aiguiser; affûter; affiler; **2.** TECH (*glatt~*) poncer; passer à la meule; polir; abraser; *Glas, Edelsteine* égriser; *a* tailler; *fig* **geschliffene Sprache** langage affiné, châtié; **3.** MIL (*drillen*) *j-n ~* dresser qn; F en faire baver à qn
schleifen[2] ⟨*régulier, h*⟩ **I** *v/t* **1.** *etw auf dem Boden ~* traîner qc par terre; F *fig* *j-n ins Theater ~* traîner qn au théâtre; **2.** MIL, *Festung etc* démanteler; raser; **II** *v/i* traîner; AUTO *die Kupplung lassen* faire patiner l'embrayage; F *fig* *etw ~ lassen* négliger qc
'**Schleif|er** *m* ⟨~s; ~⟩ **1.** (*Scheren*) rémouleur *m*; repasseur *m*; affûteur *m*; **2.** TECH polisseur *m*; **3.** MUS appoggiature *f* double; **~e'rei** *f* ⟨~⟩ (*das Schärfen*) aiguisage *m*; affûtage *m*; (*das Glattschleifen*) polissage *m*; ponçage *m*
'**Schleif|lack** *m* vernis *m* à poncer, à polir; **~maschine** *f* TECH ponceuse *f*; **~mittel** *n* (produit *m*) abrasif *m*; **~papier** *n* papier *m* émeri, de verre; **~ring**

m ÉLECT bague collectrice, de contact; ~**spur** *f* trace *f* (de frottement); ~**staub** *m* poussière *f* de meulage; ~**stein** *m* pierre *f* à aiguiser; *drehbarer meule f*

Schleim [ʃlaɪm] *m* ⟨~(e)s; ~e⟩ **1.** PHYSIOL mucosité(s) *f(pl)*; *sc* mucus *m*; *zäher* glaire *f*; *der Nase a morve f*; ~ **aushusten, auswerfen** expectorer; **2.** CUIS crème *f* (d'avoine, de riz); **3.** BOT mucilage *m*; **4.** *der Schnecke* bave *f*

'**Schleim**|**absonderung** *f* sécrétion *f* de mucosités; ⚬**artig** *adj* glaireux, -euse; ~**auswurf** *m* expectoration *f*; ~**beutel** *m* ANAT bourse muqueuse, séreuse

'**schleimen** *v/i* ⟨h⟩ **1.** MÉD produire, former des mucosités; **2.** *fig péj* F faire de la lèche

'**Schleimer(in)** F *m* ⟨~s; ~⟩ (*f*) ⟨~; ~nen⟩ F lèche-bottes *m*

'**Schleimhaut** *f* ANAT (membrane *f*) muqueuse *f*

'**schleimig** *adj* **1.** glaireux, -euse; baveux, -euse; visqueux, -euse; *sc* muqueux, -euse; BOT, PHARM mucilagineux, -euse; **2.** *fig péj* doucereux, -euse; mielleux, -euse

'**schleim**|**lösend** *adjt* MÉD expectorant; ⚬**scheißer** P *m* P lèche-cul *m*; ⚬**suppe** *f* crème *f* (d'avoine, de riz)

'**schlemmen** ['ʃlɛmən] ⟨h⟩ **I** *v/t* se régaler de; savourer; **II** *v/i* festoyer

'**Schlemmer(in)** *m* ⟨~s; ~⟩ (*f*) ⟨~; ~nen⟩ gourmet *m*, gastronome *m,f*

Schlemme'rei *f* ⟨~; ~en⟩ **1.** ⟨*pas de pl*⟩ (*das Schlemmen*) *sie hat e-n Hang zur* ~ elle aime festoyer; **2.** *cf* **Schlemmermahl**

'**Schlemmer**|**lokal** *n* restaurant *m* gastronomique; ~**mahl** *m* festin *m*; *in einem Lokal* repas *m* gastronomique

schlendern ['ʃlɛndərn] *v/i* ⟨-(e)re, sein⟩ flâner; aller son petit bonhomme de chemin; *durch die Straßen* ~ flâner, se balader dans les rues

'**Schlendrian** ['ʃlɛndriaːn] F *péj m* ⟨~(e)s⟩ routine *f*; train-train *m*

Schlenker ['ʃlɛŋkər] F *m* ⟨~s; ~⟩ **1.** (*Bogen*) écart *m*; **e-n** ~ **machen** s'écarter; **2.** (*Umweg*) (petit) détour *m*; crochet *m*; **e-n kleinen** ~ **über Nancy machen** *od* **fahren** faire un crochet par Nancy

'**schlenkern** ⟨-(e)re, h⟩ **I** *v/t* balancer; **II** *v/i* être ballant; flotter; *mit den Armen* ~ balancer les bras; *beim Gehen mit den Armen* ~ aller, marcher le bras ballants; *mit den Beinen* ~ balancer les jambes

Schlepp [ʃlɛp] *m* *in* ~ *nehmen* prendre en remorque

'**Schlepp**|**bügel** *m* am Skilift ancre *f*; ~**dampfer** *m* remorqueur *m*

Schleppe ['ʃlɛpə] *f* ⟨~; ~n⟩ am Kleid traîne *f*; queue *f*

'**schleppen** ⟨h⟩ **I** *v/t* **1.** (*hinterherziehen*) *a fig* traîner; MAR, AVIAT, AUTO remorquer; **2.** (*mühsam tragen*) porter avec peine, péniblement; F transbahuter; **II** *v/i* **3.** (*schleifen*) traîner MAR Anker labourer le fond; **III** *v/réfl* **4.** *sich* ~ (*mühsam gehen*) se traîner; **5.** *fig* (*sich hinziehen*) (se) traîner; n'en plus finir; *der Prozeß schleppt sich schon ins dritte Jahr* le procès (se) traîne depuis plus de deux ans

'**schleppend** *adjt* traînant; COMM languissant; **e-e** ~**e Sprechweise haben** traîner sur les mots *od* en parlant

'**Schleppenkleid** *n* robe *f* à traîne

'**Schlepper** *m* ⟨~s; ~⟩ **1.** AGR tracteur *m*; MAR remorqueur *m*; **2.** F *péj* racoleur *m*; rabatteur *m*; (*Fluchthelfer*) passeur *m*

Schleppe'rei F *pej f* ⟨~⟩ **1.** (*mühsames Tragen*) corvée *f*; **2.** *fig* racolage *m*

'**Schlepp**|**kahn** *m* péniche *f*; chaland *m*; ~**lift** *m* téléski *m*; (re)monte-pente *m*; ~**netz** *n* chalut *m*; seine *od* senne *f*; ~**schiff** *n* remorqueur *m*; ~**seil** *n* câble *m* de remorquage; remorque *f*; *für Ballons* guiderope *m*; ~**start** *m* AVIAT départ remorqué

'**Schlepptau** *n* remorque *f*; *a fig* **ins** ~ **nehmen** prendre en remorque; *a fig* **in j-s** (*dat*) ~ à la remorque de qn

'**Schleppzug** *m* MAR convoi *m*, train *m* de péniches

Schles|**ien** ['ʃleːziən] *n* ⟨→ *n/pr*⟩ la Silésie; ~**ier(in)** *m* ⟨~s; ~⟩ (*f*) ⟨~; ~nen⟩ Silésien, -ienne *m,f*; ⚬**isch** *adj* de (la) Silésie; silésien, -ienne

Schleswig-Holstein ['ʃleːsvɪçˈhɔlʃtaɪn] *n* ⟨→ *n/pr*⟩ le Schleswig-Holstein

Schleuder ['ʃlɔydər] *f* ⟨~; ~n⟩ **1.** (*Wurfgerät*) fronde *f*; lance-pierres *m*; AVIAT catapulte *f*; **2.** TECH centrifugeur *m*; centrifugeuse *f*; (*Wäsche*⚬) essoreuse *f*; (*Milch*⚬) écrémeuse *f*; (*Honig*⚬) extracteur (rotatif); ~**beton** *m* béton centrifugé; ~**gang** *m* der Waschmaschine essorage *m*; ~**gefahr** *f* Verkehrszeichen chaussée glissante; ~**honig** *m* miel (coulé); ~**kurs** *m* AUTO cours *m* de dérapage contrôlé

'**schleudern** ⟨-(e)re⟩ **I** *v/t* ⟨h⟩ **1.** (*werfen*) mit der Hand jeter; lancer; projeter; *mit der Schleuder* tirer (à lance--pierres); AVIAT catapulter; *fig* **j-m Schimpfwörter ins Gesicht** ~ lancer des injures à qn; *Auto* **aus e-r Kurve geschleudert werden** sortir d'un virage; **aus e-m Wagen geschleudert werden** être éjecté d'une voiture; **2.** *Wäsche* essorer; Milch *etc* centrifuger; Honig a extraire; **II** *v/i* ⟨sein⟩ *Auto* déraper; **ins** ⚬ **geraten** *od* **kommen** *Auto* déraper; F *fig Person* perdre le contrôle de la situation; F *fig* **j-n ins** ⚬ **bringen** désarçonner, démonter qn; faire perdre à qn le contrôle de la situation

'**Schleuderpreis** F *m* prix sacrifié; **zu** ~**en verkaufen** brader

'**schleudersicher** *adj* antidérapant

'**Schleuder**|**sitz** *m* AVIAT siège *m* éjectable; ~**spur** *f* e-s Autos trace *f* de dérapage; ~**start** *m* AVIAT catapultage *m*; décollage catapulté; ~**ware** F *f* marchandise bradée; articles *m/pl* au rabais

schleunigst ['ʃlɔynɪçst] *adv* **1.** (*schnell*) au plus vite; le plus vite possible; F en vitesse; **2.** (*sofort*) sur-le-champ; immédiatement

Schleuse ['ʃlɔyzə] *f* ⟨~; ~n⟩ **1.** *e-s Flusses etc* écluse *f*; **2.** TECH, CONSTR (*Stauklappe*) vanne *f*; (*Luft*⚬) sas *m*

'**schleusen** *v/t* ⟨-(e)st, h⟩ **1.** *Schiff* écluser; **2.** *fig* **j-n durch die Stadt** ~ piloter, guider qn à travers la ville; **e-e Reisegruppe durch den Zoll** ~ faire passer la douane à un groupe de touristes; **etw ins Ausland** ~ faire passer qc clandestinement à l'étranger

'**Schleusen**|**kammer** *f* sas *m* (d'écluse); ~**tor** *n* (porte *f* d')écluse *f*; ~**wärter** *m* éclusier *m*

schlich [ʃlɪç] *cf* **schleichen**

Schlich *m* ⟨~(e)s; ~e⟩ **1.** MÉTALL schlich; **2.** *pl* (*Trick*) ~**e** menées *f/pl*; manœuvres *f/pl*; ruses *f/pl*; **hinter j-s** ~**e** (*acc*) **kommen, j-m auf die** ~**e kommen** (*j-n durchschauen*) voir clair dans le jeu de qn; (*j-n ausfindig machen*) dépister qn; **sie kennt alle** ~**e** elle connaît toutes les astuces, F combines

schlicht [ʃlɪçt] **I** *adj* (*einfach*) simple; *Wesen etc a* (*bescheiden*) modeste; *Kunststil* dépouillé; *Mahlzeit* frugal; *Empfang, Abschied etc* sans cérémonies; **II** *adv* simplement; F ~ *und einfach* purement et simplement; F *plais* ~ *und ergreifend* (tout) bonnement, simplement

'**schlichten** *v/t* ⟨-ete, h⟩ **1.** *Streit* régler; *durch Schiedsspruch* arbitrer; **2.** TECH (*glätten*) unir; polir; *Leder* lisser

'**Schlichter(in)** *m* ⟨~s; ~⟩ (*f*) ⟨~; ~nen⟩ médiateur, -trice *m,f*; JUR conciliateur, -trice *m,f*; *durch Schiedsspruch* arbitre *m*

'**Schlichtheit** *f* ⟨~⟩ simplicité *f*; *schlichtes Wesen a* modestie *f*; *e-r Mahlzeit* frugalité *f*

'**Schlichtung** *f* ⟨~; ~en⟩ e-s Streits règlement *m*; (*Vermittlung*) médiation *f*; conciliation *f*; *durch Schiedsspruch* arbitrage *m*

'**Schlichtungs**|**ausschuß** *m* commission *f* de conciliation, d'arbitrage; ~**stelle** *f* organisme *m*, office *m* de conciliation; ~**verfahren** *n* procédure *f* de conciliation, d'arbitrage; ~**versuch** *m* tentative *f* de conciliation, d'arbitrage

'**schlicht'weg** *adv* tout simplement; tout bonnement; purement et simplement

Schlick [ʃlɪk] *m* ⟨~(e)s; ~e⟩ *Meer* vase *f* (de mer); *in Flüssen* limon *m*

'**schlick**|**ig** *adj* limoneux, -euse; vaseux, -euse; ⚬**watt** *n* ⟨~(e); ~en⟩ bas-fond couvert de vase molle; vasard *m*

schlief [ʃliːf] *cf* **schlafen**

Schliere ['ʃliːrə] *f* ⟨~; ~n⟩ **1.** TECH in Glas *etc* paille *f*; GÉOL strie *f*; **2.** (*Schmutz*⚬) etc trace *f* (de saleté); salissure *f*

'**Schließe** *f* ⟨~; ~n⟩ e-s Gürtels boucle *f*; e-s Buches etc fermoir *m*

schließen ['ʃliːsən] ⟨~(e)st, schließt, schloß, geschlossen, h⟩ **I** *v/t* **1.** (*zumachen*) fermer; (*ein*~) enfermer, ranger (*in etw* [*acc*] dans qc); **Lücken** ~ combler des lacunes; colmater des trous; **mit geschlossenen Füßen** à pieds joints; **ein geschlossenes Ganzes** un tout bien distinct; *fig un bloc*; **2.** **j-n in die Arme** ~ étreindre qn; serrer qn dans ses bras; *fig* **j-n in sein Herz** ~ prendre qn en affection; **3.** (*enthalten*) Widerspruch in sich (*dat*) ~ renfermer; contenir; **4.** (*beenden*) terminer; *Versammlung, Debatte* clore; *Sitzung* lever; *Konto* arrêter; **er schloß (s-n Bericht) mit den Worten ...** il conclut (son rapport) en disant ...; **5.** (*ab*~) *Vertrag, Ehe etc* conclure; *Bündnis, Ehe* contracter; *Frieden* conclure; faire; *Freundschaft* nouer; contracter; *mit j-m Freundschaft* ~ se lier d'amitié avec qn; **6.** (*folgern*) conclure; *ich*

Schließer – Schluckspecht

schließe daraus, daß ... j'en conclus que ...; **II** *v/i* **7.** *Tür, Fenster etc* fermer; *Tür nicht gut ~* fermer mal; *der Schlüssel schließt nicht* cette clé ne va pas, n'ouvre pas; **8.** *Geschäft, Unternehmen* fermer; **9.** *(enden)* se terminer; *Bericht etc* a s'arrêter; prendre fin; *die Sitzung schloß um zwei Uhr* la séance a été levée à deux heures; **10.** *(folgern)* conclure; *auf etw (acc) ~ lassen* dénoter, trahir, révéler qc; *von sich (dat) auf andere ~* prêter ses propres sentiments, goûts, etc à qn d'autre; **III** *v/réfl sich ~* se fermer; *Blüten etc* se refermer; *Wunde* a se cicatriser

'**Schließer** *m* ⟨~s; ~⟩ TECH ferme-porte *m*

'**Schließer(in)** *m* ⟨~s; ~⟩ *(f)* ⟨~; ~nen⟩ *(Pförtner)* concierge *m,f*; *im Gefängnis* geôlier, -ière *m,f*

'**Schließfach** *n bei der Post* boîte postale; *bei der Bank* coffre *m* (bancaire); *am Bahnhof* casier *m*, *größeres* compartiment *m* (de consigne automatique); *auf Schildern* **Schließfächer** consigne *f* automatique

'**schließlich** *adv* **1.** *(endlich)* finalement; à la fin; en fin de compte; enfin; *~ etw tun* finir par faire qc; *~ und endlich* en fin de *od* au bout du compte; **2.** *(immerhin)* après tout; **3.** *bei Aufzählungen* (*und*) *~* et enfin

'**Schließmuskel** *m* ANAT sphincter *m*; ZO (muscle *m*) constricteur *m*

'**Schließung** *f* ⟨~; ~en⟩ fermeture *f*; *e-r Versammlung etc* clôture *f*; *e-s Vertrags etc* conclusion *f*

'**Schließzylinder** *m* cylindre *m* (de serrure)

schliff [ʃlɪf] *cf* **schleifen**¹

Schliff *m* ⟨-(e)s; -e⟩ **1.** *e-s Edelsteins etc* taille *f*; *e-n schönen ~ haben* être bien taillé; **2.** TECH *(Glätte)* poli *m*; *(Schärfe)* tranchant *m*; **3.** *(pas de pl) fig (Manieren)* (raffinement *m* des) manières *f/pl*; politesse raffinée; *er hat keinen ~* il n'a pas de manières, de savoir-vivre; *e-r Sache (dat) den letzten ~ geben* fignoler, peaufiner qc; mettre la dernière main à qc

schlimm [ʃlɪm] **I** *adj* **1.** mauvais; *Fehler, Wunde, Krankheit* grave; *(ärgerlich)* fâcheux, -euse; *Einfluß* néfaste; *Zeit* difficile; *Mensch, Charakter* (*böse*) méchant; *ein ~es Ende nehmen* finir mal; *~e Zustände m/pl* un état de choses déplorable; *das ist nicht ~* ce n'est pas grave; il n'y a pas de mal; *das ist nicht so ~, das ist halb so ~* ce n'est pas si tragique, si grave que ça; *ist es ~, wenn ich heute nicht komme?* est-ce que c'est grave si je ne viens pas aujourd'hui; *das 2e an der Sache ist, daß ...* l'ennui, c'est que ...; *nichts 2es dabei finden* n'y voir aucun mal; *plais Sie sind ein ganz 2er!* vous êtes un grand coquin!; **2.** *comp pire; und was* (*noch*) *~er ist* et qui pis est; *~er werden* empirer; devenir pire; s'aggraver; *etw ~er machen* aggraver qc; *das macht die Sache noch ~er* c'est pire qu'avant; **3.** *sup das ~ste ist, daß ...* le pire est que ...; *auf das 2ste gefaßt sein* s'attendre au pire, à tout; **4.** *F er hat ein ~es Bein, e-n ~en Finger* sa jambe, son doigt lui fait mal *od* le fait souffrir; **II** *adv* mal; *~ dran*

sein être en mauvaise posture; *~ stehen* aller mal; *~er pis* c'est encore pire; *es hätte ~er ausgehen können* ça aurait pu être pire

'**schlimmsten'falls** *adv* au pire; au pis aller; en mettant les choses au pire

Schlinge ['ʃlɪŋə] *f* ⟨~; ~n⟩ **1.** *(Schlaufe)* boucle *f*; *sich zusammenziehende* nœud coulant; **2.** *zum Tierfang* collet *m*; lacet *m*; *~n legen* tendre des collets; **3.** MÉD écharpe *f*; *den Arm in der ~ tragen* avoir le bras en écharpe; **4.** *fig* piège *m*; traquenard *m*; *fig den Kopf aus der ~ ziehen* se tirer d'affaire, d'un mauvais pas

Schlingel ['ʃlɪŋəl] *m* ⟨~s; ~⟩ polisson *m*; (petit) galopin *m*; (petit) garnement *m*

'**schlingen**¹ ⟨schlingt, schlang, geschlungen, h⟩ **I** *v/t die Arme um j-n ~* prendre qn dans ses bras; enlacer, étreindre qn; *die Arme um s-e Knie, um j-s Hals ~* passer les bras autour des genoux, autour du cou de qn; *sich (dat) e-n Schal um den Hals ~* mettre une écharpe autour de son cou; *zu e-m Knoten ~* nouer; **II** *v/réfl sich um etw ~* s'entortiller, s'enrouler, s'enlacer autour de qc

'**schlingen**² *v/i* ⟨schlingt, schlang, geschlungen, h⟩ *(schlucken)* déglutir; *(gierig essen)* dévorer; engloutir; *schling nicht so!* n'avale pas si vite *od* sans mâcher!

'**Schlingen|flor** *m* moquette bouclée; *~ware f* ⟨~; ~⟩ bouclé *m*

'**Schlingerbewegung** *f* MAR (mouvement *m* de) roulis *m*

schlingern ['ʃlɪŋərn] *v/i* ⟨-(e)re, h⟩ MAR, AVIAT rouler

'**Schlingpflanze** *f* plante grimpante

Schlips [ʃlɪps] *m* ⟨~es; ~e⟩ cravate *f*; *F fig j-m auf den ~ treten* F marcher sur les pieds de qn

Schlitten ['ʃlɪtən] *m* ⟨~s; ~⟩ **1.** traîneau *m*; *(Rodel2)* luge *f*; *~ fahren* aller en traîneau; *(rodeln)* faire de la luge; F *fig mit j-m ~ fahren* F en faire baver à qn; **2.** TECH chariot *m*; MAR *zum Stapellauf* berceau *m*; **3.** F (*Auto*) F grosse bagnole

'**Schlitten|fahrt** *f* promenade *f*, course *f* en traîneau; *~hund m* chien *m* de traîneau; *~kufe f* patin *m*; *~partie f* promenade *f* en traîneau

schlittern ['ʃlɪtərn] *v/i* ⟨-(e)re, sein⟩ (*[aus]gleiten*) glisser; *mit Anlauf* faire des glissades; *in e-e unangenehme Situation ~* se retrouver dans une situation désagréable

'**Schlittschuh** *m* patin *m* (à glace); *~laufen*

'**Schlittschuh|bahn** *f* patinoire *f*; piste *f* de patinage; *~laufen n* patinage *m*; *~läufer(in)* *m(f)* patineur, -euse *m,f*

Schlitz [ʃlɪts] *m* ⟨~es; ~e⟩ fente *f* (*a e-s Kleids, Rocks*); *an Männerhosen* braguette *f*; '*~auge n* œil bridé; '*2äugig adj* qui a les yeux bridés

schlitzen *v/t* ⟨-(es)t, h⟩ fendre; ouvrir

'**Schlitz|ohr** F *n* F roublard(e) *m(f)*; *2ohrig* F *adj* F roublard; rusé; *~verschluß m* PHOT obturateur *m* à rideau, à guillotine

schlohweiß ['ʃloːvaɪs] *adj* blanc, blanche comme (la) neige

schloß [ʃlɔs] *cf* **schließen**

Schloß *n* ⟨-sses; Schlösser⟩ **1.** (*Tür2*) serrure *f*; (*Vorhänge2*) cadenas *m*; *ein ~ aufbrechen* forcer une serrure; *Tür ins ~ fallen* se fermer; F *hinter ~ und Riegel sitzen* être sous les verrous; F *j-n hinter ~ und Riegel bringen* mettre qn sous les verrous; **2.** *Gebäude* château *m*; **3.** *am Gewehr* culasse *f* mobile

Schlößchen ['ʃlœsçən] *n* ⟨~s; ~⟩ petit château; châtelet *m*

'**Schloss|er** *m* ⟨~s; ~⟩ serrurier *m*; (*Auto2, Maschinen2*) mécanicien *m*; *~e'rei f* ⟨~; ~en⟩ serrurerie *f*

'**Schlosser|handwerk** *n* ⟨~s⟩ serrurerie *f*; *~werkstatt f* atelier *m* de serrurier; serrurerie *f*

'**Schloß|garten** *m* jardin *m* du château; *~herr(in) m(f)* châtelain(e) *m(f)*; propriétaire *m,f*, HIST seigneur *m* du château; *~hof m* cour *f* du château

'**Schloßhund** *m F heulen wie ein ~* F pleurer comme un veau, une Madeleine

'**Schloß|kapelle** *f* chapelle *f* du château; *~park m* parc *m* du château; *~platz m* place *f*, esplanade *f* du château; *~ruine f* ruine(s) *f(pl)* d'un château

Schlot [ʃloːt] *m* ⟨-(e)s; -e⟩ **1.** *regional (Schornstein)* cheminée *f*; F *rauchen wie ein ~* fumer comme un pompier; **2.** *e-s Vulkans* cheminée *f*

'**schlott(e)rig** *adj Knie, Beine* flageolant; tremblant

schlottern ['ʃlɔtərn] *v/i* ⟨-(e)re, h⟩ *Knie, Beine* flageoler; *vor Angst, Kälte* trembler, frissonner (*vor* [+*dat*] de); *Kleider* flotter; *mir ~ die Knie* j'ai les genoux tremblants; *die Kleider ~ um ihre Glieder* elle flotte dans ses vêtements

Schlucht [ʃluxt] *f* ⟨~; ~en⟩ gorge *f*; ravin *m*; *(Abgrund)* précipice *m*

schluchzen ['ʃluxtsən] *v/i* ⟨-(es)t, h⟩ sangloter

'**Schluchzen** *n* ⟨~s⟩ sanglots *m/pl*

'**Schluchzer** *m* ⟨~s; ~⟩ sanglot *m*

Schluck [ʃlʊk] *m* ⟨-(e)s; -e⟩ gorgée *f*; *ein ~ Wasser* une gorgée d'eau; *tüchtiger, kräftiger ~* grande gorgée; *gib mir e-n ~ Kaffee* donne-moi un peu, une goutte de café; F *dieser Wein ist ein guter ~* ce vin est agréable, *p/fort* délicieux

'**Schluckauf** *m* ⟨~s⟩ 'hoquet *m*

'**Schluckbeschwerden** *f/pl* troubles *m/pl* de la déglutition; *sc* dysphagie *f*; *~ haben* a avoir du mal à avaler

'**Schlückchen** ['ʃlʏkçən] *n* ⟨~s; ~⟩ (petite) goutte

'**schlucken** ⟨h⟩ **I** *v/t* **1.** avaler; PHYSIOL déglutir; **2.** F (*verbrauchen*) engloutir; *Geld* a manger; *Öl, Benzin* consommer; F bouffer; **3.** F (*glauben*) *Ausrede, Geschichte* avaler; F gober; **4.** *Beleidigung, Tadel* avaler; F *fig er hat viel ~ müssen* qu'est-ce qu'il a encaissé!; **5.** F *fig Schall, Licht, a Firma etc* absorber; **II** *v/i* avaler; PHYSIOL déglutir; *als er das sah, mußte er ~* quand il a vu ça, il a (r)avalé sa salive; F *fig an etw (dat) zu ~ haben* avoir du mal à avaler, encaisser qc

'**Schlucker** *m* ⟨~s; ~⟩ F *armer ~* pauvre diable, 'hère, F bougre

'**Schluck|impfung** *f* vaccination *f* par voie orale; *~reflex m* réflexe *m* de la déglutition; *~specht* F *plais m* F soif-

fard(e) *m(f)*; 2**weise** *adv* par, à petites gorgées
'**Schluderarbeit** F *péj f*, **Schlude'rei** F *péj f* ⟨~; ~en⟩ travail bâclé, bousillé; bousillage *m*; massacre *m*
'**schlud(e)rig** F *péj* **I** *adj Arbeit* bâclé; bousillé; *torché*; *Mensch* négligent; *Kleidung* débraillé; **II** *adv etw* ~ *machen* bâcler, torcher, bousiller qc; ~ *arbeiten* bâcler, torcher son travail
schludern ['ʃluːdərn] F *péj v/i* ⟨-(e)re, h⟩ travailler sans soin; bâcler, torcher, bousiller (son travail); *bei etw* ~ bâcler, torcher, bousiller qc
schlug [ʃluːk] *cf* **schlagen**
Schlummer ['ʃlumər] *st/s m* ⟨~s⟩ (petit) somme; *Halbschlaf* assoupissement *m*; ~**lied** *st/s n* berceuse *f*
'**schlummern** *v/i* ⟨-(e)re, h⟩ **1.** *st/s (schlafen)* sommeiller; somnoler; être assoupi; *sanft* ~ dormir d'un doux sommeil, d'un sommeil léger; **2.** *fig* sommeiller
'**schlummernd** *adj Kräfte* potentiel, -ielle; *Talente* caché; qui sommeille
'**Schlummerrolle** *f* petit traversin
Schlumpf [ʃlumpf] *m* ⟨~s; ~e⟩ Comicfigur schtroumpf *m*; F *(Zwerg)* nabot *m*
Schlund [ʃlunt] *m* ⟨~(e)s; ~e⟩ **1.** ANAT gosier *m*; gorge *f*; *st* pharynx *m*; **2.** *st/s fig (Abgrund)* gouffre *m*; abîme *m*
schlüpfen ['ʃlypfən] *v/i* ⟨sein⟩ (se) glisser; se couler; *aus etw* ~ s'échapper de qc; *aus dem Ei* ~ sortir de l'œuf; *in etw (acc)* ~ se glisser, se fourrer, se faufiler dans qc; *in den Mantel* ~ enfiler, passer son manteau; *aus dem Mantel* ~ enlever son manteau; *in die Schuhe* ~ enfiler ses chaussures
'**Schlüpfer** *m* ⟨~s; ~⟩ culotte *f*; *ohne Bein* slip *m*
Schlupfloch ['ʃlupflɔx] *n* **1.** *von Tieren* trou *m*; *von größeren Tieren* tanière *f*; *von Räubern etc* repaire *m*; **2.** *(Durchschlupf)* passage étroit; trou *m*; **3.** *fig (Gesetzeslücke) etc* lacune *f*
schlüpfrig ['ʃlypfriç] *adj* **1.** *(glatt)* glissant; *Pflaster* gras, grasse; **2.** *fig péj* scabreux, -euse; grivois; *p/fort* graveleux, -euse; *(zweideutig)* équivoque; 2**keit** *fig péj f* ⟨~; ~en⟩ grivoiserie *f*
'**Schlupfwinkel** *m* cache *f*, cachette *f*; *(Zufluchtsort)* refuge *m*; *von Räubern etc* repaire *m*
schlurfen ['ʃlurfən] *v/i* ⟨sein⟩ traîner les pieds
schlürfen ['ʃlyrfən] *v/t* ⟨h⟩ géräuschvoll boire bruyamment; *Suppe* F laper; genußvoll boire à petits coups; savourer; F siroter
Schluß [ʃlus] *m* ⟨-sses; Schlüsse⟩ **1.** *(Ende)* fin *f*; *e-r Debatte* clôture *f*; *e-r Versammlung* a levée *f*; RHÉT *e-r Rede* péroraison *f*; *nach* ~ *der Vorstellung* après la représentation; ~ *folgt* suite et fin au prochain numéro; *für heute machen wir hier* ~ nous nous en tiendrons, nous en resterons là pour aujourd'hui; *zum* ~ finalement; enfin; pour terminer, finir; *ich komme zum* ~ je conclus; ~ *damit!* (en voilà) assez!; ça suffit!; ~ *machen* finir le travail, *etc*) arrêter (de travailler); F *fig (Selbstmord begehen)* se suicider; *mit dem Alkohol, Rauchen* ~ *machen* arrêter de boire, de fumer; F *mit j-m* ~ *machen* rompre avec qn; F plaquer qn;

ich muß jetzt ~ *machen im Brief etc* il faut que je termine; **2.** *(Folgerung)* conclusion *f*; LOGIK déduction *f*; *e-n* ~ *aus etw ziehen* tirer, déduire une conclusion de qc; *daraus ziehe ich den* ~, *daß* ... j'en conclus, j'en déduis que ...; **3.** *(Entschluß)* ich *bin bisher zu keinem* ~ *gekommen* je ne me suis pas encore décidé; je suis encore indécis
'**Schluß**|**abstimmung** *f* vote, scrutin final; ~**akkord** *m* MUS accord final; ~**akt** *m* dernier acte; ~**akte** *f* DIPL communiqué, acte final; ~**bemerkung** *f* remarque finale; conclusion *f*; ~**bericht** *m* rapport final, de clôture; ~**bilanz** *f* COMM bilan final, de clôture
Schlüssel ['ʃlʏsəl] *m* ⟨~s; ~⟩ **1.** *(Tür2)* clé *od* clef *f* (a *fig*, MUS, TECH); *der* ~ *zu unserer Wohnung* la clé de notre appartement; *fig der* ~ *zum Erfolg* la clé du succès; *den* ~ *stecken lassen* laisser la clé sur la porte; **2.** *für e-n chiffrierten Text* code *m*; chiffre *m*; *(Verteiler2)* barème *m*; indice *m*
'**Schlüssel**|**anhänger** *m* porte-clés *m*; ~**bart** *m* panneton *m*; ~**bein** *n* ANAT clavicule *f*; ~**blume** *f* primevère *f*; coucou *m*; ~**brett** *n* tableau *m* (à clés); ~**bund** *m od n* ⟨~(e)s; ~e⟩ trousseau *m* de clés; ~**dienst** *m* clé-minute *f*; ~**erlebnis** *n* PSYCH expérience *f* clé; ~**etui** *n* porte-clés *m*; 2**fertig** *adj Gebäude* clés en main; complètement achevé; ~**figur** *f* personnage *m* clé; ~**frage** *f* question *f* clé; ~**industrie** *f* industrie *f* clé; industrie *f* de base; ~**kind** *n* enfant livré à lui-même (, *quand ses parents travaillent*); ~**loch** *n* trou *m* de la serrure; ~**position** *f* position *f* clé; ~**roman** *m* roman *m* à clé; ~**stellung** *f* position *f* clé; poste *m* clé; ~**übergabe** *f* remise *f* des clés; ~**wort** *n* ⟨~(e)s; ~er⟩ mot *m* clé; code *m*
'**schlußendlich** *adv bes schweiz* finalement; en fin de compte
'**Schlußfeier** *f* fête *f*, cérémonie *f* de clôture
'**schlußfolgern** *v/t* ⟨-(e)re, h⟩ *etw (aus etw)* ~ déduire, conclure qc (de qc)
'**Schluß**|**folgerung** *f* conclusion *f*, déduction *f (aus de)*; ~**formel** *f e-s Briefes* formule finale, de politesse
schlüssig ['ʃlʏsɪç] *adj* **1.** *Argument* pertinent; concluant; *Beweis(führung)* probant; **2.** *sich (dat)* ~ *sein* être décidé; *sich nicht* ~ *sein, ob* ne pas encore savoir si; *st/s* hésiter encore si; *sich (dat)* ~ *werden* se résoudre *(etw zu tun* à faire qc)
'**Schluß**|**kapitel** *n* dernier chapitre; ~**läufer(in)** *m(f)* quatrième coureur, -euse *m,f (d'une course de relais)*; ~**licht** *n* **1.** *an Fahrzeugen* feu *m* arrière; **2.** F *fig* SPORT *etc* lanterne *f* rouge; ~**pfiff** *m* SPORT coup *m* de sifflet final; ~**phase** *f* phase finale, terminale; ~**punkt** *m* Satzzeichen, a *fig* point final; *e-s Vertrages etc* dernier article; ~**runde** *f* BOXEN dernier round; RINGEN dernière manche; RENNSPORT dernier tour; ~**satz** *m* dernière phrase; *e-s Syllogismus* conclusion *f*; MUS dernier mouvement; *e-r Sonate* final(e) *m*; ~**sprung** *m* TURNEN saut *m*, bond *m* à pieds joints; ~**stein** *m* clé *f* de voûte
'**Schlußstrich** *m* trait final; *fig e-n* ~

unter etw (acc) ziehen mettre un point final à qc; faire une croix sur qc
'**Schluß**|**verkauf** *m* soldes *m/pl*, abus *f/pl*; ~**vorstellung** *f* THÉ clôture *f*
'**Schlußwort** *n* ⟨~(e)s; ~e⟩ *(letztes Wort)* dernière parole; dernier mot; *(abschließende Erklärung)* conclusion *f*; *das* ~ *sprechen* conclure (le débat)
Schmach [ʃmaːx] *st/s f* ⟨~⟩ 'honte *f*; *st/s* ignominie *f*; opprobre *m*; *(schwere Beleidigung)* outrage *m*; *mit* ~ *und Schande st/s* ignominieusement
schmachten ['ʃmaxtən] *st/s v/i* ⟨-ete, h⟩ languir; *j-n lassen* faire languir qn; *nach etw* ~ soupirer après qc; languir après *od* dans l'attente de qc; se consumer pour qc; *nach j-m* ~ *verliebt* brûler (d'amour) pour qn
'**schmachtend** *adj Blicke* languissant; langoureux, -euse
'**Schmachtfetzen** F *péj m* chanson *f*, roman *m* film *m*, *etc* sentimental(e)
schmächtig ['ʃmɛçtɪç] *adj* chétif, -ive; fluet, -ette; frêle
'**Schmacht**|**lappen** F *péj m* amoureux transi; soupirant *m*; ~**locke** F *f* accroche-cœur *m*
'**schmachvoll** *adj* 'honteux, -euse; *st/s* ignominieux, -ieuse; outrageant
Schmackes ['ʃmakəs] *pl* ⟨~⟩ regional *mit* ~ avec force, vigueur, énergie
schmackhaft ['ʃmakhaft] **I** *adj* qui a bon goût, savoureux, -euse; F *fig j-m etw* ~ *machen* essayer de persuader qn de faire qc; **II** *adv* ~ *zubereitet* bien, délicieusement préparé
Schmäh [ʃmɛː] F *m* ⟨~s; ~(s)⟩ österr **1.** *(Trick)* truc *m*; *(Schwindel)* F fumisterie *f*; **2.** ⟨*pas de pl*⟩ *(Humor)* Wiener ~ humour, esprit viennois
schmäh|**en** ['ʃmɛːən] *st/s v/t* ⟨h⟩ *(schlechtmachen)* discréditer; diffamer; *(beleidigen) st/s* invectiver; insulter; ~**lich** *st/s* I *adj st/s* ignominieux, -ieuse; **II** *adv* 'honteusement; *st/s* ignominieusement; outrageusement
'**Schmäh**|**rede** *f* diatribe *f*; invectives *f/pl*; propos outrageants; ~**schrift** *f* pamphlet *m*; diatribe *f*
'**Schmähung** *f* ⟨~; ~en⟩ *(Beleidigung)* insulte *f*; invective *f*; *(Verunglimpfung)* diffamation *f*; dénigrement *m*
'**Schmähwort** *n* ⟨~(e)s; ~e⟩ insulte *f*; invective *f*
schmal [ʃmaːl] *adj* ⟨~er *ou* ~er, ~ste⟩ **1.** *(eng)* étroit; **2.** *(dünn)* Glieder, Gestalt fluet, -ette; frêle; *Hände* effilé; *Hüften, Lippen* mince; *Gesicht* fin; **3.** *st/s Kost, Einkommen etc (knapp)* maigre; insuffisant; ~**brüstig** *adj* étroit de poitrine
'**Schmalfilm** *m* film *m* (de) format réduit; ~**kamera** *f* caméra *f* à film réduit
'**Schmalhans** F *m bei j-m ist* ~ *Küchenmeister* chez qn il n'y a pas grand-chose à se mettre sous la dent
'**schmal**|**hüftig** *adj* aux 'hanches minces; ~**lippig** *adj* aux lèvres minces; 2**seite** *f*
'**Schmalspur** *f Bahngleis* voie étroite; ~**akademiker(in)** F *péj m(f)* personne

Schmalspurausbildung – Schmiedearbeit

f qui a fait des études universitaires très courtes; **~ausbildung** *f* formation *f* au rabais; **~bahn** *f Eisenbahn* chemin *m* de fer à voie étroite
'**schmalspurig** *adj Eisenbahn* à voie étroite
Schmalz¹ [ʃmalts] *n* ⟨~es; ~e⟩ *CUIS* graisse fondue (d'oie *od* de porc); (*Schweine*♀) saindoux *m*; *fig* **kein ~ in den Knochen haben** être mou, molle
Schmalz² *F péj m* ⟨~es⟩ **1.** *Gefühl* sentimentalité *f*; **2.** *Lied etc* guimauve *f*
'**Schmalz|brot** *n* tartine *f* au saindoux; **~gebackene(s)** *n* ⟨→ A⟩ *etwa* beignet(s) *m(pl)*
'**schmalzig** *F péj adj Lied etc* (très) sentimental; mièvre; à l'eau de rose; *Stimme* doucereux, -euse; fondant
Schmankerl [ˈʃmaŋkərl] *n* ⟨~s; ~n⟩ *bayrisch, österr a fig* régal *m*
schmarotzen [ʃmaˈrɔtsən] *v/i* ⟨-(es)t, h⟩ *BOT, ZO* vivre en parasite; *Personen* laisser toujours payer les autres; *bei j-m ~* laisser toujours payer qn
Schma'rotzer *m* ⟨~s; ~⟩ *BOT, ZO* parasite *m*
Schma'rotzer|(in) *m* ⟨~s; ~⟩ (*f*) ⟨~; ~nen⟩ *péj* pique-assiette *m,f*; parasite *m*; **~haft** I *adj* (de) parasite; parasitaire; II *adv* en parasite; **~pflanze** *f* plante *f* parasite; **~tum** *n* ⟨~s⟩ parasitisme *m* (*a fig*)
Schmarre [ˈʃmarə] *F f* ⟨~; ~n⟩ balafre *f*; estafilade *f*
Schmarren [ˈʃmarən] *m* ⟨~s; ~⟩ **1.** *österr CUIS* omelette sucrée; **2.** *F péj Roman, Theaterstück, Film etc* F navet *m*; **3.** *F péj* (*Unsinn*) F ânerie *f*; *f/fort* connerie *f*; **4.** F *das geht dich e-n ~ an!* F occupe-toi de tes oignons!
Schmatz [ʃmats] *F m* ⟨~es; ~e *ou* ~e⟩ F grosse bise
'**schmatzen** *v/i* ⟨-(es)t, h⟩ **1.** *beim Essen* manger bruyamment; **2.** *beim Küssen* faire des bruits de salive, de ventouse
schmauchen [ˈʃmauxən] *v/t* ⟨h⟩ fumer
Schmaus [ʃmaus] *st/s plais m* ⟨~es; ~e⟩ régal *m*; festin *m*
'**schmausen** *st/s plais v/i* ⟨-(es)t, h⟩ faire bombance; se régaler; faire bonne chère
schmecken [ˈʃmɛkən] ⟨h⟩ I *v/t* goûter; *nichts mehr ~* avoir perdu le goût; II *v/i gut, schlecht ~* avoir bon, mauvais goût; être bon, bonne, mauvais; *bitter, süß ~* avoir un goût amer, sucré; être amer, -ère, sucré; *angebrannt ~* avoir un goût de brûlé; *nach etw ~* avoir le goût de qc; *nach nichts ~* n'avoir aucun goût; F *das schmeckt nach mehr* F ça a un goût de revenez-y; *wie schmeckt es dir?* F ça te plaît?; qu'est-ce que tu en dis?; *das schmeckt mir, mir schmeckt es* je trouve que c'est bon; *wie schmeckt dir diese Suppe?* comment trouves-tu cette soupe?; F *fig wie schmeckt dir die Arbeit?* comment trouves-tu le travail?; *es sich* (*dat*) *~ lassen* manger de bon appétit, de bon cœur; se régaler; *laßt es euch ~!* bon appétit!
'**Schmeiche'lei** *f* ⟨~; ~en⟩ flatterie *f*
'**schmeichelhaft** *adj* flatteur, -euse
'**schmeicheln** [ˈʃmaɪçəln] *v/i* ⟨-(e)le, h⟩ *j-m ~* flatter qn; *zärtlich* faire des caresses à qn; câliner qn; *um etw zu erlangen* cajoler qn; *Kleid etc* flatter, embellir, avantager qn; *das schmeichelt mir* je suis flatté; *„Idiot" ist noch geschmeichelt* «idiot» est encore un terme flatteur (pour lui)
'**Schmeichler(in)** *m* ⟨~s; ~⟩ (*f*) ⟨~; ~nen⟩ flatteur, -euse *m,f*; ♀**isch** *adj* flatteur, -euse; de flatteur; (*einschmeichelnd*) cajoleur, -euse; (*liebkosend*) caressant; câlin
schmeißen [ˈʃmaɪsən] F ⟨-(es)t, schmeißt, schmiß, geschmissen, h⟩ I *v/t* **1.** (*werfen*) jeter; lancer; F flanquer qc; **2.** (*bewältigen*) *e-e Sache ~* venir à bout de qc; *e-e Runde ~* payer une tournée; **3.** (*abbrechen*) *Ausbildung, Beruf* laisser en plan; F lâcher; *THÉ, FILM etc Szene* massacrer; bousiller; II *v/i* **4.** *mit Geld um sich ~* gaspiller de l'argent; faire valser l'argent; III *v/réfl* **5.** *sich auf, in etw* (*acc*) *~* se jeter sur, dans qc; **6.** *sich in e-n Anzug ~* se mettre en costume; (*sich fein machen*) se mettre sur son trente et un
'**Schmeißfliege** *f* mouche bleue, à viande
Schmelz [ʃmɛlts] *m* ⟨~es; ~e⟩ **1.** *TECH* (*Glasfluß*) émail *m*; (*Glasur*) vernis *m*; **2.** (*Zahn*♀) émail *m*; **3.** *st/s der Farben* éclat *m*; (*Zauber*) *zarter ~* doux charme
'**Schmelzbad** *n TECH* bain *m* de fusion
Schmelze [ˈʃmɛltsə] *f* ⟨~; ~n⟩ *TECH* masse fondue
'**schmelzen** ⟨-(es)t, schmilzt, schmolz, geschmolzen⟩ I *v/t* ⟨h⟩ (faire) fondre; (*flüssig machen*) liquéfier; II *v/i* ⟨sein⟩ **1.** *Eis etc* fondre; (*flüssig werden*) se liquéfier; *Metalle* a entrer en fusion; **2.** *fig ihr Herz schmolz* son cœur a fondu; **3.** (*verschwinden*) *Zweifel, Vermögen etc* se dissiper
'**schmelzend** *adj* doux, douce; *Stimme, Musik* suave; mélodieux, -ieuse; (*schmachtend*) langoureux, -euse
'**Schmelzer** *m* ⟨~s; ~⟩ *MÉTALL* fondeur *m*
'**Schmelz|glas** *n* émail *m*; **~hitze** *f* température *f* de fusion; **~hütte** *f* fonderie *f*; **~käse** *m* fromage fondu; **~ofen** *m* four(neau) *m* de fusion; **~punkt** *m* point *m* de fusion; **~tiegel** *m a fig* creuset *m*
'**Schmelzung** *f* ⟨~; ~en⟩ fonte *f*; *TECH a* fusion *f*
'**Schmelz|wärme** *f* chaleur *f* de fusion; **~wasser** *n* ⟨~s; ~⟩ *der Schneeschmelze* eaux *f/pl* de la fonte des neiges
Schmerbauch [ˈʃmɛːrbaux] F *m* **1.** *Bauch* gros ventre; F panse *f*; F bedaine *f*; **2.** *Person* personne ventrue, ventripotente; F gros patapouf
Schmerle [ˈʃmɛrlə] *f* ⟨~; ~n⟩ *ZO* loche *f*
Schmerz [ʃmɛrts] *m* ⟨~es; ~en⟩ **1.** douleur *f*; (*Leiden*) souffrance *f*; *stechender, bohrender ~* douleur poignante; élancement *m*; *~en im Kreuz haben* avoir des douleurs dans les reins; avoir mal aux reins; *er konnte vor ~ nicht sprechen* la douleur l'empêchait de parler; **2.** (*Kummer*) chagrin *m*; peine *f*; *st/s* affliction *f*; *tiefen ~ über j-s Tod* (*acc*) *empfinden* éprouver un grand chagrin à la mort de qn; F *iron haben Sie sonst noch ~en?* c'est tout ce que vous avez sur le cœur?; **3.** F *plais ~, laß nach!* ce n'est pas vrai, pas possible!; je n'en reviens pas!
'**schmerzempfindlich** *adj* sensible à la douleur
'**schmerzen** *v/i u v/t* ⟨-(es)t, h⟩ **1.** *körperlich* faire souffrir; faire mal (à); *mir schmerzt der Kopf* j'ai mal à la tête; *mein rechter Arm schmerzt* je ressens une douleur au bras droit; **2.** *seelisch* (*bekümmern*) faire de la peine (à); chagriner; être pénible (à); *es schmerzt mich, zu* (+*inf*) je suis peiné, désolé, il m'est pénible de (+*inf*)
'**Schmerzensgeld** *n* indemnisation *f*; indemnité *f* (pour dommages corporels, préjudice moral)
'**schmerzensreich** *st/s adj* accablé de douleur; *CATH* ♀*e f* Mater dolorosa *f*
'**Schmerzensschrei** *m* cri *m* de douleur
'**schmerz|erfüllt** *adj* accablé de douleur; ♀**forschung** *f* ⟨~⟩ sophrologie *f*
'**schmerzfrei** *adj* sans douleur; *Person ~sein* ne plus avoir de douleurs
'**Schmerzgefühl** *n* sensation *f* de douleur
'**Schmerzgrenze** *f* seuil *m* de la douleur; *fig die ~ ist erreicht* c'est la limite absolue
'**schmerz|haft** *adj* douloureux, -euse; *fig a* pénible; ♀**klinik** *f* clinique *f* sophrologique
'**schmerzlich** I *adj Ereignis, Verzicht* douloureux, -euse; affligeant; *Pflicht, Aufgabe* pénible; *Enttäuschung* cuisant; *Verlust* sensible; *es ist ~, das zu sehen* cela fait peine à voir; II *adv j-n ~ berühren* toucher qn vivement, au vif; faire de la peine à qn; *~ lächeln* sourire tristement; *wir vermissen sie ~* elle nous manque beaucoup
'**schmerz|lindernd** *adj* calmant (la douleur); **~los** *adj Stelle* indolore; *Geburt* sans douleurs; *Tod* sans souffrance; ♀**mittel** *n* analgésique *m*; calmant *m* (pour la douleur); ♀**schwelle** *f* seuil *m* de la douleur; **~stillend** *adj* analgésique; ♀**tablette** *f* comprimé *m* contre la douleur; **~unempfindlich** *adj* insensible à la douleur; **~verzerrt** *adj Gesicht* douloureux, -euse; contracté par la douleur; **~voll** *adj* douloureux, -euse
'**Schmetterball** *m TENNIS etc* smash *m*
'**Schmetterling** [ˈʃmɛtərlɪŋ] *m* ⟨~s; ~e⟩ papillon *m*
'**Schmetterlings|blütler** *m* ⟨~s; ~⟩ *BOT* papilionacée *f*; **~jagd** *f* chasse *f* aux papillons; **~netz** *n* filet *m* à papillons; **~stil** *m* ⟨~(e)s⟩ *SCHWIMMEN* brasse *f* papillon
schmettern [ˈʃmɛtərn] ⟨-(e)re, h⟩ I *v/t* **1.** (*schleudern*) jeter, lancer avec violence; projeter; *zu Boden ~* jeter par terre; terrasser; *die Tür ins Schloß ~* claquer violemment la porte; **2.** *TENNIS etc* smasher; **3.** *MUS Lied* chanter à pleine voix, à pleins poumons; *e-n Tusch ~* sonner une fanfare; II *v/i* **4.** *Trompete etc* éclater; retentir; *Vögel* chanter très fort; **5.** ⟨sein⟩ (*aufprallen*) *gegen etw ~* 'heurter violemment qc; se cogner à qc
Schmied [ʃmiːt] *m* ⟨~(e)s; ~e⟩ forgeron *m*; (*Messer*♀) forgeur *m*; (*Huf*♀) maréchal-ferrant *m*; *prov jeder ist s-s Glückes ~* *prov* chacun est l'artisan de son bonheur
'**Schmiede** *f* ⟨~; ~n⟩ forge *f*; **~arbeit** *f*

ouvrage *m* en fer forgé; **~eisen** *n* fer forgé; **eisern** *adj* de *od* en fer forgé; **~hammer** *m* marteau *m* de forge(ron); **~handwerk** *n* ⟨-(e)s⟩ métier *m* de forgeron

'**schmieden** *v/t* ⟨-ete, h⟩ **1.** forger; (*hämmern*) marteler; **2.** *fig* **Pläne ~** faire des projets; *st/s* **Ränke ~** intriguer; se livrer à des machinations; *st/s* ourdir un complot; *plais* **Verse ~** composer, faire des vers

schmiegen ['ʃmiːgən] ⟨h⟩ **I** *v/t* **sein Gesicht an j-s Schulter** (*acc*) **~** se blottir contre l'épaule de qn; **II** *v/réfl* **sich** (*eng*) **an j-n ~** se blottir, se pelotonner contre qn; **Kleid sich an j-s Körper** (*acc*) **~** mouler, épouser les formes de qn; **Haus sich an den Felsen ~** être blotti contre le rocher

'**schmiegsam** *adj* flexible; souple

Schmiere ['ʃmiːrə] *f* ⟨~; ~n⟩ **1.** (*Fett*) graisse *f*; lubrifiant *m*; *schmutzige* cambouis *m*; (*fettiger Schmutz*) crasse (graisseuse, poisseuse); **2.** F *péj* **THÉ** troupe *f* médiocre, de cabotins; **3.** F (*bei etw*) **~ stehen** faire le guet, F le pet (pendant qc)

'**schmieren** *v/t* ⟨h⟩ **1.** (*streichen*) étendre; (*bestreichen*) enduire (*mit* de); *Salbe a* appliquer (*auf etw* [*acc*] sur qc); **Butter aufs Brot ~** étendre du beurre sur, beurrer du pain; **Brote** (*mit Butter*) **~** beurrer des tartines; **2.** TECH lubrifier; *mit Fett a* graisser; *mit Öl a* huiler; F **das läuft** *od* **geht wie geschmiert** ça va, marche comme sur des roulettes; F **ça baigne**; **3.** F *fig* (*bestechen*) F graisser la patte à; F arroser; **4.** F (*unsauber schreiben*) griffonner, gribouiller; (*malen*) barbouiller; **5.** F *j-m e-e ~* F flanquer une gifle, une claque à qn

'**Schmieren|komödiant(in)** *m(f)* *péj* cabotin(e) *m(f)*; **~theater** *n* *péj* troupe *f* médiocre, de cabotins

Schmiere'rei F *f* ⟨~; ~en⟩ griffonnage *m*; gribouillage *m*; (*Malerei*) barbouillage *m*

'**Schmier|fett** *n* lubrifiant *m*; graisse *f*; **~fink** F *péj m* **1.** (*Schmutzfink*) F cochon, -onne *m,f*; **2.** *beim Schreiben, Zeichnen etc* gribouilleur, -euse *m,f*; barbouilleur, -euse *m,f*; *fig in Veröffentlichungen* F fouille-merde *m*; **~geld** F *péj n* pot-de-vin *m*; dessous-de-table *m*

'**schmierig** *adj* **1.** (*fettig*) graisseux, -euse; (*ölig*) huileux, -euse; (*klebrig*) poisseux, -euse; gluant; **2.** (*schmutzig*) malpropre; sale; **3.** *fig péj* (*widerlich freundlich*) mielleux, -euse et antipathique; **4.** *Witz etc* (*zweideutig*) douteux, -euse

'**Schmier|mittel** *n* lubrifiant *m*; graisse *f*; **~nippel** *m* TECH graisseur *m*; raccord *m* de graissage; **~öl** *n* huile *f* de graissage; **~papier** *n* papier *m* (pour) brouillon; **~pumpe** *f* pompe *f* de graissage; distributeur *m* d'huile; **~seife** *f* savon noir, mou

schmilzt [ʃmɪltst] *cf* **schmelzen**

Schminke ['ʃmɪŋkə] *f* ⟨~; ~n⟩ fard *m*; **~auftragen** ⟨h⟩ (se) mettre du fard; (se) farder

'**schminken** ⟨h⟩ **I** *v/t* farder; mettre du fard à; maquiller; **II** *v/réfl* **sich ~** se farder; (se) mettre du fard; (*Make-up auflegen*) se maquiller; **sich** (*dat*) **die Lippen ~** se mettre du rouge (à lèvres)

'**Schmink|kasten** *m* boîte *f* de fard; **~tisch** *m* table *f* de maquillage

'**Schminktopf** *m* pot *m*, boîte *f* à fard; F *plais* **sie ist wohl in den ~ gefallen!** c'est un vrai pot de peinture!

Schmirgel ['ʃmɪrɡəl] *m* ⟨~s⟩ MINÉR émeri *m*; corindon *m* granulaire

'**schmirgeln** *v/t* ⟨-(e)le, h⟩ *Werkstück etc* polir, passer à l'émeri; *Farbe* (*vom Holz*) ~ ôter la peinture (du bois) au papier émeri

'**Schmirgelpapier** *n* papier *m* émeri

schmiß [ʃmɪs] *cf* **schmeißen**

Schmiß *m* ⟨-sses, -sse⟩ **1.** (*Narbe*) balafre *f*; estafilade *f*; **2.** ⟨*pas de pl*⟩ (*Schwung*) F **~ haben** avoir F du pep, du punch, du brio

'**schmissig** F *adj* entraînant; enlevé

Schmöker ['ʃmøːkər] F *m* ⟨~s; ~⟩ lecture *f* à bon marché; *alter, dicker ~* F vieux, gros bouquin

'**schmökern** F *v/i* ⟨-(e)re, h⟩ bouquiner; être plongé dans, absorbé par sa lecture; *in e-m Buch ~* être plongé dans un livre

'**Schmollecke** *f* *cf* **Schmollwinkel**

schmollen ['ʃmɔlən] *v/i* ⟨h⟩ bouder: faire la moue, la lippe; (*mit j-m*) ~ faire la tête, F la gueule (à qn)

'**Schmollmund** *m* moue boudeuse; *e-n ~ machen* faire la moue, la tête, la lippe

'**Schmollwinkel** *m* **sich in den ~ zurückziehen** aller bouder dans son coin

schmolz [ʃmɔlts] *cf* **schmelzen**

'**Schmorbraten** *m* daube *f*; (*Rinder*) bœuf braisé, en daube; *mit Karotten a* bœuf *m* (à la) mode

schmoren ['ʃmoːrən] ⟨h⟩ **I** CUIS cuire à l'étuvée *od* à l'étouffée; *Fleisch a* braiser; **II** *v/i* **1.** CUIS cuire à l'étouffée; **2.** F *fig* **in der Sonne ~** rôtir au soleil; **3.** F **ihn laß ihn ruhig noch etwas ~** laisse-le d'abord un peu moisir; F **~ lassen** *Projekt, Arbeit* laisser de côté; faire traîner; *cf a* **Saft 4.**

'**Schmortopf** *m* cocotte *f*; daubière *f*

Schmu [ʃmuː] F *m* ⟨~s⟩ **~ machen** faire de la gratte; *Handel a* F traficoter; *beim Spiel* tricher; **erzähl** (*mir*) **keinen ~!** ne (me) raconte pas d'histoires, de bêtises!

schmuck [ʃmʊk] *adj* (*hübsch*) joli; pimpant; (*sauber*) propret, -ette

Schmuck *m* ⟨~(e)s⟩ **1.** (*~stücke*) bijoux *m/pl*; joyaux *m/pl*; parure *f*; *falscher ~* faux bijoux; *~ anlegen, tragen* mettre, porter des bijoux; **2.** (*Zierde*) ornement *m*; *in vollem ~* en grande toilette; paré de ses plus beaux atours

'**Schmuckblatttelegramm** *n* télégramme illustré

schmücken ['ʃmʏkən] *v/t* ⟨h⟩ **1.** (*u v/réfl* (*sich*) **~** (*mit*) (s')orner (de); (se) parer (de); **2.** (*verzieren*) garnir; décorer (*mit* de); **festlich geschmückt** richement décoré

'**Schmuck|geschäft** *n* bijouterie *f*; **~händler(in)** *m(f)* bijoutier, -ière *m,f*; joaillier, -ière *f*

'**Schmuckkästchen** *n* écrin *m*, coffret *m* à bijoux; *fig ein wahres ~* un vrai bijou

'**schmuck|los** *adj* sans ornements; (*schlicht*) sobre; *Stil* dépouillé; **losigkeit** *f* ⟨~⟩ absence *f*, manque *m* d'ornements; (*Schlichtheit*) sobriété *f*

'**Schmuck|sachen** *f/pl* bijoux *m/pl*; joyaux *m/pl*; **~stein** *m* pierre fine, précieuse; gemme *f*; **~stück** *n a fig* bijou *m*; joyau *m*; **~waren** *f/pl* (articles *m/pl* de) bijouterie *f*, joaillerie *f*

schmudd(e)lig ['ʃmʊd(ə)lɪç] F *péj adj* négligé; sale; *p/fort* crasseux, -euse; F crado; F crade

Schmuggel ['ʃmʊɡəl] *m* ⟨~s⟩ contrebande *f*

'**schmuggeln** ⟨-(e)le, h⟩ **I** *v/t* **etw ~** faire la contrebande de qc; *geschmuggelte Zigarren* f/pl des cigares *m/pl* de contrebande; *j-n, etw über die Grenze ~* faire passer clandestinement la frontière à qn, illégalement la frontière à qc; *fig j-m etw in die Tasche ~* introduire, glisser qc en cachette *od* subrepticement dans la poche de qn; **II** *v/i* faire de la contrebande

'**Schmuggelware** *f* (marchandise *f* de) contrebande *f*

'**Schmuggler(in)** *m* ⟨~s; ~⟩ (*f*) ⟨~; ~nen⟩ contrebandier, -ière *m f*

schmunzeln ['ʃmʊntsəln] *v/i* ⟨-(e)le, h⟩ sourire; (**vor sich** [*acc*] **hin**) **~ belustigt** arborer un sourire amusé; *beifällig* sourire d'un air entendu, complaisant; *zufrieden* sourire d'un air béat; **über etw** (*acc*) **~** sourire de qc

Schmus [ʃmuːs] F *m* ⟨~es⟩ (*Angeberei, Gerede*) bluff *m*; (*Schmeichelei*) F lèche *f*; **so ein ~!** F c'est de la frime!

'**Schmusekatze** F *f* (petite) câline

'**schmusen** F *v/i* ⟨-(es)t, h⟩ faire (un) câlin; (*miteinander*) **~** F se faire des mamours; *mit j-m ~* faire (un) câlin, F des mamours à qn; câliner qn

Schmuse'rei F *f* ⟨~; ~en⟩ câlins *m/pl*; câlineries *f/pl*

Schmutz [ʃmʊts] *m* ⟨~es⟩ saleté *f* (*a fig*); ordure *f*; (*Straßen*) boue *f*; gadoue *f*; *auf der Haut, auf Gegenständen* crasse *f*; *vor ~ starren* être très sale, F raide de crasse; *Schuhe, Kleidung a* être crotté; *fig j-n, etw in den ~ ziehen* traîner dans la boue; dénigrer qc; *j-n mit ~ bewerfen* couvrir qn de boue

'**schmutzabweisend** *adj* non salissant; *Textilien* traité anti-taches

'**schmutzen** *v/i* ⟨-(es)t, h⟩ **1.** (*Schmutz machen*) faire de la saleté; **2.** (*Schmutz annehmen*) se salir; être salissant

'**Schmutz|fink** F *m* **1.** (*unsauberer Mensch*) F cochon, -onne *m,f*; F saligaud *m*; *Kind* F petit cochon, saligaud; **2.** (*obszöner Mensch*) cochon, -onne *m,f*; **~fleck** *m* salissure *f*; *st/s* souillure *f*

'**schmutzig** *adj* **1.** (*unsauber*) sale; malpropre; (*mit Schmutz bedeckt*) crasseux, -euse; boueux, -euse; crotté; (*fleckig*) taché; **~ werden** se salir; s'encrasser; **2.** *fig Worte, Witze etc* ordurier, -ière; (*unflätig*) obscène; grivois; **3.** *fig Geschäfte etc* malhonnête; (*schäbig*) sordide

'**schmutzig|grau** *adj* gris sale; **keit** *f* ⟨~⟩ *a fig* saleté *f*

'**Schmutz|schicht** *f* couche *f* de crasse; **~titel** *m* TYPO faux titre; **~wasser** *n* ⟨~s; -wässer⟩ eaux sales, usées; **~zulage** *f* indemnité *f* pour travaux salissants

Schnabel ['ʃnaːbəl] *m* ⟨~s⟩ **1.** ZO bec *m* (*a fig e-r Kanne etc*, F *fig Mund*); **halt deinen ~!** F ferme ton bec!; F bou-

schnäbeln – Schneid

cle-la!; F *reden, wie e-m der ~ gewachsen ist* dire les choses tout naturellement, comme elles vous viennent; *den ~ aufsperren* a F fig ouvrir le bec; **2.** MUS bec m; embouchure f
schnäbeln [ˈʃnɛːbəln] v/i ⟨u v/réfl⟩ ⟨-(e)le, h⟩ (*sich*) ~ **1.** *Vögel* se becqueter; **2.** F *plais Personen* F se bécoter
'**Schnabel|schuh** m HIST soulier m à la poulaine; **~tasse** f tasse f à bec; **~tier** n ornithorynque m
schnabulieren [ʃnabuˈliːrən] F v/t ⟨pas de ge-, h⟩ se délecter de; savourer
Schnack [ʃnak] F ⟨~(e)s⟩ *nordd* bavardage m; *dummer ~* radotages m/pl
schnackeln [ˈʃnakəln] F ⟨-(e)le, h⟩ I v/i *regional mit den Fingern, der Zunge ~* faire claquer ses doigts, sa langue; II v/imp *bei ihr hat es geschnackelt* (*sie hat es begriffen*) F elle a pigé (enfin); (*sie hat sich verliebt*) elle a eu le coup de foudre
'**schnacken** v/i ⟨h⟩ *nordd* causer; bavarder
Schnake [ˈʃnaːkə] f ⟨~; ~n⟩ **1.** *regional* (*Stechmücke*) moustique m; cousin m; **2.** sc tipule f
Schnalle [ˈʃnalə] f ⟨~; ~n⟩ **1.** (*Gürtel2*) etc boucle f; **2.** *österr* (*Tür2*) poignée f (de porte); **3.** F *péj* nana f; *blöde ~* F sale garce f
'**schnallen** v/t ⟨h⟩ **1.** boucler; *etw enger, weiter ~* serrer, relâcher qc; *cf a Gürtel*; **2.** *auf etw* (*acc*) ~ (*fest~*) attacher sur qc; *von etw ~ (ab~)* détacher de qc; **3.** F *fig (begreifen)* F piger
'**Schnallenschuh** m chaussure f à boucles
schnalzen [ˈʃnaltsən] v/i ⟨-(es)t, h⟩ *mit der Zunge, den Fingern ~* faire claquer sa langue, ses doigts
Schnäppchen [ˈʃnɛpçən] F n ⟨~s; ~⟩ trouvaille f; *ein ~ machen* faire une trouvaille
schnappen [ˈʃnapən] ⟨h⟩ I v/t **1.** *Hund etc etw ~* 'happer, attraper qc; **2.** fig (*frische*) *Luft ~* prendre l'air; **3.** F *Diebe etc (erwischen)* attraper F pincer F épingler; II v/i **4.** ⟨avec une indication de direction sein⟩ *das Brett schnappte in die Höhe* la planche s'est soulevée brusquement; *die Tür schnappt ins Schloß* la porte se ferme (en faisant entendre un déclic); **5.** *Hund etc nach etw ~* chercher à 'happer, à attraper qc; *nach j-m ~* chercher à mordre qn; **6.** fig *nach Luft ~* respirer avec difficulté; III F v/réfl *sich (dat) etw ~* attraper qc
'**Schnapp|messer** n **1.** couteau m à cran d'arrêt; **2.** (*Klappmesser*) couteau pliant; **~schloß** n serrure f à ressort; **~schuß** m instantané m
Schnaps [ʃnaps] m ⟨~es; ~e⟩ eau-de-vie f; schnaps m; '**~brenner** m distillateur m; bouilleur m; **~brenne'rei** f distillerie f
Schnäpschen [ˈʃnɛpsçən] F n ⟨~s; ~⟩ petit verre, F goutte f d'eau de vie
'**Schnaps|drossel** F *plais* f F picoleur, -euse m,f; **~flasche** f bouteille f à, *volle* d'eau-de-vie; **~glas** n verre m à liqueur, petit verre; **~idee** F f idée saugrenue; **~zahl** F *plais* f nombre composé de plusieurs chiffres identiques

schnarchen [ˈʃnarçən] v/i ⟨h⟩ ronfler
'**Schnarcher** F m ⟨~s; ~⟩ **1.** *Mensch* ronfleur m; **2.** (*Schnarchton*) ronflement m
schnarren [ˈʃnarən] v/i ⟨h⟩ faire un bruit de crécelle; grincer; crisser; *mit ~der Stimme* d'une voix nasillarde
'**Schnatter|ente** F f, **~gans** F f, **~liese** F f ⟨~; ~n⟩ bavarde f; *sie ist e-e ~* c'est une vraie pie
schnattern [ˈʃnatərn] v/i ⟨-(e)re, h⟩ **1.** *Gänse* criailler; *Enten* nasiller; **2.** F *regional vor Kälte ~* grelotter de froid; *mit den Zähnen ~* claquer des dents; **3.** F fig (*schwatzen*) bavarder; jacasser; caqueter
schnauben [ˈʃnaubən] v/i ⟨h⟩ respirer, souffler bruyamment; *Pferd* s'ébrouer; zornig renâcler; fig *Mensch vor Wut ~* écumer de rage
schnaufen [ˈʃnaufən] v/i ⟨h⟩ **1.** (*schwer atmen*) respirer difficilement; geräuschvoll respirer, souffler bruyamment; (*keuchen*) 'haleter; **2.** *Dampflokomotive etc* 'haleter; **3.** *regional* respirer
'**Schnaufer** F m ⟨~s; ~⟩ 'halètement m; *letzter ~* dernier souffle
Schnauferl [ˈʃnaufərl] F *plais* n ⟨~s; ~, *österr* ~n⟩ bonne vieille voiture, F bagnole
Schnauz [ʃnauts] m ⟨~es; ~e⟩ *schweiz* moustache(s) f(pl); F bacchante(s) f(pl)
'**Schnauz|bart** m **1.** (*Bart*) (grosse[s]) moustache(s) f; **2.** F *Mann* moustachu m; **2bärtig** adj moustachu
Schnäuzchen [ˈʃnɔytsçən] F n ⟨~s; ~⟩ a fig petit museau
Schnauze [ˈʃnautsə] f ⟨~; ~n⟩ **1.** *von Tieren* museau m; gueule f; *e-s Schweins* groin m; **2.** F *e-r Kanne etc* bec m; *e-s Autos* avant m; *e-s Schiffs, Flugzeugs* nez m; **3.** P (*Mund*) F gueule f; (*halt die*) ~*!* F (ferme) ta gueule!; F boucle-la!; F ferme-la!; *die ~ (von etw) voll haben* F en avoir marre, plein le dos (de qc); F *frei (nach) ~* F au pifomètre; à vue de nez
'**schnauzen** F v/i ⟨-(es)t, h⟩ F gueuler
'**Schnauzer** m ⟨~s; ~⟩ **1.** *Hund* griffon m; schnauzer m; **2.** F (*Schnurrbart*) moustache(s) f(pl); F bacchante(s) f(pl)
Schnecke [ˈʃnɛkə] f ⟨~; ~n⟩ **1.** *mit Haus* escargot m (*a* CUIS); (co)limaçon m; (*Nackt2*) limace f; *j-n zur ~ machen* secouer les puces à qn; **2.** ANAT *im Ohr* limaçon m; **3.** *e-r Geige* volute f; **4.** CONSTR *e-r Säule* volute f; hélice f; **5.** (*Haar2*) macaron m; **6.** F CUIS (*Hefe2*) etwa petit pain aux raisins
'**schneckenförmig** adj en spirale; à vis; sc hélicoïdal
'**Schnecken|fraß** m dommage fait par les limaces; **~gang** m ⟨(e)s⟩ fig allure f de tortue, d'escargot; extrême lenteur f; **~gewinde** n vis f sans fin; filetage hélicoïdal; **~haus** n coquille f d'escargot
'**Schneckenpost** f *plais mit der ~* comme un escargot; d'un pas de tortue
'**Schneckenrad** n TECH roue f (à denture) hélicoïdale
'**Schneckentempo** n F *im ~* comme un escargot; d'un pas de tortue
Schnee [ʃneː] m ⟨~s⟩ **1.** neige f; *ewiger ~* neiges éternelles; *im ~ begraben* enseveli sous la neige; *es wird ~ geben*

il va neiger; *der ~ fällt in dicken Flocken* il neige à gros flocons; *weiß wie ~* blanc, blanche comme (la) neige; F fig *~ von gestern* de l'histoire ancienne; **2.** CUIS (*Ei2*) blancs d'œufs battus en neige; *zu ~ schlagen* battre en neige; **3.** *Jargon* (*Kokain*) arg neige f; **4.** F TV *bei Bildstörungen* effet m de neige
'**Schneeball** m **1.** boule f de neige; **2.** BOT boule-de-neige f; sc obier m
'**Schneeballschlacht** f bataille f de boules de neige; *e-e ~ machen* se battre à coups, faire une bataille de boules de neige
'**Schnee|ballsystem** n système m boule de neige; **2bedeckt** adj couvert de neige; enneigé; *Berge etc* neigeux, -euse; **~besen** m CUIS fouet m; **2blind** adj atteint, frappé d'ophtalmie des neiges; **~blindheit** f ophtalmie f des neiges; **~brett** n corniche f de neige; neige f en surplomb; **~brille** f lunettes f/pl (de protection) contre la neige; **~decke** f couche f de neige; neiges f/pl; **~Eule** f chouette f harfang; **~fall** m chute f de neige; **~fang** m *e-s Dachs* arrêt m de neige; **~flocke** f flocon m de neige; **~fräse** f chasse-neige m à fraise; **2frei** adj sans neige; **~gestöber** n rafale f, tourmente f de neige; **~glätte** f neige verglacée; **~glöckchen** n perce-neige m
'**Schneegrenze** f **1.** GÉOGR limite f des neiges éternelles; **2.** MÉTÉO *die ~ liegt bei 700 Metern* neige à partir, au-dessus de 700 mètres
'**Schnee|hase** m lièvre changeant; **~haufen** m tas m de neige; **~huhn** n perdrix f des neiges; sc lagopède m
'**schneeig** adj **1.** (*mit Schnee bedeckt*) enneigé; neigeux, -euse; **2.** st/s (*wie Schnee*) neigeux, -euse
'**Schnee|kanone** f canon m à neige; **~kette** f chaîne antidérapante
'**Schneekönig** m F *sich freuen wie ein ~* être heureux, -euse comme un roi
'**Schnee|leopard** m léopard m, panthère f des neiges; sc once f; **~mann** m ⟨(e)s⟩; ~*er*⟩ bonhomme m de neige; **~massen** f/pl neiges f/pl; **~matsch** m neige fondante (*sur le sol*); **~mensch** m yéti m; **~pflug** m a SKISPORT Technik chasse-neige m; **~räumer** m chasse-neige m; **~raupe** f ratrac m (*nom déposé*); **~regen** m neige fondue; **~rute** f *österr* CUIS fouet m; **~schauer** m giboulée f de neige; **~schaufel** f, **~schippe** f pelle f à neige; **~schmelze** f fonte f des neiges; **~schneesicher** adj *Gebiet* skiable
'**Schnee|sturm** m tempête f de neige; blizzard m; **~treiben** n rafales f/pl de neige
'**Schneeverhältnisse** n/pl (conditions f/pl) d'enneigement m; *wenn es die ~ erlauben* si la neige le permet
'**Schnee|verwehung** f congère f; **~wächte** f congère f en surplomb; **~wehe** f ⟨~; ~n⟩ congère f; '**2weiß** adj blanc, blanche comme (la) neige
Schneewittchen [ʃneːˈvɪtçən] n ⟨~s⟩ n/pr⟩ *Märchenfigur* Blanche-Neige f
'**Schneezaun** m (barrière f) pare-neige m
Schneid [ʃnaɪt] F m ⟨~(e)s⟩, *österr* ⟨~⟩ (*Mut*) F cran m; (*Draufgängertum*) culot m; ~ *haben* F avoir du cran, de l'estomac; *j-m den ~ abkaufen*

couper son élan, enlever son courage à qn
'Schneidbrenner *m* TECH chalumeau *m* oxhydrique, de découpage
Schneide ['ʃnaɪdə] *f* ⟨~; ~n⟩ *e-s Messers etc* tranchant *m*; fil *m*; (*Klinge*) lame *f*; *cf a Messer*
'schneiden ⟨schneidet, schnitt, geschnitten, h⟩ I *v/t u v/i* 1. couper; (*ab~*) trancher; (*aus~*) découper; *Bäume, Hecken etc a* tailler; *Glas* tailler; *Blech* cisailler; *in Stücke, Scheiben* ~ couper en morceaux, en tranches; *Fleisch in dünne Scheiben* ~ émincer; *beim Friseur nur (die Haare)* ~, *bitte!* (c'est pour) une coupe, s.v.p.!; *Messer gut* ~ bien couper; *fig hier ist e-e Luft zum* ♌ on étouffe ici; *Kleid eng, weit geschnitten* serré *od* droit, ample; *Augen mandelförmig geschnitten* fendu en amande; *cf a Gesicht 1.*; 2. *Film* découper; 3. *Gesichter, Grimassen* faire; 4. TENNIS *etc Ball* couper; 5. AUTO *Kurve* couper; *ein anderes Fahrzeug* F faire une queue de poisson à; 6. MÉD *Geschwür* ouvrir; inciser; 7. F *fig j-n* ~ ignorer qn; éviter qn; ne plus connaître qn; II *v/réfl sich* ~ 8. (*sich verletzen*) se couper; *sich* (*dat od acc*) *in den Finger* ~ se couper au doigt; *tiefer* se faire une entaille au doigt; *fig sich* (*dat od acc*) *ins eigene Fleisch* ~ se nuire, se faire tort à soi-même; 9. *sich* (*dat*) *die Nägel* ~ se couper les ongles; 10. *Wege, Linien* (*sich kreuzen*) se couper; se croiser; 11. F *fig sich* (*gewaltig*) ~ (*täuschen*) se fourrer, se mettre le doigt dans l'œil (jusqu'au coude)
'schneidend I *adj Schmerz* aigu, aiguë; cuisant; *Spott* mordant; acéré; *Kälte* mordant; *Stimme* tranchant; *Wind* qui cingle, fouette le visage; II *adv es ist* ~ *kalt* il fait un froid de canard
'Schneider *m* ⟨~s; ~⟩ 1. tailleur *m*; F *frieren wie ein* ~ grelotter de froid; 2. F *Gerät* coupeur *m*; 3. *Insekt* faucheur *od* faucheux *m*; 4. SKAT (*im*) ~ *sein* faire moins de trente points; *aus dem* ~ *sein* avoir plus de trente points; F *fig wir sind aus dem* ~ le plus dur est passé; F *wir sind noch nicht aus dem* ~ F on n'est pas sorti de l'auberge
Schneide'rei *f* ⟨~; ~en⟩ 1. ⟨*pas de pl*⟩ *Handwerk* métier *m* de tailleur, de couturière; (*Damen*♌, *Näherei*) couture *f*; 2. *Werkstatt* atelier *m* de tailleur, de couturière
'Schneiderhandwerk *n cf Schneiderei 1.*
'Schneider|in *f* ⟨~; ~nen⟩ couturière *f*; ~kostüm *n* (costume *m*) tailleur *m*; ~kreide *f* craie *f* de tailleur; ~meister *m* maître *m* tailleur
'schneidern ⟨-(e)re, h⟩ I *v/t u v/réfl* (*sich* [*dat*]) *ein Kleid* ~ coudre, (se) faire une robe; II *v/i* faire le métier de tailleur, de couturière; *in der Freizeit* faire de la couture
'Schneiderpuppe *f* mannequin *m*; poupée *f* de tailleur
'Schneidersitz *m* ⟨~es⟩ position assise en tailleur à la turque; *im* ~ en tailleur; à la turque
'Schneide|tisch *m* TV, FILM table *f* de montage; ~zahn *m* (dent *f*) incisive *f*
'schneidig *adj* (*forsch*) F plein de cran;

fringant; *Musik etc* entraînant; *er ist ein* ~*er Kerl* il a du panache
schneien ['ʃnaɪən] I *v/imp* ⟨h⟩ neiger; *es schneit* il neige; il tombe de la neige; *es schneit dicke Flocken od in dicken Flocken* il neige à gros flocons; II *v/i* ⟨sein⟩ F *fig j-m ins Haus* ~ arriver à l'improviste chez qn
Schneise ['ʃnaɪzə] *f* ⟨~; ~n⟩ 1. *im Wald* percée *f*; (*Brand*♌) coupe-feu *m*; 2. (*Flug*♌) couloir aérien
schnell [ʃnɛl] I *adj* rapide; (*rasch*) *Erwiderung, Maßnahme* prompt; *im Handeln* expéditif, -ive; leste; ~*en Schrittes* d'un pas rapide; ~ *wie der Blitz* rapide comme l'éclair; II *adv* rapide; vite; (*rasch*) promptement; en vitesse; ~ *gehen, fahren* marcher, rouler vite, bon train; *das geht mir zu* ~ ça va trop vite pour moi; *etw* ~ *erledigen* mener qc rondement, d'une façon expéditive; ~ *handeln* agir vite, rapidement; ~ *machen* se dépêcher; *so* ~ *macht ihm das keiner nach* ça ne sera pas facile de faire mieux (que lui); *wie hieß sie noch* ~? comment s'appelait-elle, déjà?; ~*!* (~*!*) allons, vite!; dépêchez-vous! *bzw* dépêche-toi!; *nicht so* ~*!* pas si vite!; doucement!
'Schnell|bahn *f etwa* réseau express régional; ~boot *n* vedette *f*; MIL vedette *f* lance-torpilles; ~dienst *m* service *m* rapide
'Schnelle *f* ⟨~; ~n⟩ 1. ⟨*pas de pl*⟩ *cf Schnelligkeit*; F *auf die* ~ à la va-vite; 2. (*Strom*♌) rapide *m*
'schnellebig *adj unsere* ~*e Zeit* notre époque fiévreuse
'schnellen I *v/t* ⟨h⟩ lancer; faire partir; II *v/i* ⟨sein⟩ *Fisch aus dem Wasser* ~ faire un bond (hors de l'eau); *in die Höhe* ~ *Ball* rebondir; *Personen* bondir; faire un bond; *fig Preise* monter en flèche; flamber; *Pfeil durch die Luft* ~ filer dans les airs
'Schnellfeuer *n* ⟨~s⟩ MIL tir *m* rapide; ~gewehr *n* MIL fusil *m* à tir rapide; ~waffe *f* MIL arme *f* à tir rapide
'Schnell|gaststätte *f* fast-food *m*; snack-bar *m*; cafétéria *f*; ~gericht *n* CUIS plat *m* rapide; ~hefter *m* chemise *f* (avec reliure)
'Schnelligkeit *f* ⟨~⟩ vitesse *f*; rapidité *f*; célérité *f*; *im Handeln* promptitude *f*
'Schnell|imbiß *m* snack(-bar) *m*; ~kochplatte *f* plaque *f* à chauffage rapide; ~kochtopf *m* autocuiseur *m*; cocotte-minute *f* (*nom déposé*); ~kurs *m* cours accéléré; ~paket *n* colis postal express; ~reinigung *f* nettoyage *m* express; ~restaurant *n cf Schnellgaststätte*
'Schnellschuß F *fig m* travail, livre, *etc* fait à la va-vite; *e-n* ~ *abgeben* réagir rapidement
'schnellst|ens *adv* au plus vite; le plus vite possible; de toute urgence; ~'möglich I *adj* ... le (la) plus rapide possible; II *adv* le plus vite, rapidement possible
'Schnell|straße *f* voie express *f*; ♌trocknend *adj* CHIM siccatif, -ive; ~verband *m* pansement *m* adhésif
'Schnellverfahren *n* 1. JUR procédure *f* sommaire; 2. *fig im* ~ rapidement; en vitesse

'Schnellzug *m* (train *m*) rapide *m*; ~zuschlag *m* supplément *m* pour trains rapides
Schnepfe ['ʃnɛpfə] *f* ⟨~; ~n⟩ 1. ZO bécasse *f*; 2. F *péj* (*dumme*) ~ F bécasse *f*; F dinde *f*
schnetzeln ['ʃnɛtsəln] *v/t* ⟨h⟩ *bes südd, schweiz* couper en fines lanières
schneuzen ['ʃnɔʏtsən] ⟨-(es)t, h⟩ I *v/t Kerze* moucher; *e-m Kind die Nase* ~ moucher un enfant; II *v/réfl sich* ~, *sich* (*dat*) *die Nase* ~ se moucher
Schnickschnack ['ʃnɪkʃnak] F *péj m* ⟨~s; ~⟩ 1. (*wertloses Zeug*) bricoles *f/pl*; babioles *f/pl*; *modischer* ~ des gadgets *m/pl*; 2. (*Geschwätz*) âneries *f/pl*; F blabla(bla) *m*
schniefen ['ʃniːfən] *v/i* ⟨h⟩ renifler
schniegeln ['ʃniːɡəln] *v/réfl* ⟨-(e)le, h⟩ *sich* ~ F s'attifer; se bichonner; *plais geschniegelt und gebügelt* tiré à quatre épingles
schnieke ['ʃniːkə] *adj regional* 1. (*schick, fein*) F sélect; 2. (*großartig*) F super; F génial
schnipp [ʃnɪp] *int* ~, *schnapp!* clic, clac!
'Schnippchen ['ʃnɪpçən] *n* ⟨~s; ~⟩ F *j-m ein* ~ *schlagen* être plus malin que qn; F *dem Tod ein* ~ *schlagen* faire la nique à la mort
Schnippel ['ʃnɪpəl] F *m od n* ⟨~s; ~⟩ *bes von Stoff, Papier* petit morceau, bout; (*Reste*) *pl* rognures *f/pl*
'schnippeln F ⟨-(e)le, h⟩ I *v/t* (*kleinschneiden*) (dé)couper, tailler en petits morceaux, (*ausschneiden*) découper; II *v/i an etw* (*dat*) ~ tailler qc à petits coups; rogner qc
schnippen ['ʃnɪpən] ⟨h⟩ I *v/t* (*weg~*) envoyer d'une chiquenaude; II *v/i* (*mit der Schere*) ~ faire clic-clac (avec des ciseaux); *mit dem Finger od mit den Fingern* ~ faire claquer ses doigts
'schnippisch I *adj* impertinent; II *adv* ~ *antworten* répondre d'une façon impertinente
Schnipsel ['ʃnɪpsəl] *cf Schnippel*
'schnipseln F *v/t* ⟨-(e)le, h⟩ *cf schnippeln I*
schnipsen ['ʃnɪpsən] ⟨-(es)t, h⟩ *cf schnippen*
schnitt [ʃnɪt] *cf schneiden*
Schnitt *m* ⟨~(e)s; ~e⟩ 1. (*Haar*♌) coupe *f*; taille *f* (*a für Bäume etc*); MÉD incision *f*; *ein* ~ *mit der Schere* un coup de ciseaux; F *fig e-n od s-n* ~ *bei etw machen* faire de gros bénéfices, F bénefs sur qc; 2. (*wunde*) coupure *f*; *tiefe* entaille *f*; 3. (*Ein*♌) incision *f*; (*Kerbe*) entaille *f*; encoche *f*; 4. COUT (*Form, Machart*) coupe *f*; façon *f*; (*Schnittmuster*) patron *m*; modèle *m*; 5. *des Gesichts, der Augen, Nase* forme *f*; 6. FILM *etc* découpage *m*; montage *m*; 7. MATH intersection *f*; *der Goldene* ~ MATH la section en moyenne et extrême raison; ARCH, KUNST le nombre d'or; la section dorée; 8. F (*Durch*♌) moyenne *f*; *im* ~ en moyenne; *im* ~ *von* ...; 9. (*Darstellung in der Ebene*) coupe *f*; section *f*; *etw im* ~ *darstellen* représenter qc en coupe
'Schnitt|blume *f* fleur coupée; ~bohne *f* 'haricot vert (coupé)

Schnittchen – Schokoladentorte

'**Schnittchen** n ⟨~s; ~⟩ *regional* (petite) tartine de fromage, jambon, *etc*
Schnitte ['ʃnɪtə] f ⟨~; ~n⟩ **1.** *regional* (*Scheibe*) tranche f; **2.** cf **Schnittchen**; **3.** *österr* (*Waffel*) gaufrette f
'**schnittfest** *adj* ferme
'**Schnitt|fläche** f (surface f, plan m de la) section f; coupe f; **~grün** n *für Sträuße etc* feuillage m; **~holz** n bois m de sciage
'**schnittig** *adj* élégant; *Auto, Boot etc* a racé; (*wind~*) aérodynamique
'**Schnitt|kante** f arête vive; **~käse** m fromage m en tranches; **~länge** f longueur f de coupe; **~lauch** m ⟨-(e)s⟩ ciboulette f; civette f; **~linie** f **1.** MATH intersection f; **2.** TECH ligne f de coupe; **~meister(in)** m(f) FILM monteur, -euse m,f; **~menge** f MATH intersection f; **~muster** n COUT patron m; **~punkt** m MATH (point m d')intersection f; *von Straßen* croisement m; *fig* carrefour m; **~stelle** f MATH intersection f; TECH, INFORM interface f; **~wunde** f coupure f; tiefe entaille f
'**Schnitz|altar** m triptyque m sculpté (en bois); **~arbeit** f sculpture f sur bois
Schnitzel ['ʃnɪtsəl] n ⟨~s; ~⟩ **1.** CUIS escalope f; *Wiener* **~** escalope (à la) viennoise; **2.** (*Schnipsel*) petit morceau; bout m; (*Reste*) pl rognures f/pl
'**Schnitzeljagd** f jeu m de piste
'**schnitzeln** v/t ⟨-(e)le, h⟩ (*kleinschneiden*) (dé)couper, tailler en petits morceaux
schnitzen ['ʃnɪtsən] v/t u v/i ⟨-(es)t, h⟩ sculpter (*aus Holz* sur bois); *e-n Stock* **~** tailler un bâton
'**Schnitz|er** m ⟨~s; ~⟩ **1.** (*Holz*⚓) sculpteur m sur bois; **2.** F (*Fehler*) bévue f; F gaffe f; F boulette f; **~e'rei** f ⟨~; ~en⟩ sculpture f sur bois
'**Schnitz|messer** n couteau m à sculpter, à tailler; **~werk** n sculpture(s) f(pl) sur bois
schnodd(e)rig ['ʃnɔd(ə)rɪç] F *adj* (*lässig*) *Ton, Art* désinvolte; (*respektlos*) *Bemerkung* insolent; impertinent; ⚓**keit** F f ⟨~; -en⟩ **1.** (*pas de pl*) *Verhalten* désinvolture f; **2.** (*respektlose Bemerkung*) insolence f; impertinence f
schnöde ['ʃnø:də] *st/s* **I** *adj* (*verachtenswert, schändlich*) *Geiz* sordide; *Eifersucht* bas, basse; *Undank* noir; *Verrat* infâme; **~r Mammon** vil argent; **II** *adv* de façon indigne, p/fort abjecte, ignoble; *st/s* ignominieusement; *j-n* **~** *verlassen* abandonner qn froidement
'**Schnödigkeit** *st/s* f ⟨~⟩ bassesse f; *st/s* vilenie f; indignité f
Schnorchel ['ʃnɔrçəl] m ⟨~s; ~⟩ **1.** *bei U-Booten* schnorkel *od* schnorchel m; **2.** SPORTTAUCHEN tuba m
Schnörkel ['ʃnœrkəl] m ⟨~s; ~⟩ **1.** *beim Schreiben* fioriture f (*a Stil, MUS*); enjolivure f; *an der Unterschrift* paraphe *od* parafe m; **2.** CONSTR ornement m (baroque)
'**schnörk(e)lig** *adj* plein, chargé de fioritures; baroque; *Schrift* orné
'**schnörkeln** F v/t ⟨-(e)le, h⟩ orner (de fioritures)
'**Schnörkelschrift** f écriture ornée
'**schnörklig** *cf* **schnörkelig**
schnorren ['ʃnɔrən] F v/t u v/i ⟨h⟩ (*betteln*) mendier; F *péj* mendigoter (*etw bei od von j-m* **~** F taper qn de qc

Schnorrer(in) F m ⟨~s; ~⟩ (f) ⟨~; ~nen⟩ F *péj* mendigot(e) m(f); F tapeur, -euse m,f
Schnösel ['ʃnø:zəl] F *péj* m ⟨~s; ~⟩ F jeune arrogant, impertinent; *eingebildeter* **~** fat m; freluquet m
Schnuckelchen ['ʃnʊkəlçən] F n ⟨~s; ~⟩ *mein* **~** mon petit lapin, chou, coco; *kleines Mädchen* a ma petite cocotte
'**schnuck(e)lig** F *adj* mignon, -onne; F craquant; *Sachen* a joli; F croquignolet, -ette
Schnucki ['ʃnʊki] F n ⟨~s; ~s⟩, **~putz** m ⟨~es; ~e⟩ *cf* **Schnuckelchen**
Schnüffe'lei F *péj* f ⟨~; ~en⟩ **1.** (*das Schnüffeln*) reniflements m/pl; **2.** *fig* espionnage m
schnüffeln ['ʃnʏfəln] ⟨-(e)le, h⟩ **1.** reniflr; *Tier a* (*riechen*) flairer; *an etw* (*dat*) **~** renifler, *Tier a* flairer qc; **2.** F *péj fig* (*spionieren*) fureter, F fouiner; *in j-s Sachen* (*dat*) **~** fureter, F fouiner, fourrer son nez dans les affaires de qn; **II** v/t u v/i *Drogenjargon arg* sniffer
Schnüffler(in) F *péj* m(f) ⟨~s; ~⟩ (f) ⟨~; ~nen⟩ **1.** fureteur, -euse m,f; fouineur, -euse m,f; F fouinard(e) m(f); **2.** *von Drogen* sniffeur, -euse m, f
Schnuller ['ʃnʊlər] m ⟨~s; ~⟩ sucette f
Schnulze ['ʃnʊltsə] F *péj* f ⟨~; ~n⟩ chanson f, film m, pièce f très sentimental(e)
'**Schnulzensänger(in)** F *péj* m(f) chanteur, -euse m,f de chansons sentimentales
schnupfen ['ʃnʊpfən] v/t ⟨h⟩ *Tabak* priser
'**Schnupfen** m ⟨~s; ~⟩ rhume m; *e-n* **~** *haben* être enrhumé; *e-n* **~** *bekommen* s'enrhumer; attraper un rhume
'**Schnupfenspray** n od m spray nasal
'**Schnupf|tabak** m tabac m à priser; **~tuch** *litt* n ⟨-(e)s; -tücher⟩ mouchoir m
schnuppe ['ʃnʊpə] *adj* F *das ist mir* (*total*) **~** je m'en moque (complètement); F je m'en fiche; F je m'en balance
schnuppern ['ʃnʊpərn] v/t u v/i ⟨-(e)re, h⟩ *etw* **~** *od an etw* (*dat*) **~** *Tier* flairer qc; *Mensch* 'humer qc
Schnur [ʃnuːɐ] f ⟨~; ⚓e⟩ (*Bindfaden*) ficelle f; (*Kordel*) cordon m; *dünne* cordonnet m; ganse f; *aus Seide, Gold-, Silberfäden* cordelière f; *zum Messen, Abstecken* cordeau m
Schnürchen ['ʃnyːɐçən] n ⟨~s; ~⟩ F *die Sache läuft wie am* **~** l'affaire marche comme sur des roulettes; F *etw wie am* **~** *können* savoir qc sur le bout du doigt
schnüren ['ʃnyːrən] **I** v/t ⟨h⟩ (*zusammenbinden*) lier, serrer avec un cordon; *mit Bindfaden* ficeler; (*festbinden*) attacher; *sich* (*dat*) *die Schuhe* **~** lacer ses souliers; *cf a Bündel*; **II** v/i ⟨sein⟩ JAGD *Fuchs etc* trotter; *durch das Unterholz* **~** a courir à travers les sous-bois
'**schnurge'rade I** *adj* (*comme*) tracé au cordeau; tout droit; **II** *adv* tout droit
'**Schnurkeramik** f ⟨~⟩ céramique lisérée
Schnürl|regen ['ʃnyːɐlrɛːgən] m *österr* (petite) pluie persistante; crachin m; **~samt** m *österr* velours côtelé
'**Schnurr|bart** m moustache(s) f(pl); ⚓**bärtig** *adj* moustachu

Schnurre ['ʃnʊrə] f ⟨~; ~n⟩ anecdote f cocasse, comique
schnurren ['ʃnʊrən] v/i ⟨h⟩ ronronner
'**Schnurrhaare** n/pl *von Katzen etc* moustache(s) f(pl)
'**Schnürriemen** m lacet m
'**schnurrig** *adj* drôle; cocasse; drolatique; *ein* **~er Kauz** un drôle de type
'**Schnür|schuh** m chaussure f, soulier m à lacets; **~senkel** m lacet m; **~stiefel** m bottine f à lacet; chaussure f, soulier montant(e) à lacet
'**schnur'stracks** F *adv* **1.** (*geradeaus*) tout droit; **2.** (*sofort*) sur-le-champ
'**Schnürung** f ⟨~; -en⟩ ficelage m
schnurz [ʃnʊrts] F, p/fort '**~'piepe'gal** F *adj das ist mir* **~** F je m'en fiche, fous, balance (complètement)
'**Schnute** ['ʃnuːtə] F f ⟨~; ~n⟩ **1.** bes *nordd* (*Mund*) F (petit) museau; **2.** (*Schmollmund*) moue f; lippe f; *e-e* **~** *ziehen* faire la moue; bes *Kinder* bouder
schob [ʃoːp] *cf* **schieben**
Schober ['ʃoːbər] m *cf* **Heuschober**
Schock¹ [ʃɔk] m ⟨~(e)s; ~s⟩ MÉD *etc* choc m; *e-n* **~** *erleiden* recevoir un choc; être traumatisé; *unter* **~** *stehen* être en état de choc; *j-m e-n* **~** *versetzen* donner un choc à qn
Schock² n ⟨-(e)s; ~e, mais 3 ~⟩ HIST *Maßeinheit* soixantaine f (de); *ein halbes* **~** une trentaine (de)
'**Schockbehandlung** f MÉD thérapeutique f de choc
'**schocken** v/t ⟨h⟩ **1.** F (*überraschen*) renverser; (*schockieren*) choquer; scandaliser; **2.** MÉD appliquer une thérapeutique de choc à
'**Schocker** F m ⟨~s; ~⟩ livre-choc m, film-choc m, *etc*
'**Schockfarbe** F f couleur criarde, p/fort 'hurlante
schoc'kieren v/t ⟨pas de ge-, h⟩ choquer; scandaliser; *über etw, j-n schockiert sein* être choqué, scandalisé par qc, par l'attitude de qn
'**Schock|therapie** f MÉD thérapeutique f de choc; **~wirkung** f effet m de choc
schofel ['ʃoːfəl] ⟨-fl-⟩, '**schof(e)lig** F *péj adj* (*kleinlich, geizig*) mesquin; chiche
Schöffe ['ʃœfə] m ⟨~n; ~n⟩ JUR *etwa* assesseur m non juriste
'**Schöffen|bank** f ⟨~; ⚓e⟩ *etwa* banc m du jury; **~gericht** n tribunal formé d'un magistrat et de deux assesseurs non juristes
'**Schöffin** f ⟨~; ~nen⟩ JUR *etwa* assesseur m non juriste
Schoko ['ʃo:ko] F f ⟨~; ~s⟩ chocolat m
Schokolade [ʃokoˈlaːdə] f ⟨~; ~n⟩ chocolat m (*a Trink*⚓)
schoko'lade(n)|braun *adj* (couleur) chocolat (*inv*); ⚓**eis** n glace f au chocolat; ⚓**guß** m glaçage m au chocolat
Schoko'laden|hase m lapin m en chocolat; **~pudding** m flan m, crème f au chocolat; **~raspel** m/pl chocolat râpé
Schoko'ladenseite F f beau(x), bon(s) côté(s); côté flatteur; *sich von s-r* **~** *zeigen* se faire voir sous son meilleur jour
Schoko'laden|soße f sauce f au chocolat; **~streusel** m/pl *od* n/pl chocolat pailleté, en granulés; **~tafel** f tablette f de chocolat; **~torte** f *etwa* gâteau m au chocolat

'**Schokoriegel** *m* barre *f* de chocolat
Scholast|ik [ʃoˈlastɪk] *f* ⟨~⟩ scolastique *f*; **~iker** *m* ⟨~s; ~⟩ scolastique *m*; **²isch** *adj* scolastique
scholl [ʃɔl] *cf* **schallen**
Scholle¹ [ˈʃɔlə] *f* ⟨~; ~n⟩ **1.** AGR (*Erd²*) motte *f* (de terre); *a fig* glèbe *f*; **2.** ⟨*pas de pl*⟩ (*Heimatboden*) terroir *m*; terre natale; *auf der eigenen ~ sitzen* être installé sur sa propre terre; **3.** (*Eis²*) glaçon *m*; **4.** GÉOL segment *m*; bloc *m*
Scholle² *f* ⟨~; ~n⟩ ZO (*Goldbutt*) plie *f*; carrelet *m*
Scholli [ˈʃɔli] F *mein lieber ~!* F ben, mon vieux!
Schöllkraut [ˈʃœlkraut] *n* ⟨~(e)s⟩ BOT chélidoine *f*
schon [ʃoːn] I *adv* **1.** (*bereits, früher als erwartet*) déjà; *~ am Morgen* dès le matin; *~ morgen* dès demain; *~ heute* aujourd'hui même; *wie ~ gesagt* comme je l'ai déjà dit; *da kommt er ~!* tiens! le voilà!; tiens! il arrive!; *~ wieder* encore; *da ist er ~ wieder!* F le revoilà; *was gibt's denn ~ wieder?* qu'est-ce qu'il y a (donc) encore?; qu'y a-t-il (donc) encore?; **2.** (*allein, nur*) (*allein*) *~ der Gedanke daran macht mich schaudern* rien que d'y penser, j'en frissonne; *~ bei ihrem Anblick wurde ihm leichter zumute* dès qu'il la vit il se sentit mieux; *sie hat ~ so genug zu tun* elle a déjà assez à faire comme ça; **3.** (*sogar*) même; *~ eine Minute reicht aus, um zu* (+*inf*) une seule minute suffit à (+*inf*); *das bekommt man ~ für drei Mark* on peut l'avoir à partir de trois marks; **4.** (*fast gleichzeitig*) et déjà; et aussitôt; *kaum ist sie da, ~ stürzen sich alle auf sie* à peine est-elle arrivée que tout le monde se précipite sur elle; *er drehte sich um, und ~ war sie verschwunden* à peine se fut-il retourné qu'elle avait disparu; **5.** (*inzwischen*) toujours; *du kannst ja ~ mal anfangen* tu peux toujours commencer; II *Partikel* **1.** *verstärkend du wirst ~ sehen!* tu verras bien!; *wenn sie ~ nicht kommt, kann sie mich wenigstens anrufen* puisqu'elle ne vient pas, elle pourrait au moins me téléphoner; **2.** (*ohnehin*) *das ist ~ teuer genug* c'est déjà assez cher comme ça; **3.** *einräumend* (*zwar*) *das ist ~ wahr, aber ...* c'est bien vrai, mais ...; *das wäre ihm ~ recht, aber ...* cela lui conviendrait assez, mais ...; *~ gut!* *beschwichtigend* allons, allons!; (*genug!*) c'est bon!; ça va (comme ça)!; *das ist ~ möglich* c'est possible; (*das*) *wird ~ stimmen* ça doit être vrai; **4.** *beruhigend er wird ~ kommen* il va bien finir par arriver; *ich werde dich ~ rufen, wenn ich soweit bin* je t'appellerai quand j'aurai fini; *er wird mich ~ verstehen* il me comprendra bien; F *es wird ~ wieder* (*werden*) ça s'arrangera; **5.** F (*endlich*) *nun komm ~!* mais enfin, viens!; *nun rede* (*doch*) *~!* mais enfin, dis-le!; **6.** (*andererseits*) si; *er hat heute keine Lust auszugehen, aber ich ~ ja* il n'a pas envie de sortir aujourd'hui, mais moi si; **7.** *abwertend was weißt du ~* (*davon*)*!* mais qu'est-ce que tu en sais, toi?; *wem nützt das ~?* mais à qui ça servira *od* profitera?; *was ist ~ Liebe?* l'amour, tu sais ...

schön [ʃøːn] I *adj* beau (bel), belle; *Leben, Zeiten a* agréable; bon, bonne; F *fig Summe a* joli; *die ~e Literatur* les belles-lettres; *die ~en Künste* les beaux-arts; *Philipp der ²e* Philippe le Bel; *Wetter wieder ~ werden* se remettre au beau; *das ²e daran ist, daß ...* ce qu'il y a de bien (F avec ça), c'est que ...; *in ~ster Harmonie* dans la plus parfaite harmonie, entente; *in ~ster Ordnung* dans un ordre parfait; en bon ordre; *e-s ~en Morgens* un beau matin; *in der Zukunft a* un de ces quatre matins; *das ist zu ~, um wahr zu sein* c'est trop beau pour être vrai; *iron* (*e-e*) *~e Bescherung!* c'est du joli *od* du propre!; *iron man hört ja ~e Sachen von dir!* j'en apprends de belles sur ton compte; *iron du bist* (*mir*) *ein ~er Freund!* F iron je te retiens!; *iron das wird ja immer ~er!* c'est de mieux en mieux!; *iron das wäre ja noch ~er!* ce serait le comble, le pompon, le bouquet!; F *was hier abläuft,* (*das*) *ist nicht mehr ~!* ce qui se passe ici, c'est trop!; F (*alles*) *gut und ~, aber ...* tout cela est très bien et très joli, mais ...; *das ist ~ von Ihnen* c'est bien de votre part; *~, daß Sie da sind* c'est bien que vous soyez là; *~en Dank!* grand merci!; merci bien, infiniment!; *e-n ~en Gruß an* (+*acc*) saluez bien ... (de ma part); bien des choses à ...; II *adv* bien; *~ anzusehen sein* être beau, belle à voir; *bes nordd ~ riechen* sentir bon; *bes nordd ~ schmecken* être bon, bonne; avoir bon goût; *~ warm, weich* tout chaud, moelleux, -euse; *danke ~!* merci bien!; merci beaucoup!; *iron wie man so ~ sagt* comme on dit si bien; F *er ist* (*ganz*) *~ dumm, daß er ...* il est vraiment bête de (+*inf*); F *er wird sich* (*ganz*) *~ wundern* F il va en faire une tête; F *er hat uns ganz ~ angelogen* il nous a joliment menti; *als Antwort* (*also*) *~!* bien!; d'accord!; *cf a bitte*; III F *Partikel verstärkend sei ~ artig!* sois bien sage!; *~ ruhig* tout doucement; *bleib ~ sitzen!* reste assis!; *das läßt du ~ bleiben!* tu ne vas pas me *od* nous faire ça; *zu e-m Kind* tu vas t'arrêter!; tu vas laisser ça!

'**Schonbezug** *m* 'housse *f*
'**Schöndruck** *m* ⟨~(e)s; ~e⟩ TYPO impression *f* du recto
'**Schöne** *f* ⟨→ A⟩ belle *f*; *st/s die ~n der Nacht* les belles de nuit
schonen [ˈʃoːnən] ⟨h⟩ I *v/t* ménager; (*ver~*) épargner; *j-n ~ a* traiter qn avec ménagement; avoir des égards pour qn; II *v/refl sich ~* se ménager; veiller à sa santé
'**schönen** *v/t* ⟨h⟩ **1.** *Wein* (*klären*) clarifier; *Farben* (r)aviver; faire revenir; **2.** *fig* embellir
'**schonend** I *adjt* plein d'égards; indulgent; *~e Behandlung* ménagements *m*/*pl*; *auf möglichst ~e Weise* avec tous les ménagements possibles; II *advt* avec ménagement(s); *etw ~ behandeln* ménager qc
'**Schoner¹** *m* ⟨~s; ~⟩ (*Überzug*) revêtement protecteur; *für Möbel* 'housse *f*
'**Schoner²** *m* ⟨~s; ~⟩ MAR schooner *m*; goélette *f*
'**schönfärben** *v/t* ⟨*sép, -ge-, h*⟩ présenter sous un beau jour, sous un jour favorable; idéaliser
Schönfärbeˈrei *f* présentation flatteuse *od* sous un jour trop favorable; idéalisation *f*
'**Schon|frist** *f* délai *m* de grâce; *fig* POL état *m* de grâce; **~gang** *m* *beim Auto* vitesse surmultipliée; *in der Waschmaschine* programme *m* pour textiles fragiles
'**Schöngeist** *m* ⟨~(e)s; ~er⟩ bel esprit
'**schöngeistig** *adj* de bel esprit; artistico-littéraire; *~e Literatur* belles-lettres *f*/*pl*
'**Schönheit** *f* ⟨~; ~en⟩ **1.** ⟨*pas de pl*⟩ (*das Schönsein*) beauté *f*; **2.** (*schöne Frau, Sache*) beauté *f*; *die ~en der Natur genießen* jouir des beautés naturelles; apprécier la beauté de la nature
'**Schönheits|chirurg(in)** *m(f)* spécialiste *m,f* de chirurgie esthétique; **~chirurgie** *f* chirurgie *f* esthétique; **~farm** *f* établissement spécialisé dans les soins esthétiques; **~fehler** *m* petit défaut; imperfection *f*; *fig* (*Nachteil*) inconvénient *m*; **~fleck** *m* mouche *f*; **~ideal** *n* idéal *m* (de la) beauté; **~königin** *f* reine *f* de beauté; **~operation** *f* opération *f* de chirurgie esthétique
Schönheitspflästerchen [ˈʃøːnhaɪtspflɛstɐçən] *n* ⟨s; ~⟩ mouche *f*
Schönheits|pflege *f* soins *m*/*pl* esthétiques, de beauté; **~reparatur** *f* réparation locative; **~sinn** *m* ⟨~(e)s⟩ sens *m* esthétique, du beau; **~wettbewerb** *m* concours *m* de beauté
'**Schonklima** *n* climat *m* uniforme, tempéré
'**Schonkost** *f* régime *m*; *~ bekommen* suivre un régime
'**Schönling** *m* ⟨~s; ~e⟩ *péj* bellâtre *m*
'**schönmachen** F ⟨*sép, -ge-, h*⟩ I *v/t* embellir; II *v/i Hund* faire le beau; III *v/réfl sich ~* se faire beau, belle
'**schönreden** *v/i* ⟨*-ete, sép, -ge-, h*⟩ *péj j-m ~* flatter qn, *st/s* flagorner qn
'**Schön|redner(in)** *m(f)* *péj* flatteur, -euse *m,f*; *st/s* flagorneur, -euse *m,f*; enjôleur, -euse *m,f*; **~red(n)eˈrei** *f* ⟨~⟩ *péj* flatterie *f*; *st/s* flagornerie *f*; **²schreiben** *v/i* ⟨*irr, sép, -ge-, h*⟩ calligraphier; **~schreibheft** *n* cahier *m* d'écriture, d'exercices calligraphiques; **~schrift** *f* ⟨~⟩ calligraphie *f*; belle écriture; F (*Reinschrift*) mise *f* au propre; **~tueˈrei** *f* ⟨~⟩
'**schöntun** F *v/i* ⟨*irr, sép, -ge-, h*⟩ *j-m ~* flatter qn; F faire du plat à qn
'**Schonung** *f* ⟨~; ~en⟩ **1.** ⟨*pas de pl*⟩ (*schonende Behandlung*) ménagement(s) *m*(*pl*); (*Rücksichtnahme*) égards *m*/*pl*; *Sie brauchen dringend ~* vous avez grand besoin de ménagement; **2.** FORSTWIRTSCHAFT plant *m* d'arbres
'**schonungs|bedürftig** *adj* qui a besoin de ménagements; **~los** I *adj* sans ménagement(s); (*erbarmungslos*) impitoyable; *p/fort* brutal; II *adv* (*rücksichtslos*) sans ménagements; (*erbarmungslos*) sans pitié; impitoyablement; *p/fort* brutalement; **²losigkeit** *f* ⟨~⟩ manque *m* de ménagement(s); *p/fort* brutalité *f*
'**Schonwaschgang** *m* programme *m* pour textiles fragiles
'**Schön|wetter|lage** *f*, **~periode** *f* pé-

Schönwetterwolke – Schraubzwinge

riode *f* de beau temps; **~wolke** *f* cumulus *m*
'**Schonzeit** *f* **1.** JAGD (durée *f* de la) fermeture *f*; *es ist ~* la chasse est fermée; *Ende n der ~* ouverture *f* de la chasse; **2.** *nach Krankheit etc* (période *f* de) convalescence *f*; *fig*, POL (*Anfangszeit*) état *m* de grâce
Schopf [ʃɔpf] *m* ⟨~(e)s; ⸚e⟩ **1.** (*Haar⸚*) cheveux *m/pl*; wirrer tignasse *f*; *der Vögel* 'h(o)uppe *f*; *fig die Gelegenheit beim ~(e) packen od fassen* sauter sur l'occasion; saisir la balle au bond; **2.** *südd, schweiz cf* **Schuppen**
'**Schöpfbrunnen** *m* puits *m*
schöpfen[1] ['ʃœpfən] ⟨h⟩ **I** *v/t* **1.** *a fig, bei Papierherstellung* puiser (*aus* à); *leer ~* vider **un**e écope, *etc*; *Wasser aus e-m Boot ~* écoper un bateau; **2.** *st/s* (*frische*) *Luft ~* prendre l'air; *Atem ~* reprendre haleine; *fig Verdacht ~* (commencer à) avoir des soupçons; *Mut ~* prendre courage; *neue Hoffnung ~* reprendre espoir; **II** *st/s v/i fig aus der Phantasie ~* puiser dans l'imagination
'**schöpfen**[2] *litt v/t* ⟨h⟩ créer
'**Schöpfer**[1] *m* ⟨~s; ~⟩ (*Schöpfgefäß*) écope *f*; (*Schöpfkelle*) louche *f*
Schöpfer[2] *m* ⟨~s; ~⟩ (*Erschaffer*) créateur *m*; auteur *m*; (*Gott*) Créateur *m*
'**Schöpferin** ⟨~; ~nen⟩ créatrice *f*; auteur *m*
'**schöpferisch I** *adj* créateur, -trice; producteur, -trice; productif, -ive; *~e Leistung* acte créateur; *e-e ~e Pause einlegen* marquer un temps d'arrêt; faire une pause; **II** *adv tätig sein* déployer une activité créatrice
'**Schöpferkraft** *f* créativité *f*; productivité *f*; force créatrice
'**Schöpf|kelle** *f*, **~löffel** *m* louche *f*; **~rad** *n* roue *f* à godets
'**Schöpfung** *f* ⟨~; ~en⟩ **1.** (*pas de pl*) *st/s*, BIBL (*Welt*) *a* (*Werk*) monde *m*; univers *m*; F *plais die Herren der ~* le sexe fort; **2.** *st/s* (*Werk*) création *f*; œuvre *f*
'**Schöpfungs|akt** *m* acte créateur; **~bericht** *m*, **~geschichte** *f* ⟨~⟩ BIBL Genèse *f*
Schoppen ['ʃɔpən] *m* ⟨~s; ~⟩ **1.** altes Maß etwa chopine *f*; *ein ~ Wein* (*Viertelliter*) un quart de vin; (*halber Liter*) un demi-litre de vin; **2.** *südd, schweiz* (*Babyfläschchen*) biberon *m*; **~wein** *m* vin *m* en carafe
schor [ʃo:r] *cf* **scheren**[1]
Schorf [ʃɔrf] *m* ⟨~(e)s; ~e⟩ **1.** (*Kruste*) croûte *f*; *Krankheit a* escarre *f*; (*Milch⸚*) croûtes *f/pl* de lait; **2.** *an Früchten* tavelure *f*; *der Kartoffel* gale *f*
'**schorfig** *adj* croûteux, -euse; couvert de croûtes
Schorle ['ʃɔrlə] *f* ⟨~; ~n⟩ **1.** (*Wein⸚*) mélange de vin et d'eau minérale gazeuse; **2.** (*Apfel⸚*) mélange de jus de pommes et d'eau minérale gazeuse
Schornstein ['ʃɔrnʃtaɪn] *m* cheminée *f*; F *fig etw in den ~ schreiben* F faire son deuil de qc
'**Schornsteinfeger** *m* ⟨~s; ~⟩ ramoneur *m*
schoß [ʃɔs] *cf* **schießen**
Schoß[1] [ʃo:s] *m* ⟨~es; ⸚e⟩ **1.** *litt, fig* giron *m*; *ein Kind auf den ~ nehmen* prendre un enfant sur ses genoux; *fig im ~e der Familie* au sein de la famille; *im ~e der Kirche* dans le giron, dans le sein de l'Église; *fig die Hände in den ~ legen* rester les bras croisés; *fig das ist ihm in den ~ gefallen* cela lui est tombé du ciel; **2.** *st/s* (*Mutterleib*) sein *m*; *der Erde* sein *m*; entrailles *f/pl*; **3.** (*Rock⸚*) pan *m*; basque *f*
Schoß[2] [ʃɔs] *m* ⟨-sses; -sse⟩ BOT pousse *f*; jet *m*
'**Schoß|hund** *m*, **~hündchen** *n* bichon, -onne *m,f*
Schößling ['ʃœslɪŋ] *m* ⟨~s; ~e⟩ BOT jet *m*; pousse *f*
Schot [ʃo:t] *f* ⟨~; ~en⟩ MAR écoute *f*
Schote ['ʃo:tə] *f* ⟨~; ~n⟩ **1.** BOT cosse *f*; gousse *f*; *drei ~n Paprika* trois poivrons *m/pl*; (*grüne Erbsen*) petits pois; **3.** F *fig* (*spaßige Geschichte*) histoire *f* drôle
Schott[1] [ʃɔt] *m* ⟨~s; ~s⟩ (*Salzsumpf*) chott *m*
Schott[2] *n* ⟨~(e)s; ~en⟩ MAR cloison *f* étanche; *~en dicht!* fermez les portes étanches!; *nordd die ~en dichtmachen* F boucler portes et fenêtres
Schotte ['ʃɔtə] *m* ⟨~n; ~n⟩ Écossais *m*
'**Schotten|muster** *n* écossais *m*; **~rock** *m* jupe écossaise
Schotter ['ʃɔtər] *m* ⟨~s; ~⟩ **1.** (*Geröll*) galets *m/pl*; pierraille *f*; **2.** STRASSENBAU empierrement *m*; pierres concassées; EISENBAHN ballast *m*; **3.** P (*pas de pl*) (*Geld*) F fric *m*; F pognon *m*; **~decke** *f* empierrement *m*
'**schottern** *v/t* ⟨-(e)re, h⟩ *Straße* empierrer
'**Schotterstraße** *f* route empierrée
'**Schottin** ⟨~; ~nen⟩ Écossaise *f*
'**schottisch** *adj* écossais; d'Écosse
'**Schottland** *n* ⟨~s⟩ l'Écosse *f*
schraffieren [ʃra'fi:rən] *v/t* ⟨pas de ge-, h⟩ 'hacher; 'hachurer
Schraf'fierung *f* ⟨~; ~en⟩, **Schraf'fur** *f* ⟨~; ~en⟩ hachure *f*
schräg [ʃrɛ:k] **I** *adj* **1.** Linie, Wand etc oblique; en biais; *Schrift* penché; incliné; **2.** F *fig Blick* oblique; *Musik, Vorstellung* insolite; *p/fort* excentrique; *ein ~er Vogel* F un drôle d'oiseau; **II** *adv* obliquement; de *od* en biais; *Stoff ~ schneiden* couper en biais, en travers; *über die Straße gehen* a traverser la rue en diagonale; *~ (ver)laufen* aller en biais; *~ stellen Tischplatte etc* incliner; *Möbel zur Wand* mettre de *od* en biais; *den Kopf ~ halten* avoir la tête penchée *od* inclinée (de côté); *fig j-n ~ ansehen* regarder qn de travers; *~ stehende Augen haben* avoir les yeux obliques; *~ gegenüber (von)* presque en face (de); en diagonale (par rapport à)
'**Schräge** *f* ⟨~; ~n⟩ Fläche plan incliné; *e-s Daches* pente *f*; *e-r Wand* inclinaison *f*
'**Schräg|kante** *f* biseau *m*; chanfrein *m*; **~lage** *f* position inclinée, oblique; *e-s Schiffs* bande *f*; **~schrift** *f* TYPO italique *m*; **~streifen** *m* biais *m*; **~strich** *m* barre *f* oblique
schrak [ʃrak] *cf* **schrecken II**
Schramme ['ʃramə] *f* ⟨~; ~n⟩ éraflure *f*; égratignure *f*; *auf Möbelstücken*, *Glas a* rayure *f*
'**schrammen I** *v/t* ⟨h⟩ érafler; égratigner; *Möbel etc a* rayer; **II** *v/réfl sich* (*dat*) *die Hand, Stirn etc ~* s'égratigner, s'érafler la main, le front (*an etw* [*dat*] avec qc; *beim Sturz* en tombant)
Schrank [ʃraŋk] *m* ⟨~(e)s; ⸚e⟩ **1.** armoire *f*; (*Wand⸚*) placard *m*; (*Geschirr⸚*) buffet *m*; **2.** F *fig* (*großer Mann*) armoire *f* à glace; **~bett** *n* lit *m* encastrable; '**~brett** *n* rayon *m*
'**Schränkchen** ['ʃrɛŋkçən] *n* ⟨~s; ~⟩ petite armoire
'**Schranke** ['ʃraŋkə] *f* ⟨~; ~n⟩ **1.** (*Eisenbahn⸚, Zoll⸚*) *a fig* barrière *f*; **2.** JUR (*Gerichts⸚*) barre *f*; *e-r Reitbahn* lice *f*; *fig st/s j-n in die ~n fordern* défier qn; *par ext* demander des comptes à qn; *fig st/s für j-n in die ~n treten* prendre fait et cause pour qn; **3.** *fig* (*Grenze*) borne *f*; limite *f*; (*Hemmnis*) entrave *f*; obstacle *m*; *e-r Sache* (*dat*) *~n setzen* mettre des bornes, un terme à qc; *j-n in s-e ~n* (*ver*)*weisen* remettre qn à sa place; *sich* (*dat*) *~n auferlegen* s'imposer des limites, bornes; *der Phantasie* (*dat*) *sind keine ~n gesetzt* il n'y a pas de limites à l'imagination
'**Schranken** ⟨~s; ~⟩ *österr* barrière *f*
'**schranken|los** *adj* (*unbeschränkt*) sans bornes, limites; illimité; *Macht* sans (*maßlos*) démesuré; (*zügellos*) effréné; **⸚losigkeit** *f* ⟨~⟩ (*Zügellosigkeit*) licence *f*; dérèglement *m*
'**Schrankenwärter**(**in**) *m*(*f*) garde-barrière *m,f*
'**Schrank|fach** *n* compartiment *m*; case *f*; casier *m*; **⸚fertig** *adj Wäsche* lavé et repassé; **~koffer** *m* malle *f* porte-habits; **~tür** *f* porte d'armoire; **~wand** *f* éléments muraux; armoire *f* de rangement *m*
schrappen ['ʃrapən] *v/t* ⟨h⟩ *regional* gratter; racler
Schrat [ʃra:t] *m* ⟨~(e)s; ~e⟩, **Schratt** [ʃrat] *m* ⟨~(e)s; ⸚e⟩ faune *m*
'**Schraubdeckel** *m* couvercle *m* à visser
Schraube ['ʃraubə] *f* ⟨~; ~n⟩ **1.** TECH vis *f*; *~ ohne Ende* vis *f* sans fin; *fig* cercle vicieux; F *bei ihm ist e-e ~ locker* F il est fêlé; il n'a pas tout, F il a une araignée au plafond; **2.** MAR, AVIAT hélice *f*; **3.** KUNSTSPRINGEN tire-bouchon *m*; KUNSTFLUG tonneau *m*; **4.** F *péj alte ~* F vieille toupie; F vieux tableau; *péj* vieille rombière
'**schrauben** ⟨h⟩ **I** *v/t* **1.** (*an-, fest~*) visser; *etw an etw* (*acc*) *~* fixer qc à qc avec une vis; visser qc à, sur qc; **2.** (*ab~*) dévisser; *den Deckel vom Glas ~* dévisser le couvercle du pot; **3.** *fig in die Höhe ~* (faire) monter; augmenter; *niedriger ~* (faire) baisser; diminuer; réduire; **II** *v/réfl sich in die Höhe ~ Flugzeug* prendre de la hauteur
'**Schraubendreher** *m* tournevis *m*
'**schraubenförmig** *adj* hélicoïdal
'**Schrauben|gang** *m* pas *m* de vis; **~gewinde** *n* filetage *m*; **~kopf** *m* tête *f* de vis; **~mutter** *f* ⟨~; ~n⟩ écrou *m*; **~schlüssel** *m* clé *f* (à écrous); verstellbarer clé anglaise, à molette; **~zieher** *m* ⟨~s; ~⟩ tournevis *m*
'**Schraub|glas** *n* bocal *m* à couvercle vissé; **~stock** *m* ⟨~(e)s; -stöcke⟩ étau *m*; **~verschluß** *m* fermeture *f* à vis; couvercle *m*, bouchon *m* à visser; **~zwinge** *f* serre-joint(s) *m* (à vis)

Schrebergarten [ˈʃreːbərgartən] *m et-wa* jardin ouvrier
Schreck [ʃrɛk] *m* ⟨-(e)s; -e⟩ frayeur *f*; *st/s* effroi *m*; *p/fort* épouvante *f*; **e-n ~ bekommen** s'effrayer; avoir une frayeur; *p/fort* s'épouvanter; **j-m e-n ~ einjagen** faire peur à qn; effrayer, *p/fort* épouvanter qn; *du hast mir e-n schönen ~ eingejagt!* tu m'as fait une de ces peurs!; *starr vor ~* glacé de peur, *p/fort* d'épouvante; *vor ~ konnte sie nicht mehr (+inf)* la frayeur, la peur l'empêchait de (+*inf*); *der ~ ist mir in die Glieder od Knochen gefahren* la frayeur me glaça jusqu'aux os *od* m'a coupé bras et jambes; F *plais auf den ~ muß ich einen trinken* pour me remettre de ma frayeur, il me faut un petit verre; F *ach du (mein) ~!* bonté divine!; grand Dieu!; F *plais ~, laß nach!* ce n'est pas vrai!; il ne manquait plus que ça!
'Schreckbild *n* épouvantail *m*
'schrecken I *v/t* ⟨h⟩ **1.** *st/s* (*er~*) effrayer; *p/fort* épouvanter; terrifier; **2.** *(auf~) j-n aus dem Schlaf, aus den Gedanken ~* tirer brusquement qn de son sommeil, de ses pensées; arracher qn à son sommeil, à ses pensées; **II** *v/i* ⟨*régulier ou* schrickt, schrak, geschrok-ken, sein⟩ *(auf~, hoch~)* sursauter (de peur); *aus dem Schlaf ~* se réveiller en sursaut
'Schrecken *m* ⟨-s; -⟩ **1.** (*Schreck*) frayeur *f*; *st/s* effroi *m*; (*Entsetzen*) épouvante *f*; terreur *f*; horreur *f*; (*Angst*) peur *f*; *Angst und ~ verbreiten* répandre, semer, faire régner la terreur; *ein Ende mit ~* une fin épouvantable; *plais lieber ein Ende mit ~ als ein ~ ohne Ende* il vaut mieux en finir tout de suite; *mit dem ~ davonkommen* s'en tirer avec la peur; en être quitte pour la peur; **2.** *st/s* (*Schrecklich-keit*) horreur *f*; abomination *f*; *ein Bild des ~s* une vision de cauchemar; *die ~ des Krieges* les horreurs de la guerre; **3.** *fig* (*gefürchtete Person*) terreur *f*; *er war der ~ der ganzen Nachbarschaft* c'était la terreur de tout le quartier
'schreckenerregend *adj* terrible; effrayant
'schreckens'bleich *st/s adj* blême, vert de peur
'Schreckens|herrschaft *f* régime *m*, règne *m* de la terreur; HIST (la) Terreur; **~nachricht** *f* nouvelle *f* terrible, épouvantable; **~nacht** *st/s f* nuit *f* effroyable, de terreur, d'épouvante; **~schrei** *m* cri *m* d'horreur, de terreur; **~tat** *st/s f* acte *m* effroyable, épouvantable, atroce
'Schreckgespenst *n* **1.** *Gespenst* spectre *m*; **2.** F *häßliche Person* horreur *f*; épouvantail *m*; **3.** *fig* (*drohendes Unheil*) spectre *m*
'schreck|haft *adj* craintif, -ive; émotif, -ive; **~'haftigkeit** *f* ⟨-⟩ caractère craintif; émotivité *f*
'schrecklich I *adj* **1.** terrible; (*erschreckend*) effrayant, *p/fort* (*entsetzlich*) terrifiant; (*ausgeprägt*) *Anblick*, *Unfall* affreux, -euse; *wie ~!* quelle horreur!; **2.** F (*unangenehm*) *ein ~er Mensch* un type désagréable, antipathique; *es ist mir ~, ihr das sagen zu müssen* il m'est très désagréable d'avoir à lui dire

ça; **3.** F *fig* (*sehr groß*) terrible; **~e Unordnung** désordre *m* épouvantable; **II** *adv* F *fig* (*sehr*) terriblement; épouvantablement; horriblement; **~ viel Geld** énormément d'argent; *etw ~ gern tun* adorer faire qc; **~ viel zu tun haben** avoir énormément à faire; avoir beaucoup de pain sur la planche
'Schreck|nis *st/s n* ⟨-ses; -se⟩ horreur *f*; **~schraube** F *péj* chipie *f*; 'harpie *f*; mégère *f*; **~schuß** *m* coup tiré en l'air (pour faire peur); coup de semonce, d'avertissement; **~schußpistole** *f* pistolet *m* d'alarme
'Schrecksekunde *f* temps *m* de réaction; *eine ~ lang* pendant une seconde
Schrei [ʃraɪ] *m* ⟨-(e)s; -e⟩ cri *m*; *der ~ Entrüstung* cri d'indignation; *e-n ~ ausstoßen* pousser un cri; F *fig der letzte ~* le dernier cri; *st/s fig der ~ nach Freiheit* les cris *m/pl* exigeant la liberté
'Schreib|automat *m* machine *f* de traitement de texte; **~bedarf** *m* articles *m/pl* de papeterie; **~block** *m* ⟨-(e)s; -s *od* -e⟩ bloc-notes *m*
'Schreibe F *f* ⟨-⟩ (*Schreibstil*) façon *f*, manière *f* d'écrire; *e-e flotte ~* un style enlevé
schreiben [ˈʃraɪbən] ⟨schreibt, schrieb, geschrieben, h⟩ **I** *v/t u v/i* **1.** écrire; *Artikel a* rédiger; *Schulaufsatz a* faire; *Rechnung* dresser; établir; *j-m od an j-n ~* écrire à qn; *mit Bleistift, der Hand ~* écrire au crayon, à la main; *Stift etc gut ~* être bon, bonne; écrire bien; *nicht ~* ne pas écrire; *Person schön ~* écrire bien; avoir une belle écriture; *ins reine ~* mettre au propre; *ein Wort groß, klein, mit ss ~* écrire avec une majuscule, minuscule, avec deux s; *dieses Wort wird groß, klein geschrieben, schreibt man groß, klein* ce mot prend une *od* s'écrit avec une majuscule, minuscule; *richtig ~* orthographier correctement; *falsch ~* mal orthographier; *etw auf j-s Rechnung (acc) ~* mettre qc sur le compte de qn; porter, inscrire qc au compte de qn; *die Morgenzeitung schreibt ...* on lit dans le journal du matin ...; *für e-e, in e-r Zeitung ~* écrire dans un journal; *über etw (acc) ~* écrire sur qc, qch; *geben Sie mir etwas zum ♀* donnez-moi de quoi écrire; F *fig wo steht denn das geschrieben?* en vertu de quoi?; **2.** *st/s man schrieb das Jahr 1918* on était en 1918; *welches Datum ~ wir heute?* quelle date est-ce aujourd'hui?; **3.** *j-n krank ~* porter qn malade; *j-n gesund ~* attester le guérison de qn; **II** *v/réfl* **4.** F *sich (dat) mit j-m ~* correspondre avec qn; **5.** *wie ~ Sie sich?* comment s'écrit votre nom?; **6.** F *fig sich (dat) die Finger wund ~* écrire à en avoir des crampes dans les mains *od* les doigts gourds
'Schreiben *n* ⟨-s; -⟩ (*Brief*) lettre *f*; (*Schriftstück*) écrit *m*; ADM *mit ~ vom ...* par lettre du ...; par courrier du ...
'Schreiber *m* ⟨-s; -⟩ **1.** TECH enregistreur *m*; F (*Stift*) *ich habe keinen ~ bei mir* je n'ai pas de quoi écrire
'Schreiber(in) *m* ⟨-s; -⟩ *(f ⟨-; -nen⟩)* *e-s Briefs, Buchs etc* auteur *m*; HIST copiste *m,f*; (*Gerichts♀*) greffier *m*; LING scripteur *m*

'Schreiberling *péj m* ⟨-s; -e⟩ *péj* écrivailleur *m*; F plumitif *m*; (*Bürokrat*) *péj* rond-de-cuir *m*
'schreibfaul *adj* qui n'aime pas écrire; *~ sein* être trop paresseux, -euse pour écrire
'Schreib|faulheit *f* paresse *f* d'écrire; **~feder** *f* plume *f*; **~fehler** *m* faute *f* d'orthographe; **~gerät** *n* instrument(s) *m(pl)* d'écriture; (*Stift*) crayon *m*, stylo *m, etc*; **~heft** *n* cahier *m*; **~kraft** *f* dactylo(graphe) *f*; **~krampf** *m* crampe *f* dans la main; *sc* graphospasme *m*; **~kunst** *f* ⟨-⟩ calligraphie *f*; **~mappe** *f* nécessaire *m* à correspondance
'Schreibmaschine *f* machine *f* à écrire; *mit der ~ schreiben* écrire, taper à la machine
'Schreib|maschinenpapier *n* papier *m* (pour) machine (à écrire); **~papier** *n* papier *m* pour écrire; **~pult** *n* pupitre *m*; **~schrift** *f* écriture manuscrite; **~stil** *m* style *m*; **~stube** *f* MIL bureau *m* de compagnie; **~tafel** *f* tableau *m* (pour écrire); HIST tablette *f* (à écrire)
'Schreibtisch *m* bureau *m*; **~garnitur** *f* accessoires de bureau (coordonnés); **~lampe** *f* lampe *f* de bureau; **~täter** *m* cerveau *m* (d'une bande, etc); organisateur *m* (d'un crime de guerre, etc)
'Schreibübung *f* exercice *m* d'écriture
'Schreibung *f* ⟨-; -en⟩ graphie *f*; (*Recht♀*) orthographe *f*; *falsche ~* mauvaise orthographe
'Schreib|unterlage *f* sous-main *m*; **~utensilien** *pl cf* Schreibbedarf; **~verbot** *n* interdiction *f* d'écrire
'Schreibwaren *f/pl* articles *m/pl* de papeterie; **~geschäft** *n*, **~handlung** *f* papeterie *f*
'Schreibweise *f* manière *f*, façon *f* d'écrire; (*Stil*) style *m*; (*Schreibung*) graphie *f*; (*Rechtschreibung*) orthographe *f*
'Schreibzeug *n* ⟨-(e)s⟩ crayons *m/pl*, stylos *m/pl, etc*; *ich habe kein ~* je n'ai pas de quoi écrire
schreien (schreit, schrie, geschrie(e)n, h⟩ **I** *v/t u v/i* crier (*a Tiere*); pousser des cris; (*ausrufen*) s'écrier; *Esel* braire; *Eule* ululer; *nach Brot ~* réclamer du pain à grands cris; *nach Hilfe ~* réclamer, appeler qn; *fig nach Rache ~* crier vengeance; *fig das schreit zum Himmel* c'est révoltant; F *das ist zum ♀!* F c'est bidonnant, crevant, tordant!; c'est à mourir de rire!; **II** *v/réfl sich heiser ~* s'égosiller; *sich müde ~* s'époumoner
'schreiend *adj Farbe* criard; *Ungerechtigkeit* criant; *Gegensatz, Widerspruch* flagrant
'Schrei|er(in) *m* ⟨-s; -⟩ *(f ⟨-; -nen⟩)* criard(e) *m(f)*; F braillard(e) *m(f)*; gueulard(e) *m,f*; **~e'rei** *f* ⟨-; -en⟩ *péj* cris *m/pl*; criaillerie *f*; **~hals** F *m cf* Schreier(in)
'Schreikrampf *m* cris convulsifs; *e-n ~ bekommen* (commencer à) pousser des cris hystériques
Schrein [ʃraɪn] *st/s m* ⟨-(e)s; -e⟩ coffre *m*; *kleiner* coffret *m*; *für Reliquien* reliquaire *m*; châsse *f*
Schrein|er(in) [ˈʃraɪnər(ɪn)] *m* ⟨-s; -⟩ *(f ⟨-; -nen⟩)* menuisier, -ière *m,f*; (*Kunst♀*) ébéniste *m,f*; **~e'rei** *f*

⟨~; ~en⟩ menuiserie f; (Kunst ≈) ébénisterie f
'**schreinern** ⟨-(e)re, h⟩ **I** v/t faire; **geschreinert** a menuisé; **II** v/i faire des travaux de menuiserie
schreiten ['ʃraɪtn] st/s v/i ⟨schreitet, schritt, geschritten, sein⟩ **1.** marcher; **über etw** (acc) **~** enjamber, franchir qc; passer par-dessus qc; **er schritt auf uns** (acc) **zu** il s'avança vers nous; **im Zimmer auf und ab ~** arpenter la pièce; **2.** fig **zu etw ~** en venir, passer, procéder à qc; **zur Abstimmung** (**über etw** [acc]) **~** procéder au vote (de qc); **von Erfolg zu Erfolg ~** aller, voler de succès en succès; **zur Tat ~** passer aux actes
schrickt [ʃrɪkt] cf **schrecken**
schrie [ʃriː] cf **schreien**
schrieb [ʃriːp] cf **schreiben**
Schrieb F m ⟨~s; ~e⟩ F bafouille f
Schrift [ʃrɪft] f ⟨~; ~en⟩ **1.** (Hand ≈) écriture f; **e-e schöne ~ haben** avoir une belle écriture; **e-e Sprache in Wort und ~ beherrschen** savoir parler et écrire une langue; **2.** (Buchstabensystem) alphabet m; (Buchstaben) **in russischer ~** en caractères cyrilliques; **3.** TYPO caractères m/pl; lettres f/pl; **4.** (~stück) écrit m; (Werk) œuvre f; ouvrage m; **kleine** opuscule m; **die Heilige ~** l'Écriture (sainte); **5.** pl **~en schweiz** (Ausweis) papiers m/pl
'**Schrift**|**art** f TYPO caractère m; **~bild** n (Schrift) écriture f; TYPO f typographie f; **~deutsch** n allemand écrit, littéraire
'**Schriften**|**reihe** f série f; collection f; **~verzeichnis** n bibliographie f
'**Schriftfälscher(in)** m(f) faussaire m, f; falsificateur, -trice m, f d'écriture
'**Schriftform** f ⟨~⟩ in ~ par écrit
'**Schrift**|**führer(in)** m(f) e-s Vereins secrétaire m, f; **~gelehrte(r)** m BIBL scribe m; docteur m de la Loi; **~grad** m, **~größe** f TYPO corps m (d'un caractère)
'**schriftlich I** adj écrit; **die ~e Prüfung**, F **das ≈e** les épreuves écrites; l'écrit m; **~e Vereinbarung** convention écrite, par écrit; **nichts ≈es** (**in der Hand**) **haben** n'avoir aucun document écrit; **II** adv par écrit; **~ antworten** répondre par lettre; **~ mitteilen** n/c **sich** (dat) **etw ~ geben lassen** se faire donner qc par écrit, noir sur blanc; F fig **das kann ich dir ~ geben** tu peux y compter absolument; je te le certifie
'**Schrift**|**probe** f spécimen m d'écriture; TYPO spécimen m (de caractères); **~rolle** f HIST rouleau m de parchemin, etc; **~sachverständige(r)** f(m) expert m en écritures; **~satz** m **1.** TYPO composition f; **2.** JUR mémoire m; **~setzer** m typographe m; F typo m; compositeur m (d'imprimerie); **~sprache** f langue littéraire, écrite; **≈sprachlich** adj de la langue littéraire, écrite; **~steller(in)** m(f) ⟨~s; ~⟩ (f) ⟨~; ~nen⟩ auteur m; écrivain m; homme m, femme f de lettres; **~stellerberuf** m, **~stelle'rei** f ⟨~⟩ métier m, profession f d'écrivain, d'homme de lettres, etc; **≈stellerisch I** adj littéraire, d'auteur, d'écrivain; **II** adv comme auteur, écrivain, etc; **≈stellern** v/i ⟨-(e)re, h⟩ **~stück** n écrit m; acte m; (Urkunde) pièce f; document m; **~tum** n ⟨~s⟩ littérature f;

ouvrages m/pl; **~verkehr** m, **~wechsel** m échange m de lettres; correspondance f; **als Aktenmaterial** écritures f/pl; **~zeichen** n signe m; TYPO caractère m
'**Schriftzug** m **1.** (Unterschrift) paraphe m; signature f; griffe f; e-r Firma etc logo m; **2.** (Schrift) **Schriftzüge** pl écriture f
schrill [ʃrɪl] adj Stimme, Ton, Schrei aigu, aiguë; perçant; **e-r Lachen** strident
'**schrillen** v/i ⟨h⟩ rendre un son aigu, strident, perçant
Schrippe ['ʃrɪpə] f ⟨~; ~n⟩ bes berlinerisch petit pain
schritt [ʃrɪt] cf **schreiten**
Schritt m ⟨~(e)s; ~e⟩ **1.** pas m (a TANZEN, SKILANGLAUF, des Pferdes); e-s Läufers foulée f; **die ersten ~e machen** faire ses premiers pas; fig **den ersten ~ machen** faire le premier pas; fig **den zweiten ~ vor dem ersten tun** mettre la charrue avant, devant les bœufs; **auf ~ und Tritt** à chaque pas; **j-m auf ~ und Tritt folgen** s'attacher aux pas de qn; emboîter le pas à qn; ne pas lâcher qn d'une semelle; **j-n auf ~ und Tritt beobachten** surveiller les allées et venues de qn; **aus dem ~ kommen** perdre la cadence; **~ für ~** pas à pas; MIL (im) **~!** au pas!; Auto (im) **~ fahren** rouler, aller au pas; **mit schnellen ~en** d'un pas pressé; **mit leisen ~en** à pas feutrés; F **er hat ez-n guten ~ am Leib(e)** il avance, marche d'un bon pas; **keinen ~ aus dem Haus tun** ne pas mettre les pieds dehors; **e-n ~ zulegen** presser le pas; **e-n ~ zurücktreten** faire un pas en arrière; **e-n ~ zur Seite, nach vorn machen** faire un pas de côté, en avant; **mit j-m ~ halten** (**können**) aller du même pas, à la même allure que qn; fig **mit der Klasse ~ halten** (**können**) bien suivre en classe; fig **mit der allgemeinen Entwicklung ~ halten** rester dans la course; fig **mit den Ereignissen nicht ~ halten können** être dépassé par les événements; **mit der Zeit ~ halten** vivre avec son temps; **2.** ⟨pl ~, rarement ~e⟩ Entfernungsangabe pas m/pl; **zehn ~(e) weiter** dix pas plus loin; **in zwanzig ~(en) Entfernung** à vingt pas; **nur ein paar ~(e) von hier entfernt** à deux pas d'ici; fig **e-n ~ zu weit gehen** faire un pas de trop; aller trop loin; fig **e-n ~ weiter gehen** (**als** j) surenchérir (sur qn); **3.** fig (Maßnahme) démarche f; mesure f; **~e unternehmen** faire, entreprendre des démarches; prendre des mesures; **4.** e-r Hose entrejambes m
'**Schritttempo** n ⟨~s⟩ **im ~ fahren** rouler, aller au pas; (**im**) **~ fahren** rouler, aller au pas
'**Schrittgeschwindigkeit** f ⟨~⟩ (**mit**) **~ fahren** rouler, aller au pas
'**Schritt**|**macher** m ⟨~s; ~⟩ **1.** LEICHTATHLETIK sportif m qui mène le train; RADSPORT entraîneur m; **2.** (Herz ≈) stimulateur m cardiaque; pacemaker m; **3.** fig pionnier m; **≈weise I** adj (épithète) progressif, -ive; lent; **II** adv pas à pas; progressivement; lentement
schroff [ʃrɔf] **I** adj **1.** Felsen (jäh abfallend) escarpé; abrupt; p/fort à pic; **2.** Wesen brusque, rude; bourru; F (abwei-

send) rébarbatif, -ive; Ton cassant; sec, sèche; **3.** Übergang (unvermittelt) brusque; **II** adv **j-n ~ behandeln** rudoyer, rabrouer qn; **etw ~ von der Hand weisen** rejeter, repousser qc catégoriquement, brusquement
'**Schroffheit** f ⟨~; ~en⟩ **1.** ⟨pas de pl⟩ escarpement m; **2.** ⟨pas de pl⟩ (schroffes Wesen) rudesse f; brusquerie f; **3.** Äußerung parole(s) f(pl) rude(s)
schröpfen ['ʃrœpfn] v/t ⟨h⟩ **1.** MÉD saigner; **mit Schröpfköpfen** appliquer, mettre des ventouses à; **2.** F **j-n ~** saigner, F plumer, faire casquer qn
'**Schröpfkopf** m MÉD ventouse f
Schrot [ʃroːt] m od n ⟨~(e)s; ~e⟩ **1.** (Blei ≈) plomb m (de chasse); grenaille f (de plomb); **2.** (Getreide ≈) blé, grain moulu grossièrement; **3.** fig **von echtem ~ und Korn** de bon aloi; **von altem ~ und Korn** de vieille souche, roche; de la vieille école
'**Schrotbrot** n etwa pain complet
'**schroten** v/t ⟨-ete, h⟩ bes Getreide moudre grossièrement
'**Schrot**|**flinte** f fusil m de chasse; **~korn** n ⟨~s; -körner⟩, **~kugel** f grain m de plomb; **~ladung** f charge f de plomb; **~mehl** n grosse farine; **~säge** f passe-partout m
Schrott [ʃrɔt] m ⟨~(e)s; ~e⟩ **1.** ferraille(s) f(pl); **von Maschinen, Autos** casse f; **e-n Wagen zu ~ fahren** F casser une voiture; rendre une voiture bonne pour la casse; **2.** F péj ⟨pas de pl⟩ (wertloses Zeug) F camelote f; (Unsinn) F foutaises f/pl; F conneries f/pl
'**Schrott**|**händler** m ferrailleur m; marchand m de ferraille; **~haufen** m tas m de ferraille; **~platz** m parc m à ferraille; casse f; **~presse** f presse f à ferraille; **≈reif** adj bon, bonne pour la ferraille, la casse
'**Schrottwert** m valeur d'un véhicule, etc à la casse; **zum ~ verkaufen** vendre à la casse
schrubben ['ʃrʊbən] ⟨h⟩ **I** v/t laver (avec un balai-brosse); **II** v/réfl **sich** (dat) **die Hände ~** se frotter les mains avec une brosse (dure)
'**Schrubber** F m ⟨~s; ~⟩ balai-brosse m
Schrulle ['ʃrʊlə] f ⟨~; ~n⟩ **1.** (Marotte) lubie f; marotte f; F tocade od toquade f; **2.** F péj **alte ~** F vieille toquée f
'**schrullig** adj bizarre; F loufoque; F toqué; **≈keit** f ⟨~; ~en⟩ bizarrerie f; singularité f
'**schrump(e)lig** F adj ridé; ratatiné
schrumpeln ['ʃrʊmpəln] F v/i ⟨-(e)le, sein⟩ se rider; se ratatiner
schrumpfen ['ʃrʊmpfn] v/i ⟨sein⟩ **1.** se rétrécir (a TECH); MÉD s'atrophier; Früchte se rider; se ratatiner; **2.** fig (abnehmen) diminuer; Kapital etc s'amoindrir; fondre
'**Schrumpf**|**kopf** m tête réduite; **~leber** f MÉD foie atrophié
'**Schrumpfung** f **1.** rétrécissement m; resserrement m; MÉD atrophie f; **2.** fig des Kapitals etc diminution f; amoindrissement m
'**schrumplig** cf **schrumpelig**
Schrunde ['ʃrʊndə] f ⟨~; ~n⟩ im Fels, Gletscher, in der Haut crevasse f; in der Haut a gerçure f
'**schrundig** adj crevassé; Haut a gercé
Schub [ʃuːp] m ⟨~(e)s; ~e⟩ **1.** PHYS

TECH (~*kraft*) poussée *f*; **2.** *fig Personen etc* groupe *m*; F fournée *f*; *mit dem ersten ~ hineinkommen* F entrer avec la première fournée; **3.** (*Krankheits*⌕) poussée *f*; *par ext* crise *f*; **4.** *regional* (~*fach*) tiroir *m*

Schuber [ˈʃuːbər] *m* ⟨~s; ~⟩ **1.** *für Bücher* emboîtage *m*; **2.** *österr* (*Riegel*) verrou *m*

'**Schub**|**fach** *n* tiroir *m*; ~**karre(n)** *f*(*m*) brouette *f*; ~**kasten** *m* tiroir *m*; ~**kraft** *f* ⟨~⟩ PHYS (force *f* de) poussée *f*

'**Schublade** *f* tiroir *m*; *fig die Pläne dazu liegen immer noch in der ~* les projets, plans dorment, F moisissent encore dans un tiroir

'**Schublehre** *f* pied *m* à coulisse

Schubs [ʃʊps] F *m* ⟨~es; ~e⟩ poussée *f*; bourrade *f*; *fig* (*Ermunterung*) impulsion *f*

'**schubsen** F *v/t* ⟨~(es)t, h⟩ *j-n ~* pousser qn; *p/fort* bousculer qn; *j-n zur Seite, nach vorn ~* pousser qn de côté, en avant

'**schubweise** *adv* (*in Gruppen*) par (petits) groupes; F par fournées; (*nach u nach*) peu à peu; MÉD par poussées

schüchtern [ˈʃʏçtərn] *adj* timide; ⌕**heit** *f* ⟨~⟩ timidité *f*

schuf [ʃuːf] *cf* **schaffen**

Schuft [ʃʊft] *m* ⟨~(e)s; ~e⟩ canaille *f*; F fripouille *f*; *p/fort* crapule *f*

schuft|**en** [ˈʃʊftən] F *v/i* ⟨-ete, h⟩ travailler d'arrache-pied; F trimer; F turbiner; F bosser dur; F se crever au travail; F fig se crever au boulot; ⌕**e'rei** F *f* ⟨~; ~en⟩ travail fou, F dingue

'**schuftig** *adj* abject; ignoble; infâme

Schuh [ʃuː] *m* ⟨~(e)s; ~e⟩ chaussure *f*; soulier *m*; *hohe* ~*e* chaussures montantes; *dieser ~ sitzt gut* cette chaussure chausse bien; *sich* (*dat*) *die ~e anziehen* (*ausziehen*) se (dé)chausser; mettre (enlever) ses chaussures; F *fig j-m etw in die ~e schieben* mettre qc sur le dos de qn; F *fig sie weiß, wo ihn der ~ drückt* elle sait où le bât le blesse; F *fig wo drückt der ~?* qu'est-ce qui ne va pas?

'**Schuh**|**absatz** *m* talon *m*; ~**band** *n* ⟨~(e)s; -bänder⟩ *regional* lacet *m*; ~**bürste** *f* brosse *f* à chaussures; ~**creme** *f* cirage *m*; crème *f* (pour chaussures); ~**geschäft** *n* magasin *m* de chaussures

'**Schuhgröße** *f* pointure *f*; *~ 39 haben* chausser, faire du 39; *welche ~ haben Sie?* quelle pointure faites-vous?

'**Schuh**|**karton** *m* carton *m*, boîte *f* à chaussures; ~**löffel** *m* chausse-pied *m*; corne *f* à chaussure; ~**macher** *m* ⟨~s; ~⟩ *Reparateur* cordonnier *m*; *Hersteller* bottier *m*; ~**mache'rei** *f* ⟨~; ~en⟩ cordonnerie *f*; ~**plattler** *m* ⟨~s; ~⟩ danse folklorique tyrolienne, bavaroise; ~**putzer** *m* ⟨~s; ~⟩ cireur *m*; ~**riemen** *m regional* lacet *m*; ~**schachtel** *f* carton *m*, boîte *f* à chaussures; ~**schrank** *m* meuble *m*, armoire *f* à chaussures

'**Schuhsohle** *f* semelle *f*; F *fig sich* (*dat*) *die ~n ablaufen, um etw zu bekommen* F courir après qc; se démener, F se décarcasser pour obtenir qc

'**Schuh**|**spanner** *m* embauchoir *m*; ~**spitze** *f* bout *m* (de chaussure); ~**werk** *n* ⟨~(e)s⟩ chaussures *f/pl*; ~**wichse** F *f cf* **Schuhcreme**

Schukostecker [ˈʃuːkoʃtɛkər] *m* Wz ÉLECT fiche *f* avec terre

Schul|**abgänger(in)** [ˈʃuːlʔapgɛŋər(-ɪn)] *m* ⟨~s; ~⟩ (*f*) ⟨~; ~nen⟩ élève *m,f* ayant terminé sa scolarité; ~**abschluß** *m* diplôme *m* de fin d'études; ~**amt** *n etwa* inspection *f* académique; ~**anfang** *m nach den Ferien* rentrée *f* (scolaire, des classes); *nach der Kindergartenzeit* début *m* de la scolarité; *am Morgen* début *m* des heures de cours; ~**anfänger(in)** *m*(*f*) enfant *m,f* nouvellement scolarisé(e) ~**angst** *f* peur *f* de l'école; ~**arbeit** *f* **1.** (*Hausaufgabe*) devoir *m*; **2.** *österr cf* **Klassenarbeit**; **3.** ⟨*pas de pl*⟩ (*Arbeit an der Schule*) travail *m* à l'école; ~**arzt** *m* médecin *m* scolaire; ~**atlas** *m* atlas *m* scolaire; ~**aufgabe** *f* **1.** (*Hausaufgabe*) devoir *m*; **2.** *in Bayern cf* **Klassenarbeit**; ~**ausflug** *m* excursion *f* scolaire, de classe; ~**ausgabe** *f* édition *f* scolaire

'**Schulbank** *f* ⟨~; -bänke⟩ banc *m* d'école; F *die ~ drücken* aller à l'école, en classe

'**Schul**|**beginn** *m cf* **Schulanfang**; ~**behörde** *f etwa* inspection *f* académique; ~**beispiel** *n* exemple *m* classique, typique, caractéristique (*für* de); ~**besuch** *m* fréquentation *f* scolaire, de l'école; scolarité *f*; ~**bibliothek** *f* bibliothèque *f* (de l'école); *in Frankreich a* centre *m* de documentation et d'information

'**Schulbildung** *f* ⟨~⟩ formation *f* scolaire; *e-e gute ~ haben* avoir une bonne formation scolaire

'**Schul**|**brot** *n cf* **Pausenbrot**; ~**buch** *n* livre *m*, manuel *m* scolaire; livre *m* de classe; ~**buchverlag** *m* maison *f* d'édition *od* éditeur *m* de livres, manuels scolaires; ~**bus** *m* (auto)car *m* (de ramassage) scolaire; ~**chor** *m* chorale *f* (d'une *bzw* de l'école)

Schuld [ʃʊlt] *f* ⟨~; ~en⟩ **1.** COMM (*Geld*⌕) dette *f*; obligation *f*; ~**en der öffentlichen Hand** dette publique; *für e-e ~ aufkommen* répondre d'une dette; *e-e ~ eintreiben* recouvrer une dette; *e-e ~ tilgen* amortir une dette; ~**en machen** faire, contracter des dettes; *ich mache ungern ~en* je n'aime pas faire de dettes; ~**en haben** avoir des dettes; être endetté; *tief, bis über die Ohren in ~en stecken*, F *mehr ~en als Haare auf dem Kopf haben* être endetté jusqu'au cou; être criblé, perdu de dettes; *bei j-m ~en haben* être en dette avec qn; avoir des dettes envers qn; *bei j-m 1000 Mark ~en haben* devoir 1000 marks à qn; *st/s ich stehe od bin tief in Ihrer ~* je vous suis infiniment obligé; **2.** ⟨*pas de pl*⟩ (*Fehler, Verantwortlichkeit*) faute *f*; responsabilité *f*; (*Unrecht*) tort *m*; (*Straffälligkeit*) culpabilité *f*; *wer hat* ⌕*?, wessen ~ ist es?* à qui la faute?; *an etw* (*dat*) ⌕ *haben od sein* être responsable de qc; *es ist meine ~, die ~ liegt bei mir, ich habe* ⌕ c'est (de) ma faute; *ich bin* ⌕ *daran, daß ...* c'est par ma faute que ...; *du bist an allem* ⌕ *tout ça, c'est de ta faute*; *j-m die ~ für etw geben* rendre qn responsable de qc; attribuer, imputer à qn la faute de qc; *die ~ auf j-n schieben, j-m die ~ zuschieben* mettre tous les torts sur le dos de qn; rejeter la faute sur qn; *die ~ auf sich* (*acc*) *nehmen* prendre la faute sur soi; *e-e schwere ~ auf sich* (*acc*) *laden* se rendre coupable d'une faute grave; commettre une faute grave; *s-e ~ bekennen* s'avouer coupable; *ich bin mir keiner ~ bewußt* je ne me sens pas coupable du tout; *dich trifft keine ~* tu n'y peux rien; ce n'est pas de ta faute; **3.** ⟨*pas de pl*⟩ REL offense *f*; *~ und Sühne* crime et châtiment; *im Vaterunser und vergib uns unsere ~* et pardonne-nous nos offenses

'**Schuld**|**anerkenntnis** *n* COMM reconnaissance *f* de dette; ~**bekenntnis** *n* aveu *m*; ⌕**beladen** *adj* accablé par ses fautes; ⌕**bewußt I** *adj* qui se sent coupable; *Gesichtsausdruck, Blick* contrit; penaud; **II** *adv* avec un sentiment de culpabilité; ~**bewußtsein** *n* conscience *f* de sa (propre) faute *od* culpabilité

'**schulden** *v/t* ⟨-ete, h⟩ *j-m etw ~* a *fig* devoir qc à qn; *fig was schulde ich Ihnen?* (*was muß ich bezahlen?*) qu'est-ce que, combien je vous dois?

'**Schulden**|**berg** F *m* montagne *f* de dettes; ~**dienst** *m* service *m* de la dette publique; ~**erlaß** *m* remise *f* de dettes; ⌕**frei** *adj* libéré de toute dette; sans dettes; *Haus* est non hypothéqué, non grevé; ~**krise** *f* surendettement *m*; ~**last** *f* (poids *m* de) dettes *f/pl*; lourdes dettes; ~**masse** *f bei e-m Konkurs* passif *m*

'**schuldfähig** *adj* JUR (pénalement) responsable

'**Schuldfähigkeit** *f* ⟨~⟩ JUR responsabilité pénale; *verminderte ~* responsabilité atténuée

'**Schuld**|**forderung** *f* créance *f*; ~**frage** *f* question *f* de culpabilité, de responsabilité; ~**gefühl** *n* sentiment *m* de culpabilité; ~**geständnis** *n* aveu *m*; ⌕**haft** *adj* coupable; fautif, -ive

'**Schuldienst** *m* ⟨~(e)s⟩ enseignement *m* (scolaire); *im ~* (*tätig*) *sein* être dans l'enseignement

'**schuldig** *adj* **1.** coupable; fautif, -ive; (*verantwortlich*) responsable; *für ~ erklären, ~ sprechen* déclarer coupable; *sich ~ bekennen, erklären* plaider, se déclarer, s'avouer coupable; avouer sa culpabilité; *für ~ befunden werden* être reconnu coupable; *sich e-s Verbrechens ~ machen* se rendre coupable d'un crime; *j-m etw ~ sein* devoir qc à qn; *fig* être redevable de qc à qn; *j-m etw ~ bleiben* demeurer en reste avec qn; *was sind wir* (*Ihnen*) *~?* qu'est-ce que nous vous devons?; *j-m die Antwort ~ bleiben* laisser qn sans réponse; *keine Antwort ~ bleiben* avoir la repartie prompte; avoir réponse à tout; *fig j-m nichts ~ bleiben* rendre la pareille, la monnaie de sa pièce à qn; **2.** *st/s* (*gebührend*) dû, due; *das ist man ihm ~* cela lui est dû; on le lui doit bien; *j-m die ~e Achtung versagen* refuser à qn le respect qui lui est dû

'**Schuldige(r)** *f*(*m*) ⟨→ A⟩ coupable *m,f*

'**Schuldiger** *m* ⟨~s; ~⟩ REL *im Vaterunser wie wir vergeben unsern ~n* comme nous pardonnons à ceux qui nous ont offensés

'**Schuldigkeit** *f* ⟨~; ~en⟩ devoir *m*; *er*

hat nur s-e (Pflicht und) ~ *getan* il n'a fait que son devoir

¹Schuldigsprechung *f* ⟨~; ~en⟩ verdict *m*, sentence *f* de culpabilité

Schuldkomplex *m* PSYCH complexe *m* de culpabilité

schuldlos *adj* non coupable; innocent; *an etw (dat)* ~ *sein* ne pas être coupable, responsable de qc

Schuldlosigkeit *f* ⟨~⟩ non-culpabilité *f*; innocence *f*

¹Schuldner(in) *m* ⟨~s; ~⟩ (*f*) ⟨~; ~nen⟩ débiteur, -trice *m,f*

Schuld|recht *n* ⟨~(e)s⟩ droit *m* des obligations et des contrats; **~schein** *m* titre *m* de créance; *privatrechtlicher* reconnaissance *f* de dette; **~spruch** *m* verdict *m*, sentence *f* de culpabilité; **²unfähig** *adj* JUR irresponsable; **~unfähigkeit** *f* ⟨~⟩ JUR irresponsabilité *f*; **~verhältnis** *n* (rapport *m* d')obligation *f*; **~verschreibung** *f* FIN (titre *m* d')obligation *f*; **~wechsel** *m* FIN effet *m* à payer

Schuldzuweisung *f* accusation *f*; *es endet immer mit gegenseitigen* ~*en* ils finissent toujours par s'accuser mutuellement

Schule ['ʃu:lə] *f* ⟨~; ~n⟩ **1.** école *f*; ADM établissement *m* scolaire; (*Unterricht*) cours *m/pl*; *Grundschule* classe *f*; *höhere* ~ collège *m*; lycée *m*; *in die od zur* ~ *gehen* aller à l'école, en cours *bzw* en classe; *in die od zur* ~ *kommen* (*eingeschult werden*) être scolarisé; *die* ~ *besuchen* fréquenter l'école; *in der* ~ *sein* être à l'école *bzw* au collège, *etc*; F *die* ~ *schwänzen* F sécher les cours; faire l'école buissonnière; *morgen fällt die* ~ *aus* il n'y a pas cours *bzw* classe demain; *die* ~ *fängt Freitag wieder an* la rentrée des classes aura lieu, les cours reprennent vendredi; **2.** *fig* école *f*; *ein Diplomat alter od der alten* ~ un diplomate de la vieille école; *aus der* ~ *plaudern* commettre une indiscrétion *bzw* des indiscrétions; *durch e-e harte* ~ *gehen* être à rude école; ~ *machen* faire école; **3.** REITEN *Hohe* ~ 'haute école'

schuleigen *adj* qui appartient à l'établissement (scolaire)

schulen *v/t* ⟨h⟩ *Person* former; *Fähigkeit, Auge, Ohr* exercer; *Fähigkeit a* éduquer; (*vervollkommnen*) perfectionner

Schulenglisch *n* anglais *m* scolaire

Schüler ['ʃy:lɐ] *m* ⟨~s; ~⟩ **1.** élève *m*; **2.** *fig* élève *m*; (*Anhänger*) disciple *m*; **~austausch** *m* échange *m* scolaire; **~ausweis** *m* carte *f* d'identité scolaire; **²haft I** *adj* d'écolier; d'élève; **II** *adv* en écolier, élève

Schülerin *f* ⟨~; ~nen⟩ **1.** élève *f*; **2.** *fig* élève *f*; (*Anhängerin*) disciple *f*

Schüler|karte *f* Bus etc carte *f* (d'abonnement pour scolaires); THÉ billet *m* de faveur, de réduction, à prix réduit pour élèves; **~lotse** *m* patrouilleur *m* scolaire (*élève réglant la circulation à l'entrée et à la sortie de son école*); **~mitverwaltung** *f* **1.** ⟨*pas de pl*⟩ *Tätigkeit* participation *f* des élèves à la vie administrative des établissements scolaires; **2.** *Gremium etwa* délégués *m/pl* de classe; **~schaft** *f* ⟨~; ~en⟩ (tous les) élèves *m/pl*; **~sprache** *f* ⟨~⟩ argot *m* scolaire;

~streich *m* tour *m* (de collégien); **~streik** *m* grève *f* des élèves; **~zeitung** *f* journal *m* scolaire

Schul|fach *n* discipline *f*; matière *f*; **~feier** *f* fête *f* scolaire, de l'école; **~ferien** *pl* vacances *f/pl* scolaires; **~fernsehen** *n* télévision *f* scolaire; **~fest** *n* *cf* Schulfeier; **~französisch** *n* français *m* scolaire

schulfrei *adj* ~*er Tag* jour *m* sans cours *bzw* classe; *heute ist* ~ il n'y a pas cours *bzw* classe aujourd'hui; ~ *haben* ne pas avoir cours *bzw* classe

Schul|freund(in) *m(f)* camarade *m,f* d'école, de classe; F copain *m*, copine *f* de classe; **~funk** *m* radio *f* scolaire; émissions *f/pl* scolaires; **~gebäude** *n* bâtiment *m* scolaire; école *f*

Schulgebrauch *m* *für den* ~ à l'usage des élèves, des écoles

Schulgelände *n* (enceinte *f* de l')établissement *m* scolaire; *auf dem* ~ dans tout l'établissement scolaire

Schul|geld *n* ⟨~(e)s⟩ frais *m/pl* de scolarité; **~gottesdienst** *m* office religieux scolaire; **~grammatik** *f* grammaire *f* scolaire; **~haus** *n* école *f*; **~heft** *n* cahier *m* d'écolier; **~hof** *m* cour *f* de récréation, de l'école; *überdachter* préau *m*

schulisch *adj* ⟨*épithète*⟩ scolaire

Schuljahr *n* **1.** *Zeitraum* année *f* scolaire; **2.** *Klasse* classe *f*; *Lukas ist im ersten* ~ Luc est en cours préparatoire, en CP

Schul|junge *m* écolier *m*; **~kamerad(in)** *m(f)* camarade *m,f* d'école, de classe; condiscriple *m,f*; **~kindergarten** *m* école maternelle; **~klasse** *f* classe *f*; **~landheim** *n* *etwa* classe verte; **~lehrer(in)** *m(f)* an Grundschulen maître, -esse *m,f* d'école; instituteur, -trice *m,f*; *an höheren Schulen* professeur *m*; **~leiter(in)** *m(f)* directeur, -trice *m,f* (d'un établissement scolaire, d'un collège, *etc*); principal(e) *m(f)* (d'un collège); *e-s Gymnasiums* proviseur *m*; **~leitung** *f* direction *f* (d'un établissement scolaire); **~lektüre** *f* textes choisis; lectures scolaires, choisies; **~mädchen** *n* écolière *f*; **~mappe** *f* cartable *m*; serviette *f* d'écolier *(ière) m,f*; *fig* (*beispielhaft*) modèle; classique; exemplaire; **~medizin** *f* ⟨~⟩ médecine officielle; **~meister** *m* **1.** F *plais* maître *m* d'école; **2.** *péj* donneur *m* de leçons; *pédant m; st/s* cuistre *m*

schulmeisterlich *adj* de pédant; *st/s* cuistre; *~er Ton* ton sentencieux, doctoral

schulmeistern *péj* ⟨-(e)re, h⟩ **I** *v/t* critiquer *bzw* corriger d'un ton doctoral, sentencieux; régenter; **II** *v/i* faire le pédant; prendre un ton doctoral, sentencieux

Schul|orchester *n* orchestre *m* d'une école, d'un lycée, etc; **~ordnung** *f* règlement intérieur d'une école; **~pflicht** *f* ⟨~⟩ enseignement *m*, scolarité *f* obligatoire

schulpflichtig *adj* soumis à l'enseignement obligatoire; *Kinder* en âge d'aller à l'école; *Kinder n/pl im* ~*en Alter* enfants *m/pl* d'âge scolaire

Schul|politik *f* politique *f* scolaire; **~psychologe** *m*, **~psychologin** *f* psychologue *m,f* scolaire; **~psychologie** *f* psychologie *f* scolaire; **~ranzen** *m* cartable *m*; sac *m* d'écolier; gibecière *f*; **~rat** *m*, **~rätin** *f* *etwa* inspecteur, -trice *m,f* (de l'enseignement) primaire; **~räume** *m/pl* locaux *m/pl* scolaires; **~reform** *f* réforme *f* scolaire; **²reif** *adj* scolarisable; **~reife** *f* aptitude *f* à la scolarisation; **~reifetest** *m* test *m* d'aptitude à la scolarisation; **~schiff** *n* navire-école *m*

Schul|schluß *m* ⟨-sses⟩ mittags sortie *f* des classes; *zu Beginn der Ferien am 31. Juli ist* ~ les écoles ferment le 31 juillet pour les vacances; les cours se terminent le 31 juillet

Schul|speisung *f* restauration *f* scolaire; demi-pension *f*; **~sport** *m* sport *m* scolaire; **~sprecher(in)** *m(f)* délégué(e) *m(f)* des élèves; **~streß** *m* stress *m* scolaire; **~stunde** *f* heure *f* de cours *bzw* de classe; **~system** *n* système *m* scolaire, d'enseignement; **~tafel** *f* tableau (noir); **~tag** *m* jour *m* de classe *od* d'école; **~tasche** *cf* Schulranzen

Schulter ['ʃʊltɐ] *f* ⟨~; ~n⟩ épaule *f*; *breite* ~*n haben* être carré, large d'épaules; *ein Kind auf die* ~*n nehmen* prendre un enfant sur ses épaules; *er legte den Arm um meine* ~*n* il a passé son bras autour de mes épaules; *über die* ~ *gehängt tragen* porter en bandoulière; ~ *an* ~ côte à côte; *mit den* ~*n zucken* 'hausser, lever les épaules; *j-m auf die* ~ *klopfen* donner à qn une tape sur l'épaule; RINGEN *etc j-n auf die* ~ *zwingen od legen* faire toucher les épaules à qn; *alle Verantwortung ruht auf meinen* ~*n* toute la responsabilité repose, pèse sur mes épaules; *j-m die kalte* ~ *zeigen* faire grise mine à qn; battre froid à qn; *etw auf die leichte* ~ *nehmen* prendre qc à la légère; *fig j-n über die* ~ *ansehen* regarder qn de haut *od* du haut de sa grandeur

Schulter|blatt *n* ANAT omoplate *f*; **²frei** *adj* *Kleid* qui dégage les épaules; **~gurt** *m* bretelle *f*; **²hoch** *adj* qui arrive aux épaules; **~höhe** *f* ⟨~⟩ 'hauteur *f* des épaules; **~klappe** *f* MIL épaulette *f*; **²lang** *adj* *Haar* qui tombe sur les épaules

schultern *v/t* ⟨-(e)re, h⟩ mettre, jeter sur l'épaule; RINGEN faire toucher les épaules à

Schulter|polster *n* COUT épaulette *f*; **~riemen** *m* *der Polizei etc* bretelle *f*

Schulterschluß *m* ⟨-sses⟩ coude à coude *m*, cohésion *f* (*zwischen* [+*dat*] entre); *e-n* ~ (*mit j-m*) *vollziehen* se solidariser (avec qn); serrer les rangs

Schulter|stand *m* TURNEN appui renversé sur les épaules; **~stück** *n* **1.** MIL épaulette *f*; HIST *e-r Rüstung* épaulière *f*; **2.** CUIS (morceau *m* d')épaule *f*; **~tasche** *f* sac *m* à bandoulière; sacoche *f*; **~wurf** *m* RINGEN tombé *m*

Schultheiß ['ʃʊltaɪs] *m* ⟨~en; ~en⟩ HIST maire *m* (de village)

Schul|träger *m* organisme *m* subventionnant un établissement scolaire; **~tüte** *f* gros cornet de sucreries offert aux enfants pour leur premier jour de classe; **~typ** *m* type *m* d'établissement scolaire

'Schulung f ⟨~; ~en⟩ e-r Person formation f; von Fähigkeiten éducation f; (Vervollkommnung) perfectionnement m
'Schulungskurs m cours m de formation; stage m d'instruction
'Schul|unterricht m enseignement m scolaire; ~versagen n échec m scolaire; ~versuch m projet-pilote m scolaire; ~verwaltung f administration f des établissements scolaires; ~wechsel m changement m d'établissement (scolaire); ~weg m chemin m de l'école; ~weisheit f péj érudition f scolaire; savoir m livresque; ~wesen n ⟨~s⟩ enseignement m; staatliches a instruction publique; ~wissen n savoir m, connaissances f/pl scolaire(s)
Schulze ['ʃʊltsə] m ⟨~n; ~n⟩ HIST cf Schultheiß
'Schulzeit f (années f/pl de) scolarité f; Erinnerungen f/pl an meine ~ mes souvenirs m/pl d'école
'Schul|zentrum n complexe m scolaire; ~zeugnis n bulletin m scolaire; ~zimmer n salle f de cours bzw classe; ~zwang m scolarité f obligatoire
Schumme'lei F f ⟨~; ~en⟩ tricherie f; F triche f
schummeln ['ʃʊməln] F ⟨-(e)le, h⟩ I v/t j-m etw in die Tasche ~ glisser, introduire (subrepticement) qc dans la poche de qn; II v/i tricher
schumm(e)rig ['ʃʊm(ə)rɪç] F adj Licht faible, pâle; Raum sombre; mal, faiblement éclairé
'Schummler(in) F m ⟨~s; ~⟩ (f) ⟨~; ~nen⟩ tricheur, -euse m,f
Schund [ʃʊnt] m ⟨~(e)s⟩ péj (minderwertige Ware) camelote f; p/fort F saleté f; Roman, Film œuvre f minable, sans (aucun) niveau; bes Arbeit das ist der reinste ~ c'est entièrement nul
'Schund|literatur f ⟨~⟩ péj mauvaise littérature f; littérature f de gare; ~roman m péj mauvais roman; roman m de gare
schunkeln ['ʃʊŋkəln] v/i ⟨-(e)le, h⟩ se balancer (bras dessus, bras dessous au rythme d'une musique)
Schupo¹ ['ʃuːpo] F m ⟨~s; ~s⟩ (Schutzpolizist) agent m de police; in Paris etwa gardien m de la paix
'Schupo² f ⟨~⟩ (Schutzpolizei) police f
Schuppe ['ʃʊpə] f ⟨~; ~n⟩ ZO, BOT écaille f; der Haut ou squame f; auf dem Kopf pellicule f; es fiel ihm wie ~n von den Augen ça a été la révélation pour lui; st/s les écailles lui sont tombées des yeux
'schuppen ⟨h⟩ I v/t Fisch écailler; II v/réfl Haut sich ~ se desquamer
'Schuppen m ⟨~s; ~⟩ 1. für Wagen, Geräte remise f; (Holz♀, Geräte♀) a appentis m; 2. F péj (häßliches Gebäude) bâtisse f; F baraque f; 3. F (Lokal) boîte f
'schuppenartig adj sc squameux, -euse
'Schuppen|flechte f MÉD psoriasis m; ~tier n pangolin m
'schuppig adj 1. ZO, BOT couvert d'écailles; Haut écailleux, -euse; sc squameux, -euse; 2. (mit Kopfschuppen) pelliculeux, -euse; couvert de pellicules
Schur [ʃuːr] f ⟨~; ~en⟩ (das Scheren) tonte f
'Schüreisen n tisonnier m; pique-feu m
schüren ['ʃyːrən] v/t ⟨h⟩ 1. Feuer attiser; tisonner; 2. fig Haß etc aviver; attiser; exciter
schürfen ['ʃʏrfən] ⟨h⟩ I v/t 1. Haut érafler; écorcher; 2. Erz, Kohle extraire; II v/i BERGBAU fouiller; faire des fouilles; prospecter; III v/réfl sich ~, sich (dat) die Haut ~ s'écorcher; s'érafler
'Schürfrecht n droit m d'exploitation, de prospection
'Schürf|ung f ⟨~; ~en⟩, ~wunde f éraflure f; écorchure f
'Schürhaken m cf Schüreisen
schurigeln ['ʃuːriːɡəln] F v/t ⟨-(e)le, h⟩ chicaner; brimer; F asticoter
Schurk|e ['ʃʊrkə] m ⟨~n; ~n⟩ péj canaille f; F fripouille f; p/fort crapule f; ~e'rei st/s péj f ⟨~; ~en⟩ canaillerie f; F fripouillerie f; p/fort crapulerie f; ♀isch st/s péj adj perfide
'Schurwolle f laine f vierge; reine ~ pure laine vierge
Schurz [ʃʊrts] m ⟨~es; ~e⟩ tablier m (de cuir); (Lenden♀) pagne m
Schürze ['ʃʏrtsə] f ⟨~; ~n⟩ tablier m; F fig hinter jeder ~ herlaufen od hersein courir le jupon
'schürzen v/t ⟨-(es)t, h⟩ 1. Rock etc (re)trousser; remonter; relever; 2. st/s (schlingen) nouer; e-n Knoten ~ faire un nœud
'Schürzen|band n ⟨~(e)s; ⸚er⟩ ruban m de tablier; ~jäger F m coureur m de filles, de jupons
'Schürzenzipfel m F fig an Mutters ~ hängen être pendu au(x) jupon(s) de sa mère
Schuß [ʃʊs] m ⟨~sses; -sse⟩ Schüsse, mais 2 = Munition) 1. coup m (de feu, de fusil, de canon, etc) (auf [+acc] sur); (Knall) détonation f; scharfer ~ coup m à balle; e-n ~ abgeben faire feu; tirer un coup (de feu); es fiel ein ~ un coup partit; on entendit une détonation; nur noch fünf ~ Munition haben ne plus avoir que cinq balles; er bekam e-n ~ in den Arm il a reçu une balle dans le bras; fig ein ~ ins Schwarze un coup dans le mille; F fig das war ein ~ in den Ofen ça a été un fiasco, F bide; F fig der ~ ging nach hinten los cela a produit l'effet contraire; F fig er ist keinen ~ Pulver wert il ne vaut pas la corde pour le pendre; F fig weit od weitab vom ~ sein être loin du danger, 'hors de portée'; F fig du hast ja e-n ~! tu es un peu félé, siphonné; 2. (kleine Menge) petite dose; goutte f; doigt m; ein ~ Rum, Whisky etc une (grosse) goutte de …; ein(e) Cola mit ~ un coca avec un peu de cognac, de rhum, etc; fig mit e-m ~ Ironie avec un zeste, une pointe d'ironie; fig ein ~ Leichtsinn un brin, soupçon d'insouciance; 3. Drogenjargon arg shoot m; der goldene ~ le suicide par overdose; sich (dat) e-n ~ setzen arg se shooter; 4. SKISPORT schuss m; ~ fahren descendre en schuss; 5. BERGBAU coup m de mine; 6. FUSSBALL tir m (aufs Tor au but); shoot m; 7. WEBEREI trame f; 8. F e-n ~ machen od tun im Wachstum pousser d'un coup od comme un champignon; 9. F alles ist gut in od im ~ tout marche bien, tourne rond; F ça gaze, colle; F in ~ bringen mettre en train, sur pied

'schußbereit adj 1. Waffe prêt à tirer; Schütze prêt à tirer, à faire feu; sich ~ machen se préparer à tirer; 2. F Kamera armé; Fotograf F prêt à mitrailler
Schussel ['ʃʊsəl] F m ⟨~s; ~⟩ étourneau m; tête f de linotte
Schüssel ['ʃʏsəl] f ⟨~; ~n⟩ plat m; (Steingut♀) terrine f; (Napf) écuelle f; (Salat♀) saladier m; (Suppen♀) soupière f
'schusselig F adj écervelé; étourdi; ♀keit F f ⟨~⟩ étourderie f
'Schuß|faden m WEBEREI fil m de trame; ~fahrt f SKISPORT schuss m
'Schußfeld n zone f de tir; fig ins ~ geraten devenir la cible de la critique; fig ins ~ der Presse etc geraten devenir la cible de la presse, etc
schußlig cf schusselig
'Schußlinie f ligne f de tir
'Schußverletzung f blessure f par balle; e-e ~ haben être blessé, atteint, frappé par une balle
'Schuß|waffe f arme à feu; ~waffengebrauch m usage m d'une arme bzw d'armes à feu; ~wechsel m échange m de coups de feu
'Schußweite f portée f; außer ~ sein être 'hors de portée de fusil; auf ~ herankommen s'approcher à portée de fusil
'Schuß|winkel m angle m de tir; ~wunde f blessure f par balle
Schuster ['ʃuːstər] m ⟨~s; ~⟩ Reparateur cordonnier m; Hersteller bottier m; plais auf ~s Rappen reisen F prendre le train onze; aller à pied; prov „bleib bei deinem Leisten" chacun son métier (, les vaches seront bien gardées)
'Schuster|ahle f alêne f; ~draht m ligneul m; ~handwerk n ⟨~(e)s⟩ cordonnerie f; métier m de cordonnier, als Hersteller de bottier; ~junge m TYPO orphelin m; ~pech n poix noire; ~werkstatt f cordonnerie f; boutique f, échoppe f de cordonnier bzw de bottier
Schute ['ʃuːtə] f ⟨~; ~n⟩ MAR gabare od gabarre f
Schutt [ʃʊt] m ⟨~(e)s⟩ décombres m/pl; débris m/pl; (Bau♀) gravats m/pl; (Abraum) déblai m; (Geröll) éboulis m; ~ ablagen verboten! défense de déverser des gravats!; par ext décharge interdite!; st/s in ~ und Asche legen réduire en cendres; st/s in ~ und Asche liegen être complètement détruit, Land a dévasté
'Schuttabladeplatz m dépotoir m; décharge f
'Schüttbeton m béton coulé
Schütte ['ʃʏtə] f ⟨~; ~n⟩ 1. Behälter conteneur m; für Mehl, Zucker etc tiroir m; 2. MAR (Rutsche) glissière f
'Schüttelfrost m MÉD frissons m/pl
schütteln ['ʃʏtəln] ⟨-(e)le, h⟩ I v/t secouer; Gefäß agiter; Baum secouer; j-m die Hand ~ serrer la main à qn; den Kopf ~ 'hocher la tête; verneinend faire non de la tête; fig den Kopf über etw (acc) ~ 'hocher la tête au sujet de qc; vor Gebrauch ~ agiter avant de s'en servir; der Ekel, das Entsetzen schüttelte mich je tremblais de dégoût, d'indignation; ein von Naturkatastrophen, Krieg geschütteltes Land un pays ébranlé par les catas-

trophes naturelles, la guerre; **II** *v/imp* **es schüttelt mich vor Ekel** j'ai un haut-le-corps de dégoût; **III** *v/réfl* **sich ~ se secouer; sich vor Lachen ~** se tordre de rire; **IV** *v/i* **mit dem Kopf ~** 'hocher la tête

'**Schüttel|reim** *m* contrepèterie *f*; **~rost** *m* ⟨~(e)s; ~e⟩ grille *f* mobile; **~rutsche** *f* couloir oscillant

schütten [ˈʃʏtən] ⟨-ete, h⟩ **I** *v/t Flüssigkeiten* verser; *Korn, Sand etc* jeter, mettre (*in Haufen* en tas); **II** *v/réfl* **sich** (*dat*) **Saft über die Hose ~** renverser du jus sur son pantalon; **III** *v/imp* F **es schüttet** il tombe des cordes

schütter [ˈʃʏtər] *adj Haar* clairsemé; peu fourni

'**Schüttgut** *n* matériaux *m/pl*, EISENBAHN marchandise *f* en vrac

'**Schutt|halde** *f* décombres *m/pl*; *im Gebirge* éboulis *m*; **~haufen** *m* tas *m*, monceau *m* de décombres; **~platz** *m* dépotoir *m*; décharge *f*

Schutz [ʃʊts] *m* ⟨~es⟩ protection *f* (*vor* [+*dat*], *gegen* contre); défense *f*; (*Obhut*) (sauve)garde *f*; (*Zuflucht*) abri *m*; refuge *m*; (*Bewahrung*) préservation *f*; **unter dem ~ des Gesetzes** sous la protection de la loi; **zum ~e** (+*gén*) pour protéger le *bzw* la *bzw* les ...; *j-n* (*vor j-m, etw*) **in ~ nehmen** défendre qn (contre qn, qc); *j-s* (*acc*) **genießen** être protégé par qn; **bei j-m suchen** se réfugier chez qn auprès de qn; **unter e-m Baum ~ suchen** chercher un abri, s'abriter, se mettre à couvert sous un arbre; **vor j-m, etw ~ suchen** chercher un (un) refuge, un abri contre qn, qc; *dieses Gebirge bietet uns ~ gegen den Nordwind* cette montagne nous protège des *od* contre les vents du nord; *im ~(e) der Nacht* à la faveur de la nuit

'**Schutz|anstrich** *m* enduit protecteur, de protection; **~anzug** *m* vêtement protecteur, de protection; **⚥bedürftig** *adj* qui a besoin de protection; nécessitant une protection; **~befohlene(r)** *f(m)* ⟨→ A⟩ protégé(e) *m(f)*; **~behauptung** *f* prétexte *m*; JUR tentative *f* de justification; **~blech** *n* garde-boue *m*; **~brief** *m* **1.** (*Geleitbrief*) sauf-conduit *m*; **2.** *für Kraftfahrzeuge* assurance *f* multirisque; **~brille** *f* lunettes protectrices, de protection; **~dach** *n* abri *m*; auvent *m*

Schütze [ˈʃʏtsə] *m* ⟨~n; ~n⟩ **1.** tireur *m*; MIL tirailleur *m*; SPORT (*Tor⚥*) buteur *m*; *im Schützenverein* membre *m* d'un club de tir; ASTR Sagittaire *m*

schützen [ˈʃʏtsən] ⟨-(es)t, h⟩ **I** *v/t* (*vor etw, j-m od gegen etw, j-n*) protéger (contre *od* de qc, qn); (*verteidigen*) défendre (contre *od* de qc, qn); *vor Unwetter* mettre à l'abri, abriter (de qc); (*bewahren*) garantir (de, JUR contre qc, qn); *durch Vorsicht* préserver (de qc, qn); *Interessen, Bürger, Leben* sauvegarder; *gesetzlich geschützt* protégé par la loi; *Warenzeichen* marque déposée; *vor Nässe, Licht ~!* craint l'humidité, la lumière!; tenir à l'abri de l'humidité, de la lumière; **II** *v/i* **das schützt vor Kälte** cela protège du *od* contre le froid; **III** *v/réfl* **sich ~** (*vor etw, j-m od gegen etw, j-n*) se protéger (contre *od* de qc, qn); (*verteidigen*) se

défendre (contre *od* de qc, qn); *vor Unwetter* se mettre à l'abri (de qc); s'abriter (de qc); (*bewahren*) se garantir (de, JUR contre qc, qn); *durch Vorsicht* se préserver (de qc, qn); se prémunir (contre qc, qn); *sich gegen Kälte ~* se protéger du *od* contre le froid

'**Schützen|bruder** *m* membre *m* d'un *bzw* du même club de tir; **~fest** *n* fête organisée par un club de tir avec concours de tir

'**Schutzengel** *m* ange gardien

'**Schützen|graben** *m* MIL tranchée *f*

'**Schützenhilfe** F *f* soutien *m*; *j-m ~ geben* épauler qn

'**Schützen|könig** *m* champion *m* de tir (*lors de la fête des clubs de tir*); **~panzer** *m* MIL char *m* d'assaut et de transport de troupes; **~stand** *m* MIL poste *m* de tir; **~verein** *m* club *m* de tir

'**Schutz|farbe** *f* couleur protectrice; **~färbung** *f* ZO mimétisme *m*; **~film** *m* couche *f* de protection; **~frist** *f* JUR délai *m*, durée *f* de la protection; **~gebiet** *n* **1.** *bes* HIST (*Protektorat*) protectorat *m*; **2.** (*Natur⚥*) réserve naturelle; **~gebühr** *f* contribution *f* symbolique; **~geld** *n* argent *m* du racket; **~geleit** *n* escorte *f*; **~gemeinschaft** *f* association protectrice

'**Schutzgewahrsam** *m Polizei j-n in ~ nehmen* détenir qn pour sa propre sauvegarde; *in ~ sein* être détenu pour sa propre sauvegarde

'**Schutz|gitter** *n* grille *f* de protection; **~gott** *m*, **~göttin** *f* dieu *m*, déesse *f* tutélaire; **~hafen** *m* port *m* de refuge; **~haft** *f cf Vorbeugehaft*; **~handschuh** *m* gant protecteur; **~haube** *f* **1.** *e-r Schreibmaschine* 'housse *f*; **2.** AUTO capot *m*; **~heilige(r)** *f(m)* patron, -onne *m*,*f*; **~helm** *m* casque *m* (protecteur); **~herr(in)** *m(f)* protecteur, -trice *m*,*f*; **~herrschaft** *f* protectorat *m*; **~hülle** *f für Möbel, Waffen, Instrumente etc* 'housse *f*; *für Bücher* couvre-livre *m*; *für Akten, Dokumente etc* chemise *f*; **~hund** *m* chien *m* de garde; **~hütte** *f* refuge *m*; abri *m*; **~impfung** *f* vaccination préventive

'**Schützin** *f* ⟨~; ~nen⟩ tireuse *f*

'**Schutz|klausel** *f* clause *f* de protection; **~kleidung** *f* vêtements *m/pl* de protection; **~kontakt** *m* ÉLECT prise *f* de terre

Schützling [ˈʃʏtslɪŋ] *m* ⟨~s; ~e⟩ protégé(e) *m(f)*; *Sportler, Student etc* poulain *m*

'**schutzlos I** *adj* sans protection, défense; **II** *adv* **sie sind ihm ~ ausgeliefert** ils sont (livrés) à sa merci

'**Schutz|losigkeit** *f* ⟨~⟩ manque *m* de protection; **~macht** *f* puissance protectrice; **~mann** F *m* ⟨~(e)s; -leute *od* -männer⟩ agent *m* (de police); F flic *m*

'**Schutzmarke** *f* marque *f* de fabrique; *eingetragene ~* marque déposée

'**Schutz|maske** *f* masque protecteur; **~maßnahmen** *f/pl* mesures *f/pl* de protection, de sauvegarde, de sécurité; **~mauer** *f* rempart *m*; **~patron** *m(f)* patron, -onne *m*,*f*; **~polizei** *f* police *f*; **~polizist** *m* agent *m* de police; **~raum** *m* abri *m*; **~schicht** *f* couche protectrice; **~schild** *m* bouclier *m*; **~schirm** *m* écran protecteur, de protection; **~staat** *m* Etat *m* qui bénéficie

d'un pacte de garantie et d'assistance; *bes* HIST (*Protektorat*) protectorat *m*; **⚥suchend** *adj* en quête de protection; **~truppe** *f* forces *f/pl* de maintien de la paix; HIST troupe coloniale; **~umschlag** *m e-s Buchs* couvre-livre *m*; **~verband** *m* MÉD pansement protecteur; **~vorrichtung** *f* dispositif *m* de sécurité; **~wall** *m* MIL, *fig* rempart *m*; **~weg** *m österr* passage piéton; **~zoll** *m* ÉCON taxe *f* de protection

'**schwabb(e)lig** F *adj* F flasque

schwabbeln [ˈʃvabəln] F *v/i* ⟨-(e)le, h⟩ F avoir la tremblote; branler

Schwabe [ˈʃvaːbə] *m* ⟨~n; ~n⟩ Souabe *m*

schwäbeln [ˈʃvɛːbəln] *v/i* ⟨-(e)le, h⟩ parler le dialecte souabe; (*mit schwäbischem Akzent sprechen*) avoir l'accent souabe

'**Schwaben** *n* ⟨→ N/pr⟩ la Souabe

'**Schwaben|alter** *n* ⟨~s⟩ *plais* quarantaine *f*; *plais* âge *m* de raison; **~streich** *m plais* bêtise *f*

Schwäbin [ˈʃvɛːbɪn] *f* ⟨~; ~nen⟩ Souabe *f*

'**schwäbisch** *adj* souabe; *die ⚥e Alb* le Jura souabe

schwach [ʃvax] **I** *adj* ⟨~er, ~ste⟩ **1.** faible; (*kraftlos*) frêle; défaillant; (*gebrechlich*) fragile; (*matt*) languissant; *Konstitution* faible; peu robuste; F *plais das ~e Geschlecht* le sexe faible; *~ werden* s'affaiblir; F *fig* (*schwanken*) F flancher; (*e-r Versuchung nachgeben*) succomber, céder (*bei j-m, etw* à qn, qc); *in e-r ~en Stunde* dans un moment de faiblesse; *fig auf ~en Beinen stehen* ne pas tenir debout; F *fig* **mach mich nicht ~!** (*geh mir nicht auf die Nerven!*) F ne me casse pas les pieds!; (*hör auf, sonst vergesse ich meine guten Vorsätze*) ne me tente pas!; **2.** (*machtlos*) impuissant; **3.** (*schlecht*) faible; *Argument, Nerven a* peu solide; *Gedächtnis, Augen etc* mauvais; *Magen* délicat; *Herz* faible; *Motor* peu puissant; *Brille* pas fort; *fig Film, Buch, Ergebnis, Sportler etc* médiocre; *Schüler* faible; *e-e ~e Leistung* un résultat médiocre; F *fig das ist aber ein ~es Bild!* c'est bien décevant; **4.** (*gering*) *a Puls, Atem, Herzschlag* faible; *Lächeln* a petit; léger, -ère; *Ton* a éteint; *Stimme* a languissant; *p/fort* mourant; *Jahrgang* creux, creuse; *ein ~e Anstrengung* faible effort; *ein ~er Trost* une piètre consolation; *ein ~er Versuch* une faible tentative; *schwächer werden Stimme, Ton* s'affaiblir; faiblir; *Licht* pâlir; s'affaiblir; *Atem, Puls, Herzschlag* ralentir; **5.** *Getränk* pas fort; *Kaffee, Tee* léger, -ère; CHIM *Lösung* fortement dilué; *Gift* faible; **6.** GR régulier, -ière; **II** *adv* **1.** (*kraftlos*) faiblement; *sich nur ~ wehren* ne se défendre qu'à moitié; opposer peu de résistance; **2.** (*schlecht*) assez mal; **3.** (*gering*) peu; ~ *lächeln* sourire un peu; avoir, faire un petit sourire; *es ist ~ windig* il y a peu de vent; *die Ausstellung war ~ besucht* l'exposition avait attiré peu de visiteurs; **4.** GR ~ *dekliniert, konjugiert werden* se décliner, conjuguer régulièrement

'**schwach|besiedelt**, **~bevölkert** *adj* peu peuplé

Schwäche ['ʃvɛçə] f ⟨~; ~n⟩ **1.** a fig faiblesse f; (*Kraftlosigkeit*) défaillance f; (*Gebrechlichkeit*) fragilité f; **2.** (*schwache Seite*) côté m faible; (*Mangel, Fehler*) défaut m; point m faible; **menschliche ~n** faiblesses humaines; **sie hat ~n in der Rechtschreibung** elle est faible en orthographe; **3.** ⟨*pas de pl*⟩ (*Vorliebe*) faible m; penchant m; **e-e ~ für j-n, etw haben** avoir un faible pour qn, qc
'**Schwäche|anfall** m malaise m; défaillance f; faiblesse f; **~gefühl** n sensation f de faiblesse
'**schwächen** v/t ⟨h⟩ affaiblir (*a fig*); *Macht* diminuer; *Gesundheit* altérer
'**Schwächezustand** m état m de faiblesse
'**Schwachheit** f ⟨~; ~en⟩ **1.** ⟨*pas de pl*⟩ faiblesse f; **2.** (*Mangel, Fehler*) faiblesse f; F fig **bilde dir nur keine ~en ein!** ne te fais pas des idées, des illusions!
'**Schwachkopf** F péj m F abruti m
'**schwächlich** adj faible; (*kraftlos*) faible; frêle; (*zart*) fragile; *gesundheitlich* d'une santé délicate; (*kränklich*) chétif, -ive
'**Schwächling** m ⟨~s; ~e⟩ péj mauviette f
'**Schwach|punkt** m défaut m; point m faible; **⸚sichtig** adj qui a la vue faible; sc amblyope; **~sichtigkeit** f ⟨~⟩ faiblesse f de la vue; sc amblyopie f; **~sinn** m ⟨~(e)s⟩ **1.** MÉD débilité mentale; **2.** F péj (*Unsinn*) bêtises f/pl; âneries f/pl; **⸚sinnig** adj **1.** MÉD mentalement débile; **2.** F péj (*unsinnig*) idiot; stupide; débile; **~stelle** f point m faible; **~strom** m ÉLECT courant m de basse tension
'**Schwächung** f ⟨~⟩ a fig affaiblissement m
Schwaden ['ʃva:dən] m ⟨~s; ~⟩ **1.** nuage m; (*Rauch⸚, Gas⸚*) a traînée f; **2.** BERGBAU gaz m toxique
Schwadron [ʃva'dro:n] f ⟨~; ~en⟩ HIST MIL escadron m
Schwadron|eur [ʃvadro'nø:r] st/s péj m ⟨~s; ~e⟩ 'hâbleur m; **⸚ieren** v/i ⟨*pas de ge-*, h⟩ péj pérorer
Schwafe'lei F péj f ⟨~; ~en⟩ radotage m
schwafeln ['ʃva:fəln] F péj v/t u v/i ⟨-(e)le, h⟩ radoter; (*Unsinn, dummes Zeug*) **~** débiter des âneries
Schwager ['ʃva:ɡər] m ⟨~s; ⸚⟩ beau-frère m
Schwägerin ['ʃvɛ:ɡərɪn] f ⟨~; ~nen⟩ belle-sœur f
Schwalbe ['ʃvalbə] f ⟨~; ~n⟩ hirondelle f; prov **e-e ~ macht noch keinen Sommer** prov une hirondelle ne fait pas le printemps
'**Schwalben|nest** n nid m d'hirondelle; **~nestersuppe** f soupe f aux nids d'hirondelles; **~schwanz** m **1.** *Schmetterling* grand porte-queue; machaon m; **2.** TECH queue f d'aronde; **3.** plais (*Frack, Frackschoß*) queue f de morue, de pie; **~schwanzverbindung** f TECH assemblage m à queue d'aronde
Schwall [ʃval] m ⟨~(e)s; ~e⟩ a fig flot m; fig **ein ~ von Flüchen** un flot de jurons
schwamm [ʃvam] cf **schwimmen**
Schwamm m ⟨~(e)s; ⸚e⟩ **1.** ZO, (*Putz⸚*) éponge f; F fig **~ drüber!** passons l'éponge là-dessus!; n'en parlons

plus!; **2.** *südd*, *österr* (*Pilz*) champignon m; **3.** (*Haus⸚*) mérule m od f; **4.** (*Feuer⸚*) amadou m
'**schwammartig** adj spongieux, -ieuse
Schwämmchen ['ʃvɛmçən] n ⟨~s; ~⟩ **1.** petite éponge; **2.** MÉD (*Soor*) muguet m
Schwammerl ['ʃvamərl] bayrisch m ⟨~s; ~⟩, österr n ⟨~s; ~n⟩ champignon m
'**schwammig** adj **1.** spongieux, -ieuse; **2.** fig (*aufgedunsen*) bouffi; **3.** fig péj (*unklar, verschwommen*) flou; vague; **⸚keit** f ⟨~⟩ **1.** spongiosité f; **2.** fig aspect bouffi; **3.** fig péj flou m; vague m
'**Schwammtuch** n ⟨~(e)s, -tücher⟩ carré m vaisselle
Schwan [ʃva:n] m ⟨~(e)s; ⸚e⟩ **1.** ZO cygne m; F plais **mein lieber ~!** erstaunt eh bien, mon vieux!; drohend (toi, mon vieux,) tu vas voir!; **2.** ⟨*pas de pl*⟩ ASTR Cygne m
schwand [ʃvant] cf **schwinden**
schwanen ['ʃva:nən] F v/i ⟨h⟩ **mir schwant etwas** j'ai le pressentiment de qc; **mir schwant nichts Gutes** je ne présage, je n'augure rien de bon
'**Schwanen|gesang** st/s fig m chant m du cygne; **~hals** m **1.** a fig plais cou m de cygne; **2.** TECH col m de cygne
schwang [ʃvaŋ] cf **schwingen**
Schwang m **im ~e sein** *Gerüchte, Äußerungen, Fragen etc* circuler; être répandu; (*üblich sein*) être d'usage; être à la mode; être dans le vent
schwanger ['ʃvaŋər] adj enceinte; **~ sein** a attendre un enfant; **von j-m ~ sein** être enceinte de qn; **sie ist im sechsten Monat ~** elle est enceinte de cinq mois; **~ werden** tomber enceinte; st/s plais **mit großen Plänen ~ gehen** méditer, couver de grands projets
'**Schwangere** f ⟨→ A⟩ femme enceinte
'**Schwangerenberatung** f consultation f de maternité
schwängern ['ʃvɛŋərn] v/t ⟨-(e)re, h⟩ **1.** rendre enceinte; **sie wurde von ihm geschwängert** il l'a rendue enceinte; **2.** st/s fig **geschwängert mit, von ...** imprégné de ...
'**Schwangerschaft** f ⟨~; ~en⟩ grossesse f
'**Schwangerschafts|abbruch** m interruption f (volontaire) de grossesse; I.V.G. f; **~gymnastik** f gymnastique f prénatale; **~streifen** m vergeture f; **~test** m test m de grossesse; **~unterbrechung** f cf **Schwangerschaftsabbruch**
Schwank [ʃvaŋk] m ⟨~(e)s; ⸚e⟩ **1.** Erzählung conte m drolatique; THÉ farce f; **2.** (*komische Begebenheit*) incident m, histoire f drôle
schwanken ['ʃvaŋkən] v/i ⟨h⟩ **1.** ⟨*doublé d'une indication de direction* sein⟩ vaciller; (*wanken*) chanceler; *Boot* être balancé; *Stimme* trembler; *Zweige im Wind etc* se balancer; (*wackeln*) branler; *Boden* trembler; *Magnetnadel etc* osciller; **2.** *Preise* osciller; *a Gebrauch e-s Worts etc* varier; *Temperatur* varier; osciller; **die Preise ~ zwischen ...** (+dat) les prix oscillent, varient entre ...; **3.** fig (*unentschlossen sein*) se tâter; être irrésolu, indécis; (*zögern*) hésiter;

zwischen zwei Dingen ~ hésiter entre deux choses; **ich schwanke noch, ob ...** j'hésite encore à (+inf); **ins ⸚ kommen** a fig chanceler; être ébranlé
'**schwankend** adj **1.** a fig vacillant; chancelant; **2.** *Preise, Kurse* fluctuant; oscillant; variable; fig flottant; (*unbeständig*) instable; inconstant; *Gesundheit* précaire; (*wechselnd*) variable; **3.** (*unentschlossen*) indécis; irrésolu; hésitant; **~ werden** devenir indécis
'**Schwankung** f ⟨~; ~en⟩ **1.** a fig vacillement m; chancellement m; *der Zweige im Wind etc* balancement m; *des Bodens* tremblement m; *der Magnetnadel etc* oscillation(s) f(pl); **2.** (*Veränderung*) variation(s) f(pl); *der Preise a* fluctuation(s) f(pl); flottement m
Schwanz [ʃvants] m ⟨~(e)s; ⸚e⟩ queue f (*a vulgär fig Penis*); **mit dem ~ wedeln** remuer la queue; F fig **den ~ einziehen** baisser pavillon; en rabattre; F fig **j-m auf den ~ treten** marcher sur les pieds de qn; F fig **kein ~** pas un chat; F fig **da beißt sich die Katze in den ~** on (en) revient à la case départ
'**schwänzeln** ['ʃvɛntsəln] v/i ⟨-(e)le, h⟩ **1.** *Hunde etc* remuer la queue; **2.** F *Personen* (*tänzeln*) se tortiller; **3.** ⟨h ou sein⟩ F péj **um j-n ~** F faire de la lèche à qn
'**schwänzen** ['ʃvɛntsən] F v/t ⟨-(e)st, h⟩ F sécher; **die Schule ~** a faire l'école buissonnière
'**Schwanz|feder** f plume f de la queue; **~flosse** f **1.** ZO nageoire caudale; **2.** AVIAT dérive f; **~lurch** m ZO urodèle m; **~stück** n CUIS culotte f; **~wirbel** m vertèbre caudale
schwapp [ʃvap] int flac!
schwappen ['ʃvapən] v/i ⟨h, *doublé d'une indication de direction* sein⟩ *Flüssigkeit* clapoter; remuer; **aus dem Eimer ~** déborder du seau
Schwäre ['ʃvɛːrə] st/s f ⟨~; ~n⟩ ulcère m; abcès m
'**schwären** st/s v/i ⟨h⟩ (*eitern*) suppurer
Schwarm [ʃvarm] m ⟨~(e)s; ⸚e⟩ **1.** *von Bienen, Heuschrecken*, fig *Kindern* essaim m; *von Insekten, Vögeln*, fig *Personen* nuée f; *von Vögeln* volée f; vol m; *von Fischen* banc m; **ein ~ Kinder** a une ribambelle d'enfants; **2.** F fig (*angebetete Person*) F béguin m; coqueluche f; **er ist mein ~** F j'en pince pour lui
schwärmen ['ʃvɛrmən] v/i **1.** ⟨h⟩ (*aus*) *Bienen* essaimer; **2.** ⟨*doublé d'une indication de direction* sein⟩ *Insekten, Vögel* voler; voltiger; **3.** ⟨h⟩ fig s'extasier; **für j-n, etw ~** s'enthousiasmer pour qn, qc; être emballé par qn, qc; **von etw ~** s'extasier sur qc
'**Schwärmer** m ⟨~s; ~⟩ **1.** (*überschwengliche Person*) exalté m; (*Phantast*) rêveur m; **2.** ZO sphinx m; **3.** PYROTECHNIK serpenteau m
Schwärme'rei f ⟨~; ~en⟩ **1.** (*Begeisterung*) enthousiasme m (**für** pour); **jugendliche ~** enthousiasme m de jeunesse; **romantische ~** exaltation f romantique; **2.** *Worte, Beschreibung* (débordement m d')enthousiasme m; **3.** (*Phantasterei*) rêverie f
'**Schwärmerin** f ⟨~; ~nen⟩ (*überschwengliche Person*) exaltée f; (*Phantastin*) rêveuse f
'**schwärmerisch** adj **1.** (*überschweng-*

Schwärmzeit – Schweigemarsch 1380

lich) exalté; (*zu gefühlsbetont*) romanesque; (*träumerisch*) rêveur, -euse; **2.** (*begeistert*) enthousiaste; emballé
'**Schwärmzeit** *f der Bienen* essaimage *m*
Schwarte ['ʃvartə] *f* ⟨~; ~n⟩ **1.** (*Speck*⟨2⟩) couenne *f*; **2.** JAGD, *a* F *fig* (*Haut*) peau *f*; **3.** F *souvent péj Buch* F gros bouquin; pavé *m*
'**Schwartenmagen** *m* CUIS *etwa* fromage *m* de tête
schwarz [ʃvarts] *adj* ⟨~er, ~este⟩ **1.** *a fig* noir; (*geschwärzt*) noirci; *der* ~*e Kontinent* le continent noir; ~*e Liste* liste noire; *das* ⟨2⟩*e Meer* la mer Noire; ~*e Messe* messe noire; ~ *färben* teindre en noir; noircir; F *sich* ~ *ärgern* F être furax, furibard; ~*e Zahlen schreiben Unternehmen etc* faire des profits; *die Straße war* ~ *von Menschen* la rue était noire de monde; ~ *werden* devenir noir; se noircir; *mir wurde* ~ *vor Augen* j'ai eu un éblouissement; F *da kann er warten, bis er* ~ *wird* F il peut attendre jusqu'à la saint-glinglin; ~ *auf weiß* noir sur blanc; par écrit; **2.** (*illegal*) illégal; *Arbeit*, *Arbeiter* clandestin; *Markt* noir; **3.** F *fig* (*konservativ*) conservateur, -trice; (*katholisch*) catholique
Schwarz *n* ⟨~(es), -⟩ noir *m*; couleur noire; *in* ~ *gekleidet* (habillé *m*) en noir; (*in Trauer*) en deuil
'**Schwarz|afrika** *n* ⟨→ *n/pr*⟩ l'Afrique Noire; ~*arbeit* *f* ⟨-⟩ travail *m* au noir; ⟨2⟩*arbeiten* *v/i* ⟨-ete, sép, -ge-, h⟩ travailler au noir; ~*arbeiter(in)* *m(f)* travailleur, -euse *m,f* au noir; ⟨2⟩*äugig* *adj* aux yeux noirs; ~*bär* *m* ours noir; ~*beere* *f* südd, österr myrtille *f*; ~*blech* *n* tôle noire; ⟨2⟩*braun* *adj* brun foncé (*inv*); *Pferde* bai foncé (*inv*); ~*brenner* *m* distillateur clandestin; ~*brenne'rei* *f* ⟨~⟩ distillation clandestine; ~*brot* *n* pain noir; ⟨2⟩*bunt* *adj* *Rinder* pie (*inv*); ~*dorn* *m* ⟨-(e)s; -e⟩ BOT prunellier *m*; ~*drossel* *f* merle *m*
'**Schwarze(r)** *f(m)* ⟨→ A⟩ **1.** (*Schwarzhäutige[r]*) Noir(e) *m(f)*; **2.** (*Schwarzhaarige[r]*) noiraud(e) *m(f)*; **3.** F *fig* (*Konservative[r]*) conservateur, -trice *m,f*, (*Katholik[in]*) catholique *m,f*
'**Schwarze(s)** *n* ⟨→ A⟩ **1.** *Farbe* noir *m*; *ins* ~ *treffen* mettre dans le mille; faire mouche; F *plais j-m nicht das* ~ *unter den (Finger)Nägeln gönnen* être envieux, -ieuse, jaloux, -ouse de qn; **2.** *Kleid das kleine* ~ la petite robe noire
Schwärze ['ʃvɛrtsə] *f* ⟨~; ~n⟩ **1.** (*pas de pl*) (*Dunkelheit*) noir *m*; **2.** *Farbstoff* noir *m*; TYPO (*Drucker*⟨2⟩) encre *f* (d'imprimerie)
'**schwärzen** *v/t* ⟨-(e)t, h⟩ noircir; *mit Kohle* charbonner; TYPO encrer
'**schwarzfahren** *v/i* ⟨*irr, sép, -ge-, sein*⟩ voyager sans billet; resquiller
'**Schwarz|fahrer(in)** *m(f)* voyageur, -euse *m,f* sans billet; resquilleur, -euse *m,f*; ~*fahrt* *f* voyage *m* sans billet; ~*fäule* *f* BOT nielle *f*
'**schwarz|gerändert** *adj* encadré de noir; ~*geräuchert* *adj* très fumé; ~*grau* *adj* gris foncé, anthracite (*inv*); ~*haarig* *adj* aux cheveux noirs; noiraud
'**Schwarz|handel** *m* marché noir (*mit de*); ~*händler* *m* trafiquant *m* du marché noir; ⟨2⟩*hören* *v/i* ⟨*sép, -ge-*⟩ RAD écouter la radio sans payer sa redevance; ~*hörer(in)* *m(f)* RAD auditeur, -trice *m, f* qui n'a pas payé sa redevance; ~*kittel* *m* **1.** *plais* JAGD (*Wildschwein*) sanglier *m*; **2.** *péj* (*Priester*) curé *m*; F corbeau *m*
'**schwärzlich** *adj* noirâtre
'**Schwarzmal|en** *v/i* ⟨*sép, -ge-, h*⟩ *fig* voir tout en noir; être pessimiste; ⟨2⟩*e'rei* *f* pessimisme *m*; manie *f* de voir tout en noir
'**Schwarz|markt** *m* marché noir; ~*marktpreis* *m* prix *m* du marché noir; ~*pulver* *n* poudre noire; ~*rock* *m* péj (*Priester*) curé *m*; F corbeau *m*; '⟨2⟩*rot-golden* *adj* noir, rouge et or (*inv*)
'**schwarzsehen** *v/i* ⟨*irr, sép, -ge-, h*⟩ **1.** (*pessimistisch sein*) voir tout en noir; être pessimiste; *für unser Gartenfest sehe ich schwarz* je ne suis pas très optimiste au sujet de notre garden-party; *ich sehe* ~ *für ihn* je suis pessimiste à son sujet; **2.** TV resquiller; regarder la télévision sans payer sa redevance
'**Schwarz|seher(in)** *m(f)* **1.** pessimiste *m,f*; **2.** TV téléspectateur, -trice *m,f* qui n'a pas payé sa redevance; resquilleur, -euse *m,f*; ~*sehe'rei* *f* ⟨-⟩ pessimisme *m*; manie *f* de voir tout en noir; ~*sender* *m* RAD, TV émetteur clandestin, pirate; ~*specht* *m* pic noir; ~*storch* *m* cigogne noire
'**schwarzumrandet** *adj* bordé de noir
'**Schwärzung** *f* ⟨~; ~en⟩ *Handlung* noircissement *m*; *Ergebnis* intensité *f* de noircissement
'**Schwarzwald** *der* ⟨-⟩ la Forêt-Noire
Schwarzwälder ['ʃvartsvɛldər] *adj* (*éphitète, inv*) de la Forêt-Noire; *cf a Kirschtorte*
'**schwarz'weiß** *adj* noir et blanc, noire et blanche
'**Schwarz|weiß|fernseher** *m*, ~*fernsehgerät* *n* téléviseur noir et blanc; ~*film* *m* PHOT pellicule *f* en noir et blanc; KINO film *m* en noir et blanc; ~*foto(grafie)* *n(f)* photo(graphie) *f* en noir et blanc; ~*malerei* *f* manichéisme *m*
'**Schwarz|wild** *n* sangliers *m/pl*; ~*wurzel* *f* BOT salsifis (noir)
Schwatz [ʃvats] F *m* ⟨-es; -e⟩ F bavette *f*; F causette *f*; *e-n (kleinen)* ~ *halten* F tailler une bavette; F faire la causette
'**Schwatzbase** F *péj f* F concierge *f*; commère *f*
'**Schwätzchen** ['ʃvɛtsçən] F *n* ⟨~s; ~⟩ F brin *m* de causette
'**schwatzen**, *bes südd* **schwätzen** ['ʃvɛtsən] *v/t u v/i* ⟨-(es)t, h⟩ **1.** (*plaudern*) bavarder; **2.** *péj* (*viel u lange* ~) papoter; (*ausplaudern*) jaser; trop parler; *in der Schule* bavarder
'**Schwätzer(in)** *m* ⟨~s; ~⟩ (*f*) ⟨~; ~nen⟩ péj bavard(e) *m(f)*; vraie pie; (*Klatschbase*) commère *f*; F concierge *f*; (*Angeber[in]*) F baratineur, -euse *m,f*
'**schwatz|haft** *adj péj* bavard (*klatschhaft*) cancanier, -ière; ⟨2⟩*haftigkeit* *f* ⟨~⟩ péj volubilité *f*
'**Schwebe** *f* ⟨~⟩ *in der* ~ *sein* être en suspens; être irrésolu, dans l'incertitude
'**Schwebe|bahn** *f* (*Hängebahn*) monorail suspendu; (*Seil*⟨2⟩) téléférique *m*; ~*balken* *m* TURNEN poutre horizontale
schweben ['ʃve:bən] *v/i* ⟨h⟩ **1.** ⟨*doublé d'une indication de direction sein*⟩ *in der Luft* planer; *hin u her, im Wasser* flotter; *frei im Raum* être suspendu; *im Wasser* ~ *Partikel a* être en suspension dans l'eau; *mir ist, als ob ich schwebe* j'ai l'impression de flotter dans l'air; **2.** *fig in Gefahr* (*dat*) ~ être en danger; *sein Bild schwebt mir immer vor Augen* son image m'est toujours présente à l'esprit; j'ai toujours son image devant les yeux; *zwischen Furcht und Hoffnung* ~ flotter, osciller entre la crainte et l'espérance; *zwischen Leben und Tod* ~ être entre la vie et la mort; **3.** *fig* (*unentschieden sein*) être en suspens; JUR *Verfahren* être pendant; ~*des Verfahren* procès pendant, en suspens
'**Schwebe|teilchen** *n/pl* CHIM particules *f/pl* en suspension; ~*zustand* *m* état *m* d'indécision, d'incertitude
'**Schwebstoff** *m* CHIM substance *f* en suspension
'**Schwebung** *f* ⟨~; ~en⟩ MUS tremblement *m*; PHYS battement *m*; interférence *f*
'**Schwed|e** *m* ⟨~n; ~n⟩, ~*in* *f* ⟨~; ~nen⟩ Suédois(e) *m(f)*
Schweden ['ʃve:dən] *n* ⟨→ *n/pr*⟩ la Suède
'**schwedisch** *adj* suédois; de (la) Suède; POL *in Zssgn* suédo-…; F *fig hinter* ~*en Gardinen sitzen* F être en taule *od* tôle
'**Schwedisch** *n* ⟨~(s)⟩, ~*e* *n* ⟨~n⟩ (*das*) *Schwedisch(e) Sprache* le suédois
Schwefel ['ʃve:fəl] *m* ⟨~s⟩ soufre *m*; ~*bad* *n* **1.** MÉD bain sulfureux; **2.** *Badeort* eaux sulfureuses; ~*blume* *f*, ~*blüte* *f* CHIM fleur *f* de soufre; ~*dioxyd*, *sc* ~*dioxid* *n* anhydride sulfureux
'**schwefel|gelb** *adj* jaune soufre (*inv*); ~*haltig* *adj* sulfureux, -euse
'**schwefelig** *cf* **schweflig**
'**Schwefelkohlenstoff** *m* sulfure *m* de carbone
'**schwefeln** *v/t* ⟨-(e)le, h⟩ sulfurer; *Trockenfrüchte*, *Rosinen* passer au soufre; *Wein* muter
'**Schwefel|puder** *m* PHARM poudre soufrée; ~*pulver* *n* soufre pulvérisé; ~*quelle* *f* source sulfureuse; ~*salbe* *f* pommade *f* au soufre
'**schwefelsauer** *adj* sulfaté; *schwefelsaures Salz* sulfate *m*
'**Schwefelsäure** *f* ⟨~⟩ acide *m* sulfurique
'**Schwefelung** *f* ⟨~; ~en⟩ soufrage *m*; *von Wein* mutage *m*
Schwefel'wasserstoff *m* hydrogène sulfuré; soufre *m* sulfhydrique
'**schweflig** *adj* sulfureux, -euse
Schweif [ʃvaɪf] *m* ⟨~(e)s; ~e⟩ **1.** *st/s* (*Schwanz*) queue *f*; **2.** *e-s Kometen* queue *f*; chevelure *f*
'**schweifen** *st/s* *v/i* ⟨*sein*⟩ errer; (*umher*~) vagabonder; *in die Ferne* ~ courir le monde; *s-e Blicke* ~ *lassen* laisser errer son regard; *s-e Gedanken* ~ *lassen* laisser vagabonder sa pensée
'**Schweifsäge** *f* scie *f* à chantourner
'**Schweifung** *f* ⟨~; ~en⟩ SCHREINEREI courbure *f*; galbe *m*; MÉTALL arc *m*
'**Schweige|geld** *n* pot-de-vin *m* (pour acheter le silence de qn); ~*marsch* *m* marche *bzw* manifestation silencieuse

Schweigeminute *f* minute *f* de silence; *e-e* ~ *(für j-n) einlegen* faire une minute de silence (pour qn)

schweigen [ˈʃvaɪɡən] *v/i* ⟨schweigt, schwieg, geschwiegen, h⟩ se taire; faire silence; *fig Musik, Donner etc* cesser; *die* ~*de Mehrheit* la majorité silencieuse; ~ *Sie! taisez-vous!; nicht können* être indiscret, -ète; F *wie ein Grab* être muet, muette comme une tombe; *hartnäckig* ~ ne pas desserrer les dents; *das Gesetz schweigt darüber* la loi est muette sur ce point; *über etw (acc)* ~ se taire sur qc; passer qc sous silence; *zu etw* ~ se taire en voyant qc; laisser dire, faire qc; ne pas répondre à qc; ~*d über etw (acc) hinweggehen* passer qc sous silence; *ganz zu* ~ *von ...* sans parler de ...; sans compter ...; *st/s heute* ~ *die Waffen* aujourd'hui, il y a suspension des hostilités; *cf a* **Höflichkeit**

Schweigen *n* ⟨~s⟩ silence *m*; (*Nichtredenwollen*) mutisme *m*; *zum* ~ *bringen* faire taire; réduire au silence; *das od sein* ~ *brechen* rompre le silence; *sich in* ~ *hüllen* ne pas dire un mot

Schweigepflicht *f* ⟨~⟩ secret professionnel; *ärztliche* ~ secret professionnel du médecin, médical

schweigsam *adj* silencieux, -ieuse; (*wortkarg*) taciturne; ⟨&⟩**keit** *f* ⟨~⟩ attitude silencieuse; *gewollte* mutisme *m*; (*Wortkargheit*) *st/s* taciturnité *f*; (extrême) réserve *f*

Schwein [ʃvaɪn] *n* ⟨~(e)s; ~e⟩ **1.** ZO cochon *m*; *a* CUIS porc *m*; P *bluten wie ein* ~ saigner comme un bœuf; *sich benehmen wie ein* ~ *bzw wie die* ~ se tenir comme un cochon *bzw* comme des cochons; **2.** F *fig (schmutziger, unanständiger Mensch)* F cochon, -onne *m,f*; (*gemeiner Mensch*) P salaud *m*; salopard *m*; **3.** F (*Mensch*) *kein* ~ *personne; es war kein* ~ *da* il n'y avait pas un chat; F il n'y avait pas la queue d'un; *armes* ~ F pauvre bougre, type; **4.** F ⟨pas de pl⟩ (*Glück*) F veine *f*; ~ *haben* F avoir de la veine; F être veinard; F avoir du pot; *da hast du noch mal* ~ *gehabt!* F tu as eu du pot!

Schweine|bauch *m* CUIS poitrine *f* de porc; ~**braten** *m* rôti *m* de porc; ~**filet** *n* filet *m* de porc; ~**fleisch** *n* porc *m*; ~**fraß** P *m* F sale bouffe *f*; F tambouille *f*

Schweine|geld F *n ein* ~ *verdienen* gagner gros, un argent fou

Schweinehirt *m* porcher *m*

Schweinehund P *m* P salaud *m*; P salopard *m*; F *plais der innere* ~ (*Trägheit*) la mollesse; la faiblesse; (*Feigheit*) la lâcheté; *ich kann meinen inneren* ~ *nicht überwinden* je n'arrive pas à me surmonter

Schweine|koben *m* ⟨~s; ~⟩ porcherie *f*; ~**kotelett** *n* côtelette *f* de porc; ~**lende** *f* filet *m* de porc; ~**mast** *f* engraissement *m* des porcs; ~**ohr** *n cf* **Schweinsohr**; ~**pest** *f* peste porcine; ~**priester** P *m* P fumier *m*; P ordure *f*

Schweine'rei F *péj f* ⟨~; ~en⟩ **1.** (*Schmutz*) F saloperie *f*; F cochonnerie *f*; **2.** *fig* (*Gemeinheit*) F saloperie *f*; F vacherie *f*; *so e-e* ~! F quelle saloperie!; F quelle vacherie!; **3.** (*Zote*) F histoire cochonne; *unanständige Handlung* F cochonnerie *f*

schwein|ern *adj* ⟨épithète⟩ südd, österr de porc; ⟨&⟩**erne(s)** *n* ⟨→ A⟩ südd, österr (viande *f* de) porc *m*

Schweine|schmalz *n* saindoux *m*; ~**schnitzel** *n* escalope *f* de porc; ~**stall** *m a fig* porcherie *f*; ~**steak** *n* tranche *f* de porc; ~**zucht** *f* élevage *m* de porcs; ~**züchter(in)** *m(f)* éleveur *m* de porcs

Schweinigel F *m a fig* F cochon *m*

schweinisch F *péj* I *adj* P dégueulasse; *fig* (*unanständig*) *a* F cochon, -onne; II *adv* F comme un cochon; *fig* P d'une façon dégueulasse

Schweinkram F *m* F cochonnerie(s) *f(pl)*

Schweins|äuglein [ˈʃvaɪnsʔɔʏklaɪn] *n* œil *m* de cochon; ~**braten** *m* südd, österr, schweiz *cf* **Schweinebraten**

Schweinsgalopp F *plais m im* ~ au galop; *fig* à la va-vite

Schweins|hachse *f*, südd ~**haxe** *f* CUIS jambonneau *m*; ~**kopf** *m* CUIS tête *f* de porc; ~**leder** *n* peau *f* de porc; ⟨&⟩**ledern** *adj* ⟨épithète⟩ en peau de porc; en porc; ~**ohr** *n* Gebäck palmier *m*; ~**schnitzel** *n* österr *cf* **Schweineschnitzel**; ~**stelze** *f* österr *cf* **Schweinshachse**

Schweiß [ʃvaɪs] *m* ⟨~es; ~e⟩ **1.** PHYSIOL, *fig* sueur *f*; *kalter* ~ sueur froide; *in* ~ *geraten* transpirer; *in* ~ *gebadet sein* être trempé, baigné de sueur; être en nage; *das hat viel* ~ *gekostet* cela a donné beaucoup de peine, beaucoup de travail; *st/s im* ~ *e s-s Angesichts* à la sueur de son front; *ihm steht der* ~ *auf der Stirn* la sueur perle, coule sur son front; *mir bricht der* ~ *aus* je commence à transpirer; *mir brach der kalte* ~ *aus* j'ai eu des sueurs froides; **2.** JAGD (*Blut*) sang *m*

Schweiß|absonderung *f* transpiration *f*; sécrétion sudorale; ~**ausbruch** *m* transpiration abondante; ~**band** *n* ⟨~(e)s; ⸚er⟩ **1.** *im Hut* cuir intérieur; **2.** *am Arm* bracelet *m*; ⟨&⟩**bedeckt** *adj* couvert de sueur; trempé de sueur; en sueur; ~**brenner** *m* chalumeau *m* à souder; brûleur *m*; ~**draht** *m* fil *m*, baguette *f* à souder, de soudure; ~**drüse** *f* glande *f* sudoripare

schweißen [ˈʃvaɪsən] ⟨~(es)t, h⟩ I *v/t* TECH souder; II *v/i* JAGD (*bluten*) saigner

Schweißer *m* ⟨~s; ~⟩ soudeur *m*

Schweiß|fährte *f* JAGD trace *f* de sang; ~**fleck** *m* tache *f* de transpiration, de sueur

Schweißfuß *m* **Schweißfüße haben** transpirer des pieds

schweißgebadet *adj* baigné, trempé de sueur; en nage

Schweiß|geruch *m* odeur *f* de transpiration, de sueur; ~**hund** *m* JAGD braque *m*; ~**naht** *f* TECH soudure *f*

schweißnaß *adj cf* **schweißgebadet**

Schweißperle *f* goutte *f* de sueur; *auf s-r Stirn standen dicke* ~*n* sur son front perlaient de grosses gouttes de sueur

schweiß|treibend *adj* qui fait transpirer; sc sudorifique; ~**triefend** *adj* ruisselant de sueur

Schweißtropfen *m* goutte *f* de sueur; *fig das hat manchen* ~ *gekostet* cela a donné bien de la peine, du mal

Schweißtuch *n* BIBL *das* ~ *der Veronika* le voile de sainte Véronique

schweißüberströmt *adj* couvert de transpiration, de sueur

Schweißung *f* ⟨~; ~en⟩ TECH soudage *m*; soudure *f*

Schweiz [ʃvaɪts] ⟨→ n/pr⟩ *die* ~ la Suisse

Schweizer[1] *m* ⟨~s; ~⟩ **1.** GÉOGR Suisse *m*; *in der Schweizergarde* suisse *m*; **2.** (*Melker*) trayeur *m*

Schweizer[2] *adj* ⟨épithète; inv⟩ suisse; de (la) Suisse; helvétique; ~ *Käse* fromage *m* de gruyère

schweizerdeutsch *adj* suisse-allemand; alémanique (de Suisse)

Schweizerdeutsch *n cf* **Schwyzerdütsch**

Schweizergarde *f* ⟨~⟩ *des Papstes* garde *f* suisse

Schweizerin *f* ⟨~; ~nen⟩ Suisse *od* Suissesse *f*

schweizerisch *adj* suisse; de (la) Suisse; helvétique

Schwelbrand *m* feu couvant (sous la cendre)

schwelen [ˈʃveːlən] ⟨h⟩ I *v/t* TECH brûler lentement; *in der Kokerei* distiller, carboniser à basse température; II *v/i* Feuer brûler sans flamme; se consumer lentement; *a fig* couver

schwelgen [ˈʃvɛlɡən] *v/i* ⟨h⟩ **1.** *im Essen, Trinken* festoyer; faire bombance; (*üppig leben*) mener la grande vie; **2.** *fig in etw* (*dat*) ~ se repaître de qc; se complaire dans qc; *in Erinnerungen* ~ se complaire dans ses souvenirs

schwelgerisch *adj* luxueux, -euse; *Essen* fastueux, -euse; *Blick* voluptueux, -euse

Schwelle [ˈʃvɛlə] *f* ⟨~; ~n⟩ *a fig*, PSYCH seuil *m*; EISENBAHN traverse *f*; GÉOGR bombement *m*; *e-e* ~ *überschreiten* franchir un seuil; *an der* ~ *e-r neuen Zeit* au seuil d'une nouvelle époque; *auf der* ~ *zur Macht* aux abords du pouvoir; *st/s sich an der* ~ *des Todes befinden* être au seuil de la mort

schwellen [ˈʃvɛlən] I *st/s v/t* ⟨h⟩ *Segel etc* gonfler; enfler; *der Stolz schwellte ihm die Brust* sa poitrine se gonflait d'orgueil; II *v/i* ⟨schwillt, schwoll, geschwollen, sein⟩ **1.** MÉD enfler; **2.** *st/s Wasser, Fluß, Bach* s'enfler; grossir; *Lärm* grandir; s'amplifier; *Ton* augmenter; s'amplifier; **3.** *st/s fig* ~*de Lippen* f/pl lèvres charnues; ~*der Busen* poitrine opulente

Schwellen|angst *f* ⟨~⟩ PSYCH appréhension *f*; ~**land** *n* ⟨~(e)s; ⸚er⟩ pays nouvellement industrialisé; ~**wert** *m* PHYS, ÉLECT valeur *f* seuil

Schweller *m* ⟨~s; ~⟩ MUS levier *m* de crescendo

Schwellkörper *m* ANAT corps caverneux, érectile

Schwellung *f* ⟨~; ~en⟩ enflure *f*; gonflement *m*

Schwemme *f* ⟨~; ~n⟩ **1.** COMM (*Überangebot*) surplus *m*, excès *m* (*an* [+*dat*] de); **2.** *für Tiere* gué *m*; abreuvoir *m*; **3.** *regional* (*Bierkneipe*) *etwa* brasserie *f* populaire; **4.** österr *in e-m Warenhaus* rayon *m* discount

schwemmen [ˈʃvɛmən] *v/t* ⟨h⟩ **1.**

Schwemmland – Schwester

(fort~) emporter; entraîner; *an*(s) *Land geschwemmt werden* être rejeté à la côte; **2.** *österr* (*spülen*) passer à l'eau; rincer

'**Schwemm|land** *n* ⟨~(e)s⟩ terrains alluviaux; alluvions *f/pl*; **~sand** *m* sable alluvial

Schwengel ['ʃvɛŋəl] *m* ⟨~s; ~⟩ (*Pumpen*2) bras *m*; (*Glocken*2) battant *m*

Schwenk [ʃvɛŋk] *m* ⟨~s; ~s⟩ **1.** (*Drehung*) *bes* MIL conversion *f*; tournant *m*; *e-n* ~ *machen* tourner; MIL faire une conversion; *e-n* ~ *nach rechts machen* tourner vers la droite; *fig Partei etc* dériver vers la droite; **2.** FILM, TV panoramique *m*; *Kamera e-n* ~ *auf j-n, etw machen* faire un panoramique sur qn, qc

'**Schwenk|arm** *m* bras articulé, orientable, pivotant; **2bar** *adj* orientable; (*beweglich*) articulé; (*drehbar*) tournant; TECH pivotant; **~braten** *m etwa* grillade *f*

'**schwenken** I *v/t* ⟨h⟩ **1.** *Hut, Taschentuch, Fahne* agiter; TECH faire pivoter; *Kamera, Geschütz a* tourner; orienter; **2.** (*ausspülen*) rincer; **3.** CUIS *in Butter etc* faire revenir; II *v/i* ⟨sein⟩ *Geschütz* tourner; pivoter; *Truppen, taktisch* faire une conversion; *a* MAR évoluer; *beim Exerzieren* changer de direction; faire un changement de direction; *nach links* ~ tourner vers la gauche; *links schwenkt – marsch!* demi-tour à gauche, gauche!

'**Schwenker** F *m* ⟨~s; ~⟩ (*Cognac*2) verre *m* à cognac

'**Schwenk|kartoffeln** *f/pl* pommes (de terre) rissolées, revenues dans du beurre, *etc*; **~kran** *m* grue pivotante, à pivot

'**Schwenkung** *f* ⟨~; ~en⟩ pivotement *m*; TECH (mouvement *m* de) rotation *f*; *fig* changement *m* d'opinion

schwer [ʃve:r] I *adj* **1.** *im Gewicht, a fig* lourd; *Stoff* fort; solide; lourd; *Leinwand, Tuch a* gros, grosse; *Motorrad, Gepäck* gros, grosse; *zwei Kilo* ~ *sein* peser deux kilos; *fig e-e* ~*e Zunge haben* avoir la langue pâteuse; *fig e-n* ~*en Kopf haben* avoir la tête lourde; **2.** (*schwierig*) difficile; (*anstrengend*) fatigant; (*mühselig*) laborieux, -ieuse; (*hart*) dur; rude; *Arbeit* pénible; ardu; *Aufgabe, Amt, Pflicht etc* lourd; *Kampf* acharné; rude; *das war e-e* ~*e Geburt* c'était un accouchement difficile; F *fig* c'était du boulot; **3.** (*schlimm*) grave; *Sünde, Verbrechen* capital; *Schicksal* cruel, -elle; *Unrecht, Unfall, Beleidigung, Irrtum, Fehler* grave; *Krankheit, Vergehen, Schaden* grave; sérieux, -ieuse; *Verlust* lourd; fort; gros, grosse; *Strafe* sévère; lourd; *Zeiten* dur; difficile; *Enttäuschung, Gewitter, Schnupfen* gros, grosse; *Schock* dur; *Schmerz* grand; *Verdacht* sérieux, -ieuse; F *fig ein* ~*er Junge* F un truand, malfrat; **4.** *fig Speisen* lourd; difficile à digérer; *Getränke, Tabak* fort; *Wein a* puissant; *Parfum* lourd; fort; **5.** MAR ~*e See* grosse mer; mer 'houleuse; II *adv* **1.** lourdement; ~ *tragen, heben* porter, soulever qc de lourd; ~ *im Magen liegen* peser sur l'estomac, *fig* sur le cœur; *fig* ~ *wiegen* peser lourd; *fig* ~ *auf j-m lasten* peser lourd sur les épaules de

qn; être un poids pour qn; **2.** (*schwierig*) difficilement; ~*er machen* compliquer; rendre plus difficile; *es j-m* (*sehr*) ~ *machen* rendre la tâche *od* la situation difficile à qn; *es* ~ (*mit j-m, etw*) *haben* avoir du mal (avec qn, qc); **3.** (*anstrengend*) durement; (*mühsam*) difficilement; avec peine; ~ *arbeiten* travailler dur; ~ *atmen* respirer difficilement, péniblement; ~ *hören* être dur d'oreille; *das hat sie sich* (*dat*) ~ *erkämpft* elle a obtenu ça à grand peine; elle a lutté pour l'obtenir; **4.** (*ernstlich*) gravement; sérieusement; (*gefährlich*) dangereusement; sévèrement; ~ *krank* gravement, sérieusement malade; ~ *stürzen* faire une mauvaise chute; ~ *verunglücken* avoir un grave accident; (*sehr*) beaucoup; énormément; ~ *bestrafen* punir gravement; ~ *betrunken* ivre mort; *sich* ~ *täuschen* se tromper lourdement; ~ *enttäuscht*, F ~ *beleidigt sein* être profondément déçu, vexé; F ~ *aufpassen* F faire très attention; F *sich* ~ *blamieren* se couvrir de ridicule; F ~ *in Fahrt sein* être bien parti; F *das will ich* ~ *hoffen* j'y compte sérieusement; F *sie ist* ~ *in Ordnung* F elle est vachement bien; F *gestern haben wir* ~ *einen draufgemacht* F hier on a fait une bringue à tout casser; **6.** (*unverträglich*) ~ *kochen* faire une cuisine lourde, indigeste; ~ *essen* manger des choses lourdes, indigestes

'**Schwer|arbeit** *f* ⟨~⟩ travail *m* de force; travail *m* pénible; **~arbeiter** *m* travailleur *m* de force; **~athlet** *m* (*Gewichtheber*) haltérophile *m*; (*Ringer*) lutteur *m*; (*Boxer*) boxeur *m*; **~athletik** *f* (*Gewichtheben*) haltérophilie *f*; (*Ringen*) lutte *f*; (*Boxen*) boxe *f*; **2atmig** *adj* qui a la respiration gênée, difficile; qui respire difficilement

'**schwerbehindert** *adj* ADM ~ *sein* être un invalide (du travail), un infirme civil

'**Schwer|behinderte**(**r**) *f*(*m*) ADM grand(e) invalide *m,f*; infirme *m,f* civil, -e; **~behindertenausweis** *m* ADM carte *f* d'invalidité

'**schwer|beladen** *adj* lourdement chargé; **~beschädigt** *adj* **1.** très endommagé; **2.** *cf schwerbehindert*; **~bewaffnet** *adj* chargé d'armes

'**Schwere** *f* ⟨~⟩ **1.** pesanteur *f*; (*Gewicht*) poids *m*; PHYS gravité *f*; **2.** *fig, e-r Strafe* sévérité *f*; *der Verantwortung* poids *m*; *e-r Krankheit, e-s Verbrechens* gravité *f*; *e-s Amtes* difficultés *f/pl*; **3.** *des Weins* force *f*; puissance *f*; *des Parfums* lourdeur *f*; **~feld** *n* PHYS champ *m* de gravité, de la pesanteur; **2los** *adj* en état d'apesanteur; **~losigkeit** *f* ⟨~⟩ apesanteur *f*; *a fig* absence *f* de pesanteur

Schwerenöter ['ʃve:rənø:tər] F *plais m* ⟨~s; ~⟩ bourreau *m* des cœurs

'**schwererziehbar** *adj* difficile à élever, à éduquer

'**schwerfallen** *v/i* ⟨*irr, sép*, -ge-, *sein*⟩ *j-m* ~ être difficile, pénible à qn; coûter beaucoup de peine à qn; *es fällt mir schwer zu* (+*inf*) j'ai (de la) peine à (+*inf*); il m'est difficile, pénible de (+*inf*); il m'en coûte de (+*inf*)

'**schwerfällig** *adj* lourd; lourdaud, pe-

sant; (*träge*) engourdi; *Form* massif, -ive; *Stil* lourd; pesant; ~*er Mensch* lourdaud *m*

'**Schwerfälligkeit** *f* ⟨~⟩ lourdeur *f*; pesanteur *f*

'**Schwergewicht** *n* ⟨~s⟩ **1.** SPORT poids lourd; **2.** *fig* accent *m*; *das* ~ *auf etw* (*acc*) *legen* mettre l'accent, insister sur qc

'**schwergewichtig** *adj* massif, -ive

'**Schwergewichtler** *m* ⟨~s; ~⟩ SPORT poids lourd

'**schwerhörig** *adj* dur d'oreille; *p/fort* sourd; F *fig auf dem Ohr bin ich* ~ je fais la sourde oreille

'**Schwer|hörige**(**r**) *f*(*m*) ⟨→ A⟩ personne *f* qui est dure d'oreille; **~hörigkeit** *f* dureté *f* d'oreille; *p/fort* surdité *f*; **~industrie** *f* grosse industrie; industrie lourde; **~kraft** *f* ⟨~⟩ PHYS pesanteur *f*; gravité *f*; **2krank** *adj* gravement, sérieusement malade; **~kranke**(**r**) *f*(*m*) grand(e) malade *m*(*f*)

'**schwerlich** *st/s adv* avec peine, difficilement; ne … guère

'**schwermachen** *v/t* ⟨*sép*, -ge-, *h*⟩ *das macht mir das Herz schwer* j'ai le cœur gros; cela me serre le cœur; *j-m das Leben* ~ rendre la vie dure à qn; *es sich* (*dat*) ~ se compliquer la vie

'**Schwer|metall** *n* métal lourd; **~mut** *f* ⟨~⟩ mélancolie *f*; tristesse profonde; **2mütig** *adj* mélancolique; triste; sombre; **~mütigkeit** *f* ⟨~⟩ *cf Schwermut*; **2nehmen** *v/t* ⟨*irr, sép*, -ge-, *h*⟩ prendre trop au sérieux; prendre au tragique, à cœur; **~öl** *n* huile lourde

'**Schwerpunkt** *m* **1.** PHYS centre *m* de gravité; **2.** *fig* accent *m*; point principal; dominante *f*; *den* ~ *auf etw* (*acc*) *legen* mettre l'accent, insister sur qc; **3.** SCHULE, UNIVERSITÄT *mit Mathematik* à dominante mathématiques

'**schwer|punktmäßig** I *adj* sélectif, -ive; II *adv* d'une façon sélective; sur des points précis; **~punktstreik** *m* grève sectorielle; **~reich** F *adj* richissime

Schwert [ʃve:rt] *n* ⟨~(e)s; ~er⟩ **1.** *Waffe* épée *f*; *das* ~ *ziehen* tirer, dégainer l'épée; **2.** *e-s Segelboots* dérive *f*

'**Schwert|fisch** *m* espadon *m*; **2förmig** *adj* en forme d'épée; **~lilie** *f* BOT iris *m*

'**Schwertransport** *m* convoi exceptionnel

'**Schwert|schlucker** *m* avaleur *m* de sabres; **~streich** *m* coup *m* d'épée

'**schwertun** *v/réfl* ⟨*irr, sép*, -ge-, *h*⟩ F *sich* (*mit etw*) ~ avoir des difficultés (avec qc)

'**Schwertwal** *m* ZO orque *m*; épaulard *m*

'**Schwerverbrecher**(**in**) *m*(*f*) grand(e) criminel, -elle *m,f*

'**schwer|verdaulich** *adj a fig Lektüre, Film etc* indigeste; **~verletzt** *adj* grièvement blessé; **2verletzte**(**r**) *f*(*m*) grand(e) blessé *m*(*f*); **~verständlich** *adj* difficile à comprendre; **~verwundet** *adj* grièvement blessé; **2verwundete**(**r**) *f*(*m*) grand(e) blessé(e) *m*(*f*); **~wiegend** *adj fig* grave; (très) sérieux, -ieuse

Schwester ['ʃvɛstər] *f* ⟨~; ~n⟩ **1.** sœur *f*; *meine große* ~ ma grande sœur; mon aînée *f*; **2.** (*Kranken*2) infirmière *f*; ~ *Sabine* mademoiselle *bzw* madame

... +*Nachname*; *als Anrede* ~ *Sabine*! mademoiselle *bzw* madame!; **3.** REL religieuse *f*; *Barmherzige* ~ sœur *f* de charité; ~ *Johanna* sœur Jeanne; *als Anrede a* ma sœur

'**Schwesterchen** *n* ⟨~s; ~⟩ petite sœur; sœurette *f*

'**Schwester**|**firma** *f* maison associée; **~herz** *n plais* sœurette *f*; **²lich I** *adj* de *od* d'une sœur; **II** *adv* en sœur; **~liebe** *f* ⟨~⟩ amour *m* d'une sœur

'**Schwestern**|**haube** *f* coiffe *f* d'infirmière; **~helferin** *f* aide-infirmière *f*; **~liebe** *f* ⟨~⟩ amour *m* entre sœurs; **~paar** *n* deux sœurs *f/pl*; **~schaft** *f* ⟨~⟩ *e-s Krankenhauses* infirmières *f/pl*; **~schule** *f* école *f* d'infirmières; **~schülerin** *f* élève *f* infirmière; **~tracht** *f* tenue *f*, uniforme *m* d'infirmière; **~wohnheim** *n* foyer *m* d'infirmières

'**Schwester**|**partei** *f* parti *m* frère; **~schiff** *n* navire jumeau

Schwibbogen [ˈʃvɪpboːɡən] *m* CONSTR arc-boutant *m*

schwieg [ʃviːk] *cf* **schweigen**

Schwieger|**eltern** [ˈʃviːɡɐrˀɛltɐrn] *pl* beaux-parents *m/pl*; **~mutter** *f* belle-mère *f*; **~sohn** *m* gendre *m*; **~tochter** *f* belle-fille *f*; **~vater** *m* beau-père *m*

Schwiele [ˈʃviːlə] *f* ⟨~; ~n⟩ callosité *f*; durillon *m*

'**schwielig** *adj* calleux, -euse; couvert de durillons

schwierig [ˈʃviːrɪç] *adj* difficile; *Problem* ardu; épineux, -euse; (*mühselig*) pénible; laborieux, -ieuse; (*heikel*) délicat; scabreux, -euse; (*verwickelt*) compliqué; embrouillé

'**Schwierigkeit** *f* ⟨~; ~en⟩ difficulté *f*; **~en bekommen** avoir des difficultés; **~en machen** Sachen présenter des difficultés; *Menschen* faire des difficultés, des manières; *Mathematik macht mir keine ~en* je n'ai pas de difficultés en mathématiques; *in ~en* (*acc*) *geraten* avoir des difficultés; *auf ~en* (*acc*) *stoßen* rencontrer des, se heurter à des difficultés; *mach keine ~en!* ne fais pas de problème(s)!; ne complique pas!

'**Schwierigkeitsgrad** *m* degré *m* de difficulté

'**Schwimm**|**abzeichen** *n* brevet *m* de natation; **~anzug** *m* (maillot) nageur *m*; **~art** *f* style *m* de nage; *nage f*; **~bad** *n* piscine *f*; **~bagger** *m* drague flottante; **~bassin** *n*, **~becken** *n* bassin *m* de natation; piscine *f*; **~blase** *f* ZO vessie *f* natatoire; **~dock** *n* dock flottant

'**Schwimmeister** *m* (*Bademeister*) maître *m* nageur

schwimmen [ˈʃvɪmən] ⟨schwimmt, schwamm, geschwommen, sein; *sans indication de direction h ou sein*⟩ **I** *v/t nager*; *sie ist od hat e-n Rekord geschwommen* elle a battu un record en natation; **II** *v/i* **1.** *Lebewesen* nager; ~ *gehen* aller nager, se baigner; *an*(*s*) *Land* gagner la terre à la nage; *durch e-n Fluß* ~ traverser une rivière à la nage; *auf dem Rücken* ~ nager sur le dos; **2.** *Dinge* flotter; *obenauf* ~ surnager; **3.** *fig in s-m Blut* ~ baigner dans son sang; *in Tränen* ~ *Person* fondre en larmes; *Augen* être baigné(s) de larmes; *im od in Geld* ~ rouler sur l'or; être tout cousu d'or; **4.** ⟨h⟩ F *fig* (*unsicher sein*) nager; **5.** ⟨h⟩ F (*überschwemmt sein*) *hier schwimmt ja alles* c'est tout trempé ici; **6.** *in ~dem Fett braten* faire frire dans l'huile bouillante; **III** *v/imp mir schwimmt es vor den Augen* j'ai des éblouissements; j'ai la vue troublée

'**Schwimmen** *n* ⟨~s⟩ natation *f*; *zum ~ gehen* aller nager, se baigner; **2.** F *fig ins ~ kommen* patauger; *bei e-m Vortrag* bafouiller; bredouiller

'**Schwimmer** *m* ⟨~s; ~⟩ **1.** *Mensch* nageur *m*; **2.** *an der Angel*, TECH *etc* flotteur *m*; **~becken** *n* bassin *m* des nageurs

'**Schwimmerin** *f* ⟨~; ~nen⟩ nageuse *f*

'**Schwimm**|**flosse** *f* SPORT palme *f*; **~fuß** *m* ZO pied palmé; **~gürtel** *m* ceinture *f* de natation; **~halle** *f* piscine couverte; **~haut** *f* ZO palmure *f*; **~kran** *m* grue flottante; **~lehrer**(**in**) *m*(*f*) professeur *m* de natation; **~sport** *m* natation *f*; **~stadion** *n* piscine *f* (olympique); **~stil** *m* style *m* de nage; **~stoß** *m* brasse *f*; **~vogel** *m* (oiseau *m*) palmipède *m*; **~weste** *f* gilet *m* de sauvetage

Schwindel [ˈʃvɪndəl] *m* ⟨~s⟩ **1.** MÉD vertige *m*; (*~anfall*) étourdissement *m*; **2.** F (*unwahre Geschichte*) histoires *f/pl* F bobards *m/pl*; **3.** F (*Betrug*) escroquerie *f*; *den ~ kenne ich!* je connais le truc!; **4.** F (*Kram*) *der ganze ~* F tout le barda, bazar

'**Schwindelanfall** *m* étourdissement *m*; *e-n ~ bekommen* avoir le vertige, un étourdissement

Schwinde|**lei** *f* ⟨~; ~en⟩ **1.** (*Unwahrheiten*) histoires *f/pl*; F bobards *m/pl*; **2.** (*Betrug*) escroquerie *f*

'**schwindel**|**erregend** *adj* Höhe, *Geschwindigkeit* vertigineux, -euse; *Aufstieg, Erfolg* étourdissant; **~frei** *adj* qui n'est pas sujet, -ette au vertige; **²gefühl** *n* sensation *f* de vertige

'**schwindelig** *adj leicht ~ werden* être sujet, -ette à des vertiges; *mir ist* (*es*) ~ j'ai le vertige; j'ai un étourdissement; *ich werde ~* je suis pris de vertige; (*j-n*) ~ *machen* donner le vertige (à qn)

'**schwindeln** ⟨-(e)le, h⟩ **I** F *v/t u v/i* (*lügen*) raconter des histoires, F des bobards; *das ist geschwindelt* ce n'est pas vrai; *tu as menti*; **II** *v/imp mir od mich schwindelt* j'ai le vertige; j'ai des éblouissements; *ihm schwindelte bei dem Gedanken an* ... (+*acc*) la pensée de ... lui donna le vertige; il eut le vertige à la pensée de ...; **~de Höhe** 'hauteur vertigineuse

schwinden [ˈʃvɪndən] *v/i* ⟨schwindet, schwand, geschwunden, sein⟩ **1.** *st/s* (*abnehmen*) diminuer; se réduire; décroître; *Töne* décroître; diminuer; *Farben* pâlir; s'effacer; se décolorer; *Licht* baisser; faiblir; *Schönheit* se flétrir; se faner; *Interesse* baisser; *Spuren* s'effacer; *Ersparnisse* fondre; s'amenuiser; diminuer; *Mut, Angst, Mißtrauen, Einfluß* diminuer; *Hoffnung a* fondre; s'en aller; *Macht* s'affaiblir; *s-e Kräfte* ~ ses forces déclinent, s'en vont, l'abandonnent; *ihm schwand der Mut* il perdit courage; *ihr schwanden die Sinne* elle perdit connaissance, elle s'est évanouie; *im ²sein* être en diminution; **2.** TECH *Metall, Holz, Ton* se rétrécir; se contracter; se resserrer

'**Schwindler**(**in**) *m* ⟨~s; ~⟩ (*f*) ⟨~; ~nen⟩ *pej* **1.** (*Lügner*[*in*]) menteur, -euse *m,f*; *du ~!* F tu me racontes des bobards!; **2.** (*Betrüger*[*in*]) escroc *m*; baratineur, -euse *m,f*

'**schwindlig** *cf* **schwindelig**

'**Schwind**|**sucht** *f* ⟨~⟩ phtisie *f*; tuberculose *f* pulmonaire; **²süchtig** *adj* tuberculeux, -euse; phtisique

'**Schwingachse** *f am Auto* essieu oscillant

'**Schwinge** *f* ⟨~; ~n⟩ **1.** *st/s* (*Flügel*), *a fig* aile *f*; **2.** *regional, österr* panier plat et oval; **3.** TECH bras oscillant

schwingen [ˈʃvɪŋən] ⟨schwingt, schwang, geschwungen⟩ **I** *v/t* ⟨h⟩ (*hin-u her~*) basculer; balancer; *Fahne, Hut etc* agiter; *Schwert, Keule* brandir; **II** *v/i* ⟨h ou sein⟩ **1.** *Pendel* osciller; *Saite* vibrer; **2.** *am Reck* se balancer; **3.** ⟨h⟩ *st/s* (*anklingen*) vibrer; *in ihrer Stimme schwang Freude* la joie vibrait dans sa voix; sa voix vibrait de joie; **III** *v/réfl* ⟨h⟩ *sich ~* s'élancer; *sich über die Mauer ~* sauter par-dessus le mur; *sich in den Sattel ~* sauter en selle; *sich auf sein Fahrrad ~* enfourcher sa bicyclette; *Vogel sich in die Luft ~* prendre son essor; s'envoler; *st/s die Brücke schwingt sich über den Fluß* le pont enjambe le fleuve

'**Schwingen** *n* ⟨~s⟩ SPORT lutte *f* suisse

'**Schwinger** *m* ⟨~s; ~⟩ BOXEN swing *m*

'**Schwing**|**kreis** *m* ÉLECT circuit oscillant; **~tür** *f* porte battante

'**Schwingung** *f* ⟨~; ~en⟩ PHYS vibration *f*; pulsation *f*; *e-s Pendels* mouvement *m* oscillatoire, pendulaire; *a* ÉLECT oscillation *f*; *in ~ versetzen* faire vibrer; ébranler; *in ~ geraten* s'ébranler

'**Schwingungs**|**dämpfer** *m* amortisseur *m* d'oscillations, de vibrations; **~dauer** *f* durée *f* d'oscillation; période *f*; **~zahl** *f* fréquence *f* (des oscillations); nombre *m* des oscillations

Schwipp|**schwager** [ˈʃvɪpʃvaːɡɐ] F *m* beau-frère *m* par alliance; **~schwägerin** F *f* belle-sœur *f* par alliance

'**Schwips** [ʃvɪps] *m* ⟨~es; ~e⟩ *e-n ~ haben* F être éméché, pompette

schwirren [ˈʃvɪrən] *v/i* **1.** ⟨sein⟩ *Pfeil, Kugeln* siffler; *Insekten* bourdonner; *durch die Luft ~* fendre l'air en sifflant *bzw* en bourdonnant; *mir schwirrte alles mögliche durch den Kopf* j'avais la tête bourdonnante de mille choses; **2.** ⟨h⟩ *mir schwirrt der Kopf* la tête me tourne

'**Schwitzbad** *n* bain *m* de vapeur; *Ort, a fig étuve f*

'**Schwitze** *f* ⟨~; ~n⟩ CUIS (*Mehl*) roux *m*

'**schwitzen** [ˈʃvɪtsən] ⟨-(es)t, h⟩ **I** *v/t* CUIS *Mehl* faire mousser; *Zwiebeln* faire fondre; **II** *v/i* **1.** *Menschen* transpirer, *p/fort* suer; *unter den Armen ~* transpirer sous les bras; **2.** *Mauern, Wände* suinter; *Fensterscheiben* être couvert de buée; **III** *v/réfl sich* (*ganz*) *naß ~* être (tout) mouillé de transpiration

'**schwitzig** F *adj* mouillé de sueur

'**Schwitzkasten** *m* ⟨~s⟩ RINGEN prise *f* de tête; *j-n in den ~ nehmen* faire une prise de tête à qn

'**Schwitzkur** *f* traitement *m* sudorifique, par sudation

Schwof [ʃvoːf] F *m* ⟨~(e)s; ~e⟩ F guinche *f*; dancing *m*

'**schwofen** F v/i ⟨h⟩ F guincher; aller au dancing

schwoll [ʃvɔl] cf **schwellen** II

schwören ['ʃvø:rən] v/t u v/i ⟨schwört, schwor, geschworen, h⟩ **1.** JUR jurer; affirmer, déclarer sous (la foi du) serment; abs prêter serment; **auf die Bibel, bei s-r Ehre, bei Gott ~** jurer sur la bible, sur son honneur, devant Dieu; **j-m Rache ~** jurer de se venger de qn; **j-m Treue ~** jurer fidélité à qn; fig **ich könnte darauf ~** (+inf) od **ich könnte ~, daß ...** je pourrais jurer que ...; **2.** fig (beteuern) jurer; affirmer; **ich schwöre** (**dir**), **daß es wahr ist** je (te) jure que c'est vrai; **3.** fig (geloben) jurer; promettre; **ich habe** (**mir**) **geschworen zu** (+inf) je me suis juré de (+inf); **4.** fig (überzeugt sein) **auf etw, j-n ~** ne jurer que par qc, qn

Schwuchtel ['ʃvʊxtəl] F péj f ⟨~; ~n⟩ F tante f; F tantouse f

schwul [ʃvu:l] F adj homosexuel, -elle; gay od gai

schwül [ʃvy:l] adj **1.** (drückend) lourd (et humide); suffocant; **es ist ~** il fait lourd (et humide); on suffoque; **2.** fig (sinnlich), a Parfum, Musik, Phantasien etc sensuel, -elle; voluptueux, -euse

Schwule(r) F m ⟨→ A⟩ gay od gai m; F péj pédé m

'**Schwüle** f ⟨~⟩ **1.** chaleur étouffante, suffocante; temps lourd (et humide); **2.** fig sensualité f

'**Schwulen|bewegung** F f mouvement m gay; **~lokal** F n bar m bzw boîte f de gays od gais

Schwulität [ʃvuli'tɛ:t] F f ⟨~; ~en⟩ **in ~en sein** F être dans le pétrin; être dans l'embarras; être gêné; finanziell a être dans la gêne

Schwulst [ʃvʊlst] m ⟨~(e)s⟩ in der Rhetorik pompe f; emphase f; im Baustil profusion f d'ornements, de fioritures

schwülstig ['ʃvʏlstɪç] **I** adj Stil pompeux, -euse; emphatique; Architektur surchargé d'ornements, de fioritures; **II** adv **~ schreiben, sprechen** avoir un style pompeux, emphatique

schwumm(e)rig ['ʃvʊm(ə)rɪç] F adj **mir ist** (**ganz**) **~** (unwohl) F je me sens patraque; (benommen) j'ai la tête qui tourne; (unbehaglich) F je ne me sens pas bien

Schwund [ʃvʊnt] m ⟨~(e)s⟩ **1.** (Abnehmen) diminution f; von Kapital amenuisement m; MÉD atrophie f; RAD fading m; bei Waren perte f de poids (par évaporation, coulage, etc); **2.** (Verlust) perte f; auf dem Transport déchet m (de route)

Schwung [ʃvʊŋ] m ⟨~(e)s; ~e⟩ **1.** e-s Rades etc mouvement m rapide; (Anstoß) impulsion f; PHYS e-s bewegten Körpers lancée f; **~ holen** prendre son élan; Rad, Schaukel, Glocke etc **in ~ setzen** (pas de pl) fig (Elan) entrain m; élan m; allant m; des Stils, der Musik, e-r Zeichnung mouvement m; (Tatkraft) énergie f; dynamisme m; (Lebhaftigkeit) vivacité f; animation f; F **etw in ~ bringen** mettre qc en train; (in Gang bringen) mettre qc en branle; lancer qc; démarrer qc; F **in ~ kommen** Unternehmen etc démarrer; prendre son essor; Person se mettre en train; (in gute Stimmung kommen) s'animer; F **in ~ sein** Unternehmen être en train; bien marcher; Person se sentir plein d'entrain; se sentir en forme; F **da ist ~ drin** c'est plein d'entrain, de mouvement; F **jetzt kommt ~ in den Laden** F ça commence à bouger; **3.** F (größere Menge) **ein ganzer ~ Bücher, Hefte** etc toute une pile de livres, de cahiers, etc; **4.** (Bogen) courbe f; SKI-SPORT virage m

'**Schwung|bein** n SPORT jambe f qui donne l'élan; **~feder** f der Vögel rémige f

'**schwunghaft** adj Handel florissant; **e-n ~en Handel mit etw betreiben** faire un commerce actif de qc

'**Schwung|kraft** f ⟨~⟩ PHYS force f centrifuge; **²los** adj Person qui manque d'entrain, d'élan, de dynamisme; Rede, Musik etc terne; insipide; **~rad** n TECH volant m; **²voll** adj plein d'entrain; Zeichnung plein de mouvement; Musik a entraînant; dynamique; Rede d'une belle envolée; plein de verve

schwupp(diwupp) ['ʃvʊp(di'vʊp)], **schwups** [ʃvʊps] int paf!

Schwur [ʃvu:r] m ⟨~(e)s; ¨e⟩ serment m; **e-n ~ leisten** faire, prêter serment; **die Hand zum ~ erheben** lever la main pour prêter serment

'**Schwur|gericht** n JUR cour f d'assises; **~gerichtsverfahren** n JUR procédure f devant la cour d'assises

Schwyzer|dütsch ['ʃvi:tsərdy:tʃ] n, **~tütsch** n ⟨~(s)⟩ schweiz suisse-allemand m; dialecte allemand parlé en Suisse

Science-fiction ['saɪəns'fɪkʃən] f ⟨~⟩ science-fiction f; **~-Roman** m roman m de science-fiction

SDR [ɛsde:'ʔɛr] m ⟨~⟩ abr (Süddeutscher Rundfunk) radio et télévision régionales allemandes (Stuttgart)

Séance [ze'ã:s(ə)] f ⟨~; ~n⟩ séance f de spiritisme

Sebastian [ze'bastian] m ⟨→ n/pr⟩ Sébastien m

Seborrhö(e) [zebɔ'rø:] f ⟨~; -öen⟩ MÉD séborrhée f

sec abr (Sekunde) s (seconde)

sechs [zɛks] num/c six; cf a **acht**

Sechs f ⟨~; ~en⟩ **1.** Zahl (chiffre m, nombre m) six m; cf a **Acht¹**; **2.** Schulnote (ungenügend) insuffisant; in Frankreich etwa zéro m, un m, deux m, trois m, quatre m (sur vingt); **eine ~ schreiben, haben** etwa avoir zéro m, un, deux, trois, quatre (sur vingt)

sechs..., Sechs... cf a **acht..., Acht...**

'**Sechs|eck** n ⟨~(e)s; ~e⟩ hexagone m; **²eckig** adj hexagonal

'**sechsein'halb** num/c six et demi

'**Sechser** m ⟨~s; ~⟩ südd, österr, schweiz (Sechs) six m; cf a **Sechs** 2.

'**sechser'lei** adj (épithète; inv) six sortes, espèces de ...; six ... différent(e)s; de six sortes, espèces différentes

'**sechsfach I** adj sextuple; cf a **achtfach**, **II** adv six fois (plus); au sextuple; **~ vergrößert** agrandi six fois

'**Sechs|fache(s)** n ⟨→ A⟩ sextuple m; '**²hundert** num/c six cent(s); **²jährig** adj (sechs Jahre alt) (âgé) de six ans; (sechs Jahre lang) de six ans; qui dure six ans; sc, Amtszeit etc sexennal; **~jährige(r)** f(m) ⟨→ A⟩ garçon m, fille f de six ans; **²jährlich** adv (adj) (qui revient) tous les six ans

Sechskant ['zɛkskant] n od m ⟨~(e)s; ~e⟩ TECH hexagone m; **~eisen** n fer hexagonal

'**Sechsling** m ⟨~s; ~e⟩ un(e) des sextuplé(e)s; pl **~e** sextuplé(e)s m(f) pl

'**sechs|mal** adv six fois; **~malig** adj (épithète) répété six fois; **~monatlich I** adj semestriel, -ielle; **II** adv semestriellement; par semestre; **²silb(l)er** m ⟨~s; ~⟩ hexasyllabe m

sechsstellig ['zɛksʃtɛlɪç] adj Zahl, Betrag de six chiffres; par ext **~e Summe** grosse somme

sechst [zɛkst] adv **zu ~** à six; **zu ~ sein** être six

Sechs'tagerennen n RADSPORT six-jours m/pl

'**sechs'tausend** num/c six mille

'**sechste(r, -s)** num/o sixième; cf a **achte(r, -s)**

Sechstel ['zɛkstəl] n ⟨~s; ~⟩ sixième m

'**sechstens** adv sixièmement; en sixième lieu

'**Sechs|zeiler** m ⟨~s; ~⟩ MÉTRIK sixain m; **²zeilig** adj à od de six lignes

sechzehn ['zɛçtse:n] num/c seize; cf a **acht**

'**Sechzehntel|note** f MUS double croche f; **~pause** f MUS quart m de soupir

sechzig ['zɛçtsɪç] num/c soixante; **etwa, rund ~** (**Personen**) une soixantaine (de personnes); **etwa, rund ~** (**Jahre alt**) **sein** avoir la soixantaine; cf a **achtzig**

'**Sechzig** f ⟨~⟩ (chiffre m, nombre m) soixante m

'**sechziger** adj (épithète; inv) **die ~ Jahre** n/pl les années f/pl soixante

'**Sechzig|er(in)** m (f) ⟨~s; ~/~nen⟩ cf **Sechzigjährige(r)**; **²jährig** adj (sechzig Jahre alt) (âgé) de soixante ans; Personen a sexagénaire; (sechzig Jahre lang) de soixante ans; **~jährige(r)** f(m) ⟨→ A⟩ sexagénaire m,f; homme m, femme f de soixante ans

Secondhand|kleidung ['sɛkənt'hɛntklaɪdʊŋ] f vêtement m d'occasion, de seconde main; **~laden** m magasin m de vêtements d'occasion

SED [ɛsʔe:'de:] f ⟨~⟩ HIST abr (Sozialistische Einheitspartei Deutschlands) Parti socialiste unifié de la R.D.A.

sedativ [zeda'ti:f] adj MÉD sédatif, -ive

Sedativum [zeda'ti:vʊm] n ⟨~s; -va⟩ MÉD sédatif m

Sedezformat [ze'de:tsfɔrma:t] n TYPO (format m) in-seize m

Sediment [zedi'mɛnt] n ⟨~(e)s; ~e⟩ GÉOL, MÉD, CHIM sédiment m

sedimentär [zedimɛn'tɛ:r] adj sédimentaire

Sedi'mentgestein n GÉOL roches f/pl sédimentaires

See¹ [ze:] m ⟨~s; ~n⟩ (Binnen**²**) lac m; **am ~** au bord du lac

See² f ⟨~⟩ **1.** (Meer) mer f; **in ~ stechen** appareiller; prendre la mer, le large; **in den Ferien an die ~ fahren** aller au bord de la mer od à la mer; **an der ~** au bord de la mer; **auf ~** sur od en mer; **auf hoher, offener ~** en pleine, 'haute mer; F **zur ~ gehen** se faire marin; **Handel** m **zur ~** commerce m maritime; **Kapitän** m **zur ~** capitaine m de vaisseau; **2.** (*Seegang*) mer f; **ruhige ~** mer calme; **bewegte ~** mer agitée; **schwere** od **rauhe ~** grosse mer

'See|adler m aigle m de mer; **~amt** n préfecture f maritime; **~anemone** f anémone f de mer; **~bad** n (*Badeort*) station f balnéaire

'Seebär m **1.** ZO otarie f; **2.** F fig (*Seemann*) (*alter*) **~** (vieux) loup m de mer

'See|beben n séisme sous-marin; **~bestattung** f dispersion f des cendres en mer; immersion f d'une urne funéraire (en 'haute mer)

'Seeblick m ⟨~(e)s⟩ **mit ~** avec vue sur le lac bzw la mer

'See|blockade f blocus m maritime; **~Elefant** m éléphant m de mer; **~fahrer** m **1.** (*Entdeckungsreisender*) navigateur m; **2.** (*Seemann*) marin m; **~fahrervolk** n peuple navigateur; **~fahrt** f **1.** ⟨pas de pl⟩ navigation f maritime; **2.** (*Schiffsreise*) voyage m en bateau; (*Kreuzfahrt*) croisière f

'Seefahrt(s)schule f école f de navigation maritime

'seefest adj *Schiff* qui tient bien la mer; *Person* qui n'est pas sujet, -ette au mal de mer

'Seefisch m poisson m de mer; *als Ware* **frische ~e** marée f

'See|fracht f fret m (naval); **~funk** m radio f maritime

'Seegang m ⟨~(e)s⟩ (état m de la) mer f; **leichter ~** F mer f calme; **schwerer** od **starker ~** grosse mer; **es herrscht ~** la mer est agitée; il y a de la houle

'See|gefecht n combat naval; **~gras** n BOT zostère m; *als Polstermaterial* crin végétal; **~gurke** f concombre m de mer; sc **~n** pl holothuries f/pl; **~hafen** m port m de mer, maritime; **~handel** m commerce m de mer, maritime; **~hase** m lump m; **~hecht** m colin m; *regional* merlu m; **~heilbad** n station thermale de cure marine; **~herrschaft** f ⟨~⟩ maîtrise f de la mer bzw des mers; suprématie f maritime; **~hund** m phoque m; **~hundsfell** n peau f de phoque m; **~igel** m ZO oursin m; **~jungfer** f ZO calopteryx m (une libellule); **~jungfrau** f MYTH sirène f; **~kadett** m élève m de l'École navale; **~karte** f carte marine; ²**klar** adj prêt à appareiller, à prendre la mer; **~klima** n climat m maritime

'seekrank adj qui a le mal de mer; **~ werden** avoir le mal de mer; **leicht ~ werden** être sujet, -ette au mal de mer

'See|krankheit f ⟨~⟩ mal m de mer; **~krieg** m guerre navale, maritime; **~kuh** f vache marine; **~lachs** m etwa lieu (noir)

'Seelchen F n ⟨~s; ~⟩ **er, sie ist ein ~** il, elle est fleur bleue

'Seele ['zeːlə] f ⟨~; ~n⟩ REL, PSYCH, MUS, fig âme f; **ein Dorf von fünfhundert ~n** un village de cinq cents âmes; **e-e treue ~** un(e) fidèle; **er ist die ~ des Geschäfts** il est l'âme de l'entreprise; **er ist e-e ~ von Mensch** c'est un brave type; F c'est une bonne pâte; **aus ganzer** od **tiefster ~** du fond du cœur; **Sie sprechen mir aus der ~** vous avez exprimé ma propre pensée; vous pensez tout comme moi; F **sich** (dat) **die ~ aus dem Leib schreien** crier comme un putois; crier à tue-tête; **das tut mir in der ~ weh** j'en suis navré; cela me fend le cœur; plais **nun hat die liebe ~ Ruh** enfin il bzw elle a eu ce qu'il bzw elle désirait; le bzw la voilà satisfait(e)

'Seelen|amt n CATH office m des morts; **~arzt** F m **1.** (*Psychiater*) psychanalyste m; F psy m; **2.** fig confident m; **~friede(n)** m paix f de l'âme; **~größe** ⟨~⟩ f grandeur f d'âme; magnanimité f

'Seelenheil m salut m (de l'âme); F iron **wenn dein ~ davon abhängt** si tu y tiens à tout prix

'Seelen|hirt(e) st/s m pasteur m; père spirituel; **~leben** st/s n ⟨~s⟩ vie f de l'âme, spirituelle; ²**los** adj sans âme; Blick sans vie; inexpressif, -ive

'Seelenmassage F f baume m au cœur; **das Gespräch** (mit dir) **war e-e ~** (für mich) notre conversation m'a mis du baume au cœur

'Seelen|not f ⟨~s f⟩, **~qual** st/s f angoisses f/pl

'Seelenruhe f paix f intérieure; par ext sang-froid m; **in aller ~**, F **mit e-r ~** imperturbablement; avec sang-froid; avec calme

'seelen|ruhig adv imperturbablement; avec sang-froid; impassiblement; '**~ver'gnügt** adj ravi; heureux, -euse; ²**verkäufer** m péj **1.** (*schlechtes Schiff*) rafiot m; **2.** F *Person* F mouchard m; cafard m

'seelenverwandt adj **sie sind ~** ils ont beaucoup d'affinités; **er ist mir ~** il a des affinités avec moi

'Seelen|verwandtschaft f affinités f/pl; sympathie f (de deux âmes); ²**voll** st/s adj plein de sentiment; Blick expressif, -ive; **~wanderung** f ⟨~⟩ réincarnation f; **~zustand** m état m d'âme

'Seeleute pl marins m/pl; gens m/pl de mer

'seelisch I adj moral, (*psychisch*) psychique; **~er Druck** pression morale; **das ~e Gleichgewicht verlieren** perdre l'équilibre moral; **II** adv **~ bedingt** qui a des causes psychologiques

'Seelöwe m lion m de mer; otarie f (à crinière)

'Seelsorge f ⟨~⟩ aide, assistance spirituelle

'Seelsorger m ⟨~s; ~⟩ prêtre m; PROT pasteur m; SCHULE, MIL etc aumônier m

'seelsorgerisch adj Betreuung etc spirituel, -elle; **~e Tätigkeit** fonction, mission spirituelle, religieuse

'See|luft f ⟨~⟩ air m marin, de la mer; **~macht** f puissance navale, maritime; **~mann** m ⟨~(e)s; -leute⟩ marin m; ²**männisch I** adj de marin; Fähigkeiten etc nautique; **II** adv en marin

'Seemanns|amt n Inscription f maritime; **~braut** f fiancée f d'un marin

'Seemannsgarn n ⟨~⟩ plais histoires f/pl, aventures f/pl de marin; **~ spinnen** raconter des histoires (fabuleuses)

'Seemanns|heim n foyer m du marin; **~knoten** m nœud m de marin; **~lied** n chanson f de marin; **~sprache** f ⟨~⟩ langage m des marins

'See|meile f mille marin; **~mine** f mine marine; **~möwe** f mouette f; **~nadel** f ZO aiguille f de mer

'Seen|gebiet n région f de lacs; **~kunde** f ⟨~⟩ limnologie f

'Seenot f ⟨~⟩ détresse f; **in ~** en détresse; en perdition

'Seenot|rettungsdienst m service m de sauvetage en mer; **~ruf** m appel m de détresse; **~zeichen** n signal m de détresse

'Seenplatte f région f de lacs; plateau m lacustre

'See|offizier m officier m de marine; **~pferd** n, **~pferdchen** n ⟨~s; ~⟩ hippocampe m; **~räuber** m pirate m; corsaire m; **~räuberschiff** n vaisseau m de pirate; (navire m) corsaire m; **~recht** n ⟨~(e)s⟩ droit m, code m maritime

'Seereise f voyage m en mer; (*Kreuzfahrt*) croisière f; (*Überfahrt*) traversée f; **e-e ~ machen** faire une croisière bzw une traversée

'See|rose f **1.** BOT nénuphar m; **2.** cf Seeanemone; **~route** f route f maritime; **~sack** m sac m de marin; **~sand** m sable m de mer; **~schiff** n navire m; **~schiffahrt** f navigation f maritime; **~schlacht** f bataille navale; combat naval; **~schlange** f MYTH, ZO serpent m de mer; **~schwalbe** f hirondelle f de mer; **~spinne** f araignée f de mer; **~stern** m ZO étoile f de mer; **~straße** f route f maritime; **~streitkräfte** f/pl forces navales; marine f; **~stück** n PEINT marine f; **~tang** m goémon m, varech m; ²**tüchtig** adj en état de tenir la mer; en bon état de navigation; **~ufer** n bord m du lac; **~ungeheuer** n monstre marin; **~vogel** m oiseau m de mer; ²**wärts** adv du côté de la mer; bes MAR au large; **~wasser** n ⟨~s⟩ eau f de mer

'Seeweg m voie f maritime; route f maritime; **auf dem ~** par mer; par voie maritime; HIST **der ~ nach Ostindien** la route des Indes

'See|wesen n ⟨~s⟩ marine f; **~wetterbericht** m bulletin m météorologique maritime, pour la navigation maritime; **~wind** m vent m de mer, du large; **~zeichen** n signal m maritime; pl signalisation f maritime

'See|zollgrenze f frontière douanière maritime; **~zunge** f ZO sole f

Segel ['zeːgəl] n ⟨~s; ~⟩ MAR, ANAT voile f; **unter ~** sous voiles; **unter ~ gehen** faire voile (**nach** vers); **die ~ streichen** amener les voiles; st/s fig baisser pavillon (**vor** j-m devant qn); **mit vollen ~n** a fig toutes voiles dehors

'Segel|boot n bateau m à voiles; **~fahrt** f voyage m en bateau à voiles; **~fliegen** n vol m à voile; **~flieger(in)** m(f) pilote m de planeur; amateur m de vol à voile; **~flug(sport)** m vol m à voile; **~flugzeug** n planeur m; **~jacht** f yacht m à voiles; voilier m; **~macher** m ⟨~s; ~⟩ Berufsbezeichnung voilier m

'segeln v/i ⟨-(e)e, h, doublé d'une indication de direction sein⟩ **1.** MAR naviguer; SPORT faire de la voile; faire du yachting; AVIAT faire du, descendre en vol plané; **~ gehen** aller naviguer; aller faire de la voile; fig **durch die Lüfte ~** traverser les airs; **gegen den Wind ~** aller contre le vent; **mit dem Wind ~** aller selon le vent; **vor dem Wind ~** être sous le vent; **2.** F fig (*fallen*) **auf den Boden**, **die Straße ~** F se ramasser par terre, dans la rue; **durchs Examen ~** F être collé à son examen

Segel|ohren F *n/pl* F oreilles *f/pl* en feuille de chou; **~regatta** *f* régate *f* de voiliers; **~schiff** *n* bateau *m* à voiles; voilier *m*; **~sport** *m* voile *f*; yachting *m*; **~tuch** *n* ⟨~(e)s; ~e⟩ toile *f* (à voiles)

Segen ['zeːgən] *m* ⟨~s; ~⟩ **1.** REL bénédiction *f*; (*Gebet*) prière *f* de bénédiction; (*Tischgebet*) bénédicité *m*; *j-m den ~ erteilen od spenden, den ~ über j-n sprechen* donner sa bénédiction à qn; bénir qn; *der ~ Gottes sei mir dir!* Dieu te bénisse!; F (*j-m*) *s-n ~ zu etw geben* donner son accord (à qn) pour qc; F *meinen ~ hast du!* tu as ma bénédiction; bonne chance!; **2.** *st/s fig* ⟨*pas de pl*⟩ richesses *f/pl*; *der Ernte* abondance *f*; *des Himmels* don *m*; (*Gedeihen*) prospérité *f*; **3.** ⟨*pas de pl*⟩ (*Glück*) bonheur *m*; chance *f*; (*j-m*) *~ bringen* porter bonheur (à qn); *zum ~ der Menschheit* pour le bonheur de l'humanité; *es ist ein (wahrer) ~, daß ...* c'est un bonheur, une chance que ...; *das schöne Wetter ist ein wahrer ~ für die Ernte* le beau temps est une réelle bénédiction pour la moisson; *prov sich regen bringt ~ prov* on n'a rien sans rien; **4.** F *iron* ⟨*pas de pl*⟩ *der ganze ~* F tout le bazar, le barda

'segenbringend *st/s adj* bienfaisant

'segensreich *adj* heureux, -euse; prospère; *Erfindung* utile; profitable; (*wohltuend*) a bienfaisant; *Einfluß* salutaire

'Segensspruch *m* bénédiction *f*

'Segenswunsch *m* **1.** (*Segen*) bénédiction *f*; **2.** (*Wunsch nach Segen*) demande *f* de bénédiction

'Segler *m* ⟨~s; ~⟩ **1.** *Person* homme *m* qui fait de la voile; *SPORT* yachtman *m*; **2.** *Schiff* voilier *m*; *Flugzeug* planeur *m*; **3.** *ZO* martinet *m*

'Seglerin *f* ⟨~; ~nen⟩ femme *f* qui fait de la voile; *SPORT* yachtwoman *f*

Segment [zɛˈɡmɛnt] *n* ⟨~(e)s; ~e⟩ segment *m*

segmen|tär [zɛɡmɛnˈtɛːr] *adj* segmentaire; **~tieren** *v/t* ⟨*pas de ge, h*⟩ segmenter

'segnen ['zeːɡnən] *v/t* ⟨-ete, h⟩ **1.** REL bénir; donner la bénédiction à; *st/s Gott segne dich!* Dieu te bénisse!; *gesegnete Mahlzeit!* bon appétit!; **2.** *fig mit etw gesegnet sein* être doté de qc; avoir le bonheur d'avoir qc; F *e-n gesegneten Schlaf haben* avoir un bon, profond sommeil; *st/s im gesegneten Alter von 90 Jahren* à l'âge vénérable de 90 ans; *st/s ihre Ehe war mit zahlreichen Kindern gesegnet* son mariage a été comblé par la naissance de nombreux enfants

'Segnung *f* ⟨~; ~en⟩ **1.** REL bénédiction *f*; **2.** *fig ~en pl der Zivilisation etc* bienfaits *m/pl*

'Seh|achse *f* axe visuel, optique; **²behindert** *adj* malvoyant; **~beteiligung** *f TV* taux *m* d'écoute

sehen ['zeːən] ⟨sieht, sah, gesehen, h⟩ **I** *v/t* **1.** (*wahrnehmen*) apercevoir; s'apercevoir de; (*erkennen*) reconnaître; (*an~*) regarder; (*treffen*) voir; *etw deutlich ~* distinguer qc; apercevoir qc distinctement; *zu ~ sein* se voir; être visible; (*ausgestellt sein*) être exposé, montré; *es ist nichts zu ~* je ne vois rien; (*es ist zu dunkel*) on n'y voit rien; *auf e-m Bild von ihr ist nichts zu ~ on* ne la voit pas; *der Brief, den Sie hier ~* la lettre que voici; *wenn man ihn sieht, könnte man glauben ...* à le voir, on pourrait croire ...; *etw nicht ~ wollen* faire semblant de ne pas voir qc; fermer les yeux sur qc; *er sieht es gern, wenn man ihn bedient* il aime être servi; *ich habe sie kommen (ge-)sehen* je l'ai vue venir; *ich habe ihn kommen ~* je l'ai vu venir; je m'en doutais; F *hat man so was schon gesehen?* a-t-on jamais vu pareille chose?; *das wollen wir doch erst mal ~!* je voudrais bien voir ça!; *das sehe ich anders* je vois les choses autrement; F *fig das sehe ich noch nicht* je n'ai pas le sentiment que ça change; *das sieht man!* cela se voit!; *das sieht man an der Form* cela se voit à la forme; *wenn ich das schon sehe, wird mir schlecht* rien que de voir ça j'en suis malade; F *fig ich kann ihn nicht mehr ~* F je ne peux plus le sentir; F *da sieht man (es) mal wieder!* (*ich habe es doch gleich gesagt*) c'est bien ce que je vous bzw t'avais dit; (*es sind immer dieselben*) tu vois, ce sont toujours les mêmes!; *er sieht aber auch alles* F il a des yeux jusque dans le dos; *ich sehe schon, es klappt nicht* je vois bien que ça ne marche pas; *den möchte ich ~, der nicht gern Eis ißt!* vous connaissez bzw tu connais qn qui n'aime pas les glaces?; **2.** *mit lassen sich ~ lassen* se montrer; se faire voir; *Sie lassen sich ja gar nicht mehr ~* on ne vous voit plus; *er hat sich nicht wieder ~ lassen* on ne l'a plus revu; *laß dich nie wieder ~!* et qu'on ne te revoie plus!; *sich mit etw, j-m ~ lassen können* pouvoir se présenter, se montrer avec qc, qn; ne pas avoir à rougir de qc, qn; *er kann sich hier nicht mehr ~ lassen* il ne peut plus remettre les pieds ici; *sie kann sich ~ lassen* elle peut se montrer; elle est sortable; *Ihre Arbeit kann sich ~ lassen* votre travail est bien fait; **3.** *p/p gern bei j-m gesehen sein* être bien vu, être le bzw la bienvenu(e) chez qn; *so gesehen gibt es ...* vu comme ça, il y a ...; *rechtlich, menschlich gesehen* du point de vue juridique, humain; **II** *v/i* **4.** voir; *gut, schlecht ~* (*gute bzw schlechte Augen haben*) avoir de bons, mauvais yeux; avoir une bonne, mauvaise vue; *weil es zu dunkel ist etc nicht gut ~* y voir mal; *weit ~* voir loin; *so weit man ~ kann* à perte de vue; *wie ich sehe, ist er nicht hier* il n'est pas là, à ce que je vois; *wie Sie ~, ...* comme vous le voyez, ...; *comme vous pouvez vous en rendre compte*, le constater ...; F *mal ~, ob ...* on verra bien si ...; *~ Sie mal!* voyez un peu!; *sieh doch!* vois donc!; F *sieh mal einer an!* F voyez-moi ça!; F ça par exemple!; F *laß mal ~!* fais (donc) voir!; montre (donc)!; *na, siehst du, so schwer war das nicht* tu vois! cela n'était pas si difficile; F *siehste!* tu vois!; F *und hast du nicht gesehen, war er verschwunden* et en un éclair il avait disparu; *... und siehe da, der Frosch verwandelte sich in e-n Prinzen* et voilà que la grenouille se changea en prince; *als Verweis siehe oben, unten* voir ci-dessus, ci-dessous; *siehe Seite 10* voir page 10; *wenn ich recht gesehen habe ...* si j'ai bien vu ...; *sehe ich recht?* (*verstehe ich das richtig?*) ai-je bien compris?; (*ich traue meinen Augen nicht*) je n'en crois pas mes yeux; **5.** *mit prép auf etw* (*acc*) *~* regarder qc; avoir les yeux fixés sur qc; *darauf ~, daß ...* (*achten*) faire attention, veiller à ce que ... (+*subj*); *auf die Uhr ~* regarder l'heure; *nicht auf den Preis ~* ne pas regarder à la dépense; *nur auf s-n Vorteil ~* n'avoir en vue que son intérêt, profit; *fig die ganze Welt sieht auf Berlin* le monde entier a les yeux fixés sur Berlin; *j-m auf die Finger ~* surveiller qn de près; avoir qn à l'œil; *aus dem Fenster ~* regarder par la fenêtre; *nicht aus den Augen ~ können* ne pouvoir ouvrir les yeux; *ins Licht, in die Sonne ~* regarder la lumière, le soleil; *in den Spiegel ~* se regarder dans la glace; *j-m ins Gesicht ~* regarder qn en face; *den Dingen ins Gesicht ~* ne pas fermer les yeux; *in die Zukunft ~* prévoir l'avenir; *in etw* (*dat*) *sein Ideal ~* considérer qc comme son idéal; *nach etw, j-m ~ suchend* chercher qc, qn; *sorgend* s'occuper de qc, qn; *liebevoll* prendre soin de qc, qn; *prüfend* jeter un œil sur qc, qn; **6.** *mit conj ich sah, wie sie lief* je la vis courir; *ich will sehen, daß ... mit anderem Subjekt* je m'arrangerai pour que ... (+*subj*); *ich will, daß ich ...* je tâcherai, j'essayerai de ... (+*inf*); je m'arrangerai pour ... (+*inf*); *ich werde ~, was ich (für Sie) tun kann* je vais voir ce que je peux faire (pour vous); *wir müssen ~, daß wir den Zug bekommen* nous devons tâcher d'attraper le train; **7.** (*hervorragen*) *aus etw ~* sortir de qc; **III** *v/réfl sich ~* **8.** se voir; *wann ~ wir uns?* quand est-ce qu'on se voit?; **9.** *sich müde gesehen haben* être fatigué de regarder; avoir vu trop de choses; **10.** (*sich betrachten als*) *sie sah sich schon als Filmstar* elle se voyait déjà vedette de cinéma; *er sah sich betrogen* il vit qu'il était dupé; *sich gezwungen, veranlaßt, genötigt ~* (+*inf*) se voir contraint, forcé de (+*inf*); *ich sehe mich außerstande, etw dagegen zu tun* je me vois incapable de faire qc contre cela

'Sehen *n* ⟨~s⟩ vue *f*; *PHYS, PHYSIOL* vision *f*; *j-n vom ~ kennen* connaître qn de vue

'sehens|wert *adj*, **~würdig** *st/s adj* qui vaut la peine d'être vu; digne d'être vu; **²würdigkeit** *f* ⟨~; ~en⟩ *in e-r Stadt etc* curiosité *f*; attraction *f* touristique

'Seher|(in) *m* ⟨~s; ~⟩ (*f*) ⟨~; ~nen⟩ prophète *m*, prophétesse *f*; visionnaire *m,f*; (*Hellseher*) voyant(e) *m(f)*; **~blick** *m* ⟨~(e)s⟩ vue *f* prophétique; **²isch** *adj* prophétique; visionnaire

'Seh|fehler *m* défaut *m* de la vue; trouble visuel; **~hilfe** *f ADM* lunettes *f/pl*, lentilles *f/pl* de contact, *etc*; **~kraft** *f* ⟨~⟩ vue *f*

Sehne ['zeːnə] *f* ⟨~; ~n⟩ **1.** ANAT tendon *m*; **2.** MATH, *e-s Bogens* corde *f*

sehnen ['zeːnən] v/réfl ⟨h⟩ *sich nach etw* ~ désirer ardemment qc; aspirer à qc; *nach Vergangenem, nach der Heimat* avoir la nostalgie de qc; *sich nach j-m* ~ s'ennuyer de qn; *ich sehne mich danach, ihn wiederzusehen* je désire ardemment le revoir; il me tarde de le revoir; st/s *ein* ~*des Herz* un cœur consumé de désir

'**Sehnen|scheidenentzündung** f tendinite f; ~**zerrung** f claquage m d'un tendon

'**Sehnerv** m nerf visuel, optique

'**sehnig** adj tendineux, -euse; *Fleisch a* filandreux, -euse; *Arm, Gestalt* nerveux, -euse

'**sehnlich** I adj ⟨épithète⟩ *Wunsch* ardent; *Erwartung* passionné; impatient; II adv ardemment; impatiemment; *sich (dat) etw* ~*(st) wünschen* souhaiter qc ardemment; *j-n* ~*st erwarten* attendre qn avec grande impatience

'**Sehnsucht** f désir ardent, intense (**nach** de); attente passionnée (**nach** de); impatience f (**nach** de +inf); *nach Vergangenem, nach der Heimat* nostalgie f (**nach** de); (*Liebes*⚬) langueur f; *mit* ~ *erwarten* attendre avec impatience

'**sehnsüchtig** I adj plein de désir; (*ungeduldig*) impatient; (*schmachtend*) langoureux, -euse; *e-n* ~*en Blick auf etw* (acc) *werfen* jeter un regard d'envie sur qc; II adv *j-n* ~ *anblicken* regarder qn avec désir; *p/fort* dévorer qn des yeux; *j-n* ~ *erwarten* attendre qn avec impatience

'**sehnsuchtsvoll** st/s cf sehnsüchtig

'**Seh|öffnung** f ANAT pupille f; ~**organ** n organe visuel, de la vue; ~**prüfung** f examen m de la vue

sehr [zeːr] adv *vor Adjektiv, Adverb* très; bien; fort; *vor Verb* beaucoup; bien; ~ *viel* beaucoup; bien; *so* ~ tant; tellement; *so* ~*, daß* ... à ce point que ...; au point que ...; *so* ~ *er auch schreit, ich* ... il a beau crier, je ...; *wie* ~ à quel point; combien; ~ *bald* sous peu; très bientôt; *er wird* ~ *bald kommen* il ne tardera pas à venir; *zu* ~ trop; ~ *sogar* beaucoup (, même); énormément; *nicht (so)* ~ pas tellement; *sich* ~ *über etw* (acc) *ärgern* être vraiment furieux, -ieuse de qc; *ich freue mich* ~ je me réjouis beaucoup, vivement; ~ *an etw interessiert sein* être très, vivement intéressé par qc; *ich bedaure* ~*, daß* ... je regrette beaucoup, vivement que ...; *ich bin* ~ *dafür* je suis tout à fait pour, contre; *er bemühte sich* ~ *um sie* il faisait tout ce qui était en son pouvoir pour lui plaire; *er kommt* ~ *ungelegen* il arrive fort mal à propos; il tombe très mal; st/s ~ *zu meinem Erstaunen* à ma grande surprise; F *das muß ich mir noch* ~ *überlegen* il va falloir que je réfléchisse bien; *sie hätte* ~ *wohl kommen können* elle aurait bien pu venir; *danke* ~*!* merci beaucoup!; cf a bitte

'**Seh|schärfe** f acuité visuelle; ~**schule** f école f de la vue; ~**schwäche** f faiblesse f de la vue; insuffisance visuelle; ~**störung(en)** f(pl) trouble(s) visuel(s), de la vue; ~**test** m examen m de la vue; ~**vermögen** n vue f; ~**zentrum** n MÉD centre visuel

sei [zaɪ] cf sein

seibern ['zaɪbərn] v/i ⟨h⟩ *regional* baver

seicht [zaɪçt] adj 1. *Wasser* bas, basse; peu profond; 2. *fig* creux, creuse; superficiel, -ielle; *Unterhaltung* futile; ~*es Geschwätz* platitudes f/pl; banalités f/pl

'**Seichtheit** f ⟨~⟩ 1. peu m de profondeur; bas fond m; 2. *fig* superficialité f; platitude f; fadeur f

Seide ['zaɪdə] f ⟨~; ~n⟩ soie f; *reine* ~ pure soie

Seidel ['zaɪdəl] n ⟨~s; ~⟩ (*Bier*⚬) chope f

Seidelbast ['zaɪdəlbast] m BOT daphné m

'**seiden** adj 1. ⟨épithète⟩ (*aus Seide*) de od en soie; *sein Leben hängt an e-m* ~*en Faden* sa vie ne tient qu'à un fil; 2. (*seidig*) soyeux, -euse

'**Seiden|atlas** f ⟨~ *ou* ~*ses*; ~*se*⟩ satin m; ~**bluse** f chemisier m en soie; ~**faden** m fil m de soie; ~**glanz** m éclat soyeux; lustre m; ~**handel** m soierie f; commerce m de la soie; ~**malerei** f peinture f sur soie; ⚬**matt** adj *Foto* mat; ~**papier** n papier m de soie; ~**raupe** f ver m à soie; ~**raupenzucht** f sériciculture f; ~**schwanz** m ZO jaseur m; ~**straße** f route f de la soie; ~**strumpf** m bas m de soie; ~**tuch** n ⟨~(e)s; ⚬er⟩ foulard m en od de soie; ~**weber** m tisserand m en soie; *in Lyon* canut m; ⚬'**weich** adj soyeux, -euse

'**seidig** adj soyeux, -euse

Seife ['zaɪfə] f ⟨~; ~n⟩ 1. savon m; 2. GÉOL ~*n pl* alluvions f/pl métallifères

'**Seifen|blase** f a fig bulle f de savon; ~**halter** m porte-savon m; ~**kraut** n BOT saponaire f; ~**lauge** f lessive f; ~**oper** f péj série (télévisée) mélo; ~**pulver** n savon m en poudre; poudre f de savon; ~**schale** f porte-savon m; ~**schaum** m mousse f de savon; ~**sieder** m ⟨~s; ~⟩ *früher* savonnier m; ~**wasser** n ⟨~s⟩ eau savonneuse

'**seifig** adj savonneux, -euse

'**Seihe** f ⟨~; ~n⟩ *regional* (*Sieb*) passoire f

seihen ['zaɪən] v/t ⟨h⟩ passer; filtrer

'**Seiher** m ⟨~s; ~⟩ cf Seihe

Seil [zaɪl] n ⟨~(e)s; ~e⟩ corde f; *starkes* câble m; MAR cordage m; *auf dem* ~ *tanzen* danser sur la corde raide; *in den* ~*en hängen Boxer* être dans les cordes; F *fig* F être claqué; F être crevé

'**Seilbahn** f funiculaire m

'**Seiler** m ⟨~s; ~⟩ cordier m

'**seil|hüpfen** v/i ⟨sép, -ge-, sein⟩ sauter à la corde; ⚬**hüpfen** n ⟨~s⟩ saut m à la corde

'**Seil|schaft** f ⟨~; ~en⟩ 1. ALPINISME cordée f; 2. *fig, a péj* clique f; st/s coterie f; ⚬**springen** v/i ⟨*irr, sép, -ge-,* sein⟩ sauter à la corde; ~**springen** n ⟨~s⟩ saut m à la corde; ~**tanz** m danse f sur la corde raide; ⚬**tanzen** v/i ⟨sép, -ge-, h⟩ danser sur la corde raide; ~**tänzer(in)** m(f) funambule m,f; danseur, -euse m,f de corde; ~**trommel** f tambour m à câble; cylindre m enrouleur; ~**winde** f treuil m à câble; MAR cabestan m; ~**zug** m palan m

seimig ['zaɪmɪç] st/s adj visqueux, -euse

sein¹ [zaɪn] ⟨bin, bist, ist, sind, seid, sind; sei, seist, sei; war; wäre; gewesen; sei!, seid!; sein⟩ I v/i être; *bei Witterungsangaben* faire; (*bestehen*) être; exister; (*sich aufhalten*) être; séjourner; (*sich befinden*) se trouver; (*stattfinden*) se faire; avoir lieu; (*bedeuten*) signifier; (*ergeben*) faire; (*stammen*) *von, aus* ... ~ venir de ...; être originaire de ...; *heute ist erst Montag* on n'est que lundi; *morgen ist Mittwoch* demain c'est mercredi; *es ist kalt* il fait froid; *es ist windig* il fait, il y a du vent; *das ist teuer* cela coûte cher; *fünf und zwei sind sieben* cinq et deux font sept; *es war an e-m Freitag* c'est arrivé un vendredi; *es war einmal* ... il était une fois ...; *das war einmal* il y a bien longtemps; *ist es weit bis zum Bahnhof?* est-ce loin d'ici à la gare?; *dem ist nicht so* il n'en est pas ainsi; *wenn dem so ist* ... si tel est le cas ...; *wie dem auch sei od sei es, wie es wolle* quoi qu'il en soit; *es sei denn, daß* ... si ce n'est que ...; à moins que ... (ne) ... (+subj); *sei's drum!* tant pis!; F *sei doch nicht so, (und) gib mir auch eins!* sois gentil(le), F sympa et donne m'en un!; *was wäre, wenn* ... ? que serait-ce si ...?; *wie wäre es m-e Spaziergang?* si on faisait une promenade?; *wie wäre es, wenn Sie die Arbeit machten?* qu'en dites-vous si vous faisiez le travail?; *so tun, als ob nichts wäre* faire comme si de rien n'était; *wenn sie nicht gewesen wäre* ... si elle n'avait pas été là ...; sans elle ...; *wenn ich du wäre* ... si j'étais à ta place ...; si j'étais toi ...; *das wären (schon einmal) zehn Mark* voilà (déjà) dix marks; F *und das wäre?* F et alors, c'est quoi?; *das wär's!* voilà!; *beim Einkaufen* c'est tout; (*so,*) *da wären wir!* (*wir sind angekommen*) nous y voilà!; *das kann doch nicht* ~*!* c'est impossible!; *das kann schon* ~*!* cela se pourrait bien; c'est possible; *kann* ~*!* c'est possible!; peut-être!; *muß das* ~*?* est-ce vraiment nécessaire?; (*mußtest du das tun?*) qu'est-ce que tu as fait là?; *was darf es* ~*? im Geschäft* que désirez-vous; st/s *er ist nicht mehr* il n'est plus; il est mort; F *Rauchen ist bei mir nicht (ich rauche nicht)* moi, pas question de fumer; (*bei mir darf nicht geraucht werden*) chez moi, pas question de fumer; (*ich bin gegen das Rauchen*) moi, je suis contre le tabac; F *heute ist es nichts mit Spazierengehen* aujourd'hui, pas de promenade!; *was ist das?* qu'est-ce que c'est?; *was soll das* ~*?* qu'est-ce que cela signifie?; *was ist?* qu'y a-t-il?; F *ist was?* il y a quelque chose qui ne va pas?; F *wenn etwas ist, sag mir Bescheid* (*wenn etwas passiert*) il se passe quelque chose, dis-le-moi!; (*wenn du etwas auf dem Herzen hast*) s'il y a quelque qui ne va pas, dis-le-moi!; *ich bin's!* c'est moi!; *hier bin ich!* me voici!; da ist *er!* le voilà; *bist du's?* c'est toi?; *Felix war es* c'est Félix (qui l'a fait); *hier sind* ... voici ...; *wie alt sind Sie?* quel âge avez-vous?; *er ist zwanzig (Jahre alt)* il a vingt ans; *sie ist Französin* elle est

sein — Seitenhieb

Française *od* française; *wie weit sind Sie?* où en êtes-vous?; *was ist (mit) Ihnen?* qu'avez-vous?; *wie ist es (mit dir), kommst du auch mit?* qu'as-tu décidé, viens-tu aussi avec nous?; *wie war das noch mit ...?* que s'est-il passé, déjà, avec ...; qu'est-ce que c'était cette histoire de ...; *mir ist, als ob ...* il me semble que ...; j'ai l'impression que ...; on dirait que ...; F *mir ist nicht nach Feiern* je n'ai pas la tête à m'amuser; *keiner will es gewesen ~* c'est la faute de personne; tout le monde nie l'avoir fait; *es ist an ihm, den ersten Schritt zu tun* c'est à lui de faire le premier pas; *~ muß, muß ~* il faut faire ce qu'il faut faire; *was nicht ist, kann noch werden* on peut toujours espérer; *elliptisch* F *sie ist tanzen* elle est allée danser; F *er ist sofort nach Hause* il est tout de suite rentré chez lui; **II** *v/aux* **1.** *zur Bildung zusammengesetzter Zeiten* être; avoir; *wir sind gegangen* nous sommes partis; *sie ist gelaufen* elle a couru; *er ist krank gewesen* il a été malade; **2.** *mit zu + inf das Haus ist zu verkaufen* la maison est à vendre; *es ist zu erwarten, daß ...* on doit, il faut s'attendre à ce que ... (+*subj*); il est à présumer que ...; *dagegen ist nichts zu sagen* il n'y a rien à dire à cela; *sie ist zu bedauern* elle est à plaindre; *er ist nicht zu sprechen* on ne peut pas lui parler; *es ist niemand zu sehen* il n'y a personne; *was ist zu tun?* que faut-il faire?; qu'y a-t-il à faire?; *die Regeln sind zu beachten* il faut observer les règles
sein[2] *pr/poss* **I** *adjt* son *bzw* sa; *einer ~er Freunde* un de ses amis; *mein und ~ Bruder* mon frère et le sien; $\mathcal{Q}e$ *Majestät* Sa Majesté; **II** *subst der, die, das ~e* le sien *bzw* la sienne; *das ist ~s* c'est le sien; *st/s die $\mathcal{Q}en$* les siens; sa famille; *das $\mathcal{Q}e$ dazu beitragen* y contribuer pour sa part; y mettre du sien; *st/s sie ist ~ st/s* elle est sienne; *prov jedem das $\mathcal{Q}e$* à chacun son compte, sa part, son dû; *(jeder nach s-m Geschmack)* chacun son goût
Sein *n* ⟨~s⟩ être *m*; *(Wesenheit)* essence *f*; *(Dasein)* existence *f*; *~ und Schein* la réalité et les apparences; *~ oder Nichtsein, das ist hier die Frage* être ou ne pas être, voilà la question
'seiner *st/s pr/pers* **1.** *(gén de* er, es*)* de lui; *als ich ~ ansichtig wurde ...* à sa vue ...; lorsque je le vis ...; *ich werde ~ gedenken* je me souviendrai de lui; je penserai à lui; **2.** *(gén de* man*)* de soi; *~ nicht mehr mächtig sein* n'être plus maître de soi
'seiner|'seits *adv* de sa part; de son côté; *~zeit* *adv* en son temps; à cette époque(-là); en ce temps-là
'seinerzeitig *adj* ⟨*épithète*⟩ d'alors; en ce temps-là; à cette époque; *unter den ~en Umständen, Verhältnissen* dans les circonstances de l'époque *bzw* de cette époque
'seines'gleichen *pr* ⟨*inv*⟩ son pareil *bzw* sa pareille *bzw* ses pareil(le)s; son semblable *bzw* sa *bzw* ses semblable(s); *péj* ceux de son espèce, de son acabit; *j-n wie ~ behandeln* traiter d'égal à égal, sur un pied d'égalité; *das hat nicht ~, das sucht ~* cela est sans égal, 'hors pair

'seinet'wegen *adv* **1.** *(wegen ihm)* à cause de lui; **2.** *(ihm zuliebe)* pour lui; **3.** *(von ihm aus)* en ce qui le concerne; quant à lui
'seinet'willen *adv* *um ~* (par égard) pour lui
seinige ['zaɪnɪɡə] *st/s pr/poss der, die, das ~* la sien *bzw* la sienne; *die $\mathcal{Q}n$* les siens; sa famille
'seinlassen F *v/t* ⟨*irr, sép,* -ge-, *h*⟩ ne pas faire; laisser; *laß das sein!* arrête!
Seis|mik ['zaɪsmɪk] *f* ⟨~⟩ *cf* **Seismologie**; **$\mathcal{Q}$misch** *adj* sismique *od* séismique; **~mo'gramm** *n* ⟨~s; ~e⟩ sismogramme *od* séismogramme *m*; **~mo'graph** *m* ⟨~en; ~en⟩ sismographe *od* séismographe *m*; **~mo'loge** *m* ⟨~n; ~n⟩, **~mo'login** *f* ⟨~; ~nen⟩ sismologue *od* séismologue *m.f*; **~molo'gie** *f* ⟨~⟩ sismologie *od* séismologie *f*; **$\mathcal{Q}$mo'logisch** *adj* sismique *od* séismique; **~mo'meter** *n* ⟨~s; ~⟩ sismomètre *od* séismomètre *m*

seit [zaɪt] **I** *prép* ⟨*dat*⟩ depuis; *(von ~ an)* à partir de; *~ langem, kurzem* depuis longtemps, peu; *~ dem Tage, da ...* du jour où ...; à partir du jour où ...; *~ schon ~ Mai* depuis le mois de mai; *schon ~ Tagen, Wochen* depuis déjà des jours, semaines; *~ zehn Tagen ist er verreist* il y a dix jours qu'il est parti; *~ wann?* depuis quand?; **II** *conj* depuis que; *~ ich Edgar kennengelernt habe, ...* depuis que j'ai fait la connaissance d'Edgar ...; *~ einem Jahr her, ~ ...* il y a une année que ...
seit'dem **I** *adv* depuis (ce temps-là); **II** *conj* depuis que
Seite ['zaɪtə] *f* ⟨~; ~n⟩ **1.** *Körperteil* côté *m*; *e-s Tieres* flanc *m*; *auf der ~ liegen* être couché sur le côté; *an j-s ~* ⟨*dat*⟩ *sitzen* être assis à côté *od* aux côtés de qn; *st/s an j-s ~* ⟨*dat*⟩ *durchs Leben gehen* traverser la vie aux côtés de qn; *~ an ~* côte à côte; *plais komm an meine grüne ~!* viens à côté de moi!; *die Hände in die ~ stemmen* herausfordernd se camper les poings sur les 'hanches; *j-n von der ~ ansehen* regarder qn du coin de l'œil; *fig* mépriser qn; *j-m nicht von der ~ gehen od weichen* ne pas quitter qn d'un pas; ne pas lâcher qn d'une semelle; *j-m zur ~ stehen* soutenir qn; être aux côtés de qn; *sich* ⟨*dat*⟩ *vor Lachen die ~n halten* rire à s'en tenir les côtes. **2.** *e-s Gegenstandes, MATH* côté *m*; (*~nfläche*) face latérale; *e-s Körpers* face *f*; *e-r Gleichung* membre *m*; *vordere, hintere ~* devant *m*, derrière *m*; *rechte, linke ~ od auf die ~ od zur ~ gehen od treten* s'écarter; faire place; *auf beiden ~n, von beiden ~n* de part et d'autre; des deux côtés *od auf zu beiden ~n* (+*gén*) des deux côtés (de); *auf dieser ~* de ce côté; *auf der linken, äußeren, oberen ~* du côté gauche, extérieur, supérieur; *auf die rechte ~ fahren* se ranger à droite; *j-n auf die od zur ~ nehmen* prendre qn à part; *das Unrecht liegt ganz auf s-r ~* tous les torts sont de son côté; *etw auf die ~ legen* (*sparen*) mettre qc de côté; F *etw auf die ~ schaffen* (*entwenden*) F faucher qc; *THÉ zur ~* en aparté; *prov jedes*

Ding hat (seine) zwei ~n toute médaille a son revers; **3.** (*Aspekt, Gesichtspunkt*) aspect *m*; point *m* de vue; *die Sache hat zwei ~n* ça a du bon et du mauvais; *Angelegenheit etc von allen ~n betrachten* examiner sous toutes ses faces, sous tous ses aspects; *von welcher ~ Sie die Sache auch betrachten mögen ...* quel que soit l'angle, l'aspect sous lequel vous considériez cette affaire ...; *auf der einen ~ ..., auf der anderen (~) ...* d'une part ..., d'autre part ...; **4.** (*Richtung*) sens *m*; *nach allen ~n* de tous côtés; *sich nach allen ~n zerstreuen* se disperser dans tous les sens; *von allen ~n herbeieilen* accourir de toutes parts, de tous côtés; **5.** (*Eigenschaft, Wesenszug*) côté *m*; facette *f*; F *schwache, starke ~* faible *m*, fort *m*; *er hat gute ~n bzw s-e guten ~n* il a des *bzw* ses bons côtés; *sich von s-r besten ~ zeigen* se montrer sous son meilleur jour; *alles von der guten, schlechten ~n nehmen* prendre tout en bien, mal *od* du bon, mauvais côté; *ganz neue ~n an j-m entdecken* découvrir chez qn de tout nouveaux côtés; *von dieser od der ~ kenne ich dich ja noch gar nicht* je ne te connais pas encore ce côté-là; **6.** (*Partei*) côté *m*; parti *m*; *auf j-s ~* ⟨*dat*⟩ *sein od stehen* être du côté, du parti de qn; *sich auf j-s ~* ⟨*acc*⟩ *stellen od schlagen* se ranger du côté de qn; *auf derselben ~ sein* être du même bord; *j-n auf s-e ~ bringen od ziehen* mettre qn de son côté; gagner qn à son parti, à sa cause; *die ~n wechseln* changer de bord; *von gegnerischer ~ wird behauptet, daß ...* la partie adverse prétend que ...; *die Lacher auf s-r ~ haben* avoir les rieurs de son côté; *auf seiten der Verbraucher* dans les milieux consommateurs; **7.** ⟨*pas de pl*⟩ *von seiten der Regierung* du côté gouvernemental; de la part du gouvernement; *von amtlicher, anderer ~* officiellement, d'autre part; *von meiner ~ aus* de mon côté; *von väterlicher, mütterlicher ~* du côté paternel, maternel; **8.** (*Buch$\mathcal{Q}$, Zeitungs$\mathcal{Q}$) etc* page *f*; *auf ~ 102* à la page 102; *unbeschriebene od leere ~* page blanche; *die erste ~ e-r Zeitung* la une; *TÉL die gelben ~n* les pages jaunes; *auf der gegenüberliegenden ~* ci-contre; **9.** *SPORT die ~n wechseln* changer de camp, côté
'Seiten|altar *m* autel latéral; **~angabe** *f* indication *f* de page; **~ansicht** *f* vue latérale, de côté; *CONSTR* profil *m*; **~arm** *m e-s Flusses* bras *m*; **~ausgang** *m* sortie latérale; **~blick** *m* regard *m* de côté, en coin; **~eingang** *m* entrée latérale, sur le côté
'Seiteneinsteiger(in) *m* ⟨~s; ~⟩ (*f*) ⟨~; ~nen⟩ *er (sie) ist ein(e) ~(in)* il (elle) n'a pas eu un parcours professionnel, politique, *etc* classique
'Seiten|fach *n* rayon latéral; **~fenster** *n* fenêtre latérale, de côté; **~flügel** *m e-s Gebäudes* aile *f*; annexe *f*; *e-s Altars* volet *m*; *e-s Gebäudes* façade latérale; **~gebäude** *n* aile *f*; annexe *f*; dépendance *f*; **~gewehr** *n* baïonnette *f*; **~halbierende** *f* (→ A) *MATH* médiane *f*; **~hieb** *m* **1.** coup porté sur le

côté; **2.** *fig* flèche *f* (*auf* [+*acc*] à); **~kante** *f* arête latérale
'**Seitenlage** *f* position latérale; *in ~ schlafen* dormir sur le côté
'**seitenlang I** *adj* (long, longue) de plusieurs pages; F *péj* F qui a des pages et des pages; **II** *adv* **so geht es ~ weiter** ça continue ainsi sur des pages (et des pages); **~ schreiben** écrire des pages
'**Seitenlehne** *f e-s Stuhls* bras *m*; accoudoir *m*
'**Seitenlinie** *f* **1.** ligne latérale; *FUSSBALL* touche *f*; *TENNIS* ligne *f* de côté; limite latérale; **2.** *GENEALOGIE* ligne collatérale; *in der ~ verwandt* parent de ligne collatérale
'**Seiten|naht** *f* couture *f* de côté; **~numerierung** *f* pagination *f*; **~portal** *n* portail latéral; **~riß** *m CONSTR* projection latérale; profil *m*; **~ruder** *n AVIAT* gouvernail *m*, gouverne *f* de direction
'**seitens** *prép* (*gén*) *ADM* de la part de; du côté de
'**Seiten|scheitel** *m* raie *f* de côté; **~schiff** *n e-r Kirche* nef latérale; **~schneider** *m TECH* pince coupante diagonale
'**Seitensprung** *m fig* escapade *f*; infidélité *f*; *Seitensprünge machen* faire des infidélités à son partenaire
'**Seiten|stechen** *n* ⟨~s⟩, **~stiche** *m/pl* point *m* de côté; **~straße** *f* rue latérale, transversale
'**Seitenstreifen** *m* accotement *m*; *auf der Autobahn* bande *f* d'arrêt d'urgence; *~ nicht befahrbar* accotement dangereux; *~ nicht befestigt* accotement non stabilisé
'**Seiten|tal** *n* vallée transversale; **~tasche** *f* poche *f* de côté; **~tür** *f* porte latérale; *a petite porte*; ²**verkehrt** *adj* à l'envers; **~wahl** *f SPORT* tirage *m* au sort des camps, côtés; **~wand** *f* paroi latérale; **~wechsel** *m SPORT* changement *m* de camp, côté; **~weg** *m* chemin latéral, transversal; ²**weise** *adv* **1.** (*seitenlang*) des pages (et des pages); **2.** (*Seite für Seite*) page par page; (*mehrere Seiten zusammen*) pages par pages; **~wind** *m* vent *m* de côté; **~zahl** *f* **1.** (*Anzahl*) nombre *m* de(s) pages; **2.** einzelne numéro *m* (de la page)
seit|'**her** *adv* depuis (ce temps-là); depuis lors; **~herig** *adj* ⟨*épithète*⟩ qui s'en est suivi
'**seitlich I** *adj* latéral; de côté; **II** *adv* latéralement; sur le côté; *~ geparktes Auto* voiture garée le long du trottoir; *~ von etw gelegen* situé à côté de qc; **III** *prép* ⟨*gén*⟩ à côté de
'**Seitpferd** *n TURNEN* cheval *m* d'arçons
'**seitwärts** *adv* **1.** (*zur Seite*) de côté; **2.** (*auf der Seite*) à côté; sur le côté; latéralement; *~ geneigt* penché, incliné (de côté)
sek., Sek. *abr* (*Sekunde*) s (seconde)
Sekante [ze'kantə] *f* ⟨~; ~n⟩ *MATH* sécante *f*
sekk|ant [zɛ'kant] *adj österr* agaçant; **~ieren** *v/t* ⟨*pas de ge-*, h⟩ *österr* (*belästigen*) agacer; énerver; (*bedrängen*) 'harceler
Sekret [ze'kre:t] *n* ⟨~(e)s; ~e⟩ *PHYSIOL* substance sécrétée; **~e** *pl* sécrétion *f*
Sekretär [zekre'tɛ:r] *m* ⟨~s; ~e⟩ *Möbel* secrétaire *m*

Sekre'tär(in) *m* ⟨~; ~e⟩ (*f*) ⟨~; ~nen⟩ secrétaire *m*,*f*
Sekretariat [zekretari'a:t] *n* ⟨~(e)s; ~e⟩ secrétariat *m*
Sekreti'on *f* ⟨~; ~en⟩ *PHYSIOL* sécrétion *f*
Sekt [zɛkt] *m* ⟨~(e)s; ~e⟩ vin mousseux, *abus* (*Champagner*) champagne *m*
Sekte ['zɛktə] *f* ⟨~; ~n⟩ secte *f*
'**Sektenwesen** *n* sectarisme *m*
'**Sekt|flasche** *f leere* bouteille *f* à champagne; *volle* bouteille *f* de vin mousseux, *abus* de champagne; **~frühstück** *n* petit déjeuner au vin mousseux, *abus* au champagne; **~glas** *n* verre *m* à champagne
Sek'tierer|(in) *m* ⟨~s; ~⟩ (*f*) ⟨~; ~nen⟩ *REL*, *POL* sectaire *m*,*f*; ²**isch** *adj REL*, *POL* sectaire; **~tum** *n* ⟨~(e)s⟩ *REL*, *POL* sectarisme *m*
Sektion [zɛktsi'o:n] *f* ⟨~; ~en⟩ **1.** *bes HIST DDR* (*Abteilung*) section *f*; département *m*; **2.** *MÉD* dissection *f*; autopsie *f*
Sekti'onsbefund *m* résultat *m* de l'autopsie
'**Sekt|kelch** *m* flûte *f* à champagne; **~kellerei** *f* cave *f* à vins mousseux, (*Champagnerkellerei*) à champagne; **~korken** *m* bouchon *m* de champagne; **~kübel** *m*, **~kühler** *m* seau *m* à champagne
'**Sektlaune** *f* ⟨~⟩ plais *aus e-r heraus*, *in e-r ~* tout émoustillé
Sektor ['zɛktor] *m* ⟨~s; -'toren⟩ **1.** *MATH*, *POL*, *MIL* secteur *m*; **2.** *fig* (*Bereich*, *Gebiet*) domaine *m*
'**Sektschale** *f* coupe *f* à champagne
Sekunda [ze'kʊnda] *f* ⟨~; -den⟩ *österr* deuxième année *f* de l'enseignement secondaire; *cf a* **Obersekunda**, **Untersekunda**
Sekun'daner(in) *m* ⟨~s; ~⟩ (*f*) ⟨~; ~nen⟩ *österr* élève *m*,*f* de deuxième année de l'enseignement secondaire; *cf a* **Obersekundaner**, **Untersekundaner**
Sekun'dant *m* ⟨~en; ~en⟩ *früher beim Duell* témoin *m*
sekun'där [zekʊn'dɛ:r] *adj* secondaire
Sekun'dar|arzt *m*, **~ärztin** *österr* (médecin-)assistant *m*
Sekun'därenergie *f* énergie *f* secondaire
Sekun'darlehrer(in) *m*(*f*) *schweiz* enseignant(e) *m*(*f*) de collège
Sekun'därliteratur *f* littérature *f* critique; *zu e-m Autor* littérature *f* sur les œuvres d'un auteur
Sekun'darschule *f schweiz* collège *m*
Sekun'darstufe *f ~* **I** (*5.-10. Schuljahr*) *etwa* collège *m*; *~* **II** (*11.-13. Schuljahr*) *etwa* lycée *m*
Sekunde [ze'kʊndə] *f* ⟨~; ~n⟩ **1.** *a MUS* seconde *f*; *Uhr auf die ~ genau gehen* marcher à la seconde près; *es ist auf die ~ acht Uhr* il est 'huit heures précises; *wir dürfen keine ~ verlieren* nous n'avons pas une seconde à perdre; (*warte*) *e-e ~!* (attends) une seconde!; **2.** *MATH* (*Bogen²*) seconde *f*
Se'kunden|bruchteil *m* fraction *f* de seconde; ²**lang** *adj u adv* pendant des secondes
Se'kundenschnelle *f* ⟨~⟩ *in ~* en une fraction de seconde
Se'kundenzeiger *m* trotteuse *f*; aiguille *f* des secondes

sekundieren [zekʊn'di:rən] *v/i* ⟨*pas de ge-*, h⟩ *j-m früher beim Duell* servir de témoin à qn; *MUS* accompagner qn; *st/s fig* seconder, épauler qn
selbe ['zɛlbə] *pr/dém* même; *zur ~n Zeit* en même temps; *am ~n Ort* au même endroit
selber *F pr/dém* ⟨*inv*⟩ *cf* **selbst I**
'**selbige(r, -s)** *st/s pr/dém* ce, cette ... même
selbst [zɛlpst] **I** *pr/dém* ⟨*inv*⟩ (*persönlich*) même; (*in eigener Person*) en personne; (*ohne fremde Hilfe*) tout seul; *ich ~* moi-même; *sie ist die Güte ~* elle est la bonté même, en personne; *~ kommen* venir en personne; *mit sich* (*dat*) *~ reden* parler tout seul; *von ~* de soi-même; tout seul; *wie von ~* tout naturellement; *das geht von ~* cela va tout seul, automatiquement; *hier kocht der Chef ~* ici, le patron fait la cuisine lui-même; *sie ~ habe ich nicht gesehen* elle, je ne l'ai pas vue; *ich habe sie nicht ~ gesehen* personnellement je ne l'ai pas vue; *wie geht es dir? - gut, ~ und ~?* et toi?; **II** *adv* (*sogar*) même; *~-s-e Freunde* ses amis; *~ wenn ...* même si ...
Selbst *st/s n* ⟨~⟩ *das ~* le moi
'**Selbstabholer** *m* ⟨~s; ~⟩ *bei der Post* personne *f* qui va chercher elle-même son courrier
'**Selbstachtung** *f* respect *m*, estime *f* de soi-même
selbständig ['zɛlpʃtɛndiç] **I** *adj* (*unabhängig*) indépendant; *im Beruf* à son compte; *~es Handeln* action *f* de sa propre initiative; *sich ~ machen* *geschäftlich* se mettre à son compte; *fig plais Sache* s'échapper; **II** *adv* *~ handeln* agir en toute indépendance, de sa propre initiative; *~ denken* avoir ses propres idées, opinions
'**Selbständige(r)** *f*(*m*) ⟨→ A⟩ indépendant(e) *m*(*f*); *beruflich* personne *f* qui travaille à son compte; travailleur, -euse *m*,*f* indépendant(e)
'**Selbständigkeit** *f* ⟨~⟩ indépendance *f*; *beruflich* fait *m* d'être à son compte
'**Selbst|anzeige** *f JUR* auto-accusation *f*; **~aufopferung** *f* sacrifice *m* de soi (-même); **~auslöser** *m PHOT* déclencheur *m* automatique; **~bedienung** *f* libre-service *m*; self-service *m*
'**Selbstbedienungs|laden** *m* (magasin *m*) libre-service *m*; **~restaurant** *n* (restaurant *m*) libre-service *m*; self-service *m*
'**Selbst|befreiung** *f PSYCH* libération *f*; **~befriedigung** *f* onanisme *m*; masturbation *f*; **~befruchtung** *f BOT* autofécondation *f*
'**Selbstbeherrschung** *f* maîtrise *f* de soi; sang-froid *m*; *er besitzt ~* il sait se maîtriser, se dominer; il est maître de lui(-même); *die ~ bewahren*, *verlieren* garder, perdre son sang-froid
'**Selbst|bekötigung** *f cf* **Selbstverpflegung**; **~beobachtung** *f* introspection *f*; **~beschränkung** *f* autolimitation *f*; **~besinnung** *f st/s* contemplation *f* intérieure; **~bestätigung** *f* assurance *f* (de soi-même); **~bestimmung** *f* ⟨~⟩ libre disposition *f* de soi(-même); *POL* autodétermination *f*
'**Selbstbestimmungsrecht** *n* ⟨~(e)s⟩ *POL* droit *m* à l'autodétermination; *das*

Selbstbeteiligung – selig

~ **der Frauen, Völker** le droit des femmes, peuples à disposer d'elles-mêmes, d'eux-mêmes
'Selbst|beteiligung f bei der Versicherung franchise f; Krankenversicherung ticket m modérateur; **~betrug** m illusion f que l'on se fait à soi-même; aveuglement m
'Selbstbeweihräucherung F péj **er betreibt ununterbrochen ~** F il n'arrête pas de s'envoyer des fleurs
'selbstbewußt I adj **1.** sûr de soi (-même); qui est conscient de sa propre valeur; **2.** PHILOS conscient de soi (-même); **II** adv **sehr ~ auftreten** manifester une grande assurance; se montrer très sûr de soi
'Selbstbewußtsein n **1.** conscience f de soi; sentiment m de sa propre valeur; **2.** PHILOS conscience f de soi (-même)
'Selbst|bildnis n autoportrait m; **~bräuner** m ⟨~s; ~⟩ autobronzant m; **~darstellung** f présentation f de soi-même; **~disziplin** f ⟨~⟩ autodiscipline f; **⁀durchschreibend** adjt Papier autocopiant; **~einschätzung** f auto-évaluation f, STEUERWESEN évaluation f par l'intéressé de ses revenus; **~entfaltung** f épanouissement (personnel); **~erfahrungsgruppe** f groupe m de prise de conscience (où les participants discutent de leurs problèmes et essaient de les résoudre ensemble); **~erhaltungstrieb** m instinct m de conservation
'Selbsterkenntnis f ⟨~⟩ connaissance f de soi(-même); prov **~ ist der erste Schritt zur Besserung** pour parvenir à se corriger il faut d'abord reconnaître ses défauts
'selbsternannt adjt ⟨épithète⟩ **ein ~er Arzt, Richter** quelqu'un qui s'est déclaré lui-même médecin, juge
'Selbst|erniedrigung f PSYCH autodépréciation f; **~erzeuger** m personne f qui produit ce qu'elle consomme; **~fahrer** m **1.** e-s Autos personne f qui conduit elle-même; **2.** (Rollstuhl) fauteuil roulant; **~findung** st/s f découverte f de soi (-même); **⁀gebacken** adjt Kuchen (fait à la) maison; Brot de ménage
'selbstgedreht adjt Zigarette roulé; **er raucht nur ⁀e** il ne fume que des cigarettes (qu'il a) roulées (lui-même)
'selbst|gefällig I adj content, plein de soi; st/s infatué de soi(-même); st/s suffisant; **II** adv avec suffisance; **⁀gefälligkeit** f ⟨~⟩ contentement m de soi; st/s infatuation f; st/s suffisance f; **~gemacht** adjt fait à la main; Wurst, Marmelade etc (fait à la) maison; Kleid fait main; **~gerecht** adj st/s infatué de soi(-même), de ses mérites; **⁀gerechtigkeit** f st/s infatuation f
'Selbstgespräch n monologue m; **~e führen** parler tout seul; monologuer
'selbst|gestrickt adjt **1.** Pullover etc tricoté à la main; **2.** F fig Methode etc F bricolé; **~haftend** adjt autocollant; auto-adhésif, -ive
'Selbst|haß m ⟨~⟩ haine f de soi-même; **~heilung** f guérison naturelle; **~heilungskräfte** f/pl forces naturelles de guérison; **⁀herrlich I** adj autoritaire; impérieux, -ieuse; **II** adv impérieusement; sans consulter personne; **~herrlichkeit** f ⟨~⟩ autoritarisme m

'Selbsthilfe f ⟨~⟩ **1.** effort personnel; **2.** JUR justice f que l'on se fait à soi-même; (Notwehr) légitime défense f; JUR **zur ~ schreiten** se faire justice
'Selbst|hilfegruppe f groupe m d'entraide; **~ironie** f ⟨~⟩ autodérision f
'Selbstjustiz f justice f que l'on se fait à soi-même; **~ üben** se faire justice
'Selbst|klebefolie f feuille f de plastique autocollante; **⁀klebend** adjt autocollant; auto-adhésif, -ive; **~kontrolle** f autocontrôle m; (Zurückhaltung) retenue f; **~kosten** pl COMM coûts m/pl de production
'Selbstkostenpreis m prix coûtant, de revient; **unter dem ~** à perte
'Selbst|kostenrechnung f établissement m du prix de revient; **~kritik** f ⟨~⟩ autocritique f; **⁀kritisch** adj st/s autocritique; **~lader** m ⟨~s; ~⟩ arme f automatique; **~laut** m voyelle f; **~lerner(in)** m(f) auto-apprenant(e) m(f); **~lob** n éloge m que l'on fait de soi (-même); **⁀los** adj désintéressé; altruiste; **~losigkeit** f ⟨~⟩ désintéressement m; altruisme m; **~medikation** f automédication f
'Selbstmitleid n péj apitoiement m sur son propre sort; **~ haben** s'apitoyer sur son sort
'Selbstmord m suicide m; **~ begehen** se suicider; se tuer; se donner la mort; F fig **das ist ja** (glatter) **~!** c'est un suicide!
'Selbst|morddrohung f menace f de suicide; **~mörder(in)** m(f) personne f suicidaire; nach gelungenem Selbstmord suicidé(e) m(f)
'selbstmörderisch adj suicidaire; **in ~er Absicht** avec l'intention de se suicider
'Selbstmord|gedanke m pensée f suicidaire; **⁀gefährdet** adjt suicidaire; **~kandidat(in)** m(f) F candidat(e) m(f) au suicide; personne f suicidaire; **~kommando** n opération-suicide f; **~rate** f taux m de suicides; **~versuch** m tentative f de suicide
'Selbst|portrait n autoportrait m; **⁀redend** adjt bien sûr; **~schußanlage** f déclencheur m automatique de tir; **~schutz** m autoprotection f; **⁀sicher I** adj sûr de soi; Haltung assuré; plein d'assurance; **II** adv avec assurance; **~sicherheit** f ⟨~⟩ assurance f
'Selbststudium n ⟨~s⟩ études f/pl sans professeur; sich ⟨dat⟩ **etw im ~ aneignen** apprendre qc tout seul
'Selbst|sucht f ⟨~⟩ égoïsme m; **⁀süchtig** adj égoïste; **⁀tätig** adj TECH automatique; **~täuschung** f illusion f que l'on se fait à soi-même; aveuglement m; **~tötung** f ADM suicide m
'Selbstüberschätzung f présomption f; F **an ~ leiden** ne pas se prendre pour n'importe qui
'Selbstüberwindung f effort m (qu'on fait) sur soi-même; **das kostete mich viel ~** j'ai vraiment dû me forcer
'Selbst|verachtung f mépris m de soi-même; **⁀verantwortlich** adj cf eigenverantwortlich; **~verbrennung** f st/s immolation f par le feu
'selbstverdient adjt gagné par soi-même; **das ist mein ~es Geld** c'est l'argent que j'ai gagné moi-même
'selbstvergessen st/s adjt ⟨attribut⟩ plongé dans ses pensées; inconscient de son entourage
'Selbstverlag m ⟨~(e)s⟩ **im ~ erschienen** publié à compte d'auteur
'Selbst|verleugnung f abnégation f; **⁀verliebt** adjt narcissique; **~verliebtheit** f narcissisme m; **~vernichtung** f autodestruction f
'Selbstverpflegung f ⟨~⟩ **im Urlaub mit ~** sans pension
'Selbst|verschulden n ADM propre faute f; **⁀verschuldet** adjt dû à sa propre faute; **~versorger** m personne f qui pourvoit elle-même à ses besoins; im Urlaub personne f qui est logée sans pension
'selbstverständlich I adj naturel, -elle; qui va de soi; normal; **das ist ~** cela va de soi; **es ist ~, daß ...** il va sans dire que ...; c'est bien naturel, normal que ...; **II** adv naturellement; évidemment; bien entendu
'Selbstverständlichkeit f **das ist e-e ~** cela va de soi; c'est bien naturel, normal; **etw mit der größten ~ tun** faire qc tout à fait naturellement; **die Berufstätigkeit der Frau ist heute e-e ~** le fait que les femmes travaillent est, de nos jours, quelque chose de tout à fait normal
'Selbst|verständnis n ⟨~ses⟩ idée f que l'on a de soi-même; **~verstümmelung** f mutilation f volontaire
'Selbstversuch m expérimentation f sur soi(-même); **im ~** en expérimentant sur soi(-même)
'Selbstverteidigung f autodéfense f
'Selbstvertrauen n confiance f en soi; **kein ~ haben** ne pas avoir confiance en soi
'Selbstverwirklichung f épanouissement m de sa personnalité; **nach ~ streben** chercher à se réaliser (**im Beruf** dans sa profession)
'Selbst|wertgefühl n ⟨~(e)s⟩ conscience f de sa propre valeur; amour-propre m; **~zensur** f ⟨~⟩ autocensure f; **~zerfleischung** st/s f autocritique destructive; **⁀zerstörerisch** adj autodestructeur, -trice; **~zerstörung** f autodestruction f; **⁀zufrieden** adjt content de soi; st/s suffisant; **~zufriedenheit** f contentement m de soi; st/s suffisance f
'Selbstzweck m ⟨~(e)s⟩ fin f en soi; **zum ~ werden** devenir une fin en soi; **das ist reiner ~** c'est une fin en soi
'Selbstzweifel m doute m de soi
selchen ['zɛlçən] v/t ⟨h⟩ bayrisch, österr (räuchern) fumer
selek|tieren [zelɛk'tiːrən] v/t ⟨pas de ge-, h⟩ sélectionner; **⁀ti'on** f ⟨~, ~en⟩ sélection f; **~'tiv** adj sélectif, -ive; **⁀tivi'tät** f ⟨~⟩ sélectivité f
Selen [ze'leːn] n ⟨~s⟩ CHIM sélénium m
Selfmademan ['zɛlfmeːtmɛn] m ⟨~s; -men⟩ self-made-man m
selig ['zeːlɪç] **I** adj **1.** (glücklich) très heureux, -euse; ravi; plein de joie; **er ist ganz ~** il est transporté de joie; st/s **~er Schlummer** sommeil bienheureux; **2.** REL bienheureux, -euse; CATH ⟨~gesprochen⟩ béatifié; BIBL **~ sind, die ...** bienheureux ceux qui ...; **~ machen** sauver; **Gott hab' ihn ~!** Dieu ait son âme!; st/s **bis an ihr ~es Ende** jusqu'au jour de sa mort; **3.** (gestorben) défunt; **mein ~er Vater**, st/s **mein Vater ~** st/s

mon défunt père; *st/s* feu mon père; **meine ~e Mutter**, *st/s* **meine Mutter ~** *st/s* ma défunte mère; *st/s* feu ma mère; **II** *adv* **1. sich** (*dat*) **~ in die Arme fallen** se tomber dans les bras de joie; **2. ~ entschlafen** s'endormir dans la paix du Seigneur

'**Selige(r)** *f(m)* ⟨→ A⟩ **1.** *REL* bienheureux, -euse *m,f*; **2. plais ihr ~r** son défunt mari; *pl* **die ~n** (*die Toten*) les morts

'**Seligkeit** *f* ⟨~; ~en⟩ grande joie; grand bonheur; *pl* fort, *a REL* félicité *f*; **die ewige ~** le salut éternel; *fig* plais **von diesem Job hängt meine ~ ab** il me faut ce boulot à tout prix

'**seligpreisen** *st/s v/t* ⟨*irr, sép,* -ge-, *h*⟩ *j-n* **~** estimer qn heureux, -euse

'**seligsprech|en** *v/t* ⟨*irr, sép,* -ge-, *h*⟩ *CATH* béatifier; **²ung** *f* ⟨~; ~en⟩ béatification *f*

'**Sellerie** ['zɛləri] *m* ⟨~s; ~(s)⟩ *od f* ⟨~⟩, *österr f* ⟨~; ~n⟩ céleri *m*

selten ['zɛltən] **I** *adj* rare; *Gast* qui se fait rare; *sehr* **~** très rare; rarissime; F *fig* **ein ~er Vogel** F un drôle de type, d'oiseau; *das ist nichts* **²es** cela n'a rien d'extraordinaire; **~er werden** se raréfier; *das ist in den* **~sten Fällen zu empfehlen** c'est très rarement recommandable; **II** *adv* **1.** rarement; *nicht* **~** assez souvent; *nicht eben* **~** parfois; quelquefois; *höchst* **~** presque jamais; *ich gehe so* **~ wie möglich hin** j'y vais le moins possible; *ein Erfolg wie* **~ e-r** un succès comme on en voit peu; F *iron* **~ so gelacht!** F très marrant!; **2.** (*sehr, besonders*) exceptionnellement; *ein* **~ schönes, schlechtes Wetter** un temps exceptionnellement beau, mauvais; *ein* **~ schönes Mädchen** une fille d'une rare beauté

'**Seltenheit** *f* ⟨~; ~en⟩ rareté *f*; (*seltener Gegenstand*) *a* chose *f* rare, curieuse; curiosité *f*; **es ist keine ~, daß** ... il n'est pas rare que ...

'**Seltenheitswert** *m* ⟨~(e)s⟩ **dieses Buch hat ~** ce livre a une grande valeur par sa rareté

Selters ['zɛltɐs] *n* ⟨~⟩, **~wasser** *n* eau *f* de Seltz; *par ext* eau gazeuse

seltsam ['zɛltza:m] **I** *adj* étrange; curieux, -ieuse; *Geschichte, Erlebnis* extraordinaire; (*wunderlich*) bizarre; *das* **²e daran** le curieux de l'affaire; **II** *adv* curieusement; étrangement; **ihre Stimme klang ~ weich** sa voix avait une douceur étrange

'**seltsamer'weise** *adv* curieusement; **~ konnte er nicht mehr sagen, warum** ... chose étrange *od* curieuse, il ne savait plus dire pourquoi ...

'**Seltsamkeit** *f* ⟨~; ~en⟩ **1.** (*pas de pl*) étrangeté *f*; singularité *f*; **2.** (*Ereignis, merkwürdige Sache*) bizarrerie *f*

Semant|ik [ze'mantik] *f* ⟨~⟩ sémantique *f*; **²isch** *adj* sémantique

Semasio|logie [zemaziolo'gi:] *f* ⟨~⟩ sémasiologie *f*; **²logisch** *adj* sémasiologique

Semester [ze'mɛstɐ] *n* ⟨~s; ~⟩ *UNIVERSITÄT etc* semestre *m*; **im vierten ~ Geschichte studieren** être en fin de deuxième année d'histoire; F **ein älteres ~** (*Student*) un vieil étudiant; *fig plais* F un vieux type

Se'**mesterferien** *pl* vacances *f/pl* universitaires

Semifinale ['ze:mifina:lə] *n* demi-finale *f*

Semikolon [zemi'ko:lɔn] *n* ⟨~s; ~s *ou* -la⟩ point-virgule *m*

Seminar [zemi'na:r] *n* ⟨~s; ~e, *österr*, *schweiz a* ~ien⟩ **1.** *UNIVERSITÄT* (*Institut*) institut *m*; (*Priester~*) séminaire *m*; (*Lehrveranstaltung*) séminaire *m* (*über* [+*acc*] sur); *in Frankreich* cours *m*; **2. für Studienreferendare** stage *m* pédagogique; **~arbeit** *f* exposé (écrit) pour un séminaire *bzw* cours

Semina'rist *m* ⟨~en; ~en⟩ *e-s Priesterseminars* séminariste *m*

Semi'narschein *m UNIVERSITÄT* unité *f* de valeur

Semiotik [zemi'o:tik] *f* ⟨~⟩ sémiotique *f*; *a MÉD* sémiologie *f*

Semit|(in) [ze'mi:t(in)] *m* ⟨~en; ~en⟩ (*f*) ⟨~; ~nen⟩ Sémite *m,f*; **²isch** *adj* sémitique

Semmel ['zɛməl] *f* ⟨~; ~n⟩ *regional, österr* petit pain; *Ware* F **weggehen wie warme ~n** se vendre comme des petits pains

'**semmelblond** *adj* blond comme les blés

'**Semmel|brösel** *m/pl, österr n/pl* chapelure *f*; **~knödel** *m* bayrisch, österr quenelle *f* (à base de pain)

sen. *abr* (*senior*) père

Senat [ze'na:t] *m* ⟨~(e)s; ~e⟩ *HIST, POL, JUR, UNIVERSITÄT* sénat *m*

Se'**nats|ausschuß** *m* commission sénatoriale; **~beschluß** *m* décision *f* du sénat; décret sénatorial, du sénat; **~mitglied** *n* membre *m* du sénat; **~präsident(in)** *m(f)* président(e) *m(f)* du sénat; **~sitzung** *f* séance *f* du sénat; **~sprecher(in)** *m(f)* porte-parole *m* du sénat; **~wahlen** *f/pl* élections sénatoriales

'**Sende|anlage** *f* poste émetteur, d'émission; émetteur *m*; **~anstalt** *f* office *m* de radiodiffusion et télévision; **~bereich** *cf* **Sendegebiet**; **~folge** *f RAD, TV* programme *m*; **~gebiet** *n RAD, TV* zone *f* d'émission; **~gerät** *n* poste émetteur, d'émission; émetteur *m*; **~haus** *n* maison *f* de la radio (et de la télévision); **~leiter** *m RAD, TV* producteur *m*; **~mast** *m* pylône émetteur

senden ['zɛndən] *v/t* **1.** *st/s* (sendet, sandte *ou* sendete, gesandt *ou* gesendet, *h*) (*schicken*) envoyer; **2.** (*régulier, schweiz irr*) *RAD, TV* émettre; *RAD* diffuser; *TÉLÉCOMM* transmettre

'**Sendepause** *f RAD, TV* pause *f*; F *fig* **er hat gerade ~** pour l'instant il est muet

'**Sender** *m* ⟨~s; ~⟩ émetteur *m*

'**Sende|raum** *m* studio *m* (d'émission); **~reihe** *f RAD, TV* série *f* d'émissions

'**Sendersuchlauf** *m RAD, TV* recherche *f* automatique des stations

'**Sendesaal** *m RAD, TV* salle *f* d'émission

'**Sendeschluß** *m RAD, TV* fin *f* de programme; **letzte Nachrichten zum ~ um null Uhr** en fin de programme, à zéro heure, les dernières nouvelles

'**Sende|station** *f RAD, TV* station émettrice, d'émission; **~zeit** *f RAD, TV* temps *m* d'émission; heures *f/pl* d'antenne; *e-r* **Sendung** tranche *f*, plage *f* horaire

'**Sendezentrale** *f RAD, TV* studio *m*; **wir geben zurück in die ~ nach Berlin** nous rendons l'antenne au studio de Berlin

'**Sendung** *f* ⟨~; ~en⟩ **1.** (*das Gesandte*) envoi *m*; (*Paket*) colis *m*; **2.** *st/s* (*pas de pl*) (*Auftrag*) mission *f*; **3.** *RAD, TV* émission *f*; *Jargon* **auf ~ sein** être sur l'antenne

'**Sendungsbewußtsein** *n* conscience *f* de sa mission

Senegal ['ze:negal] *n od m* ⟨→ *n/pr*⟩ le Sénégal

Senegales|e [zenega'le:zə] *m* ⟨~n; ~n⟩, **~in** *f* ⟨~; ~nen⟩ Sénégalais(e) *m(f)*

senega'lesisch, sene'galisch *adj* sénégalais

Seneschall ['ze:nəʃal] *m* ⟨~s; ~e⟩ *HIST* sénéchal *m*

Senf [zɛnf] *m* ⟨~(e)s; ~e⟩ moutarde *f*; F *fig* **s-n ~ dazugeben** F y mettre son grain de sel

'**Senf|gas** *n* gaz *m* moutarde; ypérite *f*; **~gurke** *f* gros cornichon aux graines de moutarde; **~korn** *n* ⟨~(e)s; ¨er⟩ grain *m* de moutarde; **~soße** *f* sauce *f* (à la) moutarde; **~topf** *m* moutardier *m*

Senge ['zɛŋə] *pl* F *regional* **~ kriegen** F recevoir une raclée

sengen ['zɛŋən] *v/t* ⟨*h*⟩ **I** *v/t* roussir; brûler; **II** *v/i* brûler; **~de Hitze** chaleur torride

senil [ze'ni:l] *adj* sénile; **²i'tät** *f* ⟨~⟩ sénilité *f*

senior ['ze:niɔr] *adj* (*après un nom, inv*) père; *Herr L.* **~** monsieur L. père

Senior *m* ⟨~s; -'oren⟩ **1.** (*pas de pl*) *COMM* père *m*; **2.** *SPORT* senior *m*; **3.** (*Ältester*) doyen *m*; **4.** (*älterer Mensch*) personne âgée, du troisième âge; (*Rentner*) retraité *m*; *pl* **die ~en** *a* le troisième âge; **5.** *plais* (*Vater*) F paternel *m*

'**Seniorchef** *m* (vieux) patron; *Herr Buschner, der* **~** M. Buschner père

Seni'oren|heim *n* maison *f* de retraite; **~klasse** *f SPORT* catégorie *f* (des) senior(s); **~mannschaft** *f SPORT* équipe *f* des seniors; **~paß** *m* carte *f* vermeil

Seni'orin *f* ⟨~; ~nen⟩ **1.** *COMM* mère *f*; **2.** *SPORT* senior *f*; **3.** (*Älteste*) doyenne *f*; **4.** (*ältere Frau*) femme âgée, du troisième âge; (*Rentnerin*) retraitée *f*

'**Senkblei** *n* fil *m* à plomb

'**Senke** *f* ⟨~; ~n⟩ *im Gelände* dépression *f* (de terrain); affaissement *m*

Senkel ['zɛŋkəl] *m* ⟨~s; ~⟩ (*Schnür²*) lacet *m*

senken ['zɛŋkən] ⟨*h*⟩ **I** *v/t* **1.** (*nach unten lassen*) abaisser; *Sarg etc* (*niederlassen*) (faire) descendre; *Kopf* baisser; incliner; *Augen, Stimme, Blick* baisser; *Wasserspiegel* faire baisser; (*ver~*) in *die Erde* enfoncer; *ins Wasser* plonger; immerger; *st/s* **gesenkten Hauptes** la tête basse; **2.** *fig* (*herabsetzen*) *Steuern etc* baisser; *Fieber* faire baisser; **II** *v/réfl* **sich ~** s'abaisser; *Gelände etc* descendre; aller en pente; *Gebäude* s'enfoncer; s'affaisser; *Boden, Wasserspiegel* s'affaisser; *Vorhang* tomber; *st/s* **die Nacht senkte sich auf die Stadt** la nuit tombait sur la ville

'**Senker** *m* ⟨~s; ~⟩ *TECH* alésoir *m* conique

'Senk|fuß *m* MÉD pied *m* à voûte plantaire affaissée; (*Plattfuß*) pied plat; **~lot** *n* fil *m* à plomb

'senkrecht *adj* **1.** vertical; à plomb; *bes* MATH perpendiculaire (*zu* à, sur); **2.** *schweiz* (*rechtschaffen*) intègre

'Senkrechte *f* (*senkrechte Linie*) verticale *f*; MATH perpendiculaire *f*

'Senkrecht|start *m* AVIAT décollage vertical; **~starter** *m* **1.** AVIAT avion *m* à décollage vertical; **2.** F *fig Person* personne *f* qui (a) fait une carrière fulgurante; phénomène *m*

'Senkung *f* ⟨~; ~en⟩ **1.** (*das Senken*) abaissement *m*; MÉD (*Blut~*) sédimentation *f* (du sang); *e-s Gebäudes* affaissement *m*; enfoncement *m*; *des Bodens* tassement *m*; affaissement *m*; GÉOL subsidence *f*; **2.** *im Gelände* dépression *f*; (*Neigung*) pente *f*; déclivité *f*; **3.** *der Preise, Steuern etc* baisse *f*; réduction *f*; diminution *f*; **4.** METRIK temps *m* faible

'Senkungsgeschwindigkeit *f* MÉD vitesse *f* de sédimentation

'Senkwaage *f* aréomètre *m*

Senn [zɛn] *m* *bayrisch, österr* ⟨~(e)s, ~e⟩, *schweiz* ⟨~en; ~en⟩ AGR alpagiste *m*

'Senner(in) *m* ⟨~s; ~⟩ (*f*) ⟨~; ~nen⟩ *bayrisch, österr* AGR alpagiste *m,f*

Senne'rei *f* ⟨~; ~en⟩ *bayrisch, österr* fromagerie artisanale dans les alpages

'Sennhütte *f* *bayrisch, österr* chalet *m* d'alpage

Sensation [zɛnzatsi'oːn] *f* ⟨~; ~en⟩ sensation *f*

sensatio'nell *adj* sensationnel, -elle; à sensation

Sensati'ons|lust *f* sensationnalisme *m*; **~meldung** *f* nouvelle *f* à caractère sensationnel; **~prozeß** *m* procès *m* à sensation

Sense ['zɛnzə] *f* ⟨~; ~n⟩ faux *f*; F *jetzt ist ~!* terminé!; maintenant, ça suffit!

'Sensenmann *litt fig m* ⟨~(e)s⟩ (*Tod*) *litt* camarde *f*

sensibel [zɛn'ziːbəl] *adj* ⟨-bl-⟩ sensible

sensibili'sieren *v/t* ⟨*pas de ge-*, h⟩ **1.** PHOT, MÉD sensibiliser; **2.** *st/s j-n (für etw)* ~ sensibiliser qn (à qc)

Sensibili'sierung *f* ⟨~; ~en⟩ **1.** PHOT, MÉD sensibilisation *f*; **2.** *st/s* sensibilisation *f* (*für* à)

Sensibili'tät *f* ⟨~⟩ sensibilité *f*

sensitiv [zɛnzi'tiːf] *adj* sensitif, -ive

'Sensor [...zɔr] *m* ⟨~s; -'soren⟩ ÉLECTRON *Taste* touche sensitive, à effleurement; (*Meßfühler*) palpeur *m*; détecteur *m*

sen'sorisch *adj* sensoriel, -ielle

'Sensortaste *f* touche sensitive

Sensu|alismus [zɛnzua'lɪsmʊs] *m* ⟨~⟩ sensualisme *m*; **~istisch** *adj* sensualiste

sensuell [zɛnzu'ɛl] *adj* sensuel, -elle

Sentenz [zɛn'tɛnts] *f* ⟨~; ~en⟩ maxime *f*; adage *m*

sentimental [zɛntimɛn'taːl] *adj* sentimental; **~i'tät** *f* ⟨~; ~en⟩ sentimentalité *f*

separat [zepa'raːt] I *adj* séparé; particulier, -ière II *adv* à part

Sepa'rat|druck *m* ⟨~(e)s, ~e⟩ TYPO tirage *m* à part; **~friede(n)** *m* paix séparée

Separati'on *f* ⟨~; ~en⟩ POL séparation *f*

Separa't|ismus *m* ⟨~⟩ séparatisme *m*;

~ist(in) *m* ⟨~en; ~en⟩ (*f*) ⟨~; ~nen⟩ séparatiste *m,f*; **~istisch** *adj* séparatiste

Séparée [zepa'reː] *n* ⟨~s; ~s⟩ *in e-m Lokal* cabinet, *größeres* salon particulier

Sepia ['zeːpia] *f* ⟨~; -ien⟩ **1.** ZO seiche *f*; *sc* sépia *f*; **2.** (*pas de pl*) PEINT sépia *f*; **~zeichnung** *f* (dessin *m* à la) sépia *f*

Sepp [zɛp] *cf Josef*

Sepp(e)lhose ['zɛp(ə)lhoːzə] F *f* culotte *f* de peau

Sepsis ['zɛpsɪs] *f* ⟨~; -sen⟩ MÉD septicémie *f*

Sept. *abr* (*September*) sept.

September [zɛp'tɛmbər] *m* ⟨~(s); ~⟩ (mois *m* de) septembre *m*; *cf a* **Januar**

Septett [zɛp'tɛt] *n* ⟨~(e)s; ~e⟩ MUS septuor *m*

Septima ['zɛptima] *f* ⟨~; -men⟩ *österr* septième année *f* de l'enseignement secondaire

Septime [zɛp'tiːmə] *f* ⟨~; ~n⟩ MUS septième *f*

'septisch *adj* MÉD septique

Septuaginta [zɛptua'gɪnta] *f* ⟨~⟩ REL version *f* des Septante

Septum ['zɛptʊm] *n* ⟨~s; -ta *ou* -ten⟩ ANAT, MÉD, ZO cloison *f*

Sequenz [ze'kvɛnts] *f* ⟨~; ~en⟩ séquence *f*

Serail [ze'raːj] *n* ⟨~s; ~s⟩ sérail *m*

Seraph ['zeːraf] *m* ⟨~s; ~e *ou* ~im⟩ REL séraphin *m*; **~isch** *adj* séraphique

'Serbe *m* ⟨~n; ~n⟩, **~in** *f* ⟨~; ~nen⟩ Serbe *m,f*

Serbien ['zɛrbiən] *n* ⟨→ *n/pr*⟩ la Serbie

'serbisch *adj* serbe

'Serbisch *n* ⟨~(s)⟩, **~e** *n* ⟨~⟩ (*das*) **Serbisch(e)** *Sprache* le serbe

serbokroatisch [zɛrbokro'aːtɪʃ] *adj* HIST serbo-croate

Serenade [zere'naːdə] *f* ⟨~; ~n⟩ MUS sérénade *f*

Serge [zɛrʃ] *f* ⟨~; ~n⟩ TEXT serge *f*

Serie [ˈzeːriə] *f* ⟨~; ~n⟩ **1.** *a fig* série *f*; *etw in* ~ *herstellen* fabriquer qc en série; *in* ~ *gehen* être fabriqué en série; **2.** TV feuilleton *m*; série *f*

seri'ell I *adj* **1.** COMM, TECH en série; **2.** MUS sériel, -ielle; **3.** INFORM séquentiel, -ielle II *adv* COMM en série

'Serien(an)fertigung *f* fabrication *f* en série

'serienmäßig *adj u adv* en série; **~** *herstellen* fabriquer en série; **~** *eingebauter Katalysator* pot catalytique monté en série

'Serien|produktion *f* production *f* en série; **~reif** *adj* prêt pour la fabrication en série; **~schalter** *m* ÉLECT interrupteur *m* multiple, à va-et-vient; **~schaltung** *f* ÉLECT montage *m*, couplage *m* en série; **~täter(in)** *m(f)* homme *m*, femme *f* qui a commis des infractions en série; **~weise** *adv* **1.** COMM, TECH en série; **2.** F *fig* F en masse

Serife [ze'riːfə] *f* ⟨~; ~n⟩ TYPO empattement *m*

seriös [zeri'øːs] *adj* sérieux, -ieuse; *Firma a* de confiance; *Person a* honnête; *Aussehen a* respectable

Seriosität [zeriozi'tɛːt] *f* ⟨~⟩ sérieux *m*; respectabilité *f*

Sermon ['zɛrmoːn] F *m* ⟨~s; ~e⟩ **1.** (*Strafpredigt*) F prêche *m*; sermon *m*; **2.** (*langweiliges Gerede*) F laïus *m*

Serologie [zerolo'giː] *f* ⟨~⟩ MÉD sérologie *f*

serös [ze'røːs] *adj* MÉD, PHYSIOL séreux, -euse

Serpentin [zɛrpɛn'tiːn] *m* ⟨~s; ~e⟩ MINÉR serpentine *f*

Serpen'tine *f* ⟨~; ~n⟩ **1.** (*Windung*) lacet *m*; *Straße in* ~ *n* (*dat*) *ansteigen* monter en lacets; **2.** (**~nweg, ~nstraße**) chemin *m*, route *f* en lacets

Serum ['zeːrʊm] *n* ⟨~s; -ren *ou* -ra⟩ MÉD, PHYSIOL sérum *m*

Service[1] [zɛr'viːs] *n* ⟨~ *ou* ~s [-'viːsəs]; ~ [-'viːs *ou* -'viːsə]⟩ (*Geschirr*) service *m*

Service[2] ['zøːrvɪs *ou* 'sœːrvɪs] *m* ⟨~; ~s [-vɪs *ou* -vɪsɪs]⟩ **1.** (*pas de pl*) ⟨~; ~s [-vɪs *ou* -vɪsɪs]⟩ (*Bedienung, Kundendienst*) service *m*; TÉL **~-130-Rufnummer** *f* numéro vert; **2.** TENNIS service *m*

servieren [zɛr'viːrən] ⟨*pas de ge-*, h⟩ I *v/t* **1.** (*auftragen*) servir; mettre sur la table; *j-m etw* ~ servir qc à qn; *es ist serviert!* c'est servi!; FUSSBALL passer; II *v/i* **3.** (*bedienen*) servir (à la table); **4.** TENNIS servir; FUSSBALL faire une passe

Ser'viererin *f* ⟨~; ~nen⟩ serveuse *f*

Ser'vier|tochter *f* *schweiz* serveuse *f*; **~wagen** *m* table roulante

Serviette [zɛrvi'ɛtə] *f* ⟨~; ~n⟩ serviette *f* (de table)

Servi'ettenring *m* rond *m* de serviette

servil [zɛr'viːl] *st/s péj adj* servile; (*unterwürfig*) *a* obséquieux, -ieuse; **~i'tät** *st/s péj f* ⟨~⟩ servilité *f*

Servo|bremse ['zɛrvobrɛmzə] *f* servofrein *m*; **~lenkung** *f* direction assistée; **~motor** *m* servomoteur *m*

servus ['zɛrvʊs] *int süddt, österr* salut!

Sesam ['zeːzam] *m* ⟨~s; ~s⟩ BOT, CUIS sésame *m*; *Zauberformel* **~,** *öffne dich!* Sésame, ouvre-toi!

'Sesam|brötchen *n* petit pain au sésame; **~öl** *n* huile *f* de sésame

Sessel ['zɛsəl] *m* ⟨~s; ~⟩ **1.** fauteuil *m*; **2.** *österr* (*Stuhl*) chaise *f*; **~bahn** *f*, **~lift** *m* télésiège *m*

seßhaft ['zɛshaft] *adj* sédentaire; **~** *werden* s'établir

'Seßhaftigkeit *f* ⟨~⟩ sédentarité *f*

Set [zɛt] *n od m* ⟨~(s); ~s⟩ **1.** (*Satz*) assortiment *m*; *Schlüssel, Daten etc a* jeu *m*; **2.** (*Platzdeckchen*) set *m*

'Setzei *n regional* œuf *m* sur le plat

setzen ['zɛtsən] ⟨-(es)t, h⟩ I *v/t* **1.** (*plazieren*) mettre; (*legen, stellen*) poser; (*hin-*) asseoir; (*j-n in Platz anweisen*) placer; *etw an etw* (*acc*) ~ (r)approcher qc de qc; *an die Lippen, an den Mund* ~ porter aux lèvres; *Trompete* emboucher; *setz ihn neben mich* place-le à côté de moi; *j-n über e-n Fluß* ~ faire passer, traverser la rivière à qn; *den Fuß über die Schwelle* ~ franchir le seuil; *unter Wasser* ~ inonder; submerger; **2.** AGR, JARD *Pflanze* planter; **3.** (*errichten, aufstellen*) *Segel* 'hisser; mettre; *Denkmal* ériger; élever; *Ofen* poser; installer; *Grenzsteine* planter; *Pfähle* planter; enfoncer; **4.** TYPO composer; **5.** (*schreiben, einfügen*) *Punkt, Komma etc* mettre; *auf e-e Liste, die Tagesordnung* ~ mettre sur une liste, à l'ordre du jour; *auf j-s Rechnung* (*acc*) ~ porter au compte de qn; *in die Zeitung* ~ insérer dans le journal; *s-n Namen unter ein Schriftstück* ~ mettre son nom, apposer sa signature au bas d'un écrit; **6.** (*festlegen*) *Termin* fixer; *Grenzen, Schranken* mettre; *Prioritäten* établir; ***j-m ein Ziel ~*** fixer un but à qn; **7.** *bei Wetten* miser; ***hundert Mark auf ein Pferd ~*** miser cent marks sur un cheval; **8.** *fig* ***gesetzt den Fall, er käme nicht*** en supposant, supposons qu'il ne vienne pas; ***j-n auf Diät*** (*acc*) ***~*** mettre qn au régime; ***in Erstaunen ~*** étonner; surprendre; *cf a die entsprechenden subst*; **II** *v/i* **9.** *beim Wetten* faire une mise; ***auf etw*** (*acc*) ***~*** miser sur qc; *beim Spiel* ***hoch ~*** jouer gros jeu; risquer gros; **10.** ⟨h *ou* sein⟩ (*springen*) ***über e-n Graben ~*** sauter, franchir un fossé; ***über e-n Fluß ~*** traverser, passer une rivière; **III** *v/réfl* ***sich ~*** **11.** (*Platz nehmen*) s'asseoir se placer; prendre place; *Vögel* se percher; se poser; ***setz dich!*** assieds-toi!; ***sich an e-n Tisch ~*** s'asseoir à une table; ***sich in den Wagen ~*** monter en voiture; ***sich zu j-m ~*** se mettre, s'asseoir auprès de qn; **12.** *Flüssigkeit* reposer; *feste Bestandteile* se déposer; *Erdreich* se tasser; s'affaisser; s'asseoir; **13.** *Staub, Geruch* ***sich in die Kleider ~*** pénétrer dans les vêtements; **14.** *sich* (*dat*) ***ein Ziel ~*** se fixer un but; **IV** *v/imp* ***gleich setzt es was!, gleich setzt es Prügel!*** F ça va barder!

'Setzer(in) *m* ⟨~s; ~⟩ (*f*) ⟨~; ~nen⟩ TYPO compositeur, -trice *m,f*; typographe *m,f*

Setze'rei *f* ⟨~; ~en⟩ TYPO atelier *m* de composition

'Setz|fehler *m* TYPO faute *f* d'impression; **~holz** *n* JARD plantoir *m*; **~kasten** *m* **1.** TYPO casse *f*; **2.** JARD caisse *f* à plants

'Setzling *m* ⟨~s; ~e⟩ **1.** *Pflanze* plant *m*; **2.** *Fisch* alevin *m*

'Setzmaschine *f* TYPO machine *f* à composer

Seuche ['zɔʏçə] *f* ⟨~; ~n⟩ **1.** MÉD épidémie *f*; **2.** *fig* fléau *m*

'seuchenartig *adj* épidémique

'Seuchen|bekämpfung *f* lutte *f* contre les épidémies; **~gebiet** *n* région contaminée; **~gefahr** *f* danger *m* d'épidémie; **~herd** *m* foyer *m* d'épidémie *bzw* de l'épidémie

seufzen ['zɔʏftsən] *v/i u v/t* ⟨-(es)t, h⟩ soupirer; (*stöhnen*) gémir (***über*** [+*acc*] de)

'Seufzer *m* ⟨~s; ~⟩ soupir *m*; gémissement *m*; ***e-n ~ der Erleichterung ausstoßen*** pousser un soupir de soulagement

Sex [zɛks *ou* sɛks] F *m* ⟨~(es)⟩ **1.** (*dargestellte Sexualität*) pornographie *f*; **2.** (*Geschlechtsverkehr*) rapports sexuels; **3.** (*Sex-Appeal*) sex-appeal *m*

Sex-Appeal ['zɛksapiːl *ou* 'sɛks-] *m* ⟨~s⟩ sex-appeal *m*

'Sex|bombe F *f* femme *f* très sexy; **~boutique** *f* sex-shop *m*; **~film** *m* film *m* porno(graphique); **~idol** *n* idole sexuelle

Sex|ismus [zɛ'ksɪsmʊs] *m* ⟨~⟩ sexisme *m*; **~ist(in)** *m* ⟨~en; ~en⟩ (*f*) ⟨~; ~nen⟩ sexiste *m,f*; **⁓istisch** *adj* sexiste

'Sex|objekt F *n* objet sexuel; **~party** *f* F partouze *f*

Sex|shop ['zɛksʃɔp] *m* ⟨~s; ~s⟩ sex-shop *m*; **~star** *m* ⟨~s; ~s⟩ *cf* **Sexidol**

Sexta ['zɛksta] *f* ⟨~; -ten⟩ *in Deutschland regional* première, *österr* sixième année *f* de l'enseignement secondaire

Sex'taner(in) *m* ⟨~s; ~⟩ (*f*) ⟨~; ~nen⟩ *in Deutschland regional* élève *m,f* de première, *österr* de sixième année de l'enseignement secondaire

Sex'tanerblase *f* F *plais* ***er hat e-e*** (***richtige***) ***~*** F il va tout le temps au petit coin

Sextant [zɛks'tant] *m* ⟨~en; ~en⟩ sextant *m*

Sexte ['zɛkstə] *f* ⟨~; ~n⟩ MUS sixte *f*

Sextett [zɛks'tɛt] *n* ⟨~(e)s; ~e⟩ MUS sextuor *m*

'Sextourismus F *m* tourisme sexuel, *la prostitution*

Sexu'al|aufklärung *f* éducation sexuelle; **~delikt** *n* délit sexuel; **~erziehung** *f* éducation sexuelle; **~forscher(in)** *m(f)* sexologue *m,f*; **~hygiene** *f* hygiène sexuelle

Sexualität [zɛksuali'tɛːt] *f* ⟨~⟩ sexualité *f*

Sexu'al|kunde *f* éducation sexuelle; **~kundeunterricht** *m* cours *m* d'éducation sexuelle; **~leben** *n* ⟨~s⟩ vie sexuelle; **~mord** *m* meurtre *m* avec viol; crime *m* à mobile sexuel; **~mörder(in)** *m(f)* auteur *m* d'un meurtre avec viol; criminel, -elle *m,f* à mobile sexuel; **~objekt** *n* objet sexuel; **~partner** *m* partenaire sexuel; **~trieb** *m* instinct sexuel; **~verbrechen** *n* délit sexuel; **~verbrecher(in)** *m(f)* délinquant(e) sexuel, -elle; **~wissenschaft** *f* ⟨~⟩ sexologie *f*

sexuell [zɛksu'ɛl] **I** *adj* sexuel, -elle; **II** *adv* ***mißbrauchen*** violer; ***sich ~ befriedigen*** se masturber

Sexus ['zɛksʊs] *st/s m* ⟨~; ~[-uːs]⟩ sexe *m*

'Sexwelle F *f* période *f* de liberté sexuelle

sexy ['zɛksi] F *adj* ⟨*inv*⟩ F sexy (*inv*)

Seychellen [ze'ʃɛlən] *pl* ⟨→ *n/pr*⟩ ***die ~*** les Seychelles *f/pl*

Sezession [zetsɛsi'oːn] *f* ⟨~; ~en⟩ sécession *f*

Sezessi'onskrieg *m* ⟨~(e)s⟩ HIST guerre *f* de Sécession

sezieren [ze'tsiːrən] ⟨*pas de ge-*, h⟩ **I** *v/t* disséquer; **II** *v/i* faire une autopsie

Se'ziermesser *n* scalpel *m*

SFB [ɛsʔɛf'beː] *m* ⟨~⟩ *abr* (*Sender Freies Berlin*) radio et télévision régionales allemandes (Berlin)

S-förmig ['ɛsfœrmɪç] *adj* en (forme de) S

sfr., schweiz sFr. *abr* (*Schweizer Franken*) FS (franc suisse)

SGB [ɛsgeˈbeː] *m* ⟨~⟩ *abr* (*Schweizerischer Gewerkschaftsbund*) Union des syndicats suisses

Shake [ʃeːk] *m* ⟨~s; ~s⟩ (*Milch⚬*) milk-shake *m*; (*Cocktail*) cocktail *m*

'Shaker *m* ⟨~s; ~⟩ shaker *m*

Shampoo [ʃam'puː *ou* 'ʃampu] , **Shampoon** [ʃam'poːn *ou* 'ʃampoːn] *n* ⟨~s; ~s⟩ shampo(o)ing *m*

shampoo'nieren *cf* **schamponieren**

Sheriff ['ʃɛrɪf] *m* ⟨~s; ~s⟩ shérif *m*; **~stern** *m* étoile *f* de shérif

Sherry ['ʃɛri] *m* ⟨~s; ~s, *mais* 5 ~⟩ sherry *m*; xérès *m*

Shetlandinseln ['ʃɛtləndʔɪnzəln] *f/pl* ⟨→ *die*⟩ les îles *f/pl* Shetland

'Shetland|pony *n* poney *m* des îles Shetland; **~pullover** *m* pull-over *m* en shetland; **~wolle** *f* shetland *m*

Shit [ʃɪt] *m od n* ⟨~s⟩ *Jargon* 'hasch *m*

Shorts [ʃɔrts] *pl* short *m*

Show [ʃoː] *f* ⟨~; ~s⟩ show *m*; **'~geschäft** *n* show-business *m*; F showbiz *m*

Showmaster ['ʃoːmaːstər] *m* ⟨~s; ~⟩ animateur *m*

Shrimps [ʃrɪmps] *m/pl* crevettes *f/pl*

Siam ['ziːam] *n* ⟨→ *n/pr*⟩ HIST le Siam

Siames|e [zia'meːzə] *m* ⟨~n; ~n⟩, **~in** *f* ⟨~; ~nen⟩ HIST Siamois(e) *m(f)*

sia'mesisch *adj* siamois

'Siamkatze *f* (*chat*) siamois *m*

Sibirien [zi'biːriən] *n* ⟨→ *n/pr*⟩ la Sibérie

Si'birier(in) *m* ⟨~s; ~⟩ (*f*) ⟨~; ~nen⟩ Sibérien, -ienne *m(f)*

si'birisch *adj* sibérien, -ienne; de Sibérie; *fig* ***e-e ~e Kälte*** un froid glacial

Sibylle [zi'bɪlə] *f* ⟨~; ~n⟩ Sibylle *f*

sibyl'linisch *st/s adj litt* sibyllin

sich [zɪç] *pr/pers* **I 3. Person** *sg, dat u acc* se; *unverbunden* lui *bzw* elle; *unpersönlich* soi; ***er wäscht ~*** il se lave; ***an*** (***und für***) ***~*** en fait; au fond; ***etw bei ~*** (*dat*) ***haben*** avoir qc sur soi; ***gern für ~ sein*** aimer rester, être seul; ***das ist e-e Sache für ~*** c'est une autre affaire; c'est une chose à part; ***jeder Teil für ~*** chaque partie séparément; ***etw von ~*** (*dat*) ***aus tun*** faire qc par soi-même, de sa propre initiative; ***was hat es damit auf ~?*** qu'est-ce que ça veut dire?; *passivisch* ***in diesem Bett schläft es ~ gut*** on dort bien dans ce lit; ***die Tür läßt ~ nicht öffnen*** il est impossible d'ouvrir la porte; **II 3. Person** *pl, dat u acc* **1.** *reflexiv* se; *unverbunden* eux *bzw* elles; ***sie bleiben für ~*** ils restent entre eux; ils s'isolent; **2.** *reziprok* se; ***sie lieben ~*** ils *bzw* elles s'aiment; ***sie geben ~*** (*dat*) ***die Hand*** ils *bzw* elles se donnent la main

Sichel ['zɪçəl] *f* ⟨~; ~n⟩ **1.** *Werkzeug* faucille *f*; **2.** *des Mondes* croissant *m*; **⁓förmig** *adj* en forme de faucille; *Mond* en forme de croissant

'sicheln *v/t* ⟨-(e)le, h⟩ couper à la faucille

sicher ['zɪçər] **I** *adj* **1.** (*gewiß*) sûr, certain; (*zweifellos*) indubitable; ***soviel ist ~*** cela au moins est certain; ***~ ist, daß ...*** ce qui est certain, c'est que ...; ***sind Sie ..., daß ...?*** êtes-vous certain, sûr que ...?; ***ich bin dessen absolut ~*** j'en suis absolument certain; ***sich*** (*dat*) ***e-r Sache*** (*gén*) ***~ sein*** être sûr de qc; ***s-r Sache*** (*gén*) ***~ sein*** être sûr de son fait; ***der Erfolg ist uns ~*** notre succès est assuré; ***sie ist sich*** (*dat*) ***ihrer Wirkung ~*** elle est sûre de son effet; ***e-e Strafe ist ihm ~*** il est sûr d'être puni; il sera puni à coup sûr; **2.** (*nicht gefährdet, geschützt*) *Erfolg, Zukunft* assuré; *Stellung, Posten* stable; assuré; *COMM Gewinn* garanti; *Person etc* (*in Sicherheit*) ***vor j-m, etw ~ sein*** être à l'abri de qn, qc; ***man ist dort s-s Lebens nicht ~*** on y risque sa vie; ***auf Nummer ⚬ gehen*** ne prendre aucun risque; ***~ ist ~*** deux précautions valent mieux qu'une; **3.** (*zuverlässig*) *Mittel, Urteil* sûr; infaillible; *Gedächtnis, Beweis* certain; irréfutable; ***aus ~er Quelle*** de bonne source; **4.** (*nicht gefährlich*) sûr; pas dangereux, -euse **5.** *(selbstbewußt)* sûr de soi; ***ein ~es Auftreten haben*** avoir de l'assurance; **6.** *(fest, nicht irrend)* *Geschmack* sûr; ***~e Hand*** main sûre, exercée; ***~en Schrittes*** d'un pas assuré; **II** *adv* **1.** *(gewiß)* sûrement; certainement; *(aber)* ***~!*** bien sûr!; ***~ nicht!*** sûrement pas!; bien sûr que non!; ***ganz ~*** certainement; ***er wird ~ kommen*** il viendra sûrement, à coup sûr; ***du kannst mir (doch) ~ sagen, ob ...*** tu peux sûrement me dire si ...; **2.** *(gefahrlos)* en (toute) sécurité; **3.** *(zuverlässig)* d'une manière sûre; ***~ Auto fahren*** bien conduire; **4.** *(selbstbewußt)* avec assurance; ***~ auftreten*** avoir de l'assurance

'**sichergehen** *v/i* ⟨*irr, sép, -ge-, sein*⟩ s'(en) assurer; ***um sicherzugehen*** pour être sûr de son fait

Sicherheit *f* ⟨~; ~en⟩ **1.** *(pas de pl)* sûreté *f*; *(Gewißheit)* certitude *f*; im *Auftreten* assurance *f*; ***es ist mit ~ anzunehmen, daß ...*** on peut être certain que ...; il y a gros à parier que ...; ***etw mit ~ behaupten*** soutenir qc avec assurance; ***mit (einiger) ~*** avec (quelque) certitude; ***mit ~!*** certainement!; bien sûr!; **2.** *(pas de pl)* *(Schutz, Gefahrlosigkeit)* sûreté *f*; sécurité *f*; ***in ~*** 'hors d'atteinte; ***in ~*** *(acc)* ***bringen*** mettre à l'abri, en lieu sûr; ***sich in ~ bringen*** se mettre à l'abri; ; ***sich vor etw*** *(dat)* ***in ~ bringen*** échapper à qc; ***sich in ~*** *(dat)* ***wiegen*** se croire en sécurité; *zu Unrecht* s'endormir dans une fausse sécurité; ***j-n in ~*** *(dat)* ***wiegen*** endormir la vigilance de qn; **3.** *(pas de pl)* POL ***öffentliche ~*** sécurité publique; ***innere, äußere ~*** sécurité intérieure, extérieure; **4.** COMM garantie *f*; *(Bürgschaft)* caution *f*; cautionnement *m*; ***als ~ hinterlegen*** déposer en gage

Sicherheits|abstand *m* distance *f* de sécurité; **~beauftragte(r)** *f(m)* ⟨→ A⟩ responsable *m,f* de la sécurité; **~bestimmung** *f* règle *f*, consigne *f* de sécurité; **~bindung** *f* am Ski fixation *f* de sécurité; **~faktor** *m* coefficient *m* de sécurité; **~glas** *n* verre *m* de sécurité

Sicherheitsgründe ['zıçərhaıtsgryndə] *m/pl* ***aus ~n*** pour des raisons de sécurité

Sicherheits|gurt *m* im Auto, Flugzeug ceinture *f* de sécurité; *von Bauarbeitern, Bergsteigern etc* 'harnais *m*; **₂halber** *adv* pour plus de sûreté; **~kette** *f* an der Wohnungstür chaîne *f* de sûreté; **~maßnahme** *f* mesure *f* de sécurité, de sûreté; **~nadel** *f* épingle *f* de sûreté, de nourrice; **~politik** *f* politique *f* de sécurité nationale; **~rat** *m* ⟨~(e)s⟩ *der Vereinten Nationen* Conseil *m* de Sécurité; **~schloß** *n* serrure *f* de sûreté; **~schlüssel** *m* clé *f* de sûreté; **~ventil** *n* soupape *f* de sûreté; **~verschluß** *m* fermoir *m* de sûreté, de sécurité; **~vorkehrung** *f* mesure *f* de sûreté, de sécurité; **~vorschriften** *f/pl* consignes *f/pl* de sécurité

'**sicherlich** *adv* sûrement; certainement

'**sichern** ⟨-(e)re, h⟩ **I** *v/t* **1.** *Erfolg, Zukunft, Platz etc (sicherstellen)* assurer; *(gewährleisten)* garantir; *Frieden, Position etc (festigen)* consolider; affermir; **2.** *Schußwaffe* mettre le cran de sûreté à; *Maschine* bloquer; arrêter; **3.** COMM

garantir; mettre à couvert; **4.** *(schützen)* protéger, garantir *(vor* [+dat], *gegen* de, contre); **5.** INFORM sauvegarder; **II** *v/i/réfl* ***sich*** *(dat)* ***etw ~*** s'assurer qc; ***sich vor etw*** *(dat)* ***od gegen etw ~*** s'assurer contre qc; se garantir de *od* contre qc; **III** *v/i* JAGD être aux aguets

'**sicherstell|en** *v/t* ⟨*sép, -ge-, h*⟩ **1.** *(gewährleisten)* assurer; garantir; **2.** *(beschlagnahmen)* confisquer; saisir; **₂ung** *f* **1.** *(Gewährleistung)* garantie *f*; **2.** *(Beschlagnahme)* confiscation *f*

Sicherung *f* ⟨~; ~en⟩ **1.** *(pas de pl)* *(Schutz)* préservation *f* *(vor* [+dat], *gegen* contre); sauvegarde *f* *(vor* [+dat], *gegen* contre); *(Bekräftigung)* consolidation *f*; ***zur ~ des Friedens*** pour assurer la paix; **2.** TECH (arrêt *m* de) sûreté *f*; *an Schußwaffen* cran *m* de sûreté; **3.** ÉLECT einzelne fusible *m*; *coll* plombs *m/pl*; ***die ~ ist durchgebrannt*** les plombs ont sauté; F *fig* ***bei ihr brannte e-e ~ durch*** elle a complètement paniqué, déjanté; **4.** COMM garantie *f*

Sicherungs|hypothek *f* hypothèque *f* de garantie; **~kasten** *m* boîte *f* à fusibles; **~verwahrung** *f* JUR prolongation *f* d'une peine de prison *(prononcée pour des raisons de sécurité publique)*

Sicht [zıçt] *f* ⟨~⟩ **1.** vue *f*; *(Sichtverhältnisse)* visibilité *f*; ***in ~*** en vue; ***außer ~*** 'hors de vue; invisible; ***in ~ kommen*** apparaître; ***Land in ~!*** terre!; ***heute ist gute, klare ~*** aujourd'hui on a une bonne visibilité; **2.** *(An₂, Betrachtungsweise)* vue *f*; façon *f* de voir; COMM ***auf ~*** à vue; ***auf kurze, lange ~*** à court, long terme; à courte, longue échéance; ***aus meiner ~*** à mon avis; ***aus der der Wissenschaftler*** dans l'optique des scientifiques

'**sichtbar** *adj* **1.** visible; *(wahrnehmbar)* perceptible; ***~ werden*** devenir visible; (ap)paraître; **2.** *(offenkundig)* apparent; évident; manifeste; ***~ werden*** se manifester; ***~ anbringen*** mettre en évidence; ***deutlich ~ tragen*** porter ostensiblement

Sichtbarkeit *f* ⟨~⟩ **1.** visibilité *f*; *(Wahrnehmbarkeit)* perceptibilité *f*; **2.** *(Offenkundigkeit)* évidence *f*

'**Sicht|beton** *f m* CONSTR béton brut de décoffrage *m*; **~blende** *f* store *m*; jalousie *f*; **~einlage** *f* FIN dépôt *m* à vue

'**sichten** *v/t* ⟨*-ete, h*⟩ **1.** *Papiere, Beweismaterial etc* examiner; parcourir *(des yeux)*; *(sortieren)* trier; **2.** *(erblicken)* apercevoir; repérer

'**Sichtfeld** *n* champ *m* de) visibilité *f*

'**Sichtfenster** *n* Briefumschlag ***mit ~*** à fenêtre

'**Sicht|flug** *m* pilotage *m* à vue; **~grenze** *f* visibilité *f*; **~karte** *f* carte *f* d'abonnement aux transports en commun

'**sichtlich I** *adj* apparent; évident; manifeste; **II** *adv* apparemment; visiblement; ***sie war ~ erfreut, beeindruckt*** elle était visiblement contente, impressionnée

'**Sichtung** *f* ⟨~⟩ *von Papieren* examen *m*; *(Sortierung)* tri *m*

'**Sichtverhältnisse** *n/pl* (conditions *f/pl* de) visibilité *f*

'**Sichtvermerk** *m* ADM visa *m*; ***mit ~ versehen*** viser

'**Sicht|wechsel** *m* COMM lettre *f* de change à vue; **~weise** *f* façon *f* de voir

'**Sichtweite** *f* (domaine *m* de) visibilité *f*; ***außer, in ~*** 'hors de, en vue

'**Sicker|brunnen** *m* puits absorbant, drainant; **~grube** *f* puisard *m*

sickern ['zıkərn] *v/i* ⟨*-(e)re, sein*⟩ s'écouler goutte à goutte; ***Wasser sickert durch die Mauer*** le mur suinte; ***in den Boden ~*** s'infiltrer dans le sol

'**Sickerwasser** *n* ⟨~s⟩ eau *f* d'infiltration; ***an e-r undichten Stelle*** suintement *m*

Sideboard ['zaıtbɔrt] *n* ⟨~s, ~s⟩ buffet *m* (bas)

siderisch [zi'de:rıʃ] *adj* ASTR sidéral *f*

sie[1] [zi:] *pr/pers 3. Person f* **1.** Nominativ elle *(a unverbunden)*; **2.** *acc* la

sie[2] *pr/pers 3. Person pl* **1.** Nominativ ils *bzw* elles; *unverbunden* eux *bzw* elles; **2.** *acc* les

Sie[1] *pr/pers Anrede* vous; ***j-n mit ~ anreden*** dire vous à qn; vouvoyer qn; ***hallo, ~ da!*** hé! monsieur *bzw* madame!

Sie[2] F *f* ⟨~; ~s⟩ ***e-e ~*** une fille *bzw* femme; *bei Tieren* une femelle

Sieb [zi:p] *n* ⟨~(e)s; ~e⟩ **1.** CUIS passoire *f*; *grobes, für Sand etc* crible *m*; *feineres* sas *m*; tamis *m*; F ***er hat ein Gedächtnis wie ein ~*** sa mémoire est une passoire; **2.** TYPO écran *m* de tissu

'**Siebdruck** *m* ⟨~(e)s, ~e⟩ TYPO sérigraphie *f*

'**sieben**[1] ['zi:bən] *v/t* ⟨*h*⟩ **1.** passer au crible; *fein* passer au sas, au tamis; CUIS passer; **2.** *fig Personen* trier; *Nachrichten* filtrer

'**sieben**[2] *num/c* sept; *cf a* acht

Sieben *f* ⟨~; ~en *od* ~⟩ (chiffre *m*, nombre *m*) sept *m*; *cf a* **Acht**[1]

'**sieben...**, '**Sieben...** *cf a* acht..., Acht...

Siebenbürgen [zi:bən'byrgən] *n* ⟨~ *n/pr*⟩ la Transylvanie

'**Sieben|eck** *n* ⟨~(e)s; ~e⟩ heptagone *m*; **₂eckig** *adj* heptagonal

'**siebenein|halb** *num/c* sept et demi

'**Siebener** *m* ⟨~s; ~⟩ regional (Sieben) sept *m*

'**siebenerlei** *adj* ⟨*épithète; inv*⟩ sept sortes, espèces de ...; sept ... différent(e)s; de sept sortes, espèces différentes

siebenfach I *adj* septuple; *cf a* **achtfach**; **II** *adv* sept fois (plus); au septuple; ***~ vergrößert*** agrandi sept fois

'**Siebenfache(s)** *n* ⟨→ A⟩ septuple *m*

'**siebenhundert** *num/c* sept cent(s)

'**siebenjährig** *adj* *(sieben Jahre alt)* (âgé) de sept ans; *(sieben Jahre lang)* de sept ans; qui dure sept ans; *sc, Amtszeit etc* septennal; HIST ***der ₂e Krieg*** la guerre de Sept ans

'**Siebenjährige(r)** *f(m)* ⟨→ A⟩ garçon *m*, fille *f* de sept ans

'**siebenjährlich** *adv* *(adj)* (qui revient) tous les sept ans

'**Sieben|kampf** *m* SPORT heptathlon *m*; **~kämpferin** *f* heptathlonienne *f*

'**sieben|mal** *adv* sept fois; **~malig** *adj* ⟨*épithète*⟩ répété sept fois

Sieben'meilenstiefel *m/pl* bottes *f/pl* de sept lieues; *fig* ***mit ~n*** à pas de géant

Sieben'monatskind *n* prématuré(e) *m(f)* de sept mois

'Sieben|sachen F f/pl F barda m; F bazar m

'Siebenschläfer m 1. ZO loir m; 2. Tag 27 juin; prov wenn es an ~ regnet, regnet es noch sieben Wochen etwa prov quand il pleut à la Saint-Médard, il pleut quarante jours plus tard

'Siebensilb(l)er m ⟨~s; ~⟩ METRIK vers m de sept syllabes

'siebenstellig adj Zahl de sept chiffres

'sieben|'tausend num/c sept mille; '~te(r, -s) num/o cf siebte(r, -s); ♃zeiler m ⟨~s; ~⟩ METRIK septain m; '~zeilig adj à ou de sept lignes

siebt [zi:pt] adv zu ~ à sept; zu ~ sein être sept

'siebte(r, -s) num/o septième; cf a achte(r, -s)

'Siebtel n ⟨~s; ~⟩ septième m

'siebtens adv septièmement; en septième lieu

siebzehn ['zi:ptse:n] num/c dix-sept; cf a acht

siebzig ['zi:ptsɪç] num/c soixante-dix; Belgien, schweiz septante; cf a achtzig

'Siebzig f ⟨~⟩ (chiffre m, nombre m) soixante-dix m, Belgien, schweiz septante m

'siebziger adj ⟨épithète; inv⟩ die ~ Jahre n/pl les années f/pl soixante-dix

'Siebzig|er(in) m ⟨~s; ~⟩ (f) ⟨~; ~nen⟩ cf Siebzigjährige(r); ♃jährig adj (siebzig Jahre alt) de soixante-dix ans; Personen a septuagénaire; (siebzig Jahre lang) de soixante-dix ans; qui dure soixante-dix ans; ~jährige(r) f(m) ⟨→ A⟩ septuagénaire m,f; homme m, femme f de soixante-dix ans

siech [zi:ç] st/s adj très souffrant; infirme; (bettlägerig) grabataire

'Siechtum st/s n ⟨~s⟩ infirmité f; nach langem ~ après une longue maladie, infirmité

siedeln ['zi:dəln] v/i ⟨-(e)le, h⟩ s'établir

sieden ['zi:dən] ⟨siedet, sott ou siedete, gesotten ou gesiedet, h⟩ I v/t (kochen) faire bouillir; (faire) cuire; II v/i bouillir; (brodeln) bouillonner

'siedend'heiß I adj bouillant; II adv F fig es fiel mir ~ ein je m'en suis souvenu avec horreur

'Siede|punkt m point m d'ébullition; ~wasserreaktor m réacteur m à eau bouillante

'Siedfleisch n südd, schweiz viande f pour le pot-au-feu; als Gericht etwa pot-au-feu m

'Siedler(in) m ⟨~s; ~⟩ (f) ⟨~; ~nen⟩ colon m, femme f colon

'Siedlung f ⟨~; ~en⟩ 1. (menschliche Niederlassung) colonie f; 2. (Wohngebiet) lotissement m; cité f

'Siedlungs|gebiet n 1. e-s Volks etc région f de colonisation; 2. (Wohngebiet) zone f de lotissement; ~land n ⟨-(e)s⟩ cf Siedlungsgebiet 1.; ~politik f politique f de l'habitat bzw de colonisation

Sieg [zi:k] m ⟨~(e)s; ~e⟩ victoire f (über [+acc] sur); den ~ (über j-n) davontragen ou erringen remporter la victoire (sur qn); triompher (de qn); SPORT auf ~ spielen jouer pour gagner; fig das war ein ~ der Vernunft c'était le triomphe de la raison

Siegel ['zi:gəl] n ⟨~s; ~⟩ (Privat♃) cachet m; amtliches sceau m; cachet officiel; gerichtliches scellé(s) m(pl)

'Siegellack m cire f à cacheter

'siegeln v/t ⟨-(e)le, h⟩ Brief cacheter; amtlich sceller

'Siegelring m chevalière f

'siegen v/i ⟨h⟩ gagner; triompher; über j-n ~ remporter la victoire sur qn; l'emporter sur qn; in ihm siegte das Mitleid en lui la pitié l'emportait

'Sieger(in) m ⟨~s; ~⟩ (f) ⟨~; ~nen⟩ vainqueur m; p/fort triomphateur, -trice m,f; SPORT gagnant(e) m(f); aus etw als ~ hervorgehen sortir gagnant de qc; SPORT zweiter ~ sein être (le) second

'Sieger|ehrung f (cérémonie f de) remise f des prix bzw des médailles; ~kranz m couronne (décernée au vainqueur); ~macht f puissance victorieuse; ~podest n podium m; ~pokal m coupe f du vainqueur; ~urkunde f titre m de vainqueur

'sieges|bewußt cf siegessicher; ♃geschrei n cris m/pl de victoire, de triomphe; ~gewiß st/s cf siegessicher

'Sieges|göttin f Victoire f; ~kranz m cf Siegerkranz; ~palme poét f palme f (de la victoire); ~säule f colonne f commémorant une victoire; ♃sicher I adj sûr de la victoire, de triompher; II adv avec la certitude de triompher; ~tor n ⟨~s; ~e⟩ 1. (Triumphbogen) arc m de triomphe; 2. cf Siegestreffer; ~treffer m SPORT but m qui a décidé de la victoire; ♃trunken st/s adj (u adv) (comme) enivré de sa victoire; ~wille m volonté f de vaincre, de triompher; ~zug m marche triomphale; fig tournée triomphale; triomphe m

Siegfried ['zi:kfri:t] m ⟨→ n/pr⟩ prénom

'sieg|haft adj triomphant; ~los adj u adv sans victoire

'siegreich I adj victorieux, -ieuse; vainqueur; p/fort triomphateur, -trice m,f; II adv en vainqueur; p/fort en triomphateur; victorieusement; avec succès; ~ aus etw hervorgehen sortir victorieusement de qc

sieht [zi:t] cf sehen

Siel [zi:l] m od n ⟨~(e)s; ~e⟩ nordd 1. (Deichschleuse) écluse f; 2. (Abwasserleitung) égout m; canal m

siena [zi'e:na] adj ⟨inv⟩ terre f de Sienne; ♃erde f ⟨~⟩ terre f de Sienne

Siesta [zi'ɛsta] f ⟨~; -sten ou ~s⟩ sieste f; ~ halten faire la sieste

siezen ['zi:tsən] v/t ⟨-(es)t, h⟩ vouvoyer; dire vous (jn à qn)

Sigel ['zi:gəl] n ⟨~s; ~⟩, Sigle ['zi:gl] f ⟨~; ~n⟩ (Kürzel) sigle m; TYPO signe m typographique; STENOGRAPHIE signe m sténographique

Signal [zɪ'gna:l] n ⟨~s; ~e⟩ signal m; das ~ zum Aufbruch geben donner le signal du départ; EISENBAHN das ~ steht auf Fahrt le signal indique que la voie est libre; fig ~e setzen ouvrir la voie; montrer le chemin

Si'gnal|anlage f (dispositif m de) signalisation f; ~brücke f EISENBAHN passerelle f à signaux; ~farbe f couleur très voyante; ~feuer n feu m (de signalisation); ~flagge f MAR pavillon m de signalisation; ~gast m ⟨~(e)s; ~en⟩ MAR timonier (signaleur); ~horn n corne f d'appel; trompe f

signali'sieren v/t ⟨pas de ge-, h⟩ 1. signaler; 2. (zu verstehen geben) j-m etw ~ faire comprendre qc à qn

Si'gnal|lampe f signal, avertisseur lumineux; ~licht n signal lumineux; ~mast m MAR, EISENBAHN sémaphore m; ♃rot adj rouge lumineux, vif

Signatar|macht [zɪgna'ta:rmaxt] f puissance f signataire; ~staat m État m signataire

Signatur [zɪgna'tu:r] f ⟨~; ~en⟩ 1. (Unterschrift, Namenszug) signature f; paraphe m; 2. (Kartenzeichen) signe conventionnel, signe distinctif; 3. e-s Bibliotheksbuches cote f; 4. TYPO (Bogenbezeichnung) signature f

Signet [zɪn'je: ou zɪ'gnɛt] n ⟨~s; ~s [zɪn'je:s] ou ~e [zɪ'gnɛtə]⟩ 1. (Buchdruckerzeichen) marque f de l'imprimeur; (Verlegerzeichen) marque f de l'éditeur; 2. (Markenzeichen) insigne m; logo m

signieren [zɪ'gni:rən] v/t ⟨pas de ge-, h⟩ signer; Autor dédicacer

signifikant [zɪgnifi'kant] st/s adj 1. (bedeutsam) révélateur, -trice; 2. (charakteristisch) caractéristique; typique

Signifi'kanz st/s f ⟨~⟩ 1. (Bedeutsamkeit) portée f; 2. (Eigenart) caractéristique f; particularité f

Sigrid ['zi:grɪt] f ⟨→ n/pr⟩ prénom

Sigrist ['zi:grɪst] m ⟨~en; ~en⟩ schweiz sacristain m

Silbe ['zɪlbə] f ⟨~; ~n⟩ syllabe f; vorletzte ~ t/t pénultième f; fig ich verstehe keine ~ davon je n'y comprends rien; fig etw mit keiner ~ erwähnen ne pas faire la moindre allusion à qc

'Silben|rätsel n charade f; ~trennung f division f (des mots) en syllabes

Silber ['zɪlbɐ] n ⟨~s⟩ 1. (Farbe, Metall) argent m; aus ~ d'argent; en argent; 2. (Silbergerät, Tafel♃) argenterie f; 3. SPORT (~medaille) médaille f d'argent; olympisches ~ gewinnen gagner la médaille d'argent aux Jeux olympiques

'Silber|ader f veine f d'argent; ~arbeit f ouvrage m en argent; pièce f d'argenterie; ~barren m barre f, lingot m d'argent; ~bergwerk n mine f d'argent; ~besteck n couvert m en argent; ~blech n tôle f, feuille f d'argent

'Silberblick F plais m ⟨~(e)s⟩ F coquetterie f dans l'œil; e-n ~ haben a loucher légèrement

'silberblond adj blond argenté

'Silber|distel f chardon argenté; ~draht m fil m d'argent; ~erz n minerai m argentifère; ~faden m fil m d'argent; ♃farben, ♃farbig adj argenté; ~fischchen n Insekt poisson m d'argent; ~folie f feuille f d'aluminium; ~fuchs m renard argenté; ~gehalt m teneur f en argent; ~geld n ⟨~(e)s⟩ pièces f/pl d'argent; ~glanz m 1. von Silber éclat m de l'argent; wie Silber reflets m/pl d'argent; 2. MINÉR argyrose f

'silber|grau adj gris argenté (inv); ~haltig adj argentifère; ~hell adj Ton, Stimme argentin

'Silber|hochzeit f noces f/pl d'argent; ~legierung f alliage m d'argent

'Silberling m ⟨~s; ~e⟩ BIBL für dreißig ~e pour trente deniers

'Silber|medaille f médaille f d'argent;

~möwe f goéland argenté; **~münze** f pièce f d'argent
'**silbern** I adj **1.** ⟨épithète⟩ (aus Silber) d'argent; **~e Hochzeit** noces f/pl d'argent; **2.** (wie Silber, silberfarben) argenté; Ton, Lachen argentin; II adv comme de l'argent
'**Silber|papier** n papier m d'aluminium; **~pappel** f peuplier argenté; **~schmied** m orfèvre m
'**Silberstreifen** m ligne, bande argentée; fig ein ~ am Horizont une lueur d'espoir
'**Silber|tanne** f sapin argenté; **~währung** f étalon-argent m; **²weiß** adj argenté; **~zwiebel** f petit oignon (au vinaigre)
'**silbrig** adj argenté
Silhouette [zilu'ɛtə] f ⟨~; ~n⟩ silhouette f
Silikat [zili'kaːt] n ⟨~(e)s; ~e⟩ CHIM silicate m
Silikon [zili'koːn] n ⟨~s; ~e⟩ CHIM silicone f
Silikose [zili'koːzə] f ⟨~; ~n⟩ MÉD silicose f
Silo ['ziːlo] m od n ⟨~s; ~s⟩ silo m; in ein(en) ~ einlagern ensiler
Silur [zi'luːr] n ⟨~s⟩ GÉOL silurien m
Silvaner [zɪl'vaːnər] m ⟨~s; ~⟩ VIT sylvaner m
Silvester [zɪl'vɛstər] m od n ⟨~s; ~⟩ la Saint-Sylvestre; ~ feiern fêter la Saint-Sylvestre; faire le réveillon (du jour de l'An)
Sil'vesternacht f nuit f de la Saint-Sylvestre; nuit f du réveillon (du jour de l'An)
Silvia ['zɪlvia] f ⟨→ n/pr⟩ Sylvie f; Silvia f
Simbabw|e [zɪm'baːbvə] n ⟨→ n/pr⟩ le Zimbabwe; **~er(in)** m ⟨~s; ~⟩ (f) ⟨~; ~nen⟩ Zimbabwéen, -enne m,f; **²isch** adj zimbabwéen, -éenne
Simmerring ['zɪmərrɪŋ] m Wz TECH bague f à lèvre en caoutchouc
Simon ['ziːmɔn] m ⟨→ n/pr⟩ Simon m
simpel ['zɪmpəl] adj ⟨-pl-⟩ **1.** (einfach) simple; **2.** oft péj (schlicht) banal; **3.** péj (einfältig) simplet, -ette; naïf, naïve
Simplex ['zɪmplɛks] n ⟨~; ~ ou -'plizia⟩ LING mot m non composé, d'un morphème
simplifizieren [zɪmplifi'tsiːrən] st/s v/t ⟨pas de ge-, h⟩ simplifier (à l'extrême)
Sims [zɪms] m od n ⟨~es; ~e⟩ CONSTR corniche f; moulure f; (Tür², Fenster², Kamin²) chambranle m
Simu'l|ant(in) m ⟨~en; ~en⟩ (f) ⟨~; ~nen⟩ simulateur, -trice m,f; comédien, -ienne m,f; **~ator** m ⟨~s; -'toren⟩ TECH simulateur m
simulieren [zɪmu'liːrən] ⟨pas de ge-, h⟩ I v/t simuler (a TECH); feindre, faire semblant de (+inf); II v/i faire semblant d'être malade; simuler une maladie
simultan [zimʊl'taːn] I adj simultané; II adv simultanément; en même temps
Simul'tan|dolmetschen n ⟨~s⟩ traduction simultanée; interprétariat simultané; **~dolmetscher(in)** m(f) interprète simultané(e)
Simultan(e)ität [zimʊltan(e)i'tɛːt] st/s f ⟨~; ~en⟩ simultanéité f
Simul'tanpartie f SCHACH (partie jouée en) simultané f
Sinai ['ziːnai] ⟨→ n/pr⟩ der ~ le Sinaï; **~halbinsel** f péninsule f du Sinaï

Sinfonie [zɪnfo'niː] f ⟨~; ~n⟩ symphonie f; **~konzert** n concert m symphonique; **~orchester** n orchestre m symphonique
Sinfoniker [zɪn'foːnikər] m ⟨~s; ~⟩ MUS **1.** Komponist compositeur m de symphonies; **2.** Musiker membre m d'un orchestre symphonique; die Wiener ~ l'orchestre m symphonique de Vienne
sin'fonisch adj symphonique
Singapur ['zɪŋgapuːr] n ⟨→ n/pr⟩ Singapour
'**Singdrossel** f ZO grive musicienne
'**Singegruppe** f HIST DDR chorale qui cultive la chanson politique
singen ['zɪŋən] ⟨singt, sang, gesungen, h⟩ I v/t chanter; ein Kind in den Schlaf ~ endormir un enfant en chantant; chanter une berceuse à un enfant; II v/i **1.** chanter; **2.** F vor der Polizei parler; F se mettre à table. **3.** poét von etw ~ célébrer qc; III v/réfl sich heiser ~ s'enrouer en chantant; s'érailler la voix en chantant
'**Singkreis** m petite chorale
Single¹ ['zɪŋ(g)əl] f ⟨~; ~s⟩ Schallplatte quarante-cinq tours m; single m
Single² m ⟨~(s); ~s⟩ (Alleinstehende[r]) personne seule
Single³ n ⟨~(s); ~(s)⟩ SPORT simple m
'**Sing|sang** m ⟨~(e)s⟩ chant monotone; **~spiel** n MUS singspiel m; **~stimme** f voix f; (Gesangspartie) partie f de chant
Singular ['zɪŋgulaːr] m ⟨~s; ~e⟩ GR **1.** (Einzahl) singulier m; **2.** (Wort im ~) mot m au singulier
singulär [zɪŋgu'lɛːr] st/s adj singulier, -ière; (selten) rare
'**Singularform** f GR (forme f du) singulier m
singu'larisch adj GR au singulier
'**Sing|vogel** m oiseau chanteur; **~weise** f **1.** (Art des Singens) manière f de chanter; **2.** (Lied, Melodie) air m
sinken ['zɪŋkən] v/i ⟨sinkt, sank, gesunken, sein⟩ **1.** Sonne baisser; décliner; Nebel tomber; (im Wasser ver~) descendre lentement, couler au fond; Schiff couler; sombrer; auf den od zu Boden ~ s'affaisser; erschöpft auf e-n Stuhl ~ se laisser tomber sur une chaise; in j-s Arme ~ tomber dans les bras de qn; in tiefen Schlaf ~ sombrer dans un profond sommeil; **2.** Thermometer descendre; Temperatur baisser; tomber; Wechselkurse baisser; Wert, Preise baisser; diminuer; auf Null ~ tomber, descendre à zéro; **3.** fig Hoffnung, Laune s'évanouir; den Mut ~ lassen perdre courage; se décourager; von Personen er ist in meiner Achtung gesunken il a baissé dans mon estime; moralisch tief gesunken sein être tombé bien bas
Sinn [zɪn] m ⟨~(e)s; ~e⟩ **1.** (Wahrnehmungsfähigkeit) sens m; der sechste ~ le sixième sens; die fünf ~e les cinq sens; F s-e fünf ~e beisammenhaben avoir toute sa tête; s-r ~e mächtig sein avoir tout son bon sens; **2.** st/s pl (Bewußtsein) ihr schwanden die ~e elle perdit connaissance; nicht bei ~en sein, von ~en sein ne pas avoir toute sa tête; bist du von ~en? as-tu perdu la tête?; **3.** ⟨pas de pl⟩ (Empfänglichkeit, Verständnis) sens m (für pour); penchant m (für pour); ~ für Humor haben avoir le sens de l'humour; ~ für etw haben a apprécier qc; nur ~ für Geld haben ne s'intéresser qu'à l'argent; dafür habe ich keinen ~ cela ne m'intéresse pas; **4.** ⟨pas de pl⟩ (Geist, Gesinnung) st/s ~ mit frohem ~ avec gaieté, entrain, joie; in j-s ~e (dat) handeln agir dans le sens de qn; im ~e des Gesetzes dans l'esprit de la loi; sich (dat) etw aus dem ~ schlagen s'ôter qc de l'esprit, de la tête; das geht mir nicht aus dem ~ cela m'obsède; cela ne me sort pas de la tête; st/s das will mir nicht in den ~ cela dépasse mon entendement; etw im ~(e) haben avoir qc en vue; projeter qc; was hat er im ~? à quelle intention a-t-il?; st/s sein ~ steht nach Höherem il se sent une vocation plus élevée; il se sent appelé à des tâches plus nobles; es kam mir in den ~, daß ... il me vint à l'idée, à l'esprit que ...; versuchen Sie, ihn in diesem ~e zu beeinflussen tâchez de l'influencer dans ce sens; in diesem ~e, ... dans cet esprit, ...; **5.** ⟨pas de pl⟩ (Bedeutung) sens m; es Wortes, Satzes etc signification f; acception f; im eigentlichen, übertragenen ~(e) au sens propre, figuré; im engeren ~(e) au sens strict (du terme); im weiteren ~(e) par extension; au sens large; im besten ~(e) des Wortes par excellence; dans toute la force du terme; in gewissem ~(e) en un sens; dans un sens; etw dem ~ nach wiedergeben redonner le sens général de qc. **6.** ⟨pas de pl⟩ (Zweck) sens m; bien-fondé m; der ~ des Lebens sens m; ohne ~ und Verstand sans rime ni raison; das hat keinen ~, F das macht keinen ~ c'est ne sert à rien; c'est inutile; pl/fort c'est absurde, idiot; was hat das alles für e-n ~? à quoi tout cela sert-il?
'**Sinnbild** n symbole m
'**sinnbildlich** I adj symbolique; II adv symboliquement; ~ darstellen symboliser
'**sinnen** st/s v/i ⟨sinnt, sann, gesonnen, h⟩ songer; réfléchir; auf etw (acc) ~ songer, rêver à qc; méditer qc; auf Rache ~ méditer une vengeance; all sein ² und Trachten ist auf ... (+acc) gerichtet il ne pense qu'à ...; toutes ses pensées sont tendues vers ...
'**sinnend** I adj méditatif, -ive; rêveur, -euse; II adv d'un air pensif, rêveur
'**Sinnen|freude** st/s f **1.** ⟨pas de pl⟩ cf Sinnlichkeit; **2.** pl **~n** plaisirs m/pl des sens; **²froh** st/s adj voluptueux, -euse
'**sinn|entleert** st/s adj vide de sens; **~entstellend** adj défigurant le sens
'**Sinnenwelt** f ⟨~⟩ PHILOS monde m des apparences; univers m sensible
'**Sinnes|änderung** f changement m d'avis, d'opinion; **~art** f manière f de penser; mentalité f; **~eindruck** m sensation f; **~empfindung** f sensation f; **~organ** n organe m des sens; **~reiz** m excitation f des bzw d'un sens; **~schärfe** f acuité f des sens; **~täuschung** f illusion f des sens; krankhafte hallucination f; **~wahrnehmung** f perception sensorielle; **~wandel** m changement m d'attitude; plötzlicher revirement m
'**sinnfällig** I adj évident; clair; II adv clairement; **²keit** f ⟨~⟩ évidence f

'**Sinn|gebung** st/s f ⟨~; ~en⟩ interprétation f; **~gedicht** n épigramme f; **~gehalt** m sens m; signification f

'**sinngemäß I** adj **1.** inhaltlich conforme au sens; Übersetzung, Wiedergabe etc qui redonne le sens général; **2.** (folgerichtig, logisch) logique; **II** adv **1.** inhaltlich conformément au sens; ~ **ändern** modifier dans le sens, l'esprit convenu; etw ~ **wiedergeben** redonner le sens général de qc; **2.** (logisch) logiquement

sin'nieren v/i ⟨pas de ge-, h⟩ (**über etw** [acc]) ~ méditer (sur qc); réfléchir, rêver, songer (à qc)

'**sinnig** adj meist iron fin; intelligent

'**sinniger'weise** adv meist iron intelligemment; ~ **hat sie ihm alles erzählt** c'est fin, elle est allée tout lui raconter

'**sinnlich** adj **1.** Mund, Liebe, Mensch sensuel, -elle; Liebe a charnel, -elle; Gedanken voluptueux, -euse; Tanz, Bewegung lascif, -ive; **2.** (wahrnehmbar) sensoriel, -ielle; PHILOS sensible; ~**e Wahrnehmung** perception des sens, sensorielle

'**Sinnlichkeit** f ⟨~⟩ **1.** sensualité f; volupté f; **2.** PHILOS sensibilité f

'**sinnlos I** adj **1.** (unsinnig) absurde; p/fort insensé; **ein völlig ~er Streit** une dispute complètement stupide; **2.** (nichts bedeutend) Sätze, Worte etc vide de sens; **3.** (zwecklos) inutile; **4.** (maßlos) insensé; démesuré; **II** adv **1.** (unsinnig) stupidement; **2.** (zwecklos) inutilement; **3.** (übermäßig) démesurément; excessivement; ~ **betrunken** ivre mort

'**Sinnlosigkeit** f ⟨~; ~en⟩ **1.** (Unsinnigkeit, unsinnige Handlung) absurdité f; **2.** ⟨pas de pl⟩ (Zwecklosigkeit) inutilité f

'**sinn|reich** adj **1.** (gut durchdacht) ingénieux, -ieuse; judicieux, -ieuse; **2.** (tiefsinnig) profond; **♀spruch** m maxime f, sentence f; **~stiftend** st/s adjt interprétatif, -ive; **~verwandt** adj LING synonyme; **~voll** adj **1.** (vernünftig) raisonnable; sage; **2.** (e-n Sinn ergebend) judicieux, -ieuse; (zweckmäßig) utile; Sachen a pratique; **3.** (mit Sinn erfüllt) Arbeit etc qui a un sens; p/fort satisfaisant; **~widrig** st/s adj absurde; à contresens

'**Sinnzusammenhang** m contexte m

Sino|loge [zino'lo:gə] m ⟨~; ~n⟩, ~**login** f ⟨~; ~nen⟩ sinologue m,f; ~**lo'gie** f ⟨~⟩ sinologie f

Sinter ['zɪntər] m ⟨~s; ~⟩ MINÉR, GÉOL concrétion f

'**Sintflut** ['zɪntfluːt] f ⟨~⟩ déluge m; BIBL Déluge m; F **nach uns die ~!** après nous le déluge!

'**sintflutartig** I adj Regenfälle diluvien, -ienne; **II** adv à torrents

Sinti ['zɪnti] m/pl ~ **und Roma** m/pl Tsiganes m/pl

Sinus ['ziːnʊs] m ⟨~; ~ [-nuːs] ou ~se⟩ ANAT, MATH sinus m; ~**kurve** f MATH sinusoïde f

Siphon ['zifɔŋ ou zi'fɔːn] m ⟨~s; ~s⟩ **1.** (Gefäß, Geruchsverschluß) siphon m; **2.** österr (Sodawasser) eau gazeuse

Sippe ['zɪpə] f ⟨~; ~n⟩ VÖLKERKUNDE parenté f; a péj (Verwandtschaft) clan m; a BIOL famille f

'**Sippenhaft** f VÖLKERKUNDE, a fig etwa coresponsabilité familiale; **er ist in ~** il est en prison pour coresponsabilité familiale

'**Sippschaft** f ⟨~; ~en⟩ péj **1.** (Verwandtschaft) clan m; **2.** (Gesindel) clique f; bande f

Sirene [zi're:nə] f ⟨~; ~n⟩ MYTH, TECH sirène f

Si'renengeheul n 'hurlement m, 'hululement m des sirènes

Sirius ['ziːrius] m ⟨~⟩ ASTR Sirius

sirren ['zɪrən] v/i ⟨h⟩ émettre un son aigu et continu; bourdonner

Sirup ['ziːrʊp] m ⟨~s; ~e⟩ bes (Frucht♀) sirop m; (Zuckerrüben♀) mélasse f; **♀artig** adj sirupeux, -euse

Sisal ['ziːzal] m ⟨~s⟩ BOT, TEXT sisal m

Sisyphusarbeit ['ziːzyfʊsʔarbaɪt] f tâche f interminable; par ext travail m de Romain

Sit-in [zɪt'ʔɪn] n ⟨~s; ~s⟩ sit-in m

Sitte ['zɪtə] f ⟨~; ~n⟩ **1.** (Brauch) coutume f; usage m; ~**n** pl mœurs f/pl; ~**n und Gebräuche** us et coutumes; **nach alter ~** selon la tradition; **das ist bei uns so** ~ ce n'est pas l'usage, la coutume chez nous; **das ist hier so** ~ cela se fait ici; **es ist ~, daß** ... il est de règle, de rigueur de (+inf); **2.** (Anstand) mœurs f/pl; moralité f (publique); décence f; **gegen die guten ~n verstoßen** porter atteinte aux bonnes mœurs; **3.** pl (Benehmen) savoir-vivre f; éducation f; **er hat gute ~n** il a une bonne éducation; il a du savoir-vivre; F **hier herrschen rauhe ~n**, F iron **das sind ja feine ~n!** en voilà des manières!; **4.** F ⟨pas de pl⟩ (Sittenpolizei) F mondaine f

Sitten ['zɪtən] n ⟨→ n/pr⟩ Sion

'**Sitten|bild** n tableau m des mœurs; ~**dezernat** n brigade mondaine; ~**gemälde** n cf Sittenbild; ~**geschichte** f ⟨~⟩ histoire f des mœurs; ~**lehre** f morale f; éthique f; **♀los** adj immoral, dissolu; ~**losigkeit** f ⟨~⟩ immoralité f; liberté f de mœurs; ~**polizei** f brigade mondaine; ~**richter** m moralisateur m; ~**roman** m roman m de mœurs; **♀streng** adj de mœurs austères; puritain; ~**strenge** f austérité f de(s) mœurs; puritanisme m; ~**strolch** F m satyre m; ~**verfall** m corruption f, décadence f des mœurs; **♀widrig** adj **1.** (ungesetzlich) illicite; Vertragsklausel abusif, -ive; **2.** (unmoralisch) immoral

Sittich ['zɪtɪç] m ⟨~s; ~e⟩ perruche f

'**sittlich** adj moral; fig plais **dir fehlt noch die ~e Reife** tu es trop jeune

'**Sittlichkeit** f ⟨~⟩ moralité f; (bonnes) mœurs f/pl

'**Sittlichkeits|delikt** n JUR délit m portant atteinte aux (bonnes) mœurs; ~**verbrechen** n JUR crime m contre les mœurs; ~**verbrecher** m auteur m d'un crime contre les mœurs

'**sittsam** st/s adj (tugendhaft) sage; vertueux, -euse; (keusch) pudique

Situation [zituatsɪ'oːn] f ⟨~; ~en⟩ situation f; **Herr der ~ sein** être maître de la situation; dominer la situation

situati'ons|bedingt adjt dépendant de la situation; **♀komik** f comique m de situation

situiert [zitu'iːrt] adjt **gut ~ sein** vivre, être dans l'aisance

Sitz [zɪts] m ⟨~es; ~e⟩ **1.** (Stelle, ~platz, Regierungs♀, Verwaltungs♀) siège m; e-r Firma siège social; im Kino, im Theater fauteuil m; **sich von den ~en erheben** se lever; Regierung **ihren ~ haben in** (+dat) avoir son siège à; **~ mit in** (+dat) ayant son siège à; ~ **und Stimme (in e-m Gremium) haben** être membre d'une assemblée et avoir le droit de voter; **2.** (Wohn♀) résidence f; domicile m; **3.** ⟨pas de pl⟩ TECH (Passung) ajustement m; COUT coupe f; Kleid, Anzug **e-n guten ~ haben** aller bien; être seyant; **4.** ⟨pas de pl⟩ (~haltung) position assise; beim Reiten assiette f; GYMNASTIK **im ~** (en position) assis(e); **5.** F **auf einen ~** d'un seul coup

'**Sitz|bad** n bain m de siège; ~**badewanne** f baignoire f sabot; ~**bank** f ⟨~; ~e⟩ banquette f; banc m; ~**blockade** f ⟨~; ~n⟩ sit-in m; ~**ecke** f Möbel banc m d'angle (et fauteuils assortis)

'**sitzen** v/i ⟨-(e)t, sitzt, saß, gesessen, h, südd, österr, schweiz sein⟩ **1.** être assis; être; se tenir; Vögel être perché, posé; **auf e-m Stuhl, in e-m Sessel ~** être assis sur une chaise, dans un fauteuil; **schlecht, ruhig ~** être mal, tranquille assis; ~ **bleiben** rester assis; **beim Frühstück ~** prendre son petit déjeuner; **zu j-s Füßen ~** être aux pieds de qn; **das viele ♀ schadet der Gesundheit** la vie sédentaire nuit à la santé; **ich habe den ganzen Tag am Schreibtisch, im Auto gesessen** j'ai passé ma journée à mon bureau, en voiture; **2.** fig **an etw** (dat) **drei Tage** ~ passer trois jours à faire qc; **über e-r Arbeit** ~ travailler à qc; **der Schreck sitzt mir noch in den Knochen** od **Gliedern** je suis encore sous le choc; F fig **er sitzt auf s-m Geld** F il est près de ses sous; fig **etw nicht auf sich** (dat) ~ **lassen** ne pas encaisser qc; fig **das wird er ihm ~ bleiben** ça le suivra toujours; F **er hat e-n** ~ F il a bu un coup de trop; **sitz!** assis!; **3.** Firma avoir son siège; Regierung, Behörden etc siéger; Völkerstämme être établi; **4.** Kleidungsstück aller bien; **die Schultern ~ ausgezeichnet** les épaules vont à la perfection; **5.** F Hieb, a fig toucher (juste); Bemerkung porter juste; Geübtes **das muß ~** ça doit être parfait; Gelerntes **das sitzt** il, elle, etc l'a bien retenu; Bemerkung **das saß!**, **das hat gesessen!** ça a porté!; **sie hatten so lange geprobt, bis das Stück saß** ils avaient répété jusqu'à ce que ce soit parfait; **6.** (sein) Nagel, Brett etc **fest ~** bien tenir; être bien fixé, attaché; **locker ~** mal tenir; branler; Hut **zu tief im Gesicht ~** être trop enfoncé; **an diesem Trieb ~ viele Knospen** il y a beaucoup de bourgeons sur cette pousse; **die Pflanze sitzt voller Läuse** la plante est pleine de pucerons; **7.** ~ **in** (+dat) e-m Ausschuß etc être membre de; faire partie de; **8.** F (eingesperrt sein) être sous les verrous

'**sitzenbleiben** F v/i ⟨irr, sép, -ge-, sein⟩ **1.** in der Schule redoubler une classe; **2.** beim Tanz faire tapisserie; **3.** auf e-r Ware ~ ne pas réussir à vendre sa marchandise

Sitzenbleiber – Slipper

'**Sitzen|bleiber(in)** F péj m ⟨~s; ~⟩ (f) ⟨~; ~nen⟩ redoublant(e) m(f); **℈lassen** F v/t ⟨irr, sép, pas de ge- ou -ge-, h⟩ **1.** (im Stich lassen) F planter là; **2.** (warten lassen) F poser un lapin à; F faire faire le poireau à; **3.** (nicht heiraten) F plaquer
'**Sitzfläche** f siège m
'**Sitzfleisch** n F plais **kein ~ haben** F avoir la bougeotte
'**Sitzgelegenheit** f siège m; place f
'**Sitz|gruppe** f Möbel ensemble m fauteuils et canapé; salon m; **~haltung** f position assise; **~kissen** n auf dem Sessel, Stuhl etc coussin m; auf dem Fußboden pouf m; **~möbel** n siège m; **~ordnung** f emplacement m; (Tischordnung) plan m de table; **~platz** m place assise; **~stange** f perchoir m; **~streik** m sit-in m; ARBEITSRECHT grève f sur le tas, de bras croisés
'**Sitzung** f ⟨~; ~en⟩ a fig séance f; e-s Gerichtshofs audience f; **e-e ~ abhalten** tenir une séance, audience
'**Sitzungs|bericht** m procès-verbal m, compte rendu de la séance; **~geld** n jeton m de présence; **~periode** f session f; **~protokoll** n procès-verbal m de la séance; **~saal** m salle f des séances
'**Sitzverteilung** f im Parlament répartition f des sièges
sixtinisch [zıks'ti:nıʃ] adj **die ℈e Kapelle** la chapelle Sixtine; **die ℈e Madonna** la Madone de saint Sixte
Sizilian|er(in) [zitsili'a:nər(ın)] m ⟨~s; ~⟩ (f) ⟨~; ~nen⟩ Sicilien, -ienne m,f; **℈isch** adj de Sicile; sicilien, -ienne
Sizilien [zi'tsi:liən] n ⟨→ n/pr⟩ la Sicile
Skai [skaı] n ⟨~(s)⟩ Wz skaï m (nom déposé)
Skala ['ska:la] f ⟨~; -len ou ~s⟩ graduation f; RAD cadran m; fig, MUS, (Farb℈) gamme f
Skalp [skalp] m ⟨~s; ~e⟩ scalp m
Skalpell [skal'pɛl] n ⟨~s; ~e⟩ scalpel m
skal'pieren v/t ⟨pas de ge-, h⟩ scalper
Skandal [skan'da:l] m ⟨~s; ~e⟩ scandale m; **es kam zu e-m öffentlichen ~** le scandale devint public
Skan'dal|blatt n péj feuille f à sensation; **~chronik** f chronique scandaleuse; **~geschichte** f histoire scandaleuse; affaire corsée; **~nudel** F plais f femme f, fille f à scandale
skandalös [skanda'lø:s] adj scandaleux, -euse; p/fort révoltant
Skan'dalpresse f péj presse f à sensation
skan'dal|süchtig adj avide de sensation; qui aime les scandales; **~umwittert** adj qui attire le scandale
skandieren [skan'di:rən] v/t ⟨pas de ge-, h⟩ Verse scander
Skandinav|ien [skandi'na:viən] n ⟨→ n/pr⟩ la Scandinavie; **~ier(in)** m ⟨~s; ~⟩ (f) ⟨~; ~nen⟩ Scandinave m,f
skandi'navisch adj scandinave
Skarabäus [skara'bɛ:ʊs] m ⟨~; -bäen⟩ ZO scarabée m
Skat [ska:t] m ⟨~(e)s; ~e ou ~s⟩ **1.** jeu de cartes allemand; **~ spielen**, F **dreschen** od **klopfen** jouer au skat; **2.** (beiseite gelegte Karten) etwa écart m
'**Skatbruder** F m jouer m de skat
Skateboard ['ske:tbɔrt] n ⟨~s; ~s⟩ skate(board) m; planche f à roulettes

Skating-Effekt ['ske:tıŋʔɛfekt] m TECH patinage m
'**Skat|karten** f/pl cartes f/pl de skat (jeu à 32 cartes); **~spiel** n cf **Skat 1.**; **~spieler(in)** m(f) joueur, -euse m,f de skat
Skelett [ske'lɛt] n ⟨~(e)s; ~e⟩ **1.** ANAT, fig squelette m; **zum ~ abmagern** devenir maigre comme un squelette; **2.** CONSTR ossature f; TECH châssis m
Ske'lettbau(weise) m ⟨~(e)s; ~ten⟩ (f) ⟨~⟩ construction f en ossature
skelet'tieren v/t ⟨pas de ge-, h⟩ **1.** Körper dégager le squelette de; **2.** Blätter ronger jusqu'aux nervures, jusqu'à la charpente
Skep|sis ['skɛpsıs] f ⟨~⟩ scepticisme f; **~tiker(in)** m ⟨~s; ~⟩ (f) ⟨~; ~nen⟩ sceptique m,f; **℈tisch** adj sceptique; **~ti'zismus** m ⟨~⟩ scepticisme m
Sketch [skɛtʃ] m ⟨~(es); ~e(s) ou ~s⟩ sketch m
Ski [ʃi:] m ⟨~s; ~(er)⟩ ski m; **~ laufen** od **fahren** faire du ski; skier; **auf ~ern à** od **en skis**; **~ Heil!** bonne journée de ski!
'**Ski|akrobatik** f ski m artistique; **~anzug** m combinaison f de ski; **~bindung** f fixation f de ski; **~bob** m ski-bob m; véloski m; **~brille** f lunettes f/pl de ski; **~fahrer(in)** m(f) skieur, skieuse m,f; **~fliegen** n saut m à skis; **~gebiet** n domaine m skiable; **~gymnastik** f gymnastique f pour le ski
Ski|haserl ['ʃi:ha:zərl] n ⟨~s; ~(n)⟩ plais südd, österr Frau jeune skieuse f; Kind petit skieur, petite skieuse; **~hose** f pantalon m de ski; **~hütte** f chalet m de ski; **~kurs** m cours m de ski; **~lager** n classe f de neige; **~langlauf** m ski m de fond; **~lauf(en)** m(n) ski m; **~läufer(in)** m(f) skieur, skieuse m,f; **~lehrer(in)** m(f) moniteur, -trice m,f de ski; **~lift** m remontée f mécanique
Skinhead ['skınhɛd] m ⟨~s; ~s⟩ skinhead m
'**Ski|overall** m combinaison f de ski; **~piste** f piste f de ski
Skipper ['skıpər] m ⟨~s; ~⟩ MAR skipper m
'**Ski|schuh** m chaussure f de ski; **~sport** m ski m; **~springen** n saut m à skis; **~springer(in)** m(f) sauteur, -euse m,f à skis; **~stiefel** m chaussure f de ski; **~stock** m bâton m de ski; **~träger** m am Auto porte-skis m; **~verleih** m location f de skis; **~wachs** n fart m; **~wandern** n ski m de randonnée; **~zirkus** m **1.** Gebiet espace m de ski; **2.** Veranstaltungen compétitions f/pl (de ski)
Skizze ['skıtsə] f ⟨~; ~n⟩ esquisse f; schéma m; PEINT, fig für ein Buch etc esquisse f; (erster Entwurf) ébauche f; als Zeichnung croquis m; (kleine Schilderung) notes f/pl
'**Skizzen|block** m bloc m de bzw à croquis; **~buch** n album m de bzw à croquis; **℈haft I** adj Zeichnung esquissé; PEINT, Entwurf ébauché: Schilderung schématique; **II** adv en quelques traits; schématiquement
skiz'zieren v/t ⟨pas de ge-, h⟩ a fig esquisser; ébaucher
Sklave ['skla:və] m ⟨~n; ~n⟩ a fig esclave m; **j-n zum ~n machen** réduire qn en esclavage

'**Sklaven|arbeit** f fig péj (harte Arbeit) corvée f; **~halter** m propriétaire m d'esclaves; fig péj négrier m; **~handel** m commerce m, trafic m des esclaves; **mit Negersklaven** a traite f des Noirs, nègres; **~händler** m marchand m d'esclaves
Sklave'rei f ⟨~⟩ **1.** HIST esclavage m; **in ~ geraten** être réduit en esclavage; **2.** fig péj (harte Arbeit) corvée f
'**Sklavin** f ⟨~; ~nen⟩ a fig esclave f
'**sklavisch** péj **I** adj d'esclave; servile; **II** adv en esclave; servilement; **sich ~ (genau) an die Vorschriften halten** suivre les règlements à la lettre
Sklerose [skle'ro:zə] f ⟨~; ~n⟩ MÉD sclérose f; **multiple ~** sclérose f en plaques
Skoliose [skoli'o:zə] f ⟨~; ~n⟩ MÉD scoliose f
skon'tieren v/t ⟨pas de ge-, h⟩ COMM escompter
Skonto ['skɔnto] m od n ⟨~s; -ti ou ~s⟩ COMM escompte m; **auf etw** (acc) **drei Prozent ~ gewähren** accorder trois pour cent d'escompte sur qc
Skooter ['sku:tər] m ⟨~s; ~⟩ auto tamponneuse f
Skorbut [skɔr'bu:t] m ⟨~(e)s⟩ MÉD scorbut m
Skorpion [skɔrpi'o:n] m ⟨~s; ~e⟩ **1.** ZO scorpion m; **2.** ASTR Scorpion m
skr abr (schwedische Krone) krs (couronne suédoise)
Skript [skrıpt] n ⟨~(e)s; ~en ou ~s⟩ **1.** (Manuskript) manuscrit m; **2.** e-r Vorlesung etc notes f/pl; **3.** (Film℈) scénario m; RAD, TV script m; '**~girl** n script-girl f
'**Skriptum** n ⟨~s; -ten ou -ta⟩ österr cf **Skript 1., 2.**
Skrotum ['skro:tʊm] n ⟨~s; -ta⟩ ANAT scrotum m
Skrupel ['skru:pəl] m ⟨~s; ~⟩ scrupule m; **~ pl haben** avoir des scrupules
'**skrupellos** adj u adv sans scrupules; **~er Politiker** a politicard m
'**Skrupellosigkeit** f ⟨~⟩ absence f, manque m de scrupules
skrupulös [skrupu'lø:s] st/s adj scrupuleux, -euse
Skulptur [skʊlp'tu:r] f ⟨~; ~en⟩ sculpture f
Skunk [skʊŋk] m ⟨~s; ~s ou ~e⟩ **1.** Tier mouffette f; **2.** Fell sconse m
skurril [skʊ'ri:l] adj grotesque; bizarre
'**S-Kurve** f virage m en S
Skyline ['skaılaın] f ⟨~; ~s⟩ silhouette f (d'une ville)
Slalom ['sla:lɔm] m ⟨~s; ~s⟩ SKISPORT slalom m; fig **im ~ fahren** slalomer
Slang [slɛŋ] m ⟨~s; ~⟩ argot m, (Jargon) jargon m
Slapstik ['slɛpstık] m ⟨~s; ~s⟩ gag m
Slaw|e ['sla:və] m ⟨~n; ~n⟩, **~in** f ⟨~; ~nen⟩ Slave m,f; **℈isch** adj slave
Slawist(in) m ⟨~en; ~en⟩ (f) ⟨~; ~nen⟩ Student(in) m(f) étudiant(e) m(f) en langues slaves; Wissenschaftler(in) slaviste m,f
Sla'wistik f ⟨~⟩ (études f/pl des) langues, (des) littératures et (des) civilisations slaves
sla'wistisch adj des langues, littératures et civilisations slaves; d'études slaves
Slip [slıp] m ⟨~s; ~s⟩ Wäschestück slip m; '**~einlage** f protège-slip m
Slipper ['slıpər] m ⟨~s; ~(s)⟩ mocassin m

Slogan ['slo:gən] *m* ⟨~s; ~s⟩ slogan *m*
Slo'wak|e *m* ⟨~n; ~n⟩, **~in** *f* ⟨~; ~nen⟩ Slovaque *m, f*
Slowakei [slova'kaɪ] ⟨→ *n/pr*⟩ *die* ~ la Slovaquie
slo'wakisch *adj* slovaque; *die ♀e Republik* la République slovaque
Slo'wen|e *m* ⟨~n; ~n⟩, **~in** *f* ⟨~; ~nen⟩ Slovène *m, f*
Slowen|ien [slo've:niən] *n* ⟨→ *n/pr*⟩ la Slovénie; **♀isch** *adj* slovène
Slum [slam] *m* ⟨~s; ~s⟩ bidonville *m*
sm *abr* (*Seemeile*) mille marin
Smaragd [sma'rakt] *m* ⟨~(e)s; ~e⟩ émeraude *f*; **♀grün** *adj* vert émeraude (*inv*)
smart [sma:rt] *adj* **1.** (*elegant*) F classe; F chic; **2.** (*clever*) habile; malin, maligne
Smog [smɔk] *m* ⟨~(s); ~s⟩ smog *m*; **~alarm** *m* alerte *f* au smog
'Smokarbeit *f* COUT nids *m/pl* d'abeilles
smoken ['smo:kən] *v/t* ⟨h⟩ COUT faire des nids d'abeilles sur; *gesmokt* avec nids d'abeilles
Smoking ['smo:kɪŋ] *m* ⟨~s; ~s⟩ smoking *m*
Smutje ['smutjə] *m* ⟨~s; ~s⟩ MAR coq *m*
SMV [ɛsʔɛm'faʊ] *f* ⟨~; ~s⟩ *abr cf Schülermitverwaltung*
Snack [snɛk] *m* ⟨~s; ~s⟩ casse-croûte *m*; **'~bar** *f* snack-bar *m*
Snob [snɔp] *m* ⟨~s; ~s⟩ péj snob *m*
Sno'b|ismus *m* ⟨~⟩ péj snobisme *m*; **♀istisch** *adj péj* snob
Snowboard ['snoːbɔrt] *n* ⟨~s; ~s⟩ monoski *m*
so [zoː] **I** *adj* **1.** (*in dieser Weise*) ainsi, comme cela, F ça; **~ ist es!** F c'est (bien comme) ça!; (*ganz recht*) exactement!; *wenn dem ~ ist* s'il en est ainsi; *wenn das ~ ist* F si c'est comme ça; **~ muß es sein** c'est comme ça qu'il faut faire; c'est la bonne manière; *recht ~!* bien fait!; à la bonne heure!; *weiter ~!* continue *bzw* continuez!; F *ich habe ~ schon genug* F j'en ai assez comme ça; *als sie mich ~ reden hörten* ... en m'entendant parler de la sorte ...; *und ~ weiter, und ~ fort* et ainsi de suite; *wenn du mir ~ kommst* ... si tu le prends sur ce ton-là avec moi ...; F *sei doch nicht ~!* F ne sois pas comme ça!; *die anderen machen es auch ~* les autres en font autant; *meinte ich es nicht* ce n'est pas ce que j'ai voulu dire; *~ oder ~* d'une manière ou d'une autre; *das kam ~:* ... voici comment la chose s'est passée: ...; **2.** (*derartig*) tel, telle; pareil, -eille; si; tellement; tant; F **~ e-r, e-e, eins** *Gegenstand* F un, une comme ça; *auch ~ e-r, der* ... encore un de ceux qui ...; *~ ein Dummkopf!* quel imbécile!; *~ ein Pech, e-e Gemeinheit!* quelle malchance, méchanceté!; *~ ein böses Kind* un enfant vraiment terrible; *ich habe ~ e-e Ahnung, daß* ... j'ai comme un pressentiment que ...; *~ etwas wie* ..., *~ e-e Art von* ... une espèce de ...; F (*also od na od nein*) *~ was!* F ça, alors!; *~ etwas ist mir noch nie passiert* il ne m'est encore jamais arrivé une chose pareille; F *sie ist ~ was von schüchtern* elle est tellement timide; F *und ~ was nennt od schimpft sich Lehrer* F et ça se prétend professeur; *ich habe noch nie ~ e-e Maschine gesehen* je n'ai encore jamais

vu une machine pareille; **3.** *mit adj, adv* si; tellement; tant; **~ sehr** tant; tellement; à ce point; **~ groß** grand comme ça; *das ist (ja) ~ schön!* c'est si, tellement beau; *es fror ~, daß* ... il gelait si fort que ...; **~ bald wird er nicht zurückkommen** il ne reviendra pas de sitôt; *es nicht ~ weit kommen lassen* ne pas laisser les choses en venir, en arriver là; *man ging ~ weit, zu* (+*inf*) on alla jusqu'à (+*inf*); *ich bin nicht ~ dumm, das zu glauben* je ne suis pas assez bête pour le croire; **~ gut ich kann** de mon mieux; *seien Sie ~ gut* (*und* ...) ayez la bonté de (+*inf*); *cf a wie II 1.*; **4.** F (*etwa, ungefähr*) *es mag ~* (*etwa od ungefähr*) *vier Uhr gewesen sein* il devait être à peu près quatre heures; **~** (*an od um die*) *drei Mark* à peu près trois marks; **5.** (*unverändert, in demselben Zustand*) tel(s) quel(s); telle(s) quelle(s); *man kann die Arbeit nicht ~ lassen, es sind noch zu viele Fehler darin* on ne peut pas laisser ce travail tel quel, il y a encore trop de fautes; **6.** F (*ohne Hilfsmittel*) sans aide; (*ohne Zutaten*) sans rien; *das schaffe ich auch ~* F je vais y arriver comme ça; F (*umsonst*) *das bekommen Sie ~* c'est gratuit; **7.** (*also, nun*) **~, und** (*was*) *jetzt?* bon, et maintenant?; **8.** *bei Zitaten* ..., **~** *der Regierungssprecher,* ... ..., d'après le porte-parole du gouvernement, ...; **~ lauteten s-e Worte** telles furent ses paroles; **9.** (*ähnliches*) F ... *oder ~* (*was*) F ... ou quelque chose comme ça; *heißt sie nicht Margret od ~ ähnlich?* F ne s'appelle-t-elle pas Margret ou quelque chose comme ça?; *Golf, Segeln, Tennis und ~* golf, voile, tennis et autres; **10.** *erstaunt ~?* vraiment?; *meist iron ~, ~!* ah! ah! tu vois!; *bzw* vous voyez!; **11.** *in Vergleichen ~ wie* ..., **~ ...** de même que ..., de même ...; ainsi que ..., ainsi ...; **~ schnell, gut wie möglich** aussi vite, bien que possible; **II** *conj* **1.** ..., **~ daß** ... de *od* en sorte, de manière, de façon ..., au point que ...; (*konsekutiv: ind; final: subj*); **2.** **~** ... *auch* ..., si ... que ... (+*subj*); tout ... que ... (+*ind*); *cf a auch II 4.*; *er mag noch ~ bitten, er bekommt es nicht* il aura beau (me) le demander, il ne l'aura pas; **3.** **~ sehr** ..., **~ sehr** autant ..., autant ...; **~ sehr du ihn liebst, ~ sehr haßt er dich** autant tu l'aimes, autant il te hait; tu le hait autant que tu l'aimes; **4.** *st/s* (*wenn*) si; **~ Gott will** ... s'il plaît à Dieu ...; **III** *Partikel* **1.** *bekräftigend, beiläufig, unbestimmt etc* **~ ganz unrecht hat er nicht** il n'a pas tout à fait tort; **~ ziemlich** assez bien; à peu près; pas trop mal; *das reicht nur ~ eben* cela ne suffit que tout juste; *das war ~ recht nach seinem Sinne* c'était bien selon son goût; *ich habe das nur ~ gesagt* j'ai dit cela sans trop y réfléchir, sans intention; *das sagen Sie ~* vous en parlez à votre aise; *Sie sagen das nur ~* vous dites cela comme ça; c'est votre façon de parler; *und wie ich mich ~ umsehe* ... au moment où je me retourne ...; **2.** *bei Aufforderungen* **~ höre doch!** (mais) écoute donc!
So *abr* (*Sonntag*) dim (dimanche)
SO *abr* (*Südost*[*en*]) S.-E. (sud-est)

s. o. *abr* (*siehe oben*) v. ci-dessus, plus 'haut (voir ci-dessus, plus 'haut)
so'bald *conj* dès que; dès l'instant que; aussitôt que; **~ sich die Gelegenheit bietet** dès que l'occasion s'en présentera
Söckchen ['zœkçən] *n* ⟨~s; ~⟩ socquette *f*
Socke ['zɔkə] *f* ⟨~; ~n⟩ chaussette *f*; F *sich auf die ~n machen* F filer; F se sauver; F *von den ~n sein* F être épaté, époustouflé
Sockel ['zɔkəl] *m* ⟨~s; ~⟩ **1.** *e-s Gebäudes, Pfeilers etc* socle *m*; *e-r Säule, Statue a* piédestal *m*; **2.** ÉLECT culot *m*; **~betrag** *m* somme *f* de base
'Socken *m* ⟨~s; ~⟩ *südd, österr, schweiz cf Socke*
'Sockenhalter *m* fixe-chaussette *m*
Soda[1] ['zoːda] *f* ⟨~⟩ *od n* ⟨~s⟩ CHIM soude *f*; carbonate *m* de sodium
Soda[2] *n* ⟨~s; ~s⟩ (*Sodawasser*) eau (minérale) gazeuse
so'dann *adv* ensuite; puis
'Sodawasser *n* ⟨~s; -wässer⟩ *cf Soda*[2]
Sodbrennen ['zoːtbrɛnən] *n* ⟨~s⟩ brûlures *f/pl*, aigreurs *f/pl* d'estomac
Sodom ['zoːdɔm] *st/s n* ⟨~⟩ BIBL **~ und Gomorrha** Sodome et Gomorrhe; *fig* lieu *m* de débauche
Sodomie [zodo'miː] *f* ⟨~⟩ rapports sexuels avec les animaux; zoophilie *f*
so'eben *adv* à l'instant (même); tout à l'heure; *~ etw getan haben* venir de faire qc; *er war ~ noch hier* il était encore il y a un instant; *ich erfahre ~, daß* ... j'apprends à l'instant que ...; *Buch ~ erschienen* vient de paraître
Sofa ['zoːfa] *n* ⟨~s; ~s⟩ canapé *m*; **~kissen** *n* coussin *m*
so'fern *conj* (*falls*) si; pourvu que (+*subj*); (*insoweit*) dans la mesure où; selon que; pour autant que (+*ind od subj*); **~ ... nicht** à moins que ... ne ... (+*subj*)
soff [zɔf] *cf saufen*
so'fort *adv* tout de suite; immédiatement; **~ lieferbar** livrable immédiatement; **~ ich komme** j'arrive tout de suite; *ich bin ~ fertig* je suis prêt dans un instant; *er war ~ tot* il est mort sur le coup; *Herr Ober! – ~!* Garçon! – J'arrive!; *Sie werden es ~ erfahren* vous allez le savoir tout de suite
So'fort|bildkamera *f* polaroïd *m* (*nom déposé*); **~hilfe** *f* secours immédiat; aide *f*
so'fortig *adj* ⟨*épithète*⟩ immédiat; prompt; *mit ~er Wirkung* ... (*ab sofort*) dès à présent ...; *zum ~en Verbrauch bestimmt* à consommer immédiatement
So'fortmaßnahme *f* mesure *f* d'urgence
Soft-Eis ['zɔftʔaɪs] *n* glace à l'italienne
Softie ['zɔfti] F, *oft péj m* ⟨~s; ~s⟩ tendre *m*
Software ['sɔftvɛːr] *f* ⟨~; ~s⟩ INFORM logiciel *m*; software *m*; **~ingenieur** *m* ingénieur *m* (en) software
sog [zoːk] *cf saugen*
sog. *abr cf sogenannt*
Sog *m* ⟨~(e)s; ~e⟩ **1.** AVIAT, MAR, TECH, PHYS aspiration *f*; **2.** *im Meer* courant *m* sous-marin; **3.** *fig der Großstadt etc* attrait *m*

so'gar *adv* même; *ja* ~ même; ... et qui plus est

'sogenannt *adjt* ⟨épithète⟩ dit; (ainsi) nommé, appelé; *fälschlicherweise* prétendu; *(angeblich)* soi-disant *(inv)*

so'gleich *st/s adv* tout de suite; immédiatement

Sohle ['zo:lə] *f* ⟨~; ~n⟩ **1.** *(Fuß2)* plante *f* (du pied); *fig auf leisen ~n* à pas feutrés; à pas de loup; **2.** *(Schuh2)* semelle *f*; *(Einlege2)* semelle intérieure; F *e-e kesse od heiße ~ aufs Parkett legen* faire une démonstration de danse; **3.** *(Tal2, Kanal2, Graben2)* fond *m*; **4.** BERGBAU étage *m*; *e-s Grubenraums* sol *m*

'sohlen *v/t* ⟨h⟩ mettre une semelle à

Sohn [zo:n] *m* ⟨~(e)s; ~e⟩ fils *m*; *fig a* enfant *m*; *Anrede* F *mein ~!* F fiston!; BIBL *der verlorene ~* l'enfant *m* prodigue; *Gottes ~, der ~ Gottes* le Fils de Dieu; *poét fils ~ der Berge, der Wüste* fils *m* des montagnes, du désert

Söhnchen ['zø:nçən] *n* ⟨~s; ~⟩ petit garçon; fils *m*

'Sohnemann F *m* ⟨~(e)s⟩ F fiston *m*

Soiree [zoa're:] *st/s f* ⟨~; ~n⟩ *(Empfang)* soirée *f*

Soja|bohne ['zo:jabo:nə] *f* **1.** *Pflanze* soja *m*; **2.** *einzelne Bohne* fève *f* de soja; **~mehl** *n* farine *f* de soja; **~öl** *n* huile *f* de soja; **~soße** *f* sauce *f* au soja; **~sprossen** *m/pl* pousses *f/pl* de soja

Sokrates ['zo:kratɛs] *m* ⟨→ *n/pr*⟩ Socrate *m*

so'lange *conj* aussi longtemps que; tant que; *~ ich lebe* aussi longtemps que, tant que je vivrai

solar [zo'la:r] *adj* solaire

So'lar|batterie *f* pile *f* solaire; **~energie** *f* énergie *f* solaire; **~heizung** *f* chauffage *m* solaire

Solarium [zo'la:riʊm] *n* ⟨~s; -ien⟩ solarium *m*

So'lar|kollektor *m* capteur *m* solaire; **~kraftwerk** *n* centrale *f* solaire

Solarplexus [zo'la:rplɛksʊs] *m* ⟨~; ~ [-u:s]⟩ PHYSIOL plexus *m* solaire

So'lar|technik *f* ⟨~⟩ solaire *m*; **~zelle** *f* pile *f* solaire

Solbad ['zo:lba:t] *n* MÉD bain *m* d'eau saline; *Kurort das ~ N.* les eaux salines de N.

solch [zɔlç] *pr/dém* **1.** *adjt* tel, telle; pareil, -eille; *ein ~er od ein Mensch* un tel, un pareil homme; pareil homme; *ein ~ od ~ ein häßliches Kind* un enfant (aus)si laid; *in ~en Fällen* dans de tels cas; en pareils cas; *auf ~e Art* de cette manière; *ich brauche ein ~es Buch* j'ai besoin d'un livre comme celui-ci, de ce genre; *ich hätte ~e Lust, ihn zu sehen* j'aimerais tellement le voir; *als ~er sind Sie dafür verantwortlich* en tant que tel vous en êtes responsable; *die Philosophie als ~e* la philosophie en tant que telle; **2.** *subst er hat schon ~e Briefmarken* etc il en a déjà; F *es gibt (immer) ~e und ~e* il ne faut pas généraliser; il faut de tout pour faire un monde

'solcher'art I *adv* ainsi; de telle façon; II *pr/dém* ⟨inv⟩ de ce genre; de cette nature; de cette sorte

'solcher'lei *adj* ⟨inv⟩ **1.** *sg* un tel, une telle; un pareil, une pareille; **2.** *pl* de tels, telles; de pareils, -eilles; **3.** *alleinstehend* ce genre de choses

'solcher'maßen *adv* ainsi; de telle façon

Sold [zɔlt] *m* ⟨~(e)s; ~e⟩ MIL solde *f*; *st/s fig in j-s ~* ⟨dat⟩ *stehen* être à la solde de qn

Soldat [zɔl'da:t] *m* ⟨~en; ~en⟩ soldat *m*; militaire *m*; *auf Zeit* engagé *m*; *das Grabmal des Unbekannten ~en* le tombeau du soldat inconnu

Sol'datenfriedhof *m* cimetière *m* militaire

Sol'datin *f* ⟨~; ~nen⟩ femme *f* soldat

sol'datisch I *adj* militaire; de soldat; II *adv* en soldat; militairement

'Soldbuch *n* livret *m* militaire

Söldner ['zœldnər] *m* ⟨~s; ~⟩ mercenaire *m*; **~heer** *n* armée *f* de mercenaires; **~truppe** *f* troupe *f* de mercenaires

Sole ['zo:lə] *f* ⟨~; ~n⟩ saumure *f*

'Solei *n* œuf cuit et conservé dans de l'eau salée

solid [zo'li:t] *cf* solide

Soli'dar|beitrag *m cf* Solidaritätszuschlag; **~gemeinschaft** *f* communauté *f* solidaire

soli'darisch *adj bes* POL, *a* JUR solidaire; *sich mit j-m ~ erklären* se déclarer solidaire de qn; se solidariser avec qn; *sich mit j-m nicht ~ erklären* se désolidariser de qn

solidarisieren [zolidari'zi:rən] ⟨*pas de ge-*, h⟩ I *v/t* entraîner à la solidarité; II *v/refl sich (mit j-m) ~* se solidariser (avec qn)

Solidari'tät *f* ⟨~⟩ solidarité *f* (*mit* avec)

Solidari'täts|erklärung *f* déclaration *f* de solidarité; **~streik** *m* grève *f* de solidarité; **~zuschlag** *m* FIN contribution *f* de solidarité

solide [zo'li:də] *adj* **1.** *Material, Möbel, Bauweise, fig Wissen, Grundlage etc* solide; *Material, Möbel a* robuste; *Qualität* bon, bonne; **2.** *Unternehmen* sérieux, -ieuse; *Arbeit* consciencieux, -ieuse; sérieux, -ieuse; **3.** *Lebenswandel* réglé; *Mensch* rangé; sérieux, -ieuse; *~ werden* se ranger

Solidi'tät *f* ⟨~⟩ **1.** solidité *f*; **2.** *im Lebenswandel* sérieux *m*

Solist|(in) [zo'lɪst(ɪn)] *m* ⟨~en; ~en⟩ (*f* ⟨~; ~nen⟩) soliste *m,f*; **Qisch** I *adj* de soliste; II *adv* en soliste

Solitär [zoli'tɛ:r] *m* ⟨~s; ~e⟩ *Edelstein* solitaire *m*

Soll [zɔl] *n* ⟨~(s); ~(s)⟩ **1.** COMM doit *m*; *~ und Haben* l'actif et le passif; *etw im ~ verbuchen* porter qc au débit; **2.** *(Plan2)* objectif *m* de production; *sein ~ erfüllen* atteindre son objectif de production

'Soll-Bestand *m* COMM stock prévu

sollen ['zɔlən] (soll, sollte, h) I *v/aux* de mode ⟨p/p sollen⟩ **1.** *Auftrag, Aufforderung* devoir; *du sollst arbeiten* tu dois travailler; BIBL *du sollst nicht töten* tu ne tueras point; *wenn es sein soll* s'il le faut; *er soll kommen* il faut, je veux qu'il vienne; *sagen Sie ihm, daß er kommen soll* dites-lui de venir, qu'il vienne; *solltest du sie nicht benachrichtigen?* ne devais-tu pas la mettre au courant?; *soll ich dir mal sagen, wo ...?* veux-tu savoir où ...?; *wie soll man da nicht lachen?* difficile de ne pas rire dans cette situation; **2.** *Pflicht* devoir; *Notwendigkeit* il faut que ... (+subj); il faut (+inf); **3.** *Ratschlag, Erwartung das hätte er nicht tun ~* il n'aurait pas dû faire cela; *das sollte sie doch wissen* elle devrait pourtant le savoir; *Sie hätten nur sehen ~ ...* ah! si vous aviez vu ...; *ich sollte eigentlich böse sein* à vrai dire, je devrais me fâcher; *er soll lieber mehr lernen* il vaudrait mieux qu'il travaille plus; il ferait mieux de travailler plus; *man sollte ihn bestrafen* il faudrait le punir; **4.** *Ratlosigkeit was soll ich nur od bloß tun?* que (dois-je) faire?; que veux-tu bzw voulez-vous que je fasse?; *wie soll das (nur od bloß) weitergehen?* que va-t-on devenir?; *(was sollen wir tun)* que faire maintenant?; *was soll ich Ihnen sagen?* je ne sais vraiment pas quoi vous dire; *X? Wer soll denn das sein?* X, connais pas!; **5.** *Absicht, Wunsch Sie ~ es sehen* vous (le) verrez; *Sie sollten wissen, daß ...* il faut que vous sachiez que; apprenez que ...; *soll das für mich sein?* c'est pour moi?; *soll das ein Witz sein?* c'est une blague?; *was soll das heißen?* qu'est-ce que cela veut dire?; **6.** *Drohung* F *er soll mir nur kommen!* qu'il vienne!; *das soll sie mir büßen!* elle me la payera!; **7.** *Möglichkeit, Vermutung man sollte doch meinen, daß ...* il me semble pourtant que ...; *fast sollte man glauben, (daß) ...* on pourrait croire que ...; on croirait que ...; *sollte es möglich sein?* serait-ce possible?; *sollte sie das getan haben?* est-ce possible qu'elle ait fait cela?; *sollte man nach mir (nicht nach anderen) gefragt haben?* est-ce moi qu'on aurait demandé?; **8.** *Fall, Umstand wenn es regnen sollte ...* s'il venait à pleuvoir ...; *sollte dies der Fall sein ...* s'il en était ainsi ...; si c'était le cas ...; *sollten Sie ihn sehen, so sagen Sie ihm ...* si par hasard vous le voyez, dites-lui ...; **9.** *Hypothese, Gerücht sie soll sehr krank sein* on dit, prétend qu'elle est très malade; *sie soll abgereist sein* il serait parti; il est parti, dit-on; *auf e-m Bild etc das soll meine Frau sein?* ça, ma femme?; *ich soll das gesagt haben?* j'aurais dit cela, moi?; **10.** *Schicksal es sollte ganz anders kommen, als er dachte* ça s'est passé bien autrement qu'il ne l'avait pensé; *sie sollte nie wieder so glücklich sein wie damals* elle ne fût plus jamais aussi heureuse qu'alors; *es hat nicht sein ~, litt* es hat nicht ~ sein c'était perdu d'avance; il était écrit; II *v/i u v/t* ⟨p/p gesollt⟩ *der Brief soll auf die Post* il faut porter cette lettre à la poste; *was soll ich dort?* que veux-tu bzw que voulez-vous que j'aille faire là-bas?; F *péj soll er doch!* comme il voudra!; *was soll das?* (bedeuten) qu'est-ce que cela signifie?; pourquoi tout ça?; *was soll der Lärm?* que signifie ce bruit?; *soll ich?* d'accord?; je peux?; F *was soll's?* tant pis!; F bof!

Söller ['zœlər] *m* ⟨~s; ~⟩ *e-r Burg* balcon *m*; galerie *f*

'Soll|seite *f* ⟨~⟩ COMM côté *m* passif; **~zinsen** *pl* intérêts débiteurs

solo ['zo:lo] *adj u adv* ⟨attribut⟩ **1.** MUS en soliste; **2.** F, *oft plais* (tout) seul

Solo *n* ⟨~s; ~s *ou* -li⟩ *MUS* solo *m*
Solo|gesang *m* solo *m*; **~instrument** *n* instrument *m* de soliste; **~part** *n* morceau *m*, partie *f* de soliste; **~stimme** *f* voix *f* de soliste; **~stück** *n* solo *m*; **~tänzer(in)** *m(f)* danseur, -euse *m,f* étoile
Solothurn ['zoːlotʊrn] *n* ⟨→ *n/pr*⟩ Soleure
'Solquelle *f* source (d'eau) saline
solv|ent [zɔlˈvɛnt] *adj COMM* solvable; **⁀enz** *f* ⟨~; ~en⟩ solvabilité *f*
Somalia [zoˈmaːlia] *n* ⟨→ *n/pr*⟩ la Somalie
So'malier(in) *m* ⟨~s; ~⟩ *(f)* ⟨~; ~nen⟩ Somalien, -ienne *m,f od* Somali(e) *m(f)*
so'malisch *adj* somalien, -ienne
somatisch [zoˈmaːtɪʃ] *adj MÉD, BIOL, PSYCH* somatique
Sombrero [zɔmˈbreːro] *m* ⟨~s; ~s⟩ sombrero *m*
somit [zoˈmɪt *ou* ˈzoːmɪt] *adv* donc; par conséquent; ainsi
Sommer ['zɔmər] *m* ⟨~s; ~⟩ été *m*; **im ~** en été; **mitten im ~** en plein été; **den ~ über** durant l'été; **~ wie Winter** été comme hiver
'Sommer|abend *m* soir *m*, soirée *f* d'été; **~anfang** *m* début *m*, commencement *m* de l'été; **~blume** *f* fleur *f* d'été; **~fahrplan** *m* horaire *m* d'été; **~fell** *n* pelage *m* d'été; **~ferien** *pl* vacances *f/pl* d'été; grandes vacances; **~fest** *n* fête *f* d'été
'Sommerfrische *f* villégiature *f* (d'été); **in die ~ gehen, fahren** aller en villégiature; prendre ses quartiers d'été
'Sommer|frischler(in) *m* ⟨~s; ~⟩ *(f)* ⟨~; ~nen⟩, **~gast** *m* estivant(e) *m(f)*; **~getreide** *n* blés *m/pl* de mars; **~halbjahr** *n* semestre *m* d'été; **~haus** *n* maison *f* de campagne; résidence *f* d'été; **~hitze** *f* chaleur *f* d'été; **~kleid** *n* **1.** *COUT* robe *f* d'été; **2.** *ZO* pelage *m* d'été; *bei Vögeln* plumage *m* d'été
'sommerlich I *adj* d'été; de l'été; estival; **~e Hitze** chaleur *f* d'été; **II** *adv* comme en été; **sich ~ kleiden** mettre des vêtements d'été; **es ist ~ warm** il fait chaud comme en été
'Sommer|loch F *n* période creuse (en été); F calme plat; **~monat** *m* mois *m* d'été; **~nacht** *f* nuit *f* d'été; **~olympiade** *f* Jeux *m/pl* olympiques d'été; **~pause** *f* vacances *f/pl* d'été; *THÉ* relâche estivale; **~reifen** *m* pneu *m* standard; **~residenz** *f cf* **Sommersitz**
'sommers *adv* en été; **~ wie winters** été comme hiver
'Sommer|schlußverkauf *m* soldes *m/pl*, abus *f/pl* d'été; **~semester** *n* semestre *m* d'été; **~sitz** *m* résidence *f* d'été; **~skigebiet** *n* région *f* de ski d'été; **~sonne** *f* soleil *m* d'été; **~sonnenwende** *f* solstice *m* d'été
'Sommerspiele *n/pl* **die Olympischen ~** les Jeux *m/pl* olympiques d'été
'Sommer|sprossen *f/pl* taches *f/pl* de rousseur; **⁀sprossig** *adj* couvert de taches de rousseur; **~tag** *m* jour *m* d'été; **~wetter** *n* temps estival, d'été
'Sommerzeit *f* ⟨~⟩ **1.** *Jahreszeit* été *m*; **2.** *Uhrzeit* heure *f* d'été; **auf ~** *(acc)* **umstellen** passer à l'heure d'été
somnambul [zɔmnamˈbuːl] *sc MÉD adj* somnambule; **⁀lismus** *m* ⟨~⟩ somnambulisme *m*

Sona|te [zoˈnaːtə] *f* ⟨~; ~n⟩ sonate *f*; **~'tine** *f* ⟨~; ~n⟩ sonatine *f*
Sonde [ˈzɔndə] *f* ⟨~; ~n⟩ *MÉD, RAUMFAHRT* sonde *f*; *MÉTÉO* ballon-sonde *m*
Sonder... [ˈzɔndər...] *in Zssgn meist* spécial; extraordinaire; *(zusätzlich)* supplémentaire; **~abgabe** *f* taxe *f* extraordinaire; **~anfertigung** *f* fabrication *f*, exécution *f* 'hors série, spéciale
'Sonderangebot *n COMM* offre spéciale; occasion exceptionnelle; **im ~** en promotion
'Sonderausgabe *f* **1.** *TYPO* édition spéciale; **2.** *FIN* dépense *f* extraordinaire; *STEUERWESEN* **~n** *pl* charges *f/pl* déductibles du revenu
'sonderbar *adj* *(ungewöhnlich)* singulier, -ière; *Fall* particulier, -ière; *(einmalig)* unique; *(befremdend)* étrange; *(wunderlich)* bizarre
'sonderbarer'weise *adv* singulièrement; **~ hatte er ...** chose étrange, il avait ...; c'est étrange, mais il avait ...
'Sonderbarkeit *f* ⟨~; ~en⟩ singularité *f*; particularité *f*; étrangeté *f*
'Sonder|beauftragte(r) *f(m)* mandataire spécial(e); chargé(e) *m(f)* de mission; **~behandlung** *f* traitement *m* d'exception; **~beilage** *f* e-r *Zeitung* supplément (spécial); **~bericht** *m* rapport spécial; **~berichterstatter(-in)** *m(f)* envoyé(e) spécial(e); **~botschafter(in)** *m(f)* ambassadeur, -drice *m,f* extraordinaire; **~bus** *m* car spécial; **~druck** *m* ⟨~(e)s; ~e⟩ *TYPO* tirage *m* à part; **~einnahmen** *f/pl* recettes *f/pl* extraordinaires; **~ermäßigung** *f* réduction spéciale, de faveur
'Sonderfahrt *f* *zusätzlich zum Fahrplan* trajet *m* supplémentaire; *bei Ausflügen, Festen etc* trajet spécial; „~" «spécial»
'Sonder|fall *m* cas particulier, spécial; **~genehmigung** *f* autorisation spéciale
'sonder'gleichen *adv* sans pareil, -eille
'Sonder|heft *n* e-r *Zeitschrift* numéro spécial; **~kommando** *n MIL, der Polizei* unité spéciale; **~kommission** *f* commission spéciale; **~konto** *n* compte spécial
'sonderlich I *adj* **1.** *(sonderbar)* étrange; bizarre; **2.** *verstärkend in Verbindung mit e-r Verneinung* **kein ~er Unterschied** pas de différence notable, considérable; **das ist kein ~es Vergnügen** ce n'est pas un bien grand plaisir; **ich habe keine ~e Lust dazu** je n'en ai pas grande envie; **II** *adv* *(besonders)* **nicht ~** pas particulièrement; **das war nicht ~ geschickt** ce n'était guère *od* pas particulièrement adroit
'Sonderling *m* ⟨~s; ~e⟩ original *m*; F type *m* à part
'Sonder|marke *f* timbre *m* de collection; **~maschine** *f* vol spécial; **~meldung** *f* communiqué spécial; **~modell** *n* modèle spécial; **~müll** *m* déchets *m/pl* spéciaux
sondern¹ [ˈzɔndərn] *conj* mais; **nicht nur ..., ~ auch ...** non seulement ..., mais aussi *od* encore ...; **ich war nicht in München. ~?** où donc, alors?
sondern² *st/s v/t* ⟨-(e)re, h⟩ séparer *(von)*
'Sonder|nummer *f* e-r *Zeitschrift* numéro spécial; **~pädagoge** *m*, **~pädagogin** *f cf* **Sonderschullehrer(in)**; **~pädagogik** *f etwa* éducation spéciale;

~preis *m* prix exceptionnel; **~recht** *n* privilège *m*; **~regelung** *f* autorisation spéciale
'Sonder|schau *f* exposition spéciale; **~schule** *f* établissement *m* d'éducation spéciale *(pour enfants handicapés ou inadaptés)*; **~schüler(in)** *m(f)* élève *m,f* d'un établissement d'éducation spéciale; **~schullehrer(in)** *m(f) etwa* éducateur, -trice spécialisé(e); **~sitzung** *f* séance *f* extraordinaire; **~stellung** *f* position exceptionnelle, privilégiée; **~stempel** *m der Post* tampon commémoratif; cachet spécial; **~steuer** *f* impôt *m* supplémentaire; **~tarif** *m* tarif spécial, exceptionnel; **~urlaub** *m* congé spécial; *MIL* permission spéciale; **~wunsch** *m* souhait spécial; **~ziehungsrechte** *n/pl ÉCON* droits *m/pl* de tirage spéciaux; **~zug** *m* train spécial; **~zustellung** *f Post* factage spécial
sondier|en [zɔnˈdiːrən] *v/t* ⟨*pas de ge-*, h⟩ *Meinung*, *MÉD* sonder; *Terrain* explorer; *Lage* examiner; **⁀ung** *f* ⟨~; ~en⟩ *von Meinungen*, *MÉD* sondage *m*; *des Terrains* exploration *f*; *der Lage* examen *m*
Son'dierungsgespräch *n* entretien *m* préparatoire, préliminaire
Sonett [zoˈnɛt] *n* ⟨~(e)s; ~e⟩ sonnet *m*
Song [zɔŋ] *m* ⟨~s; ~s⟩ chanson *f*
Sonnabend [ˈzɔnʔaːbɛnt] *m bes nordd* samedi *m*; *cf a* **Montag**, **Samstag**
'sonnabends *adv bes nordd* le samedi; tous les samedis
Sonne [ˈzɔnə] *f* ⟨~; ~n⟩ soleil *m*; **die ~ scheint** le soleil brille; **in der ~** au soleil; **von der ~ beschienen** ensoleillé; *fig* **die ~ bringt es an den Tag** la vérité éclatera au grand jour *od* se fera jour
'sonnen *v/réfl* ⟨h⟩ **sich ~** prendre un bain de soleil; *Tier* se chauffer au soleil; **sich in s-m Ruhm ~** se repaître de sa gloire, savourer sa célébrité; **sich in j-s Gunst** *(dat)* **~** faire étalage de la faveur de qn
'Sonnen|anbeter(in) *m(f)* plais fanatique *m,f* du soleil, du bronzage; **~aufgang** *m* lever *m* de bzw du soleil; **~bad** *n* bain *m* de soleil; **⁀baden** *v/i* ⟨-ge-, h, *les temps simples ne s'emploient pas dans une principale*⟩ prendre un bain de soleil; **~bahn** *f ASTR* orbite *f* du soleil; **~bank** *f* ⟨~; -bänke⟩ solarium *m*; **⁀beschienen** *st/s adjt* ensoleillé; **~bestrahlung** *f* ensoleillement *m*; **~blende** *f* **1.** *PHOT* visière *f*; **2.** *im Auto* pare-soleil *m*; **~blume** *f* tournesol *m*; **~blumenkern** *m* graine *f* de tournesol; **~blumenöl** *n* huile *f* de tournesol; **~brand** *m* coup *m* de soleil; **~bräune** *f* hâle *m*; bronzage *m*; **~brille** *f* lunettes *f/pl* de soleil; **~creme** *f* crème *f* solaire; **~dach** *n* store *m*; **~deck** *n MAR* pont supérieur; **⁀durchflutet** *st/s adjt* ensoleillé; inondé de soleil; **~einstrahlung** *f* insolation *f*; **~energie** *f* énergie *f* solaire; **~finsternis** *f* éclipse *f* de Soleil; **~fleck** *m* tache *f* solaire; **⁀gebräunt** *adjt* bronzé; **~geflecht** *n PHYSIOL* plexus *m* solaire; **⁀gereift** *adjt* mûri au soleil; **~gott** *m* dieu *m* du Soleil; **⁀hungrig** *adj* fanatique du soleil; **~hut** *m* **1.** chapeau *m* de soleil; **2.** *BOT* rudbeckia *m*
'sonnen'klar *adj* F *fig* **das ist ~** c'est

clair comme le jour, comme deux et deux font quatre

'**Sonnen|kollektor** *m* capteur *m* solaire; **~könig** *m HIST* Roi-Soleil *m*; **~licht** *n* ⟨~(e)s⟩ lumière *f* du soleil; **~öl** *n* huile *f* solaire

'**Sonnenschein** *m* **1.** ⟨*pas de pl*⟩ soleil *m*; *bei* **~** quand il fait soleil; *fig plais es herrschte wieder eitel* **~** le moral était de nouveau au beau fixe; **2.** *fig Kosewort* rayon *m* de soleil

'**Sonnen|schirm** *m zum Tragen* ombrelle *f*; *für den Garten, Balkon etc* parasol *m*; **~schutz** *m* protection *f* contre le soleil; **~schutzmittel** *n* produit *m* solaire; **~segel** *n* **1.** (*Schutzdach*) store *m*; **2.** *RAUMFAHRT* panneau *m* solaire

'**Sonnenseite** *f* côté exposé au soleil; midi *m*; *fig die* **~** *des Lebens* le bon côté de la vie

'**Sonnenstand** *m* 'hauteur *f* du soleil

'**Sonnenstich** *m MÉD* insolation *f*

'**Sonnen|strahl** *m* rayon *m* de bzw du soleil; **~studio** *n* institut *m* de bronzage; **~system** *n* système *m* solaire; **~tag** *m* **1.** journée ensoleillée; **2.** *ASTR* jour *m* solaire; **~uhr** *f* cadran *m* solaire; **~untergang** *m* coucher *m* de bzw du soleil; **~wende** *f* solstice *m*

'**sonnig** *adj* **1.** *Wetter, Tag, Standort, Zimmer etc* ensoleillé; **2.** *fig* (*heiter, freundlich*) gai; enjoué; (*glücklich, unbeschwert*) heureux, -euse; insouciant

Sonntag ['zɔnta:k] *m* dimanche *m*; *Weißer* **~** dimanche *m* de Quasimodo; (*Tag der Erstkommunion*) jour *m* de la première communion; *an Sonn- und Feiertagen* les dimanches et (les) jours fériés; *cf a Montag*

sonntägig ['zɔntɛ:gɪç] *adj* ⟨*épithète*⟩ du dimanche; dominical

'**sonntäglich I** *adj* ⟨*épithète*⟩ de tous les dimanches; dominical; **II** *adv* **~** *angezogen od gekleidet* endimanché

'**sonntags** *adv* le dimanche; tous les dimanches

'**Sonntags|anzug** *m* habit *m*, tenue *f* du dimanche; **~arbeit** *f* ⟨~⟩ travail *m* du dimanche; **~ausflug** *m* promenade *f* du dimanche; **~ausgabe** *f e-r Zeitung* édition dominicale; **~beilage** *f e-r Zeitung* supplément dominical; **~blatt** *n* journal *m* du dimanche; **~braten** *m* rôti *m* du dimanche

'**Sonntagsdienst** *m* **~** *haben* être de service le dimanche

'**Sonntags|fahrer** *m péj* conducteur *m* du dimanche; **~gottesdienst** *m* office *m* du dimanche

'**Sonntagskind** *n* enfant né le dimanche; *fig er ist ein* **~** il est né coiffé; il est né sous une bonne étoile

'**Sonntags|maler(in)** *m(f)* peintre *m,f* du dimanche; **~ruhe** *f* repos dominical, du dimanche

'**Sonntagswetter** *n heute ist richtiges* **~** il fait aujourd'hui un vrai temps de vacances

sonor [zo'no:r] *adj* sonore

sonst [zɔnst] *adv* **1.** (*außerdem*) par ailleurs; **~** *nirgends* nulle part ailleurs; **~** *überall* partout ailleurs; **~** *etwas* (*quelque*) autre chose; quelque chose d'autre; **~** *nichts* pas autre chose; rien de plus; **~** *nichts?* rien d'autre?; c'est tout ce qu'il vous bzw te faut?; **~** *jemand* quelqu'un d'autre; quelque autre personne; **~** *niemand* personne d'autre; nul autre; *haben Sie* **~** *noch Fragen?* à part ça, avez-vous d'autres questions?; *was willst du* **~** *noch?* qu'est-ce que tu veux de plus?; *wenn es* **~** *nichts ist* si ce n'est que cela; *F iron* (*aber*) **~** *geht's dir gut?* F et puis quoi encore?; **2.** (*für gewöhnlich*) d'habitude; de coutume; (*früher*) autrefois; (*bei anderen Gelegenheiten*) en d'autres cas; *wie* **~** comme d'habitude, de coutume; *sie war anders als* **~** elle n'était pas comme d'habitude, de coutume; *Sie sind doch* **~** *nicht so ...* je ne vous ai jamais vu si ...; **3.** (*andernfalls*) sinon; sans cela; autrement; *beeilen Sie sich,* **~** *kommen Sie zu spät* dépêchez-vous, sinon od sans quoi vous serez en retard; **4.** (*anders*) *wer* (*denn*) **~***?* qui d'autre?; *wer* **~** *als er* qui d'autre sinon lui?; *wie, wann, wo* (*denn*) **~***?* comment, quand, où donc?

'**sonstig** *adj* ⟨*épithète*⟩ (*anderweitig*) autre; (*gewöhnlich*) habituel, -elle; (*ehemalig*) d'autrefois; de jadis; **~***e Unkosten pl* frais *m/pl* divers; „*Sonstiges*" «Divers»

'**sonstjemand** F *cf* sonstwer

'**sonstwas** F *pr/ind* quelque chose d'autre; *fig ich hätte fast* **~** *getan* j'ai failli faire une bêtise; *fig man hätte meinen können, sie hätte* **~** *verbrochen* on aurait pu croire qu'elle avait fait Dieu sait quoi

'**sonstwer** F *pr/ind* quelqu'un d'autre; *er denkt, er ist* **~** F il se croit sorti de la cuisse de Jupiter; *fig das hätte ja* **~** *in die Hände bekommen können!* ça aurait pu tomber dans les mains de n'importe qui!

'**sonstwie** F *adv* d'une autre manière; *fig mit dem neuen Kleid fühlt sie sich* **~** avec sa nouvelle robe elle se sent tout autre

'**sonstwo** F *adv* ailleurs; *fig nach einer Stunde Fahrt sind sie schon* **~** après une heure de route ils sont déjà loin; *fig man könnte meinen, man wäre* **~** on se demande vraiment où se trouve

so'**oft** *conj* **1.** (*jedesmal, wenn*) **~** *du kommst* toutes les fois que tu viendras; **2.** (*wie oft auch immer*) **~** *Sie wollen* autant de fois, tant, aussi souvent que vous voudrez; **~** *ich auch komme, ...* aussi souvent que je vienne ...

Soor [zo:r] *m* ⟨~es; ~e⟩ *MÉD* muguet *m*; '**~pilz** *m MÉD* champignon *m* du muguet

Sophist [zo'fɪst] *m* ⟨~en; ~en⟩ sophiste *m*; **~e'rei** *f* ⟨~; ~en⟩ *péj* raisonnement *m* sophistique; **~ik** *f* ⟨~⟩ sophistique *f*; **²isch** *adj* sophistique; de sophiste

Sophokles ['zo:fɔkles] *m* ⟨→ *n/pr*⟩ Sophocle *m*

Sopran [zo'praːn] *m* ⟨~s; ~e⟩ soprano *m*; **~flöte** *f* flûte *f* soprano

Sopra'nistin *f* ⟨~; ~nen⟩ soprano *m*

Sorbinsäure [zɔr'biːnzɔyrə] *f CHIM* acide *m* sorbique

Sorge ['zɔrgə] *f* ⟨~; ~n⟩ **1.** souci *m*; *j-m* **~***n machen* causer, donner des soucis à qn; *sich* (*dat*) (*wegen etw, j-m od um etw, j-n*) **~***n machen* se faire du souci (pour qc, qn); s'inquiéter (pour qc, qn); *e-e* **~** *los sein* être libéré d'un souci; *das ist meine geringste* **~** c'est le dernier, le cadet de mes soucis; *andere* **~***n* (*F im Kopf*) *haben* avoir d'autres soucis (en tête); avoir d'autres chats à fouetter; *F iron du hast* **~***n!* j'aimerais bien avoir tes problèmes!; **2.** ⟨*pas de pl*⟩ (*Unruhe*) inquiétude *f*; (*wegen etw, j-m od um etw, j-n*) *in* **~** *sein* se faire du souci (pour qc, qn); s'inquiéter (pour qc, qn); *seien Sie ohne* **~** ne vous inquiétez pas; **3.** ⟨*pas de pl*⟩ (*Bemühen*) *für etw* **~** *tragen* avoir, prendre soin de qc; s'occuper de qc; *dafür* **~** *tragen, daß ...* veiller à ce que ... (+*subj*); *lassen Sie das meine* **~** *sein* laissez-moi faire; j'en fais mon affaire

sorgen ['zɔrgən] ⟨h⟩ **I** *v/i* **1.** *für j-n* **~** prendre soin de qn; prendre qn en charge; *für s-e Familie* **~** faire vivre sa famille; *für etw* **~** prendre soin de qc; veiller à; (*sich kümmern um*) s'occuper de qc; (*vor***~**) pourvoir à qc; *dafür* **~***, daß ...* veiller à ce que ... (+*subj*); *dafür ist gesorgt* on y a pourvu; **2.** (*beschaffen*) *ich habe für alles gesorgt* j'ai pourvu à tout; *für die Getränke* **~** s'occuper des boissons; **3.** (*bewirken*) causer; *für Aufsehen* **~** *Vorfall etc* faire du bruit; **II** *v/réfl sich* **~** être inquiet, -iète; *sich um etw, j-n od wegen etw, j-m* **~** s'inquiéter pour qc, qn

'**Sorgen|falten** *f/pl* rides dues aux soucis; **²frei** *adj u adv* sans souci

'**Sorgenkind** *n* **1.** enfant *m* fragile; enfant *m* qui donne des soucis; *er war immer das* **~** *s-r Eltern* il a été un souci perpétuel pour ses parents; **2.** *fig gros souci*; *dieses Projekt ist unser* **~** ce projet continue à poser problème

'**sorgenvoll** *adj* plein de soucis; soucieux, -ieuse

'**Sorgepflicht** *f* ⟨~⟩ *JUR* obligation *f* d'assurer la garde des enfants

'**Sorgerecht** *n* ⟨~(e)s⟩ *JUR* droit *m* de garde (des enfants); *ihr wurde das* **~** *für die Kinder zugesprochen* elle a eu la garde des enfants

Sorgfalt ['zɔrkfalt] *f* ⟨~⟩ soin *m*; (*Gewissenhaftigkeit*) scrupules *m/pl*; (*Genauigkeit*) exactitude *f*; *mit peinlicher* **~** avec un soin minutieux; **~** *auf etw* (*acc*) *verwenden* apporter du soin à qc

sorgfältig ['zɔrkfɛltɪç] **I** *adj* soigneux, -euse; *Sache* soigné; *Wahl* judicieux, -ieuse; (*gewissenhaft*) scrupuleux, -euse; (*genau*) exact; **II** *adv* avec soin; soigneusement; scrupuleusement; avec exactitude; **²keit** *f* ⟨~⟩ application *f*

'**Sorgfaltspflicht** *f* ⟨~⟩ *etwa* application requise (dans un travail, *etc*); *Verletzung der* **~** manquement *m* aux règles de déontologie

'**sorg|los** *adj* **1.** (*unbekümmert*) sans souci; insouciant; **2.** (*unachtsam, nicht sorgfältig*) négligent; **²losigkeit** *f* ⟨~; ~en⟩ **1.** ⟨*pas de pl*⟩ (*Unbekümmertheit*) insouciance *f*; **2.** (*Unachtsamkeit*) négligence *f*

'**sorgsam I** *adj* soigneux, -euse **II** *adv* soigneusement; avec soin; *ein* **~** *gehütetes Geheimnis* un secret soigneusement, jalousement gardé

Sorte ['zɔrtə] *f* ⟨~; ~n⟩ **1.** (*Art*) sorte *f*; espèce *f*; *COMM* (*Qualität*) qualité *f*; (*Marke*) marque *f*; (*Geschmacks²*) parfum *m*; F *péj diese* **~** *Mensch* ce genre de personnes; F *ich kenne noch mehr*

Sortenkurs – Spagat

von der ~ j'en connais bien d'autres de cette espèce; **2.** BANKWESEN ~*n pl* espèces *f*/*pl*; monnaies, devises étrangères
'**Sortenkurs** *m* BANKWESEN cours officiel des devises
sortieren [zɔr'tiːrən] *v*/*t* ⟨*pas de ge-*, h⟩ trier; classer; *nach Größe, Farben etc* ~ trier, classer par grandeur, par couleurs, *etc*
Sor'tiermaschine *f* trieuse *f*
sor'tiert *adjt Geschäft* approvisionné; achalandé; *in etw* (*dat*) *gut, schlecht* ~ *sein* être bien, mal approvisionné, achalandé en qc
Sortiment [zɔrti'mɛnt] *n* ⟨-(e)s; ~e⟩ **1.** *von Waren* assortiment *m* (*an* [+*dat*] de); **2.** (~*sbuchhandel*) commerce *m* de détail de livres; librairie *f*
Sorti'menter(in) *m* ⟨~s; ~⟩ (*f*) ⟨~; ~nen⟩ libraire *m*,*f*
Sorti'ments|buchhandel *m* **1.** *Handel* commerce *m* de détail de livres; **2.** *Laden* librairie *f*; ~**buchhandlung** *f* librairie *f*
SOS [ɛsʔoːˈʔɛs] *n* ⟨~⟩ S.O.S. *m*
so'sehr *conj* ~ *ich auch liebe ...* si grand que, quel que soit mon amour pour lui ...; ~ *ich das auch billige ...* quelle que soit mon approbation ...
SOS-'Kinderdorf *n* village *m* d'enfants (*organisme à but humanitaire spécialisé dans l'aide à l'enfance*)
so'so I F *adv* F couci-couça; II *int* **1.** *ironisch, zweifelnd* tiens, tiens!; **2.** *gleichgültig* ah (bon)!
SO'S-Ruf *m* S.O.S. *m*
Soße ['zoːsə] *f* ⟨-; ~n⟩ sauce *f*
'**Soßen|löffel** *m* cuillère *f* à sauce; ~**schüssel** *f* saucière *f*
sott [zɔt] *cf* **sieden**
Soubrette [zu'brɛtə] *f* ⟨~; ~n⟩ MUS, THÉ soprano léger
Soufflé [zu'fleː] *n* ⟨~s; ~s⟩ CUIS soufflé *m*
Souffleur [zu'fløːr] *m* ⟨~s; ~e⟩, **Souffleuse** [zu'fløːzə] *f* ⟨~; ~n⟩ THÉ souffleur, -euse *m*,*f*
Souf'fleurkasten *m* trou *m* du souffleur
souf'flieren ⟨*pas de ge-*, h⟩ I *v*/*t etw* ~ souffler qc à qn; II *v*/*i* THÉ *j-m* ~ souffler la réplique à qn
Soulmusik ['zoʊlmuziːk] *f* ⟨~⟩ (musique *f*) soul *m*
Sound [zaʊnt] *m* ⟨~s; ~s⟩ *Jazz, Rock etc* son *m*; sonorité *f*
'**sound'so** F I *adv* ~ *oft* tant de fois; ~ *viel unbestimmte Zahl* tant; ~ *viel Kilo, Mark* tant de kilos, de marks; ~ *groß* de telle et telle grandeur; II *adj* ⟨*inv*⟩ *Paragraph* ~ tel et tel paragraphe; *Herr* ⚥ *Monsieur Un tel od Untel*; *Frau* ⚥ *Madame Une telle*
Soutane [zu'taːnə] *f* ⟨~; ~n⟩ CATH soutane *f*
Souterrain ['zutərɛ̃] *n* ⟨~s; ~s⟩ sous-sol *m*; ~**wohnung** *f* appartement *m* au sous-sol
Souvenir [zuvə'niːr] *n* ⟨~s; ~s⟩ souvenir *m*
souverän [zuvəˈrɛːn] I *adj* **1.** POL souverain; **2.** *fig* sûr de soi; II *adv gewinnen, siegen* de main de maître; *handeln, reden etc* a avec maestria; *etw* ~ *beherrschen* maîtriser parfaitement qc
Souve'rän *m* ⟨~s; ~e⟩ **1.** (*Herrscher*) souverain *m*; **2.** *schweiz* (*Gesamtheit der Stimmberechtigten*) électeurs *m*/*pl*

Souveräni'tät *f* ⟨~⟩ souveraineté *f*
so'viel I *adv* autant; *doppelt* ~ deux fois plus; ~ *für heute* ça suffit pour aujourd'hui; ~ *wie od als möglich* autant que possible; *fig das ist* ~ *wie e-e Einladung* cela équivaut à une invitation; II *conj* (*wieviel auch immer*) autant que (+*subj*); (*nach dem, was*) a d'après ce que; ~ *ich weiß, ...* autant que je sache, ...
so'weit I *adv* **1.** F (*fertig*) ~ *sein* être prêt; *ich bin jetzt* ~, *daß ...* j'en suis arrivé au point de (+*inf*); **2.** *einschränkend es geht ihm* ~ *ganz gut, nur ...* il va assez bien mais ...; *du hast* ~ *recht* jusqu'à un certain point, tu as raison; **3.** ~ *wie od als möglich will ich nachgeben* je céderai le plus possible, dans la mesure de mon possible; II *conj* **1.** (*in dem Maße, wie*) autant que; ~ *ich es beurteilen kann* autant que j'en puisse juger; **2.** (*soviel*) ~ *ich weiß, ist sie nicht verheiratet* autant que je sache, elle n'est pas mariée
so'wenig I *adv* (*tout*) aussi peu; *ich kann es* ~ *wie du* j'en suis aussi incapable que toi; *tu das* ~ *wie möglich* fais-en le moins possible; II *conj* si peu que ... (+*subj*)
so'wie *conj* **1.** (*als auch*) ainsi que; aussi bien que; **2.** (*sobald*) dès que; ~ *er da ist* dès qu'il sera là
sowie'so *adv* en tout cas; de toute façon; *aus dir wird* ~ *nichts* d'ailleurs, tu ne feras jamais rien dans la vie; F *das* ~! ça, c'est certain!; II *adj* ⟨*inv*⟩ F *Herr, Frau* ⚥ *cf* **soundso** II
Sowjet [zɔ'vjɛt] *m* ⟨~s; ~s⟩ HIST soviet *m*; *Oberster* ~ Soviet suprême; F *die* ~*s* les Soviets
So'wjet|armee *f* HIST armée *f* soviétique; ~**bürger(in)** *m*(*f*) HIST citoyen, -yenne *m*,*f* soviétique
so'wjetisch *adj* HIST soviétique
So'wjet|republik *f* HIST république *f* soviétique; ~**russisch** *adj* HIST soviétique; ~**rußland** *n* HIST la Russie soviétique; ~**stern** *m* HIST étoile *f* des Soviets
So'wjetunion (→ *n*/*pr*) HIST *die* ~ l'Union *f* Soviétique
so'wohl *conj* ~ *... als auch ...* non seulement ... mais aussi *od* encore ...
Sozi ['zɔtsi] F, *a péj, m* ⟨~s; ~s⟩ F socialo *m*,*f*
Sozia ['zɔːtsia] *f* ⟨~; ~s⟩ *auf dem Motorrad* passagère *f*
sozial [zɔtsi'aːl] I *adj* social; ~*es Gefälle*, ~*e Unterschiede m*/*pl* écarts *m*/*pl*, différences *f*/*pl* de niveaux de vie dans la population; II *adv* ~ *denken* avoir l'esprit civique; ~ *handeln* agir avec civisme
Sozi'al|abbau *m* ⟨~(e)s⟩ démontage social; perte *f* des acquis sociaux; ~**abgaben** *f*/*pl* charges sociales; ~**amt** *n* bureau *m* d'aide sociale; B. A. S. *m*; ~**arbeit** *f* ⟨~⟩ service social; ~**arbeiter(-in)** *m*(*f*) assistant(e) social(e); ~**ausschuß** *m* commission *f* des affaires sociales; ~**beitrag** *m* cotisation *f* du régime général (de la Sécurité sociale); ~**beruf** *m* métier *m* du (secteur) social; profession sociale; ~**demokrat(in)** *m*(*f*) social-démocrate *m*,*f*; ~**demokratie** *f* social-démocratie *f*; ⚥**demokratisch** *adj* social-démocrate; ~**ethik** *f* éthique sociale; ~**fall** *m* cas social;

~**gericht** *n* tribunal social; ~**gesetz** *n* loi sociale; ~**gesetzgebung** *f* législation sociale; ~**hilfe** *f* ⟨~⟩ aide sociale; ~**hilfeempfänger(in)** *m*(*f*) bénéficiaire *m*,*f* de l'aide sociale
soziali'sier|en *v*/*t* ⟨*pas de ge-*, h⟩ socialiser; ⚥**ung** *f* socialisation *f*
Sozia'lismus *m* ⟨~⟩ socialisme *m*; ~**ist(in)** *m* ⟨-en; ~en⟩ (*f*) ⟨~; ~nen⟩ socialiste *m*,*f*; ⚥**istisch** *adj* socialiste
Sozi'al|kritik *f* critique *f* de la société; ⚥**kritisch** I *adj* critique envers la société; II *adv* d'une façon critique vis-à-vis de la société; ~**kunde** *f* ⟨~⟩ instruction *f* civique; ~**lasten** *f*/*pl* charges sociales; ~**lehre** *f* REL doctrine sociale; ~**leistungen** *f*/*pl* prestations *f*/*pl* de (la) Sécurité sociale; prestations sociales; *e-s Betriebs* avantages sociaux; ⚥**liberal** *adj* social-libéral; ~**pädagoge** *m*, ~**pädagogin** *f etwa* assistant(e) social(e) (*avec un diplôme du troisième cycle*)
Sozi'alpädagogik *f etwa* animation socio-éducative; ~ *studieren* faire des études socio-éducatives
sozi'alpädagogisch *adj* socio-éducatif, -ive
Sozi'alpartner *m die* ~ les partenaires sociaux
Sozi'al|plan *m* plan social; ~**politik** *f* politique sociale; ⚥**politisch** I *adj* de politique sociale; II *adv* d'après la politique sociale; ~**prestige** *n* prestige social; ~**produkt** *n* produit national; ~**recht** *n* droit social; ⚥**rechtlich** I *adj* de droit social; II *adv* d'après le droit social; ~**reform** *f* réforme sociale; ~**rente** *f* retraite *f* de la Sécurité sociale; ~**rentner(in)** *m*(*f*) retraité(e) *m*(*f*) de la Sécurité sociale
Sozi'alstaat *m* État social; *der* ~ a l'État *m* providence
Sozi'al|struktur *f* structure sociale; ordre social; ~**versicherung** *f* Sécurité sociale; ~**versicherungsausweis** *m* carte *f* de Sécurité sociale; ~**versicherungsbeitrag** *m cf* **Sozialbeitrag**; ~**wissenschaften** *f*/*pl* sciences sociales; ~**wohnung** *f* H.L.M. *m od f*
sozio'kulturell [zɔtsioˈkʊltuˈrɛl] *adj* socioculturel, -elle; ⚥**lingu'istik** *f* sociolinguistique *f*; ⚥**loge** *m* ⟨~n; ~n⟩, ⚥**login** *f* ⟨~; ~nen⟩ sociologue *m*,*f*; ⚥**lo'gie** *f* ⟨~⟩ sociologie *f*; ~**logisch** *adj* sociologique; ~**öko'nomisch** *adj* socio-économique
Sozius ['zɔːtsiʊs] *m* ⟨~; ~se⟩ **1.** ⟨*pl a* -zii⟩ COMM (*Teilhaber*) associé *m*; **2.** *auf dem Motorrad* passager *m*; **3.** *cf* **Soziussitz**; ~**sitz** *m* tan-sad *m*
sozu'sagen *adv* pour ainsi dire
SP [ɛs'peː] ⟨~⟩ *Schweiz cf* SPS
Spaceshuttle ['speːsˌʃatl] *m* ⟨~s; ~s⟩ navette spaciale
Spachtel ['ʃpaxtəl] *m* ⟨~s; ~⟩ *od f* ⟨~; ~n⟩ *a* MÉD spatule *f*; *verschiedener Handwerke* truelle *f*; *des Glasers a* couteau *m* (à enduire, à [dé]mastiquer)
'**spachteln** *v*/*t* ⟨-(e)le, h⟩ **1.** *Gips, Farbe etc* colmater, boucher à la spatule; *Wand, Fläche etc* aplanir; rendre lisse; **2.** F *a v*/*i* (*essen*) s'empiffrer (*etw* de qc)
Spagat[1] [ʃpaˈgaːt] *m od n* ⟨~(e)s; ~e⟩ BALLETT, TURNEN grand écart; (*e-n*) ~ *machen* faire le grand écart
Spa'gat[2] *m* ⟨~(e)s; ~e⟩ *österr, südd* ficelle *f*

Spaghetti [ʃpaˈgɛti] *pl* spaghetti *m/pl*; **~fresser** P *péj m* P rital *m*; **~träger** *m* COUT bretelle fine

spähen [ˈʃpɛːən] *v/i* ⟨h⟩ *aus dem Fenster* ~ guetter par la fenêtre; *nach j-m* ~ guetter, épier qn; *nach etw* ~ chercher qc du regard; guetter qc

ˈSpäh|er *m* ⟨~s; ~⟩ MIL patrouilleur *m*; éclaireur *m*; **~trupp** *m* MIL patrouille *f* de reconnaissance

Spalier [ʃpaˈliːr] *n* ⟨~s; ~e⟩ **1.** AGR espalier *m*; VIT treille *f*; treillage *m*; **2.** *fig von Menschen* 'haie *f*; ~ **stehen** faire, former la haie

Spaˈlierobst *n* fruits cultivés en espalier

Spalt [ʃpalt] *m* ⟨~(e)s; ~e⟩ fente *f*; interstice *m*; fissure *f*; *durch Bersten entstanden* crevasse *f*; *die Tür e-n* ~ *(weit) offen lassen* laisser la porte entrouverte, entrebâillée

ˈspalt|bar *adj* NUCL fissile; **~breit** *adj* Öffnung très étroit

ˈSpaltbreit *m* ⟨~⟩ *das Fenster e-n* ~ *öffnen* entrouvrir, entrebâiller la fenêtre

ˈSpalte *f* ⟨~; ~n⟩ **1.** fente *f*, interstice *m*; fissure *f*; (*Gletscher*⟨) crevasse *f*; **2.** TYPO colonne *f*; **3.** *österr von Obst etc* quartier *m*

ˈspalten ⟨-ete, *p/p* gespalten, h⟩ I *v/t* **1.** *Holz etc* fendre; *in zwei Hälften* partager, couper, diviser en deux; **2.** CHIM dissocier; décomposer; dédoubler; NUCL provoquer la fission de; II *v/réfl sich* ~ **3.** se fendre; *in zwei Hälften* se partager en deux; **4.** NUCL subir une fission; **5.** *Bewußtsein* se dédoubler; *Partei etc* se diviser; se scinder; se séparer; *die Partei hat sich in zwei Lager gespalten* le parti s'est divisé en deux camps

ˈspaltenweise *adv* TYPO par colonnes

ˈSpalt|pilz *m sc* schizomycète *m*; **~produkt** *n* NUCL produit *m* de fission

ˈSpaltung *f* ⟨~; ~en⟩ **1.** CHIM dissociation *f*; décomposition *f*; dédoublement *m*; NUCL fission *f*; **2.** *e-r Partei etc* division *f*; scission *f*; *a* REL schisme *m*

Span [ʃpaːn] *m* ⟨~(e)s; ~e⟩ copeau *m*; *a Metall* éclat *m*; (*Feil*⟨) limaille *f*

ˈSpanferkel *n* cochon *m* de lait

Spange [ˈʃpaŋə] *f* ⟨~; ~n⟩ *an Kleidern* agrafe *f*; *am Gürtel* boucle *f*; (*Schuh*⟨) bride *f*; (*Haar*⟨) barrette *f*; (*Zahn*⟨) appareil *m* dentaire

ˈSpangenschuh *m* chaussure *f* à bride; HIST soulier *m* à boucle

Spaniel [ˈʃpaːni̯əl] *m* ⟨~s; ~s⟩ ZO épagneul *m*

Spanien [ˈʃpaːni̯ən] *n* ⟨→ *n/pr*⟩ l'Espagne *f*

ˈSpanier(in) *m* ⟨~s; ~⟩ *(f)* ⟨~; ~nen⟩ Espagnol(e) *m(f)*

ˈspanisch *adj* espagnol; d'Espagne; POL *in Zssgn* hispano-...; F *das kommt mir* ~ *vor* ça me semble bizarre

ˈSpanisch *n* ⟨~(s)⟩, **~e** *n* ⟨~n⟩ (*das*) *Spanische(e)* Sprache *f* espagnol *m*

ˈspanisch|sprachig *adj* Mensch, Land hispanophone; *in spanischer Sprache* en espagnol; en langue espagnole; **~sprechend** *adj* (*épithète*) hispanophone

spann [ʃpan] *cf* **spinnen**

Spann *m* ⟨~(e)s; ~e⟩ ANAT cou-de-pied *m*

ˈSpann|beton *m* béton précontraint; **~bettuch** *n* drap-'housse *m*

Spanne [ˈʃpanə] *f* ⟨~; ~n⟩ **1.** (*Zwischenraum, Unterschied*) écart *m*; marge *f*; **2.** (*Zeit*⟨) durée *f*; espace *m* de temps; **3.** COMM (*Handels*⟨) marge *f* bénéficiaire; **4.** *altes Maß* empan *m*

ˈspannen ⟨h⟩ I *v/t* **1.** (*dehnen*) tendre; *Bogen, Seil, Feder a* bander; *Saite a* raidir; *Waffe, Kamera* armer; *cf a* **gespannt**; **2.** (*befestigen*) *Leine, Netz etc* (é)tendre; *die Pferde vor den Wagen* ~ atteler des chevaux; **3.** TECH (*ein*⟨) serrer; *etw in den Schraubstock* ~ serrer qc dans l'étau; *e-n Bogen Papier in die Schreibmaschine* ~ glisser une feuille de papier dans la machine à écrire; **4.** *regional, bes südd, österr* (*merken*) réaliser; F piger; II *v/i* **5.** *Kleidungsstück* gêner; être trop juste; *dieses Kleid spannt über den Schultern* cette robe tire sur les épaules; **6.** F *fig* (*lauern*) *auf etw* (*acc*) ~ guetter qc; III *v/réfl sich* ~ *Seil, Muskeln* se tendre; *Hände sich um etw* ~ se serrer autour de qc

ˈspannend *adj Buch etc* captivant; passionnant; palpitant; *Moment* de suspense; F *mach's nicht so* ~*!* F alors, raconte! arrête le suspense!

Spanner *m* ⟨~s; ~⟩ **1.** TECH, (*Hosen*⟨) tendeur *m*; (*Schuh*⟨) embauchoir *m*; *für Tennisschläger* presse *f*; **2.** ZO phalène *f*; **3.** F *fig* (*Voyeur*) voyeur *m*

ˈSpann|kraft *f* ⟨~⟩ *a fig* élasticité *f*; ressort *m*; **~laken** *n* drap-'housse *m*; **~rahmen** *m* châssis tendeur

ˈSpannung *f* ⟨~; ~en⟩ **1.** TECH, PHYS tension *f*; ÉLECT *a* voltage *m*; *unter* ~ (*dat*) *stehen* être sous tension; **2.** (*pas de pl*) *fig* (*gespannte Erwartung*) vive impatience; (*gespannte Aufmerksamkeit*) attention soutenue; *etw mit* ~ *erwarten* attendre qc avec une grande impatience; **3.** (*pas de pl*) *in e-m Film etc* suspense *m*; *die* ~ *wächst, wird unerträglich* le suspense s'accroît, devient insoutenable; **4.** *fig* (*gespanntes Verhältnis*) tension *f*; désaccord *m*; *es gibt ~en zwischen ihnen* ils ont une relation assez tendue; **5.** (*pas de pl*) (*Nervosität*) tension nerveuse

ˈSpannungsabfall *m* ÉLECT chute *f* de tension

ˈSpannungsfeld *n fig* zone conflictuelle; *im* ~ *zwischen ...* (+ *dat*) *a* au beau milieu de ...

ˈSpannungs|gebiet *n* zone *f* de tension; point chaud; **⟨geladen** *adj* tendu; **~messer** *m* ⟨~s; ~⟩ ÉLECT voltmètre *m*; **~moment** *n* élément *m* de suspense; **~prüfer** *m* ÉLECT indicateur *m* de tension; **~regler** *m* ÉLECT régulateur *m* de tension; **~verhältnis** *n* relation tendue

ˈSpannweite *f* **1.** *e-s Vogels, Flugzeugs* envergure *f*; **2.** CONSTR portée *f*; travée *f*

ˈSpanplatte *f* panneau *m* d'aggloméré

Spant [ʃpant] *n od m* ⟨~(e)s; ~en⟩ MAR, AVIAT couple *m*

ˈSpar|brief *m* certificat de compte d'épargne; **~buch** *n* livret *m* de caisse d'épargne; **~büchse** *f*, **~dose** *f* tirelire *f*; **~einlage** *f* dépôt *m* sur un compte d'épargne

sparen [ˈʃpaːrən] ⟨h⟩ I *v/t* **1.** (*Geld zurücklegen*) épargner; **2.** (*Einsparungen machen*) économiser; **3.** *fig Zeit* épargner; *Kräfte* économiser; *das spart mir Zeit* ça me fait gagner du temps; ~ *Sie sich* (*dat*) *die Mühe* épargnez-vous cette peine; *diese Bemerkung kannst du dir* ~ tu peux garder cette remarque pour toi; II *v/i* **4.** (*Geld zurücklegen*) épargner; mettre de l'argent de côté; *für das Alter* ~ épargner pour ses vieux jours; *prov* **spare in der Zeit, so hast du in der Not** *prov* il faut garder une poire pour la soif; **5.** (*Einsparungen machen*) faire des économies; économiser; *mit Brot, Licht* ~ économiser le pain, la lumière; *an allem* ~ économiser sur tout; *mit Lob nicht* ~ ne pas être avare d'éloges; *man hat mit Geld nicht gespart* on n'a pas lésiné; *am falschen Ende* ~ faire des fausses économies

ˈSparer(in) *m* ⟨~s; ~⟩ *(f)* ⟨~; ~nen⟩ épargnant(e) *m(f)*

ˈSparflamme *f* ⟨~⟩ petit feu; F *plais auf* ~ *arbeiten* ne pas se tuer au travail

Spargel [ˈʃpargəl] *m* ⟨~s; ~⟩, *schweiz a f* ⟨~; ~n⟩ asperge *f*; *e-e Stange* ~ une asperge; *ein Bund n* ~ une botte d'asperges

ˈSpargel|cremesuppe *f* velouté d'asperges; **~kohl** *m* brocoli *m*; **~kopf** *m* pointe *f* d'asperge; **~pflanze** *f* asperge *f*; **~spitze** *f* pointe *f* d'asperge; **~zeit** *f* saison *f* des asperges

ˈSpar|groschen F *m* pécule *m*; petit magot *m*; **~guthaben** *n* (dépôt *m* sur un) compte *m* d'épargne; **~kasse** *f* caisse *f* d'épargne; **~kassenbuch** *n* livret *m* de caisse d'épargne; **~konto** *n* compte *m* d'épargne

spärlich [ˈʃpɛːrlɪç] I *adj Vegetation, Gewinn, Mittel etc* peu abondant; (*kaum ausreichend*) insuffisant; à peine suffisant; *Ergebnis, Ernte a* maigre; *Haar* clairsemé; *Mahlzeit* frugal; *Lohn* modeste; *Wissen* sommaire; élémentaire; II *adv* **~ besucht** peu fréquenté; **~ besiedelt** peu peuplé; **~ beleuchtet** mal éclairé; **~ bekleidet** peu, insuffisamment habillé

ˈSpar|maßnahme *f* mesure *f* d'économie; **~pfennig** *m cf* **Spargroschen**; **~prämie** *f* prime *f* d'épargne; **~programm** *n* **1.** POL *etc* programme *m* d'austérité; **2.** *bei Haushaltsgeräten etc* programme *m* économique

Sparren [ˈʃparən] *m* ⟨~s; ~⟩ (*Dach*⟨) HERALDIK chevron *m*; F *fig e-n* ~ (*zuviel od zuwenig*) *haben* F avoir une case en moins

Sparring [ˈʃparɪŋ] *n* ⟨~s⟩ BOXEN entraînement *m*

ˈSparringspartner *m* BOXEN sparring-partner *m*

ˈsparsam I *adj* **1.** *Person* économe; kleinlich regardant; **2.** *Waschmaschine etc im Verbrauch* économique; **3.** *fig* (*gering, klein*) Einrichtung *etc* modeste; *Dekoration* simple; *Beleuchtung* restreint; *Bewegung* limité; **~en Gebrauch von etw machen** user de qc avec modération; II *adv* **1.** avec économie; avec modération; ~ **leben** vivre simplement; ~ **mit etw umgehen** économiser qc; user de qc avec modération; **2.** *Waschmaschine* ~ **waschen** utiliser peu d'eau au cours de la lessive; **3.** *fig* (*in geringem Maß*) avec modération; *Creme, Lack etc* ~ **auftragen** appliquer avec parcimonie

'Sparsamkeit *f* ⟨~⟩ (*sens m* de l')économie *f*; *aus* ~ par économie
'Spar|schwein *n* tirelire *f*; ~strumpf *m plais* bas *m* de laine
Sparta ['ʃparta] *n* ⟨→ *n/pr*⟩ Sparte
Spartakiade [ʃpartaki'a:də] *f* ⟨~; ~n⟩ HIST fête sportive des pays socialistes
Spartaner(in) [ʃpar'ta:nər(ın)] *m* ⟨~s; ~⟩ (*f*) ⟨~; ~nen⟩ Spartiate *m,f*
spar'tanisch *adj* spartiate; *fig mit ~er Strenge, Einfachheit* à la spartiate
Sparte ['ʃpartə] *f* ⟨~; ~n⟩ 1. (*Abteilung*) section *f*; (*Gebiet*) domaine *m*; (*Geschäfts-, Wissenszweig*) branche *f*; 2. ZEITUNGSWESEN rubrique *f*
'Spar|vertrag *m* contrat *m* d'épargne; ~zins *m* intérêt *m* d'un compte d'épargne; ~zulage *f* complément *m* d'épargne
spasmisch ['ʃpasmıʃ] *adj* MÉD spasmodique
'Spasmus *m* ⟨~; -men⟩ MÉD spasme *m*
Spaß [ʃpa:s] *m* ⟨~es; ⁓e⟩ 1. (*pas de pl*) (*Vergnügen*) plaisir *m*; amusement *m*; divertissement *m*; *viel ~!* amuse-toi bien *bzw* amusez-vous bien!; *s-n ~ haben* se divertir; s'amuser; ~ *an etw* (*dat*) *haben, finden* apprécier, aimer qc; ~ *machen* faire plaisir; *das macht mir ungeheuren ~* cela m'amuse énormément; *diese Arbeit macht mir keinen ~* ce travail ne me plaît pas; *j-m den ~ verderben* gâcher le plaisir de qn; *iron Sie machen mir (vielleicht) ~!* vous voulez rire!; F *fig was kostet (dich) der ~?* combien ça va (te) coûter?; F *das ist ein teurer ~* (*für mich*) cela (me) coûte les yeux de la tête; *sich* (*dat*) *e-n ~ daraus machen, etw zu tun* prendre grand plaisir à faire qc; 2. (*Scherz*) plaisanterie *f*; blague *f*; *schlechter ~* plaisanterie de mauvais goût; ~ *beiseite!* trêve de plaisanterie(s)!; soyons sérieux!; ~ *muß sein!* on peut bien plaisanter!; ~ *machen* plaisanter; F *sie macht nur ~* elle s'amuse, plaisante; elle te *bzw* vous fait marcher; *das ist kein ~* c'est sérieux; *aus ~, zum ~* pour plaisanter, rire; pour s'amuser; F *plais aus ~ an der Freude* pour le plaisir; F pour rigoler; (*keinen*) ~ *verstehen* (ne pas) comprendre la plaisanterie; *darin versteht er keinen ~* il ne plaisante, ne badine pas là-dessus; *da hört (für mich) der ~ auf* (je trouve que) ça va trop loin
'spaßen *v/i* ⟨-(es)t, h⟩ plaisanter; badiner; blaguer; *damit ist nicht zu ~* il ne faut pas plaisanter, badiner avec ce choses-là; *nicht mit sich* (*dat*) ~ *lassen* ne pas plaisanter; *st/s Sie ~ wohl!* vous plaisantez!
'spaßeshalber *adv* pour rire, plaisanter
'spaßig *adj* amusant; divertissant; (*drollig*) drôle
'Spaß|macher(in) *m*(*f*) *cf Spaßvogel*; ~verderber(in) *m* ⟨~s; ~⟩ (*f*) ⟨~; ~nen⟩ trouble-fête *m,f*; ~vogel *m* farceur, -euse *m,f*; blagueur, -euse *m,f*
'Spastiker(in) *m* ⟨~s; ~⟩ (*f*) ⟨~; ~nen⟩ 'handicapé(e) *m*(*f*) moteur
spastisch ['ʃpastıʃ] I *adj* 'handicapé moteur; *sc* spastique; II *adv* ~ *gelähmt* paralysé spastique
Spat [ʃpa:t] *m* ⟨~(e)s; ⁓e *ou* ⁓e⟩ MINÉR spath *m*

spät [ʃpɛ:t] I *adj* (*spät eintretend*) tardif, -ive; (*zeitlich fortgeschritten*) avancé; *plais ein ~es Mädchen* une vieille fille; *der ~e Goethe* Goethe à la fin de sa vie; *zu ~er Stunde* à une heure avancée de la nuit; *im ~en Sommer* à la fin de l'été; *das ~e Mittelalter* la fin du Moyen Âge; *wie ~ ist es?* quelle heure est-il?; II *adv* tard; *erst ~* sur le tard; *zu ~ kommen* être en retard; *zehn Minuten, e-n Tag zu ~* dix minutes, un jour trop tard; *prov besser ~ als nie prov* mieux vaut tard que jamais
spät'abends *adv* tard dans la soirée
'Spät|aufsteher(in) *m* ⟨~s; ~⟩ (*f*) ⟨~; ~nen⟩ lève-tard *m,f*; ~aussiedler(in) *m*(*f*) rapatrié(e) *m*(*f*) (*plusieurs années après une guerre*)
'Spätdienst *m* garde *f* (*service recouvrant la tranche horaire de 15^{00}–23^{00}*); ~ *haben* être de garde
Spatel ['ʃpa:təl] *m* ⟨~s; ~⟩ 1. MÉD, PHARM spatule *f*; 2. *cf Spachtel*
Spaten ['ʃpa:tən] *m* ⟨~s; ~⟩ bêche *f*
'Spatenstich *m* coup *m* de bêche; *fig den ersten ~ tun* donner le premier coup de pioche
'Spätentwickler *m* attardé *m*
'später I *adj* 1. (*danach kommend*) postérieur; 2. (*zukünftig*) futur; II *adv* plus tard; *an ~ denken* penser à l'avenir; *bis ~!* à tout à l'heure
spätestens ['ʃpɛ:təstəns] *adv* au plus tard
'Spät|folgen *f/pl* conséquences *f/pl* à long terme; *e-r Krankheit, e-s Unfalls* séquelles *f/pl*; ~geburt *f* accouchement *m* après terme; *Kind* enfant né après terme; ~gotik *f* gothique flamboyant; ²gotisch *adj* de style gothique flamboyant; ~herbst *m* arrière-saison *f*; fin *f* de l'automne; ~latein *n* bas latin; ²lateinisch *adj* en bas latin; ~lese *f* 1. *Lese* vendanges tardives; 2. *Wein* vin *m* de vendanges tardives
'Spätnachmittag *m am ~* en fin d'après-midi
'Spät|nachrichten *f/pl* RAD, TV dernières nouvelles; ~schaden *m* dommage *m* à long terme; ~schalter *m* guichet *m* de nuit
'Spätschicht *f Arbeit* poste *m* de l'après-midi (trois-huit); *coll Arbeiter* équipe *f* de l'après-midi
'Spät|sommer *m* fin *f* de l'été; (*Altweibersommer*) été *m* de la Saint-Martin; ~stadium *n* stade final; ~vorstellung *f* KINO, THÉ dernière séance; ~werk *n e-s Künstlers* œuvres *f/pl* de vieillesse; dernières œuvres
Spatz [ʃpats] *m* ⟨~en *ou* ~es, ~en⟩ 1. ZO moineau *m*; *essen wie ein ~* manger comme un oiseau *od* moineau; F *das pfeifen die ~en von den Dächern* cela court les rues; c'est un secret de polichinelle; *prov ein ~ in der Hand ist besser als eine Taube auf dem Dach prov* on «tiens» un «tu auras»; 2. F *Kosewort mein ~!* mon lapin!; mon chou!
'Spatzen|hirn F *péj n* cervelle *f* d'oiseau; ~schreck *m* ⟨~s; ~e⟩ österr épouvantail *m*
Spätzle ['ʃpɛtslə] *pl* CUIS pâtes fraîches typiques de la Souabe
'Spätzünder *m* F *plais er ist ein ~* F il a la comprenette un peu dure

'Spätzündung *f* AUTO retard *m* à l'allumage; F *plais ~ haben* F avoir la comprenette un peu dure
spazieren [ʃpa'tsi:rən] *v/i* ⟨*pas de ge-*, *sein*⟩ 1. (*herumgehen*) aller et venir; *vor etw auf und ab ~* faire les cent pas devant qc; 2. *cf spazierengehen*
spa'zierenfahren ⟨*irr, sép, -ge-*⟩ I *v/t* ⟨h⟩ promener (en voiture, en bateau, *etc*); II *v/i* ⟨sein⟩ se promener (en voiture, en bateau, à bicyclette, *etc*)
spa'zierengehen *v/i* ⟨*irr, sép, -ge-*, *sein*⟩ (aller) se promener; faire une promenade; (*bummeln*) flâner
Spa'zier|fahrt *f* promenade *f* (en voiture, en bateau, à bicyclette, *etc*); ~gang *m* promenade *f*
Spazier|gänger(in) [ʃpa'tsi:rgɛŋər(ın)] *m* ⟨~s; ~⟩ (*f*) ⟨~; ~nen⟩ promeneur, -euse *m,f*; ~stock *m* canne *f*; ~weg *m* sentier *m*
SPD [espe:'de:] *f* ⟨~⟩ *abr* (*Sozialdemokratische Partei Deutschlands*) S.P.D. *m* (Parti social-démocrate allemand)
Specht [ʃpɛçt] *m* ⟨~(e)s; ~e⟩ ZO pic *m*
Speck [ʃpɛk] *m* ⟨~s; ~e⟩ F *plais beim Menschen* lard *m*; *kleines Stück* ⁓ lardon *m*; *durchwachsener, fetter, geräucherter ~* lard maigre, gras, fumé; *mit ~ umwickeln* barder; *mit ~ spicken* larder; F *auf den Rippen haben* F être rondouillard; F *~ ansetzen* grossir; *prov mit ~ fängt man Mäuse prov* il faut toujours tendre un ver pour avoir une truite; *prov* on ne prend pas les mouches avec du vinaigre; F *ran an den ~!* F à l'attaque!
'Speckbauch F *m* F bedaine *f*
'speckig *adj* 1. (*schmutzig u abgewetzt*) crasseux, -euse; 2. F *péj* (*fett*) bouffi de graisse
'Speck|nacken F *m péj* cou empâté de graisse; ~schwarte *f* couenne *f* de lard; ~seite *f* flèche *f* de lard; ~stein *m* MINÉR stéatite *f*; ~streifen *m*, ~würfel *m* lardon *m*
Spediteur [ʃpedi'tø:r] *m* ⟨~s; ~e⟩ transporteur *m*; *internationaler a* transitaire *m*; (*Möbel²*) déménageur *m*
Spediti'on *f* ⟨~; ~en⟩ 1. (*~sfirma*) entreprise *f* de transport; (*Möbel²*) entreprise *f* de déménagement; 2. (*Versandabteilung*) service *m* des expéditions; 3. (*Beförderung*) transport *m*
Spediti'ons|firma *f* entreprise *f* de transport; (*Möbel²*) entreprise *f* de déménagement; ~kaufmann *m etwa* agent *m* d'une entreprise de transport
Speer [ʃpe:r] *m* ⟨~(e)s; ~e⟩ HIST, *a* SPORT javelot *m*; '~spitze *f* pointe *f* du javelot; '~werfen *n* (lancement *m* du javelot; '~werfer(in) *m*(*f*) lanceur, -euse *m,f* de javelot; '~wurf 1. (*pas de pl*) SPORT lancement *m* du javelot; 2. *Wurf* lancer *m* du javelot
Speiche ['ʃpaıçə] *f* ⟨~; ~n⟩ 1. TECH rayon *m*; 2. ANAT radius *m*
Speichel ['ʃpaıçəl] *m* ⟨~s; ~⟩ salive *f*; ~drüse *f* glande *f* salivaire; ~fluß *m* ⟨~sses⟩ salivation *f*; ~lecker *m* ⟨~s; ~⟩ *péj* lécheur *m*; lèche-bottes *m*; ~leckerei *f* ⟨~; ~en⟩ *péj* lèche *f*
'speicheln *v/i* ⟨-(e)le, h⟩ baver
Speicher ['ʃpaıçər] *m* ⟨~s; ~⟩ 1. (*Lagerhaus*) entrepôt *m*; dépôt *m*; 2. *regional* (*Dachboden*) grenier *m*; 3. TECH, ÉLECT accumulateur *m*; 4. INFORM mé-

Speicherbecken – Sperrvermerk

moire *f*; ~**becken** *n e-s Stauwerks* réservoir *m*; bassin *m*; ~**kapazität** *f* capacité *f* de stockage; INFORM a capacité *f* de mémoire; ~**kraftwerk** *n* usine *f* d'accumulation; ~**medien** *n/pl* INFORM moyens *m/pl* d'enregistrement
'**speicher**|**n** *v/t* (-(e)re, h) **1.** *Waren* emmagasiner; *a Vorräte* entreposer; stocker; *Getreide* ensiler; **2.** *Wärme* emmagasiner; *Wasser, Strom* accumuler; **3.** *Daten, Informationen* enregistrer; INFORM *Daten* mémoriser; *Text* sauvegarder; ~**ung** *f* (~; ~en) **1.** *von Waren* emmagasinage *m*; *a von Vorräten* stockage *m*; *von Getreide* ensilage *m*; **2.** *von Wärme* emmagasinage *m*; *von Wasser, Strom* accumulation *f*; **3.** *von Daten, Informationen* enregistrement *m*; INFORM *von Daten* mise *f* en mémoire; mémorisation *f*; *von Texten* sauvegarde *f*
speien ['ʃpaɪən] *st/s v/t u v/i* (speit, spie, gespie(e)n, h) **1.** (*spucken*) cracher; *Flammen* ~ cracher des flammes; *Feuer* ~ vomir du feu; **2.** (*sich übergeben*) rendre; vomir
'**Speigatt** *n* MAR dalot *m*
Speis [ʃpaɪs] *m* (~es) *regional* (*Mörtel*) mortier *m*
'**Speise** ['ʃpaɪzə] *f* (~; ~n) **1.** *st/s* (*pas de pl*) (*Nahrung*) nourriture *f*; **Speis und Trank** le boire et le manger; **2.** (*Gericht*) mets *m*; plat *m*; **kalte** ~**n** plats froids; **3.** *bes nordd* (*Süß2*) entremets *m*; plat sucré
'**Speise**|**brei** *m* PHYSIOL sc chyme *m*; ~**eis** *n* glace(s) *f(pl)*; ~**fett** *n* graisse *f* alimentaire, comestible; ~**fisch** *n* poisson *m* comestible; ~**gaststätte** *f* restaurant *m*; ~**kammer** *f* garde-manger *m*; ~**karte** *f* carte *f*; menu *m*; ~**lokal** *n* restaurant *m*
'**speisen** (-(es)t, h) **I** *v/t* **1.** *st/s* (*essen*) manger; **2.** *st/s* (*zu essen geben*) donner à manger à; (*ernähren*) nourrir; alimenter; **3.** TECH alimenter; **II** *st/s v/i* manger; prendre son repas; être à table; *wir haben soeben gespeist* nous sortons de table; *zu Mittag, Abend* ~ déjeuner, dîner
'**Speisen**|**aufzug** *m* monte-plats *m*; ~**folge** *f* menu *m*; ~**karte** *f cf Speisekarte*
'**Speise**|**öl** *n* huile *f* de table, alimentaire; ~**pilz** *m* champignon *m* comestible; ~**plan** *m* liste *f* des menus; ~**reste** *m/pl* restes *m/pl* (du repas); ~**röhre** *f* ANAT œsophage *m*; ~**saal** *m* salle *f* à manger; *in Internaten, Klöstern, Anstalten* réfectoire *m*; ~**salz** *n* (~es) sel *m* de table; ~**schrank** *m* garde-manger *m*; ~**wagen** *m* EISENBAHN wagon-restaurant *m*; ~**wärmer** *m* (~s; ~) chauffe-plat *m*; réchaud *m*; ~**würze** *f* assaisonnement *m* (liquide)
'**Speisezettel** *m* menu *m* (de la semaine, *etc*); *fig auf dem ~ des Spechts stehen auch Ameisen* le pic se nourrit aussi de fourmis
'**Speisezimmer** *n* salle *f* à manger
'**Speisung** *st/s f* (~; ~en) *a* TECH alimentation *f*; BIBL *die ~ der Fünftausend* le miracle de la multiplication des pains
'**spei'übel** *adj* (*attribut*) *mir ist ~* je me sens très mal; j'ai envie de vomir
Spektakel[1] [ʃpɛk'taːkəl] F *m* (~s; ~) **1.** (*Lärm*) F raffut *m*; F boucan *m*; **2.** (*Streit*) bagarre *f*

Spek'takel[2] *n* (~s; ~) (*Schauspiel*) spectacle *m*
spektakulär [ʃpɛktakuˈlɛːr] *adj* spectaculaire; (*sensationell*) sensationnel, -elle
spektral [ʃpɛkˈtraːl] *adj* spectral
Spek'tral|**analyse** *f* analyse spectrale, du spectre; ~**farbe** *f* couleur *f* du spectre
Spektroskop [ʃpɛktroˈskoːp] *n* (~s; ~e) PHYS spectroscope *m*
Spektrum ['ʃpɛktrʊm] *n* (~s; -tren) **1.** PHYS spectre *m*; **2.** *fig* (*Vielfalt*) éventail *m*; diversité *f*
Speku'l|**ant**(**in**) *m* (*f*) (~; ~nen) spéculateur, -trice *m,f*; ~**ati'on** *f* (~; ~en) FIN, COMM, *fig* spéculation *f* (*über* [+*acc*], *mit* sur)
Spekulati'ons|**geschäft** *n* opération spéculative, de spéculation; ~**objekt** *n* objet *m* de spéculation
Spekulatius [ʃpekuˈlaːtsiʊs] *m* (~; ~) CUIS biscuit sablé et épicé, de formes diverses
spekulativ [ʃpekulaˈtiːf] *adj* spéculatif, -ive
spekulieren [ʃpekuˈliːrən] *v/i* (*pas de ge-*, h) **1.** F *fig* **auf etw** (*acc*) ~ compter sur qc; **2.** COMM spéculer (*mit* sur); faire des spéculations (*mit* sur); *an der Börse* jouer à la Bourse; *auf Hausse, Baisse* ~ spéculer à la hausse, baisse; **3.** (*mutmaßen*) spéculer (*über* [+*acc*] sur)
Spekulum ['ʃpeːkulʊm] *n* (~s; -la) MÉD spéculum *m*
Spelunke [ʃpeˈlʊŋkə] *f* (~; ~n) *péj* Kneipe *f*
Spelze ['ʃpɛltsə] *f* (~; ~n) des Getreidekorns balle *f*; *der Gräser* glume *f*
spendabel [ʃpɛnˈdaːbəl] F *adj* (-bl-) généreux, -euse; large
Spende ['ʃpɛndə] *f* (~; ~n) don *m*; (*Almosen*) aumône *f*; ~**n sammeln** faire une collecte
'**spenden** *v/t* (-ete, h) **1.** *als Spende* donner; *a Organ* faire don de; *Blut* donner; **2.** *fig st/s Sakramente* administrer; *Schatten* donner; *Wärme* dispenser; *Beifall* ~ applaudir; *j-m Lob* ~ faire des compliments à qn; (*j-m*) *Trost* ~ consoler (qn); (*j-m*) *Freude* ~ réjouir (qn); *die Sonne spendet uns ihr Licht* le soleil nous dispense sa lumière
'**Spenden**|**aktion** *f* collecte *f*; ~**aufruf** *m* appel *m* à la générosité; ~**bescheinigung** *f* reçu *m* de don; ~**konto** *n* compte *m* (où adresser ses dons)
'**Spender** *m* (~s; ~) **1.** donateur *m*; (*Organ, Blut2*) donneur *m*; *plais wer ist der edle* ~? qui est le généreux donateur?; **2.** (*Behälter*) distributeur *m*
'**Spenderherz** *n* MÉD cœur *m* d'un donneur (d'organe)
'**Spenderin** *f* (~; ~nen) donatrice *f*; (*Organ, Blut2*) donneuse *f*
spendieren [ʃpɛnˈdiːrən] F *v/t* (*pas de ge-*, h) *j-m etw* ~ offrir, payer qc à qn
Spen'dierhosen *f/pl* F *plais die ~ anhaben* être très généreux, -euse; *heute hat er die ~ an* aujourd'hui, c'est son jour de bonté
Spengler ['ʃpɛŋlər] *m* (~s; ~) *südd*, *österr, schweiz cf Klempner*
Spenzer ['ʃpɛntsər] *m* (~s; ~) (*jacke*) spencer *m*; (*Unterhemd*) maillot *m* de corps

Sperber ['ʃpɛrbər] *m* (~s; ~) ZO épervier *m*
Sperenz|**chen** [ʃpeˈrɛntsçən], ~**ien** *pl* F ~ **machen** donner du fil à retordre; faire du (des) chichi(s)
Sperling ['ʃpɛrlɪŋ] *m* (~s; ~e) moineau *m*; *t/t a* ~**svogel** passereau *m*
Sperma ['ʃpɛrma] *n* (~s; -men *ou* -ta) sperme *m*
Spermatozoon [ʃpɛrmatoˈtsoːɔn] *n* (~s; -zoen), **Spermium** ['ʃpɛrmiʊm] *n* (~s; -ien) spermatozoïde *m*
'**sperr**|'**angel**|'**weit** F *adv die Tür stand* ~ **offen** *od auf* la porte était grande ouverte; **den Schnabel** ~ **öffnen** ouvrir un large bec; **den Mund** ~ **aufreißen** ouvrir la bouche toute grande
'**Sperrbezirk** *m* zone interdite
'**Sperre** *f* (~; ~n) **1.** *auf e-r Straße etc* barrage *m*; barrière *f*; barricade *f*; MIL *a* obstacle artificiel; **2.** (*Bahnsteig2*) portillon *m*; (*Kontrolle*) contrôle *m*; **3.** TECH (dispositif *m* d')arrêt *m*; blocage *m*; **4.** *für Reiseverkehr, Nachrichten, Einwanderer etc* (*Verbot*) interdiction *f*; défense *f*; **5.** (*Sperrfrist*), *a* SPORT suspension *f*; **6.** COMM embargo *m*; *für Aufträge* boycottage *m*; *e-e* ~ *über etw* (*acc*) *verhängen* mettre l'embargo sur qc; **7.** PSYCH blocage *m*; barrage *m*
'**sperren** (h) **I** *v/t* **1.** *Weg, Zugang etc* barrer; *Straße* interdire à la circulation; *Grenze* fermer; **2.** TECH arrêter; *Rad* enrayer; **3.** *Gas, Strom* couper; *Urlaub* annuler; supprimer; *Gehalt, Konto etc* bloquer; *Aufträge* boycotter; *Sportler, Zahlungen* suspendre; *e-n Scheck* ~ faire opposition à un chèque; *sein Konto* ~ *lassen a* faire opposition; **4.** TYPO espacer; *gesperrt gedruckt* en caractères espacés; **5.** *j-n ins Gefängnis* ~ mettre qn en prison; *in den Keller* ~ enfermer dans la cave; **II** *v/réfl sich* ~ (*sich sträuben*) résister; *sich gegen etw* ~ résister, s'opposer à qc
'**Sperr**|**feuer** *n* MIL tir *m* de barrage; ~**frist** *f* JUR période *f* de suspension; délai *m* d'attente; ~**gebiet** *n* zone interdite; ~**gut** *n* marchandises encombrantes; ~**guthaben** *n* FIN avoir bloqué; ~**hebel** *m* cran *m* d'arrêt; ~**holz** *n* (~es) contre-plaqué *m*; ~**holzplatte** *f* panneau *m* de contre-plaqué
'**sperrig** *adj* encombrant; volumineux, -euse
'**Sperr**|**klausel** *f* clause *f* d'opposition; ~**konto** *n* compte bloqué; ~**minorität** *f von Aktien* minorité *f* de blocage; ~**müll** *m* encombrants *m/pl*; ~**sitz** *m* THÉ fauteuil *m* d'orchestre; *im Kino* loge *f*; *im Zirkus* place *f* de devant; ~**stunde** *f cf Polizeistunde*
'**Sperrung** *f* (~; ~en) **1.** *e-r Straße etc* barrage *m*; obstruction *f*; *e-r Grenze* fermeture *f*; **2.** *von Gas, Strom* coupure *f*; suppression *f*; **3.** TECH arrêt *m*; **4.** *fig, a von Konten, Krediten* blocage *m*; *e-s Schecks* opposition *f*; *a* SPORT suspension *f*; *von Gehältern, Zahlungen* suspension *f*; *von Aufträgen* boycottage *m*; **5.** TYPO espacement *m*
'**Sperrvermerk** *m im Sparbuch etc* indication *f* d'une restriction; *bei e-r Bewerbung etc* ~**e werden berücksichtigt** toute discrétion assurée

'**Sperrvorrichtung** *f* TECH mécanisme *m*, dispositif *m* d'arrêt, de verrouillage
Spesen [ˈʃpeːzən] *pl* frais *m/pl* (de représentation); (*Reise♀*) frais *m/pl* de déplacement; ~ **machen** faire des dépenses aux frais de l'entreprise; *plais* **außer ~ nichts gewesen** c'était une perte de temps et d'argent
'**Spesen|konto** *n*, **~rechnung** *f* note *f* des frais
Spezereien [ʃpeːtsəˈraɪən] *st/s f/pl* épices *f/pl*
Spezi¹ [ˈʃpeːtsi] F *m* ⟨~s; ~(s)⟩ südd, österr F pote *m*
Spezi² F *n* ⟨~s; ~(s)⟩ boisson à base de coca-cola et de limonade
Spezial... [ʃpetsiˈaːl...] *in Zssgn meist* spécial; **~auftrag** *m* mission spéciale; **~ausführung** *f* modèle spécial; **~fahrzeug** *n* véhicule *m* à usage *bzw* équipement spécial; **~fall** *m* cas spécial, particulier; **~gebiet** *n* spécialité *f*; **~geschäft** *n* magasin spécialisé
speziali'sieren *v/réfl* ⟨*pas de ge-*, h⟩ *sich* (*auf etw* [acc]) **~** se spécialiser (dans qc)
Spezia'list(in) *m* ⟨~en, ~en⟩ (*f*) ⟨~, ~nen⟩ spécialiste *m,f* (*für* de); **~i'tät** *f* ⟨~; ~en⟩ spécialité *f*
Speziali'tätenrestaurant *n* restaurant *m* de spécialités
Spezi'almischung *f* mélange spécial; **~slalom** *m* slalom spécial
speziell [ʃpetsiˈɛl] I *adj* spécial, particulier, -ière; II *adv* spécialement
Spezies [ˈʃpeːtsiːɛs] *f* ⟨~; ~⟩ BOT, ZO espèce *f*
Spezifikation [ʃpetsifikatsiˈoːn] *f* ⟨~; ~en⟩ spécification *f*
Spezif|ikum [ʃpeˈtsiːfikʊm] *n* ⟨~s; -ka⟩ 1. (*Besonderheit*) particularité *f*; 2. MÉD remède *m* spécifique; **♀isch** *adj* PHYS, *fig* spécifique
spezifizier|en [ʃpetsifiˈtsiːrən] *v/t* ⟨*pas de ge-*, h⟩ spécifier; détailler; **♀ung** *f* ⟨~; ~en⟩ spécification *f*
Sphäre [ˈsfɛːrə] *f* ⟨~; ~n⟩ sphère *f*; *fig plais* **in höheren ~n schweben** planer
Sphären|harmonie *f* ⟨~; ⟩, **~musik** *f* ⟨~⟩ harmonie *f* céleste
sphärisch *adj* sphérique
Sphinx [sfɪŋks] *f* ⟨~; ~e *ou* -gen⟩ MYTH Sphinx *m*; KUNST, ARCHÄOLOGIE, *a fig* sphinx *m*
spicken [ˈʃpɪkən] ⟨h⟩ I *v/t* 1. CUIS (entre)larder; 2. F *fig* **Rede gespickt mit ...** farci, truffé de ...; *Mauer* **mit Glasscherben gespickt** 'hérissé d'éclats de verre; 3. F *fig j-n* **~** F graisser la patte à qn; II F *fig regional* (*abgucken, abschreiben*) copier, F pomper (*bei j-m* sur qn)
'**Spick|nadel** *f* CUIS lardoire *f*; **~zettel** *m* e-s Redners etc notes *f/pl*; SCHULE F antisèche *f*; F pompe *f*
spie [ʃpi:] *cf* speien
Spiegel [ˈʃpiːɡəl] *m* ⟨~s; ~⟩ 1. miroir *m* (*a fig*); glace *f*; F *fig j-m* **den ~ vorhalten** dire ses quatre vérités à qn; F *fig* **das kannst du dir hinter den ~ stecken!** (*das kannst du behalten*) F tu peux te le garder!; (*merk dir das*) tiens-le toi pour dit!; *fig* **im ~ der Presse** aux yeux de la presse; 2. *am Frack, Smoking* revers *m* de soie; *am Uniformkragen* écusson *m*; 3. (*Wasser♀*) surface *f*; (*Wasserstand*) niveau *m*; 4. (*Alkohol♀, Blutzucker♀*)

etc taux *m*; 5. JAGD moucheture *f*; *bei Vögeln* maille *f*; 6. TISCHLEREI (*Deckenfeld, Türfüllung*) panneau *m*; *Der Schießscheibe* disque noir; 8. *cf* **Satzspiegel**
'**Spiegel|bild** *n a fig* reflet *m*; **♀bildlich** I *adj* renversé; II *adv* à l'envers; '**♀blank** *adj* poli comme un miroir; **~ei** *n* œuf *m* sur le plat; **~fechte'rei** *f* ⟨~; ~en⟩ *péj* bluff *m*; comédie *f*; **~glas** *n* ⟨~es⟩ verre *m* à miroir, à glace; '**♀glatt** *adj* Wasseroberfläche, Eis lisse; *Straße* verglacé; *Parkett* poli
'**spiegeln** ⟨-(e)le, h⟩ I *v/t* 1. (*reflektieren*) Spiegel, Glasscheibe refléter; réfléchir; renvoyer (l'image de); 2. MÉD examiner au spéculum; II *v/i* 3. (*glänzen*) briller; miroiter; 4. (*wie ein Spiegel wirken*) réfléchir; 5. (*blenden*) éblouir; III *v/réfl sich ~ a fig* se refléter
'**Spiegel|reflexkamera** *f* (appareil *m*) reflex *m*; **~saal** *m* salle *f* des glaces; *von Versailles* Galerie *f* des Glaces; **~schrank** *m* armoire *f* à glace; **~schrift** *f* ⟨~⟩ écriture *f* spéculaire, en miroir; **~teleskop** *n* télescope *m* catoptrique
'**Spiegelung** *f* ⟨~; ~en⟩ 1. *Vorgang, Ergebnis* réfléchissement *m*; PHYS réflexion *f*; MÉD examen *m* au spéculum; 2. (*Spiegelbild*) reflet *m*
'**spiegelverkehrt** I *adj* renversé; II *adv* à l'envers
Spiel [ʃpiːl] *n* ⟨~(e)s; ~e⟩ 1. *a fig der Farben, Muskeln etc* jeu *m*; **das ist ein ~ mit dem Feuer** c'est jouer avec le feu; **das freie ~ der Kräfte** le libre jeu des forces; **ein seltsames ~ des Zufalls, der Natur** un caprice du hasard, de la nature; **ein gefährliches ~ treiben** jouer un jeu dangereux; *ein falsches ~* **treiben** ne pas jouer franc jeu; **sein ~ mit j-m treiben** jouer un (petit) jeu avec qn; 2. ⟨*pas de pl*⟩ THÉ, MUS jeu *m*; 3. (*Wett♀*) partie *f*; (*Glücks♀, Gesellschafts♀*) jeu *m*; **Glück im ~ haben** avoir de la chance au jeu; *fig* **mit j-m leichtes ~ haben** avoir beau jeu avec qn; avoir aisément raison de qn; *fig* **gewonnenes ~ haben** avoir partie gagnée; avoir gain de cause; **das ~ verloren geben** estimer, juger la partie perdue; *a fig* **das ~ ist aus** les jeux sont faits; 4. SPORT match *m*; partie *f*; *a* (**~***weise*) jeu *m*; **Olympische ~e** Jeux *m/pl* olympiques; **wie steht das ~?** où en est le match *bzw* la partie?; 5. *fig,* **mit** *prép* **aufs ~ setzen** mettre en jeu; risquer; **auf dem ~ stehen** être en jeu; **j-n aus dem ~ lassen** tenir qn à l'écart; **etw aus dem ~ lassen** laisser qc de côté; **j-n, etw ins ~ bringen** faire entrer qn, qc dans le jeu; **mit im ~ sein** être en jeu; **der Teufel hat mit im ~ le** diable s'en mêle; **ins ~ kommen** entrer en jeu; 6. (*Satz*) **ein ~ Karten, Stricknadeln** un jeu de cartes, d'aiguilles à tricoter; 7. ⟨*pas de pl*⟩ TECH (**~***raum*) jeu *m*
'**Spiel|abschnitt** *m* SPORT partie *f* du match; **~alter** *n au jeu*; **~anzug** *m* salopette *f*; barboteuse *f*
'**Spielart** *f* 1. BOT, ZO variété *f*; 2. *fig* forme *f*; aspect *m*; **... in all s-n bzw ihren ~en** ... sous toutes ses formes
'**Spielautomat** *m* machine *f* à sous
'**Spielball** *m* 1. SPORT balle *f*; TENNIS

balle *f* de jeu; BILLARD bille *f* (rouge); 2. *fig* jouet *m*; **ein ~ der Winde sein** être le jouet des vents
'**Spiel|bank** *f* ⟨~; ~en⟩ casino *m*; **~beginn** *m* début *m* du jeu, SPORT du match *bzw* de la partie; **~bein** *n* 1. KUNST jambe *f* libre; 2. SPORT jambe *f* qui shoote; **~brett** *n bei Brettspielen* tableau *m*, tablette *f* de jeu
'**Spielchen** *n* ⟨~s; ~⟩ (petit) jeu; manège *m*; **ein ~ machen** faire, jouer une partie
'**Spiel|dauer** *f* SPORT durée *f* du match; *von Schallplatten* durée *f* d'audition; **~dose** *f* boîte *f* à musique
'**spielen** ⟨h⟩ I *v/t* 1. *a* SPORT, MUS, THÉ jouer; *Film, Schallplatte* passer; *Karten, Schach, Tennis, Cowboy* **~** jouer aux cartes, aux échecs, au tennis, au cow-boy; *Geige, Klavier* **~** jouer du violon, du piano; THÉ **ein Stück ~** jouer, donner une pièce; **wer spielt den Hamlet?** qui tient, joue le rôle d'Hamlet?; F *fig* **was wird hier gespielt?** qu'est-ce qu'il se passe?; **das ♀ der Nationalhymne** l'exécution *f* de l'hymne national; 2. (*vorgeben*) **den Kranken ~** jouer *od* faire le malade; (*für j-n*) **den Chauffeur ~** faire le taxi (pour qn); **mit gespieltem Ernst, Interesse** avec un sérieux, un intérêt feint; 3. *fig* **j-m etw in die Hände ~** glisser, faire passer qc à qn; II *v/i* 4. *a* SPORT, MUS, THÉ jouer; (*sich unterhalten*) *a* s'amuser; **mit etw ~** s'amuser avec qc; **mit der Puppe, mit Puppen ~** jouer à la poupée; **mit j-m ~** jouer avec qn; **als Partner ~** être le partenaire de qn; **auf der Gitarre, dem Klavier ~** jouer de la guitare, du piano; **um etw ~** jouer qc; **um Geld ~** jouer de l'argent; *nervös, zerstreut etc* **mit e-m Bleistift ~** jouer avec un crayon; **mit s-m Leben ~** jouer, risquer sa vie; **mit j-s Gefühlen ~** faire marcher qn; **mit dem Feuer ~** jouer avec le feu; **mit dem Gedanken ~, zu** (+ *inf*) caresser l'idée de (+*inf*); 5. *Handlung* se passer; **se dérouler** (*in* [+ *dat*] à, en); 6. *fig* (*sich bewegen*) jouer; **s-e Muskeln, Beziehungen etc ~ lassen** faire jouer ses muscles, ses relations, etc; **ein Lächeln spielte um s-e Lippen** un sourire se dessinait sur ses lèvres; 7. *Farbe* **ins Blau(e) ~** tirer sur le bleu; III *v/réfl* SPORT **sich warm ~** s'échauffer; **sich nach vorn ~** se hisser au premier rang; *fig* **sich in den Vordergrund ~** se mettre en avant
'**spielend** *adv* avec aisance; **etw ~ bewältigen** faire qc (comme) en se jouant, sans peine; **alles ~ erledigen** se faire un jeu de tout
'**Spieler(in)** *m* ⟨~s; ~⟩ (*f*) ⟨~; ~nen⟩ *a* SPORT joueur, -euse *m,f*
Spiele'rei *f* ⟨~; ~en⟩ 1. (*Leichtigkeit*) jeu *m* (d'enfant); 2. (*Zeitvertreib*) passe-temps *m*; **e-e ~ mit Zahlen, Buchstaben** un jeu de chiffres, lettres; 3. ⟨*pas de pl*⟩ (*das Herumspielen*) enfantillage *m*; 4. (*Schnickschnack*) bricole *f*
'**spielerisch** I *adj* 1. (*leicht, verspielt*) enjoué; insouciant; **mit ~er Leichtigkeit** avec aisance; 2. (*épithète*) SPORT (*die Technik des Spiels*) concernant le jeu; **ihre ~e Leistung war hervorragend** son jeu a été excellent;

Spielfeld – Spitze

II *adv* **1.** (*mit Leichtigkeit*) en s'amusant; facilement; **2.** SPORT du point de vue du jeu
'**Spiel|feld** *n* SPORT terrain *m*; TENNIS court *m*; **~film** *m* film *m*; long métrage
'**spielfrei** *adj* **1.** SPORT sans match; *heute ist ~* il n'y a pas de match aujourd'hui; **2.** THÉ *~er Tag* jour *m* de relâche; *Montag ~* lundi relâche
'**Spiel|führer** *m* SPORT capitaine *m*; **~geld** *n* ⟨~(e)s⟩ **1.** (*Spieleinsatz*) enjeu *m*; **2.** (*Spielzeuggeld*) argent *m* pour jouer; **~hälfte** *f* **1.** *des Spielfelds* camp *m*; **2.** (*Halbzeit*) mi-temps *f*; **~halle** *f* maison *f* de jeux; **~hölle** *f* tripot *m*; **~kamerad(in)** *m(f)* camarade *m,f* de jeu; **~karte** *f* carte à jouer; **~kasino** *n* casino *m*; **~leidenschaft** *f* ⟨~⟩ passion *f* du jeu; **~leiter** *m* **1.** THÉ régisseur *m*; FILM metteur *m* en scène; **2.** TV (*Quizmaster*) présentateur *m*; **~mann** *m* ⟨~(e)s, -leute⟩ musicien *m*; *im Mittelalter* ménestrel *m*; **~mannszug** *m* fifres *m/pl* et tambours *m/pl*; **~marke** *f* jeton *m*
Spielothek [ʃpiːloˈtɛk] *f* ⟨~; ~en⟩ **1.** (*Spielverleih*) maison *f* de location de jeux; ludothèque *f*; **2.** *cf Spielhalle*
'**Spielplan** *m* THÉ répertoire *m*; (programme *m* des) spectacles *m/pl*; *... steht auf dem ~* il y a ... à l'affiche
'**Spielplatz** *m* terrain *m* de jeux
'**Spielraum** *m* **1.** TECH jeu *m*; tolérance *f*; **2.** *fig* liberté *f* (d'action); *a* FIN marge *f*; *ich habe noch e-n ~ von drei Wochen* j'ai encore un délai, une marge de trois semaines
'**Spielregel** *f* règle *f* du jeu; *a fig gegen die ~n verstoßen* violer les règles du jeu
'**Spiel|runde** *f* partie *f*; **~saal** *m* salle *f* de jeux; **~sachen** *f/pl* jouets *m/pl*
'**Spielschuld** *f* ⟨~; ~en⟩ dette *f* de jeu; *~en sind Ehrenschulden* dette de jeu, dette d'honneur
'**Spielstand** *m* score *m*; *beim ~* (*von*) *vier zu zwei* au score de quatre à deux
'**Spiel|stein** *m* pion *m*; **~straße** *f* rue à vitesse limitée dans un quartier résidentiel; **~tag** *m* jour *m* (de championnat, compétition); **~teufel** *m* ⟨~s⟩ démon *m* du jeu; **~therapie** *f* PSYCH ludothérapie *f*; **~tisch** *m* **1.** table *f* de jeu; *in Spielkasinos* tapis vert; **2.** *der Orgel* console *f*; **~trieb** *m* ⟨~(e)s⟩ instinct *m* du jeu; **~uhr** *f* boîte *f* à musique; **~unterbrechung** *f* SPORT arrêt *m* de jeu; **~verderber(in)** *m* ⟨~s; ~⟩ (*f* ⟨~; ~nen⟩) trouble-fête *m*; rabat-joie *m*
'**Spielverlauf** *m* déroulement *m* du jeu, du match, de la partie; *im ~* pendant le jeu, *etc*
'**Spielwaren** *f/pl* jouets *m/pl*; **~geschäft** *n* magasin *m* de jouets; **~händler(in)** *m(f)* marchand(e) *m(f)* de jouets
'**Spielwerk** *n* mécanisme *m* (d'une boîte à musique)
'**Spielwiese** *f* **1.** terrain *m* de jeux; **2.** *fig* terrain idéal; *diese Zeitung ist e-e ~ für reaktionäre Meinungsäußerungen* les opinions réactionnaires sont sur leur terrain dans ce journal
'**Spielzeit** *f* **1.** THÉ saison *f*; **2.** SPORT durée *f* du match
'**Spielzeug** *n* **1.** ⟨*pas de pl*⟩ (*Spielsachen*) jouets *m/pl*; **2.** *einzelnes Jouet m*; **~eisenbahn** *f* train *m* miniature; **~industrie** *f* industrie *f* du jouet
'**Spielzimmer** *n* salle *f* de jeu
Spieß [ʃpiːs] *m* ⟨~es; ~e⟩ **1.** Waffe pique *f*; (*Wurf~*) javelot *m*; (*Jagd~*) épieu *m*; *F er schreit od brüllt wie am ~* il crie comme un écorché; *F fig den ~ umdrehen* renvoyer la balle; **2.** (*Brat~*) broche *f*; *kleinerer* brochette *f*; *vom ~, am ~* à la broche; **3.** TYPO tache *f* d'imprimerie; **4.** *F* MIL (*Hauptfeldwebel*) *F* juteux *m*; **5.** JAGD dague *f*
'**Spießbürger(in)** *m(f)* péj petit-bourgeois *m*, petite-bourgeoise *f*; **²lich** *adj péj* petit-bourgeois; **²tum** *n* ⟨~s⟩ *péj* **1.** Haltung esprit *m* petit-bourgeois; **2.** (*die Spießbürger*) petite-bourgeoisie *f*
'**spießen** *v/t* ⟨-(es)t, h⟩ *etw auf die Gabel ~* piquer sa fourchette dans qc; *etw auf e-n Spieß ~* embrocher qc; *etw in etw ~* enfoncer qc dans qc; transpercer qc de qc
'**Spieß|er** *m* ⟨~s; ~⟩ **1.** *F péj* petit-bourgeois *m*; *F* beauf *m*; **2.** JAGD daguet *m*; **~geselle** *m péj* complice *m*; acolyte *m*
'**Spießerin** *F péj f* ⟨~; ~nen⟩ petite-bourgeoise *f*
'**spießig** *adj péj* petit-bourgeois
'**Spießrute** *f* **~n laufen** HIST passer par les verges; *fig* passer sous les regards curieux et hostiles
Spikes [ʃpaɪks] *pl* **1.** SPORT chaussures *f/pl* à clous; **2.** Autoreifen pneus *m/pl* à clous; '**~reifen** *m* pneu à clous
spinal [ʃpiˈnaːl] *sc* I *adj* **~e Kinderlähmung** poliomyélite *f*; II *adv* **~ gelähmt** poliomyélitique
Spinat [ʃpiˈnaːt] *m* ⟨~(e)s; ~e⟩ BOT épinard *m*; CUIS épinards *m/pl*; **~wachtel** *F péj* vieille sorcière
Spind [ʃpɪnt] *m od n* ⟨~(e)s, ~e⟩ casier *m*; placard *m*
Spindel [ˈʃpɪndəl] *f* ⟨~; ~n⟩ **1.** *am Spinnrad* fuseau *m*; **2.** (*Treppen~*) noyau *m*; **3.** TECH arbre *m*
'**spindel'dürr** *adj* maigre comme un clou
Spinett [ʃpiˈnɛt] *n* ⟨~(e)s; ~e⟩ MUS épinette *f*
Spinnaker [ˈʃpɪnakər] *m* ⟨~s; ~⟩ MAR spinnaker *m*
Spinne [ˈʃpɪnə] *f* ⟨~; ~n⟩ araignée *f*; *F fig pfui ~!* F pouah!; F be(u)rk!
'**spinne'feind** *adj F* (*mit*) *j-m ~ sein* F ne pas pouvoir blairer qn; être à couteaux tirés avec qn
spinnen [ˈʃpɪnən] ⟨spinnt, spann, gesponnen, h⟩ I *v/t* **1.** filer; **2.** *fig* Intrigen *etc* tramer; *st/s* ourdir; II *v/i* **3.** filer; **4.** *F fig* (*verrückt sein*) *F* être dingue, cinglé; *du spinnst wohl!* F ça va pas la tête!; *ich glaub', ich spinne!* F c'est pas possible!; **5.** *F fig* (*lügen*) *F* raconter des bobards; (*Unsinn reden*) dire des conneries
'**Spinnennetz** *n* toile *f* d'araignée
'**Spinner(in)** *m* ⟨~s; ~⟩ (*f* ⟨~; ~nen⟩) **1.** Beruf fileur, -euse *m, f*; **2.** *F* (*Verrückte[r]*) F dingue *m,f*; F cinglé(e) *m(f)*
Spinne'rei *f* ⟨~; ~en⟩ **1.** (*pas de pl*) (*das Spinnen*) tissage *m*; **2.** Betrieb filature *f*; **3.** (*Unsinn*) F fig idées *f/pl* dingues
spinnert [ˈʃpɪnərt] *F*, *bes südd adj* F toqué; *F* dingue; *F* cinglé
'**Spinn|rad** *n* rouet *m*; **~rocken** *m* quenouille *f*; **~webe** *f* ⟨~; ~n⟩ fil *m* d'araignée; **~n** *pl* toiles *f/pl* d'araignée
Spion [ʃpiˈoːn] *m* ⟨~s; ~e⟩ **1.** (*Agent*) espion *m*; **2.** (*Guckloch in der Tür*) judas *m*; (*Spiegel am Fenster*) espion *m*
Spionage [ʃpioˈnaːʒə] *f* ⟨~⟩ espionnage *m*; *~ treiben* faire de l'espionnage
Spio'nage|abwehr *f* **1.** Tätigkeit contre-espionnage *m*; **2.** (*~dienst*) service *m* de contre-espionnage; **~affäre** *f* histoire *f*, affaire *f* d'espionnage; **~fall** *m* affaire *f* d'espionnage; **~netz** *n*, **~ring** *m* réseau *m* d'espionnage
spio'nier|en *v/i* ⟨*pas de ge-*, h⟩ faire de l'espionnage; *fig* mettre son nez partout; **²e'rei** *F péj f* ⟨~⟩ espionnage *m*
Spi'onin *f* ⟨~; ~nen⟩ espionne *f*
Spirale [ʃpiˈraːlə] *f* ⟨~; ~n⟩ **1.** *a* MATH, *fig* spirale *f*; **2.** *zur Empfängnisverhütung* stérilet *m*
Spi'ral|feder *f* ressort *m* en spirale; **²förmig** *adj* en spirale; *sc* spiroïdal; **~nebel** *m* ASTR nébuleuse spirale
Spirans [ˈʃpiːrans *ou* ˈʃpiːrans] *f* ⟨~; -'ranten⟩, **Spirant** [ʃpiˈrant *ou* spiˈrant] *m* ⟨~; ~en⟩ PHON spirante *f*
Spirit|ismus [ʃpiriˈtɪsmus] *m* ⟨~⟩ spiritisme *m*; **²ist(in)** *m* ⟨~en; ~en⟩ (*f* ⟨~; ~nen⟩) spirite *m,f*; **²istisch** *adj* spirite
spirituell [ʃpirituˈɛl] *adj* spirituel, -elle
Spirituosen [ʃpirituˈoːzən] *f/pl* spiritueux *m/pl*
Spiritus [ˈʃpiːritus] *m* ⟨~; ~se⟩ alcool *m* à brûler; **~kocher** *m* réchaud *m* à alcool
Spital [ʃpiˈtaːl] *n* ⟨~s; ⁓er⟩ *bes österr, schweiz* hôpital *m*
spitz [ʃpɪts] I *adj* **1.** pointu; MATH Winkel aigu, -uë; *Schuhe* à bout pointu; *Gesicht* effilé; émacié; *etw mit ~en Fingern anfassen* prendre qc du bout des doigts; **2.** *fig Bemerkung* piquant; mordant; *Schrei* perçant; **3.** *F fig* (*geil*) *cf scharf I 10.*; II *adv* **1.** *~ zulaufen* se terminer en pointe; *~ zulaufend* en pointe; effilé
Spitz *m* ⟨~es; ~e⟩ Hund loulou *m*
'**Spitz|bart** *m* bouc *m*; **²bekommen** *v/t* ⟨*irr, sép, pas de ge-*, h⟩ découvrir; apprendre; **~bogen** *m* (arc *m* en) ogive *f*; **~bogenfenster** *n* fenêtre *f* en ogive; **~bube** *m* (*Betrüger*), *a plais* (*Schlingel*) Mann filou *m*; *Junge* petit filou *m*
spitzbübisch [ˈʃpɪtsbyːbɪʃ] *adj* coquin, malicieux, -ieuse
spitze [ˈʃpɪtsə] *F* I *adj* ⟨*inv*⟩ F super (*inv*); F formidable; F génial; II *adv* formidablement; III *int* F super!; F génial!
'**Spitze** *f* ⟨~; ~n⟩ **1.** pointe *f*; *e-s Turms* a flèche *f*; (*Schuh~, Nadel~, Stock~, Finger~, Nasen~*) bout *m*; (*Haar~*) pointe *f*; (*spitzes Ende*) bout pointu; *e-s Baums* cime *f*; *e-s Bergs, Dreiecks, der Lunge* sommet *m*; *e-r Feder* bec *m*; *e-r Lanze* fer *m*; *die ~ abbrechen* casser la pointe (*a gén fig*); *fig die Dinge auf die ~ treiben* pousser les choses à l'extrême; *fig e-r Bemerkung* (*dat*) *die ~ nehmen* atténuer le piquant, le mordant d'une remarque; **2.** *fig e-s Zugs, Heers etc* tête *f*; *an der ~ des Unternehmens stehen* être à la tête de l'entreprise; SPORT *an der ~ liegen od stehen od sein* être en tête; tenir la tête; **3.** *fig* (*Bosheit, Anspielung*) pointe *f*;

pique f; *das ist e-e ~ gegen Sie* c'est une pique contre vous; **4.** *Gewebe* dentelle f; *Brüsseler* **~n** pl dentelle f de Bruxelles; **5.** (*Spitzengruppe*) groupe m de tête; *die ~n der Gesellschaft, von Kunst und Kultur* les membres éminents de la société, de l'art et de la culture; **6.** F (*einsame od absolute*) *~ sein* F être super, génial, formidable
Spitzel ['ʃpitsəl] m ⟨~s; ~⟩ indicateur m; F indic m
'**spitzeln** v/i ⟨-(e)le, h⟩ espionner
'**spitzen** v/t ⟨-(es)t, h⟩ rendre pointu; *Bleistift* tailler; aiguiser; *den Mund ~ faire* la bouche en cul-de-poule; *die Ohren ~ Hund* dresser les oreilles; *fig Mensch* dresser l'oreille
'**Spitzen|bluse** f *aus Spitze* blouse f de od en dentelle; *mit Spitze* blouse garnie, ornée de dentelle; **~deckchen** n *aus Spitze* napperon m de od en dentelle; *mit Spitze* napperon garni, orné de dentelle
'**Spitzen|erzeugnis** n produit m de première qualité, de grande classe; **~funktionär** n salaire (très) élevé; 'haut salaire'; **~geschwindigkeit** f vitesse f maximum, de pointe; **~gruppe** f SPORT peloton m de tête; *in e-r Tabelle* groupe m de tête; **~kandidat(in)** m(f) candidat(e) m(f) numéro un; tête f de liste
'**Spitzenklasse** f classe supérieure; élite f; *ein Restaurant der ~* un restaurant de grande classe; un très grand restaurant; F *das ist (absolute) ~!* F c'est vraiment super, formidable!
'**Spitzen|kleid** n *aus Spitze* robe f de od en dentelle; *mit Spitze* robe garnie, ornée de dentelle; **~klöpplerin** f dentellière f
'**Spitzenkraft** f personne 'hautement qualifiée'; *die Spitzenkräfte im Druckgewerbe* le personnel 'hautement qualifié dans l'imprimerie
'**Spitzenkragen** m col m de od en dentelle
'**Spitzen|leistung** f *e-r Fabrik, e-s Arbeiters* rendement m maximum; SPORT record m; performance f; **~politiker(-in)** m(f) personnalité f politique de premier plan
'**Spitzenposition** f position f de leader; *e-e ~ einnehmen* être (le) leader, (le) numéro un
'**Spitzen|qualität** f qualité f exceptionnelle, supérieure; première qualité; **~reiter** m SPORT leader m; FUSSBALL équipe f de tête; équipe f vedette; *fig, a Produkt, Lied in der Hitparade* numéro un m; leader m; **~spiel** n SPORT match m vedette; **~sportler(in)** m(f) champion, -ionne m,f; **~stellung** f position (très) élevée; **~technologie** f technologie f de pointe; **~verbrauch** m consommation f de pointe; **~verdiener(in)** m(f) (personne f gagnant un) gros, 'haut salaire' m valeur f maximum; **~zeit** f **1.** *des Verkehrs etc* heure f de pointe; **2.** SPORT (*sehr gute Zeit*) très bon temps; (*Bestzeit*) meilleur temps
'**Spitzer** m ⟨~s; ~⟩ (*Bleistift♀*) taille-crayon(s) m
'**spitzfindig** adj tatillon, -onne; chicanier, -ière; ♀**keit** f ⟨~; ~en⟩ ergotage m; chicanerie f

'**Spitzhacke** f pic m; pioche f
'**spitzig** cf **spitz** I 1., 2., II
'**Spitz|kehre** f **1.** (*Haarnadelkurve*) virage m en épingle à cheveux; **2.** SKIFAHREN conversion f; **~kohl** m chou m à feuilles lisses (*se terminant en pain de sucre*); **~kriegen** F v/t ⟨sép, -ge-, h⟩ découvrir; **~maus** f musaraigne f; **~name** m sobriquet m; surnom m; **~wegerich** m BOT plantain lancéolé; ♀**wink(e)lig** adj *Dreieck* à angle aigu; ♀**züngig** adj fig cinglant; mordant
Spleen [ʃpliːn] m ⟨~s; ~e ou ~s⟩ lubie f; *e-n ~ haben* être dérangé, détraqué
'**spleenig** adj bizarre; excentrique
spleißen ['ʃplaisən] v/t ⟨-(es)t, régulier ou spliß, gesplissen, h⟩ MAR épisser
Splint [ʃplint] m ⟨~(e)s; ~e⟩ TECH goupille (fendue)
spliß [ʃplis] cf **spleißen**
Spliß m ⟨-sses; -sse⟩ **1.** MAR épissure f, épissage m; **2.** *der Haarspitzen* fourche f; *~ haben* avoir les cheveux fourchus
Splitt [ʃplit] m ⟨~(e)s; ~e⟩ gravillon m
splitten ['ʃplitən] v/t ⟨h⟩ **1.** ÉCON diviser; **2.** POL panacher
Splitter ['ʃplitər] m ⟨~s; ~⟩ (*Holz♀, Glas♀, Granat♀*) éclat m; (*Eisen♀, Diamant♀*) paillette f; (*Stein♀*) écaille f; (*Knochen♀*) esquille f; *in der Haut* écharde f; **~bruch** m MÉD fracture comminutive
'**splitter|faser'nackt** F plais adj tout nu; nu comme un ver
'**splitterfrei** adj *~es Glas* verre m de sécurité
'**Splittergruppe** f sous-groupe m; péj groupuscule m
'**splitt(e)rig** adj **1.** (*leicht splitternd*) *Holz* qui se fend facilement; *Knochen* esquilleux, -euse; **2.** (*voller Splitter*) réduit en éclats; fendillé
'**splittern** v/i ⟨-(e)re⟩ **1.** ⟨sein⟩ (*zerbrechen*) voler en éclats; se briser en éclats; *Holz* se fendre; **2.** ⟨h⟩ (*Splitter bilden*) se fendiller
'**splitter'nackt** F adj tout nu; nu comme un ver; ♀**partei** f très petit parti politique
Splitting ['ʃplitiŋ] n ⟨~s; ~⟩ **1.** (*pas de pl*) STEUERWESEN système m de péréquation fiscale des revenus d'un couple marié; **2.** ÉCON division f; **3.** POL panachage m
splittrig ['ʃplitriç] cf **splitterig**
SPÖ [ɛspeːˈʔøː] f ⟨~⟩ abr (*Sozialdemokratische Partei Österreichs*) parti social-démocrate d'Autriche
Spoiler ['ʃpɔilər] m ⟨~s; ~⟩ AUTO spoiler m
sponsern ['ʃpɔnzərn] v/t ⟨h⟩ sponsoriser
Sponsor(in) ['ʃpɔnzɔr (-'zoːrin)] m ⟨~s; -'soren⟩ (f) ⟨~; ~nen⟩ sponsor m
spontan [ʃpɔnˈtaːn] adj spontané
Spontaneität [ʃpɔntaneiˈtɛːt], **Sponta'nität** f ⟨~⟩ spontanéité f
Sponti ['ʃpɔnti] F m ⟨~s; ~s⟩ etwa spontanéiste m,f
sporadisch [ʃpoˈraːdiʃ] adj sporadique
Spore ['ʃpoːrə] f ⟨~; ~n⟩ BOT spore f
'**Sporen|pflanze** f sc cryptogame m; **~tierchen** n sporozoaire m
Sporn [ʃpɔrn] m ⟨~(e)s⟩ **1.** ⟨pl *Sporen*⟩ *am Reitstiefel* éperon m; *e-m Pferd die Sporen geben* éperonner un cheval;

fig sich (dat) die (ersten) Sporen verdienen gagner ses (premiers) galons; **2.** ⟨pl *Sporen ou ~e*⟩ ZO éperon m; *beim Hahn* ergot m; **3.** ⟨pl *~e*⟩ BOT éperon m; **4.** ⟨pl *~e*⟩ AVIAT béquille f; HIST MAR éperon m
'**spornstreichs** litt adv aussitôt; immédiatement
Sport [ʃpɔrt] m ⟨~(e)s⟩ sport m; SCHULE a éducation f physique; *~ treiben* faire du sport; F *e-n ~ da'raus machen, etw zu tun* prendre un malin plaisir à faire qc
'**Sportabzeichen** n brevet sportif; *das ~ machen* passer son brevet sportif
'**Sport|angler** m pêcheur (sportif); **~anlage** f terrain m de sport; (*Stadion*) stade m; **~anzug** m tenue f de sport; **~art** f sport m; **~artikel** m/pl articles m/pl de sport; **~arzt** m, **~ärztin** f médecin m spécialiste de médecine sportive; *bei e-r Veranstaltung* médecin m soigneur; **~ausrüstung** f équipement m de sport; **~bericht** m reportage sportif; **~berichterstatter(in)** m(f) reporter sportif; **~boot** n 'hors-bord m; **~dreß** m tenue f de sport; **~feld** n terrain m de sport; (*Stadion*) stade m; **~fest** n fête f du Sport; **~flieger** m pilote m d'avion de tourisme; **~flugzeug** n avion m de tourisme; **~freund(-in)** m(f) **1.** (*Sportliebhaber[in]*) sportif, -ive m,f; amateur m de sport; **2.** (*Sportkamerad[in]*) camarade m,f de sport; **~funktionär** m responsable m des sports; **~geist** m ⟨~(e)s⟩ esprit sportif; **~gerät** n appareil m de gymnastique; COMM article m de sport; **~geschäft** n magasin m d'articles de sport; **~halle** f stade couvert; **~hemd** n chemise f de sport; **~hochschule** f institut m universitaire de formation des professeurs d'éducation physique; *in Frankreich* U.R.E.P.S. m; *früher* C.R.E.P.S. m; **~hotel** n hôtel m avec complexe sportif
spor'tiv adj **1.** *Kleidung* sport (*inv*); **2.** *Menschen* à l'allure sportive
'**Sport|journalist(in)** m(f) chroniqueur, -cuse m,f de sport; journaliste sportif, -ive; **~kamerad(in)** m(f) camarade m,f de sport; **~kleidung** f vêtements m/pl de sport; **~lehrer(in)** m(f) professeur m d'éducation physique
'**Sportler|(in)** m ⟨~s; ~⟩ (f) ⟨~; ~nen⟩ sportif, -ive m,f; **~herz** n MÉD hypertrophie f musculaire cardiaque
'**sportlich** adj sportif, -ive; *Kleidung etc* sport (*inv*); ♀**keit** f ⟨~⟩ sportivité f
'**Sport|medizin** f médecine f du sport, sportive; ♀**medizinisch** adj médico-sportif, -ive; **~nachrichten** f/pl nouvelles sportives; **~platz** m terrain m de sport; (*Stadion*) stade m; **~reportage** f reportage sportif; **~schuh** m **1.** (*Turnschuh*) chaussure f de sport; **2.** (*sportlicher Schuh*) chaussure f, soulier m sport; **~sendung** f (émission f des) sports m/pl; émission sportive
'**Sportsfreund** m cf **Sportfreund**; F *fig hallo, ~!* F salut mon vieux!
'**Sports|geist** m ⟨~(e)s⟩ esprit sportif; **~kanone** F f F crack m; as m; champion, -ionne m,f; **~mann** m ⟨~(e)s; -männer ou -leute⟩ sportif m
'**Sport|stadion** n stade m; **~student(in)** m(f) étudiant(e) m(f) en

Sporttaucher – sprechen

sports; **~taucher(in)** *m(f)* plongeur, -euse *m,f* sous-marin(e); **~teil** *m* e-r *Zeitung* rubrique sportive; page(s) sportive(s); **~trikot** *n* maillot *m* de sport; **~unfall** *m* accident *m* de sport; **~unterricht** *m* éducation *f* physique; **~veranstaltung** *f* rencontre, manifestation sportive; **~verband** *m* association sportive; **~verein** *m* club sportif; **~verletzung** *f* blessure *f* de sport; **~wagen** *m* **1.** Auto voiture *f* de sport; **2.** (*offener Kinderwagen*) poussette *f*; **~wart** *m* ⟨~(e)s; ~e⟩ gardien *m*; **~zeitung** *f* journal *m* de sport; revue sportive

Spot [spɔt] *m* ⟨~s; ~s⟩ (*Werbe⚬, ~light*) spot *m*

Spotlight ['spɔtlaɪt] *n* ⟨~s; ~s⟩ spot *m*

Spott [ʃpɔt] *m* ⟨~(e)s⟩ moquerie *f*; *st/s* raillerie *f*; *beißender* ~ sarcasme *m*; *s-n* ~ *mit etw, j-m treiben* se moquer de qc, qn; tourner qc, qn en ridicule, dérision

Spottbild *n* caricature *f*

'**spott**|**billig** F **I** *adj* donné; très bon marché; **II** *adv* pour une bouchée de pain

Spötte'lei *f* ⟨~; ~en⟩ moquerie *f*; persiflage *m*; *st/s* raillerie *f*

spötteln ['ʃpœtəln] *v/i* ⟨-(e)le, h⟩ se moquer (*über* [+*acc*] de)

'**spotten** *v/i* ⟨-ete, h⟩ *über j-n, etw* ~ se moquer (de qn, qc); F *das spottet jeder Beschreibung* c'est indescriptible; *st/s der Gefahr* (*gén*) *etc* ~ mépriser le danger, *etc*

'**Spötter(in)** *m* ⟨~s; ~⟩ (*f*) ⟨~; ~nen⟩ moqueur, -euse *m,f*; *st/s* railleur, -euse *m,f*

'**Spottgedicht** *n* poème *m* satirique, satire *f* (*auf* [+*acc*] contre); kleineres épigramme *f* (*auf* [+*acc*] contre)

'**Spottgeld** F *n* ⟨~(e)s⟩ bas prix; *für ein* ~ pour une bouchée de pain

'**spöttisch I** *adj* moqueur, -euse; *st/s* railleur, -euse; **II** *adv* ~ *lächeln* sourire d'un air moqueur, narquois

'**Spott**|**lied** *n* chanson *f* satirique; **~lust** *f* humeur moqueuse, railleuse; **~name** *m* sobriquet *m*; surnom *m*; **~preis** *m cf* **Spottgeld**

sprach [ʃpraːx] *cf* **sprechen**

'**Sprach**|**atlas** *m* atlas *m* linguistique; **~barriere** *f* LING barrière *f* linguistique; SOZIOLOGIE 'handicap *m* de la langue; ⚬**begabt** *adj* doué pour les langues; **~begabung** *f* don *m* des langues; ⚬**behindert** *adj* atteint de troubles de la parole *od* du langage

Sprache ['ʃpraːxə] *f* ⟨~; ~n⟩ langue *f*; *als System* langage *m*; (*Fähigkeit zu reden*) parole *f*; (*Jargon*) jargon *m*; argot *m*; *e-s Schriftstellers od Werks* style *m*; (*Redeweise*) parler *m*; *die menschliche* ~ le langage humain; *alte, neuere* ~**n** langues anciennes, modernes; *gehobene* ~ langage, style soutenu; *die gesprochene* ~ la langue parlée; *fig die* ~ *des Herzens* le langage du cœur; *fig e-e deutliche* ~ *sprechen* Menschen dire carrément ce que l'on pense; Dinge être éloquent, significatif, -ive; *die gleiche* ~ *sprechen od reden* a *fig* parler la même langue; *die* ~ *auf etw, j-n bringen* mettre, amener la conversation sur qc, qn; *etw zur* ~ *bringen* mettre qc en discussion; *zur* ~ *kommen* être discuté, mentionné; *mit der*

~ *herausrücken* s'expliquer; *es verschlug mir die* ~, F *mir blieb die* ~ *weg* j'en ai eu le souffle coupé; F *mit der* ~ *nicht recht herauswollen* F tourner autour du pot; F *heraus mit der* ~*!* explique-toi *bzw* expliquez-vous!

'**Sprachebene** *f* LING niveau *m* de langue

'**Sprachen**|**schule** *f* école *f* de langues; **~studium** *n* études *f/pl* de(s) langues

'**Sprach**|**entwicklung** *f* évolution *f* de la langue; **~erwerb** *m* ⟨~(e)s⟩ acquisition *f* du langage; **~familie** *f* famille *f* linguistique; **~fehler** *m* défaut *m* d'élocution; **~forscher(in)** *m(f)* linguiste *m,f*; **~forschung** *f* linguistique *f*; **~führer** *m* manuel *m*, guide *m* de la conversation

'**Sprachgebiet** *n das französische, deutsche etc* ~ les pays *m/pl* de langue française, allemande, *etc*; les pays francophones, germanophones, *etc*

'**Sprachgebrauch** *m* ⟨~(e)s⟩ usage *m*; *im* ~ *der Politiker etc* dans le langage politique, *etc*

'**Sprach**|**gefühl** *n* ⟨~(e)s⟩ sens *m* de la langue; **~gemeinschaft** *f* communauté *f* linguistique

'**Sprachgenie** *n er, sie ist ein* ~ il, elle a le don des langues

'**Sprach**|**geographie** *f* géographie *f* linguistique; **~geschichte** *f* ⟨~⟩ histoire *f* de la langue; *t/t* diachronie *f*

'**sprach**|**geschichtlich** *adj* qui concerne l'histoire d'une langue; LING diachronique; **~gestört** *adj* qui souffre de troubles du langage; **~gewaltig** *adj* très éloquent; **~gewandt** *adj* qui s'exprime très bien; éloquent

'**Sprach**|**grenze** *f* frontière *f* linguistique; **~gut** *n* ⟨~(e)s⟩ vocabulaire *m*; **~insel** *f* îlot *m* linguistique

'**Sprachkenntnisse** *f/pl* connaissances *f/pl* d'une *bzw* des langue(s); *sie hat gute* ~ elle a de bonnes connaissances de langues étrangères; *ihre französischen* ~ ses connaissances en français; *par ext* son français

'**Sprach**|**kompetenz** *f* compétence *f* linguistique; **~kurs** *m* cours *m* de langue; **~labor** *n* laboratoire *m* de langue; **~lehre** *f* grammaire *f*; **~lehrer(in)** *m(f)* professeur *m* de langue(s)

'**sprachlich I** *adj* qui concerne la langue; (*linguistisch*) linguistique; (*grammatisch*) grammatical; **~e Minderheit** minorité *f* linguistique; **II** *adv* du point de vue linguistique, grammatical

'**sprachlos** *adj* **1.** *st/s* (*wortlos*) muet, muette; **2.** *fig* (*verblüfft*) stupéfait; interdit; sans voix; *jetzt bin ich aber* ~ les bras m'en tombent

'**Sprach**|**losigkeit** *f* ⟨~⟩ (*Verblüfftheit*) stupéfaction *f*; **~niveau** *n* niveau *m* de langue; **~pflege** *f* culture *f* d'une langue

'**Sprachraum** *m der französische, deutsche etc* ~ les pays *m/pl* de langue française, allemande, *etc*; les pays francophones, germanophones, *etc*

'**Sprachreform** *f* réforme *f* d'une *bzw* de la langue

'**Sprachrohr** *n* **1.** porte-voix *m*; mégaphone *m*; **2.** *fig* (*Sprecher*) porte-parole *m*; *sich zum* ~ *e-r Sache* (*gén*) *machen* se faire l'interprète de qc

'**Sprach**|**schwierigkeiten** *f/pl* difficultés *f/pl* d'expression; **~störung** *f* troubles *m/pl* de la parole, du langage; **~übung** *f* exercice *m* de langue

'**Sprachunterricht** *m* enseignement *m* d'une *bzw* des langue(s); ~ *erteilen* enseigner une *bzw* des langue(s); *französischer* ~ leçons *f/pl*, cours *m/pl* de français

'**Sprach**|**verwirrung** *f* confusion *f* des langues; **~wandel** *m* évolution *f* dans une *bzw* la langue

'**Sprachwissenschaft** *f* linguistique *f*; *Sprach- und Literaturwissenschaft* philologie *f*

'**Sprachwissenschaftler(in)** *m(f)* linguiste *m,f*; *Sprach- und Literaturwissenschaftler(in)* *m(f)* philologue *m,f*

'**sprach**|**wissenschaftlich** *adj* linguistique; ⚬**zugehörigkeit** *f* appartenance *f* linguistique

sprang [ʃpraŋ] *cf* **springen**

Spray [ʃpreː] *m od n* ⟨~s; ~s⟩ aérosol *m*; spray *m*; '**~dose** *f* bombe *f*

'**sprayen** *v/t* ⟨h⟩ vaporiser; *Graffiti* F bomber; taguer

'**Sprayer(in)** *m* ⟨~s; ~⟩ (*f*) ⟨~; ~nen⟩ bombeur, -euse *m,f*; tagueur, -euse *m,f*

'**Sprayflasche** *f* bombe *f*; *kleinere, bes für Parfüm* atomiseur *m*; vaporisateur *m*

'**Sprech**|**anlage** *f* interphone *m*; **~blase** *f in Comics* bulle *f*

'**Sprechchor** *m* THÉ chœur parlé; *fig die Sprechchöre der Demonstranten* le chœur des manifestants; *etw im* ~ *rufen* crier qc en chœur

sprechen ['ʃprɛçən] ⟨spricht, sprach, gesprochen, h⟩ **I** *v/t u v/i* **1.** parler; *Urteil* prononcer; rendre; *Wahrheit, Gebet, Gedicht, Wort* dire; *zu j-m* ~ parler à qn; *mit j-m* ~ parler avec qn; *miteinander* ~ se parler; *von od über etw* (*acc*) ~ parler de qc; *von Geschäften, über Politik, Kunst* ~ parler affaires, politique, art; *da wir gerade davon* ~ à (ce) propos; *wir* ~ *noch darüber* nous en reparlerons; ~ *wir nicht davon!* n'en parlons pas!; *man spricht nur noch von ...* on n'entend parler que de ...; *auf etw, j-n zu* ~ *kommen* en venir à parler de qc, qn; *den Segen über j-n* ~ donner la bénédiction à qn; bénir qn; *gut, schlecht von j-m* ~ dire du bien, du mal de qn; *auf j-n schlecht zu* ~ *sein* en vouloir à qn; **2.** *j-n* ~ parler à qn; (*für j-n*) zu ~ sein recevoir (qn); *kann ich dich mal einen Moment* ~*?* est-ce que je peux te dire un mot?; *kann ich bitte Frau Funke* ~*?* je voudrais parler à Mme Funke; pourrais-je parler à Mme Funke?; *ich bin heute für niemanden zu* ~*!* aujourd'hui, je ne suis là pour personne!; **3.** *fig das spricht für sich* c'est significatif; c'est éloquent; *das spricht für ihn* cela joue en sa faveur; *das spricht gegen ihn* cela joue contre lui; *das spricht gegen unseren Plan* cela s'oppose à notre projet; *was spricht (denn) dafür, dagegen?* quel en est (donc) l'avantage, l'inconvénient?; *alle Anzeichen* ~ *dafür, daß ...* tout porte à croire que ...; *aus s-n Worten spricht Begeisterung* ses mots expriment, traduisent l'enthousiasme; *aus ihm spricht der Neid, die*

Verzweiflung c'est l'envie, le désespoir qui le fait parler ainsi; **II** *v/réfl* **sich ~ se parler**; *wir **~** uns noch!* nous nous reverrons *od* retrouverons!

'**Sprecher(in)** *m* ⟨~s; ~⟩ (*f*) ⟨~; ~nen⟩ personne *f* qui parle; (*Redner[in]*) orateur, -trice *m,f*; (*Wortführer[in]*) porte-parole *m*; RAD, TV speaker, speakerine *m,f*; (*Erzähler[in]*) narrateur, -trice *m,f*; LING locuteur, -trice *m,f*

'**Sprech|erziehung** *f* orthophonie *f*; **~faul** *adj* a Kind pas bavard; peu loquace; **~funk** *m* radiotéléphonie *f*; **~funkgerät** *n* (poste *m*) émetteur-récepteur *m*; *tragbares* talkie-walkie *m*; **~gesang** *m* récitatif *m*; **~muschel** *f* TÉL microphone *m*; **~pause** *f* pause *f*; **~probe** *f* essai *m* d'audibilité; **~puppe** *f* poupée parlante; **~rolle** *f* rôle parlé

'**Sprechstunde** *f* e-s Arztes, Anwalts etc heure(s) *f(pl)* des consultations; e-s Ministers etc heure *f* d'audience; **~n** 9⁰⁰–12⁰⁰ consultations de 9⁰⁰ à 12⁰⁰; **~ haben, halten** Arzt consulter; recevoir; Minister etc donner une *bzw* des audience(s)

'**Sprech|stundenhilfe** *f* assistante médicale; **~tag** *m* jour *m* d'ouverture au public; **~technik** *f* technique *f* d'élocution; **~übung** *f* exercice *m* d'élocution; **~weise** *f* manière *f* de parler; élocution *f*; **~werkzeuge** *n/pl* ANAT organes *m/pl* de la parole; **~zeit** *f* **1.** e-s Arztes, Anwalts etc heure(s) *f(pl)* de consultation; **2.** (*Redezeit*) temps *m* de parole; **~zelle** *f* TÉL cabine *f* téléphonique; **~zimmer** *n* e-s Arztes cabinet *m* de consultation

'**Spreizdübel** *m* TECH cheville *f*

'**Spreize** *f* ⟨~; ~n⟩ **1.** TURNEN écartement *m* des jambes; **2.** CONSTR étrésillon *m*; étançon *m*

spreizen ['ʃpraɪtsən] ⟨-(e)t, h⟩ **I** *v/t* Beine, Finger écarter; Schwanz(federn), Flügel déployer; **II** *v/réfl* **sich ~ 1.** s'écarter; se déployer; **2.** *st/s* (*sich brüsten*) se rengorger; se pavaner; **3.** (*sich sträuben*) être récalcitrant

'**Spreiz|fuß** *m* sc pied *m* métatarsus; **~sprung** *m* saut écarté

Sprengel ['ʃprɛŋəl] *m* ⟨~s; ~⟩ **1.** e-s Pfarrers paroisse *f*; e-s Bischofs diocèse *m*; **2.** österr (*Verwaltungsbezirk*) circonscription *f*

sprengen ['ʃprɛŋən] **I** *v/t* ⟨h⟩ **1.** Brücke etc (*in die Luft*) **~** faire sauter; dynamiter; **2.** (*auf ~*) Tür, Schloß faire sauter; Schloß a forcer; Tür a enfoncer; briser; **3.** (*zum Platzen bringen*) faire éclater; Ketten rompre; *fig* Versammlung etc disperser; GLÜCKSSPIEL **die Bank ~** faire sauter la banque; **4.** (*be~*) Garten, Straße arroser; Wäsche asperger; humecter; **II** *v/i* **5.** ⟨h⟩ faire sauter; **6.** *st/s* ⟨sein⟩ Reiter aller, arriver, partir, sortir, *etc* au galop; galoper

'**Spreng|kammer** *f* chambre *f* de mine; **~kapsel** *f* capsule fulminante; détonateur *m*; **~kommando** *n* détachement *m* de mise à feu

'**Sprengkopf** *m* ogive *f*; **atomarer ~** tête *f* nucléaire

'**Spreng|körper** *m* explosif *m*; engin explosif; **~kraft** *f* ⟨~⟩ force explosive; **~ladung** *f* charge explosive; **~meister** *m* BERGBAU maître *m* de tir; **~satz** *m* charge explosive; **~stoff** *m* matière explosive; explosif *m*; (*Plastik2*) plastic *m*; **~stoffanschlag** *m* attentat *m* au plastic; plasticage *od* plastiquage *m*

'**Sprengung** *f* ⟨~; ~en⟩ **1.** e-r Brücke etc destruction *f* par explosif; dynamitage *m*; e-r Tür enfoncement *m*; *fig* e-r Versammlung dispersion *f*; **2.** e-s Gartens etc arrosage *m*

'**Sprengwagen** *m* arroseuse *f* automobile

Sprenkel ['ʃprɛŋkəl] *m* ⟨~s; ~⟩ moucheture *f*

'**sprenk(e)lig** *adj* moucheté; tacheté

'**sprenkeln** *v/t* ⟨-(e)le, h⟩ moucheter; tacheter; *rot gesprenkelt* tacheté de rouge; *grau und weiß gesprenkelt* grivelé

Spreu [ʃprɔy] *f* ⟨~⟩ AGR balle(s) *f(pl)*; *fig* **die ~ vom Weizen trennen** séparer le bon grain de l'ivraie

spricht [ʃprɪçt] *cf* **sprechen**

Sprichwort ['ʃprɪçvɔrt] *n* ⟨~(e)s; ∵er⟩ proverbe *m*

'**sprichwörtlich** *adj* a fig proverbial; **~e Redensart** dicton *m*; **~ werden** passer en proverbe

sprießen ['ʃpriːsən] *v/i* ⟨sprießt, sproß, gesprossen, sein⟩ Pflanzen pousser; sortir de terre; poindre; (*wachsen*) a Bart etc pousser; croître

Spring [ʃprɪŋ] *f* ⟨~; ~e⟩ MAR embossure *f*

'**Spring|bock** *m* ZO springbok *m*; **~brunnen** *m* fontaine *f*; jet *m* d'eau

springen ['ʃprɪŋən] ⟨springt, sprang, gesprungen⟩ **I** *v/t* ⟨h ou sein⟩ Sprung exécuter; Entfernung, Höhe, Rekord sauter; **II** *v/i* ⟨sein⟩ **1.** a fig, SPORT, BRETTSPIEL sauter; SCHWIMMSPORT plonger; *auf die od zur Seite ~* sauter de côté; faire un écart; Ampel *auf Rot ~* passer au rouge; *fig in die Augen ~* sauter aux yeux; F *wenn er einen Wunsch hat, springt sie* F elle fait ses quatre volontés; F *fig 100 Mark ~ lassen* F se fendre de 100 marks; *~ schnell zum Bäcker ~* faire un saut chez le boulanger; **2.** (*zer~, auf~*) Porzellan, Glas se fêler; se fissurer; Eis se crevasser; se fissurer; Holz se fendre; *gesprungene Lippen f/pl* lèvres gercées; *in Stücke ~* voler en éclats

'**Springer** *m* ⟨~s; ~⟩ **1.** SPORT sauteur *m*; SCHWIMMSPORT plongeur *m*; **2.** Schachfigur cavalier *m*; **3.** in e-r Firma personne *f* qui fait partie du personnel volant

'**Springerin** *f* ⟨~; ~nen⟩ **1.** SPORT sauteuse *f*; SCHWIMMSPORT plongeuse *f*; **2.** in e-r Firma personne *f* qui fait partie du personnel volant; als Sekretärin secrétaire volante

'**Spring|flut** *f* marée *f* d'équinoxe; **~form** *f* CUIS moule *m* démontable; **~insfeld** *m* ⟨~(e)s; ~e⟩ plais tête *f* en l'air; écervelé *m*; étourneau *m*; **~kraut** *n* ⟨~(e)s⟩ BOT balsamine *f*; impatiente *f*; '**2le'bendig** *adj* vif, vive; alerte; **~maus** *f* gerboise *f*; **~messer** *n* couteau *m* à cran d'arrêt; **~pferd** *n* (cheval) sauteur *m*; **~prozession** *f* procession dansante; **~reiten** *n* jumping *m*; **~rollo** *n* store m à enrouler; **~seil** *n* der Kinder corde *f* à sauter

Sprinkler ['ʃprɪŋklər] *m* ⟨~s; ~⟩ arroseur *m*; **~anlage** *f* installation *f* d'arrosage

Sprint [ʃprɪnt] *m* ⟨~s; ~s⟩ sprint *m*

'**sprinten** *v/i* ⟨-ete, sein⟩ sprinter

'**Sprinter(in)** *m* ⟨~s; ~⟩ (*f*) ⟨~; ~nen⟩ sprinter, -euse *m f*

Sprit [ʃprɪt] *m* ⟨~(e)s⟩ **1.** (*Äthylalkohol*) éthanol *m*; **2.** F (*Benzin*) essence *f*; **3.** F (*Schnaps*) F gnôle *od* gniole *f*

'**Spritz|beutel** *m* poche *f* à douille; **~düse** *f* pulvérisateur *m*

Spritze ['ʃprɪtsə] *f* ⟨~; ~n⟩ **1.** *als Instrument* MÉD, TECH seringue *f*; JARD, AGR pulvérisateur *f*; (*Feuer2*) pompe *f* à incendie; (*Teig2*) poche *f* à douille; **2.** MÉD (*Injektion*) piqûre *f*; *j-m e-e ~ geben* faire une piqûre à qn; *ich habe eine ~ bekommen* on m'a fait une piqûre; *Jargon an der ~ hängen* F être toxico

'**spritzen** ⟨-(es)t⟩ **I** *v/t* ⟨h⟩ **1.** (*be~*) Garten, Straße arroser (mit *dt*); Obstbäume, Pflanzen mit e-m Spritzmittel traiter (avec un insecticide); mit e-r Handspritze seringuer; *j-n naß ~* arroser qn; **2.** (*ver~*) Flüssigkeit mit e-m Schlauch projeter; lancer; mit e-r Handspritze seringuer; (*zerstäuben*) pulvériser; Parfum atomiser; vaporiser; Tier Gift **~** jeter du venin; **3.** (*auf~*) *etw auf etw* (*acc*) **~** mettre qc sur qc; **4.** MÉD (*ein~*) injecter; **5.** TECH (*spritzlackieren*) peindre, laquer au pistolet; (*im Spritzverfahren herstellen*) mouler par injection; **6.** (*durch Spritzen herstellen*) faire; *mit Farbe peindre*; (*mit Sahne ~*) *e-e Verzierung auf die Torte ~* décorer la tarte (de crème) (avec une poche à douille); **7.** Wein etc (*mit Sodawasser versetzen*) mélanger d'eau gazeuse, d'eau minérale; **II** *v/i* ⟨h⟩ **8.** ⟨h⟩ *mit Wasser* etc **~** lancer de l'eau, etc; **9.** ⟨h, doublé d'une indication de direction sein⟩ (*heraus~*) jaillir; (*hoch~*) rejaillir; (*heißes Fett ~*) sauter; gicler; **10.** ⟨h⟩ Schreibfeder (*klecksen*) cracher; **11.** F *fig* ⟨sein⟩ (*eilen, springen*) sauter; **12.** ⟨h⟩ F (*sich Rauschgift ~*) F se shooter

'**Spritzenhaus** *n* caserne *f* des pompiers

'**Spritzer** *m* ⟨~s; ~⟩ **1.** (*Dreck2, Farb2*) etc éclaboussure *f*; **2.** (*kleine Menge*) quelques gouttes *f/pl* (de ...)

'**Spritz|fahrt** F *f* F virée *f*; **~flasche** *f* vaporisateur *m*; CHIM pissette *f*; **~gebäck** *n* petits gâteaux secs (*formés avec une poche à douille*); **~guß** *m* ⟨-sses⟩ TECH moulage *m* par injection

'**spritzig** *adj* Person pétillant; vif, vive; (*fröhlich*) gai; (*geistreich*) spirituel, -elle; Musik entraînant; Vorstellung etc vivant; animé; Auto nerveux, -euse; rapide; Wein vif, vive, et léger

'**Spritz|lack** *m* Farbe peinture *f* (pour pistolet); **~lackierer** *m* pistoleur *m*; **~lackierung** *f* peinture *f* au pistolet; **~pistole** *f* pistolet *m* pour peinture; **~schutz** *m* anti-éclaboussures *m*; **~tour** *f* F virée *f*

spröde ['ʃprøːdə] *adj* **1.** Glas etc cassant; Metall, Haut, Lippen sec, sèche; **2.** Stimme rêche; cassant; **3.** Personen, Verhalten distant; réservé; peu avenant

'**Sprödigkeit** *f* ⟨~⟩ **1.** cassant *m*; von Metall, Haut, Lippen sécheresse *f*; **2.** *fig* réserve *f*

sproß [ʃprɔs] *cf* **sprießen**

Sproß *m* ⟨-sses, -sse *ou* -ssen⟩ **1.** ⟨-sse⟩ BOT (*Schößling*) pousse *f*; e-s Baumes a jet *m*; rejet *m*; **2.** *st/s* ⟨*pl* -sse⟩

Sprosse – spüren

(*Nachkomme*) descendant *m*; **3.** ⟨*pl -ssen*⟩ JAGD andouiller *m*
Sprosse [ˈʃprɔsə] *f* ⟨~; ~n⟩ **1.** *e-r Leiter* échelon *m*; barreau *m*; **2.** *e-s Fensters* croisillon *m*; **3.** JAGD andouiller *m*
ˈ**sprossen** *st/s v/i* **1.** ⟨h⟩ (*neue Triebe bekommen*) bourgeonner; pousser; **2.** ⟨sein⟩ (*sprießen*) pousser; sortir; *fig* se manifester
ˈ**Sprossen**|**fenster** *n* fenêtre *f* à croisillons; **~kohl** *m* österr chou *m* de Bruxelles; **~leiter** *f* échelle *f*; SPORT espalier *m*; **~wand** *f* SPORT espalier *m*
Spößling [ˈʃprœslɪŋ] F plais *m* ⟨~s; ~e⟩ F rejeton *m*
Sprotte [ˈʃprɔtə] *f* ⟨~; ~n⟩ ZO sprat *m*; ʼharenguet *m*; **Kieler ~n** sprats fumés
Spruch [ʃprʊx] *m* ⟨~(e)s; ~e⟩ **1.** (*Lehr*2) maxime *f*; (*Wahl*2) devise *f*; (*Parole*) slogan *m*; (*Sinn*2) adage *m*; *in der Dichtkunst* strophe *f*, poème *m* gnomique; (*Aus*2) formule *f*; (*Zitat*) citation *f*; (*Bibelvers*) passage *m*; verset *m*; BIBL *die Sprüche Salomons* les Proverbes *m/pl* de Salomon; **2.** (*Urteils*2) jugement *m*, arrêt *m*; *der Geschworenen* verdict *m*; (*Schieds*2) décision *f*; (*Orakel*2) oracle *m*; **3.** F *péj Sprüche klopfen od machen* F être fort en gueule; *das sind doch nur Sprüche!* c'est du vent!
ˈ**Spruch**|**band** *n* ⟨~(e)s; -bänder⟩ banderole *f*; calicot *m*; **~dichtung** *f* ⟨~⟩ poésie *f* gnomique
Sprücheklopfer [ˈʃprʏçəklɔpfər] F *péj m* ⟨~s; ~⟩ F grande gueule
ˈ**Sprüchlein** [ˈʃprʏçlaɪn] *n* ⟨~s; ~⟩ **1.** (*kleiner Spruch*) courte maxime; petit adage; **2.** *oft péj* (*vorgefertigter Text*) rengaine *f*; refrain *m*
ˈ**spruchreif** *adj die Sache ist* (*noch nicht*) ~ l'affaire (n')est (pas encore) au point
ˈ**Spruchweisheit** *f* maxime *f*; sentence *f*
Sprudel [ˈʃpruːdəl] *m* ⟨~s; ~⟩ **1.** (*Mineralwasser*) eau minérale; eau gazeuse; **2.** *südd, österr* (*süßer*) ~ limonade *f*
ˈ**sprudeln** ⟨-(e)le, h⟩ **I** *v/t österr* (*quirlen*) fouetter; **II** *v/i* **1.** ⟨h⟩ *doublé d'une indication de direction sein*⟩ (*heraus*~) jaillir (*aus* de); **2.** (*aufwallen*) bouillonner; **3.** *Getränk* pétiller; **4.** *fig vor Temperament, guter Laune* ~ déborder de vie, de bonne humeur
ˈ**Sprudelwasser** *n* ⟨~s; -wässer⟩ eau minérale; eau gazeuse
ˈ**Sprudler** *m* ⟨~s; ~⟩ *österr* (*Quirl*) fouet *m*
ˈ**Sprühdose** *f* bombe *f*
sprühen [ˈʃpryːən] **I** *v/t* ⟨h⟩ *Funken* faire jaillir; *a Wasser etc* lancer; projeter; *Flüssigkeit* pulvériser; *Parfüm* vaporiser; atomiser; *fig s-e Augen* ~ *Funken* ses yeux lancent des éclairs de colère; **II** *v/i* ⟨h, doublé d'une indication de direction sein⟩ *Funken* jaillir; *Wasser, Regen etc* gicler; *s-e Augen* ~ *vor Freude* ses yeux pétillent de joie; *von od vor Ideen* ~ déborder d'idées; *von od vor Geist, Witz* ~ pétiller d'esprit, de malice; *ein ~des Temperament haben* être débordant de vie
ˈ**Sprüher(in)** *m* ⟨~s; ~⟩ (*f*) ⟨~; ~nen⟩ bombeur, -euse *m,f*; tagueur, -euse *m,f*
ˈ**Sprüh**|**flasche** *f* *cf Sprayflasche*; **~pflaster** *n* pansement *m* liquide; **~regen** *m* bruine *f*; pluie fine; **~verband** *m cf Sprühpflaster*

Sprung [ʃprʊŋ] *m* ⟨~(e)s; ~e⟩ **1.** saut *m*; bond *m*; SCHWIMMSPORT plongeon *m*; *zum ~ ansetzen* se préparer à bondir; prendre son élan; *der ~ ins Ungewisse* le saut dans l'inconnu; *fig das war ein ~ ins kalte Wasser* c'était se jeter à l'eau; F *fig keine großen Sprünge machen können* ne pas pouvoir faire des folies; F *immer auf dem ~ sein* ne jamais s'arrêter; ne jamais prendre le temps de souffler; être toujours sur la brèche; F *auf dem ~ sein, zu* (+*inf*) être sur le point de (+*inf*); F *nur auf e-n ~ bei j-m vorbeikommen* ne faire qu'un saut chez qn; F *es ist nur ein ~ bis dorthin* c'est à deux pas d'ici; F *j-m auf die Sprünge helfen* mettre à qn le pied à l'étrier; **2.** *in Glas, Porzellan* fêlure *f*, fissure *f*; *in der Haut* gerçure *f*; crevasse *f*; *im Holz* fente *f*; F *e-n ~ in der Schüssel haben* F avoir une case en moins; F être fêlé; **3.** GÉOL rejet *m*
ˈ**Sprung**|**bein** *n* **1.** ANAT astragale *m*; **2.** SPORT jambe *f* d'appel; **~bereit** *adj* prêt à sauter; **~brett** *n* a *fig* tremplin *m* (*zu* pour); **~deckel** *m e-r Uhr* couvercle *m* à ressort; **~feder** *f* ressort *m*; **~gelenk** *n* ANAT articulation *f* de la cheville; *bei Tieren* jarret *m*; **~grube** *f* SPORT fosse *f* de saut; sautoir *m*
ˈ**sprunghaft I** *adj* **1.** *Person, Charakter* versatile; inconstant; *Unterhaltung* changeant; **2.** (*abrupt, ruckartig*) précipité; brusque; **3.** (*schnell zunehmend*) très rapide; *Preisanstieg* vertigineux, -euse; **II** *adv sich ~ entwickeln* se développer par bonds
ˈ**Sprunghaftigkeit** *f* ⟨~⟩ **1.** *e-r Person, e-s Charakters* versatilité *f*; *a e-r Unterhaltung* inconstance *f*; **2.** (*Ruckartigkeit*) changement précipité, soudain, brusque
ˈ**Sprung**|**latte** *f* SPORT latte *f*; **~lauf** *m* SKI saut *m* à skis; **~rahmen** *m* sommier *m* à ressorts; **~schanze** *f* SKI tremplin *m* de saut; **~seil** *n* corde *f* à sauter; **~tuch** *n* ⟨~(e)s; -tücher⟩ *der Feuerwehr* toile *f* de sauvetage; **~turm** *m* SCHWIMMSPORT plongeoir *m*
SPS [ɛspeːˈʔes] *f* ⟨~⟩ *abr* (*Sozialdemokratische Partei der Schweiz*) PS Suisse (parti socialiste suisse)
Spucke [ˈʃpʊkə] F *f* ⟨~⟩ salive *f*; *ihm blieb die ~ weg* F il en est resté baba, comme deux ronds de flan; *da bleibt mir die ~ weg!* j'en reste sans voix!; F ça me sidère!
ˈ**spucken** *v/t u v/i* ⟨h⟩ cracher; *Vulkan, Drache Feuer* ~ cracher du feu; *fig in die Hände* ~ (*mit der Arbeit beginnen*) se mettre au travail
ˈ**Spucknapf** *m* crachoir *m*
Spuk [ʃpuːk] *m* ⟨~(e)s; ~e⟩ apparition *f* de fantômes; (*Gespenst*) fantôme *m*; revenant *m*; spectre *m*; *fig* (*Ungeheuerlichkeit*) horreur *f*; monstruosité *f*
ˈ**spuken** *v/imp* ⟨h⟩ *es spukt* (*in diesem Haus*) il y a des revenants (dans cette maison); cette maison est ʼhantée; **II** *v/i* ⟨h, doublé d'une indication de direction sein⟩ *durch die Gänge, im Schloß* ~ ʼhanter les couloirs, le château; *dieser Gedanke spukt schon lange in s-m Kopf* cette idée le hante déjà depuis longtemps
ˈ**Spukschloß** *n* château ʼhanté

Spül|**becken** *n* évier *m*; **~bürste** *f* brosse *f* (pour la vaisselle)
Spule [ˈʃpuːlə] *f* ⟨~; ~n⟩ *a* ÉLECT, *e-s Films etc* bobine *f*; *e-r Nähmaschine* canette *f*
ˈ**Spüle** *f* ⟨~; ~n⟩ évier *m*
ˈ**spulen** *v/t* ⟨h⟩ *Garn etc* (*auf*~) embobiner; (*ab*~) débobiner; *Film, Tonband etc* (*auf*~) enrouler; (*ab*~) dérouler
spülen [ˈʃpyːlən] ⟨h⟩ **I** *v/t* **1.** *Wäsche, Mund, Gläser* (*aus*~) rincer; **2.** *Geschirr* laver; **3.** (*schwemmen*) *etw ans Ufer* ~ jeter qc sur le rivage; **II** *v/i* **4.** (*Geschirr* ~) faire la vaisselle; **5.** *am WC* tirer la chasse d'eau
ˈ**Spüler(in)** *m* ⟨~s; ~⟩ (*f*) ⟨~; ~nen⟩ *Person* plongeur, -euse *m,f*
ˈ**Spül**|**kasten** *m am WC* réservoir *m* de chasse d'eau; **~lappen** *m* lavette *f*; **~maschine** *f* lave-vaisselle *m*; **~mittel** *n* produit *m* pour la vaisselle; **~schüssel** *f* bassine *f*; **~schwamm** *m* éponge *f* (pour la vaisselle); **~stein** *m* régional évier *m*; **~tuch** *n* ⟨~(e)s; ~er⟩ lavette *f*
ˈ**Spülung** *f* ⟨~; ~en⟩ **1.** MÉD (*Darm*2) lavement *m*; (*Scheiden*2, *Magen*2) lavage *m*; **2.** *beim WC* chasse *f* d'eau
ˈ**Spülwasser** *n* ⟨~s; ~⟩ eau *f* de rinçage
ˈ**Spulwurm** *m* ascaride *m*
Spund [ʃpʊnt] *m* **1.** ⟨~(e)s; ~e⟩ *e-s Fasses* bonde *f*; (*~zapfen*) *a* bondon *m*; **2.** ⟨~(e)s; ~e⟩ F *junger ~* F petit jeune, jeunot
ˈ**Spund**|**loch** *n* bonde *f*; **~wand** *f* CONSTR cloison *f* de palplanches; **~zapfen** *m* bondon *m*
Spur [ʃpuːr] *f* ⟨~; ~en⟩ **1.** (*Fuß*2) empreinte *f*, trace *f*; **2.** *fortlaufende* trace *f* (*a* CHIM, *fig*), piste *f* (*a* SKISPORT); (*Reifen*2) ornière *f*; JAGD *a* passée *f*; *e-e heiße* ~ un indice prometteur; *die richtige* ~ la bonne piste, voie; *e-r* ~ (*dat*) *folgen*, *e-e* ~ *verfolgen* suivre une piste; *keine ~en hinterlassen* a *fig* ne pas laisser de traces; *vom Täter, von der Vermißten fehlt jede* ~ on n'a aucune trace du malfaiteur, de la disparue; *j-m auf die* ~ *kommen* découvrir la piste, la trace de qn; *e-r Sache* (*dat*) *auf die* ~ *kommen* découvrir la trace de qc; *j-m auf der* ~ *sein* être sur la piste de qn; *e-r Sache* (*dat*) *auf der* ~ *sein* être sur le point de découvrir qc; **3.** *meist pl* ~*en* (*Anzeichen, Reste*) *e-r Verletzung* marque *f*; *des Krieges, einstiger Schönheit etc* traces *f/pl*; *e-r vergangenen Kultur* *a* vestiges *m/pl*; **4.** (*kleine Menge*) *e-e* ~ *Salz* un tout petit peu de sel; *keine od nicht die leiseste* ~ *von Verstand* pas la moindre bon sens; F *keine od nicht die* ~! pas du tout!; **5.** AUTO parallélisme *m*; **6.** TECH *cf Spurweite*; **7.** (*Fahr*2) voie *f* (*a* EISENBAHN); *die* ~ *halten* rester sur sa voie; *die* ~ *wechseln* *Fahrzeug* déboîter; **8.** *e-s Tonbands etc* piste *f* (d'enregistrement)
ˈ**spürbar** *adj* sensible; perceptible; (*beträchtlich*) considérable
ˈ**Spurbreite** *f cf Spurweite*
ˈ**spuren** ⟨h⟩ **I** *v/t Loipen* tracer; **II** F *fig v/i* se mettre au pas
spüren [ˈʃpyːrən] ⟨h⟩ *v/t* **1.** (*fühlen*) sentir; éprouver; (*wahrnehmen*) s'apercevoir de; *etw zu* ~ *bekommen* ressentir qc; *j-n etw* ~ *lassen* faire sentir qc à qn; *von Mitleid war nichts zu* ~ il

n'y avait pas la moindre pitié; F *ich spüre alle Knochen (einzeln)* nach e-r Anstrengung j'ai mal partout; tous mes os me font mal; **2.** JAGD flairer; **II** *v/i* **1.** JAGD **nach e-m Tier ~** être sur la trace d'un animal

'**Spuren|elemente** *n/pl* CHIM oligo-éléments *m/pl*; **~sicherung** *f* Tätigkeit relevé *m* des empreintes

'**Spürhund** *m* JAGD, *a fig* limier *m*; (Polizeihund) chien policier

'**spurlos** *adj* ⟨épithète⟩ *u adv* sans trace; **~ verschwinden** disparaître sans laisser de traces; *fig* **~ an j-m vorübergehen** ne pas toucher, marquer qn

'**Spürnase** F *f* **1.** (Geruchssinn) nez *m*; *fig* flair *m* (**für** pour); **2.** *fig* Person limier *m*

'**Spurrille** *f* rainurage *m*

'**Spürsinn** *m* ⟨-(e)s⟩ *e-s Hundes* flair *m*; *fig e-r Person* intuition *f*

Spurt [ʃpurt] *m* ⟨~s; ~e *ou* ~s⟩ sprint *m*; RADRENNEN emballage *m*

'**spurten** *v/i* ⟨-ete, h, *doublé d'une indication de direction* sein⟩ sprinter; faire un sprint; F *über die Straße, nach Hause ~* F piquer un sprint en traversant la rue, vers la maison; traverser la rue, rentrer chez soi en courant

'**Spur|wechsel** *m* déboîtement *m*; **~weite** *f* EISENBAHN écartement *m* de la voie, des rails; voie *f*; AUTO écartement *m* des roues; voie *f*

sputen ['ʃpuːtən] *v/réfl* ⟨-ete, h⟩ *regional* **sich ~** se dépêcher; F se grouiller; F se manier *od* se magner

Sputnik ['ʃpʊtnɪk] *m* ⟨~s; ~s⟩ spoutnik *m*

Squash [skvɔʃ] *n* ⟨~⟩ squash *m*

SR [ɛsˀʔɛr] *m* ⟨~⟩ *abr* (*Saarländischer Rundfunk*) radio et télévision régionales allemandes (Sarrebruck)

SRG [ɛsˀʔɛrˈgeː] *f* ⟨~⟩ *abr* (*Schweizerische Radio- und Rundfunkgesellschaft*) Office de la radio et de la télévision suisse

Sri Lanka [ˈsriːˈlaŋka] *n* ⟨→ *n/pr*⟩ le Sri Lanka

SS[1] *abr* (*Sommersemester*) semestre *m* d'été

SS[2] [ɛsˀʔɛs] *f* ⟨~⟩ HIST *abr* (*Schutzstaffel*) S.S. *f*; *meist* S.S. *m/pl*

SSD [ɛsˀʔɛsˈdeː] *m* ⟨~⟩ HIST DDR *abr cf* **Staatssicherheitsdienst**

S'S-Mann *m* ⟨~(e)s; -Männer *ou* -Leute⟩ S.S. *m*

SSO *abr* (*Südsüdost[en]*) S.-S.-E. (sud--sud-est)

SSV [ɛsˀʔɛsˈfaʊ] *m* ⟨~⟩ *abr* (*Sommerschlußverkauf*) soldes *m/pl* d'été

SSW *abr* (*Südsüdwest[en]*) S.-S.-O. (sud-sud-ouest)

st[1] [st] *int* ps(it)t!; chut!

st[2] *abr* (*Stunde*) h (heure)

St. *abr* **1.** (*Sankt*) S[t] (Saint); **2.** (*Stück*) pièce *f*; **3.** (*Stunde*) h (heure)

Staat [ʃtaːt] *m* ⟨~(e)s; ~en⟩ **1.** POL État *m*; *die ~en* (*die USA*) les États-Unis *m/pl*; *von ~s wegen* pour raison d'État; **2.** ZO (*Insekten~*) colonie *f*; **3.** ⟨*pas de pl*⟩ (*Pracht*) **damit kannst du keinen ~ machen** avec ça tu ne peux pas épater la galerie; **4.** ⟨*pas de pl*⟩ *fig* (*Putz, Festkleid*) **in vollem ~** Damen en grande toilette; Herren en grande tenue; *sie erschien in ihrem schönsten ~* elle vint dans ses plus beaux atours; elle est arrivée sur son trente et un

'**staatenbildend** *adj* ZO social

'**Staaten|bund** *m* confédération *f* d'États; **~gemeinschaft** *f* communauté *f* d'États; **²los** *adj* apatride; **~lose(r)** *f(m)* ⟨→ A⟩ apatride *m,f*

'**staatlich I** *adj* de l'État; *Kontrolle, Maßnahme* a gouvernemental; *Schule, Einrichtung, Behörde* public, -ique; *Betrieb* public, -ique; *Macht* étatique; **unter ~er Aufsicht** sous la surveillance, le contrôle de l'État; **~e Unterstützung** subvention *f* de l'État; **II** *adv* par l'État; **~ geprüft** diplômé

'**Staatsaffäre** F *f* **e-e ~ aus etw machen** F faire tout un plat, toute une histoire de qc

'**Staatsakt** *m* **1.** (*Festakt*) cérémonie officielle. **2.** (*Hoheitsakt*) acte souverain

'**Staatsaktion** *f cf* **Staatsaffäre**

'**Staatsangehörige(r)** *f(m)* citoyen, -enne *m,f*; *ausländischer ~r* ressortissant étranger

'**Staatsangehörigkeit** *f* ⟨~⟩ nationalité *f*; *die deutsche ~ annehmen, haben* prendre, avoir la nationalité allemande

'**Staats|anleihe** *f* emprunt *m* d'État; **~anwalt** *m*, **~anwältin** *f* JUR procureur *m*; **~anwaltschaft** *f* JUR ministère public; parquet *m*; magistrature *f* debout; **~apparat** *m* appareil *m* de l'État; **~archiv** *n* archives *f/pl* de l'État; **~ausgaben** *f/pl* dépenses publiques, de l'État; **~bank** *f* ⟨~; ~en⟩ banque *f* d'État; banque nationale; **~beamte(r)** *m* fonctionnaire *m*; **~begräbnis** *n* obsèques, funérailles nationales; **~besuch** *m* visite officielle; **~betrieb** *m* entreprise publique; **~bibliothek** *f* bibliothèque nationale

'**Staatsbürger(in)** *m(f)* citoyen, -enne *m,f*; *er ist deutscher ~* il est de nationalité allemande

'**Staatsbürgerkunde** *f* instruction *f* civique

'**staatsbürgerlich** *adj* ⟨épithète⟩ civique; **~e Gesinnung** civisme *m*

'**Staats|bürgerrechte** *n/pl* droits *m/pl* civiques; **~bürgerschaft** *f cf* **Staatsangehörigkeit**; **~chef** *m* chef *m* d'État; **~diener** *m oft plais* fonctionnaire *m*; *st/s* serviteur *m* de l'État

'**Staatsdienst** *m* service public; *im ~ sein* être dans le public; être dans l'administration (publique)

'**staatseigen** *adj* appartenant à l'État

'**Staats|eigentum** *n* propriété nationale; domaine *m* de l'État; **~empfang** *m* réception officielle

'**Staatsexamen** *n* examen *m* d'État (obligatoire pour les étudiants en droit, en médecine et en pharmacie et pour les enseignants titularisés); *für das Lehramt etwa* C.A.P.E.S. *m*; *erstes ~* examen et diplôme clôturant les études (du 2e cycle); *zweites ~* deuxième partie de l'examen d'État (examen pratique)

'**Staats|feind** *m* ennemi *m* de l'État; **²feindlich** *adj* antinational; **~finanzen** *f/pl* finances publiques; **~form** *f* forme *f* de gouvernement; système gouvernemental; **~forst** *m* forêt domaniale; **~gast** *m* invité *m* officiel, -ielle; **~gebiet** *n* territoire *m* d'un État; **²gefährdend** *adjt* subversif, -ive; **~gefährdung** *f* atteinte *f* à la sûreté de l'État; **~gefängnis** *n* prison *f* d'État; **~geheimnis** *n* a F *fig* secret *m* d'État;

~gelder *n/pl* deniers, fonds publics; **~geschäfte** *n/pl* affaires publiques, d'État

'**Staatsgewalt** *f* ⟨~⟩ **1.** (*Exekutive*) pouvoir *m* de l'État; autorité publique; **höchste ~** pouvoir *m* suprême; **2.** *coll* (*Staatsorgane*) *die ~* les pouvoirs publics

'**Staats|grenze** *f* frontière *f* (d'un État); **~haushalt** *m* budget *m* de l'État; **~hoheit** *f* ⟨~⟩ souveraineté *f*; **~interesse** *n* intérêt national; **~kanzlei** *f* BRD e-s Bundeslandes chancellerie *f*; *Schweiz* services administratifs du Conseil des États; **~karosse** *f* voiture présidentielle, officielle; **~kasse** *f* trésor public; **~kirche** *f* Église *f* d'État

'**Staatskosten** *pl* **auf ~** aux frais de l'État

'**Staats|kunst** *st/s f* ⟨~⟩ diplomatie *f*; **~lehre** *f* ⟨~⟩ (science *f*) politique *f*; **~macht** *f* ⟨~⟩ pouvoir *m*; **~mann** *m* ⟨~(e)s; -männer⟩ homme *m* d'État; **²männisch** *adj* d'homme d'État; **~minister** *m* **1.** (*Minister*) ministre *m*; **2.** (*Minister ohne Ressort*) ministre *m* sans portefeuille; **3.** (*Staatssekretär*) secrétaire *m* d'État; **~oberhaupt** *n* chef *m* d'État; **~oper** *f* opéra national; **~organ** *n* organe *m* d'État; **~präsident(-in)** *m(f)* président(e) *m(f)* de la République; **~prüfung** *f cf* **Staatsexamen**; **~räson** *f* raison *f* d'État; **~rat** *m* ⟨~(e)s; -räte⟩ **1.** Gremium, a HIST DDR, Schweiz conseil *m* d'État; **2.** Schweiz, Mitglied conseiller *m* d'État; **~recht** *n* ⟨~(e)s⟩ (*f*) droit public; **~rechtler(in)** *m(f)* ⟨~s; ~⟩ (*f*) ~; ~nen⟩ spécialiste *m,f* du droit public; **~regierung** *f* gouvernement *m* d'un État; **~religion** *f* religion *f* d'État; **~säckel** *m* ⟨~s; ~⟩ plais trésor public; **~schatz** *m* trésor public; Trésor *m*; **~schuld** *f* ⟨~⟩ dette publique; **~sekretär(in)** *m(f)* secrétaire *m,f* d'État (*f* à); **~sicherheit** *f* ⟨~⟩ sûreté intérieure de l'État; **~sicherheitsdienst** *m* ⟨~(e)s⟩ HIST DDR Service *m* de la sûreté intérieure de l'État (*police politique de l'ancienne RDA*); **~streich** *m* coup *m* d'État; **~trauer** *f* deuil national; **~verbrechen** *n* crime *m* politique; **~verschuldung** *f* endettement *m* de l'État; **~vertrag** *m* traité *m* (politique); **~wesen** *n* État *m*; **~wissenschaften** *f/pl* sciences *f/pl* politiques; **~wohl** *n* bien-être public

Stab [ʃtaːp] *m* ⟨~(e)s; ~e⟩ **1.** bâton *m*; dünner tige *f*; *a* (*Dirigenten~*) baguette *f*; (*Eisen~*) barre *f*; (*Gitter~*) barreau *m*; STABHOCHSPRUNG témoin *m*; STAFFELLAUF témoin *m*; (*Bischofs~*) crosse *f*; *st/s* **den ~ über j-n brechen** condamner qn d'emblée, sans jugement; **2.** MIL état-major *m*; **3.** (*Mitarbeiter~*) équipe *f*

Stäbchen ['ʃtɛːpçən] *n* ⟨~s; ~⟩ **1.** (*kleiner Stab*) bâtonnet *m*; baguette *f*; **2.** Häkelmasche demi-bride *f*; **3.** ANAT bâtonnet *m*; **4.** (*Eß~*) baguette *f*

Stabelle [ʃtaˈbɛla] *f* ⟨~; ~n⟩ schweiz tabouret *m*

'**Stabhoch|springer(in)** *m(f)* sauteur, -euse *m,f* à la perche; **~sprung** *m* saut *m* à la perche

stabil [ʃtaˈbiːl] *adj* Gleichgewicht, Wirtschaft etc stable; (*fest, haltbar*) a Gesundheit robuste; (*nicht wacklig*) solide

Stabilisator [ʃtabili'zaːtɔr] *m* ⟨~s; -'toren⟩ stabilisateur *m*; CHIM a stabilisant *m*; ÉLECT a ballast *m*
stabili'sier|en ⟨*pas de ge-*, h⟩ **I** *v/t* stabiliser; **II** *v/réfl* **sich ~** se stabiliser; **²ung** *f* ⟨~⟩ stabilisation *f*
Stabili'sierungsflosse *f* AVIAT aileron *m* de stabilisation
Stabili'tät *f* ⟨~⟩ stabilité *f*
Stab|lampe *f* lampe *f* torche; **~magnet** *m* barreau aimanté; **~reim** *m* allitération *f*
Stabs|arzt *m* médecin-capitaine *m*; **~feldwebel** *m* adjudant *m*; **~offizier** *m* officier supérieur
Stabwechsel *m* STAFFELLAUF passage *m* du témoin
stach [ʃtaːx] *cf* **stechen**
Stachel ['ʃtaxəl] *m* ⟨~s; ~n⟩ **1.** BOT épine *f*; **2.** ZO *von Insekten, Skorpionen* aiguillon *m*; dard *m*; *vom Igel, Stachelschwein* piquant *m*; **3.** *am Sporn, Rennschuh* pointe *f*; *des Stacheldrahts* piquant *m*; **4.** *st/s fig* (*Qual, Antrieb*) aiguillon *m*
'Stachel|beere *f Frucht* groseille *f* à maquereau; *Strauch* groseillier *m* à maquereau; **~draht** *m* (fil *m* de fer) barbelé *m*; **~halsband** *n* collier *m* à clous; **~häuter** *m* ⟨~s; ~⟩ ZO échinoderme *m*
'stach(e)lig *adj* BOT épineux, -euse; *a* ZO aiguillonné; *Igel etc* 'hérissé; couvert de piquants; *Bart* piquant
'Stachelschwein *n* porc-épic *m*
Stadel ['ʃtaːdəl] *m* ⟨~s; ~, österr a ~n⟩ *südd, schweiz, österr* grange *f*
Stadion ['ʃtaːdiɔn] *n* ⟨~s; -ien⟩ stade *m*
Stadium ['ʃtaːdium] *n* ⟨~s; -ien⟩ phase *f*; stade *m*; *e-r Krankheit* a degré *m*
Stadt [ʃtat] *f* ⟨~⟩ **1.** ville *f*; **die ~ Berlin** la ville de Berlin; **~ und Land** les villes et les campagnes; **ich gehe in die ~** je vais en ville; **2.** (*~verwaltung*) municipalité *f*; **bei der ~** (**angestellt**) **sein** être employé de la ville; F travailler à la ville
Stadt|archiv *n* archives municipales; **²auswärts** *adv* en sortant de la ville; **~autobahn** *f* autoroute urbaine; **~bahn** *f cf* **S-Bahn**
stadtbekannt *adj* connu de toute la ville; de notoriété publique; **das ist ~ a** tout le monde en parle
Stadt|bevölkerung *f* population urbaine; **~bewohner(in)** *m*(*f*) habitant(e) *m*(*f*) d'une *bzw* de la ville; citadin(e) *m*(*f*); **~bezirk** *m* arrondissement (municipal); **~bibliothek** *f* bibliothèque municipale; **~bild** *n* physionomie *f* d'une *bzw* de la ville; **~bummel** *m* tour *m*, promenade *f* en ville
Städtchen ['ʃtɛ(ː)tçən] *n* ⟨~s; ~⟩ petite ville
Stadt|chronik *f* histoire *f* de la ville; **~direktor** *m* BRD *in einigen Ländern* responsable *m* de l'organisation des services municipaux
Städte|bau ['ʃtɛ(ː)təbau] *m* ⟨~(e)s⟩ urbanisme *m*; **²baulich I** *adj* ⟨*épithète*⟩ urbanistique; **II** *adv* du point de vue de l'urbanisme
stadt'einwärts *adv* direction centre ville; en direction du centre (ville)
Städtepartnerschaft *f* jumelage *m*
Städter(in) *m* ⟨~s; ~⟩ (*f*) ⟨~; ~nen⟩ citadin(e) *m*(*f*)

Stadt|flucht *f* ⟨~⟩ désertion *f*, évasion *f* des villes; **~führer** *m* guide *m* de la ville; **~garten** *m* jardin municipal, public; **~gas** *n* ⟨~⟩ gaz *m* de ville; **~gebiet** *n* territoire *m*, périmètre *m* de la ville
Stadtgespräch *n* **1.** TÉL communication urbaine; **2.** *fig* **das ist ~** toute la ville en parle
Stadt|guerilla¹ *f* guérilla urbaine; **~guerilla²** *m* guérillero *m* des villes; **~halle** *f* salle municipale; (*Mehrzweckhalle*) salle polyvalente; **~haus** *n* **1.** (*Rathaus*) hôtel *m* de ville; mairie *f*; **2.** (*Wohnhaus in der Stadt*) maison *f* en ville
städtisch ['ʃtɛ(ː)tɪʃ] **I** *adj* de (la) ville; (*urban*) citadin; des villes; JUR, ADM municipal; urbain; (~ *verwaltet*) communal; municipal; **II** *adv* **1.** (*durch die Stadt*) par la ville; **2.** **~ gekleidet** vêtu, habillé en citadin, à la manière des citadins; *en tenue de ville*
Stadt|kämmerer *m* ⟨~s; ~⟩ administrateur *m* des finances municipales; trésorier municipal; **~kasse** *f* **1.** *Finanzen* budget *m* de la ville; **2.** *Behörde* service *m* des finances municipales; **~kern** *m* centre *m* (de la ville); **~kind** *n* enfant *m* de la ville; *fig cf* **Stadtmensch**; **~kreis** *m* *in Deutschland* district composé d'une seule ville; **~leben** *n* ⟨~s⟩ vie en ville, citadine; **~mauer** *f* rempart(s) *m*(*pl*); **~mensch** *m* personne *f* préférant vivre dans une (grande) ville; citadin(e) *m,f*; **~mitte** *f* centre *m* (de la) ville; **~park** *m* parc municipal; jardin public; **~parlament** *n* conseil municipal; **~plan** *m* plan *m* d'une *bzw* de la ville; **~planer(in)** *m*(*f*) urbaniste *m,f*; **~planung** *f* aménagement *m* des villes; urbanisme *m*
Stadtrand *m* périphérie *f* d'une *bzw* de la ville; **am ~ wohnen** a habiter en banlieue
Stadtrat *m* ⟨~(e)s; -räte⟩ **1.** *Gremium* conseil municipal; **im ~ sitzen** être membre du conseil municipal; **2.** *Person* conseiller municipal
Stadt|recht *n* HIST coutume *f* d'une ville; **~rundfahrt** *f* visite guidée (en bus); tour *m* de ville; **~sanierung** *f* travaux *m/pl* d'assainissement d'une *bzw* de la ville; **~schreiber** *m* HIST greffier municipal; **~staat** *m* ville-État *f*; **~streicher(in)** *m*(*f*) clochard(e) *m*(*f*); **~teil** *m* quartier *m*; **~theater** *n* théâtre municipal; **~tor** *n* porte *f* de la ville
Stadtväter *m/pl plais* **die ~** les conseillers municipaux
Stadt|verkehr *m* circulation urbaine; **~verordnete(r)** *f*(*m*) ⟨→ A⟩ conseiller, -ère municipal(e); **~verwaltung** *f* municipalité *f*; **~viertel** *n* quartier *m*; **~wappen** *n* armes *f/pl* d'une ville; **~werke** *n/pl* services *m/pl* de la ville; **~wohnung** *f* appartement *m* en ville; **~zentrum** *n* centre *m* ville
Stafette [ʃta'fɛtə] *f* ⟨~; ~n⟩ HIST estafette *f*; (*Kuriere*) messagers *m/pl*; *als Begleitung* escorte *f*
Staffage [ʃta'faːʒə] *f* ⟨~⟩ **1.** (*Beiwerk*) accessoires *m/pl*; (*Dekoration*) décor *m*; ornement *m*; *fig péj* apparences *f/pl*; **2.** PEINT figures *f/pl* (qui animent un tableau)
Staffel ['ʃtafəl] *f* ⟨~; ~n⟩ **1.** MIL, *fig* échelon *m*; AVIAT escadrille *f*; **2.** SPORT

(*Mannschaft*) équipe *f*; (*Team e-r Staffel*) équipe *f* de relais; (*~lauf*) *etc* relais *m*
Staffe'lei *f* ⟨~; ~en⟩ chevalet *m*
Staffel|lauf *m* course *f* de relais; **~läufer(in)** *m*(*f*) coureur, -euse *m,f* de relais; relayeur, -euse *m,f*; **~miete** *f* loyer échelonné
staffeln *v/t* (*u v/réfl*) ⟨-(e)le, h⟩ (**sich**) **~** (s')échelonner
Staffel|rechnung *f* COMM calcul échelonné; **~stab** *m* témoin *m*
Staffelung *f* ⟨~; ~en⟩ échelonnement *m*; **~ der Steuersätze** progression *f* des taux d'imposition
Stag [ʃtaːk] *n* ⟨~(e)s; ~e(n)⟩ MAR étai *m*
Stagnati'on *f* ⟨~; ~en⟩ stagnation *f*
stagnieren [ʃta'gniːrən] *v/i* ⟨*pas de ge-*, h⟩ *a fig* stagner; être stagnant
stahl [ʃtaːl] *cf* **stehlen**
Stahl *m* ⟨~(e)s; ~e ou ~e⟩ acier *m*; **aus ~ en acier**; *fig* **hart wie ~** *Sache* très dur; *Person* impitoyable; **Nerven aus ~ haben** avoir des nerfs à toute épreuve
Stahl|arbeiter *m* ouvrier *m* métallurgiste; **~bau** *m* ⟨~(e)s; ~ten⟩ *Technik* (*pas de pl*), *Gebäude* construction *f* métallique; **~besen** *m* MUS balai *m* métallique; **~beton** *m* béton armé; **~betonbau** *m* ⟨~(e)s; ~ten⟩ *Technik* (*pas de pl*), *Gebäude* construction *f* en béton armé; **²blau** *adj* bleu acier ⟨*inv*⟩; **~blech** *n* tôle *f* d'acier; **~draht** *m* fil *m* d'acier
stählen ['ʃtɛːlən] *st/s v/t* ⟨h⟩ *Körper* endurcir; *Muskeln* durcir
stählern ['ʃtɛːlərn] *adj* ⟨*épithète*⟩ **1.** d'acier; en acier; **2.** *fig* de fer; d'acier
Stahl|feder *f* **1.** TECH ressort *m* d'acier; **2.** (*Schreibfeder*) plume *f* d'acier; **²grau** *adj* gris acier ⟨*inv*⟩; **²hart** *adj a fig* d'acier; **~helm** *m* MIL casque *m* d'acier; **~industrie** *f* industrie *f* de l'acier; **~kammer** *f* chambre forte; trésor *m*; **~rohr** *n* tube *m* d'acier; **~rohrmöbel** *n/pl* meubles *m/pl* en tubes d'acier; **~roß** F *plais* F bécane *f*; **~saite** *f* MUS corde *f* d'acier; **~seil** *n* câble *m* en acier; **~stich** *m* gravure *f* sur acier; **²verarbeitend** *adj* ⟨*épithète*⟩ sidérurgique; **~waren** *f/pl* articles *m/pl* d'acier, en acier; aciers *m/pl*; **~werk** *n* aciérie *f*; **~wolle** *f* paille *f* de fer
stak [ʃtaːk] *cf* **stecken II**
Stake ['ʃtaːkə] *f* ⟨~; ~n⟩, **'Staken** *m* ⟨~s; ~⟩ *nordd* MAR gaffe *f*
Staketenzaun [ʃta'keːtənsaun] *m* clôture *f* en lattis, à claire-voie
Stakkato [ʃta'kaːto *ou* sta-] *n* ⟨~s; ~s *ou* -ti⟩ MUS staccato *m*
staksen ['ʃtaːksən] F *v/i* ⟨sein⟩ marcher les jambes raides
staksig F *adj* chancelant; vacillant
Stalagmit [ʃtala'gmiːt] *m* ⟨~s *ou* ~en; ~e(n)⟩ stalagmite *f*
Stalaktit [ʃtalak'tiːt] *m* ⟨~s *ou* ~en; ~e(n)⟩ stalactite *f*
Stali|nismus [ʃtali'nɪsmʊs] *m* ⟨~⟩ stalinisme *m*; **~nist(in)** *m* ⟨~; ~en⟩ (*f*) ⟨~; ~nen⟩ stalinien, -ienne *m,f*; **²nistisch** *adj* stalinien, -ienne
Stalinorgel *f* MIL orgue *m* de Staline
Stall [ʃtal] *m* ⟨~(e)s; ~e⟩ **1.** (*Kuh²*) étable *f*; (*Pferde²*) écurie *f*; (*Schweine²*) porcherie *f*; (*Hühner²*) poulailler *m*; (*Kaninchen²*) clapier *m*; (*Schaf²*) bergerie *f*; F *fig* **ein ~ voll Kinder** F une tripotée d'enfants; F *fig plais* **aus e-m**

guten ~ *kommen* sortir d'une bonne famille; **2.** (*Renn*2) écurie *f* (de course)
'**Stallaterne** *f* lanterne *f*
'**Stall**|**bursche** *m* garçon *m* d'écurie; palefrenier *m*; ~**dung** *m* fumier *m*
'**Stallgeruch** *m* odeur *f* d'écurie, d'étable, *etc*; *fig plais* **er hat den richtigen ~, um zu** (+ *inf*) faire partie du gratin lui permet de (+ *inf*)
'**Stall**|**haltung** *f des Viehs* stabulation *f*; ~**hase** *f m* lapin *m* domestique; ~**meister** *m* écuyer *m*; *im Rennstall* lad *m*
'**Stallungen** *f*|*pl für Pferde* écuries *f*|*pl*; *für Kühe etc* étables *f*|*pl*
'**Stallwache** *f* garde *f* d'écurie
Stamm [ʃtam] *m* ⟨-(e)s; ⁓e⟩ **1.** (*Baum*2) tronc *m*; **2.** ⟨*pas de pl*⟩ (*Personal*2) personnel permanent; (*Kunden*2, *Gäste*2) clientèle *f* d'habitués; habitués *m*|*pl*; **3.** (*Volks*2) tribu *f*; **4.** (*Geschlecht*) famille *f*; lignée *f*; race *f*; *der Letzte s-s* ~*es* le dernier de sa race; **5.** LING thème *m*; **6.** BIOL (*Phylum*) phylum *m*; MIKROBIOLOGIE souche *f*
'**Stamm**|**aktie** *f* action *f* de capital; ~**baum** *m* arbre *m* généalogique; *von Tieren* pedigree *m*; certificat *m* d'origine; ~**besetzung** *f* THÉ troupe *f* dans sa distribution régulière; SPORT équipe *f* dans sa formation régulière; ~**buch** *n* (*Familien*2) livret *m* de famille
'**Stammburg** *f die* ~ *derer von Schreckenstein* le berceau des Schreckenstein
'**Stamm**|**daten** *pl* INFORM données *f*|*pl* de base; ~**einlage** *f* mise *f* de fonds initiale
stammeln [ˈʃtaməln] *v*/*t u v*/*i* ⟨-(e)le, h⟩ ~ *eine Entschuldigung*; ~ balbutier, bégayer des excuses
'**stammen** *v*/*i* ⟨h⟩ ~ (*aus*, *von*) *Personen* descendre, sortir, être issu (de); *aus e-m Land* être originaire (de); *a Dinge* provenir (de); (*datieren*) dater (de); remonter (à); *er stammt aus guter Familie* il sort d'une bonne famille; *aus derselben Familie* ~ être de la même famille; *das Sofa stammt* (*noch*) *von meiner Großmutter* le canapé appartenait à ma grand-mère; *das Wort stammt aus dem Lateinischen* le mot est dérivé du latin; *dieser Vorschlag*, *Ausspruch stammt von Felix* Félix a eu cette idée, ce mot; c'est une idée, une expression de Félix
'**Stammes**|**fehde** *f* lutte tribale; ~**fürst** *m* chef *m* de tribu; ~**geschichte** *f* BIOL phylogénie *f*; ~**häuptling** *m* chef *m* de tribu
'**Stammessen** *n* plat *m* du jour
'**Stammessprache** *f* langue *f* indigène
'**Stamm**|**form** *f* GR forme *f* de base; ~**gast** *m* client(e) *m*(*f*) fidèle; habitué(e) *m*(*f*); ~**gericht** *n* plat *m* du jour; ~**halter** *m* plais héritier *m*; ~**haus** *n* COMM maison mère *f*; ~**hirn** *n* ANAT zone *f* du cerveau sans le cortex; ~**holz** *n* bois *m* de, en grume
'**Stammiete** *f* THÉ abonnement *m* au théâtre
stämmig [ˈʃtɛmɪç] *adj* robuste; solide; fort; (*gedrungen*) trapu; 2**keit** *f* ⟨~⟩ robustesse *f*; solidité *f*
'**Stamm**|**kapital** *n* COMM capital social, initial; ~**kneipe** F *f* café, bistrot habituel; ~**kunde** *m*, ~**kundin** *f* habitué(e) *m*(*f*); client(e) *m*(*f*) fidèle; ~**kund-**

schaft *f* clientèle attitrée, d'habitués; ~**land** *n* pays *m* d'origine; ~**lokal** *n* bistrot, restaurant habituel; ~**personal** *n* personnel permanent, stable; ~**platz** *m* place habituelle
'**Stammrolle** *f* MIL matricule *f*; *in die* ~ *eintragen* immatriculer
'**Stamm**|**sitz** *m* **1.** *e-r Adelsfamilie* résidence *f* de famille; **2.** *e-r Firma* maison mère *f*; ~**tafel** *f* tableau *m* généalogique; ~**tisch** *m* Tisch table *f* des habitués; (*runde*) groupe *m* des habitués; *Treffen* réunion *f* des habitués; ~**tischpolitik** *f* péj discussions *f*|*pl*, positions *f*|*pl*, *etc* du niveau des conversations de café
'**Stammutter** *f* aïeule *f*; ancêtre *m*
'**Stamm**|**vater** *m* aïeul *m*; ancêtre *m*; ~**vokal** *m* voyelle *f* du radical; ~**wähler** *m* électeur *m* fidèle; ~**wort** *n* ⟨-(e)s, -wörter⟩ LING racine *f*
'**Stamperl** [ˈʃtampərl] *n* ⟨~s, ~n⟩ südd, österr verre *m* à schnaps
stampfen [ˈʃtampfən] **I** *v*/*t* ⟨h⟩ **1.** *Erde*, *Lehm etc* (*fest*~) battre; fouler; tasser; *mit e-r Ramme* damer; pilonner; *Asphalt* comprimer; cylindrer; **2.** (*zerkleinern*) broyer; *in e-m Mörser* concasser; piler; *Kartoffeln*, *Kraut* écraser; **3.** *mit den Füßen den Rhythmus* ~ battre la mesure avec les pieds; **4.** *fig etw aus dem Boden* ~ créer qc de toutes pièces; **II** *v*/*i* **5.** ⟨h⟩ *mit den Füßen* piétiner; trépigner; *um sich zu erwärmen* battre la semelle; *Pferde* piaffer; *mit dem Fuß auf die Erde* ~ frapper le sol du pied; **6.** ⟨sein⟩ (*sich stampfend fortbewegen*) marcher à pas lourds; **7.** ⟨h⟩ *Schiff* tanguer
'**Stampfer** *m* ⟨~s, ~⟩ **1.** TECH batte *f*; *bes* STRASSENBAU dame *f*; **2.** CUIS pilon *m*; presse-légumes *m*
'**Stampfkartoffeln** *f*|*pl regional* purée *f* de pommes de terre
stand [ʃtant] *cf* **stehen**
Stand *m* ⟨~(e)s; ⁓e⟩ **1.** ⟨*pas de pl*⟩ (*stehende Stellung*) *Sprung m aus dem* ~ saut *m* sans élan, à pieds joints; F *fig aus dem* ~ (*heraus*) au pied levé; spontanément; *fig* **e-n schweren** *od* **keinen leichten** ~ **haben** être dans une situation difficile, délicate; *fig* **mit j-m e-n schweren** *od* **keinen leichten** ~ **haben** avoir bien du mal avec qn; **2.** ⟨*pas de pl*⟩ (~*ort*) place *f*; emplacement *m*; **3.** (*Markt*2) échoppe *f*; étal *m*; étalage *m*; (*Zeitungs*2) kiosque *m*; (*Ausstellungs*2, *Informations*2) stand *m*; (*Taxi*2) station *f*; **4.** (*Position*) *a* ASTR position *f*; *sc* configuration *f*; **5.** (*Wasser*2) niveau *m*; *des Barometers* hauteur *f*; *der Papiere*, *Aktien* cours *m*; cote *f*; *der* ~ *auf dem Thermometer*, *Zähler ist* ... le thermomètre, compteur indique ...; **6.** SPORT (*Spiel*2) score *m*; **7.** ⟨*pas de pl*⟩ *fig* (*Zu*2) état *m*; niveau *m*; *der* ~ *der Dinge* l'état *m* des choses; *der* ~ *der Technik* l'état actuel de la technique; *der heutige* ~ l'état présent; *nach dem neuesten* ~ *der Wissenschaft* selon le niveau scientifique actuel; *etw auf den neuesten* ~ *bringen* mettre qc à jour; **8.** (*gesellschaftliche Stellung*) classe *f*; condition *f*; rang *m*; (*Beruf*) profession *f*; *ein Mann von* ~ un homme de qualité; un notable; HIST *der dritte* ~ le tiers état; HIST *die Stände*

les états *m*|*pl*; les ordres *m*|*pl* (de la nation); **9.** ⟨*pas de pl*⟩ (*Familien*2) situation *f* de famille; *st/s od plais* **in den** (*heiligen*) ~ **der Ehe treten** contracter mariage; *plais* convoler en justes noces; **10.** *schweiz* (*Kanton*) canton *m*
'**Standard** [ˈʃtandart] *m* ⟨~s; ~s⟩ **1.** standard *m*; *zum* ~ *gehören* être courant, la norme, de base; **2.** *e-r Münze* titre *m*
'**Standardausführung** *f* type *m*, modèle *m* standard
standardiˈsier|**en** *v*/*t* ⟨*pas de ge*-, h⟩ standardiser; 2**ung** *f* ⟨~; ~en⟩ standardisation *f*
'**Standard**|**modell** *n* modèle *m* standard, type; ~**werk** *n* ouvrage capital, de référence, qui fait autorité
Standarte [ʃtanˈdartə] *f* ⟨~; ~n⟩ **1.** Fahne fanion *m*; **2.** JAGD queue *f* (du renard et du loup)
'**Standbein** *n* **1.** SCULP jambe *f* de soutien; *fig das Antiquitätengeschäft ist ihr zweites* ~ le magasin d'antiquités est sa deuxième béquille; **2.** SPORT jambe *f* d'appui
'**Standbild** *n* **1.** statue *f*; *kleines* statuette *f*; **2.** VIDEO arrêt *m* sur image
Stand-by [stɛntˈbai] *n* ⟨-(s); ~s⟩ TOURISMUS stand-by *m*; ~**-Ticket** *n* billet *m* stand-by
'**Ständchen** [ˈʃtɛntçən] *n* ⟨~s; ~⟩ (*Abend*2) sérénade *f*; (*Morgen*2) aubade *f*; *j-m ein* ~ *bringen* donner une sérénade *bzw* aubade à qn
'**Stande** *f* ⟨~; ~n⟩ *bes schweiz* cuve *f*
'**Ständeordnung** *f* HIST système *m* des ordres
'**Stander** [ˈʃtandər] *m* ⟨~s; ~⟩ fanion *m*
'**Ständer** [ˈʃtɛndər] *m* ⟨~s; ~⟩ **1.** (*Gestell*) support *m*; (*Karten*2) chevalet *m*; (*Noten*2) pupitre *m*; (*Kleider*2) portemanteau *m*; (*Schirm*2) porte-parapluies *m*; (*Pfeifen*2) porte-pipes *m*; (*Kerzen*2) chandelier *m*; *am Fahrrad* béquille *f*; **2.** ÉLECT stator *m*; **3.** P pénis *m* en érection; *e-n* ~ *haben*, *kriegen* P bander
'**Ständerat** *m* ⟨~(e)s; ⁓e⟩ *schweiz* **1.** ⟨*pas de pl*⟩ *Gremium* Conseil *m* des États; **2.** *Mitglied* membre *m* du Conseil des États
'**Standesamt** *n* bureau *m* de l'état civil; mairie *f*
'**standesamtlich I** *adj* d'état civil; ~*e Trauung* mariage civil; **II** *adv* civilement; *sich* ~ *trauen lassen* se marier civilement, à la mairie
'**Standes**|**beamte(r)** *m*, ~**beamtin** *f* officier *m* de l'état civil; ~**bewußtsein** *n* conscience *f* de son rang, de classe; ~**dünkel** *m* péj orgueil *m* de caste
standesgemäß I *adj* conforme au rang; selon son rang, état; **II** *adv* ~ *leben* tenir son rang
'**Standes**|**interessen** *n*|*pl* intérêts *m*|*pl* de classe (sociale); intérêts corporatifs; ~**register** *n* registre *m* de l'état civil
'**Standestaat** *m* HIST système *m* des trois ordres
'**Standes**|**unterschied** *m* différence *f* de classe (sociale), de rang (social); ~**zugehörigkeit** *f* appartenance *f* à un rang (social)
'**standfest** *adj* **1.** stable; fixe; *plais nicht mehr ganz* ~ *sein* (*beschwipst sein*) ne plus marcher très droit; être un peu ivre; **2.** *fig* (*standhaft*) ferme; résolu

Standfestigkeit *f* stabilité *f*; (*Standhaftigkeit*) fermeté *f*; **~geld** *n* 'hallage *m*; **~gericht** *n* cour martiale
standhaft I *adj* ferme; résolu; (*unerschütterlich*) inébranlable; (*beharrlich*) persévérant; **II** *adv* résolument; (*unerschütterlich*) inébranlablement; **~ bleiben** tenir ferme, bon
Standhaftigkeit *f* ⟨~⟩ fermeté *f*; persévérance *f*
standhalten *v/i* ⟨*irr, sép, -ge-, h*⟩ tenir bon, ferme; ne pas céder; **j-m, e-r Sache ~** résister à qn, qc; tenir tête à qn, qc; ne pas céder devant, *fig* à qn, qc; *der Kritik ~* résister à la critique; *e-r ernsthaften Prüfung ~* n'avoir pas à redouter un examen sérieux
ständig ['ʃtɛndɪç] **I** *adj* ⟨*épithète*⟩ constant; continuel, -elle; continu; perpétuel, -elle; *Lärm* ininterrompu; *Mitglied, Ausschuß etc* permanent; *Wohnsitz* fixe; *Praxis, Regel* courant; *Bedarf, Nachfrage* suivi; *Anstrengung* soutenu; *Einnahme* fixe; stable; *mit j-m in ~er Verbindung stehen* être en contact permanent avec qn; être en relations suivies avec qn; **II** *adv* constamment; continuellement; en permanence; (*immer*) toujours; sans cesse
ständisch ['ʃtɛndɪʃ] *adj* HIST corporatif, -ive
Stand|leitung *f* RAD, TÉL ligne *f* téléphonique d'appoint; **~licht** *n* AUTO feux *m/pl* de position; **~miete** *f* 'hallage *m*
Standort *m* ⟨~(e)s; ~e⟩ **1.** position *f*; place *f*; endroit *m*; *a e-s Betriebs* emplacement *m*; site *m*; BOT habitat *m*; MAR, AVIAT position *f*; point *m*; **2.** *fig, a* POL position *f*; **3.** MIL (*Garnison*) garnison *f*
Standort|bestimmung *f* MAR, AVIAT, *fig* détermination *f* de la position; **~katalog** *m* catalogue *m* d'emplacement
Standpauke F *f* sermon *m*; *j-m e-e ~ halten* F passer un savon à qn; sermonner qn
Standpunkt *m* (*Einstellung, Sichtweise*) point *m* de vue; avis *m*; *den ~ vertreten od auf dem ~ stehen, daß ...* être d'avis que ...; *sich auf den ~ stellen, daß ...* adopter une prise de position selon laquelle ...; *s-n ~ behaupten* rester sur ses positions; ne pas changer d'avis; *von diesem ~ aus betrachtet* considéré sous cet angle, sous cet aspect
Stand|quartier *n* MIL garnison *f*, base *f*; **~recht** *n* ⟨~(e)s⟩ loi martiale
standrechtlich I *adj* ⟨*épithète*⟩ d'après la loi martiale; **II** *adv* **~ erschießen** passer par les armes
Stand|spur *f* bande *f* d'arrêt d'urgence; **~uhr** *f* horloge *f*; pendule *f*; **~waage** *f* TURNEN planche *f*
Stange ['ʃtaŋə] *f* ⟨~; ~n⟩ **1.** (*Holz*⟨2⟩) perche *f*; grand bâton; (*Eisen*⟨2⟩) tige *f*; barre *f*; (*Fahnen*⟨2⟩) 'hampe *f*; (*Bohnen*⟨2⟩) rame *f*; (*Vogel*⟨2⟩, *Hühner*⟨2⟩) perchoir *m*; (*Kleider*⟨2⟩) tringle *f*; (*Gerüst*⟨2⟩, *Kletter*⟨2⟩, *Geweih*⟨2⟩) perche *f*; (*Ballett*⟨2⟩) barre *f*; *im Korsett* baleine *f*; F *Kleider n/pl von der ~* vêtements *m/pl* de confection; prêt-à-porter *m*; F *e-e* ⟨*schöne*⟩ **~ Geld** beaucoup d'argent; F pas mal de fric; F *fig j-m die ~ halten* prendre parti pour qn; soutenir qn; F *fig bei der ~ bleiben* persévérer; tenir bon, ferme; F *fig* (*alles tun, um*) *j-n bei der ~* (*zu*) *halten* tout faire pour que qn reste motivé; **2.** *von Siegellack, Lakritze etc* bâton *m*; (*~ Zigaretten*) cartouche *f*
Stangen|bohnen *f/pl* 'haricots *m/pl* à rames; **~brot** *n* baguette *f*; **~spargel** *m* (tiges *f/pl* d')asperges *f/pl*
Stanitz(e)l ['ʃtaːnɪtsəl] *n* ⟨~s; ~⟩ *österr* cornet *m* de papier
stank [ʃtaŋk] *cf* **stinken**
Stänkerer F *péj m* ⟨~s; ~⟩, **Stänkerin** *f* ⟨~; ~nen⟩ **1.** (*Nörgler*[*in*]) F râleur, -euse *m,f*; F rouspéteur, -euse *m,f*; **2.** (*Streitsüchtige*[*r*]) F emmerdeur, -euse *m,f*; mauvais(e) coucheur, -euse *m,f*
stänkern ['ʃtɛŋkərn] F *péj v/i* ⟨-(e)re, h⟩ **1.** (*nörgeln*) F râler; F rouspéter; **2.** F emmerder les gens; chercher querelle, des histoires
Stanniol [ʃtaniˈoːl] *n* ⟨~s; ~e⟩ feuille *f* d'aluminium, d'argent; **~papier** *n* papier *m* d'argent, d'aluminium
stante pede ['ʃtantəˈpeːdə] F *plais adv* sur-le-champ; F illico (presto)
Stanze¹ ['ʃtantsə] *f* ⟨~; ~n⟩ METRIK stance *f*
Stanze² *f* ⟨~; ~n⟩ TECH **1.** (*Loch*⟨2⟩) poinçon *m*; *Maschine* poinçonneuse *f*; **2.** (*Prägestempel*) estampe *f*; *Maschine* estampilleuse *f*
stanzen *v/t* ⟨-(es)t, h⟩ TECH, *Eintrittskarten etc* poinçonner; *Schallplatten, Spielkarten* presser; *Löcher* découper; (*prägen*) estamper
Stapel ['ʃtaːpəl] *m* ⟨~s; ~⟩ **1.** *von Gegenständen* pile *f*; **2.** MAR cale *f*; chantier *m*; *auf ~ legen* mettre en cale; *vom ~ laufen* être lancé; être mis à l'eau; *vom ~ lassen Schiff* lancer; mettre à l'eau; F *fig Dummheiten* débiter; *Beleidigungen* lancer; **3.** TEXT longueur *f* de fibre
stapel|bar *adj* empilable; **~lauf** *m* lancement *m* (d'un navire); mise *f* à l'eau
stapeln ⟨-(e)le, h⟩ **I** *v/t* empiler; *fig* (*anhäufen*) accumuler; amasser; **II** *v/réfl* **sich ~** s'empiler; *fig* (*sich ansammeln*) s'accumuler
stapelweise *adv* en tas; en pile
stapfen ['ʃtapfən] *v/i* ⟨*sein*⟩ marcher à pas lourds, lourdement; *durch den Schnee ~* marcher en s'enfonçant dans la neige; marcher péniblement dans la neige
Stapfen *m* ⟨~s; ~⟩ (*Fuß*⟨2⟩) empreinte *f* de pied
Star¹ [ʃtaːr] *m* ⟨~(e)s; ~e, *schweiz* ~en⟩ ZO étourneau *m*; sansonnet *m*
Star² *m* ⟨~(e)s; ~e⟩ MÉD (*grauer*) **~** cataracte *f*; *grüner* **~** glaucome *m*
Star³ [ʃtaːr *ou* staːr] *m* ⟨~s; ~s⟩ FILM, THÉ *etc* star *f*; vedette *f*; étoile *f*
Starallüren *f/pl* airs *m/pl* de star; **~ haben** jouer les vedettes
Star|anwalt *m*, **~anwältin** *f* avocat(e) *m*(*f*) célèbre, très connu(e), en vue; **~aufgebot** *n* déploiement *m* de stars
starb [ʃtarp] *cf* **sterben**
Starbesetzung *f e-s Films etc* brillante distribution
Starenkasten *m* nichoir *m* (à étourneaux)
stark [ʃtark] **I** *adj* ⟨*~er, ~ste*⟩ **1.** (*kraftvoll, fest*), *a fig* fort; *körperlich* robuste; vigoureux, -euse; *a Nerven, Herz etc* solide; *a Motor*, TECH *etc* puissant; *das ~e Geschlecht* le sexe fort; *das Recht des Stärkeren* le droit du plus fort; *das ist s-e ~e Seite* c'est son (point, côté) fort; *Essen etc ~ machen* donner des forces; *Kind groß und ~ werden* devenir grand et fort; *Ton stärker werden* s'élever; *fig in etw* ⟨*dat*⟩ *~ sein* être fort, bon, calé en qc; F *sich für j-n, etw ~ machen* soutenir qn, qc à fond; **2.** *Kaffee, Tee, Tabak* fort; *Parfum* a lourd; **3.** (*dick*) épais, épaisse; gros, grosse; *Personen* (*beleibt*) corpulent; *ein 3 cm ~es Brett* une planche de 3 cm d'épaisseur; *das Brett ist 3 cm ~* la planche a 3 cm d'épaisseur; *das Buch ist 100 Seiten ~* le livre compte 100 pages; **4.** (*heftig, intensiv*) fort; *Verkehr* grand; intense; *Kälte* intense; *Hitze, Erkältung* gros, grosse; *Abneigung, Interesse, Hunger, Durst* grand; *Zweifel* sérieux, -ieuse; *ein ~er Esser, Trinker, Raucher* un gros mangeur, un grand buveur, un grand fumeur; *es besteht ~e Nachfrage nach diesem Artikel* cet article est très demandé; **5.** GR *Verb* fort; **6.** (*zahlenmäßig groß*) *1000 Mann ~* fort de mille hommes; **7.** *Jugendsprache* (*echt*) **~** F super ⟨*inv*⟩; F génial; **II** *adv* fort; fortement; (*viel*) beaucoup; très; **~ hoffen** espérer fortement; **~ rauchen** fumer beaucoup; **~ regnen** pleuvoir très fort; **~ riechen** sentir fort; **~ verschuldet**, couvert de dettes; **~ verdünnt** fortement dilué; *j-n im Verdacht haben* soupçonner fortement qn; **~ an etw, j-n erinnern** rappeler beaucoup qn, qc; *es geht ~ auf Mitternacht zu* il n'est pas loin de minuit
Starkbier *n* bière forte
Stärke¹ ['ʃtɛrkə] *f* ⟨~; ~n⟩ **1.** (*pas de pl*) (*Kraft*) force *f* (*a Willens*⟨2⟩, *Licht*⟨2⟩ *etc*); vigueur *f*; robustesse *f*; *a von Nerven, Herz etc* solidité *f*; *e-s Motors, Scheinwerfers, e-r Armee, der Gefühle* puissance *f*; **2.** *e-s Bretts, e-r Mauer* (*Dicke*) épaisseur *f*; grosseur *f*; *von Personen* (*Beleibtheit*) corpulence *f*; embonpoint *m*; grosseur *f*; **3.** ⟨*pas de pl*⟩ (*Heftigkeit, Intensität*) force *f*; *des Windes, Regens* violence *f*; *des Verkehrs, Interesses, Hungers, Durstes, der Hitze, e-s Zweifels, Geruchs, Schmerzes etc* intensité *f*; **4.** ⟨*pas de pl*⟩ *zahlenmäßig* nombre *m*; MIL effectif *m*; **5.** *fig* (*starke Seite*) fort *m*; *das ist nicht meine ~* c'est mon (point, côté) fort; **6.** ⟨*pas de pl*⟩ (*Konzentration*) concentration *f*
Stärke² *f* ⟨~⟩ CHIM amidon *m*; CUIS fécule *f*
stärke|haltig *adj* féculent; **~mehl** *n* fécule *f*
stärken ⟨h⟩ **I** *v/t* **1.** *a Gesundheit etc* fortifier; *Essen, Nahrungsmittel a* réconforter; MÉD *a* tonifier; **2.** *fig Vertrauen, Ansehen, Macht, Selbstbewußtsein etc* renforcer; fortifier; **3.** *Wäsche* amidonner; empeser; **II** *v/réfl* **sich ~** se fortifier; *durch Essen u Trinken a* se sustenter; se restaurer
stärker *cf* **stark**
Stärkezucker *m* glucose *f*
stärkste *cf* **stark**
Starkstrom *m* (courant *m* de) haute tension; **~leitung** *f* ligne *f* de haute tension
Starkult *m* culte voué à une star

'**Stärkung** f ⟨~; ~en⟩ **1.** ⟨pas de pl⟩ der Gesundheit etc affermissement m; renforcement m; **zur ~** comme remontant; **2.** (Imbiß) collation f
'**Stärkungsmittel** n fortifiant m; tonique m
Starlet(t) ['ʃtaːrlɛt ou 'staːrlɛt] n ⟨~s, ~s⟩ meist péj starlette f
starr [ʃtar] adj **1.** (unbeweglich, steif) raide; rigide; Blick fixe; Glieder engourdi; Lächeln, Gesichtsausdruck figé; **~ vor Kälte** transi, engourdi de froid; **~ vor Entsetzen** pétrifié de terreur; **~ vor Schreck** glacé d'épouvante; **~ vor Staunen** stupéfait; paralysé, médusé (d'étonnement); F sidéré; Glieder werden s'engourdir; transir (vor [+dat] de); **2.** fig Gesetz, Regeln rigide; Charakter inflexible; intransigeant
'**Starre** f ⟨~⟩ rigidité f; raideur f; psychisch torpeur f
'**starren** v/i ⟨h⟩ **1.** (starr blicken) **auf, in etw** (acc) **~** regarder fixement qc; **entsetzt auf etw** (acc) **~** regarder qc l'œil 'hagard; **gebannt auf etw** (acc) **~** regarder qc comme ensorcelé, envoûté; **2.** (bedeckt sein) **vor** od **von Schmutz ~** disparaître sous la saleté
'**Starr|heit** f ⟨~⟩ **1.** raideur f; rigidité f; des Blicks fixité f; der Glieder engourdissement m; **2.** fig von Gesetzen, Regeln rigidité f; des Charakters inflexibilité f; intransigeance f; **~kopf** m entêté m; têtu m; obstiné m; **2köpfig** adj entêté; têtu; obstiné; **~köpfigkeit** f ⟨~⟩ entêtement m; obstination f; **~sinn** m ⟨~(e)s⟩ entêtement m; obstination f; opiniâtreté f; **2sinnig** adj entêté; obstiné; opiniâtre
Start [ʃtart] m ⟨~(e)s; ~s⟩ a fig départ m (a SPORT); démarrage m; (~linie) ligne f de départ; AVIAT départ m; envol m; décollage m; e-s Motors démarrage m; **fliegender, stehender ~** départ lancé, arrêté; **an den ~ gehen** se rendre sur la ligne de départ; fig **an den ~ gehen, am ~ sein** (teilnehmen) prendre le départ; **den ~ freigeben** autoriser le départ; (das Startzeichen geben) donner le départ; **~ frei!** départ autorisé!; fig **er hat e-n guten ~ im Leben gehabt** il a pris un bon départ dans la vie
'**Start|automatik** f starter m; **~bahn** f piste f de décollage, d'envol, de départ; **2bereit** adj prêt au départ; Flugzeug prêt à décoller; prêt à s'envoler; **~block** m ⟨~(e)s; -blöcke⟩ SCHWIMMSPORT plate-forme f de départ; LEICHTATHLETIK starting-block m
'**starten** ⟨-te⟩ I v/t ⟨h⟩ Rakete, Satellit, Offensive, Angriff, Kampagne lancer; Motor, Maschine mettre en marche; Auto faire démarrer; Reise, Produktion commencer; fig Unternehmen etc mettre en route; II v/i ⟨sein⟩ partir; SPORT, a (an e-m Wettkampf teilnehmen) prendre le départ; Rakete être lancé; Flugzeug décoller; Motor démarrer; partir; **in die Ferien, zu e-r Expedition ~** partir en vacances, pour une expédition
'**Starter** m ⟨~s; ~⟩ **1.** SPORT starter m; **2.** AUTO démarreur m; **~klappe** f starter m
'**Start|erlaubnis** f **1.** AVIAT autorisation f de décoller; **2.** SPORT autorisation f de participer; **~flagge** f SPORT pavillon m,

fanion m de départ; **~folge** f SPORT ordre m de départ; **~geld** n SPORT **1.** des Teilnehmers droits m/pl de participation; **2.** des Veranstalters prime f de match
'**Starthilfe** f **1.** (Unterstützung) aide financière; **2.** beim Auto démarrage m à l'aide d'un câble de démarrage; **j-m ~ geben** aider qn à démarrer sa voiture
'**Start|hilfekabel** n câble m de démarrage; **~kapital** n capital m de départ; **2klar** cf startbereit; **~kommando** n SPORT commandement m de départ; **~linie** f SPORT ligne f de départ
'**Startloch** n SPORT trou m de départ; fig **in den Startlöchern sitzen** od **hocken** être sur le point de faire qc
'**Start|nummer** f SPORT (numéro m de) dossard m; **~pistole** f SPORT pistolet m de starter; **~rampe** f rampe f de lancement
'**Startschuß** m SPORT signal m de départ; **den ~ fällt** le signal est donné; **den ~ zu** od **für etw geben** donner le feu vert à qc
'**Start-und-'Lande-Bahn** f piste f de décollage et d'atterrissage
'**Startverbot** n **1.** AVIAT interdiction f de décoller; **2.** SPORT suspension f; **~ haben** être suspendu
'**Start|vorbereitungen** f/pl préparatifs m/pl de départ, AVIAT de décollage; **~zeichen** n signal m de départ
Stasi[1] ['ʃtaːzi] F ⟨~⟩ od m ⟨~(s)⟩ cf Staatssicherheitsdienst
'**Stasi**[2] F m ⟨~s; ~s⟩ (Mitglied des Staatssicherheitsdienstes) membre m de la police politique (de l'ancienne R.D.A.)
Statement ['steːtmənt] n ⟨~s; ~s⟩ meist POL déclaration f; **ein (offizielles) ~ abgeben** faire une déclaration (officielle)
'**Statik** ['ʃtaːtɪk] f ⟨~⟩ statique f
'**Statiker(in)** m ⟨~s; ~⟩ (f) ⟨~; ~nen⟩ spécialiste m/f de la statique
Station [ʃtatsi'oːn] f ⟨~; ~en⟩ **1.** (Haltestelle) station f; (Bahnhof) gare f; der Straßenbahn arrêt m; **2.** (Funk2, Sende2, Forschungs2) station f; **3.** im Krankenhaus service m; **auf der chirurgischen ~ liegen** être dans le service (de) chirurgie; Arzt, Krankenschwester **auf ~ sein** être de service; **4.** (Zwischen2) étape f; 'halte f; (Aufenthalt) séjour m; **in Paris ~ machen** faire 'halte, s'arrêter à Paris; **die ~en unserer Reise sind Orléans, Tours und Blois** les étapes de notre voyage sont Orléans, Tours et Blois; **5.** CATH des Kreuzwegs station f
stationär [ʃtatsio'nɛːr] I adj **1.** (ortsfest) fixe; Bevölkerung, Wirtschaft, Strom stationnaire; stable; Meßanzeige persistant; **2.** MÉD **~e Behandlung** traitement m hospitalier; II adv **j-n ~ behandeln** garder qn en hospitalisation
statio'nier|en v/t ⟨pas de ge-, h⟩ Raketen, Atomwaffen déployer; Truppen, Flugzeuge etc baser; **stationiert sein in** (+dat) être basé à bzw en; **2ung** f ⟨~; ~en⟩ déploiement m
Stati'ons|arzt m, **~ärztin** f médecin m responsable d'un service hospitalier; **~schwester** f infirmière-chef f; surveillante f; **~taste** f RAD touche f de (pré)sélection (de station); **~vorsteher** m EISENBAHN chef m de gare

'**statisch** adj statique
Statist(in) [ʃta'tɪst(ɪn)] m ⟨~en; ~en⟩ (f) ⟨~; ~nen⟩ THÉ, FILM, fig figurant(e) m(f); fig comparse m
Sta'tistenrolle f THÉ, FILM, fig rôle m de figurant
Statistik [ʃta'tɪstɪk] f ⟨~; ~en⟩ **1.** ⟨pas de pl⟩ Wissenschaft statistique f; **2.** Zusammenstellung statistique(s) f(pl); **e-e ~ aufstellen** établir des statistiques (**über** [+acc] de)
Sta'tistiker(in) m ⟨~s; ~⟩ (f) ⟨~; ~nen⟩ statisticien, -ienne m,f
sta'tistisch I adj statistique; **2es Bundesamt** Office fédéral de la statistique; in Frankreich INSEE m; II adv statistiquement; **etw ~ erfassen** faire des statistiques sur qc; **das ist ~ erwiesen** c'est prouvé par les statistiques, statistiquement
Stativ [ʃta'tiːf] n ⟨~s; ~e⟩ support m; trépied m
statt [ʃtat] prép ⟨gén⟩ à la place de; au lieu de; **~ dessen** au lieu de cela; **~ mir zu helfen, geht sie weg** au lieu de m'aider elle s'en va
Statt st/s f ⟨~⟩ **an Kindes ~ annehmen** adopter; cf a Eid
Stätte ['ʃtɛtə] st/s f ⟨~; ~n⟩ lieu m; **die heiligen ~n** les lieux saints
'**stattfinden** v/i ⟨irr, sép, -ge-, h⟩ avoir lieu; se faire; se passer
'**stattgeben** v/i ⟨irr, sép, -ge-, h⟩ ADM **e-r Bitte, e-m Antrag ~** donner suite à, satisfaire à une demande, une requête; **e-r Klage** (dat) **~** reconnaître une plainte comme recevable
'**statthaft** st/s adj admissible; permis (de mise); JUR recevable; **nicht ~** inadmissible; irrecevable
'**Statthalter** m HIST lieutenant général; e-r Provinz gouverneur m
'**stattlich** adj Person de belle apparence; d'un aspect imposant; Gebäude etc imposant; majestueux, -euse; Summe, Vermögen etc important; considérable; Anzahl imposant; F **~e tausend Mark** F la coquette somme de mille marks
'**Stattlichkeit** f ⟨~⟩ belle apparence; aspect imposant; majesté f; importance f
Statue ['ʃtaːtuə] f ⟨~; ~n⟩ statue f
Statuette [ʃtatu'ɛta] f ⟨~; ~n⟩ statuette f
Statur [ʃta'tuːr] f ⟨~; ~en⟩ stature f; taille f; **von kleiner ~** de petite taille
Status ['ʃtaːtus] st/s m ⟨~; ~ [-tuːs]⟩ état m; rechtlicher statut m; situation f (juridique); (Vermögensstand) situation (financière)
Status quo ['ʃtaːtus'kvoː] st/s m ⟨~⟩ statu quo m
'**Statussymbol** n marque f de standing
Statut [ʃta'tuːt] n ⟨~(e)s; ~en⟩ statut m
Sta'tutenänderung f modification f des statuts
Stau [ʃtau] m ⟨~(e)s; ~s ou ~e⟩ **1.** (Verkehrs2) bouchon m; embouteillage m; **10 km ~ auf der Autobahn** un bouchon de 10 km sur l'autoroute; **im ~ stehen** être pris dans un bouchon; **2.** von Flüssigkeiten engorgement m
Staub [ʃtaup] m ⟨~(e)s; t/t ~e⟩ poussière f; BOT (Blüten2) pollen m; **~ saugen** passer l'aspirateur; **~ wischen** épousseter les meubles, etc; enlever la poussière; **~ aufwirbeln** soulever de la poussière; F fig **viel ~ aufwirbeln** faire du bruit; F **sich aus dem ~(e) ma-**

staubbedeckt – Stegreif

chen F filer; F se sauver; s'éclipser; BIBL **wieder zu ~ werden** retourner en poussière

'**staubbedeckt** adjt couvert de poussière; poussiéreux, -euse

'**Staub|besen** m plumeau m; **~beutel** m 1. BOT anthère f; 2. *e-s Staubsaugers* sac m à poussière; **~blatt** n BOT étamine f

Stäubchen ['ʃtɔʏpçən] n ⟨~s; ~⟩ petit grain de poussière

'**Staubecken** n bassin m de retenue (d'un barrage)

'**stauben** v/imp u v/i ⟨h⟩ faire de la poussière

stäuben ['ʃtɔʏbən] ⟨h⟩ I v/t *etw auf-, über etw (acc) ~* saupoudrer qc sur qc; II v/i *Wasser* être pulvérisé, vaporisé; être dispersé en fines gouttelettes

'**Staub|faden** m BOT filet m; **~fänger** m ⟨~s; ~⟩ péj nid m à poussière; **~flocke** f flocon m de poussière; **~gefäß** n BOT étamine f

'**staubig** adj couvert de poussière; poussiéreux, -euse; *hier ist es ~* ici, c'est plein de poussière

'**Staub|korn** n ⟨~(e)s, -körner⟩ grain m de poussière; **~lappen** m chiffon m à poussière; **~lunge** f MÉD pneumoconiose f; **²saugen** v/i ⟨insép, -ge-, h⟩ passer l'aspirateur (sur); **~sauger** m aspirateur m; **~schicht** f couche f de poussière

'**staubtrocken¹** adj TECH sec, sèche 'hors poussière'

'**staub'trocken²** adj oft péj extrêmement sec, sèche

'**Staub|tuch** n ⟨~(e)s; -tücher⟩ chiffon m à poussière; **~wedel** m plumeau m; **~wolke** f nuage m de poussière; **~zukker** m südd, österr sucre m glace

stauchen ['ʃtaʊxən] v/t ⟨h⟩ 1. (*stoßen*) cogner; 2. TECH *Niete* écraser; *Eisenstücke* refouler

'**Staudamm** m barrage m

Staude ['ʃtaʊdə] f ⟨~; ~n⟩ plante herbacée vivace

stauen ⟨h⟩ I v/t 1. *Wasser* retenir; *Fluß* endiguer; *Blut* empêcher de circuler; 2. MAR *Ladung* arrimer; II v/réfl *sich ~ Wasser, Eis* s'amasser; *Menschenmenge* s'entasser; *Hitze, Wut* s'accumuler; *Verkehr* former un bouchon; *Blut* être empêché de circuler

'**Stau|gefahr** f risque m de bouchon; **~mauer** f (mur m de) barrage m

staunen ['ʃtaʊnən] v/i ⟨h⟩ (*über etw, j-n*) *~* s'étonner (de qc, qn); être étonné (de qc, qn); (*überrascht sein*) être surpris (de qc, qn); (*beeindruckt sein*) s'émerveiller (de qc, qn); *advt ~d* avec étonnement; F *da staunst du, was?* F ça te sidère, hein?; F *sie staunte nicht schlecht, als sie das hörte* F elle n'en revenait pas d'entendre ça

'**Staunen** n ⟨~s⟩ étonnement m; surprise f; *j-n in ~ (acc) versetzen* étonner, surprendre, ébahir qn; *aus dem ~ nicht (mehr) herauskommen* aller de surprise en surprise; *ich komme aus dem ~ nicht (mehr) heraus* je n'en reviens pas

Staupe ['ʃtaʊpə] f ⟨~; ~n⟩ VÉT maladie f de Carré

'**Stau|raum** m espace m de rangement; **~see** m lac m de retenue; **~stufe** f bief m

'**Stauung** f ⟨~; ~en⟩ 1. (*das Stauen*) von *Wasser* accumulation f; *e-s Flusses* endiguement m; MÉD (*Blut*²) congestion passive; 2. (*Ansammlung*) von *Wasser, Luft* accumulation f; 3. *im Verkehr* bouchon m; encombrement m

'**Stau|wehr** n barrage m de retenue; **~werk** n barrage m

Std. abr (*Stunde*) h (heure)

Steak [steːk] n ⟨~s; ~s⟩ steak m; bifteck m; '**~haus** n grill-room m; grill m

Stearin [ʃteaˈriːn] n ⟨~s; ~e⟩ stéarine f

'**Stech|apfel** m stramoine f; **~beitel** m, **~eisen** n ciseau m de menuisier, biseauté

stechen ['ʃtɛçən] ⟨sticht, stach, gestochen, h⟩ I v/t 1. piquer; *er wurde von einer Biene gestochen* il a été piqué par une abeille; *die Wespe hat mich in den Fuß gestochen* la guêpe m'a piqué au pied; *Löcher in etw (acc) ~* faire des trous dans qc; 2. (*fangen*) *Aale* attraper; (*ab~*) *Schwein* saigner; 3. AGR *Rasen* lever; *Spargel, Salat* couper; *Torf* extraire; 4. *beim Kartenspiel* prendre; *mit e-m Trumpf* couper; 5. *in Kupfer ~* graver au burin sur cuivre; *cf a gestochen II*; II v/i 6. piquer; *Sonne* être brûlant; taper; *mit etw in etw (acc) ~* enfoncer, planter qc dans qc; *die Wespe hat mir in den Fuß gestochen* la guêpe m'a piqué au pied; *mit einer Waffe nach j-m ~* donner un coup de ... à qn; 7. SPORT *etc bei Punktgleichheit* départager; 8. (*die Stechuhr betätigen*) pointer; 9. KARTENSPIEL prendre; *mit e-m Trumpf* couper; 10. *Farbe ins Rot ~* tirer sur le rouge; F fig *das sticht mir in die Augen* cela me saute aux yeux; III v/réfl *sich (dat od acc) in den Finger ~* se piquer le doigt

'**Stechen** n ⟨~s; ~⟩ SPORT épreuve finale (*pour départager les candidats*)

'**stechend** adjt *Blick* perçant; *Schmerz* cuisant; lancinant; *Sonne* brûlant; ardent; *Geruch* âcre

'**Stech|fliege** f ZO mouche piqueuse; **~ginster** m ajonc m; **~karte** f carte f de pointage; **~mücke** f moustique m; **~palme** f houx m; **~schritt** m MIL pas m de l'oie; **~uhr** f pointeuse f; **~zirkel** m compas m à pointes sèches

'**Steck|brief** m 1. avis m de recherche; 2. fig (*kurze Beschreibung*) *e-s Menschen* traits m/pl caractéristiques; *e-s Produkts, Geräts* spécification f; **²brieflich** adj u adv par avis de recherche; **~dose** f prise f de courant

stecken ['ʃtɛkən] ⟨h⟩ I v/t 1. *etw durch etw ~* glisser, passer qc à travers od par qc; *etw in etw (acc) ~* mettre, introduire, faire entrer qc dans qc; (*gleiten lassen*) glisser qc dans qc; (*hineinstopfen*) fourrer qc dans qc; *etw in die Tasche ~* mettre, glisser qc dans sa poche; fig *Geld in ein Unternehmen ~* investir, placer de l'argent dans une entreprise; F *j-n ins Bett, Gefängnis ~* F flanquer qn au lit, en prison; *e-n Brief in den Briefkasten ~* mettre une lettre à la boîte; *Vögel den Kopf unter die Flügel ~* se cacher, se mettre la tête sous l'aile; 2. (*befestigen*) *etw an etw (acc) ~* fixer, attacher, mit e-r *Nadel* épingler qc à qc; *e-n Ring an den Finger ~* passer une bague à un doigt; mettre une bague à son doigt; 3. (*pflanzen*) planter; 4. F fig *j-m etw ~* raconter qc à qn; *es j-m ~* dire ses quatre vérités à qn; II v/i (*regulier ou st/s* stak, gesteckt) 5. (*sich befinden*) être; se trouver; *an etw (dat) ~ (befestigt sein)* être fixé, attaché à qc; tenir à qc; *in etw (dat) ~ Pfahl, Stange etc* être enfoncé, fiché, planté dans qc; (*hineingestopft sein*) être fourré dans qc; *der Schlüssel steckt (in der Tür)* la clé est sur la porte; F *wo steckt sie denn?* F où qu'est-ce qu'elle fout?; F *wo hast du nur gesteckt?* F où étais-tu passé?; F *die Kinder ~ den ganzen Tag bei ihnen* F les enfants sont fourrés toute la journée chez eux; F *in Schwierigkeiten ~* F être dans le pétrin; F (*sehr*) *tief in Arbeit ~* F être plongé dans le travail; 6. fig meist péj *dahinter steckt etwas* il y a qc là-dessous; il y a anguille sous roche; *wer steckt dahinter?* qui est derrière?; 7. fig *voll von etw ~* être plein de qc; *voller Bosheit, Ideen ~* être plein de méchanceté, d'idées; III v/réfl *sich (dat) e-e Blume ins Haar ~* piquer une fleur dans ses cheveux; fig *sich (dat) ein Ziel ~* se fixer un but

'**Stecken** m ⟨~s; ~⟩ bes südd bâton m

'**steckenbleiben** v/i ⟨irr, sép, -ge-, sein⟩ 1. rester bloqué; *Fahrzeug* ne plus pouvoir avancer; *in etw (dat) ~* rester enfoncé dans qc; être arrêté par qc; *in den Anfängen ~* en être resté au début; 2. (*verbleiben*) rester; *im Hals ~* rester dans la gorge; 3. fig *Verhandlungen etc* s'enliser; 4. F fig *beim Reden* ne plus trouver ses mots

'**steckenlassen** ⟨irr, sép, pas de ge-, h⟩ I v/t *den Schlüssel ~* laisser la clé sur la porte; II F v/i *lassen Sie stecken!* laissez, c'est moi qui paye!

'**Steckenpferd** n a fig dada m; (*Lieblingsthema*) cheval m de bataille; fig plais *sein ~ reiten* enfourcher son dada

'**Stecker** m ⟨~s; ~⟩ ÉLECT fiche f; prise f de courant

'**Steckling** m ⟨~s; ~e⟩ AGR bouture f; plant m

'**Stecknadel** f épingle f; *es war so still, daß man e-e ~ hätte fallen hören können* on aurait entendu une mouche voler; F *etw, j-n wie e-e ~ suchen* chercher qc, qn longtemps et partout; F fig *e-e ~ im Heuhaufen suchen* chercher une aiguille dans une botte de foin

'**Steck|nadelkopf** m tête f d'épingle; **~reis** n ⟨~es; ~er⟩ cf *Steckling*; **~rübe** f regional rutabaga m; **~schloß** n serrure f de sécurité; **~schlüssel** m clé f à tube; **~schuß** m MÉD (blessure f par m) balle restée dans le corps; **~zwiebel** f oignon m de semence

'**Stefan** cf *Stephan*
'**Stefanie** cf *Stephanie*

Steg [steːk] m ⟨~(e)s; ~e⟩ 1. (*kleine Brücke, Boots*²) passerelle f, (*Lauf*²) allée f; 2. *an Saiteninstrumenten* chevalet m; (*Hosen*²) sous-pied m; *e-r Brille* arcade f; CONSTR entretoise f; *a e-r Säge* traverse f; *zwischen Löchern* intervalle m; 3. TYPO garniture f

'**Steghose** f (pantalon m) fuseau m (avec sous-pied)

Stegreif ['ʃteːkraɪf] m *aus dem ~* sans préparation; à l'improviste; au pied levé; *etw aus dem ~ machen* a improviser qc

'**Stegreif|dichter(in)** *m(f)* improvisateur, -trice *m.f*; **~dichtung** *f* improvisation *f*; **~rede** *f* discours improvisé; improvisation *f*
'**Steh|aufmännchen** *n* Spielzeug poussah *m*; F *fig* personne *f* qui retombe toujours sur ses pieds; **~bündchen** *n* col *m* officier; **~empfang** *m* réception *f*; cocktail *m*
stehen ['ʃteːən] ⟨steht, stand, gestanden, h, *südd*, *österr*, *schweiz* sein⟩ **I** *v/i* **1.** *(aufrecht* ~*)* être, se tenir debout; *gerade* ~ se tenir droit; *ich kann kaum noch* ~ je peux à peine me tenir debout; *je ne tiens plus debout*; *im Wasser* ~ *können* avoir pied; ~ *bleiben* rester debout; *das Haus steht noch nicht lange* il n'y a pas longtemps que cette maison a été construite, bâtie; *fig das Geschäft steht und fällt mit ihm* toute l'affaire repose sur lui; *der Urlaub steht und fällt mit dem Wetter* les vacances dépendent entièrement du temps; **2.** *(sich befinden)* être; se trouver; *er stand am Fenster* il était à la fenêtre; *die Sonne steht hoch am Himmel* le soleil est 'haut dans le ciel'; *der Turm steht auf e-r Anhöhe* la tour se dresse, s'élève sur une 'hauteur; *fig auf j-s Seite (dat)* ~ être du parti, du côté de qn; *am Beginn e-s neuen Zeitalters* ~ se trouver au début d'une nouvelle ère *od* époque; *e-e Forelle steht im Bach* une truite est immobile dans le ruisseau; *unter j-s Leitung (dat)* ~ être sous la direction de qn; *vor e-r Frage* ~ être confronté à une question; *vor e-r Entscheidung* ~ être en face d'une décision; devoir prendre une décision; *vor der vollendeten Tatsache* ~ être placé, se trouver devant le fait accompli; *Plan etc vor der Verwirklichung* ~ être à la veille de la réalisation, d'être réalisé; *diese Sache steht immer noch zwischen uns (dat)* cette affaire n'est pas encore réglée entre nous; **3.** *(sein)* être; *Wohnung leer* ~ être vide, vacant, inoccupé; *Gegenstand fest* ~ être fixe; ne pas être branlant; *schief* ~ pencher; ne pas être d'aplomb; *mit j-m in Verbindung* ~ être en relations avec qn; *ich stehe nicht allein mit meiner Meinung* je ne suis pas seul de mon avis, à être de cet avis; *die Sache steht so, daß ...* l'affaire en est arrivée au point que ...; *so wie die Dinge (nun einmal)* ~ dans ces circonstances, conditions; au point où nous en sommes; *wie* ~ *unsere Chancen?* où en sont, quelles sont nos chances?; *wie steht das Spiel?* où en est le match, la partie?; *das Spiel steht 2 zu 3* le score est de 2 à 3; **4.** *GR (gebraucht werden) der Artikel steht ...* on emploie l'article ...; *das Adverb steht hinter dem Verb* l'adverbe se met après le verbe; *der Konjunktiv steht nach folgenden Verben* les verbes suivants régissent le subjonctif; **5.** *FIN*, *COMM wie steht der Dollar?* quel est le cours du dollar?; *die Aktien stehen ... auf ... (dat)* les actions sont à ...; **6.** *Kleider, Farben etc j-m gut, schlecht* ~ aller bien, mal à qn; **7.** *(geschrieben* ~*)* être écrit; *was steht auf dem Plakat?* qu'est-ce qu'il y a d'écrit sur l'affiche?; *auf dem Denkmal steht ...* sur le monument est inscrit ...; *auf e-r Liste* ~ figurer sur une liste; *in der Zeitung* ~ être dans le journal; *davon steht nichts in dem Brief* la lettre n'en dit rien; *wo* ~ *diese Verse?* où se trouvent ces vers?; **8.** *(anzeigen) Barometer auf Regen* ~ être à la pluie; *Signal etc auf „Halt"* ~ être à l'arrêt; *Ampel auf Rot* ~ être au rouge; *Zeiger auf 3 Uhr* ~ marquer 3 heures; **9.** *darauf steht Gefängnis* c'est puni de prison; *darauf* ~ *hundert Mark Belohnung* il y aura une récompense de cent marks; **10.** *(still* ~*) Maschine, Uhr* être arrêté; **11.** *fig hinter j-m* ~ être derrière qn; soutenir qn; *zu j-m* ~ soutenir qn; être du côté de qn; *zu s-m Wort* ~ tenir sa parole; *wie stehst du dazu?* qu'en penses-tu?; **12.** *für etw* ~ *(gewährleisten)* garantir qc; *(stellvertretend sein)* représenter qc; **13.** *das wird ihn teuer zu* ~ *kommen* cela lui reviendra *od* coûtera cher; **14.** F *Rede, Programm etc* ~ être prêt; **15.** F *es steht mir bis hier(her) od bis hierhin od bis zum Hals* j'en ai marre; F j'en ai ras le bol; **16.** F *auf etw (acc)* ~ F être fana de qc; *auf j-n* ~ F être en pincer pour qn; **17.** P *er steht ihm, mir* P il, je bande; **II** *v/imp* **18.** *wie steht's mit ihm od um ihn?* comment va-t-il?; *wie steht es mit s-m Prozeß, mit s-n Finanzen?* où en est-il *od* avec son procès, ses finances?; *wie steht's mit Ihrer Gesundheit?* comment va la santé?; F *(wie geht's,) wie steht's?* F ça va?; *so steht's also?* ah! c'est comme ça!; **19.** *es steht zu erwarten, daß ...* on peut s'attendre à ce que ... *(+subj)*; *es steht zu befürchten, daß ...* il est à craindre que ... *(+subj)*; **III** *v/réfl* F **20.** *sich gut, schlecht mit j-m* ~ être bien, mal avec qn; être en bons, mauvais termes avec qn; **21.** *sich gut, schlecht dabei* ~ bien, mal s'en sortir
'**stehenbleiben** *v/i* ⟨*irr*, *sép*, *-ge-*, sein⟩ **1.** *(anhalten) a Uhr etc* s'arrêter; *mir blieb fast das Herz stehen* mon cœur s'arrêta de battre; *fig wo sind wir stehengeblieben* (restés)?; **2.** *(keine Fortschritte machen)* ne pas progresser; rester au même point; rester stationnaire; **3.** *(unverändert bleiben)* rester; *drei Fehler sind stehengeblieben* trois fautes ont échappé, sont restées; **4.** *(zurückgelassen werden)* être oublié; *ein Schirm ist stehengeblieben* un parapluie a été oublié; qn a laissé, oublié un parapluie
'**stehenlassen** *v/t* ⟨*irr*, *sép*, *pas de* -ge-, *au passif* -ge-, h⟩ **1.** laisser; *Speise* laisser là; ne pas toucher à; *Teig* laisser reposer; *j-n vor der Tür* ~ ne pas faire rentrer qn; *sich (dat) e-n Bart* ~ se faire pousser la barbe; *alles stehen- und liegenlassen* quitter tout; tout laisser tomber; **2.** *(vergessen)* laisser, oublier; **3.** *Fehler* laisser passer; *Schrift an der Tafel* ne pas effacer; **4.** *fig j-n* ~ planter qn; laisser tomber qn
Steher ['ʃteːər] *m* ⟨~s; ~⟩ *SPORT* stayer *m*; **~rennen** *n RADSPORT* course *f* derrière moto
'**Steh|geiger** *m* violoniste ambulant; **~imbiß** *m* snack-bar *m (où l'on consomme debout)*
'**Stehkonvent** *m fig plais* bavardage *m*; *e-n* ~ *abhalten* bavarder
'**Steh|kragen** *m* col *m* officier; **~lampe** *f* lampadaire *m*; **~leiter** *f* échelle *f* double
stehlen ['ʃteːlən] ⟨stiehlt, stahl, gestohlen, h⟩ **I** *v/t u v/i (j-m etw)* ~ voler (qc à qn); *BIBL du sollst nicht* ~*!* tu ne voleras point!; *j-m den Schlaf* ~ empêcher qn de dormir; *j-m die Zeit* ~ faire perdre son temps à qn; F *er kann mir gestohlen bleiben* F qu'il aille au diable; F *je me fiche pas mal de lui*; **II** *v/réfl sich ins Haus* ~ s'introduire, se glisser furtivement dans la maison; *sich aus dem Haus* ~ sortir furtivement, s'échapper de la maison; *sich in j-s Vertrauen (acc)* ~ capter la confiance de qn; s'insinuer dans les bonnes grâces de qn
'**Steh|platz** *m* place *f* debout; *im Theater a* promenoir *m*; **~pult** *n* pupitre *m (pour écrire debout)*; **~vermögen** *n* ⟨~s⟩ endurance *f*
Steiermark ['ʃtaɪərmark] ⟨→*n/pr*⟩ *die* ~ la Styrie
steif [ʃtaɪf] **I** *adj* **1.** raide; rigide; inflexible; *MÉD* raide; *vor Kälte* engourdi; *Gelenke* ankylosé; *Kragen* empesé; *Hut* dur; *Brei* épais, épaisse, consistant; F *Penis* raide; en érection; ~ *werden* se raidir; *Gelenke* s'ankyloser; *Glieder* s'engourdir; *Pudding* prendre; *MÉD* **~er** *Hals* torticolis *m*; *Sahne* ~ *schlagen* battre la crème; F ~ *wie ein Brett Wäsche etc* raide comme un bâton; *Haar* raide comme des baguettes; *Personen* raide comme la justice; F *e-n* ~*en kriegen* P bander; **2.** *fig (linkisch)* gauche; raide; lourd; *im Benehmen* guindé; *(gezwungen)* contraint; *(förmlich)* cérémonieux, -ieuse; **3.** *MAR Brise* fort; *Wind* grand; **4.** F *fig Grog etc* F bien tassé; **II** *adv* F ~ *und fest behaupten, daß ...* F soutenir mordicus que ...
'**steifbeinig I** *adj* ~ *sein* avoir les jambes raides; **II** *adv* ~ *gehen* marcher les jambes raides
'**Steifheit** *f* ⟨~⟩ **1.** raideur *f*; rigidité *f*; *der Gelenke* ankylose *f*; **2.** *fig in der Bewegung, im Benehmen* gaucherie *f*; raideur *f*
Steig [ʃtaɪk] *m* ⟨~(e)s; ~e⟩ sentier *m* (de montagne)
'**Steigbügel** *m a ANAT* étrier *m*
'**Steige** *f* ⟨~; ~n⟩ **1.** *bes südd, österr (steile Fahrstraße)* côte *f*; montée *f*; **2.** *bes nordd (Leiter)* échelle *f*; *(Treppe)* petit escalier; **3.** *bes südd, österr für Obst* cageot *m*; *für Hühner etc* caisse *f*, cage *f* à claire-voie
'**Steigeisen** *n* crampon *m*; grappin *m*; *am Schornstein* échelon *m* (en fer)
steigen ['ʃtaɪgən] *v/i* ⟨steigt, stieg, gestiegen, sein⟩ **1.** *(hinauf* ~*)* monter; *Flugzeug* prendre de la hauteur; monter; *Nebel, Ballon* s'élever; *(hinunter* ~*)* descendre; *(klettern)* grimper; *e-n Drachen* ~ *lassen* faire voler, lancer un cerf-volant; *auf etw (acc)* ~ monter sur qc; *auf e-n Berg* ~ escalader une montagne; *aufs Pferd* ~ monter à cheval; *vom Pferd* ~ descendre de cheval; *aufs Fahrrad* ~ enfourcher son vélo; *vom Fahrrad* ~ descendre de vélo; *ins Auto, in den Zug, ins Flugzeug* ~ monter en voiture, dans le train, dans l'avion; *aus dem Auto, Zug, Flugzeug* ~ descendre de (la) voiture, de

l'avion, du train; *aus dem Fenster ~* sortir, sauter par la fenêtre; *durch das Fenster ~* entrer bzw sortir par la fenêtre; *über die Mauer ~* passer par-dessus le mur; *in den Keller ~* descendre à la cave; F *auf die Bremse ~* F freiner à mort; F *aufs Gas ~* F appuyer sur le champignon; F *in die Kleider ~* enfiler ses vêtements; F *ins Bett ~* se mettre au lit; F *aus dem Bett ~* sortir, sauter du lit; **2.** *e-r Person die Röte stieg ihm ins Gesicht* le rouge lui monta aux joues; *der Bratenduft stieg mir in die Nase* l'odeur du rôti me monta au nez; **3.** *(an~)* monter *(auf [+acc]* à; *um* de); *Preise, Kurse a* être en 'hausse *(um* de); *(zunehmen)* s'accroître *(um* de); *Temperatur* s'élever *(auf [+acc]* à; *um* de); *Chancen, Ansprüche etc* augmenter *(um* de); *im Preis ~* augmenter de prix; *in j-s Achtung (dat) ~* monter dans l'estime de qn; *~de Tendenz* tendance f à la hausse; *~de Bedeutung* importance croissante; **4.** F *(stattfinden) eine Party steigt* il y a une soirée; *ein Fest ~ lassen (organisieren)* mettre sur pied une fête; *(mitfeiern)* F faire la fête; **5.** *Pferd (sich aufbäumen)* se cabrer

'**Steiger** *m* ⟨~s; ~⟩ BERGBAU porion *m*
steigern ['ʃtaɪgərn] ⟨-(e)re, h⟩ **I** *v/t* **1.** *(erhöhen) Preise* augmenter; faire monter; 'hausser; *Ansprüche, Chancen* augmenter; accroître; *Tempo* augmenter; *Standard* élever; *Leistung, Produktion* élever; augmenter; *Furcht, Spannung* intensifier; **2.** *auf e-r Auktion* acheter aux enchères; **3.** GR mettre au comparatif *bzw* superlatif; **II** *v/réfl sich ~ Preise* s'élever; monter; *Tempo, Ansprüche, Chancen* s'accroître; augmenter; *Furcht, Spannung* s'intensifier; *Standard, Leistung, Produktion* s'élever; *der Schmerz steigerte sich bis zur Unerträglichkeit* la douleur s'intensifia, augmenta jusqu'à devenir insupportable

'**Steigerung** *f* ⟨~; ~en⟩ **1.** *der Preise* augmentation *f*; 'hausse *f*; *der Geschwindigkeit* augmentation *f*; *der Ansprüche* accroissement *m*; *der Produktion, Leistung* augmentation *f*; *der Furcht, Spannung* intensification *f*; SPORT *(Leistungs*⟨2⟩*)* amélioration *f*; **2.** GR degrés *m/pl* de comparaison

'**Steigerungs|form** *f* GR *(Komparativ)* comparatif *m*; *(Superlativ)* superlatif *m*; *~rate* *f* taux *m* d'accroissement; *~stufe* *f* GR degré *m* de comparaison

'**Steig|fell** *n* peau *f* de phoque; *~flug* *m* vol ascendant; montée *f*; *~leiter* *f* échelle *f*; *~riemen* *m* étrivière *f*; *~rohr* *n* *e-r Pumpe* tuyau *m*, colonne *f* d'ascension

'**Steigung** *f* ⟨~; ~en⟩ pente *f*; inclinaison *f*; *(Gewinde*⟨2⟩*)* pas *m* de vis; *~ in Prozent* pourcentage *m* de l'inclinaison

'**Steigungswinkel** *m* angle *m* d'inclinaison

steil [ʃtaɪl] **I** *adj* escarpé; abrupt; raide; à pic; *Flugbahn* courbe; plongeant; *Karriere* en flèche; fulgurant; **II** *adv ~ ansteigen Kurve* monter en flèche; *Weg* monter à pic; *Flugzeug ~ aufsteigen* monter en chandelle

'**Steil|flug** *m* (montée *f* en) chandelle *f*; *~hang* *f* ⟨~(e)s; ~e⟩ pente raide, escarpée; *~heit* *f* ⟨~⟩ raideur *f*; *e-s Ab-* hangs escarpement *m*; *~kurve* *f* virage relevé; *~küste* *f* falaise *f*; *~paß* *m* FUSSBALL passe *f* en chandelle; *~ufer* *n* rive escarpée; *~wand* *f im Gebirge* paroi *f*, versant *m* à pic; *~wandfahrer(in)* *m(f)* motocycliste *m,f* exécutant le numéro du mur de la mort; *~wandzelt* *n* tente *f* cabanon

Stein [ʃtaɪn] *m* ⟨~(e)s; ~e⟩ pierre *f*; *(Kiesel*⟨2⟩*)* galet *m*; *kleinerer* caillou *m*; *im Steinobst* noyau *m*; *(Spiel*⟨2⟩*)* pion *m*; MÉD calcul *m*; *(Edel*⟨2⟩*)* pierre précieuse; *(Bau*⟨2⟩*)* pierre *f* à bâtir; *st/s der ~ der Weisen* la pierre philosophale; *st/s der ~ des Anstoßes* le sujet, la cause du scandale; *aus ~* de, en pierre; *st/s ein Herz aus ~* un cœur de pierre; *~ für ~* pierre par pierre; *keinen ~ auf dem anderen lassen* ne pas laisser une pierre debout; *mir fällt ein ~ vom Herzen* me voilà soulagé d'un grand poids; *fig j-m ~e in den Weg legen* mettre des bâtons dans les roues à qn; *fig j-m alle od die ~e aus dem Weg räumen* faciliter la tâche à qn; F *es friert ~ und Bein* il gèle à pierre fendre; F *~ und Bein schwören* F affirmer mordicus; *fig den ~ ins Rollen bringen* mettre l'affaire en branle; F *fig bei j-m e-n ~ im Brett haben* être dans les petits papiers de qn; *dabei wird dir kein ~ aus der Krone fallen* cela ne te fera pas de mal; *das könnte einen ~ erbarmen* c'est à faire pleurer

'**Stein|adler** *m* aigle royal; *'~alt* F *adj* vieux, vieille comme le monde, comme Mathusalem; *~axt* *f* 'hache *f* de pierre; *~beißer* *m* ⟨~s; ~⟩ ZO loche *f*; *~block* *m* ⟨~(e)s; ~e⟩ bloc *m* de pierre; *~bock* *m* **1.** ZO bouquetin *m*; **2.** ASTR Capricorne *m*; *~boden* *m* **1.** *(steiniger Boden)* sol pierreux; **2.** *im Haus* dallage *m*; carrelage *m*; *~bohrer* *m* trépan *m*; *~brech* *m* ⟨~(e)s; ~e⟩ BOT saxifrage *f*; *~bruch* *m* carrière *f*; *~butt* *m* turbot *m*

'**Steinchen** *n* ⟨~s; ~⟩ petite pierre; caillou *m*

'**Stein|druck** *m* ⟨~(e)s; ~e⟩ TYPO lithographie *f*; *~eiche* *f* (chêne *m*) rouvre *m*

steinern *adj* **1.** *(épithète)* de, en pierre; **2.** *fig Herz* de pierre; *Gesicht* de marbre

'**Steinerweichen** *n das ist zum ~* cela crève le cœur; c'est à vous crever le cœur; c'est à fendre l'âme, le cœur; *zum ~ weinen* pleurer à fendre l'âme

'**Stein|frucht** *f* fruit *m* à noyau; *~fußboden* *m* dallage *m*; carrelage *m*; *~garten* *m* *etwa* jardin alpin; *~gut* *n* ⟨~(e)s; ~e⟩ faïence *f*; grès *m*; *~gutgeschirr* *n* faïence *f*; poterie *f*

stein'hart *adj* dur comme (la) pierre

'**steinig** *adj* pierreux, -euse; caillouteux, -euse; *(mit kleinen Steinen besät)* rocailleux, -euse; *st/s fig Weg* cahoteux, -euse

'**steinig|en** *v/t* ⟨h⟩ lapider; *'~ung* *f* ⟨~; ~en⟩ lapidation *f*

'**Stein|kauz** *m* ZO chevêche *f*; *~kohle* *f* 'houille *f*; charbon *m* de terre; *~kohlenbergbau* *m* ⟨~(e)s⟩ charbonnages *m/pl*; *~kohlenbergwerk* *n* 'houillère *f*; mine *f* de houille; *~krug* *m* cruche *f* de grès; *~marder* *m* fouine *f*; *~metz* *m* ⟨~en; ~en⟩ tailleur *m* de pierre(s); *~obst* *n* fruits *m/pl* à noyau; *~pilz* *m* cèpe *m*; bolet *m* comestible

stein'reich F *adj* richissime

'**Stein|schlag** *m im Gebirge* chute *f* de pierres; éboulement *m*; *~schlaggefahr* *f* danger *m* d'éboulement; chute *f* de pierres; *~schleuder* *f* fronde *f*; lance-pierres *m*

'**Steinwurf** *m das ist nur einen ~ weit (entfernt)* ce n'est pas loin d'ici; c'est à deux pas d'ici

'**Stein|wüste** *f* désert *m* de pierres; *~zeit* *f* ⟨~⟩ âge *m* de la pierre; *⟨2⟩zeitlich* *adj* **1.** HIST de l'âge de la pierre; **2.** F *péj* F antédiluvien, -ienne; *~zeitmensch* *m* homme *m* préhistorique; *~zeug* *n* (poterie *f* de) grès *m*

steirisch ['ʃtaɪrɪʃ] *adj* styrien, -ienne; de la Styrie

Steiß [ʃtaɪs] *m* ⟨~es; ~e⟩ **1.** *(~bein)* coccyx *m*; **2.** *(Gesäß)* fesses *f/pl*; *'~bein* *n* coccyx *m*; *'~lage* *f* MÉD présentation *f* par le siège

Stele ['ste:lə *ou* 'ʃte:lə] *f* ⟨~; ~n⟩ stèle *f*

Stellage [ʃtɛ'la:ʒə] *f* ⟨~; ~n⟩ **1.** *(Gestell)* chevalet *m*; tréteau *m*; **2.** FIN stellage *m*

'**Stelldichein** *n* ⟨~(s); ~(s)⟩ *veraltend* rendez-vous *m*; *sich (dat) ein ~ geben* prendre rendez-vous; *fig* se rencontrer

Stelle ['ʃtɛlə] *f* ⟨~; ~n⟩ **1.** *(Ort)* place *f*; lieu *m*; *a (bestimmter Bereich)* endroit *m*; *in etw Weichem* harte ~, *rauhe ~* rugosité *f*; *fig e-e empfindliche, verwundbare ~* un point sensible; *fig e-e schwache ~* un point faible; *an der richtigen, an der rechten ~*; *wo es hingehört* à sa place; *an Ihrer ~* à votre place; *Haß tritt an die ~ der Liebe* la haine prend la place de, remplace l'amour; *j-n, etw an die ~ von j-m, etw setzen* substituer qn, qc à qn, qc; remplacer qn, qc par qn, qc; *an j-s ~ (acc) treten* prendre la place de qn; remplacer qn; *auf der ~* sur-le-champ; tout de suite; *sie war auf der ~ tot* elle est morte sur le coup; *Rad sich auf der ~ drehen* patiner; *fig auf der ~ treten, nicht von der ~ kommen* piétiner; ne pas avancer; *sich nicht von der ~ rühren* ne pas bouger; *zur ~ sein* être présent; *zur ~!* présent!; **2.** *(Arbeits*⟨2⟩*)* place *f*; emploi *m*; poste *m*; *e-e freie ~* un poste vacant; *e-e halbe, ganze ~* un travail à mi-temps, à plein temps; **3.** *(Behörde, Dienst*⟨2⟩*)* service(s) *m(pl)* administratif(s); organisme *m*; **4.** *in e-m Schrift-, Musikstück* passage *m*; *an anderer ~* dans un autre passage; **5.** *(Platz in e-r Reihenfolge)* lieu *m*; rang *m*; *an erster, letzter ~ kommen od stehen* venir en premier, dernier lieu; venir à la première, dernière place; SPORT *an vierter ~ liegen* être en quatrième place, position; **6.** *(Dezimal*⟨2⟩*)* décimale *f*; *diese Zahl hat drei ~n* ce nombre a trois chiffres; *bis auf e-e ~ hinter dem Komma* au dixième près

'**stellen** ⟨h⟩ **I** *v/t* **1.** *(setzen, legen)* mettre; poser; placer; *(aufrecht)* mettre debout; *(auf~)* poster; *in e-r bestimmten Ordnung* ranger; disposer; *e-e Leiter an die Wand ~* placer, poser une échelle contre le mur; *den Wagen in die Garage ~* mettre la voiture au garage; *etw in j-s Belieben (acc), Ermessen (acc) ~* remettre qc à la discrétion, au jugement de qn; *fig etw über etw (acc) ~* estimer une chose plus qu'une autre; **2.** *Verbrecher, Wild* arrêter; **3.** *(auf~) Fallen, Netze* tendre; **4.** *Frage* poser; *Aufgabe* imposer; donner; *Bedingungen* mettre; poser; **5.** *(er~) Diagnose* faire; *Horoskop* dresser; **6.** *(bereit~) Ersatzmann, Bürgen, Kaution* fournir; *Geiseln* livrer; remettre; *j-m etw ~* mettre qc à la disposition de qn; **7.** *(ein~) Maschine, Schraube, Uhr* régler; mettre au point; *Weiche* manœuvrer; *Radio leiser, lauter ~* baisser, monter la puissance de; F mettre moins, plus fort; *den Schalter auf „ein" ~* allumer le bouton (électrique); *den Wecker auf sieben Uhr ~* mettre le réveil à sept heures; **8.** *Speisen kalt ~* mettre au frais; *warm ~* mettre au chaud; *(warm halten)* tenir (au) chaud; **9.** *gut od besser gestellt sein* vivre à l'aise; *schlecht gestellt sein* vivre modestement; *ganz auf sich (acc) gestellt* sans (l')aide, (l')appui de personne; **10.** *das wirkt gestellt* tout cela n'a l'air quelque peu arrangé; **II** *v/réfl* **11.** *sich ~ (nicht setzen)* se mettre debout; *(sich hin~)* se mettre; se placer; se poser; *(sich auf~)* se mettre; *sich auf e-e Leiter ~* monter sur une échelle; *sich auf die Zehenspitzen ~* se dresser sur la pointe des pieds; F *stell dich mal!* lève-toi!; mets-toi debout!; *fig sich vor j-n ~* prendre la défense de qn; *fig sich hinter j-n ~* se mettre du côté de qn; *fig sich gegen j-n ~* s'opposer à qn; **12.** *sich dumm ~* faire l'idiot; faire comme si on ne savait rien; *sich krank ~* faire le malade; faire semblant d'être malade; *sich tot ~* faire le mort; *sich taub ~* faire le sourd; faire la sourde oreille; **13.** *sich ~ (erscheinen)* se présenter; MIL répondre à l'ordre d'appel; *sich der Polizei ~* se constituer prisonnier; *sich zum Kampf ~* faire face à l'ennemi; accepter le combat; *sich der Kritik, e-r Herausforderung ~* faire face à la critique, à un défi; *sich der Presse, der Kamera ~* se mettre à la disposition de la presse, des photographes; **14.** *sich mit j-m gut ~* se mettre bien avec qn; **15.** *sich (positiv, negativ) zu j-m, etw ~* avoir une attitude (positive, négative) envers qn, qc; *wie ~ Sie sich dazu?* qu'en pensez-vous?; qu'en dites-vous?

'**Stellen|angebot** *n* offre *f* d'emploi; **~anzeige** *f* annonce *f* d'offre d'emploi; offre *f* d'emploi par annonce; **~ausschreibung** *f* avis *m* de vacance d'un poste; mise *f* au concours d'un poste; **~besetzung** *f* nomination *f* à un emploi, à un poste; **~gesuch** *n* demande *f* d'emploi; **~markt** *m* marché *m* du travail, de l'emploi; **~plan** *m* bes ADM tableau *m* des effectifs

'**Stellensuche** *f* recherche *f* d'un emploi, d'un travail; *auf ~ sein* chercher du travail

'**Stellen|vermittlung** *f* service *m* de placement; **~wechsel** *m* changement *m* d'emploi, de travail, de poste; **²weise** *adv* par endroits; par-ci, par-là; parfois

'**Stellenwert** *m* **1.** MATH valeur *f*; **2.** *(pas de pl) fig* importance *f*; *e-r Sache (dat) e-n hohen ~ beimessen* accorder, attacher une grande importance à qc

'**Stell|fläche** *f* place *f*; **~hebel** *m* levier *m* de réglage, de manœuvre; **~macher** *m* charron *m*; **~platz** *m* **1.** fürs Auto place *f* de parking; *beim Camping* place *f*; **2.** *(pas de pl)* für Möbel place *f*; **~rad** *n* TECH tambour *m* de réglage; *e-r Uhr* remontoir *m*; **~schraube** *f* vis *f* de réglage

'**Stellung** *f* *(~; ~en)* **1.** *(Haltung, Position)* a fig position *f*; fig a situation *f*; PEINT, PHOT *(Körperhaltung)* a pose *f*; posture *f*; *gesellschaftliche ~* position sociale; *rechtliche ~* condition *f* juridique; statut *m*; *die ~ der Frau in der Gesellschaft* la place de la femme dans la société; *die ~ des Verbs im Satz* la place du verbe dans la phrase; *die ~ halten* MIL, fig monter la garde; *e-e ~ einnehmen* prendre une position; *in ~ gehen* MIL se mettre en batterie; *Schütze* se poster; monter en ligne; **2.** *(pas de pl) (Ein², Haltung)* position *f*; *~ beziehen od nehmen* prendre position; **3.** *(An²)* place *f*; poste *m*; emploi *m*; *feste ~* emploi *m* stable; situation *f*; *e-e ~ bekleiden* tenir une position; *sich um e-e ~ bewerben* solliciter un emploi; *s-e ~ aufgeben* quitter sa situation; *s-e ~ verlieren* perdre son emploi, sa place

Stellungnahme [ˈʃtɛlʊŋnaːmə] *f* *(~; ~n)* **1.** *(pas de pl) (Meinung)* prise *f* de position; **2.** *Äußerung* avis *m*; commentaire *m*; *kritische ~* observations *f/pl* critiques; *sich jeder ~ (gén) enthalten* s'abstenir de tout commentaire; *mit der Bitte um ~* prière de donner son avis

'**Stellungs|krieg** *m* guerre *f* de position, de tranchées; **²los** *adj* sans emploi; **~spiel** *n* *(~(e)s)* FUSSBALL jeu *m* de positions; **~wechsel** *m* changement *m* de position; *beruflich* changement *m* de place, d'emploi

'**stellvertretend I** *adj* représentant; remplaçant; **~er Vorsitzender** vice-président *m*; **~er Direktor** directeur adjoint; **II** *adv* *etw ~ für j-n tun* faire qc à la place de qn

'**Stellvertreter(in)** *m(f)* adjoint(e) *m(f)*; *Ersatz* remplaçant *m(f)*; suppléant(e) *m(f)*

'**Stellvertretung** *f* remplacement *m*; *die ~ für j-n od j-s ~ übernehmen* remplacer qn; assurer l'intérim de qn

'**Stell|wand** *f* zum Stellen von Möbeln mur *m*; *(bewegliche Trennwand)* cloison *f* amovible; **~werk** *n* EISENBAHN poste *m* d'aiguillage

Stelze [ˈʃtɛltsə] *f* *(~; ~n)* **1.** échasse *f*; *auf ~n gehen od laufen* marcher avec des échasses; *wie auf ~n gehen* marcher comme sur des échasses; **2.** *österr* CUIS jarret *m*

'**stelzen** *v/i* *(-(e)st, sein)* marcher comme sur des échasses

'**Stelzvogel** *m* échassier *m*

'**Stemm|bogen** *m* SKISPORT (virage *m* en) stemm *m*; **~eisen** *n* ciseau biseauté

stemmen [ˈʃtɛmən] *(h)* **I** *v/t* **1.** *(hoch~)* élever; *Gewicht, Last etc* soulever; **2.** TECH tailler au ciseau biseauté; *Löcher ~* mortaiser; **3.** *(drücken)* appuyer; *gegen* contre; *auf [+acc]* sur); *die Arme in die Seite ~* mettre les poings sur les hanches; **II** *v/réfl sich gegen, auf etw (acc) ~* s'appuyer contre, sur qc; s'arc-bouter contre qc; *fig sich gegen etw ~* résister, s'opposer à qc; *sich in die Höhe ~* se hisser en 'hauteur

Stempel [ˈʃtɛmpəl] *m* *(~s; ~)* **1.** *Instrument, Abdruck* cachet *m*; *(Post²)* cachet *m*; tampon *m*; *(Waren²)* marque *f* estampille *f*; *(Namens²)* griffe *f*; *Instrument (Münz²)* coin *m*; *bei Edelmetallen* poinçon *m*; *(Präge²)* estampe *f*; *fig* empreinte *f*; *der Brief trägt den ~ von Paris* cette lettre est timbrée de Paris; *etw mit e-m ~ versehen* mettre un cachet sur qc; *fig e-r Sache, j-m s-n ~ aufdrücken* marquer qc, qn de son empreinte; **2.** TECH étampe *f*; **3.** BOT pistil *m*

'**Stempel|farbe** *f* encre *f* à tampon; **~geld** F *n* *(~(e)s)* allocation *f* de chômage; **~kissen** *n* tampon (encreur); **~marke** *f* timbre fiscal, à quittance

'**stempeln** *v/i (u v/t) (-(e)lle, h)* timbrer; apposer le timbre, le cachet (sur); *mit Namensstempel* apposer sa griffe (sur); *Briefmarken* oblitérer; *Waren* estampiller; marquer; *Edelmetalle* poinçonner; F *~ gehen* aller pointer; être réduit au chômage; *fig j-n zum Verräter, Lügner ~* faire de qn un traître, menteur

'**stempelpflichtig** *adj* österr soumis, assujetti au timbre

'**Stempel|schneider** *m* graveur *m* de poinçons; **~uhr** *f* pendule *f* de pointage

Stengel [ˈʃtɛŋəl] *m* *(~s; ~)* BOT tige *f*; F *fall nicht vom ~!* *(fall nicht herunter)* F ne te casse pas la figure!; *(verlier nicht die Fassung)* tiens-toi bien!

'**Steno**[1] [ˈʃteːno] F *f* *(~)* *(~graphie)* sténo *f*

'**Steno**[2] F *n* *(~s; ~s)* *(~gramm)* sténo *f*

'**Stenoblock** *cf* Stenogrammblock

Stenogramm [ʃtenoˈgram] *n* *(~s; ~e)* sténogramme *m*; *in ~ form*; *ein ~ aufnehmen* prendre une lettre, etc en sténo

Steno|ˈgrammblock *m* *(~(e)s; -blöcke ou ~s)* bloc *m* sténo; **~ˈgraph(in)** *m (~en; ~en) (f) (~; ~nen)* sténo *m,f*; **~graˈphie** *f* *(~; ~n)* sténographie *f*; **²graˈphieren** *(pas de ge-, h)* **I** *v/t* prendre en sténo; **II** *v/i* sténographier; **²ˈgraphisch** *adj* *(épithète)* sténographique

'**Steno|kontoristin** *f* sténodactylo facturière; **~tyˈpistin** *f* *(~; ~nen)* sténodactylo *f*

Step [stɛp] *m* *(~s; ~s)* Tanz claquettes *f/pl*

Stephan [ˈʃtɛfan] *m* *(→ n/pr)* Stéphane *m*; *a* HIST Étienne *m*

Stephanie [ʃteˈfaːni] *f* *(→ n/pr)* Stéphanie *f*

'**Steppdecke** *f* couette *f*

Steppe [ˈʃtɛpə] *f* *(~; ~n)* steppe *f*

steppen[1] [ˈʃtɛpən] COUT *(h)* **I** *v/t* piquer; *als Ziernaht* surpiquer; **II** *v/i* faire une piqûre; *als Ziernaht* faire une surpiqûre

'**steppen**[2] *v/i* *(h)* *(Step tanzen)* faire des claquettes

'**Steppen|fuchs** *m* corsac *m*; **~wolf** *m* coyote *m*

'**Stepper(in)** *m* *(~s; ~)* *(f)* *(~; ~nen)* *(Tänzer[in])* danseur, -euse *m,f* à claquettes

'**Stepp|futter** *n* matelassé *m*; **~jacke** *f* blouson *m*, veste *f* matelassé(e)

Steppke [ˈʃtɛpkə] F *m* regional *m* *(~(s); ~s)* F gosse *m*

'Stepp|naht f piqûre f; Ziernaht surpiqûre f; ~stich m point m de piqûre
'Step|tanz m claquettes f/pl; ~tänzer(-in) m(f) danseur, -euse m,f à claquettes
'Sterbebett n lit m de mort; auf dem ~ liegen être à l'article de la mort; être mourant
'Sterbe|fall m (cas m de) décès m; ~geld n indemnité f (en cas) de décès; ~glocke f glas m; ~hilfe f euthanasie f; ~klinik f clinique spécialisée dans les soins aux malades condamnés
sterben ['ʃtɛrbən] ⟨stirbt, starb, gestorben, sein⟩ I v/t den Hungertod ~ mourir de faim; den Heldentod ~ mourir au champ d'honneur; II v/i mourir; an e-r Krankheit ~ mourir d'une maladie; woran ist er gestorben? de quoi est-il mort?; F davon ob daran stirbst du nicht (gleich) tu n'en mourras pas; F fig sie ist für mich gestorben je ne veux plus entendre parler d'elle; F fig vor Langeweile, Müdigkeit, Neugier, Scham, Hunger ~ mourir d'ennui, de fatigue, de curiosité, de honte, de faim; im 2 liegen être mourant; agoniser; und wenn sie nicht gestorben sind, dann leben sie noch heute et ils furent toujours heureux
'Sterbens|angst f peur bleue; ich habe (eine) ~ je suis mort de peur
'sterbens|'elend adj F malade à crever; '~'krank adj 1. malade à en mourir; 2. fig F malade à crever; '~'langweilig adj ennuyeux, -euse à mourir; mortellement ennuyeux, -euse
'Sterbens'seele f keine ~ absolument personne; pas âme qui vive
'Sterbens|'wort n, '~'wörtchen n kein ~ sagen ne pas dire un traître mot; ne pas souffler mot
'Sterbe|sakramente n/pl derniers sacrements; ~stunde f heure f de la mort; dernière heure; ~tag m jour m de la mort; ~urkunde f acte m de décès; ~ziffer f (taux m de) mortalité f; ~zimmer n chambre f mortuaire
'sterblich I adj mortel, -elle; die ~e Hülle la dépouille mortelle; II adv ~ verliebt éperdument amoureux, -euse; sich ~ blamieren perdre complètement la face
'Sterbliche(r) f(m) (→ A) mortel, -elle m,f; der gewöhnliche ~ le commun des mortels
'Sterblichkeit f ⟨~⟩ mortalité f
'Sterblichkeitsrate f (taux m de) mortalité f
stereo ['ʃteːreo] adv en stéréo
'Stereo|anlage f chaîne f stéréo, 'haute(-)fidélité, 'hi-fi; ~aufnahme f enregistrement m stéréo; ~box f enceinte f ⟨~⟩; ~empfang m ⟨~(e)s⟩ réception f stéréophonique; ~kamera f appareil m (de prise) stéréoscopique; ~me'trie f ⟨~⟩ stéréométrie f; 2'phon adj stéréophonique; ~pho'nie f ⟨~⟩ stéréophonie f; ~'skop n ⟨~s; ~e⟩ stéréoscope m; ~sko'pie f ⟨~⟩ stéréoscopie f; ~ton m ⟨~(e)s; ~e⟩ son m stéréophonique; ~turm m meuble m 'hi-fi; 2'typ adj 1. TYPO cliché; 2. fig stéréotypé; ~ty'pie f ⟨~⟩ 1. TYPO clichage f; 2. MÉD stéréotypie f
steril [ʃteˈriːl] adj BIOL, MÉD, fig stérile; Instrumente stérilisé; fig a aseptisé; 2isati'on f ⟨~; ~en⟩ stérilisation f

Sterili'sator m ⟨~s; -'toren⟩, Sterili'sierapparat m stérilisateur m
sterili'sier|en v/t ⟨pas de ge-, h⟩ stériliser; 2ung f ⟨~; ~en⟩ stérilisation f
Sterili'tät f ⟨~⟩ a fig stérilité f
Sterling ['ʃtɛrlɪŋ ou 'stɛr-] m ⟨~s; ~e⟩ livre f sterling; 2 Pfund ~ 2 livres f/pl sterling
'Sterlingsilber n argent fin
Stern [ʃtɛrn] m ⟨~(e)s; ~e⟩ a ZO, MIL, fig étoile f; ASTR a astre m; ein Hotel, Restaurant mit drei ~en un hôtel, restaurant trois étoiles; die ~e stehen am Himmel les étoiles brillent dans le ciel; die ~e stehen günstig toutes les chances sont de mon, ton, etc côté; in den ~en lesen lire dans les étoiles; das steht noch in den ~en ce n'est pas pour demain; für j-n die ~e vom Himmel holen aller décrocher la lune pour qn; F fig ~e sehen (en) voir trente-six chandelles; st/s fig mein guter ~ ma bonne étoile; st/s nach den ~en greifen avoir de hautes visées; viser 'haut; st/s unter e-m guten, schlechten ~ geboren sein être né sous une bonne, mauvaise étoile; Unternehmen etc unter keinem guten ~ stehen ne pas être placé sous une bonne étoile; poét fig unter fremden ~en à l'étranger
'Sternbild n constellation f
'Sternchen n ⟨~s; ~⟩ 1. TYPO astérisque m; 2. (Film2) starlette f
'Sterndeut|er(in) m ⟨~s; ~⟩ (f) ⟨~; ~nen⟩ astrologue m,f; ~ung f ⟨~⟩ astrologie f
'Sternen|banner n bannière étoilée; ~himmel st/s m firmament m; ciel m parsemé d'étoiles, constellé
'sternenklar adj étoilé; es ist ~ on voit briller les étoiles
'Sternen|meer poét n ⟨~(e)s⟩ océan m d'étoiles; ~zelt poét n ⟨~(e)s⟩ voûte étoilée
'Stern|fahrt f rallye m; 2förmig adj en étoile; ~gucker F m ⟨~s; ~⟩ astronome m; '2'hagel|voll F adj F bourré; F soûl comme une barrique
'Stern|haufen m ASTR nébuleuse f; ~jahr n ASTR année sidérale; ~karte f ASTR carte f céleste; 2klar cf sternenklar; ~kunde f ⟨~⟩ astronomie f; 2kundig adj versé dans l'astronomie; 2los adj sans étoiles; ~marsch m manifestation f (nach convergent vers); ~schnuppe f ⟨~; ~n⟩ étoile filante; sc astéroïde m; ~singer m ⟨~s; ~⟩ regional: enfant déguisé en roi mage qui va de maison en maison et chante pour fêter l'Épiphanie; ~stunde st/s f heure f de gloire; ~system f ASTR galaxie f; ~tag m ASTR jour sidéral; ~warte f observatoire m; ~zeichen n signe m (du zodiaque); ~zeit f ASTR heure sidérale
Sterz [ʃtɛrts] m ⟨~es; ~e⟩ 1. der Vögel croupion m; 2. (Pflug2) manche m
stet [ʃteːt] st/s adj ⟨andauernd⟩ incessant; continuel, -elle; permanent; (beharrlich, gleichbleibend) constant; Rhythmus régulier, -ière
Stethoskop [ʃtetoˈskoːp] n ⟨~s; ~e⟩ stéthoscope m
'stetig adj (kontinuierlich), a MATH continu; (beständig) incessant; 2keit f ⟨~⟩ a MATH continuité f; (Fortdauer) permanence f; (Beharrlichkeit) constance f
stets [ʃteːts] st/s adv toujours

Stettin [ʃtɛˈtiːn] n ⟨→ n/pr⟩ Szczecin
Steuer¹ ['ʃtɔʏɐ] n ⟨~s; ~⟩ MAR (Ruder) barre f; AVIAT gouvernail m; AUTO volant m; AUTO sich ans od hinters ~ setzen prendre le volant; AUTO am ~ sitzen tenir le, être au volant; das ~ herumreißen MAR, a fig virer de bord; im Auto donner un brusque coup de volant; das ~ übernehmen AUTO prendre le volant; MAR, fig prendre la barre; fig das ~ fest in der Hand haben bien tenir la barre
'Steuer² f ⟨~; ~n⟩ FIN impôt m; ADM, JUR contribution f; charges f/pl; auf Waren f; (Abgabe) droit m (auf [+acc] de); ~n zahlen payer des impôts; e-e ~ auf etw (acc) erheben, etw mit e-r ~ belegen lever, percevoir un impôt sur qc; frapper, grever qc d'impôt; etw von der ~ absetzen déduire qc de l'impôt; der ~ unterliegen être redevable, imposable
'Steuer|abzug m retenue fiscale, d'impôt; ~anspruch m droit m d'imposition
'Steueraufkommen n ressources fiscales; gesamtes ~ total m d'impôts
'Steueraufsicht f ⟨~⟩ contrôle fiscal
'steuer|bar adj (lenkbar) gouvernable; maniable; 2befehl m INFORM ordre m
'steuerbegünstigt adjt ~ sein bénéficier, jouir d'un avantage fiscal
'Steuer|bemessungsgrundlage f assiette f de l'impôt; ~berater(in) m(f) conseiller, -ère f fiscal(e); ~bescheid m avis m d'impôt, d'imposition; ~betrug m fraude fiscale; ~bevollmächtigte(r) f(m) conseiller, -ère m,f fiscal(e); ~bilanz f bilan fiscal
'Steuer|bord n, österr a m ⟨~(e)s⟩ MAR, AVIAT tribord m; 2bord(s) adv MAR, AVIAT à tribord
'Steuer|einnahmen f/pl recettes fiscales; ~erhebung f perception f des impôts; ~erhöhung f augmentation f des impôts
'Steuererklärung f déclaration f d'impôt(s); s-e ~ machen faire sa déclaration d'impôts
'Steuer|erleichterung f allégement fiscal; ~ermäßigung f réduction f d'impôt(s); ~fahnder m inspecteur polyvalent od du service du contrôle fiscal; ~fahndung f enquête fiscale; détection f des fraudes fiscales; ~flucht f ⟨~⟩ évasion fiscale; 2frei adj exempt, exonéré d'impôt; ~freibetrag m montant exempt d'impôts; abattement m à la base; ~gelder n/pl impôts m/pl
'Steuergerät n RAD récepteur m; ÉLECT mécanisme m de télécommande
'Steuer|gesetz n loi fiscale; ~gesetzgebung f législation fiscale; ~hinterzieher m ⟨~s; ~⟩ contribuable m fraudeur du fisc; ~hinterziehung f fraude fiscale; ~hoheit f ⟨~⟩ droit m d'imposition; ~karte f cf Lohnsteuerkarte; ~klasse f catégorie f, tranche f d'imposition
'Steuerknüppel m AVIAT manche m à balai
'Steuerlast f charges fiscales
'steuerlich I adj ⟨épithète⟩ fiscal; in ~er Hinsicht en matière fiscale, d'impôts; II adv ~ absetzbar déductible du revenu; ~ begünstigt sein être avantagé au point de vue fiscal

'**steuerlos** *adj u adv* sans direction
'**Steuermann** *m* ⟨~(e)s; -leute *ou* ≈er⟩ MAR quartier-maître *m*; *e-s Ruderboots* barreur *m*; SPORT **Vierer** *m* **mit, ohne ~** quatre *m* avec, sans barreur
'**Steuermarke** *f* timbre fiscal
'**steuern** ⟨-(e)re⟩ **I** *v/t* ⟨h⟩ AUTO conduire; AVIAT piloter; MAR als Lotse, bei Angabe der Richtung diriger; conduire; TECH commander; manœuvrer; ÉLECT contrôler; régler; commander; *fig Prozeß, Meinung, Bewußtsein* manœuvrer; *Gespräch* conduire; **II** *v/i* ⟨sein⟩ MAR piloter; *(fahren)* faire route (**nach** vers); *fig* **wohin steuert die deutsche Politik?** où conduit la politique allemande?
'**Steuer|oase** F *f*, **~paradies** F *n* paradis fiscal; **~pflicht** *f* ⟨~⟩ obligation fiscale; assujettissement *m* à l'impôt; ≈**pflichtig** *adj* imposable; soumis a l'impôt; **~pflichtige(r)** *f(m)* ⟨→ A⟩ contribuable *m,f*; personne *f* imposable; **~politik** *f* politique fiscale; **~progression** *f* progressivité *f* de l'impôt; **~prüfer(in)** *m(f)* agent *m* du fisc vérificateur; **~prüfung** *f* vérification *f* de comptabilité; contrôle fiscal
'**Steuer|pult** *n* pupitre *m* de commande; **~rad** *n* AUTO volant *m*; MAR roue *f* du gouvernail
'**Steuer|recht** *n* ⟨~(e)s⟩ droit fiscal; *(Gesetzgebung)* fiscalité *f*; ≈**rechtlich I** *adj* fiscal; concernant le droit fiscal, la fiscalité; **II** *adv* selon le droit fiscal, la fiscalité; **~reform** *f* réforme fiscale; **~rückerstattung** *f*, **~rückzahlung** *f* remboursement *m* (du trop perçu) d'impôt(s)
'**Steuerruder** *n* MAR gouvernail *m*
'**Steuer|satz** *m* taux *m* d'imposition; **~schuld** *f* dette fiscale; **~senkung** *f* réduction *f* d'impôts; **~strafrecht** *n* ⟨~(e)s⟩ droit *m* de répression; **~system** *n* système fiscal, de taxation; **~tabelle** *f* barème *m* de l'impôt; **~tarif** *m* taux *m* d'imposition, de l'impôt
'**Steuerung** *f* ⟨~; ~en⟩ **1.** *(pas de pl)* Handlung MAR, AVIAT pilotage *m*; *e-s Autos* conduite *f*; TECH commande *f*; ÉLECT contrôle *m*; réglage *m*; commande *f*; **2.** *Mechanismus* TECH commande *f*; appareil *m* de manœuvre; MAR, AVIAT (appareil *m* de) gouverne *f*; AUTO direction *f*
'**Steuer|veranlagung** *f* établissement *m* de l'assiette de l'impôt; **~vergehen** *n* infraction fiscale; **~vergünstigung** *f* avantage fiscal; faveur fiscale; **~vorauszahlung** *f* acompte provisionnel d'impôts; paiement anticipé d'impôts; **~vorteil** *m* avantage fiscal
'**Steuerwerk** *n* INFORM système *m* de commande et de contrôle
'**Steuer|wesen** *n* ⟨~s⟩ fiscalité *f*; **~zahler(in)** *m(f)* contribuable *m,f*
Steven [ˈsteːvən] *m* ⟨~s; ~⟩ MAR *(Vorder*≈*)* étrave *f*; *(Achter*≈*)* étambot *m*
Steward [ˈstjuːərt] *m* ⟨~s; ~s⟩ AVIAT, MAR steward *m*
Stewardeß [ˈstjuːərdɛs *ou* stjuːərˈdɛs] *f* ⟨~; -ssen⟩ AVIAT hôtesse *f* de l'air; *a* MAR stewardess *f*
StGB [ɛsteːgeːˈbeː] *n* ⟨~⟩ *abr* *(Strafgesetzbuch)* code pénal
stibitzen [ʃtiˈbɪtsən] F *v/t* ⟨-(es)t, *pas de* ge-⟩, h⟩ F chiper; F faucher
Stich [ʃtɪç] *m* ⟨~(e)s; ~e⟩ **1.** (*Nadel*≈,

Bienen≈, *Mücken*≈ *etc*) piqûre *f*; (*Wanzen*≈, *Floh*≈) morsure *f*; **2.** *mit dem Messer, Dolch etc* coup *m* (de couteau); **3.** *j-n im ~ lassen (ohne Hilfe lassen)* délaisser qn; *(fallenlassen)* laisser tomber qn; *sein Gedächtnis ließ ihn im ~* sa mémoire l'a trahi; **4.** COUT point *m*; **5.** *(stechender Schmerz)* point *m*; élancement *m*; **~e in der Seite** points *m/pl* de côté; *fig* **es gab ihr jedesmal einen ~ (ins Herz), wenn** … cela lui donnait chaque fois un coup au cœur lorsque …; **6.** *fig (boshafte Bemerkung)* pique *f*; pointe *f*; *j-m e-n ~ versetzen* lancer des piques, pointes à qn; **7.** *(Kupfer*≈, *Stahl*≈*)* gravure *f*; **8.** KARTENSPIEL pli *m*; levée *f*; **9.** F *e-n ~ haben* Bier, Wein être piqué, aigre; Milch être aigre; *Personen (verrückt sein)* avoir un grain; *Farben* **e-n ~ ins Blaue haben** tirer sur le bleu; **10.** *regional* CUIS **ein ~ Butter** une noix de beurre
Stichel [ˈʃtɪçəl] *m* ⟨~s; ~⟩ burin *m*; ciselet *m*; poinçon *m*
Stiche'lei F *péj* *f* ⟨~; ~en⟩ agacement *m*; *ihre* **~en gegen s-e Frau** les pointes *f/pl* qu'elle envoie à sa femme
'**sticheln** *v/i* ⟨-(e)le, h⟩ **1.** *(nähen)* coudre; *(sticken)* broder; **2.** F *péj* lancer, envoyer des piques, pointes, donner des coups de bec (**gegen** à); F asticoter (**gegen** *j-n* qn)
'**Stich|flamme** *f* jet *m* de flamme; **~frage** *f* question *f* subsidiaire
'**stichhaltig** *adj* Argument etc solide; sérieux, -ieuse; valable; *dagegen läßt sich nichts* ≈**es einwenden** il n'y a aucune objection valable à faire à cela
'**Stich|haltigkeit** *f* ⟨~⟩ solidité *f*; sérieux, *m*; validité *f*; **~jahr** *n* année fixée; **~kampf** *m* SPORT barrage *m*
'**Stichling** *m* ⟨~s; ~e⟩ ZO épinoche *f*
'**Stichprobe** *f* contrôle ponctuel imprévu; contrôle fait au hasard; STATISTIK *(repräsentative)* **~** échantillon (représentatif)
'**Stich|säge** *f* scie *f* à guichet; **~straße** *f* cul-de-sac *m*
sticht [ʃtɪçt] *cf* **stechen**
'**Stich|tag** *m* jour fixé; **~waffe** *f* arme *f* d'estoc, de pointe; **~wahl** *f* (scrutin *m* de) ballottage *m*
'**Stichwort** *n* ⟨~(e)s; ≈er *ou* ~e⟩ **1.** *(pl* ≈er*)* *im Wörterbuch etc* mot-vedette *f*; entrée *f*; **2.** ⟨pl ~e⟩ THÉ réclame *f*; réplique *f*; **3.** ⟨pl ~e⟩ vereinbartes mot (convenu); **4.** ⟨pl ~e⟩ *(Notiz)* note *f*
'**stichwort|artig** *adj u adv* en quelques, sous forme de notes; ≈**verzeichnis** *n* index *m*
'**Stichwunde** *f* blessure *f* (faite avec une arme pointue)
'**Stickarbeit** *f* broderie *f*
'**sticken** [ˈʃtɪkən] *v/t u v/i* ⟨h⟩ broder
Sticker [ˈstɪkər] *m* ⟨~s; ~⟩ *(Aufkleber)* autocollant *m*
'**Sticker(in)** *m(f)* ⟨f⟩ ⟨~; ~nen⟩ brodeur, -euse *m,f*
Sticke'rei *f* ⟨~; ~en⟩ broderie *f*
'**Stickgarn** *n* fil *m* à broder
'**stickig** *adj* Luft étouffant; suffocant
'**Stick|maschine** *f* machine *f* à broder; **~muster** *n* modèle *m*, patron *m* de broderie; **~nadel** *f* aiguille *f* à broder; **~oxid** *sc*, **~oxyd** oxyde *m* d'azote; **~rahmen** *m* métier *m*, tambour *m* à

broder; **~seide** *f* soie *f* à broder; soie plate
'**Stickstoff** *m* CHIM azote *m*; ≈**arm** *adj* pauvre en azote; **~dünger** *m* engrais azoté; ≈**haltig** *adj* azoté; nitrique
stieben [ˈstiːbən] *st/s v/i* ⟨stiebt, *régulier ou* stob, gestoben, sein *ou* h⟩ *Funken* jaillir; *Schnee* se disperser, voler en poussière
Stiefbruder [ˈstiːfbruːdər] *m* demi-frère *m*
Stiefel [ˈʃtiːfəl] *m* ⟨~s; ~⟩ botte *f*; F **e-n (tüchtigen) ~ vertragen (können)** F avoir une bonne descente; bien supporter l'alcool
'**Stiefelanzieher** *m* ⟨~s; ~⟩ tire-botte *m*
'**Stiefelette** [ʃtiːfəˈlɛtə] *f* ⟨~; ~n⟩ bottine *f*; *für Männer* demi-botte *f*
'**Stiefelknecht** *m* tire-botte *m*
'**stiefeln** F *v/i* ⟨-(e)le, sein⟩ marcher (à grandes enjambées, à grands pas)
'**Stiefelschaft** *m* tige *f* de botte
'**Stief|eltern** [ˈʃtiːfʔɛltərn] *pl* beau-père *m* et belle-mère *f*; **~geschwister** *pl* demi-frères *m/pl* et demi-sœurs *f/pl*
'**Stiefkind** [ˈʃtiːfkɪnt] *n* **1.** *(Stiefsohn)* beau-fils *m*; *(Stieftochter)* belle-fille *f*; **2.** *fig* laissé(e) *m(f)* pour compte; *sie ist ein ~ der Natur* elle a été peu gâtée par la nature
'**Stiefmutter** [ˈʃtiːfmʊtər] *f* belle-mère *f*; *böse ~* marâtre *f*
'**Stiefmütterchen** [ˈʃtiːfmʏtərçən] *n* ⟨~s; ~⟩ BOT pensée *f*
'**stiefmütterlich I** *adj* de belle-mère, *péj* de marâtre; **II** *adv* en belle-mère; *fig péj* *j-n, etw* **~ behandeln** négliger qn, qc; *p/fort* traiter qn, qc d'une façon méprisante
'**Stief|schwester** *f* demi-sœur *f*; **~sohn** *m* beau-fils *m*; **~tochter** *f* belle-fille *f*; **~vater** *m* beau-père *m*
stieg [ʃtiːk] *cf* **steigen**
Stiege [ˈʃtiːgə] *f* ⟨~; ~n⟩ escalier *m* (étroit); *südd, öster* escalier *m*
'**Stiegenhaus** *n* *südd, öster* escalier *m*
Stieglitz [ˈʃtiːglɪts] *m* ⟨~es; ~e⟩ ZO chardonneret *m*
stiehlt [ʃtiːlt] *cf* **stehlen**
stiekum [ˈʃtiːkʊm] F *regional adv* F en douce
Stiel [ʃtiːl] *m* ⟨~(e)s; ~e⟩ **1.** *an e-m Werkzeug etc* manche *m*; *e-s Pinsels* 'hampe *f*; *e-r Pfanne* queue *f*; *e-s Glases* pied *m*; **2.** BOT *(Stengel)* tige *f*; *e-r Frucht, e-s Blattes* queue *f*; **3.** *Eis n am ~* bâtonnet glacé; esquimau *m*
'**Stielauge** *n* ZO tentacule *m* oculaire; F *fig ~n machen, bekommen* lorgner; F reluquer
'**Stiel|bürste** *f* brosse *f* à manche; **~glas** *n* verre *m* à pied; **~kamm** *m* peigne *m* à manche; ≈**los** *adj* **1.** sans manche; sans queue; **2.** BOT sans tige; **~pfanne** *f* poêle *f* à manche; **~stich** *m* COUT point *m* de tige
stier [ʃtiːr] *adj* Blick fixe
Stier *m* ⟨~(e)s; ~e⟩ **1.** ZO taureau *m*; *brüllen wie ein ~* 'hurler; *vor Wut a* F gueuler; *fig* **den ~ bei den Hörnern packen** *od* **fassen** prendre le taureau par les cornes; **2.** ASTR Taureau *m*
'**stieren** *v/i* ⟨h⟩ *auf etw (acc)* **~** regarder fixement *od* d'un œil 'hagard qc; *vor sich (acc) hin ~* avoir l'œil 'hagard
'**Stier|kampf** *m* corrida *f*; course *f* de taureaux; **~kampfarena** *f* arène *f*; **~kämpfer** *m* torero *m*; **~nacken** *m* *fig*

cou *m* de taureau; ⚲**nackig** *adj fig* à cou de taureau

Sties|el [ˈʃtiːzəl] F *péj m* ⟨~s; ~⟩ goujat *m*; mufle *m*; ⚲**(e)lig** F *péj adj* malotru; mufle

stieß [ʃtiːs] *cf* **stoßen**

Stift[1] [ʃtɪft] *m* ⟨~(e)s; ~e⟩ **1.** (*Schreib*⚲) crayon *m*; **2.** TECH (*Pflock*) cheville *f*; goujon *m*; (*Draht*⚲) pointe *f*; clou *m* sans tête; **3.** F *fig* (*Lehrling*) jeune apprenti *m*

Stift[2] *n* ⟨~(e)s; ~e⟩ **1.** REL maison religieuse; (*Institution*) fondation *f*; (*Dom*⚲) chapitre *m*; **2.** *österr* (*Kloster*) couvent *m*; **3.** (*Altersheim*) maison *f* de retraite; **4.** (*Privatschule*) institution religieuse

stiften *v/t* ⟨-ete, h⟩ **1.** (*gründen*) *Kirche, Kloster, Schule, Krankenhaus* fonder; établir *Orden, Sekte etc* créer; **2.** (*spenden*) *Kerze etc* offrir; faire l'offrande de; *Geld* faire une donation, un don de; *Preis* instituer; *Flasche Wein etc* offrir; **3.** (*schaffen*) susciter; *Unruhe* a fomenter; *Verwirrung* a provoquer; *Frieden* rétablir; *Zwietracht* semer; *e-e Ehe* ~ arranger un mariage

stiftengehen F *v/i* ⟨*irr, sép*, -ge-, *sein*⟩ F s'éclipser

Stifter(in) *m* ⟨~s; ~⟩ (*f*) ⟨~; ~nen⟩ fondateur, -trice *m,f*; créateur, -trice *m,f*; (*Spender*) donateur, -trice *m,f*

Stifts|hütte *f* REL tabernacle *m* (du Seigneur); ~**kirche** *f* (*église*) collégiale *f*; *e-s Hochstifts* cathédrale *f*

Stiftung *f* ⟨~; ~en⟩ *Handlung* donation *f*; *Institution* fondation *f*; **wohltätige ~** institution *f* de bienfaisance

Stiftungs|fest *n* (fête *f*) anniversaire *m* d'une fondation, de la fondation de ...; ~**urkunde** *f* acte *m*, charte *f* de fondation

Stiftzahn *m* dent (artificielle) à pivot

Stigma [ˈʃtɪɡma *ou* ˈstɪɡma] *n* ⟨~s; -men *ou* -ta⟩ *a* BOT, ZO, *fig* stigmate *m*; ⚲**ti**ˈ**sieren** *v/t* ⟨*pas de ge-*, h⟩ stigmatiser

Stil [ʃtiːl *ou* stiːl] *m* ⟨~(e)s; ~e⟩ *a* SPORT, *fig* style *m*; (*Art*) à manière *f*; **flüssiger ~** style fluide, coulant; **lebendiger ~** style vivant; **gehobener ~** style soutenu; **im japanischen ~** dans le style japonais; **in großem ~**, **großem ~s** sur une grande échelle; **~ haben** avoir de la classe; **das ist nicht mein ~** ce n'est pas mon genre, mon style; **... und in diesem ~ ging es weiter** et la suite s'est déroulée dans le même style

Stil|art *f* style *m*; ⚲**bildend** *adj* qui caractérise un style; ~**blüte** *f* perle *f*; ~**bruch** *m* rupture *f* de style; *fig* incohérence *f*; ~**ebene** *f* *bes* LING niveau *m* de langue; ⚲**echt** I *adj* d'époque; II *adv* selon, dans le style de l'époque; ~**element** *n* élément *m* de style; ~**empfinden** *n* ⟨~s⟩ *cf* **Stilgefühl**

Stilett [ʃtiˈlɛt] *n* ⟨~s; ~e⟩ stylet *m*

Stil|gefühl *n* ⟨~s⟩ (*bon*) goût (*en matière de style*); ⚲**gerecht** *adj* qui correspond au style

stiliˈ**sier|en** *v/t* ⟨*pas de ge-*, h⟩ styliser; ⚲**ung** *f* ⟨~; ~en⟩ stylisation *f*

Stiˈ**list(in)** *m* ⟨~en; ~en⟩ (*f*) ⟨~; ~nen⟩ styliste *m,f*; ~**ik** *f* ⟨~; ~en⟩ stylistique *f*

stiˈ**listisch** I *adj* stylistique; **die ~en Feinheiten** *f/pl* les finesses *f/pl* du style; II *adv* au point de vue (du) style

Stilkunde *f* stylistique *f*

still [ʃtɪl] *adj* (*ruhig*) tranquille; *a Luft, See* calme; (*friedlich*) paisible; (*schweigsam*) silencieux, -ieuse; taciturne; *Liebe, Hoffnung* (*heimlich*) secret, -ète; (*zurückhaltend*) réservé; ⚲**er Ozean** océan *m* Pacifique; ~**es Gebet** oraison mentale; ~**es Glück** bonheur *m* paisible; ~**e Jahreszeit** morte-saison *f*; ~**e Messe** messe basse; ~**es Wasser** eau minérale non gazeuze; eau plate; **in ~er Übereinkunft** en accord tacite; **in ~er Trauer** auf *e-r Todesanzeige* de la part de ...; ... ont la douleur de vous faire part du décès de ...; **in ~em Gedenken** auf *e-m Grabstein* regrets; à notre regretté(e); **im ~en** (*heimlich*) secrètement; **er hofft im ~en, daß ...** il souhaite en son for intérieur que ...; **heimlich, ~ und leise** secrètement; en douce; **überleg dir das in e-r ~en Stunde** réfléchis-y à tête reposée; **ihre ~e Art macht sie sympathisch** sa discrétion la rend sympathique; **~ sein** (*schweigen*) se taire; **seid ~!** silence!; taisez-vous!; **s-e Hände ~ halten** ne pas bouger les mains; **es ist ~ um ihn geworden** on n'entend plus parler de lui; **le silence s'est fait autour de lui**

Still-BH *m* soutien-gorge *m* d'allaitement

stillbleiben *v/i* ⟨*irr, sép*, -ge-, *sein*⟩ (*sich nicht bewegen*) rester tranquille

Stille *f* ⟨~⟩ (*Schweigen*) silence *m*; (*Ruhe*) tranquillité *f*; calme *m*; (*Friede*) paix *f*; repos *m*; **die ~ des Waldes** le calme de la forêt; **in der ~ der Nacht** dans le silence de la nuit; **in aller Hochzeit, Beisetzung** dans la plus stricte intimité; **plötzlich herrschte atemlose ~** il se fit soudain un silence de mort

Stilleben *n* ⟨~s; ~⟩ nature morte

stillegen *v/t* ⟨*sép*, -ge-, h⟩ *Betrieb* fermer; *Bergwerk* a cesser l'exploitation de; *Eisenbahnstrecke* supprimer; **e-e stillgelegte Fabrik** une usine désaffectée

Stillegung *f* ⟨~; ~en⟩ *e-s Betriebs* fermeture *f*; *e-s Bergwerks* a cessation *f* de l'exploitation; *e-r Eisenbahnstrecke* suppression *f*

Stillehre *f* stylistique *f*

stillen ⟨h⟩ I *v/t* **1.** *Säugling* allaiter; **im Moment** donner le sein à; **2.** *Blutung* arrêter; faire cesser; **3.** *Schmerz* apaiser; calmer; *Durst* étancher; apaiser; *Hunger* assouvir; apaiser; *Rachedurst, Neugier* assouvir; *Verlangen, Begierde* satisfaire; II *v/i* allaiter; **im Moment** donner le sein au bébé

Still|halteabkommen *n* **1.** FIN moratoire *m*; **2.** POL trêve *f*; ⚲**halten** *v/i* ⟨*irr, sép*, -ge-, h⟩ ne pas bouger; se tenir tranquille

stilliegen *v/i* ⟨*irr, sép*, -ge-, h⟩ **1.** *Mensch, Tier* se tenir tranquille; ne pas bouger; **2.** *Betrieb* être fermé; *Eisenbahnstrecke* être supprimé

stillos *adj* *Möbel* sans style défini; *péj* sans goût; **es ist ~, Sekt aus e-m Becher zu trinken** ça manque de classe de boire du mousseux dans des gobelets

Stillosigkeit *f* ⟨~; ~en⟩ **1.** ⟨*sans pl*⟩ (*fehlender Stil*) style *m* indéfinissable;

2. (*stilloses Benehmen*) manque *m* de savoir-vivre; faute *f* de goût

Stillschweigen *n* silence *m*; (**über etw, j-n**) ~ **bewahren** garder, faire le silence (sur qc, qn)

stillschweigend I *adjt* (*épithète*) **1.** (*wortlos*) muet, muette; **2.** *Abmachung etc* tacite; II *advt* **1.** (*stumm*) sans mot dire; en silence; **2.** *bei e-r Abmachung etc* tacitement; **etw ~ übergehen** passer qc sous silence; faire le silence sur qc

stillsitzen *v/i* ⟨*irr, sép*, -ge-, h⟩ rester tranquille; ne pas bouger; **nicht ~ können** ne (pas) pouvoir tenir en place

Stillstand *m* ⟨~(e)s⟩ arrêt *m*; *der Arbeit etc* interruption *f*; *e-s Betriebs, e-r Maschine* arrêt *m*; *der Geschäfte* stagnation *f*; **zum ~ bringen** *Maschine, Motor etc* arrêter; *Verkehr* paralyser; *Zug* immobiliser; *Blutung* interrompre; arrêter; *Entzündung* enrayer

stillstehen *v/i* ⟨*irr, sép*, -ge-, h⟩ **1.** (*anhalten*) *a Herz, Atem* s'arrêter; *Maschine etc* être arrêté; ne plus marcher; *Verkehr* être paralysé; **die Zeit scheint stillzustehen** le temps semble s'être arrêté; F **sein Mundwerk steht nie still** F c'est un vrai moulin à paroles; F **da steht mir der Verstand still!** je n'en reviens pas!; les bras m'en tombent!; **2.** (*sich nicht rühren*) ne pas bouger; demeurer en place; MIL se mettre au garde-à-vous; **nicht ~ können** ne (pas) pouvoir tenir en place; MIL **stillgestanden!** garde-à-vous!

Stillung *f* ⟨~⟩ *des Durstes* étanchement *m*; *des Schmerzes, Hungers, Rachedurstes* apaisement *m*; *des Hungers, Rachedurstes* assouvissement *m*; *e-s Verlangens* satisfaction *f*; *e-r Blutung* arrêt *m*

stillˈ**ver**ˈ**gnügt** *adj* intérieurement satisfait, heureux, -euse; ⚲**zeit** *f* période *f* d'allaitement

Stil|mittel *n* procédé *m* de style; ~**möbel** *n/pl* meubles *m/pl* de style; ~**richtung** *f* style *m*; ~**übung** *f* exercice *m* de style

stilvoll *adj* *Möbel* de style; *Einrichtung* de bon goût; II *adv* avec goût

Stimmabgabe *f* vote *m*; scrutin *m*; **zur ~ erscheinen** *od* **kommen** aller voter

Stimm|band *n* ⟨~(e)s; ~er⟩ ANAT (*surtout pl*) corde vocale; ⚲**berechtigt** *adj* qui a (le) droit de vote, de voter

Stimmberechtigte(r) *f(m)* personne *f* qui a (le) droit de vote, de voter; **die ~n** *pl* les (électeurs) inscrits *m/pl*

Stimmbruch *m* mue *f* (de la voix); **im ~ sein** muer

Stimmbürger(in) *m(f)* *schweiz cf* **Stimmberechtigte(r)**

Stimme [ˈʃtɪmə] *f* ⟨~; ~n⟩ **1.** voix *f*; MUS *a* organe *m*; **laute, leise ~** voix forte, faible; **belegte ~** voix enrouée; *fig* **innere ~** voix intérieure; (*nicht*) **gut bei ~ sein** (ne pas) être en voix; *st/s* **die ~ des Gewissens, Herzens, Blutes** la voix de la conscience, du cœur, du sang; *st/s* **s-e ~ erheben** prendre la parole; **2.** (*Wahl*⚲) voix *f*; suffrage *m*; vote *m*; **abgegebene ~n** suffrages exprimés; **ungültige ~** bulletin nul, blanc; **s-e ~ abgeben** donner sa voix, son vote, son suffrage; voter (**für** pour, **gegen** contre); **sich der ~** (*gén*) **enthalten** s'abstenir (de voter); **j-m s-e ~**

geben donner sa voix à qn; voter pour qn; **3.** (*Meinung*) avis *m*; opinion *f*; prise *f* de position; **die kritischen ~n der Presse**, **in der Öffentlichkeit** l'opinion critique de la presse, du public; **4.** MUS (*Stimmlage*) voix *f*; registre *m*; (*Part*) partie *f*; **5.** MUS e-r Orgel jeu *m* (d'orgues)

'**stimmen** ⟨h⟩ **I** *v/t* **1.** *Instrument* accorder; **höher ~** monter; 'hausser le ton de; **tiefer ~** baisser le ton de; **zu hoch gestimmt** trop 'haut; **richtig gestimmt** accordé; **falsch gestimmt** désaccordé; **2.** *fig* **j-n traurig ~** attrister qn; **j-n ernst ~** rendre qn grave; **diese Begegnung stimmte mich nachdenklich** cette rencontre m'a laissé rêveur; **j-n froh**, **heiter ~** égayer, dérider qn; mettre qn de bonne humeur; **j-n versöhnlich ~** réconcilier qn; **II** *v/i* **3.** (*richtig sein*) être juste, exact; **das Gehalt muß ~** le salaire doit être en rapport avec le travail, les qualifications, etc; **der Preis muß ~** il doit y avoir un bon rapport qualité-prix; le prix doit être en rapport avec la marchandise; **bei diesem Urlaub stimmte einfach alles** les vacances ont été parfaites; F tout s'est super bien passé pendant les vacances; **da stimmt etwas nicht** il y a qc qui ne va pas, qui cloche; F **bei ihm stimmt etwas nicht** il est bizarre; *p/fort* ça ne tourne pas rond chez lui; **beim Bezahlen** F **stimmt so!** gardez la monnaie!; **4.** (*wahr sein*) être vrai; (**das**) **stimmt!** (*genau!*) c'est ça; c'est vrai; **stimmt es, daß ...?** c'est vrai que ...?; **5.** POL **für, gegen j-n ~** voter pour, contre qn; **mit Ja**, **Nein ~** voter pour, contre; voter oui, non

'**Stimmen|anteil** *m* pourcentage *m* des voix; **~auszählung** *f* décompte *m* des voix

'**Stimmenfang** *m* ⟨~(e)s⟩ racolage *m* des électeurs; **auf ~ sein** racoler des électeurs

'**Stimmen|gewinn** *m* gain *m* de voix, de suffrages; **~gewirr** *n* brouhaha *m*

'**Stimmengleichheit** *f* partage égal des voix; parité *f* des voix; **bei ~** en cas de partage égal des voix

'**Stimmenkauf** *m* achat *m* de voix

'**Stimmenmehrheit** *f* majorité *f* des voix, des votes, des suffrages; **etw mit ~ annehmen** prendre, adopter qc à la majorité des voix

'**Stimmenthaltung** *f* abstention *f*; *cf a* **Enthaltung**

'**Stimmen|verhältnis** *n* rapport *m* des voix; **~verlust** *m* pertes *f/pl* d'électorat

'**Stimmgabel** *f* diapason *m*

'**stimm|gewaltig I** *adj* qui a une voix forte; **II** *adv* d'une voix forte; **~haft** *adj* PHON sonore

'**stimmig** *adj* harmonieux, -ieuse; *Argumentation* logique; juste

'**Stimmlage** *f* MUS registre *m*

'**stimm|lich I** *adj* vocal; **II** *adv* quant à la voix; en ce qui concerne la voix; **~los** *adj* PHON sourd

'**Stimmrecht** *n* droit *m* de vote, de suffrage; **allgemeines ~** suffrage universel

'**Stimm|ritze** *f* glotte *f*; **~umfang** *m* registre *m*

'**Stimmung** *f* ⟨~; ~en⟩ **1.** (*Gemütsverfassung*) humeur *f*; disposition *f* d'esprit; **guter, schlechter ~ sein** être de bonne, mauvaise humeur; **in gedrückter ~ sein** être déprimé, abattu; **in gehobener ~ sein** être en train, en liesse; **in** (**der**) **~ sein, zu** (+*inf*) être disposé à (+*inf*); **nicht in** (**der**) **~ sein, zu** (+*inf*) ne pas être d'humeur à (+*inf*); **2.** (*gute Laune*) **für ~ sorgen** mettre de l'ambiance; **in ~ kommen** s'animer; se mettre en train; **in ~ sein** être de bonne humeur; être plein d'entrain; **3.** (*Atmosphäre*) e-s *Bildes*, e-r *Landschaft* atmosphère *f*; e-r *Gruppe*, e-s *Fests*, am *Arbeitsplatz* ambiance *f*; *der Bevölkerung* etc a moral *m*; *in der Wirtschaft* tendance *f*; **die allgemeine ~** l'atmosphère générale; **für, gegen j-n ~ machen** faire de la propagande pour, contre qn

'**Stimmungsbarometer** F *n* **das ~ steigt** l'atmosphère devient de plus en plus gaie; F **das ~ steht auf Null** F le moral est à zéro

'**Stimmungsbild** *n* **ein ~ von etw geben** rendre l'atmosphère de qc

'**Stimmungs|kanone** F *plais f* boute-en-train *m*; **~mache** F *péj f* ⟨~⟩ bourrage *m* de crâne; **~umschwung** *m* changement *m* d'humeur; *in der Bevölkerung* revirement *m* d'opinion (publique); **²voll** *adj a Dekoration, Beleuchtung* plein d'ambiance; PEINT évocateur, -trice; *Gedicht* qui a de la poésie; **~wandel** *m*, **~wechsel** *m cf* **Stimmungsumschwung**

'**Stimmvieh** *n péj* **die Wähler als ~ benutzen** se servir de l'électorat

'**Stimm|wechsel** *m* mue *f* (de la voix); **~zettel** *m* bulletin *m* (de vote)

Stimu|lans ['ʃtiːmulans *ou* 'sti-] *st/s n* ⟨~; -'lantia *ou* -'lanzien⟩ MÉD, *fig* stimulant *m*; **~lati|on** *f* ⟨~; ~en⟩ stimulation *f*; **²lieren** *v/t* ⟨*pas de ge-*, h⟩ stimuler; **~lierung** *f* ⟨~; ~en⟩ stimulation *f*; **~lus** *m* ⟨~; -li⟩ **1.** PSYCH stimulus *m* (**für** *de*); **2.** *fig* stimulant *m* (**für** *de*)

'**Stinkbombe** *f* boule puante

stinken ['ʃtɪŋkn] *v/i* ⟨stinkt, stank, gestunken, h⟩ **1.** *péj* puer, empester (**nach** etw *qc*); **es stinkt** cela pue; cela sent très mauvais; **aus dem Mund ~** avoir mauvaise haleine; **2.** F *fig* **er stinkt vor Faulheit** F c'est un tire-au-flanc, un cossard, un flemmard; F *fig* **die Sache stinkt** l'affaire est louche; F **diese Arbeit stinkt mir** F j'en ai marre, ras le bol de ce travail; F **mir stinkt's!** F j'en ai ras le bol!; F j'en ai plein le dos!; F (il) y en a marre!

'**stink'faul** P *adj* **~ sein** F être très flemmard, F très cossard; F avoir un poil dans la main

'**stink'fein** P *adj* F drôlement, super élégant

'**stinkig** P *adj* **1.** (*stinkend*) puant (*a fig* widerwärtig); **2.** *fig* de mauvaise humeur; F de mauvais poil; *p/fort* en rogne

'**Stink|käse** F *m* fromage *m* d'odeur forte; **²langweilig** P *adj* F rasoir (*inv*); F assommant; P chiant; **~'laune** F *f* humeur *f* exécrable, de dogue; **~morchel** *f* BOT phallus *m* impudique; **²nor'mal** P *adj* F hypernormal

'**stink'reich** P *adj* **~ sein** F être plein aux as

'**stink'sauer** P *adj* ⟨*attribut*⟩ F fou furieux (*nur m*), F furax (*inv*) (**auf j-n** *contre qn*)

'**Stink|stiefel** P *m* F type odieux; **~tier** *n* mouffette *f*; **²vornehm** P *adj* F drôlement, super, hyper distingué

'**Stink'wut** P *f* rogne *f*; **e-e ~ haben** être furax, en rogne (**auf j-n** *contre qn*)

Stint [ʃtɪnt] *m* ⟨~(e)s; ~e⟩ ZO éperlan *m*

Sti|pendiat(in) [ʃtipɛndiˈaːt(ɪn)] *m* ⟨~en; ~en⟩ *f* ⟨~; ~nen⟩ boursier, -ière *m,f*; **~'pendium** *n* ⟨~s; -ien⟩ bourse *f*

Stippe ['ʃtɪpə] *f* ⟨~; ~n⟩ *bes nordd* sauce (épaisse)

'**stippen** *v/t* ⟨h⟩ *bes nordd* tremper

'**Stippvisite** F *f* visite *f* éclair; saut *m*

stirbt [ʃtɪrpt] *cf* **sterben**

Stirn [ʃtɪrn] *f* ⟨~; ~en⟩ front *m*; **die ~ runzeln** froncer les sourcils; se renfrogner; *fig* **j-m**, **e-r Sache die ~ bieten** faire face, faire front, tenir tête à qn, qc; *fig* **die ~ haben, zu** (+*inf*) avoir l'audace, le culot de (+*inf*); *fig* **es steht ihm auf der ~ geschrieben** c'est écrit, cela se lit sur son visage

'**Stirn|band** *n* ⟨~(e)s; ~er⟩ bandeau *m*; serre-tête *n*; **~bein** *n* (*os*) frontal *m*

'**Stirne** *st/s cf* **Stirn**

'**Stirn|falte** *f* ride *f* du front; **~glatze** *f* front dégarni; **~höhle** *f* sinus frontal; **~höhlenentzündung** *f*, **~höhlenvereiterung** *f* sinusite *f*; **~runzeln** *n* ⟨~s⟩ renfrognement *m*; **²runzelnd** *adv* en fronçant les sourcils; **~seite** *f* CONSTR front *m*; façade *f*; devant *m*; e-s *Tischs* 'haut *m*

stob [ʃtoːp] *cf* **stieben**

stöbern ['ʃtøːbərn] F *v/i* ⟨-(e)re, h⟩ **in** *etw* (*dat*) **~** F farfouiller, F fouiner dans qc

stochern ['ʃtɔxərn] *v/i* ⟨-(e)re, h⟩ **in** *etw* (*dat*) **~** piquer dans qc; **im Feuer ~** tisonner, attiser le feu; **in den Zähnen ~** se curer les dents; **im Essen ~** piquer, jouer dans le manger avec sa fourchette

Stock¹ [ʃtɔk] *m* ⟨~(e)s; ~e⟩ **1.** bâton *m*; dünner, *a* (*Takt*²) baguette *f*; (*Spazier*²) canne *f*; (*Billard*²) queue *f*; (*Ski*²) bâton *m* de ski; **am ~ gehen** marcher avec une canne; F *fig* (*erschöpft sein*) F être complètement crevé; *finanziell* F être fauché; **steif wie ein ~** raide comme un piquet; **plais sie geht, als wenn sie e-n ~ verschluckt hätte** elle marche comme si elle avait avalé son parapluie; **2.** BOT (*Rosen*²) etc pied *m*; (*Reb*²) cep *m* (*de vigne*); **3.** (*Wurzel*²) souche *f*; *fig* **über ~ und Stein** à travers champs; **4.** (*Bienen*²) ruche *f*

Stock² *m* ⟨~(e)s; ~⟩ (*~werk*) étage *m*; **im ersten ~** au premier étage

'**stock|be'soffen** P, **~be'trunken** P *adj* F complètement bourré

'**stock'blind** F *adj* complètement aveugle; **du bist ja ~!** tu n'y vois rien du tout!; F tu es bigleux!

'**stock'dumm** F *adj* bête comme tes, ses *etc* pieds

'**stock'dunkel** F *adj* **es ist ~** il fait noir comme dans un four; il fait nuit noire

'**Stöckelabsatz** *m* talon *m* aiguille

stöckeln ['ʃtœkəln] F *v/i* ⟨-(e)le, sein⟩ trottiner sur des talons aiguilles

'**Stöckelschuh** *m* chaussure *f* à talon aiguille; **~e** des talons *m/pl* aiguilles

stocken ['ʃtɔkən] v/i ⟨h⟩ **1.** (*stillstehen*) s'arrêter; *Verkehr, Produktion a* ralentir; *Handel, Geschäfte* stagner; être stagnant; *Gespräch, Verhandlungen* s'interrompre; *Arbeit a* être interrompu; *beim Sprechen* hésiter; rester court; *ins 2 geraten beim Sprechen* hésiter; rester, demeurer court; *Verkehr, Produktion* ralentir; *Handel, Geschäfte* être stagnant; *Gespräch, Verhandlungen, Arbeit* s'interrompre; *mit ~der Stimme* d'une voix hésitante; **2.** *Puls, Herz* s'arrêter; cesser de battre; *Blut se* coaguler; *fig* se figer; *das Blut stockte ihm in den Adern* son sang se figea dans ses veines; *ihm stockte der Atem* il en eut la respiration, le souffle coupé(e); **3.** ⟨h *ou sein*⟩ *bes südd, österr, schweiz Sauce etc* s'épaissir; *Milch* tourner; cailler; **4.** *Wäsche, Papier, Holz* moisir; *Bücher* se piquer
'Stock|ente f colvert m; **2'finster** cf **stockdunkel;** **~fisch** m **1.** *CUIS* morue séchée; stockfisch m; **2.** F fig péj F plouc m; **~fleck** m tache f de moisissure; **2'heiser** F adj F très enroué; **~hieb** m coup m de bâton
stock'konservativ F adj très conservateur, -trice; *p/fort* F réac (inv)
stock'nüchtern F adj très sobre; *Schreck, Schock etc j-n ~ machen* F dessoûler qn; *~ sein* n'avoir rien bu du tout
'Stockrose f rose trémière; passerose f
stock'sauer F adj (attribut) F fou furieux (nur m), F furax (inv) (*auf j-n* contre qn)
'Stockschläge m/pl coups m/pl de bâton
'Stockschnupfen m rhume m de cerveau; *e-n ~ haben* a être enchifrené
'stock|steif F adj raide comme un piquet; **'~'taub** F adj F sourd comme un pot
'Stockung f ⟨~; ~en⟩ arrêt m; *des Verkehrs, der Produktion* ralentissement m; paralysie f; *des Handels, der Geschäfte* stagnation f; ralentissement m; *des Gesprächs, der Verhandlungen, der Arbeit* interruption f; *des Pulses, Herzens* arrêt m
'Stock|werk n étage m; **~zahn** m südd, österr, schweiz molaire f
Stoff [ʃtɔf] m ⟨~(e)s; ~e⟩ **1.** (*Gewebe*) étoffe f; tissu m; **2.** ⟨pas de pl⟩ *PHILOS* matière f; **3.** *CHIM, PHYS* substance f; **4.** (*Werk 2*) matériau m; **5.** (*Thema*) matière f; sujet m; (*Gesprächs 2*) sujet m; thème m; *~ zum Lachen* de quoi rire; *~ zum Lachen geben* prêter à rire; *SCHULE der ~ des ersten Schuljahrs* le programme de la première année scolaire; **6.** F ⟨pas de pl⟩ (*Rauschgift*) arg dope f; (*Alkohol*) alcool m
'Stoff|bahn f coupe f de tissu; **~ballen** m rouleau m de tissu; **~bruch** m pli m de l'étoffe; **~druck** m ⟨~(e)s⟩ impression f sur étoffe
Stoffel ['ʃtɔfəl] F péj m ⟨~; ~⟩ balourd m; lourdaud m
'stoff(e)lig F péj adj balourd; lourdaud
'stofflich adj ⟨épithète⟩ **1.** *PHILOS* matériel, -ielle; **2.** (*thematisch*) du point de vue du sujet; **2keit** f ⟨~⟩ *PHILOS* matérialité f
'Stoff|muster n **1.** (*Dessin*) dessin m; **2.** (*Stoffprobe*) échantillon m de tissu;

~rest m reste m; **~tier** n animal m en peluche
'Stoffwechsel m ⟨~s⟩ métabolisme m; **~krankheit** f troubles m/pl du métabolisme; **~produkt** n produit m du métabolisme
stöhnen ['ʃtø:nən] v/i ⟨h⟩ gémir (*vor Schmerz* de douleur); (*sich beklagen*) *über etw, j-n ~* se plaindre de qc, qn
'Stöhnen n ⟨~s⟩ *vor Schmerz* gémissement m
Sto|iker ['ʃto:ikər ou 'stɔ:ikər] m ⟨~s; ~⟩ **1.** *PHILOS* stoïcien m; **2.** fig stoïque m; **2isch** adj **1.** *PHILOS* stoïcien, -ienne; **2.** fig stoïque; **~i'zismus** m ⟨~⟩ *PHILOS, fig* stoïcisme m
Stola ['ʃto:la] f ⟨~; -len⟩ châle m; *aus Pelz, e-s Priesters* étole f
Stollen ['ʃtɔlən] m ⟨~s; ~⟩ **1.** *BERGBAU* galerie f; **2.** (*unterirdischer Gang*) galerie souterraine; **3.** *an Fußballstiefeln etc, am Hufeisen* crampon m; **4.** *CUIS* (*Weihnachtsgebäck*) gâteau m de Noël (fourré à la pâte d'amandes et aux raisins secs)
'Stolperdraht m fil m de fer tendu (au ras du sol)
stolpern ['ʃtɔlpərn] v/i ⟨-(e)re, sein⟩ faire un faux pas; (*über etw*) ~ trébucher (sur qc); buter (contre qc); fig *beim Lesen über ein Wort ~* buter sur un mot; F fig *über j-n ~* tomber sur qn; *er ist über diese Spionageaffäre gestolpert* F il s'est cassé la figure dans cette affaire d'espionnage
'Stolperstein m pierre f d'achoppement; obstacle m
stolz [ʃtɔlts] adj **1.** fier, fière (*auf* [+acc] de); **2.** (*hochmütig*) orgueilleux, -euse; 'hautain; **3.** fig *Erscheinung etc* (*stattlich, prächtig*) imposant; magnifique; majestueux, -euse; **4.** F fig *Summe* F coquet, -ette; *Preis* F joli
Stolz m ⟨~es⟩ fierté f; (*Hochmut*) orgueil m; *falscher ~* orgueil mal placé; *er ist der ~ s-s Vaters* il est, fait l'orgueil, la fierté de son père; *s-n (ganzen) ~ in etw* (acc) *setzen* mettre (tout) son orgueil à qc; mettre (toute) sa fierté dans qc; se faire un point d'honneur de (+inf); *das verbietet mir mein ~* je suis trop fier pour faire ça; *ich habe (eben) auch meinen ~* je ne m'abaisse pas à dire, faire, etc cela; j'ai ma fierté aussi
'stolzgeschwellt sts/s adjt *mit ~er Brust* la poitrine gonflée d'orgueil
stol'zieren v/i ⟨pas de ge-, sein⟩ parader
stop [ʃtɔp ou stɔp] int stop!
'Stopfei n œuf m à repriser
stopfen ['ʃtɔpfən] ⟨h⟩ **I** v/t **1.** *Strümpfe, Wäsche etc* repriser; raccommoder; **2.** (*hinein~*) *etw in etw* (acc) *~* fourrer qc dans qc; **3.** (*zu~*) *Loch* boucher; *Leck* colmater; boucher; *mit Werg* étouper; F *j-m den Mund, P das Maul ~* F clouer le bec à qn; F boucler la gueule à qn; **4.** *Geflügel* (*mästen*) gaver; **5.** (*füllen*) *Pfeife, Kissen etc* bourrer; F *~ gestopft voll* (archi)comble; **6.** *MUS Blasinstrumente* mettre la sourdine à; **II** v/i **7.** *MÉD* (*ver~*) constiper; **8.** F (*sättigen*) F bourrer
Stopfen m ⟨~s; ~⟩ regional tampon m; bouchon m

'Stopf|garn n coton m à repriser; **~nadel** f aiguille f à repriser
stopp [ʃtɔp] int stop!
Stopp m ⟨~s; ~s⟩ **1.** (*Anhalten*) stop m; **2.** (*Unterbrechung*) blocage m
'Stoppball m *SPORT* amorti m
Stoppel f ⟨~; -n⟩ (*Feld 2*) chaume m; éteule f; (*Bart 2*) poil m raide; **~bart** F m barbe f de plusieurs jours; **~feld** n chaume m
'stopp(e)lig adj *Feld* couvert de chaumes; *Kinn* mal rasé
'stoppen ⟨h⟩ **I** v/t **1.** (*anhalten*) stopper; arrêter; *Fußball a* bloquer; **2.** (*mit der Stoppuhr messen*) chronométrer; **II** v/i stopper; s'arrêter
'Stopper m ⟨~s; ~⟩ **1.** *am Rollschuh etc* tampon m frein; butée f frein; **2.** *Fußballspieler* stoppeur m
'Stopplicht n *AUTO* feu m stop
'stopplig cf **stoppelig**
'Stopp|schild n panneau m stop; **~straße** f rue f, route f avec obligation d'arrêt; **~taste** f touche f d'arrêt; **~uhr** f chronomètre m
Stöpsel ['ʃtœpsəl] m ⟨~s; ~⟩ **1.** (*Verschluß*) bouchon m; tampon m; *e-r Badewanne etc* bonde f; **2.** *ÉLECT* fiche f; **3.** fig plais petit bonhomme
'stöpseln v/t ⟨-(e)ln, h⟩ *etw in etw* (acc) introduire qc dans qc; *Stecker* enficher qc dans qc
Stör [ʃtø:r] m ⟨~(e)s; ~e⟩ *ZO* esturgeon m
'Stör|aktion f action perturbatrice; **2anfällig** adj fragile; non résistant
Storch [ʃtɔrç] m ⟨~(e)s; ~e⟩ cigogne f; F plais *wie ein ~ im Salat* comme sur des échasses; F *da brat' mir einer 'nen ~!* j'en suis baba!
'Storchennest n nid m de cigogne
'Storchschnabel m **1.** *ZO* bec m de cigogne; **2.** *BOT* géranium m; **3.** *Zeichengerät* pantographe m
Store [ʃto:r] m ⟨~s; ~s⟩ voilage m
stören ['ʃtø:rən] ⟨h⟩ **I** v/t **1.** *Menschen, Veranstaltung* déranger; (*belästigen*) gêner; importuner; *lassen Sie sich nicht ~!* ne vous dérangez pas (pour moi)!; *stört Sie der Rauch?* est-ce que la fumée vous dérange?; *stört es Sie, wenn ich rauche?* cela vous dérange que je fume?; **2.** *Ruhe, Frieden, Beziehung, Sicherheit etc* troubler; *a Unterricht* perturber; **3.** *RAD, TÉL etc absichtlich* brouiller; **4.** (*mißfallen*) déplaire; *das stört mich sehr an ihm* cela me déplaît beaucoup chez lui; **II** v/i **5.** déranger; *störe ich?* je vous bzw te dérange?; *entschuldigen Sie, wenn ich störe (, aber ...)* excusez-moi de vous déranger (, mais ...); *bitte nicht ~!* prière de ne pas déranger; **6.** (*Unruhe stiften*) déranger; (*im Unterricht*) ~ perturber le cours; **III** v/i/réfl *sich an etw, j-m ~* désapprouver qn; trouver à redire à qc, qn
'störend I adj (*lästig*) gênant; (*unangenehm*) désagréable; **II** advt gênant; *sich ~ bemerkbar machen* devenir vraiment gênant; *~ wirken* déranger; gêner
Störenfried ['ʃtø:rənfri:t] m ⟨~(e)s; ~e⟩ gêneur, -euse m,f; importun(e) m(f); (*Spielverderber*) rabat-joie m; trouble-fête m
'Stör|faktor m facteur m, a *Personen* élément m perturbateur; **~fall** m *NUCL*

incident (lié à une défaillance technique); ~**frequenz** *f* RAD fréquence *f* de brouillage; ~**geräusch** *n* RAD parasites *m/pl*

stor'nier|en *v/t* ⟨pas de ge-, h⟩ FIN Buchung contre-passer; *Auftrag, Reise, Flug etc* annuler; **&ung** *f* ⟨~; ~en⟩ FIN contre-passation *f*; *e-s Auftrags, e-s Flugs, e-r Reise etc* annulation *f*

Storno ['ʃtɔrno] *m od n* ⟨~s; -ni⟩ contre-passation *f*

störrisch ['ʃtœrɪʃ] *adj Person* entêté; têtu (*a Esel*); obstiné; *fig Haar* difficile à coiffer; rebelle

'**Störsender** *m* RAD brouilleur *m*

'**Störung** *f* ⟨~; ~en⟩ **1.** dérangement *m*; trouble *m*; *verzeihen od entschuldigen Sie die* ~ (*, aber ...*) excusez-moi de vous déranger (*, mais ...*); **2.** TECH perturbation *f*; dérangement *m*; MÉTÉO perturbation *f*; RAD parasites *m/pl*; TV coupure *f*; *infolge technischer* ~**en** par suite d'incidents techniques; *e-e* ~ *in der elektrischen Leitung* une interruption de courant; **3.** MÉD *pl* ~**en** troubles *m/pl*

'**Störungsstelle** *f* TÉL (service *m* des) réclamations *f/pl* et dérangements *m/pl*

Story ['stɔri] *f* ⟨~; ~s *ou* -ries⟩ **1.** *e-s Films, e-s Romans* histoire *f*; **2.** F Journalistenjargon article *m*; **3.** (*Geschichte*) histoire *f*; *e-e lange* ~ *erzählen* raconter toute une histoire

Stoß [ʃtoːs] *m* ⟨~es; ⸚e⟩ **1.** coup *m*; (*Rippen&*) bourrade *f*; FECHTEN botte *f*; estocade *f*; *j-m e-n* ~ *versetzen* porter un coup à qn; **2.** (*Erschütterung*) choc *m*; *zum Erdbeben secousse f*; *e-s Fahrzeugs* cahot *m*; **3.** SCHWIMMEN brasse *f*; brassée *f*; RUDERN coup *m*; **4.** (*Strom&*) secousse *f*; **5.** (*Haufen*) pile *f*; tas *m*; *von Papieren, Briefen etc* liasse *f*; **6.** (*Atem&*) souffle *m*; *in e-e Trompete etc* coup *m*; **7.** TECH (*Verbindungsstelle*) joint *m*; jointure *f*

'**Stoß|band** *n* ⟨~(e)s; -bänder⟩ COUT talonnette *f*; ~**dämpfer** *m* AUTO amortisseur *m*

Stößel ['ʃtøːsəl] *m* ⟨~s; ~⟩ *e-s Mörsers* pilon *m*

'**stoßempfindlich** *adj* sensible au choc; fragile

'**stoßen** ⟨stößt, stieß, gestoßen, h⟩ **I** *v/t* **1.** (*an*~) pousser; *heftig* 'heurter, choquer; cogner; (*anrempeln*) bousculer; *j-n mit dem Fuß* ~ donner un coup de pied à qn; *j-n in die Rippen* ~ donner une bourrade à qn; *Tiere j-n mit den Hörnern* ~ donner des coups de cornes à qn; *j-n von sich* (*dat*) ~ repousser qn; *j-n zu Boden* ~ renverser qn; *j-n aus dem Fenster* ~ pousser qn par la fenêtre; *j-n von der Leiter* ~ faire tomber qn de l'échelle; **2.** SPORT *Kugel* lancer; BILLARD pousser; **3.** (*hinein*~) *j-m das Messer in die Brust* ~ donner à qn un coup de couteau dans la poitrine; **4.** (*zer*~) piler; broyer; concasser; *zu Pulver* pulvériser; réduire en poudre; *gestoßener Pfeffer* poivre concassé; **II** *v/i* **5.** *mit etw* ~ donner des coups de qc; **6.** (*grenzen*) *an etw* (*acc*) ~ être attenant, contigu à qc; **7.** *ins Horn, in die Trompete* ~ sonner du cor, de la trompette; **8.** ⟨sein⟩ *gegen od an etw* (*acc*) ~ se cogner, se heurter, buter contre qc; *mit dem Fuß gegen od an*

etw (*acc*) ~ 'heurter, buter du pied contre qc; se heurter, se cogner le pied contre qc; *mit dem Kopf an etw* (*acc*) ~ se heurter la tête à qc; **9.** ⟨sein⟩ *auf j-n, etw* ~ tomber sur qn, qc; rencontrer (par 'hasard) qn, qc; *auf Schwierigkeiten* (*acc*) ~ se heurter à des difficultés; *auf unerwarteten Widerstand* ~ se heurter à, rencontrer une résistance inattendue; **10.** ⟨sein⟩ *zu j-m* ~ (re)joindre qn; **III** *v/réfl sich* ~ se heurter; se cogner; *sich an etw* (*dat*) ~ se heurter, se cogner contre qc; *fig* (*an etw Anstoß nehmen*) désapprouver qc; *er stößt sich daran, daß du mitkommst* il désapprouve que tu viennes (avec nous)

'**stoßfest** *adj* antichoc (*inv*)

'**Stoßgebet** *n ein* ~ *zum Himmel schicken* adresser au ciel une prière instante

'**Stoß|kante** *f* (re)bord *m*; ~**kraft** *f* **1.** TECH, MIL etc puissance *f* de choc; **2.** ⟨pas de pl⟩ *fig* impact *m*; ~**richtung** *f* direction *f* d'activité; ~**seufzer** *m* profond soupir; ~**stange** *f* AUTO pare-chocs *m*

stößt [ʃtøːst] *cf* **stoßen**

'**Stoß|trupp** *m* unité *f* de choc; ~**verkehr** *m* (circulation *f* aux) heures *f/pl* de pointe; ~**waffe** *f* arme *f* d'estoc; **&weise** *adv* **1.** (*in Stapeln*) par piles, tas; **2.** (*ruckweise*) par secousses; *lachen* par saccades; *feuern* par intermittence; *atmen* par intermittence; par à-coups; ~**zahn** *m der Elefanten* défense *f*; ~**zeit** *f* heure *f* de pointe

'**Stotte'rei** *f* ⟨~⟩ bégaiement *m*

'**Stotter|er** *m* ⟨~s; ~⟩, ~**in** *f* ⟨~; ~nen⟩ MÉD bègue *m,f*; *gelegentlich* bégayeur, -euse *m,f*

stottern ['ʃtɔtərn] ⟨-(e)re, h⟩ **I** *v/t* bégayer; *beim Aufsagen von Gedichten* ânonner; **II** *v/i* **1.** *a* MÉD bégayer; **2.** F *fig Motor* tousser; avoir des ratés

Stövchen ['ʃtøːfçən] *n* ⟨~s; ~⟩ réchaud *m*

StPO [ɛsteːpeːˈʔoː] *f* ⟨~⟩ *abr* (*Strafprozeßordnung*) code *m* de procédure pénale

Str. *abr* (*Straße*) rue *f*

StR *abr* (*Studienrat*) etwa professeur *m* de lycée

stracks [ʃtraks] *adv räumlich* tout droit; *zeitlich* sur-le-champ

Stradivari [stradiˈvaːri] *f* ⟨~; ~(s)⟩ MUS stradivarius *m*

'**Straf|aktion** *f* MIL expédition punitive; ~**anstalt** *f* ADM établissement *m* pénitentiaire; prison *f*; *für Jugendliche* centre *m* de détention

'**Strafantrag** *m* **1.** *des Staatsanwalts* réquisitoire *m*; **2.** *des Klägers* plainte (introductive de poursuite pénale) *f*; *e-n* ~ *stellen* porter plainte; engager des poursuites judiciaires

'**Strafantritt** *m* entrée *f* en détention

'**Strafanzeige** *f* plainte *f*; (*e-e*) ~ *erstatten* porter plainte; déposer une plainte

'**Straf|arbeit** *f e-s Schülers* punition *f*; ~**aufschub** *m* sursis *m* (à l'exécution de la peine)

'**Strafaussetzung** *f* suspension *f* de la peine; ~ *zur Bewährung* libération *f* provisoire

'**Strafbank** *f* ⟨~; -bänke⟩ SPORT banc *m* de pénalisation

'**strafbar** *adj* punissable; répréhensible; *p/fort* criminel, -elle; *e-e* ~*e Handlung* un délit; un acte criminel; *sich* ~ *machen* encourir une peine; commettre un délit *bzw* des délits

'**Straf|befehl** *m* procès-verbal *m* de contravention; ~**befugnis** *f* compétence pénale; ~**bescheid** *m* sanction *f*; ~**bestimmungen** *f/pl* dispositions pénales

Strafe ['ʃtraːfə] *f* ⟨~; ~n⟩ punition *f*; *bes* JUR peine *f*; sanction (pénale) *f*; (*Geld&*) amende *f*; (*Züchtigung*) châtiment *m*; correction *f*; *zur* ~ *für ...* en punition de ...; *Tat, Vergehen unter* ~ (*dat*) *stehen* être puni; *etw unter* ~ (*acc*) *stellen* frapper qc d'une peine; *auf Erpressung* (*acc*) *steht e-e* ~ *von zehn Jahren* le chantage est puni d'une peine de dix ans; *fig das ist die* ~ (*dafür*) voilà, c'est le résultat; ~ *muß sein!* malheureusement, tu dois *bzw* vous devez être puni(s)

'**Strafecke** *f* SPORT corner *m*

'**strafen** *v/t* ⟨h⟩ punir; (*züchtigen*) châtier; corriger; *ein* ~*der Blick* un regard réprobateur, plein de reproches; *die* ~*de Gerechtigkeit* la justice vengeresse; *j-n mit Verachtung* ~ mépriser qn; *fig das Schicksal hat ihn schwer gestraft* la vie ne l'a pas épargné; *fig mit diesem Kind, diesem Haus sind sie gestraft* cet enfant, cette maison leur pose de gros problèmes; F *fig sie ist* (*schon*) *gestraft genug* elle est assez punie (comme ça)

'**Straf|entlassene(r)** *f(m)* ⟨→ A⟩ personne *f* sortant de prison; ~**entlassung** *f* sortie *f* de prison; ~**erlaß** *m* remise *f*, rémission *f* d'une peine; ~**expedition** *f* expédition punitive, répressive

straff [ʃtraf] **I** *adj* **1.** *Seil etc* (fortement) tendu; raide; *Haut, Busen etc* ferme; **2.** *fig Disziplin* sévère; *Organisation, Führungsstil etc* rigoureux, -euse; rigide; **II** *adv* ~ *spannen Seil, Feder etc* tendre fortement; *Seil a* raidir; *Haar* ~ *zurückkämmen* coiffer en tirant en arrière

'**straffällig** *adj* ADM passible de sanction; ~*er Jugendlicher* jeune délinquant *m*; ~ *werden* encourir une peine; commettre un délit *bzw* des délits

'**Straffälligkeit** *f* ⟨~⟩ délinquance *f*

'**straffen** ⟨h⟩ **I** *v/t* **1.** tendre; raidir; *Creme etc die Haut* raffermir; *sich* (*dat*) *den Busen* ~ *lassen* se faire faire un lifting des seins; **2.** *Text etc* condenser; **II** *v/réfl sich* ~ *Körper, Rücken* se raidir; *Seil, Segel* se tendre

'**straffrei I** *adj* impuni; **II** *adv* impunément; ~ *ausgehen* rester impuni

'**Straf|freiheit** *f* ⟨~⟩ impunité *f*; ~**gebühr** *f* amende *f*; ~**gefangene(r)** *f(m)* détenu(e) *m(f)*; prisonnier, -ière *m,f*; ~**gericht** *n fig* châtiment *m*; ~**gesetz** *n* loi pénale; ~**gesetzbuch** *n* code pénal; ~**gesetzgebung** *f* législation pénale; ~**kammer** *f* chambre correctionnelle; ~**kolonie** *f* bagne *m*; ~**kompanie** *f* MIL bataillon *m* disciplinaire; ~**lager** *n* camp *m* pénitentiaire

'**sträflich** ['ʃtrɛːflɪç] **I** *adj* impardonnable; **II** *adv j-n, etw* ~ *vernachlässigen* négliger qn, qc d'une façon impardonnable

Sträfling ['ʃtrɛːflɪŋ] m ⟨~s; ~e⟩ bagnard m; forçat m; (*Gefangene[r]*) prisonnier, -ière m,f
'**Sträflingskleidung** f tenue f de bagnard
'**straflos** cf **straffrei**
'**Strafmandat** n contravention f
'**Strafmaß** n montant m de la peine; *das niedrigste, höchste ~* la peine minimum, maximum
'**Strafmaßnahme** f mesure répressive; sanction f
'**strafmildernd** I *adjt* ~e *Umstände* m/pl circonstances atténuantes; II *advt sich ~ auswirken* servir de circonstance atténuante
'**Straf|minute** f SPORT exclusion f temporaire d'une minute; EISHOCKEY minute f de prison; ⩔**mündig** *adj* pénalement responsable; ~**mündigkeit** f responsabilité pénale; ~**porto** n surtaxe f
'**Strafpredigt** F f sermon m; *j-m e-e ~ halten* sermonner qn
'**Strafprozeß** m procès pénal; ~**ordnung** f code m de procédure pénale
'**Strafpunkt** m SPORT (point m de) pénalisation f; *j-m e-n ~ geben* pénaliser qn
'**Straf|raum** m SPORT surface f de réparation; ~**recht** n ⟨~(e)s⟩ droit pénal
'**strafrechtlich** I *adj* pénal; II *adv j-n ~ verfolgen* engager des poursuites pénales contre qn; *... wird ~ verfolgt auf Schildern etc* ... est puni par la loi
'**Straf|register** n casier m judiciaire; ~**richter(in)** m(f) juge pénal; ~**sache** f affaire, cause pénale; ~**stoß** m SPORT penalty m; ~**tat** f (*strafbare Handlung*) délit m; infraction f; (*Verbrechen*) crime m; ~**täter(in)** m(f) délinquant(e) m(f); ~**verbüßung** f accomplissement m de la peine
'**Strafverfahren** n procédure pénale; *ein ~ gegen j-n einleiten* engager des poursuites (judiciaires) contre qn
'**Straf|verfolgung** f poursuites pénales; ⩔**versetzen** v/t ⟨les temps simples ne s'emploient pas dans une principale, p/p strafversetzt, h⟩ déplacer, muter par mesure disciplinaire; ~**versetzung** f déplacement m, mutation f par mesure disciplinaire; ~**verteidiger(in)** m(f) avocat(e) m(f) (spécialisé[e] en droit pénal)
'**Straf|vollzug** m **1.** (*Vollzug e-r Strafe*) exécution f de la peine; **2.** (*Vollzugswesen*) système pénal, carcéral; *cf a* **Vollzug 2.**; ~**zeit** f temps m de pénalisation; ~**zettel** F m contravention f, papillon m; F contredanse f
'**Strahl** [ʃtraːl] m ⟨~(e)s, ~en⟩ **1.** rayon m; PHYS a (*Licht*2) m; *plötzlicher, heller* éclair m; **2.** (*Wasser*2) jet m; **3.** MATH (ligne f) droite f; '~**antrieb** m AVIAT propulsion f par réaction
'**Strahlemann** F m ⟨~(e)s, -männer⟩ *er ist ein richtiger ~* il est toujours de bonne humeur
'**strahlen** v/i ⟨h⟩ **1.** a *fig* rayonner; (*glänzen*) a *fig* resplendir; ~*d hell* d'une clarté lumineuse; ~*d weiß* d'un blanc étincelant; ~*der Sonnenschein* soleil radieux; ~*de Schönheit* beauté rayonnante; *sein Gesicht strahlte vor Freude* son visage rayonnait, resplendissait de joie; **2.** *fig* (*lächeln*) être rayonnant; *vor Glück, Freude ~* rayonner de bonheur, de joie; *sie strahlte über das ganze Gesicht* elle avait le visage radieux; **3.** PHYS rayonner; NUCL irradier
'**Strahlen|behandlung** f radiothérapie f; ~**belastung** f MÉD exposition f aux radiations; NUCL exposition f à l'irradiation; ~**biologie** f radiobiologie f; ~**brechung** f réfraction f; ~**bündel** n **1.** OPT faisceau m de rayons; **2.** MATH faisceau m de droites; ~**chemie** f chimie f nucléaire; ~**dosis** f dose f d'irradiation; ~**einfall** m ⟨~(e)s⟩ incidence f des rayons
'**strahlenförmig** I *adj* rayonné; *sc, a* BOT radié; II *adv* ~ *angeordnet* disposé en rayons
'**Strahlen|krankheit** f radiolésion f; ~**quelle** f source f de rayonnement; ~**schutz** m radioprotection f; *Vorrichtung* écran protecteur, paroi protectrice (contre les radiations); ~**schutzanzug** m survêtement m, combinaison f anti-radiations; ⩔**sicher** *adj* antiradiations (*inv*); ~**therapie** f radiothérapie f; ~**tierchen** n/pl sc radiolaires m/pl; ~**tod** m mort causée par irradiation; ⩔**verseucht** *adjt* irradié
'**Strahler** m ⟨~s; ~⟩ **1.** PHYS émetteur m; source rayonnante; **2.** (*Heiz*2) radiateur m; **3.** (*Licht*2) spot m
'**Strahltriebwerk** n réacteur m
'**Strahlung** f ⟨~; ~en⟩ **1.** PHYS rayonnement m; émission f (de rayons); *elektromagnetische radiations* f/pl; *kosmische ~* rayonnement cosmique; **2.** NUCL irradiation f
'**Strahlungs|energie** f énergie rayonnante, radiante; ~**gürtel** m ceinture f de radiations; ~**intensität** f intensité f de radiation; ~**wärme** f chaleur rayonnante, de rayonnement
'**Strähnchen** n ⟨~s; ~⟩ *im Haar* mèche f; *sich (dat) ~ machen lassen* se faire faire un balayage
'**Strähne** ['ʃtrɛːnə] f ⟨~; ~n⟩ **1.** (*Haar*2) mèche f (de cheveux); **2.** *regional e-e ~ Garn* un écheveau de fil
'**strähnig** *adj Haar* raide et gras, grasse
'**Stramin** [ʃtraˈmiːn] m ⟨~s; ~e⟩ canevas m
stramm [ʃtram] I *adj* **1.** (*straff*) (fortement) tendu; (*fest*) a *Kleider* serré; **2.** (*kräftig*) robuste; ~*er Bursche* solide gaillard m; **3.** (*kraftvoll u gerade*) énergique; vigoureux, -euse; ~*e Haltung* allure f, attitude f militaire; II *adv* **1.** ~ *anziehen Schraube* serrer à bloc; bloquer; ~ *sitzen Kleidung* être serré; serrer; **2.** F ~ *arbeiten* F travailler dur; F ~ *marschieren* marcher d'un bon pas
'**stramm|stehen** v/i ⟨*irr, sép, -ge-*, h⟩ MIL être au garde-à-vous; ~**ziehen** v/t ⟨*irr, sép, -ge-*, h⟩ tendre; raidir
'**Strampel|anzug** m, ~**höschen** n grenouillère f
'**strampeln** [ˈʃtrampəln] v/i ⟨-(e)le-, h⟩ **1.** *Baby etc* se trémousser; F gigoter; **2.** ⟨sein⟩ *beim Radfahren* pédaler; **3.** F *fig* (*sich anstrengen*) F se décarcasser; F ramer
'**Strampelsack** m gigotière f; nid m d'ange
'**Strampler** m ⟨~s; ~⟩ (*Strampelhose*) grenouillère f
Strand [ʃtrant] m ⟨~(e)s; ~e⟩ grève f; (*Bade*2) plage f; *am ~* sur, à la plage
'**Strand|anzug** m tenue f de plage; ~**bad** n baignade f; ~**café** n etwa café m de la plage

'**stranden** v/i ⟨-ete, sein⟩ MAR, *fig* (s')échouer
'**Strand|gut** n ⟨~(e)s⟩ épaves f/pl; ~**hafer** m élyme m
'**Strandhaubitze** ['ʃtranthaʊbɪtsə] F f *voll wie e-e ~ sein* F être soûl comme une barrique
'**Strand|hotel** n hôtel m de la plage; ~**kleid** n robe f de plage; ~**korb** m fauteuil-cabine m (en osier); ~**läufer** m ZO bécasseau m; ~**promenade** f; ~**räuber** m pilleur m d'épaves; ~**segeln** n ⟨~s⟩ char m à voile
'**Strang** [ʃtraŋ] m ⟨~(e)s; ~e⟩ **1.** (*Seil*) corde f; *für Zugtiere* trait m (de harnais); *st/s j-n zum Tod durch den ~ verurteilen* condamner qn à la pendaison; F *über die Stränge schlagen* dépasser les bornes; y aller trop fort; *fig am gleichen od selben ~ ziehen* avoir, suivre le même objectif; **2.** ANAT (*Muskel*2, *Sehnen*2, *Nerven*2) cordon m; **3.** *von Garn* écheveau m
'**Strangu|lation** [ʃtraŋgulatsiˈoːn] f ⟨~; ~en⟩ strangulation f; ⩔'**lieren** v/t ⟨*pas de ge-*, h⟩ étrangler
'**Strapaze** [ʃtraˈpaːtsə] f ⟨~; ~n⟩ fatigue f; *die ~n der Reise* les fatigues du voyage; *e-e ~ sein* être très fatigant, épuisant
stra'pazfähig *österr* cf **strapazierfähig**
strapa'zier|en v/t ⟨*pas de ge-*, h⟩ *Haut, Kleidung, Nerven* mettre à l'épreuve; *Geduld, Nerven* mettre à l'épreuve; ~**fähig** *adj* robuste; inusable; solide; ⩔**fähigkeit** f ⟨~⟩ solidité f; caractère m inusable
strapa'ziös [ʃtrapatsiˈøːs] *adj* fatigant, épuisant
Straps [ʃtraps] F m ⟨~es; ~e⟩ **1.** (*Strumpfhalter*) jarretelle f; **2.** (*Hüftgürtel*) porte-jarretelles m
Straß [ʃtras] m ⟨~ *ou* -sses, -sse⟩ strass m
'**Straßburg** ['ʃtraːsbʊrk] n ⟨→ n/pr⟩ Strasbourg
'**Straße** ['ʃtraːsə] f ⟨~; ~n⟩ **1.** rue f; (*Land*2, *Fahr*2) route f; *auf der ~* dans la rue; *auf offener ~* en pleine rue; *über die ~ gehen, die ~ überqueren* traverser la rue; *fig der Mann auf od von der ~* l'homme m de la rue; F *j-n auf die ~ setzen od werfen Arbeiter* F flanquer qn à la porte; mettre qn sur le pavé; *Mieter* jeter, mettre qn à la rue; F *fig auf der ~ liegen od sitzen od stehen* (*arbeitslos sein*) chômer; *a* (*keine Wohnung haben*) être sur le pavé; F *auf die ~ gehen* (*demonstrieren*) descendre dans la rue; (*sich prostituieren*) faire le trottoir; **2.** (*Meerenge*) détroit m; *~ von Dover* pas m de Calais
'**Straßen|anzug** m (*Herrenanzug*) costume m; ~**arbeiten** f/pl travaux m/pl
'**Straßenbahn** f tram m; ~**depot** n dépôt m de tram; ~**fahrer(in)** m(f) **1.** (*Führer[in]*) conducteur, -trice m,f (de tram); **2.** (*Passagier[in]*) passager, -ère m,f (de tram); ~**haltestelle** f arrêt m du tram; ~**linie** f ligne f de tram; ~**schaffner(in)** m(f) receveur, -euse m,f (de tram); ~**schiene** f rail m de tram; ~**wagen** m voiture f de tram
'**Straßen|bau** m ⟨~(e)s⟩ construction f des routes; ~**bauamt** n (service m des) ponts et chaussées m/pl; ~**beleuchtung** f éclairage m des rues; ~**benut-**

zungsgebühr f ADM péage m; **~bild** n aspect m d'une bzw de la rue; **~café** n café m (avec terrasse); **~decke** f revêtement m de la route, de la chaussée; **~dorf** n village-rue m; **~ecke** f coin m de (la) rue; **~fahrer** m SPORT coureur m cycliste; **~feger** m ⟨~s; ~⟩ 1. bes nordd Person balayeur m; 2. F plais Fernsehsendung film m, feuilleton m à succès; **~fest** n fête f de quartier; **~führung** f tracé m de la route
'**Straßenglätte** f Achtung ~! attention, route glissante!
'**Straßen|graben** m fossé m; **~händler** m marchand ambulant; camelot m; **~junge** m péj jeune gamin m des rues; voyou m; **~kampf** m combat m de rue; **~karte** f carte routière; **~kehrer** m ⟨~s; ~⟩ bes südd balayeur m; **~kind** n enfant m des rues; **~kreuzer** F m F grosse voiture, bagnole; **~kreuzung** f carrefour m; croisement m de rues, de routes
'**Straßenlage** f ⟨~⟩ tenue f de route; e-e gute ~ haben tenir bien la route; avoir une bonne tenue de route
'**Straßen|lärm** m bruit m de la rue; **~laterne** f réverbère m; **~mädchen** n péj fille f publique, des rues; **~musikant** m musicien ambulant; **~name** m nom m de rue; **~netz** m réseau routier
'**Straßenrand** m bord m de la route; ADM accotement m; Tausende von Menschen säumten die Straßenränder il y avait des milliers de gens au bord de la route bzw des routes
'**Straßen|raub** m vol m sur la voie publique; **~räuber** m voleur m sur la voie publique; **~reinigung** f 1. (das Reinigen) nettoyage m des rues; 2. Amt service m de la voirie; **~rennen** m RADSPORT course f cycliste; **~schild** n plaque f de rue; **~schlacht** f combat m de rue; **~schmutz** m saleté f de la rue; **~schuh** m chaussure f de ville; **~seite** f e-r Straße côté m de la rue; d'un Hauses côté m; **~sperre** f, **~sperrung** f barrage routier; **~staub** m poussière f de la rue; **~theater** n 1. ⟨pas de pl⟩ Theater théâtre m de rue; 2. Truppe troupe f de théâtre de rue; **~überführung** f passerelle f; **~unterführung** f passage souterrain; **~verhältnisse** n/pl état m de la route; **~verkauf** m e-r Konditorei, Pizzeria etc vente f (de plats) à emporter; **~verkehr** m circulation routière; trafic routier; **~verkehrsamt** n etwa service m des Mines; **~verkehrsordnung** f code m de la route; **~wischer** m ⟨~s; ~⟩ schweiz cf Straßenkehrer; **~zoll** m péage m; **~zug** m rue f; **~zustand** m état m des routes; **~zustandsbericht** m im Radio bulletin m de l'état des routes
Strateg|e m ⟨~n; ~n⟩, **~in** f ⟨~; ~nen⟩ stratège m
Strategie [strateˈgiː] f ⟨~; ~n⟩ stratégie f
straˈtegisch I adj stratégique; II adv stratégiquement; ~ wichtig d'importance stratégique
Stratosphäre [stratoˈsfɛːrə] f ⟨~⟩ stratosphère f
Stratuswolke [ˈstraːtʊsvɔlkə] f stratus m
sträuben [ˈʃtrɔybən] ⟨h⟩ I v/t Haare, Federn, Fell dresser; ˈhérisser; II v/réfl sich ~ 1. Haare, Federn, Fell se dresser; se hérisser; bei diesem Anblick sträubten sich mir die Haare cette vue m'a fait dresser les cheveux sur la tête; 2. fig (sich widersetzen) résister; se battre; sich (mit Händen und Füßen) gegen etw ~ résister, s'opposer à qc (de toutes ses forces); se battre contre qc (de toutes ses forces)
Strauch [ʃtraʊx] m ⟨~(e)s; ~er⟩ arbrisseau m; niedriger arbuste m; (Busch) buisson m; F ~dieb m chenapan m
straucheln [ˈʃtraʊxəln] st/s v/i ⟨-(e)le, sein⟩ 1. (stolpern) trébucher; faire un faux pas; 2. fig (scheitern) faillir; (auf die schiefe Bahn geraten) se perdre
Strauß¹ [ʃtraʊs] m ⟨~es; ~e⟩ ZO autruche f; den Kopf in den Sand stecken wie der Vogel ~ pratiquer la politique de l'autruche
Strauß² m ⟨~es; ~e⟩ (Blumen♀) bouquet m
Strauß³ st/s m ⟨~es; ~e⟩ e-n ~ mit j-m ausfechten avoir une querelle avec qn
'**Straußen|ei** n œuf m d'autruche; **~feder** f plume f d'autruche
'**Straußwirtschaft** f bes südd: dégustation f de vin (nouveau) chez le producteur; in e-e ~ gehen aller déguster le vin nouveau chez le producteur
'**Strebe** f ⟨~; ~n⟩ contre-fiche f; appui m; support m; **~balken** m chevalet m; **~bogen** m arc-boutant m
streben [ˈʃtreːbən] v/i 1. ⟨h⟩ (trachten) nach etw ~ s'efforcer d'atteindre qc; aspirer à qc; ambitionner, rechercher qc; 2. ⟨sein⟩ räumlich zu od nach etw ~ s'orienter vers qc; die Pflanzen ~ zum Licht les plantes tendent, s'orientent vers la lumière; fig an die od zur Macht ~ viser, rechercher le pouvoir
'**Streben** n ⟨~s⟩ tendance f (nach à); aspiration f (nach vers); poursuite f, quête f (nach de); (Ehrgeiz) ambition f (nach à +inf); das ~ nach Vollkommenheit la recherche, la poursuite de la perfection; mein ganzes ~ wird darauf gerichtet sein, zu (+inf) tous mes efforts tendront à (+inf)
'**Strebepfeiler** m culée f; contrefort m
'**Streber(in)** m ⟨~; ~⟩ (f) ⟨~; ~nen⟩ péj arriviste m,f; in der Schule F bûcheur, -euse m,f; F bosseur, -euse m,f; ein ~ sein a F bosser
'**streberhaft** adj péj arriviste; in der Schule F bûcheur, -euse; F bosseur, -euse
'**Strebewerk** n contreforts m/pl
'**strebsam** adj ambitieux, -ieuse; (eifrig) zélé; (fleißig) appliqué; ♀**keit** f ⟨~⟩ ambition f; (Eifer) zèle m; (Fleiß) application f
'**Streck|bank** f ⟨~; ~e⟩ HIST chevalet m de torture; **~bett** n MÉD lit m orthopédique
Strecke [ˈʃtrɛkə] f ⟨~; ~n⟩ 1. (Entfernung) distance f; zurückzulegende trajet m; parcours m; e-e ~ zurücklegen parcourir une distance; faire un trajet, un parcours; er ging e-n Teil der ~ zu Fuß il a fait une partie du chemin, du trajet à pied; das Land war weite ~n verwüstet, überschwemmt une grande partie du pays était dévastée, inondée; F fig auf der ~ bleiben Personen échouer; Pläne etc F louper; rater; 2. (Eisenbahnlinie) ligne f; voie f; (Fahrt) trajet m; parcours m; auf der ~ Berlin–München sur la ligne Berlin–Munich; auf freier ~ en rase campagne; 3. BERGBAU galerie f; voie f; 4. MATH (ligne) droite f; 5. SPORT parcours m; 6. JAGD tableau m de chasse; zur ~ bringen Wild tuer; abattre; fig Personen vaincre; abattre
'**strecken** ⟨h⟩ I v/t 1. (gerademachen) étendre; (dehnen) tendre; allonger; 2. zielgerichtet (hinaus~, hindurch~) die Hände durch das Gitter ~ tendre les mains à travers la grille; st/s j-n zu Boden ~ étendre qn sur le carreau; terrasser qn; 3. Metall etc étirer; 4. Vorräte, Sauce etc allonger; II v/réfl sich ~ s'étirer; s'étendre; s'allonger
'**Strecken|abschnitt** m tronçon m; (Fahrstrecke) section f; **~arbeiter** m EISENBAHN ouvrier m de la voie; cantonnier m; **~begehung** f EISENBAHN tournée f du surveillant de la voie, d'inspection des voies; **~führung** f EISENBAHN tracé m de la ligne; **~netz** n EISENBAHN réseau m de lignes; **~rekord** m SPORT record m de distance; **~wärter** m EISENBAHN garde-voie m; ♀**weise** adv 1. räumlich par-ci, par-là; par endroits; 2. zeitlich par moments
'**Streck|er** m ⟨~s; ~⟩, **~muskel** m ANAT (muscle) extenseur m
'**Streckung** f ⟨~; ~en⟩ extension f; (Dehnung) a allongement m; von Metallen etc étirage m
'**Streckverband** m appareil m à extension continue
Streich [ʃtraɪç] m ⟨~(e)s; ~e⟩ 1. st/s (Schlag) coup m; j-m e-n tödlichen ~ versetzen porter un coup mortel à qn; litt auf e-n ~ d'un seul coup; 2. (Schabernack) tour m; ein dummer ~ un sale tour; une sale blague; ein lustiger ~ une bonne blague; un bon tour; une farce; j-m e-n ~ spielen jouer un tour à qn; faire une niche à qn; sein Gedächtnis hat ihm e-n ~ gespielt sa mémoire lui a joué un mauvais tour
'**Streicheleinheiten** F plais f/pl gestes affectueux d'approbation, d'encouragement; er braucht se ~ täglichen ~ il lui faut sa dose d'affection, d'encouragements quotidienne
streicheln [ˈʃtraɪçəln] ⟨-(e)le, h⟩ I v/t caresser; II v/i j-m über das Haar, den Kopf ~ caresser les cheveux, la tête de qn
'**streichen** ⟨streicht, strich, gestrichen, h⟩ I v/t 1. (an~) peindre; frisch gestrichen! peinture fraîche!; attention à la peinture!; 2. (be~) enduire (mit de); 3. (schmieren) à Creme mettre; étaler; Butter, Honig aufs Brot ~ mettre, étaler du beurre, miel sur le pain; 4. (aus~) radier; rayer; (durch~) barrer; raturer; (tilgen) supprimer; Auftrag annuler; Gelder, Zuschüsse supprimer; von der Liste ~ rayer, radier de la liste; Nichtzutreffendes bitte ~! rayez les mentions inutiles!; etw aus s-m Gedächtnis ~ rayer qc de sa mémoire; 5. (über etw ~) passer la main sur; sich (dat) den Bart ~ se caresser la barbe; passer la main sur sa barbe; 6. (weg~) enlever; écarter; sich (dat) die Haare aus dem Gesicht ~ écarter les cheveux de son visage; 7. (drücken) etw durch ein Sieb ~ passer qc dans une

passoire; **II** *v/i* **8.** *mit der Hand über etw* (*acc*) ~ passer la main sur qc; *er strich ihr* (*zärtlich*) *über die Haare* il lui caressa (tendrement) les cheveux; **9.** (*an*~) peindre; **10.** *GÉOL* s'étendre (*nach* vers); **11.** ⟨sein⟩ (*umher*~) errer; rôder; *der Hund streicht um das Haus* le chien rôde autour de la maison
'**Streicher**(**in**) *m* ⟨~s; ~⟩ (*f*) ⟨~; ~nen⟩ *MUS* joueur, -euse *m,f* d'un instrument à cordes
'**streichfähig** *adj Butter*, *Käse etc* facile à tartiner; *Butter a* tendre
'**Streichholz** *n* allumette *f*; ~**briefchen** *n* pochette *f* d'allumettes; ~**schachtel** *f* boîte *f* d'allumettes
'**Streich**|**instrument** *n* instrument *m* à cordes; ~**käse** *m* fromage *m* à tartiner; ~**orchester** *n* orchestre *m* (d'instruments) à cordes; ~**quartett** *n* quatuor *m* à cordes
'**Streichung** *f* ⟨~; ~en⟩ **1.** *in e-m Text etc* rature *f*; biffure *f*; effaçure *f*; **2.** (*Abschaffung*) suppression *f*; **3.** *FIN etc* (*Kürzung*) diminution *f*; réduction *f*
'**Streich**|**wurst** *f etwa* pâté *m*; ²**zart** *adj Butter* tendre
Streif [ʃtraɪf] *st/s m* ⟨~(e)s; ~e⟩ *cf* **Streifen**
'**Streifband** *n* ⟨~(e)s; ~er⟩ *unter* ~ sous bande
'**Streifbandzeitung** *f* journal *m* sous bande
'**Streife** *f* ⟨~; ~n⟩ ronde *f*; patrouille *f*; *auf* ~ *sein* être de patrouille; faire la ronde
streifen ['ʃtraɪfən] **I** *v/t* ⟨h⟩ **1.** (*berühren*), *a fig* effleurer; frôler; *den Boden* ~ raser le sol; *die Kugel hat ihn gestreift* la balle l'a effleuré; *sein verstohlener Blick streifte mich* son regard furtif m'effleura, me frôla; **2.** *fig Thema etc* effleurer; **3.** (*hoch*~) *die Ärmel in die Höhe* ~ retrousser les manches; **4.** (*ab*~) *den Ring vom Finger* ~ ôter la bague de son doigt; *die Handschuhe von den Fingern* ~ retirer ses gants; *se* dégantr; *die Blätter von e-m Zweig* ~ effeuiller une branche; **II** *v/i* **5.** ⟨h⟩ (*berühren*) *an etw* (*acc*) ~ effleurer, frôler qc; **6.** ⟨sein⟩ (*umher*~) vagabonder; flâner
'**Streifen** *m* ⟨~s; ~⟩ **1.** *aus Stoff, Papier* bande *f*; *aus Metall* lamelle *f*; languette *f*; ruban *m*; (*Speck*²) *etc* tranche *f*; **2.** *als Muster* bande *f*; *im Stoff* raie *f*; rayure *f*; *auf der Fahrbahn* (*Linie*) ligne *f*; (*Seitenstreifen*) bas-côté *m*; **3.** F (*Film*²) pellicule *f*; bande *f*
'**Streifen**|**beamte**(**r**) *m* agent *m* de patrouille; ~**dienst** *m* patrouille *f*; ²**förmig** *adj* en forme de bande; ~**muster** *n* dessin *m* à rayures; ~**wagen** *m* voiture *f* de patrouille, de ronde
'**streifig** *adj* strié
'**Streiflicht** *n ein* ~ *auf etw* (*acc*) *werfen* donner un éclaircissement sur qc; jeter un trait de lumière sur qc
'**Streifschuß** *m* éraflure *f*
'**Streifzug** *m* randonnée *f*, excursion *f*; *MIL* raid *m*; *a fig* incursion *f*; *fig ein* ~ *durch die Literatur des Mittelalters* une incursion dans la littérature du Moyen Âge
Streik [ʃtraɪk] *m* ⟨~(e)s; ~s⟩ grève *f*; *in den* ~ *treten* se mettre en grève; faire grève
'**Streik**|**aufruf** *m* appel *m* à la grève; ~**bewegung** *f* mouvement *m* de grève; ~**brecher** *m* briseur *m* de grève
'**streiken** *v/i* ⟨h⟩ **1.** (*in Streik treten*) se mettre en grève; faire grève; **2.** (*im Streik sein*) être en grève; **3.** F *fig Gerät etc* F être en panne; *mein Magen streikt* je me sens mal; *ich streike* F je ne marche plus; *beim Essen etc* je n'en peux plus
'**Streikende**(**r**) *f*(*m*) ⟨→ A⟩ gréviste *m,f*
'**Streik**|**geld** *n* indemnités *f/pl* de grève; ~**kasse** *f* caisse *f* de solidarité pour grévistes; ~**leitung** *f* comité *m* de grève; ~**lokal** *n* bureau *m* des grévistes; ~**posten** *m* piquet *m* de grève; ~**recht** *n* ⟨~(e)s⟩ droit *m* de grève; ~**welle** *f* vague *f* de grèves
Streit [ʃtraɪt] *m* ⟨~(e)s; ~e⟩ **1.** querelle *f* (*über* [+*acc*] au sujet de); (*Zank*) altercation *f*; démêlé *m*; *über Rechte, Kompetenzen* contestation *f*; (*Meinungs*²) différend *m*; (*Wort*²) dispute *f*; discussion *f*; *gelehrter* controverse *f*; (*Konflikt*) conflit *m*; *JUR* litige *m*; procès *m*; *mit j-m* ~ (*über etw* [*acc*]) *anfangen* s'attaquer à qn (au sujet de qc); chercher querelle à qn (au sujet de qc); *mit j-m* ~ (*über etw* [*acc*]) *haben* se disputer, être en conflit avec qn (au sujet de qc); *mit j-m* ~ (*über etw* [*acc*]) ~ *bekommen, mit j-m* (*über etw* [*acc*]) *in* ~ *geraten* se fâcher avec qn (au sujet de qc); *im* ~ *auseinandergehen* se séparer fâchés; *Ehepartner* se séparer brouillés; *j-n im* ~ *töten* tuer qn lors d'une dispute; **2.** *poét* (*Kampf*) lutte *f*; combat *m*
'**Streitaxt** *f HIST* 'hache *f* d'armes; francisque *f*; *st/s fig die* ~ *begraben* enterrer la hache de la guerre
'**streitbar** *st/s adj* combatif, -ive; (*kampflustig*) querelleur, -euse
'**streiten** (*streitet, stritt, gestritten*, h) **I** *v/i* **1.** (*zanken*) (*mit j-m über etw* [*acc*]) ~ se bataller, se disputer (avec qn au sujet de qc); *mit Worten* se disputer (avec qn au sujet de qc); être en dispute (avec qn au sujet de qc); **2.** *poét* (*kämpfen*) lutter; combattre; se battre; **II** *v/réfl sich mit j-m* (*über etw* [*acc*]) ~ se quereller avec qn (au sujet de qc); *sich um etw* ~ se disputer qc; *darüber läßt sich* ~ c'est discutable; il y a du pour et du contre
'**Streiter**(**in**) *st/s m* ⟨~s; ~⟩ (*f*) ⟨~; ~nen⟩ (*Kämpfer*[*in*]) combattant(e) *m*(*f*) (*für* de); défenseur *m* (*für* de); personne *f* qui lutte (*gegen* contre)
Streite'rei *f* ⟨~; ~en⟩ querelles *f/pl*; disputes *f/pl*
'**Streit**|**fall** *m* conflit *m*; désaccord *m*; différend *m*; *JUR* litige *m*; ~**frage** *f* différend *m*; point litigieux; ~**gedicht** *n* tenson *f*; ~**gegenstand** *m JUR* objet *m* du litige; ~**gespräch** *n* débat *m*; discussion *f*; ~**hahn**, ~**hammel** F, *oft plais m* bagarreur *m*; F mauvais coucheur *m*
'**streitig** *adj* **1.** (*strittig*) contesté; *j-m etw* ~ *machen* disputer, contester qc à qn; **2.** *JUR* en litige
'**Streitigkeiten** *f/pl* querelles *f/pl*; conflits *m/pl*
Streit|**kräfte** ['ʃtraɪtkrɛftə] *f/pl* forces (armées); armée *f*; ~**lust** *f* ⟨~⟩ esprit querelleur; ²**lustig** *adj* batailleur, -euse; querelleur, -euse; ~**macht** *f* ⟨~⟩ *cf* **Streitkräfte**; ~**punkt** *m* point litigieux; ~**schrift** *f* écrit *m* polémique; ~**sucht** *f* ⟨~⟩ esprit querelleur, de chicane; ²**süchtig** *adj* querelleur, -euse; chicaneur, -euse; ~**wagen** *m HIST* char *m* de guerre; ~**wert** *m JUR* valeur *f* du litige
streng [ʃtrɛŋ] **I** *adj* **1.** *Lehrer, Eltern, Erziehung, Strafe etc* sévère; *Untersuchung, Personen a* rigoureux, -euse; *Sitten* austère; *Blick* dur; sévère; **2.** *Regeln, Prinzipien etc* strict; (*genau*) exact; ~*e Diät* régime *m* sévère; ~*er Katholik* catholique strict; *im* ~*sten Sinne des Wortes* au sens strict (du terme); **3.** *Kälte* rigoureux, -euse; *Winter a* rude; dur; **4.** *Geruch* âcre; *Geschmack* âpre; **5.** (*épithète*) *Stil* austère; sobre; dépouillé; *Schnitt, Kleidung* strict; sobre; *Frisur* sévère; **II** *adv* **1.** *verboten* strictement, rigoureusement défendu, interdit; *j-n* ~ *bestrafen* punir sévèrement qn; ~ *schauen* regarder durement, sévèrement; **2.** ~ *geheim* très secret, -ète; ~ *vertraulich* strictement confidentiel, -ielle; *etw* ~ *befolgen* observer strictement qc; suivre qc à la lettre; *j-n* ~ *bewachen* surveiller étroitement qn; **3.** (*stark, unangenehm*) ~ *riechen* sentir fort; **4.** *Kleid etc* ~ *geschnitten* de coupe stricte, sobre
'**Strenge** *f* ⟨~⟩ **1.** sévérité *f*; rigueur *f*; *der Sitten* austérité *f*; *des Blicks* dureté *f*; sévérité *f*; **2.** *der Kälte* rigueur *f*; *des Winters a* rudesse *f*; dureté *f*; **3.** *des Geruchs* âcreté *f*; *des Geschmacks* âpreté *f*; **4.** *des Stils* austérité *f*; *der Frisur* sévérité *f*; *e-s Kleids* caractère strict, sobre
'**streng**|**genommen** *advt* à proprement parler; à vrai dire; ²**gläubig** *adj* orthodoxe; ²**gläubigkeit** *f* orthodoxie *f*
'**strengstens** *adv* rigoureusement; strictement; ~ *verboten* rigoureusement interdit
Streptokokkus [ʃtrɛpto'kɔkʊs] *m* ⟨~; -kken⟩ *MÉD* streptocoque *m*
Streß [ʃtrɛs] *m* ⟨-sses, -sse⟩ stress *m*; *im* ~ *sein, unter* ~ (*dat*) *stehen* F être stressé
'**stressen** F ⟨-ßt, h⟩ **I** *v/t* F stresser; *total gestreßt sein* F être totalement stressé; **II** *v/i* F être stressant
'**stressig** F *adj* F stressant
'**Streßsituation** *f* F situation stressante
Stretch [strɛtʃ] *m* ⟨~(e)s; ~es⟩ stretch *m*
Streu [ʃtrɔy] *f* ⟨~; ~en⟩ litière *f*
'**Streu**|**büchse** *f*, ~**dose** *f* saupoudreuse *f*
'**streuen** ⟨h⟩ **I** *v/t* répandre; éparpiller; disséminer; *Salz, Pfeffer, Zucker etc etw auf etw* (*acc*) ~ saupoudrer qc de qc; *Samen* ~ semer; *Blumen auf den Weg* ~ parsemer, joncher le chemin de fleurs; *bei Glatteis* (*die Straße*) ~ sabler la route; **II** *v/i PHYS* se disperser; *MÉD* s'étendre; *STATISTIK* s'écarter
'**Streuer** *m* ⟨~s; ~⟩ (*Salz*²) salière *f*; (*Pfeffer*²) poivrière *f*; (*Streudose*) saupoudreuse *f*
'**Streu**|**fahrzeug** *n* sableuse *f*; ~**gut** *n* ⟨~(e)s⟩ *auf Straßen* (*Sand*) sable *m*; (*Splitt*) gravillon *m*; (*Salz*) sel *m*
streunen ['ʃtrɔynən] *v/i* ⟨sein⟩ *oft péj* vagabonder; errer; rôder; *ein* ~*der Hund* un chien errant

'**Streuner(in)** *m* ⟨~s; ~⟩ (*f*) ⟨~; ~nen⟩ *péj* vagabond(e) *m*(*f*); *Hund* chien errant
'**Streu|pflicht** *f* obligation pour les riverains de répandre du sable, du sel, du gravillon, etc en cas de gel; **~salz** *n* sel *m*; **~sand** *m* sable *m*
Streusel ['ʃtrɔyzəl] *m od n* ⟨~s; ~⟩ grain de pâte sablée; **~kuchen** *m* gâteau recouvert de petits grains de pâte sablée
'**Streuung** *f* ⟨~; ~en⟩ (*Verteilung*) diffusion *f*; PHYS dispersion *f*; STATISTIK écart *m*; MÉD généralisation *f*
'**Streu|wagen** *m* sableuse *f*; **~zucker** *m* sucre *m* en poudre
strich [ʃtrɪç] *cf* **streichen**
Strich *m* ⟨~(e)s; ~e⟩ **1.** (*Linie*) trait *m*; (*Quer*~) barre *f*; (*Gedanken*~) tiret *m*; (*Binde*~, *Trennungs*~) trait *m* d'union; (*Schräg*~) trait diagonal, de séparation; *auf e-r Skala, e-m Thermometer etc* degré *m*; *e-n* **~** *machen od ziehen* faire, tirer, tracer un trait; *fig e-n* **~** *unter etw* (*acc*) *machen od ziehen* tirer un trait sur qc; F *fig j-m e-n* **~** *durch die Rechnung machen* F gâcher, saboter, bousiller les projets de qn; *fig etw mit groben od in großen* **~en** *schildern, zeichnen* décrire, dessiner qc à grands traits; F *sie ist nur noch ein* **~** (*plais = in der Landschaft*) F elle n'a plus que la peau et les os; *fig unter dem* **~** *tout compte fait*; **2.** (*Bürsten*~, *Pinsel*~) *etc* coup *m*; **3.** ⟨*pas de pl*⟩ (*Bogenführung e-s Geigers*) coup *m* d'archet; (*Pinselführung*) trait *m*; **4.** ⟨*pas de pl*⟩ *e-s Fells, Gewebes* sens *m*; *mit dem* **~** *Fell* dans le sens du poil; *gegen den* **~** *Fell* à contre-poil; à rebrousse-poil; *fig* à rebours; F *das geht mir gegen den* **~** (*das paßt mir nicht*) F ça ne me va pas; (*das gefällt mir nicht*) ça ne me plaît pas; F *nach* **~** *und Faden* bel et bien; **5.** *der Vögel* vol *m*; **6.** F ⟨*pas de pl*⟩ *der* **~** (*Prostitution*) F le trottoir; *Gegend* le quartier réservé, chaud; *auf den* **~** *gehen* F faire le trottoir
'**Strich|ätzung** *f* cliché *m* au trait; **~einteilung** *f* graduation *f*
stricheln ['ʃtrɪçəln] *v*/*t* ⟨-(e)le, h⟩ (*zeichnen*) esquisser; (*schraffieren*) 'hachurer; *gestrichelt Linie* discontinu
'**Strichelung** *f* ⟨~; ~en⟩ 'hachure *f*
'**Strich|er** P *m* ⟨~s; ~⟩, **~junge** F *m* jeune prostitué (homosexuel); **~kode** *m* code *m* à barres; code-barres *m*
strich'lieren ⟨*pas de ge-, h*⟩ österr *cf* **stricheln**
'**Strich|mädchen** F *n* F grue *f*; P putain *f*; **~männchen** *n* petit bonhomme (dessiné); **~punkt** *m* GR point-virgule *m*; **~vogel** *m* oiseau *m* de passage; ~**weise** *adv bes* MÉTÉO par endroits; **~zeichnung** *f* dessin *m* au trait
Strick[1] [ʃtrɪk] *m* ⟨~(e)s; ~e⟩ **1.** (*Seil*) corde *f*; *fig j-m e-n* **~** *aus etw drehen* retourner l'action, les paroles de qn contre lui; F *da kann ich mir gleich e-n* **~** *kaufen od nehmen!* je n'ai plus qu'à me passer la corde au cou!; F *fig wenn alle* **~e** *reißen* au pire; en désespoir de cause; **2.** F *fig* (*Lausejunge*) galopin *m*; polisson *m*
'**Strick**[2] *n* ⟨~(e)s⟩ (*stoff*) tricot *m*
'**Strick|arbeit** *f* tricot(age) *m*; **~bündchen** *n* bord-côtes *m*
stricken ⟨h⟩ **I** *v*/*t* tricoter; *fig nach dem gleichen Muster gestrickt sein* bâti sur le même modèle; *fig plais ein gut gestrickter Roman* un roman bien agencé, F bien ficelé; **II** *v*/*i* tricoter; *an etw* (*dat*) **~** tricoter qc
'**Stricker(in)** *m* ⟨~s; ~⟩ (*f*) ⟨~; ~nen⟩ tricoteur, -euse *m*,*f*
Stricke'rei *f* ⟨~; ~en⟩ **1.** ⟨*pas de pl*⟩ (*das Stricken*) tricotage *m*; **2.** *Betrieb etwa* usine *f* de bonneterie
'**Strick|garn** *n* fil *m* à tricoter; **~jacke** *f* veste *f* en tricot; cardigan *m*; **~kleid** *n* robe tricotée, de tricot; **~leiter** *f* échelle *f* de corde; **~maschine** *f* machine *f* à tricoter
'**Strickmuster** *n* **1.** (*gestricktes Muster*) point *m* de tricot; **2.** (*Vorlage*) patron *m*; *fig plais* formule *f*; *bei e-r Verbrechensserie es ist immer dasselbe* **~** c'est toujours le même scénario
'**Strick|nadel** *f* aiguille *f* à tricoter; **~waren** *f*/*pl* articles tricotés, en tricot; **~zeug** *n* ⟨~(e)s⟩ tricot *m*
Striegel ['ʃtriːɡəl] *m* ⟨~s; ~⟩ étrille *f*
'**striegeln** *v*/*t* ⟨-(e)le, h⟩ étriller; panser; F *fig gestriegelt und gebügelt* tiré à quatre épingles
Strieme ['ʃtriːmə] *f* ⟨~; ~n⟩, '**Striemen** *m* ⟨~s; ~⟩ zébrure *f*
Striezel ['ʃtriːtsəl] *m* ⟨~s; ~⟩ *regional*: petit gâteau en forme de tresse
strikt [ʃtrɪkt] **I** *adj* rigoureux, -euse; strict; **II** *adv* **~** *gegen etw sein* être absolument contre qc
string|ent [ʃtrɪŋˈɡɛnt] **I** *adj* évident; logique; **II** *adv* avec évidence, logique; ~**enz** *f* ⟨~⟩ évidence *f*; logique *f*
Strip[1] [ʃtrɪp *ou* strɪp] *m* ⟨~s; ~s⟩ pansement adhésif
Strip[2] *m* ⟨~s; ~s⟩ (*Striptease*) strip--tease *m*
Strippe ['ʃtrɪpə] F *f* ⟨~; ~n⟩ (*Schnur*) ficelle *f*; cordon *m*; corde *f*; *fig dauernd an der* **~** *hängen* F être toujours pendu au bout du fil, au téléphone; *fig j-n an der* **~** *haben* F avoir qn au bout du fil
strippen ['ʃtrɪpən *ou* 'strɪpən] F *v*/*i* ⟨h⟩ faire du strip-tease
'**Stripper(in)** F *m* ⟨~s; ~⟩ (*f*) ⟨~; ~nen⟩ strip-teaseur, -euse *m*,*f*
Striptease ['ʃtrɪptiːs *ou* 'strɪptiːs] *m od n* ⟨~⟩ strip-tease *m*; **~lokal** *n* strip-tease *m*; **~tänzer(in)** *m*(*f*) strip-teaseur, -euse *m*,*f*
stritt [ʃtrɪt] *cf* **streiten**
'**strittig** *adj* (*umstritten*) litigieux, -ieuse; (*bestreitbar*) discutable; contestable
Stroh [ʃtroː] *n* ⟨~(e)s⟩ paille *f*; (*Dach*~) *a* chaume *m*; F (*nur*) **~** *im Kopf haben* F être bête à manger du foin
'**Stroh|ballen** *m* balle *f* de paille; ~**blond** *adj* blond comme les blés; **~blume** *f* immortelle *f*; **~dach** *n* (toit *m* de) chaume *m*; '~**dumm** F *adj* F bête à manger du foin; **~feuer** *n* *a fig* feu *m* de paille; ~**gelb** *adj* jaune paille (*inv*)
'**Strohhalm** *m* brin *m* de paille; fétu *m*; *zum Trinken* paille *f*; *fig der letzte od rettende* **~** la dernière planche de salut; *fig sich an etw* (*acc*) *wie ein Ertrinkender an e-n* **~** *klammern* se cramponner à qc comme à une bouée de sauvetage
'**Strohhut** *m* chapeau *m* de paille; canotier *m*
'**strohig** *adj* dur et sec, sèche; *Gemüse, Obst* (*faserig*) fibreux, -euse
'**Stroh|kopf** F *m* F andouille *f*; **~mann** *m* ⟨~(e)s; -männer⟩ *fig* homme *m* de paille; prête-nom *m*; KARTENSPIEL remplaçant *m*
'**Strohsack** *m* paillasse *f*; F (*ach, du*) *heiliger* **~**! F nom d'une pipe!; F sapristi!
'**strohtrocken** F *adj* très sec, sèche
'**Stroh|witwe** *f*, **~witwer** *m* F *plais* célibataire *m*,*f* (pour un certain temps); *ich bin diese Woche* **~** je suis célibataire cette semaine
Strolch [ʃtrɔlç] *m* ⟨~(e)s; ~e⟩ **1.** *péj* (*Lump*) gueux *m*; voyou *m*; **2.** F *plais* (*Schlingel*) F canaille *f*
'**strolchen** *v*/*i* ⟨sein⟩ vagabonder; errer çà et là; *durch die Stadt* **~** errer dans la ville
Strom [ʃtroːm] *m* ⟨~(e)s; ~e⟩ **1.** (*Fluß*) fleuve *m*; *fig flot m; von Tränen* torrent *m*; (*Menschen*~) flot *m* (humain); foule *f*; *es regnet in Strömen* il pleut à verse, à torrents; *Ströme von Blut* flots *m*/*pl* de sang; *der Wein, das Blut floß in Strömen* le vin, le sang coula à flots; **2.** (*Strömung*) courant *m*; *mit dem* **~** *schwimmen a fig* suivre le courant; *gegen den* **~** *schwimmen a fig* nager à contre-courant; **3.** ÉLECT courant *m*; *unter* **~** (*dat*) *stehen a fig* être sous tension; *der* **~** *ist ausgefallen* il y a une panne d'électricité, une coupure de courant
strom'ab *cf* **stromabwärts**
'**Stromabnehmer** *m* **1.** TECH an der Straßenbahn etc trolley *m*; *am Motor* balai *m*; **2.** *Verbraucher* consommateur *m* de courant électrique; *in Frankreich etwa* abonné *m* à l'EDF(-GDF)
strom'abwärts *adv* en aval; **~** *fahren* descendre le courant, le fleuve
'**Stromaggregat** *n* groupe *m* électrogène
strom'auf(wärts) *adv* en amont; **~** *fahren* remonter le courant, le fleuve
'**Stromausfall** *m* panne *f* de courant; *örtlich begrenzter* panne *f* de secteur
strömen ['ʃtrøːmən] *v*/*i* ⟨sein⟩ **1.** *Regen, Wasser* couler (à flots); *Licht* se répandre à flots; *der Regen strömt in Strömen* il pleut torrentielle, battante; **2.** (*irgendwohin*) *Menschenmenge* affluer (*nach* vers); *die Menge strömt in den Saal* la foule afflue dans la salle; *die Reisenden* **~** *aus dem Bahnhof* un flot de voyageurs sort de la gare
'**Stromer** ['ʃtroːmər] F *m* ⟨~s; ~⟩ vagabond *m*; chemineau *m*
'**stromern** F *v*/*i* ⟨-(e)re, h, *doublé d'une indication de direction* sein⟩ F vadrouiller; vagabonder; *durch die Gegend* **~** F être en vadrouille
'**Strom|kabel** *n* câble *m* (électrique); **~kreis** *m* circuit *m*; **~leitung** *f* câble *m*, fil *m* (électrique)
'**Stromlinienform** *f* forme *f* aérodynamique; *e-r Karosserie* (*dat*) **~** *geben* caréner une carrosserie
'**stromlinienförmig** *adj* aérodynamique; caréné
'**Strom|netz** *n* réseau *m* électrique; **~quelle** *f* source *f* de courant; **~rechnung** *f* facture *f* d'électricité; **~schlag** *m* décharge *f* électrique; **~schnelle** *f* ⟨~; ~n⟩ rapide *m* (d'un fleuve); **~stärke** *f* intensité *f* du courant; **~stoß** *m* impulsion *f* électrique

Strömung – Studium

'**Strömung** f ⟨~; ~en⟩ a MÉTÉO, fig courant m
'**Strom|verbrauch** m consommation f de courant, d'énergie électrique; ~**versorgung** f alimentation f en courant; ~**wender** m ⟨~s; ~⟩ commutateur m; inverseur m; ~**zähler** m compteur m électrique; ~**zufuhr** f arrivée f de courant
Strontium ['ʃtrɔntsium] n ⟨~s⟩ CHIM strontium m
Stroph|e ['ʃtroːfə] f ⟨~; ~n⟩ strophe f; ⌢**isch I** adj divisé en strophes; **II** adv en strophes
strotzen ['ʃtrɔtsən] v/i ⟨-(e)st, h⟩ **von** od **vor etw** (dat) ~ regorger de qc; **vor** od **von Kraft** ~ déborder de force; **vor** od **von Gesundheit** ~ éclater de santé; **vor** od **von Fehlern** ~ être plein de défauts; **vor** od **von Dreck** ~ être (très) crasseux, -euse
strubb(e)lig ['ʃtrʊb(ə)lɪç] adj ébouriffé
'**Strubbelkopf** F m **1.** Frisur cheveux ébouriffés; **2.** Mensch personne f aux cheveux ébouriffés
Strudel ['ʃtruːdəl] m ⟨~s; ~⟩ **1.** (Wasser⌢) a fig tourbillon m; fig **im ~ der Ereignisse** dans le tourbillon des événements; **2.** CUIS bes südd, österr strudel m
Struktur [ʃtrʊkˈtuːr] f ⟨~; ~en⟩ structure f
Struktural|ismus [ʃtrʊkturaˈlɪsmʊs] m structuralisme m; ⌢**istisch** adj structuraliste
struktu'rell adj structurel, -elle
Struk'turformel f CHIM formule développée, de constitution
struktu'rier|en v/t ⟨pas de ge-, h⟩ structurer; ⌢**ung** f ⟨~; ~en⟩ **1.** ⟨pas de pl⟩ (das Strukturieren) structuration f; **2.** (Struktur) structure f
Struk'tur|politik f politique f de développement des structures économiques; ⌢**schwach** adj qui a des (infra)structures insuffisantes; ~**tapete** f papier peint à relief; ~**wandel** m changement structurel, de structure; ~**wort** n ⟨~(e)s; -wörter⟩ LING mot m outil
Strumpf [ʃtrʊmpf] m ⟨~(e)s; ~̈e⟩ bas m; (Socke) chaussette f; **auf Strümpfen** en chaussettes
'**Strumpf|band** n ⟨~(e)s; -bänder⟩ jarretière f; ~**halter** m jarretelle f; ~**hose** f collant m; ~**maske** f cagoule f
Strunk [ʃtrʊŋk] m ⟨~(e)s; ~̈e⟩ (Gemüse⌢) trognon m; (Baum⌢) souche f
struppig ['ʃtrʊpɪç] adj 'hérissé
Struwwelpeter ['ʃtruvəlpeːtər] m Pierre l'Ébouriffé
Strychnin [ʃtrʏçˈniːn] n ⟨~s⟩ strychnine f
Stübchen ['ʃtyːpçən] n ⟨~s; ~⟩ petite chambre; chambrette f
Stube ['ʃtuːbə] f ⟨~; ~n⟩ **1.** regional pièce f; **die gute ~** le salon; F plais (nur) **rein in die gute ~!** entrez donc!; **2.** MIL chambrée f
'**Stubenälteste(r)** m ⟨→ A⟩ MIL chef m de chambrée
'**Stubenarrest** m privation f de sortie; ~ **haben** être privé de sortie; **e-m Kind drei Tage ~ geben** priver un enfant de sortie pendant trois jours
'**Stuben|fliege** f mouche f domestique; ~**hocker** F péj m ⟨~s; ~⟩ F pantouflard m; casanier m; ~**kamerad** m MIL camarade m de chambrée; ⌢**rein** adj **1.**

Tier propre; **2.** fig plais Witz etc convenable; ~**wagen** m berceau m
Stubsnase ['ʃtʊpsnaːzə] f cf **Stupsnase**
Stuck [ʃtʊk] m ⟨~(e)s⟩ stuc m
Stück [ʃtyk] n ⟨~(e)s; ~e, mais 5 ~⟩ **1.** pièce f; abgetrenntes morceau m; abgesprungenes éclat m; e-r Sammlung pièce f; von Land, Papier, Schnur, e-s Wegs bout m; **ein ~ Fleisch, Kuchen, Seife, Käse** un morceau de viande, gâteau, savon, fromage; oft iron **Mutters Kaffeekanne, das gute ~** iron la belle cafetière de Maman; F plais **Erwin, unser bestes ~** Erwin, le meilleur d'entre nous; notre bon Erwin; **in ~e gehen** se briser; **in ~e reißen, schneiden, schlagen** déchirer, couper, mettre en morceaux; F **sich für j-n in ~e reißen lassen** se mettre en quatre pour qn; **am** od **im ~** en morceau; F fig **in e-m ~** (ununterbrochen) sans arrêt; **aus e-m ~** tout d'une pièce; d'une seule pièce; **ein ~** (**Weg** od **st/s Weg|e|s**) un bout de chemin; **ein hartes** od **schweres ~ Arbeit** un dur travail; une rude tâche; **zwei Mark das ~** deux marks (la) pièce; F **j-n wie ein ~ Dreck behandeln** traiter qn comme de la merde; fig **aus freien ~en** de son plein gré; spontanément; F fig **große ~e auf j-n halten** faire grand cas de qn; F **das ist (ja) ein starkes ~!** F (ça,) c'est gonflé; F (ça,) c'est culotté; F **sich (dat) ein (tolles) ~ leisten** en faire de belles; **3.** aus e-m Buch, Kapitel etc passage m; partie f; fragment m; **4.** THÉ pièce f; **5.** MUS morceau m; **6.** Vieh tête f; a Geflügel, Wild pièce f; **7.** F péj (Person) **ein freches ~** F un(e) sacré(e) culotté(e); **ein dummes ~** F un(e) idiot(e); **ein faules ~** un(e) paresseux, -euse
'**Stuckarbeit** f ouvrage m en stuc; stucs m/pl
'**Stückarbeit** f ⟨~⟩ **1.** (Akkordarbeit) travail m à la pièce; **2.** F péj bricolage m
'**Stückchen** n ⟨~s; ~⟩ petit morceau; brin m; von Papier, Bindfaden etc bout m; **j-n ein ~ begleiten** accompagner qn un petit bout de chemin
'**Stuckdecke** f plafond m en stuc
'**stückel|n** v/t ⟨-(e)le, h⟩ **1.** (zer~) morceler; **2.** (an~) assembler; COUT coudre ensemble; ⌢**ung** f ⟨~; ~en⟩ **1.** (Zer~) morcellement m; **2.** (An~) assemblage m de plusieurs morceaux
'**Stückeschreiber** m dramaturge m
'**Stückgut** n ⟨~s; ~⟩ colis m
'**Stücklohn** m salaire m aux pièces, à la pièce; ~ **bezahlen** payer aux pièces, à la pièce
'**Stück|preis** m prix m à la pièce; COMM prix m de l'unité; ⌢**weise** adv (einzeln) pièce par pièce; morceau par morceau; (im Akkord) à la pièce; aux pièces; (langsam) petit à petit; COMM au détail
'**Stückwerk** n ⟨~(e)s⟩ bricolage m; **sein** a être incomplet, -ète
'**Stückzahl** f nombre m de pièces; **etw in hohen ~en produzieren** produire qc en grandes quantités
Stu'dent m ⟨~en; ~en⟩ **1.** an der Universität étudiant m; an e-r technischen Hochschule etc élève m; ~ **der Naturwissenschaften, Medizin, Philosophie** étudiant m en sciences, en médecine, en philosophie; **2.** österr lycéen m

Stu'denten|ausweis m carte f d'étudiant; ~**bewegung** f mouvement universitaire, étudiant; ~**blume** f œillet m, rose f d'Inde; ~**bude** F f F piaule f d'étudiant; ~**futter** n mélange m de fruits secs; etwa (les) mendiants m/pl; ~**heim** n foyer m d'étudiants; ~**parlament** n assemblée f des étudiants; ~**pfarrer** m aumônier m des étudiants; ~**schaft** f ⟨~; ~en⟩ étudiants m/pl; ~**unruhen** f/pl agitation f universitaire; ~**verbindung** f association f d'étudiants (de tendance conservatrice); ~**viertel** n quartier m des étudiants; ~**werk** n etwa C.R.O.U.S. m; ~**wohnheim** n cf **Studentenheim**
Stu'dentin f ⟨~; ~nen⟩ **1.** an der Universität étudiante f; an e-r technischen Hochschule etc élève f; cf a **Student**; **2.** österr lycéenne f
stu'dentisch adj estudiantin; d'étudiant(s); ~**e Verbindung** cf **Studentenverbindung**; **die ~e Jugend** la jeunesse étudiante
Studie ['ʃtuːdiə] f ⟨~; ~n⟩ étude f
'**Studien|abbrecher(in)** m ⟨~s; ~⟩ (f) ⟨~; ~nen⟩ personne f ayant interrompu ses études; ~**aufenthalt** m séjour m d'études; ~**berater(in)** m(f) conseiller, -ère m,f d'orientation (travaillant) à l'université; ~**beratung** f orientation f universitaire; ~**bewerber(in)** m(f) personne f demandant son admission à l'université; ~**buch** n livret m d'étudiant (documentant l'inscription et les cours suivis); ~**direktor(in)** m(f) professeur m de lycée titularisé (échelon de carrière après Oberstudienrat); ~**fach** n matière f, spécialité f; ~**fahrt** f voyage m d'études; ~**freund(in)** m(f) camarade m,f d'études; ~**gang** m filière f; ~**gebühren** f/pl droits m/pl universitaires; ~**jahre** n/pl années f/pl d'études; ~**kolleg** n etwa année f de préparation à des études universitaires; ~**kreis** m cercle m d'études; ~**platz** m place f à l'université; ~**rat** m, ~**rätin** f professeur m de lycée titularisé (premier échelon de carrière); ~**referendar(in)** m(f) etwa professeur m stagiaire, ~**reise** f voyage m d'études; ~**zeit** f Zeit études f/pl; a Dauer temps m, durée f des études; années f/pl d'études
studieren [ʃtuˈdiːrən] ⟨pas de ge-, h⟩ **I** v/t étudier; **an der Hochschule** faire des études de; **Jura** ~ faire du, son droit; **was studiert er?** que fait-il comme études?; fig **den Fahrplan** ~ étudier l'horaire; F **ein studierter Mann** un homme qui a fait des, ses études; **II** v/i étudier; faire des, ses études; **sie studiert in Köln** elle fait ses études à Cologne
Stu'dierte(r) F f(m) ⟨→ A⟩ homme m, femme f qui a fait des, ses études
Studio ['ʃtuːdio] n ⟨~s; ~s⟩ **1.** studio m; e-s Künstlers a atelier m; **2.** (Fernseh⌢, Film⌢) studio m; e-s Senders **im ~ von** ... sur le plateau de ...
'**Studio|bühne** f petit théâtre; petite scène; ~**musiker(in)** m(f) musicien, -ienne m,f d'un studio d'enregistrement
Studiosus [ʃtudiˈoːzʊs] m ⟨~; -si⟩ plais étudiant m
Studium ['ʃtuːdium] n ⟨~s; -ien⟩ **1.** ⟨pas de pl⟩ (Hochschul⌢) études f/pl; **sein ~ (mit e-m Diplom) abschließen**

terminer ses études (par un diplôme); *zum* ~ *der Medizin, Philosophie zugelassen werden* avoir une place à la faculté de médecine, de lettres; *während meines* ~*s* pendant mes études; **2.** (*Forschung*) étude(s) *f(pl)*; *Studien* (*über etw* [*acc*]) (*be*)*treiben* se livrer à l'étude (de qc); **3.** ⟨*pas de pl*⟩ *fig der Zeitung, Akten etc* étude *f*

Stufe ['ʃtuːfə] *f* ⟨~; ~n⟩ **1.** *e-r Treppe* marche *f*; degré *m*; CONSTR (*Aufsatz*) gradin *m*; *immer zwei* ~*n auf einmal nehmen aufwärts* monter l'escalier quatre à quatre; *abwärts* descendre l'escalier quatre à quatre; *Vorsicht,* ~*!* attention à la marche!; **2.** *fig* (*Rang*) degré *m*; échelon *m*; rang *m*; (*Niveau*) niveau *m*; (*Stadium*) niveau *m*; (*Grad*) degré *m*; *j-n mit j-m auf e-e od auf die gleiche* ~ *stellen* mettre qn au niveau de qn, au même niveau que qn; *du kannst dich nicht mit ihm auf e-e* ~ *stellen* tu ne peux pas te mesurer avec lui; **3.** MUS intervalle *m*; **4.** TECH *bei Pumpen, Turbinen, Raketen* étage *m*; **5.** GÉOL, *im Gelände* terrasse *f*

'**stufen** *v/t* ⟨h⟩ (*ab*~) *Skala* graduer; *Hang* aménager, bâtir en terrasses; *Lohn* échelonner; *Haar* couper en dégradé

'**Stufenbarren** *m* SPORT barres *f/pl* asymétriques

stufenförmig ['ʃtuːfənfœrmɪç] **I** *adj* étagé; en gradins; **II** *adv* ~ *anordnen* étager; ~ *ansteigen* s'étager

'**Stufenleiter** *f fig* échelle *f*; échelons *m/pl*

'**stufenlos** *adv* TECH sans paliers; ~ *verstellbar* réglable par degrés, progressivement

'**Stufen**|**plan** *m* plan progressif, par étapes; ~**pyramide** *f* pyramide *f* à gradins; ~**rakete** *f* fusée *f* à plusieurs étages; ⟨weise **I** *adj* ⟨*épithète*⟩ graduel, -elle; progressif, -ive; **II** *adv* graduellement; progressivement

'**stufig I** *adj Hang, Gelände* en terrasses; *Haar* (en) dégradé; **II** *adv Haar* ~ *geschnitten* coupé en dégradé

'**Stufung** *f* ⟨~; ~en⟩ *e-r Skala* graduation *f*; *e-s Hangs etc* aménagement *m* en gradins, en terrasses; *des Lohns* échelonnement *m*; *des Haars* dégradé *m*

Stuhl [ʃtuːl] *m* ⟨~(e)s; ~e⟩ **1.** chaise *f*; *der Heilige* ~ le Saint-Siège; *der elektrische* ~ la chaise électrique; *Hinrichtung f durch den elektrischen* ~ exécution *f* par électrocution; *fig ihr* ~ *wackelt* sa situation est instable; *fig zwischen zwei Stühlen sitzen* se trouver, être assis entre deux chaises; *fig j-m den* ~ *vor die Tür setzen* mettre qn à la porte; F *fig* (*fast*) *vom* ~ *fallen* F être sidéré; F *das hat mich fast vom* ~ *gehauen* ça m'a renversé; F *der Film hat mich nicht vom* ~ *gerissen* F le film ne m'a pas emballé; **2.** (*Stuhlgang*) selles *f/pl*

'**Stuhlbein** *n* pied *m* de chaise

'**Stuhlgang** *m* ⟨~(e)s⟩ selles *f/pl*; ~ *haben* aller à la selle; avoir des selles; *keinen* ~ *haben a* être constipé

'**Stuhl**|**kante** *f* bord *m* (de chaise); ~**kissen** *n* coussin *m* de chaise; ~**lehne** *f* (*Rückenlehne*) dos(sier) *m* de chaise; (*Armlehne*) accoudoir *m*

Stuka ['ʃtuːka] *m* ⟨~s; ~s⟩ *cf Sturzkampfflugzeug*

Stukkateur [ʃtukaˈtøːr] *m* ⟨~s; ~e⟩ stucateur *m*

Stulle ['ʃtʊlə] *f* ⟨~; ~n⟩ *regional* tartine *f*

Stulpe ['ʃtʊlpə] *f* ⟨~; ~n⟩ revers *m*

stülpen ['ʃtʏlpən] *v/t* ⟨h⟩ *etw auf etw* (*acc*) ~ mettre qc sur qc; *etw nach außen, innen* ~ retourner qc vers l'extérieur, l'intérieur

'**Stulpenstiefel** *m* botte *f* à revers

stumm [ʃtʊm] *adj a fig*, LING, MÉD muet, muette; (*schweigsam*) silencieux, -ieuse; taciturne; THÉ ~**e** *Rolle* rôle muet, de figurant; ~ *wie ein Fisch* muet comme une carpe

Stummel ['ʃtʊməl] *m* ⟨~s; ~⟩ (*Bleistift*⟨), *Kerzen*⟨) *etc* bout *m*; (*Zigarren*⟨, *Zigaretten*⟨) *a* F mégot *m*; ~**schwanz** *m* queue coupée

'**Stumm**|**film** *m* film muet; ~**heit** *f* ⟨~⟩ mutisme *m*; (*Schweigen*) silence *m*

Stumpen ['ʃtʊmpən] *m* ⟨~s; ~⟩ **1.** (*Hut*⟨) cloche *f* de feutre; **2.** *Zigarre* cigare *m* suisse

Stümper(in) ['ʃtʏmpər(ɪn)] *m* ⟨~s; ~⟩ (*f*) ⟨~; ~nen⟩ *péj* bousilleur, -euse *m,f*; incapable *m,f*

Stümpeˈrei *f* ⟨~; ~en⟩ *péj* travail mal fait; bousillage *m*

'**stümperhaft** *péj* **I** *adj* bousillé; **II** *adv* ~ *ausgeführt* mal fait

'**stümpern** *v/i* ⟨-(e)re, h⟩ *péj* bousiller; mal faire son travail

stumpf [ʃtʊmpf] *adj* **1.** *Messer, Schere etc* (*nicht scharf*) émoussé; **2.** *Nadel, Degen etc* (*nicht spitz*) sans pointe; non pointu; *Winkel* obtus; *Kegel, Pyramide* tronqué; *Nase* épaté; aplati; écrasé; **3.** *Haar, Metall* (*nicht glänzend*) terne; *Seide a* mat; *Farbe* blafard; **4.** *Reim* masculin; **5.** *fig Sinne* émoussé; *Mensch* hébété; abruti; insensible; *Blick* apathique; mort; éteint

Stumpf *m* ⟨~(e)s; ~e⟩ (*Baum*⟨) souche *f*; chicot *m*; (*Kerzen*⟨) bout *m*; (*Arm*⟨, *Bein*⟨) moignon *m*; (*Zahn*⟨) chicot *m*; *etw mit* ~ *und Stiel ausrotten* exterminer qc

'**Stumpf**|**heit** *f* ⟨~⟩ *geistige* hébétement *m*; abrutissement *m*; *st/s* hébétude *f*; (*Teilnahmslosigkeit*, *Abgestumpftheit*) indifférence *f*, apathie *f*; (*Unempfindlichkeit*) insensibilité *f*; *des Blicks* inertie *f*; ~**sinn** *m* ⟨~(e)s⟩ **1.** *e-s Menschen* abrutissement *m*; *st/s* hébétude *f*; **2.** *e-r Arbeit etc* monotonie *f*

'**stumpfsinnig** *adj* **1.** *Mensch, Blick* hébété; **2.** *Arbeit etc* monotone; vide de sens

stumpfwink(e)lig *adj* obtusangle

Stündchen ['ʃtʏntçən] F *n* ⟨~s; ~⟩ petite heure; moment *m*; *ich komme auf od für ein* ~ *zu dir* je viendrai passer une heure chez toi

Stunde ['ʃtʊndə] *f* ⟨~; ~n⟩ **1.** heure *f*; *e-e halbe* ~ une demi-heure; *e-e ganze, volle,* F *geschlagene* ~ une heure entière; toute une heure; *e-e* ~ *lang* une heure durant; *zwei* ~*n hintereinander* deux heures de suite; *von* ~ *zu* ~ d'heure en heure; *st/s von Stund an* dès lors; *zur* ~ à l'heure qu'il est; *bis zur* ~ jusqu'à maintenant; *zu jeder* ~ à toute heure; *st/s in der* ~ *der Gefahr* à l'heure du danger; *in e-r schwachen, stillen* ~ dans un moment de faiblesse, tranquillité; *st/s die* ~ *der Wahrheit* l'heure de vérité; *st/s ein Mann der ersten* ~ un homme de la première heure; *st/s die Gunst der* ~ *nutzen* battre le fer tant qu'il est chaud; *ihre* (*große*) ~ *ist gekommen* son heure est venue; *ihre letzte* ~ *ist gekommen, hat geschlagen* sa dernière heure est arrivée, a sonné; *fig sie wußte, was die* ~ *geschlagen hat* elle savait à quoi s'en tenir; **2.** (*Unterrichts*⟨) cours *m*; leçon *f*; *bei j-m* ~*n nehmen* prendre des leçons avec, chez qn

'**stunden** *v/t* ⟨-ete, h⟩ *j-m e-e Summe* ~ accorder à qn un délai de paiement; *die Steuer* ~ accorder un délai, sursis pour le paiement de l'impôt

'**Stundenbuch** *n* livre *m* d'heures

'**Stundengeschwindigkeit** *f* vitesse *f* horaire; *die mittlere* ~ la moyenne horaire; *mit od bei e-r* ~ *von 90 km* à la vitesse de 90 km à l'heure

'**Stunden**|**glas** *n veraltet* sablier *m*; ~**hotel** *n* hôtel *m* de passe

'**Stundenkilometer** *m* kilomètre-heure *m*; *zehn* ~ dix kilomètres à l'heure

'**stundenlang I** *adj* ⟨*épithète*⟩ qui dure des heures (entières); **II** *adv* pendant, durant des heures; des heures entières

'**Stundenlohn** *m* salaire *m* horaire; ~ *bekommen* travailler à l'heure

'**Stunden**|**plan** *m* emploi *m* du temps; horaire *m*; ~**satz** *m* taux *m* horaire

'**Stundenschlag** *m* mit dem ~ au son de la cloche; *fig* à l'heure sonnante; *mit dem* ~ *neun* à neuf heures juste

'**stundenweise I** *adj* ⟨*épithète*⟩ à l'heure; **II** *adv* à l'heure; par heure

'**Stunden**|**zahl** *f* nombre *m* d'heures; *von Unterrichtsstunden* nombre *m* de leçons; nombre *m* d'heures de cours; ~**zeiger** *m* aiguille *f* des heures

Stündlein ['ʃtʏntlaɪn] *n* ⟨~s; ~⟩ *plais sein letztes* ~ *hat geschlagen, ist gekommen* sa dernière heure a sonné, est arrivée

'**stündlich** ['ʃtʏntlɪç] *adv* **1.** (*jede Stunde*) toutes les heures; **2.** (*in der Stunde*) *dreimal etc* ~ trois, *etc* fois par heure; **3.** (*jeden Augenblick*) à chaque instant; d'un instant à l'autre; *j-n* ~ *erwarten* attendre qn d'un instant à l'autre

'**Stundung** *f* ⟨~; ~en⟩ délai *m* de paiement

Stunk [ʃtʊŋk] F *m* ⟨~s⟩ bagarre *f*; ~ *machen* chercher la bagarre

Stuntgirl ['stantgœːrl] *n* cascadeuse *f*

Stuntman ['stantmɛn] *m* ⟨~s; -men⟩ cascadeur *m*

stupide [ʃtuˈpiːdə] *adj* (*beschränkt*) borné; (*stumpfsinnig*) monotone; vide de sens

Stupidiˈtät *f* ⟨~⟩ (*Beschränktheit*) esprit borné; (*Stumpfsinn*) monotonie *f*; ennui *m*; (*Dummheit*) bêtise *f*

Stups [ʃtʊps] F *m* ⟨~es; ~e⟩ légère bourrade

'**stupsen** F *v/t* ⟨-(es)t, h⟩ pousser légèrement; donner une légère bourrade à

'**Stupsnase** *f* nez retroussé

stur [ʃtuːr] F *péj* **I** *adj* (*eigensinnig*) entêté; têtu; (*unbeirrbar*) obstiné; *fig ein* ~*er Bock* F une tête de mule; F une bourrique; *auf* ~ *schalten* se braquer; se buter; **II** *adv* d'une façon têtue, entêtée; obstinément

'**Sturheit** F *péj f* ⟨~⟩ **1.** (*Eigensinn*) entêtement *m*; **2.** (*Unbeirrbarkeit*) obstination *f*

Sturm – sublimieren

Sturm [ʃturm] *m* ⟨~(e)s; ~e⟩ **1.** *a fig* tempête *f*; (*Orkan*) ouragan *m*; (*Unwetter*) tourmente *f*; (*Gewitter2*) orage *m*; *ein* ~ *im Wasserglas* une tempête dans un verre d'eau; **2.** *fig der Gefühle etc* tumulte *m*; *ein* ~ *der Entrüstung, der Begeisterung, des Protests* une explosion d'indignation, d'enthousiasme, de protestations; *LITERATUR* ~ *und Drang* mouvement romantique en Allemagne entre 1770 et 1790; **3.** ⟨*pas de pl*⟩ *SPORT* (*die Stürmer*) avants *m/pl*; **4.** *MIL* (*Angriff*) assaut *m* (*auf* [+*acc*] de); *HIST der* ~ *auf die Bastille* la prise de la Bastille; ~ *läuten od klingeln* sonner le tocsin; *etw im* ~ *nehmen* prendre qc d'assaut; *j-s Herz im* ~ *erobern* conquérir d'un seul coup le cœur de qn; *gegen etw* ~ *laufen* se rebeller contre qc; **5.** ⟨*pas de pl*⟩ *österr* (*Traubenmost*) moût *m*
'**Sturm**|**angriff** *m MIL* assaut *m* (*auf* [+*acc*] de); ~**bö** *f* rafale *f*; ~**bock** *m HIST* bélier *m*
stürmen ['ʃtyrmən] I *v/t* ⟨h⟩ **1.** *MIL* donner l'assaut à; attaquer; assaillir; (*im Sturm nehmen*) prendre ... d'assaut; **2.** *fig Bühne, Kasse, Geschäfte etc* se précipiter sur *bzw* dans; II *v/i* **3.** ⟨h⟩ *MIL* donner l'assaut; *a SPORT* attaquer; **4.** ⟨sein⟩ *fig* (*rennen*) courir; s'élancer; se précipiter; III *v/imp* ⟨h⟩ *es stürmt* il y a de la tempête; la tempête souffle; *es stürmt heftig* la tempête fait rage
'**Stürmer**(**in**) *m* ⟨~s; ~⟩ (*f*) ⟨~; ~nen⟩ *SPORT* avant *m*
'**Sturmflut** *f* raz *m* de marée
'**sturmfrei** *adj plais* ~*e Bude* chambre *f* d'étudiant(e), en ville, *etc* (*où les visites ne sont pas réglementées*); *plais* **heute abend haben wir** (*e-e*) ~*e Bude* ce soir on peut faire ce qu'on veut dans l'appartement)
'**Sturmgepäck** *n MIL* paquetage *m* d'assaut
stürmisch ['ʃtyrmɪʃ] I *adj* **1.** *Wetter* orageux, -euse; tempétueux, -euse; *See etc* 'houleux, -euse; **2.** *fig* (*ungestüm*) impétueux, -euse; *a Liebhaber, Umarmung* fougueux, -euse; *Auseinandersetzung* tumultueux, -euse; orageux, -euse; *Debatte* 'houleux, -euse; *Empfang, Begrüßung* enthousiaste; *Protest* violent; *Gelächter* pétulant; *Beifall* frénétique; *nicht so* ~! doucement!; du calme!; **3.** *fig* (*rasant*) extrêmement, très rapide; II *adv* **1.** (*ungestüm*) *er wurde* ~ *begrüßt* on le salua avec enthousiasme; **2.** (*rasant*) très rapidement
'**Sturmlaterne** *f* lampe-tempête *f*
'**Sturmlauf** *m* assaut *m*; *im* ~ en trombe
'**Sturm**|**möwe** *f* goéland cendré; ~**schaden** *m* dégâts causés par la tempête; ~**schwalbe** *f* pétrel-tempête *m*
'**Sturmschritt** *m* ~ au pas de course
'**Sturm**|**segel** *n* tourmentin *m*; ~**spitze** *f SPORT* avant-centre *m*; ~**taucher** *m ZO* puffin *m*; ~**tief** *n* zone *f* de basse pression avec tempête
'**Sturm-und-'Drang-Zeit** *f* ⟨~⟩ **1.** *cf Sturm* 2. **2.** *fig plais in s-r* ~ au temps de ses années folles, de sa folle jeunesse
'**Sturmwarnung** *f* avis *m* de tempête
Sturz [ʃtʊrts] *m* ⟨~es; ~e⟩ **1.** (*Fall*) *a fig* chute *f*; *ein tiefer* ~ une chute de très 'haut; *ein* ~ *vom Pferd* une chute

de cheval; **2.** ⟨*pas de pl*⟩ *e-r Dynastie, Regierung etc* renversement *m*; effondrement *m*; **3.** (*Preis2, Temperatur2*) chute *f*; *der Kurse* a effondrement *m*; **4.** ⟨*pl ~e ou ~e*⟩ *CONSTR* (*Fenster2, Tür2*) linteau *m*; **5.** (*Rad2*) carrossage *m*
'**Sturzbach** *m* torrent *m*
'**sturzbe'trunken** *F adj F* complètement bourré
stürzen ['ʃtyrtsən] ⟨-(es)t⟩ I *v/t* ⟨h⟩ **1.** faire tomber; précipiter; *j-n in e-n Abgrund* ~ précipiter qn dans un abîme; *j-n ins Elend* ~ plonger qn dans la misère; *j-n ins Verderben* ~ ruiner, perdre qn; **2.** *Regierung* renverser; faire tomber; *Minister etc* renverser; **3.** *Gefäß etc* renverser; retourner; *Pudding, Kuchen* démouler; *auf Kisten* **nicht** ~! ne pas renverser!; II *v/i* ⟨sein⟩ **4.** (*fallen*) tomber; faire une chute; *auf der Treppe* ~ faire une chute dans l'escalier; *aus dem Fenster* ~ tomber de la fenêtre; *vom Pferd* ~ tomber de cheval; *zu Boden* ~ tomber par terre; *zu Tode* ~ faire une chute mortelle; *beim Skifahren* ~ faire une chute de ski; *mit dem Motorrad* ~ faire une chute de moto; *unglücklich* ~ faire une chute malencontreuse; **5.** (*rennen*) se précipiter; *aus dem Zimmer* ~ s'élancer 'hors de la pièce; *ins Zimmer* ~ entrer brusquement, précipitamment dans la pièce; *auf die Straße, nach draußen* ~ se précipiter, se jeter dans la rue, dehors; III *v/réfl* ⟨h⟩ *sich auf etw, j-n* ~ se précipiter, s'élancer, se jeter, se ruer sur qc, qn; *sich in j-s Arme* ~ se jeter dans les bras de qn; *sich ins Wasser* ~ se jeter dans, à l'eau; *sich aus dem Fenster* ~ se jeter par la fenêtre; *litt sich in sein Schwert* ~ se transpercer de son épée; *sich ins Verderben* ~ courir à sa ruine; *sich in Unkosten* (*acc*) ~ se mettre en frais
'**Sturzflug** *m* (*vol m en*) piqué *m*; *zum* ~ *ansetzen* amorcer la descente en piqué; *im* ~ en piqué
'**Sturz**|**helm** *m* casque *m*; (*Integralhelm*) casque intégral; ~**kampfflugzeug** *n* avion *m* de bombardement en piqué; ~**see** *f*, ~**welle** *f* paquet *m* de mer
Stuß [ʃtʊs] *F m péj m* ⟨-sses⟩ bêtises *f/pl*; *P* conneries *f/pl*
Stute ['ʃtuːtə] *f* ⟨~; ~n⟩ jument *f*
Stuten ['ʃtuːtən] *m* ⟨~s; ~⟩ *regional*: pain brioché *m* (*avec des fruits secs*)
'**Stutenmilch** *f* lait *m* de jument
Stütz [ʃtyts] *m* ⟨~es; ~e⟩ *TURNEN* appui *m*
'**Stütze** *f* ⟨~; ~n⟩ **1.** (*Halt*) appui *m*; soutien *m*; support *m* (*alle a fig*); *die* ~ *der Gesellschaft* les piliers *m/pl* de la société; *er ist die* ~ *meines Alters* c'est mon bâton de vieillesse; **2.** *f* (*Arbeitslosengeld*) allocation *f* de chômage
stutzen[1] ['ʃtʊtsən] *v/t* ⟨-(es)t, h⟩ (*kürzen*) raccourcir; écourter; *Haare, Bart* rafraîchir; *Flügel* rogner; *Schwanz* écourter; *Hecke* tondre; *in e-e bestimmte Form* façonner
'**stutzen**[2] *v/i* ⟨-(es)t, h⟩ (*innehalten*) s'arrêter court, hésiter; être, rester interdit
'**Stutzen** *m* ⟨~s; ~⟩ **1.** *Gewehr* carabine *f*; **2.** *TECH* manchon *m*; douille *f*; (*Ein-*

füll2) raccord *m* (de pompe); **3.** (*Wadenstrumpf*) jambière *f*
'**stützen** ⟨-(es)t, h⟩ I *v/t* (*ab~, unter~*), *a fig* soutenir; *mit Balken etc* étayer; étançonner; *den Kopf in die Hände* ~ prendre sa tête entre ses mains; *das Kinn in die Hand* ~ appuyer le menton sur la main; II *v/réfl* *sich auf etw* (*acc*) ~ s'appuyer sur qc; *fig a* se fonder, se baser sur qc; *sich mit dem Ellbogen auf den Tisch* ~ s'accouder sur la table
'**Stutzer** *m* ⟨~s; ~⟩ **1.** *péj* (*Geck*) gommeux *m*; dandy *m*; **2.** *Mantel* pardessus *m*
'**stutzig** *adj* ~ *werden* s'arrêter court; avoir un moment d'hésitation; rester interdit; (*argwöhnisch werden*) devenir soupçonneux, -euse; ~ *machen* déconcerter; interloquer; (*argwöhnisch machen*) donner des soupçons à
'**Stütz**|**korsett** *n* corset *m* orthopédique; ~**mauer** *f* mur *m* de soutènement; ~**pfeiler** *m* pilier *m* de soutien; ~**punkt** *m a MIL* base *f*; ~**rad** *n* stabilisateur *m*; ~**stange** *f am Fahrrad* tube supérieur du cadre; ~**strumpf** *m* bas *m* à varices
'**Stützungskauf** *m COMM* achat *m* pour soutenir les prix, les cours
'**Stützverband** *m MÉD* bandage *m*
StVO [ɛsteːfauˈʔoː] *f* ⟨~⟩ *abr* (*Straßenverkehrsordnung*) code *m* de la route
stylen ['staɪlən] *v/t* ⟨h⟩ *Frisur, Person* donner un look, style à; *ein Auto*(*modell*) ~ créer un modèle de voiture; *sie ist perfekt gestylt* elle a un style parfait, une classe extraordinaire, un look super-soigné
Styling ['staɪlɪŋ] *n* ⟨~s; ~s⟩ *e-r Person* création *f* d'un look, d'un style; *e-s Produkts* création *f* d'un style
Sty'list(**in**) *m* ⟨~en; ~en⟩ (*f*) ⟨~; ~nen⟩ styliste *m.f*
Styropor [ʃtyroˈpoːr] *n* ⟨~s⟩ *Wz* polystyrène expansé
Styx [ʃtyks] *m* ⟨→ *n/pr*⟩ *MYTH* Styx *m*
SU *abr HIST* (*Sowjetunion*) U.R.S.S. *f* (Union des républiques socialistes soviétiques)
s.u. *abr* (*siehe unten*) v. ci-dessous, plus bas (voir ci-dessous, plus bas)
Suaheli[1] [zuaˈheːli] *m* ⟨~(s); ~(s)⟩ *Einwohner* Souahéli *m*
Sua'heli[2] *n* ⟨~(s)⟩ *Sprache* souahéli *m*
subaltern [zʊpʔalˈtɛrn] *adj* **1.** (*untergeordnet*) subalterne; **2.** *péj* (*minderwertig*) inférieur; (*unterwürfig*) servile
Subal'terne(**r**) *f*(*m*) ⟨→ A⟩ subalterne *m.f*
Subjekt [zʊpˈjɛkt] *n* ⟨~(e)s; ~e⟩ **1.** *GR, PHILOS* sujet *m*; **2.** *péj* individu *m*; *übles* ~ sale individu
subjek'tiv *adj* subjectif, -ive
Subjekt|**i'vismus** *m* ⟨~⟩ subjectivisme *m*; ~**ivi'tät** *f* ⟨~⟩ subjectivité *f*
Sub'jektsatz *m GR* proposition *f* à fonction de sujet
Sub'kontinent *m* ⟨zʊpkɔntinɛnt⟩ *m* sous-continent *m*; ~**kultur** *f* underground *m*
subkutan [zʊpkuˈtaːn] *adj MÉD* sous-cutané
sublim [zuˈbliːm] *st/s adj* (*erhaben*) sublime; (*fein*) subtil
Subli'mat ⟨~(e)s; ~e⟩ *CHIM* sublimé *m*; ~**mati'on** ⟨~; ~en⟩ *CHIM, PSYCH, fig* sublimation *f*; 2**mieren** *v/t* (*pas de ge-*, *h*) *CHIM, PSYCH, fig* sublimer;

~'**mierung** *f* ⟨~; ~en⟩ *CHIM, PSYCH, fig* sublimation *f*
Subordi|**nation** [zupʔɔrdinatsi'oːn] *f* ⟨~⟩ *GR, fig* subordination *f* (**unter** [+*acc*] à); ⟨²'**nieren** *v/t* ⟨*pas de ge-*, h⟩ *GR* subordonner
subsidiär [zupzidi'ɛːr] *st/s adj* subsidiaire
Subskribent(in) [zupskri'bɛnt(ɪn)] *m* ⟨~en; ~en⟩ (*f*) ⟨~; ~nen⟩ souscripteur, -trice *m,f*
subskri'bieren *v/t* ⟨*u v/i*⟩ ⟨*pas de ge-*, h⟩ (*auf*) *etw* (*acc*) ~ souscrire à qc
Subskription [zupskrɪptsi'oːn] *f* ⟨~; ~en⟩ *bei Büchern* souscription *f* (+ *gén* à)
Subskripti'onspreis *m* prix *m* de souscription
substantiell [zupstantsi'ɛl] *adj* substantiel, -ielle
Substan|**tiv** ['zupstanti:f] *n* ⟨~s; ~e⟩ *GR* substantif *m*; nom *m*; ⟨²ti'**vieren** *v/t* ⟨*pas de ge-*, h⟩ substantiver; ~**ti'vierung** *f* ⟨~; ~en⟩ substantivation *f*
'**substantivisch I** *adj* substantif, -ive; **II** *adv* substantivement; comme substantif
Substanz [zup'stants] *f* ⟨~; ~en⟩ substance *f*; **von der ~ leben** entamer son capital; F *j-m an die ~ gehen* F vider qn
substituier|**en** [zupstitu'iːrən] *v/t* ⟨*pas de ge-*, h⟩ *t/t* substituer; remplacer; ⟨²**ung** *f* ⟨~; ~en⟩ *t/t* substitution *f*; remplacement *m*
Substi'tut(in) *m* ⟨~en; ~en⟩ (*f*) ⟨~; ~nen⟩ sous-chef *m*
Substrat [zup'straːt] *n* ⟨~(e)s; ~e⟩ *LING, BIOL, PHILOS etc* substrat *m*
subsumieren [zupzu'miːrən] *v/t* ⟨*pas de ge-*, h⟩ *etw unter etw* (*acc od dat*) ~ comprendre, inclure qc dans qc
subtil [zup'tiːl] *adj* subtil; ⟨²i'**tät** *f* ⟨~; ~en⟩ subtilité *f*
Sub|**trahend** [zuptra'hɛnt] *m* ⟨~en⟩ *MATH* nombre *m* à soustraire; ⟨²**tra'hieren** *MATH* ⟨*pas de ge-*, h⟩ **I** *v/t* soustraire; faire la soustraction de; **II** *v/i* faire une soustraction; ~**trakti'on** *f* ⟨~; ~en⟩ *MATH* soustraction *f*
Sub|**tropen** ['zuptroːpən] *pl* régions subtropicales; ⟨²**tropisch** *adj* subtropical; ~**unternehmer(in)** *m(f)* sous-traitant *m*
Subvention [zupvɛntsi'oːn] *f* ⟨~; ~en⟩ subvention *f*
subventio'nier|**en** *v/t* ⟨*pas de ge-*, h⟩ *Unternehmen, Personen* subventionner; octroyer des subventions à; *Produkte* accorder des subventions pour; ⟨²**ung** *f* ⟨~; ~en⟩ subvention *f*
Subver|**sion** [zupvɛrzi'oːn] *f* ⟨~⟩ subversion *f*; ⟨²'**siv** *adj* subversif, -ive
'**Such**|**aktion** *f* recherches *f/pl*; *im Gelände* battue *f*; ~**anzeige** *f* avis *m* de recherche (d'une personne disparue); ~**automatik** *f* *RAD* recherche *f* automatique; ~**bild** *n* dessin-devinette *m*; ~**dienst** *m* service *m* de recherches
Suche ['zuːxə] *f* ⟨~; ~n⟩ recherche *f*; quête *f*; *auf der ~ nach* à la recherche de; en quête de; *auf die ~ gehen, sich auf die ~ machen* commencer à chercher; *auf die ~ nach etw gehen, sich auf die ~ nach etw machen* aller à la recherche de qc; se mettre en quête de qc

'**suchen** ⟨h⟩ **I** *v/t* **1.** chercher; *intensiv* rechercher; (*sammeln*) ramasser; *in e-r Annonce* **Bäckerei sucht Lehrling** boulangerie cherche apprenti; *gesucht wird der Fahrer des Wagens mit dem Kennzeichen ...* on recherche le conducteur de la voiture immatriculée...; F *fig* **was hast du hier zu ~?** que viens-tu faire ici?; F *fig* **du hast da nichts zu ~** tu n'as rien à faire ici; F *fig* **die beiden haben sich gesucht und gefunden** ces deux-là sont faits l'un pour l'autre; F **ein solches Hotel muß** *od* **kann man** (*heutzutage*) **~** (aujourd'hui) on ne trouve plus d'hôtel comme ça; **2.** (*sich wünschen, sich bemühen um*) chercher; *Hilfe, Schutz* ~ chercher de l'aide, une protection; *j-s Freundschaft* ~ rechercher l'amitié de qn; *Rat bei j-m* ~ demander conseil à qn; consulter qn; **3.** *st/s* (*versuchen*) chercher (*zu* [+*inf*] à); tâcher, essayer (*zu* [+*inf*] de); **II** *v/i* **nach etw, j-m ~** rechercher qc, qn; être à la recherche de qc, qn; *nach Worten ~* chercher ses mots; *wir haben schon überall gesucht* nous avons déjà cherché partout; *BIBL wer sucht, der findet* cherchez, et vous trouverez; F *da kannst du lange ~!* F tu peux toujours chercher!
'**Sucher** *m* ⟨~s; ~⟩ *PHOT* viseur *m*; *TECH für Minen* détecteur *m*
Suche'rei F *f* ⟨~; ~en⟩ recherche *f* sans fin
'**Such**|**hund** *m* (*Jagdhund*) limier *m*; (*Polizeihund*) chien policier; ~**lauf** *m* *TV, RAD* recherche *f* automatique; ~**meldung** *f* avis *m* de recherche; ~**scheinwerfer** *m* projecteur *m*
Sucht [zuxt] *f* ⟨~; ~e *ou* ~en⟩ manie *f* (*nach* de); (*exzessives Verlangen*) passion *f* (*nach* de); (*Arzneimittel*⟨², *Drogen*⟨²) toxicomanie *f*; *ihre* (*krankhafte*) *~, alles zu kritisieren* son besoin (maladif) de tout critiquer; *die ~ nach Geld* la passion de l'argent; *bei j-m zur ~ werden* devenir chez qn une passion, une drogue
'**Suchtgefahr** *f* risque *m* de toxicomanie
süchtig ['zʏçtɪç] *adj* **1.** (*arzneimittel~, drogen~*) toxicomane; (*drogen~*) *a* drogué; *~ machen* rendre dépendant; *von etw ~ werden* devenir dépendant de qc; **2.** *fig* (*versessen*) avide; affamé; (*ganz*) *~ nach etw sein* être avide de qc; *p/fort* être en manque de qc
'**Süchtige(r)** *f(m)* ⟨→ A⟩ toxicomane *m,f*; (*Drogen*⟨²) *a* drogué(e) *m(f)*
'**sucht**|**krank** *adj* toxicomane; ⟨²**kranke(r)** *f(m)* toxicomane *m,f*
'**Suchtmittel** *n* drogue *f*; stupéfiant *m*
'**Suchtrupp** *m* équipe *f* de personnes participant à une battue; *e-n ~ losschicken* organiser une battue
Sud [zuːt] *m* ⟨~(e)s; ~e⟩ **1.** *CUIS* bouillon *m*; **2.** (*Extrakt*) décoction *f*
Süd [zyːt] *m* **1.** ⟨*sans article ni pl*⟩ (*Süden*) sud *m*; **2.** ⟨~s; ~e⟩ (*wind*) vent *m* du sud
'**Süd**|**afrika** *n* l'Afrique *f* du Sud; ~**afri'kaner(in)** *m(f)* Sud-Africain(e) *m(f)*; ⟨²**afri'kanisch** *adj* sud-africain; ~**a'merika** *n* l'Amérique *f* du Sud; ~**ameri'kaner(in)** *m(f)* Sud-Américain(e) *m(f)*; ⟨²**ameri'kanisch**

adj sud-américain; de l'Amérique du Sud
Sudan [zu'daːn] ⟨→ *n/pr*⟩ *der* ~ le Soudan
Sudanes|**e** [zuda'neːzə] *m* ⟨~n; ~n⟩, ~**in** *f* ⟨~; ~nen⟩ Soudanais(e) *m(f)*; Soudanien, -ienne *m,f*; ⟨²**isch** *adj* soudanais
'**süd**|**deutsch** *adj* de l'Allemagne du Sud; ⟨²**deutsche(r)** *f(m)* Allemand(e) *m(f)* du Sud
'**Süddeutschland** *n* l'Allemagne *f* du Sud
Sude'lei F *péj f* ⟨~; ~en⟩ barbouillage *m*; gribouillage *m*; F *p/fort* cochonnerie *f*
sudeln ['zuːdəln] F *péj v/t u v/i* ⟨-(e)le, h⟩ barbouiller; gribouiller; F *p/fort* cochonner
Süden ['zyːdən] *m* ⟨~s⟩ sud *m*; *der tiefe* ~ le Grand Sud; *im ~* (*von*) au sud (de); *im ~ Frankreichs* dans le sud de la France; dans le Midi; *nach ~* vers le sud; *von ~, zu ~* du sud
Sudeten [zu'deːtən] *pl* ⟨→*n/pr*⟩ *die* ~ les Sudètes *f*
Su'deten|**deutsche(r)** *f(m)* Allemand(e) *m(f)* des Sudètes; *coll die ~n* les Sudètes; ~**land** *n* ⟨~(e)s⟩ *HIST* territoire *m* des Sudètes
'**Süd**|**eu'ropa** *n* l'Europe *f* du Sud, méridionale; ~**euro'päer(in)** *m(f)* Européen, -éenne *m,f* du Sud; '⟨²**euro'päisch** *adj* européen, -éenne du Sud; de l'Europe du Sud; ~'**frankreich** *n* le Midi (de la France); ~**franzose** *m*, ~**französin** *f* Méridional(e) *m(f)*; ⟨²**französisch** *adj* du Midi; méridional; ~**früchte** *f/pl* fruits tropicaux; (*Zitrusfrüchte*) agrumes *m/pl*; ~**ko'rea** *n* la Corée du Sud; ~**kore'aner(in)** *m(f)* Sud-Coréen, -éenne *m,f*; ~**küste** *f* côte méridionale; ~**lage** *f* exposition *f* au sud, au midi; ~**länder(in)** *m* ⟨~s; ~⟩ (*f*) ⟨~; ~nen⟩ habitant(e) *m(f)* d'un pays méridional, (*des pays*) du Midi; ⟨²**ländisch** *adj* méridional
'**südlich I** *adj* du sud; du midi; méridional; ~*e Halbkugel* hémisphère *m* austral; **II** *adv* au sud; ~ *von* au sud de
'**Süd**|**licht** *n* aurore australe; ~'**ost(en)** *m* sud-est *m*
süd|'**östlich I** *adj* du sud-est; **II** *adv* au sud-est; ~ *von* au sud-est de
'**Süd**|**pol** *m* pôle *m* Sud; ~**see** *f* Pacifique *m* sud; *poët* mers *f/pl* du Sud; ~**seeinsel** *f* île *f* des mers du Sud; ~**seite** *f* (côté *m* du) sud *m*; côté *m* sud; *e-s Gebirges* versant *m* sud; ~**staaten** *m/pl in Amerika* États *m/pl* du Sud; ~**tirol** *n* le Haut-Adige; le Tyrol du Sud; ⟨²**wärts** *adv* vers le sud; au sud; ~**wein** *m* vin *m* du Sud; (*Dessertwein*) vin *m* de dessert; ~'**west(en)** *m* sud-ouest *m*; ~'**wester** *m* ⟨~s; ~⟩ suroît *m*; ~'**westfunk** *m cf SWF*
süd'westlich I *adj* du sud-ouest; **II** *adv* au sud-ouest; ~ *von* au sud-ouest de
'**Südwind** *m* vent *m* du sud, du midi
Sueskanal, Suezkanal ['zuːɛskanaːl] *m* ⟨~s⟩ canal *m* de Suez
Suff [zuf] P *m* ⟨~(e)s⟩ ivrognerie *f*; *im ~* F bien bourré; *sich dem* (*stillen*) *~ ergeben* boire, F se soûler, F se cuiter (en cachette)

süffeln [ˈzYfəln] F ⟨-(e)le, h⟩ **I** v/t F pinter; **II** v/i F picoler
süffig [ˈzYfɪç] F adj qui se laisse bien boire
süffis|ant [zYfiˈzant] adj péj suffisant; **♀anz** f ⟨~⟩ péj suffisance f
Suffix [zuˈfɪks] n ⟨-es; -e⟩ LING suffixe m
Suffragette [zufraˈgɛtə] f ⟨~; -n⟩ HIST suffragette f
sugge|rieren [zugeˈriːrən] v/t ⟨pas de ge-, h⟩ suggérer; **♀stiˈon** f ⟨~; -en⟩ suggestion f
suggestiv [zugɛsˈtiːf] adj suggestif, -ive; **♀frage** f question suggestive
Suhle [ˈzuːlə] f ⟨~; -n⟩ JAGD bauge f; souille f
ˈsuhlen v/réfl ⟨h⟩ **sich ~** se vautrer; **sich im Schlamm ~** se vautrer dans la boue; fig sich in Schimpfwörtern ~ se délecter à dire des injures
Sühne [ˈzyːnə] st/s f ⟨~; -n⟩ expiation f; **für etw ~ leisten** expier qc
ˈsühnen st/s ⟨h⟩ **I** v/t **1.** (büßen) expier; **2.** (bestrafen) punir; **die Gerichte haben die Kriegsverbrechen gesühnt** les tribunaux ont puni les crimes de guerre; **II** v/i **für etw ~** expier qc
ˈSühneopfer n sacrifice m expiatoire
Suite [ˈsviːt(ə)] f ⟨~; -n⟩ (Hotel♀) etc, MUS suite f
Suizid [zuiˈtsiːt] m od n ⟨-(e)s; -e⟩ t/t suicide m; **♀gefährdet** t/t adjt suicidaire
Sujet [syˈʒeː] st/s n ⟨-s; -s⟩ sujet m
Sukkade [zuˈkaːdə] f ⟨~; -n⟩ écorces confites (de citron ou d'orange)
Sukkulente [zukuˈlɛntə] f ⟨~; -n⟩ BOT plante grasse
Sukzession [zuktsɛsiˈoːn] f ⟨~; -en⟩ ÉCOL succession f
sukzessiv [zuktseˈsiːf] adj successif, -ive
sukzesˈsive adv successivement
Sulfat [zulˈfaːt] n ⟨-(e)s; -e⟩ CHIM sulfate m
Sulfid [zulˈfiːt] n ⟨-(e)s; -e⟩ CHIM sulfure m
Sulfit [zulˈfiːt ou -ˈfɪt] n ⟨-s; -e⟩ CHIM sulfite m
Sulfonamid [zulfonaˈmiːt] n ⟨-s; -e⟩ PHARM sulfamide m
Sulky [ˈzulki] n ⟨-s; -s⟩ sulky m
Sulta|n [ˈzultan] m ⟨-s; -e⟩ sultan m; **~ˈnat** n ⟨-(e)s; -e⟩ sultanat m
Sultanine [zultaˈniːnə] f ⟨~; -n⟩ raisin m de Smyrne
Sülze [ˈzYltsə] f ⟨~; -n⟩ CUIS **1.** Speise viande f bzw poisson m en aspic; **2.** (Aspik) aspic m
ˈsülzen ⟨-(e)t, h⟩ **I** v/t **1.** CUIS mettre en aspic; **2.** F fig (quatschen) débiter; F dégoiser; **II** v/i F fig (quatschen) débiter des âneries; p/fort P déconner
Sumer|er(in) [zuˈmeːrər(ɪn)] m ⟨-s; -⟩ (f) ⟨~; -nen⟩ HIST Sumérien, -ienne m,f; **♀isch** adj sumérien, -ienne
summ [zum] int bzzz!
Summand [zuˈmant] m ⟨-en; -en⟩ MATH terme m, élément m d'une somme
summarisch [zuˈmaːrɪʃ] **I** adj sommaire; (kurzgefaßt) succinct; **II** adv sommairement; (kurzgefaßt) succinctement
summa summarum [ˈzumazuˈmaːrum] st/s adv (insgesamt) en tout et pour tout; (kurz und gut) somme toute
Sümmchen [ˈzYmçən] F n ⟨-s; -⟩ petite somme; **ein hübsches** od **nettes ~** F une coquette somme; une somme rondelette
Summe [ˈzumə] f ⟨~; -n⟩ somme f; **die ganze ~** le total; le tout; **e-e runde ~** un compte rond
ˈsummen ⟨h⟩ **I** v/t Lied, Melodie fredonner; chantonner; **II** v/i Bienen etc bourdonner; Motor etc ronronner
ˈSummer m ⟨-s; -⟩ an e-r Maschine sonnerie f; an der Haustür sonnette f
sumˈmieren ⟨pas de ge-, h⟩ **I** v/t MATH totaliser; additionner; **II** v/réfl **sich ~** fig s'accumuler
ˈSummton m ⟨-(e)s; -töne⟩ TÉL etwa tonalité continue
Sumpf [zumpf] m ⟨-(e)s; -e⟩ marais m; marécage m; fig bas-fonds m/pl; fig **im ~ der Großstadt** dans les bas-fonds de la ville
ˈSumpfdotterblume f populage m; souci m d'eau
ˈsumpfen F v/i ⟨h⟩ F faire la noce, la bringue
ˈSumpf|fieber n fièvre paludéenne, paludisme m; **~gas** n gaz m des marais; méthane m; **~gebiet** n marécages m/pl; marais m/pl; **~huhn** n râle m d'eau
ˈsumpfig adj marécageux, -euse
ˈSumpf|land n contrée marécageuse; **~pflanze** f plante marécageuse, sc palustre
Sund [zunt] m ⟨-(e)s; -e⟩ GÉOGR détroit m
Sünde [ˈzYndə] f ⟨~; -n⟩ péché m; plais **das ist e-e ~ wert** ça vaut la peine de se laisser tenter; st/s **in ~ leben** vivre dans le péché; F **plais kleine ~n bestraft der liebe Gott sofort** c'est le Bon Dieu qui m'a, t'a, etc puni
ˈSünden|babel n lieu m de perdition; **~bekenntnis** n confession f des péchés; **~bock** F m bouc m émissaire; **~fall** m ⟨-(e)s⟩ REL chute f; **~geld** F n ⟨-(e)s⟩ argent fou; **~pfuhl** F m péj lieu m de débauche
ˈSündenregister F plais n **sein ~ ist lang** la liste de ses méfaits est longue
ˈSünder(in) m ⟨-s; -⟩ (f) ⟨~; -nen⟩ pécheur m, pécheresse f
ˈSündflut litt cf Sintflut
ˈsündhaft I adj **1.** st/s coupable; REL pécheur, pécheresse; **2.** F fig Preis etc faramineux, -euse; **II** F adv **~ teuer** F horriblement cher, chère; 'hors de prix'; **~ teuer sein** a F coûter la peau des fesses
ˈSündhaftigkeit st/s f ⟨~⟩ caractère m coupable
ˈsündig adj **1.** REL pécheur, pécheresse; **2.** (lasterhaft) immoral
ˈsündigen v/i ⟨h⟩ **1.** REL pécher; commettre un péché; **an j-m ~** se rendre coupable envers qn; **2.** fig plais (zuviel essen) pécher par gourmandise; se laisser tenter par des bonnes choses; **ich habe heute wieder gesündigt** j'ai trop mangé aujourd'hui
Sunnit(in) [zuˈniːt(ɪn)] m ⟨-en; -en⟩ (f) ⟨~; -nen⟩ sunnite m,f; **♀isch** adj sunnite
super [ˈzuːpər] F **I** adj ⟨inv⟩ F super ⟨inv⟩; F giga ⟨inv⟩; **II** adv F formidablement; super
ˈSuper F n ⟨-s⟩ Benzin F super m
ˈsuper... F in Zssgn ultra-(-)...
ˈSuper... F in Zssgn super(-)...
Super-ˈ8-Film m super-huit m
superb [zuˈpɛrp], **süperb** [zyˈpɛrp] st/s adj magnifique
ˈSuper|benzin n supercarburant m; **~ding** F n ⟨-s; -er⟩ F truc m super
ˈSuper-GAU F m catastrophe f nucléaire
Superintendent [zupərʔɪntɛnˈdɛnt] m ⟨-en; -en⟩ PROT surintendant m
Superior(in) [zuˈpeːri̯or (-riˈoːrɪn)] m ⟨-s; -ˈoren⟩ (f) ⟨~; -nen⟩ CATH (père) supérieur m (mère) supérieure f
ˈsuperklug adj iron ultra-malin; péj suffisant; présomptueux, -euse
Superlativ [ˈzuːpərlatiːf] m ⟨-s; -e⟩ GR superlatif m; **♀isch** adj superlatif, -ive
ˈSuper|macht f superpuissance f; F super-grand m; **~mann** F m ⟨-(e)s; -männer⟩ F superman m; **~markt** m supermarché m **♀modern** F adj ultra-moderne; **~star** F m F superstar f; **~tanker** m superpétrolier m
Süppchen [ˈzYpçən] n ⟨-s; -⟩ soupe f; F fig **sein eigenes ~ kochen** ne s'occuper que de ses petites affaires
Suppe [ˈzupə] f ⟨~; -n⟩ **1.** CUIS soupe f; feinere potage m; F fig **j-m die ~ versalzen** gâcher le plaisir à qn; F fig **die ~ auslöffeln müssen** (**, die man sich** bzw **j-m eingebrockt hat**) payer les pots cassés; F fig **da hat er uns e-e schöne ~ eingebrockt** F il nous a mis dans un beau pétrin; F prov **wer sich** (dat) **die ~ eingebrockt hat, muß sie auch auslöffeln** prov qui casse les verres les paye; **2.** F fig (starker Nebel) purée f de pois; **3.** F fig (Schweiß) sueur f
ˈSuppen|einlage f pâtes, légumes, etc pour épaissir la soupe; **~extrakt** m bouillon m; **~fleisch** n (viande f à) pot-au-feu m; gekochtes viande bouillie; **~grün** n légumes verts pour la soupe; **~huhn** n poule f; Gericht poule f au pot; **~kasper** F m ⟨-s; -⟩ enfant m, personne f difficile (sur la nourriture); **~kelle** f louche f; **~knochen** m os m à moelle; **~löffel** m (Eßlöffel) cuiller od cuillère f à soupe; **~nudeln** f/pl pâtes f/pl à potage; **~schüssel** f soupière f; **~tasse** f tasse f à consommé; **~teller** m assiette creuse; **~terrine** f soupière f; **~topf** m marmite f; **~würfel** m cube m, tablette f de bouillon
ˈsuppig adj (trop) liquide
Supplement [zupleˈmɛnt] n ⟨-(e)s; -e⟩, **~band** m ⟨-(e)s; -bände⟩ supplément m
Suppositorium [zupoziˈtoːri̯um] n ⟨-s; -ien⟩ PHARM suppositoire m
Supraleiter [ˈzuːpralaɪtər] m ÉLECT supraconducteur m
Suprematie [zupremaˈtiː] st/s f ⟨~; -n⟩ suprématie f
Sure [ˈzuːrə] f ⟨~; -n⟩ sourate od surate f
ˈSurfbrett n fürs Windsurfen planche f à voile; fürs Wellenreiten (planche f de) surf m
surfen [ˈsœrfən] v/i ⟨h ou sein, doublé d'une indication de direction sein⟩ (wind~) faire de la planche à voile; (wellenreiten) faire du surf; surfer
ˈSurfer(in) m ⟨-s; -⟩ (f) ⟨~; -nen⟩ (Wind♀) véliplanchiste m,f; (Wellenreiter[in]) surfeur, -euse m,f
Surf|ing [ˈsœrfɪŋ] n ⟨-s⟩, **~sport** m

(**Wind**♀) planche *f* à voile; (**Wellenreiten**) surf *m*
Surinam [zuri'nam] *n* ⟨→ *n/pr*⟩ le Surinam
Surreal|ismus [zurɛa'lɪsmʊs] *m* ⟨-⟩ surréalisme *m*; **♀istisch** *adj* surréaliste
surren ['zʊrən] *v/i* **1.** ⟨h⟩ (*summen*) *Insekten* bourdonner; *Motor* ronronner; **2.** ⟨sein⟩ (*schwirren*) fendre l'air en sifflant
Surrogat [zʊro'ga:t] *st/s n* ⟨-(e)s; -e⟩ succédané *m*; ersatz *m*
Susanne [zu'zanə] *f* ⟨→ *n/pr*⟩ Suzanne *f*
Susi ['zu:zi] *cf* **Susanne**
suspekt [zʊs'pɛkt] *adj* suspect; *das ist mir ~* cela m'est suspect
suspendieren [zʊspɛn'di:rən] *v/t* ⟨*pas de ge-*, h⟩ *ADM* suspendre (**vom Dienst** de ses fonctions)
Suspen'dierung *f* ⟨-; -en⟩, **Suspension** [zʊspɛnzi'o:n] *f* ⟨-; -en⟩ *ADM* suspension *f*
süß [zy:s] **I** *adj* **1.** doux, douce; (*gezukkert*), *a Duft, Geschmack* sucré; **widerlich ~** trop sucré; **2.** *fig* Lächeln, Worte doux, douce; *péj a* mièvre; *Kind* mignon, -onne; gentil, -ille; (*lieblich*) suave; F *na, mein Süßer, meine Süße?* alors, mon petit chéri, ma petite chérie?; **II** *adv* **1. ~ schmecken, riechen** *od* **duften** avoir un goût sucré, une odeur sucrée; **2.** *fig* joliment; **~ träumen** faire de beaux rêves
'**Süße** *f* ⟨-⟩ douceur *f*; *im Duft* odeur sucrée; *im Geschmack* goût sucré
'**süßen** *v/t* ⟨-(es)t, h⟩ sucrer; mettre du sucre dans; *CHIM*, *PHARM* édulcorer; dulcifier
'**Süßholz** *n* ⟨-es⟩ réglisse *m*; F *fig ~ raspeln* F faire du plat; conter fleurette
'**Süßigkeit** *f* ⟨-; -en⟩ **1.** *st/s* ⟨*pas de pl*⟩ (*Süße*) douceur *f*; *im Duft* odeur sucrée; *im Geschmack* goût sucré; **2.** *meist pl* (*Leckerei*) sucrerie *f*; friandise *f*
'**Süß|kartoffel** *f* patate douce; **~kirsche** *f Frucht* guigne *f*; cerise douce; *Baum* guignier *m*; **♀lich** *adj a fig péj* douceâtre; *fig péj* doucereux, -euse; mielleux, -euse; **~most** *m* jus de fruit (non fermenté)
'**süß-'sauer I** *adj* **1.** aigre-doux, -douce; **2.** F *fig Gesicht* mi-figue, mi-raisin; **II** *adv ~ lächeln* sourire jaune
'**Süß|schnabel** F *m* amateur *m* de sucreries; **~speise** *f* entremets *m*; dessert *m*; **~stoff** *m* édulcorant *m*; sucrette *f*; **~waren** *f/pl* sucreries *f/pl*; **~warengeschäft** *n* confiserie *f*; **~wasser** *n* ⟨-s; -⟩ eau douce; **~wasserfisch** *m* poisson *m* d'eau douce; **~wein** *m* vin *m* de dessert
Su'tane *f cf* **Soutane**
Sütterlinschrift ['zʏtərli:nʃrɪft] *f* ⟨-⟩ écriture manuscrite gothique
SV ['ɛs'fau] *m* ⟨-⟩ *abr* (*Sportverein*) C.S. *m* (club sportif)
SVP [ɛsfau'pe:] *f* ⟨-⟩ *abr* (*Schweizerische Volkspartei*) U.D.C. *f* (Union démocratique du Centre)
SW *abr* (*Südwest*[*en*]) S.-O. (sud-ouest)
Swahili [sva'hi:li] *cf* **Suaheli**
Swasiland ['sva:zilant] *n* ⟨→ *n/pr*⟩ le Swaziland
Sweatshirt ['svɛtʃœrt] *n* ⟨-s; -s⟩ sweat--shirt *m*
SWF [ɛsve:'ʔɛf] *m* ⟨-⟩ *abr* (*Südwest-*

funk) radio et télévision régionales allemandes (Baden-Baden)
Swimmingpool, Swimming-pool ['svɪmɪŋpu:l] *m* ⟨-s; -s⟩ piscine *f*
Swing [svɪŋ] *m* ⟨-(s)⟩ *MUS* swing *m*
'**swingen** *v/i* ⟨h⟩ *MUS* swinguer
Syllogismus [zylo'gɪsmʊs] *m* ⟨-; -men⟩ *LOGIK* syllogisme *m*
Sylphe¹ ['zylfə] *m* ⟨-n; -n⟩ *MYTH* sylphe *m*
'**Sylphe²** *f* ⟨-; -n⟩ *fig*, **Syl'phide** *f* ⟨-; -n⟩ *MYTH*, *fig* sylphide *f*
'**Sylvia** *cf* **Silvia**
Symbio|se [zymbi'o:zə] *f* ⟨-; -n⟩ symbiose *f* (**zwischen** [+*dat*] entre); **♀tisch** *adj* symbiotique
Symbol [zym'bo:l] *n* ⟨-s; -e⟩ symbole *m*
Sym'bolcharakter *m ~ haben* avoir un caractère symbolique, de symbole
Sym'bol|figur *f* symbole *m*; **♀haft** *adj* symbolique (**für** de)
Sym'bol|ik *f* ⟨-⟩ symbolique *f*; **♀isch** *adj* symbolique
symboli'sieren *v/t* ⟨*pas de ge-*, h⟩ symboliser
Symbo'lismus *m* ⟨-⟩ symbolisme *m*; **♀istisch** *adj* symbolique
Sym'bol|sprache *f INFORM* langage *m* d'assemblage; **♀trächtig** *adj* très symbolique; chargé, riche de symboles
Symmetrie [zyme'tri:] *f* ⟨-; -n⟩ symétrie *f*; **~achse** *f* axe *m* de symétrie; **~ebene** *f* plan *m* de symétrie
sym'metrisch *adj* symétrique
Sympathie [zympa'ti:] *f* ⟨-; -n⟩ sympathie *f*; **für j-n ~ empfinden** éprouver de la sympathie pour qn; **sich** (*dat*) **alle ~n verscherzen** perdre la sympathie de tout le monde; **bei aller ~, aber ...** avec la meilleure volonté du monde, ...
Sympa'thie|bekundung *f* témoignage *m* de sympathie; **~kundgebung** *f* manifestation *f* de soutien; **~streik** *m* grève *f* de solidarité; **~träger(in)** *m(f)* personne *f* qui rallie toutes les sympathies
Sympathikus [zym'pa:tikʊs] *m* ⟨-⟩ *ANAT* (grand) sympathique *m*
Sympathi'sant(in) *m* ⟨-en; -en⟩ (*f*) ⟨-; -nen⟩ sympathisant(e) *m(f)*
sym'pathisch *adj* sympathique; **sie ist mir (nicht) ~** elle (ne) m'est (pas) sympathique; je (ne) la trouve (pas) sympathique
sympathi'sieren *v/i* ⟨*pas de ge-*, h⟩ **mit j-m, etw ~** sympathiser avec qn, qc
Symphonie [zymfo'ni:] *f* etc *cf* **Sinfonie** etc
Symposion [zym'po:ziɔn] *n* ⟨-s; -ien⟩, **Symposium** [zym'po:ziʊm] *n* ⟨-s; -ien⟩ symposium *m*, congrès *m* (**über** [+*acc*] sur)
Sympto|m [zymp'to:m] *n* ⟨-s; -e⟩ *MÉD*, *fig* symptôme *m*; **♀matisch** *adj* symptomatique (**für** de)
Synagoge [zyna'go:gə] *f* ⟨-; -n⟩ synagogue *f*
Synapse [zy'napsə] *f* ⟨-; -n⟩ *BIOL* synapse *f*
Synärese [zynɛ're:zə] *f* ⟨-; -n⟩ *LING* synérèse *f*
Synästhesie [zynɛste'zi:] *f* ⟨-; -n⟩ *MÉD*, *LITERAT* synesthésie *f*
synchron [zyn'kro:n] *adj* synchrone; **♀getriebe** *n* boîte de vitesses synchronisée
Synchroni|sati'on *f* ⟨-; -en⟩ *TECH* synchronisation *f*; *e-s Films* doublage

m; **♀'sieren** *v/t* ⟨*pas de ge-*, h⟩ *TECH* synchroniser; *Film* doubler; **~'sierung** *f* ⟨-; -en⟩ *cf* **Synchronisation**
Syn'chron|schwimmen *n* natation synchronisée; **~sprecher(in)** *m(f) FILM* doubleur,-euse *m,f*
Synchrotron ['zynkrotro:n] *n* ⟨-s; -e *ou* -s⟩ *NUCL* synchrotron *m*
Syndikal|ismus [zyndika'lɪsmʊs] *m* ⟨-⟩ *POL* syndicalisme *m*; **♀istisch** *adj* syndicaliste
Syndikat [zyndi'ka:t] *n* ⟨-(e)s; -e⟩ **1.** *ÉCON* cartel *m*; consortium *m*; **2.** (*Verbrecher*♀) syndicat *m*
Syndikus ['zyndikʊs] *m* ⟨-; -se *ou* -dizi⟩ *JUR* conseiller *m* juridique (d'une grande entreprise)
Syndrom [zyn'dro:m] *n* ⟨-s; -e⟩ *MÉD* syndrome *m*
Synkope [zyn'ko:pə; -'kopen] **1.** ['zynkope *LING*, *MÉD* syncope *f*; **2.** [zyn'ko:pə] *MUS* syncope *f*
synko'pieren *v/t* ⟨*pas de ge-*, h⟩ *MUS*, *LING* syncoper
syn'kopisch *adj* syncopal
Syno'dale *m,f* ⟨→ A⟩ *ÉGL* membre *m* d'un synode
Synode [zy'no:də] *f* ⟨-; -n⟩ *ÉGL* synode *m*
synonym [zyno'ny:m] *adj LING* synonyme
Syno'nym *n* ⟨-s; -e⟩ *LING* synonyme *m*
Synony'mie *f* ⟨-; -n⟩ *LING* synonymie *f*
Syno'nymwörterbuch *n* dictionnaire *m* de synonymes
Synop|se [zy'nɔpsə] *f* ⟨-; -n⟩ tableau *m* synoptique; **♀tisch** *adj* synoptique
syntaktisch [zyn'takti:ʃ] *adj LING* syntaxique
Syntax ['zyntaks] *f* ⟨-; -en⟩ *LING* syntaxe *f*
Synthese [zyn'te:zə] *f* ⟨-; -n⟩ synthèse *f* (**aus, von, zwischen** [+*dat*] de)
Synthesizer ['sɪntəsaɪzər] *m* ⟨-s; -⟩ *MUS* synthétiseur *m*
Synthetik [zyn'te:tɪk] *n* ⟨-s⟩ matière *f* synthétique
syn'thetisch I *adj* synthétique; **II** *adv* synthétiquement; **~ herstellen** synthétiser
Syphilis ['zy:filɪs] *f* ⟨-⟩ *MÉD* syphilis *f*
'**Syrer(in)** *m* ⟨-s; -⟩ (*f*) ⟨-; -nen⟩ Syrien, -ienne *f*
Syrien ['zy:riən] *n* ⟨→ *n/pr*⟩ la Syrie
'**Syrier(in)** *cf* **Syrer(in)**
'**syrisch** *adj* syrien, -ienne
System [zys'te:m] *n* ⟨-s; -e⟩ système *m*; *POL a* régime *m*; *CHIM* **periodisches ~ der Elemente** classification *f* périodique des éléments; **~ haben** être méthodique, systématique; **in ein bringen** systématiser; **in etw** (*acc*) **~ bringen** donner une structure, un système à qc
Sy'stem|analyse *f* **1.** *POL* analyse *f* des systèmes; **2.** *INFORM* analyse *f*; **~analytiker(in)** *m(f) INFORM* analyste *m,f* programmeur, -euse
Syste'matik *f* ⟨-; -en⟩ systématique *f*
syste'matisch I *adj* systématique; méthodique; **II** *adv* systématiquement; méthodiquement; avec méthode, système; **~ ordnen** systématiser
systemati'sieren *v/t* ⟨*pas de ge-*, h⟩ systématiser

sy'stem|bedingt *adjt* conditionné par un *bzw* le système; **~bezogen** *adj* systémique; **~immanent** *adj* inhérent à un *bzw* au système; **~konform** *adj* conforme à un *bzw* au système; ²**kritiker(in)** *m(f)* critique *m* d'un *bzw* du système; (*Dissident[in]*) dissident(e) *m(f)*; **~los** *adj* sans système; ²**zwang** *m* réduction *f* à un *bzw* au système
Systole [zys'to:lə] *f* ⟨~; ~n⟩ *MÉD* systole *f*
Szenario [stse'na:rio] *n* ⟨~s; ~s⟩, **Szenarium** [stse'na:rium] *n* ⟨~s; -ien⟩ *THÉ, FILM, a fig POL* scénario *m*
Szene ['stse:nə] *f* ⟨~; ~n⟩ **1.** *THÉ* scène *f*; *die ~ spielt auf der Straße* la scène se joue dans la rue; *hinter der ~* derrière, dans les coulisses; *in ~ setzen* mettre en scène; *fig sich in ~ setzen* se mettre en avant; *die ~ betreten a fig* entrer en scène; *fig die ~ beherrschen* avoir une forte présence (à l'écran, sur scène, *etc*); **2.** *fig* (*Auseinandersetzung*) scène *f*; *j-m e-e ~ machen* faire une scène à qn; **3.** F *fig die ~* les milieux branchés; *die politische ~* les milieux politiques
Szene|gänger(in) ['stse:nəgɛŋər(ɪn)] *m* ⟨~s; ~⟩ *(f)* ⟨~; ~nen⟩ Jargon personne branchée; branché(e) *m(f)*; **~jargon** *m* langage branché; **~lokal** *n* café, restaurant branché
'**Szenen|applaus** *m* applaudissement *m* pendant une scène; **~folge** *f* suite *f* de scènes; **~wechsel** *m* changement *m* de décors
Szene'rie *f* ⟨~; ~n⟩ **1.** *THÉ* décors *m/pl*; **2.** *fig* cadre *m*
'**szenisch I** *adj* scénique; **II** *adv* scéniquement
Szepter ['stsɛptər] *n cf* **Zepter**
Szilla ['stsɪla] *f* ⟨~; -llen⟩ *BOT* scille *f*
SZR *abr* (*Sonderziehungsrecht*) D.T.S. *m* (droit de tirage spécial)

T

T, t [te:] *n* ⟨~; ~⟩ Buchstabe T, t *m*
t *abr* (Tonne) t (tonne)
Tabak ['ta(:)bak] *m* ⟨~s, ~e⟩ tabac *m*; ~ **kauen** chiquer; ~ **rauchen** fumer du tabac; ~ **schnupfen** priser (du tabac); *cf a* **Tobak**
'Tabak|bau *m* ⟨~(e)s⟩ culture *f* du tabac; **2braun** *adj* (brun) tabac (*inv*); **~handel** *m* commerce *m* de tabac; **~industrie** *f* industrie *f* du tabac; **~laden** *m* bureau *m*, débit *m* de tabac; **~monopol** *n* monopole *m* du tabac; **~pflanze** *f* tabac *m*; **~plantage** *f* plantation *f* de tabac; **~rauch** *m* fumée *f* de tabac
'Tabaks|beutel *m* blague *f* à tabac; **~dose** *f* tabatière *f*; **~pfeife** *f* pipe *f*
'Tabak|steuer *f* impôt *m* sur le tabac; **~waren** *f/pl* tabacs *m/pl*
tabel'larisch *adj u adv* sous forme de tableau
Tabelle [ta'bɛlə] *f* ⟨~; ~n⟩ **1.** (*Übersicht*) barème *m*; tableau *m*; table *f*; **2.** SPORT classement *m*
Ta'bellenform *f in* ~ sous forme de tableau
Ta'bellen|führer *m* SPORT équipe *f* en tête du classement; **~rang** SPORT rang *m*; place *f*; **~stand** *m* SPORT classement *m*
Tabernakel [tabɛr'naːkəl] *n od m* ⟨~s; ~⟩ CATH tabernacle *m*
Tablett [ta'blɛt] *n* ⟨~(e)s, ~e ou ~s⟩ plateau *m*
Tablette [ta'blɛtə] *f* ⟨~; ~n⟩ PHARM comprimé *m*; cachet *m*
Ta'blettenform *f in* ~ sous forme de comprimés
Ta'bletten|röhrchen *n* tube *m* de comprimés; **~sucht** *f* ⟨~⟩ pharmacodépendance *f*
tabu [ta'buː] *adj* ⟨*attribut*⟩ tabou
Ta'bu *n* ⟨~s; ~s⟩ tabou *m*
tabui'sieren *v/t* ⟨*pas de ge-*, *h*⟩ rendre tabou
tabula rasa ['taːbula'raːza] ⟨⟩ **machen** faire table rase (*mit etw* de qc)
Tabulator [tabu'laːtɔr] *m* ⟨~s; -'toren⟩ *e-r Schreibmaschine* tabulateur *m*
Ta'buzone *f* (sujet) tabou *m*
Tacheles ['taxələs] F *mit j-m* ~ *reden* dire son fait à qn (sans prendre de gants); dire ses quatre vérités à qn
Tacho ['taxo] F *m* ⟨~s; ~s⟩, **~meter** *m od n* ⟨~s; ~⟩ AUTO compteur *m* de vitesse; TECH compte-tours *m*; **~'meternadel** *f* AUTO aiguille *f* (du compteur de vitesse); **~'meterstand** *m* AUTO kilométrage *m*
Tadel ['taːdəl] *m* ⟨~s; ~⟩ **1.** blâme *m*; (*Rüge*) réprimande *f*; (*Mißbilligung*) réprobation *f*; désapprobation *f*; (*Vorwurf*) reproche *m*; (*un*)**gerechter** ~ blâme (im)mérité; réprimande (im)méritée; *j-m e-n scharfen* ~ *erteilen* infliger un blâme à qn; adresser une sévère réprimande à qn; **2.** SCHULE blâme *m*; **3.** *st/s* (*Makel*) *sein Lebenswandel ist ohne* ~ sa conduite, vie est irréprochable; *cf a* **Furcht**
'tadellos I *adj* **1.** (*ohne Fehler*) sans défauts, impeccable; irréprochable; parfait; **2.** F (*großartig*) merveilleux, -euse; **II** *adv* **1.** (*ohne Fehler*) impeccablement; irréprochablement; parfaitement; *Kleidungsstück* ~ *sitzen* aller parfaitement; **2.** F (*großartig*) à merveille; ~! merveilleux!
'tadeln *v/t* ⟨-(e)le, *h*⟩ **1.** (*mißbilligen*) *etw* ~ réprouver, désapprouver qc; **2.** (*rügen*) réprimander; (*vorwerfen*) *j-n wegen etw* ~ reprocher qc à qn; blâmer qn de qc
'tadelnd *adj* réprobateur, -trice; désapprobateur, -trice; de réprobation; de désapprobation; ~**e Worte** *n/pl* paroles *f/pl* de réprobation
'tadelnswert *adj* blâmable; critiquable
Tadschik|**e** [tat'ʃiːkə] *m* ⟨~n; ~n⟩, **~in** *f* ⟨~; ~nen⟩ Tadjik *m, f*
tad'schikisch *adj* tadjik
Tadschikistan [tat'ʃiːkɪstaːn] *n* ⟨→ *n/pr*⟩ le Tadjikistan
Tafel ['taːfəl] *f* ⟨~; ~n⟩ **1.** *Schild zur Information etc* panneau *m*; tableau *m*; (*Gedenk2*) plaque commémorative; *schweiz* (*Verkehrsschild*) panneau *m* (de signalisation); **2.** SCHULE tableau (noir); **3.** (*Tabelle*) tableau *m*; (*Logarithmen2*) table *f*; **4.** (*flaches Stück*) *e-e* ~ **Schokolade** une tablette *od* une plaque de chocolat; **5.** *st/s* (*Tisch*) table *f*; *die* ~ *aufheben* se lever de table; *die* ~ *schmücken* décorer la table
'Tafel|**apfel** *m* pomme *f* à couteau; **~aufsatz** *m* milieu *m* de table; **~berg** *m* GÉOL montagne *f* à plateau; **~bild** *n* **1.** SCHULE ce qui est écrit au tableau; **2.** PEINT panneau peint; **~butter** *f* beurre *m* de table
'tafelfertig *adj* prêt à servir; **~förmig** *adj* tabulaire; en forme de table, de plaque
'Tafel|**gebirge** *n* GÉOL massif *m* tabulaire; **~geschirr** *n* service *m* de table; vaisselle *f*; **~lappen** *m* chiffon *m*; **~malerei** *f* PEINT peinture *f* sur panneau
'tafeln *st/s v/i* ⟨-(e)le, *h*⟩ festoyer; faire bonne chère, un festin
täfeln ['tɛːfəln] *v/t* ⟨-(e)le, *h*⟩ boiser; lambrisser
'Tafel|**obst** *n* fruits *m/pl* de table; **~runde** *f* tablée *f*; *des Königs Artus* Table ronde; **~silber** *n* argenterie *f*; **~tuch** *n* nappe *f*
'Täfelung *f* ⟨~; ~en⟩ boiserie *f*; lambris *m*
'Tafel|**wasser** *n* ⟨~s, -wässer⟩ eau minérale; **~wein** *m* vin *m* de table
Taft [taft] *m* ⟨~(e)s; ~e⟩ taffetas *m*; **~kleid** *n* robe *f* en taffetas
Tag[1] [taːk] *m* ⟨~(e)s; ~e⟩ **1.** *punktuelle Zeitangabe* jour *m*; ~ *für* ~ jour après jour; *am gleichen* ~(*e st/s*) le même jour; *am* ~(*e st/s*) *seiner Geburt* le jour de sa naissance; *am nächsten* ~, *am* ~ *darauf* le lendemain; le jour d'après, suivant; *der* ~ *nach etw* le lendemain de qc; *der* ~ *vor etw* (*dat*) la veille de qc; le jour précédant qc; *an dem betreffenden* ~ ce jour-là; *auf den* ~ *genau* jour pour jour; *bis auf den heutigen* ~ jusqu'à aujourd'hui; *in*, *vor vierzehn* ~*en* dans, il y a quinze jours; *heute in acht* ~*en* aujourd'hui en 'huit; *e-s* (*schönen*) ~*es un* (beau) jour; *von e-m* ~ *zum anderen* d'un jour à l'autre; du jour au lendemain; *e-n* ~ *vereinbaren für* prendre jour pour; fixer un jour pour; *was ist heute für ein* ~? quel jour sommes-nous aujourd'hui?; *fig in den* ~ *hinein leben* vivre au jour le jour; **2.** *in seinem Verlauf* journée *f*; *den ganzen* ~ (*über*) toute la journée; du matin au soir; à longueur de journée; *den lieben langen* ~ toute la sainte journée; *es ist noch früh am* ~(*e st/s*) il est encore très tôt; ~ *der Freude* jour *m* de joie; *fig schwarzer* ~ jour sombre; *s-n schlechten* ~ *haben* être dans un, son mauvais jour; *guten* ~! bonjour!; *j-m guten* ~ *sagen* dire bonjour à qn; *prov kein* ~ *gleicht dem anderen* prov les jours se suivent et ne se ressemblent pas; *prov man soll den* ~ *nicht vor dem Abend loben* etwa prov il ne faut pas vendre la peau de l'ours avant de l'avoir tué; **3.** *im Gegensatz zur Nacht am* ~(*e st/s*) de jour; (pendant) le jour; pendant la journée; *am hellichten* ~ au grand jour; *es ist heller* ~ il fait grand jour; *es wird* ~ le jour se lève; il commence à faire jour; ~ *und Nacht* nuit et jour; *fig ein Unterschied wie* ~ *und Nacht* une différence comme le jour et la nuit; **4.** *fig* (*Öffentlichkeit*) *an den* ~ *bringen* mettre au (grand) jour; révéler; faire connaître; *an den* ~ *legen* manifester; faire preuve de; *an den* ~ *kommen* se révéler; paraître au grand jour; apparaître; *allmählich* se faire jour; *es kommt doch alles an den* ~ tout finit par se savoir;

5. (*besonderer Anlaß*) **der ~ der deutschen Einheit** le jour de l'Unité allemande; **der ~ des Herrn** (*Sonntag*) le jour du Seigneur; **~ der offenen Tür** journée *f* portes ouvertes; **der Jüngste ~** le jour du Jugement dernier; **6.** BERGBAU **über ~e** à ciel ouvert; **unter ~e** au fond; **7.** cf **Tage**

Tag² [tɛk] *m* ⟨~(s); ~s⟩ INFORM balise *f*

'tagaktiv *adj* ZO diurne

tag'aus *adv* **~, tagein** jour après jour; chaque jour; tous les jours

'Tagblatt *südd, schweiz, österr* cf **Tageblatt**

'Tagdienst *m* service *m* de jour; **~ haben** travailler le jour

'Tage *pl* **1.** (*Lebenszeit*) **auf s-e alten ~** sur ses vieux jours; **in unseren ~n** de nos jours; **sie hat** (*schon*) **bessere ~ gesehen** elle a connu des jours meilleurs; **s-e ~ sind gezählt** ses jours sont comptés; **noch ist nicht aller ~ Abend** qui vivra verra; **2.** (*Veranstaltung*) **~ der französischen Kultur** journées *f/pl* de la culture française; **3.** F *verhüllend* (*Menstruation*) **sie hat ihre ~** elle est indisposée

'Tage|bau *m* ⟨~(e)s; ~e⟩ BERGBAU exploitation *f* à ciel ouvert; **~blatt** *n* (*journal*) quotidien *m*; **~buch** *n* **1.** *persönliches* journal *m* (intime); **2.** COMM livre-journal *m*; **~dieb** *m* fainéant *m*; **~geld** *n* indemnité journalière

tag'ein *adv* cf **tagaus**

'tagelang I *adj* qui dure des jours entiers, des journées entières; **II** *adv* des jours entiers; des journées entières

'Tagelöhner(in) *m* ⟨~s; ~⟩ (*f*) ⟨~; ~nen⟩ journalier, -ière *m,f*

'tagen ⟨h⟩ **I** *v/i Gremium, Versammlung* siéger; *Gewerkschaft, Partei* a tenir ses assises; **II** *st/s v/imp* (*dämmern*) **es tagt** *st/s* le jour point; il commence à faire jour

'Tagereise *f* Strecke journée *f* de voyage

'Tagesablauf *m* déroulement *m* d'une journée; **e-n geregelten ~ haben** avoir une vie réglée

'Tagesanbruch *m* pointe *f*, naissance *f* du jour; aube *f*; **bei ~** à la pointe, au point, au lever du jour; au petit jour

'Tages|arbeit *f* (travail *m* de la) journée *f*; **~bedarf** *m* besoins quotidiens (**an** [+*dat*] de, en); **~befehl** *m* MIL ordre *m* du jour; **~creme** *f* KOSMETIK crème *f* de jour; **~decke** *f* couvre-lit *m*; dessus-de-lit *m*; **~einnahme** *f* recette du jour, journalière; **~ereignis** *n* événement *m* du jour; **~fahrt** *f* voyage *m*, excursion *f* d'une journée; **~form** *f* ⟨~⟩ SPORT condition *f* du jour; **~gericht** *n* CUIS plat *m* du jour; **~geschehen** *n* événements *m/pl* du jour; actualité *f*

'Tagesgespräch *n* nouvelle *f* du jour; **das ist ~** tout le monde en parle

'Tages|gestirn *n* astre *m* du jour; **~karte** *f* carte *f*, billet *m* valable pour la journée; **~kasse** *f* THÉ bureau *m* de location; **~kurs** *m* FIN cours *m* du jour; **~leistung** *f* **1.** e-r *Maschine* rendement, débit journalier; **2.** e-s *Unternehmens* production journalière

'Tageslicht *n* ⟨~(e)s⟩ (lumière *f* du) jour *m*; **bei ~** en plein jour; *fig* **ans ~ bringen, an das ~ kommen** cf (**an den**) **Tag 4.** (**bringen, kommen**); *fig* **das ~ erblicken** voir le jour; *fig* **das ~ scheuen** craindre la lumière du jour

'Tages|lichtprojektor *m* rétroprojecteur *m*; **~lohn** *m* salaire journalier, à la journée; **~marsch** *m* Strecke journée *f* de marche; **~mittel** *n* MÉTÉO moyenne journalière; **~mutter** *f* ⟨~; -mütter⟩ gardienne *f* (d'enfants); als Berufsbezeichnung etwa assistante maternelle; **~nachrichten** *f/pl* nouvelles *f/pl*, événements *m/pl* du jour

'Tagesordnung *f* ordre *m* du jour; **die ~ aufstellen** établir, élaborer l'ordre du jour; **auf die ~ setzen** mettre, inscrire à l'ordre du jour; **auf der ~ stehen** figurer à l'ordre du jour; **zur ~ übergehen** passer à l'ordre du jour (a *fig*); *fig* **an der ~ sein** être à l'ordre du jour

'Tages|ordnungspunkt *m* point *m* de l'ordre du jour; **~presse** *f* presse quotidienne; **~produktion** *f* production journalière; **~satz** *m* **1.** JUR taux *m* de calcul des amendes basé sur les revenus journaliers du contrevenant; **2.** für Spesen taux journalier; **3.** (*Krankenhaus*⌾) prix *m* de la journée; **~schau** *f* TV journal *m* télévisé; **~stätte** *f* **1.** (*Kinder*⌾) garderie *f*; **2.** cf **Altentagesstätte**; **~umsatz** *m* COMM chiffre d'affaires journalier; ventes quotidiennes; **~wert** *m* FIN valeur *f*, cours *m* du jour

'Tageszeit *f* heure *f* du jour; **zu jeder ~** à toute heure

'Tageszeitung *f* (journal) quotidien *m*

Tagetes [taˈgeːtɛs] *f* ⟨~; ~⟩ BOT tagète *m*; œillet *m* d'Inde

'tageweise *adv* à la journée

'Tagewerk *st/s n* ⟨~(e)s⟩ tâche journalière; journée *f*; **sein ~ verrichten** accomplir sa tâche quotidienne

'Tagfalter *m* ZO papillon *m* diurne

'tag|hell I *adj* clair comme en plein jour; **es ist ~** il fait grand jour; **II** *adv* **~ erleuchtet** éclairé comme en plein jour

täglich [ˈtɛːklɪç] **I** *adj* quotidien, -ienne, journalier, -ière; de tous les jours; de chaque jour; BIBL **unser ~ Brot** notre pain quotidien; **II** *adv* **1.** (*jeden Tag*) tous les jours; chaque jour; journellement; **das kommt ~ vor** cela arrive tous les jours; **2.** (*pro Tag*) par jour; **dreimal ~ eine Tablette** un comprimé trois fois par jour

tags [taːks] *adv* **~ zuvor** la veille; le jour précédent; **~ darauf** le lendemain; le jour d'après, suivant; cf a (**am**) **Tag 3.**

'Tagschicht *f* équipe *f* de jour; **~ haben** être de jour

'tagsüber *adv* (*während des Tages*) pendant la journée; (**den ganzen Tag über**) toute la journée

'tag'täglich I *adj* quotidien, -ienne, journalier, -ière; **II** *adv* tous les jours; chaque jour

'Tagträumer(in) *m(f)* rêveur, -euse *m,f*

'Tagund'nachtgleiche *f* ⟨~; ~n⟩ ASTR équinoxe *m*

'Tagung *f* ⟨~; ~en⟩ congrès *m*

'Tagungs|ort *m* lieu *m* du congrès; **~teilnehmer(in)** *m(f)* participant(e) *m(f)*, congressiste *m,f*

Taifun [taɪˈfuːn] *m* ⟨~s; ~e⟩ typhon *m*

Taiga [ˈtaɪga] *f* ⟨~⟩ GÉOGR taïga *f*

Taille [ˈtaljə] *f* ⟨~; ~n⟩ taille *f*; COUT **auf ~ gearbeitet** cintré

'Taillenweite *f* tour *m* de taille

tailliert [taˈjiːrt] *adj* COUT cintré

Taiwan [ˈtaɪvan] *n* ⟨→ *n/pr*⟩ Taiwan *m*

Takelage [takəˈlaːʒə] *f* ⟨~; ~n⟩ MAR cf **Takelung**

'takeln *v/t* ⟨-(e)le, h⟩ MAR gréer

'Takel|ung *f* ⟨~; ~en⟩, **~werk** *n* MAR gréement *m*

Takt [takt] *m* ⟨~(e)s; ~e⟩ **1.** MUS mesure *f*; **im ~** en mesure; **den ~ schlagen** battre la mesure; **im ~ bleiben** garder la mesure; **aus dem ~ kommen** perdre la mesure; *fig* s'empêtrer; **j-n aus dem ~ bringen** faire perdre la mesure à qn; *fig* embrouiller, déconcerter qn; **zwei ~e voraus sein** être de deux mesures en avance; F *fig* **j-m ein paar ~e sagen** dire son fait à qn; **2.** ⟨sans *pl*⟩ METRIK, TANZEN, RUDERN etc rythme *m*; cadence *f*; **im ~ rudern** ramer en cadence; **3.** **am Fließband** opération *f*; phase *f*; **4.** *Motor* (*Hub*) temps *m*; **5.** ⟨sans *pl*⟩ *fig* cf **Taktgefühl**

'taktfest *adj* MUS qui garde bien la mesure

'Taktgefühl *n* ⟨~(e)s⟩ tact *m*; délicatesse *f*; **kein ~ haben** manquer de tact

tak'tieren *v/i* ⟨*pas de ge-*, h⟩ recourir à une tactique (habile); **geschickt ~** se montrer habile tacticien, -ienne

'Taktik *f* ⟨~; ~en⟩ MIL, *fig* tactique *f*

'Taktiker *m* ⟨~s; ~⟩ MIL, *fig* tacticien *m*

'taktisch *adj* MIL, *fig* tactique

'taktlos I *adj* qui manque de tact; **II** *adv* sans tact

'Taktlosigkeit *f* ⟨~; ~en⟩ **1.** ⟨sans *pl*⟩ (*taktlose Art*) manque *m* de tact; indélicatesse *f*; **2.** *Handlung* indélicatesse *f*

'Takt|messer *m* ⟨~s; ~⟩ métronome *m*; **~stock** *m* baguette *f* (de chef d'orchestre); **~straße** *f* TECH chaîne *f* (de production); **~strich** *m* MUS barre *f* de mesure

'taktvoll I *adj* plein de tact; *Handlungsweise* a délicat; **II** *adv* avec tact

Tal [taːl] *n* ⟨~(e)s; ⸚er⟩ vallée *f*; *poét u in Namen* val *m*; **kleines ~** vallon *m*

tal'ab(wärts) *adv* en descendant la vallée

Talar [taˈlaːr] *m* ⟨~s; ~e⟩ *Amtskleidung* robe *f*; *bes der Professoren* a toge *f*

tal'auf(wärts) *adv* en remontant la vallée

'Talbrücke *f* viaduc *m*

Talent [taˈlɛnt] *n* ⟨~(e)s; ~e⟩ **1.** *Eigenschaft* don *m*, talent *m* (**zu** de); **2.** *Person* talent *m*

talen'tiert *adj* talentueux, -euse; plein de talent

ta'lentlos *adj* sans talent

Taler [ˈtaːlər] *m* ⟨~s; ~⟩ HIST thaler *m*

'Talfahrt *f* **1.** SKILAUFEN etc descente *f*; **2.** ÉCON (période *f* de) récession *f*; **die ~ des Dollars** la baisse, *p/*fort chute du dollar

Talg [talk] *m* ⟨~(e)s; ~e⟩ **1.** *tierischer* suif *m*; **2.** (*Haar*⌾) sébum *m*

'Talgdrüse *f* ANAT glande sébacée

'talgig *adj* de suif; couvert de suif

'Talglicht *n* chandelle *f*

Talisman [ˈtaːlɪsman] *m* ⟨~s; ~e⟩ talisman *m*; porte-bonheur *m*

Talje [ˈtaljə] *f* ⟨~; ~n⟩ MAR palan *m*

Talk [talk] *m* ⟨~s⟩ MINÉR talc *m*

'Talkessel *m* GÉOGR cuvette *f*; cirque *m*; vallée encaissée

Talkmaster [ˈtɔːkmaːstər] *m* ⟨~s; ~⟩ animateur *m* d'un débat télévisé
'**Talkpuder** *m cf Talkum*
Talk-Show [ˈtɔːkʃoː] *f* débat télévisé
'**Talkum** *n* ⟨~s⟩ (poudre *f* de) talc *m*
Talmi [ˈtalmi] *n* ⟨~s⟩ clinquant *m*; toc *m*; ~**gold** *n* similí-or *m*
Talmud [ˈtalmuːt] *m* ⟨~(e)s⟩ REL Talmud *m*
Talon [taˈlõː] *m* ⟨~s; ~s⟩ **1.** FIN talon *m*; souche *f*; **2.** KARTENSPIEL talon *m*
'**Tal**|**sohle** *f* **1.** GÉOGR fond *m* de vallée; **2.** *fig* ÉCON creux *m* de la vague; ~**sperre** *f* barrage *m*; ~**station** *f* station inférieure; ~**tal** vallée
Tamarinde [tamaˈrɪndə] *f* ⟨~; ~n⟩ *Frucht* tamarin *m*; *Baum* tamarinier *m*
Tamariske [tamaˈrɪskə] *f* ⟨~; ~n⟩ BOT tamaris *od* tamarisc *m*
Tambour [ˈtambuːr] *m* ⟨~s; ~e⟩ MUS, ARCH, MIL tambour *m*; ~**major** *m* MIL tambour-major *m*
Tamburin [tambuˈriːn] *n* ⟨~s; ~e⟩ tambourin *m*; *mit Schellen* tambour *m* de basque
Tampon [ˈtampõ *ou* tamˈpɔŋ] *m* ⟨~s; ~s⟩ **1.** MÉD tampon *m*; **2.** FRAUENHYGIENE tampon *m* (hygiénique)
tamponieren [tampoˈniːrən] *v/t* ⟨*pas de ge-, h*⟩ MÉD tamponner
Tamtam [ˈtamˈtam] *n* ⟨~s; ~s⟩ **1.** MUS tam-tam *m*; **2.** F *péj* ⟨*sans pl*⟩ ~ **machen** faire du tam-tam (**um etw** à propos de qc)
Tand [tant] *st/s m* ⟨~(e)s⟩ **1.** (*Flitterkram*) colifichets *m/pl*; babioles *f/pl*; **2.** (*Nichtigkeiten*) futilités *f/pl*; bagatelles *f/pl*
Tändelei [tɛndəˈlaɪ] *st/s f* ⟨~; ~en⟩ folâtrerie *f*; batifolage *m*; (*Liebelei*) badinage *m*
'**tändeln** *st/s v/i* ⟨-(e)le, h⟩ folâtrer; batifoler; (*schäkern*) badiner; flirter
Tandem [ˈtandɛm] *n* ⟨~s; ~s⟩ tandem *m*
Tang [taŋ] *m* ⟨~(e)s; ~e⟩ goémon *m*; varech *m*, BOT fucus *m*
Tanga [ˈtaŋga] *m* ⟨~s; ~s⟩ tanga *m*; ~**slip** *m* (slip *m*) tanga *m*
Tangens [ˈtaŋɡɛns] *m* ⟨~; ~⟩ MATH tangente *f*
Tangente [taŋˈɡɛntə] *f* ⟨~; ~n⟩ MATH tangente *f*
tangential [taŋɡɛntsiˈaːl] *adj* MATH tangentiel, -ielle
tanˈgieren *v/t* ⟨*pas de ge-, h*⟩ **1.** MATH être tangent à; **2.** *st/s fig* affecter; concerner
Tango [ˈtaŋɡo] *m* ⟨~s; ~s⟩ tango *m*
Tank [taŋk] *m* ⟨~(e)s; ~s⟩ réservoir *m* (*a* AUTO); citerne *f*
'**tanken** *v/t ou v/i* ⟨h⟩ **1.** (*Benzin*) ~ prendre de l'essence; *Diesel* ~ prendre du gas-oil; *fig* **neue Kräfte** ~ se ressourcer; *fig* **Sonne** ~ faire provision de soleil; **2.** F *fig* (*Alkohol trinken*) F prendre une (bonne) cuite
'**Tank**|**er** *m* ⟨~s; ~⟩ MAR pétrolier *m*; ~**flugzeug** *n* avion-citerne *m*; ~**füllung** *f* AUTO contenu *m* d'un *bzw* du réservoir; ~**lastzug** *m* camion-citerne *m*; ~**säule** *f* pompe *f* (à essence); distributeur *m* d'essence; ~**schiff** *n* MAR bateau-citerne *m*; *für Öl* pétrolier *m*; ~**stelle** *f* station-service *f*; poste *m* d'essence; ~**verschluß** *m* bouchon *m* de réservoir; ~**wagen** *m* **1.** BAHN wagon-citerne *m*; **2.** AUTO *cf* **Tanklastzug**; ~**wart** *m* ⟨~(e)s; ~e⟩ pompiste *m*

Tanne [ˈtanə] *f* ⟨~; ~n⟩ sapin *m*
'**Tannen**|**baum** *m* sapin *m*; (*Weihnachtsbaum*) arbre *m* de Noël; ~**grün** *n* rameaux *m/pl* de sapin; ~**nadel** *f* aiguille *f* de sapin; ~**wald** *m* sapinière *f*; forêt *f* de sapins; ~**zapfen** *m* pomme *f* de pin; ~**zweig** *m* rameau *m* de sapin
Tannin [taˈniːn] *n* ⟨~s⟩ CHIM tan(n)in *m*
Tansania [tanzaˈniːa *ou* tanˈzaːnia] *n* ⟨→ *n/pr*⟩ la Tansanie
Tantalusqualen [ˈtantalʊskvaːlən] *st/s f/pl* supplice *m* de Tantale
Tante [ˈtantə] *f* ⟨~; ~n⟩ **1.** tante *f*; *enf* tata *f*; **2.** *als kindliche Anrede* madame …; *sag der* ~ *guten Tag!* dis bonjour à la dame!; **3.** F *meist péj* **die** ~ **aus dem Nachbarhaus** la bonne femme de la maison voisine
Tantieme [tãˈtieːmə] *f* ⟨~; ~n⟩ tantième *m*; ~**n e-s Autors** droits *m/pl* d'auteur
Tanz [tants] *m* ⟨~es; ~e⟩ **1.** danse *f* (*a Musikstück*); *die ungarischen* ~**e** les danses hongroises; **den** ~ **eröffnen** ouvrir la danse; **j-n zum** ~ **auffordern** inviter qn à danser; *fig* **der** ~ **auf dem Vulkan** la danse sur un volcan; **2.** *Veranstaltung* bal *m*; **zum** ~ **gehen** aller au bal; **3.** F (*heftiger Streit*) **e-n** ~ **haben mit j-m** avoir une altercation, F une prise de bec avec qn
'**Tanz**|**abend** *m* soirée dansante; ~**bar** *f* dancing *m*; ~**bär** *m* ours dressé, savant
'**Tanzbein** *n* **das** ~ **schwingen** F gambiller
'**Tanzcafé** *n* salon de thé où l'on danse; *etwa* dancing *m*
Tänzchen [ˈtɛntsçən] *n* ⟨~s; ~⟩ **1.** *plais* **ein** ~ **wagen** risquer une petite danse; **2.** F *fig* (*Streit*) F chamaille(rie) *f*
'**tänzeln** *v/i* ⟨-(e)le⟩ **1.** ⟨*doublé d'une indication de direction* sein⟩ sautiller; *sie ist ins Zimmer getänzelt* elle est entrée dans la pièce en sautillant; **2.** ⟨*sans indication de direction* h⟩ sautiller; *Pferd* piaffer
'**tanzen** ⟨h⟩ **I** *v/t* danser; *Polka* ~ danser la polka; **II** *v/i* **1.** *ich tanze sehr gern* j'aime beaucoup danser; **gehen** aller danser; **2.** ⟨*doublé d'une indication de direction* sein⟩ **vor Freude um den Tisch** ~ danser de joie autour de la table
'**Tänzer(in)** *m* ⟨~s; ~⟩ (*f*) ⟨~; ~nen⟩ **1.** (*j, der tanzt, Berufs2*) danseur, -euse *m,f*; *ein guter* ~ *sein* être bon danseur; danser bien; **2.** (*Tanzpartner[in]*) cavalier, -ière *m,f*
'**tänzerisch** *adj* de danse; de danseur, -euse
'**Tanz**|**fläche** *f* piste *f* de danse; ~**gruppe** *f* troupe *f* de danseurs (et de danseuses); ~**kapelle** *f* orchestre *m* de danse; ~**lehrer(in)** *m(f)* professeur *m* de danse; ~**lokal** *n* dancing *m*; ~**musik** *f* musique *f* de danse; ~**orchester** *n* orchestre *m* de danse; ~**paar** *n* couple *m* de danseurs; ~**partner(in)** *m(f)* cavalier, -ière *m,f*; ~**party** *f* surprise-partie *f*; F (sur)boum *f*; ~**saal** *m* salle *f* de danse; ~**schuh** *m* soulier *m* de bal; escarpin *m*; ~**schule** *f* école *f* de danse; ~**stunde** *f Kurs* cours *m* de danse; ~**tee** *m* thé dansant; ~**turnier** *n* concours *m* de danse; ~**veranstaltung** *f* nachmittags matinée, abends soirée dansante

Taoismus [taoˈʔɪsmʊs] *m* ⟨~⟩ taoïsme *m*
tap(e)rig [ˈtaːp(ə)rɪç] F *adj* **1.** (*zittrig*) tremblotant; chancelant; **2.** (*unbeholfen*) maladroit
Tapet [taˈpeːt] F *n* *etw aufs* ~ *bringen* F mettre qc sur le tapis
Tapete [taˈpeːtə] *f* ⟨~; ~n⟩ **1.** papier peint; *aus Stoff* tenture *f*; **2.** F *fig* **die** ~**n wechseln** changer de décor
Taˈpeten|**kleister** *m* colle *f* à tapisser, pour papier peint; ~**muster** *n* motif *m* de papier peint; ~**rolle** *f* rouleau *m* de papier peint; ~**wechsel** F *fig* *m* changement *m* de décor
tapezieren [tapeˈtsiːrən] *v/t* ⟨*pas de ge-, h*⟩ tapisser
Taˈpezierer *m* ⟨~s; ~⟩ tapissier *m* (décorateur)
tapfer [ˈtapfər] **I** *adj* (*unerschrocken*) brave; vaillant; valeureux, -euse; (*mutig*) courageux, -euse; **II** *adv* (*unerschrocken*) vaillamment; avec bravoure; (*mutig*) courageusement; ~ **durchhalten** tenir courageusement; **sich** ~ **schlagen** se battre en brave, avec bravoure, vaillamment
'**Tapferkeit** *f* ⟨~⟩ bravoure *f*; vaillance *f*; (*Mut*) courage *m*
Tapioka [tapiˈoːka] *f* ⟨~⟩ tapioca *m*
Tapir [ˈtaːpɪr] *m* ⟨~s; ~e⟩ ZO tapir *m*
Tapisserie [tapɪsəˈriː] *f* ⟨~; ~n⟩ tapisserie *f*
tappen [ˈtapən] *v/i* **1.** ⟨*doublé d'une indication de direction* sein⟩ (*stapfen*) marcher d'un pas maladroit; *durchs Zimmer* ~ traverser la pièce en marchant à tâtons; *fig* **in die Falle** ~ tomber dans le piège; F *fig* **im dunkeln** ~ F être en plein brouillard; **2.** ⟨h⟩ (*tastend greifen*) tâtonner; *nach dem Schalter* ~ chercher l'interrupteur à tâtons
täppisch [ˈtɛpɪʃ] *adj* gauche; maladroit; lourdaud; F empoté
'**taprig** *adj cf* **taperig**
tapsig [ˈtapsɪç] F *adj Kind, Jungtier* maladroit; pataud
Tara [ˈtaːra] *f* ⟨~; Taren⟩, ~**gewicht** *n* COMM tare *f*
Tarantel [taˈrantəl] *f* ⟨~; ~n⟩ ZO tarentule *f*; *fig* **wie von der** ~ **gestochen** comme mordu, piqué de la tarentule
Tarantella [taranˈtɛla] *f* ⟨~; ~s *ou* -llen⟩ tarentelle *f*
tarieren [taˈriːrən] *v/t* ⟨*pas de ge-, h*⟩ **1.** COMM tarer; **2.** PHYS (*auf Null einstellen*) mettre à zéro
Taˈrierwaage *f* trébuchet *m*
Tarif [taˈriːf] *m* ⟨~s; ~e⟩ **1.** (*Gebühr*) tarif *m*; *die* ~**e anheben** relever, majorer les tarifs; *laut* ~ conformément au tarif; **2.** (*Lohn2, Gehalts2*) grille *f* (des salaires); *sie verdient über* ~ elle gagne plus que ce qui est prévu dans la convention collective
Taˈrif|**abschluß** *m* accord *m* sur la (nouvelle) convention collective; ~**autonomie** *f* autonomie *f* des partenaires sociaux; ~**gruppe** *f* catégorie *f* d'une grille de salaires; ~**kommission** *f* commission *f* négociant la convention collective; ~**konflikt** *m* conflit *m* à propos des négociations sur la convention collective
taˈriflich **I** *adj* **1.** (*die Gebühren betreffend*) tarifaire; **2.** (*den Lohn- u Gehaltstarif betreffend*) relatif, -ive à la convention collective; **II** *adv* (*den Lohn- u Ge-*

Tariflohn — Tatze

Ta'rif|lohn *haltstarif betreffend*) *etw* ~ *regeln* régler, fixer qc par *bzw* dans la convention collective

Ta'rif|lohn *m* salaire conventionnel; **~parteien** *f/pl*, **~partner** *m/pl* partenaires sociaux; **~politik** *f* politique *f* en matière de convention collective; **~runde** *f*, **~verhandlungen** *f/pl* négociations *f/pl* sur la convention collective

Ta'rifvertrag *m* convention collective; **e-n ~ abschließen** conclure, passer une convention collective

Ta'rifzone *f der öffentlichen Verkehrsmittel* zone *f*

tarnen ['tarnən] ⟨h⟩ **I** *v/t* camoufler (*mit* par; *als* en); *fig a* dissimuler; **II** *v/réfl* **sich ~** se camoufler

'Tarn|farbe *f* couleur *f*, peinture *f* de camouflage; **~kappe** *f* MYTH 'heaume *m* qui rend invisible; **~ung** *f* ⟨~; ~en⟩ camouflage *f*

Tarock [ta'rɔk] *n od m* ⟨~s; ~s⟩ tarot(s) *m(pl)*; **~ spielen** jouer au(x) tarot(s)

Tartanbahn ['tartanba:n] *f* piste *f* en *od* de tartan

Tar'tar *n cf Tatar*

Täschchen ['tɛʃçən] *n* ⟨~s; ~⟩ **1.** *zum Tragen* petit sac; **2.** *an Kleidungsstükken* petite poche

Tasche ['taʃə] *f* ⟨~; ~n⟩ **1.** *zum Tragen* sac *m*; **2.** *an Kleidungsstücken* poche *f*; *e-e ~ voll Geld* une pleine poche d'argent; *etw in die ~ stecken* mettre qc dans sa poche, en poche; empocher qc; *etw aus eigener ~ bezahlen* payer qc de sa poche; *in die eigene ~ wirtschaften* se remplir les poches, F *fig j-n in die ~ stecken* en mettre plein sa poche; *fig j-m auf der ~ liegen* vivre aux crochets de qn; F *fig* **sich** (*dat*) *in die eigene ~ lügen* se faire illusion, F se raconter des histoires (à soi-même); **3.** TECH, MÉD (*Hohlraum*) poche *f*

'Taschen|buch *n* livre *m* de poche; **~dieb(in)** *m(f)* pickpocket *m*; voleur, -euse *m,f* à la tire; **~format** *n* format *m* de poche; **~geld** *n* argent *m* de poche; **~kalender** *m* agenda *m*; calendrier *m* de poche; **~lampe** *f* lampe *f* de poche; **~messer** *n* couteau *m* de poche; canif *m*; **~rechner** *m* calculette *f*; calculatrice *f* (de poche); **~schirm** *m* tom-pouce *m*; **~spiegel** *m* miroir *m* de poche; **~spieler** *m* prestidigitateur *m*; **~spielertrick** *m* tour *m* de passe-passe, de prestidigitation; **~tuch** *n* mouchoir *m*; **~uhr** *f* montre *f* de poche; **~wörterbuch** *n* dictionnaire *m* de poche

Täßchen ['tɛsçən] *n* ⟨~s; ~⟩ petite tasse

Tasse ['tasə] *f* ⟨~; ~n⟩ tasse *f*; *e-e ~ Kaffee* une tasse de café; F *fig nicht alle ~n im Schrank haben* avoir une case en moins; F *hoch die ~n!* trinquons!; F *fig* **trübe ~** bonnet *m* de nuit

Tastatur [tasta'tu:r] *f* ⟨~; ~en⟩ *e-s Klaviers, e-r Schreibmaschine, e-s Computers* clavier *m*; touches *f/pl*

Taste ['tastə] *f* ⟨~; ~n⟩ touche *f*; *Klavier* **die schwarzen** (*weißen*) **~n** les noires *f/pl* (blanches *f/pl*)

'tasten ⟨-ete, h⟩ **I** *v/t* **1.** (*er-*) tâter; palper; *e-n Geschwulst ~* palper une tumeur; **2.** *bes* TECH (*eingeben*) introduire (par l'intermédiaire d'un clavier); **II** *v/i* (*fühlend suchen*) tâtonner; *nach etw ~* chercher qc à tâtons; **III** *v/réfl* **sich vorwärts ~** marcher, avancer à tâtons

'tastend *adj fig* (*vorsichtig*) prudent; (*zögernd*) hésitant; **~e Versuche** *m/pl* tâtonnements *m/pl*; tentatives prudentes; **~e Fragen** *f/pl* questions posées pour sonder le terrain

'Tasten|druck *m* ⟨~(e)s⟩ pression *f* sur une touche; **~instrument** *n* MUS instrument *m* à clavier; **~telefon** *n* téléphone *m* à touches

'Taster *m* ⟨~s; ~⟩ **1.** (*Drucktaste*) touche *f*; bouton-poussoir *m*; **2.** TECH (*Fühler*) palpeur *m*; **3.** TYPO *Person* claviste *m*

'Tastsinn *m* ⟨~(e)s⟩ (sens *m* du) toucher *m*; sensibilité *f* tactile

tat [ta:t] *cf tun*

Tat [ta:t] *f* ⟨~; ~en⟩ **1.** action *f*; acte *m*; (*Helden~*) exploit *m*; *gute ~* bonne action; *mutige ~* acte *m* de courage; *verbrecherische ~* acte criminel; *ein Mann der ~* un homme d'action; *gro-ße ~en vollbringen* accomplir de hauts faits, de grandes actions; *in die ~ umsetzen* mettre en pratique; réaliser; *st/s zur ~ schreiten* passer à l'action, aux actes; *auf frischer ~ ertappen* prendre sur le fait, en flagrant délit; **2.** *advt in der ~* en effet; en réalité; effectivement; en fait

Tatar [ta'ta:r] *n* ⟨~(s); ~s⟩ CUIS bifteck 'haché; (steak *m*) tartare *m*

Tatar(in) [ta'ta:r(ɪn)] *m* ⟨~en; ~en⟩ (*f* ⟨~; ~nen⟩) Tartare *m,f*; Tatar(e) *m(f)*

ta'tarisch *adj* tartare

'Tatbestand *m a* JUR faits *m/pl*; état *m* de faits; *der ~ der vorsätzlichen Tötung* le fait matériel d'homicide volontaire

'Tateinheit *f* ⟨~⟩ JUR concours *m*; *in ~ mit* en concomitance avec

'Taten|drang *m*, **~durst** *st/s m* besoin *m* d'activité, d'agir; ardeur *f*

'tatendurstig *st/s adj* avide d'action, d'agir

'tatenlos *adv* **~ zusehen** regarder sans rien faire, passivement

Täter(in) ['tɛ:tər(ɪn)] *m* ⟨~s; ~⟩ (*f* ⟨~; ~nen⟩) *von Verbrechen* auteur *m* (d'un délit, d'un crime); malfaiteur; coupable *m,f*; *durch e-n unbekannten ~* par un inconnu

'Täterkreis *m* suspects *m/pl*

'Täterschaft *f* ⟨~⟩ *bei e-m Verbrechen* culpabilité *f*; *die ~ leugnen* nier être l'auteur du délit *bzw* du crime

'Tat|fahrzeug *n* véhicule utilisé par le(s) malfaiteur(s); **~hergang** *m* cours *m* des événements; déroulement *m* des faits

tätig ['tɛ:tɪç] *adj* **1.** (*berufs~*) actif, -ive; **~er Mensch** homme actif, agissant; **~ sein als ...** travailler comme ...; *im Bergbau ~ sein* travailler dans les mines; *noch ~ sein* être encore en activité; **2.** *Vulkan* actif; en activité; **3.** *st/s* (*in Form von Taten*) **~er Glaube** foi agissante; **~e Mitwirkung** collaboration effective; JUR **~e Reue** repentir agissant

'tätigen *v/t* ⟨h⟩ COMM, ADM *a Geschäft* réaliser; effectuer; *Einkäufe* faire; *Bestellung* passer; effectuer

'Tätigkeit *f* ⟨~; ~en⟩ **1.** (*Aktivität*) activité *f*; action *f*; *geistige ~* activité intellectuelle; *e-e fieberhafte ~ entfalten* déployer une activité fébrile; **2.** (*Beruf*) activité *f*; profession *f*; fonction *f*; *e-e ~ ausüben* exercer une activité; *s-e ~ aufnehmen* entrer en activité, en fonction(s); *nach 10jähriger ~ im gleichen Betrieb* après 10 ans de service dans la même maison; **3.** ⟨*sans pl*⟩ (*In-Betrieb-Sein*) fonctionnement *m*; *in ~ sein* être en fonctionnement

'Tätigkeits|bereich *m* domaine *m*, sphère *f* d'activité; **~bericht** *m* compte rendu, rapport *m* d'activité; **~form** *f* GR voix active; actif *m*; **~merkmal** *n* ADM caractéristique *f* (d'une profession); **~wort** *n* ⟨~(e)s; ~er⟩ GR verbe *m*

Tatkraft *f* ⟨~⟩ énergie *f*

'tatkräftig I *adj* actif, -ive; (*schwungvoll*) dynamique; énergique; **~e Unterstützung** soutien actif; **II** *adv* activement

'tätlich *adj* **~ werden** se livrer à des voies de fait (*gegen j-n* sur qn); **~e Beleidigungen** *f/pl* voies *f/pl* de fait

'Tätlichkeit *f* ⟨~; ~en⟩ voies *f/pl* de fait; actes *m/pl* de violence; violences *f/pl*; *es kam zu ~en* on en est venu aux mains

'Tatmotiv *n* mobile *m* (d'un crime)

'Tatort *m* lieu *m* du délit *bzw* du crime; théâtre *m* du crime; *den ~ besichtigen* descendre, faire une descente sur les lieux

tätowieren [tɛto'vi:rən] ⟨*pas de ge-*, h⟩ **I** *v/t* tatouer; **II** *v/réfl* **sich ~** se tatouer

Täto'wierung *f* ⟨~; ~en⟩ tatouage *m*

'Tatsache *f* fait *m*; **~ ist, daß ...** le fait est que ...; F **~!** c'est un fait!; F **~?** c'est vrai?; *angesichts der ~* en présence du fait; *die nackten ~n* les faits bruts; *fig plais* les seins, les fesses, *etc* nu(e)s, F à l'air; *vollendete ~n schaffen* créer le fait accompli; *vor vollendeten ~n stehen* se trouver devant le fait accompli; *sich auf dem Boden der ~n befinden* s'en tenir aux faits, aux réalités; *den ~n ins Auge sehen* regarder les choses en face; *das ändert nichts an der ~, daß ...* cela ne change rien au fait que ...; *die ~n sprechen für sich* les faits parlent d'eux-mêmes

'Tatsachenbericht *m* exposé *m* des faits; *in Zeitungen* article *m* documentaire

'tatsächlich I *adj* réel, réelle; effectif, -ive; (*wahr*) vrai; véritable; **~er Wert** valeur réelle; **II** *adv* effectivement; réellement; (*wahrhaftig*) vraiment; véritablement; **III** *int* **~!** erstaunt F ça, alors!; **~?** zweifelnd vraiment?; c'est vrai, ça?

tätscheln ['tɛtʃəln] *v/t* ⟨-(e)le, h⟩ caresser; tapoter; *j-m die Wange ~* tapoter la joue de qn

Tattergreis ['tatərgraɪs] F *péj m* F vieux fossile; F *péj* vieux gâteux

'Tatterich F *m* ⟨~(e)s⟩ F tremblote *f*; *den ~ haben* F avoir la tremblote; F sucrer les fraises

'tatt(e)rig F *adj* tremblotant

'Tatumstand *m* circonstance *f* de fait

'Tatverdacht *m* soupçons *m/pl* (pesant sur l'auteur présumé du crime); *unter ~ stehen* être soupçonné du crime

'tat|verdächtig *adj* suspect; **~waffe** *f* arme *f* du crime

Tatze ['tatsə] *f* ⟨~; ~n⟩ (grosse) patte (*a* F *von Personen*)

Tatzeit f moment m, heure f du délit bzw du crime
Tau[1] [tau] m ⟨∼(e)s⟩ rosée f; **es fällt ∼** la rosée tombe; il tombe de la rosée
Tau[2] n ⟨∼(e)s; ∼e⟩ **1.** MAR cordage m; câble m; zum Festmachen amarre f; **2.** SPORT corde f
taub [taup] adj **1.** (ohne Gehör) sourd; **auf e-m Ohr ∼ sein** être sourd d'une oreille; fig **sich ∼ stellen** faire la sourde oreille; fig **auf ∼e Ohren stoßen** tomber sur qn qui fait la sourde oreille; **2.** (gefühllos) Gliedmaßen engourdi; gourd; **3.** (keinen Ertrag bringend) Blüte, Gestein stérile; Ähre, Nuß vide; cf a **Nuß**
'taubblind adj aveugle et sourd
Täubchen ['tɔypçən] n ⟨∼s; ∼⟩ petit pigeon; pigeonneau m; Kosewort **mein ∼** mon (petit) pigeon
Taube ['taubə] f ⟨∼; ∼n⟩ **1.** ZO pigeon m; **wilde ∼** (pigeon m) ramier m; palombe f; fig **er wartet, daß ihm die gebratenen ∼n in den Mund fliegen** il attend que les alouettes lui tombent toutes rôties dans le bec; **2.** weibliche pigeonne f; **3.** poét, BIBL colombe f; **4.** POL **Falken und ∼n** faucons et colombes
'Taube(r) f(m) ⟨→ A⟩ sourd(e) m(f)
'taubenblau adj gorge-de-pigeon (inv)
'Tauben|ei n œuf m de pigeon; **∼schießen** n tir m aux pigeons
'Taubenschlag m pigeonnier m; colombier m; F **das ist der reinste ∼** on entre ici comme dans un moulin
'Taubenzüchter m éleveur m de pigeons
'Tauber m ⟨∼s; ∼⟩, **Täuberich** ['tɔybəriç] m ⟨∼s; ∼e⟩ pigeon m mâle
'Taubheit f ⟨∼⟩ **1.** (Gehörlosigkeit) surdité f; **2.** der Gliedmaßen engourdissement m
'Täubling ['tɔyplɪŋ] m ⟨∼s; ∼e⟩ BOT russule f
'Taubnessel f BOT sc lamier m; **weiße ∼** ortie blanche; **rote ∼** ortie rouge
'taubstumm adj sourd-muet, sourde-muette
'Taubstumme(r) f(m) ⟨→ A⟩ sourd-muet m, sourde-muette f
'Taubstummen|alphabet n alphabet m des sourds-muets; **∼sprache** f langage m des sourds-muets
'Tauchboot n MAR bathyscaphe m
tauchen ['tauxən] I v/t ⟨h⟩ **1.** plonger, tremper (in [+acc] dans); fig **ins Dunkel ∼** plonger dans l'obscurité; **2.** TECH (durch Eintauchen lackieren) peindre, vernisser à immersion; II v/i ⟨sein ou h⟩ plonger; **er kann 1 Minute ∼** il peut rester sous l'eau une minute; **nach Perlen ∼** pêcher des perles
'Taucher(in) m ⟨∼s; ∼⟩ (f) ⟨∼; ∼nen⟩ plongeur, -euse m,f; mit Taucheranzug scaphandrier m; **∼anzug** m scaphandre m; **∼brille** f lunettes f/pl de plongée; **∼glocke** f cloche f à plongeur; caisson m pneumatique; **∼helm** m casque m de scaphandrier
'Tauch|gerät n appareil m de plongée; **∼sieder** m ⟨∼s; ∼⟩ CUIS chauffe-liquide m; **∼sport** m plongée (sous-marine)
'Tauchstation f poste m de plongée; F fig **auf ∼ gehen** (sich verstecken) se terrer
'Tauchtiefe f **1.** beim Tauchen profondeur f (de plongée); **2.** MAR (Tiefgang) tirant m d'eau
'Tauchverfahren n TECH procédé m d'immersion; **im ∼** par immersion
'Tauchvögel m/pl (oiseaux m/pl) plongeurs m/pl
tauen[1] ['tauən] I v/t ⟨h⟩ (zum 2 bringen) faire fondre; v/i ⟨sein⟩ (schmelzen) fondre; **der Schnee ist getaut** la neige a fondu; III v/imp ⟨h⟩ **es taut** il dégèle
'tauen[2] v/imp ⟨h⟩ **es taut** (Tau fällt) la rosée tombe; il tombe de la rosée
'Taufbecken n fonts baptismaux
Taufe ['taufə] f ⟨∼; ∼n⟩ baptême m (a e-s Schiffes); **die ∼ empfangen** recevoir le baptême; **die ∼ erteilen** donner, administrer le baptême; fig **aus der ∼ heben** fonder, créer
'taufen v/t ⟨h⟩ Kind, Schiff, Glocke baptiser; **katholisch getauft sein** avoir reçu le baptême catholique; **er ist auf den Namen ... getauft** on lui a donné en baptême le nom de ...
Täufer ['tɔyfər] m ⟨∼s⟩ **Johannes der ∼** saint Jean-Baptiste
'Tauf|kapelle f baptistère m; **∼kleid (-chen)** n (n) ⟨∼s; ∼⟩ robe f de baptême
Täufling ['tɔyflɪŋ] m ⟨∼s; ∼e⟩ enfant m, Erwachsener prosélyte m qui reçoit le baptême
'Tauf|name m nom m de baptême; prénom m; **∼pate** m parrain m; **∼patin** f marraine f; **∼register** n registre m des baptêmes; (registre m) baptistaire m
tau'frisch adj **1.** (feucht von Tau) humide, frais, fraîche de rosée; **2.** fig (neu, unberührt) frais, fraîche comme une rose; **nicht mehr ganz ∼** un peu fané
'Tauf|schein m extrait m de baptême; **∼stein** m cf Taufbecken
taugen ['taugən] v/i ⟨h⟩ **1.** (geeignet sein) être bon, bonne (zu à); être propre, apte (à); convenir (à); **zum Lehrer ∼** avoir des aptitudes au professorat; **2.** (wert sein) valoir; **nichts ∼** ne rien valoir
'Taugenichts m ⟨∼(es); ∼e⟩ vaurien m; propre m,f à rien
'tauglich adj **1.** (brauchbar) bon, bonne (zu à); apte (à); propre (à); **2.** MIL bon pour le service (militaire); apte au service (militaire)
'Tauglichkeit f ⟨∼⟩ aptitude f (MIL au service militaire)
Taumel ['taumǝl] m ⟨∼s⟩ **1.** (Schwindel) vertige m; **von einem leichten ∼ befallen sein** être pris, saisi d'un léger vertige; **2.** (Überschwang der Gefühle) ivresse f; enivrement m; griserie f; p/pl délire m; **der Begeisterung** enthousiasme m délirant; **im ∼ der Freude** ivre de joie
'taumelig adj (schwindlig) pris de vertige
'taumeln v/i ⟨-(e)le⟩ **1.** ⟨sans indication de direction h⟩ chanceler; tituber; **vor Schwäche ∼** chanceler de faiblesse; **2.** ⟨doublé d'une indication de direction sein⟩ **zu Boden ∼** chanceler et tomber; **aus dem Zimmer ∼** sortir en chancelant, en titubant de la pièce
'Tauperle st/s f goutte f de rosée
Tausch [tauʃ] m ⟨∼(e)s; ∼e⟩ échange m; COMM, ETHNOLOGIE troc m; **im ∼ gegen ...** en échange de ...; **etw zum ∼ anbieten** proposer qc en échange; **e-n schlechten ∼ machen** faire un mauvais échange
'tauschen ⟨h⟩ I v/t **∼ (gegen)** échanger (contre); changer (contre), COMM, ETHNOLOGIE troquer (contre); **die Stellen ∼** permuter (**mit j-m** avec qn); fig **die Rollen ∼** inverser, renverser les rôles; II v/i **mit j-m ∼** faire un échange avec qn; fig **ich möchte nicht mit ihm ∼** je ne voudrais pas être à sa place
täuschen ['tɔyʃən] ⟨h⟩ I v/t **1.** (hintergehen) tromper; duper; st/s abuser; (irreführen) donner le change à; **aus Spaß** mystifier; berner; **mich kannst du nicht ∼** F tu ne m'auras pas (comme ça); je ne me laisserai pas avoir; **wenn mich nicht alles täuscht ....** si je ne me trompe ...; sauf erreur de ma part ...; **2.** JUR frauder; induire en erreur; **3.** SPORT, Gegner feinter (a MIL); **4.** (ent∼) décevoir; **ich sehe mich in meinen Hoffnungen, Erwartungen getäuscht** je ne suis pas déçu dans mon espoir, dans mon attente; II v/i **5.** (trügerisch sein) être trompeur, -euse; tromper; **der erste Eindruck täuscht** la première impression trompe, est trompeuse; **6.** SPORT feinter; **er kann geschickt ∼** il sait feinter avec habileté, adresse; **7.** SCHULE tricher; III v/refl **sich ∼** se tromper (in [+dat] sur); se méprendre (sur); se faire des illusions (sur); **wenn ich mich nicht täusche** si je ne me trompe; **sich durch etw ∼ lassen** se laisser prendre à qc; **ich habe mich in ihm getäuscht** je me suis fait des illusions à son égard; je me suis trompé sur son compte; **da ∼ Sie sich** là vous vous trompez; là vous faites erreur
'täuschend I adj trompeur, -euse; **e-e ∼e Nachahmung** une imitation d'une ressemblance frappante; II adv **j-m ∼ ähnlich sehen** ressembler à qn à s'y méprendre; **∼ echt wirken** faire vrai à s'y méprendre
'Tausch|geschäft n (affaire f, opération f d')échange m; troc m; **∼gesellschaft** f ETHNOLOGIE société f de troc
'Tauschhandel m troc m; échange m; **∼ treiben** faire du troc; pratiquer le troc
'Tausch|objekt n objet m (destiné au troc); chose troquée; **∼partner** m j-s personne f qui échange quelque chose avec qn
'Täuschung f ⟨∼; ∼en⟩ **1.** (Irreführung) tromperie f; duperie f; mystification f; JUR fraude f; SCHULE tricherie f; SPORT, MIL, des Gegners feinte f; MIL manœuvre f de diversion; **2.** (falscher Eindruck) illusion f; fausse impression; **optische ∼** illusion d'optique; **3.** (Selbst2) erreur f; illusion f; **man gebe sich darüber keiner ∼ hin** qu'on ne s'y trompe pas; qu'on ne se fasse pas d'illusions
'Täuschungs|absicht f JUR intention frauduleuse, de frauder; **∼manöver** n MIL manœuvre f de diversion; feinte f (a fig); **∼versuch** m **1.** manœuvre f, feinte f; **2.** JUR tentative f de fraude; **3.** SPORT feinte f
'Tauschwert m valeur f d'échange
tausend ['tauzənt] num/c mille; in Jahreszahlen mil; **etwa, rund ∼ (Personen)** à peu près, environ, dans les mille personnes; **∼ Dank** mille mercis, re-

Tausend – Teil

merciements; ~ *und aber* ~ *des mille et des cents*
'**Tausend**[1] *n* ⟨~s; ~e⟩ mille *m*; millier *m*; *zu* ~*en* par milliers; *es geht in die* ~*e* cela se chiffre par milliers; ~*e von ... des milliers de ...*; *(fünf) vom* ~ (cinq) pour mille
'**Tausend**[2] *f* ⟨~; ~en⟩ (chiffre *m*, nombre *m*) mille *m*
tausend'eins *num/c* mille un
'**Tausender** *m* ⟨~s; ~⟩ **1.** MATH mille *m*; **2.** F *Geldschein* billet *m* de mille
tausend'erste(r, -s) *num/o* mille et unième
'**Tausenderstelle** *f* MATH millier *m*
'**tausendfach** *I adj* (de) mille fois; ~*e Vergrößerung* grossissement *m* de mille (fois); **II** *adv* mille fois plus; *fig* au centuple
'**Tausend|füß(l)er** *m* ⟨~s; ~⟩ mille-pattes *m*; ~'**güldenkraut** *n* ⟨~(e)s⟩ BOT petite centaurée; ~'**jahrfeier** *f* (fête *f* du) millénaire *m*
'**tausend|jährig** *adj* ⟨*épithète*⟩ millénaire; ~**mal** *adv* mille fois
'**Tausend'markschein** *m* billet *m* de mille marks
Tausendsas(s)a ['tauzəntsasa] *m* ⟨~s; ~(s)⟩ F sacré gaillard; F diable *m* d'homme
'**Tausendschönchen** *n* ⟨~s; ~⟩ BOT pâquerette *f* double
'**tausendste(r, -s)** *num/o* millième
'**tausendstel** *adj* ⟨*inv*⟩ *zwei* ~ *Millimeter* deux millièmes de millimètre; deux micromètres
'**Tausendstel** *n* ⟨~s; ~⟩ millième *m*
'**tausendund'ein(e)** *f*) *adj num/c* mille un; *die Märchen n/pl aus Tausendundeiner Nacht* les Mille et Une Nuits
Tautologie [tautolo'giː] *f* ⟨~; ~n⟩ tautologie *f*
'**Tautropfen** *m* goutte *f* de rosée
'**Tauwerk** *n* ⟨~(e)s⟩ cordages *m/pl*
'**Tauwetter** *n* ⟨~s⟩ dégel *m* (*a fig*, POL); *wir haben* ~ le temps est au dégel
'**Tauziehen** *n* ⟨~s⟩ **1.** SPORT lutte *f* à la corde; **2.** *fig* tiraillements *m/pl*
Taverne [ta'vɛrnə] *f* ⟨~; ~n⟩ taverne *f*
Taxa'meter *m* ⟨~s; ~⟩ taximètre *m*; compteur *m* (de taxi)
Taxation [taksatsi'oːn] *f* ⟨~; ~en⟩ estimation *f*; évaluation *f*
Ta'xator *m* ⟨~s; -'toren⟩ expert *m* en estimation de biens mobiliers
Taxe ['taksə] *f* ⟨~; ~n⟩ **1.** (*Gebühr*) taxe *f*; droits *m/pl*; tarif *m*; *e-r* ~ (*dat*) *unterliegen* être soumis à une taxe; **2.** (*geschätzter Preis*) valeur estimée; **3.** *cf Taxi*
'**taxen** F *cf taxieren* 2.
Taxi ['taksi] *n* ⟨~s; ~s⟩ taxi *m*; *ein* ~ *rufen* appeler, *vom Straßenrand aus* 'héler un taxi
ta'xieren *v/t* ⟨*pas de ge-*, *h*⟩ **1.** F (*grob schätzen*) estimer, apprécier grossièrement, à vue de nez; **2.** *amtlich* estimer; évaluer; *ein Grundstück* ~ *lassen* faire évaluer, estimer un terrain; *etw auf 1000 DM* ~ estimer qc à 1000 DM; *zu hoch* ~ surévaluer; surestimer; **3.** F (*kritisch prüfen*) jauger; (sou)peser
'**Taxi|fahrer(in)** *m(f)* chauffeur *m* de taxi; ~**stand** *m* station *f* de taxis; ~**unternehmen** *n* entreprise *f*, compagnie *f* de taxis

Taxiway ['tɛksɪweː] *m* ⟨~s; ~s⟩ AVIAT taxiway *m*
'**Taxler** *m* ⟨~s; ~⟩ F österr chauffeur *m* de taxi
'**Taxpreis** *m* prix fixé à dire d'expert, d'expertise
Taxus ['taksʊs] *m* ⟨~; ~⟩ BOT if *m*
'**Taxwert** *m* valeur estimée, estimative
Tb(c) [teː'beː (teː'beːˈtseː)] *f* ⟨~⟩ *abr* (*Tuberkulose*) tuberculose *f*; ~**krank** *adj* tuberculeux, -euse
Teach-in ['tiːtʃˈʔɪn] *n* ⟨~(s); ~s⟩ manifestation *f* politique sous forme de débat
Teak [tiːk] *n* ⟨~s⟩, '~**holz** *n* (bois *m* de) teck *m*
Team [tiːm] *n* ⟨~s; ~s⟩ équipe *f*; ~**chef** *m* SPORT chef *m* d'équipe; '~**geist** *m* ⟨~(e)s⟩ esprit *m* d'équipe
'**Teamwork** ['tiːmvœrk] *n* ⟨~s⟩ travail *m* en équipe *od* d'équipe
Tea-Room ['tiːruːm] *m* ⟨~s; ~s⟩ **1.** salon *m* de thé; **2.** *schweiz*: café où l'on ne sert que des boissons non alcoolisées
Technik ['tɛçnɪk] *f* ⟨~; ~en⟩ **1.** technique *f*; *Verfahren, Ausführung a* procédé *m*; méthode *f*; *auf dem neuesten Stand der* ~ conforme, conformément aux techniques les plus modernes; *im Zeitalter der* ~ à l'âge de la technique; *sich verschiedener* ~*en bedienen* employer des techniques, méthodes différentes *od* procédés différents; **2.** ⟨*sans pl*⟩ (*Ausrüstung*) équipements *m/pl*; *schwere* ~ équipements lourds; *ein Büro mit modernster* ~ un bureau équipé selon les techniques les plus modernes; **3.** ⟨*sans pl*⟩ (*Funktionsweise*) fonctionnement *m*; *sich mit der* ~ *e-s Gerätes vertraut machen* se familiariser avec le *od* s'initier au fonctionnement d'un appareil; **4.** F ⟨*sans pl*⟩ (*Team von Technikern*) service(s) *m(pl)* technique(s); *das wird von der* ~ *erledigt* c'est l'affaire du (des) service(s) technique(s)
'**Techniker(in)** *m(f)* ⟨~s; ~⟩ (*f*) ⟨~; ~nen⟩ technicien, -ienne *m,f*; *dieser Sportler, Künstler ist ein brillanter* ~ ce sportif, cet artiste possède une technique remarquable
'**Technikum** *n* ⟨~s; -ka⟩ *etwa* école *f* technique
'**technisch I** *adj* **1.** technique; ~*er Ausdruck* terme *m* technique; 2*e Hochschule, Universität* établissement supérieur d'enseignement scientifique *bzw* de formation d'ingénieurs; 2*es Hilfswerk in Deutschland* organisation *f* des secours techniques; *in Frankreich etwa* plan *m* ORSEC; ~*e Berufe m/pl* professions *f/pl*; ~*es Personal* personnel *m*; ~*es Können* habileté *f* technique; **2.** *die Bearbeitung betreffend* ~*e Daten pl* caractéristiques *f/pl* techniques; ~*e Eigenschaften f/pl des Holzes* qualités industrielles du bois; **3.** *für Dienstleistungsarbeiten* ~*e Kraft* technicien, -ienne *m,f*; ~*es Personal* personnel *m* technique; **4.** *die Funktionsweise betreffend* ~*e Störung* incident *m* technique; ~*es Versagen* défaillance *f* technique, mécanique; *aus* ~*en Gründen* pour des raisons matérielles; **II** *adv ein* ~ *begabter Mensch* un homme doué pour la technique; *das ist* ~ *unmöglich* c'est matériellement impossible

techni'sieren *v/t* ⟨*pas de ge-*, *h*⟩ doter d'équipements techniques; mécaniser
Techno|krat [tɛçno'kraːt] *m* ⟨~en; ~en⟩ technocrate *m*; ~'**loge** *m* ⟨~n; ~n⟩ technologue *od* technologiste *m*; ~**lo'gie** *f* ⟨~⟩ technologie *f*; ~**lo'giepark** *m* parc *m* scientifique; ~**lo'gietransfer** *m* transfert *m* de technologie; 2'**logisch** *adj* technologique
Techtelmechtel [tɛçtəlˈmɛçtəl] F *n* ⟨~s; ~⟩ amourette *f*; flirt *m*
TED [tɛt] *m* ⟨~s⟩ *abr* (*Teledialog*) ordinateur stockant les données provenant d'une enquête par téléphone auprès des téléspectateurs
Teddy ['tɛdi] *m* ⟨~s; ~s⟩, ~**bär** *m* ours *m* en peluche; *enf* nounours *m*
Tee [teː] *m* ⟨~s; ~s⟩ **1.** *Getränk* (*schwarzer* ~) thé *m*; (*Kräuter*2) infusion *f*; tisane *f*; ~ *trinken* boire *bzw* prendre du thé; ~ *kochen, aufgießen* faire du thé; *den* ~ *ziehen lassen* laisser infuser le thé; F *fig abwarten und* ~ *trinken!* il va falloir voir venir; **2.** *geselliges Zusammensein* thé *m*; *j-n zum* ~ *einladen* inviter qn à prendre le thé; **3.** *Pflanze* ~ *anbauen* planter du thé
'**Tee|beutel** *m* sachet *m* de thé; ~**blatt** *n* feuille *f* de thé; ~**büchse** *f* boîte *f* à thé; ~**-Ei** *n* œuf *m* à thé; ~**gebäck** *n* petits gâteaux secs; ~**glas** *n* verre *m* à thé; ~**kanne** *f* théière *f*; ~**kessel** *m* bouilloire *f*; ~**küche** *f* petite cuisine; ~**licht** *n* bougie *f* pour chauffe-plats; ~**löffel** *m* petite cuillère
Teen [tiːn] *m* ⟨~s; ~s⟩, **Teenager** ['tiːnˈeːdʒər] *m* ⟨~s; ~⟩, **Teenie** ['tiːni] *m* ⟨~s; ~s⟩ teen(-)ager *m,f*; adolescent(e) *m(f)*; F *ado m,f*
Teer [teːr] *m* ⟨~(e)s; ~e⟩ goudron *m*; '~**decke** *f* *e-r Straße* revêtement *m* de goudron
'**teeren** *v/t* ⟨*h*⟩ goudronner; *Straße a* bitumer
'**Teer|farbstoff** *m* colorant dérivé de goudrons; ~**faß** *n* tonne *f* à goudron
'**teerhaltig** *adj* goudronneux, -euse
'**Teerose** *f* BOT rose-thé *f*
'**Teer|pappe** *f* carton, papier goudronné; ~**straße** *f* route goudronnée
'**Tee|service** *n* service *m* à thé; ~**sieb** *n* passe-thé *m*; passoire *f* à thé; ~**strauch** *m* BOT thé(ier) *m*; ~**stube** *f* salon *m* de thé; ~**tasse** *f* tasse *f* à thé; ~**trinker** *m* buveur *m* de thé; ~**wagen** *m* table roulante; ~**wasser** *n* ⟨~s⟩ eau *f* pour le thé
Teflon ['tɛfloːn] *n* ⟨~s⟩ Wz téflon *m*; 2**beschichtet** *adj* téflonisé
Teich [taɪç] *m* ⟨~(e)s; ~e⟩ étang *m*; pièce *f* d'eau; (*Fisch*2) vivier *m*; F *fig plais der große* ~ F la mare aux 'harengs; l'Atlantique *m*; '~**rose** *f* BOT nénuphar *m* jaune
Teig [taɪk] *m* ⟨~(e)s; ~e⟩ pâte *f*; *ausgerollter* ~ abaisse *f*; *der* ~ *geht* la pâte lève
'**teigig** *adj* pâteux, -euse; *Obst* blet, blette; *fig Gesicht* empâté; pâle et bouffi
'**Teig|rolle** *f* **1.** (*Nudelholz*) rouleau *m* à pâtisserie; **2.** (*Rolle aus Teig*) rouleau *m* de pâte; ~**waren** *f/pl* pâtes *f/pl* alimentaires
Teil [taɪl] *m* ⟨~(e)s; ~e⟩ **1.** *m e-s Ganzen* partie *f*; *aus e-r Teilung hervorgehend* portion *f*; *ein* ~ *der Menschheit* une partie de l'humanité; *ein* ~ *des Weges* une partie du chemin; *der neuere* ~

des Gebäudes la partie la plus récente du bâtiment; *der obere ~* la partie supérieure; *der zweite ~ des Faust* la seconde partie du Faust; *beide ~e in e-m Band* deux tomes en un volume; *der größte ~ der Menschen* la plupart des hommes; *zum ~* en partie; partiellement; *zum großen ~* en grande partie; *zum größten ~* pour la plus grande partie; pour la plupart; *zu e-m guten ~* pour une bonne part; **2.** *m od n* (An♀, *der j-m zusteht*) part *f*; *zu gleichen ~en* à parts égales; *fig er denkt sich sein (-en) ~* il a son idée à lui; il n'en pense pas moins; *ich für mein(en) ~* quant à moi; pour ma part; *er wird sein(en) Teil schon bekommen* il aura, recevra ce qu'il mérite; **3.** *n* (Einzel♀, *Stück*) partie *f*; pièce *f*; *schlecht zusammenpassende ~e* des pièces mal assorties; *e-e Maschine in ihre ~ zerlegen* démonter une machine pièce par pièce; COMM *jedes ~ 5 Mark* 5 marks (la) pièce; **4.** *m od n* (Beitrag) part *f*; contribution *f*; *sein ~ beitragen, tun* apporter sa contribution, sa part (*zu*) à; **5.** *m* JUR *der klagende ~* la partie plaignante; le demandeur; *der beklagte ~* la partie défenderesse; le défendeur
Teil..., teil... in Zssgn meist partiel, -ielle
'**Teil|abschnitt** *m bes* CONSTR *zeitlich* tranche *f*; étape *f*; *räumlich* section *f*; **~ansicht** *f* vue partielle; **~aspekt** *m* aspect partiel; **~automatisierung** *f* autom(atis)ation partielle
'**teilbar** *adj* **1.** *allgemein* divisible; partageable; **2.** MATH divisible; *~ durch* divisible par
'**Teilbarkeit** *f* ⟨~⟩ divisibilité *f*
'**Teil|bereich** *m* partie *f*; **~betrag** *m* montant partiel
'**Teilchen** *n* ⟨~s; ~⟩ **1.** (*kleines Stück*) petite partie; **2.** NUCL particule *f*; corpuscule *m*; **3.** *regional Gebäck* petit gâteau; **~beschleuniger** *m* NUCL accélérateur *m* de particules
'**teilen** ⟨h⟩ **I** *v/t* **1.** (*zer~*) couper; diviser; partager; *e-n Braten ~* découper un rôti; *e-e Mauer teilt den Hof in zwei Teile* un mur partage, coupe la cour en deux; MATH *durch 2 ~* diviser par 2; **2.** (*auf~*) partager; *etw unter sich* (*dat*) *~* se partager qc; *brüderlich mit j-m ~* partager en frères avec qn; **3.** *fig j-s Ansicht, Furcht, Schicksal etc* partager; *j-s Leid, Freude* prendre part à; *Freud und Leid mit j-m ~* partager les joies et les peines de qn; **II** *v/réfl* **4.** (*gemeinsam nutzen*) *sich* (*dat*) *etw mit j-m ~* se partager qc avec qn; *st/s sich* (*dat*) *mit j-m in etw* (*acc*) *~* partager qc avec qn; **5.** (*auseinandergehen*) *sich ~* se diviser; *Weg* bifurquer; *fig hier ~ sich unsere Ansichten* là, nous divergeons; nos avis divergent sur ce point; *fig geteilter Meinung sein* être d'avis différents
'**Teiler** *m* ⟨~s; ~⟩ MATH diviseur *m*
'**Teil|erfolg** *m* succès partiel; **~ergebnis** *n* résultat partiel; **~gebiet** *n* secteur *m*; branche *f*
'**teilhaben** *v/i* ⟨*irr, sép, -ge-, h*⟩ **1.** (*beteiligt sein*) *an etw* (*dat*) *~* avoir part à qc; prendre part à qc; participer à qc; **2.** (*beitragen*) *an etw* (*dat*) *~* contribuer, concourir à qc

'**Teilhaber(in)** *m* ⟨~s; ~⟩ (*f*) ⟨~; ~nen⟩ ÉCON associé(e) *m(f)*; *stiller ~* bailleur *m* de fonds; commanditaire *m*
'**Teilhaberschaft** *f* ⟨~⟩ ÉCON association *f* en participation (*an* [+*dat*] à); qualité *f* d'associé
'**teilhaftig** *st/s adj e-r Sache* (*gén*) *~ werden* entrer en jouissance de, recevoir qc
'**Teil|kaskoversicherung** *f* assurance multirisques limitée; **~menge** *f* MATH sous-ensemble *m*
'**teilmöbliert** *adjt* partiellement meublé
'**Teilnahme** ['taɪlnaːmə] *f* ⟨~⟩ **1.** *aktive u passive* participation *f* (*an etw* [*dat*] à qc); (*Mitwirkung*) collaboration *f*; coopération *f*; **2.** (*Anwesenheit*) assistance *f*; présence *f*; **3.** *fig* (*An♀*) intérêt *m*; sympathie *f*; compassion *f*; (*Beileid*) condoléances *f/pl*; *in aufrichtiger ~* avec l'expression de mes, nos, *etc* plus sincères condoléances
'**Teilnahme|bedingungen** *f/pl* conditions *f/pl* de participation; **~berechtigung** *f* droit *m* de participation; **~bescheinigung** *f* certificat *m* d'assiduité
'**teilnahms|los** *adj* indifférent; *p/fort* apathique; **♀losigkeit** *f* ⟨~⟩ indifférence *f*; *p/fort* apathie *f*; **~voll I** *adj* compatissant; **II** *adv* avec sympathie, compassion
'**teilnehmen** *v/i* ⟨*irr, sép, -ge-, h*⟩ **1.** (*beiwohnen*) en être; y participer; *an etw* (*dat*) *~* assister à qc; être présent à qc; *an e-r Feier ~* prendre part à une fête; *an e-m Kurs ~* suivre, fréquenter un cours; **2.** (*mitwirken*) *an etw* (*dat*) *~* prendre part à qc; participer à qc; collaborer, coopérer à qc; **3.** *fig* (*Anteil nehmen*) *an etw* (*dat*) *~* s'intéresser à qc; *an j-s Freude ~* prendre part à la joie de qn; *an j-s Leid ~* compatir à la douleur de qn
'**teilnehmend** *adjt* **1.** (*sich beteiligend*) participant; *die ~en Länder n/pl* les pays participants; **2.** *cf* **teilnahmsvoll**
'**Teilnehmer|(in)** *m* ⟨~s; ~⟩ (*f*) ⟨~; ~nen⟩ **1.** participant(e) *m(f)*; *an e-m Wettkampf* concurrent(e) *m(f)*; **2.** TÉLÉCOMM (*Telefoninhaber*) abonné(e) *m(f)*; **~verzeichnis** *n* TÉLÉCOMM annuaire *m* du téléphone; **~zahl** *f* nombre *m* des participants
teils [taɪls] *adv* (en) partie; *wie fühlst du dich? – F ~, ~* comment te sens-tu? – F comme ci, comme ça
'**Teil|strecke** *f* tronçon *m*; section *f*; **~strich** *m* trait *m* de graduation, de division; **~stück** *n* section *f*
'**Teilung** *f* ⟨~; ~en⟩ **1.** *a* MATH division *f*; **2.** (*Auf♀*) partage *m*; HIST *die ~ Polens* le partage de la Pologne; HIST *die ~ Deutschlands* la division de l'Allemagne; **3.** BIOL segmentation *f*; *Fortpflanzung f durch ~ sc* scissiparité *f*
'**Teilungs|artikel** *m* GR article partitif; **~zeichen** *n* MATH signe *m* de la division
'**teilweise I** *adj* partiel, -ielle; **~r Hörverlust** surdité partielle; **II** *adv* partiellement; en partie
'**Teilzahlung** *f* paiement échelonné, par acomptes; *auf ~ kaufen* acheter à tempérament
'**Teilzahlungskredit** *m* crédit *m* à tempérament (pour achats)

'**Teilzeit|arbeit** *f*, **~beschäftigung** *f* travail *m*, emploi *m*, activité *f* à temps partiel; **~kraft** *f* travailleur, -euse *m,f* à temps partiel
Teint [tɛ̃ː] *m* ⟨~s; ~s⟩ teint *m*
Tektonik [tɛk'toːnɪk] *f* ⟨~⟩ GÉOL tectonique *f*
tek'tonisch *adj* GÉOL tectonique
Tel. *abr* (*Telefon*) tél. (téléphone)
Telebrief ['teːləbriːf] *m* (message transmis par) télécopie *f*
Telefax ['teːləfaks] *n* ⟨~; ~e⟩ télécopie *f*; (télé)fax *m*
'**telefaxen** *v/t* ⟨*insép, ge-, h*⟩ télécopier; envoyer par télécopieur; (télé)faxer
'**Telefaxgerät** *n* télécopieur *m*; téléfax *m*
Telefon [teleˈfoːn] *n* ⟨~s; ~e⟩ **1.** (*~anschluß*) téléphone *m*; *~ haben* avoir le téléphone; **2.** (*~apparat*) téléphone *m*; appareil *m* téléphonique; *schnurloses ~* téléphone sans fil; *Sie werden am ~ verlangt* on vous demande, appelle au téléphone; *ans ~ gehen* aller (répondre) au téléphone; *j-n am ~ haben* avoir qn en ligne; F *den ganzen Tag am ~ hängen* être pendu au téléphone toute la journée
Tele'fon... *cf a* **Fernsprech...**; **~anruf** *m* appel *m* téléphonique; coup *m* de téléphone, F de fil; **~ansagedienst** *m* services *m/pl* grand public par répondeur téléphonique; **~anschluß** *m* branchement *m*, raccordement *m* téléphonique; poste *m* d'abonné; **~apparat** *m* appareil *m* téléphonique; téléphone *m*
Telefo'nat *n* ⟨~(e)s; ~e⟩ *cf* **Telefongespräch**
Tele'fonauskunft *f* ⟨~⟩ renseignements *m/pl* (téléphoniques); *e-e Telefonnummer von der ~ bekommen* obtenir un numéro par les renseignements (téléphoniques)
Tele'fon|buch *n* annuaire *m* (du téléphone); **~gebühr(en)** *f(pl)* tarif *m* des communications téléphoniques; **~gespräch** *n* conversation *f*, communication *f* téléphonique; **~hörer** *m* récepteur *m*; cornet *m*
telefo'nieren *v/i* ⟨*pas de ge-, h*⟩ téléphoner (*mit j-m* à qn; *von j-m aus, bei j-m* de chez qn); donner un coup de téléphone, F de fil (*mit j-m* à qn); *nach Paris ~* téléphoner à Paris
tele'fonisch I *adj* téléphonique; **~e Zeitansage** (service *m* téléphonique de l')horloge parlante; **II** *adv* par téléphone; *~ erreichbar sein* (*unter der Nummer ...*) être joignable (au numéro ...)
Telefo'nist(in) *m* ⟨~en; ~en⟩ (*f*) ⟨~; ~nen⟩ téléphoniste *m,f*; standardiste *m,f*
Tele'fon|karte *f* télécarte *f*; **~konferenz** *f* téléconférence *f*; **~leitung** *f* ligne *f* téléphonique; **~netz** *n* réseau *m* téléphonique; **~nummer** *f* numéro *m* de téléphone; **~rechnung** *f* note *f* de téléphone; **~seelsorge** *f etwa* S.O.S. Amitié; **~sex** F *m etwa* téléphone *m* rose; **~sonderdienste** *m/pl* services *m/pl* grand public (des télécommunications); **~verbindung** *f* communication *f* téléphonique; **~zelle** *f* cabine *f* téléphonique; **~zentrale** *f* POST central *m* (téléphonique); *einer Firma* standard *m*
telegen [teleˈgeːn] *adj* télégénique

Telegraf [tele'gra:f] *m* ⟨~en; ~en⟩ télégraphe *m*
Tele'grafen|amt *n* früher poste *f*; **~mast** *m* poteau *m* télégraphique
Telegra'fie *f* ⟨~⟩ télégraphie *f*; **drahtlose ~** télégraphie sans fil; T.S.F. *f*
telegra'fieren *v/t u v/i* ⟨*pas de ge-*, h⟩ télégraphier (*j-m* à qn); *nach Berlin ~* télégraphier à Berlin; envoyer un télégramme à Berlin
tele'grafisch I *adj* télégraphique; **~e Postanweisung** mandat-poste *m* télégraphique; **II** *adv* **~ anworten** répondre par télégramme; *Geld ~ anweisen* envoyer par mandat télégraphique
Telegramm [tele'gram] *n* ⟨~s; ~e⟩ télégramme *m*; dépêche *f*; F pli *m*; *dringendes ~* télégramme urgent; *ein ~ aufgeben* expédier un télégramme
Tele'gramm|adresse *f* adresse *f* télégraphique; **~annahme** *f* guichet *m* des télégrammes; **~formular** *n* formulaire *m*, formule *f* de télégramme; **~gebühr** *f* tarif *m* des télégrammes; **~stil** *m* style *m* télégraphique (*a fig*)
Telegraph *cf* Telegraf
'Telekolleg *n* cours télévisés (*permettant d'obtenir un diplôme dans le cadre de la formation continue*)
Tele|kom ['telekɔm] *f* ⟨~⟩ in Deutschland service *m* des télécommunications; **~kommunikation** *f* télécommunication *f*
'Teleobjektiv *n* PHOT téléobjectif *m*
Teleo|logie [teleolo'gi:] *f* ⟨~⟩ PHILOS téléologie *f*; **⚲logisch** *adj* PHILOS téléologique
Telepathie [telepa'ti:] *f* ⟨~⟩ télépathie *f*
tele'pathisch *adj* télépathique; **~e Fähigkeiten besitzen** avoir des dons pour la télépathie
Telephon *cf* Telefon
Teleskop [tele'sko:p] *n* ⟨~s; ~e⟩ télescope *m*
'Tele|spiel *n* jeu *m* vidéo; **~visi'on** *f* ⟨~⟩ télévision *f*
Telex ['te:lɛks] *n* ⟨~; ~(e)⟩ télex *m*
'telexen *v/t* ⟨ge-, h⟩ télexer; transmettre par télex
Teller ['tɛlɔr] *m* ⟨~s; ~⟩ **1.** *Geschirr* assiette *f*; *flacher, tiefer ~* assiette plate, creuse; **2.** *am Skistock* rondelle *f*
'Teller|eisen *n* JAGD piège *m* à palette; **~fleisch** *n* österr viande de bœuf bouillie servie avec son bouillon; **~gericht** *n* im Restaurant plat (*servi sur une assiette*); **~mine** *f* MIL mine plate
'Tellerrand *m* bord *m* (d'une assiette); *fig nicht über den eigenen ~ hinausschauen (können)* ne pas voir plus loin que le bout de son nez
'Tellerwäscher *m* ⟨~s; ~⟩ im Restaurant plongeur *m*; *fig vom ~ zum Millionär* du plongeur au millionnaire
Tellur [tɛ'lu:r] *n* ⟨~⟩ CHIM tellure *m*
Tempel ['tɛmpɔl] *m* ⟨~s; ~⟩ temple *m*; **~herr** *m* HIST Templier *m*; **~orden** *m* HIST ordre *m* des Templiers; **~ritter** *m* HIST *cf* Tempelherr; **~schändung** *f* profanation *f* (des lieux saints)
Tempera ['tɛmpəra] *f* ⟨~; ~s⟩, **~farbe** *f* PEINT détrempe *f*; **~malerei** *f* (peinture *f* à la) détrempe *f*
Temperament [tɛmpera'mɛnt] *n* ⟨~(e)s; ~e⟩ **1.** (*Wesensart*) tempérament *m*; *die vier ~e* les quatre tempéraments; **2.** ⟨*sans pl*⟩ (*Schwung*) vivacité *f*; entrain *m*; *st/s* ardeur *f*; fougue *f*; **~ haben** être plein de vie, de vivacité, d'entrain; **3.** ⟨*sans pl*⟩ (*Erregbarkeit*) *sein ~ zügeln* tempérer son ardeur; F *sein ~ ist mit ihm durchgegangen* il s'est laissé emporter
tempera'ment|los *adj* sans ressort; sans entrain; **~voll** *adj* plein de vivacité, d'entrain, de fougue; *st/s* ardent
Temperatur [tɛmpera'tu:r] *f* ⟨~; ~en⟩ **1.** *Wärmezustand* température *f*; *die ~ ist gestiegen, gesunken* la température a monté, baissé; **2.** (*Fieber*) **~ haben** avoir, faire de la température; *erhöhte ~ haben* avoir, faire un peu de fièvre, de température
Tempera'tur|anstieg *m* 'hausse *f* de température; élévation *f*, augmentation *f* de la température; **⚲beständig** *adj* insensible, résistant aux écarts thermiques, aux écarts de température; **~kurve** *f* courbe *f* de température; **~messung** *f* mesure *f* de la température; **~regler** *m* thermostat *m*; **~rückgang** *m* baisse *f* de température; **~schwankung** *f* variation *f*, fluctuation *f* de température; **~sturz** *m* chute *f* de température; **~unterschied** *m* différence *f*, écart *m* de température
tempe'rieren *v/t* ⟨*pas de ge-*, h⟩ **1.** (*auf e-e angenehme Temperatur bringen*) *etw ~* rendre agréable la température de qc; *das Bad ist richtig temperiert* la température du bain est agréable; **2.** *Wein* chambrer
Templer ['tɛmplɔr] *m* ⟨~s; ~⟩ HIST Templier *m*; **~orden** *m cf* Tempelorden
Tempo ['tɛmpo] *n* ⟨~s; ~s, MUS -pi⟩ **1.** (*Geschwindigkeit*) vitesse *f*; allure *f*; train *m*; (*Rhythmus*) rythme *m*; cadence *f* (*alle a* SPORT); *in rasendem ~* à une vitesse folle, vertigineuse; *in einem Tempo d'enfer*; *~ vorlegen* forcer l'allure; accélérer; *das ~ vermindern* ralentir; *hier gilt ~ 30* ici, la vitesse est limitée à 30 km/h; F (*nun aber*) *~!* allez, vite!; en vitesse!; **2.** MUS tempo *m*; mouvement *m*; **3.** F *Wz cf* Papiertaschentuch
'Tempolimit *n* limitation *f* de vitesse
tempo'ral *adj* GR temporel, -elle
Tempo'ralsatz *m* GR proposition circonstancielle de temps; proposition temporelle
temporär [tɛmpo'rɛ:r] **I** *adj* temporaire; **II** *adv* temporairement
'Tempo|sünder(in) *m(f)* conducteur, -trice *m,f* en infraction pour excès de vitesse; **~taschentuch** F *n Wz cf* Papiertaschentuch
'Tempus *n* ⟨~; -pora⟩ GR temps *m* (du verbe)
Tendenz [tɛn'dɛnts] *f* ⟨~; ~en⟩ **1.** (*Entwicklungsrichtung*) tendance *f* (*zu etw* à qc); *e-e ~ zeichnet sich ab* une tendance se dessine, s'esquisse; BÖRSE *steigende ~* tendance à la hausse; *fallende, rückläufige ~* tendance à la baisse; **2.** (*Neigung*) tendance *f*; penchant *m*; inclination *f*; propension *f*; *er hat eine ~ zur Übertreibung* il a tendance à exagérer; *st/s* il est enclin à exagérer
tendenzi'ell *adj* de tendance; *e-e ~e Verbesserung* une tendance à l'amélioration
tendenzi'ös *péj* **I** *adj* Bericht *etc* tendancieux, -ieuse; **II** *adv* tendancieusement
Ten'denzwende *f* revirement *m*, renversement *m* de tendance
Tender ['tɛndɔr] *m* ⟨~s; ~⟩ BAHN tender *m*
ten'dieren *v/i* ⟨*pas de ge-*, h⟩ avoir une tendance, tendre (*zu* vers, à)
Teneriffa [tene'rifa] *n* ⟨→ *n/pr*⟩ Ténérife *od* Ténériffe
Tenne ['tɛnə] *f* ⟨~; ~n⟩ AGR aire *f* (de battage)
Tennis ['tɛnɪs] *n* ⟨~⟩ tennis *m*; **~ball** *m* balle *f* de tennis; **~match** *n* match *m* de tennis; **~partner(in)** *m(f)* partenaire *m,f* de tennis; **~platz** *m* court *m* (de tennis); **~schläger** *m* raquette *f* (de tennis)
'Tennis|spiel *n* match *m*, partie *f* de tennis; **~spieler(in)** *m(f)* joueur, -euse *m,f* de tennis
Tenor[1] [te'no:r] *m* ⟨~s; -'nöre⟩ MUS **1.** *Stimmlage, Sänger* (voix *f* de) ténor *m*; *lyrischer ~* ténor lyrique; **2.** *Partie* partie *f*, rôle *m* du ténor
Tenor[2] ['te:nɔr] *m* ⟨~s⟩ teneur *f*; idée générale
Te'norschlüssel *m* MUS clef *f* d'ut
Tensid [tɛn'si:t] *n* ⟨~(e)s; ~e⟩ (agent) détersif *m*
Tentakel [tɛn'ta:kɔl] *m od n* ⟨~s; ~; *meist pl*⟩ ZO tentacule *m*
Tenü, Tenue [tə'ny:] *n* ⟨~s; ~s⟩ schweiz tenue *f*; habit *m*
Teppich ['tɛpɪç] *m* ⟨~s; ~e⟩ tapis *m* (*a fig*); *kleiner* carpette *f*; F *fig auf dem ~ bleiben* rester réaliste; rester les pieds sur terre; F *fig etw unter den ~ kehren* occulter qc
'Teppich|boden *m* moquette *f*; **~bürste** *f* brosse *f* à tapis; **~fliese** *f* dalle *f* de moquette; **~kehrmaschine** *f* balai *m* mécanique; **~klopfer** *m* tapette *f*; **~stange** *f* barre *f* à (battre les) tapis
Termin [tɛr'mi:n] *m* ⟨~s; ~e⟩ **1.** (*vereinbarter Tag*) date *f*; (*vereinbarte Zeit*) rendez-vous *m*; *e-n ~ festlegen, vereinbaren* fixer une date, *e-e Zeit* un rendez-vous; *beim Arzt sich* (*dat*) *e-n ~ geben lassen* prendre (un) rendez-vous; **2.** COMM für *e-e Zahlung* terme *m*; (*Erfüllungstag*) échéance *f*; **3.** JUR (*Gerichtssitzung*) audience *f*; (*Vorladung*) assignation *f*
Terminal ['tœrmɪnəl] *n od m* ⟨~s; ~s⟩ **1.** ⟨*seulement n*⟩ INFORM terminal *m*; **2.** MAR terminal *m*; **3.** *e-s Flughafens* terminal *m*; aérogare *f*
Ter'minbörse *f* marché *m* à terme
ter'min|gebunden *adj t* à exécuter dans les délais; **~gemäß** *adj* dans les délais; (*conformément*) à l'échéance, à la date fixée
Ter'mingeschäft *n* BÖRSE affaire *f*, opération *f* à terme
Ter'minkalender *m* **1.** agenda *m*; **2.** *fig der ~ für das Gipfeltreffen* le calendrier, programme de la rencontre au sommet
Ter'minmarkt *m* BÖRSE marché *m* à terme
Terminolo'gie *f* ⟨~; ~n⟩ terminologie *f*
termino'logisch *adj* terminologique
Terminus ['tɛrminʊs] *m* ⟨~; -ni⟩ terme *m*; *~ technicus* ⟨-ni technici⟩ terme technique

Termite [tɛrˈmiːtə] *f* ⟨~; ~n⟩ *ZO* termite *m*; fourmi blanche
Terˈmitenhügel *m* termitière *f*
Terpentin [tɛrpɛnˈtiːn] *n* ⟨~s; ~e⟩ *CHIM* térébenthine *f*; **~öl** *n CHIM* essence *f* de térébenthine
Terrain [tɛˈrɛː] *n* ⟨~s; ~s⟩ terrain *m* (*a fig*); *fig das ~ sondieren* sonder le terrain
Terrakotta [tɛraˈkɔta] *f* ⟨~; -tten⟩, *a* **Terraˈkotte** *f* ⟨~; ~n⟩ **1.** ⟨*sans pl*⟩ *Material* terre cuite; **2.** *Plastik, Gefäß etc* terre cuite
Terrarium [tɛˈraːriʊm] *n* ⟨~s; -ien⟩ terrarium *m*
Terrasse [tɛˈrasə] *f* ⟨~; ~n⟩ *CONSTR, GÉOGR* terrasse *f*; *im Gelände a* gradin *m*
terˈrassenförmig *adj u adv* en terrasse(s); en gradins
Terˈrassenhaus *n* maison *f* en terrasses; **~kultur** *f AGR* culture *f* en terrasses
terrestrisch [tɛˈrɛstrɪʃ] *adj* terrestre
Terrier [ˈtɛriɐr] *m* ⟨~s; ~⟩ *ZO* terrier *m*
Terrine [tɛˈriːnə] *f* ⟨~; ~n⟩ soupière *f*
territorial [tɛritoriˈaːl] *adj* territorial; **~e Integrität** intégrité territoriale; **~e Ansprüche** *m/pl* revendications territoriales
Territoriˈalgewässer *n/pl* eaux territoriales; **~hoheit** *f* ⟨~⟩ souveraineté territoriale; **~staat** *m HIST* principauté territoriale; **~streitkräfte** *f/pl* (armée) territoriale *f*
Terriˈtorium *n* ⟨~s; -ien⟩ territoire *m*
Terror [ˈtɛrɔr] *m* ⟨~s⟩ **1.** (*Entsetzen, Schreckensherrschaft*) terreur *f*; *blutiger ~* terreur sanglante; **2.** F *fig drame m*; *~ machen* F faire tout un cirque
ˈTerrorakt *m* acte *m* de terrorisme; **~anschlag** *m* attentat *m* terroriste
terroriˈsieren *v/t* ⟨*pas de ge-*, h⟩ **1.** terroriser; **2.** F *fig* (*belästigen*) mettre au supplice; tourmenter; F enquiquiner
Terroˈrismus *m* ⟨~⟩ terrorisme *m*; **~ismusbekämpfung** *f* lutte *f* antiterroriste; **~ist(in)** *m* ⟨~en; ~en⟩ (*f*) ⟨~; ~nen⟩ terroriste *m,f*; **²istisch** *adj* terroriste
ˈTerrorszene *f* milieux *m/pl* terroristes; **~welle** *f* vague *f* de terrorisme
Tertia [ˈtɛrtsia] *f* ⟨~; -ien⟩ *österr* troisième année *f* de l'enseignement secondaire; *cf* **Obertertia, Untertertia**
tertiär [tɛrtsiˈɛːr] *adj* tertiaire; **~er Sektor** secteur *m* tertiaire
Tertiˈär *n* ⟨~s⟩ *GÉOL* tertiaire *m*
Terz [tɛrts] *f* ⟨~; ~en⟩ *MUS, FECHTEN* tierce *f*; *MUS große (kleine) ~* tierce majeure (mineure)
Terzett [tɛrˈtsɛt] *n* ⟨~(e)s; ~e⟩ *MUS* trio *m* (de chant)
Tesafilm [ˈteːzafɪlm] *m Wz* ruban adhésif; scotch *m* (*nom déposé*)
Tessin [tɛˈsiːn] *f* ⟨→ *n/pr*⟩ *das ~* le Tessin
Test [tɛst] *m* ⟨~(e)s; ~s⟩ test *m*
Testament [tɛstaˈmɛnt] *n* ⟨~(e)s; ~e⟩ **1.** *JUR* testament *m*; *sein ~ machen* faire son testament; tester; *ohne ~ sterben v/t* décéder intestat; *j-n in s-m ~ bedenken* mettre qn sur son testament; tester en faveur de qn; *durch ~ vermachen* léguer; *ein ~ eröffnen* ouvrir un testament; F *fig da kannst du gleich dein ~ machen* tu peux faire tout de suite ton testament; **2.** *REL Altes (Neues) ~* Ancien (Nouveau) Testament
testamenˈtarisch I *adj* testamentaire; **II** *adv* par testament; *~ verfügen* disposer par testament
Testamentsˈeröffnung *f* ouverture *f* de *od* du testament; **~vollstrecker(in)** *m*(*f*) exécuteur, -trice *m,f* testamentaire; **~vollstreckung** *f* exécution *f* de *od* du testament
Teˈstat *n* ⟨~(e)s; ~e⟩ (*Bescheinigung*) attestation *f*; *e-s Produkts* label *m*
ˈTestbild *n TV* mire *f* (de réglage)
ˈtesten *v/t* ⟨-ete, h⟩ tester; soumettre à un test; faire passer des tests à
ˈTestfall *m* cas *m* type; expérience-témoin *f*; **~flug** *m* vol *m* d'essai; **~frage** *f* question-test *f*
Testosteron [tɛstɔsteˈroːn] *n* ⟨~s⟩ *MÉD* testostérone *f*
ˈTestperson *f* sujet soumis, personne soumise à un test, des tests; **~pilot** *m* pilote *m* d'essai; **~strecke** *f* piste *f*, parcours *m* d'essai; **~verfahren** *n* méthode *f*, procédé *m* de test
Tetanus [ˈte(ː)tanʊs] *m* ⟨~⟩ *MÉD* tétanos *m*; **~schutzimpfung** *f* vaccination *f* antitétanique
Tetrachlorkohlenstoff [tetraklɔrˈkoːlənʃtɔf] *m CHIM* tétrachlorure *m* de carbone
Tetracyclin [tetratsyˈkliːn] *n* ⟨~s; ~e⟩ *PHARM* tétracycline *f*
Tetraeder [tetraˈʔeːdɐr] *n* ⟨~s; ~⟩ *MATH* tétraèdre *m*
Tetraloˈgie *f* ⟨~; ~n⟩ tétralogie *f*
teuer [ˈtɔyɐr] **I** *adj* (*teurer, teuerste*) **1.** (*kostspielig*) cher, chère; coûteux, -euse; onéreux, -euse; *ein teures Restaurant* un restaurant cher; *das ist furchtbar ~* c'est 'hors de prix, inabordable; F cela coûte les yeux de la tête; *wie ~ (ist das)?* combien cela coûte-t-il, vaut-il?; *Paris ist ein teures Pflaster* à Paris, la vie est chère; F *ein teurer Spaß* une fantaisie qui coûte cher; *teurer werden* devenir plus cher; renchérir; **2.** *st/s* (*geschätzt*) cher, chère; *alles was uns lieb und ~ ist* tout ce qui nous est cher; *teure Freunde!* chers amis!; *plais meine ²ste!* ma très chère!; **II** *adv* cher, chèrement; *~ bezahlen, verkaufen* payer, vendre cher; *fig das wird ihn ~ zu stehen kommen* il lui en, cela lui coûtera cher; il le payera cher; *fig ein ~ erkaufter Sieg* une victoire chèrement acquise
ˈTeuerung *f* ⟨~; ~en⟩ 'hausse *f* des prix; renchérissement *m* (des prix)
ˈTeuerungsrate *f* taux *m* de renchérissement; **~welle** *f* flambée *f* des prix; valse *f* des étiquettes; **~zulage** *f* indemnité *f*, prime *f* de vie chère
Teufe [ˈtɔyfə] *f* ⟨~; ~n⟩ *BERGBAU* profondeur *f*
Teufel [ˈtɔyfəl] *m* ⟨~s; ~⟩ diable *m*; F *armer ~* (*bedauernswerter Mensch*) pauvre diable, bougre; (*mittelloser Mensch*) pauvre 'hère; miséreux *m*; F *wie der ~* comme un diable; *weder Tod noch ~ fürchten* ne craindre ni Dieu ni diable; F *welcher ~ hat ihn geritten?* F quelle mouche l'a piqué?; quel démon s'est emparé de lui?; F *der ~ ist los* F c'est la panique, la bousculade; F ça barde!; F *bist du des ~s?* as-tu perdu la tête?; F *pfui ~!* F pouah!; be(u)rk!; F *hol dich der ~, der ~ soll dich holen!* que le diable t'emporte!; F *hol's der ~!* au diable!; F *weiß der ~* qui diable peut le savoir!; F *er kümmert sich den ~ darum* F il s'en bat l'œil; F il s'en fiche comme de sa première chemise; F *auf ~ komm raus* à tout prix; F *auf ~ komm raus fahren* rouler à fond de train, F à fond la caisse; F *in ~s Küche kommen* F se fourrer dans un guêpier; F *j-n in ~s Küche bringen* mettre qn dans de beaux draps; F *in drei ~s Namen!* de par tous les diables!; F *der ~ steckt im Detail* la difficulté réside dans le détail; ce sont les détails qui empoisonnent la vie; F *es müßte mit dem ~ zugehen, ...* ... à moins que le diable (ne) s'en mêle; F *das hieße, den ~ mit Beelzebub austreiben* le remède est pire que le mal; F *j-n zum ~ jagen* envoyer qn au diable; F *scher dich zum ~!* va-t-en au diable!; F *zum ~ mit ihm!* qu'il aille au diable!; (*zum*) *~ noch (ein)mal!* bon Dieu de bon Dieu!; sacrebleu!; mille tonnerres! *prov man soll den ~ nicht an die Wand malen* il ne faut pas tenter le diable; F *prov in der Not frißt der ~ Fliegen prov* faute de grives on mange des merles
ˈTeufelchen *n* ⟨~s; ~⟩ petit diable; diablotin *m*
Teufeˈlei *f* ⟨~; ~en⟩ diablerie *f*, invention *f*, machination *f* diabolique
ˈTeufelin *f* ⟨~; ~nen⟩ diablesse *f*; *fig péj* mégère *f*
ˈTeufelsaustreibung *f*, **~beschwörung** *f* exorcisation *f*; exorcisme *m*; **~braten** F *m* (*Teufelskerl*) diable *m* d'homme; (*Tunichtgut*) scélérat *m*; suppôt *m* de Satan; **~brut** F *f* engeance *f* diabolique; **~kerl** F *m* diable *m* d'homme; **~kreis** *m* cercle vicieux; **~weib** F *n a péj* diablesse *f*; *fig* panier *m* percé; **~zeug** *n* F chose, boisson, *etc* infernale, diabolique
teufen [ˈtɔyfən] *v/t* ⟨h⟩ *BERGBAU* foncer; creuser; avaler
ˈteuflisch I *adj* **1.** (*hinterhältig, bösartig*) diabolique; démoniaque; satanique; **2.** (*groß*) terrible; épouvantable; infernal; *~e Angst* a peur bleue; **II** *adv* diablement; terriblement; *~ aufpassen* faire très, très attention
Teutone [tɔyˈtoːnə] *m* ⟨~n; ~n⟩ Teuton *m*; **²isch** *adj* teuton, -onne
Text [tɛkst] *m* ⟨~es; ~e⟩ **1.** (*Geschriebenes*) texte *m*; *sich an den ~ e-r Vereinbarung halten* s'en tenir au texte d'un accord; F *fig weiter im ~* continuez!; **2.** *e-s Liedes* paroles *f/pl*; *e-r Oper* livret *m*; **3.** *zu e-r Abbildung* légende *f*; **4.** *BIBL* passage *m*, verset *m* (de l'Écriture)
ˈTextanalyse *f LING* analyse *f* de texte; **~aufgabe** *f MATH* devoir *m*; problème *m*; **~baustein** *m INFORM* module *m*; **~buch** *n THÉ* livret *m*; libretto *m*; **~dichter** *m THÉ* librettiste *m*
ˈtexten *v/i* (*u v/t*) ⟨-ete, h⟩ **1.** *MUS* composer les paroles (de); **2.** *WERBUNG* rédiger le texte (de)
ˈTexter *m* ⟨~s; ~⟩ **1.** *MUS* parolier *m*; **2.** *cf* **Werbetexter**
ˈTexterfassung *f INFORM* saisie *f* (d'un texte)

tex'til *adj* textile
Tex'til|faser *f* fibre *f* textile; **~gewerbe** *n* (industrie *f* et commerce *m* des) textiles *m/pl*
Textil|ien [tɛks'ti:liən] *pl* textiles *m/pl*; **~industrie** *f* industrie *f* textile; **~waren** *f/pl* textiles *m/pl*
'Text|kritik *f* critique *f* de textes; **~linguistik** *f* étude *f* linguistique des textes; **~marker** *m* marqueur *m*; surligneur *m*; **~sorte** *f* LING type *m* de texte; **~stelle** *f* passage *m* (d'un texte, BIBL de l'Écriture)
Tex'tur *f* ⟨~; ~en⟩ *st/s*, CHIM, TECH texture *f*
'Textverarbeitung *f* INFORM traitement *m* de texte
T-förmig ['te:fœrmɪç] *adj* en T
TH [te:'ha:] *f* ⟨~; ~s⟩ *abr* (Technische Hochschule) *cf* **technisch** I 1.
Thailand ['taɪlant] *n* ⟨→ *n/pr*⟩ la Thaïlande
'Thailänder(in) *m* ⟨~s; ~⟩ *(f)* ⟨~; ~nen⟩ Thaïlandais(e) *m(f)*
'thailändisch *adj* thaïlandais
Thallium ['talium] *n* ⟨~s⟩ CHIM thallium *m*
Theater [te'a:tər] *n* ⟨~s; ~⟩ **1.** *Gebäude* théâtre *m*; **2.** ⟨*sans pl*⟩ (*Vorstellung*) spectacle *m*; **ins ~ gehen** aller au théâtre, au spectacle; **3.** ⟨*sans pl*⟩ *Institution* **zum ~ gehen** se faire acteur, -trice; monter sur les planches; faire du théâtre; **am, beim ~ sein** travailler dans un théâtre; (*Schauspieler sein*) être acteur, -trice; **4.** ⟨*sans pl*⟩ *Kunstform* théâtre *m*; **das ~ seit Racine** le théâtre depuis Racine; **5.** F *fig* **so ein ~!** quel cinéma!; quelle comédie!; **viel ~ um** *od* **wegen etw machen** faire des histoires, faire tout un cinéma, tout un cirque à propos *od* à cause de qc
The'aterabonnement *n* abonnement *m* au théâtre
The'aterbesuch *m* sortie *f* au théâtre; **regelmäßiger ~** fréquentation *f* du théâtre
The'ater|besucher(in) *m(f)* spectateur, -trice *m,f*; **~ferien** *pl* relâche *m*; **~gruppe** *f* groupe théâtral; **~karte** *f* billet *m* de théâtre; **~kasse** *f* caisse *f* (du théâtre); **~kritiker(in)** *m(f)* critique *m* de théâtre; **~probe** *f* répétition *f*; **~stück** *n* pièce *f* (de théâtre); **~truppe** *f* troupe théâtrale
Theatralik [tea'tra:lɪk] *f* ⟨~⟩ attitude théâtrale; poses *f/pl*; emphase *f*; affectation *f*
thea'tralisch I *adj* **1.** théâtral; **2.** (*übertrieben*) emphatique; affecté; **II** *adv* d'une manière affectée, emphatique, théâtrale
Thein [te'i:n] *n* ⟨~s⟩ théine *f*
Theismus [te'ɪsmʊs] *m* ⟨~⟩ PHILOS théisme *m*
Theke ['te:kə] *f* ⟨~; ~n⟩ comptoir *m*; F zinc *m*
Thema ['te:ma] *n* ⟨~s; -men *ou* -ta⟩ **1.** (*Gegenstand*), *e-s Artikels, Vortrags etc* sujet *m*; (*Grundgedanke*) thème *m*; **ein heikles ~** un sujet délicat; **ein ~ behandeln** traiter un sujet; **auf ein ~ eingehen** entrer dans, aborder un sujet; **vom ~ abweichen** s'écarter du sujet; sortir du sujet; **das ~ verfehlen** ne pas traiter le sujet; être à côté, 'hors du sujet; **das ~ wechseln** changer de sujet; **zum ~ zurückkehren** revenir à son sujet; **zum ~ Urlaub** (*betreffs*) à propos (des) vacances; **2.** MUS thème *m*; motif *m*; **Variationen** *f/pl* **über ein ~ von Haydn** variations *f/pl* sur un thème de Haydn

The'matik *f* ⟨~; ~en⟩ thématique *f*
the'matisch *adj* thématique
themati'sieren *v/t* ⟨*pas de ge-*, h⟩ prendre pour sujet, thème
'Themen|kreis *m* thématique *f*; **~stellung** *f* manière *f*, façon *f* de poser un sujet *bzw* des sujets
Themse ['tɛmzə] *f* ⟨→ *n/pr*⟩ **die ~** la Tamise
Theodolit [teodo'li:t] *m* ⟨~(e)s; ~e⟩ VERMESSUNG théodolite *m*
Theodor ['te:odo:r] *m* ⟨→ *n/pr*⟩ Théodore *m*
Theolog|e [teo'lo:gə] *m* ⟨~n; ~n⟩, **~in** *f* ⟨~; ~nen⟩ théologien, -ienne *m,f*; (*Student[in] der Theologie*) étudiant(e) *m(f)* en théologie
Theolo'gie *f* ⟨~; ~n⟩ théologie *f*; **~ studieren** faire des études de théologie; F faire sa théologie
theo'logisch *adj* théologique
Theorem [teo're:m] *n* ⟨~s; ~e⟩ MATH théorème *m*
Theoretiker(in) [teo're:tɪkər(ɪn)] *m* ⟨~s; ~⟩ *(f)* ⟨~; ~nen⟩ théoricien, -ienne *m,f*
theo'retisch I *adj* théorique; **II** *adv* théoriquement; **~eti'sieren** *v/i* ⟨*pas de ge-*, h⟩ théoriser
Theo'rie *f* ⟨~; ~n⟩ théorie *f*; **~ und Praxis** la théorie et la pratique; F **das ist alles graue ~** tout cela, c'est de la pure théorie; tout cela est irréalisable
Theosophie [teozo'fi:] *f* ⟨~; ~n⟩ PHILOS théosophie *f*
Therapeut(in) [tera'pɔʏt(ɪn)] *m* ⟨~en; ~en⟩ *(f)* ⟨~; ~nen⟩ MÉD, PSYCH thérapeute *m,f*
Thera'peutikum *n* ⟨~s; -ka⟩ MÉD produit *m* thérapeutique; médicament *m*
thera'peutisch *adj* thérapeutique
Thera'pie *f* ⟨~; ~n⟩ thérapie *f* (**gegen** contre); thérapeutique *f*; traitement *m*
Thermal|bad [tɛr'ma:lba:t] *n* Ort station thermale; (*Badeanstalt*) piscine *f* d'eau thermale; **~quelle** *f* source thermale
Therme ['tɛrmə] *f* **1.** *cf* **Thermalquelle**, *pl* **~n** (*Bäder*) thermes *m/pl*; **2.** TECH chauffe-eau *m*
'Thermik *f* ⟨~⟩ MÉTÉO ascendance *f*, courant *m* thermique
'thermisch *adj* thermique
Thermo|dy'namik *f* thermodynamique *f*; **~e'lektrisch** *adj* thermoélectrique
'Thermohose *f* pantalon *m* thermo
Thermo'meter *n*, *österr u schweiz a m* ⟨~s; ~⟩ thermomètre *m*; **~stand** *m* température indiquée par le thermomètre
thermonukle'ar *adj* thermonucléaire
Thermoplast [tɛrmo'plast] *m* ⟨~(e)s; ~e⟩ matière *f* thermoplastique
Thermos|flasche ['tɛrmɔsflaʃə] *f* bouteille *f* thermos; thermos *m od f*; **~kanne** *f* cafetière *f* *bzw* verseuse *f* isotherme
Thermo|stat [tɛrmo'sta:t] *m* ⟨~en; ~e(n)⟩ thermostat *m*; **~'statisch** *adj* thermostatique
Thesaurus [te'zaʊrʊs] *m* ⟨~; -ren *ou* -ri⟩ LING trésor *m*
These ['te:zə] *f* ⟨~; ~n⟩ thèse *f*

Thing [tɪŋ] *n* ⟨~(e)s; ~e⟩ HIST Thing *m* (*assemblée, conseil*)
Thomas ['to:mas] *m* ⟨→ *n/pr*⟩ Thomas *m*; **~ von Aquin(o)** (saint) Thomas d'Aquin *m*; *fig* **ein ungläubiger ~** un saint Thomas; un incrédule
Thora [to'ra:] *f* ⟨~⟩ REL Torah *od* Thora *f*; **~rolle** *f* torah *od* thora *f*; **~schrein** *m* armoire *f* aux torahs, thoras
Thorax ['to:raks] *m* ⟨~(es); ~e⟩ ANAT thorax *m*
Thorium ['to:riʊm] *n* ⟨~s⟩ CHIM thorium *m*
Thriller ['θrɪlər] *m* ⟨~s; ~⟩ thriller *m*; film *m bzw* roman *m* à suspense
Thrombose [trɔm'bo:zə] *f* ⟨~; ~n⟩ MÉD thrombose *f*
Thron [tro:n] *m* ⟨~(e)s; ~e⟩ **1.** *a fig* trône *m*; **den ~ besteigen** monter sur le trône; accéder au trône; **j-n auf den ~ erheben** mettre, installer qn sur le trône; introniser qn; *a fig* **j-n vom ~ stoßen** détrôner qn; *fig* **sein ~ wackelt** son trône vacille; **2.** F *plais* (*Klosett*) F trône *m*
'Thron|anwärter *m* prétendant *m* au trône; **~besteigung** *f* accession *f*, avènement *m* au trône
'thronen *v/i* ⟨h⟩ trôner
'Thron|folge *f* succession *f* au trône; **~folger(in)** *m* ⟨~s; ~⟩ *(f)* ⟨~; ~nen⟩ héritier, -ière *m,f* du trône; **~saal** *m* salle *f* du trône; **~sessel** *m* trône *m*
Thulium ['tu:liʊm] *n* ⟨~s⟩ CHIM thulium *m*
Thun [tu:n] *n* ⟨→ *n/pr*⟩ Thoune; **der ~er See** le lac de Thoune
Thunfisch ['tu:nfɪʃ] *m* thon *m*
Thurgau ['tu:rgaʊ] *m* ⟨→ *n/pr*⟩ **der ~** la Thurgovie
Thüringen ['ty:rɪŋən] *n* ⟨→ *n/pr*⟩ la Thuringe
'Thüringer(in) *m* ⟨~s; ~⟩ *(f)* ⟨~; ~nen⟩ Thuringien, -ienne *m,f*
'thüringisch *adj* thuringien, -ienne; de (la) Thuringe
Thymian ['ty:mia:n] *m* ⟨~s; ~e⟩ BOT thym *m*
Thymusdrüse ['ty:mʊsdry:zə] *f* ANAT thymus *m*
Tiara [ti'a:ra] *f* ⟨~; -ren⟩ tiare *f*
Tibet ['ti:bɛt] *n* ⟨→ *n/pr*⟩ le Tibet
Tibeter(in) [ti'be:tər(ɪn)] *m* ⟨~s; ~⟩ *(f)* ⟨~; ~nen⟩ Tibétain(e) *m(f)*
ti'betisch *adj* tibétain; du Tibet
Tic(k) [tɪk] *m* ⟨~(e)s; ~s⟩ MÉD tic *m*
Tick [tɪk] F *m* ⟨~(e)s; ~s⟩ **1.** (*wunderliche Eigenart*) tic *m*; manie *f*; **e-n ~ haben** avoir un grain; **2.** (*Nuance*) **e-n ~ höher, teurer** *etc* un tout petit peu plus 'haut, cher, *etc*
'ticken *v/i* ⟨h⟩ **1.** *Uhr* faire tic tac; **2.** *mit e-m Gegenstand* tapoter; **3.** F *fig* **du tickst wohl nicht richtig** F tu n'es pas un peu fêlé, cinglé, timbré?
'Ticker *m* ⟨~s; ~⟩ Jargon (*Fernschreiber*) téléscripteur *m*; Télétype *m* (*nom déposé*)
Ticket ['tɪkət] *n* ⟨~s; ~s⟩ ticket *m*
ticktack ['tɪk'tak] *int* tic tac!
'Ticktack *f* ⟨~; ~s⟩ *enf* montre *f*
Tide ['ti:də] *f* ⟨~; ~n⟩ *nordd* marée *f*
Tie-Break ['taɪbre:k] *m od n* ⟨~; ~s⟩ TENNIS tie-break *m*; jeu décisif
tief I *adj* **1.** *Ausdehnung*: nach unten *bzw* nach hinten profond; **ein ~es Loch** un trou profond; **wie ~ ist ...?**

quelle est la profondeur de ...?; *der Teich ist 6 m ~* l'étang a 6 m de profondeur, a une profondeur de 6 m; *~er Schnee* neige profonde; *e-e ~e Höhle* une caverne profonde; *der Schrank ist 60 cm ~* l'armoire a 60 cm de profondeur; **2.** *Wölbung* profond; *ein ~er Teller* une assiette creuse; *~er Ausschnitt* décolleté profond; *~es Tal* vallée profonde; **3.** *Lage: auf e-r Skala, Temperatur, Ton, Niveau* bas, basse; *~er Schmelzpunkt* bas point de fusion; *~e Stimme* voix f grave; *~er Baß* basse profonde; *räumlich die ~eren Stockwerke* n/pl les étages inférieurs; **4.** *zeitlich u räumlich* profond; *~e Nacht* nuit profonde; *~er Wald* forêt profonde; *im ~sten Winter* au plus fort od au cœur de l'hiver; *im ~sten Mittelalter* en plein Moyen(-)Âge; *im ~sten Afrika* au cœur de l'Afrique; *fig aus ~stem Herzen* du fond du cœur; **5.** (*intensiv*) profond; *Farbe ~es Blau* bleu profond, intense; *fig ~er Schlaf* profond sommeil; *fig ~es Schweigen* profond silence; *fig in ~er Trauer* en grand deuil; *fig ~es Mitgefühl* profonde compassion; **II** *adv* **1.** *Richtung: nach unten ~ graben* creuser profondément; *sich ~ verbeugen* faire une profonde révérence; *~ hinunterreichen* descendre (très) bas; F *fig er hat zu ~ ins Glas geguckt* F il a trop levé le coude; *fig er ist ~ gesunken* il est tombé bien bas; *den Hut ~ ins Gesicht ziehen* enfoncer son chapeau (sur la tête); **2.** *Richtung: nach innen ~ eindringen* pénétrer profondément *in* [+ *acc*] dans); *zeitlich bis ~ in den Winter* jusqu'au cœur de l'hiver; *fig ~ blicken lassen* donner à penser; **3.** *Lage: weit unten ~ unten* tout en bas; *fig das Problem liegt ~er* le problème se situe plus en profondeur; **4.** *Lage: weit innen, räumlich ~ im Wald* au fond des bois; *zeitlich ~ in der Nacht* tard dans la nuit; **5.** (*nicht hoch*) *Ort ~ liegen* être situé à basse altitude; *sehr ~ fliegen* voler très bas; *Kosten zu ~ ansetzen* sous-évaluer; **6.** *Glocke etc ~ klingen* rendre un son grave; *etwas ~er singen* chanter un peu plus bas; **7.** (*sehr*) *~ aufseufzen* pousser un profond soupir; *~ atmen* respirer profondément; *~ beeindrucken* faire une forte, profonde impression sur; *~ unglücklich sein* être très malheureux; *~ verletzen* blesser profondément; *~ verschneit* enseveli sous la neige

Tief *n* ⟨~s; ~s⟩ **1.** MÉTÉO, a fig dépression f; zone f de basse pression; **2.** MAR chenal m

'**Tiefbau** m ⟨~(e)s⟩ *Sektor* travaux publics; *unterirdische a* travaux souterrains, en sous-sol; *Hoch- und ~* génie civil

'**Tiefbauamt** *n etwa* (service *m* des) ponts *m* et chaussées f/pl

'**tief|beschämt** *adj* profondément humilié; *~betrübt adj* profondément affligé; *~bewegt adj* profondément ému, touché; *~blau adj* bleu profond, intense; *~blickend adj* perspicace; pénétrant

'**Tiefdruck** m ⟨~(e)s; ~e⟩ **1.** ⟨sans pl⟩ MÉTÉO basse pression; **2.** TYPO héliogravure f; impression f hélio; *~gebiet*

n MÉTÉO dépression f; zone f de basse pression

'**Tiefe** f ⟨~; ~n⟩ **1.** *nach unten od innen* profondeur f; *die ~ der Bühne* la profondeur de la scène; **2.** (*Innerstes*) fond m; cœur m; *aus der ~ des Weltalls* du fond de l'univers; **3.** (*Hintergrund*) fond m; **4.** ⟨sans pl⟩ (*Intensität*) *die ~ ihres Gefühls* la profondeur de son sentiment; **5.** MUS gravité f; *Stimme* timbre m grave; *pl die ~n* les basses

'**Tiefebene** f plaine basse

'**Tiefen|messung** f MAR sondage m; *~psychologie* f psychologie f des profondeurs; *~schärfe* f PHOT profondeur f de champ; *~wirkung* f **1.** OPT effet m de relief; **2.** MÉD etc action f en profondeur

'**Tiefflieger** m avion m volant à très basse altitude

'**Tiefflug** m vol m à très basse altitude; *im ~* en rase-mottes

'**Tiefgang** m ⟨~(e)s⟩ MAR tirant m d'eau; *fig e-e Komödie mit ~* une comédie d'un bon niveau intellectuel

'**Tiefgarage** f garage, parking souterrain

'**tief|gehend** adj **1.** MAR à grand tirant d'eau; **2.** *fig* profond; qui va loin; *~gekühlt adj* surgelé; congelé; *~greifend adj* profond; *~grünlig adj* profond; *~kühlen v/t* ⟨*les formes séparées des temps simples ne s'emploient pas*, -ge-, h⟩ surgeler; congeler

'**Tief|kühlfach** *n* compartiment congélateur; (*Eisfach*) a freezer m; *~kühlkost* f produits surgelés; *~kühltruhe* f congélateur m; *~lader* m ⟨~s; ~⟩ remorque f, wagon m à plate-forme surbaissée; *~land* n plaine f; ²*liegend adj* bas, basse; *Augen* enfoncé; *~punkt* m point le plus bas; *fig* creux m (de la vague); dépression f; *~schlag* m BOXEN coup bas

'**tief|schürfend** adj profond; qui va au fond des choses; *~schwarz adj* noir profond

'**Tiefsee** f ⟨~⟩ grands fonds; abysses m/pl (marins); *~seeforschung* f étude f des, recherches f/pl sur les grands fonds sous-marins; *~sinn* m ⟨~(e)s⟩ profondeur f d'esprit; (*Trübsinn*) mélancolie f; ²*sinnig adj* (d'esprit) profond; (*trübsinnig*) mélancolique; *~stand* m a ÉCON niveau le plus bas; niveau très bas; dépression f; ²*stapeln* v/i ⟨sép, -ge-, h⟩ pécher par excès de modestie; *~stapler(in)* m (f) ⟨~; ~nen⟩ personne f qui pèche par excès de modestie; *~start* m SPORT départ m en bascule; *~strahler* m projecteur m

'**Tiefstwert** m valeur minima; minimum m; MÉTÉO *die ~e liegen morgen zwischen 11 und 15 Grad* demain, les (températures) minimales seront entre 11 et 15 degrés

Tiegel ['tiːɡəl] m ⟨~s; ~⟩ **1.** CUIS poêlon m; **2.** MÉTALL, CHIM creuset m

Tier [tiːr] n ⟨~(e)s; ~e⟩ **1.** animal m; **2.** *im Gegensatz zum Menschen* bête f; *wildes ~* bête sauvage; *das ~ im Menschen* la bête humaine; *zum ~ werden* tomber dans la bestialité; descendre au niveau de la bête; **3.** F *fig ein hohes ~* F un gros bonnet; F une grosse légume; F une huile

'**Tier|art** f espèce animale; *~arzt* m,

~ärztin f vétérinaire m, f; ²*ärztlich adj* vétérinaire; *~bändiger(in)* m(f) dompteur, -euse m, f

'**Tierchen** n ⟨~s; ~⟩ petit animal; petite bête; bestiole f; F *jedem ~ sein Pläsierchen* F à chacun son dada, sa marotte

'**Tier|fabel** f fable f mettant en scène des animaux; *~fänger* m ⟨~s; ~⟩ chasseur m spécialisé dans la capture des animaux sauvages; *~freund(in)* m(f) ami(e) m(f) des animaux; *~garten* m jardin m zoologique; zoo m; *~gattung* f genre m (d'animaux); *~geschichte* f histoire f de bêtes, d'animaux; *~halter* m ADM détenteur m, propriétaire m d'un animal, d'animaux; *~handlung* f magasin m qui vend des animaux; *~heilkunde* f cf Tiermedizin; *~heim* n für herrenlose Tiere fourrière f; asile m (pour les animaux)

'**tierisch** I *adj* ⟨épithète⟩ (*vom Tier*) animal; *~e Fette* n/pl graisses animales; **2.** *fig* (*tierhaft*) bestial; brutal; *~es Benehmen* a comportement m de bête, brute; **3.** F (*sehr groß, intensiv etc*) monstrueux, -euse; abominable; *~e Hitze* chaleur f abominable; F *~er Ernst* absence totale d'humour; **II** F *adv* (*sehr*) F vachement; *~ gut aussehen* F être beau, belle gosse; F présenter vachement bien

'**Tier|kinder** n/pl petits m/pl d'animaux; *~klinik* f clinique f vétérinaire; *~kreiszeichen* n signe m du zodiaque; *~kunde* f zoologie f; ²*lieb adj* qui aime les animaux; ami des bêtes; *~liebe* f amour m des animaux; *~medizin* f ⟨~⟩ médecine f vétérinaire; *~park* m cf Tiergarten; *~pfleger(in)* m(f) gardien, -ienne m, f d'animaux; *als Beruf* animalier, -ière m, f; *~präparator(in)* m(f) préparateur, -trice m, f en zoologie; *~quäler(in)* m(f) personne f qui tourmente les animaux; *~quälerei* f cruauté f envers les animaux; *~reich* n ⟨~(e)s⟩ règne animal; *~schau* f exposition f d'animaux, *von Vieh* de bestiaux; ZIRKUS ménagerie f; *~schutz* m protection f bzw défense f des animaux; *~schützer(in)* m(f) membre m(f) d'une association de protection bzw de défense des animaux; *~schutzverein* m société protectrice des animaux; *in Frankreich* S.P.A. f

'**Tierversuch** m expérience faite sur des animaux; *~e pl* expérimentation animale

'**Tier|wärter** m cf Tierpfleger(in); *~welt* f ⟨~⟩ monde m, règne animal; *~zucht* f élevage m d'animaux; sc zootechnie f

'**Tiger(in)** ['tiːɡɐ(ɪn)] m ⟨~s; ~⟩ (f) ⟨~; ~nen⟩ tigre m, tigresse f; *~hai* m ZO requin-tigre m; *~katze* f ZO chat-tigre m; *~lilie* f BOT lis tigré

'**tigern** F v/i ⟨-(e)re, sein⟩ F *durch die Stadt ~* trotter d'un bout à l'autre de la ville; *nach Hause ~* F rentrer à pattes

Tilde ['tɪldə] f ⟨~; ~n⟩ LING tilde m

'**tilgbar** adj Schulden amortissable; Kredit a remboursable

tilgen ['tɪlɡən] v/t ⟨h⟩ **1.** st/s (*auslöschen*) effacer; faire disparaître; supprimer; *aus e-m Register, e-r Liste etc* (*streichen*) rayer; radier; *aus s-m Gedächtnis ~* bannir de sa mémoire; **2.**

Tilgung — Tod

FIN Schuld amortir; éteindre; s'acquitter, se libérer de; *bes Hypothek* purger; *Kredit* rembourser; *Anleihe* amortir

'**Tilgung** *f* ⟨~; ~en⟩ **1.** (*Auslöschen*) effaçage *od* effacement *m*; suppression *f*; *aus e-r Liste* radiation *f*; **2.** *FIN e-r Schuld* amortissement *m*; extinction *f*; *e-r Hypothek* purge *f*; *e-s Kredits* remboursement *m*; *e-r Anleihe* amortissement *m*

'**Tilgungsdauer** *f* durée *f* d'amortissement

'**Tilgungsrate** *f* jährliche ~ annuité *f* d'amortissement

'**Tilgungszeichen** *n* TYPO deleatur *m*

Till [tɪl] *m* ⟨~ n/pr⟩ prénom; **~ Eulenspiegel** Till *m* l'espiègle

'**Tilsiter** ['tɪlzɪtər] *m* ⟨~s; ~⟩ ou *adj* ⟨*inv*⟩ ~ (*Käse m*) tilsit *m*

'**Timbre** ['tɛ̃:brə] *n* ⟨~s; ~s⟩ timbre *m*

timen ['taɪmən] *v/t* ⟨h⟩ calculer; minuter

'**Timing** ['taɪmɪŋ] *n* ⟨~s; ~s⟩ minutage *m*; précision *f*

tingeln ['tɪŋəln] *v/i* ⟨-(e)le⟩ **1.** ⟨h⟩ se produire comme artiste ambulant; **2.** (*doublé d'une indication de direction sein*) *durch die Provinz* ~ parcourir la province pour y donner de petits spectacles

'**Tingeltangel** ['tɪŋəltaŋəl] *F m od n* ⟨~s; ~⟩ **1.** *Lokal* boîte *f*; café-concert *m*; F boui-boui *m*; **2.** (*billige Unterhaltung*) musique *f*, divertissement *m* de bas niveau

'**Tinktur** [tɪŋk'tu:r] *f* ⟨~; ~en⟩ PHARM teinture *f*

'**Tinnef** ['tɪnɛf] *F m* ⟨~s⟩ **1.** (*wertloses Zeug*) pacotille *f*; F camelote *f*; **2.** (*Unsinn*) âneries *f/pl*; *p/fort* F conneries *f/pl*; *red keinen ~!* arrête de dire des âneries, *p/fort* F des conneries

'**Tinte** ['tɪntə] *f* ⟨~; ~n⟩ encre *f*; *unsichtbare* ~ encre *f* sympathique; *mit* ~ *schreiben* écrire à l'encre; F *fig in der* ~ *sitzen* F être dans le pétrin, dans de beaux, mauvais, sales draps; F *fig das ist doch klar wie dicke* ~ c'est clair comme de l'eau de roche; c'est aussi clair que 2 et 2 font 4

'**Tinten|faß** *n* encrier *m*; **~fisch** *m* ZO seiche *f*; **~fleck** *m*, **~klecks** *m* tache *f* d'encre; **~stift** *m* crayon *m* encre

Tip [tɪp] *m* ⟨~s; ~s⟩ **1.** F (*Hinweis*) tuyau *m*; *j-m e-n* ~ *geben* donner un tuyau à qn; F tuyauter qn; **2.** *beim Wetten* pari *m*

'**Tippelbruder** F *m* vagabond *m*; clochard *m*

tippeln ['tɪpəln] F *v/i* ⟨-(e)le, sein⟩ marcher; aller à pied; F crapahuter

tippen ['tɪpən] ⟨h⟩ I *v/t* **1.** F (*maschineschreiben*) F taper à la machine; **2.** *Zahl* jouer; II *v/i* **3.** (*leicht berühren*) *an etw* (*acc*), *gegen etw* ~ toucher qc du bout du doigt; **4.** *LOTTO etc* jouer; (*setzen auf*) ~ (*auf* [+*acc*]) parier (sur); miser (sur); **5.** (*vermuten*) parier (*auf* [+*acc*] sur); *ich tippe darauf, daß ...* je parie que ... (+*ind*)

'**Tipp|fehler** F *m* faute *f* de frappe; **~schein** *m* bulletin *m*, grille *f* (de loterie *od* de loto)

'**Tippse** ['tɪpsə] F *péj f* ⟨~; ~n⟩ dactylo *f*

tipptopp ['tɪp'tɔp] F **I** *adj* (*sauber*) F impec; *fig* épatant; **II** *adv* de façon épatante

Tirade [ti'ra:də] *st/s péj f* ⟨~; ~n⟩ tirade *f*

tirilieren [tiri'li:rən] *v/i* ⟨*pas de ge-*, h⟩ *Vögel* lancer des trilles, gazouiller; *Lerche* grisoller

Tirol ['ti:rɔ:l] *n* ⟨~ *n/pr*⟩ le Tyrol

Ti'roler *adj* ⟨*inv*⟩ du Tyrol; tyrolien, -ienne

Ti'roler(in) *m* ⟨~s; ~⟩ (*f*) ⟨~; ~nen⟩ Tyrolien, -ienne *m,f*

Ti'rolerhut *m* chapeau tyrolien

Tisch [tɪʃ] *m* ⟨~(e)s; ~e⟩ **1.** table *f*; *fig POL runder* ~ table ronde; *den* ~ *decken* mettre la table, le couvert; *den* ~ *abdecken* desservir; débarrasser la table; *fig reinen* ~ *machen* mettre les choses au clair; *am* ~ *sitzen* être assis à (la) table; F *fig auf den* ~ *hauen* taper du poing sur la table; *fig etw unter den* ~ *fallen lassen* passer qc sous silence; escamoter qc; F passer qc à l'as; F *fig j-n unter den* ~ *trinken* F faire rouler qn sous la table; saouler qn; F *fig Problem vom* ~ *sein* être réglé; *JUR getrennt von* ~ *und Bett* séparé de corps et de biens; *fig vom grünen* ~ *aus* de façon bureaucratique, technocratique, **2.** *st/s* (*Mahlzeit*) *bei* ~ *sitzen* être à table; *vor* (*nach*) ~ avant (après) le repas; *bitte zu* ~*!* à table!; *zu* ~ *gehen* se mettre, passer à table

'**Tischbein** *n* pied *m* de table

'**Tischchen** *n* ⟨~s; ~⟩ petite table

'**Tisch|dame** *f* voisine *f* de table; **~decke** *f* *zum Essen* nappe *f*; *zum Schmuck* tapis *m* de table

'**Tischende** *n* bout *m* de la table; *oberes, unteres* ~ 'haut, bas bout de la table; *am oberen* ~ *sitzen* a présider

'**tischfertig** *adj* prêt à servir

'**Tisch|fußball** *m* baby-foot *m*; **~gebet** *n* *vor der Mahlzeit* bénédicité *m*; *nach der Mahlzeit* grâces *f/pl*; **~gespräch** *n* propos *m/pl* de table; **~herr** *m* voisin *m* de table; **~kante** *f* bord *m* de table; **~karte** *f* carton *m* de table; **~lampe** *f* lampe *f* de table; **~läufer** *m* chemin *m* de table

'**Tischler** *m* ⟨~s; ~⟩ menuisier *m*; (*Kunst₂*) ébéniste *m*

Tischle'rei *f* ⟨~; ~en⟩ menuiserie *f*; (*Kunst₂*) ébénisterie *f*

'**tischlern** ⟨h⟩ I *v/t* menuiser; II *v/i* faire de la menuiserie, de l'ébénisterie

'**Tischmanieren** *f/pl* *gute* ~ *haben* savoir se tenir à table

'**Tisch|nachbar(in)** *m(f)* voisin(e) *m(f)* de table; **~platte** *f* dessus *m* de table; **~rechner** *m* calculatrice *f* (de table); **~rede** *f* *lange* discours *m* de banquet; *kurze* speech *m*; toast *m*; **~rücken** *n* ⟨~s⟩ tables tournantes

'**Tischtennis** *n* ⟨~⟩ tennis *m* de table; ping-pong *m*; **~ball** *m* balle *f* de ping-pong; **~platte** *f* table *f* de ping-pong; **~schläger** *m* raquette *f* de ping-pong

'**Tisch|tuch** *n* nappe *f*; **~wäsche** *f* linge *m* de table; **~wein** *m* vin *m* de table, ordinaire; **~zeit** *f* heure *f* du repas

Titan¹ [ti'ta:n] *n* ⟨~s⟩ CHIM titane *m*

Ti'tan² *m* ⟨~en; ~en⟩ MYTH titan *m*

ti'tanisch *adj* titanesque; gigantesque; ~*e Kräfte f/pl* force(s) herculéenne(s)

Titel ['ti:təl] *m* ⟨~s; ~⟩ **1.** *e-r Person* titre *m*; *den* ~ *... führen* porter le titre de ...; *j-m e-n* ~ *verleihen* donner un titre à qn; titrer qn; *SPORT e-n* ~ *innehaben* détenir un titre; **2.** (*Überschrift*) titre *m*; *den* ~ *... tragen* être intitulé ...; s'intituler ...; **3.** COMM (*Musikstück, Buch*) titre *m*; *e-n* ~ *spielen* jouer un morceau; *e-n* ~ *auf den Markt bringen* mettre un titre, un livre sur le marché

'**Titel|anwärter(in)** *m(f)* prétendant(e) *m(f)* à un titre, au titre; *SPORT a* challenger *m*; **~bild** *n* *e-s Buchs* frontispice *m*; *e-r Zeitschrift* couverture *f*; **~blatt** *n* *bes e-s Buchs* (page *f* de) titre *m*

Tite'lei *f* ⟨~; ~en⟩ TYPO feuilles *f/pl* de titre *od* préliminaires

'**Titelgeschichte** *f* article *m* qui fait la une; ~ *der Woche* en couverture cette semaine

'**Titel|held** *m* personnage principal; **~kampf** *m* SPORT match *m* qui met un titre en jeu; **~rolle** *f* THÉ rôle *m* du personnage principal; **~schutz** *m* JUR protection *f* des titres

'**Titelseite** *f* page *f* de titre; *e-r Zeitung* première page; *auf der* ~ à la une

'**Titel|song** *m* chanson *f* titre d'un album; **~verteidiger(in)** *m(f)* SPORT défenseur *m* du titre

titrieren [ti'tri:rən] *v/t* ⟨*pas de ge-*, h⟩ CHIM titrer

'**Titte** ['tɪtə] *vulgär f* ⟨~; ~n⟩ P nichon *m*; F néné *m*

titu'lieren *v/t* ⟨*pas de ge-*, h⟩ *meist iron* donner le titre de ... (*j-n* à qn); (*bezeichnen*) qualifier (*als* de)

tja [tja] *int* erstaunt mh bien!; ratlos que voulez-vous *bzw* que veux-tu?

TNT [te:?ɛn'te:] *n* ⟨~⟩ *abr* (Trinitrotoluol) T.N.T. *m* (trinitrotoluène)

Toast [to:st] *m* ⟨~(e)s; ~e *ou* ~s⟩ **1.** *CUIS* toast *m*; **2.** (*Trinkspruch*) toast *m*

'**toasten** ⟨-ete, h⟩ I *v/t* *CUIS* griller; II *v/i* (*e-n Trinkspruch ausbringen*) porter un toast (*auf j-n* à qn)

'**Toaster** *m* ⟨~s; ~⟩ grille-pain *m*

'**Toastbrot** *n* pain *m* de mie

Tobak ['to:bak] *F m* *das ist starker* ~ c'est un comble!; F c'est fort de café

Tobel ['to:bəl] *m od n* ⟨~s; ~⟩ *südd, österr, schweiz* ravin *m*; gorge *f*

toben ['to:bən] *v/i* ⟨h⟩ **1.** *vor Wut* être en rage; être furieux, -ieuse; tempêter; fulminer; F *wie ein Berserker* F faire un tapage du tonnerre; se démener comme un forcené; **2.** *Kinder* (*lärmen*) être déchaîné; **3.** (*doublé d'une indication de direction sein*) *die Kinder sind durch den Garten getobt* les enfants ont folâtré dans le jardin; **4.** *Wind* se déchaîner; être déchaîné; faire rage (*a Schlacht*); *Meer* être démonté, déchaîné

'**tobsüchtig** *adj* fou furieux; frénétique; fou, folle à lier

'**Tobsüchtige(r)** *f(m)* ⟨→ A⟩ fou furieux, folle furieuse; *wie ein* ~*r* comme un forcené

'**Tobsuchtsanfall** *m* accès *m* de folie furieuse, de fureur, de rage

Tochter ['tɔxtər] *f* ⟨~; ~̈⟩ **1.** fille *f*; **2.** *schweiz* (*Bedienstete*) bonne *f*; **3.** ÉCON *cf* **Tochtergesellschaft**

Töchterchen ['tœçtərçən] *n* ⟨~s; ~⟩ petite fille; fillette *f*

'**Tochter|gesellschaft** *f*, **~unternehmen** *n* ÉCON filiale *f*

Tod [to:t] *m* ⟨~(e)s; ~e⟩ **1.** (*Lebensende*) mort *f*; JUR décès *m*; *der Weiße* ~ la mort blanche; HIST *der Schwarze* ~

la peste; *e-s gewaltsamen, natürlichen ~es sterben* mourir de mort violente, naturelle; *plötzlicher ~* mort subite; *~ durch Ertrinken* mort par noyade; *prov umsonst ist (nur) der ~* la mort seule est gratuite; il faut payer pour tout; *sich (dat) den ~ holen* attraper une maladie mortelle, F la crève; *in den ~ gehen* mettre fin à ses jours; *mit dem ~(e) ringen* lutter avec la mort, être à l'agonie; agoniser; *es geht um Leben und ~* cf *Leben 2.; zum ~(e) führen* mener à la mort; *zum ~(e) verurteilen* condamner à mort; *Wild zu ~e hetzen* forcer; *2. personifiziert aussehen wie der leibhaftige ~* être un vrai squelette; *~ und Teufel!* mille tonnerres!; *ein Wettlauf mit dem ~* une course avec la mort; *dem ~ ins Auge blicken* regarder la mort en face; *dem ~ von der Schippe springen* en réchapper de justesse; F faire un pied de nez à la mort; *3. verstärkend* F *auf den ~ nicht leiden können* 'haïr à mort, comme la peste; *zu ~e erschrecken* avoir une frayeur mortelle; *zu ~e betrübt* profondément affligé; F *sich zu ~e arbeiten* se tuer au travail, à la tâche; F *sich zu ~e ärgern* mourir, F crever de rage; *sich zu ~e langweilen* s'ennuyer à mourir; mourir d'ennui; *sich zu ~e schämen* mourir de honte

'**todernst** F *adj* F sérieux, -ieuse comme un pape

'**Todesahnung** f pressentiment m d'une, de la, de sa, *etc* mort prochaine

'**Todesangst** f 1. affres f/pl, angoisses f/pl de la mort; *2. fig (große Angst)* frayeur mortelle; *Todesängste ausstehen* être mort de peur; être dans des transes mortelles

'**Todes|anzeige** f ADM avis m de décès; *Brief* faire-part m de décès; *in der Zeitung* annonce f nécrologique; *~art* f (genre m de) mort f; *~engel* m ange m de la mort

'**Todesfall** m 1. mort f; *ein ~ in der Familie* un décès dans la famille; *2.* JUR décès m; *im ~(e)* en cas de mort, de décès

'**Todesfolge** f JUR *Körperverletzung mit ~* coups et blessures ayant entraîné la mort

'**Todes|furcht** f crainte f, peur f de la mort; *~gefahr* f danger m de mort; *~jahr* n année f de la mort (de qn); *~kampf* m (~(e)s) agonie f; *~kandidat* F m 1. *(Todkranker)* moribond m; *2. (zum Tode Verurteilter)* condamné m à mort; ♔*mutig* adj bravant la mort; *~nachricht* f nouvelle f de la mort (de qn); *~opfer* m/nt victime f

'**Todesqualen** f/pl tourments m/pl de la mort; *fig ~ ausstehen* souffrir mille morts

'**Todes|schrei** m cri m d'agonie, de mort; *~schuß* m coup de feu mortel; *~schütze* m auteur m du bzw du coup de feu mortel; *~schwadron* f escadron m de la mort; *~spirale* f SPORT spirale f dehors avant; spirale f de la mort; *~stoß* m coup m de grâce; *(Gnadenstoß)* coup m de grâce; *~strafe* f peine capitale, de mort; *~streifen* m HIST zone de la mort entre les deux Allemagnes; *~stunde* f heure f de la mort, heure fatale, suprême; dernière heure;

~tag m 1. jour m de la mort; *2. Jahrestag* anniversaire m de la mort (de qn); *~ursache* f cause f de (la) mort; *~urteil* n arrêt m de mort; sentence capitale; condamnation f à (la peine de) mort

'**Todesverachtung** f mépris m de la mort; *fig plais etw mit ~ essen* manger qc stoïquement

'**Todes|zeit** f (date f et) heure f de la mort; *~zelle* f cellule f des condamnés à mort

'**todfeind** adj *j-m ~ sein* être l'ennemi(e) mortel, -elle de qn; F être à couteaux tirés avec qn

'**Todfeind(in)** m(f) ennemi(e) m(f) mortel, -elle

'**tod|geweiht** st/s adj voué, promis à la mort; *~'krank* adj très gravement malade; malade à en mourir

tödlich ['tø:tlɪç] I adj 1. *Krankheit, Gefahr etc* mortel, -elle; *Ausgang, Irrtum* st/s fatal; *2. (sehr groß)* mortel, -elle; *~e Langeweile* ennui mortel; *mit ~er Sicherheit* inéluctablement; infailliblement; II adv 1. mortellement; à mort; *~ verunglückt* mort, tué dans un accident; *2. (sehr stark)* j-n *~ hassen* 'haïr qn à mort; *j-n ~ beleidigen* offenser, blesser qn mortellement

'**tod|'müde** adj mort de fatigue; 'harassé; épuisé; éreinté; '*~'schick* F adj très chic

'**tod'sicher** F I adj absolument sûr, certain; sûr et certain; garanti; II adv sans aucun doute; *er kommt ~* il viendra à coup sûr

'**Todsünde** f REL péché mortel

'**tod'unglücklich** F adj extrêmement malheureux, -euse; malheureux, -euse comme les pierres

Toga ['to:ga] f (~; -gen) HIST toge f

Togo ['to:go] n (~ n/pr) le Togo

'**Togoer(in)** m (~s; ~) (f) (~; ~nen) Togolais(e) m(f); ♔*isch* adj togolais

Tohuwabohu [tohuva'bo:hu] n (~(s); ~s) chaos m; F tohu-bohu m

Toilette [toa'lɛtə] f (~; ~n) 1. *(Abort)* W.-C. m(pl); toilettes f/pl; *zur, auf die ~ gehen* aller aux toilettes, cabinets; *2. (Körperpflege)* toilette f; *~ machen* faire sa toilette; *3. (Damenkleidung)* toilette f

Toi'letten|artikel m/pl articles m/pl de toilette; *~becken* n cuvette f (de W.-C.); *~frau* f préposée f aux toilettes; *~papier* n papier m hygiénique; *~seife* f savon m de toilette; *~tisch* m toilette f

toi ['tɔy] *int ~, ~, ~!* 1. *(unberufen) ~, ~, ~!* touchons du bois!; je touche du bois!; 2. *(alles Gute)* bonne chance!

Tokaier [to'kaɪɐ] m (~s; ~), *~wein* m (vin m de) tokay od tokaj m

Tokio ['to:kio] n (~ n/pr) Tokyo

Tokkata [tɔ'ka:ta] f (~; -ten) MUS toccata f

tolerant [tole'rant] adj tolérant

Tole'ranz f (~; TECH ~en) tolérance f; *~bereich* m marge f de tolérance; *~grenze* f, *~schwelle* f seuil m de tolérance

tole'rieren v/t (pas de ge-, h) tolérer

toll [tɔl] I adj 1. F *(großartig)* F formidable; F épatant; F sensationnel, -elle; F génial; F super; F *fig ein ~er Hecht* F un sacré gaillard; *das ist ja ~!* F c'est super!; *2.* F *(stark, intensiv)* F infernal;

insupportable; terrible; dément; *~es Gelächter* fou rire; *es herrschte ein ~es Gedränge* il y avait un monde fou; *~e Schmerzen* m/pl des douleurs infernales; *3.* F *(unerhört, verrückt)* fou, folle; F dingue; *e-e ~e Geschichte* une histoire dingue; *4. (wild, ausgelassen) die (drei) tollen Tage* (les trois) jours de carnaval; II adv 1. F *(großartig)* formidablement; *das hat er ~ gemacht* il a fait ça comme un chef; *2.* F *(heftig)* follement; terriblement; F ment; *ganz ~ verliebt sein* être follement amoureux, -euse; *es zu ~ treiben* aller trop loin; *es kommt noch ~er* il y aura mieux encore

Tolle ['tɔlə] f (~; ~n) toupet m; banane f; *(Locke)* boucle f

tollen ['tɔlən] v/i (h) s'amuser follement; folâtrer; faire le(s) fou(s); 2. *(doublé d'une indication de direction sein) die Kinder sind durch den Garten getollt* les enfants ont folâtré dans le jardin

'**Toll|kirsche** f BOT belladone f; ♔*kühn* adj téméraire; *~kühnheit* f témérité f; *~wut* f MÉD rage f; ♔*wütig* adj MÉD enragé; qui a la rage

Tolpatsch ['tɔlpatʃ] F m (~(e)s; ~e) lourdaud m; pataud m; F empoté m

'**tolpatschig** F adj lourdaud; pataud; F empoté

Tölpel ['tœlpəl] m (~s; ~) 1. balourd m; rustre m; 2. ZO fou m

'**tölpelhaft** F adj cf *tolpatschig*; *advt sich ~ benehmen* faire des balourdises

Tomahawk ['tɔmaha:k] m (~s; ~s) tomahawk m

Tomate [to'ma:tə] f (~; ~n) tomate f; F *plais treulose ~* F lâcheur, -euse m,f; F *péj ~n auf den Augen haben* F être bigleux, -euse; F ne pas avoir les yeux en face des trous

To'maten|ketchup m ou n ketchup m; *~mark* n concentré m de tomates; *~saft* m jus m de tomates; *~salat* m salade f de tomates; *~soße* f sauce f tomate; *von frischen Tomaten* coulis m de tomates; *~suppe* f soupe f à la tomate

Tombola ['tɔmbola] f (~; -len) tombola f

Tomographie [tomogra'fi:] f (~) MÉD tomographie f

Ton[1] [to:n] m (~(e)s; ~e) 1. GÉOL argile f; 2. *TÖPFEREI* (terre f) glaise f; *gebrannter ~* terre cuite

Ton[2] m (~(e)s; ~e) 1. *(Laut)* son m; *hoher, tiefer ~* son aigu, grave; MUS *halber ~* demi-ton m; MUS, *fig den ~ angeben* donner le ton; *fig* donner le la; *fig in den höchsten Tönen von etw, j-m reden* s'extasier sur qc, qn; *fig der ~ macht die Musik* c'est dans la façon de parler que fait la musique; *2. (sans pl)* FILM, TV, TECH son m; *~ ab!* coupez le son!; *~ läuft!* mettez le son!; F *der ~ ist ausgefallen* le son est coupé; *3. (sans pl) (Benehmen, Umgangs~)* ton m; *der gute ~* le bon ton; *zum guten ~ gehören* être de bon ton; *hier herrscht ein herzlicher ~* ici, l'ambiance est chaleureuse; *in schroffem, väterlichem ~* d'un ton sec, paternel; *sich im ~ vergreifen* se tromper de ton, de registre; *nicht in diesem ~!* pas sur ce ton-là!; *ich verbiete mir diesen ~!* je vous dé-

fends de me parler sur ce ton(-là)!; **4.** F 〈*Äußerung*〉 mot *m*; *ich will keinen ~ mehr hören!* plus un mot!; F *große Töne spucken* se donner de grands airs; faire l'important; *keinen ~ von sich geben* ne pas souffler mot; *keinen ~ herausbringen* être incapable de sortir un mot; rester coi, coite; *hast du Töne?* c'est incroyable!; **5.** 〈*Farb2*〉 ton *m*; teinte *f*; nuance *f*; *einen ~ heller* un peu plus clair; *~ in ~* ton sur ton; **6.** 〈*sans pl*〉 LING (*Betonung*) accent *m* (tonique); *den ~ auf etw* (*acc*) *legen* mettre l'accent sur qc
'Tonabnehmer *m* tête *f* de lecture; lecteur *m*
tonal [toˈnaːl] *adj* MUS tonal
'tonangebend *adj†* qui donne le ton
'Tonarm *m* bras *m* (de lecture)
'Tonart *f* MUS tonalité *f*; *fig* (*Ton*) ton *m*; *in allen ~en* sur tous les tons
'Ton|aufnahme *f* prise *f* de son; enregistrement *m* sonore; **~band** *n* 〈~(e)s; -bänder〉 **1.** (*Band*) bande *f* magnétique; **2.** F (*~bandgerät*) magnétophone *m*; **~bandaufnahme** *f* enregistrement *m* sur bande magnétique; **~bandgerät** *n* magnétophone *m*; **~blende** *f* RAD régulateur *m* de son
tönen [ˈtøːnən] *v/t* 〈h〉 PHOT virer
tönen [ˈtøːnən] **I** *v/t* (*Farbe leicht verändern*) teinter; colorer; *Zeichnung* colorier; *Augenlider* ombrer; **II** *v/i* **1.** (*klingen*) sonner; (*widerhallen*) résonner; retentir; **2.** F *péj* (*prahlen*) fanfaronner; se vanter; faire le fanfaron; **III** *v/réfl sich* (*dat*) *die Haare ~* faire un rinçage
'Toner [ˈtoːnər] *m* 〈~s; ~〉 toner *m*
'Tonerde *f* terre argileuse, glaise; CHIM alumine *f*; *essigsaure ~* acétate *m* d'aluminium
tönern [ˈtøːnərn] *adj* de (terre) glaise; d'argile; *fig auf ~en Füßen stehen* manquer de solidité
'Ton|fall *m* 〈~(e)s〉 intonation *f*; (*Rhythmus*) cadence *f*; (*Akzent*) accent *m*; **~film** *m* film parlant, sonore; **~frequenz** *f* fréquence *f* acoustique, audible
Tonga [ˈtɔŋga] *n* 〈→ *n/pr*〉 le Tonga
'Ton|gefäß *n* vase *m* de terre; **~geschlecht** *n* MUS mode *m*; **~höhe** *f* 'hauteur *f* du son, PHYS du son
Tonic [ˈtɔnik] *n* 〈~(s); ~s〉 tonic *m* (water); Schweppes *m* (*nom déposé*)
Tonika [ˈtoːnika] *f* 〈~; -ken〉 MUS tonique *f*
Tonikum [ˈtoːnikum] *n* 〈~s; -ka〉 PHARM tonique *m*; fortifiant *m*
Toningenieur *m* ingénieur *m* du son
tonisch [ˈtoːnɪʃ] *adj* MED tonique (*Medikament a*) revigorant; fortifiant
'Ton|kopf *m* tête *f* de lecture; lecteur *m*; **~lage** *f* (*Stimmlage*) registre *m*; **~leiter** *f* MUS gamme *f*; 2*los adj* atone; *Stimme a* éteint; blanc, blanche; **~meister** *m* ingénieur *m* du son; **~mischer** *m* 〈~s; ~〉 mélangeur *m* de son
Tonnage [tɔˈnaːʒə] *f* 〈~; ~n〉 MAR tonnage *m*
Tonne [ˈtɔnə] *f* 〈~; ~n〉 **1.** *Maß* tonne *f*; **2.** *Gefäß* tonneau *m*; tonne *f*; **3.** F *fig e-e ~ von e-r Frau* F une grosse mémère; **4.** *Seezeichen* bouée *f*; balise *f*
'Tonnengewölbe *n* ARCH voûte *f* en berceau, en plein cintre

'tonnenweise *adv* **1.** par tonnes; **2.** F (*in großen Mengen*) en masse; par tonneaux
'Ton|pfeife *f* pipe *f* en terre; **~schöpfung** *f* création musicale; **~spur** *f* piste *f* sonore; **~stärke** *f* intensité *f* sonore; puissance *f* du son; **~störung** *f* perturbation *f* du son; **~streifen** *m* cf *Tonspur*
Tonsur [tɔnˈzuːr] *f* 〈~; ~en〉 tonsure *f*
'Ton|tafel *f* tablette *f* d'argile; **~taubenschießen** *n* ball-trap *m*; **~techniker(in)** *m(f)* preneur *m* de son; **~träger** *m* support *m* de son; **~umfang** *m* MUS registre *m*
'Tönung *f* 〈~; ~en〉 coloration *f*; *e-r Zeichnung* coloriage *m*; *der Haare* rinçage *m*
'Tonus *m* 〈~; -ni〉 PHYSIOL tonus *m*
'Ton|verstärker *m* amplificateur *m* de son; **~wiedergabe** *f* reproduction *f* sonore; *e-s Radios etc* musicalité *f*
TOP [tɔp] *m* 〈~〉 *abr* (*Tagesordnungspunkt*) point *m* de l'ordre du jour
Top [tɔp] *m* 〈~s; ~s〉 COUT 'haut *m* débardeur *m*; *anliegend* bustier *m*
'topaktuell *adj* Informationen d'une actualité brûlante; *Mode, Produkt* dernier cri (*inv*)
Topas [toˈpaːs] *m* 〈~es; ~e〉 MINÉR topaze *f*
Topf [tɔpf] *m* 〈~(e)s; ⁓e〉 **1.** (*tiefes Gefäß*) pot *m*; **2.** (*Koch2*) mit Stiel casserole *f*; (*Henkel2*) fait-tout *od* faitout *m*; marmite *f*; *fig alles in e-n ~ werfen* mettre tout dans le même sac; *prov jeder ~ findet s-n Deckel* prov chacun trouve chaussure à son pied; **3.** (*Nacht2*) pot *m* de chambre; F *plais* (*Toilette*) F petit coin
Töpfchen [ˈtœpfçən] *n* 〈~s; ~〉 **1.** (*Nacht2*) pot *m* (pour enfant); **2.** (*kleiner Topf*) petit pot
'Topfdeckel *m* couvercle *m* de pot
Topfen [ˈtɔpfən] *m* 〈~s〉 österr fromage blanc
Töpfer(in) *m* 〈~s; ~〉 (*f*) 〈~; ~nen〉 potier, -ière *m,f*; (*Keramiker*) céramiste *m,f*; **~arbeit** *f* poterie *f*
Töpfe'rei *f* 〈~; ~en〉 **1.** 〈*sans pl*〉 Handwerk poterie *f*; **2.** (*Töpferwerkstatt, -ware*) poterie *f*
töpfern 〈-(e)re, h〉 **I** *v/t* fabriquer; **II** *v/i* être de la poterie
'Töpfer|scheibe *f* tour *m* de potier; **~ware** *f* poterie *f*; **~werkstatt** *f* poterie *f*
'top'fit *adj* en grande forme; en superforme
'Topf|kuchen *m* CUIS kouglof *od* kugelhopf *m*; **~lappen** *m* poignée *f* (à plats)
'Topform *f* SPORT grande forme; superforme *f*
'Topf|pflanze *f* plante *f*, fleur *f* en pot; **~reiniger** *m* tampon *m* à récurer; **~schlagen** *n* Kinderspiel: variante de colin-maillard où il faut trouver un pot caché à l'aide d'une cuillère
'Tophit *m* MUS F tube *m*
Topinambur [topinamˈbuːr] *m* 〈~s; ~ *ou* ~e〉 *od f* 〈~; ~en〉 BOT topinambour *m*
'Top|manager *m* manager *m* au plus 'haut niveau; top manager *m*; **~modell** *n* **1.** TECH produit *m*, modèle *m* 'haut de gamme; **2.** (*Mannequin*) mannequin--vedette *m*

Topographie [topograˈfiː] *f* 〈~; ~n〉 topographie *f*
topo'graphisch *adj* topographique
Topologie [topoloˈgiː] *f* 〈~〉 MATH topologie *f*
topp [tɔp] *int* d'accord!; tope là!
Topp *m* 〈~s; ~e(n) *ou* ~s〉 MAR tête *f*, pointe *f* de mât; **'~segel** *n* MAR 'hunier *m*
top-secret [ˈtɔpsiːkrɪt] *adj* 〈*attribut*〉 top secret (*inv*)
Tor[1] [toːr] *n* 〈~(e)s; ~e〉 **1.** porte *f* (*a Stadt2*); portail *m* (*a* ARCH); *vor den ~en der Stadt* aux portes de la ville; **2.** SPORT but *m*; *ein ~ schießen* marquer un but; **3.** SLALOM porte *f*
Tor[2] *st/s* 〈~en; ~en〉 sot *m*; fou *m*; insensé *m*
'Tor|aus *n* 〈~〉 SPORT 'hors-jeu *m* (derrière la ligne de but); **~bogen** *m* arc *m* en porche *m*; arceau *m*; **~chance** *f* SPORT chance *f*, occasion *f* de marquer un but; **~differenz** *f* SPORT score *m*; *mehrerer Spiele* goal-average *m*; **~einfahrt** *f* porte cochère
Torero [toˈreːro] *m* 〈~(s); ~s〉 torero *m*
'Toresschluß *m fig kurz vor ~* au dernier moment; à la dernière minute
Torf [tɔrf] *m* 〈~(e)s〉 tourbe *f*; *~ stechen* extraire la tourbe; tourber
'Torf|boden *m* terrain tourbeux; **~grube** *f* tourbière *f*
'Torflügel *m* battant *m* (de porte); vantail *m*
'Torf|moor *n* marais tourbeux; tourbière *f*; **~mull** *m* poussier *m* de tourbe; **~stechen** *n* 〈~s〉 extraction *f* de la tourbe; **~stich** *m* cf *Torfstechen*; Ort tourbière *f*
'Torheit *st/s f* 〈~; ~en〉 Eigenschaft 〈*sans pl*〉 *od* Handlung sottise *f*; folie *f*; bêtise *f*; *prov Alter schützt vor ~ nicht* on fait des sottises à tout âge
'Torhüter *m* SPORT cf *Torwart*
töricht [ˈtøːrɪçt] *st/s adj péj* sot, sotte; bête; insensé
'törichter'weise *st/s adv péj* bêtement; par bêtise
'Törin *st/s f* 〈~; ~nen〉 sotte *f*; folle *f*; insensée *f*
'Torjäger *m* SPORT buteur *m*
torkeln [ˈtɔrkəln] F *v/i* 〈-(e)le, h〉 *doublé d'une indication de direction* sein) tituber; zigzaguer
'Tor|latte *f* SPORT barre (transversale); **~linie** *f* SPORT ligne *f* de but; 2*los adj* SPORT sans but; **~mann** *m* cf *Torwart*
Törn [tœrn] *m* 〈~s; ~s〉 MAR (*Segel2*) tour *m* (en voilier)
Tornado [tɔrˈnaːdo] *m* 〈~s; ~s〉 tornade *f*
Tornister [tɔrˈnɪstər] *m* 〈~s; ~〉 **1.** MIL, HIST ('havre)sac *m*; **2.** regional (*Schulranzen*) sac *m* (d'écolier); cartable *m* (à bretelles)
torpedieren [tɔrpeˈdiːrən] *v/t* 〈*pas de ge-*, h〉 MIL, *a fig* torpiller; *fig Verhandlungen ~* torpiller, faire échouer des négociations
Torpedo [tɔrˈpeːdo] *m* 〈~s; ~s〉 MIL torpille *f*; **~boot** *n* torpilleur *m*
'Tor|pfosten *m* poteau *m*; **~raum** *m* SPORT surface *f* de but
'Torschlußpanik *f* ~ *bekommen* être pris de panique à l'idée de ne plus pouvoir y arriver; *aus ~ heiraten* se marier par peur de ne plus trouver de mari, femme

'**Torschütze** *m* SPORT marqueur *m* de but

Torsion [tɔrzi'oːn] *f* ⟨~; ~en⟩ TECH torsion *f*

Torso ['tɔrzo] *m* ⟨~s; ~s *ou* -si⟩ SCULP torse *m*; *stls fig* fragment *m*

Törtchen ['tœrtçən] *n* ⟨~s; ~⟩ tartelette *f*

Torte ['tɔrtə] *f* ⟨~; ~n⟩ gâteau *m*; (*Obst*2̲) tarte *f*

Tortelett [tɔrtə'let] *n* ⟨~s; ~s⟩ tartelette *f*

'**Torten|boden** *m* fond *m* de tarte; **~guß** *m* gelée *f* de fruits pour pâtisserie; **~heber** *m* pelle *f* à gâteau; **~platte** *f* plat *m* à gâteau; **~schaufel** *f* *cf* Tortenheber

Tortur [tɔr'tuːr] *f* ⟨~; ~en⟩ HIST, *a fig* torture *f*

'**Tor|wart** *m* ⟨~(e)s; ~e⟩ SPORT gardien *m* de but; goal *m*; **~weg** *m* porte cochère

tosen ['toːzən] *v/i* ⟨-(e)t, h⟩; *doublé d'une indication de direction sein*⟩ *Wildbach* gronder; mugir; *Meer* être démonté, déchaîné; *Brandung* déferler; *Sturm* être déchaîné; **man hörte das** 2̲ **der Brandung** on entendait le mugissement de la mer; **~der Beifall** applaudissements *m/pl* frénétiques; tonnerre *m* d'applaudissements

tot [toːt] *adj* **1.** *von Lebewesen* mort; JUR **j-n für ~ erklären** déclarer qn décédé; **auf der Stelle ~ sein** être mort, *durch Gewalt* tué sur le coup; **~ umfallen** tomber raide mort; **wie ~ daliegen** être comme mort; être inanimé; *fig* **ist ein ~er Mann** c'est un homme fini; **2.** F *fig* (*erschöpft*) mort; **ich war mehr ~ als lebendig** j'étais plus mort(e) que vif (vive); **halb ~ vor Angst sein** être à moitié mort de peur; **3.** *poét* (*menschenleer*) désert; **~e Stadt** ville morte; **~e Straßen** *f/pl* rues désertes; **4.** (*ökologisch ~*) mort; **ein ~er Fluß** une rivière morte; **5.** (*nicht nutzbringend*, *stillgelegt*) FIN **~es Kapital** capital improductif; BERGBAU **~es Gestein** roches stériles; **~er Arm** *e-s Flusses* bras mort; **~e Sprache** langue morte; **~er Winkel** angle mort; BAHN **~es Gleis** voie *f* de garage; *fig* **etw aufs ~e Gleis schieben** mettre qc en veilleuse; TÉL, ÉLECT **die Leitung ist ~** il n'y a pas od plus de courant; *cf* **a** *entsprechende Substantive*; **6.** *poét fig* (*wie ~*) **~e Augen** *n/pl* yeux morts, éteints; **~e Farben** *f/pl* couleurs éteintes

total [to'taːl] **I** *adj* total; **~e Sonnenfinsternis** éclipse totale du Soleil; **II** *f adv* complètement; **~ vergessen haben** avoir totalement, complètement oublié; **~ betrunken** ivre mort

To'talausverkauf *m* liquidation totale (des stocks)

Totalisator [totali'zaːtor] *m* ⟨~s; -'toren⟩ PFERDERENNEN totalisateur *m*

totalitär [totali'tɛːr] *adj* POL *péj* totalitaire

Totalita'rismus *m* ⟨~⟩ POL *péj* totalitarisme *m*

To'tal|operation *f* MÉD ablation totale; *der Gebärmutter a. f* **~schaden** *m* dommage intégral; perte totale

'**totarbeiten** F *v/réfl* ⟨-ete, sép, -ge-, h⟩ **sich ~** se tuer au travail, à la besogne

'**totärgern** *v/réfl* ⟨*sép*, -ge-, h⟩ **sich ~** étouffer, suffoquer de rage

Totem ['toːtɛm] *n* ⟨~s; ~s⟩ totem *m*

Tote(r) *f(m)* ⟨→ A⟩ mort(e) *m(f)*; défunt(e) *m(f)*; F *fig* **wie ein ~r schlafen** dormir comme une souche; dormir à poings fermés; **das Unglück forderte 5 ~** cette catastrophe a fait 5 morts

'**Tote 'Meer** ⟨→ *n/pr*⟩ **das ~** la mer Morte

töten ['tøːtən] *v/t* ⟨-ete, h⟩ tuer; faire mourir; BIBL **du sollst nicht ~** tu ne tueras point; **e-n Nerv ~** tuer un nerf; *fig* **Gefühle ~** étouffer, tuer des sentiments

'**Toten|amt** *n* CATH *cf* Totenmesse; **~bahre** *f* civière *f*; *geschmückt* catafalque *m*; **~bett** *n* lit *m* de mort

'**toten|blaß, -'bleich** *adj* pâle comme un mort; d'une pâleur mortelle; livide

'**Toten|feier** *f* funérailles *f/pl*; service *m* funèbre; **~fleck** *m* tache *f* livide; **~glocke** *f* glas *m*; **~gräber** *m* fossoyeur *m*; **~hemd** *n* suaire *m*; linceul *m*; **~klage** *f* plainte *f* funèbre; **~kopf** *m* tête *f* de mort; **~kult** *m* culte *m* des morts; **~maske** *f* masque *m* mortuaire; **~messe** *f* CATH messe *f*, office *m* des morts; requiem *m*; **~reich** *n* empire *m*, royaume *m* des morts; **~schädel** *m* tête *f* de mort; **~schein** *m* acte *m*, certificat *m* de décès; **~sonntag** *m* PROT jour *m*, fête *f* des morts; **~stadt** *f* nécropole *f*; **~starre** *f* rigidité *f* cadavérique

'**toten'still** *adj* **es war ~** il régnait un silence de mort

'**Toten|stille** *f* silence *m* de mort; **~tanz** *m* danse *f* macabre; **~trompete** *f* BOT trompette de la mort, des morts

'**Totenwache** *f* veillée *f* funèbre; **die ~ halten** veiller un mort

'**totfahren** *v/t* ⟨*irr*, *sép*, -ge-, h⟩ écraser (avec un véhicule)

'**totgeboren** *adj* mort-né; **~es Kind** enfant mort-né(e) *m(f)*; mort-né(e) *m(f)*; F *fig* affaire, entreprise, *etc* mort-née

'**Tot|geburt** *f* (enfant) mort-né *m*; **~geglaubte(r)** *f(m)* ⟨→ A⟩ présumé(e) mort(e) *m(f)*; **~gesagte(r)** *f(m)* ⟨→ A⟩ réputé(e) mort(e) *m(f)*

'**totkriegen** F *v/t* ⟨*sép*, -ge-, h⟩ **nicht totzukriegen sein** *Person* être infatigable; *Sache* être inusable, F increvable

'**totlachen** F *v/réfl* ⟨*sép*, -ge-, h⟩ **sich ~** mourir de rire; F se fendre la pipe; F **das ist zum** 2̲ **c'est à mourir, F à crever de rire**; F c'est crevant

'**totlaufen** F *v/réfl* ⟨*irr*, *sép*, -ge-, h⟩ *fig* **das läuft sich tot** cela finira, s'arrangera de soi-même; F ça se tassera

'**totmachen** F ⟨*sép*, -ge-, h⟩ **I** *v/t* tuer; faire mourir; **II** *v/réfl* **sich ~** *cf* totarbeiten

Toto ['toːto] *m od n* ⟨~s; ~s⟩ **1.** PFERDERENNEN *cf* Totalisator, **2.** (*Fußball*2̲) loto sportif; **im ~ spielen** participer au loto sportif

'**Toto|gewinn** *m* gain *m* au loto sportif; **~schein** *m* bulletin *m* de loto sportif

'**totsagen** *v/t* ⟨*sép*, -ge-, h⟩ faire passer pour mort; **~schießen** *v/t* ⟨*irr*, *sép*, -ge-, h⟩ abattre, tuer d'un coup de feu

'**Totschlag** *m* ⟨~(e)s⟩ JUR homicide *m* volontaire

'**totschlagen** *v/t* ⟨*irr*, *sép*, -ge-, h⟩ assommer; tuer; *fig* **die Zeit ~** tuer le temps

'**Totschläger** *m* **1.** *Person* meurtrier *m*; **2.** *Waffe* matraque *f*; casse-tête *m*

'**tot|schweigen** *v/t* ⟨*irr*, *sép*, -ge-, h⟩ passer sous silence; étouffer; **~stellen** *v/réfl* ⟨*sép*, -ge-, h⟩ **sich ~** faire le mort; **~treten** *v/t* ⟨*irr*, *sép*, -ge-, h⟩ écraser du pied

'**Tötung** *f* ⟨~⟩ homicide *m*; JUR **fahrlässige ~** homicide par imprudence, involontaire

Touch [tatʃ] *m* ⟨~s; ~s⟩ touche *f*; teinte *f*; pointe *f*

Toupet [tu'peː] *n* ⟨~s; ~s⟩ postiche *m*

tou'pieren *v/t* ⟨*pas de ge-*, h⟩ *Haar* crêper

Tour [tuːr] *f* ⟨~; ~en⟩ **1.** (*Ausflug*) excursion *f*; randonnée *f*; **auf ~** (*Geschäftsreise*) **gehen** aller en tournée, voyage d'affaires; **2.** TECH, *beim Tanz* tour *m*; **auf ~en kommen** prendre de la vitesse; atteindre son régime; *fig* (*angeregt werden*) se mettre en train; (*wütend werden*) se mettre en rage; *fig* **auf vollen ~en laufen** tourner à plein régime; *Wahlkampf* battre son plein; F *fig* **j-n auf ~en bringen** (*anregen*) animer qn; mettre qn en train; (*ärgern*) mettre qn en rage, F en rogne; F **in e-r ~** sans cesse; sans arrêt; sans s'arrêter; **3.** F *fig* (*Methode*) **die alte ~** le vieux système; la vieille méthode; F le vieux truc; **auf die feine, vornehme ~** d'une façon distinguée; **krumme ~** F combine *f*; **auf die krumme ~** par des moyens malhonnêtes, illicites; **er hat mir die ~ vermasselt** F il m'a cassé la baraque; F il a foutu par terre mes projets

'**Touren|rad** *n* vélo *m* de tourisme; **~wagen** *m* voiture *f* grand tourisme (pour rallyes); **~zahl** *f* AUTO régime *m*

Tou'rismus *m* ⟨~⟩ tourisme *m*

Tou'rist(in) *m* ⟨~en; ~en⟩ *(f)* ⟨~; ~nen⟩ touriste *m,f*

Tou'rist|enklasse *f* classe *f* touriste; **~ik** *f* ⟨~⟩ tourisme *m*; 2̲**isch** *adj* touristique

Tournee [tur'neː] *f* ⟨~; ~n *ou* ~s⟩ tournée *f*; **auf ~ gehen** partir en tournée; **auf ~ sein** être en tournée

Tower ['tauɐr] *m* ⟨~(s); ~⟩ AVIAT tour *f* de contrôle

Toxiko|'loge *m* ⟨~n; ~n⟩, **~'login** *f* ⟨~; ~nen⟩ toxicologue *m,f*; **~lo'gie** *f* ⟨~⟩ toxicologie *f*

Toxin [tɔ'ksiːn] *n* ⟨~s; ~e⟩ MÉD toxine *f*

'**toxisch** *adj* toxique

Trab [traːp] *m* ⟨-(e)s⟩ trot *m*; **~ reiten** aller au trot; **im ~ sein**; **in vollem ~** au grand trot; F *fig* **auf ~ sein** F ne pas pouvoir souffler; F **j-n auf ~ bringen** secouer, aiguillonner qn; F **sich in ~ setzen** se mettre en marche; F partir au trot; *fig* se mettre en branle

Trabant [tra'bant] *m* ⟨~en; ~en⟩ ASTR, *fig* satellite *m*

Tra'bantenstadt *f* ville *f* satellite

'**traben** *v/i* ⟨sein⟩ trotter (*a* F *von Menschen*); aller au trot

'**Trab|er** *m* ⟨~s; ~⟩ trotteur *m*; **~rennbahn** *f* champ *m* de courses, hippodrome *m* (réservé aux courses de trot); **~rennen** *n* course *f* de trot

Tracht [traxt] *f* ⟨~; ~en⟩ **1.** (*Kleidung*) costume *m*; habits *m/pl*; (*Volks*2̲) costume folklorique, régional; **2.** F **~ Prügel** correction *f*; volée *f* (de coups)

'**trachten** *st/s v/i* ⟨-ete, h⟩ **nach etw ~** aspirer, viser, tendre à qc; rechercher qc; **j-m nach dem Leben ~** attenter

aux jours de qn; en vouloir à la vie de qn
'**Trachten|anzug** *m* costume folklorique, régional, ~**fest** *n* fête *f* folklorique *od* en costumes régionaux; **~gruppe** *f* groupe *m* folklorique
trächtig ['trɛçtɪç] *adj von Tieren* pleine; *sc* gravide; **~** *sein* à porter
'**Trächtigkeit** *f* ⟨~⟩ gestation *f*; gravidité *f*
Tradition [traditsi'oːn] *f* ⟨~; ~en⟩ tradition *f*; *das hat* **~** c'est une tradition
Traditiona'lismus *st/s m* ⟨~⟩ traditionalisme *m*
traditio'nell I *adj* traditionnel, -elle; de tradition; II *adv* traditionnellement
traditi'onsbewußt *adj* traditionaliste
traf [traːf] *cf* **treffen**
Trafik [tra'fɪk] *f* ⟨~; ~en⟩ österr bureau *m* de tabac
Trafo ['traːfo] *m* ⟨~(s); ~s⟩ (*Transformator*) transformateur *m*; F transfo *m*
'**Tragbahre** *f* civière *f*; brancard *m*
'**tragbar** *adj* **1.** (*transportabel*) portable; portatif, -ive; **2.** *Kleidung* mettable; **3.** *fig* (*erträglich*) supportable; tolérable; acceptable; (*zulässig*) admissible; *nicht* **~** inacceptable; inadmissible
'**Trage** *f* ⟨~; ~n⟩ **1.** *cf* **Tragbahre**; **2.** (*Rücken*⚳) 'hotte *f*
träge ['trɛːɡə] *adj* **1.** (*lustlos*) indolent; inerte; mou, molle; (*langsam*) lent; (*schwerfällig*) lourd; (*geistig* ~) paresseux, -euse (d'esprit); (*faul*) paresseux, -euse; **2.** PHYS **~** *Masse* masse *f* inerte
'**Trag(e)gurt** *m* bretelle *f*; courroie *f*
tragen ['traːɡən] ⟨trägt, trug, getragen, h⟩ I *v/t* **1.** (*transportieren*) porter; *in der Hand* **~** porter à la main; *bei sich* (*dat*) **~** avoir sur soi; *abs j-m* **~** *helfen* aider qn à porter sa charge; *abs schwer zu* **~** *haben* avoir qc de lourd à porter; *poét so weit ihn s-e Füße* **~** aussi loin que ses jambes le portent; *aus der Bahn ge-* **~** *werden Kugel, Geschoß* dévier; *Auto* être déporté; **2.** (*stützen, belastbar sein*) supporter; soutenir; *abs Eis, Wasser, Flügel* porter; CONSTR **~de Wand** mur porteur; *fig von der Mehrheit ge-* **~** *sein* être porté, soutenu par la majorité; *fig* **~de Rolle** rôle principal, capital; **3.** (*ertragen*) supporter; subir; *sein Schicksal mit Geduld* **~** supporter son sort avec patience; *etw mit Fassung* **~** supporter, subir qc avec constance; **4.** (*einstehen für*) *Kosten, Folgen, Risiko* supporter; prendre à sa charge; **5.** (*an sich haben*) *Kleidung, Schmuck, Frisur* porter; *das Haar kurz* **~** porter les cheveux courts; *getragene Kleidung* vêtements usagés; *schwarz* **~** porter du noir; *fig die Nase hoch* **~** aller, porter la tête 'haute; **6.** *Titel, Namen, Datum, Unterschrift* porter; *das Datum vom ...* **~** porter la date du ...; être daté du ...; **7.** (*Frucht bringen*) *a abs Baum* porter, donner (des fruits); produire; *der Baum trägt schlecht od wenig* **~** cet arbre produit peu; FIN *Zinsen* **~** rapporter, produire des intérêts; **8.** *mit Abstrakta e-r Sache* (*dat*) *Rechnung* **~** tenir compte de qc; *die Schuld an etw* (*dat*) **~** être la cause de qc; *die Verantwortung* **~** porter la responsabilité (*für* de); *dafür Sorge* **~**, *daß ...* veiller à ce que ... (+*subj*); *zur Schau* **~** faire étalage de; afficher;

(*heucheln*) affecter; *voll zum* ⚳ *kommen* jouer à plein; II *v/i* **9.** *Stimme weit* **~** porter loin; **10.** *Tiere cf* **trächtig** (*sein*); **11.** *fig schwer an etw* (*dat*) **~** *od zu* **~** *haben* être accablé par qc; III *v/réfl* **12.** *Kleidung sich gut* **~** être agréable à porter; *Last das trägt sich schlecht* cela n'est pas commode à porter; **13.** *Unternehmen sich nicht* **~** ne pas se suffire à soi-même; ne rien rapporter; **14.** *sich mit der Absicht* **~**, *zu* (+*inf*) avoir l'intention de, se proposer de (+*inf*)
Träger ['trɛːɡər] *m* ⟨~s; ~⟩ **1.** *an Kleidung* bretelle *f*; **2.** CONSTR support *m*; poutre *f*; poutrelle *f*
'**Träger(in)** *m* ⟨~s; ~⟩ (*f*) ⟨~; ~nen⟩ **1.** (*Person*) *Lasten* porteur *m* (*a e-s Titels, Namens*); **2.** ADM organisme *m* ([+ *gén*] responsable de); *die Einrichtung hat e-n privaten* **~** la gestion et le financement de cette institution sont assurés par un organisme privé; **3.** MÉD porteur *m*
'**Träger|kleid** *n* robe *f* à bretelles; ⚳**los** *adj Kleidung* sans bretelles; **~rakete** *f* fusée porteuse; **~rock** *m* jupe *f* à bretelles
'**Trägerschaft** *f* ⟨~; ~en⟩ charge *f*, responsabilité *f* ([+ *gén*] de); *coll* organismes *m/pl* responsables
'**Trage|tasche** *f* sac *m*; *aus Plastik* a sac *m* en plastique; **~zeit** *f* durée *f* de la gestation
'**tragfähig** *adj* capable de porter; solide; *fig e-e* **~e** *Mehrheit* une majorité solide
'**Trag|fähigkeit** *f* ⟨~⟩ CONSTR force portante; limite *f* de charge; **~fläche** *f* AVIAT aile *f*; voilure *f*; plan *m* de sustentation; **~flügelboot** *n* hydrofoil *m*
'**Träg|heit** *f* ⟨~; ~en⟩ **1.** ⟨*sans pl*⟩ (*Lustlosigkeit*) indolence *f*; inertie *f*; (*Schwerfälligkeit*) lourdeur *f*; *des Geistes* paresse *f* d'esprit; (*Faulheit*) paresse *f*; **2.** PHYS inertie *f*; **~heitsgesetz** *n* PHYS loi *f* d'inertie; **~heitsmoment** *n* PHYS moment *m* d'inertie
Tragik ['traːɡɪk] *f* ⟨~⟩ tragique *m*
'**Tragiker** *m* ⟨~s; ~⟩ tragique *m*
tragi'komisch *adj* tragi-comique
Tragiko'mödie *f* tragi-comédie *f*
'**tragisch** I *adj* tragique; F *das ist* (*doch*) *nicht so* **~** ce n'est (quand même) pas si grave; II *adv* tragiquement; F *etw* **~** *nehmen* prendre qc au tragique
'**Trag|last** *f* charge *f*; fardeau *m*; **~lufthalle** *f* structure *f*, 'hall *m* pneumatique, gonflable
Tragöd|e [tra'ɡøːdə] *m* ⟨~n; ~n⟩, **~in** ⟨~; ~nen⟩ THÉ tragédien, -ienne *m,f*
Tra'gödie *f* ⟨~; ~n⟩ tragédie *f*; F *fig mach doch keine* **~** *daraus!* n'en fais pas tout un drame!
'**Tragweite** *f a fig* portée *f*; *fig e-e Entscheidung von großer* **~** une décision d'une grande portée *od* de la plus grande importance
Trainer(in) ['trɛːnər(m)] *m* ⟨~s; ~⟩ (*f*) ⟨~; ~nen⟩ SPORT entraîneur *m*
trai'nieren ⟨*pas de ge-*, h⟩ I *v/t j-n* **~** entraîner qn; *Fußball* **~** s'entraîner au football; *sein Gedächtnis* **~** entraîner, exercer sa mémoire; *ein gut trainierter Körper* un corps bien entraîné; *darauf trainiert sein, etw zu tun* être entraîné, exercé à faire qc; II *v/i* s'entraîner;

für Olympia **~** s'entraîner pour les Jeux olympiques; *bei e-m Sportclub* **~** s'entraîner dans un club sportif
'**Training** *n* ⟨~s; ~s⟩ entraînement *m*; *fig im* **~** *sein* être en forme
'**Trainings|anzug** *m* survêtement *m*; **~lager** *n* camp *m* d'entraînement; **~zeit** *f* SPORT temps réalisé à l'entraînement
Trakt [trakt] *m* ⟨~(e)s; ~e⟩ *e-s Gebäudes* aile *f*; *e-s Gefängnisses* quartier *m*
Traktat [trak'taːt] *m od n* ⟨~(e)s; ~e⟩ **1.** *litt* traité *m*; **2.** (*Schmähschrift*) libelle *m*
trak'tieren *v/t* ⟨*pas de ge-*, h⟩ (*plagen*) maltraiter; importuner; *j-n mit Vorwürfen* **~** poursuivre qn de ses reproches; *j-n mit Fußtritten* **~** donner des coups de pied à qn
Traktor ['traktɔr] *m* ⟨~s; -'toren⟩ tracteur *m*
'**Traktorfahrer**, *ostdeutsch* **Trakto'rist** *m* ⟨~en; ~en⟩ conducteur *m* de tracteur
trällern ['trɛlərn] *v/t u v/i* ⟨-(e)re, h⟩ fredonner
Tram [tram] *südd f* ⟨~; ~s⟩, *schweiz n* ⟨~s; ~s⟩ tram *m*
Tramp [trɛmp] *m* ⟨~s; ~s⟩ vagabond *m*
Trampel ['trampəl] F *m od n* ⟨~s; ~⟩ lourdaud(e) *m(f)*; pataud(e) *m(f)*
'**trampeln** F ⟨-(e)le⟩ I *v/t* ⟨h⟩ *e-n Weg* **~** ouvrir, frayer un chemin (en piétinant le sol); *j-n zu Tode* **~** piétiner qn à mort; II *v/i* ⟨h, doublé d'une indication de direction sein⟩ (*mit den Füßen treten*) trépigner; (*schwerfällig gehen*) marcher d'un pas lourd
'**Trampel|pfad** *m* sentier *m*; piste battue; **~tier** *n* **1.** ZO chameau *m*; **2.** F *fig cf* **Trampel**
trampen ['trɛmpən] *v/i* ⟨sein⟩ faire de l'auto-stop; F faire du stop
'**Tramper(in)** *m* ⟨~s; ~⟩ (*f*) ⟨~; ~nen⟩ auto-stoppeur, -euse *m,f*
Trampolin ['trampoliːn] *n* ⟨~s; ~e⟩ trampoline *m*
Tran [traːn] *m* ⟨~(e)s; ~e⟩ **1.** huile *f* de baleine, de phoque, de certains poissons; **2.** F *fig im* **~** *sein* F être dans les vapes, le cirage
Trance ['trɑ̃ːs] *f* ⟨~; ~n⟩ transe *f*; *in* **~** en transe
'**Trancezustand** *m* état *m* de transe, hypnotique
tranchier|en [trɑ̃'ʃiːrən] *v/t* ⟨*pas de ge-*, h⟩ découper; ⚳**messer** *n* couteau *m* à découper
Träne ['trɛːnə] *f* ⟨~; ~n⟩ **1.** larme *f*; *poét* pleur *m*; **~n vergießen** verser, répandre des larmes; **~n lachen** rire aux larmes; *den* **~n** *nahe sein* être au bord des larmes; *ihr kommen die* **~n** elle se met à pleurer; *iron mir kommen gleich die* **~n** je vais sortir mon mouchoir; *j-m keine* **~** *nachweinen* ne pas regretter, déplorer le départ de qn; ne pas avoir le moindre regret de voir partir qn; *ganz in* **~n** *aufgelöst sein* pleurer à chaudes larmes; être tout en larmes, *poét* en pleurs; *mit* **~n** *in den Augen* les larmes aux yeux; *ihm stehen die* **~n** *in den Augen* il a les larmes aux yeux; F *mit e-r* **~** *im Knopfloch* avec un léger regret; *unter* **~n** *lächeln* sourire dans *od* entre ses larmes; *zu* **~n** *gerührt* ému, touché aux larmes; *leicht zu* **~n** *gerührt sein*

avoir la larme facile; avoir toujours la larme à l'œil; **2.** *fig* (*kleiner Tropfen*) petite goutte; F larme *f*
'**tränen** *v/i* ⟨h⟩ *meine Augen ~, mir ~ die Augen* j'ai les yeux qui larmoient
'**Tränendrüse** *f* ANAT glande lacrymale; *fig péj* **auf die ~n drücken** F faire dans le sentimental, le mélo
'**tränenerstickt** *adj* *mit ~er Stimme* avec des larmes dans la voix; d'une voix mouillée de larmes
'**Tränen|gas** *n* gaz *m* lacrymogène; **~sack** *m* ANAT sac lacrymal; **♀überströmt** *adj* noyé de larmes
'**Tranfunzel** F *péj f* **1.** (*trübes Licht*) lumignon *m*; **2.** *fig Mensch* F lambin(e) *m(f)*; F gourde *f*
'**tranig** *adj* **1.** (*Tran enthaltend*) imprégné d'huile de poisson; **2.** (*ölig*) huileux, -euse; (*nach Tran schmeckend*) qui a un goût d'huile de poisson; **3.** F *fig péj* (*träge*) engourdi; F lambin; F gourde
trank [trank] *cf* **trinken**
Trank *st/s m* ⟨~(e)s; ~e⟩ (*Getränk*) boisson *f*; *st/s* breuvage *m*; *Speis und ~* le boire et le manger
Tränke ['trɛŋkə] *f* ⟨~; ~n⟩ abreuvoir *m*
'**tränken** *v/t* ⟨h⟩ **1.** *Tiere* abreuver; donner à boire à; faire boire; **2.** (*sich vollsaugen lassen*) imbiber, imprégner (*mit* de)
'**Trankopfer** *n* ALTERTUM libation *f*
Tranquilizer ['trɛŋkwɪlaɪzə] *m* ⟨~s; ~⟩ PHARM tranquillisant *m*
trans..., Trans... [trans...] *in Zssgn* trans...
Transakti'on *f* FIN transaction *f*
trans|al'pin(isch) *adj* transalpin; **~at'lantisch** *adj* transatlantique
Transfer [trans'fe:r] *m* ⟨~s; ~s⟩ transfert *m*
trans|fe'rierbar *adj* transférable; **~fe'rieren** *v/t* ⟨*pas de ge-*, h⟩ **1.** ÉCON transférer; **2.** SPORT opérer, réaliser le transfert de
Transformation [transfɔrmatsi'oːn] *f* ⟨~; ~en⟩ transformation *f*
Transformati'onsgrammatik *f* LING (*generative*) **~** grammaire (générative) transformationnelle
Transfor'mator *m* ⟨~s; -'toren⟩ transformateur *m*
transfor'mieren *v/t* ⟨*pas de ge-*, h⟩ transformer
Transfusi'on *f* ⟨~; ~en⟩ transfusion *f* (sanguine)
Transistor [tran'zɪstɔr] *m* ⟨~s; -'toren⟩ ÉLECT transistor *m*; **~radio** *n* transistor *m*; poste *m* de radio à transistors
Transit¹ [tran'zɪt *ou* 'tran-] *m* ⟨~s; ~e⟩ transit *m*
Tran'sit² *n* ⟨~s; ~s⟩ *Kurzwort cf* **Transitvisum**
Tran'sithandel *m* commerce *m* de transit
'**transitiv** *adj* GR transitif, -ive; **~es Verb** verbe transitif
Tran'sit|raum *m* salle *f* de transit; **~reisende(r)** *f(m)* passager, -ère *m,f* en transit; **~verkehr** *m* trafic *m* en transit; **~visum** *n* visa *m* de transit
Transkei [trans'kaɪ] *f* ⟨→ *n/pr*⟩ *die* **~** le Transkei
transkontinen'tal *adj* transcontinental
transkribieren [transkri'biːrən] *v/t* ⟨*pas de ge-*, h⟩ transcrire
Transkription [transkrɪptsi'oːn] *f* ⟨~; ~en⟩ transcription *f*

Trans|missi'on *f* ⟨~; ~en⟩ TECH transmission *f*; **~missi'onsriemen** *m* courroie *f* de transmission
transoze'anisch *adj* transocéanique
transparent [transpa'rɛnt] *adj* transparent; *fig Entscheidungen* **~ machen** rendre des décisions transparentes
Transpa'rent *n* ⟨~(e)s; ~e⟩ **1.** (*Spruchband*) banderole *f*; pancarte *f*; calicot *m*; **2.** (*Bild*) transparent *m*; **~papier** *n* papier transparent
Transpa'renz *st/s f* ⟨~⟩ *a fig* transparence *f*
Transpirati'on *f* ⟨~⟩ transpiration *f*
transpirieren [transpi'riːrən] *v/i* ⟨*pas de ge-*, h⟩ transpirer
Trans|plan'tat *n* ⟨~(e)s; ~e⟩ MÉD greffon *m*; transplant *m*; **~plantati'on** *f* ⟨~; ~en⟩ MÉD transplantation *f*; greffe *f*
transplantieren [transplan'tiːrən] *v/t* ⟨*pas de ge-*, h⟩ MÉD transplanter
transponieren [transpo'niːrən] *v/t* ⟨*pas de ge-*, h⟩ *st/s*, MUS, LING transposer
Transport [trans'pɔrt] *m* ⟨~(e)s; ~e⟩ transport *m*
transpor'tabel *adj* ⟨-bl-⟩ transportable
Trans'port|arbeiter *m* débardeur *m*; ouvrier *m* (de l'industrie) des transports; **~band** *n* ⟨~(e)s; -bänder⟩ bande transporteuse; tapis roulant; convoyeur *m*; **~behälter** *m* container *m*, conteneur *m*
Trans'porter *m* ⟨~s; ~⟩ AUTO camionnette *f*; *größerer* camion *m*; fourgon *m*; MAR transport *m*; AVIAT *cf* **Transportflugzeug**
Transpor'teur *m* ⟨~s; ~e⟩ transporteur *m*
trans'portfähig *adj* *bes von Kranken* transportable
Trans'port|firma *f* entreprise *f* de transport, de messageries; **~flugzeug** *n* avion-cargo *m*; avion *m* de transport
transpor'tieren *v/t* ⟨*pas de ge-*, h⟩ transporter
Trans'port|kosten *pl* frais *m/pl* de transport; **~maschine** *f* AVIAT *cf* **Transportflugzeug**; **~mittel** *n* moyen *m* de transport; **~unternehmer** *m* entrepreneur *m* de transport; transporteur *m*; **~verlust** *m* coulage *m* de route; **~wesen** *n* ⟨~s⟩ transports *m/pl*
transsexu'ell *adj* transsexuel, -elle
transsi'birisch *adj* transsibérien, -ienne; *die* **♀*e Eisenbahn*** le Transsibérien
Transu'rane *n/pl* PHYS (éléments) transuraniens *m/pl*
Transuse ['traːnzuːzə] F *f* ⟨~; ~n⟩ F lambin(e) *m(f)*; F gourde *f*
Transvestit [transvɛs'tiːt] *m* ⟨~en; ~en⟩ travesti *m*; F travelo *m*
transzendent [transtsɛn'dɛnt] *adj* PHILOS transcendant
Transzen'denz *st/s f* ⟨~⟩ *fig*, PHILOS transcendance *f*
Trapez [tra'peːts] *n* ⟨~es; ~e⟩ SPORT, MATH trapèze *m*; **~künstler(in)** *m(f)* trapéziste *m,f*
Trapezoid [trapetso'iːt] *n* ⟨~(e)s; ~e⟩ MATH trapézoïde *m*
Trappe ['trapə] *f* ⟨~; ~n⟩ ZO outarde *f*
trappeln ['trapəln] *v/i* ⟨-(e)le, sein⟩ trottiner
Trapper ['trapər] *m* ⟨~s; ~⟩ trappeur *m*
Trappist(in) [tra'pɪst(ɪn)] *m* ⟨~en; ~en⟩ (*f*) ⟨~; ~nen⟩ REL trappiste *m,f*
Trap'pisten|kloster *n* couvent *m* de

l'ordre de la Trappe; **~orden** *m* der **~** la Trappe
trapsen ['trapsən] F *v/i* ⟨-(es)t, sein⟩ marcher lourdement, d'un pas lourd, pesant
Trara [tra'raː] F *n* ⟨~s⟩ *viel* **~** (*um etw*) *machen* faire beaucoup de chichis (à propos de *od* pour qc)
Trasse ['trasə] *f* ⟨~; ~n⟩ STRASSENBAU, BAHN, ÉLECT geplant tracé *m*; *bestehend* ligne *f*
trat [traːt] *cf* **treten**
Tratsch [traːtʃ] F *péj m* ⟨~es⟩ racontars *m/pl*; potins *m/pl*; F ragots *m/pl*; F commérages *m/pl*
'**tratschen** F *v/i* ⟨h⟩ cancaner; potiner
Tratte ['tratə] *f* ⟨~; ~n⟩ FIN traite *f*; effet tiré
'**Traualtar** *st/s m* *j-n zum* **~** *führen* mener qn à l'autel; épouser qn
Traube ['traʊbə] *f* ⟨~; ~n⟩ **1.** BOT (*Blüten♀*) grappe *f*; **2.** (*Wein♀*) raisin *m*; grappe *f* (de raisin); **~n kaufen** acheter des raisins; *fig j-m hängen die* **~*n zu hoch*** les raisins sont trop verts (pour qn); **3.** *fig* (*große Menge*) grappe *f*; *e-e* **~ *von Menschen*** une grappe humaine
'**traubenförmig** *adj* en grappe(s)
'**Trauben|hyazinthe** *f* BOT muscari *m*; **~most** *m* moût *m* (de raisin); **~saft** *m* jus *m* de raisin; **~zucker** *m* glucose *m*
trauen¹ ['traʊən] *v/t* ⟨h⟩ *Brautpaar* marier; unir; *sich* **~ *lassen*** se marier
'**trauen²** ⟨h⟩ **I** *v/i*, *j-m, e-r Sache* **~** faire confiance à qn; avoir confiance en qn; *en od* dans qc; se fier à qn, qc; *j-m, e-r Sache nicht* **~** se méfier de qn, qc; *F j-m nicht über den Weg* **~** ne pas du tout faire confiance à qn; *s-n Augen, Ohren nicht* **~** ne pas en croire ses yeux, ses oreilles; **II** *v/réfl sich* **~**, *zu* (+*inf*) oser (+*inf*); *ich traue mich nicht, mitzukommen* je n'ose pas vous accompagner; F *du traust dich ja doch nicht!* tu n'oseras pas!; *sich nicht auf die Straße, aus dem Haus* **~** ne pas oser sortir dans la rue, de chez soi
Trauer ['traʊər] *f* ⟨~⟩ **1.** *Gefühl* tristesse (profonde); affliction *f*; désolation *f*; *um Tote* deuil *m*; **~ *über etw*** (*acc*) *empfinden* s'affliger, se désoler de qc; *in Todesanzeigen* **in tiefer, stiller ~** (profonds) regrets; **2.** (**~***kleidung*) **~ *anlegen*** prendre le deuil; **3.** (**~***zeit*) deuil *m*; *drei Tage* **~ *anordnen*** décréter trois jours de deuil (national)
'**Trauer|akt** *m* cérémonie *f* funèbre; **~anzeige** *f* faire-part *m* de décès; **~arbeit** *f* ⟨~⟩ PSYCH travail *m* de deuil; **~brief** *m* lettre *f* de condoléances; **~fall** *m* deuil *m*; **~feier** *f* funérailles *f/pl*; **~flor** *m* crêpe *m* (de deuil); *am Arm* brassard *m* de deuil *od* de crêpe; **~gefolge** *m*, **~geleit** *n*, **~gemeinde** *f* convoi *m*, cortège *m* funèbre; **~gottesdienst** *m* service *m* funèbre; **~haus** *m* maison *f* du défunt, de la défunte; **~jahr** *n* année *f* de deuil; **~karte** *f* (*Todesanzeige*) faire-part *m* de décès; (*Beileidskarte*) lettre *f* de condoléances; **~kleidung** *f* deuil *m*; **~kloß** F *m* F rabat-joie *m*; F éteignoir *m*; **~mantel** *m* ZO morio *m*; **~marsch** *m* marche *f* funèbre
'**Trauermiene** F *f* air *m* funèbre, de circonstance; *e-e* **~ *aufsetzen*** prendre un air funèbre, de circonstance

'**trauern** v/i ⟨-(e)re, h⟩ **1.** être affligé; p/fort être plongé dans l'affliction, dans la tristesse; **um** j-n ~ pleurer (la mort, la perte de) qn; **um** od **über etw** ~ s'affliger de qc; regretter la perte de qc; **2.** (*Trauer tragen*) porter le deuil
'**trauernd** adj t endeuillé; en deuil
'**Trauerrand** m ~ bordé, encadré de noir; F fig **Trauerränder an den Fingernägeln haben** F avoir les ongles en deuil
'**Trauerrede** f discours m funèbre
'**Trauerspiel** n THÉ tragédie f; F fig **das ist ja ein ~!** c'est lamentable!
'**Trauer|tag** m jour m de deuil; fig triste, funeste jour m; **~weide** f BOT saule pleureur; **~zug** m cortège m funèbre
Traufe ['traufə] f ⟨~; ~n⟩ (*Dachrinne*) gouttière f; F fig **vom Regen in die ~ kommen** tomber de Charybde en Scylla; tomber de mal en pis
träufeln ['trɔyfəln] v/t ⟨-(e)le, h⟩ verser goutte à goutte (**in** [+acc] dans); MÉD instiller
'**traulich** adj intime; (*anheimelnd*) où l'on est bien, à son aise; (*ungezwungen*) familier, -ière; **in** ~**er Runde** dans un cercle familier, intime; entre intimes; *Feier etc* dans l'intimité
Traum [traum] m ⟨~(e)s; ~e⟩ **1.** rêve m (*a fig Wunsch ⟨2⟩*); st/s songe m; ~ **haben** faire un rêve; **e-n** ~ **deuten** interpréter un rêve; **wie im** ~ comme dans un rêve; **es war immer mein** ~, **zu** (+inf) j'ai toujours rêvé de (+inf); F **aus der** ~! le rêve est fini!; F **das fällt mir nicht im** ~**e ein** je suis loin d'y penser; cette idée ne m'effleure même pas l'esprit; prov **Träume sind Schäume** prov tout songe est mensonge; **2.** F (*etwas Wunderschönes*) rêve m; **ein** ~ **von e-m Haus** une maison de rêve
Traum... in Zssgn **1.** e-s Traums, von Träumen de(s) rêve(s); **2.** (*nicht wirklich*) imaginaire; **3.** F (*ideal*) de mes, tes, *etc* rêves; idéal
Trauma ['trauma] n ⟨~s; -men ou ~ta⟩ MÉD, PSYCH traumatisme m
trau|ma'tisch adj MÉD, PSYCH traumatique; **~ti'sieren** v/t ⟨pas de ge-, h⟩ MÉD, PSYCH traumatiser
'**Traumberuf** m mein, sein etc ~ le métier de mes, ses, *etc* rêves
'**Traum|bild** n rêve m; vision f; **~deuter(in)** m ⟨~s; ~⟩ (f) ⟨~; ~nen⟩ personne f qui interprète les rêves; sc oniromancien, -ienne m,f; **~deutung** f interprétation f des rêves; sc oniromancie f
träumen ['trɔymən] ⟨h⟩ I v/t etw Schönes ~ faire un beau rêve; II v/i **1.** im Schlaf, a fig (*Wünsche haben*) rêver (**von** de); faire un rêve; ~ **Sie süß!** faites de beaux rêves!; **2.** (*geistesabwesend sein*) **mit offenen Augen** ~ être perdu dans ses rêveries; rêver les yeux ouverts, tout éveillé; être dans la lune; **du träumst wohl!** tu rêves!; tu n'y songes pas!; III v/réfl **das hätte ich mir nie** ~ **lassen!** je ne m'y serais jamais attendu!; F j'en ai pensé!
'**Träumer(in)** m ⟨~s; ~⟩ (f) ⟨~; ~nen⟩ rêveur, -euse m,f; fig utopiste m,f
Träume'rei f ⟨~; ~en⟩ rêverie f (*a* MUS); songerie f
'**träumerisch** adj rêveur, -euse

'**Traumfabrik** f **die** ~ **Hollywood** les studios m/pl de Hollywood
'**Traumfrau** F f femme idéale; **meine, seine** ~ la femme de ma, sa vie
'**traum|haft** I adj **1.** (*wie im Traum*) comme un rêve; **2.** F (*sehr schön*) fantastique; merveilleux, -euse; II adv F (*sehr schön*) merveilleusement bien; **~los** adj u adv sans rêve(s)
'**Traummann** F m homme idéal; **mein, ihr** ~ l'homme de ma, sa vie
'**Traumtänzer** péj m songe-creux m
'**traumwandlerisch** adj cf **schlafwandlerisch**
'**Traumwelt** f monde m imaginaire, chimérique, des rêves; **in e-r** ~ **leben** vivre dans la lune
traurig ['trauriç] I adj **1.** (*betrübt*) triste (**über** [+acc] de); p/fort affligé; (*schwermütig*) mélancolique; **ein** ~**es Gesicht, e-e** ~**e Miene machen** avoir un air triste; ~ **werden** s'attrister (**über** [+acc] sur); ~ **machen, stimmen** attrister; **2.** (*betrüblich*) attristant; p/fort affligeant; **ein** ~**er Fall** Person un cas tragique; **3.** (*kläglich*) pitoyable; piteux, -euse; **die** ~**en Reste e-r Mahlzeit** les restes peu appétissants; **in e-m** ~**en Zustand sein** être en piteux état
'**Traurigkeit** f ⟨~⟩ tristesse f; p/fort affliction f; (*Schwermut*) mélancolie f; **sie ist kein Kind von** ~ elle est d'un naturel gai
'**Trauring** m alliance f
'**Trauschein** m acte m de mariage; **Ehe** f **ohne** ~ union f libre; concubinage m
traut [traut] poét adj ⟨épithète⟩ intime; familier, -ière; ~**es Heim** (petit) nid douillet
'**Trauung** f ⟨~; ~en⟩ (cérémonie f du) mariage m; **kirchliche, standesamtliche** ~ mariage religieux, civil
'**Trauzeuge** m témoin m (du marié bzw de la mariée)
Travellerscheck ['trɛvələrʃɛk] m traveller's chèque m m, chèque m de voyage
Travestie [travɛs'tiː] f ⟨~; ~n⟩ parodie f
Trawler ['troːlər] m ⟨~s; ~⟩ MAR chalutier m
Treber ['treːbər] pl **1.** (*Trester*) marc m (du vin); **2.** BIERBRAUEREI drêche f
Treck [trɛk] m ⟨~s; ~s⟩ convoi m
Trecker m ⟨~s; ~⟩ tracteur m
Treff[1] [trɛf] n ⟨~s; ~s⟩ KARTENSPIEL trèfle m
Treff[2] m ⟨~s; ~s⟩ **1.** (*Begegnung*) rencontre f; (*Verabredung*) rendez-vous m; **2.** (*Ort des Treffens*) lieu m de rencontre, de rendez-vous
treffen ['trɛfən] ⟨trifft, traf, getroffen, h⟩ I v/t **1.** mit e-m Schuß etc (*erreichen*) toucher; frapper; atteindre; **j-n am Bein, ins Bein** ~ toucher qn à la jambe; **das Ziel** ~ frapper, toucher juste; **den Nagel auf den Kopf** ~ mettre dans le mille; frapper, toucher juste; **2.** (*begegnen*) rencontrer; **wann kann ich Sie** ~? quand puis-je vous rencontrer, voir?; **3.** fig (*herausfinden, erraten*) **mit e-m Geschenk das Richtige** ~ toucher, tomber juste; **den richtigen Ton** ~ trouver le ton juste; **es gut** ~ od **es gut getroffen haben** avoir de la chance; **er ist gut getroffen** auf e-m Bild, Foto son portrait est bien ressemblant, réussi; **4.** (*seelisch erschüttern*) **das hat**

mich tief getroffen cela m'a touché, affecté profondément; **5.** (*Schaden zufügen*) **das Schicksal hat sie schwer getroffen** le destin l'a durement frappée; **die Luftangriffe trafen besonders die Zivilbevölkerung** les bombardements ont particulièrement touché, frappé la population civile; **6.** (*ereilen, zufallen*) j-n ~ **Fluch, Los, Unglück** frapper qn; **Zorn** se décharger sur qn; **wen trifft die Schuld?** à qui la faute?; **ihn trifft die alleinige Schuld** la faute en incombe, revient à lui seul; c'est lui le seul responsable; **warum trifft es gerade mich?** pourquoi est-ce moi qui suis la victime?; **7.** als Funktionsverb **Entscheidung, Verabredung, Vorkehrungen** prendre; **Vorbereitungen** faire; cf a beim jeweiligen Substantiv; II v/i **8. Schuß, Schütze er hat getroffen** il a touché juste!; il a fait mouche!; a fig **ins Schwarze** ~ mettre dans le mille; faire mouche; **9.** ⟨sein⟩ **auf etw** (acc) ~ (*vorfinden*) rencontrer qc (par hasard); tomber sur qc; **auf Widerstand** ~ rencontrer de la résistance; III v/réfl **10.** (*begegnen*) **sich** ~ se rencontrer; **sich mit j-m** ~ rencontrer qn; fig **ihre Blicke trafen sich** leurs regards se rencontrèrent; **11.** (*sich fügen*) **das trifft sich gut** cela tombe bien, F à pic; quelle heureuse coïncidence; **es traf sich, daß...** le hasard voulut, a voulu que ... (+subj)
'**Treffen** n ⟨~s; ~⟩ **1.** (*Begegnung*) rencontre f (*a* POL); (*Verabredung*) rendez-vous m; (*Unterredung*) entrevue f; (*Zusammenkunft*) réunion f; **2.** SPORT rencontre f; **ein faires** ~ une rencontre correcte; **3.** MIL HIST engagement m; rencontre f; st/s fig **ins** ~ **führen** Gründe etc produire; mettre en avant; faire valoir
'**treffend** I adj t Antwort, Ausdruck, Urteil etc (zu~) juste; approprié; pertinent; II adv avec pertinence; **j-n** ~ **darstellen** faire un portrait juste de qn
'**Treffer** m ⟨~s; ~⟩ **1.** a fig coup réussi; coup m au but, FECHTEN touche f; **2.** BALLSPIELE but m; **e-n** ~ **erzielen** toucher le but; **3.** Los billet gagnant; fig coup heureux; chance f
'**trefflich** st/s adj excellent; parfait
'**Treffpunkt** m (lieu m de) rendez-vous m; lieu m de rencontre
'**treffsicher** adj **1.** im Schießen qui a la main sûre, l'œil juste; **2.** fig **ein** ~**es Urteil haben** avoir un jugement sûr
'**Treffsicherheit** f ⟨~⟩ **1.** justesse f, précision f de od du tir; **2.** fig justesse f; précision f
'**Treib|anker** m MAR ancre flottante; **~eis** n glaces flottantes, à la dérive
treiben ['traibən] ⟨treibt, trieb, getrieben⟩ I v/t ⟨h⟩ **1.** in e-e bestimmte Richtung (*vorwärts~*) pousser; chasser; JAGD rabattre; traquer; **Vieh auf die Weide** ~ mener paître; conduire au pâturage; **etw vor sich** (dat) **her** ~ pousser qc (devant soi); **die Preise in die Höhe** ~ faire monter od flamber les prix; fig **j-n in die Enge** ~ acculer, coincer qn; mettre qn au pied du mur; pousser qn dans ses derniers retranchements; **2.** TECH (*an~*) entraîner; faire mouvoir, tourner; **3.** (*e-n Zustand od e-e*

Reaktion bewirken) *j-n in den Tod ~* pousser qn à la mort; *j-n zu etw (dat) ~* pousser qn à qc; *j-n zum Äußersten ~* pousser qn à bout; *j-n zur Verzweiflung ~* pousser qn au désespoir; *j-n zur Eile ~* presser qn; *es treibt mich, zu* (+*inf*) je me sens poussé à (+*inf*); **4.** (*in ein festes Material hinein~*) *Pfahl in die Erde ~* enfoncer (dans le sol); *e-n Tunnel in den Berg ~* creuser, percer un tunnel dans la montagne; **5.** TECH *Metalle* emboutir; bosseler; repousser; *aus getriebenem Gold* en or repoussé; **6.** (*hervortreten lassen*) *j-m den Schweiß auf die Stirn ~* faire venir la sueur au front de qn; faire transpirer qn; *j-m die Röte ins Gesicht ~* faire monter le rouge au visage de qn; *j-m Tränen in die Augen ~* faire venir les larmes aux yeux de qn; faire pleurer qn; **7.** *Pflanzen Blüten ~* produire, donner des fleurs; fleurir; **8.** (*be~*) *Gewerbe* exercer; *Sport, Musik, Hobby* pratiquer; *Politik* faire; *was treibst du?* que fais-tu?; *als Funktionsverb Mißbrauch mit etw ~* abuser de qc; *Unfug ~* faire des bêtises, des sottises, F des siennes; *Handel ~* faire du commerce; *Handel mit etw ~* faire le commerce de qc; **9.** *mit ‚es' es auf die Spitze ~* pousser les choses à l'extrême; *treib es nicht zu weit!* ne vas pas trop loin; F *es mit j-m ~* F coucher avec qn; **II** *v/i* ⟨sein⟩ **10.** (*fortbewegt werden*) *im Wind ~* dériver au gré du vent; *auf dem Wasser ~* flotter à la dérive; *am Himmel ~ Wolken* des nuages passent dans le ciel; *an Land ~* s'échouer; *fig die Dinge ~ lassen* laisser faire, aller les choses; **11.** *Pflanzen* (*ausschlagen*) pousser; *wieder ~* repousser; **12.** (*harntreibend sein*) avoir une action, un effet diurétique; (*schweißtreibend sein*) avoir une action, un effet sudorifique

'**Treiben** *n* ⟨~s⟩ **1.** (*Geschäftigkeit*) agitation *f*; animation *f*; *auf der Straße herrscht ein fröhliches ~* il y a beaucoup d'animation dans la rue; **2.** *péj* (*Machenschaften*) agissements *m/pl*; menées *f/pl*; *j-s ~* (*dat*) *ein Ende setzen* mettre fin aux agissements de qn; **3.** ⟨*pl ~*⟩ JAGD battue *f*; rabattage *m*; traque *f*

'**Treiber** *m* ⟨~s; ~⟩ **1.** (*Vieh~*) gardien *m* (de troupeau); **2.** JAGD rabatteur *m*; traqueur *m*

'**Treib|gas** *n* **1.** AUTO carburant gazeux; **2.** *in Spraydosen* (gaz *m*) propulseur *m*; *~gut n* épaves *f/pl* (de mer); *~haus n* serre *f*; *~hauseffekt m* effet *m* de serre; *~hauskultur f* culture forcée *od* en serre; *~holz n* bois flottant; *~jagd f* rabattage *m*; battue *f*; traque *f*; *~mittel n* **1.** CUIS levain *m*; **2.** *cf Treibgas* **2.**; *~riemen m* courroie *f* de commande, de transmission; *~sand m* sables mouvants; *~satz m* e-r *Rakete* propergol *m*; *~schlag m* SPORT drive *m*; *~stoff m* carburant *m*; combustible *m*; *für Raketen a* propergol *m*

treideln ['traɪdəln] *v/t* ⟨-(e)lt, h⟩ 'haler
'**Treidel|pfad** *m*, *~weg m* chemin *m* de halage

Trema ['tre:ma] *n* ⟨~s; ~s *ou* -ta⟩ LING tréma *m*

tremolieren [tremo'li:rən] *v/i* ⟨*pas de ge-*, h⟩ MUS faire des trémolos

'**Tremolo** *n* ⟨~s; ~s *ou* -li⟩ MUS trémolo *m*
Trend [trɛnt] *m* ⟨~s; ~s⟩ (*Tendenz*) tendance *f* (*zu* à); (*Mode*) mode *f*; *im ~ liegen* être dans le vent *od* à la mode
Trendsetter ['trɛntzɛtər] *m* ⟨~s; ~⟩ **1.** *Person* initiateur *m* de nouvelles tendances; *der Mode* lanceur *m* de mode(s); **2.** *Sache* produit *m* qui annonce une nouvelle mode, un progrès technique

'**trennbar** *adj* séparable
trennen ['trɛnən] ⟨h⟩ **I** *v/t* **1.** (*ab~*) séparer; (*loslösen*) détacher; (*sortieren*) trier; *das Eiweiß vom Eigelb ~* séparer le blanc d'œuf du jaune; *das Fett vom Fleisch ~* retirer le gras de la viande; *Müll ~* trier les ordures, les déchets; **2.** CHIM décomposer (*etw von etw* en qc et en qc); **3.** COUT *Naht* défaire; *Angenähtes* découdre; **4.** *Personen, Sachen* (*räumlich ~*) séparer (*von* de); *die Familie wurde im Krieg getrennt* la famille a été séparée pendant la guerre; **5.** (*einen Unterschied machen*) séparer; distinguer; *die Person von der Sache ~* séparer, distinguer la personne de la chose; *ihre Herkunft trennt sie* leur origine les sépare; **6.** (*dazwischenliegen*) séparer; *ein Fluß trennt beide Länder* un fleuve sépare les deux pays; *st/s wenige Stunden ~ uns vom neuen Jahr* quelques heures (seulement) nous séparent de la nouvelle année; *fig uns ~ Welten* des mondes nous séparent; **7.** TÉL couper; *wir sind getrennt worden* nous avons été coupés; **8.** *Wort in Silben* séparer; **II** *v/i* **9.** RAD *das Gerät trennt gut* ce poste a une bonne sélectivité; **III** *v/réfl* **10.** (*Gemeinsamkeit beenden*) *unsere Wege ~ sich hier* nos chemins se séparent ici; *sie ~ sich als Freunde* ils se quittent, se séparent bons amis; *Eheleute sie haben sich getrennt* ils se sont séparés; SPORT *die Mannschaften ~ sich unentschieden* les équipes se séparent sur un match nul; **11.** (*verlassen, hergeben*) *sich von etw ~* se séparer de qc; *sich von s-m Mann, s-r Frau ~* quitter son mari, sa femme; *fig sich von e-m Gedanken ~* abandonner une idée

'**Trennschärfe** *f* RAD sélectivité *f*
'**Trennung** ⟨~; ~en⟩ **1.** (*Getrenntsein*) séparation *f*; JUR disjonction *f*; dissociation *f*; POL *~ von Kirche und Staat* séparation de l'Église et de l'État; JUR *~ von Tisch und Bett* séparation de corps et de biens; *unter der ~ leiden* souffrir de la séparation; **2.** (*Unterscheidung*) distinction *f*; *e-e saubere ~ der Begriffe* une distinction très nette des concepts, des notions; **3.** *von Silben, e-s Wortes* division *f*

'**Trennungs|linie** *f* ligne *f* de séparation; *~schmerz m* ⟨*~es*⟩ douleur *f* de la séparation

'**Trennungsstrich** *m* TYPO tiret *m*; *fig e-n ~ ziehen* faire une séparation stricte (*zwischen* [+*dat*] entre)

'**Trennwand** *f* cloison *f*; paroi *f*; mur *m*; *e-e ~ einziehen* installer une cloison

Trense ['trɛnzə] *f* ⟨~; ~n⟩ (*Zaum*) bridon *m*; (*Gebiß*) mors *m*

trepp'ab *adv* en descendant l'escalier
trepp'auf *adv* en montant l'escalier; *~ steigen* monter l'escalier

'**Treppchen** *n* ⟨~s; ~⟩ **1.** (*kleine Treppe*) petit escalier *m*; **2.** F SPORT (*Siegerpodest*) podium *m*

'**Treppe** ['trɛpə] *f* ⟨~; ~n⟩ **1.** *im Haus* escalier *m*; *vor dem Haus* (*Frei~*) perron *m*; *auf der ~* dans l'escalier; *die ~ hinaufsteigen* monter l'escalier; *die ~ hinuntergehen* descendre l'escalier; *j-n die ~ hinunterwerfen* jeter qn au bas de l'escalier; précipiter qn du haut en bas de l'escalier; F *die ~ machen* (*putzen*) faire l'escalier *od* les escaliers; F *fig die ~ hinauffallen* avoir une promotion inattendue; **2.** (*Etage*) étage *m*; *zwei ~n hoch wohnen* au second étage; *sich e-e ~ höher befinden* se trouver un étage plus haut; **3.** F *fig j-m ~n ins Haar schneiden* F faire des escaliers en coupant les cheveux à *od* de qn

'**Treppen|absatz** *m* *vor den Wohnungstüren* palier *m*; *zwischen den Etagen* repos *m*; *~geländer n* rampe *f*; *~haus n* cage *f* d'escalier; *~hausbeleuchtung f* éclairage *m* des escaliers; *automatische* minuterie *f*; *~stufe f* marche *f*, *st/s* degré *m* (d'escalier); *~witz m* *iron* plaisanterie *f* de mauvais goût

Tresen ['tre:zən] *m* ⟨~s; ~⟩ *nordd* comptoir *m*
Tresor [tre'zo:r] *m* ⟨~s; ~e⟩ coffre-fort *m*; *~raum m* chambre-forte *f*; salle *f* des coffres

Tresse ['trɛsə] *f* ⟨~; ~n⟩ COUT, MIL galon *m*; soutache *f*

Trester ['trɛstər] *pl* marc *m*

'**Tretboot** *n* pédalo *m*

treten ['tre:tən] ⟨tritt, trat, getreten⟩ **I** *v/t* ⟨h⟩ **1.** (*e-n Fußtritt versetzen*) absichtlich donner un coup de pied à; *versehentlich j-n* (*auf den Fuß*) *~* marcher sur le pied de qn; *ich habe sie auf den Fuß getreten* je lui ai marché sur le pied; *j-n in den Bauch, in den Hintern ~* donner un coup de pied dans le ventre, le derrière de qn; *fig etw mit Füßen ~* piétiner qc; *st/s* fouler qc aux pieds; **2.** *Wasser ~* SCHWIMMEN faire du surplace (en nageant); *Kneippkur* marcher dans l'eau froide; *e-n Weg* (*bahnen*) faire, frayer, tracer un chemin (en piétinant); **3.** F *fig* (*drängen*) secouer; *man muß ihn immer ~, damit er etw tut* il faut toujours le secouer pour qu'il fasse qc; **4.** (*durch Treten betätigen*) actionner, faire marcher avec le(s) pied(s); **II** *v/i* ⟨sein⟩ **5.** (*sich begeben*) se mettre; se placer; *~ Sie näher!* approchez!; *zu e-m Besucher* entrez!; *~ an* (+*acc*) *Fenster, Tisch* s'approcher de; s'avancer vers; *auf den Balkon ~* sortir sur le balcon; *aus dem Haus ~* sortir de la maison; *ins Zimmer ~* entrer dans la pièce; *j-m in den Weg ~* barrer le chemin à qn; *zur Seite ~* se mettre de côté; s'écarter; *fig an die Spitze* (+*gén*) *~* prendre la tête (de); **6.** *mit dem Fuß auf etw* (*acc*) *~* marcher sur qc; *j-m auf den Fuß ~* ⟨h⟩ marcher sur le pied de qn; *in e-e Pfütze ~* marcher dans une flaque (d'eau); **7.** ⟨h⟩ RADFAHREN pédaler; **8.** *ohne Fortbewegung das Pferd tritt* ⟨h⟩ ce cheval rue *od* donne des coups de pied; *vor Ungeduld von e-m Fuß auf den anderen ~* piétiner d'impatience; *auf der Stelle ~* ⟨h⟩ faire du sur-

place; piétiner; *MIL* marquer le pas; **9.** (*erscheinen*) *der Schweiß trat ihm auf die Stirn* la sueur inonda son front; *Tränen in die Augen ~* venir aux yeux; **10.** (*aufnehmen*) *mit j-m in Briefwechsel ~* entrer en correspondance avec qn; *in Beziehung ~ zu* entrer en rapport, relation avec; *in Verbindung ~ mit* se mettre en rapport, contact avec; **11.** *in festen Wendungen: Gesetz, Verfügung in Kraft ~* entrer en vigueur; *fig j-m zu nahe ~* manquer d'égards envers qn; froisser qn; F *fig j-m auf den Schlips ~* F marcher sur les pieds à qn; **III** *v/réfl sich* (*dat*) *e-n Dorn in den Fuß ~* s'enfoncer une épine dans le pied
'**Treter** F *m/pl* F pompes *f/pl*; F godasses *f/pl*
'**Tret|lager** *n* Fahrrad pédalier *m*; **~mine** *f* mine *f* antipersonnel
'**Tretmühle** F *fig péj f* galère *f*; F turbin *m*; *morgen geht's wieder in die ~* demain il faut reprendre le collier
'**Tretroller** *m* trottinette *f*
treu [trɔy] **I** *adj* **1.** *Person* (*verläßlich*) fidèle (*a Hund, Pferd etc*); (*ergeben*) dévoué; loyal; *s-m Eide ~* fidèle à son serment; *sich* (*dat*) *~ bleiben* rester fidèle à soi-même; *zu ~n Händen übergeben* remettre en mains sûres; F *e-e ~e Seele* une personne dévouée; **2.** *st/s* (*originalgetreu, genau*) exact; fidèle; *ein ~es Abbild* une reproduction fidèle; une copie conforme; **3.** F (*naiv*) *~ und brav* bien brave *od* sage; **II** *adv* fidèlement; avec fidélité
'**Treubruch** *m* trahison *f*; violation *f* de la foi jurée
'**Treue** *f* ⟨~⟩ **1.** (*Verläßlichkeit*) fidélité *f*; (*Ergebenheit*) loyauté *f*; *eheliche ~* fidélité *f*, foi conjugale; *die ~ brechen* manquer à sa foi; *j-m die ~ halten* rester fidèle à qn; *auf Treu und Glauben* en toute bonne foi; **2.** (*Genauigkeit*) conformité *f*; fidélité *f*; exactitude *f*
'**Treueid** *m* serment *m* de fidélité
'**Treue|pflicht** *f* JUR devoir *m* de loyauté; **~prämie** *f* prime *f* de fidélité
'**Treuhand**(**anstalt**) *f* ⟨~⟩ *die ~* la Treuhand; l'Office *m* de privatisation (et de restructuration des entreprises d'État de l'ancienne R.D.A.)
Treuhänder ['trɔyhɛndər] *m* ⟨~s; ~⟩ JUR (administrateur *m*) fiduciaire *m*
'**treuhänderisch I** *adj* fiduciaire; **II** *adv* **~ verwalten** administrer à titre fiduciaire
'**Treuhandgesellschaft** *f* société *f* fiduciaire
'**treuherzig I** *adj* candide; naïf, naïve; ingénu; **II** *adv* (*gutgläubig*) d'une bonne foi naïve; d'une façon ingénue; *j-n ~ ansehen* regarder qn avec une expression naïve et confiante
'**treu|lich** *adv* fidèlement; loyalement; **~los** *adj* infidèle; déloyal; sans foi; **~sorgend** *adj* (*épithète*) attentionné
Trevira [tre'vi:ra] *n* ⟨~s⟩ *Wz* TEXT *etwa* tergal *m* (*nom déposé*)
Triangel ['tri:aŋəl] *m* ⟨~s; ~⟩ MUS triangle *m*
Trias ['tri:as] *f* ⟨~⟩ GÉOL trias *m*
Triathlon ['tri:atlɔn] *n* ⟨~s; ~s⟩ SPORT triathlon *m*
Tribun [tri'bu:n] *m* ⟨~s *ou* ~en; ~e(n)⟩ HIST, *fig* tribun *m*

Tribu'nal *n* ⟨~s; ~e⟩ tribunal *m*; cour *f* de justice
Tribüne [tri'by:nə] *f* ⟨~; ~n⟩ tribune *f*; estrade *f*
Tribut [tri'bu:t] *m* ⟨~(e)s; ~e⟩ HIST, *fig* tribut *m*; *fig e-r Sache* (*dat*) *~ zollen* payer tribut à qc
Trichine [trɪ'çi:nə] *f* ⟨~; ~n⟩ VÉT trichine *f*
trichinös [trɪçi'nø:s] *adj* VÉT trichineux, -euse; trichiné
Trichinose [trɪçi'no:zə] *f* ⟨~; ~n⟩ MÉD, VÉT trichinose *f*
Trichter ['trɪçtər] *m* ⟨~s; ~⟩ entonnoir *m* (*a Bomben&, Granat&, GÉOGR*); F *fig j-n auf den ~ bringen* montrer la marche à suivre à qn; F *fig auf den ~ kommen* trouver la bonne voie
'**trichterförmig** *adj* en (forme d')entonnoir
Trick [trɪk] *m* ⟨~s; ~s⟩ truc *m*; F ficelle *f*; F combine *f*; '**~betrug** *m* F combine *f* frauduleuse; '**~betrüger**(**in**) *m(f)* auteur *m* d'une combine frauduleuse; escroc *m*; '**~film** *m* dessins animés; film *m* d'animation
'**tricksen** F ⟨h⟩ **I** *v/t das werden wir schon ~* F on se débrouillera; **II** *v/i* goupiller; SPORT feinter
trieb [tri:p] *cf* treiben
Trieb *m* ⟨~(e)s; ~e⟩ **1.** (*innerer An&*) impulsion *f*; (*natürlicher, sexueller Instinkt*) pulsion *f* (*a PSYCH*); instinct *m*; (*Begierde*) appétit *m*; *s-n ~en nachgeben* céder à ses instincts; **2.** BOT pousse *f*; jet *m*; *aus dem Stamm* rejeton *m*
'**Triebfeder** *f* TECH ressort *m* (*a fig, st/s*); *fig* mobile *m*
'**triebhaft I** *adj* pulsionnel, -elle (*a PSYCH*); instinctif, -ive; *péj Person* qui n'obéit qu'à ses instincts, *sexuell* appétits; **II** *adv* instinctivement; par instinct; d'instinct
'**Trieb|handlung** *f* acte impulsif; **~kraft** *f* force motrice; **~stoff** *m* schweiz *cf* Treibstoff; **~täter** *m*, **~verbrecher** *m* maniaque sexuel; **~wagen** *m* Straßenbahn (auto)motrice *f*; Eisenbahn autorail *m*; **~werk** *n* TECH (mécanisme *m*) moteur *m*; AVIAT propulseur *m*; réacteur *m*
'**Trief|auge** *n* œil chassieux; **&äugig** *adj* chassieux, -ieuse
triefen ['tri:fən] *v/i* ⟨régulier *ou* st/s troff, getroffen, h⟩ dégoutter (**von** de); ruisseler (**von** de); *der Schweiß triefte von s-r Stirn* il avait le front ruisselant de sueur; la sueur lui dégouttait du front; *s-e Nase trieft* son nez coule; F *fig péj von od vor etw* (*dat*) *~* déborder de, être débordant de qc
'**triefend** *advt ~ naß* trempé, dégoulinant (*de pluie, etc*)
'**trief'naß** *adj* trempé, dégoulinant (de pluie, *etc*)
Trient [tri'ɛnt] *n* ⟨→ *n/pr*⟩ Trente
Trier [tri:r] *n* ⟨→ *n/pr*⟩ Trêves
triezen ['tri:tsən] F *v/t* ⟨-(es)t, h⟩ *j-n ~* agacer, F asticoter qn
Trift [trɪft] *f* ⟨~; ~en⟩ **1.** (*Strömung*) courant *m*; **2.** (*Weide*) pâturage *m*; pacage *m*
'**triftig** *adj Grund* valable; plausible
Trigono|metrie [trigonome'tri:] *f* ⟨~⟩ trigonométrie *f*; **&'metrisch** *adj* trigonométrique

Trikolore [triko'lo:rə] *f* ⟨~; ~n⟩ drapeau *m* tricolore; *französische* drapeau français
Trikot¹ [tri'ko:] *m od n* ⟨~s; ~s⟩ *Gewebe* tricot *m*
Tri'kot² *n* ⟨~s; ~s⟩ *Kleidungsstück* maillot *m*
Trikotagen [triko'ta:ʒən] *pl* bonneterie *f*
Tri'kotwerbung *f* publicité *f* sur les maillots
trilateral [trilate'ra:l] *adj* trilatéral
Triller ['trɪlər] *m* ⟨~s; ~⟩ MUS trille *m*; F *fig e-n ~ haben* avoir un grain
'**trillern** ⟨-(e)re, h⟩ **I** *v/i* faire un (des) trille(s); *st/s* triller; *Lerche* grisoller; **II** *v/t e-e Arie ~* st/s triller un air
'**Trillerpfeife** *f* sifflet *m* à roulette
Trillion [trɪ'lio:n] *f* ⟨~; ~en⟩ trillion *m*
Trilogie [trilo'gi:] *f* ⟨~; ~n⟩ trilogie *f*
Trimester [tri'mɛstər] *n* ⟨~s; ~⟩ trimestre *m*
'**Trimm-dich-Pfad** *m* parcours *m* de santé; sentier sportif
trimmen ['trɪmən] ⟨h⟩ **I** *v/t* **1.** SPORT entraîner; mettre en condition; **2.** F (*zurechtmachen*) *etw auf alt ~* donner à qc l'aspect du vieux *od* de l'ancien; *s-e Kinder auf Disziplin* (*acc*) *~* dresser ses enfants à la discipline; **3.** MAR, AVIAT donner de l'assiette à; équilibrer; *Ladung* arrimer; **4.** *Hunde* toiletter; **II** F *v/réfl sie trimmt sich auf jugendlich* F elle se donne un look de jeunette
'**Trimmtrab** *m* jogging *m*
Trine ['tri:nə] *f* ⟨→ *n/pr*⟩ F *péj dumme ~* F bécasse *f*; F bécassine *f*
Trinidad und Tobago ['trɪnidat unt to-'ba:go] *n* ⟨→ *n/pr*⟩ Trinité et Tobago
Trinitatis [trini'ta:tɪs] *n* ⟨~⟩, **~fest** *n* REL (dimanche *m* de) la Trinité
'**trinkbar** *adj* buvable; *Wasser* potable
'**Trinkbecher** *m* gobelet *m*; *aus Metall* timbale *f*
trinken ['trɪŋkən] ⟨trinkt, trank, getrunken, h⟩ **I** *v/t* **1.** boire; *Kaffee, Tee* a prendre; *was möchten Sie ~?* qu'est-ce que vous prenez?; **2.** F *eins od e-n ~* boire un coup; F *gern eins ~* F aimer boire un petit verre; F aimer lever le coude; F *e-n über den Durst ~* boire un coup de trop; boire plus qu'à sa soif, **II** *v/i* **3.** *an od aus e-r Quelle ~* boire à une source; *aus der Flasche ~* boire à (même) la bouteille; *aus e-m Glas ~* boire dans un verre; **4.** *Alkohol auf j-s Wohl* (*acc*) *~* boire à la santé de qn; **III** *v/réfl* **5.** *sich satt ~* étancher sa soif; *sich arm ~* se ruiner à force de boire; boire sa fortune; **6.** *Wein sich gut ~* (*lassen*) se laisser boire; se boire bien
'**Trinken** *n* ⟨~s⟩ boire *m*; boisson *f*; *von Alkohol sich* (*dat*) *das ~ angewöhnen* prendre l'habitude de boire
'**Trinker**(**in**) *m* ⟨~s; ~⟩ (*f* ⟨~; ~nen⟩) buveur, -euse *m,f*; alcoolique *m,f*
Trinke'rei *f* ⟨~; ~en⟩ **1.** *péj* (*Trunksucht*) ivrognerie *f*; **2.** (*Gelage*) beuverie *f*; F soûlerie *f*
'**trinkfest** *adj* qui supporte (bien) l'alcool *od* le vin
'**Trink|festigkeit** *f* résistance *f* à l'alcool; **~gefäß** *n* récipient *m* pour boire; **~gelage** *n* beuverie *f*; F soûlerie *f*; **~geld** *n* pourboire *m*; service *m*; **~glas** *n* verre *m* (à boire); **~halle** *f* in e-m Heilbad, (*Kiosk*) buvette *f*; **~halm**

paille *f;* **~kur** *f* cure *f* d'eau minérale; **~lied** *n* chanson *f* à boire; **~milch** *f* lait *m* (de consommation)
'**Trinkspruch** *m* toast *m*; **e-n ~ auf j-n ausbringen** porter un toast à qn
'**Trinkwasser** *n* ⟨~s⟩ eau *f* potable; **kein ~!** eau non potable!
'**Trinkwasser|aufbereitung** *f* traitement *m* de l'eau (destinée à la distribution publique); **~versorgung** *f* approvisionnement *m* en eau potable
Trio ['tri:o] *n* ⟨~s; ~s⟩ MUS, *fig* trio *m*
Triole [tri'o:lə] *f* ⟨~; ~n⟩ MUS triolet *m*
Trip [trɪp] *m* ⟨~s; ~s⟩ **1.** F (*Reise, Ausflug*) voyage *m;* **2.** *Jargon (Drogenrausch)* F trip *m;* arg défonce *f;* **auf dem ~ sein** F planer; **3.** F *meist péj* **auf dem anarchistischen, religiösen** *etc* **~ sein** suivre sa phase anarchiste, religieuse, *etc;* faire sa crise anarchiste, religieuse, *etc*
trippeln ['trɪpəln] *v/i* ⟨-(e)le, sein⟩ marcher à petits pas; trottiner
Tripper ['trɪpər] *m* ⟨~s; ~⟩ MÉD blennorragie *f*
Triptik ['trɪptɪk] *cf* **Triptyk**
Triptychon ['trɪptyçɔn] *n* ⟨~s; -chen *ou* -cha⟩ KUNST triptyque *m*
Triptyk ['trɪptyk] *n* ⟨~s; ~s⟩ ADM triptyque *m*
trist [trɪst] *st/s adj* triste; morne
Tritium ['tri:tsium] *n* ⟨~s⟩ PHYS tritium *m*
tritt [trɪt] *cf* **treten**
Tritt *m* ⟨~(e)s; ~e⟩ **1.** (*Aufsetzen des Fußes*) pas *m;* **e-n leichten (schweren) ~ haben** avoir une démarche légère (lourde); **e-n sicheren ~ haben** marcher d'un pas ferme; *cf a* (**auf**) **Schritt** *1.* (**und ~**); **2.** (*Gleichschritt*) pas *m;* **~ fassen** se mettre au pas; prendre le pas; emboîter le pas; **aus dem ~ kommen** perdre la cadence; **wieder ~ fassen** reprendre le pas, *fig* le rythme; **3.** (*Fuß2*) coup *m* de pied; **j-m e-n ~ versetzen** donner un coup de pied à qn; **ein ~ in den Hintern** un coup de pied dans le od au derrière; **4.** *cf* **Trittleiter, 5.** *cf* **Trittbrett**
'**Tritt|brett** *n* marchepied *m;* **~brettfahrer** *fig péj m* personne *f* qui prend le train en marche; **~leiter** *f* ⟨~; ~n⟩ escabeau *m*
Triumph [tri'ʊmf] *m* ⟨~(e)s; ~e⟩ triomphe *m* (**über** [+ *acc*] sur); **im ~ en** triomphe; triomphalement; **~e feiern** aller de triomphe en triomphe
trium'phal *adj* triomphal
Trium'phator *st/s m* ⟨~s; -'toren⟩ (*Sieger*) triomphateur *m*
Tri'umph|bogen *m* arc *m* de triomphe; **~geschrei** *n* cris *m/pl* de triomphe
trium'phieren *v/i* ⟨*pas de ge-*⟩ triompher (**über** [+*acc*] de); **heimlich ~** savourer en secret son triomphe
Tri'umph|marsch *m* marche triomphale; **~zug** *m* marche, entrée triomphale (*a fig*)
Triumvirat [triʊmvi'ra:t] *n* ⟨~(e)s; ~e⟩ triumvirat *m*
trivial [trivi'a:l] *adj* banal; plat; commun; ordinaire
Triviali'tät *f* ⟨~; ~en⟩ banalité *f;* platitude *f*
Trivi'alliteratur *f* littérature *f* de gare
Trochäus [trɔ'xɛːʊs] *m* ⟨~; -äen⟩ MÉTRIK trochée *m*

trocken ['trɔkən] **I** *adj* **1.** (*nicht naß*) sec, sèche; **~en Fußes** à pied sec; **im 2en sein** être à l'abri, à couvert, au sec; **2.** *fig* **auf dem ~en sitzen** F être à sec; **2.** *Wetter, Klima* sec, sèche; *Landschaft* aride; **3.** (*vertrocknet*) desséché; **~e Zweige** *m/pl* rameaux desséchés; **~es Holz** bois sec; **der Leim ist ~ geworden** la colle a séché; **4.** *Haut, Haare* sec, sèche; **5. ~es Brot** (*ohne Beilage*) (du) pain sec; **6.** *Wein* sec, sèche; *Sekt, Champagner* brut; **7.** *fig* (*sachlich, nüchtern*) *Stil* sec, sèche; *Thema* aride; **8.** *Antwort, Bemerkung* leste; cru; **er hat e-n ~en Humor, e-e ~e Art** c'est un pince-sans-rire; **9.** *Klang* sec, sèche; **ein ~es Hüsteln** une petite toux sèche; **10.** F ⟨*attribut*⟩ *Alkoholiker* **~ sein** avoir arrêté de boire; **II** *adv* **~ aufbewahren** tenir, *Nahrungsmittel* conserver au sec; **sich ~ rasieren** se raser au rasoir électrique
'**Trocken|blume** *f* fleur sèche; **~boden** *m* séchoir *m;* **~dock** *n* cale sèche; bassin *m* de radoub; **~eis** *n* neige *f* carbonique; anhydride *m* carbonique solide; **~futter** *n* AGR fourrage sec; **~gebiet** *n* GÉOGR région *f* aride; **~gemüse** *n* légumes secs; **~gestell** *n* séchoir *m;* **~haube** *f* casque *m* séchoir *m* à cheveux; **~hefe** *f* levain sec
'**Trockenheit** *f* ⟨~⟩ (*Dürreperiode*) sécheresse *f;* **e-r Landschaft** aridité *f* (*beide a fig*); *PHYS sc* siccité *f;* **es herrschte e-e große ~** il régnait une grande sécheresse
'**Trockenkurs** *m* entraînement *m* en salle à la technique du ski
'**trockenlegen** *v/t* ⟨*sép,* -ge-, *h*⟩ **1.** *Sumpf etc* assécher; mettre à sec; **2.** *Baby* changer
'**Trocken|legung** *f* ⟨~⟩ assèchement *m;* **~masse** *f* matière sèche; **~milch** *f* lait *m* en poudre; **~obst** *n* fruits secs; **~platz** *m* séchoir *m*
'**Trockenrasierer** F *m* **1.** (*Rasierapparat*) rasoir *m* électrique; **2.** *Person* **~ sein** se raser avec un rasoir électrique
'**Trockenraum** *m* séchoir *m*
'**trockenreiben** *v/t* ⟨*irr, sép,* -ge-, *h*⟩ sécher; essuyer
'**Trocken|reinigung** *f* nettoyage *m* à sec; **~schwimmen** *n* exercices *m/pl* de natation à sec; **~spiritus** *m* méta *m* (*nom déposé*); métaldéhyde *m;* **~übung** *f* entraînement *m* à sec; galop *m* d'essai; **~wäsche** *f* linge sec; **~zeit** *f* saison sèche
trocknen ['trɔknən] ⟨-ete⟩ **I** *v/t* ⟨*h*⟩ sécher; faire sécher; **s-e Tränen ~** sécher ses larmes; **getrocknete Feigen** *f/pl* figues sèches; **II** *v/i* ⟨sein⟩ *Wäsche* sécher; *Früchte, Kräuter etc* devenir sec, sèche; se dessécher; **schnell ~d** à séchage rapide
'**Trockner** *m* ⟨~s; ~⟩ **1. für Hände** sèche-mains *m;* **2.** (*elektrischer Wäsche2*) sèche-linge *m;* séchoir *m* (*a Wäschegestell*)
'**Trocknung** *f* ⟨~⟩ séchage *m*
Troddel ['trɔdəl] *f* ⟨~; ~n⟩ gland *m;* (*Quaste*) houppe *f*
Trödel ['trøːdəl] F *péj m* ⟨~s⟩ (*alter Kram*) bric-à-brac *m;* vieilleries *f/pl;* F bazar *m*
Tröde'lei F *péj f* ⟨~; ~en⟩ lenteur *f;* traînasserie *f;* F lambinerie *f*

'**Trödelmarkt** *m* marché *m* aux puces; brocante *f*
'**trödeln** F *v/i* ⟨-(e)-, *h*⟩ **1.** ⟨*sans indication de direction* h⟩ traîner (**bei der Arbeit** dans son travail); lanterner; F lambiner; traînasser; **2.** ⟨*doublé d'une indication de direction* sein⟩ flâner; **durch ein Viertel ~** flâner dans un quartier
'**Trödler(in)** F *m* ⟨~s; ~⟩ (*f*) ⟨~; ~nen⟩ **1.** (*Händler*) brocanteur, -euse *m,f;* marchand(e) *m(f)* de bric-à-brac; (*Altkleiderhändler*) fripier, -ière *m,f;* **2.** *péj* (*Bummler[in]*) F lambin(e) *m(f);* traînard(e) *m(f)*
trog [troːk] *cf* **trügen**
Trog *m* ⟨~(e)s; ~e⟩ auge *f; zum Teigkneten* pétrin *m;* (*Futter2*) mangeoire *f;* (*Tränke*) abreuvoir *m*
Troika ['trɔyka] *f* ⟨~; ~s⟩ troïka *f*
Trojaner(in) [tro'jaːnər(ɪn)] *m* ⟨~s; ~⟩ (*f*) ⟨~; ~nen⟩ Troyen, -enne *m,f*
tro'janisch *adj* troyen, -enne; de Troie; **das 2e Pferd** *a fig* le cheval de Troie
Troll [trɔl] *m* ⟨~(e)s; ~e⟩ MYTH lutin *m;* troll *m*
'**Trollblume** *f* BOT trolle *f; sc* trollius *m*
'**trollen** *v/réfl* ⟨*h*⟩ **sich ~** déguerpir; F se tirer; F filer; décamper
'**Trolleybus** ['trɔlibʊs] *m schweiz* trolleybus *m*
'**Trommel** ['trɔməl] *f* ⟨~; ~n⟩ **1.** MUS tambour *m;* **große ~** grosse caisse; **die ~ rühren, schlagen** battre le tambour; *fig* **die ~ für etw rühren** faire du battage autour de qn, qc; **2.** TECH tambour *m; des Revolvers* barillet *m*
'**Trommel|bremse** *f* AUTO frein *m* à tambour; **~fell** *n* MUS peau *f* de tambour, de caisse; **2.** ANAT (membrane *f* du) tympan *m;* **~feuer** *n* MIL feu roulant (*a fig*); pilonnage *m*
'**trommeln** ⟨-(e)le, *h*⟩ **I** *v/t Marsch etc* battre; F *fig* **j-n aus dem Schlaf ~** réveiller qn en tambourinant sur la porte, en faisant du vacarme, en fanfare; **II** *v/i* battre le tambour; tambouriner; *fig* **der Regen trommelt an die Scheiben** la pluie tambourine sur les vitres; *fig* **mit den Fingern ~** tambouriner avec les doigts
'**Trommel|revolver** *m* revolver *m* (à barillet); **~schlag** *m* battement *m* du tambour; **~schlegel** *m;* **~stock** *m* baguette *f* de tambour; **~waschmaschine** *f* machine *f* à laver *od* lave-linge *m* à tambour; **~wirbel** *m* roulement *m* de tambour
'**Trommler(in)** *m* ⟨~s; ~⟩ (*f*) ⟨~; ~nen⟩ tambour *m*
Trompete [trɔmˈpeːtə] *f* ⟨~; ~n⟩ trompette *f;* (**die**) **~ blasen** jouer de la trompette
trom'peten ⟨-ete, *pas de ge-,* h⟩ **I** *v/t* **e-n Marsch ~** jouer une marche à la trompette; **II** *v/i* **1.** MUS jouer de la trompette; **2.** *Elefant* barrir; **3.** F *fig* (*sich geräuschvoll die Nase putzen*) se moucher bruyamment
Trom'peten|geschmetter *n* ⟨~s⟩ éclats *m/pl* de(s) trompettes; fanfares *f/pl;* **~signal** *n* sonnerie *f* de trompette; **~stoß** *m* coup *m* de trompette
Trom'peter(in) *m* ⟨~s; ~⟩ (*f*) ⟨~; ~nen⟩ trompette *m* (*a e-r Jazzkapelle*); *e-s Orchesters* trompettiste *m,f*
Tropen ['troːpən] *pl* GÉOGR tropiques *m/pl;* **in den ~** sous les tropiques

Tropen|fieber *n* MÉD malaria *f*; **~helm** *m* casque colonial; **~klima** *n* climat tropical; **~koller** *m* MÉD folie *f* des tropiques; F coup de bambou; **~krankheiten** *f/pl* maladies *f/pl* des tropiques; **~tauglich** *adj* apte à supporter le climat tropical; **~tauglichkeit** *f* aptitude *f* à supporter le climat tropical; **~wald** *m* forêt tropicale

Tropf¹ [trɔpf] F *m* ⟨~(e)s; ~e⟩ *Person* niais *m*; nigaud *m*; *armer ~* pauvre diable, 'hère

Tropf² *m* ⟨~(e)s; ~e⟩ MÉD perfusion *f*; goutte-à-goutte *m*; *am ~ hängen* être sous perfusion *od* au goutte-à--goutte

Tröpfchen ['trœpfçən] *n* ⟨~s; ~⟩ gouttelette *f*; **~infektion** *f* MÉD infection transmise par les sécrétions des voies respiratoires

'tröpfchenweise *adv* **1.** goutte à goutte; **2.** F *fig* petit à petit

tröpfeln ['trœpfəln] ⟨-(e)le⟩ **I** *v/t cf tropfen I*; **II** *v/i cf tropfen II 1. u 2.*; **III** F *v/imp* ⟨h⟩ *es tröpfelt* il tombe des gouttes (de pluie)

tropfen ['trɔpfən] **I** *v/t* ⟨h⟩ verser goutte à goutte; MÉD instiller; **II** *v/i* **1.** ⟨doublé d'une indication de direction sein⟩ couler, tomber goutte à goutte (*in* [+*acc*] dans; *aus*, *von* de); **2.** ⟨h⟩ goutter; dégouliner; *der Wasserhahn tropft* le robinet goutte; **III** *v/imp* ⟨h⟩ *es tropft* il tombe des gouttes

'Tropfen *m* ⟨~s; ~⟩ **1.** goutte *f*; *ein ~ Öl* une goutte d'huile; *bis auf den letzten ~* jusqu'à la dernière goutte; *es regnet in großen, dicken ~* il pleut à grosses gouttes; *das ist ein ~ auf den heißen Stein* c'est une goutte d'eau dans la mer; *prov steter ~ höhlt den Stein* prov la patience vient à bout de tout; *prov* petit à petit, l'oiseau fait son nid; **2.** PHARM *~ pl* gouttes *f/pl*; *~ einnehmen* prendre des gouttes; **3.** F (*Alkohol*) *ein guter, edler ~* une bonne bouteille; *p/fort* F une bouteille de derrière les fagots; *er hat keinen ~ getrunken* il n'a pas bu une (seule) goutte (d'alcool)

'tropfen|förmig *adj* en forme de goutte; **~weise** *adv* goutte à goutte

'Tropfinfusion *f* MÉD perfusion *f*; goutte-à-goutte *m*

'tropf|naß *cf triefnaß*

'Tropf|stein *m* MINÉR herabhängender stalactite *f*; *vom Boden aufsteigender* stalagmite *f*; **~steinhöhle** *f* grotte *f* (de stalactites *bzw* de stalagmites)

Trophäe [troˈfɛːə] *f* ⟨~; ~n⟩ trophée *m*

'tropisch *adj* tropical; *a fig* **~e Hitze** chaleur tropicale, torride

Troposphäre [tropoˈsfɛːrə] *f* ⟨~⟩ MÉTÉO troposphère *f*

Troß [trɔs] *m* ⟨-sses, -sse⟩ **1.** MIL train *m* (des équipages); **2.** HIST (*Gefolge*) suite *f* (*a fig*); cortège *m*

Trosse ['trɔsə] *f* ⟨~; ~n⟩ MAR ('h)aussière *f*

Trost [tro:st] *m* ⟨~es⟩ consolation *f*; réconfort *m*; *j-m ~ zusprechen* consoler qn; *als od zum ~* à titre de consolation; *ein schwacher ~* une piètre consolation; un maigre réconfort; F *du bist wohl nicht* (*ganz*) *bei ~!* F tu déraille!

trösten ['trø:stən] ⟨-ete, -et⟩ **I** *v/t* **~** *j-n ~* consoler qn (*über etw* [*acc*] de qc); réconforter qn (*mit etw* par qc); *das tröstet mich* cela me console; **~de Worte** *n/pl* paroles *f/pl* de consolation *od* de réconfort; **II** *v/réfl sich ~* se consoler; *sich mit dem Gedanken ~, daß ...* se consoler à la pensée que ... *od* de (+*inf*); *tröste dich!* ne t'en fais pas!

'Tröster(in) *m* ⟨~s; ~⟩ (*f*) ⟨~; ~nen⟩ consolateur, -trice *m,f*

'tröstlich *adj* consolant; consolateur, -trice; (*beruhigend*) rassurant

'trostlos *adj* **1.** *Anblick, Zustand, Wetter etc* désolant; (*öde*) triste; morne; désolé; **2.** *Person* malheureux, -euse; désolé

'Trost|losigkeit *f* ⟨~⟩ **1.** *e-r Gegend* tristesse *f*; désolation *f*; **2.** *e-s Zustandes* caractère *m* désolant; **~pflaster** *n fig plais* petite consolation; **~preis** *m* prix *m* de consolation

'trostreich *adj* réconfortant; **~e Worte** *n/pl a* paroles *f/pl* de consolation *od* de réconfort

'Tröstung *f* ⟨~; ~en⟩ consolation *f*; réconfort *m*

'Trostwort *n* ⟨~(e)s; ~e⟩ paroles *f/pl* réconfortantes, de consolation

Trott [trɔt] *m* ⟨~(e)s; ~e⟩ **1.** *Gangart* petit trot; **2.** F *péj* (*Routine*) train--train *m*; *es geht alles den gewohnten ~* tout va son petit train; *in den alten ~ verfallen* retomber dans ses vieilles habitudes; retrouver son petit train

Trottel F *péj m* ⟨~s; ~⟩ imbécile *m*; P con *m*; F *alter ~* vieille baderne, F gaga *m*

'trottelig F *péj adj* F gaga

'trotten F *v/i* ⟨-ete, sein⟩ marcher d'un pas lourd

Trottoir [trɔtoˈaːr] *n* ⟨~s; ~e⟩ trottoir *m*

trotz [trɔts] *prép* ⟨*gén*, rarement ou F *dat*⟩ malgré; en dépit de; ADM nonobstant; *~ alle*(*de*)*m* malgré tout (cela) en dépit de tout (cela)

Trotz *m* ⟨~es⟩ entêtement *m*; opiniâtreté *f*; obstination *f*; *j-m, e-r Sache zum ~* en dépit de qn, de qc; *j-m, e-r Sache ~ bieten* braver, affronter, défier qn, qc

'trotzdem I *adv* quand même; tout de même; **II** F *conj* quoique (+*subj*); bien que (+*subj*)

'trotzen *v/i* ⟨-(es)t, h⟩ **1.** *st/s* (*widerstehen*) *j-m, e-r Sache ~* braver, affronter, défier qn, qc; tenir tête à qn; faire face à qn, à qc; **2.** (*schmollen*) faire la mauvaise tête; bouder

'trotzig *adj* (*eigensinnig*) entêté; opiniâtre; obstiné; (*widerspenstig*) récalcitrant; buté

Trotzk|ismus [trɔtsˈkɪsmʊs] *m* ⟨~⟩ trotskisme *m*; **~ist(in)** *m* ⟨~en; ~en⟩ (*f*) ⟨~; ~nen⟩ trotskiste *m,f*

'Trotz|kopf *m* esprit obstiné; mauvaise tête; *Kind* petit(e) obstiné(e); **~phase** *f* PSYCH phase *f* d'opposition, du «non»; **~reaktion** *f* réaction *f* de défi

Trouble [trabl] F *m* ⟨~s⟩ embêtements *m/pl*; F emmerdes *f/pl*; F emmerdements *m/pl*

trüb(**e**) [try:p] [ˈtryːbə] *adj* **1.** (*nicht durchsichtig*) *Wasser etc* trouble; *fig im ~en fischen* pêcher en eau trouble; **2.** *Glas, Spiegel* terni; *Licht* sans éclat; *p/fort* blafard; *Augen* terne; **3.** *Wetter* sombre, gris; *es ist ~* il fait gris; *ein ~er Tag a fig* un jour sombre; **4.** *fig* (*schlecht, traurig*) *Stimmung* morne; *p/fort* sombre; *Gedanken* noir; mélancolique; *Aussichten* sombre; peu encourageant; *Zeiten* sombre, trouble; *es sieht ~ aus* les perspectives ne sont pas brillantes

Trubel [ˈtruːbəl] *m* ⟨~s⟩ agitation *f*; animation *f*; mouvement *m*; *fig im ~ der Ereignisse* dans le tourbillon des événements

trüben [ˈtryːbən] ⟨h⟩ **I** *v/t* **1.** (*trübe machen*) troubler; *durch Schütteln, Umrühren* brouiller; (*glanzlos machen*) ternir; (*verdunkeln*) assombrir; **2.** (*beeinträchtigen*) troubler; gâter; *die Freude ~* gâter, gâcher la joie; *ihr Verhältnis ist getrübt* leurs relations se sont dégradées; ils *bzw* elles sont en froid; **II** *v/réfl sich ~* (*trübe werden*) *Flüssigkeit* se troubler; *Glas, Silber, Spiegel* se ternir; *Blick* se brouiller; *Himmel* s'assombrir

'Trübsal *f* ⟨~⟩ (profonde) affliction *f*; F **~ blasen** broyer du noir; avoir le cafard

'trübselig *adj* **1.** *Mensch cf trübsinnig*; **2.** (*trist*) *Stimmung* triste; mélancolique, morose; *Gegend* morne; *Wetter* gris

'Trübsinn *m* ⟨~(e)s⟩ tristesse *f*; *p/fort* mélancolie *f*

'trübsinnig I *adj* triste; mélancolique; morne; **II** *adv* *in e-r Ecke sitzen* être assis dans un coin l'air triste

'Trübung *f* ⟨~; ~en⟩ **1.** (*Getrübtsein*) *Wasser* état *m* trouble; **2.** (*Trübwerden*) *Augen, Linse* opacification *f*; *Wetter* assombrissement *m*; **3.** (*Beeinträchtigung*) détérioration *f*; dégradation *f*

Truck [trak] *m* ⟨~s; ~s⟩ camion *m*; poids lourd

Trucker *m* ⟨~s; ~⟩ routier *m*; camionneur *m*

trudeln [ˈtruːdəln] *v/i* ⟨-(e)le⟩ **1.** ⟨sein⟩ *im Rollen* bouler; rouler; *im Fallen* tomber en tournoyant; AVIAT faire la vrille; *ins ~ kommen* tomber, descendre en vrille; **2.** ⟨h⟩ *regional* (*würfeln*) jouer aux dés

Trüffel [ˈtrʏfəl] *f* ⟨~; ~n⟩, F *a m* ⟨~s; ~⟩ **1.** *Pilz* truffe *f*; *mit ~n* truffé; aux truffes; **2.** *Praline* truffe *f* en chocolat

'Trüffelleberpastete *f* CUIS pâté *m* de foie gras aux truffes

'trüffeln *v/t* ⟨-(e)le, h⟩ CUIS garnir de truffes; truffer

trug [truːk] *cf tragen*

Trug *st/s m* ⟨~(e)s⟩ tromperie *f*; imposture *f*; *Lug und ~ cf Lug*

'Trugbild *n* image trompeuse; mirage *m*; illusion *f*

trügen [ˈtryːɡən] ⟨trügt, trog, getrogen, h⟩ **I** *v/t* tromper; abuser; *meine Ahnungen haben mich nicht getrogen* mon pressentiment ne m'a pas trompé; *wenn mich nicht alles trügt* si je ne me trompe *od* ne m'abuse; sauf erreur de ma part; **II** *v/i* être trompeur, -euse; faire illusion; *der Schein trügt* les apparences sont trompeuses

'trügerisch *adj* *Schein, Glanz, Wetter etc* trompeur, -euse; *Hoffnung a* illusoire

'Trugschluß *m* fausse conclusion; *par ext* illusion *f*

Truhe [ˈtruːə] *f* ⟨~; ~n⟩ coffre *m*

Trümmer [ˈtrʏmər] *pl* débris *m/pl* (*a*

fig, st/s); *von Bauwerken* ruines *f/pl*; décombres *m/pl* (*a fig*); ***in ~ gehen*** Gebäude tomber en ruines; s'effondrer; ***die Stadt liegt in ~n*** la ville est en ruines; *fig* ***vor den ~n s-s Lebens stehen*** se (re)trouver devant les débris de son existence

'**Trümmer|feld** *n* champ *m* de ruines; **~frau** *f oft pl* (*en Allemagne*) femme travaillant à déblayer les décombres (*après la Deuxième Guerre mondiale*); **~haufen** *m a fig* monceau *m*, amas *m* de décombres

Trumpf [trʊmpf] *m* ⟨~(e)s; ~e⟩ *KARTENSPIEL* atout *m*; ***was ist ~?*** qu'est-ce qui est atout?; **~ (*aus*)spielen** jouer atout; ***s-n letzten ~ ausspielen*** jouer son dernier atout, sa dernière carte (*beide a fig*), *fig* jouer son va-tout; *fig* ***alle Trümpfe in der Hand haben*** avoir tous les atouts en main; *fig* **~ *sein*** (*gefragt sein*) être demandé *od* en faveur; (*Mode sein*) être en vogue

'**Trumpfkarte** *f* atout *m*

Trunk [trʊŋk] *st/s m* ⟨~(e)s; ~e⟩ **1.** (*Getränk*) boisson *f*; **2.** ⟨*sans pl*⟩ (*Trinken*) ***dem ~ ergeben*** adonné à la boisson

'**trunken** *st/s adj* ivre (*vor, von* de); *vor Freude ~* ivre de joie; *j-n ~ machen* enivrer qn

Trunkenbold ['trʊŋkənbɔlt] *péj m* ⟨~(e)s; ~e⟩ ivrogne *m*, F soûlard *m*

'**Trunkenheit** *f* ⟨~⟩ **1.** (*Betrunkensein*) (état *m* d')ivresse *f*, *ADM* ébriété *f*; ***wegen ~ am Steuer*** pour conduire en état d'ivresse, *ADM* d'ébriété; **2.** *st/s fig* (*Taumel*) enivrement *m*, ivresse *f*

'**Trunksucht** *f* ⟨~⟩ ivrognerie *f*, alcoolisme *m*; *MÉD* éthylisme *m*

'**trunksüchtig** *adj* alcoolique

Trupp [trʊp] *m* ⟨~s; ~s⟩ troupe *f*; bande *f*; groupe *m*; (*Arbeits~*) équipe *f*; *MIL* détachement *m*; peloton *m*

'**Truppe** *f* ⟨~; ~n⟩ **1.** (*militärischer Verband*) troupe *f*; F *fig* (*nicht*) *von der schnellen ~ sein* (ne pas) être un *bzw* une rapide; **2.** ⟨*sans pl*⟩ *MIL* (*Streitkräfte*) armée *f*; troupes *f/pl*; *der Dienst bei der ~* le service armé; **3.** *THÉ, ZIRKUS etc* troupe *f*; compagnie *f*

'**Truppen|abzug** *m* retrait *m* de *bzw* des troupes; **~arzt** *m* médecin *m* militaire; **~bewegungen** *f/pl* mouvements *m/pl* de *bzw* des troupes; **~gattung** *f* arme *f*; **~kommandeur** *m* chef *m* de corps; **~konzentration** *f* concentration *f* de troupes; **~stärke** *f* effectif *m*; **~teil** *m* unité *f*; formation *f*; **~transport** *m* transport *m* de *bzw* des troupes; convoi *m* militaire; **~übungsplatz** *m* camp *m* d'instruction; champ *m* de manœuvres; **~verband(s)platz** *m* poste *m* de secours de bataillon

Trust [trast] *m* ⟨~(e)s; ~e *ou* ~s⟩ *ÉCON* trust *m*

Truthahn ['tru:tha:n] *m* dindon *m*; *junger dindonneau m*; *CUIS* **~ *mit Maronen*** dinde *f* aux marrons

'**Truthenne** *f* dinde *f*

trutzig ['trʊtsɪç] *st/s adj* massif, -ive (et redoutable)

Tschad [tʃat] ⟨→ *n/pr*⟩ *der* ~ le Tchad

Tschador [tʃa'dɔr] *m* ⟨~s; ~s⟩ tchador *m*

Tschako ['tʃako] *m* ⟨~s; ~s⟩ *MIL* shako *m*

'**tschau** [tʃaʊ] *cf* **tschüs**

Tschech|e ['tʃɛçə] *m* ⟨~n; ~n⟩, **~in** *f* ⟨~; ~nen⟩ Tchèque *m,f*

Tsche'chei F ⟨→ *n/pr*⟩ *die* ~ la République tchèque

Tschechien ['tʃɛçiən] *n* ⟨→ *n/pr*⟩ la République tchèque

'**tschechisch** *adj* tchèque; *die ~e Republik* la République tchèque

'**Tschechisch** *n* ⟨~(s)⟩, **~e** *n* ⟨~n⟩ (*das*) *Tschechisch(e) Sprache* le tchèque

Tschechoslowak|e *m* ⟨~n; ~n⟩, **~in** *f* ⟨~; ~nen⟩ *HIST* Tchécoslovaque *m,f*

Tschechoslowakei [tʃɛçɔslova'kaɪ] *f* ⟨→ *n/pr*⟩ *HIST die* ~ la Tchécoslovaquie

tschechoslo'wakisch *adj HIST* tchécoslovaque

tschilpen ['tʃɪlpən] *v/i* ⟨h⟩ pépier

tschüs [tʃʏs] F *int* F salut! (*formule d'adieu*)

Tsetsefliege ['tse:tsefli:gə] *f* mouche *f* tsé-tsé

T-Shirt ['ti:ʃœrt] *n* ⟨~s; ~s⟩ t-shirt *od* tee-shirt *m*

TT *abr* (*Tischtennis*) ping-pong

'**T-Träger** *m CONSTR* fer *m* en T

TU ['tu:] *f* ⟨~; ~s⟩ *abr* (*Technische Universität*) *cf* **technisch** *I 1*.

Tuba ['tu:ba] *f* ⟨~; -ben⟩ *MUS* tuba *m*

Tube ['tu:bə] *f* ⟨~; ~n⟩ tube *m*; *e-e ~ Klebstoff* un tube de colle; F *fig auf die ~ drücken* F appuyer sur le champignon; F mettre (toute) la gomme

Tuberkel [tu'bɛrkəl] *m* ⟨~s; ~⟩ *MÉD* tubercule *m*; **~bazillus** *m MÉD* bacille tuberculeux, de Koch

tuberkulös [tubɛrku'lø:s] *adj MÉD* tuberculeux, -euse

Tuberkulose [tubɛrku'lo:zə] *f* ⟨~⟩ *MÉD* tuberculose *f*

Tuberose [tube'ro:zə] *f* ⟨~; ~n⟩ *BOT* tubéreuse *f*

Tubus ['tu:bus] *m* ⟨~; -ben *ou* -se⟩ *OPT, TECH, MÉD* tube *m*

Tuch [tu:x] *n* ⟨~(e)s; ~er⟩ **1.** ⟨*pl* ~e⟩ *TEXT* (*Gewebe*) tissu *m*; *cf a Segeltuch*. **2.** ⟨*pl* ~e⟩ (*Stoff mit filzartiger Oberfläche*) drap *m*; **3.** F *fig auf j-n wie ein rotes ~ wirken* faire voir rouge à qn; *cf a Halstuch, Kopftuch etc*

'**Tuchfabrik** *f* draperie *f*

'**Tuchfühlung** *f* ⟨~⟩ *fig* contact étroit; ~ *haben* être au coude à coude; *fig* (*in Verbindung*) *auf ~ bleiben* rester en contact (étroit) (*mit j-m* avec qn)

tüchtig ['tʏçtɪç] **I** *adj* **1.** (*gut, leistungsfähig*) bon, bonne; efficace; (*fähig*) capable; (*geschickt*) habile; *Ingenieur, Arzt etc a* de valeur; excellent; *er ist sehr ~ in s-m Fach* il est très habile, capable, fort dans sa profession, spécialité, branche; **2.** F (*gehörig*) *e-e ~e Portion* une portion respectable; *ein ~er Schnupfen* F un rhume carabiné; **II** F *adv* (*viel*) beaucoup; bien; ~ *arbeiten* travailler bien, beaucoup; abattre de la besogne; ~ *essen* manger copieusement; F avoir un bon coup de fourchette; *j-n ~ verprügeln* donner, administrer une sérieuse correction à qn

'**Tüchtigkeit** *f* ⟨~⟩ efficacité *f*; capacité(s) *f(/pl)*; valeur *f*

Tücke ['tʏkə] *f* ⟨~; ~n⟩ **1.** ⟨*sans pl*⟩ (*Hinterhältigkeit*) *st/s* fourberie *f*; perfidie *f*; malignité *f*; *die ~ des Objekts* la malignité des choses; **2.** ⟨*souvent pl*⟩ (*verborgene Gefahr*) vice, défaut caché; **3.** (*Trick, List*) machination *f*; artifice *m*

tuckern ['tʊkərn] *v/i* **1.** ⟨*doublé d'une indication de direction* sein⟩ se déplacer *od* avancer en faisant teuf-teuf; **2.** ⟨h⟩ *Motor* faire teuf-teuf

'**tückisch** *adj* perfide; malin, maligne; *st/s* fourbe; sournois; **~e** *Krankheit* maladie pernicieuse; *e-e ~e Kurve* un virage dangereux; *~er Blick* regard sournois

Tuff [tʊf] *m* ⟨~s; ~e⟩, '**~stein** *m* GÉOL tuf *m*

Tüftelei [tʏftə'laɪ] F *f* ⟨~; ~en⟩ **1.** ⟨*sans pl*⟩ (*Ausdenken*) recherche minutieuse; **2.** (*Tüftelarbeit*) travail minutieux (et fignolé)

'**tüftelig** F *adj* **1.** *Arbeit* minutieux, -ieuse (et pénible); **2.** *Mensch* méticuleux, -euse; minutieux, -ieuse

'**tüfteln** F *v/i* ⟨-(e)le, h⟩ (*an etw arbeiten*) bricoler (*an etw* [*dat*] sur qc); *an e-m Problem ~* rechercher (avec soin) une solution ingénieuse à un problème

'**Tüftler** F *m* ⟨~s; ~⟩ **1.** (*Denker*) fignoleur *m*; esprit méticuleux; **2.** (*Bastler*) bricoleur minutieux

Tugend ['tu:gənt] *f* ⟨~; ~en⟩ vertu *f*

Tugendbold ['tu:gəntbɔlt] *m* ⟨~(e)s; ~e⟩ *iron st/s* parangon *m* de vertu

'**tugend|haft** *adj* vertueux, -euse; **~haftigkeit** *f* ⟨~⟩ vertu *f*

Tukan ['tu:kan *ou* tu'ka:n] *m* ⟨~s; ~e⟩ *ZO* toucan *m*

Tüll [tʏl] *m* ⟨~s; ~e⟩ *TEXT* tulle *m*

Tülle ['tʏlə] *f* ⟨~; ~n⟩ **1.** *e-r Kanne* bec *m*; **2.** *TECH* douille *f*

'**Tüll|gardine** *f* rideau *m* de tulle; **~spitze** *f* dentelle *f* de tulle

Tulpe ['tʊlpə] *f* ⟨~; ~n⟩ tulipe *f* (*a Glas*)

'**Tulpen|baum** *m* BOT tulipier *m*; **~zwiebel** *f* bulbe *m* de tulipe

tummeln ['tʊməln] *v/refl* ⟨-(e)le, h⟩ *sich ~* **1.** (*herumtollen*) s'ébattre; prendre ses ébats; **2.** (*sich beeilen*) se dépêcher; se hâter; F se grouiller

'**Tummelplatz** *m* **1.** (*beliebter Aufenthaltsort*) lieu *m*, séjour *m* de prédilection; *für Kinder* terrain *m*, place *f* de jeu; **2.** *fig* terrain *m* d'action

Tümmler ['tʏmlər] *m* ⟨~s; ~⟩ **1.** Delphin marsouin *m*; **2.** *Taube* (pigeon *m*) culbutant *m*

Tumor ['tu:mɔr] *m* ⟨~s; -'more(n)⟩ *MÉD* tumeur *f*

Tümpel ['tʏmpəl] *m* ⟨~s; ~⟩ mare *f*

Tumult [tu'mʊlt] *m* ⟨~(e)s; ~e⟩ **1.** (*Lärm*) tumulte *m*; vacarme *m*; brouhaha *m*; **2.** (*Aufruhr*) agitation *f*; *pl*/fort émeute *f*; **~e** *a* désordres *m/pl*; *es kam zu schweren ~en* de graves désordres ont éclaté

tu'**multartig** *adj* tumultueux, -euse; **~e** *Szenen f/pl* scènes *f/pl* de violence

tun [tu:n] ⟨tue, tust, tut; tat (*du* tat[e]st, ihr tatet); getan; tu(e)!; h⟩ **I** *v/t* **1.** (*machen, unternehmen*) faire; *das tut man nicht* cela ne se fait pas; *was soll ich ~?* que dois-je faire?; *als Ausdruck von Hilflosigkeit* que voulez-vous que je fasse?; *was kann ich für Sie tun?* que puis-je faire pour vous?; *was ist zu ~?* que faire?; *da muß etw getan werden* il faut absolument faire qc; il faut agir; *man tut, was man kann* on fait ce qu'on peut; *tu doch etwas!* fais donc quelque chose!; *wenn du nicht lassen kannst!* si tu ne peux pas faire autrement, fais-le!; *nun weiß ich, was* *ich zu ~ habe* maintenant je sais ce qui me reste à faire; *das wäre getan* voilà, c'est fait; *damit ist es nicht getan* cela ne suffit pas; *~ und lassen, was man will* être libre de faire ce qu'on veut; *sein Bestes, sein möglichstes ~* faire de son mieux; faire tout son possible; *du tust bzw tätest gut daran, zu* (*+inf*) tu ferais bien de (*+inf*); *Gutes ~* faire le bien; F *es ~* (*koitieren*) faire la chose; *cf a beim jeweiligen Substantiv*; **2.** *als Funktionsverb e-n Schritt ~* faire un pas; *j-m s-n Willen ~* faire les volontés de qn; *Medikament s-e Wirkung ~* produire son effet; **3.** (*arbeiten*) faire; *er tut nichts* il ne fait rien; (*etw*) *zu ~ haben* avoir (qc) à faire; *sehr viel zu ~ haben* avoir beaucoup à faire; être très occupé; **4.** (*Schaden zufügen*) faire; *der Hund tut* (*dir*) *nichts* le chien ne (te) fera rien; *was hat sie dir denn getan?* qu'est-ce qu'elle t'a (donc) fait?; **5.** *péj* (*anstellen*) faire; *was hat er denn getan?* qu'a-t-il donc fait?; *du tust es ja doch nicht!* tu ne le feras pas!; tu n'oseras pas!; *tu es nicht wieder!* ne recommence pas!; **6.** *zu ~ haben* (*zu schaffen*) avoir affaire (*mit j-m, etw* à, avec qn, qc); *etw zu ~ haben* (*Bezug haben*) avoir qc à faire, à voir (*mit j-m, etw* avec qn, qc); *damit habe ich nichts zu ~* cela ne me concerne pas; je n'y suis pour rien; *das hat damit nichts zu ~* cela n'a rien à voir avec ça; *cf a 11.*; **7.** F *mit Ortsangabe* (*bringen, legen, stellen*) mettre; *tu es dorthin!* mets-le là(-bas)!; *etw in e-e Schachtel ~* mettre qc dans une boîte; *beiseite ~* mettre de côté; **8.** (*bedeuten*) *was tut das?* qu'est-ce que cela fait?; qu'importe?; *das tut nichts zur Sache* cela n'y change rien *od* ne change rien à l'affaire; **9.** F (*ausreichen*) *Wasser allein tut es nicht* l'eau seule ne suffit pas; *das tut es auch* cela fera aussi l'affaire; **10.** F *a v/i* (*funktionieren*) *der Staubsauger tut* (*es*) *nicht mehr* l'aspirateur ne marche plus; **11.** *es mit j-m zu ~ haben* avoir affaire à, avec qn; F *es mit den Nieren zu ~ haben* avoir des ennuis rénaux; *es mit ernsten Problemen zu ~ haben* avoir affaire à des problèmes graves; F *es mit j-m zu ~ bekommen* avoir des ennuis avec qn; *es mit der Angst zu ~ bekommen* prendre peur; **II** *v/i* **12.** (*den Anschein erwecken*) *so ~, als ob ...* (*+subj*) feindre, faire semblant de (*+inf*); *er tut immer so wichtig* il fait toujours l'important; *er tut nur so* il fait semblant; *~ Sie doch nicht so!* ne prenez pas ces airs-là!; **III** *v/imp* **13.** *es ist mir darum zu ~, zu* (*+inf*) il m'importe de, je tiens à (*+inf*); je tiens à ce que ... (*+subj*); *es ist mir nur um das Geld zu ~* je ne me soucie que de l'argent; je ne tiens qu'à l'argent; **IV** F *v/réfl* **14.** *es tut sich etw* il se passe qch; *hier hat sich nichts getan* ici, il ne s'est rien passé; F ici, rien n'a bougé; **V** F *v/aux* **15.** *betonend lachen tut sie oft* il lui arrive souvent de rire; **16.** *regional Konjunktiv das täte mich schon interessieren* ça m'intéresserait bien, beaucoup

Tun *n* ⟨~s⟩ **1.** (*Handlungsweise*) conduite *f*; comportement *m*; *péj* agissements *m/pl*; *st/s* *sein ~ und Treiben* ses faits et gestes; **2.** (*Beschäftigung*) occupation(s) *f(/pl)*
Tünche ['tʏnçə] *f* ⟨~; ~n⟩ **1.** *Farbe* badigeon *m*; **2.** *fig péj* (*Äußerlichkeit*) vernis *m*; *s-e Freundlichkeit ist nur ~* son amabilité n'est que du vernis
Tundra ['tʊndra] *f* ⟨~; -dren⟩ GÉOGR toundra *f*
Tunell [tu'nɛl] *n* ⟨~s; ~s⟩ *bes südd, österr* tunnel *m*
tunen ['tjuːnən] *v/t* ⟨h⟩ AUTO bricoler
Tuner ['tjuːnər] *m* ⟨~s; ~⟩ RAD, STEREO tuner *m*; syntoniseur *m*
Tunesien [tu'neːziən] *n* ⟨→ *n/pr*⟩ la Tunisie
Tu'nesier(**in**) *m* ⟨~s; ~⟩ (*f*) ⟨~; ~nen⟩ Tunisien, -ienne *m,f*
tu'nesisch *adj* tunisien, -ienne; de la Tunisie
Tunichtgut ['tuːnɪçtguːt] *m* ⟨~ *ou* ~(e)s; ~e⟩ vaurien *m*
Tunika ['tuːnika] *f* ⟨~; -ken⟩ ANTIKE, (*Überrock*) tunique *f*
Tunke ['tʊŋkə] *f* ⟨~; ~n⟩ sauce *f*
tunken *v/t* ⟨h⟩ tremper (*in* [*+acc*] dans)
tunlichst ['tuːnlɪçst] *adv* **1.** (*möglichst*) autant que possible; *etw ~ vermeiden* à éviter soigneusement qc; **2.** (*unbedingt*) absolument
Tunnel ['tʊnəl] *m* ⟨~s; ~(s)⟩ tunnel *m*
Tunte ['tʊntə] F *f* ⟨~; ~n⟩ **1.** (*Homosexueller*) F tante *f*; **2.** (*Frau*) bonne femme *f*; F mémère *f*
'**tuntig** F *péj adj bes von Homosexuellen* (*feminin*) F de tante
Tüpfelchen ['tʏpfəlçən] *n* ⟨~s; ~⟩ point *m*; *fig das ~ auf dem i* la dernière touche; *cf a i*
'**tüpfeln** *v/t* ⟨-(e)le, h⟩ TEXT moucheter
tupfen ['tʊpfən] **I** *v/t* ⟨h⟩ **1.** tamponner; **2.** *cf tüpfeln*; **II** *v/réfl sich* (*dat*) *den Schweiß von der Stirn ~* éponger (la sueur de) son front
'**Tupfen** *m* ⟨~s; ~⟩ *bes* TEXT pois *m*; point *m*; *mit blauen ~ Stoff* à pois bleus
Tupfer ['tʊpfər] *m* ⟨~s; ~⟩ **1.** MÉD tampon *m*; **2.** F *cf Tupfen*
Tür [tyːr] *f* ⟨~; ~en⟩ **1.** porte *f*; (*Haus*2) porte *f* d'entrée; *e-s Autos* portière *f*; *an die ~ gehen* aller à la porte; *~ an ~ wohnen* habiter porte à porte; *vor die ~ gehen* sortir sur le pas de la porte; *fig* prendre l'air; *von ~ zu ~ gehen* aller de porte en porte; *vor verschlossener ~ stehen* trouver porte close; *er hat e-e Straßenbahnhaltestelle vor der ~* il a un arrêt de tram devant sa porte; *j-n zur ~ begleiten* reconduire qn à la porte; *st/s fig j-m die ~ weisen* mettre qn à la porte; F *fig j-n vor die ~ setzen* mettre, F flanquer qn à la porte; **2.** *fig alle ~en stehen ihm offen* toutes les portes lui sont ouvertes; *e-r Sache* (*dat*) *und Tor öffnen* ouvrir (toute grande) la porte à qc; F *offene ~en einrennen* enfoncer des portes ouvertes; F *j-m die ~ einlaufen* (*venir*) 'harceler, importuner qn; F casser les pieds à qn; *bei, hinter verschlossenen ~en* à huis clos; F *mit der ~ ins Haus fallen* mettre les pieds dans le plat; ne pas y aller par quatre chemins; *der Winter steht vor der ~* nous sommes au seuil de l'hiver; *Weihnachten steht vor der ~* Noël approche; F *zwischen ~ und Angel* entre deux portes; à la hâte; à la sauvette; *cf a Tag 5.*
'**Türangel** *f* gond *m*
Turban ['tʊrban] *m* ⟨~s; ~e⟩ turban *m*
Turbine [tʊr'biːnə] *f* ⟨~; ~n⟩ TECH turbine *f*
Tur'binen|**antrieb** *m* entraînement *m*, propulsion *f* par turbine; ~**getrieben** *adj* mû, mue par turbine
Turbo|**generator** ['tʊrbogenera:tɔr] *m* TECH turboalternateur *m*; ~**lader** *m* ⟨~s; ~⟩ AUTO turbocompresseur *m*; ~'**Prop-Flugzeug** *n* avion *m* à turbopropulseur
turbulent [tʊrbu'lɛnt] **I** *adj* turbulent; *~e Szenen f/pl* scènes *f/pl* de turbulence; **II** *adv es ging ~ zu* il y a eu de l'agitation; *die Sitzung ist äußerst ~ verlaufen* la séance s'est déroulée dans la plus grande agitation
Turbu'lenz *f* ⟨~; ~en⟩ turbulence *f* (*a* PHYS)
'**Tür**|**drücker** *m* **1.** (*Klinke*) poignée *f* de porte; *cf Türöffner*; ~**flügel** *m* battant *m* de porte; ~**füllung** *f* panneau *m* (de porte); ~**griff** *m* poignée *f*, *runder* bouton *m* (de porte)
Türke ['tʏrkə] *m* ⟨~n; ~n⟩ Turc *m*
Tür'kei ⟨→ *n/pr*⟩ *die ~* la Turquie
'**türken** F *v/t* ⟨h⟩ falsifier; truquer; maquiller; *getürkte Papiere n/pl* faux papiers; *e-e getürkte Bilanz* un bilan maquillé
'**Türkin** *f* ⟨~; ~nen⟩ Turque *f*
türkis [tʏr'kiːs] *adj* ⟨*attribut*⟩ turquoise ⟨*inv*⟩
Tür'kis *m* ⟨~es; ~e⟩ turquoise *f*
türkisch ['tʏrkɪʃ] *adj* turc, turque; ~*er Honig* etwa nougat *m*
'**Türkisch** *n* ⟨~(s)⟩, ~**e** *n* ⟨~n⟩ (*das*) *Türkisch*(*e*) *Sprache* le turc
tür'kisfarben *adj* (*couleur*) turquoise ⟨*inv*⟩
'**Tür**|**klinke** *f* poignée *f* de porte; bec-de-cane *m*; ~**klopfer** *m* 'heurtoir *m*; ~**knopf** *m* bouton *m* de porte
Turksprache ['tʊrkʃpraːxə] *f* langue turque
Turm [tʊrm] *m* ⟨~(e)s; ~e⟩ **1.** ARCH tour *f* (*a* SCHACH); (*Kirch*2) clocher *m*; (*Festungs*2) donjon *m*; **2.** MIL tourelle *f*; **3.** (*Sprung*2) plongeoir *m*
Turmalin [tʊrma'liːn] *m* ⟨~s; ~e⟩ MINÉR tourmaline *f*
'**Türmatte** *f* paillasson *m*
'**Turmbau** *m* ⟨~(e)s⟩ BIBL *der ~ zu Babel* la tour de Babel
Türmchen ['tʏrmçən] *n* ⟨~s; ~⟩ tourelle *f*
'**türmen**[1] ⟨h⟩ **I** *v/t* (*stapeln*) entasser; amonceler; empiler; **II** *v/réfl sich ~* s'amonceler; s'entasser; s'accumuler; (*sich stapeln*) s'empiler
'**türmen**[2] F *v/i* ⟨sein⟩ (*weglaufen*) F se barrer; F se tailler; F détaler
'**Türmer** *m* ⟨~s; ~⟩ HIST guetteur *m*
'**Turm**|**falke** *m* ZO crécerelle *f*; ~**haube** *f* ARCH toit *m* de tour
'**turmhoch I** *adj* très 'haut; gigantesque; **II** *adv* très 'haut; jusqu'au ciel; *fig j-m überlegen sein* être bien, de loin supérieur à qn
'**Turm**|**springen** *n* SCHWIMMEN plongeons *m/pl* de haut vol; ~**springer**(**in**)

m(f) SCHWIMMEN plongeur, -euse *m,f* de haut vol; **~uhr** *f* horloge *f*
Turn|anzug *m* tenue *f* de gymnastique; **~beutel** *m* sac *m* de sport
turnen ['tʊrnən] **I** *v/t* ⟨h⟩ *e-e Übung* ~ faire, exécuter un exercice (de gymnastique); **II** *v/i* **1.** ⟨h⟩ faire de la gymnastique; *am Barren* ~ faire des barres parallèles; **2.** F (sein) (klettern) *über die Tische* ~ grimper sur les tables
'**Turnen** *n* ⟨~s⟩ gymnastique *f*; (*Turnunterricht*) éducation *f* physique
'**Turner(in)** *m* ⟨~s; ~⟩ (*f*) ⟨~; ~nen⟩ gymnaste *m,f*
'**turnerisch** *adj* gymnastique; de gymnaste
Turn|fest *n* fête *f* de gymnastique; **~geräte** *n/pl* agrès *m/pl*; **~halle** *f* gymnase *m*; **~hemd** *n* maillot *m* de gymnastique; **~hose** *f kurze* short *m*; *lange* pantalon *m* de sport
Turnier [tʊr'ni:r] *n* ⟨~s; ~e⟩ **1.** (*sportlicher Wettkampf*) concours *m*; compétition *f*; tournoi *m*; **2.** HIST tournoi *m*; **~pferd** *n* cheval *m* de tournoi; **~tanz** *m* danse *f* de compétition
Turn|lehrer(in) *m(f)* professeur *m* d'éducation physique, de gymnastique; **~schuh** *m* tennis *m*; *knöchelhoher* basket *f*; LEICHTATHLETIK chaussure *f* de gymnastique; **~schuhgeneration** *f* ⟨~⟩ génération *f* en baskets; **~stunde** *f* cours *m* de gymnastique; **~übung** *f* exercice *m* (de) gymnastique; exercice *m* physique; enseignement *m* de la gymnastique
Turnus ['tʊrnus] *m* ⟨~; ~se⟩ roulement *m*; *im* ~ par roulement; à tour de rôle
'**turnus|gemäß**, **~mäßig** *adj u adv* par roulement; à tour de rôle
'**Turn|verein** *m* société *f* de gymnastique; **~zeug** *n* tenue *f*, affaires *f/pl* de gymnastique
'**Türöffner** *m* système *m* d'ouverture automatique d'une porte; *drücken Sie den (automatischen)* ~ appuyez sur le bouton d'ouverture automatique (de la porte)
'**Tür|öffnung** *f* CONSTR baie *f*, embrasure *f* (de porte); **~pfosten** *m* montant *m* de porte; **~rahmen** *m* châssis *m*, chambranle *m* de porte; **~schild** *n* plaque *f* de porte; **~schloß** *n* serrure *f* (de porte); **~schwelle** *f* seuil *m* (de porte);

~spalt *m* fente *f* de la porte; **~sturz** *m* ⟨~es; ~e *ou* ~e⟩ CONSTR linteau *m* de porte
turteln ['tʊrtəln] *v/i* ⟨-(e)le, h⟩ *plais Verliebte* roucouler
'**Turteltaube** *f* tourterelle *f*
'**Türvorleger** *m* paillasson *m*; tapis-brosse *m*
Tusch [tʊʃ] *m* ⟨~(e)s; ~e⟩ fanfare *f*; *e-n* ~ *blasen* sonner une fanfare
Tusche ['tʊʃə] *f* ⟨~; ~n⟩ encre *f* de Chine
'**tuscheln** *v/i u v/t* ⟨-(e)le, h⟩ chuchoter; faire des messes basses
'**tuschen** ⟨h⟩ **I** *v/t* PEINT (*malen*) colorier au lavis; teinter avec de l'encre de Chine; (*zeichnen*) dessiner à l'encre de Chine; **II** *v/i* faire un lavis; **III** *v/réfl sich* (*dat*) *die Wimpern* ~ se farder les cils
'**Tuschkasten** *m regional* boîte *f* de couleurs à l'eau, d'aquarelle; *fig péj wie ein* ~ *aussehen* être un vrai pot de peinture
'**Tuschzeichnung** *f* lavis *m* (à l'encre de Chine)
Tussi ['tʊsi] F *f* ⟨~; ~s⟩ F nana *f*; F nénette *f*; F gonzesse *f*
'**Tütchen** *n* ⟨~s; ~⟩ sachet *m* (en *od* de papier); *spitzes* petit cornet
Tüte ['ty:tə] *f* ⟨~; ~n⟩ **1.** sac *m* (en *od* de papier); *spitze* cornet *m*; F *fig das kommt nicht in die* ~*!* non! rien à faire!; **2.** F *in die* ~ *blasen müssen* F devoir souffler dans le ballon
tuten ['tu:tən] *v/i* ⟨-ete, h⟩ (*Nebel*)*Horn* retentir; *Schiff* donner un coup de sirène; TÉL *es tutet* on entend le signal sonore; F *fig von* 2 *und Blasen keine Ahnung haben* n'y rien connaître (du tout)
Tutenchamun [tutɛn'ça:mʊn] *m* ⟨→ *n/pr*⟩ Toutankhamon *m*
TÜV [tʏf] *m* ⟨~⟩ *abr* (*Technischer Überwachungsverein*) centre *m* de contrôle technique agréé (des véhicules, *etc*); F *sein Auto durch od über den* ~ *bringen* faire passer le contrôle technique à sa voiture
Tuvalu [tu'va:lu] *n* ⟨→ *n/pr*⟩ (les îles *f/pl* de) Tuvalu
'**TÜV-Plakette** *f* plaquette servant de certificat de contrôle technique d'un véhicule
Tweed [tvi:d] *m* ⟨~s; ~s *ou* ~e⟩ TEXT tweed *m*

Twen [tvɛn] *m* ⟨~s; ~s⟩ personne *f* qui a entre vingt et trente ans
Twinset ['tvɪnsɛt] *n od m* ⟨~(s); ~s⟩ TEXT twin-set *m*
Twist[1] [tvɪst] *m* ⟨~es; ~e⟩ TEXT fil *m* de coton
Twist[2] *m* ⟨~s; ~s⟩ *Tanz* twist *m*
Typ [ty:p] *m* ⟨~s; ~en⟩ **1.** (*Menschen*2) type *m*; *ein südländischer* ~ *sein* avoir le type méridional; F *sie ist nicht mein* ~ ce n'est pas mon type, genre; F *dein* ~ *wird verlangt* c'est toi qu'on réclame; **2.** F (*gén a* ~*en*) (*Mann*) F type *m*; **3.** TECH (*Modell*) type *m*; modèle *m*
'**Type** *f* ⟨~; ~n⟩ **1.** TYPO lettre *f*, caractère *m* (d'imprimerie); type *m*; **2.** F *fig e-e komische* ~ un drôle de type, F de zèbre, F d'oiseau
'**Typen|hebel** *m e-r Schreibmaschine* tige *f* à caractère; **~rad** *n e-r Schreibmaschine* marguerite *f*; **~radschreibmaschine** *f* machine *f* à écrire à marguerite
Typhus ['ty:fʊs] *m* ⟨~⟩ MÉD (*fièvre f*) typhoïde *f*; (*Fleck*2) typhus *m* exanthématique; **~epidemie** *f* épidémie *f* de typhus *bzw* de typhoïde; **~impfung** *f* vaccination *f* antityphoïdique; 2**krank** *adj* atteint du typhus *bzw* de la typhoïde
'**typisch I** *adj* typique; caractéristique; *das ist* ~ *für dich* (ça) c'est bien toi; *diese Fahrweise ist* ~ *für den deutschen Autofahrer* c'est une manière de conduire typiquement allemande; **II** *adv das ist* ~ *deutsch* c'est typiquement allemand; F *das ist* ~ *Mann* c'est typiquement masculin; F c'est bien les hommes
typisieren [typi'zi:rən] *v/t* ⟨*pas de ge-*, h⟩ LITERATUR, KUNST typer
Typographie [typogra'fi:] *f* ⟨~; ~n⟩ typographie *f*
typo'graphisch *adj* typographique
Typolo'gie *f* ⟨~; ~n⟩ typologie *f*
'**Typus** *m* ⟨~; -pen⟩ *st/s*, PHILOS, LITERATUR, KUNST type *m*
Tyrann [ty'ran] *m* ⟨~en; ~en⟩ tyran *m*
Tyran'nei *f* ⟨~⟩ tyrannie *f*
ty'rannisch I *adj* tyrannique; **II** *adv* tyranniquement; en tyran
tyranni'sieren *v/t* ⟨*pas de ge-*, h⟩ tyranniser
tyrrhenisch [ty're:nɪʃ] *adj das* 2*e Meer* la mer Tyrrhénienne

U

U, u [u:] *n* ⟨~; ~⟩ *Buchstabe* U, u *m*
U *abr* **1.** (*Umleitung*) déviation *f*; **2.** (*Untergrundbahn*) métro *m*
u. *abr* (*und*) et
u. a. *abr* **1.** (*und andere*) et autres; **2.** (*und anderes*) etc. (et cetera); **3.** (*unter anderem*) entre autres
u. A. w. g. *abr* (*um Antwort wird gebeten*) R.S.V.P. (répondez, s'il vous plaît)
UB [u:ˈbeː] *f* ⟨~; ~s⟩ *abr* (*Universitätsbibliothek*) B.U. *f* (bibliothèque universitaire)
ˈU-Bahn *f* métro *m*; **~hof** *m*, **~-Station** *f* station *f* de métro; **~-Tunnel** *m* tunnel *m* de métro
übel [ˈyːbəl] **I** *adj* (übler, übelste) **1.** (*schlecht*) mauvais; **übler Geruch** mauvaise odeur; **üble Folgen haben** avoir des conséquences fâcheuses, *p*/*fort* funestes; **2.** (*verwerflich*) **e-e üble Geschichte** F une sale histoire; **ein übler Bursche** un mauvais garçon, sujet; **3.** (*unwohl*) **mir ist, wird ~** (*ich habe Brechreiz*) j'ai mal au cœur *od* envie de vomir; **dabei kann einem ~ werden** cela donne la nausée; cela soulève le cœur; **II** *adv* **1.** (*schlecht*) mal; **~ riechen** sentir mauvais; **das klingt nicht ~** ça a l'air bien; cela n'a pas l'air mal; **wohl oder ~** bon gré, mal gré; de gré ou de force; **~ gelaunt sein** être de mauvaise humeur; être maussade, mal luné; F **nicht ~!** pas mal!; **das wäre nicht ~** cela ne me déplairait pas; *auf* **e-n Vorschlag** ce serait une solution; **2.** (*nachteilig*) **~ ausgehen** finir mal; mal se terminer; **j-m ~ gesinnt sein** vouloir du mal à qn; **3.** (*schlimm*) **j-n ~ zurichten** mettre qn mal en point, en mauvais état; F esquinter, amocher qn
ˈÜbel *n* ⟨~s; ~⟩ **1.** (*Mißstand*) mal *m*; **notwendiges ~** mal nécessaire; **zu allem ~** pour comble de malheur; pour couronner le tout; **das kleinere ~ wählen** choisir le moindre mal; **2.** *st/s* (*Krankheit*) mal *m*; **sein altes ~ plagt ihn** *st/s* il est en proie à son vieux mal; **von** *od* **vom ~ sein** nuire; être nuisible, préjudiciable
ˈübel|gelaunt *adjt* ⟨*épithète*⟩ de mauvaise humeur; maussade; mal luné; **~gesinnt** *adj* ⟨*épithète*⟩ mal intentionné
ˈÜbelkeit *f* ⟨~⟩ mal *m* au cœur; nausée(s) *f*(*pl*); envie *f* de vomir; **~ erregen** donner mal au cœur; donner la nausée
ˈübellaunig *adj* maussade; grincheux, -euse; mal luné
ˈübelnehmen *v*/*t* (*irr, sép, -ge-, h*) **etw ~** prendre qc de travers, en mauvaise part; **Bemerkung, Scherz etc** prendre mal qc; **j-m etw ~** en vouloir à qn de qc; tenir rigueur à qn de qc; **nehmen Sie es mir nicht übel, aber da teile ich Ihre Meinung nicht** sans vouloir vous contrarier, je ne suis pas de votre avis
ˈübelriechend *adj* ⟨*épithète*⟩ malodorant; nauséabond; fétide
ˈÜbel|stand *st/s m* (*Mißstand*) mal *m*; (*Ungerechtigkeit*) injustice *f*; **~täter (-in)** *m*(*f*) coupable *m,f*
ˈübelwollen *st/s v/i* (*irr, sép, -ge-, h*) **j-m ~** vouloir du mal à qn
üben [ˈyːbən] ⟨h⟩ **I** *v*/*t* **1.** (s')exercer, s'entraîner à; *Musikstück, Szene* étudier; *Gedächtnis* exercer; entraîner; **Geige, Klavier ~** s'exercer au violon, au piano; **mit geübtem Blick** d'un œil expert; **mit geübter Hand** d'une main experte; **2.** *st/s* (*erweisen*) **Geduld ~** faire preuve de patience; **Gerechtigkeit ~** pratiquer la justice (*gegenüber j-m* envers qn); **Kritik ~** formuler des critiques; critiquer (*an etw, j-m* qc, qn); **II** *v/i* faire des exercices; **III** *v*/*réfl* **sich in etw** (*dat*) **~** s'exercer, s'entraîner à (faire) qc; *st/s* **sich fig sich in Toleranz** *etc* **~** s'exercer, s'appliquer à la tolérance, *etc*
über [ˈyːbər] **I** *prép* **1.** *räumlich Lage* ⟨*dat*⟩ (*oberhalb*) au-dessus de; (*auf*) sur; par-dessus; **sie wohnen ~ uns** ils habitent au-dessus de (chez) nous; **Nebel liegt ~ dem Tal** le brouillard s'étend sur la vallée; **e-n Pullover ~ der Bluse tragen** porter un pull-over par-dessus son chemisier; (*jenseits*) **sie wohnen ~ der Straße** ils habitent de l'autre côté de la rue; **2.** *räumlich Richtung* ⟨*acc*⟩ (*oberhalb von*) au-dessus de; (*auf*) sur; **~ etw** (*hinweg*) par-dessus qc; **~ die Straße gehen** traverser la rue; **~ die Brücke gehen, fahren** a passer sur le pont; **Tränen rollten ~ ihre Wangen** les larmes coulaient sur ses joues; **~ die Absperrung klettern** passer par-dessus la barrière; franchir la barrière; **~ Berg und Tal** par monts et par vaux; **die Mütze ~ die Ohren ziehen** enfoncer son bonnet jusqu'aux oreilles; **den Dünger ~ das Beet verteilen** répandre l'engrais sur la plate-bande. **3.** (*via*) ⟨*acc*⟩ par; via; **~ Berlin nach Hamburg** à Hambourg par, via Berlin; **ich bin ~ Köln gekommen** je suis passé par Cologne. **4.** *Rangfolge* ⟨*dat*⟩ supérieur à; au-dessus de; **~ j-m stehen** être supérieur à *od* le supérieur de qn; **er hat keinen ~ sich** il n'y a personne au-dessus de lui; **5.** *Ausdehnung* ⟨*acc*⟩ au-dessus de; au-delà de; plus de; plus que; **das Wasser geht ihm bis ~ die Knie** l'eau lui arrive au-dessus des genoux; **6.** *mit Abstrakta* ⟨*acc*⟩ **~ Gebühr** plus que de raison; excessivement; *st/s* **~ alle Maßen** au-delà de toute expression; incomparablement; **~ alles** par-dessus tout; **es geht nichts ~ ...** il n'y a rien de tel que ...; **das geht ~ meine Kräfte** c'est au-dessus de mes forces; **7.** *zeitlich* ⟨*acc*⟩ pendant; durant; **~ Nacht** pendant, durant la nuit; *fig* (*plötzlich*) du jour au lendemain; *poét* **~s Jahr** dans un an; au bout d'un an; **den ganzen Tag ~** (pendant, durant) toute la journée; **~ kurz oder lang** tôt ou tard; **8.** (*bei, während*) ⟨*dat*⟩ **~ der Arbeit einschlafen** s'endormir sur son travail; **9.** (*infolge*) ⟨*dat*⟩ **~ dem Schmerz hat er alles andere vergessen** la douleur lui a fait oublier tout le reste; **10.** (*betreffs*) ⟨*acc*⟩ **ein Buch, e-e Rede ~ ...** un livre, un discours sur ...; **ein Scheck ~ ...** un chèque de ...; **11.** (*mittels*) ⟨*acc*⟩ par; **~ Radio** par radio; **~ Mittelwelle** sur (les) ondes moyennes; **~ e-e Treppe** par un escalier; **~ e-n Bekannten von etw erfahren** apprendre qc par (l'intermédiaire d')un ami; **12.** *Häufung* ⟨*acc*⟩ **Fehler ~ Fehler** faute sur faute; **Schulden ~ Schulden haben** être endetté jusqu'au cou; **II** *adv* **1.** (*mehr als*) plus de; **alle Männer ~ fünfzig** tous les hommes de plus, au-dessus de cinquante ans; **~ dreißig** (*Jahre alt*) **sein** avoir plus de trente ans; **es ist schon zehn Minuten ~ die Zeit** l'heure (du rendez-vous) est passée depuis dix minutes; **ein Gehalt ~ 2000 Mark** un traitement supérieur à, de plus de 2000 marks; **2.** (*völlig*) **~ und ~** tout (à fait); entièrement; complètement; **~ und ~ rot werden** rougir jusqu'aux oreilles; **III** *F adj* ⟨*attribut*⟩ **1.** (*übrig*) **~ sein** rester; être de reste. **2.** (*lästig*) **die Sache ist mir langsam ~** je commence à en avoir assez, par-dessus la tête, F marre; **3.** (*überlegen*) **j-m** (*in etw* [*dat*]) **~ sein** surpasser qn (en qc)
ˈüberall *adv* **1.** (*an allen Orten*) partout; **er ist ~ und nirgends** il est partout et nulle part; *fig* (*auf allen Gebieten*) **~ Bescheid wissen** être renseigné sur tout, dans tous les domaines; **2.** (*immer*) toujours
überallˈher *adv* de partout; de toutes les directions; **~ˈhin** *adv* partout; dans toutes les directions
ˈüber|altert *adj* **1.** *Bevölkerung* vieux, vieille; *Belegschaft* d'un pourcentage élevé de personnel âgé; *Stadt* dont la population est vieille; **2.** (*veraltet*) vétuste; trop vieux, vieille; (*überholt*) dépassé; suranné; désuet, -ète

Über|alterung f ⟨~⟩ der Bevölkerung, Belegschaft vieillissement m
'Überangebot n offre f excédentaire; excédent m; COMM a pléthore f (**an** [+dat] de)
'überängstlich adj très anxieux, -ieuse
über'anstreng|en ⟨insép, pas de ge-, h⟩ v/t (u v/réfl) (**sich**) **~** (se) surmener; **2ung** f surmenage m
über'antworten st/s v/t ⟨-ete, insép, pas de ge-, h⟩ **1.** (anvertrauen) **j-m etw ~** confier, remettre qc à qn; **2.** (ausliefern) livrer
über'arbeiten ⟨-ete, insép, pas de ge-, h⟩ **I** v/t Text, Buch retoucher; Text a reprendre; (umarbeiten) refondre; remanier; *e-e überarbeitete Auflage* une édition revue et corrigée; **II** v/réfl **sich ~** se surmener
Über'arbeitung f ⟨~; ~en⟩ **1.** e-s Textes, Buches etc retouche f; (Umarbeitung) refonte f; remaniement m; **2.** ⟨sans pl⟩ (Überanstrengung) surmenage m
'überaus st/s adv très; beaucoup; extrêmement
über'backen¹ v/t ⟨irr, insép, pas de ge-, h⟩ CUIS (faire) gratiner; **etw mit Käse ~** (faire) gratiner qc au fromage
über'backen² adjt CUIS gratiné; au gratin
'Überbau m ⟨~(e)s; ~e ou ~ten⟩ **1.** CONSTR superstructure f; **2.** ⟨pl ~e⟩ PHILOS superstructures f/pl idéologiques; *im dialektischen Marxismus* superstructure f
'überbeanspruch|en v/t ⟨insép, pas de ge-, h⟩ **1.** Mensch surmener; **2.** TECH Material etc soumettre à une contrainte excessive; **2ung** f **1.** e-s Menschen surmenage m; **2.** TECH contrainte excessive
'Überbein n MÉD exostose f
'überbekommen F v/t ⟨irr, sép, pas de ge-, h⟩ **etw, j-n ~** en avoir assez, F marre de qc, qn
'überbelast|en v/t ⟨-ete, insép, pas de ge-, h⟩ **1.** TECH Fahrzeug, Aufzug, Maschine surcharger; **2.** Person surmener; **2ung** f **1.** TECH surcharge f; **2.** von Personen surmenage m
'über|belegt adjt dont la capacité est dépassée; surchargé; surencombré; Haus surpeuplé; Kurs pour lequel il y a eu trop d'inscriptions; **2belegung** f dépassement m de capacité; excédent m d'effectifs; **~belichten** v/t ⟨-ete, insép, pas de ge-, h⟩ PHOT surexposer; **2belichtung** f PHOT surexposition f; **2beschäftigung** f suremploi m
'überbetonen v/t ⟨insép, pas de ge-, h⟩ trop insister sur; donner trop d'importance à
'über|bewerten v/t ⟨-ete, insép, pas de ge-, h⟩ surestimer; surévaluer; **2bewertung** f surestimation f; surévaluation f; **~bezahlen** v/t ⟨insép, pas de ge-, h⟩ surpayer; **2bezahlung** f surpaye f
über'bieten v/t ⟨irr, insép, pas de ge-, h⟩ **1.** bei e-r Versteigerung **j-n, etw ~** enchérir sur qn, qc; **j-n um hundert Mark ~** offrir cent marks de plus que qn; **2.** fig surpasser; dépasser; surclasser; Rekord battre; **sich in etw** (dat) **~** sich selbst se surpasser en qc; **sich in**

etw (dat) **zu ~ versuchen** gegenseitig faire assaut de qc; *die anderen zu ~ versuchen mit Versprechungen etc* faire de la surenchère; *diese Frechheit ist nicht zu ~* c'est une effronterie sans pareille
'überbleiben F v/i ⟨irr, sép, -ge-, sein⟩ rester; être de reste
Überbleibsel ['y:bərblaɪpsəl] F n ⟨~s; ~⟩ **1.** (Übriggebliebenes) reste m; restant m; (Rückstand) résidu m; e-r Mahlzeit restes m/pl; **2.** aus der Vergangenheit vestiges m/pl
über'blend|en v/t ⟨-ete, insép, pas de ge-, h⟩ FILM, RAD, TV faire un fondu enchaîné; **2ung** f fondu enchaîné
'Überblick m **1.** (Aussicht) coup m d'œil (**über** [+acc] sur); vue f d'ensemble (**über** [+acc] de); **2.** (Kurzdarstellung) aperçu m, exposé m (sommaire), tour m d'horizon (**über** [+acc] de); **3.** fig vue f d'ensemble (**über** [+acc] de od sur); **sich** (dat) **e-n ~ über etw** [acc]) **verschaffen** se faire une idée d'ensemble (de qc); **den ~ verlieren** ne plus s'y retrouver; ne plus être maître de la situation, etc; *e-n ~ über die Geschehnisse geben* donner un résumé des faits
über'blicken v/t ⟨insép, pas de ge-, h⟩ **1.** Gegend etc embrasser du regard; **2.** fig (erfassen) saisir la portée de
über'bringen v/t ⟨irr, insép, pas de ge-, h⟩ **j-m etw ~** remettre, transmettre qc à qn
Über'bringer(in) m ⟨~s; ~⟩ (f) ⟨~; ~nen⟩ porteur, -euse m,f; **auf e-m Barscheck** (**zahlbar**) **an ~** payable au porteur
über'brücken v/t ⟨insép, pas de ge-, h⟩ Kluft franchir; Schwierigkeit surmonter; Gegensätze concilier; Zeit passer; *die Zeit bis zur nächsten Ernte ~* tenir jusqu'à la prochaine récolte
Über'brückung f ⟨~⟩ e-r Kluft franchissement m; von Gegensätzen conciliation f; e-s Zeitraums soudure f
Über'brückungs|geld n allocation f temporaire de dépannage; **~kredit** m crédit-relais m; prêt m de dépannage
über'buch|en ⟨insép, pas de ge-, h⟩ **I** v/t Hotel, Flug surbooker; **II** v/i accepter des réservations en surnombre; faire du surbooking; **2ung** f surbooking m
über'dachen v/t ⟨insép, pas de ge-, h⟩ couvrir d'un toit; *überdacht* couvert
über'dauern v/t ⟨-(e)te, insép, pas de ge-, h⟩ **etw ~** survivre à qc; durer plus longtemps que qc
über'decken v/t ⟨insép, pas de ge-, h⟩ (zudecken) (re)couvrir
über'dehn|en v/t ⟨insép, pas de ge-, h⟩ distendre; étirer excessivement; **2ung** f distension f
über'denken v/t ⟨irr, insép, pas de ge-, h⟩ méditer sur; réfléchir à od sur; *Probleme etc* (**nochmals**) **~** repenser; reconsidérer
'überdeutlich I adj **1.** (sehr deutlich) Bild très net, nette; Ablehnung très direct; clair; explicite; **2.** (allzu deutlich) trop net, nette; trop direct; **II** adv sagen, klarmachen très nettement; explicitement
über'dies adv en outre; de plus; de surcroît
'überdimensional adj énorme; démesuré; surdimensionné; (*überlebensgroß*) plus grand que nature
'Überdosis f dose excessive; surdose f; *bes an Drogen* overdose f
über'drehen v/t ⟨insép, pas de ge-, h⟩ Gewinde faire foirer
über'dreht adjt **1.** Schraube **~ sein** foirer; **2.** F fig (übererregt) survolté; surexcité; très excité, agité; **3.** F fig (exaltiert) exalté; excentrique
'Überdruck m ⟨~(e)s; -drücke⟩ TECH surpression f; **~ventil** n TECH soupape f de sûreté od sécurité
Überdruß ['y:bərdrʊs] m ⟨-sses⟩ dégoût m; satiété f; **bis zum ~** (jusqu'à l')écœurement m; jusqu'à plus soif; à satiété; *etw bis zum ~ wiederholen* F répéter qc à n'en plus finir
überdrüssig ['y:bərdrʏsɪç] adj *e-r Sache* (gén) **~ sein** être las, dégoûté de qc; en avoir assez de qc; *e-r Sache* (gén) **~ werden** se lasser, dégoûter de qc; commencer à en avoir assez de qc
'überdurchschnittlich I adj au-dessus de la moyenne; (*außergewöhnlich*) extraordinaire; **II** adv **~** (**viel**) **verdienen** avoir un salaire élevé; **~ begabt** surdoué; d'une intelligence supérieure
über'eck adv en travers; en diagonale
'Über|eifer m excès m de zèle; **2eifrig** adj trop zélé, empressé; qui fait du zèle
über'eignen v/t ⟨-ete, insép, pas de ge-, h⟩ **j-m etw ~** transférer qc à qn; transmettre la propriété de qc à qn
Über'eignung f ⟨~; ~en⟩ transfert m, transmission f de (la) propriété
über'eilen v/t ⟨insép, pas de ge-, h⟩ **etw ~** précipiter, 'hâter, brusquer qc
über'eilt I adjt précipité; 'hâtif, -ive; (*verfrüht*) prématuré; (*unbedacht*) inconsidéré; irréfléchi; **II** advt précipitamment; 'hâtivement; **~ handeln** agir avec précipitation; *unbedacht* agir sans réflexion
überein'ander adv l'un sur l'autre; l'un au-dessus de, par-dessus l'autre; **~legen** v/t ⟨sép, -ge-, h⟩ mettre l'un sur l'autre; superposer; *zu e-m Haufen* entasser; **~liegen** v/i ⟨irr, sép, -ge-, h⟩ être superposé, in e-m Haufen entassé; **~schlagen** v/t ⟨irr, sép, -ge-, h⟩ **1.** (falten) plier; **2.** Beine croiser
über'einkommen v/i ⟨irr, sép, -ge-, sein⟩ s'accorder; tomber, se mettre d'accord (**mit j-m** avec qn); *wir sind darin übereingekommen, daß ...* nous avons convenu que ...
Über'einkommen n ⟨~s; ~⟩ cf **Übereinkunft**
Übereinkunft [y:bər'?aɪnkʊnft] f ⟨~; -künfte⟩ **~** (**über** [+acc]) accord m (de); convention f (sur); arrangement m (au sujet de); **mit j-m e-e ~ treffen** conclure un accord, se mettre d'accord avec qn
über'einstimmen v/i ⟨sép, -ge-, h⟩ **1.** (*sich gleichen, entsprechen*) concorder; être en harmonie; **mit etw ~** s'accorder avec qc (*a* GR); être en harmonie avec qc; cadrer avec; correspondre, être conforme à qc; **2.** (*der Meinung sein*) **mit j-m** (**in etw** [dat]) **~** être d'accord avec qn (sur qc); **nicht mit j-m ~** être en désaccord avec qn; **alle stimmen darin überein** tout le monde est d'accord là-dessus

über'einstimmend I *adj* ⟨*épithète*⟩ concordant; conforme; **nach der ~en Meinung der Fachleute** de l'avis unanime des experts; **II** *advt* à l'unanimité; unanimement; **~ mit ...** conformément à ...; en conformité avec ...

Über'einstimmung *f* concordance *f* (**mit** avec); accord *m* (*a* GR); conformité *f* (**mit** avec); correspondance *f*; **etw in ~** (*acc*) **mit etw bringen** faire concorder qc avec qc; mettre qc en harmonie avec qc; faire accorder qc avec qc (*a* GR); **~ erzielen** parvenir à un accord; tomber d'accord (**über** [+*acc*] sur); **in ~ mit** conforme, conformément à; en conformité, harmonie avec

'überempfindlich *adj* hypersensible, d'une sensibilité excessive (**gegen** à)

'Überempfindlichkeit *f* hypersensibilité *f*, sensibilité excessive (**gegen** à)

'Überernährung *f* suralimentation *f*

'überessen *v/t* ⟨*irr, sép, -ge-, h*⟩ **sich** (*dat*) **e-e Speise ~** se dégoûter d'un mets

über'essen *v/réfl* ⟨*irr, insép, p/p* übergessen, h⟩ **sich** (**an etw** [*dat*]) **~** F s'empiffrer (de qc)

'überfahren ⟨*irr, sép, -ge-*⟩ **I** *v/t* ⟨h⟩ **über e-n Fluß** faire passer, traverser; **II** *v/i* ⟨sein⟩ passer de l'autre côté

über'fahren *v/t* ⟨*irr, insép, pas de ge-,* h⟩ **1.** *Mensch, Tier* écraser; **~ werden** être écrasé; se faire écraser; **2.** *Signal* brûler; griller; **3.** F *fig* **j-n ~** (*überrumpeln*) prendre qn au dépourvu; bousculer qn; forcer la main à qn

'Überfahrt *f bes über e-n Ozean* traversée *f* (**über** [+*acc*] de); *über e-n Fluß a* passage *m* (**über** [+*acc*] de)

'Überfall *m* **1.** MIL attaque *f* par surprise (**auf** [+*acc*] contre, de); agression *f* (**auf** [+*acc*] contre); **2.** (*Raub*⌒) agression *f*; attaque *f* (**auf** [+*acc*] de); **bewaffneter ~** attaque *f*, vol *m* à main armée; 'hold-up *m*; F braquage *m*; **3.** F *fig plais* (*plötzlicher Besuch*) visite-surprise *f*; visite impromptue

über'fallen *v/t* ⟨*irr, insép, pas de ge-,* h⟩ **1.** attaquer par surprise; assaillir; *a* **auf der Straße** agresser; attaquer; *Bank etc* attaquer; F braquer; **2.** *fig* (*sich stürzen auf*) **j-n ~** tomber sur qn; **j-n mit** (*s-n*) **Fragen ~** assaillir qn de questions; **3.** *fig* (*überkommen*) *Müdigkeit* gagner; prendre; *Traurigkeit etc* s'emparer de

'überfällig *adj* en retard (sur l'horaire); COMM *Wechsel* en souffrance; échu; **das Flugzeug ist seit zwei Tagen ~** on est sans nouvelles de l'avion depuis deux jours

'Überfallkommando F *n, österr* **'Überfallskommando** F *n* police *f* secours

über'fliegen *v/t* ⟨*irr, insép, pas de ge-,* h⟩ **1.** *Land, Stadt* survoler; *Ozean, Kanal a* traverser (en avion, en ballon, *etc*); **2.** *Text* parcourir (des yeux); survoler; lire en diagonale

über'fließen *v/i* ⟨*irr, sép, -ge-, sein*⟩ **1.** *Gefäße, Flüssigkeiten, fig* déborder; *fig* **von** *od* **vor Freundlichkeit** (*dat*) **~** déborder d'amabilité; **2.** *Farben etc* **ineinander ~** se fondre

über'flügeln *v/t* ⟨*-(e)le, insép, pas de ge-,* h⟩ **j-n** (**in** [+*dat*], **bei etw**) **~** surpasser, dépasser, devancer qn (en qc)

'Überfluß *m* ⟨-sses⟩ (sur)abondance *f*, (*Fülle*) profusion *f* (**an** [+*dat*] de); **etw im ~ haben** avoir qc en abondance, à profusion, à foison; **im ~ vorhanden sein** (sur)abonder; foisonner; être abondant; **zu allem ~** pour comble (de malheur, de malchance)

'Überflußgesellschaft *f* ⟨~⟩ *péj* société *f* d'abondance

'überflüssig *adj* **1.** (*unnütz*) superflu, inutile; **2.** *cf a* **überzählig**; **~ sein** *a* être de trop; **ich komme mir hier ~ vor** j'ai l'impression d'être de trop ici

'überflüssiger'weise *adv* inutilement

über'fluten *v/t* ⟨*-ete, insép, pas de ge-,* h⟩ inonder; submerger; *Menschenmenge* envahir; **von Licht überflutet** inondé de lumière

Über'flutung *f* ⟨~; ~en⟩ inondation *f*; submersion *f*; *durch e-e Menschenmenge* envahissement *m*

über'fordern *v/t* ⟨*-(e)re, insép, pas de ge-,* h⟩ **j-n, etw ~** trop exiger de qn, qc; trop demander à qn, qc; **sich überfordert fühlen** se sentir dépassé, débordé; ne pas se sentir à la hauteur; **er ist überfordert** il est dépassé; *p/fort* il n'est pas à la hauteur; **das überfordert meine Kräfte** cela dépasse mes forces

Über'forderung *f* (**körperliche**) **~** surmenage *m*; **e-e** (**intellektuelle**) **~ für j-n sein** trop demander à qn

über'fragen *v/t* ⟨*insép, pas de ge-,* h⟩ **da bin ich überfragt** je suis incapable de répondre, de vous donner une réponse; vous m'en demandez trop

über'fremden *v/t* ⟨*-ete, insép, pas de ge-,* h⟩ **überfremdet werden** être envahi par les étrangers

Über'fremdung *f* ⟨~⟩ envahissement *m* par les étrangers

über'fressen *v/réfl* ⟨*irr, insép, pas de ge-,* h⟩ **sich ~** *Tier* trop manger; P *Person* F se goinfrer, F s'empiffrer (**an** [+*dat*] de), F bâfrer

über'frieren *v/i* ⟨*irr, insép, pas de ge-,* sein⟩ se (re)couvrir (d'une mince couche) de glace; **~de Nässe** brouillard verglaçant

über'führen *v/t* ⟨*insép, pas de ge-,* h⟩ **1. an e-n anderen Ort** transférer; **2. j-n e-s Verbrechens ~** convaincre qn d'(avoir commis) un crime; **3.** (*umwandeln*) **etw ~ in** (+*acc*) transformer qc en

Über'führung *f* **1.** (*Transport*) transfert *m*; **2.** *e-s Verbrechers* preuve *f* de culpabilité; **3.** (*Umwandlung*) transformation *f* (**in** [+*acc*] en); **4.** (*Brücke*) pont *m*; passage (à niveau) supérieur, (*Fußgänger*⌒) passerelle *f*

'Überfülle *f* surabondance *f*; profusion *f*

über'füllt *adj Saal* comble, bondé; archiplein; *Bus a* plein à craquer; *Straßen* encombré; *Universität, Klasse* surchargé

Über'füllung *f* ⟨~⟩ encombrement *m*; **wegen der ~ des Saales ...** la salle étant bondée ...; **wegen ~ geschlossen** complet

über'füttern *v/t* ⟨*-(e)re, insép, pas de ge-,* h⟩ suralimenter; gaver, gorger (**mit** de)

'Übergabe *f* **1.** *e-s Gegenstands, e-r Akte* remise *f*, transmission *f* (**an** [+*acc*] à); POL, *e-s Amtes* passation *f*; **2.** (*Einweihung*) inauguration *f*; **3.** MIL *e-r Armee, Festung* reddition *f*; **bedingungslose ~** reddition sans conditions

'Übergang *m* **1.** (*Stelle zum Überqueren*) passage *m* (**über** [+*acc*] de); **2.** (*Wechsel*) passage *m* (**von ... zu ...** de ... à ...); transition *f* (**von ... zu ...** entre ... et ...); **3.** ⟨*sans pl*⟩ (⌒*szeit*) transition *f*; (*Jahreszeit*) demi-saison *f*; **4.** JUR (*Besitzwechsel*) transfert *m* (de propriété); **5.** (*Abstufung*) transition *f*; gradation *f*; **fließender ~** transition, gradation insensible; **ohne ~** sans transition

'Übergangs|bestimmungen *f/pl* dispositions *f/pl* transitoires; **~erscheinung** *f* phénomène *m* transitoire; **~lösung** *f* solution *f* transitoire, provisoire, temporaire; **~mantel** *m* manteau *m* (de) demi-saison; **~regierung** *f* gouvernement *m* de transition; **~stadium** *n* stade *m*, état *m*, phase *f* transitoire, de transition; **~zeit** *f* **1.** période *f*, époque *f* de transition, transitoire; **2.** (*Herbst bzw Frühling*) demi-saison *f*

'Übergardine *f* double rideau *m*

über'geben ⟨*irr, insép, pas de ge-,* h⟩ **I** *v/t* **1.** *Gegenstand* remettre; transmettre; (*aushändigen*) délivrer; *st/s fig* **etw den Flammen ~** livrer qc aux flammes; **2.** *Amt, Angelegenheit* transmettre; **j-n dem Gericht ~** déférer, livrer qn à la justice; **3.** MIL rendre; livrer; **e-e Stadt kampflos ~** rendre, livrer une ville sans combat; **4.** (*einweihen*) inaugurer; **etw s-r Bestimmung** (*dat*) **~** affecter qc à sa destination; **II** *v/réfl* **sich ~** vomir; rendre

'übergehen *v/i* ⟨*irr, sép, -ge-, sein*⟩ **1.** (*zu tun beginnen*) **~ zu** passer à; **zu e-m anderen Thema ~** changer de sujet; passer à un nouveau sujet; **zur Tagesordnung ~** passer à l'ordre du jour; **dazu ~, etw zu tun** se mettre à faire qc; **2.** *Besitz etc* **auf j-n ~** passer, se transmettre à qn; être transmis, transféré à qn; **in Privatbesitz ~** passer en mains privées; **3.** (*sich verwandeln*) **~ in** (+*acc*) se changer, se transformer en; *péj* dégénérer en; **in Fäulnis ~** entrer en putréfaction; **die Diskussion ist in Streit übergegangen** la discussion a dégénéré en dispute; **in Fleisch und Blut ~** entrer dans le sang; **das Grün geht in Gelb über** le vert vire, tourne au jaune; **Ineinander ~** (*sich vermischen*) se (con)fondre; **4.** *st/s* (*überfließen*) **die Augen gingen ihm über** il fut tout ébahi

über'gehen *v/t* ⟨*irr, insép, pas de ge-,* h⟩ **1.** *Dinge* (*hinweggehen über*) passer sur; (*auslassen*) omettre; (*nicht berücksichtigen*) ne pas tenir compte de; (*überspringen*) sauter; **etw mit Stillschweigen ~** passer qc sous silence; **2.** *Person* omettre; oublier; **mit Absicht** ignorer; ne pas tenir compte de

'über|genau *adj péj* tatillon, -onne; pointilleux, -euse; **~geordnet** *adj* supérieur; GR *Satz* principal; *Begriff* générique

'Übergepäck *n* bagage(s) *m*(*pl*) en surcharge; excédent *m* de bagages

'übergeschnappt F *adj* timbré; F siphonné; F cinglé

'Übergewicht *n* ⟨-(e)s⟩ **1.** (*zuviel Gewicht*) *bei Dingen* excédent *m* de poids; *bei Personen* surcharge *f* pondérale; embonpoint *m*; *Person, Gepäck* **fünf Kilo ~ haben** peser cinq kilos de trop; **2.** *fig* (*Übermacht*) prépondérance *f*;

prédominance *f*; *das ~ haben* prédominer (*über* [+*acc*] sur); prévaloir; **3.** F (*Gewichtsverlagerung*) *~ bekommen, kriegen* perdre l'équilibre; basculer

'**übergewichtig** *adj Person* qui pèse trop; *p/fort* obèse

über'**gießen** *v/t* ⟨*irr, insép, pas de ge-,* h⟩ arroser (*mit* de); *etw mit Wasser ~* arroser qc; *etw mit Benzin ~* arroser qc d'essence

'**überglücklich** *adj* extrêmement heureux, -euse; *~ sein* être comblé; *j-n ~ machen* combler qn

'**übergreifen** *v/i* ⟨*irr, sép, -ge-*⟩ **1.** (*sich ausdehnen*) *Feuer etc ~ auf etw* (*acc*) envahir, gagner qc; se communiquer, se propager à qc; **2.** *beim Klavierspielen, Turnen etc* croiser les mains

'**Übergriff** *m* empiètement *m* (*auf* [+*acc*] sur); *bes der Polizei, des Militärs* bavure *f*; *militärischer ~* incursion *f* militaire

'**über**|**groß** *adj* (*sehr groß*) très grand; (*zu groß*) trop grand; (*gewaltig*) énorme; gigantesque; *fig* démesuré; excessif, -ive; **⟲größe** *f bei Kleidern* grande taille; *bei Schuhen* grande pointure

'**überhaben** F *v/t* ⟨*irr, sép, -ge-*⟩ **1.** (*satt haben*) *etw ~* avoir assez de qc; F en avoir par-dessus la tête, plein le dos, marre de qc; **2.** *regional* (*übrig haben*) avoir de reste

über'**handnehmen** *v/i* ⟨*irr, sép, -ge-,* h⟩ augmenter, s'accroître excessivement; *Lärm etc* s'intensifier; devenir envahissant; *Unfälle, Selbstmorde* se multiplier à l'excès; *Unkraut, Ungeziefer* proliférer; *das ⟲ der Verkehrsunfälle* le fort accroissement, la multiplication des accidents de la circulation

'**Überhang** *m* **1.** *von Felsen, Schneewächte* surplomb *m*; *CONSTR* a saillie *f*; **2.** *fig* (*Überschuß*) excédent *m*, surplus *m* (*an* [+*dat*] de)

über'**hängen**¹ *v/t* ⟨*sép, -ge-,* h⟩ (*j-m*) *etw ~* mettre qc sur les épaules (de qn); *sich* (*dat*) *etw ~* se mettre qc sur les épaules

'**überhängen**² *v/i* ⟨*irr, sép, -ge-,* h⟩ *Felsen* surplomber; *CONSTR* saillir; avancer

'**Überhangmandat** *n POL* mandat *m* supplémentaire

über'**häufen** *v/t* ⟨*insép, pas de ge-*⟩ (*mit*) couvrir (de); *mit Ehrungen, Geschenken* combler (de); *mit Vorwürfen* accabler (de); *mit Arbeit* surcharger, accabler (de)

über'**haupt** *adv* **1.** (*gewöhnlich, im allgemeinen*) généralement; en général; **2.** (*schließlich*) somme toute; après tout; **3.** (*außerdem*) d'ailleurs; du reste; **4.** *verstärkend ~ nicht* pas du tout; absolument pas; nullement; en aucune façon (*alle mit nie beim Verb*); *wenn ~* si tant est que … (+*subj*); *es waren 20 Leute da, wenn ~* il y avait 20 personnes au grand maximum; *wenn ich ~ hingehe, dann bleibe ich nur eine halbe Stunde* si jamais j'y vais; *st/s* si tant est que j'y aille; **5.** (*eigentlich*) à vrai dire; au fond; *was willst du ~?* qu'est-ce que tu veux au juste?; *für wen hältst du mich ~?* pour qui me prends-tu donc?; mais enfin, pour qui me prends-tu?

über'**heblich** *adj* présomptueux, -euse; arrogant; **⟲keit** (*~*) *f* présomption *f*; arrogance *f*

über'**heizen** *v/t* ⟨-(es)t, *insép, pas de ge-,* h⟩ trop chauffer; surchauffer

über'**hitzen** *v/t* ⟨-(es)t, *insép, pas de ge-,* h⟩ trop chauffer; *a fig* surchauffer

über'**hitzt** *adj Motor etc* qui chauffe; *a fig* surchauffé; *~e Gemüter n/pl* esprits surchauffés

über'|'**höhen** *v/t* ⟨*insép, pas de ge-,* h⟩ *Kurve* relever; *Preis* augmenter excessivement; *~*'**höht** *adj Kurve* relevé; *Preis* excessif, -ive

'**überholen** ⟨*sép, -ge-*⟩ **I** *v/t über e-n Fluß* faire passer sur l'autre rive; **II** *v/i MAR* se coucher sur le côté

über'**holen** *v/t* ⟨*insép, pas de ge-,* h⟩ **1.** *im Straßenverkehr* doubler; dépasser; **2.** *fig* (*übertreffen*) surpasser; dépasser; surclasser; devancer; **3.** *TECH Maschine etc* réviser; remettre à neuf, en état

Über'**hol**|**manöver** *n* (manœuvre *f* de) dépassement *m*; *~***spur** *f* file *f* de dépassement

über'**holt** *adj Theorie, Vorstellung, Methode etc* dépassé; *Verfahren, a Theorie* démodé

Über'**holung** *f* ⟨*~; ~en*⟩ *TECH e-s Motors etc* révision *f*

Über'**hol**|**verbot** *n* interdiction *f* de dépasser, de doubler; *~***vorgang** *m* (manœuvre *f* de) dépassement *m*

über'**hören** *v/t* ⟨*insép, pas de ge-,* h⟩ ne pas entendre (par inattention); *absichtlich* ne pas vouloir entendre; *das muß ich überhört haben* cela m'a sans doute échappé; *das möchte ich überhört haben!* je ne l'ai pas bien entendu?

'**Über-Ich** *n PSYCH* surmoi *m*

'**überirdisch** *adj* supraterrestre, (*übernatürlich*) surnaturel, -elle; (*himmlisch*) céleste; (*göttlich*) divin; *poét von ~er Schönheit* d'une beauté sublime

überkandidelt ['y:bərkandi:dəlt] F *adj* F loufoque; *p/fort* F braque

'**Überkapazität** *f* surcapacité *f*

über'**kleben** *v/t* ⟨*insép, pas de ge-,* h⟩ *etw mit etw ~* coller qc sur qc

über'**klettern** *v/t* ⟨*insép, pas de ge-,* h⟩ passer, grimper par-dessus; escalader

'**überkochen** *v/i* ⟨*sép, -ge-, sein*⟩ **1.** déborder (en bouillant); **2.** F *fig* s'échauffer; sortir de ses gonds; *er kocht leicht über* il est soupe au lait; il a la tête près du bonnet

über'**kommen**¹ *v/t* ⟨*insép, pas de ge-,* h⟩ *Gefühl j-n ~* s'emparer de qn; saisir, prendre qn; *wenn man daran denkt, überkommt einen die Angst* on est pris, saisi de peur; *ein Gefühl des Mitleids überkam sie* elle fut saisie d'un sentiment de pitié

über'**kommen**² *adj* (*überliefert*) traditionnel, -elle; transmis par les *bzw* nos *bzw* leurs ancêtres

'**überkompensieren** *v/t* ⟨*insép, pas de ge-,* h⟩ surcompenser

über'**kreuzen** ⟨*insép, pas de ge-,* h⟩ *v/t* croiser; *die Beine ~* croiser les jambes; **II** *v/réfl Linien sich ~* se croiser

über'**laden**¹ *v/t* ⟨*irr, insép, pas de ge-,* h⟩ *Fahrzeug, fig mit Verzierungen* surcharger (*mit*); *fig a* accabler (*mit* de)

über'**laden**² *adj a fig* surchargé

über'**lagern** ⟨-(e)re, *insép, pas de ge-,* h⟩ **I** *v/t* (*sich überlagern*) recouvrir; **2.** *PHYS* interférer avec; se superposer à; **3.** *fig* se greffer sur; **II** *v/réfl sich ~ se* superposer; *GÉOL a* être superposé; *a fig* interférer

Über'**lagerung** *f* ⟨*~; ~en*⟩ *a PHYS* superposition *f*; interférence *f*

'**Überland**|**bus** *m* (auto)car *m*; *~***leitung** *f ÉLECT* ligne *f* à haute tension; *~***verkehr** *m* trafic interurbain

'**Überlänge** *f e-r Ladung* excédent *m*; *Lkw ~ haben* être d'une longueur exceptionnelle; *Film mit ~* d'une durée exceptionnelle

über'**lappen** ⟨*insép, pas de ge-,* h⟩ **I** *v/t* recouvrir partiellement; **II** *v/réfl sich ~* se recouvrir partiellement; (se) chevaucher

über'**lassen** ⟨*irr, insép, pas de ge-,* h⟩ **I** *v/t* **1.** (*geben, verkaufen*) laisser; céder; (*anvertrauen*) *j-m etw ~* confier qc à qn; *er überläßt mir das Auto für einige Tage* il me laisse, confie sa voiture pour quelques jours; il met sa voiture à ma disposition pour quelques jours; *j-n j-s Fürsorge* (*dat*) *~* confier qn aux soins de qn; **2.** (*entscheiden lassen*) *ich überlasse es Ihnen zu* (+*inf*) je vous laisse le soin de (+*inf*); je m'en remets à vous pour (+*inf*); *das überlasse ich Ihnen* je m'en remets à vous; *~ Sie das bitte mir* permettez-moi de m'en charger; laissez-moi m'en occuper, je vous prie; **3.** (*preisgeben*) abandonner; *j-n s-m Schicksal ~* abandonner qn à son sort; *etw dem Zufall ~* laisser au hasard; *sich* (*dat*) *selbst ~ sein* être livré à soi-même; **II** *v/réfl sich e-r Sache* (*dat*) *~* se livrer à qc; *sich der Verzweiflung ~* se laisser aller au désespoir

über'**lasten** *v/t* ⟨-ete, *insép, pas de ge-,* h⟩ **1.** *Fahrzeug, Aufzug, Maschine* surcharger; **2.** *Telefonnetz, Straße, Person, Gedächtnis* surcharger; encombrer; *Lehrplan* surcharger; *Körper* surmener; soumettre à un effort excessif; *mit Arbeit überlastet* surchargé, accablé de travail

Über'**lastung** *f* ⟨*~; ~en*⟩ **1.** *e-s Fahrzeugs, Aufzugs, e-r Maschine* surcharge *f*; **2.** *des Telefon-, Straßennetzes* encombrement *m*; *des Körpers, mit Arbeit* surmenage *m*

'**Überlauf** *m* ⟨*~*(e)s; *~e*⟩ *TECH* trop-plein *m*; déversoir *m*

'**überlaufen** *v/i* ⟨*irr, sép, -ge-, sein*⟩ **1.** *Gefäß, Flüssigkeit* déborder; **2.** *MIL zum Feind ~* passer à l'ennemi

über'**laufen**¹ *v/imp* ⟨*irr, insép, pas de ge-,* h⟩ *es überlief mich kalt* cela m'a donné le frisson; cela m'a fait froid dans le dos; *es überlief mich heiß* j'ai été pétrifié d'horreur; *es überlief mich heiß und kalt* cela m'a donné des sueurs froides

über'**laufen**² *adj von Bittstellern etc* importuné, assailli, assiégé (*von j-m* par qn); *Gegend* envahi; *Arzt* assailli, assiégé par les malades; *Beruf* encombré; bouché

'**Überläufer** *m MIL, POL, fig* transfuge *m*

'**überlaut** **I** *adj* trop bruyant; *Stimme* trop 'haut, fort; **II** *adv* trop 'haut, fort

über'**leben** ⟨*insép, pas de ge-,* h⟩ **I** *v/t j-n, etw ~* survivre à qn, qc; *er wird den Winter nicht ~* il ne passera pas l'hiver; *sie überlebt uns noch alle* elle nous enterrera tous; *fig du wirst es*

Überleben – überragen

schon ~ tu n'en mourras pas; *fig das überlebe ich nicht* je ne m'en remettrai pas; **II** *v/réfl* *sich überlebt haben* être dépassé; avoir fait son temps
Über'leben *n* ⟨~s⟩ survie *f*; *es geht ums* ~ *a fig* c'est une question de vie ou de mort
Über'lebende(r) *f(m)* ⟨→ A⟩ survivant(e) *m(f)*; *e-r Katastrophe etc a* rescapé(e) *m(f)*
Über'lebenschancen *f/pl* chances *f/pl* de survie
'**überlebensgroß** *adj* plus grand que nature
Über'lebenstraining *n* expérience *f* de survie
über'lebt *adjt* dépassé; désuet, -ète
'**überlegen** *v/t* ⟨*sép*, -ge-, h⟩ mettre dessus; mettre ... sur; *j-m etw* ~ couvrir qn de qc
über'legen¹ ⟨*insép*, *pas de ge-*, h⟩ **I** *v/t* *etw* ~ réfléchir à *od* sur qc; considérer qc; *es sich* (*dat*) *zweimal* ~ y regarder à deux fois; *es sich* (*dat*) *anders* ~ changer d'avis; *das wäre zu* ~ cela mérite réflexion; ~ *Sie sich* (*dat*) *das gut!* réfléchissez bien!; *wenn ich es mir recht überlege, ...* à bien y réfléchir, ...; *ich werde es mir noch* (*einmal*) ~ j'y réfléchirai; je vais y réfléchir; **II** *v/i* réfléchir; *etw tun, ohne zu* ~ faire qc sans réfléchir; *hin und her* ~ peser (longuement) le pour et le contre
über'legen² **I** *adj* (*besser, stärker*) *etc* supérieur; (*souverän*) souverain; *j-m* (*an od in etw* [*dat*]) ~ *sein* être supérieur à qn (en qc); *zahlenmäßig* ~ numériquement supérieur; *sich* ~ *fühlen* se croire supérieur; **II** *adv* souverainement; supérieurement
Über'legenheit *f* ⟨~⟩ supériorité *f* (*über j-n* sur qn)
über'legt **I** *adjt* bien réfléchi, pesé, calculé; **II** *advt* avec réflexion; après mûre réflexion
Über'legung *f* ⟨~; ~en⟩ **1.** ⟨*sans pl*⟩ (*Nachdenken*) réflexion *f*; considération *f*; *nach reiflicher* ~ après mûre réflexion; *ohne* ~ sans réflexion; inconsidérément; **2.** *meist pl* (*Gedankengang*) raisonnement *m*; ~*en anstellen* réfléchir (*über* [+*acc*], *zu* à)
überleiten *v/i* ⟨-ete, *sép*, -ge-, h⟩ passer (*von ... zu* de ... à); former, constituer la transition, l'enchaînement (*zu*, *in* [+*acc*] avec, *von ... zu* entre ... et); enchaîner (*zu* avec); *zum nächsten Thema* ~ passer au sujet suivant
'**Überleitung** *f* passage *m* (*von ... zu* de ... à); transition *f* (*von ... zu* entre ... et); enchaînement *m* (*zu*, *in* [+*acc*] avec, *von ... zu* entre ... et)
über'lesen *v/t* ⟨*irr*, *insép*, *pas de ge-*, h⟩ **1.** (*flüchtig durchlesen*) parcourir; *noch einmal* ~ relire; **2.** (*beim Lesen übersehen*) sauter, passer (en lisant)
über'liefern *v/t* ⟨-(e)re, *insép*, *pas de ge-*, h⟩ *der Nachwelt* ~ transmettre à la postérité
über'liefert *adjt* traditionnel, -elle; ~*e Sitten* *f/pl* (des) mœurs héritées du passé; *von den Ahnen* ~ légué, transmis par les ancêtres
Über'lieferung *f* tradition *f*; *mündliche* ~ tradition orale

über'list|en *v/t* ⟨-ete, *insép*, *pas de ge-*, h⟩ duper; tromper; ⁓**ung** *f* ⟨~⟩ duperie *f*; tromperie *f*
überm ['y:bərm] F = *über dem*
'**Übermacht** *f* ⟨~⟩ supériorité *f*; *zahlenmäßige* ~ supériorité numérique; *in der* ~ *sein* avoir la supériorité
'**übermächtig** *adj* **1.** *Gegner* trop puissant; qui dispose de forces supérieures; **2.** *Gefühl* très fort; irrésistible; violent
über'malen *v/t* ⟨*insép*, *pas de ge-*, h⟩ recouvrir; repeindre
über'mannen *v/t* ⟨*insép*, *pas de ge-*, h⟩ *Gefühle etc* s'emparer de; saisir; prendre; *der Schlaf übermannte ihn* le sommeil le prit
'**Übermaß** *n* ⟨~es⟩ excès *m*; *im* ~ à l'excès; excessivement; *ein* ~ *an* (+*dat*) un excès de
'**übermäßig** **I** *adj* démesuré, excessif, -ive; exagéré; ~*es Rauchen* abus *m* du tabac; **II** *adv* **1.** (*zu viel*) démesurément; excessivement; à des degrés immodérément; **2.** F (*besonders*) *das war nicht* ~ *interessant* ce n'était pas particulièrement, spécialement intéressant
'**Übermensch** *m* PHILOS, *fig* surhomme *m*
'**übermenschlich** *adj* surhumain; ~*e Anstrengung* effort surhumain
über'mitteln *v/t* ⟨-(e)le, *pas de ge-*, h⟩ transmettre; *Meldung a* faire parvenir; communiquer
Über'mittlung *f* ⟨~⟩ transmission *f*; *e-r Meldung a* communication *f*
'**übermorgen** *adv* après-demain
über'müdet *adj* épuisé; fourbu; mort de fatigue; éreinté
Über'müdung *f* ⟨~⟩ épuisement *m*; grande fatigue; éreintement *m*
'**Übermut** *m* (*Unbändigkeit*) pétulance *f*; (*ausgelassene Fröhlichkeit*) joie folle; exubérance *f*; *aus* (*lauter*) ~ dans un élan d'exubérance; par impulsion
'**übermütig** ['y:bərmy:tɪç] *adj* pétulant; exubérant; d'une joie folle
übern ['y:bərn] F = *über den*
'**übernächste** (*-r*, *-s*) *adj* **1.** *räumlich ich bin der* ~ *in e-r Schlange* il y a une personne avant moi; *der* ~ *Platz* la deuxième place à partir d'ıcı; *an der* ~*n Haltestelle* à deux arrêts d'ici; **2.** *zeitlich* ~*n Monat* ~*s Jahr etc* d'ici *od* dans deux mois, ans, *etc*; *der* ~*e Tag*, *am* ~*en Tag* le surlendemain; *die* ~*n Weltmeisterschaften* les championnats *m/pl* du monde après les prochains
über'nachten *v/i* ⟨-ete, *insép*, *pas de ge-*, h⟩ passer la nuit; coucher; *j-n bei sich* ~ *lassen* héberger qn
übernächtigt ['y:bərnɛçtɪçt] *adj* ~ *sein* être fatigué (d'avoir veillé); ensommeillé; ~ *aussehen* avoir les yeux battus; avoir la mine défaite
Über'nachtung *f* ⟨~; ~en⟩ nuit *f* (à l'hôtel, chez qn); *t/t im Hotelgewerbe* nuitée *f*; ~ *und Frühstück* chambre *f* et petit déjeuner
Übernahme ['y:bərna:mə] *f* ⟨~; ~n⟩ **1.** ⟨*sans pl*⟩ *von Kosten, Schulden, Verantwortung, e-s Falls* prise *f* en charge; *e-s Standpunkts, Verfahrens, Ausdrucks* adoption *f*; ~ *e-s Amtes* entrée *f* en fonction; ~ *des Kommandos* prise *f* de commandement; **2.** COMM *e-s anderen Unternehmens* prise *f* de contrôle;

(*Weiterführung*) *e-s Geschäfts* reprise *f*; **3.** *e-r Textstelle, e-s Worts* emprunt *m*
'**übernatürlich** *adj* surnaturel, -elle; (*wunderbar*) miraculeux, -euse
über'nehmen ⟨*irr*, *insép*, *pas de ge-*, h⟩ **I** *v/t* **1.** (*entgegennehmen*) *Lieferung* prendre en charge; **2.** FIN *Kosten* prendre en charge; assumer; *Hypothek* reprendre; *j-s Schulden* ~ reprendre les dettes de qn à sa charge; **3.** *als Nachfolger*: *Arbeit, Aufgabe* prendre en charge; JUR *Fall*, COMM *Geschäft, Belegschaft, Programm* reprendre; *Firma durch e-e andere a* prendre le contrôle de; *j-s Amt* ~ succéder à qn (dans ses fonctions); *den elterlichen Hof* ~ reprendre la ferme des parents; **4.** (*auf sich nehmen*) *Verpflichtung* assumer; *Verantwortung* assumer (sur soi); *die Verantwortung für j-n, etw* ~ prendre qn, qc en charge; **5.** (*in die Hand nehmen*) *Amt, Aufgabe* assumer; *Leitung, Vorsitz* prendre; *Fall, Arbeit* se charger de; *Arbeit a* entreprendre; exécuter; *es* ~, *etw zu tun* se charger de faire qc; *das übernehme ich* je m'en charge; *diese Arbeiten übernimmt eine Baufirma* ces travaux seront exécutés par une entreprise de construction; une entreprise de construction se chargera de ces travaux; **6.** (*ergreifen*) *Macht* prendre; *das Kommando, den Befehl* (*über e-e Armee*) ~ assumer, prendre le commandement (d'une armée); **7.** (*sich zu eigen machen*) *Methode, Standpunkt, Sitte, Ausdruck* adopter; *Wörter aus dem Englischen* ~ emprunter des mots à l'anglais; **II** *v/réfl* *sich* ~ se surmener (*bei* à); présumer (trop) de ses forces
überordnen *v/t* ⟨-ete, *sép*, -ge-, h⟩ **1.** *in e-r Hierarchie* placer, mettre au-dessus de; donner comme chef; **2.** *fig* (*für wichtiger erachten*) donner la priorité à; *cf a* *übergeordnet*
'**überparteilich** *adj* indépendant (de tout parti politique); neutre
über'pinseln F *v/t* ⟨-(e)le, *insép, pas de ge-*, h⟩ repeindre
'**Überproduktion** *f* surproduction *f*; *ein Land mit* ~ un pays surproducteur
über'prüfen *v/t* ⟨*insép, pas de ge-*, h⟩ réviser; (*noch einmal durchsehen*) revoir; (*untersuchen*) examiner; (*kontrollieren*) contrôler; *Gepäck a* visiter; (*nachprüfen*) vérifier
Über'prüfung *f* révision *f*; (*Untersuchung*) examen *m*; (*Kontrolle*) contrôle *m*; *des Gepäcks* visite *f*; (*Nachprüfung*) vérification *f*; ~ *der Personalien* vérification, contrôle d'identité
'**überqualifiziert** *adjt* surqualifié
'**überquellen** *v/i* ⟨*irr, sép*, -ge-, sein⟩ *a fig* déborder (*von* de)
über'quer|en *v/t* ⟨*insép, pas de ge-*, h⟩ *Fläche* traverser; *Linie* franchir; ⁓**ung** *f* ⟨~; ~en⟩ traversée *f*; franchissement *m*
'**überragen** *v/i* ⟨*sép*, -ge-, h⟩ *Balken etc* saillir; faire saillie; dépasser
über'ragen *v/t* ⟨*insép, pas de ge-*, h⟩ **1.** *an Größe* dépasser; être plus grand que; (*sich erheben über*) dominer; *ein Bauwerk die Stadt, e-e Person die Menge* dominer; *j-n um Hauptlänge* ~ dépasser qn d'une tête; **2.** *fig* (*übertreffen*) surpasser, dépasser, surclasser (*an* [+*dat*] en)

über'ragend *adj Persönlichkeit* éminent; *von ~er Bedeutung* d'une importance primordiale; *~e Erfolge erzielen* obtenir de brillants résultats

überraschen [y:bər'raʃən] *v/t ⟨insép, pas de ge-, h⟩* surprendre; *(unvorbereitet treffen)* prendre à l'improviste; *j-n bei etw ~* surprendre qn à faire *od* en train de faire qc; *j-n mit e-m Geschenk ~* faire à qn la surprise d'un cadeau; *j-n mit e-m Besuch ~* faire une visite-surprise à qn; arriver chez qn à l'improviste; *vom Regen überrascht werden* être surpris par la pluie; *lassen wir uns ~!* attendons (de) voir!

über'raschend I *adj* surprenant; inattendu; inopiné; **II** *advt* par surprise; à l'improviste; de façon inattendue; inopinément

Über'raschung *f ⟨~; ~en⟩* surprise *f*; *e-e böse, iron schöne ~* une mauvaise, *iron* jolie surprise; *zu meiner großen ~* à ma grande surprise; *j-m e-e ~ bereiten* ménager une surprise à qn; *das war vielleicht eine ~!* F tu parles d'une surprise!

Über'raschungs|angriff *m* MIL attaque-surprise *f*; attaque *f* par surprise; **~moment** *n* facteur *m* surprise

über'reden *v/t ⟨-ete, insép, pas de ge-, h⟩ j-n zu etw ~ od j-n ~, etw zu tun* persuader qn de faire qc

Über'redung *f ⟨~⟩* persuasion *f*

Über'redungskunst *f* don *m* de persuasion

'überregional *adj* qui dépasse le cadre régional; *Zentrum* interrégional; *die ~e Presse* la presse nationale; la grande presse

'überreich I *adj* extrêmement riche (*an* [+*dat*] en, *vor Abstrakta* de); (sur)abondant (*an* [+*dat*] en); **II** *adv* (sur)abondamment; *j-n ~ beschenken* combler qn de cadeaux

über'reichen *v/t ⟨insép, pas de ge-, h⟩ j-m etw ~* remettre, *feierlich* présenter, offrir qc à qn

'überreichlich I *adj* surabondant; **II** *adv* surabondamment; à profusion

Über'reichung *f ⟨~; ~en⟩* remise *f*; présentation *f*

'überreif *adj Obst* trop mûr; *bes Birne* blet, blette; *Käse* trop avancé, fait

über'reiz|en *v/t ⟨-(es)t, insép, pas de ge-, h⟩* surexciter; énerver; **²ung** *f* surexcitation *f*

über'rennen *v/t ⟨irr, insép, pas de ge-, h⟩* **1.** MIL *Feind* culbuter; bousculer; *Stellung* submerger; déborder; **2.** (*umrennen*) renverser

'Überrest *m, meist pl* reste(s) *m(pl)*; (*Trümmer*) débris *m/pl* (*a fig*); ruines *f/pl*; *aus der Vergangenheit* vestiges *m/pl*; *st/s* **sterbliche ~e** cendres *f/pl*; dépouille mortelle

'Überrollbügel *m* AUTO arceau *m* de sécurité

über'rollen *v/t ⟨insép, pas de ge-, h⟩* **1.** MIL submerger; **2.** (*hinwegrollen über*) écraser (*a fig*)

über'rumpeln *v/t ⟨-(e)le, insép, pas de ge-, h⟩* **1.** (*den Verstand verlieren*) surprendre; prendre à l'improviste, au dépourvu; **2.** MIL attaquer à l'improviste, par surprise; bousculer; *Stellung* prendre par surprise; culbuter

Über'rumpelung *f ⟨~; ~en⟩* **1.** surprise *f*; **2.** MIL attaque *f* par surprise

über'runden *v/t ⟨-ete, insép, pas de ge-, h⟩* **1.** SPORT prendre un tour d'avance sur; doubler; **2.** *fig* (*übertreffen*) surpasser; dépasser; surclasser

übers ['y:bərs] F = *über das*

übersät [y:bər'zɛːt] *adj* parsemé; *die Alleen sind mit welkem Laub ~* les feuilles mortes parsèment les allées; *Himmel mit Sternen ~* parsemé d'étoiles; constellé

über'sättigen *v/t ⟨insép, pas de ge-, h⟩* **1.** (*satt machen*) rassasier; gaver; **2.** *fig Person* saturer (*mit* de); CHIM sursaturer; ÉCON *den Markt ~* sursaturer le marché

Über'sättigung *f* satiété *f* (*a fig*); *fig a* dégoût *m*; ÉCON *des Marktes*, CHIM sursaturation *f*

'Überschall|flugzeug *n* avion *m* supersonique; **~geschwindigkeit** *f* vitesse *f* supersonique

über'schatten *v/t ⟨-ete, insép, pas de ge-, h⟩* **1.** ombrager; **2.** *fig* assombrir

über'schätzen *v/t ⟨-(es)t, insép, pas de ge-, h⟩* **I** *v/t* surestimer; surévaluer; *j-n ~* avoir trop bonne opinion de qn; *s-e Kräfte ~* présumer (trop) de ses forces; **II** *v/réfl* **sich ~** se surestimer; avoir trop bonne opinion de soi

Über'schätzung *f* surestimation *f*; surévaluation *f*

über'schaubar *adj* **1.** *im Ausmaß* que le regard peut embrasser; *fig* (*berechenbar*) calculable; (*kontrollierbar*) contrôlable; *Lage* clair; (*verständlich*) concevable; (*übersichtlich*) clair; *~e Gruppe* groupe restreint; *~es Risiko* risque calculé

über'schauen *v/t ⟨insép, pas de ge-, h⟩* *cf übersehen 1., 2.*

über'schäumen *v/i ⟨sép, -ge-, sein⟩ a fig* déborder (*vor* [+*dat*] de); *~de Lebensfreude* joie de vivre débordante; *vor Lebenslust ~* déborder de vie

über'schlafen *v/t ⟨irr, insép, pas de ge-, h⟩ etw ~* laisser passer la nuit sur qc

'Überschlag *m* **1.** (*flüchtige Berechnung*) estimation *f*, évaluation approximative; (*Kosten²*) devis *m*, prévision *f* sommaire; **2.** TURNEN culbute *f*; **3.** AVIAT looping *m*

'überschlagen *v/t ⟨irr, sép, -ge-⟩* **I** *v/t ⟨h⟩ Beine* croiser; **II** *v/i ⟨sein⟩ Wellen* déferler; *Funken* sauter; jaillir

über'schlagen¹ *v/t ⟨irr, insép, pas de ge-, h⟩* **I** *v/t* **1.** (*grob abschätzen*) estimer, évaluer approximativement; **2.** *Seiten etc* (*auslassen*) sauter; passer sur; **II** *v/réfl* **sich ~ 3.** *Fahrzeug etc* se retourner; capoter; *Auto* faire un tonneau; *Mensch* faire une culbute; *Auto sich mehrmals ~* faire plusieurs tonneaux; F *sich fast ~ vor Liebenswürdigkeit* faire assaut d'amabilité(s); *se ~ pandre en amabilités*; **4.** *Ereignisse ~* se précipiter; **5.** *Stimme* dérailler; se fausser

über'schlagen² *adj regional* (*lauwarm*) tiède; tiédi

'überschnappen F *v/i ⟨sép, -ge-, sein⟩* **1.** (*den Verstand verlieren*) F débloquer; F dérailler; **2.** *Stimme* dérailler; se fausser

über'schneiden *v/réfl ⟨irr, insép, pas de ge-, h⟩* **sich ~ 1.** räumlich se croiser; se couper; **2.** *zeitlich* coïncider; **3.** *inhaltlich* interférer, (se) chevaucher

Über'schneidung *f ⟨~; ~en⟩* **1.** räumliche intersection *f*; croisement *m*; **2.** *zeitliche* coïncidence *f* (*mit* avec); **3.** *inhaltliche* interférence *f*; chevauchement *m*

über'schreiben *v/t ⟨irr, insép, pas de ge-, h⟩* **1.** COMM (*übertragen*) reporter; JUR transcrire; *Besitz* transmettre, transférer (par acte notarié); *Geld auf ein Konto* transférer; **2.** (*mit e-r Überschrift versehen*) intituler

über'schreiten *v/t ⟨irr, insép, pas de ge-, h⟩* **1.** *Grenze* franchir; *Kredit, Frist, Höchstgeschwindigkeit* dépasser; *Anzahl* excéder; *Maß* passer; *die Fünfzig überschritten haben* avoir passé la cinquantaine; **2.** (*nicht beachten*) Befugnisse outrepasser; abuser de; *Gesetz* transgresser; enfreindre

'Über|schrift *f* titre *m*; **~schuhe** *m/pl* (*Gummi²*) caoutchoucs *m/pl*; (*Filz²*) pantoufles *f/pl* en feutre

über'schuldet *adj* COMM surendetté; insolvable

Über'schuldung *f ⟨~; ~en⟩* surendettement *m*; COMM insolvabilité *f*

'Überschuß *m* excédent *m*; surplus *m*

überschüssig ['y:bərʃʏsɪç] *adj* excédentaire; *~e Kaufkraft* excédent *m* du pouvoir d'achat

über'schütten *v/t ⟨-ete, insép, pas de ge-, h⟩ ~ (mit)* **1.** (*beschütten*) couvrir (de); **2.** *fig, mit Ehrungen, Geschenken etc* combler (de); *mit Fragen* presser (de); *mit Vorwürfen* accabler (de)

'Überschwang *m ⟨~(e)s⟩* exubérance *f*; exaltation *f*; *im ~ der Gefühle* dans un élan d'exubérance, d'enthousiasme

über'schwappen F *v/i ⟨sép, -ge-, sein⟩ Gefäß, Flüssigkeit* déborder

über'schwemmen *v/t ⟨insép, pas de ge-, h⟩* inonder; noyer; *völlig* submerger (*alle a fig*); *den Markt mit etw ~* inonder le marché de qc

Über'schwemmung *f ⟨~; ~en⟩* inondation *f* (*a fig*); *völlige* submersion *f*

Über'schwemmungs|gebiet *n* région inondée; **~katastrophe** *f* inondation(s) *f(pl)* catastrophique(s); sinistre causé par les inondations

überschwenglich ['y:bərʃvɛŋlɪç] *adj Begeisterung* excessif, -ive; débordant; (*übertrieben*) exagéré

'Übersee *⟨sans article⟩ in ~* outre-mer; *Märkte m/pl in ~* marchés *m/pl* d'outre-mer; *Export m nach ~* exportation *f* outre-mer; *aus ~* d'outre-mer

'Übersee|dampfer *m* transatlantique *m*; **~gebiete** *n/pl* territoires *m/pl* d'outre-mer; **~hafen** *m* grand port maritime; **~handel** *m* commerce *m* outre-mer; **²isch** *adj* d'outre-mer

über'sehbar *adj* **1.** *Gelände etc* qu'on peut embrasser d'un coup d'œil; *Zeitraum* (dé)limité; **2.** *fig* (*abschätzbar*) calculable; *Lage* clair; saisissable; *das Ausmaß der Katastrophe ist noch nicht ~* on ne peut pas encore mesurer l'ampleur de la catastrophe

über'sehen *v/t ⟨irr, insép, pas de ge-, h⟩* **1.** *Gelände* embrasser, saisir d'un coup d'œil; *Sachlage etc* avoir une vue d'ensemble de; dominer; **2.** (*abschätzen*) *Ausmaß, Bedeutung* mesurer l'ampleur de; saisir la portée de; **3.** (*nicht bemerken*) ne pas voir; ne pas remarquer; *das habe ich ~* cela m'a échappé; *mit*

übersenden – übertreten

ihren roten Haaren ist sie nicht zu ~ avec ses cheveux roux, on ne peut pas ne pas la voir; **4.** (*ignorieren*) ignorer; faire semblant de ne pas voir

über'send|en *v/t* ⟨*irr, insép, pas de ge-,* h⟩ envoyer; expédier; **~ung** *f* envoi *m*; expédition *f*

übersetzen ⟨-(es)t, *sép, -ge-*⟩ **I** *v/t* ⟨h⟩ *über e-n Fluß* faire passer sur l'autre rive; **II** *v/i* ⟨h *ou* sein⟩ passer (en bateau) sur l'autre rive

über'setzen *v/t* ⟨-(es)t, *insép, pas de ge-,* h⟩ *Text, Autor* traduire (*aus dem Deutschen ins Französische* de l'allemand en français)

Über'setzer(in) *m* ⟨~s; ~⟩ (*f*) ⟨~; ~nen⟩ traducteur, -trice *m,f*

Über'setzung *f* ⟨~; ~en⟩ **1.** traduction *f* (*aus* de; *in* [+*acc*] en); SCHULE *in die Muttersprache* version *f*; SCHULE *in e-e fremde Sprache* thème *m*; **2.** TECH multiplication *f*; transmission *f*; *beim Fahrrad* développement *m*; braquet *m*

Über'setzungs|büro *n* bureau *m* de traduction; **~fehler** *m* faute *f* de traduction

'Übersicht *f* ⟨~; ~en⟩ *(sans pl)* (*Überblick*) ~ (*über* [+*acc*]) coup d'œil (sur); *a fig* vue *f* d'ensemble (de); *sich* (*dat*) *e-e ~ verschaffen* acquérir une vue d'ensemble; faire un tour d'horizon; *die ~ verlieren* ne plus s'y retrouver; **2.** (*Darstellung*) aperçu *m*, précis *m* (*über* [+*acc*] de); (*Zusammenfassung*) résumé *m*, sommaire *m* (*über* [+*acc*] de); (*Tafel*) tableau *m* synoptique

'übersichtlich I *adj* **1.** *Darstellung etc* clair; net, nette; **2.** *Gelände* dégagé; où l'on s'oriente aisément; **II** *adv* **~ gegliedert** clairement ordonné, articulé

'Übersichtlichkeit *f* ⟨~⟩ **1.** *e-r Darstellung etc* netteté *f*; clarté *f*; bonne disposition; **2.** *e-s Geländes* caractère dégagé

'Übersichtskarte *f* carte *f* à grande échelle; *von Bahn-, Bus-, Fluglinien* carte *f* schématique des lignes

'übersiedeln ⟨-(e)le, *sép, -ge-, sein*⟩ **über'siedeln** ⟨-(e)le, *insép, pas de ge-, sein*⟩ *v/i* aller s'établir (**nach** *e-m Land* en *od* à, *nach e-r Stadt* à); *nach e-m Land a* émigrer (**nach**)

Über'sied(e)lung *f* changement *m* de domicile; *nach e-m Land* émigration *f*

'Übersiedler(in) *m(f)* HIST immigrant(e) de la R.D.A. en R.F.A.

'übersinnlich *adj* suprasensible; (*übernatürlich*) surnaturel, -elle

über'spannen *v/t* ⟨*insép, pas de ge-,* h⟩ **1.** (*bespannen*) recouvrir (*mit* de); **2.** (*zu sehr spannen*) tendre trop; *fig* exagérer; outrer; *fig den Bogen* ~ passer la mesure; tirer trop sur la corde; **3.** *e-n Fluß etc* surplomber

über'spannt *adj* **1.** (*exaltiert*) exalté, excentrique; **2.** (*übertrieben*) exagéré; **~heit** *f* ⟨~⟩ exaltation *f*; excentricité *f*

über'spielen *v/t* ⟨*insép, pas de ge-,* h⟩ **1.** *Schwächen etc* masquer; dissimuler; **2.** *Kassette etc* repiquer; **3.** RAD, TV *Bericht etc* transmettre; **4.** SPORT *den Gegner ~* surclasser l'adversaire

über'spitzen *v/t* ⟨*insép, pas de ge-,* h⟩ outrer; exagérer

über'spitzt I *adj* outré; exagéré; **II** *advt* **~ dargestellt** représenté de manière outrée, caricatural

'überspringen *v/i* ⟨*irr, sép, -ge-, sein*⟩ **1.** *Funken* jaillir; sauter (*a* ÉLECT); **2.** *fig* (*sich übertragen*) ~ *auf* (+*acc*) se communiquer à; **3.** *fig* (*plötzlich überwechseln*) *auf ein anderes Thema* ~ sauter d'un sujet à un autre

über'springen *v/t* ⟨*irr, insép, pas de ge-,* h⟩ *a fig* sauter

'übersprudeln *v/i* ⟨-(e)le, *sép, -ge-, sein*⟩ *a fig* déborder; *vor od von Witz ~* pétiller d'esprit

über'spülen *v/t* ⟨*insép, pas de ge-,* h⟩ *Wellen ein Deich, e-e Brücke etc* balayer; recouvrir

'überstaatlich *adj* supranational

'überstehen *v/i* ⟨*irr, sép, -ge-,* h⟩ (*hinausragen*) faire saillie; dépasser

über'stehen *v/t* ⟨*irr, insép, pas de ge-,* h⟩ *Operation* supporter; *Gefahr* échapper à; *schwere Zeit, Krankheit* surmonter; *Krankheit a* réchapper de; (*überleben*) survivre à; *e-n Unfall lebend ~* survivre à un accident; *das wäre überstanden!* voilà une bonne chose de faite!

über'steigen *v/t* ⟨*irr, insép, pas de ge-,* h⟩ **1.** *Mauer* escalader; *Hindernis* passer par-dessus; franchir; **2.** *fig Mittel, Erwartungen, Kräfte etc* dépasser; excéder; *das übersteigt meine Kräfte* c'est au-dessus de, cela dépasse mes forces

über'steigert *adjt Preise* excessif, -ive; *Gefühl, Geltungsbedürfnis etc* exagéré

über'stellen *v/t* ⟨*insép, pas de ge-,* h⟩ ADM, *bes Gefangene* transférer

über'steuer|n ⟨-(e)re, *insép, pas de ge-,* h⟩ **I** *v/t* ÉLECT, RAD surmoduler; **II** *v/i* AUTO surviver; **~ung** *f* ÉLECT, RAD surmodulation *f*; **2.** AUTO survirage *m*

über'stimmen *v/t* ⟨*insép, pas de ge-,* h⟩ *j-n ~* l'emporter sur qn à la majorité des voix; mettre qn en minorité; *überstimmt werden* être mis en minorité

über'strahlen *v/t* ⟨*insép, pas de ge-,* h⟩ **1.** *st/s* répandre ses rayons sur; **2.** *fig* (*in den Schatten stellen*) éclipser

über'strapazieren *v/t* ⟨*insép, pas de ge-,* h⟩ (*überanstrengen*) éreinter; surmener; *Geduld* abuser de; *Thema etc* rabâcher; ressasser

über'streichen *v/t* ⟨*irr, insép, pas de ge-,* h⟩ peindre par-dessus (*mit* avec)

'überstreifen *v/t* ⟨*sép, -ge-,* h⟩ passer, enfiler

'überströmen *v/i* ⟨*sép, -ge-, sein*⟩ déborder (*vor* [+*dat*] de); *vor Freude ~* déborder de joie; exulter; jubiler

über'strömen *v/t* ⟨*insép, pas de ge-,* h⟩ inonder; *Tränen überströmten sein Gesicht* son visage était baigné, inondé, ruisselant de larmes

'überstülpen *v/t* ⟨*sép, -ge-,* h⟩ mettre

'Überstunden *f/pl* heures *f/pl* supplémentaires; *~ machen* faire des heures supplémentaires

'Überstundenzuschlag *m* majoration *f* pour heures supplémentaires

über'stürzen *v/t* ⟨-(es)t, *insép, pas de ge-,* h⟩ **I** *v/t* précipiter; *Entscheidung* brusquer; *man soll nichts ~* il ne faut rien précipiter, brusquer; **II** *v/réfl* *sich ~ Ereignisse* se précipiter

über'stürzt I *adjt Abreise, Flucht* précipité; *Entwicklung, Wachstum etc* 'hâtif, -ive; *~e Abreise* départ précipité; **II** *advt* à la hâte; de façon précipitée; *fliehen* précipitamment; *handeln* avec précipitation

übertariflich *adj Zulage etc* dépassant le niveau fixé par la convention collective

über'teuert *adj* excessivement cher, chère

über'tölpeln *v/t* ⟨-(e)le, *insép, pas de ge-,* h⟩ duper; tromper; F rouler; *sich ~ lassen* tomber, donner dans le panneau

über'tönen *v/t* ⟨*insép, pas de ge-,* h⟩ *Lärm etc* couvrir; dominer

'Übertopf *m* cache-pot *m*

'Übertrag ['y:bɐrtra:k] *m* ⟨~(e)s; ~e⟩ BUCHFÜHRUNG report *m*

über'tragbar *adj* **1.** *Besitz, Recht* transmissible, transférable, JUR *a* cessible (*auf* [+*acc*] à); *nicht ~* JUR, FIN incessible; **2.** *Krankheit* transmissible (*auf* [+*acc*] à); contagieux, -ieuse; **3.** (*anwendbar*) applicable (*auf* [+*acc*] à); **4.** (*übersetzbar*) traduisible

über'tragen¹ ⟨*irr, insép, pas de ge-,* h⟩ *v/t* **1.** (*weitergeben*) *Besitz, Recht* transmettre, transférer, JUR *a* céder (*j-m, auf j-n* à qn); *Amt, Recht, Vollmacht* conférer; *Befugnisse, Vollmacht* déléguer; **2.** (*übersetzen*) traduire (*in* [+*acc*] en); **3.** (*eintragen*) reporter; *bes* JUR, ADM, COMM transcrire; **4.** (*anwenden*) appliquer (*auf* [+*acc*] à); **5.** MÉD *Krankheit* transmettre (*auf* [+*acc*] à); *Blut* transfuser; **6.** RAD, TV retransmettre; *Programm, Konzert* diffuser; *im Fernsehen ~* téléviser; *etw live ~* retransmettre qc en direct; **II** *v/réfl sich ~ Krankheit* se transmettre, *fig Erregung etc* se communiquer (*auf* [+*acc*] à)

über'tragen² *adj Wort* **in ~er Bedeutung** au (sens) figuré

'Überträger *m* *e-r Krankheit*: Person porteur *m*; *Insekt* vecteur *m*

Über'tragung *f* ⟨~; ~en⟩ **1.** ⟨*sans pl*⟩ (*Weitergabe*) *e-s Besitzes, Rechtes* transmission *f*; transfert *m*; JUR *a* cession *f*; *von Befugnissen, der Vollmacht* délégation *f*; **2.** *e-s Textes, bes* JUR, ADM, COMM transcription *f*; (*Übersetzung*) traduction *f*; **3.** MÉD, *e-r Krankheit* transmission *f*; *von Blut* transfusion (sanguine, de sang); **4.** ⟨*sans pl*⟩ *e-r Bewegung* transmission *f*; **5.** RAD, TV retransmission *f*; diffusion *f*

Über'tragungswagen *m* RAD, TV voiture *f* de reportage

über'treffen *v/t* ⟨*irr, insép, pas de ge-,* h⟩ **1.** *Personen* surpasser (*in od an* [+*dat*] en); être supérieur à; *weit ~* surclasser; *sich selbst ~* se surpasser, se dépasser; **2.** *Hoffnungen, Vorhersagen* dépasser; *das übertrifft alle Erwartungen* cela dépasse toutes les prévisions

über'treiben *v/t* ⟨*irr, insép, pas de ge-,* h⟩ exagérer; *abs* forcer la note; *in e-m Bericht* grossir; *ohne zu ~* sans exagérer, exagération; *man soll nichts ~* il ne faut rien exagérer!

Über'treibung *f* ⟨~; ~en⟩ exagération *f*

'übertreten *v/i* ⟨*irr, sép, -ge-, sein*⟩ **1.** *Fluß* déborder (de son lit); **2.** *Person über e-e Linie* dépasser la ligne; SPORT *a* mordre sur la ligne; **3.** (*überwechseln*) *zu j-m ~* se ranger du côté de qn; *zu e-r anderen Partei ~* changer de parti; *zum Katholizismus ~* se convertir au catholicisme; **4.** (*übergehen*) *in etw* (*acc*) *~* passer à qc; entrer dans qc; *in* *e-e neue Phase* ~ entrer dans une phase nouvelle

über'treten *v/t* ⟨*irr, insép, pas de ge-, h*⟩ *Gesetz, Vorschrift* enfreindre; transgresser; *Vorschrift a* contrevenir à

Über'tretung *f* ⟨~; ~en⟩ *e-s Gesetzes, e-r Vorschrift* infraction *f*, contravention *f* (+ *gén* à); transgression *f*

über'trieben I *adj* exagéré; excessif, -ive; *aus* ~*em Eifer* par (un) excès de zèle; **II** *adv* exagérément; d'une manière exagérée, excessive

'Übertritt *m* ~ (*zu*) *zu e-r anderen Religion* conversion *f* (à); *zu e-r anderen Partei* passage *m* à

über'trumpfen *v/t* ⟨*insép, pas de ge-, h*⟩ **1.** *beim Kartenspiel* surcouper; **2.** *fig* (*übertreffen*) surclasser; ~**'tünchen** *v/t* ⟨*insép, pas de ge-, h*⟩ **1.** badigeonner; **2.** *fig* masquer

über'völkern *v/t* ⟨-(e)re, *insép, pas de ge-, h*⟩ surpeupler; ~**'völkerung** *f* ⟨~⟩ surpeuplement *m*; surpopulation *f*

'übervoll *adj* trop plein, rempli; *Saal, Zug, Bus a* bondé

'übervorsichtig *adj* trop prudent

über'vorteilen *v/t* ⟨*insép, pas de ge-, h*⟩ tromper; duper

über'wachen *v/t* ⟨*insép, pas de ge-, h*⟩ surveiller; contrôler; ~**'wachung** *f* ⟨~⟩ surveillance *f*; contrôle *m*

überwältigen [y:bər'vɛltɪgən] *v/t* ⟨*insép, pas de ge-, h*⟩ **1.** (*bezwingen*) *Gegner* vaincre; maîtriser; écraser; **2.** *fig* (*beeindrucken*) vivement impressionner; subjuguer; *von j-s Schönheit überwältigt sein* être vivement impressionné, subjugué par la beauté de qn; **3.** (*überkommen*) *Schlaf* terrasser; *Zorn, Schmerz* s'emparer de; saisir

über'wältigend *adj* **1.** (*großartig*) *Anblick etc* imposant; grandiose; *Erfolg* foudroyant; éclatant; *iron Leistung nicht* (*gerade*) ~ F pas fameux; F pas formidable; **2.** (*sehr groß*) *Eindruck* très fort; vif, vive; *Mehrheit, Übermacht* écrasant

'überwechseln *v/i* ⟨*sép, -ge-, sein*⟩ passer (*von ... zu ...* de ... à ...)

über'weisen *v/t* ⟨*irr, insép, pas de ge-, h*⟩ **1.** *Geld* virer; transférer; *j-m etw* ~, *etw auf j-s Konto* (*acc*) ~ virer qc au compte de qn; *das Gehalt überwiesen bekommen* recevoir son salaire par virement; **2.** *MÉD j-n zu e-m Facharzt* ~ adresser qn à un spécialiste

Über'weisung *f* **1.** *von Geld* virement *m* (*auf ein Konto* sur un compte); transfert *m*; *e-e* ~ *vornehmen* effectuer, opérer, faire un virement; *cf a* **Überweisungsformular**; **2.** *MÉD e-s Patienten* recommandation *f* (d'un malade à un spécialiste par un médecin); *cf a* **Überweisungsschein**

Über'weisungs|auftrag *m* FIN ordre *m*, mandat *m* de virement; ~**formular** *n* FIN formule *f* de virement; ~**schein** *m* MÉD formulaire par lequel un médecin adresse un malade à un collègue

'überwerfen *v/t* ⟨*irr, sép, -ge-, h*⟩ (*j-m*) *etw* ~ jeter, mettre qc sur les épaules (de qn)

über'werfen *v/réfl* ⟨*irr, insép, pas de ge-, h*⟩ *sich mit j-m* ~ se brouiller, fâcher avec qn

über'wiegen ⟨*irr, insép, pas de ge-, h*⟩ **I** *v/t Nachteile die Vorteile etc* excéder;

II *v/i* (*vorherrschen*) prédominer; être prépondérant; *Gefühl a* l'emporter

'überwiegend I *adj* prépondérant; ~*e Mehrheit* forte majorité; **II** *adv* principalement; essentiellement; surtout

über'winden ⟨*irr, insép, pas de ge-, h*⟩ **I** *v/t* **1.** *st/s* (*besiegen*) *Gegner* vaincre; l'emporter sur; triompher de; **2.** (*aufgeben*) *Bedenken, Mißtrauen etc* vaincre; **3.** (*meistern, bewältigen*) *Hindernis, Schwierigkeit* surmonter; *Problem* venir à bout de; *Angst, Scheu, Scham, Ekel* dominer; **II** *v/réfl sich* ~ (*sich zwingen*) se faire violence; (*sich zusammenreißen*) faire un effort sur soi-même (*etw zu tun* pour faire qc)

Über'windung *f* ⟨~⟩ **1.** *st/s e-s Gegners* victoire *f*, triomphe *m* remporté(e) sur; **2.** *fig nach* ~ *vieler Schwierigkeiten* après avoir surmonté beaucoup de difficultés; **3.** (*Selbst2*) *es gehört viel* ~ *dazu zu* (+*inf*) il faut faire un grand effort sur soi-même pour (+*inf*); *das hat mich viel* ~ *gekostet* cela m'a coûté; *es kostet ihn* ~ *zu* (+*inf*) il a du mal à (+*inf*); il lui en coûte de (+*inf*)

über'wintern *v/t* ⟨-(e)re, *insép, pas de ge-, h*⟩ **I** *v/t* conserver pendant l'hiver; **II** *v/i* ZO (*Winterschlaf halten*) hiberner; *Vieh, Truppen, Schiffe* hiverner; *Pflanzen* survivre, résister à l'hiver

über'wuchern *v/t* ⟨-(e)re, *insép, pas de ge-, h*⟩ envahir (*a fig*); couvrir

'Überzahl *f* ⟨~⟩ (*Mehrzahl*) majorité *f*; (*Übermacht*) supériorité *f* numérique; *in der* ~ *sein* avoir la supériorité numérique; être supérieur en nombre; être en majorité

'überzählig *adj* en excédent; en trop; en surnombre; *Personal a* surnuméraire

über'zeichnen *v/t* ⟨*-ete, insép, pas de ge-, h*⟩ *Porträt* charger; (*karikieren*) caricaturer

über'zeugen ⟨*insép, pas de ge-, h*⟩ **I** *v/t von etw* ~ convaincre, persuader qn de qc; **II** *v/i* être convaincant; *sie konnte* ~ elle savait être convaincante; **III** *v/réfl sich von etw* ~ se convaincre de qc; *sich mit eigenen Augen von etw* ~ s'assurer de qc de ses propres yeux; ~ *Sie sich selbst!* jugez (par) vous-même!

über'zeugend *adj* convaincant; *Redner, Argument, Ton a* persuasif, -ive; *Argument a* concluant

über'zeugt *adj* **1.** (*épithète*) convaincu; *ein* ~*er Anhänger* un partisan, adepte convaincu; **2.** *sehr von sich* ~ *sein* être (très) imbu de soi-même

Über'zeugung *f* (*Überzeugtsein*) conviction *f*; *als Ansicht* convictions *f/pl*; *aus* ~ par conviction; *der* ~ *sein, daß ...* être convaincu que ...; avoir la conviction que ...; *meiner* ~ *nach* à mon avis; à ce que je crois

Über'zeugungskraft *f* ⟨~⟩ force convaincante; *nur e-s Menschen* force *f* de persuasion

'überziehen *v/t* ⟨*irr, sép, -ge-, h*⟩ **1.** *Ring, Handschuh* mettre; *Kleidungsstück* (*rasch*) ~ enfiler; passer; **2.** F *j-m eins* ~ F flanquer un jeton, une raclée à qn

über'ziehen ⟨*irr, insép, pas de ge-, h*⟩ **I** *v/t* **1.** (*beziehen*) *mit Stoff etc* (re)couvrir (*mit* de); TECH revêtir, envelopper (*mit* de); *Bett frisch* ~ changer les draps; mettre des draps propres; **2.** FIN *ein Konto* ~ mettre un compte à découvert; *sein Konto um 80 Mark* ~ avoir un découvert de 80 marks; **3.** *zeitlich* dépasser le temps, la durée de; **4.** (*übertreiben*) pousser bien loin; *sie hat ihre Kritik überzogen* elle a été trop loin dans ses critiques; **II** *v/i* (*um 5 Minuten*) ~ *als Redner* dépasser (de 5 minutes) le temps de parole; *bei e-r Sendung* dépasser (de 5 minutes) la durée d'une émission; **III** *v/réfl sich* ~ *Himmel* se couvrir (*mit* de)

Über'ziehung *f e-s Kontos* découvert *m*; ~**'ziehungskredit** *m* crédit *m* à découvert

über'zogen *adj* **1.** FIN *Konto* à découvert; *Preis* exagéré; excessif, -ive; **2.** *fig* (*übertreiben*) *Forderungen etc* exagéré; démesuré

über'züchtet *adj* **1.** *Pflanze, Tier* hypersélectionné; excessivement sélectionné; **2.** *fig Motor* supersophistiqué; *Sportler* surentraîné

'Überzug *m* couverture *f* (*aus* de); TECH revêtement *m*; *Farbe* enduit *m*; couche *f*

üblich ['y:plɪç] *adj* (*gebräuchlich*) courant; usuel; -elle; d'usage; *bes Wörter* courant; usité; (*gewöhnlich*) habituel, -elle; *normal*; *Preis* habituel, -elle; courant; *die* ~*en Vorwürfe m/pl* les reproches habituels; *das ist so* ~ c'est l'usage; cela se fait; *das ist* (*allgemein*) so ~ c'est (de pratique) courant(e); *das ist in Frankreich nicht* ~ cela ne se fait pas en France; *wie* ~ comme d'habitude, d'usage; *nicht mehr* ~ 'hors d'usage; désuet

'üblicher'weise *adv* habituellement; ordinairement; généralement

'U-Boot *n* sous-marin *m*; submersible *m*

übrig ['y:brɪç] *adj* de reste; restant; *das* ~*e* le reste; *die* ~*en* les autres; *mein* ~*es Geld* le reste de mon argent; *im* ~*en Europa* dans le reste de l'Europe; *st/s ein* ~*es tun* faire ce qu'il faut; ~ *sein* rester; être de reste; *wieviel ist* ~? combien en reste-t-il?; *Zeit, Geld* ~ *haben* avoir du temps, de l'argent de reste; *ich habe Geld* ~ il me reste de l'argent; *fig für j-n etwas* ~ *haben* avoir un faible, de la sympathie pour qn; *fig für j-n, etw viel, wenig* ~ *haben* avoir beaucoup de, peu de sympathie pour qn, qc; *fig für j-n, etw nichts* ~ *haben* n'avoir aucune sympathie pour qn, qc; *im* ~*en* au, du reste; par ailleurs

'übrigbehalten *v/t* ⟨*irr, sép, pas de ge-, h*⟩ garder; conserver

'übrigbleiben *v/i* ⟨*irr, sép, -ge-, sein*⟩ rester; être de reste; *fig es blieb mir nichts anderes übrig, als zu* (+*inf*) il ne me restait rien d'autre à faire que de (+*inf*); il ne me restait plus qu'à (+*inf*)

übrigens ['y:brɪgəns] *adv* (*im übrigen*) du reste; d'ailleurs; (*was ich noch sagen, fragen wollte*) à propos

'übriglassen *v/t* ⟨*irr, sép, -ge-, h*⟩ laisser; *nichts* ~ ne rien laisser; *zu wünschen* ~ laisser à désirer; *laß deinem Bruder ein Stück Kuchen übrig!* laisse un morceau de gâteau à ton frère!

'Übung *f* ⟨~; ~en⟩ **1.** ⟨*sans pl*⟩ (*Üben, Geübtheit*) exercice *m*; (*Training*) entraînement *m*; (*Erfahrung*) pratique *f*;

das erfordert ~ cela exige de l'entraînement, de la pratique; *in der* ~ *sein,* ~ *haben* avoir de l'expérience, de la pratique; *ich bin aus der* ~ *gekommen* j'(en) ai perdu l'habitude; *prov* ~ *macht den Meister prov* c'est en forgeant qu'on devient forgeron; **2.** *FEUERWEHR, MIL etc* exercice *m*; **3.** *MUS* exercice *m*; étude *f*; *SCHULE, SPORT* exercice *m*; **4.** *UNIVERSITÄT* ~en travaux pratiques, dirigés; T.P. *m/pl*; T.D. *m/pl*

'**Übungs|buch** *n* livre *m* d'exercices; **~flug** *n* vol *m* d'entraînement; **~gelände** *n* terrain *m* d'entraînement, d'exercice; *MIL a* champ *m* de manœuvre; ²**halber** *adv* pour des raisons d'exercice, d'entraînement; **~hang** *m für Skifahrer* pente *f* d'entraînement

'**Übungssache** *f das ist* ~ c'est une question d'entraînement

u.d.M. *abr (unter dem Meeresspiegel)* au-dessous du niveau de la mer

ü.d.M. *abr (über dem Meeresspiegel)* au-dessus du niveau de la mer

Udo ['u:do] *m* ⟨→ *n/pr*⟩ prénom

UdSSR [u:de:ʔɛsʔɛsʔɛr] ⟨-⟩ *abr HIST (Union der Sozialistischen Sowjetrepubliken) die* ~ l'U.R.S.S. *f* (Union des républiques socialistes soviétiques)

UEFA [u'e:fa] ⟨-⟩ *abr (Union européenne de football association, Europäischer Fußballverband) die* ~ l'U.E.F.A. *f*; **~-Cup** *m,* **~-Pokal** *m* coupe *f* de l'U.E.F.A.

ÜF *abr cf Übernachtung (und Frühstück)*

Ufer ['u:fər] *n* ⟨~s; ~⟩ bord *m*; *e-s Flusses, Sees, Binnenmeeres a* rive *f*; *e-s Meeres a* rivage *m*; *rechtes, linkes* ~ *e-s Flusses* rive droite, gauche; *am* ~ *der Seine* au bord de la Seine; *über die* ~ *treten* déborder; sortir de son lit

'**Ufer|befestigung** *f* consolidation *f* des bords, rives, berges; **~böschung** *f* berge *f*; ²**los** *adj* sans limites; *Gebiet, Thema* illimité; *Debatte* sans fin; interminable; **~promenade** *f* promenade *f* (le long d'un fleuve, d'un lac); quai *m*; **~straße** *f* route riveraine; quai *m*

uff [uf] *int* ouf!

Ufo ['u:fo] *n* ⟨~s; ~s⟩ *abr (unbekanntes Flugobjekt)* ovni *m* (objet volant non identifié)

'**U-förmig** *adj* en U

Uganda|a [u'ganda] *n* ⟨→ *n/pr*⟩ l'Ouganda *m*; **~er(in)** *m* ⟨~s; ~⟩ (*f*) ⟨~; ~nen⟩ Ougandais(e) *m(f)*; ²**isch** *adj* ougandais

'**U-Haft** *f* détention préventive, provisoire

Uhr [u:r] *f* **1.** ⟨~; ~en⟩ (*Armband*², *Taschen*²) montre *f*; *öffentliche,* (*Stand*², *Turm*²) horloge *f*; (*kleine Stand*², *Wand*²) pendule *f*; *nach der, auf die* ~ *sehen* regarder l'heure; consulter sa montre; *die* ~ *stellen* mettre la montre à l'heure; *nach meiner* ~ *ist es sieben* ma montre indique sept heures; il est sept heures à ma montre; *meine* ~ *geht richtig* ma montre est à l'heure; *meine* ~ *geht falsch* ma montre n'est pas à l'heure; *poét fig s-e* ~ *ist abgelaufen* sa dernière heure est venue; *fig wissen, was die* ~ *geschlagen hat* savoir à quoi s'en tenir; F *rund um die* ~ vingt-quatre heures sur vingt-quatre; **2.** ⟨*inv*⟩ *bei Zeitangaben* heure *f*; *wieviel* ~ *ist es?* quelle heure est-il?; *um wieviel* ~? à quelle heure?; *es ist ein,* vier ~ il est une heure, quatre heures; *acht* ~ *dreißig* 'huit heures trente'; *es ist zwölf* ~ *mittags* il est midi, *nachts* minuit

'**Uhr|armband** *n* bracelet *m* (pour montre)

'**Uhren|geschäft** *n* horlogerie *f*; **~industrie** *f* industrie horlogère; horlogerie *f*

'**Uhr|glas** *n* ⟨~es; -gläser⟩ verre *m* de montre; **~kette** *f* chaîne *f* de montre; **~macher(in)** *m* ⟨~s; ~⟩ (*f*) ⟨~; ~nen⟩ horloger, -ère *m,f*

'**Uhrwerk** *n* mouvement *m*, rouages *m/pl* d'une montre, *etc*; *fig wie ein* ~ avec une précision d'horloge

'**Uhrzeiger** *m* aiguille *f* de montre

'**Uhrzeigersinn** *m* ⟨-(e)s⟩ *im* ~ dans le sens des aiguilles d'une montre; *entgegen dem* ~ en sens inverse des aiguilles d'une montre

'**Uhrzeit** *f* heure *f*; *nach der* ~ *fragen* demander l'heure; *haben Sie (die) genaue* ~? avez-vous l'heure exacte?

Uhu ['u:hu] *m* ⟨~s; ~s⟩ *ZO* grand duc

Ukraine [ukra'i:nə *ou* u'kraɪnə] ⟨→ *n/pr*⟩ *die* ~ l'Ukraine *f*

U'krainer(in) *m* ⟨~s; ~⟩ (*f*) ⟨~; ~nen⟩ Ukrainien, -ienne *m,f*

u'krainisch *adj* ukrainien, -ienne

UKW [u:ka:'ve:] ⟨*sans article*⟩ *abr (Ultrakurzwelle)* F.M. *f* (modulation de fréquence); *etw auf* ~ *empfangen, hören* recevoir, écouter qc en modulation de fréquence

UK'W-|Antenne *f* antenne *f* F.M.; **~Bereich** *m* gamme *f* F.M.; **~Sender** *m* station *f* F.M.

Ulk [ulk] *m* ⟨-(e)s; ~e⟩ plaisanterie *f*; farce *f*; blague *f*; *aus* ~ par plaisanterie

'**ulken** *v/i* ⟨h⟩ faire des plaisanteries, blagues; blaguer

'**ulkig** F *adj* drôle; F rigolo, -ote

Ulme ['ulmə] *f* ⟨~; ~n⟩ *BOT* orme *m*

Ulrich ['ulrɪç] *m* ⟨→ *n/pr*⟩ prénom

Ulrike [ul'ri:kə] *f* ⟨→ *n/pr*⟩ prénom

Ultima ratio ['ultima'ra:tsio] *st/s f* ⟨-⟩ suprême recours *m*; *als* ~ en dernier ressort

ultimativ [ultima'ti:f] **I** *adj* en, sous forme d'ultimatum; *~e Forderung* ultimatum *m*; **II** *adv j-n* ~ *auffordern, etw zu tun* exiger impérativement de qn de faire qc; *POL* adresser un ultimatum à qn pour faire qc

Ulti'matum *n* ⟨~s; -ten⟩ ultimatum *m*; (*j-m*) *ein* ~ *stellen* adresser, envoyer un ultimatum (à qn)

Ultimo ['ultimo] *m* ⟨~s; ~s⟩ *COMM* dernier jour du mois; fin *f* du mois; *per* ² à fin de mois

Ultra ['ultra] *m* ⟨~s; ~s⟩ *Jargon POL* ultra *m*; extrémiste *m*

Ultra... *in Zssgn* ultra-

Ultra'kurzwelle *f* **1.** *PHYS, RAD* Welle onde ultra-courte; **2.** *RAD* Bereich modulation *f* de fréquence; *cf a* **UKW**

ultra|ma'rin *adj* ⟨*inv*⟩ outremer; ²**ma'rin** *n* ⟨~s⟩ outremer *m*

'**Ultraschall** *m* ⟨-(e)s⟩ ultrason *m*; **~behandlung** *f MÉD* traitement *m* par les ultrasons; *sc* ultrasonothérapie *f*; **~gerät** *n MÉD, TECH* appareil *m* ultrasonique; **~untersuchung** *f MÉD* échographie *f*; *TECH* examen *m*, exploration *f* ultrasonique

'**ultraviolett** *adj* ultraviolet, -ette **~e Strahlen** *m/pl* rayons ultraviolets

um [um] **I** *prép* ⟨*acc*⟩ **1.** *örtlich* ~ (... *herum*) autour de ...; *rings* ~ ... *herum* tout autour de ...; ~ *ein Haus herumgehen* faire le tour d'une maison; tourner autour d'une maison; *ein Graben läuft* ~ *die Stadt* un fossé entoure la ville; ~ *die Ecke biegen* tourner au coin de la rue; *sich* ~ *etw drehen* tourner autour de qc; *er ist immer* ~ *sie* il est toujours (à tourner) autour d'elle; *das Forscherteam* ~ *Cousteau* Cousteau et son équipe de chercheurs; ~ *sich schauen* regarder autour de soi; ~ *sich schlagen* se débattre; se démener; **2.** *zeitlich ungefähr* vers; *bestimmt* à; ~ *elf (Uhr)* à onze heures; ~ *elf herum* vers onze heures; ~ *die Mittagszeit* (*herum*) vers midi; ~ *diese Zeit* (*zu diesem Zeitpunkt*) à ce moment-là; à cette heure-là; vers cette heure-là; **3.** (*für*) *Lohn, Preis* pour; de; ~ *Geld spielen* jouer (pour) de l'argent; ~ *jeden, keinen Preis* à tout, à aucun prix; *nicht* ~ *alles in der Welt* pour rien au monde (*mit ne beim Verb*); *österr, südd etw* ~ *10 Mark kaufen* acheter qc pour 10 marks; **4.** *Unterschied, Abstand* de; *er ist ein Jahr älter* d'un an plus âgé; ~ *die Hälfte größer* plus grand de moitié; *er ist* ~ *e-n Kopf größer als ...* il a une tête de plus que ...; *sich* ~ ... *verrechnen* se tromper de ...; ~ *sechs Mark billiger* de six marks de moins; *er ist* ~ *einiges klüger geworden* il est devenu un peu plus sensé, avisé; **5.** *Aufeinanderfolge* Schlag ~ Schlag coup sur coup; *Tag* ~ *Tag* jour par *od* après jour; *e-r* ~ *den andern* l'un après l'autre; *ein Tag* ~ *den andern* tous les deux jours; un jour sur deux; **II** *conj* **1.** *Zweck* ~ *zu* (+*inf*) pour (+*inf*); afin de (+*inf*); ~ *Ihnen zu beweisen, daß* pour vous prouver que; **2.** *Folge* pour; *es ist zu spät,* ~ *zu* (+*inf*) il est trop tard pour (+*inf*); *zu schön,* ~ *wahr zu sein* trop beau pour être vrai; **3.** *mit „so"* (*desto*) ~ *so größer* d'autant plus grand; ~ *so besser!* tant mieux!; ~ *so mehr* d'autant plus, ~ *so mehr, als ...* d'autant plus que ...; **III** *adv* (*etwa*) autour de; dans les; ~ (*die*) *zwanzig Mark* (*herum*) dans les, autour de vingt marks; *er ist* ~ *die Fünfzig* il a dans les, autour de cinquante ans, une cinquantaine d'années

'**um|ackern** *v/t* ⟨-(e)re, *sép*, -ge-, h⟩ retourner (à la charrue); **~ändern** *v/t* ⟨-(e)re, *sép*, -ge-, h⟩ changer; transformer; modifier; **~arbeiten** *v/t* ⟨-ete, *sép*, -ge-, h⟩ *Garderobe* transformer (*zu* en); *Buch* etc remanier; *gänzlich* refondre; ²**arbeitung** *f* ⟨~; ~en⟩ *der Garderobe* transformation *f* (*zu* en); *e-s Buches etc* remaniement *m*; *völlige* refonte *f*

um'armen *v/t* ⟨*insép, pas de ge-*, h⟩ prendre, serrer dans ses bras; enlacer; *p/fort* étreindre; ~ *und küssen* embrasser; *sich* (*gegenseitig*) ~ tomber dans les bras l'un de l'autre; *p/fort* s'étreindre

Um'armung *f* ⟨~; ~en⟩ *st/s* embrassement *m*; *p/fort* étreinte *f*; *bes zur Begrüßung* embrassade *f*

'**Umbau** *m* ⟨~(e)s; ~ten⟩ **1.** transformation *f*; *wegen* ~ *geschlossen* fermé pour (cause de) travaux; **2.** ⟨*sans pl*⟩ *fig* transformation *f*; *cf a* **Umstrukturierung**
'**umbauen** ⟨*sép, -ge-, h*⟩ **I** *v/t* transformer; *ein Schloß zu e-m Hotel* ~ transformer un château en hôtel; **II** *v/i* faire des transformations
um'bauen *v/t* ⟨*insép, pas de ge-, h*⟩ entourer (de bâtiments)
'**umbenennen** ⟨*irr, sép, pas de ge-, h*⟩ débaptiser; rebaptiser; *X in Y* (*acc*) ~ rebaptiser Y X
'**umbesetzen** *v/t* ⟨-(es)t, *sép, pas de ge-, h*⟩ *e-n Ministerposten* ~ changer l'affectation d'un poste de ministre; *THÉ die Rollen*~ changer la distribution des rôles
'**umbestellen** *v/t* ⟨*sép, pas de ge-, h*⟩ *j-n* ~ modifier le rendez-vous avec qn; *etw* ~ modifier la commande de qc
'**umbetten** *v/t* ⟨-ete, *sép, -ge-, h*⟩ **1.** *Kranken* changer de lit; **2.** *Toten* exhumer pour l'ensevelir ailleurs
'**umbiegen** ⟨*irr, sép, -ge-*⟩ **I** *v/t* ⟨*h*⟩ replier; (*krümmen*) recourber; **II** *v/i* ⟨*sein*⟩ (*die Richtung ändern*) *Weg etc* changer de direction; *nach links* ~ tourner, *Person a* prendre à gauche
'**umbilden** ⟨-ete, *sép, -ge-, h*⟩ **I** *v/t* transformer (*zu* en); *fig* réorganiser; *Regierung* remanier; **II** *v/réfl sich* ~ se transformer (*zu* en); ⟨²⟩**ung** *f* transformation *f* (*zu* en); *fig* réorganisation *f*; *der Regierung* remaniement *m*
'**umbinden** *v/t* ⟨*irr, sép, -ge-, h*⟩ *Schlips, Halstuch, Schürze etc* mettre; ~**blasen** *v/t* ⟨*irr, sép, -ge-, h*⟩ renverser en soufflant
'**umblättern** *v/i* ⟨*u v/t*⟩ ⟨-(e)re, *sép, -ge-, h*⟩ (*die Seite*) ~ tourner la page
'**umblicken** *v/réfl* ⟨*sép, -ge-, h*⟩ *sich* ~ *um sich herum* regarder autour de soi; (*zurückblicken*) regarder derrière soi; *sich nach etw* ~ se retourner sur qc
Umbra ['umbra] *f* ⟨~⟩ *Farbe* (terre *f* d')ombre *f*
'**umbrechen** ⟨*irr, sép, -ge-*⟩ **I** *v/t* ⟨*h*⟩ **1.** (*abknicken, umwerfen*) casser; **2.** AGR (*umpflügen*) retourner; labourer; **II** *v/i* ⟨*sein*⟩ se rompre (sous le poids de)
um'brechen *v/t* ⟨*irr, insép, pas de ge-, h*⟩ TYPO mettre en pages
'**umbringen** ⟨*irr, sép, -ge-, h*⟩ **I** *v/t* tuer; (*ermorden*) assassiner; F *fig dieser Lärm bringt mich noch um* F ça me tue, ce bruit; **II** *v/réfl sich* (*selbst*) ~ se suicider
'**Umbruch** *m* **1.** (*Veränderung, Umwälzung*) bouleversement *m*; *politischer, wirtschaftlicher* ~ bouleversement politique, économique; *der gesellschaftliche* ~ *in Osteuropa* les mutations *f/pl* de la société de l'Est; **2.** ⟨*sans pl*⟩ TYPO mise *f* en pages
'**umbuchen** *v/t* ⟨*sép, -ge-, h*⟩ **1.** *Reise, Flug etc* modifier la réservation de; **2.** FIN passer, transférer d'un compte à un autre; ⟨²⟩**ung** *f* **1.** *e-r Reise, e-s Fluges etc* modification *f* de réservation; **2.** FIN transfert *m* d'un compte à un autre
'**um|datieren** *v/t* ⟨*sép, pas de ge-, h*⟩ modifier la date de; ~**denken** *v/i* ⟨*irr, sép, -ge-, h*⟩ modifier sa façon de penser; revoir, réviser ses conceptions; ~**disponieren** *v/i* ⟨*sép, pas de ge-, h*⟩ modifier ses projets

'**umdrehen** ⟨*sép, -ge-*⟩ **I** *v/t* ⟨*h*⟩ *Gegenstände, Taschen etc* retourner; *Schlüssel* tourner; F *j-m den Hals* ~ F tordre le cou à qn; F *fig jeden Pfennig od jede Mark* (*dreimal*) ~ compter chaque sou; **II** *v/i* ⟨*h ou sein*⟩ *cf* **umkehren** II; **III** *v/réfl sich* ~ se (re)tourner (*nach j-m* vers qn)
Um'drehung *f* **1.** *um e-e Achse* rotation *f*; *e-s Motors* tour *m*; *Motor 500* ~*en in der Minute machen* faire 500 tours à la minute; **2.** MATH *um e-n Mittelpunkt* révolution *f*
umein'ander *adv* **1.** (*gegenseitig*) l'un pour l'autre; les uns pour les autres; ~ *besorgt sein* être plein d'attention, aux petits soins l'un pour l'autre; **2.** (~ *herum*) l'un autour de l'autre; les uns autour des autres; *sich* ~ *drehen* tourner l'un autour de l'autre
'**umerziehen** *v/t* ⟨*irr, sép, -ge-, h*⟩ refaire l'éducation de; POL rééduquer; ⟨²⟩**ung** *f a* POL rééducation *f*
'**umfahren** *v/t* ⟨*irr, sép, -ge-, h*⟩ renverser
um'fahren *v/t* ⟨*irr, insép, pas de ge-, h*⟩ faire le tour de; contourner; MAR *Kap* doubler
Um'fahrungsstraße *f österr, schweiz cf* **Umgehungsstraße**
'**umfallen** *v/i* ⟨*irr, sép, -ge-, sein*⟩ **1.** (*umstürzen*) tomber; se renverser; *tot* ~ tomber mort; *vor Müdigkeit* (*dat*) ~ tomber de fatigue; **2.** F *péj* (*s-e Meinung ändern*) *fig* changer subitement d'avis, d'opinion, de parti; F retourner sa veste; tourner casaque
'**Umfang** *m* ⟨~(e)s; -fänge⟩ **1.** (*äußerer Kreis*⟨²⟩) *etc* circonférence *f*; tour *m*; MATH *a* périmètre *m*; **2.** (*Ausdehnung, Größe*) étendue *f*; *e-s Buches* volume *m*; grosseur *f*; *e-s Begriffs* extension *f*; *e-r Stimme* registre *m*; étendue *f*; **3.** ⟨*sans pl*⟩ *fig* (*Ausmaß*) étendue *f*; envergure *f*; ampleur *f*; *a e-s Schadens* importance *f*; *etw nicht in s-m ganzen* ~ *übersehen* ne pas mesurer l'étendue, l'ampleur de qc; *in angemessenem* ~ dans une mesure raisonnable; *in großem* ~ dans une large mesure; en grande partie; *in vollem* ~ dans toute son étendue, ampleur
'**umfangreich** *adj Werk* volumineux, -euse; gros, grosse; *Kenntnisse, Studien etc* étendu; vaste; ample
um'fassen *v/t* ⟨-ßt, *insép, pas de ge-, h*⟩ **1.** *mit beiden Armen* étreindre; *Körper* enlacer; **2.** *fig* (*enthalten*) englober; comprendre; comporter
um'fassend *adj Kenntnisse* étendu; approfondi; vaste; *Maßnahmen* global; d'ensemble; *ein* ~*es Geständnis ablegen* faire des aveux complets
'**Umfeld** *n soziologisches,* PSYCH environnement *m*; *das soziale* ~ l'environnement, le milieu social
um'|fliegen *v/t* ⟨*irr, insép, pas de ge-, h*⟩ voler autour de; *Hindernis* contourner; ~**'fließen** *v/t* ⟨*irr, insép, pas de ge-, h*⟩ entourer de ses eaux; couler autour de
'**umformen** *v/t* ⟨*sép, -ge-, h*⟩ transformer (*in* [+*acc*], *zu* en); remodeler; **2.** ÉLECT convertir (*in* [+*acc*] en)
'**Umformer** *m* ÉLECT convertisseur *m*; ~**ung** *f a* ÉLECT transformation *f*
'**Umfrage** *f* enquête *f*; sondage *m*

'**umfüllen** *v/t* ⟨*sép, -ge-, h*⟩ transvaser (*in* [+*acc*] dans)
'**umfunktionieren** *v/t* ⟨*sép, pas de ge-, h*⟩ transformer (*in* [+*acc*], *zu* en); changer la fonction (première) de
'**Umgang** *m* ⟨~(e)s⟩ **1.** (*gesellschaftlicher Verkehr*) fréquentations *f/pl*; rapports *m/pl*; relations *f/pl*; *st/s* commerce *m*; *mit j-m* ~ *haben, pflegen* avoir, entretenir des relations, rapports avec qn; fréquenter qn; *schlechten* ~ *haben* avoir de mauvaises fréquentations; *das ist kein* ~ *für dich* ce n'est pas une fréquentation pour toi; *er ist im* ~ *sehr liebenswürdig* il est très agréable; **2.** *mit e-m Gegenstand, Apparat, mit Chemikalien etc* manipulation *f* (*mit* de); *mit e-m Werkzeug, e-r Waffe etc*, *mit Geldsummen, Menschen* maniement *m* (*mit* de); *Vorsicht beim* ~ *mit Chemikalien!* les produits chimiques doivent être manipulés avec prudence, précaution; *Erfahrung im* ~ *mit Menschen haben* avoir l'expérience des hommes
umgänglich ['umgɛŋlɪç] *adj* sociable; agréable; liant
'**Umgangsformen** *f/pl gute* ~ *haben* avoir du savoir-vivre, de bonnes manières; *er hat schlechte, keine* ~ il manque de savoir-vivre, de manières; il n'a pas de manières, de savoir-vivre
'**Umgangs|sprache** *f* langage familier; ⟨²⟩**sprachlich** *adj* familier, -ière
um'garnen *v/t* ⟨*sép, pas de ge-, h*⟩ *j-n* ~ séduire qn; attirer, prendre qn dans ses filets
um'geben ⟨*irr, insép, pas de ge-, h*⟩ **I** *v/t* **1.** (*umschließen*) *etw* (*mit etw*) ~ entourer de (qc qc); *mit e-m Zaun* ~ enclore; clôturer; **2.** *fig j-n mit j-m, etw* ~ entourer de qn, qc; **II** *v/réfl sich mit j-m, etw* ~ s'entourer de qn, qc
Um'gebung *f* ⟨~; ~en⟩ **1.** *e-s Ortes* alentours *m/pl*; environs *m/pl*; *unmittelbare* ~ voisinage *m*; *in der* ~ *von Köln* dans les *od* aux environs, dans le voisinage de Cologne; *die Wälder m/pl in der* ~ les bois environnants; **2.** (*Milieu*) entourage *m*; milieu *m*; *die* ~ *des Präsidenten* l'entourage présidentiel, du président; *in s-r gewohnten* ~ *sein* être dans son milieu habituel
'**Umgegend** F *f* environs *m/pl*
'**umgehen** *v/i* ⟨*irr, sép, -ge-, sein*⟩ **1.** (*sich ausbreiten*) *Gerücht* courir; circuler; *Krankheit, Angst etc* sévir; **2.** *Gespenst in e-m Haus* ~ 'hanter une maison; *hier geht ein Gespenst um* un fantôme 'hante ces lieux; ici, il y a un fantôme; **3.** (*handhaben*) *mit* ~ *Gegenstand, Apparat, Chemikalien* manipuler qc; *Geld, Werkzeug, Waffe* manier qc; *mit etw umzugehen wissen* savoir manier qc; avoir l'habitude de qc; *mit etw sparsam* ~ être économe de qc; dépenser, consommer qc avec parcimonie; *mit etw vorsichtig* ~ faire attention à qc; manipuler qc avec précaution; *er kann nicht mit Geld* ~ il ne sait pas gérer son budget; **4.** (*behandeln*) *mit j-m korrekt* ~ être correct avec qn; *mit j-m grob* ~ traiter qn avec grossièreté; être grossier avec qn; *mit j-m umzugehen verstehen* savoir s'y prendre avec qn; avoir l'habitude de qn; *er kann gut mit Kindern* ~ il sait

umgehen – Umlauf

s'y prendre avec les enfants; **5.** *st/s* ⟨*verkehren*⟩ **mit** *j-m* ~ fréquenter qn
um'gehen *v/t* ⟨*irr*, *insép*, *pas de ge-*, h⟩ **1.** (*darum herumgehen*) contourner; faire le tour de; **2.** (*vermeiden*) Schwierigkeit éluder; esquiver; *a* Personen éviter; *das läßt sich nicht* ~ c'est inévitable, incontournable; **3.** (*nicht befolgen*) Gesetz (con)tourner
'umgehend I *adj* ⟨*épithète*⟩ (*sofortig*) immédiat; **II** *adv* immédiatement
Um'gehung *f* ⟨~; ~en⟩ **1.** contournement *m*; *unter* ~ *e-r Sache* (*gén*) en contournant, évitant qc; *unter* ~ *der Rechtsvorschriften* en tournant les dispositions légales; **2.** *cf* Umgehungsstraße
Um'gehungsstraße *f* route *f*, voie *f* de contournement; rocade *f*
'umgekehrt I *adj* (*andersherum*) Bild, geometrische Figur, MATH Bruch renversé; (*entgegengesetzt*) inverse; contraire; *im* ~*en Fall*(*e*) à l'inverse; *in* ~*er Reihenfolge* en sens inverse; dans l'ordre inverse; *es verhält sich genau* ~*!* c'est exactement *od* tout le contraire!; **II** *advt* inversement; *und* ~ et vice versa
'umgestalt|en *v/t* ⟨-ete, *sép*, *p/p* umgestaltet, h⟩ **1.** Raum, Park *etc* transformer (*zu* en); **2.** *fig* refondre; restructurer; réorganiser; **2ung** *f* **1.** transformation *f*; **2.** *fig* refonte *f*, restructuration *f*; réorganisation *f*; ÉCON *a* redéploiement *m*
'umgewöhnen *v/réfl* ⟨*sép*, *p/p* umgewöhnt, h⟩ *sich* ~ changer d'habitudes; prendre de nouvelles habitudes
'umgießen *v/t* ⟨*irr*, *sép*, *-ge-*, h⟩ **1.** (*umfüllen*) transvaser; **2.** MÉTALL refondre
'umgraben *v/t* ⟨*irr*, *sép*, *-ge-*, h⟩ retourner; bêcher
'um'grenz|en *v/t* ⟨-(es)t, *insép*, *pas de ge-*, h⟩ **1.** (*umgeben*) environner; entourer; **2.** *fig* Befugnisse, Begriff *etc* délimiter; **2ung** *f* ⟨~; ~en⟩ **1.** (*Umfriedung*) clôture *f*; enceinte *f*; **2.** *fig* délimitation *f*
'umgruppieren *v/t* ⟨*sép*, *pas de ge-*, h⟩ regrouper; grouper autrement
'umgucken F *v/réfl* ⟨*sép*, *-ge-*, h⟩ *sich* ~ (*Umschau halten*) regarder autour de soi; jeter un coup d'œil; (*zurückschauen*) regarder, jeter un coup d'œil derrière soi; *du wirst dich noch* ~*!* F tu vas en voir de belles!; tu ne sais pas ce qui t'attend!
'umhaben F *v/t* ⟨*irr*, *sép*, *-ge-*, h⟩ Tuch, Uhr *etc* porter; *sie hatte ein Tuch um* elle avait mis, portait un châle; elle était enveloppée d'un châle
'Umhang *m* ⟨~(e)s; -hänge⟩ pèlerine *f*; cape *f*
'umhängen *v/t* ⟨*sép*, *-ge-*, h⟩ **1.** Mantel *etc* (*j-m*) *etw* ~ jeter, mettre qc sur les épaules (de qn); *sich* (*dat*) *etw* ~ se mettre qc sur les épaules; *ein Gewehr*, *e-e Tasche* ~ mettre un fusil, un sac à l'épaule, *quer über die Schulter* en bandoulière; *j-m e-e Medaille* ~ mettre une médaille autour du cou de qn; **2.** *an e-e andere Stelle* suspendre, accrocher ailleurs
'Umhängetasche *f* sacoche *f*; *als Handtasche* sac *m* (à bandoulière)
'umhauen *v/t* ⟨*irr*, *sép*, *-ge-*, h⟩ **1.** (*fällen*) abattre à la hache, à coups de hache; **2.** F *fig* ⟨*imparfait seulement* hauteum⟩(*verblüffen*) renverser; (*imponieren*) F épater; (*fertigmachen*) Hitze *etc* F tuer; *das hat mich* (*glatt*) *umgehauen* ça m'a renversé; *alkoholisches Getränk das haut mich um* cela me coupe les jambes
um'hegen *st/s v/t* ⟨*insép*, *pas de ge-*, h⟩ dorloter
um'her *adv* çà et là; par-ci, par-là
um'her... *In Zssgn cf a herum...*; ~*fahren* *v/t* ⟨*irr*, *sép*, *-ge-*⟩ **I** *v/t* ⟨h⟩ *j-n* ~ promener qn en voiture, *etc*; **II** *v/i* ⟨sein⟩ se promener, flâner en voiture, *etc*; ~*fliegen* *v/i* ⟨*irr*, *sép*, *-ge-*, sein⟩ voler çà et là; Blätter s'envoler; ~*gehen* *v/i* ⟨*irr*, *sép*, *-ge-*, sein⟩ aller çà et là; se promener; déambuler; ~*irren* *v/i* ⟨*sép*, *-ge-*, sein⟩ errer; vagabonder; ~*streifen* *v/i* ⟨*sép*, *-ge-*, sein⟩ rôder, vagabonder; ~*wandern* *v/i* ⟨-(e)re, *sép*, *-ge-*, sein⟩ errer; *a fig* vagabonder
um'herziehen *v/i* ⟨*irr*, *sép*, *-ge-*, sein⟩ errer; *in der Welt*, *im Land*(*e*) ~ courir le monde, le pays
um'hinkommen *v/i* ⟨*irr*, *sép*, *-ge-*, sein⟩ *cf* umhinkönnen
um'hinkönnen *v/i* ⟨*irr*, *sép*, *-ge-*, h⟩ *nicht* ~ (+*inf*) (*müssen*) être obligé de (+*inf*); (*sich nicht enthalten können*) ne pouvoir s'empêcher de (+*inf*)
'umhören *v/réfl* ⟨*sép*, *-ge-*, h⟩ *sich* (*nach etw*) ~ se renseigner à droite et à gauche (sur qc)
um'hüll|en *v/t* ⟨*insép*, *pas de ge-*, h⟩ envelopper, recouvrir, entourer (*mit etw* de qc); **2ung** *f* ⟨~; ~en⟩ (*Hülle*) enveloppe *f*; (*Verpackung*) emballage *m*
U/min *abr* (*Umdrehungen pro Minute*) tr/mn (tours par minute)
um'jubeln *v/t* ⟨-(e)le, *insép*, *pas de ge-*, h⟩ *j-n* ~ acclamer, fêter qn
Umkehr ['umke:r] *f* ⟨~⟩ **1.** *a fig* retour *m* (en arrière); *sich zur* ~ *entschließen* se décider à faire demi-tour, à revenir en arrière, à rebrousser chemin; **2.** (*Sinnesänderung*) changement *m* d'opinion; retournement *m*; conversion *f*
'um'kehrbar *adj* PHYS, CHIM réversible; ~*kehren* ⟨*sép*, *-ge-*⟩ **I** *v/t* ⟨h⟩ **1.** (*umstülpen*, *wenden*) *u Taschen etc* retourner; **2.** (*ins Gegenteil verkehren*) Abfolge, Verhältnis *etc* renverser; GR Wortfolge inverser; intervertir; **II** *v/i* ⟨sein⟩ retourner en arrière; rebrousser chemin; faire demi-tour; revenir sur ses pas; **III** *v/réfl* ⟨h⟩ *sich* ~ (*sich umdrehen*) se retourner
'Umkehrfilm *m* PHOT film *m* inversible
'Umkehrung *f* ⟨~; ~en⟩ renversement *m* (*a* MUS, MATH); inversion *f* (*a* GR, PHOT)
'umkippen ⟨*sép*, *-ge-*⟩ **I** *v/t* ⟨h⟩ (*umwerfen*) Tisch, Faß *etc* renverser; *bes* Boot, Fahrzeug culbuter; Lore, Schubkarre *etc* (faire) basculer; **II** *v/i* ⟨sein⟩ **1.** (*umfallen*) se renverser; culbuter; basculer; **2.** F *fig* Stimmung basculer; **3.** F *fig* (*ohnmächtig werden*) F tomber dans les pommes; tourner de l'œil; **4.** F *péj* (*die Meinung ändern*) F retourner sa veste; tourner casaque; **5.** ÉCOL *der See ist umgekippt* l'équilibre biologique du lac est rompu
um'klammern *v/t* ⟨-(e)re, *insép*, *pas de ge-*, h⟩ étreindre; serrer; *fest se cramponner à*; *etw fest umklammert halten* se cramponner à qc
Um'klammerung *f* ⟨~; ~en⟩ étreinte *f*; BOXEN (*Clinch*) accrochage *m*; *sich aus j-s* ~ *lösen*, *befreien* se dégager de, s'arracher à l'étreinte de qn
'umklappen ⟨*sép*, *-ge-*⟩ **I** *v/t* ⟨h⟩ rabattre; **II** F *v/i* ⟨sein⟩ (*ohnmächtig werden*) tourner de l'œil; F tomber dans les pommes
'Umkleidekabine *f* cabine *f* (*im Kaufhaus* d'essayage, *zum Baden* de bain)
'umkleiden *st/s* ⟨-ete, *sép*, *pas de ge-*, h⟩ **I** *v/t* mettre d'autres vêtements à; changer (les vêtements de); **II** *v/réfl sich* ~ se changer; changer de vêtements
um'kleiden *v/t* ⟨-ete, *insép*, *pas de ge-*, h⟩ *etw mit etw* ~ revêtir, couvrir, draper qc de qc
'Umkleideraum *m* vestiaire *m*
'umknicken ⟨*sép*, *-ge-*⟩ **I** *v/t* ⟨h⟩ Ecken *etc* (re)plier; recourber; **II** *v/i* ⟨sein⟩ (re)plier; se recourber; (*mit dem Fuß*) ~ se fouler le pied
'umkommen *v/i* ⟨*irr*, *sép*, *-ge-*, sein⟩ **1.** (*bei etw*) périr, mourir, perdre la vie, être tué (dans qc); **2.** F *fig vor Hitze*, *Langeweile* (*dat*) ~ mourir, F crever de chaleur, d'ennui; **3.** (*verderben*) Nahrungsmittel se gâter; s'abîmer; *nichts* ~ *lassen* ne rien laisser perdre
'Umkreis *m* **1.** ⟨*sans pl*⟩ (*Umgebung*) environs *m/pl*; alentours *m/pl*; *im ganzen* ~ tout à la ronde; *im* ~ *von zehn Metern* dans un rayon de dix mètres; *fig aus dem* ~ *des Künstlers* de l'entourage de l'artiste; **2.** MATH cercle circonscrit
um'kreisen *v/t* ⟨-(es)t, *insép*, *pas de ge-*, h⟩ tourner autour de (*a fig*); *fliegend* voler autour de
'umkrempeln *v/t* ⟨-(e)le, *sép*, *-ge-*, h⟩ **1.** Ärmel retrousser; **2.** (*wenden*) Kleidung retourner; *fig die ganze Wohnung* ~ mettre l'appartement sens dessus dessous; F tout chambarder dans l'appartement; **3.** F *fig* (*grundlegend ändern*) changer complètement; changer, transformer de fond en comble
'umladen *v/t* ⟨*irr*, *sép*, *-ge-*, h⟩ Waren, Güter transborder
'Umlage *f von Kosten*, *Steuern* répartition *f* (*auf* [+*acc*] entre); (*Beitrag*) prélèvement *m*; *die* ~ *beträgt fünf Mark pro Person* la contribution s'élève à cinq marks par personne
'umlagern *v/t* ⟨-(e)re, *sép*, *-ge-*, h⟩ Waren entreposer, stocker ailleurs
um'lagern *v/t* ⟨-(e)re, *insép*, *pas de ge-*, h⟩ MIL assiéger (*a fig*); faire le siège de
'Umland *n* ⟨~(e)s⟩ environs *m/pl*; (*proche*) banlieue *f*
'Umlauf *m* **1.** ⟨*sans pl*⟩ (*kreisende Bewegung*) rotation *f*; ASTR révolution *f*; *der* ~ *der Erde um die Sonne* la révolution de la terre autour du soleil; **2.** (*einzelne Kreisbewegung*) tour *m*; **3.** ADM (*Rundschreiben*) circulaire *f*; **4.** ⟨*sans pl*⟩ *von Geld*, *Devisen*, *Flüssigkeiten*, *Gasen* (*Zirkulation*) circulation *f*; *im* ~ *sein* être en circulation; circuler; *nur Geld* avoir cours; *Gerücht* courir; *in* ~ *bringen* mettre en circulation; faire circuler; *nur Geld* émettre; *Falschgeld* écouler; *Gerücht* faire courir; répandre

'**Umlaufbahn** f ASTR orbite f; Satelliten auf s-e ~ bringen mettre en orbite; placer sur son orbite
'**umlaufen** ⟨irr, sép, -ge-⟩ **I** v/t ⟨h⟩ (umrennen) renverser (en courant); **II** ⟨sein⟩ **1.** (kreisen) tourner; **2.** (kursieren) Geld, Schreiben circuler; Gerücht courir
um'**laufen** v/t ⟨irr, insép, pas de ge-, h⟩ faire le tour de; a Planet etc tourner autour de
'**umlaufend** adj Balkon circulaire; Banknoten en circulation
'**Umlaufzeit** f ASTR révolution f
'**Umlaut** m LING voyelle infléchie; inflexion f (vocalique)
'**umlegen** v/t ⟨sép, -ge-, h⟩ **1.** Mantel etc jeter, mettre (sur ses épaules; **j-m** sur les épaules de qn); Kette mettre (autour de son cou; **j-m** autour du cou de qn); **2.** (umklappen) Kragen rabattre, plier; Hebel manœuvrer; actionner; **3.** (zum Liegen bringen) coucher; (fällen) abattre; **4.** F fig (ermorden) abattre; F descendre; F zigouiller; **5.** (anders hinlegen) poser autrement; changer la position de; **6.** (woandershin legen) changer de place; déplacer; Termin (verlegen) remettre (**auf** [+acc] à); TÉL **ein Gespräch ~** (**auf** [+acc]) passer, transférer, basculer un appel téléphonique (sur); **7.** Kosten répartir (**auf** [+acc] entre); **8.** P fig (Geschlechtsverkehr haben mit) F tomber; F sauter
'**umleiten** v/t ⟨-ete, sép, -ge-, h⟩ Fluß, Verkehr détourner; Verkehr a dévier
'**Umleitung** f des Verkehrs déviation f; e-s Flusses détournement m; **e-e ~ fahren** prendre une déviation
'**umlernen** v/i ⟨sép, -ge-, h⟩ **1.** (sich umstellen) changer de méthode, sa manière de faire; (umdenken) changer sa façon de penser; **2.** (umschulen) se recycler
'**umliegend** adj Häuser, Berge etc environnant
'**Umluft** f ⟨~⟩ TECH air pulsé
um'**mantel|n** v/t ⟨-(e)le, insép, pas de ge-, h⟩ TECH, ÉLECT enrober; envelopper; gainer; **2ung** f ⟨~; ~en⟩ enrobage m; gaine f
um'**mauern** v/t ⟨-(e)re, insép, pas de ge-, h⟩ entourer d'un mur, de murs
'**ummelden** ⟨sép, -ge-, h⟩ **I** v/t **sein Auto ~** changer de plaque d'immatriculation; **II** v/réfl **sich ~** faire une déclaration de changement de domicile
'**ummodeln** ['ʊmmoːdəln] v/t ⟨-(e)le, sép, -ge-, h⟩ modifier; transformer
'**ummünzen** v/t ⟨-(es)t, sép, -ge-, h⟩ **etw in etw** (acc) **~** changer, transformer qc en qc
um'**nachtet** st/s adj Geist troublé; **geistig ~** fou; détraqué; déséquilibré
Um'**nachtung** st/s f ⟨~; ~en⟩ **geistige ~** aliénation mentale; folie f; **er ist in geistiger ~ gestorben** il est mort fou
um'**nebeln** v/t ⟨-, insép, pas de ge-, h⟩ fig Geist troubler
'um|**organisieren** v/t ⟨sép, pas de ge-, h⟩ réorganiser; **~orientieren** v/réfl ⟨sép, pas de ge-, h⟩ **sich ~** se réorienter; **~packen** v/t ⟨sép, -ge-, h⟩ changer l'emballage de; Koffer refaire; **~pflanzen** v/t ⟨-(es)t, sép, -ge-, h⟩ transplanter; replanter; **~pflügen** v/t ⟨sép, -ge-, h⟩ retourner; labourer; **~polen** v/t

⟨sép, -ge-, h⟩ **1.** ÉLECT inverser les pôles de; **2.** F fig Personen changer complètement; **~programmieren** v/t ⟨sép, pas de ge-, h⟩ INFORM reprogrammer
'**umquartieren** v/t ⟨sép, pas de ge-, h⟩ Truppen faire changer de cantonnement; **j-n ~** loger qn ailleurs
um'**rahmen** v/t ⟨insép, pas de ge-, h⟩ Locken ein Gesicht, Berge Landschaft etc encadrer; fig **e-e Feier musikalisch ~** donner un cadre musical à une cérémonie
um'**randen** v/t ⟨-ete, insép, pas de ge-, h⟩ border; encadrer; **schwarz ~** border, encadrer de noir
Um'**randung** f ⟨~; ~en⟩ bordure f; encadrement m
um**rändert** [ʊm'rɛndərt] adj bordé (de); **rot ~e Augen** n/pl yeux bordés de rouge; **nach dem Weinen** yeux rougis
'**umräumen** v/t ⟨sép, -ge-, h⟩ Möbel, Bücher etc ranger, disposer autrement; Zimmer changer la disposition de
'**umrechnen** v/t ⟨-ete, sép, -ge-, h⟩ Währung, Maße convertir (**in** [+acc] en); **ein Preis von umgerechnet 20 Mark** un prix équivalent à 20 marks
'**Umrechnung** f von Währungen, Maßen conversion f (**in** [+acc] en)
'**Umrechnungs|faktor** m facteur m, coefficient m de conversion; **~kurs** m taux m de change; cours m (de conversion); **~tabelle** f table f de conversion
'**umreißen** v/t ⟨-ete, sép, -ge-, h⟩ renverser; Bäume abattre; Haus démolir
um'**reißen** v/t ⟨irr, insép, pas de ge-, h⟩ (in groben Zügen darstellen) esquisser; ébaucher; **fest umrissene Pläne** m/pl projets bien définis
'**umrennen** v/t ⟨irr, sép, -ge-, h⟩ renverser (en courant)
um'**ringen** v/t ⟨insép, pas de ge-, h⟩ entourer
'**Umriß** m contour(s) m(pl); silhouette f; MATH, e-r Figur tracé m; (Skizze) ébauche f; esquisse f (beide a fig); **bei Dunkelheit nur die Umrisse erkennen** ne distinguer que les contours, les silhouettes; **etw in groben Umrissen schildern** esquisser qc
'**umrühren** v/t ⟨sép, -ge-, h⟩ remuer; agiter; große Menge brasser
'**umrunden** v/t ⟨-ete, insép, pas de ge-, h⟩ See, Stadion faire le tour de; Planeten graviter autour de; Kap doubler
'**umrüst|en** v/t ⟨-ete, sép, -ge-, h⟩ TECH (**auf** [+acc]) adapter (à); **2.** MIL moderniser, réorganiser l'armement de; **2ung** f **1.** TECH adaptation f (**auf** [+acc] à); **2.** MIL modernisation f, réorganisation f de l'armement
ums [ʊms] = **um das**
'**umsägen** v/t ⟨sép, -ge-, h⟩ Baum scier
'**umsatteln** ⟨-(e)le, sép, -ge-, h⟩ **I** v/t Pferd mettre une autre selle à; **II** v/i fig (den Beruf, die Studienrichtung wechseln) changer de cap; **von etw auf etw** (acc) **~** passer de qc à qc; **auf Informatik** (acc) **~** se reconvertir dans l'informatique
'**Umsatz** m COMM chiffre m d'affaires; (volume m des) transactions, opérations commerciales; (Verkauf) ventes f/pl (**an** [+dat] de); **e-n großen ~ erzielen** réaliser un chiffre d'affaires élevé; F **~ machen** faire un gros chiffre d'affaires

'**Umsatz|beteiligung** f participation f au chiffre d'affaires; **~steuer** f impôt m sur le chiffre d'affaires
'**umsäumen** v/t ⟨sép, -ge-, h⟩ Stoff etc ourler
um'**säumen** st/s v/t ⟨insép, pas de ge-, h⟩ entourer; border
'**umschalten** ⟨-ete, sép, -ge-, h⟩ **I** v/t **1.** ÉLECT commuter; Stromrichtung inverser; **2.** TECH, Maschine renverser la marche de; Hebel manœuvrer; actionner; Schalter tourner; **II** v/i **3.** RAD changer de longueur d'onde; TV changer de chaîne; RAD **auf UKW ~** mettre sur F.M.; RAD, TV **wir schalten um nach Berlin** nous passons l'antenne à Berlin; **4.** (umgeschaltet werden) **die Ampel schaltet auf Grün um** le(s) feu(x) passe(nt) au vert; **5.** F fig gedanklich penser à autre chose; **ich muß nach dem Urlaub wieder auf die Arbeit ~** après les vacances, il faut que je me réhabitue au travail
'**Umschalthebel** m ÉLECT levier m du commutateur; TECH levier de renversement de marche
'**Umschau** f ⟨~⟩ regard m, coup m d'œil circulaire; prüfende examen minutieux; **~ halten** regarder autour de soi; **nach etw ~ halten** se mettre à la recherche, en quête de qc; (re)chercher qc
'**umschauen** v/réfl ⟨sép, -ge-, h⟩ regional cf **umsehen**
'**umschichten** v/t ⟨-ete, sép, -ge-, h⟩ **I** v/t **1.** Gegenstände changer la disposition, l'ordre de; **2.** ÉCON Finanzmittel redistribuer; répartir autrement; **3.** (umstrukturieren) restructurer; **II** v/réfl **sich ~ bes** SOZIOLOGIE se restructurer; se répartir autrement
'**umschichtig** adv alternativement; à tour de rôle; tour à tour
'**Umschichtung** f **1.** von Gegenständen disposition (différente); **2.** ÉCON von Mitteln répartition différente; redistribution f; **3.** (Umstrukturierung) restructuration f; réorganisation f; **soziale ~** regroupement social; restructuration sociale
um'**schiffen** v/t ⟨insép, pas de ge-, h⟩ Klippe, Insel contourner; Kap doubler
'**Umschlag** m **1.** (Brief2) enveloppe f; pli m; (Buch2) jaquette f; couverture f; (Schutz2) für Hefte protège-cahier m; **in verschlossenem ~** sous pli, enveloppe fermé(e); **e-n Brief in e-n ~ stecken** mettre une lettre dans une, sous enveloppe; **2.** MÉD compresse f; **feuchter ~** enveloppement m; **3.** ⟨sans pl⟩ COMM von Gütern transbordement m; von Kapital roulement m; rotation f; **4.** COUT repli m; ourlet m; e-r Hose, e-s Ärmels revers m; **5.** ⟨sans pl⟩ fig der Witterung, öffentlichen Meinung etc changement subit; revirement m; der Meinung a volte-face f
'**umschlagen** ⟨irr, sép, -ge-⟩ **I** v/t ⟨h⟩ **1.** (umlegen) Tuch etc mettre; **2.** (umknicken) Kragen rabattre; Ärmel retrousser; Ecke (re)plier; **3.** (wenden) Buchseite tourner; **4.** (fällen) abattre; **5.** COMM (umladen) transbordier; **II** v/i ⟨sein⟩ **6.** (umkippen) se renverser; Boot chavirer; **7.** (sich plötzlich verändern) Wetter, Meinung etc (se) changer subitement; Wind, Glück tourner; Wein tourner (à l'aigre); **in etw** (acc) **~**

Umschlaghafen – Umstand

virer à qc; tourner en qc; *in etw Schlechtes* dégénérer en qc; *in Gewalt (acc)* ~ dégénérer en violence(s); virer à la violence; *ins Gegenteil* ~ se renverser

'**Umschlag|hafen** *m* port *m* de transbordement; **~platz** *m* lieu *m*, centre *m* de transbordement

um'schließen *v/t ⟨irr, insép, pas de ge-, h⟩* **1.** *(umgeben)* entourer; enclore; **2.** *mit den Händen* serrer; tenir serré; **3.** *(beinhalten)* renfermer

um'schlingen *v/t ⟨irr, insép, pas de ge-, h⟩* **1.** *(umarmen)* enlacer; étreindre; *j-n mit beiden Armen* ~ étreindre, serrer qn dans ses bras; *eng, zärtlich umschlungen* étroitement, tendrement enlacés; *sich fest umschlungen halten* s'étreindre; **2.** *(sich wickeln um)* s'enrouler autour de

um'schmeicheln *v/t ⟨-(e)le, insép, pas de ge-, h⟩* flatter; *die Katze umschmeichelt s-e Beine* le chat se frotte contre ses jambes

'**um|schmeißen** F *v/t ⟨irr, sép, -ge-, h⟩* *(umwerfen)*, *a fig (erschüttern, verblüffen)* renverser; **~schmelzen** *v/t ⟨irr, sép, -ge-, h⟩* refondre; **~schnallen** *v/t ⟨sép, -ge-, h⟩ Gürtel, Koppel* boucler; *Degen* ceindre

'**umschreiben** *v/t ⟨irr, sép, -ge-, h⟩* **1.** *Text etc* récrire; **2.** *(transkribieren)* transcrire; **3.** *(übertragen) Besitz etc* transférer, transcrire *(auf* [+*acc*] à)

um'schreib|en *v/t ⟨irr, insép, pas de ge-, h⟩* **1.** *mit anderen Worten* exprimer par une périphrase; *abs* user d'une circonlocution, périphrase; **2.** *(umgrenzen) Befugnisse etc* délimiter; définir; **3.** *mit e-r Linie* circonscrire; **≈ung** *f* **1.** *mit anderen Worten* périphrase *f*; circonlocution *f*; **2.** *(Umgrenzung)* délimitation *f*; définition *f*

'**Umschrift** *f* **1.** LING **phonetische** ~ transcription *f* phonétique; **2.** *e-r Münze* légende *f*

'**umschuld|en** *v/t ⟨-ete, sép, -ge-, h⟩* FIN rééchelonner; convertir; **≈ung** *f ⟨~; ~en⟩* rééchelonnement *m*; conversion *f*

'**umschulen** *⟨sép, -ge-, h⟩* **I** *v/t* **1.** *Schulkind* envoyer à une autre école; faire changer d'école; **2.** *Berufstätige* recycler; reconvertir; *j-n zum bzw. zur* ... ~ recycler, reconvertir qn dans le métier de ..., dans la profession de ...; *sich* ~ *lassen* se recycler; se reconvertir; **II** *v/i* se recycler, se reconvertir *(auf* [+*acc*] dans le métier de)

'**Umschulung** *f* **1.** *e-s Kindes* changement *m* d'école; **2.** *e-s Berufstätigen* recyclage *m*, reconversion *f (auf* [*acc*] dans le métier de)

'**Umschulungs|kurs** *m* cours *m* de recyclage; **~programm** *n* programme *m* de recyclage

'**umschütten** *v/t ⟨-ete, sép, -ge-, h⟩* **1.** *(umwerfen) Glas Wasser etc* renverser; **2.** *in ein anderes Gefäß* transvaser *(in* [+*acc*] dans)

um'schwärmen *v/t ⟨insép, pas de ge-, h⟩* **1.** *Mücken etc* voltiger autour de; **2.** *(verehren) j-n* ~ entourer qn d'admiration

'**Umschweife** *pl ohne* ~ sans ambages; sans détour(s); ~ *machen* user de détours; *keine* ~ *machen* a aller droit au but; ne pas y aller par quatre chemins

'**umschwenken** *v/i ⟨sép, -ge-, sein⟩* **1.** *(kehrtmachen)* rebrousser chemin; faire demi-tour; *(die Richtung ändern)* changer de direction, de cap; **2.** *fig (die Gesinnung wechseln)* changer d'opinion; faire une volte-face; virer de bord; F retourner sa veste

um'schwirren *v/t ⟨insép, pas de ge-, h⟩ Vögel, Insekten* voltiger, voleter autour de; *Insekten a* bourdonner autour de

'**Umschwung** *m* **1.** *fig* changement subit, brusque; revirement *m*; *(Umwälzung)* renversement *m*; révolution *f*; *(Schicksalswende)* péripétie *f*; **2.** TURNEN rotation *f*; *am Reck* soleil *m*

um'segeln *v/t ⟨-(e)le, insép, pas de ge-, h⟩* faire le tour de ... en voilier

'**umsehen** *v/réfl ⟨irr, sép, -ge-, h⟩* **1.** *ringsherum* ~ regarder autour de soi; *sich an e-m Ort* ~ explorer, reconnaître un lieu; *sich in der Welt* ~ voir le monde, du pays; F *fig der wird sich noch mal* ~ il ne sait pas ce qui l'attend; F il va en voir de belles; **2.** *(zurücksehen)* se retourner; tourner la tête; regarder derrière soi; *sich nach j-m* ~ se retourner sur qn; **3.** *(suchen) sich nach Arbeit* ~ (re)chercher du travail, un emploi; *sich nach j-m* ~ (re)chercher qn; *mit dem Blick* chercher qn des yeux

'**umsein** F *v/i ⟨irr, sép, -ge-, sein⟩ Zeit* être passé, révolu, *Frist* expiré; *wenn das Jahr um ist ...* l'année finie ...

'**umseitig** *adj u adv* au verso

'**umsetzbar** *adj* **1.** *fig ([künstlerisch] übertragbar)* transposable *(in* [+*acc*] à); **2.** *fig (realisierbar) Ideen, Bestimmungen etc* réalisable; **3.** COMM convertible *(in* [+*acc*] en); *(marktfähig)* négociable; *in Geld (acc)* ~ réalisable

'**umsetzen** *⟨-(es)t, sép, -ge-, h⟩* **I** *v/t* **1.** *an e-e andere Stelle* changer de place; déplacer; *Pflanzen* transplanter; *Zug* aiguiller; faire passer d'une voie à une autre; changer de voie; *auf e-n anderen Arbeitsplatz* affecter à un autre (poste de) travail; **2.** *(anders setzen)* mettre, disposer autrement; **3.** *(umwandeln)* ~ *in* (+*acc*) changer en; CHIM transformer en; *künstlerisch*, MUS *in e-e andere Tonart* transposer; F *Geld in Tubak, Alkohol etc* convertir en; **4.** *(verwirklichen) Ideen etc* (*in die Tat*) ~ mettre en pratique; réaliser; mettre en œuvre; **5.** COMM *(verkaufen) Waren* placer; vendre; écouler; *(zu Geld machen)* réaliser; convertir en argent; **II** *v/réfl sich* ~ **6.** *(den Platz wechseln)* changer de place, *an e-n anderen Tisch* changer de table; **7.** *(sich verwandeln)* se changer, se transformer *(in* [+*acc*] en)

'**Umsetzung** *f ⟨~; ~en⟩* **1.** *(Versetzen)* changement *m* de place; *(Umpflanzung)* transplantation *f*; **2.** *(Umwandlung)* conversion *f (a COMM)*, transformation *f (in* [+*acc*] en); MUS, *künstlerisch* transposition *f*; **3.** *(Verwirklichung)* mise *f* en pratique; réalisation *f*; mise *f* en œuvre

'**Umsicht** *f ⟨~⟩* circonspection *f*; prudence *f*; réflexion *f*

'**umsichtig I** *adj* circonspect; prudent; réfléchi; **II** *adv* avec circonspection, réflexion, prudence

'**umsiedeln** *⟨-(e)le, sép, -ge-⟩* **I** *v/t ⟨h⟩ Personen* déplacer; transplanter; **II** *v/i*
⟨sein⟩ s'établir, s'installer (ailleurs); se transplanter *(nach Frankreich* en France)

'**Um|siedler** *m* personne déplacée; **~siedlung** *f* transfert *m*, déplacement *m* (de population); transplantation *f*

'**umsinken** *v/i ⟨irr, sép, -ge-, sein⟩* tomber; s'affaisser; *vor Müdigkeit* ~ tomber de fatigue

um'sonst *adv* **1.** *(kostenlos)* gratuitement; pour rien; gratis; **2.** *(vergebens)* en vain; vainement; inutilement; *ganz* ~ en pure perte; *alles war* ~ tout a été inutile, vain; cela n'a servi à rien; *sich* ~ *bemühen* se donner du mal, se donner de la peine pour rien; **3.** *nicht* ~ ... *(nicht ohne Grund)* ce n'est pas sans motif, sans raison (que ...)

'**umsorgen** *v/t ⟨insép, pas de ge-, h⟩ j-n* ~ entourer qn de ses soins; être aux petits soins pour qn; choyer qn

um'spannen *v/t ⟨insép, pas de ge-, h⟩* **1.** *mit den Händen, Armen* ~ étreindre avec ses mains, dans ses bras; **2.** *fig (beinhalten)* embrasser

'**Umspannwerk** *n* ÉLECT station *f*, poste *m* de transformation

um'spielen *v/t ⟨insép, pas de ge-, h⟩* **1.** FUSSBALL dribbler; **2.** *fig Lächeln* s'allumer, fleurir, flotter *(den Mund* sur les lèvres); *Wellen* baigner; arroser

'**umspringen** *v/i ⟨irr, sép, -ge-, sein⟩* **1.** *Wind* sauter; tourner *(von ... auf* [+*acc*] de ... à); *Ampel von ... auf* (+*acc*) ~ passer de ... à; **2.** F *péj (umgehen)* traiter; *mit j-m (grob, rücksichtslos)* ~ traiter qn cavalièrement, sans égards

'**umspulen** *v/t ⟨sép, -ge-, h⟩* rembobiner

um'spülen *v/t ⟨insép, pas de ge-, h⟩* baigner; arroser

'**Umstand** *m* **1.** *(Gegebenheit)* circonstance *f*; *(Tatsache)* fait *m*; *die näheren Umstände* les détails *m/pl*; *zwingende Umstände* cas *m* de force majeure; *durch glückliche Umstände* par un heureux concours de circonstances; *unter Umständen* le cas échéant; si les circonstances s'y prêtent; *(vielleicht)* peut-être; *(eventuell)* éventuellement; *unter allen Umständen* en tout cas; à tout prix, *unter (gar) keinen Umständen* en aucun cas, à aucun prix, sous aucun prétexte *(mit ne beim Verb)*; *unter diesen Umständen* dans ces circonstances, conditions; *unter den gegebenen Umständen* dans l'état actuel des choses; *es geht ihr den Umständen entsprechend* elle va aussi bien que possible, qu'il est possible dans son état; *j-m mildernde Umstände zubilligen* accorder à qn des circonstances atténuantes; *man müßte die genauen Umstände kennen* il faudrait connaître exactement la situation; *in anderen Umständen sein (schwanger sein)* être enceinte; **2.** *meist pl* **Umstände** *(Förmlichkeiten)* cérémonies *f/pl*; *(Gehabe)* façons *f/pl*; *ohne Umstände* sans façon, cérémonies; en toute simplicité; *ohne viel Umstände* sans autre forme de procès; tout bonnement; sans plus de façon; *das macht keine Umstände* ça ne gêne, dérange en aucune façon; *ich möchte Ihnen keine Umstände machen* je ne voudrais pas vous causer du dérangement

umständehalber [ˈʊmʃtɛndəhalbər] *adv* en raison des, par suite des circonstances; ~ **zu verkaufen** à vendre pour cause de changement de situation

umständlich [ˈʊmʃtɛntlɪç] *adj* **1.** (*kompliziert*) *a Person* compliqué; **er ist sehr ~** il complique les choses inutilement; **2.** (*unbequem*) incommode; **3.** (*übergenau*) *Bericht, Erklärungen* trop minutieux, -ieuse, détaillé; **es wäre zu ~ zu** (+*inf*) ce serait trop long à (+*inf*) **Umstands|bestimmung** *f GR* complément circonstanciel; **~kleid** *n* robe *f* pour femme enceinte; robe *f* de grossesse; **~krämer** *F* péj *m* personne vétilleuse, pointilleuse, qui complique les choses inutilement; chipoteur, -teuse *m,f*; **~satz** *m GR* proposition circonstancielle; **~wort** *n* ⟨~(e)s; -wörter⟩ *GR* adverbe *m*

um'stehen *v/t* ⟨*irr, insép, pas de ge-*⟩ entourer; **von Bäumen umstanden** entouré d'arbres

'umstehend I *adj* **1.** (*umseitig*) **auf der ~en Seite** au verso *bzw* recto; **2.** (*épithète*) **die ~en Personen, die ~en** les personnes présentes; **II** *advt* au verso *bzw* recto

'umsteigen *v/i* ⟨*irr, sép, -ge-, sein*⟩ **1.** changer (de train, de voiture, *etc*); **muß ich nun ... ~?** faut-il changer pour ...?; **2.** *F fig* **auf** (+*acc*) *Studium* se réorienter vers; *Beruf, Fach* se reconvertir dans; **~ von ... auf** (+*acc*) passer de ... à; **er will auf e-n anderen Wagen ~** il veut changer de voiture

'umstellen ⟨*sép, -ge-, h*⟩ **I** *v/t* **1.** (*woandershin stellen*) *Möbel etc* placer, disposer autrement; changer de place; déplacer; **2.** (*anders ordnen*) changer l'ordre de; *GR Wörter, Satz* transposer; *MATH* renverser; *sc* permuter; *SPORT Mannschaft* réorganiser; **3.** (*umschalten*) *Hebel* actionner; manœuvrer; *Uhr* changer l'heure de; **4.** *etw ~ auf* (+*acc*) (*anpassen*) adapter qc à; (*einführen*) adopter; **s-e Ernährung auf Rohkost ~** adopter un régime riche en crudités; **II** *v/i* (*übergehen zu*) **~ auf** (+*acc*) passer à; *ÉCON* se reconvertir dans; **das Geschäft hat auf Selbstbedienung umgestellt** le magasin a adopté le self-service; **III** *v/réfl* **sich ~** s'adapter (à une nouvelle situation)

um'stellen *v/t* ⟨*insép, pas de ge-, h*⟩ *Verbrecher, Haus* entourer; cerner; encercler

'Umstellung *f* **1.** (*das Sichumstellen*) changement *m*; **2.** *von Möbeln* changement *m* de place; déplacement *m*; **3.** (*Neuordnung*) *GR* transposition *f*; *MATH* renversement *m*; *sc* permutation *f*; *SPORT e-r Mannschaft* réorganisation *f*; **4.** *ÉCON* **~ (auf** [+*acc*]**)** réadaptation *f* (à); reconversion *f* (en); **~ auf Computer** informatisation *f* (en); **5.** (*Anpassung*) (*auf* [+*acc*]) adaptation *f* (à); (*Einführung*) adoption *f* (de)

'umstimmen *v/t* ⟨*sép, -ge-, h*⟩ *j-n ~* faire changer d'avis; retourner l'opinion de qn; convertir qn

'umstoßen *v/t* ⟨*irr, sép, -ge-, h*⟩ **1.** *Glas, Stuhl etc* renverser; **2.** *fig Plan* bouleverser; *Vertrag, Urteil, Bestimmung* annuler; casser; *a Testament* invalider

umstritten [ʊmˈʃtrɪtn̩] *adj* *Frage, Künstler, Gesetz etc* controversé; contesté

'umstrukturier|en *v/t* ⟨*sép, pas de ge-, h*⟩ restructurer; réorganiser; **⟨ung** *f* ⟨~; -en⟩ restructuration *f*; réorganisation *f*; *ÉCON* a redéploiement *m*

'umstülpen *v/t* ⟨*sép, -ge-, h*⟩ **1.** (*umdrehen*) *Eimer etc* renverser; **2.** (*umkrempeln*) retrousser; (*umkehren*) *Taschen* retourner; **3.** *fig* (*grundlegend ändern*) bouleverser; renverser

'Um|sturz *m POL* renversement *m*; bouleversement *m*; révolution *f*; subversion *f*; **⟨stürzen** ⟨-(es)t, sép, -ge-⟩ **I** *v/t* ⟨h⟩ **1.** renverser; **2.** *fig* (*radikal ändern*) bouleverser; **II** *v/i* (sein) tomber à la renverse; se renverser; *Baum* s'abattre; *Pferdewagen* verser; **~stürzler(in)** *m* ⟨~s; ~⟩ (*f*) ⟨~; ~nen⟩ esprit subversif; révolutionnaire *m,f*

'umtaufen *v/t* ⟨*sép, -ge-, h*⟩ *F fig* (*umbenennen*) *Straße, Person* débaptiser (**in** [+*acc*] en); rebaptiser (**X in Y** [*acc*] Y X)

'Umtausch *m* échange *m*; *von Geld* change *m*; conversion *f*; **... sind vom ~ ausgeschlossen** ... ne sont ni repris ni échangés

'umtauschen *v/t* ⟨*sép, -ge-, h*⟩ échanger (**gegen** contre); *Geld* changer, convertir (**in** [+*acc*] en)

'Umtauschrecht *n* ⟨~(e)s⟩ droit *m* d'échange

'umtopfen *v/t* ⟨*sép, -ge-, h*⟩ *JARD* dépoter; rempoter

'Umtriebe *st/s péj m/pl* machinations *f/pl*; agissements *m/pl*; intrigues *f/pl*; menées *f/pl*

'Umtrunk *m* ⟨~(e)s; Umtrünke⟩ réunion *f* autour d'une boisson; *F* pot *m*; **s-e Freunde zu e-m ~ einladen** inviter ses amis à (prendre) un verre, *F* un pot

'umtun *F v/réfl* ⟨*irr, sép, -ge-, h*⟩ **sich nach etw, j-m ~** être à la recherche de qc, qn

'U-Musik *f* ⟨~⟩ musique légère

'umverteil|en *v/t* ⟨*sép, pas de ge-, h*⟩ redistribuer; répartir autrement; **⟨ung** *f* redistribution *f*; nouvelle répartition

'umwälz|en *v/t* ⟨-(es)t, sép, -ge-, h⟩ **1.** *Stein* rouler; **2.** *fig* bouleverser; révolutionner; **3.** *TECH Luft, Wasser* faire circuler; **~end** *adj fig* révolutionnaire; qui apporte un *bzw* des bouleversement(s)

'Umwälzpumpe *f TECH* pompe *f* de circulation

'Umwälzung *f* ⟨~; ~en⟩ *fig* bouleversement *m*; révolution *f*

'umwandelbar *adj* transformable; *a Anleihe* convertible; *Strafe* commuable; *CHIM* transmuable

'umwandeln ⟨-(e)le, sép, -ge-, h⟩ **I** *v/t* changer, *a CHIM, PHYS, fig Gesellschaft, Unternehmen etc* transformer (**in** [+*acc*] en); *Anleihe etc* convertir (**in** [+*acc*] en); *Strafe* commuer (**in** [+*acc*] en); **sie war wie umgewandelt** elle était (comme) métamorphosée; **II** *v/réfl* **sich ~** (**in** [+*acc*]) se changer, se transformer, se convertir, *BIOL* se métamorphoser (en)

'Um|wandlung *f* changement *m*, *a CHIM, PHYS, fig* transformation *f* (**in** [+*acc*] en); *e-r Strafe* commutation *f*; (*Verwandlung*) métamorphose *f*; **~wandlungsprozeß** *m* processus *m* de transformation; *BIOL* métamorphose *f*

'umwechseln *v/t* ⟨-(e)le, sép, -ge-, h⟩ *Geldschein* in Münzen changer, *Währung* convertir (**in** [+*acc*] en)

'Umweg *m* **1.** détour *m* (*a fig*); **e-n ~ machen** faire un détour (**über** [+*acc*] par); **2.** *fig* moyen détourné; biais *m*; **~e machen** biaiser; **auf ~en** indirectement; par des moyens détournés; de biais; **ohne ~e** directement; sans détours; **auf dem ~ über** (+*acc*) par le biais de

'umwehen *v/t* ⟨*sép, -ge-, h*⟩ *Wind* renverser

'Umwelt *f* ⟨~⟩ **1.** (*Lebensraum*) environnement *m*; **die ~ schützen** préserver, sauvegarder l'environnement; **2.** (*Umgebung*) milieu *m*; ambiance *f*; **3.** (*Menschen*) entourage *m*

'Umwelt... *in Zssgn* de l'environnement; écologique; éco-; **⟨bedingt** *adj* conditionné par le milieu; **~bedingungen** *f/pl* conditions *f/pl* de l'environnement; **~belastung** *f* nuisance(s) *f(pl)*; pollution *f* de l'environnement; **~berater(-in)** *m(f)* écoconseiller, -ère *m,f*; **~bewegung** *f* écologisme *m*; mouvement *m* écologiste; **⟨bewußt** *adj* respectueux, -euse de l'environnement; **~bundesamt** *n* ⟨~(e)s⟩ office fédéral de l'environnement; **~einfluß** *m* influence *f* de l'environnement; **~faktor** *m* facteur *m* écologique; **⟨feindlich** *adj* polluant; nuisible à l'environnement; **~forschung** *f* ⟨~⟩ écologie *f*; **⟨freundlich** *adj* respectueux, -euse de l'environnement; *Auto, Verpackung* non polluant; *Maßnahme* écologique; **~gift** *n* polluant *m* toxique; **~katastrophe** *f* catastrophe *f* écologique; **~kriminalität** *f* délits *m/pl* d'atteinte à l'environnement; **~minister(in)** *m(f)* ministre *m* de l'Environnement; **~ministerium** *n* ministère *m* de l'Environnement; **~politik** *f* politique *f* de l'environnement; **~schäden** *m/pl* dégâts causés à l'environnement; **⟨schädlich** *adj* polluant; nuisible à l'environnement; **~schutz** *m* défense *f*, protection *f* de l'environnement; **~schützer(in)** *m* ⟨~s; ~⟩ (*f*) ⟨~; ~nen⟩ écologiste *m,f*; défenseur *m* de l'environnement; *F* écolo *m,f*; **~schutzmaßnahme** *f* mesure *f* écologique; **~schutzpapier** *n* papier recyclé; **~sünder** *F m* pollueur *m*; **~technik** *f* techniques *f/pl* antipollution; **⟨verschmutzend** *adj* polluant; **~verschmutzer** *m* ⟨~s; ~⟩ pollueur *m*; **~verschmutzung** *f* pollution *f* (de l'environnement); **⟨verträglich** *adj* non polluant; **~verträglichkeit** *f* caractère non polluant; **~verträglichkeitsprüfung** *f* étude *f* d'impact sur l'environnement; **~zeichen** *n* label vert; **~zerstörung** *f* destruction *f* de l'environnement, des milieux naturels

'umwenden ⟨*irr ou régulier, sép, -ge-, h*⟩ **I** *v/t* tourner; **II** *v/réfl* **sich ~** se retourner; tourner la tête

um'werben *v/t* ⟨*irr, insép, pas de ge-, h*⟩ *e-e Frau* courtiser; faire la cour à; *fig* courtiser; faire sa cour à

'umwerfen *v/t* ⟨*irr, sép, -ge-, h*⟩ **1.** (*umstoßen*) renverser; **2.** (*überwerfen*) jeter sur ses épaules; **3.** *F fig Nachricht* (*erschüttern*) retourner; *a* (*verblüffen*) renverser

umwerfend – unbarmherzig

'**umwerfend** F *fig adj* renversant; F époustouflant; (*das ist*) ~*!* c'est renversant!
um'wickeln *v/t* ⟨-(e)le, *insép, pas de ge-,* h⟩ envelopper, entourer (*mit* de)
um'wittert *st/s adj* **von Gefahren** ~ entouré de dangers; **von Geheimnissen** ~ mystérieux
umwölken [ʊm'vœlkən] ⟨*insép, pas de ge-,* h⟩ **I** *v/t* entourer de nuages; **II** *st/s v/réfl* **sich** ~ **Blick** *etc* s'assombrir
umzäun|en [ʊm'tsɔynən] *v/t* ⟨*insép, pas de ge-,* h⟩ entourer d'une clôture; clôturer; enclore; **ℒung** *f* ⟨~, ~en⟩ (*Zaun*) clôture *f*; enclos *m*
'**umziehen** ⟨*irr, sép,* -ge-⟩ **I** *v/t* ⟨h⟩ *j-n* ~ changer les vêtements de qn; mettre d'autres vêtements à qn; **II** *v/réfl* **sich** ~ se changer; changer de vêtements; **III** *v/i* ⟨sein⟩ déménager (*in* [+*acc*] dans; *nach* à, en)
umzingeln [ʊm'tsɪŋəln] *v/t* ⟨-(e)le, *insép, pas de ge-,* h⟩ encercler; cerner; *Festung* investir
'**Umzug** *m* **1.** *in e-e andere Wohnung* déménagement *m*; **2.** (*Festzug*) cortège *m*
'**Umzugskosten** *pl* frais *m/pl* de déménagement
UN [uːˈʔɛn] ⟨~⟩ *abr* (*United Nations, Vereinte Nationen*) *pl* **die** ~ les Nations Unies
unab'änderlich I *adj Gesetz* invariable; immuable; non modifiable; *Entschluß* irrévocable; inébranlable; *Urteil* irrévocable; irréformable; *Schicksal* inévitable; **sich in das ℒe fügen** accepter l'inévitable; **II** *adv* ~ **feststehen** être irrévocable
unab'dingbar *adj* **1.** JUR inaliénable; **2.** (*notwendig*) indispensable; absolument nécessaire
'**unab'hängig I** *adj* indépendant (**von** *j-m, etw* de qn, qc); (*autonom*) autonome; *Land* **wirtschaftlich** ~ autarcique; **von** *j-m* ~ **sein** ne pas dépendre de qn; **II** *adv* ~ **von** ... indépendamment de ...
'**Unabhängigkeit** *f* ⟨~⟩ indépendance *f*; **wirtschaftliche** ~ *e-s Landes a* autarcie *f*
'**Unabhängigkeits|bewegung** *f* mouvement *m* indépendantiste; ~**erklärung** *f* HIST déclaration *f* d'indépendance
unab'kömmlich *adj pas libre*; indisponible; pris; **sie ist im Moment** ~ elle n'est pas libre en ce moment, pour l'instant
unab'lässig [ʊnˈʔaplɛsɪç] **I** *adj* (*épithète*) continuel, -elle; perpétuel, -elle; incessant; **II** *adv* continuellement; perpétuellement; sans cesse; sans relâche
unab'sehbar *adj fig Folgen* imprévisible; incalculable; *Schaden* dont on ne peut mesurer l'ampleur
'**unabsichtlich I** *adj* non intentionnel, -elle; involontaire; **II** *adv* sans intention; sans le faire exprès; sans le vouloir; involontairement
unab'wendbar *adj* inévitable; inéluctable; *SPORT Angriff* imparable
'**unachtsam I** *adj* **1.** (*unaufmerksam*) inattentif, -ive; (*zerstreut*) distrait; (*unbesonnen*) étourdi; **2.** (*nachlässig*) négligent; **II** *adv* ~ **mit etw umgehen** ne pas prendre soin de qc

'**Unachtsamkeit** *f* **1.** (*Unaufmerksamkeit*) inattention *f*; inadvertance *f*; (*Zerstreutheit*) distraction *f*; (*Unbesonnenheit*) étourderie *f*; *aus* ~ par inadvertance; par mégarde; **2.** (*Nachlässigkeit*) négligence *f*
'**unähnlich** *adj* dissemblable; peu ressemblant; **sie ist ihm nicht** ~ elle n'est pas sans ressemblance avec lui
unan'fechtbar *adj* inattaquable; incontestable; *Urteil* souverain
'**un|angebracht** *adj Bemerkung* déplacé; inopportun; intempestif, -ive; 'hors de propos; *Verhalten* déplacé; inconvenant; ~**angefochten** *adj* incontesté; ~**angemeldet I** *adj* **1.** (*unerwartet*) inattendu; **2.** (*nicht amtlich gemeldet*) *Person* sans déclaration de séjour; *Demonstration, Streik* sans préavis; *Radio etc* non déclaré; **II** *adv* (*unerwartet*) sans prévenir; sans s'annoncer; sans se faire annoncer; à l'improviste
'**unangemessen** *adj* inadéquat; *Ausdruck a* impropre; incongru; *Summe etc* immodéré; disproportionné; **II** *adv* de façon, manière inadéquat, disproportionné; ~ **bezahlt werden** être surpayé *bzw* sous-payé
'**unangenehm I** *adj Situation, Person* désagréable; (*mißlich*) déplaisant; embarrassant; (*ärgerlich*) fâcheux, -euse; ennuyeux, -euse; (*peinlich*) gênant; **es ist mir sehr** ~, *daß* il m'est très désagréable de (+*inf*); je trouve très fâcheux que (+*subj*); ~ **werden** devenir (très) désagréable; **II** *adv* désagréablement; fâcheusement; ~ **überrascht werden** être désagréablement surpris; ~ **auffallen** faire (une) mauvaise impression
'**unangepaßt** *adj Verhalten* inadapté; *Person* désadapté; *Geschwindigkeit* inadéquat
'**unangetastet** *adj* intact; *fig* ~ **bleiben** rester intact; *etw* ~ **lassen** ne pas toucher à qc
unan'greifbar *adj Festung, Stadt, fig Position, Urteil* inattaquable; ~'**nehmbar** *adj* inacceptable; irrecevable
'**Unannehmlichkeit** *f* désagrément *m*; ennui *m*; **mit** *j-m, etw* ~**en bekommen** avoir des ennuis, des désagréments avec qn, qc; *j-m* ~**en bereiten** causer, attirer des ennuis, des désagréments à qn
'**unansehnlich** *adj* **1.** (*unschön*) disgracieux, -ieuse; (*häßlich*) laid; *Mensch a* qui ne paie pas de mine; **2.** *durch Abnutzung* défraîchi; ~ **werden** se défraîchir
'**unanständig I** *adj Witz etc* inconvenant; *a Personen, Verhalten* indécent; **II** *adv* **1.** (*anstößig*) de façon inconvenante, indécente; **2.** F *fig* (*unmäßig*) excessivement; ~ **viel trinken** boire immodérément, plus que de raison
'**Unanständigkeit** *f* inconvenance *f*; indécence *f*
unan'tastbar *adj* inviolable; intangible
'**unappetitlich** *adj* **1.** *Speisen, fig* peu appétissant, ragoûtant; *a Witz etc* dégoûtant; **2.** (*unsauber*) malpropre
'**Unart** *f* ⟨~, ~en⟩ **1.** mauvaises manières; (*üble Angewohnheit*) mauvaise habitude; **2.** (*ungehöriges Betragen*) inconvenance *f*; grossièreté *f*; (*Unhöflichkeit*) impolitesse *f*
'**unartig** *adj Kind* vilain; mal élevé

'**un|artikuliert** *adj Laute, Wörter* inarticulé; ~**ästhetisch** *adj* inesthétique; ~**aufdringlich** *adj* discret, -ète; *nur Person* effacé; ~**auffällig I** *adj* discret, -ète; qui passe inaperçu; *Charakter, Äußeres* effacé; **II** *adv* discrètement; sans se faire remarquer
unauf'findbar *adj* introuvable
'**unaufgefordert** *adv* sans y avoir été invité; de sa propre initiative; de son propre chef; (*spontan*) spontanément; ~ **eingesandte Manuskripte** *n/pl* manuscrits non commandés
unauf'|haltbar, ~'haltsam I *adj* qu'on ne peut arrêter; irrésistible; **II** *adv* irrésistiblement; ~'**hörlich I** *adj* (*épithète*) continuel, -elle; incessant; ininterrompu; **II** *adv* sans cesse; sans discontinuer; sans interruption; (*immer*) toujours; ~'**lösbar** *adj* indissoluble; ~'**löslich** *adj Widerspruch* , CHIM insoluble; *Verbindung* indissoluble
'**unaufmerksam** *adj* **1.** *Zuhörer, Schüler etc* inattentif, -ive; (*zerstreut*) distrait; **2.** (*nicht zuvorkommend*) qui manque d'égards, de prévenance (**gegenüber** envers); **ℒkeit** *f* **1.** inattention *f*; (*Zerstreutheit*) distraction *f*; **2.** manque *m* d'attention, d'égards
'**unaufrichtig** *adj* hypocrite; dissimulé; p/fort faux, fausse; ~ **sein** *a* être de mauvaise foi
'**Unaufrichtigkeit** *f* ⟨~, ~en⟩ **1.** ⟨*sans pl*⟩ *Charakterzug* manque *m* de sincérité, de franchise; hypocrisie *f*; dissimulation *f*; p/fort fausseté *f*; **2.** *Handlung* dissimulation *f*; tromperie *f*; (*Lüge*) mensonge *m*
unauf'schiebbar *adj* qu'on ne peut remettre, différer, renvoyer; (*dringend*) pressant; urgent
unaus'bleiblich *adj* infaillible; immanquable; (*unvermeidlich*) inévitable; inéluctable
'**unausgefüllt** *adj* **1.** *Formular, Zeit* qui n'a pas été rempli; **2.** *Leben* vide; *Mensch* qui a trop de temps libre; inoccupé; désœuvré; *innerlich* insatisfait
'**unausgeglichen** *adj* **1.** *Bilanz etc* déséquilibré; **2.** *Charakter* mal équilibré; instable; **ℒheit** *f* **1.** *der Bilanz* déséquilibre *m*; **2.** *des Charakters* manque *m* d'équilibre; instabilité *f*
'**unausgegoren** *adj fig péj* pas encore mûr
unaus'|löschlich *st/s adj Eindruck etc* indélébile; ineffaçable; ~'**rottbar** *adj* indéracinable; ~'**sprechbar** *adj* imprononçable; ~'**sprechlich** *adj fig* (*unbeschreiblich*) *Glück, Elend* inexprimable; indicible; ~'**stehlich** *adj* insupportable; (*widerwärtig*) odieux, -ieuse; ~'**weichlich** *adj* inévitable; inéluctable
unbändig [ˈʊnbɛndɪç] **I** *adj* **1.** *Temperament* indomptable; pétulant; exubérant; **2.** *Lachen* irrésistible; effréné; *Freude* exubérant; effréné; *Zorn, Lachen* fou (fol), folle; *Durst* inextinguible; *Hunger* dévorant; **II** *adv* (*sehr*) très; énormément; **sich** ~ **freuen** être au comble de la joie; être fou, transporté de joie; ~ **lachen** rire comme un fou
'**unbarmherzig** *adj* impitoyable; sans pitié; (*unerbittlich*) inflexible; *litt* inexorable; *Kampf* sans merci; (*hart*) dur; (*grausam*) cruel, -elle; *fig* ~**e Kälte** froid très rigoureux, inexorable

'**unbeabsichtigt** I *adj* involontaire; II *adv* sans intention; involontairement; pas exprès

'**unbeachtet** I *adj* inaperçu; ignoré; II *adv* sans qu'on y prête, fasse attention; sans se faire remarquer; ~ *lassen* ne pas faire, prêter attention à; ne pas tenir compte de; *Einwand* passer outre à

'**unbeanstandet** I *adj* incontesté; II *adv* sans contestation, opposition; *etw ~ lassen* ne pas critiquer qc; n'avoir rien à redire à qc; laisser passer, accepter qc (sans la moindre critique)

'**unbeantwortet** *adj* ~ *bleiben* rester sans réponse

'**un|bearbeitet** *adj* **1.** TECH *Material* non travaillé; brut; non usiné; **2.** *Manuskript* qui n'a pas été rédigé; à l'état brut; **3.** AGR *Boden etc* non cultivé; ~*bebaut adj* **1.** AGR inculte; non cultivé; **2.** *Baugelände* non bâti

'**unbedacht** I *adj* inconsidéré; (*unüberlegt*) irréfléchi; (*leichtsinnig*) étourdi; II *adv* ~ *handeln* a agir à la légère

unbedarft ['ʊnbədarft] *adj* (*naiv*) candide; ingénu; naïf, naïve; (*unerfahren*) inexpérimenté; *er ist literarisch völlig* ~ il n'a pas la moindre notion de littérature

'**unbedenklich** I *adj* **1.** (*gefahrlos*) sans risque, danger; (*ohne Nachteile*) sans inconvénient; *Medikament, Vergnügen* inoffensif, -ive; **2.** (*nicht beunruhigend*) pas inquiétant; *sein Zustand ist* ~ son état n'est pas inquiétant; II *adv* **1.** (*gefahrlos*) sans risque, danger; (*ohne Nachteile*) sans inconvénient; **2.** (*ohne nachzudenken*) sans hésiter

'**unbedeutend** *adj* **1.** *Mensch* peu important; insignifiant; anodin; **2.** *Ereignis etc* sans importance; peu important; *Einzelheit* négligeable; mineur; insignifiant; **3.** *Menge etc* minime; p/fort infime

'**unbedingt** I *adj* **1.** (*absolut*) *Vertrauen, Zuverlässigkeit etc* absolu; *Gehorsam* inconditionnel, -elle; **2.** PHYSIOL ~*e Reflexe* m/pl réflexes inconditionnels; II *adv* (*auf jeden Fall*) à tout cas; à tout prix; absolument; ~*!* absolument!; *nicht* ~ pas forcément; *ich muß ihn* ~ *anrufen* il faut absolument que je l'appelle; *wenn es* ~ *sein muß* si c'est vraiment indispensable

'**unbeeindruckt** *adv j-n völlig* ~ *lassen* ne faire aucune, pas la moindre impression sur qn; laisser qn complètement indifférent

'**unbeeinflußt** *adj* non influencé

unbe'fahrbar *adj Straße* impraticable; non carrossable; MAR non navigable

'**unbefangen** I *adj* **1.** (*unvoreingenommen*) sans prévention; sans préjugé; (*unparteiisch*) impartial; **2.** (*natürlich*) naturel, -elle; (*harmlos*) ingénu; (*ungehemmt*) F sans complexes; II *adv* **1.** sans prévention; sans préjugé; sans parti pris; ~ *urteilen* juger sans parti pris; **2.** avec naturel, F sans complexes, ingénument

'**Unbefangenheit** *f* **1.** (*Unvoreingenommenheit*) absence *f* de préventions; (*Unparteilichkeit*) impartialité *f*; **2.** (*Natürlichkeit*) naturel *m*; ingénuité *f*

'**unbefleckt** st/s fig *adj* sans tache; (*rein*) pur; (*jungfräulich*) vierge; CATH *die ♀e Empfängnis* l'Immaculée Conception

'**un|befriedigend** *adj* peu satisfaisant; frustrant; (*nicht ausreichend*) insuffisant; ~*befriedigt adj* insatisfait (*a sexuell*); mécontent; frustré; ~*befristet adj* de durée illimitée; *Streik* illimité

'**unbefugt** I *adj* non autorisé; JUR incompétent; *Zutritt für ♀e verboten!* entrée interdite à toute personne étrangère au service; II *adv* sans autorisation

'**unbegabt** *adj* sans talent(s); peu doué (*zu, für* pour)

unbe'greiflich *adj* incompréhensible; inconcevable; *es ist* ~, *daß* il est incompréhensible que (+*subj*); *es ist mir* ~, *wie ...* je ne peux pas m'expliquer comment ...; *das ist mir* ~ je n'y comprends rien; je m'y perds

unbegreiflicher'weise *adv* ce qui est incompréhensible *od* inexplicable, c'est que

'**unbegrenzt** I *adj* illimité; *in* ~*er Menge* en quantité illimitée; II *adv* sans limites, bornes; ~ *gültig sein* avoir une validité illimitée

'**un|begründet** *adj* sans, dépourvu de fondement; non fondé; (*ungerechtfertigt*) injustifié; ~*behaart adj Körper, Gesicht* sans poils; (*ohne Bartwuchs*) imberbe; BOT glabre

'**Unbehagen** *n* gêne *f* (*a körperliches*), embarras *m*, malaise *m* (*an* [+*dat*] causé[e] par); *etw mit* ~ *beobachten* observer, voir qc *od* assister à qc avec embarras, gêne

'**unbehaglich** I *adj* **1.** (*unbequem*) incommode; inconfortable; **2.** fig gêné; embarrassé; ~*es Gefühl* sentiment de malaise; II *adv sich* ~ *fühlen* se sentir, se trouver mal à l'aise

'**unbehauen** *adj* brut; non taillé

'**unbehelligt** *adj u adv* sans être inquiété, importuné; *j-n* ~ *lassen* ne pas importuner qn

'**unbeherrscht** I *adj* **1.** *Person* qui ne sait pas se maîtriser, se dominer; irascible; *soupe au lait*; **2.** *Reaktion etc* incontrôlé; brusque; II *adv* sans aucune maîtrise, aucun contrôle; ~ *schreien* crier comme un perdu

'**Unbeherrschtheit** *f* manque *m* de maîtrise (de soi); irascibilité *f*

unbeholfen ['ʊnbəhɔlfən] *adj* maladroit; gauche; emprunté; (*plump*) lourd; ♀*heit f* 〈~〉 maladresse *f*; gaucherie *f*; (*Plumpheit*) lourdeur *f*

unbe'irrbar *adj* (*u adv*) inébranlable (-ment); imperturbable(ment); ferme (-ment)

unbe'irrt *adv* sans se laisser détourner (de sa voie); sans se laisser déconcerter; imperturbablement; ~ *s-n Weg gehen* suivre imperturbablement son chemin

'**unbekannt** I *adj* **1.** inconnu (*j-m* à, de qn); ignoré; ~*es Gesicht* tête nouvelle; MATH, fig ~*e Größe* inconnue *f*; *das ist mir* ~ je l'ignore; je n'en sais rien; *es wird dir nicht* ~ *sein, daß ...* tu n'ignores pas, tu n'es pas sans savoir que ...; JUR *Anzeige f gegen ♀ (erstatten)* (déposer une) plainte contre X; **2.** (*nicht öffentlich bekannt*) obscur; *ein* ~*er Autor* un auteur obscur; II *adv* ~ *verzogen* parti sans laisser d'adresse; *Poststempel* inconnu à l'appel des préposés de (+*Zustellbezirk*)

'**Unbekannte(r)** *f(m)* inconnu(e) *m(f)*; MATH *Gleichung f mit zwei* ~*n* équation *f* à deux inconnues

'**unbekannter'weise** *adv* sans être connu; *grüßen Sie Ihren Bruder* ~ (*von mir*) faites mes amitiés à votre frère bien que je n'aie pas le plaisir de le connaître

'**Unbekannte(s)** *n* 〈→ A〉 inconnu *m*

'**unbekleidet** *adj* nu

'**unbekümmert** I *adj* **1.** (*unbeschwert*) insouciant (*um* de); sans soucis; ~*e Freude* joie *f* sans mélange; **2.** (*bedenkenlos*) insouciant II *adv* avec insouciance

'**Unbekümmertheit** *f* 〈~〉 insouciance *f*

'**unbelastet** *adj* **1.** (*nicht beladen*) non chargé; **2.** fig (*sorgenfrei*) sans soucis; **3.** fig (*ohne Schuld*) non fautif, -ive; ~ *von Gewissensbissen* libre de tout remords; sans (aucun) remords; **4.** FIN (*schuldenfrei*) exempt de dettes; *Grundstück* non grevé (d'hypothèques)

'**unbelebt** *adj* **1.** *Natur, Materie etc* sans vie; inanimé; mort; **2.** (*verlassen*) sans animation; peu fréquenté

'**unbeleckt** F *adj* qui ne sait rien de rien; complètement inculte; ignare; *sie sind von jeder Kultur* ~ ce sont de(s) vrais sauvages

unbe'lehrbar *adj* incorrigible

'**unbe|leuchtet** *adj* **1.** *Raum etc* non éclairé; obscur; **2.** *Fahrzeug* tous feux éteints; ~*lichtet adj* PHOT non exposé; impressionné; vierge

'**unbeliebt** *adj* qui n'est pas aimé; p/fort détesté; (*allgemein* ~), *Vorgesetzter, Kollege etc* impopulaire (*bei* auprès de, parmi); *mal vu* (*bei* de); *sich* ~ *machen* se rendre impopulaire; s'attirer des ennemis; déplaire

'**Unbeliebtheit** *f* impopularité *f*

'**unbemannt** *adj* AVIAT sans pilote; RAUMFAHRT non habité; MAR sans équipage

'**unbemerkt** *adv* sans être remarqué; inaperçu; ~ *bleiben* passer inaperçu

'**unbenommen** *adj es ist, bleibt Ihnen zu* (+*inf*) vous restez toujours libre de (+*inf*); libre à vous de (+*inf*)

unbe'nutzbar *adj* inutilisable

'**unbenutzt** *adj* inutilisé; inemployé; (*neu*) neuf, neuve

'**unbeobachtet** *adj* qui n'est pas observé, surveillé; *in e-m* ~*en Moment* dans, à un moment où personne ne regarde *bzw* n'y fait *bzw* faisait attention; II *adv* sans que personne y prête attention

'**unbequem** *adj* **1.** *Sessel, Haltung* incommode; inconfortable; **2.** fig (*lästig*) *Frage etc* embarrassant; gênant; *Mensch* pas commode; difficile; désagréable; déplaisant; *ein* ~*er Schriftsteller* un écrivain dérangeant

'**Unbequemlichkeit** *f* incommodité *f*; manque *m* de confort

unbe'rechenbar *adj* **1.** (*nicht vorhersehbar*) incalculable; imprévisible; **2.** (*sprunghaft*) déconcertant; *er ist (völlig)* ~ on ne peut jamais prévoir ce qu'il fera, comment il réagira

'**unberechtigt** *adj* **1.** *Person* non autorisé; **2.** *Forderung etc* non fondé; injustifié

'**unberechtigter'weise** *adv* sans autorisation; sans justification

unberücksichtigt *adj* qui n'a pas été pris en considération; *etw ~ lassen* ne pas tenir compte de qc

unbe'rufen *int ~ (, toi, toi, toi)!* touchons du bois!

unberührt *adj* **1.** qui n'a pas été touché; *a Natur* intact; (*jungfräulich*) *a Natur* vierge; **2.** (*unbeeindruckt*) *von etw ~ bleiben* ne pas être touché par qc; rester indifférent à qc; ne pas se sentir concerné de qc

Unberührtheit *f* ⟨~⟩ *e-s Mädchens, der Natur* virginité *f*

unbeschadet *prép* ⟨*gén*⟩ sans préjudice de; (*trotz*) malgré; *ADM* nonobstant

unbe|schädigt *adj* non endommagé; intact; **~schäftigt** *adj* inoccupé; sans occupation; désœuvré

unbescheiden *adj* qui manque de modestie; présomptueux, -euse; *Forderung* exagéré; *ich möchte nicht ~ sein* je ne voudrais pas manquer de modestie, dépasser les limites permises

unbescholten ['ʊnbəʃɔltən] *adj* intègre; d'une réputation intacte; irréprochable; *JUR* sans antécédents judiciaires; **₂heit** *f* ⟨~⟩ intégrité *f*; réputation intacte

unbeschrankt *adj Bahnübergang* non gardé

unbeschränkt *adj* illimité; sans réserve; *Herrscher* absolu; *mit ~er Haftung* à responsabilité illimitée

unbe'schreiblich I *adj* indescriptible; (*außerordentlich*) extraordinaire; **II** *adv* (*sehr*) extrêmement; infiniment; au-delà de toute expression; *~ komisch* inénarrable

unbe|schrieben *adj Blatt, Seite* blanc, blanche; vierge; **~schwert** *adj Gewissen* net, nette; (*sorglos*) sans souci; insouciant; libre de tout souci

unbe'sehen *adv* sans examen (préalable); sans l'avoir vu; tel quel, telle quelle; *das glaube ich ~* je le crois les yeux fermés

unbesetzt *adj Gebiet* inoccupé; (*leer*) vide; *Stelle, Posten* vacant; *Schalter* fermé; *~e Stelle* a vacance *f*

unbe'siegbar *adj* invincible

unbesiegt *adj* invaincu

unbesonnen *adj* inconsidéré; irréfléchi; (*leichtsinnig*) étourdi, léger, -ère; **II** *adv ~ handeln* agir à la légère

Unbesonnenheit *f* **1.** ⟨*sans pl*⟩ *Eigenschaft* irréflexion *f*; (*Leichtsinn*) étourderie *f*; légèreté *f*; **2.** *Handlung* étourderie *f*; bévue *f*

unbesorgt *adj* sans souci; *seien Sie ~!* soyez tranquille, sans inquiétude!

unbe|spielt *adj Kassette etc* vierge; **~ständig** *adj Mensch* inconstant; (*labil*) instable (*a Wetter, Frieden, Preise, Kurse, CHIM Verbindung*); (*wankelmütig*) versatile; *in der Leistung* irrégulier, -ière; (*veränderlich*) changeant, variable; **~stätigt** *adj Nachricht* non confirmé

unbestechlich *adj* **1.** incorruptible; **2.** *fig* intègre; **₂keit** *f* **1.** incorruptibilité *f*; **2.** *fig* intégrité *f*

unbestimmt I *adj* **1.** (*nicht festgelegt*) indéterminé (*a MATH*); indéfini (*a GR*); vague; *auf ~e Zeit* pour un temps indéterminé; **2.** (*ungewiß*) incertain; **II** *adv* (*ungenau*) avec imprécision

Unbestimmtheit *f* **1.** (*Ungenauigkeit*) indétermination *f*; imprécision *f*; **2.** (*Ungewißheit*) incertitude *f*

unbe'streitbar *adj* incontestable; indéniable; indiscutable

unbestritten I *adj* incontesté; **II** *adv* incontestablement; sans conteste, contredit

unbeteiligt I *adj* **1.** (*passiv*) étranger, -ère (*an* [+*dat*] à); *am Gewinn* non intéressé (*an* [+*dat*] à); *an etw* [*dat*] *~ sein* a ne pas prendre part, participer à qc; ne pas être en cause dans qc; *~er Beobachter* témoin non impliqué; *ein ₂er* une personne non concernée, non impliquée; (*Unverdächtiger*) une personne 'hors de cause'; **2.** (*gleichgültig*) indifférent; **II** *adv* avec indifférence; sans manifester d'intérêt

unbetont *adj* inaccentué; atone

unbeträchtlich *adj* peu considérable; *ein nicht ~er Einfluß* une influence non négligeable

unbeugsam *adj Wille, Stolz, Charakter* inflexible

unbe|wacht *adj Person* non surveillé; sans surveillance; *Parkplatz* non gardé; **~waffnet** *adj* non armé; sans armes; **~wältigt** *adj Aufgabe* inaccompli; *Konflikt, Problem* resté sans solution; *Vergangenheit* non assumé, surmonté

unbeweglich I *adj* **1.** (*nicht zu bewegen*) immobile; *Gegenstand* fixe; *~e Sachen f/pl* biens immobiliers, immeubles; immeubles *m/pl*; **2.** (*starr*) *Gesicht, Miene* impassible; (*steif*) raide; **3.** *geistig* qui manque de souplesse; rigide; **4.** *Feiertag* fixe; **II** *adv ~ dastehen* se tenir immobile

Unbeweglichkeit *f* immobilité *f*

unbewegt *adj* immobile; *Gesicht, Miene* impassible

unbe'weisbar *adj* sans preuve(s); indémontrable

unbewiesen *adj* non prouvé, démontré

unbe'wohnbar *adj* inhabitable

unbe|wohnt *adj* inhabité; (*leerstehend*) vide; *momentan* vacant; *Gegend* désert; **~wußt** *adj* **1.** (*ohne es zu wissen*) inconscient; **2.** (*unabsichtlich*) involontaire; (*instinktiv*) instinctif, -ive

Unbewußte(s) *n* ⟨→ A⟩ *PSYCH das ~* l'inconscient *m*

unbe'zahlbar *adj* **1.** (*unerschwinglich*) 'hors de prix'; *Preis* inabordable; exorbitant; prohibitif, -ive; **2.** *fig* (*unschätzbar*) qui n'a pas de prix; sans prix; inestimable; (*unersetzlich*) *~ sein* valoir de l'or; *fig plais du bist einfach ~!* tu es impayable!; tu vaux ton pesant d'or!

unbezahlt *adj Rechnung* impayé; non réglé; *Arbeit* non rémunéré, rétribué; *Urlaub* non payé

unbe|zähmbar *adj* indomptable; **~'zwingbar** *adj* invincible; *Festung* inprenable; *litt* inexpugnable; *Hindernis* insurmontable; **~'zwinglich** *adj Gefühl etc* irrésistible; insurmontable

Unbilden ['ʊnbɪldən] *st/s pl die ~ des Wetters* les intempéries *f/pl*

Unbill ['ʊnbɪl] *st/s f* ⟨~⟩ *st/s* iniquité *f*; injustice *f*; (*Unrecht*) tort *m*

unblutig I *adj* (*ohne Blutvergießen*) non sanglant (*a MÉD Eingriff*); sans effusion de sang; **II** *adv* sans effusion de sang; *MÉD* sans intervention sanglante

unbotmäßig ['ʊnbo:tmɛ:sɪç] *st/s adj* insubordonné; récalcitrant

unbrauchbar *adj Person, Methode etc* inutilisable; *Person* (*untauglich*) inapte (*für a*); *~ machen* mettre 'hors d'usage'

unbürokratisch I *adj* sans paperasserie; **II** *adv* sans paperasserie; sans passer par la hiérarchie

unchristlich *adj* peu chrétien, -ienne; indigne d'un chrétien; *F zu ~er Zeit* à une heure indue

und [ʊnt] *conj* **1.** *nebenordnend* et; *bei negativer Verbindung* ne ... ni ... ni; *ich ~ du* toi et moi; *MATH (plus) fünf ~ drei ist acht* cinq et trois font huit; *kein Brot ~ kein Geld haben* n'avoir ni pain ni argent; (*je*) *zwei ~ zwei* deux à deux; *~ so fort, ~ so weiter* et ainsi de suite; et cetera; *~ andere* et autres; *~ anderes* et cetera; *beim comp* (*immer*) *~ größer ~ größer* de plus en plus grand; *F er sagte, er sei der ~ der* il a dit qu'il était un tel; *F aus dem ~ dem Grund* pour telle et telle raison; *F* (*na*) *~?* et après?; et alors?; *~ ich?* et moi?; *~ selbst dann noch ...* et encore ...; **2.** *unterordnend sei so gut ~ schreibe ihm* fais-moi le plaisir de lui écrire; *lauf hin ~ sag es ihm!* cours le lui dire!; *warum bist du so dumm ~ fragst nicht* tu es (vraiment) stupide de ne pas demander of poser de questions; *es fehlte nicht viel, ~ er wäre gestürzt* il a failli tomber; il a manqué (de) tomber; pour un peu, il serait tombé; *F der ~ Angst haben!* lui, avoir peur!; (*obwohl*) *du mußt gehen, ~ fällt es dir noch so schwer* il faut que tu t'en ailles même si cela te coûte (beaucoup) od quoiqu'il t'en coûte

Undank *m* ingratitude *f*; *nur ~ ernten* ne récolter que de l'ingratitude; *prov ~ ist der Welt Lohn* le monde est ingrat, (vous) paie d'ingratitude

undankbar *adj Person, Aufgabe, Arbeit etc* ingrat; *~ j-m gegenüber sein* être ingrat envers qn

Undankbarkeit *f* ingratitude *f*

undatiert *adj* non daté; sans date

un|defi'nierbar *adj* indéfinissable; **~dekli'nierbar** *adj GR* indéclinable; **~'denkbar** *adj* inconcevable; inimaginable; impensable

undeutlich *adj* **1.** *Umrisse etc* indistinct; imprécis; vague; *Schrift* peu lisible; illisible; *Aussprache* indistinct; inintelligible; incompréhensible; *Laut* inarticulé; **2.** *fig Vorstellung* confus; vague; indistinct; flou; **II** *adv ~ sprechen* parler indistinctement, entre ses dents

undicht *adj Fenster* qui joint mal; *Material, Faß, Dach* non étanche; (*durchlässig*) perméable; *~e ~e Stelle* a *fig* une fuite; *~ sein Behälter* perdre; fuir; *Hahn* fuir; *~ werden Material* perdre son étanchéité; *Schuhe* prendre l'eau; *das Rohr ist ~* le tuyau a une fuite

Undine [ʊn'di:nə] *f* ⟨~; ~n⟩ *MYTH* ondine *f*

Unding *n* ⟨~(e)s⟩ *das ist ein ~* c'est une absurdité, un non-sens

un|diplomatisch *adj* non, peu diplomatique, diplomate; (*ungeschickt*) maladroit; malhabile; **~diszipliniert** *adj* indiscipliné; **~dogmatisch** *adj* non dogmatique; **~duldsam** *adj* intolérant

undurch|dringlich *adj* impénétrable (*a fig*); *Gesichtsausdruck* a fermé; **₂keit** *f* impénétrabilité *f*

undurch'führbar *adj* irréalisable; impraticable; infaisable
'undurchlässig *adj für Wasser* imperméable; *für Luft* hermétique
undurch'schaubar *adj Geheimnis, Person, Gesichtsausdruck* impénétrable; *Geheimnis, Pläne a* insondable; *Charakter* fermé
'undurchsichtig *adj* **1.** *Material* opaque; **2.** *fig Charakter* insaisissable; impénétrable; *Geschäfte* trouble; louche
'uneben *adj* inégal; *Fläche* raboteux, -euse; *Gelände a* accidenté; **2heit** *f* ⟨~; ~en⟩ inégalité *f*; *e-s Weges* aspérité *f*; *des Geländes a* accident *m*
'unecht *adj* **1.** *(imitiert, falsch) Schmuck* faux, fausse; en simili; imité; *Haar* postiche; *Text, Kunstwerk* inauthentique; *Text a* apocryphe; ~**es Silber** similargent *m*; ~**es Gold** similor *m*; **2.** *(vorgetäuscht)* simulé; faux, fausse; *Gefühl a* feint; affecté; *Lächeln a* hypocrite; **3.** MATH ~**er Bruch** nombre *m* fractionnaire
'unehelich *adj Kind* illégitime; naturel, -elle; **2keit** *f* ⟨~⟩ illégitimité *f*
'unehrenhaft *st/s* **I** *adj* déshonorant; malhonnête; **II** *adv* malhonnêtement; de façon déshonorante; ~ **handeln** se déshonorer
'unehrlich **I** *adj* malhonnête; déloyal; *geschäftlich* indélicat; *(unaufrichtig)* de mauvaise foi; **II** *adv* malhonnêtement; avec déloyauté; *(unaufrichtig)* avec mauvaise foi; **2keit** *f* malhonnêteté *f*; déloyauté *f*
'uneigennützig **I** *adj* désintéressé; altruiste; ~**e Hilfe** aide désintéressée; ~**er Mensch** altruiste *m,f*; **II** *adv* avec désintéressement
'Uneigennützigkeit *f* désintéressement *m*; altruisme *m*
'uneingeschränkt **I** *adj* illimité; sans restriction, réserve; *Macht* absolu; **II** *adv* sans restriction, réserve
'uneinheitlich *adj* qui manque d'unité; hétérogène; *pl/fort* hétéroclite
'uneinig *adj* en désaccord (**mit j-m** avec qn); **noch mit sich** *(dat)* **selbst** ~ **sein** être encore irrésolu; **(sich** *[dat]*) ~ **sein** ne pas s'accorder; **mit j-m über etw** *(acc)* ~ **sein** être, se trouver en désaccord avec qn sur qc
'Uneinigkeit *f* désaccord *m* (sur); *(Meinungsverschiedenheit)* divergence *f* d'opinions (sur); *(Spaltung)* division *f* **(in** *[+dat]*, **über** *[+acc]* sur)
unein'nehmbar *adj Festung etc* imprenable; inexpugnable
'uneins *adj* ⟨*attribut*⟩ *cf* uneinig
'uneinsichtig *adj* incompréhensif, -ive
'unempfänglich *adj* insensible, inaccessible, fermé (**für** à)
'unempfindlich *adj* **1.** PHYSIOL insensible (**gegenüber** à); **2.** MÉD *durch Betäubungsmittel* insensibilisé; ~ **machen** insensibiliser; **3.** *fig (gleichgültig)* impassible; *(strapazierfähig) Stoff, Tapete etc* pas salissant; *Möbel etc* robuste
'Unempfindlichkeit *f a fig,* MÉD insensibilité *f* (**gegenüber** à); *fig a* impassibilité *f*
un'endlich **I** *adj* zeitlich, räumlich, *Menge,* MATH, *fig* infini; *(unermeßlich)* immense; ~**e Mühe haben** avoir toutes les peines du monde; PHOT **auf** ~ **stellen** régler, mettre sur infini; **II** *adv*

(sehr) infiniment; ~ **klein** infiniment petit; infinitésimal; **ich bin Ihnen** ~ **dankbar** je vous suis infiniment reconnaissant; **sie ist** ~ **viel intelligenter** elle est infiniment plus intelligente
Un'endliche(s) *n* ⟨→ A⟩ infini *m*
Un'endlichkeit *f* **1.** *(Unbegrenztheit)* infinité *f*; *(Unermeßlichkeit)* immensité *f*; **2.** *fig* F, *st/s (Ewigkeit)* éternité *f*
unent'behrlich *adj* indispensable (**für j-n, etw** à qn, qc); **sich** ~ **machen** se rendre indispensable
'unentgeltlich **I** *adj* gratuit; bénévole; **II** *adv* gratuitement; gratis; bénévolement; à titre bénévole, gracieux
unent'rinnbar *st/s adj* inévitable; inéluctable
'unentschieden **I** *adj* **1.** *(nicht entschieden)* indécis; *Angelegenheit, Frage a* en suspens; *(noch schwebend)* pendant; non encore tranché; **2.** SPORT nul, nulle; **3.** *(unentschlossen)* indécis; irrésolu; **II** *adv* SPORT ~ **spielen** faire match nul
'Unentschieden *n* ⟨~s; ~⟩ SPORT égalité *f* de points; match nul; ~**heit** *f* indécision *f*
'unentschlossen *adj* irrésolu; indécis; hésitant; **ich bin noch** ~ **a** j'hésite encore; je n'ai pas encore pris de décision
'Unentschlossenheit *f* irrésolution *f*; indécision *f*; hésitation *f*
unent'schuldbar *adj* inexcusable; impardonnable
'unentschuldigt **I** *adj Fehlen etc* non excusé; **II** *adv* ~ **fehlen** être absent sans (avoir fourni d')excuse
unentwegt [ʊn?ɛnt've:kt] **I** *adj* **1.** *(beharrlich)* inébranlable; imperturbable; **ein** ~**er Kämpfer** un lutteur inlassable; **2.** *(ständig)* continuel, -elle; ininterrompu; **II** *adv* **1.** *(beharrlich)* inlassablement; imperturbablement; **2.** *(ständig)* sans cesse; continuellement
unent'wirrbar *adj a fig* inextricable
uner'bittlich *adj* inexorable; inflexible; *(erbarmungslos)* impitoyable; implacable; **2keit** *f* ⟨~⟩ inexorabilité *f*; caractère *m* implacable, inflexible, impitoyable
'unerfahren *adj* inexpérimenté, sans expérience (**in** *[+dat]* dans); novice (**im Beruf, in e-r Arbeit** dans son métier, à un travail)
'Unerfahrenheit *f* inexpérience *f* (**in Geschäften, im Beruf** des affaires, du métier); manque *m* d'expérience (**in** *[+dat]* dans)
uner'findlich *st/s adj* inexplicable; incompréhensible; *(rätselhaft)* énigmatique; **aus** ~**en Gründen** pour des raisons inexplicables; pour d'obscures raisons
uner'forschlich *st/s adj* insondable; impénétrable
'unerforscht *adj* inexploré
'unerfreulich **I** *adj* peu réjouissant; désagréable; déplaisant; *(betrüblich)* affligeant; *Szene* pénible; **II** *adv* de façon désagréable; déplaisante; ~ **verlaufen** prendre une tournure désagréable; **der Abend endete sehr** ~ la soirée s'est très mal terminée
uner'füllbar *adj Wunsch* irréalisable; chimérique
'unerfüllt *adj Leben* non rempli; *Wunsch* irréalisé; non exaucé; ~ **bleiben** ne pas s'accomplir

'unergiebig *adj Arbeit, Thema* pauvre; maigre; *Boden* improductif, -ive; d'un rendement médiocre
uner'gründlich *adj* insondable; impénétrable
'unerheblich *adj* insignifiant; peu important; **nicht** ~ très important; considérable
uner'hört *adj* **1.** *(unglaublich)* inouï; **das ist** ~**!** c'est inouï!; c'est scandaleux!; **2.** *(sehr groß)* inouï; extraordinaire; formidable; *Preise* exorbitant
'unerkannt *adv* sans être reconnu; ~ **bleiben** rester ignoré
uner'klärlich *adj* inexplicable; **das ist mir absolut** ~ *a* je ne me l'explique absolument pas
uner'läßlich [ʊn?ɛr'lɛslɪç] *adj* indispensable; de rigueur; d'une nécessité absolue; **es ist** ~**, daß** il est indispensable que *(+subj)*; ~ **sein** à être de toute nécessité
'unerlaubt **I** *adj* non autorisé; illicite; *(illegal)* illégal; **mit** ~**en Mitteln** par des moyens illicites; ~**er Waffenbesitz** détention illégale d'armes; **II** *adv* sans autorisation
'unerledigt *adj Arbeit* inachevé; non terminé; en souffrance; *Post* (qui reste) à faire; ~ **bleiben** rester en souffrance
uner'meßlich **I** *adj* immense; énorme; incommensurable; *Menge* énorme; *(unendlich)* infini; **II** *adv (außerordentlich)* immensément; énormément; infiniment; ~ **viel** énormément
uner'müdlich **I** *adj* infatigable; inlassable; **II** *adv* sans se lasser; **2keit** *f* ⟨~⟩ ardeur *f*, zèle *m* infatigable, inlassable
uner'reichbar *adj* **1.** *(außer Reichweite), fig* ~ **(für)** 'hors d(e l)'atteinte (de); inaccessible (à); 'hors de (la) portée (de); **2.** *(nicht anzutreffen)* injoignable
'unerreicht *adj* inégalé; sans égal; sans pareil, -eille
uner'sättlich *adj a fig* insatiable
'unerschlossen *adj (nicht verwertet)* inexploité; *(unerforscht)* inexploré
uner'schöpflich *adj Thema, Geduld, Reichtum, Quelle* inépuisable; *Quelle, Phantasie* intarissable
'unerschrocken *adj* intrépide; **2heit** *f* ⟨~⟩ intrépidité *f*
uner'schütterlich **I** *adj* inébranlable; imperturbable; *(fest)* ferme; **II** *adv* très fermement; imperturbablement; ~**'schwinglich** *adj Waren* 'hors de prix; inabordable; *Preise* exorbitant; prohibitif, -ive; ~**'setzlich** *adj Personen, Sachen* irremplaçable; *Verlust* irréparable
uner'träglich *adj* insupportable; intolérable; **es ist mir** ~ cela m'est insupportable; je trouve cela intolérable, insupportable
'unerwähnt *adj* non mentionné; **etw** ~ **lassen** ne pas mentionner qc; passer qc sous silence; taire qc
'unerwartet **I** *adj* inattendu; *(unvorhergesehen)* imprévu; *(unverhofft)* inespéré; *(unvermutet)* inopiné; *(plötzlich)* soudain; **II** *adv* à l'improviste; inopinément; soudainement; ~ **eintreffen** arriver à l'improviste; **plötzlich und** ~ **sterben** mourir subitement; **das kommt für mich sehr** ~ je ne m'y attendais pas

unerwidert *adj* ~ **bleiben** rester sans réponse; **~e Liebe** amour non partagé

unerwünscht *adj* indésirable; *Besuch* importun; dont on se serait bien passé; **~e Folge** effet pervers; **wir sind hier ~** notre présence (ici) est indésirable, n'est pas souhaitée

UNESCO [uˈnɛsko] ⟨~⟩ *abr* (*United Nations Educational, Scientific and Cultural Organization*, Organisation der Vereinten Nationen für Erziehung, Wissenschaft u Kultur) **die ~** l'Unesco *f*

unfähig *adj* **1.** ~ (**zu**) (*nicht in der Lage*) incapable (de); (*nicht geeignet*) inapte (à); **2.** *péj* (*inkompetent*) incompétent; incapable; nul, nulle

Unfähigkeit *f* ⟨~⟩ **1.** ~ (**zu**) incapacité *f* (de); (*Nichteignung*) inaptitude *f* (à); **2.** *péj* (*Inkompetenz*) incompétence *f*; incapacité *f*; nullité *f*

unfair *adj* ~ (**gegenüber**) déloyal (envers); qui n'est pas fair-play (avec); F *fig* **das ist ~!** c'est injuste!

Unfall *m* accident *m*; **tödlicher ~** accident mortel; **bei e-m ~** dans un accident; **e-n ~ haben** avoir un accident

Unfall|arzt *m* médecin *m* du SAMU, du service des urgences; **~flucht** *f* délit *m* de fuite; **~folgen** *f/pl* séquelles *f/pl* d'un *bzw* de l'accident; **⸰frei** *adj u adv* sans accident; **~gefahr** *f* risque *m* d'accident(s); **~krankenhaus** *n* hôpital spécialisé en traumatologie, dans le traitement des personnes accidentées; **~meldung** *f* déclaration *f* d'accident; **~opfer** *n* victime *f* (d'un accident); **~ort** *m* lieu *m* de l'accident; **~station** *f* service *m* des urgences, de traumatologie; SAMU *m*; **~statistik** *f* statistique *f* des accidents; **~stelle** *f* lieu *m* de l'accident; **~tod** *m* mort accidentelle; **~ursache** *f* cause *f* d'un accident; **~versicherung** *f* assurance *f* contre les accidents; **~wagen** *m* **1.** (*Rettungswagen*) ambulance *f*; **2.** (*durch e-n Unfall beschädigter Wagen*) voiture accidentée

un'faßbar *adj* **1.** (*nicht zu verstehen*) incompréhensible; inconcevable; **2.** (*unglaublich*) inconcevable; incroyable

un'fehlbar I *adj* infaillible; *Geschmack*, *Instinkt* sûr; **~es Mittel** *a fig* remède souverain; **kein Mensch ist ~** nul n'est infaillible; **II** *adv* à coup sûr; immanquablement

Un'fehlbarkeit *f* ⟨~⟩ infaillibilité *f*

un'fein *adj Benehmen* peu délicat; indélicat; peu raffiné; **~fertig** *adj* **1.** *Werk etc* inachevé; **2.** *fig* (*unreif*) immature; qui manque de maturité

Unflat [ˈʊnflaːt] *st/s m* ⟨~(e)s⟩ immondices *f/pl*; *a fig* ordures *f/pl*

unflätig [ˈʊnflɛːtɪç] *st/s péj adj* immonde; ordurier, -ière

un'förmig *adj* **1.** (*formlos*) *Masse etc* informe; **2.** (*mißgestaltet*) difforme; mal fait; **3.** (*dick*) énorme; **~frankiert** *adj* non affranchi; en port dû

unfrei *adj* **1.** *Volk, Person* qui n'est pas libre; **2.** (*gehemmt*) F inhibé; complexé; **3.** HIST (*leibeigen*) serf, serve; **4.** (*unfrankiert*) en port dû; non affranchi; **⸰heit** *f* ⟨~⟩ manque *m*, absence *f* de liberté; (*Knechtschaft*) servitude *f*

unfreiwillig *adj* **1.** (*unbeabsichtigt*) involontaire; **2.** (*erzwungen*) forcé; **~er Aufenthalt** séjour forcé; **ein ~es Bad nehmen** prendre un bain forcé

unfreundlich I *adj* (*nicht liebenswürdig*) peu aimable; (*unhöflich*) désobligeant; (*mürrisch*) maussade; (*feindselig, aggressiv*) inamical; (*abweisend*) rébarbatif, -ive; *Wetter* maussade; *Haus, Stadt* inhospitalier, -ière; peu accueillant; POL **~er Akt** geste inamical; **e-n ~en Eindruck machen** avoir un air rébarbatif; **II** *adv* de manière, façon peu aimable, inamicale, désobligeante; **j-n ~ empfangen** faire un mauvais accueil à qn

Unfreundlichkeit *f* **1.** ⟨*sans pl*⟩ (*das Unfreundlichsein*) caractère *m* revêche; (*das Mürrischsein*) caractère *m* maussade; **2.** *Verhalten* manières peu aimables, désobligeantes

Unfriede(n) *m* discorde *f*; (*Zwist*) dissension *f*; brouille *f*

UN-'Friedenstruppen *f/pl* troupes *f/pl* de l'ONU, des Nations unies

unfruchtbar *adj Boden, fig* infécond; infertile; *a* BOT, ZO, MÉD stérile; *Jahr* infructueux, -euse (*a fig*); **⸰keit** *f des Bodens, fig* infécondité *f*; infertilité *f*; *a* BOT, ZO, MÉD stérilité *f*

Unfug [ˈʊnfuːk] *m* ⟨~(e)s⟩ bêtise *f*; frasque *f*; JUR **grober ~** (acte *m* provoquant un) trouble de l'ordre public; **laß diesen ~!** cesse tes bêtises!; assez de bêtises comme ça!

Ungar(in) [ˈʊŋɡar(ɪn)] *m* ⟨~n; ~n⟩ (*f*) ⟨~; ~nen⟩ 'Hongrois(e) *m(f)*

ungarisch *adj* 'hongrois; de (la) Hongrie

Ungarisch *n* ⟨~(s)⟩, **~e** *n* ⟨~n⟩ (*das Ungarisch(e)* Sprache le hongrois

Ungarn *n* ⟨→ *n/pr*⟩ la Hongrie

ungastlich *adj a fig* inhospitalier, -ière

ungeachtet *st/s prép* ⟨*gén*⟩ malgré; nonobstant; en dépit de

ungeahnt *adj* insoupçonné; inattendu; **~e Möglichkeiten** *f/pl* possibilités insoupçonnées

ungebeten I *adj* sans invité; **~er Gast** intrus(e) *m(f)*; importun *m*; **II** *adv* sans avoir été prié, invité

ungebildet *adj* inculte; illettré; sans culture, éducation, instruction

ungeboren *adj* (encore) à naître; **das ~e Leben** l'enfant *m,f* à naître

unge|brauchlich *adj* inusité; rare; **~braucht** *adj* inutilisé; employé; neuf, neuve; **~brochen** *adj* **1.** PHYS *Strahl etc* non dévié; **2.** *fig* non abattu; *Kraft, Mut* intact; non entamé

ungebührlich *st/s I adj* **1.** (*unanständig*) peu convenable; inconvenant; indu; incongru; **2.** (*übertrieben*) exagéré; **II** *adv* **1.** (*unanständig*) de façon inconvenante, incongrue; indûment; **2.** (*übertrieben*) exagérément

ungebunden *adj* **1.** (*frei*) libre (de tout lien); (*ohne Bindung zu anderen*) sans attaches; (*ledig*) célibataire; **2.** *Buch* non relié; **3.** RHÉT **~e Rede** prose *f*

Ungebundenheit *f* liberté *f*

ungedeckt *adj* **1.** FIN à découvert; *Konto a* non approvisionné; *Scheck* sans provision; **2.** (*ungeschützt*) MIL sans protection; découvert; à découvert; SPORT démarqué; **3. der Tisch war noch ~** la table, le couvert n'était pas encore mis(e); **4.** *Dach* (encore) sans couverture

Ungeduld *f* impatience *f*; **vor ~** (*dat*) **vergehen** mourir d'impatience

ungeduldig I *adj* impatient; **j-n ~ machen** impatienter qn; faire perdre patience à qn; **~ werden** s'impatienter; **II** *adv* impatiemment; avec impatience

ungeeignet *adj* ~ (**zu**, **für**) *Sachen* impropre (à); inapproprié (à); *Person a* inapte (à); non qualifié (pour); *Augenblick* inopportun

ungefähr [ˈʊŋɡəfɛːr] **I** *adj* (*épithète*) approximatif, -ive; **II** *adv* approximativement; à peu près; environ; **~ dreißig** dans les trente; une trentaine (de); **~ hier** à peu près ici; **~ um zwölf** (*Uhr*) vers midi *bzw* minuit; **so ~** plus ou moins; **von ~** par 'hasard; fortuitement; **das kommt nicht von ~** ça n'arrive pas par 'hasard

ungefährdet *adj u adv* qui n'est pas en danger

ungefährlich *adj* sans danger; non dangereux, -euse (**für** pour); *Person, Medikament, Vergnügen* inoffensif, -ive; **das ist völlig ~** cela ne risque absolument rien; **es ist völlig ~ zu** (+*inf*) il n'y a aucun danger à (+*inf*)

unge|färbt *adj* **I** *Haar, Wolle* non teint; *Lebensmittel* sans colorants; **~fragt** *adv* sans avoir été interrogé; sans en avoir été prié

ungehalten *st/s* **I** *adj* (*ärgerlich*) fâché; irrité; *p/fort* indigné; **über j-n, etw** *od* **wegen j-m, etw ~ sein** être fâché, irrité contre qn, de qc; **II** *adv* avec irritation, *p/fort* indignation; **~ reagieren** exprimer son irritation, *p/fort* son indignation

ungeheizt *adj* non chauffé

ungehemmt I *adj* **1.** (*ungehindert*) qui n'est pas entravé; libre; *Entwicklung* sans entraves; *Freude* effréné; *Leidenschaft* débridé; **2.** (*ohne Hemmungen*) sans complexe; libre; **II** *adv* **1.** (*ungehindert*) sans entraves; librement; **2.** (*ohne Hemmungen*) sans complexe; librement

ungeheuer I *adj* (~ **groß**) énorme; monstrueux, -euse; colossal; *Wissen, Reichtum, Weite* vaste; immense; **II** *adv* extrêmement; prodigieusement

Ungeheuer *n* ⟨~s; ~⟩ *a fig* monstre *m*

unge'heuerlich *adj péj* monstrueux, -euse; (*empörend*) révoltant; *Behauptung, Lüge a* infâme; abject; **⸰keit** *f* ⟨~; ~en⟩ monstruosité *f*; *a Äußerung* infamie *f*

ungehindert I *adj* libre; **~en Zutritt haben zu** avoir libre accès à; **II** *adv* librement; sans (en) être empêché

unge|hobelt *adj* **1.** *Brett* non raboté; brut; **2.** *fig* grossier, -ière; mal dégrossi; (*unhöflich*) impoli; **~hörig** *adj Betragen* inconvenant; *st/s* malséant; *Bemerkung* fâcheux, -euse; incongru; (*frech*) insolent

ungehorsam *adj* désobéissant; insoumis; *Kind a* indocile

Ungehorsam *m* désobéissance *f*, insoumission *f* (**gegenüber** à); *e-s Kindes a* indocilité *f*

ungekämmt *adj Haar* non peigné; *Wolle* cardé

ungeklärt *adj* **1.** non éclairci; obscur; (*in der Schwebe*) en suspens; **aus bisher ~er Ursache** pour une raison jusqu'à présent inexpliquée; *Problem etc* **bleiben** rester sans réponse; **2.** *Abwässer* non traité

ungekrönt *adj* sans couronne; non couronné; *fig der ~e König von ...* le roi de ...
ungekündigt *adj in ~er Stellung sein* être encore, toujours en poste; n'avoir pas encore donné congé
unge|künstelt *adj* sans affectation, artifice, apprêt; naturel, -elle; **~kürzt I** *adj Text* non abrégé; complet, -ète; *Ausgabe a* intégral; *Film, Theaterstück a* sans coupure; en version intégrale; **II** *adv* complètement; intégralement; en entier; **~laden** *adj* **1.** *Waffe* non chargé; **2.** *Gast* non invité
ungelegen I *adj Zeitpunkt* indu; inopportun; *Besuch* importun; **II** *adv* mal à propos; à contretemps; *das kommt mir sehr ~* cela me dérange; cela ne m'arrange pas du tout
Ungelegenheit *f j-m ~en machen, bereiten* importuner, déranger qn; causer de l'embarras, des désagréments à qn
unge|lenk *adj* (*linkisch*) gauche; maladroit; **~lenkig** *adj* peu souple; (*steif*) raide; **~lernt** *adj Arbeiter* non qualifié
Ungelernte(r) *f(m)* ⟨→ A⟩ ouvrier, -ière non qualifié(e)
ungelogen F *adv* sans mentir
ungelöst *adj* **1.** *Problem* non résolu; *das Problem bleibt ~ a* le problème reste entier; **2.** CHIM non dissous, -oute
Ungemach *st/s n* ⟨~(e)s⟩ (*Unannehmlichkeit*) désagréments *m/pl*; (*Ärger*) déboires *m/pl*; (*Mißgeschick*) malheur *m*
ungemacht *adj Bett* défait
ungemein I *adj* (*épithète*) (*außergewöhnlich*) énorme; extraordinaire; prodigieux, -ieuse; **II** *adv* (*sehr*) extraordinairement; extrêmement
ungemütlich *adj* **1.** *Ort* peu engageant, où l'on se sent mal à l'aise; *Wetter* vilain; désagréable; **2.** (*unerfreulich, unangenehm*) *Situation* pénible; F *~ werden Person* devenir désagréable
ungenannt *adj* qui n'est pas nommé; anonyme; *~ bleiben* rester anonyme; garder l'anonymat
ungenau *adj* **1.** (*nicht exakt*) *Messung, Meßgerät* inexact; imprécis; *Übersetzung* infidèle; **2.** (*vage*) *Erinnerung, Vorstellung* vague; flou; **3.** (*nicht sorgfältig*) *Mensch* négligent; *Arbeit* négligé; sans soin; **II** *adv* **1.** (*nicht exakt*) sans précision; **2.** *sich erinnern* vaguement; **3.** *arbeiten* sans soin; *er übersetzt ~* il manque de précision dans la traduction
Ungenauigkeit *f* inexactitude *f*; imprécision *f*; *e-r Übersetzung* infidélité *f*
ungeniert I *adj* sans-gêne; sans façon; libre; **~es Benehmen** sans-gêne *m*; **II** *adv* sans gêne; sans façon; librement
Ungeniertheit *f* ⟨~⟩ sans-gêne *m*
ungenießbar *adj* **1.** *Speise* immangeable; *Getränk* imbuvable; *Verdorbenes, Pilz* non comestible; incomestible; **2.** F *fig* (*unausstehlich*) insupportable; F imbuvable
ungenügend I *adj* **1.** insuffisant; F *Leistung* peu satisfaisant; **2.** *Schulnote cf Sechs 1.*; **II** *adv* insuffisamment
unge|nutzt, ~nützt I *adj* inutilisé; **II** *adv e-e Gelegenheit ~ verstreichen lassen* laisser passer une occasion; ne pas profiter d'une occasion

ungeordnet *adj* non rangé; sans ordre; (*unordentlich*) en désordre
ungepflegt *adj* négligé; *ein ~es Äußeres* une apparence peu soignée, *p/fort* débraillée
unge|rade *adj Zahl* impair; **~raten** *st/s adj Kind* qui a mal tourné; mal élevé
ungerecht *adj; j-m gegenüber ~ sein* être injuste envers qn
ungerechtfertigt *adj* non justifié; injustifié
Ungerechtigkeit *f* injustice *f*; *so eine ~!* c'est injuste!
ungeregelt *adj* non réglé; *Leben* déréglé
ungereimt *adj* **1.** (*nicht gereimt*) non rimé; **2.** *fig péj* (*unlogisch*) illogique; (*verworren*) confus; embrouillé; (*sinnlos*) absurde; **~es Zeug** propos confus, absurdes
Ungereimtheit *f* ⟨~; ~en⟩ *fig* absurdité *f*; ineptie *f*
ungern *adv* à contrecœur; de mauvaise grâce; contre mon, ton, *etc* gré; *ich tue das ~, aber ...* je ne le fais pas volontiers *od* je n'ai pas envie de le faire, mais ...; *ich sehe es ~, daß* il me déplaît, je vois d'un mauvais œil que (+*subj*)
unge|rührt I *adj* impassible; sans émotion; froid; **II** *adv* sans émotion; **~salzen** *adj* non salé; sans sel; **~sättigt** *adj* CHIM non saturé; **~säuert** *adj Brot* sans levain; azyme; **~schält** *adj Obst, Kartoffeln* non pelé; *Reis* non décortiqué; *Mandeln, Gerste* non mondé
ungeschehen *adj das läßt sich nicht* (*mehr*) *~ machen* ce qui est fait est fait; *ich wünschte, ich könnte es ~ machen* si seulement ça n'était pas arrivé!
Ungeschick *n* ⟨~(e)s⟩ *cf Ungeschicklichkeit 1.*
Ungeschicklichkeit *f* **1.** ⟨sans pl⟩ (*mangelndes Geschick*) maladresse *f*; (*linkisches Wesen*) gaucherie *f*; **2.** *Handlung* maladresse *f*; bévue *f*
ungeschickt I *adj* maladroit; inhabile; malhabile; (*linkisch*) gauche; **II** *adv* maladroitement; *sich ~ anstellen* s'y prendre mal(adroitement)
unge|schlacht *st/s péj adj* **1.** (*unförmig, schwerfällig*) lourdaud; **2.** (*grob*) *Person, Benehmen* grossier, -ière; **~schlechtlich** *adj* BIOL asexué; **~schliffen** *adj* **1.** TECH non taillé; brut; **2.** *fig péj* impoli; grossier, -ière; malotru; mal dégrossi; **~schmälert** *st/s adj* entier, -ière; intégral
ungeschminkt *adj* sans fard (*a fig*); sans maquillage; non maquillé; *fig die ~e Wahrheit* la vérité sans fard, *p/fort* toute crue
ungeschoren *adj u adv fig j-n ~ lassen* laisser qn tranquille, en paix; (*verschonen*) épargner qn; *~ davonkommen* s'en tirer sans dommage
ungeschrieben *adj fig ein ~es Gesetz* une règle établie
unge|schützt *adj* **1.** MIL *etc* sans défense, appui; non protégé; **2.** *gegen Wind u Wetter* sans abri; exposé; **~sellig** *adj* insociable; (*menschenscheu*) sauvage; farouche; **~setzlich** *adj* illégal; **~setzlichkeit** *f* illégalité *f*; **~sittet** *adj* impoli; grossier, -ière; **~stempelt** *adj Briefmarke* non oblitéré; *Dokument etc* non

timbré; **~stillt** *st/s adj Hunger* inassouvi; inapaisé; *Durst a* non étanché; *Verlangen, Sehnsucht* inassouvi; **~stört I** *adj* non troublé; *Schlaf a* paisible; **II** *adv* en paix; sans être dérangé, troublé; tranquillement
ungestraft I *adj* ⟨*attribut*⟩ impuni; **II** *adv* impunément; *~ davonkommen* s'en sortir, s'en tirer impunément
ungestüm [ˈʊŋɡəʃtyːm] *st/s adj* impétueux, -euse; fougueux, -euse; (*heftig*) véhément; violent; (*unbändig*) pétulant
Ungestüm *st/s n* ⟨~(e)s⟩ impétuosité *f*; fougue *f*; (*Heftigkeit*) véhémence *f*; violence *f*; (*Unbändigkeit*) pétulance *f*
ungesund *adj* **1.** (*nicht gesund*) malsain (*a fig*); nocif, -ive; *Luft, Wohnung* insalubre; *Rauchen ist ~* fumer nuit à la santé; **2.** *Aussehen* maladif, -ive; *e-e Blässe* une pâleur maladive; **II** *adv* de façon malsaine
unge|teilt *adj* **1.** non divisé, partagé; **2.** *fig Bewunderung, Zustimmung etc* unanime; *Aufmerksamkeit, Interesse* entier, -ière; **~treu** *st/s adj* infidèle; déloyal; **~trübt** *adj* serein; *Freude a* sans mélange; *Glück a* sans nuage; inaltéré
Ungetüm [ˈʊŋɡətyːm] *n* ⟨~(e)s; ~e⟩ monstre *m*
ungeübt *adj* qui manque d'exercice, d'entraînement; non exercé (*in etw* [*dat*] en qc); *für ~e Augen* pour des yeux non exercés
ungewaschen *adj* non lavé
ungewiß *adj* incertain; (*zweifelhaft*) douteux, -euse; *sich* (*dat*) *über etw* (*acc*) *~ od im ungewissen sein* être dans l'incertitude au sujet, à propos de qc; *j-n im ungewissen lassen* laisser qn dans l'incertitude; *es ist noch ~, ob ...* on ne sait pas encore si ...
Ungewißheit *f* incertitude *f*; (*Zweifel*) doute *m*
ungewöhnlich I *adj* **1.** (*selten, unüblich*) extraordinaire, inhabituel, -elle; insolite; (*seltsam*) étrange; singulier, -ière; **2.** (*enorm*) *Kraft, Schönheit etc* peu commun; 'hors du commun; extraordinaire; **II** *adv* **1.** (*nicht wie gewöhnlich*) extraordinairement; (*seltsam*) étrangement; **2.** (*enorm*) *~ stark, schön* d'une force, d'une beauté peu commune, 'hors du commun, extraordinaire, exceptionnelle
ungewohnt *adj Anblick, Umgebung, Arbeit* inaccoutumé; *mit ~er Härte reagieren* réagir avec une dureté, brusquerie inhabituelle
unge|wollt I *adj* non voulu; involontaire; **II** *adv* involontairement; sans intention; **~zählt I** *adj* ⟨*épithète*⟩ **1.** (*unzählig*) innombrable; **2.** (*nicht gezählt*) non compté
Ungeziefer [ˈʊŋɡətsiːfɐ] *n* ⟨~s⟩ vermine *f*
ungezogen *adj* vilain; (*ungehorsam*) désobéissant; (*frech*) insolent; impertinent; **~heit** *f* ⟨~; ~en⟩ mauvaise conduite; (*Ungehorsam*) désobéissance *f*; (*Frechheit*) insolence *f*; impertinence *f*
ungezügelt *adj* sans frein; effréné
ungezwungen I *adj Benehmen* non affecté; non guindé; aisé; *Unterhaltung* naturel, -elle; sans façons; *Atmosphäre* décontracté; **II** *adv* sans contrainte, affectation, façons; avec aisance; **~heit** *f* ⟨~⟩ **1.** *im Verhalten* absence *f* d'affecta-

Unglaube(n) m **1.** (*Zweifel*) incrédulité f; **2.** REL manque m de foi; incroyance f

unglaubhaft adj incroyable; peu digne de foi; *seine Version des Geschehens war völlig ~ a* sa version des faits n'était pas du tout convaincante

ungläubig I adj **1.** incrédule; (*skeptisch*) sceptique; **2.** REL incroyant; infidèle; **II** adv ~ *lächeln* sourire d'un air incrédule

Ungläubige(r) f(m) REL incroyant(e) m(f); infidèle m,f

un'glaublich adj incroyable; (*unerhört*) inouï; *Frechheit* invraisemblable

unglaubwürdig adj *Geschichte etc* incroyable; *a Zeuge* peu digne de foi

ungleich I adj **1.** *Größe, Kampf, Bedingungen etc* inégal; **2.** (*verschieden*) différent; *Brüder etc* (*unähnlich*) dissemblable; *Paar* (*verschiedenartig*) disparate; mal assorti; *Schuhe* dépareillé; **II** adv **1.** d'une façon inégale; différemment; **2.** *vor comp* infiniment; beaucoup; ~ *schöner* infiniment, beaucoup plus beau; **III** st/s prép ⟨*dat*⟩ ~ *s-m Vorgänger* etc à la différence de son prédécesseur, etc

Ungleich|gewicht n déséquilibre m; ~**heit** f **1.** (*sans pl*) (*Ungleichsein*) inégalité f; **2.** (*Unterschied*) différence f; (*Unähnlichkeit*) dissemblance f; *e-s Paares* disparité f; **mäßig** adj inégal, irrégulier, -ière

Unglück n ⟨~(e)s; ~e⟩ malheur m; *im Leben a* adversité f; (*Pech*) malchance f; (*Schicksalsschlag*) revers m; (*Unfall*) accident m; (*Zug*, *Flugzeug*, *Schiffs*) catastrophe f; *durch Naturkatastrophe etc* calamité f; désastre m; *j-n ins ~ stürzen* précipiter qn dans le malheur; *ein ~ für j-n sein* faire le malheur de qn; (*j-m*) ~ *bringen* porter malheur (à qn); *das (große) ~ haben zu* (+inf) avoir la mauvaise fortune, le malheur de (+inf); *welch ein ~!* quel malheur!; *j-m stößt ein ~ zu* un malheur arrive à qn; fig *das ist weiter kein ~* il n'y a pas grand mal; *das ~ wollte es, daß* le malheur a voulu que (+subj); *zu allem ~* pour comble de malheur; *~ im Spiel, Glück in der Liebe* malheureux au jeu, heureux en amour; *prov ein ~ kommt selten allein* prov un malheur ne vient jamais seul

unglücklich I adj **1.** (*nicht glücklich*) malheureux, -euse; *Person* a malchanceux, -euse; (*traurig*) malheureux, -euse; (*sich*) ~ *machen* (se) rendre malheureux, -euse; **2.** (*ungünstig, ungeschickt*) malheureux, -euse; malencontreux, -euse; (*verhängnisvoll*) funeste; fatal; *e-e ~e Hand haben* avoir la main malheureuse; *e-e ~e Wahl treffen* faire un choix malheureux, malencontreux; *e-e ~e Figur abgeben* faire piètre, triste figure; **II** adv (*ungünstig*) mal; (*ungeschickt*) malencontreusement; ~ *enden, ausgehen* finir mal; ~ *verliebt sein* éprouver un amour non partagé; *par ext* avoir une déception amoureuse; ~ *stürzen* faire une chute malencontreuse, une mauvaise chute

Unglückliche(r) f(m) ⟨→ A⟩ malheureux, -euse m,f; st/s infortuné(e) m(f)

unglück|licher'weise adv malheureusement; malencontreusement; par malheur, malchance; ~**selig** adj **1.** (*bedauernswert*) malheureux, -euse; **2.** (*verhängnisvoll*) funeste; désastreux, -euse

Unglücks|fall m accident m; ~**rabe** F m malchanceux, -euse m,f; ~**stelle** f lieu m de l'accident, de la catastrophe; ~**tag** m **1.** (*unglücklicher Tag*) jour m de malheur; jour m néfaste, funeste; mauvais jour; **2.** (*Tag des Unglücks*) jour m de l'accident; ~**zahl** f nombre m, chiffre m porte-malheur

Ungnade f ⟨~⟩ disgrâce f; défaveur f; (*bei j-m*) *in ~* (acc) *fallen* tomber en disgrâce (auprès de qn); perdre les bonnes grâces (de qn); *in ~ gefallen* disgracié; (*bei j-m*) *in ~* (dat) *sein* être en disgrâce, en défaveur (auprès de qn)

ungnädig I adj peu bienveillant, accueillant; (*unfreundlich*) inamical; (*gereizt*) irrité; (*schlecht gelaunt*) de mauvaise humeur; mal disposé; **II** adv avec humeur; *de od* avec mauvaise grâce; *etw ~ aufnehmen* se montrer irrité de qc

ungültig adj non valable; *Fahrkarte, Paß, Gesetz* périmé; *Geld* sans valeur; qui n'a pas cours; *Stimme*, JUR nul, nulle; *Sport, Tor, Punkt* refusé; *für ~ erklären* annuler; JUR invalider

Ungültig|keit f JUR nullité f; ~**keitserklärung** f POL e-r Wahl invalidation f

Ungunsten pl *zu j-s ~* au préjudice, détriment, désavantage de qn

ungünstig I adj *Wetter, Bescheid etc* défavorable; *Urteil, Lage, Handel* (*nachteilig*) désavantageux, -euse; *im ~sten Falle* au pis aller; en mettant les choses au pire; **II** adv défavorablement; désavantageusement; *sich ~ auf etw* (acc) *auswirken* influencer qc défavorablement; avoir des répercussions défavorables sur qc

ungut adj **1.** (*unbehaglich*) désagréable; *ich habe ein ~es Gefühl dabei* cela m'inspire un sentiment de malaise; cela ne m'inspire pas confiance; cela ne me dit rien qui vaille; **2.** *nichts für ~!* ne m'en veuillez pas!; (soit dit) sans vouloir vous offenser!

un'haltbar adj **1.** (*unerträglich*) insupportable; intenable; intolérable; **2.** (*nicht aufrechtzuerhalten*) insoutenable; intenable; **3.** SPORT *Ball* imparable

unhandlich adj peu maniable; (*sperrig*) encombrant

Unheil n grand malheur; calamité f; (*Katastrophe*) désastre m; ~ *anrichten, stiften* causer de grands malheurs

unheilbar I adj *Krankheit, Kranker* incurable; inguérissable; **II** adv ~ *krank sein* avoir une maladie incurable

unheil|verkündend adj de mauvais augure; funeste; sinistre; ~**voll** adj funeste; *Entwicklung* néfaste

unheimlich I adj **1.** *Ort, Person, Atmosphäre, Blick, Geräusch* sinistre; (*Angst einflößend*) inquiétant; *p/fort* angoissant; lugubre; funèbre; *das ist mir ~* ça me donne le frisson; *ihm wurde ~* (*zumute*) il sentait l'angoisse le gagner, le saisir, s'emparer de lui; **2.** F (*außerordentlich*) énorme; F terrible; ~**er Hunger** a appétit m féroce; faim f de loup,

d'ogre; ~**e Angst** a peur bleue; *er ist ein ~er Feigling* il est d'une lâcheté incroyable; il est lâche comme tout; **II** adv **1.** (*schauerlich*) de façon inquiétante; **2.** F (*sehr*) énormément; F terriblement; *er ist ~ begabt* F il est terriblement doué; *sich ~ anstrengen* F faire des efforts terribles, formidables; F se donner un mal de chien

unhöflich I adj impoli; discourtois; **II** adv impolimemt; de façon discourtoise; **keit** f impolitesse f; manque m de courtoisie

Unhold ['ʊnhɔlt] m ⟨~(e)s; ~e⟩ **1.** *im Märchen* esprit malin; démon m; **2.** fig *Mensch* monstre m; (*Sittenstrolch*) satyre m

un'hörbar adj imperceptible (à l'oreille); inaudible

unhygienisch adj peu, non hygiénique; antihygiénique

uni ['yni] adj ⟨inv⟩ (*einfarbig*) uni

Uni ['ʊni] F f ⟨~s⟩ F fac f

UNICEF ['u:nitsɛf] ⟨~⟩ abr (*United Nations International Children's Emergency Fund, Weltkinderhilfswerk der Vereinten Nationen*) *die ~* l'UNICEF m

'unifarben adj uni

uniform [uni'fɔrm] adj uniforme

Uniform f ⟨~; ~en⟩ uniforme m; tenue f (militaire)

unifor'mieren v/t ⟨pas de ge-, h⟩ faire revêtir l'uniforme à; fig uniformiser; *uniformiert* en uniforme

Unifor'mierte(r) f(m) ⟨→ A⟩ personne f en uniforme

Unikat [uni'ka:t] n ⟨~(e)s; ~e⟩ seul et unique exemplaire

Unikum ['u:nikʊm] n ⟨~s; -ka *ou* ~s⟩ **1.** ⟨pl -ka⟩ t/t chose f unique en son genre; *Buch* exemplaire m unique; **2.** F ⟨pl ~s⟩ *Mensch* (*Original*) F numéro m; F phénomène m

uninteressant adj peu, non intéressant; sans intérêt; dépourvu d'intérêt

uninteressiert adj indifférent; détaché; *an etw, j-m ~ sein* être indifférent à, ne montrer aucun intérêt pour qc, qn

Union [uni'o:n] f ⟨~; ~en⟩ union f; *die Europäische ~* l'Union européenne; F POL *die ~* (le groupe parlementaire commun de) la C.D.U./C.S.U.

unisono [uni'zo:no] adv MUS, fig à l'unisson

universal [univɛr'za:l] adj universel, -elle

Univer'sal... in Zssgn meist universel, -elle; ~**erbe** m, ~**erbin** f légataire universel, -elle; ~**lexikon** n encyclopédie f; ~**schlüssel** m clé universelle

univer'sell adj universel, -elle

Universität [univɛrzi'tɛ:t] f ⟨~; ~en⟩ université f; *auf der ~ sein* suivre les cours à l'université; étudier à l'université

Universi'täts... in Zssgn universitaire; ~**bibliothek** f bibliothèque f universitaire, de l'université; ~**buchhandlung** f librairie f universitaire; ~**institut** n institut m universitaire; ~**klinik** f centre hospitalier, clinique f universitaire; ~**laufbahn** f carrière f universitaire; ~**professor(in)** m(f) professeur m d'université; ~**stadt** f ville f universitaire; ~**studium** n études f/pl universitaires

Universum [uni'vɛrzʊm] n ⟨~s⟩ univers m

Unke ['ʊŋkə] f ⟨-; -n⟩ **1.** ZO crapaud m; **2.** F fig oiseau m de mauvais augure
'**unken** v/i ⟨h⟩ faire le mauvais augure, F de la sinistrose
'**unkenntlich** adj méconnaissable; (sich) ~ **machen** (se) rendre méconnaissable
'**Unkenntlichkeit** f ⟨-⟩ **bis zur** ~ entstellt au point de le bzw la bzw les rendre méconnaissable(s)
'**Unkenntnis** f ⟨-⟩ ignorance f; **j-n in** ~ (dat) (**über etw** [acc]) **lassen** laisser qn dans l'ignorance (de qc); **aus** ~ par ignorance; **in** ~ **e-r Sache** (gén) **handeln** agir dans l'ignorance de qc; ~ **schützt nicht vor Strafe** nul n'est censé ignorer la loi
'**unkeusch** adj impudique; ⚯**heit** f impudicité f; manque m de pudeur
'**unklar** adj **1.** (undeutlich) Angaben, Umrisse, Gedanken, Stil imprécis; Vorstellung, Gedanken a flou; Laut, Umrisse a indistinct; Begriff, Vorstellung, Umrisse a vague; confus; Erklärung, Vorstellung a nébuleux, -euse; **2.** (ungewiß) incertain; vague; **j-n im** ~**en lassen** laisser qn dans le vague, l'incertitude, l'ignorance (**über etw** [acc] au sujet, à propos de qc); **etw im** ~**en lassen** ne pas tirer qc au clair; ne pas se prononcer clairement sur qc; **3.** (unerklärlich) inexplicable; **es ist mir** ~, **wie** ... j'ignore, je ne vois pas, je ne comprends pas comment ...
'**Unklarheit** f **1.** ⟨sans pl⟩ (Undeutlichkeit) imprécision f; manque m de précision, de netteté; **2.** ⟨sans pl⟩ (Unverständlichkeit) manque m de clarté; obscurité f; confusion f; **3.** ⟨sans pl⟩ (Ungewißheit) incertitude f; **4.** (ungeklärte Fragen) ~**en beseitigen** éclairer des points obscurs; dissiper des équivoques, ambiguités; **bestehen noch** ~**en?** y a-t-il encore des points à éclaircir?
'**un|klug** adj Äußerung, Verhalten maladroit; pas très intelligent; Person, Plan a imprudent; Verhalten, Vorschlag déraisonnable; ~**kollegial** adj qui ne se fait pas entre collègues; inamical; ~**kompliziert** adj peu compliqué; (einfach) simple; ~**kontrollierbar** adj incontrôlable; ~**kontrolliert** adj incontrôlé; ~**konventionell** adj non conventionnel, -elle; ~**konzentriert** adj déconcentré; inattentif, -ive
'**unkorrekt** adj incorrect; ~**es Verhalten** comportement incorrect; incorrection f
'**Unkosten** pl frais m/pl; (Ausgaben) dépenses f/pl; JUR dépenses m/pl; **nach Abzug aller** ~ tous frais déduits; ~ **verursachen** faire des frais; F **sich in** ~ (acc) **stürzen** se mettre en frais; faire des dépenses
'**Unkostenbeitrag** m contribution f, participation f aux frais
'**Unkraut** n ⟨-(e)s; Unkräuter⟩ mauvaise(s) herbe(s); f; prov plais ~ **vergeht od verdirbt nicht** la mauvaise graine a la vie dure
'**Unkrautvertilgungsmittel** n herbicide m; désherbant f
'**unkritisch** adj Person sans esprit critique; Verhalten, Bericht etc non critique
'**unkultiviert** adj Person barbare; Benehmen fruste; primitif, -ive; ~**er Mensch** barbare m,f
'**unkündbar** adj Vertrag non résiliable; Person inamovible; Stellung permanent; Anleihe non remboursable; consolidé
'**unkundig** st/s adj ignorant (**e-r Sache** [gén] de qc); **e-r Sache** (gén) ~ **sein** a ignorer qc; **des Französischen** ~ **sein** ne pas savoir le français
'**unlängst** adv dernièrement; il y a peu; récemment
'**un|lauter** adj **1.** st/s Charakter déloyal; Geschäft véreux, -euse; malpropre; **2.** JUR Wettbewerb déloyal; illicite; ~**leidlich** adj déplaisant; insupportable; (mißmutig) de mauvaise humeur; ~**leserlich I** adj illisible; indéchiffrable; **II** adv illisiblement; de manière illisible; ~**leugbar** adj indéniable; évident; (unbestreitbar) incontestable; ~**liebsam** adj désagréable; fâcheux, -euse; ~**logisch** adj illogique
un'lösbar adj **1.** Problem insoluble; Aufgabe insurmontable; **2.** Zusammenhang indissoluble
'**Unlust** f ⟨-⟩ déplaisir m; (Überdruß) ennui m; dégoût m; (Abneigung) aversion f; **mit** ~ sans enthousiasme, envie; avec déplaisir; à contrecœur
'**unlustig** I adj qui a peu d'envie, qui n'a pas très envie de faire qc; (mißgestimmt) maussade; chagrin; morose; **II** adv cf (**mit**) **Unlust**
'**unmännlich** adj peu viril; sans virilité; (weibisch) efféminé
'**unmaßgeblich** adj sans (aucune) importance; négligeable; Urteil incompétent; plais **nach meiner** ~**en Meinung** à mon humble avis
'**unmäßig I** adj immodéré; démesuré; énorme; (übertrieben) excessif, -ive; im Genuß intempérant; **sie ist** ~ **in ihren Ansprüchen** elle a des prétentions démesurées, exorbitantes; **II** adv (ohne Maß) immodérément; **essen** manger plus que de raison; (sehr) énormément; (übertrieben) excessivement
'**Unmäßigkeit** f démesure f; excès m; im Genuß intempérance f
'**Unmenge** f quantité f, nombre m énorme (**von**, **an** [+dat] de); **e-e** ~ **Besucher** a une foule, multitude de visiteurs; ~**n** (**von**) **Tee** des quantités énormes de thé
'**Unmensch** m monstre m; (Rohling) brute f; F **ich bin ja schließlich kein** ~ je ne suis pas un monstre
'**unmenschlich I** adj **1.** Tat monstrueux, -euse; inhumain (a Bedingungen); barbare; cruel, -elle (**gegenüber j-m** envers qn); **2.** F (sehr groß) Anstrengung surhumain; Schmerzen, Hitze insupportable; **II** adv **j-n** ~ **behandeln** traiter qn d'une façon inhumaine, cruellement
'**Unmenschlichkeit** f inhumanité f; cruauté f; barbarie f
un'**merklich** adj insensible; imperceptible; **II** adv insensiblement; imperceptiblement
'**unmißverständlich I** adj clair; non équivoque; **II** adv clairement; sans équivoque; (geradeheraus) sans ambages
'**unmittelbar I** adj ⟨épithète⟩ Nachfolger, Nähe etc immédiat; Kontakt, Verantwortung, Ursache, Vorgesetzter etc direct; Gefahr imminent; **in** ~**er Nähe** à proximité; **II** adv **1.** ~ **vor** (+dat bzw acc) räumlich à deux pas de; zeitlich ~ **vor** (+dat) immédiatement avant; ~ **bevorstehen** être imminent; **2.** (direkt) directement; immédiatement; ~ **zum Ziel führen** mener droit au but; **sich** ~ **an etw** (dat) **beteiligen** prendre une part directe à qc
'**unmöbliert** adj non meublé; sans meubles
'**unmodern I** adj passé de mode; démodé; ~ **werden** se démoder; **II** adv d'une façon démodée
un'**möglich I** adj **1.** (nicht durchführbar, undenkbar) impossible; **vollkommen** ~ absolument impossible; **es ist mir** ~ **zu** (+inf) il m'est impossible de (+inf); **das ist** ~**!** c'est impossible!; **2.** F péj (nicht akzeptabel) Person, Benehmen, Kleidung etc impossible; Benehmen a inacceptable; **sich** ~ **machen** se rendre impossible. **3.** F péj (erstaunlich, seltsam) F impossible; **an den** ~**sten Stellen** aux endroits les plus impossibles; **er hat die** ~**sten Ideen** il a les idées les plus bizarres, saugrenues, F farfelues; **II** F adv **1.** (keinesfalls) **ich kann es** ~ **tun** il m'est impossible de le faire; **das geht** ~ c'est impossible; **2.** péj (nicht akzeptabel) **sich** ~ **benehmen** avoir une conduite od se conduire de façon impossible, inadmissible, inacceptable
Un'möglich|e(s) n ⟨-⟩ A) impossible m; ~**s leisten** faire l'impossible; **man kann von niemandem** ~**s verlangen** prov à l'impossible nul n'est tenu; **ich verlange** (**ja**) **nichts** ~**s von dir** je ne te demande pas l'impossible
Un'möglichkeit f impossibilité f; **ein Ding der** ~ chose f impossible, infaisable
'**unmoralisch** adj immoral
'**unmotiviert** adj sans motif, fondement; gratuit; **scheinbar** ~ sans raison apparente
'**unmündig** adj **1.** JUR mineur; **2.** fig qui n'est pas adulte; (unreif) immature
'**unmusikalisch** adj sein ne pas être musicien, -ienne; ne pas avoir le sens de la musique
'**Unmut** st/s m mauvaise humeur; morosité f; **s-m** ~ **Luft machen** manifester sa mauvaise humeur; donner libre cours à sa mauvaise humeur
'**unnachahmlich** adj inimitable
'**unnachgiebig** adj inflexible; intransigeant; intraitable (**in bezug auf** [+acc] sur); ⚯**keit** f inflexibilité f; intransigeance f
'**unnachsichtig I** adj sévère; sans indulgence; impitoyable; **II** adv sévèrement; sans indulgence; impitoyablement
un'**nahbar** adj inaccessible; inabordable; 'hautain; ⚯**keit** f ⟨-⟩ inaccessibilité f
'**unnatürlich I** adj **1.** (künstlich) non naturel, -elle; artificiel, -ielle; (gewaltsam) **e-s** ~**en Todes sterben** ne pas mourir d'une mort naturelle; **2.** (gekünstelt) peu naturel, -elle; affecté; guindé; (gezwungen) contraint; **II** adv (gekünstelt) d'une façon peu naturelle, affectée, guindée
'**unnormal** adj anormal; **es ist doch** ~, **daß** il est anormal que (+subj)

un|nötig *adj* inutile; superflu; **'~nötigerweise** *adv* inutilement; sans nécessité

'unnütz *adj* inutile; vain; superflu; qui ne sert à rien

UNO ['uːno] ⟨~⟩ *abr* (*United Nations Organization, Organisation der Vereinten Nationen*) **die** ~ l'ONU *f* (Organisation des Nations Unies)

'UNO-... *in Zssgn* onusien, -ienne; de l'ONU; **~Beamte(r)** *m*, **~Beamtin** *f* onusien, -ienne *m,f*

un'ökonomisch *adj* (*nicht sparsam*) non économique

'unordentlich I *adj* **1.** *Zimmer etc* en désordre; *Arbeit* peu soigné; *p/fort* bâclé; **2.** *Person* désordonné; qui n'a pas d'ordre; (*nachlässig*) peu soigneux, -euse; négligent; (*schlampig*) débraillé; **II** *adv* **1.** (*durcheinander*) en désordre; (*ungeordnet*) sans ordre; **~ herumliegen** *Gegenstände* traîner en désordre; **2.** (*nachlässig*) sans soin; **~ arbeiten** travailler sans soin; *p/fort* bâcler son travail

'Unordnung *f* désordre *m*; (*Durcheinander*) pêle-mêle *m*; F pagaille *od* pagaye *f*; **in ~** (*acc*) **bringen** mettre en désordre; *a fig* déranger; bouleverser; *fig* désorganiser; **in ~** (*acc*) **geraten** se désorganiser

'un|orthodox *adj* peu, non orthodoxe; **~paarig** *adj* ZO impair; **~parteiisch I** *adj* impartial; **II** *adv* impartialement; sans parti pris; avec impartialité

'Unparteiische(r) *f(m)* ⟨→ A⟩ SPORT arbitre *m*

un'passend *adj* Zeitpunkt mal choisi; inopportun; qui ne convient pas; *Ausdruck* impropre; *Betragen* inconvenant; *Bemerkung* a incongru; déplacé; **~er Augenblick** mauvais moment; **zu ~er Zeit** à une heure indue

'unpassierbar *adj* Paß, Straße impraticable; fermé

unpäßlich ['ʊnpɛslɪç] *adj* indisposé; incommodé; souffrant; **≗keit** *f* ⟨~; ~en⟩ indisposition *f*

'un|persönlich *adj* a GR impersonnel, -elle; **~politisch** *adj* non politique; apolitique; **~populär** *adj* impopulaire; **~praktisch** *adj* peu pratique; *Person* a maladroit; **~produktiv** *adj* improductif, -ive; *Gespräch* a stérile

'unpünktlich I *adj* **1.** (*verspätet*) *Person, Lieferung* en retard; **2.** (*nie pünktlich*) *Person* immer **~ sein** ne jamais être à l'heure; être inexact; **II** *adv* (*verspätet*) en retard; **~ kommen** arriver en retard; **~ liefern** ne pas respecter les délais de livraison

'Unpünktlichkeit *f* manque *m* de ponctualité; inexactitude *f*

'un|qualifiziert *adj* **1.** *Arbeit, Arbeitskraft* non qualifié; **2.** *péj Bemerkung etc* non pertinent; qui dénote une totale incompétence; **~rasiert** *adj* non rasé

'Un|rast *st/s f* ⟨~⟩ agitation fébrile, continuelle; *innere* inquiétude *f*; trouble intérieur; **~rat** *st/s m* ⟨~(e)s⟩ immondices *f/pl*; ordures *f/pl*; déchets *m/pl*

'un|rationell *adj* inefficace; **~realistisch** *adj* peu réaliste; irréaliste

'unrecht *st/s* **I** *adj* mauvais; *Zeitpunkt* inopportun; *st/s* **auf ~e Gedanken kommen** avoir de mauvaises pensées, idées; **etw ≗es essen** manger qc de mauvais; F **an den ≗en geraten, kommen** se tromper d'adresse; frapper à la mauvaise porte; **zur ~en Zeit** mal à propos; **II** *adv* mal; *st/s* **du hast ~ daran getan zu** (+*inf*) tu as eu tort de (+*inf*); tu as mal fait de (+*inf*); **~ handeln** agir mal; *cf a* **Unrecht 2.**

'Unrecht *n* ⟨~(e)s⟩ **1.** injustice *f*; tort *m*; **es geschieht ihm ~** on n'est pas juste envers lui; on lui a fait du tort; **im ~ sein** avoir tort; être dans son tort; **der Fahrer ist im ~** c'est le conducteur qui est dans son tort, en tort; **sich ins ~ setzen** se mettre dans son tort; **sein ~ einsehen** reconnaître ses torts; **ein ~ wiedergutmachen** réparer une injustice; **zu ~** à tort; injustement; **nicht zu ~** non sans raison; **j-n zu ~ verurteilen, verdächtigen** condamner, soupçonner qn à tort; **das wird zu ~ behauptet** c'est à tort que l'on prétend cela; **2. ≗ haben** avoir tort; **die Tatsachen beweisen, daß Sie ≗ haben** les faits vous donnent tort; **j-m ≗ geben** donner tort à qn; **j-m ≗ tun** faire du tort à qn; **sie hat ≗ bekommen** on lui a donné tort

'unrechtmäßig I *adj* illégitime; **II** *adv* illégitimement; de manière illégitime; **~ erworben** mal acquis; usurpé

'Unrechtmäßigkeit *f* ⟨~; ~en⟩ illégitimité *f*

'unredlich *st/s adj* malhonnête; déloyal

'unregelmäßig *adj* Formen, Arbeit, Puls, MATH, GR irrégulier, -ière; Lebensweise déréglé; **≗keit** *f* **1.** (*sans pl*) (*das Unregelmäßigsein*) irrégularité *f*; *in der Lebensweise* dérèglement *m*; **2.** (*Verstoß, Betrug*) etc irrégularité *f*

'unregierbar *adj* ingouvernable

'unreif *a fig* qui n'est pas mûr; *Frucht* a vert; *Person* a qui manque de maturité; immature

'unrein *adj* **1.** (*schmutzig*) malpropre; sale; *Wasser* a impur; *Gedanken, Haut* impur; **~er Ton** fausse note; **3.** REL *Tier etc* impur; **4. ins ~e schreiben** écrire au brouillon

'Unreinheit *f* **1.** ⟨*sans pl*⟩ malpropreté *f*; saleté *f*; **2.** ⟨*sans pl*⟩ *fig*, REL impureté *f*; **3. ~en der Haut** impuretés de la peau

'unrentabel *adj* ⟨-bl⟩ (qui n'est) pas rentable

'unrettbar *adv* **~ verloren sein** être condamné

'unrichtig *adj* Angaben, Darstellung etc qui n'est pas juste; (*falsch*) faux, fausse; incorrect; (*ungenau*) inexact; (*irrig*) erroné; (*fehlerhaft*) fautif, -ive; **≗keit** *f* ⟨~; ~en⟩ incorrection *f*; inexactitude *f*

Unruh ['ʊnruː] *f* ⟨~; ~en⟩ e-r Uhr balancier *m*

'Unruhe *f* ⟨~; ~n⟩ **1.** ⟨*sans pl*⟩ (*Besorgnis*) inquiétude *f*; (*Angstgefühl*) *f*; *p/fort* affolement *m*; **in ~** (*dat*) **sein** être inquiet (**wegen etw** de, sur qc; **wegen j-m** pour, au sujet de qn); (*Nervosität*) nervosité *f*; **a e-s Kranken** agitation *f*; **2.** ⟨*sans pl*⟩ (*Trubel*) agitation *f*; (*Lärm*) bruit *m*; **3.** (*Unfrieden*) désordre *m*; POL agitation *f*; **~n** *pl* troubles *m/pl*; désordres *m/pl*; **soziale ~n** troubles sociaux; agitation sociale; **die ~ unter den Arbeitern** l'agitation ouvrière; **~ stiften** provoquer des troubles; **~ verbreiten** semer le désordre

'Unruhe|herd *m* foyer *m* de troubles, d'agitation; **~stifter** *m* péj fauteur *m* de troubles; perturbateur *m*

'unruhig *adj* **1.** (*besorgt*) inquiet, -iète; (*voller Angst*) anxieux, -ieuse; **~ werden** s'inquiéter; s'alarmer; **2.** (*ruhelos*) agité; Kind a remuant; turbulent; Zeit a troublé; See agité; 'houleux, -euse; (*nervös*) nerveux, -euse; **~ werden** s'agiter; **3.** (*unregelmäßig*) Puls, Atmung irrégulier, -ière; Muster mouvementé; **4.** (*laut*) bruyant

'unrühmlich I *adj* peu glorieux, -ieuse; **II** *adv* sans gloire

'unrund TECH **I** *adj* ovalisé; **II** *adv* **~ laufen** ne pas tourner rond

uns [ʊns] *pr/pers* (*dat et acc de* wir) (à) nous; **von ~** (*unsererseits*) de notre part; **ein Freund von ~** un de nos amis; un ami à nous; **das gehört ~** c'est à nous

'unsachgemäß I *adj* Behandlung inapproprié; incorrect; *Darstellung* peu conforme aux faits; peu objectif, -ive; **II** *adv* de façon inappropriée; incorrectement

'unsachlich *adj* non objectif, -ive; subjectif, -ive; **≗keit** *f* manque *m* d'objectivité; subjectivité *f*

un'sagbar, ~säglich [ʊn'zɛːklɪç] *st/s* **I** *adj* Leid *st/s* indicible; Freude *st/s* ineffable; **II** *adv* **sie war ~ traurig** elle était d'une tristesse indicible; **j-n ~ lieben** aimer qn à la folie

'unsanft *adv* wecken etc sans douceur; brutalement

'unsauber *adj* **1.** (*schmutzig*) malpropre; **2.** (*nachlässig*) qui n'est pas soigné; qui manque de soin; *p/fort* bâclé; **3.** (*nicht präzise*) imprécis; qui n'est pas net, nette; *Klang* qui n'est pas juste; qui n'est pas net, nette; **4.** (*unlauter*) Geschäft etc malhonnête; sale; **≗keit** *f* ⟨~; ~en⟩ (*Schmutz*) malpropreté *f*; (*Nachlässigkeit*) manque *m* de soin; *des Klangs* manque *m* de netteté; (*Unlauterkeit*) malhonnêteté *f*

'unschädlich *adj* Mittel inoffensif, -ive; anodin; **~ machen** mettre 'hors d'état de nuire; Gift etc neutraliser; Munition désamorcer; **j-n ~ machen** verhüllend (*töten*) mettre qn définitivement 'hors d'état de nuire

'unscharf *adj* PHOT, OPT flou; imprécis; *fig* a vague

un'schätzbar *adj* inestimable; inappréciable

'unscheinbar *adj* insignifiant; de peu d'apparence

'unschicklich *st/s adj* inconvenant; *st/s* malséant; **≗keit** *st/s f* inconvenance *f*

un'schlagbar *adj* imbattable

'unschlüssig *adj* irrésolu; indécis; perplexe; (*zaudernd*) hésitant; (**sich** [*dat*]) **~ sein** hésiter

'Unschlüssigkeit *f* ⟨~⟩ irrésolution *f*; indécision *f*; perplexité *f*

'unschön *adj* qui n'est pas beau, belle; Gesicht, Person, Stadt, Haus, Gegend, Benehmen laid; Lage, Erfahrung désagréable

'Unschuld *f* ⟨~⟩ **1.** (*Schuldlosigkeit*) innocence *f*; bes JUR non-culpabilité *f*; **s-e ~ beteuern** protester de son innocence; JUR **a plaider non coupable**; **2.** (*Unverdorbenheit*) innocence *f*; (*Naivität*) candeur *f*; ingénuité *f*; (*Jungfräulichkeit*) virginité *f*; F **plais e-e ~ vom**

Lande une oie blanche; F une bécassine; *s-e ~ verlieren* perdre sa virginité

'**unschuldig I** *adj* **1.** (*schuldlos*) innocent (*an etw* [*dat*] de qc); *bes* JUR non coupable; *j-n für ~ erklären* innocenter qn; **2.** (*arglos*) candide; ingénu; (*unverdorben*) innocent; (*sexuell unberührt*) *Mädchen, Mann* vierge; (*harmlos*) innocent; *die 2e spielen* faire la sainte nitouche; jouer les ingénues; **II** *adv* **1.** *~ verurteilt werden* être condamné à tort; **2.** (*naiv*) *j-n ~ ansehen* regarder qn innocemment, ingénument

'**Unschuldige(r)** *f(m)* innocent(e) *m(f)*

'**Unschulds|lamm** *n iron* innocent(e) *m(f)*; *~miene* *f* air innocent, d'innocence

'**unschwer** *adv* facile; sans difficulté; sans peine; *das ist ~ zu erraten* c'est facile à deviner

'**unselbständig** *adj* **1.** *Mensch in s-m Wesen, Tun* qui dépend trop des autres; peu autonome; sans initiative; **2.** ADM *~e Arbeit* travail salarié; *Einkommen n aus ~er Arbeit* salaire *m*

'**Unselbständigkeit** *f* manque *m* d'indépendance, d'initiative; (*Abhängigkeit*) dépendance *f*

'**unselig** *st/s adj* funeste (*a Entscheidung, Epoche, Gedanke, Jahr, Schicksal, Tag*); fatal (*a Entscheidung, Jahr, Tag*); *Entscheidung a* désastreux, -euse; *Person* malheureux, -euse

unser ['ʊnzɐ] **I** *pr/poss* **1.** *adjt* (*f et pl ~e*) notre; *pl* nos; BIBL *Vater ~, der du bist im Himmel* Notre Père qui êtes aux cieux; *e-r ~er Freunde* (l')un de nos amis; **2.** *subst der, die, das ~e* le *bzw* la nôtre; *ist das euer Haus? das ist ~es* c'est la nôtre; *st/s die Unser(e)n, Unsren pl* les nôtres; *st/s wir haben das Uns(e)re getan* nous avons fait ce que nous devions faire, notre possible; nous avons fait ce qui était en notre pouvoir; **II** *st/s pr/pers* (*gén de wir*) de nous; REL *erbarme dich ~* ayez pitié de nous; *in ~ aller Namen* en notre nom à tous

'**unser|einer, ~eins** F *pr/ind* nous autres; des gens comme nous

'**unserer'seits** *adv* de notre côté; de notre part

'**unseres'gleichen** *pr* ⟨*inv*⟩ des gens comme nous

'**unserige** *cf unsrige*

'**unseriös** *adj* (*zwielichtig*) douteux, -euse; louche; (*unredlich, unlauter*) malhonnête

'**unsert'wegen** *adv* **1.** (*wegen uns*) à cause de nous; **2.** (*uns zuliebe*) pour nous; **3.** (*von uns aus*) en ce qui nous concerne; quant à nous

'**unsert'willen** *adv um ~* pour nous

'**unsicher I** *adj* **1.** (*gefahrvoll*) *adj* dangereux, -euse; *im Krieg ~es Gebiet* zone *f* d'insécurité; *die Gegend ~ machen Verbrecher* faire régner l'insécurité dans la région; *p/fort* terroriser la région; F *fig plais Besucher etc Paris ~ machen* aller à Paris pour bien s'amuser; **2.** (*nicht selbstsicher*) qui manque d'assurance; *Stimme, Gang a* mal assuré; hésitant; *im Rechnen ~ sein* manquer d'assurance en calcul; *j-n ~ machen* troubler qn; faire perdre son assurance à qn; **3.** (*ungewiß*) peu sûr; incertain; *Lage, Existenz a* précaire; (*ris-

kant*) risqué *es ist ~, ob ...* il n'est pas sûr que ...; (*sich* [*dat*]) *~ sein, ob ...* ne pas savoir si ...; *e-e ~e Geldanlage* un placement risqué; **4.** (*unzuverlässig*) sur qui *bzw* quoi on ne peut (pas) compter; à qui *bzw* quoi on ne peut (pas) se fier; non fiable; peu sûr; *Quelle* douteux, -euse; **II** *adv ~ fahren* manquer d'assurance au volant; *~ lächeln* sourire timidement; avoir un sourire timide, hésitant

'**Unsicherheit** *f* **1.** ⟨*sans pl*⟩ (*Gefährlichkeit*) insécurité *f*; **2.** ⟨*sans pl*⟩ (*Unsichersein*) manque *m* de sûreté; *e-r Person, der Schritte, Stimme, Hände etc* manque *m* d'assurance; **3.** ⟨*sans pl*⟩ (*Ungewißheit*) incertitude *f*; *der Existenz, des Arbeitsplatzes* précarité *f*; **4.** *meist pl* (*mangelnde Fähigkeiten*) insuffisances *f/pl*; déficiences *f/pl*; **5.** (*Unklarheit*) incertitude *f*; *es gibt noch gewisse ~en* il y a encore quelques incertitudes, points d'interrogation

'**Unsicherheitsfaktor** *m* (élément *m* d')incertitude *f*; *par ext* chose *f* imprévisible; risque *m*

'**unsichtbar** *adj* invisible *mit bloßem Auge ~* imperceptible à l'œil nu; F *fig plais sich ~ machen* F s'éclipser

'**Unsichtbarkeit** *f* invisibilité *f*

'**Unsinn** *m* ⟨*~*(*e*)*s*⟩ **1.** non-sens *m*; ineptie *f*; absurdité *f*; (*dummes Zeug*) bêtises *f/pl*; absurdités *f/pl*; inepties *f/pl*; *über Sinn und ~ e-r Maßnahme diskutieren* discuter du bien-fondé et de l'absurdité d'une mesure; *es ist ~ anzunehmen, daß* il est absurde de supposer que (+*subj*); *alles ~!* absurdités, inepties que tout cela!; **2.** (*Unfug*) bêtises *f/pl*; âneries *f/pl*; *red, mach doch keinen ~!* ne dis *od* raconte pas, ne fais pas de bêtises!

'**unsinnig** *adj Behauptung* insensé; absurde; *Forderung* déraisonnable; extravagant; fou (fol), folle

'**unsinniger'weise** *adv ~ etw tun* avoir la bêtise, la folie de faire qc

'**Unsinnigkeit** *f* ⟨*~*⟩ absurdité *f*

'**Unsitte** *f* mauvaise habitude

'**un|sittlich** *adj* (*unmoralisch*) immoral; JUR (*sittenwidrig*) qui offense les bonnes mœurs; (*unzüchtig*) qui offense la pudeur; *~solid*(*e*) *adj* **1.** *Mensch* peu sérieux, -ieuse; *Lebenswandel a* non rangé; déréglé; **2.** *Arbeit, Produkt* de mauvaise qualité; *Unternehmen* peu sérieux, -ieuse; qui n'inspire pas confiance; *~sozial adj System, Maßnahme etc* antisocial; *Person* égoïste

'**unsportlich** *adj* **1.** (*nicht sportlich*) qui ne fait pas de sport; *a* peu sportif, -ive; **2.** *cf unfair, ~es Verhalten* comportement déloyal

unsre ['ʊnzrə] *cf unser I*

'**unsrer'seits** *cf unsererseits*

'**unsres'gleichen** *cf unseresgleichen*

unsrige ['ʊnzrɪɡə] *st/s pr/poss der, die, das ~* le *bzw* la nôtre; *die 2n* les nôtres; notre famille

'**unstatthaft** *adj* défendu

un'sterblich I *adj* immortel, -elle; **II** F *sich ~ blamieren* se couvrir de ridicule; *sich ~* (*in j-n*) *verlieben* tomber follement amoureux, -euse (de qn)

Un'sterblichkeit *f* immortalité *f*

'**unstet** *st/s adj Mensch, Wesen* inconstant; versatile; changeant; *Leben* vagabond; errant; *Blick* fuyant

un'stillbar *adj Durst, Verlangen etc* insatiable; inapaisable; inextinguible

'**Unstimmigkeit** *f* ⟨*~; ~en*⟩ (*Uneinigkeit*) désaccord *m*; divergence *f* d'idées; différend *m*; (*Widerspruch*) contradiction *f*; (*Fehler*) erreur *f*; irrégularité *f*

'**unstreitig** *adj* (*u adv*) sans contredit, conteste; incontestable(ment)

'**Unsumme** *f* somme énorme, F faramineuse

'**unsympathisch** *adj* peu sympathique; antipathique; *er ist* (*mir*) *~* je le trouve antipathique

'**un|systematisch** *adj* peu systématique, méthodique; *~tad*(*e*)*lig adj Person, Leben, Charakter, Benehmen* irréprochable; *st/s* irrépréhensible; *Person a* impeccable

'**Untat** *f* *st/s* forfait *m* (atroce); crime *m* (monstrueux)

'**untätig I** *adj* inactif, -ive; dans l'inaction; (*müßig*) oisif, -ive; désœuvré; sans occupation; **II** *adv ~ zusehen* regarder passivement, sans rien faire

'**Untätigkeit** *f* ⟨*~*⟩ augenblickliche inaction *f*; *dauernde* inactivité *f*; (*Müßiggang*) oisiveté *f*; désœuvrement *m*; manque *m* d'occupation

'**untauglich** *adj Mensch ~* (*zu, für*) inapte (à); incapable (de); *Gegenstand* impropre (à); inutilisable (pour); MIL *für den Wehrdienst* inapte

'**Untauglichkeit** *f* ⟨*~*⟩ (*zu*) inaptitude *f* (à); incapacité *f* (de); MIL *zum Wehrdienst* inaptitude *f*

un'teilbar *adj* indivisible

unten ['ʊntən] *adv* **1.** (*an der tiefsten Stelle*) en bas; *auf Kisten ~!* bas!; *da, dort ~* là en bas; *~ wohnen* habiter en bas; *hier ~* ici en bas; *links, rechts ~* en bas à gauche, à droite; *nach ~* vers le bas; *nach ~ gehen, fahren* descendre; *etw nach ~ tragen* descendre qc; *von ~* d'en bas; *von ~ nach oben* de bas en 'haut; *weiter ~* plus bas; *auf Seite 10 ~* en bas de la page 10; *~ im Schrank* en bas de l'armoire; (*tief*) *~ im Tal* au fond de la vallée; **2.** (*am entferntesten Ende*) *~ am Tisch sitzen* être assis en bout de table; **3.** *im Text* (*später folgend*) *siehe ~* voir ci-dessous; **4.** F (*im Süden*) dans le Midi; *wir waren ~ in Italien* nous sommes descendus en Italie; **5.** *in e-r* (*sozialen*) *Rangordnung* au bas de l'échelle; *Kritik etc von ~* (*von der Basis, aus dem Volk*) de la base; *sie hat ganz ~ angefangen* elle a commencé au bas de l'échelle; *er hat von ~ auf gedient* il est passé par tous les échelons; MIL il est sorti du rang

'**unten'an** *adv* tout en bas

'**unten'drunter** F *adv* (en) dessous

'**unten|erwähnt** *adjt* ⟨*épithète*⟩ mentionné ci-dessous; *2erwähnte*(*r*) *f(m)* ⟨→ A⟩ personne mentionnée ci-dessous; *~genannt adjt* ⟨*épithète*⟩ nommé ci-dessous; *2genannte*(*r*) *f(m)* ⟨→ A⟩ personne nommée ci-dessous; *~stehend adjt* ⟨*épithète*⟩ (mentionné) ci-dessous

unter ['ʊntɐ] **I** *prép* **1.** *räumlich Lage* ⟨*dat*⟩ sous; (*~halb*) au-dessous de; *~ der Erde* sous terre; *~ dem Tisch* sous la table; BERGBAU *~ Tage* au fond; *~*

Unter – Untergang   1488

demselben Dach sous le même toit; ~ j-m wohnen habiter au-dessous de qn; ~ dem Mantel ein Kleid tragen porter une robe sous son manteau; ~ Wasser schwimmen nager sous l'eau; ~ e-m Stichwort suchen chercher sous un mot-clé; ~ dem Schrank hervorkommen sortir de dessous l'armoire; 2. räumlich Richtung ⟨acc⟩ sous; sich e-n Baum stellen s'abriter sous un arbre; etw ~ den Arm nehmen, klemmen mettre qc sous son bras; 3. südd zeitlich (während) ⟨dat⟩ ~ der Woche pendant, durant la semaine; 4. (~halb e-r Grenze) ⟨dat ou acc⟩ au-dessous de; Kinder ~ acht Jahren enfants de moins, au-dessous de huit ans; fünf Grad ~ Null cinq degrés au-dessous de zéro; 5. Unterordnung ⟨dat ou acc⟩ das ist ~ meiner Würde c'est au-dessous de moi; je ne m'abaisserai pas à cela; ~ j-m stehen venir après qn; être inférieur à qn; ~ s-r Leitung sous sa direction; etw ~ sich ⟨dat⟩ haben Betrieb etc avoir la direction de qc; avoir qc sous sa direction; diriger qc; ~ Karl dem Großen sous Charlemagne; 6. Art u Weise ⟨dat⟩ à; sous; dans; ~ großen Schmerzen avec, dans de grandes douleurs, souffrances; ~ großen Anstrengungen au prix de grands efforts; ~ Tränen lächeln sourire à travers ses larmes; ~ ärztlicher Aufsicht sous contrôle médical, surveillance médicale; ~ ohrenbetäubendem Lärm avec, dans un vacarme assourdissant; ~ englischer Flagge sous pavillon anglais; 7. mit Verbalsubstantiv (durch) ⟨dat⟩ ~ Verwendung von etw en employant qc; à l'aide de qc; ~ Ausnutzung von etw en profitant de qc; 8. (zwischen) Lage ⟨dat⟩ parmi; entre; au milieu de; ~ Freunden entre amis; ~ uns (gesagt) entre nous; mitten ~ uns au milieu de nous; das bleibt ~ uns que cela reste entre nous; ~ anderem entre autres (choses); sich ~ den Zuschauern befinden se trouver parmi les spectateurs; ~ meinen Papieren parmi, dans mes papiers; er war ~ ihnen il était du nombre; 9. (zwischen) Richtung ⟨acc⟩ sich ~ die Gäste mischen se mêler aux invités; Hölderlin gehört ~ die Klassiker Hölderlin fait partie des, doit être rangé parmi les classiques; etw ~ die Leute bringen divulguer qc; répandre qc; faire circuler qc; II adv (weniger als) moins de; Städte f/pl ~ 100000 Einwohnern villes f/pl de moins de 100000 habitants; dieses Buch ist nicht ~ 100 DM zu haben il ne peut pas avoir ce livre à moins de 100 marks

'Unter m ⟨~s; ~⟩ KARTENSPIEL valet m
'Unter|abteilung f subdivision f; sous--section f; ~arm m avant-bras m; ~art f BIOL sous-espèce f; variété f; ~bau m ⟨~(e)s; ~ten⟩ 1. CONSTR (Fundament) fondation f; sous-œuvre m; (Grundmauern) soubassement m; STRASSENBAU, EISENBAHN infrastructure f; 2. ⟨sans pl⟩ fig (theoretische Basis, Grundlage) base(s) f(pl); fondements m/pl; ~begriff m sous-catégorie f; ~bekleidung f sous-vêtements m/pl
'unterbelegt adj Unterkunft, Krankenhaus dont la capacité est sous-employée, sous-utilisée; Lehrgang aux effectifs insuffisants

'unterbelichten v/t ⟨-ete, insép, pas de ge-, h⟩ PHOT sous-exposer; F fig er ist geistig unterbelichtet F il est bête comme ses pieds; F ce n'est pas une lumière

'Unter|belichtung f PHOT sous-exposition f; ~beschäftigung f ⟨~⟩ sous--emploi m

'unterbesetzt adj ~ sein être en sous--effectif; manquer du personnel nécessaire

'unterbewerten v/t ⟨-ete, insép, pas de ge-, h⟩ Fähigkeiten etc sous-estimer; a Währung sous-évaluer

'unterbewußt adj subconscient; ②sein n PSYCH subconscient m

unter'bieten v/t ⟨irr, insép, pas de ge-, h⟩ 1. j-n, die Konkurrenz ~ vendre moins cher que qn, que la concurrence; j-s Preis ~ offrir un prix plus avantageux que qn; j-s Angebot ~ faire une offre, bei e-r Ausschreibung une soumission plus basse que qn; nicht zu ~ Preis imbattable; iron Niveau etc inégalable; 2. bes SPORT Rekord battre

unter'binden v/t ⟨irr, insép, pas de ge-, h⟩ (verhindern) empêcher; (beenden) faire cesser; mettre un terme à

unter'bleiben v/i ⟨irr, insép, pas de ge-, sein⟩ (nicht geschehen) ne pas avoir lieu; (nicht wieder eintreten) ne plus se reproduire; ich hoffe, das wird in Zukunft ~ j'espère que cela ne se reproduira plus; das wäre besser unterblieben on aurait pu s'en dispenser

'Unterboden m AUTO dessous m (de caisse); ~schutz m protection f du dessous de caisse

unter'brechen v/t ⟨irr, insép, pas de ge-, h⟩ 1. (vorerst nicht fortsetzen) interrompre; Arbeit, Sitzung, Diskussion etc a suspendre; ~ Sie mich nicht immer! ne m'interrompez pas tout le temps!; 2. Leitung couper; Strom a déconnecter; TÉL wir sind unterbrochen worden nous avons été coupés

Unter'brecher m ÉLECT rupteur m

Unter'brechung f ⟨~; ~en⟩ interruption f (a ÉLECT); zeitweilige suspension f; ÉLECT coupure f; mit ~en par intermittence; nach zweijähriger ~ après un intervalle, une interruption de deux ans; entschuldigen Sie die ~! excusez(-moi bzw -nous) de vous interrompre!

unter'breiten v/t ⟨-ete, insép, pas de ge-, h⟩ Plan, Vorschlag, Gesuch présenter; soumettre

'unterbringen v/t ⟨irr, sép, -ge-, h⟩ 1. (verstauen) mettre; ranger; das Büro war in e-r alten Villa untergebracht le bureau était installé dans une ancienne villa; 2. (beherbergen) héberger, loger; 3. (in Obhut geben) mettre; die Kinder in e-r Tagesstätte ~ mettre les enfants dans une garderie; 4. F (e-e Stellung verschaffen) placer; caser; trouver une place, un emploi à; 5. fig (einordnen) ich weiß nicht, wo ich sie ~ soll je ne sais (pas) où la situer

'Unterbringung f ⟨~; ~en⟩ hébergement m; logement m

'unterbuttern F v/t ⟨-(e)re, sép, -ge-, h⟩ 1. (unterdrücken) j-n ~ brimer qn; sich nicht ~ lassen ne pas se laisser faire; ne pas se laisser marcher sur les pieds; 2. (zusätzlich ausgeben) das restliche Geld (mit) ~ engloutir le reste de l'argent; Geld etc untergebuttert werden y passer

'Unterdeck n MAR pont inférieur
unter'derhand adv en sous-main; en cachette; clandestinement; etw ~ verkaufen vendre qc en sous-main; etw ~ erfahren apprendre qc de manière non officielle

unter'dessen adv entre-temps; dans l'intervalle

'Unterdruck m ⟨~(e)s; -drücke⟩ TECH dépression f

unter'drücken v/t ⟨insép, pas de ge-, h⟩ 1. Gefühl etc réprimer; retenir; contenir; refouler; Schluchzen, Lachen étouffer; 2. Aufstand réprimer; Personengruppen opprimer

Unter'drücker m oppresseur m
Unter'drückte pl ⟨→ A⟩ die ~n les opprimés m/pl

Unter'drückung f ⟨~; ~en⟩ 1. e-s Gefühls etc refoulement m; 2. e-s Volkes oppression f; e-s Aufstands répression f

'untere(r, -s) adj ⟨épithète⟩ 1. räumlich inférieur, bas, basse; (darunterliegend) d'en bas; de dessous; der ~ Teil la partie inférieure; le bas; das ~ Zimmer la chambre d'en bas, de dessous; (weit entfernt) am ~n Ende der Straße tout au bout de la rue; 2. in e-r Rangordnung inférieur; die ~n Klassen f/pl e-r Schule les petites classes

unterein'ander adv 1. (räumlich) l'un(e) au-dessous de l'autre; 2. (miteinander) entre eux (nous, etc); (gegenseitig) mutuellement; réciproquement; sich ⟨dat⟩ ~ helfen s'entraider; s'aider mutuellement, les un(e)s les autres

unterein'ander|liegen v/i ⟨irr, sép, -ge-, h⟩, ~stehen v/i ⟨irr, sép, -ge-, h⟩ se trouver, être situé, être placé l'un sous l'autre

'unter|entwickelt adj 1. wirtschaftlich sous-développé; 2. körperlich, geistig retardé (dans son développement); geistig a demeuré; ~ernährt adj sous-alimenté; ②ernährung f sous-alimentation f; dénutrition f

Unter'fangen [untɐrˈfaŋən] st/s n ⟨~s⟩ entreprise f

'unterfassen F v/t ⟨-ßt, sép, -ge-, h⟩ 1. (einhaken) j-n ~ prendre le bras de qn; untergefaßt bras dessus, bras dessous; 2. (stützen) prendre, saisir par-dessous; soutenir

unter'fordern v/t ⟨-(e)re, insép, pas de ge-, h⟩ demander trop peu (d'efforts) à; exiger trop peu de; Arbeit a être trop facile pour

Unter'führung f passage souterrain
'Unterfunktion f MÉD fonctionnement déficient; ~ der Schilddrüse hypothyroïdie f

unter'füttern v/t ⟨-(e)re, insép, pas de ge-, h⟩ 1. COUT doubler (mit de); 2. TECH mettre une couche sous-jacente à

'Untergang m 1. (Sonnen②, Mond②) etc coucher m; 2. e-s Schiffs naufrage m; 3. fig (Zugrundegehen) ruine f; perte f; naufrage m; e-s Reichs, e-s Geschlechts etc décadence f; plötzlicher chute f; effondrement m; der ~ des Abendlandes le déclin de l'Occident; der ~ der

Welt la fin du monde; *s-m ~ entgegengehen* aller, courir à sa perte, à sa ruine; *der Alkohol war ihr ~* l'alcool a causé sa perte
'**untergärig** *adj Bier* à fermentation basse
Unter'gebene(r) *f(m)* ⟨→ A⟩ subordonné(e) *m(f)*; subalterne *m,f*
'**untergehen** *v/i* ⟨*irr, sép, -ge-, sein*⟩ **1.** *Sonne, Mond etc* se coucher; disparaître au-dessous de l'horizon; **2.** *im Wasser Schiff* couler; sombrer; faire naufrage; *Gegenstand* couler; *Mensch* se noyer; **3.** *fig* (*zugrunde gehen*) décliner; sombrer; aller à sa ruine, à sa perte; périr; *davon geht die Welt nicht unter* ce n'est pas la fin du monde; **4.** (*sich verlieren*) se perdre; (*übertönt werden*) être couvert, étouffé (*in* [+*dat*] par)
'**untergeordnet** *adj* **1.** subordonné; **2.** (*zweitrangig*) secondaire; *von ~er Bedeutung* d'importance secondaire; de moindre importance; **3.** *LING* subordonné
'**Untergeschoß** *n* sous-sol *m*
'**Untergewicht** *n* ⟨~(e)s⟩ manque *m*, insuffisance *f* de poids; *10 kg ~ haben* être à 10 kg en dessous du poids normal
'**untergewichtig** *adj* qui a un poids insuffisant
unter'gliedern *v/t* ⟨-(e)re, *insép, pas de ge-, h*⟩ (sub)diviser (*in* [+*acc*] en)
unter'graben *v/t* ⟨*irr, insép, pas de ge-, h*⟩ *Grundlagen der Gesellschaft, Regierung, Gesundheit* miner; *Autorität, Moral, a Regierung* saper; détériorer
'**Untergrenze** *f* limite inférieure
'**Untergrund** *m* **1.** ⟨*sans pl*⟩ *AGR* sous-sol *m*; **2.** *PEINT* fond *m*; **3.** *CONSTR* sol *m* d'infrastructure; **4.** ⟨*sans pl*⟩ *fig, POL* clandestinité *f*; *in den ~ gehen* entrer, passer dans la clandestinité
'**Untergrund|bahn** *f* métro *m*; **~bewegung** *f POL* mouvement clandestin
untergründig [ˈʊntərɡrʏndɪç] *adj fig* sous-jacent; profond
'**unterhaken** F *v/t* ⟨*sép, -ge-, h*⟩ *cf unterfassen I*.
'**unterhalb** *prép* ⟨*gén*⟩ au-dessous de; (*stromabwärts*) en aval de
'**Unterhalt** *m* ⟨~(e)s⟩ **1.** (*Instandhaltung[skosten]*) entretien *m*; **2.** (*Lebens*Ω) subsistance *f*; entretien *m*; *j-s ~ bestreiten, für j-s ~ aufkommen* subvenir aux besoins de qn; *sich* (*dat*) *s-n ~ verdienen* gagner sa vie; **3.** *JUR* (*~szahlung*) pension *f* alimentaire
unter'halten F *v/t* ⟨*irr, insép, pas de ge-, h*⟩ tenir dessous
unter'halten ⟨*irr, insép, pas de ge-, h*⟩ **I** *v/t* **1.** *Person* (*versorgen*) entretenir; subvenir aux besoins de; *JUR* payer une pension alimentaire à; **2.** *Gebäude, Maschinen etc* (*instand halten*) entretenir; tenir, conserver en bon état; **3.** *Geschäft* (*betreiben*) tenir; exploiter; **4.** (*pflegen*) *Beziehungen zu j-m ~* entretenir, maintenir des relations avec qn; **5.** (*amüsieren, die Zeit vertreiben*) divertir; amuser; distraire; **II** *v/réfl* **6.** (*sprechen*) *sich mit j-m* (*über etw* [*acc*]) *~* s'entretenir avec qn (de qc); (*plaudern*) causer avec qn (de qc); (*besprechen*) discuter (qc) avec qn; *sich lange mit j-m ~* avoir une longue conversation avec qn; **7.** (*amüsieren*) *sich* (*mit etw*) *~* s'amuser, se divertir (de

qc); *wir haben uns gut ~* nous nous sommes bien amusés
Unter'halter(in) *m(f) berufsmäßige(r)* animateur, -trice *m,f*; *auf e-r Party etc* boute-en-train *m*; *er ist ein guter ~ a* avec lui, on ne s'ennuie pas
unter'haltsam *adj* amusant; divertissant; distrayant
'**Unterhalts|anspruch** *m* droit *m* à une pension alimentaire; **~berechtigte(r)** *f(m)* personne *f* à charge; *im Scheidungsrecht* personne *f* qui a droit à une pension alimentaire; **~kosten** *pl* frais *m/pl* d'entretien; **~pflicht** *f* obligation *f* alimentaire; devoir *m* d'entretien
'**unterhaltspflichtig** *adj ~ sein* avoir le devoir d'entretien
'**Unterhalts|pflichtige(r)** *m* ⟨→ A⟩ débiteur *m* alimentaire; **~zahlung** *f* (paiement *m* de la) pension *f* alimentaire
Unter'haltung *f* ⟨~; ~en⟩ **1.** ⟨*sans pl*⟩ (*Pflege, Erhaltung*) entretien *m*; maintien *m* en bon état; **2.** (*Gespräch*) entretien *m*; conversation *f*; *e-e ~ beginnen* engager la bzw une conversation (*mit* avec); **3.** (*Vergnügen*) divertissement *m*; amusement *f*; distraction *f*; *wir wünschen gute ~!* amusez-vous bien!
Unter'haltungs|elektronik *f* électronique *f* de loisir; **~lektüre** *f* lecture divertissante, récréative; **~literatur** *f* littérature divertissante, récréative; **~musik** *f* musique légère; **~sendung** *f* émission divertissante, récréative
'**Unterhändler** *m* négociateur *m*; *MIL* parlementaire *m*
Unter'handlung *f* négociation *f*; pourparlers *m/pl*; (*mit j-m*) *in ~en* (*dat*) *stehen* être en pourparlers (avec qn)
'**Unterhaus** *n* ⟨~es⟩ *POL in England das ~* la Chambre basse *od* des communes
'**Unterhemd** *n* (*Herren*Ω) maillot *m*, tricot *m* de corps; (*Damen*Ω) (petite) chemise (de jour); chemisette *f*
unter'höhlen *v/t* ⟨*insép, pas de ge-, h*⟩ *a fig* miner; saper; creuser
'**Unter|holz** *n* ⟨~es⟩ sous-bois *m*; taillis *m* (sous futaie); **~hose** *f* (*Herren*Ω) caleçon *m*; (*Damen*Ω) (petite) culotte; (*Slip*) slip *m*
'**unterirdisch I** *adj* souterrain; **II** *adv* sous terre; en sous-sol; *~ verlaufen* être enfoui sous terre, enterré
unter'joch|en *v/t* ⟨*insép, pas de ge-, h*⟩ asservir; mettre sous le joug; *litt* assujettir; **Ωung** *f* ⟨~; ~en⟩ asservissement *m*
'**unterjubeln** F *v/t* ⟨-(e)le, *sép, -ge-, h*⟩ *j-m etw ~* (*andrehen*) F refiler qc à qn; *fig* (*zuschieben*) mettre qc sur le dos de qn
'**Unterkante** *f* bord inférieur
unter'kellert *adj* muni d'une cave; avec cave(s); *~ sein* être sur cave
'**Unter|kiefer** *m* mâchoire inférieure; **~kleid** *n* combinaison *f*
'**unterkommen** *v/i* ⟨*irr, sép, -ge-, sein*⟩ **1.** (*Unterkunft finden*) trouver à se loger, F à se caser; (*Obdach finden*) trouver un abri; **2.** F (*Stellung finden*) trouver une place, une situation, un emploi; F (*trouver*) à se caser; **3.** *bes südd, österr* (*begegnen*) *so etwas ist mir noch nicht untergekommen* je n'ai (encore) jamais vu une chose pareille;

so jemand ist mir noch nicht untergekommen je n'ai encore jamais rencontré quelqu'un comme ça
'**Unterkörper** *m* partie inférieure du corps
'**unterkriechen** F *v/i* ⟨*irr, sép, -ge-, sein*⟩ chercher abri; *fig bei j-m ~* trouver refuge chez qn
'**unterkriegen** F *v/t* ⟨*sép, -ge-, h*⟩ démoraliser; *sich nicht ~ lassen* ne pas se laisser abattre, décourager; *laß dich nicht ~!* tiens bon!; F du cran!
unter'|kühlen *v/t* ⟨*insép, pas de ge-, h*⟩ *MÉD Körper* mettre en état d'hypothermie; **~'kühlt** *adj* **1.** *MÉD Körper, Person* en état d'hypothermie; **2.** *fig* (*emotionslos, distanziert*) *Person, Empfang etc* froid; *Beziehungen* refroidi; **Ω'kühlung** *f MÉD* hypothermie *f*
Unter'kunft [ˈʊntərkʊnft] *f* ⟨~; -künfte⟩ hébergement *m*; logement *m*; gîte *m*; *MIL* quartier(s) *m(pl)*; *freie ~ und Verpflegung haben* avoir le vivre et le couvert; *st/s* avoir le gîte et le couvert
'**Unterlage** *f* **1.** support *m*; base *f*; (*untere Schicht*) couche (inférieure); *in e-m Kinderbett, für e-n Kranken* alaise *od* alèse *f*; (*Schreib*Ω) sous-main *m*; *TECH* support *m*; appui *m*; **2.** *pl ~n* (*Belege, Papiere*) documents *m/pl*; dossier *m*; documentation *f*; *sämtliche ~n anfordern* demander toutes les pièces d'un dossier
'**Unterlaß** *m ohne ~* sans cesse, relâche, arrêt; continuellement
unter'lassen *v/t* ⟨*irr, insép, pas de ge-, h*⟩ s'abstenir de; (*versäumen*) omettre; *es ~, etw zu tun* omettre de faire qc; ne pas faire qc; *jeden Kommentar ~* s'abstenir de tout commentaire
Unter'lassung *f* ⟨~; ~en⟩ *a JUR* abstention *f*; (*Versäumnis*) omission *f*; *auf ~ klagen* intenter une action en abstention *od* cessation
Unter'lassungssünde F *f* péché *m* par omission
'**Unterlauf** *m* ⟨~(e)s; -läufe⟩ *e-s Flusses* cours inférieur
unter'laufen¹ ⟨*irr, insép, pas de ge-*⟩ **I** *v/t* ⟨h⟩ **1.** *fig* (*unlaufen*) *Bestimmungen etc* tourner; contourner; **2.** *SPORT Gegner* attraper, saisir par en bas; **II** *v/i* ⟨sein⟩ *mir ist ein Fehler ~* je me suis trompé(e)
unter'laufen² *adj blau ~es Auge* œil poché
'**unterlegen** *v/t* ⟨*sép, -ge-, h*⟩ **1.** *Gegenstand* mettre, placer, glisser (des)sous; *e-m Huhn Eier ~* donner des œufs à couver à une poule; **2.** *fig j-s Worten e-n anderen Sinn etc* prêter; attribuer
unter'legen¹ *v/t* ⟨*insép, pas de ge-, h*⟩ **1.** *COUT mit Stoff etc* garnir (*mit* de); **2.** *fig etw mit Musik ~* donner un fond musical à qc; *e-e Film* sonoriser qc; *e-e Melodie mit e-m Text, e-r Melodie e-n Text ~* mettre des paroles sur un air
unter'legen² I *p/p cf unterliegen*; **II** *adj ~ sein im Kampf, in der Diskussion etc* avoir le dessous; *j-m* (*zahlenmäßig*) *~ sein* être inférieur (en nombre) à qn
Unter'legene(r) *f(m)* ⟨→ A⟩ vaincu(e) *m(f)*
Unter'legenheit *f* ⟨~⟩ infériorité *f*; *zahlenmäßige ~* infériorité numérique, en nombre

'Unter|legscheibe f TECH rondelle f; ~leib m 1. bas-ventre m; abdomen m; 2. (innere weibliche Geschlechtsorgane) organes génitaux internes
unter'liegen v/i ⟨irr, insép, pas de ge-⟩ 1. ⟨sein⟩ (besiegt werden) succomber; avoir le dessous; j-m ~ être vaincu, battu par qn; 2. ⟨h⟩ (unterworfen sein) e-r Bestimmung, Steuer etc être soumis à; e-r Schwankung être sujet à; e-r Täuschung être l'objet de
'Unterlippe f lèvre inférieure
unterm ['ʊntərm] F = unter dem
unter'malen v/t ⟨insép, pas de ge-, h⟩ mit Musik ~ donner un fond sonore à
Unter'malung f ⟨~; ~en⟩ musikalische ~ musique f de fond; KINO, RAD, TV fond m sonore
unter'mauern v/t ⟨-(e)re, insép, pas de ge-, h⟩ 1. CONSTR reprendre en sous-œuvre; consolider; étayer; 2. fig mit Beweisen etc étayer (mit de); etw mit Argumenten ~ a apporter des arguments à l'appui de qc
Unter'mauerung f ⟨~⟩ 1. CONSTR reprise f en sous-œuvre; consolidation f; soutènement f; 2. fig argument(s) m(pl) (+gén à l'appui de); zur ~ s-r These à l'appui de sa thèse
'untermengen v/t ⟨sép, -ge-, h⟩ mêler; incorporer
'Untermensch m péj 1. in der Rassentheorie sous-homme m; 2. (brutaler Mensch) brute f
'Untermiete f ⟨~⟩ sous-location f; bei j-m in od zur ~ wohnen être sous--locataire de od chez qn
'Untermieter(in) m(f) sous-locataire m,f
untermi'nieren v/t ⟨insép, pas de ge-, h⟩ MIL, fig miner; saper
'untermischen v/t ⟨sép, -ge-, h⟩ cf untermengen
untern ['ʊntərn] F = unter den
unter'nehmen v/t ⟨irr, insép, pas de ge-, h⟩ entreprendre; a etw Unterhaltsames faire; (eingreifen) es ist Zeit, etwas zu ~ il est temps de faire quelque chose, d'intervenir
Unter'nehmen n ⟨~s; ~⟩ (Unternehmen, Vorhaben, Firma) entreprise f
Unter'nehmens|berater(in) m(f) conseil m od conseiller, -ère m,f en gestion d'entreprise; ~führung f gestion f (de l'entreprise); ~zusammenschluß m concentration f, fusion f d'entreprises
Unter'nehmer(in) m ⟨~s; ~⟩ (f) ⟨~; ~nen⟩ entrepreneur, -euse m,f
Unter'nehmertum n ⟨~s⟩ entrepreneurs m/pl; patronat m; freies ~ libre entreprise f
Unter'nehmerverband m syndicat patronal
Unter'nehmung f ⟨~; ~en⟩ cf Unternehmen
Unter'nehmungsgeist m ⟨~es⟩ esprit m d'entreprise, d'initiative; initiative f; allant m; voller ~ sein être plein d'entrain
unter'nehmungslustig adj entreprenant; dynamique; plein d'entrain
'Unteroffizier m sous-officier m
'unterordnen ⟨-ete, sép, -ge-, h⟩ I v/t subordonner (+dat à); placer sous l'autorité de; Wünsche etc subordonner, soumettre (+dat à); j-m untergeordnet sein être placé sous l'autorité de

qn; die privaten Interessen dem öffentlichen Interesse ~ subordonner les intérêts privés à l'intérêt public; II v/réfl sich ~ se soumettre (e-r Sache, j-m à qc, à qn)
'unterordnend adjt GR ~e Konjunktion conjonction f de subordination
'Unterordnung f ⟨~; ~en⟩ 1. ⟨sans pl⟩ (das Unterordnen) subordination f; soumission f; 2. ⟨sans pl⟩ GR subordination f; 3. BIOL sous-ordre m
'Unterpfand st/s n gage m (für de)
'unterpflügen v/t ⟨sép, -ge-, h⟩ enfouir, enterrer à la charrue
Unter'prima [ʊntər'priːma] f ⟨~; -men⟩ in Deutschland regional 'huitième année f de l'enseignement secondaire; ~pri'maner(in) m ⟨~s; ~⟩ (f) ⟨~; ~nen⟩ in Deutschland regional élève m,f de huitième année de l'enseignement secondaire
'unter|privilegiert adjt défavorisé; 2privilegierte(r) f(m) (→ A) défavorisé(e) m(f)
Unter'redung f ⟨~; ~en⟩ entretien m
Unterricht ['ʊntərɪçt] m ⟨~(e)s⟩ cours m/pl; (Grundschul2) classe f; den man erteilt enseignement m; den man nimmt instruction f; ~ in Fremdsprachen enseignement des langues étrangères; ~ erteilen, geben enseigner; donner des leçons, des cours; faire cours; in der Grundschule faire la classe; ~ nehmen prendre des cours, des leçons (bei j-m auprès de qn); heute nachmittag fällt der ~ aus cet après-midi il n'y aura pas cours, classe; im ~ en classe
unter'richten ⟨-ete, insép, pas de ge-, h⟩ I v/t 1. (lehren) etw ~ enseigner qc; donner, faire des cours de qc; j-n in etw (dat) ~ enseigner qc à qn; donner à qn des cours de qc; 2. (informieren) j-n über etw (acc), von etw ~ informer, st/s instruire qn de qc; mettre qn au courant de qc; unterrichtet sein être au courant; aus gut unterrichteten Kreisen en provenance de milieux bien informés; II v/i enseigner (an [+dat] à); donner, faire des cours; III v/réfl sich über etw (acc) ~ s'informer de qc; se renseigner sur qc; se mettre au courant de qc
'Unterrichtsfach n matière f; discipline f
'unterrichtsfrei adj sans enseignement, cours, classe; ~ haben ne pas avoir (de) cours; ne pas avoir classe
'Unterrichts|methode f méthode f d'enseignement; ~stoff m (contenu m du) programme m; ~stunde f cours m; classe f; ~wesen n ⟨~s⟩ enseignement m
Unter'richtung f ⟨~; ~en⟩ 1. (Information) information f; 2. (Belehrung) instruction f
'Unterrock m jupon m
unters ['ʊntərs] F = unter das
unter'sagen v/t ⟨insép, pas de ge-, h⟩ (j-m) etw ~ interdire, défendre qc (à qn); amtlich a prohiber qc (à qn); hier ist das Rauchen untersagt il est interdit de fumer (ici)
'Untersatz m cf Untersetzer; F plais fahrbarer ~ f bagnole f
unter'schätz|en v/t ⟨-(es)t, insép, pas de ge-, h⟩ Entfernung, Kräfte etc sous--estimer; Person a faire trop peu de cas de; 2ung f sous-estimation f

unter'scheidbar adj qu'on peut distinguer; distinguable; discernable
unter'scheiden ⟨irr, insép, pas de ge-, h⟩ I v/t 1. (deutlich sehen) distinguer; discerner; 2. (auseinanderhalten) distinguer, discerner (von de); (den Unterschied hervorheben) différencier (von de); man kann die Zwillinge nicht voneinander ~ on ne peut distinguer les jumeaux l'un de l'autre; das Echte vom Unechten ~ discerner le vrai du faux; II v/i (e-n Unterschied machen) faire, établir une différence, une distinction (zwischen [+dat] entre); III v/réfl sich ~ se distinguer, différer (durch par; von de); in dieser Frage ~ sich unsere Ansichten sur ce point, nos opinions divergent
Unter'scheidung f ⟨~; ~en⟩ distinction f; discernement m; différenciation f
Unter'scheidungs... in Zssgn oft distinctif, -ive; ~merkmal n marque distinctive; signe distinctif; ~vermögen n ⟨~s⟩ discernement m
'Unter|schenkel m jambe f (du genou au pied); bas m de la jambe; ~schicht f SOZIOLOGIE classes inférieures (de la société)
'unterschieben v/t ⟨irr, sép, -ge-, h⟩ Kissen, Stuhl etc glisser dessous
unter'schieben v/t ⟨irr, insép, pas de ge-, h⟩ 1. Kind, Testament, Urkunde etc substituer; 2. (unterstellen) j-m etw ~ attribuer faussement qc à qn
Unterschied ['ʊntərʃiːt] m ⟨~(e)s; ~e⟩ 1. (das Unterscheidende) différence f; feiner ~ nuance f; F plais der kleine ~ la petite différence; soziale ~e inégalités sociales; im ~ zu à la différence de; das macht keinen ~ cela ne fait aucune différence; ... aber mit dem ~, daß ... mais à cette différence près que ...; es ist ein ~, ob ... ce n'est pas la même chose si ...; das ist ein ~ wie Tag und Nacht c'est le jour et la nuit; 2. (Unterscheidung) distinction f; ohne ~ sans distinction; indistinctement; sans exception; e-n ~ machen faire une distinction (zwischen [+dat] entre); in der Bewertung etc faire une distinction; ohne ~e hinsichtlich der Herkunft zu machen sans distinction d'origine
unter'schieden adjt différent; distinct
'unterschiedlich I adj différent; (verschieden[artig]) divers; (uneinheitlich) variable; II adv différemment; ~ behandeln faire une différence entre
'Unterschiedlichkeit f ⟨~; ~en⟩ diversité f; (Veränderlichkeit) variabilité f
'unterschiedslos adv indistinctement; sans distinction, exception
'unterschlagen v/t ⟨irr, sép, -ge-, h⟩ Beine croiser; mit untergeschlagenen Beinen les jambes croisées
unter'schlag|en ⟨irr, insép, pas de ge-, h⟩ I v/t 1. (veruntreuen) soustraire; détourner; JUR divertir; 2. (verheimlichen) Nachricht cacher; dissimuler; taire; Urkunde, Brief intercepter; II v/t commettre des détournements; 2ung f ⟨~; ~en⟩ 1. (Veruntreuung) soustraction f; détournement m; JUR divertissement m; öffentlicher Gelder malversation f; 2. (Verheimlichung) e-s Testaments suppression f; von Briefen interception f; e-r Nachricht dissimulation f
'Unterschlupf ['ʊntərʃlʊpf] m ⟨~(e)s;

unterschlüpfen – Unterwasserkamera

~e) (*Zufluchtsort*) refuge *m*; (*Obdach*) abri *m*; (*Versteck*) cache *f*; cachette *f*; **j-m ~ gewähren** donner abri à qn; abriter qn; *e-m Verbrecher* receler qn

'**unterschlüpfen** F *v/i* ⟨*sép*, -ge-, *sein*⟩ trouver un abri, un refuge (**bei j-m** chez qn); se mettre à l'abri

unter'**schreiben** *v/t* ⟨*irr*, *insép*, *pas de ge-*, h⟩ **1.** signer; **2.** F *fig* (*gutheißen*) souscrire à; (*zustimmen*) approuver; **das möchte ich nicht ~** je ne saurais y souscrire

unter'**schreiten** *v/t* ⟨*irr*, *insép*, *pas de ge-*, h⟩ **1.** (*nicht erreichen*) rester inférieur à; ne pas atteindre; **2.** (*zurückfallen unter*) descendre au-dessous de

'**Unterschrift** *f* **1.** (*Namenszug*) signature *f*; *s-e ~* **unter etw** (*acc*) **setzen** apposer sa signature au bas de qc; **j-m etw zur ~ vorlegen** soumettre, présenter qc à qn pour signature; **2.** (*Bild*) légende *f*

'**Unterschriften|liste** *f* liste *f* de signatures; **~mappe** *f* chemise *f* pour les pièces, le courrier à signer; **~sammlung** *f* pétition *f*

'**unterschrifts|berechtigt** *adj* autorisé à signer; **fälschung** *f* falsification *f* de signature; **~reif** *adj* Vertrag *etc* prêt pour la signature

unterschwellig ['ʊntɐʃvɛlɪç] *adj* subconscient; *bes PSYCH* subliminal

'**Unterseeboot** *n cf* **U-Boot**

'**unterseeisch** *adj* sous-marin

'**Unterseite** *f* dessous *m*

Unter|se'kunda *f in Deutschland regional* sixième année de l'enseignement secondaire; **~sekun'daner(in)** *m(f) in Deutschland regional* élève *m,f* de sixième année de l'enseignement secondaire

'**untersetzen** *v/t* ⟨-(es)t, *sép*, -ge-, h⟩ mettre dessous

'**Untersetzer** *m* für Schüsseln *etc* dessous-de-plat *m*; für Flaschen dessous-de-bouteille *m*; für Gläser dessous-de-verre *m*

unter'**setzt** *adj Gestalt* trapu; râblé

unter'**spülen** *v/t* ⟨*insép*, *pas de ge-*, h⟩ miner; saper

'**Unter|stadt** *f* ville basse; **~stand** *m a MIL* abri *m*

'**unterste(r, -s)** *adj* ⟨*épithète*⟩ le (la) plus bas(se); **das ~ Fach, die ~ Schublade** le rayon, le tiroir du bas; **das zuoberst kehren** mettre tout sens dessus dessous

unterstehen *v/i* ⟨*irr*, *sép*, -ge-, h *ou südd*, *österr*, *schweiz sein*⟩ être à l'abri

unter'**stehen** ⟨*irr*, *insép*, *pas de ge-*, h⟩ **I** *v/i* **j-m ~** être subordonné à qn; être (placé) sous l'autorité de qn; dépendre de qn; relever de qn; **II** *v/réfl* **sich ~, etw zu tun** oser faire qc; avoir l'audace, le front de faire qc; *Drohung* **~ Sie sich!** ne vous avisez pas de faire ça!

'**unterstellen** ⟨*sép*, -ge-, h⟩ **I** *v/t* **1.** *unter etw* mettre dessous; **2.** *zum Schutz* mettre à l'abri; *Wagen* remiser; garer; **II** *v/réfl* **sich ~ bei Regen** se mettre à l'abri; s'abriter

unter'**stellen** *v/t* ⟨*insép*, *pas de ge-*, h⟩ **1.** (*unterordnen*) subordonner à; *bes MIL* placer, mettre sous les ordres de; **j-m unterstellt sein** être subordonné à qn; être (placé) sous l'autorité de qn; **2.** *fig j-m e-e Lüge ~* insinuer, laisser entendre que qn a menti; **j-m böse Ab-**

sichten ~ faire un procès d'intention à qn; **was ~ Sie mir?** qu'est-ce que vous essayez d'insinuer *od* de me faire dire?; **3.** (*vorläufig annehmen*) présumer; supposer; **~ wir** (*einmal*), **daß** supposons (un peu) que (+*subj*)

Unter'stellung *f* **1.** (*Unterordnung*) subordination *f*; **2.** (*falsche Behauptung*) insinuation *f*

unter'**streichen** *v/t* ⟨*irr*, *insép*, *pas de ge-*, h⟩ **1.** souligner; **2.** *fig* (*hervorheben*, *betonen*) souligner; insister sur; mettre l'accent sur; mettre en relief; **das will ich besonders ~** j'insiste particulièrement là-dessus, sur ce point

Unter'streichung *f* **1.** soulignement *m*; **2.** *fig* soulignement *m*; mise *f* en relief

'**Unterstufe** *f SCHULE* premier cycle (*comprenant la 5ème, 6ème, 7ème année scolaire*); *bei Sprachkursen* cours *m/pl* pour débutants

unter'**stützen** *v/t* ⟨-(es)t, *insép*, *pas de ge-*, h⟩ *Person*, *Vorschlag*, *Antrag* appuyer; soutenir; *Personen* secourir (*a finanziell*); aider; assister; *Vorhaben*, *a Person* seconder; *finanziell* subventionner; *Ursachen* soutenir; encourager; *Wirtschaft*, *Entwicklung*, *Heilungsprozeß* favoriser; *Politik* promouvoir

Unter'stützung *f* ⟨~; ~en⟩ **1.** (*das Unterstützen*) *von Personen, e-s Antrags etc* appui *m*; soutien *m*; *von Personen* secours *m* (*a finanzielle*); (*Hilfe*) aide *f*; assistance *f*; **mit j-s ~** avec l'aide de qn; **2.** *finanzielle* subvention *f*, subside *m*; *soziale* allocation *f*; **staatliche ~** subvention *f* d'État; **e-e ~ beziehen** bénéficier d'un secours, d'une allocation

unter'**suchen** *v/t* ⟨*insép*, *pas de ge-*, h⟩ **1.** *Beschaffenheit*, *Funktion*, *MÉD* examiner; *wissenschaftlich* étudier; *CHIM* analyser; *Boden* sonder; explorer; **ärztlich untersucht werden** être examiné par le médecin; subir un examen médical; **2.** *Fall* rechercher; *Fall* examiner; étudier; *JUR* enquêter sur; **3.** (*überprüfen*) vérifier; contrôler; inspecter; *am Zoll* visiter; contrôler; **e-n Wagen auf s-e Sicherheit ~** contrôler la sécurité d'une voiture; **das Blut auf Zucker** (*acc*) **~** déterminer le taux de glucose du sang

Unter'suchung *f* ⟨~; ~en⟩ **1.** *der Beschaffenheit*, *der Funktion*, *MÉD* examen *m*; *wissenschaftliche* recherche *f*; étude *f*; *CHIM* analyse *f*; *des Bodens* sondage *m*; exploration *f*; **ärztliche ~** examen médical; *in Schulen, Betrieben* visite médicale; **sich e-r ~** (*dat*) **unterziehen** subir un examen; **2.** *von Ursachen* recherche *f*; enquête *f*; **e-e polizeiliche ~ einleiten** ouvrir une enquête policière; **3.** (*Überprüfung*) vérification *f*; contrôle *m*; inspection *f*; *am Zoll* visite *f*; **e-e ~ durchführen** procéder à, effectuer un contrôle; **4.** (*Umfrage*) enquête *f*

Unter'suchungs|ausschuß *m* commission *f* d'enquête; **~ergebnis** *n* résultat *m* de l'enquête, de l'analyse, *etc*; **~gefangene(r)** *f(m)* détenu(e) *m(f)* d'arrêt; **~haft** *f* détention préventive, provisoire; **~richter** *m* juge *m* d'instruction; magistrat instructeur; **~zimmer** *n beim Arzt* salle *f* d'auscultation

Unter'tagebau *m* ⟨~(e)s⟩ *BERGBAU* exploitation *f* au fond

unter'tags *adv österr*, *schweiz* durant, pendant la journée

untertan *st/s* ['ʊntɐtaːn] *adj* **j-m, e-r Sache ~ sein** être soumis à qn, qc; obéir à qn, qc; **sich** (*dat*) **j-n, etw ~ machen** asservir, soumettre qn, qc; imposer sa domination à qn, qc

'**Untertan(in)** *m* ⟨~s *ou* ~en; ~en⟩ (*f*) ⟨~; ~nen⟩ sujet, -ette *m,f*

untertänig ['ʊntɐtɛːnɪç] **I** *adj* **1.** *péj* servile; obséquieux, -ieuse; **2.** *bes iron* (*ergeben*) humble; soumis; **II** *adv* **ich bitte ~st ...** je demande très humblement ...

'**Untertasse** *f* soucoupe *f*; **fliegende ~** soucoupe volante

'**untertauchen** ⟨*sép*, -ge-⟩ **I** *v/t* ⟨h⟩ *j-n*, *etw ~* plonger, immerger qn, qc; **II** *v/i* ⟨*sein*⟩ **1.** *in Flüssigkeiten* plonger; *fig in der Menge etc* disparaître; **untergetaucht sein** (*im Verborgenen leben*) se cacher; se terrer

'**Unterteil** *n od m* partie inférieure; bas *m*; dessous *m*; *TECH* a embase *f*; *von Kleidungsstücken* bas *m*

unter'**teilen** *v/t* ⟨*insép*, *pas de ge-*, h⟩ (sub)diviser (**in** [+*acc*] en); **ung** *f* (sub)division *f*

'**Untertemperatur** *f MÉD* hypothermie *f*

Unter'tertia *f in Deutschland regional* quatrième année *f* de l'enseignement secondaire; **~terti'aner(in)** *m(f) in Deutschland regional* élève *m,f* de quatrième année de l'enseignement secondaire

'**Untertitel** *m* sous-titre *m*; *FILM* Originalfassung *f* **mit ~n** version originale sous-titrée

'**Unterton** *m* ⟨~(e)s; -töne⟩ **1.** *MUS* harmonique inférieur; **2.** *fig* nuance *f*; teinte *f*; pointe *f*; **mit spöttischem ~** avec une pointe de moquerie

unter'**treiben** *v/i* ⟨*irr*, *insép*, *pas de ge-*, h⟩ minimiser l'importance des choses

Unter'treibung *f* ⟨~; ~en⟩ propos très réservés, en dessous de la vérité; (*Euphemismus*) euphémisme *m*; *RHÉT* litote *f*; **das ist e-e ~** a c'est le moins qu'on puisse dire

unter'**tunneln** *v/t* ⟨*insép*, *pas de ge-*, h⟩ percer, faire passer un tunnel sous

'**unter|vermieten** *v/t* ⟨-ete, *pas de ge-*, h⟩ sous-louer; donner en sous-location; **vermietung** *f* sous-location *f*

'**unterversichern** *v/t* ⟨-(e)re, *les temps simples ne s'emploient pas dans une principale*, *pas de ge-*, h⟩ assurer insuffisamment; sous-assurer

'**unterversorgen** *v/t* ⟨*insép*, *pas de ge-*, h⟩ approvisionner, alimenter insuffisamment (**mit** en)

Unterwalden ['ʊntɐvaldən] *n* ⟨→ *n/pr*⟩ l'Unterwald *m*

unter'|wandern *v/t* ⟨-(e)re, *insép*, *pas de ge-*, h⟩ s'infiltrer dans; *POL* noyauter; infiltrer; **wanderung** *f a POL* infiltration *f*; *POL* noyautage *m*

'**Unterwäsche** *f* ⟨~⟩ linge *m* de corps; sous-vêtements *m/pl*; (*Damen*) dessous *m/pl*; lingerie *f*

Unter'wasser... *in Zssgn meist* sous-marin; **~aufnahme** *f PHOT* photo sous-marine, prise sous l'eau; **~behandlung** *f MÉD* méthode thérapeutique pratiquée sous l'eau; **~kamera** *f* appareil photo *m*, caméra *f* sous-marin(e); ~**massage** *f* massage *m* sous l'eau

unter'wegs *adv* **1.** (*sich auf dem Wege befindend*) en chemin; chemin faisant; en route; *der Arzt ist schon* ~ le médecin est déjà en chemin, est déjà parti (pour venir ici); F *fig bei ihnen ist ein Kind* ~ ils attendent un enfant; **2.** (*während der Reise*) en cours de route; **3.** (*außer Haus*) dehors; *vier Wochen* ~ *sein* être parti quatre semaines; *immer* ~ *sein* être toujours par monts et par vaux

unter'weisen *st/s v/t ⟨irr, insép, pas de ge-, h⟩ j-n in etw* (*dat*) ~ instruire qn dans qc; enseigner qc à qn

Unter'weisung *f ⟨~; ~en⟩* instruction *f*; enseignement *m* (*in* [+*acc*] de)

'**Unterwelt** *f ⟨~⟩* **1.** *MYTH* enfers *m/pl*; **2.** (*Verbrecherwelt*) milieu *m*; pègre *f*

unter'werfen *⟨irr, insép, pas de ge-, h⟩* **I** *v/t* **1.** (*unterjochen*) soumettre; asservir; **2.** (*unterziehen*) e-r Kontrolle, e-m Verhör etc soumettre; **II** *v/réfl sich* ~ (*sich beugen*) se soumettre; *sich e-m Urteil* ~ se soumettre à un jugement

Unter'werfung *f ⟨~; ~en⟩* asservissement *m*, soumission *f* (*unter* [+*acc*] à)

unter'worfen *adjt* soumis (+*dat* à); *der Mode* ~ *sein* dépendre de la mode; *ständigen Veränderungen* ~ *sein* être exposé à des changements continuels

unterwürfig ['ʊntɐvyrfɪç] *adj péj* servile; obséquieux, -ieuse; **♀keit** *f ⟨~⟩ péj* servilité *f*; obséquiosité *f*

unter'zeichnen *v/t ⟨-ete, insép, pas de ge-, h⟩* signer

Unter'zeichner(in) *m(f)* soussigné(e) *m(f)*; ~**'zeichnerstaat** *m* État *m* signataire; ~**'zeichnete(r)** *f(m) ⟨→ A⟩ ADM* soussigné(e) *m(f)*; ~**'zeichnung** *f* signature *f*

'**Unterzeug** F *n ⟨~(e)s⟩* sous-vêtements *m/pl*

'**unterziehen** *v/t ⟨irr, sép, -ge-, h⟩* **1.** Kleidung mettre par-dessous; **2.** *CUIS* incorporer (délicatement)

unter'ziehen *⟨irr, insép, pas de ge-, h⟩* **I** *v/t j-n, etw e-r Sache* (*dat*) ~ soumettre qn, qc à qc; **II** *v/réfl sich e-r Sache* (*dat*) ~ se soumettre à qc; (*auf sich nehmen*) se charger de qc; *sich e-r Operation* ~ subir une opération; *sich e-r Prüfung* ~ passer un examen; *sich der Mühe zu* (+*inf*) prendre la peine de (+*inf*)

'**Untiefe** *f* **1.** (*seichte Stelle*) bas-fond *m*; 'haut-fond *m*; **2.** (*unergründliche Tiefe*) abîme *m*; abysse *m*

'**Untier** *n* monstre *m*

un'tragbar *adj* **1.** wirtschaftlich insupportable; **2.** (*unerträglich*) insupportable; intolérable

'**untrainiert** *adj* non entraîné

un'trennbar *adj* inséparable (*mit etw verbunden* de qc)

'**untreu** *adj in der Liebe, fig* infidèle; *j-m* ~ *werden* être infidèle à qn; tromper qn; *s-n Prinzipien* ~ *werden* s'écarter de ses principes; *dem Sport* ~ *werden* abandonner le sport; *sich* (*dat*) *selbst* ~ *werden* se renier (soi-même)

'**Untreue** *f* **1.** infidélité *f*; **2.** *JUR* malversation *f*

un'tröstlich *adj* inconsolable; désolé; *ich bin* ~*, daß* je suis désolé que (+*subj*)

un'trüglich *adj* Zeichen infaillible

'**untüchtig** *adj* incapable

'**Untugend** *f* mauvaise habitude; *p/fort* vice *m*

'**untypisch** *adj* non typique, caractéristique (*für* de)

unüber|'brückbar *adj* Kluft infranchissable; Gegensätze inconciliable; ~**'hörbar** *adj* Lärm etc très fort; *fig* Warnungen etc clair; catégorique; sans équivoque

'**unüberlegt** *adj* irréfléchi; inconsidéré; **♀heit** *f ⟨~; ~en⟩* **1.** ⟨sans pl⟩ manque *m* de réflexion; irréflexion *f*; **2.** Handlung acte *m*, Äußerung remarque *f* irréfléchi(e), inconsidéré(e); étourderie *f*

unüber|'sehbar *adj* **1.** (*offenkundig*) manifeste; patent; **2.** (*sehr groß*) immense; Schaden incalculable; Folgen imprévisible; ~**'setzbar** *adj* intraduisible

'**unübersichtlich** *adj* **1.** Darstellung peu clair, embrouillé; compliqué; **2.** Gelände sans vue (dégagée); Kurve etc à mauvaise *bzw* sans visibilité; **♀keit** *f* **1.** e-r Darstellung caractère embrouillé, peu clair; **2.** e-r Kurve etc manque *m* de visibilité

unüber|'tragbar *adj* intransmissible; *JUR* incessible; ~**'trefflich** *adj* insurpassable; (*unvergleichlich*) incomparable; inégalable; ~**'troffen** *adj* inégalé; sans égal; ~**'windbar**, ~**'windlich** *adj* Schwierigkeiten, Abneigung etc insurmontable; invincible (*a* Gegner)

'**unüblich** *adj* peu courant; inhabituel, -elle; rare

unum'gänglich *adj* indispensable; inéluctable; incontournable

unumschränkt *adj* [ʊn°ʊmˈʃrɛŋkt] Herrscher absolu; souverain

unumstößlich *adj* [ʊn°ʊmˈʃtøːslɪç] Prinzipien immuable; Entschluß irrévocable; indiscutable

unum'stritten *adj* incontesté; *es ist* ~*, daß* ... il est incontestable, indubitable, 'hors de doute que ...

'**unumwunden** *adv* sans détour; catégoriquement; sans ambages; carrément; *etw* ~ *zugeben* reconnaître franchement qc

'**ununterbrochen I** *adj* ininterrompu; continuel, -elle; (*anhaltend*) continu; suivi; (*unaufhörlich*) incessant; **II** *adv* sans interruption; continuellement; sans cesse; sans relâche

unver'änderlich *adj* invariable (*a GR*); immuable; inaltérable; (*beständig*) constant; stable; fixe; **♀keit** *f* invariabilité *f* (*a GR*); immuabilité *f*; inaltérabilité *f*; (*Beständigkeit*) constance *f*; stabilité *f*

unver'ändert *adj* inchangé; inaltéré; (qui est) toujours le *bzw* la même; qui n'a pas changé; *etw* ~ *lassen* laisser qc dans le même état; ne pas toucher à qc

unver'antwortlich *adj* Person irresponsable; Verhalten etc impardonnable; inexcusable; **♀keit** *f ⟨~⟩* e-r Person irresponsabilité *f*

unver|'arbeitet *adj* **1.** (*roh*) brut; non ouvré, travaillé; **2.** (*unbewältigt*) Erlebnisse etc mal assimilé, F digéré; ~**'äußerlich** *st/s adj* Recht inaliénable;

(*nicht übertragbar*) incessible; ~**'besserlich** *adj* incorrigible; *Trinker* invétéré; impénitent

'**unverbindlich I** *adj* **1.** (*nicht verpflichtend*) qui n'engage, n'oblige à rien; sans obligation; ~*e Preisempfehlung* prix indicatif; **2.** (*zurückhaltend*) réservé; peu engageant; **II** *adv* **1.** (*ohne Verpflichtung*) sans engagement, obligation; **2.** (*zurückhaltend*) de façon réservée, peu engageante

'**unverbleit** *adj Benzin* sans plomb

unver'blümt [ʊnfɐˈblyːmt] **I** *adj* (tout) cru; **II** *adv* carrément; sans ménagement; *p/fort* brutalement; **♀heit** *f ⟨~⟩* franchise brutale

'**unverbraucht** *adj* Kräfte intact; frais, fraîche

unver'brüchlich [ʊnfɐˈbrʏçlɪç] *st/s adj* Treue etc à toute épreuve; indéfectible; inébranlable

'**unver|dächtig** *adj* non suspect; qui n'éveille pas de soupçons, la défiance; ~**daulich** *adj* indigeste (*a fig*); ~**daut** *adj* **1.** non digéré; **2.** *fig* mal assimilé, F digéré; ~**dient** *adj* **1.** Lob etc immérité; non mérité; **2.** Strafe etc injuste

'**unver|dienter'maßen** *adv* **1.** gelobt etc werden sans l'avoir mérité; **2.** gestraft etc werden injustement; à tort; ~**dorben** *adj* **1.** qui n'est pas gâté, non corrompu; **2.** *fig* non corrompu, dépravé; (*rein*) pur; innocent; candide; ~**drossen I** *adv* infatigable; (*beharrlich*) persévérant; **II** *adv* sans se lasser, se rebuter; infatigablement; avec persévérance; ~**dünnt** *adj* Flüssigkeit non dilué; Getränk non coupé; pur

unver'einbar *adj* incompatible, inconciliable (*mit* avec); **♀keit** *f ⟨~⟩* incompatibilité *f*

'**unver'fälscht** *adj* **1.** (*ursprünglich*) naturel, -elle; authentique; **2.** (*rein*) Wein non frelaté, F trafiqué; baptisé; ~**fänglich** *adj* (en apparence) inoffensif, -ive, anodin; sans arrière-pensée; ~**froren** *adj* insolent; effronté; impudent; sans-gêne (*a adv*); **♀frorenheit** *f ⟨~; ~en⟩* **1.** ⟨sans pl⟩ Art insolence *f*; effronterie *f*; impudence *f*; sans-gêne *m*; **2.** Äußerung remarque *f*, réflexion insolente, effrontée, impudente; ~**gänglich** *adj* Ruhm, Schönheit impérissable; (*unsterblich*) immortel, -elle; **♀gänglichkeit** *f* immortalité *f*; ~**gessen** *adj* qu'on n'oublie pas

'**unvergeßlich** *adj* inoubliable; (*unauslöschlich*) ineffaçable; *das wird mir* ~ *bleiben* je ne l'oublierai jamais

unver'gleichlich I *adj* incomparable; sans pareil, sans égal; (*einzig*) unique (en son genre); (*alles übertreffend*) 'hors ligne, classe, pair; **II** *adv* ~ *schön* d'une beauté incomparable, sans égale, sans pareille

'**unverhältnismäßig** *adv* excessivement; démesurément; ~ *klein* très petit

'**unverheiratet** *adj* célibataire

'**unverhofft I** *adj* inespéré; inattendu; inopiné; (*unvorhergesehen*) imprévu; **II** *adv* à l'improviste; *prov* ~ *kommt oft* les choses arrivent au moment où l'on s'y attend le moins

'**unverhohlen I** *adj* non dissimulé; (*offen*) franc, franche; **II** *adv* ouvertement; franchement; carrément

'**unverkäuflich** *adj* **1.** (*nicht absetzbar*)

invendable; **2.** (*nicht zum Verkauf bestimmt*) pas à vendre; 'hors vente, commerce; ~**es Muster** échantillon gratuit, vente interdite
'unver'**kennbar** I *adj* qu'on ne saurait méconnaître; manifeste; évident; II *adv* évidemment; manifestement
'**unverletzt** *adj u adv* sans blessure(s); indemne; sain et sauf, saine et sauve; **bei e-m Unfall ~ bleiben** sortir indemne d'un accident
unver'**meidbar**, ~'**meidlich** *adj* inévitable; inéluctable; fatal; ~ **sein** *a* être de rigueur
'**unvermindert** *adj* constant; *der Sturm tobte mit ~er Stärke* la tempête a continué à faire rage avec la même intensité
'**unvermittelt** I *adj* soudain; brusque; II *adv* soudain; brusquement; à brûle-pourpoint
'**Unvermögen** *n* ⟨~s⟩ incapacité *f* (**etw zu tun** de, à faire qc); impuissance *f*
'**unvermutet** I *adj* inopiné; inattendu; (*unvorhergesehen*) imprévu; II *adv* inopinément; à l'improviste
'**Unvernunft** *f* manque *m* de raison, de bon sens
'**unvernünftig** *adj* déraisonnable; *das war ~ von dir a* (là,) tu as manqué de bon sens
'**unveröffentlicht** *adj* inédit; non publié
'**unverrichteter'dinge** *adv* ~ **zurückkehren** s'en aller comme on est venu; rentrer bredouille
'**unverschämt** I *adj* **1.** *Person, Benehmen* insolent; effronté; impertinent; *a Lüge* éhonté; ~ **sein** *a* F avoir du culot; **2.** F (*sehr groß*) extraordinaire; inouï; incroyable; *bes Preis* exorbitant; II *adv* **1.** avec insolence; **2.** F (*sehr*) démesurément; ~ **hohe Preise** *m/pl* des prix exorbitants, scandaleux; **sie sieht ~ gut aus** elle est superbe
'**Unverschämtheit** *f* ⟨~; ~en⟩ **1.** ⟨*sans pl*⟩ insolence *f*; effronterie *f*; impertinence *f*; **die ~ besitzen, zu** (+ *inf*) avoir l'audace de (+*inf*); **2.** *Äußerung* impertinence *f*; ~**en** *pl a* propos insolents
'unver|**schuldet** *adj* **1.** *cf schuldenfrei*; **2.** (*ohne eigene Schuld*) sans qu'il y ait de ma, ta, *etc* faute; ~**sehens** *adv* à l'improviste; inopinément; ~**sehrt** *adj* **1.** (*unbeschädigt*) non endommagé; sans dommage; intact; **2.** (*unverletzt*) indemne; (*wohlbehalten*) sain et sauf, saine et sauve; ~**söhnlich** *adj* **1.** *Gegner* irréconciliable; *litt* implacable; **2.** *fig Widersprüche, Gegensätze* inconciliable; insurmontable
'**Unverstand** *m* manque *m* de réflexion, d'intelligence; **was für ein ~!** quelle bêtise!
'unver|'**standen** *adj* incompris; (*verkannt*) méconnu; ~**ständig** *adj* qui manque de réflexion, d'intelligence
'**unverständlich** *adj* **1.** (*unbegreiflich*) incompréhensible; inintelligible; **es ist mir ~, wie ...** je ne comprends pas comment ...; **2.** (*undeutlich*) indistinct; *bes Worte* inintelligible
'**Unverständ|lichkeit** *f st/s* inintelligibilité *f*; *st/s* incompréhensibilité *f*; *fig* obscurité *f*; ~**nis** *n* manque *m* de compréhension; incompréhension *f*
'**unversteuert** *adj* non imposé

'**unversucht** *adj* **nichts ~ lassen** tenter l'impossible; épuiser tous les moyens
'**unverträglich** *adj* **1.** (*nicht vereinbar*), *MÉD, PHARM* incompatible; **2.** (*nicht bekömmlich*) indigeste; **3.** *Person* qui a mauvais caractère; peu accommodant
'**Unverträglichkeit** *f* **1.** (*Unvereinbarkeit*), *MÉD, PHARM* incompatibilité *f*; **2.** (*Unbekömmlichkeit*) caractère *m* indigeste; **3.** *e-r Person* mauvais caractère
'**unverwandt** I *adj* *Blick* fixe; II *adv* fixement; *j-n ~ ansehen* ne pas quitter qn des yeux; fixer qn du regard; regarder qn fixement
unver|'**wechselbar** *adj* qu'on ne peut confondre; unique; ~'**wundbar** *adj* invulnérable; ²**wundbarkeit** *f* invulnérabilité *f*; ~'**wüstlich** *adj* **1.** *Material etc* inusable; *Maschine etc a* indestructible; **2.** *fig Laune* inaltérable; *Humor* imperturbable; *Gesundheit* inaltérable; à toute épreuve; de fer; *Mensch* d'une résistance à toute épreuve; F incroyable; ~'**zeihlich** *adj* impardonnable; inexcusable; ~'**zichtbar** *adj* indispensable; essentiel, -ielle; *Rechte* inaliénable; ~'**zinslich** *adj* *FIN* sans intérêt
'**unverzollt** *adj* *Ware* non déclaré
unver'**züglich** I *adj* immédiat; II *adv* immédiatement; sans tarder; sans délai; sur-le-champ
'**unvoll|endet** *adj* inachevé; ~**kommen** *adj* *Mensch, Arbeit etc* imparfait; (*fehlerhaft*) défectueux, -euse; ²**kommenheit** *f des Menschen, e-r Arbeit etc* imperfection *f*; (*Fehlerhaftigkeit*) défectuosité *f*; ~**ständig** *adj* incomplet, -ète
'**unvorbereitet** I *adj* non préparé; improvisé; II *adv* **1.** (*ohne Vorbereitung*) sans préparation; au pied levé; **2.** (*unversehens*) à l'improviste; au dépourvu; *Ereignis etc j-n völlig ~ treffen* prendre qn au dépourvu
'**unvoreingenommen** *adj* non prévenu; sans préjugé; sans idées préconçues; sans prévention; ²**heit** *f* absence *f* de préjugés
'**unvorhergesehen** *adj* imprévu
unvor'**hersehbar** *adj* imprévisible
'**unvorschriftsmäßig** *adj* contraire au règlement; non réglementaire; II *adv* contrairement au règlement; d'une façon non réglementaire
'**unvorsichtig** *adj* imprudent; mal avisé; (*unüberlegt*) irréfléchi; étourdi
'**unvorsichtiger'weise** *adv* sans faire attention
'**Unvorsichtigkeit** *f* ⟨~; ~en⟩ imprudence *f*; (*Unüberlegtheit*) inattention *f*; irréflexion *f*; étourderie *f*
unvor'**stellbar** *adj* inimaginable; *das ist* (*völlig*) ~ cela dépasse tout ce qu'on peut imaginer; **es ist mir ~, daß** j'ai peine à imaginer que (+*ind od subj*); cela me paraît impossible que (+*subj*); II *adv* (*sehr*) énormément; infiniment; à l'extrême
'**unvorteilhaft** *adj* désavantageux, -euse; (*ungünstig*) défavorable; *Geschäft* mauvais
un'**wägbar** *adj* impondérable; *Risiko* incalculable; ²**keit** *f* ⟨~; ~en⟩ *meist pl* imponderables *m/pl*
'**unwahr** *adj* faux, fausse; mensonger, -ère; ~**haftig** *st/s adj Person* menteur, -euse; *Aussage* faux, fausse

'**Unwahrheit** *f* contre-vérité *od* contrevérité *f*; (*Lüge*) mensonge *m*; **die ~ sagen** mentir
'**unwahrscheinlich** I *adj* **1.** invraisemblable; improbable; **es ist ~, daß** il est improbable que (+*subj*); **2.** F (*sehr viel*) *Glück etc* incroyable; II F *adv* (*sehr*) incroyablement; énormément; **sich ~ anstrengen** F se donner un mal de chien; en mettre un coup
'**Unwahrscheinlichkeit** *f* invraisemblance *f*; caractère *m* invraisemblable; improbabilité *f*
'**unwegsam** *adj* *Gelände etc* impraticable
'**unweiblich** *adj* peu féminin, *péj* hommasse
un'**weigerlich** I *adj* inévitable; inéluctable; fatal; II *adj* inévitablement; inéluctablement; forcément; fatalement
'**unweit** I *prép* ⟨*gén*⟩ non loin de; II *adv* ~ **von** non loin de
'**Unwesen** *n* ⟨~s⟩ **an e-m Ort sein ~ treiben** *Verbrecher* faire régner l'insécurité dans un lieu; *Geister* 'hanter un lieu
'**unwesentlich** I *adj* non essentiel, -ielle; peu important; (*nebensächlich*) secondaire; accessoire; II *adv a vor comp* (*wenig*) un (tout) petit peu
'**Unwetter** *n* (*Gewitter*) orage *m*; (*Sturm*) tempête *f*
'**unwichtig** *adj* peu important; sans importance; (*belanglos*) insignifiant
unwider|'**legbar** *adj* irréfutable; ~'**ruflich** *adj* irrévocable
'unwider'**sprochen** *adv* **etw nicht ~ lassen** ne pas laisser dire qc sans apporter la contradiction, sans réagir
'unwider'**stehlich** *adj* irrésistible; ²**keit** *f* ⟨~⟩ force *f*, puissance *f* irrésistible
unwieder|'**bringlich** *st/s* F *adj Verlust* irréparable; irrémédiable; II *adv* ~ **verloren** perdu à jamais, sans retour
'**Unwille** *st/s m* ⟨~ns⟩ dépit *m*; (*Entrüstung*) indignation *f*; (*Ärger*) irritation *f*; **j-s ~n erregen** provoquer l'irritation, l'indignation de qn
'**unwillig** I *adj* irrité; fâché; ~ **werden** se fâcher; **über etw, j-n ~ werden** s'irriter de qc, contre qn; II *adv* à contrecœur; de mauvaise grâce
'**unwillkommen** *adj* (*ungelegen*) qui tombe mal; (*qui arrive*) mal à propos; *Besuch* importun; (*unerwünscht*) indésirable
'**unwillkürlich** I *adj* instinctif, -ive; (*ungewollt*) involontaire; machinal; II *adv* instinctivement; involontairement; machinalement; ~ **zusammenzucken** tressaillir involontairement
'**unwirklich** *adj* irréel, -elle; fantastique
'**unwirksam** *adj* inefficace; inopérant; ²**keit** *f* inefficacité *f*
'**unwirsch** [ˈʊnvɪrʃ] *adj Bewegung, Ton* brusque; *Person* bourru; (*verdrießlich*) maussade; de mauvaise humeur; renfrogné
'**unwirtlich** *adj* inhospitalier, -ière
'**unwirtschaftlich** I *adj Verfahren etc* inefficace; improductif, -ive; non rentable; II *adv* sans efficacité; sans rentabilité; ²**keit** *f* non-rentabilité *f*
'**Unwissen** *n* ignorance *f*
'**unwissend** *adj* ignorant; **sehr ~ a** ignare
'**Unwissenheit** *f* ⟨~⟩ ignorance *f* (**in**

unwissenschaftlich – Urlaub

diesem Punkt, auf diesem Gebiet sur ce point, dans ce domaine); ~ schützt nicht vor Strafe nul n'est censé ignorer la loi

'un**wissenschaftlich** adj non scientifique; ⦵keit f ⟨~⟩ manque m d'esprit scientifique

'un**wissentlich** adv sans s'en rendre compte; sans le savoir; à mon, ton, etc insu

'un**wohl** adv mir ist ~, ich fühle mich ~ körperlich je ne me sens pas bien; je ne suis pas bien; (unbehaglich) je suis mal à l'aise, à mon aise

'**Unwohlsein** n indisposition f; malaise m

'**Unwucht** f ⟨~; ~en⟩ TECH déséquilibre m; der Räder a balourd m

'un**würdig** adj indigne; unter ~en Bedingungen dans des conditions indignes

'**Unzahl** f ⟨~⟩ nombre infini, énorme; e-e ~ von ... une multitude de ...

un'**zählbar** adj innombrable; GR Substantiv non dénombrable

'un**zählig** adj ⟨épithète⟩ innombrable; ~e Male mille et mille fois; er hat ~e Fehler gemacht a il a fait un nombre incalculable de fautes

Unze ['ʊntsə] f ⟨~; ~n⟩ in England, HIST once f

'**Unzeit** st/s f zur ~ mal à propos; à contretemps; 'hors de saison

'un**zeitgemäß** adj 1. (überholt) inactuel, -elle; démodé; 2. (nicht der Jahreszeit gemäß) 'hors de saison

unzer'**brechlich** adj incassable

unzer'**kaut** adv non mâché

unzer'**störbar** adj indestructible

unzer'**trennlich** adj inséparable

'un**zivilisiert** adj péj non civilisé; p/fort barbare

'**Unzucht** f ⟨~⟩ impudicité f; litt luxure f; JUR attentat m à la pudeur; REL, plais fornication f; gewerbsmäßige ~ prostitution f; ~ mit Kindern attentat à la pudeur commis sur la personne d'un mineur; ~ treiben commettre un attentat à la pudeur, aux mœurs

'un**züchtig** adj impudique; obscène; litt luxurieux, -ieuse; Schriften pornographique; Tanz lubrique

'un**zufrieden** adj mécontent (mit de); non satisfait, insatisfait (mit de); ⦵heit f mécontentement m; insatisfaction f

'un**zugänglich** adj 1. Ort inaccessible (für à); 2. fig Person (verschlossen) renfermé; st/s secret, -ète; (undurchschaubar) impénétrable; für Eindrücke, Gefühle inaccessible; e-m Rat ~ inaccessible à un conseil

'**Unzugänglichkeit** f ⟨~⟩ inaccessibilité f

'un**zulänglich** st/s I adj insuffisant; II adv insuffisamment; ⦵keit f ⟨~; ~en⟩ insuffisance f

'un**zu**|**lässig** adj inadmissible; (verboten) interdit; JUR irrecevable; non recevable; ~**mutbar** adj qui ne peut être exigé; déraisonnable; intolérable; (überhöht) excessif, -ive; ~**rechnungsfähig** adj JUR irresponsable (de ses actes); qui ne jouit pas de toutes ses facultés mentales; ⦵**rechnungsfähigkeit** f JUR irresponsabilité f; ~**reichend** adj insuffisant; ~**sammenhängend** adj incohérent; décousu

'un**zustellbar** adj als Postvermerk destinataire inconnu à l'adresse indiquée; falls ~, an Absender zurück si inconnu à l'adresse indiquée, prière de retourner à l'expéditeur

'un**zutreffend** adj inexact; non pertinent; ⦵es bitte streichen! prière de rayer, biffer les mentions inutiles

'un**zuverlässig** adj Mensch sur qui on ne peut compter; Uhr etc inexact; Maschine peu fiable; Gedächtnis infidèle; Nachrichtenquelle peu sûr; douteux, -euse; er ist ~ a on ne peut se fier à lui

'**Unzuverlässigkeit** f e-s Menschen manque m de sérieux, de fiabilité; e-r Uhr etc inexactitude f; des Gedächtnisses infidélité f

'un**zweckmäßig** adj (ungeeignet) inadéquat; impropre; inapproprié; Kleidung etc a pas pratique; (unpassend) inopportun; ⦵keit f caractère m impropre, inadéquat; inopportunité f

'un**zweideutig** I adj non équivoque; sans ambiguïté; (klar) clair; net, nette; II adv sans équivoque, ambiguïté; clairement; nettement; ⦵keit f ⟨~⟩ clarté f; netteté f

'un**zweifelhaft** I adj indubitable; II adv indubitablement; à n'en pas douter; sans aucun doute

üppig ['ʏpɪç] adj 1. (in großer Fülle) Vegetation luxuriant; exubérant; abondant; Haarwuchs abondant; touffu; dru; 2. (verschwenderisch) Mahl plantureux, -euse; copieux, -ieuse; Leben opulent; fastueux, -euse; somptueux, -euse; 3. (rundlich) Person bien en chair; Körperformen opulent; plantureux, -euse; ⦵keit f ⟨~⟩ 1. des Wachstums luxuriance f; exubérance f; abondance f; 2. des Lebensstils opulence f; faste m; somptuosité f; 3. der Formen opulence f

Ur ['u:r] m ⟨~(e)s; ~e⟩ ZO aurochs m

'**Urabstimmung** f bei Streik vote m (sur la grève); consultation f de la base

'**Urahn(e)** m(f) ⟨Vorfahr⟩ ancêtre m,f; die ~en pl les aïeux m/pl, ancêtres m/pl

Ural [u'ra:l] m ⟨~ n/pr⟩ l'Oural m

'**uralt** adj 1. (sehr alt) très vieux, vieille; Mann a vieux comme Mathusalem; 2. (e-r alten Zeit angehörend) très ancien, -ienne; vieux, vieille comme le monde; (jahrhundertealt) séculaire; Brauch immémorial; seit ~en Zeiten depuis les temps les plus reculés; de mémoire d'homme

Uran [u'ra:n] n ⟨~s⟩ CHIM uranium m; ~erz n minerai m d'uranium; ⦵haltig adj uranifère

Uranus ['u:ranus] ⟨~⟩ ASTR (der) ~ Uranus

U'ranvorkommen n gisement m uranifère

'**uraufführen** v/t ⟨insép, les temps simples ne s'emploient pas dans une principale, -ge-, h⟩ THÉ représenter pour la première fois; créer; der Film wurde in Berlin uraufgeführt la première du film a eu lieu à Berlin

'**Uraufführung** f première f; création f

urban [ʊr'ba:n] adj 1. (städtisch) urbain; 2. st/s (weltmännisch) litt urbain; litt civil

urbani'sieren v/t ⟨pas de ge-, h⟩ urbaniser

Urba|'**nistik** f ⟨~⟩ urbanisme m; ~**ni'tät** f ⟨~⟩ urbanité f

'**urbar** ['u:rba:r] adj cultivable; ~ **machen** défricher; mettre en culture

'**Urbarmachung** f ⟨~; ~en⟩ défrichage m; défrichement m; mise f en culture

'**Ur**|**bevölkerung** f premiers habitants; autochtones m/pl; bes Australiens aborigènes m/pl; ~**bild** n archétype m; original m; prototype m; ~**christen** m/pl premiers chrétiens; ~**christentum** n christianisme primitif; ⦵**christlich** adj des premiers chrétiens; sc paléochrétien, -ienne; ⦵**deutsch** adj essentiellement, typiquement allemand

'**ur**'**eigen** adj ⟨épithète⟩ absolument original, personnel, -elle; unsere ~sten Interessen nos intérêts les plus personnels

'**Ureinwohner(in)** m(f) autochtone m,f; pl die ~ les premiers habitants; les autochtones m/pl; bes Australiens les aborigènes m/pl

'**Ur**|**enkel(in)** m(f) arrière-petit-fils m; arrière-petite-fille f; pl die ~ les arrière-petits-enfants m/pl; ~**fassung** f version primitive, originale; ~**form** f forme primitive; '⦵**ge**|**mütlich** F adj Ort très, extrêmement confortable; Stimmung très, extrêmement agréable; ~**geschichte** f ⟨~⟩ préhistoire f; ⦵**geschichtlich** adj préhistorique

'**Urgestein** n roche primitive; fig er ist politisches ~ c'est un vieux routier de la politique

'**Ur**|**großeltern** pl bisaïeuls m/pl; arrière-grands-parents m/pl; ~**großmutter** f bisaïeule f; arrière-grand-mère f; ~**großvater** m bisaïeul m; arrière-grand-père m

'**Urheber**|(**in**) ['u:rhe:bər(ɪn)] m ⟨~s; ~⟩ (f) ⟨~; ~nen⟩ 1. (Verursacher) auteur m; (Initiator) instigateur, -trice m,f; st/s promoteur, -trice m,f; 2. (Autor) auteur m; ~**recht** n droit m d'auteur; **urheberrechtlich** adv ~ **geschützt** tous droits d'auteur réservés

'**Urheberschaft** f ⟨~⟩ paternité f

urig ['u:rɪç] adj (urwüchsig) Mensch naturel, -elle; nature (inv); Lokal etc vrai; authentique; (sonderbar) original, -e; farfelu

Urin [u'ri:n] m ⟨~s; ~e⟩ PHYSIOL urine f

uri'**nieren** v/i ⟨pas de ge-, h⟩ uriner

'**Ur**|**instinkt** m instinct fondamental; ~**kirche** f ⟨~⟩ Église primitive; ~**knall** m ⟨~s⟩ ASTR big bang m

'**ur**'**komisch** adj extrêmement, très comique, drôle, F cocasse; impayable

'**Urkunde** f ⟨~; ~n⟩ document m; acte m; titre m; **amtliche**, **notarielle** ~ acte officiel, notarié; e-e ~ **ausstellen** établir un document

'**Urkundenfälschung** f falsification f de document; JUR faux m en écriture

'**urkundlich** I adj documentaire; authentique; **die erste** ~**e Erwähnung** la première mention dans un document; II adv ~ **belegen** documenter

Urlaub ['u:rlaʊp] m ⟨~(e)s; ~e⟩ ARBEITSRECHT congé m; (Ferien) vacances f/pl; MIL permission f; (**un)bezahlter** ~ congé(s) (non) payé(s); ~ **nehmen** prendre un congé, ses congés, MIL une permission; **drei Wochen** ~ **nehmen** prendre trois semaines de congé; **in** ~ **gehen**, **fahren** aller, partir en con-

gé, en vacances, MIL en permission; ~ haben, auf od in od im ~ sein, ~ machen être en vacances, en congé
'Urlauber(in) m ⟨~s; ~⟩ (f) ⟨~; ~nen⟩ vacancier, -ière m,f; touriste m,f
'Urlaubs|anschrift f adresse f de vacances; ~antrag m demande f de congé; ~geld n prime f de vacances; ~ort m ⟨(e)s; ~e⟩ lieu m de vacances; ~paradies n lieu de séjour, de vacances enchanteur; ~pläne m/pl projets m/pl de vacances
'urlaubsreif F adj ~ sein avoir besoin de vacances
'Urlaubs|reise f voyage m de vacances; ~reisende(r) f(m) vacancier, -ière m,f; ~sperre f ARBEITSRECHT interdiction f de prendre ses congés m; MIL suspension f des permissions; ~tag m jour m de vacances, de congé, MIL de permission; ~woche f semaine f de vacances, de congé; ~zeit f 1. (Ferienzeit) saison f des vacances; 2. persönliche (dates f/pl des) vacances f/pl, (du) congé m
'Ur|laut m son primitif; ~mensch m premier homme; homme primitif, préhistorique
Urne ['urnə] f ⟨~; ~n⟩ (Grab♀, Wahl♀) urne f
'Urnen|beisetzung f dépôt m d'une urne funéraire; ~friedhof m columbarium m; ~gang m POL vote m; ~grab n tombe f à urne(s)
Uro|loge [uro'lo:gə] m ⟨~n; ~n⟩, ~'login f ⟨~; ~nen⟩ urologue m,f; ~'lo'gie f ⟨~⟩ urologie f; ♀'logisch adj ⟨épithète⟩ urologique
'Ur|oma F f F arrière-grand-maman f; ~opa F m F arrière-grand-papa m
'ur'plötzlich I adj soudain; subit; II adv soudain(ement); subitement; tout à coup
'Ursache f cause f (a PHILOS); (Grund) motif m; raison f; (Anlaß) sujet m; matière f; e-s Konflikts, e-r Krise origine f; ~ für den Unfall od des Unfalls cause de l'accident; die ~ für etw sein être (la) cause de qc; die ~ dafür sein, daß ... être avoir qc pour cause; s-e ~ in etw (dat) haben avoir, prendre son origine dans qc; keine ~! beim Danken (il n'y a) pas de quoi!; je vous en prie!; kleine ~, große Wirkung petites causes, grands effets
'ursächlich adj causal; ~er Zusammenhang relation f de causalité (mit etw avec qc); für etw ~ sein être (la) cause de qc
'Ur|schrei m PSYCH cri primal; ~schrift f original m; e-r Urkunde minute f
urspr. abr cf ursprünglich
'Ursprung m origine f; (Herkunft) provenance f; (Entstehung) naissance f; s-n ~ in etw (dat) haben provenir de qc; tirer son origine de qc
ursprünglich ['u:rʃprynlɪç] I adj 1. (anfänglich) premier, -ière; initial; primitif, -ive; 2. (echt, natürlich) naturel, -elle; vrai; authentique; II adv 1. (anfangs) à l'origine; initialement; primiti-

vement; (zuerst) d'abord; 2. (echt, natürlich) naturellement; authentiquement
'Ursprünglichkeit f ⟨~⟩ caractère naturel, vrai, authentique; naturel m
'Ursprungs... in Zssgn d'origine; ~land n ⟨(e)s; -länder⟩ bes COMM pays m d'origine
Urständ ['u:rʃtɛnt] f fröhliche ~ feiern ressusciter; connaître un nouvel éclat
'Urstromtal n GÉOL vallée f glaciaire
Ursula ['urzula] f ⟨→ n/pr⟩ Ursule f
Urteil ['urtail] n ⟨~s; ~e⟩ 1. (Bewertung, Meinung) jugement m; opinion f; avis m; ein vernichtendes ~ un jugement sans appel, anéantissant; sich (dat) ein ~ (über etw [acc]) bilden se faire une opinion (sur qc); sein ~ über etw (acc) abgeben donner son jugement, son avis sur qc; auf sein ~ kann man etw geben son opinion vaut qc; on peut se fier à, avoir confiance en son jugement; nach dem ~ von Sachverständigen au dire des experts; 2. (~sfähigkeit) jugement m; ein sicheres ~ haben avoir un jugement sûr; 3. JUR (~sspruch) jugement m; e-s höheren Gerichtshofes arrêt m; e-s Geschworenengerichts sentence f; der Geschworenen verdict m; décision f; rechtskräftiges ~ jugement ayant force de chose jugée; jugement exécutoire, définitif; das Urteil lautet auf (+acc) ... c'est une sentence, un verdict de ...
'urteilen v/i ⟨h⟩ (über etw, j-n) ~ juger (de qc, qn); porter un jugement (sur qc, qn); nach dem Schein ~ juger sur od d'après les apparences; nach ihrer Miene zu ~, ... à en juger par sa mine ...; nach meinem Gefühl zu ~ si j'en juge par mes propres sentiments; vorschnell, ungerecht (über etw [acc]) ~ porter un jugement hâtif, injuste (sur qc); ~ Sie selbst jugez vous-même; à vous de juger
'Urteils|begründung f attendus m/pl, motifs m/pl (d'un jugement); ♀fähig adj capable de juger, de discernement; ~fähigkeit f ⟨~⟩ jugement m; (Unterscheidungsvermögen) discernement m; ~spruch m cf Urteil 3.; ~verkündung f prononcé m du jugement; ~vermögen n ⟨~s⟩ cf Urteilsfähigkeit; ~vollstreckung f exécution f du jugement
'Ur|text m (texte) original m; version originale; ~tierchen n ZO protozoaire m
urtümlich ['u:rty:mlɪç] adj 1. (ursprünglich) naturel, -elle; vrai; 2. (urweltlich) primitif, -ive; préhistorique; archaïque
Uruguay [urugu'a:i] n ⟨→ n/pr⟩ l'Uruguay m; ~er(in) m ⟨~s; ~⟩ (f) ⟨~; ~nen⟩ Uruguayen, -enne m,f; ♀isch adj uruguayen, -enne
'Urur|enkel(in) m(f) descendant(e) m(f) de la quatrième génération; F arrière-arrière-petit-fils m; F arrière-arrière-petite-fille f; ~großmutter f trisaïeule f; ~großvater m trisaïeul m

'Ur|vertrauen n PSYCH confiance fondamentale; ~vieh F plais n ⟨~(e)s; -viecher⟩ F phénomène m; original(e) m(f); ~vogel m archéoptéryx m
'Urwald m forêt f vierge; tropischer ~ forêt tropicale
'Ur|welt f monde primitif, préhistorique; ♀weltlich adj primitif, -ive; préhistorique
urwüchsig ['u:rvy:ksɪç] adj 1. (ursprünglich) primitif, -ive; 2. (natürlich) naturel, -elle; (kraftvoll) plein de force, de vigueur; truculent; ♀keit f ⟨~⟩ 1. (Ursprünglichkeit) robustesse primitive; 2. (Natürlichkeit) caractère primitif, naturel; (Kraft) truculence f; vigueur f
'Urzeit f temps primitifs, préhistoriques; fig seit ~en depuis des temps immémoriaux
'Ur|zeugung f génération spontanée; ~zustand m état primitif, initial
USA [u:?ɛs'?a:] abr (United States of America, Vereinigte Staaten von Amerika) die ~ pl les U.S.A. m/pl
Usance [y'zã:s] f ⟨~; ~n⟩ bes COMM usage m
Usbek|e [us'be:kə] m ⟨~n; ~n⟩, ~in f ⟨~; ~nen⟩ Ouzbek m,f; ♀isch adj ouzbek
Usbekistan [us'be:kista:n] n l'Ouzbékistan m
US-Dollar [u:'?ɛsdɔlar] m dollar U.S. m
usf. abr (und so fort) et ainsi de suite
USt abr of Umsatzsteuer
Usur|pator [uzur'pa:tɔr] m ⟨~s; -'toren⟩ usurpateur m; ♀'pieren v/t ⟨pas de ge-, h⟩ usurper
Usus ['u:zus] F m ⟨~⟩ usage m; coutume f; habitude f; das ist hier so ~ c'est l'usage, l'habitude ici
usw. abr (und so weiter) etc.
Ute ['u:tə] f ⟨→ n/pr⟩ prénom
Utensilien [utɛn'zi:liən] n/pl ustensiles m/pl; affaires f/pl
Uterus ['u:tərus] m ⟨~; -ri⟩ ANAT utérus m
Utopie [uto'pi:] f ⟨~; ~n⟩ utopie f
u'topisch adj utopique
Uto'pist(in) m ⟨~en; ~en⟩ (f) ⟨~; ~nen⟩ utopiste m,f
u.U. abr (unter Umständen) éventuellement; le cas échéant
UV [u:'fau] abr (ultraviolett) U.V. (ultraviolet)
u.v.a.(m.) abr (und viele[s] andere [mehr]) et beaucoup, bien d'autres (choses)
U'V|-Lampe f lampe f à bronzer aux rayons ultraviolets; ~-Strahlen m/pl rayons ultraviolets; ~-Strahlung f ⟨~⟩ rayons m/pl cosmiques
Ü-Wagen ['y:va:gən] m abr (Übertragungswagen) RAD, TV voiture f de reportage
Uwe ['u:və] m ⟨→ n/pr⟩ prénom
Uz [u:ts] F m ⟨~es; ~e⟩ taquinerie f; F mise f en boîte
'uzen F v/t ⟨-(es)t, h⟩ j-n ~ taquiner qn; F mettre qn en boîte; se payer la tête de qn
Uze'rei F f ⟨~; ~en⟩ cf Uz

V

V, v [faʊ] *n* ⟨~; ~⟩ *Buchstabe* V, v *m*
V *abr* (*Volt*) V (volt)
v. *abr* (*von, vom*) de
va banque [vaˈbã:k] ~ **spielen** risquer le tout pour le tout; jouer son va-tout
Vaˈbanquespiel *n* ⟨~(e)s⟩ *fig* **das ist ein** ~ c'est vraiment risquer le tout pour le tout
Vademekum [vadeˈme:kʊm] *n* ⟨~s; ~s⟩ vade-mecum *od* vademecum *m*
VAE [faʊˀaːˀˀeː] *pl abr* (*Vereinigte Arabische Emirate*) **die** ~ les Émirats arabes unis
vag [va:k] *adj cf* **vage**
Vagabund(in) [vagaˈbʊnt (-ˈbʊndɪn)] *m* ⟨~en; ~en⟩ (*f* ⟨~; ~nen⟩ vagabond(e) *m(f)*; ²ˈdieren *v/i* ⟨*pas de ge-*⟩ **1.** ⟨h⟩ (*ohne festen Wohnsitz sein*) vivre comme un vagabond; **2.** ⟨sein⟩ (*ziellos umherziehen*) vagabonder; errer
vage [ˈvaːɡə] **I** *adj* vague; **II** *adv* vaguement
ˈVagheit *f* ⟨~; ~en⟩ **1.** ⟨*sans pl*⟩ vague *m*; **2.** (*vage Aussage*) imprécision *f*
Vagina [ˈvaːɡina] *ou* vaˈgiːna] ⟨~; -nen⟩ *ANAT* vagin *m*
vagiˈnal *adj ANAT* vaginal
vakant [vaˈkant] *adj* vacant; libre; inoccupé
Vaˈkanz *f* ⟨~; ~en⟩ **1.** ⟨*sans pl*⟩ (*das Vakantsein*) vacance *f*; **2.** (*vakante Stelle*) place vacante; poste vacant
Vakuum [ˈvaːkuʊm] *n* ⟨~s; -kua *ou* -kuen⟩ *PHYS, fig* vide *m*; **absolutes** ~ vide absolu; *fig* **ein** ~ **hinterlassen** laisser un vide
ˈvakuumˌverpackt *adjt* emballé sous vide; ²**verpackung** *f* emballage *m* sous vide
Valentin [ˈvalɛntiːn] *m* ⟨→ *n/pr*⟩ Valentin *m*
ˈValentinstag *m* la Saint-Valentin
Valenz [vaˈlɛnts] *f* ⟨~; ~en⟩ *CHIM, LING* valence *f*
Valuta [vaˈluːta] *f* ⟨~; -ten⟩ *FIN* monnaie étrangère; devise *f*; **hochwertige** ~ monnaie, devise forte
Vaˈlutaˌgeschäft *n* opération *f* de change; ~**gewinn** *m* bénéfice *m* (sur une opération) de change
Vamp [vɛmp] *m* ⟨~s; ~s⟩ vamp *f*
Vampir [vamˈpiːr] *m* ⟨~s; ~e⟩ *ZO, MYTH* vampire *m*
Vanadium [vaˈnaːdiʊm] *n* ⟨~s⟩ *CHIM* vanadium *m*
Vandale [vanˈdaːlə] *cf* **Wandale**
Vanille [vaˈnɪl(j)ə] *f* ⟨~⟩ **1.** *Pflanze* vanillier *m*; **2.** *Gewürz* vanille *f*; ~**eis** *n* glace *f* à la vanille; ~**geschmack** *m* goût *m* (de) vanille; ~**pudding** *m* et-wa flan *m* à la vanille; ~**sauce**, ~**soße** *f* sauce *f* à la vanille; ~**stange** *f*

bâton *m* de vanille; ~**zucker** *m* sucre vanillé
Vanillin [vaniˈliːn] *n* ⟨~s⟩ *CHIM* vanilline *f*
Vanuatu [vaːnuːˈaːtuː] *n* ⟨→ *n/pr*⟩ *GÉOGR* Vanuatu
variabel [variˈaːbəl] ⟨-bl-⟩ **I** *adj* variable; **II** *adv* d'une façon variable
Variabiliˈtät [variabiliˈtɛːt] *f* ⟨~⟩ *sc* variabilité *f*
Variˈable *f* ⟨→ A⟩ *MATH* variable *f*
Variante [variˈantə] *f* ⟨~; ~n⟩ *sc* variante *f*
Variatiˈon *f* ⟨~; ~en⟩ *MUS, MATH, fig* variation *f* (**über** [+*acc*], **zu** sur)
Varietät [varieˈtɛːt] *f* ⟨~; ~en⟩ *sc* variété *f*
Varieˈté [varieˈteː] *n* ⟨~s; ~s⟩ Theater music-hall *m*; théâtre *m* de variétés; *Aufführung* spectacle *m* de variétés; attractions *f/pl*
variˈieren ⟨*pas de ge-*, h⟩ **I** *v/t* (*abwandeln*) modifier; varier; *MUS* **ein Thema** ~ composer des variations sur un thème; **II** *v/i* (*voneinander abweichen*) varier
Varioobjektiv [ˈvaːrioˀɔpjɛktiːf] *n* *PHOT* zoom *m*
Vasall(in) [vaˈzal(ɪn)] *m* ⟨~en; ~en⟩ (*f* ⟨~; ~nen⟩ *HIST* vassal(e) *m(f)*
Vaˈsallenstaat *m* *péj, POL* État vassal, tributaire, satellite
Vase [ˈvaːzə] *f* ⟨~; ~n⟩ vase *m*
Vaseline [vazeˈliːnə] *f* ⟨~⟩ vaseline *f*
vasomotorisch [vazomoˈtoːrɪʃ] *adj ANAT, PHYSIOL* vasomoteur, -trice
Vater [ˈfaːtər] *m* ⟨~s; ~⟩ **1.** père *m*; *Ihr Herr* ~ Monsieur votre père; **sein leiblicher** ~ son propre père; **er wird** ~ il va être papa; il va avoir un enfant; **er ist ganz der** ~ c'est tout le portrait de son père; c'est tout à fait son père; **vom** ~ **auf den Sohn** de père en fils; **wie der** ~, **so der Sohn** tel père, tel fils; *plais* ~ **Staat** (*Wohlfahrtsstaat*) l'État-providence *m*; **als Arbeitgeber** l'État-patron *m*; **bei** ~ **Staat beschäftigt sein** émarger au budget de l'État; **2.** *fig* (*Urheber*) auteur *m*; créateur *m*; **der geistige** ~ l'inspirateur *m*; **die** ~ **des Grundgesetzes** les pères (fondateurs) de la loi fondamentale; **3.** ⟨*sans pl*⟩ *REL* **der** ~ le Père; **der Heilige** ~ le Saint-Père; **himmlischer** ~, **Gott** Dieu *m* le Père; **4.** *pl* (*Vorfahren*) *st/s* **unsere** ~ *st/s* nos pères; **5.** (~*tier*) (mâle *m*) géniteur *m*
Väterchen [ˈfɛːtərçən] *n* ⟨~s; ~⟩ **1.** Kosename petit père *m*; **2.** (*alter Mann*) pépé *m*; **3.** *plais* ~ **Frost** le Bonhomme Hiver
ˈVaterfigur *f* père *m*; *fig* **er ist e-e** ~ **für mich** je le considère comme un père

ˈVaterfreuden *f/pl* joies *f/pl* de la paternité, d'être père; ~ **entgegensehen** être en passe de devenir père
ˈVaterˌhaus *n* maison paternelle; ~**land** *n* ⟨~(e)s; -länder⟩ patrie *f*; ²**ländisch** *st/s adj* de la patrie; *Lieder, Reden etc* patriotique
ˈVaterlandsˌliebe *f* amour *m* de la patrie; patriotisme *m*; ~**verräter** *m* *péj* traître *m* à sa patrie, son pays
ˈväterlich **I** *adj* paternel, -elle; **das** ~**e Geschäft übernehmen** reprendre l'affaire paternelle, du père; **ein** ~**er Freund** un ami qui est pour moi, lui, nous, *etc* comme un père; **II** *adv* comme un père
ˈväterlicherseits *adv* du côté paternel; **Großvater** ~ grand-père paternel
ˈvaterlos **I** *adj* orphelin de père; **II** *adv* ~ **aufwachsen** grandir sans père
ˈVaterschaft *f* ⟨~⟩ *bes JUR* paternité *f*; **Anerkennung** *f* **der** ~ reconnaissance *f* de paternité; **Feststellung** *f* **der** ~ recherche *f* de la paternité
ˈVaterschaftsklage *f* *JUR* action *f* en recherche de paternité; ~**stadt** *st/s f* ville natale
ˈVaterstelle *f* **bei j-m** ~ **vertreten** tenir lieu de père à qn
ˈVaterˌtag *m* fête *f* des pères; ~**tier** *n* *AGR* (mâle *m*) géniteur *m*
Vaterˈunser *n* ⟨~s; ~⟩ *REL* Notre-Père *m*; **ein** ~ **beten** dire un Notre-Père
ˈVati *enf m* ⟨~s; ~s⟩ *enf* papa *m*
Vatikan [vatiˈkaːn] *m* ⟨→ *n/pr*⟩ **der** ~ le Vatican
vatiˈkanisch *adj* ⟨*épithète*⟩ du Vatican; *nur f* vaticane; **das** ²**e Konzil** le concile du Vatican
Vatiˈkanstadt *f* ⟨→ *n/pr*⟩ cité *f* du Vatican
V-Ausschnitt [ˈfaʊˀaʊsʃnɪt] *m* col *m* (en) V
VB *abr cf* **Verhandlungsbasis**
v. Chr. *abr* (*vor Christus*) av. J.-C. (avant Jésus-Christ)
VDE [faʊdeːˀeː] *m* ⟨~⟩ *abr* (*Verband Deutscher Elektrotechniker*) Association *f* des électrotechniciens allemands
VdK [faʊdeːˈkaː] *m* ⟨~⟩ *abr* (*Verband der Kriegs- und Wehrdienstopfer, Behinderten und Sozialrentner*) *BRD* association *f* des victimes de la guerre, des handicapés et des retraités de la Sécurité sociale
VEB [faʊˀeːˈbeː] *m* ⟨~; ~s⟩ *abr HIST DDR* (*volkseigener Betrieb*) entreprise nationalisée
Vegetarier(in) [vegeˈtaːriər(ɪn)] *m* ⟨~s; ~⟩ (*f* ⟨~; ~nen⟩ végétarien, -ienne *m,f*
vegeˈtarisch **I** *adj* végétarien, -ienne; ~**e Lebensweise** régime végétarien; **II** *adv* ~ **leben** être végétarien, -ienne

Vegetati'on f ⟨∼; ∼en⟩ végétation f
vegeta'tiv adj BIOL, PHYSIOL végétatif, -ive; **∼es Nervensystem** système neurovégétatif
vege'tieren v/i ⟨pas de ge-, h⟩ péj végéter; vivoter
vehement [vehe'mɛnt] adj véhément; a adv avec véhémence
Vehe'menz f ⟨∼⟩ véhémence f
Vehikel [ve'hi:kəl] n ⟨∼s; ∼⟩ 1. von e-m Auto guimbarde f; F (vieille) bagnole f; F tacot m; clou m (a von e-m Fahrrad); 2. (Mittel) véhicule m
Veilchen ['faɪlçən] n ⟨∼s; ∼⟩ 1. BOT violette f; 2. F (blaues Auge) œil poché, au beurre noir; ⁀**blau** adj violet, -ette; Augen a pervenche (inv); ⁀**duft** m ⟨∼(e)s⟩ parfum m, odeur f de violettes; ⁀**strauß** m ⟨∼es; ∼e⟩ bouquet m de violettes
Veit [faɪt] m ⟨→ n/pr⟩ Guy m
'**Veitstanz** m ⟨∼es⟩ MÉD danse f de Saint-Guy
Vektor ['vɛktɔr] m ⟨∼s; -'toren⟩ PHYS, MATH vecteur m; ⁀**rechnung** f calcul vectoriel
Velo ['ve:lo] n ⟨∼s; ∼s⟩ schweiz vélo m
Velours [və'lu:r, ve-] m ⟨∼; ∼⟩ 1. TEXT velours m; 2. Leder cf **Veloursleder**; ⁀**leder** n daim m
Vene ['ve:nə] f ⟨∼; ∼n⟩ ANAT veine f
Venedig [ve'ne:dɪç] n ⟨→ n/pr⟩ Venise f
'**Venenentzündung** f MÉD phlébite f
venerisch [ve'ne:rɪʃ] adj MÉD vénérien, -ienne
Venezian|er(in) [venɛtsi'a:nər(ɪn)] m ⟨∼s; ∼⟩ (f) ⟨∼; ∼nen⟩ Vénitien, -ienne m,f; ⁀**isch** adj vénitien, -ienne
Venezolan|er(in) [venɛtso'la:nər(ɪn)] m ⟨∼s; ∼⟩ (f) ⟨∼; ∼nen⟩ Vénézuélien, -ienne m,f; ⁀**isch** adj vénézuélien, -ienne
Venezuela [venɛtsu'e:la] n ⟨→ n/pr⟩ le Venezuela
venös [ve'nø:s] adj MÉD, ANAT veineux, -euse
Ventil [vɛn'ti:l] n ⟨∼s; ∼e⟩ 1. TECH soupape f (a beim Auto, Dampfkessel); (Klappe) clapet m; e-s Reifens, Fahrradschlauches valve f; 2. MUS piston m; 3. fig dérivatif m; st/s exutoire m
Ventilati'on f ⟨∼⟩ (Belüftung) ventilation f; (Lüftung) aération f
Venti'lator m ⟨∼s; -'toren⟩ ventilateur m
venti'lieren v/t ⟨pas de ge-, h⟩ 1. TECH (belüften) ventiler; (lüften) aérer; 2. st/s, fig examiner (avec soin)
Venus ['ve:nʊs] f ⟨∼⟩ 1. ASTR Vénus; 2. ⟨→ n/pr⟩ MYTH Vénus f; ⁀**berg** m, ⁀**hügel** m ANAT mont m de Vénus; sc pénil m
ver'abfolgen st/s v/t ⟨pas de ge-, h⟩ cf **verabreichen**
ver'abreden ⟨-ete, pas de ge-, h⟩ I v/t (vereinbaren) convenir (etw de qc); Treffen, Termin a fixer; (sich absprechen) **∼ zu** (+inf) bzw, **daß ...** décider de (+inf) bzw que ... (meist +Futur); II v/réfl **sich ∼** fixer un rendez-vous; **sich mit j-m ∼** prendre (un) rendez-vous avec qn (**für** pour)
ver'abredet adj convenu; **zum ∼en Zeitpunkt** au moment convenu; **wie ∼** comme convenu; **mit j-m ∼ sein** avoir rendez-vous avec qn
Ver'abredung f ⟨∼; ∼en⟩ 1. (Treffen) rendez-vous m; **e-e geschäftliche ∼** un rendez-vous d'affaires; **e-e ∼ mit j-m treffen** prendre (un) rendez-vous avec qn; **ich habe noch e-e ∼** j'ai encore un rendez-vous; 2. (Abmachung) accord m; **e-e ∼ mit j-m treffen** se mettre d'accord, conclure un accord avec qn (**über etw** [+acc] sur qc); **sich an e-e ∼ halten** s'en tenir à un accord
ver'abreich|en v/t ⟨pas de ge-, h⟩ donner; Medizin a administrer; Prügel donner; F flanquer; ⁀**ung** f ⟨∼; ∼en⟩ e-r Medizin administration f
ver'ab|scheuen v/t ⟨pas de ge-, h⟩ détester; avoir en horreur; p/fort, st/s exécrer; st/s abhorrer; ⁀**scheuenswert**, ⁀**scheuenswürdig** adj détestable; abominable; st/s exécrable; ⁀**scheuung** f ⟨∼⟩ horreur f; aversion f
ver'abschieden ⟨-ete, pas de ge-, h⟩ I v/t 1. Gäste dire au revoir à; 2. (entlassen) fêter officiellement le départ de; **in den Ruhestand** mettre à la retraite; 3. Gesetz, Haushaltsplan voter; Gesetz(entwurf) a adopter; II v/réfl **sich ∼ (von** od **bei j-m)** prendre congé (de qn); **endgültig** faire ses adieux (à qn)
Ver'abschiedung f ⟨∼; ∼en⟩ 1. von Gästen remerciements m/pl (au départ); 2. von Beamten, Offizieren etc mise f en congé; **in den Ruhestand** mise f à la retraite; 3. e-s Gesetzes vote m; adoption f
verabsolu'tieren v/t ⟨pas de ge-, h⟩ **etw ∼** faire de qc un principe absolu
ver'achten v/t ⟨-ete, pas de ge-, h⟩ mépriser; (geringschätzen) dédaigner; F **das ist nicht zu ∼** F c'est pas mal; F ce n'est pas à cracher dessus
Verächter(in) [fɛr'ˀɛçtər(ɪn)] m ⟨∼s; ∼⟩ (f) ⟨∼; ∼nen⟩ contempteur, -trice m,f; détracteur, -trice m,f
ver'ächtlich I adj 1. (geringschätzig) méprisant; dédaigneux, -euse 2. (Verachtung verdienend) méprisable; vil; abject; **etw ∼ machen** jeter le discrédit sur qc; dénigrer qc; II adv **j-n ∼ behandeln** traiter qn avec dédain
Ver'achtung f ⟨∼⟩ mépris m; dédain m; **j-n mit ∼ strafen** ignorer qn
ver'achtungsvoll st/s adj u adv cf **verächtlich** I 1., II
ver'albern v/t ⟨-(e)re, pas de ge-, h⟩ (verspotten) tourner en ridicule; (aufziehen) se moquer de
verallge'meiner|n v/t ⟨-(e)re, pas de ge-, h⟩ généraliser; ⁀**ung** f ⟨∼; ∼en⟩ généralisation f
ver'alten v/i ⟨-ete, pas de ge-, sein⟩ vieillir; se démoder; tomber en désuétude; Mode passer
ver'altet adj vieilli; (überholt) suranné, désuet, -ète; tombé en désuétude; (unmodern) démodé; passé de mode; **∼er Ausdruck** a archaïsme m
Veranda [ve'randa] f ⟨∼; -den⟩ véranda f
ver'änderlich adj variable (a GR, MATH); changeant; (unbeständig) Wetter instable; ⁀**keit** f ⟨∼⟩ variabilité f; (Unbeständigkeit) instabilité f
ver'ändern ⟨-(e)re, pas de ge-, h⟩ I v/t changer; modifier; transformer; radikal métamorphoser; Gesichtszüge, Stimme a altérer; II v/réfl **sich ∼ 1.** changer; se modifier; se transformer; Gesichtszüge, Stimme a s'altérer; **sich zu s-m Vorteil ∼** changer en bien; 2. beruflich changer d'emploi
Ver'änderung f ⟨∼; ∼en⟩ changement m; transformation f; nachteilige altération f; teilweise modification f; radikale métamorphose f; berufliche changement d'emploi; **e-e ∼ erfahren** subir un changement; **bei uns ist e-e ∼ eingetreten** il y a eu du changement chez nous
ver'ängstigen v/t ⟨pas de ge-, h⟩ **j-n ∼** angoisser qn; **ein verängstigtes Kind** un enfant effrayé; **ein verängstigtes Tier** un animal apeuré
ver'ankern v/t ⟨-(e)re, pas de ge-, h⟩ MAR, CONSTR, fig ancrer; **gesetzlich verankert sein** être inscrit, ancré dans la loi
Ver'ankerung f ⟨∼; ∼en⟩ 1. ⟨sans pl⟩ (das Verankern) a fig ancrage m; 2. (Halterung) fixation f; attache f
ver'anlagen v/t ⟨pas de ge-, h⟩ FIN **j-n ∼** imposer qn; établir l'assiette de l'impôt de qn
ver'anlagt adj 1. **für etw ∼ sein** être prédisposé à qc; avoir des prédispositions à qc; (begabt sein) avoir le don de qc; **praktisch ∼ sein** avoir le sens pratique; 2. FIN taxé; **getrennt ∼ werden von Ehepaaren** être imposable séparément
Ver'anlagung f ⟨∼; ∼en⟩ 1. (Talent, Neigung) talent m (**für** pour); (pré)disposition f (**für** à) (a MÉD); **kaufmännische ∼** a sens m du commerce; 2. FIN établissement m de l'assiette de l'impôt; évaluation f, fixation f de l'impôt
ver'anlassen v/t ⟨-ßt, pas de ge-, h⟩ 1. **j-n zu etw ∼** pousser, amener, déterminer qn à qc; **ich sehe mich veranlaßt zu** (+inf) je me vois obligé, contraint de (+inf); **sich zu etw veranlaßt fühlen** se sentir amené à qc; **das hat mich zu dem Glauben veranlaßt, daß ...** cela m'a porté, poussé, incité à croire que ...; 2. (anordnen, in die Wege leiten) **etw ∼** ordonner qc; donner l'ordre de faire qc; faire faire qc; **∼ Sie bitte, daß er kommt** veuillez le faire venir; **wir werden alles Weitere ∼** nous nous chargerons, occuperons du reste
Ver'anlassung f ⟨∼; ∼en⟩ 1. (Grund) cause f (**zu etw** de qc); (Anlaß) sujet m; matière f; (Beweggrund) motif m; **∼ zu etw geben** fournir matière à qc; donner matière, lieu à qc; **wir haben keinerlei ∼ zu** (+inf) nous n'avons aucune raison, aucun motif de (+inf); 2. (Initiative) impulsion f; instigation f; initiative f; **auf j-s ∼** (acc) (hin) sur l'ordre, l'intervention, l'initiative de qn; sous l'impulsion de qn
ver'anschaulichen ⟨pas de ge-, h⟩ v/t illustrer; concrétiser; faire comprendre; **etw durch Beispiele ∼** illustrer qc par des exemples
Ver'anschaulichung f ⟨∼; ∼en⟩ illustration f; concrétisation f
ver'anschlagen v/t ⟨pas de ge-, h⟩ estimer, évaluer (**mit** à); **etw zu hoch ∼** surestimer, surévaluer qc
Ver'anschlagung f ⟨∼; ∼en⟩ estimation f; évaluation f
ver'anstalten v/t ⟨-ete, pas de ge-, h⟩ Fest, Ausstellung, Kongreß etc organiser; Konzert, Fest a donner; Umfrage faire; mener

Ver'anstalter(in) *m* ⟨~s; ~⟩ (*f*) ⟨~; ~nen⟩ organisateur, -trice *m,f*; *e-s Wettkampfes a* promoteur, -trice *m,f*
Ver'anstaltung *f* ⟨~; ~en⟩ **1.** ⟨*sans pl*⟩ (*das Veranstalten*) organisation *f*; **2.** *politische, sportliche, kulturelle etc* manifestation *f*; *am Abend* soirée *f*; *sportliche a* réunion *f*; rencontre *f*; *THÉ, ZIRKUS, KABARETT a* spectacle *m*; (*Feier*) fête *f*
ver'antworten ⟨-ete, *pas de ge-*, h⟩ **I** *v/t etw* ~ répondre de qc; prendre, assumer la responsabilité de qc; *das kann ich nicht* ~ je ne peux pas en prendre la responsabilité; *etw vor s-m Gewissen* ~ assumer la responsabilité morale de qc; **II** *v/réfl sich für etw* ~ se justifier de qc (*vor j-m* auprès de qn); *sich vor Gericht* (*dat*) ~ se justifier devant le tribunal
ver'antwortlich *adj* **1.** (*Verantwortung tragend*) responsable (**für** de); (*rechenschaftspflichtig*) comptable (*j-m für etw* de qc envers qn); *der ~e Ingenieur* l'ingénieur responsable; *j-n für etw* ~ *machen* rendre qn responsable de qc; *j-m für etw* ~ *sein* (devoir) répondre à qn de qc; **2.** (*mit Verantwortung verbunden*) *~e Stellung* position *f*, charge *f*, poste *m* comportant des responsabilités; poste *m* de responsabilité
Ver'antwortlich|e(r) *f(m)* (→ A) responsable *m,f*; *~keit f* ⟨~; ~en⟩ responsabilité *f*
Ver'antwortung *f* ⟨~; ~en⟩ **1.** responsabilité *f*; *die* ~ *tragen* porter la responsabilité, être responsable (*für* de); *etw auf eigene* ~ *tun* prendre le risque de faire qc; *die* ~ *für etw übernehmen* se porter garant de qc; *für e-n Anschlag etc* revendiquer qc; *die* ~ *auf j-n abwälzen* rejeter la responsabilité sur qn; *sich* (*dat*) *s-r* ⟨*gén*⟩ *bewußt sein* être conscient de ses responsabilités; *j-n zur* ~ *ziehen* demander des comptes à qn (*für etw* pour qc); **2.** ⟨*sans pl*⟩ (*Verantwortungsgefühl*) *ohne jede* ~ *handeln* agir d'une façon irresponsable
ver'antwortungs|bewußt *adj* conscient de ses responsabilités; *~bewußtsein n* conscience *f* de ses responsabilités; *~gefühl n* ⟨~s⟩ sens *m* des responsabilités
ver'antwortungslos I *adj* irresponsable; léger, -ère; **II** *adv* ~ *handeln* agir d'une façon irresponsable
Ver'antwortungs|losigkeit *f* ⟨~⟩ irresponsabilité *f*; légèreté *f*; *~voll adj* **1.** *Aufgabe, Position* de responsabilité; **2.** *Person, Handlungsweise* responsable
ver'äppeln F *v/t* ⟨-(e)le, *pas de ge-*, h⟩ *j-n* ~ F mettre qn en boîte; F se payer la tête de qn
ver'arbeiten *v/t* ⟨-ete, *pas de ge-*, h⟩ **1.** (*als Material verwenden*) employer, utiliser (*zu etw* à qc, pour faire qc); *Rohstoffe etc* (*bearbeiten*) transformer; travailler; traiter; façonner; **2.** (*psychisch, geistig bewältigen*) assimiler; (*sich zu eigen machen*) faire sien, sienne; **3.** *Nahrung* assimiler; (*verdauen*) digérer
ver'arbeitend *adj* ~*e Industrie* industrie de transformation, manufacturière
ver'arbeitet *adj* *gut, schlecht* ~*e Ware* marchandise *f* dont la finition est bonne, mauvaise

Ver'arbeitung *f* ⟨~; ~en⟩ **1.** (*Verwendung*) emploi *m*; (*Bearbeitung*) transformation *f*; traitement *m*; façonnage *m*; **2.** (*geistige Bewältigung*) assimilation *f*; **3.** *der Nahrung* assimilation *f*; digestion *f*; **4.** (*~squalität*) finition *f*
Ver'arbeitungsbetrieb *m* entreprise *f* de transformation
ver'argen *st/s v/t* ⟨*pas de ge-*, h⟩ *j-m etw* ~ en vouloir à qn de qc; *das kann man ihr nicht* ~ on ne peut pas lui en vouloir pour ça
ver'ärgern *v/t* ⟨-(e)re, *pas de ge-*, h⟩ irriter; fâcher; *wegen etw verärgert sein* être fâché à cause de qc
Ver'ärgerung *f* ⟨~; ~en⟩ irritation *f*
ver'arm|en *v/i* ⟨*pas de ge-*, sein⟩ *a fig* s'appauvrir; *p/fort* tomber dans l'indigence, la misère; *2ung f* ⟨~⟩ **1.** (*das Verarmen*) *a fig* appauvrissement *m*; *der Massen* paupérisation *f*; **2.** (*das Verarmtsein*) *a fig* appauvrissement *m*; *p/fort* indigence *f*; *der Massen* paupérisme *m*
ver'arschen P *v/t* ⟨*pas de ge-*, h⟩ *j-n* ~ F se payer la gueule, poire, tronche de qn; *du willst mich wohl* ~? P tu te fous de ma gueule?
ver'arzten F *v/t* ⟨-ete, *pas de ge-*, h⟩ soigner
verästel|n [fɛrˈʔɛstəln] *v/réfl* ⟨-(e)le, *pas de ge-*, h⟩ *sich* ~ se ramifier (*a fig*); *2ung f* ⟨~; ~en⟩ ramification *f* (*a fig*)
ver'ätz|en *v/t* ⟨-(es)t, *pas de ge-*, h⟩ **1.** *MÉD* brûler à l'acide; **2.** *TECH* corroder; *2ung f* ⟨~; ~en⟩ **1.** *MÉD* brûlure *f* par acide; **2.** *TECH* corrosion *f* (par un acide)
ver'ausgaben ⟨*pas de ge-*, h⟩ **I** *v/t ADM* dépenser; *fig, Kräfte a* épuiser; **II** *v/réfl sich* ~ *physisch* se dépenser; s'épuiser; *er hat sich völlig verausgabt* il s'est dépensé sans compter; il s'est donné à fond
ver'auslagen *st/s, ADM v/t* ⟨*pas de ge-*, h⟩ *Geld* débourser; avancer
ver'äußer|n *v/t* ⟨-(e)re, *pas de ge-*, h⟩ *bes JUR* aliéner; (*verkaufen*) vendre; monnayer; *Rechte* céder; *2ung f* ⟨~; ~en⟩ *bes JUR* aliénation *f*; (*Verkauf*) vente *f*; *von Rechten* cession *f*
Verb [vɛrp] *n* ⟨~s; ~en⟩ *GR* verbe *m*
ver'backen *v/t* ⟨*irr, pas de ge-*, h⟩ *Mehl etc* employer
ver'bal I *adj st/s, GR* verbal; **II** *adv* **1.** *st/s* (*mit Worten*) avec des mots; **2.** *GR* verbalement; par une verbe
verballhornen [fɛrˈbalhɔrnən] *v/t* ⟨*pas de ge-*, h⟩ *Wort, Satz* estropier
Ver'band *m* ⟨~(e)s; ~e⟩ **1.** *MÉD* pansement *m*; bandage *m*; *e-n* ~ *anlegen* appliquer un pansement, un bandage; mettre un pansement; **2.** (*Zusammenschluß*) fédération *f*; union *f*; (*Verein*) *a* association *f*; *Gewerkschaft, Arbeitgeber₂ a* syndicat *m*; **3.** *MIL* formation *f*; unité *f*; *AVIAT im* ~ *fliegen* voler en formation
Ver'band(s)|kasten *m* boîte *f* de *od* à pansements; *für Erste Hilfe a* pharmacie *f* (portative); *im Auto* mallette *f* de secours; *~material n* (nécessaire *m* à) pansements *m/pl*; *~päckchen n* compresse *f* aseptique (sur un rouleau de gaze)
Ver'bandstag *m* congrès *m* d'une fédération, d'un syndicat, *etc*

Ver'band(s)|watte *f MÉD* ouate *f* à pansement; coton *m* hydrophile; *~zeug n* ⟨~(e)s⟩ (nécessaire *m* à) pansements *m/pl*
ver'bannen *v/t* ⟨*pas de ge-*, h⟩ bannir (*a fig*); exiler; *j-n auf e-e Insel* ~ bannir, exiler qn sur une île
Ver'bannte(r) *f(m)* (→ A) banni(e) *m(f)*; exilé(e) *m(f)*
Ver'bannung *f* ⟨~; ~en⟩ bannissement *m*; exil *m*; *in der* ~ *leben* vivre en exil
verbarrika'dieren *v/t* ⟨*u v/réfl*⟩ ⟨*pas de ge-*, h⟩ (*sich*) ~ (se) barricader
ver'bauen ⟨*pas de ge-*, h⟩ **I** *v/t* **1.** *j-m die Aussicht* ~ masquer, boucher la vue de qn (par une construction); **2.** *Geld* dépenser dans la construction; *Material* utiliser, consommer dans la construction; *wir haben 3 Millionen verbaut* nous avons dépensé, (*verschleudert*) gaspillé 3 millions dans la construction; **3.** (*schlecht bauen*) mal bâtir; **II** *v/réfl fig sich* (*dat*) *die Zukunft* ~ gâcher son avenir
verbe'amten *v/t* ⟨-ete, *pas de ge-*, h⟩ *j-n* ~ titulariser qn
Verbe'amtung *f* ⟨~⟩ *e-r Person* titularisation *f*
ver'beißen ⟨*irr, pas de ge-*, h⟩ **I** *v/t* **1.** *Gefühle etc* (*unterdrücken*) réprimer; **2.** *Wild junge Triebe* ~ endommager de jeunes pousses; **II** *v/réfl* **3.** *bes Hund sich in etw* (*acc*) ~ s'acharner sur qc; *fig sich in ein Problem* ~ s'acharner sur un problème; **4.** *sich* (*dat*) *das Lachen nicht* ~ *können* ne pouvoir s'empêcher de rire; *sich* (*dat*) *e-e Antwort* ~ retenir sa langue
ver'bellen *v/t* ⟨*pas de ge-*, h⟩ *j-n* ~ menacer qn en aboyant; *JAGD der Hirsch wird verbellt* le cerf est aux abois
Verbene [vɛrˈbeːnə] *f* ⟨~; ~n⟩ *BOT* verveine *f*
ver'bergen *v/t* ⟨*irr, pas de ge-*, h⟩ **1.** cacher (*j-n, etw vor j-m* qn, qc à qn); dissimuler (*a Tränen*); *JUR* receler; (*den Blicken entziehen*) dérober à la vue; **2.** *j-m etw* ~ (*verheimlichen*) dissimuler, taire qc à qn
ver'bessern ⟨-ssere *ou* -ßre, *pas de ge-*, h⟩ **I** *v/t* **1.** qualitativ améliorer; rendre meilleur; *AGR Boden* bonifier; amender; (*vervollkommnen*) *Erfindung, Maschine etc* perfectionner; (*bessernd umgestalten*) réformer; *die Beziehungen zu e-m Land* ~ améliorer les relations avec un pays; **2.** *Fehler* (*berichtigen*) corriger; *durchgesehene und verbesserte Auflage* édition revue et corrigée; *verbessere mich nicht ständig!* cesse de me corriger tout le temps!; **II** *v/réfl sich* ~ **3.** qualitativ s'améliorer; **4.** (*sich korrigieren*) se corriger; *beim Sprechen* se reprendre; **5.** *s-e Situation, bes beruflich* trouver une meilleure place, situation
Ver'besserung *f* ⟨~; ~en⟩ **1.** qualitative amélioration *f*; *AGR des Bodens* amendement *m*; bonification *f*; (*Vervollkommnung*) perfectionnement *m*; (*Umgestaltung*) réforme *f*; **2.** (*Korrektur*) *von Fehlern* correction *f*
Ver'besserungsvorschlag *m* proposition *f* pour l'amélioration, le perfectionnement (*für etw* de qc); proposition *f* visant à améliorer, perfectionner (*für etw* qc)

ver'beugen v/réfl ⟨pas de ge-, h⟩ sich ~ s'incliner (vor j-m devant qn); faire la od une révérence

Ver'beugung f ⟨~; ~en⟩ révérence f; tiefe ~ courbette f; e-e leichte ~ machen s'incliner légèrement

ver'beulen v/t ⟨pas de ge-, h⟩ bosseler; cabosser

ver'biegen v/t (u v/réfl ⟨irr, pas de ge-, h⟩ (sich) ~ (se) tordre; (se) déformer; gauchir; bes Rad (se) voiler; fig j-s Charakter ~ gâter le caractère de qn

Ver'biegung f ⟨~; ~en⟩ torsion f; déformation f; gauchissement m; bes e-s Rads voilement m

verbiestert [fɛr'biːstərt] F adjt 1. (verwirrt) confus; 2. (verärgert) irrité; fâché

ver'bieten ⟨irr, pas de ge-, h⟩ I v/t 1. Handlung (untersagen) défendre; interdire; amtlich a prohiber; j-m das Haus ~ défendre (l'entrée de) la maison à qn; 2. (für unerlaubt erklären) Partei, Zeitung interdire; Buch proscrire; mettre à l'index; II v/réfl das verbietet sich von selbst c'est exclu; cf a verboten

ver'bilden v/t ⟨-ete, pas de ge-, h⟩ fig déformer; a abs fausser, déformer l'esprit (de)

ver'bildlichen v/t ⟨pas de ge-, h⟩ cf veranschaulichen

ver'billigen ⟨pas de ge-, h⟩ I v/t diminuer, réduire le prix de; verbilligte Fahrkarte billet m à prix réduit; II v/réfl sich ~ devenir moins cher, chère

Ver'billigung f ⟨~; ~en⟩ diminution f, réduction f du prix (+ gén od)

ver'binden ⟨irr, pas de ge-, h⟩ I v/t 1. (e-n Verband anlegen) panser; j-m e-e Wunde ~ panser la plaie de qn; 2. (zubinden) j-m die Augen ~ bander les yeux de qn; 3. (zusammenfügen) joindre; réunir; assembler; zwei Bretter mit Leim ~ coller deux planches; Drähte miteinander ~ joindre, relier des fils les uns aux autres; Teile mit Schrauben ~ assembler des pièces à l'aide de vis; visser des pièces (les unes aux autres); 4. (e-n trennenden Abstand überbrücken) durch Bahnlinien, Flüsse etc relier; (e)runir; die beiden Städte werden durch e-e neue Fluglinie verbunden les deux villes sont reliées (entre elles) par une nouvelle ligne aérienne; 5. ÉLECT raccorder; connecter; brancher; TÉL passer (mit j-m qn); ~ Sie mich mit ... passez-moi ...; könnten Sie mich bitte mit ... ~ pourrais-je parler à ...; ich verbinde (Sie) je vous passe la communication; je vous le od la passe; Sie sind falsch verbunden vous avez fait un mauvais numéro; 6. (verknüpfen) combiner (mit à); das Angenehme mit dem Nützlichen ~ joindre l'utile à l'agréable; 7. (mit sich bringen) verbunden sein mit entraîner; occasionner; mit Kosten verbunden sein entraîner des frais, dépenses; mit großen Problemen verbunden sein poser de graves problèmes; die Krankheit ist mit Schmerzen verbunden cette maladie fait souffrir od est douloureuse; 8. (e-e Beziehung herstellen) unir; lier; eng mit j-m, etw verbunden sein être lié étroitement à qn, qc; uns verbindet eine lange Freundschaft une longue amitié nous lie, unit; 9. (assoziieren) was ~ Sie mit diesem Wort? à quoi ce mot vous fait-il penser?; 10. st/s ich bin Ihnen dafür sehr verbunden je vous en suis st/s fort obligé, reconnaissant; II v/réfl sich ~ 11. (sich vermengen) se mélanger; CHIM se combiner (mit à); Wasserstoff verbindet sich mit Sauerstoff zu Wasser l'hydrogène et l'oxygène se combinent pour donner de l'eau; 12. (ein Bündnis schließen) s'unir; s'associer; sich ehelich ~ s'unir par (le lien du) mariage; sich geschäftlich mit j-m ~ s'associer avec qn; 13. (erinnern an) damit ~ sich schöne Erinnerungen cela me rappelle de beaux souvenirs; damit verbindet sich die Vorstellung ... cela évoque, rappelle ...; 14. (einhergehen) in diesem Buch ~ sich Phantasie und Humor ce livre allie l'imagination à l'humour

ver'bindend adjt ~e Worte n/pl paroles f/pl de transition

ver'bindlich I adjt 1. (bindend) obligatoire; etw für ~ erklären rendre qc obligatoire; für j-n ~ sein lier, engager qn; JUR ~ sein avoir caractère obligatoire; ... ist für beide Teile ~ ... lie les deux parties; 2. (liebenswürdig) obligeant; courtois; etwas ²es sagen dire des paroles obligeantes, aimables, des amabilités; ~sten Dank tous mes remerciements; je vous suis très obligé; II adv (bindend) etw ~ zusagen promettre qc ferme; s'engager à qc; 2. (liebenswürdig) ~ lächeln sourire aimablement

Ver'bindlichkeit f ⟨~; ~en⟩ 1. ⟨sans pl⟩ von Gesetzen etc caractère m obligatoire; 2. ⟨sans pl⟩ (freundliches Entgegenkommen) obligeance f; (freundliche Worte) paroles obligeantes; 3. COMM (Schulden) obligation f; engagement m; ~en gegen j-n haben avoir des obligations envers qn

Ver'bindung f ⟨~; ~en⟩ 1. zwischen Personen contact m; liaison f; (Bündnis) alliance f; menschliche (Beziehung) relation f (a COMM); rapport m; st/s eheliche ~ union conjugale; gute ~en haben avoir de bonnes relations; in ~ (dat) bleiben mit ... rester en contact avec ...; in ~ (acc) kommen (mit) entrer en contact (avec); sich in ~ (acc) setzen prendre contact (mit avec); in ~ (dat) stehen od sein être en contact; mit j-m in ~ (dat) stehen avoir des contacts od être en contact avec qn; geschäftlich a être en affaires avec qn; mit j-m in ~ (acc) treten, mit j-m ~ aufnehmen se mettre, entrer en contact, en rapport avec qn; contacter qn; die ~ ist abgebrochen bzw abgerissen le contact est rompu; wir haben gar keine ~ mehr miteinander nous n'avons plus aucun contact; 2. zwischen zwei Orten, MIL liaison f; 3. zwischen Dingen (Zusammenhang) lien m; rapprochement m; in ~ (acc) bringen faire le lien, le rapprochement entre qn et qc; zwei Ereignisse miteinander in ~ (acc) bringen établir, faire le lien entre deux événements; in ~ damit fällt mir ein, daß ... cela me fait penser que ...; 4. (Verkehrs²) voie f de communication; jonction f; raccordement m; Zug a liaison f; e-e direkte ~ nach ... une ligne directe avec ...; 5. TÉL, TÉLÉCOMM communication f; die ~ herstellen, unterbrechen établir, interrompre la communication; 6. studentische cf Studentenverbindung; schlagende ~ association f d'étudiants qui pratique le duel; 7. TECH jonction f; raccordement m; (~stück) raccord m; 8. ÉLECT connexion f; raccordement m; 9. BIOL, NUCL union f; 10. CHIM combinaison f (Vorgang u Ergebnis); nur Ergebnis composé m (chimique); combiné m

Ver'bindungs|gang m galerie f de communication; couloir m; ~kabel n ÉLECT câble m de jonction, de raccord (-ement); ~linie f ligne f de communication; ~mann m ⟨-(e)s; -männer ou -leute⟩ homme m, agent m de liaison; ~offizier m MIL officier m de liaison; ~stelle f TECH point m de jonction, de raccordement; ~straße f voie f de raccordement, de jonction; ~stück n raccord m; ~student m membre m d'une association d'étudiants; ~tür f porte f de communication; ~weg m voie f de communication

Ver'biß m JAGD dommages causés aux arbres par le gibier

ver'bissen I adjt 1. Widerstand acharné; opiniâtre; 2. Wut concentré; ein ~es Gesicht machen avoir un air obstiné, têtu; II advt 1. (standhaft) ~ verteidigen défendre âprement, avec opiniâtreté, acharnement; 2. (verkrampft) avec raideur, rigidité; F das darf man nicht so ~ sehen il faut voir ça d'une façon plus décontractée, F plus cool

Ver'bissenheit f ⟨~⟩ acharnement m; opiniâtreté f

ver'bitten v/réfl ⟨irr, pas de ge-, h⟩ sich (dat) etw ~ ne pas tolérer qc; ne pas laisser passer qc; das verbitte ich mir in Zukunft! que cela ne vous arrive plus!; ich verbitte mir jede Einmischung! je ne tolérerai pas qu'on se mêle de mes affaires!; ich verbitte mir diesen Ton! je vous interdis de me parler sur ce ton!

ver'bitter|n v/t ⟨-(e)re, pas de ge-, h⟩ aigrir; rendre amer, amère; ~ert adjt aigri; amer, amère; ²erung f ⟨~⟩ aigreur f; amertume f

ver'blassen v/i ⟨-ßt, pas de ge-, sein⟩ 1. (blaß werden) Sterne, Tinte, Schrift etc pâlir; Tinte a s'effacer; Farben a passer; Stoff perdre sa couleur; passer; se faner; 2. fig, Wortbedeutung s'affaiblir; Erinnerung s'effacer

Ver'bleib st/s m ⟨~(e)s⟩ 1. (Aufenthaltsort) lieu m de séjour; e-r Sache endroit m (où se trouve qc); über s-n ~ ist nichts bekannt on ne sait pas où il se trouve; 2. (Verbleiben) die Wahl entscheidet über s-n ~ im Amt les élections décideront s'il reste dans ses fonctions od s'il garde son poste

ver'bleiben v/i ⟨irr, pas de ge-, sein⟩ 1. (sich einigen) convenir (de); wir waren so verblieben, daß ... ils avaient convenu od litt étaient convenus de (+ inf); wie seid ihr verblieben? qu'avez-vous décidé?; wir ~ so, daß ich Sie morgen anrufe je vous téléphone demain, comme convenu; 2. st/s od ADM (bleiben) rester; demeurer; 3. Briefschluß: mit besten Grüßen verbleibe ich Ihr ...

ver'bleichen v/i ⟨verbleicht, verblich, verblichen, sein⟩ (*Farbe verlieren*) perdre sa couleur; *Farbe* pâlir; se faner
ver'blend|en v/t ⟨-ete, *pas de ge-*, h⟩ **1.** (*irreführen*) aveugler; *durch Äußerlichkeiten* éblouir; **2.** TECH recouvrir; revêtir; **2ung** f ⟨~; ~en⟩ **1.** ⟨*sans pl*⟩ (*Verblendetsein*) aveuglement m; éblouissement m; **2.** TECH revêtement m
verblichen [fɛrˈblɪçǝn] p/p cf **verbleichen**; **2e(r)** st/s f(m) ⟨→ A⟩ défunt(e) m(f)
ver'blöd|en F v/i ⟨-ete, *pas de ge-*, sein⟩ s'abêtir; s'abrutir; devenir stupide; **2ung** F f ⟨~ (~)e⟩ abêtissement m; abrutissement m; hébétement m
ver'blüffen [fɛrˈblʏfǝn] v/t u v/i ⟨*pas de ge-*, h⟩ stupéfier; ahurir; abasourdir; ébahir; renverser; *verblüfft a* stupéfait, éberlué; *wir sind verblüfft über* (+acc) nous sommes stupéfaits de; *sie verblüffte mit ihrer Leistung* elle a eu, obtenu des résultats stupéfaints
ver'blüff|end adj stupéfiant; ahurissant; renversant; **2ung** f ⟨~ (~)⟩ stupéfaction f; perplexité f; ahurissement m; ébahissement m
ver'blühen v/i ⟨*pas de ge-*, sein⟩ st/s défleurir; (*welken*) se faner; se flétrir; st/s fig *verblühte Schönheit* beauté fanée
ver'bluten v/i ⟨-ete, *pas de ge-*, sein⟩ perdre tout son sang; MÉD mourir d'une hémorragie
ver'bocken F v/t ⟨*pas de ge-*, h⟩ *etw* ~ gâcher qc
ver'bohren F v/réfl ⟨*pas de ge-*, h⟩ fig *sich in etw* (acc) ~ s'obstiner dans qc; se mettre qc dans la tête; ne pas démordre de qc
ver'bohrt F péj adj obstiné; têtu; cabochard; **2heit** F f ⟨~⟩ obstination f; entêtement m
ver'borgen¹ v/t ⟨*pas de ge-*, h⟩ (*leihen*) prêter; donner en prêt
ver'borgen² I p/p cf **verbergen**; II adj **1.** (*versteckt*) caché; *Tür, Treppe* dérobé; *secret*, -ète; ~ *halten* cacher (*etw vor j-m* qc à qn); *im* ~*en* (*heimlich*) en cachette; (*von der Öffentlichkeit unbemerkt*) dans l'ombre; *es ist Ihnen sicher nicht* ~ *geblieben, daß …* vous n'êtes pas sans savoir que …; **2.** (*entlegen, schwer auffindbar*) écarté; isolé; difficile à trouver; *in den* ~*sten Winkeln* (jusque) dans les moindres recoins; *ein* ~*es Tälchen* a un vallon perdu; **3.** (*unentdeckt*) *Talent* obscur; *Kräfte* occulte; *Krankheit* latent
Ver'borgenheit f ⟨~⟩ ombre f; (*Abgelegenheit*) isolement m
Verbot [fɛrˈboːt] n ⟨-(e)s; ~e⟩ défense f; interdiction f; *amtlich a* prohibition f (+gén, *von* de); *das* ~ *zu rauchen* l'interdiction de fumer
ver'boten I p/p cf **verbieten**; II adj **1.** défendu; interdit; prohibé; *Rauchen* ~! défense de fumer!; **2.** F fig (*unmöglich*) F impossible; **III** advt fig ~ *aussehen* F avoir une touche pas possible; *damit* bzw *darin sieht er* ~ *aus* ça ne lui va pas du tout
Ver'botsschild n ⟨-(e)s; ~er⟩ panneau m d'interdiction

ver'brämen [fɛrˈbrɛːmǝn] v/t ⟨*pas de ge-*, h⟩ **1.** COUT garnir, border de fourrure; **2.** fig enjoliver; *ein wissenschaftlich verbrämter Unsinn* une absurdité aux allures scientifiques
verbrannt [fɛrˈbrant] p/p cf **verbrennen**
ver'braten F v/t ⟨*ausgeben*⟩ F claquer
Ver'brauch m ⟨-(e)s⟩ consommation f (*an* [+dat] de); ~ *pro Kopf* consommation par tête, par personne; *tatsächlicher* ~ consommation effective; *zum alsbaldigen* ~ *bestimmt* à consommer frais; *Haushaltsgeräte etc sparsam im* ~ *sein* être économique; *den* ~ *fördern* encourager, stimuler la consommation
ver'brauchen v/t ⟨*pas de ge-*, h⟩ I v/t **1.** (*konsumieren*) consommer; *wieviel verbraucht Ihr Auto?* combien consomme votre voiture?; *fig s-e Kräfte* ~ déployer toute son énergie (*für* à); **2.** (*verschleißen*) user; (*aufbrauchen*) épuiser; II v/réfl fig *sich völlig* ~ se user
Ver'braucher|(in) m ⟨~s; ~⟩ (f) ⟨~; ~nen⟩ consommateur, -trice m,f; **2feindlich** adj qui n'est pas dans l'intérêt des consommateurs; **2freundlich** adj dans l'interêt des consommateurs; ~**genossenschaft** f coopérative f de consommation; ~**gruppe** f catégorie f, groupe m de consommateurs; ~**markt** m etwa hypermarché m; ~**preis** m prix m à la consommation, au consommateur; ~**schutz** m défense f du consommateur; ~**verband** m organisation f, association f de consommateurs
Ver'brauchs|güter n/pl biens m/pl de consommation; ~**güterindustrie** f industrie f des biens de consommation; ~**steuer** f taxe f à la consommation
ver'braucht adj fig, *Kräfte* épuisé; *Mensch* vidé; *Luft* vicié; confiné
ver'brechen v/t ⟨irr, *pas de ge-*, h⟩ **1.** F plais (*anstellen*) *was hat er denn schon wieder verbrochen?* F qu'est-ce qu'il a encore fabriqué?; *ich habe nichts verbrochen* je n'ai rien fait de mal; **2.** F plais, *Kunstwerk, Gedicht etc wer hat diese Scheußlichkeit verbrochen?* qui a commis cette horreur?
Ver'brechen n ⟨~s; ~⟩ crime m (*an* [+dat] contre); ~ *an der Natur* crime contre la nature; ~ *gegen die Menschlichkeit* crime contre l'humanité; *ein* ~ *begehen* commettre, perpétrer un crime; fig *das ist doch kein* ~! ce n'est (quand même) pas un crime!
Ver'brechensbekämpfung f lutte f contre la délinquance, la criminalité
Ver'brecher(in) m ⟨~s; ~⟩ (f) ⟨~; ~nen⟩ criminel, -elle m,f; (*Mitglied e-r Bande*) a gangster m; JUR *jugendlicher* ~ jeune délinquant m
Ver'brecherbande f bande f, association f de malfaiteurs; gang m
ver'brecherisch adj criminel, -elle; *in* ~*er Absicht* avec intention criminelle
Ver'brecher|jagd f chasse f à l'homme; ~**kartei** f sommiers m/pl (judiciaires); ~**tum** n ⟨~s⟩ criminalité f; banditisme m; gangstérisme m; ~**welt** f ⟨~⟩ pègre f; milieu m
ver'breiten ⟨-ete, *pas de ge-*, h⟩ I v/t **1.** (*bekannt machen*) répandre; *Nachricht, Idee*) a diffuser; propager; *Gerücht a* colporter; faire courir; *Geheimnis a* divulguer; **2.** (*zur Ausbreitung beitragen*) répandre; *Krankheit a* propager; *Flugblätter a* diffuser; **3.** (*verursachen, aussenden*) répandre; *Furcht, Schrecken a* semer; *Gestank a* dégager; exhaler; II v/réfl *sich* ~ **4.** (*bekannt werden, sich ausbreiten*) se répandre; se propager; *Gestank* se dégager; s'exhaler; **5.** F péj *sich über etw* (acc) ~ s'étendre sur qc; se répandre en considérations sur qc
ver'breiter|n ⟨-(e)re, *pas de ge-*, h⟩ I v/t élargir; II v/réfl *sich* ~ s'élargir; **2ung** f ⟨~⟩ élargissement m
Ver'breitung f ⟨~; ~en⟩ **1.** (*das Verbreiten*) *von Nachrichten etc* propagation f; diffusion f; divulgation f; **2.** (*Ausbreitung*) e-r *Pflanzenart, Tierart, Krankheit etc* propagation f
Ver'breitungsgebiet n ZO, BOT répartition f géographique
ver'brennen ⟨irr, *pas de ge-*, h⟩ I v/t ⟨h⟩ brûler; consumer; *Abfälle, Leichen a* incinérer; *die Sonne hat die ganze Ernte verbrannt* le soleil a brûlé toute la récolte; *die Sonne hat ihre Schultern verbrannt* elle a attrapé un coup de soleil sur les épaules; II v/i (sein) brûler; *völlig a* se consumer; *bei lebendigem Leibe* ~ être brûlé(e) vif (vive); *zu Asche* ~ se consumer (entièrement); *es riecht verbrannt* ça sent le brûlé; *der Braten verbrennt gleich* le rôti va brûler; CHIM *etw verbrennt zu etw* qc se transforme (par combustion) en qc; **III** v/réfl ⟨h⟩ *sich* (dat) *den Ärmel* ~ brûler sa manche; *sich* (dat) *die Finger* ~ a fig se brûler les doigts; *sich* (dat) *den Rücken* (*in der Sonne*) ~ attraper un coup de soleil sur le dos; *sich* (*selbst*) ~ se brûler; s'immoler par le feu
Ver'brennung f ⟨~; ~en⟩ **1.** (*das Verbrennen*) combustion f; (*Leichen2*) crémation f; incinération f (a *von Abfällen*); **2.** *Verletzung* brûlure f; ~**en ersten, zweiten Grades** brûlures du premier, second degré
Ver'brennungs|motor m moteur m à combustion interne, à explosion; ~**ofen** m *für Leichen* four m crématoire; *für Abfälle* incinérateur m; ~**prozeß** m combustion f; ~**rückstände** m/pl résidus m/pl de combustion
ver'briefen litt v/t ⟨*pas de ge-*, h⟩ reconnaître, garantir par écrit; *verbrieftes Recht* droit, privilège garanti par écrit
ver'bringen v/t ⟨irr, *pas de ge-*, h⟩ **1.** *Zeit etc* (*zubringen*) passer; *s-e Zeit mit etw* ~ passer son temps à (faire) qc; **2.** ADM (*bringen*) transférer; *sein Vermögen ins Ausland* ~ transférer sa fortune à l'étranger
verbrochen [fɛrˈbrɔxǝn] p/p cf **verbrechen**
ver'brüdern v/réfl ⟨-(e)re, *pas de ge-*, h⟩ *sich* ~ fraterniser (*mit j-m* avec qn)
Ver'brüderung f ⟨~; ~en⟩ fraternisation f
ver'brühen ⟨*pas de ge-*, h⟩ I v/t échauder; II v/réfl *sich* ~ s'ébouillanter; s'échauder; *sich* (dat) *die Hand* ~ se brûler la main (avec un liquide bouillant, de l'eau bouillante)
Ver'brühung f ⟨~; ~en⟩ *Wunde* brûlure f (par un liquide bouillant)
ver'buchen v/t ⟨*pas de ge-*, h⟩ FIN, COMM comptabiliser; passer en écritures, en compte; *auf e-m Konto* ~ ins-

crire sur un compte; *fig* **e-n Erfolg** (*für sich*) **~** obtenir, remporter un succès; **etw als Erfolg ~** avoir qc à son actif
ver'buddeln F *v/t* ⟨-(e)le, *pas de ge-*, h⟩ enterrer; enfouir
Verbum ['vɛrbʊm] *n* ⟨~s; -ba⟩ *GR* verbe *m*
ver'bummeln F *péj v/t* ⟨-(e)le, *pas de ge-*, h⟩ **1.** (*vergeuden*) gaspiller; **2.** (*vergessen*) oublier; **3.** (*verlieren*) F paumer; **4.** *fig* **verbummelter Student** F étudiant *m* à la manque; **verbummeltes Genie** génie raté
Verbund [fɛr'bʊnt] *m* ⟨-(e)s; ~e⟩ **1.** *ÉCON* groupement *m*; **2.** *TECH* assemblage *m*
Ver'bund... *in Zssgn TECH* compound; combiné; **~bauweise** *f* ⟨~⟩ construction *f* mixte, composite, en sandwich
ver'bunden *p/p cf* **verbinden**
verbünden [fɛr'byndən] *v/réfl* ⟨-ete, *pas de ge-*, h⟩ **sich ~** s'allier (*mit* à *od* avec); se liguer; se coaliser
Verbundenheit *f* ⟨~⟩ solidarité *f* (*mit* avec); (*Zuneigung*) affection *f* (*mit* pour); attachement *m* (*mit* à); *als Briefschluß* **in herzlicher ~ Ihr ...** bien affectueusement
Ver'bündete(r) *f(m)* ⟨→ A⟩ allié(e) *m(f)*; coalisé(e) *m(f)*
Ver'bund|glas *n* ⟨-(e)s⟩ verre sandwich, feuilleté; **~glasscheibe** *f AUTO* pare-brise feuilleté; **~netz** *m ÉLECT* réseau *m* d'interconnexion; **~stahl** *m* acier *m* compound; **~werkstoff** *m TECH* matériau *m* composite
ver'bürgen *v/réfl* ⟨*pas de ge-*, h⟩ **sich für j-n, etw ~** cautionner qn, qc; répondre de qn, qc; se porter garant, caution pour qn, de qc
ver'bürgt *adj* **1.** *Nachricht* authentique; de source sûre; de source bien informée; **2.** *Rechte* garanti
ver'büßen *v/t* ⟨-(es)t, *pas de ge-*, h⟩ *Strafe* purger
Ver'büßung *f* ⟨~⟩ **nach ~ der Strafe ...** après avoir purgé ma, sa, *etc* peine ...
ver'buttern F *v/t* ⟨-(e)re, *pas de ge-*, h⟩ (*vergeuden*) gaspiller
ver'chartern *v/t* ⟨-(e)re, *pas de ge-*, h⟩ *MAR, COMM* fréter
ver'chromen *v/t* ⟨*pas de ge-*, h⟩ chromer
Verdacht [fɛr'daxt] *m* ⟨-(e)s⟩ soupçon *m*; suspicion *f*; **bloßer ~** simple conjecture; **dringender ~** de sérieux soupçons; **~ schöpfen** (commencer à) avoir des soupçons; **gegen j-n ~ schöpfen** commencer à soupçonner qn; **~ erregen** éveiller, inspirer des soupçons; **in ~ geraten** se rendre suspect; **j-n wegen etw in od im ~ haben** soupçonner qn de qc; tenir qn pour suspect de qc; **er steht im ~, zu** (+*inf*) il est soupçonné de (+*inf*); **sich e-m ~ aussetzen** éveiller les soupçons; **der ~ fiel auf ihn** les soupçons se sont portés sur lui; **über allen ~ erhaben** au-dessus de tout soupçon; 'hors de cause'; F **etw auf ~ tun** faire qc à tout 'hasard; *MÉD* **es besteht ~ auf Meningitis** (*acc*) on craint une méningite
verdächtig [fɛr'dɛçtɪç] *adj* suspect; *Benehmen* bizarre; *Angelegenheit* douteux, -euse; louche; **sich ~ machen** éveiller les soupçons; **die Sache, das kommt mir ~ vor** ça me paraît louche; F ça n'a pas l'air très catholique

Ver'dächtige(r) *f(m)* ⟨→ A⟩ suspect(e) *m(f)*
ver'dächtigen *v/t* ⟨*pas de ge-*, h⟩ **j-n ~** suspecter, (faire) soupçonner qn (**e-r Sache** [*gén*] de qc)
Ver'dächtigte(r) *f(m)* ⟨→ A⟩ suspect(e) *m(f)*; **~ung** *f* ⟨~; ~en⟩ suspicion *f*; soupçon *m*
Ver'dachtsmoment *n bes JUR* indice *m*
verdammen [fɛr'damən] *v/t* ⟨*pas de ge-*, h⟩ maudire; *REL a* damner; réprouver; (*verurteilen*) condamner; **j-n zu etw ~** condamner qn à qc; **Fluch Gott verdamm' mich!** (que) le diable m'emporte!
Ver'dammnis *f* ⟨~⟩ *REL* **ewige ~** damnation éternelle
ver'dammt F **I** *adj* (*épithète*) **1.** satané; F sacré; F fichu; **Fluch ~!, ~ und zugenäht!, ~ noch mal!, ~er Mist!** nom de nom, ~ d'une pipe, F d'un chien!; P bordel!; **2.** (*groß*) F sacré; F terrible; (*ein*) **~es Glück** une sacrée chance; **e-n ~en Hunger haben** avoir une faim de loup; **II** *adv* (*sehr*) terriblement; F rudement; F vachement; F drôlement; **das schmeckt ~ gut** c'est vachement bon; **er sieht ~ gut aus** F c'est un beau mec; **von e-m jungen Mann** il est beau gosse
Ver'dammung *f* ⟨~; ~en⟩ **1.** *REL* réprobation *f*; **2.** (*Verurteilung*) condamnation *f*
ver'dampfen ⟨*pas de ge-*⟩ **I** *v/t* ⟨h⟩ évaporer; *PHYS* vaporiser; **II** *v/i* ⟨sein⟩ **1.** s'évaporer; *PHYS* se vaporiser; **2.** F *fig Person* **verdampfe endlich!** F barre-toi!; F tire-toi!; F casse-toi!
Ver'dampfer *m TECH* évaporateur *m*
Ver'dampfung *f* ⟨~; ~en⟩ évaporation *f*; *PHYS* vaporisation *f*
ver'danken *v/t* ⟨*pas de ge-*, h⟩ **j-m etw ~** devoir qc à qn; être redevable de qc à qn
verdarb [fɛr'darp] *cf* **verderben**
verdattert [fɛr'datɐt] F *adj* ahuri; ébahi; F baba
verdauen [fɛr'daʊən] *v/t u v/i* ⟨*pas de ge-*, h⟩ digérer; *fig a* assimiler; F *fig* **e-e schlechte Nachricht ~** F digérer une mauvaise nouvelle
ver'daulich *adj* digestible; digeste; **leicht ~ sein** être facile à digérer; être digeste; **schwer ~ sein** être indigeste
Ver'daulichkeit *f* ⟨~⟩ digestibilité *f*
Ver'dauung *f* ⟨~⟩ digestion *f*; **schlechte ~** digestion difficile
Ver'dauungsbeschwerden *f/pl* troubles digestifs; indigestion *f*
Ver'dauungsorgan *n ANAT* organe *m* de la digestion; *pl* **~e** appareil digestif
Ver'dauungs|schnaps *m* digestif *m*; **~spaziergang** *m* promenade digestive; **~störungen** *f/pl* troubles digestifs; indigestion *f*; **~trakt** *m ANAT* appareil digestif
Ver'deck *n* ⟨-(e)s; ~e⟩ **1.** *MAR* pont supérieur; **2.** *e-s Autos, Kinderwagens* capote *f*
ver'decken *v/t* ⟨*pas de ge-*, h⟩ **1.** (*zudecken, bedecken*) couvrir; **2.** (*dem Blick entziehen*) masquer; cacher; dérober à la vue; **verdeckte Knopfleiste** boutonnage *m* sous patte
ver'denken *v/t* ⟨*irr, pas de ge-*, h⟩ **j-m etw nicht ~** (*können*) ne pas (pouvoir) en vouloir à qn de qc

Verderb [fɛr'dɛrp] *litt m* ⟨~(e)s⟩ ruine *f*; perte *f*; *cf a* **Gedeih**
ver'derben ⟨*verdirbt, verdarb, verdorben*⟩ *v/t* ⟨h⟩ **1.** (*schädigen, unbrauchbar machen*) gâter; abîmer; *Gesundheit* ruiner; *moralisch, sittlich* corrompre; dépraver; **2.** (*vergällen*) **j-m die Freude ~** gâter, gâcher la joie de qn; **das hat ihm den Urlaub verdorben** ça lui a gâché les vacances; **die Preise ~** casser les prix; **3. es mit j-m ~** se faire mal voir de qn; *p/fort* se mettre qn à dos; **es mit niemandem ~ wollen** vouloir rester en bons termes avec tout le monde; vouloir ménager la chèvre et le chou; **II** *v/i* ⟨sein⟩ *Lebensmittel etc* s'abîmer; se gâter; *COMM Waren* s'avarier; (*faulen*) pourrir; **III** *v/réfl* ⟨h⟩ **sich** (*dat*) **die Augen ~** s'abîmer la vue, les yeux; **sich** (*dat*) **den Magen ~** se déranger, F se détraquer l'estomac
Ver'derben *n* ⟨~s⟩ **1.** (*Untergang*) perte *f*; ruine *f*; **j-n ins ~ stürzen** perdre qn; **ins ~ rennen** courir à sa perte; **das war sein ~** ça l'a perdu; ça a été sa perte; **der Krieg brachte Tod und ~** la guerre a mené à la mort et à la désolation; **2.** *REL* perdition *f*
ver'derbenbringend *adj* fatal; funeste
ver'derblich *adj* **1.** *Lebensmittel etc* périssable; **2.** (*schädlich*) *Einfluß etc* pernicieux, -ieuse; (*verhängnisvoll*) fatal; funeste
Ver'derb|lichkeit *f* ⟨~⟩ **1.** *von Lebensmitteln etc* altérabilité *f*; **2.** *es Einflusses etc* caractère *m* pernicieux, -ieuse; **~nis** *st/s f* ⟨~; ~se⟩ corruption *f*; perversion *f*; dépravation *f*
ver'derbt *st/s adj sittlich* corrompu; pervers; dépravé; (*lasterhaft*) vicieux, -ieuse
ver'deutlich|en *v/t* ⟨*pas de ge-*, h⟩ expliciter; (*erklären*) expliquer; **~ung** *f* ⟨~; ~en⟩ explicitation *f*; (*Erklärung*) explication *f*
ver'dichten ⟨-ete, *pas de ge-*, h⟩ **I** *v/t* **1.** *PHYS* condenser; comprimer; *TECH Erde, Schotter etc* tasser; *fig Inhalt* condenser; **2.** *Versorgungsnetz etc* densifier; **II** *v/réfl* **sich ~ 3.** *PHYS* se condenser (*a fig*); se concentrer; *CHIM* se concentrer; **4.** *Nebel* s'épaissir; **5.** *fig Gerücht, Verdacht* se préciser
Ver'dicht|er *m* ⟨~s; ~⟩ *TECH* compresseur *m*; **~ung** *f* ⟨~; ~en⟩ condensation *f*; compression *f*
ver'dick|en ⟨*pas de ge-*, h⟩ **I** *v/t* épaissir; **II** *v/réfl* **sich ~** s'épaissir; **~ung** *f* ⟨~; ~en⟩ épaississement *m*; renflement *m*
ver'dienen *v/t* ⟨*pas de ge-*, h⟩ **1.** *Geld* gagner; **s-n Lebensunterhalt ~** gagner sa vie; **was verdient er?** combien gagne-t-il?; *abs* **gut ~** gagner bien sa vie; *abs* **an e-m Geschäft ~** faire, réaliser un bénéfice sur une affaire; **2.** *Lob, Tadel etc* mériter; être digne de; *von Strafe, Unglück* **das hat er verdient** il l'a bien mérité; F il ne l'a pas volé
Ver'diener *m* ⟨~s; ~⟩ personne *f* gagnant de l'argent, qui travaille, qui ramène de l'argent à la maison
Ver'dienst[1] *m* ⟨-(e)s; ~e⟩ (*Einkommen*) salaire *m*; gain *m*; rétribution *f*; (*Gewinn*) gain *m*; profit *m*; bénéfice *m*; **e-n kleinen ~ haben** gagner peu; avoir un petit, maigre salaire; **ich tue es nicht um des ~es willen** je ne le fais pas pour l'argent

Ver'dienst² n ⟨~(e)s; ~e⟩ mérite m; *die ~e dieses Mannes um die Stadt* les services rendus par cet homme à la ville; *es ist sein ~, daß ...* c'est à lui que revient le mérite de (+*inf*); *sich* (*dat*) *etw als ~ anrechnen* s'attribuer le mérite de qc

Ver'dienst|ausfall m perte f de salaire; manque m à gagner; **~bescheinigung** f attestation f, relevé m de salaire; **~kreuz** n etwa ordre m du mérite; **~orden** m ordre m du mérite

ver'dienstvoll *adj* 1. *Tat* méritoire; 2. ⟨*épithète*⟩ *Person* de mérite

ver'dient *adjt* 1. (*verdienstvoll*) *ein ~er Mann* un homme de mérite; *sich um j-n, etw ~ machen* faire beaucoup pour qn, qc; *sich um das Vaterland ~ machen* bien mériter de la patrie; 2. *Lohn, Strafe, Sieg* (*gerechtfertigt*) mérité

ver'dienter|'maßen, ~'weise *adv* selon ses, tes, *etc* mérites; comme il, elle, *etc* l'a, l'avait, *etc* mérité

Verdikt [vɛr'dɪkt] *st/s* n ⟨~(e)s; ~e⟩ verdict m

ver'dingen *st/s v/réfl* ⟨*régulier, p/p a* verdungen, h⟩ *sich bei j-m ~* s'engager au service de qn

ver'dinglich|en *v/t* ⟨*pas de ge-, h*⟩ PHILOS réifier; *bei Marx* chosifier; **⟂ung** f ⟨~; ~en⟩ PHILOS réification f

ver'dolmetschen F *v/t* ⟨*pas de ge-, h*⟩ traduire (*j-m etw* qc à qn)

ver'donnern F *v/t* ⟨-(e)re, *pas de ge-, h*⟩ condamner (*zu* à)

ver'doppeln ⟨-(e)le, *pas de ge-, h*⟩ **I** *v/t* doubler; *fig, s-e Bemühungen etc* redoubler; *s-n Eifer ~* redoubler de zèle; **II** *v/réfl sich ~* doubler

Ver'dopp(e)lung f ⟨~; ~en⟩ doublement m; *fig* redoublement m; MATH duplication f; *e-s Konsonanten* doublement m

verdorben [fɛr'dɔrbən] **I** *p/p cf* **verderben**; **II** *adjt* 1. *Lebensmittel* gâté, abîmé; (*faul*) pourri; *Waren* avarié; 2. *fig, sittlich* corrompu; dépravé; *durch und durch ~* pourri jusqu'à la moelle

Ver'dorbenheit f ⟨~⟩ corruption f; dépravation f

verdorren [fɛr'dɔrən] *v/i* ⟨*pas de ge-*, sein⟩ se dessécher

ver'drängen *v/t* ⟨*pas de ge-, h*⟩ 1. (*wegdrängen*) *Wasser, Luft* déplacer; 2. *Person aus e-r Stellung* évincer; déloger; 3. ([*schrittweise*] *ersetzen*) supplanter; remplacer; *vom Markt ~* évincer du marché; 4. PSYCH *Gefühle etc* refouler

Ver'drängung f ⟨~; ~en⟩ 1. *von Wasser, Luft* déplacement m; 2. *aus e-r Stellung* éviction f; 3. ([*schrittweiser*] *Ersatz*) remplacement m; 4. PSYCH refoulement m

Ver'drängungswettbewerb m COMM concurrence acharnée (*pour évincer les concurrents*)

ver'drecken F *péj* ⟨*pas de ge-*⟩ **I** *v/t* ⟨h⟩ salir; **II** *v/i* ⟨sein⟩ se salir

ver'dreckt F *péj adjt* (très) sale; crasseux, -euse; F crado (*inv*)

ver'drehen ⟨*pas de ge-, h*⟩ *v/t* 1. tordre; *Augen* rouler; *Antenne* bouger; 2. F *péj* (*entstellen*) déformer; *das Recht ~* tourner la loi; **II** *v/réfl sich* (*dat*) *den Hals ~, um etw zu sehen* se contorsionner pour voir qc

ver'dreht F *péj adjt* 1. *Ansichten* saugrenu; F biscornu; 2. *Person* fou, fol, folle; F dingue; *Ihr Mann ist ganz ~* (*konfus*) votre mari est tout embrouillé

Ver'drehtheit F *péj* f ⟨~⟩ (*Verwirrung*) état m de grande confusion; *der Ansichten* caractère saugrenu, F biscornu

Ver'drehung f ⟨~; ~en⟩ torsion f; *fig, der Wahrheit* altération f; dénaturation f; déformation f (*a der Tatsachen*); *des Rechts* contournement m

ver'dreifachen ⟨*pas de ge-, h*⟩ **I** *v/t* tripler; **II** *v/réfl sich ~* tripler

ver'dreschen F *v/t* ⟨*irr, pas de ge-, h*⟩ F flanquer une raclée à; F ficher une trempe à; rosser

verdrießen [fɛr'driːsən] *st/s v/t* ⟨-(es)t, verdrießt, verdroß, verdrossen, h⟩ contrarier; dépiter; fâcher; *es sich nicht ~ lassen* ne pas se plaindre sa peine; ne pas se laisser rebuter

ver'drießlich I *adj* de mauvaise humeur; maussade; mécontent; renfrogné; **II** *adv* d'un air mécontent; **⟂keit** f ⟨~; ~en⟩ 1. ⟨*sans pl*⟩ (*Mißmut*) (mauvaise) humeur f; dépit m; 2. (*Unannehmlichkeit*) contrariété f; ennui m; désagrément m

verdroß [fɛr'drɔs] *cf* **verdrießen**

verdrossen [fɛr'drɔsən] **I** *p/p cf* **verdrießen**; **II** *adjt* (*mürrisch*) maussade de mauvaise humeur; renfrogné; (*unlustig*) dégoûté de tout; las, lasse; blasé; **III** *advt* à contrecœur; de mauvaise grâce

Ver'drossenheit f ⟨~⟩ (*Mißmut*) (mauvaise) humeur f; humeur f chagrine, morosité f; (*Unlust*) déplaisir m; lassitude f; (*Verdruß*) F ras-le-bol m

ver'drucken *v/t* ⟨*pas de ge-, h*⟩ imprimer incorrectement

ver'drücken ⟨*pas de ge-, h*⟩ **I** *v/t* avaler; engloutir; F engouffrer; F s'enfiler; F s'envoyer; **II** *v/réfl sich ~* prendre la tangente; F se tirer; F se barrer

Verdruß [fɛr'drus] m ⟨-sses, -sse⟩ dépit m; ennui(s) m(pl); contrariété f; mécontentement m; *j-m ~ bereiten* contrarier, fâcher qn

ver'duften *v/i* ⟨-ete, *pas de ge-*, sein⟩ 1. (*Duft verlieren*) perdre son arôme, son parfum; 2. F (*sich entfernen*) F s'évaporer; F jouer la fille de l'air; *verdufte!* F barre-toi!; F tire-toi!; P fous le camp!

ver'dummen ⟨*pas de ge-*⟩ **I** *v/t* ⟨h⟩ *j-n ~* abêtir qn; **II** *v/i* ⟨sein⟩ s'abêtir; s'abrutir

Ver'dummung f ⟨~⟩ abêtissement m; abrutissement m; *e-e systematische ~ der Öffentlichkeit betreiben* pratiquer l'abêtissement systématique de la population

ver'dunkeln ⟨-(e)le, *pas de ge-, h*⟩ **I** *v/t* 1. (*dunkler machen*) obscurcir; assombrir; 2. (*verdecken*) *beim Luftschutz* opacifier; *fig Freude* assombrir; *j-s Ruhm etc* éclipser; 3. JUR *Tatbestände* camoufler; dissimuler; **II** *v/réfl sich ~* (*dunkler werden*) s'obscurcir; *fig Gesichtsausdruck* s'assombrir

Ver'dunk(e)lung f ⟨~; ~en⟩ 1. ⟨*sans pl*⟩ obscurcissement m; assombrissement m; 2. LUFTSCHUTZ black-out m; (*Vorrichtung zur ~*) jalousies f/pl opaques; 3. JUR *von Tatbeständen* dissimulation f; camouflage m

Ver'dunk(e)lungsgefahr f ⟨~⟩ JUR risque m de destruction de preuves, de subornation de témoins

ver'dünnen *v/t* ⟨*pas de ge-, h*⟩ *Flüssigkeit* diluer; *Wein* couper; baptiser; *Sauce* allonger; *Luft* raréfier

Ver'dünner m ⟨~s; ~⟩ CHIM diluant m

verdünni'sieren F *v/réfl* ⟨*pas de ge-, h*⟩ *sich ~* F s'évaporer

Ver'dünnung f ⟨~; ~en⟩ 1. ⟨*sans pl*⟩ (*das Verdünnen*) *e-r Flüssigkeit* dilution f; *des Weins* coupage m; *e-r Sauce* allongement m; *der Luft* raréfaction f; 2. *cf* **Verdünner**

ver'dunsten *v/i* ⟨-ete, *pas de ge-*, sein⟩ s'évaporer; *~ lassen* évaporer

Ver'dunstung f ⟨~⟩ évaporation f

ver'dursten *v/i* ⟨-ete, *pas de ge-*, sein⟩ mourir de soif

ver'düstern ⟨-(e)re, *pas de ge-, h*⟩ **I** *v/t* assombrir (*a fig*); obscurcir; *viele Sorgen ~ die Zukunft* beaucoup de soucis assombrissent l'avenir; **II** *v/réfl sich ~* s'assombrir (*a Miene etc*); s'obscurcir

verdutzt [fɛr'dutst] **I** *adj ébahi*; (*verwirrt*) pantois; *~ sein* rester bouche bée; (*verwirrt sein*) rester pantois; **II** *adv* d'un air ébahi

ver'ebben *v/i* ⟨*pas de ge-*, sein⟩ diminuer peu à peu; décroître

ver'edeln *v/t* ⟨-(e)le, *pas de ge-, h*⟩ 1. AGR, JARD greffer; MÉTALL raffiner; *Rohstoffe* transformer; 2. *st/s fig Sitten etc* épurer; *Menschen a* ennoblir

Ver'ed(e)lung f ⟨~; ~en⟩ 1. AGR, JARD greffe f; greffage m; MÉTALL affinage m; raffinage m; *von Rohstoffen etc* transformation f; finissage m; 2. *st/s* ⟨*sans pl*⟩ *fig der Sitten etc* épuration f; affinement m; *der Menschen* ennoblissement m

ver'ehelichen *v/réfl* ⟨*pas de ge-, h*⟩ *sich ~* ADM se marier; *plais* convoler en justes noces; *Berta N., verehelichte O.* Berthe N., épouse O.

Ver'ehelichung f ⟨~; ~en⟩ mariage m

ver'ehren *v/t* ⟨*pas de ge-, h*⟩ 1. *st/s* (*schätzen, bewundern*) admirer; tenir en grande estime; *verehrte Anwesende!* Mesdames et Messieurs!; *Briefanrede Verehrte Frau X, ...* Madame, ...; 2. REL (*anbeten*) vouer un culte à; vénérer; 3. *als Liebhaber litt* soupirer pour; 4. *plais* (*schenken*) *j-m etw ~* faire cadeau de qc à qn; *j-m e-n Blumenstrauß ~* offrir un bouquet de fleurs à qn

Ver'ehrer(in) m ⟨~s; ~⟩ (f) ⟨~; ~nen⟩ 1. (*Bewunderer*[*in*]) admirateur, -trice m,f; *er ist ein ~ von Mozart* c'est un fervent de Mozart; 2. *plais* (*Liebhaber*) soupirant m; amoureux m

Ver'ehrung f ⟨~⟩ 1. (*Bewunderung*) admiration f; grande estime f; (*für* pour); 2. (*Anbetung*) culte m; vénération f

ver'ehrungswürdig *adj* vénérable

ver'eidigen *v/t* ⟨*pas de ge-, h*⟩ *j-n ~* assermenter qn; faire prêter serment à qn; *j-n auf etw* (*acc*) *~* faire prêter serment à qn sur qc

ver'eidigt *adjt* assermenté, juré; *~er Sachverständiger* expert assermenté

Ver'eidigung f ⟨~; ~en⟩ prestation f de serment

Ver'ein m ⟨~(e)s; ~e⟩ 1. (*Vereinigung*) association f; *kleinerer* cercle m; club m; *eingetragener ~* association inscrite au registre; *gemeinnütziger ~* association reconnue d'utilité publique; **2.** *im* ~ *mit* avec le concours de; en collaboration avec

ver'einbar *adj* ⟨*attributif*⟩ compatible, conciliable (*mit* avec)

ver'einbaren *v/t* ⟨*pas de ge-*, h⟩ **1.** *etw* ~ convenir de qc (*mit j-m* avec qn); tomber, se mettre d'accord sur qc; *vertraglich* stipuler qc; *e-n Termin* ~ fixer une date, un rendez-vous; convenir d'une date; **2.** *sich nicht mit etw* ~ *lassen* ne pas être compatible avec qc; être incompatible avec qc

ver'einbart *adjt* convenu; *zum* ~*en Zeitpunkt* à l'heure convenue, dite, fixée; *wie* ~ comme convenu

Ver'einbarung *f* ⟨~; ~*en*⟩ convention *f*; accord *m*; *vertragliche* stipulation *f*; *stillschweigende* ~ accord *m* tacite; *e-e* ~ *einhalten* respecter un accord, une convention; *e-e* ~ *treffen* conclure un accord (*über etw* [*acc*] sur qc); *zu e-r* ~ *kommen* tomber d'accord (*über etw* [*acc*] sur qc); *laut* ~ comme convenu; *nach* ~ *beim Arzt* sur rendez-vous

ver'einbarungsgemäß *adv* comme convenu

ver'einen *st/s v/t u v/réfl* ⟨*pas de ge-*, h⟩ *cf* **vereinigen**; *cf a* **Nation**

ver'einfach|en ⟨*pas de ge-*, h⟩ simplifier; ²*ung f* ⟨~; ~*en*⟩ simplification *f*

ver'einheitlich|en *v/t* ⟨*pas de ge-*, h⟩ uniformiser; standardiser; harmoniser; ²*ung f* ⟨~; ~*en*⟩ uniformisation *f*; standardisation *f*; harmonisation *f*

ver'einigen ⟨*pas de ge-*, h⟩ **I** *v/t* **1.** (*zusammenfassen*) ~ (*mit*) réunir (à); unir (à *od* avec); associer (à); *Unternehmen* fusionner; *POL* unifier; *gegensätzliche Interessen* concilier; **2.** (*gleichzeitig besitzen*) *Schönheit mit Klugheit etc* allier (*mit* à); **II** *v/réfl* *sich* ~ **3.** (*sich zusammenschließen*) se réunir (*mit* avec); s'unir (avec); s'associer (à *od* avec); *Unternehmen* fusionner; **4.** (*sich verbünden*) s'allier, se liguer (*gegen* contre); se (con)fédérer; **5.** (*zusammenkommen*) *Flüsse* confluer (*mit* avec); se joindre; se rejoindre; *fig Anmut mit Geist* mit s'allier (*mit* à); **6.** *st/s geschlechtlich* avoir des rapports (sexuels)

ver'einigt *adjt* uni; ²*e Arabische Emirate n/pl cf* **VAE**; ²*es Königreich* (*von Großbritannien und Nordirland*) (le) Royaume-Uni (de Grande-Bretagne et d'Irlande du Nord); (*die*) ²*e(n) Staaten m/pl* (*von Amerika*) (les) États-Unis *m/pl* (d'Amérique)

Ver'einigung *f* ⟨~; ~*en*⟩ **1.** ⟨*sans pl*⟩ (*das Vereinigen*) réunion *f*; union *f*; association *f*; *von Unternehmen* fusion *f*; *POL* unification *f*; *gegensätzlicher Interessen* conciliation *f*; *von Flüssen* confluence *f*; *Zusammenfluß* confluent *m*; **2.** (*Verein, Zusammenschluß*) association *f*; union *f*; **3.** *st/s* (*Geschlechtsakt*) union charnelle

Ver'einigungsfreiheit *f* ⟨~⟩ *JUR* (*Vereinsfreiheit*) liberté *f* d'association; (*Koalitionsfreiheit*) liberté syndicale

ver'einnahmen *v/t* ⟨*pas de ge-*, h⟩ **1.** *COMM* encaisser; **2.** *fig* (*völlig beanspruchen*) monopoliser; *j-n* (*für sich*) ~ accaparer qn; *plais* réquisitionner qn

ver'ein|samen *v/i* ⟨*pas de ge-*, sein⟩ devenir solitaire; s'isoler; ~*samt adjt* es-

seulé; solitaire; isolé; abandonné de tout le monde; ²*samung f* ⟨~⟩ isolement *m*; solitude *f*

Ver'eins|freiheit *f* ⟨~⟩ *JUR* liberté *f* d'association; ~*leben n* ⟨~*s*⟩ vie associative; ~*lokal n* lieu *m* de rencontre du club, de l'association; ~*meier F péj m* ⟨~*s*; ~⟩ celui, celle qui a la manie de l'association; ~*meierei F péj f* ⟨~⟩ manie *f* de l'association; ~*mitglied n* membre *m* d'une association; ~*recht n* ⟨~(*e*)*s*⟩ *JUR* droit *m* d'association

ver'einzeln *v/t* ⟨-(e)*lе*, *pas de ge-*, h⟩ **1.** *st/s* (*voneinander trennen*) isoler; **2.** *JARD, AGR* démarier; éclaircir

ver'einzelt I *adjt* ⟨*épithète*⟩ isolé; (~ *auftretend*) sporadique; ~*e Aufheiterungen f/pl* de rares éclaircies *f/pl*; **II** *advt* (*von Zeit zu Zeit*) de temps en temps; (*hier und da*) çà et là

Ver'einzelung *f* ⟨~; ~*en*⟩ **1.** isolement *m*; **2.** *JARD, AGR* démariage *m*; éclaircissage *m*

ver'eisen ⟨-(es)*t*, *pas de ge-*⟩ **I** *v/t* ⟨h⟩ *MÉD* insensibiliser (par le froid); **II** *v/i* ⟨sein⟩ *Flüsse etc* geler; *Straßen* se couvrir de verglas; *AVIAT* givrer

ver'eist *adjt Straßen*, *Skipisten* verglacé; *Gewässer* pris par les glaces; *AVIAT* givré

Ver'eisung *f* ⟨~; ~*en*⟩ *AVIAT* givrage *m*; **2.** *MÉD* insensibilisation *f* (par le froid)

ver'eiteln *v/t* ⟨-(e)*le*, *pas de ge-*, h⟩ *j-s Pläne, Absichten etc* déjouer; *Attentat* faire échouer

Ver'eit(e)lung *f* ⟨~⟩ *von Plänen* mise *f* en échec; *die* ~ *s-r Absichten ist mir gelungen* j'ai réussi à déjouer ses plans

ver'eiter|t *adj* purulent; ²*ung f* ⟨~; ~*en*⟩ suppuration *f*; (*Geschwür*) abcès *m*

ver'ekeln *v/t* ⟨-(e)*le*, *pas de ge-*, h⟩ *j-m etw* ~ dégoûter qn de qc; faire perdre le goût de qc à qn

ver'elend|en *st/s v/i* ⟨-*ete*, *pas de ge-*, sein⟩ tomber dans la misère; se clochardiser; ²*ung f* ⟨~⟩ appauvrissement *m*; *der Massen* paupérisation *f*; clochardisation *f*

ver'enden *v/i* ⟨-*ete*, *pas de ge-*, sein⟩ *bes Tiere* mourir; crever

ver'eng|en ⟨*pas de ge-*, h⟩ **I** *v/t* (*enger machen*) rétrécir; resserrer; **II** *v/réfl sich* ~ (*enger werden*) se rétrécir; se resserrer; ²*ung f* ⟨~; ~*en*⟩ rétrécissement *m*; resserrement *m*

ver'erben ⟨*pas de ge-*, h⟩ **I** *v/t* **1.** *Besitz etc j-m od auf j-n etw* ~ laisser, léguer qc à qn; **2.** *Krankheit*, (*Erb*)*anlagen* transmettre (*j-m etw* qc à qn); **II** *v/réfl sich* ~ *Veranlagung*, *Krankheit etc* se transmettre héréditairement (*auf j-n* à qn)

ver'erbt *adjt* héréditaire

Ver'erbung *f* ⟨~; ~*en*⟩ *e-r Veranlagung*, *Krankheit* hérédité *f*; transmission *f* héréditaire

Ver'erbungslehre *f* ⟨~⟩ génétique *f*

ver'ewigen ⟨*pas de ge-*, h⟩ **I** *v/t* **1.** immortaliser; (*andauern lassen*) perpétuer; **II** *v/réfl F sich* ~ (*Spuren hinterlassen*) laisser des traces de son passage (en inscrivant son nom, *etc*)

Verf. *abr* (*Verfasser*) auteur

ver'fahren[1] ⟨*irr*, *pas de ge-*⟩ **I** *v/t* ⟨h⟩ (*durch Fahren verbrauchen*) *Benzin*, *Geld* dépenser en trajets; *Zeit* perdre en trajets; **II** *v/i* ⟨sein⟩ (*vorgehen*) pro-

céder; agir; *wie wollen wir hier* ~? comment allons-nous procéder?; *mit j-m in e-r bestimmten Weise* ~ agir d'une certaine façon envers qn; **III** *v/réfl* ⟨h⟩ *sich* ~ se tromper de chemin, de route; s'égarer

ver'fahren[2] *F adj* ~*e Situation* impasse *f*; *völlig* ~ *sein* être au point mort

Ver'fahren *n* ⟨~*s*; ~⟩ **1.** (*Vorgehen*) procédé *m*; manière *f* d'agir; **2.** (*Arbeitsweise*) méthode *f*; *TECH*, *CHIM* procédé *m*; *die neuesten* ~ les techniques *f/pl* de pointe; *ein* ~ *anwenden* appliquer un procédé; **3.** *JUR* procédure *f*; *ein* ~ *einleiten, eröffnen* engager, introduire, ouvrir une procédure (*gegen* contre); *das* ~ *einstellen* abandonner, suspendre la procédure

Ver'fahrens|frage *f* *JUR* question *f* de procédure; ~*kosten pl JUR* frais *m/pl* de procédure

ver'fahrensrechtlich *adj JUR* ~*e Frage* question *f* de procédure

Ver'fahrens|technik *f* ⟨~⟩ technologie *f* des procédés industriels; ~*weise f* méthode *f*; façon *f*, manière *f* de procéder

Ver'fall *m* ⟨~(*e*)*s*⟩ **1.** *baulich* dégradation *f*; délabrement *m*; *fig körperlich* dépérissement *m*; *p/fort* déchéance *f* (*physique*); décrépitude *f*; **2.** *fig* (*Niedergang*) *e-s Reiches*, *e-r Kultur* déclin *m*; *sittlicher* ~ déchéance morale; décadence *f*; **3.** (*Entwertung*) *e-r Währung* effondrement *m*; F dégringolade *f*; **4.** *COMM e-s Wechsels etc* échéance *f*; **5.** (*das Ungültigwerden*) expiration *f*

ver'fallen[1] *v/i* ⟨*irr*, *pas de ge-*, sein⟩ **1.** *baulich* tomber en ruine; se délabrer; *fig körperlich* dépérir; décliner; s'affaiblir; **2.** *fig* (*niedergehen*) *Reich*, *Kultur etc* être en déclin; *Sitten* être décadent; **3.** (*an Wert verlieren*) *Währung* s'effondrer; (*ungültig werden*) *Fahrkarten*, *Marken etc* se périmer; (*ablaufen*) expirer; *FIN* (*fällig werden*) arriver à échéance; **4.** (*abhängig werden von*) *j-m, e-r Sache* ~ devenir l'esclave de qn, qc; *dem Alkohol* ~ sombrer dans la boisson; **5.** *auf etw* (*acc*) ~ (*e-n Einfall haben*) s'aviser de qc; avoir l'idée de qc; *wer wäre darauf* ~! quelle idée!; **6.** (*übergehen*) *in etw* (*acc*) ~ (re)tomber dans qc; *Pferd in Trab* ~ se mettre au, prendre le trot; *in den alten Ton* ~ reprendre son ancienne façon de parler; *in Trübsinn* ~ sombrer dans la mélancolie; *in Verzweiflung* ~ tomber dans le désespoir

ver'fallen[2] **I** *p/p cf* **verfallen**[1]; **II** *adjt Gebäude* délabré

Ver'falls|datum *n* **1.** *COMM e-r Ware etc* date *f* de péremption; *e-r Fahrkarte etc* date *f* d'expiration (de la validité); **2.** *FIN cf* **Verfallstag**; ~*erscheinung f* symptôme *m* de (la) décadence

Ver'fallstag *m FIN* (*Fälligkeitstag*) (jour *m* de l')échéance *f*; *den* ~ *aufschieben* reculer l'échéance; *Aufschub m des* ~*s* report *m* d'échéance

ver'fälschen *v/t* ⟨*pas de ge-*, h⟩ **1.** (*qualitativ mindern*) *Nahrungsmittel* falsifier; *Getränke a* frelater; *F* trafiquer; *Geschmack* dénaturer; **2.** (*falsch darstellen*) *Wahrheit* dénaturer; altérer; *Text* falsifier; *Ideen* fausser; dénaturer; déformer; **3.** *JUR Geld*, *Papiere* falsifier

Verfälschung – verfolgen 1504

Ver'fälschung f ⟨~; ~en⟩ ⟩ **1.** *von Nahrungsmitteln, Getränken* falsification f; dénaturation f; frelatage m; **2.** *e-r Idee, der Wahrheit* déformation f; altération f; **3.** JUR *von Geld, Papieren etc* falsification f

ver'fangen ⟨irr, pas de ge-, h⟩ **I** v/i *Ermahnungen, Mittel etc* **nicht** ~ ne pas faire d'effet, impression (**bei j-m** sur qn); *bei mir verfängt das nicht* avec moi, ça ne prend pas; **II** v/réfl *sich* ~ s'empêtrer, s'embrouiller (**in** [+*dat*] dans) (*a fig*); *Wind* s'engouffrer (dans); *fig sich in Lügen, Widersprüchen* ~ s'empêtrer, s'enferrer dans ses mensonges, contradictions

verfänglich [fɛr'fɛŋlɪç] *adj Frage, Situation* embarrassant; *Brief* compromettant; **⸰keit** f ⟨~⟩ *e-r Frage, Situation* caractère embarrassant; *e-s Briefes* caractère compromettant

ver'färben ⟨pas de ge-, h⟩ **I** v/t (*mit Farbe verderben*) déteindre sur; **II** v/réfl (*die Farbe wechseln*) *sich* ~ changer de couleur

Ver'färbung f ⟨~; ~en⟩ **1.** *Vorgang* changement m de couleur; altération f de la couleur; **2.** *Resultat* couleur changée, altérée

ver'fassen v/t ⟨-ßt, pas de ge-, h⟩ écrire; *Text* a rédiger; *Gedicht* a composer

Ver'fasser|(in) m ⟨~s; ~⟩ (f) ⟨~; ~nen⟩ auteur m, femme f auteur; **~schaft** f ⟨~⟩ paternité f (littéraire)

Ver'fassung f ⟨~; ~en⟩ **1.** ⟨*sans pl*⟩ (*das Verfassen*) *e-s Theaterstückes etc* composition f; *e-s Texts, Dokuments* rédaction f; **2.** POL Constitution f; **3.** (*Zustand*) état m; *körperliche* condition f physique; forme f; *seelische* disposition f d'esprit; moral m; *in guter, schlechter* ~ *sein* être en bonne, mauvaise condition; être en forme, ne pas être en forme; *nicht in der* ~ *sein, Witze zu machen* ne pas être d'humeur à plaisanter

ver'fassunggebend *adj* ⟨*épithète*⟩ POL constituant; **~e Versammlung** assemblée constituante

Ver'fassungs... *in Zssgn* constitutionnel, -elle; **~änderung** f modification f de la Constitution; révision constitutionnelle, de la Constitution; **~beschwerde** f recours constitutionnel; **~bruch** m violation f de la Constitution; **⸰feindlich** *adj* hostile à la Constitution; subversif, -ive; **~gericht** n cour constitutionnelle; **⸰konform** *adj* conforme à la Constitution; **⸰mäßig** *adj* constitutionnel, -elle; **~mäßigkeit** f ⟨~⟩ constitutionnalité f

Ver'fassungsschutz m protection f de la Constitution; *Bundesamt* n *für* ~ BRD Office fédéral pour la protection de la Constitution; *in Frankreich etwa* D.S.T. (Direction f de la surveillance du territoire)

ver'fassungswidrig *adj* anticonstitutionnel, -elle; contraire à la Constitution

ver'faulen v/i ⟨pas de ge-, sein⟩ pourrir; se gâter; se putréfier; se décomposer

Ver'faulen n ⟨~s⟩ putréfaction f; décomposition f

ver'fechten v/t ⟨irr, pas de ge-, h⟩ *Ansicht, Meinung* soutenir; *p/fort* se battre pour; *Lehre* se faire le champion de; *Recht* défendre; *j-s Sache* ~ plaider la cause de qn

Ver'fechter(in) m ⟨~s; ~⟩ (f) ⟨~; ~nen⟩ défenseur m; avocat(e) m(f); champion, -ionne m,f

ver'fehlen v/t ⟨pas de ge-, h⟩ **1.** (*vorbeigehen an, verpassen*) *Treffen, Zug, Ziel etc* manquer; rater; *Weg, Tür* se tromper de; **2.** *fig Beruf* se tromper de; *Zweck* manquer; *Thema* ne pas traiter

ver'fehlt *adj* (*falsch*) faux, fausse; *Leben* raté; (*unangebracht*) *Politik, Maßnahme etc* inopportun; *es wäre völlig* ~, *zu* (+*inf*) il serait tout à fait inopportun de (+*inf*); ce serait une (grosse) erreur de (+*inf*)

Ver'fehlung f ⟨~; ~en⟩ manquement m; *moralische* faute f

ver'feinden v/réfl ⟨-ete, pas de ge-, h⟩ *sich* ~ se brouiller, se fâcher (*mit j-m* avec qn; *wegen etw* à cause de qc)

ver'feindet *adj* hostile; ennemi; *sie sind miteinander* ~ ils se sont brouillés; *Völker, Politiker etc* a se sont ennemis; *zwei* ~*e Parteien* f/pl deux partis ennemis

ver'feinern v/t (u v/réfl) ⟨-(e)re, pas de ge-, h⟩ (*sich*) ~ *Sitten, Geschmack etc* (s')affiner, ([*sich*] *verbessern*) (s')améliorer; *sich* ~ (*immer raffinierter werden*) se sophistiquer; *verfeinert Sitten, Geschmack* raffiné; *die Suppe mit Portwein* ~ mettre un peu de Porto dans la soupe (pour lui donner un goût plus fin)

Ver'feinerung f ⟨~; ~en⟩ (r)affinement m; amélioration f

ver'femt st/s *adj* proscrit; mis au ban de la société

ver'fertigen v/t ⟨pas de ge-, h⟩ faire; fabriquer; manufacturer; *bes Kleider* confectionner

ver'festig|en ⟨pas de ge-, h⟩ **I** v/t solidifier; *Werkstoffe* durcir; **II** v/réfl *sich* ~ TECH se solidifier; se durcir; **⸰ung** f ⟨~⟩ solidification f; *von Werkstoffen* durcissement m

ver'fett|en v/i ⟨-ete, pas de ge-, sein⟩ devenir obèse; **⸰ung** f ⟨~⟩ adiposité f

ver'feuern v/t ⟨-(e)re, pas de ge-, h⟩ **1.** *Holz, Kohle* (*verbrauchen*) consommer; brûler; **2.** (*ins Feuer werfen*) brûler; mettre, jeter au od dans le feu

ver'film|en v/t ⟨pas de ge-, h⟩ *Roman etc* adapter, porter à l'écran; tirer un film de; **⸰ung** f ⟨~; ~en⟩ adaptation f cinématographique, à l'écran

ver'filzen v/i ⟨-(es)t, pas de ge-, sein⟩ *Wolle* se feutrer; *Haare* s'emmêler

ver'filzt *adj Wolle* feutré; *Haare* embroussaillé; emmêlé

ver'finstern v/t (u v/réfl) ⟨-(e)re, pas de ge-, h⟩ (*sich*) ~ (s')obscurcir; (s')assombrir (*a fig Gesicht*); ASTR (s')éclipser

ver'fitzen F v/t (u v/réfl) ⟨-(es)t, pas de ge-, h⟩ (*sich*) ~ *Fäden etc* (s')enchevêtrer; (s')emmêler (*a Haare*)

ver'flachen ⟨pas de ge-⟩ **I** v/t (h) *Gelände* aplanir; niveler; **II** v/i ⟨sein⟩ *Gelände* devenir plat; *Gewässer* devenir peu profond; *fig Gespräch etc* devenir superficiel, -ielle; tomber dans la platitude; **III** v/réfl ⟨h⟩ *sich* ~ devenir plat; *Gewässer* devenir peu profond

ver'flechten ⟨irr, pas de ge-, h⟩ **I** v/t **1.** *Bänder etc* enlacer; entrelacer; entremêler (*a fig*); **2.** (*eng*) *verflochten sein* avoir des liens étroits; ÉCON *Unternehmen* former, constituer un trust; **II** v/réfl *sich* ~ *Zweige etc* s'enlacer; s'entremêler (*a fig*)

Ver'flechtung f ⟨~; ~en⟩ enlacement m; entrelacement m; ÉCON *von Märkten etc* interpénétration f; interdépendance f; *von Unternehmen* concentration f

ver'fliegen ⟨irr, pas de ge-⟩ **I** v/i ⟨sein⟩ **1.** (*vorbeigehen*) *Zeit, Zorn* passer; **2.** (*sich verflüchtigen*) *Duft* se dissiper; CHIM s'évaporer; se volatiliser; **II** v/réfl ⟨h⟩ *sich* ~ AVIAT s'égarer; perdre le cap

ver'fließen v/i ⟨irr, pas de ge-, sein⟩ **1.** st/s (*vorbeigehen*) *Zeit* s'écouler; passer; **2.** (*sich vermischen*) *Farben, fig Begriffe* (*ineinander*) ~ s'interpénétrer; se fondre; se mélanger; *p/fort* se confondre; *Umrisse, Grenzen* s'estomper; se confondre

verflixt [fɛr'flɪkst] F **I** *int* ~! F zut (alors)!; F mince!; ~ *und zugenäht!* F nom de nom, F d'une pipe, F d'un chien!; F mince alors!; **II** *adj* F fichu; maudit; *e-e* ~*e Geschichte* a une sale histoire; **III** *adv* (*sehr*) F diablement; F bougrement; F rudement; F drôlement

verflochten [fɛr'flɔxtən] *p/p cf* **verflechten**

verflogen [fɛr'flo:gən] *p/p cf* **verfliegen**

verflossen [fɛr'flɔsən] **I** *p/p cf* **verfließen**; **II** *adj* passé; *das* ~*e Jahr* l'année passée; F *ihr* ~*er Freund* F son ex-copain; F *ihr* ⸰*er* F son ex

ver'fluchen v/t ⟨pas de ge-, h⟩ maudire (*a fig*); *ich verfluche den Tag, an dem...* maudit soit le jour où...

ver'flucht F **I** *int* ~ (*noch mal*)! malédiction!; F nom d'un chien, d'une pipe!; P bordel!; **II** *adj* maudit; F satané; *so ein* ~*er Mist!* F quelle merde!; F quelle saloperie!; ~*es Glück haben* F avoir une sacrée chance; **III** *advt* (*sehr*) F rudement; F drôlement; F rudement; F vachement

ver'flüchtigen ⟨pas de ge-, h⟩ **I** v/t CHIM volatiliser; **II** v/réfl *sich* ~ **1.** CHIM se volatiliser; **2.** (*verschwinden*) *Geruch etc* se dissiper; F *fig* (*sich davonmachen*) F s'évaporer

Ver'fluchung f ⟨~; ~en⟩ malédiction f

ver'flüssig|en v/t (u v/réfl) ⟨pas de ge-, h⟩ (*sich*) ~ (se) liquéfier; *Dampf* (se) condenser; **⸰ung** f ⟨~⟩ liquéfaction f; *von Dampf* condensation f

ver'folgen v/t ⟨pas de ge-, h⟩ **1.** (*einzuholen versuchen*) poursuivre; *p/fort* pourchasser; donner la chasse à; traquer (*a* JAGD); *j-n auf Schritt und Tritt* ~ ne pas quitter qn d'une semelle; *fig vom Pech verfolgt sein* être poursuivi par la malchance, F la guigne; **2.** (*bedrängen*) poursuivre; 'harceler; *j-n mit s-n Bitten* presser qn de demandes, réclamations; *j-n mit s-m Haß* ~ poursuivre qn de sa haine; *dieser Gedanke verfolgt mich* cette idée m'obsède, me poursuit, me hante; **3.** *fig politische Gegner etc* persécuter; *p/fort* traquer; **4.** JUR *j-n gerichtlich* ~ poursuivre qn en justice od devant les tribunaux; **5.** (*entlanggehen an*) *Spur, Weg etc* suivre (*a fig Gedankengang*); **6.** *fig* (*zu verwirklichen versuchen*) *Absicht, Ziel* poursuivre; *Politik* a mener; suivre; *e-e Sache weiter ~* suivre qc; donner suite à qc; **7.** *(aufmerksam beobachten)* suivre; observer; *e-e Rede aufmerksam ~* suivre attentivement un discours; *j-n, etw mit den Augen ~* suivre qn, qc des yeux; *wir ~ diese Entwicklung mit Sorge* la tournure que prennent les événements nous préoccupe

Ver'folger(in) *m* ⟨~s; ~⟩ (*f*) ⟨~; ~nen⟩ *e-s Flüchtenden* poursuivant *m*; *grausame(r)* persécuteur, -trice *m,f*

Ver'folgergruppe *f SPORT* groupe *m*, peloton *m* de poursuivants

Ver'folger|land *n* ⟨~(e)s; -länder⟩, **~staat** *m POL, ADM* État *m* qui poursuit ses citoyens pour des motifs politiques

Ver'folgte(r) *f(m)* ⟨→ A⟩ *aus politischen etc Gründen* persécuté(e) *m(f)*

Ver'folgung *f* ⟨~; ~en⟩ **1.** *e-s Flüchtenden* poursuite *f*; *grausame, politische* persécution *f*; *die ~ aufnehmen* entamer la poursuite; *~en (dat) ausgesetzt sein* être persécuté; **2.** *e-r Absicht, Politik, JUR* poursuite *f*; **3.** *von Vorgängen* observation *f*

Ver'folgungs|jagd *f* poursuite *f* effrénée; *mit Autos etc* F rodéo *m*; **~rennen** *n RADSPORT* poursuite *f*; **~wahn** *m PSYCH* délire *m*, manie *f* de la persécution

ver'formbar *adj* malléable; déformable

ver'form|en ⟨*pas de ge-*⟩ **I** *v/t* **1.** *TECH* déformer; **II** *v/réfl sich ~* se déformer; **⁀ung** *f* ⟨~; ~en⟩ *TECH* déformation *f*

ver'frachten *v/t* ⟨-ete, *pas de ge-*, h⟩ **1.** *(als Fracht verladen) Waren* charger; *auf ein Schiff* embarquer; **2.** F *(verstauen) Gepäck* F caser; *die Reisenden in e-n Bus* F caser les voyageurs dans un car

ver'franzen F *v/réfl* ⟨-(es)t, *pas de ge-*, h⟩ *sich ~* F se paumer

ver'fremden *v/t* ⟨-ete, *pas de ge-*, h⟩ *in der Kunst etw ~* donner à qc un caractère artificiel, étrange à la réalité

Ver'fremdung *f* ⟨~⟩ *in der Kunst* distanciation *f*

Ver'fremdungseffekt *m* effet *m* de distanciation

ver'fressen¹ *péj v/t* ⟨*irr, pas de ge-*, h⟩ *sein ganzes Geld ~* F claquer tout son argent *od* son fric en bouffe

ver'fressen² *péj adj* glouton, -onne; *péj* goulu; *péj* goinfre; *er ist ~ a* c'est un goinfre

Ver'fressenheit F *péj f* ⟨~⟩ goinfrerie *f*; gloutonnerie *f*

ver'froren *adj* **1.** *(durchgefroren)* gelé; glacé; **2.** *(kälteempfindlich) Person* frileux, -euse

ver'früht *adj* prématuré

ver'fügbar *adj* disponible; **⁀keit** *f* ⟨~⟩ disponibilité *f*

ver'fügen ⟨*pas de ge-*, h⟩ **I** *v/t ADM (anordnen)* ordonner; arrêter; décréter; *die Schließung e-s Lokals ~* ordonner la fermeture d'un établissement; *testamentarisch ~* disposer par testament; **II** *v/i über j-n, etw (acc) ~* disposer de qn, qc; avoir qn, qc (à sa disposition); *frei über etw, j-n ~ können* pouvoir disposer librement de qc, qn

Ver'fügung *f* ⟨~; ~en⟩ **1.** *ADM (Anordnung)* ordonnance *f*; décret *m*; *(Entscheidung)* décision *f*; *letztwillige ~* dispositions *f/pl* testamentaires; *e-e*

erlassen rendre une ordonnance; **2.** ⟨*sans pl*⟩ *(Disposition)* disposition *f* (*a JUR*); *etw zur ~ haben* avoir qc à sa disposition; *(j-m) etw zur ~ stellen* mettre qc à la disposition (de qn); *sein Amt zur ~ stellen* démissionner; *zur ~ stehen* être à la disposition (*j-m* de qn); *ich stehe zu Ihrer ~* je suis à votre disposition

ver'fügungsberechtigt *adj ADM* autorisé à disposer (*über etw [acc]* de qc)

Ver'fügungsgewalt *f* ⟨~⟩ pouvoir *m*, droit *m* de disposer, de disposition; *die ~ über etw (acc) haben* avoir le droit de disposer de qc

ver'führen *v/t* ⟨*pas de ge-*, h⟩ *j-n ~* séduire qn; *(verleiten) j-n zu etw ~* inciter, entraîner, pousser qn à qc *od* à faire qc; *sich von etw ~ lassen* se laisser séduire, tenter par qc; *die Autobahnen ~ zum schnellen Fahren* les autoroutes incitent à la vitesse

Ver'führer(in) *m* ⟨~s; ~⟩ (*f*) ⟨~; ~nen⟩ séducteur, -trice *m,f (a sexuell)*

ver'führerisch I *adj* **1.** *(verlockend)* tentant; séduisant; **~er Duft** parfum envoûtant; *vom Essen* à odeur alléchante; **2.** *(sehr reizvoll)* séducteur, -trice; séduisant; *ein ~es Lächeln* un sourire séducteur; *e-e ~e Schönheit* une beauté séduisante; **II** *adv* **~ lächeln** avoir un sourire séducteur; *~ duften Essen* avoir une odeur alléchante

Ver'führung *f* ⟨~; ~en⟩ séduction *f*; *zu schlechtem Tun, bes JUR* ; *Minderjähriger* détournement *m* de mineurs

ver'fünffachen ⟨*pas de ge-*, h⟩ **I** *v/t* quintupler; **II** *v/réfl sich ~* quintupler

ver'füttern *v/t* ⟨-(e)re, *pas de ge-*, h⟩ **1.** *(als Futter verbrauchen)* consommer en fourrage; **2.** *(als Futter geben)* donner comme fourrage (*an* [+*acc*] à)

Ver'gabe *f* attribution *f*; adjudication *f*; *e-s Auftrags* passation *f*; *~ öffentlicher Arbeiten* adjudication *f*, marché *m* de travaux publics

vergackeiern [fɛrˈgakʔaɪɐrn] F *v/t* ⟨-(e)re, *pas de ge-*, h⟩ *j-n ~* se jouer, se moquer de qn; se payer la tête de qn; faire marcher qn

ver'gaffen F *v/réfl* ⟨*pas de ge-*, h⟩ *sich in j-n ~ péj* s'amouracher, *péj* se toquer de qn; *sich in etw ~* avoir le coup de foudre pour qc

vergällen [fɛrˈgɛlən] *v/t* ⟨*pas de ge-*, h⟩ **1.** *CHIM* dénaturer; **2.** *fig, Freude* gâter; gâcher; *Leben* empoisonner

vergalop'pieren F *v/réfl* ⟨*pas de ge-*, h⟩ *sich ~* se gourer; *sich beim Rechnen ~* F se planter dans ses calculs

ver'gammeln F ⟨*pas de ge-*⟩ *v/t* ⟨h⟩ *(vertrödeln)* gaspiller; *v/i* ⟨sein⟩ *(verderben) Lebensmittel* pourrir; *(verfallen) Gebäude etc* se dégrader; *(verkommen) Person* se clochardiser

vergangen [fɛrˈgaŋən] **I** *p/p cf vergehen*; **II** *adjt Zeit* passé; écoulé; *~e Woche* la semaine passée, dernière

Ver'gangenheit *f* ⟨~; ~en⟩ passé *m (a GR)*; temps passé; *der ~ (dat) angehören* appartenir au passé; être du passé; *die jüngste ~* le passé récent; *die ~ bewältigen* assumer le passé; **2.** *(Vorgeschichte)* passé *m*; *e-e dunkle ~* un passé louche, douteux; *e-e Frau mit ~* une femme qui a mené une vie de patachon

Ver'gangenheitsbewältigung *f* prise *f* de conscience du passé; *p/fort* maîtrise *f* du passé

vergänglich [fɛrˈgɛŋlɪç] *adj* éphémère; **⁀keit** *f* ⟨~⟩ caractère *m* éphémère

ver'gasen *v/t* ⟨-(es)t, *pas de ge-*, h⟩ **1.** *CHIM, TECH* gazéifier; **2.** *(mit Gas vergiften) Menschen* gazer; *Ungeziefer* fumiger

Ver'gaser *m* ⟨~s; ~⟩ *AUTO* carburateur *m*

vergaß [fɛrˈgaːs] *cf vergessen*

Ver'gasung *f* ⟨~; ~en⟩ **1.** *CHIM, TECH* gazéification *f*; **2.** *(Vergiften mit Gas) von Menschen* gazage *m*; *von Ungeziefer* fumigation *f*

ver'gattern *v/t* ⟨-(e)re, *pas de ge-*, h⟩ *MIL Wachsoldaten* rassembler au son du tambour, du clairon, de la trompette *bzw* par un commandement; F *fig j-n zu etw ~* condamner qn à qc

ver'geben ⟨*irr, pas de ge-*, h⟩ **I** *v/t* **1.** *st/s (verzeihen)* pardonner (*j-m etw* qc à qn); *Sünden* remettre; **2.** *(geben) (an j-n) ~* donner (à qn); *Preis, Stipendium, Stelle* attribuer (à qn); *Preis a* décerner (à qn); *Stipendium a* accorder (à qn); *Auftrag* passer (à qn); *von j-m schon ~ sein (schon etwas vorhaben)* être pris; *(verlobt od verheiratet sein)* F être casé; **3.** *bes SPORT Chance, Möglichkeit* laisser passer; **4.** *s-r Ehre etw ~* compromettre son honneur; **II** *v/réfl* **5.** *KARTENSPIEL sich ~* se tromper en donnant; *sich (dat) etw, nichts ~* perdre, ne pas perdre la face

ver'gebens *adv u adj* ⟨*attribut*⟩ en vain; vainement; inutilement; *es war ~* ça n'a servi à rien

ver'geblich I *adj* (en) vain; inutile; infructueux, -euse; *~e Mühe* peine perdue; **II** *adv* en vain; vainement; inutilement; *sich ~ bemühen* se donner de la peine pour rien

Ver'geblichkeit *f* ⟨~⟩ vanité *f*; inutilité *f*; *st/s* inanité *f*

Ver'gebung *st/s f* ⟨~⟩ *(Verzeihung)* pardon *m*; *der Sünden* rémission *f*; *ich bitte um ~* je vous demande pardon

ver'gegenwärtigen ⟨*pas de ge-*, h⟩ **I** *v/t* remettre à l'esprit; rappeler (à la mémoire); **II** *v/réfl sich (dat) etw ~ (sich vorstellen)* se représenter qc; *(sich erinnern)* se remémorer qc; se rappeler qc

ver'gehen ⟨*irr, pas de ge-*⟩ **I** *v/i* ⟨sein⟩ **1.** *(verstreichen) Zeit* passer; s'écouler; *Tage a* défiler; **2.** *(nachlassen) Schmerz etc* passer; diminuer; se calmer; *(verschwinden)* disparaître; *Schönheit* s'évanouir; s'effacer; *Zorn, Ärger, Duft* se dissiper; *mir ist die Lust dazu vergangen* je n'en ai plus envie; *davon ist mir der Appetit vergangen* ça m'a coupé l'appétit; **3.** *st/s (sterben)* mourir; **4.** *fig vor* (+ *dat*) *~* mourir de …; **II** *v/réfl* ⟨h⟩ **5.** *(Verstoß begehen) sich gegen das Gesetz ~* transgresser, enfreindre la loi; *st/s sich an fremdem Eigentum ~* voler; **6.** *sexuell sich an j-m ~* abuser de qn

Ver'gehen *n* ⟨~s; ~⟩ faute *f*; manquement *m*; *JUR* délit *m*; geringfügiges infraction *f*; contravention *f*

ver'gelten *v/t* ⟨*irr, pas de ge-*, h⟩ *j-m etw ~ (j-n für etw belohnen)* récompen-

Vergeltung — vergrößern

ser qn de qc; *südd, österr* **vergelt's Gott!** merci!; *früher* Dieu vous le rende!; *Böses mit Bösem* ~ rendre le mal par le mal; *Gleiches mit Gleichem* ~ rendre la pareille; *j-m Gleiches mit Gleichem* ~ *a* rendre à qn la monnaie de sa pièce

Ver'geltung *f* ⟨~; ~en⟩ **1.** (*Belohnung*) récompense *f*; **2.** (*Rache*) revanche *f*; représailles *f/pl* (*a POL*); *JUR* rétorsion *f*; *HIST* talion *m*; ~ **üben** prendre sa revanche (*an j-m, etw* [*dat*] sur qn, qc); user de représailles (*an j-m* contre qn)

Ver'geltungs|maßnahme *f* (mesure *f* de) représailles *f/pl*, rétorsion *f*; **~schlag** *m* représailles *f/pl*

vergessen [fɛr'gɛsən] ⟨vergißt, vergaß, vergessen, h⟩ **I** *v/t* oublier; (*auslassen*) *a* omettre; *das Wichtigste* ~ omettre l'essentiel; *~ Sie nicht, zu* (+*inf*) n'oubliez pas de (+*inf*); *fig j-m etw nie ~* (*dankbar sein*) revaloir qc à qn; (*böse sein*) ne pas pardonner qc à qn; *F den, die kannst du ~!* F il, elle ne vaut pas un clou; F *das kannst du ~!* (*daraus wird nichts*) F tu peux toujours courir!; F *vergiß es!* F laisse tomber!; **II** *v/réfl sich ~* s'emporter

Ver'gessenheit *f* ⟨~⟩ oubli *m*; *in ~ geraten, kommen* tomber dans l'oubli; *etw der ~ entreißen* tirer qc de l'oubli

ver'geßlich *adj* oublieux, -ieuse; distrait; *er ist sehr ~ a* il n'a aucune mémoire

Ver'geßlichkeit *f* ⟨~⟩ oubli *m*; distraction *f*; manque *m* de mémoire

vergeud|en [fɛr'gɔydən] *v/t* ⟨-ete, pas de ge-, h⟩ Zeit, Geld, Energie etc gaspiller; *Vermögen a* dissiper; dilapider; **⥈ung** *f* ⟨~; ~en⟩ gaspillage *m*; *e-s Vermögens a* dissipation *f*; dilapidation *f*

verge'waltig|en *v/t* ⟨*pas de ge-, h*⟩ **1.** *sexuell* violer; violenter; **2.** *fig Volk* bafouer; *Gesetz* violer; *Sprache* faire violence à; **⥈er** *m* ⟨~s; ~⟩ violeur *m*; **⥈ung** *f* ⟨~; ~en⟩ **1.** *sexuell* viol *m*; **2.** *fig* violence *f* (+ *gén* faite à)

vergewissern [fɛrgə'vɪsərn] *v/réfl* ⟨-(e)re, *pas de ge-, h*⟩ *sich e-r Sache* (*gén*) s'assurer de qc; *sich ~, daß ..., ob ...* vérifier que ..., si ...

Verge'wisserung *f* ⟨~; ~en⟩ vérification *f*; *nur zur ~* juste pour vérifier

ver'gießen *v/t* ⟨*irr, pas de ge-, h*⟩ **1.** (*verschütten*) répandre; **2.** (*fließen lassen*) Blut, Tränen répandre; verser

ver'gift|en *v/t* ⟨-ete, *pas de ge-, h*⟩ **1.** empoisonner (*a fig*); *MÉD* intoxiquer; *fig a* envenimer; **II** *v/réfl sich ~* s'empoisonner; *MÉD* s'intoxiquer; **⥈ung** *f* ⟨~; ~en⟩ **1.** (*sans pl*) (*das Vergiften*) *a fig* empoisonnement *m*; **2.** *Erkrankung* intoxication *f*

vergilben [fɛr'gɪlbən] *v/i* ⟨*pas de ge-, sein*⟩ *Papier* jaunir

Ver'gißmeinnicht *n* ⟨~(e)s; ~e⟩ *BOT* myosotis *m*

ver'gittern *v/t* ⟨-(e)re, *pas de ge-, h*⟩ pourvoir d'une grille, d'un grillage; grillager

ver'glas|en *v/t* ⟨-(es)t, *pas de ge-, h*⟩ *Fenster etc* vitrer; **⥈ung** *f* ⟨~; ~en⟩ von *Fenstern etc* vitrage *m*

Ver'gleich *m* ⟨~(e)s; ~e⟩ **1.** comparaison *f*; parallèle *m*; *e-n ~ ziehen* établir une comparaison; établir un parallèle;

dem ~ *standhalten* soutenir la comparaison (*mit* avec); *im ~ mit, zu* comparé à ...; comparativement à ...; *das ist doch kein ~!* il n'y a pas de comparaison; **2.** *SPORT* (*Vergleichskampf*) rencontre amicale; match amical; **3.** *JUR zur Beilegung e-s Streites* accommodement *m*; arrangement *m*; *zur Abwendung e-s Konkurses* concordat *m*; *in e-m Prozeß* transaction *f*; *sich auf e-n ~ einlassen* accepter un arrangement, une transaction, *etc*; *Prozeß mit e-m ~ enden* se terminer par une transaction

ver'gleichbar *adj* comparable (*mit* à); semblable; similaire

ver'gleichen ⟨*irr, pas de ge-, h*⟩ **I** *v/t* **1.** (*prüfend gegenüberstellen*) comparer (*mit* à, avec); faire le parallèle, la comparaison (*mit* avec); *Texte a* collationner; *das ist* (*doch gar*) *nicht zu ~* ce n'est pas (du tout) comparable; *verglichen mit ...* comparé à ...; par rapport à ...; *als Verweis vergleiche Seite ...* voir (aussi) page ...; **2.** (*gleichsetzen*) comparer (*mit* à, avec); *sich ~ lassen* être comparable (*mit* à); *er wird oft mit de Gaulle verglichen* on le compare souvent à, avec de Gaulle; **3.** *sich mit j-m ~* se mesurer à, avec qn; **4.** *JUR bei e-m Streitfall sich mit j-m ~* conclure une transaction avec qn

ver'gleichend *adj* comparatif, -ive; *Sprachwissenschaft etc* comparé

Ver'gleichs|form *f* *GR* degré *m* de comparaison; **~kampf** *m* *SPORT* rencontre amicale; match amical; **~maßstab** *m* critère *m*, moyen *m* de comparaison; **~miete** *f* loyer *m* de référence; **~möglichkeit** *f* éléments *m/pl* de comparaison; **~partikel** *f* *GR* (morphème *m* du) comparatif *m*; *als Endung* désinence *f* du comparatif; **~verfahren** *n* règlement *m* judiciaire; **~weise** *adv* comparativement; **~zeit**(**raum**) *f*(*m*) période *f* de référence, correspondante

ver'gletscher|n *v/i* ⟨-(e)re, *pas de ge-, sein*⟩ se changer en glacier; **⥈ung** *f* ⟨~; ~en⟩ formation *f* de glaciers

ver'glimmen *v/i* ⟨*irr, pas de ge-, sein*⟩ s'éteindre peu à peu

ver'glühen *v/i* ⟨*pas de ge-, sein*⟩ **1.** *Feuer etc* s'éteindre peu à peu; *Kohle* se consumer; *fig poét Sonne* jeter ses derniers rayons; **2.** *Satellit etc* se désagréger

vergnügen [fɛr'gny:gən] ⟨*pas de ge-, h*⟩ **I** *v/t* amuser; divertir; **II** *v/réfl sich mit etw ~* s'amuser, se divertir à *od* avec qc

Ver'gnügen *n* ⟨~s; ~⟩ plaisir *m*; amusement *m*; (*Zerstreuung*) distraction *f*; divertissement *m*; *mit* (*dem größten*) *~* avec (le plus grand) plaisir; je ne demande pas mieux; *zum ~* par plaisir; pour le plaisir; *an etw* (*dat*) *finden* prendre plaisir à qc; *sich* (*dat*) *ein ~ aus etw machen* se faire un plaisir, une fête de qc; *wenn es Ihnen ~ macht* si le cœur vous en dit; *hinein ins ~!* allons-y gaiement; *viel ~!* amusez--vous bien!; *iron* je vous souhaite bien du plaisir!; *mit wem habe ich das ~* (*zu sprechen*)? à qui ai-je l'honneur?; *es ist mir ein ~ (, Sie kennenzulernen)* c'est un plaisir pour moi (de faire votre connaissance); *das ~ ist ganz auf meiner Seite* tout le plaisir est pour moi; F *ein teures ~* un plaisir qui coûte cher

ver'gnüglich *adj* amusant; plaisant; divertissant

ver'gnügt I *adj* gai; enjoué; *Miene a* réjoui; **II** *adv* gaiement; **⥈heit** *f* ⟨~⟩ bonne humeur; enjouement *m*; gaieté *f*; *stille* à contentement *m*

Ver'gnügung *f* ⟨~; ~en⟩ **1.** (*Veranstaltung*) partie *f* de plaisir; divertissement *m*; **2.** (*Zeitvertreib*) *pl* amusements *m/pl*; divertissements *m/pl*; distractions *f/pl*

Ver'gnügungs|dampfer *m* bateau *m* de plaisance; *in Paris* bateau-mouche *m*; **~lokal** *n* cabaret *m*; (*Nachtlokal*) boîte *f* de nuit; **~park** *m* parc *m* d'attractions; **~reise** *f* voyage *m* d'agrément; **~steuer** *f* taxe *f* sur les spectacles et divertissements; **⥈süchtig** *adj* avide de plaisirs; **~viertel** *n* quartier *m* des boîtes de nuit

ver'golden *v/t* ⟨-ete, *pas de ge-, h*⟩ **1.** dorer (*a fig*); **2.** *st/s fig* (*verklären*) transfigurer; embellir; *poét* nimber d'or, de lumière; **3.** F (*zu Geld machen*) *er hat sich* (*dat*) *sein Schweigen lassen* il s'est fait payer très cher son silence

Ver'goldung *f* ⟨~; ~en⟩ dorure *f*

ver'gönnen *v/t* ⟨*pas de ge-, h*⟩ permettre (*j-m etw* qc à qn); *es war mir nicht vergönnt, zu* (+*inf*) je n'ai pas eu le plaisir de (+*inf*)

ver'götter|n *v/t* ⟨-(e)re, *pas de ge-, h*⟩ adorer; porter aux nues; avoir un culte pour; *péj* idolâtrer; **⥈ung** *f* ⟨~; ~en⟩ adoration *f*; *péj* idolâtrie *f*

ver'graben ⟨*irr, pas de ge-, h*⟩ **I** *v/t* enterrer; enfouir; *die Hände in den od die Hosentaschen ~* enfoncer od fourrer les od ses mains dans ses poches (de pantalon); **II** *v/réfl sich ~ Tiere* se terrer (*in* [+*dat ou acc*] dans); F *fig Menschen* (*sich völlig zurückziehen*) se cloîtrer; se claquemurer; *sich in s-e Bücher ~* se plonger dans ses livres

ver'grämen *v/t* ⟨*pas de ge-, h*⟩ **1.** (*verärgern*) mécontenter; *p/fort* fâcher; **2.** *JAGD Wild* effaroucher

ver'grämt *adj Gesicht* rongé de chagrin

vcr'graulen *v/t* ⟨*pas de ge-, h*⟩ *j-n ~* faire fuir qn (en étant désagréable)

ver'greifen *v/réfl* ⟨*irr, pas de ge-, h*⟩ *sich ~* **1.** (*sich irren*) se tromper; *st/s* se méprendre; *sich im Ton ~* mal choisir ses mots; *sich in den Mitteln ~* se tromper dans le choix des moyens; **2.** (*stehlen*) *sich an fremdem Eigentum ~* se saisir des, mettre la main sur les biens d'autrui; **3.** (*Gewalt antun*) *sich an j-m ~* porter la main sur qn; frapper qn; (*vergewaltigen*) abuser de qn; *sich an etw* (*dat*) *~* s'attaquer à qc; toucher à qc; F *vergreif dich ja nicht daran!* F pas touche!

vergriffen [fɛr'grɪfən] **I** *p/p cf* **vergreifen**; **II** *adj Buch* (*ausverkauft*) épuisé

ver'größern ⟨-(e)re, *pas de ge-, h*⟩ **I** *v/t* **1.** (*erweitern*) agrandir (*a Geschäft*); **2.** (*vermehren*) accroître; augmenter; *Vermögen a* arrondir; **3.** (*vergrößert wiedergeben*) *OPT* grossir; *PHOT* agrandir; **II** *v/réfl sich ~* s'agrandir (*a Geschäft, Familie*); *Bekanntenkreis a* s'élargir; (*sich vermehren*) *Kapital etc* s'accroître; augmenter; F *fig* (*e-e größere Wohnung beziehen*) s'agrandir

Ver'größerung f ⟨~; ~en⟩ **1.** *räumliche* agrandissement m (*a e-s Geschäfts*); **2.** *mengenmäßig des Kapitals etc* accroissement m; augmentation f; **3.** PHOT agrandissement m; OPT grossissement m; **hundertfache ~** grossissement cent (fois), au centuple

Ver'größerungsglas n OPT loupe f; verre grossissant

ver'gucken F v/réfl ⟨*pas de ge-*, h⟩ **1.** (*verlieben*) **sich in j-n ~** s'enticher de qn; *fig* **sich in etw** (*acc*) **~** avoir le coup de foudre pour qc; F flasher sur qc; **2.** (*falsch sehen*) **sich ~** se tromper; faire erreur

Ver'günstigung f ⟨~; ~en⟩ faveur f; (*Vorteil*) steuerlich, sozial avantage m; (*Vorrecht*) privilège m; COMM rabais m; tarif réduit

ver'güten v/t ⟨-ete, *pas de ge-*, h⟩ **1.** (*bezahlen*) *Leistung* payer; rémunérer; **2.** (*erstatten*) **j-m etw ~** *Auslagen* rembourser qn de qc; *Verlust(e)* dédommager, indemniser qn de qc

Ver'gütung f ⟨~; ~en⟩ **1.** *e-r Leistung* paiement m; rémunération f; **2.** *der Auslagen* remboursement m; *e-s Verlustes* dédommagement m; indemnisation f; **3.** *Summe* rémunération f; indemnité f; compensation f

verh. *abr* (*verheiratet*) marié

ver'haften v/t ⟨-ete, *pas de ge-*, h⟩ arrêter; appréhender

ver'haftet *adjt* **e-r Sache** (*dat*) **~ sein** être attaché à qc

Ver'haft|ete(r) f(m) ⟨→ A⟩ personne f en état d'arrestation; **~ung** f ⟨~; ~en⟩ arrestation f; JUR prise f de corps

ver'hagelt *adj Ernte etc* **~ sein** être dévasté par la grêle; F **ihr ist die Petersilie ~** elle est complètement découragée

ver'hallen v/i ⟨*pas de ge-*, sein⟩ **1.** *Ton* se perdre; expirer; **2.** *fig Worte, Bitten etc* (*unbeachtet bleiben*) **ungehört ~** passer inaperçu; rester sans écho

ver'halten¹ ⟨*irr, pas de ge-*, h⟩ **I** st/s v/t *Atem* retenir; *Tränen, Schmerz, Lachen, Ärger* contenir; réprimer; **den Schritt ~** s'arrêter; **II** st/s v/i (*innehalten*) **er verhielt e-n Moment** il s'arrêta un instant; **III** v/réfl **sich ~ 1.** (*sich benehmen*) se conduire, se comporter (*gegen j-n, j-m gegenüber* avec qn, envers qn); **sich abwartend ~** rester dans l'expectative; **sich ruhig ~** se tenir tranquille; **ich weiß nicht, wie ich mich dabei ~ soll** je ne sais pas quelle attitude prendre; **2.** (*beschaffen sein*) **wie verhält sich die Sache?** où en est l'affaire?; **die Sache verhält sich ganz anders** l'affaire est tout autre; **3.** MATH (*im Verhältnis stehen*) **a verhält sich zu b wie c zu d** a est à b ce que c est à d; **sich umgekehrt ~ wie ...** être inversement proportionnel, -elle à ...

ver'halten² *adj* **1.** (*unterdrückt*) *Freude, Trauer* contenu; *Groll* rentré; refoulé; **2.** (*gedämpft*) *Farben, Töne etc* discret, -ète; *mit ~er Stimme* à mi--voix; **3.** (*zurückhaltend*) *Fahrweise* sans agressivité; prudent; *Kritik* mesuré; modéré

Ver'halten n ⟨~s⟩ **1.** (*Betragen*) conduite f; comportement m; attitude f; **sein ~ mir gegenüber** sa conduite *od* son attitude envers moi, à mon égard; **ungehöriges ~** inconduite f; **2.** (*Vorgehensweise*) façon f, manière f d'agir, de procéder

Ver'haltens|forschung f ⟨~⟩ éthologie f; **²gestört** *adj* qui présente des troubles du comportement; *sc* caractériel, -ielle; **~maßregeln** f/pl instructions f/pl; directives f/pl; **~psychologie** f psychologie f du comportement; **~störung** f trouble m du comportement; **~weise** f comportement m

Verhältnis [fɛr'hɛltnɪs] n ⟨~ses, ~se⟩ **1.** (*Größen²*) rapport m; proportion f; **im ~ zu** en proportion de; proportionnellement à; par rapport à; (*im Vergleich zu*) en comparaison de; **im ~ 1 zu 3** dans un rapport de 1 à 3; **im richtigen ~ zu** proportionné à; **in umgekehrtem ~ zu** en raison inverse de; inversement proportionnel, -elle à; **in keinem ~ stehen** (**zu**) être disproportionné (à, avec); **2.** (*Beziehung*) rapports m/pl; relation f; **ein gutes ~ zu j-m haben** être en bons termes avec qn; avoir de bons rapports avec qn; **kein ~ zu etw finden** ne pas avoir d'affinité(s) avec qc; *cf a* **gestört**; **3.** F (*Liebes²*) liaison f; **ein ~ mit j-m haben** avoir une liaison avec qn; **4.** **~se** pl situation f; conditions f/pl; (*Vermögenslage*) situation financière; moyens m/pl; (*Umstände*) circonstances f/pl; **in guten ~sen leben** vivre dans l'aisance; être à son aise; **aus einfachen ~sen stammen** être d'origine modeste; **über s-e ~se leben** vivre au-dessus de ses moyens; **wie die ~se liegen ...** vu les circonstances; vu la situation

Ver'hältnisgleichung f MATH proportion f

ver'hältnismäßig I *adj* relatif, -ive; proportionnel, -elle; **II** *adv* relativement; (*entsprechend*) proportionnellement

Ver'hältniswahl f vote, scrutin proportionnel, -elle; **~recht** n ⟨~(e)s⟩, **~system** n ⟨~s⟩ représentation proportionnelle; proportionnelle f

Ver'hältniswort n ⟨~(e)s; ⁻er⟩ GR préposition f

ver'handeln ⟨-(e)le, *pas de ge-*, h⟩ **I** v/t *etw* ~ discuter, débattre qc; JUR **e-n Fall ~** strafrechtlich juger une cause; zivilrechtlich entendre une cause; **II** v/i (*mit j-m*) **über etw** (*acc*) **~** négocier qc, (*beraten*) discuter, débattre qc, conférer de qc (avec qn); **über den Preis ~** débattre du prix

Ver'handlung f ⟨~; ~en⟩ **1.** *bes* POL, COMM négociation f; discussion f; débats m/pl; conférence f; **~en pl** pourparlers m/pl; **~en aufnehmen** entamer, engager des négociations; **~en führen** mener des négociations; **mit j-m in ~en stehen** être en pourparlers avec qn; **2.** JUR audience f; débats m/pl; **öffentliche ~** audience publique

Ver'handlungsbasis f ⟨~⟩ base f des négociations, des discussions; **~ 3000 DM** 3000 marks à débattre

Ver'handlungsbeginn m ouverture f des débats (*a JUR*)

ver'handlungsbereit *adj* prêt à négocier

Ver'handlungs|gegenstand m objet m des négociations, discussions, débats; **~geschick** n ⟨~(e)s⟩ habileté f à négocier, à mener des négociations; **~grundlage** f base f des négociations, des discussions; **~partner(in)** m(f) négociateur m; partie f; interlocuteur, -trice m,f; partenaire m,f; **~saal** m JUR salle f d'audience; **~schluß** m clôture f des débats (*a JUR*); **~termin** m JUR date fixée pour l'audience, pour les débats

Ver'handlungstisch m table f de négociations; *fig* **sich an den ~ setzen** engager des négociations

Ver'handlungsweg m **auf dem ~e** par la négociation

ver'hangen *adj Himmel* nuageux, -euse; gris

ver'hängen v/t ⟨*pas de ge-*, h⟩ **1.** (*zuhängen*) *Fenster etc* masquer; boucher; recouvrir (**mit** de); **2.** (*anordnen*) *Strafe* prononcer (**über j-n** contre qn); infliger (**über j-n** à qn); *Ausgangssperre etc* décréter; proclamer

Ver'hängnis n ⟨~ses, ~se⟩ fatalité f; malheur m; **j-m zum ~ werden** être fatal à qn; **diese Frau wurde ihm zum ~** cette femme a fait son malheur

ver'hängnisvoll *adj* fatal; funeste

Ver'hängung f ⟨~⟩ *des Notstands etc* proclamation f (+ gén de); *e-r Strafe* condamnation f (+ gén à)

ver'harmlosen v/t ⟨-(es)t, *pas de ge-*, h⟩ minimiser

verhärmt [fɛr'hɛrmt] **I** *adj* rongé par les soucis; **II** *adv* **~ aussehen** être marqué par les soucis

ver'harren v/i ⟨*pas de ge-*, h *ou* sein⟩ **1.** (*innehalten*) rester; demeurer; **2.** (*beibehalten*) **auf, bei, in etw** (*dat*) **~** persévérer, persister dans qc

verharschen [fɛr'harʃn] v/i ⟨*pas de ge-*, sein⟩ *Schnee* durcir; **verharschter Schnee** neige foulée, croûteuse

ver'härten ⟨-ete, *pas de ge-*, h⟩ **I** v/t **1.** (*hart machen*) durcir (*a fig*); **2.** (*unbarmherzig machen*) *Herz etc* endurcir; **II** v/réfl **sich ~ 3.** (*hart werden*) se durcir (*a fig*); MÉD *Geschwulst* (se) durcir; *sc* s'indurer; *Positionen, Fronten* se durcir; se raidir; **4.** (*unbarmherzig werden*) s'endurcir

Ver'härtung f ⟨~; ~en⟩ **1.** *fig* endurcissement m; *der Fronten* durcissement m; **2.** MÉD induration f; *verhärtete Stelle, Schwiele*) durillon m; callosité f

ver'haspeln F v/réfl ⟨-(e)le, *pas de ge-*, h⟩ **sich ~ beim Sprechen** s'embrouiller; **sich in etw** (*dat*) **~** (*verwickeln*) s'emmêler, s'empêtrer dans qc

ver'haßt *adj* odieux, -ieuse; détesté; **sich bei j-m machen** se faire 'haïr de qn; **er ist mir ~** je le déteste

ver'hätscheln v/t ⟨-(e)le, *pas de ge-*, h⟩ *Kind* dorloter; F chouchouter

Verhau [fɛr'hau] m *od* n ⟨~(e)s; ⁻e⟩ MIL abattis m (d'arbres); (*Draht²*) réseau m de barbelés

ver'hauen F ⟨*p/p* verhauen, h⟩ **I** v/t **1.** (*verprügeln*) **j-n ~** F flanquer une raclée à qn; F filer une trempe à qn; rosser qn; **2.** (*völlig falsch machen*) F louper; **II** v/réfl **sich ~** (*sich irren*) F se gourer; F se fiche(r) dedans; se mettre le doigt dans l'œil

ver'heben v/réfl ⟨*irr, pas de ge-*, h⟩ **sich ~** (*sich das Kreuz verrenken*) se donner un tour de reins; **sich an etw** (*dat*) **~** se faire mal en soulevant qc

verheddern [fɛr'hɛdɐn] F v/réfl ⟨-(e)re, *pas de ge-*, h⟩ **sich ~** *Fäden* s'emmêler; s'embrouiller; **sich in e-m**

verheeren — verkaufen 1508

Netz ~ se prendre, s'empêtrer dans un filet; *fig beim Sprechen etc* **sich** ~ s'empêtrer; s'embrouiller
ver'heeren *v/t ⟨pas de ge-, h⟩* ravager; dévaster
ver'heerend *adj* dévastateur, -trice; *Brand, Sturm* terrible; *Folgen* catastrophique; F *(scheußlich)* horrible
Ver'heerung *f ⟨~; ~en⟩* ravage *m*; dévastation *f*; **~en anrichten** faire des ravages
ver'hehlen *st/s v/t ⟨pas de ge-, h⟩* cacher, dissimuler *(j-m etw,* qc à qn); *man kann (es) nicht ~, daß ...* il faut bien avouer, reconnaître que ...
ver'heilen *v/i ⟨pas de ge-, sein⟩ Wunde* se fermer; (se) guérir
ver'heimlich|en *v/t ⟨pas de ge-, h⟩* cacher, dissimuler *(j-m etw, etw vor j-m* qc à qn); *(geheimhalten)* tenir secret, -ète; *(verschweigen)* taire; **2ung** *f ⟨~; ~en⟩* dissimulation *f*
ver'heiraten *⟨-ete, pas de ge-, h⟩* **I** *v/t* marier *(mit* avec, à); **II** *v/réfl* **sich** ~ se marier *(mit j-m* avec qn); *sich wieder* ~ se remarier
ver'heiratet *adj* marié; *fig er ist mit s-r Firma* ~ pour lui, il n'y a que son entreprise qui compte
Ver'heiratete(r) *f(m) ⟨→ A⟩* marié(e) *m(f)*; homme marié, femme mariée
Ver'heiratung *f ⟨~; ~en⟩* mariage *m*
ver'heißen *st/s v/t ⟨irr, pas de ge-, h⟩* promettre
Ver'heißung *f ⟨~; ~en⟩* promesse *f*; BIBL *das Land der* ~ la Terre promise
ver'heißungsvoll *adj* plein de promesses; prometteur, -euse
ver'heizen *v/t ⟨pas de ge-, h⟩* **1.** brûler, utiliser comme moyen de chauffage; **2.** F *j-n* ~ *(rücksichtslos ausnutzen)* presser qn comme un citron; MIL utiliser qn comme chair à canon
ver'helfen *v/i ⟨irr, pas de ge-, h⟩ j-m zu etw* ~ aider qn à obtenir qc; faire avoir qc à qn; procurer qc à qn; *e-r Sache (dat) zum Sieg(e)* ~ aider à faire triompher qc
ver'herrlich|en *v/t ⟨pas de ge-, h⟩ Krieg* glorifier; *Natur* célébrer; *Person* faire l'apologie de; **2ung** *f ⟨~; ~en⟩ des Krieges* glorification *f; der Natur* célébration *f; e-r Person* apologie *f*
ver'hetzen *v/t ⟨-(es)t, pas de ge-, h⟩ j-n* ~ attiser la haine de qn *(gegen j-n* contre qn)
Ver'hetzung *f ⟨~; ~en⟩* excitation *f*
ver'heult F *adj Augen etc* gonflé, rougi par les larmes
ver'hexen *v/t ⟨-(es)t, pas de ge-, h⟩* ensorceler; envoûter; enchanter; jeter un sort sur; F *fig das ist (ja) wie verhext!* F c'est la poisse!; tout va de travers!
ver'hindern *v/t ⟨-(e)re, pas de ge-, h⟩* empêcher; *Unglück* prévenir; *dienstlich verhindert sein* être empêché, retenu pour des raisons professionnelles; F *péj er ist ein verhinderter Künstler, Dichter péj* il se pique d'art, de poésie
Ver'hinderung *f ⟨~; ~en⟩* empêchement *m*
Ver'hinderungsfall *m im ~(e)* en cas d'empêchement
verhohlen [fɛrˈhoːlən] *adj (verborgen)* dissimulé; sournois; *mit kaum ~em Spott* avec une moquerie à peine dissimulée

ver'höhnen *v/t ⟨pas de ge-, h⟩* tourner en dérision; railler; se moquer de; *st/s* bafouer
verhohnepipeln [fɛrˈhoːnəpiːpəln] F *v/t ⟨-(e)le, pas de ge-, h⟩* ridiculiser
Ver'höhnung *f ⟨~; ~en⟩* raillerie *f*; persiflage *m*; moquerie *f*
verhökern [fɛrˈhøːkɐrn] F *v/t ⟨-(e)re, pas de ge-, h⟩* brader; bazarder
verholfen [fɛrˈhɔlfən] *p/p cf* **verhelfen**
Ver'hör *n ⟨~(e)s; ~e⟩* interrogatoire *m; der Zeugen vor Gericht* audition *f; j-n ins* ~ *nehmen, j-n e-m* ~ *unterziehen cf* **verhören**
ver'hören *⟨pas de ge-, h⟩* **I** *v/t j-n* ~ interroger qn; faire subir un interrogatoire à qn; soumettre qn à un interrogatoire; *Zeugen vor Gericht* entendre qn; procéder à l'audition de qn; **II** *v/réfl* **sich** ~ mal entendre
ver'hüllen *v/t ⟨pas de ge-, h⟩ Gesicht, Standbild etc* voiler; recouvrir d'un drap, d'un voile, *etc; poét Wolken* ~ *die Sicht* des nuages voilent le paysage; **2.** *fig (verbergen)* voiler; cacher; dissimuler
ver'hüllend *adj* LING euphémique; **~er Ausdruck** euphémisme *m*
ver'hundertfachen *⟨pas de ge-, h⟩* **I** *v/t* centupler; **II** *v/réfl* **sich** ~ centupler
ver'hungern *v/i ⟨-(e)re, pas de ge-, sein⟩* mourir de faim; *j-n* ~ *lassen* laisser qn mourir de faim; *ganz verhungert aussehen* avoir l'air affamé; F *fig am* 2 *sein* F crever de faim
verhunzen [fɛrˈhʊntsən] F *péj v/t ⟨-(es)t, pas de ge-, h⟩ (verunstalten, verderben) Landschaft, Stadtbild* abîmer; *Geschmack* estropier; *Urlaub, Leben* gâcher; *Arbeit* bousiller; F saloper
ver'hüten *v/t ⟨-ete, pas de ge-, h⟩* **1.** *(verhindern)* empêcher; *Unglück* prévenir; *das verhüte Gott!* à Dieu ne plaise!; **2.** MÉD *a abs (e-e Schwangerschaft)* ~ employer des contraceptifs; pratiquer la contraception; *in diesen Ländern wird kaum verhütet* dans ces pays l'usage des contraceptifs est très peu répandu
Verhüterli [fɛrˈhyːtɐli] F *plais n ⟨~s; ~s⟩* F capote (anglaise)
ver'hütten *v/t ⟨-ete, pas de ge-, h⟩ Erz* traiter; fondre
Ver'hütung *f ⟨~⟩* empêchement *m; (Vorbeugung)* prévention *f*; **2.** *(Empfängnis*2*)* contraception *f*
Ver'hütungs... *in Zssgn* **1.** préventif, -ive; **2.** *(Empfängnis*2*)* contraceptif, -ive; **~mittel** *n* contraceptif *m*
verhutzelt [fɛrˈhʊtsəlt] F *adj* ratatiné
Verifi|kation [verifikaˈtsi̯oːn] *f ⟨~; ~en⟩* vérification *f;* 2**'zierbar** *adj* vérifiable; 2**'zieren** *v/t ⟨pas de ge-, h⟩* vérifier
ver'innerlich|en *v/t ⟨pas de ge-, h⟩* PSYCH intérioriser; **2ung** *f ⟨~; ~en⟩* PSYCH intériorisation *f*
ver'irr|en *v/réfl ⟨pas de ge-, h⟩* **sich** ~ s'égarer; se perdre; se fourvoyer *(in* [+*dat*] dans); **2ung** *f ⟨~; ~en⟩* égarement *m*
ver'jagen *v/t ⟨pas de ge-, h⟩* chasser *(aus, von* de)
verjähren [fɛrˈjɛːrən] *v/i ⟨pas de ge-, sein⟩* JUR se prescrire; être frappé de prescription; *nicht eingeforderte Schuld* se périmer; *dieses Vergehen ist verjährt* il y a prescription (pour ce délit)

Ver'jährung *f ⟨~; ~en⟩* JUR prescription *f; e-r nicht eingeforderten Schuld* péremption *f;* **der** ~ *(dat)* **unterliegen** être soumis à la prescription
Ver'jährungsfrist *f* JUR délai *m* de prescription
ver'jubeln F *v/t ⟨-(e)le, pas de ge-, h⟩ Geld* F claquer
ver'jüng|en *⟨pas de ge-, h⟩* **I** *v/t (jünger machen)* rajeunir *(a Personal);* **II** *v/réfl* **sich** ~ *Baumstamm, Säule* s'amincir; s'effiler; *Tunnel* se rétrécir; **2ung** *f ⟨~; ~en⟩* **1.** *(das Jüngerwerden)* rajeunissement *m (a des Personals);* **2.** *e-s Baumstamms, e-r Säule* amincissement *m; e-s Tunnels* rétrécissement *m*
Ver'jüngungskur *f* cure *f* de rajeunissement, *iron* de jouvence
ver'juxen F *v/t ⟨-(es)t, pas de ge-, h⟩ cf* **verjubeln**
ver'kabeln *v/t ⟨-(e)le, pas de ge-, h⟩* TV câbler; *verkabelt sein* être câblé
Ver'kabelung *f ⟨~; ~en⟩* TV câblage *m*
ver'kalken *v/i ⟨pas de ge-, sein⟩* **1.** MÉD *Arterien* se calcifier; *Gewebe etc* se scléroser; **2.** F *fig (geistig altern)* devenir gâteux, -euse, F gaga; **3.** *Waschmaschine etc* s'entartrer
ver'kalkt *adj fig* **1.** MÉD sclérosé *(a fig); Person a* gâteux, -euse, F gaga; **2.** *Waschmaschine etc* entartré
Ver'kalkung *f ⟨~; ~en⟩* **1.** MÉD calcification *f*; sclérose *f*; **2.** F *fig péj* sénilité *f*; gâtisme *m*; **3.** *e-r Waschmaschine etc* entartrage *m*
verkalku'lieren *v/réfl ⟨pas de ge-, h⟩* **sich** ~ **1.** *(sich verrechnen)* se tromper dans ses calculs; **2.** *(falsch beurteilen)* se mettre le doigt dans l'œil, F se gourer
verkannt [fɛrˈkant] **I** *p/p cf* **verkennen**; **II** *adj* méconnu
ver'kappt *adj Spion etc* déguisé; camouflé
ver'kapseln *v/réfl ⟨-(e)le, pas de ge-, h⟩* **sich** ~ MÉD s'enkyster
ver'karst|en *v/i ⟨-ete, pas de ge-, sein⟩* ÉCOL devenir karstique; **2ung** *f ⟨~; ~en⟩* ÉCOL érosion *f* karstique
ver'katert F *adj* ~ *sein* avoir mal aux cheveux; F avoir la gueule de bois
Ver'kauf *m* **1.** *(das Verkaufen)* vente *f; (Absatz)* débit *m*; écoulement *m*; ~ *über die Straße* vente à emporter; ~ *zu herabgesetzten Preisen* vente au rabais; ~ *mit Verlust* vente à perte; *zum* ~ *anbieten* mettre en vente; *zum* ~ *freigeben* autoriser la vente de ...; *zum* ~ *stehen* être à vendre; *zum* ~ *bestimmt* à vendre; en vente; *Verkäufe tätigen* effectuer des ventes; conclure des marchés; **2.** *⟨sans pl⟩ (~sabteilung)* service *m* des ventes; *er arbeitet im* ~ il travaille au service des ventes
ver'kaufen *⟨pas de ge-, h⟩* **I** *v/t* vendre; *(absetzen)* écouler; placer; *zu* ~ à vendre; *j-m etw* ~, *etw an j-n* ~ vendre qc à qn; *gegen bar* ~ vendre comptant; *mit Verlust* ~ vendre à perte; *unter dem Preis, Wert* ~ vendre au-dessous du prix; vendre à perte; *zum Preise von ...* ~ vendre au prix de ...; **II** *v/réfl* **1.** COMM *sich gut* ~ *Ware* se vendre bien; *sich schlecht* ~ se vendre mal, difficilement; **2.** *Personen (sich für Geld etc abhängig machen)* se vendre *(an* [+*acc*] à)

Ver'käufer(in) *m(f)* **1.** *Berufsbezeichnung* vendeur, -euse *m,f*; **2.** *JUR e-s Besitzes* vendeur *m*, venderesse *f*
ver'käuflich *adj (zum Verkauf geeignet)* vendable; *(zum Verkauf bestimmt)* à vendre; *leicht ~* de vente facile; facile à vendre, à placer, à écouler; *frei ~e Medikamente n/pl* médicaments *m/pl* en vente libre
Ver'kaufs|abteilung *f* service *m* des ventes; **~aussichten** *f/pl* perspectives *f/pl* de vente; **~ausstellung** *f* vente-exposition *f*; **~automat** *m* distributeur *m* automatique; **~bedingungen** *f/pl* conditions *f/pl* de vente; **~fläche** *f* surface *f* de vente; **~förderung** *f* ⟨~⟩ promotion *f* des ventes; **~genehmigung** *f* autorisation *f* de vente; **~leiter** *m* chef *m*, directeur *m* de(s) vente(s)
ver'kaufsoffen *adj ~er Samstag bzw Sonnabend* samedi *m* où les magasins restent ouverts toute la journée
Ver'kaufs|personal *n* personnel vendeur; vendeurs *m/pl* et vendeuses *f/pl*; **~preis** *m* prix *m* de vente; **~raum** *m* **1.** salle *f* de vente; **2.** *cf Verkaufsfläche*; **~schlager** *m* succès *m* de vente; article *m* à grand succès; **~stelle** *f* point *m* de vente; **~wert** *m* valeur *f* de vente
Verkehr [fɛrˈkeːr] *m* ⟨~(e)s⟩ **1.** *(Straßen2)* circulation *f*; *bes starker a* trafic *m*; *fließender ~* circulation fluide; *ruhender ~* véhicules *m/pl* à l'arrêt; *stockender ~* circulation au ralenti; ralentissement(s) *m(pl)*; *den ~ behindern* gêner la circulation; *dem ~ übergeben Straße, Bahnlinie* ouvrir à la circulation; *es herrscht reger ~* il y a beaucoup de circulation; *für den ~ gesperrt* fermé à la circulation; **2.** *(Beförderung, Transport)* transports *m/pl*; trafic *m*; *der Bahn, Post* a service *m*; *öffentlicher ~* transports publics; *den ~ einstellen* suspendre le trafic; **3.** *(Umlauf) von Geld, Gütern* circulation *f*; *(Handels2)* trafic commercial; échanges commerciaux; *bargeldloser ~* virements *m/pl*; mouvement *m* des capitaux par virement; *in den ~ bringen* mettre en circulation; *im ~ sein* être en circulation; *aus dem ~ ziehen Banknoten, Produkte* retirer de la circulation; F *fig j-n aus dem ~ ziehen* mettre 'hors d'état de nuire; **4.** *(Kontakt)* rapports *m/pl*; relations *f/pl*; *(Umgang)* commerce *m*; *den ~ mit j-m abbrechen* rompre (ses relations) avec qn; *~ mit j-m pflegen* entretenir des relations, rapports avec qn; **5.** *(Geschlechts2)* rapports sexuels; *mit j-m ~ haben* avoir des rapports sexuels avec qn
ver'kehren *(pas de ge-*, h⟩ **I** *v/t (verwandeln)* transformer, changer *(in* en); *péj (verdrehen) den Sinn e-r Aussage (ins Gegenteil) ~* déformer, fausser complètement le sens d'une déclaration; **II** *v/i* **1.** ⟨h *ou* sein⟩ *Bahnen, Busse etc* circuler *(zwischen* [+dat] entre); *regelmäßig* desservir *(nach e-m Ort* un lieu); *der Bus verkehrt stündlich* il y a un bus toutes les heures; **2.** *(zu Gast sein) in e-m Haus ~* fréquenter une maison; **3.** *(Kontakt haben) mit j-m ~* fréquenter, côtoyer qn; avoir des rapports, des relations avec qn; *mit niemandem ~* ne voir personne; **4.** *sexuell mit j-m ~* avoir des rapports sexuels avec qn; **III** *v/réfl sich ins Gegenteil ~* se transformer en son contraire

Ver'kehrs|ader *f* artère *f*; axe routier; **~ampel** *f* feux *m/pl* (de signalisation); **~amt** *n* office *m* de tourisme
ver'kehrsberuhigt *adj ~e Zone* zone (résidentielle) à vitesse limitée
Ver'kehrsbetriebe *m/pl* services *m/pl* de transport; *die städtischen ~* les transports urbains
Ver'kehrs|chaos *n* embouteillages *m/pl* (monstres); **~delikt** *n* infraction *f* au code de la route; **~dichte** *f* densité *f* du trafic; **~durchsage** *f* message *m* routier; **~erziehung** *f* enseignement *m* du code de la route (à l'école); **~flugzeug** *n* avion commercial; **~funk** *m* radioguidage *m*; **~gefährdung** *f* atteinte *f* à la sécurité routière; **~günstig** *adj Lage* à proximité des transports en commun; **~hindernis** *n* obstacle *m* à la circulation; **~insel** *f* refuge *m* (pour piétons); **~knotenpunkt** *m Straße* nœud routier; *Bahn* nœud *m* ferroviaire; *par ext* plaque tournante; **~kontrolle** *f* contrôle *m* de police; **~lärm** *m* bruit(s) *m(pl)* de la circulation; **~meldung** *f cf Verkehrsdurchsage*; **~minister(in)** *m(f)* ministre *m* des Transports; **~ministerium** *n* ministère *m* des Transports
Ver'kehrsmittel *n* moyen *m* de transport; *öffentliche ~ n/pl* transports *m/pl* en commun
Ver'kehrs|netz *n* réseau *m* de voies de communication; **~opfer** *n* victime *f* de la circulation; **~politik** *f* politique *f* des transports; **~polizei** *f* police routière, de la route; **~polizist(in)** *m(f)* agent *m* de la circulation; **~regel** *f* règle *f* de la circulation
ver'kehrsreich *adj Straße* fréquenté; à grande circulation; *~e Straße im Ort a* rue passante
Ver'kehrs|schild *n* panneau *m* de signalisation (routière); **~sicherheit** *f* ⟨~⟩ sécurité *f* sur la route; **~spitze** *f* heures *f/pl* de pointe; **~sprache** *f LING* langue *f* véhiculaire; **~stau** *m* bouchon *m*; embouteillage *m*; **~sünder** *m* contrevenant *m* au code de la route; *Fahrer* a conducteur *m* en infraction; **~teilnehmer** *m* usager *m* de la route; **~tote(r)** *f(m)* victime *f* de la route; **~überwachung** *f* surveillance *f* de la circulation; **~unfall** *m* accident *m* de la circulation; **~verbindung** *f* voie *f* de communication; **~verbund** *m ÉCON* groupement *m* (interrégional, intercommunal) d'entreprises de transports en commun; **~verein** *m* syndicat *m* d'initiative; office *m* de tourisme; **~verhältnisse** *n/pl (Verkehrslage)* conditions *f/pl* de circulation; *(Verkehrsverbindungen)* voies *f/pl* de communication; communications *f/pl*; **~weg** *m* voie *f* de communication; **~wert** *m JUR, COMM* valeur courante; **~wesen** *n* ⟨~s⟩ transports *m/pl*; **2widrig** *adj* en infraction au code de la route; **~zählung** *f* comptage *m* des voitures
Ver'kehrszeichen *n* signal *m*; panneau *m* de signalisation (routière); *die ~ pl* la signalisation routière
verkehrt [fɛrˈkeːrt] **I** *adj* **1.** *(umgekehrt)* à l'envers; retourné; *die ~e Seite e-s Stoffes* l'envers *m*; *fig ~e Welt* monde renversé, à l'envers; **2.** *(falsch)* faux, fausse; absurde; *e-e ~e Vorstellung* une idée fausse; *auf dem ~en Weg* le mauvais chemin; F *das ist gar nicht so ~* ce n'est pas si absurde, insensé que cela (en a l'air); F *an den 2en geraten* mal tomber; **II** *adv* **1.** *(~herum)* à l'envers; *etw ~ anziehen* mettre qc à l'envers; **2.** *(falsch)* de travers; *es ~ anfangen* s'y prendre mal, de travers; prendre l'affaire par le mauvais bout; *~ antworten* répondre de travers; *etw ~ machen* faire qc de travers
ver'keilen ⟨*pas de ge-*, h⟩ **I** *v/t* caler; claveter; *Schienen* coincer; **II** *v/réfl sich ~* s'imbriquer, s'encastrer *(in* [+acc] dans); *sich ineinander ~ Züge* se télescoper; *fig Demonstranten und Polizisten hatten sich ineinander verkeilt* les manifestants et les policiers ne formaient plus qu'une mêlée confuse
ver'kennen *v/t* ⟨*irr, pas de ge-*, h⟩ **1.** *(falsch einschätzen) Person* méconnaître; *Situation* se tromper sur; **2.** *(unterbewerten)* sous-estimer
Ver'kennung *f* ⟨~⟩ méconnaissance *f*; *in völliger ~ der Situation* en faisant preuve d'une totale méconnaissance de la situation
ver'ketten *v/t* ⟨-ete, *pas de ge-*, h⟩ *fig* enchaîner
Ver'kettung *f* ⟨~; ~en⟩ *fig* enchaînement *m*; *unglückliche ~ von Umständen* malencontreux concours de circonstances
ver'ketzern *v/t* ⟨-(e)re, *pas de ge-*, h⟩ *(schmähen)* diffamer; décrier; discréditer
ver'kitten *v/t* ⟨-ete, *pas de ge-*, h⟩ mastiquer; *Loch* boucher au mastic
ver'klagen *v/t* ⟨*pas de ge-*, h⟩ *JUR j-n ~* porter plainte contre qn; intenter une action (judiciaire) contre qn *(wegen etw* pour *od* en qc); *j-n auf Schadensersatz ~* poursuivre qn en dommages-intérêts
Ver'klagte(r) *f(m)* ⟨→ A⟩ défendeur *m*, défenderesse *f*
ver'klapp|en *v/t* ⟨*pas de ge-*, h⟩ *Säure etc* déverser (dans la mer); **2ung** *f* ⟨~; ~en⟩ déversement *m* (dans la mer)
ver'klapsen F ⟨-(e)st, *pas de ge-*, h⟩ *j-n ~* F se payer la tête de qn; *ich lasse mich nicht ~!* F tu te fous de moi!
ver'klaren F *nordd v/t* ⟨*pas de ge-*, h⟩ *j-m etw ~* expliquer qc à qn
ver'klären *v/t* ⟨*u v/réfl* ⟨*pas de ge-*, h⟩ *(sich) ~* (se) transfigurer; *fig, Gesicht* (s')illuminer; (s')éclairer
ver'klärt *adj* transfiguré; *fig, Gesicht* a serein; *p/fort* ravi; **2ung** *f* ⟨~; ~en⟩ transfiguration *f*
verklausulieren [fɛrklaʊzuˈliːrən] *v/t* ⟨*pas de ge-*, h⟩ **1.** *JUR Vertrag* restreindre par des clauses; **2.** *(kompliziert, schwer verständlich ausdrücken)* formuler de façon incompréhensible
ver'kleben ⟨*pas de ge-*⟩ **I** *v/t* ⟨h⟩ **1.** coller; **2.** *(zukleben)* boucher à la colle; **II** *v/i* ⟨sein⟩ *(aneinanderkleben)* coller; être collé
ver'kleid|en *v/t* ⟨-ete, *pas de ge-*, h⟩ **1.** *(a v/réfl* (*sich*) *~)* (se) déguiser *(als* en); (se) travestir (en); *(kostümieren)* (se) costumer; **2.** *TECH, CONSTR* revêtir *(mit* de); couvrir (de); *mit Holz* boiser;

Verkleidung — Verlagswesen

(*täfeln*) lambrisser; ⚤ung *f* ⟨~; ~en⟩ **1.** (*das Verkleiden*) travestissement *m*; (*Kostüm*) déguisement *m*; costume *m* (pour se déguiser); **2.** TECH, CONSTR revêtement *m*; *mit Holz* boiserie *f*; (*Täfelung*) lambrissage *m*
ver'kleiner|n ⟨-(e)re, *pas de ge-*, h⟩ I *v/t* **1.** (*kleiner machen*) rapetisser; réduire (*a Maßstab*, PHOT); (*verringern*) diminuer; **2.** *fig* (*schmälern*) j-s Verdienste amoindrir; diminuer; *Bedeutung* minimiser; II *v/réfl sich* ~ **3.** (*kleiner werden*) rapetisser; se réduire; **4.** (*sich verringern*) diminuer; ⚤ung *f* ⟨~; ~en⟩ rapetissement *m*; réduction *f* (*a vom Maßstab*, PHOT); diminution *f* (*a fig*)
Ver'kleinerungsform *f* GR diminutif *m*
ver'kleistern F *v/t* ⟨-(e)re, *pas de ge-*, h⟩ **1.** *cf* verkleben *I*; **2.** (*verschleiern*) *fig* dissimuler; masquer
ver'klemmen *v/refl* ⟨*pas de ge-*, h⟩ *sich* ~ *Tür etc* (se) coincer
ver'klemmt *adj* PSYCH inhibé; F coincé
ver'klickern F *v/t* ⟨*pas de ge-*, h⟩ *j-m etw* ~ expliquer qc à qn (en détail)
ver'klingen *v/i* ⟨*irr, pas de ge-*, sein⟩ *Ton* expirer; *st/s Stimmung* tomber
ver'kloppen F *v/t* ⟨*pas de ge-*, h⟩ **1.** (*verprügeln*) F tabasser; F filer une trempe à; **2.** (*verkaufen*) bazarder
ver'knacken F ⟨*pas de ge-*, h⟩ *j-n zu drei Monaten Gefängnis* ~ F coller, F flanquer trois mois de prison à qn
ver'knacksen F *v/réfl* ⟨-(es)t, *pas de ge-*, h⟩ *sich* (*dat*) *den Fuß* ~ se fouler le pied
ver'knallen F *v/réfl* ⟨*pas de ge-*, h⟩ *sich in j-n* ~ F se toquer, s'enticher de qn
ver'knallt *adj* F *in j-n* ~ *sein* être fou, folle de qn; en pincer pour qn; F avoir le béguin pour qn
ver'knapp|en ⟨*pas de ge-*, h⟩ I *v/t* (*knapp machen*) réduire; II *v/i* (*sein*) ~ se raréfier; devenir rare; ⚤ung *f* ⟨~; ~en⟩ pénurie *f* (+*gén* de); rareté *f*
ver'kneifen F *v/réfl* ⟨*irr, pas de ge-*, h⟩ *sich* (*dat*) *etw* ~ **1.** (*unterdrücken*) *Lachen, Lächeln* réprimer qc; *Bemerkung* se retenir de faire qc; **2.** (*verzichten*) F faire son deuil de qc; *sich* (*dat*) ~, *etw zu tun* se passer, s'abstenir de faire qc
verkniffen [fɛr'knɪfən] I *p/p cf* verkneifen; II *adj péj Gesicht, Miene* pincé
ver'knöchern *v/i* ⟨-(e)re, *pas de ge-*, sein⟩ **1.** PHYSIOL s'ossifier; **2.** F *fig Mensch* s'encroûter
ver'knorpeln *v/i* ⟨-(e)le, *pas de ge-*, sein⟩ devenir cartilagineux, -euse
ver'knoten ⟨-ete, *pas de ge-*, h⟩ I *v/t* **1.** *Fäden etc* nouer; *miteinander* ~ nouer (l'un à l'autre); II *v/réfl sich* ~ se nouer
ver'knüpfen *v/t* ⟨*pas de ge-*, h⟩ I *v/t* **1.** *Fäden etc* lier (*mit* à); nouer (*miteinander* l'un à l'autre); **2.** *fig* (*verbinden*) lier (*mit* avec); associer (à); *sein Name ist eng verknüpft mit ...* son nom est étroitement lié à ...; *mit Schwierigkeiten verknüpft sein* présenter des difficultés; II *v/réfl fig Vorstellungen etc sich* ~ être associé (*mit* à)
Ver'knüpfung *f* ⟨~; ~en⟩ *fig* lien *m*; (*Assoziierung*) association *f*; (*Verkettung*) enchaînement *m*
verknusen [fɛr'knuːzən] F *v/t* ⟨-(es)t, *pas de ge-*, h⟩ *j-n nicht* ~ *können* avoir qn en grippe; F ne pas pouvoir blairer qn
ver'kochen *v/i* ⟨*pas de ge-*, sein⟩ *Wasser, Brühe* se réduire, s'évaporer à la cuisson
ver'kohlen¹ ⟨*pas de ge-*⟩ I *v/t* ⟨h⟩ carboniser; II *v/i* ⟨sein⟩ se carboniser
ver'kohlen² F *v/t* ⟨*pas de ge-*, h⟩ *j-n* ~ monter un bateau à qn; F se payer la tête de qn
ver'kommen¹ *v/i* ⟨*irr, pas de ge-*, sein⟩ **1.** *Besitz etc* être laissé à l'abandon; *Gebäude* se délabrer; laisser qc à l'abandon; **2.** *Lebensmittel* pourrir; se gâter; **3.** *Mensch* déchoir; tomber dans la déchéance; *moralisch a* tomber de plus en plus bas; *im Elend* ~ croupir dans la misère
ver'kommen² *adjt* **1.** *Besitz* laissé à l'abandon; *Gebäude* délabré; **2.** *Lebensmittel* pourri; gâté; **3.** *Mensch* tombé bien bas; dépravé
Ver'kommenheit *f* ⟨~⟩ *e-s Menschen* déchéance *f*; *moralische* dépravation *f*
ver'koppeln *v/t* ⟨-(e)le, *pas de ge-*, h⟩ accoupler
ver'korken *v/t* ⟨*pas de ge-*, h⟩ *Flasche* boucher
verkorksen [fɛr'kɔrksən] F ⟨-(es)t, *pas de ge-*, h⟩ I *v/t* gâcher; bousiller; II *v/réfl sich* (*dat*) *den Magen* ~ F se détraquer l'estomac
ver'korkst F *adjt e-e* ~*e Angelegenheit* F une affaire mal emmanchée; *e-n* ~*en Magen haben* F avoir l'estomac barbouillé
ver'körper|n *v/t* ⟨-(e)re, *pas de ge-*, h⟩ I *v/t* incarner (*a* THÉ); personnifier; II *v/réfl sich* ~ s'incarner (*in* [+*dat*] en, dans); personnification *f*
ver'kosten *v/t* ⟨*pas de ge-*, h⟩ *bes österr* goûter; F déguster
verköstigen [fɛr'kœstɪɡən] *v/t* ⟨*pas de ge-*, h⟩ nourrir
ver'krachen F *v/réfl* ⟨*pas de ge-*, h⟩ *sich mit j-m* ~ F se brouiller avec qn
ver'kracht *adjt Student etc* raté; *er ist e-e* ~*e Existenz* c'est un raté
ver'kraften *v/t* ⟨-ete, *pas de ge-*, h⟩ *Belastungen* supporter; *Tod* surmonter; *etw nicht* ~ *können* physique et psychisch ne pas pouvoir supporter, endurer qc; *nur psychisch* ne pas pouvoir assimiler, F digérer qc
ver'kramen *v/t* ⟨*pas de ge-*, h⟩ égarer
ver'krampf|en *v/réfl* ⟨*pas de ge-*, h⟩ *sich* ~ *se* crisper; se contracter; ⚤ung *f* ⟨~; ~en⟩ crispation *f*
ver'kriechen *v/réfl* ⟨*irr, pas de ge-*, h⟩ *sich* ~ *Tiere* se fourrer (*in* [+*acc, dat*] dans); rentrer (dans); *a von Menschen* (*sich verstecken*) se terrer; se tapir (*in* [+*acc, dat*] dans)
ver'krümeln F *v/réfl* ⟨-(e)le, *pas de ge-*, h⟩ *sich* ~ (*sich heimlich davonmachen*) F filer (à l'anglaise); F s'évaporer
ver'krümm|en *v/réfl* ⟨*pas de ge-*, h⟩ *sich* ~ se déformer; *Wirbelsäule* dévier; ⚤ung *f* ⟨~; ~en⟩ déformation *f*; *der Wirbelsäule* déviation *f*
ver'krüppel|t *adj Mensch* estropié; *Bäume* rabougri; ⚤ung *f* ⟨~; ~en⟩ (*Mißbildung*) difformité *f*; (*Verstümmelung*) mutilation *f*
ver'krusten *v/i* ⟨-ete, *pas de ge-*, sein⟩ se couvrir d'une croûte; s'encroûter
ver'kühlen *v/réfl* ⟨*pas de ge-*, h⟩ *regional sich* ~ prendre froid
ver'kümmer|n *v/i* ⟨-(e)re, *pas de ge-*, sein⟩ **1.** *Pflanzen, Menschen* s'étioler; se rabougrir (*beide a fig*); dépérir; languir (*a fig*); *Glieder, Organe* s'atrophier; **2.** *fig* (*brachliegen*) *Talent etc* s'atrophier; ⚤ung *f* ⟨~; ~en⟩ **1.** *von Pflanzen etc* étiolement *m*; rabougrissement *m*; dépérissement *m*; PHYSIOL atrophie *f*; **2.** *fig* (*Brachliegen*) *von Talent etc* atrophie *f*
ver'künden *st/s v/t* ⟨-ete, *pas de ge-*, h⟩ annoncer (*a fig*); faire savoir; *öffentlich* publier; proclamer; *Gesetz* promulguer; JUR *Urteil* prononcer
ver'kündigen *st/s v/t* ⟨*pas de ge-*, h⟩ **1.** (*bekanntgeben*) *cf* verkünden; **2.** REL *Evangelium* annoncer; (*verbreiten*) prêcher
Ver'kündigung *f* ⟨~; ~en⟩ annonce *f*; REL *die* ~ *des Evangeliums* la prédication de l'Évangile
ver'kündung *f* ⟨~; ~en⟩ **1.** JUR *des Urteils* prononcé *m*; prononciation *f*; **2.** (*Bekanntgabe*) annonce *f*; *öffentliche* publication *f*; proclamation *f*; *e-s Gesetzes* promulgation *f*; **3.** REL *cf* Verkündigung
ver'kuppeln *v/t* ⟨-(e)le, *pas de ge-*, h⟩ **1.** TECH *cf* verkoppeln; **2.** *fig péj zwei Personen miteinander* ~ *péj* jouer les entremetteurs entre deux personnes
ver'kürzen ⟨-(es)t, *pas de ge-*, h⟩ I *v/t Länge, Kleidungsstück etc* raccourcir (*um* de); *Zeitdauer etc* écourter; abréger; réduire; *sich* (*dat*) *die Zeit* ~ s'amuser, se divertir (*mit etw* en faisant qc); *j-s Leiden* ~ abréger les souffrances de qn; II *v/réfl sich* ~ (*kürzer werden*) *Länge, Zeit* se raccourcir; se réduire; III *v/i* SPORT *auf 2:3* ~ réduire l'écart de 2 à 3
Ver'kürzung *f* ⟨~; ~en⟩ raccourcissement *m*; réduction *f*; diminution *f*; ~ *der Arbeitszeit* réduction *f*, diminution *f* du temps de travail
Verl. *abr* (*Verlag*) éd. (éditions)
Ver'lade|bahnhof *m* gare *f* de chargement, d'embarquement; ~brücke *f* pont transbordeur *od* de chargement; pont roulant; ~kai *m* MAR embarcadère *m*; quai *m* d'embarquement
ver'laden *v/t* ⟨*irr, pas de ge-*, h⟩ **1.** charger (*auf* [+*acc*] sur); *bes* MAR embarquer; **2.** F *j-n* ~ F rouler qn
Ver'laderampe *f* rampe *f* de chargement, MAR d'embarquement
Ver'ladung *f* ⟨~; ~en⟩ chargement *m*; *bes* MAR embarquement *m*
Verlag [fɛr'laːk] *m* ⟨-(e)s; ~e⟩ maison *f* d'édition; éditions *f/pl*; éditeur *m*; *dieses Buch erscheint im* ~ *...* ce livre paraît chez ...
ver'lager|n ⟨-(e)re, *pas de ge-*, h⟩ I *v/t Gewicht* déplacer (*a fig*); *Unternehmen* à transférer; II *v/réfl sich* ~ *Gewicht*, MÉTÉO *Hoch, Tief etc* se déplacer (*a fig*); ⚤ung *f* ⟨~; ~en⟩ déplacement *m*; *e-s Unternehmens a* transfert *m*
Ver'lags|anstalt *f cf* Verlag; ~buchhändler *m* libraire-éditeur *m*; ~haus *n cf* Verlag; ~programm *n* ensemble *m* des publications (d'une maison d'édition); ~recht *n* droit *m* d'édition; ~wesen *n* ⟨~s⟩ édition *f*

ver'landen v/i ⟨-ete, pas de ge-, sein⟩ ÉCOL See etc se combler
ver'langen ⟨pas de ge-, h⟩ **I** v/t demander; requérir; p/fort exiger; (sein) Recht réclamer; revendiquer; *etw auf j-m* ~ demander qc à qn; exiger, vouloir qc de qn; *von j-m* ~, *etw zu tun* demander à qn de faire qc; *das ist zuviel verlangt* c'est trop demander; *heute wird in der Schule mehr verlangt* de nos jours on demande beaucoup plus aux élèves (qu'autrefois); *dieses Unternehmen verlangt Mut* cette opération exige, requiert, nécessite du courage; **2.** *am Telefon Sie werden am Telefon verlangt* on vous demande au téléphone; **3.** *als Gegenleistung 30 DM* ~ demander 30 marks; *was ~ Sie für das Buch?* combien voulez-vous pour ce livre?; **4.** *zur Vorlage die Papiere* ~ demander les papiers; **II** st/s v/i **5.** (sich sehnen nach, haben wollen) *nach etw* ~ désirer vivement qc; avoir grande envie de qc; réclamer qc; **6.** (zu sehen wünschen) *nach j-m* ~ réclamer qn; **III** st/s v/imp *mich verlangt nach ihm* je désire vivement, ardemment le voir; *es verlangt mich, ihn wiederzusehen* il me tarde de le revoir
Ver'langen n ⟨~s; ~⟩ **1.** (Forderung) demande f; exigence f; e-s Rechts réclamation f; revendication f; *auf* ~ sur demande; *etw auf j-s* ~ (acc) tun faire qc à od sur la demande de qn; **2.** (Sehnsucht) désir m; envie f (*nach etw* de qc; *etw zu tun* de faire qc)
ver'längern ⟨-(e)re, pas de ge-, h⟩ **I** v/t **1.** (länger machen) Kleidungsstück allonger; rallonger; Strecke prolonger (*um* de); **2.** (länger dauern lassen) prolonger; *verlängertes Wochenende* long week-end; **3.** Ausweis proroger (*um* de); renouveler (*um* pour); Vertrag reconduire; renouveler; **4.** CUIS Sauce allonger; **II** v/réfl *sich* ~ **5.** (länger werden) s'allonger; **6.** Gültigkeit, Zeit se prolonger (*um ein Jahr* d'un an)
Ver'längerung f ⟨~; ~en⟩ **1.** (Längermachen) e-s Kleidungsstückes rallongement m; e-r Strecke prolongement m; **2.** zeitliche prolongation f; e-s Passes renouvellement m; prorogation f; e-s Vertrages reconduction f; renouvellement m; **3.** (~sstück) rallonge f; **4.** SPORT (nachgespielte Zeit) prolongations f/pl
Ver'längerungs|schnur f ÉLECT rallonge f; **~stück** n rallonge f
ver'langsam|en ⟨pas de ge-, h⟩ **I** v/t Schritt etc ralentir; Tempo a réduire; **II** v/réfl *sich* ~ se ralentir; **~ung** f ⟨~; ~en⟩ ralentissement m; des Tempos réduction f
Ver'laß m ⟨-sses⟩ *es ist (kein)* ~ *auf ihn* on (ne) peut compter sur lui; on (ne) peut se fier à lui
ver'lassen¹ ⟨irr, pas de ge-, h⟩ **I** v/t **1.** (fortgehen von) Haus, Stadt, Gegend quitter; *für immer* déserter; *das Zimmer* ~ sortir de, quitter la pièce; Kranker *das Bett, das Zimmer* ~ se lever; **2.** (im Stich lassen) abandonner; délaisser; *s-e Kraft verließ ihn* ses forces l'ont trahi, abandonné; **3.** st/s (sterben) *sie hat uns für immer* ~ elle nous a quittés pour toujours; **II** v/réfl *sich auf j-n, etw* ~ compter sur qn, qc; se fier, s'en remettre à qn, qc; *Sie können sich darauf* ~ vous pouvez y compter
ver'lassen² adj abandonné; *bes Personen* délaissé; Haus a inhabité; Gegend a (einsam) désert; *einsam und* ~ Person abandonné de tous; Ort perdu
Ver'lassenheit f ⟨~⟩ abandon m; délaissement m; *das Gefühl der* ~ le sentiment d'être abandonné, délaissé
verläßlich [fɛɐˈlɛslɪç] adj sur qui, quoi on peut compter; sûr; fiable
Verlaub [fɛɐˈlaʊp] litt m *mit* ~ (gesagt) avec votre permission; sauf votre respect
Ver'lauf m **1.** (Hergang) cours m; marche f; (Entwicklung) déroulement m; évolution f; *weiterer* ~ évolution ultérieure; suite f; développement m; *glücklicher* ~ (Ausgang) heureuse issue; heureux dénouement; *zeitlich im* ~ *e-s Jahres* au cours d'une année; *e-n guten, schlechten* ~ *nehmen* tourner bien, mal; prendre une bonne, mauvaise tournure; **2.** (Richtung, Strecke) e-r Straße, Grenze, Kurve tracé m
ver'laufen ⟨irr, pas de ge-⟩ **I** v/i **1.** (vor sich gehen) se passer; se dérouler; *der Abend verlief wie erwartet* la soirée s'est passée, déroulée comme prévu; *wie ist die Sache* ~? comment les choses se sont-elles passées?; **2.** (sich entwickeln) se développer; évoluer; *Krankheit tödlich* ~ avoir une issue fatale; **3.** (ablaufen) Wasser s'écouler; **4.** (sich erstrecken) Grenze passer; *die Grenze verläuft (quer) durch die Stadt* la frontière traverse la ville od passe à travers la ville; *die Straße verläuft schnurgerade* la rue est rectiligne, toute droite; *der Weg verläuft entlang der Grenze* le chemin longe la frontière; **5.** Farben (ineinander) ~ se fondre; **II** v/réfl ⟨h⟩ *sich* ~ **6.** Wasser s'écouler; Menschenmenge se disperser; Bach, Spur *sich im Sande* ~ se perdre dans le sable; **7.** (sich verirren) s'égarer; se perdre; se fourvoyer
ver'laust adj pouilleux, -euse; couvert de poux
ver'lautbaren ⟨pas de ge-⟩ **I** v/t ⟨h⟩ ADM (bekanntgeben) publier; porter à la connaissance du public; communiquer; *lassen, daß* ~ proclamer, porter à la connaissance du public que ...; **II** st/s v/imp ⟨sein⟩ (bekanntwerden) cf *verlauten II*
Ver'lautbarung f ⟨~; ~en⟩ ADM communication f; *amtliche* ~ communiqué officiel
ver'lauten ⟨-ete, pas de ge-, sein⟩ (bekanntwerden) **I** v/i s'ébruiter; transpirer; *wie verlautet* à ce qu'on dit; *nichts davon* ~ *lassen* n'en souffler mot (à personne); **II** v/imp *verlautet, daß* ... on dit, le bruit court que ...
ver'leben v/t ⟨pas de ge-, h⟩ **1.** Ferien etc passer; **2.** F Geld gaspiller
ver'lebt adj ~ *aussehen* avoir le visage marqué par la débauche
ver'legen¹ v/t ⟨pas de ge-, h⟩ **1.** *an einen anderen Ort* déplacer; Sitz e-r Gesellschaft, Wohnsitz, Patienten transférer; Handlung e-s Romans situer, transposer (*in* [+acc], *nach* à, en); Truppen *nach* ... déplacer, acheminer vers ...; **2.** Termin etc verschieben différer; re-

mettre, ajourner (*auf* [+acc] à); (vorverlegen) avancer; **3.** Gleise, Leitungen poser; *in die Erde a* enterrer; Fliesen, Teppichboden poser; **4.** (veröffentlichen) éditer; publier; **5.** (an die falsche Stelle legen) égarer; **6.** (versperren) *j-m den Weg* ~ barrer la route à qn; empêcher qn de passer, d'avancer; **II** v/réfl *sich* ~ *auf* (+acc) Malerei, Musik etc s'adonner, se consacrer à; *sich aufs Bitten* ~ se mettre à supplier
ver'legen² adj **1.** (befangen) embarrassé; gêné; (verwirrt) confus; perplexe; ~ *machen* embarrasser; **2.** *um etw* ~ *sein* être à court de qc; *nie um e-e Antwort* ~ *sein* avoir réponse à tout; avoir la repartie facile
Ver'legenheit f ⟨~⟩ **1.** embarras m; gêne f; (Verwirrung) confusion f; perplexité f; *j-n in (acc)* ~ *bringen* mettre qn dans l'embarras; *in* ~ (acc) *geraten* se trouver embarrassé; *in* ~ (dat) *sein* être embarrassé; **2.** finanzielle embarras m; *in* ~ (dat) *sein* être à court d'argent; *j-m aus der* ~ *helfen* tirer qn d'embarras
Ver'leger|(in) m ⟨~s; ~⟩ (f) ~nen⟩ éditeur, -trice m,f; **2isch** adj d'éditeur
Ver'legung f ⟨~; ~en⟩ **1.** an e-n anderen Ort déplacement m; transfert m; **2.** e-s Termins report m; ajournement m; **3.** von Gleisen, Leitungen, Fliesen, Teppichböden pose f; von Gas, Wasser installation f
ver'leiden v/t ⟨-ete, pas de ge-, h⟩ *j-m etw* ~ dégoûter qn de qc; *j-m den Urlaub* ~ gâcher les vacances de qn
Ver'leih m ⟨~(e)s; ~e⟩ **1.** ⟨sans pl⟩ (das Verleihen) location f; von Filmen a distribution f; **2.** (~firma) bes von Filmen distributeur m
ver'leihen v/t ⟨irr, pas de ge-, h⟩ **1.** (leihen) prêter; *für Geld* (vermieten) louer (*j-m, an j-n* à qn); **2.** fig Kraft, Nachdruck, Würde donner, conférer (*j-m, e-r Sache* à qn, qc); **3.** Amt, Titel conférer; Rechte concéder; octroyer; Preis décerner; attribuer; *j-m e-n Orden* ~ décorer qn; décerner une décoration à qn
Ver'leiher m ⟨~s; ~⟩ prêteur m; *gegen Geld* (Vermieter) loueur m; von Filmen distributeur m
Ver'leihung f ⟨~; ~en⟩ **1.** (das Verleihen) prêt m; *für Geld* (Vermietung) louage m; location f; **2.** (Vergabe) e-s Amts, Titels, e-s Preises attribution f; e-s Rechts concession f; octroi m; **3.** Zeremonie remise f
ver'leiten v/t ⟨-ete, pas de ge-, h⟩ *j-n zu etw* ~ inciter, entraîner, pousser qn à (faire) qc; *j-n zum Irrtum* ~ induire qn en erreur
ver'lernen v/t ⟨pas de ge-, h⟩ *etw* ~ désapprendre qc; oublier qc
ver'lesen¹ ⟨irr, pas de ge-, h⟩ **I** v/t lire (à haute voix); ADM donner lecture de; **II** v/réfl *sich* ~ se tromper en lisant
ver'lesen² v/t ⟨irr, pas de ge-, h⟩ Erbsen, Bohnen etc trier
ver'letzbar adj vulnérable; **2keit** f ⟨~⟩ vulnérabilité f
ver'letzen ⟨-(e)st, pas de ge-, h⟩ **I** v/t **1.** (Verletzung zufügen) blesser; léser; *schwer verletzt* gravement, grièvement blessé; **2.** (kränken) blesser; offenser; froisser; Stolz, Eigenliebe bles-

verletzend — vermeidbar

ser; léser; **3.** (*verstoßen gegen*) *Anstand* offenser; *Pflicht* manquer à; *Gesetz, internationalen Vertrag* violer (*a* MIL, POL *Luftraum, Grenze* etc); *st/s* enfreindre; *Privatvertrag* ne pas respecter; **II** *v/rfl* **sich ~** se blesser; **sich am Kopf ~** se blesser à la tête; **sich** (*dat*) **die Hand ~** se blesser à la main

ver'letz|end *adj* (*kränkend*) blessant; offensant; **~lich** *adj* vulnérable

Ver'letzte(r) *f(m)* ⟨→ A⟩ blessé(e) *m(f)*

Ver'letzung *f* ⟨~; ~en⟩ **1.** (*Wunde*) blessure *f*; lésion *f*; **2.** (*Kränkung*) blessure *f*; offense *f*; froissement *m*; *der Ehre* atteinte *f* (+ *gén* à); **3.** *e-s Gesetzes, e-s internationalen Vertrags, des Luftraums, der Grenzen* etc violation *f* (+ *gén*); *e-s Gesetzes a* infraction *f* (+ *gén* à); *e-s Privatvertrags* non-respect *m*; **~ des Briefgeheimnisses** violation du secret de la correspondance

ver'leugnen ⟨-ete, *pas de ge-*, h⟩ **I** *v/t* **1.** (*leugnen*) nier; *das läßt sich nicht ~* c'est indéniable; *die Wahrheit ~* nier la vérité; *sich ~ lassen* faire dire qu'on est absent; **2.** (*sich nicht bekennen zu*) renier (*a* BIBL); désavouer; *j-n ~* désavouer qn; *s-e Herkunft ~* renier ses origines; **II** *v/rfl* **sich selbst, s-e Überzeugungen ~** se renier

Ver'leugnung *f* ⟨~⟩ reniement *m* (*a* BIBL); désaveu *m*

verleumden [fɛrˈlɔymdən] *v/t* ⟨-ete, *pas de ge-*, h⟩ (*diffamieren*) calomnier; diffamer; (*schlechtmachen*) *j-n bei j-m ~* dénigrer qn auprès de qn

Ver'leumder(in) *m* ⟨-s; ~⟩ (*f*) ⟨~; ~nen⟩ calomniateur, -trice *m,f*; diffamateur, -trice *m,f*; médisant(e) *m(f)*; détracteur, -trice *m,f*

ver'leumderisch *adj von Personen u Sachen* calomniateur, -trice; détracteur, -trice; médisant; *nur von Sachen* calomnieux, -ieuse; diffamatoire; *in ~er Weise* calomnieusement

Ver'leumdung *f* ⟨~; ~en⟩ calomnie *f*; diffamation *f*; médisance *f*; (*das Schlechtmachen*) dénigrement *m*

Ver'leumdungs|kampagne *f* campagne *f* de calomnies; **~klage** *f* JUR plainte *f* en diffamation

ver'lieben *v/rfl* ⟨*pas de ge-*, h⟩ **sich in j-n ~** tomber amoureux, -euse de qn; s'éprendre de qn

ver'liebt *adj* **~** (*in* [+*acc*]) amoureux, -euse (de); épris (de); **unsterblich, bis über beide Ohren in j-n ~ sein** être éperdument amoureux, -euse de qn; être fou, folle de qn; *fig* **in e-e Idee ~ sein** s'enthousiasmer pour une idée; **~es Augen machen** faire les yeux doux; **~es Paar** couple *m* d'amoureux

Ver'liebte(r) *f(m)* ⟨→ A⟩ amoureux, -euse *m,f*

Ver'liebtheit *f* ⟨~⟩ fait *m* d'être amoureux; vorübergehende toquade *f*; *man sieht ihr ihre ~ an* on voit qu'elle est amoureuse

verlieren [fɛrˈliːrən] *v/t* ⟨verliert, verlor, verloren, h⟩ **I** *v/t* **1.** *Sachen* perdre; *das Bewußtsein ~* perdre conscience; *die Fassung, den Mut, die Geduld, den Kopf ~* perdre contenance, courage, patience, la tête; *Reifen Luft ~* perdre de l'air; *den, s-n besten Freund ~* perdre son meilleur ami; *fig nichts zu ~ haben* n'avoir rien à perdre; *fig dar-*

über brauchen wir kein Wort zu ~ cela va de soi; *fig aus den Augen ~* perdre de vue; F *er hat hier nichts verloren* il n'a rien à faire ici; **2.** (*abwerfen*) *Federn, Haare* perdre; *Bäume die Blätter ~* perdre ses feuilles; **3.** (*bei etw unterliegen*) *Prozeß, Wettkampf, Krieg, Wette* perdre; **II** *v/i* **4.** (*einbüßen*) *an etw* (*dat*) *~* perdre (de) qc; *an Boden ~* perdre du terrain; *an Wert ~* perdre de sa valeur; se déprécier; **5.** (*e-e Niederlage erleiden*) perdre; **6.** (*schlechter werden*) perdre; baisser; *die Stadt hat in den letzten Jahren beträchtlich verloren* ces dernières années, la ville a beaucoup perdu (de son attrait); **III** *v/rfl* **sich ~ 7.** (*verschwinden*) se perdre; disparaître (*bes Gefühle*); *Duft* s'évaporer; *Farben* passer; *Weg, Spuren sich in der Ferne ~* se perdre dans le lointain; **8.** (*einander ~*) se perdre (*in* [+*dat*] dans); *sich aus den Augen ~* se perdre de vue; **9.** (*abschweifen*) *sich in Einzelheiten* (*dat*) *~* se perdre, se noyer dans les détails

Ver'lierer(in) *m* ⟨~s; ~⟩ (*f*) ⟨~; ~nen⟩ perdant(e) *m(f)*

Verlies [fɛrˈliːs] *n* ⟨~es; ~e⟩ oubliettes *f/pl*

ver'loben *v/rfl* ⟨*pas de ge-*, h⟩ **sich ~** se fiancer (*mit* à *od* avec)

ver'lobt *adj* fiancé

Ver'lobte(r) *f(m)* ⟨→ A⟩ fiancé(e) *m(f)*

Ver'lobung *f* ⟨~; ~en⟩ fiançailles *f/pl*; *die ~ lösen* rompre les fiançailles

Ver'lobungs|anzeige *f* faire-part *m* de fiançailles; *in e-r Zeitung* annonce *f* de fiançailles; **~ring** *m* bague *f* de fiançailles; (*Trauring*) alliance *f*

ver'lock|en *v/t* ⟨*pas de ge-*, h⟩ inviter, inciter (*zu etw* à qc); **~end** *adj* tentant; *Idee* séduisant; *Wetter* engageant; *Angebot* alléchant; F (*schenken*) faire cadeau de qc à qn

ver'logen *adj péj* **1.** *Person* faux, fausse; menteur, -euse; **2.** (*falsch*) *Moral* etc faux, fausse; *Reden* etc mensonger, -ère; *2heit* *f* ⟨~⟩ **1.** *e-r Person* fausseté *f*; penchant *m* au mensonge; **2.** (*Falschheit*) *von Moral* etc duplicité *f*; hypocrisie *f*; caractère mensonger

verloren [fɛrˈloːrən] *I p/p cf* **verlieren**; **II** *adj* **1.** **~e Mühe** peine perdue; *etw* **~ geben** considérer qc comme perdu; *das Spiel ~ geben* se tenir pour battu; abandonner la partie; **2.** BIBL *der ~e Sohn* l'enfant *m* prodigue; **~e Schafe** *n/pl* brebis égarées; **3.** CUIS **~e Eier** *n/pl* œufs pochés

ver'lorengehen *v/i* ⟨*irr, sép, -ge-*, sein⟩ **1.** (*abhanden kommen*) *Sachen* se perdre; *Briefe* etc s'égarer; *mir ist die Brieftasche verlorengegangen* j'ai perdu mon portefeuille; *fig an ihm ist ein Arzt verlorengegangen* il aurait fait un excellent médecin; **2.** (*zur Niederlage werden*) *der Krieg, Wettkampf* etc *ging verloren* on a perdu la guerre, la compétition, etc

ver'löschen *v/i* (verlischt, verlosch, verloschen, sein) *Licht* etc s'éteindre (a *fig*)

ver'los|en *v/t* ⟨-(es)t, *pas de ge-*, h⟩ tirer au sort; *2ung* *f* ⟨~; ~en⟩ tirage *m* (au sort); *Veranstaltung a* tombola *f*

verlottern [fɛrˈlɔtɐn] F *péj*, **ver'ludern** F *péj* *v/i* ⟨-(e)re, *pas de ge-*, sein⟩

Mensch mal tourner; tomber bien bas; *Sachen* être laissé à l'abandon

Verlust [fɛrˈlʊst] *m* ⟨~(e)s; ~e⟩ **1.** ⟨*sans pl*⟩ (*das Verlieren*) perte *f*; **e-n ~ erleiden** éprouver, subir une perte; **ein schwerer ~** une grosse perte; **bei kein Ersatz** aucun dédommagement en cas de perte; *der ~ eines Angehörigen* la perte d'un parent; *2. ~e pl bes* MIL *dem Gegner schwere ~e zufügen* infliger de lourdes pertes à l'ennemi; **3.** (*Einbuße*) perte *f*; *von Rechten a* déchéance *f*; *an Energie a* déperdition *f*; COMM, FIN *a* déficit *m*; **mit ~ arbeiten, verkaufen** travailler, vendre à perte

Ver'lust|anzeige *f* déclaration *f* de perte; **2arm** *adj* TECH à faibles pertes; **~geschäft** *n* COMM transaction *f*, opération *f* à perte; affaire *f* déficitaire

ver'lus'tieren F *v/rfl* ⟨*pas de ge-*, h⟩ *sich ~* F se payer du bon temps

ver'lustig *adj* ADM **e-r Sache** (*gén*) **~ gehen** perdre qc; être privé de qc; **e-s Rechtes ~ gehen** être déchu d'un droit

Ver'lust|liste *f* MIL liste *f* des pertes; **~meldung** *f* MIL (transmission *f* de l')état *m* des pertes; **2reich** *adj* **1.** COMM *Jahr, Geschäft* déficitaire; **2.** MIL *Schlacht* sanglant; *Angriff* coûteux, -euse

ver'machen *v/t* ⟨*pas de ge-*, h⟩ (*vererben*) *j-m etw ~* laisser par testament, léguer qc à qn; F (*schenken*) faire cadeau de qc à qn

Vermächtnis [fɛrˈmɛçtnɪs] *n* ⟨~ses; ~se⟩ JUR legs *m* (*a fig*); testament *m*; *fig geistiges ~* héritage, testament spirituel

vermählen [fɛrˈmɛːlən] *st/s* ⟨*pas de ge-*, h⟩ **I** *v/t* marier (*mit* à *od* avec); **II** *v/rfl* **sich mit j-m ~** épouser qn

Ver'mählung *st/s f* ⟨~; ~en⟩ mariage *m*

vermaledeit [fɛrmaleˈdaɪt] F *adj* maudit

ver'männlichen *v/t* ⟨*pas de ge-*, h⟩ masculiniser; viriliser

ver'markt|en *v/t* ⟨*pas de ge-*, h⟩ commercialiser; *2ung* *f* ⟨~; ~en⟩ commercialisation *f*

vermasseln [fɛrˈmasəln] F *v/t* ⟨-ßle *ou* -ssele, *pas de ge-*, h⟩ **1.** (*verderben*) *j-m etw ~* gâcher qc à qn; *cf a Tour* 3.; **2.** *Prüfung* etc F louper; rater

ver'mauern *v/t* ⟨-(e)re, *pas de ge-*, h⟩ (*zumauern*) murer; maçonner

ver'mehren ⟨*pas de ge-*, h⟩ **I** *v/t* **1.** (*mehr werden lassen*) augmenter; accroître; *zahlenmäßig* multiplier; **2.** (*fortpflanzen*) propager; **II** *v/rfl* **sich ~ 3.** (*mehr werden*) augmenter; s'accroître; *zahlenmäßig* se multiplier; **4.** (*sich fortpflanzen*) se multiplier; se propager; *sich stark ~* foisonner; pulluler

ver'mehrt *adj* accru; *das ~e Auftreten von ...* l'accroissement *m*, la multiplication de ...

Ver'mehrung *f* ⟨~⟩ **1.** (*das [Sich]Vermehren*) augmentation *f*; accroissement *m*; *zahlenmäßig* multiplication *f*; **2.** (*Fortpflanzung*) propagation *f*; multiplication *f*; *starke ~* foisonnement *m*; pullulement *m*

ver'meidbar *adj* évitable; *nicht ~* inévitable; *dieser Fehler wäre ~ gewesen* on aurait pu éviter cette faute

1512

ver'meiden v/t ⟨irr, pas de ge-, h⟩ éviter; p/fort fuir; *geschickt* esquiver; éluder; *es ~, etw zu tun* éviter de faire qc; *das ist nicht zu ~* c'est inévitable; il faut en passer par là
vermeintlich [fɛr'maɪntlɪç] adj ⟨épithète⟩ prétendu; présumé; soi-disant (a adv); JUR *~er Vater* père putatif
ver'mengen ⟨pas de ge-, h⟩ **I** v/t **1.** (*mischen*) mêler (*mit* avec); mélanger; **2.** (*durcheinanderbringen*) confondre; faire l'amalgame de; **II** v/réfl *sich ~* se mêler; se mélanger
ver'menschlich|en v/t ⟨pas de ge-, h⟩ *Tier, Pflanze* anthropomorphiser; *Eigenschaft* personnifier; *~ung* f ⟨~; *~en*⟩ *von Tieren, Pflanzen* anthropomorphisation f; *von Eigenschaften* personnification f
Ver'merk m ⟨~(e)s; ~e⟩ bes ADM note f; mention f
ver'merken v/t ⟨pas de ge-, h⟩ **1.** (*notieren*) noter; prendre note de; (*erwähnen*) mentionner; *etw am Rande ~* noter, mentionner qc en marge; **2.** (*zur Kenntnis nehmen*) *etw mißbilligend ~* mal prendre qc; *j-m etw übel ~* en vouloir à qn de, pour qc
ver'messen[1] ⟨irr, pas de ge-, h⟩ **I** v/t (*ab-, ausmessen*) mesurer; *Land* arpenter; **II** v/réfl *sich ~* **1.** (*falsch messen*) se tromper en mesurant; **2.** st/s (*sich anmaßen*) *sich ~, etw zu tun* avoir l'audace de faire qc
ver'messen[2] st/s adj (*tollkühn*) téméraire; *Person* (*anmaßend*) présomptueux, -euse; st/s outrecuidant
Ver'mess|enheit f ⟨~⟩ témérité f; (*Anmaßung*) présomption f; st/s outrecuidance f; *~er(in)* m ⟨~s; ~⟩ (f) ⟨~; *~nen*⟩ arpenteur m; *~ung* f ⟨~; *~en*⟩ t/t mesurage m; arpentage m
Ver'messungs|ingenieur(in) m(f) etwa géomètre-expert m; *~punkt* m point m de repérage
ver'miesen F v/t ⟨-(e)st, pas de ge-, h⟩ *j-m etw* dégoûter qn de qc
ver'mieten v/t ⟨-ete, pas de ge-, h⟩ *Haus, Autos etc* louer; donner, mettre en location (*j-m od an j-n* à qn); *a dies sie ~ nur im Sommer* ils ne louent qu'en été
Ver'miet|er(in) m(f) loueur, -euse m,f; *e-s Hauses, e-r Wohnung* propriétaire m,f; *~ung* f ⟨~; *~en*⟩ location f; louage m
ver'mindern ⟨-(e)re, pas de ge-, h⟩ **I** v/t diminuer; réduire; amoindrir; (*abschwächen*) atténuer; **II** v/réfl *sich ~* diminuer; se réduire; (*sich abschwächen*) s'atténuer
ver'mindert adjt **1.** JUR *~e Zurechnungsfähigkeit* responsabilité atténuée; **2.** MUS *~e Quart(e)* quarte diminuée
Ver'minderung f diminution f; réduction f; amoindrissement m; (*Abschwächung*) atténuation f
ver'minen v/t ⟨pas de ge-, h⟩ MIL miner
ver'mischen ⟨pas de ge-, h⟩ **I** v/t mêler, mélanger (*mit* à od avec); **II** v/réfl *sich ~* se mêler; se mélanger; *Rassen* se mêler; se croiser
ver'mischt adjt *~e Schriften* f/pl mélanges m/pl littéraires; miscellanées f/pl; *in Zeitungen ⟨es* faits divers

Ver'mischung f mélange m; *von Rassen* a croisement m
ver'missen v/t ⟨-ßt, pas de ge-, h⟩ **1.** (*das Fehlen bemerken von*) *Sachen etc* ne pas retrouver; *Personen* remarquer l'absence de; fig *etw* (*Geschmack, Anstand etc*) *~ lassen* manquer de qc; **2.** (*schmerzlich entbehren*) ressentir, regretter l'absence de; *e-n Toten, etwas Verlorenes* regretter; *wir ~ dich sehr* tu nous manques beaucoup
vermißt [fɛr'mɪst] adjt disparu; *im Krieg ~ werden* avoir disparu; *als ~ gemeldet* porté disparu
Ver'mißte(r) f(m) ⟨→ A⟩ disparu(e) m(f)
Ver'mißtenanzeige f déclaration f de disparition
ver'mitteln ⟨-(e)le, pas de ge-, h⟩ **I** v/t **1.** (*verschaffen*) *Stelle, Geschäft* procurer (*j-m* à qn); *j-n an e-e Firma ~* mettre une entreprise en contact avec qn; placer qn dans une entreprise; **2.** (*herbeiführen*) *Treffen etc* arranger (*a Ehe*); **3.** *Bild, Eindruck* donner; *Kenntnisse* transmettre; communiquer; **4.** TÉL *ein Gespräch ~* établir une communication téléphonique; **II** v/i servir de médiateur, -trice (*bei, in* [+dat] dans; *zwischen* entre); (*schlichten*) *mit Erfolg zwischen den Gegnern ~* réconcilier les adversaires
Ver'mittler|(in) m(f) **1.** *zwischen Parteien* médiateur, -trice m,f; (*Schlichter*) conciliateur, -trice m,f; *e-s Geschäfts etc* intermédiaire m,f; *~rolle* f *zwischen Parteien* rôle m de médiateur; *bei e-m Geschäft* rôle m d'intermédiaire
Ver'mittlung f ⟨~; *~en*⟩ **1.** (*helfendes Eingreifen*) entremise f; médiation f; intervention f; POL bons offices; *durch j-s ~, durch* (*die*) *~ von j-m* par l'entremise, l'intermédiaire de qn; *s-e ~ anbieten* offrir son entremise, POL ses bons offices; **2.** (*Schlichtung*) conciliation f; **3.** (*das Verschaffen*) *e-r Stelle, e-s Geschäfts etc* obtention f (*par un intermédiaire*); **4.** *von Wissen etc* transmission f; communication f; **5.** TÉL central m (*téléphonique*); *in e-m Betrieb etc* standard m
Ver'mittlungs|ausschuß m commission f, comité m de médiation, de conciliation; *~gebühr* f COMM commission f; *~stelle* f TÉL cf *Vermittlung* 5.; *~vorschlag* m proposition f de conciliation
ver'möbeln F v/t ⟨-(e)le, pas de ge-, h⟩ (*verhauen*) F flanquer une raclée à; F filer une trempe à
vermocht [fɛr'mɔxt] p/p cf *vermögen*
ver'modern v/i ⟨-(e)re, pas de ge-, sein⟩ pourrir; se décomposer; se putréfier
ver'möge st/s prép ⟨gén⟩ (*dank*) grâce à; (*kraft*) en vertu de
ver'mögen st/s v/t ⟨irr, pas de ge-, h⟩ *~, etw zu tun* pouvoir faire qc; être capable de faire qc; *alles bei j-m ~* pouvoir tout auprès de qn; avoir une grande influence sur qn
Ver'mögen n ⟨~s; ~⟩ **1.** ⟨sans pl⟩ st/s (*Macht*) pouvoir m; (*Fähigkeit*) faculté f; capacité f; *nach s-m ~* selon ses capacités; *nach bestem ~* de mon, ton, etc mieux; **2.** (*Besitz*) fortune f; biens m/pl; *~ haben* avoir de la fortune; être fortuné; *~ erwerben* acquérir des

biens; fig *ein ~ kosten* coûter une fortune
ver'mögend adj (*wohlhabend*) fortuné; aisé
Ver'mögens|abgabe f prélèvement m sur la fortune; *~bildung* f ⟨~⟩ constitution f, formation f d'un capital; capitalisation f (*par l'épargne ou l'intéressement des salariés*); *~ertrag* m revenu m de la fortune; rendement m du capital; *~steuer* f impôt m sur la fortune; *~übertragung* f cession f, transfert m de biens; *~verhältnisse* n/pl situation financière; *~verwaltung* f gestion f, administration f des biens, de la fortune, du patrimoine; *~werte* m/pl valeurs f/pl de od en capital
ver'mögenswirksam adj qui favorise l'épargne ou la constitution d'un capital; FIN *~e Leistungen* f/pl prestations f/pl (*de l'employeur*) contribuant à la formation d'un capital pour le(s) salarié(s); *in Frankreich etwa* plan m d'épargne d'entreprise
ver'mummen ⟨pas de ge-, h⟩ **I** v/t **1.** (*verkleiden*) masquer; déguiser; **2.** (*warm anziehen*) emmitoufler; **II** v/réfl *sich ~* **3.** (*sich verkleiden*) se masquer; se déguiser; *vermummte Demonstranten* m/pl des manifestants masqués, avec des cagoules, etc; **4.** (*sich warm anziehen*) s'emmitoufler
Ver'mummung f ⟨~; *~en*⟩ *bei Demonstrationen* port m de cagoules, etc
Ver'mummungsverbot n JUR, ADM interdiction f du port de cagoules, etc
vermurksen [fɛr'mʊrksən] F v/t ⟨-(es)t, pas de ge-⟩ cf *verpfuschen*
vermuten [fɛr'muːtən] v/t ⟨-ete, pas de ge-, h⟩ présumer; supposer; se douter de; (*argwöhnen*) soupçonner; *wer hätte das vermutet!* qui aurait cru cela!
ver'mutlich I adj ⟨épithète⟩ présumé; probable; **II** adv vraisemblablement; probablement
Ver'mutung f ⟨~; *~en*⟩ présomption f; supposition f; conjecture f (*über* [+acc] sur); (*Argwohn*) soupçon m; *~en über etw* (*acc*) *anstellen* faire des hypothèses sur qc
ver'nachlässigen v/t ⟨pas de ge-, h⟩ **1.** (*unberücksichtigt lassen*) *Wert, Möglichkeit* négliger; **2.** (*sich nicht kümmern um*) négliger; laisser à l'abandon; ne pas prendre soin de; *Familie* a délaisser; *Pflichten* a manquer à; *vernachlässigte Kleidung* tenue négligée od débraillée
Ver'nachlässigung f ⟨~; *~en*⟩ négligence f; (*Verwahrlosung*) abandon m; manque m de soin(s)
ver'nageln v/t ⟨-(e)le, pas de ge-, h⟩ clouer
ver'nagelt adjt F (*beschränkt*) *~ sein* être borné, bouché (à l'émeri); F en tenir une couche
ver'nähen v/t ⟨pas de ge-, h⟩ *Faden* arrêter; *Wunde* coudre
ver'narben v/i ⟨pas de ge-, sein⟩ *Wunde* se cicatriser (a fig)
ver'narren v/réfl ⟨pas de ge-, h⟩ *sich in j-n ~* s'amouracher, s'enticher de qn; *in j-n ~ vernarrt sein* adorer qn, être fou de qn
ver'naschen v/t ⟨pas de ge-, h⟩ **1.** *sein Geld* dépenser en friandises; **2.** F (*geschlechtlich verkehren mit*) *j-n* F s'envoyer, F se taper qn; **3.** F (*besiegen,*

ausschalten) *j-n* ~ ne faire qu'une bouchée de qn

ver'nebeln *v/t* ⟨-(e)le, *pas de ge-*, h⟩ **1.** MIL dissimuler à l'aide d'un écran de fumée; entourer d'un nuage de fumée; **2.** *fig* obscurcir; embrouiller; *j-m den Kopf* ~ brouiller les idées, l'esprit, la cervelle de qn

ver'nehmbar *st/s adj* (*hörbar*) perceptible (à l'oreille); audible

ver'nehmen *v/t* ⟨*irr, pas de ge-*, h⟩ **1.** *st/s* (*hören*) entendre; percevoir; (*erfahren*) apprendre; entendre dire; **2.** JUR *e-n Angeklagten* interroger; *e-n Zeugen* entendre

Ver'nehmen *n* ⟨~s⟩ *dem* ~ *nach* à ce qu'on dit

ver'nehmlich *adj Stimme* distinct; clair; intelligible

Ver'nehmung *f* ⟨~; ~en⟩ JUR *von Angeklagten* interrogatoire *m*; *von Zeugen* audition *f*

ver'nehmungsfähig *adj* en état d'être interrogé; en état de déposer

ver'neigen *st/s v/réfl* ⟨*pas de ge-*, h⟩ *sich* ~ s'incliner; faire la révérence

Ver'neigung *f* inclination *f*; révérence *f*

ver'neinen *v/t* ⟨*pas de ge-*, h⟩ **1.** *Frage* répondre négativement à; faire une réponse négative à; *abs* à dire (que) non; répondre (que) non, par la négative; **2.** (*negieren, ablehnen*) nier; **3.** LING mettre à la forme négative; *verneinter Satz* (proposition) négative *f*

ver'neinend *adj* négatif, -ive; LING *a* privatif, -ive

Ver'neinung *f* ⟨~; ~en⟩ *e-r Frage* réponse négative; (*Ablehnung*) refus *m*; LING négation *f*

Ver'neinungspartikel *f* LING élément *m* de la négation

ver'netz|en *v/t* ⟨*pas de ge-*, h⟩ sc interconnecter; **2ung** *f* ⟨~; ~en⟩ sc interconnexion *f*

ver'nichten *v/t* ⟨-ete, *pas de ge-*, h⟩ **1.** *Feind, Stadt etc* écraser; anéantir; (*zerstören*) *Bauten* démolir; (*ausrotten*) exterminer; **2.** (*zunichte machen*) *Hoffnung, Pläne* réduire à néant; anéantir

ver'nichtend I *adj* **1.** destructeur, -trice; *Niederlage* écrasant; *Schlag* décisif, -ive; **2.** *fig Kritik* impitoyable; *Blick* foudroyant; **II** *adv* MIL, SPORT ~ *schlagen* écraser

Ver'nichtung *f* ⟨~; ~en⟩ *des Feindes etc* anéantissement *m* (*a fig*); écrasement *m*; (*Zerstörung*) destruction *f*; *von Bauten* démolition *f*; (*Ausrottung*) extermination *f*

Ver'nichtungs|feldzug *m* MIL guerre *f* d'extermination; **~lager** *n* camp *m* d'extermination; **~potential** *n* potentiel *m* en armes de destruction massive; **~waffe** *f* arme *f* de destruction massive

ver'nickeln *v/t* ⟨-(e)le, *pas de ge-*, h⟩ nickeler

ver'niedlich|en *v/t* ⟨*pas de ge-*, h⟩ *Probleme etc* minimiser; **2ung** *f* ⟨~; ~en⟩ minimisation *f*

Vernissage [vɛrnɪ'sa:ʒə] *st/s f* ⟨~; ~n⟩ *e-r Ausstellung* vernissage *m*

Vernunft [fɛr'nʊnft] *f* ⟨~⟩ raison *f*; (*gesunder Menschenverstand*) bon sens; *gegen alle Regeln der* ~ en dépit du bon sens; *j-n* (*wieder*) *zur* ~ *bringen* (r)amener qn à la raison; ~ *annehmen*

entendre raison; se rendre à la raison; *nimm endlich* ~ *an!* rends-toi à l'évidence!

ver'nunft|begabt *adj* doué de raison; raisonnable; **2ehe** *f* mariage *m* de raison

vernünftig [fɛr'nʏnftɪç] **I** *adj* **1.** raisonnable; (*überlegt*) sensé; judicieux, -ieuse; sage; **2.** F (*ordentlich*) convenable; acceptable; *e-e* ~*e Übersetzung* une bonne traduction; une traduction qui se tient; **II** *adv* **1.** raisonnablement; judicieusement; d'une façon sensée; ~ *argumentieren* raisonner juste; ~ *handeln* faire preuve de bon sens; **2.** F (*ordentlich*) convenablement; comme il faut

ver'nünftiger'weise *adv* raisonnablement; *das kann man* ~ *erwarten* ce n'est pas trop demander

Ver'nunft|mensch *m* homme *m* de raison; **2widrig** *adj* contraire à la raison; déraisonnable

ver'öden ⟨-ete, *pas de ge-*, h⟩ **I** *v/t* ⟨h⟩ MÉD *Krampfadern etc* scléroser; **II** *v/i* ⟨sein⟩ **1.** *Landschaft* devenir désert; **2.** (*sich entvölkern*) *Städte, Häuser etc* se dépeupler; *Region* se désertifier

ver'öffentlich|en *v/t* ⟨*pas de ge-*, h⟩ publier; (*bekanntgeben*) *a* rendre public, -que; *Gesetz* promulguer; **2ung** *f* ⟨~; ~en⟩ publication *f*; *e-s Gesetzes* promulgation *f*

Veronika [ve'ro:nika] *f* **1.** ⟨~ → *n/pr*⟩ Véronique *f*; **2.** ⟨~; -ken⟩ BOT véronique *f*

ver'ordnen *v/t* ⟨-ete, *pas de ge-*, h⟩ **1.** ADM ordonner; décréter; **2.** MÉD ordonner; prescrire

Ver'ordnung *f* ⟨~; ~en⟩ **1.** behördliche ordonnance *f*; décret *m*; *e-e* ~ *erlassen* adopter, prendre un décret; (p)rendre une ordonnance; **2.** MÉD ordonnance *f*; prescription *f*

ver'pachten *v/t* ⟨-ete, *pas de ge-*, h⟩ donner à bail, à ferme; affermer

Ver'pächter(in) *m(f)* bailleur *m*, bailleresse *f*

Ver'pachtung *f* location *f*, louage *m* à bail, à ferme; affermage *m*

ver'packen *v/t* ⟨*pas de ge-*, h⟩ emballer; empaqueter

Ver'packung *f* emballage *m*; empaquetage *m*; *wiederverwendbare* ~ emballage réutilisable

Ver'packungs|gewicht *n* tare *f*; **~material** *n* matériel *m* d'emballage

ver'passen *v/t* ⟨-ßt, *pas de ge-*, h⟩ **1.** *Zug etc* manquer; rater; *Gelegenheit a* laisser échapper; **2.** F (*geben*) administrer; F flanquer; F *j-m eins* ~ F flanquer un gnon, une tarte à qn

verpatzen [fɛr'patsən] F *v/t* ⟨-(es)t, *pas de ge-*, h⟩ F louper; bousiller; *er hat uns alles verpatzt* tout est gâché à cause de lui

verpennen [fɛr'pɛnən] F ⟨*pas de ge-*, h⟩ **I** *v/t* **1.** (*schlafend verbringen*) *Tag etc* F passer à pioncer, roupiller; **2.** (*vergessen, verpassen*) *er hat s-n Termin verpennt* il a raté, F loupé son rendez-vous; **II** *v/i* se réveiller trop tard

ver'pesten *v/t* ⟨-ete, *pas de ge-*, h⟩ *péj, bes Luft* empester, empoisonner (*a fig*)

ver'petzen F *Schülersprache v/t* ⟨-(es)t, *pas de ge-*, h⟩ F cafarder

ver'pfänden *v/t* ⟨-ete, *pas de ge-*, h⟩ mettre en gage; engager; JUR donner en nantissement; *fig sein Wort* ~ engager sa parole

Ver'pfändung *f* mise *f* en gage; engagement *m*; JUR nantissement *m*

ver'pfeifen F *v/t* ⟨*irr, pas de ge-*, h⟩ F balancer; donner; dénoncer (*bei der Polizei* à la police)

ver'pflanz|en *v/t* ⟨-(es)t, *pas de ge-*, h⟩ JARD, MÉD, *fig* transplanter; **2ung** *f* JARD, MÉD, *fig* transplantation *f*

ver'pflegen *v/t* ⟨*pas de ge-*, h⟩ nourrir; alimenter; ADM provisionner; ravitailler; *nur kalt verpflegt werden* ne recevoir que des repas froids

Ver'pflegung *f* ⟨~⟩ alimentation *f*; ADM approvisionnement *m*; ravitaillement *m*; (*Nahrung*) alimentation *f*; nourriture *f*; vivres *m/pl*; (*freie*) *Unterkunft und* ~ nourri et logé

ver'pflichten ⟨-ete, *pas de ge-*, h⟩ **I** *v/t* **1.** *moralisch j-n zu etw* ~ obliger, engager, *p/fort* astreindre qn à qc; *j-n* (*zu Dank*) ~ obliger qn; *j-m* (*zu Dank*) *verpflichtet sein* être l'obligé de qn; *das verpflichtet zu nichts* cela n'engage à rien; *Adel verpflichtet* noblesse oblige; **2.** (*engagieren*) *Schauspieler an ein Theater, nach Berlin* ~ engager à un théâtre, à Berlin; SPORT *Spieler für ein Jahr* ~ engager pour un an; **II** *v/réfl sich* ~ (*, etw zu tun*) s'engager (à faire qc); *sich zu etw* ~ s'engager à qc; *beruflich sich bei der Armee für 2 Jahre* ~ s'engager dans l'armée pour deux ans; *sich verpflichtet fühlen, etw zu tun* se sentir obligé de faire qc

Ver'pflichtung *f* ⟨~; ~en⟩ **1.** (*Pflicht*) obligation *f*; engagement *m*; (*Obliegenheit*) charge *f*; *moralische* ~ devoir moral; *e-e* ~ *eingehen, übernehmen* prendre un engagement; **2.** *meist pl* ~*en* (*Schulden*) obligations *f/pl*; engagements *m/pl*; *s-n* ~*en nachkommen* s'acquitter de ses obligations; faire face à ses engagements; **3.** *bes THÉ* (*Engagement*) engagement *m*

ver'pfuschen F *v/t* ⟨*pas de ge-*, h⟩ bâcler; bousiller; F massacrer; *fig Leben, Karriere* gâcher; rater

ver'pissen P *v/réfl* ⟨-ßt, *pas de ge-*, h⟩ *sich* ~ P foutre le camp; *verpiß dich!* a P va te faire foutre!

ver'planen ⟨*pas de ge-*, h⟩ **I** *v/t* (*planen, festlegen*) *Zeit* programmer; (*einplanen*) *Gelder* attribuer (*für* à); *ich habe Sie bereits verplant* j'ai prévu autre chose pour vous; *ich bin bis Mai verplant* je n'ai plus un créneau de libre avant mai; **II** F *v/réfl sich* ~ F se planter dans ses prévisions

ver'plappern F *péj v/réfl* ⟨-(e)re, *pas de ge-*, h⟩ *sich* ~ laisser échapper un secret (en bavardant)

ver'plaudern ⟨-(e)re, *pas de ge-*, h⟩ **I** *v/t die Zeit* ~ passer son temps à bavarder; **II** *v/réfl sich* ~ **1.** (*zu lange plaudern*) passer trop de temps à bavarder; **2.** *cf verplappern*

verplempern [fɛr'plɛmpərn] F *v/t* ⟨-(e)re, *pas de ge-*, h⟩ *Geld, Zeit* gaspiller

ver'plomb|en *v/t* ⟨*pas de ge-*, h⟩ plomber; **2ung** *f* ⟨~; ~en⟩ plombage *m*

verpönt [fɛr'pø:nt] *adj* vu d'un mauvais œil; mal vu

ver'prassen v/t ⟨-ßt, pas de ge-, h⟩ Geld, Vermögen gaspiller à faire la noce
verprovian'tieren v/t (u v/réfl) ⟨pas de ge-, h⟩ (**sich**) ~ (se) ravitailler; (s')approvisionner
ver'prügeln v/t ⟨-(e)le, pas de ge-, h⟩ rouer de coups; rosser; passer à tabac
ver'puff|en v/i ⟨pas de ge-, sein⟩ **1.** TECH déflagrer; fuser; **2.** fig, Wirkung etc se perdre (en fumée); tomber à plat; ♀**ung** f ⟨~; ~en⟩ TECH déflagration f
ver'pulvern F v/t ⟨-(e)re, pas de ge-, h⟩ Geld jeter par les fenêtres
ver'puppen v/réfl ⟨pas de ge-, h⟩ ZO **sich** ~ se transformer en chrysalide, en nymphe
ver'pusten F v/réfl ⟨-ete, pas de ge-, h⟩ **sich** ~ reprendre haleine
Ver'putz m crépi m
ver'putzen v/t ⟨-(es)t, pas de ge-, h⟩ **1.** Fassade etc crépir; **2.** F (schnell essen) engloutir; F engouffrer
ver'qualmen F v/t e-n Raum mit Zigarettenrauch enfumer
ver'qualmt F adjt enfumé; envahi par une fumée épaisse
verquast [fɛr'kvaːst] regional confus
ver'quatschen F ⟨pas de ge-, h⟩ **I** v/t Zeit passer à bavarder, F bavasser; **II** v/réfl **sich** ~ **1.** passer trop de temps à bavarder; **2.** cf **verplappern**
ver'quer F **I** adj **1.** (schief) de travers; **2.** fig Ansichten etc bizarre; F tordu; F biscornu; **II** adv (schief) de travers (a fig); **das ist** (mir) ~ **gegangen** j'ai raté mon coup; F ça a foiré
verquick|en [fɛr'kvɪkən] v/t ⟨pas de ge-, h⟩ mélanger; amalgamer; ♀**ung** f ⟨~; ~en⟩ mélange m; amalgame m
ver'quirlen v/t ⟨pas de ge-, h⟩ CUIS mélanger; battre
verquollen [fɛr'kvɔlən] adj Holz, Augen gonflé; Augen a bouffi
ver'rammeln F v/t ⟨-(e)le, pas de ge-, h⟩ Tür barricader
ver'ramschen F péj v/t ⟨pas de ge-, h⟩ Waren brader; bazarder
verrannt [fɛr'rant] p/p cf **verrennen**
Verrat [fɛr'raːt] m ⟨~(e)s⟩ trahison f; (Niedertracht) traîtrise f; ~ **üben** commettre une trahison; ~ **an** j-m, **etw begehen** trahir qn, qc
ver'raten ⟨irr, pas de ge-, h⟩ **I** v/t **1.** (preisgeben) Geheimnis trahir; livrer (j-m etw, etw an j-n qc à qn); Komplizen trahir; dénoncer (**an** [+acc] à); F plais **kannst du mir den Grund** ~**?** je peux savoir pourquoi?; **2.** (im Stich lassen) Freunde trahir; Ideale etc renier; **wir sind** ~ **und verkauft** nous sommes faits comme des rats; **3.** (erkennen lassen) trahir; dénoter; **ihre Miene verriet großes Erstaunen** sa mine trahissait un grand étonnement; **sein Akzent verrät ihn als Engländer** on reconnaît à son accent qu'il est Anglais; **dieses Werk verrät viel Talent** cette œuvre révèle un grand talent; **II** v/réfl **sich** ~ **4.** (versehentlich etw preisgeben) se trahir; **5.** (zu erkennen sein) **du verrätst dich durch deinen Dialekt** on te reconnaît à ton dialecte
Verräter(in) [fɛr'rɛːtər(ɪn)] m ⟨~s; ~⟩ (f) ⟨~; ~nen⟩ traître, -esse m.f
ver'räterisch I adj traître, -esse; **II** adv traîtreusement; par traîtrise; en traître

ver'rauchen ⟨pas de ge-, sein⟩ fig Zorn se dissiper; passer
ver'räuchert adj Zimmer, Kneipe enfumé
ver'rechnen ⟨-ete, pas de ge-, h⟩ **I** v/t **1.** (in die Rechnung einbeziehen) compter; (ausgleichen) compenser; **e-e Summe mit etw** ~ déduire une somme de qc; **2.** (gutschreiben) **e-n Scheck** ~ porter le montant d'un chèque au crédit de qn; **II** v/réfl **sich** ~ se tromper dans ses calculs; fig faire un mauvais calcul
Ver'rechnung f (Ausgleich) compensation f; ÉCON a clearing m; Scheck **nur zur** ~ par virement exclusivement; à porter en compte
Ver'rechnungs|einheit f ÉCON unité f de compte, de clearing; ~**konto** n ÉCON compte m de clearing; ~**scheck** m FIN chèque barré
ver'recken P v/i ⟨pas de ge-, sein⟩ F crever; **nicht ums** ♀ pas pour tout l'or du monde; jamais de la vie
ver'regnet adjt Veranstaltung arrosé; gâché par la pluie; Ernte détruit par la pluie; ~**er Sommer** été pluvieux, arrosé, p/p fort pourri
ver'reiben v/t ⟨irr, pas de ge-, h⟩ étendre (en frottant)
ver'reisen v/i ⟨-(es)t, pas de ge-, sein⟩ partir, aller en voyage; (oft) **verreist sein** être (souvent) en voyage
ver'reißen v/t ⟨irr, pas de ge-, h⟩ THÉ j-n, Theaterstück éreinter; démolir
ver'renken v/t ⟨pas de ge-, h⟩ **1.** (ausrenken) **sich** (dat) **den Arm** ~ se tordre, se luxer, se démettre le bras; **sich** (dat) **den Fuß** ~ se tordre le pied; se faire une entorse; **2. sich** ~ F (e-e unnatürliche Haltung einnehmen) se contorsionner; faire des contorsions
Ver'renkung f ⟨~; ~en⟩ **1.** MÉD luxation f; des Fußgelenks a entorse f; **2.** (Verbiegen des Körpers) contorsion(s) f(pl); ~**en machen** se contorsionner; faire des contorsions
ver'rennen v/réfl ⟨irr, pas de ge-, h⟩ **sich** ~ **1.** (irren) in s-n Gedanken, Handlungen etc se fourvoyer; **2.** (starr festhalten an etw) s'obstiner, s'entêter (**in** [+acc] dans); **sich in e-e Idee** ~ a ne pas démordre d'une idée; **sich in ein Problem** ~ être obsédé par un problème
ver'richt|en v/t ⟨-ete, pas de ge-, h⟩ Arbeit, Aufgabe etc faire; exécuter; accomplir; s'acquitter de; ♀**ung** f ⟨~; ~en⟩ **1.** ⟨sans pl⟩ (das Erledigen) exécution f; accomplissement m; **2.** (Arbeit) tâche f; ~**en** pl a travaux m/pl
ver'riegel|n v/t ⟨-(e)le, pas de ge-, h⟩ verrouiller; fermer au verrou; ♀**ung** f ⟨~; ~en⟩ **1.** ⟨sans pl⟩ (das Verriegeln) verrouillage m; **2.** (Schloß, Riegel) verrou m
verringer|n [fɛr'rɪŋərn] ⟨-(e)re, pas de ge-, h⟩ **I** v/t diminuer; réduire; abaisser; **II** v/réfl **sich** ~ diminuer; ♀**ung** f ⟨~; ~en⟩ diminution f; réduction f; abaissement m (+gén, **von** de)
ver'rinnen v/i ⟨irr, pas de ge-, sein⟩ **1.** Wasser etc s'écouler; **2.** st/s Zeit s'écouler; s'enfuir
Ver'riß m THÉ etc (Kritik) éreintement m
ver'rohen v/i ⟨pas de ge-, sein⟩ devenir grossier, -ière, brutal, une brute

ver'rosten v/i ⟨-ete, pas de ge-, sein⟩ (se) rouiller (a fig)
ver'rotten v/i ⟨-ete, pas de ge-, sein⟩ **1.** (verfaulen) (se) pourrir; se décomposer; se putréfier; **2.** (verfallen) Gebäude etc se délabrer
verrucht [fɛr'ruːxt] litt adj infâme; scélérat; plais **ein** ~**er Ort** un lieu de débauche
Ver'ruchtheit f ⟨~⟩ infamie f; scélératesse f
ver'rücken v/t ⟨pas de ge-, h⟩ déplacer
ver'rückt F adj **1.** (geistesgestört) fou, fol, folle; (übergeschnappt) détraqué; ~ **werden, machen** devenir, rendre fou, folle; ~ **spielen** Person F déménager; perdre la tête; Gerät, Wetter se détraquer; **du bist wohl** ~**!** F tu dérailles!; F tu es cinglé!; F ça va pas la tête?; **mach dich nicht** ~ F ne t'affole pas!; **ich werd'** ~**!** les bras m'en tombent!; F j'en reste baba; **du machst mich noch** ~ **mit deinen Fragen** tu me casses la tête avec tes questions; **2.** (überspannt, ungewöhnlich) Einfall, Person fou, fol, folle; F cinglé; F dingue; nur Sache insensé; bizarre; nur Einfall absurde; **3.** (begierig) **nach** j-m, **etw, auf etw** (acc) **ganz** ~ **sein** raffoler de qn, qc; être fou, folle de qn, qc
Ver'rückte(r) F f(m) ⟨~⟩ A⟩ **1.** (Geistesgestörter) fou m, folle f; F cinglé(e) m(f); détraqué(e) m(f); **2.** fig fou m, folle f; insensé(e) m(f); **er fährt wie ein** ~ il conduit comme un fou
Ver'rücktheit f ⟨~; ~en⟩ folie f (a fig)
Ver'rücktwerden n ⟨~s⟩ F **das ist zum** ~ c'est à devenir fou, folle
Ver'ruf m ⟨~(e)s⟩ **in** ~ **bringen** discréditer; jeter le discrédit sur; nur Person compromettre la réputation de; **in** ~ **kommen** tomber en discrédit; être discrédité, déconsidéré
ver'rufen adjt de mauvaise réputation; Ort, Lokal a mal famé
ver'rühren v/t ⟨pas de ge-, h⟩ mêler, mélanger en remuant
ver'rußt adj couvert, encrassé de suie; Zündkerzen encrassé
ver'rutschen v/i ⟨-ete, pas de ge-, sein⟩ glisser; se déplacer
Vers [fɛrs] m ⟨~es; ~e⟩ **1.** MÉTRIK vers m; **in** ~**e bringen** mettre en vers; versifier; fig **sich** (dat) **e-n** ~ **auf etw** (acc) **machen** (commencer à) comprendre qc, à qc; (commencer à) y voir clair dans qc; **2.** (Strophe) couplet m; strophe f; (Bibel♀, Gesangbuch♀) verset m
ver'sachlichen v/t ⟨pas de ge-, h⟩ objectiver; Diskussion dépassionner
ver'sacken F v/i ⟨pas de ge-, sein⟩ **1.** (versinken) sombrer; couler bas, à pic; **2.** fig cf **versumpfen** 2. u 3.
ver'sagen ⟨pas de ge-, h⟩ **I** st/s v/t (nicht gewähren) j-m **etw** ~ refuser qc à qn; **die Beine versagten ihr** (**den Dienst**) ses jambes lui refusaient tout service; ses jambes se dérobaient sous elle; **j-m versagt bleiben** rester interdit à qn; **II** v/i Stimme, Kräfte manquer (**j-m** à qn); Schußwaffe rater; Bremse céder; lâcher; Motor rester en panne; F flancher; Maschine ne plus fonctionner, marcher; Person, Polizei, Regierung ne pas être à la hauteur de sa tâche; ne pas remplir sa tâche; **III** v/réfl **1. sich** (dat) **nichts** ~ ne rien se refuser; **sich** (dat)

alles ~ se priver de tout; **ich kann es mir nicht ~, zu** (+*inf*) je ne puis me défendre de (+*inf*); **2.** *st/s* **sich j-m ~** (*verweigern*) se refuser à qn
Ver'sagen *n* ⟨~s⟩ **menschliches ~** défaillance humaine; **technisches ~** défaillance *f*, incident *m* technique
Ver'sager *m* ⟨~s; ~⟩ *TECH* raté *m*
Ver'sager(in) *m* ⟨~s; ~⟩ (*f*) ⟨~; ~nen⟩ Person raté(e) *m(f)*; fruit sec
ver'salzen *v/t* ⟨-(e)st, *pas de ge-*⟩ **I** *v/t* ⟨*p/p* versalzen, h⟩ **1.** *CUIS* trop saler; **2.** F *fig* (*verderben*) gâcher; *j-m e-e Sache gründlich ~* gâcher complètement qc à qn; **II** *v/i* ⟨*p/p* versalzt, sein⟩ *ÉCOL Boden, Gewässer* devenir (de plus en plus) salé
ver'sammeln ⟨-(e)le, *pas de ge-*⟩ **I** *v/t* (r)assembler; réunir; *s-e Freunde um sich ~* réunir ses amis autour de soi; **II** *v/réfl* **sich ~** s'assembler (*um j-n, etw* autour de qn, qc); *bes von ständigen Versammlungen* se réunir; se rassembler
Ver'sammlung *f* **1.** assemblée *f*; *mehr privaten Charakters* réunion *f*; *politische a* meeting *m*; **öffentliche ~** réunion publique; *e-e ~ abhalten* tenir une assemblée, une réunion; *e-e ~ einberufen* convoquer, réunir une assemblée; **2.** (*Gremium*) **beratende, gesetzgebende, verfassunggebende ~** assemblée consultative, législative, constituante
Ver'sammlungs|freiheit *f* ⟨~⟩ liberté *f* de réunion; **~lokal** *n*, **~raum** *m* salle *f* de réunion
Versand [fɛr'zant] *m* ⟨~(e)s⟩ **1.** (*das Versenden*) expédition *f*; envoi *m*; **2.** (**~abteilung**) service *m* d'expédition
Ver'sand... *in Zssgn* d'expédition; d'envoi; **~abteilung** *f* service *m* d'expédition; **~buchhandel** *m* vente *f* de livres sur catalogue
ver'sanden *v/i* ⟨-ete, *pas de ge-*, sein⟩ **1.** s'ensabler; **2.** *fig* s'enliser
ver'sandfertig *adj* prêt à être expédié, pour l'expédition; *Waren ~ machen* préparer l'expédition de
Ver'sand|geschäft *n* ⟨~(e)s⟩, **~handel** *m* vente *f* par correspondance; **~haus** *n* maison *f* de vente par correspondance; maison *f* d'expédition; **~hauskatalog** *m* catalogue *m* de vente par correspondance; **~kosten** *pl* frais *m/pl* d'expédition
ver'sauen P *v/t* ⟨*pas de ge-*, h⟩ **1.** (*stark beschmutzen*) F cochonner; F saloper; **2.** (*verpfuschen*) F saloper; F cochonner; F amocher; *p/fort* F massacrer; *sie hat uns den ganzen Abend versaut* elle nous a gâché, F foutu en l'air, par terre toute notre soirée
ver'sauern *v/i* ⟨-(e)re, *pas de ge-*, sein⟩ **1.** *ÉCOL Boden etc* s'acidifier; devenir (plus) acide; **2.** F *fig* s'encroûter
ver'saufen P *v/t* ⟨*irr, pas de ge-*, h⟩ *sein Geld ~* dépenser son argent à boire; F boire son argent
ver'säumen *v/t* ⟨*pas de ge-*, h⟩ **1.** (*verpassen*) *Zug, Termin* manquer (*a Unterricht*); rater; *Gelegenheit a* laisser échapper; perdre (*a Zeit*); *da habe Sie nichts versäumt* vous n'avez rien perdu; **2.** (*vernachlässigen*) *Pflicht* manquer à; *~, etw zu tun* manquer, négliger, omettre de faire qc; *SCHULE*

Versäumtes nachholen rattraper les cours (manqués)
Ver'säumnis *n* ⟨~ses; ~se⟩ (*Unterlassung*) négligence *f* (*gegenüber j-m* envers qn); omission *f*; oubli *m*; **ein ~ nachholen** réparer un oubli
Ver'säumnisurteil *n* JUR jugement *m* par défaut
ver'schachern *péj v/t* ⟨-(e)re, *pas de ge-*, h⟩ se débarrasser de; vendre au plus offrant
ver'schachtelt *adj Satz* (de structure) compliqué(e); **~e Straßen** *f/pl* rues, ruelles enchevêtrées
ver'schaffen **I** *v/t* ⟨*pas de ge-*, h⟩ *j-m etw ~* procurer qc à qn; *iron* **was verschafft mir die Ehre?** qu'est-ce qui me vaut cet honneur?; **II** *v/réfl* **1.** (*besorgen*) *sich* (*dat*) *etw ~* se procurer qc; **2.** (*sorgen für*) *sich* (*dat*) *Geltung ~* se faire respecter; s'imposer; *sich* (*dat*) *Gewißheit ~* s'assurer (*über etw* [*acc*] de qc); *sich* (*dat*) *Gehör ~* se faire écouter; *sich* (*dat*) *selbst Recht ~* défendre soi-même ses droits; *p/fort* faire la justice soi-même
ver'schal|en *v/t* ⟨*pas de ge-*, h⟩ *CONSTR* revêtir (*mit* de); *beim Betonieren* coffrer; **²ung** *f* ⟨~; ~en⟩ *CONSTR* revêtement *m*; *beim Betonieren* coffrage *m*
ver'schämt **I** *adj* timide; (*verlegen*) *a* confus; gêné; **II** *adv* d'un air timide (et gêné)
ver'schandeln F *v/t* ⟨-(e)le, *pas de ge-*, h⟩ déparer; enlaidir; défigurer
ver'schanzen *v/réfl* ⟨-(e)st, *pas de ge-*, h⟩ *MIL sich ~* se retrancher; *sich hinter etw* (*dat*) *~ a fig* se retrancher derrière qc
Ver'schanzung *f* ⟨~; ~en⟩ retranchement *m*
ver'schärfen ⟨*pas de ge-*, h⟩ **I** *v/t Strafe, Gegensätze, Lage* aggraver; *Gegensätze a* accentuer; renforcer (*a Kontrolle, Bestimmungen*); **unter verschärften Bedingungen** dans des conditions plus sévères; **II** *v/réfl* **sich ~** *Gegensätze* s'accentuer; se renforcer; *Kontrolle* se renforcer; *Lage* s'aggraver
Ver'schärfung *f* ⟨~; ~en⟩ *e-r Strafe, der Lage etc* aggravation *f*; *POL* a durcissement *m*; *der Gegensätze, Kontrolle, Bestimmungen etc* renforcement *m*
ver'scharren *v/t* ⟨*pas de ge-*, h⟩ (*oberflächlich vergraben*) enfouir; enterrer; *péj e-n Toten* enterrer à la va-vite
ver'schätzen *v/réfl* ⟨*pas de ge-*, h⟩ *sich ~* se tromper dans son estimation, ses calculs; faire, commettre une erreur de calcul, d'appréciation (*in etw* [*dat*] au sujet de qc)
ver'schaukeln F *v/t* ⟨-(e)le, *pas de ge-*, h⟩ *j-n ~* F mener qn en bateau; F monter le coup à qn; *p/fort* F rouler qn
ver'scheiden *st/s v/i* ⟨*irr, pas de ge-*, sein⟩ expirer; *st/s* trépasser; rendre l'âme
ver'schenken *v/t* ⟨*pas de ge-*, h⟩ **1.** (*als Geschenk geben*) donner en cadeau; faire cadeau, présent, don de; offrir (*a j-n à qn*); *fig* **wir haben nichts zu ~** nous n'avons pas de cadeau à faire; **2.** *fig Punkte, Sieg* faire cadeau de; *Gelegenheit* laisser passer
verscherbeln [fɛr'ʃɛrbəln] F *v/t* ⟨-(e)le, *pas de ge-*, h⟩ bazarder
ver'scherzen *v/réfl* ⟨-(e)st, *pas de ge-*,

h⟩ *sich* [*dat*] *etw ~* perdre qc par sa faute
ver'scheuchen *v/t* ⟨*pas de ge-*, h⟩ *Tiere* effaroucher; faire fuir; *lästige Tiere* chasser (*a fig, Sorgen*)
ver'scheuern F *v/t* ⟨-(e)re, *pas de ge-*, h⟩ *cf* **verscherbeln**
ver'schicken *v/t* ⟨*pas de ge-*, h⟩ **1.** (*versenden*) *Post etc* envoyer; *Waren* expédier; **2.** (*schicken*) *Personen* **aufs Land ~** envoyer à la campagne
ver'schiebbar *adj* à coulisse; coulissant
Ver'schiebebahnhof *m* gare *f* de triage
ver'schieben ⟨*irr, pas de ge-*, h⟩ **I** *v/t* **1.** räumlich déplacer (*um* de); décaler; *fig* (*verändern*) *Bild* changer; **2.** *zeitlich* (*aufschieben*) remettre (*auf* [+*acc*] à); reporter (à); repousser (à); différer; *bes ADM, POL* ajourner; *auf später ~* remettre, reporter à plus tard; *auf ein späteres Datum ~ a* renvoyer à une date ultérieure; *um e-e Stunde ~* décaler d'une heure; *um acht Tage ~* remettre, renvoyer à huitaine; **3.** F *Waren, Waffen etc* faire le trafic, se livrer au trafic; **II** *v/réfl* **sich ~ 4.** (*räumlich*) se déplacer; (*verrutschen*) glisser; **5.** (*zeitlich*) être remis, reporté, repoussé; être décalé (*um* de); être différé, *bes ADM, POL* ajourné
Ver'schiebung *f* ⟨~; ~en⟩ **1.** räumliche déplacement *m*; décalage *m*; *MATH* translation *f*; **2.** *zeitliche* remise *f*; report *m*; décalage *m*; *bes ADM, POL* ajournement *m*
verschieden¹ [fɛr'ʃiːdən] **I** *adj* **1.** (*unterschiedlich*) *in Farbe, Größe etc* différent; (*sich deutlich unterscheidend*) distinct; dissemblable; *Meinungen a* divergent; **~ sein** *a* différer; varier; **~er Meinung sein** différer d'opinion, d'avis; être d'un avis différent; **das ist ~** (*kommt darauf an*) c'est selon; cela dépend; **2.** (*épithète*) *nur im pl* **~e** divers; (*mehrere*) *a* plusieurs; **bei ~en Gelegenheiten** en diverses occasions; **~e Teilnehmer** *m/pl*, **Möglichkeiten** *f/pl* plusieurs participants *m/pl*, possibilités *f/pl*; *a ohne subst* **~e** (*Personen, Sachen*) **waren noch nicht eingetroffen** plusieurs n'étaient pas encore arrivé(e)s; **II** *adv* différemment; d'une manière différente; **~ groß sein** n'être pas de la même taille; être d'une taille différente
ver'schieden² *p/p cf* **verscheiden**
ver'schiedenartig *adj* (*unterschiedlich*) d'espèce, de nature différente; de caractère différent; (*vielfältig*) varié; (*nicht zusammenpassend*) hétérogène; hétéroclite; disparate; **²keit** *f* nature différente; dissemblance *f*; (*Vielfältigkeit*) variété *f*; diversité *f*; (*Ungleichheit*) disparité *f*; hétérogénéité *f*
Ver'schiedene(r) *st/s m(f)* ⟨→ A⟩ *st/s* trépassé(e) *m(f)*; *st/s* défunt(e) *m(f)*
Ver'schiedene(s) *n* ⟨→ A⟩ différentes, diverses choses; *als Zeitungsrubrik* faits divers; *auf e-r Tagesordnung* questions diverses
ver'schiedenerlei *adj* ⟨*inv, épithète*⟩ de différentes espèces; différent(e)s; divers(es); **auf ~ Art(en)** de différentes manières
Ver'schiedenheit *f* ⟨~; ~en⟩ différence *f*; dissemblance *f*; *p/fort* disparité *f*; *der*

Meinungen divergence *f*; (*Vielfältigkeit*) variété *f*; diversité *f*
ver'schiedentlich *adv* à plusieurs, diverses, différentes reprises; plus d'une fois
ver'schießen ⟨*irr, pas de ge-*⟩ **I** *v/t* ⟨h⟩ **1.** (*als Munition verwenden*) tirer; *Pfeile* décocher; **2.** (*durch Schießen aufbrauchen*) épuiser; **3.** FUSSBALL *den Elfmeter* ~ rater son penalty; **II** *v/i* ⟨sein⟩ *Farben* (*verbleichen*) passer; se faner; *Stoffe* se décolorer; **III** F *v/réfl* ⟨h⟩ *sich in j-n* ~ (*verlieben*) s'amouracher de qn; s'enticher de qn
ver'schiffen *v/t* ⟨*pas de ge-*, h⟩ transporter par eau (*nach* à)
ver'schimmeln *v/i* ⟨-(e)le, *pas de ge-*, sein⟩ moisir
ver'schlafen[1] ⟨*irr, pas de ge-*, h⟩ **I** *v/t* **1.** (*schlafend verbringen*) *Tag, Vormittag* passer à dormir; **2.** *Termin, Zeitpunkt, Ereignis* (*schlafend versäumen*) se réveiller trop tard pour; F *fig* (*vergessen*) oublier; F *fig* (*nichts merken von*) ne pas prendre conscience de; **II** *v/i* se réveiller trop tard; ne pas se réveiller (à l'heure)
ver'schlafen[2] *adj* (*schlaftrunken*) mal réveillé; encore tout endormi; ensommeillé (*a Augen, Stimme*)
Ver'schlag *m* appentis *m*; réduit *m*
ver'schlagen[1] *v/t* ⟨*irr, pas de ge-*, h⟩ **1.** *mit Brettern* (*abtrennen*) cloisonner; séparer par une cloison; *Kisten, Fässer, mit Nägeln* (*zunageln*) clouer; **2.** *Seite im Buch* perdre; **3.** TENNIS etc *Ball* mal prendre; **4.** (*rauben*) *j-m den Atem, den Appetit* ~ couper la respiration, l'appétit à qn; *j-m die Sprache* ~ laisser qn pantois; interloquer qn; **5.** (*irgendwohin gelangen lassen*) *es hat ihn nach London, nach China, in die Normandie* ~ il s'est retrouvé à Londres, en Chine, en Normandie; *der Sturm verschlug das Schiff an die afrikanische Küste* la tempête a poussé le navire vers la côte africaine
ver'schlagen[2] *adj* **1.** *péj* (*listig*) cauteleux, -euse; fourbe; *Person* sournois; **2.** *nordd* (*leicht erwärmt*) tiède; ⌾heit *f* ⟨~⟩ *péj* ruse *f*, (*Tücke*) fourberie *f*; sournoiserie *f*
ver'schlammen *v/i* ⟨*pas de ge-*, sein⟩ s'envaser; devenir boueux, -euse
ver'schlampen F *péj* ⟨*pas de ge-*⟩ **I** *v/t* ⟨h⟩ (*verlieren, verlegen*) *etw* ~ perdre, F paumer qc; (*vergessen*) *es verschlampt haben, etw zu tun* avoir oublié de faire qc; **II** *v/i* ⟨sein⟩ se négliger; se laisser aller
ver'schlechtern ⟨-(e)re, *pas de ge-*, h⟩ **I** *v/t* (*schlechter machen*) détériorer; (*verschlimmern*) aggraver; *Lage a* dégrader; **II** *v/réfl* *sich* ~ **1.** (*schlechter werden*) se détériorer; (*sich verschlimmern*) s'aggraver; *Lage a* se dégrader; *Zustand e-s Kranken a* empirer; *Wetter* se gâter; **2.** *Person, finanziell* être moins bien payé; *sich durch e-e Veränderung* ~ perdre au change
Ver'schlechterung *f* ⟨~; ~en⟩ détérioration *f*; (*Verschlimmerung*) aggravation *f*; *der Lage a* dégradation *f*
ver'schleier|n ⟨-(e)re, *pas de ge-*, h⟩ **I** *v/t* **1.** voiler; **2.** (*verbergen*) *Tatsachen, Mißstände etc* voiler; dissimuler; déguiser; masquer; camoufler; **II** *v/réfl* *sich* ~ se voiler (*a fig, Blick, Himmel etc*); ⌾ung *f* ⟨~; ~en⟩ **1.** (*Schleier*) voile *m*; **2.** *fig* (*Vertuschung*) dissimulation *f*; camouflage *m*

ver'schleim|t *adj* MÉD plein de, obstrué par des mucosités; ⌾ung *f* ⟨~; ~en⟩ MÉD engorgement *m* (dû à des mucosités)
Verschleiß [fɛrˈʃlaɪs] *m* ⟨~es⟩ **1.** (*Abnutzung*) usure *f*; **2.** (*Verbrauch*) consommation *f*; *e-n hohen* ~ *an etw* (*dat*) *haben* faire (une) grande consommation de qc
ver'schleißen ⟨-(es)t, verschleißt, verschliß, verschlissen⟩ **I** *v/t* ⟨h⟩ user; *Kleider a* élimer; **II** *v/i* ⟨sein⟩ u *v/réfl* ⟨*sich*⟩ s'user
Ver'schleißerscheinung *f* signe *m* d'usure; ~teil *n* TECH pièce *f* d'usure, de fatigue
ver'schleppen *v/t* ⟨*pas de ge-*, h⟩ **1.** (*gewaltsam wegbringen*) *Menschen* déporter; déplacer; (*entführen*) enlever; F *Sachen* déplacer; F déménager; **2.** (*weiterverbreiten*) *Seuche etc* répandre; **3.** (*verzögern*) *Krankheit* traîner (en ne la soignant pas); *Prozeß etc* faire traîner; traîner en longueur; retarder; *e-e verschleppte Grippe* une grippe mal soignée *od* qui n'en finit pas
Ver'schleppung *f* ⟨~; ~en⟩ **1.** *von Menschen* déportation *f*; déplacement *m*; (*Entführung*) enlèvement *m*; **2.** (*Verzögerung*) retardement *m*; atermoiement *m*
Ver'schleppungstaktik *f* obstructionnisme *m*
ver'schleudern *v/t* ⟨-(e)re, *pas de ge-*, h⟩ **1.** (*unter Wert verkaufen*) vendre à vil prix; brader; **2.** *péj* (*verschwenden*) *Vermögen* gaspiller; dilapider
ver'schließbar *adj* qui ferme (*mit Schlüssel* à clé)
ver'schließen **I** *v/t* ⟨*irr, pas de ge-*, h⟩ **1.** (*abschließen*) fermer à clé; **2.** (*zumachen*) fermer; *Öffnung* boucher; *fig Möglichkeiten j-m, für j-n verschlossen bleiben* rester inaccessible à qn; *fig die Augen vor etw* (*dat*) ~ fermer les yeux devant qc; **3.** (*wegschließen*) *etw in etw* (*dat od acc*) ~ enfermer qc dans qc; *fig Kummer etc in sich* (*dat*) ~ cacher; renfermer en soi-même; **II** *v/réfl* **4.** *Person sich* ~ se renfermer en, se replier sur soi-même; **5.** *sich j-m, e-r Sache* ~ se fermer, se refuser, être inaccessible à qn, qc
ver'schlimmbessern F *plais v/t* ⟨-ssere *ou* -ßre, *pas de ge-*, h⟩ rendre pire en voulant mieux faire
ver'schlimmer|n ⟨-(e)re, *pas de ge-*, h⟩ **I** *v/t* rendre pire; aggraver; **II** *v/réfl* *sich* ~ s'aggraver; empirer; ⌾ung *f* ⟨~; ~en⟩ aggravation *f*; *von Schmerzen* exacerbation *f*; *cf a* **Verschlechterung**
ver'schlingen ⟨*irr, pas de ge-*, h⟩ **I** *v/t* **1.** (*gierig hinunterschlucken*) avaler; engloutir; dévorer (*a fig, Geld, ein Buch*); *das verschlingt viel Geld* c'est un gouffre; *j-n mit den Augen* ~ dévorer qn des yeux; **2.** *Bänder etc* entrelacer; nouer; **II** *v/réfl* *Bänder etc sich ineinander* ~ s'entrelacer; s'enlacer
verschlissen [fɛrˈʃlɪsən] **I** *p/p cf* **verschleißen**; **II** *adj bes Stoff, Kleider* usé; râpé; élimé

ver'schlossen **I** *p/p cf* **verschließen**; **II** *adj* **1.** *Charakter, Person* renfermé; peu communicatif, -ive; secret, -ète; **2.** *Tür* fermé (à clé); clos; *Brief, Umschlag* clos; *vor ~er Tür stehen* trouver porte close; se casser le nez à la porte de qn
Ver'schlossenheit *f* ⟨~⟩ *e-s Menschen* caractère renfermé; extrême réserve *f*
ver'schlucken ⟨*pas de ge-*, h⟩ **I** *v/t* avaler (*a fig Silben, Wörter*); *e-e Bemerkung* ~ ravaler, retenir une remarque; **II** *v/réfl* *sich* ~ avaler de travers
verschlungen [fɛrˈʃlʊŋən] **I** *p/p cf* **verschlingen**; **II** *adj* *Ornamente* entrelacé; enlacé; *Wege* sinueux, -euse; tortueux, -euse; *fig Gedankengänge* plein de détours; tortueux, -euse
Ver'schluß *m* fermeture *f*; (*Schloß*) serrure *f*; *an e-m Schmuckstück* fermoir *m*; PHOT obturateur *m*; *an e-r Waffe* culasse *f*; *etw unter* ~ *halten* garder qc sous clé; *unter* ~ *bleiben* rester sous clé
ver'schlüsseln *v/t* ⟨-ßle *ou* -ssele, *pas de ge-*, h⟩ coder; chiffrer
Ver'schluß|kappe *f* capuchon *m*; ~laut *m* PHON occlusive *f*; ~sache *f* document secret, confidentiel
ver'schmachten *st/s v/i* ⟨-ete, *pas de ge-*, sein⟩ (*verdursten*) mourir de soif; *fig* languir; se consumer (*vor* [+*dat*] de)
ver'schmähen *st/s v/t* ⟨*pas de ge-*, h⟩ dédaigner; faire fi de
ver'schmausen F *plais v/t* ⟨*pas de ge-*, h⟩ savourer
ver'schmelzen ⟨*irr, pas de ge-*⟩ **I** *v/t* ⟨h⟩ TECH, *a fig, bes* (*mit* avec); *nur fig* unir (à); **II** *v/i* ⟨sein⟩ se fondre; s'unir; *miteinander zu etw* ~ se fondre pour donner qc; *Parteien, Gesellschaften miteinander* ~ fusionner
ver'schmerzen *v/t* ⟨*pas de ge-*, h⟩ *etw* ~ se consoler de qc; prendre son parti de qc
ver'schmieren *v/t* ⟨*pas de ge-*, h⟩ **1.** (*zuschmieren*) *Öffnung* boucher; *Fugen* jointoyer; **2.** (*schmutzig machen*) salir; *Papier, Wand* (*beschmieren*) barbouiller; *mit Blut* ~ souiller de sang; **3.** F *die Butter auf dem Brot* ~ étaler le beurre sur la tartine; **4.** (*verwischen*) *Farbe* effacer
verschmitzt [fɛrˈʃmɪtst] **I** *adj* astucieux, -ieuse; futé; **II** *adv* ~ *lächeln* sourire d'un air malicieux, amusé
ver'schmoren *v/i* ⟨*pas de ge-*, sein⟩ **1.** CUIS trop cuire; **2.** TECH brûler
ver'schmust F *adj* câlin; caressant
ver'schmutz|en ⟨*pas de ge-*, h⟩ **I** *v/t* ⟨h⟩ salir; encrasser; *Umwelt* polluer; **II** *v/i* ⟨sein⟩ se salir; *mit e-r Schmutzschicht* s'encrasser; ⌾ung *f* ⟨~; ~en⟩ *der Umwelt* pollution *f*; *e-r Maschine etc* encrassement *m*
ver'schnaufen *v/i* (*u v/réfl*) ⟨*pas de ge-*, h⟩ (*sich*) ~ reprendre haleine, son souffle; souffler; faire une pause, une 'halte
Ver'schnaufpause *f* pause *f*, 'halte *f* pour souffler, reprendre son souffle
ver'schneiden ⟨*irr, pas de ge-*, h⟩ **1.** COUT, *Papier etc* (*falsch schneiden*) mal couper; couper de travers; **2.** *Wein etc* couper; **3.** JARD tailler; couper; **4.** *cf* **kastrieren**

ver'schneit *adj* couvert de neige; enneigé

Ver'schnitt *m* ⟨~(e)s; ~e⟩ (*Mischung*) mélange *m*; *bes Wein* a coupage *m*

ver'schnitten I *p/p cf* **verschneiden**; II *Wein* de coupage

ver'schnörkelt *adj* orné, chargé de fioritures; tarabiscoté

ver'schnupft *adj* **1.** (*erkältet*) enrhumé; **2.** F *fig* (*verärgert*) vexé; fâché

ver'schnüren *v/t* ⟨*pas de ge-*, h⟩ *Paket etc* ficeler

verschoben [fɛrˈʃoːbən] *p/p cf* **verschieben**

verschollen [fɛrˈʃɔlən] *adj* disparu; *als ~ gelten* être porté disparu; *JUR für ~ erklären* déclarer disparu

ver'schonen *v/t* ⟨*pas de ge-*, h⟩ *j-n, etw ~* épargner, ménager qn, qc; *j-n mit etw ~* épargner qc à qn; F *verschone mich damit!* fais-moi grâce de ça!

verschöner|n [fɛrˈʃøːnərn] *v/t* (*u v/réfl* ⟨-(e)re, *pas de ge-*, h⟩ (*sich*) *~* (s')embellir; **2ung** *f* ⟨~; ~en⟩ embellissement *m*

Ver'schonung *f* ⟨~; ~en⟩ ménagement *m*

verschossen [fɛrˈʃɔsən] I *p/p cf* **verschießen**; II *adj* **1.** *Farbe* passé; fané; *Stoff* décoloré; **2.** F (*verliebt*) *in j-n ~ sein* être entiché de qn; en pincer pour qn

ver'schrammen *v/t* ⟨*pas de ge-*, h⟩ érafler; égratigner; *verschrammt sein* a avoir des éraflures, égratignures

verschränken [fɛrˈʃrɛŋkən] *v/t* ⟨*pas de ge-*, h⟩ *Arme* croiser; *mit verschränkten Armen* les bras croisés

ver'schrauben *v/t* ⟨*pas de ge-*, h⟩ visser; boulonner

ver'schreiben ⟨*irr, pas de ge-*, h⟩ I *v/t* **1.** *Medikament* ordonner (*j-m* à qn); prescrire; **2.** (*aufbrauchen*) *Papier, Tinte* consommer; utiliser jusqu'au bout; II *v/réfl sich ~*. **3.** (*etw falsch schreiben*) faire une faute d'orthographe; mal orthographier; écrire de travers; **4.** (*sich widmen*) *sich e-r Sache* (*dat*) *~* se donner, se consacrer, se dévouer, se vouer à qc

ver'schreibungspflichtig *adj* PHARM délivré sur ordonnance

verschrie(e)n [fɛrˈʃriː(ə)n] *adj Ort* mal famé; *Mensch, Sache* décrié (*wegen* pour); *als Geizhals ~ sein* passer pour (un) avare

verschroben [fɛrˈʃroːbən] *adj Mensch, Ansichten* bizarre; excentrique; *Ansichten a* F biscornu

ver'schrotten *v/t* ⟨-ete, *pas de ge-*, h⟩ mettre à la ferraille; *ein Auto ~ lassen* mettre, envoyer une voiture à la casse

Ver'schrottung *f* ⟨~; ~en⟩ mise *f* à la ferraille; *von Autos* casse *f*

ver'schrumpeln F *v/i* ⟨-(e)le, *pas de ge-*, sein⟩ se ratatiner; se racornir

ver'schüchtern *v/t* ⟨-(e)re, *pas de ge-*, h⟩ intimider; effaroucher

ver'schulden ⟨-ete, *pas de ge-*, h⟩ I *v/t etw ~* être, se rendre responsable de qc; causer, occasionner qc; *er hat sein Unglück selbst verschuldet* il est l'artisan de son propre malheur; II *v/réfl FIN sich ~* s'endetter

Ver'schulden *n* ⟨~s⟩ faute *f*; *fremdes ~* faute *f* d'autrui; *durch sein eigenes ~* par sa propre faute; *ohne mein ~* sans qu'il y ait de ma faute

ver'schuldet *adj* FIN endetté; *hoch ~* criblé de dettes; *Staat, Unternehmen* surendetté

Ver'schuldung *f* ⟨~; ~en⟩ FIN endettement *m*

ver'schult *adj Ausbildung, Studium* péj scolaire

ver'schütten *v/t* ⟨-ete, *pas de ge-*, h⟩ **1.** (*vergießen*) répandre; **2.** (*zuschütten*) *Menschen, Häuser etc, bei e-m Unglück* ensevelir; *fig verschüttete Erinnerungen f/pl* souvenirs enfouis (dans le subconscient)

Ver'schüttete(r) *f(m)* ⟨→ A⟩ personne ensevelie

ver'schüttgehen F *v/i* ⟨*irr, sép, -ge-*, sein⟩ *Person* disparaître; *Sache* se perdre

verschwägert [fɛrˈʃvɛːɡərt] *adj ~ sein* être parent par alliance

ver'schweigen *v/t* ⟨*irr, pas de ge-*, h⟩ *etw ~* taire qc (*j-m* à qn); passer qc sous silence; rester muet, muette sur qc; cacher qc (*j-m* à qn); *was verschweigst du uns?* qu'est-ce que tu nous caches?

ver'schwenden [fɛrˈʃvɛndən] *v/t* ⟨-ete, *pas de ge-*, h⟩ gaspiller (*a fig Kräfte, Zeit etc*); *Geld* a dilapider

Ver'schwender(in) *m* ⟨~s; ~⟩ (*f*) ⟨~; ~nen⟩ gaspilleur, -euse *m,f*; dilapidateur, -trice *m,f*

ver'schwenderisch I *adj* **1.** prodigue (*mit* de); gaspilleur, -euse; dépensier, -ière; dilapidateur, -trice; *ein ~es Leben führen* a mener grand train; vivre sur un grand pied; **2.** (*üppig*) *in ~er Fülle* à profusion; II *adv* à profusion; avec prodigalité; *~ mit etw umgehen* être prodigue de qc

Ver'schwendung *f* ⟨~; ~en⟩ gaspillage *m*; dépense excessive; *von Geld* a dissipation *f*; dilapidation *f*

Ver'schwendungs|sucht *f* ⟨~⟩ prodigalité *f*; **2süchtig** *adj* prodigue

verschwiegen [fɛrˈʃviːɡən] I *p/p cf* **verschweigen**; II *adj* **1.** *Person* discret, -ète; qui sait garder un secret; **2.** *Ort* (*einsam*) secret, -ète; caché; retiré

Ver'schwiegenheit *f* ⟨~⟩ discrétion *f*; *unter dem Siegel der ~* sous le sceau du secret

ver'schwimmen *v/i* ⟨*irr, pas de ge-*, sein⟩ **1.** (*undeutlich werden*) *Umrisse* s'estomper; devenir flou; *vor den Augen* se brouiller; *fig Bedeutung* ne pas apparaître clairement; **2.** (*sich mischen*) *Farben* se fondre; ineinander se confondre

ver'schwinden *v/i* ⟨*irr, pas de ge-*, sein⟩ **1.** *Menschen, Dinge* disparaître; *Fleck etc* s'en aller; disparaître; partir; *etw geschickt ~ lassen* escamoter qc; **2.** F (*sich davonmachen*) F filer; décamper; heimlich a s'esquiver; *laß uns hier ~!* filons!; *verschwinde!* déguerpis!; F tire-toi!; **3.** F (*zur Toilette gehen*) *er muß mal ~* il a besoin d'aller; il faut qu'il aille au petit coin; **4.** (*klein wirken*) *neben j-m, etw ~* paraître minuscule à côté de qn, qc

ver'schwindend I *adj* minuscule; minime; II *advt ~ klein* infiniment petit

verschwistert [fɛrˈʃvɪstərt] *adj ~ sein* être frères bzw sœurs; être frère(s) et sœur(s); *fig* être lié, uni intimement

ver'schwitzen *v/t* ⟨*pas de ge-*, h⟩ **1.** *Kleidung* mouiller, *p/fort* tremper de sueur; **2.** F *fig* (*vergessen*) oublier

verschwollen [fɛrˈʃvɔlən] *adj Augen, Gesicht* bouffi; *Gesicht* a boursouflé; *Augen* a gonflé

verschwommen [fɛrˈʃvɔmən] I *p/p cf* **verschwimmen;** II *adj* **1.** *Umrisse, Foto*, **2.** PHOT flou; **2.** *fig Vorstellungen* confus; vague; nébuleux, -euse; **3.** *Farben* fondu; PEINT estompé

ver'schwören *v/réfl* ⟨*irr, pas de ge-*, h⟩ *sich gegen j-n, etw ~* comploter, conspirer contre qn, qc; se conjurer contre qn, qc; *alles scheint sich gegen mich verschworen zu haben* tout semble s'être conjuré contre moi

Ver'schwörer(in) *m* ⟨~s; ~⟩ (*f*) ⟨~; ~nen⟩ conspirateur, -trice *m,f*; comploteur *m*; conjuré(e) *m(f)*

Ver'schwörung *f* ⟨~; ~en⟩ conspiration *f*; complot *m*; conjuration *f*; *e-e ~ anzetteln* tramer, machiner, ourdir une conspiration, une conjuration, un complot

verschwunden [fɛrˈʃvʊndən] *p/p cf* **verschwinden**

ver'sehen ⟨*irr, pas de ge-*, h⟩ I *v/t* **1.** (*versorgen*) *j-n mit etw ~* pourvoir, fournir, munir qn de qc; *mit Vorräten ~* ravitailler; approvisionner; **2.** (*ausstatten*) *bes* TECH *etw mit etw ~* munir, pourvoir qc de qc; *etw mit s-r Unterschrift ~* revêtir qc de sa signature; apposer sa signature à qc, au bas de qc; (*schmücken*) *s-n Hut mit e-r Feder ~* garnir son chapeau d'une plume; **3.** (*ausüben*) *Amt* remplir; *Dienst* accomplir; assurer; *Haushalt* s'occuper de; faire; avoir la charge de; II *v/réfl* **4.** (*versorgen*) *sich mit etw ~* se pourvoir, se munir de qc; *mit Vorräten* s'approvisionner; se ravitailler; **5.** *sich ~* (*sich irren*) se tromper; se méprendre; **6.** *ehe man sich's versieht* avant qu'on ait le temps de dire ouf; avant qu'on y ait pris garde; (*im Nu*) en un clin d'œil

Ver'sehen *n* ⟨~s; ~⟩ (*Irrtum*) erreur *f*; méprise *f*; bévue *f*; (*Unachtsamkeit*) inadvertance *f*; négligence *f*; *aus ~ cf* **versehentlich** I

ver'sehentlich I *adj* (*épithète*) fait, commis par inadvertance; II *adv* par mégarde; par inadvertance; par méprise

versehrt [fɛrˈzeːrt] *adjt* mutilé; invalide

Ver'sehrte(r) *f(m)* ⟨→ A⟩ invalide *m*; mutilé(e) *m(f)*

ver'selbständig|en *v/réfl* ⟨*pas de ge-*, h⟩ *sich ~* devenir autonome, indépendant; *Diskussion* s'éloigner de son sujet; **2ung** *f* ⟨~; ~en⟩ fait *m* de devenir autonome

ver'send|en *v/t* ⟨*irr, pas de ge-*, h⟩ envoyer; expédier; **2ung** *f* ⟨~⟩ envoi *m*; expédition *f*

ver'sengen *v/t* ⟨*pas de ge-*, h⟩ brûler; *bes Sonnenhitze* griller; *beim Bügeln* roussir

ver'senkbar *adj* escamotable; *Autofenster* a descendant

ver'senken ⟨*pas de ge-*, h⟩ I *v/t* **1.** *im Wasser* immerger; *Schiff* couler; envoyer par le fond; **2.** *in e-e Grube etc* descendre; *in die Erde* enterrer; **3.** TECH *Schraube* noyer; II *v/réfl fig sich*

in etw (*acc*) ~ se plonger, s'abîmer, s'absorber dans qc
Ver'senkung *f* **1.** ⟨*sans pl*⟩ (*Versenken*) *in Wasser etc* immersion *f*; *in e-e Vertiefung etc* descente *f*; enfoncement *m*; **2.** THÉ trappe *f*; dessous *m*/*pl*; F *fig* **in der ~ verschwinden** (*spurlos verschwinden*) disparaître; *Star, Berühmtheit* tomber dans l'oubli; **3.** *fig mystische* contemplation *f*
'Versepos *n* épopée *f* en vers
versessen [fɛrˈzɛsən] *adj* **auf etw, j-n ~ sein** être fou, folle de qc, qn; être avide de qc; **ganz darauf ~ sein, etw zu tun** brûler de faire qc
ver'setzen ⟨*pas de ge-*, h⟩ **I** *v/t* **1.** räumlich déplacer; changer de place; **2.** *Beamte* muter; changer d'affectation; déplacer; **in den Ruhestand ~** mettre à la retraite; **3.** *Schüler* faire passer dans la classe supérieure; **versetzt werden** passer (dans la classe supérieure); **4.** CONSTR contrarier; **etw versetzt anordnen** placer alternativement qc; faire alterner qc; **5.** (*in e-e andere Lage, e-n anderen Zustand bringen*) mettre; **in Schwingung ~** faire vibrer; **j-n in die Lage ~, zu** (+*inf*) mettre qn à même de (+*inf*); donner à qn la possibilité de (+*inf*); **j-n in Angst ~** faire peur à qn; effrayer qn; **6.** (*geben*) **j-m e-n Hieb, Schlag, Stoß ~** donner, porter, *p*/*fort* assener un coup à qn; **7.** *im Leihhaus etw ~* engager qc; mettre qc en gage; mettre qc au crédit municipal; **8.** (*vermischen*) *Flüssigkeiten* mélanger (*mit* avec); **9.** F **j-n ~** (*vergeblich warten lassen*) faire faux bond à qn; F poser un lapin à qn; **II** *v/réfl* **sich ~ gedanklich,** *in e-e andere Zeit, an e-n anderen Ort* se transporter; ~ **Sie sich in meine Lage** mettez-vous à ma place
Ver'setzung *f* ⟨~; ~en⟩ **1.** räumliche déplacement *m*; changement *m* de place; **2.** *von Beamten etc an e-n anderen Ort* mutation *f*; *auf e-e andere Stelle* changement *m* de poste, d'affectation; ~ **in den Ruhestand** (*Pensionierung*) mise *f* à la retraite; **3.** SCHULE passage *m* (dans la classe supérieure); **4.** *im Leihhaus* engagement *m*; mise *f* en gage; **5.** (*Mischung*) *bes von Flüssigkeiten* mélange *m* (*mit* avec)
Ver'setzungs|zeichen *n* MUS accident *m*; **~zeugnis** *n* SCHULE bulletin *m* scolaire de troisième trimestre
ver'seuch|en *v/t* ⟨*pas de ge-*, h⟩ *Luft, Wasser, ein Gebiet* infecter; contaminer (*a radioaktiv*); **²ung** *f* ⟨~⟩ infection *f*; contamination *f* (*a radioaktive*)
'Versform *f in* ~ en vers
'Versfuß *m* METRIK pied *m*
Ver'sicherer *m* ⟨~s; ~⟩ assureur *m*
ver'sichern ⟨*-(e)re, pas de ge-*, h⟩ **I** *v/t* **1.** (*vertraglich absichern*) assurer (*gegen* contre; *bei* auprès de); **sein Leben ~** s'assurer sur la vie; contracter une assurance vie; **etw mit 10000 DM ~** assurer qc pour (un montant de) 10000 marks; **2.** (*beteuern*) assurer; affirmer; protester de; **j-m etw, st/s j-n e-r Sache** (*gén*) **~** assurer qn de qc; **daß ...** assurer, affirmer que ...; donner l'assurance que ...; **eidesstattlich ~** affirmer sous (la foi du) serment; **II** *v/réfl* **3.** (*vertraglich absichern*) **sich ~** s'assurer (*gegen* contre); contracter une assurance (*gegen* contre); **4.** *st/s* (*sich vergewissern*) **sich e-r Sache** (*gén*) **~** s'assurer de qc
Ver'sicherte(r) *f*(*m*) ⟨→ A⟩ assuré(e) *m*(*f*)
Ver'sicherung *f* **1.** assurance *f* (*gegen* contre); **freiwillige ~** assurance volontaire; **e-e ~ abschließen** prendre, contracter une assurance; **2.** (*Beteuerung*) affirmation *f*; **eidesstattliche ~** affirmation *f*, attestation *f* sous (la foi du) serment; **3.** (*Versicherungsgesellschaft*) compagnie *f* d'assurances
Ver'sicherungs|agent *m* courtier *m*, agent *m* d'assurances; **~anspruch** *m* droit *m* à l'assurance; **~bedingungen** *f*/*pl* conditions *f*/*pl* d'assurance; **~beitrag** *m* zur Sozialversicherung cotisation *f*
Ver'sicherungsbetrug *m* escroquerie *f* à l'assurance; **~ begehen** escroquer une assurance
Ver'sicherungs|fall *m* sinistre *m*; **~gesellschaft** *f* compagnie *f* d'assurances; **~karte** *f* SOZIALVERSICHERUNG carte *f* d'assuré, d'immatriculation; AUTO carte verte; **~nehmer(in)** *m*(*f*) ADM assuré(e) *m*(*f*); **²pflichtig** *adj* assujetti à l'assurance; **~police** *f* police *f* d'assurance; **~prämie** *f* prime *f* d'assurance; **~recht** *n* ⟨~(e)s⟩ droit *m*, législation *f* des assurances; **~schutz** *m* couverture *f*, garanties *f*/*pl* de l'assurance; **~summe** *f* montant assuré; **~träger** *m* organisme assureur; **~vertreter** *m cf Versicherungsagent*; **~wert** *m* valeur assurée
ver'sickern *v/i* ⟨*-(e)re, pas de ge-*, sein⟩ **1.** *im Boden* s'écouler par infiltration; *in etw* (*dat*) **~** s'infiltrer dans qc; **2.** *fig Gespräch* tarir; mourir
ver'sieben *v/t* ⟨*pas de ge-*, h⟩ **1.** (*verderben*) gâcher; (faire) rater; **2.** (*verlieren*) F paumer
ver'siegel|n *v/t* ⟨*-(e)le, pas de ge-*, h⟩ **1.** *Brief, Paket* cacheter; **2.** *gerichtlich* sceller; mettre, apposer les scellés sur; mettre sous scellés; **3.** *Parkett* vitrifier; **²ung** *f* ⟨~; ~en⟩ **1.** ⟨*sans pl*⟩ (*das Versiegeln*) *e-s Briefes etc* apposition *f* d'un cachet, d'un sceau; *gerichtliche* apposition *f* des scellés; **2.** (*Siegel*) sceau *m*; JUR scellés *m*/*pl*; **3.** *von Parkett* vitrification *f*
ver'siegen *st/s* *v/i* ⟨*pas de ge-*, sein⟩ (*se*) tarir; s'épuiser (*beide a fig*); **~ lassen** tarir (*a fig*)
versiert [vɛrˈziːrt] *adj* expérimenté; chevronné; *in etw* (*dat*) **~ sein** être versé, expert dans qc
ver'silbern *v/t* ⟨*-(e)re, pas de ge-*, h⟩ **1.** argenter; **2.** F *fig* (*zu Geld machen*) monnayer; bazarder
ver'sinken *v/i* ⟨*irr, pas de ge-*, sein⟩ s'enfoncer (*a in e-em Sessel*); *im Sand, Schlamm a* enliser; *im Wasser a* être englouti, submergé; s'engloutir dans les flots; *Schiff a* sombrer; couler; **bis zu den Knien im Schnee ~** s'enfoncer jusqu'aux genoux dans la neige; **versunkene Stadt** ville engloutie par les flots, disparue sous les eaux; **2.** *fig vor Scham* **in den Boden ~** rentrer sous terre; **3.** *fig* **in tiefen Schlaf ~** sombrer dans un sommeil profond; **in tiefe Traurigkeit ~** s'abandonner à une tristesse profonde; **in j-s Anblick** (*acc*) **~ versunken sein** être en contemplation devant qn; *cf a* **versunken**
ver'sinnbildlich|en *v/t* ⟨*pas de ge-*, h⟩ symboliser; représenter symboliquement; **²ung** *f* ⟨~; ~en⟩ symbolisation *f*
Version [vɛrˈzjoːn] *f* ⟨~; ~en⟩ version *f*
ver'sklav|en *v/t* ⟨*pas de ge-*, h⟩ rendre esclave (*a fig*); réduire en esclavage; asservir; **²ung** *f* ⟨~; ~en⟩ asservissement *m*
'Vers|kunst *f* ⟨~⟩ art *m* poétique; poésie *f*; **~lehre** *f* ⟨~⟩ métrique *f*
verslumen [fɛrˈslamən] *v/i* ⟨*pas de ge-*, sein⟩ se transformer en bidonville
'Versmaß *n* METRIK mètre *m*
ver'snobt *adj péj* (devenu) snob
versoffen [fɛrˈzɔfən] P *I* *p*/*p cf* **versaufen**; **II** *adj péj Person* ivrogne; *Aussehen* d'ivrogne; *Gesicht a* enluminé; **~e Stimme** F voix *f* de rogomme
ver'sohlen F *v/t* ⟨*pas de ge-*, h⟩ **j-n ~** rosser qn; F tanner le cuir à qn
versöhnen [fɛrˈzøːnən] ⟨*pas de ge-*, h⟩ **I** *v/t* **j-n mit j-m, etw ~** réconcilier qn avec qn, qc; **II** *v/réfl* **sich ~** se réconcilier (*mit* avec); F se raccommoder
ver'söhnlich *adj* **1.** (*zur Versöhnung bereit*) conciliant; accommodant; *nur Person* prompt à pardonner; **2.** (*tröstlich*) réjouissant; **²keit** *f* ⟨~⟩ caractère, esprit conciliant; (esprit *m* de) conciliation *f*
Ver'söhnung *f* ⟨~; ~en⟩ réconciliation *f*; **Geist** *m* **der ~** esprit conciliant, de conciliation
Ver'söhnungsfest *das* (*jüdische*) **~** le Grand Pardon; le Yom Kippour
versonnen [fɛrˈzɔnən] *adj* rêveur, -euse; songeur, -euse; méditatif, -ive; perdu dans ses rêves; **II** *adv* rêveusement; pensivement
ver'sorgen ⟨*pas de ge-*, h⟩ **I** *v/t* **1.** (*ausstatten*) **j-n mit etw ~** pourvoir, munir qn de qc; fournir qc à qn; *mit Vorräten* approvisionner qn en *od* de qc; ravitailler qn; **e-e Stadt mit Strom und Wasser ~** alimenter une ville en eau courante et en électricité; **2.** TECH *Maschine, PHYSIOL Körper, Organe* alimenter (*mit* en); **das Gehirn mit Blut ~** irriguer le cerveau; **3.** (*ernähren, unterhalten*) *Familie* entretenir; subvenir aux besoins de; assurer la charge de; **ist versorgt** son avenir est assuré; **4.** (*sorgen für*) *Haushalt, Kinder, Kranke* s'occuper de; prendre soin de; **II** *v/réfl* **sich mit etw ~** se pourvoir, se munir de qc; **sich mit Vorräten ~** s'approvisionner; se ravitailler
Ver'sorg|er(in) *m* ⟨~s; ~⟩ (*f*) ⟨~; ~nen⟩ soutien *m* de famille; **~ung** *f* ⟨~⟩ **1.** fourniture *f* (*mit* de); *mit Vorräten* approvisionnement *m*; ravitaillement *m*; *mit Strom, Wasser, Gas* alimentation *f*; **2.** TECH (*Zuführung*) alimentation *f*; **3.** (*Unterhalt*) *e-r Familie* entretien *m*; (*Mittel*) ressources *f*/*pl*; *von Hinterbliebenen etc* assistance *f* (+*gén*, *von* à); (*Alters*²) retraite *f*; **4.** (*Pflege*) *von Kranken, Kindern etc* soins *m*/*pl* (+*gén* donnés à)
Ver'sorgungsanspruch *m* droit *m* à une rente, à une pension; **~ausgleich** *m* ⟨~(e)s⟩ JUR partage des droits à la retraite acquis par les deux conjoints (jusqu'à la date du divorce); **²berechtigt** *adj* ayant droit à une pension; bé-

néficiaire d'une pension; **~flugzeug** *n* MIL (avion *m*) ravitailleur *m*; **~krise** *f* crise *f* dans les approvisionnements; **~lage** *f* situation *f* de l'approvisionnement; **~lücke** *f* insuffisance *f* de l'approvisionnement; **~netz** *n* ÉLECT réseau *m*; secteur *m*

ver'spachteln *v/t* ⟨-(e)le, *pas de ge-*, h⟩ **1.** TECH Risse, Fugen etc mastiquer; boucher avec du mastic; **2.** F (*aufessen*) F bouffer; F bouloter

ver'spann|en ⟨*pas de ge-*, h⟩ **I** *v/t* TECH 'haubaner; **II** *v/réfl* MÉD *sich ~* se contracter; **♀ung** *f* **1.** TECH 'haubanage *m*; **2.** MÉD contracture *f*

ver'späten *v/réfl* ⟨-ete, *pas de ge-*, h⟩ *sich ~* se mettre en retard; être en retard (*um* de)

ver'spätet I *adj* tardif, -ive; **II** *adv* en retard

Ver'spätung *f* ⟨~; ~en⟩ retard *m*; *e-e Stunde ~* une heure de retard; *wir haben ~ a* nous sommes en retard; *mit ~ abfahren, eintreffen* partir, arriver en retard; *mit zehnminütiger ~* avec un retard de dix minutes

ver'speisen *st/s v/t* ⟨*pas de ge-*, h⟩ manger; consommer

verspeku'lieren *v/réfl* ⟨*pas de ge-*, h⟩ *sich ~*. **1.** F (*etw falsch einschätzen*) faire un faux calcul; **2.** FIN, BÖRSE faire une mauvaise spéculation, de mauvaises affaires

ver'sperren *v/t* ⟨*pas de ge-*, h⟩ *Straße, Weg etc* barrer; obstruer; barricader; *Aussicht* masquer; boucher; obstruer; *j-m den Weg ~* barrer, couper le chemin à qn

ver'spielen ⟨*pas de ge-*, h⟩ **I** *v/t* **1.** (*beim Spiel verlieren*) perdre au jeu; **2.** *fig Chance, Recht etc* perdre (par sa propre faute); **II** *v/i fig* perdre; F (*es*) *bei j-m verspielt haben* avoir perdu la sympathie de qn; **III** *v/réfl sich ~* faire une fausse note

ver'spielt *adj* **1.** *Kind* espiègle; enjoué; *Katze, Hund* joueur, -euse; **2.** *fig Kunst, Kleid, Muster* gai; *Melodie* enjoué

ver'spinnen *v/t* ⟨*irr, pas de ge-*, h⟩ *Wolle etc* employer à filer

versponnen [fɛrˈʃpɔnən] **I** *p/p cf* **verspinnen**; **II** *adj* bizarre; excentrique

ver'spott|en *v/t* ⟨-ete, *pas de ge-*, h⟩ se moquer de; se railler de; railler; (*verhöhnen*) tourner en dérision; **♀ung** *f* ⟨~; ~en⟩ moquerie *f*; raillerie *f*

ver'sprechen ⟨*irr, pas de ge-*, h⟩ **I** *v/t* **1.** (*zusichern*) promettre (*j-m etw* qc à qn); *j-m ~, etw zu tun* promettre à qn de faire qc; *was man verspricht, muß man auch halten prov* chose promise, chose due; **2.** *fig* (*erwarten lassen*) *das Wetter verspricht gut zu werden* le temps est prometteur; *s-e Miene verspricht nichts Gutes* son air ne promet rien de bon; **II** *v/réfl* **3.** (*falsch sprechen*) *sich ~* se tromper en parlant; faire un lapsus; *er hat sich versprochen* la langue lui a fourché; **4.** (*erwarten*) *sich* (*dat*) *viel von etw ~* attendre beaucoup de qc; mettre de grandes espérances en qc

Ver'sprechen *n* ⟨~s; ~⟩ promesse *f*; *ein ~ halten* tenir une promesse; *sein ~ nicht halten* manquer à sa promesse; *j-m das ~ geben zu* (+*inf*) faire à qn la promesse de (+*inf*)

Ver'sprecher *m* ⟨~s; ~⟩ lapsus *m*

Ver'sprechung *f* ⟨~; ~en⟩ promesse *f*; *leere ~en* promesses en l'air; vaines promesses

ver'sprengen *v/t* ⟨*pas de ge-*, h⟩ **1.** *Wasser, Menschenmenge, Herde* disperser; **2.** MIL *versprengte Truppen f/pl* troupes séparées, coupées du gros de l'armée

ver'spritzen *v/t* ⟨*pas de ge-*, h⟩ **1.** *Wasser etc* faire jaillir; faire gicler; *Gift* lancer; **2.** (*vollspritzen*) *Scheibe etc* éclabousser

ver'sprühen *v/t* ⟨*pas de ge-*, h⟩ pulvériser; vaporiser; *fig Geist, Witz ~* pétiller (d'esprit); être pétillant d'esprit

ver'spüren *v/t* ⟨*pas de ge-*, h⟩ (res)sentir; éprouver

ver'staatlich|en *v/t* ⟨*pas de ge-*, h⟩ *Privatunternehmen* nationaliser; étatiser; *in Volksdemokratien a* socialiser; *kirchliche Güter* séculariser; *kirchliche Schulen* laïciser; **♀ung** *f* ⟨~; ~en⟩ *von Privatunternehmen* nationalisation *f*; étatisation *f*; *in Volksdemokratien a* socialisation *f*; *kirchlicher Güter* sécularisation *f*; *kirchlicher Schulen* laïcisation *f*

verstädter|n [fɛrˈʃtɛtɐn] *v/i* ⟨-(e)re, *pas de ge-*, sein⟩ s'urbaniser; **♀ung** *f* ⟨~; ~en⟩ urbanisation *f*

Verstand [fɛrˈʃtant] *m* ⟨~(e)s⟩ **1.** (*Denkvermögen*) intelligence *f*; PHILOS intellect *m*; (*Begriffsvermögen*) entendement *m*; (*Urteilsfähigkeit*) jugement *m*; discernement *m*; *der menschliche ~* l'intelligence humaine, de l'homme; *e-n scharfen ~ haben* avoir l'esprit pénétrant, perspicace; avoir de la perspicacité; *s-n ~ gebrauchen* se servir de son intelligence; *nur mit dem ~ entscheiden* prendre des décisions dictées par la seule raison; **2.** (*Vernunft*) raison *f*; bon sens; *den ~ verlieren* perdre la raison; n'avoir plus toute sa tête, son bon sens; *wieder zu ~ kommen* revenir à la raison; recouvrer sa raison; *er ist nicht recht bei ~* il n'a pas toute sa tête; *bei vollem ~ sein* avoir toute sa raison, sa lucidité; *etw mit ~ tun* faire qc intelligemment; *ohne Sinn und ~* sans rime ni raison; *das geht über meinen ~* cela me dépasse; *das bringt mich noch um den ~* ça me rend fou, folle; **3.** *etw mit ~ essen, trinken* (*genießen*) savourer, déguster qc

Ver'standes|kraft *f* ⟨~⟩ faculté(s) intellectuelle(s); **♀mäßig I** *adj* rationnel, -elle; logique; **II** *adv* rationnellement; **~mensch** *m* intellectuel, -elle *m,f*; cérébral(e) *m(f)*

ver'ständig [fɛrˈʃtɛndɪç] *adj* **1.** (*vernünftig*) raisonnable; sensé; sage; **2.** (*einsichtig*) compréhensif, -ive; **3.** (*gescheit*) intelligent; judicieux, -ieuse

ver'ständigen ⟨*pas de ge-*, h⟩ **I** *v/t* (*informieren*) *j-n von etw, über etw* (*acc*) *~* informer qn de qc; faire connaître, savoir qc à qn; *im voraus* avertir, prévenir qn de qc; **II** *v/réfl* **1.** (*sich einigen*) *sich mit j-m ~* s'entendre, tomber d'accord avec qn (*über etw* [*acc*] sur qc); s'arranger avec qn; **2.** *sich ~ in e-r Sprache* se faire comprendre

Ver'ständigkeit *f* ⟨~⟩ bon sens; sagesse *f*; compréhension *f*

Ver'ständigung *f* ⟨~; ~en⟩ **1.** (*Benachrichtigung*) information *f*; communication *f*; avertissement *m*; **2.** (*Übereinkunft*) entente *f*; accord *m*; arrangement *m*; POL (*Annäherung*) rapprochement *m*; concertation *f*; *zu e-r ~ kommen* s'entendre; **3.** *sprachliche compréhension f*; *im Ausland die ~ klappte gut* la compréhension a bien marché, n'a présenté aucun problème; **4.** *akustische* audibilité *f*; réception *f*

ver'ständigungsbereit *adj* prêt à s'entendre; *sich ~ zeigen* être, se montrer prêt à s'entendre

Ver'ständigungs|grundlage *f* base *f*, terrain *m* d'entente; **~schwierigkeiten** *f/pl* sprachliche difficultés *f/pl* de compréhension

verständlich [fɛrˈʃtɛndlɪç] *adj* **1.** (*deutlich*) intelligible; *sich ~ machen* se faire entendre; **2.** (*begreiflich*) compréhensible; *allgemein ~* à la portée de tout le monde; *leicht ~* facile à comprendre, à concevoir; *j-m etw ~ machen* expliquer, faire comprendre, faire saisir qc à qn

ver'ständlicher'weise *adv* ce qui est bien compréhensible, concevable

Ver'ständlichkeit *f* ⟨~⟩ intelligibilité *f*; clarté *f*; netteté *f*

Verständnis [fɛrˈʃtɛntnɪs] *n* ⟨~ses⟩ **1.** (*Einfühlungsvermögen, Nachsicht*) compréhension *f*; *gegenseitiges ~* compréhension mutuelle; (*kein*) *~ für j-n, etw haben* (ne pas pouvoir) comprendre qn, qc; *wir bitten um Ihr ~* nous vous demandons de bien vouloir nous excuser; **2.** (*das Verstehen*) compréhension *f*; intelligence *f*; *st/s* entendement *m*; *zum ~ dieses Textes braucht es ...* pour l'intelligence de, pour comprendre ce texte, il faut ...; *zum besseren ~* pour mieux (vous) faire comprendre; **3.** (*Auffassung*) conception *f*; *nach meinem ~* selon ma conception; à mon idée; selon moi

ver'ständnisinnig *st/s adj Blick, Lächeln* entendu; *Blick a* d'intelligence

ver'ständnislos I *adj* incompréhensif, -ive; **II** *adv e-r Sache* (*dat*) *völlig ~ gegenüberstehen* ne rien comprendre à qc

Ver'ständnislosigkeit *f* ⟨~⟩ manque *m* de compréhension

ver'ständnisvoll I *adj* compréhensif, -ive; plein de compréhension; **II** *adv ~ lächeln* avoir un sourire plein de compréhension

ver'stärken ⟨*pas de ge-*, h⟩ **I** *v/t* **1.** (*dikker, stabiler machen*) *Mauer etc* renforcer; fortifier; **2.** (*erweitern*) zahlenmäßig augmenter; renforcer; *die Mannschaft um zwei Spieler ~* renforcer, augmenter l'équipe de deux joueurs; **3.** (*intensivieren*) *Druck* augmenter; renforcer; accroître; MIL *Feuer* intensifier; **4.** RAD, ÉLECT amplifier; **5.** *fig Eindruck* renforcer; confirmer; *Zweifel* augmenter; accroître; **II** *v/réfl sich ~ Druck, Schmerzen* augmenter; s'accroître; *Zweifel etc* se renforcer; *Eindruck* se confirmer

Ver'stärker *m* ⟨~s; ~⟩ RAD amplificateur *m*; TÉL répéteur *m*; **~anlage** *f* ÉLECTRON bes für Tonwiedergabe installation *f* d'amplification

ver'stärkt *adjt* ⟨épithète⟩ renforcé; intensifié; amplifié; (*erhöht*) augmenté; accru

Ver'stärkung *f* **1.** (*Festigung, Stabilisierung*) renforcement *m*; **2.** *zahlenmäßige* renforcement *m* (des effectifs); (*hinzukommende Personen*) renforts *m/pl*; ~ **anfordern, bekommen** demander, recevoir des renforts; **3.** (*Intensivierung*) *des Druckes* augmentation *f*; accroissement *m*; **4.** *RAD, ÉLECT* amplification *f*; **5.** *fig* augmentation *f*; *des Zweifels, Eindrucks* confirmation *f*

ver'stauben *v/i* ⟨*pas de ge-*, sein⟩ se couvrir de poussière; s'empoussiérer

ver'staubt *adjt* poussiéreux, -euse (*a fig*); *nur fig péj* démodé; vieillot, -otte; suranné

ver'stauchen *v/réfl* ⟨*pas de ge-*, h⟩ *sich* (*dat*) **den Fuß** ~ se faire une entorse; se fouler le pied

Ver'stauchung *f* ⟨~; ~en⟩ entorse *f*; foulure *f*

ver'stauen *v/t* ⟨*pas de ge-*, h⟩ mettre, placer, caser (*in* [+*dat ou acc*] dans)

Versteck [fɛrˈʃtɛk] *n* ⟨~(e)s; ~e⟩ cachette *f*; cache *f*; F planque *f*; (*Unterschlupf*) *a* refuge *m*; ~ **spielen** jouer à cache-cache (*a fig*)

ver'stecken ⟨*pas de ge-*, h⟩ **I** *v/t* cacher (*etw vor j-m* qc à qn); dissimuler; **II** *v/réfl sich* ~ se cacher (*vor j-m, etw* à qn, de qc); *fig sich vor j-m, j-s Leistung* ~ *müssen* être surpassé, surclassé de loin par qn; F *fig sich hinter j-m* ~ *können* être (beaucoup) plus petit que qn; *fig sich hinter den Vorschriften* ~ se retrancher, s'abriter derrière le(s) règlement(s)

Ver'steckspiel *n* (jeu *m* de) cache-cache *m* (*a fig*)

ver'steckt *adjt* **1.** caché; dissimulé; (*sich*) ~ *halten* (se) tenir caché; (se) dissimuler; **2.** *fig* (*geheim*) occulte; secret, -ète; ~**e Reserven** *f/pl* fonds secrets; réserves occultes; **3.** *fig* (*indirekt*) ~**e Anspielungen** *f/pl* insinuations *f/pl*; mots couverts; ~**er Vorwurf** reproche indirect

ver'stehen ⟨*irr, pas de ge-*, h⟩ **I** *v/t* **1.** *akustisch* entendre; comprendre; *man kann sein eigenes Wort nicht* ~ on ne s'entend plus; *schlecht, gut zu* ~ *sein* être (à peine) audible; *TÉL* *ich verstehe Sie schlecht* je vous entends, comprends mal; **2.** (*begreifen*) comprendre; concevoir; saisir; *sie hat alles verstanden* elle a tout saisi, compris; *das ist schwer zu* ~ c'est difficile à comprendre, à concevoir; F *verstanden? compris?; vous y êtes?; est-ce clair?; ich verstehe!* je comprends!; je vois!; *nicht* ~ *wollen* faire la sourde oreille; ne vouloir rien entendre; *Französisch* ~ comprendre le français; **3.** (*deuten, interpretieren*) entendre; comprendre; *wie soll ich das* ~? comment dois-je le comprendre, l'entendre?; *wenn ich recht verstehe ...* si je comprends bien ...; *Sie* ~ *mich falsch* vous me comprenez mal; ~ *Sie mich nicht falsch!* entendons-nous bien!; *was versteht man unter ...* (+*dat*)? qu'entend-on par ...?; *j-m etw zu* ~ *geben* laisser comprendre qc à qn; **4.** (*Verständnis haben*) comprendre; *j-n, j-s Sorgen gut* ~ (*können*) bien comprendre qn, les sou-

cis de qn; *wir* ~ *Ihre Bedenken* nous comprenons vos réserves, hésitations; *einander* ~ se comprendre (mutuellement); *keiner versteht mich!* personne ne me comprend; (*keinen*) *Spaß* ~ (ne pas) avoir le sens de l'humour; **5.** (*gut können, beherrschen*) savoir; connaître; *s-e Sache, sein Handwerk* ~ connaître son métier; *etwas von der Sache* ~ être du métier; s'y connaître; *ich verstehe nichts davon* je ne m'y connais pas; je n'y comprends rien; *es* ~, *zu* (+*inf*) s'entendre à, savoir (+*inf*); **II** *v/réfl* **6.** (*gut auskommen*) *sich mit j-m gut* ~ bien s'entendre avec qn; *sie* ~ *sich gut miteinander* ils s'accordent bien, vivent en bonne intelligence; **7.** (*selbstverständlich sein*) (*das*) *versteht sich!* bien entendu!; c'est naturel!; ça se comprend!; *das versteht sich von selbst* cela va sans dire; cela va de soi; **8.** (*sich sehen*) *sich* ~ *als* se voir, se considérer comme; *er versteht sich als Wissenschaftler* il se considère (lui-même) comme un scientifique; **9.** (*können, beherrschen*) *sich auf etw* (*acc*) ~ s'y connaître en qc

ver'steifen ⟨*pas de ge-*⟩ **I** *v/t* ⟨h⟩ **1.** (*steif machen*) *COUT* entoiler; *Glieder* raidir; **2.** *CONSTR* (*abstützen*) étayer; renforcer; entretoiser; **II** *v/i* ⟨sein⟩ **3.** *Gelenke etc* se raidir; **III** *v/réfl* ⟨h⟩ **4.** *sich* ~ *Gelenke etc* se raidir; **5.** *fig sich auf etw* (*acc*) ~ s'obstiner, s'entêter dans qc *od* à faire qc; ne pas démordre de qc

Ver'steifung *f* ⟨~; ~en⟩ **1.** *e-s Gelenks etc* raidissement *m*; **2.** *CONSTR* étai *m*; entretoise *f*; *COUT* entoilage *m*; **3.** *fig* (*das Festhalten*) ~ (*auf etw* [*acc*]) obstination *f*, entêtement *m* (dans qc)

ver'steigen *v/réfl* ⟨*irr, pas de ge-*, h⟩ **1.** *Bergsteiger sich* ~ s'égarer, se perdre (en faisant l'ascension de ...); **2.** *st/s sich zu etw* ~ aller jusqu'à faire qc; *sich zu der Behauptung* ~, *daß ...* (aller jusqu'à) prétendre que ...

ver'steigern *v/t* ⟨-(e)re, *pas de ge-*, h⟩ vendre aux enchères

Ver'steigerung *f* vente *f*, mise *f* aux enchères; *zur* ~ *kommen* être mis, vendu aux enchères; *etw bei e-r* ~ *erstehen* acheter qc aux enchères

Ver'steigerungslokal *n* salle *f* des ventes

ver'steinern ⟨-(e)re, *pas de ge-*⟩ **I** *v/i* ⟨sein⟩ *Holz etc* (se) pétrifier; *Pflanzen, Tiere* se fossiliser; *fig wie versteinert dastehen* rester, être là comme pétrifié, médusé; **II** *st/s fig v/réfl* ⟨h⟩ *sich* ~ *Gesicht* se durcir; devenir de marbre

Ver'steinerung *f* ⟨~; ~en⟩ **1.** (*das Versteinern*) fossilisation *f*; pétrification *f*; **2.** (*zu Stein Gewordenes*) fossile *m*

ver'stellbar *adjt* réglable; ajustable

ver'stellen ⟨*pas de ge-*, h⟩ **I** *v/t* **1.** (*anders einstellen*) régler; modifier le réglage de; *etw in der Höhe* ~ régler la hauteur de qc; **2.** (*falsch stellen*) *Apparat, Uhr* dérégler; **3.** (*von der Stelle rücken*) déplacer; changer de place; **4.** (*versperren*) *j-m den Weg* ~ barrer le chemin, le passage à qn; **5.** (*unkenntlich machen*) *Stimme, Schrift etc* déguiser; rendre méconnaissable; **II** *v/réfl sich* ~ jouer la comédie; simuler

Ver'stellung *f* ⟨~⟩ **1.** *der Stimme,*

Schrift déguisement *m*; **2.** (*Heuchelei*) simulation *f*; hypocrisie *f*

ver'steppen *v/i* ⟨*pas de ge-*, sein⟩ *ÉCOL* se transformer en steppe

ver'sterben *st/s v/i* ⟨*irr, pas de ge-*, sein⟩ décéder

ver'steuern *v/t* ⟨-(e)re, *pas de ge-*, h⟩ *etw* ~ payer l'impôt sur qc; *zu* ~*des Einkommen* revenu(s) *m*(*pl*) imposable(s)

ver'stiegen **I** *p/p cf versteigen*; **II** *adjt* (*überspannt*) excentrique; bizarre

ver'stimmen *v/t* ⟨*pas de ge-*, h⟩ **1.** *Instrument* désaccorder; **2.** *fig j-n* ~ mettre qn de mauvaise humeur; fâcher, irriter, contrarier qn

ver'stimmt *adjt* **1.** *das Klavier ist* ~ le piano (s')est désaccordé; **2.** *fig* ~ *sein* être de mauvaise humeur; être fâché, irrité, contrarié; *e-n* ~*en Magen haben* avoir l'estomac dérangé, F barbouillé, détraqué

Ver'stimmung *f fig* (*Mißstimmung*) mauvaise humeur

ver'stockt *péj* **I** *adj* obstiné; entêté; buté; **II** *adv* avec entêtement, obstination

Ver'stocktheit *f* ⟨~⟩ *péj* obstination *f*; entêtement *m*

verstohlen [fɛrˈʃtoːlən] **I** *adj Blick etc* furtif, -ive; *adv* dérobé; **II** *adv* furtivement; à la dérobée

ver'stopfen ⟨*pas de ge-*⟩ **I** *v/t* ⟨h⟩ **1.** boucher; *Rohre a* engorger; *Ritzen* boucher; calfeutrer; *mit e-m Stöpsel* tamponner; **2.** *Straßen etc* encombrer; embouteiller; *COMM Markt* encombrer; **3.** *MÉD* constiper; **II** *v/i* ⟨sein⟩ *Rohre* se boucher

Ver'stopfung *f* ⟨~; ~en⟩ **1.** (*das Verstopfen*) bouchage *m*; **2.** (*das Verstopftsein*) *von Rohren* engorgement *m*; *der Straßen* encombrement *m*; **3.** *MÉD* constipation *f*; *an* ~ *leiden* être constipé

verstorben [fɛrˈʃtɔrbən] *st/s* **I** *p/p cf versterben*; **II** *adjt st/s* défunt; *ADM* décédé; *meine* ~*e Mutter* ma défunte mère

Ver'storbene(r) *st/s f*(*m*) ⟨→ A⟩ *st/s* défunt(e) *m*(*f*); *die* ~*n* a les morts *m/pl*; *ADM* les personnes décédées

ver'stört *adj* effaré; *p/fort* bouleversé; *Miene* 'hagard; *ganz* ~ *aussehen* avoir l'air 'hagard

Ver'störtheit *f* ⟨~⟩ effarement *m*; *p/fort* bouleversement *m*; air 'hagard

Ver'stoß *m* ~ (*gegen*) faute *f* (contre); manquement *m* (à); *gegen ein Gesetz* infraction *f* (à)

ver'stoßen ⟨*irr, pas de ge-*, h⟩ **I** *v/t* (*von sich weisen*) repousser; *Ehefrau* répudier; ~ *aus* ... chasser, expulser de; *von allen* ~ *sein* être réprouvé; **II** *v/i gegen etw* ~ manquer à qc; ne pas respecter qc; *gegen das Gesetz* ~ transgresser, enfreindre, *p/fort* violer la loi; *gegen die guten Sitten* ~ offenser les bonnes mœurs

ver'strahl|en *v/t* ⟨*pas de ge-*, h⟩ *radioaktiv* irradier; contaminer (par rayonnement radioactif); ~**ung** *f* contamination radioactive

Ver'strebung *f* ⟨~; ~en⟩ *CONSTR* contre-fiche *f*

ver'streichen ⟨*irr, pas de ge-*⟩ **I** *v/t* ⟨h⟩ **1.** (*streichend verteilen*) étendre; *Butter* étaler; **2.** (*streichend verbrauchen*) utiliser; consommer; **3.** (*zustreichen*)

boucher; **II** *st/s v/i* ⟨sein⟩ *Zeit (vergehen)* passer; s'écouler; *e-e Frist ~ lassen* laisser expirer un délai
ver'streuen *v/t* ⟨*pas de ge-*, h⟩ éparpiller; disperser; *(verschütten)* répandre
ver'streut *adj (vereinzelt)* dispersé; éparpillé
ver'stricken *st/s fig* ⟨*pas de ge-*, h⟩ **I** *v/t (verwickeln) j-n in etw (acc) ~* impliquer qn dans qc; mêler qn à qc; **II** *v/réfl sich in etw (acc) ~* s'empêtrer dans qc
verstümmeln [fɛrˈʃtʏməln] ⟨*pas de ge-*, h⟩ **I** *v/t* **1.** mutiler; estropier; **2.** *fig, Text* mutiler; tronquer; **II** *v/réfl sich ~* se mutiler; s'estropier
Ver'stümmelung *f* ⟨*~*; *~en*⟩ mutilation *f (a fig)*
ver'stummen *v/i* ⟨*pas de ge-*, sein⟩ **1.** *st/s Person* devenir muet, muette; se taire; **2.** *st/s Geräusch*, *fig Protest etc* cesser; s'arrêter; *zum 2 bringen* faire taire; réduire au silence; **3.** *PHON* devenir muet, muette; *t/t* s'amuïr
Versuch [fɛrˈzuːx] *m* ⟨*~(e)s*; *~e*⟩ **1.** *(Bemühung; Möglichkeit, etwas zu versuchen)* essai *m*; tentative *f*; *(Probe)* épreuve *f*; *letzter ~* dernière tentative; *e-n ~ machen* faire un essai; *das kommt auf e-n ~ an* on peut toujours essayer; F on peut toujours tenter le coup; *e-n ~ mit j-m, etw machen (auf die Probe stellen)* prendre qn, qc à l'essai; **2.** *(Experiment)* expérience *f*; test *m*; *~e durchführen* faire des expériences *(mit* avec; *an [+dat]* sur)
ver'suchen ⟨*pas de ge-*, h⟩ *v/t* **1.** essayer; *(sich bemühen)* tenter; tâcher; *sein Glück ~* tenter sa chance; *sein nochmals ~* revenir à la charge; *~, etw zu tun* essayer de faire qc; *es mit etw ~ bes dilettantisch* tâter de qc; *es mit Güte ~* recourir à l'indulgence; *es mit j-m ~* tenter un essai avec qn; *versuch's doch! herausfordernd* essaie voir!; **2.** *a v/i (von) etw ~ (kosten)* essayer qc de qc; goûter à qc; **3.** *st/s (verführen) j-n ~* tenter qn; *ich bin versucht, es zu tun* je suis tenté de le faire; **II** *v/réfl sich an od in etw (dat) ~* s'essayer à qc; *sich auf der Gitarre ~* s'essayer à la guitare
Ver'sucher *m* ⟨*~s*; *~*⟩ *bes BIBL (Teufel)* tentateur *m*
Ver'suchs... *in Zssgn* d'essai; expérimental; d'expérience; **~anordnung** *f* conditions requises, préparatifs requis pour une expérience; **~ballon** *m* ballon-sonde *m*; ballon d'essai *(a fig)*; **~feld** *n AGR* champ *m* d'expérimentation; **~gelände** *n* terrain *m* d'essai; *NUCL* terrain *m* d'essais nucléaires; **~kaninchen** *n fig* cobaye *m*; **~person** *f* sujet *m* (d'étude, d'expérience); **~reihe** *f* série *f* de tests, d'essais, d'expériences; **~stadium** *n* stade *m* d'essai; **~station** *f* station *f* d'essai; **~tier** *n* animal *m* de laboratoire; sujet *m* (d'expérience); cobaye *m*
ver'suchsweise *adv* à titre d'essai; à titre expérimental
Ver'suchszweck *m zu ~en* en vue d'expériences
ver'sucht *adj JUR ~e Bestechung* tentative *f* de corruption
Ver'suchung *f* ⟨*~*; *~en*⟩ tentation *f*; *in ~ (acc) führen* tenter; induire en tentation; *der ~ widerstehen* résister à la tentation; *in ~ kommen, zu (+inf)* être tenté de *(+inf)*; *ich konnte der ~ nicht widerstehen* c'était plus fort que moi
ver'sumpfen *v/i* ⟨*pas de ge-*, sein⟩ **1.** *ÉCOL* se transformer en marais; devenir marécageux, -euse; **2.** F *fig (verwahrlosen)* tomber bien bas; **3.** F *(lange feiern)* F faire la bringue, la noce
ver'sündigen *st/s v/réfl* ⟨*pas de ge-*, h⟩ *sich an j-m, etw ~* pécher contre qn, qc; se rendre coupable envers qn
versunken [fɛrˈzʊŋkən] **I** *p/p cf* **versinken**; **II** *adj* **1.** *fig (vertieft) ~ in (+acc) Anblick, Gedanken* absorbé dans, par; plongé dans; **2.** *fig (untergegangen)* **~e Kulturen** *f/pl* civilisations disparues
ver'süßen ⟨-(es)t, *pas de ge-*, h⟩ **I** *v/t* **1.** *PHARM* édulcorer; **2.** *fig (angenehmer machen)* adoucir; édulcorer; *j-m die (bittere) Pille ~* dorer la pilule à qn; *j-m das Leben ~* rendre la vie plus douce à qn; **II** *v/réfl sich ~ (dat) das Leben ~* se rendre la vie plus douce; F se la couler douce
ver'tagen ⟨*pas de ge-*, h⟩ **I** *v/t ~ (auf [+acc])* ajourner (à); remettre (à); *cf a verschieben* 2.; **II** *v/réfl sich ~* ajourner, remettre les débats, la séance *(auf [+acc])*
vertändeln [fɛrˈtɛndəln] *v/t* ⟨-(e)le, *pas de ge-*, h⟩ *die Zeit ~* passer son temps à des futilités; gaspiller son temps
ver'täuen [fɛrˈtɔyən] *v/t* ⟨*pas de ge-*, h⟩ *Schiff* amarrer
ver'tauschen *v/t* ⟨*pas de ge-*, h⟩ **1.** *(austauschen)* (é)changer, troquer *(für, gegen, mit* contre); *(umstellen)* permuter; *die Rollen ~* renverser, intervertir les rôles. **2.** *(verwechseln)* prendre l'un pour l'autre; confondre
Ver'tauschung *f* ⟨*~*; *~en*⟩ **1.** *(Austausch)* échange *m*; *(Umstellung)* permutation *f*; *der Rollen* renversement *m*; interversion *f*; **2.** *(Verwechslung)* échange involontaire, accidentel, par erreur
verteidigen [fɛrˈtaɪdɪɡən] ⟨*pas de ge-*, h⟩ **I** *v/t* défendre; *JUR* plaider pour; *(rechtfertigen)* a justifier; *Thesen a* soutenir; *e-e Sache ~* plaider une cause; **II** *v/i SPORT* être en défense; défendre; *(Verteidiger sein)* faire partie de la défense; **III** *v/réfl sich ~* se défendre
Ver'teidiger(in) *m* ⟨*~s*; *~*⟩ *(f)* ⟨*~*; *~nen*⟩ défenseur *m*; *JUR a* avocat plaidant; *FUSSBALL* arrière *m*
Ver'teidigung *f* ⟨*~*; *~en*⟩ défense *f (a JUR, SPORT)*; *e-r These a* soutenance *f*; *die ~ übernehmen* se charger de, prendre la ~ défense *(für j-n* de qn); *etw zu j-s ~ vorbringen* alléguer qc pour la défense de qn
Ver'teidigungs... *in Zssgn* de défense; défensif, -ive; **~anlagen** *f/pl MIL* défenses *f/pl*; **~linie** *f MIL* ligne *f* de défense; **~minister** *m* ministre *m* de la Défense (nationale); **~ministerium** *n* ministère *m* de la Défense (nationale); **~rede** *f JUR* plaidoirie *f*; *fig* plaidoyer *m*; **~schlacht** *f MIL* bataille défensive; **~waffe** *f* arme défensive
ver'teilen ⟨*pas de ge-*, h⟩ *v/t* **1.** *(austeilen)* distribuer *(an [+acc]* à); **2.** *(aufteilen, zuweisen)* partager, répartir *(auf [+acc], unter [+acc]* entre); **3.** *(anordnen)* répartir; *etw auf mehrere Jahre ~* répartir, étaler qc sur plusieurs années; *PEINT Licht und Schatten richtig ~* répartir correctement les lumières et les ombres; **4.** *(verstreichen)* étaler; **II** *v/réfl sich ~* **5.** *(sich aufteilen)* se répartir; se partager *(auf [+acc], unter [+acc]* entre); **6.** *(angeordnet sein) räumlich u zeitlich* s'étaler, se répartir *(über [+acc]* sur); **7.** *(sich verstreuen)* se répartir; *Personen* se disperser; *die Menge verteilte sich allmählich* la foule se dispersait lentement
Ver'teiler *m* ⟨*~s*; *~*⟩ **1.** *ÉLECT, COMM* distributeur *m*; *AUTO* distributeur *m* (d'allumage); delco *m (nom déposé)*; *ADM* liste *f* des destinataires; **~kasten** *m ÉLECT* boîte *f* de distribution; **~netz** *n ÉLECT* réseau *m*, secteur *m* (de distribution); **~schlüssel** *m ADM* clé *f*, base *f* de répartition
Ver'teilung *f* **1.** *(Ausgabe)* distribution *f (an [+acc]* à); *die ~ von Lebensmitteln an die Bevölkerung* la distribution de vivres à la population; **2.** *(Aufteilung)* partage *m (auf [+acc], unter [+acc]* entre); répartition *f*; *~ der Kosten* partage des frais; **3.** *(bestimmte Anordnung)* répartition *f*; étalement *m*; *STATISTIK* distribution *f*; *~ der Regenfälle* régime *m* des pluies
vertelefo'nieren F *v/t* ⟨*pas de ge-*, h⟩ *Geld, Zeit* dépenser en coups de téléphone
ver'teuer|n ⟨-(e)re, *pas de ge-*, h⟩ **I** *v/t (teurer machen)* rendre plus cher, chère; enchérir; **II** *v/réfl sich ~ (teurer werden)* devenir plus cher, chère; augmenter; *st/s* renchérir; **2ung** *f* augmentation *f* (des prix); *st/s* renchérissement *m*
ver'teufel|n *v/t* ⟨*pas de ge-*, h⟩ condamner; **2ung** *f* ⟨*~*; *~en*⟩ condamnation *f*
ver'teufelt F **I** *adj* satané; *ein ~er Kerl* un diable d'homme; **II** *adv (sehr)* F diablement; F bougrement
ver'tiefen ⟨*pas de ge-*, h⟩ **I** *v/t* **1.** *(tiefer machen)* rendre plus profond *(um* de); approfondir; creuser davantage; **2.** *fig s-e Kenntnisse etc* approfondir; **II** *v/réfl sich ~* **3.** devenir plus profond; se creuser; **4.** *fig (intensiver werden)* devenir plus intense; **5.** *fig sich in etw (acc) ~* se plonger dans qc
Ver'tiefung *f* ⟨*~*; *~en*⟩ **1.** *Handlung* approfondissement *m*; **2.** *(tiefere Stelle)* creux *m*; renfoncement *m*; *im Gelände* dépression *f*; *(Hohlraum)* cavité *f*
ver'tieren *v/i* ⟨*pas de ge-*, sein⟩ tomber au niveau de la bête, de la brute
vertikal [vɛrtiˈkaːl] **I** *adj* vertical; **II** *adv* verticalement
Verti'kale *f* ⟨*→ A*⟩ verticale *f*
ver'tilg|en *v/t* ⟨*pas de ge-*, h⟩ **1.** *(vernichten)* exterminer; tuer; détruire; **2.** F *(verzehren)* F engouffrer; F engouffrer; *(aufessen)* F liquider; **2ung** *f (Vernichtung)* extermination *f*; destruction *f*; **2ungsmittel** *n* pesticide *m*
ver'tippen ⟨*pas de ge-*, h⟩ **I** *v/t* taper de travers; **II** *v/réfl sich ~* **1.** *auf e-r Tastatur* faire une faute de frappe; **2.** *beim Wetten etc* faire un numéro perdant
ver'ton|en *v/t* ⟨*pas de ge-*, h⟩ mettre en musique; adapter; **2ung** *f* ⟨*~*; *~en*⟩ adaptation musicale
vertrackt [fɛrˈtrakt] F *adj* **1.** *(verwickelt)*

Situation embrouillé; **2.** (*ärgerlich, peinlich*) *Angelegenheit* désagréable; fâcheux, -euse; embarrassant; (*verflixt*) *dieser ~e Mechanismus funktioniert nie!* ce maudit, fichu mécanisme ne fonctionne jamais!
Vertrag [fɛrˈtraːk] *m* ⟨~(e)s; ~e⟩ **1.** *privatrechtlicher* contrat *m*; **e-n ~ kündigen** dénoncer, résilier un contrat; **e-n ~ (ab)schließen** faire, conclure un contrat; **j-n unter ~ nehmen** engager qn (par contrat); **bei j-m unter ~ stehen** être engagé par qn (sous contrat); **2.** *zwischenstaatlicher* traité *m*; (*Abkommen*) accord *m*; convention *f*; **zweiseitige Verträge** traités bilatéraux; **e-n ~ unterzeichnen** signer un traité
ver'tragen ⟨*irr, pas de ge-*, h⟩ **I** *v/t* **1.** (*aushalten*) *Klima, Hitze, Kälte etc* supporter; *die Kälte nicht ~a* craindre le froid; *sie verträgt keinen Fisch* le poisson ne lui réussit pas; F *er verträgt nicht viel Alkohol* il supporte mal l'alcool; F *e-e Pause ~ können* avoir bien besoin d'une pause, de souffler; F *ich könnte e-n Schluck ~* je prendrais bien un petit verre; un petit verre serait le bienvenu; **2.** *st/s* (*dulden*) *die Sache verträgt keinen Aufschub* cette affaire ne souffre, ne supporte aucun retard; **II** *v/réfl* **sich ~ 3.** *Personen* s'entendre, s'accorder (*mit j-m* avec qn); *sich nicht mit j-m ~* ne pas s'entendre avec qn; *sich* (*gut*) *miteinander ~* vivre en bonne intelligence, harmonie; bien s'entendre; F *sie ~ sich wieder* (*miteinander*) ils se sont réconciliés; **4.** *Sachen* (*zueinander passen*) être compatible (*mit* avec); aller ensemble; *sich nicht ~* être incompatible; ne pas aller ensemble; jurer (*abs od* avec); *diese Farben ~ sich nicht* ces couleurs jurent; *das verträgt sich nicht mit meinen Grundsätzen* cela ne cadre pas, n'est pas compatible avec mes principes; c'est en désaccord avec mes principes
ver'traglich I *adj* contractuel, -elle; **II** *adv* par contrat; **~ vereinbaren** convenir par contrat; **~ vereinbart** prévu par le, dans le contrat
verträglich [fɛrˈtrɛːklɪç] *adj* **1.** *Person, Charakter* conciliant; accommodant; (*friedfertig*) pacifique; **2.** *Speisen* (*leicht*) ~ digestible; *Medikament gut ~* bien toléré
Ver'träglichkeit *f* ⟨~⟩ **1.** *des Charakters* caractère accommodant; esprit conciliant, arrangeant; **2.** *von Speisen* digestibilité *f*; *von Medikamenten* (degré *m* de) tolérance *f*
Ver'trags|abschluß *m* passation *f*, conclusion *f* d'un contrat; POL conclusion *f* d'un traité; **~bruch** *m* rupture *f* de contrat; POL violation *f* d'un traité
ver'tragsbrüchig *adj* **~ werden** rompre un *bzw* le contrat; POL violer un *bzw* le traité
ver'tragschließend *adjt* ⟨épithète⟩ contractant; **~e Partei** partie contractante
Ver'trags|entwurf *m* projet *m* de contrat; **~gegenstand** *m* objet *m* du contrat; **²gemäß I** *adj* conforme au contrat; contractuel, -elle; **II** *adv* conformément au contrat *bzw* au traité; **~grundlage** *f* base *f* du contrat;

~händler *m* concessionnaire *m*; **~partner** *m* contractant *m*; partie contractante; **~recht** *n* ⟨~(e)s⟩ législation *f* en matière de contrats; **~strafe** *f* peine conventionnelle; dédit *m*; **~werk** *n* contrat *m*; POL traité *m*; **~werkstatt** *f* atelier de réparation agréé, conventionné; AUTO garage agréé; **²widrig** *adj* contraire au contrat, POL au traité
ver'trauen *v/i* ⟨*pas de ge-*, h⟩ *j-m* (*völlig*) ~ avoir (entièrement *od* toute) confiance en qn; *auf j-n, etw ~* se fier à qn, qc; faire confiance à qn, qc; *auf sein Glück ~* se fier à sa chance
Ver'trauen *n* ⟨~s⟩ **1.** confiance *f*; **~ haben** avoir confiance (*in* [+*acc*] *od* **zu** en, *wenn Artikel folgt* dans); se fier (à); **~ einflößen** inspirer confiance; *sie genießt mein vollstes ~* je lui fais entièrement confiance; *st/s* elle jouit de mon entière confiance; *j-s ~ mißbrauchen* abuser de la confiance de qn; *ich habe gleich ~ zu ihm gefaßt* il m'a tout de suite inspiré confiance; *j-m ~ schenken* accorder sa confiance à qn; *sein ~ setzen in* (+*acc*) mettre, placer sa confiance en; POL *der Regierung das ~ aussprechen* voter la confiance au gouvernement; *im ~ auf* (+*acc*) confiant en; **2.** *bei Mitteilungen* confidence *f*; *im ~* en confidence; confidentiellement; *im ~ gesagt* (soit dit) entre nous; *j-n ins ~ ziehen* mettre qn dans la confidence
ver'trauenerweckend *adjt* qui inspire confiance; **~ aussehen** inspirer confiance
Ver'trauens|arzt *m* médecin-conseil *m*; **~beweis** *m* preuve *f* de confiance
ver'trauensbildend *adjt* **~e Maßnahmen** *f/pl* mesures destinées à inciter la confiance
Ver'trauensbruch *m* abus *m* de confiance; indiscrétion *f*
Ver'trauensfrage *f* POL *die ~ stellen* poser la question de confiance
Ver'trauens|frau *f* *der Gewerkschaft* déléguée syndicale (*dans une entreprise*); **~lehrer(in)** *m(f)* SCHULE professeur chargé des problèmes relationnels; **~mann** *m* ⟨~(e)s; -männer *od* -leute⟩ homme *m* de confiance; *der Gewerkschaft* délégué syndical (*dans une entreprise*); **~person** *f* personne *f* de confiance; **~sache** *f* ⟨~⟩ affaire *f*, question *f* de confiance; **²selig** *adj* trop confiant; crédule; **~seligkeit** *f* ⟨~⟩ crédulité *f*; **~stellung** *f* place *f*, poste *m* de confiance; **~verhältnis** *n* rapports *m/pl* de confiance; **²voll I** *adj* confiant; plein de confiance; **II** *adv* en toute confiance; **~votum** *n* POL vote *m* de confiance; **²würdig** *adj* fiable; sûr; digne de (toute) confiance
ver'traulich I *adj* **1.** (*nicht öffentlich*) confidentiel, -ielle; **~e Mitteilung** communication confidentielle; confidence *f*; **~ streng ~** strictement confidentiel, -ielle; **2.** (*intim, vertraut*) intime; familier, -ière; *~ werden von e-r Person a* commencer à faire des confidences; **II** *adv* **1.** (*nicht öffentlich*) confidentiellement; *etw ~ behandeln* traiter qc confidentiellement; **2.** (*intim, vertraut*) familièrement; *er tut sehr ~* il affecte une attitude familière
Ver'traulichkeit *f* ⟨~; ~en⟩ **1.** ⟨*sans pl*⟩

e-r Mitteilung caractère confidentiel, secret; confidentialité *f*; discrétion *f*; **~ vereinbaren** convenir d'observer la plus grande discrétion; **2.** *im Verhalten* intimité *f*; familiarité *f*; *péj* **plumpe ~** familiarité grossière; *bes gegenüber Frauen* **~en** *pl* privautés *f/pl*
ver'träumen *v/t* ⟨*pas de ge-*, h⟩ *Zeit* passer à rêver
ver'träumt *adjt* **1.** *Person* rêveur, -euse; perdu dans son rêve; **2.** *Ort* idyllique
ver'traut *adj* **1.** *Beziehung* (*eng, intim*) intime; *ein ~er Freund* un (ami) intime; *~er Umgang* intimité *f*; *mit j-m ~ sein* être intime avec qn; **2.** (*bekannt, nicht fremd*) familier, -ière; *ein ~es Gesicht* un visage familier, connu; *mit etw ~ sein* connaître qc à fond; *auf dem laufenden sein être au fait de qc; sich mit etw ~ machen* se familiariser avec qc; *mit dem Inhalt e-r Akte etc* prendre connaissance de qc
Ver'traute(r) *f(m)* ⟨→ A⟩ confident(e) *m(f)*; intime *m,f*; familier *m*; **e-e enge ~** une amie intime
Ver'trautheit *f* ⟨~⟩ intimité *f*; familiarité *f*; *mit etw* bonne connaissance de qc
ver'treiben ⟨*irr, pas de ge-*, h⟩ **I** *v/t* **1.** (*wegjagen*) chasser; *fig Sorgen, Kummer etc* chasser; dissiper; **2.** *j-n aus e-r Wohnung, Stellung* déloger qn; *j-n aus s-r Heimat ~* expulser qn de son pays; *j-n von s-m Platz ~* déloger qn de sa place; **3.** COMM (*verkaufen*) distribuer; diffuser; *unsere Bücher werden in England von ... vertrieben* nos livres sont diffusés par ... en Angleterre; **II** *v/réfl* ⟨*dat*⟩ *die Zeit mit etw ~* faire qc pour passer le temps; passer son temps à faire qc; (*sich vergnügen mit*) s'amuser à faire qc
Ver'treibung *f* ⟨~; ~en⟩ expulsion *f* (*aus* de); *aus e-r Wohnung, Stellung* délogement *m*
ver'tretbar *adj* **1.** *These, Standpunkt etc* valable; défendable; justifiable; **2.** (*angemessen*) *Kosten, Risiko etc* raisonnable; acceptable
ver'treten ⟨*irr, pas de ge-*, h⟩ **I** *v/t* **1.** (*vorübergehend ersetzen*) remplacer; ADM suppléer; *sie vertritt ihn im Urlaub* elle le remplace pendant les vacances; *cf a* **Vaterstelle**; **2.** (*repräsentieren*) *ein Land, e-e Gruppierung, e-e Gattung etc* représenter (*bei* auprès de); *sich von j-m ~ lassen* se faire représenter par qn; *e-e neue Richtung in der Kunst ~* représenter une nouvelle tendance artistique; **3.** (*für e-e Firma verkaufen*) représenter; **4.** (*anwesend, vorhanden sein*) ~ *sein* être représenté *od* présent; *diese Tierart ist* (*hier*) *nur schwach ~* cette espèce animale n'est que faiblement représentée (ici); **5.** (*eintreten für*) soutenir; défendre; *vor Gericht j-n ~* plaider la cause de qn; *die Rechte der Minderheiten ~* défendre les droits des minorités; *j-s Sache ~* prendre fait et cause pour qn; **6.** *die Ansicht, Meinung, Auffassung ~, daß ...* être d'avis que ... (+*subj*); **7.** *bes JUR* (*verantworten*) *etw zu ~ haben* répondre de qc; *etw nicht zu ~ haben a ne* pas être responsable de qc; *aus Gründen, die man nicht zu ~ hat* pour des raisons que l'on n'a pas à justifier; **II** *v/réfl* **8.** *sich* ⟨*dat*⟩ *den Fuß ~* durch

Vertreter – Verwaltungsweg

Ungeschick se fouler le pied; **9.** F *(sich Bewegung verschaffen)* **sich** *(dat)* **die Füße, Beine ~** se dégourdir les jambes
Ver'treter(in) *m* ⟨~s; ~⟩ *(f)* ⟨~; ~en⟩ **1.** *(Interessen*₂, *Repräsentant)* représentant(e) *m(f)*; POL gewählte(r) délégué(e) *m(f)*; **~** *pl* **aus Politik und Wirtschaft** des représentants du monde de la politique et de l'économie; JUR **der ~ der Anklage** le représentant du Ministère public; **2.** COMM représentant(e) *m(f)*; *(Reisender)* voyageur *m* (de commerce); *von Versicherungen a* agent *m*; **3.** *(Stell*₂*)* remplaçant(e) *m(f)*; ADM suppléant(e) *m(f)*; **4.** *(Anhänger, Verfechter)* défenseur *m*; adepte *m,f*; tenant *m*
Ver'tretung *f* ⟨~; ~en⟩ **1.** *(Stell*₂*)* remplacement *m*; ADM suppléance *f*; intérim *m*; **die ~ für j-n übernehmen** assumer, assurer le remplacement de qn; *in* **~** par délégation; par intérim; **2.** *Person* remplaçant(e) *m(f)*; ADM suppléant(e) *m(f)*; **3.** *e-s Landes, e-r Firma* représentation *f*; COMM agence *f*
Ver'tretungs|stunde *f* SCHULE heure *f* de remplacement; **2weise** *adv* en remplacement **(für** de)
Ver'trieb *m* ⟨~(e)s⟩ **1.** COMM distribution *f*; *bes von Büchern, Zeitschriften a* diffusion *f*; vente *f*; écoulement *m*; **2.** *cf* **Vertriebsabteilung**
Ver'triebene(r) *f(m)* ⟨→ A⟩ personne déplacée; expulsé(e) *m(f)*
Ver'triebs|abteilung *f* service des ventes, commercial; **~gesellschaft** *f* société *f* de vente, de distribution, de commercialisation; **~leiter** *m* chef *m* des ventes; **~netz** *n* COMM réseau *m* de distribution
ver'trimmen F *v/t* ⟨pas de ge-, h⟩ **j-n ~** F flanquer une raclée, F filer une trempe à qn
ver'trinken *v/t* ⟨*irr*, pas de ge-, h⟩ **sein Geld ~** dépenser son argent à boire
ver'trocknen *v/i* ⟨-ete, pas de ge-, sein⟩ se dessécher
ver'trödeln F *péj v/t* ⟨-(e)le, pas de ge-, h⟩ **die Zeit ~** perdre, gâcher son temps
ver'trösten *v/t* ⟨pas de ge-, h⟩ **j-n auf später, auf die nächste Woche ~** demander à qn de patienter, de patienter jusqu'à la semaine prochaine
Ver'tröstung *f* **~** **(auf etw** [*acc*]) vaine(s) promesse(s) (de qc); fausse espérance (de qc)
ver'trottelt F *adj* gâteux, -euse; F ramolli; F gaga *(inv)*
ver'tun ⟨*irr*, pas de ge-, h⟩ **I** *v/t (vergeuden)* dissiper; gaspiller; gâcher; **II** F *v/réfl* **sich ~** *(irren)* F se gourer
ver'tuschen *v/t* ⟨pas de ge-, h⟩ *Fehler* cacher; dissimuler; *Skandal etc* étouffer
ver'übeln *v/t* ⟨-(e)le, pas de ge-, h⟩ **j-m etw ~** en vouloir à qn de qc; tenir rigueur à qn de qc; **Sie werden es mir hoffentlich nicht ~, wenn ...** j'espère que vous ne m'en voudrez pas si ...
ver'üben *v/t* ⟨pas de ge-, h⟩ *Verbrechen* commettre; JUR perpétrer; **Selbstmord ~** se suicider
ver'ulken F *v/t* ⟨pas de ge-, h⟩ se moquer de; *Person* F se payer la tête de qn; **ihr wollt uns wohl ~!** vous voulez rire!; vous vous moquez de nous!
verunglimpf|en [fer'ʔʊnglɪmpfən] *st/s v/t* ⟨pas de ge-, h⟩ dénigrer; diffamer;

2ung *st/s f* ⟨~; ~en⟩ dénigrement *m*; diffamation *f*
ver'unglücken *v/i* ⟨pas de ge-, sein⟩ **1.** avoir un accident; être victime d'un accident; **tödlich ~** se tuer dans un accident; **mit dem Auto ~** être victime d'un accident de voiture, de la route; **2.** F *fig (mißglücken)* rater
ver'unglückt *adj* **1.** *bei e-m Unfall* accidenté; **2.** F *fig (mißglückt)* raté; F loupé
Ver'unglückte(r) *f(m)* ⟨→ A⟩ accidenté(e) *m(f)*; victime *f* (d'un accident)
ver'unreinig|en *v/t* ⟨pas de ge-, h⟩ **1.** *bes* ÉCOL *Wasser, Luft* polluer; **2.** *st/s (beschmutzen)* salir; souiller; **2ung** *f* **1.** *(das Verunreinigen) von Wasser, Luft* pollution *f*; *st/s* souillure *f* (*a fig*); **2.** *(verunreinigender Zusatz)* impureté *f*; saleté *f*
ver'unsichern *v/t* ⟨-(e)re, pas de ge-, h⟩ insécuriser; *(verwirren)* déconcerter; désorienter; **j-n ~ in e-m Gespräch, e-r Prüfung** faire perdre ses moyens à qn
Ver'unsicherung *f* insécurité *f*; *(Verwirrung)* désorientation *f*; **ein Gefühl der ~** un sentiment d'insécurité *bzw* de désorientation
verunstalt|en [fer'ʔʊnʃtaltən] *v/t* ⟨-ete, pas de ge-, h⟩ défigurer; déparer; *(häßlich machen)* enlaidir; **2ung** *f* ⟨~; ~en⟩ défiguration *f*; enlaidissement *m*
ver'untreu|en *v/t* ⟨pas de ge-, h⟩ *Gelder etc* détourner; **2ung** *f* ⟨~; ~en⟩ détournement *m*; *bes öffentlicher Gelder* malversation *f*
verunzieren [fer'ʔʊntsi:rən] *v/t* ⟨pas de ge-, h⟩ déparer; enlaidir
ver'ursachen *v/t* ⟨pas de ge-, h⟩ causer; *Schmerzen, Aufregung etc* produire; provoquer; *Schwierigkeiten* susciter; faire naître; donner lieu à; *Kosten* occasionner; entraîner
Ver'ursacherprinzip *n* ⟨~s⟩ ÉCOL principe *m* pollueur-payeur
ver'urteilen *v/t* ⟨pas de ge-, h⟩ **1.** *Gericht etc* condamner (**zu** à); **j-n zum Tode ~** condamner à mort; *fig iron* **zum Erfolg verurteilt sein** être condamné au succès; ne pas avoir droit à l'échec; *fig* **zum Scheitern verurteilt sein** voué à l'échec; **2.** *(mißbilligen)* condamner; réprouver
Ver'urteilte(r) *f(m)* ⟨→ A⟩ condamné(e) *m(f)*
Ver'urteilung *f* ⟨~; ~en⟩ condamnation *f* (*a* JUR); *(Mißbilligung) a* réprobation *f*
ver'vielfachen ⟨pas de ge-, h⟩ **I** *v/t* multiplier (*a fig*); **II** *v/réfl* **sich ~** se multiplier
ver'vielfältig|en *v/t* ⟨pas de ge-, h⟩ PHOT, TYPO reproduire; faire des copies de; *mit e-r Matrize* polycopier; **2ung** *f* ⟨~; ~en⟩ **1.** PHOT, TYPO reproduction *f*; *mit e-r Matrize* polycopie *f*; **2.** *(Kopie)* reproduction *f*; copie *f*
ver'vierfachen ⟨pas de ge-, h⟩ **I** *v/t* quadrupler; multiplier par quatre; **II** *v/réfl* **sich ~** quadrupler
ver'vollkomm|nen ⟨-ete, pas de ge-, h⟩ **I** *v/t* perfectionner; **II** *v/réfl* **sich ~** se perfectionner (**in** [+*dat*] dans); **2ung** *f* ⟨~; ~en⟩ perfectionnement *m*
ver'vollständig|en *v/t* ⟨pas de ge-, h⟩ compléter; **2ung** *f* ⟨~; ~en⟩ complément *m*; *par ext* enrichissement *m*
verw. *abr (verwitwet)* veuf, veuve
ver'wachsen¹ ⟨*irr*, pas de ge-⟩ **I** *v/i*

⟨sein⟩ **1.** *(zuwachsen) Wunde* se fermer; se cicatriser; **2. miteinander ~** *(zusammenwachsen)* se réunir (en poussant); **II** *v/réfl* **sich ~** *(mit dem Wachsen verschwinden)* disparaître avec le temps
ver'wachsen² *adj* **1.** MÉD **~ mit** adhérent à; *fig* **mit j-m, etw ~ sein** être intimement, étroitement lié, attaché à qn, qc; **2.** *(mißgestaltet) Mensch* contrefait; difforme; *(bucklig)* bossu; *Baum* rabougri
Ver'wachsung *f* ⟨~; ~en⟩ MÉD adhérence *f*
ver'wackelt *adj Bild* bougé
ver'wähl|en *v/réfl* ⟨pas de ge-, h⟩ **sich ~** composer, faire un mauvais, faux numéro; se tromper de numéro
ver'wahren *v/t* ⟨pas de ge-, h⟩ **1.** *Gegenstand* (bien) garder (*a Kind*); *(wegschließen)* enfermer à, mettre sous clé; **2.** *früher (gefangenhalten)* détenir; **II** *v/réfl* **sich ~ gegen etw ~** protester, se défendre contre qc
ver'wahrlosen *v/i* ⟨pas de ge-, sein⟩ **1.** se clochardiser; *bes Kinder* être négligé; être laissé à l'abandon; **~ lassen** négliger; laisser à l'abandon; **2.** *moralisch* déchoir; tomber bien bas
ver'wahrlost *adj* **1.** *bes Kinder* négligé; (laissé) à l'abandon; **~ aussehen** avoir l'air mal soigné; **2.** *moralisch* déchu
Ver'wahrlosung *f* ⟨~⟩ **1.** clochardisation *f*; *bes von Kindern* négligence *f*; abandon *m*; **2.** *moralische* déchéance *f*
Ver'wahrung *f* ⟨~⟩ **1.** *(Aufbewahrung)* garde *f*; dépôt *m*; **etw in ~** *(acc)* **geben** donner, laisser qc en garde; mettre qc en dépôt; **2.** *(Arrest)* détention *f*
ver'waist *adj* **1.** orphelin; **2.** *st/s fig Haus etc* **~ sein** être abandonné, délaissé; *Person* **sich ~ fühlen** se sentir esseulé
ver'walten ⟨-ete, pas de ge-, h⟩ **I** *v/t Stadt, Behörde etc* administrer; *Unternehmen, Vermögen, Haus etc* gérer; *Amt* exercer; **II** *v/réfl* **sich selbst ~** *Land, Region* avoir une administration autonome
Ver'walt|er(in) *m* ⟨~s; ~⟩ *(f)* ⟨~; ~nen⟩ administrateur, -trice *m,f*; *(Haus*₂*)* gérant(e) *m(f)*; *(Guts*₂*)* régisseur *m*; intendant *m*; **~ung** *f* ⟨~; ~en⟩ **1.** *(das Verwalten)* administration *f*; *e-s Unternehmens, Vermögens etc* gestion *f*; *e-s Amtes* exercice *m*; **2.** *(~swesen)* système administratif; administration *f*
Ver'waltungs... *in Zssgn* d'administration; administratif, -ive; **~apparat** *m* appareil administratif; **~beamte(r)** *m*, **~beamtin** *f* fonctionnaire *m,f* de l'administration; *in Frankreich* a agent administratif; **~behörde** *f* service administratif; administration *f*; **~bezirk** *m* district *m*; circonscription administrative; **~direktor** *m* directeur administratif; *e-s Internats a* intendant *m*; **~gebäude** *n* bâtiment administratif; **~gericht** *n* tribunal administratif; **~kosten** *pl* frais *m/pl* d'administration, de gestion; **~recht** *n* ⟨~(e)s⟩ droit administratif; **~reform** *f* réforme administrative; **~sprache** *f* langage administratif; **2technisch I** *adj* administratif, -ive; **II** *adv* sur le plan administratif
Ver'waltungsweg *m* **auf dem ~(e)** par (la) voie administrative

ver'wandelbar *adj* transformable
ver'wandeln ⟨-(e)le, *pas de ge-*, h⟩ **I** *v/t* **1.** (*verändern*) changer (**in** [+*acc*] en); transformer (en); *fig* **sie ist wie verwandelt** elle a tout à fait changé; **ich fühle mich wie verwandelt** je me sens tout transformé, métamorphosé; **2.** (*umwandeln*) MYTH, *fig* métamorphoser (**in** [+*acc*], **zu** en); **der Prinz wurde in einen Frosch verwandelt** le prince a été changé, métamorphosé en grenouille; **3.** *bes* ALCHIMIE transmuter (**in Gold** en or); **4.** SPORT **e-n Eckstoß ~** transformer un corner; **II** *v/i* SPORT **zum 2:0 ~** porter le score à 2 à 0; **III** *v/réfl* **sich ~** (*sich umwandeln*) se transformer; se métamorphoser (*a* ZO, MYTH)
Ver'wandlung *f* (*das* [*Sich*]*Verwandeln*) changement *m*; transformation *f*; MYTH, *fig*, ZO métamorphose *f*; *bes* ALCHIMIE transmutation *f*
Ver'wandlungskünstler *m* mime *m* (qui incarne plusieurs personnages)
verwandt[1] [fer'vant] *p/p cf* **verwenden**
ver'wandt[2] *adj* **1.** parent (**mit** de); **er ist mit mir ~** (lui et moi,) nous sommes parents; **durch Heirat ~ sein** être parent(s) par alliance; **2.** *fig*, *Anschauungen etc* apparenté; analogue; semblable; **~e Seelen** *f/pl* (des) âmes *f/pl* sœurs; **~e Sprachen** *f/pl* langues apparentées
Ver'wandte(r) *f(m)* ⟨↔ A⟩ parent(e) *m(f)*; **naher ~r** proche parent; **entfernter, weitläufiger ~r** parent éloigné; **die ~n** *pl cf* **Verwandtschaft** 3.
Ver'wandtschaft *f* ⟨~; ~en⟩ **1.** (*das Verwandtsein*) parenté *f*; *durch Heirat a* (parenté *f* par) alliance *f*; **2.** *fig* (*Ähnlichkeit*) parenté *f*; analogie *f*; ressemblance *f*; affinité *f*; **3.** ⟨*sans pl*⟩ **die ~** (*die Verwandten*) la parenté; la famille; **zur ~ gehören** faire partie de la famille
ver'wandtschaftlich I *adj* de parent; **II** *adv* en parent
Ver'wandtschafts|grad *m* degré *m* de parenté; **~verhältnis** *n* parenté *f*
ver'wanzt *adj* plein, infesté de punaises
ver'warnen *v/t* ⟨*pas de ge-*, h⟩ mettre en garde; donner un avertissement à; *gebührenpflichtig* donner une contravention à; infliger une amende à
Ver'warnung *f* avertissement *m*; *gebührenpflichtige ~* contravention *f*; procès-verbal *m*
ver'waschen *adj* **1.** (*ausgewaschen*) délavé; décoloré; **2.** (*blaß*) *Farben* pâle; délavé; **3.** *fig* (*ungenau*) flou; imprécis; vague
ver'wässern *v/t* ⟨-ssre *ou* -ßre, *pas de ge-*, h⟩ **1.** mettre trop d'eau dans; **2.** *fig* délayer; affadir
ver'wechselbar *adj* facile à confondre
ver'wechseln *v/t* ⟨-(e)le, *pas de ge-*, h⟩ confondre (**mit** avec); **er hat sie miteinander verwechselt** il a pris l'un(e) pour l'autre; **die Namen ~** confondre les noms; **ich habe Sie mit Herrn X verwechselt** a je vous ai pris pour Monsieur X; **sie sehen sich zum ~ ähnlich** ils se ressemblent à s'y méprendre
Ver'wechs(e)lung *f* ⟨~; ~en⟩ **1.** confusion *f*; **infolge e-r ~** par suite d'une confusion; **2.** (*Vertauschung*) échange *m* involontaire; **3.** (*Irrtum*) erreur *f*; méprise *f*; quiproquo *m*

ver'wegen *adj* ⟨*pas de ge-*⟩ (*kühn*) audacieux, -ieuse; 'hardi; *Tat a* osé; **⟨heit** *f* ⟨~; ~en⟩ témérité *f*; audace *f*; 'hardiesse *f*
ver'wehen ⟨*pas de ge-*⟩ **I** *v/t* ⟨h⟩ **1.** (*wegtragen*) vom Wind emporter; **Vom Winde verweht** *Buchtitel* Autant en emporte le vent; **2.** (*zuwehen*) *Spur* effacer; **vom Schnee verweht** couvert de neige; **Straßen obstrué** par la neige; **vom Sand verweht** ensablé; **II** *v/i* ⟨sein⟩ *Rauch etc* se dissiper; (*verstreut werden*) être dispersé (par le vent)
ver'wehren *v/t* ⟨*pas de ge-*, h⟩ **j-m etw ~** interdire, défendre qc à qn; **j-m ~, etw zu tun** empêcher qn de faire qc; **j-m den Zutritt ~** interdire à qn d'entrer; empêcher qn d'entrer
Ver'wehung *f* ⟨~; ~en⟩ (*Schnee⟨*) congère *f*
ver'weichlich|t *adj* amolli; *Männer a* efféminé; **⟨ung** *f* ⟨~⟩ amollissement *m*
Ver'weigerer *m* ⟨~s; ~⟩ **1.** (*Wehrdienst⟨*) objecteur *m* de conscience; **2.** (*Aussteiger*) marginal *m*
ver'weigern ⟨-(e)re, *pas de ge-*, h⟩ **I** *v/t* refuser (**j-m etw** qc à qn); **j-m den Gehorsam ~** refuser l'obéissance à qn; refuser d'obéir à qn; **den Wehrdienst ~** être objecteur de conscience; **das Essen ~** refuser de manger *od* toute nourriture; **II** *v/t* PFERDESPORT refuser l'obstacle; **III** *v/réfl* **sich j-m ~** se refuser à qn
Ver'weigerung *f* refus *m*
Ver'weigerungshaltung *f* attitude *f* de refus
ver'weilen *st/s v/i* ⟨*pas de ge-*, h⟩ **1.** (*stehenbleiben*) s'arrêter; rester; demeurer; **2.** (*sich aufhalten*) séjourner (**bei j-m** chez qn); *fig* **bei etw ~ bei e-m Gedanken etc** s'attarder, s'arrêter, sur qc
ver'weint *adj* **~e Augen haben**, **~ aussehen** avoir les yeux gonflés de larmes
Verweis [fer'vais] *m* ⟨~es; ~e⟩ **1.** (*Rüge*) réprimande *f* (**wegen** pour); ADM, SCHULE avertissement *m*; *p/p fort* blâme *m*; **j-m e-n ~ erteilen** réprimander qn; **2.** (*Hinweis*) **~ (auf** [+*acc*]) renvoi *m* (à); référence *f* (à)
ver'weisen *v/t* ⟨*irr, pas de ge-*, h⟩ **1.** *v/i* (*hinweisen*) **~ auf** (+*acc*) renvoyer à; **(den Leser) auf ein anderes Werk ~** renvoyer (le lecteur) à un autre ouvrage; **2.** *an e-e andere Person od Stelle j-n ~ an* (+*acc*) (r)envoyer, adresser qn à; **ich bin an den Geschäftsführer verwiesen worden** on m'a dit de m'adresser au gérant; JUR **an das Schwurgericht ~** renvoyer devant les assises; **3.** (*ausweisen, entfernen*) **Schüler (von) der Schule ~** renvoyer, exclure qn de l'école, du lycée, *etc*; **j-n des Landes, aus dem Land ~** expulser qn (du territoire); SPORT **e-n Spieler des Platzes ~** expulser un joueur (du terrain); FUSSBALL *a* montrer le carton rouge à un joueur; *im Wettkampf* **s-e Gegner auf die Plätze ~** devancer ses adversaires
ver'welken *v/i* ⟨*pas de ge-*, sein⟩ se faner; se flétrir
ver'weltlich|en ⟨*pas de ge-*⟩ **I** *v/t* ⟨h⟩ *kirchliches Eigentum* séculariser; **II** *st/s*

v/i ⟨sein⟩ prendre un caractère profane, laïque; **⟨ung** *f* ⟨~⟩ *kirchlichen Eigentums* sécularisation *f*
ver'wendbar *adj* utilisable; **mehrfach ~** réutilisable
Ver'wendbarkeit *f* ⟨~⟩ utilité *f* pratique
ver'wenden ⟨*irr, pas de ge-*, h⟩ **I** *v/t* **1.** (*benutzen*) employer, utiliser (**für, zu** à; **als** comme); *Methode, Technik a* appliquer; **2.** (*aufwenden*) *Zeit, Mühe* consacrer (**auf** [+*acc*] à); **viel Sorgfalt auf etw** (*acc*) **~** mettre, apporter beaucoup de soin à qc; **II** *st/s v/réfl* **sich für j-n ~** intervenir, intercéder pour qn, en faveur de qn (**bei j-m** auprès de qn)
Ver'wendung *f* emploi *m*; utilisation *f*; **bei etw ~ finden** être utilisé pour qc; servir à qc; **keine ~ für etw haben** ne pas savoir quoi faire de qc
ver'wendungsfähig *adj* utilisable; **nicht ~** inutilisable; 'hors d'état de servir
Ver'wendungs|möglichkeit *f* possibilité *f* d'utilisation; **~weise** *f* mode *m* d'utilisation (+*gén* de); manière *f* de se servir (+*gén* de); **~zweck** *m* emploi prévu; *auf Schecks etc* motif *m* paiement
ver'werfen ⟨*irr, pas de ge-*, h⟩ **I** *v/t* **1.** (*ablehnen*) rejeter (*a* JUR *Klage*); repousser; écarter; **2.** *st/s* (*mißbilligen*) désapprouver; réprouver; *p/fort* condamner; **II** *v/réfl* **sich ~ 3.** TECH (*sich verziehen*) *Holz* gauchir; se déjeter; **4.** GÉOL *Gesteinsschichten* former une faille
ver'werflich *st/s adj* répréhensible; blâmable; condamnable; **⟨keit** *st/s f* ⟨~⟩ nature *f* répréhensible, blâmable, condamnable
Ver'werfung *f* ⟨~; ~en⟩ **1.** TECH gauchissement *m* (*a fig*); **2.** (*Ablehnung*) rejet *m*; **3.** GÉOL faille *f*
ver'wertbar *adj* utilisable; *Altmaterial* récupérable
ver'werten *v/t* ⟨-ete, *pas de ge-*, h⟩ utiliser; *Altmaterial* récupérer; *Erfindung etc* exploiter; mettre en valeur, à profit
Ver'wertung *f* utilisation *f*; *von Altmaterial* récupération *f*; *e-r Erfindung etc* exploitation *f*; mise *f* en valeur, à profit
ver'wesen *v/i* ⟨*pas de ge-*, sein⟩ se décomposer; se putréfier
Ver'wesung *f* ⟨~⟩ décomposition *f*; putréfaction *f*; **in ~ übergehen** entrer, tomber en putréfaction
ver'wetten *v/t* ⟨-ete, *pas de ge-*, h⟩ (*einsetzen*) parier; (*verlieren*) *Geld* ~ perdre de l'argent en pariant, à faire des paris; **ich würde meinen Kopf dafür ~** j'en donnerais ma tête à couper; j'en mettrais ma main au feu
ver'wickeln ⟨-(e)le, *pas de ge-*, h⟩ **I** *v/t* **j-n in etw** (*acc*) **~** engager, impliquer qn dans qc; **II** *v/réfl* **1.** *Garn etc* **sich ~** s'embrouiller; s'emmêler; s'enchevêtrer; **2.** *fig* **sich in Widersprüche ~** s'empêtrer, s'embrouiller, s'enchevêtrer dans ses contradictions
ver'wick|elt *adj* *Angelegenheit etc* compliqué; embrouillé; **⟨lung** *f* ⟨~; ~en⟩ *in e-e Angelegenheit* implication *f* (**in** [+*acc*] dans); (*Komplikation*) embrouillement *m*; complication *f*; imbroglio *m*

verwiesen [fɛrˈviːzən] *p/p cf* **verweisen**
verˈwildern *v/i* ⟨-(e)re, *pas de ge*-, sein⟩ **1.** *Haustier* (re)devenir sauvage; **2.** (*verwahrlosen*) *Feld, Garten, Kind* être (laissé) à l'abandon; être négligé; *Person äußerlich* se négliger (de plus en plus); *Sitten* se dépraver
verˈwildert *adjt* **1.** *Haustier* (re)devenu sauvage; **2.** (*verwahrlost*) *Garten* inculte; abandonné; laissé à l'abandon; *Kind* négligé; *Sitten* dépravé
Verˈwilderung *f* ⟨~⟩ *von Tieren* retour *m* à l'état sauvage; *von Gärten* abandon *m*; état *m* sauvage; *der Sitten* dépravation *f*
verˈwinden *st/s v/t* ⟨*irr, pas de ge*-, h⟩ *Schmerz, Kummer* surmonter; *etw nicht ~ können* ne pas (pouvoir) surmonter qc, se consoler de qc
verˈwirken *st/s v/t* ⟨*pas de ge*-, h⟩ *Recht, Anspruch* perdre; *sein Leben verwirkt haben* avoir mérité la mort
verˈwirklichen ⟨*pas de ge*-, h⟩ **I** *v/t* réaliser; **II** *v/réfl sich ~* **1.** (*in Erfüllung gehen*) se réaliser; s'accomplir; **2.** *sich* (*selbst*) *~* se réaliser (dans la vie)
Verˈwirklichung *f* ⟨~; ~en⟩ réalisation *f*
verˈwirren ⟨*pas de ge*-, h⟩ *v/t* **1.** *Fäden etc* embrouiller; emmêler; enchevêtrer; *Haare* emmêler; **2.** *fig j-n* rendre qn confus; troubler; déconcerter qn; (*verunsichern*) désorienter qn; **II** *v/réfl sich ~* **3.** *Fäden etc* s'embrouiller; s'emmêler; s'enchevêtrer; *Haar* s'emmêler; **4.** *fig ihre Sinne ~ sich* elle a l'esprit qui s'embrouille
verˈwirrend *adjt* troublant; déconcertant
verˈwirrt *adj* confus; *Person a* troublé; déconcerté
Verˈwirrung *f* ⟨~; ~en⟩ **1.** (*Durcheinander*) confusion *f*; trouble *m*; *~ stiften* provoquer la confusion, le trouble; **2.** *e-r Person* trouble *m*; *p/fort* désarroi *m*; *geistige ~* confusion mentale; *in ~ geraten* s'embrouiller; se troubler; se décontenancer
verˈwischen ⟨*pas de ge*-, h⟩ **I** *v/t* effacer (*a fig*), *Unterschiede* atténuer; estomper; **II** *v/réfl sich ~ fig* (*verschwinden*) *Spur, Eindruck* s'effacer; *Unterschiede etc* s'estomper; s'atténuer
verˈwittern ⟨-(e)re, *pas de ge*-, sein⟩ GÉOL s'éroder, s'effriter (sous l'influence de l'air); être rongé par le temps; *völlig* se désagréger; *Gebäude a* se dégrader; *fig ein verwittertes Gesicht* un visage buriné, ravagé (par le temps)
verˈwitwet *adj* veuf, veuve
verwoben [fɛrˈvoːbən] *adj Begriffe, Vorstellungen eng miteinander ~ sein* être étroitement liés
verwöhnen [fɛrˈvøːnən] ⟨*pas de ge*-, h⟩ gâter; choyer; (*verhätscheln*) dorloter; *fig er ist vom Schicksal nicht verwöhnt worden* il n'a pas été gâté par le destin, par le sort
verˈwohnt *adj Wohnung, Zimmer* défraîchi
verˈwöhnt *adjt* **1.** (*verhätschelt*) gâté; dorloté; choyé; **2.** (*anspruchsvoll*) exigeant; difficile (à contenter); *für den ~en Geschmack* pour le goût le plus exigeant
verworfen [fɛrˈvɔrfən] **I** *p/p cf* **verwerfen**; **II** *st/s adjt Mensch, Tat* abject; infâme; *nur Mensch* dépravé

verworren [fɛrˈvɔrən] *adj* confus; *Ideen a* désordonné; *Angelegenheit a* embrouillé; *~e Lage* situation confuse
Verˈworrenheit *f* ⟨~⟩ confusion *f*; désordre *m* (des idées); embrouillement *m*
verˈwundbar *adj* vulnérable (*a fig*); *fig ~e Stelle* point *m* vulnérable; talon *m* d'Achille
Verˈwundbarkeit *f* ⟨~⟩ vulnérabilité *f* (*a fig*)
verˈwunden¹ *v/t* ⟨-ete, *pas de ge*-, h⟩ blesser (*a fig Gefühle etc*)
verˈwunden² *p/p cf* **verwinden**
verˈwunderlich *adj* étonnant; surprenant; *es ist nicht ~, daß ...* rien d'étonnant (à ce) que ... (+*subj*)
verˈwundern ⟨-(e)re, *pas de ge*-, h⟩ **I** *v/t* étonner; surprendre; *das ist nicht zu ~* ce n'est pas étonnant, surprenant; *es verwundert mich od mich verwundert, daß ...* je suis étonné, surpris que ... (+*subj*); **II** *v/réfl sich ~* (*über* [+*acc*]) s'étonner (de); être étonné, surpris (de)
Verˈwunderung *f* ⟨~⟩ étonnement *m*; surprise *f*; *voller ~* plein d'étonnement; *in ~* (*acc*) (*ver*)*setzen* frapper d'étonnement; *zu meiner großen ~* à mon grand étonnement; à ma grande surprise
Verˈwund|ete(r) *f(m)* ⟨→ A⟩ blessé(e) *m(f)*; *~ung* *f* ⟨~; ~en⟩ blessure *f*
verwunschen [fɛrˈvʊnʃən] *adj Ort etc* enchanté
verˈwünschen *v/t* ⟨*pas de ge*-, h⟩ **1.** (*verfluchen*) maudire; **2.** *bes Märchen* (*verzaubern*) ensorceler; enchanter
verˈwünscht *adjt* (*verflucht*) maudit
Verˈwünschung *f* ⟨~; ~en⟩ (*Verfluchung*) malédiction *f*; *litt* imprécation *f*; (*Fluch*) juron *m*
verˈwurzeln *v/i* ⟨-(e)le, *pas de ge*-, sein⟩ s'enraciner, prendre racine, s'implanter (*in* [+*dat*] dans); *fig tief verwurzelt sein in* (+*dat*) avoir de profondes racines dans
verˈwüsten *v/t* ⟨-ete, *pas de ge*-, h⟩ ravager; dévaster
Verˈwüstung *f* ⟨~; ~en⟩ ravage *m*; dévastation *f*; *~en anrichten* faire des ravages
verˈzagen *st/s v/i* ⟨*pas de ge*-, sein *ou* h⟩ perdre courage; se décourager; se laisser abattre
verˈzagt *adjt* découragé; abattu
verˈzählen *v/réfl* ⟨*pas de ge*-, h⟩ *sich ~* se tromper en comptant; *sich um zwei ~* se tromper de deux
verˈzahnen ⟨*pas de ge*-, h⟩ **I** *v/t.* TECH (*ineinanderfügen*) endenter; engrener (*mit etw* dans qc); **2.** *fig* (*eng verbinden*) lier, joindre, associer étroitement; **II** *v/réfl sich ~* (*ineinandergreifen*) s'engrener (*a fig*)
verˈzapfen *v/t* ⟨*pas de ge*-, h⟩ **1.** TECH, CONSTR cheviller; assembler à tenon (et mortaise); **2.** F *fig Unsinn ~* débiter des bêtises, des âneries
verzärteln [fɛrˈtsɛrtəln] *v/t* ⟨-(e)le, *pas de ge*-, h⟩ bichonner; choyer; dorloter; *Kind péj a* trop gâter; pourrir
verˈzauber|n *v/t* ⟨-(e)re, *pas de ge*-, h⟩ **1.** (*verwünschen*) enchanter; ensorceler; *~ in* (+*acc*) changer en; **2.** *fig* (*faszinieren*) charmer; émerveiller; fasciner; *₂ung* *f* ⟨~; ~en⟩ **1.** (*das Verzaubern*) enchantement *m*; ensorcellement *m*; **2.** *fig* (*Faszination*) enchantement *m*; émerveillement *m*; fascination *f*
verˈzehnfachen ⟨*pas de ge*-, h⟩ **I** *v/t* décupler; **II** *v/réfl sich ~* se décupler
Verzehr [fɛrˈtseːr] *m* ⟨~(e)s⟩ consommation *f*; *zum ~ nicht geeignet* impropre à la consommation; *zum alsbaldigen ~ bestimmt* à consommer rapidement après achat
verˈzehren *st/s* ⟨*pas de ge*-, h⟩ **I** *v/t* **1.** (*essen*) consommer; **2.** *fig Person verzehrt werden von e-r Krankheit, von Sorgen* être rongé, miné par; *von e-r Leidenschaft* être dévoré, se consumer de; **II** *v/réfl sich ~* se consumer, se ronger, se miner (*vor* [+*dat*] de); **4.** (*verlangen*) *sich nach j-m ~* brûler (d'amour) pour qn
verˈzeichnen *v/t* ⟨*pas de ge*-, h⟩ **1.** PEINT (*falsch zeichnen*) mal dessiner; mal reproduire; *fig* (*falsch darstellen*) *j-s Charakter* mal tracer, décrire, esquisser; **2.** (*festhalten*) noter; prendre note de; inscrire (*auf* [+*dat*] sur); ADM consigner; (*registrieren*) enregistrer; *verzeichnet sein* (*aufgeführt sein*) figurer (*auf* [+*dat*] sur; *in* [+*dat*] dans); **3.** *fig* (*feststellen*) *Erfolg, e-e bestimmte Entwicklung etc ~ können, zu ~ haben* pouvoir enregistrer
Verˈzeichnis *n* ⟨~ses, ~se⟩ (*Liste*) liste *f*; relevé *m*; (*Register*) registre *m*; *ein ~ anlegen* dresser, établir une liste, un état; faire un relevé
verˈzeihen *v/t* ⟨*irr, pas de ge*-, h⟩ **1.** (*vergeben*) pardonner (*j-m etw* qc à qn); *abs sie kann ihm nicht ~* elle est incapable de, ne peut pas lui pardonner; **2.** (*entschuldigen*) excuser; *~ Sie!* pardon!; pardonnez-moi!; excusez-moi!; *~ Sie bitte die Störung* excusez-moi, pardonnez-moi de vous déranger
verˈzeihlich *adj* pardonnable; (*entschuldbar*) excusable
Verˈzeihung *f* ⟨~⟩ pardon *m*; *~!* pardon!; excusez-moi!; *j-n um ~ bitten* demander pardon à qn; *wir bitten vielmals um ~* nous vous prions de bien vouloir nous excuser
verˈzerren ⟨*pas de ge*-, h⟩ **I** *v/t* **1.** *Bild, Ton* déformer; distordre; *fig Inhalt, Tatsachen* déformer; défigurer; *Gesichtszüge* (dis)tordre; crisper; **II** *v/réfl sich ~ Gesichtszüge* se décomposer; *vor Schmerz* se crisper; se convulser; MÉD *sich* (*dat*) *e-n Muskel ~* se claquer, se distendre un muscle
Verˈzerrung *f* **1.** *e-s Bildes, Tons* déformation *f*; distorsion *f*; *fig der Tatsachen* défiguration *f*; déformation *f*; **2.** *der Gesichtszüge* décomposition *f*; contorsion *f*; **3.** *e-s Muskels* élongation *f*; claquage *m*
verˈzetteln¹ ⟨-(e)le, *pas de ge*-, h⟩ **I** *v/t Geld, Kräfte* éparpiller; disperser; gaspiller; **II** *v/réfl sich ~* éparpiller ses forces; s'éparpiller
verˈzetteln² *v/t* ⟨-(e)le, *pas de ge*-, h⟩ mettre sur fiches
Verzicht [fɛrˈtsɪçt] *m* ⟨~(e)s; ~e⟩ (*auf* [+*acc*]) renoncement *m*, renonciation *f* (à); résignation *f*; abandon *m* (de); JUR renonciation (à); désistement *m* (de)
verˈzichten *v/i* ⟨-ete, *pas de ge*-, h⟩ (*auf etw* [*acc*]) *~* renoncer (à qc); JUR *a* se désister (de qc); *ich verzichte auf deine*

Hilfe je n'ai pas besoin, je me passerai de ton aide; *er hat auf e-e Stellungnahme verzichtet* il n'a pas voulu donner son avis
verzieh [fɛr'tsi:] *cf* **verzeihen**
ver'ziehen[1] ⟨*irr, pas de ge-*⟩ **I** *v/t* ⟨h⟩ **1.** *das Gesicht* ~ grimacer; faire une (des) grimace(s); *unzufrieden etc* faire la grimace; faire la moue; *den Mund* ~ tordre la bouche; *ohne e-e Miene zu* ~ sans sourciller; **2.** (*schlecht erziehen*) gâter; mal élever; **3.** JARD *junge Pflanzen, Rüben etc* démarier; éclaircir; **II** *v/i* ⟨sein⟩ (*wegziehen*) déménager (*nach* à); changer de logement, de domicile, de résidence; *cf a* **unbekannt** II; **III** *v/réfl* ⟨h⟩ *sich* ~ **4.** (*sich verformen*) TECH se voiler; se fausser; *Holz* se déjeter; gauchir; **5.** (*verschwinden*) *Gewitter, Schmerz* disparaître; se dissiper; F (*sich davonmachen*) s'en aller; F se tirer; F se casser; F se filer; **6.** *Gesicht sich krampfhaft* ~ se crisper; se convulser
ver'ziehen[2] *p/p cf* **verzeihen**
ver'zier|en *v/t* ⟨*pas de ge-*, h⟩ orner; décorer (*a* CUIS); *mit Zierat* ornementer; *durch Besatz* garnir; **⁀ung** *f* ⟨~; ~en⟩ **1.** (*das Verzieren*) décoration *f*; ornementation *f*; enjolivement *m*; *durch Besatz* garnissage *m*; **2.** (*Schmuck*) décoration *f* (*a* CUIS); ornement *m* (*a* CONSTR, RHÉT); (*Zierat*) enjolivement *m* (*a Besatz*) garniture *f*
ver'zink|en *v/t* ⟨*pas de ge-*, h⟩ MÉTALL zinguer; galvaniser; **⁀ung** *f* ⟨~; ~en⟩ MÉTALL zingage *m*; galvanisation *f*
ver'zinnen *v/t* ⟨*pas de ge-*, h⟩ étamer
ver'zinsen ⟨*pas de ge-*, h⟩ **I** *v/t Kapital* rémunérer; **II** *v/réfl sich* ~ rapporter des intérêts; *sich mit 6 %* ~ rapporter six pour cent
ver'zins|lich *adj* productif, -ive d'intérêt(s); à intérêt(s); **⁀ung** *f* ⟨~; ~en⟩ rapport *m*; intérêts *m/pl*; rémunération *f*
verzogen [fɛr'tso:gən] **I** *p/p cf* **verziehen**[1]; **II** *adj* **1.** (*schlecht erzogen*) gâté; **2.** *Holz etc* déjeté; gauchi; voilé
ver'zögern ⟨-(e)re, *pas de ge-*, h⟩ **I** *v/t* **1.** (*aufschieben, hinauszögern*) retarder; *Prozeß a* (faire) traîner en longueur; **2.** (*verlangsamen*) *Ablauf, Tempo, a* TECH ralentir; **II** *v/réfl sich* ~ **3.** (*auf sich warten lassen*) se faire attendre; traîner en longueur; **4.** (*sich verspäten*) *Ankunft etc* être retardé (*um* de)
Ver'zögerung *f* ⟨~; ~en⟩ **1.** (*Aufschub*) retardement *m*; remise *f*; renvoi *m*; **2.** (*Verlangsamung*) ralentissement *m*; PHYS décélération *f*; **3.** (*Verspätung*) retard *m*; retardement *m*; *keine* ~ *dulden st/s* ne souffrir aucun retard
Ver'zögerungstaktik *f* manœuvres *f/pl* dilatoires
ver'zollen *v/t* ⟨*pas de ge-*, h⟩ dédouaner; payer la douane, les droits de douane sur; *haben Sie etw zu* ~? avez-vous qc à déclarer?
Ver'zollung *f* ⟨~; ~en⟩ dédouanement *m*; acquittement *m* des droits de douane
verzückt [fɛr'tsʏkt] *adj* ravi; extasié; en extase; ~ *sein* a être aux anges
Ver'zückung *f* ⟨~; ~en⟩ ravissement *m*; extase *f*; *in* ~ *geraten* s'extasier; tomber en extase

Ver'zug *m* ⟨~(e)s⟩ **1.** (*Verspätung, Rückstand*) retard *m*; délai *m*; *in* ~ *sein* être en retard (*mit* de); *in* ~ *geraten, kommen* se mettre en retard, prendre du retard (*mit* dans); *ohne* ~ sans retard; sans délai; immédiatement; **2.** *cf* **Gefahr**
Ver'zugszinsen *m/pl* intérêts *m/pl* moratoires
ver'zweifeln *v/i* ⟨*pas de ge-*, sein⟩ désespérer (*an j-m, etw* de qn, qc); *abs* se désespérer; *es ist zum* ⁀ c'est à désespérer; c'est désespérant
ver'zweifelt I *adj* désespéré; **II** *adv* **1.** (*sehr*) terriblement; extrêmement; **2.** ~ *versuchen, etw zu tun* essayer désespérément de faire qc
Ver'zweiflung *f* ⟨~⟩ désespoir *m*; *j-n zur* ~ *bringen* mettre qn au désespoir; désespérer qn; *mit dem Mut der* ~ avec l'énergie du désespoir
ver'zweig|en *v/réfl* ⟨*pas de ge-*, h⟩ *sich* ~ se ramifier (*a fig*); **⁀ung** *f* ⟨~; ~en⟩ ramification *f* (*a fig*)
ver'zwickt F *adj* compliqué; inextricable
Vesper ['fɛspɐ] *f* ⟨~; ~n⟩ **1.** CATH vêpres *f/pl*; **2.** *a n* ⟨~s; ~⟩ *bes südd* (*Imbiß*) casse-croûte *m*; *für Kinder* goûter *m*
'vespern ⟨-(e)re, h⟩ *bes südd* **I** *v/t etw* ~ manger qc (comme casse-croûte); *bes Kinder* manger qc au goûter; **II** *v/i* manger son casse-croûte; casse-croûter; *bes Kinder* goûter, une croûte; *bes Kinder* goûter
Vestibül [vɛsti'by:l] *st/s n* ⟨~s; ~e⟩ vestibule *m*
Vesuv [ve'zu:f] ⟨→*n/pr*⟩ GÉOGR *der* ~ le Vésuve
Veteran [vete'ra:n] *m* ⟨~en; ~en⟩ vétéran *m* (*a fig*)
Veterinär [veteri'nɛ:r] *m* ⟨~s; ~e⟩ vétérinaire *m*; **⁀medizin** *f* ⟨~⟩ médecine *f* vétérinaire
Veto ['ve:to] *n* ⟨~s; ~s⟩ veto *m*; (*s*)*ein* ~ *einlegen* mettre, opposer son veto (*gegen* à)
'Vetorecht *n* droit *m* de veto
Vettel ['fɛtəl] *f* ⟨~; ~n⟩ *péj* (*alte*) ~ vieille bombière; F vieille salope
Vetter ['fɛtɐr] *m* ⟨~s; ~n⟩ cousin *m*
'Vetternwirtschaft *f* ⟨~⟩ *péj* népotisme *m*
Vexier|bild [vɛ'ksi:rbɪlt] *n* (dessin *m*) devinette *f*; **⁀spiegel** *m* miroir déformant
'V-förmig *adj* en V; ~*e Anordnung* disposition *f* en V
vgl. *abr* (*vergleiche*) v. (voir); cf. od conf. (confer)
v.H. *abr* (*vom Hundert*) % (pour cent)
VHS [fauha'ʔɛs] *f* ⟨~⟩ *abr* (*Volkshochschule*) université *f* populaire
via ['vi:a] *prép* ⟨*acc*⟩ ~ *Paris* par, via Paris
Viadukt [via'dʊkt] *m od n* ⟨~(e)s; ~e⟩ viaduc *m*
Vibration [vibratsi'o:n] *f* ⟨~; ~en⟩ vibration *f*; PHYS oscillation *f*
Vibrationsmassage *f* massage *m* vibratoire
Vibrato [vi'bra:to] *n* ⟨~s; ~s ou -ti⟩ MUS vibrato *m*
Vi'brator *m* ⟨~s; -'toren⟩ vibrateur *m*
vibrieren [vi'bri:rən] *v/i* ⟨*pas de ge-*, h⟩ vibrer (*a Stimme*)
Video ['vi:deo] *n* ⟨~s; ~s⟩ vidéo *f*
'Video... *in Zssgn* vidéo...; vidéo (*nachgestellt inv*); **⁀aufnahme** *f* enregistre-

ment *m* vidéo; **⁀band** *n* ⟨~(e)s; -bänder⟩ bande *f* vidéo; **⁀clip** *m* vidéoclip *m*; **⁀film** *m* film *m* vidéo; **⁀filmemacher** *m* vidéaste *m*; **⁀gerät** *n* magnétoscope *m*; **⁀kamera** *f* caméscope *m*; caméra *f* vidéo; **⁀kassette** *f* vidéocassette *f*; cassette *f* vidéo; **⁀konferenz** *f* visioconférence *f*; vidéoconférence *f*; **⁀recorder** *m* magnétoscope *m*; **⁀spiel** *n* jeu *m* vidéo; **⁀technik** *f* ⟨~⟩ technique *f* vidéo; **⁀text** *m* ⟨~(e)s⟩ vidéographie *f*
Videothek [video'te:k] *f* ⟨~; ~en⟩ vidéothèque *f*
'Videoüberwachung *f* surveillance *f* par caméras vidéo
Viech [fi:ç] F *n* ⟨~(e)s; ~er⟩ bête *f*; *kleines bestiole f*; **⁀e'rei** F *f* ⟨~; ~en⟩ **1.** *cf* **Schinderei**, **2.** (*Gemeinheit*) F saloperie *f*
Vieh [fi:] *n* ⟨~(e)s⟩ **1.** *coll* bétail *m*; bestiaux *m/pl*; *zwanzig Stück* ~ vingt têtes de bétail; ~ *halten* nourrir, élever du bétail; *wie* ~ *behandelt werden* comme du bétail; **2.** F (*Tier*) bête *f*; *das arme* ~! la pauvre bête!; **3.** P *fig péj von Menschen* brute *f*; *du* ~! F espèce de brute!; F sale brute!
'Vieh|bestand *m* ⟨~(e)s; ~e⟩ cheptel *m*; **⁀futter** *n* ⟨~s⟩ fourrage *m*; **⁀haltung** *f* ⟨~⟩ élevage *m* (de bétail); **⁀händler** *m* marchand *m* de bestiaux
'viehisch **I** *adj* **1.** *péj* (*brutal*) brutal; bestial; **2.** F (*stark, immens*) terrible; affreux, -euse **II** *adv* **1.** *péj* (*brutal*) brutalement; bestialement; **2.** F (*sehr*) F vachement
'Vieh|markt *m* marché *m* aux bestiaux; **⁀salz** *n* ⟨~es⟩ sel gris, non raffiné; **⁀stall** *m* étable *f*; **⁀tränke** *f* abreuvoir *m*; **⁀transporter** *m* bétaillère *f*; **⁀treiber** *m* gardien *m* de troupeaux; **⁀waggon** *m* wagon *m* à bestiaux; **⁀wirtschaft** *f* ⟨~⟩ production animale; **⁀zeug** F *a péj n* ⟨~(e)s⟩ animaux *m/pl*; *kleines bestioles f/pl*; **⁀zucht** *f* ⟨~⟩ élevage *m* (de bétail, de bestiaux); **⁀züchter** *m* éleveur *m* (de bétail, de bestiaux)
viel [fi:l] **I** *pr/ind* ⟨*mehr, meiste*⟩ **1.** ⟨*pl*⟩ *adjt* beaucoup de; bien de *bzw* des; *subst* beaucoup, bien de choses; ~*e Dinge n/pl*, ~*es* bien des choses; ~*e Freunde m/pl* beaucoup d'amis; ~*e Male n/pl* souvent; *so* ~*e Male wie nötig* autant de fois que ce sera nécessaire; *seit* ~*en Jahren* depuis bien des années; *die* ~*en Menschen, die ...* le grand nombre de personnes qui ...; les nombreuses personnes qui ...; *mehrere hundert* (*Menschen*) des centaines *f/pl* (de personnes); ~*e andere* bien d'autres; *sehr* ~*e* un très grand nombre (de); *unendlich* ~*e* un nombre infini (de); *ziemlich* ~*e* un assez grand nombre (de); pas mal (de); ~*e sind gekommen* beaucoup sont venus; ils sont venus nombreux; **2.** ⟨*sg*⟩ *adjt* beaucoup de; *subst* beaucoup; ~ *Geld* beaucoup d'argent; *das* ~*e Geld* tout cet argent; ~ (*Geld*) *kosten* coûter cher; ~ *Zeit* beaucoup de temps; *durch* ~ *Fleiß* à force d'application; *so* ~, *daß ...* tant que ...; tellement que ...; *zu* ~ (...) trop (de ...); *ein bißchen od etw od ein wenig* ~ un peu trop, beaucoup trop; *gleich* ~ autant (l'un que l'autre); *in* ~*em* à

beaucoup d'égards; *um ~es größer (de)* beaucoup plus grand; *so ~ ist gewiß* cela au moins est sûr; **II** *adv* **1.** ⟨*suivi d'un comp*⟩ (*bei weitem*) beaucoup; bien; *~ besser, schöner, schlimmer* bien meilleur, plus beau/belle, pire; *~ mehr* beaucoup plus; *~ größer als* beaucoup plus grand que; *nicht ~ anders als* pas très différent de; *~ lieber etw tun* aimer beaucoup mieux, préférer de loin faire qc; **2.** *mit zu ~ zuviel* beaucoup trop; *~ zuwenig* beaucoup trop peu; *~ zu einfach* beaucoup, bien trop simple; **3.** (*oft, häufig*) beaucoup; souvent; *~ lesen, schlafen* lire, dormir beaucoup; *er ist ~ bei s-n Eltern* il est souvent chez ses parents; *aus der Bibel wird ~ zitiert* on cite souvent, beaucoup (de) la Bible; **4.** F *in rhetorischen Fragen was kann da ~ passieren?* qu'est-ce qu'on risque?; *was fragst du ~?* à quoi bon toutes ces questions?; *was nützt das ~?* à quoi bon?
'**viel**|**befahren** *adjt Straße etc* (très) passant; (très) emprunté; *~beschäftigt adj* très affairé, occupé; *~besucht adj Museum, Café etc* (très) fréquenté
vieldeutig ['fi:ldɔytɪç] *adj* qui a plusieurs sens; (*doppeldeutig*) à double sens; ambigu, -uë; équivoque; ♂**keit** *f* ⟨*~*⟩ ambiguïté *f*
'**viel**|**diskutiert** *adjt* dont on parle beaucoup *bzw* dont on a beaucoup parlé; ♂**eck** *n* ⟨*~*(e)s; *~e*⟩ MATH polygone *m*; *~eckig adj* MATH polygonal; ♂**ehe** *f* polygamie *f*
'**vieler**|**lei** *adj* ⟨*inv*⟩ **1.** (*subst*) toutes sortes de choses; *er hat mir ~ erzählt* il m'a raconté toutes sortes de choses; **2.** ⟨*épithète*⟩ divers; *auf ~ Arten* de diverses manières
vielfach I *adj* multiple; *die ~e Menge von etw* le multiple de qc; *auf ~en Wunsch* à la demande générale; **II** *adv* souvent; fréquemment
'**Vielfache(s)** *n* ⟨→ A⟩ MATH multiple *m*; *ein ~s von ...* un multiple de ...; *par ext um ein ~s größer* considérablement plus grand
Vielfalt ['fi:lfalt] *f* ⟨*~*⟩ multiplicité *f*, (*Mannigfaltigkeit*) diversité *f*; variété *f*
vielfältig ['fi:lfɛltɪç] *adj* multiple; (*mannigfaltig*) divers; varié
'**vielfarbig** *adj* multicolore; polychrome
Viel|**flächner** ['fi:lflɛçnər] *m* ⟨*~s; ~*⟩ MATH polyèdre *m*; *~fraß m* **1.** ZO glouton *m*; **2.** F *fig Mensch* glouton, -onne *m,f*; goinfre *m,f*
'**viel**|**gekauft** *adjt* qui se vend bien; très demandé; *~geliebt adj* bien-aimé; *~gepriesen adj* vanté de tous; *~gereist adj* qui a beaucoup voyagé; qui a vu beaucoup de pays; *~gestaltig adj* multiforme; polymorphe; (*verschiedenartig*) varié
Vielgötterei [fi:lgœtə'raɪ] *f* ⟨*~*⟩ polythéisme *m*
vielköpfig ['fi:lkœpfɪç] *adj* **1.** *Ungeheuer etc* à plusieurs têtes; **2.** *Familie* nombreux, -euse
vielleicht [fi'laɪçt] **I** *adv* **1.** (*wahrscheinlich*) peut-être; *~ ja* peut-être que oui; *~ haben sie uns vergessen?* peut-être nous ont-ils oubliés?; peut-être qu'ils nous ont oubliés?; *Sie haben ~ recht* vous pourriez bien avoir raison;

2. (*ungefähr*) à peu près; environ; *sie ist ~ zwanzig* elle a autour de vingt ans; elle a à peu près vingt ans; *in ~ vier Stunden* dans quatre heures environ; **II** *Partikel* **1.** *in Fragen* (*etwa, eventuell*) par 'hasard; *glauben Sie ~ ...?* croyez-vous par 'hasard ...?; *bist du ~ krank?* F tu ne serais pas malade, par 'hasard?; *hilfst du mir ~ einmal?* tu m'aiderais, non?; tu (ne) pourrais (pas) m'aider un peu?; **2.** (*wirklich*) *das war ~ e-e Überraschung!* pour une surprise, c'était une surprise!; *sie waren ~ überrascht!* qu'est-ce qu'ils étaient surpris!; **3.** *Aufforderung* peut-être; *~ bedankst du dich einmal!* tu pourrais peut-être dire merci!
vielmals ['fi:lma:ls] *adv* bien des fois; *p/fort* mille fois; *ich bitte ~ um Entschuldigung* mille pardons!; *er läßt ~ grüßen* bien des choses de sa part; *danke ~!* merci bien!; merci beaucoup!
vielmehr [fi:l'me:r *ou* 'fi:lme:r] *adv* conj **1.** (*genauer gesagt*) plutôt; **2.** (*im Gegenteil*) au contraire
'**viel**|**sagend** *adj* qui en dit long; expressif, -ive; (*bedeutungsvoll*) significatif, -ive; *~schichtig adj* à couches multiples; *bes fig* complexe; (*ungleichartig*) hétérogène
'**vielseitig** *adj* **1.** (*auf vielen Gebieten einsetzbar*) polyvalent; **2.** (*an vielem interessiert*) d'une grande ouverture d'esprit; **3.** (*umfassend*) étendu; vaste; **4.** (*von vielen geäußert*) *auf ~en Wunsch* à la demande générale
'**Vielseitigkeit** *f* ⟨*~*⟩ polyvalence *f*
'**viel**|**sprachig** *adj* polyglotte; *~stimmig adj* à plusieurs voix; polyphonique; *~versprechend adj* prometteur, -euse; plein de promesses
Viel|'**völkerstaat** *m* État multinational, plurinational; *~weibe'rei f* ⟨*~*⟩ polygamie *f*; '*~zahl f* ⟨*~*⟩ multitude *f*; multiplicité *f*; pluralité *f*
vier [fi:r] *num/c* quatre; F *auf allen ~en* à quatre pattes; F *alle ~e von sich* (*dat*) *strecken* se laisser choir; s'affaler; *cf a* **acht¹** *1., 2.*
Vier *f* ⟨*~; ~en*⟩ **1.** *Zahl* (*chiffre m, nombre m*) quatre *m*; *cf a* **Acht¹** *1., 2.*; **2.** *Schulnote* (*ausreichend*) passable; *in Frankreich etwa dix* (*sur vingt*); *e-e ~ schreiben, haben* avoir dix (sur vingt)
vier..., **Vier...** *cf a* **acht...**, **Acht...**
'**Vier**|**achser** *m* ⟨*~s; ~*⟩ véhicule *m* à quatre essieux; ♂**achsig** *adj* à quatre essieux; *~akter m* ⟨*~s; ~*⟩ pièce *f* en quatre actes; *~beiner m* ⟨*~s; ~*⟩ quadrupède *m*; (*Hund*) chien *m*; ♂**beinig** *adj Möbel* à quatre pieds; ZO à quatre pattes; quadrupède; ♂**dimensional** *adj* à quatre dimensions; *~eck n* ⟨*~*(e)s; *~e*⟩ MATH quadrilatère *m*; *par ext a* (*Quadrat*) carré *m*; (*Rechteck*) rectangle *m*; ♂**eckig** *adj* MATH quadrangulaire; *par ext a* (*quadratisch*) carré; (*rechteckig*) rectangle
vierein'halb *num/c* quatre et demi
'**Vierer** *m* ⟨*~s; ~*⟩ **1.** RUDERN canot *m* à quatre rameurs; quatre *m*; *~ mit Steuermann* quatre barré; *~ ohne Steuermann* quatre *m* sans barreur; **2.** *südd, österr, schweiz* (*Vier*) quatre *m*; *cf a* **Vier** *2.*
Viererbob *m* bobsleigh *m* à quatre
'**viererlei** *adj* ⟨*inv*⟩ quatre sortes, espè-

ces de ...; quatre ... différent(e)s; de quatre sortes, espèces différentes
'**Viererwette** *f* PFERDESPORT quarté *m*
'**vierfach I** *adj* quadruple; *cf a* **achtfach** *I*; **II** *adv* quatre fois (plus); au quadruple; *zusammenlegen* en quatre; *~ vergrößert* agrandi quatre fois
'**Vier**|'**fache(s)** *n* ⟨→ A⟩ quadruple *m*; *~*'**farbendruck** *m* ⟨*~*(e)s; *~e*⟩ TYPO impression *f* en quatre couleurs; *t/t* quadrichromie *f*; *~*'**farbenstift** *m* porte-mine *m* à quatre couleurs
Vierfüßer ['fi:rfy:sər] *m* ⟨*~s; ~*⟩ ZO quadrupède *m*
vier|**händig** ['fi:rhɛndɪç] *adj, adv* MUS à quatre mains; '*~***hundert** *num/c* quatre cent(s); ♂**jahresplan** *m* plan quadriennal; *~jährig adj* (*vier Jahre alt*) (âgé de) quatre ans; (*vier Jahre lang*) de quatre ans; qui dure quatre ans; *Amtszeit etc* quadriennal; ♂**jährige(r)** *f(m)* ⟨→ A⟩ garçon *m*, fille *f* de quatre ans; *~jährlich adv* (*adj*) (qui revient) tous les quatre ans; *adj a sc* quadriennal
Vierkant ['fi:rkant] *n od m* ⟨*~*(e)s; *~e*⟩ TECH carré *m*; *~eisen n* fer carré, à quatre pans; *~feile f* lime carrée; *~schlüssel m* clé carrée
'**Vierling** *m* ⟨*~s; ~e*⟩ un(e) *m(f)* des quadruplé(e)s; *pl ~e* quadruplé(e)s *m(f)pl*
Vier'**mächtekonferenz** *f* conférence *f* quadripartite
'**vier**|**mal** *adv* quatre fois; *~malig adj* ⟨*épithète*⟩ répété quatre fois
Viermaster *m* ⟨*~s; ~*⟩ MAR quatre-mâts *m*
'**Vierradantrieb** *m* traction *f* quatre roues motrices; *im Wagen mit ~* une quatre-quatre; une 4×4
vier|**schrötig** ['fi:rʃrø:tɪç] *adj* carré; trapu; *~silbig adj* quadrisyllabique; *~spurig adj Straße* à quatre voies; *~stellig adj Zahl, Summe* de quatre chiffres; ♂'**sternehotel** *n* (hôtel *m*) quatre-étoiles *m*
viert [fi:rt] *adv zu ~ sein* être quatre
'**Vier**|**takter** *m* ⟨*~s; ~*⟩, *~taktmotor m* moteur *m* à quatre temps
'**vier**|**tausend** *num/c* quatre mille
'**vierte(r, -s)** *num/o* quatrième; *die ~ Welt* le quart monde; *cf a* **achte(r, -s)**
'**vierteilen** ⟨*ge-*, *h*⟩ *v/t* HIST écarteler; **II** *v/réfl fig sich ~* se mettre en quatre
viertel ['fɪrtəl] *adj* ⟨*inv*⟩ *ein ~ Meter etc* un quart de mètre, *etc*
'**Viertel** *n* ⟨*~s; ~*⟩ **1.** MATH quart *m*; *ein ~ Butter* un quart de beurre; (*ein*) *~ vor eins od regional drei ~ eins* une heure moins le quart; (*ein*) *~ nach eins od regional* (*ein*) *~ zwei* une heure et *od* un quart; **2.** *e-r Stadt, des Mondes, e-s Apfels* quartier *m*
'**Viertelfinale** *n* quart *m* de finale
Viertel|'**jahr** *n* trimestre *m*; trois mois *m/pl*; *~*'**jahresschrift** *f* revue trimestrielle
viertel'**jährig** *adj* de trois mois; *~***jährlich I** *adj* trimestriel, -ielle; **II** *adv* trimestriellement; par trimestre; tous les trois mois
'**Viertelliter** *m od n* quart *m* de litre
'**vierteln** *v/t* ⟨*-*(e)*le*, *h*⟩ partager en quatre
'**Viertel**|**note** *f* MUS noire *f*; *~pause f* MUS soupir *m*; *~pfund n* quart *m* (de livre); *~*'**stunde** *f* quart *m* d'heure

'**viertens** *adv* quatrièmement; en quatrième lieu

'**viertürig** *adj* à quatre portes, *Auto a* portières

'**Vierung** *f* ⟨~; ~en⟩ *CONSTR* croisée *f* du transept

Vier'**vierteltakt** *m* ⟨~(e)s⟩ *MUS* mesure *f* à quatre temps

Vierwaldstätter See [fi:r'valtʃtɛtərˈze:] *der* ~ le lac des Quatre-Cantons

'**vierwertig** *adj CHIM* tétravalent

'**vierzehn** *num/c* quatorze; ~ *Tage* quinze jours; une quinzaine; *cf a acht I 1., 2.*

vierzehntägig ['fɪrtseːnteːgɪç] *adj* de quinze jours

'**Vier|zeiler** *m* ⟨~s; ~⟩ *METRIK* quatrain *m*; ²**zeilig** *adj* à *od* de quatre lignes

vierzig ['fɪrtsɪç] *num/c* quarante; *etwa, rund* ~ (*Personen*) une quarantaine (de personnes); *etwa, rund* ~ (*Jahre alt*) *sein* avoir la quarantaine; *cf a achtzig*

'**Vierzig** *f* ⟨~⟩ (chiffre *m*, nombre *m*) quarante *m*

'**vierziger** *adj* ⟨épithète; inv⟩ *die* ~ *Jahre n/pl* les années *f/pl* quarante

'**Vierziger(in)** *m* ⟨~s; ~⟩ (*f*) ⟨~; ~nen⟩ *cf Vierzigjährige(r)*

'**vierzig|jährig** *adj* (*vierzig Jahre alt*) (âgé) de quarante ans; *Personen a* quadragénaire; (*vierzig Jahre lang*) de quarante ans; qui dure quarante ans; ²**jährige(r)** *f(m)* ⟨→ A⟩ quadragénaire *m,f*; homme *m*, femme *f* de quarante ans; ²**stundenwoche** *f* semaine *f* de quarante heures

Vier'**zimmerwohnung** *f* appartement *m* de quatre pièces

'**Vierzylinder** F *m* (voiture *f* à) quatre cylindres *f*; ~**motor** *m* moteur *m* à quatre cylindres

Vietnam [vi̯ɛt'nam] *n* ⟨→ *n/pr*⟩ le Viêt-nam

Vietnames|e [vi̯ɛtnaˈmeːzə] *m* ⟨~n; ~n⟩, ~**in** *f* ⟨~; ~nen⟩ Vietnamien, -ienne *m,f*; ²**isch** *adj* vietnamien, -ienne

Viet'**namkrieg** *m* ⟨~(e)s⟩ guerre *f* du Viêt-nam

Vignette [vɪnˈjɛtə] *f* ⟨~; ~n⟩ **1.** *TYPO* vignette *f*; **2.** *bes schweiz* (*Autobahn*²) péage autoroute sous la forme d'une vignette

Vikar [viˈkaːr] *m* ⟨~s; ~e⟩ *ÉGL* vicaire *m*

viktori'**anisch** *adj* victorien, -ienne; *die* ²**e Zeit** l'époque victorienne

Villa ['vɪla] *f* ⟨~; Villen⟩ villa *f*; résidence *f*

'**Villenviertel** *n* quartier *m* résidentiel

Viola [viˈoːla] *f* ⟨~; -len⟩ *MUS* viole *f*; ~ *da gamba* viole de gambe

violett [vi̯oˈlɛt] *adj* violet, -ette

Vio'**lett** *n* ⟨~s; ~⟩ violet *m*; couleur violette; *in* ~ *gekleidet* (habillé) en violet

Violine [vi̯oˈliːnə] *f* ⟨~; ~n⟩ *MUS* violon *m*

Violi'**nist(in)** *m* ⟨~en; ~en⟩ (*f*) ⟨~; ~nen⟩ violoniste *m,f*; *im Orchester* violon *m*

Vio'**lin|konzert** *n* **1.** *Musikstück* concerto *m* pour violon; **2.** *Veranstaltung* récital *m* de violon; ~**schlüssel** *m MUS* clef *f* de sol

Violoncello [vi̯olɔnˈtʃɛlo] *n* ⟨~s; -celli *ou* F ~s⟩ *MUS* violoncelle *m*

VIP [vɪp], **V.I.P.** [viːaiˈpiː] *f* ⟨~; ~s⟩ *abr* (*very important person, sehr wichtige Person*) V.I.P. *m*

Viper ['viːpər] *f* ⟨~; ~n⟩ *ZO* vipère *f*

'**Viren** *cf Virus*

viril [viˈriːl] *adj* viril

virtuos [vɪrtu̯ˈoːs] **I** *adj* qui fait preuve de virtuosité; *Musiker* virtuose; doué d'une brillante technique; extrêmement habile; **II** *adv* avec virtuosité

Virtu'**os|e** *m* ⟨~n; ~n⟩, ~**in** *f* ⟨~; ~nen⟩ virtuose *m,f*

Virtuosi'**tät** *f* ⟨~⟩ virtuosité *f*

Virus ['viːrus] *n* ⟨~; Viren⟩ virus *m*; ~**infektion** *f* infection virale

'**Visa** *cf Visum*

Visage [viˈzaːʒə] F *péj f* ⟨~; ~n⟩ F gueule *f*; F tronche *f*; *e-e dreckige* ~ *haben* F avoir une sale gueule, une sale tronche

Visa'**gist(in)** *m* ⟨~en; ~en⟩ (*f*) ⟨~; ~nen⟩ visagiste *m,f*

vis-à-vis [vizaˈviː] **I** *prép* ⟨*dat*⟩ vis-à-vis de; en face de; **II** *adv* vis-à-vis; en face

Visa'**vis** *n* ⟨~; ~⟩ vis-à-vis *m*

'**Visen** *cf Visum*

Visier [viˈziːr] *n* ⟨~s; ~e⟩ **1.** *am Gewehr* 'hausse *f*; *fig j-n, etw ins* ~ *nehmen* avoir l'œil sur qn, sur qc; **2.** *am Helm* visière *f*; *fig mit offenem* ~ *kämpfen* s'affronter ouvertement, loyalement

Vision [viziˈoːn] *f* ⟨~; ~en⟩ vision *f*

visionär [viziɔˈnɛːr] *adj* visionnaire

Visite [viˈziːtə] *f* ⟨~; ~n⟩ *e-s Arztes, st/s* (*Besuch*) visite *f*

Vi'**sitenkarte** *f* carte *f* (de visite); *iron s-e* ~ *hinterlassen* laisser des marques, traces de son passage

viskos [vɪsˈkoːs] *adj CHIM* visqueux, -euse

Vis'**kose** *f* ⟨~⟩ *TEXT* viscose *f*

Viskosi'**tät** *f* ⟨~⟩ *TECH, CHIM* viscosité *f*

visuell [viˈzu̯ɛl] *adj* visuel, -elle

Visum ['viːzum] *n* ⟨~s; Visa *ou* Visen⟩ visa *m*; *ein* ~ *erteilen* donner, délivrer un visa

vital [viˈtaːl] *adj* **1.** (*lebenswichtig*) vital; **2.** (*voller Lebenskraft*) tonique; plein de vitalité

Vitali'**tät** *f* ⟨~⟩ vitalité *f*

Vitamin [vitaˈmiːn] *n* ⟨~s; ~e⟩ vitamine *f*; F *plais* ~ *B* (*Beziehungen*) F piston *m*; *das geht nur mit* ~ *B* ça ne marche qu'à coups de piston

vita'**min|arm** *adj* pauvre en vitamines; ²**gehalt** *m* ⟨~(e)s⟩ teneur *f* en vitamines; ²**mangel** *m* ⟨~s⟩ carence *f* en vitamines; ²**mangelkrankheit** *f* avitaminose *f*; ~**reich** *adj* riche en vitamines; ²**stoß** *m* forte dose de vitamines, vitaminothérapie *f* à fortes doses; ²**tablette** *f* comprimé *m* de vitamines

Vitrine [viˈtriːnə] *f* ⟨~; ~n⟩ vitrine *f*

Vize ['fiːtsə] F *m* ⟨~s; ~s⟩ (*Stellvertreter*) bras droit; second *m*; ~**kanzler** *m* vice-chancelier *m*; ~**könig** *m HIST* vice-roi *m*; ~**präsident** *m* vice-président *m*

Vlies [fliːs] *n* ⟨~es; ~e⟩ **1.** *TEXT* non-tissé *m*; **2.** (*Schaffell*) toison *f*; *MYTH das Goldene* ~ la Toison d'or

V-Mann ['faʊman] *m* ⟨~s; ~er *ou* V-Leute⟩ agent *m*; homme *m* de liaison; contact *m*

Vogel ['foːgəl] *m* ⟨~s; ~⟩ **1.** *ZO* oiseau *m*; ~ *Strauß* autruche *f*; **2.** F *fig Person lustiger* ~ gai luron; *komischer* ~ drôle *m* de coco, F de pistolet; **3.** F *fig iron den* ~ *abschießen* F décrocher la timbale; avoir le pompon; *e-n* ~ *haben* avoir un grain, F être cinglé, fêlé; *j-m den* ~ *zeigen* se toucher le front (pour dire à qn qu'il est cinglé)

'**Vogel|bauer** *n od m* ⟨~s; ~⟩ cage *f* (d'oiseau); ~**beerbaum** *m* sorbier *m*; ~**beere** *f* sorbe *f*

Vögelchen ['føːgəlçən] *n* ⟨~s; ~⟩ petit oiseau; oisillon *m*

'**Vogel|dreck** F *m* fiente *f*; ~**ei** *n* œuf *m* (d'oiseau); ~**fänger** *m* ⟨~s; ~⟩ oiseleur *m*; ~**flug** *m* vol *m* (des oiseaux)

'**vogelfrei** *adj HIST* 'hors la loi; *für* ~ *erklären* mettre 'hors la loi; proscrire

'**Vogel|futter** *n* ⟨~s⟩ graines *f/pl* pour les oiseaux; ~**händler** *m* oiselier *m*; marchand *m* d'oiseaux; ~**käfig** *m* cage *f*; *großer* volière *f*; ~**kirsche** *f Baum* merisier *m*; *Frucht* merise *f*; ~**kunde** *f* ⟨~⟩ ornithologie *f*

vögeln ['føːgəln] *vulgär v/t u v/i* ⟨-(e)le, h⟩ (*j-n od mit j-m*) ~ P baiser (qn)

'**Vogelnest** *n* nid *m* d'oiseau

'**Vogelperspektive** *f* ⟨~⟩ *aus der* ~ à vol d'oiseau

Vogelscheuche ['foːgəlʃɔʏçə] *f* ⟨~; ~n⟩ épouvantail *m* (*a fig*); *wie e-e* ~ *aussehen* être mal fagoté; F être ficelé comme l'as de pique

'**Vogel|schutz** *m* protection *f* des oiseaux; ~**spinne** *f* mygale *f*; ~**stimme** *f* cri *m* (d'un oiseau)

Vogel-'**Strauß-Politik** *f* ⟨~⟩ politique *f* de l'autruche

'**Vogel|warte** *f* ⟨~; ~n⟩ station *f* ornithologique; ~**zug** *m* migration *f* des oiseaux

Vogerlsalat ['foːgərlzalaːt] *m österr* mâche *f*; doucette *f*

Vogesen [voˈgeːzən] *pl GÉOGR die* ~ les Vosges *f/pl*

Vogt [foːkt] *m* ⟨~(e)s; ~e⟩ *HIST* (*Amtmann*) bailli *m*

Vokabel [voˈkaːbəl] *f* ⟨~; ~n⟩ mot *m* (d'une langue étrangère); ~**heft** *n* carnet *m* de vocabulaire

Vokabular [vokabuˈlaːr] *n* ⟨~s; ~e⟩ vocabulaire *m*

Vokal [voˈkaːl] *m* ⟨~s; ~e⟩ voyelle *f*

vo'**kalisch** *adj* vocalique

Vo'**kal|musik** *f* musique vocale; ~**wechsel** *m LING* alternance *f* vocalique

Vokativ ['voːkatiːf] *m* ⟨~s; ~e⟩ *GR* vocatif *m*

Volant [voˈlãː] *m* ⟨~s; ~s⟩ *COUT* volant *m*

Volk [fɔlk] *n* ⟨~(e)s; ~er⟩ **1.** (*Volksstamm*) peuple *m*; *BIBL das auserwählte* ~ le peuple élu; *das* ~ *der Kurden* le peuple kurde; **2.** ⟨*sans pl*⟩ (*Bevölkerung*) peuple *m*; population *f*; *e-s Landes* a nation *f*; *die Masse des* ~*es* le gros du peuple; *keinen Rückhalt im* ~ *haben* ne pas avoir le soutien du peuple, de la population; **3.** ⟨*sans pl*⟩ (*die einfachen Leute*) peuple *m*; *das einfache* ~ les petites gens; le menu peuple; *ein Mann aus dem* ~ un homme du peuple; *beim* ~ *beliebt* populaire; *dem* ~ *aufs Maul schauen* s'inspirer du langage du peuple; **4.** F ⟨*sans pl*⟩ (*Gruppe von Menschen*) monde *m*; foule *f*; *viel* ~ beaucoup de gens, de monde; *ein* ~ *von Musikbegeisterten* une foule, une multitude d'amateurs de musique; *sich unters* ~ *mischen* se mêler à la foule; *das kleine* ~ (*die Kinder*) le petit monde; **5.** *ZO* (*Bienen*²) colonie *f*

Völkchen ['fœlkçən] *n* ⟨~s; ~⟩ *fig ein lustiges* ~ une joyeuse société; une troupe joyeuse

Volker ['fɔlkər] *m* ⟨→ *n*/*pr*⟩ prénom

Völker|ball ['fœlkərbal] *m* ⟨~(e)s⟩ SPORT ballon prisonnier; **~bund** *m* ⟨~(e)s⟩ HIST Société *f* des Nations; **~familie** *st/s f* ⟨~⟩ famille *f* des nations; **~freundschaft** *f* ⟨~⟩ amitié *f* entre les peuples; **~kunde** *f* ⟨~⟩ ethnologie *f*; **~mord** *m* génocide *m*; **~recht** *n* ⟨~(e)s⟩ droit international public; droit *m* des gens

'völkerrechtlich *adj* ⟨épithète⟩ de *bzw* du droit international; **~e Anerkennung e-s Staates** reconnaissance *f* (de jure) d'un État (*durch* par)

'Völker|rechtsverletzung *f* violation *f* du droit international public, du droit des gens; **~schlacht** *f* ⟨~⟩ HIST *bei Leipzig* bataille *f* des nations; **~verständigung** *f* entente *f*, rapprochement *m* des peuples; **~wanderung** *f* **1.** migration *f* des peuples; **2.** HIST grandes invasions

völkisch ['fœlkɪʃ] *adj* HIST, *bes im Nationalsozialismus* national; racial

'volkreich *adj* très peuplé; populeux, -euse

'Volks|abstimmung *f* plébiscite *m*; référendum *m*; **~aktie** *f* action *f* populaire; **~armee** *f* POL armée *f* populaire; **~aufstand** *m* insurrection *f* (populaire); **~befragung** *f* POL consultation *f* populaire; *cf a* **Volksabstimmung**; **~begehren** *n* ⟨~s; ~⟩ POL initiative *f* populaire; demande *f* de référendum; **~belustigung** *f* réjouissances publiques; festivités *f*/*pl* populaires; **~brauch** *m* coutume *f* populaire; **~demokratie** *f* démocratie *f* populaire; **~dichtung** *f* ⟨~⟩ poésie *f* populaire

'volkseigen *adj* HIST DDR nationalisé; **~er Betrieb** entreprise nationalisée

'Volks|eigentum *n* HIST DDR propriété nationale; **~einkommen** *n* revenu national; **~entscheid** *m cf* **Volksabstimmung**; **~etymologie** *f* étymologie *f* populaire; **~fest** *n* fête *f* populaire; **~front** *f* front *m* populaire; **~gerichtshof** *m* ⟨~(e)s⟩ HIST *Nationalsozialismus* Tribunal *m* du Peuple; **~glaube** *m* croyance *f* populaire; **~gruppe** *f* groupe *m* ethnique; ethnie *f*; **~held** *m* 'héros national; **~herrschaft** *f* ⟨~⟩ souveraineté *f* du peuple; démocratie *f*; **~hochschule** *f* université *f* populaire; **~kammer** *f* HIST DDR Chambre *f* du Peuple; **~kunde** *f* ⟨~⟩ études *f*/*pl* de culture régionale (allemande); **⌂kundlich** *adj* relatif, -ive à la culture régionale (allemande); **~kunst** *f* ⟨~⟩ art *m* folklorique, populaire; **~lied** *n* chanson *f* populaire, folklorique; **~märchen** *n* conte *m* populaire; **~massen** *f*/*pl* POL masses *f*/*pl* (populaires); **~meinung** *f* opinion publique

'Volksmund *m* ⟨~(e)s⟩ *im* ~ dans la bouche du peuple; dans le langage populaire

'Volks|musik *f* ⟨~⟩ musique *f* populaire, folklorique; **~partei** *f* parti *m* populaire; **~polizei** *f* ⟨~⟩ HIST DDR police *f* populaire; **~polizist** *m* HIST DDR membre *m*, agent *m* de la police populaire; **~republik** *f* république *f* populai-

re; **~sage** *f* légende *f* populaire; **~schicht** *f* couche sociale; classe *f*; **~schule** *f* österr, HIST BRD école *f* primaire; **~schüler(in)** *m(f)* österr, HIST BRD élève *m,f* d'école primaire; **~schullehrer(in)** *m(f)* österr, HIST BRD instituteur, -trice *m,f*; **~sport** *m* sport *m* populaire; **~sprache** *f* langage *m* populaire, du peuple; **~stamm** *m* tribu *f*; peuplade *f*; **~sturm** *m* ⟨~s⟩ HIST unités organisées par les nazis en 1944 pour la défense locale; **~tanz** *m* danse *f* populaire, folklorique; **~theater** *n* théâtre *m* populaire; **~tracht** *f* costume national, régional, folklorique; **~trauertag** *m* jour *m* de deuil national allemand

volkstümlich ['fɔlkstyːmlɪç] *adj* populaire; *Brauch, Lied, Tanz a* folklorique

'Volks|verbundenheit *f* ⟨~⟩ attachement *m* au peuple; **~verdummung** *f péj* abêtissement *m* systématique du peuple; politique *f* d'abêtissement général; **~verhetzung** *f* incitation *f* du peuple à la violence, à l'insurrection; **~vertreter(in)** *m(f)* représentant(e) *m(f)* du peuple; (femme *f*) député *m*; **~vertretung** *f* représentation du peuple, nationale; parlement *m*; **~wirt(in)** *m(f)* économiste *m,f*; **~wirtschaft** *f* **1.** (*Wirtschaft e-s Landes*) économie nationale; **2.** *cf* **Volkswirtschaftslehre**; **⌂wirtschaftlich** *adj* d'économie politique; économique; **~wirtschaftslehre** *f* ⟨~⟩ économie *f* politique; **~zählung** *f* recensement *m* de la population; **~zorn** *m* colère *f* du peuple; **~zugehörigkeit** *f* appartenance *f* ethnique

voll [fɔl] **I** *adj* **1.** (*gefüllt*) *Raum, Gefäß etc* plein, rempli (*von* de); *ein* **~es Glas** un verre plein, bien rempli; *die Tasse ist halb* ~ la tasse est à moitié pleine; *war es sehr* ~? y avait-il beaucoup de monde?; F *gerappelt*, F *brechend* ~ plein à craquer; *gestrichen* ~, *~ bis an den Rand* plein à ras bord; **~(er) Wasser** plein d'eau; *fig* **~(er) Freude, Bewunderung** rempli de joie, d'admiration; *fig* **alle Hände ~ zu tun haben** avoir du pain sur la planche; avoir du travail par-dessus la tête; F *fig* **den Kopf ~ haben** avoir la tête pleine, remplie de projets, de soucis, *etc*; *fig* **aus dem ~en schöpfen** puiser à pleines mains; dépenser largement, sans compter; F ~ *sein* (*satt sein*) avoir le ventre plein; être repu; (*betrunken sein*) être soûl, F bourré; **2.** (*bedeckt mit*) **~(er) Flecken, Staub** plein, couvert de taches, de poussière; *die Wiese war* **~ von Blumen** le pré était couvert de fleurs; **3.** *von Körperformen* arrondi; replet, -ète; *ein* **~es Gesicht** une figure pleine, ronde; **~er Busen** seins rebondis; forte poitrine; **4.** (*kräftig, intensiv*) *Stimme* plein; sonore; *Aroma, Geschmack* riche; savoureux, -euse; *Haar* abondant; dru; épais, épaisse; **5.** (*~ständig*) complet, -ète; entier, -ière; *die* **~e Summe** la somme entière, totale; *den* **~en Fahrpreis bezahlen** payer (le) plein tarif; *fig* **~es Einverständnis** plein consentement; *fig* **~er Erfolg** succès complet; *der Mond ist* ~ c'est (la) pleine lune; *in* **~er Höhe bezahlt** payé intégralement; *in* **~em Umfange** dans toute son étendue; *in* **~er Fahrt** à toute vitesse; en pleine vitesse; *in* **~er Blüte stehen** être tout en fleur(s); *mit* **~em Recht** à juste titre; à bon droit; de plein droit; **6.** *zeitlich* **~e zwei Wochen** deux semaines entières; **~e acht Tage** 'huit jours pleins; **~e zwanzig Jahre** vingt ans accomplis; *ein* **~es Jahr lang** toute une année; *zur* **~en Stunde** à l'heure pleine; **II** *adv* **1.** (*völlig*) ~ *und ganz* pleinement; entièrement; tout à fait; ~ *verantwortlich* pleinement, entièrement responsable; ~ *auslasten Maschine etc* utiliser la capacité totale de; utiliser à plein; *Person* ~ *ausgelastet sein* avoir du pain sur la planche; *~ zur Geltung kommen* pouvoir donner toute sa mesure; F ~ *arbeiten* travailler à temps plein; F *das habe ich* ~ *vergessen* F j'ai carrément oublié; *Jugendsprache* ~ *gut* F génial; F giga; F *fig* **j-n nicht für** ~ **nehmen** ne pas prendre qn au sérieux; **2.** (*kräftig*) *Stimme etc* ~ *klingen* avoir une belle résonance, des sonorités profondes

vollauf ['fɔlʔauf *ou* fɔlˈʔauf] *adv* largement; entièrement; complètement; *er ist* ~ *beschäftigt* il est très occupé; *das genügt* ~ cela suffit largement

'vollaufen *v/i* ⟨*irr, sép*, -ge-, *sein*⟩ se remplir; *etw* ~ *lassen* remplir qc; F *fig* **sich ~ lassen** F se soûler la gueule; F prendre une biture, une cuite

'voll|automatisch *adj* entièrement automatique; **⌂bad** *n* bain *m*

'Vollbart *m* barbe *f*; *e-n* ~ *tragen* porter la barbe

'voll|beschäftigt *adjt* qui travaille à temps plein; employé à temps plein, à plein temps; **⌂beschäftigung** *f* ⟨~⟩ plein emploi

'Vollbesitz *m im* ~ *s-r Kräfte* en pleine possession de ses forces; *im* ~ *s-r geistigen Kräfte* dans la plénitude de, en pleine possession de ses facultés intellectuelles

'Vollbier *n* bière de 11% à 14% d'alcool

'Voll|blut *n* ⟨~(e)s⟩, **~blüter** *m* ⟨~s; ~⟩, **~blutpferd** *n* pur sang

'Vollblutpolitiker *m* homme *m* politique à cent pour cent; *ein* ~ *sein* avoir la politique dans le sang

'Vollbremsung *f* freinage *m* à bloc; *e-e* ~ *machen* freiner à mort; piler; écraser la pédale du frein

voll'bringen *st/s v/t* ⟨*irr, insép, pas de ge-, h*⟩ accomplir; *Leistung* réaliser; BIBL *es ist vollbracht!* tout est accompli!

'vollbusig *adj Frau* qui a une forte, beaucoup de poitrine; aux seins rebondis

'Volldampf F *m* ⟨~(e)s⟩ *mit* ~ à toute vapeur

'Völlegefühl ['fœləgəfyːl] *n* ⟨~s⟩ pesanteur *f*, lourdeur *f* d'estomac

voll'enden ⟨-ete, *insép, pas de ge-*, h⟩ **I** *v/t* (par)achever; accomplir; **II** *st/s v/rélfl* **sich ~** s'accomplir; trouver son achèvement

voll'endet *adjt* **1.** achevé; accompli; **~e Tatsache** fait accompli; *nach od mit* **~em sechzigstem Lebensjahr** à soixante ans révolus, accomplis; **2.** (*vollkommen*) accompli; parfait; consommé; **~e Schönheit** beauté parfaite, achevée; **~er Gentleman** un gentleman accompli; un parfait gentleman; **~er Künstler** artiste consommé

'**vollends** *adv* entièrement; tout à fait
Voll|endung *f* **1.** achèvement *m*; accomplissement *m*; *vor der ~ stehen*, *der ~ entgegengehen* être près de s'achever, en voie d'achèvement; **2.** ⟨*sans pl*⟩ (*Vollkommenheit*) perfection *f*; parachèvement *m*; *in höchster ~* au plus 'haut degré de la perfection
'**voller I** *comp von voll*; **II** *adj* ⟨*inv*⟩ (*voll von*) plein de; *cf a voll I 1., 2.*
Völlerei [fœlə'rai] *f* ⟨*~; ~en*⟩ *péj* goinfrerie *f*; gloutonnerie *f*
Volleyball ['vɔlibal] *m* **1.** ⟨*sans pl*⟩ *Spiel* volley-ball *m*; **2.** *Ball* ballon *m* de volley-ball; **~spieler(in)** *m(f)* joueur, -euse *m,f* de volley-ball
'**Vollfettkäse** *m* fromage gras
'**vollfressen** P *v/réfl* ⟨*irr, sép, -ge-, h*⟩ *sich ~* F s'empiffrer; F se goinfrer; F bâfrer
voll'führen *v/t* ⟨*insép, pas de ge-, h*⟩ *Lärm, Spektakel* faire; *Kunststück* a exécuter
'**vollfüllen** *v/t* ⟨*sép, -ge-, h*⟩ remplir complètement
'**Vollgas** *n* ⟨*~es*⟩ *mit ~* à pleins gaz (*a fig*); *~ geben* accélérer à fond; F mettre toute la gomme; F appuyer (à fond) sur le champignon
'**vollgießen** *v/t* ⟨*irr, sép, -ge-, h*⟩ **1.** (*füllen*) remplir à ras bord; **2.** F (*begießen*) arroser (*mit* de)
'**Voll|gummireifen** *m* pneu plein; **~idiot** *m* F péj parfait idiot
völlig ['fœliç] **I** *adj* ⟨*épithète*⟩ (*gänzlich*) entier, -ière; total; (*vollständig*) complet, -ète; (*vollkommen*) absolu; *~e Unkenntnis* méconnaissance parfaite, entière, totale; **II** *adv* (*gänzlich*) entièrement; totalement; (*vollständig*) complètement; absolument; (*ganz u gar*) tout à fait; *du hast ~ recht* tu as tout à fait raison
'**volljährig** *adj* majeur; *~ werden* atteindre sa majorité; *JUR j-n für ~ erklären* émanciper qn
'**Volljährigkeit** *f* ⟨*~*⟩ majorité *f*
'**Vollkaskoversicherung** *f* AUTO assurance *f* tous risques
'**vollkleckern** F ⟨*-(e)re, sép, -ge-, h*⟩ **I** *v/t* couvrir de taches; **II** *v/réfl sich ~* se tacher en mangeant
'**vollklimatisiert** *adj* (entièrement) climatisé
vollkommen I *adj* **1.** [-'-- *ou* '---] (*perfekt*) parfait; (*vollendet*) achevé; consommé; **2.** ['---] (*vollständig*) *cf völlig I*; **II** *adv* ['---] *cf völlig II*
Voll'kommenheit *f* ⟨*~*⟩ perfection *f*
'**Vollkornbrot** *n* pain complet
'**vollmachen** *v/t* ⟨*sép, -ge-, h*⟩ **I** *v/t* **1.** *Gefäß* remplir (*mit* de); *fig um das Maß vollzumachen* pour combler la mesure; pour faire bonne mesure; **2.** *Summe* parfaire; compléter; arrondir; **3.** (*beschmutzen*) salir; souiller; *die Hosen ~* faire dans sa culotte; **II** *v/réfl sich ~* se souiller
'**Vollmacht** *f* ⟨*~; ~en*⟩ pouvoir *m* (*a Urkunde*); plein(s) pouvoir(s); mandat *m*; *JUR* procuration *f* (*a Urkunde*); *unbeschränkte ~* plein pouvoir; blanc-seing *m*; *fig* carte blanche; *in ~* par procuration; *j-m ~ erteilen* donner procuration, pouvoir à qn; *s-e ~en überschreiten* outrepasser ses pouvoirs
'**Voll|milch** *f* lait entier, non écrémé;

~milchschokolade *f* chocolat *m* au lait; **~mitglied** *n* membre *m* à part entière; membre *m* de plein droit
'**Vollmond** *m* pleine lune; *es ist ~*, *wir haben ~* c'est la pleine lune; *bei ~* par la, au moment de la pleine lune
'**vollmundig** *adj* **1.** *Wein etc* bien en bouche; corsé; qui a du corps; **2.** *fig péj* (*wichtigtuerisch*) fanfaron, -onne
'**Vollnarkose** *f* anesthésie générale
'**vollpacken** *v/t* ⟨*sép, -ge-, h*⟩ *~* (*mit*) *Person, Wagen* charger (de); *Koffer* remplir (de)
'**Vollpension** *f* ⟨*~*⟩ pension complète
'**vollpfropfen** F *v/t* ⟨*sép, -ge-, h*⟩ remplir, bourrer (*mit* de); *fig sich* (*dat*) *den Kopf mit etw ~* se bourrer la tête de qc
'**vollpumpen** ⟨*sép, -ge-, h*⟩ **I** *v/t* **1.** TECH *etw ~ mit* remplir qc de (à l'aide d'une pompe); **2.** F *fig j-n mit etw ~* bourrer qn de qc; **II** F *v/réfl sich mit etw ~* se bourrer de qc
'**voll|saufen** P *v/réfl* ⟨*irr, sép, -ge-, h*⟩ *sich ~* F se soûler la gueule; F prendre une cuite, une biture; **~saugen** *v/réfl* ⟨*irr ou régulier, sép, -ge-, h*⟩ *sich ~* s'imbiber (*mit* de); **~schenken** *v/t* ⟨*sép, -ge-, h*⟩ *Glas* remplir (jusqu'au bord)
'**vollschlagen** F *v/réfl* ⟨*irr, sép, -ge-, h*⟩ *sich* (*dat*) *den Bauch ~* F s'empiffrer; F se remplir la panse; F s'en mettre plein la panse, la lampe
'**voll|schlank** *adj* bien en chair; (*rundlich*) *a* rondelet, -ette; potelé; enveloppé; **~schmieren** *v/t* ⟨*sép, -ge-, h*⟩ barbouiller; couvrir de gribouillages, de griffonnages; (*beschmutzen*) salir; **~schreiben** *v/t* ⟨*irr, sép, -ge-, h*⟩ *Seite* remplir complètement; **⌂sperrung** *f* fermeture (totale) à la circulation; **~spritzen** *v/t* ⟨*sép, -ge-, h*⟩ arroser; asperger; *von e-m Auto* éclabousser
'**vollständig I** *adj* complet, -ète; (*ganz*) entier, -ière; total; (*ungekürzt*) intégral; *~er Wortlaut* texte intégral; **II** *adv* complètement; entièrement; totalement; (*ungekürzt*) intégralement; en entier; (*ganz u gar*) tout à fait
'**Vollständigkeit** *f* ⟨*~*⟩ intégralité *f*; intégrité *f*; état complet; totalité *f*; *der ~ halber* pour compléter (qc)
'**vollstopfen** F ⟨*sép, -ge-, h*⟩ **I** *v/t* remplir, bourrer (*mit* de); *fig mit Wissen* gaver; bourrer; **II** *v/réfl sich ~* (*mit*) se bourrer (de) (*a fig*); *mit Essen* F s'empiffrer (de)
voll'strecken *v/t* ⟨*insép, pas de ge-, h*⟩ JUR exécuter; mettre à exécution; *ein Testament ~* exécuter un testament; *das Todesurteil an j-m ~* exécuter qn
Voll'streck|er *m* ⟨*~s; ~*⟩ JUR exécuteur *m*; **~ung** *f* ⟨*~; ~en*⟩ exécution *f* (*a JUR*)
Voll'streckungs|befehl *m* mandat *m*, ordre *m* d'exécution; (mandat *m*) exécutoire *m*; **~urteil** *n* jugement *m* exécutoire
'**volltanken** *v/t* ⟨*sép, -ge-, h*⟩ *das Auto ~* faire le plein (d'essence); *bitte ~!* plein, s'il vous plaît
'**Volltreffer** *m* coup *m* en plein dans le mille, qui fait mouche (*beide a fig*); *fig Buch etc* grand succès; bestseller *m*; *~!* a touché!
'**volltrunken** *adj* ivre mort; **⌂heit** *f* ivresse *f*; ébriété *f*

'**Voll|verb** *n* LING verbe *m* à sens plein; **~versammlung** *f* assemblée plénière; **~waise** *f* orphelin(e) *m(f)* de père et (de) mère; **~waschmittel** *n* lessive *f* utilisable à toutes les températures
'**vollwertig** *adj* qui a toute sa valeur; de pleine valeur; *Ersatz* qui présente toutes les qualités du produit d'origine
'**Vollwertkost** *f* aliments complets
'**vollzählig I** *adj* complet, -ète; *~ sein* être au grand complet; **II** *adv* *sie sind ~ erschienen* ils sont tous venus; *wir hoffen, daß unsere Mitglieder ~ erscheinen werden* nous comptons sur la présence de tous nos membres
voll'ziehen ⟨*irr, insép, pas de ge-, h*⟩ **I** *v/t* (*verwirklichen*) effectuer; (*ausführen*) exécuter; mettre à exécution; *Ehe ~* consommer; *~ de Gewalt* pouvoir exécutif; **II** *v/réfl sich ~* (*geschehen*) se faire; s'effectuer; s'accomplir
Voll'zug *m* ⟨*~(e)s*⟩ **1.** (*das Vollziehen*) *e-r Handlung* exécution *f*; accomplissement *m*; *e-r Strafe* exécution *f*; *der Ehe* consommation *f*; **2.** (*Straf⌂*) régime *m*, système *m* pénitentiaire; système carcéral
Voll'zugs|anstalt *f* établissement *m* pénitentiaire; **~beamte(r)** *m*, **~beamtin** *f* fonctionnaire *m,f* de l'administration pénitentiaire; **~meldung** *f* compte rendu d'exécution
Volontär(in) [vɔlɔn'tɛːr(ɪn)] *m* ⟨*~s; ~e*⟩ (*f* ⟨*~; ~nen*⟩) stagiaire *m,f* (*surtout dans l'édition*)
Volontariat [vɔlɔntari'aːt] *n* ⟨*~(e)s; ~e*⟩ **1.** *Stelle* poste *m* de stagiaire (*surtout dans l'édition*); **2.** *Zeit* stage *m* (*surtout dans l'édition*)
volon'tieren *v/i* ⟨*pas de ge-, h*⟩ faire un stage (*bei* chez, auprès de)
Volt [vɔlt] *n* ⟨*~ ou ~(e)s; ~*⟩ ÉLECT volt *m*
Volte ['vɔltə] *f* ⟨*~; ~n*⟩ REITEN volte *f*
voltigieren [vɔlti'ʒiːrən] *v/i* ⟨*pas de ge-, h*⟩ REITEN volter; faire de la voltige
'**Voltmeter** *n* ⟨*~s; ~*⟩ ÉLECT voltmètre *m*
Volumen [vo'luːmən] *n* ⟨*~s; ~ ou -mina*⟩ volume *m*
voluminös [volumi'nøːs] *adj* volumineux, -euse
vom [fɔm] = *von dem*
von [fɔn] *prép* ⟨*dat*⟩ **1.** *örtlich* de; *vom Land* de la campagne; *vom Bahnhof kommen* venir de la gare; *ich komme ~ meiner Mutter* je viens de chez ma mère; *etw vom Tisch nehmen* prendre qc sur la table; *~ Leipzig ab, an ...* à partir de Leipzig ...; *~ diesem Fenster aus* de cette fenêtre; *~ ... bis ... de ... à ...*; *zu Hause bis zur Schule* de la maison (jusqu')à l'école; *Sie fahren nach Paris? ich komme ~ da* j'en viens; *~ e-r Stadt in e-e andere ziehen* déménager d'une ville dans une autre; *~ Osten nach Westen* de l'est à l'ouest; *~ oben, unten* d'en 'haut, bas; *~ oben nach unten* de haut en bas; *~ links nach rechts* de gauche à droite; *~ Land zu Land* de pays en pays; **2.** *zeitlich* de; dès; depuis; *~ ... an, F ... ab* depuis ...; dès ...; *~ Anfang an* dès le début; *~ heute an* à partir d'aujourd'hui; *~ nun an* désormais; dorénavant; *~ da an* dès lors; depuis lors; *~ morgen an* à partir de,

dès demain; **~ klein auf** à partir de, dès l'enfance; **~ ... bis ...** de ... à ...; **~ Anfang bis Ende** du début à la fin; **~ früh bis spät** du matin au soir; depuis le matin jusqu'au soir; **~ Montag bis Freitag** de lundi à vendredi; **in der Nacht ~ Sonnabend auf Sonntag** dans la nuit de samedi à dimanche; **Ihr Brief ~ vor drei Wochen** votre lettre d'il y a trois semaines; **~ Stunde zu Stunde** d'heure en heure; **3.** *Herkunft* de; *Ursache, beim Passiv* par; de; **ein Gedicht ~ ...** un poème de ...; **ein Gruß ~ meiner Mutter** le bonjour de ma mère; **ungeduldig von langem Warten** rendu impatient par une longue attente; **geschlagen werden ~ ...** être battu par ...; *instrumental* **~ Hand (gefertigt)** fait main; F **~ wegen** ça cause de; **~ Amts wegen** d'office; F **~ wegen!** penses-tu!; **4.** *Eigenschaft, Maß* de; **~ klein ~ Gestalt** de petite taille; **ein Mann ~ Welt** un homme du monde; **~ Format** *Künstler etc* de classe; *Politiker* de grande envergure; *Kind* **~ zehn Jahren** de dix ans; **was sind Sie ~ Beruf?** quelle est votre profession?; **dieser Schuft ~ e-m Wirt!** F ce salaud d'aubergiste!; **ein Prachtstück ~ e-m Hirsch** un cerf magnifique; **5.** *st/s stofflich (aus)* en; **~ Gold** en or; **6.** *statt gén* de; **König ~ Preußen** roi de Prusse; **das Schicksal ~ Millionen Frauen** le sort de millions de femmes; **die Umgebung ~ Paris** les environs *m/pl* de Paris; **die Verwendung ~ etw** l'utilisation *f*, l'application *f* de qc; **7.** *Teil e-s Ganzen* de; **e-r ~ uns** l'un de nous, d'entre nous; **acht ~ zehn Kindern, Personen** etc 'huit enfants *m/pl*, personnes *f/pl*, etc sur dix; **ich behalte fünf Mark ~ dieser Summe zurück** je retiens cinq marks sur cette somme; **~ etw nichts verstehen** ne rien comprendre à qc; **8.** *(von seiten)* de la part de; à; **das ist sehr freundlich ~ Ihnen** c'est bien aimable à vous, de votre part; **~ mir aus** cf *aus* II 4.; **9.** *Adelsbezeichnung* de; Baron, Frau **~ X** le baron, Madame de X

vonein'ander *adv* l'un de l'autre; **viel ~ halten** ressentir, éprouver une estime réciproque; **weit ~ entfernt** très loin l'un de l'autre

vonnöten [fɔnˈnøːtən] *adj* **~ sein** être nécessaire; être d'une nécessité urgente

vonstatten [fɔnˈʃtatən] *adv* **~ gehen** *(stattfinden)* avoir lieu; *(vorangehen)* avancer; marcher

Vopo[1] [ˈfoːpo] F *m* ⟨~s; ~s⟩ HIST DDR *abr (Volkspolizist)* membre *m*, agent *m* de la police populaire

Vopo[2] F *f* ⟨~⟩ HIST DDR *abr (Volkspolizei)* police *f* populaire

vor [foːr] **I** *prép* **1.** *örtlich, Lage* ⟨*dat*⟩ devant; *(in Richtung auf)* a avant; **~ dem Haus** devant la maison; **~ etw stehen, sich ~ etw befinden** se trouver devant qc, *(mit Blick auf)* en face de qc; **das letzte Haus ~ dem Wald** la dernière maison avant la forêt; **~ dem Bahnhof halten** s'arrêter devant la gare; **~ der Stadt** gelegen aux portes de la ville; à proximité de la ville; **~ den anderen (her)laufen** marcher devant les autres; **~ schwere Entscheidungen ~ sich haben** avoir à prendre od

devoir prendre des décisions difficiles, de graves décisions; **2.** *örtlich, Richtung* ⟨*acc*⟩ devant; **~ das Haus gehen** aller devant la maison; *(hinausgehen)* sortir de la maison; **die Demonstranten zogen ~ das Rathaus** le cortège des manifestants s'est rendu devant la mairie; **etw ~ etw anderes stellen** mettre qc devant autre chose; **j-n (bis) ~ die Stadt begleiten** hinaus accompagner qn jusqu'en dehors de la ville; bis hin accompagner qn jusqu'à la ville; **3.** *zeitlich* ⟨*dat*⟩ avant; *mit Angabe vergangener Zeit* il y a; **~ Sonnenaufgang** avant l'aurore; **ein Tag ~ ...** un jour avant ...; **er war e-e Stunde ~ ihm gekommen** il l'avait précédé d'une heure; **fünf Minuten ~ vier (Uhr)** quatre heures moins cinq; **~ Ablauf der Frist** avant l'expiration du délai; **~ Beginn der Arbeiten** avant le début des travaux; **~ acht Tagen** il y a huit jours; **~ kurzem** il y a peu de temps; dernièrement; récemment; **4.** *Rang* ⟨*dat*⟩ **~ allem** avant tout; avant toute chose; **den Vorrang ~ j-m haben** avoir le pas sur qn; **s-e Mutter kommt ~ allen anderen** für ihn sa mère passe avant tous les autres; **5.** *(gegenüber)* ⟨*dat*⟩ cf bei den jeweiligen Verben od Substantiven; **~ etw geschützt sein** être à l'abri de qc; **Achtung ~ j-m haben** avoir du respect pour qn; **6.** *(in Gegenwart von)* ⟨*dat*⟩ devant; **~ aller Augen** devant tout le monde; **~ j-s Augen** sous les yeux de qn; **~ dem Gesetz** devant la loi; **etw ~ Zeugen versichern** affirmer qc devant témoins; fig **sich selbst ~** en face de, devant soi-même; à ses propres yeux; **7.** *Ursache* ⟨*dat*⟩ de; **~ Freude weinen** pleurer de joie; **~ Kälte zittern** trembler de froid; **II** *adv* **~!** avancez!; **~ und zurück** en avant et en arrière; **nach wie ~** cf *nach* II

vor'ab *adv (im voraus)* par anticipation; à l'avance; *(zuerst)* d'abord; en attendant; dans un premier temps

Vorabend *m* veille *f*; fig **am ~ der Französischen Revolution** à la veille de la Révolution française

Vorahnung *f* pressentiment *m*

Voralpen *pl* die **~** les Préalpes *f/pl*

vor'an **I** *adv* en tête; en avant; devant; *(nur)* **~!** en avant!; **II** *prép* ⟨*dat*⟩ avant; devant; **allem ~** tout d'abord; en premier lieu; **dem Umzug ~** en tête du cortège; **allen ~ marschierte sie** c'est elle qui ouvrit la marche

vor'anbringen *v/t* ⟨*irr, sép, -ge-, h*⟩ faire avancer

vor'angehen *v/i* ⟨*irr, sép, -ge-, sein*⟩ **1.** *räumlich* marcher devant *(j-m qn)*; marcher en tête; **gehen Sie voran!** passez devant!; passez le premier, la première!; fig **mit gutem Beispiel ~** donner le bon exemple *(j-m* à qn*)*; **2.** *(Fortschritte machen)* **Arbeit** avancer; **es geht mit ihm voran** il fait des progrès; **3.** *zeitlich* **e-r Sache** ⟨*dat*⟩ **~** devancer, précéder qc

vor'ankommen *v/i* ⟨*sép, -ge-, sein*⟩ **1.** *räumlich*, fig avancer; fig faire des progrès; **wir sind ein gutes Stück vorangekommen** voilà un grand pas de fait

Vorankündigung *f* préavis *m*; *e-s Buchs, Films etc* annonce *f*; **ohne ~** sans prévenir; sans avertissement

Voranmeldung *f* préavis *m*

Voranschlag *m (Kosten~)* devis (estimatif)

vor'anstellen *v/t* ⟨*sép, -ge-, h*⟩ mettre, placer en tête (+*dat* de); **ich möchte ~, daß ...** je voudrais, j'aimerais dire d'abord que ...

vor'antreiben *v/t* ⟨*irr, sép, -ge-, h*⟩ faire avancer; activer

Voranzeige *f* préavis *m*; avis *m* préalable

Vorarbeit *f* **~ (zu)** travaux *m/pl* préliminaires, travail *m* préparatoire (à, pour)

vorarbeiten ⟨*-ete, sép, -ge-, h*⟩ **I** *v/t* **e-n (freien) Tag ~** faire des heures supplémentaires pour prendre un jour de congé; **II** *v/i (Vorarbeiten machen)* faire un travaux préliminaires, préparatoires; **III** *v/réfl* **sich ~** se frayer un chemin; fig **sich auf den zweiten Platz ~** avancer à la deuxième place, au deuxième rang

Vorarbeiter(in) *m(f)* contremaître, -esse *m,f*; chef *m* d'équipe

Vorarlberg [ˈfoːrʔarlbɛrk] *n* ⟨→ *n/pr*⟩ GÉOGR le Vorarlberg

vor'aus *prép* ⟨*dat*⟩ **j-m weit ~ sein** räumlich avoir beaucoup d'avance sur qn; *in s-r Entwicklung* être très en avance sur qn; **s-r Zeit ~ sein** être en avance sur, devancer son époque

vor'aus *adv* **im ~** d'avance; à l'avance; *(vorzeitig)* par anticipation; **mit Dank im ~** avec mes remerciements anticipés

vor'aus|ahnen *v/t* ⟨*sép, -ge-, h*⟩ pressentir; avoir le pressentiment de; **~berechnen** *v/t* ⟨*-ete, sép, pas de ge-, h*⟩ calculer, évaluer d'avance; **~bestimmen** *v/t* ⟨*sép, pas de ge-, h*⟩ déterminer, fixer, établir d'avance; **~bezahlen** *v/t* ⟨*sép, pas de ge-, h*⟩ payer d'avance; **~eilen** *v/i* ⟨*sép, -ge-, sein*⟩ prendre les devants; **~fahren** *v/i* ⟨*irr, sép, -ge-, sein*⟩ partir avant les autres; partir devant; prendre les devants

vor'ausgehen *v/i* ⟨*irr, sép, -ge-, sein*⟩ **1.** *(vor anderen hergehen)* aller, marcher devant *(j-m qn)*; **sie ist schon vorausgegangen** *(weggegangen)* elle est déjà partie; **2.** **e-r Sache** ⟨*dat*⟩ **~** précéder qc

vor'ausgehend *adj* ⟨*épithète*⟩ précédent; antérieur; antécédent; **bei e-m Buch** etc **im ~en** plus haut

vor'aushaben *v/t* ⟨*irr, sép, -ge-, h*⟩ **j-m etw ~** avoir sur qn l'avantage de qc; **sie hat ihm viel an Erfahrung voraus** elle a beaucoup plus d'expérience que lui; **er hat uns viel voraus** il a un grand, gros avantage sur nous

vor'aus|planen *v/t* ⟨*sép, -ge-, h*⟩ bes *privat* faire des projets de; *konkreter, bes* ÉCON planifier; **²sage** *f* prédiction *f*; pronostics *m/pl*; **~sagen** *v/t* ⟨*sép, -ge-, h*⟩ prédire; pronostiquer

vor'ausschauend **I** *adj* prévoyant; **II** *advt* avec prévoyance; en tenant compte des perspectives d'avenir; **etw ~ planen** a projeter qc en tenant compte de toutes les éventualités

vor'ausschicken *v/t* ⟨*sép, -ge-, h*⟩ **1.** *(vorher abschicken)* envoyer par od à l'avance; **2.** fig **e-e Bemerkung ~** faire une remarque préliminaire; commencer par une remarque; **ich muß hier ~, daß ...** je dois, au préalable, vous faire remarquer, observer que ...

vor'aussehen v/t ⟨irr, sép, -ge-, h⟩ prévoir; *das war vorauszusehen* c'était prévisible; il fallait s'y attendre

vor'aussetzen v/t ⟨sép, -ge-, h⟩ **1.** (*zur Bedingung haben*) présupposer; *vorausgesetzt, daß ...* à condition que, pourvu que, supposé que (+*subj*); **2.** (*als gegeben annehmen*) supposer; présupposer; *das habe ich vorausgesetzt* pour moi, ça allait de soi *od* c'était acquis

Vor'aussetzung f ⟨~; ~en⟩ **1.** (*Vorbedingung*) condition f; *wesentliche ~* condition essentielle; *die ~en erfüllen* satisfaire, répondre aux exigences; *beste ~en für das Jurastudium mitbringen* être dans les meilleures conditions (possibles) pour des études de droit; **2.** (*Annahme*) supposition f; présupposition f; (*Hypothese*) hypothèse f; *von ganz falschen ~en ausgehen* partir de données complètement fausses, erronées

Vor'aussicht f ⟨~⟩ prévision f; prévoyance f; *aller ~ nach* selon toute probabilité; *plais in weiser ~* par mesure de prudence, de précaution

vor'aussichtlich I adj ⟨épithète⟩ probable; **II** adv probablement; vraisemblablement; selon toute probabilité

Vor'auszahlung f paiement d'avance, anticipé

'Vorbau m ⟨~(e)s; ~ten⟩ **1.** ARCH, CONSTR partie saillante, avancée; avant-corps m; **2.** F *plais* (*Busen*) F balcon m

'vorbauen ⟨sép, -ge-, h⟩ **I** v/t CONSTR (*vorne anbauen*) ajouter devant; (*vorspringend bauen*) construire en saillie; **II** v/i (*Vorsorge treffen*) *e-r Sache* (*dat*) *~* parer à qc; prévenir qc; *prov der kluge Mann baut vor* prov prudence est mère de sûreté

'Vorbedacht m préméditation f; *mit ~* avec préméditation; délibérément; de propos délibéré (*oft péj*)

'Vorbedeutung f ⟨~; ~en⟩ présage m; *gute, böse ~* bon, mauvais augure

'Vorbedingung f condition f préliminaire, préalable; préalable m

'Vorbehalt m ⟨~(e)s; ~e⟩ réserve f; restriction f; *nur unter ~* sous toutes réserves; *ohne ~* sans réserve, restriction; *~e anmelden* formuler des réserves; *unter dem ~, daß ...* sous réserve que (+*subj*); sauf à (+*inf*)

'vorbehalten¹ ⟨irr, sép, pas de ge-, h⟩ **I** v/t *j-m etw ~* réserver qc à qn; **II** v/réfl *sich* (*dat*) *~, zu* (+*inf*) se réserver de (+*inf*); *sich* (*dat*) *das Recht ~, zu* (+*inf*) se réserver le droit de (+*inf*)

'vorbehalten² adj *Änderungen ~* sous réserve de modifications; *alle Rechte ~* tous droits réservés

'vorbehalt|lich prép ⟨gén⟩ ADM sous réserve de; sauf; *~los* **I** adj inconditionnel, -elle; sans réserve; sans restriction (*beide a adv*); **II** adv inconditionnellement

vor'bei adv **1.** *zeitlich* passé; fini; *alles war ~* tout était fini; *es ist 8 Uhr ~* il est 'huit heures passées; *~ ist ~* le passé est le passé; *unsere Freundschaft ist ~ a* c'en est fait de notre amitié; **2.** *räumlich ~!* (*daneben*) raté!; *lassen Sie mich ~* laissez-moi passer; *ich möchte gerne ~* puis-je passer?; *an*

etw (*dat*) *~* le long de, à côté de, devant qc

vor'bei|eilen v/i ⟨sép, -ge-, sein⟩ passer en toute 'hâte (*an* [+*dat*] devant); **~fahren** v/i ⟨irr, sép, -ge-, sein⟩ passer (*an* [+*dat*] devant, à côté de, près de); **~führen** v/i ⟨sép, -ge-, h⟩ *Weg* passer (*an* [+*dat*] devant, à côté de)

vor'beigehen v/i ⟨irr, sép, -ge-, sein⟩ **1.** (*vorbeilaufen*) passer (*an* [+*dat*] devant, à côté de); *er geht unter meinem Fenster vorbei* il passe sous ma fenêtre; *im ~ a fig* en passant; **2.** (*das Ziel verfehlen*) *Schuß* manquer, rater le but; *fig am Wesentlichen ~* passer à côté de l'essentiel; **3.** F (*besuchen*) *kurz bei j-m ~* passer voir qn; **4.** (*vergehen*) passer; *es geht alles vorbei* tout passe

vor'beikommen v/i ⟨irr, sép, -ge-, sein⟩ **1.** (*passieren*) passer (*an etw, j-m* devant qc, qn); *bei j-m* chez qn); **2.** F (*besuchen*) *bei j-m ~* passer voir qn; **3.** (*vorbeigehen können*) (pouvoir) passer; *hier kommt man nicht vorbei* ici on ne passe pas; *fig an etw* (*dat*) *nicht ~* ne pas pouvoir éviter qc; *an dieser Schwierigkeit kommt man nicht vorbei a* il faut en passer par cette difficulté

vor'beilassen F v/t ⟨irr, sép, -ge-, h⟩ *j-n, etw ~* laisser passer qn, qc

vor'beimarschieren v/i ⟨sép, pas de ge-, sein⟩ MIL défiler (*an* [+*dat*] devant)

vor'beireden v/i ⟨-ete, sép, -ge-, h⟩ *aneinander ~* ne pas tenir le même langage; tenir, avoir un dialogue de sourds; *an den Dingen ~* être à côté de la question

vor'beischießen ⟨irr, sép, -ge-⟩ **I** v/t ⟨h⟩ *den Ball ~* manquer, rater le but (avec le ballon); **II** v/i ⟨h⟩ (*das Ziel verfehlen*) manquer, rater le but; **2.** *fig* ⟨sein⟩ passer comme une flèche, un bolide (*an* [+*dat*] devant)

vor'beiziehen v/i ⟨irr, sép, -ge-, sein⟩ passer (*an* [+*dat*] devant, à côté de)

'vorbelastet adj *Beziehung etc* hypothéqué (*durch* par); *erblich ~ sein* avoir une lourde hérédité

'Vorbemerkung f remarque f préalable, préliminaire; avertissement m

'vorbereiten v/t ⟨-ete, sép, pas de ge-, h⟩ (*sich*) *~* (se) préparer (*auf* [+*acc*] à); *auf alles vorbereitet sein* être prêt à tout; *auf etw* (*acc*) (*gut*) *vorbereitet sein* s'être (bien) préparé à qc; avoir (bien) préparé qc; *darauf war er nicht vorbereitet* il ne s'y attendait pas

'vorbereitend adj ⟨épithète⟩ préparatoire; préliminaire

'Vorbereitung f ⟨~; ~en⟩ préparation f (*auf etw* [*acc*] à qc); *~en treffen* faire des préparatifs (*zu, für etw* à qc); *in ~ sein* être en préparation; se préparer

'Vorbereitungs... in Zssgn préparatoire; de préparation

'Vor|besitzer(in) m(f) ancien, -ienne propriétaire; **~besprechung** f réunion f préliminaire, préparatoire

'vorbestell|en v/t ⟨sép, pas de ge-, h⟩ commander d'avance; retenir; *Plätze* louer d'avance; réserver (*a Zimmer*); **~ung** f commande f préalable; *von Plätzen* location f; réservation f (*a von Zimmern*)

'vorbestraft adj JUR qui a déjà subi une condamnation; dont le casier judiciaire n'est pas vide; *nicht ~* sans antécédents judiciaires

'Vorbestrafte(r) f(m) ⟨→ A⟩ JUR récidiviste m,f; *mehrfach ~r* repris m de justice

'vorbeugen ⟨sép, -ge-, h⟩ **I** v/t *den Kopf ~* pencher la tête; **II** v/i *e-r Sache* (*dat*) *~* parer à qc; prévenir qc (*a* MÉD); prendre des précautions contre qc; *prov ~ ist besser als heilen* prov mieux vaut prévenir que guérir; **III** v/réfl *sich ~* se pencher (en avant)

'Vorbeugehaft f JUR détention préventive

'vorbeug|end adj ⟨épithète⟩ préventif, -ive; MÉD a prophylactique; **~ung** f prévention f; MÉD a prophylaxie f

'Vorbild n modèle m; exemple m; *als ~ dienen* servir de modèle; (*sich* [*dat*]) *j-n zum ~ nehmen* prendre qn pour, comme modèle; *nach dem ~ von* sur le modèle de; à l'exemple de

'vorbildlich adj exemplaire; modèle

'Vorbildung f ⟨~⟩ formation f; connaissances f/pl

'Vorbörse f FIN marché m libre; marché m avant Bourse

'vorbörslich adj u adv FIN en marché libre; *~ notiert* coté au marché libre, avant l'ouverture de la Bourse

'Vorbote m avant-coureur, précurseur m; (*Vorzeichen*) signe annonciateur

'vorbringen v/t ⟨irr, sép, -ge-, h⟩ **1.** (*äußern*) énoncer; émettre; *Wünsche, Anliegen* présenter; exprimer; *Argumente* avancer; *Gründe etc* alléguer; *Klagen a* formuler; **2.** (*her~*) *Laute etc* produire; *Worte* proférer; prononcer; **3.** F (*nach vorn bringen*) apporter

'vorchristlich adj avant l'ère chrétienne; *~e Zeit* époque f avant Jésus-Christ

'Vordach n auvent m; avant-toit m

'vordatieren v/t ⟨sép, pas de ge-, h⟩ (*vorausdatieren*) postdater

vor'dem st/s adv (aupar)avant; (*vor langer Zeit*) jadis; autrefois

'Vordenker m esprit m qui devance son temps

'Vorder... in Zssgn de devant; antérieur; avant (*inv*)

'Vorder|achse f essieu m, train m avant; **~ansicht** f vue f de face; **~bein** n patte f, *bes e-s Pferdes* jambe f de devant; patte antérieure

vordere(r, -s) ['fɔrdərə(r, -s)] adj ⟨épithète⟩ de devant; *bes Körperteile* antérieur; *die ~n Reihen* f/pl les premiers rangs; *~ Seite* devant m; *der ~ Orient* le Proche-Orient

'Vordergrund m devant m; THÉ, PHOT, fig premier plan; *im ~ sein* sur le devant; au premier plan; *fig in den ~ treten* passer au premier plan; *fig im ~ stehen* être au premier plan; tenir, avoir la vedette; *fig in den ~ stellen* mettre en avant, au premier plan

vordergründig ['fɔrdərɡryndɪç] adj superficiel, -ielle

'vorderhand adv pour le moment; en attendant; provisoirement

'Vorder|hand f *des Pferdes* avant-main f; **~haus** n maison f de devant; **~keule** f CUIS épaule f; *vom Reh* cuissot m; **~lader** m ⟨~s; ~⟩ *Waffe* arme f se char-

vorderlastig – vorgreifen 1534

geant par la bouche; ²**lastig** *adj* lourd de l'avant; **~lauf** *m* ⟨~(e)s; -läufe⟩ *ZO* patte antérieure, de devant
'**Vordermann** *m* ⟨~(e)s, -männer⟩ personne *f* qui est devant qn; *in der Schule etc* voisin *m* de devant; *mein* ~ la personne devant moi; mon voisin de devant; F *fig auf* ~ *bringen Person* mettre au pas; *Haushalt* (tout) briquer
'**Vorderpfote** *f* patte antérieure, de devant
'**Vorderrad** *n* roue *f* avant; **~antrieb** *m* traction *f* avant; **~bremse** *f* frein *m* avant
'**Vorder|schinken** *m* épaule *f* (de porc); **~seite** *f a* CONSTR devant *m*; *e-r Münze, Medaille* face *f*; avers *m*; TYPO *e-s Blatts, Bogens* recto *m*; **~sitz** *m e-s Autos* siège *m* avant
'**vorderste(r, -s)** *adj* le (la) plus avancé(e); le premier (la première); *in der* **~n Reihe** au tout premier rang; *an ~r Front kämpfen* combattre en première ligne
'**Vorder|steven** *m* MAR étrave *f*; **~teil** *n od m* devant *m*; **~tür** *f* porte *f* avant; **~zimmer** *n* pièce *f* de devant
'**vordrängeln** F *v/réfl* ⟨-(e)le, sép, -ge-, h⟩ *cf* **vordrängen** 1.
'**vordrängen** *v/réfl* ⟨sép, -ge-, h⟩ *sich* ~ 1. se faufiler (pour passer) devant; jouer des coudes; *drängen Sie sich nicht vor!* ne passez pas devant (les autres)!; 2. *fig* se mettre en avant, en vedette
'**vordringen** *v/i* ⟨irr, sép, -ge-, sein⟩ 1. *in ein Gelände* avancer; MIL gagner du terrain; progresser; *zu j-m* ~ se frayer un chemin jusqu'à qn; *par ext* réussir à parler à qn; 2. *fig* (*sich ausbreiten*) *Mode etc* se répandre
'**vordringlich I** *adj* très urgent; prioritaire; **II** *adv* d'extrême urgence; *etw* ~ *behandeln* donner la priorité à qc
'**Vordruck** *m* ⟨~(e)s; ~e⟩ formulaire *m*; formule *f*
'**vorehelich** *adj* prénuptial
'**voreilig I** *adj* précipité; (*verfrüht*) prématuré; (*unüberlegt*) irréfléchi; **~e Schlüsse ziehen** tirer des conclusions 'hâtives, prématurées; **II** *adv* précipitamment; trop vite; à la légère; *nicht so ~!* pas tant de précipitation!; pas si vite!; doucement!; ~ *urteilen* être trop prompt dans ses jugements
'**vorein'ander** *adv* 1. (*einander gegenüber*) l'un devant, en face de l'autre; *plötzlich* ~ *stehen a* se trouver brusquement nez à nez, face à face; 2. (*gegenseitig*) *sich* ~ *fürchten* avoir peur l'un de l'autre; *keine Geheimnisse* ~ *haben* ne pas avoir de secrets l'un pour l'autre; 3. *Reihenfolge, räumlich* l'un devant l'autre; *zeitlich* l'un avant l'autre
'**voreingenommen** *adj* prévenu (*gegen* contre; *j-m gegenüber* à l'égard de qn); partial; ~ *sein a* être à parti pris
'**Voreingenommenheit** *f* ⟨~⟩ parti pris; préjugés *m/pl*; partialité *f*; *ohne* ~ a sans prévention
'**vorenthalten** *v/t* ⟨irr, sép, pas de ge-, h⟩ *j-m etw* ~ priver qn de qc; retenir (injustement) qc à qn; *j-m die Wahrheit* ~ cacher, dissimuler la vérité à qn
'**Vorentscheidung** *f* 1. décision *f* préalable, préliminaire; 2. SPORT *mit dem*

2:0 *war e-e* ~ *gefallen* le 2 à 0 annonçait, préfigurait déjà le score final *bzw* le résultat
'**vorerst** *adv* (*vorläufig*) pour le moment, l'instant; (*zunächst*) d'abord
'**Vorfahr(in)** *m* ⟨~en; ~en⟩ *(f)* ⟨~; ~nen⟩ ancêtre *m,f*; *unsere* **~en** nos ancêtres; *st/s* nos aïeux *m/pl*
'**vorfahren** *v/t* ⟨irr, sép, -ge-⟩ *v/t* u *v/i* ⟨sein⟩ 1. (*ankommen*) *bei j-m* ~ arrêter sa voiture devant la porte de qn; *den Wagen* ~ *lassen* faire venir la voiture; *vorgefahren kommen* arriver en voiture; 2. (*überholen, zuerst fahren*) *j-n* ~ *lassen* céder le passage à qn; laisser qn doubler; 3. (*vorausfahren*) partir devant
'**Vorfahrt** *f* ⟨~⟩ priorité *f*; ~ *haben* avoir (la) priorité (*vor* [+*dat*] sur); être prioritaire; *die* ~ *beachten* respecter la priorité; *j-m die* ~ *lassen* céder le passage à qn
'**Vorfahrts|regel** *f* règle *f* de priorité; **~schild** *n* panneau *m* indiquant la priorité; **~straße** *f* route *f bzw* rue *f* prioritaire; voie *f* prioritaire
'**Vorfall** *m* 1. (*Zwischenfall*) incident *m*; affaire *f*; 2. MÉD prolapsus *m*
'**vorfallen** *v/i* ⟨irr, sép, -ge-, sein⟩ 1. (*sich ereignen*) arriver; se passer; se produire; *unvermutet* survenir; *tun Sie, als ob nichts vorgefallen wäre* faites comme si de rien n'était; 2. (*nach vorn fallen*) tomber (en avant); 3. MÉD descendre; s'affaisser
'**Vorfeld** *n* MIL glacis *m*; AVIAT aire *f* de stationnement; *fig im* ~ *der Konferenz* pendant la phase préparatoire de la conférence
'**vorfertigen** *v/t* ⟨sép, -ge-, h⟩ TECH préfabriquer
'**Vorfilm** *m* court métrage (*qu'on passe avant le film*)
'**vorfinden** *v/t* ⟨irr, sép, -ge-, h⟩ trouver (à son arrivée); *zufällig* tomber sur
'**vorflunkern** F *v/t* ⟨-(e)re, sép, -ge-, h⟩ *j-m etw* ~ en conter (de belles) à qn; raconter des histoires à qn
'**Vorfreude** *f* joie anticipée; *voller* ~ *auf etw* (*acc*) *sein* se réjouir de qc
'**Vorfrühling** *m* début *m*, premiers jours du printemps
'**vorfühlen** *v/i* ⟨sép, -ge-, h⟩ tâter le terrain; *bei j-m* ~ pressentir, sonder qn; tâter qn
'**vorführen** *v/t* ⟨sép, -ge-, h⟩ 1. (*zeigen*) présenter; *Modenschau ein Modell* ~ présenter un modèle; 2. (*demonstrieren*) *Apparate* faire la démonstration de (*j-m* à qn); *Versuche* montrer; 3. *Film* (*darbieten, aufführen*) présenter; (*projizieren*) projeter; 4. *bes* JUR *Zeugen* produire; *j-n dem Richter* ~ amener qn devant le juge
'**Vorführ|gerät** *n* 1. (*Projektor*) projecteur *m*; 2. (*Demonstrationsmodell*) modèle *m* de démonstration; **~raum** *m* (*Film*) cabine *f* de projection
'**Vorführung** *f* 1. *zur Schau, Prüfung* présentation *f*; 2. *von Apparaten, Versuchen* démonstration *f*; 3. *von Filmen* présentation *f*; projection *f*; 4. JUR comparution *f*
'**Vorgabe** *f* 1. (*Richtlinie*) directive *f*; 2. SPORT 'handicap *m*
'**Vorgang** *m* 1. (*Prozeß*) processus *m*; (*Ereignis*) événement *m*; (*Zwischen-*

fall) incident *m*; affaire *f*; 2. ADM (*Akten*) dossier *m*
'**Vor|gänger(in)** ['foːrɡɛŋər(ɪn)] *m* ⟨~s; ~⟩ *(f)* ⟨~; ~nen⟩ *im Amt etc* prédécesseur *m*; devancier, -ière *m,f*; **~garten** *m* jardin(et) *m* devant la maison
'**vorgaukeln** *v/t* ⟨-(e)le, sép, -ge-, h⟩ *j-m etw* ~ faire miroiter à qn
'**vorgeben** *v/t* ⟨irr, sép, -ge-, h⟩ 1. (*im voraus festlegen*) fixer à l'avance; *vorgegebenes Thema* thème imposé; 2. F (*nach vorn geben*) faire passer (en avant); 3. SPORT *Punkte* rendre; *Meter a* 'handicaper (*j-m* ... *Meter* qn de ... mètres); donner un 'handicap de; 4. (*behaupten*) prétendre; *er gab vor, alles zu wissen* il prétendait tout savoir; 5. (*vorschützen*) prétexter; prendre prétexte de
'**Vorgebirge** *n* promontoire *m*; (*Vorberge*) contreforts *m/pl*
'**vorgedruckt** *adj Formular etc* imprimé
'**vorgefaßt** *adj* **~e Meinung** opinion préconçue; préjugé *m*; **~e Meinungen** a parti pris
'**Vorgefühl** *n* pressentiment *m*
'**vorgehen** *v/i* ⟨irr, sép, -ge-, sein⟩ 1. (*nach vorn gehen*) avancer; 2. (*vorausgehen*) aller devant; prendre les devants; *Vorrang haben*) avoir la préférence, la priorité; avoir le pas (*vor* [+*dat*] sur); passer le premier, la première; *die Arbeit geht vor!* le travail d'abord!; 4. (*geschehen*) se passer; *was geht hier eigentlich vor?* qu'est-ce qui se passe ici?; *in ihm ist e-e große Veränderung vorgegangen* il a beaucoup changé; un grand changement s'est produit en lui; 5. (*handeln*) agir; procéder; *wie können wir nur* ~? comment allons-nous procéder?; *gegen etw* ~ prendre des mesures contre qc; *mit größter Strenge* ~ procéder avec, user de la plus grande rigueur; 6. JUR *gegen j-n gerichtlich* ~ intenter une action contre qn
'**Vorgehen** *n* ⟨~s⟩ (*Handlungsweise*) manière *f* d'agir; procédé *m*
'**vorgelagert** *adj* situé devant; *der Küste* (*dat*) ~ proche du littoral
'**vorgerückt** *adj Stunde, Alter* avancé; *zu ~er Stunde* à tard dans la soirée
'**Vor|geschichte** *f* 1. ⟨*sans pl*⟩ (*Urgeschichte*) préhistoire *f*; 2. (*vorausgehende Ereignisse*) faits antécédents, précédents; antécédents *m/pl*; ²**geschichtlich** *adj* préhistorique
'**Vorgeschmack** *m* avant-goût *m*
'**vorgeschoben I** *pp cf* **vorschieben**; **II** *adj Posten* avancé
'**vorgeschrieben I** *p/p cf* **vorschreiben**; **II** *adj* prescrit; *in der* **~en Form** dans les formes prescrites; ~ *sein* être de rigueur; être obligatoire
'**vorgesehen I** *p/p cf* **vorsehen**; **II** *adj* prévu
'**vorgesetzt** *adj die* **~e Behörde** l'autorité supérieure
'**Vorgesetzte(r)** *f(m)* ⟨→ A⟩ supérieur(e) *m(f)*; chef *m*
'**vorgestern** *adv* avant-hier; ~ *früh* avant-hier matin; F *fig von* ~ *sein* être vieux jeu
'**vorgestrig** *adj* d'avant-hier; *der* **~e Tag** l'avant-veille *f*
'**vorgreifen** *v/i* ⟨irr, sép, -ge-, h⟩ 1. *beim Erzählen* anticiper (*auf* [+*acc*] sur); 2.

j-m ~ devancer les intentions de qn; **e-r Sache** (dat) ~ devancer, prévenir qc
'**Vorgriff** m anticipation f; **im** ~ (**auf** [+acc]) par anticipation (sur)
'**vorhaben** v/t ⟨irr, sép, -ge-, h⟩ **1.** (beabsichtigen zu tun) projeter; avoir en vue; compter faire; ~ **zu** (+inf) avoir l'intention, le dessein de (+inf); se proposer de (+inf); **was haben Sie heute abend vor?** que comptez-vous faire ce soir?; **wenn du nichts Besseres vorhast** si tu n'as rien de mieux à faire; **heute abend habe ich nichts vor** je suis libre ce soir; **heute abend habe ich schon etwas vor** ce soir je suis déjà pris, j'ai déjà prévu quelque chose; **2.** (Pläne haben) **mit s-n Kindern hat er Großes vor** il a de grands projets pour ses enfants
'**Vorhaben** n ⟨~s; ~⟩ projet m; plan m; (Absicht) dessein m; intention f
'**Vorhalle** f vestibule m; 'hall m; **e-s Theaters** foyer m; **e-s Gerichts, Bahnhofs** salle f des pas perdus; **bes e-r Kirche** porche m
'**vorhalten** ⟨irr, sép, -ge-, h⟩ **I** v/t **1. j-m** ~ **Gegenstand** présenter qc à qn; tenir, mettre qc devant qn; **hinter vorgehaltener Hand** en cachette; en sous-main; **mit vorgehaltener Waffe** (avec) l'arme au poing; **die Hand** ~ **beim Husten, Gähnen** mettre la main devant la bouche; **2.** fig (vorwerfen) **j-m etw** ~ reprocher qc à qn; faire des remontrances à qn sur qc, à propos de qc; **II** F v/i (reichen) Essen tenir au ventre; Vorsätze etc (**nicht**) **lange** ~ (ne pas) avoir un long effet; (ne pas) tenir longtemps
'**Vorhaltung** f **j-m** ~**en machen** faire des reproches, des remontrances à qn (**wegen etw** à cause de qc)
'**Vorhand** f ⟨~⟩ **1.** TENNIS coup droit; **2.** KARTENSPIEL **in der** ~ **sein** avoir la main; fig avoir l'avantage; **3.** Pferd cf **Vorderhand**
vor'**handen** adj (existent) existant; présent; (verfügbar) disponible; ~ **sein** exister; subsister; (zu finden sein) se trouver; **es ist nichts mehr davon** ~ il n'en reste plus (rien)
Vor'**handensein** n ⟨~s⟩ existence f; présence f
'**Vorhang** m **1. am Fenster** rideau m; Tür portière f; **2.** THÉ rideau m; **der** ~ **fällt, geht auf** le rideau tombe, se lève; Schauspieler **zehn Vorhänge haben** être rappelé dix fois; **3.** HIST POL **der Eiserne** ~ le rideau de fer
'**Vorhängeschloß** n cadenas m; **mit e-m** ~ **verschließen** cadenasser
'**Vorhangstange** f tringle f à rideaux
'**Vorhaut** f ANAT prépuce m
'**vorher** adv (zuvor) avant; au préalable; antérieurement; auparavant; (früher) plus tôt; **der** od **am Tag** ~ la veille; le jour avant, précédent; **wie** ~ comme avant; **das hätte er sich** ~ **überlegen sollen** il aurait dû y réfléchir avant
vor'**herbestimmen** v/t ⟨sép, pas de ge-, h⟩ prédéterminer; REL prédestiner
vor'**hergehend** adj ⟨épithète⟩ précédent; qui a précédé; **an der** ~**en Haltestelle** à la station précédente; **aus dem** ~**en folgt, daß ...** il résulte de ce qui précède que ...
vor'**herig** adj ⟨épithète⟩ **1.** (vorig) antérieur; préalable; **nach** ~**er Absprache** après entente, accord préalable; **2.** cf **vorhergehend**; **3.** (ehemalig) ancien, (vorangestellt)
'**Vorherrschaft** f ⟨~⟩ POL u fig prédominance f; prépondérance f; suprématie f; hégémonie f
'**vorherrschen** v/i ⟨sép, -ge-, h⟩ prédominer; prévaloir
'**vorherrschend** adj prédominant; prépondérant; **die** ~**e Meinung** l'opinion la plus répandue; l'opinion dominante
Vor'**hersage** f prévision f; pronostic m; **des Wetters** prévisions f/pl (météorologiques)
vor'**her**|**sagen** v/t ⟨sép, -ge-, h⟩ prédire; pronostiquer; ~**sehbar** adj prévisible; ~**sehen** v/t ⟨irr, sép, -ge-, h⟩ prévoir
'**vorheucheln** F péj v/t ⟨-(e)le, sép, -ge-, h⟩ feindre; simuler
vorhin ['fo:rhɪn ou fo:r'hɪn] adv (eben erst) tout à l'heure; à l'instant; **du hast mir** ~ **gesagt ...** tu viens de me dire ...; F **das ist die Frau von** ~ c'est la femme de tout à l'heure
'**Vor**|'**hof** m **1.** ARCH avant-cour f; cour f d'entrée; **e-r Kirche** parvis m; **2.** ANAT **des Herzens** oreillette f; **des Ohrs** vestibule m; ~**hölle** f ⟨~⟩ CATH limbes m/pl; ~**hut** f ⟨~; ~en⟩ MIL, fig avant-garde f
'**vorig** adj ⟨épithète⟩ précédent; antérieur, Jahr, Monat (vergangen) passé; dernier, -ière; (**die**) ~**e Woche** la semaine dernière
'**Vor**|**jahr** n année précédente, passée; 2**jährig** adj ⟨épithète⟩ de l'année précédente, passée
'**vorjammern** F v/t ⟨-(e)re, sép, -ge-, h⟩ **j-m etw** ~ importuner qn par, avec ses lamentations
'**vorkämpfen** v/réfl ⟨sép, -ge-, h⟩ **sich zu etw, j-m** ~ atteindre qc, qn au prix de grands efforts
'**Vorkämpfer**(**in**) m(f) champion, -ionne m,f (**für e-e Sache** d'une cause); pionnier m
'**vorkauen** v/t ⟨sép, -ge-, h⟩ **j-m etw** ~ mâcher qc à qn (a F fig)
'**Vorkaufsrecht** n droit m de préemption
'**Vorkehrung** f ⟨~; ~en⟩ mesure (préventive, de sécurité); ~**en** pl a dispositions f/pl; ~**en treffen** prendre des mesures, des dispositions
'**Vorkenntnisse** f/pl connaissances f/pl préliminaires; notions f/pl (préalables)
'**vorknöpfen** F v/réfl ⟨sép, -ge-, h⟩ **sich** (dat) **j-n** ~ F passer un savon à qn; **sich** (dat) **etw** ~ s'attaquer à qc; **den werde ich mir** ~ je m'en vais lui dire deux mots
'**vorkochen** ⟨sép, -ge-, h⟩ **I** v/t (ankochen) faire subir une première cuisson à; **II** v/i (im voraus kochen) faire la cuisine à l'avance
'**vorkommen** ⟨irr, sép, -ge-, sein⟩ **I** v/i **1.** (sich ereignen) arriver; se produire; **das kann** ~ cela peut arriver; **das kommt bei ihm nicht vor** cela ne lui arrive pas; **dieser Fall kommt selten vor** ce cas se présente rarement; **so etwas ist mir noch nicht vorgekommen** je n'ai jamais rien vu de semblable, de pareil; **daß mir so etwas nicht wieder vorkommt!** que cela ne se reproduise pas!; **es könnte** ~, **daß** il se pourrait, il pourrait se faire que (+subj); **2.** (vorhanden sein) Pflanzen, Tiere etc se rencontrer; se trouver; **diese Pflanze kommt hier selten vor** cette plante ne se rencontre que rarement ici; **3.** (scheinen) sembler, paraître (**j-m** à qn); **j-m** ~ **wie** faire à qn l'effet de; **es kommt mir vor, als ob** il me semble que (+ind); **das kommt dir nur so vor!** c'est ce que tu crois!; F **wie kommst du mir vor?** qu'est-ce que tu te permets?; pour qui te prends-tu?; **4.** (nach vorn kommen) avancer; **5.** (hervorkommen) sortir (**hinter etw** [dat] de derrière qc; **unter etw** [dat] de dessous qc); **II** v/réfl **sich** (dat) ~ **wie ...** se croire ...; **sich** (dat) **wichtig** ~ faire l'important; **sich** (dat) **überflüssig** ~ se sentir de trop
'**Vorkommen** n ⟨~s; ~⟩ **1.** ⟨sans pl⟩ (Vorhandensein) existence f; présence f; (Auftreten) **von Krankheiten etc** cas m; apparition f; LING occurrence f; **2.** GÉOL (Lagerstätte) gisement m
'**Vorkommnis** n ⟨~ses, ~se⟩ événement m; incident m
'**Vorkriegs...** in Zssgn d'avant-guerre; ~**zeit** f (époque f d')avant-guerre m od f
'**vorlad**|**en** v/t ⟨irr, sép, -ge-, h⟩ convoquer; **vor Gericht** a assigner; **als Zeuge** a citer; 2**ung** f convocation f; **vor Gericht** a assignation f; **von Zeugen** a citation f
'**Vorlage** f **1.** ⟨sans pl⟩ (das Vorlegen) présentation f; production f; **zur** ~ **bei** à présenter à; **2.** (Entwurf) projet m; POL (Gesetzes2) projet m de loi; **3.** (Muster) modèle m; **nach e-r arbeiten** travailler d'après un modèle; **4.** SPORT passe f (en avant) **5.** ⟨sans pl⟩ SKISPORT position penchée en avant
'**vorlassen** v/t ⟨irr, sép, -ge-, h⟩ **j-n** ~ **beim Anstehen** laisser qn passer devant; (empfangen) recevoir qn; **vorgelassen werden** a obtenir une audience
'**Vorlauf** m **1.** TECH avance f rapide; **2.** SPORT course f de série; **3.** ⟨sans pl⟩ (Vorbereitung) travaux m/pl préparatoires, préliminaires
'**Vorläufer** m précurseur m; SKILAUF ouvreur m
'**vorläufig I** adj provisoire; temporaire; intérimaire; **II** adv provisoirement; pour le moment; pour l'instant; en attendant
'**Vorlauftaste** f touche f avance rapide
'**vorlaut** adj qui parle avant son tour; impertinent; qui se mêle de tout
'**Vorleben** n ⟨~s⟩ passé m; JUR antécédents m/pl
'**Vorlege**|**gabel** f grande fourchette; ~**löffel** m grande cuiller od cuillère f; ~**messer** n couteau m à découper
'**vorlegen** ⟨sép, -ge-, h⟩ v/t **1.** (davorlegen) Klotz etc mettre, placer, poser devant; **2.** Schloß mettre; Riegel a pousser; **3.** st/s Speisen servir; **sie legte ihm Fleisch vor** elle lui a servi de la viande; **4.** (vorzeigen) Urkunde etc présenter; produire; **etw zur Unterschrift** ~ présenter qc à la signature; **5.** (unterbreiten) Plan, Vorschlag présenter; soumettre; Frage poser; **e-n Gesetzentwurf** ~ déposer un projet de loi; **6.** bes FUSSBALL passer; **j-m den Ball** ~ passer le ballon à qn; **7.** (auslegen) Geld

Vorleger — Vorrede

prêter; **8.** F *ein tolles Tempo* ~ *aller (à) un train d'enfer;* **II** *v/réfl sich* ~ se pencher en avant

'**Vorleger** *m* ⟨~s; ~⟩ (*Bett2*) descente *f* de lit; carpette *f; im Bad* tapis *m* de bain

'**Vorleistung** *f* prestation *f* préalable; *pl* ~*en* (*Zugeständnisse*) concessions *f/pl* préalables

'**vorlesen** ⟨*irr, sép, -ge-, h*⟩ **I** *v/t j-m etw* ~ lire qc à qn; donner lecture de qc à qn; **II** *v/i e-m Blinden* ~ faire la lecture à un aveugle; *aus seinen Werken* ~ lire des extraits de son œuvre

'**Vorlesung** *f* UNIVERSITÄT **1.** reguläre cours magistral; ~*en halten* faire des cours (*über* [+*acc*] sur); ~*en hören, besuchen* suivre des cours; *e-e* ~ *belegen* s'inscrire à un cours; **2.** *einmalige, e-s Gastprofessors etc* conférence *f*

'**Vorlesungsverzeichnis** *n* programme *m* des cours

'**vorletzte(r, -s)** *adj* avant-dernier, -ière; ~ *Silbe* (syllabe *f*) pénultième *f*

'**Vorliebe** *f* ⟨~; ~*n*⟩ ~ (*für*) prédilection *f*, préférence *f* (pour); *e-e besondere* ~ *für etw haben* avoir une préférence marquée, une prédilection pour qc; *mit* ~ de préférence

vor'liebnehmen *v/i* ⟨*irr, sép, -ge-, h*⟩ *mit j-m, etw* ~ se contenter de qn, qc

'**vorliegen** *v/i* ⟨*irr, sép, -ge-, h*⟩ **1.** (*vorhanden sein*) être (déjà) là; *j-m* ~ avoir été présenté, soumis à qn; *Bericht, Ergebnisse etc zur Prüfung* ~ être à l'examen; *es liegen noch nicht alle Unterlagen vor* on ne dispose pas encore de tous les documents; **2.** (*bestehen*) exister; *es liegt nichts Besonderes vor* il n'y a rien de particulier; *es liegt nichts über sie vor* on n'a rien sur elle; *es liegt nichts gegen ihn vor* on n'a rien à lui reprocher; *hier liegt ein Irrtum vor* il y a erreur; *in ~den Fall(e)* dans le cas présent; en l'occurrence

'**vorlügen** F *v/t* ⟨*irr, sép, -ge-, h*⟩ *cf* **vorschwindeln**

vorm [fo:rm] F = *vor dem*

'**vormachen** F *v/t* ⟨*sép, -ge-, h*⟩ **1.** (*vorfuhren, zeigen*) *es j-m* ~, *j-m* ~, *wie es gemacht wird* montrer à qn comment s'y prendre; *da macht ihr niemand etwas vor* pour cela, personne ne lui en remontrerait; elle fait cela à la perfection; **2.** (*täuschen*) *j-m etwas* ~ raconter des histoires à qn; en conter, en faire accroire à qn; *er läßt sich von keinem etwas* ~ il n'est dupe de personne; *wir wollen uns nichts* ~! parlons franchement!

'**Vormacht(stellung)** *f* ⟨~⟩ prépondérance *f*; hégémonie *f*; prédominance *f*

'**vor|malig** *adj* ⟨*épithète*⟩ ancien, -ienne (*vorangestellt*); ~**mals** *adv* anciennement; autrefois; jadis

'**Vormarsch** *m* MIL *u fig* marche *f* en avant; avance *f*; progression *f*; *auf dem* ~ *sein* avancer; progresser; *a fig* gagner du terrain

'**vormerken** *v/t* ⟨*sép, -ge-, h*⟩ noter; prendre note de; *Datum* retenir; *Zimmer, Platz* réserver; *sich* ~ *lassen* se faire inscrire (*für* pour)

'**vormittag** *adv heute* ~ ce matin; *morgen, Sonntag* ~ demain, dimanche matin

'**Vormittag** *m* matin *m*; (*ganze* ~*szeit*) matinée *f; am* ~, *im Laufe des* ~*s* dans la matinée

'**vormittags** *adv* dans la matinée; le matin; *mit Uhrzeit* du matin

'**Vormonat** *m* mois précédent

'**Vormund** *m* ⟨~(e)s; ~*e ou* -münder⟩ *von Kindern* tuteur *m*, tutrice *f; von Erwachsenen a* curateur, -trice *m,f; e-n* ~ *bestellen* désigner, nommer un tuteur, un curateur; *fig ich brauche keinen* ~! je n'ai besoin de personne pour me dire ce que j'ai à faire; je suis assez grand pour savoir ce que j'ai à faire

'**Vormundschaft** *f* ⟨~; ~*en*⟩ tutelle *f; bei Erwachsenen a* curatelle *f; unter* ~ (*dat*) *stehen, unter* ~ (*acc*) *stellen* être, mettre en *od* sous tutelle *bzw* curatelle

'**Vormundschaftsgericht** *n* tribunal *m* des tutelles

vorn[1] [fɔrn] *adv* **1.** (*auf, an der Vorderseite*) devant; *nach* ~ (*hinaus*) *gehen Fenster etc* donner sur la rue, la place, *etc; das Haus war* ~ *beschädigt* le devant de la maison était endommagé; *die Bluse wird* ~ *geschlossen* le chemisier se ferme devant; *nach* ~ *geneigt* penché en avant; *von* ~ par-devant; de, en face; *von* ~ *angreifen* attaquer de front; **2.** *auf e-r Liste, in e-r Reihe etc* en tête; devant; *nach* ~ *kommen* avancer; *kommen Sie bitte nach* ~! mettez-vous devant, s.v.p.!; avancez(-vous), s.v.p.!; *aufs Podium* venez sur le podium, s.v.p.!; *von* ~ *anfangen* par le début, le commencement; F *von* ~ *bis hinten* d'un bout à l'autre; F *von* ~ *bis hinten erlogen* inventé de A à Z; faux, fausse d'un bout à l'autre; F *fig sie fehlt mir* ~ *und hinten* elle me manque sur tous les plans; ~ *im Buch* au début du livre; **3.** (*im Vordergrund*) au premier plan; devant; ~ *im Bild* au premier plan de la photo; *hier* ~ ici; *sich* ~ *hinstellen* se mettre devant, au premier rang

vorn[2] [fo:rn] F = *vor den*

'**Vorname** *m* prénom *m*

vorne ['fɔrnə] *cf* **vorn**[1]

vornehm ['fo:rne:m] **I** *adj* **1.** (*zur besseren Gesellschaft gehörig*) distingué; élégant; *nur Personen* d'un rang élevé; de qualité; *die* ~*en Stadtviertel n/pl* les beaux quartiers; les quartiers chic; *die* ~*en Leute* les gens distingués; la haute volée; *die* ~*e Welt* le grand, beau monde; ~*e Kleidung* tenue élégante; vêtements élégants; **2.** (*edelmütig*) noble; **3.** *st/s* ⟨*épithète, sup*⟩ (*vorrangig*) *die* ~*ste Aufgabe* la première tâche; **II** *adv* élégamment; avec élégance; ~ *tun* se donner de grands airs; jouer au grand seigneur, à la grande dame

'**vornehmen** ⟨*irr, sép, -ge-, h*⟩ **I** *v/t* **1.** (*durchführen*) faire; effectuer; *Untersuchung, Prüfung a* procéder à; *Eintragung, Zahlung a* opérer; *Änderung, Berichtigung a* apporter; **2.** F *schützend Hand, Taschentuch etc* mettre devant la bouche; **3.** F (*nach vorn nehmen*) avancer; **II** *v/réfl* **4.** (*beschäftigen mit*) *sich* (*dat*) *e-e Arbeit* ~ se mettre à, entreprendre un travail; F *sich* (*dat*) *j-n* ~ faire la leçon à qn; **5.** (*beschließen*) *sich* (*dat*) *etw* ~ se proposer de faire qc; projeter qc; *sich* (*dat*) *etw vorge-*

nommen haben avoir l'intention, le dessein de faire qc

'**Vornehmheit** *f* ⟨~⟩ **1.** *e-r Person, Erscheinung etc* distinction *f*; **2.** *der Kleidung etc* élégance *f*; chic *m*; **3.** *der Gesinnung* noblesse *f*

'**vornehmlich** *st/s adv* surtout; avant tout; particulièrement

Vornehmtue'rei *f* ⟨~⟩ *péj* grands airs; airs *m/pl* de grand seigneur, de grande dame

'**vorneigen** *v/t* ⟨*u v/réfl*⟩ ⟨*sép, -ge-, h*⟩ (*sich*) ~ (se) pencher, (s')incliner en avant

vorneweg ['--- *ou* --'-] *cf* **vorweg**

vornherein ['--- *ou* --'-] *adv von* ~ dès le début; de prime abord; a priori

vorn'über *adv* la tête la première; ~**gebeugt** *adj* penché en avant

vornweg ['-- *ou* -'-] *cf* **vorweg**

'**Vorort** *m* ⟨~(e)s; ~*e*⟩ banlieue *f; in e-m* ~ *wohnen* habiter dans la, en banlieue

'**Vorort|verkehr** *m* service *m* de banlieue, trafic suburbain; ~**zug** *m* train *m* de banlieue

'**Vor|platz** *m vor e-m Gebäude* esplanade *f; e-r Kirche* parvis *m*; ~**posten** *m* MIL avant-poste *m* (*a fig*); poste avancé

'**vorpreschen** *v/i* ⟨*sép, -ge-, sein*⟩ se précipiter, se ruer en avant; *fig in Verhandlungen etc* aller trop vite; s'emballer

'**Vorprogramm** *n* KINO programme présenté en début de séance

'**vorprogrammieren** *v/t* ⟨*sép, pas de ge-, h*⟩ INFORM programmer (à l'avance); *fig Schwierigkeiten etc* **vorprogrammiert sein** être inévitable

'**vorragen** *v/i* ⟨*sép, -ge-, h*⟩ émerger (*aus* de)

'**Vorrang** *m* ⟨~⟩ **1.** priorité *f*; préférence *f*; (*Vortritt*) préséance *f*; *den* ~ *vor j-m haben* avoir la préséance, le pas sur qn; passer avant qn; *den* ~ *vor etw* (*dat*) *haben* avoir priorité sur qc; *j-m, e-r Sache den* ~ *geben* donner la préférence, la priorité à qn, qc; **2.** *österr* (*Vorfahrt*) priorité *f*

'**vorrangig** **I** *adj* prioritaire; **II** *adv* en premier lieu; en priorité

'**Vorrangstellung** *f* ⟨~⟩ prééminence *f*; (*Vortritt*) préséance *f*

'**Vorrat** ['fo:rra:t] *m* ⟨~(e)s; -räte⟩ ~ (*an* [+*dat*]) provisions *f/pl* (de); (*Reserve*) réserve *f*, COMM stock *m* (de); *auf* ~ réserve; *sich* (*dat*) *e-n* ~ *von etw anlegen* faire provision de qc; COMM stocker qc; *solange der* ~ *reicht* jusqu'à épuisement des stocks

'**vorrätig** ['fo:rrɛ:tɪç] *adj* disponible; COMM en stock; en magasin; *etw* ~ *haben* avoir qc en stock, en magasin

'**Vorrats|behälter** *m* réservoir *m*; ~**kammer** *f* garde-manger *m* (*pièce*); ~**raum** *m* magasin *m*; entrepôt *m*

'**Vorraum** *m in öffentlichen Gebäuden* antichambre *f; e-r Wohnung* entrée *f*

'**vorrechnen** *v/t* ⟨*-ete, -et, sép, -ge-, h*⟩ *j-m etw* ~ *zum Mitrechnen* faire le compte de qc à qn; *fig* (*verdeutlichen*) énumérer, détailler qc à qn

'**Vorrecht** *n* privilège *m*; ausschließliches prérogative *f*; *ein* ~ *genießen* jouir d'un privilège

'**Vorrede** *f e-r Rede* préambule *m*; *fig sich nicht lange bei der* ~ *aufhalten* entrer tout de suite dans le vif du sujet

Vorredner(in) m(f) orateur, -trice m,f précédent(e); **ich schließe mich meinem ~ an** je partage l'opinion de l'orateur qui m'a précédé

Vorreiter m fig pionnier m; **den ~ (bei etw) machen** frayer, ouvrir la voie (à qc); être le premier à faire qc

Vorrichtung f TECH dispositif m; mécanisme m; (Gerät) appareil m

vorrücken ⟨sép, -ge-⟩ **I** v/t ⟨h⟩ Stuhl etc avancer; **II** v/i ⟨sein⟩ (s')avancer (a Zeit, Uhrzeiger); MIL a progresser; ~ **auf** (+acc) avancer vers; **auf den zweiten Platz ~** avancer, passer, SPORT a se hisser à la deuxième place

Vorruhe|stand m ⟨~(e)s⟩ préretraite f; vorgezogener Ruhestand a retraite anticipée; **~ständler** m ⟨~s; ~⟩ préretraité m

Vorrunde f SPORT qualifications f/pl; critérium m; bes TENNIS, FUSSBALL sélections f/pl

vors [fo:rs] F = **vor das**

Vors. abr (Vorsitzender) président

vorsagen v/t ⟨sép, -ge-, h⟩ **I** v/t **j-m etw ~** dire qc à qn pour le faire répéter; bes SCHULE souffler qc à qn; **II** v/réfl **sich** (dat) **e-n Text ~** répéter un texte (pour l'apprendre); se réciter un texte

Vorsaison f avant-saison f

Vorsatz m **1.** (Entschluß) résolution f; (Absicht) intention f; bes JUR (Vorbedacht) préméditation f; **mit ~** à dessein; de propos délibéré; JUR avec préméditation; **gute Vorsätze fassen** prendre de bonnes résolutions; **2.** TYPO page f de garde

vorsätzlich ['fo:rzɛtslɪç] **I** adj intentionel, -elle; voulu; bes JUR prémédité; **II** adv exprès; à dessein; de propos délibéré; JUR avec préméditation

Vorschau f aperçu m des prochains programmes; RAD, TV prochaines émissions; (Film♀) bande-annonce f

Vorschein m **zum ~ kommen** (ap)paraître; se montrer; se faire jour; **zum ~ bringen** (ap)paraître; aus s-n Taschen etc sortir

vorschicken v/t ⟨sép, -ge-, h⟩ **1.** nach vorn envoyer en avant; **2.** fig j-n ~ charger qn de qc de désagréable, d'une corvée

vorschieben v/t ⟨irr, sép, -ge-, h⟩ **1.** (davorschieben) Riegel pousser; cf a Riegel 1.; **2.** (nach vorn schieben) pousser (en avant); Kopf, Unterlippe avancer; **3.** fig Gründe alléguer; invoquer; **als Vorwand etw ~** se retrancher derrière qc; mettre qc en avant; prétexter qc; **4.** (für sich handeln lassen) **j-n ~** mettre qn en avant

vorschießen F ⟨irr, sép, -ge-⟩ **I** v/t ⟨h⟩ Geld avancer, prêter (j-m à qn); **II** v/i ⟨sein⟩ s'élancer en avant

Vorschlag m proposition f; (Anregung) suggestion f; (Angebot) offre f; **e-n ~ machen** faire une proposition; **auf ~ von ...** sur la proposition de ...; plais **ein ~ zur Güte** une tentative de conciliation

vorschlagen v/t ⟨irr, sép, -ge-, h⟩ proposer, (nahelegen) suggérer (**j-m etw** qc à qn); **j-n ~** proposer qn (**für** pour; **als** comme)

Vor|schlaghammer m frappe-devant m; **~schlußrunde** f SPORT demi-finale f

vorschnell adj u adv cf **voreilig**

vorschreiben v/t ⟨irr, sép, -ge-, h⟩ **1.** (anordnen, festlegen) prescrire; ordonner; Gesetz etc stipuler; exiger; **ich lasse mir von dir nichts ~!** je n'ai pas d'ordre à recevoir de toi!; **2.** zum Nachod Abschreiben écrire des modèles de

Vorschrift f prescription f; (Anweisung) instruction f; directive f; **die ~en coll** le règlement; **an keinerlei ~(en) gebunden sein** être libre de ses actes; **das verstößt gegen die ~en** c'est contraire au règlement; **sein être de rigueur; die Medizin ist nach ~ einzunehmen** auf Beipackzettel posologie: se conformer à la prescription médicale; **ich lasse mir keine ~en machen** je n'ai d'ordre à recevoir de personne

vorschrifts|mäßig I adj conforme aux instructions, au règlement; réglementaire; **II** adv conformément aux instructions; suivant, selon les prescriptions, instructions; en bonne et due forme; **~widrig** adj contraire aux instructions, au règlement

Vorschub m **j-m ~ leisten** aider, assister, secourir qn; prêter main-forte à qn; **e-r Sache** (dat) **~ leisten** favoriser qc

Vor|schulalter n âge m préscolaire; **~schule** f etwa école maternelle; **~schulerziehung** f éducation f préscolaire; **♀schulisch** adj préscolaire

Vorschuß m avance f, acompte m (**auf** [+acc] sur); **e-n ~ von ... geben** faire une avance de ...; donner, verser ... à titre d'avance

Vorschußlorbeeren m/pl éloges anticipés; **~ernten** être encensé sans l'avoir encore mérité

vorschützen v/t ⟨-(es)t, sép, -ge-, h⟩ prétexter; se retrancher derrière; mettre en avant; Gründe alléguer; invoquer; **Unwissenheit ~** feindre, affecter l'ignorance

vorschweben v/i ⟨sép, -ge-, h⟩ Idee etc **mir schwebt etwas ganz anderes vor** j'ai une tout(e) autre idée; **mir schwebt e-e andere Lösung vor** j'ai en vue, je songe à, j'entrevois, j'envisage une autre solution; **mir schwebt vor, zu** (+inf) j'ai vaguement l'intention, j'envisage de (+inf)

vorschwindeln F v/t ⟨-(e)le, sép, -ge-, h⟩ **j-m etw ~** raconter des histoires à qn

vorsehen ⟨irr, sép, -ge-, h⟩ **I** v/t **1.** (planen) prévoir; **für morgen ist ein Ausflug vorgesehen** une excursion est prévue pour demain; **2.** (berücksichtigen) prévoir; **dieser Fall ist im Gesetz nicht vorgesehen** ce cas n'a pas été prévu par la loi; **3.** (zu verwenden beabsichtigen) Gelder, Mittel etc **~ für** prévoir pour; destiner à; **j-n für e-n Posten ~** prévoir qn pour un poste; **II** v/réfl **sich ~** (**vor** [+dat]) prendre garde (à); prendre ses précautions (contre); **sieh dich vor!** prends garde!; attention!; (sei wachsam) sois prudent!

Vorsehung f ⟨~⟩ Providence (divine)

vorsetzen ⟨-(es)t, sép, -ge-, h⟩ **I** v/t **1.** (nach vorn setzen) Fuß, Stuhl etc avancer; **2.** Speisen servir; (anbieten) offrir; **II** v/réfl **ich werde mich lieber ~** je préfère m'asseoir devant

Vorsicht f ⟨~⟩ prudence f; (Umsicht) circonspection f; précaution f; **mit ~ vorgehen** procéder, agir avec précaution, prudence; **~ walten lassen** agir avec circonspection; **j-n zur ~ ermahnen** exhorter qn à la prudence; **~!** attention!; **~, abfahrender Zug!** attention au départ!; **~, Stufe!** attention à la marche!; F **er ist mit ~ zu genießen** avec lui, il faut se tenir sur ses gardes od être prudent; F **diese Auskünfte sind mit ~ zu genießen** ces informations sont à prendre avec prudence; prov **~ ist die Mutter der Weisheit**, F plais **der Porzellankiste** prov prudence est mère de sûreté; prov **~ ist besser als Nachsicht** prov mieux vaut prévenir que guérir

vorsichtig I adj prudent; circonspect; précautionneux, -euse; **sei ~!** (fais) attention!; **II** adv prudemment; (umsichtig) avec circonspection, prudence, précaution; **etw ~ andeuten** faire allusion discrète à qc; évoquer qc à demi-mot

vorsichtshalber adv par (mesure de) précaution

Vorsichtsmaßnahme f mesure f de précaution; **~n treffen** a prendre ses précautions

Vorsilbe f préfixe m

vorsingen ⟨irr, sép, -ge-, h⟩ **I** v/t **j-m etw ~** chanter qc à qn; **II** v/i **1.** (vor) **j-m ~** chanter devant qn; **2.** zur Prüfung passer une épreuve de chant bzw une audition

vorsintflutlich F fig adj antédiluvien, -ienne

Vorsitz m présidence f; **bei e-r Versammlung den ~ haben** avoir la présidence d'une, présider une assemblée; **unter dem ~ von** sous la présidence de; **den ~ übernehmen** prendre la présidence

Vorsitzende(r) f(m) ⟨→ A⟩ président(e) m(f); **zweiter, stellvertretender ~r** vice-président m

Vorsorge f ⟨~⟩ prévoyance f; précaution f; **~ treffen** tout prévoir (**für** pour); prendre les dispositions nécessaires (**für etw** pour assurer qc; **gegen etw** pour parer à qc); prendre ses précautions (**gegen** contre); **für e-n Notfall ~ treffen** parer à toute éventualité

vorsorgen v/i ⟨sép, -ge-, h⟩ cf **Vorsorge treffen für**

Vorsorgeuntersuchung f MÉD examen m prophylactique, de dépistage

vorsorglich I adj prévoyant; **II** adv par précaution

Vorspann m ⟨~(e)s; ~e⟩ FILM générique m; (Einleitung) chapeau m

vorspannen v/t ⟨sép, -ge-, h⟩ Pferde, Lokomotive atteler

Vorspeise f entrée f; 'hors-d'œuvre m

vorspiegeln v/t ⟨-(e)le, sép, -ge-, h⟩ **1.** **j-m etw ~** faire miroiter qc aux yeux de qn; **2.** cf **vortäuschen**

Vorspiegelung f tromperie f; bes JUR **~ falscher Tatsachen** altération f des faits; **unter ~ falscher Tatsachen** en dénaturant les faits

Vorspiel n **1.** MUS prélude m (a fig); **2.** THÉ prologue m; lever m de rideau; **3.** sexuelles préliminaires m/pl

vorspielen v/t ⟨sép, -ge-, h⟩ **I** v/t **1.** MUS, THÉ **j-m etw ~** jouer qc devant, à qn; **2.** (vortäuschen) **j-m etwas ~** jouer la comédie; **II** v/i MUS, THÉ jouer (**vor j-m** devant qn)

Vorsprache f démarche f (*bei* auprès de)

vorsprechen ⟨*irr, sép,* -ge-⟩ **I** v/t ⟨h⟩ **1.** *zum Nachsprechen e-n Satz ~* prononcer une phrase pour la faire répéter; **2.** *bei Prüfungen* réciter; **II** v/i **3.** *bes mit e-m Anliegen ~ bei* (*sich vorstellen*) aller se présenter chez; *um etw zu erreichen* faire une démarche auprès de; **4.** *bes* THÉ *zur Bewerbung* (*an, bei e-m Theater*) *~* donner une audition (dans un théâtre)

vorspringen v/i ⟨*irr, sép,* -ge-, *sein*⟩ **1.** (*nach vorn springen*) s'élancer en avant; *plötzlich hinter e-m Busch ~* surgir, déboucher d'un buisson; **2.** (*herausragen*) faire saillie; saillir; *am Rand* déborder; *ein ~des Kinn* un menton saillant

Vorsprung m **1.** *bei Mauern od Felsen* saillie f; avance f; **2.** (*zeitlicher, räumlicher etc Vorteil*) *~* (*vor* [+*dat*]) avance f (sur); avantage m (sur); *e-n ~ gewinnen* prendre de l'avance; *ein ~ von drei Metern* une avance de trois mètres

Vor|stadt f faubourg m; ville f de banlieue; **stä̈dtisch** *adj* du (des) faubourg(s); faubourien, -ienne de banlieue; suburbain; **~stadtkino** n cinéma m de banlieue

Vorstand m ⟨~(e)s, -stände⟩ **1.** (*leitendes Gremium*) *e-s Unternehmens, Vereins* comité directeur, de direction; *par ext* a direction f; *e-r AG nach deutschem Recht* directoire m; *e-r Partei* bureau m; **2.** (*Leiter*) directeur m; président m

Vorstands|mitglied n membre m du comité directeur, du comité de direction *bzw* du directoire; **~sitzung** f séance f du comité directeur, du comité de direction *bzw* du directoire; **~vorsitzende(r)** f(m) *e-r AG nach deutschem Recht* président(e) m(f) du directoire; *e-r AG nach französischem Recht* président-directeur général, P.D.G. m

vorstehen v/i ⟨*irr, sép,* -ge-, h⟩ **1.** (*her~*) *Zähne* avancer; *Kinn* saillir; *Mauer, Felsen etc* saillir; être en saillie; *über den Rand* déborder; dépasser; **2.** *st/s* (*leiten*) *e-m Amt etc* avoir la direction de; diriger; être à la tête de

vorstehend *adj* ⟨épithète⟩ **1.** *in e-m Text* précédent; *das ℮ ce qui précède; im ~en* dans ce qui précède; **2.** (*vorspringend*) saillant; **~es Kinn** menton saillant

Vorsteher(in) m ⟨~s; ~⟩ (f) ⟨~; ~nen⟩ directeur, -trice m,f; chef m; (*Gemeinde℮*) maire m

Vorsteherdrüse f ANAT prostate f

Vorstehhund m JAGD chien m d'arrêt

vorstellbar *adj* imaginable; pensable; concevable; *kaum ~* à peine imaginable; inimaginable; inconcevable

vorstellen ⟨*sép,* -ge-, h⟩ v/t **1.** (*nach vorn stellen*) *Fuß, Gegenstand etc* avancer (*a Uhr*); *Gegenstand* a mettre devant; **2.** (*bekannt machen*) présenter; *j-m j-n ~* présenter qn à qn; *darf ich Ihnen Herrn ... ~?* permettez-moi de vous présenter Monsieur ...; puis-je vous présenter Monsieur ...; *fig ein Projekt der Öffentlichkeit ~* présenter un projet au public; **3.** (*darstellen*) THÉ représenter, tenir le rôle de; jouer; F *fig er stellt etwas vor* (*sieht gut aus*) F il présente bien; (*gilt als Persönlichkeit*) c'est un personnage; **4.** (*bedeuten*) signifier; **II** v/*réfl* **5.** *sich* (*dat*) *etw ~* s'imaginer, se figurer qc; se faire une idée de qc; (*sich vergegenwärtigen*) se représenter qc; *stellen Sie sich* (*dat*) *meine Enttäuschung vor!* figurez-vous, imaginez-vous ma déception!; *was stellen Sie sich* (*dat*) *vor!* qu'est-ce que vous croyez!; qu'allez-vous vous imaginer!; *stell dir das* (*ein*)*mal vor!* tu te rends compte!; *stell dir vor, ... figure-toi ...; ich kann mir dich gut als Direktor ~* je te vois bien directeur; *ich kann mir nicht ~, daß* je ne puis m'imaginer que (+*ind od subj*); *darunter kann ich mir* (*gar*) *nichts ~* je ne vois pas du tout (ce que vous voulez dire); **6.** (*sich bekannt machen*) *sich j-m ~* se présenter à qn

vorstellig *st/s adj bei j-m ~ werden* faire une démarche auprès de qn

Vorstellung f **1.** (*das Vorstellen*) présentation f; **2.** (*Aufführung*) THÉ représentation f; KINO séance f (de cinéma); **3.** (*Begriff*) idée f; notion f; (*Bild*) *~*(*en*) vision f; *sich* (*dat*) *falsche ~en von etw machen* se faire une fausse idée de qc; *j-m e-e ~ von etw vermitteln* donner à qn une idée de qc; *entspricht das Ihren ~en?* cela répond-il à votre attente?; **4.** ⟨*sans pl*⟩ (*~svermögen*) imagination f; *das geht über alle ~* cela passe l'imagination; c'est inimaginable, inconcevable

Vorstellungs|gespräch n entrevue f, entretien m (d'embauche); **~kraft** f ⟨~⟩, **~vermögen** n ⟨~s⟩ imagination f

Vorstopper m FUSSBALL arrière, défenseur central

Vorstoß m **1.** (*Versuch*) essai m; tentative f; *e-n ~ bei der Geschäftsleitung unternehmen* entreprendre une démarche énergique auprès de la direction; *e-n ~ in unerforschtes Gebiet unternehmen* se risquer dans un terrain encore inexploré; **2.** MIL attaque (brusquée) f; raid m; brusque poussée f en avant; **3.** COMM offensive f; percée f; *ein ~ auf den europäischen Markt* une percée sur le marché européen

vorstoßen v/t ⟨*irr, sép,* -ge-, *sein*⟩ (*vorwärts rücken*) (s')avancer (*in* [+*acc*] dans); COMM *auf e-n neuen Markt ~* s'attaquer à un nouveau marché

Vorstrafe f JUR condamnation antérieure; **~n** *pl* casier m judiciaire; antécédents m/pl (judiciaires); *keine ~n haben* avoir un casier judiciaire vierge

vorstrecken v/t ⟨*sép,* -ge-, h⟩ **1.** *Arm* tendre; étendre; allonger; *Kopf, Hand* avancer; **2.** (*auslegen*) *j-m e-e Summe ~* avancer une somme à qn

Vorstufe f premier degré (*zu* de)

Vortag m veille f; *am ~* la veille; le jour précédent

vortanzen v/i (u v/t) ⟨-(es)t, *sép,* -ge-, h⟩ *j-m* (*e-n Walzer*) *~* danser (une valse) devant qn

vortäusch|en v/t ⟨*sép,* -ge-, h⟩ simuler, feindre; **℮ung** f simulation f (*von*)

Vorteil ['fɔrtail] m **1.** avantage m; *die Vor- und Nachteile* les avantages et les inconvénients m/pl; *sich* (*dat*) *e-n ~ verschaffen* obtenir un avantage; *~ aus etw ziehen* tirer avantage, profit, parti de qc; profiter, bénéficier de qc; *im ~ sein* bénéficier d'un avantage; avoir le dessus; *zum ~ von* au bénéfice de, au profit de, à l'avantage de; *sich zu s-m ~ verrechnen* se tromper à son profit, avantage; *er hat sich zu s-m ~ verändert* il a changé en bien; **2.** (*Gewinn*) profit m; bénéfice m; gain m; **3.** TENNIS avantage m; FUSSBALL *~ gelten lassen* appliquer la règle de l'avantage

vorteilhaft I *adj* avantageux, -euse (*für* pour); (*gewinnbringend*) profitable; (*günstig*) favorable; **II** *adv* avantageusement; *etw ~ verkaufen* a obtenir un bon prix pour qc; *sie ist ~ gekleidet* ses vêtements l'avantagent beaucoup

Vortrag ['foːtraːk] m ⟨~(e)s, -träge⟩ **1.** (*Rede*) conférence f; (*Referat*) exposé m; *e-n ~ halten* faire une conférence (*über* [+*acc*] sur); **2.** (*Darbietung*) *e-s Textes* récitation f; déclamation f; *e-s Musikstücks* exécution f; interprétation f; *von Liedern* a récital m; *e-r sportlichen Übung* exécution f

vortragen v/t ⟨*irr, sép,* -ge-, h⟩ **1.** *e-e Angelegenheit etc* (*darlegen*) exposer; *j-m s-e Wünsche ~* présenter, exposer ses désidérata à qn; **2.** (*darbieten*) *Text* dire; réciter; déclamer; *Musikstück* exécuter; interpréter; *Lied* chanter; *sportliche Übung* exécuter

Vortragende(r) f(m) ⟨→A⟩ conférencier, -ière m,f

Vortrags|reihe f cycle m, série f de conférences; **~reise** f tournée f de conférences; **~saal** m salle f de conférences

vor|trefflich I *adj* excellent; de premier ordre; (*auserlesen*) exquis; *Speisen* a succulent; **II** *adv* excellemment; parfaitement; à la perfection; (*wunderbar*) à merveille

vor|treiben v/t ⟨*irr, sép,* -ge-, h⟩ *Tunnel, Stollen* percer; creuser; mener; **~treten** v/i ⟨*irr, sép,* -ge-, *sein*⟩ faire un pas en avant; (s')avancer; *aus der Reihe* sortir du rang, des rangs

Vortritt m ⟨~(e)s⟩ **1.** préséance f; *den ~ vor j-m haben* avoir la préséance sur qn; *j-m den ~ lassen* céder le pas à qn; **2.** *schweiz cf* **Vorfahrt**

Vortrupp m MIL u *fig* (tête f d')avant-garde f

vor|über *adv* **1.** *zeitlich* passé; *~ sein* a être fini; **2.** *räumlich an etw* (*dat*) *~* devant qc; auprès, à côté de qc

vor|übergehen v/i ⟨*irr, sép,* -ge-, *sein*⟩ **1.** *räumlich* passer; *an j-m, etw ~* passer devant *od* auprès de *od* à côté de qn, qc; *fig* (*unbeachtet lassen*) ne pas prêter attention à qn, qc; négliger qn, qc; *im ℮ en passant*; *die ℮den m/pl* les passants m/pl; **2.** *zeitlich* passer; *das geht bald vorüber* ça passera vite

vor|übergehend I *adjt* (*von kurzer Dauer*) passager, -ère; éphémère; momentané; *Schließung etc* (*zeitweilig*) temporaire; (*für e-e Übergangszeit*) transitoire; provisoire; **II** *advt* (*kurzzeitig*) pour un certain temps; passagèrement; momentanément; (*übergangsweise*) provisoirement

vor|überziehen v/i ⟨*irr, sép,* -ge-, *sein*⟩ passer (*an* [+*dat*] devant)

Vorurteil n préjugé m; *~e gegen j-n, etw haben* avoir des préjugés contre qn, qc

vorurteils|frei, **~los** *adj* exempt de, sans préjugés; sans parti pris; impartial

'**Vorväter** *st/s m/pl* ancêtres *m/pl*; *st/s* aïeux *m/pl*
'**Vorvergangenheit** *f GR* plus-que-parfait *m*; passé antérieur
'**Vorverkauf** *m* ⟨~(e)s⟩ location *f*, réservation *f* des places
'**Vorverkaufs|kasse** *f*, **~stelle** *f* (guichet *m*, bureau *m* de) location *f*
'**vorverlegen** *v/t* ⟨*sép, pas de ge-*, h⟩ **1.** *zeitlich* avancer (**auf** [+*acc*] à, **um** de); **2.** *räumlich*, MIL avancer (**nach** vers; **um** de)
'**vor|vorgestern** *adv* il y a trois jours; **~vorig** F *adj* ⟨*épithète*⟩ avant-dernier, -ière; **~vorletzte(r, -s)** F *adj* antépénultième
'**vorwagen** *v/réfl* ⟨*sép*, -ge-, h⟩ **sich ~** oser avancer; *a fig* **sich zu weit ~** s'avancer trop; aller trop loin
'**Vorwahl** *f* **1.** POL premier tour de scrutin; scrutin *m* éliminatoire; **2.** TÉL indicatif *m*; **~nummer** *f* TÉL indicatif *m*
'**Vorwand** *m* ⟨~(e)s; -wände⟩ prétexte *m*; *etw* **zum ~ nehmen** prendre prétexte de qc; **unter e-m ~** sous un prétexte
'**vorwärmen** *v/t* ⟨*sép*, -ge-, h⟩ chauffer à l'avance; TECH préchauffer
'**vorwarn|en** *v/t* ⟨*sép*, -ge-, h⟩ prévenir; **2ung** *f* alerte préventive; *a fig* **ohne ~** sans prévenir
'**vorwärts** *adv* en avant; **~!** en avant!; allons! (allez!); partons! (partez!); en route!; **~ fahren, gehen, sich ~ bewegen** avancer; SPORT **Rolle** *f* **~** roulade *f* avant
'**vorwärtsbringen** *v/t* ⟨*irr, sép*, -ge-, h⟩ (*fördern*) faire avancer, progresser
'**Vorwärtsgang** *m* AUTO marche *f* avant
'**vorwärtsgehen** F *v/i* ⟨*irr, sép*, -ge-, sein⟩ avancer; progresser; **gut ~** aller bon train
'**vorwärtskommen** *v/i* ⟨*irr, sép*, -ge-, sein⟩ avancer; progresser; faire des progrès; *im Leben* faire son chemin
'**Vorwäsche** *f* prélavage *m*
vor'weg *adv* **1.** (*zuvor*) d'avance; à l'avance; **2.** (*voraus*) en tête; **3.** (*vor allem*) surtout; **2nahme** *f* ⟨~⟩ anticipation *f*; **~nehmen** *v/t* ⟨*irr, sép*, -ge-, h⟩ anticiper
'**Vorweihnachtszeit** *f* ⟨~⟩ période *f* qui précède Noël; semaines *f/pl* avant Noël
'**vorweisen** *v/t* ⟨*irr, sép*, -ge-, h⟩ montrer; faire voir; *Ausweis etc* présenter; produire; *fig* **einiges vorzuweisen haben** avoir beaucoup de choses à son actif
'**vorwerfen** ⟨*irr, sép*, -ge-, h⟩ **I** *v/t*. **1.** (*zum Vorwurf machen*) **j-m etw ~** reprocher qc à qn; **2.** (*hinwerfen*) **e-m Tier etw ~** jeter qc à un animal; **II** *v/réfl*

sich (*dat*) **etw ~** se reprocher qc; **sich** (*dat*) **nichts vorzuwerfen haben** n'avoir rien à se reprocher
'**vorwiegend** *adv* surtout; (*in der Mehrheit*) pour la plupart; en majorité
'**vorwitzig** *adj* Bemerkung, Kind trop curieux, -ieuse; indiscret, -ète; (*frech*) impertinent
'**Vorwort** *n* ⟨~(e)s; ~e⟩ avant-propos *m*; préface *f*; **zu e-m Buch ein ~ schreiben** préfacer un livre
'**Vorwurf** *m* reproche *m*; **j-m Vorwürfe machen** faire des reproches à qn; **sich** (*dat*) **wegen etw Vorwürfe machen** se faire des reproches à cause de qc; **j-m etw zum ~ machen** reprocher qc à qn; **er macht es ihr zum ~, daß** il lui reproche que (+*subj*)
'**vorwurfsvoll** *adj* plein de reproches; (*mißbilligend*) réprobateur, -trice; **II** *adv* d'un air de reproche; sur un ton réprobateur, de reproche
'**vorzählen** ⟨*sép*, -ge-, h⟩ **I** *v/t* **j-m Geld ~** compter de l'argent devant qn, sous les yeux de qn; **II** *v/i* **j-m ~ zum Lernen** montrer à qn comment compter
'**Vorzeichen** *n* **1.** MATH signe *m*; **mit umgekehrtem ~** de signe contraire (*a fig*); **2.** *fig* (*Omen*) signe précurseur, avant-coureur; présage *m*; augure *m*; **unter guten ~** sous de bons auspices; **3.** MUS altération *f*
'**vorzeichnen** *v/t* ⟨-ete, *sép*, -ge-, h⟩ tracer (*a fig*); **j-m etw ~** dessiner, tracer un modèle à qn
'**vorzeigbar** F *adj* Person, Raum présentable
'**vorzeigen** *v/t* ⟨*sép*, -ge-, h⟩ montrer; *Ausweis etc* à présenter; *Hände etc* à faire voir; *fig* **zum 2 ~** qu'on aime montrer; qui fait plaisir à voir; présentable
'**Vorzeit** *f* **in grauer ~** dans la nuit des temps
vor'zeiten *litt adv* jadis; autrefois; il y a bien longtemps
'**vorzeitig** *adj* prématuré; anticipé **II** *adv* avant le temps, l'heure, terme
'**Vor'zelt** *n* auvent *m*; **~zensur** *f* SCHULE note *f* préalable
'**vorziehen** *v/t* ⟨*irr, sép*, -ge-, h⟩ **1.** (*lieber mögen*) préférer; (*bevorzugt behandeln*) accorder un traitement de faveur à; **es ~, etw zu tun** préférer faire qc; **vorzuziehen sein** être préférable; **etw e-r Sache** (*dat*) **~** préférer qc à qc; **bestimmte Schüler zieht sie vor** *a* F certains élèves sont ses chouchous; F elle a ses chouchous. **2.** (*zuziehen*) Vorhang etc tirer; **3.** *zeitlich* avancer; anticiper; **vorgezogene Wahlen** *f/pl* élections anticipées; **4.** (*nach vorn ziehen*) Möbel etc avancer; **5.** F (*her~*) sortir (**unter** [+*dat*] de dessous)

'**Vorzimmer** *n* antichambre *f*; *par ext a* secrétariat *m*; **~dame** F *f* secrétaire (particulière)
'**Vorzug** *m* **1.** (*gute Eigenschaft*) qualité *f*; (*Vorteil*) avantage *m*; **den ~ haben zu** (+*inf*) avoir l'avantage de (+*inf*); **sie hat auch ihre Vorzüge** elle a aussi ses bons côtés; **2.** ⟨*sans pl*⟩ préférence *f*; (*Vorrang*) priorité *f*; **j-m, e-r Sache den ~ geben** donner, accorder la préférence à qn, qc; préférer qn, qc; **3.** (*Vergünstigung*) avantage *m*; (*Vorrecht*) privilège *m*; **die Vorzüge s-r Position genießen** jouir des avantages de sa position
vorzüglich [foːrˈtsyːklɪç] **I** *adj* excellent; supérieur; *Speisen a* exquis; succulent; **von ~er Qualität** de première qualité; de qualité supérieure; **II** *adv* à merveille; admirablement; **~ speisen** prendre un repas excellent, exquis, succulent
'**Vorzugs|aktie** *f* action privilégiée, de priorité; **~milch** *f* lait *m* de première qualité; **~preis** *m* prix *m* de faveur; **~stellung** *f* position privilégiée; **2weise** *adv* de préférence
votieren [voˈtiːrən] *st/s v/i* ⟨*pas de ge-*, h⟩ voter, donner sa voix (**für** pour, **gegen** contre); **mit Ja ~** voter oui
Votiv|bild [voˈtiːfbɪlt] *n* CATH tableau votif; ex-voto *m*; **~kapelle** *f* CATH chapelle votive
Votum [ˈvoːtʊm] *n* ⟨~s; Voten *ou* Vota⟩ **1.** POL (*Stimme*) vote *m*; suffrage *m*; voix *f*; **2.** *st/s* (*Entscheidung*) vote *m*; **ein eindeutiges ~ für ...** un oui, vote sans équivoque pour, en faveur de ...
Voyeur [voaˈjøːr] *m* ⟨~s; ~e⟩ PSYCH voyeur *m*
VP¹ *abr* (*Vollpension*) pension complète
VP² [faʊˈpeː] ⟨~⟩ *HIST DDR abr* (*Volkspolizei*) **die ~** la police populaire
vulgär [vʊlˈgɛːr] *adj* vulgaire; trivial; **2ausdruck** *m* ⟨~(e)s; -drücke⟩ mot *m*, expression *f* vulgaire; **2latein** *n* latin *m* vulgaire
Vulkan [vʊlˈkaːn] *m* ⟨~s; ~e⟩ volcan *m*; **erloschener, tätiger ~** volcan éteint, en activité
Vul'kanausbruch *m* éruption *f* volcanique
vul'kan|isch *adj* volcanique; **~i'sieren** *v/t* ⟨*pas de ge-*, h⟩ TECH vulcaniser
Vulka'nismus *m* ⟨~⟩ GÉOL volcanisme *m*
Vul'kankunde *f* ⟨~⟩ volcanologie *f*
VW [faʊˈveː] *m* ⟨~(s); ~s⟩ *Wz abr* (*Volkswagen*) **1.** ⟨*sans article*⟩ Firma Volkswagen; **2. der, ein ~ Auto** la, une Volkswagen
VWL [faʊveːˈʔɛl] ⟨~⟩ *abr cf* **Volkswirtschaftslehre**

W

W, w [ve:] *n* ⟨~; ~⟩ Buchstabe W, w *m*
W *abr* **1.** ÉLECT (*Watt*) W (watt); **2.** (*West*[*en*]) O. (ouest)
WAA [ve:ʔaːˈʔaː] *f* ⟨~; ~s⟩ *abr* NUCL (*Wiederaufbereitungsanlage*) usine *f* de retraitement (de déchets nucléaires)
Waadt [vaː(ː)t] ⟨→ *n/pr*⟩ *die ~, der Kanton ~* le canton de Vaud
Waadtland ⟨~*n/pr*⟩ *das ~* le pays de Vaud
Waadtländer(in) *m* ⟨~s; ~⟩ (*f*) ⟨~; ~nen⟩ Vaudois(e) *m*(*f*)
waadtländisch *adj* vaudois
Waage ['vaːgə] *f* ⟨~; ~n⟩ **1.** TECH balance *f*; (*Brücken*2) bascule *f*; *fig sich die ~ halten* se contrebalancer; s'équilibrer; **2.** ASTR Balance *f*; **3.** SPORT équilibre horizontal
waagerecht I *adj* horizontal; de niveau; **II** *adv* horizontalement
Waagerechte *f* ⟨→ A⟩ **1.** Linie horizontale *f*; **2.** ⟨*sans pl*⟩ *Lage in der ~n* à l'horizontale
Waagschale *f* plateau *m* de balance; *fig etw in die ~ werfen* jeter qc dans la balance; *fig s-e Worte auf die ~ legen* peser ses mots
wabb(e)lig ['vab(ə)lɪç] F *adj* gélatineux, -euse; *Bauch, Hand etc* mou, molle; flasque
Wabe ['vaːbə] *f* ⟨~; ~n⟩ rayon *m* (de miel); gâteau *m* de cire, de miel
Wabenhonig *m* miel *m* en rayons
wach [vax] *adj* **1.** (*nicht schlafend*) (r)éveillé; *~ sein* être (r)éveillé; *~ werden* a *fig Erinnerungen etc* se réveiller; *~ liegen* rester éveillé; ne pas pouvoir dormir; *~ rütteln* (secouer pour) réveiller; tirer du sommeil; **2.** *fig* (*lebhaft*) vif, vive; (*aufgeweckt*) éveillé; (*wachsam*) vigilant; (*aufmerksam*) attentif, -ive; *~er Verstand* vive intelligence
Wachablösung *f* MIL relève *f* de la garde
Wachdienst *m* service *m* de garde; *~ haben* être de garde
Wache ['vaxə] *f* ⟨~; ~n⟩ **1.** ⟨*sans pl*⟩ Tätigkeit garde *f*; MAR quart *m*; *~ stehen, haben, ~ schieben* être de garde, de faction; monter la garde; MAR être de quart; **2.** (*Wachposten*) garde *f*; sentinelle *f*; MAR vigie *f*; *~n aufstellen* poster des sentinelles; *die ~ ablösen* relever la garde; **3.** (*Wachlokal*) poste *m* (de garde, de police); *j-n auf die ~ bringen* conduire qn au poste; **4.** (*das Wachen*) bei e-m Kranken, Toten veille *f*; (*Nacht*2) veillée *f*; *bei e-m Kranken ~ halten* veiller un malade
wachen *v/i* ⟨h⟩ **1.** (*aufpassen*) veiller; *~ über* (+*acc*) veiller sur; *darüber ~, daß ...* veiller à ce que ... (+*subj*); *bei j-m ~* veiller qn; **2.** *st/s* (*nicht schlafen*) être éveillé; ne pas dormir
Wachhabende(r) *m* ⟨→ A⟩ homme *m* de garde, de faction, MAR de quart
wachhalten *v/t* ⟨*irr, sép*, -ge-, h⟩ *Interesse etc* maintenir; soutenir
Wach|hund *m* chien *m* de garde; **~lokal** *n* poste *m* (de garde, de police); **~mann** *m* ⟨~(e)s; -männer *ou* -leute⟩ **1.** vigile *m*; **2.** *österr* (*Polizist*) agent *m* de police; **~mannschaft** *f* MIL (hommes *m/pl* de) garde *f*
Wacholder [vaˈxɔldər] *m* ⟨~s; ~⟩ **1.** Strauch genévrier *m*; genièvre *m* (*a Beere*); **2.** *cf Wacholderschnaps*; **~beere** *f* (baie *f* de) genièvre *m*; **~schnaps** *m* (eau-de-vie *f* de) genièvre *m*
Wachposten *m* poste *m* de garde; sentinelle *f*
wachrufen *v/t* ⟨*irr, sép*, -ge-, h⟩ **1.** Vergangenes évoquer; rappeler; remémorer; **2.** Interesse, Gefühle susciter; faire naître; éveiller
wachrütteln *v/t* ⟨-(e)le, *sép*, -ge-, h⟩ Gewissen etc secouer
Wachs [vaks] *n* ⟨~es; ~e⟩ cire *f*; (*Bohner*2) encaustique *m*; (*Ski*2) fart *m*; *sie ist (wie) ~ in s-n Händen* il fait d'elle tout ce qu'il veut
wachsam *adj* vigilant; sur le qui-vive; *~ sein* à être sur ses gardes; ouvrir l'œil; *ein ~es Auge auf etw, j-n haben* avoir l'œil (ouvert) sur qc, qn; avoir qc, qn à l'œil
Wachsamkeit *f* ⟨~⟩ vigilance *f*
wachsen¹ ['vaksn] *v/i* ⟨wachst, wuchs, gewachsen sein⟩ **1.** *st/s* croître; Menschen, Tiere grandir; Pflanzen, Bart, Fingernägel, F Kinder pousser; *in die Höhe ~* Baum etc pousser en hauteur; Kletterpflanze grimper; Mensch *gut gewachsen sein* bien bâti; bien fait (de sa personne); *fig e-r Sache* (*dat*) *gewachsen sein* être à la hauteur de qc; *fig j-m gewachsen sein* être de taille, de force à se mesurer avec qn; **2.** (*zunehmen*) augmenter; s'accroître; (*sich ausdehnen*) s'étendre; se développer
wachsen² *v/t* ⟨-(es)t, h⟩ (*mit Wachs einreiben*) cirer; Ski farter
wachsend *adj* croissant; grandissant (*beide a fig*)
wächsern ['vɛksərn] *adj* **1.** (*aus Wachs*) en *od* de cire; **2.** *fig Blässe etc* de cire; cireux, -euse
Wachs|figur *f* figurine *f*, lebensgroße figure *f* en *od* de cire; **~figurenkabinett** *n* cabinet *m*, musée de figures de cire; **~kerze** *f* bougie *f* (en cire); *in Kirchen* cierge *m*; **~malkreide** *f*, **~malstift** *m* crayon *m* (de couleur en) cire

Wachsoldat *m* sentinelle *f*; *e-s Garderegiments* garde *m*; soldat *m* de la garde
Wachspapier *n* papier ciré
wächst [vɛkst] *cf wachsen¹*
Wach|station *f im Krankenhaus* service *m* de réanimation; **~stube** *f cf Wachlokal*
Wachstuch *n* ⟨~(e)s; -tücher⟩ toile cirée
Wachstum *n* ⟨~s⟩ BIOL, ÉCON, *fig* croissance *f*; ÉCON *a* expansion *f*
wachstums|fördernd *adj* favorable à la croissance; **~hemmend** *adj* défavorable à la croissance; **2hormon** *n* hormone *f* de croissance; **2rate** *f* ÉCON taux *m* d'expansion *od* de croissance; **2störung** *f* MÉD trouble *m* de croissance
Wacht [vaxt] *poét f* ⟨~; ~en⟩ garde *f*
Wächte ['vɛçtə] *f* ⟨~; ~n⟩ congère *f* en surplomb
Wachtel ['vaxtəl] *f* ⟨~; ~n⟩ ZO caille *f*
Wächter(in) ['vɛçtər(ɪn)] *m* ⟨~s; ~⟩ ⟨~; ~nen⟩ garde *m*; gardien, -ienne *m,f*; *e-r Wach- u Schließgesellschaft* vigile *m*
Wachtmeister *m* (*Polizist*) agent *m* de police; *Herr ~!* Monsieur l'agent!
Wachtposten *m cf Wachposten*
Wachtraum *m* rêve éveillé
Wach(t)turm *m* FORTIF tour *f* de guet; MIL mirador *m*
Wach- und Schließgesellschaft *f* société (privée) de surveillance
Wachzustand *m* état *m* de veille
wackelig *adj* **1.** (*nicht stabil*) branlant (*a Zahn*); vacillant, *Stuhl, Tisch a* boiteux, -euse; **2.** F Person (chancelant; **3.** F *fig Arbeitsplätze etc* menacé; Kompromiß, Frieden boiteux, -euse; Unternehmen etc (qui est) en difficulté; qui bat de l'aile
Wackelkontakt *m* ÉLECT mauvais contact
wackeln ['vakəln] *v/i* ⟨-(e)le, h⟩ **1.** Dinge branler (*a Zahn*); vaciller; Tisch, Stuhl être branlant, boiteux, -euse; F *er brüllt, daß die Wände ~* F il gueule comme un âne; F *fig sein Stuhl wackelt* sa position est menacée; **2.** *mit dem Kopf ~* branler, dodeliner de la tête; *mit den Hüften ~* se déhancher; **3.** F ⟨sein⟩ (*unsicher gehen*) chanceler; tituber; **4.** F *fig Stellung etc* être menacé; Unternehmen etc être mal en point *od* en difficulté
Wackelpudding F *m* entremets à base de gélatine
wacker ['vakər] *st/s, oft iron* **I** *adj* **1.** (*rechtschaffen*) brave; *st/s* probe; **2.** (*mutig*) *st/s* vaillant; **II** *adv* bravement; *st/s* vaillamment

wacklig cf **wackelig**
Wade ['vaːdə] f ⟨~; ~n⟩ ANAT mollet m
Wadenbein n ANAT péroné m
Wadenkrampf m e-n ~ haben avoir une crampe dans le mollet
Waffe ['vafə] f ⟨~; ~n⟩ a fig arme f; st/s **in, unter ~n** (dat) sous les armes; **mit der ~ in der Hand** l'arme à la main; st/s **zu den ~n rufen** appeler aux armes; st/s **die ~n sprechen lassen** recourir, avoir recours aux armes; st/s **die ~n strecken** déposer, rendre les armes; capituler (a fig); fig **j-n mit s-n eigenen ~n schlagen** battre qn avec ses propres armes; fig **e-e wirksame ~ gegen den Krebs** une arme efficace contre le cancer
Waffel ['vafəl] f ⟨~; ~n⟩ **1.** gaufre f; kleine gaufrette f; **2.** (Eis2) cornet m de glace; **~eisen** n gaufrier m; moule m à gaufres
Waffenarsenal n arsenal m
Waffenbesitz m (unerlaubter) ~ détention (illégale) d'armes
Waffen|embargo n embargo m sur les armes; **~gattung** f MIL arme f
Waffengewalt f ⟨~⟩ **mit ~** par la force des armes
Waffen|handel m trafic m d'armes; **~händler** m armurier m; illegaler trafiquant m d'armes; **~lager** n dépôt m d'armes; **~lieferung** f fourniture f d'armes; **~rock** m HIST tunique f; **~ruhe** f suspension f des hostilités; trêve f; **~schein** m permis m de port d'armes; **~schmied** m HIST armurier m; **~schmuggel** m contrebande f d'armes
Waffenstillstand n armistice m; **den ~ einhalten, brechen** respecter, rompre l'armistice
Waffenstillstands|abkommen n convention f d'armistice; **~linie** f ligne f d'armistice; **~verhandlungen** f/pl pourparlers m/pl d'armistice
Waffentechnik f ⟨~⟩ (technique f de l')armement m
Wage|mut m audace f; goût m du risque; **2mutig** adj audacieux, -ieuse
wagen ['vaːgən] ⟨h⟩ **I** v/t **1.** (den Mut zu etw haben) oser (etw zu tun) faire qc; **es ~, etw zu tun** a se risquer, se hasarder, s'aventurer à faire qc; **wie können Sie es ~!** comment pouvez-vous oser!; prov **wer wagt, gewinnt** od **frisch gewagt ist halb gewonnen** prov la fortune sourit aux audacieux; prov qui ne risque rien n'a rien; **2.** (aufs Spiel setzen) risquer; mettre en jeu; **sein Leben ~** risquer sa vie; **II** v/réfl **sich in** [+acc], **aus etw ~** s'aventurer, se risquer dans qc, 'hors de qc; **sich an etw** (acc) **~** oser s'attaquer à qc
Wagen ['vaːgən] m ⟨~s; ~⟩ **1.** Transportmittel, (Auto, Pferde2) voiture f; (Hand2) chariot m; auf zwei Rädern charrette f; (Eisenbahn2) wagon m; F fig **j-m an den ~ fahren** rentrer dans le chou à qn; fig **sich (nicht) vor j-s ~ spannen lassen** (se refuser à) devenir l'instrument de qn; **2.** der Schreibmaschine chariot m; **3.** ASTR **der Große, Kleine ~** la Grande, Petite Ourse
wägen ['vɛːgən] st/s v/t (régulier ou wägt, wog, gewogen, h) (ab~) peser; soupeser
Wagen|abteil n EISENBAHN compartiment m; **~burg** f HIST chariots disposés en cercle (dans un but défensif); **~führer** m conducteur m; **~heber** m cric m; **~ladung** f voiturée f; EISENBAHN wagonnée f; **~papiere** n/pl papiers m/pl d'un véhicule; **~park** m parc m automobile; EISENBAHN matériel roulant; **~rad** n roue f de voiture, de charrette; **~schlag** m portière f; **~schmiere** f cambouis m; **~tür** f portière f; **~typ** m type m (d'une voiture); **~wäsche** f ⟨~; ~n⟩ lavage m de la voiture
Waggon ['vaɡɔ̃ː ou -'gɔ̃ ou -'ɡoːn] m ⟨~s; ~s, österr a ~e⟩ wagon m; **~ladung** f wagonnée f; **2weise** adv **1.** (in vielen Waggons) par wagons entiers; **2.** (Waggon für Waggon) wagon par wagon
waghalsig adj Mensch téméraire; risque-tout (inv); Unternehmen 'hasardeux, -euse; très risqué
Wagnis n ⟨~ses; ~se⟩ risque m; entreprise 'hasardeuse, risquée
Wahl [vaːl] f ⟨~; ~en⟩ **1.** ⟨sans pl⟩ (Auswahl) choix m; e-s Themas bei e-r Prüfung etc option f; **die ~ haben** avoir le choix; **keine andere ~ haben, als zu** (+inf) ne pas avoir d'autre choix que de (+inf); **es bleibt keine andere ~** on n'a pas le choix; **frei nach ~** au choix; **s-e ~ treffen** faire son choix; **e-e gute, schlechte ~ treffen** faire un bon, mauvais choix; **es stehen drei Menüs zur ~** on a le choix entre trois menus; il y a trois menus au choix; **in die engere ~ kommen** être retenu au cours d'une première sélection; **die ~ fiel auf ihn** il a été choisi; prov **wer die ~ hat, hat die Qual** il a, nous avons, vous avez, etc l'embarras du choix; **2.** e-s Abgeordneten, Präsidenten etc élection f; vote m; (Art der ~) scrutin m; **geheime ~** scrutin secret; **(in)direkte ~** scrutin, suffrage (in)direct; **~en zum Bundestag** élections au Bundestag; élections législatives; **sich zur ~ stellen** se porter candidat; poser sa candidature; **zur ~ gehen** (aller) voter; aller aux urnes; **3.** COMM **erster, zweiter, dritter ~** de premier, deuxième, troisième choix; fig **zweiter ~** de deuxième catégorie; de second plan
Wahl|aufruf m appel m aux urnes; **~ausgang** m résultat m des élections; **~ausschuß** m comité électoral
wählbar adj éligible; **nicht ~** inéligible
Wahlbenachrichtigung f convocation envoyée aux électeurs (inscrits)
wahlberechtigt adj **~ sein** avoir le droit de vote
Wahl|berechtigte(r) f(m) électeur, -trice m,f (inscrit[e]); **~beteiligung** f ⟨~⟩ participation électorale; **~bezirk** m circonscription électorale; **~bündnis** n alliance électorale; **bei Listenwahl** apparentement m
wählen ['vɛːlən] ⟨h⟩ **I** v/t **1.** (aus~) choisir; bei e-r Alternative opter pour; **den rechten Augenblick ~** choisir le bon moment; **2.** TÉL Nummer composer; **3.** durch Abstimmung élire; **j-n in den Bundestag ~** élire qn à la Bundestag; **j-n zum Präsidenten ~** élire qn à la présidence; **4.** (stimmen für) voter pour; **II** v/i **5.** choisir (**zwischen** [+dat] entre); faire son choix; **im Restaurant haben Sie schon gewählt?** avez-vous (déjà) fait votre choix?; **6.** TÉL composer le numéro; **7.** POL voter; **rechts ~** voter à droite; **nächstes Jahr wird gewählt** il y a des élections l'année prochaine; **nicht ~** s'abstenir
Wähler(in) m ⟨~s; ~⟩ (f) ⟨~; ~nen⟩ POL électeur, -trice m,f; pl **die ~** (Abstimmende) les votants m/pl
Wählerauftrag m mandat (confié par les électeurs à l'élu)
Wahl|erfolg m succès électoral; **~ergebnis** n résultat m des élections
wählerisch adj difficile (**in** [+dat] sur); **~ sein** être difficile; faire le bzw la difficile; **beim Essen** faire la fine bouche
Wähler|liste f liste électorale; **~schaft** f ⟨~⟩ corps électoral; électeurs m/pl; **~stimme** f voix f; suffrage m
Wahlfach n SCHULE matière facultative, à option
Wahlfälschung f fraude électorale; pl **~en** élections truquées
Wahl|gang m tour m de scrutin; **~geheimnis** n secret m du vote; **~gesetz** n loi électorale; **~heimat** f patrie f d'adoption; pays m d'élection; **~kabine** f isoloir m; **~kampf** m campagne électorale; **~kreis** m circonscription (électorale); **~lokal** n bureau m de vote
wahllos adv sans discernement; au hasard; **~ zuschlagen** frapper au hasard, à l'aveuglette
Wahl|mann m ⟨~(e)s; -männer⟩ POL membre m d'un collège électoral; grand électeur; **~modus** m (mode m de) scrutin m; **~niederlage** f défaite électorale; **~periode** f législature f; **~pflicht** f ⟨~⟩ vote m obligatoire; **~pflichtfach** n SCHULE (matière f à) option f obligatoire; **~plakat** n affiche électorale; **~programm** n programme électoral; **~propaganda** f propagande électorale
Wahlrecht n ⟨~(e)s⟩ **1.** aktives droit m de vote; passives éligibilité f; **allgemeines ~** suffrage universel; **2.** (Rechtsvorschriften für die Wahl) législation électorale
Wahlrede f discours électoral
Wählscheibe f TÉL cadran m
Wahl|schein m formulaire de vote (par correspondance); **~sieg** m victoire électorale; **~spruch** m devise f; **~system** n système électoral; **~tag** m jour m de l'élection bzw des élections; **~urne** f urne électorale; **~versammlung** f réunion électorale; **~versprechungen** f/pl promesses électorales
Wahlverwandtschaft st/s f affinité f
Wahlvorstand m bureau électoral; comité électoral
wahlweise adv facultativement; au choix
Wahlzelle f isoloir m
Wahn [vaːn] m ⟨~(e)s⟩ **1.** st/s (Täuschung) illusion f; (Verblendung) aveuglement m; **2.** MÉD délire m; folie f
wähnen [ˈvɛːnən] st/s v/t ⟨h⟩ croire (à tort); s'imaginer; **sich in Sicherheit ~** se croire, s'imaginer en sécurité
Wahnsinn m ⟨~(e)s⟩ **1.** MÉD aliénation mentale; folie f; démence f; **in ~ verfallen** sombrer dans la démence; perdre la raison; F **du wirst mich noch in den ~ treiben!** tu finiras par me rendre fou!; **2.** F (Unvernunft) folie f; **das ist heller ~** c'est de la folie furieuse, de la pure

wahnsinnig – Walfisch

folie; **3.** F (*tolle Sache*) ~! F c'est dingue, dément!

'**wahnsinnig** I *adj* **1.** *MÉD* fou (fol), folle; dément; aliéné; ~ **werden** a *fig* devenir fou; ~ **machen** a *fig* rendre fou; *fig du bist ja* ~! tu es fou!; **2.** F *fig* (*sehr groß*) *Angst, Hunger, Durst* F terrible; *Schmerz, Angst* atroce; *Arbeit, Erfolg* F monstre; *Tempo* F dingue; **3.** (*unsinnig*) absurde; II F *adv* ~ **verliebt in j-n sein** être follement amoureux de qn; ~ **viel zu tun haben** F avoir un travail fou, monstre

'**Wahnsinnige(r)** *f(m)* ⟨→ A⟩ **1.** fou *m*, folle *f*; aliéné(e) *m(f)*; dément(e) *m(f)*; **2.** F *fig* F dingue *m,f*

'**Wahnsinns...** F *in Zssgn* F dingue

'**Wahnvorstellung** *f* fantasme *m*; (*Zwangsvorstellung*) obsession *f*

'**wahnwitzig** *adj* démentiel, -ielle; insensé; absurde

wahr [vaːr] *adj* **1.** (*der Wahrheit entsprechend*) vrai; véridique; *e-e* ~*e Geschichte* une histoire véridique, vraie; *ist das wirklich* ~? tu es *bzw* vous êtes sûr(s) que c'est vrai?; F *fig das kann doch nicht* ~ *sein!* F c'est pas vrai!; *etw für* ~ *halten* tenir qc pour vrai; croire qc; ~ *werden* se réaliser; *sich als* ~ *herausstellen* s'avérer exact; se confirmer; *nicht* ~? n'est-ce pas?; *so* ~ *ich hier stehe!* aussi vrai que je suis ici!; *etw* ⚥*es wird schon daran sein* il y a sûrement du vrai là-dedans; **2.** (*épithète*) (*tatsächlich*) véritable; vrai; réel, -elle; (*echt*) authentique; *ein* ~*er Freund* un vrai, véritable ami; *es ist ein* ~*es Vergnügen* c'est un vrai plaisir; *der* ~*e Grund* la véritable raison; *der* ~*e Wert* la valeur réelle; F *fig das ist auch nicht das* ⚥*e* ce n'est pas (non plus) l'idéal

wahren ['vaːrən] *st/s v/t* ⟨h⟩ **1.** *Interessen, Rechte* sauvegarder; défendre; **2.** *Geheimnis* garder; **3.** *Anschein* sauver; *Form* respecter; *Distanz* ~ garder, tenir ses distances

währen ['vɛːrən] *st/s v/i* ⟨h⟩ durer; *lange* ~*de Trockenheit* sécheresse persistante; *es währte nicht lange, bis sie wieder erschien* elle n'a pas tardé à réapparaître; *prov was lange währt, wird endlich gut prov* tout vient à point à qui sait attendre

'**während** I *prép* ⟨*gén*⟩ pendant; durant; *ich habe ihn* ~ *des ganzen Tages nicht gesehen* je ne l'ai pas vu de la journée; II *conj* **1.** *zeitlich* pendant que ... (+*ind*); tandis que ... (+*ind*); **2.** (*wohingegen*) tandis que ...; alors que ... (+*ind*)

während'**dem** F, ~'**des** *st/s*, ~'**dessen** *adv* pendant, durant ce temps

'**wahrhaben** *v/t* ⟨*seulement inf*⟩ *etw nicht* ~ *wollen* ne pas vouloir convenir de, admettre qc

'**wahrhaft** *st/s* I *adj* véridique; (*aufrichtig*) sincère; de bonne foi; II *adv* (*wirklich*) réellement; vraiment; véritablement

wahr'**haftig** I *st/s adj cf* **wahrhaft** I; II *adv* vraiment; *beteuernd* ~! vraiment!; ma foi!; *erstaunt* ~? vraiment?

Wahr'**haftigkeit** *st/s f* ⟨~⟩ véracité *f*; (*Aufrichtigkeit*) sincérité *f*; bonne foi

'**Wahrheit** *f* ⟨~; ~en⟩ **1.** ⟨*sans pl*⟩ vérité *f*; *die nackte* ~ la pure vérité; *die* ~

sagen dire vrai; dire la vérité; *bei der* ~ *bleiben* s'en tenir à la vérité; *die* ~ *liegt in der Mitte* la vérité est entre les deux; *in* ~ en vérité; en réalité; **2.** (*Erkenntnis*) *j-m ein paar unangenehme* ~*en sagen* dire à qn quelques vérités désagréables; *PHILOS absolute* ~*en* vérités absolues

'**Wahrheits**|**findung** *f* ⟨~⟩ recherche *f* de la vérité; ~**gehalt** *m* degré *m* de véracité

'**wahrheits**|**gemäß**, ~**getreu** I *adj* conforme, fidèle à la vérité; vrai; véridique; II *adv* conformément à la vérité; ⚥**liebe** *f* ⟨~⟩ amour *m* de la vérité; ~**liebend** *adjt* véridique; sincère; de bonne foi

'**wahrlich** *st/s adv* en vérité; ~! vraiment!; ma foi!

'**wahrnehmbar** *adj* perceptible

'**wahrnehmen** *v/t* ⟨*irr, sép*, -ge-, h⟩ **1.** *sinnlich* percevoir; (*hören*) entendre; (*sehen*) voir; (*bemerken*) remarquer; s'apercevoir de; *flüchtig* apercevoir; **2.** *Gelegenheit* profiter de; saisir; *s-e Rechte* faire valoir; **3.** (*vertreten*) *j-s Interessen* sauvegarder, défendre les intérêts de qn; **4.** *Funktion etc* assurer; remplir

'**Wahrnehm**|**ung** *f* ⟨~s; ~en⟩ **1.** sinnliche perception *f*; *PHILOS* aperception *f*; **2.** *von Interessen etc* sauvegarde *f*; défense *f*; ~**ungsvermögen** *n* ⟨~s⟩ perception *f*

'**wahrsagen** ⟨*insép ou sép*, ge- *ou* -ge-, h⟩ I *v/t j-m etw* ~ prédire qc à qn; *j-m* ~*, daß* ... prédire à qn que ...; II *v/i* prédire l'avenir; dire la bonne aventure; *aus der Hand* ~ lire les lignes de la main; *sich* (*dat*) ~ *lassen* se faire dire la bonne aventure

'**Wahrsager(in)** *m* ⟨~s; ~⟩ (*f*) ⟨~; ~nen⟩ diseur, -euse *m,f* de bonne aventure; *aus der Hand* ~ chiromancien, -ienne *m,f*; (*Kartenlegerin*) tireuse *f* de cartes

Wahrsage'**rei** *f* ⟨~⟩ prédiction *f* de l'avenir; *aus der Hand* chiromancie *f*

wahr'**scheinlich** I *adj* vraisemblable; probable; II *adv* vraisemblablement; probablement; sans doute; *er wird* ~ *morgen fahren* il est probable qu'il parte demain

Wahr'**scheinlichkeit** *f* ⟨~; ~en⟩ vraisemblance *f*; probabilité *f*; *aller* ~ *nach* selon toute vraisemblance

Wahr'**scheinlichkeits**|**grad** *m* degré *m* de probabilité; ~**rechnung** *f* ⟨~⟩ *MATH* calcul *m* des probabilités

'**Wahrung** *f* ⟨~⟩ **1.** *der Interessen etc* sauvegarde *f*; défense *f*; *unter ausdrücklicher* ~ *unserer Rechte* sous toute réserve quant à nos droits; **2.** (*Bewahrung*) *die* ~ *dieses Geheimnisses ist oberstes Gebot* il est très important de ne pas dévoiler ce secret; **3.** *e-s bestimmten Zustandes etc* maintien *m*

'**Währung** *f* ⟨~; ~en⟩ monnaie *f*; *harte* ~ monnaie forte; *in fremder* ~ en devises

'**Währungs...** *in Zssgn meist* monétaire; ~**abkommen** *n* accord *m* monétaire; ~**ausgleichsfonds** *m* fonds *m* d'égalisation des changes; ~**einheit** *f* unité *f* monétaire; ~**fonds** *m* fonds *m* monétaire; ~**gebiet** *n* zone *f* monétaire; ~**krise** *f* crise *f* monétaire; ~**politik** *f*

politique *f* monétaire; ~**reform** *f* réforme *f* monétaire; ~**schlange** *f* *FIN* serpent *m* monétaire; ~**system** *n* système *m* monétaire; ~**umstellung** *f* conversion *f* monétaire; ~**union** *f* union *f* monétaire

'**Wahrzeichen** *n* emblème *m*; symbole *m*; *das* ~ *von Paris* l'emblème de Paris

Waise ['vaɪzə] *f* ⟨~; ~n⟩ orphelin(e) *m(f)*

'**Waisen**|**haus** *n* orphelinat *m*; ~**kind** *n* *cf* **Waise**

'**Waisenknabe** *m* orphelin *m*; F *fig er ist ein od der reinste* ~ *gegen ihn* il ne lui arrive pas à la cheville

'**Waisenrente** *f* pension *f* d'orphelin

Wal [vaːl] *m* ⟨~(e)s; ~e⟩ *ZO* baleine *f*

Walachei [vala'xaɪ] ⟨→ *n/pr*⟩ *GÉOGR die* ~ la Valachie; F *fig in der* ~ en pleine brousse

Wald [valt] *m* ⟨~(e)s; ~er⟩ forêt *f*; *kleinerer bois m*; *tief im* ~ au fin fond de la forêt, des bois; *fig ein* ~ *von Antennen* une forêt d'antennes; *fig er sieht den* ~ *vor lauter Bäumen nicht* les arbres lui cachent la forêt; *prov wie man in den* ~ *hineinruft, so schallt es heraus* on récolte toujours ce qu'on a semé; on reçoit toujours la monnaie de sa pièce

'**Waldameise** *f* *ZO* **rote** ~ fourmi *f* rouge

'**Wald**|**arbeiter** *m* ouvrier *m* des Eaux et Forêts; ~**bestand** *m* forêts *f/pl*; (*Waldfläche*) surface boisée; ~**boden** *m* sol forestier; ~**brand** *m* incendie *m* de forêt

'**Wäldchen** ['vɛltçən] *n* ⟨~s; ~⟩ petit bois; bosquet *m*

'**Walderdbeere** *f* **1.** *Beere* fraise *f* des bois; **2.** *Pflanze* fraisier *m* des bois

'**Waldesrauschen** *poét n* bruissement *m* de la forêt

'**Wald**|**frevel** *m* délit forestier; ~**gebiet** *n* zone boisée; région forestière; ~**geist** *m* ⟨~(e)s; ~er⟩ *MYTH* sylvain *m*; ~**gott** *m* *MYTH* divinité *f* sylvestre; ~**grenze** *f* limite supérieure des forêts; ~**horn** *n* cor *m* de chasse

'**waldig** *adj* boisé

'**Wald**|**kauz** *m* hulotte *f*; chat-huant *m*; ~**land** *n* ⟨~(e)s⟩ terrain boisé; ~**lauf** *m* jogging *m* (en forêt); ~**lehrpfad** *m* parcours forestier jalonné de panneaux d'information (botanique); ~**meister** *m* ⟨~s⟩ *BOT* aspérule odorante; reine *f* des bois

Waldorfschule ['valdɔrfʃuːlə] *f* école *f* (Rudolf) Steiner

'**Wald**|**rand** *m* lisière *f* de la forêt, du bois; ⚥**reich** *adj* boisé; riche en forêts, en bois; ~**reichtum** *m* ⟨~s⟩ richesses forestières; ~**saum** *st/s m* ~ *e* lisière *f* du bois; ~**schaden** *m* dégât, dommage causé à des forêts; ~**schrat(t)** *m* *cf* **Waldgeist**; ~**spaziergang** *m* promenade *f* en forêt; ~**sterben** *n* dépérissement *m*, mort *f* des forêts; ~**stück** *n* parcelle boisée

'**Waldung** *f* ⟨~; ~en⟩ (*ausgedehnte*) ~**en** (vastes) régions boisées

'**Waldweg** *m* chemin forestier; *Spazierweg* sentier *m* à travers la forêt

Wales [veːls] *n* ⟨→ *n/pr*⟩ le pays de Galles

'**Walfang** *m* ⟨~(e)s⟩ pêche *f* à la baleine

'**Wal**|**fänger** ['vaːlfɛŋər] *m* ⟨~s; ~⟩ **1.** *Person* baleinier *m*; **2.** *Schiff* baleinière *f*; ~**fisch** F *m* baleine *f*

Waliser(in) [vaˈliːzər(ɪn)] *m* ⟨~s; ~⟩ (f) ⟨~; ~nen⟩ Gallois(e) *m(f)*
waˈlisisch *adj* gallois
walken [ˈvalkən] *v/t* ⟨h⟩ TEXT fouler
Walkie-talkie [ˈwɔːkɪˈtɔːkɪ] *n* ⟨~(s); ~s⟩ talkie-walkie *m*
Walkman [ˈwɔːkmən] *m* ⟨~s; -men⟩ Wz baladeur *m*; walkman *m* (*nom déposé*)
Walküre [valˈkyːrə] *f* ⟨~; ~n⟩ MYTH Walkyrie *f*
Wall [val] *m* ⟨~(e)s; ≈e⟩ **1.** FORTIF rempart *m* (*a fig*); *par ext* (*Befestigungsanlage*) fortification *f*; **2.** (*Aufschüttung*) remblai *m*; levée *f* de terre
Wallach [ˈvalax] *m* ⟨~(e)s; ≈e⟩ (*cheval m*) 'hongre *m*
wallen [ˈvalən] *v/i* ⟨h⟩ **1.** *Gewässer, Flüssigkeiten* bouillonner; *Blut in den Adern* bouillir; **2.** *st/s* (*sich wellenförmig bewegen*) ondoyer; onduler; **3.** *st/s Stoff, Gewand, Haare* flotter
ˈwallfahren *v/i* ⟨*régulier, insép*, ge-, sein⟩ *nach Jerusalem* ~ aller, se rendre en pèlerinage à Jérusalem; faire le pèlerinage de Jérusalem
ˈWall|fahrer(in) *m(f)* pèlerin *m*; ~**fahrt** *f* pèlerinage *m*
ˈWallfahrts|kirche *f* église *f* de pèlerinage; ~**ort** *m* (lieu *m* de) pèlerinage *m*
ˈWallgraben *m* fossé *m* d'un rempart
Wallis [ˈvalɪs] ⟨→ *n/pr*⟩ *das* ~ le Valais
ˈWalliser(in) *m* ⟨~s; ~⟩ (f) ⟨~; ~nen⟩ Valaisan, -anne *m,f*
Wallon|e [vaˈloːnə] *m* ⟨~n; ~n⟩, ~**in** *f* ⟨~; ~nen⟩ Wallon, -onne *m,f*
Walˈlonien *n* ⟨→ *n/pr*⟩ la Wallonie
walˈlonisch *adj* wallon, -onne
ˈWallung *st/s f* ⟨~; ~en⟩ (*Erregung*) *in* ~ (*acc*) *bringen* mettre en effervescence, *st/s* en émoi; *in* ~ (*acc*) *geraten* s'enflammer; s'échauffer
Walmdach [ˈvalmdax] *n* toit *m* en croupe
Walnuß [ˈvalnʊs] *f* **1.** *Frucht* noix *f*; **2.** *Baum* noyer *m*; ~**baum** *m* noyer *m*; ~**schale** *f* coquille *f* de noix; *äußere, grüne* brou *m*
Walpurgisnacht [valˈpʊrɡɪsnaxt] *f* nuit *f* de Walpurgis; MYTH sabbat *m* des sorcières
Walroß [ˈvalrɔs] *n* ⟨-rosses; -rosse⟩ ZO morse *m*
Walstatt [ˈva(ː)lʃtat] *poét f* ⟨~; -stätten⟩ champ *m* de bataille
walten [ˈvaltən] *st/s* ⟨-ete, h⟩ **I** *v/t das walte Gott!* ainsi soit-il!; **II** *v/i* **1.** *Frieden, Ruhe etc* régner (*über* [+*acc*] sur); *Kräfte a* agir; exister; *hier waltet ein guter Geist* un bon esprit règne ici; *Gnade* ~ *lassen* user de clémence; **2.** *par ext Hausfrau im Haus etc* gouverner, diriger (la maison); commander (dans la maison); *Gott* ~ *lassen* laisser faire le Ciel
Walt(h)er [ˈvaltər] *m* ⟨→ *n/pr*⟩ Gaut(h)ier *m*; Walter *m*
Walze [ˈvaltsə] *f* ⟨~; ~n⟩ **1.** GEOMETRIE cylindre *m*; **2.** TECH cylindre *m*; *a* AGR rouleau *m*; (*Schreibmaschinen*⌕), *bei mechanischen Musikinstrumenten* cylindre *m*; (*Straßen*⌕) rouleau compresseur; **3.** ⟨*sans pl*⟩ veraltet (*Wanderschaft*) *auf der* ~ *sein* F être en vadrouille; F rouler sa bosse
ˈwalzen ⟨-(e)s; ~⟩ **I** *v/t* ⟨h⟩ TECH cylindrer; *im Walzwerk* laminer; *Straße* passer au rouleau; *Acker* rouler; **II** *v/i* ⟨h,*

doublé d'une indication de direction sein⟩ plais (*Walzer tanzen*) valser
wälzen [ˈvɛltsən] ⟨-(e)s, h⟩ *I v/t* **1.** *Felsbrocken etc* rouler; *fig die Schuld auf j-n* ~ rejeter, faire retomber la faute sur qn; **2.** (*hin und her* ~) rouler; CUIS *in Mehl* ~ rouler, passer dans la farine; **3.** F *fig Akten, Bücher* compulser; **4.** F *fig Probleme, Gedanken, Pläne im Kopf* tourner et retourner (dans sa tête); ruminer; **II** *v/réfl* **5.** (*sich wälzend fortbewegen*) *sich* ~ rouler; *die Lawine wälzte sich den Hang hinunter* l'avalanche a dévalé la pente; *fig Menschenmassen* ~ *sich durch die Straßen* des foules déferlent à travers les rues, *Stoff* **6.** (*sich hin und her* ~) *sich* ~ se rouler; se tourner et (se) retourner; *sich schlaflos im Bett* ~ se tourner et retourner dans son lit sans trouver le sommeil; *sich am Boden, im Schmutz* ~ se rouler par terre, dans la boue
ˈwalzenförmig *adj* cylindrique
ˈWalzer *m* ⟨~s; ~⟩ valse *f*; ~ *tanzen* danser la valse; valser
ˈWälzer F *m* ⟨~s; ~⟩ F gros bouquin; F pavé *m*
ˈWalzertakt *m* rythme *m* de valse
ˈWälzlager *n* TECH palier *m* à rouleaux
Walz|stahl *m* acier laminé; ~**straße** *f*, ~**werk** *n* laminoir *m*
Wampe [ˈvampə] F *péj f* ⟨~; ~n⟩ (*Wanst*) F bide *m*; F bedaine *f*
Wams [vams] *n* ⟨~es; ≈er⟩ HIST pourpoint *m*
wand [vant] *cf winden*[1]
Wand [vant] *f* ⟨~; ≈e⟩ **1.** *von Gebäuden* mur *m*; ~ *an* ~ *leben* être voisins; habiter porte à porte; F *in meinen vier Wänden* chez moi; entre mes quatre murs; *weiß wie e-e* ~ blanc comme un linge; *fig j-n an die* ~ *stellen* (*erschießen*) coller qn au mur; envoyer qn au poteau; *fig j-n an die* ~ *drücken* écraser qn; mettre qn au pied du mur; F *fig j-n an die* ~ *spielen* surclasser, éclipser qn; F *da könnte man die Wände hochgehen!* c'est à se taper la tête contre les murs; c'est à désespérer; F *es ist, als ob ich gegen e-e* ~ *rede* c'est comme si je crachais en l'air, je parlais à un mur; F *fig Krach machen, daß die Wände wackeln* F faire un boucan de tous les diables; **2.** (*Trenn*⌕) cloison *f*; *e-s Gefäßes, Zeltes*, ANAT paroi *f*; *spanische* ~ paravent *m*; *schalldichte* ~ cloison insonore; *durch e-e* ~ *trennen* cloisonner; **3.** (*Fels*⌕) paroi (rocheuse); roc *m*
Wandale [vanˈdaːlə] *m* ⟨~n; ~n⟩ **1.** HIST Vandale *m*; **2.** *fig* vandale *m*
Wandaˈlismus *m* ⟨~⟩ vandalisme *m*
ˈWandbehang *m* tapisserie *f*
Wandel [ˈvandəl] *m* ⟨~s⟩ changement *m*; *grundlegender transformation f; es hat sich ein* ~ *vollzogen* un changement s'est produit, opéré; *im* ~ *der Zeiten* au fil du temps
ˈWandel|gang *m* promenoir *m*; ~**halle** *f* THÉ foyer *m*
ˈwandeln ⟨-(e)le⟩ *I v/t* ⟨h⟩ (*ver*~) changer, transformer (*in* [+*acc*] en); **II** *st/s v/i* ⟨sein⟩ (*bedächtig spazieren*) déambuler; F *fig* ~**de Leiche**, ~**des Lexikon** cadavre, dictionnaire ambulant; **III** *v/réfl* ⟨h⟩ *sich* ~ changer; se changer, se transformer (*in* [+*acc*] en)

ˈWander... *in Zssgn* migrateur, -trice; migratoire; (*umherziehend*) ambulant; (*nomadisch*) nomade; ~**ausstellung** *f* exposition itinérante; ~**bücherei** *f* bibliobus *m*; ~**bühne** *f* comédiens ambulants; troupe ambulante; ~**düne** *f* dune mouvante
ˈWanderer *m* ⟨~s; ~⟩ randonneur *m*; marcheur *m*
ˈWander|falke *m* faucon *m* pèlerin; ~**gewerbe** *n* ⟨~s⟩ commerce ambulant; ~**heuschrecke** *f* criquet migrateur
ˈWanderin *f* ⟨~; ~nen⟩ randonneuse *f*
ˈWander|jahre HIST *n/pl* années *f/pl* de voyage; ~**karte** *f* topoguide *m*; ~**lied** *n* chanson *f* de route; ~**lust** *f* ⟨~⟩ goût *m* du voyage; humeur voyageuse, vagabonde
wandern [ˈvandərn] *v/i* ⟨-(e)re, sein⟩ **1.** *Person* faire une *bzw* une randonnée; faire de la marche; *durch Frankreich* ~ parcourir la France à pied; **2.** *Vögel, Völker* émigrer; *Düne, Sonne* se déplacer; *Wolken* passer; flotter; **3.** *fig Gedanken* errer; vagabonder; **4.** F *an e-n bestimmten Ort* F atterrir (*ins Gefängnis* en prison, *in den Papierkorb* dans la corbeille à papier)
ˈWander|niere *f* MÉD rein flottant; ~**pokal** *m* SPORT challenge *m*; ~**prediger** *m* prédicateur itinérant; ~**ratte** *f* rat gris, d'égout; *sc* surmulot *m*
ˈWanderschaft *f* ⟨~⟩ voyage *m* (à pied); *sich auf* ~ *begeben* partir pour une (grande) randonnée
ˈWanderschuh *m* chaussure *f* de marche
ˈWandersmann *m* ⟨~(e)s; -leute⟩ veraltet *cf Wanderer*
ˈWander|stock *m* bâton *m*; ~**tag** *m* SCHULE (journée *f* d')excursion
ˈWanderung *f* ⟨~; ~en⟩ **1.** (*Ausflug*) randonnée *f* (à pied); excursion *f* (pédestre); marche *f*; **2.** *von Völkern, Tieren* migration *f*
ˈWander|vogel F *m* (*begeisterter Wanderer*) passionné(e) *m(f)* de randonnée; ~**weg** *m* sentier *m* de (grande) randonnée; ~**zirkus** *m* cirque ambulant
ˈWand|fliese *f* carreau (mural); ~**gemälde** *n* peinture murale; fresque *f*; ~**kalender** *m* calendrier (mural); ~**lampe** *f*, ~**leuchter** *m* applique *f*
ˈWandlung *f* ⟨~; ~en⟩ **1.** changement *m*; grundlegende transformation *f*; **2.** CATH transsubstantiation *f*
ˈWand|malerei *f* peinture murale; ~**regal** *n* étagère murale; ~**schirm** *m* écran *m*; (*spanische Wand*) paravent *m*; ~**schrank** *m* placard *m*; ~**spiegel** *m* miroir mural; ~**tafel** *f* tableau noir
wandte [ˈvantə] *cf wenden*
ˈWand|teller *m* assiette décorative; ~**teppich** *m* tapisserie *f*; ~**uhr** *f* pendule, horloge murale; cartel *m*; ~**verkleidung** *f* revêtement *m*; hölzerne lambris *m*; boiserie *f*; ~**zeitung** *f* journal mural
Wange [ˈvaŋə] *f* ⟨~; ~n⟩ **1.** *st/s* (*Backe*) joue *f*; ~ *an* ~ joue contre joue; *mit glühenden* ~**n** les joues en feu; **2.** TECH *e-r Treppe* limon *m*
Wankelmotor [ˈvaŋkəlmoːtɔːr] *m* moteur *m* Wankel, à piston rotatif
ˈWankelmut *st/s m* versatilité *f*; (*Unbeständigkeit*) inconstance *f*; (*Unentschlossenheit*) irrésolution *f*; indécision *f*; flottements *m/pl*

wankelmütig ['vaŋkəlmy:tɪç] *st/s adj* versatile; (*unbeständig*) inconstant; (*unentschlossen*) irrésolu; indécis; flottant

wanken ['vaŋkən] *v/i* **1.** ⟨h⟩ (*schwanken*) chanceler; vaciller; *Knie* flageoler; *st/s nicht ~ und (nicht) weichen* ne pas céder un pouce de terrain; **2.** ⟨doublé d'une indication de direction sein⟩ *ins Zimmer ~* entrer dans la pièce en chancelant, en titubant; **3.** *st/s fig* ⟨h⟩ (*unsicher werden*) ~, *~d werden* chanceler; vaciller; être ébranlé

'**Wanken** *n* ⟨~s⟩ **1.** (*Schwanken*) vacillement *m*; fléchissement *m*; **2.** *st/s fig von Macht, Überzeugungen* ébranlement *m*; vacillement *m*; *ins ~ geraten* être ébranlé

wann [van] *adv* quand; *seit ~?* depuis quand?; *bis ~?* jusqu'à quand?; *von ~ an?* à partir de quand?; à partir de quelle date?; *von ~ bis ~?* de quelle date à quelle date?; de quand à quand?; *er kann kommen, ~ er will* il peut venir quand il veut; *dann und ~* de temps à autre; de temps en temps

Wanne ['vanə] *f* ⟨~; ~n⟩ **1.** (*Bade2*) baignoire *f*; *in die ~ gehen* prendre un bain; **2.** *TECH* baquet *m*; bassine *f*; cuve *f*; *AUTO* (*Öl2*) carter *m* d'huile

Wanst [vanst] *f pej m* ⟨~(e)s; ~e⟩ (*Bauch*) F bedaine *f*; F panse *f*; *sich* (*dat*) *den ~ vollschlagen* F s'en mettre plein la lampe

Want [vant] *f* ⟨~; ~en⟩ *od n* ⟨~s; ~en⟩ *MAR* 'hauban *m*

Wanze ['vantsə] *f* ⟨~; ~n⟩ **1.** *ZO* punaise *f*; **2.** F (*Abhörgerät*) micro clandestin

Wappen ['vapən] *n* ⟨~s; ~⟩ armoiries *f/pl*; armes *f/pl*; blason *m*

'**Wappen|kunde** *f* ⟨~⟩ (science *f*) héraldique *f*; **~schild** *m* blason *m*; écu *m*; écusson *m*; **~tier** *n* animal *m* héraldique

wappnen ['vapnən] *st/s v/réfl* (-ete, h) *sich mit Geduld ~* s'armer de patience; *sich gegen etw ~* s'armer contre qc

Waran [va'ra:n] *m* ⟨~s; ~e⟩ *ZO* varan *m*

warb [varp] *cf* **werben**

ward [vart] *cf* **werden**

Ware ['va:rə] *f* ⟨~; ~n⟩ marchandise *f*; (*Artikel*) article *m*; (*Produkt*) produit *m*; (*Lebensmittel*) denrée *f*; *erstklassige, hochwertige ~* marchandise de premier choix, de première qualité; *leicht verderbliche ~* denrée *f* périssable; *e-e ~ anpreisen* vanter une marchandise; faire l'article (pour une marchandise); *e-e ~ auf den Markt bringen* mettre un produit sur le marché; lancer un produit; *sich mit ~n eindecken* (re)faire son stock; s'approvisionner

'**Waren|absatz** *m* débit *m* de marchandises vendues; ventes *f/pl*; **~angebot** *n* offre *f* de marchandises; **~annahme** *f* réception *f* des marchandises; **~ausgabe** *f* remise *f*, délivrance *f* de marchandises; **~ausgänge** *m/pl COMM* sorties *f/pl*; **~bestand** *m* stock *m* (de marchandises); **~börse** *f* Bourse *f* de commerce, de marchandises; **~eingang** *m COMM* arrivage *m*; arrivée *f* de marchandises

'**Warenhaus** *n* grand magasin; **~detektiv** *m* détective *m* (dans un grand magasin); **~diebstahl** *m* vol *m* (dans un grand magasin)

'**Waren|korb** *m STATISTIK* panier *m* de la ménagère; **~lager** *n* **1.** dépôt *m* de marchandises; entrepôt *m*; **2.** *cf* **Warenbestand**; **~lieferung** *f* fourniture *f*, livraison *f* de marchandises; **~muster** *n*, **~probe** *f* échantillon *m*; spécimen *m*; **~sendung** *f* envoi *m* de marchandises; **~sortiment** *n* assortiment *m*; **~test** *m* test *m* de(s) marchandise(s), de(s) produit(s); essai comparatif; **~umsatz** *m* chiffre *m* des ventes; chiffre *m* d'affaires; **~umschlag** *m* rotation *f* des stocks

'**Warenverkehr** *m* circulation *f*, trafic *m* des marchandises; *der freie ~* la libre circulation des marchandises

'**Warenzeichen** *n* marque *f* de fabrique; *eingetragenes ~* marque déposée; nom déposé

warf [varf] *cf* **werfen**

warm [varm] I *adj* ⟨~er, ~ste⟩ **1.** hinsichtlich Temperatur chaud; *~es Essen* repas chaud; *etw 2es trinken* boire qc de chaud; *~e Länder n/pl* pays chauds; *werden* se réchauffer; *es ist ~* il fait chaud; *mir ist ~* j'ai chaud; *fig ~e Farben f/pl, Töne m/pl* couleurs chaudes, tons chauds; **2.** (*wärmend*) chaud; *~e Kleidung* vêtements chauds, qui tiennent chaud; **3.** (*lebhaft, herzlich*) chaleureux, -euse; chaud; *~e Worte n/pl* paroles chaleureuses; *~er Empfang* accueil chaleureux; *~e Anteilnahme* (une) vive sympathie; *~e Stimme* voix chaude; *~ werden an e-m Ort* se faire à; *mit j-m nicht ~ werden* ne pas s'entendre, sympathiser avec qn; **4.** F *péj ein ~er Bruder* (*Homosexueller*) F un pédé; II *adv* **1.** *hinsichtlich Temperatur* chaudement; **2.** *machen Speisen* faire chauffer; *~ baden* prendre un bain chaud; *~ essen, servieren* manger, servir chaud; *Speisen ~ stellen* mettre au chaud; *~ angezogen sein* être habillé chaudement; être bien couvert; *~ halten Speisen* tenir au chaud; *von Kleidern* tenir chaud; *SPORT sich ~ laufen* s'échauffer; **2.** (*nachdrücklich, herzlich*) chaleureusement; chaudement; *j-n ~ empfehlen* recommander qn chaudement

Warm|blüter ['varmbly:tər] *m* ⟨~s; ~⟩ animal *m* à sang chaud; **2blütig** *adj* à sang chaud

Wärme ['vɛrmə] *f* ⟨~⟩ **1.** *Zustand* chaleur *f*; *~ abgeben* dégager de la chaleur; *zwei Grad ~* deux (degrés) au-dessus de zéro; *fig die ~ s-r Stimme* la chaleur de sa voix; **2.** (*Herzlichkeit*) chaleur *f*; *mit ~* avec chaleur, chaudement; chaleureusement

'**Wärme|austauscher** *m* ⟨~s; ~⟩ *TECH* échangeur *m* de chaleur; **~belastung** *f* **1.** *ÉCOL* pollution *f* thermique; **2.** *TECH* charge *f* thermique; **2beständig** *adj* résistant à la chaleur; **~dämmung** *f* isolation *f* thermique; **2empfindlich** *adj* sensible à la chaleur; **~energie** *f* énergie *f* thermique; **~gewitter** *n* orage *m* de chaleur; **~grad** *m* degré *m* de chaleur; température *f*; **~haushalt** *m* ⟨~(e)s⟩ *der Erde* équilibre *m* thermique; *e-s Körpers* régulation *f* thermique; **2isolierend** *adjt* calorifuge; **~isolierung** *f* isolation *f* thermique;

~kraftwerk *n* centrale *f* thermique; **~lehre** *f* ⟨~⟩ thermique *f*; **~leitfähigkeit** *f* ⟨~⟩ conductibilité *f* thermique; **~menge** *f* quantité *f* de chaleur

'**wärmen** [varmn] I *v/t Essen etc* faire chauffer; (*auf~*) réchauffer; II *v/i Sonne, Feuer etc* chauffer; *Kleidung* tenir chaud; III *v/t/réfl sich ~* se (ré)chauffer

'**Wärme|pumpe** *f* pompe *f* thermique; **~quelle** *f* source *f* de chaleur; **~speicher** *m* récupérateur *m* de chaleur; **~strahlung** *f* ⟨~⟩ rayonnement *m* thermique; **~technik** *f* ⟨~⟩ technique *f* thermique; **~verlust** *m* perte *f*, déperdition *f* de chaleur; **~zufuhr** *f* amenée *f*, adduction *f* de chaleur

'**Wärmflasche** *f* bouillotte *f*

'**Warmfront** *f MÉTÉO* front chaud

'**warmhalten** F *v/réfl* (*irr, sép*, -ge-, h) *sich* (*dat*) *j-n ~* cultiver qn; rester en bons termes avec qn

'**Warm|halteplatte** *f* chauffe-plats *m*; **2herzig** *adj* chaleureux, -euse; cordial; **~herzigkeit** *f* ⟨~⟩ chaleur *f*; cordialité *f*

'**warmlaufen** *v/i* (*irr, sép*, -ge-, sein) *TECH* s'échauffer; *den Motor ~ lassen* faire tourner le moteur

'**Warm|luft** *f* ⟨~⟩ air chaud; **~luftheizung** *f* chauffage (central) à air chaud; **~miete** F *f* (montant *m* du) loyer *m* chauffage compris

'**wärmstens** *adv j-n, etw ~ empfehlen* recommander chaudement qn, qc

Warm'wasserbereiter *m* ⟨~s; ~⟩ chauffe-eau *m*; **~bereitung** *f* production *f* d'eau chaude; **~heizung** *f* chauffage (central) à eau chaude; **~speicher** *m* chauffe-eau *m* (à accumulation)

'**Warn|anlage** *f* dispositif *m* avertisseur, d'alarme; **~blinkanlage** *f*, **~blinkleuchte** *f AUTO* signal *m* de détresse; **~dreieck** *n AUTO* triangle *m* de présignalisation

warnen ['varnən] *v/t* ⟨h⟩ *j-n* (*vor e-r Gefahr*) *~* avertir, prévenir qn (d'un danger); *j-n vor j-m ~* mettre qn en garde contre qn; *j-n* (*davor*) *~, etw zu tun* déconseiller fortement à qn de faire qc; *ich warne Sie!* tenez-le-vous *od* tenez-vous-le pour dit!; vous voilà prévenu!; *ich bin gewarnt!* me voilà prévenu!; je me le tiens pour dit!; *vor Taschendieben wird gewarnt!* attention, prenez garde aux pickpockets!

'**Warn|kreuz** *n EISENBAHN* signal (en forme de croix de Saint-André) qui annonce un passage à niveau; **~licht** *n* signal lumineux; **~ruf** *m* cri *m* d'alarme; **~schild** *n* panneau *m* de danger; **~schuß** *m* coup tiré en l'air; *MAR* coup *m* de semonce; **~signal** *n* signal *m* de danger; **~streik** *m* grève *f* d'avertissement

'**Warnung** *f* ⟨~; ~en⟩ avertissement *m*; (*Wink*) avis *m*; *ohne vorherige ~* sans avis, avertissement préalable; sans crier gare; *das ist meine letzte ~!* c'est la dernière fois que je vous *bzw* te préviens!; *lassen Sie sich das e-e ~ sein* que cela vous serve d'avertissement; tenez-le-vous *od* tenez-vous-le pour dit; à bon entendeur, salut!

'**Warnzeichen** *n* signal *m* de danger

Warschau ['varʃau] *n* ⟨→ *n/pr*⟩ Varsovie

Warschauer(in) *m* ⟨~s; ~⟩ (*f*) ⟨~; ~nen⟩ Varsovien, -ienne *m,f*

Warte ['vartə] *st/s fig f* ⟨~⟩ *von s-r ~ aus* (*gesehen*) de son point de vue; dans son optique

Warte|frist *f* délai *m* d'attente; **~halle** *f* EISENBAHN salle *f* d'attente; AVIAT salle *f* d'embarquement; **~häuschen** *n* an Haltestellen abri *m*; *für Busse in Frankreich* abribus *m* (*nom déposé*)

Warteliste *f* liste *f* d'attente; *auf der ~ stehen* être, figurer sur la liste d'attente

warten ['vartən] ⟨-ete, h⟩ **I** *v/t* Maschinen etc entretenir; **II** *v/i* attendre (*auf j-n, etw* qn, qc); *auf sich* (*acc*) *~ lassen* se faire attendre; *das hat nicht lange auf sich* (*acc*) *~ lassen* cela n'a pas tardé; *er wird nicht lange auf sich* (*acc*) *~ lassen* il ne va pas tarder à venir; F *da können Sie lange ~!* vous pouvez toujours attendre!; *~ bis ...* attendre que ... (+*subj*); *Drohung warte nur!* attends un peu!; *warte, wenn ich dich erwische!* gare à toi si je t'y reprends!; *mit etw ~* remettre, repousser qc; *worauf ~ wir noch?* (mais,) qu'est-ce que nous attendons?; *diese Arbeit kann noch ~* ce travail ne presse pas; ce travail peut attendre; F *iron auf dich haben wir gerade noch gewartet!* il ne manquait plus que toi!

Wärter(in) ['vɛrtər(in)] *m* ⟨~s; ~⟩ (*f*) ⟨~; ~nen⟩ (*Gefängnis*⁓, *Museums*⁓, *Zoo*⁓) gardien, -ienne *m,f*

Warte|raum *m*, **~saal** *m* salle *f* d'attente; **~schleife** *f* AVIAT circuit *m* d'attente

Wartezeit *f* **1.** (*Zeit des Wartens*) attente *f*; *nach e-r ~ von drei Wochen* après trois semaines d'attente. **2.** (*Wartefrist*) délai *m* (d'attente); période *f* d'attente

Wartezimmer *n e-s Arztes* salle *f*, salon *m* d'attente

Wartung *f* ⟨~; ~en⟩ *von Maschinen etc* entretien *m*; TECH a maintenance *f*

wartungsfrei *adj* qui ne nécessite, demande pas d'entretien

Wartungs|kosten *pl* frais *m/pl* d'entretien, de maintenance; **~personal** *n* personnel *m* d'entretien, de maintenance

warum [va'rʊm] **I** *adv* pourquoi; pour quelle raison?; *~ nicht?* pourquoi pas?; **II** *pr/rel* pourquoi; *den Grund, ~ er das tut, kennt niemand* personne ne sait pourquoi il fait cela; *ich tue das nicht und ich weiß ~* et pour cause; et j'ai mes raisons

Warze ['vartsə] *f* ⟨~; ~n⟩ **1.** MÉD verrue *f*; ANAT (*Brust*⁓) mamelon *m*; bout *m* du sein

Warzen|hof *m* ANAT aréole *f* (du mamelon); **~schwein** *n* ZO phacochère *m*

was [vas] **I** *pr/int* **1.** *allein u betont* quoi; *unbetont: Nominativ* que; qu'est-ce qui; *acc* que; qu'est-ce que; F *unhöflich ~?* F quoi?; F 'hein?; *~ ist denn?*, *~ ist los?* qu'est-ce qui se passe?; *~ ist das?* qu'est-ce que c'est (que ça)?; *~ ist dein Vater* (*von Beruf*)? qu'est-ce qu'il fait, ton père?; *~* (*soll ich*) *tun?* quoi faire?; que faire?; *~ stört dich?* qu'est-ce qui te gêne?; *~ gibt es Neues?* quoi *od* qu'y a-t-il de neuf, nouveau?; *~ gibt es Schöneres als ...* quoi *od* qu'y a-t-il de plus beau que ... (*subst*), que de ... (*inf*); **2.** *~ für ein*(*e*) quel, quelle; quel genre de; quelle espèce de; *~ für ein Künstler!* quel artiste!; *~ für ein Auto fährt er?* qu'est-ce qu'il a comme voiture?; *~ für e-e Meinung er auch haben mag* quelle que soit l'opinion qu'il ait; **3.** (*wieviel*) *~ kostet dieser Schal?* combien, que coûte cette écharpe?; *~ er nicht alles verlangt!* que ne demande-t-il pas!; **II** *pr/rel* **1.** *Nominativ* ce qui; *acc* ce que; *ich weiß, ~ dich betrübt* je sais ce qui te chagrine; *ich weiß, ~ du willst* je sais ce que tu veux; *~ mich betrifft* quant à moi; *~ auch immer es ist od st/s sei* quoi que ce soit; *~ auch immer du willst* tout ce que tu veux; **2.** *weiterführend ..., ~ ich bereue ...* que je regrette; *... dont je me repens; ..., ~ ich erwartet habe* ... à quoi je m'attendais; *~ noch schlimmer ist* qui pis est; **3.** F (*wer*) *~ ein richtiger Seefahrer ist, der ...* celui qui est un vrai marin ...; **III** F *pr/ind* (*etwas*) *das ist ~ anderes* c'est autre chose; *ist ~?* qu'est-ce qu'il y a?; *~ ist denn, ~ ist es da?*; *ich habe dir ~ zu sagen* j'ai quelque chose à te dire; *na, so ~!* eh bien, dis *bzw* dites donc!; *aus ihr wird nie ~* elle n'arrivera jamais à rien; *bekomme ich auch ~?* et moi alors?; **IV** F *adv* **1.** (*wie sehr*) *~ haben wir gelacht!* avons-nous ri!; *er läuft, ~ er kann* il court tant qu'il peut; **2.** (*warum*) *~ lachst du?* qu'est-ce qui te fait rire?

waschaktiv *adj* détergent

Wasch|anlage *f* **1.** TECH laverie *f*; **2.** AUTO lavage *m* (automatique) de voitures; **~anleitung** *f* instructions *f/pl* de lavage; **~automat** *m* lave-linge *m*; machine *f* à laver; ⁓**bar** *adj* lavable; **~bär** *m* ZO raton laveur; **~becken** *n* lavabo *m*; **~benzin** *n* benzine *f*; **~brett** *n* planche *f* à laver; batte *f* (de blanchisseuse)

Wäsche ['vɛʃə] *f* ⟨~; ~n⟩ **1.** ⟨sans *pl*⟩ (*~stücke*) linge *m*; *saubere, schmutzige ~* linge propre, sale; *~ aufhängen* étendre du linge; *~ waschen* faire la lessive; *fig s-e schmutzige ~ nicht in der Öffentlichkeit waschen* laver son linge sale en famille; **2.** ⟨sans *pl*⟩ (*Unter*⁓) linge *m* (de corps); *die ~ wechseln* changer de linge; *frische ~ anziehen* mettre du linge propre; F *fig dumm aus der ~ gucken* F en rester baba; F en rester comme deux ronds de flan; F *fig j-m an die ~ gehen* F tomber sur le poil de qn; (*zudringlich werden*) F tripoter qn; **3.** (*das Waschen*) lavage *m* (*a* TECH); (*große*) *~* lessive *f*; *bei der ersten ~* einlaufen etc au premier lavage; *in der ~ sein* être à la lessive; *in die ~ geben* donner à laver

Wäschebeutel *m* sac *m* à linge

waschecht *adj* **1.** résistant au lavage; (*farbecht*) grand teint (*inv*); **2.** *fig ein ~er Berliner* un Berlinois cent pour cent, pur sang

Wäsche|garnitur *f cf* Garnitur 3.; **~klammer** *f* épingle *f*, pince *f* à linge; **~korb** *m* corbeille *f* à linge; **~leine** *f* corde *f* à linge; **~mangel** *f* machine *f* à repasser; repasseuse *f*

waschen ['vaʃən] ⟨wäscht, wusch, gewaschen, h⟩ **I** *v/t* **1.** laver (*a* AUTO, TECH); *prov e-e Hand wäscht die andere prov* une main lave l'autre; **2.** *fig Geld ~* blanchir de l'argent; **II** *v/i* (*Wäsche ~*) faire la lessive; *mit Wasser ~* laver à l'eau; **III** *v/réfl sich ~* se laver; faire sa toilette; (*sich* [*dat*]) *die Haare ~* se laver la tête; les cheveux; *sich* (*dat*) *die Hände ~* se laver les mains; F *fig sich gewaschen haben* F ne pas être piqué des vers *od* des 'hannetons; *Schlag, Tritt, Ohrfeige* être bien envoyé; *Bemerkung, Schlag a* porter juste

Wäschepuff *m* panier *m*, coffre *m* à linge (sale)

Wäscher *m* ⟨~s; ~⟩ *Anlage* laveur *m*

Wäscher(in) *m* ⟨~s; ~⟩ (*f*) ⟨~; ~nen⟩ laveur, -euse *m,f*; *von Wäsche a* blanchisseur, -euse *m,f*

Wäsche'rei *f* ⟨~; ~en⟩ blanchisserie *f*

Wäsche|schleuder *f* essoreuse *f*; **~schrank** *m* armoire *f* (à linge); **~spinne** *f* séchoir *m* parapluie; **~ständer** *m* séchoir *m* (à linge); **~trockner** *m* **1.** *Gestell* séchoir *m* (à linge); **2.** *Maschine* sèche-linge *m*

Wasch|frau *f* blanchisseuse *f*; **~gang** *m der Waschmaschine* phase *f* (du programme de lavage); **~gelegenheit** *f* lavabo *m*, coin *m* toilette; **~handschuh** *m* gant *m*, main *f* de toilette; **~haus** *n* buanderie *f*; **~küche** *f* **1.** buanderie *f*; **2.** F *fig* (*dichter Nebel*) purée *f* de pois; **~lappen** *m* **1.** gant *m*, main *f* de toilette; **2.** F *fig* (*Feigling*) F lavette *f*; F chiffe (molle); **~lauge** *f* lessive *f*; **~leder** *n* peau *f* de chamois; **~maschine** *f* lave-linge *m*; machine *f* à laver; ⁓**maschinenfest** *adj* lavable en, à la machine; **~mittel** *n* lessive *f*; détergent *m*; produit *m* de lavage; **~programm** *n* programme *m* de lavage; **~pulver** *n* lessive *f*; **~raum** *m* cabinet *m* de toilette; **~salon** *m* laverie *f* (automatique); **~schüssel** *f* cuvette *f*; **~straße** *f* lavage *m* (automatique) de voitures

wäscht [vɛʃt] *cf* waschen

Waschtag *m* jour *m* de lessive

Waschung *f* ⟨~; ~en⟩ REL ablution *f*

Waschwasser *n* ⟨~s⟩ eau *f* de la lessive

Waschweib *n* F *péj* F pipelet, -ette *m,f*; F concierge *m,f*; *er ist ein richtiges ~* F il est bavard comme une pipelette

Waschzeug *n* ⟨~(e)s⟩ ustensiles *m/pl*, nécessaire *m* de toilette

Wasser ['vasər] *n* ⟨~s; ~ *ou* ⁓⟩ **1.** ⟨sans *pl*⟩ eau *f*; *hartes ~* eau dure; *weiches ~* eau non calcaire; *geweihtes ~* eau bénite; *ein Glas ~* un verre d'eau; *mit ~ waschen* laver à l'eau; *ins ~ gehen* aller nager, se baigner; *fig* (*sich ertränken*) se jeter à l'eau; *beim Schwimmen ~ schlucken* T boire la tasse; *ein Zimmer mit fließend*(*em*) *~* une chambre avec eau courante; *bis dahin wird noch viel ~ den Rhein etc hinunterfließen* d'ici là il passera beaucoup d'eau sous les ponts; *fig er kann ihm das ~ nicht reichen* il ne lui arrive pas à la cheville; *fig bei ~ und Brot sitzen* être au pain sec et à l'eau; *fig da wird auch nur mit ~ gekocht* ils font comme tout le monde; ils ne font pas mieux; *fig j-m das ~ abgraben* saper, miner la position de qn; *fig das ist auf s-e Mühle* c'est apporter de l'eau à son moulin; *fig ein Schlag ins ~* un coup d'épée dans l'eau; *fig Pläne ins ~*

fallen tomber à l'eau; *prov* ~ *hat keine Balken* l'onde est perfide; *fig Edelstein von reinstem* ~ de la plus belle eau; *fig ein Kapitalist etc reinsten* ~*s* authentique; par excellence; **2.** ⟨*sans pl*⟩ (~*oberfläche*) eau *f*; **unter** ~ sous l'eau; entre deux eaux; **unter** ~ **schwimmen** nager sous l'eau; **unter** ~ **setzen** inonder; submerger; **unter** ~ **stehen** être inondé, submergé; *fig sich über* ~ *halten* s'en tirer (tout juste); **3.** ⟨*pl* ~⟩ (*Gewässer*) eau *f*; **stehendes** ~ eau dormante, stagnante; *fig nahe am* ~ *gebaut haben* avoir la larme facile; *prov stille* ~ *sind tief prov* il n'est pire eau que l'eau qui dort; *fig mit allen* ~*n gewaschen sein* connaître toutes les ficelles, toutes les astuces; avoir plus d'un tour dans son sac; **4.** ⟨*pl* ≈ respectivement ~⟩ (*wasserähnliche Flüssigkeit*) eau *f*; *CHIM* **schweres** ~ eau lourde; *Kölnisch* ~ eau de Cologne; *CUIS* **stilles** ~ eau plate; eau minérale non gazeuse; **5.** ⟨*sans pl*⟩ *Körperflüssigkeit* eau *f*; *da läuft e-m das* ~ *im Munde zusammen* cela fait venir l'eau à la bouche; *das* ~ *in die Augen treiben* faire monter les larmes aux yeux; F *sein* ~ *abschlagen* P pisser (un coup); *verhüllend* ~ *lassen* uriner; *MÉD* ~ *in den Beinen haben* avoir les jambes gonflées d'œdèmes
'**wasser|abstoßend**, ~**abweisend** *adj* hydrofuge
'**Wasser|ader** *f* source souterraine; ~**anschluß** *m* prise *f* d'eau; ²**arm** *adj* aride; ~**aufbereitung** *f* traitement *m* de l'eau; ~**bad** *n CUIS* bain-marie *m*; ~**ball** *m* **1.** (*Strandball*) ballon *m* (de plage); *für den* ~*sport* ballon *m* de water-polo; **2.** ⟨*sans pl*⟩ *Sportart* water-polo *m*; ~**becken** *n* bassin *m*; ~**behälter** *m* réservoir *m* d'eau; ~**bett** *n* matelas *m* à eau; ~**blase** *f MÉD* ampoule *f*; cloque *f*; ~**büffel** *m* buffle *m* d'Asie; *indischer* karbau *od* kérabau *m*; ~**burg** *f* château fort entouré d'eau
'**Wässerchen** ['vɛsɐrçən] *n* ⟨~*s*; ~⟩ **1.** (*kleiner Bach*) ruisseau *m*; *winziges* ruisselet *m*; *fig er sieht aus, als könne er kein* ~ *trüben* on lui donnerait le bon Dieu sans confession; **2.** *plais* (*Wodka*) vodka *f*; **3.** *cf* **Duftwasser**
'**Wasserdampf** *m* vapeur *f* d'eau
'**wasserdicht** *adj* **1.** *Kleidung* imperméable; ~ *sein a* ne pas prendre l'eau; ~ *machen* Stoff imperméabiliser; **2.** *MAR, TECH* étanche; **3.** F *fig Alibi, Vertrag* F en béton
'**Wasser|druck** *m* ⟨~(e)s; -drücke⟩ pression *f* de l'eau, *TECH* hydraulique; ²**durchlässig** *adj* perméable; ~**eimer** *m* seau à eau; ~**enthärter** ⟨~*s*; ~⟩ adoucisseur *m* d'eau; ~**fahrzeug** *n* bateau *m*; embarcation *f*
'**Wasserfall** *m* cascade *f*; chute *f* (d'eau); *großer* cataracte *f*; F *wie ein* ~ *reden* F être un moulin à paroles
'**Wasserfarbe** *f* couleur *f*, peinture *f* à l'eau; *mit* ~*n malen* faire de la peinture à l'eau *bzw* de l'aquarelle
'**Wasser|fläche** *f* surface *f* de l'eau; *breite, ruhige* nappe *f*, plan *m* d'eau; ~**flasche** *f* bouteille *f* (à eau); *des Radrennfahrers* bidon *m*; (*Feldflasche*) gourde *f*; ~**floh** *m* puce *f* d'eau; daphnie *f*; ~**flugzeug** *n* hydravion *m*; ²**füh**-**rend** *adj* aquifère; ~**gehalt** *m* teneur *f* en eau; ~**geist** *m* ⟨~(e)s; ~er⟩ *MYTH* génie *m* des eaux; ondin(e) *m(f)*; ²**gekühlt** *adj* refroidi, à refroidissement par eau; ~**glas** *n* **1.** *Gefäß* verre *m* à eau; **2.** ⟨*sans pl CHIM*⟩ silicate *m* de potassium; ~**graben** *m* fossé (rempli d'eau); *FORTIF* douve *f*; *REITSPORT, LEICHTATHLETIK* rivière *f*; ~**hahn** *m* robinet *m* (à *od* d'eau); ²**haltig** *adj* aqueux, -euse; aquifère; *CHIM* hydraté; ~**haushalt** *m ÉCOL* réserves *f|pl* hydrologiques; ressources *f|pl* en eau; ~**heilverfahren** *n* hydrothérapie *f*
'**wässerig** *cf* **wäßrig**
'**Wasser|kessel** *m* bouilloire *f*; ~**klosett** *n* waters *m|pl*; W.-C. *m|pl*; ~**kopf** *m* **1.** *MÉD* hydrocéphalie *f*; *Mensch* hydrocéphale *m*; **2.** *fig péj, bes der Verwaltung* hypertrophie *f*; ~**kraft** *f* énergie *f*, force *f* hydraulique; ~**kraftwerk** *n* centrale *f*, usine *f* hydro-électrique; ~**kreislauf** *m* cycle *m* de l'eau; ~**krug** *m* cruche *f*; *großer* jarre *f*; ~**kühlung** *f* refroidissement *m* par eau; ~**kur** *f* hydrothérapie *f*; ~**lache** *f* flaque *f* d'eau; ~**lauf** *m* cours *m* d'eau; ~**leiche** *f* noyé(e) *m(f)*; ~**leitung** *f* **1.** conduite *f* d'eau; **2.** F (*Wasserhahn*) robinet *m*; ~**linie** *f MAR* ligne *f* de flottaison; ~**loch** *n* trou rempli d'eau; ²**löslich** *adj* soluble dans l'eau; ~**mangel** *m* ⟨~*s*⟩ manque *m*, pénurie *f* d'eau; ~**mann** *m* ⟨~(e)s; -männer⟩ **1.** *ASTR* Verseau *m*; **2.** *MYTH* ondin *m*; ~**massen** *f|pl* masses *f|pl* d'eau; ~**melone** *f* pastèque *f*; ~**mühle** *f* moulin *m* à eau
'**wassern** *v|i* ⟨wassere *ou* waßre, h *ou* sein⟩ *Flugzeuge* amerrir; se poser (sur l'eau) (*a Vögel*)
wässern ['vɛsɐrn] *v|t* ⟨wässere *ou* wäßre, h⟩ **1.** (*in Wasser legen*) faire tremper; détremper; *Heringe* dessaler; **2.** (*gießen*) arroser (abondamment)
'**Wasser|nixe** *f MYTH* ondine *f*; ~**nymphe** *f MYTH* nymphe *f*; naïade *f*; ~**oberfläche** *f* surface *f* de l'eau; ~**pfeife** *f* narguilé *od* narghilé *m*; ~**pflanze** *f* plante *f* aquatique; ~**pistole** *f* pistolet *m* à eau; ~**pumpe** *f* pompe *f* à eau; ~**quelle** *f* source *f* (d'eau); ~**rad** *n* roue *f* hydraulique; ~**ratte** *f* **1.** *ZO* rat *m* d'eau; **2.** F *fig plais* personne *f* qui adore (être dans) l'eau; ²**reich** *adj* abondant, riche en eau; ~**rohr** *n* conduite *f* d'eau; ~**rohrbruch** *m* rupture *f* de conduite d'eau; ~**schaden** *m* dégâts causés par l'eau; inondation *f*; *ADM* dégâts des eaux; ~**scheide** *f GÉOGR* ligne *f* de partage des eaux
'**wasserscheu** *adj* ~ *sein* avoir peur de l'eau; ne pas aimer l'eau
'**Wasser|schi** *cf* **Wasserski**; ~**schlange** *f* serpent *m* d'eau; ~**schlauch** *m* **1.** *zum Sprengen etc* tuyau *m* d'arrosage; **2.** *Behälter* outre *f* (à eau); ~**schloß** *n* château entouré d'eau; ~**schutzgebiet** *n* zone *f* de protection des eaux; *auf Schildern* nappe *f* phréatique; ~**schutzpolizei** *f für Binnengewässer* police fluviale; *für Küstengewässer* police *f* maritime; ~**ski** *n* ⟨~⟩ *Sportart* ski *m* nautique; ~**ski** *m Sportgerät* ski *m* nautique; ~**speicher** *m* réservoir *m* d'eau; ~**speier** *m* ⟨~*s*; ~⟩ *ARCH* gargouille *f*; ~**spiegel** *m* **1.** *cf* **Wasseroberfläche**; **2.** *cf* **Wasserstand**; ~**spiele** *n|pl* jeux *m|pl* d'eau; ~**sport** *m* sports *m|pl* nautiques; ~**sportler(in)** *m(f)* personne *f* pratiquant un *bzw* des sport(s) nautique(s); ~**spülung** *f* chasse *f* d'eau; ~**stand** *m* niveau *m* d'eau, *e-s Flusses* des eaux; ~**standsmeldung** *f* informations radiodiffusées sur le niveau des eaux fluviales; ~**stelle** *f* point *m* d'eau
'**Wasserstoff** *m* ⟨~(e)s⟩ *CHIM* hydrogène *m*; ~**bombe** *f* bombe *f* H, à hydrogène; ~**peroxid** *n CHIM* eau oxygénée
'**Wasser|strahl** *m* jet *m* d'eau; ~**straße** *f* voie *f* navigable; ~**sucht** *f* ⟨~⟩ *MÉD* hydropisie *f*; ~**tank** *m* réservoir *m* de l'eau; ~**temperatur** *f* température *f* de l'eau; ~**tiefe** *f* profondeur *f* de l'eau; ~**tiere** *n|pl* animaux *m|pl* aquatiques; ~**träger** *m* porteur *m* d'eau; *fig* homme *m* à tout faire; ~**treten** *n* ⟨~⟩ **1.** *beim Schwimmen* nage *f* sur place; **2.** *MÉD* hydrothérapie qui consiste à marcher pieds nus dans l'eau froide; ~**tropfen** *m* goutte *f* d'eau; ~**turbine** *f* turbine *f* hydraulique; ~**turm** *m* château *m* d'eau; ~**uhr** *f* compteur *m* à eau; ~**verbrauch** *m* consommation *f* d'eau; ~**verdrängung** *f MAR* déplacement *m*; ~**verschmutzung** *f* pollution *f* des eaux; ~**versorgung** *f* alimentation *f*, approvisionnement *m* en eau; ~**vögel** *m|pl* oiseaux *m|pl* aquatiques; ~**vorrat** *m* provision *f* d'eau; ~**waage** *f* niveau *m* (à bulle)
'**Wasserweg** *m* voie *f* navigable; **auf dem** ~(*e*) par eau
'**Wasserwerfer** *m* **1.** *Gerät* lance *f*, canon *m* à eau; **2.** *Fahrzeug* autopompe *f*
'**Wasserwerk** *n* usine *f* hydraulique; *pl städtische* ~*e* service *m* des eaux
'**Wasser|wirtschaft** *f* ⟨~⟩ secteur *m* économique des eaux; ~**zähler** *m* compteur *m* à eau; ~**zeichen** *n* filigrane *m*
wäßrig ['vɛsrɪç] *adj* **1.** qui contient de l'eau; *CHIM* ~*e Lösung* solution aqueuse; **2.** *Geschmack* insipide; sans goût; **3.** *Farbe* dilué; pâle; **4.** *Auge* humide
waten ['va:tən] *v|i* ⟨-ete, sein⟩ patauger (*im Schlamm* dans la boue); *durch e-n Bach* ~ passer, traverser un ruisseau à gué
Waterkant ['va:tərkant] *f* ⟨~⟩ *plais* côte (allemande) de la mer du Nord
watscheln ['va(:)tʃəln] F *v|i* ⟨-(e)le, sein⟩ *Ente aller;* marcher; *Mensch* marcher comme un canard; se dandiner
Watt[1] [vat] *n* ⟨~(e)s; ~en⟩ *GÉOGR* estran *m* (*partie du littoral entre les plus hautes et les plus basses mers*)
Watt[2] *n* ⟨~(e)s; ~⟩ *ÉLECT* watt *m*
Watte ['vatə] *f* ⟨~; ~n⟩ ouate *f*; (*Verband*²) *a* coton *m* hydrophile; F *fig ein Kind in* ~ *packen* élever un enfant dans du coton
'**Wattebausch** *m* tampon *m* d'ouate; (morceau *m* de) coton *m*
'**Wattenmeer** *n cf* **Watt**[1]
'**Watte|stäbchen** *n* coton-tige *m* (*nom déposé*); ²**weich** *adj* doux, douce comme de l'ouate
wat'tieren *v|t* ⟨*pas de ge-*, h⟩ ouater
wat'tiert *adj* ouaté
'**Watt|leistung** *f ÉLECT* puissance efficace, réelle, en watts; ~**sekunde** *f* watt-seconde *m*; ~**stunde** *f* watt-heure *m*

'**Wattwanderung** *f* promenade *f* sur les grèves à marée basse
wau, wau ['vaʊˈvaʊ] *int* ouah! ouah!
Wauwau ['vaʊvaʊ] *enf m* ⟨~s; ~s⟩ *enf* toutou *m*
WC [veːˈtseː] *n* ⟨~(s); ~(s)⟩ *abr* (*Wasserklosett*) W.-C. *m/pl* (water-closet[s])
WDR [veːdeːˈʔɛr] *m* ⟨~⟩ *abr* (*Westdeutscher Rundfunk*) radio et télévision régionales allemandes (*Cologne*)
weben ['veːbən] *v/t* ⟨*régulier ou st/s* wob, gewoben, h⟩ tisser (*a Spinne*); *von Hand gewebt* tissé à la main
'**Weber(in)** *m* ⟨~s; ~⟩ (*f*) ⟨~; ~nen⟩ tisserand(e) *m(f)*; *in Fabriken* tisseur, -euse *m,f*
Webe'**rei** *f* ⟨~; ~en⟩ **1.** *Betrieb* tissage *m*; **2.** ⟨*sans pl*⟩ *Handwerk* métier *m* de tisserand
'**Weber**|**knecht** *m* ZO faucheur *od* faucheux *m*; **~schiffchen** *n* TEXT navette *f*
'**Web**|**fehler** *m* défaut *m* de tissage; **~kante** *f* lisière *f*; **~stuhl** *m* métier *m* (à tisser)
Wechsel ['vɛksəl] *m* ⟨~s; ~⟩ **1.** (*Veränderung*) changement *m*; (*Schwankung*) variation *f*; (*Umschwung*) revirement *m*; renversement *m*; *ein ~ vollzieht sich* un changement s'opère, a lieu; **2.** (*Auswechseln, Austausch*) changement *m*; *innerhalb e-r Gruppe* remaniement *m*; SPORT (*Spieler*♀) remplacement *m*; SPORT *fliegender ~* remplacement sans arrêt de jeu; *e-n ~ im Kabinett vornehmen* procéder à un remaniement ministériel; **3.** (*Aufeinanderfolge*) changement *m*; succession *f*; *der ~ der Jahreszeiten* le changement, le cycle des saisons; **4.** (*Sichabwechseln*) alternance *f*; *der ~ von Tag und Nacht* l'alternance du jour et de la nuit; **5.** (*Übergang, Überwechseln*) passage *m*; SPORT (*Seiten*♀) changement *m* de camp; *der ~ von hell zu dunkel* le passage du clair au sombre *od* foncé; SPORT *der ~ e-s Spielers zu ...* le passage d'un joueur à ...; **6.** (*Geld*♀) change *m*; **7.** COMM lettre *f* de change; traite *f*; effet *m* (de commerce); *e-n ~ ausstellen* tirer une traite (*auf j-n* sur qn); *e-n ~ einlösen* honorer un effet, une lettre de change
'**Wechselbad** *n* bain alterné, alternativement chaud et froid; *fig das ist das reinste ~* c'est la douche écossaise
'**Wechselbeziehung** *f* rapport mutuel, corrélation *f*; *in enger ~* (*zueinander*) *stehen* être en étroite corrélation
'**Wechselfälle** *m/pl die ~ des Lebens* les vicissitudes *f/pl* de l'existence
'**Wechsel**|**geld** *n* ⟨~(e)s⟩ **1.** (*Kleingeld*) monnaie *f*; **2.** (*Rückgeld*) monnaie (rendue *bzw* à rendre); **~gesang** *m* chant alterné; REL antienne *f*
'**wechselhaft** *adj Wetter* variable; instable; *Charakter* versatile
'**Wechseljahre** *n/pl* retour *m* d'âge; *der Frau* e ménopause *f*; *des Mannes* a sc andropause *f*; *in die ~ kommen* entrer dans la ménopause
'**Wechsel**|**kasse** *f* guichet *m* du change; **~kurs** *m* cours *m* (du change)
'**wechseln** ⟨-(e)le, h⟩ **I** *v/t* **1.** *Wohnung, Schule, Beruf, Partner, Besitzer, Kleidung, Namen, Ansichten, Thema, Stellung, Farbe, a* TECH *Gang* changer de; *den Besitzer ~* a passer dans, en d'autres mains; *die Kleider ~* a se changer; *mit j-m die Plätze ~* changer de place avec qn; *laßt uns das Thema ~!* passons (à un autre sujet)!; **2.** (*austauschen*) *Worte, Händedruck, Blicke etc* échanger; *ohne viel Worte zu ~* sans faire, tenir de longs discours; *die Ringe ~* échanger les alliances; **3.** *Geld ~* changer de l'argent (*a in ausländische Geldsorten*); *in Kleingeld* faire de la monnaie; *können Sie mir hundert Mark ~?* pouvez-vous (me) changer cent marks?; pouvez-vous me donner la monnaie de cent marks?; *zehn Mark in Zweimarkstücke ~* changer dix marks en pièces de deux marks; *Mark in, gegen Franc ~* changer des marks en francs; **II** *v/i* **4.** (*sich ändern*) *Wetter, Farben etc* changer; *ihre Stimmung wechselt häufig* elle est d'une humeur *od* d'humeur changeante; elle a des sautes d'humeur (fréquentes); **5.** (*einander ablösen*) changer; se succéder; *die Besitzer ~ häufig* les propriétaires changent souvent; *die Wachen ~ stündlich* la garde est relevée toutes les heures; **6.** ⟨*doublé d'une indication de direction* sein⟩ *in e-e andere Schule ~* changer d'école; *ins Auswärtige Amt ~* passer au ministère des Affaires étrangères; *Sportler zu e-m anderen Verein ~* changer de club; passer dans un autre club; JAGD *das Wild wechselt an dieser Stelle* il y a des passages de gibier à cet endroit
'**wechselnd** *adjt* **1.** *Wetter* variable; instable; *Stimmung* changeant; *mit ~em Erfolg, Glück* avec plus ou moins de chance, de succès; **2.** (*aufeinanderfolgend*) qui se suivent, se succèdent; *häufig ~e Partner* des partenaires qui changent souvent
'**Wechsel**|**objektiv** *n* PHOT objectif *m* interchangeable; **~rahmen** *m* passe-partout *m*
'**wechselseitig I** *adj* mutuel, -elle; réciproque; **~e Abhängigkeit** interdépendance *f*; **~er Zusammenhang** corrélation *f*; **II** *adv* mutuellement; réciproquement; *einander ~ bedingen* être interdépendants
'**Wechselseitigkeit** *f* ⟨~⟩ mutualité *f*; réciprocité *f*
'**Wechsel**|**strom** *m* ÉLECT courant alternatif; **~stube** *f* bureau *m* de change; ♀**voll** *adj Leben* avec des 'hauts et des bas; (*bewegt*) agité; mouvementé; **~wähler** *m* POL électeur qui ne vote pas systématiquement pour le même parti; ♀**weise** *adv* (*abwechselnd*) alternativement; tour à tour; **~wirkung** *f* interaction *f*
'**Weckdienst** *m* réveil *m* par téléphone
wecken ['vɛkən] *v/t* ⟨h⟩ **1.** (*wach machen*) réveiller; **2.** *fig Interesse, Neugier* faire naître; éveiller; susciter; *alte Erinnerungen* réveiller
'**Wecken**[1] *n* ⟨~s⟩ réveil *m*
'**Wecken**[2] *m* ⟨~s; ~⟩ *südd, österr* **1.** (*Brötchen*) petit pain; **2.** (*längliches Brot*) pain blanc ovale
'**Wecker** *m* ⟨~s; ~⟩ réveil *m*; *den ~ auf drei Uhr stellen* mettre le réveil à trois heures; F *j-m auf den ~ gehen, fallen* F taper sur les nerfs à qn; F casser les pieds à qn
Weckglas ['vɛkglaːs] *n* Wz *cf Einmachglas*
'**Weckruf** *m* réveil *m*
Wedel ['veːdəl] *m* ⟨~s; ~⟩ **1.** (*Staub*♀) plumeau *m*; (*Fliegen*♀) chasse-mouches *m*; **2.** BOT (*Farn*♀, *Palm*♀) fronde *f*
'**wedeln** ⟨-(e)le, h⟩ **I** *v/t den Staub von den Büchern ~* épousseter les livres; *die Fliegen vom Gesicht ~* chasser les mouches du visage; **II** *v/i* **1.** *mit dem Schwanz ~* remuer, agiter la queue; **2.** ⟨*doublé d'une indication de direction* sein⟩ SKISPORT *über e-n Hang ~* descendre une pente en godille
weder ['veːdər] *conj ~ ... noch ...* ni ... ni ... (*mit ne being Verb*); *~ du noch ich* ni moi, ni toi
weg [vɛk] F *adv* **1.** (*schon ~*) parti; sorti; (*nicht da*) absent; *der Zug ist ~* le train est parti; *mein Schlüssel ist ~* (*nicht mehr zu finden*) je ne sais plus où j'ai mis ma clé; (*verloren*) j'ai perdu, F paumé ma clé; *das ganze Geld ist ~* il ne reste plus un sou; *~ ist er!* le voilà parti; *~ da!* ôte-toi *bzw* ôtez-vous de là!; F (*allez*), ouste!; *Kopf ~!* gare (à) la tête!; *Hände ~!* bas les mains!; F pas touche!; F *bas les pattes!*; *~ damit!* enlève-moi *bzw* enlevez-moi ça!; jette-moi *bzw* jetez-moi ça!; **2.** (*geistig abwesend*) absent; *ich war sofort ~* (*eingeschlafen*) je me suis endormi tout de suite; *sie war auf einmal ~* (*bewußtlos*) F tout à coup, elle est tombée dans les pommes; *ganz ~ sein* (*begeistert sein*) être enthousiasmé, F emballé; **3.** (*entfernt*) *weit ~* loin (*von* de); *das Haus liegt weit ~ von der Straße* la maison est loin, est éloignée de la route; *500 Meter vom Bahnhof ~* à 500 mètres de la gare; **4.** (*hinweg*) *über j-n ~ fliegen* voler par-dessus la tête de qn; passer sur la tête de qn; **5.** *über etw* (*acc*) *~ sein* (*etw überwunden haben*) avoir surmonté qc; **6.** *von ... ~* (*unmittelbar von*) directement (à partir de); *hintereinander ~* à la (à suite) d'une (seule) traite
Weg [veːk] *m* ⟨~(e)s; ~e⟩ **1.** *im Gelände* chemin *m*; voie *f*; *in Gärten, Parks* allée *f*; *öffentlicher ~* voie publique; *am ~(e)* au, sur le bord du chemin; *der ~ am Fluß entlang, durch den Wald* le chemin le long de la rivière, à travers la forêt; *vom ~ abkommen* s'écarter du chemin; *sich* (*dat*) *e-n ~ bahnen* s'ouvrir, se frayer un chemin (*durch* à travers); *fig j-m den ~ ebnen* préparer le terrain à qn (en éliminant les difficultés); **2.** (*einzuschlagende Richtung, zu verfolgende Route*) chemin *m*; route *f*; *fig voie f*; *der ~ nach ...* le chemin de ...; *auf dem kürzesten ~* en prenant le chemin le plus court; *j-n nach dem ~ fragen* demander son chemin à qn; *e-n ~ einschlagen* prendre, suivre un chemin; *e-n falschen ~ einschlagen* se tromper de chemin; prendre le, un mauvais chemin; *fig* suivre une fausse piste; *auf dem richtigen ~ a fig* sur la bonne voie; *auf den falschen ~ geraten a fig* se fourvoyer; *fig* faire fausse route; *denselben ~ haben* suivre le même chemin; *st/s, plais woher des ~(e)s?* d'où venez-vous?; *st/s, plais wohin des ~(e)s?* où allez-vous?; *der ~ zum Erfolg* le chemin, la voie qui

mène au succès; *etw in die ~e leiten* entreprendre qc; mettre qc en route; **3.** (*Wegstrecke, Entfernung*) *ein Stück ~* un bout de chemin; **4.** (*Unterwegssein, Reise*) *auf dem ~(e)* (*unterwegs*) en route; en chemin; chemin faisant; *sich auf den ~ machen* se mettre en route, en chemin; *j-m etw mit auf den ~ geben* donner qc à qn pour son voyage; *fig Rat* donner qc à qn; *Empfehlung* pourvoir qn de qc; *auf dem ~ der Besserung sein* être en voie de rétablissement, de guérison; *auf dem besten ~(e) sein, zu* (+*inf*) être en passe de (+*inf*); *auf dem ~ nach ...* en allant à ...; sur le chemin de ...; en route pour ...; *auf dem ~ von ...* en venant de ...; **5.** (*eingeschlagener ~*) chemin *m*; *j-m aus dem ~ gehen* laisser passer qn; (se ranger pour) faire place à qn; fig éviter, fuir qn; *fig e-r Frage aus dem ~(e) gehen* éluder, esquiver une question; *aus dem ~!* ôte-toi *bzw* ôtez-vous de là!; *st/s geh deiner ~e!* passe ton chemin!; *das liegt auf meinem ~* c'est sur mon chemin, ma route; *j-m im ~ sein* être sur le chemin de qn; *fig j-m im ~(e) stehen, sein* gêner qn; *fig e-r Sache* (*dat*) *im ~(e) stehen* s'opposer à qc; *j-n aus dem ~ räumen* (*töten*) liquider qn; (*loswerden*) se débarrasser, se défaire de qn; *etw aus dem ~ räumen* a *fig* écarter qc (de son chemin); F *j-m über den ~ laufen* se trouver sur le chemin de qn; *j-m nicht über den ~ trauen* n'avoir aucune confiance en qn; *fig sich j-m in den ~ stellen* barrer le chemin à qn; faire obstacle à qn; *fig j-m Hindernisse, Steine in den ~ legen* créer des difficultés à qn; mettre des obstacles sur la route de qn; *hier trennen sich unsere ~e* on va se séparer ici; *fig c'est là que nous divergeons*; nous ne sommes plus d'accord là-dessus; *auf halbem ~(e)* a *fig* à mi-chemin; *fig s-n ~en gehen* suivre son chemin; **6.** *fig* (*Methode, Lösung²*) moyen *m*; *ich sehe keinen anderen ~ zu* (+*inf*) je ne vois pas d'autre moyen de (+*inf*); *es bleibt Ihnen kein anderer ~ mehr offen* vous ne pouvez plus faire autrement; vous n'avez plus d'alternative ; *neue ~e gehen, beschreiten* innover; changer (radicalement) de méthode; **7.** (*Erledigung*) démarche *f*; (*Besorgung*) course *f*; *j-m e-n ~ abnehmen* faire, se charger d'une course, d'une démarche pour qn; **8.** *fig* (*Art und Weise*) *auf diesem ~e* par ce moyen; de la sorte; *auf diplomatischem ~e* par la voie diplomatique; *auf friedlichem ~e* par des moyens pacifiques; *auf gesetzlichem ~e* par la voie légale; *auf schnellstem ~e* par les moyens les plus rapides; le plus rapidement possible

Wegbereiter(in) *m* ⟨~s; ~⟩ (*f*) ⟨~; ~nen⟩ précurseur *m*; pionnier, -ière *m,f*

ˈ**wegblasen** *v/t* ⟨*irr, sép,* -ge-, *h*⟩ enlever en soufflant; souffler pour enlever; F *die Schmerzen sind wie weggeblasen* les douleurs ont disparu comme par enchantement

ˈ**wegbleiben** F *v/i* ⟨*irr, sép,* -ge-, *sein*⟩ **1.** (*nicht anwesend sein*) (*von e-r Versammlung*) *~* ne pas venir, ne pas assister (à une réunion); (*nicht*) *lange ~* (ne pas) rester longtemps parti; (ne pas) tarder à revenir; **2.** (*plötzlich aussetzen*) *Motor etc* s'arrêter; *Strom* être coupé; *ihm blieb die Luft weg* il en a eu le souffle coupé; **3.** (*unberücksichtigt bleiben*) *das kann ~* on peut s'en passer; F on peut laisser tomber

ˈ**wegblicken** *v/i* ⟨*sép,* -ge-, *h*⟩ cf *wegsehen*

ˈ**wegbringen** *v/t* ⟨*irr, sép,* -ge-, *h*⟩ **1.** (*fortbringen*) *Sachen* emporter; *zur Reparatur, Wartung a* porter; *Personen* emmener; *er ist nicht von hier wegzubringen* on ne peut pas le faire bouger d'ici; **2.** F, *bes südd* (*entfernen können*) *Fleck etc* arriver à ôter, enlever

ˈ**wegdenken** *v/t* ⟨*irr, sép,* -ge-, *h*⟩ (*sich* [*dat*]) *etw ~* faire abstraction de qc; *er ist aus meinem Leben nicht mehr wegzudenken* je ne peux plus m'imaginer une vie sans lui

ˈ**weg|diskutieren** *v/t* ⟨*sép, pas de* -ge-, *h*⟩ *Problem* résoudre par la discussion, en discutant; ˈ**~dürfen** F *v/i* ⟨*sép,* -ge-, *h*⟩ avoir la permission de partir *bzw* de sortir

ˈ**Wege|geld** *n* **1.** prime *f* de transport; **2.** HIST (*Straßenzoll*) péage *m*; ˈ**~lage'rei** *f* ⟨~⟩ brigandage *m*; ˈ**~lagerer** *m* ⟨~s; ~⟩ brigand *m*; voleur *m* de grand chemin

wegen [ˈveːɡən] *prép* ⟨*gén,* F *et* +*subst sans terminaison a dat*⟩ **1.** *Ursache* à cause de; pour; pour cause de; (*infolge*) par suite de; *~ Diebstahl(s)* einsperren emprisonner pour vol; *~ Bauarbeiten geschlossen* fermé pour cause de travaux; *~ schlechten Wetters ausfallen* ne pas avoir lieu à cause du mauvais temps; *von Amts, Rechts ~* d'office, de droit; **2.** *Bezug* en ce qui concerne; pour ce qui est de; *~ dieser Sache wenden Sie sich an ...* en ce qui concerne cette affaire, adressez-vous à ...; F *von ~!* penses-tu!; **3.** *Zweck* à cause de; pour; *~ der Kinder* à cause des enfants; pour les enfants

Wegerich [ˈveːɡərɪç] *m* ⟨~s; ~e⟩ BOT plantain *m*

ˈ**wegessen** *v/t* ⟨*irr, sép,* -ge-, *h*⟩ **1.** F (*aufessen*) manger; *alles ~* ne rien laisser; *die Bonbons waren im Nu weggegessen* F les bonbons ont été liquidés en un clin d'œil; **2.** *j-m alles ~* manger la part de qn

ˈ**wegfahren** ⟨*irr, sép,* -ge-⟩ **I** *v/t* ⟨*h*⟩ *Sachen* emporter, *Personen* emmener (en voiture, *etc*); **II** *v/i* ⟨*sein*⟩ **1.** (*abfahren*) partir (en voiture, *etc*); *uns ist der Zug weggefahren* le train est parti sans nous; on a raté le train; **2.** (*verreisen*) *sie fahren oft weg* ils sont souvent en voyage

ˈ**Wegfall** *m* ⟨~(e)s⟩ suppression *f*

ˈ**weg|fallen** *v/i* ⟨*irr, sép,* -ge-, *sein*⟩ être supprimé; *Hindernisse, Vorteile a* tomber; ˈ**~fegen** *v/t* ⟨*sép,* -ge-, *h*⟩ a *fig* balayer; ˈ**~fliegen** *v/i* ⟨*irr, sép,* -ge-, *sein*⟩ *Vogel, Flugzeug etc* s'envoler (*nach* pour); *Vogel* a prendre son vol; *Passagier* a partir en avion (*nach* pour)

ˈ**wegführen** *v/t* ⟨*sép,* -ge-, *h*⟩ emmener; *das würde uns zu weit vom Thema ~* cela nous écarterait trop de notre sujet

ˈ**Weggabelung** *f* bifurcation *f*

ˈ**Weggang** *m* ⟨~(e)s⟩ départ *m*; *beim ~* au départ; en partant

ˈ**weggeben** *v/t* ⟨*irr, sép,* -ge-, *h*⟩ donner; (*sich entledigen*) se débarrasser, se défaire de; F *die Wäsche ~* donner, porter son linge à la blanchisserie

ˈ**Weggefährte** *m* compagnon *m* de voyage, *fig* de route

ˈ**weggehen** *v/i* ⟨*irr, sép,* -ge-, *sein*⟩ **1.** (*e-n Ort verlassen*) s'en aller; F (*ausgehen*) sortir; (*abreisen*) partir; (*hinausgehen*) sortir; F *geh mir weg damit!* fais-moi grâce de ça!; **2.** F (*sich verkaufen lassen*) se vendre; **3.** F (*verschwinden*) disparaître; *Schmerz* a partir; *Fleck, Schmutz etc* partir

ˈ**weggießen** *v/t* ⟨*irr, sép,* -ge-, *h*⟩ jeter

ˈ**weghaben** *v/t* ⟨*irr, sép,* -ge-, *h*⟩ **1.** *Fleck, Schmutz etc* avoir enlevé; *bei Personen er möchte ihn gern ~* il voudrait bien se débarrasser de lui; **2.** *auf e-m bestimmten Gebiet etwas ~* F être calé (en ...); *es ~* F avoir pigé; **3.** *Krankheit, Ohrfeige* avoir attrapé; *e-e Strafe ~* F avoir écopé (d'une peine); *einen ~* (*betrunken sein*) F avoir un verre dans le nez; (*nicht bei Verstand sein*) F être jeté

ˈ**wegholen** ⟨*sép,* -ge-, *h*⟩ **I** *v/t Personen* emmener; *Dinge* emporter; **II** F *v/réfl sich* (*dat*) *was ~* attraper qc

ˈ**weg|hören** ⟨*sép,* -ge-, *h*⟩ ne pas écouter; ˈ**~jagen** *v/t* ⟨*sép,* -ge-, *h*⟩ chasser

ˈ**wegkommen** F *v/i* ⟨*irr, sép,* -ge-, *sein*⟩ **1.** (*sich entfernen können*) partir; s'en aller; F se tirer; *machen Sie, daß Sie ~!* F tirez-vous!; *ich komme heute nicht früher weg* je ne peux pas partir plus tôt aujourd'hui; **2.** *von e-r Abhängigkeit* F décrocher; **3.** (*abhanden kommen*) disparaître; **4.** *über etw* (*acc*) *~* (*etw verwinden*) surmonter qc; **5.** *bei etw gut, schlecht ~* s'en tirer bien, mal; *bei e-r Verteilung* être bien, mal partagé

ˈ**wegkönnen** F *v/i* ⟨*irr, sép,* -ge-, *h*⟩ arriver à partir, s'en aller, sortir

ˈ**Wegkreuzung** *f* croisement *m*, croisée *f* de chemins

ˈ**wegkriegen** F *v/t* ⟨*sép,* -ge-, *h*⟩ *Fleck* arriver à enlever, ôter; *Makel etc* arriver à se débarrasser de; *Stein etc* arriver à déplacer; *j-n von etw ~* arracher qn à qc

ˈ**weglassen** *v/t* ⟨*irr, sép,* -ge-, *h*⟩ **1.** (*fortgehen lassen*) *~* laisser partir qn; **2.** F (*wegfallen lassen*) F laisser tomber; supprimer

ˈ**weglaufen** *v/i* ⟨*irr, sép,* -ge-, *sein*⟩ se sauver, s'enfuir (*von* de; *vor* [+*dat*] devant); F *s-e Frau ist ihm weggelaufen* F sa femme l'a plaqué; *plais die Arbeit läuft uns nicht weg* ce travail ne presse pas, peut attendre

ˈ**weglegen** *v/t* ⟨*sép,* -ge-, *h*⟩ (*beiseite legen*) mettre de côté; (*verwahren*) ranger; (*aus der Hand legen*) poser; déposer

ˈ**wegleugnen** *v/t* ⟨-ete, *sép,* -ge-, *h*⟩ *etw ~* (essayer de) nier qc

ˈ**wegloben** F *v/t* ⟨*sép,* -ge-, *h*⟩ *j-n ~* se débarrasser de qn (en le recommandant)

ˈ**weglocken** *v/t* ⟨*sép,* -ge-, *h*⟩ *j-n von j-m, etw ~* (réussir à) faire partir qn (en employant des moyens détournés, la ruse, *etc*)

ˈ**wegmachen** F *v/t* ⟨*sép,* -ge-, *h*⟩ **I** *v/t* enlever; faire partir; *péj* (*sich* [*dat*]) *ein*

Kind ~ lassen se faire avorter; **II** *v/réfl sich ~* F filer; F se tirer; F se barrer

'**wegmüssen** F *v/i ⟨irr, sép, -ge-, h⟩* **1.** (*weggehen müssen*) *Person, a Brief* devoir partir; **2.** (*entfernt werden müssen*) devoir disparaître; devoir être enlevé; (*aufgebraucht werden müssen*) devoir être consommé

'**wegnehmen** *v/t ⟨irr, sép, -ge-, h⟩* **1.** *e-n Gegenstand vom Tisch etc* enlever; ôter; **2.** (*entwenden*) (*j-m*) *etw ~* prendre qc (à qn); F *j-m die Freundin ~* F souffler, F piquer, F chiper sa petite amie à qn; **3.** *viel Platz, Zeit ~* prendre beaucoup de place, de temps

'**weg|putzen** *v/t ⟨-(es)t, sép, -ge-, h⟩* **1.** (*durch Putzen entfernen*) enlever; faire partir; essuyer; **2.** F (*aufessen*) F liquider; **~radieren** *v/t ⟨sép, pas de ge-, h⟩* effacer; gommer

'**Wegrand** *m am ~* sur le bord, au bord du chemin

'**wegrationalisieren** *v/t ⟨sép, pas de ge-, h⟩, Arbeitsplätze ~* supprimer des emplois en rationalisant la production

'**weg|räumen** *v/t ⟨sép, -ge-, h⟩* **1.** (*aufräumen*) ranger; **2.** *Schutt* déblayer; *Hindernisse, a Feind* écarter; faire disparaître; **~rennen** F *v/i ⟨irr, sép, -ge-, sein⟩* se sauver, s'enfuir (*vor* [+*dat*] devant)

'**wegsacken** F *v/i ⟨sép, -ge-, sein⟩ Schiff* couler brusquement; *Flugzeug* piquer; *Person* (*in sich zusammensinken*) s'effondrer; s'affaisser; *ihm sackten die Beine weg* il sentit ses genoux se dérober sous lui

'**weg|schaffen** *v/t ⟨sép, -ge-, h⟩ Sachen* enlever; transporter; *Personen* emmener; éloigner; *Schutt, Erde* déblayer; **~scheren** F *v/réfl ⟨sép, -ge-, h⟩, sich ~* F filer; F se barrer; F se tirer; **~schicken** *v/t ⟨sép, -ge-, h⟩* **1.** *Personen* renvoyer; faire partir; **2.** *Brief, Paket* envoyer; expédier; **~schieben** *v/t ⟨irr, sép, -ge-, h⟩* repousser; écarter (en poussant); **~schleichen** *v/i ⟨irr, sép, -ge-, sein⟩* (*u v/réfl ⟨h⟩* (*sich*)) *~* s'esquiver (à pas de loup, à pas feutrés); s'éclipser; F filer en douce, à l'anglaise; **~schleppen** *v/t ⟨sép, -ge-, h⟩ Dinge* emporter; traîner; *Personen* enlever; traîner; (*verschleppen*) emmener de force; **~schließen** *v/t ⟨irr, sép, -ge-, h⟩* mettre sous clé; enfermer; **~schmeißen** F *v/t ⟨irr, sép, -ge-, h⟩* jeter; F balancer

'**wegschnappen** F *v/t ⟨sép, -ge-, h⟩ Ball etc* 'happer; attraper; *Freundin, Posten etc* F piquer; F souffler; *j-m etw vor der Nase ~* F piquer qc à qn sous le nez

'**wegschwimmen** *v/i ⟨irr, sép, -ge-, sein⟩* **1.** *Dinge* être emporté par le(s) courant(s); **2.** *Menschen, Tiere* s'éloigner (à la nage)

'**wegsehen** *v/i ⟨irr, sép, -ge-, h⟩* **1.** détourner les yeux; **2.** F *fig über etw (acc) ~* fermer les yeux sur qc

'**wegsetzen** *v/t ⟨-(es)t, sép, -ge-, h⟩ Sachen* mettre ailleurs; *Personen* faire changer de place; **II** *v/i ⟨sein ou h⟩* (*springen*) *über etw (acc) ~* sauter par-dessus qc; **III** *v/réfl ⟨h⟩* **1.** *sich ~ an e-e andere Stelle* changer de place; **2.** *sich über etw (acc) ~* ne pas prendre qc en compte; ne pas respecter qc

'**weg|stecken** *v/t ⟨sép, -ge-, h⟩* **1.** (*beiseite tun*) mettre de côté; **2.** (*verbergen*) cacher; **3.** F *fig Schlag, Beleidigung* F digérer; **~stehlen** *v/réfl ⟨irr, sép, -ge-, h⟩ sich ~* s'éclipser; s'esquiver; **~stellen** *v/t ⟨sép, -ge-, h⟩* mettre ailleurs; **~stoßen** *v/t ⟨irr, sép, -ge-, h⟩* repousser

'**Wegstrecke** *f* trajet *m*; parcours *m*; (*Abschnitt*) bout *m*, tronçon *m* de chemin

'**wegstreichen** *v/t ⟨irr, sép, -ge-, h⟩ Geschriebenes* barrer; rayer

'**Wegstunde** *f e-e ~ von X entfernt* à une heure de X

'**wegtragen** *v/t ⟨irr, sép, -ge-, h⟩* emporter; enlever

'**wegtreten** *⟨irr, sép, -ge-⟩* **I** *v/t ⟨h⟩ e-n Gegenstand mit dem Fuß* écarter du pied; **II** *v/i ⟨sein⟩* se retirer; MIL rompre les rangs; *MIL ~!* rompez (les rangs)!; F *fig* (*geistig*) *weggetreten sein* être distrait, absent, dans la lune

'**wegtun** F *v/t ⟨irr, sép, -ge-, h⟩* **1.** (*an e-e andere Stelle tun*) enlever; ôter; **2.** (*verwahren*) ranger; **3.** (*wegwerfen*) jeter

'**Wegweiser** *m ⟨~s; ~⟩* **1.** *Verkehrszeichen* poteau, panneau indicateur; **2.** *fig Buch* guide *m*

'**Wegwerf...** *in Zssgn* jetable

'**wegwerfen** *⟨irr, sép, -ge-, h⟩ v/t* **1.** (*fortwerfen*) jeter; **2.** *in den Müll* mettre à la poubelle; jeter (à la poubelle); *fig das ist doch weggeworfenes Geld* c'est de l'argent jeté par les fenêtres

'**wegwerfend** *adj* dédaigneux, -euse; méprisant; *mit e-r ~en Handbewegung* d'un geste dédaigneux, de mépris

'**Wegwerf|feuerzeug** *n* briquet *m* jetable; **~flasche** *f* bouteille perdue, non consignée; **~gesellschaft** *f péj* société *f* de gaspillage

'**wegwischen** *v/t ⟨sép, -ge-, h⟩* essuyer; effacer

'**Wegzehrung** *st/s f ⟨~; ~en⟩* **1.** provisions *f/pl* de voyage; **2.** CATH viatique *m*

'**wegziehen** *⟨irr, sép, -ge-⟩* **I** *v/t ⟨h⟩ Hand, Vorhang, Gegenstand* retirer; enlever; *Personen* (re)tirer; traîner; **II** *v/i ⟨sein⟩* **1.** (*die Wohnung wechseln*) déménager (*von, aus* de); **2.** *Vögel etc* émigrer; partir

weh [ve:] **I** *adv j-m ~ tun a fig* faire mal à qn; *fig* faire de la peine à qn; *der Kopf tut mir ~* j'ai mal à la tête; *wo tut es dir ~?* où as-tu mal?; **II** *F adj ⟨épithète⟩ e-n ~en Finger haben* avoir mal au doigt; **III** *int o ~!* malheur!

Weh *st/s n ⟨~(e)s⟩* (*Leid*) mal *m*; (*Schmerz*) douleur *f*; (*Unglück*) malheur *m*

wehe ['ve:ə] *int st/s ~! ~!* hélas! hélas!; *drohend st/s ~ ihm!* malheur à lui!; (*dir*), *wenn du nicht kommst!* gare à toi, si tu ne viens pas!

'**Wehe** *f ⟨~; ~n⟩* MÉD contraction *f*; *pl ~n* douleurs *f/pl* de l'accouchement, travail *m*; *in den ~ liegen* être en travail; être en train d'accoucher

wehen ['ve:ən] *⟨h⟩* **I** *v/t* emporter; chasser; **II** *v/i* **1.** *Wind* souffler; *es weht ein kalter Wind* un vent froid souffle; **2.** *Fahnen, Haare etc* flotter

'**Wehklage** *st/s f* lamentation(s) *f(pl)*

'**wehklagen** *st/s v/i ⟨insép, ge-, h⟩* (*über etw [acc]*) *~* se plaindre (de qc); se lamenter (sur, de qc)

'**wehleidig** *adj péj* **1.** *Person, Wesensart* (*zimperlich*) douillet, -ette; (*weinerlich*) pleurnicheur, -euse; F geignard; **2.** *Stimme, Gesichtsausdruck* plaintif, -ive; dolent

'**Wehmut** *st/s f ⟨~⟩* (*Sehnsucht*) nostalgie *f*; (*Schwermut*) (douce) mélancolie *f*

'**wehmütig** ['ve:my:tıç] *adj* (*sehnsüchtig*) nostalgique; (*schwermütig*) mélancolique

Wehr[1] [ve:r] *f ⟨~⟩ sich zur ~ setzen* se défendre; opposer de la résistance

Wehr[2] *n ⟨~(e)s; ~e⟩* (*Stau₂*) barrage *m*

'**Wehr|beauftragte(r)** *m ⟨→ A⟩* délégué *m* parlementaire auprès des forces armées; **~bereichskommando** *n* commandement *m* de (la) région militaire

'**Wehrdienst** *m ⟨~(e)s⟩* service *m* militaire; *den ~ ableisten* faire son service (militaire)

'**Wehrdienst|verweigerer** *m ⟨~s; ~⟩* objecteur *m* de conscience; **~verweigerung** *f* objection *f* de conscience

'**wehren** *⟨h⟩* **I** *v/réfl* **1.** *sich ~ körperlich, fig* se défendre (*gegen* contre, de); (*Widerstand leisten*) résister (*gegen* à); **2.** (*sich weigern*) *sich* (*dagegen*) *~ etw zu tun* se refuser à faire qc; **II** *st/s v/i j-m, e-r Sache ~* s'opposer à qn, qc; *wehret den Anfängen!* il faut étouffer le mal dans l'œuf

'**Wehr|erziehung** *f bes HIST DDR* formation *f* militaire; **~experte** *m* expert *m* en matière de défense; **²fähig** *adj* en âge d'être soldat; capable de porter les armes; **~gang** *m* FORTIF chemin *m* de ronde; **²haft** *adj* **1.** *Person, Volk, Tier* qui peut se défendre; en état de se défendre; **2.** *Burg etc* fortifié; **~kraft** *f ⟨~⟩* force *f*, potentiel *m* militaire; **~kraftzersetzung** *f* démoralisation *f* de l'armée

'**wehrlos** *adj* désarmé; sans défense (*a Tiere*); incapable de se défendre; *j-m, e-r Sache ~ ausgeliefert sein* être livré sans défense *od* pieds et poings liés à qn, qc

'**Wehrlosigkeit** *f ⟨~⟩* incapacité *f* de se défendre

'**Wehrmacht** *f ⟨~⟩* HIST *die* (*deutsche*) *~* l'armée allemande; la Wehrmacht

'**Wehrpaß** *m* livret *m* militaire

'**Wehrpflicht** *f ⟨~⟩* (*allgemeine*) *~* service *m* militaire obligatoire

'**wehrpflichtig** *adj in ~em Alter* en âge d'être incorporé

'**Wehr|pflichtige(r)** *m ⟨→ A⟩* citoyen astreint au service militaire; (*Einberufener*) appelé *m*; **~politik** *f* politique *f* de défense; **~sold** *m* prêt *m*; solde *f*; **²tauglich** *adj* apte au service militaire; bon pour le service; **~übung** *f* période *f* (d'instruction)

'**Wehweh** ['ve:ve:] *enf n ⟨~s; ~s⟩ enf* bobo *m*

Weh'wehchen *n ⟨~s; ~⟩* bobo *m*

Weib [vaıp] *n ⟨~(e)s; ~er⟩* **1.** *poét*, BIBL (*Frau*) femme *f*; **2.** *poét*, BIBL (*Ehe₂*) épouse *f*; F *plais sein ~* F sa bonne femme; **3.** F (*Frau*) *meist bewundernd* F nana *f*; F gonzesse *f*; *ein tolles ~* F une nana super; **4.** F *péj ein böses ~* une mégère; *ein klatschsüchtiges ~* une commère; *pl die ~er* F les bonnes femmes

'**Weibchen** *n ⟨~s; ~⟩* **1.** ZO femelle *f*; **2.** *péj* (*Frau*) *sie ist ein richtiges ~ im*

Weiberfeind – Weimarer Republik

Aussehen c'est une vraie poupée; *im Verhalten* elle joue les faibles femmes
'**Weiber|feind** *m* misogyne *m*; **~geschwätz** *n péj* commérages *m/pl*; **~held** *m péj* homme *m* à femmes; coureur *m* (de jupons)
'**weibisch** *adj péj* efféminé; (de) femme
'**weiblich** *adj* **1.** BOT, ZO femelle; **2.** GR, METRIK féminin; **3.** (*typisch ~, feminin*) féminin
'**Weiblichkeit** *f* ⟨~⟩ **1.** *Eigenschaft* nature féminine; féminité *f*; **2.** *coll die ~* les femmes *f/pl*; *st/s, plais* **die holde ~** le beau sexe
'**Weibsbild** F *n* **1.** *bes südd, österr* femme *f*; F bonne femme; **2.** *péj* F garce *f*
'**Weibsstück** F *péj n cf* **Weibsbild** 2.
weich [vaɪç] **I** *adj* **1.** mou (mol), molle; *Fleisch, Holz, Gestein* tendre; *Frucht* fondant; *Bett* douillet; moelleux, -euse; *Sitz, Polster, Kissen* moelleux, -euse; confortable; *ein ~es Ei* un œuf à la coque; *in der Hitze ~ werden* se ramollir à la chaleur; **2.** (*formbar*) plastique; malléable; *Werkstoff* plastique; **~ machen** (r)amollir; assouplir; rendre malléable; **3.** (*schmiegsam*) souple; *Stoff a* doux, douce; *Wolle* moelleux, -euse; *Haut, Fell* doux, douce; *Haar* souple; *sich ~ anfühlen* être doux au toucher; **4.** *fig Gemüt, Herz* tendre; sensible; F *~ werden* (*sich rühren lassen*) s'attendrir; se laisser toucher, attendrir; (*nachgeben*) céder; *in der Erziehung, als Vorgesetzte(r) zu ~ sein* manquer d'énergie, ne pas être assez ferme (*zu j-m* avec, envers qn); **5.** *Farbe* tendre; *Melodie, Ton* doux, douce; suave; *MUS Anschlag, Spiel* délicat; *Licht* doux, douce; *Übergang* en douceur; doux, douce; **~e Gesichtszüge** des traits empreints de douceur; **6.** *Drogen* doux, douce; **7.** *Wasser* (*kalkarm*) doux, douce; **II** *adv* **~ bremsen, landen** freiner, atterrir en douceur; **~ gefedert sein** *Auto etc* être bien suspendu
'**Weichbild** *n e-r Stadt* banlieue *f*; périmètre urbain
'**Weiche¹** [vaɪçə] *f* ⟨~; ~n⟩ BAHN aiguillage *m*; aiguille *f*; *e-e ~ stellen* manœuvrer un aiguillage; *fig* *die ~n für etw stellen* préparer le terrain pour qc
'**Weiche²** *f* ⟨~; ~n⟩ (*Flanke*) *meist pl* **~n** flancs *m/pl*
'**weichen¹** *v/i* (*sein*) *in Flüssigkeit* tremper; *~ lassen* faire tremper
'**weichen²** *v/i* ⟨weicht, wich, gewichen, sein⟩ **1.** (*Platz machen, zurück~*), *fig* (*nachgeben*) céder, reculer (*vor* [+dat] devant); *der Gewalt ~* céder à, devant la violence; **2.** (*sich entfernen*) *nicht von der Stelle ~* ne pas quitter sa place; ne pas bouger; *j-m nicht von der Seite ~* ne pas quitter qn d'une semelle; suivre qn comme son ombre; **3.** *Angst, Spannung, Nervosität etc* se dissiper; disparaître
'**Weichensteller** *m* ⟨~s; ~⟩ BAHN aiguilleur *m*
'**weichgekocht** *adj Ei* à la coque; *Gemüse, Fleisch* cuit
'**Weichheit** *f* ⟨~⟩ caractère mou, tendre, *etc*; *e-s Bettes etc* moelleux *m*; confort *m*; *des Wassers, e-s Stoffes, der Stimme* douceur *f*; (*Schmiegsamkeit*), *des Haars*

souplesse *f*; *des Stils* mollesse *f*; MUS *des Anschlags, Bogenstrichs* délicatesse *f*
'**weichherzig** *adj* (au cœur) tendre; sensible; (*mitfühlend*) compatissant; **♀keit** *f* ⟨~⟩ tendresse *f* (du cœur); sensibilité *f*
'**Weichkäse** *m* fromage *m* à pâte molle
'**weichlich** *adj péj* **1.** (*etwas weich*) mou (mol), molle; **2.** *fig* mou (mol), molle; (*zimperlich*) douillet, -ette; (*lasch*) mollasse; (*weibisch*) efféminé
'**Weichling** *m* ⟨~s; ~e⟩ *péj* mou *m*; (*weibischer Mann*) efféminé *m*; (*Zimperliese*) douillet *m*; (*Schwächling*) femmelette *f*
'**Weichmacher** *m* ⟨~s; ~⟩ TECH, CHIM plastifiant *m*
'**Weichsel** ['vaɪksəl] ⟨→ *n/pr*⟩ *die ~* la Vistule
'**Weich|spüler** *m* ⟨~s; ~⟩ adoucissant *m*; assouplissant *m*; **~teile** *n/pl* **1.** ANAT parties molles; **2.** F (*Genitalien des Mannes*) F parties *f/pl*; **~tiere** *n/pl* mollusques *m/pl*; **~zeichner** *m* PHOT objectif *m bzw* filtre *m* pour flou artistique
'**Weide¹** ['vaɪdə] *f* ⟨~; ~n⟩ **1.** *Baum* saule *m*; (*Korb♀*) osier *m*; **2.** ⟨*sans pl*⟩ *Material* osier *m*
'**Weide²** *f* ⟨~; ~n⟩ (*Vieh♀*) pâturage *m*; pré *m*; herbage *m*; **~fläche** *f*, **~land** *n* ⟨~(e)s⟩ pâturage(s) *m(pl)*; herbages *m/pl*
'**weiden** ⟨-ete, h⟩ **I** *v/t Vieh* (*weiden lassen*) faire paître, pâturer; *st/s fig* *s-e Augen an etw* (*dat*) *~* se repaître, se délecter du spectacle de qc; **II** *v/i* paître; pâturer; brouter (l'herbe); **III** *st/s v/réfl sich an etw* (*dat*) *~ a péj* se repaître, se délecter de qc
'**Weiden|baum** *m cf* **Weide¹**/.; **~gerte** *f* verge *f* de saule; **~kätzchen** *n* BOT chaton *m* de saule; **~korb** *m* panier *m* d'osier
'**Weide|platz** *m cf* **Weide²**, **~wirtschaft** *f* ⟨~⟩ exploitation *f* de(s) pâturages, herbages
'**weidlich** *adv* amplement; largement; *j-n, etw ~ ausnutzen* exploiter largement qn, qc
'**Weidmann** *m* ⟨~(e)s; ~er⟩ chasseur *m*
weidmännisch ['vaɪtmɛnɪʃ] **I** *adj* de chasseur; **~er Brauch** usage, tradition de la chasse; **II** *adv* selon les règles, traditions de la chasse
'**Weidmanns'heil** *int ~!* bonne chasse!
'**Weidwerk** *n* ⟨~(e)s⟩ chasse *f*; vénerie *f*
'**weidwund** *adj* blessé à mort
'**weigern** ['vaɪɡərn] *v/réfl* ⟨-(e)re, h⟩ *sich ~* refuser; *sich ~, etw zu tun* refuser de faire qc; se refuser à faire qc
'**Weigerung** *f* ⟨~; ~en⟩ refus *m*
'**Weihbischof** *m* CATH évêque *m* auxiliaire
'**Weihe¹** ['vaɪə] *f* ⟨~; ~n⟩ **1.** REL consécration *f*; *e-r Kirche* a dédicace *f*; (*Einsegnung*) bénédiction *f*; *e-s Priesters* ordination *f*; *e-s Bischofs, Königs* sacre *m*; *die niederen, höheren ~n* les ordres mineurs, majeurs; **2.** *st/s* ⟨*sans pl*⟩ (*Erhabenheit*) solennité *f*; *e-r Sache die rechte ~ verleihen* rendre qc solennel
'**Weihe²** *f* ⟨~; ~n⟩ ZO busard *m*
'**weihen** *v/t* ⟨h⟩ **1.** REL consacrer; *bes CATH Brot, Wasser* bénir; *Hostie* consacrer; **2.** REL (*ordinieren*) *j-n zum Bischof ~* sacrer qn évêque; *j-n zum*

Priester ~ ordonner qn prêtre; **3.** REL (*zueignen*) dédier; consacrer; **4.** *st/s* (*widmen*) *sein Leben der Wissenschaft ~* consacrer, vouer sa vie à la science; *j-m ein Denkmal, ein Buch ~* dédier un monument, un livre à qn; **5.** *st/s* (*preisgeben*) *dem Tode geweiht sein* être voué à la mort
'**Weiher** ['vaɪɐ] *m* ⟨~s; ~⟩ *bes südd* étang *m*; (*Fisch♀*) vivier *m*
'**weihevoll** *st/s adj* solennel, -elle
'**Weihgabe** *f* ÉGL, *bes* CATH offrande *f*
'**Weihnacht** *st/s f* ⟨~⟩ *cf* **Weihnachten**
'**weihnachten** *v/imp* ⟨-ete, h⟩ *es weihnachtet* Noël approche
'**Weihnachten** ⟨~; ~⟩ Noël *m*; *über, zu od südd an ~* à Noël; *fröhliche ~!, gesegnete ~!* joyeux Noël!; *weiße, grüne ~* Noël sous la neige, sans neige
'**weihnachtlich** **I** *adj* de Noël; **II** *adv ~ geschmückt* décoré pour Noël
'**Weihnachts|abend** *m* veille *f* de Noël; **~baum** *m* arbre *m* de Noël; **~brauch** *m* coutume *f* de Noël; **~einkäufe** *m/pl* achats *m/pl* de Noël; **~feier** *f* fête *f* de Noël
'**Weihnachtsfeiertag** *m der erste ~* le jour de Noël; *der zweite ~* le 26 décembre; *pl ~e* fêtes *f/pl* de Noël
'**Weihnachts|ferien** *pl* vacances *f/pl* de Noël; **~fest** *n* fête *f* de Noël; Noël *m*; **~geschenk** *n* cadeau *m* de Noël; F (*petit*) *noël*; *in Frankreich oft zu Neujahr* étrennes *f/pl*; **~gratifikation** *f* prime *f* de fin d'année; **~lied** *n* cantique *m*, chant *m* de Noël; noël *m*
'**Weihnachtsmann** *m* ⟨~(e)s; -männer⟩ **1.** père *m* Noël; **2.** F *péj du ~!* espèce d'imbécile, de sot, de nigaud!
'**Weihnachts|markt** *m* marché *m* de Noël; **~stern** *m* **1.** *aus Papier, Stroh etc* étoile *f* de Noël; **2.** BOT poinsettia *m*; **~tag** *m cf* **Weihnachtsfeiertag**; **~zeit** *f* ⟨~⟩ époque *f* de Noël
'**Weihrauch** *m* encens *m*; **~faß** *n* encensoir *m*
'**Weihwasser** *n* ⟨~s⟩ eau *f* bénite; *plais etw fürchten wie der Teufel das ~* avoir peur de qc comme le diable de l'eau bénite
'**Weih|wasserbecken** *n* bénitier *m*; **~(wasser)wedel** *m* goupillon *m*
weil [vaɪl] *conj* parce que; *bei gleichem Subjekt a* pour (+*inf passé*); *er ist krank, ~ er zuviel gegessen hat* il est malade pour avoir trop mangé
'**Weilchen** *n* ⟨~s⟩ petit moment; (bref) instant
'**Weile** ['vaɪlə] *f* ⟨~⟩ moment *m*; (un) certain laps de temps; *e-e ganze, st/s geraume ~* assez longtemps; un temps assez long; un bon, long moment; *e-e* (*kleine*) *~* un (petit) moment; peu de temps; *es ist schon e-e ~ her, daß ...* il y a quelque temps que ...; *es ist schon e-e ganze od gute ~ her, daß ...* il y a bien longtemps que ...; il y a beau temps, belle lurette que ...; *prov eile mit ~!* hâte-toi lentement!
'**weilen** *st/s v/i* ⟨h⟩ (*bleiben*) rester; (*sein*) être; (*als Gast wohnen*) séjourner; *er weilt nicht mehr unter uns* (*dat*) il n'est plus parmi nous; il nous a quittés
'**Weiler** ['vaɪlɐ] *m* ⟨~s; ~⟩ hameau *m*
'**Weimarer Republik** ['vaɪmarər repu-

'bli:k] *HIST POL die* ~ la République de Weimar

Wein [vaɪn] *m* ⟨-(e)s; ~e⟩ **1.** *Getränk* vin *m*; *junger* ~ vin nouveau; *fig j-m reinen* ~ *einschenken* ne pas mâcher ses mots avec qn; parler sans fard à qn; dire à qn la vérité toute crue; **2.** ⟨*sans pl*⟩ (*Weinreben*) vigne(s) *f(pl)*; *wilder* ~ vigne vierge

'**Wein**(**an**)**bau** *m* ⟨-(e)s⟩ viticulture *f*; ~ *treiben* cultiver la vigne

'**Wein**|**bauer** *m* ⟨-n; -n⟩ vigneron *m*; *im großen* viticulteur *m*; **~beere** *f* grain *m* de raisin; **~berg** *m* vignoble *m*; vigne *f*; **~bergschnecke** *f* escargot *m* de Bourgogne; **~brand** *m* eau-de-vie *f* de raisin; *par ext* cognac *m*

weinen ['vaɪnən] *v/i* ⟨h⟩ ~ (*über* [+*acc*], *vor* [+*dat*]) pleurer (sur, de); *um j-n* ~ pleurer (la perte de) qn

'**Weinen** *n* ⟨-s⟩ pleurs *m/pl*; larmes *f/pl*; *j-n zum* ~ *bringen* faire pleurer qn; *es ist zum* ~ (*mit dir*)! c'est à désespérer (avec toi)!; *dem* ~ *nahe sein* être au bord des larmes

'**weinerlich** *adj* pleurnicheur, -euse; F pleurnichard; *Ton, Stimme etc a* larmoyant; *Ton a* F geignard

'**Wein**|**essig** *m* vinaigre *m* (de vin); **~faß** *n* tonneau *m* à vin; **~flasche** *f* bouteille *f* à vin; **~gegend** *f* région *f* viticole, de vignobles; **~geist** *m* ⟨-(e)s⟩ esprit-de-vin *m*; **~glas** *n* verre *m* à vin; **~gut** *n* domaine *m* viticole, vignoble *m*; **~händler** *m* marchand *m* de vin(s); *Großhändler* négociant *m* en vins; **~handlung** *f* débit *m* de vin; commerce *m*, comptoir *m* de vins (au détail); **~hefe** *f* lie *f* de vin

'**Weinjahr** *n ein gutes* ~ une bonne année pour le vin; une année de bon vin

'**Wein**|**karte** *f* carte *f* des vins; **~keller** *m* cave *f* à vin; *oft zu ebener Erde* cellier *m*

'**Weinkenner** *m er ist ein* ~ il s'y connaît en vin

'**Weinkrampf** *m* crise *f* de larmes

'**Wein**|**krug** *m* cruche *f* à vin; *großer* broc *m*; *kleiner*, *im Restaurant* pichet *m*; **~laub** *n* feuillage *m* de la vigne; **~laube** *f* treille *f*

'**Weinlese** *f* vendange(s) *f(pl)*; ~ *halten* faire la (les) vendange(s)

'**Wein**|**lokal** *n* bar *m* à vin; **~presse** *f* pressoir *m*; **~probe** *f* dégustation *f* (de vin); **~rebe** *f* vigne *f*; (*Rebstock*) cep *m* de vigne; **⚥rot** *adj* vineux, -euse; (couleur) lie de vin; **~schaumcreme** *f CUIS* mousse *f* au vin; **~schlauch** *m* outre *f* à vin; **~schorle** *f* mélange de vin et d'eau minérale gazeuse; **⚥selig** *adj* émoustillé; qui est dans les vignes du Seigneur; **~stein** *m* ⟨-(e)s⟩ tartre *m*; **~stock** *m* (pied *m*, cep *m* de) vigne *f*; **~stube** *f* débit *m* de vin; **~traube** *f* (grappe *f* de) raisin *m*

weise ['vaɪzə] **I** *adj* sage; (*lebensklug*) avisé; *Entscheidung etc* à plein de sagesse; **II** *adv* sagement; avec sagesse

'**Weise** ['vaɪzə] *f* ⟨-; -n⟩ **1.** (*Art*) manière *f*; façon *f*; (*Methode*) méthode *f*; *auf diese* ~ de cette manière, façon; *auf die* ~ *oder andere* ~ d'une manière, façon ou d'une autre; *auf meine* ~ à ma manière, façon; *auf welche* ~? de quelle manière, façon?; *in der* ~, *daß* ... de manière, de façon que ... (*final:* +*subj*); de *od* en sorte que ... (*final:* +*subj*); *in gewohnter* ~ comme d'habitude; comme à l'accoutumée; *in keiner* ~ en aucune manière, façon (*beim Verb mit* ne); nullement (*beim Verb mit* ne); *in keiner* ~! pas du tout!; *jeder nach s-r* ~ chacun à sa guise, façon, à son gré; *die Art und* ~, *etw zu tun* la façon, manière de faire qc; **2.** *MUS* air *m*; (*Melodie*) mélodie *f*

'**weisen** ⟨-(es)t, weist, wies, gewiesen, h⟩ **I** *v/t* **1.** *st/s* (*zeigen*) montrer; indiquer; *fig j-m die Tür* ~ montrer la porte à qn; *j-m den Weg* ~ indiquer le chemin à qn; **2.** (*ver*~, *schicken*) *j-n aus der Schule* ~ renvoyer qn de l'école; *j-n in die Schranken* ~ remettre qn à sa place; *fig etw von sich* (*dat*) ~ repousser, rejeter qc; **II** *v/i* (*zeigen*) *auf etw* (*acc*) ~ indiquer qc; *Magnetnadel etc nach Norden* ~ montrer, indiquer le nord

'**Weise**(**r**) *f(m)* ⟨→ A⟩ sage *m*; *der Stein der* ~*n* la pierre philosophale; *BIBL die drei* ~*n aus dem Morgenland* les Rois *m/pl* mages; F *POL die fünf* ~*n* commission d'experts donnant leur avis sur l'évolution économique

'**Weisheit** *f* ⟨-; -en⟩ **1.** ⟨*sans pl*⟩ (*das Weisesein*) sagesse *f*; **2.** ⟨*sans pl*⟩ (*Wissen*) savoir *m*; science *f*; *der* ~ *letzter Schluß* la réponse à tout; la solution idéale; la panacée; F *mit s-r* ~ *am Ende sein* être au bout de son latin; F *tun, als ob man die* ~ *mit Löffeln gefressen hätte* faire comme si on avait la science infuse; F *er hat die* ~ *nicht mit Löffeln gefressen* F il n'a pas inventé la fil à couper le beurre, la poudre;**3.** (*weiser Rat, Spruch*) adage *m*; maxime *f*; F *behalte deine* ~*en für dich*! occupe-toi de tes affaires!

'**Weisheitszahn** *m* dent *f* de sagesse

'**weismachen** F *v/t* ⟨*sép*, -ge-, h⟩ *j-m etw* ~ faire, laisser croire qc à qn; *sich* (*dat*) *nichts* ~ *lassen* ne pas se faire avoir; *das könnt ihr uns nicht* ~! vous n'allez pas nous faire croire ça!; *du willst mir doch nicht* ~, *daß* ... tu ne veux quand même pas me faire croire que ...

weiß[1] [vaɪs] *cf* **wissen**

weiß[2] *adj* blanc, blanche; (*bleich*) pâle; *das* ⚥*e Haus* la Maison Blanche; *der* ~*e Sport* le tennis; ~*e Ostern*, *Weihnachten* Pâques, Noël sous la neige; ~ *werden* devenir blanc; blanchir; ~ *färben* teindre en blanc

'**Weiß** *n* ⟨-(es), -⟩ blanc *m*; couleur blanche; *in* ~ *gekleidet* (habillé) en blanc; *in* ~ *heiraten* se marier en blanc

'**weissagen** *v/t* ⟨*insép*, ge-, h⟩ **1.** (*vorhersagen*) prédire; présager; prophétiser; **2.** (*ahnen lassen*) laisser présager

'**Weissag**|**er**(**in**) *f(m)* ⟨-s; -⟩ (*f* ~; -nen) prophète *m*, prophétesse *f*; **~ung** *f* ⟨-; -en⟩ prédiction *f*; prophétie *f*

'**Weiß**|**bier** *n* bière blanche; bière *f* de froment; **~blech** *n* fer-blanc *m*; **⚥blond** *adj* d'un blond (tirant sur le) blanc; **~brot** *n* pain blanc; **~buch** *n* *DIPL* Livre blanc; **~dorn** *m* ⟨-(e)s; -e⟩ *BOT* aubépine *f*

'**Weiße** *f* ⟨-; -n⟩ *Berliner* ~ (*mit Schuß*) bière blanche de Berlin (servie avec du sirop de framboise)

'**Weiße**(**r**) *f(m)* ⟨→ A⟩ blanc *m*; blanche *f*

'**weißen** *v/t* ⟨-(es)t, h⟩ *Wände* blanchir; (*tünchen*) badigeonner

'**Weißenburg** *n* ⟨→ n/pr⟩ Wissembourg

'**Weiß**|**gerberei** *f* mégisserie *f*; **⚥glühend** *adj* chauffé à blanc; incandescent

'**Weißglut** ⟨-⟩ *f MÉTALL* incandescence *f*; F *fig j-n zur* ~ *bringen* pousser qn à bout; mettre qn en rage

'**Weiß**|**gold** *n* or blanc; **⚥haarig** *adj* aux cheveux blancs; **~käse** *m* regional fromage blanc; **~kohl** *m*, *bes südd*, *österr* **~kraut** *n* ⟨-(e)s⟩ chou blanc

'**weißlich** *adj* blanchâtre

'**Weißmacher** *m* ⟨-s; -⟩ *im Waschmittel* agent blanchissant

'**Weiß**|**russe** *m*, **~russin** *f* Biélorusse *m,f*; **⚥russisch** *adj* biélorusse; **~rußland** *n* ⟨→ n/pr⟩ la Biélorussie

'**Weiß**|**wandreifen** *m* pneu *m* à flancs blancs; **~wäsche** *f* ⟨-⟩ linge blanc; blanc *m*; **~wein** *m* vin blanc; **~wurst** *f* *etwa* boudin blanc

'**Weisung** *st/s ou ADM f* ⟨-; -en⟩ instruction *f*; directive *f*; consigne *f* (*a MIL*); (*Befehl*) ordre *m*

'**Weisungs**|**befugnis** *f* pouvoir *m* de direction; **⚥gemäß** *adv* selon les *od* conformément aux instructions, directives

weit [vaɪt] **I** *adj* **1.** (*ausgedehnt*) vaste; large; étendu; grand; (*geräumig*) spacieux, -ieuse; (*unermeßlich*) immense; *in die* ~*e Welt ziehen* parcourir le monde; ~*e Teile der Bevölkerung*, *des Landes* une grande partie de la population, du pays; *fig das ist ein* ~*es Feld* c'est un vaste domaine; il y aurait beaucoup à dire; *im* ~*esten Sinne des Wortes* dans toute l'acception du terme; **2.** (*entfernt*) *Reise*, *Weg* long, longue; *Ziel* éloigné; *bis dahin ist es noch* (*ziemlich*) ~ c'est encore là(-bas), c'est encore (assez) loin *od* ça fait encore un (bon) bout de chemin; *das* ⚥*e suchen* prendre le large; *in* ~*er Ferne* tout au loin; très loin; **3.** *Kleidung* large; *COUT* (~ *geschnitten*) ample; *der Rock ist mir zu* ~ cette jupe est trop large pour moi; **II** *adv* **1.** (*ausgedehnt*) ~ *verbreitet* très répandu; *Tür* ~ *offenstehen* être toute grande ouverte; *die Augen* ~ *aufmachen* faire, ouvrir de grands yeux; ~ *herumgekommen sein* avoir beaucoup voyagé, F bourlingué, F roulé sa bosse; ~ *und breit* partout; **2.** (*entfernt*) loin; ~ *entfernt von* ... très loin *od* ~ *weg* au loin; très loin; (*in der Ferne*) dans le lointain; ~ *weg von hier* très loin d'ici; *von* ~*em* de loin; à distance; *de loin*; *zwei Kilometer* ~ à (une distance de) deux kilomètres; *wie* ~ *ist es noch*? c'est encore loin?; *wie* ~ *ist es nach* ...? quelle distance, combien de kilomètres y a-t-il d'ici à ...?; *wir haben es nicht mehr* ~ on est presque arrivé; ~ *reichen* porter loin; ~ *sehen* voir loin; *fig das ist* ~ *hergeholt* c'est tiré par les cheveux; *fig* ~ *auseinandergehen Meinungen* diverger radicalement; *fig* ~ *davon entfernt sein*, *etw zu tun* être loin *od* à mille lieues de faire qc; *fig* ~ *gefehlt*! loin de là!; **3.** *zeitlich* loin; ~ *zurückliegend* lointain; *bis Weihnachten ist es noch* ~ Noël, c'est encore loin; *er ist* ~ *über fünfzig* il a largement dépassé la cinquantaine; **~ nach Mitternacht** bien après minuit; **4.** *in der Entwicklung*, in e-m Prozeß loin; **wie ~ bist du (mit deiner Arbeit)?** où en es-tu (de *od* avec ton travail)?; où en est ton travail?; **es ~ bringen** réussir dans la vie; **er wird es ~ bringen** *a* il ira loin; **wir sind noch nicht so ~ gekommen** mit der Arbeit nous n'en sommes pas (encore) là; **das geht zu ~** c'en est trop; ça va trop loin; c'est trop fort; **hier bist du zu ~ gegangen!** tu es allé trop loin!; **er ging so ~, uns zu sagen, daß ...** il a été jusqu'à nous dire que ...; **so ~ ist es mit ihm gekommen** voilà où il en est!; il est tombé bien bas; **er ist so ~ informiert, daß er ...** il est suffisamment informé pour (+*inf*); **5.** (*weitaus, beträchtlich*) de beaucoup; **~ schöner, schwieriger** bien *od* beaucoup plus agréable, difficile; **~ mehr** beaucoup plus; **j-m ~ überlegen sein** surpasser qn de loin, de beaucoup; être bien supérieur à qn; **bei ~em der Größte** de loin, de beaucoup le plus grand; **bei ~em nicht** tant s'en faut; **bei ~em nicht vollständig** loin d'être complet

'**weit|ab** *adv* loin d'ici, de là

'**weit|aus** *adv* (*bei weitem*) de loin; de beaucoup; **~ der Schönste** *od* **der Schönste** de loin, de beaucoup le plus beau

'**Weitblick** *m* ⟨~(e)s⟩ clairvoyance *f*; prévoyance *f*; **er hat politischen ~ bewiesen** il a fait preuve d'une grande clairvoyance politique

'**weitblickend** *adj* qui voit loin; prévoyant

'**Weite** *f* ⟨~, ~n⟩ **1.** (*das Weitsein*) (vaste) étendue *f*; **2.** (*Größe*) dimensions *f/pl*; largeur *f*; ampleur *f*; *e-r Öffnung* largeur *f*; COUT *e-s Kleidungsstückes* ampleur *f*; (*Durchmesser*) diamètre *m*; TECH **lichte ~** diamètre intérieur; lumière *f*; **3.** (*weiter Raum*) vaste espace *m*; (*Ferne*) lointain *m*; **4.** (*Länge*) *e-s Weges, a* SPORT longueur *f*; SPORT **die beste ~ springen** être le meilleur au saut en longueur

'**weiten** ⟨-ete, h⟩ **I** *v/t* élargir; agrandir; *Öffnung* évaser; **II** *v/réfl* **sich ~** s'élargir; s'agrandir; *Öffnung* s'évaser; *Pupillen, fig Brust* se dilater

'**weiter I** *adv* **1.** *zur Bezeichnung e-r Fortdauer, Fortsetzung* (**nur**) **~!**, **~ so!** continue *bzw* continuez!; **nicht ~!** arrête *bzw* arrêtez!; **und so ~** et ainsi de suite; et cetera; **~ auf Seite drei** suite en page trois; **2.** (*anschließend*) ensuite; après; **was geschah ~?** qu'est-ce qui s'est passé ensuite?; **was habt ihr ~ vor?** qu'est-ce que vous avez l'intention de faire ensuite, après?; **und ~?**, **~?** et quoi encore?; et puis?; et après?; **3.** (*außerdem, sonst*) de, en plus; encore; **~ haben wir im Angebot ~** nous vous proposons en plus ...; notre offre comprend en plus ...; **~ niemand** personne d'autre (*mit ne beim Verb*); **~ nichts?** c'est tout?; **~ nichts!** rien de plus!; voilà tout!; **wir haben ~ nichts mehr zu tun, als ...** nous n'avons plus rien d'autre à faire qu'à ...; il ne nous reste plus qu'à ...; **das hat ~ nichts auf sich** cela ne tire pas à conséquence; **das hat ~ nichts zu sagen** cela ne veut rien dire; F **wenn es ~ nichts ist!** F si ce n'est que ça!; F s'il n'y a que ça!; **II** *Partikel zur Steigerung einiger nichtgraduierbarer adj* plus; **~ vorn** plus en avant; **etwas ~ links** un peu plus à gauche; **~ offen** plus (largement) ouvert; **ein ~ verbessertes Modell** un modèle amélioré

'**weiterarbeiten** *v/i* ⟨*sép*, -ge-, h⟩ continuer à travailler; poursuivre son travail

'**weiterbefördern** *v/t* ⟨-(e)re, *sép, pas de ge-*, h⟩ *Post* acheminer; **die Passagiere mit Bussen ~** assurer le transport ultérieur des passagers en bus

'**weiter|beschäftigen** *v/t* ⟨*sép*, pas de ge-, h⟩ *Arbeitskräfte* garder; *Hauspersonal* garder à son service; **~bestehen** *v/i* ⟨*irr, sép, pas de ge-*, h⟩ continuer d'exister; subsister

'**weiterbilden** ⟨-ete, *sép*, -ge-, h⟩ **I** *v/t* assurer la formation permanente, continue (de!); **II** *v/réfl* **sich ~** se perfectionner (en); continuer des études (de); *durch Kurse* suivre des cours de formation permanente, continue

'**Weiterbildung** ⟨~⟩ *f* formation permanente, continue; (*zusätzliche Ausbildung*) formation *f* complémentaire

'**weiterbringen** *v/t* ⟨*irr, sép*, -ge-, h⟩ avancer; **das bringt mich nicht weiter** cela ne m'avance guère

'**weiter|denken** *v/i* ⟨*irr, sép*, -ge-, h⟩ réfléchir aux conséquences (de qc); (*an die Zukunft denken*) songer à l'avenir; **~empfehlen** *v/t* ⟨*irr, sép, pas de ge-*, h⟩ recommander (à qn, à d'autres personnes, etc); **~entwickeln** ⟨-(e)le, *sép, pas de ge-*, h⟩ **I** *v/t* développer; *Erfindung* perfectionner; **II** *v/réfl* **sich ~** se développer; *Wissenschaft, Vorstellung etc* évoluer; progresser; **~entwicklung** *f* développement *m*; *e-r Erfindung* perfectionnement *m*; *e-r Wissenschaft, Vorstellung etc* évolution *f*; progression *f*; **~erzählen** *v/t* ⟨*sép, pas de ge-*, h⟩ **1.** (*ausplaudern*) propager; divulguer; **2.** (*fortfahren zu erzählen*) continuer à raconter

'**weitere(r, -s)** *adj* (*épithète*) **1.** (*zusätzlich, neu, sonstig*) de plus; nouveau (nouvel), nouvelle; autre; **~ 7000 Mitglieder** 7000 autres membres; 7000 membres de plus; **ohne ~ Umstände**, **ohne ~s** sans (plus de) façon(s); sans plus; tout simplement; **haben sie noch ~ Fragen?** avez-vous d'autres questions?; *st/s* **des ~en** en outre; de, en plus; **2.** (*anschließend, später*) **die ~ Entwicklung** l'évolution ultérieure; **nach ~n zwei Wochen** après deux autres semaines; **zur ~n Behandlung** pour la suite du traitement; **sein ~s Leben** le reste de sa vie; **im ~n Verlauf** par la suite; **bis auf ~s** jusqu'à nouvel ordre; (*vorläufig*) provisoirement

'**Weitere(s)** *n* (→ A) **das ~** ce qui suit; la suite; le reste; **alles ~ findet sich** pour le reste, on verra bien

'**weiterfahren** *v/i* ⟨*irr, sép*, -ge-, sein⟩ poursuivre, continuer sa route, son voyage; **~!** circulez!

'**Weiterfahrt** *f* ⟨~⟩ **bei der ~ wurde er krank** en continuant le voyage, il est tombé malade

'**Weiterflug** *m* ⟨~(e)s⟩ **Passagiere** *m/pl* **zum ~ nach ...** les passagers *m/pl* en transit à destination de ...

'**weiterführen** *v/t* ⟨*sép*, -ge-, h⟩ **I** *v/t* **1.** (*fortsetzen*) continuer; *Arbeit a* poursuivre; **2.** (*voranbringen*) (faire) avancer; **das führt uns nicht weiter** cela ne nous avance pas; **II** *v/i* (*sich fortsetzen*) *Straße etc* continuer; **~de Schulen** *f/pl* etwa enseignement *m* secondaire

'**Weitergabe** *f* ⟨~⟩ **1.** *von Nachrichten etc* communication *f*; transmission *f*; (*Verbreitung*) diffusion *f*; propagation *f*; **2.** *von Gegenständen* transmission *f*; remise *f*; SPORT (*Ball2*) passe *f*

'**weitergeben** *v/t* ⟨*irr, sép*, -ge-, h⟩ *Nachrichten etc* transmettre; (*verbreiten*) propager; diffuser; *Gegenstand* transmettre; SPORT **den Ball an j-n ~** passer le ballon à qn; **2.** (*herumreichen*) faire passer, circuler

'**weitergehen** *v/i* ⟨*irr, sép*, -ge-, sein⟩ **1.** (*weiterlaufen*) poursuivre, continuer son chemin; **~!** circulez!; **2.** (*sich fortsetzen*) continuer; *Verhandlungen etc* se poursuivre; **so kann es nicht ~** ça ne peut pas durer, continuer comme ça; **wann geht es endlich weiter?** *bei e-r Fahrt* quand est-ce qu'on repart, se remet en route?

'**weiterhelfen** *v/i* ⟨*irr, sép*, -ge-, h⟩ **j-m (mit etw) ~** aider qn (à faire qc)

'**weiterhin** *adv* **1.** (*außerdem*) en outre; de plus; encore; **2.** (*in Zukunft*) à l'avenir; désormais; **3.** (*noch immer*) toujours; encore

'**weiterkommen** *v/i* ⟨*irr, sép*, -ge-, sein⟩ **1.** *auf s-m Weg* avancer; F **sieh zu, daß du weiterkommst!** F débarrasse le plancher!; F fiche, fous le camp!; **2.** *bei der Arbeit* avancer (**in** [+*dat*], **mit** dans); faire des progrès (en); *im Beruf* monter (les échelons, en grade); *im Leben* arriver; **so kommen wir nicht weiter** on n'arrivera à rien de cette façon-là

'**weiterkönnen** F *v/i* ⟨*irr, sép*, -ge-, h⟩ pouvoir continuer; **ich kann nicht mehr weiter** mit meinen Kräften je n'en peux plus; *bei e-r Aufgabe* je ne peux plus avancer; je suis bloqué

'**weiter|leiten** *v/t* ⟨-ete, *sép*, -ge-, h⟩ **1.** *Informationen etc* transmettre; **2.** *Brief, Paket etc* acheminer; **~machen** *v/t* ⟨*sép*, -ge-, h⟩ **I** *v/t* continuer; poursuivre; **II** *v/i* continuer (**mit etw** à, de faire qc); **~reichen** *v/t* ⟨*sép*, -ge-, h⟩ transmettre; (*herumreichen*) faire passer, circuler

'**weitersagen** *v/t* ⟨*sép*, -ge-, h⟩ répéter; **nicht ~!** ne le répétez pas!

'**weitersehen** *v/i* ⟨*irr, sép*, -ge-, h⟩ **dann sehen wir weiter** après, on verra

'**weiterspielen** ⟨*sép*, -ge-, h⟩ **I** *v/t* *s-e Rolle ~* continuer à, de jouer son rôle; **II** *v/i* continuer le jeu, à jouer; **der Schiedsrichter ließ ~** l'arbitre a décidé de continuer la partie

'**weiterverarbeiten** *v/t* ⟨-ete, *sép, pas de ge-*, h⟩ transformer; traiter; usiner; **~de Industrie** industrie *f* de transformation

'**Weiterverarbeitung** *f* transformation *f*; traitement *m*; usinage *m*

'**weiter|verfolgen** *v/t* ⟨*sép, pas de ge-*, h⟩ poursuivre; **~verkaufen** *v/t* ⟨*sép, pas de ge-*, h⟩ revendre

'**weiterwissen** *v/i* ⟨*irr, sép*, -ge-, h⟩ **nicht (mehr) ~** (*verzweifelt sein*) ne

weiterziehen v/i ⟨irr, sép, -ge-, sein⟩ continuer, poursuivre son chemin, sa route

weitgehend I adj ⟨weiter gehende ou ~ere, österr weitergehende, weitestgehende ou weitgehendste⟩ large; étendu; vaste; (beträchtlich) considérable; important; **~e Beschränkung** restriction f d'une portée considérable; **~e Zugeständnisse** n/pl larges concessions f/pl; **II** advt en grande partie; **es ist ~ sein Verdienst** c'est en grande partie grâce à lui

weitgereist adjt **~ sein** avoir beaucoup voyagé

weit'her st/s adv de loin

weitherzig adj large; généreux, -euse

weithin adv **1.** (in großem Umkreis) au, de loin; **~ sichtbar** visible au, de loin; **2.** (weitgehend) en grande partie

weitläufig I adj **1.** Gebäude étendu; spacieux, -ieuse; p/fort vaste; **2.** Verwandter éloigné; **3.** Schilderung détaillé; minutieux, -ieuse; **II** adv **1.** bauen (très) spacieusement; **2.** sie sind **~ verwandt** ils sont parents éloignés; **3.** schildern en détail

weitmaschig adj Pullover etc à grosses mailles

weiträumig I adj vaste; ample; sur de grands espaces; **II** adv bauen etc sur de grands espaces; **etw ~ umfahren** faire un grand détour autour de qc

weitreichend adj **1.** räumlich à longue portée; fig Verbindungen d'une grande portée; **2.** (umfassend, schwerwiegend) Vollmachten etc étendu; Einfluß grand

Weitschuß m SPORT tir m à distance

weitschweifig adj Schilderung prolixe; interminable

Weit|sicht f prévoyance f; clairvoyance f; ⌂**sichtig** adj **1.** MÉD hypermétrope; im Alter presbyte; **2.** fig prévoyant; **~sichtige(r)** f(m) ⟨→ A⟩ MÉD hypermétrope m, f; im Alter presbyte m,f; **~sichtigkeit** f ⟨~⟩ MÉD hypermétropie f; im Alter presbytie f; **~sprung** m SPORT saut m en longueur; ⌂**tragend** adjt Geschütz etc à longue portée; ⌂**verbreitet** adjt très répandu; Pflanze a commun; Ansicht, Irrtum courant; ⌂**verzweigt** adjt très ramifié; très étendu; **~winkelobjektiv** n PHOT objectif m (à) grand angle

Weizen ['vaɪtsən] m ⟨~s⟩ blé m; froment m; **~bier** n cf Weißbier; **~brot** n pain m de froment; **~grieß** m semoule f de froment, de blé; **~keim** m germe m de blé; **~mehl** n farine f de froment, de blé; **~schrot** n od m froment égrugé

welch st/s pr/int ⟨inv⟩ in Ausrufen quel, quelle; **~ ein Glück** quelle chance!; **~ schönes Wetter!** quel beau temps!

welche(r, -s) ['vɛlçə(r, -s)] **I** pr/int **1.** adjt quel, quelle, pl quel(le)s; **~r Mann?** quel homme?; **~ Frau?** quelle femme?; **um ~ Zeit?** à quelle heure?; **aus ~m Grund?** pour quelle raison?; st/s **~s sind s-e Gründe?** quelles sont ses raisons?; **2.** subst lequel, laquelle, pl lesquel(le)s; **~r von beiden?** lequel od qui des deux?; **3.** st/s in Ausrufen **~r Erfolg!** quel succès!; **II** pr/rel **1.** Nominativ **~r, ~, ~s**, pl **~** qui; zur Vermei- dung e-s Doppelsinnes a lequel, laquelle, pl lesquel(le)s; **2.** dat **~m, ~r, pl ~n** auquel, à laquelle, pl auxquel(le)s; mit Bezug auf Personen a à qui; **3.** acc **~n, ~, ~s,** pl **~s** que; nach prép lequel, laquelle, pl lesquel(le)s; mit Bezug auf Personen a qui; **III** pr/ind **1.** **~r, ~, ~s**, pl **~ ... auch** (immer) vor subst quelque (pl quelques) ... que (+subj); **~ Fehler er auch haben mag** quelques défauts qu'il ait; **2.** unbestimmte Menge **~n, ~, ~s,** pl **~** en; haben Sie Brot? ich habe **~s** j'en ai; pl **~** (einige) quelques-uns, quelques-unes; **es gibt ~, die ...** il y en a qui ...

welcherart adv de quelle manière, nature, espèce; **~ auch s-e Gründe sein mögen** de quelque nature que soient ses raisons; quelles que soient ses raisons

welk [vɛlk] adj fané; p/fort, a fig Haut etc flétri

welken v/i ⟨sein⟩ se faner; p/fort, a fig Haut etc se flétrir

Wellblech n tôle ondulée; **~dach** n toit m de tôle ondulée; **~hütte** f baraque f en tôle ondulée

Welle ['vɛlə] f ⟨~; ~n⟩ **1.** (Woge) vague f; hohe lame f; **~n schlagen** faire des vagues; Schiff soulever des vagues; fig Angelegenheit hohe **~n schlagen** provoquer, faire des remous; provoquer de l'effervescence; **die Begeisterung schlug hohe ~n** c'était le délire; **e-e ~ der Gewalt** une vague de violence; **2.** im Haar **~n** pl ondulations f/pl; **3.** im Gelände ondulation f; **4.** TECH im Getriebe arbre m; **5.** PHYS (Licht⌂, Schall⌂ etc) onde f; RAD **lange ~** ondes longues; grandes ondes; **6.** fig, KUNST etc neue **~** nouvelle vague; **auf e-r ~ mitschwimmen** se laisser porter par une vague; **7.** TURNEN soleil m; **8.** im Verkehr grüne **~** feux coordonnés; **grüne ~ haben** avoir toujours le feu vert

wellen ⟨h⟩ **I** v/t onduler; **gewelltes Haar** cheveux ondulés; **II** v/réfl sich **~** (gewellt sein) être ondulé; (wellig werden) former des ondulations, des plis

Wellen|bad n piscine f à vagues (artificielles); **~bereich** m RAD bande f de fréquences; **~berg** m crête f d'une vague; **~brecher** m brise-lames m

wellenförmig I adj **1.** Form, Bewegung onduleux, -euse; ondoyant; **2.** PHYS ondulatoire; **II** adv par ondes; comme une onde; **sich ~ ausbreiten** se propager comme une onde

Wellengang m ⟨~(e)s⟩ MAR 'houle f; **hoher ~ behinderte die Rettungsarbeiten** une forte 'houle a gêné les opérations de sauvetage; **es ist hoher ~** la mer est grosse

Wellenkamm m crête f d'une vague

Wellenlänge f PHYS longueur f d'onde; F fig **die gleiche ~ (wie j)** haben, **(mit j-m) auf der gleichen ~ liegen** être sur la même longueur d'onde (que qn)

Wellen|linie f ligne f ondulée; ondulation f; **~reiten** n surf m; **~sittich** m ZO perruche f; **~tal** n creux m d'une vague

Wellfleisch n etwa poitrine f de porc bouillie

wellig adj Haare, Oberfläche ondulé; Gelände onduleux, -euse

Wellpappe f carton ondulé

Welpe ['vɛlpə] m ⟨~n; ~n⟩ (junger Hund) chiot m; (junger Wolf) louveteau m; (junger Fuchs) renardeau m

Wels [vɛls] m ⟨~es; ~e⟩ ZO silure m

welsch [vɛlʃ] adj schweiz de la Suisse romande

Welsch|land n ⟨~(e)s⟩ schweiz Suisse romande; **~schweizer(in)** m (f) Suisse romand(e); ⌂**schweizerisch** adj de la Suisse romande

Welt [vɛlt] f ⟨~; ~en⟩ **1.** ⟨sans pl⟩ (Erde) monde m; **die ganze ~** le monde entier; fig **aus der ~ sein** (entlegen) être au bout du monde; **etw aus der ~ schaffen** liquider, régler qc; **um alles in der ~ nicht** pour rien au monde; **um alles in der ~!** mon Dieu!; **was in aller ~ ...?** que ... donc!; **in alle ~ zerstreut** dispersé aux quatre coins du monde; F **mit Gott und aller ~ Streit suchen** chercher querelle à tout le monde; **e-e Reise um die ~ machen** faire le tour du monde; **2.** ⟨sans pl⟩ (Dasein) monde m; **auf der ~ sein** être au monde; **auf die ~ kommen** venir au monde; **das ist der Lauf der ~** ainsi va le monde; **zur ~ bringen** mettre au monde; F péj **in die ~ setzen** Gerücht faire courir, circuler; **3.** POL, GÉOGR monde m; **die Alte, Neue ~** l'ancien, le nouveau monde; **die westliche ~** le monde occidental; l'Occident m; **die dritte, vierte ~** le tiers, quart monde; **die ~ von morgen** le monde futur; **4.** (Gesellschaft, soziale Gruppierung) monde m; **alle ~** tout le monde; **die gelehrte ~** le monde savant; les milieux scientifiques; **die vornehme ~** le grand monde; **von aller ~ verlassen** abandonné de tous; **ein Mann von ~** un homme du monde; **5.** (Bereich, Lebensraum) **die ~ der Korallen** le monde des coraux; **die ~ der Kristalle, des Theaters** le monde des cristaux, du théâtre; **die ~ der Berge** la montagne f; **die ~ der Träume** le monde des rêves; **6.** (Gesichtskreis) monde m; domaine m; univers m; **die ~ des Kindes** le monde de l'enfant; **zwischen uns liegen ~en** des mondes nous séparent; **er lebt in s-r ~** il vit dans son univers; **Musik ist meine ~** la musique est mon univers, domaine; **7.** ASTR (Weltall) univers m; (Weltkugel) globe m (terrestre); **unterwegs zu fernen ~en** en route pour des univers lointains

Welt... in Zssgn meist mondial; du monde; **~all** n univers m; ⌂**anschaulich** adj idéologique; **~anschauung** f conception f, vision f du monde; (Ideologie) idéologie f; **~atlas** m ⟨~ ou ~ses; ~se ou ~atlanten⟩ atlas m du monde; **~ausstellung** f exposition universelle; **~bank** f ⟨~⟩ Banque mondiale; ⌂**bekannt** adj de renommée universelle; connu dans le monde entier; ⌂**berühmt** adj célèbre dans le monde entier; **~beste(r)** f(m) SPORT champion, -ionne m,f du monde; **~bestleistung** f, **~bestzeit** f SPORT record mondial; **~bevölkerung** f population mondiale

weltbewegend adjt Idee, Ereignis etc révolutionnaire; F plais **nichts ⌂es** rien d'extraordinaire

Welt|bild n image f, vision f du monde; **~bürger(in)** m(f) cosmopolite m,f

Weltenbummler — Wendung

'Weltenbummler(in) *m(f)* globe-trotter *m,f*

'welt|entrückt *st/s adj* perdu dans ses rêves; **~erfahren** *adj cf* **weltgewandt**; **²erfolg** *m* succès mondial

Welter|gewicht ['vɛltərgəviçt] *n*, **~gewichtler** *m* ⟨~s; ~⟩ SPORT poids *m* welter; poids mi-moyen

'welt|fern, **~fremd** *adj* détaché; peu réaliste; naïf, naïve

Welt|friede(n) *m* paix mondiale, universelle; **~geistliche(r)** *m* CATH prêtre séculier; **~geltung** *f* réputation, renommée mondiale, universelle; **~gerichtshof** *m* ⟨~(e)s⟩ POL Cour internationale de justice

'Weltgeschichte *f* ⟨~⟩ **1.** histoire universelle; **2.** F *plais* monde *m*; *in der ~ herumreisen* F rouler sa bosse, bourlinguer à travers le monde entier

'weltgeschichtlich *adj* de l'histoire universelle; **~es Ereignis** événement historique d'importance mondiale

Weltge'sundheitsorganisation *f* ⟨~⟩ Organisation mondiale de la santé

'weltgewandt *adj* qui a l'usage du monde; qui a beaucoup de savoir-vivre

'Welt|handel *m* commerce mondial; échanges internationaux; **~herrschaft** *f* ⟨~⟩ hégémonie mondiale; domination *f* du monde; **~karte** *f* mappemonde *f*; planisphère *m* (terrestre); **~'kirchenrat** *m* ⟨~(e)s⟩ conseil *m* œcuménique des Églises

'Weltklasse *f* ⟨~⟩ *bes* SPORT élite mondiale; *Sportler m von ~* a sportif *m* de niveau international

'Welt|kongreß *m* congrès mondial; **~konjunktur** *f* conjoncture mondiale

'Weltkrieg *m* guerre mondiale; *der Erste ~* la Première Guerre mondiale; *der Grande Guerre*; *der Zweite ~* la Seconde Guerre mondiale

'weltlich *adj* **1.** (*zum Diesseits gehörig*) de ce monde; (*irdisch*) terrestre; **~e Macht** pouvoir temporel; *die ~en Freuden f/pl* les plaisirs *m/pl* des sens; **2.** (*nicht kirchlich*) séculier, -ière; (*konfessionslos*) laïque; *Kunst, Musik* profane

'Welt|literatur *f* ⟨~⟩ littérature universelle; **~macht** *f* puissance mondiale; **²männisch** *adj* d'homme du monde; **~markt** *m* ⟨~(e)s⟩ marché mondial; **~marktpreis** *m* prix *m* sur le marché mondial; **~meer** *n* océan *m*; **~meister(in)** *m(f)* SPORT champion, -ionne *m,f* du monde; **~meisterschaft** *f* SPORT championnat du monde; **~meistertitel** *m* SPORT titre *m* de champion du monde; **²offen** *adj* **1.** *Mensch, Charakter etc* qui a une grande ouverture d'esprit; **2.** *Stadt etc* cosmopolite

'Weltöffentlichkeit *f* monde *m*; opinion mondiale; *vor den Augen der ~* à la face du monde

'Weltpolitik *f* politique internationale, mondiale

'weltpolitisch *adj* de (la) politique internationale, mondiale; *das ~e Klima* le climat des relations internationales

'Weltrang *m* ⟨~(e)s⟩ niveau international; catégorie internationale; *Forscher, Künstler von ~* de niveau international; qui a une réputation mondiale

'Weltraum *m* ⟨~(e)s⟩ espace *m* (cosmique, interstellaire)

Weltraum... *in Zssgn cf* **Raum**...

'Welt|reich *n* empire *m*; **~reise** *f* tour *m* du monde; **~rekord** *m* record mondial; **~rekordler(in)** *m* ⟨~s; ~⟩ (*f*) ⟨~; ~nen⟩ détenteur, -trice *m,f* du record mondial *od* du monde; **~religion** *f pl* **~en** grandes religions du monde; **~ruf** *m* ⟨~(e)s⟩ renommée, réputation universelle, mondiale; **~schmerz** *m* ⟨~es⟩ mal *m* du siècle; spleen *m*; vague *m* à l'âme; **~'sicherheitsrat** *m* ⟨~(e)s⟩ Conseil *m* de sécurité (des Nations Unies); **~sprache** *f* langue universelle; **~stadt** *f* grande métropole; ville *f* cosmopolite; **²städtisch** *adj* de grande métropole; cosmopolite; **~star** *m* ⟨~s; ~s⟩ vedette internationale; **~umseg(e)lung** *f* ⟨~; ~en⟩ tour *m* du monde en bateau à voile; *t/t* circumnavigation *f*; **²umspannend** *adj* mondial; universel, -elle; *Netz* qui couvre le monde entier; **~untergang** *m* fin *f* du monde; **~untergangsstimmung** *f* ambiance *f* de fin du monde, d'apocalypse; **~'uraufführung** *f* première mondiale; **~verbesserer** *m* ⟨~s; ~⟩ *iron* redresseur *m* qui veut refaire le monde; *par ext* redresseur *m* de torts

'weltweit I *adj* ⟨*épithète*⟩ mondial; universel, -elle; **II** *adv* mondialement; *~ zunehmen* augmenter dans le monde entier

'Welt|wirtschaft *f* ⟨~⟩ économie mondiale; **~'wirtschaftskrise** *f* crise économique mondiale

'Weltwunder *n die sieben ~* les sept merveilles du monde

'Weltzeituhr *f* horloge *f* indiquant le temps universel

wem [ve:m] (*dat de* wer) **I** *pr/int* à qui?; *von ~?* de qui?; *mit ~?* avec qui?; *~ gehört das?* c'est à qui?; **II** *pr/rel* celui, celle, ceux, celles à qui; *~ das passiert, der weiß...* celui à qui cela arrive sait (que) ...; **III** F *pr/ind* (*jemandem*) à quelqu'un; à qui; *gehört das ~?* c'est à quelqu'un?

'Wemfall *m* GR datif *m*

wen [ve:n] (*acc de* wer) **I** *pr/int* qui?; qui est-ce qui?; *für ~?* pour qui?; *an ~ denkst du?* à qui est-ce que tu penses?; **II** *pr/rel* celui, celle, ceux, celles que; *~ man auch immer wählt, ...* qui que l'on choisisse, ...; quel que soit celui qu'on choisit *od* choisisse; *fragen Sie, ~ Sie wollen* demandez à qui vous voudrez; **III** F *pr/ind* (*jemanden*) *ich höre ~ kommen* j'entends quelqu'un venir

Wende ['vɛndə] *f* ⟨~; ~n⟩ **1.** (*das Wenden*) virage *m* (*a* bes Schwimmen); **2.** (*~punkt*) an e-r Strecke virage *m* (*a* SPORT); **3.** *zeitlich* tournant *m*; *die ~ 1989 in der DDR* le tournant de 1989 en R.D.A.); *um die ~ des 19. Jahrhunderts* vers la fin du XIXᵉ siècle; autour de 1900; **4.** (*Änderung*) changement *m*; tournant *m*; *es wird e-e ~ eintreten* les choses vont changer; *e-e ~ bedeuten* marquer un tournant; *e-e (entscheidende) ~ nehmen* prendre un tournant (décisif)

'Wendehals *m* **1.** ZO torcol *m*; **2.** F péj POL girouette *f*

'Wendekreis *m* **1.** ASTR, GÉOGR tropique *m*; *der nördliche ~* le tropique nord; *im ~ des Krebses* sous le tropique du Cancer; **2.** AUTO rayon *m* de braquage

Wendeltreppe ['vɛndəltrɛpə] *f* escalier *m* en colimaçon, en hélice, à vis

'Wende|manöver *n* (manœuvre *f* de) demi-tour *m*; **~mantel** *m* manteau *m* réversible; **~marke** *f* SPORT marque *f* de virage; **~möglichkeit** *f* possibilité *f* de (faire) demi-tour

'wenden ⟨wendet, wendete, *ou* wandte, gewendet *ou* gewandt, h⟩ **I** *v/t* **1.** (*umdrehen*) *Buchseite etc* tourner; *Braten, Heu* retourner; CUIS *etw in Mehl ~* passer, rouler qc dans la farine; **2.** *Stoff, Anzug* retourner; **3.** *Fahrzeuge* faire demi-tour avec; *das Auto ~* a faire demi-tour; **4.** (*richten*) *Schritte, Blicke* diriger; tourner; *s-e Schritte nach ... ~* diriger ses pas vers ...; *kein Auge von j-m ~* ne pas quitter qn des yeux; *den Kopf zur Seite ~* tourner la tête; **5.** (*ver~*, *auf~*) consacrer; *sein Geld, s-e Kräfte, s-e Zeit an od auf etw* (acc) *~* consacrer son argent, ses forces, son temps à qc; **II** *v/i* **6.** (*die Richtung ändern*) tourner; *Auto, Flugzeug* a virer; *Schiff* virer de bord; (*die entgegengesetzte Richtung einschlagen*) faire demi-tour; (*umblättern*) *bitte ~!* tournez, s'il vous plaît; *nach rechts, links ~* tourner à droite, gauche; **III** *v/réfl sich ~* **7.** (*sich ändern*) changer; tourner; *sich zum Guten, Bösen ~* bien, mal tourner; *fig das Blatt, Glück hat sich gewendet* la chance a tourné; **8.** *Person* (*sich um~*) se retourner; (*sich weg~*) se détourner; **9.** (*sich hin~*, *zu~*) se tourner; *sich zur Tür ~* se diriger vers la porte; *fig sich gegen j-n ~* se (re)tourner contre qn; s'en prendre à qn; **10.** *sich an j-n ~ mit e-m Anliegen* s'adresser; faire appel à qn (*mit, in e-r Sache* au sujet de qc)

'Wendeplatz *m für Wagen* espace *m* pour faire demi-tour

'Wendepunkt *m* **1.** MATH e-r Kurve point *m* d'inflexion; **2.** *fig* tournant *m*; *e-n ~ bedeuten* marquer un tournant

'Wendeschleife *f* EISENBAHN etc boucle *f* de retour

'wendig *adj* **1.** *Fahrzeug etc* (très) maniable; facile à manœuvrer; **2.** (*geschickt, beweglich*) corporellement alerte; geistig vif, vive; **3.** *fig* (*anpassungsfähig*) souple; F débrouillard

'Wendung *f* ⟨~; ~en⟩ **1.** (*Wenden, Sichwenden, Drehung*) tour *m*; *e-s Flugzeugs, Autos, Schwimmers* virage *m*; MAR virement *m* de bord; (*Kehrtwendung*) demi-tour *m*; volte-face *f*; *e-e ~ machen* prendre un virage; virer; MAR virer de bord; *Kehrtwendung* faire demi-tour; **2.** ([*inhaltliche*] *Veränderung*) changement *m*; (*Umschwung*) revirement *m*; (*Umkehrung*) retournement *m*; *e-e unerwartete ~ nehmen* prendre un tour inattendu; *e-e ~ zum Besseren nehmen* bien tourner; prendre une bonne tournure; *Zustand e-s Kranken* s'améliorer; *e-e tragische ~ nehmen* tourner au tragique; **3.** (*Biegung*) *e-r Straße etc* tournant *m*; virage *m*; **4.** LING (*Rede²*) locution *f*; expression *f*; *idiomatische ~* expression *f*, tournure *f* idiomatique; *stehende ~* expression figée, toute faite

'**Wenfall** *m* GR accusatif *m*
wenig ['ve:nɪç] **I** *pr/ind* **1.** *adjt* peu de; *mit zählbaren Mengen pl* ~*e* ... peu de ...; quelques ...; ~ *Wasser* peu d'eau; ~*e Autos* peu de voitures; quelques voitures *f/pl*; ~*e Augenblicke m/pl* (*seltene*) de rares instants *m/pl*; (*nicht viele*) quelques instants *m/pl*, moments *m/pl*; ~*e Dinge n/pl* peu de choses; ~*e Male n/pl* quelques fois *f/pl*; *einige* ~*e Male* quelques fois seulement; *in* ~*en Minuten* dans quelques minutes; (*binnen* ~*er Minuten*) en quelques *od* en deux minutes; *in* ~*en Worten* en peu de mots; en quelques mots; en deux mots; *mit* ~ *Mühe* facilement; ~*e Kilometer entfernt* à quelques kilomètres seulement; ~ *Zeit haben* avoir peu de temps; disposer de peu de temps; *die* ~*en Menschen, die* ... les quelques, les rares personnes qui ...; le peu de personnes qui ...; *das* ~*e Geld, das ich habe* le peu d'argent que j'ai; **2.** *subst* peu; *pl* ~*e* peu; *Personen a* peu de gens, personnes; *nicht* ~*e* beaucoup; *einige* ~*e* quelques-un(e)s; *e-e, e-r der* ~*en* (, *die* ...) une des rares personnes (qui ...); *wie es nur* ~ *gibt* comme il y en a peu; *die* ~*en, die übrigbleiben Sachen* le peu qu'il en reste; *Personen* les quelques personnes, le peu de personnes qui restent; *das wissen nur* ~*e* il n'y a que peu de gens qui le sachent *od* à le savoir; *das* ~*e* le peu (de ...); *das* ~*e, das ich darüber weiß* le peu que j'en sais; *und wenn es noch so* ~ *ist* si peu que ce soit; *es hätte* ~ *gefehlt, und* ... il s'en est fallu de peu que ... (+*subj*); un peu plus et ... **II** *adv* **1.** (*nicht sehr*) ne ~ guère; peu; à peine; *mir liegt* ~ *daran, daß* ... peu m'importe que ... (+*subj*); *sich* ~ *um etw kümmern* ne guère se soucier de qc; (*selten*) ~ *ins Kino gehen* aller rarement au cinéma; **2.** (*unwesentlich, nicht viel*) peu; à peine; *e-e* ~ *glückliche Wahl* un choix peu heureux; *nur* ~ *besser* juste un peu mieux; *sie ist nur* ~ *jünger als er* elle n'est que de peu sa cadette; elle est à peine plus jeune que lui; **3.** *ein* ~ (*etwas*) un peu; *st/s* quelque peu; *ein* (*ganz*) *klein* ~ un (tout) petit peu; un tantinet; *ein* ~ *Wasser* un peu d'eau; *ein* ~ *Geduld* un peu de patience; *ein* ~ *schneller* un peu plus vite
'**weniger I** *pr/ind* moins *vor subst* moins de; ~ *Geld, Kinder etc* moins d'argent, d'enfants, *etc*; ~ *als* ... moins que ...; *vor Zahlen* moins de ...; *eins* ~ un de moins; *in* ~ *als fünf Minuten* en moins de cinq minutes; *viel* ~ bien, beaucoup moins; *nicht* ~ *als* ... pas moins que, *vor Zahlen* pas moins de ... (*mit ne beim Verb*); *nichts* ~ *als* ... rien moins que ... (*mit ne beim Verb*); ~ *als nichts* moins que rien; ~ *denn je* moins que jamais; *immer* ~ de moins en moins; *mehr oder* ~ plus ou moins; *nicht mehr und nicht* ~ ni plus ni moins; *um so* ~, *als* ... d'autant moins que ...; ~ *werden* diminuer; se réduire; **II** *adv* (*minus*) **10** ~ **4** 10 moins 4
'**Wenigkeit** *f* ⟨~⟩ *plais meine* ~ votre humble serviteur; ma modeste personne
'**wenigste**(**r, -s**) *pr/ind das* ~, *am* ~*n* le moins; *die* ~*n wissen das* très peu de gens le savent; *das ist das* ~, *was Sie tun können* c'est (bien) le moins que vous puissiez faire
'**wenigstens** *adv* au moins; du moins; pour le moins
wenn [ven] *conj* **1.** *temporal* quand; lorsque; ~ *die Ferien beginnen,* ... quand *od* lorsque les vacances commencent, ...; *sagen Sie es ihm,* ~ *er kommt* dites-le-lui, quand *od* lorsqu'il viendra; *jedesmal* ~ chaque fois que; toutes les fois que; *immer* ~ *es Abend wird* ... tous les jours à la tombée de la nuit; ~ *erst einmal* ... une fois que ...; lorsque ...; quand ...; ~ *der Frühling kommt und* (~) *der Schnee schmilzt* ... quand, lorsque le printemps vient et que la neige fond, ...; **2.** *konditional* (*falls*) si; ~ *es dir recht ist* si cela te convient, t'arrange, te va; ~ *es so od der Fall ist, daß* ... si tant est que ... (+*subj*); ~ *Sie wollen, sage ich es Ihnen* si vous voulez, je vous le dirai; ~ *ja,* (*dann*) ... dans l'affirmative ...; si oui ...; *es ist nicht gut,* ~ *man raucht* il n'est pas bon de fumer; ~ *ich ehrlich sein soll* à vous parler franc(hement); *außer* ~, *nicht* ~ sauf, excepté si; à moins que ... (+*subj*) (*mit ne beim Verb*); *bei gleichen Subjekten* à moins de (+*inf*); ~ *nichts dazwischenkommt* à moins d'événement *od* d'un événement imprévu; sauf imprévu; ~ *er käme od* F *kommen würde und das sähe od* F *sehen würde* s'il venait et qu'il voie cela; **3.** *konzessiv* (*wenngleich*) ~ *auch, auch* ~ quoique, bien que ... (+*subj*); ~ *er auch mein Freund ist, so* ... bien qu'il, quoiqu'il soit mon ami ...; il a beau être mon ami, ...; *auch* ~ *es noch so weit ist* quelle qu'en soit la distance; malgré la distance; *selbst* ~, *und* ~ même si ... (+*ind*); même en (+*p/pr*); *st/s* quand bien même ... (+*Konditional*); *selbst* ~ *man annimmt* ... même si on suppose ...; même en supposant ...; **4.** *zum Ausdruck e-s Wunsches* ~ *er doch käme od* F *kommen würde!* que ne vient-il!; je voudrais qu'il vienne; ~ *ich bloß wüßte* ...! si seulement je savais ...; **5.** *in irrealen Vergleichen es ist, wie od als* ~ *es Frühling wäre* on se croirait au printemps; *mir ist, als* ~ *ich etwas vergessen hätte* j'ai l'impression d'avoir oublié quelque chose
Wenn F *n* ⟨~*s*; ~ *ou* F ~*s*⟩ *nach vielen* ~ *und Aber* après bien des si et des mais; *ohne* ~ *und Aber* sans réserve
wenn'gleich *conj* quoique (+*subj*); bien que (+*subj*); même si (+*ind*)
'**wennschon** F *adv* ~, *dennschon* tant qu'à faire!; *na,* ~! qu'importe!; et pourquoi pas!; et alors!
wer [ve:r] **I** *pr/int* qui?; qui est-ce qui?; ~ *ist da?* qui est là?; F qui est-ce?; ~ *da?* qui va là?; MIL qui vive?; ~ *von uns?* qui *od* lequel, laquelle d'entre nous?; ~ *von beiden?* lequel, laquelle des deux?; F *was denkst du* (*eigentlich*), ~ *du bist!* F mais enfin, tu te prends pour qui (au juste)?; ~ *weiß wie lange warten müssen* qui *od* Dieu sait (pendant) combien de temps; ~ *anders als du?* qui d'autre que toi?; *wenn nicht du,* ~ *dann?* qui d'autre sinon toi?; **II** *pr/rel* qui; celui, celle qui; ~ *das getan hat, muß* ... (celui, celle) qui a fait cela, doit ...; ~ *auch immer* quelle que soit la personne qui (+*subj*); quiconque; *es auch sei* qui que ce soit; quel qu'il soit; *st/s es mag kommen,* ~ (*da*) *will* vienne qui voudra; **III** F *pr/ind* (*jemand*) *ist* ~ *gekommen?* quelqu'un est-il venu?; *ist* ~ *da?* il y a quelqu'un?; *er, sie ist* ~ il, elle est quelqu'un
'**Werbe**|**abteilung** *f* service *m* (de la) publicité; ~**agentur** *f* agence *f* de publicité; ~**aktion** *f* opération *f* publicitaire; ~**etat** *m* budget *m* publicitaire, de publicité; ~**fachmann** *m* professionnel *m* de la publicité; expert *m* en publicité; ~**feldzug** *m* campagne *f* publicitaire, de publicité; ~**fernsehen** *n* publicité télévisée; ~**film** *m* film *m* publicitaire, de publicité; ~**fläche** *f* panneau *m* publicitaire; panneau-réclame *m*; ~**funk** *m* publicité radio-diffusée; émissions *f/pl* publicitaires; ~**geschenk** *n* prime *f*; cadeau-réclame; ~**gag** *m* gag *m* publicitaire; ~**kosten** *pl* frais *m/pl* publicitaires, de publicité; 2**kräftig** *adj* à fort impact publicitaire; ~**leiter** *m* chef *m*, directeur *m* de la publicité; ~**material** *n* matériel *m* de publicité
werben ['vɛrbən] (*wirbt, warb, geworben,* h⟩ **I** *v/t* (*anwerben*) Mitglieder, Arbeitskräfte, Nachwuchs *etc* recruter; MIL *a* enrôler; COMM Kunden prospecter; **II** *v/i* **1.** (*Reklame machen*) faire de la réclame, de la publicité; ~ *faire de la réclame, de la publicité pour qc*; **2.** *st/s* (*zu gewinnen suchen*) *um j-n aus Liebe* faire la cour à qn; *um j-s Gunst* ~ solliciter les faveurs de qn; *um Wählerstimmen* ~ briguer les suffrages des électeurs; **3.** ZO *um ein Weibchen* ~ exécuter une danse, une parade nuptiale
'**Werber**(**in**) *m* ⟨~*s*; ~⟩ (*f*) ⟨~; ~*nen*⟩ COMM (*Kunden*2) prospecteur, -trice *m, f*
'**Werbe**|**slogan** *m* slogan *m* publicitaire; ~**spot** *m* spot *m* publicitaire; ~**sprache** *f* ⟨~⟩ langage *m* publicitaire, F de la pub; ~**text** *m* texte *m* publicitaire; ~**texter**(**in**) *m* ⟨~*s*; ~⟩ (*f*) ⟨~; ~*nen*⟩ rédacteur, -trice *m,f* publicitaire; ~**träger** *m* support *m* publicitaire
'**Werbetrommel** *f* F *die* ~ *rühren* faire du battage publicitaire
'**werbe**|**wirksam** *adj* d'une grande efficacité publicitaire; 2**woche** *f* semaine *f* de promotion
'**Werbezwecke** *m/pl für* ~ à des fins publicitaires
'**Werbung** *f* ⟨~; ~*en*⟩ **1.** (*das Anwerben*) *von Mitgliedern, Arbeitskräften etc* recrutement *m*; MIL enrôlement *m*; *von Kunden* démarchage *m*; prospection *f*; ~ *von Wählern betreiben* briguer les suffrages des électeurs; **2.** *st/s um e-e Frau* cour *f* (*um* à); **3.** ZO danse, parade nuptiale; **4.** (*sans pl*) COMM (*Reklame*) publicité *f*; réclame *f*; propagande *f* (*a* POL)
'**Werbungskosten** *pl* **1.** STEUERRECHT frais professionnels; **2.** *cf* **Werbekosten**
'**Werdegang** *m* **1.** *e-s Menschen* évolution *f*; chemin parcouru; *beruflicher* carrière *f*; **2.** *e-r Sache* développement *m*; évolution *f*

werden ['ve:rdən] ⟨wird, wurde *ou poét* ward, sein⟩ **I** *v/i* ⟨*p/p* geworden⟩ **1.** devenir; (*entstehen*) naître; (commencer d')être; **e-e ~de Mutter** une femme enceinte; F une future maman; *im ~ sein* être en train de se faire; être en gestion; *prov* **was nicht ist, kann noch ~** tout peut changer; on peut toujours espérer; **2.** *mit prép* **was soll aus ihm ~?** que va-t-il devenir?; **aus ihr ist nie etwas Rechtes geworden** elle n'est jamais arrivée à rien; **was soll daraus ~?** qu'est-ce que cela va donner?; **daraus wird nichts** cela ne se fera pas; *prov* **was soll damit ~?** qu'est-ce qu'on en fait?; **zu etw ~** se changer, se transformer en qc; devenir qc; **3.** *mit subst u adj als Prädikat* devenir; **Mode, Gewohnheit, Brauch ~** devenir une mode, une habitude, une coutume; **Arzt ~** devenir médecin; **Abteilungsleiter ~** passer chef de service; **was willst du** (*einmal*) **~?** qu'est-ce que tu veux faire plus tard?; **katholisch, Moslem ~** se convertir au catholicisme, à l'islam; **alt ~** vieillir; se faire vieux, vieille; *Rauch*, *Nebel* **immer dichter ~** devenir de plus en plus dense, épais; **krank ~** tomber malade; *fig* **persönlich ~** en venir aux remarques, allusions personnelles; **selten ~** se faire rare; *cf a* die betreffenden *adj*; **4.** (*sich gestalten, entwickeln*) *durch Zutun anderer* devenir; *durch eigenes Zutun* se faire; **die Sache wird** l'affaire se fera; F **ist das Bild** (**etwas**) **geworden?** est-ce que la photo est réussie?; **wie wird das nächste Jahr?** je me réserve l'année prochaine?; **II** *v/imp* ⟨*p/p* geworden⟩ **5.** (*sich entwickeln*) s'arranger; F **es wird schon ~** tout s'arrangera; **es wird noch alles gut ~** tout s'arrangera; F **es wird** F ça va y être; ça vient; F **na, wird's bald?** il y en a encore pour longtemps?; F grouille-toi *bzw* grouillez-vous!; *BIBL* **es werde Licht!** que la lumière soit!; **6.** (*sich verändern*) **es muß anders ~** il faut que cela change; **es ist schön geworden** le temps s'est mis au beau; **es wird kalt** il commence à faire froid; **mir wird kalt** je commence à avoir froid; **mir wird schlecht** je ne me sens pas bien; **es wird spät** il se fait tard; **es wird Nacht** la nuit tombe; **es wird Tag** le jour se lève; **es wird Sommer, Winter** l'été, l'hiver arrive, approche; **morgen wird es ein Jahr, daß** ... il y aura un an demain que ...; **III** *v/aux* ⟨*p/p* worden⟩ **7.** *zur Bildung des Futurs* **ich werde es ihm sagen** je le lui dirai; *sofort* je vais le lui dire; **sie wird gleich kommen** elle va venir tout de suite; **8.** *zur Bildung des Passivs* être; **geliebt ~** être aimé; **das Haus wurde abgerissen** on a démoli la maison; *unpersönlich* **es wurde gelacht, getanzt** on a ri, dansé; **das wird kalt getrunken** cela se boit froid; **9.** *zur Umschreibung des Konjunktivs* **er würde kommen, wenn ...** il viendrait si ...; *höfliche Bitte* **würdest du bitte ...** voudrais-tu s'il te plaît ...; **10.** *Vermutung* **er wird es nicht gehört haben** il ne l'aura pas entendu; **Sie ~ dieses Buch gelesen haben** vous avez sans doute lu ce livre; **es wird ihm doch nichts passiert sein?**

j'espère qu'il ne lui est rien arrivé; *höfliche Bitte* **Sie ~ entschuldigen, aber ...** vous voudrez bien m'excuser, mais ...

'Werfall *m GR* nominatif *m*

werfen ['vɛrfən] ⟨wirft, warf, geworfen, h⟩ **I** *v/t* **1.** *Stein, Ball etc* jeter; lancer; *Speer, Diskus etc*, *Bomben* lancer; *MAR* **Anker ~** jeter l'ancre; mouiller; **2.** (*durch Werfen erzielen*) **ein Tor ~** marquer un but; *beim Würfeln* **e-e Sechs ~** amener six; **3.** *mit Richtungsangabe* jeter; *etw* **ins Wasser, ins Feuer, aus dem Fenster ~** jeter qc dans l'eau, au *od* dans le feu, par la fenêtre; **Brief in den Kasten ~** mettre à la boîte; poster; *Mantel etc* **über die Schultern ~** jeter sur les épaules; **die Tür ins Schloß ~** claquer la porte; **zu Boden ~** *cf* niederwerfen; **e-n Blick auf etw** (*acc*) **~** jeter un coup d'œil sur qc; *Bilder* F **an die Wand ~** projeter sur le mur; **j-n aus dem Haus ~** mettre qn dehors; **j-n ins Gefängnis ~** jeter qn en prison; **4.** (*schwungvoll bewegen*) **den Kopf in den Nacken ~** rejeter la tête en arrière; **die Arme in die Höhe ~** lever les bras au ciel; **5.** *SPORT* (*nieder~*) **den Gegner ~** tomber l'adversaire; **6.** (*bilden, hervorbringen*) **Falten ~** faire des plis; **Schatten ~** projeter de l'ombre, son ombre; **e-n Verdacht auf j-n ~** rendre qn suspect; **7.** *ZO* **Junge ~** mettre bas; **II** *v/i* **8.** (*etw als Wurfgeschoß benutzen*) **mit etw ~** lancer, jeter, envoyer qc; **mit etw nach j-m, etw ~** lancer qc sur qn, qc; **mit etw um sich ~** jeter qc dans toutes les directions; *fig* **mit Geld um sich ~** dépenser sans compter; **9.** *ZO* (**Junge ~**) mettre bas; **III** *v/refl* **10. sich ~** se jeter; **sich auf den** *od* **zu Boden ~** se jeter par terre; **sich j-m in die Arme ~** se jeter dans les bras de qn; **sich j-m zu Füßen ~** se jeter aux pieds de qn; *fig* **sich auf etw** (*acc*) **~** *auf e-e Aufgabe, Sache etc* se lancer dans qc; **sich auf den Gegner ~** se jeter sur l'adversaire; **sich vor e-n Zug ~** se jeter sous un train; F **sich in die Kleider ~** s'habiller en vitesse; **11.** *Holz etc* **sich ~** se déjeter; gauchir

'Werfer(in) *m* ⟨~s; ~⟩ (*f*) ⟨~; ~nen⟩ *bes SPORT Person* lanceur, -euse *m,f*

Werft [vɛrft] *f* ⟨~; ~en⟩ chantier naval, maritime; chantier *m* de constructions navales; **'~arbeiter** *m* ouvrier *m* d'un chantier naval

Werg [vɛrk] *n* ⟨~(e)s⟩ étoupe *f*

Werk [vɛrk] *n* ⟨~(e)s; ~e⟩ **1.** ⟨*sans pl*⟩ (*Arbeit, Verrichtung*) œuvre *f*; ouvrage *m*; **am ~ sein** être à l'œuvre; **ans ~!** à l'œuvre!; **ans ~ gehen, Hand ans ~ legen, sich ans ~ machen** se mettre à l'œuvre, à l'ouvrage; *st/s* **ins ~ setzen** (*verwirklichen*) réaliser; mettre en œuvre, en pratique; *st/s* **vorsichtig, geschickt zu ~e gehen** procéder avec prudence, avec habileté; **das ~ weniger Augenblicke sein** se faire *od* avoir lieu en quelques secondes; **2.** (*Tat*) œuvre *f*; acte *m*; **ein gutes ~ tun** faire une bonne œuvre, une bonne action; **~(e) der Nächstenliebe** acte(s) de charité; **das ist das ~ e-s Wahnsinnigen** c'est l'œuvre, l'acte d'un fou; **3.** (*Resultat, bes künstlerisches Erzeugnis*) œuvre *f*; **ausgewählte, gesammelte**

~e œuvres choisies, complètes; **4.** (*Fabrik*) usine *f*; fabrique *f*; (*Unternehmen*) entreprise *f*; **mit e-m Eigennamen** *a* ateliers *m/pl*; établissements *m/pl*; **ab ~** départ usine; **5.** *TECH* (*Mechanismus*) mécanisme *m*; (*Uhr~*) mouvement *m*

'Werkbank *f* ⟨~; ~e⟩ établi *m*

'werkeln *v/i* ⟨-(e)le, h⟩ bricoler

'Werken *n* ⟨~s⟩ *Schulfach* éducation manuelle

'werkgetreu *adj* Inszenierung *etc* fidèle, conforme à l'œuvre

'Werk(s)|angehörige(r) *f(m)* membre *m* du personnel (de l'entreprise); **~anlagen** *f/pl* installations industrielles; **~arzt** *m* médecin *m* d'entreprise; **~bücherei** *f* bibliothèque *f* de l'entreprise

'Werkschutz *m* surveillance *f* et sécurité *f* d'une entreprise

'werk(s)eigen *adj* appartenant à l'entreprise

'Werk(s)|feuerwehr *f* brigade *f* d'incendie (de l'usine); **~gelände** *n* terrain *m*, enceinte *f* de l'usine; **~halle** *f* 'hall *m* d'usine: atelier *m*; **~kantine** *f* cantine *f* (de l'usine, de l'entreprise); **~leiter** *m* directeur *m* de l'usine, de l'entreprise; **~leitung** *f* direction *f* de l'usine, de l'entreprise; **~spionage** *f* espionnage industriel

'Werk|statt *f* ⟨~; -stätten⟩, **~stätte** *f* atelier *m*; **~stoff** *m* matériau *m*; matériel *m*; **~stoffprüfung** *f* essai *m* des matériaux; **~stück** *n* pièce *f* (à usiner)

'Werk(s)zeitung *f* journal *m* d'entreprise

'Werktag *m* jour *m* ouvrable, non férié; **arbeitsfreier ~** jour chômé

'werktags *adv* les jours ouvrables; en semaine

'werktätig *adj* actif, -ive; **die ~e Bevölkerung** la population active

'Werktätige(r) *f(m)* (→ A) travailleur, -euse *m,f*

'Werk|unterricht *m cf* Werken; **~verzeichnis** *n bes MUS* liste *f* des œuvres complètes

'Werkzeug *n* ⟨~(e)s; ~e⟩ **1.** *einzelnes* outil *m*; *a fig* instrument *m*; **2.** ⟨*sans pl*⟩ *coll* outils *m/pl*; outillage *m*

'Werkzeug|kasten *m* boîte *f*, coffre *m* à outils; **~macher** *m* outilleur *m*; **~maschine** *f* machine-outil *f*; **~satz** *m* jeu *m* d'outils; **~tasche** *f* trousse *f* à outils

Wermut ['ve:rmu:t] *m* ⟨~(e)s⟩ **1.** *Getränk* vermouth *m*; **2.** *BOT* absinthe *f*

'Wermutstropfen *st/s fig m* goutte *f* d'amertume

Werner ['vɛrnər] *m* (→ *n/pr*) prénom

wert [ve:rt] *adj* **1.** (*attribut*) ~ en valoir; **das Bild ist 10 Mark ~** ce tableau vaut 10 marks; **das ist nicht viel ~** cela ne vaut pas grand-chose; **das ist mir viel ~** j'y tiens beaucoup; *fig* **das ist schon viel ~** c'est un (grand) point (d')acquis; **e-e Reise, e-n Umweg ~ sein** valoir le voyage, un détour; **das ist nicht der Rede ~** ça ne vaut pas la peine d'en parler; **das ist nicht der Mühe ~** cela n'en vaut pas la peine; **er ist es nicht ~, daß man ...** il ne mérite pas, il n'est pas digne qu'on ...; *st/s* (*lieb, teuer*) cher, chère; (*geehrt*) honoré; **~er Herr** cher monsieur; **wie ist Ihr ~er Name?** *st/s* à qui ai-je l'honneur de parler?

Wert *m* ⟨~(e)s; ~e⟩ **1.** (*Preis, Markt2*) valeur *f*; prix *m*; **Waren im ~ von ...** des marchandises d'une valeur de ...; **von geringem ~** de peu de valeur; ; **im ~ steigen** augmenter de valeur; prendre de la valeur; **im ~ sinken** perdre de sa valeur; diminuer de valeur; se dévaluer; se déprécier; **etw unter (s-m) ~ verkaufen** vendre qc au-dessous de sa valeur; **2.** COMM, BÖRSE *pl* ~e valeurs *f/pl*; (~*papiere*) valeurs mobilières; (*Immobilien*) valeurs immobilières; **3.** *pl* ~e (~*sachen*) objets *m/pl* de valeur; **er besitzt keine großen** ~e il n'est pas riche; **4.** *pl* ~e (~*vorstellungen*) valeurs morales; **ein Verfall der** ~e un déclin des valeurs morales; **5.** (*Bedeutung, Wichtigkeit*) valeur *f*; importance *f*; prix *m*; **großen ~ auf etw** (*acc*) **legen** attacher une grande importance à qc; tenir beaucoup à qc; **keinen großen ~ auf etw** (*acc*) **legen** ne pas accorder, attacher beaucoup d'importance à qc; **6.** (*Meß2, Zahlen2*) valeur *f*; **als Ergebnis** résultat *m*
Wert|arbeit *f* ⟨~⟩ fabrication soignée; **2beständig** *adj* **1.** *Ware* de valeur stable; **2.** *Währung* stable; stabilisé; **~brief** *m* lettre *f* avec valeur déclarée
werten *v/t* ⟨-ete, h⟩ **1.** (*einschätzen, be~*) estimer; évaluer; **etw als Erfolg ~** considérer qc comme un succès; **e-e Sache kritisch ~** juger qc de manière critique; **2.** SPORT noter; **(nicht) gewertet werden** (ne pas) compter; **der Sprung wurde mit 116,9 gewertet** le saut a été noté 116,9
wertfrei I *adj* neutre; impartial; **II** *adv* avec impartialité; sans jugement de valeur
Wertgegenstand *m* objet *m* de valeur
Wertigkeit *f* ⟨~; ~en⟩ CHIM, LING valence *f*
wertlos *adj* sans valeur; dénué de valeur; **das ist für mich ~** a cela ne me sert à rien
Wert|marke *f* ADM timbre *m*; COMM bon *m*; **~maßstab** *m* critère *m*, mesure *f* (de valeur); **~minderung** *f* dépréciation *f*; diminution *f*, perte *f* de valeur; **~paket** *n* colis *m* avec valeur déclarée; **~papier** *n* valeur (mobilière); effet *m*; titre *m*; **~papieranlage** *f* placement *m* en valeurs; **~sache** *f* objet *m* de valeur; **~schätzung** *f* st/s *f* ⟨~⟩ estime *f*; **~sendung** *f* envoi *m* avec valeur déclarée; **~steigerung** *f* augmentation *f*, accroissement *m* de la valeur; plus-value *f*; **~stück** *n* objet *m* de valeur
Wertung *f* ⟨~; ~en⟩ **1.** (*Einschätzung*) estimation *f*; évaluation *f*; **2.** SPORT classement *m*; (*Be2 e-s einzelnen*) note *f*; **außer (der) ~ sein** ne pas compter; ne pas être noté
Werturteil *n* jugement *m* de valeur
wertvoll *adj* précieux, -ieuse; (*sehr*) ~ de (grande) valeur
Wert|vorstellungen *f/pl* valeurs morales; **~zuwachs** *m* plus-value *f*; accroissement *m* de la valeur
Werwolf ['ve:rvɔlf] *m* loup-garou *m*
wes [vɛs] *poét cf* **wessen**
Wesen ['ve:zən] *n* ⟨~s; ~⟩ **1.** (*sans pl*) (~*sart, Charakter*) nature *f*; caractère *m*; naturel *m*; **das liegt in s-m ~** c'est dans sa nature, dans son caractère; **ein freundliches ~ haben** être aimable; **kindisches ~** puérilité *f*; **2.** (*Lebe2, Geschöpf*) être *m*; **menschliches ~** être humain; **höheres ~** être supérieur; F **armes ~** pauvre créature *f*; **ein weibliches, männliches ~** une femme, un homme; **es war kein lebendes ~ zu sehen** on ne voyait âme qui vive; **3.** (*Kennzeichnendes, Kern e-r Sache*) nature (*réelle*); essence *f*; PHILOS entité *f*; **s-m ~ nach** dans son essence; **das ~ der Dinge** la nature des choses; **das gehört zum ~ der Sache** c'est dans la nature même de la chose; **4.** st/s ⟨*sans pl*⟩ (*Tun u Treiben*) **viel ~s von etw machen** faire grand bruit de qc; attacher beaucoup d'importance à qc
wesenhaft st/s *adj* **1.** (*charakteristisch*) substantiel, -ielle; déterminant; essentiel, -ielle; caractéristique; **2.** (*real existent*) réel, réelle
Wesensart *f* ⟨~⟩ nature *f*; caractère *m*; tempérament *m*
wesens|eigen *adj* typique, spécifique, caractéristique (+ *dat* de); **~fremd** *adj* étranger, -ère à la nature (+ *dat* de); **~gleich** *adj* identique; de même nature
Wesenszug *m* trait *m* caractéristique
wesentlich I *adj* **1.** essentiel, -ielle; substantiel, -ielle; *Bestandteil* intégrant, constitutif, -ive; (*grundlegend*) fondamental; **es Merkmal** élément essentiel; **die ~en Punkte** les points essentiels; l'essentiel *m*; **das 2e** l'essentiel *m*; le principal; la substance; la quintessence; le fond; **im ~en** en substance; **~er Unterschied** différence fondamentale; **e-n ~en Bestandteil von etw bilden** faire partie intégrante de qc; **2.** (*bedeutend*) considérable; important; sensible; **das ist sehr ~** c'est très important; **II** *adv* beaucoup; bien; **~ größer** beaucoup, bien plus grand
Wesfall *m* GR génitif *m*
weshalb *cf* **warum**
Wesir [ve'zi:r] *m* ⟨~s; ~e⟩ vizir *m*
Wespe ['vɛspə] *f* ⟨~; ~n⟩ guêpe *f*
Wespennest *n* guêpier *m*; nid *m* de guêpes; F *fig* **in ein ~ stechen** mettre le feu aux poudres
Wespen|stich *m* piqûre *f* de guêpe; **~taille** *f* taille *f* de guêpe
wessen ['vɛsən] **I** *pr/int* **1.** (*gén de* wer) de qui?; **~ Sohn ist er?** de qui est-il le fils?; **~ Mantel ist das?** à qui est ce manteau?; **~ Schuld ist es?** à qui la faute?; **2.** (*gén de* was) de quoi?; **~ klagt man dich an?** de quoi t'accuse-t-on?; **II** *pr/rel* **1.** (*gén de* wer) celui, celle dont ...; **~ er gedenkt, ist s-e Schwester** celle dont il se souvient est sa sœur; **2.** (*gén de* was) ce dont ...; **~ er mich anklagt** ce dont il m'accuse
Wessi ['vɛsi] F *m* ⟨~s; ~s⟩ surnom des Allemands de l'Ouest
West [vɛst] *m* **1.** ⟨*sans article ni pl*⟩ (*Westen*) ouest *m*; **2.** ⟨~(e)s; ~e⟩ (~*wind*) vent *m* d'ouest
West|bank ['vɛstbɛŋk] ⟨→ *n/pr*⟩ *die ~* la Cisjordanie; **~berlin** *n* Berlin-Ouest *m*; **2deutsch** *adj* de l'Allemagne occidentale; **~deutschland** *n* l'Allemagne occidentale
Weste ['vɛstə] *f* ⟨~; ~n⟩ gilet *m*; F *fig* **e-e weiße** *od* **reine** *od* **saubere ~ haben** n'avoir rien à se reprocher; avoir les mains nettes, blanches
Westen *m* ⟨~s⟩ ouest *m*; occident *m*; POL **der ~** l'Occident; l'Ouest; **der Wilde ~** le Far West; **im ~ (von)** à l'ouest (de); **nach ~** vers l'ouest; **von ~** de l'ouest
Westentasche *f* poche *f* de gilet; (*Uhrentasche*) gousset *m*; F *fig* **etw wie s-e ~ kennen** connaître qc comme sa poche
Westentaschenformat *n* **im ~ format** poche; *fig* miniature
Western *m* ⟨~(s); ~⟩ western *m*
West|europa *n* l'Europe *f* de l'Ouest, occidentale; **~europäer(in)** *m(f)* Européen, -éenne *m,f* de l'Ouest
westeuropäisch *adj* européen, -éenne de l'Ouest; de l'Europe de l'Ouest, occidentale; POL *2e* **Union** Union *f* de l'Europe occidentale; **~e Zeit** heure *f* de l'Europe occidentale
Westfalen [vɛst'fa:lən] *n* ⟨→ *n/pr*⟩ la Westphalie
westfälisch [vɛst'fɛ:lɪʃ] *adj* westphalien, -ienne; de (la) Westphalie
West|goten *m/pl* HIST Wisigoths *od* Visigoths *m/pl*; **~hang** *m* e-s Gebirges versant *m* ouest
west|indisch *adj* **die 2en Inseln** les Antilles *f/pl*; HIST les Indes occidentales
West|jordanland *n* ⟨~(e)s⟩ *das ~* la Cisjordanie; **~küste** *f* côte occidentale
westlich I *adj* de l'ouest; occidental; **II** *adv* à l'ouest; **~ von** à l'ouest de
Westmächte ['vɛstmɛçtə] *f/pl* POL puissances occidentales
weströmisch *adj* HIST **das 2e Reich** l'empire romain d'Occident
West|seite *f* côté *m* de l'ouest *m*; côté *m* ouest; e-s *Gebirges* versant *m* ouest; **~sektor** *m* HIST secteur ouest, occidental; **~wall** *m* HIST ligne *f* Siegfried; **2wärts** *adv* vers l'ouest; **~wind** *m* vent *m* d'ouest
wes'wegen *cf* **warum**
Wettbewerb *m* ⟨~(e)s; ~e⟩ **1.** Veranstaltung, *bes* SPORT concours *m*; compétition *f*; **2.** ⟨*sans pl*⟩ *bes* COMM concurrence *f*; compétition *f*; **freier ~** libre (jeu *m* de la) concurrence; **unlauterer ~** concurrence déloyale; **in ~** (*dat*) **stehen** (*mit*) se trouver, être en concurrence (avec)
Wettbewerbs|bedingung *f* d'un concours, d'une compétition; **2fähig** *adj* compétitif, -ive; *Preise a* concurrentiel, -ielle; **~teilnehmer(in)** *m(f)* concurrent(e) *m(f)*; **~verzerrung** *f* COMM distorsion *f* de la concurrence; **~vorteil** *m* avantage *m* par rapport à la concurrence
Wettbüro *n* (bureau *m* de) P.M.U. *m*
Wette ['vɛtə] *f* ⟨~; ~n⟩ pari *m*; **e-e ~ eingehen, abschließen** faire un pari; parier (**mit j-m** avec qn; **auf etw** [*acc*] sur qc); **die ~ gilt!** je tiens le pari; je parie!; F chiche!; F (**ich mache**) **jede ~, daß ...** je parie n'importe quoi que ...; **um die ~** qui va mieux mieux
Wetteifer *m* émulation *f*; esprit *m* de compétition; *p/fort* rivalité *f*
wetteifern *v/i* ⟨-(e)re, *insép*, ge-, h⟩ **mit j-m in etw** (*dat*) rivaliser de qc avec qn; **sie wetteiferten um den ersten Platz** ils luttaient pour la première place
Wetteinsatz *m* mise *f*

wetten ⟨-ete, h⟩ **I** v/t parier; *ich wette 100 Mark* je parie 100 marks; *was wollen wir ~?* qu'est-ce qu'on parie?; **II** v/i parier; faire un pari; *mit j-m ~* parier avec qn; *um etw ~* parier qc; *ich könnte ~, daß ...* je pourrais parier que ...; *ich wette hundert gegen eins, daß ...* je parie cent contre un que ...; je parie tout ce que tu voudras que ...; *~, daß ...?* c'est sûr et certain que ...; (*wollen wir*) *~?* on parie?; *ich wette darauf* j'en fais le pari; *fig so haben wir nicht gewettet* ce n'est pas ce qui a été dit, convenu; p/fort F pas question!

Wetter[1] ['vɛtər] n ⟨~s; ⟩ **1.** ⟨sans pl⟩ temps m; *bei Wind und ~* par tous les temps; *es ist schönes, schlechtes ~* il fait beau, mauvais temps; le temps est beau, mauvais; *was ist heute für ein ~?* quel temps fait-il aujourd'hui?; *das ~ wird wieder schön* le temps se remet au beau; *bei schönem ~* par beau temps; *vom ~ sprechen* a fig parler de la pluie et du beau temps; F fig *um gut ~ bitten* demander pardon (à qn); présenter ses excuses; **2.** (*Unwetter*) orage m; **3.** ⟨pl⟩ BERGBAU *schlagende ~* grisou m

Wetter[2] m ⟨~s; ~⟩ parieur m

Wetter|amt n cf **Wetterdienst**; **~aussichten** f/pl prévisions f/pl météorologiques; **~bericht** m bulletin m météorologique; météo f; **~besserung** f amélioration f du temps; **²beständig** adj résistant aux intempéries; **~dienst** m service m météorologique; météo f; **~fahne** f girouette f; **²fest** adj résistant aux intempéries; **~frosch** m **1.** F grenouille servant de baromètre; **2.** fig plais météorologue m,f; **²fühlig** adj sensible aux fluctuations, aux variations atmosphériques; **~hahn** m girouette f (en forme de coq)

Wetterin f ⟨~; ~nen⟩ parieuse f

Wetter|karte f carte f météorologique; **~lage** f situation f météorologique, atmosphérique; **~leuchten** n ⟨~s⟩ éclairs m/pl de chaleur

wettern F v/i ⟨-(e)re, h⟩ (*schimpfen*) tempêter, fulminer, F pester (*gegen, über etw, j-n* contre qc, qn)

Wetter|satellit m satellite m météorologique; **~scheide** f limite f météorologique; **~seite** f côté exposé aux intempéries; **~station** f station f météorologique, observatoire m (météorologique); **~umschlag** m, **~umschwung** m brusque changement m de temps; **~verhältnisse** n/pl conditions f/pl météorologiques; **~voraussage** f, **~vorhersage** f prévisions f/pl météorologiques; météo f; **²wendisch** adj péj Personne f versatile; lunatique

Wett|fahrt f course f; **~kampf** m compétition f; concours m; épreuve f; *zwischen zwei Mannschaften* rencontre f; match m; **~kämpfer(in)** m(f) concurrent(e) m(f)

Wettlauf m a fig course f; *e-n ~ machen* courir (pour voir qui arrivera le premier); fig *ein ~ mit der Zeit* une course contre la montre

wettmachen F v/t ⟨sép, -ge-, h⟩ **1.** (*wiedergutmachen*) réparer; (*ausgleichen*) compenser; *etw durch etw ~* compenser qc par qc; **2.** (*sich erkennt-*

lich zeigen) *wie kann ich das ~?* comment est-ce que je peux vous rendre la pareille od vous payer de retour?

Wett|rennen n a fig course f; **~rüsten** n ⟨~s⟩ course f aux armements; **~schwimmen** n compétition f de natation

Wettstreit m concours m; lutte f; fig rivalité f; *mit j-m in ~* (acc) *treten* entrer en compétition, rivalité avec qn

wetzen ['vɛtsən] **I** v/t ⟨h⟩ *Messer, Sense* aiguiser (*a Schnabel*); affiler; *Werkzeuge* affûter; **II** F v/i ⟨sein⟩ (*rennen*) F filer

Wetzstein m pierre f à aiguiser

WEU [ve:ʔeːˈʔuː] f ⟨~⟩ abr (*Westeuropäische Union*) U.E.O. f (Union de l'Europe occidentale)

WEZ [ve:ʔeːˈtsɛt] f ⟨~⟩ abr (*westeuropäische Zeit*) heure f de l'Europe occidentale

WG [ve:ˈgeː] F f ⟨~; ~s⟩ abr (*Wohngemeinschaft*) communauté f (de logement)

Whg. abr (*Wohnung*) appt (appartement)

Whisky ['vɪski] m ⟨~s; ~s⟩ whisky m

WHO [ve:ha:ˈʔoː] f ⟨~⟩ abr (*World Health Organization*) Weltgesundheitsorganisation der UNO O.M.S. f (Organisation mondiale de la santé)

wich [vɪç] cf **weichen**[2]

Wichse ['vɪksə] f ⟨~; ~n⟩ **1.** (*Schuh²*) cirage m; **2.** ⟨sans pl⟩ (*Prügel*) F volée f; F raclée f

wichsen ⟨-(es)t, h⟩ **I** v/t **1.** *Schuhe* cirer; **2.** regional (*prügeln*) rosser; **II** v/i (*onanieren*) P se branler

Wichser P m ⟨~s; ~⟩ Schimpfwort P salaud m; P enfoiré m

Wicht [vɪçt] m ⟨~(e)s; ~e⟩ **1.** (*Kobold*) lutin m; (*Zwerg*) gnome m; **2.** fig péj individu m; *armer ~* pauvre bougre m; **3.** F (*Kind*) F mioche m; F gosse m; (*Frechdachs*) petit diable

Wichtel ['vɪçtəl] m ⟨~s; ~⟩, **~männchen** n lutin m; gnome m

wichtig ['vɪçtɪç] adj **1.** (*bedeutend*) important; *Entscheidung* (*folgenschwer*) grave; *Bestandteil* (*wesentlich*) essentiel, -ielle; *höchst ~* de la plus 'haute importance; *es ist mir sehr ~, daß ...* c'est très important pour moi que ...; il m'importe beaucoup que ...; *~ nehmen* prendre au sérieux; péj *~ tun, sich ~ machen* faire l'important; se donner de grands airs; F se faire mousser; *²eres zu tun haben* avoir d'autres chats à fouetter; *das ²ste ist* l'important; l'essentiel m; *das ²ste zuerst tun* aller au plus pressé; s'occuper de l'essentiel d'abord; **2.** F iron (*wichtigtuerisch*) *mit ~er Miene* d'un air important

Wichtigkeit f ⟨~⟩ importance f; *von großer ~* d'une grande importance; *von ~ sein* être important; *nicht von ~ sein* a être insignifiant; *e-r Sache* (dat) *~ beimessen* accorder, attacher de l'importance à une chose

Wichtigtuer(in) m ⟨~s; ~⟩ (f) ⟨~; ~nen⟩ péj personne f qui fait l'important, qui se donne de grands airs; F crâneur, -euse m,f

wichtigtuerisch adj péj qui fait l'important; qui se donne de grands airs; F crâneur, -euse

Wicke ['vɪkə] f ⟨~; ~n⟩ BOT vesce f; (*Garten²*) pois m de senteur

Wickel ['vɪkəl] m ⟨~s; ~⟩ bes MÉD enveloppement m; F fig *j-n beim ~ kriegen, nehmen* prendre, saisir qn au collet

Wickel|kind n bébé m; poupon m; **~kommode** f table f à langer

wickeln v/t ⟨-(e)le, h⟩ **1.** *Knäuel, Zigarren* faire; ÉLECT *Spule* bobiner; *Turban* enrouler; **2.** (*auf~*) *Draht* enrouler, embobiner; *Wolle* mettre en pelote; faire une pelote de; *e-n Faden um, auf etw* (acc) *~* enrouler un fil autour de, sur qc; *die Schnur hat sich um das Rad gewickelt* la ficelle s'est enroulée, entortillée autour de la roue; **3.** (*eindrehen*) *sein Haar ~* se mettre des rouleaux; **4.** (*ein~*) *etw, j-n in etw* (acc) *~* envelopper qc, qn dans qc; *etw in Papier* (acc) *~* emballer qc (dans du papier); *sich in e-e Decke ~* s'enrouler, s'envelopper dans une couverture; **5.** (*aus~*) *etw, j-n aus etw ~* sortir qc, qn de qc; **6.** F fig *da sind Sie aber schief gewickelt!* F vous vous mettez, fourrez le doigt dans l'œil; **7.** *Säugling* langer; *frisch ~* changer; **8.** MÉD *Gliedmaßen* mettre un bandage à; soutenir par un bandage

Wickel|rock m jupe f (en) portefeuille; **~tisch** m table f à langer

Wicklung f ⟨~; ~en⟩ ÉLECT bobinage m; enroulement m

Widder ['vɪdər] m ⟨~s; ~⟩ **1.** ZO bélier m; **2.** ASTR Bélier m

wider ['viːdər] st/s prép ⟨acc⟩ contre; *~ (meinen) Willen* malgré moi; contre mon gré, ma volonté; *~ (alles) Erwarten* contre toute attente

widerborstig adj péj récalcitrant; rebelle (*a Haare*); rétif, -ive

widerfahren st/s v/i ⟨irr, insép, pas de ge-, sein⟩ *j-m ~* arriver, advenir à qn; *ihm ist viel Schlimmes ~* il a eu bien des malheurs; *j-m Gerechtigkeit ~ lassen* rendre justice à qn

Widerhaken m crochet m; t/t barbillon m

Widerhall m a fig écho m (*auf* [+acc] à); retentissement m; fig *~ finden* trouver de l'écho (*in* [+dat] dans; *bei* auprès de)

widerhallen v/i ⟨sép, -ge-, h⟩ retentir; résonner

wider|legen ⟨insép, pas de ge-, h⟩ **I** v/t réfuter; **II** v/réfl *sich ~* se démentir

Wider|legung f ⟨~; ~en⟩ réfutation f

widerlich I adj **1.** (*ekelerregend*) *Geschmack, Essen, Anblick* dégoûtant, écœurant; *Anblick* a repoussant, répugnant; **2.** (*moralisch ~, verabscheuenswert*) dégoûtant; répugnant; écœurant; **II** adv **1.** *~ schmecken* avoir un goût écœurant; *~ riechen* avoir une odeur nauséabonde, écœurante; *~ süß* beaucoup trop sucré; écœurant; **2.** *handeln etc* d'une manière écœurante, répugnante

widernatürlich adj contre nature; pervers

widerrechtlich I adj contraire au droit, à la loi; (*ungesetzlich*) illégal; **II** adv illégalement; *sich* (dat) *etw ~ aneignen* s'arroger, usurper qc

Widerrede f réplique f; contradiction f; *keine ~!* pas de réplique!; *ohne ~* sans répliquer; sans objection; sans protester

Widerruf *m e-r Verfügung etc* révocation *f*; abrogation *f*; *e-r Behauptung* rétractation *f*; désaveu *m*; *e-r Nachricht* démenti *m*; **bis auf ~** jusqu'à nouvel ordre

wider'rufen ⟨*irr, insép, pas de ge-*, h⟩ **I** *v/t Verfügung etc* révoquer; abroger; *Behauptung* rétracter; désavouer; se dédire de; *Nachricht* démentir; *Befehl* annuler; **II** *v/i* se rétracter; se dédire

Widersacher(in) *st/s m* ⟨~s; ~⟩ (*f*) ⟨~; ~nen⟩ adversaire *m,f*; ennemi(e) *m(f)*; antagoniste *m, f*

Widerschein *st/s m* reflet *m*

wider'setzen *v/réfl* ⟨-(es)t, insép, pas de ge-*, h⟩ **sich** (*j-m, e-r Sache*) **~** résister (à qn, qc); s'opposer, faire opposition (à qn, qc); (*nicht gehorchen*) refuser d'obéir (à qn, qc); désobéir (à qn, qc); (*sich auflehnen*) se révolter, se rebeller (contre qn, qc)

wider'setzlich *adj* récalcitrant; *p/fort* rebelle; *Kind* désobéissant; *gegen Vorgesetzte* insubordonné; réfractaire; insoumis

Wider'setzlichkeit *f* ⟨~; ~en⟩ **1.** ⟨*sans pl*⟩ *Haltung* insubordination *f*, insoumission *f*; résistance *f* (à l'autorité); (*Ungehorsam*) désobéissance *f*; **2.** *Handlung* acte *m* d'insubordination, d'insoumission, de désobéissance

'widersinnig *adj* absurde

widerspenstig ['viːdərʃpɛnstɪç] *adj* récalcitrant; rétif, -ive; (*aufsässig*) rebelle (*a Haar*); réfractaire; insoumis; (*ungehorsam*) désobéissant; *st/s* indocile; *Der Qen Zähmung* La Mégère Apprivoisée

'Widerspenstigkeit *f* ⟨~; ~en⟩ humeur récalcitrante; (*Aufsässigkeit*) insoumission *f*; (*Ungehorsam*) désobéissance *f*

'widerspiegeln *v/t* (*u v/réfl*) ⟨-(e)le, sép, -ge- ou insép, pas de ge-*, h⟩ (*sich*) **~** *OPT, fig* (se) refléter; *OPT a* (se) réfléchir

wider'sprechen *v/i* ⟨*irr, insép, pas de ge-*, h⟩ **1.** (*j-m*) **~** contredire qn; *e-r Behauptung* **~** contredire une affirmation, assertion; **2.** *fig* (*im Widerspruch stehen zu*) **~** (+ *dat*) être en opposition, en contradiction (avec); (*unvereinbar sein mit*) être incompatible (avec); **einander, sich** (*dat*) **~** se contredire; être en contradiction; *Aussagen* **einander ~d** contradictoire

'Widerspruch *m* **1.** ⟨*sans pl*⟩ (*Einspruch*) opposition *f* (*a JUR*); **~** (*gegen etw*) **einlegen** faire opposition (à qc); **ohne ~** sans contestation, opposition, discussion; **2.** (*innerer Gegensatz*) contradiction *f*; opposition *f*; *PHILOS* antinomie *f*; **ein ~ in sich** (*dat*) une contradiction en soi; **zu etw im ~ stehen** contredire qc; être en contradiction, en opposition avec qc; (*unvereinbar sein*) être incompatible avec qc; **im ~ zu etw** in contradiction, opposition avec; **sich in Widersprüche verwickeln** s'empêtrer dans des contradictions

widersprüchlich ['viːdərʃprʏçlɪç] **I** *adj Informationen etc* contradictoire; **II** *adv* de, d'une façon, manière contradictoire

'Widersprüchlichkeit *f* ⟨~; ~en⟩ contradiction *f*

'widerspruchslos *adv* sans contestation, opposition, discussion; sans protester, discuter

'Widerstand *m* **1.** *a POL, MIL* résistance *f*, opposition *f* (*gegen* à); **passiver ~** résistance passive; *JUR* **~ gegen die Staatsgewalt** résistance à l'autorité publique; **~ leisten** opposer de la résistance; **auf ~** (*acc*) **stoßen** rencontrer de la résistance; **2.** ⟨*sans pl*⟩ (*~sbewegung*) mouvement *m* de résistance; *HIST in Frankreich* Résistance *f*; **3.** *ÉLECT, MECHANIK* résistance *f*; **spezifischer ~** résistivité *f*; **4.** *fig* (*Hindernis*) obstacle *m*; résistance *f*; **den Weg des geringsten ~es gehen** choisir la solution de facilité

'Widerstandsbewegung *f* mouvement *m* de résistance; *HIST in Frankreich* Résistance *f*; maquis *m*

'widerstandsfähig *adj* résistant (*gegen* à); *Mensch a* endurant

'Widerstandsfähigkeit *f* ⟨~⟩ résistance *f* (*gegen* à); *e-s Menschen a* endurance *f*

'Widerstands|kämpfer *m* résistant *m*; maquisard *m*; **~kraft** *f* (force *f* de) résistance *f*; **Qlos** *adv* sans (opposer de) résistance

wider'stehen *v/i* ⟨*irr, insép, pas de ge-*, h⟩ (*e-r Sache, j-m*) **~** résister (à qc, qn); *der Versuchung* **~** résister à la tentation

wider'streben *v/i* ⟨*insép, pas de ge-*, h⟩ **1.** (*zuwider sein*) *j-m* **~** répugner à qn; **es widerstrebt mir zu** (+*inf*) il me répugne de (+*inf*); **2.** *st/s* (*sich widersetzen*) résister; s'opposer

Wider'streben *n* résistance *f*; opposition *f*; (*Widerwille*) répugnance *f*, aversion *f*

wider'strebend *advt* à contrecœur; de mauvaise grâce

'Widerstreit *m* conflit *m*; antagonisme *m*; (*Widerspruch*) contradiction *f*; **im ~ stehen mit** être en conflit, en contradiction avec

wider'streitend *adjt* (*épithète*) opposé; antagonique; (*widersprüchlich*) contradictoire; *Meinungen* divergent

widerwärtig ['viːdərvɛrtɪç] *adj* **1.** (*sehr unangenehm*) désagréable; *Person a* contrariant; **2.** (*abstoßend*) repoussant; répugnant

'Widerwärtigkeit *f* ⟨~; ~en⟩ **1.** ⟨*sans pl*⟩ caractère désagréable; désagrément *m*; **2.** *pl* **~en** (*Unannehmlichkeiten*) désagréments *m/pl*; *p/fort* déboires *m/pl*

'Widerwille *m* répugnance *f* (*gegen* pour); (*Ekel*) dégoût *m* (pour); (*Abneigung*) aversion *f* (pour, contre); antipathie *f* (pour); **mit ~n essen** *a* F manger du bout des dents

'widerwillig *adv* à contrecœur; de mauvaise grâce; à regret; *p/fort* avec répugnance

widmen ['vɪtmən] ⟨-ete, h⟩ **I** *v/t* **1.** *Zeit, Leben etc j-m, e-r Sache etw* **~** consacrer, *p/fort* vouer qc à qn, qc; **2.** *Buch etc* dédier; **II** *v/réfl* **sich e-r Sache, j-m ~** se consacrer, se dévouer à qc, qn; *e-r Sache* s'adonner à qc

'Widmung *f* ⟨~; ~en⟩ dédicace *f*; *Buch mit e-r ~ versehen* dédicacer

widrig ['viːdrɪç] *adj Wind* contraire; *Geschick* adverse; **~e Umstände** adversités *f/pl*

'Widrigkeit *f* ⟨~; ~en⟩ désagrément *m*; difficulté *f*; *pl* **~en** *a* contrariétés *f/pl*

wie [viː] **I** *adv* **1.** (*auf welche Art und Weise*) comment; de quelle manière, façon; **~ kommt es, daß …?** comment se fait-il que …?; d'où vient que …?; **~ kam das?** comment est-ce arrivé?; comment cela s'est-il produit?; **~ soll ich das wissen?** comment voulez-vous que je (le) sache?; **~ du das wieder gemacht hast!** F tu as encore fait ça comme un chef, un as!; **~ bitte?** vous disiez?; pardon?; **2.** *in Fragen nach Eigenschaften od Merkmalen* **~ geht's?** comment ça va?; **~ gefällt dir das Foto?** comment trouves-tu cette photo?; **~ war das Wetter?** quel temps a-t-il fait?; **~ wäre es, wenn wir spazieren gingen?** *od* **~ wäre es mit e-m Spaziergang?** et si nous nous promenions?; **~ sieht er aus?** de quoi a-t-il l'air?; **3.** *Ausmaß, Grad e-r Eigenschaft* quel; combien; **~ alt sind Sie?** quel âge avez-vous?; **~ breit, hoch ist …?** de quelle largeur, 'hauteur est …?; quelle est la largeur, 'hauteur de …?; **~ oft?** combien de fois?; **~ teuer ist das?** ça coûte combien?; **~ schade!** quel dommage!; **~ schön!** que, comme c'est beau!; **~ glücklich sie ist!** comme elle est heureuse!; **F und ~!** et comment!; **4.** F (*nicht wahr, stimmt's*) n'est-ce pas; F pas vrai; *das interessiert dich wohl, ~?* F tu t'intéresses à ça, pas vrai?; **5.** *relativisch uns stört*, **~ er sich benimmt** sa façon, manière de se conduire nous gêne; **~ man es auch macht, …** quoi qu'on fasse, …; *in dem Maß* (*-e*)*, ~ …* dans la mesure où …; **II** *conj* **1.** *Vergleich* comme; **so groß ~ …** aussi grand que …; **schnell ~ der Blitz** rapide comme l'éclair; **so oft ~** comme cela arrive si souvent; **so gut ~** (*fast*) à peu près; quasiment; presque; **schlau ~ er ist** rusé comme il est; **ein Mann ~ er** un homme comme lui, tel que lui; **so ~ ich ihn kenne** tel que je le connais; *prov* **~ du mir, so ich dir** *prov* œil pour œil, dent pour dent; **2.** (*zum Beispiel*) comme; tel, telle que; **Städte ~ Paris oder Amsterdam** des villes comme *od* telles que Paris ou Amsterdam; **3.** *Aufzählung* **das betrifft Eltern ~ Kinder** cela concerne les parents aussi bien que les enfants; cela concerne également les parents et les enfants; **unten ~ oben** en bas comme en 'haut; **4.** *erklärend* **~ ich glaube** à ce que je crois; **~ du siehst** comme tu le vois; **5.** *zeitlich* (*als*) au moment où; comme; lorsque; **6.** *mit Verb der Wahrnehmung* **ich sah, ~ er aufstand** je l'ai vu se lever; **ich spürte, ~ mir kalt wurde** j'ai senti le froid me gagner; **7.** (*außer*) **nichts ~ …** rien que …; **nichts ~ Ärger** rien que des ennuis; **nichts ~ weg!** F filons!; F barrons-nous!

Wie *n* ⟨~s; ~⟩ **das ~** le comment; **auf das ~ kommt es an** c'est la manière (de faire, d'agir, *etc*) qui importe

Wiedehopf ['viːdəhɔpf] *m* ⟨~(e)s; ~e⟩ *ZO* 'huppe *f*

wieder ['viːdər] *adv* **1.** (*noch einmal*) de nouveau; à nouveau; encore (une fois); *bei Verben oft nur durch das Präfix re… ausgedrückt*, **wie, schon ~?** quoi! encore?; **nie ~!** jamais plus!; **immer ~, ~ und ~** sans fin; continuellement; **hin und ~** de temps en temps; de temps à autre; **~ einmal** une fois de plus; **~**

wieder... – Wiedervereinigung

einmal ins Kino gehen retourner au cinéma; **2.** *Rückkehr in den vorherigen Zustand* **ich bin gleich ~ da** je reviens tout de suite; **da bin ich ~** me voilà de retour; F me revoilà!; **er ist ~ gesund** il est rétabli; **wir bringen es ~ zurück** nous le rapporterons; **3.** (*außerdem noch*) en outre; en plus; encore; **einige, andere und ~ andere** quelques-uns et puis d'autres et puis d'autres encore; **das ist ~ etwas anderes** c'est encore autre chose; **4.** (*andererseits*) par ailleurs; d'ailleurs; **das ist auch ~ wahr** c'est bien vrai, ça aussi; **5.** F (*noch*) déjà; encore; **wann war das ~?** c'était quand déjà?; **was machst du denn da ~?** qu'est-ce que tu es encore en train de faire?

wieder... in Zssgn oft re...; ré...

Wieder|'annäherung f POL rapprochement m; **~'aufbau** m ⟨~(e)s⟩ reconstruction f; fig relèvement m; redressement m

wieder|'aufbauen v/t ⟨sép (er baut wieder auf), -ge-, h⟩ Häuser, Städte etc reconstruire; Wirtschaft etc relever; redresser; **~'aufbereiten** v/t ⟨sép (er bereitet wieder auf), pas de ge-, h⟩ TECH, bes NUCL retraiter

Wieder|'aufbereitung f ⟨~⟩ TECH, bes NUCL retraitement m; **~'aufbereitungsanlage** f NUCL usine f de retraitement; **~'aufforstung** f reboisement m; **~'aufführung** f THÉ reprise f; **~'aufleben** n ⟨~s⟩ von Handel, Wirtschaft reprise f; regain m d'activité; der Künste, Wissenschaften renaissance f; e-s Brauchs retour m; renaissance f; der Kämpfe reprise f; **~'aufnahme** f **1.** von Verhandlungen, diplomatischen Beziehungen reprise f; JUR e-s Verfahrens révision f; **2.** als Mitglied réintégration f; **3.** in den Spielplan reprise f; **~'aufnahmeverfahren** n JUR (procédure f de) révision f

wieder|'aufnehmen v/t ⟨irr, sép (er nimmt wieder auf), -ge-, h⟩ **1.** Arbeit, Beziehungen etc reprendre; JUR Verfahren réviser; **2.** als Mitglied réintégrer; **3.** Theaterstück etc reprendre; **~'aufrichten** v/t ⟨-ete, sép (er richtet wieder auf), -ge-, h⟩ verzweifelten Menschen réconforter; **♀aufrüstung** f réarmement m; **~'auftauchen** v/i ⟨sép (er taucht wieder auf), -ge-, sein⟩ Gerücht, Mensch reparaître; réapparaître; **♀ausfuhr** f COMM réexportation f; **♀beginn** m recommencement m; reprise f

'wiederbekommen v/t ⟨irr, sép, pas de ge-, h⟩ récupérer; **er hat es ~** a on le lui a rendu

'wieder|beleben v/t ⟨sép, pas de ge-, h⟩ **1.** Ertrunkenen etc ranimer; réanimer; **2.** fig Traditionen, Beziehungen faire revivre; ranimer; raviver; Wirtschaft relancer; **♀belebung** f **1.** e-s Ertrunkenen etc réanimation f; **2.** fig von Traditionen, Beziehungen etc rétablissement m; der Wirtschaft relance f; **♀belebungsversuch** m tentative f de réanimation; **~beschaffen** v/t ⟨sép, pas de ge-, h⟩ remplacer; **♀beschaffungskosten** pl frais m/pl de remplacement; **~bringen** v/t ⟨irr, sép, pas de ge-, h⟩ rapporter; (zurückgeben) rendre; restituer; Personen ramener

Wieder|ein|fuhr f COMM réimportation f; **~führung** f rétablissement m; réintroduction f

Wieder'eingliederung f réintégration f (**in** [+acc] dans); **berufliche, soziale ~** réinsertion professionnelle, sociale

'wiederentdeck|en v/t ⟨sép, pas de ge-, h⟩ redécouvrir; **♀ung** f redécouverte f

'wiedererkennen v/t ⟨irr, sép, pas de ge-, h⟩ reconnaître; **er ist nicht wiederzuerkennen** il est méconnaissable

'wiedererlangen v/t ⟨sép, pas de ge-, h⟩ récupérer; Gesundheit st/s recouvrer; Unabhängigkeit, Freiheit retrouver; **das Bewusstsein ~** reprendre connaissance; revenir à soi

'Wiedererlangung f récupération f

'wiedereröffn|en v/t ⟨-ete, sép, pas de ge-, h⟩ Geschäft rouvrir; fig Feindseligkeiten reprendre; **♀ung** f e-s Geschäftes réouverture f; fig von Feindseligkeiten reprise f

'wiederfinden ⟨irr, sép, -ge-, h⟩ **I** v/t retrouver; **II** v/réfl **sich ~ 1.** Person(en) se retrouver; **2.** Gegenstand être retrouvé

'Wiedergabe f **1.** (Bericht) compte rendu; exposé m; **e-e genaue ~ der Vorgänge** un exposé, compte rendu précis des faits; **2.** (Reproduktion) reproduction f; **naturgetreue ~** reproduction f fidèle. **3.** (Übersetzung) traduction f; **wörtliche ~** traduction littérale. **4.** (Aufführung) bes MUS interprétation f; exécution f

'wiedergeben v/t ⟨irr, sép, -ge-, h⟩ **1.** (zurückgeben) rendre; restituer; redonner; **2.** (berichten) exposer; relater; faire un compte rendu de; (wiederholen) répéter; (ausdrücken) rendre; exprimer; (zitieren) citer; **den Sinn e-r Rede ~** rendre le sens d'un discours; **3.** (reproduzieren) reproduire; **den Ton, ein Bild verzerrt ~** déformer le son, une image; **4.** (übersetzen) traduire; **wörtlich ~** traduire mot à mot; **5.** (darstellen) représenter

'Wiedergeburt f **1.** st/s fig renaissance f; **e-e ~ erleben** prendre un nouvel essor; **2.** REL régénération f

'wiedergewinnen v/t ⟨irr, sép, p/p wiedergewonnen, h⟩ **1.** Freiheit, Gleichgewicht etc retrouver; se recouvrer; **2.** TECH Rohstoffe etc récupérer

Wieder'gutmachen v/t sép (er macht wieder gut), -ge-, h⟩ réparer; compenser; finanziell indemniser; **nicht wiedergutzumachend** irréparable

Wieder'gutmachung f ⟨~; ~en⟩ réparation f; compensation f; finanzielle indemnisation f

'wiederhaben v/t ⟨irr, sép, -ge-, h⟩ être de nouveau en possession de; **nur im inf** ravoir; **nach langer Trennung einander ~** s'être retrouvé(e)s enfin

wieder'herstell|en v/t ⟨sép (er stellt wieder her), -ge-, h⟩ Kontakt, Ordnung etc, a Kranken, Gesundheit rétablir; Frieden a ramener; Gebäude remettre en état; (restaurieren) restaurer; **♀ung** f rétablissement m (a der Gesundheit); e-s Gebäudes réfection f; remise f en état; (Restaurierung) restauration f

'wiederholen v/t ⟨sép, -ge-, h⟩ (**sich** [dat] **etw ~** aller reprendre, rechercher qc

wieder'holen ⟨insép, pas de ge-, h⟩ **I** v/t **1.** (nochmals sagen) répéter; Forderung réitérer; Angebot etc renouveler; **2.** (zusammenfassen) résumer; récapituler; **3.** Lernstoff revoir; für ein Examen réviser; mündliche Hausaufgaben repasser; **4.** e-n Vorgang répéter; SPORT Spiel rejouer; RAD, TV Sendung rediffuser; **e-e Wahl ~** procéder à de nouvelles élections; **ein Schuljahr, e-e Klasse ~** redoubler (une classe); **II** v/réfl **sich ~ 5.** Redner se répéter; **6.** Muster, Unglück etc se répéter

wieder'holt I adj répété; réitéré; renouvelé; **II** adv à plusieurs reprises; maintes fois

Wieder'holung f ⟨~; ~en⟩ **1.** von Gesagtem, von Vorgängen répétition f; e-r Forderung réitération f; e-s Angebots etc renouvellement m; **2.** von Lernstoff révision f; **3.** THÉ, MUS reprise f; TV, RAD rediffusion f; **4.** (Zusammenfassung) kurze ~ résumé m; récapitulation f

Wieder'holungsfall m ADM **im ~** en cas de récidive

Wieder'holungs|täter(in) m(f) JUR récidiviste m,f; **~zeichen** n MUS signe m de reprise

'Wiederhören n auf ~! TÉL au revoir!; RAD a à la prochaine émission!

Wiederinbe'triebnahme f remise f en service

'wieder|käuen v/t ⟨sép, -ge-, h⟩ **1.** ZO ruminer; **2.** péj fig rabâcher; ressasser; **♀käuer** m/pl ZO ruminants m/pl

'Wiederkehr f ⟨~⟩ retour m; **regelmäßige ~** retour périodique

'wiederkehren st/s v/i ⟨sép, -ge-, sein⟩ **1.** (zurückkommen) revenir; **2.** (sich wiederholen) se répéter; **diese Gelegenheit kehrt nie mehr wieder** cette occasion ne se représentera (plus) jamais; **regelmäßig ~d** périodique

'wiederkommen v/i ⟨irr, sép, -ge-, sein⟩ **1.** (zurückkommen) revenir; **ich komme gleich wieder!** je reviens à l'instant!; **2.** Ereignis (sich wiederholen) se répéter; **das kommt nie wieder** on nc (rc)verra plus jamais cela

'Wiederschauen n südd, österr **auf ~!** au revoir!

'wiedersehen v/t ⟨u v/réfl⟩ ⟨irr, sép, -ge-, h⟩ (**sich**) **~** (se) revoir

'Wiedersehen n ⟨~s; ~⟩ revoir m; **auf ~!** au revoir!; **auf (ein) baldiges ~!** à bientôt!; **ein unerwartetes ~** une rencontre imprévue, inattendue; F des retrouvailles imprévues, inattendues; **ein ~ mit der Heimat** un retour au pays; **plais beim Verleihen ~ macht Freude** bzw elle s'appelle «revient»

'Wiedersehensfreude f joie f des retrouvailles

'Wiedertäufer m REL anabaptiste m

'wiedertun v/t ⟨irr, sép, -ge-, h⟩ refaire; répéter; recommencer; **ich werde es nicht ~** je ne le ferai plus

wiederum ['vi:dərʊm] adv **1.** (nochmals) à, de nouveau; **2.** (hingegen) d'un autre côté; d'autre part; en revanche; par contre

'wiedervereinig|en v/t ⟨sép, pas de ge-, h⟩ réunir; POL Land réunifier; **♀ung** f réunion f; POL e-s Landes réunification f

'wieder|verheiraten v/réfl ⟨-ete, sép, pas de ge-, h⟩ sich ~ se remarier; ~verkaufen v/t ⟨sép, pas de ge-, h⟩ revendre; ~verwendbar adj récupérable; réutilisable; (recycelbar) recyclable; ~verwenden v/t ⟨-ete, sép, pas de ge-, h⟩ récupérer; réemployer; réutiliser; (recyceln) recycler; ~verwertbar adj récupérable; réutilisable; (recycelbar) recyclable; 2verwertung f récupération f; réutilisation f; (Recycling) recyclage m
'Wiederwahl f réélection f; sich zur ~ stellen se présenter pour un nouveau mandat
'wiederwählen v/t ⟨sép, -ge-, h⟩ réélire; wiedergewählt werden être réélu
Wiege ['vi:gə] f ⟨~; -n⟩ a fig berceau m; in der ~ liegen être au berceau; st/s von der ~ an dès le berceau; plais von der ~ bis zur Bahre du berceau à la tombe; st/s s-e ~ stand in Wien il est né à Vienne; st/s Mainz ist die ~ der Buchdruckerkunst Mayence est le berceau de l'imprimerie; st/s die ~ der Menschheit le berceau de l'humanité; fig das hat man ihm nicht an der ~ gesungen il ne l'aurait jamais imaginé
'Wiegemesser n CUIS 'hachoir m
wiegen¹ ['vi:gən] ⟨wiegt, wog, gewogen, h⟩ I v/t (abwiegen) peser; knapp ~ peser juste; fig gewogen und zu leicht befunden n'a pas répondu aux exigences; II v/i peser (a fig); avoir un poids de; wieviel wiegst du? combien pèses-tu?; ich wiege 60 Kilo je pèse od je fais 60 kilos; fig schwer ~ être d'un grand poids; peser lourd
'wiegen² ⟨h⟩ I v/t 1. Kind bercer; in den Schlaf ~ bercer (pour endormir); 2. CUIS 'hacher; II v/réfl sich ~ (leicht schaukeln) se balancer; se bercer; sich auf den Wellen, im Wind ~ se balancer au gré des flots, du vent; fig sich in falschen Hoffnungen ~ se bercer de faux espoirs, d'illusions; sich in Sicherheit ~ se croire en sécurité
'Wiegen|fest st/s n anniversaire m; ~lied n berceuse f
wiehern ['vi:ərn] v/i ⟨-(e)re, h⟩ 1. Pferd 'hennir; 2. F fig (laut lachen) rire aux éclats; 'hurler de rire
Wien [vi:n] n ⟨→ n/pr⟩ Vienne f
'Wiener¹ m ⟨~s; ~⟩ Viennois m
'Wiener² F f ⟨~; ~⟩ CUIS etwa saucisse f de Strasbourg
'Wiener³ adj ⟨inv⟩ de Vienne; viennois; CUIS ~ Schnitzel escalope viennoise; ~ Walzer valse viennoise; CUIS ~ Würstchen etwa saucisse f de Strasbourg
'Wienerin f ⟨~; -nen⟩ Viennoise f
'wienerisch adj viennois; de Vienne
wienern ['vi:nərn] F v/t ⟨-(e)re, h⟩ faire briller; astiquer
wies [vi:s] cf weisen
Wiese ['vi:zə] f ⟨~; -n⟩ pré m; prairie f; auf der ~ au pré; dans le pré; fig auf der grünen ~ bauen etc en pleine nature
Wiesel ['vi:zəl] n ⟨~s; ~⟩ ZO belette f
'Wiesen|blume f fleur f des prés; ~grund m vallon herbeux; ~schaumkraut n BOT cardamine f
wie'so adv pourquoi
wieviel ['vi:fi:l ou 'vi:fi:l] adv combien (de); ~ kostet ...? combien coûte ...?; ~ Einwohner hat die Stadt? combien la ville a-t-elle d'habitants?; ~ Uhr ist es? quelle heure est-il?; F Seite ~? page combien?; ~ einfacher wäre es, wenn ...! comme ce serait plus simple si ...!
'wievielmal adv combien de fois
wie'vielt zu ~ wart ihr? combien étiez-vous?
wie'vielte(r, -s) adj der ~ Band? le tome combien?; den 2n haben wir heute? quel jour, F le combien sommes-nous (aujourd'hui)?; der 2 ist er? quelle place od position a-t-il?; F le combien est-il?; zum ~n Mal wird das Stück gespielt? c'est la combientième fois cette pièce a-t-elle été déjà jouée?; F c'est la combientième fois que cette pièce est jouée?
wie|'weit cf inwieweit; ~'wohl st/s conj bien que (+subj); quoique (+subj)
Wigwam ['vɪkvam] m ⟨~s; ~s⟩ wigwam m
Wikinger ['vi:kɪŋər] m ⟨~s; ~⟩ HIST pl die ~ les Vikings m/pl
'Wikingerschiff n HIST drakkar m
wild [vɪlt] I adj 1. (im Naturzustand), bes ZO, BOT sauvage; Volk sauvage; primitif, -ive; ~e Gegend région f sauvage; ~e Tiere (Raubtiere) fauves m/pl; bêtes f/pl féroces; péj ein ~es Haufen bande de sauvages; 2. (ungeordnet) Haar, Bart 'hirsute; Leben agité; tumultueux, -euse; ein ~es Durcheinander, F une pagaille épouvantable; 3. (unkontrolliert wuchernd) BOT ~e Triebe rejetons m/pl; surgeons m/pl; MÉD ~es Fleisch excroissance f (de chair); fig ~e Phantasie imagination effrénée, débridée; 4. (ordnungswidrig) irrégulier, -ière; sauvage; ~es Parken stationnement sauvage, irrégulier; ~er Streik grève f sauvage, surprise; ~e Ehe union f libre; ~es Zelten camping m sauvage; ~e Deponie dépôt m d'ordures, décharge f sauvage; 5. (ungestüm) Kinder turbulent; bruyant; Sturm, Kampf violent; Verfolgungsjagd mouvementé; ~e Leidenschaft passion fougueuse, effrénée; seid nicht so ~! ne faites pas tant de bruit!; calmez-vous!; F ganz ~ auf etw (acc) sein raffoler de qc; F ganz ~ auf j-n sein être fou de qn; F ich bin nicht ~ darauf F ça ne m'emballe pas; 6. (wütend) furieux, -ieuse; F furax; Haß, Blicke farouche; ~e Drohungen violentes menaces; ~ werden devenir furieux; j-n ~ machen rendre qn furieux; pousser qn à bout; 7. (übertrieben) Spekulationen, Anschuldigungen insensé; Beschimpfungen abominable; Gerüchte incroyable; F das ist halb so ~ ça n'est pas (bien) grave; II adv 1. (im Naturzustand) ~ leben, wachsen vivre, pousser à l'état sauvage; 2. (ungeordnet) alles geht ~ durcheinander F c'est la pagaille; ~ herumliegen pêle-mêle; ~ être en pagaille; 3. (illegal) ~ zelten pratiquer le camping sauvage; 4. (ungestüm) ~ um sich schlagen se débattre violemment; ~ entschlossen sein être farouchement décidé
Wild n ⟨~(e)s⟩ 1. coll gibier m; 2. einzelnes Tier st/s, 3. CUIS gibier m
'Wildbach m torrent m
'Wildbahn f ⟨~⟩ in freier ~ en liberté; dans la nature

'Wild|bestand m gibier m (dans une forêt); ~bret n ⟨~s⟩ gibier m; ~dieb m cf Wilderer
'Wilde(r) f(m) ⟨→ A⟩ sauvage m,f; sich wie ein ~r gebärden se démener comme un diable
'Wildente f canard m sauvage
Wilde'rei f ⟨~; -en⟩ braconnage m
'Wilderer m ⟨~s; ~⟩ braconnier m
'wildern v/i ⟨-(e)re, h⟩ braconner; ~der Hund chien errant (qui attaque le gibier)
'Wildfang m petit diable; petite diablesse
'wild'fremd F adj parfaitement inconnu, étranger, -ère; ich bin hier ~ je ne connais personne ici
'Wild|fütterung f affour(r)agement m du gibier; ~gans f oie f sauvage; ~gehege n parc m, réserve f à gibier
'Wildheit f ⟨~⟩ 1. der Natur, Landschaft etc caractère m, aspect m sauvage; 2. (Roheit) sauvagerie f; 3. (Heftigkeit) violence f; (Ungestüm) fougue f
'Wild|hüter m garde-chasse m; ~kaninchen n lapin m de garenne; ~katze f chat m sauvage
'wildlebend adj ⟨épithète⟩ ~e Tiere animaux m/pl vivant en liberté, sauvages
'Wildleder n daim m; ~jacke f veste f de daim; ~tasche f sac m en daim
'Wildnis f ⟨~; -se⟩ région sauvage, déserte
'Wild|park m parc m, réserve f à gibier; ~pflanze f plante f agreste; 2reich adj giboyeux, -euse; ~sau f laie f; ~schaden m dégât(s) causé(s) par le gibier; ~schwein n sanglier m; ~taube f ramier m; 2wachsend adj ⟨épithète⟩ sauvage; agreste; ~wasser n ⟨~s; ~⟩ torrent m; ~wasserrennen n, ~wassersport m rafting m; ~'west m Far West m; ~westfilm m western m; ~wuchs m a fig croissance f exubérante, incontrôlée
Wilhelm ['vɪlhɛlm] m ⟨→ n/pr⟩ Guillaume m; ~ der Eroberer Guillaume le Conquérant
wilhelminisch [vɪlhɛl'mi:nɪʃ] adj das ~e Zeitalter l'ère wilhelmienne
will [vɪl] cf wollen¹
Wille ['vɪlə] m ⟨~ns⟩ volonté f; (Absicht) intention f; ausdrücklicher ~ volonté expresse; Letzter ~ dernières volontés; testament m; der ~ zur Macht la volonté de puissance; freier ~ libre arbitre m; aus freiem ~n de son plein gré; guter, böser ~ bonne, mauvaise volonté; beim besten ~n avec la meilleure volonté (du monde); ich habe den festen ~n, mich zu bessern j'ai la ferme intention de me corriger; s-n ~n haben wollen vouloir en faire à sa tête; j-m s-n ~n lassen laisser faire qn; gegen j-s ~n contre la volonté, le gré de qn; gegen meinen ~n à malgré moi; REL dein ~ geschehe que ta volonté soit faite; prov wo ein ~ ist, ist auch ein Weg prov vouloir c'est pouvoir
'willen prép um j-s, e-r Sache ~ à cause de qn, qc; dans l'intérêt de qn, qc; pour qn, qc; um des Friedens ~ dans l'intérêt de la paix; um (des) Himmels ~! pour l'amour de Dieu!; au nom du ciel!
'Willen m ⟨~s⟩ cf Wille

'**willenlos** *adj* sans volonté; *(schwach)* faible; *fig* ~*es Werkzeug* instrument docile
'**Willenlosigkeit** *f* ⟨~⟩ manque *m*, absence *f* de volonté
'**willens** *st/s adj* ~ *sein, etw zu tun* avoir l'intention de faire qc; vouloir faire qc
'**Willens|akt** *m* acte *m* de volonté; *PSYCH* volition *f*; ~**anspannung** *f* effort *m* de volonté; ~**äußerung** *f* (manifestation *f* de la) volonté *f*
'**Willensbildung** *f* ⟨~⟩ *politische* ~ prise *f* de conscience politique; formation *f* d'une opinion politique
'**Willens|erklärung** *f* *JUR* déclaration *f* de volonté; acte *m* déclaratoire de volonté; ~**freiheit** *f* ⟨~⟩ libre arbitre *m*; ~**kraft** *f* ⟨~⟩ (force *f* de) volonté *f*; force *f* de caractère; ⚲**schwach** *adj* faible; sans volonté; ~**schwäche** *f* ⟨~⟩ faiblesse *f* (de volonté); manque *m* de caractère; ⚲**stark** *adj* volontaire; ~**stärke** *f* ⟨~⟩ (force *f* de) volonté *f*
'**willentlich** I *adj* *(épithète)* délibéré; voulu; intentionnel, -elle; II *adv* délibérément; de propos délibéré; volontairement; exprès
willfährig ['vɪlfɛːrɪç] *st/s péj adj* complaisant; *(gefügig)* soumis; *sich (dat) j-n* ~ *machen* soumettre qn à sa volonté
'**Willfährigkeit** *st/s péj f* ⟨~⟩ complaisance *f*; soumission *f*
Willi ['vɪli] *cf* Wilhelm
'**willig** I *adj* de bonne volonté; *(folgsam)* obéissant; docile; *BIBL der Geist ist* ~, *aber das Fleisch ist schwach* l'esprit est prompt, mais la chair est faible; II *adv* volontiers; de bon cœur; de bonne grâce
will'kommen *adj* bienvenu; *Abwechslung etc* qui vient à point; qui tombe bien; *ein* ~*er Gast* un invité que l'on a plaisir à recevoir; *seien Sie (mir)* ~*!* soyez le (la) bienvenu(e); *j-n* ~ *heißen* souhaiter la bienvenue à qn
Will'kommen *m* ⟨~s; ~⟩ bienvenue *f*; *j-m ein herzliches* ~ *bereiten* réserver un accueil chaleureux, cordial à qn
Will'kommensgruß *m* discours *m*, bouquet, etc de bienvenue
Will'kommenstrunk *st/s m j-m e-n* ~ *reichen* offrir un verre pour accueillir qn
Willkür ['vɪlkyːr] *f* ⟨~⟩ arbitraire *m*; *j-s* ~ *ausgeliefert sein* être à la merci de qn
'**Willkür|akt** *m* acte *m* arbitraire; ~**herrschaft** *f* règne *m* de l'arbitraire; despotisme *m*; tyrannie *f*
'**willkürlich** *adj* 1. *(aus Willkür)* arbitraire; 2. *(vom Willen gesteuert)* volontaire; ~*e Bewegungen* des mouvements volontaires
'**Willkürmaßnahme** *f* mesure *f* arbitraire
wimmeln ['vɪməln] ⟨-(e)le, h⟩ I *v/i Lebewesen* fourmiller; grouiller; pulluler; *Sache, Ort* ~ *von ...* fourmiller, grouiller de ...; foisonner de ...; II *v/imp es wimmelt von ...* F ça grouille de ...; *es wimmelt von Menschen auf der Straße* la rue grouille de monde; *in diesem Text wimmelt es von Fehlern* ce texte fourmille de fautes; les fautes fourmillent dans ce texte
wimmern ['vɪmərn] *v/i* ⟨-(e)re, h⟩ geindre, gémir *(vor Schmerzen* de douleur*)*; se plaindre doucement
Wimpel ['vɪmpəl] *m* ⟨~s; ~⟩ fanion *m*; banderole *f*; *MAR* guidon *m*
Wimper ['vɪmpər] *f* ⟨~; ~n⟩ *ANAT, BIOL* cil *m*; *fig ohne mit der* ~ *zu zucken* sans sourciller; sans broncher
'**Wimperntusche** *f* mascara *m*; rimmel *m* (nom déposé)
'**Wimpertierchen** *n/pl ZO* ciliés *m/pl*
Wind [vɪnt] *m* ⟨~(e)s; ~e⟩ 1. vent *m* (*a TECH, bei e-r Orgel*)*; bei* ~ *und Wetter* par tous les temps; *es geht ein starker* ~ il fait beaucoup de vent; *Fahne im* ~ *flattern* flotter au vent; *in alle (vier)* ~*e zerstreut* dispersé aux quatre coins du monde; *BIBL wer* ~ *sät, wird Sturm ernten* qui sème le vent, récolte la tempête; F *fig viel* ~ *machen (sich wichtig tun)* se donner de l'importance; F faire de l'esbroufe; F *fig viel* ~ *um etw machen* F faire tout un plat de qc; F *fig es weht ein anderer, frischer* ~ l'ambience est bien différente; les choses sont en train de changer; F *fig wissen, woher der* ~ *weht* savoir prendre le vent; savoir d'où vient le vent; F *fig j-m den* ~ *aus den Segeln nehmen* couper l'herbe sous le pied de qn; F *fig er hat sich (dat) den* ~ *um die Nase wehen lassen* il a vu du pays; *fig in den* ~ *reden* prêcher dans le désert; *etw in den* ~ *schlagen* ne tenir aucun compte de qc; se moquer de qc; *fig sich nach dem* ~ *drehen, sein Mäntelchen nach dem* ~ *hängen* retourner sa veste selon les circonstances; 2. *JAGD (Witterung)* vent *m*; flair *m*; F *fig von etw* ~ *bekommen* avoir vent de qc; flairer qc; 3. *PHYSIOL (Blähung)* vent *m*; flatulence *f*
'**Wind|beutel** *m Gebäck* chou *m* (*mit Schlagsahne* à la crème); ~**bö(e)** *f* rafale *f* de vent; ~**bruch** *m* chablis *m*
Winde ['vɪndə] *f* ⟨~; ~n⟩ 1. *BOT* liseron *m*; 2. *TECH (Seil⚲)* treuil *m*; *(Schrauben⚲)* vérin *m*; *MAR* cabestan *m*; (*Anker⚲*) guindeau *m*
'**Windei** F *fig péj n* 1. *Mensch* bluffeur, -euse *m,f*; 2. *Sache* bluff *m*
Windel ['vɪndəl] *f* ⟨~; ~n⟩ couche *f*; *noch in den* ~*n liegen* être encore bébé, tout petit; *fig Projekt* en être encore à ses débuts
'**Windelhöschen** *n* couche-culotte *f*
'**windelweich** F *adj j-n* ~ *schlagen* battre qn comme plâtre; F tabasser qn
'**winden**[1] ⟨windet, wand, gewunden, h⟩ I *v/t* 1. *st/s Schleifen ins Haar* ~ mettre des rubans dans les cheveux; *etw um die Stirn* ~ *st/s* ceindre le front de qc; *Blumen zu Kränzen, Girlanden* ~ faire, tresser des couronnes, des guirlandes de fleurs; 2. *st/s (entwinden)* arracher; *j-m etw aus den Händen* ~ arracher qc des mains de qn; 3. *TECH Lasten in die Höhe* ~ 'hisser; faire monter; lever; *MAR a* guinder; II *v/réfl sich* ~ 4. *Wurm etc* se tordre; *sich um etw* ~ s'enrouler autour de qc; *sich vor Schmerzen* ~ se tordre de douleur; 5. *fig (ausweichend antworten)* répondre évasivement, de façon évasive; 6. *Bach, Weg* serpenter (*durch* à travers; *nach, zu* en direction de); *sich durch die Menge, Absperrung* ~ se faufiler à travers la foule, le barrage
'**winden**[2] *v/imp* ⟨-ete, h⟩ *es windet* il fait du vent; le vent souffle
'**Windenergie** *f* ⟨~⟩ *TECH* énergie éolienne
'**Windeseile** *f mit, in* ~ comme le vent; *Nachricht sich mit, in* ~ *verbreiten* se propager, se répandre comme une traînée de poudre
'**Wind|fang** *m im Haus* tambour *m*; ⚲**geschützt** *adj* à l'abri du vent; ~**geschwindigkeit** *f* vitesse *f* du vent; ~**hauch** *m* souffle *m* de vent; ~**hose** *f MÉTÉO* tornade *f*; trombe *f*; ~**hund** *m* 1. *ZO* lévrier *m*; 2. F *péj* F fumiste *m,f*
'**windig** *adj* 1. venteux, -euse; exposé au vent; *es ist* ~ il fait, il y a du vent; *ein sehr* ~*er Tag* un jour de grand vent; 2. F *péj Mensch* F fumiste; *Sache* louche; douteux, -euse
'**Wind|jacke** *f* anorak *m*; ~**jammer** *m* ⟨~s; ~⟩ *MAR* grand voilier; ~**kanal** *m* 1. *TECH* soufflerie *f*; tunnel *m* aérodynamique; 2. *der Orgel* porte-vent *m*; ~**kasten** *m der Orgel* sommier *m*; ~**kraftanlage** *f* (installation) éolienne *f*; ~**licht** *n* photophore *m*; ~**maschine** *f THÉ* machine destinée à imiter le (bruit du) vent; *FILM* machine *f* qui produit du vent; ~**messer** *m* ⟨~s; ~⟩ anémomètre *m*
'**Windmühle** *f* moulin *m* à vent; *fig gegen* ~*n kämpfen* se battre contre des moulins à vent
'**Wind|mühlenflügel** *m* aile *f* de moulin à vent; ~**pocken** *f/pl MÉD* varicelle *f*; ~**rad** *n* éolienne *f*; ~**richtung** *f* direction *f* du vent; ~**rose** *f* rose *f* des vents; ~**sack** *m bes MAR, AVIAT* manche à air; ~**schatten** *m* côté *m* sous le vent, abrité du vent
'**wind|schief** *adj péj* tout de travers; penché; incliné; ~**schlüpfig**, ~**schnittig** *adj* aérodynamique; caréné
'**Wind|schutzscheibe** *f* pare-brise *m*; ~**stärke** *f* force *f*, intensité *f* du vent
'**windstill** *adj* calme; *es ist* ~ il fait un temps calme; il n'y a pas de vent
'**Windstille** *f* calme *m*; *vorübergehende* accalmie *f*; *völlige* ~ calme plat
'**Wind|stoß** *m* coup *m* de vent; rafale *f*; bourrasque *f*; ⚲**surfen** *v/i* (*insép, les temps simples ne s'emploient pas dans une principale*, -ge, h *ou* sein) faire de la planche à voile; ~**surfen** *n* ⟨~s⟩ planche *f* à voile; ~**surfer(in)** *m(f)* véliplanchiste *m,f*; ~**surfing** *n* planche *f* à voile
'**Windung** *f* ⟨~; ~en⟩ 1. *(Krümmung)* courbe *f*; *ANAT* circonvolution *f*; *pl* ~*en e-r Straße* lacets *m/pl*; sinuosités *f/pl*; *pl* ~*en e-s Flusses a* méandres *m/pl*; 2. *TECH e-r Spule etc* spire *f*
Wink [vɪŋk] *m* ⟨~(e)s; ~e⟩ 1. *(Zeichen)* signe *m*; *j-m e-n* ~ *geben* faire signe à qn; 2. *fig (Andeutung)* indication *f*; avertissement *m*; (*Tip*) F tuyau *m*; *j-m e-n* ~ *geben* avertir qn; F tuyauter qn
Winkel ['vɪŋkəl] *m* ⟨~s; ~⟩ 1. *MATH* angle *m*; *rechter, spitzer, stumpfer, gestreckter* ~ angle droit, aigu, obtus, plat; *toter* ~ angle mort; 2. *(Ecke)* F *fig* coin *m*; *verborgener* ~ recoin *m*; *des Herzens* repli *m*; *im tiefsten, verborgensten* ~ *s-s Herzens* au plus profond de son cœur; *e-e Wohnung bis auf den letzten* ~ *durchsuchen* fouiller un appartement dans tous les recoins; 3. *fig (Ort)* coin *m*; *entlegener* ~ coin perdu;

im entlegensten ~ *Deutschlands* au fin fond de l'Allemagne; **4.** *Werkzeug* équerre *f*

'**Winkel|advokat** *m péj* avocat marron, véreux; **~eisen** *n TECH* équerre *f* en fer; cornière *f*; **2̲förmig** *adj* angulaire; **~funktion** *f MATH* fonction *f* trigonométrique

'**winkelig** *adj Gasse etc* à coins et recoins; (*gewunden*) tortueux, -euse; sinueux, -euse

'**Winkel|maß** *n Werkzeug* équerre *f*; **~messer** *m* ⟨~s; ~⟩ *MATH* rapporteur *m*; **~züge** *m/pl péj* détours *m/pl*; manœuvres *f/pl* (louches)

'**winken** ⟨*p/p* F *gewunken, h*⟩ I *v/i j-n zu sich* ~ faire signe à qn d'approcher; *ein Auto zur Seite* ~ *Polizei* faire signe à une voiture de s'arrêter (sur le bas-côté de la route); II *v/i* **1.** *a zum Näherkommen etc* faire signe; *j-m zum Abschied* ~ faire des signes d'adieu à qn; *j-m der Hand* ~ faire signe de la main à qn; *mit dem Taschentuch* ~ agiter son mouchoir; *e-m Taxi* ~ 'héler un taxi; faire signe à un taxi; *j-m* ~, *heranzukommen* faire signe à qn d'approcher; **2.** (*in Aussicht stehen*) *etw winkt j-m* qn a qc en vue, en perspective; *den Gewinnern* ~ *tolle Preise* des prix fabuleux attendent les gagnants

'**winklig** *cf winkelig*

winseln ['vɪnzəln] *v/i* ⟨-(e)le, h⟩ **1.** *Hund* gémir; pousser des cris plaintifs; **2.** *fig péj* gémir; geindre; pleurnicher

Winter ['vɪntɐ] *m* ⟨~s; ~⟩ hiver *m*; *im* ~ en hiver; *mitten im* ~ au milieu, au cœur de l'hiver; *den* ~ *über* durant l'hiver

'**Winter|abend** *m* soir *m*, soirée *f* d'hiver; **~anfang** *m* début *m*, commencement *m* de l'hiver; **~camping** *n* camping *m* d'hiver; **~fahrplan** *m* horaire *m* d'hiver; **~fell** *n* pelage *m* d'hiver; **~ferien** *pl* vacances *f/pl* d'hiver; **2̲fest** *adj* résistant à l'hiver, au froid d'hiver; *Schuhe, Kleidung etc* pour l'hiver; d'hiver; **~garten** *m* jardin *m* d'hiver; serre *f*; **~getreide** *n* céréales *f/pl* d'hiver; semis *m* d'automne; **~halbjahr** *n* semestre *m* d'hiver; **~kälte** *f* froid *m* d'hiver; **~kartoffel** *f* pomme de terre tardive, d'hiver; **~kleid** *n* **1.** *COUT* robe *f* d'hiver; **2.** *ZO Behaarung* pelage *m* d'hiver; *Gefieder* plumage *m* d'hiver; **~landschaft** *f* paysage *m* d'hiver

'**winterlich** I *adj* d'hiver; de l'hiver; hivernal; **~e** *Kälte* froid *m* d'hiver; II *adv* comme en hiver; *sich* ~ *kleiden* mettre des vêtements d'hiver

'**Winter|mantel** *m* manteau *m* d'hiver; **~monat** *m* mois *m* d'hiver; **~nacht** *f* nuit *f* d'hiver; **~olympiade** *f* Jeux *m/pl* olympiques d'hiver; **~pause** *f* inactivité hivernale; **~quartier** *n* **1.** *MIL* quartier *m* d'hiver; **2.** *ZO* zone *f* d'hivernage; **~reifen** *m AUTO* pneu *m* neige

'**winters** *adv* en hiver

'**Winterschlaf** *m ZO* hibernation *f*; ~ *halten* hiberner

'**Winter|schlußverkauf** *m* soldes *m/pl* abus *f/pl* d'hiver; **~semester** *n* semestre *m* d'hiver; **~sonne** *f* soleil *m* d'hiver; **~sonnenwende** *f* solstice *m* d'hiver

'**Winterspeck** *m* plais ~ *ansetzen* prendre des kilos, grossir en hiver

'**Winterspiele** *n/pl die Olympischen* ~ les Jeux *m/pl* olympiques d'hiver

'**Winter|sport** *m* sports *m/pl* d'hiver; **~sportler(in)** *m(f)* amateur *m* de sports d'hiver; **~sportort** *m* station *f* de sports d'hiver; **~tag** *m* jour *m*, journée *f* d'hiver; **~vorrat** *m* provision(s) *f(pl)* pour l'hiver; **~wetter** *n* ⟨~s⟩ temps *m* d'hiver; **~zeit** *f* ⟨~⟩ **1.** *Jahreszeit* hiver *m*; **2.** *Uhrzeit* heure *f* d'hiver

Winzer(in) ['vɪntsɐ(rɪn)] *m* ⟨~s; ~⟩ *(f)* ⟨~; ~nen⟩ vigneron, -onne *m,f*; viticulteur, -trice *m,f*

winzig ['vɪntsɪç] I *adj* tout petit; minuscule; *Menge* minime; *Raum* exigu, -uë; II *adv* ~ *klein* minuscule

'**Winzigkeit** *f* ⟨~; ~en⟩ **1.** ⟨*sans pl*⟩ *Zustand* extrême petitesse *f*; caractère *m* minuscule; *e-s Raums* exiguïté *f*; **2.** F *Sache* rien *m*; (*Kleinigkeit*) vétille *f*; bagatelle *f*; chose insignifiante

Wipfel ['vɪpfəl] *m* ⟨~s; ~⟩ cime *f*; sommet *m*

Wippe ['vɪpə] *f* ⟨~; ~n⟩ bascule *f*; balançoire *f*

'**wippen** *v/i* ⟨h⟩ **1.** (*sich ~d bewegen*) se balancer; *die Kinder* ~ *auf der Wippe* les enfants jouent à la bascule, à la balançoire; **2.** *mit dem Fuß* ~ balancer le pied; *Vogel mit dem Schwanz* ~ remuer, balancer la queue

wir [viːr] *pr/pers* **1.** nous; ~ *sind es* c'est nous; *wer kommt mit?* ~! nous!; ~ *Deutschen* nous autres Allemands; ~ *Armen* nous, les pauvres; **2.** *st/s, ADM* (*ich*) nous; ~ *teilen Ihnen mit, daß* ... nous avons l'honneur de vous faire savoir que ...; **3.** F *Anrede wie fühlen* ~ *uns denn heute?* alors, comment on se sent aujourd'hui?

Wirbel ['vɪrbəl] *m* ⟨~s; ~⟩ **1.** *PHYS* tourbillon *m*; remous *m*; **2.** ⟨*sans pl*⟩ *fig* (*Durcheinander*) tourbillon *m*; agitation *f*; *im* ~ *der Ereignisse* dans le tourbillon des événements; **3.** ⟨*sans pl*⟩ *fig* (*Aufhebens*) bruit *m*; *viel* ~ *um etw, j-n machen* faire beaucoup de bruit, de battage autour de qc, qn; **4.** *ANAT* vertèbre *f*; **5.** (*Haar2̲*) épi *m* (de cheveux); **6.** *an Saiteninstrumenten* cheville *f*; clé *f*; **7.** (*Trommel2̲*) roulement *m* (de tambour[s])

'**Wirbellose(n)** *pl* ⟨→ A⟩ *ZO* invertébrés *m/pl*

'**wirbeln** I *v/t* ⟨h⟩ *Tanzpartnerin über das Parkett, Wind die Blätter etc* faire tourbillonner; II *v/i* ⟨h, *doublé d'une indication de direction sein*⟩ *Staub, Schneeflocken, Blätter etc* tourbillonner; *Propeller etc* tourner à toute vitesse; *sie wirbelte ins Zimmer* elle est arrivée en trombe dans la pièce; *mir wirbelt der Kopf* la tête me tourne

'**Wirbel|säule** *f ANAT* colonne vertébrale; **~sturm** *m* cyclone *m*; **~tiere** *n/pl* vertébrés *m/pl*

'**Wirbelwind** *m* **1.** *MÉTÉO* tourbillon *m*; **2.** F *fig Person* tourbillon *m*; *diese Frau ist ein richtiger* ~ cette femme déborde d'activité

wirbt [vɪrpt] *cf werben*

wird [vɪrt] *cf werden*

wirft [vɪrft] *cf werfen*

wirken ['vɪrkən] ⟨h⟩ I *v/t* **1.** *st/s* (*tun*) faire; accomplir; *cf a Wunder*; **2.** *TEXT* tricoter; II *v/i* **3.** (*e-n bestimmten Wir-*

kung haben) agir, opérer (*auf* [+*acc*] sur); (*wirksam sein*) être efficace; faire (de l')effet; (*Wirkung ausüben*) avoir de l'effet (*auf* [+*acc*] sur); faire, produire son effet (*auf* [+*acc*] sur); *beruhigend* ~ être calmant; avoir un effet calmant (*auf j-n* sur qn); *ermüdend, ansteckend* ~ être fatigant, contagieux; *nachteilig auf etw* (*acc*) ~ nuire à qc; produire un effet défavorable, nuisible sur qc; *die Arznei hat gewirkt* le remède a agi; le remède a produit, a fait son effet; *Bemerkung, Argument* F *das hat gewirkt!* ça a porté!; ça n'a pas manqué de faire son effet!; **4.** (*e-n bestimmten Eindruck machen*) produire, faire une impression (*auf* [+*acc*] sur); *auf j-n wie* ... faire à qn l'effet de ...; *auf j-n angenehm* ~ faire une impression agréable sur qn; *größer* ~, *als man ist* avoir l'air, paraître plus grand que l'on (n')est; **5.** (*beeindrucken*) *Bild etc* produire, faire de l'effet; faire impression; (*zur Geltung kommen*) être mis en valeur; **6.** *st/s* (*tätig sein*) exercer son activité, ses fonctions (*als* de)

'**Wirken** *st/s n* ⟨~s⟩ (*Tätigsein*) activité(s) *f(pl)* (*als* en tant que)

Wirke'rei *f* ⟨~; ~en⟩ *TEXT* **1.** ⟨*sans pl*⟩ *Industrie* bonneterie *f*; **2.** *Betrieb* usine *f*, atelier *m* de bonneterie

'**wirklich** I *adj* (*tatsächlich*) réel, réelle; (*echt*) véritable; vrai; ~ (*vorhanden*) effectif, -ive; *ein* ~*er Freund* un véritable ami; *e-e* ~*e Hilfe* une aide réelle, effective; II *adv* réellement; en réalité; véritablement; vraiment; effectivement; ~? vraiment?; c'est vrai?; *ist das* ~ *wahr?* c'est bien vrai?; *das ist* ~ *die Höhe!* c'est vraiment un comble, trop fort!

'**Wirklichkeit** *f* ⟨~; ~en⟩ réalité *f*; *die rauhe* ~ la dure réalité; *in* ~ (*dat*) en réalité; ~ *werden* se réaliser

'**Wirklichkeits|form** *f GR* indicatif *m*; **2̲fremd** *adj* peu réaliste; *Person a* qui n'a pas le sens des réalités; **2̲nah** *adj* réaliste; **~sinn** *m* ⟨~(e)s⟩ sens *m* des réalités; réalisme *m*

'**wirksam** *adj* **1.** efficace; opérant; actif, -ive; *gegen etw* ~ *sein* agir contre qc; être bon pour qc; **2.** *ADM, JUR* (*in Kraft*) en vigueur; ~ *werden* entrer en vigueur; prendre effet

'**Wirksamkeit** *f* ⟨~⟩ efficacité *f*; activité *f*; *von Heilkräutern* vertu *f*

'**Wirkstoff** *m* agent *m*; principe actif

'**Wirkung** *f* ⟨~; ~en⟩ **1.** effet *m*; action *f*; *s-e* ~ *tun* faire, produire son effet; *s-e* ~ *verfehlen* ne pas avoir l'effet souhaité; rater son effet; *e-e* ~ *ausüben* exercer une action (*auf* [+*acc*] sur); **2.** *JUR, ADM mit sofortiger* ~ avec effet immédiat; *mit* ~ *vom ersten März* prenant effet, avec effet (à partir *od* à compter) du premier mars; **3.** *PHYS* effet *m*

'**Wirkungs|bereich** *m* domaine *m*; champ *m*, sphère *f* d'activité; **~dauer** *f* durée *f* de l'effet; **~grad** *m* (degré *m* d')efficacité *f*; *TECH* rendement *m*; **~kreis** *m* champ *m*, sphère *f* d'activité; **2̲los** *adj* sans effet; inefficace; inopérant; **~losigkeit** *f* ⟨~⟩ inefficacité *f*; **~stätte** *f* lieu *m* d'activité; **2̲voll** *adj* efficace; **~weise** *f e-s Wirkstoffs* mode *m* d'action; *TECH* mode *m* de fonctionnement

wirr [vɪr] *adj* **1.** (*verwirrt*) confus; embrouillé; *mir ist ganz ~ im Kopf* tout se bouscule dans ma tête; **2.** (*unordentlich*) désordonné; sens dessus dessous; pêle-mêle; F en pagaille; *Haar* ébouriffé; en désordre
'**Wirren** *pl politische* troubles *m/pl*; remous *m/pl*; *der Nachkriegszeit etc* confusion *f*; désordre *m*
'**Wirrkopf** *m* esprit confus, embrouillé
'**Wirrnis** *st/s f* ⟨~; ~se⟩ confusion *f*; *p/fort* chaos *m*
'**Wirrwarr** ['vɪrvar] *m* ⟨~s⟩ désordre *m* inextricable; *von Vorschriften* jungle *f*; *konkret* enchevêtrement *m*; F pagaille *f*; F fouillis *m*; F embrouillamini *m*
'**Wirsing** ['vɪrzɪŋ] *m* ⟨~s⟩, **~kohl** *m* chou frisé; chou *m* (de) Milan
Wirt [vɪrt] *m* ⟨~(e)s; ~e⟩ BOT, ZO hôte *m*
'**Wirt(in)** *m* ⟨~(e)s; ~e⟩ (*f*) ⟨~; ~nen⟩ **1.** (*Gast2*) patron, -onne *m,f* (d'un hôtel, d'un restaurant, *etc*); *e-s Gasthofs a* hôtelier, -ière *m,f*; **2.** (*Haus2*) propriétaire *m,f*; (*Zimmervermieter*) logeur, -euse *m,f*; **3.** (*Gastgeber*) hôte, -esse *m,f*
'**Wirtschaft** *f* ⟨~; ~en⟩ **1.** ÉCON économie *f*; *freie ~* économie libérale; *gelenkte ~* économie dirigée; dirigisme *m*; *die gewerbliche ~* l'industrie *f* et l'artisanat *m*; *in die ~ gehen* prendre un emploi dans l'industrie. **2.** ⟨*sans pl*⟩ (*Haushalt*) ménage *m*; *j-m die ~ führen* tenir le ménage de qn; **3.** (*Gast2*) café *m*; bar *m*; F bistro(t) *m*; restaurant *m*; **4.** AGR (*Hof*) ferme *f*; exploitation *f* agricole; **5.** F *péj* ⟨*sans pl*⟩ (*Unordnung*) désordre *m*; F pagaille *f*; F bordel *m*; *was ist denn das für e-e ~!* quel bordel!
'**wirtschaften** ⟨-ete, h⟩ **I** *v/t e-e Firma zugrunde ~* mener une entreprise à la ruine, à sa perte (en raison d'une mauvaise gestion); **II** *v/i* **1.** (*verwalten*) administrer; gérer; *gut, schlecht* (*mit etw*) *~* bien, mal administrer, gérer (qc); *sparsam ~* être économe; **2.** (*sich betätigen*) travailler; *péj* s'affairer
'**Wirtschafterin** *f* ⟨~; ~nen⟩ **1.** (*Haushälterin*) gouvernante *f*; **2.** (*sparsame, wirtschaftlich denkende Frau*) *sie ist e-e gute ~* c'est une bonne ménagère
'**Wirtschaftler** *m* ⟨~s; ~⟩ économiste *m*
'**wirtschaftlich I** *adj* **1.** ⟨*épithète*⟩ économique *f*; *~es Wachstum* croissance *f* économique **2.** ⟨*épithète*⟩ (*finanziell*) pécuniaire; financier, -ière *f*; *in schwierigen ~en Verhältnissen leben* avoir de gros soucis d'argent, financiers; **3.** *Auto, Heizung etc* (*sparsam*) économique; **II** *adv* **1.** sur le plan économique; *es geht ~ voran* l'économie progresse; **2.** (*finanziell*) financièrement; *von j-m ~ abhängig sein* dépendre financièrement de qn; **3.** (*sparsam*) économiquement; *~ denken* penser en termes d'économie
'**Wirtschaftlichkeit** *f* ⟨~⟩ rentabilité *f*
'**Wirtschafts...** *in Zssgn* économique; *~abkommen n* accord *m* économique; *~aufschwung m* essor *m*, reprise *f* économique; *~ausschuß m* POL commission *f* économique; *~berater(in) m(f)* conseiller, -ère *m,f*; *~beziehungen f/pl* relations *f/pl* économiques; *~entwicklung f* développement *m* économique; *~experte m*, *~expertin f* économiste *m,f*; spécialiste *m, f* en économie; *~flüchtling m* POL réfugié(e) *m(f)* pour raisons économiques; *~förderung f* aide *f* économique; *~form f* système *m* économique; *~gebäude n/pl* dépendances *f/pl*; communs *m/pl*; *~gebiet n* région *f*, zone *f* économique; *~geld n* ⟨~(e)s⟩ argent *m* (pour les dépenses) du ménage
'**Wirtschaftsgemeinschaft** *f* *Europäische ~* Communauté économique européenne
'**Wirtschafts|güter** *n/pl* biens *m/pl* économiques; *~gymnasium n* lycée assurant une formation à dominantes économiques; *~hilfe f* aide *f*, assistance *f* économique; *~ingenieur m* ingénieur technico-commercial; *~jahr n* exercice *m*; *~kreise m/pl* milieux *m/pl* économiques; *~krieg m* guerre *f* économique; *~kriminalität f* criminalité *f* économique; *~krise f* crise *f* économique; *~macht f* puissance *f* économique; *~minister m* ministre *m* de l'Économie; *~ministerium n* ministère *m* de l'Économie; *~ordnung f* système *m* économique; *~planung f* planification *f* économique; *~politik f* politique *f* économique; *⟲politisch adj* ⟨*épithète*⟩ en matière de politique économique; *~prognose f* prévisions *f/pl* économiques; *~prozeß m* processus *m* économique; *~prüfer m* expert-comptable *m*; *bei Handelsgesellschaften* vérificateur *m* des comptes; commissaire *m* aux comptes; *~recht n* ⟨~(e)s⟩ droit *m*, législation *f* économique; *~redakteur(-in) m(f)* chroniqueur *m* économique, rédacteur, -trice *m,f* économique; *~reform f* réforme *f* économique; *~sanktionen f/pl* sanctions *f/pl* économiques; *~spionage f* espionnage *m* économique; *~system n* système *m* économique; *~teil m e-r Zeitung* chronique *f*, rubrique *f* économique; *~verband m* union *f*, groupement *m* économique; *~verhandlungen f/pl* négociations commerciales; *~wachstum n* croissance *f* économique; *~wissenschaft f* économie *f*; science *f* économique; *~wissenschaftler(in) m(f)* économiste *m,f*; *~wunder F n* miracle *m* économique; *~zeitung f* journal *m*, revue *f* économique; *~zweig m* secteur *m* économique
'**Wirts|haus** *n* café *m*; F bistro(t) *m*; (*Gasthaus*) auberge *f*; *~leute pl von Wirt(in)*; *~pflanze f* BOT hôte *m*; *~tier n* ZO hôte *m*
Wisch [vɪʃ] F *péj m* ⟨~(e)s; ~e⟩ chiffon *m* (de papier); F papelard *m*
'**wischen** ⟨h⟩ **I** *v/t* **1.** (*weg~*) essuyer; *Staub ~* enlever la poussière; *den Staub von etw ~* épousseter qc; *den Schmutz von etw ~* nettoyer qc; *sich* (*dat*) *den Schweiß von der Stirn ~* essuyer la sueur de son front; **2.** (*säubern*) nettoyer; *die Treppe, die Küche ~* nettoyer l'escalier, la cuisine (avec une serpillière); *sich* (*dat*) *den Mund ~* s'essuyer la bouche (*mit etw* avec qc) *e-e Ohrfeige*; **3.** F *j-m eine ~* flanquer une gifle à qn; F *eine gewischt kriegen* recevoir une gifle; *e-n Stromschlag* F recevoir un coup de jus; **II** *v/i* **4.** (*saubermachen*) faire du nettoyage, **5.** *mit etw über etw* (*acc*) *~* passer qc sur qc; **6.** ⟨sein⟩ (*huschen*) se glisser; F filer

'**Wischer** *m* ⟨~s; ~⟩ AUTO (*Scheiben2*) essuie-glace *m*; *~blatt n* AUTO balai *m* d'essuie-glace
'**wischfest** *adj Farbe* résistant au frottement
'**Wischiwaschi** [vɪʃi'vaʃi] F *péj n* ⟨~s⟩ F blabla(bla) *m*
'**Wisch|lappen** *m* **1.** chiffon *m*; lavette *f*; **2.** (*Scheuerlappen*) serpillière *f*; *~tuch n* ⟨~(e)s; ~er⟩ **1.** *cf Wischlappen*; **2.** *südd* (*Geschirrtuch*) torchon *m*
'**Wisent** ['vi:zɛnt] *m* ⟨~s; ~e⟩ ZO bison *m* d'Europe
'**Wismut** ['vɪsmu:t] *n* ⟨~(e)s⟩ CHIM bismuth *m*
'**wispern** ['vɪspərn] *v/t u v/i* ⟨-(e)re, h⟩ chuchoter; murmurer
Wißbegier(de) ['vɪsbəgi:r(də)] *f* ⟨~⟩ curiosité *f* d'esprit, soif *f* de savoir
'**wißbegierig** *adj* curieux, -ieuse d'esprit; avide de savoir
wissen ['vɪsən] ⟨weiß, wußte, gewußt, h⟩ **I** *v/t* **1.** (*kennen*) savoir; *etw von j-m od durch j-n ~* savoir qc par qn; *etw über j-n ~* savoir qc sur (le compte de) qn; *vieles* (*darüber*) *~* en savoir long; *ich weiß* (*es*) je (le) sais; *ich weiß* (*es*) *nicht* je ne sais pas; *ich weiß schon* je (le) sais déjà; je suis au courant; *j-n ~, der ...* connaître qn qui ...; *ich weiß ein gutes Lokal* je connais un bon restaurant; F *was weiß ich!* qu'est-ce que j'en sais, moi!; *wer weiß?* qui sait?; *nicht, daß ich wüßte* pas que je sache; *soviel ich weiß* autant que je sache; *damit du es nur weißt* pour que tu le saches; *Sie müssen ~, daß ...* sachez que ...; *ich weiß nicht, wer ...* je ne sais qui ...; F *fig*: *das weiß ja jedes Kind* c'est élémentaire; tout le monde le sait; *das braucht niemand zu ~* cela ne regarde personne; *~ Sie es genau?* en êtes-vous bien sûr?; *das weiß er am besten* il est bien placé pour le savoir; *ich weiß nicht recht* je ne sais (pas) au juste; F *man kann nie ~* sait-on jamais?; *gut, daß ich es weiß* c'est bon à savoir; F *gewußt, wie!* c'est ce qu'on appelle du savoir-faire!; *Einleitung für e-n Vorschlag weißt du was?* écoute (, nous allons ...); *ich weiß sehr wohl, daß ...* je n'ignore pas que ...; *weißt du noch, als ...* te rappelles-tu le temps où ...; *j-n etw ~ lassen* faire savoir qc à qn; *ich will von ihm nichts mehr ~* je ne veux plus entendre parler de lui; *davon will er nichts ~* il n'en veut rien savoir; il ne veut pas en entendre parler; F *es ~ wollen* (*s-e Fähigkeiten beweisen wollen*) vouloir prouver qu'on en est capable; **2.** (*in der Lage sein*) *sich zu benehmen ~* savoir se conduire; *zu leben ~* savoir vivre, se rendre la vie agréable; **3.** *st/s* (*in e-r bestimmten Situation wähnen*) savoir; *ich weiß ihn in Sicherheit* je le sais en sécurité; *ich will das so verstanden ~* c'est comme cela que je l'entends; **4.** *F intensivierend wer weiß wo* Dieu sait où; *was weiß ich was* (*noch alles*) que sais-je encore; *er tut, als ob die Sache wer weiß wie wichtig sei* il fait comme si c'était une chose tellement importante; **II** *v/i* (*unterrichtet sein*) *von, st/s um etw ~* avoir connaissance de qc

Wissen n ⟨~s⟩ savoir m; (Kenntnisse) connaissances f/pl; **ein großes ~ haben** avoir un savoir étendu; avoir de vastes connaissances; **ohne mein ~** à mon insu; **meines ~s** à ma connaissance; autant que je sache; **wider besseres ~** contre sa conviction intime; de mauvaise foi; **nach bestem ~ und Gewissen** en mon, ton, etc âme et conscience
'**wissend** adj Blick, Lächeln entendu
'**Wissenschaft** f ⟨~; ~en⟩ science f; F fig **das ist e-e ~ für sich** c'est toute une science; c'est un domaine à part
'**Wissenschaftler(in)** m ⟨~s; ~⟩ (f) ⟨~; ~nen⟩ savant m; homme m de science; bes (Natur2) scientifique m,f; (Forscher) chercheur m
'**wissenschaftlich I** adj scientifique; **II** adv **~ erwiesen sein** être scientifiquement prouvé; **~ arbeiten** travailler selon des méthodes scientifiques
'**Wissenschaftlichkeit** f ⟨~⟩ caractère m, esprit m scientifique; scientificité f
'**Wissens|drang** m, **~durst** m désir m, soif f de savoir; 2**durstig** adj avide de savoir; **~gebiet** n domaine m (scientifique) **~stand** m niveau m des connaissances
'**wissenswert** adj qui vaut la peine d'être connu; (interessant) intéressant; **der Vortrag bot viel 2es** cette conférence a apporté beaucoup d'informations intéressantes
'**wissentlich I** adj (épithète) délibéré; intentionnel, -elle; **II** adv en connaissance de cause; sciemment; de propos délibéré
wittern ['vɪtərn] ⟨-(e)re, h⟩ **I** v/t JAGD, fig flairer; fig Verrat etc a éventer; fig **e-e Gefahr ~** flairer un danger; **II** v/i Tier prendre le vent
'**Witterung** f ⟨~; ~en⟩ **1.** (Wetter) temps m; conditions f/pl météorologiques, atmosphériques; **bei jeder ~** par tous les temps; **bei günstiger ~** si le temps le permet; **2.** JAGD (Geruchssinn) flair m; (Geruch des Wildes) vent m; fumet m; **~ von e-m Tier haben** avoir le vent d'un animal; flairer un animal; **3.** fig (Gespür) flair m; **e-e, keine ~ für etw haben** avoir du flair, ne pas avoir de flair pour qc
'**witterungsbedingt** adj dépendant des conditions atmosphériques, météorologiques
'**Witterungs|einflüsse** m/pl influences f/pl atmosphériques, du temps; **~umschlag** m, **~umschwung** m changement (subit) du temps; **~verhältnisse** n/pl conditions f/pl atmosphériques, météorologiques
Witwe ['vɪtvə] f ⟨~; ~n⟩ veuve f; F plais **grüne ~** femme qui s'ennuie dans une villa de banlieue et dont le mari est souvent absent
'**Witwen|rente** f pension f de veuve; **~schaft** f ⟨~⟩ veuvage m
'**Witwer** m ⟨~s; ~⟩ veuf m; **~schaft** f ⟨~⟩ veuvage m
Witz [vɪts] m ⟨~es; ~e⟩ **1.** histoire f (pour rire); (witziger Einfall) trait m, mot m d'esprit; bon mot; (Scherz) plaisanterie f; F blague f; **derber ~** gauloiserie f; **fauler ~** mauvaise plaisanterie f; **e-n ~ erzählen** raconter une histoire (pour rire), une plaisanterie; F

~e reißen F en raconter de (bien) bonnes; **das soll wohl ein ~ sein?** mais c'est une plaisanterie, F une blague?; ce n'est pas sérieux?; fig **mach keine ~e!** ne raconte pas d'histoires, F de blagues!; fig **das ist ein ~!** c'est ridicule!; **2.** ⟨sans pl⟩ (Geistreichsein) esprit m; **sprudelnder ~** esprit pétillant; **mit viel ~** avec beaucoup d'esprit; **3.** fig **das ist ja gerade der ~** voilà le hic!; **der ~ an der Sache** le piquant de la chose; **das ist der ganze ~!** c'est toute l'astuce!; voilà tout!
'**Witz|blatt** n journal m humoristique, satirique; **~bold** F m ⟨~(e)s; ~e⟩ farceur m; F blagueur m; plaisantin m
Witze'lei f ⟨~; ~en⟩ **1.** ⟨sans pl⟩ (ständiges Witzeln) plaisanteries, railleries continuelles; **2.** (spöttische Bemerkung) moquerie f; réflexion moqueuse
'**witzeln** v/i ⟨-(e)le, h⟩ plaisanter; F blaguer; faire de l'esprit; **über j-n, etw ~** plaisanter à propos de qn, sur qc; péj se moquer de qn, qc
'**Witzfigur** f caricature f (a F péj)
'**witzig** adj Person spirituel, -elle; Sache amusant; drôle; Anekdote piquant; **~e Bemerkung** mot m, trait m d'esprit; bon mot; iron **wie ~!** quel esprit!
'**witzlos** adj **1.** (geistlos) peu spirituel, -elle; insipide; **2.** F fig (zwecklos) sans intérêt; inutile
WM [ve:'ʔɛm] f ⟨~⟩ abr (Weltmeisterschaft) championnat m du monde
wo [vo:] **I** adv **1.** interrogativ u relativisch: örtlich u zeitlich où; **~ auch immer** où que … (+subj); **da, ~ ich wohne** là où je demeure; **~ anders als hier …?** où … sinon ici?; F **~ gibt's denn so was!** c'est un comble!; F quel culot, toupet!; **jetzt, ~ …** maintenant que …; **in e-r Zeit, ~ …** à une époque où …; **2.** F (irgendwo) quelque part; **ach od i ~!** allons donc!; mais non!; penses-tu bzw pensez-vous?; **II** conj **1.** konditional (falls, wenn) **~ nicht** sinon; **~ möglich** si (c'est) possible; **~ irgend möglich** litt si faire se peut; **2.** kausal (da) **~ …** (einmal) … puisque …; **~ wir nun einmal hier sind …** puisque nous sommes ici …; **3.** konzessiv (obwohl) **~ … doch …** alors que …; **was fragst du, ~ du es doch weißt!** pourquoi poses-tu la question alors que tu connais la réponse?
wo'anders adv ailleurs; autre part; **mit s-n Gedanken ganz ~ sein** être absent; être dans la lune
wo'andershin adv ailleurs; autre part
wob [vo:p] cf **weben**
wo'bei adv **1.** interrogativ je nach Kontext zu übersetzen; **~ hast du dich verletzt?** en faisant quoi, à quelle occasion, comment t'es-tu blessé?; **~ ist er stehengeblieben?** où en est-il resté?; **2.** relativisch je nach Kontext zu übersetzen, bei Gleichzeitigkeit oft Gérondif: **…, mir einfällt …** ce qui od circonstance que me rappelle …; **es ist ein Buch, ~ er Musik hörte** il lisait un livre (tout) en écoutant de la musique
Woche ['vɔxə] f ⟨~; ~n⟩ **1.** semaine f; **diese ~** cette semaine; **jede zweite ~** tous les quinze jours; **zweimal die ~** deux fois par semaine; **~ für ~** chaque semaine; semaine après semaine; weite-

re Wendungen cf a **Jahr**; **2.** Veranstaltung semaine f; **die ~ des Buches** la semaine du livre; **3.** st/s (Wochenbett) **in den ~n sein** être en couches; **in die ~n kommen** accoucher
'**Wochen…** in Zssgn hebdomadaire; de (la) semaine; **~arbeitsstunden** f/pl heures f/pl de travail hebdomadaire
'**Wochenbett** n ⟨~(e)s⟩ MÉD couches f/pl; **im ~ liegen** être en couches
'**Wochen|bettfieber** n fièvre puerpérale; **~blatt** n (journal m) hebdomadaire m; **~ausflug** m excursion f de week-end
'**Wochenende** n fin f de semaine; week-end m; **am ~** en fin de semaine; au week-end; **schönes ~!** bon week-end!
'**Wochen|endhaus** n résidence f secondaire; **~fluß** m ⟨-flusses⟩ MÉD lochies f/pl; **~karte** f carte f (d'abonnement) hebdomadaire; 2**lang I** adj qui dure des semaines (entières); **II** adv (pendant) des semaines entières; à longueur de semaines; **~lohn** m salaire m hebdomadaire, de la semaine; **~markt** m marché m hebdomadaire; **~schau** f **1.** bes früher im Kino actualités f/pl; **2.** TV actualités télévisées (de la semaine); **die ~** la semaine télévisée; **~stunde** f SCHULE heure f hebdomadaire, par semaine; **~tag** m **1.** (Tag der Woche) jour m de semaine; **2.** (Werktag) jour m ouvrable; 2**tags** adv en semaine; les jours ouvrables
wöchentlich ['vœçəntlɪç] **I** adj hebdomadaire; **II** adv toutes les semaines; chaque semaine; **zweimal ~** deux fois par semaine
'**wochenweise** adv par semaine
'**Wochen|zeitschrift** f (revue f) hebdomadaire m; F hebdo m; **~zeitung** f (journal m) hebdomadaire m; F hebdo m
Wöchnerin ['vœçnərɪn] f ⟨~; ~nen⟩ femme f en couches; accouchée f
Wodka ['vɔtka] m ⟨~s; ~s⟩ vodka f
wo'durch adv **1.** interrogativ de quoi?; par quel moyen?; **~ konnte er dich überzeugen?** par quel moyen, comment a-t-il réussi à te convaincre?; **2.** relativisch par quoi; par lequel, laquelle; **e-e Vorrichtung, ~ sie besser geschützt waren** un dispositif par lequel ils étaient mieux protégés
wo'für adv **1.** interrogativ pour quoi?; **~ ist das gut?** à quoi cela sert-il?; **~ halten Sie mich?** pour qui me prenez-vous?; **2.** relativisch pour lequel, laquelle; pour quoi; tauschend en échange de quoi; **er ist nicht das, ~ er sich ausgibt** il n'est pas ce qu'il veut paraître
wog [vo:k] cf **wägen**, **wiegen**[1]
Woge ['vo:gə] st/s f ⟨~; ~n⟩ vague f (a fig); wild bewegte flot m (a fig); hohe lame f; fig **~n der Begeisterung** des vagues d'enthousiasme
wo'gegen I adv **1.** interrogativ contre quoi?; **~ protestieren sie?** contre quoi protestent-ils?; **~ ist sie allergisch?** à quoi est-elle allergique?; **2.** relativisch contre quoi, contre lequel, laquelle; …, **~ nichts einzuwenden ist** … (ce) à quoi il n'y a rien à objecter; **II** conj (wohingegen) tandis que; alors que
'**wogen** st/s v/i ⟨h⟩ Meer, Ähren, Kornfeld etc ondoyer; onduler; Meer a rouler

des vagues; être agité, 'houleux, -euse; *fig Menschenmenge* ondoyer; *Busen* palpiter; *hin und her* ~ flotter; ondoyer
wo'her *adv* **1.** *interrogativ* d'où?; de quel côté?; ~ **soll ich das wissen?** comment veux-tu *bzw* voulez-vous que je le sache?; F *ach,* ~ *denn!* penses-tu *bzw* pensez-vous!; oh, que non!; **2.** *relativisch* d'où; **ich weiß nicht,** ~ *das kommt* j'ignore d'où cela vient
wo'hin *adv* **1.** *interrogativ* où?; ~ *gehst du?* où vas-tu?; F *so spät?* où vas-tu *bzw* allez-vous à cette heure?; F ~ *damit?* qu'est-ce que je fais de ça?; F *ich muß mal* ~ il faut que j'aille quelque part, F au petit coin; **2.** *relativisch* où; *du kannst gehen,* ~ *du willst* tu peux aller où tu veux
wohin'gegen *conj* tandis que; alors que
wo'hinter *adv* **1.** *interrogativ* derrière quoi?; **2.** *relativisch* derrière quoi; derrière lequel, laquelle
wohl [vo:l] *adv* **1.** *(bei guter Gesundheit)* bien; bien portant; *st/s* **mir ist** ~ *er* je me porte bien; *mir ist jetzt* ~ *er* je me sens mieux maintenant; *ich fühle mich nicht* ~ je ne me sens pas bien; **2.** *(behaglich) st/s* **sich in j-s Gegenwart** ~ **fühlen** se sentir bien, à l'aise, à son aise en présence de qn; *mir ist nicht ganz* ~ *dabei* cette affaire m'inquiète; *st/s plais* ~ **bekomm's!** *(zum Wohl)* à votre santé; *(guten Appetit)* bon appétit!; *iron* grand bien vous fasse!; *leb* ~*!, leben Sie* ~*!* adieu!; ~ *oder übel* bon gré, mal gré; *st/s* ~ *dem, der ... st/s* heureux celui qui ...; **3.** *(durchaus)* (très) bien; *ich weiß* ~*, daß ...* je sais bien que ...; je n'ignore pas que ...; **4.** *(ungefähr)* ~ *(an die) tausend Zuschauer* bien (dans les) mille spectateurs; **5.** *st/s (gewiß)* bien; *sehr* ~ *(, mein Herr)!* très bien (, Monsieur)!; **6.** *st/s (gut)* (besser, am besten) bien; ~ *wissend, daß ...* sachant bien que ...; n'étant pas sans savoir que ...; **7.** *(jedoch)* ~ *aber* mais (bien); *kein Mensch,* ~ *aber ein Lebewesen* pas un homme, mais (bien) une créature; **8.** *st/s (zwar)* bien; ~ *vorspraoh or Boaserung, aber ...* il a bien promis de s'améliorer, mais ...; **9.** *(vermutlich)* probablement; sans doute; bien; *er ist* ~ *krank* il est sans doute malade; *das ist* ~ *möglich* c'est bien possible; F ça se pourrait bien; *du bist* ~ *verrückt geworden!* tu as perdu la tête ou quoi?; ~ *kaum!* pensez-tu *bzw* pensez-vous!; que non!; **10.** *verstärkend* **man wird doch** ~ *(noch) fragen dürfen* on a bien le droit de poser la question (, non?); *das kann man* ~ *sagen* c'est (bien) le cas de le dire; *wirst du* ~ *(folgen)!* allons, ouste!
Wohl *n* ⟨~(e)s⟩ bien *m*; *(Glück)* bonheur *m*; *(Heil)* salut *m*; *(Wohlbefinden)* bien-être *m*; *das leibliche* ~ le bien-être; *das allgemeine, öffentliche* ~ le bien, salut public; *auf j-s* ~ *(acc) trinken* boire à la santé de qn; *auf Ihr, dein* ~*!, zum* ~*!* à votre, ta santé!; *als Antwort* à la vôtre!; à la tienne!; *st/s* **über** ~ *und Wehe e-s Menschen entscheiden* décider du sort de qn
wohl'auf *st/s adj* ⟨*attribut*⟩ *er ist* ~ il se porte bien; il va bien; il est bien portant

'**wohl|bedacht** *st/s adj Antwort, Tat etc* bien réfléchi; bien pesé; ²**befinden** *n* bien-être *m*; (bonne) santé; ~**begründet** *st/s adj* bien fondé; solide
'**Wohlbehagen** *n* (sentiment *m* de) bien-être *m*; *etw mit* ~ *tun* prendre plaisir à faire qc
'**wohl|behalten** *adj* sain et sauf, saine et sauve; *Dinge* intact, en bon état; ~**bekannt** *st/s adj* bien connu
'**wohlbeleibt** *st/s adj* corpulent; replet, -ète; ~ *sein* a avoir de l'embonpoint
'**wohl|durchdacht** *st/s adj* bien conçu; ²**ergehen** *n* ⟨~s⟩ bien-être *m*; *(Gesundheit)* santé *f*; ~**erzogen** *st/s adj* bien élevé
'**Wohlfahrt** *f* ⟨~⟩ **1.** *st/s (materielles Wohlergehen)* bien-être *m*; prospérité *f*; **2.** *früher (öffentliche Fürsorge) früher* assistance publique; *heute* aide sociale
'**Wohlfahrts|einrichtung** *f* œuvre *f* de bienfaisance, *pl* ~*en* œuvres sociales; ~**pflege** *f* aide sociale; ~**staat** *m* État *m* providence
'**Wohlgefallen** *st/s n* ⟨~s⟩ plaisir *m*; satisfaction *f*; *sein* ~ *an etw (dat) haben* prendre plaisir à qc; *plais* **sich in** ~ *auflösen (ein gutes Ende nehmen)* se terminer à la satisfaction générale; *(verschwinden)* se volatiliser; *(zerfallen)* tomber en lambeaux
'**wohl|gefällig** *st/s* **I** *adj Blick* satisfait, content; **II** *adv* avec plaisir, satisfaction; ~**geformt** *st/s adj* de forme agréable; *Körper* galbé; bien proportionné; *Beine* bien galbé; ²**gefühl** *n* ⟨~s⟩ sentiment *m* de bien-être; ~**gelitten** *st/s adj* bien vu; ~**gemeint** *adj* bien intentionné; *Rat* amical; ~**gemerkt** *adv* bien entendu; ~**gemut** *st/s* **I** *adj* enjoué; **II** *adv* gaiement; ~**genährt** *st/s adj meist spöttisch* bien nourri; ~**geordnet** *st/s adj Sachen* bien ordonné; *Leben* bien réglé; ~**geraten** *st/s adj* **1.** *Sache* bien fait; réussi; **2.** *Kind* bien élevé
'**Wohlgeruch** *st/s m* parfum *m*; odeur *f* agréable; senteur *f*; *plais, iron* **sämtliche Wohlgerüche Arabiens** tous les parfums d'Arabie
'**wohlgesetzt** *st/s adj* Rede etc bien tourné; *in* ~*en Worten* en termes choisis
'**wohlgesinnt** *adj j-m* ~ *sein* être bien disposé envers qn
'**wohl|habend** *adj* fortuné; aisé; cossu; ²**habenheit** *f* ⟨~⟩ aisance *f*
'**wohlig I** *adj* ⟨*épithète*⟩ *Gefühl, Wärme etc* agréable; **II** *adv* avec délice, plaisir; *(genußvoll)* voluptueusement; ~**seufzen** soupirer d'aise; *sich* ~ *rekeln* s'étirer voluptueusement
'**Wohlklang** *st/s m* harmonie *f*; son harmonieux, mélodieux
'**wohl|klingend** *st/s adj* harmonieux, -ieuse; mélodieux, -ieuse; ~**meinend** *st/s adj Mensch* bien intentionné; *Rat* amical; ~**proportioniert** *st/s adj* bien proportionné; ~**riechend** *st/s adj* d'une odeur agréable; odorant; parfumé; ~**schmeckend** *st/s adj* qui a bon goût; savoureux, -euse; *f/ort* délicieux, -ieuse
'**Wohlsein** *n* ⟨~s⟩ bien-être *m*; *(zum)* ~*!* à votre *bzw* ta santé!; *Antwort* à la vôtre *bzw* tienne!
'**Wohlstand** *m* ⟨~(e)s⟩ prospérité *f*; aisance *f*; bien-être *m*; *im* ~ *leben* vivre

dans l'aisance; *plais* **bei dir ist wohl der** ~ *ausgebrochen!* tu as gagné au loto, ma parole!
'**Wohlstands|gefälle** *n* ⟨~s⟩ différence *f* de train de vie (des diverses couches sociales); ~**gesellschaft** *f* société *f* d'abondance, de consommation; ~**müll** *m* déchets produits par la société de consommation
'**Wohltat** *f* **1.** *st/s (gute Tat)* bienfait *m*; *j-m* ~*en erweisen* faire du bien à qn; **2.** ⟨*sans pl*⟩ *(Annehmlichkeit)* plaisir *m*; délice *m*; *das ist e-e wahre* ~ c'est un véritable délice
'**Wohltäter(in)** *m(f)* bienfaiteur, -trice *m,f*
'**wohltätig** *adj* charitable; ~*er Verein* association caritative
'**Wohltätigkeit** *f* ⟨~⟩ bienfaisance *f*; charité *f*
'**Wohltätigkeits|basar** *m* vente *f* de charité; ~**konzert** *n* concert *m* (au profit d'une œuvre) de bienfaisance
'**wohltuend** *adv* agréable; *(lindernd)* qui soulage; *Schlaf* réparateur, -trice; *das ist* ~ *a* ça fait du bien
'**wohl|überlegt** *st/s adj* bien réfléchi; bien pesé; ~**verdient** *adj* bien mérité; juste; ~**verstanden** *st/s adv* bien entendu
'**wohlweislich** *adv* (très) sagement; prudemment; *er hat es* ~ *nicht getan* il s'est bien gardé de le faire
'**wohlwollen** *st/s v/i* ⟨*irr, sép, -ge-, h*⟩ *j-m* ~ vouloir du bien à qn
'**Wohlwollen** *n* ⟨~s⟩ bienveillance *f*
'**wohlwollend I** *adj* bienveillant; **II** *advt* avec bienveillance
'**Wohn|anhänger** *m* caravane *f*; ~**anlage** *f* ensemble immobilier; résidence *f*; ~**bauten** *m/pl* immeubles *m/pl* (à usage) d'habitation; ~**block** *m* ⟨~(e)s; ~s⟩ pâté *m* de maisons; îlot *m*
wohnen ['vo:nən] *v/i* ⟨*h*⟩ ständig habiter; demeurer; *meist vorübergehend* loger, être logé (*bei j-m* chez qn); *ADM* être domicilié; résider; *in der Stadt* ~ habiter la *od* en ville; *auf dem Land* ~ habiter (à) la campagne; *sie wohnt in München, in der Lindenstraße* elle habite (à) Munich, (dans la) Lindenstraße; *zusammen* ~ cohabiter (*mit* avec)
'**Wohn|fläche** *f* surface *f* habitable; ~**gebiet** *n* zone résidentielle; zone *f* à immeubles d'habitation; *vornehmes e-r Stadt* quartier résidentiel; ~**geld** *n* indemnité *f* de logement
'**Wohngemeinschaft** *f* communauté *f* (d'habitation); *in e-r* ~ *leben* partager un appartement avec d'autres personnes
'**wohnhaft** *adj ADM* ~ *in (+dat)* demeurant à; domicilié à; résidant à
'**Wohn|haus** *n* bâtiment *m*, immeuble *m* d'habitation; ~**heim** *n* foyer *m*; ~**küche** *f* grande cuisine; ~**kultur** *f* ⟨~⟩ art *m*, confort *m* de l'habitat
'**Wohnlage** *f Haus in günstiger* ~ maison *f* bien située
'**wohnlich** *adj* confortable; commode
'**Wohn|mobil** *n* ⟨~s; ~e⟩ camping-car *m*; ~**ort** *m* domicile *m*; résidence *f*; ~**raum** *m* **1.** *(Wohnzimmer)* (salle *f* de) séjour *m*; living *m*; **2.** ⟨*sans pl*⟩ *(Wohnungen)* habitations *f/pl*; logements *m/pl*;

~**siedlung** f lotissement m; cité f; ~**silo** n péj tour f; grand immeuble
'**Wohnsitz** m domicile; résidence f; **fester, ständiger** ~ domicile fixe; **zweiter** ~ résidence secondaire; **mit** ~ **in** (+dat) demeurant à
'**Wohnstadt** f grand ensemble; (*Trabantenstadt*) ville-satellite f
'**Wohnung** f ⟨~; ~en⟩ **1.** logement m; habitation f; (*Etagen2*) appartement m; **2.** (*Unterkunft*) **freie Kost und** ~ **haben** être nourri et logé
'**Wohnungsamt** n service (*d'une mairie*) chargé de l'attribution des logements
'**Wohnungsbau** m ⟨~(e)s⟩ construction f de logements; **sozialer** ~ construction d'H.L.M., de logements sociaux
'**Wohnungs|einrichtung** f ameublement m; mobilier m; ~**inhaber(in)** m(f) **1.** *Besitzer(in)* propriétaire m,f d'appartement; **2.** *Mieter(in)* locataire m,f; ~**mangel** m ⟨~s⟩ manque m, pénurie f de logements; ~**markt** m marché m du logement; ~**miete** f loyer m; ~**not** f ⟨~⟩ crise f du logement; ~**politik** f politique f du logement; ~**problem** n problème m du logement
'**Wohnungssuche** f recherches f/pl d'un logement, appartement m; **auf** ~ (dat) **sein** chercher un appartement
'**Wohnungs|suchende(r)** f(m) ⟨→ A⟩ personne f à la recherche d'un logement; ~**tausch** m échange m de logements; ~**tür** f porte f d'un bzw de l'appartement; ~**wechsel** m changement m de logement, de domicile, de résidence
'**Wohn|verhältnisse** n/pl conditions f/pl d'habitation; habitat m; ~**viertel** n quartier résidentiel; ~**wagen** m caravane f; (*Zirkuswagen etc*) roulotte f; ~**zimmer** n **1.** Zimmer (salle f de) séjour m; living m; **2.** (~*einrichtung*) salon m, mobilier m de salle de séjour
wölben ['vœlbən] ⟨h⟩ **I** v/t arrondir; *Brust* bomber; CONSTR voûter; cintrer; **II** v/réfl **sich** ~ s'arrondir; *Brust, Stirn, Straße* se bomber; *Rücken* se voûter; *Brücke* **sich über etw** (acc) ~ enjamber qc
'**Wölbung** f ⟨~; ~en⟩ **1.** (*gewölbte Form*) e-r Straße, der Brust, Stirn etc bombement m; CONSTR voussure f; **2.** CONSTR (*Gewölbe*) voûte f; (*Bogen*) cintre m
Wolf [vɔlf] m ⟨~(e)s; ⁓e⟩ **1.** ZO loup m; fig **ein** ~ **im Schafspelz** une personne dont il faut se méfier; F **hungrig wie ein** ~ **sein** avoir une faim de loup; F **mit den Wölfen heulen** 'hurler avec les loups; **2.** F ⟨sans pl⟩ (*Haut2*) écorchure f; **sich** (dat) **einen** ~ **laufen** s'écorcher en marchant; **3.** F (*Reiß2*) déchiqueteuse f; **4.** F (*Fleisch2*) 'hachoir m; **das Fleisch durch den** ~ **drehen** passer la viande au 'hachoir; 'hacher la viande
Wolfgang ['vɔlfgaŋ] m ⟨→ n/pr⟩ prénom
Wölfin ['vœlfɪn] f ⟨~; ~nen⟩ louve f
'**wölfisch** adj de loup; comme un loup
Wolfram¹ ['vɔlfram] m ⟨→ n/pr⟩ prénom
Wolfram² n ⟨~s⟩ *Metall* tungstène m
'**Wolfs|hund** m chien-loup m; ~**milch** f BOT euphorbe f; ~**rachen** m MÉD bec-de-lièvre bilatéral total
Wolke ['vɔlkə] f ⟨~; ~n⟩ **1.** MÉTÉO nuage m; fig **dunkle** ~**n am Horizont** nuages noirs à l'horizon; F fig **aus allen** ~**n**

fallen tomber des nues; **2.** fig von Mücken, Vögeln etc nuée f; von Staub, Rauch, Parfüm etc nuage m; **3.** in Flüssigkeiten suspension f; flocons m/pl
'**Wolkenbruch** m pluie torrentielle, diluvienne
'**Wolkendecke** f ⟨~⟩ couche f de nuages; plafond nuageux; **geschlossene** ~ couche épaisse de nuages
'**Wolken|feld** n passage nuageux; ~**fetzen** m/pl lambeaux m/pl de nuages; nuages déchiquetés; ~**kratzer** m gratte-ciel m
Wolken'kuckucksheim n ⟨~(e)s⟩ **im** ~ **leben** vivre dans un monde imaginaire, chimérique
'**wolkenlos** adj *Himmel* sans nuages; dégagé
'**Wolken|schicht** f couche f de nuages; ⁓**verhangen** adjt nuageux, -euse; ~**wand** f mur m de nuages
'**wolkig** adj **1.** *Himmel* couvert de nuages; a *Wetter* nuageux, -euse; **2.** fig *Vorstellungen* nébuleux, -euse
'**Wolldecke** f couverture f de laine
Wolle ['vɔlə] f ⟨~; ~n⟩ **1.** laine f; (*Roh2 des Schafs*) toison f; **reine** ~ pure laine; F fig **in der** ~ **gefärbt** cent pour cent; **2.** F (*Haare*) toison f; F tignasse f; F fig **sich in die** ~ **kriegen, sich in der** ~ **haben** s'empoigner; *Frauen* F se crêper le chignon
wollen¹ ['vɔlən] ⟨will, wollte, h⟩ **I** v/aux de mode ⟨p/p wollen⟩ **1.** (*beabsichtigen, wünschen*) vouloir; **etw tun** ~ vouloir faire qc; **ich will gerne glauben, daß** ... je veux bien croire que ...; F **das will ich hoffen!** j'espère bien!; F **das will ich meinen!** je crois bien!; c'est bien mon avis!; **von etw nichts hören** ~ ne pas vouloir entendre parler de qc; F **ich will nichts gesagt haben** alors je n'ai rien dit; F mettons que je n'ai rien dit; F **was wollt ihr da** (noch) **machen?** qu'est-ce que vous voulez qu'on fasse?; **2.** (*im Begriff sein*) aller; être sur le point de; **ich wollte gerade abreisen** j'allais partir; j'étais sur le point de partir; **3.** in Aufforderungen vouloir; ~ **Sie mir bitte folgen!** voulez-vous od veuillez me suivre!; ~ **Sie bitte so freundlich sein und** (+inf) auriez-vous l'amabilité de (+inf); F **wollt ihr** (**wohl**) **endlich Ruhe geben!** allez-vous enfin rester tranquilles!; **4.** (*behaupten, vorgeben*) prétendre; **er will es gesehen haben** il prétend l'avoir vu; **und du willst mein Freund sein!**; **5.** *umschreibend* **das will nichts sagen, heißen, bedeuten** cela ne veut rien dire; cela ne veut pas dire grand-chose; **mir will scheinen, daß** ... il me semble que ...; je serais tenté de croire que ...; **das Auto will nicht anspringen** la voiture ne veut pas démarrer; **6.** (*müssen*) devoir; falloir; **das will überlegt sein** cela demande réflexion; **das will gelernt sein** ce n'est pas à la portée de tout le monde; **7.** (e-n *bestimmten Zweck haben*) vouloir; **das Buch will Verständnis für etw wecken** ce livre se propose de mieux faire comprendre qc; **II** v/t ⟨p/p gewollt⟩ **8.** (*wünschen*) vouloir; **ich will, daß du es tust** je veux que tu le fasses; **ich wollte, es wäre schon Sonntag** je voudrais que

ce soit déjà dimanche; je voudrais déjà être dimanche; **du hast es so gewollt!** tu l'as od l'auras voulu!; F **hier ist nichts mehr zu** ~ il n'y a plus rien à faire; on n'y changera rien; **das habe ich nicht gewollt** ce n'est pas ce que je voulais; (*das habe ich nicht absichtlich getan*) ce n'était pas mon intention; **was** ~ **Sie von mir?** que me voulez-vous?; qu'attendez-vous de moi?; F fig **er will etwas von ihr** F il lui court après; F **sie kann uns nichts** ~ (*Schaden zufügen*) elle ne peut rien contre nous; **9.** (*haben wollen*) vouloir; **willst du Tee oder Kaffee?** veux-tu du thé ou du café?; **etw lieber** ~ aimer mieux qc; préférer qc; **sie will unbedingt e-e Puppe** elle veut absolument une poupée; **diese Pflanzen** ~ **viel Wasser** ces plantes exigent, demandent beaucoup d'eau; **III** v/i ⟨p/p gewollt⟩ **10.** (*den Willen haben*) vouloir; **man mag** ~ **oder nicht** qu'on le veuille ou non; bon gré, mal gré; **ganz wie Sie** ~ (tout) comme vous voudrez; **hinauf** ~ viser 'haut; avoir des prétentions; **eingeschoben wenn man so will** si on veut; F (**na**) **dann** ~ **wir mal!** alors, allons-y!; **man muß nur** ~ il suffit de vouloir; **so Gott will** si Dieu le veut; **11.** *mit weggelassenem inf* vouloir; **wo willst du hin?** où veux-tu?; **zu wem** ~ **Sie?** qui cherchez-vous?; à qui désirez-vous parler?; **er will fort** il veut partir; **sie will an die Universität** elle veut faire des études (à l'université); **ich will nicht mehr!** j'en ai assez, F marre!; **das will mir nicht in den Kopf** je n'arrive pas à comprendre (cela); **meine Beine** ~ **nicht mehr** mes jambes n'en peuvent plus
'**wollen**² adj de od en laine
'**Wollgras** n linaigrette f
'**wollig** adj **1.** (*aus Wolle*) de od en laine; **2.** (*wie Wolle*) laineux, -euse; *Haar* a crépu; **3.** BOT laineux, -euse
'**Woll|jacke** f veste f de od en laine; cardigan m; ~**knäuel** n pelote f de laine; ~**sachen** f/pl lainages m/pl; ~**socken** f/pl chaussettes f/pl de od en laine; ~**stoff** m étoffe f de laine; lainage m; ~**strumpf** m bas m de laine
Wollust ['vɔlʊst] st/s f ⟨~⟩ **1.** *sinnlich, sexuell* volupté f; litt luxure f; **2.** (*Genuß*) délectation f; volupté f
wollüstig ['vɔlʏstɪç] st/s adj **1.** (*sinnlich, bes sexuell*) voluptueux, -euse; litt luxurieux, -ieuse; st/s libidineux, -euse; **2.** (*genießerisch*) jouisseur, -euse
Wolpertinger ['vɔlpərtɪŋər] m ⟨~s; ~⟩ *bayrisch* dahu m
wo'mit adv **1.** *interrogativ* avec quoi?; ~ **beschäftigt ihr euch?** de quoi vous occupez-vous?; ~ **hast du das gemacht?** avec quoi as-tu fait cela?; **2.** *relativisch* avec quoi; avec lequel, laquelle; ~ **er nicht gerechnet hatte** ce à quoi il ne s'attendait pas ...
wo'möglich adv peut-être
wo'nach adv **1.** *interrogativ* après quoi?; (*gemäß*) d'après quoi?; selon quoi?; ~ **fragt er?** qu'est-ce qu'il demande?; ~ **richtet ihr euch?** vous vous basez sur quoi?; **2.** *relativisch* après quoi; (*gemäß*) d'après quoi, (d')après lequel, -quelle; **ein Bericht,** ~ **er schuldig ist** un rapport selon lequel il est coupable

Wonne ['vɔnə] *f* ⟨~; ~n⟩ grande joie; délice *m*; (*Entzücken*) enchantement *m*; ravissement *m*; (*Glückseligkeit*) grand bonheur; *st/s* félicité *f*; *es war e-e ~, ihm zuzuhören* c'était un immense plaisir de l'écouter; F *mit ~!* avec joie!; avec plaisir!

'**wonnig** F *adj* (*entzückend*) ravissant; adorable

wor'an *adv* **1.** *interrogativ* à quoi?; ~ *denkst du?* à quoi penses-tu?; ~ *ist er gestorben?* de quoi est-il mort?; *bei ihm weiß man nie, ~ man ist* avec lui on ne sait jamais à quoi s'en tenir, où on en est; **2.** *relativisch* à quoi; auquel, à laquelle; *etw, ~ ich mich erinnere* qc dont je me rappelle; qc dont je me souviens

wor'auf *adv* **1.** *interrogativ* sur quoi?; ~ *wartest du?* qu'est-ce que tu attends?; ~ *sitzt er?* sur quoi est-il assis?; **2.** *relativisch* sur quoi (*a zeitlich*); sur lequel, laquelle; *das Foto, ~ er zu sehen war* la photo sur laquelle on le voyait; *das einzige, ~ es ankommt* la seule chose qui compte; *der Vorhang fiel, ~ alle applaudierten* le rideau tomba, sur quoi tout le monde applaudit

worauf'hin *adv* **1.** *interrogativ* à la suite de quoi?; **2.** *relativisch* sur quoi; après quoi; à la suite de quoi

wor'aus *adv* **1.** *interrogativ* de quoi?; *Material* en quoi?; *Herkunft* d'où?; ~ *schließt du das?* qu'est-ce qui te fait dire ça?; **2.** *relativisch* (ce) dont; de quoi; duquel, de laquelle; *Herkunft* d'où; *ein Ergebnis, ~ man schließen kann ...* un résultat d'où l'on, dont *od* duquel on peut déduire ...

worden ['vɔrdən] *cf* **werden III**

wor'in *adv* **1.** *interrogativ* dans quoi?; ~ *besteht der Unterschied?* en quoi consiste la différence?; où est la différence?; **2.** *relativisch* en où dans quoi; où; dans lequel, laquelle; *das Haus, ~ sie wohnen* la maison où *od* dans laquelle ils habitent

Workaholic [vœːrkə'hɔlik] *m* ⟨~s; ~s⟩ drogué(e) *m(f)* du travail

Workshop ['vœːrkʃɔp] *m* ⟨~s; ~s⟩ atelier *m*

Wort [vɔrt] *n* ⟨~(e)s; ~er *ou* ~e⟩ **1.** ⟨*pl* ~er; *parfois* ~e⟩ einzelnes mot *m*; *GR* a vocable *m*; (*Ausdruck*) terme *m*; *zusammengesetztes ~* mot composé; *das richtige ~ für ...* le mot juste pour ...; *im wahrsten Sinne des ~es* dans le plein sens du mot; dans toute l'acception du terme; *50, in ~en* fünfzig 50, cinquante en toutes lettres; *Liebe ist ein großes ~* l'amour, c'est un grand mot; **2.** ⟨*pl* ~e⟩ (*das ausgesprochene ~, Rede*) mot *m*; parole *f*; *große ~e* grands mots; *das sind nur leere ~e* ce ne sont que des mots, de belles paroles; (rien que) des mots!; *davon ist kein ~ wahr, daran ist kein wahres ~* il n'y a pas un mot de vrai là-dedans; *das ~ haben* avoir la parole; *das ~ hat ...* la parole est à ...; *das große ~ haben, führen bei e-r Diskussion etc* monopoliser la parole; F tenir le crachoir; *als Eigenschaft* F être fort en gueule; *fig das letzte ~ haben* avoir le dernier mot; *fig er muß immer das letzte ~ haben* il veut toujours avoir le dernier mot; *das ist mein letztes ~ bei Kaufverhandlungen etc* c'est mon dernier mot; *ein gutes ~ für j-n einlegen* intercéder pour qn; intervenir en faveur de qn; *ein offenes ~ mit j-m reden* parler ouvertement à qn; avoir une explication franche avec qn; *ein ernstes ~ mit j-m reden* demander des explications à qn; avoir deux mots à dire à qn; *plais dein ~ in Gottes Ohr!* espérons que ça se passera comme ça; *st/s* que Dieu t'entende!; *glaube ihm kein ~!* ne crois rien de ce qu'il dit!; *kein ~ mehr!* pas un mot de plus!; *sie hat mir kein (einziges) ~ davon gesagt* elle ne m'en a rien dit; *ein ~ gibt das andere* un mot en amène un autre; *davon war mit keinem ~ die Rede* il n'en était pas du tout question; *ich verstehe kein ~ davon* je n'y comprends rien; *er macht e-n Lärm, daß man sein eigenes ~ nicht versteht* il fait un tel bruit qu'on ne s'entend pas (parler); *kein ~ über etw (acc) verlieren* ne pas évoquer qc; *es ist zwischen uns kein böses ~ gefallen* on n'a échangé aucune parole méchante, aucune méchanceté; *sich zu ~ melden, ums ~ bitten* demander la parole; *das ~ ergreifen* prendre la parole; *das ~ an j-n richten* adresser la parole à qn; *j-m das ~ erteilen, entziehen* donner, retirer la parole à qn; *nicht zu ~ kommen* ne pas arriver à placer un mot; *j-n nicht zu ~(e) kommen lassen* ne pas laisser parler qn; *nicht viele ~e machen* être bref; être succinct; *st/s j-m, e-r Sache das ~ reden* parler en faveur de qn, qc; défendre la cause de qn, qc; *ohne ein ~ zu sagen* sans mot dire; sans souffler mot; *ein ~ mitzureden haben* avoir son, mon, *etc* mot à dire; avoir voix au chapitre; *mir fehlen die ~e!* F ça me la coupe!; F *hast du ~e!* a-t-on jamais vu ça!; *st/s* **auf ein ~!** j'ai à vous parler; *aufs ~ gehorchen* obéir au doigt et à l'œil; *j-m aufs ~ glauben* croire qn sur parole; *bei diesen ~en* à ces mots; *j-n beim ~ nehmen* prendre qn au mot; *für ~ mot à mot; mot pour mot; in wenigen ~en* en peu de mots; *in ~e fassen* formuler; *j-m ins ~ fallen* couper la parole à qn; interrompre qn; *e-e Sprache in ~ und Schrift beherrschen* savoir parler et écrire une langue; *mit e-m ~* en un mot; bref; *mit anderen ~en* en d'autres termes; *bei ihr ist jedes zweite ~ Gesundheit* la santé, elle en a plein la bouche; **3.** ⟨*sans pl*⟩ (*Versprechen*) parole *f*; *ein Mann, ein ~* un homme d'honneur n'a qu'une parole; *sein ~ brechen* manquer à sa parole; (*sein*) ~ *halten* tenir (sa) parole; *j-s ~ haben* avoir la parole de qn; *bei j-m im ~ sein* avoir donné sa parole à qn; *auf mein ~!* (ma) parole d'honneur!; *ma parole!* *BIBL das ~ Gottes* la parole de Dieu; *im Anfang war das ~* au commencement était le Verbe; **5.** ⟨*pl* ~e⟩ (*Ausspruch*) kürzeres mot *m*; *bedeutsames* parole *f*; *geflügelte ~e* mots *m/pl*, citations *f/pl* célèbres

'**Wort|art** *f GR* catégorie *f* de mots; *pl* ~*en* a parties *f/pl* du discours; ~**bedeutungslehre** *f* sémantique *f*; ~**bildung** *f* formation *f* des mots; ~**bruch** *m* manquement *m* à la parole donnée

'**wortbrüchig** *adj* qui manque à sa parole; ~ *werden* manquer à sa parole

Wörtchen ['vœrtçən] *n* ⟨~s; ~⟩ petit mot; F *ein ~ mitzureden haben* avoir son, mon, *etc* mot à dire; avoir voix au chapitre

Wörter|buch ['vœrtərbuːx] *n* dictionnaire *m*; ~**verzeichnis** *n* vocabulaire *m*; *mit Erklärungen* glossaire *m*

'**Wort|familie** *f LING* famille *f* de mots; ~**feld** *n LING* champ *m* sémantique; ~**fetzen** *m/pl* bribes *f/pl* de conversation; ~**folge** *f* ordre *m* des mots; ~**führer(in)** *m(f)* porte-parole *m*; ~**gefecht** *n* dispute *f*; *litt* joute *f* oratoire; ~**geklingel** *n péj* mots creux; grands mots; verbiage *m*

'**wort|getreu** *adj* littéral; fidèle; ~**gewandt** *adj* éloquent; *st/s* disert

'**Wort|gut** *n* ⟨~(e)s⟩ vocabulaire *m*; ~**hülse** *f péj* mot *m* vide de sens

'**wortkarg** *adj Mensch* peu loquace; taciturne; laconique; *Antwort etc* laconique; en peu de mots

Wortklaube'rei *f* ⟨~; ~en⟩ *péj* ergotage *m*

'**Wortlaut** *m* ⟨~(e)s⟩ teneur *f* (d'un texte); texte (intégral); *JUR* idem; *nach dem ~ des Vertrages* aux termes du contrat; *im vollen ~ veröffentlichen* publier intégralement, in extenso; *das Schreiben hat folgenden ~* voici la teneur de cette lettre

wörtlich ['vœrtlɪç] **I** *adj* **1.** (*wortgetreu*) littéral; textuel, -elle; ~*es Zitat* citation textuelle, littérale; **2.** (*im Wortsinn*) *der ~e Sinn* le sens littéral; **II** *adv* **1.** (*wortgetreu*) littéralement; textuellement; mot pour mot; ~ *übersetzen* traduire littéralement, mot à mot; **2.** *etw ~ nehmen* prendre qc à la lettre, au pied de la lettre

'**wortlos I** *adj Einverständnis etc* tacite; **II** *adv* sans mot dire; sans souffler mot

'**Wortmeldung** *f gibt es noch (weitere) ~en?* y a-t-il d'autres personnes qui demandent la parole?

'**wortreich** *adj Sprache* riche; *péj* verbeux, -euse; prolixe

'**Wort|schatz** *m* vocabulaire *m*; ~**schwall** *m* flot *m*, avalanche *f* de paroles; ~**spiel** *n* jeu *m* de mots; calembour *m*; ~**stamm** *m GR* radical *m*; ~**stellung** *f GR* ordre *m* des mots; ~**streit** *m cf* Wortgefecht; ~**wahl** *f* ⟨~⟩ choix *m* des mots

'**Wortwechsel** *m* altercation *f*; vive discussion; dispute *f*; *mit j-m e-n ~ haben* a avoir des mots avec qn

wort'wörtlich *adv* mot à mot; mot pour mot; *etw ~ nehmen* prendre qc à la lettre, au pied de la lettre

wor'über *adv* **1.** *interrogativ* sur quoi?; ~ *lachst du?* de quoi ris-tu?; ~ *bist du gestolpert?* sur quoi as-tu trébuché?; **2.** *relativisch* sur quoi; sur lequel, laquelle; ~ *ich sehr ärgerlich war* ce dont je fus très fâché

wor'um *adv* **1.** *interrogativ* ~ *handelt es sich?* de quoi s'agit-il?; **2.** *relativisch* *alles, ~ es sich handelt* tout ce dont il s'agit; *nichts, ~ er uns bat, wurde erledigt* rien de ce qu'il nous a demandé n'a été fait

wor'unter *adv* **1.** *interrogativ* sous quoi?; ~ *hatte er sich versteckt?* sous quoi s'était-il caché?; ~ *leidet er?* de

quoi souffre-t-il?; **2.** *relativisch* sous quoi; sous lequel, laquelle; *unter e-r Menge* parmi lesquels, lesquelles; *etw,* ~ *ich mir nichts vorstellen kann* qc que je suis incapable d'imaginer
wo'von *adv* **1.** *interrogativ* de quoi?; d'où?; ~ *ist die Rede?* de quoi est-il question?; **2.** *relativisch* de quoi; duquel, de laquelle; dont; d'où; *das Leben,* ~ *ich träume* la vie dont je rêve
wo'vor *adv* **1.** *interrogativ* devant quoi?; ~ *fürchtest du dich?* de quoi as-tu peur?; **2.** *relativisch* devant quoi; devant lequel, laquelle; *das einzige,* ~ *er sich fürchtet* la seule chose dont il a peur
wo'zu *adv* **1.** *interrogativ* à quoi?; (*warum*) pourquoi?; à quoi bon?; dans quel but?; ~ *dient das?* à quoi cela sert-il?; ~ *das?* à quoi bon cela?; pour quoi faire?; **2.** *relativisch* à quoi; auquel, à laquelle; *etw,* ~ *ich Ihnen nicht rate* chose que je ne vous conseille pas; ~ *noch kommt, daß* … ajoutons à cela que …
Wrack [vrak] *n* ⟨~(e)s; ~s *ou* ~e⟩ **1.** (*Schiffs*⟨2⟩, *Auto*⟨2⟩, *Flugzeug*⟨2⟩) épave *f*; **2.** *fig Mensch* épave *f*; loque *f*; ruine *f*
wringen ['vrɪŋən] *v/t* ⟨wringt, wrang, gewrungen, h⟩ *Wäsche* tordre; essorer
WS *abr* (*Wintersemester*) semestre *m* d'hiver
WSV [ve:ʔɛs'faʊ] *m* ⟨~⟩ *abr* (*Winterschlußverkauf*) soldes *m/pl,* abus *f/pl* d'hiver
Wucher ['vu:xər] *m* ⟨~s⟩ usure *f*; ~ *treiben* pratiquer l'usure (*mit etw* avec qc)
'Wucher|er *m* ⟨~s; ~⟩, ~**in** *f* ⟨~; ~nen⟩ usurier, -ière *m,f*
'wuchern *v/i* ⟨-(e)re, h⟩ **1.** *Pflanzen* proliférer; foisonner; *Unkraut* pousser comme du chiendent; *fig* foisonner; se propager; MÉD proliférer; *e-e* ~ *de Phantasie* une imagination débordante; **2.** (*Wucher treiben*) *mit etw* ~ pratiquer l'usure avec qc
'Wucherpreis *m* prix *m* usuraire, d'usurier
'Wucherung *f* ⟨~; ~en⟩ MÉD, BOT **1.** *Vorgang* prolifération *f*; **2.** *Geschwulst* excroissance *f*; (*Geschwulst*) tumeur *f*
'Wucherzinsen *m/pl* intérêts *m/pl* usuraires
wuchs [vu:ks] *cf* **wachsen**[1]
Wuchs *m* ⟨~es⟩ **1.** (*Wachstum*) croissance *f*; *Pflanzen von, mit üppigem* ~ des plantes luxuriantes; **2.** (*Gestalt*) taille *f*; stature *f*; *von hohem* ~ de haute taille, stature
Wucht [vʊxt] *f* ⟨~; ~en⟩ **1.** ⟨*sans pl*⟩ (*Kraft*) force *f*; (*Heftigkeit*) violence *f*; *mit voller* ~ de toute sa force; *treffen, zusammenstoßen* de plein fouet; **2.** F (*große Menge*) grande quantité; masse *f*; **3.** F *das ist e-e* ~! F c'est épatant, chouette!
'wuchten *v/t* ⟨-ete, h⟩ soulever, traîner avec effort
'wuchtig *adj* **1.** (*mächtig wirkend*) imposant; massif, -ive; **2.** (*kraftvoll*) vigoureux, -euse; énergique; *Schlag* violent
'Wühlarbeit *f* ⟨~⟩ POL *péj* activités, menées subversives; travail *m* de sape
wühlen ['vy:lən] ⟨h⟩ **I** *v/t Loch, Gänge* creuser; **II** *v/i Person* fouiller (*in* [+*dat*] dans; *nach* à la recherche de); *Maulwurf etc* fouir; *Wildschweine* fouger; **III** *v/réfl sich in die Erde* ~ s'enfouir dans le sol
'Wühler *m* ⟨~s; ~⟩ **1.** ZO (animal *m*) fouisseur *m*; **2.** POL *péj* agitateur subversif
'Wühl|maus *f* campagnol *m*; ~**tisch** F *m* présentoir *m* (où les articles soldés sont en vrac)
Wulst [vʊlst] *m* ⟨~(e)s; ~e⟩ bourrelet *m*; F *a* boudin *m*; *an e-r Säule* tore *m*; *e-s Reifens* talon *m*
'wulstig *adj* qui forme un bourrelet, renflé; ~*e Lippen* lèvres épaisses; bouche lippue
wummern ['vʊmərn] F *v/i* ⟨-(e)re, h⟩ (*dröhnen*) vrombir; *mit der Faust gegen die Wand* ~ taper du poing contre le mur
wund [vʊnt] *adj* blessé; écorché; *sich* (*dat*) *die Füße* ~ *laufen* s'écorcher les pieds en marchant; (*sich*) ~ *reiben* (s')écorcher; ~*e Stelle* blessure *f*; *durch Druck* meurtrissure *f*; *durch Schürfung* écorchure *f*; *fig* ~*er Punkt* point *m* faible, névralgique, sensible; *fig den* ~*en Punkt berühren* mettre le doigt sur la plaie
Wunde ['vʊndə] *f* ⟨~; ~n⟩ blessure *f*; (*Wundfläche*) plaie *f* (*beide a fig*); *offene* ~ plaie ouverte; *fig Krieg etc e-m Land tiefe* ~*n schlagen* causer de lourds dégâts à un pays; *fig alte* ~*n* (*wieder*) *aufreißen* rouvrir des blessures, plaies
'Wunder F *adv* ~ *was denken, glauben, meinen* s'imaginer des choses extraordinaires; *sich* (*dat*) ~ *was einbilden* s'imaginer Dieu sait quoi; F se croire sorti de la cuisse de Jupiter
Wunder ['vʊndər] *n* ⟨~s; ~⟩ miracle *m* (*a* REL); merveille *f*; prodige *m*; *die* ~ *der Technik* les merveilles de la technique; *an* (*acc*) *glauben* croire aux miracles; *das grenzt an ein* ~ cela tient du miracle, du prodige; *wie durch ein* ~ comme par miracle; F *sein blaues* ~ *erleben* avoir une mauvaise surprise; ~ *an Ausdauer vollbringen* accomplir des prodiges d'endurance; REL ~ *tun, wirken* faire des miracles; *Sache* ~ *wirken* faire merveille, des merveilles, des miracles; F avoir un effet mirifique, mirobolant; *das ist kein* ~ ce n'est pas étonnant; quoi d'étonnant (à cela)?
'wunderbar I *adj* **1.** (*übernatürlich*) miraculeux, -euse; qui tient du miracle, du prodige; **2.** (*erstaunlich*) merveilleux, -euse; prodigieux, -euse; phénoménal; (*bewundernswert*) admirable; (*herrlich*) magnifique; **II** *adv* **1.** (*herrlich, schön*) merveilleusement; à merveille; admirablement; magnifiquement; **2.** F (*sehr*) merveilleusement; F formidablement; *der Sessel ist* ~ *bequem* ce fauteuil est merveilleusement confortable
'Wunderding *n* chose merveilleuse; prodige *m*; (*wahre*) ~*e von j-m, etw erzählen* dire des merveilles de qn, qc
'Wunder|doktor *m* guérisseur *m*; ~**glaube** *m* croyance *f* aux miracles; ~**heiler**(**in**) *m(f)* ⟨~s; ~⟩ (*f*) ⟨~; ~nen⟩ guérisseur, -euse *m,f*
'wunder'hübsch I *adj* ravissant; joli comme un cœur; **II** *adv* à ravir
'Wunder|kerze *f* cierge *m* magique; ~**kind** *n* enfant *m* prodige; ~**lampe** *f* lampe merveilleuse; ~**land** *n* ⟨~(e)s; -länder⟩ pays *m* des merveilles
'wunderlich *adj* bizarre, étrange; singulier, -ière; original; *ein* ~*er Kauz* F un drôle de zèbre; un original
'Wundermittel *n* remède *m* miracle
'wundern ⟨-(e)re, h⟩ **I** *v/t Sache j-n* ~ étonner, surprendre qn; *das wundert mich* cela m'étonne, me surprend; *das sollte mich* ~ cela m'étonnerait; **II** *v/réfl sich über etw, j-n* ~ s'étonner de qc, qn; être surpris de qc, qn; F *du wirst dich* (*noch mal*) ~! tu verras (ce que tu verras)!; tu l'auras voulu!; F *ich muß mich doch sehr* ~! on aura tout vu!; c'est un comble!; **III** *v/imp es wundert mich od mich wundert, daß* … je suis étonné, surpris que … (+*subj*); *es würde mich nicht* ~, *wenn* … cela ne m'étonnerait pas si …
'wundernehmen *st/s v/imp* ⟨*irr, sép*, -ge-, h⟩ *es nimmt mich wunder, daß* … je suis étonné, surpris que … (+*subj*); *es nimmt mich wunder* … (+*ind*)
'wunder'schön I *adj* merveilleux, -euse; splendide; magnifique; admirable; **II** *adv* merveilleusement; à merveille; magnifiquement; admirablement; ⟨2⟩**täter** *m st/s* thaumaturge *m*; *plais* faiseur *m* de miracles; ~**tätig** *adj* miraculeux, -euse; ⟨2⟩**tüte** *f* pochette *f* surprise; ~**voll I** *adj* merveilleux, -euse; magnifique; admirable; **II** *adv* merveilleusement; à merveille; magnifiquement; admirablement
'Wunder|waffe *f* arme absolue; ~**welt** *f* monde merveilleux; ~**werk** *n* merveille *f*
'Wund|fieber *n* fièvre *f* traumatique; ~**infektion** *f* infection *f* d'une plaie
'wundliegen *v/réfl* ⟨*irr, sép*, -ge-, h⟩ *sich* ~ avoir des escarres; *sich* (*dat*) *den Rücken* ~ avoir, attraper des escarres au dos
'Wundmal *n* ⟨~(e)s; ~e⟩ REL *die* ~*e Christi* les stigmates *m/pl* de Jésus-Christ
'Wund|rose *f* MÉD érysipèle *m*; ~**salbe** *f* pommade cicatrisante; ~**sein** *n* écorchure *f*; MÉD érosion *f*; ~**starrkrampf** *m* ⟨~(e)s⟩ tétanos *m*
Wunsch [vʊnʃ] *m* ⟨~(e)s; ~e⟩ **1.** (*Begehren*) désir *m*; (*Hoffnung*) souhait *m*; vœu *m*; (*Verlangen*) envie *f*; *j-m e-n* ~ *erfüllen* répondre, satisfaire au désir de qn; *sich* (*dat*) *e-n langgehegten* ~ *erfüllen* réaliser son rêve; *den* ~ *haben zu* (+*inf*) avoir envie de (+*inf*); *j-m jeden* ~ *von den Augen ablesen* être aux petits soins pour qn; prévenir tous les désirs de qn; *mein sehnlichster, innigster* ~ mon vœu le plus cher, le plus ardent; *haben Sie sonst noch e-n* ~? *beim Einkaufen* vous désirez autre chose?; et avec ça?; *es war schon immer mein* ~, *zu* (+*inf*) j'ai toujours désiré, eu envie de (+*inf*); *iron ein frommer* ~ un vœu pieux; *auf* ~ (*acc*) sur demande; *auf j-s* ~ (*acc*) à la demande de qn; *auf allgemeinen* (*hin*) à la demande générale; *nach* ~ à souhait; au gré de mes tes, *etc* désirs; *alles geht nach* ~ tout marche selon mes, tes, *etc* désirs; tout marche comme je, tu, *etc* veux; **2.** (*Glück*⟨2⟩) souhait *m*; vœu *m*; *beste Wünsche* meilleurs vœux; *mit den besten Wünschen*

Wunschbild – wurzeln

zum Jahreswechsel avec mes *bzw* nos meilleurs vœux de bonne année
'**Wunschbild** *n* idéal *m*
'**Wunschdenken** *n das ist ~ (bei ihm)* il prend ses désirs pour la réalité
Wünschelrute [ˈvʏnʃəlruːtə] *f* baguette *f* de sourcier, divinatoire
'**Wünschelrutengänger(in)** *m* ⟨~s; ~⟩ *(f)*, ⟨~nen⟩ sourcier, -ière *m,f*
wünschen [ˈvʏnʃən] *v/t* ⟨h⟩ **1.** *(begehren)* désirer; *(wollen)* vouloir (avoir); *ich wünsche mir zu Weihnachten ein Fahrrad* je voudrais avoir une bicyclette pour Noël; *ich wünschte, der Winter wäre vorüber* je voudrais que l'hiver soit passé; *sie wünscht sich (dat) ihn zum Freund* elle désire en faire son ami; *ich wünsche es von Herzen* je le désire de tout (mon) cœur; *(viel) zu übriglassen* laisser (beaucoup) à désirer; *Sie sonst noch etwas? beim Einkaufen* vous désirez autre chose?; et avec ça?; *Sie ~?* vous désirez?; *wie Sie ~* comme vous voulez, voudrez; **2.** *(herbei~)* souhaiter; *ich wünsche euch e-e gute Reise, schönes Wetter* je vous souhaite bon voyage, du beau temps; *j-m e-n guten Morgen ~* souhaiter le bonjour à qn; *j-m frohe Ostern ~* souhaiter de bonnes, joyeuses Pâques à qn; **3.** *(fort~) sich weit weg ~* souhaiter être à l'autre bout du monde; F *j-n zum Teufel ~* souhaiter que qn s'en aille au diable
'**wünschenswert** *adj* désirable; souhaitable
'**Wunsch|form** *f* GR optatif *m*; **~gegner(in)** *m(f)* adversaire *m,f* idéal(e); **⚥gemäß** *adv* conformément à, selon mon *bzw* mes, ton *bzw* tes, *etc* désir(s); **~kind** *n* enfant désiré; **~konzert** *n* RAD concert *m* des auditeurs
'**wunschlos** *adv* ~ *glücklich* parfaitement heureux; comblé
'**Wunsch|satz** *m* GR proposition optative; **~traum** *m* beau rêve; chimère *f*; fantasme *m*; **~zettel** *m* liste *f* de ce qu'on désirerait avoir (pour son noël, *etc*)
wupp(s) [vup(s)] F *int* vlan!; 'hop!
wurde [ˈvʊrdə] *cf* **werden**
Würde [ˈvʏrdə] *f* ⟨~; ~n⟩ **1.** *(sans pl) Eigenschaft* dignité *f*; *(Erhabenheit)* noblesse *f*; majesté *f*; *die ~ des Menschen, des Gerichts* la dignité de l'homme, du tribunal; *~ bewahren* garder sa dignité; *ich halte es für unter meiner ~ zu* (+*inf*) je considère comme indigne de moi de (+*inf*); **2.** *Position* dignité *f*; *zu den höchsten ~n gelangen* parvenir aux plus 'hautes dignités; *akademische ~n* grades *m/pl* universitaires
'**würde|los** *adj* indigne; dépourvu de dignité; *p/fort* déshonorant; **⚥losigkeit** *f* ⟨~⟩ indignité *f*; manque *m* de dignité
'**Würdenträger** *m* dignitaire *m*; *geistlicher ~* dignitaire ecclésiastique, de l'Église
'**würdevoll** *adj* digne; plein de dignité; *(erhaben)* noble; *Miene* majestueux, -euse
'**würdig I** *adj* **1.** *(wert)* digne; *e-r Sache (gén) ~ sein* être digne de qc; *er ist dessen nicht ~* il n'en est pas digne; il ne l'a pas mérité; **2.** *(würdevoll)* digne;

(ehrwürdig) respectable; vénérable; **II** *adv* **1.** *(angemessen)* comme il se doit; convenablement; *j-n ~ vertreten* représenter qn comme il se doit; **2.** *(würdevoll)* avec dignité; dignement
'**würdigen** *v/t* ⟨h⟩ **1.** *(für wert erachten) j-n e-r Sache (gén) ~* juger, estimer qn digne de qc; *j-n keines Blickes ~* ne pas daigner regarder qn; **2.** *(anerkennen)* reconnaître; *(schätzen)* apprécier; *etw zu ~ wissen* savoir apprécier qc
'**Würdigung** *f* ⟨~; ~en⟩ reconnaissance *f*; appréciation *f*; *in ~ s-r Verdienste* en reconnaissance de ses mérites
Wurf [vʊrf] *m* ⟨~(e)s; ⸚e⟩ **1.** *(das Werfen)* jet *m*; lancement *m*; lancer *m*; *beim Spiel, Würfeln* coup *m*; *zum ~ ausholen* prendre son élan pour le lancement, le lancer; *den ersten ~ haben beim Kegeln* avoir la boule; *beim Würfeln* avoir le dé; **2.** ZO *(Tierjunge)* portée *f*; **3.** *fig* coup *m* de maître; grand succès; *mit etw e-n großen ~ getan haben* avoir réussi un coup de maître avec qc
Würfel [ˈvʏrfəl] *m* ⟨~s; ~⟩ **1.** MATH cube *m*; **2.** *für das Würfelspiel* dé *m*; *~ spielen* jouer aux dés; *fig die ~ sind gefallen* le sort en est jeté; **3.** *Form* dé *m*; cube *m*; *Speck etc in ~ schneiden* couper en dés
'**Würfelbecher** *m* gobelet *m* (à dés)
'**Würfelmuster** *n mit ~* à carreaux
'**würfeln** ⟨-(e)le, h⟩ **I** *v/t* **1.** *sechs Augen, e-e Sechs ~* faire, jouer un six; **2.** *(in Würfel schneiden)* couper en dés, cubes; **II** *v/i* jouer aux dés; *um etw ~* jouer qc aux dés
'**Würfel|spiel** *n* jeu *m* de dés; **~spieler(in)** *m(f)* joueur, -euse *m,f* de dés; **~zucker** *m* sucre *m* en morceaux
'**Wurf|geschoß** *n* projectile *m*; **~kreis** *m* SPORT cercle *m* (pour le lancer); **~sendung** *f* envoi *m* en nombre; **~spieß** *m* HIST javelot *m*; **~taubenschießen** *n* ⟨~s⟩ tir *m* aux pigeons (d'argile); ball-trap *m*
'**Würge|engel** *m cf* **Würgengel**; **~griff** *m* étranglement *m*; **~mal** *n pl ~e* traces *f/pl* de strangulation
'**würgen** [ˈvʏrɡən] ⟨h⟩ *v/t* **1.** *Person j-n ~* prendre, saisir qn à la gorge; étrangler qn; **2.** *Kragen, Krawatte etc j-n ~* serrer trop qn (à la gorge, au cou); **II** *v/i* **3.** *an etw (dat) ~* avoir du mal, se forcer à manger, à avaler qc; **4.** *vor dem Erbrechen ~* avoir des nausées; avoir envie de vomir
'**Würgengel** *m* BIBL ange exterminateur
'**Würger** *m* ⟨~s; ~⟩ **1.** *Person* étrangleur *m*; **2.** ZO pie-grièche *f*
Wurm¹ [vʊrm] *m* ⟨~(e)s; ⸚er⟩ ZO ver *m*; *Würmer haben* avoir des vers; *von Würmern zerfressen Holz* piqué des vers; vermoulu; F *fig da ist der ~ drin* il y a quelque chose de louche là-dedans; F il y a quelque chose qui cloche; F *fig j-m die Würmer aus der Nase ziehen* tirer les vers du nez à qn
Wurm² *f n* ⟨~(e)s; ⸚er⟩ *(hilfloses Kind) das arme ~* ce pauvre petit, cette pauvre petite; ce(tte) pauvre gosse
Würmchen [ˈvʏrmçən] *n* ⟨~s; ~⟩ ZO vermisseau *m*; **2.** *fig cf* **Wurm²**
'**wurmen** F *v/t* ⟨h⟩ *j-n ~* tracasser, tourmenter, *p/fort* F turlupiner qn; F rester sur l'estomac à qn

'**Wurm|farn** *m* fougère *f* mâle; **⚥förmig** *adj* vermiculaire; vermiforme; **~fortsatz** *m* ANAT appendice *m* (vermiculaire); **~fraß** *m* ⟨~es⟩ vermoulure *f*
'**wurmig** *cf* **wurmstichig**
'**Wurmmittel** *n* PHARM vermifuge *m*
'**wurmstichig** *adj Holz* piqué des vers; vermoulu; *Obst* véreux, -euse; piqué; *Holz ~ werden* devenir vermoulu; se piquer
Wurscht [vʊrʃt] F *er, das ist mir ~* F je m'en balance *od* fiche *od* fous
'**wurschteln** *cf* **wursteln**
Wurst [vʊrst] *f* ⟨~; ⸚e⟩ **1.** CUIS saucisse *f*; *(Hart⚥)* saucisson *m*; *(Aufschnitt)* charcuterie *f*; *fig mit der ~ nach der Speckseite werfen* donner un œuf pour avoir un bœuf; F *fig jetzt geht es um die ~* c'est le moment décisif; **2.** *fig (etw Wurstförmiges)* boudin *m*; *aus etw e-e ~ formen* rouler qc en boudin; faire un boudin de qc; *enf e-e ~ machen enf* faire caca; faire sa crotte; **3.** F *cf* **Wurscht**
'**Wurstbrot** *n* sandwich *m* au saucisson
Würstchen [ˈvʏrstçən] *n* ⟨~s; ~⟩ **1.** CUIS saucisse *f*; *Frankfurter ~* saucisse(s) de Francfort; *warme ~* saucisses *f/pl*; **2.** F *péj* F pauvre type *m*
'**Würstchen|bude** *f*, **~stand** *m* stand *m* de saucisses
'**Würstel** *n* ⟨~s; ~⟩ *bes österr* saucisse *f*
'**wursteln** F ⟨-(e)le, h⟩ **I** *v/i* bricoler *(an etw* [*dat*] qc); **II** *v/réfl sich durchs Leben ~* se débrouiller tant bien que mal (dans la vie)
'**Wurst|finger** F *péj m/pl* doigts boudinés; **~haut** *f* peau *f* de saucisse *bzw* de saucisson
'**wurstig** F *adj* F je-m'en-foutiste; F je-m'en-fichiste; **⚥keit** F *f* ⟨~⟩ F je-m'en-foutisme; F je-m'en-fichisme *m*
'**Wurst|salat** *m etwa* cervelas *m* en salade; **~scheibe** *f* tranche *f* de saucisson; **~waren** *f/pl* charcuterie *f*; **~zipfel** *m* bout *m* de saucisse
Württemberg [ˈvʏrtəmbɛrk] *n* ⟨→ *n/pr*⟩ le Wurtemberg; **~er(in)** *m* ⟨~s; ~⟩ *(f)* ⟨~; ~nen⟩ Wurtembergeois(e) *m(f)*; **⚥isch** *adj* du Wurtemberg; wurtembergeois
Würze [ˈvʏrtsə] *f* ⟨~; ~n⟩ **1.** *Substanz* assaisonnement *m*; condiment *m*; *(Gewürz)* épice *f*; **2.** *(würziger Geschmack)* saveur *f*; *(Aroma)* arôme *m*; **3.** *fig* sel *m*; saveur *f*; piment *m*; piquant *m*
Wurzel [ˈvʊrtsəl] *f* ⟨~; ~n⟩ **1.** BOT, LING, MATH, *a (Haar⚥, Zahn⚥, Nasen⚥)* racine *f*; *~n schlagen Pflanze* prendre racine; *a fig* s'enraciner; *mit der ~ ausreißen* déraciner; MATH *die ~ ziehen aus* extraire la racine carrée de; **2.** *fig (Ursprung)* oft *pl ~n* sources *f/pl*; origines *f/pl*; *die ~ allen Übels* la source de tous les maux; *das Übel an od bei der ~ packen* prendre, attaquer le mal à sa racine; *das Übel mit der ~ ausrotten* couper le mal à sa racine
'**Wurzel|ballen** *m* BOT (racines *f/pl* avec la) motte; **~behandlung** *f* ZAHNMEDIZIN traitement *m* de la racine; **~bürste** *f* brosse dure
'**wurzeln** *v/i* ⟨-(e)le, h⟩ **1.** BOT, *fig* être enraciné *(in* [+*dat*] dans); *fig die Angst wurzelt tief in ihm* la peur est profondément enracinée en lui; **2.** *fig (s-n Ur-*

sprung haben) **in etw** (*dat*) ~ avoir ses racines dans qc
'**Wurzel|schoß** *m*, **~sproß** *m* BOT drageon *m*; surgeon *m*; talle *f*; **~werk** *n* ⟨~(e)s⟩ BOT racines *f/pl*
'**würzen** *v/t* ⟨-(es)t, h⟩ **1.** *Speisen* assaisonner, épicer (*mit* de); relever (*mit* avec); **2.** *fig* relever, pimenter (*mit* de)
'**würzig** *adj* épicé; assaisonné; relevé; (*wohlschmeckend*) savoureux, -euse; *dem Geruch nach* aromatique
wusch [vu:ʃ] *cf* **waschen**
'**Wuschelhaar** F *n* cheveux très bouclés, frisés
wuschelig [ˈvʊʃəlɪç] F *adj Haar* épais et bouclé *od* frisé
'**Wuschelkopf** F *m* tignasse (épaisse); *sie ist ein richtiger* ~ elle a une tignasse épaisse
wuseln [ˈvuːzəln] *v/i* ⟨-(e)le⟩ **1.** ⟨h⟩ (*sich flink betätigen*) s'affairer, s'agiter fiévreusement; **2.** ⟨sein⟩ (*sich flink bewegen*) filer (à toute allure)
wußte [ˈvʊstə] *cf* **wissen**
Wust [vuːst] *m* ⟨~(e)s⟩ *péj* amas *m*; tas *m*; fatras *m*; ramassis *m*
wüst [vyːst] **I** *adj* **1.** *Landschaft, Gegend* (*öde*) désert; (*verödet*) désolé; **2.** (*unordentlich*) en désordre; *ein ~es*

Durcheinander F un fouillis inextricable; **3.** (*ausschweifend*) déréglé; dissolu; **4.** (*grob, derb*) grossier, -ière; rude; *~e Beschimpfungen* des insultes grossières; **II** *adv alles lag ~ durcheinander* tout était en désordre, F en pagaille
'**Wüste** *f* ⟨~; ~n⟩ *a fig* désert *m*; F *fig j-n in die ~ schicken* limoger, F débarquer qn
'**wüsten** *v/i* ⟨-ete, h⟩ *mit etw ~* gaspiller qc
Wüste'nei *f* ⟨~; ~en⟩ contrée *f* désertique, sauvage
'**Wüsten|fuchs** *m* renard *m* des sables; fennec *m*; **~klima** *n* climat *m* désertique; **~sand** *m* sable *m* (du désert); **~schiff** *n* litt, plais (Kamel) vaisseau *m* du désert
'**Wüstling** *m* ⟨~s; ~e⟩ débauché *m*
Wut [vuːt] *f* ⟨~⟩ rage *f*; fureur *f*; furie *f*; (*Zorn*) colère *f*; *in blinder ~* dans une rage folle; dans une colère noire; (**e-e**) *~ auf j-n haben* être furieux, en rage, en colère contre qn; *vor ~ schäumen* écumer de rage; *in ~* (*acc*) *geraten* entrer, se mettre en colère, en fureur; *j-n in ~* (*acc*) *bringen* mettre qn en rage, en colère, en fureur; exaspérer qn

'**Wutanfall** *m* accès *m* de fureur, de rage
wüten [ˈvyːtən] *v/i* ⟨-ete, h⟩ *Soldateska, Randalierer etc* sévir; tout ravager, saccager, F casser; *Sturm, Feuer etc* faire rage; *Sturm a, Seuchen* sévir; *Krieg a* faire des ravages
'**Wüten** *n* ⟨~s⟩ rage *f*; fureur *f*
'**wütend** *adj* **1.** *Person* furieux, -ieuse; furibond; *~ werden* entrer, se mettre en colère, en fureur; *j-n ~ machen* mettre qn en colère, en rage, en fureur; exaspérer qn; *auf j-n ~ sein* être furieux, en rage contre qn; *~ über etw* (*acc*) *sein* être furieux (à cause) de qc; **2.** (*heftig*) violent; *Kampf* acharné; furieux, -ieuse
'**wutentbrannt** *adj* furieux, -ieuse; furibond; *p/fort* fou, folle de rage
Wüterich [ˈvyːtərɪç] *m* ⟨~s; ~e⟩ forcené *m*; fou furieux
'**Wut|geheul** *n* 'hurlements *m/pl* de rage; **~geschrei** *n* cris *m/pl* de rage
'**wut|schnaubend** *adj* écumant de rage; **~verzerrt** *adj Gesicht* grimaçant de rage
Wwe *abr* (*Witwe*) Vve (veuve)
Wz *abr* (*Warenzeichen*) marque déposée; nom déposé

#

'**X, x,** [ɪks] *n* ⟨~; ~⟩ X, x *m*; *fig j-m ein X für ein U vormachen* faire prendre à qn des vessies pour des lanternes; *Herr X* monsieur X
'**x-Achse** *f* MATH axe *m* des x, des abscisses
Xanthippe [ksanˈtɪpə] *f* ⟨~; ~n⟩ *péj* furie *f*; mégère *f*; 'harpie *f*
'**X-Beine** *n/pl* genoux cagneux

'**X-beinig** *adj* cagneux, -euse
'**x-be'liebig** F *adj e-e ~e Zahl* n'importe quel chiffre; un chiffre quelconque; *jeder ~e* n'importe qui; *etwas ~es* n'importe quoi
'**X-Chromosom** *n* chromosome *m* X
Xenon [ˈkseːnɔn] *n* ⟨~s⟩ CHIM xénon *m*
'**x-fach** *adj* multiple
'**X-fache(s)** *n* ⟨→ A⟩ multiple *m*

'**X-förmig** *adj* en (forme de) X
'**x-'mal** F *adv* F trente-six fois; maintes et maintes fois; *ich habe es ihm ~ gesagt* je le lui ai dit je ne sais combien de fois
'**x-te(r, -s)** F *adj* énième; nième; *zum ~n Mal* pour la nième fois
Xylophon [ksyloˈfoːn] *n* ⟨~s; ~e⟩ xylophone *m*

Y

Y, y [ˈʏpsilɔn] *n* ⟨~; ~⟩ Y, y *m*
'**y-Achse** *f* MATH axe *m* des y, des ordonnées
Yacht *cf* **Jacht**
Yak [jak] *m* ⟨~s; ~s⟩ ZO ya(c)k *m*

Yamswurzel *cf* **Jamswurzel**
'**Y-Chromosom** *n* chromosome *m* Y
Yen [jɛn] *m* ⟨~(s); ~(s), mais 100 ~⟩ *Währung* yen *m*
Yeti [ˈjeːti] *m* ⟨~s; ~s⟩ yéti *m*

Yoga *cf* **Joga**
Yoghurt *cf* **Joghurt**
Yogi *cf* **Jogi**
Yucca [ˈjʊka] *f* ⟨~; ~s⟩ BOT yucca *m*
Yuppie [ˈjʊpi] *m* ⟨~s; ~s⟩ yuppie *m*

Z

Z, z [tsɛt] *n* ⟨~; ~⟩ Z, z *m*
Zabern ['tsaːbərn] *n* ⟨→ *n/pr*⟩ Saverne; **die ~er Steige** le col de Saverne
zack [tsak] F *int* vlan!; **~**, **~!** F et que ça saute!; **~, weg war er** F en moins de deux, il avait disparu
Zack F *m* **j-n auf ~ bringen** mettre qn au pas; **etw auf ~ bringen** mettre de l'ordre, faire le ménage dans qc; **auf ~ sein** *Person* être dégourdi, *beruflich* à la hauteur; *Laden etc* être à flot
Zacke ['tsakə] *f* ⟨~; ~n⟩ dent *f*; COUT *a* languette *f*; *e-s Sterns* pointe *f*; branche *f*
'**zacken** *v/t* ⟨h⟩ découper en dents de scie; *a Blätter* denteler
'**Zacken** *m* ⟨~s; ~⟩ *cf* **Zacke**; F **deswegen fällt dir kein ~ aus der Krone** tu n'y laisseras pas ton honneur
'**zackig** *adj* **1.** *Stern* garni, muni de pointes; *Säge* denté; CONSTR crénelé; ZO, BOT dentelé; **2.** *fig (schneidig)* d'allure militaire
zagen ['tsaːɡən] *st/s v/i* ⟨h⟩ (*zaudern*) hésiter; *litt* manquer de cœur
'**zaghaft** I *adj* (*ängstlich*) craintif, -ive; peureux, -euse; (*zögernd*) hésitant; irrésolu; II *adv* peureusement; avec hésitation; **2haftigkeit** *f* ⟨~⟩ (*Ängstlichkeit*) pusillanimité *f*; (*Unentschlossenheit*) irrésolution *f*
zäh [tsɛː] I *adj* **1.** *a fig* tenace; *Flüssigkeit* épais, épaisse; visqueux, -euse; *Fleisch* dur; coriace; **2.** (*hartnäckig*) opiniâtre; coriace; **3.** *Fleiß, Ausdauer* (*beharrlich*) persévérant; (*ausdauernd*) endurant; *Gegner a* tenace; **4.** *Unterhaltung etc* (*schleppend*) qui traîne en longueur; **5.** *Gesundheit* (*widerstandsfähig*) résistant; II *adv* tenacement; **~ an e-r Ansicht festhalten** tenir fermement à une opinion
'**Zäheit** *f* ⟨~⟩ **1.** *a fig* ténacité *f*; (*Zähflüssigkeit*) viscosité *f*; *von Fleisch* coriacité *f*; **2.** (*Hartnäckigkeit*) opiniâtreté *f*; (*Fleiß*) persévérance *f*; (*Ausdauer*) endurance *f*; **3.** *e-r Unterhaltung* longueur *f*; (*Widerstandsfähigkeit*) résistance *f*
'**zähflüssig** *adj* visqueux, -euse; **~er Verkehr** ralentissements *m/pl*
'**Zähflüssigkeit** *f* ⟨~⟩ viscosité *f*; *des Verkehrs* ralentissements *m/pl*
'**Zähigkeit** *f* ⟨~⟩ ténacité *f*; (*Beharrlichkeit*) persévérance *f*; (*Ausdauer*) endurance *f*; (*Widerstandsfähigkeit*) résistance *f*
Zahl [tsaːl] *f* ⟨~; ~en⟩ *a* GR nombre *m*; (*Ziffer*) chiffre *m*; **dreistellige ~** nombre de od à trois chiffres; **zehn an der ~** au nombre de dix; **an ~ überlegen** supérieur en nombre; numériquement; **in großer ~** en grand nombre; **in voller ~** au complet; **in den** **roten, schwarzen ~en sein** être dans le rouge; être créditeur; **rote, schwarze ~en schreiben** *Unternehmen etc* faire des pertes, des profits
'**Zahladjektiv** *n* adjectif numéral
'**zahlbar** *adj* payable
'**zählbar** *adj* dénombrable
'**zählebig** *adj Tiere, Pflanzen* résistant; *Vorurteil* qui a la vie dure
'**Zahlemann** F *plais* **morgen heißt es ~ und Söhne** F demain il faut casquer
'**zahlen** *v/t u v/i* ⟨h⟩ payer; **was habe ich zu ~?** combien vous dois-je?; (**Herr Ober,**) **bitte ~!** (garçon,) l'addition, s'il vous plaît!
zählen ['tsɛːlən] ⟨h⟩ I *v/t* **1.** compter; *Bevölkerung etc* recenser; *a Stimmen* dénombrer; **s-e Tage sind gezählt** ses jours sont comptés; **j-n zu s-n Freunden ~** compter qn parmi ses amis; **2.** (*sich belaufen auf*) compter; se monter, s'élever à; *st/s* **zwanzig Jahre ~** avoir vingt ans; II *v/i* **3.** compter; **bis drei ~** compter jusqu'à trois; F **er kann nicht bis drei ~** il est bête comme ses pieds; **4.** (*vertrauen*) **auf j-n ~** compter sur qn; **5.** (*gehören*) **~ zu** compter parmi; appartenir à; **die Zeit mit Reiner zählt zu meinen schönsten Erinnerungen** le temps passé avec Reiner compte parmi mes meilleurs souvenirs; **6.** (*wichtig sein, gelten*) compter; **das zählt nicht** cela ne compte pas
'**Zahlenangaben** *f/pl* données *f/pl* numériques; **~beispiel** *n* exemple *m* numérique; **~folge** *f* suite *f*, série *f* de nombres; **~gedächtnis** *n* ⟨~ses⟩ mémoire *f* des chiffres, des nombres; **~kombination** *f* combinaison *f* de chiffres; **~lotto** *n* loto *m*; **2mäßig** I *adj* ⟨*épithète*⟩ numérique; II *adv* numériquement; en nombre; **~material** *n* indications *f/pl* numériques; **~reihe** *f* suite *f*, série *f* de nombres; **~schloß** *n* serrure *f* à combinaison; **~system** *n* système *m* arithmétique; **~wert** *m* valeur *f* numérique
'**Zahler(in)** *m* ⟨~s; ~⟩ (*f*) ⟨~; ~nen⟩ payeur, -euse *m,f*
'**Zähler** *m* ⟨~s; ~⟩ **1.** *für Strom, Gas,* TECH compteur *m*; **den ~ ablesen** relever le compteur; **2.** MATH numérateur *m*; **3.** *Person* (agent *m*) recenseur *m*
'**Zählerstand** *m* relevé *m* de compteur; **den ~ ablesen** relever le compteur
'**Zahlgrenze** *f* *e-s Busses etc* (fin *f* de) section *f*; **~karte** *f* mandat-carte *f*; **~kellner** *m* garçon *m* (de café) qui encaisse; **2los** *adj* innombrable; **~meister** *m* trésorier *m*; MAR commissaire *m* (du bord); **2reich** I *adj* nombreux, -euse; II *adv* en (grand) nombre; **~stelle** *f* service *m*, bureau *m* de paiement; **~tag** *m* jour *m* de paie
'**Zahlung** *f* ⟨~; ~en⟩ Vorgang, Summe paiement *od* payement *m*; **e-e ~ leisten** effectuer, faire un paiement; **gegen ~ von ...** contre, moyennant paiement de ...; **in ~ nehmen, geben** prendre, donner en paiement; **zur ~ auffordern** sommer de payer
'**Zählung** *f* ⟨~; ~en⟩ comptage *m*; *der Bevölkerung* recensement *m*; *a der Stimmen* dénombrement *m*
'**Zahlungsabkommen** *n* accord *m* de paiement; **~anweisung** *f* mandat *m* de paiement; **~aufforderung** *f* sommation *f* de payer; mise *f* en demeure; **~aufschub** *m* délai *m*, sursis *m* de paiement; **~bedingungen** *f/pl* conditions *f/pl* de paiement, de règlement; **~befehl** *m* sommation *f* de paiement; **~beleg** *m* récépissé *m* de paiement; **~bilanz** *f* balance *f* des comptes, des paiements; **~empfänger** *m* bénéficiaire *m* d'un paiement; **~erleichterungen** *f/pl* facilités *f/pl* de paiement; **2fähig** *adj* solvable; **~fähigkeit** *f* ⟨~⟩ solvabilité *f*; **~frist** *f* délai *m* de paiement
'**zahlungskräftig** *adj* F **~ sein** F avoir les moyens
'**Zahlungsmittel** *n* moyen *m* de paiement; **~pflicht** *f* ⟨~⟩ obligation *f* de paiement; **~pflichtige(r)** *m* ⟨→ A⟩ débiteur *m* d'un paiement; **~rückstand** *m* retard *m* dans le paiement; *Zahlungsrückstände pl* arriérés *m/pl* de paiement; **~schwierigkeiten** *f/pl* difficultés *f/pl* de paiement; **~termin** *m* date *f*, jour *m* de paiement; **2unfähig** *adj* insolvable; **~unfähigkeit** *f* ⟨~⟩ insolvabilité *f*; **~verkehr** *m* paiements *m/pl*; opérations *f/pl* de paiement; **~verpflichtungen** *f/pl* obligations *f/pl*; engagements *m/pl*; **~weise** *f* mode *m* de paiement; **2willig** *adj* disposé, prêt à payer
'**Zählwerk** *n* (mécanisme *m*) compteur *m*
'**Zahlwort** *n* ⟨~(e)s; -wörter⟩ (adjectif *m*) numéral *m*; nom *m* de nombre; **~zeichen** *n* chiffre *m*
zahm [tsaːm] *adj* **1.** *Tier* apprivoisé; **2.** F *fig Person* (*gefügig*) docile; *Lehrer, Vorgesetzter etc* peu *bzw* pas sévère; inoffensif, -ive; F souple; (*sanft*) doux, douce; *Äußerung, Kritik* anodin
'**zähmbar** *adj* apprivoisable; domptable
zähmen ['tsɛːmən] *v/t* ⟨h⟩ **1.** *Tier* apprivoiser; (*bändigen*) dompter; (*zu e-m Haustier machen*) domestiquer; *wildes Pferd* réduire; **2.** *st/s fig* maîtriser; *Trieb* réprimer
'**Zahmheit** *f* ⟨~⟩ **1.** *e-s Tiers* docilité *f*; **2.**

F *fig* docilité *f*; *e-s Lehrers etc* caractère inoffensif; F souplesse *f*; (*Sanftheit*) douceur *f*

'**Zähmung** *f* ⟨∼; ∼en⟩ *von Tieren* apprivoisement *m*; (*Bändigung*) domptage *m*; *zum Haustier* domestication *f*

Zahn [tsaːn] *m* ⟨∼(e)s; ∼e⟩ **1.** ANAT dent *f*; ZO (*Fang2*) croc *m*; (*Gift2*) crochet *m*; *falscher* ∼ fausse dent; *die dritten Zähne* le dentier; *die unteren, oberen Zähne* les dents du bas, du haut; *sich* (*dat*) *die Zähne putzen* se laver les dents; *Kind Zähne bekommen* faire, percer ses dents; *sich* (*dat*) *e-n* ∼ *ziehen lassen* se faire arracher une dent; *die Zähne zusammenbeißen a fig* serrer les dents; *mit den Zähnen klappern, knirschen* claquer, grincer des dents; *die Zähne fletschen* montrer les crocs; **2.** *fig* F *der* ∼ *der Zeit* les ravages *m/pl* du temps; F *j-m den* ∼ *ziehen* remettre à qn les pieds sur terre; F *bis an die Zähne bewaffnet* armé jusqu'aux dents; *j-m auf den* ∼ *fühlen* sonder qn; sonder les intentions de qn; F *j-m die Zähne zeigen* montrer les dents à qn; F *sich* (*dat*) *die Zähne an etw, j-m ausbeißen* se casser les dents sur qc, qn; F *die Zähne nicht auseinanderkriegen* ne pas desserrer les dents; F *lange Zähne machen, mit langen Zähnen essen, die Zähne heben* manger du bout des dents; F *das ist nur* (*etwas*) *für den hohlen* ∼ c'est plutôt maigre; **3.** F *ein steiler* ∼ F une super nana; **4.** F *e-n* (*ganz schönen*) ∼ *draufhaben* F marcher à toute pompe; *mit e-m Fahrzeug* ∼ F foncer; F rouler à fond la caisse; F *e-n* ∼ *zulegen* F mettre les gaz; **5.** TECH, *e-r Briefmarke* dent *f*

'**Zahn**|**arzt** *m*, ∼**ärztin** *f* (chirurgien *m*) dentiste *m,f*; ∼**arzthelferin** *f* assistante *f* dentaire

'**zahnärztlich** I *adj* ⟨épithète⟩ de *od* du dentiste; dentaire; II *adv j-n* ∼ *behandeln* donner des soins dentaires à qn

'**Zahn**|**arztpraxis** *f* cabinet *m* dentaire; ∼**ausfall** *m* ⟨∼(e)s⟩ chute *f* des dents; ∼**behandlung** *f* soins *m/pl* dentaires; ∼**bein** *n* ⟨∼(e)s⟩ ANAT ivoire *m*; dentine *f*; ∼**belag** *m* plaque *f* dentaire; ∼**bürste** *f* brosse *f* à dents; ∼**creme** *f* (pâte *f*) dentifrice *m*

'**zähne**|**fletschend** ['tsɛːnəflɛtʃənt] I *adjt* qui montre les dents; II *advt* en montrant les dents; ∼**klappernd** *advt* en claquant des dents; ∼**knirschend** *advt a fig* en grinçant des dents

'**zahnen** *v/i* ⟨h⟩ faire, percer ses dents

'**Zahn**|**ersatz** *m* prothèse *f* dentaire; ∼**fäule** *f* carie *f* dentaire

'**Zahnfleisch** *n* gencive(s) *f(pl)*; ∼**bluten** *n* ⟨∼s⟩ saignement *m* des gencives; *sc* gingivorragie *f*; ∼**entzündung** *f* gingivité *f*

'**Zahn**|**füllung** *f* plombage *m*; ∼**hals** *m* collet *m* d'une dent; ∼**heilkunde** *f* chirurgie *f* dentaire; dentisterie *f*; *sc* odontologie *f*; ∼**hygiene** *f* hygiène *f* dentaire; ∼**klammer** *f* appareil *m* dentaire; ∼**klempner** F *plais*, *meist péj* m F arracheur *m* de dents; ∼**klinik** *f* institut *m* dentaire; ∼**kranz** *m* TECH couronne dentée; ∼**krone** *f* couronne *f* d'une dent; ∼**laut** *m* PHON dentale *f*; 2**los** *adj* sans dents; édenté; ∼**lücke** *f* dent ébréchée; creux *m* entre les dents; ∼**medizin** *f* ⟨∼⟩ dentisterie *f*; chirurgie *f* dentaire; *sc* odontologie *f*; ∼**pasta** *f* ⟨∼; -sten⟩, ∼**paste** *f* (pâte *f*) dentifrice *m*; ∼**pflege** *f* soins *m/pl* dentaires; hygiène *f* dentaire; ∼**prothese** *f* prothèse *f* dentaire; dentier *m*; ∼**pulver** *n* poudre *f* dentifrice; ∼**putzbecher** *m*, ∼**putzglas** *n* verre *m* à dents; ∼**rad** *n* roue dentée; ∼**radbahn** *f* chemin *m* de fer à crémaillère; ∼**reihe** *f* dentition *f*; ∼**schmelz** *m* émail *m* des dents

'**Zahnschmerz** *m* mal *m* de dent; *sc* odontalgie *f*; ∼**en haben** avoir mal aux dents

'**Zahn**|**seide** *f* fil *m* dentaire; ∼**spange** *f* appareil *m* dentaire; ∼**spiegel** *m* miroir *m* dentaire; ∼**stange** *f* TECH crémaillère *f*; ∼**stein** *m* ⟨∼(e)s⟩ tartre *m* dentaire; ∼**stocher** *m* cure-dent *m*; ∼**stumpf** *m* chicot *m*; ∼**techniker**(**in**) *m(f)* prothésiste *m,f* dentaire; mécanicien-dentiste *m*

'**Zahn**|**ung** *f* ⟨∼; ∼en⟩ TECH denture *f*

'**Zahn**|**wal** *m* ZO denticète *m*; ∼**weh** *n* cf *Zahnschmerz*; ∼**wurzel** *f* racine *f* de la dent

Zaire [zaˈiːr] *n* ⟨→ *n/pr*⟩ le Zaïre

Za'**irer**(**in**) *m* ⟨∼s; ∼⟩ (*f*) ⟨∼; ∼nen⟩ Zaïrois(e) *m(f)*

za'**irisch** *adj* zaïrois

Zander ['tsandər] *m* ⟨∼s; ∼⟩ ZO sandre *m od f*

Zange ['tsaŋə] *f* ⟨∼; ∼n⟩ **1.** (*Kneif2*) tenaille(s) *f(pl)*; (*Flach2*) pince (plate); (*Geburts2*) forceps *m*; F *fig j-n in die* ∼ *nehmen* forcer la main à qn; F *fig j-n nicht mit der* ∼ *anfassen mögen* F ne pas pouvoir sentir qn; **2.** ZO pince *f*

'**zangen**|**förmig** *adj* qui a la forme d'une pince; 2**geburt** *f* accouchement *m* au forceps, aux fers

Zank [tsaŋk] *m* ⟨∼s; ∼⟩ querelle *f*; (*Wortwechsel*) dispute *f*; *in diesem Haus gibt es nur* ∼ *und Streit* on ne cesse de se disputer dans cette maison

'**Zankapfel** *m* pomme *f* de discorde

'**zanken** *v/réfl* ⟨h⟩ *sich* (*mit j-m*) ∼ se disputer, se quereller (avec qn); *sich um etw* ∼ se disputer qc, pour qc, à propos de qc

Zanke'**rei** F *f* ⟨∼; ∼en⟩ F chamailleries *f* (continuelles)

Zänkereien [tsɛŋkəˈraɪən] *f/pl* F bisbilles *f/pl*

'**zänkisch** ['tsɛŋkɪʃ] *adj* querelleur, -euse; F chamailleur, -euse; ∼**es Weib** 'harpie *f*

'**zanksüchtig** *adj* querelleur, -euse

'**Zäpfchen** ['tsɛpfçən] *n* ⟨∼s; ∼⟩ **1.** ANAT luette *f* (du palais); *sc* uvule *f*; **2.** MÉD suppositoire *m*

'**Zäpfchen-R** *n* PHON r *m* uvulaire

'**zapfen** ['tsapfən] *v/t* ⟨h⟩ *Wein*, *Bier* tirer (au tonneau)

'**Zapfen** ['tsapfən] *m* ⟨∼s; ∼⟩ **1.** *e-s Fasses* fausset *m*; **2.** CONSTR tenon *m*; **3.** BOT cône *m*; (*Kiefern2*) a pomme *f* (de pin); **4.** (*Eis2*) glaçon *m*; ∼**streich** **1.** MIL couvre-feu *m*; **2.** F *fig* (*pas de pl*) extinction *f* des feux; ∼**zieher** *m* ⟨∼s; ∼⟩ *regional*, *schweiz* tire-bouchon *m*

'**Zapf**|**hahn** *m* robinet *m*; ∼**säule** *f* pompe *f* à essence

'**zappelig** F *adj* F qui a la bougeotte; *Kind* F qui gigote; (*ungeduldig*) impatient; (*nervös*) nerveux, -euse

zappeln ['tsapəln] *v/i* ⟨-(e)le, h⟩ F gigoter; s'agiter; F *fig j-n* ∼ *lassen* tenir qn sur des charbons ardents

'**Zappelphilipp** F *m* ⟨∼s; ∼e *ou* ∼s⟩ F enfant *m* qui gigote sans cesse; *ein* ∼ *sein* F avoir la bougeotte

zappen ['tsapən] *v/i* ⟨h⟩ TV zapper

zappenduster ['tsapən'duːstər] F *adj a fig* sombre

'**zapplig** *cf zappelig*

Zar [tsaːr] *m* ⟨∼en; ∼en⟩ tsar *m*

'**Zaren**|**herrschaft** *f* ⟨∼⟩ domination *f* des tsars; ∼**reich** *n* empire *m* des tsars

Zarewitsch [tsaˈrɛvɪtʃ] *m* ⟨∼(e)s; ∼e⟩ tsarévitch *m*

Zarge ['tsargə] *f* ⟨∼; ∼n⟩ *e-s Fensters*, *e-r Tür* châssis *m*; cadre *m*; encadrement *f*; *e-s Saiteninstruments* éclisse *f*

Zarin *f* ⟨∼; ∼nen⟩ tsarine *f*

Za'**rismus** *m* ⟨∼⟩ tsarisme *m*; 2**istisch** *adj* tsariste

zart [tsaːrt] I *adj* **1.** *a Fleisch*, *Gemüse*, *Farben* tendre; *Gesundheit*, *Empfindung*, *Hauch*, *Pflanzen*, *Farben*, *Kuß* délicat; *Stimme*, *Klang*, *Melodie*, *Hauch* doux, douce; *Gewebe* fin; *Körper* frêle; fragile; (*zerbrechlich*), *Gesundheit* fragile; (*leicht*) léger, -ère; (*schwach*) faible; *vom* ∼**esten** *Kindesalter an* dès sa plus tendre enfance; **2.** (*zärtlich*) tendre; (*einfühlsam*) délicat; II *adv* doucement; (*zärtlich*) tendrement; (*einfühlsam*) délicatement

'**zart**|**besaitet** *adj* sensible; susceptible; ∼**bitter** *adj* Schokolade noir extra fin (*inv*); ∼**blau** *adj* bleu tendre (*inv*); ∼**fühlend** *adj*(*taktvoll*) qui a du tact; d'un tact parfait; ∼**gefühl** *n* ⟨∼(e)s⟩ délicatesse *f* (de sentiment); tact *m*

'**Zartheit** *f* ⟨∼⟩ délicatesse *f*; *der Haut*, *der Stimme*, *e-r Melodie etc* douceur *f*; *e-s Gewebes* finesse *f*; (*Zerbrechlichkeit*) fragilité *f*; (*Schwäche*) faiblesse *f*; *von Fleisch*, *Gemüse* tendreté *f*

zärtlich ['tsɛːrtlɪç] *adj* tendre; affectueux, -euse

'**Zärtlichkeit** *f* ⟨∼; ∼en⟩ tendresse *f*; affection *f*; ∼**en** *pl* (*Liebkosungen*) caresses *f/pl*; ∼**en austauschen** se caresser; se donner des caresses

'**zartrosa** *adj* rose tendre (*inv*)

Zaster ['tsastər] F *m* ⟨∼s⟩ F fric *m*; F pognon *m*; F pèze *m*

Zäsur [tsɛˈzuːr] *f* ⟨∼; ∼en⟩ **1.** METRIK césure *f*; **2.** *fig* (*Einschnitt*) événement *m* décisif; point tournant

Zauber ['tsaʊbər] *m* ⟨∼s; ∼⟩ **1.** (*Zauberhandlung*) magie *f*; (*Zauberkraft*) charme *m*; enchantement *m*; (*böser* ∼) sortilège *m*; (*Bann*) envoûtement *m*; *cf a faul 3.*; **2.** (*pas de pl*) *fig* (*Faszination*, *Reiz*) charme *m*; **3.** F *fig* (*pas de pl*) (*Getue*) F cirque *m*; *mach doch nicht so einen* ∼! ne fais pas tant d'histoires!; **4.** F *fig* (*pas de pl*) (*Zeug*) F bazar *m*

'**Zauberbuch** *n* livre *m* de magie

Zaube'**rei** *f* ⟨∼; ∼en⟩ **1.** (*pas de pl*) (*das Zaubern*) magie *f*; enchantement *m*; **2.** (*pas de pl*) (*Hexerei*) ensorcellement *m*; sorcellerie *f*; **3.** (*pas de pl*) (*Zauberkunst*) magie *f*; **4.** (*Zaubertrick*) tour *m* de magie, de prestidigitation

'**Zauberer** *m* ⟨∼s; ∼⟩ *im Zirkus etc* magicien *m*; *fig* sorcier *m*

'**Zauberflöte** *f Die* ∼ La Flûte enchantée

'**Zauber**|**formel** *f* formule *f* magique,

zauberhaft – Zeichenstift

d'envoûtement; ²**haft** *adj* enchanteur, -teresse; ravissant
'**Zauberhand** *f* **wie von** *od* **durch ~** comme par magie
'**Zauberin** *f* ⟨~; ~nen⟩ *im Zirkus etc* magicienne *f*; *fig* sorcière *f*
'**Zauber**|**kasten** *m* mallette *f* de magicien; **~kraft** *f* pouvoir *m*, vertu *f* magique; ²**kräftig** *adj* magique; **~kunst** *f* magie *f*; (*Taschenspielerkunst*) prestidigitation *f*; (*Trick*) tour *m* de magicien, *des Taschenspielers* de magie, de prestidigitation; **~künstler(in)** *m(f)* prestidigitateur, -trice *m,f*; illusionniste *m,f*; **~lehrling** *m* apprenti sorcier
'**zaubern** ⟨-(e)re, h⟩ **I** *v/t Zauberkünstler etw aus der Tasche ~* faire sortir qc de sa poche comme par enchantement; *sie hat uns aus den Resten ein köstliches Abendessen gezaubert* avec les restes, elle a réussi le tour de force de nous préparer un festin; **II** *v/i Zauberer* pratiquer la magie; *Hexe* pratiquer la sorcellerie; *Fee* user de sortilèges; *Zauberkünstler* faire des tours de prestidigitation; *~ können* être magicien, sorcier; F *ich kann doch nicht ~!* mais je ne peux pas faire plus vite!; je ne peux pas faire de miracle!
'**Zauber**|**spruch** *m* formule *f* magique; incantation *f*; **~stab** *m* baguette *f* magique; **~tee** *m* ⟨~s⟩ *CUIS, a MYTH* tisane abracadabrante, magique; **~trank** *m* potion *f* magique; philtre *m*; **~trick** *m* tour *m* de magie, de prestidigitation; **~wort** *n* ⟨~(e)s; ~e⟩ parole *f* magique
'**Zauderer** *st/s m* ⟨~s; ~⟩, '**Zauderin** *st/s f* ⟨~; ~nen⟩ esprit hésitant, indécis, irrésolu
zaudern ['tsaʊdərn] *st/s v/i* ⟨-(e)re, h⟩ hésiter (*etw zu tun* à faire qc); (*zögern*) tarder (*zu* [+ *inf*] à [+ *inf*]); (*abwarten*) temporiser; (*unentschlossen sein*) être indécis, irrésolu
'**Zaudern** *n* ⟨~s⟩ hésitation *f*; (*Unentschlossenheit*) indécision *f*; (*Abwarten*) temporisation *f*
'**Zaudrer(in)** *m(f) cf Zauderer, Zauderin*
Zaum [tsaʊm] *m* ⟨~(e)s; ~e⟩ bride *f*; *st/s fig Leidenschaften etc im ~ halten* contenir; dominer; mettre un frein à; *st/s s-e Zunge im ~ halten* tenir sa langue
zäumen ['tsɔʏmən] *v/t* ⟨h⟩ brider; mettre la bride à
'**Zaumzeug** *n* bride *f*
Zaun [tsaʊn] *m* ⟨~(e)s; ~e⟩ clôture *f*; enclos *m*; *aus Pfählen* palissade *f*; *e-n Streit vom ~ brechen* chercher querelle, noise; provoquer une querelle
'**Zaun**|**gast** *m* spectateur (inofficiel); badaud *m*; **~könig** *m ZO sc* troglodyte *m*; *abus* roitelet *m*
'**Zaunpfahl** *m* pieu *m*; F *fig ein Wink mit dem ~* un appel du pied
'**Zaunwinde** *f BOT* liseron *m* des 'haies
zausen ['tsaʊzən] *v/t* ⟨-(es)t, h⟩ *j-m die Haare ~* tirer les cheveux à qn
z.B. *abr* (*zum Beispiel*) par ex. (par exemple)
z. b. V. *abr* (*zur besonderen Verwendung*) à des fins spéciales
ZDF [tsɛtde:'ʔɛf] *n* ⟨~⟩ *abr* (*Zweites Deutsches Fernsehen*) Deuxième chaîne *f* de la télévision allemande
Zebra ['tse:bra] *n* ⟨~s; ~s⟩ *ZO* zèbre *m*;

~streifen *m auf der Straße* passage *m* pour piétons
Zebu ['tse:bu] *m od n* ⟨~s; ~s⟩ *ZO* zébu *m*
'**Zechbruder** F *m* (*Zechgenosse*) compagnon *m* de beuverie; (*Trinker*) F picoleur *m*
Zeche ['tsɛçə] *f* ⟨~; ~n⟩ **1.** (*Wirtshausrechnung*) addition *f*; (*zu zahlender Anteil*) écot *m*; (*Verzehr*) consommation *f*, F *die ~ prellen* partir sans payer ses consommations; F *fig die ~ bezahlen müssen* F devoir payer les pots cassés; **2.** *BERGBAU* mine *f* de charbon; charbonnage *m*; (*Steinkohlen*²) 'houillère *f*; *e-e ~ stillegen* arrêter l'exploitation d'une mine
'**zechen** *v/i* ⟨h⟩ faire des libations; F picoler
'**Zech**|**er** *m* ⟨~s; ~⟩ buveur *m*; **~e'rei** *f* ⟨~; ~en⟩, **~gelage** *n* beuverie *f*; **~kumpan** F *m* compagnon *m* de beuverie
'**Zechpreller** *m* ⟨~s; ~⟩ client *m* qui part sans payer ses consommations; *er ist ein ~* F il a filé sans payer ses consommations
Zech|**prelle'rei** *f* ⟨~; ~en⟩ grivèlerie *f*; '**~tour** F *f* tournée *f* des bistrots
Zecke ['tsɛkə] *f* ⟨~; ~n⟩ *ZO* tique *f*
Zeder ['tse:dər] *f* ⟨~; ~n⟩ *BOT* cèdre *m*
'**Zedernholz** *n* (bois *m* de) cèdre *m*
Zeh [tse:] *m* ⟨~s; ~en⟩ *cf Zehe 1*.
Zehe ['tse:ə] *f* ⟨~; ~n⟩ **1.** *ANAT von Menschen* orteil *m*; *von Menschen u Tieren* doigt *m* de pied; *große ~* (gros) orteil *m*; gros doigt; *kleine ~* petit orteil; petit doigt; *sich auf die ~n stellen* se mettre sur la pointe des pieds; *j-m auf die ~n treten* marcher sur le pied de qn; F *fig* (*j-n zur Eile antreiben*) bousculer qn; (*j-n beleidigen*) vexer qn; **2.** *BOT* (*Knoblauch*²) gousse *f*
'**Zehennagel** *m* ongle *m* d'orteil
'**Zehenspitze** *f* pointe *f* du pied; *auf ~n* sur la pointe des pieds; (*sehr leise*) à pas de loup
zehn [tse:n] *num/c* dix; *etwa, rund ~* (*Personen*) une dizaine (de personnes); *cf a acht I 1., 2.*
Zehn *f* ⟨~; ~en⟩ (chiffre *m*, nombre *m*) dix *m*; *cf a Acht¹ 1., 2.*
zehn…, Zehn… *cf a acht…, Acht…*
'**Zehn**|**eck** *n* décagone *m*; ²**eckig** *adj* décagone; décagonal
'**zehnein'halb** *num/c* dix et demi
'**Zehner** *m* ⟨~s; ~⟩ **1.** *MATH* dizaine *f*; **2.** F (*Zehnpfennigstück*) pièce *f* de dix pfennigs; (*Zehnmarkschein*) billet *m* de dix marks; **3.** *regional* (*Zehn*) dix *m*
'**Zehnerkarte** *f* billet *m* de dix entrées, trajets, etc
'**zehner'lei** *adj* ⟨*inv*⟩ dix sortes, espèces de …; dix … différent(e)s; de dix sortes, espèces différentes
'**Zehner**|**packung** *f* paquet *m* de dix; **~stelle** *f* dizaine *f*
'**zehnfach I** *adj* décuple; **II** *adv* dix fois
'**Zehn**|**fache(s)** *n* (→ *A*) décuple *m*; **~'fingersystem** *n* système *m* à dix doigts
zehn'jährig ['tse:njɛːrɪç] *adj* (*zehn Jahre alt*) (âgé) de dix ans; (*zehn Jahre lang*) de dix ans; qui dure dix ans; *sc, Amtszeit etc* décennal; ²**jährige(r)** *f(m)* ⟨→ *A*⟩ garçon *m*, fille *f* de dix ans; **~jähr-**

~lich *adv* (*adj*) (qui revient) tous les dix ans; ²**kampf** *m SPORT* décathlon *m*; ²**kämpfer** *m* décathlonien *m*; **~mal** *adv* dix fois; **~malig** *adj* ⟨*épithète*⟩ répété dix fois
Zehn|'**markschein** *m* billet *m* de dix marks; ~'**pfennigstück** *n* pièce *f* de dix pfennigs; '**~silb(l)er** *m* ⟨~s; ~⟩ *MÉTRIK* décasyllabe *m*
zehnt [tse:nt] *adv zu ~* à dix; *zu ~ sein* être dix
'**zehn'tausend** *num/c* dix mille; *fig die oberen* ² la haute société; *hinsichtlich Reichtum* les deux cents familles
'**zehnte(r, -s)** *num/o* dixième; *cf a achte(r, -s)*
Zehntel ['tse:ntəl] *n* ⟨~s; ~⟩ dixième *m*
'**zehntens** *adv* dixièmement; en dixième lieu
'**Zehn**|**zeiler** *m* ⟨~s; ~⟩ *MÉTRIK* dizain *m*; ²**zeilig** *adj* à *od* de dix lignes
zehren ['tse:rən] *v/i* ⟨h⟩ **1.** *von etw ~* vivre sur qc, *fig von Erinnerungen etc* de qc; *fig von s-m Ruhm* vivre sur sa réputation; **2.** (*mager machen*) faire maigrir; *Kummer, Sorge etc an j-m ~* miner, ronger, consumer qn
Zeichen ['tsaɪçən] *n* ⟨~s; ~⟩ signe *m*; *verabredetes* signal *m*; (*Kenn*²) marque *f*; (*Merk*²) repère *m*; (*Namens*²) sigle *m*; (*An*²) indice *m*; *MÉD, fig* symptôme *m*; *sinnbildliches, e-r Würde etc* insignes *m/pl*; (*Beweis*) preuve *f*; témoignage *m*; (*Vor*²) augure *m*; présage *m*; *CHIM, MATH* symbole *m*; *ASTR* signe *m*; (*Satz*²) signe *m* (de ponctuation); *ein ~ des Himmels* un signe du ciel; *die ~ der Zeit* les signes des temps; *ADM Ihr ~* votre référence; *das ~ zum Aufbruch geben* donner le signal du départ; *j-m ein ~ geben, etw zu tun* faire signe à qn de faire qc; *sich durch ~ verständigen* se faire comprendre par (des) signes; *das ist ein gutes, schlechtes ~* c'est bon, mauvais signe; *wenn nicht alle ~ trügen* à moins que je ne me trompe; *plais er ist seines ~s Schmied* il est forgeron de son état; *als od zum ~ meiner Dankbarkeit, Freundschaft* en *od* comme signe *od* témoignage de ma reconnaissance, de mon amitié; *auf ein ~* à un signal donné; sur un signal; *im ~ des Steinbocks, des wirtschaftlichen Aufschwungs* sous le signe du Capricorne, de la haute conjoncture; *zum ~, daß …* pour montrer, prouver que …; (pour *od* comme) preuve que …; *es geschehen noch ~ und Wunder!* on n'aura pas fini de s'étonner!
'**Zeichen**|**block** *m* ⟨~(e)s; ~e *ou* ~s⟩ bloc *m* de papier à dessin; **~brett** *n* planche *f* à dessin; **~dreieck** *n* équerre *f* à dessiner; **~erklärung** *f* légende *f*; **~feder** *f* plume *f* à dessin; ²**haft** *st/s adj* symbolique; **~heft** *n* cahier *m* à dessin; **~kette** *f INFORM* chaîne *f* de caractères; **~kohle** *f* ⟨~⟩ fusain *m*; **~lehrer(in)** *m(f)* professeur *m* de dessin; **~mappe** *f* carton *m* à dessin; **~maschine** *f* appareil *m* à dessiner; **~papier** *n* papier *m* à dessin; **~saal** *m* salle *f* de dessin; **~satz** *m INFORM* jeu *m* de caractères; **~schutz** *m* protection *f* des marques (de fabrique); **~setzung** *f* ⟨~⟩ ponctuation *f*; **~sprache** *f* langage *m* par signes, par gestes; **~stift** *m*

crayon *m* à dessin; **~stunde** *f* leçon *f* de dessin; **~trickfilm** *m* dessin animé; film *m* d'animation; **~unterricht** *m* leçons *f/pl* de dessin; **~vorlage** *f* modèle *m* (de dessin); **~winkel** *m* équerre *f* à dessiner
zeichnen ['tsaɪçnən] ⟨-ete, h⟩ **I** *v/t* **1.** (*malen*) dessiner; *Linie etc* tracer; **2.** (*markieren*), *a fig* Sorge, Erschöpfung *etc* marquer; *vom Tode, Schicksal gezeichnet* marqué par la mort, le destin; **3.** *Schmetterling etc* **schön gezeichnet** qui a de jolis dessins; **4.** *bes COMM* (*unter~*) signer; *Geldsumme bei e-r Sammlung, e-e Anleihe* souscrire; **II** *v/i* **5.** (*malen*) dessiner; **6.** *bes COMM* signer; *für etw verantwortlich ~* prendre, avoir la responsabilité de qc
'**Zeichner(in)** *m* ⟨~s; ~⟩ (*f*) ⟨~; ~nen⟩ **1.** dessinateur, -trice *m,f*; *technischer ~* dessinateur industriel; **2.** *e-r Anleihe etc* souscripteur, -trice *m,f*
'**zeichnerisch I** *adj* de dessin; de dessinateur, -trice; **~es Talent** talent(s) *m(pl)* de dessinateur; **II** *adv* au point de vue du dessin; comme dessin; *er ist ~ begabt* il est doué pour le dessin
'**Zeichnung** *f* ⟨~; ~en⟩ **1.** (*Bild, Muster*) dessin *m*; *technische ~* dessin industriel; **2.** *bes COMM* souscription *f*
'**zeichnungsberechtigt** *adjt bes COMM* autorisé à signer; *~ sein a* avoir la signature
'**Zeigefinger** *m ANAT* index *m*; *fig der erhobene ~* la leçon de morale
zeigen ['tsaɪgən] ⟨h⟩ **I** *v/t* montrer; faire voir; (*zur Schau stellen*) étaler; (*angeben*) *Weg etc* indiquer; *Film* passer; (*beweisen*) *Mut, Geduld etc* faire preuve de; (*dé*)*montrer*; (*bezeugen*) *Freude* manifester; témoigner; *durch sein Benehmen* faire acte de; F *es j-m ~* (*s-e Meinung sagen*) dire à qn sa façon de penser; (*von s-m Können überzeugen*) montrer à qn ce qu'on sait faire; **II** *v/i auf j-n, etw ~* montrer, désigner qn, qc (*mit dem Finger du doigt*); *fig mit Fingern auf j-n ~* montrer qn du doigt; *Kompaßnadel nach Norden ~* indiquer, montrer le nord; *Uhrzeiger auf 12 Uhr ~* marquer, indiquer midi; **III** *v/i/réfl* **sich ~ 1.** (*sich sehen lassen*) se montrer; se produire; se présenter; (*erscheinen*) paraître; apparaître; *mit ihm kann man sich nicht in der Öffentlichkeit ~* il n'est pas présentable; *sich von s-r besten Seite ~* se présenter sous un jour favorable; **2.** (*sich erweisen*) *sich mutig etc ~* faire preuve de courage, *etc*; **3.** (*zutage treten*) se manifester (*in* [+ *dat*] par); *das wird sich bald ~* cela se verra sous peu; *es zeigte sich, daß ...* il se trouvait *od* révélait que ...; *es wird sich ~, ob ...* le temps nous apprendra si ...; nous verrons si ...
'**Zeiger** *m* ⟨~s; ~⟩ aiguille *f*; *an Meßinstrumenten a* index *m*; **~ausschlag** *m* déviation *f* de l'aiguille
'**Zeigestock** *m* baguette *f*
'**Zeigfinger** *m schweiz cf* **Zeigefinger**
zeihen ['tsaɪən] *st/s v/t* ⟨zeiht, zieh, geziehen, h⟩ *j-n e-r Lüge* (*gén*) *etc ~* accuser qn de mensonge; dire
Zeile ['tsaɪlə] *f* ⟨~; ~n⟩ ligne *f* (*a TV*); (*Vers*₂) vers *m*; *von Häusern* rangée *f*; file *f*; *eingerückte ~* alinéa *m*; *neue ~!* à la ligne!; *e-e neue ~ anfangen* aller, mettre à la ligne; *in der dritten ~ von unten* à la troisième ligne en partant du bas; *ein paar~n* (*Briefchen*) un mot; *j-m ein paar~n hinterlassen* laisser un petit mot à qn; *j-m ein paar ~n schreiben* écrire quelques lignes à qn; *fig zwischen den ~n lesen* lire entre les lignes
'**Zeilen|abstand** *m* interligne *m*; **~dorf** *n* village-rue *m*; **~durchschuß** *m TYPO* interligne *m*; **~einsteller** *m* ⟨~s; ~⟩ *an der Schreibmaschine* levier *m* de réglage *d'*interligne; **~gießmaschine**, **~gußmaschine** *f TYPO* linotype *f*
'**Zeilenhonorar** *n* rémunération *f* à la ligne; *~ bekommen* être payé à la ligne
'**Zeilen|länge** *f TYPO* justification *f*; **~sprung** *m METRIK* enjambement *m*; **~steller** *m cf* **Zeileneinsteller**
'**zeilenweise** *adv* par lignes; *~ bezahlen* payer à la ligne
Zeisig ['tsaɪzɪç] *m* ⟨~s; ~e⟩ *ZO* tarin *m*
zeit [tsaɪt] *präp* ⟨*gén*⟩ *~ s-s Lebens* pendant toute sa vie; sa vie durant
Zeit [tsaɪt] *f* ⟨~; ~en⟩ **1.** ⟨*pas de pl*⟩ *a PHILOS* temps *m*; **~ und Raum** le temps et l'espace; *die ~ vergeht* le temps passe, s'écoule; *die ~ drängt* le temps presse; *~ gewinnen, verschwenden* gagner, gaspiller du temps; *die ~ totschlagen* tuer le temps; *~ verlieren* perdre du *od* son temps; *es ist keine ~ zu verlieren* il n'y a pas de temps à perdre; *keine freie ~ haben* ne pas avoir de temps libre; *keine ~ haben* (, *etw zu tun*) ne pas avoir le temps de faire qc); *das hat noch ~, damit hat es noch ~* ce n'est pas urgent; cela ne presse pas; *das hat noch ~ bis morgen* nous pouvons remettre cela à demain; *j-m ~ lassen* donner du temps à qn; *sich* (*dat*) *~ lassen, nehmen* prendre son temps; *er gönnt sich* (*dat*) *kaum ~ zum Essen* il prend à peine le temps de manger; *viel ~ kosten, in Anspruch nehmen* exiger, prendre beaucoup de temps; *ihm wird die ~ lang* il trouve le temps long; *SPORT* (*von etw*) *die ~ nehmen* chronométrer (qc); *SPORT sie ist e-e gute gelaufen* elle a fait, réalisé un bon temps (en courant); *du meine ~!, du liebe ~!* ah, mon Dieu!; bonté divine!; *die ganze ~* (*über*) pendant tout ce temps; *COMM auf ~* à terme; *Beamter auf ~* fonctionnaire *m* nommé pour une durée déterminée; *auf unbestimmte ~ verschieben* ajourner sine die; F *SPORT auf ~ spielen* essayer de gagner du temps; *in kurzer ~* (*schnell*) en peu de temps; (*bald*) sous peu; avant peu; *in nächster ~* prochainement; *in letzter ~* ces derniers temps; *im Laufe der ~, mit der ~* avec le temps; à la longue; *nach einiger ~* quelque temps après; *seit langer ~* depuis longtemps; *von ~ zu ~* de temps en temps; de temps à autre; *vor kurzer, langer ~* il y a peu de temps, longtemps; *vor einiger ~* à quelque temps; *prov ~ ist Geld* prov le temps, c'est de l'argent; *prov die ~ heilt alle Wunden* le temps guérit les douleurs; *prov kommt ~, kommt Rat* le temps est bon conseiller; **2.** (*~abschnitt*) temps *m*; période *f*; (*~alter*) *a* époque *f*; ère *f*; siècle *m*; âge *m*; *bessere, schlechte ~en* meilleurs, mauvais jours; *die ~ Karls des Großen* l'époque, le siècle de Charlemagne; *die vorgeschichtliche ~* l'âge préhistorique; *die gute alte ~* le bon vieux temps; *die erste ~* (*in der ersten Zeit*) au début; *er war s-r ~ voraus* il était en avance sur son temps, son époque; *mit der ~ gehen* être de son temps; *für alle ~en* pour toujours; à jamais; *in unserer ~, in der heutigen ~* de nos jours; *in alten ~en* au temps jadis; autrefois; *wir leben in e-r ~ der Unsicherheit* nous vivons dans une période d'insécurité; F *hier sind wir die längste ~ gewesen* nous ne ferons pas de vieux os ici; F *seit ewigen ~en* depuis une éternité; *zu allen ~en* de tout temps; à toutes les époques; *zu keiner ~* en nul temps, jamais (*mit ne beim Verb*); *zu s-r ~ en* son temps; (*zu s-n Lebzeiten*) de son vivant; *zu e-r ~, da ...* en *od* dans un temps où ...; *zur ~* (+ *gén*) à l'époque de; *prov andere ~en, andere Sitten* prov autres temps, autres mœurs; **3.** (*~punkt*) moment *m*; (*Datum*) date *f*; (*Uhrzeit*) heure *f*; *die genaue ~* l'heure exacte; *mitteleuropäische ~* heure *f* de l'Europe centrale; *es gibt ~en, wo ich mich sehr wohl fühle* il y a des moments où je me sens très bien; *ich glaubte die ~ gekommen, zu* (+ *inf*) j'ai cru le moment venu de (+ *inf*); *jetzt ist keine ~ dazu* ce n'est pas le moment; *es ist an der ~ zu* (+ *inf*); *es wird* (*langsam*) *~ zu* (+ *inf*) le moment est venu de (+ *inf*); il est temps de (+ *inf*); *es ist ~, zu* (+ *inf*) il est temps de (+ *inf*); *es ist ~, daß ...* il est temps que ... (+ *subj*); *es war* (*die*) *höchste ~* il était grand temps; *in der ~ von eins bis drei* de une à trois heures; *ich habe mich in der ~ geirrt* je me suis trompé d'heure; *seit der ~, von der ~ an* dès lors; depuis lors; depuis ce temps-là; à partir de ce moment; *um welche ~?* (*um wieviel Uhr*) à quelle heure?; *morgen um dieselbe ~* demain à la même heure; *nächstes Jahr um diese ~* l'année prochaine à cette date, à la même époque; *vor der ~* avant le temps (fixé, prévu); avant terme; *zur ~* (*gegenwärtig*) en ce moment; actuellement; *zu bestimmten ~en* à des heures précises; *zu jeder ~* toujours; à toute heure; *zur rechten ~* au bon moment; en temps utile, opportun; *zur festgesetzten ~* à l'heure dite, convenue; *zur gleichen ~ sich treffen etc* à la même heure; *zur selben ~* au même moment; *HIST* à la même époque; (*gleichzeitig*) en même temps; *alles zu s-r ~* chaque chose en son temps; *prov wer nicht kommt zur rechten ~, der muß nehmen, was übrigbleibt* prov qui va à la chasse perd sa place; **4.** (*Jahres~*) saison *f*; **5.** (*Frist*) délai *m*; *laß mir noch drei Tage ~* donne-moi encore un délai de trois jours; *in kürzester ~* dans le plus bref délai; *es sind schon zwei Tage über die ~* le terme, le délai est déjà dépassé de deux jours; **6.** *GR* (*Tempus*) temps *m*; *die einfachen, zusammengesetzten ~en* les temps simples, composés
'**Zeitabschnitt** *m* période *f*; époque *f*; temps *m*

Zeitalter – Zementfabrik

'**Zeitalter** n âge m; siècle m; époque f; temps m; ère f; *das Goldene* ~ l'âge d'or

'**Zeitangabe** f indication f du temps; *ohne* ~ sans date

'**Zeit|ansage** f *im Radio* heure exacte; *am Telefon* horloge parlante; ~**arbeit** f ⟨~⟩ travail m temporaire, intérimaire; intérim m; ~**arbeiter(in)** m(f) intérimaire m,f; ~**arbeitfirma** f société f d'intérim; ~**arbeitsvertrag** m contrat m de travail temporaire; ~**aufwand** m dépense f de temps; temps m (*für* consacré à); ²**bedingt** adjt conditionné par le moment donné, HIST par l'époque que donnée; ~**begriff** m notion f de *od* du temps; ~**bestimmung** f GR complément m (circonstanciel) de temps; ~**bild** n tableau m (des mœurs) d'une époque; ~**bombe** f bombe f à retardement; ~**dauer** f durée f; période f; temps m; ~**dokument** n document m de l'époque

'**Zeitdruck** m ⟨~(e)s; *unter* ~ (*stehen*)⟩ (être) pressé (par le temps)

'**Zeiteinteilung** f *e-s Kalenders etc* division f du temps; (*Zeitplanung*) emploi m du temps; *bei Veranstaltungen etc* minutage m; *er hat gar keine* ~ il ne sait pas gérer son temps

'**Zeiten|folge** f ⟨~⟩ GR concordance f des temps; ~**wende** f tournant m d'une époque

'**Zeit|erscheinung** f phénomène m d'une époque; *aktuelle* phénomène d'actualité; ~**ersparnis** f gain m, économie f de temps; ~**faktor** m ⟨~s⟩ facteur m temps; ~**folge** f ⟨~⟩ chronologie f; ordre m chronologique; ~**form** f GR temps m; ~**frage** f question f, affaire f de temps; ~**n** pl questions f/pl, problèmes m/pl d'actualité; ²**gebunden** adjt lié ao temps; ~**gefühl** n ⟨~s⟩ notion f du temps; ~**geist** m ⟨~(e)s⟩ esprit m du temps, du siècle

zeitgemäß adj moderne; actuel, -elle; (*angebracht*) opportun; *das ist nicht mehr* ~ cela n'est plus moderne, d'actualité

'**Zeit|genosse** m, ~**genossin** f 1. contemporain(e) m(f); 2. F *péj* F type m; F typesse f; individu m; *ein sturer* ~ F une tête de mule; *ein unangenehmer* ~ F un type pas sympa

'**zeit|genössisch** adj contemporain; ²**geschehen** n événements m/pl du jour; actualité f; ²**geschichte** f ⟨~⟩ histoire contemporaine; ~**geschichtlich** adj de l'histoire contemporaine; ²**geschmack** m ⟨~(e)s⟩ goût m du jour, de l'époque; ²**gewinn** m ⟨~s⟩ économie f, gain m de temps; ~**gleich I** adj (*gleichzeitig*) simultané (*mit* à); SPORT *Läufer etc* ex æquo; **II** adv (*gleichzeitig*) en même temps (*mit* que); SPORT avec le même temps (*mit* que); ex æquo

Zeitgründe ['tsaɪtɡrʏndə] m/pl *aus* ~**n** par manque de temps; faute de temps

'**zeitig I** adj (*verfrüht*) précoce; *Personen* en avance; *am* ~**en Nachmittag** tôt dans l'après-midi; **II** adv tôt; de bonne heure

'**zeitigen** st/s v/t ⟨h⟩ *Erfolge etc* produire

'**Zeit|karte** f (carte f d')abonnement m; ~**kritik** f ⟨~⟩ critique f de son époque; ²**kritisch** adj critique de son époque

'**Zeitlang** f ⟨~⟩ *e-e* ~ pendant quelque temps; *un certain temps*; *das währt nur e-e* ~ cela n'a qu'un temps

'**Zeit|läuf(t)e** ['tsaɪtlɔyf(t)ə] st/s pl circonstances f/pl; ²**lebens** adv durant toute ma, sa, *etc* vie; ma, sa, *etc* vie durant

'**zeitlich I** adj 1. PHILOS, GR, REL temporel, -elle; st/s *das* ²**e segnen** rendre l'âme; 2. REL (*vergänglich*) de ce monde; (*irdisch*) terrestre; 3. ~**e Reihenfolge** ordre m chronologique; **II** adv ~ *zusammenfallen* coïncider (*mit* avec); ~ *begrenzt* temporaire

'**zeitlos** adj PHILOS intemporel, -elle; *Kleidung etc* qui n'est pas conditionné par la mode, l'époque

'**Zeitlupe** f ⟨~⟩ FILM ralenti m; *in* ~ au ralenti

'**Zeitlupentempo** n ⟨~s⟩ *im* ~ au ralenti; *péj* avec une lenteur désespérante; *sich bewegen* comme une tortue

'**Zeitmangel** m ⟨~s⟩ manque m de temps; *aus* ~ faute de temps

'**Zeit|maß** n MUS mouvement m; ~**messer** m ⟨~s; ~⟩ chronomètre m; PHYS a compteur m de temps; ~**nehmer(in)** m ⟨~s; ~⟩ (f) ⟨~; ~nen⟩ chronométreur, -euse m,f

'**Zeitnot** f ⟨~⟩ *in* ~ (*dat*) *sein* être pressé par le temps

'**Zeit|plan** m emploi m du temps; horaire m; *für Veranstaltungen etc* minutage m; ~**punkt** m moment m; date f; ~**raffer** m ⟨~s; ~⟩ FILM accéléré m; *im* ~ en accéléré

'**zeitraubend** adjt qui exige, prend beaucoup de temps; *Arbeit a* de longue haleine

'**Zeitraum** m période f; laps m de temps; *in e-m von* ~ sur une durée de; pour une période de

'**Zeitrechnung** f chronologie f; *im Jahre 60 christlichen, vor unserer* ~ en l'an 60 de l'ère chrétienne, avant notre ère

'**Zeitschaltuhr** f minuteur m

'**Zeitschrift** f revue f; magazine m; périodique m; *literarische, wissenschaftliche* ~ revue littéraire, scientifique

'**Zeit|soldat** m engagé m; ~**spanne** f période f; ²**sparend** adjt qui économise, gagne du temps; ~**strömung** f tendance f (d'une période); ~**tafel** f tableau m chronologique; ~**takt** m ⟨~(e)s⟩ TÉL (durée f d'une) unité f téléphonique; ~**umstände** m/pl circonstances f/pl; conjonctures f/pl; ~**umstellung** f changement m d'heure

Zeitung ['tsaɪtʊŋ] f ⟨~; ~en⟩ journal m; *als Zeitungstitel a* gazette f; *in der* ~ *stehen* être dans le journal; (*die*) ~ *lesen* lire le journal

'**Zeitungs|abonnement** n abonnement m à un journal; ~**abonnent(in)** m(f) abonné(e) m(f) à un journal; ~**annonce** f, ~**anzeige** f annonce f; ~**artikel** m article m de journal; ~**ausschnitt** m coupure f de journal; ~**austräger(in)** m(f) porteur, -euse m,f de journaux; ~**beilage** f supplément m; ~**ente** F f F canard m; ~**frau** f *Verkäuferin* vendeuse f de journaux; *Austrägerin* porteuse f de journaux; ~**händler(in)** m(f) marchand(e) m(f) de journaux; ~**inserat** n annonce f; ~**kiosk** m kiosque m à journaux; ~**leser(in)** m(f) lecteur, -trice m(f) de journaux; ~**meldung** f, ~**notiz** f entrefilet m; ~**papier** n papier m journal; ~**stand** m kiosque m à journaux; ~**ständer** m porte-journaux m; ~**verkäufer(in)** m(f) vendeur, -euse m,f de journaux; ~**wissenschaft** f journalisme m

'**Zeitunterschied** m différence f de temps; *in der Uhrzeit* différence f d'heure; ~**verlust** m ⟨~(e)s⟩ perte f de temps; ~**verschiebung** f décalage m horaire; ~**verschwendung** f ⟨~⟩ gaspillage m de temps; ²**versetzt** adjt décalé f; RAD, TV *Sendung* (en) différé; ~**vertrag** m contrat m à durée déterminée

'**Zeitvertreib** m ⟨~(e)s; ~e⟩ passe-temps m; divertissement m; *zum* ~ pour passer le temps; pour se distraire

'**Zeitvorsprung** m avance f (de temps) (*gegenüber j-m* sur qn)

'**zeit|weilig** adj (*épithète*) temporaire; ~**weise** adv quelquefois; par moments; (*zeitweilig*) temporaire

'**Zeit|wert** m valeur actuelle; ~**wort** n ⟨~(e)s; ~er⟩ GR verbe m; ~**zeichen** n *im Radio* signal m, top m horaire; ~**zone** f fuseau m horaire

'**Zeitzünder** m fusée f à retardement; *Bombe f mit* ~ bombe f à retardement

zelebrieren [tsele'briːrən] v/t ⟨*pas de ge-*, h⟩ *Messe* célébrer; st/s *Mahlzeit etc* faire (tout) un rite de

Zelle ['tsɛlə] f ⟨~; ~n⟩ (*Kloster*²*, Gefängnis*²), PHOT, AVIAT, BIOL cellule f; POL a noyau m; *e-r Bienenwabe a* alvéole m; *e-r Batterie* élément m; (*Telefon*²) cabine f téléphonique; F *plais* (*kleinen*) **grauen** ~**n** F la matière grise

'**Zellen|genosse** m, ~**genossin** f compagnon m, compagne f de cellule

'**Zell|forschung** f ⟨~⟩ cytologie f; ~**gewebe** n tissu m cellulaire; ~**gift** n cytolytique m; ~**kern** m noyau m de la cellule; nucléus m

Zello'phan n cf **Cellophan**

'**Zell|stoff** m cellulose f; *Stoff* ouate f de cellulose; ~**teilung** f division f cellulaire

zellular [tsɛlu'laːr], **zellulär** [tsɛlu'lɛːr] adj cellulaire

Zellulitis [tsɛlu'liːtɪs] f ⟨~; -'tiden⟩ MÉD cellulite f

Zelluloid [tsɛlu'lɔyt] n ⟨~(e)s⟩ celluloïd m

Zellulose [tsɛlu'loːzə] f ⟨~; ~n⟩ cellulose f

'**Zellwolle** f laine f cellulosique; fibranne f

Zelt [tsɛlt] n ⟨~(e)s; ~e⟩ tente f; *ein* ~ *aufschlagen* planter une tente; *fig s-e* ~*e in X* (*dat*) *aufschlagen* s'installer à X; *ein* ~ *abbrechen* (re)plier une tente; *fig s-e* ~*e abbrechen* lever le camp; partir; *im* ~ *schlafen* coucher sous la tente

'**Zeltbahn** f toile f de tente

'**zelten** v/i ⟨-ete, h⟩ faire du camping; camper

'**Zelt|lager** n camp m; campement m; ~**pflock** m piquet m de tente; ~**plane** f bâche f; ~**platz** m (terrain m de) camping m; ~**stadt** f grand campement; village m de toile; ~**stange** f mât m de tente

Zement [tse'mɛnt] m ⟨~(e)s; ~e⟩ 1. *Baustoff* ciment m; 2. ANAT (*Zahn*²), MÉD (*Zementierpulver*) cément m; ~**fabrik** f cimenterie f

zemen'tieren v/t ⟨pas de ge-, h⟩ a fig cimenter
Ze'mentwerk n cimenterie f
Zen [zɛn ou tsɛn] n ⟨~(s)⟩ REL zen m; **~-e Buddhismus** m bouddhisme m zen
Zenit [tse'ni:t] m ⟨~(e)s⟩ ASTR, fig zénith m; *die Sonne steht im ~* le soleil est au zénith
zensieren [tsɛn'zi:rən] v/t ⟨pas de ge-, h⟩ **1.** *Presse, Film etc* soumettre à la censure; *durch Streichungen* censurer; **2.** SCHULE noter; donner une note à; *s-e Klassenarbeit ist mit „gut" zensiert worden* il a eu 14 (sur 20) au contrôle; son contrôle a été noté 14 (sur 20)
'Zensor m ⟨~s; -'soren⟩ censeur m
Zen'sur f ⟨~; ~en⟩ **1.** ⟨pas de pl⟩ (Kontrolle), Behörde censure f; **2.** (Note) note f
zensu'rieren v/t ⟨pas de ge-, h⟩ österr, schweiz cf **zensieren 1.**
Zensus ['tsɛnzʊs] m ⟨~; ~⟩ (Volkszählung) recensement m; **~wahlrecht** n suffrage m censitaire
Zentaur [tsɛn'tauər] m ⟨~en; ~en⟩ MYTH centaure m
Zenti|gramm [tsɛnti'gram ou 'tsɛntigram] n centigramme m; **~liter** m od n centilitre m; **~meter** m od n centimètre m; **~'metermaß** n COUT centimètre m
Zentner ['tsɛntnər] m ⟨~s; ~⟩ **1.** (50 kg) demi-quintal m; **2.** österr, schweiz (100 kg) quintal m; **~gewicht** n poids m d'un demi-quintal; **~last** f fig fardeau accablant
'zentnerschwer I adj qui pèse un demi-quintal bzw plusieurs demi-quintaux; fig accablant; **II** adv fig *das liegt mir ~ auf dem Herzen* cela me pèse sur le cœur
zen'tral adj central; **~es Thema** thème central; **II** adv *Haus, Viertel es liegt sehr ~, es ist sehr ~ gelegen* c'est très central
Zen'tralafrikanische Repu'blik *die ~* la République centrafricaine
Zen'tralbank f ⟨~; ~en⟩ banque centrale
Zen'trale f ⟨~; ~n⟩ bureau central; direction centrale; *e-r Firma a* maison f mère; TÉL standard m; central m
Zen'tral|einheit f INFORM unité centrale; **~gewalt** f pouvoir central; **~heizung** f chauffage central
Zentrali|sati'on f ⟨~; ~en⟩ centralisation f; ²**sieren** v/t ⟨pas de ge-, h⟩ centraliser; **~'sierung** f ⟨~; ~en⟩ centralisation f
Zentra'l|ismus m ⟨~⟩ centralisme m; ²**istisch** adj centraliste
Zen'tralkomitee n POL comité central
Zen'tralmassiv *das ~* le Massif central
Zen'tral|nervensystem n système nerveux central; **~regierung** f gouvernement central; **~verband** m association centrale; **~verriegelung** f *im Auto* verrouillage central
zen'trier|en v/t ⟨pas de ge-, h⟩ TECH centrer; ²**ung** f ⟨~; ~en⟩ centrage m
zentrifugal [tsɛntrifu'ga:l] adj centrifuge; ²**kraft** f PHYS force f centrifuge; ²**pumpe** f pompe f centrifuge
Zentri'fu|ge f ⟨~; ~n⟩ centrifugeuse f; (*Milch*²) écrémeuse f; ²**'gieren** v/t ⟨pas de ge-, h⟩ centrifuger

zentripetal [tsɛntripe'ta:l] adj centripète; ²**kraft** f PHYS force f centripète
Zentrum ['tsɛntrʊm] n ⟨~s; -tren⟩ centre m; HIST POL Centre m
Zephir ['tse:fi:r] poét m ⟨~s; ~e⟩ poét zéphyr m
Zeppelin ['tsɛpəli:n] m ⟨~s; ~e⟩ dirigeable m
Zepter ['tsɛptər] n od m ⟨~s; ~⟩ sceptre m; fig *das ~ übernehmen* prendre la barre
zer|'beißen v/t ⟨irr, pas de ge-, h⟩ **1.** casser avec les dents; croquer; **2.** *Insekten etc* dévorer; **~'bersten** v/i ⟨irr, pas de ge-, sein⟩ éclater; voler en éclats; (*platzen*) crever
Zerberus ['tsɛrberʊs] m ⟨~; ~se⟩ MYTH Cerbère m; fig plais cerbère m
zer|'bomben v/t ⟨pas de ge-, h⟩ détruire par les bombes; **~'brechen** ⟨irr, pas de ge-⟩ **I** v/t ⟨h⟩ casser; **II** v/i ⟨sein⟩ se casser; *a fig Ehe, Freundschaft etc* briser; **~'brechlich** adj fragile; ²**'brechlichkeit** f ⟨~⟩ fragilité f; **~'bröckeln** ⟨-(e)le, pas de ge-⟩ **I** v/t ⟨h⟩ *Brot etc* émietter; *Gestein, Erde* effriter; **II** v/i ⟨sein⟩ s'émietter; s'effriter
zer|deppern [tsɛr'dɛpərn] F v/t ⟨-(e)re, pas de ge-, h⟩ mettre en miettes; casser (en mille morceaux); **~'drücken** v/t ⟨pas de ge-, h⟩ **1.** écraser; **2.** F (*zerknittern*) froisser; chiffonner; friper
zerebral [tsere'bra:l] adj ANAT, MÉD cérébral
Zeremonie [tseremo'ni: ou tsere'mo:niə] f ⟨~; ~n⟩ cérémonie f
zeremoni'ell adj cérémonieux, -ieuse; plein de solennité
Zeremoni'ell n ⟨~s; ~e⟩ cérémonial m
Zere'monienmeister m maître m des cérémonies
zer'fahren adj *Person* distrait; étourdi; *Gespräch* décousu
Zer'fall m ⟨-(e)s; ²e⟩ **1.** ⟨pas de pl⟩ *e-s Gebäudes, Reiches etc* ruine f; délabrement m; fig *e-s Systems etc* déclin m; fig péj décadence f; **2.** CHIM décomposition f; NUCL désintégration f
zer'fallen v/i ⟨irr, pas de ge-, sein⟩ **1.** *Gebäude, Reich* tomber en ruine; se délabrer; fig *System etc* se désintégrer; fig péj tomber en décadence; *in mehrere Teile ~* se diviser, se décomposer en plusieurs parties; *zu Staub ~* tomber en poussière; **2.** CHIM se décomposer; NUCL se désintégrer
Zer'falls|erscheinung f symptôme m de décadence; **~produkt** n NUCL produit m de désintégration; **~reihe** f NUCL série f de désintégration
zer|'fasern ⟨-(e)re, pas de ge-⟩ **I** v/t ⟨h⟩ effiler; effilocher; **II** v/i ⟨h⟩ s'effiler; s'effilocher; **~'fetzen** v/t ⟨-(es)t, pas de ge-, h⟩ **1.** mettre en lambeaux; déchirer; *Papier a* lacérer; *Geschoß* déchiqueter; **2.** fig (*verreißen*) mettre en pièces; **~'fleddert** adj *Buch* abîmé; usé; **~'fleischen** ⟨pas de ge-⟩ **I** v/t déchirer (à belles dents); *Beute* déchiqueter; mettre en pièces; **II** v/réfl *sich ~* fig *Personen, Land* se déchirer; ²**'fleischung** f ⟨~; ~en⟩ *a fig* déchirement m
zer'fließen v/i ⟨irr, pas de ge-, sein⟩ **1.** (*schmelzen*) fondre; se liquéfier; *in Tränen ~* fondre en larmes; *vor Mitleid (dat) ~* s'apitoyer vivement, fortement; **2.** *Konturen etc* s'estomper

zer'fressen v/t ⟨irr, pas de ge-, h⟩ ronger; manger; CHIM corroder; *von Motten ~* rongé par les mites; mité
zer'furcht adj *Stirn, Gesicht* ridé; sillonné de rides
zer'gehen v/i ⟨irr, pas de ge-, sein⟩ fondre; (*sich auflösen*) se dissoudre; *Butter ~ lassen* (faire) fondre; *auf der Zunge ~* fondre dans la bouche
zer|'gliedern v/t ⟨-(e)re, pas de ge-, h⟩ *Pflanze, Tier, Leichnam* disséquer; GR *Satz* décomposer; analyser; fig *Problem etc* décomposer; ²**'gliederung** f ⟨~; ~en⟩ *e-r Pflanze, e-s Tiers, Leichnams* dissection f; GR *e-s Satzes* décomposition f; analyse f; fig *e-s Problems etc* décomposition f; **~'hacken** v/t ⟨pas de ge-, h⟩ hacher; **~'hauen** v/t ⟨irr, pas de ge-, h⟩ tailler; mettre en pièces; **~'kauen** v/t ⟨pas de ge-, h⟩ mâcher; **~'kleinern** v/t ⟨-(e)re, pas de ge-, h⟩ concasser; broyer
Zer'kleinerung f ⟨~; ~en⟩ concassage m; broyage od broiement m
zer|'klüftet [tsɛr'klyftət] adj crevassé; fissuré; *Küste* déchiqueté; **~'knautschen** F v/t ⟨pas de ge-, h⟩ froisser; chiffonner; **~'knicken** ⟨pas de ge-⟩ **I** v/t ⟨h⟩ *Papier* plier; *Stengel* casser; **II** v/i ⟨sein⟩ *Papier* se plier; *Stengel* se casser; **~'knirscht** adj contrit; penaud; ²**'knirschtheit** f ⟨~⟩, ²**'knirschung** f ⟨~⟩ contrition f
zer|'knittern v/t ⟨-(e)re, pas de ge-, h⟩ froisser; chiffonner; F fig *zerknittertes Gesicht* visage fripé
zer|'knüllen v/t ⟨pas de ge-, h⟩ froisser; chiffonner; **~'kochen** ⟨pas de ge-⟩ **I** v/t ⟨h⟩ faire trop cuire; *zu Brei* réduire en bouillie; **II** v/i ⟨sein⟩ être réduit en bouillie; *zerkocht* trop cuit
zer|'kratzen v/t ⟨-(e)st, pas de ge-, h⟩ *Haut, Möbel, Auto* égratigner; *Möbel, Auto a* rayer; *mit Nägeln, Krallen* griffer; **~'krümeln** v/t ⟨-(e)le, pas de ge-, h⟩ émietter; **~'lassen** v/t ⟨irr, pas de ge-, h⟩ *Fett* faire fondre
zer|'legen v/t ⟨pas de ge-, h⟩ *Maschine etc* démonter; CHIM, GR décomposer; analyser; *Fleisch* découper; *in zwei Teile ~* diviser en deux; *etw in s-e Bestandteile ~* réduire qc à ses composants
zer'lesen adj *Buch* usé; fatigué
zer|'löchert [tsɛr'lœçərt] adj criblé, percé de trous; **~'lumpt** adj en lambeaux; en guenilles; **~'mahlen** v/t ⟨irr, pas de ge-, h⟩ moudre
zermalmen [tsɛr'malmən] v/t ⟨pas de ge-, h⟩ écraser; broyer
zer|'martern v/réfl ⟨-(e)re, pas de ge-, h⟩ *sich (dat) das Gehirn, den Kopf ~* se creuser la tête; F se triturer la cervelle, les méninges
zer'mürb|en v/t ⟨pas de ge-, h⟩ user; démoraliser; ²**ung** f ⟨~⟩ usure f; démoralisation f
zer|'pflücken v/t ⟨pas de ge-, h⟩ **1.** *Blume* effeuiller; **2.** fig éplucher
zer|'platzen v/i ⟨-(es)t, pas de ge-, sein⟩ crever; éclater; (*explodieren*) exploser; *vor Neid (dat) ~* crever d'envie; *vor Wut (dat) ~* exploser de colère
zer|'quetschen v/t ⟨pas de ge-, h⟩ écraser; *Oliven* détriter; F *zehn Mark und ein paar Zerquetschte* F dix marks et des poussières
'Zerrbild n **1.** (*Karikatur*) caricature f;

charge *f*; **2.** (*verzerrte Darstellung*) fausse image
zer'reden *v/t* ⟨-ete, *pas de ge-*, h⟩ *etw* ~ rabâcher, ressasser qc
zer'reiben *v/t* ⟨*irr, pas de ge-*, h⟩ triturer; broyer; *zu Pulver* pulvériser
zer'reißen ⟨*irr, pas de ge-*⟩ **I** *v/t* ⟨h⟩ déchirer; *Papier a* lacérer; *Stoff a* mettre en lambeaux; *Faden* casser; rompre; *durch ein Geschoß, Raubtier e-n Menschen* déchiqueter; *Schüsse zerrissen die Stille* des coups de feu déchirèrent le silence; *das zerreißt mir das Herz* cela me fend le cœur; F *plais ich kann mich doch nicht* ~ je ne peux être partout à la fois; **II** *v/i* ⟨sein⟩ se déchirer; *Faden* (se) casser; se rompre; *die Atmosphäre war zum* ⩲ *gespannt* l'ambiance était extrêmement tendue
Zer'reißprobe *f* **1.** TECH essai *m* à la rupture par traction; **2.** *fig* rude épreuve *f*; *es auf e-e* ~ *ankommen lassen* faire la guerre d'usure
zerren ['tsɛrən] *v/t u v/i* ⟨h⟩ **1.** (*ziehen*) (*an etw* [*dat*]) ~ tirer (sur qc); *j-n am Arm* ~ *a* tirailler qn par le bras; *j-n aus dem Bett* ~ tirer qn du lit; *etw an die Öffentlichkeit* ~ jeter qc en pâture à l'opinion publique; *j-n vor Gericht* ~ traîner qn devant les tribunaux; **2.** MÉD *sich* (*dat*) *e-n Muskel* ~ se froisser, F se claquer un muscle
zer'rinnen *v/i* ⟨*irr, pas de ge-*, sein⟩ *a fig* (se) fondre; *Vermögen, Geld* s'écouler; se dissiper; *in nichts* ~ s'évanouir; se réduire à rien; *das Geld zerrinnt ihm zwischen od unter den Fingern* l'argent lui file entre les doigts, lui fond dans les mains
zerrissen [tsɛr'rɪsən] *adj a fig* déchiré; ⩲**heit** *f* ⟨~⟩ déchirement *m*; conflits intérieurs; *e-s Landes a* division(s) *f*(*pl*) interne(s)
'Zerrspiegel *m* miroir déformant
'Zerrung *f* ⟨~; ~en⟩ MÉD claquage *m*; froissement *m*; distension *f*
zer'rupfen *v/t* ⟨*pas de ge-*, h⟩ déchirer (en menus morceaux); *Blume* effeuiller
zerrütten [tsɛr'rʏtən] *v/t* ⟨-ete, *pas de ge-*, h⟩ *Finanzen, Ehe* ruiner; *Gesundheit a* délabrer; *Nerven* briser; *in zerrütteten Familienverhältnissen leben* vivre dans un climat familial profondément perturbé
Zer'rüttung *f* ⟨~⟩ *der Finanzen, e-r Ehe* ébranlement *m*; bouleversement *m*; ruine *f*; *der Gesundheit* ruine *f*; *a nervliche* délabrement *m*
Zer'rüttungsprinzip *n* ⟨~⟩ JUR principe selon lequel le divorce peut être prononcé pour trouble irréparable de la vie conjugale
zer'sägen *v/t* ⟨*pas de ge-*, h⟩ scier
zerschellen [tsɛr'ʃɛlən] *v/i* ⟨*pas de ge-*, sein⟩ *Schiff* se fracasser; *Flugzeug* s'écraser (*am Boden* au sol; *an e-m Berg* contre une montagne)
zer'schlagen[1] ⟨*irr, pas de ge-*, h⟩ **I** *v/t* *Geschirr* etc casser; *Organisation* démanteler; **II** *v/réfl* *sich* ~ échouer; rater; *Pläne, Angelegenheit* être réduit à néant; *Hoffnungen* s'effondrer
zer'schlagen[2] *adj ich fühle mich wie* ~ je me sens tout rompu, moulu
zer'schmettern *v/t* ⟨-(e)re, *pas de ge-*, h⟩ fracasser; écraser; *Glieder* disloquer; ~**'schneiden** *v/t* ⟨*irr, pas de ge-*, h⟩ couper (en morceaux, en tranches); découper; ~**'schnippeln** F *v/t* ⟨-(e)le, *pas de ge-*, h⟩ (dé)couper en petits morceaux; ~**'schrammen** *v/t* ⟨*pas de ge-*, h⟩ couvrir d'égratignures, de rayures; *Möbelstück* rayer; *Knie* etc égratigner
zerschunden [tsɛr'ʃʊndən] *adj* égratigné
zer'setzen ⟨-(es)t, *pas de ge-*, h⟩ **I** *v/t* **1.** CHIM décomposer; dissoudre; **2.** *fig* décomposer; désagréger; *Armee a* démoraliser; ~**de Schriften** *f/pl* écrits subversifs; **II** *v/réfl sich* ~ CHIM se dissoudre; *a Holz, Kompost* etc se décomposer
Zer'setzung *f* ⟨~; ~en⟩ CHIM, *fig* décomposition *f*; dissolution *f*; *der Armee* démoralisation *f*
Zer'setzungsprozeß *m* processus *m* de décomposition
zer'siedeln *v/t* ⟨-(e)le, *pas de ge-*, h⟩ *Landschaft* destructurer; *p/fort* détruire par l'urbanisation; ⩲**sied(e)lung** *f* *e-r Landschaft* mitage *m*; destructuration *f*; ~**'splittern** ⟨-(e)re, *pas de ge-*⟩ **I** *v/t* ⟨h⟩ faire voler en éclats; fractionner; *Glas, fig Partei* éclater; *Knochen* fracasser; *Stein, fig* fragmenter; *Besitztum, Staat* morceler; *Kraft* *a* atomiser; **II** *v/i* ⟨sein⟩ voler en éclats; *Knochen* se fracasser; ⩲**'splitterung** *f* ⟨~⟩ fragmentation *f*; *e-s Knochens* fracassement *m*; *e-r Partei* fractionnement *m*; ~**'sprengen** *v/t* ⟨*pas de ge-*, h⟩ faire éclater, exploser, sauter; *Menschenmenge* disperser; MIL *a* mettre en déroute
zer'springen *v/i* ⟨*irr, pas de ge-*, sein⟩ se briser; se casser; (*zerplatzen*) éclater; *Glas, Spiegel* voler en éclats; *st/s das Herz will mir* ~ mon cœur bat à se rompre; *st/s der Kopf will mir* ~ ma tête éclate
zer'stampfen *v/t* ⟨*pas de ge-*, h⟩ concasser; broyer; *Kartoffeln* écraser; *in e-m Mörser* piler; *Feld, Boden* piétiner; fouler (aux pieds)
zer'stäuben [tsɛr'ʃtɔybən] *v/t* ⟨*pas de ge-*, h⟩ pulvériser; *Parfüm* vaporiser; *Flüssigkeit* atomiser; ⩲**'stäuber** *m* ⟨~s; ~⟩ pulvérisateur *m*; *für Parfüm* atomiseur *m*; vaporisateur *m*; TECH *a* diffuseur *m*
zer'stechen *v/t* ⟨*irr, pas de ge-*, h⟩ *durch Nadeln* etc couvrir de piqûres; *Autoreifen* lacérer à coups de couteau; *von Mücken zerstochen* dévoré par les moustiques
zer'stieben *st/s v/i* ⟨*irr, pas de ge-*, sein⟩ *Menschenmenge, Funken* se disperser (en tous sens); *Traurigkeit, Müdigkeit* etc se dissiper; ~**'störbar** *adj* destructible; ~**'stören** *v/t* ⟨*pas de ge-*, h⟩ détruire; *Gebautes* démolir; raser; abattre; *fig Glück, Hoffnung* ruiner; *Hoffnung a* anéantir; *Ehe, Freundschaft* briser
Zer'störer *m* ⟨~s; ~⟩ **1.** *Mensch* destructeur *m*; **2.** MAR, AVIAT destroyer *m*; ~**'störerin** *f* destructrice *f*; ⩲**'störerisch** *adj* destructeur, -trice; destructif, -ive; ~**'störung** *f* destruction *f*; démolition *f*; *von Hoffnungen* anéantissement *m*
Zer'störungs|**trieb** *m* ⟨~⟩ instinct *m* de destruction; ~**wut** *f* rage *f* de destruction; vandalisme *m*
zer'stoßen *v/t* ⟨*irr, pas de ge-*, h⟩ broyer; concasser; *im Mörser* piler; *zu Pulver* pulvériser; ~**'streu-** *en v/t* ⟨*u v/réfl*⟩ *pas de ge-*, h⟩ (*sich*) ~ **1.** (*auseinandertreiben, auseinandergehen*) (se) disperser; (s')éparpiller; *Licht* (se) diffuser; *Bedenken, Zweifel* etc dissiper; **2.** (*ablenken*) (se) distraire; (se) divertir; (s')amuser; ~**'streut** *adj* **1.** (*verstreut*) dispersé; éparpillé; disséminé; (*vereinzelt*) épars; **2.** (*mit den Gedanken abwesend*) distrait; (*vergeßlich*) oublieux, -ieuse; ⩲**'streutheit** *f* ⟨~⟩ distraction *f*; inattention *f*; (*Vergeßlichkeit*) manque *m* de mémoire
Zer'streuung *f* **1.** (*das Zerstreuen*) dispersion *f*; éparpillement *m*; dissémination *f*; *des Lichts* diffusion *f*; *von Bedenken* etc dissipation *f*; **2.** (*Ablenkung*) distraction *f*; (*Belustigung*) divertissement *m*; amusement *m*; **3.** (*Zerstreutheit*) distraction *f*; inattention *f*
zerstritten [tsɛr'ʃtrɪtən] *adj mit j-m* ~ *sein* être en désaccord avec qn
zer'stückeln *v/t* ⟨-(e)le, *pas de ge-*, h⟩ mettre en morceaux; *a Leiche* découper; *Grundbesitz* démembrer; ⩲**stückelung** *f* ⟨~⟩ *a e-r Leiche* découpage *m*; *von Grundbesitz* morcellement *m*; *e-s Landes a* démembrement *m*; ~**'teilen** *v/t* ⟨*u v/réfl*⟩ ⟨*pas de ge-*, h⟩ (*sich*) ~ (se) diviser (en plusieurs parties); *Wogen* (se) fendre; *Nebel* (se) dissiper
Zertifikat [tsɛrtifi'ka:t] *n* ⟨~(e)s; ~e⟩ **1.** *amtliches* certificat *m*; **2.** *in der Erwachsenenbildung* diplôme *m*
zer'trampeln *v/t* ⟨-(e)le, *pas de ge-*, h⟩ piétiner; fouler aux pieds; écraser (du pied); ~**'trennen** *v/t* ⟨*pas de ge-*, h⟩ *Kleid* découdre; défaire; ~**'treten** *v/t* ⟨*irr, pas de ge-*, h⟩ écraser (du pied); ~**'trümmern** *v/t* ⟨-(e)le, *pas de ge-*, h⟩ (*zerstören*) démolir; détruire; *Laden* etc tout casser dans; *Schädel* fendre; fracasser
Zervelatwurst [tsɛrvə'laːtvʊrst *ou* zɛr-] *f* saucisson sec (à base de viande de porc et de bœuf finement hachée)
zer'wühlen *v/t* ⟨*pas de ge-*, h⟩ fouiller; *Bett* mettre en désordre; *Haare* ébouriffer
Zerwürfnis [tsɛr'vʏrfnɪs] *st/s n* ⟨~ses; ~se⟩ différend *m*; désunion *f*; (*grave*) désaccord *m*
zer'zausen *v/t* ⟨-(es)t, *pas de ge-*, h⟩ *j-m die Haare* ~, *j-n* ~ ébouriffer, décoiffer qn
Zeter ['tseːtər] F ~ *und Mord*(*io*) *schreien* pousser les 'hauts cris; protester avec véhémence
'zetern F *v/i* ⟨-(e)re, h⟩ pousser les 'hauts cris; vociférer; F gueuler
Zettel ['tsɛtəl] *m* ⟨~s; ~⟩ bout *m* de papier; *beschriebener* billet *m*; (*Notiz*⩲) note *f*; *e-r Kartei* fiche *f*; (*Reklame*⩲) prospectus *m*; (*Anschlag*⩲) affiche *f*; ~**kasten** *m* fichier *m*; ~**wirtschaft** F *péj f* ⟨~; ~en⟩ F fouillis *m* de notes, de bouts de papier
Zeug [tsɔʏk] *n* ⟨~(e)s; ~e⟩ **1.** F ⟨*pas de pl*⟩ (*Sachen*) F fourbi *m*; *péj* (*Plunder*) F bazar *m*; (*Handwerks*⩲) outils *m/pl*; (*Gerät*) F attirail *m*; ustensiles *m/pl*; *fig was das* ~ *hält* tant qu'on peut; *sich ins* ~ *legen* se donner du mal; faire tout ce qu'on peut; *sich für j-n, etw ins* ~ *legen* se mettre en quatre pour qn, qc; *er hat das* ~ *zum Chef* etc il a l'étoffe d'un chef, *etc*; *sie hat das* ~

Zeuge – Ziel

dazu elle en est capable; **2.** F ⟨*pas de pl*⟩ (*Unsinn*) **dummes ~!** quelle bêtise!; F c'est du flan!; **ungereimtes ~ reden** dire des âneries; **3.** (*Stoff*) étoffe f; tissu m; **4.** (*Kleider*) vêtements m/pl; F **sein ältestes ~ anziehen** F mettre ses vieilles fringues; F **j-m etw am ~ flicken** F chercher des poux dans la tête à qn; **hinter j-s Rücken** casser du sucre sur le dos de qn

Zeuge ['tsɔygə] m ⟨~n; ~n⟩ JUR, fig témoin m; **der Verteidigung, der Anklage** témoin m de la défense, à charge; fig **~n der Vergangenheit** témoins du passé; **~ von etw sein** être témoin de qc; **Sie sind ..., daß ich ...** vous êtes témoins que je ...; **Gott ist mein ~** Dieu m'en est *od* m'est témoin; **vor ~n** (*dat*) **sprechen** parler devant témoins; **j-n als ~ anrufen, benennen** prendre qn à témoin; **als ~ hören** entendre en témoignage

'**zeugen**[1] v/t ⟨h⟩ BIOL procréer; engendrer

'**zeugen**[2] v/i ⟨h⟩ JUR **für, gegen j-n** déposer en faveur de, contre qn; témoigner pour, contre qn; fig **von etw ~** témoigner de qc; prouver qc; fig **das zeugt nicht gerade von ihrer Willensstärke** cela prouve qu'elle n'a pas beaucoup de force de volonté

'**Zeugenaussage** f déposition f du témoin, des témoins

'**Zeugenstand** m ⟨~(e)s⟩ barre f des témoins; **j-n in den ~ rufen** citer qn à la barre des témoins; **in den ~ treten** comparaître à la barre des témoins

'**Zeugenvernehmung** f audition f des témoins

'**Zeughaus** n HIST arsenal m

'**Zeugin** f ⟨~; ~nen⟩ témoin m

'**Zeugnis** ['tsɔyknɪs] n ⟨~ses; ~se⟩ **1.** Bescheinigung, (*Arbeits*♀) certificat m; attestation f; SCHULE bulletin m scolaire; **ärztliches ~** certificat médical; **er hat ein gutes ~** il a de bonnes notes, un bon bulletin (scolaire); **ein ~ ausstellen, vorlegen** délivrer, produire un certificat; fig **ich kann ihm nur das beste ~ ausstellen** je ne peux dire que du bien de lui; **2.** st/s (*Beweis*) témoignage m; **von etw ~ ablegen** *od* **geben** rendre (un) témoignage de qc; **3.** JUR témoignage m

'**Zeugnis|abschrift** f copie f de certificat; **~heft** n SCHULE livret m scolaire; **~konferenz** f SCHULE réunion f d'évaluation; **~verweigerung** f JUR refus m de témoigner

Zeugs [tsɔyks] F *péj* n ⟨~⟩ F bazar m; F barda m; (*Plunder*) F fourbi m

'**Zeugung** f ⟨~; ~en⟩ BIOL procréation f; engendrement m; génération f

'**Zeugungs|akt** m acte m de procréation; sc coït m; ♀**fähig** apte à la génération, à procréer; **~fähigkeit** f ⟨~⟩ capacité f de procréer, d'engendrer; ♀**unfähig** adj stérile; **~unfähigkeit** f stérilité f

Zeus [tsɔys] m ⟨→ n/pr⟩ MYTH Zeus m

ZGB [tsetge:'be:] n ⟨~⟩ schweiz abr (*Zivilgesetzbuch*) code civil

z. H., z. Hd. abr (*zu Händen, österr zu Handen*) à l'attention de

Zi. abr (*Zimmer*) chambre

Zibebe [tsi'be:bə] f ⟨~; ~n⟩ südd, österr raisin m de Smyrne

Zibet ['tsi:bɛt] m ⟨~s⟩ Sekret, Duftstoff civette f; **~katze** f ZO civette f

Ziborium [tsi'bo:riʊm] n ⟨~s; -ien⟩ CATH ciboire m

Zichorie [tsi'ço:riə] f ⟨~; ~n⟩ BOT (*Wilde ~*) chicorée f (sauvage); (*Kaffee*♀) chicorée à café

Zicke ['tsɪkə] f ⟨~; ~n⟩ **1.** (*Ziege*) chèvre f; F bique f; **2.** F *péj* **dumme ~** F cruche f; gourde f; **eingebildete ~** bêcheuse f; pimbêche f; **3.** F pl **~n** bêtises f/pl; âneries f/pl; **mach keine ~n!** (ne fais) pas d'histoires!

'**zickig** F *péj* adj **1.** (*eigensinnig, überspannt*) capricieux, -ieuse; extravagant; (*launisch*) lunatique; **2.** (*prüde*) bégueule

'**Zicklein** n ⟨~s; ~⟩ chevreau m; chevrette f

zickzack ['tsɪktsak] adv en zigzag; **~ laufen** a zigzaguer

'**Zickzack** m ⟨~(e)s; ~e⟩ zigzag m; **im ~ laufen** marcher en zigzag; zigzaguer

'**Zickzacklinie** f (ligne f en) zigzag m

Ziege ['tsi:gə] f ⟨~; ~n⟩ **1.** ZO chèvre f; F bique f; **2.** F *péj* **alte ~** F vieille bique; **dumme ~** F cruche f; gourde f; **eingebildete ~** bêcheuse f; pimbêche f

Ziegel ['tsi:gəl] m ⟨~s; ~⟩ brique f; (*Dach*♀) tuile f; **~brennerei** f cf **Ziegelei**; **~dach** n toit m de tuiles

Ziege'lei f ⟨~; ~en⟩ briqueterie f; **für Dachziegel** tuilerie f

'**ziegel|rot** adj rouge brique (*inv*); ♀**stein** m brique f

'**Ziegen|bart** m barbiche f de bouc; F *von Männern* bouc m; barbiche f; **~bock** m bouc m; **~hirt(in)** m(f) chevrier, -ière m,f; **~käse** m fromage m de chèvre; **~leder** n chevreau m; **~milch** f lait m de chèvre; **~peter** F m ⟨~s⟩ cf **Mumps**; **~stall** m chèvrerie f

zieh [tsi:] cf **zeihen**

'**Zieh|brunnen** m puits m; **~eltern** pl *regional* (parents) nourriciers m/pl

ziehen ['tsi:ən] ⟨zieht, zog, gezogen⟩ **I** v/t ⟨h⟩ **1.** tirer; *Wagen, Schlitten* traîner; **j-n am Ohr ~** tirer qn par l'oreille; **j-n an sich** (*acc*) **~** tirer qn à soi; fig **die Aufmerksamkeit, die Blicke auf sich** (*acc*) **~** attirer l'attention, les regards sur soi; fig **j-s Zorn** (*acc*) **auf sich** (*acc*) **~** s'attirer la colère de qn; **Perlen auf e-n Faden ~** enfiler; **etw durch etw ~** passer qc par qc; **in die Höhe ~** lever; remonter; (*hochraffen*) relever; retrousser; *Last* 'hisser; fig **ins Lächerliche ~** tourner en ridicule; ridiculiser; fig **nach sich** (*dat*) **~** (*zur Folge haben*) entraîner; être suivi de; **ein Kleidungsstück über, unter das andere ~** mettre par-dessus, par-dessous l'autre; **den Ring vom Finger ~** retirer, enlever la bague de son doigt; **2. Kaugummis, Zigaretten** *etc* (*am Automaten*) **~** prendre des chewing-gums, des cigarettes, *etc* (au distributeur); **3. Linie, Parallele** tirer; tracer; mener; *Scheitel* faire; creuser; tracer; *Furchen* tracer; creuser; *Mauer, Wand* élever; construire; **4.** (*spannen*) tendre; **5. Pflanzen** cultiver; **6.** *Hut* ôter; enlever; *Schwert, Pistole, Gewehr* tirer; **etw aus der Tasche ~** sortir qc de sa poche; **7.** MATH *Wurzel* extraire; **8.** MÉD *Zahn* extraire; arracher; **die Fäden ~** enlever, retirer les fils; **9. bei Brettspielen** jouer; **10.** **die Stirn in Falten ~** froncer les sourcils; **ein Gesicht ~** faire la grimace, la moue; **11.** fig **die Konsequenzen** (*aus etw*) **~** tirer les conséquences (de qc); **e-e Lehre aus etw ~** tirer une leçon de qc; **Nutzen aus etw ~** tirer profit de qc; exploiter qc; **Schlüsse aus etw ~** tirer des conclusions de qc; **daraus ziehe ich den Schluß, daß ...** j'en conclus de là que ...; j'en déduis que ...; **II** v/i ⟨h⟩ **12.** tirer; **an etw** (*dat*) **~** tirer sur qc; **13.** *Ofen, Pfeife, Zigarre, Auto* tirer; **14.** F (*ankommen*) **der Name zieht** le nom attire le public; **dieser Trick zieht nicht mehr** c'est un truc usé, qui ne prend plus; **das zieht bei mir nicht** cela ne prend pas avec moi; **15.** (*saugen*) tirer; **an e-m Strohhalm, e-r Zigarette ~** tirer sur une paille, sur une cigarette; **16.** *bei Brettspielen* **mit dem König ~** jouer le roi; **17.** CUIS **lassen** faire, laisser macérer; *Tee* laisser infuser; **18. ~de Schmerzen** m/pl tiraillements m/pl; **19.** ⟨sein⟩ *Personen, Zugvögel* partir (**nach** pour); émigrer (**nach** vers, en); passer (**in andere Länder** dans d'autres pays); (*umziehen*) déménager; **die Wolken ~ schnell** les nuages passent rapidement; st/s **laß ihn ~!** qu'il s'en aille!; **in die Stadt ~** aller s'installer, s'établir en ville; **aufs Land ~** aller vivre à la campagne; **durchs Land ~** passer par, traverser le pays; **in den Krieg, in die Fremde ~** partir pour la guerre, l'étranger; **in e-e Wohnung, ein Haus ~** emménager; **zu j-m ~** emménager chez qn; **das Gewitter zieht nach Westen** l'orage se déplace vers l'ouest; **III** v/r ⟨h⟩ **sich ~ 20.** (*sich erstrecken*) s'étendre; **dieses Motiv zieht sich durch die ganze Oper** ce thème revient fréquemment au cours de l'opéra; **21.** *Holz etc* (*sich werfen*) se gondoler; **IV** v/imp ⟨h⟩ **22. es zieht hier** il y a un courant d'air ici; **es zieht durch diese Tür** le courant d'air vient de cette porte; **23. es zieht mich in die Ferne, nach Südfrankreich** je suis attiré par les pays lointains, par le Midi

'**Zieh|harmonika** f accordéon m; **~kind** n *regional* enfant m en nourrice; **~mutter** f ⟨~; ♀⟩ *regional* nourrice f

'**Ziehung** f ⟨~; ~en⟩ LOTTERIE tirage m

'**Ziehvater** m *regional* père nourricier

Ziel [tsi:l] n ⟨~(e)s; ~e⟩ **1.** but m; objectif m (*a* MIL); fig *a* fin(s) f(pl); (*Bestimmungsort*) destination f; **sich** (*dat*) **etw als** *od* **zum ~ nehmen** se proposer qc comme objectif; **sich** (*dat*) **ein ~ setzen** *od* **stecken** se fixer un but; **sich** (*dat*) **ein hohes ~ stecken** viser 'haut; **sein ~ erreichen** (*s-n Willen durchsetzen*) arriver à ses fins; **das ~ s-r Wünsche erreichen** réaliser ses désirs; toucher au but; **am ~ s-r Wünsche sein** être au comble de ses désirs; **mit unbekanntem ~ verreisen** partir pour une destination inconnue; **über das ~ hinausschießen** (dé)passer les bornes; exagérer; **zum ~ führen** aboutir; **zu keinem ~ führen** n'aboutir à rien; **zum** *od* **ans ~ gelangen** *od* **kommen** parvenir au but; atteindre le but; **glücklich ans ~ gelangen** *od* **kommen** arriver à bon port; **2.** SPORT arrivée f; (**~linie**) ligne f d'arrivée; **durchs ~ gehen** fran-

Zielbahnhof – Zinnkraut

chir la ligne d'arrivée; **3.** (~*scheibe*) cible *f*; **4.** COMM terme *m*
'**Ziel**|**bahnhof** *m* gare *f* d'arrivée; **~band** *n* ⟨-(e)s; ⁓er⟩ SPORT fil *m* d'arrivée; **⁋bewußt** *adj* résolu; fermement décidé
'**zielen** *v/i* ⟨h⟩ viser; *auf j-n* ~ viser qn (*a fig*); *auf den Kopf, aufs Herz* ~ viser à la tête, au cœur; *fig auf etw (acc)* ~ viser qc
'**Ziel**|**fernrohr** *n* lunette *f* de tir; **~foto** *n* photo-finish *f*; **~genauigkeit** *f* précision *f* du tir; **~gerade** *f* SPORT dernière ligne droite; **⁋gerichtet** *adjt Maßnahme* pris dans un but précis; *Verhalten* adopté dans un but précis; *Frage* bien précis; **~gruppe** *f* WERBUNG cible *f*; **~kamera** *f* SPORT photo-finish *f*; **~linie** *f* SPORT ligne *f* d'arrivée; **⁋los I** *adj* sans but; (*untätig*) désœuvré; **II** *adv* sans but; **~losigkeit** *f* ⟨-⟩ manque *m* de but; (*Untätigkeit*) désœuvrement *m*; **~richter**(**in**) *m(f)* SPORT juge *m* à l'arrivée
'**Zielscheibe** *f* cible *f* (*a fig*); *fig* point *m* de mire; *die ~ des Spottes sein* être le point de mire, la cible des moqueries
'**Ziel**|**setzung** *f* ⟨-; -en⟩ but visé; **⁋sicher** *adj* **1.** *Schütze* précis; **2.** *fig* déterminé; **~sicherheit** *f* ⟨-⟩ **1.** précision *f* (du tir); **2.** *fig* détermination *f*; **~sprache** *f* langue *f* cible; **⁋strebig I** *adj* résolu; fermement décidé; déterminé; **II** *adv* résolument; **~strebigkeit** *f* ⟨-⟩ détermination *f*
ziemen ['tsiːmən] *st/s v/imp u v/réfl* ⟨h⟩ convenir; être de mise; *es ziemt sich für ein junges Mädchen nicht, zu* (+*inf*) *es ziemt sich nicht, daß ein junges Mädchen* ne convient pas à une jeune fille de (+*inf*); il ne convient pas qu'une jeune fille (+*subj*)
ziemlich ['tsiːmlɪç] **I** *adj* assez considérable, grand; *e-e ~e Anzahl (von)* un assez grand nombre (de); un assez considérable (de); **II** *adv* **1.** assez; passablement; *~ gut* assez bon; assez bien; passable(ment); **2.** F (*ungefähr*) à peu près; *so ~ dasselbe* à peu près la même chose
ziepen ['tsiːpən] *regional* ⟨h⟩ **I** *v/t j-n an den Haaren ~* tirer les cheveux à *od* de qn; **II** *v/i Vogel* pépier
Zier [tsiːr] *st/s, poét f* ⟨-⟩ *cf* **Zierde**
'**Zierat** *st/s m* ⟨-(e)s; -e⟩ ornement *m*; enjolivement *m*
Zierde ['tsiːrdə] *f* ⟨-; -n⟩ ornement *m*; décoration *f* (*Putz*) parure *f*; *fig* honneur *m*; *zur ~ dienen* orner; *st/s sie ist eine ~ ihres Geschlechts* elle fait honneur à son sexe; *st/s j-m, e-r Sache* (*nicht*) *zur ~ gereichen* (ne pas) faire honneur à qn, qc
'**Zierdecke** *f* napperon *m*
'**zier**|**en** ⟨h⟩ **I** *v/t st/t* orner, décorer, parer (*mit* de); **II** *v/réfl sich ~* minauder; faire des façons, des manières, des simagrées; *Frauen* faire la mijaurée; *bes bei Tisch* faire la fine bouche; **⁋e'rei** *f* ⟨-; -en⟩ manières affectées; façons *f/pl*; simagrées *f/pl*; minauderie(s) *f(pl)*; chichi *m*
'**Zier**|**fisch** *m* poisson *m* d'aquarium; **~garten** *m* jardin *m* d'agrément; **~leiste** *f* ARCH, TISCHLEREI moulure *f*; TYPO vignette *f*; AUTO baguette *f*; *pl* **~n verchromte** chromes *m/pl*; **⁋lich** *adj*

gracile; délicat; fin; (*anmutig*) gracieux, -ieuse; (*allerliebst*) mignon, -onne; *Schrift* fin; délié; **~lichkeit** *f* ⟨-⟩ gracilité *f*; délicatesse *f*; finesse *f*; (*Anmut*) grâce *f*; **~pflanze** *f* plante ornementale, d'ornement; **~stich** *m* COUT point *m* de fantaisie; **~strauch** *m* arbuste ornemental
Ziffer ['tsɪfər] *f* ⟨-; -n⟩ **1.** (*Zahl*) chiffre *m*; *in ~n* en chiffres; *e-e Zahl mit drei ~n* un nombre de *od* à trois chiffres; **2.** *e-s Paragraphen etc* alinéa *m*
'**Zifferblatt** *n* cadran *m*
zig, **-zig** [tsɪç] F *adj* ⟨épithète, inv⟩ pas mal de; des tas de; *es waren ~ Leute da* il y avait du monde
Zigarette [tsiɡaˈrɛtə] *f* ⟨-; -n⟩ cigarette *f*
Ziga'retten|**asche** *f* cendre(s) *f(pl)* de cigarettes; **~automat** *m* distributeur *m* de cigarettes; **~etui** *n* étui *m* à cigarettes; porte-cigarettes *m*; **~fabrik** *f* manufacture *f* des tabacs; **~kippe** *f* F mégot *m*; F clope *m*
Ziga'rettenlänge F *f* (*auf*) *e-e ~* le temps de fumer une cigarette
Ziga'retten|**packung** *f* paquet *m* de cigarettes; **~papier** *n* papier *m* à cigarettes
Ziga'rettenpause F *f e-e ~ einlegen* faire une courte pause (pour fumer une cigarette)
Ziga'retten|**raucher**(**in**) *m(f)* fumeur, -euse *m,f* de cigarettes; **~schachtel** *f* paquet *m* de cigarettes; **~spitze** *f* fume-cigarette *m*; **~stummel** *m*; F clope *m*
Zigarillo [tsiɡaˈrɪlo] *m od n* ⟨-s; -s⟩ cigarillo *m*
Zigarre [tsiˈɡarə] *f* ⟨-; -n⟩ cigare *m*; *fig j-m e-e ~ verpassen* F passer un savon à qn
Zi'garren|**abschneider** *m* coupe-cigares *m*; **~anzünder** *m* allume-cigare *m*; **~asche** *f* cendre(s) *f(pl)* de cigares; **~fabrik** *f* manufacture *f* des tabacs; **~kiste** *f* boîte *f* de cigares; **~stummel** *m* F mégot *m*; F clope *m*
Zigeuner|(**in**) [tsiˈɡɔʏnər(ɪn)] *m* ⟨-s; ⁓⟩ (*f* ⟨-; -nen⟩) gitan(e) *m(f)*; Gitan(e) *m(f)*; bohémien, -ienne *m,f*; Tsigane *m,f*; *péj* romanichel, -elle *m,f*; **~kapelle** *f* orchestre *m* tzigane *od* tsigane *f*; **~lager** *n* campement *m* de gitans; **~leben** *n* *fig* vie *f* de bohémiens; **~musik** *f* musique *f* tzigane *od* tsigane; **~schnitzel** *n* escalope *f* de veau ou de porc dans une sauce relevée de poivrons, d'oignons, de tomates, etc; **~sprache** *f* langue *f* des gitans; *sc* (langue *f*) tsigane *f*; **~wagen** *m* roulotte *f* de bohémiens
'**zigfach** F **I** *adj ~e Menge* F cent, mille fois la quantité; *sich um ein ~es erhöhen* se multiplier; décupler; **II** *adv* F cent, mille fois plus
'**zigmal** F *adv* F cent, mille fois; *das habe ich dir schon ~ gesagt* a je te l'ai dit trente-six fois
'**zigste**(**-s**) F *adj* (é)nième
'**zigtausend** F *num/c* des, plusieurs milliers
Zikade [tsiˈkaːdə] *f* ⟨-; -n⟩ ZO cigale *f*
Zille ['tsɪlə] *f* ⟨-; -n⟩ *regional* (*Lastkahn*) chaland *m*; péniche *f*
Zimbel ['tsɪmbəl] *f* ⟨-; -n⟩ MUS cymbale *f*
Zimmer ['tsɪmər] *n* ⟨-s; ⁓⟩ *e-r Wohnung*

pièce *f*; (*Schlaf⁋, Hotel⁋*) chambre *f*; *großes salle f*; (*Arbeits⁋, Amts⁋, Geschäfts⁋*) bureau *m*; *auf dem od im ~* dans la pièce; *cf a* **frei** I 6.
'**Zimmer**|**antenne** *f* antenne intérieure; **~arbeit** *f* charpenterie *f*; **~brand** *m* incendie *m*, feu *m* dans une pièce; **~decke** *f* plafond *m*; **~einrichtung** *f* ameublement *m*
'**Zimmerer** *m* ⟨-s; ⁓⟩ charpentier *m*
'**Zimmer**|**flucht** *f* ⟨-; -en⟩ enfilade *f* de pièces; pièces *f/pl* en enfilade; **~handwerk** *n* métier *m* de charpentier; charpenterie *f*; **~kellner** *m* garçon *m* d'étage
'**Zimmerlautstärke** *f Radio auf ~ stellen* mettre en sourdine
'**Zimmer**|**linde** *f* BOT sparmannia *m*; **~mädchen** *n* femme *f* de chambre; **~mann** *m* ⟨-(e)s; -leute⟩ charpentier *m*
'**zimmern** ⟨-(e)re, h⟩ **I** *v/t* assembler; construire; faire; **II** *v/i* faire, construire une maison, une table, *etc*; *an etw* (*dat*) *~* faire, assembler, construire qc
'**Zimmer**|**nachbar**(**in**) *m(f)* voisin(e) *m(f)* de chambre; **~nachweis** *m cf* **Zimmervermittlung**; **~nummer** *f* numéro *m* de chambre; **~pflanze** *f* plante *f* d'appartement; **~service** *m* service *m* des chambres; **~suche** *f* recherche *f* d'une chambre; **~tanne** *f* BOT araucaria *m*
'**Zimmertemperatur** *f* température *f* de la pièce; (*mittlere ~*), *a für Wein, Käse etc* température ambiante; *bei ~ servieren* servir à la température ambiante
'**Zimmer**|**theater** *n* théâtre *m* de poche; **~vermieter**(**in**) *m(f)* logeur, -euse *m,f*; **~vermittlung** *f* (service *m* de) réservation *f* de chambres; *am Bahnhof* informations *f/pl* hôtel; *e-r Messe* accueil *m* hébergement; *e-r Universität* service *m* du logement
zimperlich ['tsɪmpərlɪç] *adj* **1.** (*überempfindlich*) douillet, -ette; délicat; qui s'écoute (trop); *~ sein* a faire le délicat; *sei nicht so ~!* ne fais pas tant de manières!; **2.** (*prüde*) bégueule
'**Zimperliese** F *péj f* ⟨-; -n⟩ mijaurée *f*; pimbêche *f*
Zimt [tsɪmt] *m* ⟨-(e)s; -e⟩ **1.** *Gewürz* cannelle *f*; **2.** F (*Unsinn*) bêtises *f/pl*; radotage *m*; '**⁋farben** *adj* couleur de cannelle; '**~stange** *f* bâton *m* de cannelle; '**~stern** *m* biscuit à la cannelle en forme d'étoile; '**~zicke** F *péj f*, '**~ziege** F *péj* F chameau *f*; F cruche *f*
Zink [tsɪŋk] *n* ⟨-(e)s⟩ *Metall* zinc *m*; '**~blende** *f* MINÉR blende *f*
Zinke ['tsɪŋkə] *f* ⟨-; -n⟩ **1.** *e-r Gabel, e-s Kamms* dent *f*; **2.** HOLZVERARBEITUNG queue *f* d'aronde
'**zinken** *v/t* ⟨h⟩ *Spielkarten* biseauter
'**Zinken** *m* ⟨-s; ⁓⟩ **1.** *Gaunersprache* (*Zeichen*) signe *m*; **2.** F *plais* (*große Nase*) F pif *m*; F blair *m*
'**zinkhaltig** *adj* zincifère
'**Zink**|**puder** *m* poudre *f* de zinc; **~salbe** *f* pommade *f* (à l'oxyde) de zinc
Zinn [tsɪn] *n* ⟨-(e)s⟩ *Metall* étain *m*
Zinne ['tsɪnə] *f* ⟨-; -n⟩ **1.** FORTIF créneau *m*; **2.** *schweiz* (*Dachterrasse*) terrasse *f*
'**zinne**(**r**)**n** *adj* en *od* d'étain
'**Zinn**|**figur** *f* (figurine *f* en) étain *m*; **~gießer** *m* fondeur *m* d'étain
Zinnie ['tsɪnjə] *f* ⟨-; -n⟩ BOT zinnia *m*
'**Zinnkraut** *n* ⟨-(e)s⟩ prêle *f* des champs

Zinnober [tsɪˈnoːbər] *m* ⟨~s; ~⟩ **1.** *MINÉR* cinabre *m*; *PEINT* vermillon *m*; **2.** F ⟨*pas de pl*⟩ (*Zeug*) F fourbi *m*; (*Unsinn*) bêtises *f/pl*; âneries *f/pl*; **mach keinen ~** ne fais pas tant d'histoires, de chichis

zinˈnoberrot *adj* rouge vermillon (*inv*)

ˈZinnsoldat *m* soldat *m* de plomb

Zins [tsɪns] *m* **1.** ⟨~es; ~en⟩ *auf Kapital*, *meist pl* **~en** intérêts *m/pl*; *zu hohen* **~en** à gros intérêts; **~en bringen, tragen** produire, rapporter des intérêts; *von den* **~en leben** vivre de ses rentes; *fig j-m etw mit* **~en, mit ~ und Zinseszins zurückzahlen** rendre à qn la monnaie de sa pièce; **2.** ⟨~es; ~e⟩ *südd, österr, schweiz* (*Miet*2) loyer *m*

ˈZinsabschlagsteuer *f* ⟨~⟩ prélèvement *m* à la source sur les revenus financiers

ˈzinsbringend I *adjt* rapportant des intérêts; productif, -ive d'intérêts; **~e Kapitalanlage** placement *m* à intérêts; **II** *advt* **~ anlegen** placer à intérêts

ˈZinserhöhung *f* relèvement *m* du taux d'intérêt; augmentation *f* des intérêts

ˈZinseszins *m* ⟨~es; ~en⟩ intérêts composés, capitalisés

ˈZins|fuß *m* taux *m* d'intérêt; **2günstig** *adj* à un taux d'intérêt intéressant (*a adv*); *Darlehen etc* avantageux, -euse; **2los I** *adj* sans intérêts; non productif, -ive d'intérêts; **II** *adv* sans produire d'intérêts; **~politik** *f* politique *f* des taux d'intérêt; **~rechnung** *f* calcul *m* des intérêts; **~satz** *m* taux *m* d'intérêt; **~schein** *m* coupon *m* d'intérêt; **~schuld** *f* ⟨~; ~en⟩ dette *f* de l'intérêt; intérêt dû; **~senkung** *f* baisse *f* du taux d'intérêt; **~wucher** *m* usure *f* (sur les taux d'intérêt)

Zion[1] [ˈtsiːɔn] *n* ⟨→*n/pr*⟩ (*Jerusalem*) Sion

ˈZion[2] *m* ⟨→*n/pr*⟩ *Berg* Sion

Zioˈnismus *m* ⟨~⟩ sionisme *m*; **~ist(in)** *m* ⟨~en; ~en⟩ (*f*) ⟨~; ~nen⟩ sioniste *m,f*; **2istisch** *adj* sioniste

Zipfel [ˈtsɪpfəl] *m* ⟨~s; ~⟩ **1.** *e-s Tuches, e-s Sacks* coin *m*; *a fig e-s Landes etc* pointe *f*; *e-s Kleides, Rocks* pan *m*; *der Wurst* bout *m*; **2.** F (*Penis*) F zizi *m*

ˈzipf(e)lig *adj Kleid, Rock etc* irrégulier, -ière

ˈZipfelmütze *f* bonnet *m* à pointe; (*Nachtmütze*) bonnet *m* de nuit

Zipp [tsɪp] *m* ⟨~s; ~s⟩ *Wz österr* fermeture *f* éclair (*nom déposé*)

Zipperlein [ˈtsɪpərlaɪn] *F n* ⟨~s⟩ douleurs rhumatismes, articulaires

ˈZippverschluß *m österr* fermeture *f* éclair (*nom déposé*)

ˈZirbel|drüse [ˈtsɪrbəldryːzə] *f* glande pinéale; épiphyse *f*; **~kiefer** *f* pin *m* cembro; arol(l)e *m*

zirka [ˈtsɪrka] *adv* environ

Zirkel [ˈtsɪrkəl] *m* ⟨~s; ~⟩ **1.** *Instrument* compas *m*; **2.** (*Kreislinie*) cercle *m*; **3.** *von Personen* cercle *m*; club *m*; **~kasten** *m* boîte *f* de compas

ˈzirkeln *v/t* ⟨-(e)h, h⟩ mesurer avec précision; F (*plazieren*) placer

Zirkon [tsɪrˈkoːn] *m* ⟨~s; ~e⟩ *MINÉR* zircon *m*; **~ium** *n* ⟨~s⟩ *CHIM* zirconium *m*

Zirkuˈlation [tsɪrkulatsiˈoːn] *f* ⟨~; ~en⟩ circulation *f*; **2lieren** *v/i* ⟨*pas de ge-*, *h ou sein*⟩ circuler

Zirkumflex [tsɪrkumˈflɛks] *m* ⟨~es; ~e⟩ *LING* (accent *m*) circonflexe *m*

Zirkus [ˈtsɪrkʊs] *m* ⟨~; ~se⟩ *a ANTIKE u* F *fig* cirque *m*; **~direktor** *m* directeur *m* de *od* du cirque; **~pferd** *n* cheval *m* de cirque; **~vorstellung** *f* spectacle *m* de cirque; **~wagen** *m* roulotte *f* (d'un cirque); **~zelt** *n* tente *f* du cirque

zirpen [ˈtsɪrpən] *v/i* ⟨h⟩ *Zikaden* chanter; *Grillen a* grésiller

Zirrhose [tsɪˈroːzə] *f* ⟨~; ~n⟩ *MÉD* cirrhose *f*

Zirrus [ˈtsɪrʊs] *m* ⟨~; ~ *ou* -rren⟩, **~wolke** *f* cirrus *m*

zirzensisch [tsɪrˈtsɛnzɪʃ] *adj ANTIKE* **~e Spiele** *n/pl* jeux *m/pl* du cirque

zisalpin(isch) [tsɪsʔalˈpiːn(ɪʃ)] *adj* cisalpin

Zischeˈlei *f* ⟨~; ~en⟩ chuchotement *m*

zischeln [ˈtsɪʃəln] *v/t u v/i* ⟨-(e)le, h⟩ chuchoter

zischen [ˈtsɪʃən] ⟨h⟩ **I** *v/i Dampf, Gänse, Schlangen* siffler; *Dampf a* chuinter; *Wasser, Fett* grésiller; *Person, ärgerlich* siffler; **II** *v/t* siffler; F *fig* **einen ~** F

ˈZischlaut *m PHON* sifflante *f*; chuintante *f*

Ziseleur [tsizeˈløːr] *m* ⟨~s; ~e⟩ ciseleur *m*; **~ierarbeit** *f* ciselure *f*; **2ieren** *v/t* ⟨*pas de ge-*, *h*⟩ ciseler; **~ierung** *f* ⟨~; ~en⟩ ciselure *f*

Zisterne [tsɪsˈtɛrnə] *f* ⟨~; ~n⟩ citerne *f*

Zisterzienser|(in) [tsɪstɛrtsiˈɛnzər(m)] *m* ⟨~s; ~⟩ (*f*) ⟨~; ~nen⟩ cistercien, -ienne *m,f*; **~kloster** *n* couvent *m* de cisterciens; **~mönch** *m* cistercien *m*; **~orden** *m* ordre *m* des cisterciens

Zitadelle [tsɪtaˈdɛlə] *f* ⟨~; ~n⟩ citadelle *f*

Ziˈtat *n* ⟨~(e)s; ~e⟩ citation *f* (*aus* de)

Ziˈtaten|sammlung *f* recueil *m* de citations; **~schatz** *m* fonds *m* de citations

Zither [ˈtsɪtər] *f* ⟨~; ~n⟩ cithare *f*; **~spieler(in)** *m(f)* joueur *m*, joueuse *f* de cithare

zitieren [tsiˈtiːrən] *v/t* ⟨*pas de ge-*, *h*⟩ **1.** *Autor, Stelle, Worte* citer; *die od aus der Bibel* ~ citer la Bible; **2.** (*kommen lassen, vorladen*) **j-n zu sich** ~ convoquer qn; **j-n ins Ministerium** ~ convoquer qn au ministère; *JUR* **j-n vor Gericht** ~ citer qn en justice

Zitronat [tsitroˈnaːt] *n* ⟨~(e)s; ~e⟩ écorce *f* de citron confite

Zitrone [tsiˈtroːnə] *f* ⟨~; ~n⟩ *Frucht* citron *m*; *Pflanze* citronnier *m*; **mit ~** citronné; F **j-n ausquetschen** *od* **auspressen wie e-e** ~ (*ausfragen*) F cuisiner qn; *finanziell* F pomper qn

Ziˈtronen|baum *m BOT* citronnier *m*; **~eis** *n* glace *f* au citron; **~falter** *m ZO* citron *m*; **2gelb** *adj* jaune citron (*inv*); **~limonade** *f* citronnade *f*; **~melisse** *f* citronnelle *f*; mélisse officinale; **~presse** *f* presse-citron *m*; **~saft** *m* jus *m* de citron; **~säure** *f* ⟨~⟩ *CHIM* acide *m* citrique; **~schale** *f* pelure *f*, écorce *f* de citron; *CUIS* zeste *m* de citron; **~scheibe** *f* rondelle *f*, tranche *f* de citron

Zitrus|früchte [ˈtsiːtrʊsfrʏçtə] *f/pl* agrumes *m/pl*; **~presse** *f* presse-agrume *m*

Zitter|aal *m* gymnote *m*; anguille *f* électrique; **~gras** *n* brize *f*; amourette *f*

ˈzitt(e)rig *adj* tremblotant; *Schrift* tremblé

zittern [ˈtsɪtərn] *v/i* ⟨-(e)re, h⟩ trembler; *Person, Hände, Stimme: leicht* trembloter; *vor Kälte, Angst, Erregung* trembler, frémir, frissonner (*vor* [+*dat*] de);

Wände, Fensterscheiben trembler; vibrer; trépider; **um j-s Leben** ~ trembler, craindre pour la vie de qn; **vor j-m** ~ trembler devant qn; avoir peur de qn; **mit 2 und Zagen** plein d'appréhension; tremblant (de peur)

ˈZitter|pappel *f BOT* tremble *m*; **~partie** *f* partie serrée; *fig* suspense *m*; **~rochen** *m ZO* torpille *f*

ˈzittrig *cf* **zitterig**

Zitze [ˈtsɪtsə] *f* ⟨~; ~n⟩ *bes der Ziege, Kuh, Sau* mamelle *f*; *der Kuh, Ziege* t/t trayon *m*

Zivi [ˈtsiːvi] F *m* ⟨~s; ~s⟩ jeune homme *m* qui fait son service civil

zivil [tsiˈviːl] *adj civil*; *Preise* modéré

Ziˈvil *n* ⟨~s⟩ **1.** (*Kleidung*) tenue civile; **in ~** en civil; ~ **tragen** être en civil; **2.** *schweiz* (*Familienstand*) état civil

Ziˈvilbehörde *f* autorité civile

Ziˈvilberuf *m* **er ist Tischler im** ~ il est menuisier dans le civil

Ziˈvil|bevölkerung *f* population civile; civils *m/pl*; **~courage** *f* courage *m* de ses opinions; **~diener** *m österr cf* **Zivildienstleistender**; **~dienst** *m* ⟨~(e)s⟩ service civil; **~dienstleistende(r)** *m* ⟨→A⟩ jeune homme *m* qui fait son service civil; **~ehe** *f* mariage civil; **~flughafen** *m* aéroport civil; **~gericht** *n* tribunal civil; **~gerichtsbarkeit** *f* juridiction, justice civile; **~gesetzbuch** *n schweiz* code civil

Zivilisatiˈon *f* ⟨~; ~en⟩ **1.** (*Kultur*) civilisation *f*; **2.** *Lebensbedingungen* conditions de vie dues au progrès; *par ext* vie *f* moderne

Zivilisatiˈons|krankheit *f* maladie engendrée par la vie moderne; **2müde** *adj* dégoûté par le mode de vie moderne; **~schaden** *m* **1.** *meist pl Zivilisationsschäden der Natur* nuisances dues à la vie moderne; **2.** *cf* **Zivilisationskrankheit**

zivilisatorisch [tsiviliza'to:rɪʃ] *adj* civilisateur, -trice

zivilisieren [tsiviliˈziːrən] *v/t* ⟨*pas de ge-*, *h*⟩ civiliser

Ziviˈlist(in) *m* ⟨~en; ~en⟩ (*f*) ⟨~; ~nen⟩ civil(e) *m(f)*

Ziˈvil|kammer *f JUR* chambre civile; **~klage** *f JUR* action civile

Ziˈvilkleidung *f* tenue civile; **in ~** en civil

Ziˈvilleben *n* vie *f* dans le civil

Ziˈvil|luftfahrt *f* aviation civile; **~person** *f* civil *m*; **~prozeß** *m* procès civil; **~prozeßordnung** *f* code *m* de procédure civile; **~recht** *n* ⟨~(e)s⟩ droit civil

ziˈvilrechtlich I *adj* de droit civil; **II** *adv* **j-n ~ verfolgen** poursuivre qn au civil

Ziˈvil|richter *m* juge (au) civil; **~sache** *f JUR* cause, affaire, matière civile; **~schutz** *m POL* protection civile; **~stand** *m* ⟨~(e)s⟩ *schweiz* état civil; **~standsamt** *n schweiz* bureau *m* d'état civil; **~trauung** *f* mariage civil; **~verteidigung** *f POL* défense civile

z. K. *abr* (*zur Kenntnisnahme*) pour (votre) information

ZK [tsɛtˈkaː] *n* ⟨~(s); ~s⟩ *abr* (*Zentralkomitee*) comité central

Zl *abr* (*Zloty*) ZL (zloty)

Zloty [ˈzlɔti *ou* ˈslɔti] *m* ⟨~s; ~s, *mais* 10 ~⟩ *Währung* zloty *m*

Znüni [ˈtsnyːni] *m od n* ⟨~s; ~s⟩ *schweiz: collation du milieu de la matinée*

Zobel ['tsoːbəl] *m* ⟨~s; ~⟩ ZO, *Pelz* zibeline *f*; **~pelz** *m* (fourrure *f* de) zibeline *f*
zockeln ['tsɔkəln] *cf* **zuckeln**
zocken ['tsɔkən] F *v/i* ⟨h⟩ jouer (pour de l'argent)
'**Zocker** F *m* ⟨~s; ~⟩ joueur *m* (qui joue pour de l'argent)
Zofe ['tsoːfə] *f* ⟨~; ~n⟩ *früher* femme *f* de chambre
Zoff [tsɔf] F *m* ⟨~s⟩ bagarre *f*; (*Auseinandersetzung*) F engueulade *f*; F pétard *m*; **~ machen** chercher la bagarre; *mit j-m ~ haben* être brouillé avec qn; (*e-e Auseinandersetzung haben*) F s'engueuler avec qn
zog [tsoːk] *cf* **ziehen**
'**zögerlich I** *adj* hésitant; **II** *adv* avec hésitation
'**zögern** ['tsøːɡərn] *v/i* ⟨-(e)re, h⟩ hésiter, tarder (*etw zu tun* à faire qc); *mit der Antwort ~* hésiter, tarder à répondre
'**Zögern** *n* ⟨~s⟩ hésitation *f*; *ohne ~* sans hésiter; sans (la moindre) hésitation; *nach anfänglichem ~* après avoir hésité au début
Zögling ['tsøːklɪŋ] *m* ⟨~s; ~e⟩ **1.** *e-s Internats* pensionnaire *m,f*; élève *m,f*; **2.** *fig* protégé(e) *m(f)*
Zölibat [tsøliˈbaːt] *n od m* ⟨~(e)s⟩ célibat *m*; *im ~ lebend* célibataire
Zoll[1] [tsɔl] *m* ⟨~(e)s; ⁓e⟩ **1.** ⟨*pas de pl*⟩ *Behörde* douane *f*; *beim ~ angeben* déclarer à la douane; *beim ~ abfertigen* dédouaner, **2.** *Abgabe* (droit[s] *m*[*pl*] de) douane *f*; *e-n ~ auf etw* (*acc*) *erheben* prélever un droit de douane sur qc; **3.** HIST (*Wege*2, *Brücken*2) péage *m*; **4.** ⟨*pas de pl*⟩ *fig* tribut *m*
Zoll[2] *m* ⟨~(e)s; ~⟩ *Maß*, INFORM pouce *m*; *fig jeder ~ od für ~ e-e Dame* une dame jusqu'au bout des ongles
'**Zoll|abfertigung** *f* dédouanement *m*; formalités douanières, de douane; **~abkommen** *n* accord douanier; **~amt** *n* (bureau *m* de) douane *f*
'**zollamtlich I** *adj* **~e Abfertigung** dédouanement *m*; **~e Bescheinigung** certificat *m* de douane; **II** *adv* **~ abfertigen** dédouaner
'**Zoll|ausland** *n* territoire *m* au-delà de la ligne de douane; **~beamte(r)** *m* douanier *m*; ADM agent *m* des douanes; **~begleitschein** *m* acquit-à-caution *m*; **~behörde** *f* (administration *f* des) douanes *f*[*pl*]; douane *f*
'**Zollbreit** *m* ⟨~; ~⟩ *fig keinen ~ nachgeben* ne pas céder d'un pouce
'**Zolleinfuhr|erklärung** *f* déclaration *f* d'entrée en douane; **~schein** *m* acquit *m* d'entrée en douane
'**zollen** *st/s v/t* ⟨h⟩ *j-m Achtung ~* avoir, témoigner du respect pour qn; *j-m Beifall ~* applaudir qn; *j-m Bewunderung ~* avoir de l'admiration pour qn; admirer qn
'**Zoll|erklärung** *f* déclaration *f* en douane; **~fahnder** *m* contrôleur *m* des fraudes douanières; **~fahndung** *f* (service *m* de) contrôle *m* et répression *f* des fraudes douanières; **~formalitäten** *f/pl* formalités douanières, de douane
'**zollfrei I** *adj* 'hors taxes'; COMM exempt de droits de douane; **~e Einfuhr** admission *f* en franchise; **II** *adv* 'hors taxes'; COMM en franchise douanière
'**Zoll|freigebiet** *n* zone franche; **~freiheit** *f* ⟨~⟩ franchise douanière; **~gebiet** *n* zone douanière; **~gebühren** *f/pl* droits *m/pl* de douane; **~grenzbezirk** *m* zone frontalière sous contrôle douanier; **~grenze** *f* limite *f* de zone douanière; ligne *f* de douane; **~hoheit** *f* ⟨~⟩ souveraineté douanière; **~inhaltserklärung** *f* POST déclaration *f* de douane; **~inspektor** *m* inspecteur *m* des douanes; **~kontrolle** *f* visite douanière; contrôle douanier, de douane
Zöllner ['tsœlnər] *m* ⟨~s; ~⟩ **1.** HIST, BIBL publicain *m*; **2.** F (*Zollbeamter*) douanier *m*
'**Zoll|papiere** *n/pl* documents douaniers; ⁓**pflichtig** *adj* soumis aux droits de douane; **~recht** *n* ⟨~(e)s⟩ droit douanier; **~schranken** *f/pl* barrières douanières; **~station** *f*, **~stelle** *f* (bureau *m*, poste *m* de) douane *f*
'**Zollstock** *m* ⟨~(e)s; -stöcke⟩ mètre pliant
'**Zoll|tarif** *m* tarif douanier; **~union** *f* union douanière
'**Zollverein** *m* HIST *der Deutsche ~* l'Union douanière allemande; le Zollverein
'**Zoll|vergehen** *n* délit *m*, infraction *f* de douane; **~vorschrift** *f* règlement *m* de douane
Zombie ['tsɔmbi] *m* ⟨~(s); ~s⟩ *a* F *fig* zombie *od* zombi *m*
Zone ['tsoːnə] *f* ⟨~; ~n⟩ zone *f*; HIST *cf* **Ostzone**
'**Zonen|grenze** *f* **1.** limite *f* de zone; **2.** ⟨*pas de pl*⟩ HIST BRD frontière *f* avec l'Allemagne de l'Est; **~randgebiet** *n* ⟨~(e)s⟩ HIST BRD zone *f* le long de la frontière avec l'Allemagne de l'Est; **~tarif** *m* VERKEHRSWESEN, POST tarif *m* par zone
Zoo [tsoː] *m* ⟨~s; ~s⟩ zoo *m*; '**~besucher(in)** *m(f)* visiteur, -euse *m,f* du zoo; '**~direktor** *m* directeur *m* du *bzw* d'un jardin zoologique; '**~handlung** *f* magasin *m* qui vend des animaux
Zoo|loge [tsooˈloːɡə] *m* ⟨~n; ~n⟩, '**~login** *f* ⟨~; ~nen⟩ zoologiste *m,f*; **~lo'gie** *f* ⟨~⟩ zoologie *f*
zoo'logisch *adj* zoologique; **~er Garten** jardin *m* zoologique
Zoom [zuːm] *n* ⟨~s; ~s⟩ **1.** FILM *Vorgang* zoom *m*; **2.** *cf* **Zoomobjektiv**
'**zoomen** *v/t u v/i* ⟨h⟩ FILM, PHOT zoomer
'**Zoomobjektiv** *n* zoom *m*
'**Zoowärter(in)** *m(f)* gardien, -ienne *m,f* de zoo
Zopf [tsɔpf] *m* ⟨~(e)s; ⁓e⟩ natte *f*; tresse *f*; *als Gebäck* tresse *f*; brioche nattée; *fig das ist ein alter ~* c'est passé de mode, démodé; *fig den alten ~, die alten Zöpfe abschneiden* se débarrasser d'habitudes démodées
'**Zopf|muster** *n* point *m* de torsade; **~spange** *f* barrette *f*
Zorn [tsɔrn] *m* ⟨~(e)s⟩ colère *f*; *heiliger ~* sainte colère; *in ~ geraten* se mettre en colère; se fâcher; *etw im ~ tun* faire qc sous l'effet de la colère
'**Zorn(es)ausbruch** *m* accès *m* de colère
'**zornig** *adj Person* en colère; fâché; *Blick* chargé de colère; *Handbewegung* de colère; **~ werden** se mettre en colère; se fâcher; **~ sein** être en colère; **~ machen** fâcher; irriter
Zote ['tsoːtə] *f* ⟨~; ~n⟩ gauloiserie *f*; grossièreté *f*; F **~n reißen** raconter des histoires paillardes, des gauloiseries
'**zotig** *adj* paillard; grossier, -ière
Zotte ['tsɔtə] *f* ⟨~; ~n⟩ **1.** (*Darm*2) villosité intestinale; **2.** touffe *f* de cheveux, *bei Tieren* de poils
Zottel ['tsɔtəl] F *f* ⟨~; ~n⟩ *cf* **Zotte**; **~bär** *m* ours velu; **~bart** *m* barbe *f* 'hirsute; **~haar** *n* cheveux en broussaille, ébouriffés
'**zottelig** *cf* **zottig**
'**zotteln** F *v/i* ⟨-(e)le, sein⟩ traînasser; F lambiner
'**zottig** *adj Haar* en broussaille; ébouriffé; *Bart* 'hirsute; *Fell* velu
ZPO [tsetpeːˈʔoː] *f* ⟨~⟩ *abr* (*Zivilprozeßordnung*) code *m* de procédure civile
z. T. *abr* (*zum Teil*) en partie
Ztr. *abr* (*Zentner*) 50 kg
zu [tsuː] **I** *prép* ⟨*dat*⟩ **1.** *örtlich* à; (*in j-s Wohnung*) chez; (*in j-s Nähe*) (au)près de; (*in Richtung nach*) vers; *zur Schule gehen* aller à l'école; *st/s ~ Bett gehen* aller, se mettre au lit; (aller) se coucher; *der Weg zum Bahnhof, zum Erfolg* le chemin de la gare, du succès; *die Tür zum Garten* la porte donnant sur le jardin; *von Haus ~ Haus* de maison en maison; *sich j-m ~ Füßen werfen* se jeter aux pieds de qn; **~ Boden fallen** tomber à terre; *zum Fenster hinauswerfen* jeter par la fenêtre; *kommen Sie ~ uns* venez chez nous; venez nous voir; *bei j-m Besuch sein* être en visite chez qn; *sich ~ j-m setzen* s'asseoir à côté de qn, (au)près de qn; *~ Hause* à la maison; chez soi; *~ beiden Seiten der Seine* des deux côtés, sur les deux rives de la Seine; *zur Linken, zur linken Seite* à gauche; du côté gauche; *st/s* (*in*) *der Dom ~ Köln* la cathédrale de Cologne; *der Gasthof zum goldenen Löwen* l'auberge du Lion d'Or; *~ Tal fließen* couler vers la vallée; **2.** *zeitlich* à; **~** *Mittag* à midi; *~ Ostern* à Pâques; *~ gleicher Zeit* en même temps; *von Tag ~ Tag* de jour en jour; *~ Anfang* au commencement; au début; *zum Schluß* finalement; en conclusion; *~ Ende gehen* toucher à sa fin; *zur Stunde* en ce moment; pour le moment; l'instant; *zur Zeit* en ce moment; actuellement; *zur Zeit der Kreuzzüge* au *od* du temps, à l'époque des croisades; *cf a Zeit* 2., 3.; *~ e-r Zeit, da ... in od* dans un temps où ...; **3.** *Art u Weise* à; par; en; pour; *zur Freude aller*, à la joie de tous; *~ meinem Vorteil, Nachteil* à mon avantage, détriment; *mir ist nicht zum Lachen* je n'ai pas le cœur à rire; *es steht nicht zum besten mit ihm gesundheitlich* il ne va pas très bien; *geschäftlich* ses affaires vont plutôt mal; *~ dreien, ~ dritt* à trois; au nombre de trois; *~ Hunderten, Dutzenden* par centaines, douzaines; *cf a 6. u die betreffenden subst*; **4.** *Preis, Zahlenangabe* à; *~ zehn Mark das Kilo* à dix marks le kilo; *ein Brot ~ zwei Pfund* un pain de deux livres; **5.** *Verhältnis* à; MATH *drei verhält sich ~ sechs wie fünf ~ zehn* trois est à six ce que cinq est à dix; *im Verhältnis eins ~ drei* dans la proportion de un à trois; SPORT *fünf ~ drei gewinnen* gagner

par cinq à trois; *im Vergleich* ~ en comparaison de; *im Gegensatz* ~ par opposition à; **6.** *Ziel, Zweck* à; pour; ~ *diesem Zweck* dans ce but; à cette fin; à cet effet; ~ *deiner Beruhigung* pour te rassurer; *heißes Wasser zum Waschen* de l'eau chaude pour (se) laver; *zum Dank* en reconnaissance; **7.** *Ergebnis* en; ~ *Eis werden* se transformer en glace; ~ *Staub werden* tomber en poussière; ~ *Pulver zerstoßen* réduire en poudre; pulvériser; *zum Offizier befördert werden* être promu officier; *sich (dat) j-n zum Feind machen* se faire un ennemi de qn; **8.** *(über)* de; sur; *sich ~ etw äußern* faire une remarque, un commentaire sur qc; *was sagen Sie ~ diesem Film?* que dites-vous, pensez-vous de ce film?; **9.** *(gegenüber)* envers; avec; *freundlich ~ j-m sein* être gentil avec qn; **10.** *Verbindung* avec; *Weißwein zum Fisch trinken* boire du vin blanc avec le poisson; ~ *allen Mahlzeiten Brot essen* manger du pain à tous les repas; *Blau paßt gut ~ blondem Haar* le bleu va bien avec les cheveux blonds; **II** *adv* **1.** *(allzu)* trop; ~ *sehr*, ~ *viel* trop; ~ *wenig* trop peu; *iron das ist ja ~ freundlich!* ça, c'est vraiment gentil!; **2.** *Richtung* vers; *nach Norden* ~ vers le nord; *auf mich* ~ vers moi; dans ma direction; **3.** *zeitlich ab und* ~ de temps en temps; de temps à autre; parfois; **4.** F *(geschlossen)* fermé; *der Laden hat* ~ *außerhalb der Geschäftszeiten, wegen Betriebsferien* le magasin est fermé; *Augen* ~! ferme(z) les yeux!; *cf a zusein*; **5.** F *mach* ~! dépêche-toi!; F grouille-toi!; *nur* ~! allez!; allez-y!; **III** *conj* **1.** *mit inf* de; à; *Haus ~ verkaufen* maison à vendre; *ich habe ~ arbeiten* il faut que je travaille; j'ai ai du travail; *du hast ~ kommen* tu dois venir; *er braucht nicht mehr ~ kommen* il n'a plus besoin de venir; *ohne es ~ wissen* sans le savoir; *das ist nicht od kaum ~ glauben* c'est incroyable; *was gibt's da ~ lachen?* qu'est-ce qu'il y a de drôle (à ça)?; *sie hatte nichts anzuziehen* elle n'avait rien à se mettre; **2.** *mit Partizip Präsens ein kaum ~ erfüllender Wunsch* un souhait à peine réalisable; *das ~ verkaufende Haus* la maison à vendre

zu'aller|'erst *adv* en tout premier lieu; avant tout; tout d'abord; ~'**letzt** *adv* en tout dernier lieu

'**zuarbeiten** *v/i* ⟨-ete, *sép*, -ge-, h⟩ *j-m* ~ aider, assister qn (en faisant les menus travaux)

'**zubauen** *v/t* ⟨*sép*, -ge-, h⟩ construire des maisons, *etc* sur; *Aussicht* boucher

Zubehör ['tsu:bəhø:r] *n* ⟨~(e)s; ~e⟩ accessoires *m/pl*; ~**teil** *n* accessoire *m*

'**zu|beißen** *v/i* ⟨*irr*, *sép*, -ge-, h⟩ mordre; 'happer; ~**bekommen** F *v/t* ⟨*irr*, *sép*, *pas de ge-*, h⟩ **1.** *Koffer, Tür etc* arriver à fermer; **2.** *regional (als Zugabe erhalten)* recevoir en plus, en sus

Zuber ['tsu:bər] *m* ⟨~s; ~⟩ *regional* baquet *m*; cuveau *m*; *zum Baden* tub *m*

'**zubereit|en** *v/t* ⟨-ete, *sép*, *pas de ge-*, h⟩ préparer; faire; ⟨ung *f* ⟨~; ~en⟩ préparation *f*

'**zubetonieren** *v/t* ⟨*sép*, *pas de ge-*, h⟩ bétonner

Zu'bettgehen *n* ⟨~s⟩ coucher *m*; *beim* ~ en se couchant

'**zubewegen** ⟨*sép*, *pas de ge-*, h⟩ **I** *v/t etw auf j-n, etw* ~ avancer qc vers qn, qc; **II** *v/réfl sich auf j-n, etw* ~ se déplacer vers qn, qc

'**zubilligen** *v/t* ⟨*sép*, -ge-, h⟩ *j-m etw* ~ octroyer, concéder, accorder qc à qn

'**Zubilligung** *f* octroi *m*; concession *f*

'**zu|binden** *v/t* ⟨*irr*, *sép*, -ge-, h⟩ attacher (pour fermer); ficeler; ~**bleiben** *v/i* ⟨*irr*, *sép*, -ge-, sein⟩ rester fermé

'**zublinzeln** *v/i* ⟨-(e)le, *sép*, -ge-, h⟩ *j-m* ~ faire signe de l'œil à qn; cligner de l'œil à qn

'**zubringen** *v/t* ⟨*irr*, *sép*, -ge-, h⟩ **1.** *(verbringen) s-e Zeit mit etw* ~ passer son temps à (faire) qc; **2.** F *Koffer, Tür etc* arriver à fermer

'**Zubringer** *m* ⟨~s; ~⟩ **1.** *(Autobahn⟨2⟩)* bretelle *f*; **2.** *Verkehrsmittel* navette *f*; ~**bus** *m* navette *f*; ~**dienst** *m* service *m* de correspondance; ~**straße** *f* zur Autobahn bretelle *f*

'**Zubrot** *n* ⟨~(e)s⟩ salaire *m* d'appoint; *sich (dat) ein ~ verdienen* améliorer ses fins de mois

'**zubrüllen** *v/t* ⟨*sép*, -ge-, h⟩ *j-m etw* ~ crier, 'hurler qc à qn

'**zubuttern** F *v/t* ⟨-(e)re, *sép*, -ge-, h⟩ *(zuschießen)* rajouter; *der Staat hat zehn Millionen zugebuttert* l'État a accordé une rallonge de dix millions; *sie hat 1000 Mark zugebuttert* elle y est allé de (ses) mille marks

Zucchini [tsu'ki:ni] *pl* courgettes *f/pl*

Zucht [tsʊxt] *f* ⟨~; ~en⟩ **1.** ⟨*pas de pl*⟩ *(Auf⟨2⟩) von Tieren* élevage *m*; *von Pflanzen, Perlen* culture *f*; **2.** *Tiere* race *f*; *Pflanzen* sorte *f*; **3.** *st/s* ⟨*pas de pl*⟩ *(Disziplin)* discipline *f*; ~ *und Ordnung* ordre et discipline

'**Zuchtbulle** *m* taureau *m* reproducteur

züchten ['tsyçtən] *v/t* ⟨-ete, h⟩ *Tiere* faire l'élevage de; *Pflanzen, Perlen, Bakterien* cultiver

'**Züchter(in)** *m* ⟨~s; ~⟩ *(f)* ⟨~; ~nen⟩ *von Tieren* éleveur, -euse *m,f*; *von Pflanzen* horticulteur, -trice *m,f*; *von Bäumen* pépiniériste *m,f*

'**Zuchtform** *f* produit *m* (d'élevage, de culture)

'**Zuchthaus** *n* früher **1.** *(Gefängnis)* pénitencier *m*; **2.** ⟨*pas de pl*⟩ *(~strafe)* réclusion *f*; *zu zehn Jahren ~ verurteilen* condamner à dix ans de réclusion

Zucht|häusler(in) *m* ['tsʊxthɔʏslər(ɪn)] *m* ⟨~s; ~⟩ *(f)* ⟨~; ~nen⟩ *früher* forçat *m*; JUR réclusionnaire *m,f*; ~**hausstrafe** *f* *früher* (peine *f* de) réclusion *f*

'**Zuchthengst** *m* étalon *m*

züchtig ['tsʏçtɪç] *st/s adj* vertueux, -euse; décent

züchtigen ['tsʏçtɪɡən] *st/s v/t* ⟨h⟩ *(schlagen)* corriger; *(strafen)* châtier; ⟨ung *st/s f* ⟨~; ~en⟩ *(Schläge)* correction *f*; *(Strafe)* litt châtiment *m*

'**Zucht|perle** *f* perle *f* de culture; ~**tier** *n* animal *m* destiné à la reproduction

'**Züchtung** *f* ⟨~; ~en⟩ **1.** ⟨*pas de pl*⟩ *(das Züchten) von Tieren* élevage *m*; *von Pflanzen* culture *f*; **2.** *Ergebnis* produit *m* (d'élevage, de culture)

'**Zuchtwahl** *f* BIOL sélection *f*

zuckeln ['tsʊkəln] F *v/i* ⟨-(e)le, sein⟩ *Pferdekarren, Person etc* avancer lentement, tranquillement

zucken ['tsʊkən] *v/i* ⟨h⟩ faire un mouvement brusque; *(zusammen~)* tressaillir; *(aufschrecken)* sursauter; *Flammen* vaciller; *Person*: krampfhaft avoir des mouvements convulsifs; *sterbende Tiere* palpiter; *Blitz* jaillir; *a v/t die Achseln* ~, *mit den Achseln* ~ 'hausser les épaules; *ohne zu ~ bei Schmerz etc* sans broncher; *fig ein Gedanke zuckte durch ihren Kopf* ⟨sein⟩ une idée traversa son esprit

'**Zucken** *n* ⟨~s⟩ *(Zusammen⟨2⟩)* tressaillement *m*; krampfhaftes convulsion *f*; *nervöses* ~ tic nerveux

zücken ['tsykən] *v/t* ⟨h⟩ *st/s Schwert, Messer* tirer; *plais Brieftasche etc* sortir

Zucker ['tsʊkər] *m* ⟨~s; ~⟩ sucre *m*; *ein Stück* ~ un (morceau de) sucre; *brauner* ~ sucre roux; *mit ~ süßen* sucrer; ~ *in etw (acc) tun* sucrer qc; F MÉD ~ *haben* être diabétique

'**Zuckerbäcker** *m* österr pâtissier (confiseur) *m*

'**Zuckerbrot** *n mit ~ und Peitsche* en employant la carotte ou le bâton

'**Zucker|couleur** *f* ⟨~⟩ *(colorant m à base de)* caramel *m* liquide; ~**dose** *f* sucrier *m*; ~**erbsen** *f/pl* (pois *m/pl*) mange-tout *m/pl*; ~**fabrik** *f* sucrerie *f*

'**Zuckerguß** *m* glace *f* de sucre; *mit* ~ glacé

'**Zuckerhut** *m* pain *m* de sucre

'**zuck(e)rig** *cf* **zuckrig**

Zucker|industrie *f* industrie sucrière; ⟨2krank *adj* diabétique; ~**kranke(r)** *f(m)* diabétique *m,f*; ~**krankheit** *f* ⟨~⟩ diabète *m*

'**Zuckerl** *n* ⟨~s; ~(n)⟩ *österr, südd* bonbon *m*

'**Zuckerlecken** *n* F *das ist kein ~* F c'est pas de la tarte

'**Zuckerlösung** *f* solution *f* d'eau sucrée

'**zuckern** *v/t* ⟨-(e)re, h⟩ sucrer

Zucker|plätzchen *n* pastille *f*; ~**puppe** F *f* petite mignonne; ~**raffinerie** *f* raffinerie *f* de sucre; ~**rohr** *n* canne *f* à sucre; ~**rübe** *f* betterave sucrière, à sucre; ~**schlecken** *n cf* Zuckerlecken; ~**stange** *f* (bâton *m* de) sucre *m* d'orge; ~**streuer** *m* saupoudreuse *f*

'**zucker|süß** **I** *adj* **1.** sucré; **2.** *fig péj* doucereux, -euse; mielleux, -euse; **II** *adv fig péj ~ lächeln* sourire mielleusement; ~ *être tout sucre tout miel*

'**Zucker|wasser** *n* ⟨~s⟩ eau *f* sucrée; ~**watte** *f* barbe *f* à papa; ~**zange** *f* pince *f* à sucre

'**zuckrig** *adj* sucré

'**Zuckung** *f* ⟨~; ~en⟩ tressaillement *m*; mouvement convulsif

'**zudecken** *v/t* ⟨*sép*, -ge-, h⟩ **I** *v/t* couvrir *(mit de)*; *fig (vertuschen)* étouffer; escamoter; **II** *v/réfl sich* ~ se couvrir *(mit de)*

zu'dem *adv (überdies)* en outre; au surplus

'**zudrehen** *v/t* ⟨*sép*, -ge-, h⟩ **1.** *Hahn etc* fermer; **2.** *zuwenden j-m das Gesicht* ~ tourner son visage à qn; *j-m den Rücken* ~ tourner le dos à qn

zudringlich ['tsu:drɪŋlɪç] *adj Person, Verhalten* gênant; *Frauen gegenüber* entreprenant; *j-m gegenüber ~ werden a sexuell* importuner qn

'**Zudringlichkeit** *f* ⟨~; ~en⟩ comportement gênant, *Frauen gegenüber* entreprenant

'zudrücken v/t ⟨sép, -ge-, h⟩ fermer (en appuyant); *j-m die Kehle ~* (*j-n* [*er-*] *würgen*) étrangler qn
'zueignen v/t ⟨-ete, sép, -ge-, h⟩ st/s *j-m etw ~ Buch etc* dédier qc à qn
zuein'ander adv *~ kommen* (aller) se voir; *~ passen* aller bien ensemble; *zwei Dinge, die ein Paar bilden* faire la paire; *Personen* s'accorder; *nicht ~ passen* jurer; *Farben a* détonner; *seid nett ~!* soyez bons les uns pour les autres!
zuein'ander|finden v/i ⟨irr, sép, -ge-, h⟩ se trouver; *fig* se rapprocher; **~halten** v/i ⟨irr, sép, -ge-, h⟩ se serrer les coudes; **~kommen** v/i ⟨irr, sép, -ge-, sein⟩ se rencontrer; **~stehen** v/i ⟨irr, sép, -ge-, h⟩ se serrer les coudes
'zuerkenn|en v/t ⟨irr, sép, pas de ge-, h⟩ attribuer; *Preis, Belohnung a* décerner; JUR, *Besitz* adjuger; **Ձung** f ⟨~; ~en⟩ attribution f; JUR adjudication f
zu'erst adv **1.** (*als erste*[*r*]) le premier, la première; *er kam ~* il était le premier à venir; **2.** (*an erster Stelle*) d'abord; premièrement; en premier lieu; (*vor allem übrigen*) avant tout; *~ etw tun* commencer par faire qc; **3.** (*zunächst*) d'abord; **4.** (*anfangs*) au début
'zufächeln v/t ⟨-(e)le, sép, -ge-, h⟩ *j-m Luft, Kühlung ~* éventer qn; *sich* (*dat*) *Luft ~* s'éventer
'zufahren v/i ⟨irr, sép, -ge-, sein⟩ *auf j-n, etw ~* se diriger (en voiture) vers qn, qc; F *fahr zu!* allons, vite!; vas-y!
'Zufahrt f accès m
'Zufahrtsstraße f voie f, route f d'accès
'Zufall m 'hasard m; (*Zusammentreffen*) coïncidence f; *glücklicher ~* heureux 'hasard; chance f; *reiner ~* pur hasard; *durch ~* par hasard; *der ~ wollte es, daß* ... le hasard a voulu que ... (+*subj*); *was für ein ~!* quelle coïncidence!
'zufallen v/i ⟨irr, sép, -ge-, sein⟩ **1.** *Tür, Deckel etc* se fermer brusquement; *die Augen fallen mir zu* je tombe de sommeil; **2.** *durch Erbschaft, bei e-r Verteilung j-m ~* revenir à qn; *mir ist die Aufgabe zugefallen, zu* (+*inf*) la tâche m'est incombée de (+*inf*); on m'a imparti la tâche de (+*inf*); *mir ist der Reichtum nicht einfach zugefallen, sondern* ... la fortune ne m'est pas tombée du ciel, mais ...
'zufällig I adj accidentel, -elle; fortuit; PHILOS contingent; **II** adv par hasard; accidentellement; *wie ~* comme par hasard; *rein ~* par pur hasard; *~ j-n treffen* tomber sur qn; *mein Bruder kam ~ vorbei* mon frère est passé à l'improviste; *ob ~ oder absichtlich* si c'est od que ce soit par hasard ou délibérément; F *weißt du ~, wie spät es ist?* tu n'as pas idée de l'heure qu'il est?
'zufälliger'weise cf zufällig II
'Zufälligkeit f ⟨~; ~en⟩ 'hasard m
'Zufalls|auswahl f ⟨~; ~en⟩ choix m fait au hasard; **Ձbedingt** adj dû, due au hasard; aléatoire; **~bekanntschaft** f personne rencontrée par hasard; **~treffer** m coup m de chance, de veine
'zufassen v/i ⟨-ßt, sép, -ge-, h⟩ **1.** prendre (+*acc*); faire un mouvement, geste vif (*pour saisir qc*); **2.** F *fig* (*zupacken*) aider; mettre la main à la pâte
'zufliegen v/i ⟨irr, sép, -ge-, sein⟩ **1.** F *Tür etc* se fermer brusquement; **2.** *auf j-n, etw ~* voler en direction de qn, qc; se diriger vers qn, qc (*en volant*); *mir ist ein Kanarienvogel zugeflogen* un canari (perdu) s'est réfugié chez moi; **3.** *fig alle Herzen flogen ihm zu* il gagna tous les cœurs; *es fliegt ihm alles* (*nur so*) *zu* il apprend, assimile tout facilement
'zufließen v/i ⟨irr, sép, -ge-, sein⟩ *e-r Sache ~ Fluß, Wasser etc* couler vers qc; *Summen etc j-m, e-r Sache ~* affluer à qn, qc
'Zuflucht f refuge m; asile m; *~ vor etw, j-m* fuite f devant qc, qn; *bei j-m ~ suchen, finden* chercher, trouver refuge, asile auprès de od chez qn; *zu etw s-e ~ nehmen* se réfugier dans qc; employer qc comme expédient
'Zufluchts|ort m, **~stätte** f (lieu m de) refuge m; (lieu m d')asile m
'Zufluß m **1.** ⟨*pas de pl*⟩ (*Zufließen*) afflux m; **2.** (*Nebenfluß*) affluent m
'zuflüstern v/t ⟨-(e)re, sép, -ge-, h⟩ *j-m etw ~* souffler, chuchoter qc à l'oreille de qn
zu'folge prép ⟨*derrière un nom au datif*⟩ (*gemäß*) suivant, d'après; conformément à
zufrieden [tsu'fri:dən] adj content (*mit de*); (*~gestellt*) satisfait (*mit de*); *litt ich bin es ~* litt soit!; *wir können ~ sein* nous n'avons rien à redire; F *bist du jetzt ~?* tu es content maintenant?; *iron* te voilà satisfait!
zu'friedengeben v/réfl ⟨irr, sép, -ge-, h⟩ *sich mit etw ~* se contenter de qc; prendre son parti de qc; se résigner à qc
Zu'friedenheit f ⟨~⟩ contentement m; (*Befriedigung*) satisfaction f; *zur allgemeinen ~* à la satisfaction générale; *zu meiner vollen ~* à mon entière satisfaction
zu'friedenlassen v/t ⟨irr, sép, -ge-, h⟩ *j-n ~* laisser qn tranquille, en paix; *laß mich mit deinem Geschwätz zufrieden!* laisse-moi tranquille avec tes histoires!
zu'friedenstell|en v/t ⟨sép, -ge-, h⟩ contenter; satisfaire; **~end** adj satisfaisant
'zufrieren v/i ⟨irr, sép, -ge-, sein⟩ geler complètement; se couvrir de glace; prendre
'zufügen v/t ⟨sép, -ge-, h⟩ **1.** *j-m etw ~ Schaden, Verluste etc* causer qc à qn; *Niederlage* infliger qc à qn; *j-m Böses ~* faire du mal à qn; **2.** (*hin~*) ajouter
'Zufuhr f ['tsu:fu:r] ⟨~⟩ *von Luft, Dampf, Gas etc* amenée f; arrivée f; *von Wasser a* adduction f; *von Waren* arrivage m; apport m
'zuführen ⟨sép, -ge-, h⟩ **I** v/t *Luft etc* amener; conduire; (*beschicken*) alimenter (*etw e-r Sache* [*dat*] qc en qc); *j-n ~* amener qn à qn; *e-m Kranken Nahrung ~* alimenter un malade; *s-r Bestimmung* (*dat*) *~* utiliser à son but propre; **II** v/i *auf etw* (*acc*) *~* conduire à qc
'Zuführung f **1.** ⟨*pas de pl*⟩ (*das Zuführen*) amenée f; arrivée f; *von Wasser a* adduction f; (*Beschickung*) alimentation f; **2.** *Vorrichtung* (*Telefon Ձ, Strom Ձ*) câble m d'alimentation; (*Wasser Ձ, Gas Ձ*) conduite f d'alimentation, d'arrivée

Zug¹ [tsu:k] m ⟨~(e)s; ⸚e⟩ **1.** *Bahn* train m; *der S-Bahn, der U-Bahn* rame f (de métro); *der ~ nach* ... le train pour od de ...; *der ~ aus* ... le train (venant) de ...; *mit dem ~* par le train; *mit dem ~ fahren, den ~ nehmen* voyager en train; prendre le train; **2.** *von Personen* colonne f; file f; (*Umzug*) procession f; *feierlicher* cortège m; MIL section f; *von Vögeln* volée f; bande f (en vol); *von Pferden* (*Gespann*) attelage m; *von Ochsen* couple m; **3.** (*das Ziehen*) marche f; (*Feld Ձ*) campagne f; expédition f; (*Durch Ձ, Übergang*) passage m; *von Vögeln* passage m; *von Vögeln in den Süden* migration f; *der Wolken* passage m; cours m; (*Streif Ձ, Beute Ձ, Diebes Ձ*) expédition f; (*pas de pl*) (*Zugluft*) courant m d'air; *im ~ sitzen, stehen* être dans le courant d'air; **5.** ⟨*pas de pl*⟩ *bei Öfen* tirage m; (*Luftkanal*) tuyau m, canal m d'aération; **6.** (*Gesichts Ձ, Charakter Ձ, Schrift Ձ*) trait m; caractéristique f; *das ist ein schöner ~ von ihm* c'est un trait agréable de son caractère; *das war kein schöner ~ von ihm* ce n'était pas gentil de sa part; *das ist der ~ der Zeit* c'est une caractéristique de cette époque; **7.** *fig* trait m; *in kurzen, knappen Zügen* en peu de mots; *in großen Zügen* à grands traits; *in od mit einem, auf einen ~* d'un seul trait; **8.** advt *im ~e* (+*gén*) au cours de; *im ~e der Neugestaltung* au cours de la réorganisation; **9.** *beim Brettspiel* coup m; *Sie sind am ~* c'est à vous de jouer; *fig nicht zum ~e kommen* ne pas avoir l'occasion d'intervenir, d'agir; *fig ~ um ~* (*allmählich*) petit à petit; (*kontinuierlich*) successivement; **10.** *beim Trinken* coup m; trait m; gorgée f; *beim Rauchen* bouffée f; (*Atem Ձ*) souffle m; *beim Trinken e-n ~ tun* boire un coup; *auf einen, in einem, e-n ~* vider d'un trait, d'un seul coup; F *e-n guten ~ haben* F avoir une bonne descente; *die Luft in vollen Zügen einatmen* aspirer l'air à pleins poumons; *etw in vollen Zügen genießen* savourer à fond qc; F *in den letzten Zügen liegen* F n'en avoir plus pour longtemps à vivre; **11.** PHYS (*Zugkraft*) traction f; tension f; **12.** TECH *im Gewehrlauf etc* rayure f; **13.** *regional* (*Schublade*) tiroir m; **14.** (*Höhen Ձ*) chaîne f de collines, de montagnes

Zug² n ⟨→ *n/pr*⟩ GÉOGR Zoug
'Zugabe f **1.** COMM supplément m; prime f; als ~ en supplément, en prime; **2.** *e-s Künstlers* (morceau m en) bis m; *~!* bis!; encore!; *als ~* 'hors programme'; *e-e ~ geben* jouer un bis; **3.** ⟨*pas de pl*⟩ (*das Hinzufügen*) addition f
'Zugabteil n compartiment m
'Zugang m **1.** (*Eingangsweg*) *a zu e-m Gebäude* accès m; entrée f; **2.** (*Zutritt*) accès m; (*freier*) *zum Meer* (libre) accès à la mer; *~ zu j-m haben* avoir accès auprès de qn; *sich* (*dat*) *~ zu etw verschaffen* se procurer accès à qc; *Aufschrift ~ verboten!* od *kein ~!* accès interdit; **3.** *fig von Personen zu e-m Hotel, Krankenhaus etc* arrivée f; (*Waren Ձ*) arrivage m; *e-r Bibliothek* (*Neuerwerbung*) nouvelle acquisition; ou-

vrage nouvellement acquis; **Zugänge** *pl Personen* arrivées *f/pl*; *in e-m Krankenhaus* nouveaux malades *m/pl*
zu'gange F *mit j-m, etw,* ~ *sein* avoir à faire à qn; s'occuper de qn, qc
zugänglich ['tsu:gɛŋlɪç] *adj a fig* accessible, abordable (*für* à); *leicht, schwer* ~ *sein* être d'un accès facile, difficile; *a fig* être d'un abord facile, difficile; *der Allgemeinheit* (*dat*) ~ ouvert au public; *er ist vernünftiger Überlegung* (*dat*) *nicht* ~ on ne peut pas lui parler raisonnablement
'**Zugangs|straße** *f*, ~**weg** *m* voie *f* d'accès
'**Zug|anschluß** *m* correspondance *f* (des trains); ~**begleiter(in)** *m(f)* (*Schaffner[in]*) contrôleur, -euse *m,f*; ~**brücke** *f* pont-levis *m*
'**zugeben** *v/t* ⟨*irr, sép, -ge-, h*⟩ **1.** (*hinzufügen*) *a COUT* ajouter; **2.** *COMM* donner en plus, en supplément, en prime; **3.** *Künstler* jouer, chanter, réciter 'hors programme'; **4.** *fig* (*einräumen*) admettre; convenir de; concéder; (*eingestehen*) avouer; reconnaître; (*gestatten*) accorder; permettre; *geben Sie es nur zu!* convenez-en!; avouez!; *zugegeben, ...* je concède que ...
'**zugegebener'maßen** *adv* ~ ... j'admets, je reconnais que ...; *er hatte* ~ *recht* j'admets qu'il a eu raison
zu'gegen *st/s adv bei etw* ~ *sein* être présent, assister à qc; *persönlich* ~ *sein* être présent en personne
'**zugehen** ⟨*irr, sép, -ge-, sein*⟩ **I** *v/i* **1.** *Tür, Koffer* (se) fermer; *Knopf* se boutonner; **2.** *auf j-n, etw* ~ aller, se diriger, s'avancer vers qn, qc; *a v/imp es geht auf den Winter zu* l'hiver est proche; *dem Ende* ~ toucher à sa fin; **3.** (*zulaufen*) *spitz* ~ se terminer en pointe; **4.** *ADM j-m* (*lassen*) (faire) parvenir à qn; **5.** F (*schneller gehen*) F se grouiller; *geh* (*schon*) *zu!* F grouille-toi donc!; **II** *v/imp u v/i* (*geschehen*) arriver; se passer; se faire; *wie geht es zu, daß ...?* comment se fait-il que ...?; *wie geht das zu?* comment cela se fait-il?; *wie ist das zugegangen?* comment cela s'est-il arrivé, s'est-il passé?; *es müßte komisch* ~*, wenn ...* il serait étrange que ... (+*subj*); *es ging sehr lustig zu* c'était gai; on s'amusait beaucoup; *cf a Ding* 2.
'**Zugeherin** *f* ⟨~; ~nen⟩, '**Zugehfrau** *f österr, südd* femme *f* de ménage
'**zugehörig** *adjt* **1.** ~ (+*dat*) *od* **zu** se rapportant à; qui fait partie de; *Person a* appartenant à; **2.** ⟨*épithète*⟩ correspondant
'**Zugehörigkeit** *f* ⟨~⟩ appartenance *f* (*zu* à)
'**Zugehörigkeitsgefühl** *n* ⟨~s⟩ sentiment *m* d'appartenance (*zu* à)
'**zugeknöpft** F *fig adjt* (*reserviert*) très réservé; ²**heit** F *f* ⟨~⟩ (*Reserviertheit*) comportement réservé
Zügel ['tsy:gəl] *m* ⟨~s; ~⟩ rêne *f*; bride *f*; *e-m Pferd die* ~ *anlegen* mettre la bride à, brider un cheval; *fig die* ~ *in die Hand nehmen* prendre les rênes; *fig die* ~ *fest in der Hand haben* tenir les rênes; *fig s-r Phantasie die* ~ *schießen lassen* laisser libre cours à son imagination
'**zügel|los** *adj fig* effréné; déchaîné;

(*ausschweifend*) débauché; *sexuell* effréné; ²**losigkeit** *f* ⟨~; ~en⟩ débauche, *sexuelle* sexualité effrénée
'**zügeln**¹ ⟨*-(e)le, h*⟩ **I** *v/t* **1.** *Pferd* tenir en bride; **2.** *fig* refréner; maîtriser; dominer; **II** *v/réfl sich* ~ se contenir; se maîtriser
'**zügeln**² ⟨*-(e)le*⟩ *v/i* (*sein*) *u v/t* ⟨*h*⟩ *schweiz* déménager
'**Zügelung** *f* ⟨~; ~en⟩ *f* refrènement *m*; *s-r selbst* maîtrise *f* de soi
'**zugeneigt** *adjt st/s j-m, etw sehr* ~ *sein* éprouver beaucoup d'affection pour qn, d'attirance pour qc
'**Zugereiste(r)** *f(m)* ⟨→ A⟩ étranger, -ère *m,f*; nouveau venu, nouvelle venue
'**zugesellen** ⟨*sép*, zugesellt, h⟩ *v/t j-m etw, j-n* ~ associer, adjoindre, joindre qc, qn à qn; **II** *v/réfl sich j-m* ~ se joindre, s'associer à qn
'**zugestandener'maßen** *cf* **zugegebenermaßen**
'**Zugeständnis** *n* concession *f* (*an* [+*acc*] à); *gewisse Zugeständnisse machen* faire certaines concessions
'**zugestehen** *v/t* ⟨*irr, sép, p/p* zugestanden, h⟩ **1.** (*bewilligen*) *j-m etw* ~ accorder qc à qn; *Recht* concéder qc à qn; **2.** (*zugeben*) admettre; *das wirst du mir* ~ *müssen* tu dois l'admettre
'**zugetan** *st/s adj j-m, e-r Sache* ~ *sein* avoir de l'affection, de la sympathie pour qn; avoir de l'attachement pour qn, qc
'**Zugewinn** *m* ⟨~(e)s; ~e⟩ gain *m* (*an* [+*dat*] de); *JUR* acquêt *m*; ~**gemeinschaft** *f JUR* communauté réduite aux acquêts
'**Zugezogene(r)** *f(m)* ⟨→ A⟩ nouveau venu; nouvelle venue
'**Zug|feder** *f* ressort *m* de traction; ²**fest** *adj TECH* résistant à la traction; ~**führer** *m* **1.** *EISENBAHN* chef *m* de train; **2.** *MIL* chef *m* de section
'**zugießen** *v/t* ⟨*irr, sép, -ge-, h*⟩ **1.** *Flüssigkeit* ajouter; remettre; **2.** *Loch etc* combler, boucher (*avec un liquide*)
'**zugig** *adj* exposé aux courants d'air; *hier ist es* ~ il y a des courants d'air ici
zügig ['tsy:gɪç] **I** *adj* ⟨*épithète*⟩ rapide; **II** *adv* rapidement; sans interruption; ²**keit** *f* ⟨~⟩ rapidité *f*
'**Zugkraft** *f* **1.** *PHYS* (effort *m*, force *f* de) traction *f*; *e-s Motors* force *f* d'entraînement; *e-s Magneten* force *f* d'attraction; **2.** ⟨*pas de pl*⟩ *fig* (*Anziehungskraft*) (force *f* d')attraction *f*
'**zugkräftig** *adj fig* qui attire le public; qui prend sur le public; *a Theaterstück* à succès
zu'gleich *adv* en même temps (*mit mir* que moi); (*im gleichen Augenblick*) (tout) à la fois; *alle* ~ tous à la fois; *schön und reich* ~ à la fois beau, belle et riche
'**Zug|luft** *f* courant *m* d'air; ~**maschine** *f* tracteur *m*; ~**nummer** *f* **1.** *EISENBAHN* numéro *m* du train; **2.** *fig* attraction *f* du train; ~**personal** *n* personnel *m* du train; ~**pferd** *n* cheval *m* de trait; **2.** *fig* locomotive *f*; ~**pflaster** *n* (emplâtre *m*) vésicatoire *m*
'**zugreifen** *v/i* ⟨*irr, sép, -ge-, h*⟩ **1.** prendre, saisir (+*acc*); **2.** *Polizei* mettre la main dessus; **3.** *bei Tisch* se servir; **4.** *fig* (*die Gelegenheit ergreifen*)

saisir l'occasion; *mit beiden Händen* ~ ne pas se faire prier; **5.** (*mit Hand anlegen*) mettre la main à la pâte
'**Zugriff** *m* **1.** (*Ergreifen*) prise *f*; mainmise *f*; *sich dem* ~ *der Polizei entziehen* se soustraire à la police, à l'arrestation; **2.** (*Zugang*) *a INFORM* accès *m* (*auf* [+*acc*] à)
'**Zugriffszeit** *f INFORM* temps *m* d'accès
zu'grunde *adv* **1.** ~ *gehen Mensch* mourir (*an* [+ *dat*] de); *finanziell* se ruiner; *Kultur* se perdre; *Ehe, Freundschaft* se détériorer; se défaire; ~ *richten Unternehmen etc* ruiner; *Person* causer la perte de; *sich* ~ *richten* se ruiner; causer sa propre perte; **2.** *etw* (*e-r Sache* [*dat*]) ~ *legen* prendre qc pour base, fondement (de qc); *e-r Sache* (*dat*) ~ *liegen* être à la base de qc; être le fondement de qc
Zu'grundelegung *f* ⟨~⟩ *unter* ~ *von ...* en prenant pour base ...
zu'grundeliegend *adjt* qui est à la base (+ *dat* de)
'**Zug|salbe** *f* onguent *m* vésicatoire; ~**schaffner(in)** *m(f)* contrôleur, -euse *m,f*
'**Zugspitze** *GÉOGR die* ~ la Zugspitze
'**Zug|telefon** *n* téléphone *m* dans un *bzw* le train; ~**tier** *n* bête *f* de trait
'**zugucken** F *v/i* ⟨*sép, -ge-, h*⟩ *cf* **zusehen**
'**Zugunglück** *n* accident *m* de chemin de fer
zu'gunsten *prép* ⟨*gén*⟩ *u adv* ~ *von* en faveur de; au profit de
zu'gut *adj südd, schweiz etw* ~ *haben* être créancier de qc
zu'gute *adv st/s j-m etw* ~ *halten* tenir compte de qc à qn; *st/s sich* (*dat*) *auf e-e Sache etwas* ~ *halten* tirer vanité de qc; *j-m* ~ *kommen* profiter, servir à qn; *j-m etw* ~ *kommen lassen* disposer de qc en faveur de qn; *sich* (*dat*) *etwas* ~ *tun* s'offrir un (petit) extra
'**Zug|verbindung** *f* communication *f* ferroviaire; (*Anschluß*) correspondance *f*; ~**verkehr** *m* trafic *m* ferroviaire; ~**vogel** *m* oiseau migrateur
'**Zugzwang** *m in* ~ *sein, unter* ~ *stehen* être forcé d'agir
'**zu|haben** F *v/i* ⟨*irr, sép, -ge-, h*⟩ *Geschäfte* être fermé; ~**haken** *v/t* ⟨*sép, -ge-, h*⟩ agrafer
'**zuhalten** ⟨*irr, sép, -ge-, h*⟩ **I** *v/t Tür etc* tenir fermé; fermer; *Öffnung etc* boucher; *j-m den Mund* ~ fermer la bouche à qn; *sich* (*dat*) *die Ohren, die Nase* ~ se boucher les oreilles, le nez; **II** *v/i auf etw* (*acc*) ~ aller droit vers qc; *MAR, AVIAT* mettre le cap sur
Zuhält|er ['tsu:hɛltər] *m* ⟨~s; ~⟩ souteneur *m*; *JUR* proxénète *m*; F maquereau *m*; ~**e'rei** *f* ⟨~⟩ *JUR* proxénétisme *m*
'**zuhanden** *adv* *österr, schweiz* ~ *von* à l'attention de
'**zuhängen** *v/t* ⟨*sép, -ge-, h*⟩ (re)couvrir d'un rideau, d'une toile, *etc*
'**zuhauen** F ⟨*irr, sép, -ge-, h*⟩ **I** *v/t* **1.** (*behauen*) façonner à la hache; *Steine* tailler; **2.** *Tür etc* fermer en claquant; **II** *v/i fig* (*zuschlagen*) F cogner; *tüchtig* ~ F ne pas y aller de main morte; F cogner dur
zu'hauf *st/s adv* en grand nombre
Zu'hause *n* ⟨~(s)⟩ chez-soi (chez-moi,

zuheilen – zumachen

etc) m; **er hat kein ~** il n'a pas de chez--soi, de foyer; *fig* il est tout seul dans la vie; **ein schönes ~** un joli intérieur

'**zuheilen** *v/i ⟨sép, -ge-, sein⟩ Wunde* se fermer; *(vernarben)* se cicatriser; **wieder ~** se refermer

Zuhilfenahme [tsuːˈhɪlfənaːmə] *f ⟨~⟩* **unter ~ von ...** avec le secours de ...; à l'aide de ...

zu'**hinterst** *adv* tout au bout

'**zuhören** *v/i ⟨sép, -ge-, h⟩* écouter; **j-m, e-r Erzählung ~** écouter qn, un récit; *drohend* **nun hör mal (gut) zu!** et maintenant, tu écoutes ce que je te dis!

'**Zuhörer|(in)** *m(f)* auditeur, -trice *m,f*; **die ~** *m/pl* a le public; **~schaft** *f ⟨~⟩* auditoire *m*; auditeurs *m/pl*

'**zujubeln** *v/i ⟨-(e)le, sép, -ge-, h⟩ j-m ~* acclamer qn; ovationner qn

'**zukehren** *v/t ⟨sép, -ge-, h⟩ j-m den Rücken ~* tourner le dos à qn

'**zu|klappen** *⟨sép, -ge-⟩* **I** *v/t ⟨h⟩ Deckel etc* rabattre; *Wagentür* claquer; *Taschenmesser* refermer; **II** *v/i ⟨sein⟩ Deckel, Fenster etc* se fermer; *Wagentür* claquer; **~kleben** *v/t ⟨sép, -ge-, h⟩* coller; *Briefumschlag* cacheter; **~knallen** F *⟨sép, -ge-⟩* **I** *v/t ⟨h⟩* (faire) claquer; **II** *v/i ⟨sein⟩* claquer; se fermer brusquement

'**zukneifen** *v/t ⟨irr, sép, -ge-, h⟩* presser; *Augen* plisser; **den Mund ~** pincer les lèvres

'**zuknöpfen** *v/t ⟨sép, -ge-, h⟩* boutonner; **zum ⌧** à boutons

'**zuknoten** *v/t ⟨-ete, sép, -ge-, h⟩* nouer; fermer par un nœud

'**zukommen** *v/i ⟨irr, sép, -ge-, sein⟩* **1.** *(näherkommen)* **auf j-n ~** s'avancer, aller, venir vers qn; venir à qn; *(j-m bevorstehen)* attendre qn; *fig* **die Dinge auf sich (acc) ~ lassen** laisser venir les choses; attendre les événements; **wer weiß, was noch alles auf uns** *(acc)* **zukommt** qui sait ce qui va encore nous arriver; **ich werde diesbezüglich (noch) auf Sie ~** je vous en (re)parlerai; **2.** *st/s j-m etw ~ lassen* faire parvenir, passer qc à qn; *(zuteil werden lassen)* donner qc à qn; **3.** *j-m ~ (gebühren)* revenir à qn; être dû, due à qn; *als Aufgabe* incomber à qn; *das kommt mir von Rechts wegen zu* cela me revient de droit; *st/s* **es kommt euch nicht zu, zu** *(+inf)* il ne vous appartient pas, ce n'est pas à vous de *(+inf)*

'**zukorken** *v/t ⟨sép, -ge-, h⟩ Flasche* boucher; **wieder ~** reboucher

'**zukriegen** F *v/t ⟨sép, -ge-, h⟩ cf* **zubekommen**

Zukunft ['tsuːkʊnft] *f ⟨~⟩* avenir *m*; GR futur *m*; **in ~** à l'avenir; *(von jetzt ab)* désormais; dorénavant; **in naher ~** dans un proche avenir; **in ferner ~** dans un avenir lointain; *Beruf etc* **mit ~** qui a de l'avenir; **~ haben** avoir de l'avenir; **e-e glänzende ~ vor sich (dat) haben** être promis à un brillant avenir; **die ~ wird es lehren** qui vivra verra; **ihr gehört die ~** l'avenir est à elle

zukünftig ['tsuːkʏnftɪç] **I** *adj* futur; à venir; **II** *adv* à l'avenir; *(von jetzt ab)* désormais; dorénavant

'**Zukünftige(r)** F *f(m) ⟨→ A⟩ (künftiger Ehepartner)* futur(e) *m(f)*

Zukunfts|angst *f* peur *f* du futur; **~aussichten** *f/pl* perspectives *f/pl* d'avenir; **~forscher(in)** *m(f)* futurologue *m,f*; **~forschung** *f ⟨~⟩* futurologie *f*; **~musik** F *f ⟨~⟩* vision *f* utopique; rêves *m/pl*; *(Pläne)* projets *m/pl* en l'air; **⌧orientiert** *adjt* orienté vers l'avenir; **~perspektive** *f* perspective *f* d'avenir; **~pläne** *m/pl* projets *m/pl* (d'avenir); **~roman** *m* roman *m* de science-fiction

'**zulächeln** *v/i ⟨-(e)le, sép, -ge-, h⟩ j-m ~* sourire à qn; adresser un sourire à qn

'**zulachen** *v/i ⟨sép, -ge-, h⟩ j-m ~* regarder qn en riant

'**Zulage** *f (Erhöhung)* augmentation *f*, majoration *f*, supplément *m* (de salaire, de traitement, *etc*); *für Kinderreiche etc* allocation *f*; *(Gefahren⌧, Schmutz⌧) etc* prime *f*, indemnité *f* (**für** de); *j-m e-e ~ geben* augmenter (le salaire, le traitement, *etc* de) qn

'**zulangen** F *v/i ⟨sép, -ge-, h⟩ (nehmen)* prendre *(+acc)*; *bei Tisch* se servir; **tüchtig ~** se servir copieusement; ne pas se gêner

zulänglich ['tsuːlɛŋlɪç] *st/s* **I** *adj* suffisant; **II** *adv* suffisamment

'**zulassen¹** F *v/t ⟨irr, sép, -ge-, h⟩ (geschlossen lassen)* laisser fermé

'**zulassen²** *v/t ⟨irr, sép, -ge-, h⟩* **1.** *(den Zutritt erlauben)* admettre (**zu** à); **2.** *(erlauben)* permettre; **keinen Zweifel, keine andere Möglichkeit ~** ne laisser subsister aucun doute, aucune autre possibilité; **verschiedene Auslegungen ~** comporter, permettre plusieurs interprétations; **e-e Ausnahme ~** tolérer une exception; **3.** *(mit e-r Erlaubnis versehen)* **zu e-r Prüfung, zum Studium ~** autoriser à passer un examen, à faire des études; **zur mündlichen Prüfung zugelassen sein** être admis à l'oral; *Partei zur Wahl ~* autoriser à participer aux élections; **4.** *(mit e-r Lizenz versehen)* **als Anwalt ~** inscrire au barreau; **als Arzt ~** inscrire à l'ordre des médecins; **5.** ADM *Fahrzeug* autoriser à circuler; **auf j-s Namen** *(acc)* **zugelassen sein** être immatriculé au nom de qn; *mein Auto ist gestern zugelassen worden* j'ai fait immatriculer ma voiture hier; *in Frankreich* je suis allé chercher ma carte grise hier; **6.** PHARM *Medikament* autoriser la vente de

zulässig ['tsuːlɛsɪç] *adj* admis; admissible; *(erlaubt)* permis; JUR *Beweis, Antrag* recevable; **~e Geschwindigkeit** vitesse *f* autorisée; **~e Höchstgeschwindigkeit** limite *f* de vitesse; vitesse *f* limite; **nicht ~ sein** être interdit

'**Zulässigkeit** *f ⟨~⟩* admissibilité *f*; JUR recevabilité *f*

'**Zulassung** *f ⟨~; ~en⟩* **1.** autorisation *f* (**zum Studium** pour étudier; **zu e-r Prüfung** à passer un examen); **zur mündlichen Prüfung** admission *f* (**zu** à); **2. ~ als Anwalt** inscription *f* au barreau; **~ als Arzt** inscription *f* à l'ordre des médecins; **3.** COMM *(Konzession)* licence *f*; **4.** ADM *e-s Fahrzeugs* autorisation *f* (de circuler); F *(Kfz-Schein) etwa* carte grise

'**Zulassungs|nummer** *f* AUTO numéro *m* d'immatriculation; **~papiere** *n/pl* papiers *m/pl* du véhicule; **⌧pflichtig** *adj* qui doit être enregistré, immatriculé; **~stelle** *f für Kraftfahrzeuge* bureau *m* d'immatriculation, de délivrance des cartes grises; **~verfahren** *n* procédure *f* d'admission

'**Zulauf** *m* **1.** *⟨pas de pl⟩ (Andrang)* affluence *f*; afflux *m* (de gens, de visiteurs, *etc*); **großen ~ haben** *Veranstaltung* être très fréquenté, couru; *Geschäft, Arzt* avoir une grande clientèle; avoir la vogue, la cote; **2.** TECH *(Rohr, Leitung)* arrivée *f* (d'eau, *etc*); *(zulaufende Menge)* afflux *m*

'**zulaufen** *v/i ⟨irr, sép, -ge-, sein⟩* **1.** *Wasser in ein Becken etc* arriver; couler; **2.** *Pyramide etc* **spitz ~** se terminer en pointe; **3. auf j-n ~** courir à *od* vers qn; **4. uns ist ein Hund zugelaufen** on a recueilli un chien (perdu); **zugelaufener Hund** chien perdu recueilli par qn; **5.** F **lauf zu!** F grouille-toi!

'**zulegen** *⟨sép, -ge-, h⟩* **I** *v/t* F *bes regional (hinzufügen)* rajouter; mettre en plus; *(dazuzahlen)* F y aller de sa poche; **II** *v/réfl* **sich** *(dat)* **etw ~** *(anschaffen)* s'acheter qc; *Frisur* adopter qc; *Pseudonym* adopter qc; prendre qc; **sich** *(dat)* **e-n Bart ~** se faire pousser la barbe; F **sich** *(dat)* **e-n Freund zugelegt haben** avoir maintenant un copain, un petit ami; **sie sollte sich e-n Freund ~** elle devrait se trouver un petit ami; **III** *v/i (das Tempo steigern)* F se grouiller; *(stärker werden, wachsen)* grossir

zu'**leide** *adv* **j-m etwas ~ tun** faire du mal à qn; **j-m nichts ~ tun** ne pas faire de mal à qn

'**zuleiten** *v/t ⟨-ete, sép, -ge-, h⟩* **1.** *Wasser, Strom etc* amener; **2.** *e-r Person, Behörde (weitergeben)* **j-m ~** transmettre à qn; faire parvenir à qn; *Gesuch, Vorschlag* adresser à qn; **⌧ung** *f* **1.** *cf* **Zuführung 2.** *⟨pas de pl⟩ (Weitergabe)* transmission *f*

'**Zuleitungsrohr** *n* tuyau *m* d'arrivée, d'alimentation

zu'**letzt** *adv* **1.** F *(zum letzten Mal)* pour la dernière fois; **2.** *(zum Schluß)* à la fin; *(am Ende)* finalement; **bis ~** jusqu'à la fin; **immer an sich** *(acc)* **selbst ~ denken** penser toujours à soi en dernier; **3.** *(schließlich)* au bout du compte; en fin de compte; *(endlich)* enfin; **~ doch etw tun** bien finir par faire qc; **~** *(als der, die letzte)* **~ kommen** arriver le dernier, la dernière; **5.** *fig* **nicht ~ deshalb, weil ...** d'autant plus que ...; *fig* **nicht ~ dir ist es zu verdanken, daß ...** c'est surtout grâce à toi que ...

zu'**liebe** *adv* **j-m, e-r Sache ~** pour l'amour de qn, qc

'**Zulieferbetrieb** *m* entreprise *f* de sous--traitance

'**Zulieferer** *m ⟨~s; ~⟩* sous-traitant *m*

'**Zuliefer(er)industrie** *f* (industrie *f* de la) sous-traitance *f*; *(Zulieferer)* sous--traitants *m/pl*

'**Zulieferung** *f* livraison *f*

Zulu ['tsuːlu] *m ⟨~(s); ~(s)⟩* Zoulou *m*

zum [tsʊm] = **zu dem**

'**zumachen** *⟨sép, -ge-, h⟩* **I** *v/t Tür, Fenster* fermer; *Brief* cacheter; *mit Knöpfen* boutonner; **die Tür hinter sich** *(dat)* **~** fermer la porte derrière soi; **die ganze Nacht kein Auge ~** ne pas fermer l'œil de (toute) la nuit; **II** *v/i* **1.** F

(*schließen*) *Geschäfte etc* fermer; **2.** *regional mach zu!* F grouille-toi!
zu'**mal** **I** *adv* (*besonders*) surtout; particulièrement; **II** *conj* (*vor allem weil*) d'autant plus que
'**zumauern** *v/t* ⟨-(e)re, *sép*, -ge-, h⟩ murer; maçonner; *Tür, Fenster a* condamner
zu'**meist** *adv* la plupart du temps
'**zumessen** *st/s v/t* ⟨*irr, sép*, -ge-, h⟩ **1.** *j-m etw* ~ attribuer qc à qn; *j-m s-n Teil* (*von etw*) ~ donner sa part, sa portion (de qc) à qn; **2.** (*beimessen*) *Bedeutung etc e-r Sache* (*dat*) *etw* ~ attribuer, attacher qc à qc
zu'**mindest** *adv* du moins; pour le moins
zu'**mutbar** *adj* acceptable; raisonnable; *im Rahmen des 2en* dans la limite du raisonnable, de l'acceptable
zu'**mute** *adv wie ist Ihnen* ~? comment vous sentez-vous?; *ihr könnt euch denken, wie mir* ~ *war* vous pouvez vous imaginer ce que je ressentis, l'impression que cela me fit; *mir ist nicht danach* ~ ça ne me dit rien; je n'y suis pas disposé; *mir ist jetzt nicht nach Essen, Lachen* ~ pour l'instant je n'ai pas envie de manger, de rire; *mir ist ganz komisch* ~ je me sens tout bizarre, tout chose
'**zumuten** *v/t* ⟨-ete, *sép*, -ge-, h⟩ *j-m etw* ~ demander, exiger qc à qn; *das kann man ihm nicht* ~ on ne peut pas lui demander cela; *sich* (*dat*) *zuviel* ~ présumer de ses forces
'**Zumutung** *f* ⟨~; ~en⟩ (*unverschämtes Ansinnen*) exigence *f*, demande *f* inacceptable; (*rücksichtsloses Benehmen*) manque *m* d'égards; *das ist e-e* ~ *a* c'est scandaleux, inacceptable, inadmissible; *dieser Lärm ist e-e* ~ on ne peut pas demander aux gens de supporter ce bruit; *dieses Essen ist e-e* ~ ce repas est immangeable, F dégueulasse
zu'**nächst** *adv* (*vorerst*) pour le moment; pour l'instant; (*zuerst*) tout d'abord; en premier lieu; avant tout
'**zu|nageln** *v/t* ⟨-(e)le, *sép*, -ge-, h⟩ ~**nähen** *v/t* ⟨*sép*, -ge-, h⟩ fermer (en cousant); coudre
Zunahme ['tsu:na:mə] *f* ⟨~; ~n⟩ augmentation *f* (*a des Gewichts*); accroissement *m*; *der Kriminalität etc a* extension *f*; progression *f*; recrudescence *f*; *des Verkehrs a* intensification *f*; *des Vermögens, Reichtums* agrandissement *m*
'**Zuname** *m* nom *m* de famille
'**Zündblättchen** *n* amorce *f*
'**zündeln** ['tsyndəln] *v/i* ⟨-(e)le, h⟩ *bes südd, österr* jouer avec le feu
'**zünden** ['tsyndən] ⟨-ete, -ete⟩ **I** *v/t* allumer; *Rakete, Bombe* mettre le feu à; **II** *v/i* s'allumer; s'enflammer; prendre feu; **2.** F *plais bei ihr hat es gezündet* F elle a enfin pigé
'**zündend** *adjt Rede, Worte* enflammé; *Idee* passionnant; *Rhythmus* excitant; *der ~e Funke* (*Eingebung*) l'idée *f* de génie; (*Auslöser*) le déclic; *es fehlte der ~e Funke* ça manquait d'enthousiasme
Zunder ['tsʊndər] *m* ⟨~s⟩ **1.** *früher* amadou *m*; *das brennt wie* ~ cela brûle comme de l'amadou, une allumette; **2.** F *fig j-m* ~ *geben* (*j-n verprügeln*) F flanquer une bonne raclée à qn; (*j-n zur Eile antreiben*) bousculer qn; (*j-n zurechtweisen*) F passer un savon à qn
'**Zünder** *m* ⟨~s; ~⟩ **1.** *in Sprengkörpern* détonateur *m*; amorce *f*; TECH (*Zündvorrichtung*) allumeur *m*; **2.** *pl österr* (*Zündhölzer*) allumettes *f/pl*
'**Zünd|funke** *m* étincelle *f* d'allumage; ~**holz** *n* ⟨~es; ~er⟩ *bes südd, österr* allumette *f*
Zünd|hütchen ['tsynthy:tçən] *n* ⟨~s; ~⟩ amorce *f*; ~**kabel** *n* câble *m* d'allumage; ~**kerze** *f* AUTO bougie *f* (d'allumage); ~**plättchen** *n* amorce *f*; ~**satz** *m* mélange fulminant; ~**schloß** *n* AUTO serrure *f* de contact; ~**schlüssel** *m* clé *f* de contact; ~**schnur** *f* cordeau détonant; mèche (lente); ~**spule** *f* bobine *f* d'allumage; ~**stoff** *m* **1.** matière *f* inflammable; **2.** ⟨*pas de pl*⟩ *fig* (*Konfliktstoff*) dynamite *f*; thème explosif
'**Zündung** *f* ⟨~; ~en⟩ **1.** (*das Zünden*) inflammation *f*; mise *f* à feu; *a* AUTO allumage *m*; **2.** AUTO (*Zündanlage*) allumage *m*
'**Zünd|verteiler** *m* AUTO allumeur *m*; ~**vorrichtung** *f* (dispositif *m* d')allumage *m*
'**zunehmen** ⟨*irr, sép*, -ge-, h⟩ **I** *v/t* **1.** *beim Stricken etc* ajouter; **2.** *an Gewicht* prendre; *drei Kilo* ~ prendre trois kilos; **II** *v/i* **3.** augmenter (*an* [+*dat*] de); (*anwachsen*) s'accroître; grandir; *Übel* s'aggraver; *Verkehr* s'intensifier; *Tage* rallonger; *Mond* croître; **4.** *Person* (*dicker werden*) grossir; *an Gewicht* ~ prendre du poids; **5.** *beim Stricken etc* augmenter le nombre des mailles
'**zunehmend** *adjt* ~*er Mond* lune croissante; *wir haben* ~*en Mond* la lune est dans sa phase croissante; *in* ~*em Maße* de plus en plus; *mit* ~*em Alter* en vieillissant; **II** *advt es wird* ~ *kälter* il fait de plus en plus froid
'**zuneigen** ⟨*sép*, -ge-, h⟩ **I** *v/t u v/i* pencher (+ *dat* vers); *a fig* tendre, incliner (+ *dat* à *od* vers); *ich neige der Ansicht zu, daß* ... j'incline à *od* vers l'opinion, à penser que ...; **II** *v/réfl sich j-m* ~ se pencher vers qn; *sich dem od s-m Ende* ~ tirer à sa fin
'**Zuneigung** *f* ⟨~⟩ affection *f*, attachement *m*, sympathie *f* (*zu* pour)
Zunft [tsʊnft] *f* ⟨~; ≈e⟩ **1.** HIST corporation *f*; corps *m* de métier; **2.** *fig plais die schreibende* ~ la clique des journalistes
'**Zunftbrief** *m* HIST statuts *m/pl* d'un corps de métier; privilèges *m/pl*
'**zünftig** ['tsynftɪç] *adj Restaurant etc* bien typique, *etc* (*regionaltypisch*) (bien) typique du coin; (*rustikal*) rustique; *Kleidung etc* adéquat; très approprié; (*gehörig*) bon, bonne; *e-e* ~*e Tracht Prügel* F une bonne raclée
'**Zunftmeister** *m* HIST maître juré d'une corporation, d'un corps de métier
Zunge ['tsʊŋə] *f* ⟨~; ~n⟩ **1.** ANAT, CUIS, *fig* langue *f*; MÉD *belegte* ~ langue chargée; *j-m die* ~ *herausstrecken* tirer la langue à qn; *fig e-e feine* ~ *haben* être un fin gourmet, un bec fin; *e-e verwöhnte* ~ *haben* avoir un palais fin; *e-e scharfe, spitze, lose* ~ *haben* avoir la langue bien affilée; *e-e böse* ~ *haben* être, avoir une mauvaise ~, méchante langue; être, avoir une langue de vipère; *böse* ~*n behaupten, daß* ... de méchantes, mauvaises langues prétendent que ...; *e-e schwere* ~ *haben* avoir la bouche pâteuse; *sich* (*dat*) *auf die* ~ *beißen a fig* se mordre la langue; F *ich beiße mir lieber die* ~ *ab, als dir s-n Namen zu sagen* plutôt me faire couper en petits morceaux que te dire son nom; *s-e* ~ *hüten od im Zaum halten* savoir tenir sa langue; être discret, -ète; *auf der* ~ *zergehen* fondre sur la langue; *fig Name etc* être doux à l'oreille, à prononcer; *das Herz auf der* ~ *haben od tragen* se confier facilement; *das Wort liegt mir auf der* ~ j'ai le mot sur le bout de la langue; *e-e Entschuldigung geht ihr schwer von der* ~ elle a de la peine à sortir une excuse; *Versprechungen gehen ihr leicht od glatt von der* ~ elle fait facilement des promesses; **2.** *st/s* (*Sprache*) langue *f*; **3.** *e-r Schnalle* ardillon *m*; *e-s Schuhs* (*Lasche*), *e-r Waage* languette *f*; **4.** MUS anche *f*; **5.** ZO (*See2*) sole *f*
'**züngeln** ['tsyŋəln] *v/i* ⟨-(e)le, h⟩ *Schlange* darder la langue; siffler; *Flammen* s'élever; *an etw* (*dat*) ~ lécher qc
'**Zungen|bändchen** *m* ⟨~s; ~⟩ filet *m*, frein *m* de la langue; ~**brecher** F *m* mot *m*, phrase *f* difficile à prononcer; 2**brecherisch** F *adj* difficile à prononcer
'**Zungenkuß** *m* baiser profond; *j-m e-n* ~ *geben* F rouler une pelle à qn
Zungen|-R ['tsʊŋənʔɛr] *n* PHON r alvéolaire, roulé; ~**schlag** *m* ⟨~(e)s; -schläge⟩ **1.** *bei Blasinstrumenten* coup *m* de langue; **2.** (*Akzent*) accent *m*; ~**spitze** *f* pointe *f*, bout *m* de la langue; ~**wurst** *f* pâté *m* de langue
'**Zünglein** ['tsyŋlaɪn] *n* ⟨~s; ~⟩ *an der Waage* languette *f* (*Zeiger*) aiguille *f*; *fig das* ~ *an der Waage sein* faire pencher la balance
zu'**nichte** *adv Pläne, Hoffnungen* ~ *machen* détruire; réduire à néant; (*vereiteln*) *Pläne* déjouer; ~ *werden* s'écrouler; se réduire, être réduit à néant
'**zunicken** *v/i* ⟨*sép*, -ge-, h⟩ *j-m* (*freundlich*) ~ faire un signe de tête (amical) à qn
zu'**nutze** *adv sich* (*dat*) *etw* ~ *machen* profiter, tirer profit de qc; mettre qc à profit
zu'**oberst** *adv* tout en haut; *das Unterste* ~ *kehren* mettre tout sens dessus dessous
'**zu|ordnen** *v/t* ⟨-ete, *sép*, -ge-, h⟩ *e-r Sache* classer (+ *dat* dans); *Begriffe: e-r Gruppe* classer, mettre (+ *dat* dans); 2**ordnung** *f e-s Begriffs* classement *m*; ~**packen** *v/i* ⟨*sép*, -ge-, h⟩ *cf* **zugreifen** *1., 2., 5.*
'**zuparken** *v/t* ⟨*sép*, -ge-, h⟩ *Auto, Person: Ausfahrt* bloquer; *man kommt nicht durch, weil der Bürgersteig zugeparkt ist* on ne peut pas passer parce que les voitures sont garées sur le trottoir
zu**paß** [tsu'pas] *st/s adv das kommt mir gut* ~ cela m'arrange bien; cela tombe bien
'**zupfen** ['tsʊpfən] ⟨h⟩ **I** *v/t* **1.** (*ziehen*) tirer; *Zupfinstrumente* pincer; *j-n am Ärmel* ~ tirer qn par la manche; *j-n am Ohr* ~ tirer l'oreille à qn; **2.** (*herauszie-*

hen) tirer; *Unkraut* sarcler; **II** *v/i* **an etw** (*dat*) **~** tirer sur qc
'**Zupfinstrument** *n* instrument *m* à cordes pincées
'**zupressen** *v/t* ⟨-ßt, *sép*, -ge-, h⟩ fermer (en pressant)
'**zuprosten** *v/i* ⟨-ete, *sép*, -ge-, h⟩ *j-m* **~** boire, lever son verre à la santé de qn
zur [tsu:r *ou* tsʊr] = **zu der**
'**zuraten** *v/i* ⟨*irr*, *sép*, -ge-, h⟩ *j-m* **~ zu etw** *od* **zu** (+*inf*) conseiller qc à qn *od* à qn de (+*inf*); *ich habe ihm zugeraten* c'est ce qui je lui ai conseillé; *ich will dir weder zu- noch abraten* je ne veux ni te conseiller ni te déconseiller (cela *od* de faire cela); *auf sein* ⚲ (*hin*) sur son conseil
'**zuraunen** *st/s v/t* ⟨*sép*, -ge-, h⟩ *cf* **zuflüstern**
'**zurechnen** *v/t* ⟨-ete, *sép*, -ge-, h⟩ **1.** (*hin~*) ajouter; **2.** (*da~*, *zuordnen*) compter; *Künstler etc* **den Modernen ~** compter parmi les modernes; **3.** (*zuschreiben*) imputer; *das hast du dir selbst zuzurechnen* c'est à toi qu'il faut t'en prendre
'**Zurechnung** *f* **unter ~ aller Kosten** en y ajoutant tous les frais
'**zurechnungsfähig** *adj* responsable de ses actes; F *du bist wohl nicht ganz ~!* tu ne sais plus ce que tu fais!; *p/fort* F tu es complètement fêlé!
'**Zurechnungsfähigkeit** *f* ⟨~⟩ responsabilité *f* de ses actes
zu'rechtbiegen *v/t* ⟨*irr*, *sép*, -ge-, h⟩ **1.** courber; plier; **2.** F *fig Angelegenheit* arranger
zu'rechtfinden *v/réfl* ⟨*irr*, *sép*, -ge-, h⟩ *sich* **~** (*pouvoir*) s'orienter (**a** *auf e-r Karte*, *im Fahrplan etc*); se reconnaître; trouver son chemin; *sich wieder* **~** se retrouver
zu'rechtkommen *v/i* ⟨*irr*, *sép*, -ge-, sein⟩ **1.** (*fertig werden*) se débrouiller; *mit etw* **~** venir à bout de qc; *mit s-m Gehalt* **~** s'en tirer avec son salaire; *mit dem neuen Telefon* **~** se débrouiller avec le nouveau téléphone; *mit j-m* **~** (parvenir à) s'arranger, s'entendre avec qn; *wie kommt er zurecht?* comment se tire-t-il d'affaire?; **2.** (*zur rechten Zeit kommen*) venir, arriver à temps, à l'heure
zu'rechtlegen *v/t* ⟨*sép*, -ge-, h⟩ **1.** préparer; tenir prêt; **2.** *fig sich* (*dat*) *etw* **~** *Entschuldigung*, *Argument etc* avoir tout prêt, en réserve qc
zu'rechtmachen ⟨*sép*, -ge-, h⟩ **I** *v/t Sandwich*, *Zimmer* préparer; *Zimmer a*, *Bett* faire; **II** *v/réfl sich* **~** *bes Frauen* s'arranger; *sich ein wenig* **~** F se refaire une beauté
zu'rechtrücken *v/t* ⟨*sép*, -ge-, h⟩ ranger; arranger; *Brille* rajuster; *Krawatte* arranger; *fig j-m den Kopf* **~** ramener qn à la raison
zu'recht|schneiden *v/t* ⟨*irr*, *sép*, -ge-, h⟩ couper, tailler (en une forme précise); **~weisen** *v/t* ⟨*irr*, *sép*, -ge-, h⟩ blâmer; réprimander; moraliser; ⚲**weisung** *f* blâme *m*; réprimande *f*
'**zureden** *v/i* ⟨-ete, *sép*, -ge-, h⟩ *j-m* **~** (, *etw zu tun*) exhorter qn (à faire qc); parler à qn pour l'encourager (à faire qc); chercher à persuader qn (de faire qc); *j-m gut* **~** (*ermutigen*) encourager qn; (*zu überreden versuchen*) essayer

de persuader qn; *auf* ⚲ *s-r Freunde* sur les instances de ses amis; *erst nach langem* ⚲ ce n'est qu'après de nombreuses exhortations
'**zureichend** *st/s* **I** *adjt* suffisant; **II** *advt* suffisamment
'**zureiten** ⟨*irr*, *sép*, -ge-⟩ **I** *v/t* ⟨h⟩ *Pferd* dresser (à être monté); **II** *v/i* ⟨sein⟩ *auf j-n*, *etw* **~** s'avancer, se diriger vers qn, qc à cheval
Zürich ['tsyːrɪç] *n* ⟨→ *n/pr*⟩ Zurich
'**zurichten** *v/t* ⟨-ete, *sép*, -ge-, h⟩ **1.** (*zubereiten*) préparer; **2.** TECH dégauchir; ébaucher; dresser; (*einrichten*) ajuster; *Holz* débiter; *Stoff* apprêter; *Leder* corroyer; parer; TYPO mettre en train; **3.** (*beschädigen*) abîmer; F bousiller; (*beschmutzen*) salir, souiller; F *iron* **etw schön ~** (*beschädigen*) esquinter qc; (*beschmutzen*) mettre qc dans un bel état; *j-n schlimm*, *übel* **~** amocher, *p/fort* massacrer qn; mettre qn dans un bel état
'**Zurichter** *m* TECH apprêteur *m*; GERBEREI corroyeur *m*; pareur *m*; TEXT pareur *m*
'**zuriegeln** *v/t* ⟨-(e)le, *sép*, -ge-, h⟩ verrouiller; fermer au verrou
zürnen ['tsʏrnən] *st/s v/i* ⟨h⟩ *j-m* (*wegen etw*) **~** être fâché, irrité contre qn (à cause de qc)
zurren ['tsʊrən] *v/t* ⟨h⟩ MAR amarrer
Zur'schaustellung *f* ⟨~; ~en⟩ exhibition *f*; *péj* étalage *m*
zurück [tsuˈrʏk] *adv* **1.** (*hinten*) en arrière; **~!** (en) arrière!; **2.** (*~geblieben*) arriéré; attardé; **3.** en retard; *ein paar Jahre* **~** quelques années en arrière; F *mit etw* **~ sein** *im Rückstand* être en retard dans qc; *Schüler* **er ist im Englischen sehr ~** il est très en retard en anglais; *hinter s-r Zeit* **~ sein** être en retard sur son époque; **4.** (*~gekehrt*) de retour; *er ist noch nicht* **~** il n'est pas encore de retour; *ich bin gleich wieder* **~** je reviens tout de suite; **5.** (*zum Ausgangspunkt* **~**) hin und **~** aller et retour; *mit vielem Dank* **~** merci (de m'avoir prêté …); *es gibt kein* ⚲ (*mehr*) on ne peut pas revenir en arrière
zu'rück|befördern *v/t* ⟨-(e)re, *sép*, *pas de ge-*, h⟩ renvoyer; **~behalten** *v/t* ⟨*irr*, *sép*, *pas de ge-*, h⟩ **1.** retenir; *unrechtmäßigerweise* détenir; **2.** *Schaden*, *Verletzung etc* garder
zu'rückbekommen *v/t* ⟨*irr*, *sép*, *pas de ge-*, h⟩ récupérer; recouvrer; *ich habe das Buch* **~** on m'a rendu le livre; *ich bekomme noch Geld zurück* vous me devez encore de l'argent
zu'rückbeordern *v/t* ⟨-(e)re, *sép*, *pas de ge-*, h⟩ *j-n* **~** ordonner à qn de revenir
zu'rückberufen *v/t* ⟨*irr*, *sép*, *pas de ge-*, h⟩ *Botschafter etc* rappeler
zu'rückbesinnen *v/réfl* ⟨*irr*, *sép*, *pas de ge-*, h⟩ *sich auf etw* (*acc*) **~** se rappeler qc
zu'rück|beugen *v/t* ⟨*sép*, -ge-, h⟩ pencher en arrière; *Kopf* renverser (en arrière); **~biegen** (en arrière); recourber, replier; **~bilden** *v/réfl* ⟨-ete, *sép*, -ge-, h⟩ *sich* **~** se résorber; *Organ* s'atrophier
zu'rückbleiben *v/i* ⟨*irr*, *sép*, -ge-, sein⟩ **1.** (*nicht Schritt halten*) rester en arriè-

re; rester derrière les autres; *Schüler in s-n Leistungen* ne pas suivre; *s-e Leistungen blieben hinter meinen Erwartungen zurück* il n'a pas répondu à mes attentes; **2.** (*dableiben*, *übrigbleiben*) rester; *als Pfand* **~** rester en gage; **3.** (*nicht näher kommen*) rester à l'écart
zu'rückblenden *v/i* ⟨-ete, *sép*, -ge-, h⟩ FILM faire un flash-back
zu'rückblicken *v/i* ⟨*sép*, -ge-, h⟩ jeter un regard en arrière; regarder en arrière; *fig auf etw* (*acc*) **~** considérer rétrospectivement qc; *auf zehn Jahre glückliche Ehe* **~** avoir derrière soi dix ans de bonheur conjugal
zu'rückblickend *advt* rétrospectivement
zu'rück|bringen *v/t* ⟨*irr*, *sép*, -ge-, h⟩ rapporter; *Person*, *Fahrzeug*, *fig* ramener; **~datieren** *v/t* ⟨*sép*, *pas de ge-*, h⟩ antidater
zu'rückdenken *v/i* ⟨*irr*, *sép*, -ge-, h⟩ se rappeler le passé; *an etw*, *j-n* **~** se rappeler qc, qn; *soweit ich ~ kann* autant que je m'en souvienne
zu'rückdrängen *v/t* ⟨*sép*, -ge-, h⟩ repousser; *a fig* refouler; *fig* réprimer
zu'rückdrehen *v/t* ⟨*sép*, -ge-, h⟩ tourner en arrière, en sens contraire; *das Rad der Geschichte* **~** changer le cours de l'histoire
zu'rückdürfen F *v/i* ⟨*irr*, *sép*, -ge-, h⟩ avoir la permission de retourner, de revenir, *nach Hause* de rentrer; *dieses Buch darf nicht ins Regal zurück* il ne faut pas remettre ce livre sur l'étagère
zu'rückeilen *v/i* ⟨*sép*, -ge-, sein⟩ se dépêcher de retourner, *nach Hause* de rentrer
zu'rückerbitten *st/s v/t* ⟨*irr*, *sép*, *pas de ge-*, h⟩ *etw* (*von j-m*) **~** prier (qn) de rendre qc
zu'rückerhalten *v/t* ⟨*irr*, *sép*, *pas de ge-*, h⟩ *cf* **zurückbekommen**
zu'rückerinnern *v/réfl* ⟨-(e)re, *sép*, *pas de ge-*, h⟩ *sich an etw*, *j-n* **~** se rappeler qc, qn
zu'rück|erobern *v/t* ⟨-(e)re, *sép*, *pas de ge-*, h⟩ *a fig* reconquérir; reprendre; **~erstatten** *v/t* ⟨-ete, *sép*, *pas de ge-*, h⟩ rendre; restituer; *Auslagen* rembourser; **~fahren** ⟨*irr*, *sép*, -ge-⟩ **I** *v/t* ⟨h⟩ **1.** *Personen*, *Gegenstände* ramener (en voiture); *Fahrzeug* ramener; **2.** *Produktion etc* réduire; **II** *v/i* ⟨sein⟩ **3.** retourner, *nach Hause* rentrer (en voiture, train, etc); **4.** (*sich rasch nach hinten bewegen*) reculer; *fig vor Schreck*, *Entsetzen* reculer brusquement
zu'rückfallen *v/i* ⟨*irr*, *sép*, -ge-, sein⟩ **1.** (*zurückbleiben*) rester en arrière; *a* SPORT être distancé, dépassé; SPORT *auf den dritten Platz* **~** rétrograder à la troisième place; *um e-e Länge* **~** être distancé d'une longueur; **2.** *fig Vorwurf etc auf j-n* **~** retomber, rejaillir sur qn; **3.** *Güter an j-n* **~** revenir à qn; **4.** *fig in etw* (*acc*) **~** retomber dans qc; **5.** (*nach hinten fallen*) tomber en arrière
zu'rückfinden *v/i* ⟨*irr*, *sép*, -ge-, h⟩ retrouver son chemin; *fig zu sich* (*dat*) *selbst* **~** se retrouver; faire un retour sur soi-même; *zur alten Vertrautheit* **~** retrouver l'ancienne familiarité
zu'rück|fliegen *v/i* ⟨*irr*, *sép*, -ge-, sein⟩

Personen revenir, retourner (en avion); *Flugzeug* revenir; retourner; **~fließen** *v/i ⟨irr, sép, -ge-, sein⟩* refluer; **~fordern** *v/t ⟨-(e)re, sép, -ge-, h⟩* réclamer; demander la restitution de; *Rechte* revendiquer; **~fragen** *v/i ⟨sép, -ge-, h⟩* **1.** demander en retour; **2.** *cf rückfragen*
zu'**rückführen** *⟨sép, -ge-, h⟩* **I** *v/t* **1.** *(zurückbegleiten)* ramener; reconduire; **2.** *fig auf etw (acc)* **~** ramener, *Grund* attribuer, imputer à qc; *sich auf etw (acc)* **~ *lassen*** se ramener, remonter à qc; *der Unfall ist auf Nachlässigkeit (acc) zurückzuführen a* l'accident est dû à la négligence; *auf die einfachste Formel* **~** réduire à sa plus simple expression; **II** *v/i* retourner en arrière; *es führt kein Weg zurück* il n'y a pas de chemin de retour; *fig* on ne peut pas revenir en arrière
zu'**rück|geben** *v/t ⟨irr, sép, -ge-, h⟩* **1.** rendre; redonner; *(wieder herausgeben)* restituer; **2.** *(antworten)* riposter; répliquer; **~geblieben** *adj fig geistig* arriéré; attardé
zu'**rückgehen** *v/i ⟨irr, sép, -ge-, sein⟩* **1.** (s'en) retourner; *in der Zeit weiter* **~** remonter plus loin; **~ *lassen*** *Waren etc* renvoyer; retourner; **2.** *(zurückweichen)* reculer; **3.** *Preise etc* baisser; *Umsatz, Einnahmen* diminuer; *Handel, Geschäfte* péricliter; fléchir; marquer un fléchissement; *Flut, Hochwasser* baisser; se retirer; *Schwellung* diminuer; désenfler; *Fieber* tomber; décliner; **4.** *auf etw (acc)* **~** remonter à qc; *auf j-n* **~** être attribué à qn
zu'**rückgewinnen** *v/t ⟨irr, sép, pas de g-, h⟩* regagner; *TECH* récupérer
zu'**rückgezogen** *adj* **~*es Leben führen*** mener une vie retirée, de solitaire
Zu'**rückgezogenheit** *f ⟨~⟩* vie retirée, de solitaire; *par ext* solitude *f*
zu'**rückgreifen** *v/i ⟨irr, sép, -ge-, h⟩ auf etw, j-n* **~** recourir à qc, qn; se servir de qc; *(zurückkommen)* (en) revenir à qc, qn
zu'**rückhaben** F *v/t ⟨irr, sép, -ge-, h⟩* avoir récupéré; ravoir *(nur inf)*
zu'**rückhalten I** *v/t ⟨irr, sép, -ge-, h⟩ Sendung, Waren, Post, Personen, Tränen* retenir; *Post etc unrechtmäßig* détenir; *Nachrichten* cacher; ne pas divulguer; *Polizei: Demonstranten* contenir; *Gefühle* contenir; réprimer; *j-n am Arm* **~** retenir qn par le bras; *j-n von e-m übereilten Schritt* **~** empêcher qn de commettre un acte, geste irréfléchi; **II** *v/i mit etw* **~** hésiter à faire qc; *(verbergen)* cacher, dissimuler qc; *mit s-m Urteil* **~** s'abstenir de prendre position; *mit s-r Meinung* **~** réserver son opinion; *mit s-r Meinung nicht* **~** ne pas mâcher ses mots; *mit dem Lob nicht* **~** ne pas ménager ses éloges; **III** *v/réfl sich* **~** se retenir; *in der Diskussion* ne pas intervenir; *(sich zügeln)* se contenir
zu'**rückhaltend** *adj Person, Lob, Kritik, Empfang* réservé; *Farbe, Muster* discret, -ète; *Beifall* maigre; *COMM Nachfrage* faible; **~** *sein, a adv sich* **~** *äußern* se montrer réticent
Zu'**rückhaltung** *f ⟨~⟩* réserve *f*; discrétion *f*; réticence *f*; faiblesse *f*; *st/s* **~** *üben* mettre, témoigner de la réserve, réticence; *die Nachricht wurde mit* **~**

aufgenommen la nouvelle a été accueillie avec réserve
zu'**rück|holen** *v/t ⟨sép, -ge-, h⟩* aller rechercher, reprendre; **~kämmen** *v/t ⟨sép, -ge-, h⟩ Haar* peigner en arrière; **~kaufen** *v/t ⟨sép, -ge-, h⟩* racheter
zu'**rückkehren** *v/i ⟨sép, -ge-, sein⟩* retourner; revenir; *nach Hause* **~** rentrer (chez soi, à la maison); *auf s-n Posten* **~** reprendre son poste
zu'**rückklappen** *v/t ⟨sép, -ge-, h⟩* replier
zu'**rückkommen** *v/i ⟨irr, sép, -ge-, sein⟩* revenir; être de retour; *fig auf etw (acc)* **~** *im Gespräch etc* revenir sur qc; reparler de qc; *auf e-n früheren Plan, Vorschlag etc (zurückgreifen)* (en) revenir à qc
zu'**rückkönnen** F *v/i ⟨irr, sép, -ge-, h⟩ (zurückgehen können)* pouvoir retourner; *(zurückweichen können)* pouvoir reculer; *fig (e-e Entscheidung rückgängig machen können)* pouvoir changer d'avis; *ich kann jetzt nicht mehr zurück* maintenant je ne peux plus faire autrement
zu'**rückkriegen** F *v/t ⟨sép, -ge-, h⟩ cf zurückbekommen*
zu'**rücklassen** *v/t ⟨irr, sép, -ge-, h⟩* **1.** *(verlassen)* abandonner; laisser; *SPORT hinter sich (dat)* **~** *(überholen)* distancer; dépasser; **2.** *(stehenlassen) Gepäck etc* laisser; *(hinterlassen) Nachricht, Spur, Narbe etc* laisser; **3.** F *j-n* **~** *(zurückkehren lassen)* laisser qn revenir; permettre à qn de revenir
zu'**rücklaufen** *v/i ⟨irr, sép, -ge-, sein⟩* retourner (à pied); *Tonband etc* se rembobiner
zu'**rücklegen** *⟨sép, -ge-, h⟩* **I** *v/t* **1.** *Kopf etc* mettre, placer en arrière; retirer; **2.** *(beiseite legen)* mettre de côté, en réserve; *(reservieren)* réserver; *Geld* **~** mettre de l'argent de côté; faire des économies; **3.** *Weg* faire; *Strecke* parcourir; **4.** *(auf s-n Platz)* **~** remettre (à sa place); **II** *v/réfl sich* **~** se renverser; se pencher en arrière
zu'**rücklehnen** *⟨sép, -ge-, h⟩* **I** *v/t Kopf etc* pencher en arrière; **II** *v/réfl sich* **~** se pencher en arrière; *sich im Sessel* **~** se renverser dans son fauteuil
zu'**rückliegen** *v/i ⟨irr, sép, -ge-, h, südd, schweiz, österr sein⟩* **1.** *(hersein) einige Jahre* **~** remonter à plusieurs années; *in den* **~*den Jahren*** au cours des dernières années; **2.** *SPORT Läufer etc* être bzw rester en arrière
zu'**rückmelden** *v/réfl ⟨-ete, sép, -ge-, h⟩ sich* **~** annoncer son retour; *MIL* se présenter; *Student an der Uni* se réinscrire
zu'**rückmüssen** F *v/i ⟨irr, sép, -ge-, h⟩ Personen* être obligé de revenir, *nach Hause* rentrer; *Sachen das Buch muß in die Bibliothek zurück* il faut rendre le livre à la bibliothèque
zu'**rücknehmen** *v/t ⟨irr, sép, -ge-, h⟩* **1.** *Gegenstand, Geschenk, COMM gekaufte Ware* reprendre; **2.** *Beleidigung* retirer; *Versprechen* revenir sur; *Behauptung, Geständnis* rétracter; *ich nehme alles zurück* (plais und behaupte das Gegenteil) je retire tout ce que j'ai dit (et soutiens le contraire)
zu'**rückpfeifen** *v/t ⟨irr, sép, -ge-, h⟩* **1.** *Hund etc* rappeler par des coups de

sifflet; **2.** F *j-n* **~** empêcher qn de continuer
zu'**rückprallen** *v/i ⟨sép, -ge-, sein⟩* rebondir; *vor Schreck* **~** reculer d'effroi
zu'**rückreichen** *⟨sép, -ge-, h⟩* **I** *v/t (zurückgeben)* rendre; **II** *v/i in e-e frühe Zeit* **~** remonter à une époque lointaine
zu'**rück|reisen** *v/i ⟨-(es)t, sép, -ge-, sein⟩* faire le voyage de retour; *nach Hause* rentrer; **~rollen** *⟨sép, -ge-⟩ v/i ⟨sein⟩ u v/t ⟨h⟩* rouler en arrière
zu'**rückrufen** *v/t ⟨irr, sép, -ge-, h⟩* **I** *v/t* **1.** rappeler; faire revenir; *ins Leben* **~** rappeler, ramener à la vie; **2.** *sich (dat) etw ins Gedächtnis* **~** se rappeler qc; *j-m etw ins Gedächtnis* **~** rappeler, remémorer qc à qn; **3.** *als Antwort* répondre (en criant); **4.** *TÉL* rappeler; **II** *v/i TÉL* rappeler
zu'**rückschalten** *v/i ⟨-ete, sép, -ge-, h⟩ im Auto* rétrograder; *in den zweiten Gang* **~** rétrograder, repasser en seconde; *RAD, TV auf das erste Programm* **~** reprendre la première chaîne
zu'**rückschauen** *v/i ⟨sép, -ge-, h⟩ bes südd, österr, schweiz cf zurückblicken*
zu'**rückscheuen** *v/i ⟨sép, -ge-, h⟩ cf zurückschrecken*
zu'**rück|schicken** *v/t ⟨sép, -ge-, h⟩* renvoyer; *nur Sachen* retourner; réexpédier; **~schieben** *⟨sép, -ge-, h⟩* repousser; **~schlagen** *⟨irr, sép, -ge-, h⟩* **I** *v/t* **1.** *Feind* repousser; refouler; **2.** *Bettdecke* rejeter; *Schleier* relever; *Kragen, Kapuze* rabattre; **3.** *Ball* renvoyer; **II** *v/i* se défendre; *a fig* contre-attaquer; riposter *(a verbal)*; **~schneiden** *v/t ⟨irr, sép, -ge-, h⟩ Bäume, Sträucher* tailler; **~schnellen** *⟨sép, -ge-, sein⟩* rebondir; *Feder* se détendre; **~schrauben** *v/t ⟨sép, -ge-, h⟩ Ansprüche etc* réduire; mettre une sourdine à
zu'**rückschrecken** *v/i ⟨sép, -ge-, sein⟩ (vor etw [dat])* **~** reculer (devant qc); s'effrayer (de qc); *sie schreckt vor nichts zurück* rien ne l'arrête; elle ne recule devant rien
zu'**rück|schreiben** *v/t u v/i ⟨irr, sép, -ge-, h⟩* répondre (par écrit); **~sehen** *v/i ⟨irr, sép, -ge-, h⟩ cf zurückblicken*
zu'**rücksehnen** *v/réfl ⟨sép, -ge-, h⟩ sich zu j-m, nach Frankreich* **~** avoir très envie de retourner auprès de qn, en France; *sich in s-e Kindheit* **~** avoir très envie de revivre son enfance
zu'**rücksenden** *st/s v/t ⟨irr, sép, -ge-, h⟩ cf zurückschicken*
zu'**rücksetzen** *⟨-(es)t, sép, -ge-, h⟩* **I** *v/t* **1.** *Möbelstück etc* reculer; repousser; *Auto* reculer; *etw an s-n Platz* **~** remettre qc à sa place; **2.** *fig j-n* **~** désavantager qn; défavoriser qn; **II** *v/réfl ich setze mich e-e Reihe weiter zurück* je vais m'asseoir une rangée plus loin; **III** *v/i AUTO* faire marche arrière
Zu'**rücksetzung** *f ⟨~; ~en⟩ fig* manque *m* d'égards; *(Ungerechtigkeit)* injustice *f*; *durch Bevorzugung e-s anderen* passe-droit *m*
zu'**rück|sollen** *v/i ⟨irr, sép, -ge-, h⟩* devoir revenir, *nach Hause* rentrer; **~spielen** *v/t ⟨sép, -ge-, h⟩ Ball* renvoyer; **~springen** *v/i ⟨irr, sép, -ge-, sein⟩* **1.** faire un bond, saut en arrière; **2.** *Ball etc* rebondir; *Zeiger etc* reculer; **~spulen** *v/t ⟨sép, -ge-, h⟩* rembobiner;

~stecken ⟨sép, -ge-, h⟩ **I** v/t **1.** *in die Briefstasche etc* remettre; **2.** (*nach hinten stecken*) *Haar etc* peigner, coiffer en arrière; **II** v/i en rabattre
zu'rückstehen v/i ⟨irr, sép, -ge-, h⟩ *Haus* être en retrait; *hinter j-m, etw ~* (*schlechter sein*) le céder à qn, qc; être inférieur à qn, qc; **~ müssen** devoir renoncer; *Sache* passer au deuxième rang
zu'rück|stellen v/t ⟨sép, -ge-, h⟩ **1.** (*nach hinten stellen*) reculer; repousser; **2.** *an s-n Platz* remettre à sa place; **3.** *Uhr* retarder (**um** de); *Heizung etc* baisser; **4.** *für später* (*aufheben, beiseite stellen*) mettre de côté; réserver; mettre en réserve; **5.** *Wehrpflichtigen* mettre en sursis; **6.** *Vorhaben* renvoyer, remettre à plus tard; ajourner; **7.** *Interessen etc* (*hintanstellen*) reléguer au second plan; laisser de côté; **♀stellung** f ⟨~; ~en⟩ *e-s Vorhabens* renvoi *m*, remise *f* à plus tard; ajournement *m*; *e-s Wehrpflichtigen* sursis *m* (d'incorporation); **~stoßen** v/t ⟨irr, sép, -ge-, h⟩ repousser; **~streichen** v/t ⟨irr, sép, -ge-, h⟩ *Haar* ramener en arrière (avec la main); **~streifen** v/t ⟨sép, -ge-, h⟩ *Ärmel* retrousser; **~strömen** v/i ⟨sép, -ge-, sein⟩ refluer; **~stufen** v/t ⟨sép, -ge-, h⟩ rétrograder (*in* [+*acc*] à); **♀stufung** f ⟨~; ~en⟩ rétrogradation *f* (*in* [+*acc*] à)
zu'rücktreten v/i ⟨irr, sép, -ge-, sein⟩ **1.** faire un pas en arrière; reculer; *er trat zurück, um sie vorbeigehen zu lassen* il s'écarta pour la laisser passer; *~!* reculez!; faites place!; **2.** (*verzichten*) renoncer (*von* à); *JUR* se désister (*von* de); *von e-m Kauf* annuler une vente; *von e-m Vertrag ~* résilier un contrat; **3.** *fig* (*in den Hintergrund treten*) s'effacer; être relégué au second plan; **4.** *Regierung, Minister etc* démissionner; donner sa démission; *von s-m Amt ~* se démettre de ses fonctions
zu'rück|tun F v/t ⟨irr, sép, -ge-, h⟩ remettre à sa place; **~übersetzen** v/t ⟨-(es)t, sép, pas de ge-, h⟩ retraduire; **~verfolgen** v/t ⟨sép, -ge-, h⟩ remonter jusqu'à l'origine de; **~verlangen** v/t ⟨sép, pas de ge-, h⟩ réclamer; redemander
zu'rückversetzen ⟨-(es)t, sép, pas de ge-, h⟩ **I** v/t *in die Vergangenheit* ramener (en arrière); *ich fühle mich um Jahre zurückversetzt* je me sens ramené des années en arrière; **II** v/réfl *sich ~ in* (+*acc*) se reporter à
zu'rückweichen v/i ⟨irr, sép, -ge-, sein⟩ (*vor etw, j-m*) *~* reculer (devant qc, qn); céder (à qc, qn)
zu'rück|weisen v/t ⟨irr, sép, -ge-, h⟩ refuser; *Bitte, Vorschlag, Vorwurf* repousser; rejeter; **♀weisung** f refus *m*; *e-r Bitte etc* rejet *m*; **~werfen** v/t ⟨irr, sép, -ge-, h⟩ **1.** *a Kopf* rejeter; *Ball* renvoyer; **2.** *PHYS Lichtstrahlen* réfléchir; refléter; *a Schall* renvoyer; *Schall* répercuter; **3.** *Feind* repousser; refouler; rejeter; **4.** *in e-r Entwicklung etc* 'handicaper'; désavantager; faire prendre du retard à; *a e-r Arbeit* retarder la réalisation de; **~wollen** ⟨irr, sép, -ge-, h⟩ **I** v/i vouloir retourner; (*zurückweichen wollen*) vouloir reculer; **II** F v/t vouloir récupérer

zu'rückwünschen v/t ⟨sép, -ge-, h⟩ *etw ~* souhaiter le retour de qc
zu'rückzahlen v/t ⟨sép, -ge-, h⟩ **1.** rembourser; rendre; **2.** F *fig es j-m ~* rendre la monnaie de sa pièce à qn; rendre la pareille à qn; *j-m etw ~* se venger de qc auprès de qn
zu'rückziehen ⟨irr, sép, -ge-⟩ **I** v/t ⟨h⟩ **1.** *Hand, Kopf, Truppen* retirer; **2.** *fig Bewerbung, Angebot, Vorschlag, Beschwerde* retirer; *Klage a* abandonner; *Kündigung* révoquer; *Auftrag* annuler; *SPORT s-e Meldung ~* déclarer forfait; **3.** *fig es zieht mich zu ihm, nach Italien zurück* j'ai l'irrésistible envie de le revoir, de retourner en Italie; **II** v/i **4.** ⟨sein⟩ *Zugvögel* repasser; *an e-n Ort ~* retourner dans un lieu; **III** v/réfl ⟨h⟩ **5.** *sich ~* se retirer; *MIL* se retirer; se replier; reculer; *sich zur Beratung ~* se retirer pour délibérer; **6.** *fig sich ~* se retirer (*von* de); *sich aus der Politik, vom Theater ~* abandonner la politique, le théâtre; *sich ins Privatleben ~* se retirer de la vie active; rentrer dans la vie privée
zu'rückzucken v/i ⟨sép, -ge-, sein⟩ reculer en sursautant; *mit der Hand ~* reculer la main (en sursautant)
'Zuruf *m* appel *m*; acclamation *f*; *durch ~ abstimmen* voter par acclamation
'zurufen v/t ⟨irr, sép, -ge-, h⟩ *j-m etw ~* crier qc à qn
Zusage ['tsuːzaːgə] *f* ⟨~; ~n⟩ *auf e-e Einladung, ein Stellenangebot* acceptation *f*; (*Einwilligung*) consentement *m*; assentiment *m*; (*Versprechen*) promesse *f*; *bindende ~* engagement (formel); *e-e bindende ~ geben* s'engager formellement (*etw zu tun* à faire qc); *ich kann Ihnen keine* (*feste*) *~ geben* je ne peux rien vous promettre
'zusagen ⟨sép, -ge-, h⟩ **I** v/t *j-m etw ~* promettre qc à qn; *er hat sein Kommen zugesagt* il a confirmé sa venue; il a promis de venir; **II** v/i **1.** *auf e-e Einladung, ein Stellenangebot etc* accepter; *er hat zugesagt* (*hat versprochen*) *a* il a promis; **2.** (*gefallen*) *j-m ~* plaire, convenir à qn; *das sagt mir nicht zu a* cela ne me dit rien
zusammen [tsu'zamən] *adv* ensemble; (*gemeinsam*) en commun; de concert; (*im ganzen*) en tout; au total; *alle ~* tous ensemble; *das macht ~ zehn Mark* cela fait en tout dix marks; cela fait dix marks au total; *sie haben ~ ein Buch geschrieben* ils ont écrit un livre ensemble, en collaboration; *die beiden besitzen ~ tausend Mark* ils possèdent mille marks à eux deux; *er besitzt mehr als alle anderen ~* il est plus riche que tous les autres réunis; F *guten Morgen ~!* F salut tout le monde!
Zu'sammenarbeit *f* ⟨~⟩ collaboration *f*; coopération *f*; *in ~ mit* en collaboration avec
zu'sammenarbeiten v/i ⟨-ete, sép, -ge-, h⟩ travailler ensemble; collaborer; *mit j-m ~* travailler, collaborer avec qn
zu'sammenball|en I v/t ⟨sép, -ge-, h⟩ mettre en boule; **II** v/réfl *sich ~ a fig* s'amasser; s'amonceler; s'accumuler; **♀ung** f *a fig* amoncellement *m*; accumulation *f*

zu'sammenbauen v/t ⟨sép, -ge-, h⟩ assembler; monter; *wieder ~* rassembler; remonter
zu'sammenbeißen v/t ⟨irr, sép, -ge-, h⟩ *Zähne* serrer
zu'sammenbekommen v/t ⟨irr, sép, pas de ge-, h⟩ **1.** (*ansammeln*) parvenir à réunir; *Geld, Summe* recueillir; *Geld etc genug ~* trouver assez de; **2.** F (*zusammenbauen, -setzen, -legen etc können*) arriver à rassembler *bzw* à monter; **3.** F *fig im Gedächtnis* se rappeler
zu'sammenbetteln v/t ⟨-(e)le, sép, -ge-, h⟩ *er hat* (*sich*) *das Geld für sein Projekt zusammengebettelt* il a quémandé des fonds pour son projet à gauche et à droite
zu'sammenbinden v/t ⟨irr, sép, -ge-, h⟩ lier; *Haar* attacher; *zu e-m Bündel ~* faire un paquet de
zu'sammenbleiben v/i ⟨irr, sép, -ge-, sein⟩ rester ensemble; *mit j-m ~* rester avec qn; *e-n ganzen Abend* (*irgendwo*) *~* rester toute une soirée ensemble (quelque part)
zu'sammenbrauen ⟨sép, -ge-, h⟩ **I** v/t F *Getränk etc* concocter; **II** v/réfl *Gewitter, Unangenehmes* se préparer; *fig da braut sich was zusammen* il se trame qc
zu'sammenbrechen v/i ⟨irr, sép, -ge-, sein⟩ *Brücke, Mauer, ein Reich* s'écrouler; *Gebäude etc* s'effondrer; crouler; *Person* s'effondrer; s'écrouler; *seelisch* craquer; *Telefonnetz, Stromversorgung* être *od* tomber en panne; *Verkehr* être paralysé; *sein Widerstand brach zusammen* il n'a plus résisté; *fig für sie brach e-e Welt zusammen* tout son univers s'est écroulé
zu'sammenbringen v/t ⟨irr, sép, -ge-, h⟩ **1.** (*ansammeln*) parvenir à réunir; *Materialien* rassembler; *a Geld* réunir; **2.** *Personen* mettre en contact, en relation; (*näherbringen*) rapprocher; *wieder ~* (*versöhnen*) réconcilier; **3.** F, *bes südd ich bringe den Text nicht mehr ganz zusammen* je ne me rappelle plus tous les détails du texte
Zu'sammenbruch *m a fig* effondrement *m*; *a vor Erschöpfung* écroulement *m*; *FIN* ruine *f*; *MIL* débâcle *f*; *e-r Theorie* échec *m*; *des Verkehrs* paralysie *f*; *psychischer ~* dépression nerveuse; *wirtschaftlicher ~ e-r Firma* ruine *f*; *e-s Staates* effondrement *m* de l'économie; *geschäftlicher ~* banqueroute *f*; faillite *f*
zu'sammendrängen ⟨sép, -ge-, h⟩ **I** v/t **1.** serrer; entasser; **2.** (*kurz zusammenfassen*) résumer en peu de mots; *Darstellung zusammengedrängt* concentré; **II** v/réfl *sich ~* **3.** *Personen* se serrer; s'entasser; **4.** *Ereignisse* se bousculer
zu'sammendrücken v/t ⟨sép, -ge-, h⟩ presser; serrer; comprimer
zu'sammenfahren ⟨irr, sép, -ge-⟩ **I** v/t ⟨h⟩ F (*kaputtfahren*) F bousiller (*dans un accident*); **II** v/i ⟨sein⟩ **1.** *Autos, Züge* entrer en collision; *mit e-m Wagen ~ a* tamponner une voiture; **2.** *fig vor Schreck* sursauter; tressaillir
zu'sammenfallen v/i ⟨irr, sép, -ge-, sein⟩ **1.** (*einstürzen*) *a fig* s'effondrer; s'écrouler; crouler; **2.** *Ballon* se dégonfler; *Teig* tomber; s'affaisser; **3.** *zeitlich*

Ereignisse coïncider; **4.** *Behauptung etc in sich* (*acc*) ~ s'effondrer; s'écrouler

zu'sammenfalten *v/t* ⟨-ete, *sép*, -ge-, h⟩ plier

zu'sammenfassen *v/t* ⟨-ßt, *sép*, -ge-, h⟩ **1.** (*vereinigen*) réunir; rassembler; grouper (*zu* en); **2.** *Gesagtes etc* résumer; récapituler; *in einem Ausdruck* ~ englober dans un seul terme

zu'sammenfassend I *adj* résumé; **~e** *Darstellung* résumé *m*; **II** *advt* en résumé

Zu'sammenfassung *f* ⟨-; ~en⟩ **1.** (*Vereinigung*) réunion *f*; rassemblement *m*; regroupement *m*; **2.** (*Bericht*) résumé *m*; récapitulation *f*; *e-e* ~ *geben* faire un résumé

zu'sammen|flicken *v/t* ⟨*sép*, -ge-, h⟩ rapiécer; **~fließen** *v/i* ⟨*irr*, *sép*, -ge-, sein⟩ **1.** *Flüsse* confluer; se joindre; se réunir; **2.** *fig Farben, Klänge etc* se fondre; **~fügen** *v/t* (*u v/réfl*) ⟨*sép*, -ge-, h⟩ (*sich*) ~ (se) joindre; (se) réunir; (s')unir; *TECH, einzelne Teile* assembler; monter; **~führen** *v/t* ⟨*sép*, -ge-, h⟩ réunir; **⚲führung** *f* réunion *f*; **~gehören** *v/i* ⟨*sép*, zusammengehört, h⟩ aller ensemble; (*füreinander bestimmt sein*) être fait l'un pour l'autre; *Dinge* (*ein Paar bilden*) faire la paire

zu'sammengehörig *adj* allant ensemble; *Dinge als Paar* allant de pair; faisant la paire; (*gleichartig*) homogène; *sich* ~ *fühlen* se sentir solidaires

Zu'sammen|gehörigkeit *f* ⟨~⟩ parenté *f*; affinité *f*; cohésion *f*; (*Gleichartigkeit*) homogénéité *f*; **~gehörigkeitsgefühl** *n* ⟨~s⟩ solidarité *f*

zu'sammen|genommen *adv* pris ensemble; **~gewürfelt** *adj Möbel* de bric et de broc; *Gruppe etc* (très) bigarré, hétéroclite; **~haben** F *v/t* ⟨*irr*, *sép*, -ge-, h⟩ avoir recueilli, rassemblé; ⚲**halt** *m* ⟨~(e)s⟩ *fig* cohésion *f*; solidarité *f*

zu'sammenhalten ⟨*irr*, *sép*, -ge-, h⟩ **I** *v/t* tenir ensemble; *das, sein Geld* ~ être économe, *p/fort* regardant; **II** *v/i* **1.** tenir (ferme) ensemble; **2.** *fig* être solidaires; s'entraider

Zu'sammenhang *m* lien *m*; (*Beziehung*) rapport *m*; relation *f*; (*Verkettung*) suite *f*; (*Kontinuität*) continuité *f*; *e-s Textes* contexte *m*; *zwischen zwei abstrakten Dingen* corrélation *f*; *gesellschaftliche, historische Zusammenhänge* contexte social, historique; *innerer* ~ *von Gedanken, Ideen* cohérence *f*; *zwischen den beiden Ereignissen besteht ein* ~ il y a un rapport entre les deux événements; *ich sehe keinen* ~ je ne vois pas de rapport; *sein Name wurde im od in* ~ *mit den jüngsten Geschehnissen genannt* on a cité son nom en rapport, en liaison avec les récents événements; *die Zusammenhänge kennen* connaître les tenants et les aboutissants; *keinen* ~ *haben mit, in keinem* ~ *stehen mit* n'avoir aucun rapport avec; être sans rapport avec; *etw mit etw in* ~ *bringen* mettre qc en rapport, en relation avec qc; *etw im* ~ *erzählen* raconter qc méthodiquement, d'une façon cohérente; *in welchem* ~? à quel propos?; *in diesem* ~ dans cet ordre d'idées; sous ce rapport; à ce propos; *im* ~ *mit* à propos de; *aus dem* ~ *gerissen* isolé du contexte

zu'sammenhängen *v/i* ⟨*irr*, *sép*, -ge-, h⟩ **1.** (*mit etw*) ~ être attaché (à qc); **2.** *fig* (*in Beziehung stehen*) *mit etw* ~ avoir des rapports avec qc; être en rapport avec qc; tenir à qc; *das hängt damit zusammen, daß* ... cela tient au fait que ...

zu'sammenhängend I *adj fig* cohérent; (*fortlaufend*) continu; suivi; (*zueinander in Beziehung stehend*) connexe; **II** *adv* ~ *erzählen* raconter méthodiquement, d'une façon cohérente

zu'sammenhang(s)|los *adj* sans suite; décousu; incohérent; ⚲**losigkeit** *f* ⟨~⟩ manque *m* de cohérence; incohérence *f*

zu'sammen|hauen F *v/t* ⟨*irr*, *sép*, -ge-, h⟩ **1.** (*zerschlagen*) F esquinter; F bousiller; **2.** (*verprügeln*) F démolir; **3.** *Arbeit, Artikel etc* bâcler; torcher; **~heften** *v/t* ⟨-ete, *sép*, -ge-, h⟩ *mit e-r Heftklammer* agrafer; *BUCHBINDEREI* brocher; *COUT* faufiler; **~kauern** *v/réfl* ⟨-(e)re, *sép*, -ge-, h⟩ *sich* ~ s'accroupir; se blottir; se pelotonner; **~ketten** *v/t* ⟨-ete, *sép*, -ge-, h⟩ enchaîner ensemble; **~klappbar** *adj* pliant; **~klappen** ⟨*sép*, -ge-⟩ **I** *v/t* ⟨h⟩ *Stuhl etc* (re)plier; *Taschenmesser* refermer; **II** *v/i* ⟨sein⟩ F (*in Ohnmacht fallen*) tourner de l'œil; (*e-n Nervenzusammenbruch erleiden*) craquer; **~klauben** *v/t* ⟨*sép*, -ge-, h⟩ *südd, österr* ramasser; **~kleben** ⟨*sép*, -ge-⟩ **I** *v/t* ⟨h⟩ coller; agglutiner; **II** *v/i* ⟨h *ou* sein⟩ coller; s'agglutiner; **~kneifen** *v/t* ⟨*irr*, *sép*, -ge-, h⟩ serrer; *Augen* plisser; *Lippen, Mund* pincer; **~knüllen** *v/t* ⟨*sép*, -ge-, h⟩ *Papier* froisser; friper; chiffonner

zu'sammenkommen *v/i* ⟨*irr*, *sép*, -ge-, sein⟩ **1.** *Personen* (*sich versammeln*) s'assembler; se réunir; (*sich treffen*) se rencontrer; se voir; *mit j-m* ~ rencontrer qn; *er ist mit vielen Leuten zusammengekommen* il connaît beaucoup de gens; **2.** *Dinge* (*sich anhäufen*) s'amasser; s'entasser; s'accumuler; *es ist so viel Geld zusammengekommen, daß* ... on a ramassé, recueilli, collecté tant d'argent que ...; F *gestern ist mal wieder alles zusammengekommen* hier, encore une fois, ça n'a pas arrêté

zu'sammenkrachen F *v/i* ⟨*sép*, -ge-, sein⟩ **1.** (*zusammenbrechen*) s'effondrer; s'écrouler; crouler; **2.** (*zusammenstoßen*) *Fahrzeuge* entrer en collision; *mit j-m* ~ tamponner qn

zu'sammenkratzen *v/t* ⟨-(e)t, *sép*, -ge-, h⟩ F *sein letztes Geld* ~ F racler les fonds de tiroirs

Zusammenkunft [tsu'zamənkʊnft] *f* ⟨~; -künfte⟩ *vieler Personen* réunion *f*; assemblée *f*; *bes von zwei Personen* rencontre *f*; entrevue *f*

zu'sammenläppern F *v/réfl* ⟨-(e)re, *sép*, -ge-, h⟩ *sich* ~ s'amasser petit à petit; *es läppert sich zusammen* F ça finit par faire; ça s'accumule

zu'sammenlaufen *v/i* ⟨*irr*, *sép*, -ge-, sein⟩ **1.** *Personen* accourir, s'assembler, se réunir en foule; (*e-n Auflauf bilden*) s'attrouper; **2.** *Flüsse* confluer; **3.** *Farben* se fondre; **4.** *Linien in e-m Punkt* ~ converger vers *od* sur, se réunir en un point

zu'sammen|leben *v/i* ⟨*sép*, -ge-, h⟩ vivre ensemble; ⚲**leben** *n* ⟨~s⟩ vie commune; vie *f* en commun; cohabitation *f*; **~legen** ⟨*sép*, -ge-, h⟩ **I** *v/t* **1.** mettre ensemble; **2.** (*zusammenfalten*) plier; **3.** (*verbinden*) réunir; **4.** *in e-m Zimmer unterbringen* installer dans une pièce; **5.** *Hände* croiser; **II** *v/i* (*Geld* ~) (se) cotiser; **~leimen** *v/t* ⟨*sép*, -ge-, h⟩ coller; **~nageln** *v/t* ⟨-(e)le, *sép*, -ge-, h⟩ clouer; **~nähen** *v/t* ⟨*sép*, -ge-, h⟩ coudre

zu'sammennehmen ⟨*irr*, *sép*, -ge-, h⟩ **I** *v/t* ramasser; rassembler; *all s-e Kräfte* ~ rassembler, réunir toutes ses forces; *allen Mut* ~ s'armer de courage; *alles zusammengenommen* à tout prendre; **II** *v/réfl sich* ~ faire un effort sur soi-même; (*sich beherrschen*) se contenir; se maîtriser; (*sich fassen*) se ressaisir; se reprendre; (*nun*) *nimm dich doch zusammen!* (eh bien,) reprends-toi donc!

zu'sammenpacken ⟨*sép*, -ge-, h⟩ **I** *v/t* **1.** (*verpacken*) mettre en paquet; empaqueter; emballer; *darf ich alles* ~? voulez-vous que je fasse un seul paquet?; **2.** (*packen*) emballer; **II** *v/i* (*s-e Koffer packen*) plier bagage; *im Büro etc* ranger ses affaires (*avant de partir*)

zu'sammenpassen *v/i* ⟨-ßt, *sép*, -ge-, h⟩ *Personen, Dinge, Farben* s'assortir; s'accorder; *TECH, zwei Teile* s'adapter (l'un à l'autre); *Farben nicht* ~ jurer

zu'sammen|pferchen *v/t* ⟨*sép*, -ge-, h⟩ *Vieh, Menschen* entasser; parquer; ⚲**prall** *m* ⟨~(e)s; ~e⟩ *a fig* choc *m*; 'heurt *m*

zu'sammenprallen *v/i* ⟨*sép*, -ge-, sein⟩ **1.** se heurter (*mit* à); *Autos, Züge* entrer en collision (*mit* avec) (*a AVIAT*); *mit etw* ~ a tamponner qc; **2.** *fig* s'affronter, se heurter (*mit* à)

zu'sammen|pressen *v/t* ⟨-ßt, *sép*, -ge-, h⟩ presser; *Hände* serrer; *Lippen* pincer; **~raffen** *v/t* ⟨*sép*, -ge-, h⟩ *Papiere etc* prendre en vitesse; *péj Vermögen* amasser; *Kleid* relever; **~raufen** F *v/réfl* ⟨*sép*, -ge-, h⟩ *sich* ~ s'entendre après des accrochages

zu'sammenrechnen *v/t* ⟨-ete, *sép*, -ge-, h⟩ additionner; totaliser; faire le total de; *alles zusammengerechnet* au total

zu'sammenreimen F *v/réfl* ⟨*sép*, -ge-, h⟩ **1.** *sich* (*dat*) *etw* ~ s'expliquer qc; **2.** *wie reimt sich das zusammen?* à quoi ça rime?

zu'sammenreißen F *v/réfl* ⟨*irr*, *sép*, -ge-, h⟩ *sich* ~ *(-e)t, sép, -ge-, h⟩* F *sein letztes Geld* se ressaisir; prendre sur soi; *jetzt reiß dich aber zusammen!* ne te laisse pas aller!

zu'sammenrollen ⟨*sép*, -ge-, h⟩ **I** *v/t* enrouler; **II** *v/réfl sich* ~ s'enrouler; *Schlange* s'enrouler sur soi-même; se lover; *Hund, Katze etc* se pelotonner; se mettre en boule; *Person* se pelotonner; se recroqueviller

zusammen|rotten [tsu'zamənrɔtən] *v/réfl* ⟨-ete, *sép*, -ge-, h⟩ *sich* ~ s'attrouper; s'ameuter; ⚲**rottung** *f* ⟨~; ~en⟩ attroupement *m*; **~rücken** ⟨*sép*, -ge-⟩ **I** *v/t* ⟨h⟩ rapprocher; **II** *v/i* ⟨sein⟩ se serrer; **~rufen** *v/t* ⟨*irr*, *sép*, -ge-, h⟩ convoquer; réunir; assembler

zu'sammensacken *v/i* ⟨*sép*, -ge-, sein⟩ (*in sich* [*acc*]) ~ *Dach, Haus etc* s'affaisser; *Mensch* s'effondrer

zu'sammen|scharen *v/réfl* ⟨*sép*, -ge-,

h⟩ *sich* ~ se rassembler; s'attrouper; **~scharren** *v/t* ⟨*sép*, -ge-, h⟩ (r)amasser; **~scheißen** P *v/t* ⟨*irr, sép*, -ge-, h⟩ F engueuler comme du poisson pourri; **~schieben** *v/t* ⟨*irr, sép*, -ge-, h⟩ rapprocher; *Stativ etc* faire coulisser
zu'sammenschlagen ⟨*irr, sép*, -ge-⟩ **I** *v/t* ⟨h⟩ **1.** *(falten)* plier; **2.** *Hacken* claquer; *die Hände* ~ battre des mains; **3.** F *j-n* ~ F démolir qn; F *vor Wut alles* ~ F tout bousiller de rage; **II** *v/i* ⟨sein⟩ *die Wellen schlugen über s-m Kopf zusammen* les vagues l'engloutirent; *fig Verhängnis etc über j-m* ~ s'abattre sur qn
zu'sammen|schließen ⟨*irr, sép*, -ge-, h⟩ **I** *v/t Gefangene etc* attacher ensemble; **II** *v/réfl sich* ~ s'associer; se réunir; se grouper; *Unternehmen* fusionner; *zu e-m Bund* se fédérer; **~schluß** *m* association *f*; réunion *f*; groupement *m*; *von Unternehmen* fusion *f*; *zu e-m Bundesstaat* fédération *f*
zu'sammenschmelzen ⟨*irr, sép*, -ge-, h⟩ *v/i* ⟨sein⟩ **1.** fondre; **2.** *fig Geld, Ersparnisse* fondre; *Vorrat* diminuer; *bis auf e-n kleinen Rest* ~ disparaître presque entièrement
zu'sammen|schrauben *v/t* ⟨*sép*, -ge-, h⟩ visser; **~schrecken** *v/i* ⟨*irr ou régulier, sép*, -ge-, sein⟩ sursauter
zu'sammenschreiben *v/t* ⟨*irr, sép*, -ge-, h⟩ **1.** *in e-m Wort* écrire en un mot; **2.** *aus anderen Büchern etc* compiler; **3.** *péj viel* ~ rédiger abondamment et médiocrement; *e-n Text* ~ F pondre un texte
zu'sammen|schrumpfen *v/i* ⟨*sép*, -ge-, sein⟩ **1.** se ratatiner; se rétrécir; **2.** *fig* fondre; diminuer; **~schustern** F *péj v/t* ⟨-(e)re, *sép*, -ge-, h⟩ bricoler; **~schütten** *v/t* ⟨-ete, *sép*, -ge-, h⟩ verser ensemble; mélanger; **~schweißen** *v/t* ⟨*sép*, -ge-, h⟩ F se souder
zu'sammensein *v/i* ⟨*irr, sép*, -ge-, sein⟩ être ensemble; *gestern war ich mit ihr zusammen* je l'ai vue hier
Zu'sammensein *n* ⟨~s⟩ **1.** entrevue *f*; rencontre *f*; **2.** *cf Zusammenleben*
zu'sammensetzen ⟨-(es)t, *sép*, -ge-, h⟩ **I** *v/t* **1.** mettre ensemble; *aus mehreren Bestandteilen* composer (*aus*); *(aneinanderfügen)* joindre; TECH assembler; monter; *ein zusammengesetztes Wort* un mot composé; **2.** *Personen* asseoir *od* placer côte à côte; **II** *v/réfl* **3.** *sich* ~ *(sich zueinandersetzen)* s'asseoir l'un auprès de l'autre, côte à côte; *(zusammenkommen)* se rencontrer; se réunir; **4.** *sich aus etw* ~ *(bestehen)* se composer de qc; *wie setzt sich diese Gruppe zusammen?* de qui se compose ce groupe?
Zu'sammensetzung *f* ⟨~; ~en⟩ *a* CHIM composition *f*; LING (mot *m*) composé *m*
zu'sammensinken *v/i* ⟨*irr, sép*, -ge-, sein⟩ *(in sich [acc])* ~ *Gegenstände* s'affaisser; *Menschen* s'effondrer
zu'sammensitzen *v/i* ⟨*irr, sép*, -ge-, h⟩ être (assis) ensemble; *ich saß mit ihr die ganze Nacht zusammen* je suis resté avec elle toute la nuit
zu'sammensparen *v/t* ⟨*sép*, -ge-, h⟩ économiser petit à petit; *sich (dat) e-n Videorecorder* ~ économiser petit à petit pour s'acheter un magnétoscope
Zu'sammenspiel *n* ⟨~(e)s⟩ SPORT jeu *m* d'équipe; *(Kombinieren)* combinaison *f*; *e-r Schauspielergruppe, e-s Orchesters* jeu *m* d'ensemble; *fig* interaction *f*
zu'sammenspielen *v/i* ⟨*sép*, -ge-, h⟩ **1.** SPORT *(mit j-m) gut* ~ former une bonne équipe (avec qn); **2.** *cf zusammenwirken*
zu'sammenstauchen *v/t* ⟨*sép*, -ge-, h⟩ F *j-n* ~ F engueuler qn
zu'sammenstecken ⟨*sép*, -ge-, h⟩ **I** *v/t mit Nadeln* assembler avec des épingles; **II** F *fig v/i Personen sie stecken immer zusammen* ils sont toujours ensemble
zu'sammenstehen *v/i* ⟨*irr, sép*, -ge-, h⟩ **1.** être ensemble; **2.** *fig* faire bloc; s'entraider
zu'sammenstellen ⟨*sép*, -ge-, h⟩ **I** *v/t* **1.** *räumlich*: *Sachen* mettre ensemble; **2.** *Programm, Menü, Blumenstrauß, Team, Ausstellung etc* composer; *Route* mettre au point; établir; *Unterlagen* rassembler; réunir; *Rechnung, Übersicht* établir; *Liste* établir; dresser; *Daten in e-r Tabelle* faire un tableau de; *übersichtlich (anordnen)* arranger; *(kompilieren)* compiler; **3.** *Farben, Einrichtungsgegenstände etc (passend* ~*)* assortir; combiner; **II** *v/réfl sich* ~ se grouper
Zu'sammen|stellung *f* ⟨~; ~en⟩ *e-s Programms, Menüs, Blumenstraußes, Teams, e-r Ausstellung* composition *f*; *e-r Liste, Rechnung* établissement *m*; *(Kompilierung)* compilation *f*; *von Farben, Einrichtungsgegenständen* combinaison *f*; *(Liste)* liste *f*; *(Tabelle)* table *f*; tableau *m*; **~stoppeln** *péj v/t* ⟨-(e)le, *sép*, -ge-, h⟩ bricoler; **~stoß** *m* **1.** *a fig* choc *m*, 'heurt *m (mit* avec); *von Verkehrsmitteln* collision *f*, tamponnement *m (mit* avec); **2.** *fig* conflit *m (mit* avec)
zu'sammenstoßen *v/i* ⟨*irr, sép*, -ge-, sein⟩ **1.** *a fig* se heurter *(mit* à); *Fahrzeuge* entrer en collision *(mit* avec); *mit etw* ~ *a* tamponner qc; **2.** *(aneinandergrenzen)* être contigu, -uë; se toucher
zu'sammen|strömen *v/i* ⟨*sép*, -ge-, sein⟩ *Menschen* affluer; **~suchen** *v/t* ⟨*sép*, -ge-, h⟩ ramasser (de tous côtés); recueillir; **~tragen** *v/t* ⟨*irr, sép*, -ge-, h⟩ **1.** ramasser; **2.** *fig Material etc* réunir; rassembler; recueillir
zu'sammentreffen *v/i* ⟨*irr, sép*, -ge-, sein⟩ **1.** *Personen* se rencontrer; *mit j-m* ~ rencontrer qn; **2.** *zeitlich* coïncider
Zu'sammentreffen *n* rencontre *f*; *zeitliches* coïncidence *f*; ~ *von Umständen* concours *m* de circonstances
zu'sammen|treten *v/i* ⟨*irr, sép*, -ge-, sein⟩ *Ausschuß etc* se réunir; se rassembler; **~tritt** *m* ⟨~(e)s⟩ réunion *f*; **~trommeln** F *v/t* ⟨-(e)le, *sép*, -ge-, h⟩ réunir; **~tun** F *v/t* ⟨*u v/réfl* ⟨*irr, sép*, -ge-, h⟩ *(sich)* ~ (se) rassembler; (se) réunir; **~wachsen** *v/i* ⟨*irr, sép*, -ge-, sein⟩ BIOL se souder; *fig (ineinander aufgehen)* fusionner; **~wirken** *v/i* ⟨*sép*, -ge-, h⟩ coopérer; concourir; **~zählen** *v/t* ⟨*sép*, -ge-, h⟩ additionner; totaliser; **~ziehen** ⟨*irr, sép*, -ge-⟩ **I** *v/t* ⟨h⟩ *a* GR contracter; MATH additionner; *Augenbrauen* froncer; *Truppen* rassembler; concentrer; *Netz, Schlinge etc* resserrer; **II** *v/i* ⟨sein⟩ *in e-e Wohnung* emménager ensemble; *Paar* se mettre en ménage; **III** *v/réfl* ⟨h⟩ *sich* ~ se contracter; *krampfhaft* se crisper; *Gewitter* se préparer; **~zucken** *v/i* ⟨*sép*, -ge-, sein⟩ tressaillir *(vor [+dat]* de)
'Zusatz *m* **1.** ⟨*pas de pl*⟩ *(das Zusetzen)* addition *f*; adjonction *f*; **2.** *(das Zugesetzte)* addition *f*; adjonction *f*; CHIM bes bei Lebensmitteln additif *m*; *ohne schädliche Zusätze* sans additifs nuisibles (à la santé); **3.** *(Nachtrag)* complément *m*; *zu e-m Vertrag, e-r Verordnung* additif *m*; annexe *f*; *zu e-m Manuskript* a ajout *m*; *zu e-m Testament* codicille *m*; *zu e-m Text* adjonction *f*; *(hinzugefügte Anmerkung)* note additionnelle
'Zusatz|abkommen *n* POL accord additionnel; **~bestimmung** *f* prescription, disposition, *zu e-m Vertrag a* clause additionnelle; **~gerät** *n* appareil *m*, dispositif *m* complémentaire
zusätzlich ['tsu:zɛtslɪç] **I** *adj* supplémentaire; additionnel, -elle; *(ergänzend)* complémentaire; TECH auxiliaire; **II** *adv* de plus; en outre
'Zusatz|stoff *m* ⟨~(e)s; ~e⟩ additif *m*; *bei Lebensmitteln* additif alimentaire; **~versicherung** *f* assurance *f* complémentaire; **~zahl** *f im Lotto* numéro *m* complémentaire
zu'schanden *adv* ~ *machen Pläne* déjouer; faire échouer; *Hoffnungen* décevoir; anéantir
zuschanzen ['tsu:ʃantsən] *v/t* ⟨-(es)t, *sép*, -ge-, h⟩ F *j-m etw* ~ F procurer qc à qn par combine
'zuschauen *v/i* ⟨*sép*, -ge-, h⟩ *südd, österr, schweiz cf zusehen*
'Zuschauer(in) *m* ⟨~s; ~⟩ *(f)* ⟨~; ~nen⟩ spectateur, -trice *m,f*; *pl die* ~ *a* le public
'Zuschauer|beteiligung *f* participation *f* du public; **~raum** *m* salle *f* de spectacle; **~tribüne** *f* tribune *f* du public, des spectateurs
'zuschaufeln *v/t* ⟨-(e)le, *sép*, -ge-, h⟩ remplir, boucher (à la pelle); *Grab* refermer
'zuschicken *v/t* ⟨*sép*, -ge-, h⟩ *j-m etw* ~ envoyer, expédier qc à qn
'zuschieben *v/t* ⟨*irr, sép*, -ge-, h⟩ **1.** *Schublade etc* fermer; **2.** *j-m etw* ~ *Buch, Glas* pousser qc vers qn; **3.** *fig j-m etw* ~ *Unangenehmes* se décharger de qc sur qn; *j-m die Schuld* ~ rejeter la faute sur qn
'zuschießen ⟨*irr, sép*, -ge-, h⟩ **I** *v/t* ⟨h⟩ **1.** *Ball etc* lancer; envoyer; *j-m wütende Blicke* ~ lancer des regards furieux à qn; **2.** F *fig (beisteuern)* rajouter; *sie hat 100 Mark zugeschossen* elle en a été de 100 marks; **II** *v/i* ⟨sein⟩ *auf j-n* ~ se précipiter vers qn
'Zuschlag *m* **1.** *(Preis⚹)* *a* EISENBAHN supplément *m*; **2.** *bei Lohn, Gehalt für Nachtarbeit etc* prime *f*; **3.** *auf Auktionen, bei öffentlichen Ausschreibungen* attribution *f* (par adjudication); *j-m den* ~ *für etw erteilen* adjuger qc à qn; *den* ~ *erhalten* obtenir l'adjudication; *bei e-m Wettbewerb* obtenir le contrat
'zuschlagen ⟨*irr, sép*, -ge-, h⟩ **I** *v/t* **1.** *Tür etc* fermer violemment, brusque-

ment; (faire) claquer; *Buch* fermer; **2.** *Summe (aufschlagen) dem Preis, auf den Preis 10 % ~* augmenter, majorer le prix de 10 pour cent; **3.** *bei Auktionen etc j-m etw ~* adjuger qc à qn; **II** *v/i* **4.** *(drauflosschlagen)* porter un coup, des coups; *a fig Schicksal etc* frapper; *fig Polizei* F faire une intervention musclée; F *fig Verbrecher etc* passer à l'attaque; **5.** F *(zugreifen) beim Essen* F s'empiffrer; *bei e-m Angebot etc* profiter de l'occasion; **6.** ⟨sein⟩ *Tür* se fermer brusquement; claquer

'**zuschlag|frei** *adj* EISENBAHN sans supplément; **~pflichtig** *adj* EISENBAHN à supplément

'**zu|schließen** *v/t u v/i* ⟨*irr, sép, -ge-, h*⟩ fermer à clé; **~schnappen** *v/i* ⟨*sép, -ge-*⟩ **1.** ⟨sein⟩ *Tür, Schloß, Taschenmesser* se refermer rapidement; **2.** ⟨h⟩ *(zubeißen)* mordre

'**zuschneiden** *v/t* ⟨*irr, sép, -ge-, h*⟩ **1.** COUT couper; *Holz* débiter; **2.** *fig das Programm war auf Kinder zugeschnitten* le programme était conçu pour les enfants

'**zu|schneien** *v/i* ⟨*sép, -ge-, sein*⟩ se couvrir de neige; **²schnitt** *m* **1.** COUT coupe *f*; façon *f*; **2.** *fig* genre *m*; envergure *f*; **~schnüren** *v/t* ⟨*sép, -ge-, h*⟩ *Paket* ficeler; *Schuhe* lacer; **~schrauben** *v/t* ⟨*sép, -ge-, h*⟩ *Deckel* visser

'**zuschreiben** *v/t* ⟨*irr, sép, -ge-, h*⟩ **1.** *j-m etw ~* attribuer qc à qn; *(zur Last legen)* imputer qc à qn; *er hat es sich* (*dat*) *selbst zuzuschreiben, wenn ...* il n'a qu'à s'en prendre à lui-même, si ...; c'est bien sa propre faute, si ...; *dieser Umstand war e-m Mangel zuzuschreiben* ce fait était dû, imputable à un défaut; **2.** FIN *etc j-m e-e Summe ~* porter une somme au crédit de qn

'**Zuschrift** *f* communication *f*; lettre *f*; *auf e-e Annonce etc a* réponse *f*; **~en** *pl an Zeitschriften etc* lettres *f/pl* de lecteurs

zu|schulden *adv sich* (*dat*) *etw ~ kommen lassen* se rendre coupable de qc

'**Zuschuß** *m ~ (zu) (finanzielle Hilfe)* aide *f* (à); *(Beitrag)* contribution *f* (à); *staatlicher* subvention *f* (à); COMM supplément *m* (à), versement *m* supplémentaire (à); **~betrieb** *m*, **~unternehmen** *n* entreprise subventionnée

'**zuschustern** *v/t* ⟨*-(e)re, sép, -ge-, h*⟩ F *j-m etw ~* F procurer qc à qn par combine

'**zuschütten** *v/t* ⟨*-ete, sép, -ge-, h*⟩ **1.** *Graben etc* combler; remblayer; **2.** F *(dazugießen)* ajouter

'**zusehen** *v/i* ⟨*irr, sép, -ge-, h*⟩ **1.** *(e-r Sache* [*dat*]) *~* regarder (qc); assister à qc; être témoin de qc; *j-m bei der Arbeit ~* regarder qn travailler; *soll ich da ruhig ~?* dois-je rester là sans rien faire?; *bei genauerem, näherem* ² en y regardant de plus près, à deux fois; **2.** *~, daß ...* ⟨*darauf achten*⟩ veiller à ce que ... (+*subj*); faire en sorte que ... (+*subj*); avoir soin que ... (+*subj*); *sieh zu, daß du nicht fällst* prends garde de (ne pas) tomber; fais attention à ne pas tomber; *sieh zu, wo du bleibst!* débrouille-toi tout seul!

'**zusehends** *adv* à vue d'œil; visiblement

'**Zuseher** *m* ⟨**~**s; **~**⟩ *österr* spectateur *m*; *pl die ~ a* le public

'**zusein** F *v/i* ⟨*irr, sép,* sein⟩ **1.** *(geschlossen sein)* être fermé; *(abgeschlossen sein)* être fermé à clé; *(geschlossen haben)* fermer; *cf a zu II 4.*; **2.** *Nase* être bouché; **3.** F *(betrunken sein)* F être rond, bourré

'**zusend|en** *v/t* ⟨*irr, sép, -ge-, h*⟩ *cf zuschicken*; **²ung** *f* ⟨**~**; **~**en⟩ envoi *m*

'**zusetzen** ⟨*-(es)t, sép, -ge-, h*⟩ **I** *v/t* **1.** *e-r Sache (dat) etw ~ (beimischen)* ajouter une chose à une autre; **2.** *Geld (einbüßen)* perdre; *fig nichts zuzusetzen haben* avoir épuisé ses réserves; **II** *v/i j-m ~ mit Fragen etc* 'harceler qn *(mit* de); *beim Verhör* F cuisiner qn; *(belästigen)* tracasser qn; *Hitze, Rauch etc* déranger qn; *Krankheit etc* être un coup dur pour qn; *j-m arg od hart ~* rendre la vie impossible à qn

'**zusichern** *v/t* ⟨*-(e)re, sép, -ge-, h*⟩ *j-m etw ~* assurer, garantir qc à qn

'**Zu|sicherung** *f* assurance *f*; garantie *f*; **²sperren** *v/t u v/i* ⟨*sép, -ge-, h*⟩ *südd, österr* fermer à clé; **~spiel** *n* ⟨*(e)s*⟩ SPORT passe *f*

'**zuspielen** *v/t* ⟨*sép, -ge-, h*⟩ SPORT *Ball* passer qc à qn; *fig Informationen, Dokumente etc* faire passer qc à qn; communiquer clandestinement qc à qn

'**zuspitz|en** ⟨*-(es)t, sép, -ge-, h*⟩ *v/t* **1.** tailler en pointe; effiler; **2.** *fig* aggraver; **II** *v/réfl sich ~ Lage etc* s'aggraver; empirer; *Konflikt etc* s'intensifier; **²ung** *f* ⟨**~**; **~**en⟩ *der Lage etc* aggravation *f*; *des Konflikts etc* escalade *f*

'**zusprechen** ⟨*irr, sép, -ge-, h*⟩ **I** *v/t* **1.** *j-m Trost ~* consoler qn; *j-m Mut ~* remonter le moral à qn; encourager qn; **2.** *j-m etw ~ (zuerkennen)* attribuer, adjuger, *Preis* décerner qc à qn; *die Kinder wurden der Mutter zugesprochen* la mère a eu la garde des enfants; **II** *v/i* **3.** *j-m gut od beruhigend ~* chercher à calmer qn par des paroles; **4.** *st/s e-r Speise* (*dat*) *(tüchtig, gut) ~* faire honneur à un plat

'**Zuspruch** *st/s m* ⟨**~**(e)s⟩ **1.** *(Trost)* consolation *f*; *(Ermunterung)* encouragement *m*; **2.** *(Zulauf)* affluence *f*; *guten ~ haben Veranstaltung* être très fréquenté; *Arzt, Geschäft etc* avoir une grosse clientèle; *Geschäft* être bien achalandé; *~ finden Artikel etc* plaire; être bien accueilli

'**Zustand** *m* **1.** *e-r Person (Verfassung)* état *m*; *e-r Sache (Beschaffenheit)* état *m*; PHYS *in festem, flüssigem ~* à l'état solide, liquide; *in gutem, in e-m guten ~* en bon état; *das Haus war in e-m traurigen ~* la maison était dans un triste état, dans une état pitoyable; *in betrunkenem ~* en état d'ivresse; *sein ~ ist ernst* son état est grave; F *Zustände kriegen* F piquer une crise; **2.** *meist pl Zustände (Lage)* état *m* de choses; situation *f*; *das sind unhaltbare Zustände*, F *das ist doch kein ~!* c'est un état de choses intenable; cet état de choses ne peut plus durer; *Zustände sind das!, das sind Zustände* (F *wie im alten Rom)!* F quelle pagaïe *od* pagaille!

zu'stande *adv etw ~ bringen* faire aboutir qc; réussir à faire qc; *~ kommen* avoir lieu; *Vertrag* se réaliser; *Gesetz* se faire; *es ist keine Einigung ~ gekommen* on n'est parvenu à aucun accord

zuständig ['tsu:ʃtɛndɪç] *adj* compétent; *in e-m Betrieb ~ für* responsable de; *dafür ist er ~* cela relève de sa compétence; cela rentre dans ses attributions; *dafür ist er nicht ~* cela sort de sa compétence, de ses attributions

'**Zuständigkeit** *f* ⟨**~**; **~**en⟩ compétence *f*; *in j-s ~* (*acc*) *fallen* être du ressort, de la compétence de qn

'**Zuständigkeitsbereich** *m* ressort *m*

'**Zustands|änderung** *f* PHYS, CHIM changement *m* d'état; **~verb** *n* verbe *m* d'état

zustatten [tsu'ʃtatən] *adv j-m ~ kommen* être d'un grand secours à qn; *(gelegen kommen)* venir à propos, à point à qn

'**zustechen** *v/i* ⟨*irr, sép, -ge-, h*⟩ donner un coup de couteau, de poignard, *etc*

'**zustecken** *v/t* ⟨*sép, -ge-, h*⟩ **1.** *(schließen)* fermer avec une épingle *bzw* des épingles; **2.** *j-m etw ~* donner qc à qn en cachette

'**zustehen** *v/i* ⟨*irr, sép, -ge-, h*⟩ *j-m ~ (Anspruch haben)* revenir à qn; *das steht ihm zu* il y a droit; *es steht ihm zu zu* (+*inf*) il a le droit de (+*inf*); *(kommt ihm zu)* il lui appartient de (+*inf*); *das steht ihm nicht zu* il n'y a pas droit

'**zusteigen** *v/i* ⟨*irr, sép, -ge-, sein*⟩ monter (en cours de voyage, de route); *ist noch jemand zugestiegen? etwa* vos billets, s'il vous plaît!

'**Zustellbezirk** *m* POST secteur *m* de distribution

'**zustellen** *v/t* ⟨*sép, -ge-, h*⟩ **1.** *Tür etc* barricader; *der Eingang war mit Kisten zugestellt* l'entrée était complètement encombrée par des caisses; **2.** POST *Pakete etc* remettre (à domicile); distribuer; COMM *Waren* livrer à domicile; JUR *Schriftstück* notifier

'**Zusteller** *m* ⟨**~**s; **~**⟩ POST, ADM préposé *m*

'**Zustellgebühr** *f* POST factage *m*

'**Zustellung** *f* ⟨**~**; **~**en⟩ *der Post* remise *f* (à domicile); distribution *f*; COMM *von Waren* factage *m*; livraison *f* à domicile; JUR *e-s Schriftstücks* notification *f*

'**zusteuern** ⟨*-(e)re, sép, -ge-*⟩ **I** *v/t* ⟨h⟩ F *sein Vater hat ihm 1000 Mark zu s-m Auto zugesteuert* son père en a été de 1000 marks pour sa voiture; **II** *v/i* ⟨sein⟩ *auf etw, j-n ~* se diriger vers qc, qn

'**zustimmen** *v/i* ⟨*sép, -ge-,*⟩ (*j-m*) *~* être, se déclarer d'accord (avec qn); être du même avis (que qn); (*e-r Sache* [*dat*]) *~* donner son consentement (à qc); *~d nicken* 'hocher la tête en signe d'approbation

'**Zustimmung** *f* consentement *m*, approbation *f* (*zu* à); *allgemeine ~ finden* faire l'unanimité; *zu etw s-e ~ geben* donner son approbation à qc; approuver qc

'**zu|stopfen** *v/t* ⟨*sép, -ge-, h*⟩ *(verstopfen)* boucher; *Riß, Loch in e-m Kleidungsstück* raccommoder; **~stöpseln** *v/t* ⟨*-(e)le, sép, -ge-, h*⟩ boucher

'**zustoßen** ⟨*irr, sép, -ge-, h*⟩ *v/t* ⟨h⟩ *Tür etc* fermer (en poussant); **II** *v/i* **1.** ⟨sein⟩ *j-m ~ (widerfahren)* arriver, survenir à qn; **2.** ⟨h⟩ *cf zustechen*

'zustreben v/i ⟨sép, -ge-, sein⟩ *dem Ausgang ~* se diriger (rapidement) vers la sortie

'Zustrom m ⟨~(e)s⟩ afflux m; a fig flux m; von Menschen affluence f

'zustürzen v/i ⟨-(es)t, sép, -ge-, sein⟩ *auf j-n ~* se précipiter vers qn

zu'tage adv *~ bringen, fördern* mettre au jour; révéler; *~ treten* apparaître; se révéler; se manifester; *offen, klar ~ liegen* être évident, manifeste

'Zutat f CUIS ingrédient m

zu'teil st/s adv *~ werden* être réservé à qn; *j-m etw ~ werden lassen* réserver qc à qn; *Aufmerksamkeit* consacrer qc à qn

'zuteilen v/t ⟨sép, -ge-, h⟩ **1.** *j-m etw ~* donner, attribuer qc à qn; *Waren etc als Anteil* répartir, attribuer qc à qn; **2.** *j-n j-m ~ als Begleiter, Dolmetscher* attribuer, adjoindre qn à qn; *j-n e-r Dienststelle ~* affecter qn à un service, à un poste

'Zuteilung f **1.** attribution f; *von Waren a* répartition f; **2.** *e-s Begleiters, Dolmetschers* attribution f; adjonction f; *zu e-r Dienststelle* affectation f; **3.** (*Kontingent*) contingent m; (*Ration*) ration f

'zuteilungsreif adj ÉCON *Bausparvertrag* arrivé à échéance

zu'tiefst adv très profondément; *Vorwurf etc j-n ~ treffen* toucher, piquer qn au vif

'zutragen ⟨irr, sép, -ge-, h⟩ **I** v/t apporter; fig péj (*berichten*) rapporter; **II** st/s v/réfl *sich ~* (*ereignen*) se produire

zuträglich ['tsu:trɛːklɪç] adj profitable; utile; bon, bonne (+ dat pour); *der Gesundheit* (+ dat) *~ a* qui fait du bien à la santé

'zutrauen v/t ⟨sép, -ge-, h⟩ *j-m etw ~* croire qn capable de (faire) qc; *ich traue ihm zu, daß ...* je le crois capable de (+ inf); je pense qu'il est en mesure de (+ inf); *ich hätte ihm mehr Klugheit zugetraut* je l'aurais cru plus intelligent; *sich* (*dat*) *etw ~* douter de ses capacités; *sich zuviel ~* présumer de ses forces; *das traue ich mir nicht zu* je ne m'en sens pas capable; péj *ihr ist alles zuzutrauen* elle est capable de tout

'Zutrauen n ⟨~s⟩ confiance f (*zu* en); *das ~ zu j-m verlieren* ne plus faire confiance à qn

'zutraulich adj plein de confiance; confiant

'zutreffen v/i ⟨irr, sép, -ge-, h⟩ **1.** (*stimmen*) être exact, juste; **2.** (*gelten*) *dasselbe trifft für ihn zu* il en est de même pour lui; *das trifft für alle Großstädte zu* c'est valable pour toutes les grandes villes

'zutreffend adj exact; juste; *Bemerkung a* pertinent; approprié; ⁀*es bitte ankreuzen* prière de cocher la case correspondante

'zutreiben v/i ⟨irr, sép, -ge-, sein⟩ *den Klippen od auf die Klippen ~* être entraîné (par le courant) vers les écueils

'zutrinken v/i ⟨irr, sép, -ge-, h⟩ *j-m ~* boire à la santé de qn

'Zutritt m ⟨~(e)s⟩ accès m; entrée f; *freier ~* entrée libre, gratuite; *kein ~!, ~ verboten!* entrée interdite!; défense d'entrer!; *freien ~* (*zu j-m, etw*) *haben* avoir ses entrées (chez qn, dans qc); *sich* (*dat*) *zu etw ~ verschaffen* réussir à s'introduire dans qc; *j-m ~ gewähren* laisser entrer qn

'zutun F v/t ⟨irr, sép, -ge-, h⟩ **1.** (*hinzufügen*) ajouter; **2.** (*schließen*) *die ganze Nacht kein Auge ~* ne pas fermer l'œil de (toute) la nuit

'Zutun n ⟨~s⟩ *ohne ~* (+gén) sans l'entremise, l'intervention, l'intercession de; *ohne mein ~* sans que j'y sois pour rien

zu'ungunsten prép ⟨gén⟩ u adv *~ von* au préjudice de

zu'unterst adv tout en bas; tout au fond; *das Oberste ~ kehren* mettre tout sens dessus dessous

zuverlässig ['tsuːfɛrlɛsɪç] **I** adj *Person* fiable; sur qui on peut compter; *Freund* sûr; *Nachricht* authentique; *Maschine, Auto etc* fiable; *Arbeiter* consciencieux, -ieuse; *aus ~er Quelle* de source sûre; **II** adv arbeiten etc consciencieusement

'Zuverlässigkeit f ⟨~⟩ *e-r Person, e-r Maschine etc* fiabilité f; *e-r Nachricht* authenticité f

'Zuverlässigkeits|prüfung f, *~test* m TECH test m de fiabilité

Zuversicht ['tsuːfɛrzɪçt] f ⟨~⟩ confiance f; assurance f; (*ferme*) espoir m; ⁀*lich* **I** adj plein de confiance, d'espoir, d'assurance; confiant; **II** adv avec confiance, assurance

zu'viel pr/ind trop (de); *viel ~* beaucoup trop; *das ist ~* en voilà trop; c'en est trop; *das ist mir ~* c'en est trop pour moi; *einer ~* un de trop; *was ist, ist ~* ce qui est trop est trop; *das ist ~ gesagt* c'est exagéré; F fig *~ kriegen* voir rouge

Zu'viel n ⟨~s⟩ excès m (*an* [+ de])

zu'vor adv (*zuerst*) d'abord; auparavant; pour commencer; (*vorher*) au préalable; préalablement; *kurz ~* peu de temps avant; *wie ~* comme avant

zu'vorderst adv tout à l'avant; tout au premier plan

zu'vorkommen v/i ⟨irr, sép, -ge-, sein⟩ *j-m ~* devancer qn; *e-m Vorwurf ~* devancer une objection

zu'vorkommend I adj prévenant; complaisant; **II** advt *j-n ~ behandeln* se montrer prévenant, complaisant, attentionné envers qn

Zu'vorkommenheit f ⟨~⟩ prévenance f; complaisance f

Zuwachs ['tsuːvaks] m ⟨~es; t/t -wächse⟩ accroissement m, augmentation f, surcroît m (*an* [+dat] de); *Verein etc e-n ~ von fünfzig Mitgliedern im Jahr haben* s'accroître, augmenter de cinquante membres par an; plais *die Familie Molter hat ~ bekommen* il y a une naissance chez les Molter; F *sie hat ihm e-n Mantel auf ~ gekauft* elle lui a acheté un manteau d'une taille supérieure (*en prévoyant qu'il va grandir*)

'zuwachsen v/i ⟨irr, sép, -ge-, sein⟩ **1.** *Wunde* se fermer; se cicatriser; **2.** (*überwuchert werden*) être recouvert; *der Weg wächst allmählich zu* les buissons finissent par recouvrir le chemin; **3.** (*zuteil werden*) *j-m ~* être attribué à qn

'Zuwachsrate f taux m d'accroissement, de croissance, de progression

'Zuwanderer m immigrant m

'zuwander|n v/i ⟨-(e)re, sép, -ge-, sein⟩ immigrer; ⁀*ung* f immigration f

zu'wege adv *etw ~ bringen* réussir à faire qc; *mit etw ~ kommen* se tirer d'affaire avec qc; venir à bout de qc; F (*schlecht*) *gut ~ sein* (ne pas) être en forme

zu'weilen st/s adv parfois; de temps à autre

'zuweisen v/t ⟨irr, sép, -ge-, h⟩ *j-m etw ~* attribuer, assigner qc à qn; *j-m j-n ~* affecter qn à qn

'Zuweisung f attribution f; assignation f; affectation f

'zuwenden ⟨irr ou régulier, sép, -ge-, h⟩ **I** v/t *j-m, e-r Sache etw ~* (*zudrehen*) tourner qc vers qn, qc; fig *Geld etc* faire don de qc à qn; *j-m den Rücken ~* tourner le dos à qn; *j-m das Gesicht ~* tourner son visage vers qn; *e-r Sache* (*dat*) *s-e Aufmerksamkeit ~* porter, fixer son attention sur qc; **II** v/réfl *sich j-m ~* se tourner vers qn; fig s'intéresser à qn; s'occuper de qn; *sich e-r Sache* (*dat*) *~* (*sich widmen*) se consacrer à qc

'Zuwendung f **1.** (*Beihilfe*) aide f; *staatliche* subvention f; (*Schenkung*) don m; donation f; **2.** ⟨pas de pl⟩ fig (*Aufmerksamkeit*) attention f; (*Zuneigung*) affection f

'zu'wenig pr/ind trop peu (de); *viel ~* bien (trop) peu; *das ist mir ~* c'est trop peu pour moi; *einer ~* un en moins

'zuwerfen v/t ⟨irr, sép, -ge-, h⟩ **1.** *j-m etw ~* jeter, lancer qc à qn; *j-m Blicke ~* lancer des regards à qn; **2.** *Tür* fermer violemment; (faire) claquer; **3.** *Graben ~* remblayer; combler

zu'wider adj **1.** *e-r Sache* (*dat*) *~ sein* être contraire à qc, à l'encontre de qc; **2.** *es ist ihr ~, das zu tun* il lui répugne de faire cela; elle répugne à faire cela; *diese Speise ist ihm ~* ce plat le dégoûte; *Person j-m ~ sein* être très antipathique à qn

zu'widerhandeln v/i ⟨-(e)le, sép, -ge-, h⟩ bes ADM *den Vorschriften ~* contrevenir aux règlements

Zu'wider|handelnde(r) f(m) ⟨→A⟩ ADM contrevenant(e) m(f); ⁀*handlung* f ADM infraction f

zu'widerlaufen v/i ⟨irr, sép, -ge-, sein⟩ *e-r Sache* (*dat*) *~* être contraire à qc; aller à l'encontre de qc

'zuwinken v/i ⟨sép, -ge-, h⟩ *j-m ~ zum Gruß* saluer qn (en faisant un signe avec la main); *als Zeichen* faire signe de la main à qn

'zuzahlen ⟨sép, -ge-, h⟩ **I** v/t payer en plus, en supplément; **II** v/i payer un supplément

'zuzählen v/t ⟨sép, -ge-, h⟩ **1.** (*hinzurechnen*) ajouter; **2.** (*zuordnen*) compter (+ dat parmi); *Bauwerk dem Barock ~* compter parmi les œuvres baroques

'zuziehen ⟨irr, sép, -ge-⟩ **I** v/t ⟨h⟩ **1.** *Vorhang* tirer; a *Tür* fermer; *Knoten* serrer; **2.** *Sachverständigen* faire appel à; *Arzt a* consulter; *j-n zu etw ~* appeler, inviter qn à assister, à prendre part à qc; demander à qn son avis sur qc; **3.** *sich* (*dat*) *etw ~ Zorn, Unannehmlichkeiten* s'attirer qc; *Tadel, Strafe a* encourir qc; *Krankheit* contracter qc; **II** v/i ⟨sein⟩ *er ist vor kurzem zugezogen* il vient de s'établir ici

'Zuzug m établissement m; arrivée f;

entrée *f*; (*Einwanderung*) immigration *f*; (*Zustrom*) afflux *m*
zuzüglich ['tsu:tsy:klıç] *prép* ⟨*gén*⟩ en plus; ~ *Ihrer Spesen* vos frais en plus
'**zuzwinkern** *v/i* ⟨-(e)re, *sép*, -ge-, h⟩ *j-m* ~ faire un clin d'œil, lancer un coup d'œil à qn
ZVS [tsɛtfaʊ'ʔɛs] *f* ⟨~⟩ *abr* (*Zentralstelle für die Vergabe von Studienplätzen*) centre national d'attribution des places dans les universités allemandes
zwacken ['tsvakən] F *v/t* ⟨h⟩ *cf* **zwicken**
zwang [tsvaŋ] *cf* **zwingen**
Zwang *m* ⟨~(e)s; ːe⟩ contrainte *f*; (*Gewalt*) violence *f*; force *f*; (*Druck*) pression *f*; (*Beschränkung*) contrainte *f*; PSYCH obsession *f*; *soziale Zwänge* contraintes sociales; *unter* ~ *handeln* agir sous la contrainte; (*bei j-m*) ~ *anwenden* faire pression (sur qn); ~ *auf j-n ausüben* user de contrainte envers qn; *j-m* ~ *antun* contraindre, forcer qn; *es besteht kein* ~ *zur Teilnahme* il n'y a pas d'obligation de participer; *sich* (*dat*) ~ *antun* se forcer; se faire violence; *iron* **tun Sie sich** (*dat*) **keinen** ~ **an!** ne vous gênez pas!
zwängen ['tsvɛŋən] ⟨h⟩ **I** *v/t* **etw in etw** (*acc*) ~ faire entrer qc de force dans qc; *etw durch etw* ~ faire passer qc de force à travers qc; **II** *v/réfl* **sich durch e-e Öffnung** ~ passer de force à travers une ouverture; *sich in ein überfülltes Abteil* ~ entrer de force dans un compartiment bondé
'**zwanghaft** *adj* PSYCH compulsif, -ive
'**zwanglos I** *adj* sans contrainte; (*locker*) sans façon; *Person, Benehmen* naturel, -elle; *das Werk erscheint in* ~*er Folge* l'ouvrage est publié à intervalles irréguliers; **II** *adv* sans contrainte; *wir kommen heute abend* ~ *bei X zusammen* nous nous réunissons sans façon ce soir chez X
'**Zwanglosigkeit** *f* ⟨~⟩ absence *f* de contrainte, de façons
'**Zwangs|anleihe** *f* emprunt *m* d'État obligatoire; ~**arbeit** *f* ⟨~⟩ *früher* JUR travaux forcés; POL travail *m* obligatoire; ~**arbeiter** *m* forçat *m*; ~**einweisung** *f* internement *m*; ~**ernährung** *f* alimentation forcée; ~**handlung** *f* acte obsessionnel; ~**herrschaft** *f* ⟨~⟩ tyrannie *f*; despotisme *m*; ~**jacke** *f* camisole *f* de force
'**Zwangslage** *f* (*Notlage*) nécessité *f*; *in e-r* ~ *sein* être dans une situation difficile; être en fâcheuse posture
'**zwangsläufig** ['tsvaŋslɔyfıç] *adj* forcé; (*unvermeidlich*) inévitable; (*notwendig*) nécessaire; ⚙**keit** *f* ⟨~⟩ force *f* des choses
'**Zwangs|maßnahme** *f* mesure coercitive, de coercition; ~**neurose** *f* névrose obsessionnelle; ~**räumung** *f e-r Wohnung* expulsion *f*; ~**sterilisation** *f* stérilisation forcée; ~**umtausch** *m* obligation *f* de change; ~**verkauf** *m* vente forcée; ~**verschickung** *f* ⟨~; ~en⟩ déportation *f*; ⚙**versteigern** *v/t* ⟨*seulement inf et p/p* zwangsversteigert, h⟩ JUR vendre par adjudication forcée; ~**versteigerung** *f* JUR vente *f* judiciaire; adjudication forcée; ~**vollstreckung** *f* JUR exécution forcée; ~**vorstellung** *f* idée *f* fixe; obsession *f*
'**zwangsweise I** *adj* ⟨épithète⟩ forcé; obligatoire; **II** *adv* par force; JUR par coercition; ~ *pensioniert werden* être mis à la retraite d'office

zwanzig ['tsvantsıç] *num/c* vingt; *etwa, rund* ~ (*Personen*) une vingtaine (de personnes)
'**Zwanzig** *f* ⟨~⟩ (chiffre *m*, nombre *m*) vingt *m*
'**zwanziger** *adj* ⟨*inv*⟩ *die* ~ *Jahre n/pl* les années *f/pl* vingt
'**Zwanziger** F *m* ⟨~s; ~⟩ billet *m* de vingt marks
'**Zwanzig|er(in)** *m* ⟨~s; ~⟩ (*f*) ⟨~; ~nen⟩ *cf* **Zwanzigjährige(r)**; ⚙**jährig** *adj* (*zwanzig Jahre alt*) (âgé) de vingt ans; (*zwanzig Jahre lang*) de vingt ans; qui dure vingt ans; ~**jährige(r)** *f(m)* ⟨→A⟩ homme *m*, femme *f* de vingt ans; ~'**markschein** *m* billet *m* de vingt marks; ~'**uhrnachrichten** *pl* nouvelles *f/pl* de vingt heures
zwar [tsvaːr] *adv* **1.** einräumend certes; en effet; il est vrai; *er ist* ~ *reich, aber sehr geizig* il est riche, c'est vrai, mais très avare. **2.** *und* ~ et pour préciser; c'est-à-dire; *wir wollen es versuchen, und* ~ *so* nous voulons essayer de faire cela, et voici comment; *er hat sich verletzt, und* ~ *so schlimm, daß ...* il s'est blessé si grièvement que ...
Zweck [tsvɛk] *m* ⟨~(e)s; ~e⟩ but *m*; fin *f*; ADM objet *m*; *e-r Maßnahme* but *m*; objectif *m*; (*Verwendungs-*) usage *m*; (*Funktion*) fonction *f*; (*Sinn*) sens *m*; *Räume m/pl für gewerbliche* ~*e* locaux *m/pl* à usage commercial; *zu friedlichen* ~*en* à des fins pacifiques; *für e-n wohltätigen* ~ *bestimmt sein* être destiné à une œuvre humanitaire, de bienfaisance; *bes ADM der* ~ *dieses Schreibens ist ...* l'objet de la présente est ...; la présente a pour objet ...; *e-m guten* ~ *dienen* servir à, être destiné à, avoir des buts louables; *Geld für e-n guten* ~ *geben* donner pour une bonne cause; *e-n* ~ *verfolgen* poursuivre un but; *s-n* ~ *erreichen, verfehlen* atteindre, manquer son but; *s-n* ~ *erfüllen* remplir sa fonction; être utile; *welchen* ~ *hat es, zu* (+*inf*) à quoi sert-il de (+*inf*); *das hat keinen* ~ cela ne sert à rien; c'est inutile, insensé; *es hat wenig* ~ *hinzugehen* inutile d'y aller; *für besondere* ~*e* à des fins spéciales; *zu welchem* ~? dans quel but?; pour quoi faire? *zu diesem* ~ à cette fin; à cet effet; *zum* ~*e* (+*gén*) en vue de; pour; F *das ist der* ~ *der Übung* c'est le but de l'opération; *prov der* ~ *heiligt die Mittel prov* la fin justifie les moyens
'**Zweck|bau** *m* ⟨~(e)s; ~ten⟩ construction *f* purement utilitaire; ⚙**dienlich** *adj* ADM utile; ~**dienlichkeit** *f* ⟨~⟩ ADM utilité *f*; ⚙**entfremdet** *adjt* désaffecté; *Wohnungen, öffentliche Gebäude etc* détourné de sa destination; ~**entfremdung** *f* désaffectation *f*; *von Wohnungen, öffentlichen Gebäuden etc* détournement *m* de sa destination
'**zweck|entsprechend** *adjt* (*passend*) adéquat; approprié; (*nützlich*) utile; ~**frei** *adj* non affecté; ~**gebunden** *adjt* affecté à un usage (bien) défini; ~**gemäß** *cf* **zweckentsprechend**
'**zwecklos** *adj* inutile; *es ist* ~*, darüber zu reden* a ça ne sert à rien d'en parler
'**Zweck|losigkeit** *f* ⟨~⟩ inutilité *f*;

⚙**mäßig** *adj* convenable; approprié; adéquat; (*praktisch*) pratique; (*nützlich*) utile; (*angebracht*) opportun; indiqué; à propos; ~**mäßigkeit** *f* ⟨~⟩ convenance *f*; utilité *f*; opportunité *f*; ~**optimismus** *m* optimisme *m* de circonstance; ~**pessimismus** *m* pessimisme *m* de circonstance
zwecks [tsvɛks] ADM *prép* ⟨*gén*⟩ en vue de; pour
'**zweck|voll** *cf* **zweckmäßig**; ~**widrig** *adj* inapproprié; inadéquat
zwei [tsvaɪ] *num/c* deux; *für* ~ *arbeiten* travailler pour deux; *für* ~ *essen* manger comme quatre; *cf a* **acht** *I 1., 2.*
Zwei [tsvaɪ] *f* ⟨~; ~en⟩ **1.** Zahl (chiffre *m*, nombre *m*) deux *m*; *cf a* **Acht**[1] *1., 2.*; **2.** Schulnote (*gut*) bien; *in Frankreich etwa quatorze m, im Zeugnis a* quinze *m* (sur vingt); *eine* ~ *schreiben, haben etwa* avoir quatorze (sur vingt)
zwei..., **Zwei...** *cf a* **acht...**, **Acht...**
'**Zwei|achser** *m* ⟨~s; ~⟩ véhicule *m* à deux essieux; ⚙**achsig** *adj* à deux essieux; biaxial; ~**akter** *m* ⟨~s; ~⟩ pièce *f* en deux actes; ~**beiner** *m* ⟨~s; ~⟩ bipède *m*; ⚙**beinig** *adj* bipède; ~**bettzimmer** *n* chambre *f* à deux lits
'**Zweibrücken** *n* ⟨→*n/pr*⟩ Deux-Ponts *m*
'**zwei|deutig** *adj* à double sens; ambigu, -uë; *a péj* Antwort, Witz équivoque; ⚙**deutigkeit** *f* ⟨~; ~en⟩ ambiguïté *f*; *a péj* caractère *m* équivoque; ~**dimensional** *adj* à deux dimensions
'**Zwei|drittelmehrheit** *f* mit ~ à la majorité des deux tiers
zweieiig ['tsvaɪʔaɪıç] *adj* bivitellin; ~*e Zwillinge m/pl* faux jumeaux *m/pl*; sc jumeaux bivitellins
'**zweiein'halb** *num/c* deux et demi
'**Zweier** *m* ⟨~s; ~⟩ **1.** RUDERN canot *m* à deux rameurs; *t/t* deux *m*; GOLF partie *f* à deux joueurs; **2.** *südd, österr, schweiz* (*Zwei*) deux *m*; *cf a* **Zwei** 2.; ~**beziehung** *f* vie *f* à deux, de couple; ~**bob** *m* bobsleigh *m* à deux
'**zweier|lei** *adj* ⟨*inv*⟩ deux sortes, espèces de; deux ... différent(e)s; de deux sortes, espèces différentes; *das ist* ~ ce sont deux choses différentes; F ça fait deux
'**zweifach I** *adj* double; *cf a* **achtfach** *I*; **II** *adv* deux fois (plus); en double; ~ *vergrößert* agrandi deux fois
'**Zwei|fache(s)** *n* ⟨→A⟩ double *m*; ~**familienhaus** *n* maison *f* pour deux familles; ~'**farbendruck** *m* ⟨~(e)s; -drucke⟩ TYPO impression *f* bicolore, en deux couleurs
Zweifel ['tsvaɪfəl] *m* ⟨~s; ~⟩ doute *m* (*an* [+*dat*] au sujet de); *ohne* (*jeden*) ~ sans aucun doute; incontestablement; sans conteste; *außer* ~ *stehen* ne faire aucun doute; *über etw* (*acc*) *im* ~ *sein* être dans le doute au sujet de qc; *ich bin mir noch im* ~*, ob ...* j'ai encore des doutes si ...; *in* ~ *ziehen* mettre en doute; *mir kommen* ~ je finis par avoir des doutes; *es besteht kein* ~ *an deinem guten Willen* on ne doute pas de ta bonne volonté; *darüber besteht kein* ~ il n'y a pas de doute à ce sujet; *darüber besteht nicht der geringste od leiseste* ~ il n'y a pas l'ombre d'un doute à ce sujet; *sie ist über jeden* ~ *erhaben* elle est au-dessus de tout soup-

zweifelhaft adj (*ungewiß*) douteux, -euse; incertain; (*fraglich*) problématique; (*verdächtig*) suspect; louche; *Nachricht* sujet, -ette à caution; **~los** adv sans aucun doute; indubitablement; incontestablement

zweifeln v/i ⟨-(e)le, h⟩ **an etw, j-m ~** douter de qc, qn; *ich zweifle, daß er kommt* je doute qu'il vienne; *daran ist nicht zu ~* c'est 'hors de doute; *sie hat nie daran gezweifelt, daß ...* elle n'a jamais douté que ...

Zweifelsfall m *im ~(e)* en cas de doute

zweifels|frei I adj indubitable; incontestable; **II** adv incontestablement; sans aucun doute; **~'ohne** adv sans aucun doute; incontestablement

Zweifler(in) m ⟨~s; ~⟩ (f) ⟨~; ~nen⟩ esprit dubitatif; sceptique m

Zwei'frontenkrieg m a fig guerre f sur deux fronts

Zweig [tsvaik] m ⟨~(e)s; ~e⟩ rameau m; dicker, fig branche f; F *auf keinen grünen ~ kommen* ne pas réussir

Zweigespann n attelage m à deux chevaux

zweigestrichen adjt MUS **~es C** do m (première) octave

zweigeteilt adjt divisé en deux

zweigleisig I adj Eisenbahn à deux voies; à double voie; fig, oft péj à double orientation; **II** adv fig **~ fahren** avoir deux cordes à son arc; péj courir deux lièvres à la fois

Zweig|niederlassung f, **~stelle** f succursale f

zwei'händig ['tsvaihɛndɪç] adj u adv à deux mains; **2heit** f ⟨~⟩ dualité f; '**~hundert** num/c deux cent(s); **~jährig** adj (*zwei Jahre alt*) (âgé) de deux ans; (*zwei Jahre lang*) de deux ans; qui dure deux ans; sc, *Amtszeit etc* biennal, BOT bisannuel, -elle; **2jährige(r)** f(m) ⟨→A⟩ enfant m,f de deux ans; **~jährlich** adv (adj) (qui revient) tous les deux ans

Zwei'kammersystem n POL bicamérisme m; '**~kampf** m a fig duel m; '**~kanalton** m ⟨~(e)s⟩ TV son stéréo avec possibilité de capter la version originale d'un film

zweimal adv deux fois; **~ im Jahr, ~ jährlich erscheinend** semestriel, -ielle; **~ im Monat, ~ monatlich erscheinend** bimensuel, -elle; fig *sich (dat) etw nicht ~ sagen lassen* ne pas se le faire dire deux fois

'**zwei|malig** adj ⟨épithète⟩ répété deux fois; double; **2markstück** n pièce f de deux marks; '**2master** m ⟨~s; ~⟩ MAR deux-mâts m; **2par'teiensystem** n bipartisme m; **2pfennigstück** n pièce f de deux pfennigs; '**2rad** n véhicule m à deux roues; deux-roues m; **2raumwohnung** f cf *Zweizimmerwohnung*; '**2reiher** m ⟨~s; ~⟩ COUT complet croisé; **~reihig** adj Anzug croisé

'**Zweisamkeit** f ⟨~⟩ tête-à-tête m; *in trauter ~* en tête à tête

'**zweischneidig** adj à double tranchant; fig *ein ~es Schwert* une arme à double tranchant

'**zweiseitig** adj **1.** à od de deux côtés; JUR, POL bilatéral; **2.** *Schriftstück* de deux pages

'**Zwei|silb(l)er** m ⟨~s; ~⟩ METRIK disyllabe m; **~sitzer** m ⟨~s; ~⟩ **1.** *Auto* voiture f à deux places; biplace f; **2.** *Flugzeug* avion m à deux places; biplace m; **2sitzig** adj à deux places; **2sprachig** adj bilingue; *Text* a en deux langues; **~sprachigkeit** f ⟨~⟩ e-s Landes, e-s Menschen bilinguisme m

'**zwei|spurig** adj *Straße* à deux voies; à double voie; *Tonband* à deux pistes; **~stellig** adj Zahl de deux chiffres; **~stimmig** adj à deux voix

zwei|stöckig ['tsvaɪʃtœkɪç] adj *Haus* à deux étages; **~stufig** adj *Rakete* à deux étages

zweistündig ['tsvaɪʃtyndɪç] adj de deux heures

zweit [tsvaɪt] adv *zu ~* à deux; *zu ~ sein* être deux

'**Zwei'takter** m ⟨~s; ~⟩, **~taktmotor** m moteur m à deux temps

'**zweit'älteste(r, -s)** adj second; cadet, -ette

'**zwei'tausend** num/c deux mille

'**Zweitausfertigung** f copie f; double m

'**zweit'beste(r, -s)** adj deuxième

'**zweite(r, -s)** num/o second; *bei weiterer Sicht die 2 Weltkrieg* la Seconde Guerre mondiale; THÉ *die ~ Besetzung* les doublures f/pl; fig *ein ~r Napoleon* un autre, second Napoléon; *an ~r Stelle* en second; *in ~r Linie* en second lieu; *zum ~n* deuxièmement; *zum ~n! bei Versteigerungen* deux fois!; F *im 2n Programm* F sur la deux; cf *a achte(r, -s)*

'**Zweiteiler** F m ⟨~s; ~⟩ *Badeanzug, Kleid* deux-pièces m

'**zweiteilig** adj en deux parties; composé de deux parties; **~er Badeanzug** maillot m de bain deux pièces; deux-pièces m; **~es Kleid** deux-pièces m

'**zweitens** adv secondement; deuxièmement; en second lieu

Zweite(r)-'Klasse-Wagen m EISENBAHN voiture f de deuxième classe

'**Zweitfrisur** f perruque f

'**zweit|größte(r, -s)** adj deuxième (quant à la grandeur); '**~höchste(r, -s)** adj deuxième (en altitude, en 'hauteur); '**~jüngste(r, -s)** adj avant-dernier, avant-dernière; **~klassig** adj péj *Hotel, Ware* de deuxième catégorie; *Politiker, Künstler etc* a de second ordre; '**~letzte(r, -s)** adj avant-dernier, avant-dernière; **~rangig** adj *Frage, Problem etc* secondaire; de second ordre; subsidiaire; fig péj cf *zweitklassig*

'**Zweit|schlüssel** m double m (d'une clé); **~schrift** f cf *Zweitausfertigung*; **~stimme** f POL deuxième voix f

'**zweitürig** adj à deux portes, *Auto* portières

'**Zweit|wagen** m e-s Haushalts deuxième voiture f; **~wohnung** f résidence f secondaire

Zwei'vierteltakt m mesure f à deux temps; '**2wertig** adj CHIM bivalent; '**~zeiler** m METRIK distique m; **2zeilig** adj od de deux lignes; **~'zimmerwohnung** f appartement m de deux pièces; deux-pièces m; '**2zügig** adj Schule, Kindergarten à deux sections

Zwerchfell ['tsvɛrçfɛl] n ANAT diaphragme m

zwerchfellerschütternd adjt fig désopilant

Zwerg(in) [tsvɛrk ('tsvɛrgɪn)] m ⟨~(e)s; ~e⟩ (f) ⟨~; ~nen⟩ a fig nain(e) m(f)

zwergenhaft adj nain

Zwerg|huhn n poule naine; **~pudel** m caniche nain; **~schule** f école f à classe unique; **~wuchs** m nanisme m

zwergwüchsig adj nain

Zwetsche ['tsvɛtʃə] f ⟨~; ~n⟩ *Frucht* quetsche f; *Baum* cf *Zwetschenbaum*

'**Zwetschen|baum** m quetschier m; **~kuchen** m tarte f aux quetsches; **~mus** n confiture f de quetsches; **~schnaps** m, **~wasser** n ⟨~s; -wässer⟩ (eau-de-vie f de) quetsche f

Zwetschge ['tsvɛtʃgə] südd, schweiz, fachsprachlich, **Zwetschke** ['tsvɛtʃkə] f ⟨~; ~n⟩ österr cf *Zwetsche*

'**Zwetschkenknödel** m österr CUIS: quenelle de pommes de terre fourrée aux quetsches

Zwickel ['tsvɪkəl] m ⟨~s; ~⟩ **1.** e-r Hose, am Strumpf gousset m; **2.** CONSTR (*Hänge2*) pendentif m; (*Bogen2*) écoinçon m

zwicken ['tsvɪkən] bes südd, österr ⟨h⟩ **I** v/t pincer (*ins Bein* à la jambe); **II** v/i serrer

'**Zwicker** m ⟨~s; ~⟩ pince-nez m

'**Zwickmühle** F f fig *in der ~ sein* F être coincé

Zwieback ['tsvi:bak] m ⟨~(e)s; ~e ou ~e⟩ biscotte f

Zwiebel ['tsvi:bəl] f ⟨~; ~n⟩ **1.** CUIS oignon m; **2.** BOT (*Blumen2*) bulbe m; **3.** CONSTR bulbe m; **4.** F plais (*Taschenuhr*) F tocante od toquante f; **~fische** m/pl TYPO coquilles f/pl; **2förmig** adj en forme de bulbe; bulbeux, -euse; **~kuchen** m tarte f aux oignons, **~muster** n motif m oignon bleu

'**zwiebeln** F v/t ⟨-(e)le, h⟩ F asticoter

'**Zwiebel|ring** m rondelle f d'oignon; **~schale** f pelure f d'oignon; **~suppe** f soupe f à l'oignon; **~turm** m clocher m à bulbe

zwie|fach ['tsvi:fax] st/s, **~fältig** ['tsvi:fɛltɪç] st/s adj double

Zwie|gespräch ['tsvi:gəʃprɛːç] st/s n dialogue m; entretien m; vertrauliches tête-à-tête m; **~laut** m LING diphtongue f

Zwielicht ['tsvi:lɪçt] n ⟨~(e)s⟩ **1.** (*Dämmerlicht*) demi-jour m; fig *ins ~ geraten* devenir suspect; **2.** (*Mischung von natürlichem u künstlichem Licht*) faux jour m

'**zwielichtig** adj Angelegenheit, Geschichte, Vergangenheit, Person louche

Zwiespalt ['tsvi:ʃpalt] m ⟨~(e)s; ~e ou -spälte⟩ **1.** innerer déchirement m; conflit m; contradiction f; *ich befinde mich in e-m ~* je suis déchiré par un conflit intérieur; **2.** (*Uneinigkeit*) désaccord m; contradiction f

zwiespältig ['tsvi:ʃpɛltɪç] adj Gefühl, Eindruck partagé; *er ist ein ~er Charakter* c'est une personne pleine de contradictions

Zwiesprache ['tsvi:ʃpraːxə] st/s f dialogue m; *mit j-m ~ halten* communiquer avec qn

Zwietracht ['tsvi:traxt] st/s f ⟨~⟩ litt discorde f; litt zizanie f; **~ säen od stiften** litt semer la discorde, la zizanie

Zwillich ['tsvɪlɪç] m ⟨~(e)s; ~e⟩ TEXT coutil m

Zwilling ['tsvɪlɪŋ] *m* ⟨~s; ~e⟩ jumeau, -elle *m,f*; **siamesische ~e** frères, sœurs siamois(es); **eineiige ~e** vrais jumeaux; *sc* jumeaux univitellins; **zweieiige ~e** faux jumeaux; *sc* jumeaux bivitellins; *ASTR* **~e** Gémeaux *m/pl*

'**Zwillings|bruder** *m* frère jumeau; **~geburt** *f* accouchement *m* gémellaire; **~paar** *n* jumeaux *m/pl*; **~schwester** *f* sœur jumelle, **weibliches** jumelles *f/pl*; **~reifen** *m/pl e-s Lkws* pneus jumelés; **~schwester** *f* sœur jumelle

'**Zwingburg** *f HIST* château fort

Zwinge ['tsvɪŋə] *f* ⟨~; ~n⟩ *TECH* bride *f* de fixation; *TISCHLEREI* serre-joint *m*; (*Stock*₂) virole *f*

zwingen ['tsvɪŋən] ⟨zwingt, zwang, gezwungen, h⟩ **I** *v/t durch Gewalt* forcer (*zu etw* à qc; *etw zu tun* à *od* de faire qc); *durch moralischen, geistigen Zwang* obliger (à qc; à *od* de faire qc); *durch Autorität, Macht* contraindre (à qc; à *od* de faire qc); *durch Not, Pflicht* astreindre (à qc; à faire qc); **II** *v/réfl* **sich ~** se forcer (*zu etw* à qc; *etw zu tun* à *od* de faire qc); s'obliger (à [faire] qc); *sich zu e-m Lächeln* **~** s'efforcer de sourire; *sich gezwungen sehen, etw zu tun* se voir obligé de faire qc

'**zwingend** *adj Notwendigkeit* absolu; *Beweis* irréfutable; **~er Schluß** conclusion définitive; **~e Gründe** *m/pl* raisons impératives, péremptoires

'**Zwinger** *m* ⟨~s; ~⟩ **1.** *für Hunde* chenil *m*; *für Löwen etc* cage *f*; *für Bären* fosse *f*; **2.** (*Zuchtbetrieb*) chenil *m*

zwinkern ['tsvɪŋkərn] *v/i* ⟨-(e)re, h⟩ (*mit den Augen*) **~** cligner des yeux

zwirbeln ['tsvɪrbəln] *v/t* ⟨-(e)le, h⟩ *Schnurrbart, Faden* tordre; tortiller

Zwirn [tsvɪrn] *m* ⟨~(e)s; ~e⟩ fil retors

'**Zwirnsfaden** *m* (brin *m*, aiguillée *f* de) fil retors

zwischen ['tsvɪʃən] *prép Lage* ⟨*dat*⟩, *Richtung* ⟨*acc*⟩ entre; (*mitten unter*) parmi; au milieu de; *e-e Frau ~ fünfzig und sechzig* (*Jahren*) une femme entre cinquante et soixante ans; *es wächst viel Unkraut ~ der Petersilie* il y a beaucoup de mauvaises herbes mêlées au persil

'**Zwischen|akt** *m THÉ* intermède *m*; **~aufenthalt** *m* 'halte *f*; **~bemerkung** *f* remarque (intempestive); **~bericht** *m* rapport *m* provisoire; **~bescheid** *m* réponse *f* provisoire; **~bilanz** *f* bilan *m* provisoire; **~blutung** *f* saignements *m/pl* en dehors des règles; **~deck** *n MAR* entrepont *m*; **~decke** *f* plafond *m* intermédiaire

'**Zwischending** *n* ⟨~(e)s; ~er⟩ (objet *m*) intermédiaire *m*; *ein ~ zwischen ...* (+*dat*) *und ...* (+*dat*) une chose qui tient le milieu entre ... et ...

zwischen'drin F *adv* au milieu

zwischen'durch *adv* **1.** *räumlich* à, au travers; **2.** *zeitlich* (*inzwischen*) entre-temps; (*während e-r anderen Handlung*) de temps en temps; *iß nicht so viel ~* ne mange pas autant entre les repas

'**Zwischen|eiszeit** *f* période *f* interglaciaire; **~ergebnis** *n* résultat *m* provisoire; **~fall** *m* incident *m*; **~finanzierung** *f* prêt-relais *m*; **~frage** *f* question incidente

'**Zwischengas** *n* ⟨~es⟩ *AUTO* double débrayage *m*; **~ geben** faire un double débrayage

'**Zwischen|gericht** *n CUIS* plat servi entre deux plats (principaux); **~geschoß** *n* entresol *m*; **~größe** *f bei Kleidung* taille *f* intermédiaire; demi-taille *f*; *bei Schuhen* demi-pointure *f*; **~handel** *m* (*Großhandel*) demi-gros *m*; **~händler(in)** *m(f)* intermédiaire *m,f*; (*Großhändler*) commerçant(e) *m(f)* en demi-gros; **~handlung** *f* épisode *m*; **~hirn** *n* encéphale *m* intermédiaire; **~hoch** *n MÉTÉO* ligne *f* de hautes pressions; **₂lagern** *v/t* ⟨insép, les temps simples ne s'emploient pas dans une principale, -ge-, h⟩ stocker provisoirement; **~lagerung** *f* stockage *m* provisoire; **₂landen** *v/i* ⟨insép, les temps simples ne s'emploient pas dans une principale, -ete, -ge-, sein⟩ faire escale; **~landung** *f* escale *f*; **~lauf** *m SPORT* éliminatoire *f*; **~lösung** *f* solution *f* provisoire; **~mahlzeit** *f* casse-croûte *m*; *am Nachmittag* goûter *m*

'**zwischenmenschlich** *adj* relationnel, -elle; *PHILOS* entre les humains; **~e Beziehungen** relations humaines; rapports humains

'**Zwischen|produkt** *n* produit *m* intermédiaire; **~prüfung** *f* examen *m* de niveau moyen (en cours d'études); *in Frankreich an der Universität etwa* DEUG *m* (*Diplôme d'études universitaires générales*)

'**Zwischenraum** *m* zeitlich, räumlich intervalle *m*; *räumlich a* espace *m* (intermédiaire); espacement *m*; *kleiner* interstice *m*; (*Entfernung*) distance *f*; (*Lücke*) lacune *f*; *TYPO* blanc *m*; *zwischen Zeilen* interligne *m*; *drei Zeilen, vier Meter ~ lassen* laisser un espace de trois lignes, quatre mètres

'**Zwischen|rechnung** *f* facture *f* provisoire; **~ruf** *m* interruption *f*; interpellation *f*; **~runde** *f SPORT* éliminatoires *f/pl*; **~saison** *f* mi-saison *f*; **₂schalten** *v/t* ⟨insép, les temps simples ne s'emploient pas dans une principale, -ete, -ge-, h⟩ *ÉLECT* intercaler; insérer; **~spiel** *n* ⟨~(e)s; ~e⟩ *THÉ*, *fig* intermède *m*; *MUS* intermède musical; **~spurt** *m* sprint *m*; **₂staatlich** *adj* entre États; international; **~stadium** *n* phase *f* intermédiaire, transitoire

'**Zwischenstation** *f* 'halte *f*; *zwei Tage ~ in Paris machen* faire une 'halte de deux jours à Paris

'**Zwischen|stück** *n* pièce *f* intermédiaire; raccord *m*; **~stufe** *f* phase *f* intermédiaire; **~summe** *f* total *m* intermédiaire; **~text** *m* texte explicatif; **~ton** *m* nuance *f*; **~tür** *f* porte communicante; **~wand** *f* cloison *f*; **~wirt** *m BIOL*, *MÉD* hôte *m* intermédiaire

'**Zwischenzeit** *f* intervalle *m* (de temps); temps *m* intermédiaire; *ADM etc* intérim *m*; *in der ~* durant, pendant ce temps(-là); entre-temps

'**zwischen|zeitlich** *adv* entre-temps; **₂zeugnis** *n in der Schule* bulletin *m* du premier semestre; *für e-n Arbeitnehmer* attestation *f* intermédiaire

Zwist [tsvɪst] *st/s m* ⟨~es; ~e⟩ *litt* dissension *f*; (*Zwietracht*) *litt* discorde *f*; (*Streit*) différend *m*

zwitschern ['tsvɪtʃərn] ⟨-(e)re, h⟩ **I** *v/t* **1.** *Vögel* chanter; **2.** F *fig einen ~* F siffler un verre; F picoler; **II** *v/i Vögel* gazouiller; chanter

'**Zwitschern** *n* ⟨~s⟩ gazouillement *od* gazouillis *m*; chant *m*

Zwitter ['tsvɪtər] *m* ⟨~s; ~⟩ hermaphrodite *m*; *fig* hybride *m*; **~stellung** *f* ⟨~; ~en⟩ situation ambiguë; **~wesen** *n* **1.** hermaphrodite *m*; **2.** ⟨*pas de pl*⟩ *fig* (nature *f*) hybride *m*

zwo [tsvo:] F *cf* **zwei**

zwölf [tsvœlf] *num/c* douze; *etwa, rund ~* (*Personen*) une douzaine (de personnes); *um ~ Uhr mittags* à midi; *nachts* à minuit; F *fig es ist fünf Minuten vor ~!* c'est le dernier moment!; *cf* **acht** I 1., 2.

Zwölf *f* ⟨~; ~en⟩ (chiffre *m*, nombre *m*) douze; *cf* **Acht**[1] 1., 2.

Zwölf|'fingerdarm *m* duodénum *m*; '**~kampf** *m TURNEN* concours général (hommes); '**~meilenzone** *f* zone *f* de douze milles; '**~silb(l)er** *m* ⟨~s; ~⟩ *MÉTRIK* alexandrin *m*; '**~tonmusik** *f* musique sérielle, dodécaphonique

'**zwote(r, -s)** F *cf* **zweite(r, -s)**

'**zwotens** F *cf* **zweitens**

Zyan [tsy'a:n] *n* ⟨~s⟩ *CHIM* cyanogène *m*

Zyanid [tsya'ni:t] *n* ⟨~s; ~e⟩ *CHIM* cyanure *m*

Zyankali [tsya:n'ka:li] *n* ⟨~s⟩ *CHIM* cyanure *m* de potassium

'**zyklisch I** *adj* cyclique; **II** *adv* suivant un cycle

Zyklon [tsy'klo:n] *m* ⟨~s; ~e⟩ *MÉTÉO* cyclone *m*

Zyklop [tsy'klo:p] *m* ⟨~en; ~en⟩ *MYTH* cyclope *m*

Zy'klopenmauer *f* mur cyclopéen

Zyklotron ['tsy:klotro:n] *n* ⟨~s; ~s *ou* ~e⟩ *NUCL* cyclotron *m*

Zyklus ['tsy:klʊs] *m* ⟨~; -klen⟩ cycle *m*; *von Konzerten etc* série *f*

Zylinder [tsi'lɪndər] *m* ⟨~s; ~⟩ **1.** *MATH*, *TECH*, *AUTO* cylindre *m*; **2.** *CHIM* éprouvette *f*; *e-r Petroleumlampe* verre *m* de lampe; **3.** (*Hut*) 'haut-de-forme *m*; **₂förmig** *adj* cylindrique; **~glas** *n* ⟨~es; ~er⟩ *OPT* verre *m* cylindrique; **~hut** *m* chapeau *m* 'haut de forme; **~kopf** *m TECH* culasse *f*; **~kopfdichtung** *f* joint *m* de culasse; **~schloß** *n* serrure *f* de sûreté

zy'lindrisch *adj* cylindrique

Zyn|iker(in) ['tsy:nikər(ɪn)] *m* ⟨~s; ~⟩ (f); **~nen** cynique *m,f*; **₂isch** *adj* cynique

Zy'nismus *m* ⟨~; -men⟩ cynisme *m*

'**Zypergras** *n BOT* souchet *m*

Zypern ['tsy:pərn] *n* ⟨→ *n/pr*⟩ (l'île *f* de) Chypre *f*

'**Zyprer(in)** *m* ⟨~s; ~⟩ (*f*) ⟨~; ~nen⟩ Cypriote *m,f*

Zypresse [tsy'prɛsə] *f* ⟨~; ~n⟩ *BOT* cyprès *m*

Zypriot(in) [tsypri'o:t(ɪn)] *m* ⟨~en; ~en⟩ (*f*) ⟨~; ~nen⟩ Cypriote *m,f*

zypri'otisch *adj* cypriote; de Chypre

'**zyprisch** *adj* cypriote; de Chypre

Zyste ['tsystə] *f* ⟨~; ~n⟩ *MÉD* kyste *m*

Zystitis [tsys'ti:tɪs] *f* ⟨~; -i'tiden⟩ *MÉD* cystite *f*

Zyto|logie [tsytolo'gi:] *f* ⟨~⟩ *BIOL* cytologie *f*; **~plasma** *n BIOL* cytoplasme *m*

z. Z., z. Zt. *abr* (*zur Zeit*) en ce moment; actuellement

Zahlwörter
Adjectifs numéraux

GRUNDZAHLEN
NOMBRES CARDINAUX

0	null	zéro	72	zweiundsiebzig	soixante-douze
1	eins	un, une	73	dreiundsiebzig	soixante-treize
2	zwei	deux	77	siebenundsiebzig	soixante-dix-sept
3	drei	trois	80	achtzig	quatre-vingt(s)
4	vier	quatre	81	einundachtzig	quatre-vingt-un(e)
5	fünf	cinq	82	zweiundachtzig	quatre-vingt-deux
6	sechs	six	90	neunzig	quatre-vingt-dix
7	sieben	sept	91	einundneunzig	quatre-vingt-onze
8	acht	huit	92	zweiundneunzig	quatre-vingt-douze
9	neun	neuf	100	(ein)hundert	cent
10	zehn	dix	101	(ein)hunderteins	cent un(e)
11	elf	onze	102	(ein)hundertzwei	cent deux
12	zwölf	douze	200	zweihundert	deux cent(s)
13	dreizehn	treize	300	dreihundert	trois cent(s)
14	vierzehn	quatorze	400	vierhundert	quatre cent(s)
15	fünfzehn	quinze	500	fünfhundert	cinq cent(s)
16	sechzehn	seize	600	sechshundert	six cent(s)
17	siebzehn	dix-sept	700	siebenhundert	sept cent(s)
18	achtzehn	dix-huit	800	achthundert	huit cent(s)
19	neunzehn	dix-neuf	900	neunhundert	neuf cent(s)
20	zwanzig	vingt	1000	(ein)tausend	mille
21	einundzwanzig	vingt-et-un(e)	1001	(ein)tausendeins	mille un(e)
22	zweiundzwanzig	vingt-deux	1002	(ein)tausendzwei	mille deux
23	dreiundzwanzig	vingt-trois	1100	(ein)tausendein-	onze cent(s)
24	vierundzwanzig	vingt-quatre		hundert *oder*	
25	fünfundzwanzig	vingt-cinq		elfhundert	
26	sechsundzwanzig	vingt-six	1200	(ein)tausendzwei-	douze cent(s) *ou*
27	siebenundzwanzig	vingt-sept		hundert *oder*	mil(le) deux cent(s)
28	achtundzwanzig	vingt-huit		zwölfhundert	
29	neunundzwanzig	vingt-neuf	2000	zweitausend	deux mille
30	dreißig	trente	10 000	zehntausend	dix mille
31	einunddreißig	trente-et-un(e)	100 000	hunderttausend	cent mille
32	zweiunddreißig	trente-deux	1 000 000	eine Million	un million
40	vierzig	quarante	1 000 000 000	eine Milliarde	un milliard
50	fünfzig	cinquante	10^{12}	eine Billion	un billion
60	sechzig	soixante	10^{15}	eine Billiarde	mille billions
70	siebzig	soixante-dix	10^{18}	eine Trillion	un trillion
71	einundsiebzig	soixante et onze	10^{21}	eine Trilliarde	mille trillions

Zahlwörter – Adjectifs numéraux

ORDNUNGSZAHLEN
NOMBRES ORDINAUX

1.	(der, die, das) erste	1er	(le) premier	30.	dreißigste	30^e	trentième
		1re	(la) première	31.	einunddreißigste	31^e	trente et unième
2.	zweite	2^e	deuxième; second(e)	32.	zweiunddreißigste	32^e	trente-deuxième
3.	dritte	3^e	troisième	40.	vierzigste	40^e	quarantième
4.	vierte	4^e	quatrième	50.	fünfzigste	50^e	cinquantième
5.	fünfte	5^e	cinquième	60.	sechzigste	60^e	soixantième
6.	sechste	6^e	sixième	70.	siebzigste	70^e	soixante-dixième
7.	sieb(en)te	7^e	septième	71.	einundsiebzigste	71^e	soixante et onzième
8.	achte	8^e	huitième	72.	zweiundsiebzigste	72^e	soixante-douzième
9.	neunte	9^e	neuvième	80.	achtzigste	80^e	quatre-vingtième
10.	zehnte	10^e	dixième	81.	einundachtzigste	81^e	quatre-vingt-unième
11.	elfte	11^e	onzième	82.	zweiundachtzigste	82^e	quatre-vingt-deuxième
12.	zwölfte	12^e	douzième	90.	neunzigste	90^e	quatre-vingt-dixième
13.	dreizehnte	13^e	treizième	91.	einundneunzigste	91^e	quatre-vingt-onzième
14.	vierzehnte	14^e	quatorzième	92.	zweiundneunzigste	92^e	quatre-vingt-douzième
15.	fünfzehnte	15^e	quinzième	100.	hundertste	100^e	centième
16.	sechzehnte	16^e	seizième	101.	hunderterste	101^e	cent unième
17.	siebzehnte	17^e	dix-septième	102.	hundertzweite	102^e	cent deuxième
18.	achtzehnte	18^e	dix-huitième	200.	zweihundertste	200^e	deux centième
19.	neunzehnte	19^e	dix-neuvième	300.	dreihundertste	300^e	trois centième
20.	zwanzigste	20^e	vingtième	1000.	tausendste	1000^e	millième
21.	einundzwanzigste	21^e	vingt et unième	2000.	zweitausendste	2000^e	deux millième
22.	zweiundzwanzigste	22^e	vingt-deuxième	100 000.	hunderttausendste	100 000^e	cent millième
23.	dreiundzwanzigste	23^e	vingt-troisième	1 000 000.	millionste	1 000 000^e	millionième

BRUCHZAHLEN
NOMBRES FRACTIONNAIRES

½	ein halb	(un) demi		⅙	ein Sechstel		un sixième
1½	eineinhalb *oder* anderthalb	un et demi		⅐	ein Sieb(en)tel		un septième
				⅛	ein Achtel		un huitième
⅓	ein Drittel	un tiers		⅑	ein Neuntel		un neuvième
⅔	zwei Drittel	(les) deux tiers		⅒	ein Zehntel		un dixième
¼	ein Viertel	un quart			*etc.*		*etc.*
¾	drei Viertel	(les) trois quarts					
2¼	zweieinviertel	deux un quart					
⅕	ein Fünftel	un cinquième		0,5	null Komma fünf		zéro virgule cinq
⅘	vier Fünftel	(les) quatre cinquièmes		2,8	zwei Komma acht		deux virgule huit

Zur Reform
der deutschen Rechtschreibung

Wir bedanken uns beim Bibliographischen Institut, F. A. Brockhaus, Mannheim,
für die freundliche Unterstützung bei der Erstellung des Anhangs
„Zur Reform der deutschen Rechtschreibung".

Zur Neuregelung der
deutschen Rechtschreibung

Zur deutschen Rechtschreibung wird es ab dem 1. 8. 1998 nach einem Beschluß der Kultusminister eine Reihe von neuen Regeln geben. Der folgende Text informiert über die Rechtschreibreform und stellt die wichtigsten Neuerungen anhand einer Wörterliste exemplarisch vor.

Die Schreibung des Deutschen hat sich über einen langen Zeitraum hinweg entwickelt, in dem es keine verbindlichen Rechtschreibregeln gab. Zwar geschah dies nicht willkürlich, es haben sich jedoch viele Schreibweisen herausgebildet, die sich nicht in ein einfaches Regelsystem einordnen lassen und die heute selbst routinierte Schreibende verunsichern und typische Fehlerquellen sind. Warum zum Beispiel schreibt man *radfahren* in einem Wort, *Auto fahren* aber in zwei Wörtern? Wieso trennt man einerseits zwar *Dra-ma-turg*, andererseits aber *Chir-urg*? Warum wird zwischen *alles übrige* (Kleinschreibung) und *alles Weitere* (Großschreibung) unterschieden?

Die Neuregelung der deutschen Rechtschreibung wird die Zahl dieser Problemfälle verringern. Sie zielt grundsätzlich darauf ab, die Regeln zur Laut-Buchstaben-Zuordnung, zur Getrennt- und Zusammenschreibung, zur Groß- und Kleinschreibung, zur Zeichensetzung und zur Worttrennung am Zeilenende zu systematisieren und damit das Schreiben und Schreibenlernen zu erleichtern. Dadurch, daß der Geltungsbereich der Grundregeln ausgeweitet wird, entfallen viele Ausnahmen. Die Neuregelung bricht aber nicht mit der historisch gewachsenen Schreibtradition. Deshalb wird das vertraute Schriftbild im großen und ganzen unverändert bleiben.

Die neuen Regeln werden das amtliche Regelwerk aus den Jahren 1901/02 ersetzen. Damals wurde erstmals überhaupt eine einheitliche Rechtschreibung für den ganzen deutschen Sprachraum herbeigeführt. Obwohl es seitdem immer wieder Verbesserungsvorschläge gab, konnte erst jetzt – nahezu ein Jahrhundert später und nach jahrelangen wissenschaftlichen Vorarbeiten von Experten aus allen deutschsprachigen Ländern – ein neues Regelwerk verabschiedet werden. Die zwischenstaatliche Absichtserklärung zur Neuregelung der deutschen Rechtschreibung ist im Sommer 1996 von Deutschland, Österreich, der Schweiz und einigen weiteren Ländern in Wien unterzeichnet worden.

Am 1. 8. 1998 wird die neue deutsche Rechtschreibung offiziell in Kraft treten und spätestens dann an den Schulen gelehrt und von den staatlichen Institutionen verwendet werden. Da die neue Rechtschreibung freilich nicht von einem Tag auf den anderen eingeführt werden kann, ist eine siebenjährige Übergangsfrist vorgesehen, während der die alte Orthographie zwar als überholt, nicht aber als falsch gelten soll. Bis zum 31. 7. 2005 haben alle Schreibenden Zeit, sich mit der Neuregelung vertraut zu machen. Übrigens können sie gerade bei Fremdwörtern in einigen Fällen auch nach 2005 selbst entscheiden, wie sie schreiben wollen: *Delphin* oder *Delfin*, *Portemonnaie* oder *Portmonee* u. a.

Auf eine genauere Darstellung der zahlreichen inhaltlichen Bestimmungen des neuen Regelwerks wird an dieser Stelle verzichtet. Alle neuen Regeln sind leicht und übersichtlich zugänglich im *DUDEN – Die deutsche Rechtschreibung, 21. Auflage 1996*. Sie sind dort – wie übrigens auch alle neuen Schreibungen – rot hervorgehoben und können damit ganz gezielt nachgeschlagen und gelernt werden.

Die folgende Liste bietet eine Auswahl von häufig gebrauchten Wörtern aus dem deutschen Allgemeinwortschatz, deren Schreibung sich durch die Neuregelung ändert. Nicht ersichtlich werden daraus die neuen Möglichkeiten der Worttrennung (Silbentrennung) sowie die der Zeichensetzung. Die mit * markierten Formen gelten in Zukunft als die Vorzugsschreibungen.

alt	neu
A	
[gestern, heute, morgen] abend	[gestern, heute, morgen] **A**bend
Abfluß	Abfluss
Abguß	Abguss
Ablaß	Ablass
Abriß	Abriss
Abschluß	Abschluss
Abschuß	Abschuss
absein	ab sein [*getrennt*]
abwärtsgehen	abwärts gehen [*getrennt*]
in acht nehmen	in **A**cht nehmen
außer acht lassen	außer **A**cht lassen
der/die achte, den/die ich sehe	der/die **A**chte, den /die ich sehe
jeder/jede achte kommt mit	jeder/jede **A**chte kommt mit
8fach	*weiterhin:* 8fach
achtgeben	**A**cht geben [*getrennt*]
achthaben	**A**cht haben [*getrennt*]
8jährig	8-jährig
der/die 8jährige	der/die 8-**J**ährige
8mal	8-mal
achtmillionenmal	acht **M**illionen **M**al
8tonner	8-**T**onner
achtunggebietend	**A**chtung gebietend [*getrennt*]
über Achtzig	über **a**chtzig
Mitte [der] Achtzig	Mitte [der] **a**chtzig
in die Achtzig kommen	in die **a**chtzig kommen
die achtziger Jahre	die **A**chtzigerjahre*, *auch:* die achtziger Jahre
die Achtzigerjahre	die Achtzigerjahre, *auch:* die achtziger Jahre
Adreßbuch	Adressbuch
After-shave	Aftershave [*zusammen*]
ich habe ähnliches erlebt	ich habe **Ä**hnliches erlebt
und/oder ähnliches (u.ä./o.ä.)	und/oder **Ä**hnliches (u.**Ä**./o.**Ä**.)
Alkoholmißbrauch	Alkoholmissbrauch
alleinerziehend	allein erziehend [*getrennt*]
alleinseligmachend	allein selig machend [*getrennt*]
alleinstehend	allein stehend [*getrennt*]
es ist das allerbeste, daß ...	es ist das **A**llerbeste, dass ...
im allgemeinen	im **A**llgemeinen
allgemeingültig	allgemein gültig [*getrennt*]
allgemeinverständlich	allgemein verständlich [*getrennt*]
allzulange	allzu lange [*getrennt*]
allzumal	*weiterhin:* allzumal
allzuoft	allzu oft [*getrennt*]
allzusehr	allzu sehr [*getrennt*]
allzuweit	allzu weit [*getrennt*]
Alptraum	Alptraum, *auch:* Al**b**traum
als daß	als dass
aus alt mach neu	aus **A**lt mach **N**eu
für alt und jung	für **A**lt und **J**ung
er ist immer der alte geblieben	er ist immer der **A**lte geblieben
alles beim alten lassen	alles beim **A**lten lassen
Alter ego	Alter **E**go

alt	neu
Amboß	Amboss
andersdenkend	anders denkend [*getrennt*]
andersgeartet	anders geartet [*getrennt*]
anderslautend	anders lautend [*getrennt*]
aneinandergeraten	aneinander geraten [*getrennt*]
aneinandergrenzen	aneinander grenzen [*getrennt*]
aneinanderreihen	aneinander reihen [*getrennt*]
angepaßt	angepasst
jmdm. angst machen	jmdm. **A**ngst machen
anheimfallen	anheim fallen [*getrennt*]
anheimstellen	anheim stellen [*getrennt*]
Anlaß	Anlass
anläßlich	anlässlich
Anschiß	Anschiss
Anschluß	Anschluss
ansein	an sein [*getrennt*]
im argen liegen	im **A**rgen liegen
bei arm und reich	bei **A**rm und **R**eich
As	Ass
aufeinanderbeißen	aufeinander beißen [*getrennt*]
aufeinanderfolgen	aufeinander folgen [*getrennt*]
aufeinandertreffen	aufeinander treffen [*getrennt*]
aufgepaßt!	aufgepasst!
Aufguß	Aufguss
aufrauhen	aufrauen [*ohne h*]
Aufriß	Aufriss
aufschlußreich	aufschlussreich
ein aufsehenerregendes Ereignis	ein **A**ufsehen erregendes Ereignis [*getrennt*]
aufsein	auf sein [*getrennt*]
auf seiten	aufseiten [*zusammen*], *auch*: auf **S**eiten
aufwärtsgehen	aufwärts gehen [*getrennt*]
aufwendig	aufwendig, *auch*: aufwändig
Au-pair-Mädchen	Au-pair-Mädchen, *auch*: Aupair**m**ädchen [*zusammen*]
auseinandergehen	auseinander gehen [*getrennt*]
auseinanderhalten	auseinander halten [*getrennt*]
auseinandersetzen	auseinander setzen [*getrennt*]
Ausfluß	Ausfluss
Ausguß	Ausguss
Ausschluß	Ausschluss
Ausschuß	Ausschuss
aussein	aus sein [*getrennt*]
aufs äußerste gespannt	aufs äußerste gespannt, *auch*: aufs **Ä**ußerste gespannt
außerstande	außerstande, *auch*: außer **S**tande

B

alt	neu
Ballettänzerin	Balle**tt**änzerin, *auch*: Ballett-**T**änzerin
Bänderriß	Bänderriss
jmdm. [angst und] bange machen	jmdm. [**A**ngst und] **B**ange machen
mir ist angst und bange	*weiterhin*: mir ist angst und bange
bankrott gehen	**B**ankrott gehen
bankrott sein	*weiterhin*: bankrott sein
Baß	Bass

alt	neu
Baßsänger	Basssänger, *auch*: Bass-Sänger
beeinflußbar	beeinflussbar
beeinflußt	beeinflusst
befaßt	befasst
behende	behände
Behendigkeit	Behändigkeit
beieinanderhaben	beieinander haben [*getrennt*]
beieinandersein	beieinander sein [*getrennt*]
beieinanderstehen	beieinander stehen [*getrennt*]
beisammensein	beisammen sein [*getrennt*]
bekanntgeben	bekannt geben [*getrennt*]
belemmert	belämmert
jeder beliebige	jeder **B**eliebige
Bendel	Bändel
Beschiß	Beschiss
Beschluß	Beschluss
Beschuß	Beschuss
ich will im besonderen erwähnen ...	ich will im **B**esonderen erwähnen ...
bessergehen	besser gehen [*getrennt*]
es ist das beste, wenn ...	es ist das **B**este, wenn ...
aufs beste geregelt sein	aufs beste geregelt sein, *auch*: aufs **B**este geregelt sein
zum besten geben/halten	zum **B**esten geben/halten
das erste beste	das erste **B**este
bestehenbleiben	bestehen bleiben [*getrennt*]
Bestelliste	Bestellliste, *auch*: Bestell-Liste
um ein beträchtliches höher	um ein **B**eträchtliches höher
in betreff	in **B**etreff
Bettuch [*zu*: Bett]	Betttuch, *auch*: Bett-Tuch
bewußt	bewusst
Bewußtlosigkeit	Bewusstlosigkeit
Bewußtsein	Bewusstsein
in bezug auf	in **B**ezug auf
Bibliographie	Bibliographie, *auch*: Bibliografie
Bierfaß	Bierfass
Biß	Biss
bißchen	bisschen
du sollst bitte sagen	du sollst **B**itte sagen*, *auch*: du sollst bitte sagen
es ist bitter kalt	es ist bitterkalt [*zusammen*]
Blackout	Black-out*, *auch*: Blackout
blankpoliert	blank poliert [*getrennt*]
blaß	blass
bläßlich	blässlich
der blaue Planet [*die Erde*]	der **B**laue Planet
bleibenlassen	bleiben lassen [*getrennt*]
Bluterguß	Bluterguss
Bonbonniere	Bonbonniere, *auch*: Bonboniere [*kein doppeltes n*]
Börsentip	Börsentipp
im bösen wie im guten	im **B**ösen wie im **G**uten
Boß	Boss
breitgefächert	breit gefächert [*getrennt*]
Brennessel	Bre**nnn**essel, *auch*: Brenn-Nessel

alt	neu
brütendheiß	brütend heiß [getrennt]
buntschillernd	bunt schillernd [getrennt]
Büroschluß	Büroschluss
Busineß	Business

C

alt	neu
Centre Court	Centrecourt [zusammen], auch: Centre-Court
Chansonnier	Chansonnier, auch: Chansonier [kein doppeltes n]
Choreographie	Choreographie, auch: Choreografie
Cleverneß	Cleverness
Comeback	Come-back*, auch: Comeback
Corpus delicti	Corpus Delicti
Countdown	Count-down*, auch: Countdown

D

alt	neu
dabeisein	dabei sein [getrennt]
Dachgeschoß	Dachgeschoss [in Österreich weiterhin mit ß]
dahinterklemmen	dahinter klemmen [getrennt]
dahinterkommen	dahinter kommen [getrennt]
darauffolgend	darauf folgend [getrennt]
darüberstehen	darüber stehen [getrennt]
darunterliegen	darunter liegen [getrennt]
dasein	da sein [getrennt]
daß	dass
daß-Satz	dass-Satz, auch: Dasssatz
datenverarbeitend	Daten verarbeitend [getrennt]
Dein [in Briefen]	dein
mein und dein verwechseln	Mein und Dein verwechseln
die Deinen	die Deinen, auch: die deinen
Dekolleté	Dekolleté, auch: Dekolletee
Delphin	Delphin, auch: Delfin
deplaciert, auch: deplaziert	deplaciert, auch: deplatziert
wir haben derartiges nicht bemerkt	wir haben Derartiges nicht bemerkt
dessenungeachtet	dessen ungeachtet [getrennt]
auf deutsch	auf Deutsch
der deutsche Schäferhund	der Deutsche Schäferhund
deutschsprechend	Deutsch sprechend [getrennt]
diät leben	Diät leben
Dich [in Briefen]	dich
dichtbevölkert	dicht bevölkert [getrennt]
dichtgedrängt	dicht gedrängt [getrennt]
Differential	Differenzial*, auch: Differential
Dir [in Briefen]	dir
dortbleiben	dort bleiben [getrennt]
draufsein	drauf sein [getrennt]
Dreß	Dress
etwas aufs dringendste fordern	etwas aufs dringendste fordern, auch: etwas aufs Dringendste fordern
drinsein	drin sein [getrennt]
jeder dritte, der mitwollte	jeder Dritte, der mitwollte
die dritte Welt	die Dritte Welt
Du [in Briefen]	du

alt	neu
auf du und du stehen	auf **D**u und **D**u stehen
im dunkeln tappen	im **D**unkeln tappen
im dunkeln bleiben	im **D**unkeln bleiben
dünnbesiedelt	dünn besiedelt [*getrennt*]
Dünnschiß	Dünnschiss
durcheinanderbringen	durcheinander bringen [*getrennt*]
durcheinandergeraten	durcheinander geraten [*getrennt*]
durcheinanderlaufen	durcheinander laufen [*getrennt*]
Durchfluß	Durchfluss
Durchlaß	Durchlass
durchnumerieren	durchnummerieren
durchsein	durch sein [*getrennt*]
dußlig	dusslig
Dutzende (von) Reklamationen	Dutzende (von) Reklamationen, *auch*: **d**utzende (von) Reklamationen
E	
ebensosehr	ebenso sehr [*getrennt*]
ebensoviel	ebenso viel [*getrennt*]
ebensowenig	ebenso wenig [*getrennt*]
an Eides Statt	an Eides statt
sein eigen nennen	sein **E**igen nennen
sich zu eigen machen	sich zu **E**igen machen
einbleuen	einbläuen
aufs eindringlichste warnen	aufs eindringlichste warnen, *auch*: aufs **E**indringlichste warnen
das einfachste ist, wenn ...	das **E**infachste ist, wenn ...
Einfluß	Einfluss
einflußreich	einflussreich
Einlaß	Einlass
Einriß	Einriss
Einschluß	Einschluss
Einschuß	Einschuss
Einschußstelle	Einschussstelle, *auch*: Einschuss-Stelle
Einsendeschluß	Einsendeschluss
der/die/das einzelne	der/die/das **E**inzelne
jeder einzelne von uns	jeder **E**inzelne von uns
bis ins einzelne geregelt	bis ins **E**inzelne geregelt
der/die/das einzige wäre ...	der/die/das **E**inzige wäre ...
kein einziger war gekommen	kein **E**inziger war gekommen
er als einziger hatte ...	er als **E**inziger hatte ...
das einzigartige ist, daß ...	das **E**inzigartige ist, dass ...
die eisenverarbeitende Industrie	die **E**isen verarbeitende Industrie [*getrennt*]
eisigkalt	eisig kalt [*getrennt*]
eislaufen	**E**is laufen [*getrennt*]
Eisschnellauf	Eisschnelllauf
energiebewußt	energiebewusst
aufs engste verflochten	aufs engste verflochten, *auch*: aufs **E**ngste verflochten
engbefreundet	eng befreundet [*getrennt*]
engbedruckt	eng bedruckt [*getrennt*]
Engpaß	Engpass
nicht im entferntesten beabsichtigen	nicht im entferntesten beabsichtigen, *auch*: nicht im **E**ntferntesten beabsichtigen

alt	neu
auf das entschiedenste	auf das entschiedenste, *auch*: auf das Entschiedenste
Entschluß	Entschluss
ein Entweder-Oder gibt es hier nicht	ein Entweder-oder gibt es hier nicht
Erdgeschoß	Erdgeschoss [*in Österreich weiterhin mit ß*]
Erdnuß	Erdnuss
erfaßbar	erfassbar
erfaßt	erfasst
Erguß	Erguss
erholungsuchende Großstädter	Erholung suchende [*getrennt*] Großstädter
Erlaß	Erlass
ermeßbar	ermessbar
ernstgemeint	ernst gemeint [*getrennt*]
ernstzunehmend	ernst zu nehmend [*getrennt*]
erpreßbar	erpressbar
nicht den erstbesten nehmen	nicht den Erstbesten nehmen
der erste, der gekommen ist	der Erste, der gekommen ist
das reicht fürs erste	das reicht fürs Erste
zum ersten, zum zweiten, zum dritten	zum Ersten, zum Zweiten, zum Dritten
die Erste Hilfe	die erste Hilfe
das erstemal	das erste Mal [*getrennt*]
zum erstenmal	zum ersten Mal [*getrennt*]
Erstkläßler	Erstklässler
die Erstplazierten	die Erstplatzierten
eßbar	essbar
Eßbesteck	Essbesteck
essentiell	essenziell*, *auch*: essentiell
Eßtisch	Esstisch
etlichemal	etliche Mal [*getrennt*]
Euch [*in Briefen*]	euch
Euer [*in Briefen*]	euer
die Euren	die Euren, *auch*: die euren
Existentialismus	Existenzialismus*, *auch*: Existentialismus
existentialistisch	existenzialistisch*, *auch*: existentialistisch
existentiell	existenziell*, *auch*: existentiell
Exposé	Exposé, *auch*: Exposee
expreß	express
Exzeß	Exzess
F	
Facette	Facette, *auch*: Fassette
fahrenlassen	fahren lassen [*getrennt*]
Fairneß	Fairness
Fair play	Fairplay [*zusammen*], *auch*: Fair Play
fallenlassen	fallen lassen [*getrennt*]
Faß	Fass
faßbar	fassbar
Fäßchen	Fässchen
du faßt	du fasst
Fast food	Fastfood [*zusammen*], *auch*: Fast Food
Feedback	Feed-back*, *auch*: Feedback
jmdm. feind sein	jmdm. Feind sein
feingemahlen	fein gemahlen [*getrennt*]
fernliegen	fern liegen [*getrennt*]

alt	neu
fertigbringen	fertig bringen [*getrennt*]
fertigstellen	fertig stellen [*getrennt*]
Fertigungsprozeß	Fertigungsprozess
festangestellt	fest angestellt [*getrennt*]
festumrissen	fest umrissen [*getrennt*]
fettgedruckt	fett gedruckt [*getrennt*]
Fitneß	Fitness
fleischfressende Pflanzen	Fleisch fressende [*getrennt*] Pflanzen
flötengehen	flöten gehen [*getrennt*]
Fluß	Fluss
flußaufwärts	flussaufwärts
Flüßchen	Flüsschen
flüssigmachen	flüssig machen [*getrennt*]
Flußschiffahrt	Flussschifffahrt, *auch*: Fluss-Schifffahrt
Fön (*zum Haaretrocknen*)	Föhn, *als Gerät des eingetragenen Warenzeichens weiterhin*: Fön
die Haare fönen	die Haare föhnen
folgendes ist zu beachten	Folgendes ist zu beachten
wie im folgenden erläutert	wie im Folgenden erläutert
Freßsack	Fresssack, *auch*: Fress-Sack
Friedensschluß	Friedensschluss
frischgebacken	frisch gebacken [*getrennt*]
fritieren	frittieren
frohgelaunt	froh gelaunt [*getrennt*]
frühverstorben	früh verstorben [*getrennt*]
Full-time-Job	Fulltimejob [*zusammen*], *auch*: Full-Time-Job
funkensprühend	Funken sprühend [*getrennt*]
furchterregend	furchterregend, *auch*: Furcht erregend [*getrennt*]
Fußballänderspiel	Fußballländerspiel, *auch*: Fußball-Länderspiel

G

alt	neu
Gangsterboß	Gangsterboss
im ganzen gesehen	im Ganzen gesehen
Gäßchen	Gässchen
gefangenhalten	gefangen halten [*getrennt*]
gefangennehmen	gefangen nehmen [*getrennt*]
gegeneinanderprallen	gegeneinander prallen [*getrennt*]
gegeneinanderstoßen	gegeneinander stoßen [*getrennt*]
geheimhalten	geheim halten [*getrennt*]
gehenlassen	gehen lassen [*getrennt*]
gutgelaunt	gut gelaunt [*getrennt*]
gelblichgrün	gelblich grün [*getrennt*]
Gemse	Gämse
genaugenommen	genau genommen [*getrennt*]
genausogut	genauso gut [*getrennt*]
genausowenig	genauso wenig [*getrennt*]
Genuß	Genuss
genüßlich	genüsslich
genußsüchtig	genusssüchtig
Geographie	Geographie, *auch*: Geografie
geradesitzen	gerade sitzen [*getrennt*]

alt	neu
geradestellen	gerade stellen [*getrennt*]
Gerichtsbeschluß	Gerichtsbeschluss
um ein geringes weniger	um ein Geringes weniger
es geht ihn nicht das geringste an	es geht ihn nicht das Geringste an
nicht im geringsten stören	nicht im Geringsten stören
geringachten	gering achten [*getrennt*]
geringschätzen	gering schätzen [*getrennt*]
Geschäftsschluß	Geschäftsschluss
Geschoß	Geschoss [*in Österreich weiterhin mit ß*]
gestern abend/morgen/nacht	gestern Abend/Morgen/Nacht
getrenntlebend	getrennt lebend [*getrennt*]
gewiß	gewiss
Gewissensbiß	Gewissensbiss
Gewißheit	Gewissheit
glänzendschwarz	glänzend schwarz [*getrennt*]
glattgehen	glatt gehen [*getrennt*]
glatthobeln	glatt hobeln [*getrennt*]
das gleiche tun	das Gleiche tun
aufs gleiche hinauskommen	aufs Gleiche hinauskommen
gleich und gleich gesellt sich gern	Gleich und Gleich gesellt sich gern
gleichlautend	gleich lautend [*getrennt*]
Glimmstengel	Glimmstängel
glühendheiß	glühend heiß [*getrennt*]
die Goetheschen Dramen	die goetheschen Dramen, *auch*: die Goethe'schen Dramen
Graphit	Graphit, *auch*: Grafit
Graphologie	Graphologie, *auch*: Grafologie
gräßlich	grässlich
Greuel	Gräuel
greulich	gräulich
griffest	grifffest
grobgemahlen	grob gemahlen [*getrennt*]
ein Programm für groß und klein	ein Programm für Groß und Klein
im großen und ganzen	im Großen und Ganzen
das größte wäre, wenn ...	das Größte wäre, wenn ...
groß schreiben [*mit großem Anfangsbuchstaben*]	großschreiben [*zusammen*]
Guß	Guss
gußeisern	gusseisern
guten Tag sagen	Guten Tag sagen*, *auch*: guten Tag sagen
es im guten versuchen	es im Guten versuchen
gutaussehend	gut aussehend [*getrennt*]
gutbezahlt	gut bezahlt [*getrennt*]
gutgehen	gut gehen [*getrennt*]
gutgelaunt	gut gelaunt [*getrennt*]
gutgemeint	gut gemeint [*getrennt*]
guttun	gut tun [*getrennt*]
H	
haftenbleiben	haften bleiben [*getrennt*]
haltmachen	Halt machen [*getrennt*]
Hämorrhoide	Hämorrhoide, *auch*: Hämorride [*-ho- entfällt*]
händchenhaltend	Händchen haltend [*getrennt*]

alt	neu
handeltreibend	Handel treibend [getrennt]
Handkuß	Handkuss
Handout	Hand-out*, auch: Handout
hängenbleiben	hängen bleiben [getrennt]
hängenlassen	hängen lassen [getrennt]
Happy-End	Happyend [zusammen], auch: Happy End [ohne Bindestrich]
Hard cover	Hardcover [zusammen], auch: Hard Cover
hartgekocht	hart gekocht [getrennt]
Haselnuß	Haselnuss
Haselnußstrauch	Haselnussstrauch, auch: Haselnuss-Strauch
Haß	Hass
häßlich	hässlich
du haßt	du hasst
nach Hause	nach Hause, in Österreich und der Schweiz auch: nachhause [zusammen]
zu Hause	zu Hause, in Österreich und der Schweiz auch: zuhause [zusammen]
haushalten	haushalten, auch: Haus halten [getrennt]
heiligsprechen	heilig sprechen [getrennt]
heimlichtun	heimlich tun [getrennt]
heißgeliebt	heiß geliebt [getrennt]
heißumkämpft	heiß umkämpft [getrennt]
helleuchtend	hell leuchtend [getrennt]
hellicht	helllicht
hellodernd	hell lodernd [getrennt]
heransein	heran sein [getrennt]
heraussein	heraus sein [getrennt]
hersein	her sein [getrennt]
herumsein	herum sein [getrennt]
heruntersein	herunter sein [getrennt]
jmdn. auf das herzlichste begrüßen	jmdn. auf das herzlichste begrüßen, auch: jmdn. auf das Herzlichste begrüßen
heute abend/mittag/nacht	heute Abend/Mittag/Nacht
Hexenschuß	Hexenschuss
hierbleiben	hier bleiben [getrennt]
hierlassen	hier lassen [getrennt]
hiersein	hier sein [getrennt]
hierzulande	hierzulande, auch: hier zu Lande [getrennt]
High-Society	Highsociety [zusammen], auch: High Society [ohne Bindestrich]
hilfesuchend	Hilfe suchend [getrennt]
hinaussein	hinaus sein [getrennt]
hinsein	hin sein [getrennt]
hintereinandergehen	hintereinander gehen [getrennt]
hintereinanderschalten	hintereinander schalten [getrennt]
hinterhersein	hinterher sein [getrennt]
hinübersein	hinüber sein [getrennt]
Hochgenuß	Hochgenuss
Hochschulabschluß	Hochschulabschluss
aufs höchste erfreut sein	aufs höchste erfreut sein, auch: aufs Höchste erfreut sein
hofhalten	Hof halten [getrennt]
die Hohe Schule	die hohe Schule

alt	neu
Hoheit	*weiterhin*: Hoheit
Hosteß	Hostess
Hot dog	Hotdog [*zusammen*], *auch*: Hot **D**og
ein paar hundert	ein paar hundert, *auch*: ein paar **H**undert
viele Hunderte	viele Hunderte, *auch*: viele **h**underte
Hunderte von Zuschauern	Hunderte von Zuschauern, *auch*: **h**underte von Zuschauern
hurra schreien	**H**urra schreien*, *auch*: hurra schreien

I

alt	neu
Ich-Erzähler	Icherzähler [*zusammen*], *auch*: Ich-Erzähler
im allgemeinen	im **A**llgemeinen
im besonderen	im **B**esonderen
Imbiß	Imbiss
Imbißstand	Imbissstand, *auch*: Imbiss-**S**tand
im einzelnen	im **E**inzelnen
im nachhinein	im **N**achhinein
imstande	imstande, *auch*: im **S**tande [*getrennt*]
im übrigen	im **Ü**brigen
im voraus	im **V**oraus
in betreff	in **B**etreff
in bezug auf	in **B**ezug auf
ineinanderfließen	ineinander fließen [*getrennt*]
ineinandergreifen	ineinander greifen [*getrennt*]
Informationsfluß	Informationsfluss
in Frage stellen	in Frage stellen, *auch*: infrage [*zusammen*] stellen
in Frage kommen	in Frage kommen, *auch*: infrage [*zusammen*] kommen
innesein	inne sein [*getrennt*]
instand halten/setzen	instand halten/setzen, *auch*: in **S**tand halten/setzen
I-Punkt	**i**-Punkt
irgend etwas	irgendetwas [*zusammen*]
irgend jemand	irgendjemand [*zusammen*]
I-Tüpfelchen	**i**-Tüpfelchen

J

alt	neu
ja sagen	**J**a sagen*, *auch*: ja sagen
Jäheit	Jähheit
2jährig, 3jährig, 4jährig ...	2-jährig, 3-jährig, 4-jährig ...
ein 2jähriger, 3jähriger, 4jähriger	ein 2-**J**ähriger, 3-**J**ähriger, 4-**J**ähriger
jedesmal	jedes **M**al [*getrennt*]
Job-sharing	Jobsharing [*zusammen*]
Joghurt	Joghurt, *auch*: Jogurt [*ohne h*]
Jumbo-Jet	Jumbojet [*zusammen*]
für jung und alt	für **J**ung und **A**lt

K

alt	neu
Kabelanschluß	Kabelanschluss
Kaffee-Ernte	Kaffee-Ernte, *auch*: Kaffeeernte
Kalligraphie	Kalligraphie, *auch*: Kalligrafie
kalorienbewußt	kalorienbewusst
kaltlächelnd	kalt lächelnd [*getrennt*]

alt	neu
Känguruh	Känguru [*ohne h*]
Karamel	Karamell
karamelisieren	karamellisieren
2karäter, 3karäter, 4karäter ...	2-Karäter, 3-Karäter, 4-Karäter ...
2karätig, 3karätig, 4karätig ...	2-karätig, 3-karätig, 4-karätig ...
Kartographie	Kartographie, *auch*: Kartografie
Kaßler	Kassler
Katarrh	Katarrh, *auch*: Katarr [*ohne h*]
kegelschieben	Kegel schieben [*getrennt*]
kennenlernen	kennen lernen [*getrennt*]
Kennummer	Kennnummer, *auch*: Kenn-Nummer
keß	kess
Ketchup	Ketschup*, *auch*: Ketchup
Kindesmißhandlung	Kindesmisshandlung
sich über etwas im klaren sein	sich über etwas im Klaren sein
klardenkend	klar denkend [*getrennt*]
klarsehen	klar sehen [*getrennt*]
klarwerden	klar werden [*getrennt*]
klatschnaß	klatschnass
klebenbleiben	kleben bleiben [*getrennt*]
bis ins kleinste geregelt	bis ins Kleinste geregelt
kleingedruckt	klein gedruckt [*getrennt*]
kleinschneiden	klein schneiden [*getrennt*]
klein schreiben [*mit kleinem Anfangsbuchstaben*]	kleinschreiben [*zusammen*]
Klettverschluß	Klettverschluss
es wäre das klügste, wenn ...	es wäre das Klügste, wenn ...
knapphalten	knapp halten [*getrennt*]
Knockout	Knock-out*, *auch*: Knockout
kochendheiß	kochend heiß [*getrennt*]
Koloß	Koloss
Kommißbrot	Kommissbrot
Kommuniqué	Kommuniqué, *auch*: Kommunikee
Kompaß	Kompass
Kompromiß	Kompromiss
kompromißbereit	kompromissbereit
Kongreß	Kongress
Kongreßsaal	Kongresssaal, *auch*: Kongress-Saal
Kongreßstadt	Kongressstadt, *auch*: Kongress-Stadt
Königsschloß	Königsschloss
Kontrabaß	Kontrabass
Kontrollampe	Kontrolllampe, *auch*: Kontroll-Lampe
Kopfschuß	Kopfschuss
kopfstehen	Kopf stehen [*getrennt*]
krank schreiben	krankschreiben [*zusammen*]
kraß	krass
Kreppapier	Krepppapier, *auch*: Krepp-Papier
die kriegführenden Parteien	die Krieg führenden Parteien [*getrennt*]
kroß	kross
krummnehmen	krumm nehmen [*getrennt*]
den kürzeren ziehen	den Kürzeren ziehen
kürzertreten	kürzer treten [*getrennt*]
kurzgebraten	kurz gebraten [*getrennt*]
kurzhalten	kurz halten [*getrennt*]

alt	neu
Kurzschluß	Kurzschluss
kurztreten	kurz treten [getrennt]
Kuß	Kuss
Küßchen	Küsschen
kußecht	kussecht
du/er/sie küßt	du/er/sie küsst

L

alt	neu
Ladenschluß	Ladenschluss
langgestreckt	lang gestreckt [getrennt]
länglichrund	länglich rund [getrennt]
langstengelig	langstängelig
langziehen	lang ziehen [getrennt]
du läßt	du lässt
zu Lasten	zu Lasten, auch: zulasten [zusammen]
auf dem laufenden sein	auf dem Laufenden sein
laufenlassen	laufen lassen [getrennt]
Laufpaß	Laufpass
Layout	Lay-out*, auch: Layout
leerstehend	leer stehend [getrennt]
leichenblaß	leichenblass
es ist mir ein leichtes, das zu tun	es ist mir ein Leichtes, das zu tun
leichtentzündlich	leicht entzündlich [getrennt]
leichtfallen	leicht fallen [getrennt]
leichtmachen	leicht machen [getrennt]
leichtnehmen	leicht nehmen [getrennt]
leichtverderblich	leicht verderblich [getrennt]
leichtverständlich	leicht verständlich [getrennt]
jmdm. leid tun	jmdm. Leid tun
der letzte, der gekommen ist	der Letzte, der gekommen ist
als letzter fertig sein	als Letzter fertig sein
bis ins letzte geklärt	bis ins Letzte geklärt
letzteres trifft zu	Letzteres trifft zu
zum letztenmal	zum letzten Mal [getrennt]
leuchtendblau	leuchtend blau [getrennt]
es wäre uns das liebste, wenn ...	es wäre uns das Liebste, wenn ...
liebenlernen	lieben lernen [getrennt]
liebgewinnen	lieb gewinnen [getrennt]
liebhaben	lieb haben [getrennt]
liegenbleiben	liegen bleiben [getrennt]
liegenlassen	liegen lassen [getrennt]
Litfaßsäule	weiterhin: Litfaßsäule
Live-Mitschnitt	Live-Mitschnitt, auch: Livemitschnitt [zusammen]
Love-Story	Love-Story, auch: Lovestory [zusammen]
Luftschloß	Luftschloss

M

alt	neu
2mal, 3mal, 4mal ...	2-mal, 3-mal, 4-mal ...
maschineschreiben	Maschine schreiben [getrennt]
maßhalten	Maß halten [getrennt]
Megaphon	Megaphon, auch: Megafon
Mehrheitsbeschluß	Mehrheitsbeschluss
wir haben das menschenmögliche getan	wir haben das Menschenmögliche getan

alt	neu
Mesner	Mesner, *auch:* Messner
meßbar	messbar
Meßbecher	Messbecher
Meßdiener	Messdiener
Meßinstrument	Messinstrument
Meßopfer	Messopfer
Midlife-crisis	Midlifecrisis [*zusammen*], *auch:* Midlife-Crisis
millionenmal	Millionen Mal [*getrennt*]
nicht im mindesten	nicht im Mindesten
mißachten	missachten
Mißbildung	Missbildung
mißbilligen	missbilligen
Mißbrauch	Missbrauch
Mißerfolg	Misserfolg
mißfallen	missfallen
Mißgeburt	Missgeburt
Mißgeschick	Missgeschick
mißglücken	missglücken
Mißgunst	Missgunst
Mißklang	Missklang
Mißkredit	Misskredit
mißlich	misslich
mißlingen	misslingen
mißmutig	missmutig
Mißstand	Missstand
mißtrauisch	misstrauisch
Mißverständnis	Missverständnis
mit Hilfe	mit Hilfe, *auch:* mithilfe [*zusammen*]
[gestern, heute, morgen] mittag	[gestern, heute, morgen] Mittag
wir sprachen über alles mögliche	wir sprachen über alles Mögliche
sein möglichstes tun	sein Möglichstes tun
3monatig, 4monatig, 5monatig ...	3-monatig, 4-monatig, 5-monatig ...
3monatlich, 4monatlich, 5monatlich ...	3-monatlich, 4-monatlich, 5-monatlich ...
Monographie	Monographie, *auch:* Monografie
Mop	Mopp
Mordprozeß	Mordprozess
morgen abend, mittag, nacht	morgen Abend, Mittag, Nacht
[gestern, heute] morgen	[gestern, heute] Morgen
Multiple-choice-Verfahren	Multiplechoiceverfahren [*zusammen*], *auch:* Multiple-Choice-Verfahren
Muskelriß	Muskelriss
ich muß, du mußt, er muß	ich muss, du musst, er muss
ich müßte, du müßtest, er müßte	ich müsste, du müsstest, er müsste
müßiggehen	müßig gehen [*getrennt*]
Myrrhe	Myrrhe, *auch:* Myrre [*ohne h*]

N

alt	neu
nach Hause	nach Hause, *in Österreich und der Schweiz auch:* nachhause [*zusammen*]
im nachhinein	im Nachhinein
Nachlaß	Nachlass
[gestern, heute, morgen] nachmittag	[gestern, heute, morgen] Nachmittag
Nachschuß	Nachschuss

alt	neu
der nächste, bitte!	der Nächste, bitte!
als nächstes wollen wir ...	als Nächstes wollen wir ...
im nachstehenden heißt es ...	im Nachstehenden heißt es ...
[gestern, heute, morgen] nacht	[gestern, heute, morgen] Nacht
nahebringen	nahe bringen [*getrennt*]
nahelegen	nahe legen [*getrennt*]
naheliegen	nahe liegen [*getrennt*]
naheliegend	nahe liegend [*getrennt*]
etwas des näheren erläutern	etwas des Näheren erläutern
näherliegen	näher liegen [*getrennt*]
nahestehen	nahe stehen [*getrennt*]
Narziß	Narziss
narzißtisch	narzisstisch
naß	nass
naßgeschwitzt	nass geschwitzt [*getrennt*]
naßkalt	nasskalt
Naßrasur	Nassrasur
nebeneinandersitzen	nebeneinander sitzen [*getrennt*]
nebeneinanderstehen	nebeneinander stehen [*getrennt*]
nebeneinanderstellen	nebeneinander stellen [*getrennt*]
Nebenfluß	Nebenfluss
im nebenstehenden wird gezeigt ...	im Nebenstehenden wird gezeigt ...
Negligé	Negligé, *auch*: Negligee
nein sagen	Nein sagen*, *auch*: nein sagen
es aufs neue versuchen	es aufs Neue versuchen
auf ein neues!	auf ein Neues!
neueröffnet	neu eröffnet [*getrennt*]
New Yorker	New Yorker, *auch*: New-Yorker
nichtrostend	nichtrostend, *auch*: nicht rostend [*getrennt*]
Nichtseßhafte	Nichtsesshafte
nichtssagend	nichts sagend [*getrennt*]
No-future-Generation	No-Future-Generation
die notleidende Bevölkerung	die Not leidende [*getrennt*] Bevölkerung
in Null Komma nichts	in null Komma nichts
das Thermometer steht auf Null	das Thermometer steht auf null
Nullösung	Nulllösung, *auch*: Null-Lösung
numerieren	nummerieren
Numerierung	Nummerierung
Nuß	Nuss
Nußschale	Nussschale, *auch*: Nuss-Schale

O

alt	neu
O-beinig	O-beinig, *auch*: o-beinig
obenerwähnt	oben erwähnt [*getrennt*]
obengenannt	oben genannt [*getrennt*]
obenstehend	oben stehend [*getrennt*]
offenbleiben	offen bleiben [*getrennt*]
offenlassen	offen lassen [*getrennt*]
offenstehen	offen stehen [*getrennt*]
des öfteren	des Öfteren
Orthographie	Orthographie, *auch*: Orthografie
Oxyd	Oxyd, *auch*: Oxid

alt	neu
P	
Panther	Panther, *auch*: Panter [*ohne h*]
Pappmaché	Pappmaché, *auch*: Pappma**schee**
parallellaufend	parallel laufend [*getrennt*]
parallelschalten	parallel schalten [*getrennt*]
Parlamentsbeschluß	Parlamentsbeschlu**ss**
Parteikongreß	Parteikongre**ss**
Parteitagsbeschluß	Parteitagsbeschlu**ss**
Partys, Parties [*Plural von* Party]	Partys
Paß	Pa**ss**
passé	passé, *auch*: pass**ee**
paßgerecht	pa**ss**gerecht
Paßkontrolle	Pa**ss**kontrolle
Paßstelle	Pa**ss**stelle, *auch*: **Pass-S**telle
Paßstraße	Pa**ss**straße, *auch*: **Pass-S**traße
Paßwort	Pa**ss**wort
pflichtbewußt	pflichtbewu**sst**
er pißt	er pi**sst**
Platitüde	Pla**tt**itüde, *auch*: Plati**tu**de
Playback	Play-back*, *auch*: Playback
plazieren	pla**tz**ieren
pleite gehen	**P**leite gehen
pleite sein	*weiterhin*: pleite sein
polyphon	polyphon, *auch*: poly**f**on
Pornographie	Pornographie, *auch*: Pornogra**f**ie
Portemonnaie	Portemonnaie, *auch*: Por**tmonee**
potentiell	poten**z**iell*, *auch*: potentiell
potthäßlich	potth**äss**lich
Preisnachlaß	Preisnachla**ss**
Preßlufthammer	Pre**ss**lufthammer
du preßt	du pre**sst**
Preßwehe	Pre**ss**wehe
privatversichert	privat versichert [*getrennt*]
probefahren	**P**robe fahren [*getrennt*]
Problembewußtsein	Problembewu**sst**sein
Programmusik	Progra**mmm**usik, *auch*: Progra**mm-M**usik
Progreß	Progre**ss**
Prozeß	Proze**ss**
Prozeßkosten	Proze**ss**kosten
Prozeßrechner	Proze**ss**rechner
pudelnaß	pudelna**ss**
Pulverfaß	Pulverfa**ss**
Q	
Quentchen	Qu**ä**ntchen
Quickstep	Quickste**pp**
R	
radfahren	**R**ad fahren [*getrennt*]
radschlagen	**R**ad schlagen [*getrennt*]
zu Rande kommen	zu Rande kommen, *auch*: zurande [*zusammen*] kommen
Rassenhaß	Rassenha**ss**

alt	neu
zu Rate ziehen	zu Rate ziehen, *auch*: zurate [*zusammen*] ziehen
rauh	rau [*ohne h*]
rauhbeinig	raubeinig [*ohne h*]
Rauhfasertapete	Raufasertapete [*ohne h*]
Rauhhaardackel	Rauhaardackel [*kein doppeltes h*]
Rauhputz	Rauputz [*ohne h*]
Rauhreif	Raureif [*ohne h*]
Rausschmiß	Rausschmiss
recht haben	**R**echt haben
recht behalten	**R**echt behalten
recht bekommen	**R**echt bekommen
jmdm. recht geben	jmdm. **R**echt geben
recht sein	*weiterhin*: recht sein
Rechtens sein	rechtens sein
Rechtsbewußtsein	Rechtsbewusstsein
Redaktionsschluß	Redaktionsschluss
Regenguß	Regenguss
regennaß	regennass
Regreß	Regress
Regreßpflicht	Regresspflicht
reichgeschmückt	reich geschmückt [*getrennt*]
reichverziert	reich verziert [*getrennt*]
Reifungsprozeß	Reifungsprozess
Reisepaß	Reisepass
Reißverschluß	Reißverschluss
Reißverschlußsystem	Reißverschlusssystem, *auch*: Reißverschluss-**S**ystem
das ist genau das richtige für mich	das ist genau das **R**ichtige für mich
mit etwas richtigliegen	mit etwas richtig liegen [*getrennt*]
richtigstellen	richtig stellen [*getrennt*]
Riß	Riss
rißfest	rissfest
Roheit	Rohheit
Rolladen	Rollladen, *auch*: Roll-Laden
Rommé	Rommé, *auch*: Rommee
Roß	Ross
Roßkastanie	Rosskastanie
Rößl	Rössl
der rote Planet [*Mars*]	der **R**ote Planet
rotglühend	rot glühend [*getrennt*]
Rückfluß	Rückfluss
Rückschluß	Rückschluss
rückwärtsgewandt	rückwärts gewandt [*getrennt*]
ruhenlassen	ruhen lassen [*getrennt*]
ruhigstellen	ruhig stellen [*getrennt*]
Rußland	Russland

S

alt	neu
Saisonschluß	Saisonschluss
Salzfaß	Salzfass
Samenerguß	Samenerguss
sauberhalten	sauber halten [*getrennt*]

alt	neu
saubermachen	sauber machen [*getrennt*]
sausenlassen	sausen lassen [*getrennt*]
Saxophon	Saxophon, *auch*: Saxofon
Schalloch	Schallloch, *auch*: Schall-Loch
Schalterschluß	Schalterschluss
etwas auf das schärfste verurteilen	etwas auf das schärfste verurteilen, *auch*: etwas auf das **S**chärfste verurteilen
ein schattenspendender Baum	ein **S**chatten spendender [*getrennt*] Baum
schätzenlernen	schätzen lernen [*getrennt*]
Schauprozeß	Schauprozess
schießenlassen	schießen lassen [*getrennt*]
Schiffahrt	Schi**fff**ahrt, *auch*: Schiff-Fahrt
Schiß	Schi**ss**
Schlammasse	Schla**mm**masse, *auch*: Schlamm-Masse
schlechtgehen	schlecht gehen [*getrennt*]
schlechtgelaunt	schlecht gelaunt [*getrennt*]
das schlimmste ist, daß ...	das **S**chlimmste ist, dass ...
sie haben ihn auf das schlimmste getäuscht	sie haben ihn auf das schlimmste getäuscht, *auch*: sie haben ihn auf das **S**chlimmste getäuscht
Schloß	Schloss
Schlößchen	Schlösschen
Schloßherr	Schlossherr
Schloßpark	Schlosspark
Schluß	Schluss
schlußendlich	schlussendlich
Schlußfolgerung	Schlussfolgerung
Schlußstrich	Schlussstrich, *auch*: Schluss-Strich
Schlußwort	Schlusswort
sie schmiß mit Steinen	sie schmi**ss** mit Steinen
Schnappschuß	Schnappschuss
Schnellimbiß	Schnellimbiss
Schneläufer	Schne**lll**äufer, *auch*: Schnell-Läufer
schnellebig	schne**lll**ebig
Schnellschuß	Schnellschuss
Schnepper	Schnepper, *auch*: Schn**ä**pper
schneuzen	schn**äu**zen
Schokoladenguß	Schokoladenguss
aufs schönste übereinstimmen	aufs schönste übereinstimmen, *auch*: aufs **S**chönste übereinstimmen
er schoß	er schoss
Schraubverschluß	Schraubverschluss
Schreckschußpistole	Schreckschusspistole
Schrittempo	Schri**ttt**empo, *auch*: Schritt-Tempo
Schulabschluß	Schulabschluss
an etwas schuld haben	an etwas **S**chuld haben
sich etwas zuschulden kommen lassen	sich etwas zuschulden kommen lassen, *auch*: sich etwas zu **S**chulden [*getrennt*] kommen lassen
schuldbewußt	schuldbewusst
Schulschluß	Schulschluss
Schulstreß	Schulstress
Schulterschluß	Schulterschluss
Schuß	Schuss

alt	neu
schußlig	schusslig
Schußlinie	Schusslinie
Schußwaffe	Schusswaffe
Schußwechsel	Schusswechsel
schwachbetont	schwach betont [getrennt]
schwachbevölkert	schwach bevölkert [getrennt]
aus schwarz weiß machen	aus Schwarz Weiß machen
das Schwarze Brett	das schwarze Brett
Schwarze Magie	schwarze Magie
der Schwarze Peter	der schwarze Peter
schwarzgefärbt	schwarz gefärbt [getrennt]
schwarzrotgolden	schwarzrotgolden, auch: schwarz-rot-golden
schwerfallen	schwer fallen [getrennt]
schwernehmen	schwer nehmen [getrennt]
schwertun	schwer tun [getrennt]
schwerverständlich	schwer verständlich [getrennt]
Science-fiction	Sciencefiction [zusammen], auch: Science-Fiction
See-Elefant	See-Elefant, auch: Seeelefant
jedem das Seine	jedem das Seine, auch: jedem das seine
das Seine beitragen	das Seine beitragen, auch: das seine beitragen
die Seinen	die Seinen, auch: die seinen
seinlassen	sein lassen [getrennt]
auf seiten	aufseiten [zusammen], auch: auf Seiten
von seiten	vonseiten [zusammen], auch: von Seiten
selbständig	selbständig, auch: selbstständig
Selbständigkeit	Selbständigkeit, auch: Selbstständigkeit
selbstbewußt	selbstbewusst
selbsternannt	selbst ernannt [getrennt]
selbstgebacken	selbst gebacken [getrennt]
selbstgemacht	selbst gemacht [getrennt]
selbstverdient	selbst verdient [getrennt]
seligpreisen	selig preisen [getrennt]
seligsprechen	selig sprechen [getrennt]
Sendeschluß	Sendeschluss
Sendungsbewußtsein	Sendungsbewusstsein
sequentiell	sequenziell*, auch: sequentiell
seßhaft	sesshaft
S-förmig	S-förmig, auch: s-förmig
die Shakespeareschen Sonette	die shakespeareschenSonette, auch: die Shakespeare'schen Sonette
Short story	Shortstory [zusammen], auch: Short Story
Showbusineß	Showbusiness
auf Nummer Sicher gehen	auf Nummer Sicher gehen, auch: auf Nummer sicher gehen
Sicherheitsverschluß	Sicherheitsverschluss
siedendheiß	siedend heiß [getrennt]
siegesgewiß	siegesgewiss
sitzenbleiben	sitzen bleiben [getrennt]
sitzenlassen	sitzen lassen [getrennt]
Small talk	Smalltalk [zusammen], auch: Small Talk
so daß	sodass [zusammen], auch: so dass

alt	neu
Sommerschlußverkauf	Sommerschlussverkauf
Soufflé	Soufflé, *auch*: Soufflee
soviel	so viel [*getrennt*]
soweit	so weit [*getrennt*]
sowenig	so wenig [*getrennt*]
Spaghetti	Spaghetti, *auch*: Spagetti [*ohne h*]
spazierenfahren	spazieren fahren [*getrennt*]
spazieren gehen	spazieren gehen [*getrennt*]
Spliß	Spliss
Sportdreß	Sportdress
Sproß	Spross
Sprößchen	Sprösschen
Sprößling	Sprössling
standesbewußt	standesbewusst
Startschuß	Startschuss
steckenbleiben	stecken bleiben [*getrennt*]
steckenlassen	stecken lassen [*getrennt*]
stehenbleiben	stehen bleiben [*getrennt*]
stehenlassen	stehen lassen [*getrennt*]
Stengel	Stängel
Steptanz	Stepptanz
Steuererlaß	Steuererlass
Stewardeß	Stewardess
stiftengehen	stiften gehen [*getrennt*]
etwas im stillen vorbereiten	etwas im Stillen vorbereiten
Stilleben	Stillleben, *auch*: Still-Leben
stillegen	stilllegen
Stoffetzen	Stofffetzen, *auch*: Stoff-Fetzen
Stop	Stopp
Straferlaß	Straferlass
strenggenommen	streng genommen [*getrennt*]
strengnehmen	streng nehmen [*getrennt*]
aufs strengste unterschieden	aufs strengste unterschieden, *auch*: aufs Strengste unterschieden
Streß	Stress
der Lärm streßt	der Lärm stresst
Streßsituation	Stresssituation, *auch*: Stress-Situation
Stukkateur	Stuckateur
2stündig, 3stündig, 4stündig ...	2-stündig, 3-stündig, 4-stündig ...
2stündlich, 3stündlich, 4stündlich ...	2-stündlich, 3-stündlich, 4-stündlich ...
Stuß	Stuss
substantiell	substanziell*, *auch*: substantiell

T	
tabula rasa machen	Tabula rasa machen
zutage treten	zutage treten, *auch*: zu Tage [*getrennt*] treten
2tägig, 3tägig, 4tägig ...	2-tägig, 3-tägig, 4-tägig ...
Tankschloß	Tankschloss
Tarifabschluß	Tarifabschluss
Täßchen	Tässchen
ein paar tausend	ein paar tausend, *auch*: ein paar Tausend
Tee-Ei	Tee-Ei, *auch*: Teeei

alt	neu
Tee-Ernte	Tee-Ernte, *auch*: T**ee**ernte
Telephon	Tele**f**on
Telephonanschluß	Tele**f**onanschlu**ss**
Thunfisch	Thunfisch, *auch*: Tunfisch [*ohne h*]
Tie-Break	Tie-Break, *auch*: Tie**b**reak [*zusammen*]
aufs tiefste gekränkt	aufs tiefste gekränkt, *auch*: aufs **T**iefste gekränkt
tiefbewegt	tief bewegt [*getrennt*]
tiefempfunden	tief empfunden [*getrennt*]
tiefverschneit	tief verschneit [*getrennt*]
Tintenfaß	Tintenfa**ss**
Tip	Ti**pp**
Tolpatsch	To**ll**patsch
tolpatschig	to**ll**patschig
Topographie	Topographie, *auch*: Topogra**f**ie
Torschlußpanik	Torschlu**ss**panik
Torschuß	Torschu**ss**
totenblaß	totenbla**ss**
totgeboren	tot geboren [*getrennt*]
Tränenfluß	Tränenflu**ss**
Trekking	Trekking, *auch*: Tre**c**king
treuergeben	treu ergeben [*getrennt*]
triefnaß	triefna**ss**
auf dem trockenen sitzen	auf dem **T**rockenen sitzen
seine Schäfchen ins trockene bringen	seine Schäfchen ins **T**rockene bringen
im trüben fischen	im **T**rüben fischen
Trugschluß	Trugschlu**ss**
Türschloß	Türschlo**ss**
U	
übelgelaunt	übel gelaunt [*getrennt*]
übelnehmen	übel nehmen [*getrennt*]
übelriechend	übel riechend [*getrennt*]
Überbiß	Überbi**ss**
Überdruß	Überdru**ss**
übereinanderlegen	übereinander legen [*getrennt*]
übereinanderliegen	übereinander liegen [*getrennt*]
übereinanderwerfen	übereinander werfen [*getrennt*]
Überfluß	Überflu**ss**
überhandnehmen	überhand nehmen [*getrennt*]
übermorgen abend, nachmittag	übermorgen **A**bend, **N**achmittag
Überschuß	Überschu**ss**
überschwenglich	überschw**ä**nglich
ein übriges tun	ein **Ü**briges tun
im übrigen wissen wir doch alle ...	im **Ü**brigen wissen wir doch alle ...
alles übrige später	alles **Ü**brige später
die übrigen kommen nach	die **Ü**brigen kommen nach
übrigbehalten	übrig behalten [*getrennt*]
übrigbleiben	übrig bleiben [*getrennt*]
übriglassen	übrig lassen [*getrennt*]
Umriß	Umri**ss**
umsein	um sein [*getrennt*]
um so [mehr, größer, weniger ...]	umso [*zusammen*] [mehr, größer, weniger ...]

alt	neu
Umwelteinfluß	Umwelteinfluss
sich ins unabsehbare ausweiten	sich ins Unabsehbare ausweiten
unangepaßt	unangepasst
unbeeinflußt	unbeeinflusst
Anzeige gegen Unbekannt	Anzeige gegen **u**nbekannt
unbewußt	unbewusst
und ähnliches (u.ä.)	und Ähnliches (u.Ä.)
unendlichemal	unendliche **M**al [*getrennt*]
unerläßlich	unerlässlich
unermeßlich	unermesslich
unfaßbar	unfassbar
ungewiß	ungewiss
im unklaren bleiben	im Unklaren bleiben
im unklaren lassen	im Unklaren lassen
unmißverständlich	unmissverständlich
unrecht haben	Unrecht haben
unrecht behalten	Unrecht behalten
unrecht bekommen	Unrecht bekommen
unrecht sein	*weiterhin*: unrecht sein
unselbständig	unselbständig, *auch*: unselbst**st**ändig
Unselbständigkeit	Unselbständigkeit, *auch*: Unselbst**st**ändigkeit
die Unseren	die Unseren, *auch*: die **u**nseren
untenerwähnt	unten erwähnt [*getrennt*]
untenstehend	unten stehend [*getrennt*]
unterbewußt	unterbewusst
unterderhand	unter der Hand [*getrennt*]
untereinanderstehen	untereinander stehen [*getrennt*]
ohne Unterlaß	ohne Unterlass
Untersuchungsausschuß	Untersuchungsausschuss
unvergeßlich	unvergesslich
unverläßlich	unverlässlich

V

alt	neu
Varieté	Varieté, *auch*: Varietee
veranlaßt	veranlasst
verantwortungsbewußt	verantwortungsbewusst
verblaßt	verblasst
im verborgenen blühen	im Verborgenen blühen
Verdruß	Verdruss
vergeßlich	vergesslich
Vergißmeinnicht	Vergissmeinnicht
du vergißt	du vergisst
verhaßt	verhasst
auf jmdn. ist Verlaß	auf jmdn. ist Verlass
verläßlich	verlässlich
verlorengehen	verloren gehen [*getrennt*]
vermißt	vermisst
Vermißtenanzeige	Vermisstenanzeige
er hat den Zug verpaßt	er hat den Zug verpasst
Verriß	Verriss
verschiedenes war noch unklar	Verschiedenes war noch unklar
verschiedenemal	verschiedene **M**al [*getrennt*]

alt	neu
Verschluß	Verschluss
Verschlußsache	Verschlusssache, *auch*: Verschluss-Sache
verselbständigen	verselbständigen, *auch*: verselbstständigen
Vertragsabschluß	Vertragsabschluss
viel zuviel	viel zu viel [*getrennt*]
viel zuwenig	viel zu wenig [*getrennt*]
vielbefahren	viel befahren [*getrennt*]
vielgelesen	viel gelesen [*getrennt*]
aus dem vollen schöpfen	aus dem **V**ollen schöpfen
voneinandergehen	voneinander gehen [*getrennt*]
von seiten	vonseiten [*zusammen*], *auch*: von **S**eiten
vorangehendes gilt auch ...	**V**orangehendes gilt auch ...
im vorangehenden heißt es ...	im **V**orangehenden heißt es ...
im voraus	im **V**oraus
vorgefaßt	vorgefasst
vorgestern abend, mittag, morgen	vorgestern **A**bend, **M**ittag, **M**orgen
Vorhängeschloß	Vorhängeschloss
im vorhinein	im **V**orhinein
das vorige gilt auch ...	das **V**orige gilt auch ...
im vorigen heißt es ...	im **V**origen heißt es ...
vorliebnehmen	vorlieb nehmen [*getrennt*]
[gestern, heute, morgen] vormittag	[gestern, heute, morgen] **V**ormittag
Vorschuß	Vorschuss
Vorschußlorbeeren	Vorschusslorbeeren
vorwärtsgehen	vorwärts gehen [*getrennt*]
vorwärtskommen	vorwärts kommen [*getrennt*]
W	
Waggon	Waggon, *auch*: Wagon [*kein doppeltes g*]
Walkie-talkie	Walkie-Talkie
Walroß	Walross
Warnschuß	Warnschuss
Wasserschloß	Wasserschloss
wäßrig	wässrig
weichgekocht	weich gekocht [*getrennt*]
Weinfaß	Weinfass
aus schwarz weiß machen	aus **S**chwarz **W**eiß machen
des weiteren	des **W**eiteren
bis auf weiteres	*weiterhin*: bis auf weiteres
weitgereist	weit gereist [*getrennt*]
weitreichend	weit reichend [*getrennt*]
weitverbreitet	weit verbreitet [*getrennt*]
es besteht im wesentlichen aus ...	es besteht im **W**esentlichen aus ...
Wetturnen	Wettturnen, *auch*: Wett-Turnen
wieviel	wie viel [*getrennt*]
wie viele	*weiterhin*: wie viele
Winterschlußverkauf	Winterschlussverkauf
wißbegierig	wissbegierig
ihr wißt	ihr wisst
du wußtest	du wusstest
wir wüßten gern ...	wir wüssten gern ...
Witterungseinfluß	Witterungseinfluss
als ob er wunder was getan hätte	als ob er **W**under was getan hätte
sich wundliegen	sich wund liegen [*getrennt*]

alt	neu
X	
X-beinig	X-beinig, *auch*: **x**-beinig
X-förmig	X-förmig, *auch*: **x**-förmig
zum x-tenmal	zum x-ten **M**al [*getrennt*]
Z	
Zäheit	Zä**h**heit
Zahlenschloß	Zahlenschlo**ss**
2zeilig, 3zeilig, 4zeilig ...	2-zeilig, 3-zeilig, 4-zeilig ...
eine Zeitlang	eine Zeit lang [*getrennt*]
zur Zeit [*derzeit*]	zurzeit [*zusammen*]
zielbewußt	zielbewu**ss**t
Zierat	Zier**r**at
zigtausend	zigtausend, *auch*: **Z**igtausend
Zigtausende	Zigtausende, *auch*: **z**igtausende
Zivilprozeß	Zivilproze**ss**
zueinanderfinden	zueinander finden [*getrennt*]
Zufluß	Zuflu**ss**
sich zufriedengeben	sich zufrieden geben [*getrennt*]
zufriedenlassen	zufrieden lassen [*getrennt*]
zufriedenstellen	zufrieden stellen [*getrennt*]
zugrunde gehen	zugrunde gehen, *auch*: zu **G**runde gehen
zugrunde liegen	zugrunde liegen, *auch*: zu **G**runde liegen
zugrundeliegend	zugrundeliegend, *auch*: zu **G**runde liegend
zugrunde richten	zugrunde richten, *auch*: zu **G**runde richten
zugunsten	zugunsten, *auch*: zu **G**unsten
zu Hause	zu Hause, *in Österreich und der Schweiz auch*: zu**h**ause [*zusammen*]
bei uns zulande	bei uns zu **L**ande
zulasten	zulasten, *auch*: zu **L**asten
jmdm. etwas zuleide tun	jmdm. etwas zuleide tun, *auch*: jmdm. etwas zu **L**eide tun
zumute sein	zumute sein, *auch*: zu **M**ute sein
Zungenkuß	Zungenku**ss**
sich etwas zunutze machen	sich etwas zunutze machen, *auch*: sich etwas zu **N**utze machen
jmdm. zupaß kommen	jmdm. zupa**ss** kommen
zu Rande kommen	zu Rande kommen, *auch*: zu**r**ande [*zusammen*] kommen
jmdn. zu Rate ziehen	jmdn. zu Rate ziehen, *auch*: jmdn. zu**r**ate [*zusammen*] ziehen
zur Zeit [*derzeit*]	zurzeit [*zusammen*]
Zusammenfluß	Zusammenflu**ss**
zusammengefaßt	zusammengefa**ss**t
zusammengepaßt	zusammengepa**ss**t
zusammengepreßt	zusammengepre**ss**t
Zusammenschluß	Zusammenschlu**ss**
zusammensein	zusammen sein [*getrennt*]
sich etwas zuschulden kommen lassen	sich etwas zuschulden kommen lassen, *auch*: sich etwas zu **S**chulden kommen lassen
Zuschuß	Zuschu**ss**
zusein	zu sein [*getrennt*]

alt	neu
zustande kommen	zustande kommen, *auch*: zu **S**tande kommen
zutage treten	zutage treten, *auch*: zu **T**age treten
zuviel	zu viel [*getrennt*]
zu viele	*weiterhin*: zu viele
zuwege bringen	zuwege bringen, *auch*: zu **W**ege bringen
zuwenig	zu wenig [*getrennt*]
jeder zweite war krank	jeder **Z**weite war krank

Notizen

Notizen

Notizen

Notizen

Aufbau des deutsch-französischen Wörterbuchs
Structure du dictionnaire allemand-français

Stichwort in Fettdruck	**'kindisch** *meist péj* **I** *adj* puéril; naïf, naïve; *im Alter* gâteux, -euse; F gaga; **~es Wesen** puérilité *f*; **sei nicht ~!** ne fais pas l'enfant!; **II** *adv* **sich ~ benehmen** faire l'enfant; *péj* être puéril	L'entrée en caractères gras
Wendungen in halbfetter Kursivschrift	**'kindlich** *adj* enfantin; d'enfant; d'un enfant; de l'enfant; *im Verhältnis zu den Eltern* filial	Les exemples et locutions en italique demi-gras
Erklärende Hinweise in Kursivschrift		Les explications en italique
Sachgebiete in Kapitälchen	**Kinetik** [ki'ne:tɪk] *f* ⟨~⟩ **1.** PHYS cinétique *f*; **2.** KUNST art *m* cinétique	Les étiquettes de spécialité en petites capitales
Übersetzungen in Normalschrift	**ki'netisch** *adj* cinétique **King** [kɪŋ] F *m* ⟨~(s); ~s⟩ F chef *m*	Les traductions en caractères romains
Die Tilde ersetzt das ganze Stichwort oder einen Teil des Stichworts Wechselt die Schreibung von klein zu groß oder umgekehrt, steht die Kreistilde	**Kino** ['ki:no] *n* ⟨~s; ~s⟩ cinéma *m*; **~besuch** *m* fréquentation *f* des cinémas **'Kipp|fenster** *n* fenêtre basculante; **~lore** *f* wagonnet *m* à benne basculante; **~schalter** *m* interrupteur *m* à bascule; **⚬sicher** *adj* stable; **~vorrichtung** *f* basculeur *m*; culbuteur *m*; **~wagen** *m cf* **Kipplore**	Le tilde remplace l'entrée Dans les entrées rattachées, il ne remplace que la partie précédant le trait vertical. Le rond sur le tilde indique que ce mot, contrairement à l'entrée, prend soit une majuscule soit une minuscule
Aussprache in eckigen Klammern	**Kirche** ['kɪrçə] *f* ⟨~; ~n⟩ **1.** *Gebäude* église *f*; ...	Les crochets encadrent la transcription phonétique
Grammatische Informationen in spitzen Klammern Angabe des Umlauts	**'Kirchen|älteste(r)** *m* ⟨→ A⟩ ancien *m* d'une paroisse; **~amt** *n Stellung* fonction *f* ecclésiastique; *Behörde* autorité *f* ecclésiastique; **~austritt** *m* retrait *m* de l'Église; **~bank** *f* ⟨~; ⸚e⟩ banc *m* d'église	Les parenthèses angulaires renferment des renseignements grammaticaux Le tréma sur le tilde marque l'inflexion
Der Bindestrich steht für Teile von deutschen und französischen Wörtern	**'kitz(e)lig** *adj* chatouilleux, -euse **Klabautermann** [kla'bautərman] *m* ⟨~(e)s; -männer⟩ MAR génie protecteur ou annonciateur de naufrage	Le tiret remplace une partie d'un mot allemand ou français
Zeichen für h aspiré	**'Klassen|haß** *m* ʰhaine *f* de classe; **~kamerad(in)** *m(f)* camarade *m,f* de classe; **~kampf** *m* lutte *f* des classes; **~lehrer(in)** *m(f)* professeur principal; **⚬los** *adj* sans classes	Ce signe indique le h aspiré
Genus		Genre
Wortart		Partie du discours
Betonungsakzent	**'klatschen** ⟨h⟩ **I** *v/t j-m Beifall ~* applaudir qn; *etw an die Wand ~* faire claquer qc contre le mur; **II** *v/i Geräusch* battre; fouetter **Klaue** ['klauə] *f* ⟨~; ~n⟩ **1.** ZO (*Huf*♀) onglon *m*; (*Kralle*) griffe *f*; *der Raubvögel* serre *f*; **2.** F *péj* (*Handschrift*) écriture *f*	Accent tonique
Gliederung des Artikels nach grammatischen Funktionen durch römische Ziffern, nach Bedeutungen durch arabische Zahlen		Les chiffres romains marquent les catégories grammaticales, les chiffres arabes classent les acceptions de l'entrée
Sprachgebrauchsebene	**'klauen** F *v/t u v/i* ⟨h⟩ F faucher; F piquer	Niveau de langue